副に	「ーに」の形で使うもの 例「ただち」
副と	「ーと」の形で使うもの 例「れっき」
副とに	「ーに」「ーと」の形で使うもの 例「躍起」
副「に」	単独または「ーに」の形で使うもの 例「逐次」
副「と」	単独または「ーと」の形で使うもの 例「にこにこ」
副「とに」	単独または「ーに」「ーと」の形で使うもの 例「追い追い」
副ダ	述語にもなるもの 例「なるべく」
名	名詞
名ナノ	連体修飾に「ーな」の形も使うもの 例「高貴」
ノダ	「ーの」の形で連体修飾し、述語にもなるもの 例「名うて」「既知」
連体	連体詞
自	自動詞
他	他動詞
五	五段活用
四	文語四段活用
上一	上一段活用
下一	下一段活用
下二	文語下二段活用
カ変	カ行変格活用
サ変	サ行変格活用
ラ変	文語ラ行変格活用
ス	「する」と結合してサ変動詞として用いるもの
ダナ	形容動詞活用
ダノナ	形容動詞のうち、連体形に「ーの」の形のあるもの
トタル	「洋々」の類
ニナル	「更(さら)」「如何(いかい)」の類
接頭	接頭語
接尾	接尾語
造	造語成分
派生	派生語
関連	関連語

五十音索引

目次

岩波国語辞典

第八版

【編】
西尾　実
岩淵悦太郎
水谷静夫
柏野和佳子
星野和子
丸山直子

岩波書店

装丁　桂川潤

第八版刊行に際して

第八版は、原編者(西尾実、岩淵悦太郎、水谷静夫)全員が鬼籍に入った後の、最初の版であり、元号が平成から令和になって最初の版でもある。

西尾氏は一八八九年生―一九七九年没、岩淵氏は一九〇五年生―一九七八年没で、その後は、水谷氏(一九二六年生)を中心に改訂を重ねてきた。初版より第七版新版まで、他の多くの人の尽力があり、それは「あとがき」に記載されている通りである。水谷氏は第七版新版出版後、二〇一四年に他界した。これまでの改訂にも携わってきた柏野和佳子・星野和子・丸山直子の三名が、岩波書店編集部とともに、第八版の改訂を行った。

これまでの改訂においては、初版の序文と、最新版の序文の二つを掲載してきたが、今回は、これまでの歩みを振り返るためにも、これまでの序文を全て掲載することとした。「小型でありながら単なる言い替えにとどまらない語釈を」「現代語といっても、明治の後半ぐらいからを念頭に置く」「意味とは、指されるもののことではなく指し方のことである」等の編集方針を受け継いでいる。

また、第八版より、表紙に原編者三名に加えて、編集に携わった者の名を載せることになった。今後は、原編者以外は、その版の編集に携わった者の名を載せることとする。

第八版は、原編者の方針を堅持しつつ、以下のような改訂を行った。

一　新しく現れた語の新加、古い語の削除。

二　新しく現れた語ではないが、これまでの版に載せていなかった語の新加。
三　新しい意味・用法の追加、古い意味・用法の削除、意味・用法の変化の記載。
四　料理用語、スポーツ用語、自然科学用語、オノマトペ、人称代名詞の語釈変更。
五　和語を語幹とするサ変動詞に自他付与（自動詞あるいは他動詞、もしくはその両方として使うかどうかという情報の付与。これまで和語のサ変動詞にはこの記述がなかった）、漢語・外来語を語幹とするサ変動詞に既に付与してある自他（自動詞・他動詞）情報の見直し。
六　生前、水谷静夫氏が書き残していた修正点の反映。

結果的に、新加項目は約二二〇〇項目、削除項目は約二〇〇項目、項目名変更が約一〇〇項目となった。項目名変更とは、「アーチスト」を「アーティスト」に、「にんず」を「にんずう」にする等、現在よく使われる形への変更である。今回の改訂で特に力を入れたのは、⑴語釈の書き方の現代化　⑵内容の現代化　である。⑴としては、例えば、語釈に「食う」を用いていたのを「食べる」にする等であり、⑵は、例えば、生物の分類が遺伝子研究により変わってきたことの反映等である。また、これまでの版においても実例の確認には多くの労を割いてきたが、今回も、国立国語研究所で開発しているコーパス（体系的に収集した言語データベース）をはじめ、コーパス化されていない、少し古い時代の小説等にも目配りしながら、実例重視の姿勢を貫いた。また、記述に際しては、用例記述を増やす努力を行った。

改訂時には、当然の作業として、新しく現れた語を項目として追加し、新しい意味・用法を加え、同時に、古い語、古い意味・用法の整理をする必要があるわけだが、この辞書は「明治の後半ぐらいからを念頭に置く」という方針があるため、古い意味・用法をただ削除するのではなく、語義だったものを注記（▽）に回すなど、穏やかに変えていく方針をとっている。新しい語、新しい意味・用法については、他の辞書に比べて若干慎重な姿勢をとり、十分に定着したと判断されるものを掲載するようにしている。

元号が新しくなり、二〇二〇年代を迎えようとする現在、紙の辞書ではなく電子媒体の辞書が一般的になりつつある。大型、中型、小型の様々な国語辞書が存在しているが、当面はそれぞれの辞書がそれぞれの工夫をしながら、日本語の現在を記述していくことで、日本語の記述の質を高めることができると信じる。と同時に、容易に誰もが情報を発信できる現代における辞書の在り方について、今後深く考えていく必要性を感じる。

引き続き、この辞書の質を高めるために、読者のご協力をお願いしたい。

二〇一九年八月

編　者

はじめに

しばしば、日本語のあいまいさということが指摘されるが、これは日本語自身の責任というよりも、日本語を使う人の側に責任がありそうである。各人が、一語一語の基本的意味を明確にはとらえていないで、その場その場でかなり勝手気ままな使い方をするために、社会全体から見ると、結局、その語の意味がきわめてあいまいだということになるのではなかろうか。そして、語の基本的意味を明確に記述しておくのは辞書の役目のはずである。

この辞書は、現代の、話し、聞き、読み、書く上で必要な語を収め、それらの意味・用法を明らかにしようとした。携帯用であるため、採録の総語数は五万七千余に過ぎないが、どういう語を採録するかについては、厳密な検討を加えたので、現代人の生活に必要なものはほとんど収めてあるはずである。ただし、固有名詞は除いた。また、現代語の中でも、特に専門家や特殊な人人の間でしか使われないようなものは除いた。また、十分安定したとは言いがたい新語(外来語を含めて)は採録しなかった。採録語を、どこまでも、現代生活に必要なものという観点から厳選したところに、本書の第一の特色があるだろう。

漢字母を、その字音に基づいて、本文中に排列した。これは、単に漢字辞典を国語辞典の中にまぜようとしたものではない。元来、日本語の中には多数の漢語が含まれている。その漢語を構成する単位としての漢字の働きを明確にする必要があると考えたからである。それは、一般に、接頭語や接尾語の説明が、辞書にとって欠くことの出来ないものであるのと同じことと言える。ただし、漢字母の場合は、一般の語と違って、字形や字画をはっきりさせる必要があるので、特に大きな活字を用いた。なお、漢字母としてあげたのは二千三百余字である。漢字母を造語成分の一つとして本文中に加えたのは、本書の第二の特色である。

語の意味は必ずしも一つとは限らない。しかし、これまでの多くの辞書は、一語の意味を、あまりにも細かく、しかも並列的に記述して来たきらいがある。そして、どちらかというと、その語の基本的意味がなおざりにされていたようである。この辞書では、このことを反省して、出来るだけ、一語一語の基本的な意味を解明しようとした。現象的なものよりも、その根底にひそむ根本的な意味を明らかにしようとしたのである。慣用語やことわざを、別の場所に取り出して説明することなく、そのもとになる語の意味の説明と密着させて説明したのも、またこの考え方に基づくものである。この点に、この辞書の第三の特色がある。

なお、日本語の中で最も基礎的な語と思われるものについては、出来るだけ多くの分量をさいて、くわしく意味・用法を記述した。また、意味の説明を記述するのに際しては、まず初めに、現在普通行われている意味・用法を解説した上で、以前行われた用法にも触れるようにした。さらに、これまでの辞書では、一一の語に必ず漢字による表記が当ててあった。それらの中には、実際にはほとんど行われることのなかったものもある。そこで、この辞書では、漢字による表記は、実際の文章においてそのように書く習慣のあったものに限った。また、当用漢字表等の出現に伴って表記形の変わったものは、これをも示した。従って、この辞書は、読むためにも、書くためにも、参考になると思われる。これを本書の第四の特色としたい。

辞書は、全く知らない語を知るためのものでもあるが、また、自分が知っていると思う語でも、その意味や用法を確かめるために引いてみる必要のあるものである。この辞書が多くの人人のために役立ちうるならば、これに越した喜びはない。

昭和三十八年三月　　編　者

第二版に際して

第一版を刊行してからすでに八年になろうとしている。この間、日本語の変動は、決して少ないとは言えないようだ。社会の激動期であるからであろう。

語の意味用法に変化の起こったものがある。本来ある専門分野でだけ用いられていた語が、社会の変動に伴って他の場面にも使われるようになり、そのために意味が広がり、用法にずれの生じたものがある。また一方、新しい語が次から次へと生まれ、その中には辞書に採録すべきものも少なくない。いたずらに新語を拾ったり、新奇な意味用法を追いかけたりせず、社会的に十分に安定したと思われるものに限って採録するという、編集の基本的な考え方は、今回も第一版と変りはない。それでも、このたびの改訂に当たっては、相当に広い範囲にわたって筆を加え、また、新たに約六百語を補った。

漢字母は、語を構成する成分として取り上げたのであるが、これらの項目を一層利用しやすくするため、付録として索引をつけた。あわせて、そのほかの使用度の高い漢字も掲げ、一字一字の音訓を示すとともに、いわゆる難音訓に属する熟字熟語の読み方をもしるした。

一体に、言語は、語と語とが結びついて新しい語を作るという性質をもっている。これら複合した形の語を数えれば、おびただしい数に上るであろう。小辞典にその全部を収容し切れるものではない。そこで、語が複合してゆく形態を明らかにするために、語の構成に関する概説を巻末に加えた。

なお、第二版から、編者として水谷静夫が加わることになった。

昭和四十六年一月　　編　者

第三版に際して

幸いに好評で迎えられた第一版の刊行から第二版に至るまでに、八年の隔たりがあった。今回の改版までにも同じく八年たっている。「十年一昔」というが、辞書もまた成長するとの感を新たにした。

世の動きに連れて、語にも、その意味・用法にも、移り変わりが見られる。改版理由の一つはこれであるが、十年間程度で国語の状態が一変するとは言えない。改版のいっそう大きい理由は、旧版より更に良い辞書にしたいという、編者としては当然の願いである。この辞典は初めから、小型でありながら単なる言い替えにとどまらない語釈を、という方針を採って来た。学界の意味論の進展に伴い、その採るべきは採り、われわれ自身の研究成果を加えて、ここに全面的な改訂を行った。

辞書の編者の苦心は、許された紙幅に良質の情報をいかに塩梅するかという点にある。小型辞書ではこの制約が特にきびしい。見出し語の採否の決定だけでなく解説の部分でも、絶えずつらい取捨が問題になる。第二版では六百語ほどを新たに収めたが、今回も厳選を経て約一千語を追加した。語釈の整理再編や増強は収録語の少なくとも三分の一に及んでいる。類義語の意味・用法の違いが語釈に反映することにも努めた。品詞の与え方は全般的に再検討して整合を図った。

造語成分としての漢字母を項目に立てるのはこの辞典に始まると言って過言でないが、それらの漢字を要素とする熟語例を、特にその字母が下に付くものを中心に、大幅にふやした。国語辞典の泣き所は、漢字表記語は読み方が分からなければ引けないという点である。巻末「漢字の読み方の手引」はこのための工夫であるが、新版では使いやすいように体裁を一新した。

新装でお目みえするこの辞典が読者諸氏の御支援を得て今後も成長することを願う。

昭和五十四年十一月　　　　　　　　　　　　編　者

第四版刊行に際して

一言語の構造的な大枠は短い年月に変わるものではない。割合に移りやすいと見られる用語の面もその例外とはならないが、社会の動きに応じ辞書の見出し項目や釈義などの改修が必要になろう。国語研究の伸展を反映した修正も、時にはある。辞書も育つべきであり、そのための改修は辞書編集者の責務といえる。

昭和三十八年に初版を出したこの辞典は、八年の間隔で二度版を改めた。第三版刊行の後、国語施策の面で当用漢字表から常用漢字表への切り替えがあり、臨機の措置を旧版でも講じたが、近くは〝現代かなづかい〟の改定を見た。これを機に、それらを取り込んだ形での改版に踏み切った。無論、改修は表記面にはとどまらない。第三版刊行のころには無かった、または一般的ではなかったが、その後、日常生活でもよく使うようになった語、例えば「ワープロ」「ＯＡ」「前倒し」「献体」「無添加」「情報科学」のような語を、新たに収めた。更に、実務文献などの用語調査の結果に立って見出し語を増補した。増補語数は約九百にのぼる。見出しを新たに立てないまでも、用例を補って解説したものまで含めれば、一千を越える。他に、語義の変遷は認めがたくても語釈の仕方を変えた方が現在の使い様に対し適当だと思うものを、改めた。その一例として「工学」を引こう。初版の解説を補強した第二版・第三版のその条には

基礎的科学を工業生産に応用するための、応用的科学技術の総称。▽最近では、工業に限らず、数理的な技術を中心とした応用科学的なものをも広くさす。「社会―」「システム―」

とあるが、この第四版ではこの語の最近の用例に即応するように、

役に立つ生産物を得るために、計画・設計・製造・検査の段階に基礎的科学を応用する、そういう技術の総称。「機械―」「システム―」「経営―」「数理―」▽engineering の訳語。もとは工業に関して言ったが、近ごろはそれに限らない。

と書き直した。なおこの事は、一時期の流行に過ぎないような用法を追うのと同じではない。

小型辞書の編集は特に、許される紙幅との戦いになる。一方、その制約を逆用して、大型辞書の場合より小回りの利く改版作業を可能にする。その利点を活用したつもりであるが、今後とも読者諸賢の御支援・御批正を乞う。

昭和六十一年九月　　編者

第五版刊行に際して

辞書にまず期待されるのは、むずかしくてまたは知らないので分からない言葉の意味がやさしく書いてあることであろう。多くの項目について《やさしさ》の要求を満たすのはそれほど困難ではない。ところが、日常よく使われる基本的な語の意味を、その語よりやさしく書くことは、ほとんど望めない。しかも辞書の釈義にはもう一つの要件として、《正確・適切》という規準が課せられている。やさしさと正確・適切とが両立すればそれに越したことはないが、言葉によってそうは行かない場合がある。たとえば格助詞の釈義などその例であろう。こういう所は、読者にもある程度辛抱して読んでいただくほかない。そのかわり用例を多く入れて、用例からも見当がつけやすくしたつもりである。また一般に、ピンと来るようにという事を意識し過ぎると、とかく狭い用例に即しすぎた勇み足の記述に陥る。記述が無味に傾くとしても勇み足は戒めた。基本的な語の用例も旧版よりふやし、また、「▽」の箇所で

の補足的解説もかなり入念にした。

第五版では古語項目を削った。四版まで基本的な古語を含めたのは、一つには高校生向けの学習辞典を兼ねるねらいもあったが、現代語の理解に古語の意味を知っておくのが有効な場合が多いからでもあった。削除は単純な作業ではなかった。たとえば「如し」を削ると、今もかなり使われる「ごとき」「ごとく」の形をそれぞれに見出しとして、内容的に重複の多いことを一一書いた上に、両者の関係づけをしなければならない。また、古い用法との脈絡を捨て去ったのでは、根無し草の現代日本語になりかねまい。これは編者の可とするところではない。古語の見出しや用法に代えて、語源的な古語の形や用法への言及を旧版よりふやした。この部分が単なる語源知識の興味に発するのではないことに注意せられたい。

現代語といっても、明治の後半ぐらいからを念頭に置いている。わが国の生活の変化はこの間に極めて大きかったが、少なくともその程度の広がりで現代語を考えるのでなければ国語を根無し草にしてしまう。一方、生活形態の急激な変化は、日常生活でごく普通だった道具類など、少し以前の事物を忘れ去らせている。そういうものを表す言葉を辞書から追い出せば、昭和初年の小説さえ読む手掛かりを与えないことになりかねない。むしろそのたぐいの言葉は説明をやや詳しくした。

また、今回の改訂では、主として形容詞・形容動詞について接尾語「さ」「み」「げ」などを伴った派生形の表示、漢字母項目の中で一字の字音語としても使うものへの品詞付加のほか、一五〇ほどの項目にはその関連語を掲げる等、旧版にない新たな情報を盛り込んだ。

世上、意味を詳しく記述すると称して、実は指される事柄の説明に流れているものが多い。何を指すかの知見は意味記述のためにも概して必要ではある。しかし意味とは、指されるもののことではなく指し方のことである。指される事物・作用・状態の列記を主にすれば、一語に対して数十もの意味番号を設けて記さなければならなくなる場合も珍しくない。はたして一語がそんなに多義だと見るべきであろうか。この辞書は、旧版もそうであったが、意味番号を異にする項の間の関連づけに相当の留意をした。つまり指し方によってまとめるということである。そのため、一番から機械的に番号を振る仕方は採らず、漢数字・算用数字・片仮名で分かつ三段階の、思考科学にいう木構造によっている。本当は「・」を併用した十進分類のような表示にしたかったが、そこまで徹底した方式を採るには至らなかった。しかし、将来の辞書は、この点を含めて、もっと構造化すべきものと思う。また、この辞典の従来の特色の一つに、「▽」を付して参考情報をいろいろ記した部分が挙げられる。この部分について、異なる種類の情報が同居しているので、種類を示す標目を立てるなど工夫の余地があるのではないかとの御意見もいただいている。しかし第五版も形式を改めなかった。これも過度の形式化を避け、形の上でなじみにくいものにしない方針によった結果である。いつまでもそうした態度でいてよいか否かは今後の課題としてなお考えたい。

一九九四年七月

編　者

第六版刊行に際して

世紀が改まるといっても別にそれを何ほどの事とは思わないが、今回の第六版がこの辞書の二十世紀最後の改訂版となる。ここでは、本辞典のこれまでの編集方針の基本線を変えることなく、一層の充実を図ることとした。その一環として、過去百年を一往のめどに一般用語を記録しておくことに(小型辞書としての紙幅の許す限り)配慮した。あれこれ新語が加わっても現代語はそういう地盤に立っている。

改訂は、無論、見出し項目増補にとどまらない。集めておいた実際の用例に照らす再検討で釈義記述を改良したところが多い。その際に、その語の意味と特定文脈で(たまたま)生ずる意味との区別に留意し、気軽に意味番号を振って列挙するような態度は慎んだ。それがかえって、当の語の意味を詰めていって包括的につかむことになる。大概の語で一語が九つも十もの意味をもつと見るのは、いかにも安直であり不自然でもある。指される物事が違っても、それがその語を使って表す事柄の違いに過ぎない場合が多い。逆に、指される物事は同じでも異なる捉え方の表現をすれば、そこに意味の違いがあるというもの。また用法上の注意を、主に「▽」で句切った部分に補った。ここには紛れやすい類語との使い分け情報も増補した。

適切な用例から用法が分かる場合が珍しくないので、用例補充には紙幅増加を懸念しつつも努めた。一方、漢語複合語など、見出しにせず用例として掲げたものが相当にある。この扱い方は、ことわざ・慣用句を別扱いにせず用例中に織り込んで当の要素とその表現との意味関連を明らかにしようとして来たのと、同じ趣旨である。読者には用例まで目を通していただきたい。例えば「揺り動かす」について、その動きが大規模とは限らないこと、物的対象にも心的対象にも使えることが、掲げた用例からくみ取れるであろう。そうした使い方を期待する。

約千百に上る新設項目は新語だけでない。学術上の基本用語でありながら国語辞典が逸していた「双対(そうつい)」のような語が、その例である。他方、昭和も二十年代まではその時時で日常に使ったが、割合容易に意味が分かると考えたため旧版に載せてはなく、五十年後の今や《現代語中の死語・古語》と目せられるような語、例えば「洗濯板」「銀しゃり」「愛妓」「宝引(ほうびき)」のたぐいは、現時点を逸すると正確な釈義が次第にむずかしくなると思われるので、六版にはかなり採った。和語複合動詞について、形成する要素に分解して考えれば分かるはずという見込みで旧版に載せてなかったものは、ひとえに辞書の図体を小さくしたいためであったが、複合による意味を分解結果から正確に推すことが、さまで容易とは言い難くなって来ている。それで、「写し取る」など動詞の場合に限らずに、割合よく使う複合和語百五十ほどを、項目を立てて補った。

二〇〇〇年九月

編　者

第七版刊行に際して

この辞典も二十一世紀初の改版を世に送ることになった。編纂の根本方針は第六版までと変わらないが、収録語の原則的範囲について、現今の感じで古くさくなっていても、明治二十年ごろ以降で昭和中期まで普通に使われたものは、採用する方針を再確認した。今日現在の言葉も根無し草ではない。それに限れば収録語数は三分の一以下に減じよう。だがそれでは多少前の(例えば戦後十年程の)物を読むのにも不自由するに違いない。問題は収録語の範囲の事だけでない。辞書の中核部を成すのは釈義部分であり、また適切な用例が添えてあれば読者(あえて利用者と言わない)の理解・活用に大いに益するであろう。こうした事情で、第七版は全巻に及んで見直しをした。釈義部分・用例や「▽」で句切った参考情報部分の改修は、「あいだ」「距離」「等しい」というような、第六版までの記載で満足すれば満足できるものにも及んだ。

改修具体例を名詞から拾って更に二つ掲げよう。一つは、唐突ながら、けやきは雑木かという疑問。盆栽の世界や日本式造園の世界ではけやきも桜も雑木に分類されてきた事実を、既刊の恐らくどの国語辞典も反映していない。「ぞうき」「ざつぼく」(ともに雑木)の「雑」は、質が劣る意でなく和歌集などの雑の部のその「雑」であると解釈しなければ適切でない。これは二葉亭四迷『浮雲』などに見える用例に徴しても言える事で、この版では「ざつぼく」の釈義を「ぞうき。広くは、落葉広葉樹。」と改め、「ぞうき」の方は「主立たない(=雑)木」とまず説いて、それからその主立たないということの意味を㋐㋑に分けて解説した。詳しくはそれらの項目を引いて戴ければ分かるので、これ以上述べない。二番目の例は「たすき」である。この語釈に、駅伝走者が掛けるたすきも挙げた辞書はいろいろあるが、言わば本来のたすきについて、背中で斜め十字にすることだけを前提にしている。それでは駅伝走者や選挙立候補者の掛けるのとのつながりが付かない。この辞典の第六版までもそういう有様だった。第七版では片方の肩から他方のそでへと掛ける掛け方がある記述を追加して、両者のつながりを付けた。だが「たすきに掛ける」「たすき掛け」という場合には十字に交わるものだけを指す。こういう見極めが辞書を作る時のむずかしさである。

『岩波国語辞典』初版は、高校で習う程度の古典作品の事を念頭に置いて、現代語・古語両用の辞書として出発した。しかし古語項目は第五版から涙を飲んで削った。小型辞典の宿命的制約である分量の観点で、移り行く現代語の実相に関する増補のために紙幅を産みたかったからである。その版の刊行の辞に述べたとおり、古語での意味を心得ることが時として現代語の理解を深める面がある。そういう場合の関連づけだけは「▽」を頭に置いた部分でしたし、今回の改修でもこれを増補した。だから単純な現代語辞典とは言えない。書名に「現代」が入れていない理由の一つはこうした事である。例えば「ごとき」「ごとく」は、別見出しとするより「ごとし」を本項目として説く方が引く側に便利だと考え、そうしてある。(たとい「ごとき」「ごとく」で引いても、矢印で「ごとし」に導かれる。)「……は言わずもがなだ」「……と思いきやさにあらず」「目もあやに」「嵐ものかは出発した」「主たる情報」「腕こそよけれ利に疎い」など文語残存形は今なお予想外に生きている。

こうした注意は古語との関連ばかりでない。例えば「わが社八十年の歩み」とは言っても「わが社八十年の歩き」と言わないのがなぜかを「あゆむ」の項に記した。(「あるく」の項にも、矢印で参照の便が図ってある。)総じて相互参照・対義語表示また品詞情報を今回の改修で見返し確認した。項目の増補だけでなく用例の増補にも心掛けた。読者の中には用例なんか余り役立たないとお思いの方がおいでかも知れないが、そうではない。第六版の刊行の辞にもこの例は述べたが、「揺り動かす」が動きの規模にかかわらないこと、物的・心的どちらの対象にも使えることが、掲げた用例からくみ取れるはず。用例増補は分量の増加になるが、質的向上にはやむを得ない。また、特にいわゆるカタカナ新語を新加項目とすることと競り合う結果になるけれど(読者は、「バッチ処理」のように時代の先端を行ったはずのカタカナ語で、もはや死語と見えるのが幾多あることにお気づきだろうか)、方針として用例を優先する心構えで臨んだ。

格要素を述語(体言述語もある)に結合させる格助詞の種類と働きとは注目に価する事柄である。これを本格的に釈義に付記することは小辞典のよくする所でないので、本書はしかるべき用例で示唆する方針を採った。例えば助詞「と」㊀①㋐の▽部には異同に関する名詞が後続すれば、「田中と同級生の山田」のように使えることが既に第六版に断ってあるが、「同格」「別物」「無関係」のたぐいの名詞もこれらの仲間である。主な語にはそれを示唆する用例を追加した。また以前は「内科で受診する」と使った「受診する」を、近ごろは「内科を受診する」でも多く使うので、自動詞他動詞両方の用例に書き換えた。似た現象もかなりの語に見受けられる。

この辞書が視野に収めるのは過去百年の(一時的流行ではない)言葉の群れである。それゆえごく最近の新語・俗用にはかなり保守的な態度となる。ただし、機械システムを「立ち上げる」など他辞書に先んじて第五版に取り上げ、更に広がった使い方も第六版に加えたといった実績はある。今回の項目増補についても同様な例が多く出ることを願う。難事ではあるが、収録項目を始めさまざまな点での釣り合いが良く取れていれば幸いである。半世紀以上辞書編集に携わって、むずかしさをいよいよ知る次第である。辞書の質を高めるために、今後とも読者の御協力を期待する。

二〇〇九年八月　　　　編　者

第七版新版について

二〇一〇年十一月に「常用漢字表」が改定され、併せて「人名用漢字」も改正された。これを受け、この辞典の漢字表記に関わる情報を改めた。そのほかにも全体にわたる改修をしたので、第七版新版とする。

二〇一一年八月

凡　例

収録した語

1　現代語を中心とし、約六万七千語を見出し語とした。日常生活の上で必要な外来語・文語・雅語・成句なども多く取り入れた。

2　動詞の連用形から派生した名詞は、場合によって省いた。また、形容詞などに「さ」「げ」「み」「がる」が付いて出来た語も特別のもののほかは見出しに立てなかった代わり、よく使うものについては、派生欄を設けてそれらの派生語を列挙した。

3　単語を構成する単位としての、接頭語・接尾語などの造語成分も、出来るだけ取り上げた。漢字母を入れたのも、一つ一つの漢字を造語成分と見たからである。

4　単語と単語とが結合して出来た複合語のほかに、単語と単語とが慣用的に結びついているものも「連語」と呼んで取り上げた。

見出し

1　見出し

ア　見出しには原則として平仮名を用い、現代仮名遣いで示した。

イ　外来語は片仮名で示し、長音にはーを用いた。

アーチ

なお、一語一語の表記は、内閣告示「外来語の表記」を参考にした。

ウ　活用語は原則として終止形で掲げた。語幹と語尾との区別が立つものは、その間に-を入れて仕切った。

き-る【切る】〘五他〙
き-れる【切れる】〘下一自〙
あかる-い【明るい】〘形〙

バレエ　**ジェントルマン**

エ　接頭語・接尾語を一つの独立項目として立てた場合には、次のように示した。

こ=　接頭語
=さ　接尾語

2　歴史的仮名遣い

ア　和語においては、見出しの次に歴史的仮名遣いを示した。ただし、複合語で一部分が見出しの現代仮名遣いと同じである場合は、その部分を：で示した。

あいだあひだ【間】
あいてあひ：【相手】
あおがえるあをがへる【青×蛙】

イ　漢語においては、原則として字音仮名遣いを示さなかった。ただし、「様」「相」のように、古くから仮名書きにすることの多かった語は、特に「やう」「さう」とその字音仮名遣いを示した。

3　表記形

ア　【　】の中に、その語の書き表し方を示した。ただし、見出しの仮名と全く同じ場合は省略した。なお、表記形がいくつかある場合は並べてあげた。

イ　漢字の字体は、常用漢字・人名用漢字は新字体、それ以外の漢字は原則として正字体を用いた。

ウ　漢字で書く語については、常用漢字表に取り上げられているものと、それ以外のものとを、次の記号を用いて示した。

印なし　常用漢字表にある字

あいどく【愛読】

△ 常用漢字表にある字であるが、音訓欄にその音訓が取り上げられていない場合

ちひろ【千△尋】

× 常用漢字表外の字。人名用漢字を含む。

いちのとり【一の×酉】

〈 〉 常用漢字表付表にある、一続きの漢字で特定の読みを表す、いわゆる熟字訓を示す場合

いなか【〈田舎〉】

〈 〉 前項以外の熟字訓を示す場合

のり【〈海苔〉】

エ 送り仮名は内閣告示「送り仮名の付け方」を参考としたが、送り仮名法は時代によっても異なるので、送らないことが古い習慣である場合、または送っても送らなくてもよい場合には、その部分を（ ）でくくった。

あみもの【編(み)物】

うまれかわ-る【生(ま)れ変(わ)る】

オ 西洋系の外来語で、ローマ字で書く形が普通である場合には、この欄にその形を示した。

ピーティーエー【ＰＴＡ】

4 品詞など（巻末「語類概説」参照。品詞などの略語は見返し「略語表」参照）

ア 《 》の中にその語の品詞その他の文法上の性質を示した。

イ 次の場合には、多くその注記を省略した。

a 名詞。ただし、特に必要がある時は明記した。

b 単独項目として出した接頭語・接尾語

c 漢字母

ウ 動詞はいちいち動詞であることを断っていないが、活用の種類と自動詞・他動詞の区別とを示した。

ゆ-く【行く】《五自》

よ-む【読む】《五他》

い-きる【生きる】《上一自》

かか-げる【掲げる】《下一他》

けっ-する【決する】《サ変自他》

形の上では名詞に感じられても、実際にはサ変自動詞としてしかまずは使わない語は、次の仕方で記した。

つうてい【通底】《ス自》

エ 口語形容詞は語幹末の母音によってウ音便の作り方に差が出るが、他は同様なので、いわゆるク活用・シク活用の区別をしない。詳しくは巻末「形容詞活用表」参照。

きよ-い【清い】《形》

うつくし-い【美しい】《形》

オ 形容動詞的に用いられるものは、次のような形で示した。

しずか【静か】《ダナ》

せいしん【清新・生新】《ダケ》

ようよう【洋洋】《トタル》

カ 名詞で、「する」を付けて動詞としても用いるもの、あるいは、形容動詞的にも用いるものは、次のような形で示した。

うんどう【運動】《名・ス自》

アタック《名・ス自他》

おおわらい【大笑い】《名・ス自他》

けんこう【健康】《名・ダナ》

いってつ【一徹】《名ノ》

せきりょう【寂×寥】《名・トタル》

キ　副詞は、語形に「に」をとるもの、「と」をとるもの、併用するものなどを区別して表示した。詳しくは巻末「語類概説」の副詞の項を参照のこと。

副詞で、形容動詞的にも用いるものは、次のような形で示した。

いかが【〈如何〉】《ダナ・副》
とくべつ【特別】《ダナ・副》
きんぜん【×欣然】《副・トタル》

ク　「に」を伴って副詞として用い、また「なる」を伴って連体詞としても用いるものは、次のような形で示した。

いか【〈如何〉】《ニナル》
さら【更】《ニナル》

ケ　単語と単語とが結びついた形が慣用的に用いられるものは、この欄に「連語」と記した。

いわずかたらず【言わず語らず】《連語》
うかぬかお【浮かぬ顔】《連語》

コ　独立した単語としては使われず、造語成分としてのみ用いられるものは、この欄に「造」と記した。

フラワー《造》

見出しの並べ方

1　見出しの排列は、上から一字ずつ読んだ五十音順に従った。

2　五十音順で順序のきまらないものは、次のように定めた。

ア　「ん」は「を」のあとに置く。

イ　清音・濁音・半濁音の順にする。

こうとう【荒唐】　**ほんぶ**【本部】
こうどう【行動】　**ほんぷ**【本譜】
ごうとう【強盗】　**ぼんぷ**【凡夫】
ごうどう【合同】　**ポンプ**

ウ　促音の「っ」、拗音(ようおん)の「ゃ」「ゅ」「ょ」はそれぞれ、「つ」「や」「ゆ」「よ」のあとに置く。

ねつき【寝付き】　**しつじ**【執事】
ねっき【熱気】　**しっし**【嫉視】
きゆう【×杞憂】　**じつじ**【実字】
きゅう【×灸】　**じっし**【十指】

エ　外来語を表す時の小字の「ァ」「ィ」「ゥ」「ェ」「ォ」は、普通の仮名のあとに置く。

ふあん【不安】
ファン

オ　長音符号ーは、その場合の発音が、ア・イ・ウ・エ・オのいずれかであることによって、それぞれの音を表す仮名と同じものと認める。

ガーター　は　ガアタア　の位置に置く
コーヒー　は　コオヒイ　の位置に置く

そして、普通の仮名のあとに置く。

きい【奇異】
キー

3　見出しの、仮名で書いた形が全く同じである場合には、原則として次のように排列した。

ア　文法的性質上、次のような順序。

活用語　動詞(五段・上一・下一・下二・変格の順)
動詞型接尾語　形容詞　形容詞型接尾語
助動詞

凡　例

無活用語　名詞　代名詞　形容動詞語幹　副詞
　接頭語　無活用接尾語
　連体詞　接続詞　感動詞
　助詞

イ　和語　漢語　外来語　漢字母　の順序。

4　同音語で意味の似たものは、場合によって同一見出しのもとに収めた。

　かしょう①【過小】………。②【過少】………。

5　外来語の場合は、別語であっても、仮名で書いた形が同一である時は、一つの見出しのもとに収めた。

　ライト①光。光線。……　④………。▽(1)〜(4)はlight　⑤右。………。▽(5)はright

6　次のような場合には、見出しの語を解説した次に、その語を含む複合語を、見出し語に追い込んで掲げ、説明した。見出し語と重複する仮名の部分は ー で省略した。

ア　和語では、二つ以上の単語で出来ている複合語が、更に他の語と合して複合語を作った場合。

　「ちどり(千鳥)」　に対して　「ちどりあし(千鳥足)」「ちどりがけ(千鳥掛)」「ちどりごうし(千鳥格子)」

イ　漢語では、漢字二字以上で出来ている熟語が、更に他の語と合して複合語を作った場合。

　「安全」　に対して　「安全器」「安全装置」「安全地帯」「安全ピン」「安全弁」など

ウ　外来語では、その語と他の語と合して複合語を作った場合。

　「ガス」　に対して　「ガス糸」「ガスタンク」「ガス灯」「ガスマスク」など

説　明

1　基礎的な語と考えられるものには、特に詳しい説明を加えた。

2　その語の現象的な意味をいちいち細かく分けて説明するよりも、基本的な意味を明らかにするようにした。

3　一語に幾つかの意味を立てた場合には、時代的に古い意味から始めることなく、出来るだけ現代語として最も普通に行われている意味から始める方針を採った。

4　意味を分類して記述する場合には、次のような語義区分を立てた。

ア　①②③……　最も普通の分類。

イ　㋐㋑㋒……　右の内部を更に細分するとき。

　更に小さな区分としてⓘⓘⓘ……も採用した所がある。

ウ　㈠㈡㈢……　アよりも大きな分類が必要なとき。

　これらの語義番号を説明文中もしくは他の項目から参照のために使う場合には、それぞれ(1)・(ア)・(i)・(一)のように括弧付きの形とした。

5　その見出しの語が、常に一定の成句の中に現れるようなものは、その成句の形を、説明の初めに『　』に包んで掲げ、その成句全体についての意味を説明した。

　あげあし【揚(げ)足】『ーを取る』人の言葉じりや言い誤りをとらえて、なじったり皮肉を言ったりする。

6　語の接続の仕方などの文法的な説明は、《　》に包んで、その項の説明の最初に置いた。

　いっさい【一切】①……。……　②《下に打消しを伴って、副詞的に》全く。全然。

7　その意味が特殊な範囲で使われるものであって、理解のために必要と認められるものは、〔　〕に包んで、その語の分類を示した。例えば、

〔仏〕(=仏教用語)　〔俗〕(=俗語)
〔宗教〕　〔哲学〕　〔法律〕　〔経済〕　〔取引〕　〔言語〕
〔数学〕　〔物理〕　〔化学〕　〔天文〕　〔音楽〕　〔美術〕

8　意味の理解を助けるため必要な場合、↕を付けて対義語を示した。

げんいん【原因】『名・ス自』……。↕結果

9　他の項目を参照すべきものは、↓を付けて、その項目を示した。

すいどう【×隧道】↓トンネル(1)
かでん【×瓜田】『—の履(くつ)』嫌疑を受ける行為は避けた方がよいというたとえ。……↓りか(李下)

10　意味の理解を助け、また実際の使い方が分かるように、つとめて用例を「　」に包んで掲げた。また、用例のうち、意味の分かりにくいものや、ことわざ・成句などについては、その解釈を(　)に包んで掲げた。

きょくじつ【×旭日】朝日。「—昇天の勢い」
あら=【新】……。「年寄りに—湯(=まだだれもはいっていない湯)は毒」
あく【〈灰汁〉】①……。……④……。「—の抜けた人」(俗気がない、または粋(いき)な人)

11　文学作品などから用例を引いた場合は、その書名・作者名・作品名などを、用例のあとに(　)に包んで小さく示した。例えば、

(古今集)　(方丈記)
(松尾芭蕉)　松尾芭蕉の俳句
(青砥稿花紅彩画)　読みは「あおとぞうしはなのにしきえ」
(与話情浮名横櫛)　読みは「よわなさけうきなのよこぐし」
(上田敏訳『海潮音』山のあなた)
(夏目漱石「草枕」)

12　用例中の、見出し語に当たる部分は—で略した。ただし、活用語で見出しの形と違う活用形が使われている場合は、語幹を—で表し、・を付けて語尾を添えた。また、語形全体が違う形の場合は、略さないでこれを太字で示した。複数の助詞が使われうる場合は、／で区切って小字で示した。

あいかん【哀歓】……。「—を共にする」
まな-ぶ【学ぶ】『五他』①……。……「先人に—」②……。「よく—・びよく遊べ」③……。
た『助動』……。①……。㋐……。「見つけ—ぞ」……「雨が降ったら延期する」
か-つ【勝つ】『五自』①……。……「裁判に／で—」

13　意味によって複数の漢字表記を使い分ける場合は、その意味説明のあとに最も普通の漢字を【　】に包んで示した。

つと-める【努める・務める・勤める・△勉める・△力める】『下一他』①力を尽くす。……。【努・勉・力】「完成に—」……②役目を受け持つ。……。【務】「案内役を—」③(役所・会社などに通って)仕事につく。……。【勤】「会社に—」④仏道修行をする。【勤】

14　▽を付けて、語源・原義、故事、類義語との区別、用法上の注意、語形のゆれ、外来語の原つづりなど、多角的な補足説明を加えた。▽による注記は、特定の語義区分に関するものはその直後に、見出し語全体にかかわるものは原則として項目の末尾に置いた。

15　外来語の原つづりは、日本語に直接はいったと思われる言語をあげた。また、同時にその言語名を記した。ただし、英語の場合は原則として省略した。

アーチ　①……。……③……。▽arch
トルソー　……。▽イタリア torso

ハンカチ ……。▽handkerchief から。

和製語についても、想定される原つづりを示した。

サイド ①……。……。 **―ビジネス** ……。▽side と business とによる和製英語。

16　［派生］欄を設け、形容詞・形容動詞の語幹ばかりでなく、一部の名詞には「さ」も付くという現象に着目して、接尾語「さ」「げ」「み」「がる」が付いて出来た派生語を掲げた。その派生語が見出しとして立っている場合は＊を付けた。

おも-い【重い】《形》……。［派生］**-さ＊ -げ -み＊ -がる**

17　［関連］欄を設け、多様な表現に役立つ類義語・関連語を一括して掲げた。同欄を設けた項目は凡例末尾に列挙した。

あさ【朝】……。［関連］暁・曙(あけぼの)・早朝・未明・黎明(れいめい)・薄明・払暁(ふつぎょう)・早暁・明け方・有明・夜明け・東雲(しののめ)・朝まだき・朝ぼらけ・朝っぱら・今朝・毎朝

漢字母項目

漢字が日本語の中で単独で使われる場合には普通の見出し語と同列に扱うことが出来るが、熟語の中で働く主なものを個々ばらばらにしておくより、漢字ごとに取り出して造語法を中心に据えて解説する意義は大きい。こういう観点に重点を置いて選んだ漢字を、その字の代表音に従って、本文中に排列した。

1　表記形

ア　〘 〙の中に示した漢字は、字形・字画をはっきりさせるために、一般項目より大きい活字を使った。

イ　漢字には、次のような記号を右肩に付けた。

印なし　次項＊以外の常用漢字

＊　常用漢字のうち、巻末の「学年別漢字配当表」にある字、いわゆる教育漢字

人　人名用漢字

×　常用漢字・人名用漢字以外の漢字

ちょう〘超〙　**ちょう**〘＊長〙　**ちょう**〘人暢〙

ちょう〘×諜〙

ウ　〘 〙の次に［ ］に包んで旧字体を示した。その字体が人名用漢字の時は前項にならって記号を付けた。異体字が人名用漢字の時は（ ）に包んで示した。

えん〘＊円〙［人圓］　**よう**〘人遥〙［人遙］

りょう〘涼〙（人凉）

エ　常用漢字表で許容字体として示されている字体は、〘 〙の次に〈 〉に包んで示した。

そ〘遡〙〈遡〉

2　音訓

ア　一般に使われる音を片仮名で、訓を平仮名で示した。

イ　音は現代仮名遣いで示し、字音仮名遣いが現代仮名遣いと違う場合は、その下に（ ）に包んで示した。

ウ　音・訓のうち、常用漢字表に取り上げられているものは太字で示した。

かい〘＊回〙　**カイ**(クワイ)　エ(ヱ)　**まわる　まわす**　めぐる　かえる

3　その他

ア　単独で語としての用法がある場合には、品詞その他の文法上の性質を《 》に包んで示した。ただし、《 》の表示がない時は

原則では造語成分を表す。

みょう〖妙〗ミョウ(メウ) たえ ｜①《名・造》……。……③《ダナ・造》……

イ 意味説明のあとに、その用例を「 」に包んで掲げた。

さ〖*差〗サ シ シャ さす ｜①《名・造》……。「差がある」「差異・差違・差等・……千差万別」

ウ その字の比較的よく使用される古字・正字・同字などを、意味説明のあとに▽を付けて注したものもある。

か〖*歌〗カ うた うたう ｜①……。②……。▽「哥」は古字、「謌」は同字。

関連語一覧

あかるい【明るい】 あき【秋】 あさ【朝】 あし【足・脚】 あじ【味】 あずける【預ける】 あそぶ【遊ぶ】 あたえる【与える】 あたたかい【暖かい・温かい】 あたま【頭】 あたらしい【新しい】 あたる【当(た)る】 あつい【熱い・暑い】 あつかう【扱う】 あと【後】 あなた【貴方】 あぶない【危ない】 あめ【雨】 あやまち【過ち】 あやまる【謝る】 あらし【嵐】 あらそい【争い】 ありがたい【有(り)難い】 あわてる【慌てる・周章てる】 あんしん【安心】 いう【言う・云う・謂う】 いえ【家】 いき【息】 いし【石】 いし【意志】 いそがしい【忙しい】 いつか【何時か】 いっしょう【一生】 いつも【何時も】 いのち【命】 いのる【祈る・祷る】 いま【今】 いろ【色】 いわ【岩・巌・磐】 いわう【祝う】 うしなう【失う】 うそ【嘘】 うたげ【宴】 うつくしい【美しい】 うで【腕】 うま【馬】 うまれる【生(ま)れる・産(ま)れる】 うみ【海】 うむ【産む・生む】 うやまう【敬う】 うる【売る】 うれしい【嬉しい】

えいえん【永遠】 えらぶ【選ぶ・択ぶ・撰ぶ】 えん〖縁〗 おうへい【横柄】 おおい【多い】 おくる【送る・贈る】 おごそか【厳か】 おこなう【行う】 おこる【怒る】 おさめる【収める・納める・修める・治める】 おしえる【教える】 おだやか【穏やか】 おっと【夫・良人】 おとこ【男】 おとずれる【訪れる】 おどろく【驚く】 おなじ【同じ】 おわる【終(わ)る】 おんな【女】

かいぎ【会議】 かいせい【改正】 がいりゃく【概略】 かう【買う】 かえす【返す・帰す・還す】 かえる【返る・帰る・還る】 かお【顔】 かおだち【顔立ち】 かおり【薫り・香り】 かく【書く・描く】 かくべつ【格別】 かじ【火事】 かしこい【賢い】 かす【貸す】 かすか【幽か・微か】 かぜ【風】 かぞえる【数える】 かた【肩】 かつ【勝つ】 かなしい【悲しい・哀しい】 かね【金】 がまん【我慢】 かみなり【雷】 からだ【体】 かりる【借りる】 かわ【川・河】 かわいそう かんがえる【考える】 かんじょう【感情】 かんじる【感じる】

き【木・樹】 きかい【機会】 きく【聞く・聴く】 きし【岸】 きせつ【季節】 きそく【規則】 きょうだい【兄弟】 きり【霧】 きりょく【気力】 きる【着る】

くう【食う・喰う】 くさい【臭い】 くち【口】 くに【国】 くばる【配る】 くび【首・頸】 くも【雲】 くもり【曇(り)】 くらい【暗い】 くる【来る】 くるしい【苦しい】 くれ【暮(れ)】 くろう【苦労】

けいぐ【敬具】 けが【怪我】 けしき【景色】 けっこん【結婚】 げんいん【原因】 けんか【喧嘩】 げんき【元気】

ごうじょう【強情】 こえ【声】 こおり【氷】 こころ【心】 こころざし【志】 こし【腰】 こたえる【答える・応える・堪える】 こども

【子供】　ことわざ【諺】　ことわる【断る】　ごまかす　こまる【困る】

さいわい【幸い】　さがす【捜す・探す】　さかん【盛ん】　さきほど【先程】　さしあげる【差(し)上げる】　さそう【誘う】　さびしい【寂しい・淋しい】　さむい【寒い】　ざんねん【残念】

しかる【叱る・呵る】　じかん【時間】　ししゃ【死者】　しそん【子孫】　じだい【時代】　しっぱい【失敗】　しつれい【失礼】　しぬ【死ぬ】　じぶん【自分】　しゅだん【手段】　しゅっぱつ【出発】　しゅんかん【瞬間】　じゅんしん【純真】　じゅんび【準備】　じょうず【上手】　しらせる【知らせる・報せる】　しる【知る】　しんじん【新人】　しんせつ【親切・深切】　しんねん【新年】　しんぱい【心配】　しんぽ【進歩】　しんよう【信用】

すぐ【直ぐ】　すくう【救う】　すこし【少し】　すずしい【涼しい】　すすむ【進む】　すすめる【進める・勧める・薦める・奨める】

せ【背】　せいこう【成功】　せいしつ【性質】　ぜひ【是非】　せわ【世話】

そう『僧』　ぞうけい【造詣】　そうしき【葬式】　そだつ【育つ】　そむく【背く】　それぞれ

たいせつ【大切】　たいよう【太陽】　たから【宝・財】　たくらむ【企む】　たすける【助ける・救ける】　たずねる【尋ねる・訊ねる・訪ねる】　ただいま【唯今・只今】　ただしい【正しい】　たのしい【楽しい】　たのむ【頼む・恃む】　たび【旅】　たべる【食べる】　だます【騙す】

ちち【父】

つかう【使う・遣う】　つかれる【疲れる】　つき【月】　つく【着く】　つぐなう【償う】　つたえる【伝える】　つち【土】　つつしむ【慎む・謹む】　つとめる【努める・務める・勤める・勉める・力める】　つま【妻】　つめたい【冷たい】　つよい【強い】

て【手】　ていねい【丁寧・叮嚀】　てがみ【手紙】　てほん【手本】

とう【訪う】　ときどき【時時】　とし【年・歳】　とつぜん【突然】　とも【友・供・伴】　とり【鳥】

な【名】　なおる【直る】　ながれ【流れ】　なく【泣く・鳴く・啼く】　なさけ【情(け)】　なつ【夏】　なまける【怠ける】　なみ【波】　なみだ【涙】

におい【臭(い)・匂(い)】　にる【似る】

ぬく【抜く】　ぬすむ【盗む】

ねがう【願う】　ねむる【眠る】　ねる【寝る】　ねんごろ【懇ろ】　ねんれい【年齢】

の【野】　のぞく【除く】　のぞむ【望む】　のむ【飲む・呑む】

は【葉】　は【歯】　ば【場】　はいけい【拝啓】　はいせつ【排泄】　はえる【生える】　はか【墓】　はかる【計る・測る・量る・図る】　はげしい【激しい・烈しい】　はげむ【励む】　はこぶ【運ぶ】　はじめ【初め・始め】　はしる【走る】　はずかしい【恥(ずか)しい】　はだ【肌・膚】　はだか【裸】　はたらく【働く】　ばつぐん【抜群】　はってん【発展】　はは【母】　はら【腹】　はる【春】　はれ【晴(れ)】　はんい【範囲】　はんする【反する】　はんたい【反対】

ひ【日】　ひかる【光る】　ひっこし【引(っ)越(し)】　ひつよう【必要】　ひま【暇・隙】　びょうき【病気】　ひょうばん【評判】　ひる【昼】　びんぼう【貧乏】

ぶじ【無事】　ふせぐ【防ぐ・禦ぐ】　ふつう【普通】　ふゆ【冬】　ふる

い【古い・旧い】　ぶれい【無礼】　ふんにょう【糞尿】

へいき【平気】　へた【下手】　べんじょ【便所】　べんり【便利】

ほうがく【方角】　ほうじ【法事】　ほうしん【方針】　ぼうどう【暴動】　ほこる【誇る】　ほし【星】　ほしい【欲しい】　ほね【骨】　ほめる【褒める・誉める】　ほんしん【本心】　ぼんじん【凡人】　ほんとう【本当】

まえ【前】　まかせる【任せる】　まがる【曲(が)る】　まける【負ける】　まごころ【真心】　まじめ【真面目】　まじわり【交わり】　まちなか【町中】　まとめる【纏める】　まなぶ【学ぶ】　まねく【招く】　まゆ【眉】　まんぞく【満足】

みごと【見事】　みず【水】　みせる【見せる】　みだれる【乱れる】　みち【道・路・途】　みらい【未来】　みる【見る・視る・観る】

むかし【昔】　むだ【無駄・徒】

め【目】

もうける【儲ける】　もちいる【用いる】　もつ【持つ】　もとめる【求める】　もどる【戻る】　もらう【貰う】　もんく【文句】

やさしい【優しい・易しい】　やすらか【安らか】　やま【山】　やる【遣る】

ゆうがた【夕方】　ゆかい【愉快】　ゆき【雪】　ゆく【行く・往く・逝く】　ゆるす【許す】

よう【酔う】　ようじ【用事】　ようす【様子・容子】　ようてん【要点】

ようやく【要約】　よしみ【好・誼】　よそく【予測】　よのなか【世の中】　よぶ【呼ぶ】　よみ【黄泉】　よむ【読む・詠む】　よる【夜】

よろこぶ【喜ぶ・悦ぶ】

らく【楽】

りかい【理解】　りくつ【理屈・理窟】　りゆう【理由】　りょかん【旅館】

れいぎ【礼儀】　れんしゅう【練習】

ろうじん【老人】

わかる【分(か)る・判る】　わかれる【別れる】　わけ【訳】　わける【分ける】　わざわい【災(い)・禍】　わずらう【煩う】　わすれる【忘れる】　わたし【私】　わらう【笑う】　わる【割る・破る】

あ

あ〖亜〗〔亞〕(人) ア つぐ ―①次ぐ。㋐規準に取った何かに準じるものであること。「亜聖・亜目・亜流・亜熱帯」㋑〔化学〕無機酸などで、酸化の程度が低いものに冠する。「亜硫酸・亜砒酸(あひさん)」㋒〔生物〕種・科・目などの分類をさらに細かく分けたものであること。「亜種・亜目」②「ア」に当たる外国語音を表すのに使う。「亜米利加(アメリカ)・亜刺比亜(アラビア)」。特に、㋐「亜細亜(アジア)」の略。「亜欧・東亜」㋑「亜爾然丁(アルゼンチン)」の略。▽「堊」「啞」の代用としても使う。「白亜・亜鈴」

あ〖×啞〗(唖) ア おし ―①言語を発音して話すことができないこと。その人。「盲啞・聾啞(ろうあ)・啞者」②驚いて口のきけない状態。「啞然」

あ〖阿〗(人) ア くま おもねる ―①岸。まがりかど。隈(くま)。おか。「山阿」②よりかかる。おもねる。「阿世・阿附・阿諛(あゆ)」③人を親しんで呼ぶ時に冠する。「阿兄・阿母」▽日本で女の名に冠して愛称とする時は「お」とよむ。「阿国歌舞伎(おくにかぶき)・阿千(おせん)」④「ア」に当たる外国語音を表すのに使う。㋐梵語(ぼんご)の第一字母の音訳。その他の外国語の音訳にも使う。「阿字・阿吽(あうん)・阿弥陀(あみだ)・阿修羅(あしゅら)・阿片」㋑特に、「阿弗利加(アフリカ)」の略。「南阿戦争」⑤「阿波(あわ)国」の略。「阿州」

ああ《副ダ》あのように。「―なってはだめだ」「―言えば、こう言う」「―いう(=あんな)こと」「―した(=あんな)もの」「―まで(=あれほど)がんこだとは思わなかった」▽↓ああだ

ああ《感》①【〈嗚呼〉】物事に感じ、喜びや悲しみに心を動かして発する声。「―忙しい」「―、どうしよう」「―、面白かった」②相手の言うことへの応答、軽い同意として発する声。「「これでいいですか」「―、いいよ」」「「行ってきます」「―、行っておいで」」

アーカイブ 公文書等の保管所。転じて、(電子媒体によるものを含め)大規模な記録・資料の集積体。それが閲覧もできる所。アーカイブス。アーカイブズ。▽archive

アーキテクチャ ①建築物。建築様式。建築学。構造。②コンピュータ システムの論理的構造。「ハードウエアー」「ソフトウェアー」「ネットワークー」▽architecture

アークとう【アーク灯】放電を利用した電灯。向き合った二本の炭素棒に電流を通すと、その間に白熱光を出す。弧光灯。▽弓なり(=arc)の炎になるので言う。

アーケード ①(洋式の)大きな建物をつらぬく、かまぼこ形の天井をもった通路。②道の上に屋根のようにおおいをかぶせた商店街。また、そのおおい。「―付き商店街」▽arcade

アース《名・ス自他》電位の基準としたり、過大な電気を逃がしたりするために、電気回路を大地などにつなぐこと。また、そのための導線。接地。▽earth(=大地)

ああだ《連語》ああいう事・わけ・様子だ。「親が―から子どももだらしがない」「―のこうだのと」(何やかやと)▽指示副詞「ああ」+断定の助動詞「だ」。丁寧に言うには「ああです」等を使う。

アーチ ①家の入口、橋、トンネルなどの、上部が半円形になった構造物。せりもち。②竹や木の骨組みをスギ・ヒノキなどの青葉で包んだ門。緑門。③野球で、ホーム ランのこと。「―をかける」▽arch

アーチェリー 西洋式の弓。洋弓。また、それを用いて行う競技。▽archery

アーティスティック スイミング 音楽にあわせて泳ぐ技術と芸術性とを競う水泳競技。シンクロナイズド スイミング。▽artistic swimming ASとも略す。

アーティスト 芸術家。特に、美術家・(ジャズやポピュラー音楽の)演奏家。アーチスト。▽artist

アート 芸術。美術。「モダン―」▽art **―し**【―紙】紙面に鉱物質の塗料を塗り、なめらかにした洋紙。多くは写真版の印刷に使う。▽art paper から。

アーベント ある題目で夕方から開く、演奏会・講演会などの催し。「ゲーテ―」▽(ドイツ)Abend(=夕)

アーム ①腕。「―チェア」②器具・機械から腕状にのびている部分。「クレーン車の―部分」「レコードプレーヤーの―」▽arm

アーメン《感》キリスト教で、いのりの後にとなえる語。▽(ヘブライ)amen(=まことに。確かに)

アーモンド 中央アジア原産の落葉高木。桃に似た果実をつけ、やや扁平(へんぺい)で水滴のような形の仁(3)を食用にする。苦くて食用に適さない種は鎮咳(ちんがい)剤・鎮痙(ちんけい)剤などにする。アメンドウ。▽almond ばら科。

アール 面積の単位。記号a。一アールは一〇〇平方メートル。▽(フランス)are

アールエイチいんし【Rh因子】赤血球がもつ抗原の一つ。その有無でRh(+)とRh(−)の血液型を区別する。▽Rh(−)の人は少ない。

アールエヌエー【RNA】生体内で、DNAの遺伝情報から蛋白(たんぱく)質を合成する際に重要なはたらきをする核酸。一部のウイルスでは遺伝情報を担う。リボ核酸。▽ribonucleic acid から。

アール デコ 一九二〇~三〇年代にフランスを中心にヨーロッパで流行した美術・服飾・工芸・建築などの様式。直線を基調とした実用的なデザインが特徴。▽(フランス)art déco

アール ヌーヴォー 十九世紀末から二十世紀初頭にかけてヨーロッパに流行した美術・工芸などの様式。

植物をモチーフにした、流れるような曲線が特徴。▽フランス art nouveau

あい(あひ)【**相**】①《動詞などの上に》組になり、または向かい合う関係にある意を表す。いっしょに。互いに。「—携えて」「—対する」「—宿(やど)」②《動詞の上に》語調を重々しくするのに使う。「いかが—成りましょうか」「—変わらず」▽「あう」の連用形から。

あい(あひ)【**合**(い)】①《名》合い着。「—の背広」▽「あい(間)」と同語源。②《造》ぐあい。㋐見た様子から受ける感じ。「色—」㋑物事が運ぶ調子。「ころ—」「ほど—」㋒物事の筋が落ち着くところ。「義理—」「意味—」

あい(あひ)【△**間**】①すきま。絶えま。↓あいだ(1)㋒。②↓あいきょうげん

あい(あゐ)【**藍**】①古くから染料をとるために栽培される一年草。秋、穂状の赤い小花をつける。「青は—より出(い)でて—より青し」(弟子が先生よりもすぐれていることのたとえ。↓しゅつらん)▽この例の二番目の「あい」は(2)の意。たで科。②藍(1)の葉や茎から取った濃い青色の染料。「—染め」。また、あいいろ。▽今は化学的に合成もする。

あい【**愛**】そのものの価値を認め、強く引きつけられる気持。㋐かわいがり、いつくしむ心。「子にそそぐ—」。いつくしみ恵むこと。「神の—」。いたわりの心。「人類—」㋑大事なものとして慕う心。「母への—」。(特に男女間の)慕い寄る心。恋。㋒その価値を認め、大事に思う心。「真理への—」▽↓あい【愛】

あい【*愛】アイ いつくしむ いとしい おしむ かなしい かなしむ めでる ——①かわいがる。いとしく思う。いつくしむ。いたわる。「愛憎・愛妻・愛娘(あいじょう・まなむすめ)・愛情・恩愛・慈愛・偏愛・博愛・寵愛(ちょうあい)・親愛・敬愛・鍾愛(しょうあい)・情愛・溺愛・母性愛」②(男女が)思いあう。親しみの心でよりかかる。「愛執(あいしゅう)・愛欲・相愛・恋愛・求愛」③好む。面白いと思う。「愛好・愛玩・愛読」④大切にする。「愛郷・愛護・自愛・友愛・祖国愛・遺愛」⑤惜しむ。「愛惜・割愛」⑥「愛蘭(アイルランド)」の略。▽↓あい(愛)

あい【哀】アイ あわれ あわれむ かなしい かなしむ ——①あわれむ。「哀憫(あいびん)・哀憐(あいれん)」②㋐悲しむ。悲しい。心をいためる。「哀歓・哀愁・哀傷・哀悼・悲哀・喜怒哀楽」㋑(あわれみをもよおすように)熱心に望む。「哀願・哀訴」

あい【×埃】アイ ほこり ——①土ぼこり。ちり。ごみ。「埃土・塵埃(じんあい)」②「埃及(エジプト)」の略。

あい【×隘】アイ ——(土地が)せまい。細まっている。「狭隘・隘路・隘巷(あいこう)」

アイアール【**IR**】①↓じょうほうけんさく。▽information retrieval の略。②赤外線。「—センサー」▽infrared の略。

あいあい【×**藹**×**藹**・×**靄**×**靄**】《ト タル》和らいで穏やかなさま。「和気—」(一座・仲間の間に、なごやかに楽しみ合う気分が満ちている)

あいあいがさ(あひあひ)【**相合傘**】(むつまじい男女が)寄り添って入る形で一本の傘をさすこと。「男どうしの—じゃ様にならない」。また、傘の柄を中心にして、その両側に二人の名を書く落書き。

アイアン 金属製の薄い頭部をもつゴルフ クラブ。ボールの飛ぶ距離よりも方向性を重視して作ってある。▽iron

あいいく【**愛育**】《名・ス他》かわいがって育てること。

あいいれない(あひ)【**相**△**容れない**】《連語》いっしょには成り立たない。両立しない。「両者の利害は—」。互いに他方が許せない。「彼らは—性格の持主だ」▽「ない」の部分は、「ぬ」「ません」でもよく、それら三つの活用形でもよい。

あいいろ(あゐ)【**藍色**】藍(1)から取った染料で染めた濃い青色。

あいいん(あひ)【**合印**】帳簿・書類を他の帳簿・書類と引き合わせたしるしに押す判。あいはん。▽「あいじるし」と読めば別の意。

あいいん【**愛飲**】《名・ス他》好んで飲むこと。

あいうち(あひ)【**相打ち・相撃ち・相討ち**】(武術で)双方が同時に相手をうつこと。転じて、勝負なし。「—になる」

アイエイチ【**IH**】電磁誘導による加熱。「—クッキング ヒーター」(電磁調理器)▽induction heating から。

あいえん【**愛煙**】好んでタバコを吸うこと。「—家」

あいえんきえん(あひ)【**合縁奇縁・合縁機縁**】人の交わりには互いに気がよく合う合わないがあって、それは不思議な縁によるのだということ。

あいおい(あひおひ)【**相生**】①一つの所から互いに接しては え出ること。「—の松」②夫婦が共に年とるまで長生きすること。▽同音で「相老」に通わせる。

アイオーティー【**IoT**】情報機器以外のものにも通信機能を組み入れ、インターネットを通して情報をやりとりするシステム。モノのインターネット。▽Internet of Things の略。

あいか【**哀歌**】悲しみの心を述べた歌。悲歌。エレジー。

あいかぎ(あひ)【**合鍵**】一つのかぎのほかに、その錠に合う他のかぎ。また、その錠に合わせて作ったかぎ。

あいかた(あひ)【**合方**】①歌い手に対し、三味線(しゃみせん)をひく者。②芝居のせりふの間などに入れる三味線。③長唄の合(あい)の手の長いもの。④歌曲の囃子方(はやしかた)。

あいかた(あひ)【**相方**】あいて(1)。特に、㋐(演芸で)組む相棒。㋑遊客の相手の遊女。▽多く「敵娼」と書く。

あいがも(あひ)【△**間**×**鴨**・**合**×**鴨**】マガモとアヒルとの雑種。姿はマガモに似る。肉は食用。

あいかわらず(あひかはらず)【**相変**(わ)**らず**】《連語》今までのとおり。いつもと同じ(く)。「皆—元気です」「暮らし向きは—だ」▽「相も変わらず」の形も使う。丁寧に言う時には「相変わりませず」。

あいかん【哀感】ものがなしい感じ。悲哀感。

あいかん【哀歓】かなしみとよろこび。「—を共にする」

あいがん【哀願】『名・ス自他』人の同情心にうったえて物事を頼み願うこと。

あいがん【愛玩】『名・ス他』大切にしてかわいがったり楽しんだりすること。「—動物」「—の品」

あいぎ【△間着・合着】①春や秋に着る洋服。あいふく。▽夏と冬との間に着るから。②上着と下着との間に着る衣服。「少し寒いので—をする」

あいぎ【愛×妓】ひいきにして愛する芸者・遊女。

あいきどう【合気道】古い柔術の流れをくみ、投げわざ、おさえわざを主とする武術。

あいきゃく【相客】①宿屋で同室にとまり合わせた客。②相席の客。

アイキュー【ＩＱ】→ちのうしすう(知能指数)。▽intelligence quotient から。

あいきょう【愛△敬・愛×嬌】①接すると好感を催させる柔らかな様子。㋐(女・子供の、身にそなわる)にこにこした愛らしさ。「物腰にもにじみ出る—」「—のある子」㋑(商人・芸人の)人づきよく思われようとして示すにこやかさ。「—を振りまく」②見て(聞いて)笑いを覚えさせる感じ。「これはとんだ御—だ」「一座の—者」

あいきょう【愛郷】自分の生まれた土地(＝故郷)を愛すること。「—心」

あいきょうげん【△間狂言】能の中で狂言師の受け持つ演技、またはその役柄。あい。

あいぎん【愛吟】『名・ス他』その(詩歌)作品を好んで口ずさむこと。

あいくち【合口】①つばのない短刀。九寸五分(くすんぶ)。▽「匕首」とも書く。②相手として調子のあうこと。「彼とは—がいい」

あいくるしい【愛くるしい】『形』見るからにかわいらしい。「—笑顔」派生 **-さ** **-げ**

あいけん【愛犬】①かわいがって大事にしている犬。②犬をかわいがること。「—家」

あいこ たがいに勝ち負けのないこと。「一勝一敗で(お)—だ」

あいこ【愛顧】(客が商人・芸人などを)贔屓(ひいき)にし、目をかけ引き立てること。「お客様の御—に感謝し」▽贔屓される側から言う語。

あいご【愛護】『名・ス他』かわいがってかばい守ること。「動物—」

あいこう【愛好】『名・ス他』物事を愛し好むこと。「—会」

あいこく【愛国】自分の国を愛すること。「—者」「—心」

あいことなる【相異なる】『五自』(どの二つにも)互いに違いがある。「—意見」

あいことば【合言葉】①前もって打ち合わせてある合図の言葉。「山」と問いかけたら「川」と答えるなど、おたがいが仲間であることを示すもの。②大勢の間で、ある主張の旗印として使う言葉。標語。モットー。「この団体の—は友愛です」

アイコン もとの対象の形を(一部にでも)とどめる記号。イコン。コンピュータで、画面上のそれを指して選ぶことで操作が指図できるように、その指図にちなむ形を表した図形。▽icon キリスト教ギリシア正教会の聖像を言うイコン(ドイツ Ikon)から出た語。

アイ コンタクト 自分の意思や態度を伝えるために、相手の目を見たり視線を交わしたりすること。「—を取る」▽eye contact

あいさい【愛妻】①大事にしている妻。②妻を愛し大事にすること。「—家」

あいさつ【挨拶】『名・ス自』①人と会ったとき取りかわす儀礼的な動作・言葉。「初対面の—」②儀式・就任・離任などの時、祝意・謝意・親愛の意などを述べる言葉。「一場の—を述べる」「—状」③応対。返事。「知らせたのに何の—もない」▽「ご—」の形で、失礼な応答に対して皮肉をこめて用いる。「ご—だなあ」▽もと、禅家で(師と修行僧が)問答を交わすこと。関連 礼・敬礼・最敬礼・答礼・拝礼・目礼・黙礼・握手・お辞儀・会釈・脱帽・合掌・平身低頭・三拝九拝・口上

あいし【哀史】悲しい出来事を記したもの。「女工—」

あいし【哀詩】悲しい事をよんだ詩。

あいじ【愛児】親がかわいがっている子供。いとしご。

アイシー【ＩＣ】小さな基板に多くのトランジスタ・ダイオードなどを組みこんだ、電子回路の素子。集積回路。▽integrated circuit の略。 **—タグ** 電波を使って、情報を書き込んだり読み出したりできるＩＣチップ。識別番号を記録して商品に付け、流通管理に利用する。電子タグ。ＲＦＩＤ。▽IC tag

アイシービーエム【ＩＣＢＭ】他の大陸にまで届くミサイル。大陸間弾道弾。▽intercontinental ballistic missile から。

アイシーユー【ＩＣＵ】重症患者を収容し、種々の医療設備を使用して集中的に治療を行う病室。集中治療室。▽intensive care unit から。

あいしゃ【愛車】日頃乗っている自分の大切な車。

あいじゃく【愛着】『名・ス自』→あいちゃく。▽もと仏教で、欲望にとらわれ、そこから心が離れられないこと。

アイ シャドー まぶたに塗る化粧品。顔に陰影をあたえる。「—をつける」▽eye shadow

あいしゅう【哀愁】もの悲しさ。うら悲しい感じ。

あいしゅう【愛執】欲望にとらわれて心が離れないこと。愛着(あいじゃく)。▽仏教語から。

あいしょ【愛書】本が好きなこと。「—家」

あいしょう【相性・合性】①性格が合うかどうかということ。「—がいい」②陰陽五行説で、男女の性(しょう)が合うこと。生年月日を五行に割り当て、水と木、土と金を相性とするなど。結婚などによいとした。

あいしょう【哀傷】 悲しみいたむこと。いたましい感じ。

あいしょう『名・ス他』①【愛唱】 好んで歌うこと。「—歌」②【愛唱・愛×誦】 好んで口ずさむこと。「古典の一節を—する」▽「唱」は「誦」の代用字。

あいしょう【愛×妾】 気に入りのめかけ。

あいしょう【愛称】 親愛の気持を含めて呼ぶ特別の名まえ。▽D五一形蒸気機関車の「デゴイチ」など、人間以外の物についても使う。

あいじょう【愛嬢】 親がかわいがっている娘。まなむすめ。

あいじょう【愛情】 相手にそそぐ愛の気持。㋐深く愛するあたたかな心。「母の—」「仕事に—を持つ」「—を注ぐ」㋑(男女間で)相手を恋い慕う感情。

あいじるし(あひ)【合印】 ①味方どうしを敵と間違えないように、区別につけるしるし。②裁縫で、二枚以上の布を正しく合わせるためのしるし。▽(2)は多く「合標」と書く。「あいいん」と読めば別の意。

あいじん【愛人】 ①恋愛の相手。こいびと。▽第二次大戦後、新聞等で「情婦」「情夫」を避けてこの語を使い、「恋人でなく—だ」のような表現も生じた。②だれかれにかたよらず人を愛すること。「敬天—」

アイシング ①『名』砂糖・卵白などで作る、菓子の表面に塗るもの。②『名・ス他』(手当てのため)氷などで体を冷やすこと。「患部を氷で—する」③『名』アイスホッケーで、センター ラインの手前で打ったパック(ゴム製の円盤)がノー タッチで直接相手のゴール ラインを越えること。アイシング ザ パック。▽icing

あい-す【愛す】『五他』↓あいする

アイス ①氷。▽ice ②凍らせたり冷やしたりした菓子・飲み物。「—コーヒー」。また、「アイス キャンデー」「アイス クリーム」の略。③〔俗〕高利貸。▽iceの訳「氷」と音が通じるので、明治時代にもじって使った。 **—キャンデー** 果汁などを冷凍した、一種の氷菓子。▽iceとcandyとによる和製英語。 **—キューブ** 角砂糖状の四角い小さな氷。▽ice cube **—クリーム** 牛乳、卵の黄身に砂糖・香料を加え、まぜ合わせて凍らせた菓子。氷菓子。▽ice-cream **—スケート** ↓スケート(1)。▽ice skating **—ダンス** 氷上で男女が組になり、音楽にあわせてスケートで演じるダンス。技術と芸術性とを競う。▽ice dance **—バーン** 冬季、低温で凍結した雪面・路面。▽(ドイツ) Eisbahn **—ボックス** 氷を使って食品などを冷やす、携帯用の冷蔵庫。▽icebox **—ホッケー** 氷上でスケートをはいてするホッケー。パック(ゴム製の円盤)をゴールに入れ合う。▽ice hockey

あいず(あひ)【合図】『名・ス自他』互いの約束にもとづいて、ある事柄を知らせること。その方法。「—を送る」「仲間たちに目で—する」

あい-する【愛する】『サ変他』それに対し愛をそそぐ。㋐かわいがり、いつくしむ。「子を—」。心から大切に思う。「国を—」㋑(特に男女間で)相手を恋い慕う。㋒物事を強く好む。「酒を—」 関連 愛(め)でる・惚(ほ)れる・見初める・いとおしむ・いとしがる・可愛がる・気に入る・好む・慈しむ・愛情・情愛・情・愛着・寵愛(ちょうあい)・熱愛・盲愛・溺愛・猫可愛がり・愛玩・愛好・博愛・汎愛・偏愛・友愛・自愛・他愛・恋愛・恋慕・相愛・純愛・片恋

あいせい【愛婿】 気に入りのむこ。

あいせき(あひ)【相席・合い席】『名・ス自』飲食店などで、よその人と同じテーブルの席(につくこと)。「—になりますが」「—をした」

あいせき【哀惜】『名・ス他』人の死をかなしみ惜しむこと。「—に堪えない」

あいせき【愛惜】『名・ス他』大切にし、手放したり損ねたりするのを惜しむこと。「故人の—した品」「—の念」。気に入って大切にすること。

あいせつ【哀切】『名ナノ』身にしみ通って(＝切)悲しい(＝哀)こと。「—を極める」 派生 -さ

あいぜつ【哀絶】 非常に悲しいこと。

アイゼン 登山靴の底につけて使う、鉄製の爪のついた滑り止め。▽(ドイツ) Steigeisenから。

あいぜんみょうおう【愛染明王】〔仏〕愛欲などの欲望がそのまま悟りであることを表す明王。赤身で三目六臂(さんもくろっぴ)、怒りの相をあらわした像に作られる。▽「愛染」は愛着(あいじゃく)に染まる意。煩悩(ぼんのう)。

あいそ【哀訴】『名・ス自他』同情を求めて嘆き(＝哀)訴えること。

あいそ【愛想】 ①にこやかで人づきのよいこと。「—のよい人」▽意図した物腰の場合を言うようになって来た。↓あいきょう(1)㋐㋑。②人に寄せる愛情・好意。「—がつきる」(あきれていやになる)「—もそも尽き果てる」(前例の強調形)「—をつかす」(いやになって取り合わなくなる)「お—(＝おせじ)を言う」「ねえさん、お—」▽「あいそう」の転。③料理屋の勘定。 **—づかし**【—尽かし】 愛想がつきて取り合わなくなること。また、その言葉や態度。 **—わらい**(わらひ)【—笑い】 相手の機嫌を取ろうとしてする作り笑い。追従(ついしょう)笑い。お世辞笑い。

あいそう【愛想】 ↓あいそ(愛想)

あいぞう【愛憎】 愛することと憎むこと。(個人個人に対する)すききらい。「—の念がはなはだしい」

あいぞう【愛蔵】『名・ス他』好きで、大事にしまっておくこと。「—版」

あいそく【愛息】 親がかわいがっているむすこ。

アイソトープ 同じ元素で原子量が異なるもの。同位元素。同位体。▽isotope

あいだ(あひだ)【間】 ①これとそれとに挟まれたところ。▽(1)㋒のようなとぎれが原義。↓ま(間)(1) ㋐並ぶ(並べて考える)これとそれとが挟む位置の部分。「大阪と広島(と)の—の都市」「今日から三日の—安売りをする」「nとn^2との—にある素数」。特別に限った、一続きの空間・時間や一まとまりの範囲。「五キロ先までの—は道が悪い」「東京にいる—

に見ておこう」「少しの―空を仰いだ」「学生の―で人気がある」「この条件を満たす―繰り返す」▽最後の例のように連体修飾を伴って副詞的にも働く。また、両端を含めずにも言う。㋑『この―』今から少し前の過去。「この間こんな話を聞いた」▽㋑は崩して「こないだ」とも言う。

㋒ものが空間的や時間的にとぎれている(割合に小さい)隔たり。透き間。絶え間。「木立の―から湖が見える」「家々の―に桜がある」「爆発音が―を置いて響く」▽時間について言うのは後世の転用。

②人(や団体)の交わり方の仲。「夫婦の―が唯事(ただごと)でない」「君との―に遠慮は無用」「三国の―が友好化した」

あいたい【相対】さしむかい。第三者を入れず直接の当事者が(向かい合いで)処置すること。「―のお話を願おう」「―で約束した事だ」「―ずくの相談」▽「そうたい」と読めば別の意。 **―ずく** ↓=ずく

あいたい-する【相対する】『サ変自』互いに向かい合う。「四角形の―二辺」。対立する。「両軍―して機を窺(うかが)う」「―意見」▽「そうたい」とは読まない。

あいだがら【間柄】人と人との関係。㋐血族・親類の続きあい。続柄。「親子の―で水くさい」㋑つきあい。関係。「二人の―はよくない」

あいだぐい【間食い】↓かんしょく(間食)

あいたしゅぎ【愛他主義】他人の幸福・利益を行為の目的とする主義。利他主義。▽オーギュスト・コントが唱え出した。

あいちゃく【愛着】『名・ス自』愛情にひかれて思い切れないこと。あいじゃく。

あいちょう【哀調】もの悲しい調子。「―を帯びた旋律」

あいちょう【愛重】『名・ス他』愛して大事にすること。▽既に古風。

あいちょう【愛鳥】①かわいがって大事にしている飼い鳥。②鳥、特に野鳥を大事にすること。「―週間」

あいつ『代』「あれ」の乱暴な言い方。あのやつ。▽「あやつ」(あのやつ)の転。人にも事物にも使う。

あいつ-ぐ【相次ぐ】『五自』次から次へと続く。また、続いて起こる。「―いでゴールインした」「―事故」

あいづち【相×槌】『―を打つ』人の話を聞きながら、同意・同感のしるしに返事をしたりうなずいたりする。人の話に調子を合わせる。▽もと、刀を作る時など、相手となって槌(つち)を入れること。むこうづち。

あいて【相手】①自分といっしょに物事をする人。相棒。仲間。②物事をするとき、行為の対象となる人。先方。「話し(の)―」「結婚(の)―」「―にしない」③自分と対抗して物事を争う人。「―に取って不足はない」 関連 先方・相手方・向こう・向こう側・相方(あいかた)・相棒・パートナー・仲間・敵・敵手・敵方・かたき・ライバル・競争者 **―かた**【―方】相手の側(がわ)。相手。 **―ど-る**【―取る】『五他』争いの相手とする。特に、訴訟の相手として訴える。

アイデア (新たに始める)物事の、中核となる考え。着想。アイディア。「よい―が浮かぶ」▽idea

アイティー【IT】インターネットなどの通信とコンピュータとを駆使する情報技術。「―社会」▽information technology から。

アイディー【ID】個々を識別するための、数字・アルファベットなどのつらなり。識別番号。▽identity(=自己同一性)、identification(=身元証明)の略。 **―カード** その人であると識別するために名前・身分などをしるしたカード。身分証明書。

あいでし【相弟子】同じ先生や師匠について、共に学ぶ弟子。同門。

アイテム ①項目。事項。②(衣服の)品目。③装身具。持ち物。▽item

アイデンティティー それが、他とは異なる、まさにそのものであるということ。自己同一性。「自分の―を主張する」▽identity

あいとう【哀悼】『名・ス他』人の死を悲しみいたむこと。「謹んで―の意を表する」

あいどく【愛読】『名・ス他』(その書物を、後には雑誌や新聞も)好んで読むこと。「―者」「―書」▽元来、繰り返しそれを読むほどまで気にいっている場合に使う。だから「東海道の古地図を―する」のようにも使える。

アイドリング『名・ス自他』機関(自動車のエンジンなど)を、動力を伝えることなく作動(空回り)させること。「―ストップ」▽アイドル(idle)は活動していない意。idling

アイドル 人気のある若いタレント。また広く、人気者。▽idol(=偶像)

あいなかば-する【相半ばする】『サ変自』対照的、また異質なものが半分ずつである。「賛否―」「驚きと好奇心と―」

あいなめ 浅海の岩礁や海藻の間にすむ魚。普通、褐色で、体長約三〇センチ。食用。あぶらめ。▽あいなめ科。

あいな-る【相成る】『五自』↓あい=(相)⑵

あいにく【△生憎】『ダナ・副[と]』それをしようとするのに、都合の悪い状態にあるさま。ぐあいが悪いことに。「―(と)かぜを引いて欠席した」「遠足には―の雨だ」「―なことに」「お―さま」▽「あやにく」の転。

あいのこ【合の子・△間の子】①種類の違う生物間に生まれた子。雑種。▽かつて混血児の意でも使ったが、今は避ける。②どちらともつかない中間のもの。

あいのしゅく【△間(の)宿・合(の)宿】江戸時代、街道の宿場と宿場との間で旅人が休める茶店などを置いた村。

あいのて【合の手・△間の手】①(三味線(しゃみせん))曲な

ど で)歌と歌との間に入れる器楽だけの間奏。②話・物事の進行に応じて、他の者がさしはさむ言葉・物事。「―を入れる」③歌や踊りにあわせて間に入れるかけ声や手びょうし。

あいのり:【相乗り】《名・ス自》①(車などに)いっしょに乗ること。②共同で、または、他者の企画に加わって、事業を行うこと。

あいば【愛馬】①かわいがって大事にしている馬。②馬をかわいがること。

あいはん:【合判】①↓あいいん(合印)。②連帯でおす印。

あいばん:【△間判・合判・相判】紙の大きさの一種。浮世絵版画で縦一尺一寸(約三三センチ)、横七寸五分(約二三センチ)のもの。

アイ バンク 角膜移植に供するために、死後の眼球提供を希望する個人が生前にそれを登録する組織。▽eye bank

あいはん-する:【相反する】《サ変自》《多くは連体形・連用形で》互いに(=相)対立する、または、矛盾する。「―意見」「利害が―した」「仮説に―して意外な結果が出た」

アイピー【IP】インターネット上でのデータ通信の方法を定めた規約。▽Internet protocol から。 **―アドレス** インターネットに接続した個々のコンピュータを識別するために付けた番号。▽IP address **―でんわ**【―電話】音声をデータ化し、IPによって伝送する電話。

アイピーエスさいぼう【iPS細胞】皮膚細胞などから人工的に作り出した、生体の様々な組織に分化可能な細胞。人工多能性幹細胞。▽iPSは induced pluripotent stem の略。

あいびき:【合(い)×挽(き)】牛肉と豚肉をまぜてひいた挽き肉。

あいびき:【×逢引・×媾×曳】《名・ス自》(愛しあっている男女が)ひそかにあうこと。

あいびょう【愛猫】①かわいがって大事にしている猫。②猫をかわいがること。「―家」

あいふ:【合符】↓チッキ

あいぶ【愛×撫】《名・ス他》なでさすってかわいがること。また、なでさするばかりに深く愛すること。

あいふく:【△間服・合服】↓あいぎ(間着)(1)

あいふだ:【合札】品物をあずかった証拠に渡す札。

あいべつりく【愛別離苦】〔仏〕八苦の一つ。親子・兄弟・夫婦など、愛する人と別れる苦しみ。

あいべや:【相部屋】(宿屋などで)他の客と同じ部屋に泊まること。部屋を同じくすること。

あいぼ【愛慕】《名・ス他》深く愛し慕うこと。

あいぼう:【相棒】共に事をする者。なかま。▽もと、一つの駕籠(かご)をいっしょにかつぐ相手。

アイボリー 象牙(ぞうげ)のような色。乳白色。▽ivory

あいま:【合間】ある事・物と、他の事・物とのあいだ。ひま。「仕事の―に一服する」▽時間的な意味に多く使う。

あいまい【曖昧】《ダナ》内容がしっかり捉えにくく、はっきりしないさま。二通り(以上)に解せられるさま。「―な文章」「―模糊(もこ)」(あやふやなこと) 派生 **-さ** **―や**【―屋】表向きは料理屋・宿屋に見えながら実は売春婦を置いている、いかがわしい稼業の家。

アイ マスク 明るい所でも安眠できるように耳から掛けて目をおおうもの。▽eye と mask とによる和製英語。

あいまって:【相×俟って】《連語》互いに働きかけあって。いっしょになって。「昨日は日曜だったので、好天気と―人出が多かった」「両々―」

あいみたがい【相身互い】同じ身分・境遇として同情すること。「武士は―」

あいもち:【相持ち】①いっしょに持つこと。②代わりあって持つこと。特に、平等に負担すること。

あいやく:【相役】同じ役(の者)。▽既に古風。

あいやど:【相宿】同じ宿屋または同じ部屋に泊まりあわせること。

あいよう【愛用】《名・ス他》気に入って、いつも使うこと。使いつけ。「―のカメラ」

あいよく【愛欲・愛×慾】性愛の欲望。

あいよめ:【相嫁】夫の兄弟の妻。▽その妻どうしで言う。

アイ ライン 目を大きくはっきりと見せるために、まつ毛の生え際に描く線。「―を引く」▽eye と line とによる和製英語。

あいらく【哀楽】悲しみと楽しみ。「喜怒―」

あいらし-い【愛らしい】《形》かわいらしい。「―すがた」 派生 **-さ** **-げ**

アイリス あやめ(2)のうち特に外国産の種・品種の称。▽iris ギリシア神話の女神の名から。

あいれん【哀×憐】かなしみあわれむこと。あわれみ。

あいれん【愛×憐】いつくしむこと。なさけ。

あいろ【△文色】ものの区別。けじめ。「―がつかぬ」▽既に古風。

あいろ【×隘路】①通り路として狭い、進行の難所。②物事を進める妨げとなる困難な問題。「この政策の推進には幾つも―がある」

アイロニー ①皮肉。②反語。▽irony

アイロン ①衣服のしわを伸ばし、折り目をつけるなど、形を整えるのに用いる道具。「―をかける」②調髪用の鏝(こて)。▽iron

あいわ【哀話】かわいそうな話。

あ-う 〔一〕【合う】《五自》別々の物・事が一つにまとまる。▽「離れる」の対義であることが多い。①寄り集まって一つになる。「三筋の川がその地点で―」「糸が絡み―」「友人と駅で落ち―」▽多くは複合動詞後半に使う。②《他の動詞の連用形を受けて》互いに同じ動作をする。「話し―」「なぐり―」③どこに着目しても、うまく整う。つり合う。㋐ぴったりする。「足に―靴」。調和する。「服と帽子の色が―」㋑一致する。「大いに気が―」「君と意見が―・わない」「解答が―」。理にかなう。「測定値が理論に―」④費えに対し損をしない結果になる。「引き合う。「値下げしても―」「そんな―・わない話には乗れない」

㊁【会う・遭う・△遇う・×逢う】《五自》人がだれか、または何かと、ある所でいっしょになる。①その所で顔を合わせる。対面・会見する。【会】「応接間で客と―」「再び彼に―気はない」▽忍びあいは「逢う」とも書く。②偶然に出会う。【遭・遇・逢】「会場で―・った意外な人」「予想外の歓迎に―」。特に、嫌な事柄に出会う。【遭】「どしゃ降りに―」「いわれもないひどい目に―」

関連 対面・初対面・面会・面接・お目にかかる・まみえる・お目見え・目通り・拝顔・拝謁・拝眉・引見・接見・謁見・会見・インタビュー・奇遇・遭遇・出会う・めぐりあい・邂逅(かいこう)・再会・見合い・顔合わせ・落ち合う・待ち合わせる・密会・ランデブー・デート

アウェー サッカーなどで、相手チームの本拠地。↕ホーム。▽away

アウター 「アウターウエア」の略。▽outer **―ウエア** 他の衣類の外側に、特に、戸外で着用する衣類。アウター。↕インナー。▽outerwear

アウタルキー 自給自足(であること)。それを目ざす経済政策。▽(ドイツ) Autarkie

アウト ①テニス・卓球などで、球が規定線外に出ること。↕イン。②野球で、打者・走者が攻撃資格を失うこと。↕セーフ。③ゴルフで、一ラウンド十八ホールの前半九ホール。↕イン。④失格。失敗。↕セーフ。▽out

アウトウエア →アウターウエア。▽out と wear とによる和製英語。

アウトサイダー ①仲間に加わっていない者。部外者。門外漢。余計者。②〔経済〕価格協定などに加わっていない同業者。↕インサイダー。▽outsider

アウトソーシング 《名・ス自他》外部に業務を委託すること。▽outsourcing

アウトドア 屋外。野外。↕インドア。「―ライフ」▽outdoor

アウトプット 《名・ス他》↓しゅつりょく。↕インプット。▽output

アウトライン ①輪郭。②物事のあらまし。大要。▽outline

アウトレット メーカーなどが売れ残りや規格外の品を直接安売りする小売りの業態。「―ショップ」「―モール」▽outlet

アウトロー 社会秩序からはみだした者。無法者。▽outlaw(=法律のわくの外)

アウフヘーベン 《名・ス他》あるものを、そのものとしては否定しながら、更に高い段階で生かすこと。矛盾するものを更に高い段階で統一し解決すること。止揚。揚棄。▽(ドイツ) Aufheben

あうん【×阿×吽・×阿×呍】①万物の初めと終わり。▽梵字(ぼんじ)の字母で第一字がア(口を開いて出す音)、最後がウン(口を閉じて出す音)。②出す息と吸う息。息の出入り。「―の呼吸」(共に一つの事をする時の相互の微妙な調子や気持) ③寺社の仁王(におう)や狛犬(こまいぬ)の一対が、一つは口を開き他は閉じている様子。

あえか 《ダナ》かよわく、なよなよしたさま。たよりないさま。▽雅語的。

あえ-ぐ(あへぐ)【×喘ぐ】《五自》①息をきらす。はあはあと呼吸する。②経営・生活などに苦しむ。「窮乏に―」

あえず(あへず)【△敢えず】《連語》《動詞連用形を受け連用修飾語を作る》完全には、しきらないで。「取るものも取り―」「涙がせき―流れる」(涙の流れるのが抑えられない)

あえて(あへて)【△敢(え)て】《副・ス他》①進んで。しいて。思い切って。「―苦言を呈する」「危険な仕事を―する」②《あとに打消しや条件表現を伴って》わざわざ。「―行くには及ばない」「そんな事を―言う以上、それなりの覚悟はあるね」

あえな-い(あへ)【△敢(え)無い】《形》①あっけなく、もろい。「―最期をとげた」「―・くも敗れた」▽述語としては使われない。②『―・くなる』死ぬ。派生 **-さ**

あえもの(あへ)【△和(え)物】あえたもの。↓あえる

あ-える(あへる)【△和える】《下一他》具材に調味料などをからめ混ぜ、味をなじませる。「酢みそで―」

あえん【亜鉛】金属元素の一つ。元素記号 Zn 青白色で、もろい。鉄板にめっきしてトタンを作り、また種々の合金に使う。

あお(あを)【青】㊀《名》①晴れた秋空や藍染めのような色。また、その系統の色。▽後者の場合には「青葉」のように緑にも言う。「藍」と同語源。②青色と関係のある次のようなもの。㋐交通信号の、進め。青信号。「―で渡ろう」㋑黒い毛色の馬。「いななけ、―よ」▽俗に、毛色が何であれ、馬を指すこともある。㊁《接頭》《名詞にかぶせ》(年が若く)未熟な。「―二才」。また単に、若い。「―女房」

あおあお(あをあを)【青青・×蒼×蒼】《副[と]・ス自》①いかにも青いさま。また、一面に青いさま。「―と広がる海」②青みがかっているさま。「―とした畳」③草木・作物などが緑色で、生き生きとしているさま。「―(と)した麦畑」「―と芽吹いた柳」

あおあらし(あを)【青嵐】青葉のころに吹く、やや強い風。▽「せいらん」とも言う。

あお-い(あをい)【青い】《形》①青㊀①の色をしている。▽緑の場合にも通じて使う。「―芝生(しばふ)」②青い㊀①感じを与える。㋐顔色が悪い。青ざめて血の気(け)がない。「―・くなる」(危険や重大な過失で青ざめる) ㋑未熟だ。「―果実」「―ことを言う」派生 **-さ** **-み***

あおい(あふひ)【×葵】①モミジアオイ・タチアオイなどの総称。あおい科の植物のうち、大きな花をつけるものにいう。②紋所の名。「―の御紋」(徳川家の紋、三

つ葵を指す)

あおいきといき：【青息吐息】心配などのあまり弱ってはくためいき。そのためいきの出るような状態。

あおいとり：【青い鳥】幸福のしるしである鳥。転じて、幸福。「―を探す」▽メーテルリンクの童話劇に登場する幸福を象徴する鳥から。

あおいまつり：【×葵祭】京都市下鴨(しもがも)神社と上賀茂神社の祭り。五月十五日に行う。賀茂祭(かものまつり)。▽昔は陰暦四月の中の酉(とり)の日に行った。

あおいろしんこく：【青色申告】主に事業所得者に適用する、法人税と所得税の申告納税制度。▽青色の用紙で行うことからはじまった。

あおうなばら：【青海原】青くひろびろとした海。大海。

あおうめ：【青梅】まだ熟していない青い梅の実。

あおえんどう：【青×豌豆】→グリン ピース

あおがい：【青貝】①螺鈿(らでん)の材料とする、真珠光を帯びた貝。夜光貝・あわび等の貝殻。②「青貝細工」の略。螺鈿で、薄い貝を使ったものを言う。

あおがえる：【青×蛙】アマガエルなど背が緑色のかえるの俗称。特にそのうち、あおがえる科のかえるの総称。

あおかび：【青×黴】もち・糊(のり)・果物などに生じる青みがかった緑色のかび。

あおがり：【青刈(り)】飼料などにするため、作物の成熟しないうちに青草として刈りとること。

あおき：【青木】①青々とした木。生木(なまき)。②常緑樹。ときわぎ。③暖地に自生し、また庭木として植栽される常緑低木。葉は楕円(だえん)形で厚く、つやがある。冬、赤い実を結ぶ。雌雄異株。▽(3)はあおき科(旧みずき科)。

あおぎ-みる：【仰ぎ見る】〘上一他〙①顔を上に向けて、上方を見る。②尊敬すべきものとして見る。

あおぎり：【青×桐・〈梧桐〉】緑色の幹が特徴的な落葉高木。葉はひろく長柄がある。夏、薄黄色の小花が群がり咲き、実が熟さないうちに豆の形の種が出る。▽あおい科(旧あおぎり科)。

あお-ぐ：【仰ぐ】〘五他〙①顔を上に向ける。㋐上方を見る。「天を―」㋑『毒を―』毒を(あおむいて)飲み、自殺する。②尊敬すべきものとして見る。「聖人の徳を―」「師と―」。首長にすえる。いただく。「会長に―」③教えや助けを乞う。㋐目上の人から教えや指示を得ようとする。「指図を―」㋑欠けるところを他にたよる。「原料を外国に―」

あお-ぐ：【△扇ぐ・×煽ぐ】〘五他〙うちわ・おうぎ等を動かして風をおこす。

あおくさ：【青草】(春または夏の)青々とした草。

あおくさ-い：【青臭い】〘形〙①青草を切ったときのようなにおいがする。②未熟だ。「―意見」 派生 -さ -み

あおぐろ-い：【青黒い】〘形〙青みがかって黒い。 派生 -さ -み

あおげ：【青毛】馬の毛色で、青みを帯びてみえる黒色。

あおこ：【青粉】①青海苔(のり)を干して粉末にしたもの。②微細な藻類が繁殖して、湖沼・金魚鉢などの水が緑色になること。また、それを引き起こす藻類。

あおさ：【〈石蓴〉】浅海の岩につく海藻。薄い葉状で、緑色。食用。▽多くはあおさ科あおさ属の緑藻を言う。

あおざかな：【青魚】皮が青い魚。例、イワシ・サバ。あおもの。

あおざし：【青×緡】青く染めた麻縄でつくった銭(ぜに)さし。また、それにさした銭。

あおざむらい：【青侍】若くて、ものなれない(官位の低い)侍。

あおざ-める：【青ざめる】〘下一自〙(血の気(け)を失って)顔色が青白くなる。

あおじ：【青地】地色(じいろ)の青いこと。そういうもの。

あおしお：【青潮】内湾部の海底で有機物が分解して発生した硫化水素が、水とともに青白い帯状にわき上がり漂うもの。水中の酸素が欠乏し、魚や貝を害する。▽「苦潮(にがしお)」とも言う。→あかしお

あおじそ：【青紫×蘇】葉が緑色の、しその変種。芳香があり、葉と穂は薬味や刺身のつまなどに使う。おおば。

あおじゃしん：【青写真】①見取り図的な将来計画。「―を描く」②図面などの複写に使う写真の一種。図形や文字が青地に白くまたは白地に青く出る。

あおじろ-い：【青白い・×蒼白い】〘形〙青みがかって白い。特に、(顔などが)青ざめて血色が悪い。「―インテリ」 派生 -さ -み

あおすじ：【青筋】青色の筋。特に、皮膚の上から見える静脈(じょうみゃく)。「―を立てておこる」

あおぞら：【青空】晴れて青く見える空。そういう空の下つまり野外で行うこと。「―教室」

あおた：【青田】稲が青々としている田。また、まだ実っていない田。 **-うり**【―売り】①まだ稲が青いうちに、収穫量を見越してその田の米を売ること。②転じて、工事の完了前に宅地や建物を売ること。 **-がい**【―買い】まだ稲が青いうちに、収穫量を見越してその田の米を買い取ること。比喩的に、卒業前の学生に対して、(早い時期から)社員採用の契約を結ぶこと。▽「青田刈り」と言うのは誤り。

あおだいしょう：【青大将】へびの一種。体は緑がかった暗褐色。体長一～二メートルで、日本本土では最大のへび。無毒。

あおだけ：【青竹】幹の青い竹。

あおだたみ：【青畳】新しくて表が青々している畳。

あおだち：【青立ち】まだ熟さずに青い色のままで稲がはえていること。そういう稲。

あおっぽ-い：【青っぽい】〘形〙①全体として青が主となった感じの色合いだ。②→あおくさい(2)。 派生 -さ

あおでんしゃ:【青電車】赤電車の一つ前の電車。▽↓あかでんしゃ

あおてんじょう:【青天井】①青空。▽空を天井に見立てて言う。②(株価など、物の値段・数値が)むやみにどこまでも上がること。

あおどうしん:【青道心】僧になったばかりでまだ仏道を十分におさめていない人。

あおな:【青菜】青い色の菜。「―に塩」(青菜に塩をふりかければしおれることから、元気がなくしおれる意)

あおにさい:【青二才】年若く経験のとぼしい男。▽ののしって言う言葉。

あおの-く【△仰く】〘五自〙↓あおむく

あおの-ける【△仰ける】〘下一他〙↓あおむける

あおのり:【青〈海苔〉】内海・河口の岩などに密生する糸状の海藻。干しのりにする。▽あおさ科などの数種の緑藻の称。

あおば:【青葉】①今年になって新たに出た若々しい葉。若葉。また、若葉の茂ったもの。②緑色の、木の葉。

あおばえ【青×蠅・×蒼×蠅】腹が金属光沢のある青色をした、比較的大形のはえの俗称。▽うるさくつきまとう者をののしるのに言うことがある。

あおばと:【△緑×鳩】ハトの一種。頭・胸は黄緑色で、雄は翼の一部が赤褐色。海岸で海水を飲む行動で知られる。

あおば-む:【青ばむ】〘五自〙青みを帯びる。

あおびょうたん:【青×瓢×箪】まだ熟していない青いひょうたん。転じて、顔色の青い人をあざけって言う語。

あおぶくれ:【青膨れ・青×脹れ】色が青くむくんだように見える人。また、そういう様子。

あおぶさ:【青房】相撲(すもう)で、土俵の吊(つ)り屋根の北東の隅に垂らす青色の房。

あおまめ:【青豆】①大豆の一品種。実が緑色で大粒。②グリン ピース。

あおみ:【青み】①(他の色に加わった)青い色合い。「―を帯びる」「―がかったガラス」②吸い物・焼き魚などにそえる緑色の野菜。▽「み」を「味」と書くのは当て字。

あおみどろ:水田・沼・池などの中に綿のように茂る糸状の緑藻。あおみどり。

あお-む【青む】〘五自〙青くなる。また、緑になる。「―・み渡った麦畑」。顔色が青白くなる。

あおむ-く【仰向く】〘五自〙(首をそらし、または体を横たえて)上を向く。あおのく。

あおむけ【仰向け】背を地面などにつけて顔を上向きにすること。↕うつぶせ

あおむ-ける【仰向ける】〘下一他〙上を向ける。顔が上を向くようにする。あおのける。

あおむし:【青虫】蝶(ちょう)・蛾(が)の幼虫で、毛やとげのない緑色のもの。特に、モンシロチョウ・スジグロシロチョウの幼虫。

あおもの:【青物】①野菜の総称。「―市場(いちば)」▽もと女房言葉。↓せいか(青果)。②↓あおざかな

あおやか:【青やか】〘ダナ〙青々としているさま。
派生 **-さ**

あおやぎ:【青△柳】①青々と枝葉をたれのばした、やなぎ。②ばか貝のむき身。

あおり【〈障泥〉〈泥障〉】馬具の一つ。鐙(あぶみ)と馬のわき腹との間に下げた、かわ製のどろよけ。▽足触(あふり)の意。

あおり【×煽り】①あおる作用(の結果)。㋐強い風による衝撃や動揺。「爆風の―をくう」㋑強い作用の余勢。「パニックの―で倒産した」②(何かをさせようと)人をあおること。扇動。「―行為」

あお-る【×煽る】㊀〘五他〙①(うちわなどで)風を起こして火の勢いを強める。②風が物をばたつかせる。ひるがえす。また、そのように動かす。人に(働きかけて)させようとする。「観客を―・って盛り上げる」「競争を―」「不安感を―」「仕事を―・られる」④カメラを低い位置に置いて上向きに撮る。⑤〔取引〕自分の思惑(おもわく)どおりにしようと、むやみに売買して相場を狂わす。⑥あぶみで、障泥(あおり)を打って馬を急がす。㊁〘五自〙風に吹かれて動く。「木戸が―」

あお-る【×呷る】〘五他〙あおむいて、一息に飲む。▽酒をぐいぐい飲むことを指す場合が多い。

あか【赤】①人の血や夕焼け空のような色。また、その系統の色。「―のまんま」(せきはん)▽「赤犬」のように茶色にも言う。「赤靴」は茶色のを指し、「赤い靴」と区別される。「朱(あけ)」「明るい」と同語源。②赤色と関係のある次のようなもの。㋐赤信号。㋑紅白試合で、赤(1)を印にする方の側。↕白。㋒共産主義(者)、社会主義(者)、左翼などの俗称。▽革命旗が赤色だから言う。㋓赤茶色の毛色の犬など。㋔あかがね。銅。㋕赤色で書く文字。赤字。「―を入れる」③すぐ目につくほど、はっきりしていること。紛れもないこと。「―の(＝全くの)他人」「―恥」▽(3)は「あか(し)」がもと、あきらかの意だった名残。↓まっか(2)

あか①【×垢】㋐皮膚のうわ皮が汗・あぶら・ほこりとまじって出るよごれ。▽よごれ・けがれのたとえにも言う。「心の―」㋑水の中の不純物がうつわの底などにたまってついたもの。水あか。②【×淦】舟底にたまった水。▽舟乗り・漁夫が「水」と言うのを忌んで、こう呼ぶ。「閼伽(あか)」の転か。

あか【×閼×伽】仏前・墓前に供える水。▽梵語(ぼんご)。
-だな【―棚】仏に供える水や花を置くたな。

あかあか【明明】〘副と〙きわめて明るく。「電灯が―ともる」

あかあか【赤赤】〘副と〙まっかに。「夕日が―とさす」「―とした頬」

あか-い【赤い】〘形〙①赤(1)の色をしている。「恥じて

ーくなる(＝赤面する)」「ー気炎」(女があげる気炎)「歳末ー羽根(＝助け合いのしるし)募金」「ー糸に結ばれる」(→いと(糸)(1))「ー信女(しんにょ)」(夫と死別した女。墓石に戒名(かいみょう)を刻むのに、生きている間は朱を入れるから) ▽「明るい」と同語源。②〔俗〕共産主義的だ。左傾している。派生 -さ -み*

あかいわし【赤×鰯】①赤っぽく変色した、塩漬けまたは干物にしたいわし。②さびた刀。▽(1)に似ているから。

あかうま【赤馬】①赤毛の馬。②火事の(江戸での)異称。▽飛び火や延焼でよく走る見立て。

アカウント コンピュータやネットワークを利用する資格(を示す、利用者を識別する文字列)。▽account(本来の意味は「銀行口座」)

あかえい【赤×鱏】エイの一種。体は菱形(ひしがた)で黄褐色。有毒のとげがある、むちのような尾をもつ。全長二メートルに達する。食用。

あかがい【赤貝】海産の二枚貝。殻のつなぎ目から放射状に四十二本前後の溝が走る。肉は赤くて美味。

あかがえる【赤×蛙】ニホンアカガエル・ヤマアカガエルなど、背が赤茶色の中形のかえるの総称。

あかがし【赤×樫】材が堅く赤みを帯び、様々な用途に使われる常緑高木。高さ一〇メートル以上になり、葉は長楕円(だえん)形。堅木。▽ぶな科。

あかがね【△銅・赤金】銅(どう)。▽赤みを呈するから。単に「あか」とも言う。

あかがみ【赤紙】①赤い色の紙。②〔俗〕差し押さえになった物品に貼られる紙。また、軍の召集令状。

あかぎ【赤木】①皮をはいだままの丸木の材木。↕黒木。②赤い色の木材。ウメ・カリン・シタンなど。

あがき【△足×掻き】あがくこと。㋐じたばたすること。「ーが取れない」(自由に動けない。どうしようもない)「悪(わる)ー」 ㋑馬が前足で地面を掻(か)いて進むこと。

あかぎっぷ【赤切符】以前の汽車の三等乗車券の通称。▽赤い色をしていたから。

あかぎれ【×皸】寒さのために手足の皮が裂けたもの。

あが-く【△足×掻く】〘五自〙①(苦しい状態から抜け出そうと)手足をむやみに動かす。また、あれこれやってみる。もがく。②馬などが前あしで地面を掻(か)く。また、そのようにして進む。

あかぐろ-い【赤黒い】〘形〙赤みがかって黒い。派生 -さ -み

あかげ【赤毛】①赤みをおびた髪の毛。②馬の毛色で赤茶色のもの。

あかゲット【赤ゲット】①赤い色の毛布。②都見物の田舎者(いなかもの)。おのぼりさん。▽明治時代に東京見物の地方人の多くが、赤い毛布(＝ケット)を羽織っていたから。③ふなれな洋行者。

あかご【赤子】生まれてまもない子。「ーの手をひねる」(きわめてたやすいことのたとえ) ▽「せきし」と読めば別の意。

あかざ【×藜】畑や空地に自生する一年草。茎は太く丈夫で、高さ一メートルに達する。若葉は紅色の粉に覆われ、種子とともに食用になる。茎は乾かしてつえとする。「ーの羹(あつもの)」(粗末な食物のたとえ) ▽ひゆ科(旧あかざ科)。

あかざとう【赤砂糖】精製しない薄茶色の砂糖。↕白砂糖

あかさび【赤×錆】鉄などに生ずる赤い色をしたさび。

あかし ①【△灯】あかり。ともしび。▽「御(み)ー」をかぶせ、「灯明(とうみょう)」を指す場合がある。②【△証】確かなよりどころを明らかにすること。「身のーを立てる」(身の潔白を証拠だてる)。その証拠。▽(1)(2)とも、「明かす」の連用形から。

あかし【明△石】「あかしちぢみ」の略。夏物の、ちぢみの絹織物。▽明石の人がつくり始めたという。

あかじ【赤字】①支出が収入より多いこと。欠損。↕黒字。▽不足額の数字は赤く書くから。②校正で誤りを直した字。▽赤インクなどで直すから。 **ーこくさい**【ー国債】国家が歳入の不足を補うために発行する国債。赤字公債。▽一般に、公共事業の財源にあてるために発行される建設国債とは区別される。

あかじ【赤地】地色の赤いこと。そういうもの。「ーに青く描いた模様」

アカシア ①熱帯から温帯に産する常緑の低木または高木。日本ではフサアカシア・ギンヨウアカシアなどが暖地に植栽され、春にふさのように群がる球状の黄色の小花を咲かせる。ミモザ。▽まめ科アカシア属の植物の総称。②→はりえんじゅ。▽acacia

あかしお【赤潮】大量に発生したプランクトンによって、海水が赤く変色したように見える現象。漁業に被害を与える。淡水に起こることもある。▽→あおしお

あかじそ【赤紫×蘇】葉が紫色のしそ。塩もみしてあくを抜き、梅漬けの色づけに使う。

あかしんごう【赤信号】①交通信号で、「止まれ」「危険」を示すもの。▽赤い旗や電灯などで示すから。②比喩的に、前途に危険や困難のあるしるし。

あかしんぶん【赤新聞】社会の裏面を興味本位に書いた低級な新聞。イエロー ペーパー。▽赤みをおびた紙を使ったから。

あか-す【明かす】〘五他〙①あきらかにする。㋐隠されていることや秘密をはっきりさせる。「手品の種をー」 ㋑うちあける。「身の上をー」②夜をすごして朝を迎える。「試験勉強で夜をー」③『鼻をー』だしぬく。

あか-す【飽かす】〘五他〙①あきさせる。「話上手で人をー・さない」②ふんだんに使う。「金にー・して」「暇にー・して」▽(2)は普通、「あかして」の形で使う。

あかず【飽かず】〘連語〙《副詞的に》①あきもせずに。「ー見入る」②そうするのはあきたりないのに、やむなく。「ー別れる」

あかすり【×垢擦り】入浴の時、肌のあかをこすり落と

すのに使う呉絽(ろご)のきれなど。

あかせん【赤線】①赤い色の線。「要点に—を引く」②第二次大戦後の売春公認地域。▽警察などで地図に赤線を引いて示したことから。一九五六年の売春防止法で廃止された。

あがた【△県】いなか。地方。「—居」(いなか暮らし)▽雅語的。もと、大和時代の地方行政組織。のちに地方官(の任国)。

あかだし【赤出し・赤〈出汁〉】主に赤味噌(あかみそ)を使った味噌汁。

あかだすき【赤×襷】赤いたすき。特に召集令状を受けた応召者が肩から反対側のわきに掛けたもの。

あかちゃ-ける【赤茶ける】《下一自》(日に焼けたり色があせたりして)赤みがかった茶色になる。

あかちゃん【赤ちゃん】「赤ん坊」を親しみをこめて言う語。

あかぢょうちん【赤△提△灯】赤いちょうちんを看板に出した、大衆向きの飲み屋。一杯飲み屋。

あかチン【赤チン】傷口・皮膚の消毒に広く用いられた、赤い液状の薬品。▽ヨードチンキに対して色が赤いことからの称。→マーキュロ

あかつき【暁】①よあけ。あけがた。夜半から夜のあけるころまで。▽「あかとき(明時)」の転。②《主に「には」を従えて》(仮にも)その事が起こったその時。「開戦の—には」「成功した—は」

あかつきやみ【暁闇】あけがたに月が出ていず、あたりが暗いこと。陰暦で十四日ごろまでの現象。

あがったり【上がったり】商売・事業などがうまくゆかず、どうしようもないこと。「商売—だ」▽動詞「あがる」の連用形+助動詞「たり」から。

あかつち【赤土】鉄分を含み、赤く黄ばんだ粘土。はに。

アカデミー ①学問・芸術に関する指導的な、権威のある団体。翰林院(かんりんいん)。日本学士院・日本芸術院など。②大学・研究所などの総称。▽プラトンが弟子(でし)を教えたアカデメイア神苑(しんえん)の地名から起こった。academy

アカデミズム 学問や芸術での、正当性・権威を重んじる態度。▽「アカデミック」同様に、悪いニュアンスでも使う。academism

アカデミック《ダナ》アカデミー風。①学究的。▽非実際的という悪い意味にも使う。②官学的。㋐権威をかさに着て格式ばった理屈をこねるさま。㋑芸術で、形式を守って生気がないさま。「—な描き方に過ぎない」▽academic

あかてん【赤点】テストの不合格点。「英語で—をとる」▽赤字で記すことから。

あかでんしゃ【赤電車】(東京)市電の終電車。▽行き先標識などを赤くして出す。その一つ前のは青いしるしを出し「青電車」と言う。路面電車が激減してほとんど見られなくなったが、この習慣は一部のバスに引き継がれた。

あかとんぼ【赤〈蜻蛉〉】体が赤いとんぼ。特に、アキアカネとそれに近縁の小形のとんぼを言う。秋、群がって飛ぶ。▽かつて、赤く塗った練習用飛行機の俗称にも使った。

あがな-う(あがなふ)①【△購う】《五他》買い求める。▽文語的。②【×贖う】《五他》『罪を—』つぐないをする。罪ほろぼしをする。▽責めを免れるため金品を差し出したことから。

あかなす【赤×茄子】トマトの別称。▽今はほとんど言わない。

あかぬけ【×垢抜け】《名・ス自》《普通「—(が)する」の形で》あかぬけること。「—したやりかた」「一向に—がしない女」

あかぬ-ける【×垢抜ける】《下一自》やぼな所がない。スマートだ。▽都会風に洗練されていたり、粋(いき)な場合などに使う。

あかね【×茜】①山野に自生する多年生のつる草。根を赤色染料や漢方の止血薬とする。▽あかね科。②アカネの根で染めた赤色。やや黒ずんだ赤い色。「—雲」

あかはじ(ぢ)【赤恥】全くの恥。▽「恥」を強めて言う語。「あかっぱじ」とも言う。

あかはた【赤旗】赤い旗。▽平氏の旗、革命派・労働者・共産党の旗、危険信号の旗など。

あかはだ【赤肌・赤△膚】①皮のむけた赤いはだ。②すはだか。まるはだか。③草木がなく、地面が広くむき出しになっているさま。「—の山」

あかはだか【赤裸】全くのはだか。まるはだか。

あかばな【赤鼻】飲酒や病気などのため赤くなった鼻。ざくろばな。

あかはら【赤腹】腹が赤い動物の名称。㋐腹の両側と胸がきつね色をしたムクドリくらいの大きさの鳥。背は茶褐色、腹の中央は白い。夏に中部以北の山林で繁殖し、冬に南へ渡る。▽ひたき科。㋑ウグイの別称。▽生殖期の腹の色から。㋒イモリの別称。

あかびかり【×垢光(り)】《名・ス自》着物などがあかや手ずれで光ること。「—した袖口」

あかぶさ【赤房】相撲(すもう)で、土俵の吊(つ)り屋根の南東の隅に垂らす赤色の房。▽取組の東方(ひがしかた)力士は、その下に通じる花道から出入りする。

あかふだ【赤札】赤い色の札。特に、見切品または売済みを示す赤い札。

アガペー ①キリスト教で、神の愛。罪人である人間に対し、神が注ぐ自己を犠牲にした愛。②初期キリスト教で、信徒の交わりを厚くするために行われた会食。メソジスト派の一部では今も行う。愛餐(あいさん)。▽ギリシア agapē

ア カペラ (本来はキリスト教会用の)普通には伴奏のない合唱曲。また、無伴奏で歌うこと。▽イタリア a cappella(=礼拝堂風に)

あかぼう【赤帽】①赤い帽子。②駅で乗降客の手荷物を運ぶ人。▽赤い帽子をかぶっていたから。

あかほん【赤本】①けばけばした表紙の、少年向き講

談本。▽もと、江戸時代の草双紙(くさぞうし)の一種。赤い表紙をつけ、絵を主とした子供の読物。②俗向けをねらった低級な安い本。

あかまいし【赤間石】山口県宇部市北部で産する赤褐色の石。硯(すずり)の材料として珍重される。

あかまつ【赤松】松の一種。黒松に似るが、樹皮が赤茶色で葉がやや柔らかい。山地・内陸に多い。材は土木・建築用、またパルプ材となる。雌松(めまつ)。▽マツタケは赤松の林にはえる。

あかみ【赤み】(他の色に加わった)赤い色合い。「―を帯びる」「顔に―がさす」▽「み」を「味」と書くのは当て字。

あかみ【赤身】①動物の肉または魚肉の赤い部分。↕白身(しろみ)。②材木の中心の赤い部分。心材。↕白太(しらた)

あかみそ【赤味×噌】赤褐色のみそ。仙台味噌・いなか味噌など。

あかむけ【赤△剝け】《名・ス自》皮膚がむけて、赤はだになること。その赤はだ。

あかめ【赤目】①赤い目の色。㋐疲れ・病気などで充血した目。㋑虹彩(こうさい)が赤い目。㋒写真で、フラッシュのために被写体の瞳が赤く写ること。②あかんべ。③〔動物〕↓めなだ

あかめいも【赤芽芋】サトイモの一品種。葉の根もとが紫がかった赤色。セレベス。

あかめがしわ【赤芽×柏】若葉があざやかな紅色を帯びる落葉高木。材は床柱・下駄(げた)・薪炭(しんたん)用。雌雄異種。▽とうだいぐさ科。

あか-める【赤める】《下一他》赤くする。赤らめる。

あが-める【△崇める】《下一他》きわめてとうといものとして敬う。「神と―」

あかもん【赤門】①朱塗りの門。②東京(帝国)大学の異称。▽(2)は、加賀前田家の上屋敷(かみやしき)の御守殿門(ごしゅでんもん)だった赤門(1)があるから言う。

あからがお【赤ら顔】赤みをおびた顔。

あからさま《ダナ》包み隠さないで、はっきり表すさま。露骨。「―に口には出さない」

あから-む《五自》①【明らむ】夜が明けて来て、空があかるくなる。②【赤らむ】赤みを帯びる。「―・んだ顔」

あから-める【赤らめる】《下一他》赤みを帯びるようにする。「恥ずかしさで顔を―」

あかり【明(か)り】暗い中に認められる、まぶしいほどではない光。「ネオンの―」。特に、照明用の光。「―をともす」「―がつく」。また、明るさ。「―が足りず、よく読めない」▽「雪(の)―」のように、光の反射にも言う。

あがり【上がり】㊀《名》①あがること。あがったもの。㋐位置・程度・価値・値段などが高くなること。↕下がり。㋑仕上がり。でき。「仕事の―がきれいだ」「染めの―がよい」㋒収入。利益。「店の―が少ない」。収穫。「田畑の―」㋓勤務を終えること。「今日は五時で―」㋔すごろくで、最終の仕切りにはいること。またその仕切りの場所。②「上がり花」の略。㊁《接尾》《名詞のあとに付く》前にその職業・身分だった者。「芸人―」「学生―」

あがりがまち【上がり×框】家の上がり口にあるかまち。

あがりぐち【上がり口】階段ののぼり口。土間から座敷などにあがったばかりの所。

あかりさき【明(か)り先】光のさして来る方。▽自分から見て言う。

あかりしょうじ【明(か)り障子】明かりがとれるように紙をはった障子。障子。

あがりだか【上がり高】収穫の量。収入・利益の額。

あがりだん【上がり段】高い所へのぼる階段。

あかりとり【明(か)り取り】室内を明るくするために外の光を取り入れる窓。

あがりば【上がり場】①浴場で衣服を着脱するところ。②湖や海などで岸に上がるところ。

あがりはな【上がり△端】土間から座敷などにあがったばかりの所。

あがりばな【上(が)り花】入れたての煎茶。また一般に、茶。あがり。▽元来は遊里・料理屋などの用語。

あがりめ【上がり目】①目じりのつり上がった目。「―、下がり目、ぐるっと回って猫の目」②(物価などの)上がりはじめの時。▽↕下がり目

あがりもの【上がり物】①神仏への供物(くもつ)。②召し上がるもの。「―は何になさいますか」③田畑の収穫。

あがりや【揚り屋】江戸の伝馬(てんま)町にあった牢屋(ろうや)の一部。御目見(おめみえ)以下の御家人(ごけにん)、大名・旗本の家来、僧侶(そうりょ)、医師、女等の未決囚を入れた。↓あがる㊀(1)㋘

あがりゆ【上がり湯】風呂から上がる時に洗い場で浴びる湯。転じて、おか湯。

あが-る【上がる・揚(が)る・挙(が)る・△騰がる】《五自》㊀ものが下から上に移る。▽普通「上」を使う。「成績が―」「現場から本社に―・ってきた報告」①物が低い所から高い所に移る。↕さがる・おりる。▽「足が高く―」のように部分だけの移動でもよい。その点で「のぼる」とは異なる。㋐高い場所に移る。「山の方に少し―・った所」「階段を―」「すそにはねが―」「噴水のしぶきが―」「噴煙が―」㋑体またはその一部が高い位置になる。「起き―」「足が―」㋒空中高くに移り行く。【上・揚】「花火が―」「のろしが―」㋓水上・水中から陸上や水面に移る、移される。【上・揚】「陸(おか)に―・った河童(かっぱ)」「積荷が桟橋に―」㋔ふろから出る。「湯から―」㋕(家の外から)中(座敷など)にはいる。「足をふいて―」「どうぞお―・り下さい」㋖のぼせてぼうっとなる。「試験場で―・った」▽血が頭に上がる意。㋗(家賃・収益等が所有者・経営者等に)収められる。【上・挙】「利益が―」「予想通りの結果が―」▽もと、年貢(ねんぐ)が官の手にはいる意。㋘賊などがつかまる。検挙される。

【上・挙】「犯人が―」㋙京都の町で、北(すなわち御所の方角)に行く。「河原町四条上ル」▽南に行くのは「さがる」。②勢い・資格・価値・程度が高まる。㋐勢いが加わる。盛んになる。「スピードが―」「気勢が―」㋑価が高くなる。【上・騰】「物価が―」㋒よい状態になる。「風采が―」「腕が―」(上達する)㋓昇進する。「地位が―」▽㋐～㋓は、↕下がる。㋔入学する。「学校に―」㋕声や意見が明らかに発せられる。「喚声が―」「反対意見が―」

㊁事がしとげられる。終わりとなる。仕上がる。【上】「仕事が―」「刷り―」㋐……の費用で済む。「集めた会費だけで―・った」㋑習い終わる。「入門編が―」㋒すごろく等で最終の所にはいる。㋓雨がやむ。晴れる。「長雨が―」㋔尽きる。出つくす。なくなる。「地下の水脈が―」「乳が―」「バッテリーが―」㋕魚が死ぬ。草木が枯れる。「瓜(うり)のつるが―」

㊂敬うべき人などに、ある行為がなされる。【上】▽㊀(1)の意の転。①(高い所に載せて)神仏に供えられる。「灯明(とうみょう)が―」②敬語としての用法。㋐「食う」「飲む」の尊敬語。めしあがる。「夕食は何時に―・りますか」㋑「行く」「たずねる」のへりくだった言い方。「すぐお届けに―・ります」

㊃人に知れるようになる。【挙】①㋐掲げられる。「額(がく)が―」「候補者に名が―」㋑有名になる。「達人として名が―」②見つけ出される。「証拠が―」

㊄熱い油の中で熱せられ、食べられる状態になる。【揚】「テンプラが―」

あかる-い【明るい】《形》①光が十分にさしている(それゆえ物がはっきり見える)状態だ。「月が―」「―電灯」「月夜で―」「室内が―」②性格・表情・表現内容などが晴れ晴れしている。㋐ほがらかだ。明朗だ。「―心の持主」「―詩」。軽やかだ。「―リズム」㋑陰険な所がなく公明だ。「―政治」㋒希望や期待がもてる状態だ。「―未来」㋓色がくすんでいない。「―水色」③その物事をよく知っている。精通している。「地理に―」▽↕暗い。「明ける」と同語源。派生 -さ -み* 関連 燦然(さんぜん)・燦燦・皓皓(こうこう)・煌煌(こうこう)・鮮明・澄明・明白・明瞭・明晰(めいせき)・歴然・判然・明明(あかあか)・はっきり・くっきり・鮮やか・清(さや)か・晴れ晴れ・すっきり・いきいき・朗らか・晴れやか・爽やか・明朗・陽気・闊達(かったつ)

あかるみ【明るみ】明るい所。明るい方。転じて、(人に見える)表立った所。「事件が―に出た」

あかる-む【明るむ】《五自》あかるくなる。「空が―」

あかワイン【赤ワイン】黒みがかった果皮のブドウを丸ごとつぶして発酵させて作る、赤い色のワイン。↕白ワイン

あかん《連語》うまくいかない。よくない。だめだ。▽「らちが明かぬ」から。主に関西地方で使う。

あかんたい【亜寒帯】気候の区分の一つ。温帯と寒帯の中間的な気候。例、スカンジナビア半島・オホーツク海沿岸。

あかんべ 下まぶたの裏の赤い所を出して、軽蔑・拒否の気持をあらわすこと。あかんべい。あかめ。

あかんぼう【赤ん坊】生まれて間もない子。ちのみご。▽「あかんぼ」とも言う。幼いことの強調にも使う。「体のわりに―です」

あかんぼく【亜×灌木】↓あていぼく

あき【秋】夏の次の季節。立秋から立冬の前日まで。日本では普通九・十・十一の三か月。陰暦では七・八・九の三か月。草木がもみじし、多くの植物が実る。「女心(または男心)と―の空」(愛情が移りやすいことのたとえ。秋の天気は変わりやすいから)「―の七草」(↓ななくさ(2))▽「麦の秋」は初夏の、麦の実る時を指す。また「国家存亡の秋」などの「秋」は「とき」と読む。天文学上は、秋分から冬至(とうじ)までが北半球の秋。関連 秋季・秋色・立秋・白露・秋口(あきぐち)・初秋・新秋・早秋・孟秋(もうしゅう)・仲秋・晩秋・暮秋・季秋・涼秋・金風(颯颯(さっさつ))・秋涼・秋冷・爽涼

あき【明き・空き・開き】①すきま。【明・空】「心の―が満たせない」。あいた場所。そのあき方。【開】「前―のブラウス」「胸元の―が大きい」②ひま。【空】「―時間を利用して」③欠員。空席。空室。【空】「定員に―ができる」▽(1)の転。

あき【飽き・×厭き】あきること。「―が来る」(いやになる。あきる)

あきあき【飽き飽き・×厭き×厭き】《名・ス自》《「―する」「―だ」の形で》(十分すぎて)すっかりいやになること。

あきおち【秋落ち】①秋の収穫期前に稲の生育が止まり、見込みよりも収穫が少なくなること。②「秋落(あきおち)相場」の略。予想よりも豊作になったため、秋の米相場がさがること。↕秋高

あきかぜ【秋風】秋に吹く風。▽「秋」を「厭(あ)き」にかけ、「―が吹く」「―が立つ」など、(男女の間で)相手にいやけがさす意にも使う。

あきがら【空(き)殻・明き殻】なかみの入っていない入れ物。

あきかん【空(き)缶】なかみの入っていない缶。「―のリサイクル」

あきくさ【秋草】秋に花が咲く草。

あきぐち【秋口】秋になったばかりのころ。

あきご【秋△蚕】七月下旬ごろから晩秋までに飼う蚕(かいこ)。しゅうさん。

あきさく【秋作】秋に栽培または成熟する作物。

あきさめ【秋雨】秋にふる雨。秋の雨。「―前線」

あきしょう【飽き性・×厭き性】あきっぽい性質。

あきす【空(き)巣】①鳥がいなくなった巣。「つばめの―」②人が住まなくなった家。また、留守の家。③「あきすねらい」の略。留守の家に入り込む泥棒。

あきだか【秋高】「秋高相場」の略。予想より取れ高が少ないため、秋の米相場があがること。↕秋落ち(2)

あきたりない【飽き足りない】《連語》満足しない。「憎んでも―」▽「ない」の部分は、「ぬ」「ません」でもよく、それら三つの活用形でもよい。

あきち【空(き)地】格別、何にも使っていない(特に家の建っていない)土地。

あきつしま【秋津島】日本の国または大和国(やまとのくに)の古名の一つ。あきつくに。あきつしまね。

あきっぽ-い【飽きっぽい・×厭きっぽい】《形》こらえ性がなく、すぐにあきてしまう。「彼は―性格だ」派生 -さ

あぎと【×腭】魚のえら。▽もとは広く、あご。

あきない(あきなひ)【商い】①商売。売り買い。商業。②売上高。また、取引額。「―が多い」「大(おお)―」

あきな-う(あきなふ)【商う】《五他》商売する。売り買いする。

あきのななくさ【秋の七草】《連語》→ななくさ(2)

あきばれ【秋晴(れ)】秋の空が青々と晴れ渡った状態。

あきびより【秋〈日和〉】秋らしい、よい天気。

あきま【空(き)間・明き間】①すきま。②人が使用していない部屋。

あきめ-く【秋めく】《五自》まだ夏だと思ううちに、いつか秋の気配(けはい)がきざす。「朝晩は風も―いてきた」

あきめくら【明き△盲】①目はあいていて、物の見えない人。②無学で字の読めない人。文盲(もんもう)。また、物事を理解しない人。

あきもの【秋物】秋、身につける衣料品。

あきや【空(き)家・明き家】人が住んでいない、または使用していない家。

あきゅうど(あきうど)【△商△人】→あきんど。▽「あきびと」の音便「あきうど」が変化したもの。

あきょうぼく【亜×喬木】→あこうぼく

あきらか【明らか】《ダナ》①事柄がはっきりしていて、だれにもそうだと知れるさま。「―に君の責任だ」②明るいさま。光が明るくて物がはっきりしているさま。「月が―な夜」▽(2)は文語的。派生 -さ

あきら-める ①【諦める】《下一他》とても見込みがない、しかたがないと思い切る。断念する。「夢を―な」「仕方ないと―」▽(2)からの転。②【明らめる】《下一他》事情・理由をはっきり見定める。▽今日では余り使わない。

あ-きる【飽きる・×厭きる】《上一自》(もう十分で)いやになる。飽(厭)く。「仕事に―」

あきれかえ-る(かへる)【×呆れ返る】《五自》非常にあきれる。あきれはてる。

アキレスけん【アキレス×腱】かかとの骨とふくらはぎの筋肉とをつなぐ太い腱。比喩的に、(強者の、または致命的な)弱点。▽ギリシア神話の英雄アキレス(Achilles)の名による。アキレスはかかとだけが弱点で、それを射られて死んだという。

あきれは-てる【×呆れ果てる】《下一自》余りのことにあきれる。あきれかえる。

あき-れる【×呆れる・×惘れる】《下一自》物事が意外で(また余りにひどくて)驚く。あっけにとられる。「―れて物が言えない」「聞いて―」

あきんど【△商△人】商売をする人。商人(しょうにん)。あきゅうど。▽「あきびと」の音便の一つ。

あ-く【明く・空く・開く】《五自》①隔て・仕切り・おおいになっているものが除かれる。閉じていたものがひらく。【開】↔しまる。「とびらが―」「店が―」「幕が―」(転じて、物事が始まる意にも言う)▽「口を―」「目を―」では他動詞的に使う。②そこを占めていたものが無くなり、すきまができる。からになる。↔ふさがる。「穴が―」「―いた席はない」㋐欠員となる。「課長のポストが一つ―」㋑用済みで、使わなくなる。「辞書が―いたら貸してくれ」。ひまになる。「手が―」▽(2)にはおもに「明」「空」を使う。

あ-く《五自》これでもう十分だと感じる。㋐【飽く】満ち足りる。「―ことなく繰り返す」㋑【飽く・×厭く】→あきる

あく【〈灰汁〉】①灰を水に入れてできる上澄みの汁。アルカリ性で、洗濯・染物に使う。②植物が含む渋い液。また、その渋み。「ワラビの―を抜く」③肉・魚などの煮汁の表面に浮いてくる泡状のもの。「―をすくって取る」④洗練されていない、しつこい個性的な感じ。「―の強い文章」「―の抜けた人」(俗気がない、または粋(いき)な人)▽(4)の意では普通かなで書く。⑤灰の別名。▽(5)の意では「灰」と書く。

あく【*悪】【惡】アク オ(ヲ) わるい あし にくむ

①㋐《名・造》正しくない。よくない。不道徳。また、法律に反すること。↔善。「悪の温床」「悪行・悪漢・悪業(あくごう)・悪事・悪徳・悪影響・悪代官・善悪・凶悪・罪悪・邪悪・改悪・害悪・旧悪・極悪・諸悪・積悪・社会悪」㋑みにくい。不快な。不調和な。不適当な。「悪衣悪食・悪疫・悪女・醜悪・険悪・俗悪・露悪」㋒劣っている。へたな。「悪貨・悪筆・粗悪・劣悪」。人のためによくない。あしざま。「悪意・悪口・悪宣伝」㋓芝居で悪人になる役。かたき役。あくやく。「実悪・色悪(いろあく)」②はげしい。たけだけしい。「悪戦苦闘・悪僧・悪源太」③悪いものと考える。にくむ。にくい。恥じる。「オ」と読む。「好悪・嫌悪・憎悪・悪寒・悪阻(おそ)(つわり)」

あく【握】アク にぎる ―手のひらと指でしっかりと包み込む。自分のものにして手離さない。「握手・握力・把握・掌握・一握」

あくあらい(あらひ)【〈灰汁〉洗い】(柱・天井・縁側・板塀等の)よごれをあく(・洗剤)で洗うこと。

アクアラング スキューバの商標名。▽Aqua-Lung

あくい【悪意】①他人や物事に対していだく悪い感情、または見方。㋐人に苦痛・不幸を与えようとする心。わるぎ。㋑わざと相手に悪くとる見方。「―に解釈する」②〔法律〕法律関係の発生・消滅・効力に影響するような、ある事実を知っていること。▽(2)

は道徳的な意味ではなく、「知りつつ」の意。フランス mauvaise foi の直訳。↕善意

あくいん【悪因】悪い結果を生じるもと。 **—あっか**【—悪果】〔仏〕悪いおこないをすれば、それが原因となって悪い結果の生じること。▽↓いんが(因果)

あくうん【悪運】①運が悪いこと。不運。「好運—の両極に立った」②悪い事をしても悪いむくいがなく、意外にも恵まれた強い運。「—が強い」

あくえき【悪疫】たちの悪い流行病。

あくえん【悪縁】①よくない縁。②無関係になろうとしても離れられずに結びついている縁。くされえん。▽多くは夫婦・男女の関係について言う。

あくがた【悪形】芝居で、悪人の役。悪役。かたき役。

あくかんじょう【悪感情】人に対していだく不快な心持、または悪意。

あくぎゃく【悪逆】人の道にそむいた、非常に悪い行い。「—無道」▽昔の罪名で、主君・父などを殺そうとする罪。

あくぎょう【悪行】悪い行い。悪事。あっこう。

あくごう【悪業】〔仏〕悪いむくいを招くような(前世での)行い。

あくさい【悪妻】夫にとって、ためにならない妻。

あくさい【悪才】悪い事をする才能。「—に長(た)ける」

あくじ【悪事】悪い行い。「—を働く」「—千里を走る」(悪い行いは、隠してもすぐ世間に知れ渡る)

あくじき【悪食】①人が普通には食べないようなものを食べること。いかものぐい。②粗末な食物。粗食。

あくしつ【悪疾】たちの悪い病気。

あくしつ【悪質】『名ナノ』①たちが悪いこと。「—な犯罪」「—ドライバー」②製品の質が悪いこと。↕良質。「—の紙」 派生 **-さ**

アクシデント 不慮の出来事。事故。災難。「—に見舞われる」▽accident

あくしゅ【握手】『名・ス自』(あいさつ・親愛のしるしとして)手を握り合うこと。

あくしゅ【悪手】碁・将棋などで、自分自身を不利にするような悪い手。

あくしゅ【悪趣】〔仏〕現世で悪事を働いた者が、死後におちいる苦しみの世界。悪道。▽「趣」は境界(きょうがい)の意。地獄・餓鬼・畜生を「三—」と言う。

あくしゅう【悪臭】いやな不快なにおい。「—を放つ」「—を消す」

あくしゅう【悪習】悪い習慣。悪弊。「—に染まる」

あくしゅみ【悪趣味】『名ナノ』周囲の人に不快な気持を起こさせるような、品のよくない好み・様子。「—ないたずら」

あくじゅんかん【悪循環】『名・ス自』甲と乙とが密接な関係にあるため、甲が悪化すれば乙も悪化し、その結果がまた甲の悪化を促すというように、互いに影響し合って、とめどなく悪化すること。「—に陥る」

あくしょ【悪所】①きりたった崖のふち、けわしい坂道など、危険な、また進むのに困難な場所。難所。②悪い場所。特に、遊郭。「—通い」

あくしょ【悪書】低俗で有害な本。

あくじょ【悪女】①心のよくない女。毒婦。②みにくい女。醜女。「—の深情け」(みにくい女ほど情が深い。転じて、ありがた迷惑の意)

あくしょう【悪性】『名ナノ』心やふるまいが悪いこと。特に、身持ちの悪いこと。酒色にふけること。「—な男」▽「あくせい」と読めば別の意。

アクション 動作。活動。特に、俳優の演技・身振り。「—が大きい」「—ドラマ」(活劇) ▽action

あくしん【悪心】他人に危害を加えようとするたぐいの、悪い心。

あくじん【悪神】人を害しわざわいを与えたり、他の神や仏に敵対したりする神。

あくせい【悪性】たちの悪いこと。特に、治療が困難な病状であること。↕良性。「—の感冒」▽「あくしょう」と読めば別の意。

あくせい【悪政】民の幸福を無視する悪い政治。↕善政

あくせい【悪声】①聞き手を不快にさせる声。↕美声。「美貌が—で割り引かれる」②悪い評判。↕名声。「—が立つ」

あくせく【×齷×齪・×偓△促】『副「と」・ス自』精神的・時間的に余裕がなく、心に余裕がないさま。落ち着かないさま。こせこせ。「おおらかに考えて、何事にも—しない」④休みなく働いたり、動いたりするさま。「日夜—(と)働く」 派生 **-さ**

アクセサリー ①装身具。指輪・ネックレス・イヤリングなど。②自動車・パソコン・カメラなどの付属部品。周辺機器。▽accessory

アクセス『名・ス自』①交通・通信などの手段で、連絡・接続をすること。「地下鉄との—がよい」②情報処理での操作。記憶装置など周辺装置や他のコンピュータに接続すること。「ホーム ページに—する」▽access(=接近。接触)

アクセル 自動車の、踏むなどして速度を調節する装置。加速装置。「—を踏む」(比喩的に、力を入れて物事を進める意にも) ▽accelerator から。

あくせん【悪銭】①不正なことをして得た、かね。「—身につかず」(悪銭はむだに使いがちなもので、すぐなくなってしまう) ②質の悪い銭(ぜに)。

あくせんくとう【悪戦苦闘】『名・ス自』(強敵にたいしての)死にものぐるいの苦しい戦い。転じて、困難にうちかとうと努力すること。

アクセント ①一語句の音節の間で決まっている強弱または高低の関係。特に、強または高の部分。「語のはじめに—がある」②音楽で、「その音を強く」の意。また、その楽譜上の記号。③文章や服装などの構成で、全体をひきしめる部分や力点。「その理論はこの事実に—を置いている」▽accent

あくそう【悪僧】①戒律を守らない悪い僧。②荒々しい僧。武芸にすぐれた僧。

あくそう【悪相】①恐ろしい(ふてぶてしい)人相。②縁起の悪い様子。

あくた【×芥】ごみ。くず。「塵(ちり)ー」▽文語的。

あくたい【悪態】わるくち。にくまれぐち。「ーをつく」

あくだま【悪玉】①悪人。↕善玉。▽江戸時代の草双紙(くさぞうし)などの絵で、悪人の顔を○の中に「悪」の字を書いて表したから。②悪影響を及ぼすもの。「ーコレステロール」

あくたれ【悪たれ】①ひどいいたずら。「ーっ子」「ー小僧」②「悪たれ口」の略。にくまれ口。「ーをたたく」

あくた-れる【悪たれる】《下一自》(おもに子供が)いたずらをする。乱暴をする。言うことをきかない。

あくたろう【悪太郎】いたずらっ子。▽人名めかして言う。

あくち【悪血】病毒を含んだ血。

アクチブ 積極分子。共産党などの組織の先頭に立って活動する人。▽(ロシア) aktiv

アクティブ《ダナ》積極的。能動的。▽active **ーラーニング** 教師が一方的に教えるのではなく、学生の能動的な学習を目指すもの。体験学習・グループ討論などを行う。▽active learning

あくてん【悪天】暴風雨など、天候が悪いこと。悪天候。↕好天。「ーをついて下山する」「ーにより全便欠航」

あくてんこう【悪天候】風や雨が強いなど、悪い気象状態。「折からのー」「ーのため延期」

あくど-い《形》程度を過ぎていやらしい。色や味がしつこい。やり方がどぎつくてたちが悪い。「ー装飾」「ー・く宣伝する」派生 **-さ**

あくとう【悪党】わるもの。▽もと、わるものの一団(=党)を言う。鎌倉時代末から室町時代にかけては、中央の支配者から禁圧された武装集団をも指す。

あくどう【悪童】いたずらっ子。

あくどう【悪道】①(歩きにくい)悪い道。▽→あくろ。②悪事や遊蕩(ゆうとう)の道。「ーにはまり込む」③〔仏〕→あくしゅ(悪趣)

あくとく【悪徳】人の道にそむく心や行い。

あくなき【飽く無き】《連語》いい加減では満足しない。「人間のー好奇心」▽文語動詞「飽く」(=満足する)の連体形+文語形容詞「無し」の連体形。

あくにち【悪日】運の悪い日。凶日(きょうじつ)。あくび。↕吉日(きちにち)

あくにん【悪人】わるもの。悪漢。

あくぬき【〈灰汁〉抜き】《名・ス自》山菜などのあく(2)をとりさること。「灰でーする」「たけのこのー」

あぐ-ねる【×倦ねる】《下一自》ある物事をし遂げかねて困りぬく、また、いやになる。あぐむ。「手紙を書きー」「考えー」▽普通、単独では使わない。

あくねん【悪念】悪い事をしようとたくらんでいる心。

あくば【悪罵】《名・ス他》口ぎたない悪口。ひどくののしること。

あくび【〈欠伸〉】あきたり疲れたり眠くなったりした時、口が自然にあいて行われる深呼吸。

あくび【悪日】→あくにち

あくひつ【悪筆】へたな字。字がへたなこと。↕達筆

あくひょう【悪評】悪いうわさ。悪い評判。↕好評。「ーが立つ」

あくびょうどう【悪平等】それぞれの値打ちを無視して形式だけ平等に扱うこと。▽かえって不公平になると見る立場から言う。

あくふう【悪風】悪い風習。悪い習わし。「ーに染まる」

あくぶん【悪文】ひどくへたな、また、わかりにくい文章。

あくへい【悪弊】悪い習わし。

あくへき【悪癖】悪いくせ。

あくほう【悪報】①〔仏〕悪い原因によって招く悪いむくい。②わるいしらせ。凶報。

あくほう【悪法】①(民のためにならない)悪い法律。「ーでも法は法」②悪い行い。悪事。「ーをたくらむ」③(人をまどわす)悪い宗教。

あくま【悪魔】①〔仏〕仏道修行をさまたげる魔物。魔羅(まら)。②キリスト教で、神に敵対して人をまどわす魔物。サタン。③悪・不義を擬人的に表現したもの。人を悪に誘う魔物。 **ーしゅぎ**【ー主義】悪そのものに美を見いだす文芸・思想上の一傾向。ポー、ボードレール、ワイルド等がその代表。▽Satanism の訳語。

あくまで【飽くまで】《副ダ》どこまでも、徹底的に。とことんまで。「ー(も)反対する」「ー澄み切った湖水」▽古語動詞「あく」+助詞「まで」の一語化したもの。

あくみょう【悪名】→あくめい

あくむ【悪夢】縁起(えんぎ)の悪い夢。うなされるような恐ろしい夢。いやな夢。「ーのような出来事」

あぐ-む【×倦む】《五自》→あぐねる

あくめい【悪名】悪い評判。あくみょう。

あくやく【悪役】①芝居で、悪人の役。あくがた。②嫌われたり憎まれたりする立場。「上司にーを押しつけられた」

あくゆう【悪友】交際して身のためにならない友人。悪いともだち。▽反語的に、親友を言うことがある。

あくよう【悪用】《名・ス他》(本来の目的・用途に反して)悪い事に利用すること。↕善用

あぐら【〈胡座〉】足を組んで(楽に)すわること。「ーをかく」(自分では何もしないで、いい気な態度でいる意にも)▽古語の「足(あ)」+「座(くら=囲まれた所)」に由来。

あくらつ【悪辣】《ダナ》自分の目的を達するためには、どんなひどい事も平気でするというように、たちが悪い仕方・性質であるさま。派生 **-さ**

あぐらばな【〈胡座〉鼻】(あぐらをかいたような形の)

低くて横に広い鼻。

あぐりあみ【△揚繰網】巻き網の一種。両端を船で引き、魚群をとり囲んだ後、網の下方から繰り上げてとらえる。

あくりょう【悪霊】たたりをする、死人の魂。もののけ。怨霊(おんりょう)。

あくりょく【握力】物を握りしめる手の力。

アクリル ①「アクリル樹脂」の略。合成樹脂の一種で、透明度が高く軽くて丈夫。有機ガラス・接着剤・塗料などに利用される。「—絵の具」②「アクリル繊維」の略。合成繊維の一種。羊毛に似た感触を持ち、吸水性はほとんどない。▽ドイツ Acryl

あくる【明くる】《連体》夜または年が明けて次の。「—朝」「—日」「—年」▽文語下二段活用動詞「明く」の連体形に由来。

あくるひ【明くる日】つぎの日。翌日。

あくれい【悪例】後のために悪い結果を生むもとになるような例。悪い先例。

アグレッシブ《ダナ》積極的。攻撃的。「—に活動する」▽aggressive

アグレマン 外交使節を派遣する時に、あらかじめ相手国に求める承認。▽フランス agrément

あくろ【悪路】(ぬかるむなど、足元の)悪い道。「—に悩む」

アクロバット 曲芸。軽業(かるわざ)。軽業師。▽acrobat

あけ【△朱】朱(しゅ)の色。「—の鳥居」。赤い色。「肩を切られ—に染まって倒れた」

あけ【明け】①夜があけること。よあけ。「—の明星(みょうじょう)」②ある期間が終わった直後。「休暇—」「忌み—」

あげ【上げ・揚げ】①あげること。↕下げ。②着物の裄(ゆき)・丈を体に合わせて短くするため、肩・腰に縫って作るひだ。ぬいあげ。③油であげたもの。特に、あぶらあげ。[揚]

あげあし【揚(げ)足】『—を取る』人の言葉じりや言い誤りをとらえて、なじったり皮肉を言ったりする。▽「揚げ足」は相撲(すもう)・柔道などで、地を離れて浮きあがった足。

あげあぶら【揚(げ)油】あげものに使う油。菜種油・ごま油・サラダ オイルなど。

あげいた【上(げ)板・揚(げ)板】(台所など)板の間の板で、その下に物を入れるため取りはずしが出来るもの。あげぶた。

あげえん【揚(げ)縁】商家の店先などに、つりあげるようにした縁側。夜はあげて、戸の代わりとする。

あげおろし【上げ下ろし】《名・ス他》①あげさげ。「箸の—」②荷物の積みおろし。

あげかじ【上(げ)×舵】航空機・潜水艦を上昇させるための、かじのとり方。↕下げ舵(じか)

あけがた【明け方】夜のあけるころ。よあけ。

あけがらす【明(け)×烏】夜明けに鳴くからす。

あげく【挙句・揚句】①終わり。しまい。いきついた結果。「—のはて」②《連体修飾を受けて副詞的に》……したあと。「思案した—転職した」「七年病んだ—(に)死んだ」▽もと、連歌(れんが)・俳諧の最後の句。

あけくれ【明け暮れ】①あさゆう。「—に寒さを覚える」。朝となく夕方となく毎日。「子育てに追われる—です」。《副詞的に》いつも。「娘の事を—心配している」②『—する』↓あけくれる(2)。「そのころは訓練に明け暮れした」

あけく-れる【明け暮れる】《下一自》①夜があけ、日が暮れる。月日が過ぎる。②それればかりして日を送る。「読書に—」「涙に—」(泣いてばかりで暮らす)

あげさげ【上げ下げ】《名・ス自他》あげることとさげること。㋐人をほめ上げることとけなすこと。㋑物価の騰貴と下落。㋒潮のみちひき。

あげしお【上(げ)潮】①さしてくる潮。満ち潮。さし潮。↕引潮。②物事が盛んになってくる時期。「—に乗る」

あげず【挙げず】《連語》《「……に—」「……と—に」の形で》……と間を置かず。「三日に—通う店」「二日と—に本社に顔を出す」▽「……と—に」は二十世紀末から。「……」には「三日」が多い。

あけすけ《ダナ》包み隠さないさま。「—に言う」

あげぜんすえぜん【上(げ)膳据(え)膳】《連語》まわりの人が何から何まで世話してくれて、自分は何もせずに済む状態。「—の境遇」▽もと、膳部を片付けること、供することの意。

あげぞこ【上(げ)底】①箱などの底を見かけよりも高く作ったもの。②比喩的に、実体以上に中身を多く見せかけてあること。

あげだい【揚代】芸者・遊女をあげる(=呼んで遊ぶ)代金。玉代(ぎょくだい)。

あげだし【揚(げ)出し】豆腐・なすなどに片栗(かたくり)粉(小麦粉)をまぶして揚げたものに、味つけした熱いだし汁をかけたもの。「なすの—」

あけたて【開け△閉て】《名・ス他》戸・障子などをあけたりしめたりすること。

あげだま【揚(げ)玉】天ぷらを揚げる時に出来る衣のかす。揚げかす。天かす。

あけっぱなし【明けっ放し・開けっ放し】①(戸・ふたなどを)あけたままにしておくこと。そういう状態。②↓あけっぴろげ(2)

あけっぴろげ【明けっ広げ・開けっ広げ】①↓あけっぱなし(1)。②隠しだてをせず、ありのままを見せる、または何でも人にうちあけること。あけすけ。「—の性格」

あげつら-う【△論う】《五他》理・非、可・否を言いたてる。あれこれと論じる。特に、非難がましく言う。「ことごとしく—」

あげて【挙げて】《連語》すべて。残らず。こぞって。「国を—喜ぶ」「—数うべからず」(あまり多くて全部は数え立てられない)

あげど【揚(げ)戸】上に押し上げてあける戸。

あげなべ【揚(げ)鍋】揚げ物をするための、底の浅い平たい鉄なべ。テンプラなべ。

あけのこ-る【明け残る】《五自》夜が明けてもまだ月・星(の光)が残っている。

あげはちょう【揚羽×蝶】淡い黄色に多数の黒い筋、青・赤の斑点のある羽をもつチョウ。ナミアゲハ。また、これに近縁なキアゲハ・クロアゲハ・アオスジアゲハなど比較的大形のチョウの総称。▽あげはちょう科。

あけはな-す【明け放す・開け放す】《五他》(戸・窓などを)いっぱいにあける。また、あけたままにしておく。

あけはな-つ【明け放つ・開け放つ】《五他》→あけはなす

あけはな-れる【明け離れる】《下一自》夜がすっかりあける。明け渡る。

あけはら-う(はらふ)【明け払う・開け払う】《五他》①戸・障子をあけはなす。②中の物をすっかり運び出して(家・へやを)人に渡す。明け渡す。

あけび【〈木通〉〈通草〉】山野に自生する、つる性落葉低木。葉は掌状複葉。四月ごろ薄紫の花を開き、秋、長球形の実がなる。実は熟すとたてに裂け、中身は食用。つるは籠などの細工用。▽あけび科。

あげびたし【揚げ浸し】野菜・魚などを油で揚げて、たれに浸した料理。「なすの—」

あげひばり【揚(げ)〈雲雀〉】(さえずりながら)空高く垂直に舞い上がるヒバリ(の、その動き)。▽逆動作のを「落ち雲雀」と言う。この両動作の時しか普通、人目にはつかない。

あげぶた【上(げ)蓋】→あげいた

あけぼの【×曙】①夜がほのぼのと明けるころ。明けがた。②比喩的に、黎明(れいめい)期。「文明の—」

あけぼのすぎ【×曙杉】→メタセコイア

あげまき【揚巻・〈総角〉】①昔の子供の髪型の一種。振分け髪を左右の耳の上で丸く結い上げたもの。前からは二本の角(つの)のように見える。②ひもの結び方の一種。文箱(ふばこ)・御簾(みす)などの飾りにする。▽形があげまき(1)に似ている。③有明海・瀬戸内海など暖かい地方の浅海にすむ二枚貝。形はマテガイに似る。食用。▽二裂した水管があげまき(1)に似る。

あげまく【揚幕】能舞台の橋懸(はしがかり)や歌舞伎の花道の出入口に下げた幕。

あけむつ【明(け)六つ】明け方の六つどき。日の出の午前六時ごろ。季節によって異なる。また、その時鳴らす鐘。↕暮(くれ)六つ

あげもの【揚(げ)物】天ぷら・から揚げ・コロッケなど油であげた食品。

あげや【揚屋】遊女を置屋(おきや)からよんで遊ぶ家。

あけやらぬ【明けやらぬ】《連語》日が昇る前で暗さが残っている。「まだ—空」

あ-ける ㊀【明ける】《下一自》①日がのぼって明るくなる。朝になる。▽「明るい」と同語源。②ある期間が過ぎて次の状態となる。「もうじき休暇が—」。特に、年が改まる。「—けましておめでとうございます」「—けて明治十年には」

㊁【明ける・空ける・開ける】《下一他》①隔て・仕切り・おおいになっているものを除く。閉じていたものをひらく。【開】↕締める。「窓を—」「ふたを—」(転じて、物事を始める意にも言う)②そこを占めていたものを無くする。すきまを作る。からにする。↕ふさぐ。「穴を—」「へやを—けて貸す」「水を—」(↓みず(水)(1))㋐器物の中のものを傾けてほかに移す。「バケツの水を—」「かばんの中身を—」㋑ひまにする。何もせずにおく。「その日は体を—けておいてくれ」㋒留守にする。「家を—」▽(2)はおもに「明」「空」を使う。

あ-げる【上げる・揚げる・挙げる】《下一他自》㊀ものを下から上に移す。▽普通「上」を使う。「営業成績を—」「現場の意見を本部に—」①物を低い所から高い所にもってゆく。↕さげる・おろす。「本をたなに—」「幕を—」(芝居を始める、更に広く物事を始める意にも言う)「畳を—」(敷いてある畳をのける)「帆を—」(帆を張る)「うちわを—」(勝ちと見なす)▽意図的でない場合もある。「スカートにはねを—げて走る」「波が岩にあたってしぶきを—」㋐体の一部分を高くまたは上向きにする。【上・挙】「手を—」「顔を—」㋑地上から空中高くに位置させる。【上・揚】「気球を—」「花火を—」㋒水上・水中から陸上や水面に移す。【上・揚】「船荷を—」㋓高い位置に、形を成すようにする。「棟を—」「髪を—」(=結う)」㋔吸い上げる。【上・揚】「切り花が水を—」㋕吐く。もどす。「船に酔って—」㋖座敷などに入れる。「お客様をお—げしろ」。芸者・遊女を呼んで遊興する。【揚】「芸者を—」㋗(成果・利益などを)おさめる。【上・挙】「研究の実(じつ)を—」「利益を—」㋘賊などを召し取る。検挙する。【上・挙】「犯人を—」「窃盗で—げられる」②勢い・資格・価値・程度を高める。㋐勢いを添える。盛んにする。「スピードを—」「気勢を—」㋑価を高くする。【上・騰】「米価を—」㋒よい状態に高める。「男を—」(男子としての面目をほどこす)「腕を—」(上達する)「—げたり下げたり」(ほめたりくさしたり)㋓昇進させる。「地位を—」▽㋐〜㋓は、↕下げる。㋔入学させる。「娘を学校に—」㋕声を(高く)出す。「歓声を—」

㊁物事をすべて、または終わりまでする。仕上げる。【上】「仕事を—」「原稿を書き—」㋐…の費用で済ます。「千円で—」㋑習い終える。「入門編を—」㋒出しつくす。【挙】「全力を—」▽↓あげて。㋓子を得る。【挙】「一男三女を—」

㊂敬うべき人などに、ある行為を及ぼす。【上】▽㊀(1)の意の転。①(高い所に載せて)神仏に供える。「神棚に灯明(とうみょう)を—」「地蔵尊に花を—」②敬語としての用法。㋐「与える」「やる」のへりくだった言い方。「君に—げよう」「あとで使いを—げます」。また、《動詞連用形+「て」に付けて》「……て

やる」のへりくだった言い方。「書いて―」「読んで―・げましょう」㋑「(て)やる」を避けて言う。「池の鯉(こい)にえさを―・げないこと」「牡丹(ぼたん)に傘をさして―」▽「(て)やる」を品の悪い言い方だと思う人が一九五〇年ごろから増えて、本来の敬語用法をくずしてしまい、二〇〇七年には文化審議会がこの種の誤用を、相手への丁重表現の一種だと是認した。しかし、「牡丹に傘をさして―」などこれでは説きおおせない。㋒《「申す」「存ずる」などの連用形に付いて》へりくだった意を表す。「お祝いを申し―・げます」

四人に知れるようにする。【挙】①多くの人が知るように行う。㋐あらわす。「名を―」㋑人々の前で行う。「式を―」㋒起こす。「兵を―」(戦いを始める) ②取り出して言う。㋐数え立てる。「三日に―・げず(=三日と数える間隔も置かないほど)芝居に通いつめる」。示す。「証拠を―」「例を―」㋑推挙する。「候補者を―」「花子を候補に―」

五熱い油の中で熱して、食べられるようにする。【揚】「テンプラを―」

六『潮が―』潮が満ちて来る。▽水位を高める意から。㈥は自動詞。

あけわた-す【明け渡す】《五他》建物・土地・城などを立ちのいて人に渡す。

あけわた-る【明け渡る】《五自》夜がすっかりあける。

あご【顎・×頤】①口の上下の、言葉を話し、物をかむのに使う器官。「上―(うわあご)」「―が干あがる」(暮らしが立たず食えなくなる)「―をはずす」(おかしくて大いに笑う) ②下あごの外面。おとがい。「―のとがった顔」「―で使う」(えらぶった態度で人を使う)「―をなでる」(得意なさま)「―を出す」(疲れ切ったさま)

あこうだい【あこう×鯛】(あかをだひ) 鯛のように赤く、大きな口と目をもつ海魚。多く「赤魚」の名で流通する。▽めばる科(または亜科)。

あこうぼく【亜高木】(あきょうぼく) 高木の中で小形のもの。亜喬木(あきょうぼく)。▽→こうぼく(高木)

アコースティック 電気的な装置を使わないこと。「―ギター」▽acoustic

アコーディオン ①蛇腹(じゃばら)をのびちぢみさせながら、鍵盤またはボタンを押して鳴らす楽器。手風琴(てふうきん)。アコーデオン。▽accordion ②のびちぢみする蛇腹のような形状・方式のもの。「―カーテン」

あこがれ【憧れ】あこがれること。「―の的」「永遠の―」「―をいだく」

あこが-れる【憧れる・△憬れる】《下一自》この人(更に、心をひく物事)こそ、理想だと、吸い寄せられるように心を寄せる。「先輩に―」「田舎(いなか)暮らしに―」

あこぎ【×阿×漕】《ダナ》非常に欲張りで、やりかたがずうずうしいこと。「―なまねをするな」「―のやり方」▽もと、いい気になって繰り返しては危険だの意。「あふことを―の島に引く網のたびかさならば人も知りなむ」(古今六帖)の歌による。阿漕は三重県津市の地名。派生 -さ

あこやがい【×阿古屋貝】(ひ:が) 暖かい海にすむ二枚貝。養殖して真珠をとる。

あさ【朝】夜明けからしばらくの間。↕夕・宵・晩。▽正午までを指す場合がある。関連 暁・曙(あけぼの)・早朝・未明・黎明(れいめい)・薄明・払暁(ふつぎょう)・早暁・明け方・有明・夜明け・東雲(しののめ)・朝まだき・朝ぼらけ・朝っぱら・今朝・毎朝

あさ【麻】①麻(2)・カラムシ・マニラ麻などの総称。②茎の皮から繊維をとるため、また食用として古くから栽培される一年草。生長が速く、二メートルぐらいになる。雌雄異株。麻薬の原料にもなり、種子(麻(お)の実)は食用・薬用のほか鳥の飼料とする。タイマ。▽あさ科。③麻(1)を原料として製した繊維。また、あさぬの。

あざ【字】市・町・村の中の一区画の名。▽大字(おおあざ)・小字(こあざ)があり、普通は小字を単に「あざ」と言う。

あざ【×痣】皮膚に(色素が異常にたまり、または充血して)出来た、赤・紫・青などの変色部分。

あさあけ【朝明け】朝、明るくなること、その時。明けがた。

あさ-い【浅い】《形》①表面・外から底・奥までの距離が小さい。「―海」「―軒」「向こうがすいて見える―林」②量・程度が少ない。㋐まだ十分な所まで達していない。「知恵が―」「底が―(=浅薄な)人間」「―理解」「つき合って日も―」「春―・し」「―眠り」㋑色(や香)が薄い。「―緑色」▽色の場合、明るい感じで薄いものを指すことが多い。↕深い。派生 -さ -み*

あさいち【朝一】〔俗〕朝起きてすぐ、また、出勤して最初であること。「―の仕事」「―に片付ける」

あさいち【朝市】朝ひらく(野菜・魚などの)市。

あさうら【麻裏】「あさうらぞうり」の略。麻苧(あさお)の平たい組みひもを裏一面に縫いつけたぞうり。

あさお【麻×苧】(を:) ①麻(1)の糸。②麻(2)。

あさおき【朝起き】①朝早く起きること。早起き。「―は三文の徳」②朝起きた時のきげん。寝起き。「―がいい」

あさがえり【朝帰り】(へり:が)《名・ス自》(特に遊びで)よそで夜を過ごし、翌朝家に帰ること。

あさがお【朝顔】(ほ:が) ①観賞用に広く栽培される一年草。茎はものに巻き付きながらのび、夏から初秋にじょうご形の美しい花を開く。▽ひるがお科。古くは、ムクゲ・キキョウなどを指した。②男の小便をうける、じょうご形の陶製などの便器。

あさがけ【朝駆け・朝×駈け】①早朝(家にいる時)をねらって不意に訪問すること。↕夜討ち。▽新聞記者の取材について言うことが多い。②朝早く馬を走らすこと。また、早朝不意に襲撃すること。

あさがた【朝方】朝のうち。朝のころ。↕夕方

あさぎ ①【浅黄】薄い黄色。②【浅×葱・浅黄】アサツ

キの葉の色。緑がかった薄いあい色。また、水色。▽⑵を「浅黄」と書くのは当て字。　**ーうら**【ー裏】気のきかない田舎(いなか)ざむらい。▽江戸時代、吉原などで、田舎出の武士が羽織の裏に多く浅葱もめんを使ったことから、これをあざけって呼んだ語。

あさくさがみ【浅草紙】すきかえした、質の悪い紙。▽江戸時代に浅草の山谷(さんや)で産した。

あさくさのり【浅草〈海苔〉】代表的な干しのりの原料だった海藻。内海に産し、養殖もされた。干すと紫黒色になる。むらさきのり。また、それで作った干しのり。▽昔、隅田川口だった浅草で養殖した。うしけのり科あまのり属の紅藻。

あさぐろ-い【浅黒い】『形』(皮膚が)日焼けして、または日焼けしたように、やや茶褐色だ。「色のー青年」派生 **-さ**

あさげ【朝△食・朝×餉】あさめし。▽雅語的。

あざけ-る【嘲る】『五他』見下して悪口を言う。ばかにして笑う。「田舎者をー」

あさざけ【朝酒】朝から酒を飲むこと。その酒。「朝寝ー・朝風呂大好きで」

あさしお【朝潮】朝さして満ちる潮。↕夕しお。▽「朝汐」と書くこともあるが、漢字「汐」は夕しおの意。

あさじがはら【浅×茅が原】チガヤが一面にはえている野原。▽雅語的。

あさすず【朝涼】夏の朝の涼しいころ。また、その涼しい感じ。↕夕涼

あさせ【浅瀬】川や海の、水が浅い所。

あさだち【朝立ち】『名・ス自』朝早く旅に出発すること。↕夜立ち

あさぢえ【浅知恵】考えが浅く、底まで見えすく程度の知恵。

あさつき【浅×葱】ネギに近縁の多年草。葉はネギに似るがずっと細く、刻んで薬味にする。らっきょうに似た鱗茎(りんけい)も食用。▽ひがんばな科(旧ゆり科)ねぎ属。

あさづけ【浅漬(け)】野菜を調味液や塩で短時間漬けること。そのような漬物。一夜漬け。「白菜のー」「ーにする」

あさって ①あすの次の日。明後日。②『ーの方(向)』見当違いの向き。予想しなかった方向。

あさっぱら【朝っぱら】〔俗〕朝早く。早朝。「ーからけんかするな」▽朝飯前の空腹の意から出た。

あさで【浅手・浅△傷】軽いきず。うすで。↕深手

あざと-い『形』①押しの強い、どぎついやりかただ。「ー商法」②小りこうだ。「小学生たちが作り出した幼稚でー怪談」派生 **-さ**

あざな【△字】①成年後、実名のほかにつける別名。②文人・学者などが、本名以外につける別名。▽⑴⑵の本来は、実名がタブーであって呼べない場合、実名の代用とする呼び名。③↓あだな。④↓あざ(字)

あさなあさな【朝な朝な】『副[に]』毎朝。↕よなよな。「ー鳥の声をきく」

あざな-う【△糾う】『五他』(なわを)よる。まじえ合わせる。なう。「禍福はー・える縄のごとし」(↓かふく)

あさなぎ【朝×凪】朝、陸風と海風とが交替する時、一時無風の状態になること。↕夕凪(ゆうなぎ)

あさなゆうな【朝な夕な】『副[に]』朝となく夕となく、いつも。常。「ー(に)ショパンのピアノ曲を聴く」「ーの愚痴」

あさね【朝寝】『名・ス自』朝おそくまで寝ていること。**ーぼう**【ー坊】『名ナ』朝寝をする人。朝寝をすること。

あさのは【麻の葉】麻⑵の葉を六角形に図案化して組み合わせた模様。▽麻が生長の速い植物なのにあやかって、この模様をよく赤ん坊の着物に使う。

あさはか【浅はか】『ダナ』考えが浅いさま。「ーな了見」派生 **-さ**

あさはん【朝飯】あさめし。

あさばん【朝晩】朝と日の暮れ(から少しあとの時)。《副詞的に》朝も暮れ方も。いつも。「ー散歩する道」

あさひ【朝日・×旭】朝のぼる太陽。その光。

あさぶろ【朝風呂】↓あさゆ

あさぼらけ【朝ぼらけ】あけぼの。よあけ。▽雅語的。

あさま【朝間】朝のうち。朝のあいだ。

あさまし-い【浅ましい】『形』ひどく嘆かわしい有様だ。㋐卑劣だ。さもしい。いやしい。「がつがつ食いたがってー」㋑みじめだ。「落ちぶれてー姿」派生 **-さ -げ -がる**

あさまだき【朝△未だき】夜の明けきらないころ。朝早く。

あさみ【浅み】川などの、水の浅い所。↕深み

あざみ【×薊】山野に自生する多年草。きれこみが多く、ふちにとげのある葉が特徴。若芽や根を食用にするものもある。春から秋に紅紫色の花を開く。▽きく科あざみ属の植物の総称。

あさみどり【浅緑】うすい緑色。うすい萌葱(もえぎ)色。

あざむ-く【欺く】『五他』①正しいように見せかける。偽りだます。「人をー」②《主に連体形で》惑わす。取り違えさせる。「昼をー明るさ」

あさめし【朝飯】朝の食事。あさはん。ちょうしょく。▽ぞんざいな言い方。　**ーまえ**【ー前】①朝起きて、まだ朝飯をとっていない時。②(朝飯をたべないうちに出来るような)簡単で短時間にすませられること。「そんな事ーだ」

あざやか【鮮やか】『ダナ』きわだって目に立つ様子。㋐色・形などが明るくはっきりしているさま。「ーな緑」「ーに覚えている」㋑動作・技術が巧みで、胸のすくほど見事なさま。「手並がーだ」派生 **-さ**

あさやけ【朝焼け】日の出のころ、日光の反射で東の空が赤くなること。↕夕焼け

あさゆ【朝湯】朝の入浴。朝たてる風呂。あさぶろ。

あさゆう【朝夕】①朝と夕方。「ーがめっきり涼しくなった」②《副詞的に》朝も夕方も。毎日。「ー練習を重ねる」

あざらし【〈海豹〉】 多く北の海に生息する海獣。体は泳ぎに適し、紡錘(ぼうすい)形で耳介がない。四肢はひれ状。後肢は後ろを向き、陸では腹ばいで進む。体長一〜二メートルの種が多い。毛皮・脂肪を利用した。▽あざらし科。

あさり【浅×蜊】 食用として広く流通する二枚貝。殻は多く三センチ前後で、複雑な模様がある。日本各地の干潟や砂地にすむ。

あさ-る【△漁る】『五他』①えさをさがして歩く。▽もと、魚・貝・海藻をとる意。②ある物を得ようとたずねさがす。「古本を—」③《動詞連用形を受けて》その行為をあちこちでする。「買い—」「読み—」

あざわら-う【〈嘲笑〉う】(あざわらふ)『五他』相手をばかにしてわらう。あざけりわらう。せせらわらう。「愚かさを—」

あし【足・脚】 ①動物の、胴から下に分かれ出た、先の部分。㋐胴体をささえ、歩く・はうなど移動にも使う部分。「—が長い」「—が棒になる」(すっかり歩き疲れる)「ぬかるみに—を取られる」「—を掬(すく)う」(相手のすきにつけ入って失敗や失脚をさせる意にも)㋑足首から下。「—の裏」「—が地につく」(うわつかず着実なことのたとえにも言う)「—を洗う」(→あらう(1))㋒形・働きが足(1)㋐に似たもの。「垂線の—」。特に、物の(ささえる用をする)下部。「机の—」「香炉の—」「飛行機の引き込み—」「山の—」(=ふもと)「船の—」(=水につかる部分)②歩くこと。また、そのように動くこと。㋐あゆみ。「—がはやい」(物事の進み・さばけ方がはやい、特に、くさりやすい意にも)「船—(ふなあし)」(=船の速度)がにぶる」。過ぎて行くこと。「雲—」㋑訪れるために行く、または来ること。「—が遠のく」「—しげく通う」「客の—がとだえる」「その—で(=ある所に行ったついでに)買物にまわる」「九州まで—をのばす」「—を奪われる」(交通手段を失う)㋒足どり。「—がつく」(逃げた足どり・ゆくえが知れる)③もち・粉のねばり。▽「こし」とも言う。④金銭。おかね。↓おあし ⑤『—を出す』『—が出る』出費が予定より多くかかる。損をする。また、隠し事が現れる。▽(3)(4)(5)はおもに「足」と書く。⑥漢字の下部を構成する部首。「思」のしたごころ、「兄」のひとあしなど。

関連 両足・両脚・双脚・片足・隻脚・あんよ・おみ足・下肢・股(もも)・すね・脛(はぎ)・腓(こむら)・膕(ひかがみ)・膝・足首・踝(くるぶし)・甲・踵(かかと)・爪先(つまさき)・足裏・はだし・素足・土足・義足・義肢・前足・後足・前脚・後脚・前肢・後肢

あし【×蘆・×葦】 水辺にはえるススキに似た多年草。茎を編んですだれにする。ヨシ。▽いね科。「芦」は「蘆」の異体字。

あじ【味】(あぢ) ①飲食物などに舌が触れて起こる感じ。「砂糖の甘い—」「—が濃い煮物」②うまみ。㋐面白さ。特に、物事の趣。具合。調子。「—のある絵」「切れ—」「書き—」㋑『—をしめる』うまい事があっていい気になり、またそうなることを期待する。③体験を通して知った感じ。「貧乏の—を知らない」④『—な』(思いがけず)気がきいて手ぎわのよいさま。「味な事をする」。快いこと。「味な気分にひたる」

関連 味わい・味気・五味・味加減・塩加減・塩梅(あんばい)・うま味・美味・風味・滋味・珍味・甘味・醍醐(だいご)味・辛味・鹹味(かんみ)・苦味・渋味・えぐみ・酸味・妙味・持ち味・後味・妙趣

あじ【×鰺】(あぢ) マアジの通称。また、それに近縁でよく似た、ムロアジなど比較的小形の海魚の総称。

アジ「アジテーション」の略。

あしあと【足跡】 歩いたあとに残る、足の形。転じて、逃げたゆくえ。「—をくらます」。また、その人の経歴や業績。そくせき。

あしいれ【足入れ】 結婚後のある期間、妻が実家にいて、夫が通う形態。足入れ婚。

アジェンダ 会議で論じる事項(議題)の表。比喩的に、課題項目。「新政策の—を示せ」▽agenda

あしおと【足音】 人や動物が歩いたり走ったりする音。「—をたてる」「—高く歩く」

あしか【〈海驢〉】 主に南太平洋にすむ海獣。四肢はひれ状でアザラシに似るが、細身で小さな耳介がある。陸では四肢を使って歩行する。体長二メートル前後。▽オットセイやトドも含むあしか科の総称としても言う。

あしがかり【足掛(か)り】 次の行動に移るために設ける足場。「くぼみを—にしてよじ登る」「紛糾解決の—を得た」

あしかけ【足掛け】 期間を数える時、一年・一月・一日に満たない最初と最後の端数(はすう)も一つとして数える方法。↔丸(まる)。▽たとえば三月三日から四月二日までは、足掛け二月(ふたつき)で、また丸一月(ひとつき)。

あしかせ【足×枷】 ①罪人の足にはめて自由に歩けないようにする刑具。②転じて、足手まといになるもの。

あしがた【足形】 足の裏の形。また、くるぶしから下の足の形。

あしがため【足固め】 ①足をじょうぶにするため歩きならすこと。足ならし。転じて、物事の準備また基礎をしっかりすること。②床下にあって柱の間に取りつけたじょうぶな横木。▽(2)は普通「脚堅」と書く。③柔道・レスリングの固め技(わざ)の一種。

あしからず【△悪しからず】『連語』相手の意向に添えないで済まないという気持を表す語。悪く思わないで。「—ご了承ください」「どうぞ—」

あしがらみ【足×搦み】 足を相手の足にからませて倒すこと。あしがら。

あしがる【足軽】 武家で、ふだんは雑役に従い戦時には兵卒となった者。

あしき【△悪しき】『連体』わるい。「—先例を残すおそれがある」▽文語形容詞「悪(あ)し」の連体形。

あじきき【味利き・味聞き】(あぢ) 料理の味を比較、鑑定すること。また、その人。

アしきしゅうきゅう【ア式蹴球】→サッカー⑴。▽「アソシエーション フットボール」の略称。

あじきな-い(あぢき…)【味気無い】《形》→あじけない。派生 **-さ -げ -がる**

あしきり【足切り】選抜にあたって、予備の試験などで一定の水準に達しないものに、本試験を受けさせないこと。

あしくせ【足癖】①歩き方や足の置き方の癖。②相撲(すもう)で、足技(あしわざ)。また、よく足技を使うこと。

あしくび【足首】脚の、くるぶしの上の少し細くなった部分。

あしげ【×葦毛】馬の毛色の一種。白い毛の中に、黒その他の色の毛がまじっているもの。

あしげ【足蹴】足でけること。転じて、他人にひどい仕打ちをすること。「恩人を―にする」

あしげい【足芸】あおむけに寝て足で演じる曲芸。あしわざ。

あじけな-い(あぢけ…)【味気無い】《形》物事に興味が感じられず、味わいがない。あじきない。「下宿で―休日を過ごした」▽つまらない気持をも、情けなくつらい気持をも指す。派生 **-さ -げ -がる**

あしこし【足腰】(動作を起こすもととなる)足や腰。「―が弱る」

あしごしらえ(…こしらへ)【足×拵え】歩くのに便利なように、足につけるものを十分に整えること。

あじさい(あぢさゐ)【〈紫陽花〉】観賞用に広く栽培される落葉低木。初夏、小球状に集まった多数の小花を開く。▽あじさい科(旧ゆきのした科)。ガクアジサイの改良種とされる。花の色が白から青紫色、紅紫色と変わるので、俗に「七変化(しちへんげ)」とも言う。

あしざま【△悪(し)様】悪意で実際より悪く解したその様子。「人を―にののしる」

あししげく【足△繁く】《連語》《副詞的に》頻繁に訪れるさま。「―通う」

アシスタント 助手。▽assistant

アシスト《名・ス自他》①手助け(すること)。「電動―自転車」②サッカー・アイス ホッケーなどで、シュートする選手にパスを送って助けること。▽assist

あしずり【足×摺り】《名・ス自》身をもがき、じだんだをふむこと。

あした ①【〈明日〉】あす。明日。↕昨日(きのう)。「―は―の風が吹く」▽⑵の転。②【△朝】「あさ」の雅語的な言い方。↕夕(ゆう)。「―の露を踏んで野を行く」▽古代日本人は夜を中心に考え、その時間帯の最後の部分として朝をとらえた。この語でしばしば、何かあったあくる朝を指したので⑴の意が生じた。

あしだ【足駄】(雨降りなど道の悪い時にはく)高い歯のげた。たかげた。

あしだい【足代】外出・通勤などの乗物の代金。交通費。

あしだまり【足×溜(ま)り】①行動の途中でしばらく足をとめる所。転じて、ある行動のため、根城(ねじろ)とする場所。根拠地。②足を掛ける所。足がかり。

あしついで【足ついで】出掛けた道のついで。

あしつき【足つき】①歩いたり踊ったりする時の足の様子。②器物に足がついていること。そういうもの。▽⑵は「足付」「脚付」とも書く。

あしつぎ【足継ぎ】高くて手の届かない時に乗る台。踏み台。

あじつけ(あぢ…)【味付け】《名・ス自》味をつけること。「塩・こしょうで―する」「―が濃い」

アジテーション そそのかすこと。扇動。アジ。▽agitation

アジテーター 扇動者。▽agitator

あしでがき【×葦手書(き)】水辺の光景を描き、アシが乱れてはえているように和歌を草仮名(そうがな)で、散らし書きにしたもの。あしで。

あしでまとい(…まとひ)【足手×纏い】《名ナノ》手足にまつわりついて身の自由を妨げるもの。一般に、活動の邪魔になること。そういうもの。▽「あしてまとい」とも言う。

アジト ①労働争議などをひそかに指導し扇動する本部。②転じて、地下運動者・犯罪者などの隠れ家。▽agitation point から。

アシドーシス 血液中の酸とアルカリとのつりあいが破れて酸性に傾くこと。また、その症状。酸血症。アチドージス。▽acidosis 反対にアルカリ性が強くなった症状は「アルカローシス」「アルカリ血症」と言う。

あしどめ【足留め】《名・ス他》勝手に出歩かないように外出をとめること。禁足。また、先へ進めなくすること。「大雪で―を食う」

あしとり【足取り】相撲(すもう)やレスリングで、相手の足をかかえて倒すわざ。

あしどり【足取り】①足の運び方。歩調。「元気な―で歩く」②(犯罪者などが)歩いた道筋。「―がつかめない」③相場の動きぐあい。

あしなえ【足萎え・×蹇】足がきかなくて歩行が不自由なこと。また、その人。▽古語的。

あしながおじさん(…をぢさん)【足長おじさん】交通事故や災害などの遺児に匿名で奨学金を寄付する人。▽アメリカの児童文学の作品名から。

あしながばち【足長蜂】はちの一種。すずめばちに似るが足が長い。木の枝、軒下などに巣をつくる。▽すずめばち科。

あしなみ【足並(み)】二人以上の人がいっしょに歩く時の、足のそろいぐあい。また、いっしょに行動する時の、進みぐあいや気持のそろい方。歩調。「―をそろえる」

あしならし【足慣(ら)し・足×馴(ら)し】(病後やスポーツの前などにする)歩く練習。あしがため。転じて、準備行動。

あしぬき【足抜き】その境遇、特に芸妓(げいぎ)・娼妓(しょうぎ)の身分から(前借金を清算せずに)逃げて、抜け出すこと。▽「足抜け」とも言う。

あしば【足場】①足をかける所。あしがかり。特に、高い所での作業のために、鋼材・丸太などを組んで作ったもの。「―をかためる」(転じて、事をするための土台をしっかりさせる) ②足もとのぐあい。「ぬかるみで―が悪い」 ③交通の便。「駅に近くて―がよい」

あしばや【足早・足速】『ダナ』 歩き方がはやいさま。「―に立ち去った」

あしはら【×葦原】 一面にアシがはえている所。 **―のなかつくに**【―の中つ国】 日本の古名。▽アシがはえた原で囲まれた国の意。「あしわらの……」とよむ。 **―のみずほのくに**【―の×瑞穂の国】 日本の古名。▽アシが茂り穀物が豊かに実る国の意。「あしわらの……」とよむ。

あしび【〈馬酔木〉】→あせび

あしびょうし【足拍子】 足踏みをしてとる拍子。

あしぶえ【×葦笛】 アシの葉を丸めて作った笛。

あしぶみ【足踏み】『名・ス自』①そこを動かずに、歩く時のように足を上げ下げすること。②転じて、物事がはかどらず、同じ状態にあること。▽もと、足拍子の意。

アジ プロ アジテーションとプロパガンダ。扇動的宣伝。

あしべ【×葦辺】 アシのはえている、水のほとり。

あしへん【足偏】 漢字の偏の一つ。「路」「距」などの「⻊」の称。

あしまかせ【足任せ】①行く先を決めず、気の向くままに歩くこと。②歩ける限り歩くこと。

あしまめ【足まめ】『ダナ』めんどうがらず、気軽に歩きまわること。▽→まめ⑴

あしまわり【足回り】①あしもと。②自動車などの車輪およびその取り付け部分。「―の丈夫な車」 ③交通手段を利用する便・不便。「駅前で―がよいホテル」

あじみ【味見】『名・ス他』味加減を知るために少し食べたり飲んだりすること。

あしもと【足下・足元・足△許】①立っている足の下(また付近)の小範囲。足の下の方。「―が暗い」「―が冷える」「―がすくわれる」(→あし(足)⑴)。転じて、身近な所。目前の状態。「―を固める」「―にも及ばない」(あまりにもすぐれていて、比べ物にならない) ②足の運びぐあい。「老人で―があぶない」 ③その場の状態。立場。「―を見る」(弱みを見すかす)「―につけ込む」(弱みにつけ込む)

あじゃり【×阿×闍△梨】〔仏〕①模範となるべき高徳の僧。②天台宗・真言宗の僧の位。あざり。▽梵語。

あしゆ【足湯・脚湯】 ひざの下を湯にひたす、一種の入浴。「―を使う」

あしゅ【亜種】 生物の補助的な分類階級の一つで、種の中をより細かく分けるもの。▽→へんしゅ(変種)

あしゅら【×阿修羅】 インド神話で、戦闘を好む鬼神。仏教に入って、仏法の守護神。また、六道の一つ。▽略して「修羅」とも言う。梵語。

あしよわ【足弱】『名ナ』歩く力の弱いこと。そういう人(特に老人・女・子供)。

あしらい ①もてなし。待遇。取扱い。②とりあわせ。「肉料理の―に野菜を使う」

あしら-う『五他』①応答する。もてなす。扱う。また、いい加減に扱う、対応する。「鼻(の先)で―」 ②料理・装飾などで、物を取り合わせる。配する。

アジ-る『五他』そそのかす。扇動する。▽「アジ」の動詞化。

あじろ【△網代】①冬、水中に竹や木を編んで立て、魚を捕らえるしかけ。②ひのき・竹を薄く細くけずり、斜め、または縦横に編んだもの。 **―ぎ**【―木】 あじろ⑴をささえるため水中に打った、くい。

あじわい【味わい】→あじ(味)⑴・⑵(ア)。▽味そのものより、味覚に伴う趣を言うことが多い。

あじわ-う【味わう】『五他』①飲食物の味をみる。「酒を―」「―って食べる」。飲食物のうまさを楽しむ。「酒を―」 ②物事の面白み・意味を十分に感じ取る。「名作を―」 ③体験する。「人生の苦しみを―った人」

あしわざ【足業・足技】①柔道・相撲などで、足を使って相手を倒すわざ。②→あしげい

アシンメトリー 左右非対称。↕シンメトリー。▽asymmetry

あす【〈明日〉】 きょうの次の日。あした。みょうにち。また、将来。未来。「―に備える」「―は我が身」

あずかり【預(か)り】①物を預かること。②預かった証拠の書付。預り証。③相撲などで、勝負の判定がつけにくい時、どちらの勝ちとも決めないこと。④あずかる人。特に、ある仕事の担任者。るす番など。

あずかりし-る【△与り知る】『五他』ある事にかかわる。関知する。「私の―らない事」 ▽多く、打消しの表現と共に使う。

あずか-る ㊀【預かる】『五他』①頼まれて、返す時まで責任をもって守る。「荷物を―」。任せられて、責任をもって物事を取りしきる。「帳場を―」(店の経理を任せられる)「留守を―」 ②結末のつけにくい物事の始末を任せられる。「けんかを―」(仲裁する)「勝負を―」(どちらの勝ちとも決めずに済ます) ③公にせずに保留しておく。「辞表はしばらく―っておく」 ㊁【△与る】『五自』①物事に関係する。関与する。「立案に―」「彼の好評にはこの事も―って力がある」 ②(目上の)人からの評価や志を受ける。「おほめに―」「御下問に―」 ▽⑵は「預かる」とも書く。

あずき【〈小豆〉】 大豆よりも小粒で暗赤色の豆(種子)がとれる一年生の作物。また、その豆。夏、黄色の花を開き、花後さやの中に六個内外の種子を結ぶ。黒餡や赤飯に使う。▽まめ科。種子が白い品種もある。 **―いろ**【―色】 黒みをおびた赤色。 ―

がゆ【―×粥】あずきをまぜて炊いたかゆ。「小正月に―を食べる」▽地方によって、神前に供えて健康・豊作を祈る習慣がある。

あず-ける(あづける)【預ける】『下一他』①人に頼んで、ものをそのまま、安全に、(あとで受け取るまで)守ってもらう。「銀行に金を―」「子を―」。自分がすべき物事の処理を、信頼して任せる。「番頭に帳場を―(=店の経理を任せる)」「げたを―」(②の意の慣用的表現)②結末のつけにくい事の処理を任せる。「この一件はあの人に―・けよう」③人や物に自分の体をもたせかける。「体(たい)を―」「手すりに体重を―」
関連 託する・任せる・頼む・委ねる・供託・寄託・委託・依託・委任・委嘱・預託・信託

あすこ『代』↓あそこ

あすこら『代』「あそこら」の転。「―まで行こう」

あずさ(あづさ)【×梓】①山中に自生する落葉高木。昔この材で弓をつくったという。ヨグソミネバリ。▽かばのき科。②中国で版木に使った木。「―に上(のぼ)す」(出版する。↓じょうし(上梓))

アスター ↓えぞぎく。▽aster

アステリスク 注記・参照などを示す「*」の印。また、数式で積の記号。星印。アスタリスク。アステ。▽asterisk

あすなろ【〈翌桧〉】深山に自生する常緑高木。葉はヒノキに似て、もっと大きい。ヒバ。▽明日(あす)はヒノキになろうの意という。「あすなろう」とも言う。ひのき科。

アスパラガス 若いあるいは軟白栽培をした茎を食用とする、ヨーロッパ原産の多年草。葉は退化。成長すると枝が細かく分かれて葉のように見える。▽asparagus くさすぎかずら科(旧ゆり科)。

アスピリン 解熱(げねつ)・鎮痛、また炎症を抑えるために用いる医薬品。アセチルサリチル酸の商標名。▽ドイツ Aspirin

アスファルト 道路の舗装や防腐・防水塗料として用いる、黒色で固体または半固体状の物質。主成分は炭化水素。石油精製の副産物として得られ、天然にも産する。▽オランダ asphalt

アスベスト 蛇紋石(じゃもんせき)や角閃石(かくせんせき)などの鉱物が繊維状になったもの。綿状・布状に加工して断熱剤・耐火剤などとした。いしわた。▽その粉末が肺に入ると長い期間を経て中皮腫・肺癌(はいがん)を引き起こすとされ、現在は使用が禁止されている。ドイツ Asbest

あずま(あづま)【△東・×吾妻】日本の東部地方。特に、京都から見て関東(鎌倉・江戸)のこと。

あずまあそび(あづまあそび)【△東遊】平安時代に行われた歌舞。もと東国の民間歌舞だったのを神事舞とした。

あずまうた(あづまうた)【△東歌】万葉集巻十四・古今集巻二十にある、東国方言でよまれた和歌。▽あずまあそびの歌を指すこともある。

あずまえびす(あづまえびす)【△東×夷】あずまの地方の人が無骨で野蛮なのをののしる語。▽多く京都の人が東国武士を言った。

あずまおとこ(あづまをとこ)【△東男】東国の男。関東の男。「―に京おんな」(男はたくましい関東の男がよく、女は優美な京の女がよい)

あずまげた(あづまげた)【×吾妻下△駄】日和(ひより)げたに似て丸みがあり、畳表(たたみおもて)をつけ歯が薄い、婦人用のげた。

あずまコート(あづまコート)【×吾妻コート】明治の中ごろから流行した、女性の和服用外套(がいとう)。女合羽(ガッパ)を改良したもので、たけが長い。

あずまじ(あづまぢ)【△東路】京都から東海・東山・奥羽方面へ通じる道。転じて、単に東国をも言う。▽雅語的。

あずまや(あづまや)【〈四阿〉・△東屋】屋根を四方にふきおろし、壁がなく柱だけの小屋。庭園などに休憩所として設ける。亭(ちん)。

アスリート 運動選手。▽athlete

アスレチック ①体育(の)。運動(の)。運動競技(の)。「―クラブ」②木やロープで作った大型の遊具。▽athletic

あせ【汗】①汗腺から出る液。「―の結晶」(労働の成果)②物の表面ににじみ出た(またはついた)水滴。「壁が―をかく」▽↓あせする

あぜ【△畔・×畦】①田と田の間に土を盛り上げた、田の水を保つためのしきり。②鴨居(かもい)・敷居のみぞとみぞの間にあるしきり。

あせい【亜聖】聖人に次ぐ大賢人。▽「亜」は、次ぐの意。

あせいそうけん【亜成層圏】成層圏と対流圏との境界付近の大気の層。極地では地上約八キロメートル、赤道地方では地上約一八キロメートル付近。▽「亜」は、次ぐの意。

あせかき【汗かき】ひどく汗をかくこと。そのような人。あせっかき。

あぜくら【△校倉】角材や三角材を組みあげて造った倉。

あせしらず【汗知らず】汗をすい取らせるために肌にはたく粉。シッカロールなど。

アセスメント 事前に行う評価・査定。「技術―」▽assessment 開発事業の自然環境に対する影響を調査する環境アセスメントから広がった語。

あせ-する【汗する】『サ変自』あせをかく。「額(ひたい)に―・して働く」

あせだく【汗だく】『ノダ』汗が盛んに出ているさま。「―の稽古を終える」「―になって作業をする」

アセチレン 炭素と水素それぞれ二個からなる有機化合物。無色・有毒の気体。合成樹脂・合成繊維の原料や、溶接用バーナーの燃料にする。灯火にも用いた。「―灯」▽acetylene

アセテート 天然パルプと酢酸を原料にして作る化学繊維。絹のような風合いで、手ざわりがよい。アセテート レーヨン。▽acetate

あせとり【汗取り】汗が上着にとおるのを防ぐために着る肌着。

アセトン 溶剤として広く用いられる有機化合物。特異臭のある無色の液体。合成樹脂や医薬品の原料にも用いる。▽acetone

あせば-む【汗ばむ】《五自》汗がにじみ出る。「—陽気」

あせび【〈馬酔木〉】山野に自生する常緑低木。早春、小さく白いつぼ形の花をふさ状につけ、下垂する。葉は有毒。あしび。▽馬などが葉を食うと体がしびれるので、「馬酔木」と書く。つつじ科。

あせみず【汗水】(労働して)水のように流れ出る汗。「—たらして働く」

あせみずく【汗みずく】汗でびっしょりぬれるさま。

あぜみち【×畦道】道となっている畦(あぜ)。

あせみどろ【汗みどろ】ふき出る汗にまみれること。

あせも【〈汗疹〉・汗×疣】汗のために皮膚にできる赤い小さな吹き出物。あせぼ。

あせ-る【焦る】《五自他》思いどおりに事が進まず、何とかせねばといらだつ。じりじりする。「気ばかりが—」「功を—」

あ-せる【×褪せる】《下一自》日光にさらされて時がたつなどして、もとの色・つやが薄れる。さめる。さめて美しさを失う。▽「浅い」と同語源。

あぜん【×啞然】《トタル》あきれてものが言えないさま。「一同—とした」

あそこ《代》あのところ。あすこ。㋐あの場所。「—に家を建てよう」。相手も知っている、例の所。「—は安い割にうまい物を食わせる店だ」▽一種の忌み言葉として、人の性器を指す場合がある。㋑あの局面。「事件が—まで進んでは手の施しようもない」

あそこいら《代》あそこのあたり。あすこいら。「—の家ではそんな事はしない」▽「あそこら」「あすこら」とも言う。

あそこら《代》あそこのあたり。あすこら。「うちの暮らしを—と比べちゃいけない」

あそば-す【遊ばす】《五他》①遊ぶ(2)の状態にさせる。特に、場所・道具などを働かさないでおく。「地所を—」「手を—」②「する」の尊敬語。「何を—・します」。《「お」「御(ご)」を伴った動詞連用形・名詞の下につけて》敬意を表す語。「お読み—」「御覧—」▽多く「あそばせ」という命令形で使う。

あそばせことば【遊ばせ言葉】(女が)「ごめんあそばせ」「おいであそばせ」などのような言い方をする言葉づかい。

あそび【遊び】①遊ぶこと。▽ばくち・酒色にふけることを指す場合がある。②仕事がない、また仕事をしないこと。「きょうは—だ」③ゆとり。余裕。「名人の芸には—がある」「ハンドルの—」▽↓あそばす(2)

あそびくら-す【遊び暮(ら)す】《五他自》日々遊んで過ごす。「ぶらぶら—」

あそびごころ【遊び心】余裕をもって楽しもうとする気持。「—のあるデザイン」「まじめすぎて—がない」。また、真剣でない遊び半分の気持。

あそびにん【遊び人】①一定の職業をもたず、ぶらぶらと世渡りしている人。特に、ばくちうち。②酒色の楽しみにふける者。「旦那は根が—だから」▽第二次大戦後、playboy の訳語にもする。

あそびめ【遊び女】遊女(ゆうじょ)。うかれめ。

あそ-ぶ【遊ぶ】《五自》①(おとなら実生活の煩いを離れ)物事を楽しむ。▽もと、心身を実生活から解き放って熱中・陶酔する意。㋐好きな事をして楽しむ。↕働く。「芸に—」「太郎が友達と野球で—・んでいる」▽見立てても含め、動物にも言う。「猫がひもで—・んでいる」㋑酒色の楽しみをする。「吉原で—」㋒《多く受け身表現の中で》実の無い気晴らしとして扱う。おもちゃにする。「いいように—・ばれる」②有意義な働きをしない状態にある。↕働く。㋐価値ある事(仕事)をせずにいる。「—・んで日を送る」㋑職が得られずにいる。「工場をやめてから—・んでいる」㋒場所・道具などが使われずにいる。「不況で機械が—」▽㋒で「資源が眠る」などとの違いは、「眠る」が多くは手付かずの場合なのに、「遊ぶ」は一旦は利用を考えたことを前提にする点。③《「……に—」の形で》家を離れて遠くに行く。㋐他郷で学ぶ。「遠く異郷に—」「ハーバード大学に—」㋑旅をする。「宣長(のりなが)の門に—」▽(3)は、文語的。漢字「遊」の一つの意味の直訳的な訓による。関連 楽しむ・興ずる・戯れる・耽(ふけ)る・もてあそぶ・遊戯・遊楽・遊覧・遊興・行楽・豪遊・清遊・周遊・回遊・巡遊・漫遊・来遊・遊歴・旧遊・曽遊・砂遊び・水遊び・火遊び・夜遊び・大尽遊び

あそん【△朝△臣】天武天皇十三年(六八四)に定めた八階級の姓(かばね)の第二位。後には、三位の人の姓(せい)の下、四位の人の名の下につける敬称。「源—頼政(よりまさ)」「在原業平(ありわらのなりひら)—」▽「あそみ」の転。「あそ」とも言う。

あだ【×仇】①かたき。「—を討つ」(かたきを討って、恨みを晴らす)②恨み。「それを—に思う」③害をすること。「—をする」「親切心がかえって—になる」▽敵の意の古語「あた」の転。

あだ①【△徒】むだ。「—花」「—(や)おろそか(=いい加減)にはできない」。転じて、うわついたさま。「—なさけ」▽もと、はかない、かりそめの、の意。②【△他・△異】ほか。別。「—人(あだびと)」

あだ【×婀×娜】《ダナ》女のなまめかしく色っぽいさま。「—な姿の洗い髪」「—っぽい」▽当て字で「仇」とも書く。

アダージョ〔音楽〕(アンダンテより)ゆっくりと(奏する、かなり遅い曲)。アダジオ。▽イタリア adagio

あたい【値・価】AがBに相当するという、そのAに対するBのこと。①ねだん。代金。「—はどれほどか」▽(1)は既に古風。②値打ち。「読むほどの—も無い」▽↓あたいする。③数学で、文字・式などが指す数値。論理学では数値に限らず変項が指すもの。[値]「f の—」「$\sin\theta$ の—」▽(3)は value の訳語だ

が、古語「当(あ)ふ」の連用形から出、BがAにぴったり合う意で、偶然ながら訳語は原義に近い。

あたい《代》あたし。わたし。▽「あたし」の代わりに、男女とも小さな子や、はすっぱな娘が言う語。

あたい-する【価する・値する】《サ変自》《「AがBにー」の形で》Aの値打ちがBに相当する。「百万円にー彫刻」「彼の実力は賞賛にー・しない」

あた-う【△能う】《五自》できる。「ーかぎりの援助」▽古くは「能わず」と打消しの形で使ったが、明治時代に訳語として肯定の形も現れた。「あとう(かぎり)」とも言う。

あだうち【×仇討(ち)】《名・ス自》①主君・肉親など自分と関係の深い人を殺した者を、仕返しに殺すこと。かたきうち。②転じて、仕返しすること。「次の試合でーをするぞ」

あた-える【与える】《下一他》①自分の物を他人に渡し、その人のものとする。やる。▽現在では上の者が恩恵的な意味で授ける場合に使う。②あてがう⑴。「課題をー」「ヒントをー」③こうむらせる。「損害をー」「不安をー」「環境にー影響」▽「当たる」「値」と同語源。原義は、合うように物をやる意。関連 遣(や)る・授ける・施す・遣わす・恵む・くれる・くださる・賜る・給う・給する・贈る・上げる・差し上げる・貢ぐ・捧げる・供する・奉る・献ずる・渡す・譲る・払い下げ・下付・交付・支給・授与・進呈・贈呈・贈与・寄贈・恵贈・呈上・進上・献上・献呈・謹呈

あたかも【×恰も】《副》①まるで。ちょうど。さながら。「花の散ること、ー紅(くれない)の雨のごとくである」「動きはー一個の生物体に見える」②ちょうどその時。「時ースキーのシーズン」「ー転任に際しこの事が起こった」▽「あだかも」とも言った。

あたかもよし【×恰もよし】《連語》ちょうどよい折(おり)であること。ちょうどその時。「ー空は晴れ渡った」

あた-ける《下一自》〔俗〕(わざと)騒いで暴れる。「例の生酔(なまえい)でー・けたかと思ひやした」(浮世床)

あだざくら【△徒桜】はかなく、すぐ散る(ものである)桜の花。

あたし【△私】《代》「わたし」の転。くだけた言い方。▽主として女が使う。

あだし=《名詞の上に》→あだ(他・異)。「ー男に心を移す」▽気取った言い方。

アダジオ →アダージョ

あたじけな-い《形》〔俗〕けちくさい。取るに足りない。「出す物も出ししぶるーやつ」派生 -さ

あだ-する【×仇する・×寇する】《サ変自》①害を与える。②攻め入る。

あたたか【暖か・温か】《ダナ》→あたたかい。派生 -さ

あたたか-い【暖かい・温かい】《形》①物の温度や気温が、快い程度に高い。「ー料理」「部屋がー」「ーセーター」②ひえびえとした感じを与えない。㋐愛情に富んでいる。また、情け深い。「ー言葉」㋑『懐(ふところ)がー』金まわりがよい。経済状態がよい。㋒『ー色』赤・黄系統の色。↓だんしょく(暖色)。派生 -さ -げ -み -がる 関連 生暖かい・ぬるい・生ぬるい・ぬくい・温暖・温和・微温・ぽかぽか・ほかほか・おだやか・のどか

あたたま-る【暖まる・温まる】《五自》熱を得てあたたかくなる。「春になって大地がー」「風呂でー」「心のー出来事」

あたた-める【暖める・温める】《下一他》①熱を適度に加え(伝え)て、あたたかくする。「ストーブで部屋をー」「酒をー」「めんどりが卵をー」②比喩的に、あたたかい状態を作り出す。㋐『旧交をー』途切れていた、または途絶えがちだった交わりを、もとの親密さにもどす(ための行為をする)。㋑(原稿や企画などを)すぐ発表してしまわず、もっと良くするため、手元に大事にとどめておく。「長年ー・めていたテーマで論文を発表する」▽㋑は、鳥が卵をかえすためあたためることの見立て。

アタック《名・ス自他》挑戦すること。「難関にーする」。(スポーツで)攻撃。攻撃すること。「バックー」「冬の穂高をーする」▽attack

アタッシュ ケース 薄くて小さな箱型のかばん。ビジネスマンなどが書類の持ち運びに用いる。▽「アタッシェ ケース」とも言う。attaché case

あだっぽ-い【×婀×娜っぽい】《形》(女が)なまめかしく色っぽい。▽→あだ(婀娜)。派生 -さ

あだな【×渾名・×仇名】軽蔑または親愛の意図で、本名のほかに、その人の特徴をとらえてつけた名まえ。

あだなさけ【△徒情・×仇情】むだな情。㋐一時だけのちょっとした親切。㋑(気まぐれの)はかない恋。「主(ぬし)と一夜のー」

あだなみ【△徒△浪・×仇△浪】むだに立ち騒ぐ波。▽人の心の定めなく、変わりやすいのにたとえる。

あだばな【△徒花・×仇花】咲いても実を結ばない花。すぐに散ってしまう花。むだばな。▽比喩的にも使う。

あたふた《副[と]・ス自》あわてふためくさま。あわただしく動作を急ぐさま。「ー(と)家にかけこむ」「急な対応にーする」

アダプター 規格の異なる機具を接合したり、別用途に使用したりするための補助器具。「ACー」▽adapter, adaptor

あたま【頭】①動物の、脳(や目・口・耳・鼻)がある部分。かしら。こうべ。「ーをひねる」(転じて、不思議がる。分からないままに考える)。特に、(顔と区別して)顔より上の所。「ーを丸める」(髪をそって、出家する、また、反省する)「ー隠して尻隠さず」(悪事や欠点の一部だけを隠して、全体をうまく隠しおおせたつもりでいるさま)②あたま⑴と関係が深い次のもの。㋐髪。「ーを分ける」㋑脳の働き。「ーがいい」「ーが回る」(知力が活発に働く)。考え方。「ーが古い」。心。「ーを悩ます」(あれこれと考え苦しむ)③あたま⑴に似たもの。㋐物の上部。てっぺん。「くぎのー」「山が雲の上にーを出す」㋑上に立

つ人。首脳。かしら。「—かぶの人」「—になって働く」㋒うわまえ。「売上げの—をはねる」㋓最初。「文章の—に出す」「来月の—」▽↓あたまから。④『一人—』一人あたり。関連 頭部・かしら・こうべ・つむり・おつむ・かぶり・頭(ず)・脳天・いがぐり頭・才槌(さいづち)頭・白頭・はげ頭

あたまうち【頭打(ち)】相場が上がりきった状態になったこと。一般に、物事が限界に達して進展の見込みがないこと。

あたまかず【頭数】(必要な)人数。「—がそろう」

あたまかぶ【頭株】おもだった人。

あたまから【頭から】『連語』(細かい点を確かめようともしないで)最初から。てんから。「—叱りとばす」「—相手にしない」

あたまきん【頭金】①分割払いなどの時、最初に支払うかね。②将棋で、相手の王の頭に打つ金。「次に—で詰む」

あたまごし【頭越し】①他人の頭上を越して物事をすること。②中に立つべき人を差し置いて、直接相手に働きかけること。「—の交渉」

あたまごなし【頭ごなし】人の言うことも聞かずに最初からがみがみ言ったり、おさえつけたりすること。「—に叱りつける」

あたまでっかち【頭でっかち】『名ナノ』体につりあわず頭が大きいこと。また、上の部分が不釣合いに大きいこと。転じて、知識や理屈ばかりで、行動が伴わないこと。そういう人。

あたまやま【頭山】↓さいき(再帰)(2)。▽recursionの、落語の題に基づく訳。

あたまわり【頭割(り)】『名・ス他』金や品物を人数に応じて平等に割り当てること。

アダム 旧約聖書に見える、神が最初に創造した男の名。女のイブに対する。転じて、代表的な男性。▽Adam

あだめ-く【×婀×娜めく】『五自』(女の)様子がなまめかしく色っぽい感じを与える。

あたら『副』おしくも。もったいないことに。あったら。「—若い命を散らした」▽文語的。「可惜」とも書いた。

あたらし-い【新しい】『形』成り立ってから、または現れてから、まだ時がたっていない。↕古い。㋐できて間がない。「—洋服」「記憶に—事件」㋑なま物が新鮮さを保っている。「—魚」㋒今までには無い、または様子が違う。今度初めてのものである。「—!く入社した人」「—思想」「—数学」▽㋒は現代的・進歩的の意を込めても使う。㋓改めた後のものだ。「—住所」▽「あらた」の形容詞化「あらたし」から転じた形。派生 -さ -げ -み -がる 関連 真新しい・瑞瑞(みずみず)しい・生生しい・さら・清新・新鮮・最新・新鋭・新進・新式・新型・今風・今様・現代的・ニュー・フレッシュ・モダン

あたらずさわらず【当(た)らず障らず】『連語』面倒なかかわり合いが生じないように、ほどほどに対処すること。「—の返事」

あたり【当(た)り】㊀当たること。①触れた時の感じ。人あたり、手ざわり・舌ざわり等。「—がやわらかい」②強い力が及ぶこと。㋐体ごと相手にぶつかって行く勢い。「激しい—でふっとばされた」㋑野球で、(よい)打撃。「—がとまる」㋒囲碁で、もう一手打てば相手の石が取れる布置。㋓釣りで、魚が針先の餌にさわる感触。「—が来た」㋔身体に害があること。「食—」「暑気—」▽㋔は単独では使わない。③見当をつけること。また、見当。「小—に当たってみる」。目星。「犯人の—がつく」④うまく当たること。↕外れ。㋐的中。「—矢」「—くじ」「大—一等賞」▽「中り」とも書く。㋑企て・催しの好評・成功。「予想外の—を取る」㊁《接尾語的に》……に対して(の割合、平均)。「一日—千円」「一アール—の収量」▽↓あたる㊂(2)

あたり【辺り】その所・時・ものに近い範囲。㋐付近。「—一面」「—かまわず泣く」「課長の—で処置されるところ」㋑ところ。「来年—は」㋒例・候補をあげれば……というところ。「彼—が適任だ」「秋葉原—で安く売っているだろう」▽「当たり」と同語源。↓あたる㊂

あたりき〔俗〕《普通「—な」「—だ」の形で》当たり前。「—な話さ」

あたりきょうげん【当(た)り狂言】評判よく、入りの多い芝居。

あたりさわり【当(た)り障り】さしさわり。「—のないように」▽多く下に打消しの語を伴う。

あたりちら-す【当(た)り散らす】『五自』心中に不愉快なことがあり、罪もない周囲の者につらくふるまう。やつあたりをする。

あたりどし【当(た)り年】①収穫物などの豊かな年。「ワインの—」「投手の—」②たくさん良いことがある年。

あたりばこ【当(た)り箱】すずり箱。▽商家の忌み言葉。墨を「する」と言うのをさける。↓あたる㊃(1)

あたりばち【当(た)り鉢】すりばち。▽商家の忌み言葉。↓あたる㊃(1)

あたりまえ【当(た)り前】『ダナ』①わかりきった、言うまでもないさま。当然。「国民として—の義務」▽「当然」の当て字「当前」を訓読みにした語か。②何の変わった所もないさま。普通。「—の料理」派生 -さ

あたりめ「するめ」の忌み言葉。▽↓あたる㊃(1)

あたりや【当(た)り屋】①相場・ばくち等でよく当たってもうける人。また野球で、よく打つバッター。②わざと車にぶつかって金などを要求する人。

あたりやく【当(た)り役】俳優が好評を得た役。

あた-る【当(た)る】『五自』㊀物や人が(まっすぐ進んで)急所、ねらった所に触れ届く。①強い勢いで(はずれずに)ある場所に届く。㋐ぶつかる。「投げた石がうまく幹に—」「—って砕けろ」(失敗をおそれずにやれ)▽意識的でない場合は↓(2)㋒。的中の意で

は「中る」とも書く。㋑(特に責任も非もない)周囲の者に、意地の悪い態度で接する。また、怒りや不満をぶつける。「弟につらく―」「部下に―・り散らす」
②外力などを身(そのもの)が受ける。「罰(ばち)が―」
㋐光や風を受ける。「日に―・って変色する」「風に―・って酔いをさます」㋑毒・悪気(あっき)が体にさわって害となる。「きのこに―」「暑気に―」▽「中る」とも書く。㋒抵抗のある物に思わず触れる、または行き着く。ぶつかる。「動かした手が机の角に―」「坑道を掘っていると、堅い岩盤に―・った」「ボールが飛んで来て頭に―」㋓強い外力を身に引き受けて、それに対抗する。「―べからざる勢い」
③こちらから目的物に触れてゆく。▽他動詞的にも使う。㋐比べ合わせて確かめる。照合する。「原文に―・って調べ直す」「不正の有無を帳簿で―」㋑さぐりを入れる。「どんなぐあいか―・っておく」「事情を本人に―・ってみよう」「下宿できそうな家を―・って歩く」
④適当な位置で触れる状態になる。㋐目的にかなう付き方をしている。「つぎの―・った服」㋑光や風がそこに届く。「日が―」「北風が―」
㊁物事がねらい・希望の通りになる。▽意図した場合でなくても使う。①的(望んだ所)に命中する。「矢が黒丸に―」「運よくくじに―」
②予想通りの結果になる。「天気予報が―」
③企て・催しが人々の気に入り、好評を得る。うける。「今度の芝居は―・った」
④正しく当てはまる。「その非難は―・らない」▽㊁は「中る」とも書く。(1)～(3)は、↕はずれる
㊂物事が他の物事と(うまく)相対する。①そういう場合になる。「この時に―・って」。その方角にある。「東に―・って怪光が認められた」「鬼門のかたに―」
②相当する。㋐対応する。「英語の dog に―日本語はイヌだ」㋑『……するに―・らない』……する必要がない。……するに及ばない。「わざわざ行くにはあたらない」
③仕事などに直接触れる。㋐担当する。「部局間の連絡調整に―責任者」。任務をひきうける。「社長の任に―」㋑割り振られる。「そうじ当番に―」。指名される。「数学の時間に、―・ったが答えられなかった」
㊃《忌み言葉の用法》①商家で「擂(す)る」「剃(そ)る」を避けて言う。「顔を―」▽縁起をかついだ言い換えで自動詞形を使うが、実質は他動詞。身代(しんだい)を「する」のは縁起が悪いので。なお「剃(そ)る」は江戸(東京下町)語では「する」。②果実がくさる。「みかんが―」
[関連] 打ち当たる・行き当たる・見当たる・思い当たる・差し当たる・突き当たる・ぶつかる・かちあう・鉢合わせ・衝突・激突・追突・命中・的中・合致・一致・百発百中・大当たり・ヒット・成功

アダルト《名ナノ》成人。おとな。▽adult

あたん【亜炭】 石炭の品位の一つ。褐炭のうち、炭化の度合いがより低いもの。

アチーブメント テスト 学科または単元の学習活動の結果をためす試験。▽achievement test

あちこち あちらやこちら。①ほうぼう。「その例は―にある」「―と捜し歩く」②くいちがうさま。「事が―になる」▽(2)では「になる」「(に)する」がつく。

アチドージス →アシドーシス。▽(ドイツ) Azidosis

あちゃらか 〔俗〕(庶民的で)深い意味もなく、こっけいで、にぎやかにふるまうこと。「―をやる」「―喜劇」▽「あちら」(西洋)＋「か」(化)の転という。

アチャラづけ【アチャラ漬(け)】 ダイコン・カブ・ハス等をうすく切り、甘酢とトウガラシで漬けた食品。▽「アチャラ」は、(ペルシア) achar ポルトガル語を経て日本語に入った。「阿茶羅」とも書いた。

あちら《代》①あの方向。自分や相手から遠く隔たった所にあるものを指し示す時に向く方向。むこうのほう。「―からだれか来る」「―を向いて御覧」②あちら(1)に当たる方の物。「―をお求めになりますか」「―を立てればこちらが立たぬ」(両方をぐあいよくするのは、むずかしい)▽(1)(2)は「あっち」より丁寧。③あちら(1)に当たる場所。遠く離れた場所。あそこ。▽「あそこ」「あっち」より丁寧。また「あちら」で特に、外国、欧米を指すことがある。「―の生活様式」「―帰り」(洋行帰り)④あの人。あのかた。「―(様)はどうおっしゃいましたか」▽「あっち」より丁寧。

あつ【*圧】【壓】 アツ おす おさえる ｜ ①上からおさえつける。ある広がりをもって物に力を加える。おしつけて動けなくする。おしつぶす。「圧搾・圧倒・圧迫・圧力・威圧・弾圧・鎮圧・抑圧・指圧・重圧・制圧」②《名・造》圧力。「圧を加える」「気圧・水圧・電圧・高圧・眼圧・血圧・風圧・変圧器」

あっ《感》驚いた時などに思わず発する声。「―と言う間」(非常に短い時間。一瞬のうち)「―と言わせる」(意外な事をして驚かせる。また、感心させる)

あつあげ【厚揚(げ)】 厚切りの豆腐を油で軽く揚げたもの。なまあげ。

あつあつ【熱熱】《名・ノダ》①(恋人または新婚早々の夫婦が)互いに熱愛しているさま。「―のカップル」②料理が熱いさま。「―のスープで冷えた体を温める」「出来立ての―をいただく」

あつ-い【熱い・暑い】《形》温度が著しく高い。そういう感じだ。①熱せられている。[熱] ↕冷たい。㋐物の温度がきわめて高い。「鉄は―・うちに鍛えよ」「―うどん」▽それが体(の一部)に触れた時に起こる感じを言う。㋑熱烈だ。「音楽に寄せる―思い」。熱烈に愛し合う仲である。「彼女と―・くなる」「お―仲」「―視線を注ぐ」②気温が高い。また、それが肌を通して不快に感じられるほどだ。[暑] ↕寒い・涼しい。「この夏は特に―」「人の熱気で―会場」[派生] **-さ -げ -がる** [関連] 蒸し暑い・暑苦しい・炎暑・激暑・厳暑・向暑・酷暑・極暑・残暑・小暑・処暑・盛暑・大暑・

薄暑・避暑・防暑・炎天・炎熱・暑熱・暑気

あつ-い【厚い・篤い】《形》①物の一方の面から反対側までの隔たりが大きい。【厚】↕薄い。「—本」「綿を—く入れた布団」②中身また実質が豊かだ。↕薄い。「—もてなし」「人情に—」「情(じょう)が—」「信仰が—」「—く御礼申します」「利が—仕事」▽②の場合は「篤」を使わない。③病気が重い。【篤】「—病(やまい)に伏す」派生 **-さ -み**

あつえん【圧延】《名・ス他》金属の塊を、ローラーの間を通して圧力で延ばし、板・棒などの形にすること。「—機」

あっか【悪化】《名・ス自》状勢・状態が悪くなること。↕好転

あっか【悪貨】質の悪い貨幣。地金(じがね)の価格が法定価格より劣る貨幣。↕良貨。「—は良貨を駆逐する」(本来のグレシャムの法則の内容から転じて広く、悪いものがはびこって良いものが姿を消す意にも)

あつかい【扱い】あつかうこと。㋐操作法。処理法。「機械の—を知らない」㋑待遇。「客の—が悪い」㋒仲裁。「けんかの—」▽㋒は古風な言い方。

あつか-う【扱う】《五他》①手であやつる。操作する。「—いなれた機械」。一般に、物事を取りさばく。仕事として行う。担当して処理する。「当店で—品物」「この書類は建築課が—」「これを議題として—おう」「ニュースに—われた事件」②(人を)待遇する。「客を大切に—」「部長として—」▽⑴⑵は⑶の転。③気をつけて面倒をみる。特に、仲裁する。「けんかを—」▽⑶は古風な言い方。関連 取り扱う・持て扱う・操る・弄(いじ)る・捌(さば)く・こなす・処する・遇する・あしらう・取り上げる・措置・処置・操作・手捌(てさば)き・待遇・処遇・客扱い・人あしらい

あつかまし-い【厚かましい】《形》人の迷惑も考えず、ずうずうしい。「主人のるすに—くあがりこむ」派生 **-さ -げ**

あつがみ【厚紙】厚手(あつで)の紙、特にボール紙。

あつかん【熱燗】酒の燗(かん)がひどく熱いこと。そういう酒。↕ぬる燗。「おでんに—で一杯やろう」

あっかん【圧巻】書物・催し物などの中で最もすぐれた部分。▽「巻」は昔の中国で官吏登用試験の答案。最優秀のものを一番上にのせた故事から出た語。

あっかん【悪感】不快な感じ。▽「悪寒(おかん)」は別語。

あっかん【悪漢】悪い事をする男。ならず者。わるもの。

あっかんじょう【悪感情】→あくかんじょう

あつぎ【厚着】《名・ス自》着物をたくさん重ねて着ること。↕薄着

あっき【悪鬼】たたりをする鬼。

あつぎり【厚切り】肉類・食パンなどを厚めに切ること。その厚く切ったもの。「—の食パン」

あつくるし-い【熱苦しい・暑苦しい】《形》①温度が高く熱気がこもって苦しい。息苦しいばかりにあつい。「—から窓を開けよう」②(見た目など)受けた感じが不快でうっとうしい。「—態度」派生 **-さ -げ -がる**

あっけ【×呆気】『—にとられる』事の意外なのに驚きあきれる。 **—な-い**《形》予期したよりも簡単で、張合いがない。もの足りない。「—幕切れ」派生 **-さ -がる**

あつげしょう【厚化粧】《名・ス自》おしろいなどをこく塗った化粧。濃化粧(こいげしょう)。↕薄化粧

あっけらかん《副と》①意外な事、意外な成り行きにあきれてしまって、(ぽかんと口をあけたまま)何の動作もせずにいるさま。「—と見とれる」②少しも気にせず、けろりとしているさま。「叱られても—としている」

あっこう【悪口】わるくち。あくたい。「—雑言(ぞうごん)」▽以前は「他人を—する」のようにも使った。

あっこう【悪行】→あくぎょう

あっさい【圧砕】《名・ス他》圧力をかけてくだくこと。

あっさく【圧搾】《名・ス他》①圧力をかけてしぼること。②→あっしゅく㋐。 **—くうき**【—空気】→あっしゅくくうき

あっさつ【圧殺】《名・ス他》押しつぶして殺すこと。また、圧迫して無効にすること。「反対派の意見を—した」

あっさり《副[と]・ス自》①しつこくなく。さっぱり。㋐味・形・色・模様などがしつこくない。「—(と)した味」㋑人柄・行動などが複雑でない。②簡単に。こだわりなく。「—(と)引き下がる」

アツシ【厚司・厚子】オヒョウ(=ケヤキに似た、ニレ科の落葉高木)の樹皮からとった繊維で織った布。アイヌの服に用いる。また、それに似た、厚くてじょうぶな綿織物。労働者の仕事着にする。▽アイヌ語でオヒョウの意。

あつじ【厚地】厚く作った織物や金属。↕薄地

あっし【圧死】《名・ス自》押しつぶされて死ぬこと。

あっしゅく【圧縮】《名・ス他》押し縮めること。㋐気体や固体に圧力をかけてその体積を小さくすること。圧搾。㋑文章などを縮めて短くすること。㋒コンピュータなどで、データの内容を損なうことなくそのサイズを小さくすること。 **—くうき**【—空気】圧縮した空気。電車のブレーキや扉の自動開閉装置などに使う。圧搾空気。

あっしょう【圧勝】《名・ス自》圧倒的に勝つこと。

あっ-する【圧する】《サ変他》①圧力をかけて押す。おさえつける。②威圧を与える。圧迫する。圧倒する。「敵を—」。また、威圧によって服従させる。「関八州を—」

あっせい【圧制】権力をもつ者が、その権力や暴力を使って、他人の言動を無理におさえつけること。▽もと、むりやりに押しつける意。「—な仕事をする役人」のようにも使った。

あっせい【圧政】権力でおさえつける政治。

あっせん【×斡旋】《名・ス他》交渉や商売などで、間にはいって、両方の者がうまくゆくように取りはから

うこと。また、物事を紹介し世話すること。「就職を―する」▽↓ちょうてい(調停)

あったら ↓あたら

あったらもの【〈可惜〉物・〈可惜〉者】 惜しむべきもの。

あっち『代』「あちら」のくだけた言い方。▽「あち」の促音化。

あつで【厚手】 紙・織物・陶器などの地(じ)の厚いこと、また厚いもの。↕薄手

あっとう【圧倒】『名・ス他』段違いにすぐれた力で他に打ち勝つこと。他よりはるかにまさること。「建物の大きさに―された」「相手を―する力がある」▽もと、押し倒すこと。 **―てき【―的】**『ダナ』段違いなさま。「―多数」

アット ホーム『ダナ』家庭的で、くつろげるさま。よそよそしさがなく、したしみやすい感じ。▽at home

アット マーク 記号「@」の呼称。㋐商品の単価を表す記号。㋑電子メールのアドレスに用いる記号。▽at と mark とによる和製英語。英語では at または at sign

アッパーカット ボクシングで、相手のあごを下から突き上げて打つ攻撃法。▽uppercut

あっぱく【圧迫】『名・ス他』おさえつけること。「胸に―を感じる」「―感」。また、押し迫りおびやかすこと。「敵を―する」。特に、威圧すること。「金の力で―する」

あっぱっぱ〔俗〕女性の夏の簡単服。木綿製で、袖・襟がない。▽昭和初年に関西から広まる。普通「アッパッパ」と書く。

あっぱれ【△天晴・×適】 ①『名ナノ』すぐれて見事なこと。めざましいこと。「―な成績」 派生 **-さ** ②『感』ほめる時に言う語。でかした。▽感動して発する「あ、はれ」の転。

アッピール『名・ス自他』↓アピール

アップ ①『名・ス自他』上がること。上げること。↕ダウン。「レベルが―する」②『名・ス他』女性の髪型の一つ。後ろ髪を上へまとめ上げたもの。「お団子の―ヘア」▽⑴⑵は、up(=上に)から。③『名』「クローズ アップ」の略。「―で撮る」④『名・ス他』「アップロード」の略。 **―グレード**『名・ス他』等級・品質などを上げること。グレード アップ。「コンピュータのOSを―する」「航空券をビジネス クラスに―する」▽upgrade **―ダウン**『名・ス自』のぼりくだり。あがりさがり。「―が多い道」「物価が―する」▽up と down とによる和製英語。 **―ツー デート**『ダナ』最新の様式や流行にもとづいているさま。現代的。up-to-date **―デート**『名・ス他』(コンピュータ関連の)システムや情報を最新のものにすること。「セキュリティの―」「―を実行する」▽update **―テンポ**『ダナ』楽曲のテンポが速いこと。▽up-tempo **―ロード**『名・ス他』手元のコンピュータから、ネットワーク上のサーバーにデータを転送すること。↕ダウンロード。▽upload

あっぷあっぷ『副〔と〕・ノダ・ス自』①水におぼれ、苦しんで口を開け閉めするさま。②非常に困っているさま。「経営が―(の状態)だ」

あっぷく【圧伏・圧服】『名・ス他』力でおさえつけて従わせること。

アップリケ『名・ス自』布の上に別の小布を縫いつけたり貼りつけたりして模様とする刺繍(ししゅう)。アプリケ。▽フランス appliqué

アップル りんご。「―ジュース」▽apple **―パイ** 砂糖で煮たリンゴをはさんだパイ。▽apple pie

あつぼった-い【厚ぼったい】『形』厚くて、ふくれたような感じだ。「―唇」「―和紙」 派生 **-さ**

あつまり【集(ま)り】 集まること。集まったもの。「―(ぐあい)がよい」。また、会合。「―に出て来た」

あつま-る【集まる】『五自』①多くのものが一つ所に寄って来る。「パーティーに―」「家族が―」②一つ所にそそがれる。集中する。「同情が―」

あつ-める【集める】『下一他』①多くのものを一つ所に寄せ合わせる。「切手を―」「寄付を―」②方々から一身に受ける。「同情を―」「視線を―」「票を―(=獲得する)」

あつもの【×羹】 肉・野菜を入れた熱い吸い物。「―に懲りてなます(=酢にひたした食品)を吹く」(一度失敗したのに懲りて用心しすぎることのたとえ)

あつやき【厚焼(き)】 厚く焼くこと。そのもの。↕薄焼き。「―のたまご」

あつゆ【熱湯】 普通よりは熱くした(なっている)入浴用の湯。「江戸っ子は―が好き」「―の温泉」▽「ねっとう」と読めば別の意。

あつよう【厚様】 鳥の子紙。また、厚手の和紙。↕薄様(うすよう)。▽「厚葉」とも書く。

あつらえあつらへ **【×誂(え)】** 注文すること。注文して作る品。↕出来合い

あつらえむきあつらへ… **【×誂(え)向き】**『ダナ』(まるで注文して作ったように)望み通りなさま。また、要求にぴったり合っているさま。「―の品」▽多く「お―」の形で使う。

あつら-えるあつらへる **【×誂える】**『下一他』頼んで、また命じて自分の思い通りに作らせる。注文する。「礼服を―」

あつりょく【圧力】 押しつける力。㋐〔物理〕一つの面を境にして、両側の部分が互いにその面に垂直に押し合う力。「―釜」「―鍋」㋑人を圧迫する力。「財界が政府に―をかける」「―団体」

あつれき【×軋×轢】 人の仲が悪く、あい争うこと。不和。「―を生ずる」▽もと、車がきしること。

あて ①【当(て)】 当てること。「鞘(さや)―」。当てたもの。「臑(すね)―」②【当て】 見込み。目あて。見当(けんとう)。特に、頼みにしている見込み。期待。「―にする」「―がはずれる」「―もなく歩く」③【宛(て)・当(て)】《接尾語的に》㋐……に対して(の割合、平均)。「ひとり―五個」㋑名あて。「御回答は営業部―にお送りください」

あで【△艶】《名ナノ》あでやかなこと。「―(な)姿」▽古語「あて(貴)」の転。

あていぼく【亜低木】低木と草との中間のもの。茎・枝の基部は木質で、枝さきが草質の植物。亜灌木(あかんぼく)。例、ハギ・コケモモ。▽→ていぼく

あてうま【当て馬】①優勢な者を牽制(けんせい)する目的で推し立てられた者。「―候補」▽(2)の転。②雌馬の発情をうながすための雄馬。

あてがいぶち[あてがひ:] 相手の望みによらず、適宜見積もって与える物や金。▽「宛行扶持」と書く。江戸時代に主君が下級の家臣に与えた扶持米(ふちまい)。

あてが-う[あてがふ]《五他》①先方の要求によらず、こちらで適当に与える。「子供に絵本を―」②ある物を他の物にぴったりと当てる。「受話器を耳に―」。当てて支えとする。「バラに添え木を―」▽原義は、必要な物をそれぞれに振り当てる意。「当てがう」「宛(て)がう」「宛行う」「充行う」とも書く。

あてこす-る【当て△擦る】《五自》他の事にかこつけながら、それとなくわかるように、相手に悪口や皮肉を言う。

あてごと【当て事】頼みにしていること。「―がはずれる」

あてこ-む【当て込む】《五他》うまい結果になるだろうと期待する。そういう期待で行動する。「人出を―んで店を出す」

あてさき【宛先】あて名の場所。また単に、あて名。

あてじ【当て字・宛(て)字】漢字の本来の意味に関係なく、音や訓を借りてあてはめた漢字。また、漢字のそういう使い方。例、「アジア」を「亜細亜」、「でたらめ」を「出鱈目」。

あてずいりょう【当て推量】《名・ス他》確かな根拠もなしに自分勝手におしはかること。あてずっぽう。

あですがた【△艶姿】なまめかしい姿。色気のあふれたなりふり。▽「あで」は「あて(貴)」の転。

あてずっぽう《名ナノ》[俗]→あてずいりょう

あてつ-ける【当て付ける】《下一他》①あてこする。②(男女の仲の良さなどを)見せつける。

あてど【当て△所】(目的や頼みとして)当てにする所。「―なくさまよう」▽「ど」は所の意。

あてな【宛名】手紙・書類に書く先方の氏名。▽住所を含めても言う。

あてなし【当て無し】めあて・目的がないこと。「―に歩く」

あてにげ【当(て)逃げ】《名・ス自》衝突事故を起こしたまま、逃げること。

あてぬの【当て布】①かぎ裂きなどを繕うとき、補強のために裏に当てる布切れ。また、衣服の尻やひじに当たる部分を裏打ちする布。②アイロンをかけるとき、熱や蒸気が直接衣服に当たらないようにあてがう薄い布。「ハンカチを―にする」

アデノイド 扁桃(へんとう)(2)が肥大する病気。子供に多く、しばしば難聴を起こし、また記憶力の減退をまねく。▽ドイツ adenoide Vegetation イギリス adenoid

あてはずれ[:はづれ]【当て外れ】《名ナノ》期待や予想がはずれること。

あてはま-る【当て×嵌(ま)る】《五自》ある物事が他の物事にぐあいよく合う。適合する。「条件に―」

あてはめる【当て×嵌める】《下一他》目標とする物事にぐあいよく合うようにする。「理想像に―めてみる」。転じて、ある事を他に適用する。「過去のデータに―めて予測する」

あてみ【当(て)身】武術で、拳などで相手の急所をつくわざ。「―をくう」

あてもの【当て物】①隠しているものを言い当てること。また、言い当てた者に対して与える金品。懸賞。②物に添えてあてがうもの。

あでやか【△艶やか】《ダナ》(女が)はなやかに美しく、なまめかしいさま。「―にほほえむ」▽古語「あて(貴)やか」の転。派生 **-さ**

アデュー《感》さようなら。▽フランス adieu (=長い別れを告げる時のあいさつの語)

あてられる【当てられる】《連語》《複合動詞相当》(男女の)仲のよさを見せつけられて、すっかり弱る。▽→あてる(一)(2)

あ-てる【当てる・充てる・宛てる】《下一他》(一)物を他に、はずれないように(ねらい通り)触れさせる。①ねらった所を、力を込めて打ったりぶつけたりする。「馬に一むち―」「バッターがよく―」。柔道で、あてみを加える。②《受身形で用いて》毒気・熱気の強い作用を受ける。「猛毒に―てられる」「あの二人の仲の良さにはすっかり―てられたよ」③適当な位置で触れた状態にする。㋐あてがう。「つぎきれを―」「物さしを―」(物さしで測る)「どうぞお―て下さい」(座ぶとんを敷くように勧める慣用的な言い方)㋑光や熱気にさらす。「植木を日に―」(二)物事を期待通りの状態にする。[当]▽「中てる」とも書く。①的(望んだ所)に命中させる。「矢を敵の肩に―」「くじを―」(当たりくじを引く)②予想通りの結果を招く。「言い―」「クイズの答を―」。予期通りあるいはそれ以上によい結果を得る。「株で―」「新製品で―」「ハムレット役で―」(三)ものを他にあてはめる。①名ざす。向ける。「手紙をその課に―てて出す」。指名する。「生徒に―てて答えさせる」②仕向けて使う。「急場の用に―」「漢字を―てて書く」「新しい訳語を―」。割り振る。「役を―」「収入の二割を教育費に―」「勝ち進んだので十日目に大関に―てられた」

あてレコ【当てレコ】吹き替え(1)。▽「レコ」は「レコーディング」の略。

アテンダント 接客係。㋐旅客機の客室乗務員。キャビン アテンダント。▽一九九六年以前は女性をスチュワーデス、男性をスチュワード、その上級職をパ

ーサーと呼んだ。㋑団体旅行の添乗員。また、大型商業施設・美術館などの案内係。▽attendant

アテンド『名・ス他』付き添うこと。世話をすること。「観光客を―する」▽attend

あと【後】㊀人の背後。「―からついて来る」「母の―を追って行く」「―を慕う」(恋しがって追って行く。また、敬ってまねる)「―が無い」(相撲(すもう)で寄られて背後の土俵まで残りが乏しい。転じて広く、これ以上退けば悪い結果になる) ㊁時間的にうしろのもの。↕先(さき)・前(まえ)。①のち。㋐《副詞的にも使う》ある時(特に今)ののち。「食事は―でするよ」「―は野となれ山となれ」(今さえよければ後がどうなろうとかまわない)「―それを書くだけで済む」「―幾つ寝るとお正月」▽→(2)㋑。㋑死後。「―を弔う」②のちのもの。㋐残り。「―は明日にまわそう」㋑順序の上でのうしろ。「食事は入浴の―にするよ」「―にも先にも……ない」(先例が無いことを強調する言い方)「―から―から湧いて出る」。次に来るもの。「お―の番だ」㋒子孫。「―が絶える」③以前。さき。「三年―に父を失った」▽㊀㊁とも「跡」の転。㊁(3)は近世から大正ごろまでの用法。関連 後(のち)・先(さき)・後後(のちのち・あとあと)・後程・以後・向後(きょうこう)・今後・直後・爾後(じご)・事後・死後・戦後・生後・没後・予後・老後・以来・爾来(じらい)・以降・このかた・次

あと【跡・痕】以前に物事が行われ、また存在したことの残っているしるし。「古いお寺の―」「進歩の―が認められる」▽傷のあとなどは「痕」とも書く。㋐足あと。ゆくえ。「―をくらます」「―をつける」(尾行する意にも) ㋑筆跡。「水くきの―」 ㋒家督。跡目。「―を取る」▽→あと(後)

あど 狂言での脇役(わきやく)。▽主役のシテに対し、能のワキに当たる。普通片仮名で「アド」と書く。

アド ①広告。宣伝。▽アメリカ ad ②「アドレス」の略。「メ―」(メール アドレス) **―バルーン** 宣伝・広告の短文などを吊(つ)るして空に浮かべる軽気球。アドバルン。「―をあげる」(世間の反響や相手の出方を見る意にも) ▽日本の発明で、一九一三年から実用。初め「広告(宣伝)気球」と呼んだが、三〇年代からこの名が普通になった。ad と balloon とによる和製英語。

あとあし【後足・後△肢】四足動物の尻のほうの足。しりあし。うしろあし。「―で砂をかける」(去りぎわに、迷惑をかける意)

あとあじ ぢ:あ【後味】飲食のあとで口の中に残った味。転じて、物事の済んだあとに残る感じや気分。あとくち。「―が悪い」

あとあと【後後】『名・副』のちのち。将来。「―問題になる」

あとおさえ さへ:お【後押(さ)え】軍列の最後にあって、後ろから追って来る敵を防ぐこと。また、その軍隊。しんがり。

あとおし【後押し】『名・ス他』①荷車などを後ろから押すこと。そうする人。②転じて、助力すること。そうする人。後援者。

あとがき【後書(き)】書物や手紙の終わりに書きそえることば。↕前書き・端書き

あとかた【跡形】何かあったあとに残って、そのしるしとなるもの。「―もない」「―もなく消す」

あとかたづけ【跡片付け・後片付け】『名・ス自他』物事が終わったあと、片付けをすること。

あとがま【後釜】やめた人に代わってつく、その地位。「―にすわる」。その地位につく人。「―をさがす」

あときん【後金】あと払いの金銭。また、契約額の一部を手付金(てつけきん)として払った残りの金銭。↕前金(まえきん)

あとくされ【後腐れ】物事の済んだあとが、きれいにはかたづかず、ごたごたや悪影響の残ること。「―がないようにする」

あとくち【後口】①↓あとあじ。②(申込みなどで)あとから来たもの。「―も早く整理しろ」

あとげつ【後月】先月。前の月。▽古風な言い方。

あどけな-い『形』無邪気でかわいい。派生 -さ -げ

あとさき【後先】①場所・時間の前と後。また、(あるものの)まわりの場所。(ある事柄より)先の事と後の事。「―も考えず行動する」②順序が入れ代わること。前後。「話が―になる」

あとさく【後作】↓うらさく

あとざん【後産】産後間もなく、胎盤など母胎に残っていたもの(えな)が出ること。のちざん。

あとしき【跡式・跡敷】家督を相続すること。その家督。あとめ。

あとじさり【後△退り】『名・ス自』↓あとずさり

あとしまつ【跡始末・後始末】『名・ス他』①あとかたづけ。②(他人の)不始末を処理すること。

あとずさり【後△退り】『名・ス自』前を向いたまま後ろの方へしりぞくこと。あとしざり。あとじさり。

あとち【跡地】建物や施設を取り払ったあとの土地。「工場―」「―利用」

あとぢえ【後知恵】事が終わってから出る知恵。「―を働かせる」

あとつぎ【跡継(ぎ)・後継(ぎ)】①家の跡目をつぐこと、つぐ人。あととり。②前任者・師匠などの仕事を受けついでする人。後継者。

あとづけ【後付(け)】①『名』書物の本文のあとに付ける、索引・後書きなど。↕前付け。②『名・ス他』あとから付け加えること。「―パーツ」「理由を―する」

あとづ-ける【跡付ける】『下一他』物事の変化の跡をたどる。「近代日本の経済史を―けた論文」

あととり【跡取(り)】↓あとつぎ(1)

アトニー〔医学〕筋肉の緊張が衰え、消失した状態。無力症。無緊張症。「胃―」▽ドイツ Atonie

あとのまつり【後の祭(り)】『連語』手おくれ。時機をのがしてききめのないこと。「今さら悔やんでも―だ」▽祭りのすんだあとの山車(だし)が役に立たない

意から。もと、祭りの翌日を指した。

アドバイザー 助言者。顧問。▽adviser

アドバイス『名・ス他』助言。また、忠告や勧告。「専門家の―を受ける」▽advice

あとばら【後腹】 ①㋐出産後の腹痛。後(うこ)陣痛。「―が痛い」㋑事が済んだあとでの苦痛。②後妻の生んだ子。また、後妻から生まれること。

あとばらい【後払い】『名・ス他』代金などを後で支払うこと。↔前払い

アドバンテージ 有利な点。優勢な立場。「大きな―がある」。特に、㋐テニス・卓球などでジュースの後、得点すること。㋑サッカー・ラグビーなどで、反則された側が有利な状況の場合、プレーが続けられること。▽advantage

アトピー アレルギー性の喘息(ぜんそく)・じんましん・皮膚炎などを発症しやすい体質。「―性皮膚炎」▽atopy

あとひき【後引き】 つぎつぎと物を、特に酒をほしがること。「―上戸(じょうご)」

あとぶつ【×阿×堵物】 金銭。▽古代中国語の俗語で、この物の意。

アドベンチャー 冒険。▽adventure

あとぼう【後棒】 駕籠(かご)の棒の後部を担ぐ者。↔先棒(さきぼう)。「―をかつぐ」(加担する)

アド ホック『ダナ』場当たりなさま。その場きり。「―な対策ではもはやしのげない」「―委員会」(議事を限定した臨時特別委員会) ▽ラテン ad hoc (=これに対し)

あとまわし【後回し・後×廻し】 順序をかえて、あとにすること。

アトム 原子。▽atom もとギリシア語で、分割されないものの意。

あとめ【跡目】 ①家を相続すること。相続する家名・家業・地位。また相続人。②師匠などの仕事を受けつぐこと。またその人。後継者。

アトモスフェア 雰囲気。▽atmosphere

あともどり【後戻り】『名・ス自』もと来た方へ引きかえすこと。また、退歩。

あとやく【後厄】 厄年(やくどし)の次の年。↔前厄(まえやく)

あとやま【後山】 切羽(きりは)で掘る人を助け、掘り出した石炭や鉱石を運搬する人。↔先山(さきやま)

アトラクション ①客を呼ぶために、主要な催しのほかに添える出し物。②遊園地などの乗りもの・遊戯設備。▽attraction

アト ランダム『ダナ』ランダムに行うさま。手当たり次第。▽at random

あとり【〈獦子鳥〉〈花鶏〉】 秋にシベリアなどから日本に飛来する渡り鳥。スズメよりやや大きく、頭部は黒色、腹面は白色、胸に赤褐色の羽毛をもつ。▽あとり科。

アトリエ 美術家・写真家などの仕事場。画室・工房など。▽フランス atelier

アド リブ 楽譜や脚本に書いていない演奏・せりふ・演技などを、その場の雰囲気に合わせて即興的にさしはさむこと。▽ad lib

アドレス ①所番地。郵便物のあて先。また、メールアドレス。②ゴルフで、ボールを打つ構えに入ること。▽address

アドレナリン 副腎髄質が出すホルモン。交感神経を刺激する。止血剤・強心剤に利用。▽ドイツ Adrenalin

あな【穴・△孔】 ①物の面にあいた、または掘って作ったくぼみ(=穴)、または向こうまで突き抜けたトンネル状の所(=孔)。「岩―」②あな(1)に似た所のあるもの。㋐欠けてあいている所。「三番打者の―を埋める」㋑欠損。損失。「商売べたで―があいた」③獣が隠れすむ、ほらあなの形の巣。転じて、隠れが。また、一般に知られていない利益・面白みのある場所や事柄。「面白い―をさがして歩く」「―場(ば)」④競馬・競輪などで、番狂わせの勝負。「―をねらう」。また、その勝負で大いにもうけること。「さつき賞で大(おお)―を当てた」

アナ ①「アナウンサー」の略。②「アナーキスト」「アナーキズム」の略。

アナーキー『ダナ』政府や組織の統制が無い状態。無政府状態。また広く、既成の権威や秩序による制約を拒否するさま。「―な芸術」▽anarchy 派生 **―さ**

アナーキスト 無政府主義者。▽anarchist

アナーキズム 無政府主義。▽anarchism

あなあきせん【穴明き銭】 昔の、真ん中に正方形の穴が明いている銭。▽明治以降にもある丸穴の硬貨は呼ばない。

あなうめ【穴埋め】『名・ス自他』①穴を埋めること。「―(式)問題」②足りない所や欠損を補うこと。「―記事」「借金の―」「休んだ人の―をする」「赤字を税金で―する」

アナウンサー テレビ・ラジオで、ニュースや実況を伝えたり番組の司会進行を担当したりする人。放送員。▽announcer

アナウンス『名・ス他』テレビ・ラジオや拡声器などでニュースや伝達事項を放送すること。また、知れ渡るように言うこと。「社内を―して回る」▽announce

あなかしこ『連語』おそれおおい、つつしむべきことだ。▽感動詞「あな」+文語形容詞「畏(かしこ)し」の語幹。「穴賢」「穴畏」とも書いた。主に、女性が書簡の結びに使う。

あながち『副』《あとに打消しを伴って》必ずしも。「―不当だとは言えまい」▽「強ち」と書くことがある。

あなかんむり【穴冠】 漢字の冠の一つ。「空」「窓」などの「穴」の称。

あなぐま【穴熊・×貛】 山間の穴にすむタヌキに似た獣。四肢は短く頑丈。大きな爪で穴を掘る。夜行性。毛皮を防寒着に、毛を毛筆・刷毛(はけ)の材料とした。▽いたち科あなぐま属の総称。特にニホンアナグマを言う。↓むじな・まみ(猫)

あなぐら【穴蔵・×窖】地中に穴を掘って物をたくわえておく所。また、それに形の似たもの。

アナクロニズム 時代の風潮に合わないで、時世に逆行していること。時代錯誤。アナクロ。▽anachronism

あなご【穴子】ウナギに似た海産魚。体は褐色で体側に白い点が並ぶ。浅海の砂底にすみ、夏に美味。まあなご。はかりめ。▽あなご科。

あなじ【穴×痔】→じろう(痔瘻)

あなた《代》①【〈貴方〉】相手を尊重して(最近の用法では、見下すほどでなく)指す語。▽②㋐の転。近ごろ敬意が低くなり、「―様」も口頭ではほとんど使わない。夫婦間で妻が夫を「あなた」と呼び、夫が妻を「おまえ」と呼ぶ言い方は減っている。相手の男女の別によって「貴郎」「貴男」「貴女」とも書く。②【〈彼方〉】あちらのほう。㋐むこう。「山の―の空遠く」(上田敏訳『海潮音』山のあなた) ㋑今より(その年数ほども)前。昔。「百年―の話」「それもはるか―になった」▽②は雅語的。[関連]君・貴様・お前・お宅・御身・そこもと・おもと・そなた・そのほう・そち・なんじ・うぬ・ぬし・貴下・貴君・貴兄・貴公・貴所・貴殿・貴方(きほう)・足下(そっか)

あなたまかせ【〈貴方〉任せ】他人にたよってその人の言う通りになること。▽もと、何事も阿弥陀仏(あみだぶつ)の誓願にまかせる意。浄土宗・浄土真宗では、阿弥陀仏を「あなた」と言った。

あなどる【侮る】《五他》相手を下に見ていい加減に対応する。ばかにする。みくびる。「―りがたい競争相手」

アナナス →パイナップル。▽オランダ ananas 実(み)はこの名では呼ばない。

あなば【穴場】①釣りなどで、気づかずについ見過ごす、よい場所。更に広く、一般に知られていない、よいところ。「行楽の―」②競馬や競輪で、馬券・車券の売り場。

アナフィラキシー〔医学〕はげしいアレルギー反応。ショック症状を起こすもの。▽ドイツ Anaphylaxie

アナリスト 分析家。特に、精神分析や社会情勢などの調査・分析をする専門家。「証券―」▽analyst

アナログ《名ナ》情報を連続的な量として扱うこと。そういう仕方の情報処理方式。↔デジタル。▽analog(ue) **―どけい**【―〈時計〉】時刻を時針・分針・秒針などの針の向きで表示する方式の時計。**―ほうそう**【―放送】(デジタル放送に対して)音声や映像をデジタル化されていない電気信号として伝送する方式の放送。

アナロジー →るいすい・るいひ。▽analogy

あに【兄】同じ親から生まれた年上の男。更に広く、義兄。すなわち夫・妻の兄、姉の夫。↔弟

あに【×豈】《副》《反語表現に用いて》どうして。「―奇怪ならずや」▽文語的。→あにはからんや

あにい〔俗〕勇み肌の若者。▽「あにき」の転。

あにき【兄貴】①兄。(お)兄さん。▽もと敬称。②若者、またやくざ者の仲間で、年長・先輩の(兄分の)者。

―ぶん【―分】→あにき⑵

あにでし【兄弟子】同じ先生や師匠に自分より先に習っている人。

アニバーサリー 記念日。記念。「十周年の―モデル」▽anniversary

あにはからんや【×豈図らんや】《連語》どうしてそんな事を考えようか(いや、考えはしない)。意外なことには。

アニミズム 自然界のそれぞれのものに固有の霊が宿るという信仰。▽animism ラテン anima(=霊・命)から。宗教の原始⑵的なあり方の一つ。

アニメ アニメーションの略。「―作家」

アニメーション ひとこまひとこまの画面をえがき、これを連続撮影してつくった動画。アニメ。▽animation

あによめ【兄嫁・×嫂】兄の妻。

あね【姉】同じ親から生まれた年上の女。更に広く、義姉。すなわち夫・妻の姉、兄の妻。↔妹

あねき【姉貴】姉。(お)姉さん。▽もと敬称。**―ぶん**【―分】(親族の姉でないのに)姉として立てて扱われる者。

あねご【姉御】①姉の敬称。②ばくちうちの親分の妻。また、女で頭分(かしらぶん)の者。「―肌」▽⑵は「姐御」とも書く。

あねさんかぶり【姉さん△被り】女の手拭(てぬぐい)のかぶり方。広げた手拭の真中を額に当て、左右から後ろにまわして一端を頂上に折り返す。髪形を崩さない軽いかぶり方。

あねさんにょうぼう【姉さん女房】夫より年上の妻。姉女房。

アネックス 本館と分けた付属の建物。分館。別館。離れ。「大使館の―」「―ルーム」(分室)▽annex

あねったい【亜熱帯】気候の区分の一つ。熱帯と温帯との中間的な気候。例、台湾など。

アネモネ 南ヨーロッパ原産の園芸植物。秋に球根を植え、春に赤・紫などの花が咲く。八重咲き品種もある。▽anemone きんぽうげ科いちりんそう属の学名でもある。

あの ㊀《連体》「あれ」と指し示せるような関係に立つ意を表す語。▽観念の中のものを指すことも多い。①話し手からも相手からも遠い位置にあることを表す語。「向こうに見える―山を越えて」②あの⑴に述べた位置を占める物・人・事に関係している意を表す語。あれの。「―前に見える建物」③今の時点とは離れているが、相手も知っている事柄に関係する意を表す語。例の。「―事はどうなった」「―時話したろう」㊁《感》言い始めや、すらすら言えない時などのつなぎに使う語。▽もと、代名詞「あ」と助詞「の」との連語。

あのてこのて【あの手この手】いろいろな手段・方法。

アノフェレス →はまだらか。▽ラテン Anopheles

あのよ【△彼の世】(われわれの住む現世からは遠い)

死後の世界。来世。↕此(こ)の世
アノラック 登山・スキーなどで用いる、フードのついた、防寒・防風雨服。▽anorak
アパート 内部が独立の住居に分かれ、その一つ一つに一家族ずつ住めるようにした建物。共同住宅。▽apartment house から。→マンション
アバウト『名ナ』細部がいい加減の、大ざっぱなさま。「―な論に終始しただけだ」▽about(=およそ、約)の転用。一九九〇年代から。
あば-く【暴く・△発く】『五他』①土を掘って物を取り出す。「墓を―」②他人の秘密を、さぐり出して発表する。「スキャンダルを―」
あばずれ【×阿婆擦れ】 人ずれしていてずうずうしい女。また、そういう態度。すれっからし。
あばた【〈痘痕〉】 天然痘がなおったあと。皮膚にぶつぶつと小さなくぼみが残る。「―もえくぼ」(相手に好意を持つと、相手の何でもがよく見える)
アバター インターネットのコミュニティーなどで、利用者自身を表すキャラクター・画像。分身。▽avatar
あはは『感』口を大きく開けて明るく笑う声。「―と高らかに笑う」
あばよ『感』〔俗〕男が別れのあいさつに使う語。
あばら【×肋】 →ろっこつ
あばらぼね【×肋骨】 →ろっこつ
あばらや【あばら屋・あばら家】 荒れて(粗末で)すきまだらけの家。「月のさし込む―」▽「あばら」は「肋(あばら)」と同語源か。自分の家をへりくだっても言う。
あば-れる【暴れる】『下一自』乱暴なふるまいをする。転じて、勇ましく大胆なふるまいをする。「財界で大いに―」
アパレル 衣服。特に、既製服。「―産業」▽apparel
あばれんぼう【暴れん坊】 乱暴な、または大胆なふるまいをする男。あばれんぼ。「政界の―」
アバン ギャルド ①『名・ダナ』時代の先頭に立つ革新的な立場。そういう立場の人。前衛派。「―なデザイン」②『名』第一次大戦のころヨーロッパで始まった抽象主義・超現実主義などの芸術運動。▽(フランス) avant-garde
アバン ゲール 戦前派。特に、第二次世界大戦以前の思想・生活態度を保つ人。↕アプレ ゲール。▽(フランス) avant-guerre(=戦前)
アバンチュール 恋の冒険。火遊び。▽(フランス) aventure
あび【×阿鼻】 →あびじごく。 **―きょうかん【―叫喚】** 人々が苦しみ泣き叫ぶような、非常にむごたらしい状態。「―の巷(ちまた)と化す」▽阿鼻地獄と叫喚地獄とを合わせた語。 **―じごく【―地獄】**〔仏〕八大地獄の一つ。悪行をした者が死後絶えず苦しみを受ける所。無間(むけん)地獄。
アピール 訴えること。アッピール。㋐『名・ス自』強く心にくい入ること。胸を打つこと。「この絵は―するものがある」㋑『名・ス他』世論に訴えること。「原水爆禁止の―」▽appeal
あひさん【亜×砒酸】 除草剤・殺虫剤・殺鼠剤(さっそざい)などに用いる薬品。無味・無臭の白色粉末。三酸化二砒素(ひそ)の俗称。
あび-せる【浴びせる】『下一他』①水などを他人や物にかける。②あびせる⑴のような行為をする。㋐続けざまにぶつける。「砲火を―」「キスを―」「質問を―」㋑刀で人にさっと切りかける。「一太刀(ひとたち)―」③人に負わせる。被らせる。「非難を―」
あひる【〈家鴨〉】 マガモを飼いならし改良した家禽(かきん)。肉・卵は食用。羽毛は羽ぶとんなどに使う。
あ-びる【浴びる】『上一他』①(汗などを流すために)湯や水を体にかける。「酒を―ように飲む」。転じて、湯や日光にひたる。②体や身のまわりに物をたくさん受ける。「埃(ほこり)を―」「銃弾を―」③多くのものを受ける。「拍手を―」「非難を―」
あふ【×阿附】『名・ス自』へつらい従うこと。「―迎合(げいごう)」
あぶ【×虻】 ハエに似た形でハエよりも大きな昆虫。雌が人畜の血を吸うものや、花粉を食べるものなど種類が多い。
アフォリズム 短いぴりっとした表現で、人生・社会・文化等に関する見解を表したもの。警句。箴言(しんげん)。▽aphorism
あぶく【△泡】 あわ。
あぶくぜに【△泡銭】 働かずに、または正しくない方法で得た金銭。悪銭。
アブサン アニスの実やニガヨモギを香味料としたリキュール。アルコール分が非常に強く、緑色。▽(フランス) absinthe
アブストラクト ①抽象芸術。一九一〇年ごろから起こった芸術運動。描く対象に関する説明的要素を排除し、線・面・色の配合によって造型的に再構成するもの。②摘要。抄録。「外国文献の―」▽abstract
アフター (業務や措置をすませた)あと。「―ファイブ」(午後五時の退社後)「―スクール」(授業終了後) ▽after **―ケア** 病気のあとの手当て・療養・保護。また一般に、あとの面倒をみること。▽aftercare **―サービス** 品物を売った後も、買手に対し修理・維持などの便宜をはかること。▽after-sales service から。
アフタヌーン 女性用の午後の洋服。お茶の会や、町に出る時などに着る。▽afternoon dress から。
あぶな-い【危ない】『形』①(まわりに害を及ぼす)悪い結果になりそうで、心配な状態だ。㋐危険がある、あるいは迫っている状態だ。あやうい。「命が―」「落ちそうで―橋」「増水で橋が―」(=落ちる危険にさらされている)」㋑確実さを欠く様子だ。「―手つきで持つ」。信頼できない。「彼の言うことは―」「―方法で論ずる」②→あやうい⑵。 派生 **-さ** **-げ** **-がる** 関連 危なっかしい・危うい・きわどい・やばい・剣呑(けんのん)・物騒・不用心・不健全・有害・危殆(きたい)・危急・薄氷を踏む・風前の灯(ともしび)
あぶなえ【危絵】 もう少し描き込めば猥褻(わいせつ)にな

る寸前でとめた絵、特に浮世絵。「風に裾をあおられた—」

あぶなく【危なく】『副』→あやうく

あぶなげ【危な気】『名・ダナ』《多く「—(が)ない」の形で》不安を感じさせるさま。危険なさま。「—ない試合運び」「—に笑う」

あぶなっかし-い【危なっかしい】『形』〔俗〕どうにも危ないと見える様子だ。「—まねをする」 派生 **-さ** **-げ**

アブノーマル『ダナ』異常なさま。変態的。病的。↕ノーマル。▽abnormal 派生 **-さ**

あぶはちとらず【×虻蜂取らず】『連語』あれもこれもとねらって、結局どれも得られないこと。欲張りすぎて失敗すること。「—(の結果)に終わる」

あぶみ【×鐙】馬具の一つ。鞍(くら)の両わきにさげて足を踏みかけるもの。▽「足(あ)踏み」の意。

あぶら【油・脂・×膏】①普通、水にとけない可燃性の液体。例、ごま油・大豆油・石油。常温では固体であっても温めるとその性質を示すものを含む。例、脂肪・ラード。「火に—を注ぐ」(勢いの盛んなものをさらに激しくさせるようなことをするたとえ)「—をしぼる」(締め木にかけて油をしぼりとるように、過失などを強く責める。ぎゅうぎゅうの目にあわせる)「—を売る」(むだ話をして時間を空費する。なまける。油売りの動作から出た表現) ▽一般に常温で液体のものを「油」、固体のものを「脂」、特に肉のあぶらを「膏」と書く。②活動の原動力。活気。【油】「—が切れて元気が出ない」「—が乗る」(鳥獣や魚の脂肪が増し美味になる。また、調子が上がり活動がうまくゆく) ▽⑵は比喩的用法。

あぶらあげ【油揚(げ)】豆腐を薄く切って油で揚げたもの。あぶらげ。

あぶらあし【脂足】脂汗をたくさん出すたちの足。

あぶらあせ【脂汗】脂肪分のまじった汗。▽体が衰弱している時や精神的に苦しい時などにも出る。

あぶらえ【油絵(ゑ)】油絵具でかいた洋画。

あぶらえのぐ【油絵(の)具(ゑのぐ)】主として鉱物性の顔料を亜麻仁油(あまにゆ)、けしの油などでねった絵具。

あぶらかす【油×粕】大豆・菜種などをしぼって油をとったかす。▽窒素を含むので肥料にする。

あぶらがみ【油紙】桐油(とうゆ)などをしみ込ませた紙。防水用。ゆし。とうゆし。

あぶらぎ-る【脂ぎる】『五自』脂でぎらぎらする。特に、脂肪が多い感じがする。「—った顔」

あぶらけ【油気・脂気】あぶらを成分として含んでいること。また、あぶらを多く含むさま。つやつやしているさま。「—のものがあるから火に注意しろ」「—のない髪」

あぶらげ【油△揚】→あぶらあげ

あぶらさし【油差(し)】油をさす道具。油をさす人。

あぶらじ-みる【油染みる】『上一自』油がしみついてよごれる。

あぶらしょう【脂性】皮膚があぶらぎっている体質。↕荒れ性

あぶらしょうじ【油障子】油紙をはった障子。雨障子(あましょうじ)。

あぶらぜみ【油×蟬】セミの一種。体長約四センチ。羽は茶色で不透明。じーじー鳴く。

あぶらっこ-い【脂っこい・油っこい】『形』①(食物の)あぶらけが多く、しつこい。②人の性質があっさりせず、しつこい。派生 **-さ**

あぶらで【脂手】脂汗をたくさん出すたちの手。

あぶらでり【油照り】夏、薄曇りながら、風がなくてじりじりと暑いこと。▽脂汗がにじむような息苦しい照り方の意か。

あぶらな【油菜】春、黄色い四弁花を咲かせる二年草。葉は食用。種子から菜種油をとる。なのはな。なたね。▽あぶらな科。

あぶらみ【脂身】肉の脂肪の多い部分。

あぶらむし【油虫】①集団で植物につき、その汁を吸う、ごま粒大の昆虫。有性生殖もするが、無性生殖で急速に増える。しりから蜜を出す種が多く、アリが集まる。アリマキ。▽あぶらむし上科の昆虫の総称。②→ごきぶり

あぶらや【油屋】油を売る店や人。

アプリ アプリケーション⑵の略。

ア プリオリ〔哲学〕経験によって得られたのでなく、かえって経験が成り立つ基礎になるような概念または原理。先験的。先天的。↕ア ポステリオリ。▽(ラテン) a priori(=前のものから)

アプリケーション ①応用。適用。▽application ②コンピュータやスマホで、ワープロ・計算・ゲームなど特定の目的で作成されたプログラム。応用ソフトウエア。アプリ。▽application program(me) から。

あぶりだし【×炙り出し】白紙に薬品の液やみかんの汁で字や絵を書いておき、液がかわくと見えないが、火であぶると見えてくるようにしたもの。

あぶりだ-す【×炙り出す】『五他』①あぶりだしをする。②比喩的に、見えにくいものを見えるようにする。「地層に刻まれた地磁気の状態から年代を—」

あふ-る【×煽る】『五他』→あおる(煽)

あぶ-る【×炙る・×焙る】『五他』火にあてて暖める、または軽く焼く。火にかざしてかわかす。「肉の表面を—」

アプレ ゲール 戦後派。特に第二次世界大戦後、それまでの道徳や物の考え方にとらわれずに行動した若い人々。アプレ。↕アバン ゲール。▽(フランス) après-guerre(=戦後)

アフレコ 映画・テレビで、無声で撮影したあとで声や音を録音すること。▽「音入れ」とも言う。after と recording とによる和製英語から。

あふれ-でる【×溢れ出る】『下一自』中に収まりきらず、外にこぼれて出る。「雨でどぶの水が—」「観客は場外まで—・でていた」。満ち満ちて外面にまで現れる。「—(ような)喜び」「才気が言動に—」

あぶれもの【あぶれ者】世間または仕事からはずれた者。㋐無法者。ならず者。㋑失業者。

あふ-れる【×溢れる】《下一自》いっぱいになって、こぼれる。こぼれるほどたくさんはいっている。「川の水が—」「広場に—群衆」「力感—絵」

あぶ-れる《下一自》仕事にありつけない。▽「あふれる」と同語源。

アプローチ ①《名・ス自》対象や目標に近づく(迫る)こと。接近。「経済動向の確率論的—」㋐テニスで、ネットに近づくための打球。㋑ゴルフの、グリーンにボールを近づけるように打つ寄せ球。㋒登山の、目的地に近づくこと。②《名》その場所に至る(小)道。㋐(門から)入口・玄関までに、しつらえた通路。「マンションの公園風の—」㋑陸上競技やスキーのジャンプで、踏み切る所までの助走路。▽approach

あべかわもち【△安△倍川餅】焼いたもちを湯にひたして、きなこ・砂糖をまぶしたもの。あべかわ。▽もと静岡県安倍川(あべかわ)の名物。

あべこべ《名・ダナ》順序・位置・方向などが本来と逆であること。反対。さかさま。「来た道を—に急ぐ」

アベック ①(男女の)二人づれ。②二人そろってすること。「—ホーム ラン」▽フランス avec(=……といっしょに)

アベニュー 大通り。並木道。▽avenue

アベ マリア キリスト教で聖母マリアをたたえる祈りの言葉。▽ラテン Ave Maria(=祝福あれ、マリア)

アペリチフ 西洋料理で、食前に飲む酒。アペリティフ。▽フランス apéritif

アベレージ ①平均。標準。②野球で、打率。▽average

あへん【×阿片・×鴉片】ケシの実の汁から作る麻薬。これを熱して立ち上る煙をパイプで吸う。主成分はモルヒネ。 **—くつ**【—窟】阿片をひそかに売って喫煙させる場所。

あほ【×阿△房・×阿×呆】《名ナノ》あほう。▽主に関西地方で使う。派生 **-さ**

アポイントメント 面会・会合などの約束。「—を取る」▽「アポイント」「アポ」とも略す。appointment

あほう【×阿△房・×阿×呆】《名ナノ》おろかなこと。また、そういう人。ばか。派生 **-さ** **—どり**【〈信天翁〉】翼を広げると二メートルに達する大形の海鳥。翼・尾が黒く、頭と首の背面とが黄褐色、他は白い。羽毛をとるために乱獲され、伊豆諸島の鳥島と尖閣(せんかく)諸島に残存。特別天然記念物・国際保護鳥。▽容易に人に捕らえられるところから名付けられた。あほうどり科。

アボカド 緑褐色で洋なしに似た形をした熱帯アメリカ原産の果物。脂肪分に富み、「森のバター」と呼ばれる。また、それをつける高木。▽avocado くすのき科。

ア ポステリオリ〔哲学〕認識論上、経験的事実に基づいて初めて定められる概念または原則。後天的。↕ア プリオリ。▽ラテン a posteriori(=後のものから)

あほだらきょう【×阿×呆×陀羅経】経文の読み方をまねて時事を風刺した、こっけいな俗謡。

あほらし-い【×阿×呆らしい】《形》いかにも馬鹿げている。「—くて聞いていられない」派生 **-さ**

あま【尼】①㋐出家して仏門にはいった女性。比丘尼(びくに)。㋑転じて、キリスト教の修道女。②女性をののしって言う俗語。▽(2)は「阿魔」とも書く。

あま ①【〈海女〉〈海士〉】海にもぐって貝・海藻を取る人。②【〈海人〉・×蜑】海で魚・貝を取る、または藻塩(もしお)を焼く業をする者。

あま【亜麻】西アジア原産の一年生栽培作物。茎からとれる繊維は糸・織物の原料。種子から油を取る。「—糸」「—色」(亜麻糸のような灰色がかった薄茶色)▽あま科。

アマ ①【×阿×媽】中国在住の外国人に雇われている、中国人の女中。▽amah ②「アマチュア」の略。↕プロ

あまあい【雨△間】雨が一時やんでいるあいだ。「—を見て出掛けよう」

あまあし【雨脚・雨足】①雨が降り注ぐのが筋のように見えるもの。「—がはげしい」②降る雨が通り過ぎていくぐあい。▽中国語の「雨脚」の訓読みという。「あめあし」とも言う。

あま-い【甘い】《形》①砂糖・みつなど糖分の味がする。「—物(=菓子)がほしい」。塩気がうすい。↕からい。「このみそ汁は—」②糖分の味を思わせる。㋐やわらかく人をとろけさせるようだ。「ばらの—香り」「—愛のささやき」「—マスクの俳優」㋑人をたらし込むように仕組んで心をくすぐる調子(内容)だ。「—言葉で人を誘う」「—話には乗るな」③きつい感じがしない。鋭くない。㋐てぬるい。きびしくない。「子に—親」「—顔(=寛大な様子)をすればすぐつけ上がる」「—・く見る」(みくびる。なめる)㋑ゆるい。「栓が—・くてすぐ抜ける」「ピントの—写真」。しっかりしていない。しまりがない。「あいつは人間が—」「脇が—」(↓わき(脇)(1)) ㋒切れ味が悪い。「—のこぎり」派生 **-さ** **-み***

あまえ【甘え】人の好意をあてにする気持。「—が出る」

あま-える【甘える】《下一自》①(人の好意を期待し)慣れ親しんで人なつこくする。また、わがままをする。「親に—」②人の好意を遠慮なく受け入れる。「お言葉に—・えて」

あまえんぼう【甘えん坊】すぐにあまえるたちの子供。また、そういう人。あまったれ。

あまおおい【雨覆い】①雨がかかるのを防ぐため、物におおいかぶせるもの。あまよけ。②太刀のさやの峰の方をおおう金具。

あまおち【雨落ち】①あまだれの落ちる所。②↓かぶりつき

あまおと【雨音】雨が物に当たる音。「屋根をたたく—」「—がざあざあ響く」▽「あめおと」とは言わない。

あまがえる【雨×蛙】かえるの一種。体長三センチ前後。指に吸盤がある。背中はふつう緑色だが、周囲の色によって変色する。▽雨の降る前に鳴くので、この名がある。あまがえる科。

あまがさ①【雨傘】雨降りにさすかさ。↕日傘。②【雨×笠】雨降りにかぶるかさ。

あまガッパ【雨合羽】雨降りに着るカッパ。

あまから-い【甘辛い】『形』甘味と塩辛い味とが混じり合っている。「—せんべい」派生 **-さ**

あまかわ【甘皮】①樹木・果実の内側の薄い皮。↕粗皮(あらかわ)。②爪のねもとの薄い皮。

あまぐ【雨具】雨降りに出歩く時使う用具や衣服。例、傘・レーンコート・長靴。

あまくだり【天下り・天△降り】『名・ス自』天から人間界へ降りること。転じて、上役から下役へ、または官庁から民間への(強制的な)おしつけ。特に、官庁からその関連会社に就職すること。「—の決定」「—の案」「—人事」

あまくち【甘口】①(酒などの)甘みが勝っていること。②甘い味の物がすきなこと。▽(1)(2)は↕辛口(からくち)(1)。③口先だけの、うまい言葉。甘言。「人の—に乗る」

あまぐも【雨雲】雨を降らせる雲。雨気(あまけ)を含んだ雲。

あまぐもり【雨曇(り)】雨が今にも降りそうな曇り方。

あまぐり【甘×栗】クリの実を熱した小石の中で焼き、黒蜜を加えて、甘味とつやをつけたもの。多く中国産の小栗を用いる。

あまけ【雨気】雨の降りそうな様子。あめもよう。

あまごい【雨乞い】『名・ス自』ひでり続きの時、雨が降るように神仏に祈ること。

あまざけ【甘酒・×醴】炊いた米と米麹(こめこうじ)で作った、アルコール分が微量の甘い飲み物。酒粕(さけかす)を溶いたものもある。

あまざらし【雨×曝し】雨が降りかかるままに、ほうっておくこと。

あまさん【尼さん】尼に対する、親しみや軽い敬意をこめた呼び名。

あまじお【甘塩】塩気が薄いこと。薄塩。「—の鮭(さけ)」

あましょく【甘食】イーストを使わない菓子パンの一種。直径十センチくらいの低い円錐(えんすい)形。

あま-す【余す】『五他』残す。「金を—・さず使う」「—所なく」(残らず、すっかり)。また、残っている。

あまず【甘酢】砂糖を多めに加えたあわせ酢。「—あん」(甘酢に片栗(かたくり)粉でとろみをつけたもの)

あまずっぱ-い【甘酸っぱい】『形』①甘みとすっぱさとがまじった味だ。②快さと感傷のまじったような気持だ。「青春の—思い出」派生 **-さ**

あまぞら【雨空】雨の降りそうな空。また、雨降りの空。

あまた【〈数多〉】『副・ノダ』たくさん。数多く。「先例が—ある」「—の人」「失敗者—だ」▽文語的。

あまだい【甘×鯛】焼き魚・干物などとして好まれる、マダイに似た海魚。マダイよりもやや細長い。尼鯛。ぐじ。▽あまだい科あまだい属の魚の総称。

あまだれ【雨垂れ】軒からしたたり落ちる雨のしずく。

—おち【—落ち】あまだれの落ちる所。あまおち。

あまちゃ【甘茶】あじさいの一種の薬草などから作る甘味のある茶。四月八日の灌仏会(かんぶつえ)に仏像にそそぐ習慣がある。

アマチュア しろうと。アマ。↕プロフェッショナル。▽amateur

アマチュアリズム 収入を目的とするプロとしてではなく、アマチュアとして楽しもうという考え。アマチュア精神。▽amateurism

あまちょろ-い【甘ちょろい】『形』①考えなどに厳しさが欠けていて、何でもうまく行きそうな、またはそれを安易に期待する態度だ。「—言い分」②お人よしだ。▽「あまっちょろい」とも言う。派生 **-さ**

あまつ【天津】天界の。天にある。「—風」「—乙女」▽雅語的。「つ」は古代の助詞で、「の」の意。「津」は当て字。

あまつさえ【△剰え】『副』そのうえに。それだけでなく。おまけに。▽「あまりさえ」の促音便「あまっさえ」の促音表記が明治時代以降に「つ」と読まれて定着した形。多く、よくない事が重なる場合に言う。

あまったる-い【甘ったるい】『形』①(粘りつくような感じで)やたらに甘い。「—あめ」②声・態度が、甘えるような感じだ。(特に男女間で)歯が浮くばかりとろけそうな様子だ。「—言葉で愛をささやく」▽「甘い」の語幹に、ゆるんだ状態を言う「たるい」が付いてできた語。「あまたるい」とも。派生 **-さ** **-げ**

あまったれ【甘ったれ】ひどく甘えること。また、そのような人。「—もいいところ」(甘えるのも甚だしい)

あまった-れる【甘ったれる】『下一自』ひどくあまえる。

あまつぶ【雨粒】雨を形作る一つ一つの水滴。

あまでら【尼寺】尼の住む寺。▽キリスト教の修道女の住む所をも指す。

あまど【雨戸】家の窓や縁側の外側につけ、雨風を防ぎ夜の用心とする戸。

あまとう【甘党】酒類を好まず、甘い物がすきな人。↕辛党(からとう)

あまなっとう【甘納豆】豆類をゆでて糖蜜で煮つめ、砂糖をまぶした菓子。

あまに【亜麻仁】亜麻の種子。これを絞ってとる亜麻仁油(あまにゆ)は、食用油のほか、塗料製造の溶剤などに用いる。

あまねく【△遍く・△普く・×洽く】『副』ひろく。すべてにわたって。「全国を—行脚(あんぎゃ)する」▽文語形容詞「あまねし」(行き渡って満遍ない)の連用形から。

あまの【天の】天上・空、また宮廷に関する物事を表す名詞に冠して使う。「━浮橋」▽「あめの」とも。

あまのがわ【天の川・天の河・〈天漢〉】晴れた夜空に乳白色の微光を放ち川のように見える星の群れ。銀河。銀漢。▽→たなばた

あまのじゃく【天の邪△鬼】『名・ダナ』何でもわざと人にさからった行動をする性格。また、そのような人。「━のことばかり言う」▽もと、昔話に出て来る悪鬼。また、毘沙門天(びしゃもんてん)や仁王(におう)の像がふみつけているものも言う。

あまのはら【天の原】①日本で、天の神のいる所。②転じて、おおぞら。▽雅語的。

あまのり【甘〈海苔〉】多く汽水域の岩などにはえる、黒紫色または緑紫色をした一群の海藻。種類が多く、アサクサノリ・スサビノリなど干しのりの原料とするものを含む。▽うしけのり科あまのり属の紅藻の総称。

あまぼし【甘干(し)】①渋を抜くため、皮をむいて外につるしてある柿。②魚の生干し。

あまみ【甘み】甘さの程度。「━が強い」。甘い味。「あと味に━が残る」。また、甘い味のもの、特に菓子。「━をほしがる」▽「み」を「味」と書くのは当て字。

あまみず【雨水】雨の水。天水(てんすい)。また、雨が降って地面にたまったもの。▽「うすい」と読めば別義もある。

あまみそ【甘味×噌】①塩分の少ない味噌。↕辛味噌(からみそ)(1)。②砂糖・みりんなどを練り込んで甘くした味噌。↕辛味噌(2)

あまもよい【雨△催い】→あめもよう

あまもよう【雨模様】→あめもよう

あまもり【雨漏り】『名・ス自』雨が屋根・天井からもること。

あまやか-す【甘やかす】『五他』甘えさせる。特に、きびしくしつけず、わがままにさせておく。「子供を━」

あまやどり【雨宿り】『名・ス自』(そとで雨にあった時)やむまで軒下や木かげでしばらく待つこと。あまよけ。

あまやみ【雨△止み】①『名』雨が一時やむこと。その間。②『名・ス自』雨がやむのを待つこと。雨宿り。

あまよ【雨夜】雨の降る夜。

あまよけ【雨△避け】①『名』→あまおおい(1)。②『名・ス自』→あまやどり

あまり【余り】①『名』余ったもの。㋐何かをして使い残ったもの・部分。余分。「布を切った━で別の物を作る」。端数(はすう)。「整除しようとしたが━が出た」▽→のこり(1)。㋑《接尾語的に》それを少しうわまわること。↕足らず。「三十(歳)━の人」「道のりは六キロ━だ」㋒『━(が)ある』十分に……できる。「察するにあまりある」「欠点を補ってあまりある美質」②物事の程度が期待・必要・普通以上なこと。㋐『名』《連体修飾Aを受け、次に述べるBに対し時には副詞的に》Aする(である)ことの勢いがAだけにとどまらず、Bにまで及ぶさま。「也有(やゆう)の俳文を慕う━に(出て)それを模する」「うれしさの━躍りあがる」▽Bが余計なしわざという含みでも使う。「面倒を見る━個人的な事にまで口を挟む」㋑『ダナ・副』度が過ぎるさま。「損失が━に(も)大きい」「━暑いので上着を脱いだ」「そんな非難は━だ」「━の美しさに打たれる」「━なことに驚く」㋒『副』《あとに打消しを伴って》さほど(までに)。「━上手でない」「━構ってくれるな」▽(2)の㋑㋒は「あんまり」とも言う。

あまりもの①【余り物】余分にある物。余っていて、当面は使う必要のない物。②【余り者】世間の規準にはずれるなどで、居ても役に立たない人。もてあまされている人。余計者(よけいもの)。

アマリリス アフリカ原産の多年生植物。葉は細長く、球根から出る。夏にかけて花茎を出し、ユリに似た大きな花をつける。南米原産の園芸種にも言う。▽amaryllis ひがんばな科。

あま-る【余る】『五自』①多すぎて残る部分が出る。使いきれないほどある。数学で、割り切れず、残りが出る。②ある数量をこえている。「三年に━年月」「身の丈六尺に━」③《身体やその能力に関する名詞に「に」の付いた形を受けて》(自分の)限度を越えている。「身に━(=分(ぶん)に過ぎた)光栄」「手(=能力)に━」「暴状が目に━(=ひど過ぎて見るに耐えない)」「思案に━」

アマルガム 水銀と他の金属との合金。一般に軟らかい。▽amalgam 銀・錫(すず)との合金が、虫歯のつめ物に広く使われたが、水銀の毒性から現在は使われなくなっている。

あまん-じる【甘んじる】『上一自』与えられたもので十分だと思う。満足する。「薄給に━」。与えられたものを、しかたがないと思って受ける。「━・じて罰せられる」▽「甘んずる」とも言う。

あまん-ずる【甘んずる】『サ変自』→あまんじる

あみ【網】①(鳥・魚などをとるために)糸などを粗く編んで作った道具。また広く、針金・ひもなどを編んで作ったもの。②転じて、細かに(組織的に)張り巡らしたもの。「捜査の━をはる」「法の━をくぐる」▽「編む」の連用形から。

あみ【〈醤蝦〉〈糠蝦〉】小えびに似た一センチ内外の甲殻類。佃煮(つくだに)などとして食用。釣りのまき餌や、肥料にもする。▽あみ目の甲殻類の総称。多くは海産。

アミ 友人。愛人。▽(フランス) ami(女性形 amie)

あみあげ【編(み)上げ】足の甲から足首にあたるところのひもを×形に編み、締めてはく深いくつ。あみあげぐつ。

アミーバ →アメーバ

あみうち【網打(ち)】投網(とあみ)で魚をとること。また、その人。

あみがさ【編(み)×笠】菅(すげ)や藺(い)や藁(わら)で編んだ、頭にかぶるかさ。

あみがしら【×网頭】漢字の冠の一つ。「罪」「置」などの「罒」の称。▽「罒」の訓による称。

あみジュバン【網×襦×袢】①レースなどで網目につくった夏向きのジュバン。②歌舞伎で、武士や盗賊の役の者の衣装の一つ。つつそでに網をかけた下着。

あみすき【網すき】網をつくること。またその人。

あみだ【×阿△弥×陀】①〔仏〕西方(さいほう)極楽浄土に住み、一切の人々を救うという誓いを立てている仏。これを念じ、その名を唱えれば極楽浄土に生まれるという。浄土宗・浄土真宗の本尊。「弥陀(みだ)」「阿弥陀仏」「阿弥陀如来」とも言う。▽梵語(ぼんご)。②あみだくじ。③あみだかぶり。 **―かぶり**【―△被り】帽子などをかぶる時、前をずっと上げ後ろを下げてかぶること。あみだ。▽阿弥陀仏が光背を負う形にたとえて言う。 **―くじ**【―×籤】平行線を何本か引き、それらをつなぐ線も適当に引いて作るくじ。あみだ。▽もと、阿弥陀仏の光背のように放射状にくじを出して、引かせたことから。くじに記した金額の高低に従って金を出して物を買い、飲食または分配する。

あみだ-す【編(み)出す】《五他》自分でくふうして新しい物事を考え出す、また作り出す。

あみだな【網棚】車中・船中にある、荷物を置くための棚。▽もと、網を張ったもの。

あみど ①【網戸】網を張った戸。②【編(み)戸】竹や木のへぎ板で編んだ戸。

アミノさん【アミノ酸】蛋白(たんぱく)質の構成成分などとして、生命にとって重要な有機化合物。人が体内で合成できないものは必須アミノ酸と呼ばれ、重要な栄養素。▽「アミノ」は(ラテン)amino アミノ基とカルボキシ基とをもつ有機化合物の総称。

あみばり ①【編(み)針】→あみぼう。②【網針】網を作るのに使う針。あみすきばり。

あみはん【網版】画面を細かい点の集まりで表現した印刷用原版。

あみぼう【編(み)棒】編みものに使う、細い棒のような針。あみばり。

あみめ【編(み)目・網目】網その他編んだ物の、糸・針金などで囲まれたすきま。「―があらい」。編んだ物の結びめ。「―を数える」

あみもと【網元】漁網や漁船を持ち、多くの漁師を雇って漁業をいとなむ者。

あみもの【編(み)物】毛糸・糸などを編んで衣類・手芸品を作ること。そうして作ったもの。

アミューズメント 娯楽。「―パーク」「―施設」▽amusement

あ-む【編む】《五他》①糸・竹・針金または髪などを交差させて組む。また、そのようにして物品や髪型をつくる。「草で筵(むしろ)を―」「セーターを―」②多くの材料を集めて本を作る。編集する。「句集を―」

アムール 愛情。恋愛。▽(フランス)amour

あめ【雨】①大気中の水蒸気が、高所で凝結し、水滴となって落ちてくるもの。「―があがる」「―降って地(じ)固まる」(変事があってかえって前よりよく基礎が固まるものだ)。また、雨天。「きょうは―だ」②次々と続けざまに降ってくるもの。「―と降り来る弾丸」「キスの―」 関連 小雨・豪雨・大雨・にわか雨・通り雨・夕立・雷雨・驟雨(しゅうう)・村雨・時雨(しぐれ)・長雨・霖雨(りんう)・宿雨・五月雨(さみだれ)・梅雨・空つゆ・春雨・秋雨・秋霖(しゅうりん)・霧雨・小糠雨(こぬかあめ)・煙雨・細雨・微雨・山雨・樹雨(きさめ)・木萌雨(きぶさめ)・白雨・地雨(じあめ)・淫雨・涼雨・冷雨・氷雨(ひさめ)・慈雨・涙雨・天気雨・雨脚(あまあし)・降り・本降り・吹き降り・土砂降り・小降り・お湿り・降雨・ひと雨・雨天

あめ【×飴】①麦芽の作用で米・いも等の澱粉(でんぷん)を糖化させた、粘液状または固形の甘い食品。「―をなめさせる」(うまい事を言ったり、わざと負けたりして、相手を喜ばせる意にも)「―と鞭(むち)」②ドロップ・キャンデーの類。

あめ【天】そら。てん。↕地(つち)。▽雅語的。

あめあがり【雨上(が)り】雨がやんだばかりのこと。あまあがり。

あめあし【雨脚・雨足】→あまあし

あめいろ【×飴色】水あめのような(透き通った感じの)黄色。

あめうし【×飴牛】あめ色の牛。

アメーバ 形を変えながら移動や捕食を行う単細胞の微生物。アミーバ。▽(ドイツ)Amöbe

あめおとこ【雨男】出掛ける時にはよく雨が降る、そういう男。

あめおんな【雨女】出掛ける時にはよく雨が降る、そういう女。

あめがち【雨勝ち】《名ナ》雨降りの日が多いこと。また、一日で雨の降っている時が多いこと。

あめかんむり【雨冠】漢字の冠の一つ。「雲」「電」などの「雨」の称。▽「あまかんむり」とも言う。

あめだま【×飴玉】球状に固めたあめ。「―をしゃぶる」

あめつち【天△地】天と地。転じて、全世界。

あめに【×飴煮】砂糖・水飴などを加えた煮汁で甘辛く煮ること。その料理。甘露煮。

アメニティー ①都市や住宅などの生活環境の快適さ。②ホテルなどで客ごとに用意されている消耗品。歯ブラシ・くし・シャンプーなど。アメニティーグッズ。▽amenity

あめの=【天の】→あまの=

アメフト →アメリカン フットボール

あめふり【雨降り】雨が降ること。雨の降る天候。

あめもよう【雨模様】今にも雨が降りそうな空の様子。あまもよう。あまもよい。▽小雨が降ったりやんだりする様子を言うことがある。

アメラグ →アメリカン フットボール

アメリカしろひとり【アメリカ白火取】第二次大戦後、北アメリカからはいって来た蛾(が)。成虫は白い。幼虫は体長三センチほどになる毛虫で、ときに街路

樹などに大発生する。▽ひとりが科。

アメリカナイズ《名・ス自他》アメリカ的にすること。アメリカ風になること。「生活様式が━された」▽Americanize

アメリカン ①《名》「アメリカン コーヒー」の略。豆を浅く煎っていれたコーヒー。▽American と coffee とによる和製英語。②《造》アメリカ(風)の。「━スタイル」▽American **━ドリーム** 万人が平等なアメリカ社会では、人はその才能と努力次第で幾らでも社会的に上昇できるという考え。▽「ドリーム」は、夢。American Dream **━フットボール** アメリカで案出した球技。攻守に分かれ、防具を付けた十一人ずつで行う。楕円(だえん)形のボールを相手のエンド ゾーンに持ち込むなどして得点する。アメフト。アメラグ。▽American football

あめんぼ【〈水黽〉】細長い体からはえる長い脚で、水面をすいすい走る昆虫。飴(あめ)に似た臭気がある。あめんぼう。▽あめんぼ科の昆虫の総称。↓みずすまし

あや【△文・×綾】①物の表面に現れたいろいろの形・色彩。模様。特に、線が斜めに交わった模様。その織物。「━織」②言い回しの工夫。「言葉の━」③↓めもあやに

あやう-い(あやふい)【危うい】《形》①物や事の存立がおびやかされ、くずれ去りそうな(心を痛める)状態だ。「国が━」「累卵の━きにある」(↓るいらん)▽↓あぶない(1)。②もう少しというわずかの差である。「━ところで助かる」「━ところを間に合ってよかった」▽(2)の意で「あぶない」も使うが、本来的ではない。↓あやうく。派生 **-さ** **-げ**

あやうく(あやふく)【危うく】《副》①もう少しのところで。すんでの事に。「━死にかけた」②かろうじて。やっとの事で。「━助かった」▽「あぶなく」も使うが、本来的ではない。

あやおり【×綾織(り)】①↓あや(1)。②あやを織ること。またその人。

あやかし ①船が難破する時出るという怪物。②転じて、不思議な事。あやしく、はっきりしない事。

あやかりもの【あやかり者】(見る側で)それに似たいと願うほど幸福(または結構)なもの。▽もと、似ている者の意。↓あやかる

あやか-る《五自》めでたい物、幸福な人に似て自分も幸福に恵まれる(ように願う)。「……に━ように、その名の一字をもらった」▽もと、物に触れて(感じて)それに似る意。

あやじ【×綾地】あや(1)が織り出してある絹地(きぬじ)。

あやし-い【怪しい】《形》①見なれず変な様子だ。㋐不思議で気味が悪い。「━うめき声」㋑(警戒心を起こさせるほど)異様だ。いぶかしい。「━やつだ」㋒正しいとは言えない変なぐあいだ。「━英語を使う」㋓不思議で引きつけられる。「━く美しい」▽㋓は「妖しい」と書く。②疑わしい。信頼出来ない。「あすの天気は━」。特に、(男女間に)秘密の関係があるらしい。「あの二人は━」派生 **-さ** **-げ** **-がる**

あやし-む【怪しむ】《五他》あやしいと思う。懸念(けねん)をいだく。「人に/から━まれる」

あや-す《五他》赤ん坊や幼児のきげんをよくするため、気を引く言動をする。「泣く子を━」

あやつり【操り】人形にしかけた糸を操っていろいろの表情を出したり動作をさせたりする人形芝居。また、その人形。

あやつ-る【操る】《五他》①うまく物を動かして扱う。「小舟を━」。また、言葉を上手(じょうず)に使う。「英語を━」②糸をつけ、物陰から引いて動かす。「人形を━」。転じて、自分は表に立たず、陰から人を使って自分の思う通りにさせる。陰で糸を引く。「政界を意のままに━」

あやとび【×綾跳び・×綾飛び】縄を回す両腕を体の前で交差させる、縄跳びのとび方。

あやとり【×綾取り】輪にした糸を手首や指に掛け、琴・川などの形を作る遊び。

あやど-る【×綾取る】《五他》たすき等を斜め十字に結ぶ。

あやな-す【×綾なす】《連語》《連体詞的に》きれいな模様をしている。「━雲」

あやにく【△生憎】↓あいにく。▽既に古風。

あやぶ-む【危ぶむ】《五他》事がうまく運ばないのではないかと心配に思う。また、実現しそうもないと思う。「新規事業の成功を━」▽文語形容詞「あやふし」から出た語。

あやふや《ダナ》①物事がはっきりしないさま。あいまい。「━な態度」②危なっかしくて、当てにならないさま。「━な語学力」▽「あやうい」と同語源か。派生 **-さ**

あやまち【過ち】物事のしそこない。㋐思いがけずしでかした悪い事。過失。「若気(わかげ)の━」㋑(男女関係での)道徳的な過失。「若い者どうしが━を犯す」㋒失敗。間違い。「その見解に大きな━は認められない」▽㋒は文語的。普通は「誤り」と言う。関連 誤り・間違い・手落ち・落ち度・手抜かり・不手際・不行き届き・失敗・失策・過失・失態・過誤・罪過・不覚・しくじる・し損じる・とちる

あやま-つ【過つ】《五他》物事をしそこなう。㋐失敗する。間違う。「出処進退を━」「ゆれる舟の上から━・たず的を射抜く」㋑思いがけず良くない事をしでかす。過失を犯す。「━・ってコップを割ってしまった」▽文語的。「誤る」の他動詞。

あやまり【誤り】失敗。間違い。あやまち。「━を認める」「弘法(こうぼう)にも筆の━」

あやま-る ㊀【誤る・×謬る】《五自他》物事をしそこなう。①失敗する。間違う。「答が━・っている」「答を━」「進路の選択を━」「酒で身を━(=まともな生活態度をもちくずす)」②不注意や考え違いから他人などに悪い結果を及ぼす。「後世を━説だ」「━・って人を刺す」▽本来は「あやまつ」に対する自動詞。

㊁【謝る】《五自他》①悪かったと思ってわびる。「弟の不始末を姉が―」▽㊀⑴の転。間違いをしでかしたと自認することから。②閉口する。閉口して断る。「そんな面倒な事はこちらから―よ」関連 詫(わ)びる・謝する・謝罪・深謝・陳謝・万謝・申し訳ない

あやめ【△文目】①模様。色あい。「―もわかぬ闇夜(やみよ)」②物の筋道や区別。▽文語的。

あやめ【〈菖蒲〉】①野山に群生し、五、六月ごろ青紫色の美しい花をつける多年草。観賞用にも栽培される。花あやめ。「いずれ―か杜若(かきつばた)」(優劣のつけ難い美女が多く並ぶことのたとえ)②俗にハナショウブのこと。また、それに姿の似たあやめ⑴やカキツバタなどを含めた総称。▽⑴⑵はあやめ科。③ショウブ⑴の昔の呼び名。五月五日の端午に、軒にさしたり風呂の湯に入れたりする。「六日の―」(時期に遅れたもののたとえ)

あや-める《下一他》危害を加える。特に、殺す。

あゆ【×鮎】初夏の味覚として珍重される川魚。秋に孵化(ふか)して海へ下り、春、川へ戻ってくる。石についた藻類を食べ、肉に独特のよい香りがある。▽寿命が普通は一年なので「年魚」とも書く。幼魚を「ひお」と言う。あゆ科(または亜科)。

あゆ【×阿×諛】《名・ス自》おべっかをつかうこと。「―追従(ついしょう)」

あゆみ【歩み】①歩むこと。「牛の―はのろい」。特に、足並み。「―がそろわない」②物事の進み方。「創業百年の―を振り返る」③「歩み板」の略。④和船で艪(ろ)を押す所。⑤等間隔に並んだ物の(中心線から中心線までの)距離。「ねじの―」「根太(ねだ)―一尺」▽工業などでの用語。

あゆみあい【歩み合い】→あゆみより

あゆみいた【歩み板】歩くために物の上に渡した板。小さな川の橋の代わり、工事現場の足場のもの、船から別の船または陸に渡したものなど。

あゆみより【歩み寄り】あゆみよること。折り合い。あゆみあい。

あゆみよ-る【歩み寄る】《五自》①あるいて近よる。②意見や主張を一致させるため、互いにゆずりあって近づく。折り合う。

あゆ-む【歩む】《五自》①一歩一歩進む。「重い荷を負って遠くまで―」②比喩的に、たどる。「受難の生涯を―運命にあった」▽移動に中心を置く「あるく」に対し、あしどり⑴が重点。

あら【粗】①魚をおろしたあとの、多少身がついている頭・中骨など。「―汁」②人の(言動などの)欠点。「―をさがし出す」

あら＝《名詞の上に》①【荒】㋐あらい⑴状態の。「―海」「―武者」「―療治」㋑荒れはてた。開墾などされていず、人けのない。「―野」②【粗】あらい⑵状態の。細かくない。「―削り」。ざっとした。「小説の―筋」。人手を加えていない。「―がね」「―玉」▽⑵の意でも多くは「荒」と書く。

あら＝【新】《名詞の上に》新しい。まだ使用しない。「―ぼとけ」「―手の軍勢」「年寄りに―湯(＝まだだれも入っていない湯)は毒」

アラ＝《年齢を示す略語の前に付いて》その年齢の前後、またその年代の人を示す。「―フォー」(四十歳前後。「フォー」は fourty の略)「―還(かん)」(還暦前後)▽around(＝およそ)から。二十一世紀初頭から広まった。

あら《感》(女性が)軽く驚いて発する声。「―大変。遅れちゃう」「―本当?」「―お出かけですか」

アラーム 警報。警報装置。特に、目ざまし時計の音に言う。▽alarm

あらあら《副「と」》概略。ざっと。「―説明する」「―と書き留める」▽「粗い」の語幹を重ねた語。 **―かしこ**《連語》女性が手紙の結びに使うあいさつ用語。▽意を尽くさず(＝あらあら)恐縮です(＝畏(かしこ))の意。

あらあらし-い【荒荒しい】《形》動作・性質などがはげしく、乱暴だ。あらっぽい。「―・く戸を開ける」「―気性」。風景などが荒れはてている。「―山岳地帯」派生 **-さ -げ**

あら-い ①【荒い】《形》動くまたは動かす勢いが激しくすさまじい。㋐大きく強い動きをして静か・穏やかでない。「波が―」「鼻息が―」(↔はないき)「足音―・く立ち去る」「―言葉でなじる」㋑性向・行為が、度を越して激しい。「気が―」「けいこが―」(けいこのつけ方に容赦がない)「金遣いが―」(金銭を乱費する)▽「荒れる」と同語源。②【粗い】《形》(ばらばら・ざらざらな感じで)細かくない。㋐あわせて一まとまりになるものの一つ一つが大ぶりだ。↕細かい。「目の―ざる」「―粒」「縞(しま)が―」(縞模様を作る筋と筋との間隔が広い)「コーヒーを―・くひく」㋑ざらついている。なめらかでない。「―手ざわり」㋒細かい点までは気を配らず、丁寧でない。大ざっぱだ。「細工が―」▽⑵の意でも「荒い」と書くことが多い。派生 **-さ**

あらい【洗い】①あらうこと。洗濯。②新鮮な白身魚のさしみを氷水にくぐらせ、身をひきしめたもの。「鯉(こい)の―」

あらいあ-げる【洗い上げる】《下一他》①十分に洗う。②すっかり調べあげる。「身元を―」

あらいがみ【洗い髪】洗って解き下げたままの、女の髪。

あらいきよ-める【洗い清める】《下一他》洗って、けがれ・よごれを取り去る。

あらいぐま【洗い熊】北アメリカ原産のタヌキに似た獣。全体に灰褐色で、目の周りが黒く、尾に黒い横縞(じま)が並ぶ。雑食で、鳥・昆虫・果実などのほか、カニ・魚などの水生動物も食べる。▽名は水中の餌を探るしぐさから。あらいぐま科。

あらいこ【洗い粉】髪や肌を洗う、化粧用の粉。

あらいざらい【洗い×浚い】《名・副》何もかもすべて。残らず。「―打ち明ける」「―取って行く」

あらいざらし【洗い×晒し】何度も洗って色がさめ白っぽくなること。また、そうなったもの。

あらいすすぎ【洗い△濯ぎ】↓せんたく(洗濯)

あらいぜき【洗い×堰】水量調節のため川幅いっぱいに堰(せき)を造り、低水位でなければ水が乗り越えて(=洗い)流れるようにしたもの。

あらいそ【荒×磯】波の荒い浜べ。また、岩ばかりの海岸。

あらいだし【洗い出し】①洗うことで何かを浮き立たせたもの。㋐壁や三和土(たたき)の表面がかわかないうちに水洗いして、表面に小石を浮き出させたもの。㋑杉板をこすって洗い、木目(もく)を浮き立たせたもの。②煉瓦(がれん)等の表面を塗り隠さず、表地を出しておくこと。③隠れている事柄を調べて明らかにすること。「問題点の―」

あらいだ-す【洗い出す】《五他》①おおっているものを洗い落として中の形をあらわす。「木目を―」②隠れている事柄を調べて明らかにする。「問題点を―」▽②は第二次大戦後に広まった。

あらいた-てる【洗い立てる】《下一他》①十分によく洗う。「葱(ねぎ)白く―・てたるさむさかな」(松尾芭蕉)②人の悪事や欠点をあばき出す。

あらいはり【洗い張り】着物をほどいて洗い、糊(のり)をつけて板に張ったり、伸子張(しんしばり)にしてほすこと。

あらいもの【洗い物】①洗うべき物。洗った物。特に、着物や食器類について言う。②洗うこと。特に、洗濯。「―にとりかかる」

あら-う【洗う】《五他》①水・湯・薬品で、不要なもの、特に汚れをおとす。「顔を―・って出直してこい」「足を―」(良くない仕事をやめて正業につく意、また、単に今までしていたことをやめる意にも言う)②洗う⑴に似た事をする。㋐何かの刺激が精神的に清める働きをする。「そのけなげさが心を―」「若葉の色に目が―・われる思いだ」▽⑴の直接の比喩用法。㋑波が水辺などに寄せたり返したりする。また、かぶさるように打ち寄せる。「岸を―波」「荒波が甲板を―」㋒隠れている事柄をよく調べる。「身元を―」「原案をもう一度よく―・い直す(=再検討する)」

あらうま【荒馬】気のあらい馬。悍馬(かんば)。

あらうみ【荒海】波のあらい海。

あらえびす【荒×夷】気や動作が荒々しいいなか者。▽もと京の人が、勇猛な東国男を言った語。

あらが-う【△抗う・△争う】《五自》争う。抵抗する。

あらかじめ【△予め】《副ノ》事の起こる前から、そのつもりで。前もって。「変更の際は―通知いたします」

あらかせぎ【荒稼ぎ】①《名・ス自》荒っぽくかせぐこと。㋐手段を選ばずに乱暴にかせぐこと。▽強盗を指すことがある。㋑投機などで一度に大もうけをすること。②《名》力わざの仕事。

あらかた【粗方】《副詞的にも使う》おおかた。大体。ほとんど全部。「―の事には驚かない」「任務の―はつまらない雑用だ」「もう―仕上がっている」

あらがね【粗金・△鉱】①山から掘り出したままの精錬していない金属。②鉄。くろがね。

あらかべ【粗壁・荒壁】下塗りをしただけの壁。

ア ラ カルト 献立表から客の好みによって注文する料理。一品料理。▽フランス à la carte

あらかわ【粗皮】①木や穀物の外側の皮。↔甘皮。②まだなめしていない、獣の皮。

あらかん【×阿羅漢】〔仏〕初期仏教などで、一切の煩悩(ぼんのう)を断ち生死を離れた、仏教修行の最高段階。また、そこに達した人。羅漢。▽梵語(ぼんご)。

あらき ①【粗木・荒木】切り出したままで皮がとっていない材木。②【新木】新しい材木。

あらきだ【荒木田】沼・どろ田などから出る赤いねば土。壁・かわらぶきの下地(したじ)、相撲(すもう)の土俵に使う。▽東京荒木田の原から多く取れたので言う。

あらぎも【荒肝】きもったま。どぎも。「―をひしぐ」(ひどく驚かす)「―を抜く」(同上)

あらぎょう【荒行】修験者(しゅげんじゃ)などが願を成しとげるため、山中に籠もったり滝に打たれたりなどして行う、激しく苦しい修行。

あらくれ【荒くれ】荒々しいこと。乱暴なこと。また、そういう人。「―男」▽文語下二段活用動詞「あらくる」の連用形から出た語。

あらくれた【荒くれた】《連語》《連体詞的に》荒々しく乱暴な。「―男」▽文語下二段活用動詞「あらくる」の連用形+助動詞「た」

あらけずり【粗削り・荒削り】①《名》木などをざっと削っただけで、細工を加えないこと。②《名ナ》大まかで細かい所までは拘泥しないこと。「―な作品」

あら-げる《下一他》↓あららげる。▽「荒(あ)らげる」を誤読して生じた語形か。

あらごと【荒事】歌舞伎で演じる勇猛な、武張(ぶば)ったしぐさ。また、そういう人物を主人公とする芝居。▽↓わごと・じつごと

あらごなし【荒ごなし・粗ごなし】《名・ス他》精密・丁寧に処理する前に、まずざっと手を入れること。▽もと、物を粉にする時、最初ざっと砕くこと。

あらごも【粗△薦・荒△薦】あらく編んだ、こも。

あらさがし【粗捜し・粗探し】《名・ス自》他人の欠点をさがし出すこと、また、さがし出して悪口を言うこと。

あらし【嵐】①荒く激しく吹く風。「峰の―か松風か」「春の―」(春さきに吹く強い風)。特に、荒れ狂う風雨。暴風雨。「―の前の静けさ」(事件や騒動の起こる前の無気味な静けさのたとえ)「―のような拍手」②比喩的に、激しい動きや状況。「不況の―」関連 疾風・はやて・強風・大風・暴風・台風・野分(のわき)・颶風(ぐふう)・烈風・ハリケーン・暴風雨

あらじお【粗塩】精製していない、結晶の大きい天然の塩。ミネラルが多く味がよい。「白菜を―で漬ける」

あらしごと【荒仕事】 荒々しい仕事。㋐骨が折れる力仕事。㋑強盗や殺人。

あら-す【荒らす】《五他》荒れさせる。㋐荒れた乱雑な有様にする。「暴風雨が庭を—」「いのししが畑を—」㋑傷つけたりこわしたりする。いたませる。そこなう。「トラックが道を—」「粗悪な化粧品が肌を—」。あばれて物をこわす。「不良が酒場を—」㋒盗みを働く。「人の畑を—」「留守の家を—」

あらず【△非ず】《連語》《多く「……に(には・にも)—」の形で》そうではない。「われにも—(=我を忘れて、思わず)取り乱す」▽文語的。

あらすじ(ぢ)【粗筋・荒筋】 大体の筋道。概略。また、梗概(こうがい)。

あらずもがな《連語》ないほうがよいこと。余計。「—のおしゃべり」▽「もがな」は願望を表す文語助詞。

あらせいとう 四、五月ごろ、四弁花をふさ状につける園芸植物。南欧原産。本来は多年草だが、園芸上、一年草として扱う。八重咲きもあり、花の色は種々ある。ストック。▽語源未詳。あぶらな科。

あらそい(あらそひ)【争い】 あらそうこと。競争。「トップ—」。また、けんか。口論。関連 諍(いさか)い・鍔迫(つばぜ)り合い・角(つの)突き合い・小競り合い・いざこざ・ごたごた・揉(も)め事・トラブル・喧嘩(けんか)・衝突・摩擦・軋轢(あつれき)・葛藤・紛擾(ふんじょう)・波風・風波・闘争・抗争・係争

あらそ-う(あらそふ)【争う】《五他》①相手にまさろうとする。㋐倒そうとする。戦う。敵対する。㋑けんかする。㋒競争する。「首席を—」「先を—」(われさきに急ぐ)「一刻を—」(少しでも早くと急ぐ)②『—・われない』『—・えない』否定しようにも否定出来ない。「血筋は争われない」

あらた【新た】《ダナ》あたらしいさま。また、改めて始めるさま。「人生の—な出発」「—に設ける」「認識を—にする」▽この形容詞化「あらたし」が転じて「あたらしい」となった。

あらたか《ダナ》神仏の霊験(れいげん)や薬のききめなどが著しいこと。「霊験—な観音様」派生 -さ

あらだ-つ【荒立つ】《五自》荒くなる。①物事の勢いが激しくなり(または、もつれて)おさまりがつかなくなる。「事が—と困る」②荒れ始める。「波が—」

あらだ-てる【荒立てる】《下一他》①荒くする。「声を—・てて怒る」②物事のもつれを一層激しくする。ごたごたを一層面倒にする。「事を—」

あらたまの【新玉の】《連語》新年を祝う気持を表す、雅語的な言い方として使う。「—(=年の初めの)賀」▽もと「年」「春」などにかかる枕詞(まくらことば)。

あらたま-る【改まる・△革まる】《五自》今までと違った状態になる。㋐新しくなる。古いものが新しいものと入れ替わる。「規則が—」「年が—」㋑新しい良いものとなる。改善される。「生活態度が—」「風俗が—」㋒態度が儀式ばる。堅苦しい態度となる。「—・って物を言う」㋓病気が急に重くなる。「病勢が—」▽㋓は文語的。

あらため【改め】①あらためること。特に、名称をかえること。「守田座—新富座」②取り調べること。吟味。「関所—」「宗門—」▽(2)は単独では使わない。

あらためて【改めて】《副》①のちほど、さらに。別の機会に。正式の機会に。「—ご返事します」②あらたに。今さらのように。「この際、—問題を提起する」「—親のありがたさを感じる」▽「改める」の連用形+助詞「て」から。

あらた-める ①【改める・△革める】《下一他》今までと違った状態にする。㋐新しくする。古いものを新しいものと入れ替える。「章を—」「日を—」(別の日にする)㋑新しい良いものにする。改善する。「悪習を—」㋒堅苦しく、儀式ばった態度を執る。「容(かたち)を—」②【△検める】《下一他》(不正の有無などを)調べる。検査する。「中身を—」

あらづくり【粗造り】 ざっと造って仕上げをしないこと。

あらっぽ-い【荒っぽい】《形》①乱暴だ。手荒だ。「—荷扱い」「—言動」②大まかだ。粗雑だ。「—造り」▽(2)は「粗っぽい」とも書く。派生 -さ

あらて【新手】①まだ戦っていない元気な軍勢。一般に、まだその事にたずさわらずに控えている者。「—を繰り出す」②新しい手段・方法。しんて。「—を考えだす」「—の詐欺」

あらと【粗×砥・荒×砥】 質のあらい砂岩で出来た、砥石(といし)。刃物をまず、ざっととぐのに使う。

あらなみ【荒波】 激しく強い勢いで立つ、または打ちかかる波。「—にもまれる小舟」「世の—(=身につらく襲いかかるさまざまの困難)をしのぐ」

あらなわ(なは)【荒縄】 わらで作った太い縄。

あらに【粗煮】 魚のあらを煮付けた料理。

あらぬ《連体》あたりまえなら、こうあるはずだと、だれも考える、その状態に反したさま。㋐別の。違った。「—かたを向く」㋑意外な。とんでもない。「—事を口走る」「—疑いを受ける」㋒よくない。不都合な。「—手慰み」▽文語動詞「あり」の未然形+助動詞「ず」の連体形から。

あらぬか【粗×糠】→もみがら

あらぬり【粗塗(り)】《名・ス他》壁などを初めにざっと塗ること。したぬり。↕上塗(うわぬり)

あらねつ【粗熱】『—をとる』加熱した食品を火から下ろし、(次の調理過程に入る前に)ほどほど(手で触れられる程度)に冷ます。

あらの【荒野・×曠野】→あれの

アラビア ゴム アラビアゴムノキの幹からとった半透明・黄色の樹脂。薬品・ゴムのりの製造に用いる。

アラビアすうじ【アラビア数字】 数式や横書きに使う数字。算用数字。0・1・2・3など。▽インド人が考え出したのをアラビア人がヨーロッパに伝えた。

あらびき【粗×挽(き)】《名・ス他》穀物・肉・コーヒー豆などを粗くひき砕くこと。その状態であること。

あらひとがみ【現人神】 この世に人となって現れた神。▽天皇を指して言った。

あらぶる【荒ぶる】《連体》あらあらしい。「―神」▽古語「荒ぶ」の連体形から。

アラベスク ①アラビア人が考え出した、壁を装飾する模様の型。唐草(からくさ)模様を左右相称に描いたような図柄。②〔音楽〕アラベスク(1)のように装飾的で花やかな曲。▽arabesque

あらほうし【荒法師】 あらあらしい僧。勇猛な僧。

あらぼとけ【新仏】 死んでから初めての盆に祭られる、死者の霊。

あらぼん【新盆】 →にいぼん

あらまき【荒巻・新巻】 えらや内臓をとって、塩を詰めたり塗ったりした保存用の鮭(さけ)。▽もと、それをわらで巻いたもの。普通「新巻」と書く。

あらまし《副詞的にも使う》大体。おおよそ。「規則の―を述べる」「―こんな具合だ」

あらまほし-い《形》望ましい。願わしい。「―社会」「―姿」「―(の)は人情だ」▽主に連体修飾で使う。文語「あり」未然形＋文語助動詞「まほし」から。

あらみ【新身】 新たに作った刀。新刀(しんとう)。▽「身」は刀身を指す。

あらむしろ【粗×筵・荒×筵】 稲わらなどで編んだ粗末なむしろ。

あらめ【荒△布】 波の荒い海の底に林のように大量にはえる、長さ一メートルあまりの海藻。食用・肥料にする。▽こんぶ目の褐藻。別属のツルアラメを言うこともある。

アラ モード ①最新流行の。現代式。②転じて、最新流行型。▽フランス à la mode

あらもの【荒物】 雑貨のうち小間物(こまもの)より大きな(＝荒)、おけ・ざる・ほうきの類。「―屋」

あらゆ【新湯】 →さらゆ。「―は身の毒」

あらゆる《連体》ある(あり得る)限りの。「―国を経めぐって」「起こりうる―場合を想定する」▽文語動詞「あり」の未然形＋「ゆ」(文語助動詞「る」の古形)の連体形に由来。「ありと―」(あるとしてそういうのまでの)との言い方でも分かる通り、可能性まで含めてよい。→すべて

あららか【荒らか】《ダナ》荒々しいさま。「足音も―に廊下を歩く」

あららぎ ①ノビルの古名。▽「蘭」と書く。②イチイの別名。▽雅語的。

あららぎ【△塔】 塔(とう)の異称。▽もと、斎宮の用いた忌みことば。

あらら-げる【荒らげる】《下一他》荒くする。「声を―」▽これの俗な形が「あらげる」。

あらりょうじ【荒療治】《名・ス他》①患者の苦痛などかまわず、手荒く治療すること。②比喩的に、思い切った改革や、人をむごたらしく殺傷すること。

あられ【×霰】 ①雲中の水分が白色の小粒状に氷結して降るもの。雹(ひょう)よりも柔らかく、直径五ミリ以下のもの。②賽(さい)の目に切ったもち(を干して煎った菓子)。あられもち。「―に切る」(食材を一辺が五ミリ程度のさいころ状に切る) ▽→ひなあられ

あられもない《連語》《複合形容詞相当》普通にはあり得ない。「―姿をして」▽文語動詞「あり」の未然形＋文語助動詞「る」＋助詞「も」＋「なし」から。多く、女性の態度・振舞いに言う。

あらわ(あらは)【△露・△顕】《ダナ》隠れていないではっきりと見えるさま。また、隠さずわざと見せるさま。むきだし。露骨。公然。「肌を―に出す」「―な敵意」

あらわ-す(あらはす) ①【表す・現す・△顕す】《五他》今まで無かったもの、隠れているものを、はっきり見えるようにする。㋐見えるように様子を表に出す。「姿を―」「本性(ほんしょう)を―」「実力を存分に―機会が無い」㋑感覚でとらえうる形で示す。「名は体を―」「赤は危険を―」㋒心の中にあることを、表情・文章・絵画・音楽等で示す。「喜色を―」㋓善行等を世間に知らす。【顕】「その徳を世に―」▽「表す」「現す」の送り仮名は「表わす」「現わす」とも。②【著す】《五他》書物を書いて世に出す。▽「著す」の送り仮名は「著わす」とも。(1)(2)とも、あらわにする意。

あらわ-れる(あらはれる)【表れる・現れる・△顕れる】《下一自》今まで無かったもの、隠れていたものが、はっきり見えるようになる。㋐様子が表に出る。目につくようになる。出て来る。やって来る。「姿が―」「道を曲がったら海が―れた」「効果が―」㋑知れる。発覚する。露顕する。「悪事が―」▽あらわになる意。「表れる」「現れる」の送り仮名は「表われる」「現われる」とも。

あらんかぎり【有らん限り】《連語》あるだけ全部。ありったけ。「―の力を出す」▽「ん」は文語助動詞の「む」。

あり【×蟻】 地中や朽木(くちき)にトンネル状の巣を作って、集団ですむ小さな昆虫。普通一匹の雌(女王あり)が巣の中で卵を産み、増える。地上で見受けるのは働きありで、食物を求めてはいまわる。また、甘い物によく集まる。「―の穴から堤も崩れる」「―の這(は)い出る隙(すき)も無い」▽あり科の昆虫の総称で、巣を作らない種もある。

アリア オペラで、オーケストラの伴奏で独唱する叙情的な曲。詠唱。また一般に、叙情的な小歌曲(かきょく)。▽イタリア aria

ありあい(ありあひ)【有(り)合い】 →ありあわせ

ありあけ【有明】 ①陰暦の十六日以後で、空にまだ月があるのに夜が明けること。そのころの夜明け。また単に、夜明け。②「ありあけあんどん」の略。 **―あんどん【―行△灯】** 夜明けまで夜通し、まくらもとにともしておくあんどん。

ありあま-る【有(り)余る】《五自》じゅうぶんすぎるほど豊かにある。「―資金」「―ほどの才能の持主」▽現在は主として連体形、また「―った」「―ってる」の形で用いる。

ありあり《ノダ・副「と」》①はっきり。明らか。「―と

失望の色がみえた」「やる気のないのが—だ」②目の前にあるかのように。まざまざ。「昔のことが—と思い出される」▽文語動詞「あり」を重ねた形から。

ありあわせ(ありあはせ)【有(り)合(わ)せ】(特に用意したのではなく)たまたまその場にあること。また、そのもの。ありあい。「—ですます」

アリーナ 舞台・試合場を観客席が四方から取り囲む形式の、ホール・スポーツ施設。▽arena 語源はラテン語の「砂」で、円形劇場内の砂場で獣を闘わせたことに由来。

ありうち ↓ありがち。▽既に古風。

あり-うる【有り得る】《下二自》「ありえる」の本来の形。

あり-える【有り得る】《下一自》そういう状態がおこるのも、ありがちだ(考えてみて不思議でない)。「あいつが責任回避をするのは—ことだ」「あの人に限って失敗するなんて—・えない話だ」▽↓える(得)(2)

ありか 物のある場所。人のいる場所。所在。「—をさがす」▽「在処」とも書く。

ありかた【在り方】当然こうでなくてはならないという、物事の状態。「教育の—を問う」

ありがた-い【有(り)難い】《形》よい事や物に恵まれて、感謝したい気持だ。かたじけない。▽そういう事が滅多には無いの意の転。派生 -さ -げ -み -がる*
関連 かたじけない・勿体(もったい)ない・恐れ多い・心苦しい・感謝・深謝・多謝・万謝(ばんしゃ)・謝意・幸甚

ありがた-る【有(り)難がる】《五他》①ありがたく思う。②尊重する。「肩書を—」

ありがたなみだ【有難涙】ありがたさのあまり出る涙。

ありがためいわく【有難迷惑】《名ナノ》人の親切・好意が、受ける人にはかえって迷惑なこと。「—な贈物」

ありがち【有り勝ち】《名ナノ》世間によくあること。「青年に—な失敗」

ありがとう(ありがたう)【有(り)難う】《感》感謝の気持を表す言葉。▽「ありがたい」の連用形音便から。

ありがね【有り金】現在、手もとにある金銭。「—をはたく」

ありき【在りき】《連語》①(確かに)あった。「初めに言葉—」②《「初めに……—で(は)」の形で》動かさない前提として……を据えるの意。「初めに増税—でなく、歳出を抑える努力をせよ」▽文語動詞「あり」連用形+文語助動詞「き」。なお、↓ありし

ありきたり【在り来り】《名ナノ》もとからあって珍しくないこと。世間にざらにあること。「—の品」

ありくい(ありくひ)【×蟻食】筒のように突き出た口から細長い舌を出してアリやシロアリの巣を壊す。中央・南アメリカ産。▽おおありくい科・ひめありくい科の哺乳(ほにゅう)類の総称。

ありげ【有りげ】《ダナ》《体言について》いかにもありそうであるさま。「事—に見える」「由緒(ゆいしょ)—の寺だ」

ありさま【有様】物事の(ある程度は持続的で)全体的な様子。▽主として、外からも見える場合に使う。

ありし【在りし】《連体》以前あった。昔の。過ぎ去った、または生前の。「—日」「—昔」「—世」▽文語動詞「あり」+文語助動詞「き」の連体形から。

ありじごく【×蟻地獄】①ウスバカゲロウの幼虫。乾いた土にすりばち形の巣穴を掘り、その底にもぐり潜んで、すべり落ちたアリなどを捕らえる。②ありじごく(1)の掘った巣穴。比喩的に、抜け出せない悪い状態。「借金の—から抜け出せない」

ありだか【在高・有高】今ある限りの総量(総数)。現在の数量。現在高。

ありたやき【有田焼】佐賀県有田町およびその付近から産する磁器。▽伊万里(いまり)港から出荷したので「伊万里焼」とも言う。

ありづか【×蟻塚】アリが地中に巣を作る時持ち出した土砂が、地上に積み上げられたもの。また、土や落葉を塚のように積み上げて作ったアリ・シロアリの巣。蟻の塔。

ありっきり ↓ありったけ。▽「ある」+助詞「きり」から。

ありつ-く《五自》(生活上)求めていたものを、やっとのことで得る。また、幸運にも手に入れる。「職に—」「ごちそうに—」

ありったけ あるかぎり全部。ありっきり。▽↓だけ(1)

ありてい【有(り)体】ありのまま。「—に言えば」

ありとあらゆる《連語》《連体詞的に》(世に)ありうる(かぎりの)一切の。ありとある。あらゆる。「—困難を乗り越えて」

ありなし【有(り)無(し)】有るか無いか。あるなし。「借金の—はわからない」

ありのとう【×蟻の塔】①↓ありづか。②山野に自生し、秋、アリが並んだように小花をつける多年草。茎は細く地をはう。アリノトウグサ。ノミトリグサ。▽ありのとうぐさ科。

ありのまま【有りの×儘】《名ナノ・副「に」》実際の有様の通り。ありてい。「—(に)打ち明ける」▽↓あるがまま

ありのみ 梨(なし)。▽「無し」に通じるのをきらって「有の実」と言った。

アリバイ ①犯罪が行われた時、その現場以外の所に居たという証明。現場不在証明。②とりつくろうための言い訳(程度にすること)。「—作りのための公募」▽alibi 元来はラテン語で「他の所に」の意。

ありふ-れる【有(り)触れる】《下一自》どこにでもある。珍しくない。▽口語では「—・れた」「—・れている」の形で使うことが多い。

ありまき【×蟻巻】↓あぶらむし(1)

ありもの【有り物】その場にあるもの。有り合わせ。「—の上着を引っ掛けて出かける」「—で食事をす

る」

ありゅう【亜流】第一流の人に追随し、それをまね、独創的でなく劣っていること。またそういう人。エピゴーネン。

ありゅうさんガス【亜硫酸ガス】硫黄(いおう)を空気中で燃やす時に出る気体。無色で、息がつまるような強いにおいがある。漂白や硫酸の製造に使う。▽二酸化硫黄の気体の通称。排気ガスなどに含まれ、天然には火山ガスなどに含まれる。

ありよう【有り様】①ありさま。「このだらしない―は何だ」②ありのまま。実情。「―を言えば」③あるべきわけ。「―がない」

あ-る【有る・在る】《五自》㊀存在する。↕無い。①目の前に見えるとか触れて固さを感じるとか、何らかの感じをその人に起こさせるものを認めると共に、他の人もそれを認めるだろうと期待する(信じる)場合、また、感覚を越えたものについても、思考の対象としてこれに似た情況が考えられる場合に、そのものが「ある」という。あるということは、直接にはこのような仕方を通してとらえるから、当の事物が我々の世界に現れること、そのものとして持続すること、どの位置かを占めること、何かとの特定関係(特に所有関係)を平均以上に有すること等を、結果的に表す。「光が―・れば陰も―」「神は―(=実際に存する)のか」「地震が―(=起こる)」「傷あとが―(=残っている)」「横浜は東京の南に―」「半年前までここに―・った」「明日は試験が―(=行われる)」「二度―事は三度―」「彼には子が三人―」「彼(に)は才能が―」「病気になることも―」「甘みがもっと―(=甘く感じる成分を含む)食品」「身長も体重も(並より)―子」▽おもに無生物・植物・物事について言い、人間や動物には普通「居る」を使うが、話題のものをめぐる情況の存在に関心が向かう時には「ある」も使う。例、「賛成の人も―」「昔々、欲張りじいさんが―・りました」。「げ」を添えて「何やら由緒―・りげな品」「一癖(くせ)も二癖も―・りげな人物」のようにも使う。↓ありげ。有無を問う質問票などの答えには、文語終止形の「あり」(「なし」)も使う。更に広く、俗に「そんな事―・りかよ」のようにも使う。②特に、次のようなあり方を言う。㋐この世に生きている。「―・りし日の面影」㋑生活する。暮らす。「世に―」(りっぱに暮らす。時めく)㋒《数量を表す語を受けて》その分量が認められる。「長さが一キロ―橋」㋓時の経過がある(1)。時がたつ。「やや―・ってこう語り出した」㋔《引用の「と」またはそれに当たる表現を受けて》(……という)言葉がある(1)。書いてある(3)。言う。「遺書には社会事業に二億円寄付せよと―・った」㋕それに依存する。かかって……にある(1)。「成否は本人の熱意いかんに―」「皇国の興廃この一戦に―・り」㋖《動作を表す漢語や動詞連用形を受けて》なさる。「神々も照覧―・れ」「御一考―・りたい」③《他動詞連用形+「て」を受けて》動作の結果の存続を意味する。……た状態になっている。「壁に絵が掛けて―」▽↓いる(2)㋐ ㊁形式的用法。①表現主体の断定作用を示す語。㋐断定するという態度、つまり陳述を表す。「吾輩(わがはい)は猫で―」「美しくは―が」㋑そういう状態であることを言うのに使う。「春が深まりつつ―」「と―村に」▽「である」の形では「だ」と同義。形容詞・形容動詞に続く時には、間に助詞「は・も・こそ・さえ」等をはさむことも多い。状態の存在を認めることから断定の表明に転じた。多くの場合、↕ない《形》 ②《「……に―・って」の形で》……の範囲の中で。……において。「わが国に―・っては第一人者」㊂《他の動詞の上に置き》動作・状態の(反覆)持続を表す。「世に―・り経て五十年」

ある【×或(る)】《連体》はっきりと見定めてはいないものや、分かっていながら伏せてその物事(の存在)を言う時に、使う語。▽前者の例は「昔々―所に」など、後者の例は「その事件を―人はこう見る」など。文語動詞「あり」の連体形に由来。

あるいは【×或いは】①《接》または。もしくは。……か……か。「東京―京都で開催する」。《「―A―B」の形で》同類の事柄を列挙するのにも使う。あるものは。ある時は。ある場合は。「―野を走り―川を泳いで進む」「―三人―五人と次第に集まる」②《副》もしかすると。「夕方―雷雨がありましょう」▽動詞「あり」の連体形に古代語の助詞「い」と助詞「は」がついたもの(あるものは、の意)から出た。ある時期誤って「あるひは」と書いた。

アルカイック《ダナ》古風(で素朴)なさま。古拙。「―芸術」▽フランス archaïque

あるがまま【有るが×儘・在るが×儘】《連語》「ありのまま」の別の言い方。▽名詞的に使う。「が」は連体化の文語助詞。

アルカリ 水に溶けて塩基性を示す物質の総称。苛性(かせい)ソーダ・消石灰の類。↕酸。▽オランダ alkali 元来はアラビア語。al(冠詞)+qily(灰) **―せい**【―性】アルカリの示す性質。赤いリトマス溶液やリトマス試験紙を青く変える。↕酸性

アルカロイド 多く植物中に存して塩基性を示す、窒素を含む有機化合物の総称。ニコチン・コカイン・カフェインなど、強い薬理作用をもつものが多い。植物塩基。▽alkaloid

アルギンさん【アルギン酸】こんぶなどの褐藻に含まれる、ねばり気の強い糖類。のり・乳化剤、フィルム製造などに使う。▽ドイツ Alginsäure から。

ある-く【歩く】《五自》①地面などから両足が同時に離れる瞬間が無いような、足の運び方で、進む。「銀座を―」。比喩的に、㋐経めぐる。「歴史を―」(史跡を訪ね歩く意にも、史書・史料などを追って歴史をふり返る意にも)㋑野球で、打者が四球(・死球)で一塁に進む。「一塁に―」「強打者を―・かせる」(これらの場合は走っても言う)▽人が自分の足によらなく

ても、「馬にまたがって町なかを—」のように使うことがある。また「金策に—」は移動を言っており、乗物を使ってもよい。→あゆむ。②《動詞連用形に付いて》方々まわって……する。「酒場を飲み—」

アルコール ①炭化水素の水素原子を水酸基で置換した化合物の総称。特に、エチルアルコールをいう。②(エチルアルコールが酒類の主成分であることから)酒。▽オランダ alcohol **—いそんしょう**【—依存症】継続的にアルコール飲料を飲まずにいられない症状。**—ちゅうどく**【—中毒】多量の飲酒に基づく、アルコールによる中毒。▽俗に略して「アル中」とも言う。また慢性のものはアルコール依存症。

アルゴリズム 数学やプログラミングで、問題を解決するための手法。解や適切な処理結果が得られるように組み合わせた、演算や処理の手順。▽algorithm

アルゴン 希ガスの一種。空気に一パーセント弱の濃度で含まれる。蛍光灯の管内に封入するなど工業的に利用される。元素記号 Ar ▽argon

あるじ【△主】一家の長。家の主人。また、使用人の主人。

アルス 芸術。▽ラテン ars

アルチザン 職人。工匠(こうしょう)。特に、職人的な芸術家。▽技能は優秀でも芸術性を追求しない者を批判的に言うこともある。フランス artisan

アルちゅう【アル中】→アルコールちゅうどく

アルツハイマーびょう【アルツハイマー病】認知症の一つの型。脳が広範囲に萎縮し、認知機能の低下が徐々に進行する。▽ドイツの精神病学者 Alzheimer が初めて報告。

アル デンテ パスタが、歯ごたえよくゆであがっている状態。「—にゆでる」▽イタリア al dente

アルト〔音楽〕①(女性の)最も低い声域。また、その歌手。②中音域の(管)楽器。「—サックス」▽イタリア alto

あるときばらい【有る時払い】期限を定めず、金のある時に払うこと。「—の催促無し」

あるなし【有る無し】→ありなし

アルバイト《名・ス自》(特に学生の)内職かせぎ。それをする人。バイト。▽第二次大戦中までは「—の多い教授」のように学者の業績も言った。一九五五年ごろまで「—学生」は「苦学生」とほぼ同義。パートタイムで働く生徒や主婦など、更に大学を出ても就職せず(できず)そういう仕事をする者が増えてから、学生に限定しない。ドイツ Arbeit(=仕事。労働)

アルパカ ①南アメリカ原産の家畜。体形はラクダに似るが小形でこぶはない。全身が黒や白などの柔らかな毛で包まれる。▽らくだ科。②アルパカ(1)の毛で作った織物や毛糸。▽alpaca

アルバム ①写真帳。記念帳。「卒業—」②(特定のテーマにより)いくつかの曲を収めたLPレコードやCDなど。▽album

アルピニスト 登山家。▽alpinist

アルファ ①最初。「—からオメガまで」▽ギリシア字母の第一字目(大文字A、小文字α)だから。「アルファー」とも言う。②それ以上の幾らか。ある未知の値。「プラス—」。野球で、九回または延長回の裏の終了を待たず後攻チームの勝ちが決まった時に使う記号。▽Xをαに取り違えたことによる。いまはXを使う。 **—せん**【—線・α線】放射線の一種。高速度のヘリウムの原子核の流れで、電離作用は非常に強いが、透過力は弱い。↓ガンマせん・ベータせん。 **—は**【—波】脳波の一種。リラックス時に発生する。▽この波形の出ている状態では、集中力・創造力・学習能力が高いとされる。

アルファベット 一定の順序に並べられた、ローマ字の総体。ローマ字の字母表。「—順」▽ギリシア字母の第一字目(アルファ)と第二字目(ベータ)とを合わせて呼んだことから出た語。alphabet

アルヘイとう【有平糖】白砂糖とあめを煮つめて棒状にした菓子。アルヘイ。▽十七世紀ごろ日本に伝来した。「アルヘイ」はポルトガル alfeloa

アルペジオ〔音楽〕和音の構成音を、低音または高音から連続的に鳴らす奏法。分散和音。アルペッジョ。▽イタリア arpeggio

アルペン スキーで斜面をすべりおりる速さを競う競技。アルペン スキー。▽ドイツ Alpen(=アルプスの) **—シュトック** とび口のような形の金具のついた登山づえ。▽ドイツ Alpenstock

アルマイト アルミニウムの表面を酸化させて膜を作り、腐食しにくくしたもの。▽大正末に日本で発明した時の商標名 Alumite から。

あるまじき《連語》あってはならない。あるはずがない。「教育者に—行為」▽文語動詞「あり」の連体形+文語助動詞「まじ」の連体形。

アルマジロ 全身がよろいのような固い甲でおおわれた中南米産の獣。夜行性で雑食。体をまるめて身をまもる種もある。▽armadillo アルマジロ科の哺乳(ほにゅう)類の総称。

アルミ ①「アルミニウム」の略。「—サッシ」「—ホイル」「—箔(はく)」②「アルミ金」の略。銅に主としてアルミニウムを混ぜた合金。黄金色で、空気中でも変色せず、装飾品に使う。アルミ銅。

アルミナ 酸化アルミニウムの俗称。天然には鋼玉として産する。工業的にはボーキサイトから得られ、アルミニウムの原料となる。礬土(ばんど)。▽alumina

アルミニウム 金属元素の一つ。元素記号 Al 地表部に広く存在し、酸素・珪素(けいそ)に次いで多い元素。銀白色で軽くやわらかい。空気中では表面に酸化した被膜を生じ、さびない。軽合金の主成分とし、建築材料、また食器・台所道具を作るのにも使う。アルミ。▽オランダ aluminium

あれ【荒れ】荒れること。㋐天候・海の穏やかでないこと。㋑皮膚にあぶらけがなく、かさかさすること。

あれ ㊀《代》①(心理的または空間的・時間的に)自分からも相手からも遠いものを指し示す語。▽観念の中に描いたものとして言うことも多い。「間に合わせにーしておこう」のように、する何かをぼかしても言う。㋐自分が指さすもの。「ほら、ーは何だろうね」㋑あそこ。「ーに見えるは茶摘じゃないか」(文部省唱歌「茶摘」) ②今の時点とは離れているが、相手も知っている事・物を指す語。「ーを言われると面目もない」「ー以来酒はやめた」③第三者である人を指す語。あの人。「ーが申しますには」㊁《感》驚いたり不思議に思ったり意外に感じたりする時発する語。あら。ありゃ。▽㊀(1)の転。

あれい【亜鈴・×啞鈴】↓ダンベル。▽dumbbell の訳語。

あれくる-う【荒(れ)狂う】《五自》狂ったように激しく動いて暴れる。「大きな音に驚いて馬がー」「非難に怒って手がつけられないほどー」「ー波風」

アレグレット〔音楽〕やや速く。アレグロよりやや遅い速度。また、この速さで演奏する曲。▽イタリア allegretto

アレグロ〔音楽〕急速に。また、テンポの速い曲・楽章。▽イタリア allegro

アレゴリー 比喩。寓意。また、それによるたとえ話。▽allegory

あれこれ【△彼△是】《副詞的にも使う》あれであったり、これであったり(ああなったり、こうなったり)色々。「ー(と)苦労する」。色々の事・物・人。「その後もー(の)事件が起こった」

あれしき たったあれぐらい。「ーの事で悲しむのか」

あれしょう【荒れ性】脂肪分が少ないため、すぐに皮膚が乾いてかさかさになる体質。↕脂性(あぶらしょう)

あれち【荒れ地】耕さないために荒れている土地。耕作に適しない土地。

あれの【荒れ野】荒れた野原。ひろびろとして人気(ひとけ)も樹木もない野原。あらの。

あれはだ【荒れ肌】脂肪分が少なくてかさかさした肌。

あれは-てる【荒れ果てる】《下一自》すっかり荒れる。「ーてた土地」

あれもよう【荒れ模様】《名ナノ》①天気が荒れてきそうな様子。②転じて、人の機嫌やその場の状態が悪くなりそうな様子。「ーの議会」

あれやこれや《連語》↓あれこれ。「ーで昨年は忙しかった」▽「や」は並置の助詞。

あれよあれよ《連語》《多く「ーという間」の形で》驚いて、また、あきれて見守るさま。「洪水でーというちに橋が流された」▽驚いて発する嘆声から。

あ-れる【荒れる】《下一自》穏やかな、または整った状態が失われて乱れる。㋐乱暴なふるまいをする。あばれ騒ぐ。すさぶ。「馬がー・れ狂う」「海がー」。勝負・会議・相場に波乱が起こる。「横綱連敗でー大阪場所」㋑いたみ、そこなわれて、だめになる。「ー・れた家」「畑がー」「彼の生活は近ごろー・れている」「技がー」。皮膚のあぶらけがとれて、かさかさになる。「手がー」

アレルギー ①ある物質の摂取・接触などの結果起こる、その物質に対する異常な免疫反応。②比喩的に、特定の人・物事に対して示す、過度に敏感な拒絶反応。▽ドイツ Allergie

アレルゲン アレルギーの原因となる物質。吸入性の花粉・ダニや動物の毛、食物性の蕎麦(そば)・鶏卵・牛乳、接触性のうるし・ゴム・金属など。▽ドイツ Allergen

アレンジ《名・ス他》①見ためよく並べること。うまく整えること。「和菓子をおしゃれにーする」②手筈(てはず)を整えること。「会見をーする」③音楽で、編曲。また広く、元のものを再編すること。「海外向けにーする」▽arrange

アロエ とげのある葉をもつ常緑多肉植物。花は赤だいだい色。葉を健胃薬ややけどの薬とする。キダチアロエ。医者いらず。▽オランダ aloë 広くはわすれぐさ科(旧ゆり科)アロエ属の植物の総称で、形態は多様。

アロハ ①ハワイのあいさつ言葉。こんにちは、こんばんは、さようならなどの意。②「アロハ シャツ」の略。▽aloha **ーシャツ** 派手な模様・色彩の半袖開襟シャツ。▽aloha shirt

アロマ 芳香。「ーオイル」▽aroma **ーセラピー** 芳香性物質を用いた治療法。アロマテラピー。▽aromatherapy

あわ【泡】①液体が空気を包んでできた玉。あぶく。「ーが立つ」「ひとー吹かす」(人を驚きあわてさせる)▽口のはたについた、つばきのあぶくや、ガラス中の空気の玉にも言う。②『ーを食う』ひどく驚きあわてる。▽(2)は「あわてる」の「あわ」か。

あわ【×粟】黄色の小さな穀粒をつける一年生の作物。五穀の一つ。九月ごろ小花が穂になって咲く。米とまぜて食べたり、あめ・酒の原料としたり、またあわもちにする。「濡(ぬ)れ手でー」(↓ぬれて)「ー粒ほどの」(ごく小さい形容)▽いね科。

あわ-い【淡い】《形》ほのかに(ほんのり)感じられる状態・程度だ。㋐色や味があっさりした程度だ。「ー水色」㋑ほのかだ。「月影がー・くさす」「ー恋心」。はかない。「ー望みをかける」派生 **-さ**

あわい【△間】向かい合うもののあいだ。また、二つのものの関係。▽かなり古風な言い方。

あわさ-る【合(わ)さる】《五自》自然とあわせた状態になる。いっしょになる。「二つの旋律がー・って」▽命令形はほとんど使わない。

あわ-す【合(わ)す】《五他》↓あわせる

あわ-す【×醂す】《五他》かきの実の渋を抜く。さわす。

あわせ ①【×袷】裏つきの着物。ひとえ・綿入れに対して言う。②【合(わ)せ】《多く、複合語の一部として》㋐合わせること。「ー鏡」「背中ー」㋑二つを比べ合わせて優劣を決めること。「歌ー」「貝ー」

あわせいと【合(わ)せ糸】よりあわせた糸。

あわせかがみ【合(わ)せ鏡】前に鏡を置き、さらに後ろから他の鏡をかざし、写しあわせて後姿を見ること。そういう、鏡の使い方。

あわせず(あはせ)【合(わ)せ酢】塩と醤油(しょうゆ)を基本に、砂糖・だしなどを加えて調味した酢。魚介類、野菜などをあえるのに用いる。二杯酢・三杯酢・すし酢など。

あわせて(あはせ)【併せて・合(わ)せて】《連語》①《副詞的に》全部を寄せて。合計して。「—一万円になる」②《接続詞的に》それと同時に。「新春を賀し奉り、—平素の御無沙汰(ごぶさた)をおわび申し上げます」

あわせど(あはせ)【合(わ)せ×砥】①仕上げに使う、質のかたい、といし。②かみそりのといしをなめらかにし、脂をとり去るための小さい石。

あわせみそ(あはせ)【合(わ)せ味×噌】原料が米・麦・豆など、いくつかの異なる味噌を混ぜ合わせたもの。

あわせも-つ(あはせ)【合(わ)せ持つ・併せ△有つ】《五他》一つのものには存しにくい、特に対立的な、性質を共に備える。「富と名望とを—人物」

あわ-せる(あは)【合(わ)せる】《下一他》合うようにする。㋐二つ以上のものを一つ(一組)にする。「三と五を—」「手を—」㋑つけ加える。(他のものを)取り込んで一緒にする。「他国を—」「清濁—せのむ」▽㋑は「併せる」とも書く。㋒物事を一致させる。「話を—」。調和するようにする。「服の色に—せてネクタイを選ぶ」。当たりの瞬間に釣竿(つりざお)を動かして釣る。㋓合奏する。「琴と尺八を—」㋔調合する。「薬を—」㋕正しいかどうか照合して確かめる。「答えを—」㋖対面させる。引き合わせる。「—顔がない」▽㋖は「会わせる」と書く。㋗物事に出会うようにさせる。「ひどい目に—」▽㋗は「遭(・遇・逢)わせる」と書く。

あわただし-い【慌(ただ)しい・×遽しい】《形》あわてて落ち着かない様子だ。せわしい。「—毎日を送る」「酒を—く飲む」。急ぎの事、重大な事があって、人の動きが目まぐるしい。「—政局」派生 **-さ -げ**

あわだ-つ【泡立つ】《五自》表面にあわが立つ。

あわだ-つ(あは)【×粟立つ】《五自》寒さ・恐ろしさのために毛穴が粟粒(あわつぶ)のようにふくれる。身の毛がよだつ。鳥肌だつ。

あわだてき【泡立て器】卵白・生クリームなどをかき混ぜて、そこに細かい空気を入れ込む調理器具。

あわだ-てる【泡立てる】《下一他》空気を入れて、あわ(1)を作り出す。「生クリームをかたく—」「石けんを—てて顔を洗う」

あわつぶ(あは)【×粟粒】①粟の実のつぶ。②きわめて小さいもののたとえ。「—ほどの斑点」

あわてふため-く【慌てふためく】《五自》だしぬけに事に出会って、あわててうろうろし騒ぐ。

あわ-てる【慌てる・〈周章〉てる】《下一自》①不用意なために平静さを失い、まごまごする。「不意の試験に—」▽「何」を受ける時は「何を—てたのか」のように「を」を取って他動詞的にも言う。②非常に急ぐ。「—ててかけつける」関連 うろたえる・取り乱す・騒ぐ・そわつく・きょろつく・まごつく・動じる・泡を食う・浮き足立つ・じたばたする・周章狼狽(ろうばい)

あわてんぼう【慌てん坊】あわてて、しばしば失敗する人。そそっかしい人。▽↓=んぼう

あわび(あはび)【×鮑・×鰒】食用として珍重される大形の貝。巻貝だが、殻の口が広く、二枚貝の片側のように見える。殻の内側は真珠のような光沢があり、螺鈿(らでん)細工に使う。▽みみがい科の貝のうち大形の数種の総称。片恋をたとえる。「磯(いそ)の—の片思い」

あわもり【泡盛】米から作った、沖縄産の強い蒸留酒。

あわや(あはや)《副》「もう少しであやうく……するところ」の意に使う語。すんでのところ。すわや。「—衝突と思った」▽もと、危急の時驚いて発する語。

あわゆき ①【泡雪・×沫雪】あわのように軽くてとけやすい雪。②【淡雪】うっすらと積もった雪。▽(1)と(2)とは本来別語。(2)の歴史的仮名遣いは「あはゆき」。

あわよくば(あは)《副》うまく行けば。好機を得たら。「—優勝するぞ」▽近世口語形容詞「あは(=間(あはひ))良い」の未然形+接続助詞「ば」の一語化。

あわれ(あはれ)【哀れ】《名・ダナ》①かわいそうだと思う心。ふびん。また、同情を引くこと。「—を催す」▽「憐れ」とも書く。②人の心を強く打つような感動。しみじみとした情趣。「物の—を解する人」▽感動して発する「あ、はれ」から出た語か。派生 **-さ -げ -がる**

あわれ-む(あはれむ)【哀れむ】《五他》①かわいそうだと思う。▽「憐れむ」とも書く。②かわいがる。「子を—心」

あん【×餡】①あずき・白いんげん等の豆類を砂糖で甘く煮て、つぶしたもの。あんこ。②餅・まんじゅうなどに包み入れる調味した肉と野菜。③煮汁・調味液などに、片栗粉(かたくりこ)・葛粉(くずこ)等でとろみをつけたもの。くずあん。

あん〖*安〗アン やすい ①やすらかだ。危険でない。困難がない。「安危・安否・安易・安産・安静・安全・安泰・安着・安眠・安楽・治安・不安・平安・保安・公安・大安・偸安(とうあん)」②やすめる。しずめる。おちつける。「安心・安息・安堵(あんど)・安置・安居(あんご)・慰安」③手がるな。値段がやすい。「安価・安直」

あん〖人按〗アン ①上からおさえる。なでさする。「按摩・按排・按腹」②調べる。考える。「按針(あんじん)・按分・按察使(あぜち)」

あん〖人鞍〗アン くら 馬などの背に置く、くら。「鞍馬・鞍部」「鞍上人なく鞍下馬なし」

あん〖*案〗アン ①《名・造》考え。考え方。「案を出す」「原案・懸案・新案・成案・断案・提案・腹案・妙案・愚案・代案・対案・翻案・名案」②《名・造》下書き。下ごしらえ。原稿。また、計画。「案を立てる」「案内・案文・文案・草案・起案・教案・公案・図案・素案・答案・法案・立案・改訂案」③調べる。考え出す。「案出・案検・思案・考案・勘案」④《名・造》かねて思っていたこと。予想。「案の定(じょう)」「案に

相違して」「案外」⑤物を置く台。つくえ。「案下・玉案」

あん【*暗】アン くらい ①くらい。㋐光が少ない。やみ。↕明。「暗雲・暗室・暗黒・暗夜・暗中模索・明暗・幽暗・溶暗」㋑明度が低い。くろずんだ。「暗紫色」②おもてに見えない。人に知れない。「暗に警告する」「暗暗裏・暗渠(あんきょ)・暗合・暗号・暗殺・暗示・暗礁・暗闘・暗躍・暗涙」▽→あんに。③見たり書いたりしないで、そらでする。そらんじる。「諳」に通用。「暗記・暗唱・暗算」④知恵が足りない。おろか。「暗君・暗愚」

あん【闇】アン やみ くらい 暗い。光が少ない。やみ。知恵が足りない。「闇夜・暁闇・愚闇・諒闇(りょうあん)」▽「暗」(1)㋐・(4)に同じ。

あん【庵】(人) アン いおり いお ①小さい簡単な住居。草ぶきの小屋。いおり。また、僧房の名にも用いる。「草庵・僧庵・庵主・庵室」②文人・茶人の雅号、またそれらの人の住居の雅号、料理店の屋号などに用いる。「竹庵・慶庵・閑田庵・たぬき庵」

あんあん【暗暗】①くらいさま。「黒—の夜空」②ひそかなさま。「—のうちに方針が決まる」 **—り**【—裏・—×裡】人の知らないうち。ひそか。

あんい【安易】《ダナ》①努力しないでも、わけなく出来るさま。たやすいさま。「—な道を選ぶ」②のんきなさま。いい加減なさま。「—な生活」「—な妥協はしない」「問題を—に考える」 派生 **-さ**

あんいつ【安逸】《名・ダナ》何もせずにぶらぶら暮らすこと。「—をむさぼる」 ▽もと、安心して楽しむ意。

あんうつ【暗鬱】《ダナ》暗くてうっとうしいさま。また、憂鬱。「—な冬の曇り空」 派生 **-さ**

あんうん【暗雲】①厚くて日を通さず、暗く空を覆う雲。黒雲。②前途が不安な形勢のたとえ。「—立ちこめる経済界」

あんえい【暗影・暗×翳】①暗いかげ。②物事の不安な様子。「—を投じる」

あんか【行火】(炭火を入れて)手足を暖める小ぶりな道具。「電気—」

あんか【安価】《名ナノ》①値段が安いこと。②安っぽいこと。いい加減なこと。「—な同情は受けたくない」 派生 **-さ**

あんか【案下】書簡で相手の名の敬称の下に添えて敬意を表す語。▽「案」は机の意。いっそう丁寧には「玉案下」。→きか(机下)

あんが【安×臥】《名・ス自》楽な姿勢で寝ること。

アンカー ①錨(いかり)。②㋐リレー レースで、最終の走者・泳者。㋑ニュース番組の司会進行をする人。また、新聞・雑誌の記事を最終的にまとめる人。▽(1)(2)はanchor ③時計の歯車の回転を調節する、錨形の金具。アンクル。▽anchor escapement から。

あんがい【案外】《ダナ・副》予想したところとくいちがっているさま。思いのほか。「—(に)寒い」「—な成績」 ▽「と」を付けても使う。「—と多い」 派生 **-さ**

あんかけ【×餡掛け】あん(3)をかけた料理。「—焼きそば」

あんかん【安閑】《ト タル》(心身が)安らかで静かなこと。気楽。特に、危急の事が起こったのに、のんきに何もしないでいるさま。「—としてはいられない」

あんき【安気】《ダナ》心配がなく、気楽なさま。「—な身の上」 派生 **-さ**

あんき【安危】安全か危険かの瀬戸際の状態。「一国の—にかかわる」

あんき【暗記・×諳記】《名・ス他》(文字を見ないでも言えるように)そらで覚えること。

あんきも【×鮟肝】あんこうの肝臓、またそれを調理したもの。

あんぎゃ【行脚】《名・ス自》①僧が諸国をめぐり歩いて修行すること。②転じて、方々を(徒歩で)旅行すること。

あんきょ【暗×渠】地下に設けた水路。おおいをした水路。 **—はいすい**【—排水】暗渠を作って湿地の水はけをよくすること。

あんぐ【暗愚】《名ナノ》道理に暗くおろかなこと。また、おろか者。 派生 **-さ**

あんぐう【行宮】天皇がお出ましの時の仮の御殿。行在所(あんざいしょ)。

アングラ 「アンダーグラウンド」の略。①一九六〇年代に起こった、商業性を無視した前衛的・実験的な芸術運動。「—芸術」「—演劇」②《他の語と複合して》非合法・非公然であること。「—経済」「—マネー」▽underground(=地下)から。

あんぐり《副[と]・ス自》口を大きくあけるさま。驚いたりあきれたりするさま。「しぶとい態度に口—」。また、食べ物にかぶりついたり、あくびをしたりするさま。

アングル カメラでものを写す角度。「カメラ—」。比喩的に、観点。▽angle

あんくん【暗君】おろかな君主。↕明君

アンケート《名・ス自他》質問。問合せ。多くの人に意見・回答を求める調査。「—をとる」 ▽(フランス) enquête

あんけん【案件】(実務上)問題になっている事柄。㋐(調べて)解決・決定すべき事柄。「緊急の—から審議する」㋑訴訟事件。

あんけんさつ【暗剣殺】九星(きゅうせい)方位の中で最も不吉な方位。これを犯すと命を失うという。

あんこ【×餡こ】①→あん(餡)(1)。②形を大きくする(膨らませる)のに、中に入れる物。「グローブの—」

あんご【安△居】(仏)僧が一定期間、外出を避けて修行に専念すること。陰暦四月十六日に始まり、七月十五日に終わる。夏(げ)安居。雨(う)安居。▽梵語(ぼんご)で、雨・雨季の意。

あんこう【暗紅】黒みを帯びた紅色。黒ずんだ赤。

あんこう【×鮟×鱇】日本各地の海底にすむ海魚。口が

大きく、体が上下に平たい。鍋物にして美味。▽あんこう科。→あんきも。 **━がた**【━形】相撲(すもう)で、太って腹の出ている力士。あんこ形。↕ソップ形

あんごう【暗合】《名・ス自》偶然に一致すること。

あんごう【暗号】通信の秘密を守るため、当事者間だけでわかるように決めた特殊な記号。「━を解読する」「━文」

アンコール《名・ス自》出演者に拍手や掛け声で再演を望むこと。また、それにこたえての再演。▽encore もと「まだ」の意のフランス語から。

あんこく【暗黒】①《名》まっくら。くらやみ。光のささない所。②《名ナ》文明が遅れていることや世に道義が行われないことのたとえ。「━時代」「━街」 **━ぶっしつ**【━物質】〔物理〕宇宙に存在する、光や電波ではとらえられない物質。▽dark matter の訳語。他天体に及ぼす重力からその存在が知られる。 **━めん**【━面】物事の醜い面。また、悲惨な面。

アンゴラ「アンゴラうさぎ」「アンゴラやぎ」の略。また、その毛で織った織物。▽Angora(＝トルコの首都アンカラの旧称) **━うさぎ**【━×兎】アンゴラ地方原産の、ウサギの一品種。毛が長く柔らかで、織物の原料。 **━やぎ**【━〈山羊〉】アンゴラ地方原産の、ヤギの一品種。毛は長く絹糸のようなつやがあり、織物の原料。

あんころもち【×餡ころ餅】餡(あん)でくるんだ餅。

あんざ【安座・安×坐】《名・ス自》落ち着いてすわること。特に、あぐらをかくこと。

あんざいしょ【行在所】天皇がお出ましの時の仮の御殿。行宮(あんぐう)。

あんさつ【暗殺】《名・ス他》(政治・思想などで対立する立場の)人をひそかにねらって殺すこと。

あんざん【安産】《名・ス自他》無事にお産をすること。↕難産

あんざん【暗算】《名・ス他》筆算やそろばん・計算機などを使わず、頭の中で計算すること。

あんざんがん【安山岩】火成岩の一種。暗灰色で、緻密。建築・土木用に多く使われる。

アンサンブル ①女性用の服で、ドレスとコート、スカートとケープなどを共布(ともぎれ)で作って、色が調和するようにした一対。②〔音楽〕㋐合奏。合唱。㋑(少人数の)合奏団。合唱団。③組み合わせ全体の調和。「音楽と舞踏の━」▽フランス ensemble

あんじ【暗示】①《名・ス他》それとなしに知らせること。②《名》〔心理〕他人の心に無意識のうちに、ある観念を与えるような刺激。「━をかける」

アンジェラス カトリックで、聖母マリアの受胎告知を記念する祈り。お告げの祈り。また、その祈りの時刻に鳴らす鐘。▽Angelus

あんししょく【暗紫色】黒みを帯びたむらさき色。

あんしつ【×庵室】(小さくて粗末な)僧や世捨て人のすまい。いおり。▽「あんじつ」とも言う。明治時代までは「あんじち」とも言った。

あんしつ【暗室】光線がはいらないようにしめきった部屋。実験・写真現像などに用いる。

あんじゃく【暗弱】《名ナ》おろかで無気力なこと。

あんしゅ【暗主】おろかな君主。暗君。↕明主

あんじゅ【×庵主】庵室(あんしつ)の主人。▽「あんしゅ」とも言う。

あんじゅう【安住】《名・ス自》①何の心配もなくそこに落ち着いて住むこと。「━の地」②その境遇に満足すること。「現在の地位に━する」

あんしゅつ【案出】《名・ス他》くふうして考え出すこと。

あんじょ【×晏如】《トタル》落ち着いて安らかなさま。

あんしょう【暗唱・暗×誦・×諳×誦】《名・ス他》文章などをそらで覚えていて、口に出してとなえること。「詩を━する」

あんしょう【暗証】預金通帳・クレジット カードなどで、署名のほかに、本人であることを証明するために使う文字や数字。「━番号」

あんしょう【暗礁】海中にかくれていて見えない岩。「━に乗り上げる」(転じて、思いがけない困難によって、事の進行がとまる意にも)

あんじょう【×鞍上】馬の鞍(くら)の上(に乗る競馬の騎手)。「━人無く鞍下馬無し」(人馬が一体となった乗馬術の極致を言う表現)「━は○○騎手です」

あんしょく【暗色】暗い感じのする色。↕明色

あん-じる【案じる・×按じる】《上一他》①心配する。【案】「身の上を━」▽⑵の転。②順に押さえてあれこれ調べる。考えをめぐらす。【按】「原因を━」。くふうして考え出す。【案】「一策を━」③上から手で押さえる(なでさする)。【按・案】「つえの頭を━じて立つ」▽⑶が原義。「あんずる」とも言う。

あんしん【安心】《名ナ・ス自》気にかかる事がなく、またはなくなって、心が安らかなこと。「やっと━した」。物事が安全・完全で、人に不安を感じさせないこと。「━感をいだく」▽「安神」とも書く。また、仏教語では「あんじん」(仏に帰依(きえ)して心に疑いをもたない意)と言う。関連 安んじる・一安心・安堵(あんど)・安全・休心・大丈夫・放念・放心 **━りつめい**【安心立命】《名・ス自》天命を知って心を安らかにし、物事に動じないこと。▽仏教では「あんじんりゅうみょう」「あんじんりゅうめい」とも。

あんず【×杏子・×杏】梅に近縁の落葉小高木。実は梅より大きく、熟すと甘味がありジャムなどにする。からもも。アプリコット。▽ばら科。→きょうにん

あん-ずる【案ずる・×按ずる】《サ変他》→あんじる

あんずるに【案ずるに・×按ずるに】《連語》よく考えてみると。考えたところ。▽既に古風な言い方。

あんせい【安静】《名・ダナ》体を動かさないで静かにしていること。「━が大切だ」「絶対━」▽もと、安らかで落ち着いていることの意。

あんせん【暗線】光のスペクトルの中に現れる暗い線。物質が特定の光の波長の光を吸収するために生じ

る。↕輝線

あんぜん【安全】〘名・ダナ〙危なくないこと。物事が損傷・損害・危害を受けない、または受ける心配のないこと。「家内—」 派生 **-さ**　**—かみそり**【—〈剃刀〉】横に使わないかぎり、肌を切らないように工夫してある、西洋かみそり。　**—き**【—器】危険防止などのため、電線引込み口や電気機械の回路中に設ける装置。過度の電流をヒューズなどで断つ。　**—そうち**【—装置】機械・器具がちょっとした事や不注意な取扱いで爆発その他の危険を起こさないように、工夫した装置。特に、銃・ピストルにこめた弾丸の暴発を防ぐ装置。　**—ちたい**【—地帯】損傷・危害などを受ける心配のない所。特に、乗降客の危険を防ぐためにバスや路面電車の停留場などに設けたもの。　**—とう**【—灯】鉱山・炭坑でガスに引火し爆発を起こすことがないように装置した、あかり。　**—ピン** 長円形にまげて、危険な針先を覆うようにした止め針。　**—べん**【—弁】①ボイラーなどの破裂を防ぐ装置の一種。中の気圧が危険な強さになると自動的に口が開いて、正常な圧力にする。②比喩的に、危険な状態になることを前もって防ぐ働きをするもの・方法。　**—マッチ** 赤燐(せきりん)などと摩擦させないと発火しないマッチ。赤燐マッチ。▽現在普通に使っているのは、これ。

あんぜん【暗然・×黯然】〘ト タル〙①悲しくて心がふさぐさま。「—として声がない」②暗いさま。黒いさま。

あんそく【安息】〘名・ス自〙何の心配・苦痛もなく静かに休むこと。　**—こう**【—香】①東南アジア原産の落葉高木。安息香(2)をとるために栽培される。▽えごのき科。②安息香(1)とその近縁の樹木からとれる樹脂。香料・薬に使う。　**—び**【—日】仕事を休み宗教的儀式を行う日。ユダヤ教で、神が天地を創造して休息した土曜日。キリスト教で、キリストが復活した日曜日。あんそくじつ。あんそくにち。

アンソロジー 詩文の美しいものを選び集めた本。詞華集。▽anthology

あんた〘代〙「あなた」の転。同等あるいは目下の相手を指す語。▽親しみ、またぞんざいな感じを伴う。もと、目上を言った。

あんだ【安打】〘名・ス自〙野球で、打者が塁に進めるような打球(を打つこと)。ヒット。

アンダー ①下の。「—二〇(トゥエンティー)」(二〇歳以下) ②「アンダー パー」の略。ゴルフで、規定打数(パー)より少ない打数で一ホールを終えること。▽under　**—ウエア** 下着。▽underwear　**—シャツ** 肌につけるシャツ。また、野球のユニフォームの下に着るシャツ。▽undershirt　**—ライン** 横書きの文章で、注意をひくため重要な字句の下に引く線。下線。▽underline

あんたい【安泰】〘名ナ〙無事安全で、何の危険もないこと。「地位は—だ」 派生 **-さ**

あんたん【暗×澹】〘ト タル〙①見通しが立たず、希望が持てないさま。「前途が—としている」②暗くて不気味なさま。「—たる雲行き」▽「澹」は淡い意。

アンダンテ〔音楽〕歩くくらいの速さで。モデラートとアダージョの中間の速さで演奏する、交響曲・室内楽などの緩やかな曲。▽イタリア andante

あんち【安置】〘名・ス他〙ある場所にすえて置くこと。特に、神仏の像をすえ置いてまつること。

アンチ＝ 反……、……に反対する、の意。「—ミリタリズム」▽anti-　**—エイジング** 老化防止。若返りを目的とする医療・美容等に言う。▽anti-aging

アンチック ①平仮名・片仮名の活字体の一種。肉太でゴシックに似ているが、丸みがある。▽この辞典の見出しの活字はアンチック。②↓アンティーク。▽フランス antique

アンチテーゼ ある主張に対してそれを否定する内容の主張。対立命題。反立。▽弁証法の用語だが、一般に対立物の意にも使う。ドイツ Antithese

アンチモニー アンチモン。▽antimony

アンチモン 金属元素の一つ。元素記号 Sb 銀白色で、もろい。鉛・錫(すず)との合金は活字の材料。軸受け合金や半導体材料としても利用。アンチモニー。▽ドイツ Antimon

あんちゃく【安着】〘名・ス自〙無事に着くこと。

あんちゅう【暗中】くらやみの中。　**—ひやく**【—飛躍】〘名・ス自〙人に知られないように、ひそかに策動すること。暗躍。　**—もさく**【—模索】〘名・ス自〙①くらやみの中で手さぐりして捜すこと。②転じて、様子がはっきりせず、目的を達する方法が分からないまま、いろいろ探るように試みること。

あんちょく【安直】〘ダナ〙気楽に行える、または行うさま。特に、金がかからず手軽なさま。「—な遊び」 派生 **-さ**

あんちょこ ↓とらのまき(2)。▽「あんちょく(安直)」から。

アンチョビ かたくちいわし。また、その塩漬け・オイル漬け。アンチョビー。▽anchovy

アン ツー カー 競技場などで、水はけをよくするために使う、れんが色の人工土。▽フランス en-tout-cas(＝すべての場合に)

あんてい【安定】①〘名・ス自〙激しい変化がなく、物事が落ち着いた状態にあること。②〘名ナ〙〔物理・化学〕物体・物質に少々の変化を与えても、もとの状態にもどろう、またはもとの状態を保とうとする性質を示すこと。

アンティーク ①古美術品。骨董品(こっとうひん)。②ふるもの。▽「アンティック」「アンチック」とも言う。フランス antique(＝古代の)

アンテナ ①電波を出したり受けたりするための装置。空中線。「パラボラ—」②比喩的に、情報を得る手段となるもの。「—を張りめぐらす」▽antenna　**—ショップ** メーカーが新製品の、また地方自治体が当地物産の、売れ行きの動向を探ろうと、直営する

店。▽antenna shop

アンデパンダン アカデミズムに反対の美術家たちが、作品を無鑑査で出品させる展覧会。▽フランス Indépendants 元来は一八八四年にフランスで組織された独立美術家協会を指す。

あんてん【暗転】《名・ス自》①演劇で、幕をおろさず、舞台を暗くして、その間に場面をかえること。ダーク チェンジ。②事態が悪い方へ変化すること。

あんど【安×堵】《名・ス自》①物事がうまく行って安心すること。「—感」②封建時代に、権力者から土地所有権を確認されること。以前の知行(ちぎょう)地をそのまま賜ること。「本領—」▽堵(と＝垣)の中にやすんじる意。

あんとう【暗闘】《名・ス自》ひそかに陰で争うこと。

アントニム 対義語。↔シノニム。▽antonym

アンドロイド SFなどで、人間型のロボット。人造人間。▽android

あんどん【行△灯】 照明具の一種。円形または四角の木や竹のわくに紙をはり、中に油皿を置いて火をともした。 **—ばかま【—×袴】** 股になっていない、スカート状のはかま。袋ばかま。

あんな《連体・副》ああいう(様子だというさま)。「—小人物」「君が話してたのは—のか」「昔は—でなかった」「—に上手だとはね」「—幼いのに感心だ」▽「ああ」＋「な」に由来。連体形にナ語尾のない特殊形容動詞となったとも見られる。→こんな

あんない【案内】①《名・ス他》様子を知っていて知らせること。㋐物事のなかみ・様子を知らせること。「鉄道—」㋑場所・道筋やそこの状況を知らない人、また、儀礼や警備のため来訪者の、先に立って、連れて行くまたは見せて回ること。「客を店まで—する」「部屋に—する」「—に立つ」「水先(みずさき)—」「校内を—する」「客席への—係」「外部の方は御—をお待ち下さい」㋒通知。知らせ。「結婚の—を出す」「—状」㋓取次ぎ。「社長に—を乞う」②《名》事情をよく知っていること。また、物事の事情。「御—の通り」▽文案の内容の意から転じた。

あんに【暗に】《副》真意を表に出さず、遠まわしな仕方や言い方で。それとなく。「—内閣の退陣を要求する談話」

アンニュイ《名・ダナ》退屈な気持。倦怠(けんたい)。「—な午後」▽フランス ennui

あんにんどうふ【×杏△仁豆腐】 中華料理で、あんにん(あんずの種の核)の粉末で作る香りのよいゼリー状デザート。▽→きょうにん

あんねい【安寧】 社会が穏やかで平和なこと。安泰。「—秩序を乱す」

あんのじょう【案の定】《主に、副詞的に》予想したとおり。「—やって来た」

あんのん【安穏】《名・ダナ》何事もなく穏やかなこと。派生 **—さ**

あんば【×鞍馬】 足のある(馬の背のような)台の上面に取っ手がある器械体操用具。それを使って行う、男子の競技種目。

あんばい ①【△塩梅・×按配】《名》㋐料理の味加減。▽もと、塩と梅酢でほどよく味をつける意。㋑(一般に、物事の)ぐあい。ほどあい。「いい—に、雨があがった」「バランスの—はどうだね」。特に、健康状態。「今日は幸いに—がいい」②【×按排・×按配・案配】《名・ス他》程よく並べること。適当なぐあいに処分すること。「品物を—よく棚に置く」「無理なく—する」▽(1)㋑と(2)とが似た意なので、共に「按配」とも書くようになった。「案配」は第二次大戦後の書き替え。

アンパイア 野球などの審判員。アンパイヤ。▽umpire

あんばこ【暗箱】①光が入らないようにして、内部を暗くした箱。写真の現像などに用いる。②組立て式の写真機の主要部。普通、蛇腹(じゃばら)になっていて、その前にレンズを、後部に感光板をつける。

アンバランス《名・ダナ》つりあいが取れていず、不安定なこと。不均衡。「—な収支」▽unbalance

あんパン【×餡パン】 あずきあん入りの丸い菓子パン。▽明治初年、銀座の木村屋が考案した。「パン」はポルトガル pão

あんぴ【安否】 無事かどうかということ。「—を問う」

アンビバレンス 同一の対象に対して、愛と憎しみのように相反する感情を同時に持つこと。両面価値。▽ambivalence

あんぶ【暗部】①暗い部分。暗いところ。②隠された、みにくい部分。「社会の—を描写する」

あんぶ【×鞍部】 山の尾根が中くぼみになった所。▽「鞍」は馬などのくら。

あんぷ【暗譜・×諳譜】《名・ス他》音楽の楽譜を覚えること、また覚えていること。「—で演奏する」

アンプ 電波や電気信号を増幅する装置。増幅器。▽amplifier から。

アンフェア《ダナ》公正でないさま。↔フェア。▽unfair

あんぷく【×按腹】《名・ス自》腹の部分に施すあんま。

アンプル 少量の薬品(主に注射液)を保存するためのガラス容器。薬品を入れた後、ガラスを溶かして密封する。▽フランス ampoule

あんぶん【案分・×按分】《名・ス他》基準となる数量に比例した割合で物を割り振ること。比例配分。「—比例」

あんぶん【案文】①下書きの文書。案として作った文章。▽「あんもん」とも言う。②文章を考えること。

アンペア 電流の強さの単位。国際単位系の基本単位の一つ。記号A。電子のもつ電荷をもとに定義する。▽ampère フランスの物理学者 Ampère(アンペール)の名にちなむ。旧来は、電流を流した二本の直線状導体の間に働く力の大きさをもとに定義した。

アンペラ ①湿地に生える、イグサに似た多年草。南アジアに多い。高さ約八〇センチ。基部にうろこ状の葉が少しある。②アンペラ(1)の茎で編んだむしろ。

敷物・砂糖袋等にする。▽原語未詳。⑴はかやつりぐさ科。

あんぽ【安保】①「安全保障」の略。②「安保闘争」の略。「六〇年—」

あんぽう【×罨法】〘名・ス他〙炎症や充血をとるため、水・湯につけたり薬を塗ったりした布で、患部を冷やす、または温める治療法。湿布。

あんぽんたん〘名ナ〙〔俗〕間(ま)が抜けていてばかなこと。そういう人。▽「安本丹」を当てることがある。

あんま【×按摩】〘名・ス他〙身体を揉(も)んだりたたいたりして、肩の凝りなどをほぐすこと。また、その療法を職業とする人。

あんまく【暗幕】室内を暗くするためにひく黒い幕。

あんまり →あまり⑵(イ)(ウ)

あんまん【×餡×饅】ごま油・ラード等を加えてあずきあんを練り、これを小麦粉の皮で包んで蒸した中華風のまんじゅう。

あんみつ【×餡蜜】餡(あん)⑴をのせたみつまめ。

あんみん【安眠】〘名・ス自〙ぐっすり気持よく眠ること。安らかに眠ること。

あんもく【暗黙】何も言わず、だまっていること。「—の了解」

アンモナイト 古生代から中生代にかけて生存した軟体動物。平らな巻貝の形をした化石として見られる。アンモン貝。菊石。▽ammonite

アンモニア 窒素と水素の化合物で、強いにおいの無色の気体。硝酸・肥料などの製造のほか、冷凍機の冷媒に使う。▽「安母尼亜」とも書いた。オランダ ammonia

アンモニウム 窒素一原子・水素四原子から成る、一価の陽イオン。遊離した状態では存在しない。酸と化合して塩(えん)を生じる。▽オランダ ammonium

あんや【暗夜・△闇夜】暗いやみの夜。やみよ。

あんやく【暗躍】〘名・ス自〙人に知られないように陰で策動すること。暗中飛躍。

あんゆ【暗喩】→いんゆ(隠喩)

あんらく【安楽】〘名・ダナ〙心身に苦痛がなく、安らかで楽なこと。派生 **-さ** **—いす**【—椅子】休息用の大型の肘かけいす。 **—し**【—死】助かる見込みのない病人を、本人の希望に従って、苦痛の少ない方法で死に至らせること。ユータナジー。 **—じょうど**【—浄土】極楽浄土の一名。安楽世界。安楽国。▽→ごくらくじょうど

アンラッキー〘ダナ〙運のわるいこと。えんぎのわるいこと。↔ラッキー。「—な日」▽unlucky

あんりゅう【暗流】表面に現れない流れ、または成り行き。

あんるい【暗涙】人知れず流すなみだ。

い

=い 名詞などに付けて、形容詞とする接尾語。「四角—」「茶色—」「ナウ—」

い ①【△五】いつつ。「ひふみよ—むなや」②【〈五十〉】五十。「—鈴(いすず)」「—日(か)」

い ゐ【井】泉や流れなどの水をくむ所。「山の—」。特に、井戸のこと。「—の中の蛙(かわず)大海(たいかい)を知らず」(自分の狭い知識や見解にとらわれて、広い世界のあることを知らないたとえ)▽雅語的。

い ゐ【×亥】十二支の第十二。方角では北北西、時刻では午後十時、また、午後九時から十一時までの間を指した。▽→じゅうにし

い ゐ【×藺】湿地に生える多年草。高さ約一メートルの針金状の茎が束になって生える。葉は退化。畳表・花むしろ・細工物とするために栽培もする。髄は昔、灯心にした。いぐさ。とうしんぐさ。▽いぐさ科。

い〘終助〙《肯定・疑問・命令等の文末に付く》文の勢いを強める。「何だ—」「そうか—な」「早くしろ—」▽「え」の転。

い〖人已〗イ やむ すでに ―①「以」と同じ。「已降・已上・已下」②やむ。終了する。「生滅滅已」③すでに。「已成・已然形」④はなはだ。「已甚」

い〖*以〗イ もって もちいる ―①範囲・方向などの基点を示す。それよりの意。「以上・以前・以後・以降・以東・以西・以外・以内・以往・以来・以遠」②「……で」「……を用いて」の意。「以心伝心・以夷制夷(いいせい)」

い〖人伊〗イ ―①「伊賀国」の略。「伊州」②「イ」に当たる外国語音を表すのに使う。特に、「伊太利(イタリー)」の略。「日伊会館」

い〖*位〗イ(ヰ) くらい ―①物のおかれた場所。他との関係から見た場所。「位置・地位・部位・水位・方位・本位・霊位」②身分・地位。「在位・皇位・爵位・品位・学位・官位・僧位・即位・名人位」③等級・程度を示す語。「上位・下位・首位・単位・第一位」④他人の敬称。「各位」⑤宮中の席次、また栄典の階級。「位階・位記・贈位・正五位」⑥計算上のくらいどり。「百位の数」

い〖*衣〗イ エ ころも きぬ そ ―①〘名・造〙身にまとうもの。きもの。「衣も食も」「衣冠・衣袴(いこ)・衣装・衣食・衣服・衣糧・衣紋(えもん)・更衣・上衣(じょうい・うわぎ)・作業衣・白衣(はくい・びゃくえ)・浄衣(じょうえ)・布衣(ふい・ほい・ほう)・御衣・戎衣(じゅうい)・脱衣・着衣・胴衣・弊衣(へいい)・地衣類」②特に仏教徒の衣服。ころも。「衣鉢(いはつ・えはつ)・僧衣(そうい・そうえ)・紫衣(しえ)」

い〖依〗イ エ よる ―①よりかかる。頼みにする。よる。「依頼・依怙(えこ)・帰依(きえ)・憑依(ひょうい)」②根拠にする。よりどころにする。「依拠・依願」③もとのまま。昔ながら。「依然・依稀(いき)」

い〖*遺〗【遺】イ(ヰ) ユイ わすれる のこす ―①忘れる。とり失う。「遺棄・遺賢・遺失物」②おきざりにする。死後に残す。残る。

「遺愛・遺戒(いかい・ゆいかい)・遺骸(いがい)・遺稿・遺訓・遺言(いごん・ゆいごん)・遺志・遺骨・遺産・遺児・遺書・遺族・遺伝・遺徳・遺風・遺物・遺留」③残されたもの。忘れられたもの。手おち。「拾遺・補遺」④もらす。「遺矢(いし)・遺精・遺尿」

い【違】【違】 イ(ヰ) ちがう ちがえる たがえる ―①ゆきちがう。まちがう。一致しない。「相違・違算・違和」②ちがえる。そむく。「違憲・違式・違背・違法・違反・違約」③道理にあわない。よこしま。「非違」

い【偉】 イ(ヰ) えらい ―なみはずれてすぐれている。大きくりっぱ。「偉観・偉業・偉功・偉才・偉人・偉丈夫・偉大・雄偉・魁偉(かいい)」

い【緯】 イ(ヰ) ―①織物の横糸。横線。横。「経緯」②東西の方向、または道。「緯線・緯度・北緯・南緯」▽↕経

い【維】 イ(ヰ) つなぐ ―①つな。いとすじ。「繊維・地維・綱維・維管束」②つなぐ。結びつける。「維持」

い【夷】(人) イ えびす ―①『名・造』東方の異民族。また、外国人。「夷をもって夷を制す」「夷狄(いてき)・東夷・攘夷(じょうい)・征夷」②たいら。たいらになる。「陵夷」③滅ぼす。「焼夷」

い【*医】【醫】 イ ―①『名・造』病気を治療する。「医は仁術」「医院・医学・医師・医薬・医療」②病気を治療する人。医者。「軍医・校医・侍医・獣医・女医・典医・名医・歯科医・主治医・漢方医・臨床医」

い【*囲】【圍】 イ(ヰ) かこう かこむ めぐる ―①かこむ。かこまれる。かこみ。「囲碁・囲繞(いじょう・いにょう)・包囲・重囲・範囲」②まわり。ぐるり。めぐり。「四囲・周囲・胸囲」

い【*易】 イ エキ やさしい やすい かえる ―①㋐『名・造』やすらか。困難がない。たやすいこと。↕難。「易に就く」「易易・難易・安易・簡易・容易・平易」㋑かろんじる。②「エキ」と読む。㋐変化する。「変易・不易・辟易(へきえき)」㋑とりかえる。「易世・改易・交易・貿易」③『名・造』「エキ」と読む。㋐うらなう。うらないの法。「易者・易占・易断」㋑↓えき(易)。「易学」

い【*委】 イ(ヰ) ゆだねる まかせる くわしい ―①㋐処置を他人にまかせる。ゆだねる。「委嘱・委託・委員・委任」㋑「委員会」の略。「中労委」②成りゆきにまかせる。ほうっておく。すてる。「委棄」③くわしい。細かい点に及ぶ。つぶさに。「委細・委曲・委悉(いしつ)」④しおれる。生気を失う。「萎」と通用。

い【萎】 イ(ヰ) なえる しおれる しぼむ ―草木がしおれる。衰える。生気を失う。「萎縮・萎靡(いび)・陰萎」

い【威】 イ(ヰ) ―①『名・造』人をおそれ従わせる勢い。勢力。「威を振るう」「威あって猛(たけ)からず」「威信・威望・威勢・威力・威光・恩威・脅威・権威・国威・神威・武威・猛威・示威」②威勢のある。威光のある。「威徳・威風・威容・威儀・威令・威名・威厳」③威勢で人をおそれさせる。おどす。「威喝・威嚇(いかく)・威圧・威服」

い【為】【爲】(人) イ(ヰ) ため なす ―①おこなう。する。意識してする。ためにする。「為政・行為・営為・人為・当為・作為・所為・有為(ゆうい)・無為(ぶい)」②因縁によって現象の生滅すること。「有為(うい)転変・無為(むい)」

い【畏】 イ(ヰ) おそれる かしこまる ―①おそれかしこまる。おそれ。「畏懼(いく)・畏縮・畏服・畏敬・畏怖・施無畏(せむい)」②心服する。敬う。「畏友」

い【*胃】 イ(ヰ) ―『名・造』消化器の一つ。腹の上部にあり、上は食道、下は腸につながる。いぶくろ。「胃液・胃癌(いがん)・胃酸・胃弱・胃腸・胃潰瘍(いかいよう)・胃痙攣(いけいれん)・健胃」

い【*異】 イ こと ―①『名・造』ことなる。ちがう。変わった点がある。↕同。「異とするに足らぬ」「異常・異状・異性・異俗・異同・異本・異体同心・異口(いく)同音・大同小異・変異・差異・校異」②普通とちがった。あやしい。めずらしい。すぐれた。「縁は異なもの」「異形(いぎょう)・異才・異彩・異様・異物・異変・怪異・奇異・特異・驚異・霊異・天変地異」③『名・造』別の。よその。「異をさしはさむ」「異を立てる」「異郷・異人・異存・異論・異見・異朝」④正当でない。「異学・異心・異端・異図」

い【*移】 イ うつる うつす ―①位置が変わる。時がたつ。変化する。うつる。うつす。「移植・移住・移転・移動・移封・移民・推移・転移・変移」②奈良・平安時代、所管の異なる官府間の公文書。「移牒(いちょう)」

い【尉】 イ(ヰ) じょう ―①旧陸海軍将校・自衛隊将校の最下位の階級。「尉官・大尉・中尉・少尉・准尉・一等陸尉」▽もと、軍事などをつかさどる官名。②『名』日本で「じょう」とよむ。㋐太政官制の衛門府・兵衛府(ひょうえふ)および検非違使(けびいし)庁の第三等官。判官。「左衛門尉(さえもんのじょう)」㋑能で、老人をかたどった面。「尉と姥(うば)」

い【慰】 イ(ヰ) なぐさむ なぐさめる ―なぐさめる。心労をいたわり平安を与える。「慰安・慰藉(いしゃ)・慰撫(いぶ)・慰問・慰労・弔慰・自慰」

い【*意】 イ こころ おもう ―①『名・造』心の動き。心に思っている事。考え。きもち。「意に介しない」「意を尽くす」「意を強くする」(自信をもつ)「意を決する」「意を体する」(ある人の考えを理解して、それに従って行動する)「意を迎える」(迎合する)「意向・意気・意外・意見・意志・意識・意匠・意地・意中・意図・意表・悪意・隔意・含意・貴意・随意・他意・達意・熱意・敬意・故意・好意・殺意・失意・実意・情意・真意・善意・誠意・注意・得意・決意・任意・本意・用意・来意・留意・不如意」②『名・造』物事に込めら

れている内容。わけ。「意義・意味・大意・筆意・文意・画意・寓意(ぐう)・有意」

い【彙】イ(ヰ) 同類のものを集める。その集まり。また、同類のもの。「彙報・彙類・語彙・字彙・辞彙・事彙・品彙・名彙」

いあい【居合】すわった状態からすばやく刀を抜いて敵をきり倒すわざ。居合抜き。居合術。 **―ごし**【―腰】居合の時の腰つき。片ひざを立てて腰を浮かした姿勢。 **―ぬき**【―抜き】居合。また、居合を見せて客を寄せる見世物。

いあい【遺愛】故人が生前愛していたもの。「―の机」

いあく【×帷×幄】①作戦をめぐらす所。本営。▽昔、陣営に帷(=たれまく)と幄(=ひきぬの)をめぐらしたことから。②参謀。 **―じょうそう**【―上奏】旧憲法下で、参謀総長や軍令部総長が、閣議を経ず直接天皇に上奏したこと。

いあつ【威圧】『名・ス他』威力や威光によって相手をおさえつけること。「―的な態度」「―感を与える」

いあわ-せる【居合(わ)せる】『下一自』ちょうどその場にいる。たまたまその場にいる。

いあん【慰安】『名・ス他』気晴らしをして心を休ませること。「従業員の―旅行」

いい【△善い・△良い・△好い】『形』「よい」のくだけた言いかた。「雨を―ことに欠席する」。特に、《「―人」「―仲(かな)」などの形で》(男女が)親密だ。▽終止形と連体形しかない。↓よい(良)

いい【×謂】《多く「とは……の―である」の形で》……と言う意味・わけ。▽文語動詞「謂(い)ふ」の連用形から。

いい【易易】『ト タル』たやすいさま。やすやす。「―たる事だ」

いい【唯唯】「はいはい」と従順に従うこと。「―として従う」「―諾々」

いいあ-う【言(い)合う】『五他』互いにいろいろと言う。㋐あい応じて言う。㋑言い争う。口げんかをする。

いいあ-てる【言(い)当てる】『下一他』本心や事実を予想して正しく言う。「隠していた事を―」「人数を正確に―」

いいあやま-る【言(い)誤る】『五他』うっかりまちがえて、正しくないことを言う。言い違える。

いいあらわ-す【言(い)表す】『五他』言葉の形で表す。「光景をうまく―・しているね」▽口で言うのにも文字に書くのにも使える。↓かきあらわす

いいあわ-せる【言(い)合(わ)せる】『下一他』①互いに話す。語り合う。②前もって相談しておく。申し合わせる。「―・せたように集まって来た」

いいえ『感』相手の言うことを打ち消す言葉。いや。▽否定形の質問に対し肯定的内容を答えるには「いいえ」を使うのが本来。例、「「花子はまだ行かないかね」「―もう行きました」」

イー-エスさいぼう【ES細胞】受精して間もない胚(はい)から取り出した細胞で、体の様々な細胞になり得るもの。胚性幹細胞。▽ESは embryonic stem の略。

いいおと-す【言(い)落(と)す】『五他』言うべき事柄(の一部)を、うっかりしていて言い忘れる。「大切な事を―・した」

いいおよ-ぶ【言(い)及ぶ】『五自』(話の主な筋でないが)その事も取り上げて述べる。「談話がたまたまその件に―・んだ」

いいかえ【言(い)換え】別の言葉で言い表すこと。また、その言葉。「他に―がきかない」

いいかえ-す【言(い)返す】『五自』相手の言葉にたてつく。口答えする。「負けずに―」

いいか-える【言(い)替える・言(い)換える】『下一他』いったん言った言葉を他のに言い直す。〔替〕「どぎつい評を―・えて和らげる」。また、(分からせるために)他の表現に変えて言う。〔換〕「かみ砕いて―・えれば」

いいがかり【言(い)掛(か)り】①根拠のない口実を作って相手につっかかって行くこと。また、その口実。「―をつける」②それを言ったという、発言と情況との関係。「―上(じょう)あとにひけない」

いいかげん【いい加減】『連語』①適度。「ちょうど―の温度」「ばか話も―にしろ」②《副詞的に》かなり。「―暑いね」③まとも・本格的でないさま。㋐おおざっぱで、無責任なさま。「―な男」「仕事を―にやる」㋑なまぬるいさま。「―なことでは片付かない」 派生 -さ

いいかわ-す【言(い)交(わ)す】『五他』①言葉をかわす。「励ましの言葉を―」②口約束する。特に、結婚の約束をする。「―・した仲」

いいき【いい気】『ダナ』自分ひとりで得意になったり、うぬぼれたりしていること。「―なものだ」「―になる」▽形容詞「いい」+「気」

いいき【異域】違った地域。異国。

いいきか-せる【言(い)聞かせる】『下一他』目下の、または劣位にある相手に、事のわけを納得させようと、よく説明して教える。言って聞かせる。▽多くは相手の行動や考え方を非とする場合に言う。

いいき-る【言(い)切る】『五他』①はっきり、こうだと言う。断言する。「必ずやると―」②言い終える。「一気に―・った」

いいぐさ【言い草・言い△種】①出す言葉のその言い方。「―が気にくわない」②言い抜けるのに使う口実。「腹痛を―にした」

いいくら-す【言(い)暮(ら)す】『五他』そのことばかり言って日を送る。

いいくる-める【言いくるめる】『下一他』言葉たくみに話して相手を自分の意見に同調させる。口先でまるめこむ。「黒を白と―」

いいけ-す【言(い)消す】『五他』①他人の話を打ち消す。②前言を取り消す。

いいこ-める【言(い)込める】『下一他』言い争って

相手に反論できなくさせる。

いいさ-す【言いさす】《五他》途中まで言いかける。「思わず本心を―してやめる」

イージー《ダナ》①容易。簡易。手軽。②安易。「―なやり方」▽easy 派生 **-さ** **―オーダー** 洋服の仕立ての一種で、大体きめられた型により、客の寸法に合わせて作る。オーダー メードの簡単なもの。▽easy と order とによる和製英語。 **―ゴーイング**《ダナ》深くは考えず、気楽にする態度。▽easy-going **―ペイメント**「イージー ペイメント システム」の略。分割払い。月賦。▽easy payment system から。

イージスかん【イージス艦】レーダーとミサイルの装備で、同時的多数攻撃に対処できる、防空巡洋艦・駆逐艦。▽ギリシア神話のアテナの盾(たて) Aegis にちなむ命名。

いいしぶ-る【言(い)渋る】《五他》ありのままに言うのはまずいとか気が進まないとかで、言うのをためらう。

いいじょう【言い条】①言うべきことがらの箇条。言いぶん。②《「とは」に続けて》とはいうものの。「調べものとは―、半分は写しものである」▽「じょう」は、中世以降逆接を表す接続助詞のように使われたもの。「定」または「条」で表す。

いいしれない【言い知れない】《連語》喜びや悲しみがはげしくて、言葉では言い表せないほどの。「―(ほどの)思いに沈む」▽「ない」の部分は、「ぬ」「ません」でもよく、それら三つの活用形でもよい。副詞的に用いる時は「言い知れず」。

いいすぎ【言(い)過ぎ】必要以上に強く、または大げさに言うこと。「君には―が多い」

イースター 復活祭。▽Easter

いいす-てる【言(い)捨てる】《下一他》言いっぱなしにする。また、吐き捨てるように言う。

イースト →こうぼ(酵母)。▽yeast

イー スポーツ【e スポーツ】コンピュータ ゲーム・ビデオ ゲームなど、電子機器を用いて対戦する競技。▽e は、electronic の頭文字。

いいせいい【以×夷制×夷】外国を利用して他国をおさえる(自国の利益をはかる)こと。夷(い)をもって夷を制す。

イーゼル 画架。▽easel

いいそ-える【言(い)添える】《下一他》言い足りてはいないと思って言葉をつけ足す。「念のためにこの事を―えます」

いいそこな-う【言(い)損なう】《五他》①言い方を誤る。②言いたいこと、言うべきことを言わないでしまう。

いいそび-れる【言いそびれる】《下一他》言いたいことが言い出せないで終わる。言い出す機会を失う。

いいだこ【△飯×蛸】日本・中国の近海に産する小形のたこ。産卵期の雌は飯粒大の卵を持つ。食用。

いいだしっぺ【言(い)出しっ×屁】何かを言い出し、そのことをまずやるはめになる者。▽もと、臭いと言い出した者が、実はその放屁(ほうひ)の当人であること。

いいた-てる【言(い)立てる】《下一他》①強く言う。主張する。「さかんに―」②列挙して言う。「一つ一つ―」

いいた-りる【言(い)足りる】《上一自》意を尽くしたと思えるほど十分に言う。▽多くは打消しの形で使い、「言い足らぬ」など五段活用でも言う。

いいちがい【言(い)違い】まちがって言うこと。またその言葉。いいまちがい。いいちがえ。

いいちら-す【言(い)散らす】《五他》無責任に言う。続けざまに言う。「嘘(うそ)ばかり―」「不満を―」

いいつか-る【言(い)付かる】《五他》それをするように命を受ける。命じられる。「父から―って参りました」「早急の発表を―」

いいつ-ぐ【言(い)継ぐ】《五他》①何かに継いで言う。「一息ついて―いだ」②言い伝える。「代々―いできた由緒」

いいつく-す【言(い)尽(く)す】《五他》言い得ることをすべて言ってしまう。↔言い残す

いいつくろ-う【言(い)繕う】《五他》自分の失敗をごまかしたり、他人の弱点をかばったりする目的で、体裁よく言う。取り繕う。「―ってその場を逃れる」

いいつけ【言(い)付け】命令。

いいつ-ける【言(い)付ける】《下一他》①目下の者に、あることをするよう(特に、公式に)告げる。言い渡す。命じる。「三十分ほど子守りを―けておいたが」②告げ口する。「先生に―」③いつも言って慣れている。「―けないお世辞」

いいつた-える【言(い)伝える】《下一他》代々にわたってその話を言葉で語って伝える。

いいつの-る【言(い)募る】《五他》調子に乗り、または、勢いづいて、ますます言いはる。

イーティーシー【ETC】高速道路など有料道路の料金を、停車することなく自動的に精算するシステム。▽electronic toll collection system の略。

いいとお-す【言(い)通す】《五他》ずっと続けて言う。また、屈せずに自説を主張して押し通す。

いいとこどり【いいとこ取り】〔俗〕複数のものから(自分に都合の)よいところだけを取ること。「都会と田舎の―」▽「とこ」は「ところ」の略。非難の含みをこめても使う。「企業の―に終わってしまう」(「第一四五回国会衆議院会議録本会議」)

いいところ【いい所】《連語》①裕福な家。「―のお嬢さん」②《副詞的に》せいぜい。最大限。「―十位」「―で三年続くか」③《多く否定的な語をあげ「も―」の形で》甚だしい。「見当違いも―だ」▽「いい」は「よい」とも言う。「ところ」は「とこ」とも言う。

いいなお-す【言(い)直す】《五他》前言のまちがいを改める。また、改めてもう一度言う。言い改める。

「わかりやすく—」

いいな-す ：いひ【言いなす・言(い)×做す】『五他』ことさらに言う。わざとらしく言う。とりつくろって言う。▽↓なす(成)(2)

いいなずけ いひなづけ【〈許嫁〉〈許婚〉】婚約者。フィアンセ。また、その当人同士。▽「言い名付け」の意。もと、幼少の時から双方の両親が婚約を結んでおくこと。

いいならわ-す いひならはす【言(い)習わす】『五他』①世間で昔からまたは習慣的にそう言う。②その人の口癖としてそう言う。

いいなり ：いひ【言いなり】主体性なく相手の言う通りにすること。言うがまま。「他人の—になる」「—放題」▽「言うなり」とも言う。

いいぬ-ける ：いひ【言(い)抜ける】『下一他』うまく言いのがれる。「失敗をそうでないように—」

いいね ：いひ【言い値】売手が言った通りの値段。↕付け値。「—で買う」

いいのが-れる ：いひ【言(い)逃れる】『下一自』問いつめられた時うまく答えて、その場を逃げる。

いいのこ-す ：いひ【言(い)残す】『五他』①言うはずの事の一部を言わずに残す。↕言い尽くす。「何か—・した気がする」▽忘れた時にも意図的な時にも使える。②別れの際に、あとの事について言う。「退任に臨んで一言—・したい」「死後の事を—」

いいはな-つ ：いひ【言(い)放つ】『五他』遠慮なく断言、または公言する。

いいはや-す ：いひ【言(い)×囃す】『五他』①ほめて言う。特に、世間が盛んによい評判を立てる。「皆が—名優」②にぎやかに(=囃)言いふらして、からかう。

いいは-る ：いひ【言(い)張る】『五他』自分の言っていることが正しい、と、あくまで言い通す。どこまでも主張する。

いいひらき ：いひ【言(い)開き】弁明。いいわけ。申し開き。「—が立たない」

イーブイ【EV】電気モーターで車輪を回転させる自動車。電気自動車。▽electric vehicle の略。↓エイチブイ

いいふく-める ：いひ【言(い)含める】『下一他』これはこういうわけだと、よく言って聞かせる。よく言い聞かせてわからせる。「あらかじめ—・めておく」

いいふら-す ：いひ【言(い)触らす】『五他』多くの人々に言って広める。吹聴(ふいちょう)する。「悪口を—」▽多く、好ましくない事柄に使う。

いいふる-す ：いひ【言(い)古す・言(い)△旧す】『五他』珍しくないほど、何度も、または、多くの人が言う。

いいぶん ：いひ【言い分】①(自分として)言いたい事柄。主張したい事柄。「彼の—も聞こう」②不平に思うこと。文句。

イーブン ①『ダナ』スポーツ競技で、互角であるさま。「—な試合展開」②『名』ゴルフで、打数または勝ったホール数が互角のこと。また、基準打数で一ラウンド回ること。「—パー」③『ダナ』対等。「—な立場」④『ダナ』むらがないさま。均一。「—ペースで歩く」▽even

いいまか-す ：いひ【言(い)負かす】『五他』言葉のやりとりで争って相手を言い返せなくする。

いいまわし いひまはし【言(い)回し】言葉で表す場合の、言い表し方。表現。

イー メール【Eメール】↓でんしメール。▽E-mail, e-mail の E, e は electronic の略。

いいもら-す ：いひ【言(い)漏らす・言(い)×洩らす】『五他』言うべき事柄(の一部)に、漏れを生じる。「何か—・したかな」「先方の真意はわざと—・して、表面的なところだけ伝えた」▽「言い忘れる」「言い落とす」と違って、意図的な場合にも使える。

いいよう いひやう【言い様】言い表し方。口のきき方。話しよう。「妙な—」「何とも—がない」「物は—で角(かど)が立つ」

いいよど-む ：いひ【言(い)×淀む】『五他』(言いたい内容をうまく表す)言葉がすらすらと出て来ず、とどこおる。

いいよ-る ：いひ【言(い)寄る】『五自』求愛する。くどく。下心をもってものを頼む。「言葉巧みに—」▽言葉をかけて近づいていく意から。

イー ラーニング【eラーニング】コンピュータなどの情報技術を利用した教育・学習。▽e-learning

いいわけ ：いひ【言(い)訳・言(い)分け】①『名・ス自』自分の失敗・過失などについて、その理由を述べ、自分の正当さを主張すること。申しわけ。弁明。弁解。「—が立たない」②『名』言葉の使いわけ。▽(2)の場合は「言(い)訳」とは書かない。

いいわす-れる ：いひ【言(い)忘れる】『下一他』それを言うのを忘れる。「あの時には—・れたが」

いいわた-す ：いひ【言(い)渡す】『五他』決定事項・命令などを(上の者から下の者に)告げる。宣告する。「判決を—」

いいん【委員】団体などで、その団体員の中から選ばれ、団体員を代表して特定の仕事に当たる役目の人。「—会」「専門—」「執行—」

いいん【医院】(医者の個人的経営による)病院より小規模の施設。診療所。▽↓びょういん(病院)

い-う ふい【言う・×云う・×謂う】『五他自』①言葉に出す。▽音声に出す(例、「何かぶつぶつ—」)のにも文字で表す(例、「論文に—ところは」)のにも使う。(3)に近い用法もある。↓いいじょう・いいしれない・いわずかたらず・いわずもがな・いわでも・いわば(言)

㋐心に思うこと、聞き及んでいること、分かったことを言葉で表す。「君はそれを—・っていたんだな」「黙っていないで—・ったらどうか」「—・わずと知れたことさ」「—・わぬが花」(はっきり相手に知らせる言い方をするより、言わない方に味がある)「親の—事をよく聞く」「年で体が—事をきかない(=思うようには働かない)」「目は口ほどに物を—」「—に—・われぬ(=何とも表現のしようがない)苦労」「—・ってみればこんなことになろうか」「ここは城下町だ

ったと―」

㋑《「……を……と―」等の形で》……を……と呼ぶ。名づける。「あのような人を名人と―んだな」「うちの犬は/をポチと―います」「2で割り切れる数を偶数と―」▽古くは「謂」を使うことが多かった。

㋒《「……と―われる」の形で》一般に……と考えられる。「世界一と―われる方法」

②《擬音語に付いて》物が音を立てる。「戸ががたがたと―」

③慣用表現または形式的用法。▽下記の㋗を除けば、「申す」でへりくだった表現にできるのが普通。それらではなお⑴の意が生きている。

㋐『……と―って』表現面に……を挙げはするがとの気持を表す。「これと言って申し上げる事もございません」「給料が安いからと言って簡単に転職できるものではない」▽あとに打消しを伴う。

㋑『……と(は)―え』……であっても。……しようが。「武士と言え身分のごく軽い者」「知らなかったとは言え失礼した」

㋒『……と―えば』『そう―えば』その事につけ思い出す、または思いついたが、の気持を表す。「同級生と言えば田中はその後どうしているかい」「そう言えばもう春だ」

㋓『―えば』『―ならば』『―なれば』(あえて)言ってみれば。たとえたところ。「言えばまあ無頼の生活だ」

㋔『……と―い……と―い』(例えば)……も……も。「父と言い母と言い理解してくれない」

㋕《同じ体言Aにより「Aと―A」の形で》Aで指すものが沢山ありうる場合には、Aの全部の意。一つしか考えられない場合には、Aの強調。「娘と―娘が好むのは」「今度と―今度は許さないぞ」

㋖『……と―ったらない』……と呼べるものの中で極端な状態にある意。「うまいと言ったらない」「その苦境と言ったらない」「あの時の兄の顔と言ったらなかった」とも。▽くずして「……(っ)たらない」「……ってばない」とも。

㋗《「と―」「と―った」「と―います」を体言に続けて》「と」が受ける表現の内容を、続く体言に結びつけるのに使い、その内容が体言を具体化する。「貧乏と―ものは何としてもつらい」「出掛けようと―時に邪魔がはいった」「短時日でできると―った甘い見解」▽「いう」には(ほとんど)実質的な内容が無い。多くは仮名書き。

関連 話す・語る・述べる・しゃべる・申す・申し上げる・おっしゃる・のたまう・ぬかす・ほざく・うそぶく・告げる・説く・口走る・ささやく・つぶやく・奏する・発言・一言・極言・明言・断言・確言・甘言・広言・高言・失言・雑言(ぞうごん)・放言・暴言・豪語・大言壮語・無駄口・軽口・大風呂敷を広げる・言明・陳述・力説・口外・独白・耳打ち

いえ いへ【家】①人が住むための建物。「―が三軒見える」。自分の住む建物。わが家(や)。「―を空ける」②一家族の生活の場。㋐家庭。「結婚して―を持つ」「―を出て悪に染まる」㋑祖先から伝えて来た血族(の集団)。家すじ。「―の財産」「―をつぐ」(家督を相続する)。家がら。「―の名をけがす」。家産。「―を傾ける」関連 うち・家屋・住まい・住処(すみか)・住居・住宅・家居・邸宅・家宅・居宅・屋敷・家屋敷・豪邸・人家・民家・自宅・私宅・私邸・本宅・別宅・別邸・貴家・尊家・貴宅・尊宅・高堂・尊堂・お宅・拙宅・小宅・弊宅・寓(ぐう)・寓居・仮寓・陋居(ろうきょ)・陋屋・茅屋(ぼうおく)・草屋・あばら屋・一軒家・廃屋・草庵(そうあん)・小屋・貸家・借家・家作・ホーム・アパート・マンション

いえい【遺詠】故人の遺(のこ)した詩歌。

いえい【遺影】故人の生前の姿をうつした写真・絵。

いえがまえ いへがまへ【家構え】家のつくりの様子。やづくり。

いえがら いへ【家柄】家の尊卑・地位。家の格式。また、それのよい家。「―より人柄」

いえき【胃液】食物を消化するために胃の粘膜から分泌される強酸性の液。ペプシンなどの酵素を含む。

いえじ いへぢ【家路】自分の家へ帰るみち。「―を急ぐ」

イエス《感》肯定する言葉。はい。↕ノー。「―マン」(他人の言うことを何でも聞き、言いなりになる人)▽yes

いえすじ いへすぢ【家筋】その家の血筋。家系。

いえだに いへ【家〈壁蝨〉・家×蜱】だにの一種。体長一ミリ未満。ねずみに寄生し、時に人からも血を吸う。感染症を媒介することもある。

いえつき いへ【家付(き)】①建物が付属していること。「―の土地」②その家にもともと住みついていること。「―の娘」

いえづと いへ【家×苞】自分のうちへ持って帰るみやげ。▽雅語的。

いえで いへ【家出】《名・ス自》(ひそかに)家庭から抜け出し、帰らないこと。「―娘」

いえども いへども【×雖も】《連語》《「……と―」の形で使う》↓といえども

いえなみ いへ【家並(み)】①家が並んでいること。その様子。やなみ。②《多く「―に」「―の」の形で》いえごと。毎戸。▽既に古風。

いえぬし いへ【家主】↓やぬし

いえのこ いへ【家(の)子】①派閥などの子分。「○○幹事長の―」▽⑵の転。②家来。「―郎党」▽もと、二男以下でその家の家来になった者。

いえばえ いへばへ【家×蠅】人家に普通に見られるはえ。体長約七ミリで黒褐色。▽いえばえ科。

いえもち いへ【家持(ち)】①家屋を所有していること。またその人。②一家を立てている人。③家計のやりくり。「―がよい」▽⑵⑶は既に古風。

いえもと いへ【家元】芸道で、その流派の本家として正統を伝える地位。その地位にある人。宗家(そうけ)。

いえやしき いへ【家屋敷】家屋(かおく)とその敷地。「―を売り払う」

いーえる【癒える】《下一自》病気・傷がなおる。また、精神的な苦痛が消える。「心の痛手がー」

イエロー（絵の具の三原色の一つである）黄。↓げんしょく(原色)。▽yellow　**ーカード** ①国際予防接種証明書。海外に渡航する際、黄熱病の予防接種を受けたことを証明する黄色いカード。②サッカーなどで、スポーツマンらしくないプレーをした選手に審判が示す黄色の警告カード。▽yellow card　**ーペーパー** ↓あかしんぶん。▽yellow paper（＝黄色新聞）

いえん【以遠】（鉄道・航空路などで）ある地点(その地点を含む)より遠いこと。そこから先。

いえん【胃炎】胃の粘膜が炎症を起こす病気の総称。胃カタル。「慢性ー」

いおう【以往】これより後。以後。▽誤って、既往の意にも使う。

いおう【硫黄】非金属元素の一つ。元素記号S。黄色・無臭、樹脂光沢のある、もろい結晶体。点火すると青いほのおをあげて燃え、亜硫酸ガスを発する。硫酸・火薬・マッチ・ゴムの製造、薬用・漂白用などに広く使用する。「ー泉」

いおり(いほり)【×庵・×廬】草木を結びなどして作った質素な小屋。小さな家。僧や世捨て人の仮ずまいするもの。また、農事のための仮小屋。いお。「ーを結ぶ」 **ーかんばん【ー看板】**庵の屋根の形を上部に付けた、歌舞伎劇場の木の看板。▽主に上位役者用で、一枚に一名を記す。

イオン 正または負の電気をもつ原子または原子団。「陽ー」「ー化」▽ドイツ Ion

いおんびん【イ音便】主に「き」「ぎ」「し」「り」などの音が「い」となる現象。「咲きて」が「咲いて」、「次ぎて」が「次いで」、「ござります」が「ございます」となる類。

いか【〈烏賊〉】十本の脚(腕)のある海産の軟体動物。胴の左右にひれがあり、体内に退化した甲殻がある。脚のうち二本は長く、触腕と呼ばれる。腹部には墨袋があり、敵にあうと墨を出して逃げる。食用。干してするめとする。

いか【×凧・〈紙鳶〉】↓たこ(凧)

いか【〈如何〉】《ニナル》こうだと決めかねる、または他に可能性のある状態・様子であることを表す語。①どのよう。どんな仕方・あり方。「難局をーに(＝どう)乗り切るかが問題だ」「ーにその場のはずみとは言え暴言は許せない」「ーなる(＝どんな)数学理論の対象にも厳密な定義が要求される」②どの程度。どれくらい。「相手がーに強くてもひるむな」「ーなる人間にも弱点はある」「ーばかりつらかったでしょう」「お値段はーほどですか」「ーほどのこと(＝大したこと)もあるまい」▽文語的。多く、あとに疑問や仮定の言い方を伴う。↓いかが・いかさま・いかな・いかにも・いかよう・いかん(如何)

いか【以下】①《規準の数量・程度などを表す名詞に添え》それを含みその下の範囲。「百円ー」「一センチー」「部長ー十名」▽数量の時は、↕超(過)。以前は②と同じにも使った。②それを下回る範囲(の状態)。↕以上。「期待ーの愚作」③そこから後。「ー省略」

いか【異化】《名・ス自他》生物が外から取り入れた物質を化学的に、より簡単な物質に分解すること。↕同化。「ー作用」

いか【医家】医療を行う者。医者。

いが【×毬】栗(くり)などの実のまわりにある、とげのついた外皮。

いかーい《形》程度がはなはだしい。㋐大層である。「ーお世話になりました」㋑大きい。太い。「鉄のーキセル」▽既に古風。「いかつい」と同語源で、文語「厳(かい)し」に由来。

いかい【位階】功績のある者や在官者などに与えられる栄典の一種。正八位・従(じゅ)一位など。「ー勲等」「ー制度」▽現在は故人に与えられる。

いかい【医界】医者の仲間。医者の社会。

いかい【異界】この世とは別の不可思議な世界。「ーの住人」

いかい【遺戒・遺×誡】後人のために残した、いましめの言葉。

いがい【以外】それを除いたほか(のもの)。「日本ーの国」「袖が長めなーはぴったり合った服」▽「以内」はこの形にもかかわらず対語でない。

いがい【意外】《名・ダナ》予想もしなかったことであること。思いのほか。「事のー(さ)に驚く」「ーな時にーの敗北」「ーやー、彼が失敗してしまった」▽「と」を付けても使う。「ーと知られない事実」派生 **-さ**

いがい【遺骸】のこされた骸(むくろ)。遺体。なきがら。

いがい【×貽貝】潮流の速い浅海の岩礁に付着する大形の二枚貝。殻の外側は黒く、身は黄色や赤色で美味。▽いがい科。

いがいが ①《副・ス自》細かいとげが刺さるような不快な刺激があるさま。「のどがーする」②《名》栗(くり)のいが。

いがいちょう【居開帳】本尊などの仏像や寺宝を、その寺で開帳すること。↕出開帳(でがいちょう)。

いかいよう【胃潰瘍】胃に生じる潰瘍。胃の痛みや胸やけなどの症状があり、吐血・下血を起こすこともある。

いかが【〈如何〉】《ダナ・副》①疑い、またはあやぶむ意を表す語。どんなふう。どのよう(に)。「ご気分はーなものでしょうか」「ーすればよいやら」「それはーかと思います(＝どうかと思う、考えものです)」②《単独で》「どうですか」と呼びかけ勧める語。「もう一つー」▽「いかにか」の転。

いかがわしーい【〈如何〉わしい】《形》①どうか(3)と思われるような様子だ。疑わしい。信用出来ない。「ー品物をつかませられる」②道徳・風紀上、よろしくない。また、このましくない。「ー写真」▽↓いか

が(1)。 派生 -さ -げ

いかく【威嚇】『名・ス他』おどしつけること。威力・武力などによるおどし。「―射撃」

いがく【医学】人体の構造や機能に関する知識を基礎として、病気の原因、その治療法・予防法などを研究する学問。

いかくちょう【胃拡張】胃が異常に広がり、機能が低下する病気。

いがぐり【×毬×栗】①いがに包まれたままの栗(りく)の実。②髪を短く丸刈りにした頭。いがぐりあたま。▽「いがくり」とも。

いかけ【鋳掛(け)】なべ・かまなどにできた穴を鑞(ろう)づけなどで修理すること。「―屋」

いか-ける【射掛ける】『下一他』敵に向かって矢を射る。

いかさま【〈如何〉様】①『副』なるほど。いかにも。「―もっともな話だ」▽既に古風。②『名』いかにもそうだと思わせるような、まやかしもの。いんちき。不正。「―ばくち」▽↓いかよう。 **―し**【―師】詐欺師。 **―もの**【―物】いかにもそうだ、と思わせるような、まやかしもの。にせもの。まがいもの。

いか-す『五自』〔俗〕相当いい。なかなかなものだ。「―・した格好」▽「行かす」の意か。↓ゆく(2)(イ)

いか-す【生かす・△活かす】『五他』①命を保たせる。㋐死にかけたものを生きかえらせる。㋑生きながらえさせる。「―・しておけない」②効果的に使う。活用する。「学んだ知識を―」「材料の味を―・した料理」▽↕殺す

いかすい【胃下垂】胃の下部が異常に垂れさがる病気。

いかずごけ【行かず後家】①婚約者と死別あるいは生別の後、結婚していない女性。②婚期を過ぎて、結婚しない女性。▽(2)は誤用から生じた。

いかずち(いかづち)【△雷】かみなり。▽雅語的。

いかぞく【遺家族】一家の中心であった人の死後に残された家族。特に戦没者の遺族。

いかだ【×筏】木材や竹などを並べつないで、水面に浮かべたもの。渓流などで木材自体の運搬法として、また簡易な舟として使う。「―を組む」「―師」(いかだを操る人)

いがた【鋳型】鋳物を鋳造するための型。金属をとかしてそれに流しこむ。「―にはめた(=画一化した)教育」

いかつ【威喝】『名・ス他』大声でおどすこと。

いかつ-い【△厳つい】『形』ごつごつしていかめしい。やわらかみがなく、強そうだ。「―肩」 派生 -さ -げ

いかな【〈如何〉な】『連体』どのような。どんな。さすがの。「―金持でも困る時には困る」▽現代語では余り使わないが、使う場合には「でも」など仮定の言い方と呼応する。↓いか(如何)

いかなご 槍(りゃ)の刃のような細長い形をした近海魚。全長二〇センチほどになる。背は青褐色、腹は銀白色。小さいのを煮干し・佃煮(つくだに)などにする。こうなご。▽いかなご科。関西で「かますご」と言うが、カマスとは別科。

いかなる【〈如何〉なる】『連体』↓いか(如何)

いかに【〈如何〉に】『副』↓いか(如何)

いかにも【〈如何〉にも】『連語』《副詞的に》①どのようにでも。「―して成しとげたい」「―なれ」②まさにそうだというふうに。みるからに。「―悲しげな顔」③確かに。なるほど。「―そうだ」▽(3)は感動詞的にも使う。

いかのぼり【×凧・〈紙鳶〉】↓たこ(凧)

いがばかま【×伊賀×袴】すそをひざのあたりでくくって脚絆(きゃはん)のようにしたはかま。たっつけ。かるさん。

いかほど【〈如何〉程】『連語』↓いか(如何)(2)

いがみあ-う【×啀み合う】『五自』互いに敵意を持って、(言い)争う。▽「いがむ」は犬がかもうとする意。

いが-む【×歪む】『五自』↓ゆがむ

いかめし-い【△厳しい】『形』人にこわい感じを与えるような、きびしい様子だ。威圧的だ。「―城門」「―門構え」 派生 -さ -げ

いカメラ【胃カメラ】口や鼻から挿入し、胃の内壁を撮影する医療機器。

いかもの【〈如何〉物】①本物に似せたまがいもの。②普通とは違っていて、どうかと思われるもの。 **―ぐい**【―食い】普通の人が食べないものをこのんで食うこと。またその人。悪食(あくじき)。

いかよう【〈如何〉様】『ダナ』どんなふう。「―にでも考えられる」▽↓いかさま

いから-す【怒らす】『五他』①おこらせる。腹を立てさせる。②かくばる。いかめしくする。「肩を―」「目を―」

いがらっぽ-い『形』↓えがらっぽい。 派生 -さ

いかり【怒り】おこること。はらだち。いきどおり。「―心頭に発する」(はげしく怒る)

いかり【×錨・×碇】①船が流れないように、綱や鎖につけて水底に沈めておくおもり。普通は鉄製で、分岐した先端に鉤(かぎ)がある。「―をおろす」(転じて、停泊する)②形が(1)に似た、物をひっかけてつりあげる道具。

いかりがた【怒り肩】かどばった肩。↕なで肩

いかりそう【×碇草・×錨草】早春、いかりのような形の四弁花を咲かせる多年草。花弁は白から紅紫色。葉はハート形で葉柄が長い。茎・葉を干して強壮剤にする。▽めぎ科。

いか-る【怒る】『五自』①腹を立てる。おこる。②かど立つ。かどばっている。「肩が―」

いか-る【生かる・△活かる・△埋かる】『五自』①生け花がいけられた状態にある。【生・活】「うまく―・った」②土中などにうずもれる。埋(い)けられた状態になる。[埋]

いかる【〈斑鳩〉・×鵤】林にすむ、ムクドリよりやや小

さい鳥。風切羽(かざきりば)・尾羽・頭部が黒く、他は灰色。太くて黄色いくちばしで木の実を割る。▽あとり科。

いか-れる『下一自』〔俗〕①してやられる。「あんなやつに軽くーとは」②頭の働きなどがまともでなくなる。「ー・れたやつ」。心がすっかり奪われる。「彼女にーー」③古くなって性能や働きが悪くなる。「機械がーー」▽「行かれる」(受身)の意か。

いかん『連語』↓いけない⑴。▽「いかぬ」(「行く」の未然形+助動詞「ぬ」)の転。現在では「いけない」より古風または強圧的。

いかん【〈如何〉〈奈何〉〈何如〉】どのようであるかの意。「理由(の)ーによっては」「老いはーともしがたい」「ーせん(=どうしようか)私にはその力がない」▽「いかに」の転。文語的。

いかん【遺憾】『名ナノ』思い通りでなく残念なこと。残り惜しく思うこと。「ーの意を表する」「ーな点がある」「ー千万(せんばん)」 **ーなく**【ー無く】『連語』心残りがないように。申し分なく。十分に。「持てる力をー発揮した」

いかん【偉観】堂々としたながめ。すばらしい光景。

いかん【異観】めずらしいながめ・みもの。

いかん【尉官】軍人の階級で、陸海軍での、大尉・中尉・少尉の総称。また、自衛隊の一尉・二尉・三尉の総称。

いかん【移管】『名・ス他』管理を他に移すこと。管轄をかえること。

いかん【衣冠】①衣服と冠(かんむり)。②昔の装束(しょうぞく)の一種で束帯に次ぐもの。公家(くげ)が朝廷に参入するときに着る略儀の衣服。「ー束帯」▽今も宮中儀式には使う。

いがん【依願】(強制でなく)本人の願いによること。「ー免官」「ー退職」

いがん【胃×癌】胃に生じる癌(がん)。

いかんせん【〈如何〉せん】『連語』どうしようもない(ことに)。「ー、人材が足りない」。残念ながら。「ーもはや力が尽きた」▽「いかに」+サ変動詞「す」の未然形+文語助動詞「む」の転。

いき【息】①鼻や口から空気を吸ったり吐いたりすること。呼吸。「ーをする」「ーを詰める」「ーが上がる」(激しい運動で呼吸がはずみ苦しがる)「ーが絶える」(死ぬ)「ーを引き取る」(同上)「ーがかよっている」(まだ生きている)「ーを引く」(息をのむ、吸い込む)「ーを殺す」(息をおさえて静かにする)「ーを凝らす」(息を止め緊張している)「ーが合う」(双方の人の調子がぴったり合う)「ーが長い」(一つの仕事をたゆまず長い年月続ける態度をいう表現)②呼吸する空気。「ーをつく」(息を吐き出す。ほっとする)「ーを吹きかける」「……のーが掛かる」(……の支配・影響を受ける)「ーをのむ」(驚いたりして、息をとめる)「ーを入れる」(一休みする)「ーを吹き返す」(生き返る) 関連 呼吸・呼気・吸気・気息・気息奄奄(えんえん)・大息・長大息・嘆息・長嘆息・屏息(へいそく)・絶息・息吹・寝息・鼻息・溜(た)め息・片息・吐息・青息吐息・息遣い・息差し・息休め・一息・息抜き・息継ぎ・息切れ・息の根・虫の息・息苦しい・息む・息衝(づ)く・息張る・息巻く・息詰まる

いき【粋】『名・ダナ』さっぱりした気立てで、あかぬけがし、色気(いろけ)もただよう(特に、花柳界の遊びに通じている)こと。そういう感じのする身のこなし・様子。「帽子をーに被(かぶ)る」。人情の機微に通じ、さばけているさま。「落度(おちど)をーな計らいで取り繕ってやる」▽↔野暮(やぼ)。「意気」の転で、上方(かみがた)の粋(すい)に対し江戸の心意気を誇って使い出された。なお、「ーがって無理をする」のように「がる」も付く。 派生 -さ -がる

いき【生き】①生きること。「ー死に」。特に、㋐囲碁などで、生きた状態であること。「この石はーだ」㋑砕くなどせず(そのまま)生かして再利用できること。「ーびん」▽↓いきとしいけるもの。②いきいきしていること。生気。新鮮さ。「ーのよい魚」

いき【×閾】刺激の強さを連続的に変化させたときの、生体に反応をひき起こすか起こさないかの限界。生理学・心理学の用語。▽「閾」は、しきいの意。

いき【位記】位階を授ける時、そのことを書き記して本人に交付する文書。

いき ①【遺棄】『名・ス他』捨てて置き去りにすること。「配偶者から悪意でーされたとき」(民法七七〇条)「ー死体」②【委棄】『名・ス他』物や権利を移転して他人の自由に任せる(=委)こと。「所有権を地役権者にーして」

いき【意気】①『名』あふれる元気。気概。「人生ーに感ず」「大いにーがあがる」「ー軒昂(けんこう)」。何かしようとする積極的な心。「心ー」②『名・ダナ』↓いき(粋)。 派生 -さ -がる **ーしょうちん**【ー消沈・ー×銷沈】『名・ス自』元気がなくなってしまうこと。ひどくしょげること。 **ーとうごう**【ー投合】『名・ス自』互いに気持や考えがぴったり合うこと。 **ーようよう**【ー揚揚】『トタル』得意で元気一杯な様子。「ーと引き揚げる」

いき【〔*域〕】イキ(ヰキ) ―①『名・造』土地の境界。限られた広さの場所。範囲。「名人の域に達する」「域内・区域・境域・神域・浄域・地域・流域・空域・広域・音域・職域・領域」②地方。国。「異域・西域」

いぎ【威儀】いかめしい挙動。作法にかなった立居振舞(たちいふるまい)。「ーを正す」

いぎ【意義】①その言葉によって表される内容。▽「意味」と異なり味わい・含みまではこめない。だから「言外のー」とは言わない。②行為・表現・物事の、それが行われ、また、存在するにふさわしい積極的な(すぐれた)価値。「ーのある事業」「今日的ー」

いぎ【異義】ことなった意義・意味。「同音ー」

いぎ【異議】ちがった議論・意見。特に、ある意見に対し、それを不服とする反対意見。「ーあり」「ーを唱える」「ー申し立て」

いきあし【行き足】↓ゆきあし

いきあたり【行(き)当(た)り】↓ゆきあたり

いきいき【生き生き・△活き△活き】《副「と」・ス自》①元気がよいさま。生気にあふれているさま。「―(と)働ける場所」②(目の前にあるかのように)はっきりしているさま。「当時を―と思い出す」

いきいそ‐ぐ【生き急ぐ】《五自》急(せ)いて生きる。㋐(限りある命なのに)あたふたと(軽薄に)生きる。「みな―・ぎ、もはや人間の悲惨にも驚かない」「―蟬(せみ)に似た暴走族」㋑短い命を(だから精一杯)激しく生きる。「夭逝(ようせい)詩人の―・いだ人生」

いきうつし【生(き)写し】全くそのままと思われるほど、よく似ていること。「母親に―」

いきうま【生き馬】『―の目を抜く』すばしこくて利を得るのに抜け目がない。

いきうめ【生(き)埋め】生きたまま地中に埋めること。また、埋まること。

いきえ【生き餌・△活き餌】動物・鳥などのえさとなる、生きたままの虫や動物。また、釣りに使う生きたえさ。

いきおい【勢い】①《名》動きに連れて現れる力ぐあい。㋐人・物・事などの進行・運動の速さ・強さなどに現れる力。「すごい―で走る」「走った―で」「―よく投げる」「筆の―」㋑勢力。威勢。「日の出の―」㋒他の物によって得た力。「酒の―で」②《副》自然の成行きで。当然そうなる結果として。「財政がよくなく、―物価が上がる」

いきおいこ‐む【勢い込む】《五自》よし、やろう、と気勢をあげて奮い立つ。

いきおいづ‐く【勢いづく】《五自》発奮する。活気が出る。「初戦勝利に―」「相手を―・かせるな」

いきおく‐れる【行き遅れる・行き後れる】《下一自》↓ゆきおくれる

いきがい【生き△甲×斐】生きているだけのねうち。生きている張り合い。「―を感じる」

いきがい【域外】区域の外。範囲の外。↕域内

いきかえ‐る【生き返る】《五自》一度死んだ(と思われた)者が命を、活動力を失ったものが活気を、取り戻す。「久々の雨で、草木が―・った」

いきがかり【行(き)掛(か)り】↓ゆきがかり

いきがけ【行(き)掛け】↓ゆきがけ

いきがみ【生き神】この世のなまみの人として現れた神。▽徳も威光も著しい人をあがめて指す。

いきぎも【生き肝・生き△胆】生きている動物からとったきも。「―を抜く」(転じて、ひどく驚かす)

いきぎれ【息切れ】《名・ス自》①呼吸が苦しく、はあはあと息をすること。②比喩的に、物事の途中で根気が続かなくなること。「完成を目前に―がした」

いきぐみ【意気組み】「いきごみ」の転。

いきぐるし‐い【息苦しい】《形》息をするのが苦しい。胸が押さえつけられるようで苦しい。息が詰まりそうだ。「―雰囲気」 派生 ‐さ ‐げ ‐がる

いきごと【粋事】(男女の間の)いきな出来事。情事。

いきごみ【意気込み】いきごむこと。勇み立ち、張り切った勢い。「始めから―が違う」

いきご‐む【意気込む】《五自》(ある事をしようと)勇み立って張り切る。「―・んで答える」

いきさき【行き先】↓ゆきさき

いきさつ【〈経緯〉】ことの成行きやそれに伴ういろいろの事情。「こみいった―」

いきざま【生き様】生き方(のありさま)。▽「死にざま」に類推して(「死にざま」に伴った悪い語感もなしに)一九六五年ごろから広まった語。

いきじ【意気地】他と張り合って、自分の思う事をどうしても通そうとする気持。

いきじごく【生き地獄】この世の地獄かと思われるような、苦しい、むごたらしい情況・状態。

いきじびき【生き字引】その人に問いさえすれば分かるというように、広くよく物事を知っている人。

いきすじ【粋筋】粋(いき)と関係のある事柄。㋐花柳界方面。㋑(男女間の)情事に関する粋な事柄。

いきせき《副「と」》激しい息づかいで。「危篤と知らされて―(と)戻って来た」▽息急きの意。既に古風。

―き‐る【―切る】《五自》急いで走り、はあはあ息をする。「―・って駆けつける」

いきだおれ【行(き)倒れ】↓ゆきだおれ

いぎたな‐い【△寝×穢い】《形》眠りをむさぼっていて、なかなか目をさまさない。▽古語「寝(い)」+「穢(きたな)し」から。誤って、だらしがない、いじきたない意にも使う。 派生 ‐さ

いきち【生き血】生きている動物または人間からとった血。「人の―を吸う」(冷酷な手段で人をひどい目にあわせ利益を搾り取る)

いきち【×閾値】感覚や反応や興奮を起こさせるのに必要な、最小の強度や刺激などの(物理)量。▽↓いき(閾)。語形が聞き取りにくいので「しきいち」とも言う。

いきちがい【行(き)違い】↓ゆきちがい

いきづかい【息遣い】呼吸の仕方・調子。「―が荒い」

いきつぎ【息継ぎ】《名・ス自》①歌・泳ぎの途中などで息を吸いこむこと。②仕事の途中のひと休み。

いきづ‐く【息△衝く】《五自》①息をする。また、今に至るまで生きている。「現代に―古典芸能」②苦しい息をつく。あえぐ。③ためいきをつく。

いきつけ【行(き)付け】↓ゆきつけ

いきづま‐る【行(き)詰(ま)る】《五自》↓ゆきづまる

いきづま‐る【息詰(ま)る】《五自》非常に緊張して、息がつまるように感じる。「―熱戦」

いきどお‐る【憤る】《五自》(道理に合わない物事に対し)うらみ・いかりの気持をもつ。憤慨する。「社会の矛盾に―」

いきとしいけるもの【生きとし生けるもの】《連語》この世の中に生きているすべてのもの。▽「し」は強めの文語助詞、「と」は↓と《格助》(3)(イ)

いきどまり【行(き)止(ま)り】↓ゆきどまり

いきない【域内】区域のなか。範囲のうち。↕域外

いきながら-える(:ながらへる)【生(き)長らえる・生(き)永らえる】《下一自》もう死ぬ、死んでよい、または死んだはずの命をなお保って、長く生き続ける(生き残る)。「親の年より—」「亡国後も—えて恥を見る」「乱世をしたたかに—」

いきなり《副》前触れなしに、突然。「—戸をあける」「—逃げ出す」

いきぬき【息抜き】①《名・ス自》緊張をゆるめ、また、多忙をのがれてしばらく休むこと。息やすめ。②《名》空気ぬきの窓・あな。

いきぬ-く【生き抜く】《五自》苦しみや困難な状況の中で、あるいは非常に長い年月を、生き通す。「戦後の困難を一人で—」「千年を—いた杉」

いきのこ-る【生き残る】《五自》(危機や高齢を乗り越え)死なないでこの世に残る。「戦争に—」

いきのね【息の根】『—をとめる』殺す。

いきの-びる【生き延びる】《上一自》失うはずの生命を生き長らえる。長く生きる。生き残る。▽「戦乱の世を—」の「を」は、経由を言う用法。

いきはじ(ぢ :はぢ)【生き恥】生きながらうける堪えがたい恥。↕死に恥。「—をさらす」

いきはり【意気張り】意地をはること。▽「いきばり」とも言う。

いきば-る【息張る】《五自》息をつめて腹に力を入れる。いきむ。

いきびん【生(き)瓶】↓いき(生)(1)(イ)

いきぼとけ【生き仏】この世のなまみの人として現れた仏。▽徳が高く情け深い人をあがめて指す。

いきま-く【息巻く】《五自》①はげしく勢いこむ。威勢よく言いたてる。②息づかいを荒くして、怒る。

いきみ【生き身】生きている体。なまみ。

いき-む【息む】《五自》息をこめて腹に力を入れる。いきばる。

いきもの【生き物】①生きている動物。▽広く生物(せいぶつ)一般を指すこともある。②生命があるかのように働くもの。「言葉は—である」

いきやすめ【息休め】《名・ス自》仕事の手をやめてひと休みすること。息を入れること。いきつぎ。

いきょ【依拠】《名・ス自》よりどころ。よりどころとすること。

いきょう ①【異境】母国を遠く離れた土地。他国。②【異郷】ふるさとを遠く離れたところ。他郷。また、他国。

いきょう【異教】自分の信じる宗教と異なる宗教。▽特にキリスト教で、キリスト教以外の宗教を指す。

—と【—徒】異教を信仰している人。▽特にキリスト教徒が使う。

いぎょう【異形】普通と違った怪しいすがた・かたち。

いぎょう【医業】医療にたずさわる業。

いぎょう【偉業】すぐれた仕事。偉大な事業。

いぎょう【遺業】故人が、後に残していった事業。▽生前にしとげた場合にも完成しなかった場合にも、言う。

いぎょうどう【易行道】《仏》阿弥陀如来(あみだにょらい)の本願にすがって極楽浄土に往生(おうじょう)する道。浄土門など他力(たりき)の修行。↕難行道

いきょく【医局】①病院などで、医師や看護師が詰め、医務や研究を行う室。②主に医師を構成員とする病院・大学医学部などの組織。

いきょく【委曲】くわしいこと。こまかくつまびらかなこと。「—をつくして説明する」

いきょくどうこう【異曲同工】↓どうこういきょく

いきりた-つ《五自》怒って興奮する。勢いこんで争おうとする。

いきりょう【生(き)霊】他人にたたる、なまみの人の怨霊(おんりょう)。↕死霊(しりょう)

い-きる【生きる・△活きる】《上一自》①生物として活動できる状態にある。㋐命を保つ。生存する。↕死ぬ。「百歳まで—」㋑生計を立てる。「—ための手段」㋒(……を目的として、または、……の中に)生活する。「美術に—」「苦難に—きた十年」▽「人生を—」は欧文翻訳調。②命があるような働きをする。「亡父の面影が今なお心の中に—きている」。そのものの価値を発揮する。↕死ぬ。㋐役に立つ。効力がある。「—きた金を使う」「この法律はまだ—きている」㋑生き生きする。「—きた絵」。引き立つ。「薬味で料理の味が—」▽「息」と同語源。↓いきとしいけるもの

いきれ【△熱れ】むされるような熱気。ほてり。「人—」「草—」

いきわかれ【生き別れ】(いっしょに居た者が)遠く離れ去って、互いに会うこともなく暮らしていること。↕死に別れ。「戦火にまきこまれ—になる」

いきわた-る【行(き)渡る】《五自》↓ゆきわたる

い-く【行く・△往く・△逝く】《五自》↓ゆく

いく=【幾】《名詞またはそれに準じる語の上に》①数量の不定なことを表す。どれくらいかの。「—山河」「—にん」「—人(たり)」②《量的に大であることを表す言い方に付き》多いことを表す。「—百年となく」「—久しく」

いく【[*育]】イク そだつ そだてる はぐくむ ①そだてる。世話をして生長させる。「育英・育児・育成・愛育・養育・教育・体育・知育・徳育・保育・傅育(ふいく)・訓育・飼育」②そだつ。生長する。「生育・発育・成育」

いく【[人郁]】イク 香気や文化がさかん。かおる。「郁郁・郁文・馥郁(ふくいく)」

イグアナ とかげに似た形で背にとげ状の突起が並ぶ大形の爬虫類(はちゅうるい)。中南米を中心に分布。大きなものは体長一・八メートルに及ぶ。▽iguana 広くはイグアナ科の爬虫類の総称で、大きさも様々。

いぐい(ゐぐひ)【居食い】《名・ス自》働かないで、手持ちの財産で生活すること。座食。徒食。

いくいく【×郁×郁】『トタル』文化の盛んなさま。また、香気の盛んなさま。

いくえ:へ【幾重】『名』いくつかの重なり。「―にも重なった山々」 **―にも**『連語』くりかえし。なんども。「―おわびします」

いくえい【育英】すぐれた青少年を教育すること。特に、学資等を助けて学業にいそしませること。「―資金」

いくか【幾日】いくにち。

いくさ【戦】①戦争。たたかい。「―が始まる」②【△軍】軍隊。「正義の―を募る」

いぐさ:ゐ【×藺草】→い(藺)

いくじ【育児】乳児や幼児をそだてること。 **―きゅうぎょう**【―休業】男女労働者に、生後一定期間の子を育てるために認められる休業。育児休暇。

いくじ【意気地】『―がない』人に負けまいとする、しっかりした気力がない。元気がない。▽「いくじ」は「いきじ」の転。 **―なし**【―無し】いくじがないこと。そういう人。

いくしゅ【育種】農作物や家畜の改良品種を作り出すこと。

いくせい【育成】『名・ス他』育てて大きくりっぱにすること。「後継者の―」

いくた【幾多】『副・ノダ』数多く。あまた。「―辛苦を重ねて」「―(の)先人の努力」

いくたり【幾△人】何人(なんにん)。▽古風。

いぐち【〈兎唇〉〈欠唇〉】→みつくち

いくつ【幾つ】個数・年齢をこれこれと限らずに言う語。どれほどの数。▽不定にも疑問にも使う。

いくど【幾度】どのくらいの度数。何度。幾回。

いくどうおん【異口同音】多くの人がみな、口をそろえて同じことを言うこと。意見が一致すること。

いくばく【幾△何・幾△許】『副・ノダ』いくらぐらい。どれほど。少しばかり。「余命―もない」「―(か)の金を寄付する」▽文語的。 **―もなく**【―も無く】『連語』ほどなく。間もなく。「それから―生を閉じた」

いくび:ゐ【×猪首・×猪×頸】猪(いのしし)のように首がずんぐりと太く短いこと。▽かぶとを後ろにずらしてかぶることにも言った。

いくひさしく【幾久しく】『連語』《あいさつの言葉で副詞的に》いつまでもながく。末ながく。「―娘をよろしくお願いします」

いくびょう【育苗】『名・ス自』主に農産物の苗を育てること。「サトイモの分割―」「―用土」「―期間」

いくぶん【幾分】少々。少し。やや。「―そういう傾向がある」「―かを分けてやる」

いくよ【幾夜】どれほどの夜。多くの夜。

いくら【幾ら】①量・値段をこれこれと限らずに言う語。どれほどの量・高(かた)。「食べてからまだ―もたっていない」「―か(は)落ち着いた」「誤差を―でも小さくすることができる」「お支払いは―ですか」▽不定にも疑問にも使う。②《あとに「ても」「でも」等を伴い、副詞的に》たとい、どれほど。「―泣いても知らないよ」「―何でも手の打ちようはありそうなものだ」

イクラ 筋子(すじこ)を粒状にほぐしたもの。▽ロシア ikra(=魚卵)

いくん【偉勲】りっぱな手柄。大きな功績。

いくん【遺訓】故人や父祖の(言い)残した教え。

いけ【池】地面に、ある程度の広さと深さとで、いつも水のたまっている所。「用水―」▽人工のものにも言う。

いけ= 好ましくないという意味で使う、強めの語。「―しゃあしゃあ」「―すかない」「―ずうずうしい」「―ぞんざい」

いけい【畏敬】『名・ス自他』心から服しうやまうこと。「―の念を抱く」

いけいれん【胃×痙×攣】発作的に、胃が痙攣しているかのような激しい腹痛を生じる症状。さしこみ。癪(しゃく)。

いけうお:を:う【△活(け)魚】食用のために水中にかこって生かしてある魚。いけすの魚。

いけがき【生(け)垣・生(け)×籬】樹木などを植え並べて造った垣根。

いけしゃあしゃあ『副「と」』にくらしいほどに、平気でいるさま。▽↓いけ=

いけす【生(け)×簀】漁獲した魚を、水中に、生かしたままたくわえておく所。水中に竹・葦(よし)などで囲ったもの。箱形のもある。

いけずうずうし-い【いけ△図△図しい】『形』にくらしいほどあつかましい。▽↓いけ=。 派生 **-さ**

いけすかな-い【いけ好かない】『形』相手の態度がいやらしくて、きらいだ。▽↓いけ=。 派生 **-さ**

いけぞんざい『ダナ』全くぞんざいなさま。▽↓いけ=。 派生 **-さ**

いげた:ゐ【井桁】①井戸の上部の縁(ふち)を、木で井の字の形に組んだもの。②いげた(1)の形。「材木を―に組んで積み上げる」▽↓いづつ

いけづくり【生(け)作り・△活(け)作り】①生きのよい、たい・こいなどの頭・尾・大骨はそのままに、身を切りとって刺身(さしみ)につくり、再び、元の姿にならべ整えて出す料理。②新鮮な魚の刺身。

いけどり【生(け)捕り】人や動物を生きたままでつかまえること。

いけど-る【生け捕る】『五他』人や動物などを生きたままでつかまえる。いくさで、捕虜にする。

いけない『連語』①よくない。㋐望ましくない。「―ことばかり続いて、貧乏した」。悪い。「―子だ」㋑禁止する言い方。ならない。だめだ。「―よ、やめなさい」「なまけては―」「食べなければ―」▽動詞連用形+「ては」または動詞未然形+「なければ」に付いた形で使うことが多い。②酒が飲めるたちでない。▽下一段自動詞「いける」の未然形+打消しの「ない」。「いけません」も使う。③『いけなくなる』死ぬ、瀕死(ひんし)状態に陥る、倒産するなどの、婉曲

(えんぎよく)表現。「あの店もとうとういけなくなった」▽(1)の意から。

いけにえ(へ…に)【生(け)×贄】①神への供え物としてささげる(人を含む)生きもの。▽「にえ」は供え物の意。②他のために生命や名利を投げ捨てること。犠牲になること。▽(1)の比喩的用法から。なお↓ひとばしら

いけばな【生(け)花・△活(け)花】樹枝・草花などを切りとり、枝葉を整え、花器に入れて飾り上げたもの。そうする技術・方式。

いけめん〔俗〕男の顔がよいこと。そういう男。▽多く片仮名で書く。「いけてる(=格好いい)」と「面」とからか。

い-ける【生ける・△活ける・△埋ける】《下一他》①生かしておくために、何かに入れる。㋐植物を土に植え立てたり花器にさしたりする。特に、いけばなをする。【生・活】「鉢に―」「花を―」㋑(火ばち等の)火を、消えないように灰の中に埋める。【埋】㋒野菜などを、保存のため一時的に軽く土に埋める。【埋】「ごぼうを―」②一般に、埋める。【埋】「土管を―」

い-ける《下一自》相当にうまくできる。相当のものだ。「これは―」「スポーツも―」。特に、酒が相当の量飲める。「―口だ」▽行くことができる意の「いける」の転。

いける【生ける】《連体》生きている。「―しかばね」▽「る」は文語助動詞「り」の連体形。

いけん【意見】①《名》ある問題についての考え。「―を戦わせる」(それぞれ意見を述べて議論する)「―具申」②《名・ス自他》自分の考えを述べて人をいましめること。「君から―してやってくれ」

いけん【異見】他と違った考え。

いけん【違憲】憲法に違反すること。↕合憲(ごうけん)

いけん【遺賢】官に用いられず、民間に残された、すぐれた人。「野(や=民間)に―無し」

いげん【威厳】堂々としていておごそかな様子。「―がある」

いげん【遺言】故人が後代に残した言葉。「聖賢の―」▽いわゆる「ゆいごん」に限らない。

いご【以後】それからのち。↕以前。「三時―」。今後。「―は注意しなさい」▽法律用語では、その時を含み、単に「後(ご)」と言えば含まない。

いご【囲碁】碁。ほんご。また、碁をうつこと。

いこい(いこひ)【憩(い)】ゆったりとくつろぐこと。休息。

いこ-う(いこふ)【憩う】《五自》ゆったりとくつろぐ。休息する。

いこう【以降】以後。▽その後繰り返し行われるものに言う場合が多い。

いこう【偉功】立派な手柄。すぐれた功績。偉勲。

いこう【偉効】すぐれた効果・効能。立派なききめ。

いこう【威光】人がおのずからうやまい服するような、おかしがたい威厳。

いこう【意向・意×嚮】心の向かうところ。このようにしたらどうかという考え。思わく。「―を確かめる」

いこう【移行】《名・ス自》状態がうつって行くこと。うつりゆき。「―措置」「―期」

いこう【移項】《名・ス他》数式で、一方の辺の項を、符号をかえて他の辺に移すこと。

いこう【衣△桁】着物などを掛けておく家具。細い木材を台の上に鳥居のように組む。蝶番(ちょうつがい)で真中から、二枚に畳む仕掛けのもの(=衣桁屏風(びょうぶ))が多い。

いこう【遺構】昔の構築物(の一部)が地面や地中に残った跡。

いこう【遺稿】未発表のまま死後に残された原稿。

イコール 等しいこと。また、等しいことを表す記号。等号。「=」▽equal(=等しい)

いこく【異国】風俗・習慣などを異にする外国。よその国。「―趣味」「―人」 **―てき**【―的】《ダナ》異国風であるさま。エキゾチック。「―情緒」

いごこち:ゐ【居心地】そこに居やすいとか居にくいとかの気持。「―のよい部屋」「―が悪い」

いこじ【依×怙地・意固地】《名・ダナ》意地を張ってつまらぬことに頑固なこと。かたいじ。えこじ。派生 **-さ**

いこつ【遺骨】(火葬などにして)あとに残った骨。▽特に、戦場に残された戦死者のを指すことがある。

いこぼ-れる:ゐ【居×溢れる】《下一自》非常に人が多くて、席からはみ出している。にぎやかに、あふれるほど、大勢の人が着席している。

いこ-む【鋳込む】《五他》とかした金属を鋳型に流し込む。

いこん【遺恨】忘れられず、いつまでも残る恨み。「―を晴らす」

いごん【遺言】〔法律〕↓ゆいごん

いざ ①《感》さあ。いよいよやろう、いっしょにやろう、という時に使う。「―鎌倉」(さあ、鎌倉幕府には せ参ずべき時だ、の意。転じて、重大事件の起こった場合)「―という時」(事件の起こった場合) ②《副》さあ、どうだか。「人は―知らず、私に限っては」▽古語「いさ」と混同した形。

いさい【偉才・異才】人並みすぐれた才能(を持つ人)。

いさい【委細】くわしいこと。こまごましたくわしい事情。「―面談」「―かまわず」(事情がどうあっても)

いさい【異彩】きわだった色。普通程度とは異なったおもむき。「―を放つ」(きわだってすぐれている)

いざい【偉材・異材】人並みすぐれた人材・人物。

いざいそく:ゐ【居催促】その場にすわりこんで、さいそくをすること。

いさお(いさを)【△勲・△功】てがら。てがらをたてたという名誉。いさおし。「―を立てる」

いさおし(いさをし)【△勲・△功】↓いさお

いさかい(いさかひ)【×諍(い)】いいあらそい。いざこざ。けんか。

いざかや:ゐ【居酒屋】安く飲める酒場の称。▽もと、店

先で酒を飲ませた酒屋。

いさき 陸に近い磯(いそ)や暗礁に群れをなしてすむ魚。全長四〇センチに達し、全体に暗褐色。初夏に美味。▽いさき科。

いさぎよ-い【潔い】《形》澄み切った感じで、すがすがしい。特に態度が、未練げもなく、さっぱりしている。「……を―しとせず(=恥ずべきこととみなして、受け入れない)」「―・く敗北を認める」 派生 **-さ**

いさく【遺作】未発表のまま、死後に残された作品。「―の映画が公開された」

いさご【△砂・△沙・△沙子】すな。まさご。▽雅語的。

いざこざ 人と人との間の小さい争い。もめ事。ごたごた。「―が絶えない」「―に巻き込まれる」

いさざ【×魦】琵琶湖(びわ)特産の魚。全長約八センチ。あめ煮にする。▽はぜ科うきごり属。シロウオをイサザと言う地方もある。

いささか【×些か・×聊か】《ダケ・副》ほんのすこし。わずか。「―言い過ぎた」「―の配慮」「―はあわてたけれど」。《「―(で)も」「―の……(でも)」の形で》全面否定や条件の強調を表す。「―も動じない」「―でも不備があれば訂正します」「―でも口答えをしようものなら」「―の同情(で)も期待してはいけない」

いざと-い《形》目がさめるのがはやい。めざとい。▽古語「寝(い)」+「聡(さと)し」から。既に古風。 派生 **-さ**

いざな-う(いざなふ)【△誘う】《五他》さそう。すすめる。さそい出す。先導する。「夢の国へ―」▽やや古風。

いさまし-い【勇ましい】《形》①勢いが強く、積極的に向かっていく様子だ。勇敢だ。「―・く戦う」②活発で元気にあふれる感じだ。「―行進曲」▽皮肉の含みをこめても使う。「こわいもの知らずで意見が―」 派生 **-さ -げ -がる**

いさみあし【勇み足】①相撲(すもう)で、相手を土俵ぎわに追い詰めながら勢い余って自分から土俵外に足を出し、負けになること。②転じて、勢いに乗って、(不注意な)やりすぎの失敗をすること。

いさみた-つ【勇(み)立つ】《五自》負けずにしとげよう、立派にやって見せようと、勇ましくはりきる。きおいたつ。「復興の槌音(つちおと)に―町」

いさみはだ【勇み肌】おとこだての気風。威勢がよく、強者をくじき弱者をいたわる、任侠(にんきょう)の気風。きおいはだ。

いさ-む【勇む】《五自》①心が勢いこむ。ふるい立つ。②いななく。「咲いた桜になぜ駒つなぐ駒が―・めば花が散る」(都々逸)▽「いななく」の音が「泣く」に通じるのを避けた武士言葉に由来。

いさ-める【×諫める】《下一他》(主に目上の人に対して)まちがいや良くない点を改めるように言う。忠告する。▽「戒(いまし)める」の意に使うのは誤用。

いざよい(いざよひ)【〈十六夜〉】陰暦十六日の夜。また、その夜の月。▽文語動詞「いさよふ」の連用形「いさよひ」の転。

いざよ-う(いざよふ)《五自》進もうとして、なかなか進まない。たゆとう。「―波」「―月」▽雅語的。本来は「いさよふ」。

いさり【△漁り】魚や貝をとること。漁(りょう)。すなどり。「―ぶね」▽雅語的。

いざり(ゐざり)【×躄】いざること。また、足のたたない人。

いさりび【△漁火】魚をおびきよせるために、たく火。

いざ-る(ゐざる)【×躄る】《五自》①座ったまま(しりを床につけ、またはひざがしらで)進む。②置いてあった場所から、ずれ動く。▽「ゐ(=座り)去る(=動く)」から出た語。

いさん【胃散】胃病につかう散薬。

いさん【胃酸】胃液が含む酸。「―過多症」

いさん【違算】見込み違い。また、計算違い。誤算。

いさん【遺産】①死後に残された財産。「父の―」②比喩的に、前代の人が残した業績。「文化―」

いし【石】①岩石のうち、割合に小さいもの。砂ほど小さくなく岩ほど大きくない、かたまり。「―のように固い」「―が流れて木の葉が沈む」(物事が逆になることのたとえ)「―に枕する」(山野に寝る)「―にかじりついても」(どんなに苦しくても努力して)「―の上にも三年」(長い間辛抱すれば必ず報いられるものだ)▽大きくても表面がなめらかなら、「いし」とも言う。「―舞台」。↓いわ(岩)。②材質・組成としての岩石。「―で造った家」「―(の)地蔵」「―山」(↓いしやま(1)) ③特定の鉱物加工品。また、宝石。「碁―」「指輪の―」④石(1)に似た感じのもの。㋐結石。「腎臓から―が出た」㋑(じゃんけんで)にぎりこぶし。ぐう。㋒〔俗〕トランジスタや集積回路チップ。「この機能をもつ―を設計する」↓せき〔石〕。 関連 石ころ・石塊(いしくれ)・礫(つぶて)・岩・砂・小石・さざれ石・原石・隕石(いんせき)・結石・砕石・割り石・割栗(わりぐり)・石材・墓石・台石・捨て石

いし ①【意志】どうしても、これをしよう、またはしまいという積極的な心構え。「―が強い」「―薄弱」。強いはっきりした意向。「神の―」②【意思】しようとする考え。思い。「―表示」「―決定」「―の疎通を欠く」▽法律用語では「意思」を使う。 関連 意・意向・志向・意欲・立志・初志・初心・発心・発起・自発・宿志・素志・大志・雄志・青雲の志・意図・思惑・考え・積もり・心積もり・胸算用・魂胆・作意・来意・諾意・辞意・祝意・賛意・他意・故意・任意・随意・恣意・熱意・善意・悪意・害意・犯意・戦意・弔意・総意・民意・上意・下意・天意

いし【×縊死】《名・ス自》くびをくくって死ぬこと。

いし【遺子】遺児。

いし【遺矢】居ながら大小便をもらすこと。▽「矢」は、元来、屎(そく)の意。

いし【遺志】死者の、生前のこころざし。「―を継ぐ」

いし【医師】医者。

いし【×頤使・×頤指】《名・ス他》いばって、人を使うこと。頤(あご)で使うこと。

いじ【意地】①自分が思ったことをどこまでもやり通

そうとする気持。「ーを通す」「ーを張る」「ーになって」「ーにでも」②物欲。食欲。「食いー」「ーがきたない」③「ーが悪い」わざと人を困らせるような仕打ちをする。　**ーきたな‐い【ー汚い】**《形》食い意地が張り(または物欲が激しく)がつがつする。派生 ‐さ ‐げ　**ーずく**《多く「ーで」の形で副詞的に》むりに意地を通そうとすること。　**ーっぱり【ーっ張り】**《名ナ》意地を張ること。そういう人。　**ーわる【ー悪】**《名ナ》意地が悪いこと。そういう人。「ーじいさん」派生 ‐さ ‐げ

いじ【意字】表意文字。↕音字

いじ【維持】《名・ス他》物事を同じままの状態で持続させること。「現状ー」「政権をーする」「ー費」

いじ【遺児】親が死んで、あとに残された子供。

いしあたま【石頭】石のようにかたい頭。「ーをぶつけられる」。ものの考え方が固定していて融通がきかないこと。そういう人。「あいつのーで話が進まない」

いじいじ《副「と」・ス自》いじけて、思う通りのふるまいもできないでいるさま。「ーした態度」「ーと答える」

いしうす【石臼】石で造ったうす。

いしがき【石垣】石や岩をつみあげて作った垣。「城のー」

いしがみ【石神】奇石・石剣などを神体としてまつった、民間信仰の神。

いしがめ【石亀】淡水にすむ日本特産のかめ。甲は褐色で二〇センチに達する。ニホンイシガメ。▽若い小形のものをゼニガメと言う。広くは、いしがめ科いしがめ属のかめの総称。

いしき【意識】《名・ス他》自分が現在何をやっているか、今はどんな状況なのかなどが自分でわかる、心の働き。「ーにのぼる」「ー不明」。また、その働きで、ある物事に気がついたりある物事を気にしたりすること。「罪のー」「マスコミをーした発言」「勝利をーして力が入る」「お互いにーする(＝好意を持つ)」　**ーてき【ー的】**《ダナ》自分で、それと知りながら、わざとするさま。「ーに彼を避けている」

いしき【違式】《名ナ》きまった方式・規定にはずれること。

いしきあて【居敷当・△尻当】普段に着るひとえもの(特に浴衣(ゆかた))の、尻に当たる部分を裏打ちする布。

いしく【石工】石の切り出しや加工・細工をする職人。

いしぐみ【石組】造園のため(大きな)石を組み合わせて配置すること。その配置。いわぐみ。

いしくも【△美しくも】《副》けなげにも。殊勝にも。よくも。▽古語「美(い)し」の連用形＋助詞「も」から。文語的。

いじく‐る【△弄(く)る】《五他》〔俗〕いじる。「ー‐りまわす」

いしくれ【石△塊】石ころ。▽やや雅語的。

いしけり【石蹴り】片足跳びで、地面に描いた区画の中で一個の小石を蹴り進め、早く全区画を回った者を勝ちとする、子供の遊び。

いじ‐ける《下一自》①ちぢこまって元気がなくなる。②臆病で消極的な性質になる。素直でなくなる。「ー‐けた人」

いしけん【石拳】じゃんけん。

いじげん【異次元】《名ナ》日常的な空間と異なる世界。超自然の世界。そのさま。「ーの強さ」

いしこ【石粉】長石(ちょうせき)の粉末。陶器の材料などに用いる。

いしころ【石ころ】小石。

いしずえ【礎】①建物をその上に立てる土台石。▽「石据(ず)え」の意。②基礎となる大事な物事。「国家のー」▽⑴からの転。

いしずり【石×摺】①石碑の文字などを、墨で紙にすりとったもの。拓本。②石版ずり。

いしだい【石×鯛】食用、磯(いそ)釣りの対象として人気のある、タイに似た形の海魚。西日本沿岸部に多い。体は青灰色で、七本の横しまがある。しまだい。▽いしだい科。

いしたたき【石×敲(き)】↓せきれい

いしだたみ【石畳】平たい石を敷きつめた所。▽「甃」とも書く。

いしつ【異質】《名・ダナ》性質の違うこと。↕同質。「ーに対する理解」「ーの文化」「ーなものがまじる」派生 ‐さ

いしつ【遺失】《名・ス他》忘れたり落としたりして失うこと。「ー物(ぶつ)」

いしづき【石突(き)】①こうもりがさ・なぎなたの柄や杖(つえ)などの、突いた時に地面に着く部分(をおおう金具)。②きのこの軸の端の固い部分。

いしづみ【石積(み)】石を積み上げる工事。そうして成った物。「ーの人足(にんそく)」「護岸のー」

いしなぎ　深海底の岩礁にすむ大形の魚。全長二メートルに達する。美味だが、肝臓を食べると中毒をおこす。▽いしなぎ科いしなぎ属。

いしにわ【石庭】石や岩で形作った和風の庭。

いしばい【石灰】↓せっかい(石灰)

いしばし【石橋】石でできている橋。「ーをたたいて渡る」(用心の上にも用心を重ねるたとえ)

いしびや【石火矢】昔の大砲。火薬の力で小石や鉄片を飛ばす。▽↓ひや(火矢)

いしぶみ【△碑】石碑。▽「石文(いしぶみ)」の意。

いしべきんきち【石△部金吉】ものがたい人。融通のきかない人。▽石・金というかたいものを並べて人名めかした言い方。

いしへん【石偏】漢字の偏の一つ。「破」「確」などの「石」の称。

いしぼとけ【石仏】①石で造った仏像。▽「せきぶつ」と読めば範囲の広い場合もある。②いつも黙っている人。また、感情を動かさない、まじめ一方の人。▽↓きぶつ(木仏)

いじましーい(いぢましい)《形》〔俗〕意地きたなくせせこましい。いじけた感じがするほど、けちくさい。みみっちい。「ーく儲(もう)けようとする」派生 **ーさ・ーげ**

いしむろ【石室】石を積んで作った小屋。▽→せきしつ

いじめ(いぢめ)【△苛め】(特に学校や職場で)弱い(立場の)者をいじめること。

いじめっこ(いぢめっこ)【△苛めっ子】弱い子をいじめて面白がる意地悪な子。▽餓鬼大将がいじめっ子とは限らなかった。

いじーめる(いぢめる)【△苛める】《下一他》弱い者をいためつける。「子犬をー」。また、いためつけるように鍛える。「大会前に体をー」

いしもち【石持・〈石首魚〉】浅海の砂地にすむ銀白色の魚。体長一〇～四〇センチ。形はタイに似る。食用。釣り上げるとぐうぐうと音を出す。しろぐち。ぐち。▽名は、耳石が大きいことから。にべ科。

いしゃ【慰謝・慰×藉】《名・ス他》なぐさめていたわること。同情して、またはすまないと思って、なぐさめること。「ー料」

いしゃ【医者】病気・けがの診察・治療を職業とする人。医師。「おーさん」

いしやき【石焼(き)】熱した石板や小石で食材を焼く調理法。「ーいも」「ービビンバ」

いじゃく【胃弱】胃の働きが弱る症状の総称。

いしやま【石山】①石・岩の多い山。②石材を切り出す山。

いしゅ【意趣】①考え。意向。②恨みを含むこと。恨み。「ー返し」(しかえし)

いしゅ【異種】種類の異なること。異なった種類。↔同種。「ー交配」

いしゅ【異△株】異なる株を成すこと。「雌雄ー」(雄花と雌花とがそれぞれに別の株につくこと。例、イチョウ)

いしゅう【異臭】変な、いやなにおい。「ーが立ちこめる」

いしゅう【×蝟集】《名・ス自》一か所に群がり集まること。▽「蝟」は、はりねずみ。その毛がたくさん集まって生えていることから言う。

いしゅう【遺習】現在まで残っている、昔の風習。

いじゅう【移住】《名・ス自》よその土地にうつり住むこと。「南米にーする」「ー地」

いしゅく【畏縮】《名・ス自》おそれて縮こまること。かしこまって小さくなること。

いしゅく【萎縮】《名・ス自》衰えしなびて縮むこと。元気がなくなること。「腎臓がーする」「心がーする」

いしゅつ【移出】《名・ス他》ほかのところへ移し出すこと。特に、国内の他の地域に貨物を出すこと。↔移入

いじゅつ【医術】病気やけがをなおすための技術。

いしゆみ【石弓・×弩】①古代中国で、ばねじかけで石を発射した武器。②城壁・がけの上などから石を落として、敵を殺すしかけ。③→ぱちんこ(1)

いしょ【遺書】死後のために書き残した手紙・文書。「自殺者のー」▽→ゆいごん

いしょ【医書】医学・医術に関する書物。

いしょう【意匠】①工夫(くふう)をめぐらすこと。趣向。「ーを凝らす」②(美術・工芸品などで)物品の外観を美しくするため、その形・色・模様・配置などについて、新しい工夫を凝らすこと。その装飾的考案。デザイン。「ー専用権」 **ーとうろく**【ー登録】考案された意匠の専用権などを、請求によって特許庁が意匠原簿に記載すること。これによって、専用権が生じる。

いしょう【異称】別の呼び名。別名。

いしょう【衣装・衣×裳】①着物のこと。「ー持ち」②芝居などで、舞台での扮装(ふんそう)に用いる衣服。「ーづけ」▽→しょうぞく。 **ーかた**【ー方】芝居などで、出演者の衣装を保管・整理・修繕する人。 **ーにんぎょう**【ー人形】衣装をつけた人形。多くは、俳優などを主題に、当時の風俗に主眼を置く。押し絵のものと、木彫りの人形に衣服を着せたものとがある。浮世人形。着付け人形。

いじょう【以上・×已上】①《規準の数量・程度を表す名詞に添え》それを含みその上の範囲。「六歳ー」「百グラムー」「部長ーの職」▽数量の時は、↔未満。以前は(2)と同じにも使った。②それを上回る範囲(の状態)。↔以下。「できばえは予想ーだ」③そこから前。↔以下。「ーの通り……」。特に、手紙・目録、または箇条書きなどの末尾に記して、これまでで終わりの意。④《接続助詞のように使って》……からには。……の上は。「こうなったー(は)覚悟を固めるしかない」

いじょう【委譲】《名・ス他》他にゆだね、ゆずること。「権限のー」

いじょう【異常】《名・ダナ》普通(いつも)とは違っていること。普通(いつも)との違いがはなはだしいさま。↔正常。「ーな言動」「ーをきたす」「ー無し」「この夏はーに暑い」派生 **ーさ**

いじょう【異状】普通(いつも)と違った、何か変わった状態。「西部戦線ーなし」

いじょう【移乗】《名・ス自》乗ってきたものから他に移ること。「ー攻撃」「車椅子からベッドにーする」

いじょう【移譲】《名・ス他》権利などを、うつしゆずること。

いじょう【囲×繞】《名・ス他》→いにょう(囲繞)

いじょうふ【偉丈夫】体が立派で、すぐれた男。

いしょく【委嘱】《名・ス他》特定の仕事を(部外の)ひとにまかせ頼むこと。「研究をーする」「専門家にーする」

いしょく【異色】異なる色(合い)。⑦他の色。↔同色。④ありふれたものと違う、目立った特色(があるさま)。「ーの力作」「彼のやり方にはーがある」

いしょく【移植】《名・ス他》①(植物を丈夫に生育させ

るなどのために)ほかの場所に植え替えること。うえかえ。「―鏝(こて)」②比喩的に、ほかの地域・領域の物事をとり入れること。「西洋の法体系を―する」③〔医学〕生きている組織または器官を切りとって、その個体の他の場所、または他の個体に移し植え込むこと。「角膜―手術」

いしょく【衣食】①衣服と食事。「―足りて礼節を知る」②くらし。生活。 **―じゅう**【―住】衣服と食物と住居。生活を支える条件。「―が保障される」

いしょく(ゐ)【居職】裁縫師・かざり職など、自宅ですわって仕事をする職業。↕出職(でしょく)

いしょくどうげん【医食同源】健康の増進のためには医療も食事も本質的に同じで、ともに重要とする考え方。▽一九七二年ごろ中国式の食養生(しょくようじょう)の紹介とともに造られた語。

いじらし-い(いぢらしい)《形》弱いものが一所懸命に努める有様や心根が、いたいたしくあわれだ。共感してかわいそうがるほど、けなげだ。けなげで可憐(かれん)だ。「乙女心が―」 派生 **-さ -げ -がる**

いじ-る(いぢる)【△弄る】《五他》①(無意識または必要以上に)さわり続けたり動かしたりする。もてあそぶ。いじくる。②周りの笑いをとるためにからかう。③興味をもって、あれこれと集めたり、吟味したりする。「骨董(こっとう)を―」④しっかりした目的・方針もなしに、物事の本質的でない部分を変えたり、手を加えたりする。「会則を―」「機構を―」

いしわた【石綿】→アスベスト

いしん【威信】威光と、人から寄せられる信望。

いしん【維新】(世の)いろいろのことが改革されて、みな新しくなること。▽特に明治維新を指す。「維」は発語の言葉。これ。

いしん【遺臣】①滅びた国の臣下で、新たな国には仕えない者。②先代から仕えている臣下。

いじん【偉人】すぐれた業績を成し遂げた人。偉大な人。「―伝」

いじん【異人】①異国の人。外国人。特に西洋人。「―館」▽今はほとんど使わない。②別の人。「同名―」▽「別人」とほぼ同じ。↓よじん(余人)

いしんでんしん【以心伝心】言葉によらずに、互いの心から心に伝えること。言語では説明できない深遠・微妙な事柄を相手の心に伝えてわからせること。▽禅の言葉から。

いす【椅子】①腰かけるための家具。こしかけ。「補助―」②比喩的に、役職または地位。ポスト。「社長の―を争う」

いすう【異数】《ノダ》他に例がないこと。めったにないこと。「―の昇進」

いすか【×鶍・〈交喙〉】秋の末、北から飛来する小鳥。スズメよりやや大きく、雄は暗紅色、雌は黄緑色。湾曲した上下のくちばしは先端で交差し、松の実などをついばむのに適する。「―の嘴(はし)」(物事がくいちがって思うようにならないたとえ)▽あとり科。

いずく(いづく)《代》どこ。いずこ。▽雅語的。

いすくま-る(ゐ)【居×竦まる】《五自》(恐怖などのために)座ったまま動けなくなる。

いすく-める【射×竦める】《下一他》矢を射て敵方を動けないようにする。また、鋭く見つめて相手を威圧する。

いずくんぞ(いづくんぞ)【△安んぞ・×焉んぞ】《副》どうして。何として。「燕雀(えんじゃく)―鴻鵠(こうこく)の志を知らんや」「―知らん」▽「いづくにぞ」の転。漢文調の文で疑問・反語の意に使い、下を推量で受ける。

いずこ(いづこ)【〈何処〉】《代》どこ。「春よ―」「―の寺の鐘ならむ」▽現在では雅語的。この語形が転じて「どこ」となった。

いずまい(ゐずまひ)【居住(ま)い】すわっている姿勢。「―を正す」

いずみ(いづみ)【泉】①水が地中から自然にわき出ているところ。またその水。②比喩的に、物事の出てくるもと。源泉。「知識の―」▽「出水(いづみ)」の意。

イズム 主義・説のこと。▽英語の接尾語 -ism から。

いずものかみ(いづも‥)【〈出雲〉の神】①出雲(いずも)大社の祭神、大国主命(おおくにぬしのみこと)。②男女の縁結びの神。▽出雲大社の神が結婚のなかだちをするという俗信から。

イスラムきょう【イスラム教】世界で広く信仰される宗教の一つ。唯一の最高神アッラーを信仰する。経典はコーラン(クルアーン)。七世紀の初めムハンマドが開いた。回教。フイフイ教。▽「イスラム」は、アラビア Islām(=神の意志への服従)

い-する【委する】《サ変他》①まかせる。ゆだねる。②すてる。

い-する【慰する】《サ変他》なぐさめる。いたわる。

い-する【医する】《サ変他》病気などをなおす。いやす。「渇を―」

いずれ(いづれ)【△何れ・×孰れ】《代》①はっきりとは定めずに、またはわからないままに、物・事を言い表すのに使う語。㋐どれ。「和・洋―になさいますか」▽その物が属する範囲だけはわかっているのが普通。㋑どこ。どちら。「―にお出掛けですか」▽「どこ」より丁寧で古風。②《副詞的に》㋐何にしても。どのみち。「人間は―は死ぬものだ」㋑そのうちに。近々に。「―また参ります」

いずれさま(いづれ‥)【△何れ様・×孰れ様】《代》どちらさま。どなたさま。

いずれもさま(いづれも‥)【△何れも様・×孰れも様】《代》みなみなさま。みなさま。いずれもがた。▽現在では興行の口上のような改まった時にだけ使う。

いすわ-る(ゐ‥)【居座る・居×坐る】《五自》①その場所に座をしめたまま、動かないでいる。すわりこんで動かない。「梅雨前線が―」②ひき続きそのままの地位にいる。▽「居据わる」とも書く。

いせい【威勢】元気。いきおい。「―がよい」▽もと、人をおそれ服させる力。

いせい【為政】政治を行うこと。「―者」

いせい【異姓】姓がちがうこと。またその姓。他姓。↕

同姓

いせい【異性】①男・女、雌・雄の性を異にするもの。▽特に、当人(多く自分)とは異なる性を、指す。②性質が違うこと。そういうもの。「光学―」▽↕同性

いせい【遺制】今に残っている、昔の制度。「封建的―」

いせい【遺精】『名・ス自』性行為をしないのに、自然に精液が射出されること。

いせえび【×伊△勢×蝦・×伊△勢〈海老〉】赤褐色の殻に覆われた大形のえび。暖かい海の岩礁にすむ。背にとげのような突起が多数あり、触角は太くて長い。大きなものは体長四〇センチに達する。美味。しまえび。かまくらえび。▽いせえび科。

いせき(ゐせき)【×堰・井×堰】(水を他に引くために)蛇籠(じゃかご)などを置いて川の水をせきとめる所。せき。

いせき【移籍】『名・ス自他』(戸籍や属している組織などの)籍を他へ移すこと。「他の球団へ―する」

いせき【遺跡・遺×蹟】過去に建築物や戦争などのあった場所。旧跡。

いせさきおり【×伊△勢崎織】群馬県伊勢崎(いせさき)地方で産する織物。伊勢崎銘仙などが有名。

いせつ【異説】他と異なる説。特に、世間一般の通説・定説と異なった説。「―を立てる」

いせつ【移設】『名・ス他』(今)そこに設けてある建物や設備を他の場所に移すこと。

いせまいり(・まゐり)【×伊△勢参り】伊勢神宮に参拝すること。その旅。

い-せる『下一他』平面の布を立体的に仕上げるために、表面には見えないようにこまかく縫い縮める。いせこむ。袖山(そでやま)などに用いる。

いせん【緯線】地球の表面で、赤道に平行で経線に交わる仮想の線。緯度線。↕経線。▽「緯」は横糸の意。

いぜん【以前】①その時から前。↕以後。▽法律用語では、その時を含み、単に「前(ぜん)」と言えば含まない。②ずっと前(の時)。「彼は―横浜に住んでいた」

いぜん【依然】『副・ト タル』もとのままであるさま。前の通りであるさま。「両軍―(として)得点なし」「旧態―」

いそ【×磯】①岩の多い海岸(の波打ち際)。②琴(こと)・琵琶(びわ)などの胴の側面。

いそいそ『副[と]・ス自』うれしい事があるために、動作が調子づいているさま。「―帰り支度をする」

いそう【移送】『名・ス他』①ある所から他の所へ、またはある人の手から他の人の手へと、移して送ること。「けが人を―する」②ある事件の処理を別の裁判所(検察庁)に移すこと。▽異種の機関に移すのは「送致」。

いそう【異相】普通とは変わった人相や姿。

いそう【位相】①〔物理〕周期的に繰り返される現象の一周期のうち、ある特定の局面。「散乱波の―のずれ」②〔言語〕男女・職業・階級などの違いに応じた言葉の違い。「―語」▽(1)(2)は phase の訳語。③〔数学〕集合に極限や連続の概念を定義する基礎となる数学的構造。「―幾何(きか)学」▽topology の訳語。

いぞう【遺贈】『名・ス他』遺言(ゆいごん)によって、財産を、相続人以外の者におくること。

いそうがい【意想外】思いのほか。意外。予想外。

いそうろう(ゐさうらふ)【居候】『名・ス自』他人の家に住んで食わせてもらっている人。食客(しょっかく)。「―三杯目にはそっと出し」▽厄介がられる存在。江戸時代に家族構成をお上に届ける時、その末に「―太吉」のように書いたことから。

いそがし-い【忙しい】『形』①急いでしなくてはならない事に追われている。する事が多くて休む暇もない。多忙だ。「仕事が―」「仕事より遊ぶので―」②落着きがなく、めまぐるしい。せわしく立ち働くたちだ。「―男だ」▽「急ぐ」から出た語。派生 **-さ** **-げ** **-がる** 関連 忙(せわ)しい・気忙しい・忙しない・慌ただしい・こせこせ・せかせか・あくせく・性急・せっかち・忙中・多忙・繁忙・繁多・怱怱(そうそう)・怱忙・多用・繁用・多事多端・きりきり舞い・てんてこ舞い・立て込む・目が回る・猫の手も借りたい

いそが-す【急がす】『五他』物事を早くするようにさせる。急がせる。

いそが-せる【急がせる】『下一他』↓いそがす

いそぎ【急ぎ】急ぐこと。急を要するさま。「―の用」

いそぎあし【急ぎ足】急いで歩くこと。その足どり。

いそぎんちゃく【×磯巾着】浅海の岩石などに着生する、多数の触手が放射状にはえた生物。触手に小魚などが触れると巾着の口のように閉じて、それを捕らえる。いしぼたん。▽いそぎんちゃく目の腔腸(こうちょう)動物の総称。

いそ-ぐ【急ぐ】『五他自』早く仕上げよう、早く行き着こうとして、速さを増す。「―いで書く」「落成を―」「道を―」「会社へ―」

いぞく【遺族】家族のだれかが死んで、あとに残された家族。▽その死者を中心に見た言い方。

いそくさ-い【×磯臭い】『形』魚や海草のにおいなどがまじった海岸独特のにおいがする。派生 **-さ**

いそじ(いそぢ)【△五△十路】五十。また、五十歳。

いそし-む【△勤しむ】『五自』一所懸命にする。はげむ。「勉学に―」

いそづり【×磯釣(り)】いそでする釣り。

いそべ【×磯辺】①岩の多い海岸の波打ち際。②海苔(のり)を用いた料理に付ける語。「―巻き」

いそめ【×磯〈蚯蚓〉】海岸の砂礫(されき)中にすむ、ミミズに似た生物。体は短い脚のついた多数の環節からなる。釣りのえさにする。▽いそめ科などの多毛類の総称で、種類が多い。

いそやけ【×磯焼け】磯の海藻・海草が大量に死滅する現象。貝や魚が取れなくなる。環境汚染や他生物による食害などが原因と考えられる。

いそん【依存】『名・ス自』他のものによりかかり、それによって成り立つこと。▽「いぞん」とも言う。 **―しょう**【―症】それなしではいられない状態。「ア

ルコールー」「ネットー」「ギャンブルー」

いぞん【異存】 ある考えに対する反対の考え。不服。「ーはない」

いそんひん【易損品】 (小荷物運送で)こわれやすい品物。

いた【板】 ①平たい木材。また一般に、うすく平たく固い材。「鉄のー」「腰ー」「ーガラス」 ②「まないた」「いたまえ」の略。③『ーに付く』俳優の芸が舞台(=板)にしっくり調和する。転じて、職業・任務などがその人にぴったりあう。

いた-い ㊀【痛い】『形』神経に耐えがたいほど強い刺激を受けた感じだ。①刃物で手を切る、虫歯がうずく等、外力・病気で肉体や精神が苦しい。「ー・くもない腹をさぐられる」(思ってもみない事で邪推される)「そんな事はー・くもかゆくもない(=少しもこたえない。↓いたしかゆし)」「ーほどよくわかる」▽「胃がー」「全身がー」など痛む所を主語にするが、「きつくて鼻緒がー」のようにも使う。②しまったと思うほど手ひどい打撃を受けたり、弱点を鋭く突かれたりして、つらい。「ー小言をくらう」「原料が値上がりしてー」「ー所を突かれる」「ー目にあう」(つらい思いをさせられる) ㊁《「ー・く」の形で》はなはだしく。ひどく。「自分の不明をー・く恥じる」「ー・く感心した」 ▽㈠とは別語源か。古語的。 [派生] **-さ** **-げ** **-がる**

いたい【異体】 ①普通と違った様子や形。▽「いてい」とも言う。②同一でない個体・からだ。「ー同心」 **ーじ**【ー字】 同じ字と認める範囲で(特に正体(せいたい)の字と)形が異なる字。例、「富」に対する「冨」、「の」に対する「𠃌」。

いたい【遺体】 死体。なきがら。

いたい【衣帯】 ①着物と帯。②着物を着て帯を結ぶこと。装束。

いだい【偉大】『名ナ』すぐれて立派なこと。大きく立派なこと。 [派生] **-さ**

いたいいたいびょう【イタイイタイ病】 カドミウム中毒で起こる骨の病変により、身体・手足が痛みうずく公害病。

いたいけ 『ダナ』(幼い者が)かわいさを誘うばかりに、いじらしいさま。「ーな両手を握り締める」 [派生] **-さ** **ーな-い** 『形』いたいけだ。「ー笑顔」 ▽「ない」は様子を言う接尾語。 [派生] **-さ** **-げ**

いたいたし-い【痛痛しい】『形』見ても心が痛むほど、ひどくかわいそうだ。「包帯姿がー」 [派生] **-さ** **-げ**

いたがね【板金】 薄くひきのばした金属。金属板。ばんきん。

いたがみ【板紙】 厚手のかたい紙。ボール紙など。

いたガラス【板ガラス】 板のように平たいガラス。窓や鏡のガラスなど。

いたく ①【依託】『名・ス他』もたせかけること。㋐(自分の所でするはずの)仕事などを他に頼み、任せてしてもらうこと。「ー学生」 ㋑物にもたせかけて動作をすること。「ー射撃」 ②【委託】『名・ス他』本来その事柄を行うはずの者や組織が、その事務や業務を(命令系統に無い)他者に依頼して行ってもらうこと。↕受託。「ー販売」「外部に業務をーする」 ▽嘱託も⑵の一種。

いたく【遺沢】 後世にまで残っている故人のめぐみ。「ーに浴する」

いたく 『副』↓いたい(痛)㊁

いだ-く【抱く・△懐く】『五他』①かかえこむ。だく。「互いに肩をー・いて再会をよろこぶ」 ▽文語的。②考えや感情を心の内に生じさせる。「大志をー」「疑いをー」

いたけだか【居丈高】『ダナ』態度が人を威圧するようなさま。「ーになってどなる」 ▽「いたけ」はすわっている時の身長。「端座したーの老人」。「威丈高」は当て字。

いたこ 口寄せをする巫女(みこ)。▽東北地方で言う。

いたご【板子】 ①和船の底にしく揚げ板。「ー一枚下は地獄」(船乗りの危険なことのたとえ) ②スギ・ヒノキ・ケヤキなどの、厚さ三寸(約一〇センチ)、長さ一間(約一・八メートル)の材。

いたごと【痛事】 費用がかかったりして苦痛の感じられる事柄。▽既に古風。

いたざい【板材】 板にした木材。

いたしかた【致し方】「しかた」「しよう」のへりくだった言い方。「ーがない」「ーなく」 ▽↓いたす

いたしかゆし【痛し×痒し】『ノダ』かけば痛いし、かかなければかゆいし、というふうに、どうしてよいか困ること。「そう言われてはーだ」

いたじき【板敷】 屋内の板を敷いた所。板の間。また、畳でなく板を敷くこと。

いたじとみ【板×蔀】 格子(こうし)をつけないで、板ばかりでつくったしとみ。家の中が見えないようにしたもの。

いたじめ【板締(め)】 模様をほった凹(おう)・凸(とつ)二枚の板で布や糸をはさんで染める染め方。またそれで染めたもの。

いた-す【致す】『五他』①「する」のへりくだった言い方。「私がー・します」「お願いー・したい」 ▽つつしんでそうする、またその行為の影響が行為者より上の者に及ぶというニュアンスがある。⑵の転。②ひきおこす。もたらす。「不徳のーところ」 ▽もと「至る」の他動詞。

いたずら【△徒】『ダナ』無益なさま。幾らしても、実りのないさま。「ーに時間を費やす」

いたずら【〈悪戯〉】『名ナ・ス自他』ふざけて、無益な事やよくない事をすること。悪ふざけ。わるさ。「子供のー」「ーな子供」「ー書き」 ▽「いたずら(徒)」の転義。自分の行為を謙遜しても言う。「ちょっとーに詩を作ってみました」

いたぞうり【板草履】 小さな板切れを裏側に並べてはった草履。

いただき【頂】 山などの一番高い所。頂上。

いただきます《連語》食事を始める時に感謝の意を込めてする挨拶の言葉。

いただ-く【頂く・△戴く】《五他》①頭にのせる。「雪を―富士」「頭(こうべ)に霜を―」(高齢になって白髪になる)「星を―・いて帰る」(日没後に帰る)。頭の高さ(以上)にささげ持つ。②上の者として敬い仕える。「主君として―」「某氏を会長に―」③目上や、地位の上の者から、もらう。「先生にサイン入りの御本を―・いた」「御酒を―」④《動詞連用形+「て」、または動作を表す敬語的体言に付いて》「……してもらう」の丁寧な言い方。「紹介状を書いて―・きたい」「その書類を御覧―・いた」▽「書類を御覧―・きましたか」のような用法が一九七〇年ごろから多くなったが、相手中心に言うべき所を自己中心に言った誤用。主語が第二人称・第三人称なら「くださる」を使うのが正しい。「……させて―」については、↓せる《助動》(1)(イ)。⑤「食う」「飲む」の謙譲語。▽(3)の転。近年、丁寧な言い方としても使う。

いただ-ける【頂ける・△戴ける】《下一自》相当のものである。なかなかよいものである。「その考えは―」「その態度は―・けない」(=感心できない)」

いただたみ【板畳】①板をしんに入れた畳。床の間の畳など。②板敷のこと。

いたたまらない(ゐたたまらない)【居たたまらない】《連語》↓いたたまれない

いたたまれない(ゐたたまれない)【居たたまれない】《連語》もうそこにじっとしていられない。「恥ずかしさで―」▽「ない」の部分は、「ぬ」「ません」でもよく、それら三つの活用形でもよい。

いたち【×鼬】胴と尾が細長く四肢が短い肉食の獣。夜行性で、ねずみなどの小動物を捕食する。敵に襲われると悪臭を放って逃げる。「―の最後屁(さいごっぺ)」(苦しまぎれにとる最後の非常手段のたとえ)「―の道」(いたちは同じ道を二度と通らないということから、往来・交際が絶える意)▽広くはオコジョ・ミンクなども含むいたち科の動物の総称。

いたちごっこ【×鼬ごっこ】①子供の遊びの一つ。手の甲をつねってはその手を重ねてゆく遊び。②両者が同じようなことをしあって、なかなか、らちがあかないこと。

いたちょう【板長】↓はないた

いだつ【遺脱】《名・ス自》もれおちること。もれぬけること。遺漏。

いたつき①病気。②ほねおり。功労。▽「いたずき」とも言う。雅語的。

いたって【至って】《副》この上もなく。きわめて。非常に。「―壮健だ」▽「至る」の連用形+助詞「て」から。

いたで【痛手】①ひどい打撃。「不況で―を受けた」②ひどいきず。ふかで。重傷。

いだてん【×韋駄天】①仏法の守護神の一つ。よく走るという俗伝がある。②転じて、非常に足の速いこと。「―走り」。また、その人。

いたどこ【板床】①板張りの床の間。②板畳(1)のしん。

いたどり【〈虎杖〉】路傍から高山まで広く見られる多年草。茎は中空で約一・五メートルになる。若い茎は食用ともなり、すっぱい。夏、淡紅または白の小花を穂につける。根は漢方薬用。すかんぽ。▽たで科。

いたのま【板の間】板を敷いた部屋。板敷の所。 **―かせぎ**【―稼ぎ】ふろ屋・温泉場で入浴客のぬいだ着物や金品を盗み取ること。それをする人。

いたば【板場】(日本)料理屋の料理場。転じて、その料理人。▽まな板を置く場所の意から。料理人を指すのは関西風で、関東では普通「板前」と言う。

いたばさみ【板挟み】両立し得ない二つの立場の間に立って、どちらにつくことも出来ずに悩むこと。「義理と人情の―」

いたばり【板張(り)】①板を張り付けること。板が張り付けてあること。②しわのばしや、つや出しのため、洗って糊(のり)付けした布を、はり板にはってかわかすこと。

いたび【板碑】板状の石で作った、追善・供養のための碑。塔婆(とうば)の一種。室町時代に多く関東で建立(こんりゅう)された。

いたぶき【板×葺(き)】屋根を板でふくこと。また、その屋根。

いたぶ-る《五他》①いじめる。なぶる。②おどかして金品をせびりとる。ゆする。▽もと、いたく振る、ひどくゆする、の意。

いたまえ【板前】日本料理の料理人。転じて、料理場。▽料理の腕前の意から。↓いたば

いたまし-い【痛ましい】《形》見るからにわが身が痛むほど、かわいそうな有様だ。「―事故」「結末が何とも―」 派生 **-さ** **-げ** **-がる**

いたみ【痛み・傷み・悼み】痛むこと。「―が走る」「―が早い」。また、悼む気持。「―を述べる」▽↓いたむ

いたみい-る【痛み入る】《五自》相手の親切・好意に恐縮する。恐れ入る。

いたみわけ【痛み分け】①相撲(すもう)の取組中、一方が負傷したために引き分けとすること。②紛争で互いに損害を受けたまま引き分けること。

いた-む【痛む・傷む・悼む】㊀《五自》①痛くなる。㋐肉体的な痛さを感じる。[痛]「傷が―」㋑精神的な苦しみ・打撃を受ける。それによって悩み苦しむ。[痛・傷]「心が―」「ふところが―」(予想外の出費などで、つらい)②物にきずがつく。[傷]㋐(食品が)くさりかける。くさる。「りんごが―」㋑(器物・建物などが)きずがついて質を損なう。壊れかける。破損する。「ペン先が―」㊁《五他》人の死を嘆き悲しむ。[悼・傷]「故人を―」

いため【板目】①板と板とのあわせめ。②板の木目が、平行に通っていないで、山形や不規則な波形のもの。↕柾目(まさめ)。 **―がみ**【―紙】美濃紙(みのがみ)や半

紙を数枚はりかさねて厚く作った紙。和本の表紙などに使う。

いためがわ(は:が)【×撓革】いためたかわ。↓いためる(撓)

いためつ-ける【痛め付ける】《下一他》(抵抗できなくなるほど)ひどい目にあわせる。きびしく責めつける。

いた-める【痛める・傷める】《下一他》①痛さを感じる状態にする。㋐肉体的な痛み、または肉体の働きの故障を起こす。[痛]「足を―」「胃を―」「自分の腹を―・めた子」(母から見て、実子) ㋑精神的な痛みを起こす。悩みわずらわす。[痛・傷]「心を―」。心に苦しみ・打撃を与える。「ふところを―」(予想外の出費をつらく思う) ②物をきずつける。[傷] ㋐(食物を)くさらせる。▽「炒(たい)める」とは別。㋑(器物・建物などを)破損する。

いた-める【×撓める】《下一他》膠水(にかわみず)につけた革をかなづちで打ち固める。

いた-める【×炒める】《下一他》少量の油をひいて熱した調理器具の上で、食材をぶつけ合わせるように動かしながら熱を通す。「ひき肉を―」

いたや【板屋】板ぶきの屋根または家。

いたらぬ【至らぬ】《連語》思慮が足りず行きとどかない。「―者ですが、よろしく」▽「いたらない」「いたりません」も使う。

いたり【至(り)】①物事の極度に達していること。きわみ。「感激の―だ」「光栄の―です」②物事の勢いの行き着く結果。「若気の―でとんだ事をした」

イタリック 欧文活字の字体の一種。*italic* のように、やや右にかたむいたもの。▽italic

いた-る【至る・△到る】《五自》①(ある所・時・状態から出発して)ある所・時・状態に行き着く。㋐到着する。「奈良を経て京都に―」「今に―まで」「事ここに―」㋑(自分の所まで)やって来る。「悲喜こもごも―」㋒すみずみまで行きわたる。「―所」(↓いたるところ)。特に、注意・待遇などが十分に行き届く。「何かと―・らない者ですが」②《「―・って」の形で》この上なく、はなはだしいさまを表す。きわめて。「―・って元気だ」

いたるところ【至る所・△到る△処】《連語》あらゆる場所。「―にある」。どこへ行っても。「―人出でにぎわう」▽数学で「ほとんど―連続」のように言う時は、有限個の例外(になる点)を除いては(連続)の意。

いたれりつくせり【至れり尽(く)せり】《連語》配慮・接待などが非常によく行き届くこと。「―の歓待」▽「いたる」「つくす」のそれぞれに文語助動詞「り」の付いたもの。

いたわさ【板わさ】切った板つきかまぼこに、おろしたわさびを添えたもの。

いたわし-い(いたは:しい)【△労しい】《形》深く同情が起こるような、気の毒な有様だ。いたましい。「お―・くてなりません」 派生 -さ -げ

いたわり(いた:はり)【△労り】いたわること。その気持。

いたわ-る(いた:はる)【△労る】《五他》(老人や子供や弱い人などに同情して)親切・大事にあつかう。「体を―」。労をねぎらう。「ゴール インした選手を―」

いたん【異端】その世界や時代で正統とする信仰や思想などから、はずれていること。「―者」「―の説」

いち【市】①人がおおぜい集まって交易・売買すること。そのための場所。「―が立つ」「朝―」「門前―をなす」(出入する者が多いことのたとえ) ②人の多く集まる所。まち。市街。「―に虎を放つ」(転じて、非常に危険なことのたとえ)「―が栄える」(おとぎ話などのしめくくりの言葉。めでたし、めでたし)

いち【位地】くらい。地位。

いち【位置】《名・ス自》その物がある所。「本船の現在の―は」。また、そこにあること。「横浜は東京の南に―する」▽抽象的にとらえた場合には「場所」より「位置」を使う。「場所」には広がりの意識が伴うが、「位置」は必ずしもそうでない。人について言う場合には、その人の果たす役割・資格・境遇を指すことが多い。「社長の―の重大さ」 **―づ-ける**【―付ける】《下一他》全体の中で、また他との関連で、それがどういう位置を占めるかを考え定める。

いち【*一】イチ イツ ひと ひとつ ひ ― ものの数を数える時の最初の数(に等しい値や順位)。▽この和語は「ひと」。数値表現の改竄(かいざん)を防ぐ目的では「壱」とも書く。アラビア数字では「1」。↓いつ(一)。①《名・造》ひとつ。「一から十まで」(何から何までの意にも)「一を聞いて十を知る」(↓じゅう〔十〕)「一条の光」「罪一等を減ずる」「一個人として」「転落の一途(いっと)をたどる」「一進一退・逐一・万一・唯一(ゆいいつ)・均一(きんいつ・いちきん)」㋐わずか、また専らという含みを伴う。「一日(いちじつ)の長」「一介の係員」「一睡の夢」「専一(せんいつ)」㋑《「も」「すら」「さえ」「だに」と打消しとを伴って》全面否定を表す。「うるさくて一睡もできない」「一顧だに与えない」▽↓ひと(一)(1)。㋒順序の最初。「一から出直す」「一、抜けた!」「一の宮」「世界一弱い軍隊」㋓最上のもの。「一と言って二と下らない」「一位・上御一人(かみごいちにん)＝天皇のこと)」②ひと続きの全体。「一生」「一天にわかにかき曇る」「水をタンク(に)一杯にする」。同種のもののまとまり(全体)。「一様・一般・一門(の栄え)・一切・統一(とういつ)・画一(かくいつ)的」③(同類がある中での)別の一つ。「一書に曰(いわ)く」「一説・一方」。或(あ)る。「一日(いちじつ)その老人を訪れた」。あるいは。ある面では……、他の面では……。「一喜一憂・一得一失」

いち〔壱〕〔壹〕イチ イツ ひとつ ― ①数値を表す時、「一」の改竄(かいざん)を防ぐ目的で代用する字。証文などで金額等の記載に用いる。②「壱岐(いき)国」の略。「壱州(いっしゅう)」

いちい(いち:ひ) 深山に自生し、庭木・生垣などにもする常緑針葉樹。幹は直立し二〇メートルほどになる。実はだいだい色に熟し食用。材は緻密で、家具材・鉛筆材。アララギ。▽笏(しゃく)の材料としたので当て字で

「一位」とも書く。いちい科。

いちい【一位】①首位。②第一の位階。「正(しょう)一」③一の桁の数値。

いちい【一意】①一つの事に心を集中すること。「一専心」②→いちいてき。「一に定まる対応」「一性」 **一てき【一的】**『ダナ』(他の可能性がなく)ただ一通りに定められるさま。「一な解」▽unique の訳語。

いちい【一尉】自衛官の階級の略称の一つ。→りくい・かいい(海尉)・くうい(空尉)

いちいたいすい【一衣帯水】『ノダ』ひとすじの帯のような狭い川、または海をへだてて近接しているさま。「門司(もじ)と下関は一の地だ」▽「衣帯」は帯の意。

いちいち【一一】『名・副』ひとつひとつ(もれなく)。「一文句をつける」「一に返事を書く」

いちいん【一員】団体を構成しているひとり。団体の中のひとり。

いちいん【一因】(他にも原因が考えられる中での)一つの原因。

いちいんせい【一院制】議会を単一の議院で構成する制度。

いちえん【一円】ある場所一帯。全域。「関西一を襲った暴風雨」

いちおう【一応・一往】『副ノ』ひとまずのところは。ひととおり。「一(は)そう結論できる」「一やってみよう」「一のあいさつ」▽元来の表記は「一往」。

いちおし【一押し】最も推薦できるもの。そうすること。「一メニュー」

いちがい【一概】『副に』《あとに打消しを伴って》みなひっくるめて一般的に。おしなべて。「一に信用する気は無い」「一には言えぬが」

いちがつ【一月】その年の最初の月。正月。▽(陰暦の)異称は「睦月(むつき)」「太郎月」「王月」。↓しょうがつ

いちかばちか【一か△八か】『連語』運を天にまかせて、冒険すること。のるかそるか。出たとこ勝負で。「一やってみよう」▽カルタばくちから出た語。

いちがん【一丸】ひとつのかたまりのようになること。「打って一となる」(一致団結する)

いちがん【一眼】①↓いちもく(1)。②(レフレックスカメラで)レンズがひとつであること。「一レフ」

いちぎ【一義】①ひとつの意味。②一つの道理。一応もっともと思われる理屈。③第一義。根本の意義。 **一てき【一的】**『ダナ』①意味や結果がただ一種類であるさま。一意的。「一にきまる」②第一義であるさま。

いちぎ【一議】ただ一度の相談。「一に及ばず」(議論するまでもない)

いちく【移築】『名・ス他』建物を解体して他の場所に移し、再び建てること。

いちぐう【一隅】(一つの)かたすみ。「業界の一」

いちげい【一芸】ひとつの技芸・芸能。「一に秀(ひい)でる」「一一能」

いちげつ【一月】①ひと月。②いちがつ。正月。

いちげん【一元】①基本とするものが一つであること。「一論」②〔数学〕未知数が一つであること。「一二次方程式」③天皇一代の間にただ一つの年号を用いること。「一世一」 **一か【一化】**『名・ス他自』ばらばらになっている組織や機構、または一見関係のない問題を、一つの原理で統一すること。「下水道工事を市のもとに一する」 **一ろん【一論】**ただ一つの原理で、すべてを説明しようとする考え方。特に哲学では、世界の全存在・全運動を説明するのに、精神を支配する原理と物質を支配する原理とを別のものと考えるなどせず、一つの原理で説明する立場。↕二元論・多元論

いちげん【一△見】初めて対面したこと。「一の客」(初めての客)▽もと遊里の言葉。「いっけん」と読めば別の意。

いちげんいっこう【一言一行】一つの言葉と一つの行い。「一を(=ちょっとした言動も)慎む」

いちげんきん【一弦琴・一×絃琴】長さ三尺六寸(約一・一メートル)の割竹・杉材などの胴に、一筋の弦を張った琴。

いちげんこじ【一言居士】何にでも自分の意見を一つ言ってみなくては気のすまない人。

いちけんしき【一見識】ひとかどの、物の考え方。相当の見識。「一を持つ」

いちこ【市子】術をつかって、死者の霊を自分にのりうつらせ、死者の様子や考えを語る職業の女。巫女(みこ)。霊媒。口寄せ。

いちご【×苺・×莓】多く、一口大で赤色の表面に小さな種が多数ついた果物。また、それを取るために栽培する多年草。オランダイチゴ。キイチゴ・ヘビイチゴなど似た実のなる植物を総称しても言う。▽いずれもばら科で、多年草または小低木。

いちご【一期】〔仏〕人が生まれてから死ぬまで。一生。生涯。「一の不覚」「一末代の誉(ほまれ)」「一一会(いちえ)」(一生に一回しか会う機会がないような、不思議な縁)

いちごう【一合】①一升の十分の一の量。②(戦いや剣道などで)刀と刀を一度合わせること。 **一め【一目】**山の頂上に至るまでの登山道を十に分けた、最初の一くぎり。

いちごう【一×毫】『「一(の……)も」』《後に打消しを伴って》ほんの少し(の……)も。「一毫の乱れもない」

いちころ〔俗〕簡単に負けてしまうこと。▽一撃でころりと倒れる意。

いちごん【一言】『名・ス自』ひとこと。ひとこと言うこと。「一のもとに断る」「一一句」「一もない」(反論または弁解の余地がない) **一はんく【一半句】**ほんの少しの言葉、わずかの言葉。片言隻句。「一もゆるがせにしない」

いちざ【一座】①『名』㋐その座全体の人。満座。㋑一基。「一の仏像」㋒一回。一席。「一の説法」㋓第一

の上席。②『名・ス自』㋐同じ場所にすわること。同座。同席。㋑役者・芸人などの一団体。またその団体に加わること。

いちじ【一事】 一つの事柄。「―が万事」(一つの事を見れば、他のすべてをおしはかることができる)「―不再議」(一度議決した事は再びは審議対象としない)

いちじ【一時】 ①ある時。㋐その時かぎり。当座。その場。「―の出来心」㋑ある少しの時間・期間。「―はどうなる事かと思いました」「―我慢すれば何とかしのげる」②ある一つの時。一度。㋐『―に』同時に。㋑一回。③臨時的なしばらくの間。「―お預かりします」「―避難場所」▽「いっとき」「いちどき」と読めば別義もある。 **―きん【―金】** 一時かぎり支給される金。 **―しのぎ【―×凌ぎ】** その場だけ間に合わせて切り抜けること。 **―てき【―的】** 『ダナ』その時だけ。しばらくの間だけ。「―な現象」 **―のがれ【―逃れ】** その場だけつくろって苦境を脱しようとすること。いっときのがれ。 **―ばらい【―払(い)】** 一度に全額を支払うこと。

いちじ【一次】 ①第一回。最初。「―試験」②〔数学〕代数式で、(着目する文字の項につき)二乗以上の項を含まないこと。「―式」

いちじく【〈無花果〉】 初夏、葉のつけ根に、ビワの実に似た形の果実をつける落葉小低木。また、その果実。果実は花托(かたく=花のつけね)が肥大したもので、熟したものを食用に、また干して緩下剤とする。葉は薬用。花は花托の中で咲き、外からは見えない。▽「いちじゅく」が正しいとの説もある。くわ科。

いちじせんきん【一字千金】 一字の値が千金にもあたるほど立派な文章(または文字)であること。

いちしちにち【一七日】 人の死後、七日目に当たる日。ひとなのか。初七日(しょなのか)。

いちじつ【一日】 ①月の最初の日。ついたち。②その日いちにち。「―の長」(その事をするについて、少しはまさっていること)③ある日。「―武蔵野に遊ぶ」 **―せんしゅう【―千秋】** 一日が千年(=千秋)ものように非常に長く感じられること。待ち遠しいこと。「―の思い」▽「一日三秋」とも言う。

いちじゅ【一樹】 一本の樹木。「―の陰、一河の流れ」(人間が出合ったり離れたりするのも偶然ではないという意)

いちじゅういっさい【一汁一菜】 おかずが一品の汁と一品の菜だけの食事。質素な食事。

いちじゅく【〈無花果〉】 →いちじく

いちじゅん【一旬】 十日間。▽「旬」は一か月を三分したもの。

いちじゅん【一巡】 『名・ス自』ひとめぐりすること。ひとまわり。

いちじょ【一助】 何かのたすけ。何かのたし。「―になる」

いちじょ【一女】 ①ひとりのむすめ。「一男―」②長女。

いちじょう【一条】 ①ひとすじ。「―の理がある」②箇条書のひとくだり。③ある事件のなりゆきなど。一件。

いちじょう【一場】 一つの場面。その場。一席。「―のあいさつ」。その場かぎり。わずかの間。「―の夢」

いちじるしい【著しい】 『形』目立ってはっきりしている。明らかだ。それとわかるほど、程度が甚だしい。「進歩が―」 派生 **―さ**

いちじん【一陣】 ①風がひとしきり吹くこと。「―の風」②先陣。また、一つの陣。

いちじんぶつ【一人物】 見識ある、ひとかどの人物。

いちず【一△途】 『名・ダナ』ただ一つのことに打ち込んで他を顧みない様子。ひたむき。「―に思い込む」「正直―な男」「学問―」▽「いっと」と読めば別の意。 派生 **―さ**

いちせいめん【一生面】 一つの新しく開いた方面。「―を開く」

いちぜんめしや【一膳飯屋】 一膳飯(=椀(わん)に盛りきりのめし)を売る簡易飲食店。

いちぞく【一族】 同じ血筋、同じ氏族の者。同族。「―郎党」「―経営」

いちぞん【一存】 自分一人だけの考え。「―では決めかねる」

いちだい【一代】 ①一生涯。生きている間。「人は―、名は末代」②国王・君主・戸主などの、その地位にいる間。③一つの時代。その時代。当代。「―の碩学(せきがく)」④第一代。初代。 **―き【―記】** その人の一生涯の事跡を記録したもの。伝。行状記。

いちだい=【一大】 ひとつの、はなはだ重大な。「―決心」「―事件」「―痛恨事」▽「大」に「一」をかぶせて強調した言い方。

いちだいじ【一大事】 容易ならぬできごと。大事件。

いちだん【一団】 ①一つの仲間・団体。②ひとかたまり。一群。「―となって歩く」

いちだん【一段】 ①階段・段階などの一きざみ。「格は―劣る」②文章・語り物などの一くぎり。③《副詞的に》ひとしお。いっそう。「―とよい眺めだ」

いちだんらく【一段落】 『名・ス自』①一つの段落。②ものごとが一くぎりしてかたづくこと。ひときり。「仕事が―つく」▽「ひとだんらく」は誤り。

いちてんき【一転機】 →いってんき

いちど【一度】 ①いっぺん。㋐一つの回(数)。「―ある事は二度ある」「―ならず」(重ねて何回か)「―として幸福な日はなかった」「―は訪れてみたい」㋑一回でもそういう事があればの気持で、仮定に使う。「―食べたら病みつきになるよ」㋒せめて一度だけでもの気持で、勧誘に使う。「狭い家ですが、どうぞ―お寄り下さい」▽㋒〜㋔は副詞的。㋓『―に』同時に。全部いっしょに。「あちこちに注文した品が一度に届いた」㋔『―と(し)て』『―も』《あとに打消しや反語を伴って》強い否定に使う。「楽しい事は一度とてない」「一度も泣くものか」▽「―だって」にも同様の用法がある。②温度や角度などを整数位(まで)で言う時の、単位量である度合い。「零下―」

いちどう【一同】居合わせた者や仲間の全体。みんな。「職員―」

いちどう【一堂】①ひとつの堂。②同じ建物や場所。「―に会する」

いちどう【一道】①ひとつのみち。ひとすじ。「―の光明を見出す」。ひとつの芸の道。一芸。「―に長じる」②一つの道(どう)。▽現在の行政区画で「道」は北海道だけ。「一都一二府四十三県」

いちどき【一時】〘副に〙同時に。いっぺんに。「こんなに沢山―には食べられない」▽「いっとき(に)」と読めば別の意。なお、↓いちじ(一時)

いちどく【一読】〘名・ス他〙一とおり(ざっと)読むこと。

いちなん【一男】①一人のむすこ。「―をもうける」②長男。

いちに【一二】①一つ二つ。ほんの少し。「―の例をのぞいて」②一位二位。「―を争う」

いちにち【一日】①午前零時から午後十二時まで。一昼夜。「―は二十四時間である」「―市長」(記念行事で、有名人などをその日だけ仮に市長に見立てた、その人)「―乗車券」(ある地域内の移動でその日に限り何回乗ってもよい乗車券)②朝から夕方まで。「きょうは―立ち通しだった」③ある日。「春の―、山に出かけた」④月の初めの日。ついたち。 ―ましに【―増しに】〘連語〙日がたつにつれて。日ましに。逐日。「―春らしくなる」

いちにょ【一如】〔仏〕真理は現れ方はちがっても、本(もと)は一つで分けへだてがないということ。「物心―」▽「如」は異ならないこと。

いちにん【一任】〘名・ス他〙すっかり他人にまかせること。「議長に―する」「権限を―する」

いちにんしょう【一人称】↓にんしょう(人称)

いちにんまえ【一人前】①一人の人に割り当てる量。一人分。②おとなであること。「―になる」③技芸などがその道の人として通用するほどに達していること。「やっと―だ」

いちねん【一年】①一月から十二月までの間。「―の計は元旦にあり」②十二か月の長さ。「今日でちょうど―だ」③最初の年。第一年。④第一学年。一年生。⑤ある年。 ―き【―忌】↓いっかいき

いちねん【一念】深く心に思うこと。一筋にその事を思うこと。また、その思い。「母の―」「思う―岩をも通す」 ―ほっき【―発起】〘名・ス自〙①ある事を成しとげようと決心すること。▽(2)の転。②決心して仏信仰の道にはいること。

いちねんそう【一年草】春発芽し、夏から秋にかけて開花・結実し、その年のうちに枯れる草本。繁殖は種子による。イネ・ナス・アサガオなど。一年生植物。

いちのう【一能】一つの技能・才能。「一芸―」

いちのぜん【一の膳】正式の日本料理の膳立てで、第一に出す膳。本膳。

いちのとり【一の×酉】十一月の最初の酉(とり)の日。また、その日に行われる、酉の市(いち)。初酉。↓とりのいち

いちば【市場】①毎日または定期的に、多数の商人が集まって、商品売買を行う所。②常設的設備をもち、魚・野菜などの食料品や日常雑貨を販売する所。▽↓しじょう(市場)

いちばい【一倍】〘名・ス他〙①その数量に一を掛けること。掛けた結果。「―半」②それの倍。「二倍」と同じ。「人―」(他の人の二倍も) ▽本来「倍」は、今の二倍の意。

いちはつ【〈鳶尾〉・一△八】初夏に紫色または白色の花を開く多年草。古く中国から渡来、観賞用に栽培される。火炎を防ぐという俗信から、かやぶき屋根のむねに植える所がある。▽あやめ科あやめ属。

いちばつひゃっかい【一罰百戒】一人の罪人を罰することで多くの人への戒めとすること。

いちはやく【△逸早く】〘副〙早速(さっそく)。他人にさきがけて。すばやく。「―現場にかけつける」▽文語形容詞「いちはやし」の連用形から。

いちばん【一番】㊀〘名〙①第一の番。㋐順番が最初であること。㋑同種のものの中で最もすぐれたもの。最上。②一回・一曲など、番で数えるものの一つ。「―勝負」㊁〘副〙①最も。「―始め」②こころみに。ひとまず。「承知するかしないか―当たってみよう」 ―ちゃ【―茶】その年の最初につむ茶葉。「―を玉露にする」 ―どり【―△鶏】朝、一番始めに鳴くニワトリ。 ―のり【―乗り】〘名・ス自〙①ある場所に最初に乗りこむこと。また、幾人かが先を争っている事に最初に成功すること。▽(2)の転。②最初に敵陣に馬を乗り入れること。 ―やり【―×槍】①最初に敵陣に槍をつきいれること。②転じて、最初に功名を立てること。

いちび インド・西アジア原産の一年草。古く渡来し、茎から繊維をとるため栽培され、野生化。きりあさ。▽あおい科。

いちひめにたろう【一姫二太郎】子をもつには、最初が女で、次が男という順に産むのがよいということ。

いちびょうそくさい【一病息災】一つぐらい持病があったほうが、かえって健康に気をつけて、長生きできるということ。▽「無病息災」から出た語。

いちぶ【一分】①全体の十分の一。②一割の十分の一。③一寸の十分の一。④「一分金・一分銀」(江戸時代の金貨・銀貨の一つ)の略。▽「いちぶん」と読めば別の意。 ―いちりん【―一厘】ごくわずかのこと。「―狂いがない」

いちぶ【一部】①全体の中の(半分より少ないような)部分。「―の人の意見」▽↓ぶぶん。②冊子など「部」で数えるものの、一つ、また一揃(そろ)い。 ―しじゅう【―始終】①始めから終わりまで。②転じて、こまごまとしたことまで全部。「―を語る」

いちぶぶん【一部分】全体の中のある(半分より少ない)部分。

いちぶん【一分】一身の面目。「男の―が立たぬ」▽「いちぶ」と読めば別の意。

いちべつ【一×瞥】〘名・ス他〙ちょっとみること。ちらっと見ること。

いちべついらい【一別以来】〘副・ノダ〙別れてからこの方。「これはこれは、―ですな」▽「一別来」とも。

いちぼう【一望】〘名・ス他〙一目に見渡すこと。「―のもとに眺められる」「―に収める」。また、見渡すかぎり。「―白一色(はくいっしょく)」 **―せんり**【―千里】ひとめで千里の遠くまで見渡されること。野原などのひろびろしているさま。「―の平野」

いちぼう【一×眸】→いちぼう(一望)。▽「眸」は、ひとみ。近ごろは使わない。

いちまい【一枚】①紙・板・貨幣など、薄くて幅のあるもの一つ。②田の一区画。③一人。「彼を―加えよう」。〘副詞的に〙一段(階)。「役者が―上だ」▽役者の看板や力士の番付によるという。→④・いちまいかんばん。④相撲(すもう)で番付上の地位の差一つ。▽役力士以外の地位を「前頭〇枚目」のように言うから。 **―いた**【―板】かなり広い面積を一枚の板で仕立てたもの。「―の卓」 **―いわ**【―岩】一枚の板のような裂け目のない大きな岩。また、強固な団結・組織のたとえ。 **―かんばん**【―看板】①芝居小屋(などの興行場)で、外題(げだい)とその上部を使った主な役者の絵姿とを、一枚にまとめた飾り看板。②㋐芝居の一座などで中心となる役者(芸人)。㋑一団の中心人物。③(他に取り柄はないが)それだけは自慢できるもの。「―のひげ」

いちまつ【一抹】〘多く「―の」の形で〙①一はけぼかして塗ること。ひとなすり。▽比喩的に「西空に―の雲が浮かぶ」のようにも使う。②ほんのわずかなこと。「―の不安」。〘単独で副詞的に〙ほんの少し。「そんな不安も―ないではないが」

いちまつ【市松】①→いちまつもよう。②→いちまつにんぎょう。▽以前は童子の名に多かったので、小児の意でも使った。 **―にんぎょう**【―人形】おがくずなどを膠(にかわ)でかためてつくった人形。腹の中に笛を仕込んだものもある。いちま(にんぎょう)。 **―もよう**【―模様】碁盤の目のように、白と黒の正方形をたがいちがいにならべた模様。▽江戸時代に、歌舞伎俳優佐野川市松がこの模様の袴(はかま)を用いたのに起こる。のちには、色物や長方形のものなどをも言う。

いちみ【一味】①同じなかま。一党。▽今「〇〇―」と呼ぶ時は悪い仲間を指す。もとは仏教で、仏の言葉は説く時・所でちがっても、本旨は一つの意。②一つの味。「―唐辛子」▽「ひとあじ」と読めば別の意。

いちみゃく【一脈】一つのつながりがあること。一続き。「―通じるものがある」

いちめい【一名】①ひとり。②本名以外の一つの別名。またの名。

いちめい【一命】(人ひとりの、かけがえのない)いのち。「―をとりとめる」

いちめん【一面】①面全体。あたりいっぱい。「―の雪だ」②一方の側。「―からいえば……」③〘副詞的に〙一方で。「優秀だが、―くせもある」④琴や鏡の数え方で、一つ。 **―かん**【―観】一方の側からだけの見方。 **―てき**【―的】〘ダナ〙観察や主張などが、ある一方の側だけにかたよっているさま。「―な見方」

いちめんしき【一面識】一度顔を合わせてちょっとだけ知っていること。「―もない」

いちもうさく【一毛作】同一耕地に、一年間、ただ一回だけ作物をつくること。

いちもうだじん【一網打尽】①一度に一味を全部捕らえること。②一度網を打ってそこにいるすべての魚を捕らえること。

いちもく【一目】①〘名〙一つの目。㋐両目の一方。片目。▽両眼見える場合にも片方が見えない場合にも言う。㋑碁盤上の一つの目、また、一個の碁石。「―おく」(囲碁で弱い方が最初に石を一つ置いて始めるところから、相手を、自分よりまさっているとして一歩ゆずる意)②〘名・ス他〙ちょっと見ること。「―して贋物(にせもの)とわかる」▽「ひとめ」と読めば別義もある。 **―りょうぜん**【―瞭然】〘トタル・ノダ〙ただひとめみただけで、はっきりとわかるさま。

いちもくさん【一目散】〘副に・ノダ〙わきめもふらずに一所懸命に駆けるさま。いっさん。「―に逃げる」「仕事が終わると、裁判所から―です」(毎日新聞、二〇〇二・二・二)

いちもつ【一物】①心のうちに持った一つのたくらみ。「胸に―ある」②一つの品物。また、ある特定のもの。

いちもつ【△逸物】すぐれた人物・馬など。

いちもん【一文】①わずかの金銭。「―なし」②穴明銭(あなあきせん)一枚。 **―おしみ**(をしみ)【―惜しみ】わずかな金も出し惜しむこと。そういう人。「―の百知らず」(目前のわずかな金を惜しむことによって、将来の大きな損失になることを知らないこと) **―きなか**【―〈半銭〉】一文と半銭。わずかの金銭。▽「きなか」は「寸(き)半(なか)」の意で、銭の直径が一寸(いっき)だったから。

いちもん【一門】①一族。②仏教の同じ宗旨を修行する者。③転じて、同じ師の流れをくむ者たち。同門。

いちもんいっとう【一問一答】〘名・ス自〙一つの問いに対して一つの答えをすること。「記者と―する」

いちもんじ【一文字】①一つの字。一字。②「一」の字の形。「口を―に結ぶ」③〘普通「に」を伴って副詞的に〙「一」の字形のようにまっしぐらに突進するさま。③書画の掛け物の表装で上下に、横につけてある細い布。綾(あや)・錦(にしき)・金襴(きんらん)などを用いる。④劇場の舞台の正面の上の方に下げる横に長い黒い幕。

いちや【一夜】①日暮れから翌朝までの一晩。「桜は―にして散ってしまった」②ある晩。 **―ざけ**【―酒】一夜だけの発酵でできた酒。甘酒など。ひとよざけ。 **―づくり**【―作り】①一夜のうちにつくり出すこと。また、そのもの。「―の甘酒」②一時の間に合わせに、大急ぎでつくり出すこと。また、そのもの。 **―づけ**【―漬(け)】①一晩つけただけの漬物。はやづけ。②一夜だけしか、労力をかけない勉強。

いちゃいちゃ《副「と」・ス自》二人(の男女)が度を過ぎて、なれなれしく振る舞うさま。「職場で―するな」

いちやく【一躍】《副・ス自》一足(いっそく)とびに進むこと。躍進すること。「―(して)大スターになる」▽もと、ひととびする意。

いちゃつ-く《五自》(男女が)むつまじく、当人だけで楽しげに振る舞う。「恋人と―」

いちゃもん〔俗〕あれこれ文句をつけること。その文句。「―をつける」

いちゆう【一×揖】《名・ス自》ちょっとおじぎすること。会釈(えしゃく)をすること。

いちゅう【意中】心のうち(で思っている事)。「―を察して」「―の人」(ひそかに心を寄せる人)

いちゅう【移駐】《名・ス自》(軍隊などが)他の土地へうつってとどまること。

いちょ【遺著】著者の死後に出版された著述。

いちよう【一葉】①一枚の葉。ひとは。「―落ちて天下の秋を知る」(散りやすいアオギリの葉が一枚落ちたような、前兆をつかんで、大勢を見通す。准南子(えなんじ)の文に基づくことわざ)②紙などの一枚。また、小舟などの一つ。

いちよう【一様】《ダナ》皆同じようにそろっているさま。ひとしなみ。同様。「皆―にうなずく」[派生] **-さ**

いちょう【医長】病院などで、各科の首席の医師。

いちょう【〈銀杏〉〈公孫樹〉〈鴨脚〉】並木などに植え、扇形の葉が秋に黄葉する落葉高木。中国原産。高さは三〇メートルに達する。実を「ぎんなん」と呼び、食用。材は木目が密で、碁盤などに加工される。雌雄異株。▽いちょう科。 **―がえし**【―返し】日本髪の一つ。髻(もとどり)の上を左右に二分し、半円形に曲げて、イチョウの葉のように結ったもの。 **―がた**【―形】イチョウの葉の形。半月形を真中から二つに切った形。

いちょう【胃腸】胃と腸。また、消化器。「―病」

いちょう【異朝】外国の朝廷。また、単に、外国。

いちょう【移調】《名・ス他》ある楽曲を他の調子に移すこと。たとえばハ調を二調に移すなど。

いちょう【移×牒】《名・ス自他》管轄のちがう他の役所に文書で通知すること。また、その通知。

いちようらいふく【一陽来復】よくない事の続いた後にいい事がめぐって来ること。▽もと、春がめぐり来ること、新年になることの意で、陰暦十一月または冬至の称。

いちよく【一翼】①一つのつばさ。②一つの役割。「―をになう」

いちょく【違勅】《名・ス自》天子の命令にそむくこと。

いちらつ【一×埒】その事柄・事件の一部始終。一件。▽かなり古風。

いちらん【一覧】①《名・ス他》一とおり(ざっと)目を通すこと。②《名》↓いちらんひょう。「物件―」 **―ひょう**【―表】種々の事項を一目でわかるようにまとめた表。▽「一覧」とも略す。

いちらんせいそうせいじ【一卵性双生児】ひとつの卵(らん)が受精して生まれた双生児。遺伝子組成が等しいため、二人は必ず同性で、よく似ているのが特徴。

いちり【一理】ひととおりの道理。「それも―ある」

いちり【一利】ひとつの利益。「百害あって―なし」 **―いちがい**【―一害】利益もあるかわりに、また害もあること。一得一失。

いちりつ【一律】①同じ調子で変化がないこと。「千篇(せんぺん)―」②一様。同じぐあい。「―に一割値上げする」

いちりつ【市立】「市立(しりつ)」を「私立(しりつ)」と呼び分けるための言い方。▽「私立」の方は「わたくしりつ」と呼ぶ。

いちりづか【一里塚】①大きな目標に向かう過程の一つの段階。「政治改革の―」▽(2)の比喩的用法から。②江戸時代に、全国の諸街道に一里ごとに土を盛り、松や榎(えのき)などの樹木を植え、里程の目標とした塚。

いちりゅう【一×旒】ひとつの旗・のぼり。ひとながれ。

いちりゅう【一流】①その世界で第一等の地位を占めているもの。「当代―の学者」②技芸などでの一つの流派。「―を成す」③独得の流儀。「彼―のやり方」

いちりょう【一両】①大きな車などの一台。一輛(りょう)。②《日・年・人等を下に伴って》一、二。「―日(じつ)」③昔の貨幣の単位の金額。一分(ぶ)の四倍で十六朱にあたる。▽昭和十年代まで一円を指すのにも言った。

いちりん【一輪】①花一つ。「梅―」②車輪一つ。③明月のこと。 **―ざし**【―挿(し)】一、二輪の花をいけること。また、そのための小さな花瓶。 **―しゃ**【―車】車輪がただ一つの車。㋐荷物などを運ぶのに使う、手押しの車。㋑車輪が一つの自転車。「―競技」

いちる【一×縷】《「―の」の形で》細糸一本のように今にも絶えそうな。かすかな。「―の望みを託す」

いちるい【一類】①同じ種類。同じたぐい。②そのなかま。同族。

いちれん【一×聯】①律詩の一つの対句(ついく)。②詩の(何行かでまとまった)一節。

いちれん【一連】①関係のあるひとつづき。「―の事件」②「連」で数えるもの一つ。

いちれんたくしょう【一×蓮×托生】 結果のよしあしにかかわらず、行動・運命を共にすること。「一の身」▽死後、極楽で同一の蓮華(れんげ)に身を托するということから。

いちろ【一路】 ①ひとすじの路(みち)。「一遥(はる)かな前途」「勉学一に徹する」。行程の全体。「一平安」②《副詞的に》まっすぐに。寄り道しないで。「一帰国の途につく」

いちろく【一六】 ①(双六(すごろく)や博打(ばくち)で)采(さい)の目に、一と六とが出ること。②月の中の一と六のつく日。江戸時代、この日が寄合(よりあい)日・稽古日・休日などであった。 **一ぎんこう【一銀行】** 質屋の俗称。▽一と六との和の七が「質」と同音であることから。 **一しょうぶ【一勝負】** ①采(さい)の目に一が出るか六が出るかを賭けて、勝負を決めること。ばくち。②勝ち負けをその一事に賭けて、冒険を決行すること。

いつ【五】《造》「五(ご)」の和語。▽数え上げる唱え以外に単独では使わない。

いつ【〈何時〉】 はっきりとは定めずに、または分からないままに、時を言い表す語。どの時。「一仕上がりますか」「一にない親切さ」「一なんどき」(「いつ」を強めた表現)

いつ【一】 ひと(つ)。「成否は一にこの点に懸かる」「心を一に(=同じく)して」「一は大官、他は書生」▽「一」の漢音読み。硬い文体に使い、使う範囲が「いち」より狭い。→いち【一】

いつ〖逸〗【人逸】 イツ イチ はやる それる ―①にげ走る。とりにがす。「逸走・奔逸・後逸」②世間から隠れる。世間に知られない。失われた。「逸書・逸文・逸事・逸民・逸名・逸話・隠逸・散逸」③《名・造》らくにして楽しむ。「逸を以(も)って労を待つ」(英気を養っておいて、疲れた敵兵に当たる)「逸遊・安逸・逸楽」④わがまま。きまりにはずれる。「驕逸(きょういつ)・放逸・飄逸(ひょういつ)」⑤すぐれている。世間並みをこえた。「逸材・逸品・秀逸・逸物(いちもつ)」⑥はやる。心が進む。

いつ〖溢〗【人溢】 イツ あふれる ―(水があふれて)こぼれ出る。容量をこえる。度をこす。「溢美・溢水・横溢・充溢・脳溢血」

いつ【一】 →いち【一】

いつう【胃痛】 胃に痛みが起こること。その痛み。

いつか【五日】 日数で五になる時間。また、その月の五番目の日。▽「か」は日の意。

いつか【〈何時〉か】《連語》《副詞的に》①いつだと正確には思い出せないが、過去のある時。「この道は一来た道」(北原白秋「この道」)「一の夜」②いつだとは決まらないが、将来のある時。そのうちに。「一行きたい」③→いつかしら。▽「いつ」+係助詞「か」 関連 前に・以前・昔・かつて・そのかみ・先頃・その昔・そのうち・後で・のちほど・後に・後日・いずれ・今に・追って・追っ付け・近近・近ぢか・近く・遅かれ早かれ・早晩・そろそろ・ぼつぼつ・不日・遠からず

いっか【一価】 ①〔物理〕原子価が一であること。水素原子一個と結合しうるか、それに相当する状態。「一金属」「一アルコール」②〔数学〕値が一通りに定まること。「一関数」

いっか【一家】 ①一家族。「一のあるじ」。家族に類した団体。「次郎長一」②一つの流派。また、独自の存在。「一をなす」 **一げん【一言】** その人に独得の見識を思わせる意見(を述べた言葉)。

いっか【一過】 ①さっと通り過ぎること。「台風一」②一回だけその経過をたどること。「一性の熱病」

いっかい【一介】《「一の」の形で》人一個の。「一の会社員」▽多くは取るに足りない者と見る気持で使う。「介」は、個の意。

いっかいき【一回忌】 人が死んで、翌年の同じ日に行う法事。一周忌。一年忌。

いっかく【一角】 ①一つの角。「二辺と一」②一すみ。「街の一」「氷山の一」▽→いっかく(一郭)。③一本のつの。④〔動物〕クジラの一種。前方に角(つの)のように突き出た長い牙をもつ。体長は最大で五メートル弱。ふつう雄だけにある牙は二メートルを超えるものもあり、漢方で解毒・解熱剤に用いた。一角獣。角魚。ウニコール。 **一じゅう【一獣】** ①→きりん(麒麟)(2)。②馬の形をした、ひたいに一本の角(つの)のある伝説上の動物。ユニコーン。③→いっかく(一角)(4)

いっかく【一郭・一×廓】 一区画の土地。「新宿の一に本社ビルがある」▽→いっかく(一角)(2)

いっかくせんきん【一×攫千金】 ひとつかみに千金をつかみとること。一時にたやすく莫大(ばくだい)な利益を得ること。「一を夢みる」「一をねらう」▽「一獲千金」は代用表記。

いつかしら【〈何時〉かしら】《連語》①いつのことか。「この前行ったのは一ね」②《副詞的に》いつのまにか。知らぬうちに。「一夜もふけた」

いっかつ【一喝】《名・ス他》大きく一声でしかりつけること。

いっかつ【一括】《名・ス他》一つにくくること。まとめること。「議案の一上程」

いっかど【一角・一△廉】 →ひとかど。▽「ひとかど」の以前の言い方。

いっかな《副》《あとに打消しを伴って》どんな情況になろうと一向に。どうしても。「一承知しない」▽「如何(かい)な」の促音化した形。どんなものでもの意の転。

いっかん【一環】 ①鎖などの一つの環(わ)。②全体としてのつながりの中の一部分。「福祉政策の一として」

いっかん【一貫】 ①《名》㋐尺貫法の単位となる重さ。三・七五キログラムにあたる。㋑銭一千文。▽近世は九百六十文で通用。②《名・ス自他》始めから終わりまで、一つの仕方・考え方で貫き通すこと。「終始一」「一した政策」

いっかんのおわり【一巻の終(わ)り】 すべて終わっ

てしまい、手遅れであること。▽一巻からなる物語が終わる意から。

いっかんばり【一閑張】漆器の一種。紙張りにうるしを塗った細工物。▽創始者の名から出たという。

いっき【一×揆】代官や守護などの圧政に対して、農民・信徒などが団結して要求・反対のために立ち上がること。「百姓ー」

いっき【一季】①春夏秋冬のいずれかの時。②近世、奉公人が主家に奉公する一年間の契約期間。

いっき【一気】『ーに』『ーの』途中で一息入れず一遍に。 **ーかせい**【ー×呵成】文章などを、ひといきに書き上げること。また、物事を、一気になしとげること。

いっき【逸機】《名・ス自》機会を取りにがすこと。

いっきいちゆう【一喜一憂】《名・ス自》ある物事の情況が変化するたびに、それにつれて喜んだり心配したりすること。

いっきうち【一騎討(ち)・一騎打(ち)】一対一(一人対一人)で競うこと。「選挙は二人の候補者のーになった」▽もと、敵味方が一騎ずつで戦うこと。

いっきく【一×掬】両手で一回すくうこと。ひとすくい。また、わずか。「ーの涙」(わずかな涙。また、両手にいっぱいの涙)

いっきとうせん【一騎当千】一騎で千人を相手にできるほど強いこと。「ーの兵(つわもの)」

いっきゅう【一級】①一つの階級。「ー(=一学年)上の生徒」②第一の等級。「ー品」③転じて、すぐれていること。一流。「(第)ーの人物を集める」

いっきょ【一挙】①一つの動作。一回の行動。「改革のーに出た」②物事をいちどきにやること。「ーに完成させた」 **ーいちどう**【ー一動】一つ一つの動作。「ーを見守る」 **ーりょうとく**【ー両得】一つの事をすることによって二つの利益を収めること。一石(いっせき)二鳥。

いっきょう【一驚】《名・ス自》びっくりすること。「ーを喫する」

いっきょう【一興】ちょっとした面白さ・楽しみ。「それもーだ」

いっきょう【逸興】格別のおもしろさ。

いっきょく【一極】物事の中心や機能が一国や特定の地域内で集まる場所。「ー化」「東京へのー集中」

いっきょしゅいっとうそく【一挙手一投足】一回手をあげ一回足を動かすこと。㋐こまかいいちいちの動作。一挙一動。「ーに気を配る」㋑わずかの労力。「ーの労を惜しむ」

いつ‐く:ゐ【居着く】《五自》①その場所に住みつく。②落ち着いてそこにいる。「家にー・かない子」

いつくし‐む【慈しむ】《五他》(弱いものを)かわいがり大切にする。いとおしむ。「ー・み育てられた子」▽やや文語的。

いっけ【一家】格まで考えに入れた家(の家族全体)。「可愛(かわ)い娘たちを玉に使って、月給高(だか)で、婿を選んで、ーの繁昌(はんじょう)とは何事だろう」(泉鏡花「婦系図」)▽既に古風。

いっけい【一系】同一の血統。同じ血筋。「万世(ばんせい)ー」

いっけい【一計】一つのはかりごと・計画。「ーを案じる」

いっけつ【一決】《名・ス自》議論や相談がきまること。「衆議ー」

いっけつ【×溢血】《名・ス自》身体の組織間に出血が起こること。また、その出血。「脳ー」

いっけん【一件】①一つの事柄。一つの事件。「ー落着」「ー記録」(ある事件に関する一切をつづった書類)②あの件。例のこと。例のもの。「ーはどうなったか」

いっけん【一見】①《名・ス他》一回だけ(ざっと)見ること。「ーしてわかる」「百聞はーにしかず」(↓ひゃくぶん)②《副》ちょっと見たところ。「ー役者のようだ」▽「いちげん」と読めば別の意。

いっけん【一間】①家の柱と柱とのあいだ。②尺貫法の長さで、田舎間(いなかま)では曲尺(かねじゃく)六尺(約一・八二メートル)、京間(きょうま)では六尺五寸(約一・九七メートル)。

いっけんや【一軒家・一軒屋】①あたりに家がなく、一軒だけ建っている家。「村はずれのー」②(長屋や集合住宅でなく)独立した家屋。

いっこ【一己】自分ひとり。「私ーの考え」

いっこ【一顧】《名・ス他》ちょっと振り返って目にとめること。「ーだにしなかった」

いっこう【一行】①一つのおこない。「一言ー」②いっしょに旅行している人々。「親善使節のー」

いっこう【一考】《名・ス他》一度考えてみること。ちょっと考えはかること。「ーを要する」

いっこう【一向】《副〔に〕》ただひたすら。㋐《あとに打消しを伴って》まるっきり。ちっとも。「ー(に)勉強しない」㋑全く。「ー(に)ごぶさたしています」▽(イ)は既に古風。

いっこく【一刻】①《名》㋐一時(いっとき)。㋑わずかの時間。「ーを争う」▽この語での一刻は今の十五分か。②《ダナ》自分がこうと思った事を、人が何と言おうと頑として貫くさま。「あるじは名高きー老爺(おやじ)」(文部省唱歌「村の鍛冶屋」)▽(2)は「一国」とも書く。かなり古風。派生 **‐さ** **ーせんきん**【ー千金】ひとときが、千金にも価(あたい)すること。かけがえなく大切な時や楽しい時の過ぎやすいのを惜しんで言う。▽蘇軾(そしょく)の詩中の句「春宵一刻直(あたい)千金」から。

いっこくいちじょう【一国一城】『ーの主(あるじ)』他からの干渉・援助を受けず、独立している人。

いっこじん【一個人】公の立場や特別の資格を離れた、一人の人格としての人。「ーとしての発言」

いっこん【一献】さかずき一杯の酒。「ー傾ける」。一度さかずきをさすこと。酒をふるまうこと。「ー差し上げたい」

いっさ【一佐】自衛官の階級の略称の一つ。↓りくさ・

かいさ・くうさ

いつざい【逸材】すぐれた才能。また、それを持つ人。

いっさい【一再】一度や二度。「—ならず」「—にとどまらない」

いっさい【一切】①すべて。全部。残らず。「仕事の—を任せる」「—が自分に不利になってきた」「私物所持は—禁止する」②《下に打消しを伴って、副詞的に》全く。全然。「酒は—飲まない」 **—がっさい**【—合財・—合切】残らずすべて。 **—きょう**【—経】↓だいぞうきょう。 **—しゅじょう**【—衆生】仏教で、この世に生きているすべてのもの、特に人間。一切有情(うじょう)。

いっさく【一策】一つの策略・計画・考え。「窮余の—」

いっさく＝【一昨】《「日」「年」などにかぶせて》「昨＝」よりも一つ前であることを表す。「—日(じつ)」「—年(ねん)」「—夜(や)」「—晩」「—三日」(一昨日である三日)

いっさくさく＝【一昨昨】「一昨＝」よりも一つ前であることを表す。「—年」「—日(じつ)」

いっさつ【一札】一通のかきつけ・証文。「—入れる」(謝罪文や約束を書きつけた文書をさし出す)

いっさつたしょう【一殺多生】↓いっせつたしょう

いっさん【一×盞】一つのさかずき。さかずき一杯の酒。

いっさん【逸散・一散】《多く「に」を伴って》わきめもふらず走るさま。一目散。

いっさんかたんそ【一酸化炭素】炭素または炭素化合物の不完全燃焼などによって生じる、無色・無味・無臭の有毒気体。「—中毒」

いつじ【逸事】世にあまり知られていない興味ある事柄。

いっし【一子】ひとりの子供。「—をもうける」 **—そうでん**【—相伝】自分の子ひとりだけに奥義(おうぎ)を伝えること。

いっし【一士】自衛官の階級の略称の一つ。↓りくし(1)・かいし(海士)・くうし

いっし【一矢】一本の矢。「—(を)報いる」(敵からの攻撃に対して一矢を射返す。また、(相手に対して)少しでもやりかえす。反撃・反論する)

いっし【一死】①命を投げ出すこと。「—、国に報ずる」②野球で、一人がアウトになること。ワン アウト。

いっし【一糸】ひとすじの糸。「—もまとわない」(まっぱだかだ)「—乱れず」(秩序が整然としている)

いっし【一指】ゆび一本。「—も触れさせない」

いっし【逸史】正史に書きもらされた史実。

いつしか【〈何時〉しか】《副「に」》↓いつか(何時)。▽「いつ」と「か」との間に強めの文語助詞「し」が入った形。「いつか」より一語化が進んで、「いつしかに」のようにも使う。

いっしき【一式】それについての全部。ひとそろい。「道具—」

いっしつりえき【逸失利益】〔法律〕相手方の不法行為や違約がなかったら、当然失わなかったはずの利益・収入。得(う)べかりし利益。「交通事故死をした人の—を算定する」

いっしどうじん【一視同仁】だれをも差別せず、すべての人を平等に見て一様に仁愛をほどこすこと。

いっしはんせん【一紙半銭】紙一枚と銭五厘。わずかなもののたとえ。「—もおろそかにしない」

いっしゃせんり【一×瀉千里】①物事が速くはかどること。②文章や弁舌がよどみのないこと。▽川の水が一たび流れ出すとたちまち千里も流れるということから。

いっしゅ【一種】①一つの種類。同じ種類。「洋酒の—」②(その中に含めてもよいと思われる)ある種類。「これも—の愛情表現だ」③どことなく他と異なっていること。「この文章には—の味わいがある」「—独特のかおり」

いっしゅう【一周】《名・ス自》ひとまわり。ひとめぐり。「世界—」 **—き**【—忌】死後一年の同月同日に行う法会(ほうえ)。一回忌。 **—ねん**【—年】その日からのまる一年。「—記念日」

いっしゅう【一蹴】《名・ス他》①(相手の申し入れなどを)問題にもせずはねつけること。「抗議を—する」②あっさり負かしてしまうこと。

いっしゅくいっぱん【一宿一飯】一晩泊めてもらったり、一度の食事を恵んでもらったりすること。「—の恩義」

いっしゅつ【逸出】《名・ス自》①ぬけ出ること。②とびぬけてすぐれていること。

いっしゅん【一瞬】一回またたきする間。きわめてわずかの間。一瞬間。「好機の—をのがす」「—早くゴール イン」「—のうちに消え去る」

いっしょ ①【一所】一つの場所。「住居は—に限らない」。同じ場所。「物資を—に集積する」②【一所・一緒】他の物・事と併せて、一つにする、また、なること。「これも—に買おう」「君と—に行く」「—になる」(転じて、夫婦になる)。同じであること。「趣味が—だ」。《「(御)—する」の形で》同行する(お供する)こと。▽現在、漢字では「一緒」と書く方が普通。 **—くた**【—緒くた】何もかも(一緒にできないものまで)ひとまとめにすること。同一視すること。 **—けんめい**【—所懸命】《名・ダナ》(命がけで)真剣に物事をすること。▽封建時代の、賜った一か所の領地を命にかけて生活の頼みとするという意から。派生 **—さ** **—ふじゅう**【—所不住】一定の住所を定めないこと。「—の僧」

いっしょ【逸書・×佚書】失われて現在伝わらない書物。また、他の書物などにより断片的に知られる書物。

いっしょう【一将】一人の将軍。「—功(こう)成って万骨(ばんこつ)枯(か)る」(一人の成功者のかげには多くの犠牲者がいる)

いっしょう【一生】①生まれてから死ぬまでの間。生

涯。「幸福な―を送る」「―の願い」(一生に一度という願いの意にも) ②『九死に―を得る』↓きゅうし(九死)。関連 生涯・今生・世(よ)・一世・一代・一期(いちご)・終生・終身・半生・前半生・後半生・余生・残生

―けんめい【―懸命】《名・ダナ》「一所懸命」の転。↓いっしょけんめい。派生 **-さ** **―もの【―物】**一度作ったら(買ったら)一生使える(ほど質の良い)物。

いっしょう【一笑】①《名・ス自》ちょっと笑うこと。にっこりすること。「破顔―」②《名・ス他》それを笑いぐさとして笑うこと。「―を買う」「―に付する」(無価値なものとして問題にしない)

いっしょうがい【一生涯】生きている間じゅう。

いっしょうさんたん【一唱三嘆・一×倡三×歎】一たび唱えて三たび嘆賞すること。▽よい詩文をほめる言葉。一人がうたい、三人がこれに和し唱することの意から。

いっしょうびん【一升瓶】容量が一升(＝約一・八リットル)のガラス製のびん。酒や醤油(しょうゆ)などを入れるのに用いる。

いっしょく【一色】①(同じ)一つの色。ひといろ。「窓の外は白―だ」②全体が一つの傾向をもっていること。「歓迎―」

いっしょくそくはつ【一触即発】ちょっと触れれば爆発しそうな状態。危機に直面していること。

いっしん【一審】訴訟で、最初にうける審判。第一審。

いっしん【一心】①一つの心。一致した心。「―同体」(二人以上の人が心を一つにして結びつくこと)②一つの事に心を集中すること。専念すること。「―に励む」「早く仕上げたい―で無理をする」 **―ふらん【―不乱】**《名・ダナ》一つの事に集中して、他の事のために心の乱れることがないこと。

いっしん【一新】《名・ス自他》すっかり新しくなる、また、すること。「気分―」「面目を―する」

いっしん【一身】ひとりの体。自分の体。また、自分。「―をささげる」「―にひきうける」「―上(じょう)の問題」(自分の身の上、境遇に関すること)

いっしんいったい【一進一退】《名・ス自》進んだりあともどりしたりすること。また、よくなったり悪くなったりすること。「病状は―だ」

いっしんきょう【一神教】ただ一つの神だけを信仰の対象とする宗教。キリスト教・イスラム教など。↕多神教

いっしんとう【一親等】本人または配偶者から一世をへだてている者と本人との関係。本人と父母、本人と子供との関係など。一等親。

いっすい【一炊】飯を一回炊くこと。「―の夢」(飯を一回炊くほどの短い間の夢(のようなできごと)) ▽中国の故事による。↓かんたんのゆめ

いっすい【一睡】《名・ス自》ちょっと眠ること。ひとねむり。「―もせずに」

いっすい【×溢水】《名・ス自》水があふれ出ること。

いっ-する【逸する】《サ変他自》①逃がす。失う。「好機を―」②……からはなれる。それる。「常軌を―」③忘れる。また、なくなる。散逸する。

いっすん【一寸】一尺の十分の一の長さ。曲尺(かねじゃく)の場合は約三・〇三センチに当たる。「―先は闇」(前途の全く予知出来ないこと)「―の虫にも五分(ぶ)の魂」(小さいもの、弱いものにも、それ相応の意地があること)。比喩的に、ごく短いさま。「―の光陰軽んずべからず」 **―だめし【―試し】**ずたずたにためし斬りにすること。 **―のがれ【―逃れ】**その場だけとりつくろって責任から逃げること。 **―ぼうし【―法師】**背の低い人をあざけって言う語。こびと。侏儒(しゅじゅ)。▽もと、背丈が一寸ばかりの、昔話の主人公の名。

いっせ【一世】①〔仏〕過去・現在・未来の三世(さんぜ)の中の一つ。「親子は―」②一生涯。終生。 **―いちだい【―一代】**①一生涯。②歌舞伎俳優などが引退する前に、これを限りと得意の芸を演じること。③生涯にただ一度であること。「―の大ばくち」

いっせい【一世】①生まれてから死ぬまでの間。一生。②ある時代。「―を風靡(ふうび)した」③ある人が国や家を治めている間。一代。④同じ名の王・教皇・皇帝の中で最初に即位した人。「チャールズ―」⑤移民などの最初の代(だい)の人。

いっせい【一声】一つの大きな声・音。「大喝―」「霹靂(へきれき)―」「汽笛―発車」

いっせい【一斉】《多く「―に」の形で副詞的に》全部がそろって同時にするさま。そろって。同時に。「―射撃」「―にスタートする」

いっせき【一夕】①ひとばん。一夜。「一朝―には出来ない」②ある晩。

いっせき【一石】『―を投じる』(静かなところに石を投げて)波紋を起こす。問題をなげかける。 **―にちょう【―二鳥】**石を一つ投げて二羽の鳥を得ること。一つの行為から二つの利益を得ること。一挙両得。

いっせき【一席】①(講談・演説や宴会などの)一回。「―ぶつ」(演説する)「―設ける」(宴会を用意する、開く) ②作品の評価で、第一位。

いっせきがん【一隻眼】物を見抜く力のある独得の見識。「―をそなえる」

いっせつ【一説】一つの説。ある(別の見方の)説。「―にいわく」

いっせつたしょう【一殺多生】〔仏〕多くの人を生かすためには、一人の悪人を殺すこともやむを得ないということ。いっさつたしょう。

いっせん【一戦】《名・ス自》一回の戦闘。ひといくさ(すること)。「―を交える」

いっせん【一線】①一本の線。②転じて、はっきりしたくぎり。けじめ。「―を画する」「越えてはならない―」

いっせん【一×閃】《名・ス自》ぴかりと光ること。さっとひらめくこと。そのひらめき。「紫電―」

いっそ『副ノ』あれこれある(考えられる)中から一つを選び取る気持(選択・決意・願望)を表す語。①その時の状態を破る選択を、思い切って(しようと)する意を表す。㋐どうなろうと、または悪い結果を招こうと、今は一思いに。「いつまでも迷っていないで―さいころで決めよう」「―このまま別れよう」㋑極端と見られる場合を仮定するのに使う。思い切って。むしろ。「―早く攻めてくれればよい」「こんな思いをするなら―死んだ方がましだ」▽㋐㋑とも「―のこと」の形でも言う。「―のこと、おれが乗り出したい」②こう見る方が(もっと)適当という意を表す。むしろ。「喜ぶどころか―恩に着るだろう」「彼は―嘆息するようにつぶやいた」▽⑵はやや古風。「一層」の転か。⑴は⑵の転。

いっそう【一層】①『副[に]・ノダ』前よりも程度が増すこと。いま一段。ひとしお。「―美しくなった」「―の御協力を」②『名』ひとかさね。家屋で、一つの階。

いっそう【一双】二つで一対(つい)になるもの。ひとそろえ。「屏風(びょうぶ)―」

いっそう【一掃】『名・ス他』残らずはらいのけること。「敵を―した」「在庫―」

いっそう【一曹】自衛官の階級の略称の一つ。↓りくそう(陸曹)・かいそう(海曹)・くうそう(空曹)

いっそう【逸走】『名・ス自』本来の道筋からそれて走ること。

いっそく【逸足】①早く走ることのできる足。また、速く走る馬。②転じて、すぐれた人材。

いっそくとび【一足飛び】①普通の順序を飛び越えて進むこと。「―の昇進」②ためらわず目標に向けて移動すること。▽もと、両足をそろえて飛ぶ意。

いつぞや【〈何時〉ぞや】『連語』いつだったか。さきごろ。先日。「―はお世話になりました」「あれは―の娘だな」

いったい【一帯】①そのあたりずっと。一面。「付近―」②ひとすじ。ひとつづき。

いったい【一体】①『名』㋐一つのからだ。同体。「夫婦―となって働く」「―化」㋑(仏像や彫像の数え方で)一つ。㋒一つの体裁・様式。「漢字の―」②㋐『副[に]』総じて。おしなべて。また、もともと。「―、穏やかな人柄だ」「その日は―に進行が遅くて困った」㋑『副』《疑問の語を伴って》全くわからないような時に、疑問の気持を強く表す語。「―どうしたのだ」 **―ぜんたい**【―全体】『副』「一体」⑵㋑を強めた言い方。

いつだつ【逸脱】『名・ス自他』①本筋からそれること。②あやまって抜かし落とすこと、抜けること。

いったん【一端】①一部分。一方のはし。片はし。「所信の―を述べる」②成人一人分の布類の長さ。▽⑵は普通「一反」と書く。↓たん(反)⑴

いったん【一反】①↓いったん(一端)⑵。②土地の面積で十畝(せ)。すなわち三百歩(約九九二平方メートル)。

いったん【一旦】『副』ひとたび。一度。「―怒ると恐ろしい」「―決めたからにはやり抜く」「―(=ひとまず)家に帰ってから出なおす」▽「旦」は朝の意。

いっち【一致】『名・ス自』二つ以上のものが、くいちがいなく同じになること。「言行―」「不―」「双方の利害が―する」「実験結果が理論値に/と―する」

いっちはんかい【一知半解】『名ナ』なまかじりで、知識が十分に自分のものになっていないこと。半可通。「―の徒」

いっちゃく【一着】①『名』衣服の一枚(一組)。「背広三つ揃(ぞろ)い―」②『名・ス他』《多くは「―に及ぶ」の形で》(新調した)晴れ着になるような衣服を身にまとうこと。「早速タキシードを―に及ぶ」③『名』競走など速さを競うものの着順第一位。「―でゴールイン」

いっちゅう【一×籌】『―を輸(ゆしゅ)する』ひけをとる。▽「籌」は勝負の時の数取りの道具。「輸」は負ける意。

いっちゅうぶし【一中節】浄瑠璃の一つ。十七世紀末に都一中が上方で広め、少し遅れて江戸(特に吉原)でもはやった。短編が多く、典雅で渋い。一中。▽↓こきょく

いっちょう【一朝】①『副』ひとたび。いったん。「―国家有事のときは」②『名』ある朝。ひと朝。 **―いっせき**【―一夕】ひと朝やひと晩。わずかの時日。「―には完成しない」

いっちょういっし【一張一×弛】締めたり緩めたりすること。また、物事の度合いが強まったり弱まったりするさま。

いっちょういったん【一長一短】長所もあり、短所もあること。

いっちょうじ【一丁字】↓いっていじ

いっちょうまえ(まへ)【一丁前】↓いちにんまえ。▽「いっちょまえ」とも言う。

いっちょうら【一張羅】①たった一枚の上等の着物。②一枚しかなくて、着たきりで脱ぎ代えられない着物。

いっちょくせん【一直線】①一本の直線。②まっすぐ。ひとすじ。真一文字。「―に進む」

いつつ【五つ】①個数を言う場合の数の五。また、五歳。▽五つのものが組になった揃(ぞろ)いは「―組(みぐ)」と言い、組が五つある「いつくみ」とは区別する。「―子(ご)」「―紋」「―玉(だま)のそろばん」なども「いつ」としない。②昔の不定時法による時刻の呼び名で、今の午前・午後の八時ごろに当たる。

いづつ(ゐ)【井筒】井戸の地上の部分に、木・石・土管などでこしらえた低い囲い。

いっつい【一対】二つで一組になること。そういうもの。「―の花瓶」「好―」

いつづけ(ゐ)【居続け】連日、よそ(特に遊里など)にとまって家に帰らないこと。

いつつもん【五つ紋】羽織または着物に五か所、家紋

を染め出したもの。第一公式の礼服。いつところもん。

いって【一手】①他人を交えずに自分だけでやること。独占して行うこと。「—に引き受ける」「—販売」②碁や将棋などで石・駒を一つ打ち、または動かすこと。③一つだけのわざ・方法。「押しの—で勝つ」

いってい【一定】《名・ス自他》①決まっていて変わらないこと。「雨量は年間(を)通して—している」②決めた状態にすること。「間隔を—する」。ある決まった状態・もの。ある決めた状態・もの。「—の分量」「—の様式」「—の(=ある程度までの)評価を得る」

いっていじ【一丁字】一個の文字。いっちょうじ。「目に—もない」(字が読めない) ▽「丁」は「个(=箇)」を誤ったもの。

いってき【一×擲】《名・ス他》一度に全部なげうつこと。「乾坤(けんこん)—」

いってつ【一徹】《名ナノ》思い込んだらあくまで通そうとする我の強いこと。かたくな。「老(お)いの—」「—者」「—な性格」 派生 **-さ**

いってらっしゃい【行ってらっしゃい】出かける人への挨拶。▽「行っていらっしゃい」の略。

いってん【一天】①空一面。空全体。空を強めて言う語。「—にわかにかき曇る」②全世界。天下。「—四海」

いってん【一転】《名・ス自他》①一回転。ひとまわり。②がらりと変わること、変えること。「心機—」「情勢が—する」

いってん【一点】①㋐ひとつの点。ただ一つ。「紅(こう)—」㋑転じて、ごくわずかのこと。「—の非の打ちどころもない」②品物一つ。③昔の時刻で、一時(ひととき)(=二時間)を四刻に分けた、最初の刻。「午(うま)の—」 **—ばり【—張り】**そのことだけで押し通すこと。「知らぬ存ぜぬの—で通す」▽ばくちで、同じ所にかけ続ける意から。

いってんき【一転機】一つの重大なかかわりめ。いちてんき。

いっと【一途】①同じ道。ひとすじの道。同一の方針。「政令—に出(い)づ」②ただそればかり。「悪化の—をたどる」▽「いちず」と読めば別の意。

いっとう【一刀】①ひとふりの刀。②ひとたち。ひと斬り。「—のもとに斬り伏せる」 **—ぼり【—彫】**一本の小刀で素朴・簡単に彫る方法。それによる彫刻物。 **—りょうだん【—両断】**ひとたちで、まっぷたつに斬ってしまうこと。また、決断のすみやかなさま。「—たちまちに解決した」

いっとう【一等】①第一。最上。「—賞」「—地」▽乗り物の等級の最上のものを指すこともある。②等級の一段階。「罪—を減ずる」③《副詞的に》最も。「これが—いい」▽やや古風。 **—しん【—親】**↓いっしんとう。 **—せい【—星】**星の見かけの明るさ(視等級)を六段階に分けたとき、最も明るい星。▽現在、視等級は光量を元に計算され、非常に明るい星では一以下の小数やマイナスの値になる。 **—へい【—兵】**旧陸軍の兵の等級の一つ。上等兵の下、二等兵の上。

いっとう【一統】①共通の利害や考え方でまとまった仲間。「御—様」②統一すること。「天下—」

いっとう【一党】一つの党派。同じ考えを持つ一味。同類。「—一派」

いっとうち【一頭地】『—を抜く』多くの人よりもぬきんでる。▽「頭一つ」の意。「地」は単なる助辞。

いっとき【一時】①昔の時間区分で、いまの二時間。ひとつとき。②ある少しの時間・期間。いちじ。「—はどうなる事かと心配した」「栄華も—の事」「—うまく運んでも」▽「いちどき」と読めば別の意。なお、↓いちじ(一時)。 **—のがれ【—逃れ】**その場かぎりの言いのがれ。いちじのがれ。一寸のがれ。一時しのぎ。「—のいいわけ」

いっとく【一得】一つの利得。一利。「それも—だ」「—一失」(利もあれば害もあること)

いつに【一に】《連語》①ひとつに。「軌を—する」(やり方が同じだ) ②全く。ひとえに。「勝敗は—(かかって)時の運だ」③ひとつには。また。別に。「—曰(わ)く」

いつのまに【〈何時〉の間に】《連語》《副詞的に》いつだったかわからないうちに。「—消えたのか」「—か大きくなった」

いっぱ【一波】①一つの波。②転じて、一つの波紋。一つの事件。「—動けば万波生ず」

いっぱ【一派】一つの流派。「—をたてる」。なかま。「かれら—のしわざ」

いっぱい【一敗】《名・ス自》勝負に一度まけること。「—地にまみれる」(再起不能になるほど大敗する)

いっぱい【一杯】①さかずき・ちゃわんなど、一つのいれものに満ちる分量。「—の美酒」「—食う」(転じて、だまされる)「—食わす」(転じて、だます) ②少し酒をのむこと。「—やろう」③㋐《副詞的にも使う》一定の容器・場所などに、ものの満ち満ちているさま。また、量の多いさま。「腹—」「場内—の人」「わあ、—あるなあ」㋑《接尾語的に》ある限りを尽くすさま。ありったけ。「時間—」「精—」④一つの容器に一度だけ満たされ、おかわりのないこと。もりきり。「—飯」⑤(舟やイカ・カニなどを数えるときの)一つ。 **—いっぱい【—一杯】**《ダナ》損をしない、または出せるだけの努力をした、ぎりぎりのさま。 **—きげん【—機嫌】**酒を少し(ばかり)飲んでほろ酔いとなった、いい機嫌。

いっぱく【一泊】《名・ス自》一晩よそでとまること。また、舟などが一夜を港でとまること。

いっぱく【一白】九星の一つ。↓きゅうせい(九星)

いっぱし【一端】①《名》一人前(の水準にある者)。「—の職人」「—の口をきく」②《副》一人前(のよう)に。「—やってのける」

いっぱつ【一発】①銃砲などを一度うつこと。「—お見舞いする」②大砲や鉄砲などの弾丸一個。③〔俗〕

一回。ひとつ。「―やってみるか」

いっぱつ【一髪】 一本の髪の毛。「間(かん)―」(あいだに髪の毛一本しかはさむ余地がないほど、すれすれなさま)「危機―」(あわやという、あぶない瀬戸ぎわ)

いっぱん【一半】 二分した、一方の半分。なかば。「君にも責任の―はある」

いっぱん【一斑】 物事の一部分。「―を見て全豹(ぜんぴょう)をト(ぼく)す」(物事の一部分を見て全体を推察する) ▽もと、豹の皮のまだらの一つ。

いっぱん【一般】 ①特殊な物・事・場合に対してだけでなく、広く認められ成り立つこと。「―的」▽すべてである場合にも、少数の例外を除いた場合にも、言う。㋐普通。「―の会社」㋑普遍。「―に景気が悪い」「―性がある」㋒特に、一般(1)㋐の人々。「―に受ける映画」「―に訴える力のある政治家」②同様。同類。「AはBと―だ」 **―か【―化】** ①《名・ス他自》特別の人に限らず、だれでも手に入れまたは利用できるように行き渡らせる、また、行き渡ること。「パソコンの利用は―した」②《名・ス他》特殊な物・事・場合から、普遍的な法則や概念を引き出すこと。「この現象を―すると」 **―かいけい【―会計】** 国・地方公共団体で、通常の歳入・歳出を経理する会計。↕特別会計。 **―じん【―人】** 特別の地位・身分を有しない人。また、あることに特別の関係がない人。普通人。 **―ほう【―法】** 一つの主権下にある、一般の地域・人・事項などに例外なく適用される法。憲法・民法・刑法など。普通法。↕特別法。 **―ろん【―論】** (特定の事柄でなく)全体に通じる議論・論理。「―で言えば」

いっぴ【×溢美】 ほめすぎること。過分のほめ方。過賞。

いっぴ【一×臂】 ①かたひじ。②転じて、少しの助け。「―の力を貸す」

いっぴき【一匹・一×疋】 ①けもの一つ。古くは、特に、馬一頭のこと。②ひと一人。「男―」③絹布二反。④銭十文、または二十五文。 **―おおかみ【一匹×狼】** 仲間を求めず自分自身の立場から独力で行動する人。「政界の―」▽アメリカ lone wolf の訳語。

いっぴつ【一筆】 ①ひとふで。㋐墨継ぎをするなど紙の面から離すことなく書くこと。「―書き」㋑ちょっと書くこと。「―啓上」。短い文章や手紙。「―箋(せん)」②同じ人による筆跡。「この写本は―ではない」③土地区分の一区画。

いっぴょう【一×瓢】 酒を入れたひょうたん(などの容器)一つ。「―をたずさえて花見に行く」

いっぴん【一品】 ①一つの品。ひとしな。②最もすぐれた品。絶品。逸品。「天下―」▽「いっぽん」と読めば親王の最上位階。「―舎人(とねり)親王」 **―りょうり【―料理】** ①食堂・料理店で、客が選べるようにメニューに記された個々の料理。アラカルト。↕定食料理。②ひとさらだけの手軽な料理。

いっぴん【逸品】 すぐれた品(しな)。絶品。

いっぴんいっしょう【一×顰一笑】 顔をしかめたり、笑ったりすること。顔に出る感情の動き。人の顔色。機嫌。「―をうかがう」

いっぷいっさい【一夫一妻】 ↓いっぷいっぷ

いっぷいっぷ【一夫一婦】 一人の夫と一人の妻によって成立する婚姻形態。一夫一妻。「―制」

いっぷう【一風】 ①他とは違った一つの流儀、特色。「彼の句は―をなしている」②《副詞的に》性質、態度、方法などの一種のおもむき。「―変わった人」

いっぷく【一服】 《名・ス他》茶やタバコをのんで、その間休むこと。また、そうする分量。㋐タバコを一回のむこと。広くは、喫煙に限らず、ひとやすみ。「ここらで―しよう」㋑粉薬一包。特に、毒薬。「―盛る」

いっぷく【一腹】 同じ母の腹から生まれたこと。同腹。

いつぶ-す【鋳潰す】 《五他》金属の器物をとかして、地金(じがね)にかえす。

いっぷたさい【一夫多妻】 一人の夫が同時に二人以上の妻をもつ婚姻形態。

いつぶん【逸文】 ①失われて現在伝わらない文章。②他の文章の中などに一部分だけ残った文章。

いつぶん【逸聞】 世間一般に知られていない珍しい話。

いっぺいそつ【一兵卒】 ①(ひらの)一人の兵卒。②比喩的に、(ただの)組織の一員。「党のために―として働く」▽「いちへいそつ」とも言った。

いっぺき【一×碧】 見渡すかぎり一面に、青い色となること。「水天―」

いっぺん【一片】 ①一枚。ひときれ。「―の紙切れ」②少しばかり。わずか。「―の良心もない」

いっぺん【一変】 《名・ス自他》がらりと変わること、変えること。「事態が―する」「態度を―する」

いっぺん【一遍】 ①一度。一回。②《「―に」の形で》いちどき。同時。「―に片付く」③《名詞の下に付けて》ただそれだけであること。「無骨―」「正直―」「通り―の(=ありふれた)やり方」

いっぺんとう【一辺倒】 ある一方だけに傾倒すること。「洋酒―」▽第二次大戦後、中国からはいった語。

いっぽ【一歩】 移動のための足の一回の運び。踏み出すひとあし。「―前進」「―も引かない」「―しりぞいて考える」(がむしゃらに事を行うのをやめ、反省してみる)「―間違えると大変なことになる」

いっぽう【一報】 《名・ス他》一度知らせること。また、簡単に知らせること。その知らせ。「事件の―が入る」

いっぽう【一方】 ①一つの向き。㋐一つの(ある)方向・方面。「―通行」「―の雄(ゆう)」。《接続詞的に》ある別の面では。「それでもいい。―こうも扱える」㋑《接尾語的に》行動や関心がもっぱらそれに向かっていること。「飲む―の男だ」②二つの対するものの一つの側。↕他方。「当事者の―はなかなか強引だ」 **―ぐち【―口】** 当事者の一方の言い分。「話はーでは分からない」 **ーてき**【ー的】『ダナ』ある一方ばかりに傾くさま。「ーな勝利」。相手のことを考えず、自分の方だけを考えてするさま。「ーな言い分」

いっぽん【一本】①扇・槍(やり)・木など「本」で数えるものの一つ。「電話ーよこさない」②剣術で一回打ち込むこと。柔道・剣道などの試合で、技が一回決まること。「ー勝ち」「ー取られる」(転じて、やりこめられる意にも)③一つの本。または、ある本。④酒を入れた徳利一本。「ーつける」⑤一人前の芸妓(げいぎ)。「ーになる」 **ーか**【ー化】『名・ス他』複数あるものを一つにまとめること。「介護制度のー」「受付窓口をーする」 **ーぎ**【ー気】『名・ダナ』純粋で、ものをいちずに思いこむような性質であること。 **ーじめ**【ー締め】↓しめる(締)(二)(イ)。 **ーしょうぶ**【ー勝負】柔剣道などで、一回技が決まれば、勝敗の決する試合形式。また、一回だけの試みで、成功・失敗などの決する物事。やり直しのできない物事。 **ーだち**【ー立ち】『名・ス自』①独力でやって行くこと。ひとりだち。独立。②樹木などが一本広いところに立っていること。 **ーぢょうし**【ー調子】単純で変化にとぼしいこと。単調。「ーでしゃべる」▽もと、音楽の言葉。 **ーづり**【ー釣(り)】漁業で、魚を一匹ずつつり上げる漁法。「かつおのー」 **ーばし**【ー橋】丸木を一本渡して橋としたもの。まるきばし。 **ーやり**【ー槍】①槍一突きで勝負を決めること。②ただ一つのわざやことで押し通すこと。「利益追求ーの経営」

いつみん【逸民】世をのがれて気楽に暮らしている人。また、官職につかずに暮らす民間の人。「泰平のー」

いつも【〈何時〉も】①『副』いつでも。常に。「ー働いている」②『名』ふだん。「ーの年より寒い」「ーと違う」▽(2)は(1)の転。関連 常に・常常・始終・(年がら)年中・二(四)六時中・永年・通常・ふだん・日頃・平素・毎度・しょっちゅう・絶えず・とめどなく・ひっきりなし・のべつ(まくなし)・よく・しきり・しばしば・たびたび・さいさい・再三・ちょいちょい・ちょくちょく・あさなゆうな・頻繁

いつや【乙夜】①二更(にこう)。今の午後九時から十一時。→ごこう(五更)。②『ーの覧』天子が昼間政務に多忙なため、夜おそく読書をしたこと。転じて、天子の書見。

いつゆう【逸遊】『名・ス自』気ままに好きなことをして遊びにふけること。

いつらく【逸楽】快楽をむさぼり気ままに遊び暮らすこと。

いつわ【逸話】世間にあまり知られていない、興味のある話。エピソード。

いつわり【偽り・詐り】①本当でないこと。うそ。虚言。「うそー」②(自然に対して)人為を加えたもの。虚構。

いつわ-る【偽る】『五他』①それが本当でないことを知りながら、本当らしくいう。うそをいう。「原因をー」「名前をー」「本心をー・って暮らす」②だます。あざむく。「人をー」

いて【射手】(たくみに)弓を射る人。

イデア ①理想。②〔哲学〕理念。↓イデー。▽ギリシア idea なお「アイデア」も同語源であるが、意味は一致していない。

イディオム 二、三の語が結びついて、原義とは幾分違った特殊な意味を持つ、習慣的な言いまわし。慣用句。成句。▽idiom

イデー 「観念」「理念」等と訳される哲学用語。↓かんねん(2)・りねん(1)。▽ドイツ Idee

イデオロギー ①人間の行動を左右する根本的な物の考え方の体系。観念形態。「ーは社会的立場を反映する」②俗に、政治思想。社会思想。「ーの相違」▽ドイツ Ideologie

いてき【夷狄】外国人や辺境の異民族をあざけって言う語。野蛮人。えびす。▽昔、中国で、「夷」は東方の、「狄」は北方の、異民族を言った。

いでたち【出(で)立(ち)】①(外出する時の)身なり。装い。「たいそうなーだ」②旅立ち。しゅったつ。▽古風。

いでた-つ【出(で)立つ】『五自』旅立つ。出てゆく。出発する。▽雅語的。

いてつ-く【凍てつく】『五自』こおりつく。

いでゆ【出湯・〈温泉〉】温泉。「ーの町」▽やや雅語的。

い-てる【凍てる】『下一自』こおる。「ー・てた道」

いてん【移転】『名・ス自他』他に移る(移す)こと。(ア)引っ越し。「ー通知」(イ)権利や技術などを他に移すこと。その結果、移ること。「ー登記」「技術ー」

いでん【遺伝】『名・ス自』生物の形質が親から子・孫に伝わること。「隔世(かくせい)ー」 **ーし**【ー子】生物の遺伝形質を規定する因子。遺伝因子。▽DNAの塩基の配列がその情報を担う。 **ーせい**【ー性】生物の形質が遺伝する性質をもつこと。

いと【糸】①動植物の繊維や人造繊維を、合わせて細長くし、普通は、よりをかけたもの。「絹ー」「毛ー」「ナイロンのー」「ぬいー」「編みー」「陰(かげ)でーを引く」(操り人形を糸で踊らせるように、裏面で他人を操る)「赤いーで結ばれる」(結婚する運命にある。そういう男女は赤い糸でつながると言われることによる)。特に、(ア)生糸(きいと)。(イ)釣り糸。「ーをたれる」(ウ)琴・三味線(しゃみせん)などの弦。「二のーが切れる」。転じて、琴・三味線のこと。▽(ウ)は↓いとたけ。②細くて糸(1)のようなもの。「柳のー(=若芽の枝)」「ー桜」「ーみみず」「くものー」「納豆(なっとう)がーを引く」

いと【意図】『名・ス他』こうしようと考えていること。思惑(おもわく)。また、めざすこと。「内閣改造をーする」

いと『副』きわめて。はなはだ。「それはー(も)たやすいことです」▽さらに強めて「いとど」(=「いといと」の転)とも言う。ともに、既に古風。

いど【井戸】 用水を得るため、地を掘り、地下水を吸い上げ、または汲(く)み取るようにしたもの。 **―がえ**【―替え】 井戸の水をすっかり汲(く)み上げて掃除すること。いどざらえ。 **―がわ**【―側】 井戸の周囲の土石のくずれを防ぐために、木・石などで、囲ったもの。 **―ぐるま**【―車】 井戸の上の横木につるして縄をかけ釣瓶(つるべ)を上下させる滑車。 **―ざらえ**【―×浚え】↓いどがえ

いど【異土】 異国の土地。

いど【緯度】 地球上のある地点が赤道からどれくらい北または南にはずれているかの度合。その地点と地球の中心とを結ぶ直線が赤道面となす角度。赤道を零度とし、北緯何度、南緯何度と測り、両極は九十度。↕経度

いとあやつり【糸操(り)】 操り人形の一種。人形に糸をつけ、その糸を動かしてあやつるもの。南京(なんきん)操り。

いといり【糸入(り)】 木綿(もめん)糸の中に、絹糸をまぜて織った織物。「―紬(つむぎ)」

いと-う【×厭う】《五他》①いやがる。いやがって避ける。きらう。「世を―」「艱難(かんなん)辛苦を―・わず」②大事にする。かばう。「からだをお―・い下さい」▽いやなものを避けて身を守る意から。⑵の場合は、仮名で書くことが多い。

いどう【異同】 一致しないこと。不一致。ちがった点。「両者に―はない」「初版と改訂版との―」

いどう【異動】《名・ス自他》地位や勤務などが変わること。「人事―」

いどう【移動】《名・ス自他》位置をかえること。移りうごくこと。移しうごかすこと。「―図書館」

いとおし-い《形》↓いとしい。派生 **-さ** **-げ** **-がる**

いとおし-む《五他》いたわる気持に誘われる。㋐かわいがる。「子を―」㋑気の毒に思う。「故人を―」㋒傷つけたり失ったりすることを惜しんで大切にする。「青春を―」「わが身を―」▽「いたわる」と同語源。「いとおしい」の動詞化。

いとおり【糸織(り)】 撚(よ)りをかけた絹糸で織った丈夫な織物。銘仙など。 **―ひめ**【―姫】↓しょくじょ⑶

いときりば【糸切り歯】 人間の犬歯(けんし)。▽糸を切るのに使うことから。

いとく【威徳】 おかしがたい威と、人に尊敬される徳。

いとく【遺徳】 後世に残る人徳。「先人の―をしのぶ」

いとぐち【△緒】 ものごとのはじまり。発端(ほったん)。「解決の―をつかむ」▽糸の端(はし＝くち)の意。「糸口」とも書く。

いとくり【糸繰り】 繭や綿花から糸をとり、また、より合わせること。また、それをする人、特に女。いととり。 **―ぐるま**【―車】 糸を繰るのに使う車。いとぐるま。

いとぐるま【糸車】↓いとくりぐるま

いとけな-い【△稚い】《形》年が小さい。また、あどけない。頑是(がんぜ)無い。「―おさなご」派生 **-さ**

いとこ【〈従兄弟〉〈従姉妹〉】 父母の兄弟姉妹の子供。▽性別・年齢のちがいで、「従兄」「従弟」「従姉」「従妹」と書くことがある。

いどころ【居所】 居るところ。居場所。「虫の―が悪い」(機嫌が悪い)

いとこんにゃく【糸×蒟×蒻】 細く紐(ひも)のようにこしらえたこんにゃく。いとごんにゃく。▽細いものは「しらたき」とも言う。

いとざくら【糸桜】 しだれざくら。

いとさばき【糸×捌き】 糸の扱い方。特に、三味線(しゃみせん)などの楽器の弦の取り扱い、つまり、ひき方。「たくみな―」

いとし-い《形》①目に入れても痛くないほどかわいくて、また、恋しくて恋しくて、たまらない。「何ともわが子が―」「―お方のおそば」②気の毒だ。かわいそうだ。「冬の荒れた手に―水仕事」派生 **-さ** **-げ** **-がる**

いとしご【△愛(し)子】 かわいがって大切にしている子。▽雅語的。なお↓いとおしむ㋐・いとしい

いとじり【糸尻】↓いとぞこ

いとすぎ【糸杉】 街路樹などとして植栽する常緑高木。ヨーロッパで、死の象徴としてしばしば墓地に植え、また、小枝を喪の象徴とする。▽ひのき科いとすぎ属の植物の総称で、属名のサイプレスでも呼ばれる。

いとぞこ【糸底】 茶碗(ちゃわん)などの底の裏の、輪状に突き出した部分。いとじり。▽轆轤(ろくろ)から切り離すのに糸を使うので言う。

いとたけ【糸竹】 琴(＝糸)や笛(＝竹)など和楽器の総称。「―の調べ」。それによる音楽。「―の道」

いとづくり【糸作り】 いか・さよりなどを糸のように細く切って作ったさしみ。

いとど ①カマドウマの異称。②コオロギの異称。

いとど《副》↓いと《副》。▽古語的。

いととり【糸取り】 ①↓いとくり。②遊戯の、あやとり。

いととんぼ【糸〈蜻蛉〉】 円筒形の、糸のように細長い胴をしたトンボ。種類が多く、いずれも一般的なトンボより小形。羽を上で合わせて止まる。トウスミトンボ。▽いととんぼ亜目のトンボの総称。

いとなみ【営み】 ①しごと。はたらき。勤め。②したく。準備。「冬の―をいそぐ」

いとな-む【営む】《五他》物事をする。とりおこなう。経営する。「生活を―」「事業を―」「法要を相―」「小さな庵を―」「愛の巣を―」

いとのこ【糸×鋸】 板の中を抜く時や曲線にそって切る時などに使う、薄く細い刃の鋸(のこぎり)。

いどばた【井戸端】 井戸のほとり。 **―かいぎ**【―会議】 集まって、がやがや世間話をすること。▽(女が)共同井戸のまわりで、水くみや洗濯をしながら、うわさ話を楽しむのを、会議に見立てて言う。

いとひき【糸引】 いとくり。

いとへん【糸偏】 ①漢字の偏の一つ。「紙」「約」などの「糸」の称。②糸に関係のある産業。繊維工業。「—景気」

いとま【△暇】 ①仕事のあいまの忙しくない時。ひま。「枚挙に—が無い」(多過ぎて挙げきれない) ▽「いと」は「営む」の「いと」と同語源、「ま」は間。(2)より文語的。②その時まで続く事柄を断ち切り、そこから離れた状態。㋐仕事を一時的に離れる休み。休暇。「五日間の—を願い出る」 ▽㋐と㋒とは「ひま」と言わない。㋑職を去らせる、また、夫が妻を離縁すること。「—を与える」 ㋒会っていた人と別れること。辞去。「—を告げる」「そろそろ—(を)します」

いとまき【糸巻】 ①糸を巻いておくためのもの。②糸をくるくるとまきつけること。そうする所。③「糸巻の太刀(たち)」の略。柄(つか)と鞘(さや)の上部とを組糸で巻いて飾ったこしらえの太刀。

いとまごい(ひ…ご)【△暇乞い】《名・ス自》 別れの挨拶をすること。別れをつげること。

いとまさめ【糸×柾目】 木材の柾目(まさめ)の、細くまっすぐに、密に通っているもの。いとまさ。

いとみち【糸道】 三味線や琴の、どう弾けばよいかという仕方・手筋。「あの師匠に—をあけてもらった」「—がつく」

いとみみず【糸〈蚯蚓〉】 みぞなどの水底にすむ、糸のように細くて赤いミミズ。金魚のえさになる。

いど-む【挑む】 ①《五自》 征服しようと、かかっていく。たちむかっていく。挑戦する。「敵に—」「山に—」②《五他》 相手にむかって、こちらからしかける。「決戦を—」「論争を—」

いとめ【糸目】 ①糸の筋目。「—の立った羽織」。糸のように細い筋。「—模様」②紙だこの釣り合いを取るため表面に付ける数本の糸。③『……に—をつけない』……の出費をいとわない。「名画に糸目をつけない」「金に糸目をつけない」(出費を惜しまない)④繭から取れる生糸の目方の割合。⑤浅海の泥中にすむミミズに似た生物。釣りのえさにする。秋の大潮の夜に繁殖のために群泳する。▽ごかい科。

いと-める【射止める】《下一他》 ①首尾よく自分のものにする。「賞品を—」「彼女の心を—・めた」 ▽(2)の転。②矢や弾丸を命中させてとらえる、殺す。

いとも《副》 非常に。ことのほか。「—おごそかに」「—たやすい」 ▽古語副詞「いと」+助詞「も」

いとやなぎ【糸柳】 しだれやなぎ。↓やなぎ

いとわく【糸枠】 紡いだ糸をまきつける、わく。

いとわし-い(いとはしい)【×厭わしい】《形》 いやだ。いとうべき、忌むべきことだ。わずらわしい。派生 **-さ -げ**

いな【×鯔】 ボラの幼魚。体長二〇センチぐらいのもの。

いな【異な】《連体》 妙な。変な。普通と変わっている。「これは—ことを承る」「縁は—もの」 ▽既に古風。

いな【否】 ①《感》 いいえ。いや。そうでない。②《名詞的に》 反対。否定。「賛成か—か」「—の態度を執る」

いない【以内】 ある限定された、空間・時間の範囲のうち。「三日—に申し出よ」 ▽「以外」はこの形にもかかわらず対語でない。

いなおりごうとう(ゐなほり…)【居直り強盗】 空巣(あきす)やこそどろが、現場を見つけられて急にすごんで強盗になること。その強盗。

いなお-る(ゐなほる)【居直る】《五自》 ①急に態度を変えて威圧的になる。「押売りが—」 ▽(2)の転。(2)の意では今日ほとんど使わない。②いずまいを正す。すわり直す。

いなか(ゐなか)【〈田舎〉】 ①都会から離れた所。(都会の人から見て)都会以外の所。地方。特に、人家が少なく田畑の多い所。田園。「京に—あり」(=思いがけず田園風の所がある)」②郷里。生まれ故郷。「私の—は秋田です」 ▽都会の人口には地方出身者の割合が大きいから、この用法が生じた。▽↓ごぜんじるこ。 **—じるこ**【—汁粉】 粒あんで作った汁粉。 **—-びる**《上一自》 田園的でひなびている。都会的な洗練されたところがなく、やぼったくみえる。 **—まわり**(まはり)【—回り】 興行や勤務・商売などで、中央をはなれて、地方ばかりを転々とすること。 **—みそ**【—味×噌】 麦こうじで醸造したみそ。 **—もの**【—者】 ①地方で育った人。地方出の人。②物を知らない、洗練されない人をさげすんでいう語。 **—や**【—家】 農村にある家。また、農家風の家。

いなかけ【稲掛(け)】 刈った稲をかけてかわかす道具。いねかけ。▽地方により、違ったさまざまの呼び名がある。

いながら(ゐ…)【居ながら】《連語》《副詞的に》 すわったまま。「—にして天下の形勢を知る」 ▽「居」はすわる意。「ながら」は副助詞。

いなご【×蝗】 体が緑色で淡褐色の羽のある、ばったの仲間の昆虫。体長三~四センチ。稲を食べることから害虫とされる。佃煮(つくだに)にして食用。▽稲の子の意。

いなさく【稲作】 ①稲をつくること。②稲の出来ぐあい。稲の作がら。

いな-す《五他》 ①相撲(すもう)で、急に体をかわして相手をよろめかせる。▽(3)の転。②転じて、相手の攻撃や追及を軽くかわす。「質問を—」 ③かえらせる。よそへゆかせる。▽(3)は「往なす」「去なす」と書く。

いなずま(いなづま)【稲妻】 空中に自然に起こる放電に伴って、空を走る光。いなびかり。▽これで害虫が死に、稲が豊作になるというので、稲の夫(おっと)に見立てたものか。 **—がた**【—形】 稲妻にかたどった、ジグザグの形。

いなせ《ダナ》 侠気(きょうき)が見え、身のこなしがいきなさま。「魚河岸(うおがし)の—な兄い」

いなだ ブリの幼魚。体長四〇センチぐらいのもの。

いなな-く【×嘶く】《五自》 馬が声高く鳴く。

いなびかり【稲光】 ↓いなずま

いな-む【否む・△辞む】《五他》 いやだといって拒む。承

知しない。断る。また、否定する。↕うべなう。「ーめない事実」▽↓いなめない

いなむら【稲×叢】刈り取った稲を積み重ねたもの。また、そのところ。

いなめない【否めない】《連語》(否定しようにも)否定出来ない。「彼に疑惑があることはー」。また、断り切れない。「義理でー勧誘」▽「否む」の可能動詞「否める」の未然形＋助動詞「ない」。「ない」の部分は、「ぬ」「ません」でもよく、それら三つの活用形でもよい。

いなや【否や】《連語》①……かどうか。「事業が成功するやーは疑問だ」②《「……やー」「……とー」の形で》すぐに。ただちに。「宿に着くやーふろに飛び込む」③《名詞的に》不承知。異議。「彼にーはないはず」

いならーぶ(ゐ)【居並ぶ】《五自》席をつらねてすわる。

いなり【〈稲荷〉】①五穀の神である倉稲魂(うかのみたま)神を祭ったもの。②きつねのこと。▽きつねは稲荷の使いという俗信から。

いなりずし【〈稲荷〉×鮨】煮て甘辛く味付けした油揚げを開いて、中にすし飯を詰めたもの。おいなりさん。▽油揚げがきつねの好物とされるから。↓いなり(2)

イニシアチブ 率先すること。主導権。イニシアティブ。「ーをとる」▽initiative

いにしえ(いにしへ)【△古】かなたに過ぎ去ってしまった昔。往時。「ーをしのぶ」▽現在では文語的。「往(い)にし方(へ)」で、過ぎ去ったかなたの意。↓むかし(1)

イニシャル 頭文字(かしらもじ)。特に(ローマ字による姓名の)最初の文字。▽initial

いにゅう【移入】《名・ス他》移し入れること。「感情ー」。特に、国内の他の地域から貨物を運び入れること。↕移出

いにょう【囲×繞】《名・ス他》まわりを囲いめぐらすこと。まわりをぐるりと囲んでいること。いじょう。

いにょう【遺尿】《名・ス自》夜眠っている時などに尿をもらすこと。寝(ね)小便。

いにん【委任】《名・ス他》事柄の実行や事務的な処理を他の人や機関に任せ、自分に代わってしてもらうこと。↕受任。「事務ー」「ー統治」▽公法上の委任の場合、受任者には代理権または職権が与えられる。

ーじょう【ー状】ある特定の人に一定の事項を委任したことを書き記した書状。

イニング 野球などの試合で、両チームが攻撃と守備を一回ずつ行う区切り。回。▽inning

いぬ【×戌】十二支の第十一。方角では西北西、時刻では午後八時、また、午後七時から九時までの間を指した。▽↓じゅうにし

いぬ【犬・×狗】①古くから人間が家畜として飼い親しむ獣。わんわんとほえる。人によくなれ、嗅覚・聴覚が鋭い。品種が多く、愛玩用のほか猟犬・番犬・盲導犬・警察犬などとして役立てる。「ーがしっぽを振ってついて来る」「夫婦げんかはーも食わない」「ーの遠吠(とおぼえ)」(臆病者がかげで虚勢をはることのたとえにも)「ーと猿の仲」(仲の悪いもののたとえ)「ーも歩けば棒にあたる」(でしゃばると、わざわいにあう。転じて逆に、出歩くと、思わぬしあわせにあう)▽いぬ科。②スパイ。まわしもの。「警察のー」▽かぎまわるということから。③《名詞の上に付けて》くだらないもの。むだなもの。役に立たないもの。「ーざむらい」「ー死に」「ー蓼(たで)」

いぬい(ゐぬゐ)【△乾・×戌×亥】北西。▽十二支で表せば戌(いぬ)と亥(い)との中間にあたる。

いぬかき【犬×搔き】犬のように手で水をかき、足をばたばたさせて進む泳ぎ方。いぬおよぎ。

いぬき(ゐ)【居抜き】建物を、調度品または設備・商品をそのままにして売ること。「ーで売る」

いぬーく【射抜く・射△貫く】《五他》①射た矢で目標物を突き通す。「鎧(よろい)をー」②比喩的に、鋭くつきさす。「一言(いちげん)に心臓をー・かれる思」(夏目漱石「門」)

いぬくぎ【犬×釘】鉄道のレールを枕木に固定するために打ちこむ大きなくぎ。▽頭部が犬の頭に似ていた。dog nail の訳語。

いぬくぐり【犬△潜り】塀などにあけてある、犬が出入りするための穴。

いぬころ【犬ころ】犬の子。いぬっころ。

いぬざむらい(ざむらひ)【犬侍】卑怯(ひきょう)な武士をののしっていう言葉。

いぬじに【犬死(に)】《名・ス自》何の役にも立たない死に方。むだに死ぬこと。

いぬたで【犬×蓼】路傍などに普通の一年草。高さ三〇センチ内外。秋、紅色の小花を穂状につける。これを赤飯に見立てて「あか(の)まんま」とも言う。▽タデの仲間だが食用にならない。

いぬのひ【×戌の日】妊娠五か月目の、暦の上で戌に当たる日。▽犬を、安産する動物と信じて、この日から岩田帯を巻く習わしがある。

いぬはりこ【犬張子】犬の立ち姿の張子。小児の宮参りなどの祝い物とした。

いね【稲】米を取るために栽培する一年生の作物。四～五月、苗代(なわしろ)に種もみをまき、梅雨のころ田に植えかえる。畑で作る品種(＝おかぼ)もある。茎は一メートルぐらいで直立する。八～九月に開花し、十月ごろ成熟する。▽いね科。

いねかけ【稲掛(け)】↓いなかけ

いねかり【稲刈(り)】(秋、)実った稲を(鎌や機械で)刈り取る作業。刈り入れ。

いねこき【稲△扱き】《名・ス自》実った稲の穂をひきかけて、籾(もみ)をこき取ること。また、その機械。

いねむり(ゐ)【居眠り】《名・ス自》(何かをしている途中で)すわった(＝居)まま眠ること。

いのいちばん【いの一番】一番最初。真っ先。「ーにかけつける」▽「い」の字が、いろは歌の最初に来るから。

いのう【異能】《名ナノ》別人に例が無いほどその人に特有の能力。「ー(の)力士」(相撲(すもう)評論家の彦山光

三が初代若乃花について言い出した語)

いのこずち(ゐのこづち)【〈牛膝〉】路傍・やぶなどに普通の多年草。高さ一メートル弱。果実をつつむ苞(うほ)にとげがあり、衣服や獣の毛につく。根は漢方薬用。▽ひゆ科。

いのこ-る(ゐ)【居残る】《五自》ほかの人よりあとに、または、定刻の後まで、残る。

いのしし(ゐのしし)【×猪】豚の原種となった獣。形は豚に似るが、全身を覆う毛は黒褐色であらく、口から外に出た長い犬歯がある。夜行性で雑食。時に畑などを荒らす。走ると容易に曲がれないという。「―武者」(向こうみずに突進するさむらい) ▽いのしし科。「しし」は獣(もと、獣肉)の意。鹿を「かのしし」と言った。→うりぼう

イノシンさん【イノシン酸】主に肉類の中に存在する天然の有機化合物。鰹節(かつおぶし)のうまみの主成分。▽inosinic acid

いのち【命】①生物の生きる力・期間。㋐生きて行くおおもとの力。「あかあかと一本の道とほりたりたまきはる(=「命」の枕詞(まくらことば))我が―なりけり」(斎藤茂吉)「―がみなぎる」「―がある」(生きている)「―を投げ出す」(死に物狂いで、死を覚悟して、事に当たる)「―を的にする」(同上)「―を捧(ささ)げる」(君主・親・他人のために、自分の命を顧みずに尽くす)「―を拾う」(危ういところで死を免れる)「―を棒に振る」(つまらない事によって死ぬ)「―から二番目」(非常に大切なものであること)「―あっての物種(ものだね)」(何事も命があってこそだ。命が一番大事だ)「―の親」(自分を死から救ってくれた人)「―のせとぎわ」(死ぬか生きるかの境)「―の洗濯」(気晴らしをして、日ごろの苦労を慰めること)「―の綱」(命をつなぐ手段)「―の露」(人の命がはかないというたとえ) ㋑命(1)㋐が保たれている間。寿命(じゅみょう)。「短い―」「―を削る」(寿命を縮めるほどの苦労・努力をする)「―の水」(人の寿命を流れる水にたとえた言い方。酒を指すこともあるが、その時は㋐の方の意)「―長ければ恥多し」(長生きすると恥をさらすことが多い) ②一番大切なもの。「技術が―だ」「―と頼む」 関連 生(いせ・うしょ)・生命・人命・身命・天命・余命・一命・長命・短命・薄命・露命・寿命・天寿・長寿・命数・命脈・息の根

いのちがけ【命懸け】命を捨てる覚悟であること。必死。決死。「―で働く」

いのちからがら【命からがら】《連語》《副詞的に》やっと命だけは失わずに、かろうじて。「―(に)逃げ出す」「―の目にあう」 ▽「からがら」は「辛々」(かろうじて)の意。

いのちげ【命毛】筆の穂先の中心にある長い毛。▽書く上で最も大切な部分だから言う。

いのちごい(ひ:こ)【命乞い】《名・ス自》殺されそうになった人の命を助けてくれと頼むこと。

いのちしらず【命知らず】《名ナノ》死も恐れずに事をすること。そういう人。「―の乱暴者」

いのちづな【命綱】①(高所に登る時や潜水の時など)万一の場合の生命の安全をはかるため身につけておく綱。②身の安全や生活を託すものとして大事なもの。

いのちとり【命取り】生命・地位・名誉・資産など、人の大事と頼むものを失わせること。また、その原因となるもの。「―の病気」「それが―となって倒産した」

いのちびろい(ろ:ひ:び)【命拾い】《名・ス自》死にそうになって、さいわいに助かること。九死に一生を得ること。

いのちみょうが【命冥加】《名ナノ》あぶない命が運よく助かること。▽もと、神仏の加護によって命びろいすること。

いのなかのかわず(ゐ:か・はづ)【井の中の×蛙】「井の中の蛙(かわず)大海を知らず」の略。他に広い世界のあることを知らずに、自分のまわりのせまい範囲だけでものを考えていることのたとえ。

いのふ【胃の×腑】胃袋のこと。

イノベーション(経済発展の一因としての)技術革新。▽innovation(=新機軸)

いのり【祈り・×祷り】祈ること。祈願。祈念。祈祷(きとう)。「―を捧(ささ)げる」

いの-る【祈る・×祷る】《五他》①神や仏に願う。「家内安全を神仏に―」「―ような気持で見つめる」②心から望む。希望する。「御成功を―」 関連 こいねがう・望む・求める・念じる・庶幾・希望・切望・熱望・祈願・願・願掛け・願立て・誓願・立願・発願・勅願・祈念・黙祷(もくとう)・祝祷・祈祷・加持・勤行(ごんぎょう)・念仏・御籠(おこもり)・参籠・茶断ち・塩断ち

いはい【位×牌】死者の戒名を書いた木の札。

いはい【違背】《名・ス自》命令・規則・約定にそむくこと。

いはく【威迫】《名・ス他》人をおどしたり不安を感じさせたりして、従わせようとすること。▽主に法律で使う。

いばく【×帷幕】(本陣で)作戦を図る所。(陣営の)中枢。▽「帷」は、たれぎぬ、「幕」は、ひきまく。

いばしょ(ゐ)【居場所】居る(座る)場所。いどころ。「―がない」

いばしんえん【意馬心猿】欲情がどうにも抑えにくいこと。▽馬が走り猿(さる)が騒ぐのを制しがたい意から。

いはつ【衣鉢】①師の僧から弟子(でし)に伝える衣(ころも)と食器。転じて、仏教の奥義。②広く、芸術などの、師から伝えられるその道の奥義。「―をつぐ」▽「えはつ」とも言う。

いはつ【遺髪】故人のかたみである髪の毛。

いばら【茨・〈荊棘〉】①とげのある小木の総称。「―の道」(非常に苦難の多いこと) ②→のいばら。「花―故郷の路に似たるかな」(与謝蕪村) ③植物のとげ、はり。▽(1)(3)とも「うばら」とも言う。

いばり【△尿】小便。小水。ゆばり。▽既に古風。

いば-る【威張る】《五自》ことさらに威勢を張って偉そうに、または強そうにふるまう。

いはん【違反】《名・ス自》法令や契約などをまもらないこと。「憲法—」「スピード—」「法令に—する」

いはん【違犯】《名・ス自》法令に反して、罪をおかすこと。

いび【萎×靡】《名・ス自》なえしおれること。衰えて元気がなくなること。「民心の—」「敵の砲火が—する」

いびき【×鼾】眠っているときに、呼吸とともに鼻や口から出す雑音。「—をかく」

イヒチオール タールを含み黒褐色で濃い液状の消炎・殺菌剤。イクタモール。▽ドイ Ichthyol 商標名。

いひつ【遺筆】故人が生前に書いた(普通は未発表の)書画や文章。

いひつ【異筆】別の人の筆跡。↔同筆。「三種の—が混じる」

いびつ【×歪】《名ナノ》形がゆがんでいること。「—な箱」「—な心」▽飯櫃(いびつ)の小判形のものから出た言葉で、もと楕円(だえん)形を指した。派生 **-さ**

いひひ《感》口を横に広げて不気味にいやらしく笑う声。「—と奇妙な声で笑う」

いひょう【意表】(相手・他人が)考えに入れていないところ。思いがけないこと。「—をつく」「—に出る」「—外」

いびょう【胃病】胃に起こる病気の総称。

いびりだ-す【いびり出す】《五他》いじめて、いたたまれないようにして追い出す。「嫁を—」

いび-る《五他》意地悪をして人を困らせたり苦しめたりする。いじめる。

いひん【遺品】死んだ人が残した、また、故人にゆかりの品物。

いふ【畏怖】《名・ス他》恐れおののくこと。「—の念」

いふ【異父】母親が同じで父親が違うこと。たねちがい。「—兄」

いぶ【慰×撫】《名・ス他》なだめておだやかにすること。なぐさめいたわること。

いぶ【威武】勢いが盛んで、強く勇ましいこと。威光と武力。「—を示す」

イブ ①祭などの前夜。前夜祭。「クリスマス—」▽eve ②旧約聖書にある、アダムの肋骨(ろっこつ)から造られた人類最初の女の名。アダムの妻。エバ。▽Eve

いふう【威風】威光・威厳のある様子。盛んな威勢。「—あたりを払う」「—堂々」

いふう【遺風】①昔から伝わっている習慣・風習。②先人の残した教え・感化。

いふう【異風】《名ナノ》普通とちがった風習や様子。

いぶかし-い【×訝しい】《形》不審に思われる。合点(がてん)がいかない。「—点がある」派生 **-さ -げ* -がる**

いぶかしげ【×訝しげ】《ダナ》不審がるさま。疑わしそう。「—なまなざし」「—に首をひねる」

いぶかし-む【×訝しむ】《五他》変だと思う。

いぶか-る【×訝る】《五他》様子・事情・結果がどうも変だ(が、なぜだろう)と思う。不審がる。

いぶき【息吹】①いき。呼吸。いきづかい。②比喩的に、物事のかすかなしるし。きざし。「春の—」▽雅語的。

いぶき【伊吹】西日本の海岸などに自生し、庭木などとしても植栽される常緑高木。樹皮は赤褐色で縦に裂ける。材は器具材・彫刻材とする。びゃくしん。▽ひのき科。

いふく【威服】《名・ス他》おどして従わせること。

いふく【畏伏】《名・ス自》おそれてひれふすこと。

いふく【畏服】《名・ス自》おそれて従うこと。

いふく【異腹】父親は同じだが、母親がちがうこと。腹ちがい。↔同腹

いふく【衣服】きもの。身にまとうもの。

いぶくろ【胃袋】胃。

いぶし【×燻し】①いぶすこと。特に、硫黄(いおう)などをいぶして金属を黒くすること。「銀に—をかける」②蚊やり。

いぶしぎん【×燻銀】①いぶしがかかった銀。そういう色。くすんで渋みがある銀色。②比喩的に、渋く味わいのあるもの。「—の演技」

いぶ-す【×燻す】《五他》①煙がたくさん出るようにもやす。けむたくする。「穴の狐(きつね)を—し出す」②蚊やりをたいて煙を立てる。③煙で黒くする。すすがつくようにする。特に、硫黄(いおう)などで(1)のようにして金属を黒くする。④肉などを燻製(くんせい)にする。

いぶつ【異物】①体外から体内にはいって、または体内に発生して、体組織となじまない物質。例えば結石や飲み込んだ入れ歯。②本来のものとは異なる(入っているべきでない)もの。「食品への—の混入」③普通でない物品。

いぶつ【遺物】①前の時代から残されたもの。「古代の—」「前世紀の—」(比喩的に、時代遅れのものの意にも)②故人の残したもの。遺品。③おとしもの。遺失物。

イブニング「イブニング ドレス」の略。女性用夜会服。▽evening dress から。

いぶ-る【×燻る】《五自》よく燃えずに煙が出る。くすぶる。

いぶん【異聞】かわったうわさ。珍しい話。

いぶん【遺文】①故人が書き残した文章。②世に広くは知られずに残っている、古い文章。「平安—」

いぶんか【異文化】生活様式や宗教などが異なる他の文化。「—交流」

いぶんし【異分子】一団の中で、多くのものとは性質・種類などが違っているもの。

いへき【胃壁】胃を形作っている、筋肉・粘膜などからなる外壁。

いへん【異変】①変わった出来ごと。非常の事態。「暖冬—」「一大—」②(正常でない)変化。「病状に—はない」

いへん【×韋編】『ー三たび絶つ』書物をとじた革ひもが三度も切れる。読書に熱心なこと。▽「韋」はなめしがわ。

イベント ①出来事。行事。催し物。②運動競技の種目や一試合。「メインー」▽(2)は「エベント」とも言う。event

いぼ【×疣】①皮膚の一部が部分的に増殖変化して、豆粒のようにもりあがったもの。原因の多くはウイルスで、感染するものもある。②物の表面にある小さなでっぱり。小突起。「たこの足のー」

いぼ【異母】父親が同じで母親が違うこと。異腹。腹ちがい。「ー兄弟」

いほう【彙報】報告を(分類して)集めたもの。▽「彙」は集める意。

いほう【異邦】他国。外国。「ー人」

いほう【違法】『名・ダナ』法にそむくこと。↔適法。「ー行為」「音楽をーにコピーする」

いほう【医方】治療の方法。医術。

いぼく【遺墨】故人の残した筆跡。故人が生前に書いた書。

いぼじ【×疣×痔】痔疾の一つ。直腸末端部のはれ物が肛門(こうもん)の近くや外にいぼ状に突出する症状。痔核。

いぼじりまき【いぼじり巻(き)】日本髪の結い方の種類。㋐島田まげの根を下げて、いぼじり(=カマキリの別称)の後ろ姿に似た形によじった髷(まげ)。㋑ぐるぐる巻きに簡単に結った髪。「めかしたのに頭はいつものー同然」▽㋑は労働する際に多く見られた。

いぼた ①→いぼたろう。②→いぼたのき

いぼだい【×疣×鯛】沿岸部のやや深い海底にすむ魚。全長二〇センチ前後。形はタイに似るが丸みを帯び、銀白色でえらの上に褐色の斑がある。食用。えぼだい。▽いぼだい科。

いぼたのき 山野に自生する落葉低木。樹皮にイボタロウムシがつく。高さ二メートルほどで、枝は細い。五月ごろ芳香のある白花が咲く。材は器具の柄や楊枝(ようじ)にする。いぼた。▽もくせい科。

いぼたのむし【いぼたの虫】イボタノキ・モクセイなどの葉を食ういもむし。体長五〜七センチ。成虫はイボタガと呼ばれる大形の蛾(が)。疳(かん)・肺結核の薬といわれた。

いぼたろう イボタロウムシの雄の幼虫が分泌した蠟(ろう)を加熱融解し凝固させたもの。ろうそくの製造、織物・生糸のつやつけや、漢方で膏薬(こうやく)として止血などに使う。疣(いぼ)に塗ると疣がとれるとされる。いぼた。 **ーむし**【ー虫】イボタノキやトネリコにつく、カイガラムシの一種。体長約二ミリ。雄の幼虫は小枝に集団でつき、分泌物で白い蠟質の塊を作る。

いほん【異本】同じ書物ながら普通行われている本文と、文字や語句、組立てなどに(相当の)相違のあるもの。

いま【今】①過去とも未来とも言えない時。㋐過去と未来との境である瞬間。「ー正午です」。《接続詞的に》この場で。「ーこの点をPと表そう」㋑今㋐を含んだ、ある時間・期間。今日(こんにち)。「ーの政府」「人情はーも昔も同じだ」「その彫刻はーに名作の聞こえが高い」㋒今㋐と見なせるほどに近い過去、または未来。「ー来たばかりだ」「ー行くよ」「ーかーか(=もう現れるか)と待ちうける」▽「今に」(1)の用法では、近い将来を指す。(1)は、時の区分としては「現在」とほぼ同じだが、「現在」には㋐のうちの接続詞的用法や㋒の未来を指す副詞的用法がない。▽↓いまに・いまにも・いまもって・いまや・いまわ。②《副詞的に》その上に。ここで更に。もう。「ー一ついかがですか」「ー少し右へ寄れ」③《接頭語的に》現在の。当世の。現代の。「ー業平(なりひら)」「ー太閤(たいこう)」
関連 ただいま・今どき・今ごろ・このごろ・現在・現時・現今・当今・昨今・目下・現下・時下・当世・当節・当代・きょう日

いま:ゐ【居間】家族がふだんいる部屋。

いまいち【今一】〔俗〕《多くは副詞的に》期待するところに対し、まだ(すこし)物足りないさま。「それはーだな」▽「今一つ」から出た語。

いまいまし-い【忌(ま)忌(ま)しい】『形』しゃくにさわってたまらない。いとわしく腹立たしい。「失敗した自分がー」「ー奴(やつ)め」 派生 **-さ -げ -がる**

いまがた【今方】少し前。いましがた。

いまがわやき【今川焼(き)】水で溶いた小麦粉を円形の型に流し込み、あんを入れて焼いた菓子。太鼓焼き。大判(おおばん)焼き。▽江戸時代、神田今川橋付近の店から始まる。

いまごろ【今頃】大体今。今時分。「ーは雪が降っているだろう」「ー来てもしかたがない」。当世。ちかごろ。「ーの若い者」

いまさら【今更】①今新た(=さら)に取り上げる、気づく、といった様子。「ーのように驚く」「そんな苦情はーめいている」「あれが身勝手なのはーでない」②《副詞的に》今となって(は)。「ー何を言うか」「悔やんでもーどうにもならない」

いましがた【今し方】ほんの少し前。▽「し」は、強めの文語助詞。

イマジネーション 想像。想像力。▽imagination

いまじぶん【今時分】いまごろ。「去年のーのこと」

いましめ【戒め・△警め・△縛め】①いましめること。その言葉。㋐訓戒。教訓。【戒・警】㋑禁制。制止。【戒】㋒こらしめ。懲戒。【戒】②警戒。警固。【警・戒】③捕縛。また、体の自由を奪うためにかけた縄。【縛】「ーを解く」

いまし-める【戒める・△警める・△縛める】『下一他』悪い事を起こさせないように注意する。①あやまちのないように注意を与える。㋐前もって訓戒する。【戒・警】「自らをー」㋑禁じる。制止する。【戒】「菊紋の乱用をーめた」㋒再びあやまちを犯さないようにこらしめる。【戒】②体を縛るなど自由を奪う。捕縛する。【縛】「賊を荒なわできびしくー」

いましも【今しも】《連語》ちょうど今。たった今。「―出かけるところ」▽やや古風。

いま‐す【△在す・×坐す】《五自》「いる」「ある」の尊敬語。いらっしゃる。おいでになる。おわします。「父―時には」▽文語的。

いまだ【△未だ】《副》→まだ(1)(3)。「―かつて無い事件」「―五名を出ない」▽文語的。

いまだし‐い【△未だしい】《形》まだ十分でない。時期が早い。未熟である。「腕もなお―」▽「いまだしの感がある」のように、文語終止形を使うこともある。

いまだに【△未だに】《副》→まだ(1)。「―決定に至らない」「―独身だ」

いまちのつき【居待(ち)の月】陰暦十八日の月。いまち。いまちづき。▽「いまち」はすわって待つこと。月の出が満月よりおそいから。→たちまちのつき・ねまちのつき

いまでき【今出来】近ごろ造られた、手抜きの(やわな、またはへたな)出来ぐあい。

いまどき【今時】(1)このごろ。当世。現今。「―そんな考えは古い」(2)今時分。「―来ても、もう遅い」「台風が―に来るとは」▽(1)(2)とも、特に「―の」の形では、否定的評価に関連して使うことが多い。

いまに【今に】《連語》(1)現在よりそうは時がたたないうちに。(ア)もう少しの間、待っていると。「―燃え出すぞ」(イ)それほど遠くはない将来。「―成功して見せるぞ」「―見ていろ」(2)ある事の結果が現在に伝わることを表す言い方。現在に及んで(も)。今もって。「―名作の誉れが高い正宗の刀」「ひなびた風景は―変わらない」

いまにも【今にも】《連語》《副詞的に》今と言ってよいほど、すぐ。もう少しで。「―雨が降り出しそうだ」▽「今に」(1)(ア)より現時点にずっと近い時を指す。

いまのうち【今のうち】《連語》《副詞的に》今のあいだ。今このとき。「―から始める」「止めるなら―だ」

いまは →いまわ

いまひとつ【今一つ】《連語》(1)《多く「―は」の形で》更にもう一つ。(2)《多くは副詞的に》期待するところに対し、まだ(すこし)物足りないさま。いまいち。「―わからない」

いまふう【今風】当世風。現代の風俗。また、このごろの流行。「―の髪形」

いまもって【今△以て】《連語》今に至るまで。今でも。「真相は―分からない」

いまや【今や】《連語》「いま」を強めて言う語。今では。今こそ。「―一流の画家だ」「―決断すべきだ」「―遅し」(待ち望む気持や状態を表す言い方)▽「や」は詠嘆を表す助詞。

いまよう【今様】(1)「今様うた」の略。平安時代に新しく出来た、七五調四句の謡物(うたいもの)。和讃(わさん)から起こり、白拍子(しらびょうし)や遊女が歌い、宮中の宴会・節会(せちえ)にも歌われるようになった。▽新たに流行し出した歌の意。(2)当世ふう。今のはやり。今風。「―に言えば」

いまりやき【×伊△万里焼】有田焼の別称。▽もと、佐賀県の伊万里港から積み出される磁器を総称して言った。

いまわ【今△際】《「―の」の形で》(今はもう)死にかかっている。臨終の。「―の時」「―の言葉」

いまわし‐い【忌(ま)わしい】《形》(1)いとわしい。いやだ。「―出来事」「―汚名」(2)不吉(ふきつ)だ。「―夢」 派生 **‐さ ‐げ**

いまわのきわ【今わの際】死にぎわ。

いみ【忌(み)】(1)いむこと。(2)→ものいみ。(3)喪中。忌(き)。

いみ【意味】《名・ス他》(1)言い手がどんな捉え方でその表現を選んだかに関わる、言葉の表す内容(と味)。「―を調べるのに辞書を引く」「短い句だが―が深い」「言外の―を汲(く)む」。更に広く、言語以外の表現が表す内容。「名曲の―を探る」「信号の黄が―するものは」▽→いぎ(意義)。(2)行為・表現・物事の、それが行われ、また、存在するにふさわしい、価値。「―に富む人生を送る」「そんな事をしても―がない」 **―あい**【―合い】わけがら。理由。仔細(しさい)。事情。 **―しんちょう**【―深長】《ダナ》意味に深み・含みがあって複雑なこと。「―な笑い」▽→いみしん。 **―づ‐ける**【―付ける】《下一他》意味(2)を持たせる。物事に価値や意義を与える。

いみあけ【忌(み)明け】喪が終わること。忌(き)明け。

いみきら‐う【忌(み)嫌う】《五他》ひどくきらう。ひどくきらって避ける。「蛇蝎(だかつ)のごとく―」

イミグレーション 出入国管理。▽immigration

いみことば【忌(み)△詞・忌(み)言葉】不吉な連想などから使用を避ける語。また、その代わりに用いる他の語。婚礼などめでたい席で避ける「去る」「切る」などの語。また、「葦(あし)」を「よし」、「梨(なし)」を「ありのみ」と言う類。

いみじくも《副》まことによく。適切に。巧みに。「―言い表している」▽文語形容詞「いみじ」の連用形＋係助詞「も」

いみしん【意味深】《ダナ》〔俗〕「意味深長」の略。「―な話」「何だか―ねえ」

イミテーション (1)模倣。まね。(2)模造品。▽imitation

いみな【×諱】(1)人の死後尊敬しておくる称号。(2)死んだ人の生前の名前。(3)身分の高い人の実名。

いみょう【異名】(1)本当の名前以外の別名。(2)あだな。「韋駄天(いだてん)の―をとる」

いみん【移民】《名・ス自》(永住するつもりで)他郷または他国に移って住むこと。特に、労働に従事する目的で海外へ渡って住むこと。また、その人。

いみん【遺民】(1)国が滅びて残った民。(2)→いしん(遺臣)(1)

い‐む【忌む】《五他》(1)不吉(ふきつ)なこと、けがれたこととして、きらって避ける。(2)憎みきらう。「小人君子を―」

いむ【医務】医療に関する事務・仕事。「―室」

いめい【依命】命令によること。「—通達」▽官庁で使う。

いめい【遺命】死後のために残した言いつけ・命令。

イメージ《名・ス他》心の中に思いうかべる姿・像。心象(しんしょう)。「—が浮かぶ」「来るまでは熱帯の—だったが、案外に涼しい所だ」。その像を心に描くこと。「桜ふぶきを—した振袖(ふりそで)」。そのものの有様を示す大体の感じ。「この図は—です」▽image　**—アップ**《名・ス自他》世間や周囲に与える印象をよくすること。また、よくなること。↕イメージ ダウン。「—につながる」「—を図る」▽image と up とによる和製英語。　**—ダウン**《名・ス自他》世間や周囲に与える印象を悪くすること。また、悪くなること。↕イメージ アップ。「—につながる」「—にもなりかねない」▽image と down とによる和製英語。　**—チェンジ**《名・ス他》自分(の側のもの)のイメージを意識的に変えること。「—(を)して出直そう」▽image と change とによる和製英語。「イメチェン」と略しもする。

いも【芋・×薯・×藷】食用とする塊状に肥大した根や地下茎。また、それをつける植物。サツマイモ・サトイモ・ジャガイモ・ヤマノイモなど。「—を洗うような混雑」(沢山の芋を洗うのに、おけに水と共に入れ、特別な道具で掻き回した、その芋がこすれ合う有様の見立て)

いも【〈痘痕〉】↓あばた

いもうと【妹】同じ親から生まれた年下の女。更に広く、義妹。すなわち夫・妻の妹、弟の妻。↕姉。▽「いも(=女きょうだい)ひと」の転。　**—ご**【—御】他人の妹を敬った言い方。　**—ぶん**【—分】(親族の妹でないのに)妹として扱われる者。

いもがしら【芋頭】↓おやいも

いもがゆ【芋×粥】①さつまいもを炊き込んだかゆ。②山芋に甘葛(あまずら)からとった甘い汁をまぜて炊いたかゆ。

いもがら【芋△幹】↓ずいき(芋茎)

いもざし【芋刺し】里芋を串にさすように、人を槍(やり)でさし通すこと。田楽ざし。

いもせ【△妹背】親しい間柄の男女。㋐夫婦。㋑恋人どうし。㋒妹と兄。姉と弟。▽雅語的。

いもたれ【胃×靠れ】食物の消化が悪く、胃にたまること。「—の薬」「—に悩む」

いもちびょう【〈稲熱〉病】いもち病菌の寄生によって起こる稲の病気。多湿の年に多く発生。暗緑褐色や黒色などの斑点を生じ、ついには稲の発育を止める。

いもづる【芋×蔓】ヤマノイモやサツマイモの、つる。　**—しき**【—式】芋づるをたぐると次々に芋が現れるように、一つの事がきっかけで次から次に得られること。

いもにかい【芋煮会】里芋を主な具とした鍋料理を野外で食べる秋の季節行事。▽主に東北地方で行われる。

いもの【鋳物】金属をとかし、鋳型に流し込んで器物を作ること。また、その製品。「—工場」「—の釜」

いもばん【芋版】さつまいも・じゃがいもを輪切りにして、その切り口の面に文字や図案を彫った版。

いもむし【芋虫】蝶(ちょう)や蛾(が)の幼虫で、体に毛のないもの。体は軟らかく円筒形で、腹側に並ぶ短い足ではって葉を食う。▽元は芋の葉につくものを言った。↓けむし・あおむし

いもめいげつ【芋名月】陰暦八月十五夜の月。▽芋をそなえることから。↓くりめいげつ・まめめいげつ

いもり【井守・〈蠑螈〉】池・川・井戸などにすむ、トカゲに似た形の生物。腹が赤く他は黒褐色。その黒焼きは古来ほれぐすりといわれる。アカハライモリ。あかはら。▽広くはいもり科の両生類の総称。

いもん【慰問】《名・ス他》(不幸な人、苦労をしている人を)見舞ってなぐさめること。「老人ホームを—する」　**—ぶくろ**【—袋】戦地の将兵を慰めるために民間人が日用品・雑誌・娯楽品や手紙などを入れて送った袋詰。

いや【嫌】《ダナ》①否定し、しりぞけたくなる気持であるさま。㋐好まないさま。きらうさま。「仕事が—になる」㋑好ましくないさま。「—なにおい」「—なやつだ」②《「—に」の形で》非常に。きわめて。ひどく。「—に暑い日だ」「—に機嫌がいいな」 派生 **-さ** **-み*** **-がる***

いや①【△否】《感》同意しない態度を表す。いいえ。「—、違う」「—でも応でも」(相手の諾否にかかわらず。どうでもこうでも) ②《感》驚いたり、具合の悪さを感じたり、てれたりした時、発する語。「—、すっかり面倒を掛けてしまったな」「—どうも、こんな所でお目に掛かるとは」▽(2)は「いやあ」と延ばして言うことも多い。

いやいや【嫌嫌・×厭×厭】①《副》いやだがしかたなく。「—引き受ける」「—勉強する」②《名》(幼児などが)いやだという意味で首を横にふること。「—をする」　**—ながら**《副》↓いやいや(1)

いやいや【△否△否】《感》いいえ決して。「—、そんな簡単なことではない」。いえいえ。▽「いや」を重ねて、否認の意を強める。

いやおう【△否応】「いや」という返事と「よろしい」という返事。「—を言わせない」「—もない」(異存がない)「—なしに」(有無を言わせず)

いやがうえに【△弥が上に】《連語》《副詞的に》いよいよその上に。なお更に。ますます。「—(も)気勢があがる」

いやがらせ【嫌がらせ】わざと、人がいやがるようなことをしたり、言ったりする行為。「—をする」

いやが-る【嫌がる】《五他》表に出てわかるほど、嫌だという気持をもつ。「注射を—」

いやき【嫌気】①《名》↓いやけ。②《名・ス自》株の相場がよくなく、または、思わしくない事が起こって、人気が落ちること。「円安に—して薄商(うすあきない)に終わる」

いやく【意訳】〘名・ス他〙原文の語句の一つ一つにこだわらず、全体の意味に重点をおいて訳すこと。その訳。↔直訳

いやく【違約】〘名・ス自〙約束をたがえること。約束にそむくこと。

いやく【医薬】①医術と薬剤。また、医師と薬剤師。「―分業」②治療に使う薬。「―品」▽特に農業用・工業用のと区別して言う。 ―ぶがいひん【―部外品】薬機法(以前の薬事法)で規定された医薬品以外で、健康維持や治療に有効ではあるが作用が穏やかな製品。厚生労働省指定。

いやけ【嫌気】何となくいやだと思う気持。いやき。「―がさす」(いやだと思う)

いやし-い【卑しい・×賤しい】〘形〙①(食物などに)がつがつする。欲望をあらわにして、さもしい。「―目つき」②下品だ。げびている。「―行い」③粗末だ。みすぼらしい。「―身なり」④身分が低い。「家柄が―」▽④が原義。派生 -さ -げ

いやしくも【×苟も】〘副〙①かりにも。「―学生ともあろうものが」②万一にも。「―役に立ちそうな記事はメモしておく」③『―しない』おろそかにしない。「一点一画もいやしくもしない」

いやし-める【卑しめる・×賤しめる】〘下一他〙卑しいものとして見くだす。軽蔑する。さげすむ。

いやしんぼう【卑しん坊】食物にいやしい人。くいしん坊。

いや-す【癒(や)す】〘五他〙病気や傷などをなおす。肉体的・精神的苦痛を解消させる。「渇(かつ)を―」(長年の望みをかなえて満足する意にも)「時が悲しみを―」▽二十世紀末から「癒やす」「癒やし」に単なる安らぎ・リラックスを言う「心が癒やされる眺め」「癒やし系の音楽」などの用法が始まった。

いやち【×厭地・△忌地】連作をすると、その作物の生育が悪くなる現象。うり科・なす科などの作物に多い。また、その耕地。いやじ。

いやに【嫌に】〘副〙→いや(嫌)(2)

いやはや〘感〙驚くような事実を知って、あきれた気持を表す言葉。「―困ったものだ」

イヤホン 耳にさしこんだりあてたりして音声を聞く装置。イヤフォン。▽earphone

いやま-す【△弥増す】〘五自〙数や程度がどんどん増す。「―恐ろしさ」▽雅語的。

いやみ【嫌味・×厭味】〘名ナ〙人に不快な感じを与える言葉や態度。「―なことをする」。いやがらせ。「―を言う」▽「味」は当て字。

いやらし-い〘形〙いやな気持を覚えさせる(人間の)状態・性質だ。㋐不調和で不愉快な感じがする。グロテスクだ。㋑態度やりかたが堂々としていない。「上役に色目を使う―やつ」㋒好色で下品な感じだ。「―まねをするな」派生 -さ -げ -がる

イヤリング 耳飾り。▽earring

いゆう【畏友】尊敬する友。▽自分の友の敬称にも使う。

いよいよ【×愈・×愈々】〘副・ノダ〙①前よりもなお一層。ますます。「風が―はげしくなる」②とうとう。ついに。「―本降りだ」。きわまったぎりぎりの状態。「―という時になって」③確かに。まさしく。「―それに違いない」

いよう ①【威容】いかめしく、厳かな姿。重々しく立派な姿。②【偉容】すぐれて立派な姿。堂々とした姿。

いよう【異様】〘ダナ〙様子が普通でないさま。「―な音がした」「―なふるまい」「―に輝く」派生 -さ

いよう【移用】〘名・ス他〙(経済)歳出予算に定めた部(や項)の経費を、必要に応じて他の部(や項)へ移し用いること。▽予算の目(もく)以下については「流用」と言う。

いよく【意欲・意×慾】積極的に行おうとする心。「―的に取り組む」「―が足りない」「―がわく」「―作」

イヨマンテ アイヌの儀式。捕らえた熊の子を育てた後、神の世界に帰すものとして殺す時の、盛大な祭り。熊祭り。イオマンテ。▽アイヌ語。

いらい【以来】その時からこちら。それから今まで。「明治―」「一度手紙が来たが、―、ふっつり消息が絶えた」「卒業―会ってない」▽「その時」を含む場合と含まない場合がある。→いおう(以往)

いらい【依頼】〘名・ス他自〙①用件などを人にたのむこと。「執筆を―する」「弁護士に―する」「御―の件」②人にたよること。「―心」

いらいら【△苛△苛】〘名・副[と]・ス自〙①思うようにならず、心があせって神経がたかぶること。また、そのようなさま。「―が募る」「気がせいて―する」「―歩き回る」②とげなどがさわっている感じであるさま。ちくちく。「のどが―する」

いら-う【△弄う】〘五他〙いじる。もてあそぶ。さわる。

いらか【×甍】瓦葺(かわらぶき)の屋根。「―を並べる」▽雅語的。もと、棟瓦(むながわら)のこと。

いらくさ【△刺草・〈蕁麻〉】山野の陰地に自生する多年草。葉は卵円形で縁にあらいぎざぎざがある。葉・茎に刺(とげ)があり、蟻酸(ぎさん)を含むので、触れると痛みが残る。▽いらくさ科。

イラスト「イラストレーション」の略。広告・書籍などに入れる挿絵や図解画。▽illustration から。

イラストレーター イラストを描く職業の人。▽illustrator

いらせら-れる〘下一自〙→いらっしゃる

いらだたし-い【△苛立たしい】〘形〙思うようにならず、心が落ち着かない。いらいらしてくる感じだ。派生 -さ -げ

いらだ-つ【△苛立つ】〘五自〙思うようにならず、心が落ち着かない。いらいらする。じりじりする。「堂々巡りの議論に―」

いらだ-てる【△苛立てる】〘下一他〙心をいらいらさせる。あせらせる。

いらつ-く【△苛つく】《五自》あせっていらいらする。いらだつ。「―いた口調」

いらっしゃい「いらっしゃる」の命令形。人が来た時、迎える挨拶としても使う。

いらっしゃ-る《五自》①㋐「来る」「行く」「居る」「ある」の尊敬語。おいでになる。㋑《動詞連用形+「て」に付いて》「ている」の尊敬語としても使う。「立って―」▽命令形は「いらっしゃい」。また、「ある」の尊敬語は、人が主語に立つ場合にかぎる。「ご家族が―」②《断定の助動詞的に用いて》その性質を持つもの(すなわち主語が表すもの)を尊敬する意を表す。「いつもお若くて―」「御立派で―」▽「いらせらる」の転。

いらっと《副・ス自》瞬間的に腹が立つさま。「審判の判定に―くる」

いらむし【△刺虫】イラガの幼虫。体長二センチ余り。毒を分泌する刺(とげ)が毛のようにはえ、さされると痛い。成虫は黄色の小さい蛾(が)。

いり【入り】①はいること。はいるもの。㋐客やもののはいる数や分量。「―が悪い」「二合―の徳利」㋑《接尾語的に》ものがはいり加わっていること。「模様―」「ミルク―のコーヒー」㋒《接尾語的に》その土地・場所・環境にはいること。「大阪―」「土俵―」「政界―」㋓日・月が沈むこと。その時刻。↕出(で)。「日の―」㋔その期間になる最初の日。「彼岸の―」㋕マラソンなどで、初めの部分。「千メートルの―が遅い」▽「出だし」と同じ事だが、長時間の競技にはいるという気持で言うようになった。㋖収入。↕出(で)。「―が多い」「実(み)―」②必要な費用。かかり。「―がかさむ」

いりあい【入会】一定地域の住民が一定の山林原野に立ち入って、たきぎ・まぐさ・肥草(こえぐさ)の採取などの利益を共同に得ること。「―権」

いりあい【入相】日の暮れ方。▽雅語的。 **―のかね**【―の鐘】夕暮に寺でつく鐘。晩鐘。

いりうみ【入(り)海】陸地に入りこんだ海。湾・潟・江・内海など。

いりえ【入(り)江】湖や海の、陸地に入りこんだ所。

いりおもてやまねこ【〈西表〉山猫】沖縄南部の西表島特産の山猫。体長約六〇センチで、黄褐色の地色にぼんやりした黒斑がある。特別天然記念物。▽アジアに分布するベンガルヤマネコの亜種とされる。

いりがた【入(り)方】日や月が西に沈もうとするころ。

いりかわ-る【入り替(わ)る】《五自》↓いれかわる

いりぐち【入(り)口】①中に入るための口。↕出口。②物事のし始め。学問・技術・芸事の初歩。

いりく-む【入(り)組む】《五自》物事がからみあって複雑になる。こみ入る。「話が―んでいる」「―んだ海岸線」

いりこ【〈海参〉〈熬海鼠〉】なまこの内臓をとり去って干したもの。干しなまこ。中華料理の材料。

いりこ【煎(り)粉・×炒(り)粉・×熬(り)粉】①米の粉をいった、菓子の材料。②むぎこがし。

いりこ【煎(り)子・×炒(り)子・×熬(り)子】小いわしの煮干し。▽西日本を中心とした呼び名。

いりこさく【入り小作】他村からはいってきてする小作。それをする人。↕出小作

いりこ-む【入り込む】《五自》①↓いりくむ。②↓はいりこむ

イリジウム 金属元素の一つ。元素記号 Ir 白金に似た銀白色。とけにくいので、点火プラグの電極に使い、熱膨張率が小さいので、白金との合金をメートル原器の素材とする。▽iridium

いりしお【入(り)潮・入(り)×汐】引きしお。↕出潮

いりたまご【煎(り)卵・×炒(り)卵・煎(り)玉子・×炒(り)玉子】溶いた鶏卵に調味料を混ぜ、フライパンなどで煎りつけたもの。

いりつ-ける【煎(り)付ける・×炒(り)付ける】《下一他》火にかけて、水気がほとんどなくなるまでかきまわしながら十分に熱する。

いりひ【入(り)日】西に沈み入る太陽。夕日。落日。

いりびた-る【入(り)浸る】《五自》他の家・場所にはいりこんだきりで自分の家に帰らない。「碁会所に―」▽もと、水中にずっと漬かる意。

いりふね【入(り)船】港にはいってくる船。↕出船

いりまじ-る【入(り)交じる・入(り)混じる】《五自》中にはいって一緒になる。いろいろまざり合う。「期待と不安の―った表情」▽「入り雑じる」とも書く。

いりまめ【煎(り)豆・×炒(り)豆】いった豆(主として大豆)。

いりみだ-れる【入(り)乱れる】《下一自》まじりあい、もみあう。「敵味方―れて戦う」

いりむこ【入(り)婿】むこ養子になること。その人。

いりめ【入(り)目】物事をするのにいる金銭。費用。かかり。いりまえ。

いりもや【入△母屋】切妻(きりづま)造りの下部に庇(ひさし)屋根をつけた形の屋根(の作り方)。

いりゅう【慰留】《名・ス他》なだめて、思いとどまらせること。「―を振り切って辞任する」

いりゅう【遺留】《名・ス他》①その場に、不用意に残しておくこと。「―品」▽犯罪現場に残る、犯人の指紋なども含む。②死後に残すこと。「―物件」 **―ぶん**【―分】〔法律〕相続人ごとに、相続することが法律上保障された最低限度の財産。

イリュージョン ①幻影。幻想。②大がかりなマジックショー。▽illusion

いりよう【入(り)用】用事のために必要なこと。入用(にゅうよう)。また、必要な費用。

いりょう【衣料】着るものとその材料である布地との総称。衣類。「―品」

いりょう【衣糧】衣服と食糧。

いりょう【医療】医術によって治療すること。「―機関」

いりょく【意力】意志の力。精神力。

いりょく【威力】 他を圧倒するような強い勢い。「金の—」「—を発揮する」

いりわけ【入(り)訳】 こみいった事情。複雑ないきさつ。いりくんだわけ。▽かなり古風。

い-る【入る】〘五自〙①外部や見える所などから特定の範囲・環境・状態に移る。↔出る。▽この意では、今日は普通「はいる」を使う。㋐中に移る。「部屋に—」「門を—」(経由・通過して門内に進む)「堂に—」(正殿に入る。転じて、学術・技芸がこの上なくすぐれている) ㋑移って物のかげに隠れる。特に、日・月が沈む。㋒移って特定の環境に身を置く。「家庭に—」「政界に—」 ②(移り進んで)ある状態に達する。「佳境に—」「技(わざ)神(しん)に—」(神わざかと思うほどに熟達する)「ひびが—」「実が—」(十分に熟する)「身が—」(興味が起こってその事に一心になる)「悦に—」(心中で大いによろこぶ)「有卦(うけ)に—」(幸運にめぐりあう)。特に、《心身に関係のある語を伴って》人がある状態になる。「手に—」(自分のものになる。また、マスターする。熟練する。「手にはいる」は↓はいる(入)③)「気に—」(心にかなう。好ましいと思う。「気にはいる」とは言わない)「目に—」(見える。目にとまる)「耳に—」(聞き知る) ③それが、なくてはならないものになる。必要だ。「千円—」「—らぬお節介」▽「要る」と書くのが普通。④《動詞連用形を受けて》その動作・状態の程度がはなはだしいこと、完全にその動作が行われその状態になったことを表す。「泣き—」「おそれ—」「寝—」

い-る【煎る・×炒る・×熬る】〘五他〙材料を火にかけて、動かしながら水気が少なくなるまで熱する。「—り卵」。また、豆やごまなどを熱して焦がす。

い-る【要る】〘五自〙↓いる(入)③

いる【射る】〘上一他〙①つがえた矢を放す。「矢を—」②矢を目的物に命中させる。「的を—」③鋭い勢いで目的物にぶつかる。「明るい光が眼を—」「眼光人を—」

いる【居る】〘上一自〙①人・動物が、ある。「ずっと京都に—」「犬が—よ」「親がいたらこんなことにならない」(居合わせる意でも生存の意でも使う)▽「ある」との差は、↓ある㊀⑴。また、「ある」の持っている様々の意味に対し、「いる」はある位置を占めることにほぼ限定される。⑴は⑶の転。「おる」との区別は、↓おる(居)。②《動詞連用形+「て」、または動詞未然形+「ずに」「ないで」を受けて》㋐動作の結果の存続を表す。「窓があいて—」▽自動詞の場合に限る。↓ある㊀⑶。㋑動作・作用・状態の進行・継続を表す。「見て—うちに」「本を読んで—」「まだ薬が利いて—」「まだ手を着けずに—」「ひどい雪にも枝が折れないで—」㋒その動作などを経た意を表す。「日は高く昇って—」「もう注射をして—」▽話し言葉では、「……て(で)いる」を「……て(で)る」と言うこともある。③すわる。「いても立ってもいられない」

いる【鋳る】〘上一他〙熱してとかした金属を型に流し込み、固めて器物をつくる。

いるい【異類】①異なる種類(のもの)。②人間ではないもの。禽獣(きんじゅう)や化け物の類。

いるい【衣類】 人が着る物の総称。着物類。

いるか【〈海豚〉】 魚に似た形で、クジラよりも小さな海獣。群れをなして泳ぐ。知能が高く、水族館では曲芸などをさせる。▽生物学的にはクジラの仲間。

いるす【居留守】 家に居るのに、わざと居ないふりをすること。「—を使う」

イルミネーション たくさんの電灯をつけて建物・街路樹などを飾ること。電光飾。電飾。▽illumination

いれあ-げる【入れ揚げる】〘下一自他〙好きなもののために金銭などをつぎこむ。「女に—」

いれあわ-せる【入れ合(わ)せる】〘下一他〙色々の種類のものを適当に入れる。つめあわせる。

いれい【慰霊】〘名・ス自〙死者の霊をなぐさめること。「—祭」

いれい ①【異例・違例】いつもの例と違うこと。例のない、珍しいこと。「—の昇進」②【違例】病気その他で体のぐあいがふだんと違うこと。不例。

いれい【違令】〘名・ス自〙法令・命令に反すること。

いれい【威令】 威光と命令。「秀吉の—が天下におこなわれる(=国中にゆきわたる)」。威力のある命令。

いれか-える【入れ替える・入れ換える】〘下一他〙①入っていたものを出し、中身をかえる。「客を—」「茶を—」「心を—・えて働く」②入れ場所をとりかえる。

いれかけ【入(れ)掛け】 興行物などで、雨や事故のため興行を中止して客を帰すこと。

いれがみ【入れ髪】 ↓いれげ

いれかわりたちかわり【入れ替(わ)り立ち替(わ)り】〘連語〙次から次へと、ひっきりなしに人が現れること。「—来客がある」▽「いりかわりたちかわり」とも。

いれかわ-る【入れ替(わ)る・入れ代(わ)る】〘五自〙前のものにとってかわる。交替する。「順位が—」「席を—」▽「いりかわる」とも。

イレギュラー〘名ナ〙不規則。変則。「—バウンド」「—な仕事」▽irregular

いれげ【入れ毛】 髪を結う時に、自分の髪のほかに別の髪を足しそえること。その足しそえた髪。いれがみ。

いれこ【入(れ)子】①全体と似た構造が部分として埋め込めるもの。㋐相似形の箱などの一組で、大きい方に小さいのが幾つかきちんと納まるように作ったもの。「—細工」▽「こ」は籠の意。㋑入子㋐に似た抽象的構造。「—構文」「プログラムが—に作ってある」▽再帰⑵・木⑷・リスト⑵と表裏の関係にあり、文法論や情報科学の重要概念。②実子の死後に迎え入れた養子。そういう養子を迎えること。▽⑴と別語。既に古風。

いれこみ【入れ込み】身分・性別などによる席の区分をしないこと。そういう場所。いれごみ。「小料理屋で―の六畳に上がる」

いれこ-む【入れ込む】①《五他》物を押し込んで入れる。②《五自》ある対象に夢中になる。

いれずみ【入(れ)墨・〈文身〉〈刺青〉】《名・ス自他》①肌に針で墨汁などを刺し入れて紋様などを描くこと。また、その紋様など。②刑罰の一種として⑴をすること。そうしてあるもの。「―者」▽→ほりもの

いれぢえ【入(れ)知恵】《名・ス自》他人に(悪い事の)知恵をつけること。そのようにしてつけられた知恵。「誰の―だ」

いれちが-う(がふ・ちが)【入れ違う】《五自》①間違って別のところに入れる。②一方が出た時に他方がはいる。かけちがう。「―って会えなかった」

いれば【入(れ)歯】欠けたり抜けたりした歯の代わりに人工の歯を入れること。その人工の歯。義歯。

いれふだ【入れ札】①入札(にゅうさつ)。②投票。▽かなり古風。

イレブン サッカー チームのメンバー全員。「―が一体となって闘った」▽eleven(＝十一) 一チーム十一人で競技するから。

いれぼくろ【入れ〈黒子〉】書いたり、はりつけたりしたほくろ。

いれめ【入れ目】↓ぎがん

いれもの【入(れ)物】何かを入れるもの。容器。

い-れる【入れる・△容れる】《下一他》①外部から特定の範囲・場所に移す。㋐中に移す。「門の中に―」㋑しまう。収納する。「冷蔵庫に―」「箱に―」。収める。「家賃を―」「銀行に金を―」▽㋐㋑は、↕出す。㋒中に差し込む、突っ込む。「手をポケットに―」「メスを―」(→メス)「票を―」(投票する)「仕事に身を―」(仕事に没入する) ㋓移して特定の環境に身を置かせる。「学校に―」「病院に―」。《「～を……に―」の形で》それを……として差し出す。「時計を質に―」「家を抵当に―れて借金する」㋔含める。「食費を―れて一万円」「その点も計算に―れてある」㋕すでにあるものに(新たに)加える。「点を―」「仲間に―」「紙に透かしを―」。特に、(人を)雇う。「今度店に―れた者」。(物を)仕入れる、または設ける。「品物を問屋から―」「新型機を―」㋖差しはさむ。「紙面に写真を―」「横から口を―」「疑いを―余地がない」

②ある状態に達するようにする。㋐目的とするものに向けて、ある行為をする。「電話を―」「申し―」「わびを―」「泣きを―」㋑《身体に関係のある語を伴って》人がそれに関してある状態にする。「手に―」(自分のものにする)「耳に―」(聞く。また、相手に話す)「頭に―」(覚える)「ご覧に―」(お見せする) ㋒こめる。「念を―」「力を―」㋓(働かすために)ある作用を与える。「スイッチを―」「溶鉱炉に火を―」「活を―」㋔手を加えて、必要なことをする。「文章に手を―」「朱筆を―」「庭木にはさみを―」㋕湯をさして飲物を作る。「茶を―」「コーヒーを濃く―」▽「淹」とも書く。

③受け入れる。【容・入】㋐おさめとる。収容する。「二千人(を)―講堂」㋑受けてそれに従う。認めて許す。「人を―度量」「忠告を―」

いろ【色】①光によって目にうつる、物の感じの一つ。物に当たった光のうち、吸収されずに反射したものを人の目が受ける時、波長の違いで赤・黄・青・緑・紫などさまざまの、物の色として感じる。色彩。「形は同じでも―が違う」「空の―」「―とりどり」(種々の色のものがいっしょにあるさま。また単に、多くの種類のものがある意にも)「―が上がる」(色が美しく染まる)。特に、美しい色。「―も香もある」(転じて、名実かねそなわる) ▽白・黒を、色に含める場合も含めない場合もある。

②様々に見分けられる、ものの種類。「大きさは幾―もある」

③次のような、特殊なものの色⑴。㋐人の肌の色。「―が白い」㋑人の顔の色(に現れた感じ)。「―に出る」(思いや気持が表情に現れる)「―をなす」(憤激して顔色を変える)「―を失う」(驚きや恐れで青ざめる)「―を正して(＝真剣な顔つきになって)告げる」㋒化粧(の色)。「―を作る」(化粧する)「―を付ける」(転じて、おあいそ・うめ合せに何かを添える)

④おもてに現れて何かの感じを添えるもの。㋐けはい。きざしを思わせる様子。「春の―が動く」「敗北の―を深める」㋑調子。ひびき。「音(ね)―」「声(こわ)―」

⑤色情に関する次のようなこと。㋐美しい容貌。「―に迷う」(㋑の意味でも使う)「―男」㋑色情。情事。「―を好む」㋒色情の対象となる人。情人。

関連 色彩・色相・色調・色合い・色目・彩り・彩色・色つや・カラー・七色(なないろ)・五色(ごしき)・原色・単色・寒色・暖色・間色・補色・天然色・保護色・迷彩・色づく

いろあい(ひ・あ)【色合(い)】①色の調子・加減・ぐあい。②性格・傾向などのぐあい。「政治的―が濃い」

いろあく【色悪】歌舞伎で、顔などのこしらえのきれいな敵役(かたきやく)。↕実悪(じつあく)

いろあげ【色揚(げ)】《名・ス他》衣服や布などの色のあせたものを、もう一度色をかけて染め直すこと。

いろいろ【色色】《名・ダナ・副》種類が多いこと。多くの種類。さまざま。「花の―」「―と苦労が多い」「この表現は―に解しうる」「―やってみたがだめだ」「―な本」▽もと、さまざまの色の意。

いろう【慰労】《名・ス他》骨折りをねぎらうこと。「―会」

いろう【遺漏】もれこぼれること。手落ち。手ぬかり。「万(ばん)―なきを期する」

いろう【胃×瘻】水分や栄養分を直接胃に補給するために開けるあな。また、その処置。

いろえ(ゑ・え)【色絵】①絵の具で色をつけた絵。↕墨絵。

②陶磁器・金属器の表面に彩色すること。そうした技法。
いろおち【色落ち】『名・ス自』水洗いなどで布地の染料が溶け出し、色があせること。「―するので別に洗う」
いろおとこ【色男】①（女にもてる）美男子。②情夫。いろ。
いろおんな【色女】①器量がよい女。色気(2)のある女。②情婦。いろ。
いろか【色香】①色とかおり。②女の容色。「―に迷う」
いろがみ【色紙】①色のついた（無地の）紙。折り紙などに用いる。②種々の色に染めた紙。▽「しきし」と読めば別の意。
いろがわり【色変(わ)り】①もとの色から変わった色になること。そうなったもの。変色。退色。②ある規準に採ったものと違っていること。そういうもの。㋐布地などの模様・形が同じで、色だけ違うもの。㋑風変わり。「彼はこの仲間では―だ」③↓いろなおし
いろきちがい【色気違(い)・色△狂】度はずれて色情を好むこと。また、その人。
いろけ【色気】①色のぐあい。色合い。「この着物は―がよい」。更に広く、物事の風情(ふぜい)・面白み。「座に―を添える」②（異性の心を引きつける）性的魅力。「―あふれるまなざし」③性的な関心・欲望。「―がつく」。更に広く、何かに対していだく関心・欲望。「代議士立候補に―を見せる」④女っ気。「―抜きの会合」
いろけし【色消し】①色気・面白みを無くすこと。つやけし。②〔物理〕色収差を無くしたこと。「―レンズ」
いろこい【色恋】色情や恋愛。「―にうき身をやつす」
いろごと【色事】①（男女間の）恋愛。情事。②芝居での情事のしぐさ。ぬれごと。
いろごのみ【色好み】情事をこのむこと。また、そういう人。
いろざと【色里】遊女をあげて遊ぶ場所。いろまち。遊郭。
いろじかけ【色仕掛け】物事をしとげるために容色の美しさや色情を利用すること。「―で大金をまき上げる」
いろしゅうさ【色収差】レンズが結ぶ像に色のにじみが生じ鮮明度がくずれること。▽収差の一つ。光の色によって屈折率が異なることが原因。
いろじろ【色白】『名ナノ』肌の色が白いこと。「目はぱっちりと―で」（文部省唱歌「人形」）
いろずり【色刷(り)】黒色以外の色で印刷すること。また、二色以上の色で印刷すること。その印刷物。
いろづく【色付く】『五自』①もみじし始めたり、または実が熟して来て、その色が目につくようになる。「柿の実の―ころ」②色気(いろけ)がでてくる。
いろづけ【色付け】『名・ス他』①物に色を塗ること。彩色。②薬品で金属などに美しい色を出すこと。
いろっぽい【色っぽい】『形』色気(2)がある。派生 **‐さ**
いろつや【色艶】①顔色や皮膚のつや。「―がよい」②おもしろみ。おもむき。「あの人の話には―がある」
いろどめ【色止め】『名・ス他』切った野菜・果物の変色や、染色した布の色落ちを防ぐこと。「うどを酢水にさらして―する」「―加工」
いろどり【彩り・色取り】①いろどること。彩色。②色の配合。配色。
いろどる【彩る・色取る】『五他』①色をつける。彩色する。②紅・白粉(おしろい)・黛(まゆずみ)などをつける。③色をとり合わせて飾る。「食卓を花で―」
いろなおし【色直し】『名・ス自』①結婚式後の披露宴で花嫁が式服を別の衣服にかえること。②衣服などを色物にかえること。
いろは【以呂波・×伊呂波】①いろは歌四十七字の最初の三字。②いろは歌四十七字の総称。③初歩。ＡＢＣ。「取材の―」 **―うた**【―歌】かな四十七字を読みこんだ七五調の歌。「いろはにほへどちりぬるをわがよたれぞつねならむうゐのおくやまけふこえてあさきゆめみじゑひもせず」。手習いの手本として用いられた。 **―ガルタ**【―歌留多】いろは四十七文字と「京」で文句が始まる四十八枚の読み札と、それに当たる四十八枚の絵札とから成るカルタ。
いろまち【色街・色町】芸者や遊女などがいて、遊興するようになっているところ。花柳街。
いろめ【色目】①衣服などの、色合い。②関心を持っていることをほのめかすような目つき・態度。「―をつかう」
いろめがね【色〈眼鏡〉】①色ガラスのめがね。サングラスなど。②物事をすなおに見ずに、先入観・偏見をもって見ること。「―で見る」
いろめく【色めく】『五自』①時節が来て、華やかになる。②緊張した様子が現れる。活気づく。また、動揺する。「さあ大事件だ、と新聞社全体が―」
いろもの【色物】①衣服や織物で、白地・黒地以外の柄物。②寄席(よせ)で、音曲や曲芸・奇術・踊りなどの称。▽義太夫・講談などに対して言う。古くは落語も色物と称した。
いろやけ【色焼け】『名・ス自』衣服などが日光などに焼けて色が変わること。
いろよい【色△好い】『連語』《連体詞的に》好意的で、こちらが望んだとおりの。好ましい。「―返事がもらえない」
いろり【囲炉裏】農家などで、部屋の床(ゆか)を四角に切りぬいて、防寒用・煮炊き用に火をたく装置。炉。「―を切る（＝設ける）」「―ばた」「―火」
いろわけ【色分け】『名・ス他』①彩色をちがえて区別すること。②種類分け。分類。
いろん【異論】ある論と違った論・意見。異議。「―は

ない」「—をとなえる」

いろんな【色んな】《連体》「いろいろな」のくだけた言い方。▽→いろいろ

いわ【岩・×巌・×磐】岩石のうち、大きなもの、特に、表面がなめらかでなく、ごつごつしているもの。▽堅固なもの、強いもののたとえにも使う。関連 岩石・岩根・岩盤・盤石・岩窟・岩礁・岩漿(がんしょう)・岩場・岩肌・岩室(いわむろ)・岩屋・岩組・岩頭・巨岩・奇岩・溶岩・岩塩・岩清水・一枚岩

いわ【違和】①全身の調和が破れること。体の調子が思わしくないこと。②転じて、他のものとしっくりしないこと。「—感」

いわあな【岩穴】岩や崖の、大きい横穴。▽自然のも人工のも言う。

いわい【祝(い)】祝うこと。祝賀。その行事。また、祝って贈る品。「快気—」「—事(ごと)」

いわいざけ【祝(い)酒】めでたいことを祝って飲む酒。

いわいばし【祝(い)箸】柳の木で作った丸箸で、両端が細くなっていて、祝い事の膳に用いるもの。

いわう【祝う】《五他》めでたいことを喜ぶ。祝賀する。「正月を—」「雑煮(屠蘇(とそ))を—(=飲食して祝賀する)」。幸いを祈る。祝福する。「門出(かどで)を—」関連 祝する・賀する・ことほぐ・祝(しゅ)・祝(く)・祝福・祝賀・慶賀・謹賀・奉祝・慶祝・前祝い・内祝い・祝言・おめでた・ことぶき

いわお【×巌】高く突き出た大きな岩。▽「岩」+「秀(ほ=突き出たもの)」から。現在では雅語的。

いわき【岩木】岩や木、つまり情を解さないもの。木石(ぼくせき)。

いわく【×曰く】①言うのには。「孔子—」「—言いがたし」(簡単には説明しにくい)▽もと、言うことの意。→…く。②仔細(しさい)。わけ。事情。「—がある」「—ありげ」▽②は主に、よくない事柄について言う。

いわくつき【×曰く付き】何か事情があること。そういうもの。特に、犯罪の前歴があること。「—の品」

いわぐみ【岩組】①庭などの岩の組みあわせ方。いしぐみ。②芝居などの、はりこの岩。

いわし【×鰯・×鰮】①海産資源として重要な小形の魚。体長二〇センチほどで、沿岸近くを回遊する。食用、また、いわし油をとり、肥料・飼料にもする。▽にしん科のマイワシ・ウルメイワシ、別科のカタクチイワシなどの総称で、特にマイワシを言う。②切れない刀。鈍刀。「赤—」

いわしぐも【×鰯雲】巻積(けんせき)雲のこと。うろこ状に広がるさま、あるいは、漁師がいわしの大漁の前兆とすることからの名と言う。うろこ雲。さば雲。

いわしみず【岩清水・△石清水】岩の間からわき出る冷たく澄んだ水。

いわずかたらず【言わず語らず】《連語》口に出しては言わないが、それが伝わる結果になるようにふるまうさま。暗黙のうちに。「苦しい内実が—(に)伝わる」

いわずもがな【言わずもがな】《連語》①言わない方がいいと思われること。言うに及ばないこと。「—のことを言う」②言うまでもなく。「子供は—、大人まで騒ぎ出す」▽「もがな」は願望を表す文語助詞。

いわたおび【岩田帯】妊婦が胎児の保護のため腹にまく布。五か月目の戌(いぬ)の日に着ける。▽→いぬのひ

いわたけ【岩×茸・△石×茸】深山の崖に生じる地衣類。半円形で、表は灰色、裏は黒色で毛を密生。食用。

いわつつじ【岩〈躑躅〉】①岩の間にはえているつつじ。②北日本の高山に自生する落葉小低木。高さ約八センチ。夏、淡紅色、つりがね形の小花が咲く。果実は赤く熟し食用。▽つつじ科。

いわつばめ【岩×燕】山地の断崖などにつぼ状の巣を作る鳥。ツバメの仲間で形はよく似るが、やや小さく尾羽が短い。

いわでも【言わでも】《連語》言わなくてもよいこと。「—のことを言う」「そこまでは—済むのに」▽「で」は「ずして」「ないで」の意。

いわな【岩△魚】水の冷たい渓流にすむ魚。体長三〇センチぐらいで細長く、体に淡紅色の点がある。釣り魚として珍重される。美味。▽広くは、さけ科いわな属の魚の総称。

いわば【岩場】岩石の露出した場所。岩の多い所。

いわば【言わば】《副》(たとえて)言ってみれば。「あの社長は—飾り物だ」「教育環境が—良かったので」「自然は—自発的に対称性を破る」「その時死者は—生き返るのだ」「仲を引き裂かれた日々は、—精神的に死んでいた」▽文語動詞「言ふ」の未然形+接続助詞「ば」に由来。特殊な副詞であり、体言・用言以外の種々な表現にも付く。

いわはだ【岩肌】岩の表面。「荒々しい—」

いわぶろ【岩風呂】(多くは野天の)岩の間に(普通は温泉の)湯をためて仕立てた風呂。▽「いわゆ」とも言う。

いわむろ【岩室】→いわや

いわや【岩屋】岩(の崖)にあいている洞(に手を加えた住居)。「罪人を—に閉じ込めた」

いわゆる【〈所謂〉】《連体》世にいわれている。世間でいう。「—天才というやつだ」▽文語動詞「言ふ」に、古代の受身の助動詞「ゆ」の連体形が付いて出来た語。

いわれ【×謂れ】①由緒(ゆいしょ)。「地名の—」②事情。わけ。(正当な)理由。「—のない疑い」▽文語動詞「言ふ」に、受身の助動詞「る」の連用形が付いて出来た語。

いわれいんねん【×謂れ因縁】いわれとわけ。物事の由来。そのことの事情や歴史。「—故事来歴」

いわんや【△況や】《副》言うに及ばず。もちろん。

まして。「都でも夜道は危ない」—一歩都の外へ出れば身の安全は望めない」▽「言はむや」(文語動詞「言ふ」の未然形＋助動詞「む」＋助詞「や」)から。正しくは下を「をや」で結ぶ。「—悪人においてをや」

イン ①《名・ス自》テニス・卓球などで、コートの内側。また、そこへ球が入ること。②《名》ゴルフで、一ラウンド十八ホールの後半九ホール。③《名》内側。中の。「—ドア」④《名・ス自他》〔俗〕中に入れること。中に入ること。「ブラウスをスカートに—する」「お店に—する」▽⇔アウト。in

いん【允】 イン —①みとめる。承知する。ゆるす。「允許・允可」②まことに。「允文允武」

いん【*引】 イン ひく ひける —①ひっぱる。ひきよせる。「引見・引力・牽引(けんいん)・拘引・吸引・強引(ごういん)・我田引水」②つれてゆく。みちびく。「引率・引致・引導・誘引・索引」③他の例を持ってくる。他の力をかりる。「引例・引証・引用・援引」④自らを前に出さない。しりぞく。ひける。「引退」⑤ひきうける。責めをおう。「引責・承引」⑥長くする。ひきのばす。長くなる。「延引・引伸」⑦漢文の文体の一つ。序の短いもの。また、楽府(がふ)の一体。

いん【*印】 イン しるし しるす —①㋐《名・造》いわゆる「はんこ」のこと。印影をあらわに出すために押す物。「印をつく」(この行為で、文書が自分の意思通りに表してある、また文書の結果に責任をもつ意も)「印を押す」(落款のような趣味的なものを含め、同上)。「印顆(いんか)・印鑑・印形(いんぎょう)・印章・印判・印材・印刻・印綬(いんじゅ)・印紙・印籠・実印・調印・捺印(なついん)・封印・烙印(らくいん)・契印・検印・極印(ごくいん)」㋑版で刷る。「印刷・印行・影印」㋒はんをおす。しるしづける。「印象」②《名・造》〔仏〕悟りや誓願の内容を示すため手指で作る形。「印を結ぶ」「印呪」③「イン」に当たる外国語音を表すのに使う。特に、「印度(インド)」の略。「印綿・日印・仏印(ふついん)・蘭印(らんいん)」

いん【*因】 イン よる ちなむ —①もとづく。したがう。「因襲・因循」②《名・造》事の起こるもと。⇔果。「失敗の—」「因果(いんが)・因縁(いんねん)・因由・原因・要因・近因・宿因・勝因・成因・敗因・病因・起因・真因・悪因・訴因・死因」③「因幡(いなば)国」の略。「因州・因伯」

いん【咽】 イン エン エツ のど むせぶ —①口腔(こうこう)の奥、食道の口の部分。のど。「咽喉・咽頭」②のむ。のみ下す。「咽下(えんげ・えんか)」③むせぶ。悲しくて声がつまる。「嗚咽(おえつ)」

いん【姻】 イン —よめいり。縁組をする。「婚姻・姻戚・姻族」

いん【胤】 イン たね —血すじ。血すじを受けたもの。「胤裔(いんえい)・後胤・皇胤・落胤」

いん【×殷】 イン —①さかん。「殷盛・殷賑(いんしん)」②音のとどろくさま。「殷殷」③《名》中国古代の王朝名。「商」とも言った。「殷墟(いんきょ)」「殷鑑遠からず」

いん【*員】 イン(ヰン) —①かず。個数。人数。「員外・員数・人員・満員・定員・現員・増員・冗員・金員・幅員」②役・係を持った人。メンバー。「委員・会員・成員・各員・議員・客員・教員・欠員・社員・職員・駅員・乗員・吏員・事務員・動員」

いん【韻】 イン(ヰン) —①ひびき。音の出だしにつづいて聞こえる部分。音色。「余韻・哀韻・音韻・松韻」②《名・造》漢字音の頭子音を除いた部分。二〇六または一〇六に分類する。⇔音(おん)。「韻が通じる」「韻脚・古韻」③《名・造》文学上、同一または類似の音を文中の定まった位置にくりかえすこと。「韻を踏む」「韻律・押韻・頭韻・脚韻」④詩歌・文芸。「韻事・韻文」⑤風流な。おもむきのある。おもむき。「神韻・気韻・風韻・韻致」

いん【*院】 イン(ヰン) —①《名・造》かきをめぐらした建物。役所・寺・学校その他の機関。「議院・上院・学士院・参議院・大審院・寺院・僧院・修道院・学院・病院・医院・養老院・少年院・産院・書院・登院・入院・退院」②《名・造》上皇・法皇・女院(にょういん)の居所、またその人の尊称。「院宣(いんぜん)・院政・新院・斎院・門院・後鳥羽(ごとば)院」③戒名などに用いる号。「院号・院殿・逍遥(しょうよう)院」▽もと、かきねの意。

いん【隠】【隱】 イン オン かくす かくれる —①かくれる。見えなくなる。表面に現さない。⇔顕。「隠顕・隠謀・隠花植物・隠密(おんみつ)」②世間からかくれる。世事を離れる。その人。「隠逸・隠居・隠士・隠者・隠棲(いんせい)・隠遁(いんとん)・隠亡(おんぼう)・市隠」③かくす。見えないようにする。「隠語・隠匿・隠忍・隠蔽(いんぺい)」④あわれむ。「惻隠(そくいん)」⑤「隠岐(おき)国」の略。「隠州」

いん【陰】 イン オン かげ かげる —①日光のあたらないところ。かげ。くもる。山の北側。川の南側。「陰晴・陰雨・陰翳(いんえい)・陰鬱・樹陰・山陰・緑陰・夜陰」②《名・造》かくれたところ。人に知れないもの。内にこもって目立たないこと。「陰に陽に」(かげになりひなたになり。あらゆる機会に)「陰にこもる」(外に発散せず、暗い。陰気である)「陰事・陰徳・陰謀・陰部」③易学の二元説で、地・月・女・弱・静・偶数など、消極的・受動的な方の性質をいう。積極的でないもの。「陰性・陰極・陰画・陰陽(おんよう)道・太陰暦」▽(1)〜(3)は、⇔陽。④うつりゆく日かげ。時間。「光陰・寸陰・分陰」

いん【蔭】 イン オン かげ —①木かげ。「陰」に同じ。「樹蔭・涼蔭・緑蔭」②おかげ。他人の力に助けられること。「庇蔭(ひいん)」③父祖の功で、官位を賜ること。「蔭位(おんい)」

いん【淫】 イン みだら —①みだりがわしい。みだらにする。「淫行・淫祠(いんし)・淫蕩(いんとう)・

淫婦・淫靡(いんび)・淫売・誨淫(かいいん)・姦淫(かんいん)・邪淫・荒淫」②ふける。度をすごす。おぼれる。むさぼる。「淫酒・書淫」▽「婬」は同字。

いん【*飲】【飲】 イン オン のむ ——《名・造》水など液体を口から腹に入れる。のむ。のみもの。「一瓢(いっぴょう)の飲」「飲食(いんしょく・おんじき)・飲用・飲料・飲酒(いんしゅ・おんじゅ)・牛飲・鯨飲・痛飲・暴飲・溜飲(りゅういん)」

いんい【陰萎】 男性の性行為不能。インポテンツ。

いんいつ【淫×佚・淫逸】《名ナ》みだらな楽しみにふけり怠けて遊ぶこと。

いんいつ【隠逸】 俗世間の煩わしさから身を隠し、みずからよしとする暮らし方をすること。その人。

いんいん【×殷×殷】《トタル》物音の盛んにとどろきわたるさま。「—たる砲声」「雷が—ととどろく」

いんいん【陰陰】《トタル》①うす暗く、ものさびしいさま。「—寂寞(せきばく)」②陰気なさま。「—滅々」

いんう【淫雨】 いつまでも降り続く陰気な雨。長雨。

いんうつ【陰鬱】《ダナ》暗く沈んで晴れ晴れしないさま。うっとうしいさま。「—な顔」 派生 **-さ**

いんえい【印影】(紙などに)印をおしたあと。

いんえい【陰影・陰×翳】 ①かげ。くもり。②転じて、含み・深みのあること。「—に富む」

いんおうご【印欧語】 インド ヨーロッパ語。英語・フランス語・ロシア語・サンスクリットなど。

いんか【引火】《名・ス自》可燃性の物が、他の火・熱によって燃え出すこと。「ガソリンに—した」

いんか ①【印可】《名・ス他》精進した弟子に師が力量の証明を与えること。㋐〔仏〕精進した弟子が悟りに至ったと証明すること。そのあかし。㋑武芸・芸道で、技量が達したと認める免許(を与えること)。②【×允可】《名・ス他》聞きとどけること。許可。▽「允」は許す意。

いんか【印×顆】 公印・私印(実印・認め印や落款印など)を含め、押して特定の形を表すのに使う物体。はんこ、印形(いんぎょう)のこと。

いんか【陰火】 夜、墓場などで、青白く燃えて空中をただよう怪しいほのお。鬼火(おにび)。狐火(きつねび)。

いんが【印画】 陰画から感光紙に焼きつけて普通の写真に仕上げたもの。 **—し【—紙】** 写真の焼付けや引伸しに使う感光紙。

いんが【因果】 ①《名》㋐原因と結果。「—関係」㋑仏教で、すべての行為は後の運命を決定するということ。特に、前世の悪い行いのむくいとして現在の不幸があるということ。「これも—とあきらめる」「—を含める」(わけを話して仕方がないとあきらめさせる) ②《名ナ》不幸。不運。宿命的。 **—おうほう【—応報】** 過去および前世の行為の善悪に応じて現在の幸・不幸の果報があり、現在の行為に応じて未来の果報が生じること。 **—りつ【—律】** 一切のものは何らかの原因から生じた結果であり、原因がなくては何ものも生じないという法則。

いんが【陰画】 写真の乾板やフィルムに感光させたものを現像した画像。明暗・色彩が実物と逆になっている。ネガ。↔陽画

いんがい【員外】 定員外。員数外。

いんがいだん【院外団】 ある政党を支持する、国会議員ではない政党員の団体。

いんかしょくぶつ【隠花植物】 花や種子を生じないで胞子で繁殖する植物の総称。しだ・こけなど。↔顕花植物。▽現在の分類では使わない。

いんかん【印鑑】 ①あらかじめ届けてある、実印や銀行などでの取引に使う、特定の印影(の、もとである印)。「—証明」。また、「印」の形式張った言い方。②江戸時代、照合用に、関所・番所に届け出ておく印影。

いんかん【×殷鑑】 戒めとしなければならない前例。「—遠からず」(殷(いん)は前代の夏(か)が滅びたことを鑑(かがみ)として戒めなければならない、つまり戒めとしなければならないものはすぐ前の世にある意)

いんき【陰気】 ①《ダナ》天気・雰囲気・気分・気性などの、暗く、晴れ晴れしないさま。「—な部屋」「—な性格」 派生 **-さ** ②《名》万物生成の根本になる精気の一つと考えられたもの。陰の気。▽↔陽気。 **—くさ・い【—臭い】**《形》暗くうっとうしい感じだ。「—古い家」 派生 **-さ・-げ**

インキ →インク

いんぎ【院議】 衆議院や参議院の議決。

いんきゃく【韻脚】 漢詩などの韻文の句末に使う韻。

いんきょ【×允許】 認め許すこと。許可。

いんきょ【隠居】《名・ス自》家督をゆずり、定職をはなれて、閑居すること。その人。「楽—」「—所」。また、老人を呼ぶのに使うことがある。「横丁の—」「ご—さん」▽もと、世をさけて山野などに隠れ住むこと。

いんぎょう【印形】 みとめ・実印・官印などの総称。印。

いんきょく【陰極】 電位の低い方の電極。↔陽極。 **—かん【—管】** 陰極線を放射させる真空管。ガイスラー管・ブラウン管の類。 **—せん【—線】** 真空管放電の際、陰極から出る、高速度の電子の流れ。

いんきん【陰金】「いんきんたむし」の略。白癬(はくせん)菌が陰部・内股に寄生して起こる皮膚病。紅色の腫れを生じかゆい。頑癬(がんせん)。

いんぎん【×慇×懃】 ①《名・ダナ》人に接する物腰が丁寧で礼儀正しいこと。「—に答える」「態度が—をきわめる」②《名》親しい交わり。「—を重ねる」「—を通じる」(男女がこっそり関係を結ぶに至る) 派生 **-さ** **—ぶれい【—無礼】**《名ナ》うわべは丁寧に見えて、その実、尊大なさま。 派生 **-さ**

インク 筆記や印刷のための、色のある液体。インキ。▽オランダ inkt イギリス ink **—スタンド** インクつぼ。インキスタンド。▽inkstand

インクライン 斜面に軌道を作り、船や荷物などを昇降運搬する装置。▽incline(=傾斜)

いんくんし【隠君子】 ①世をのがれ野(や)にいる有徳の人。②菊の異名。

いんけい【陰茎】 男性生殖器の体外に突き出た部分。

いんけつ【引決】『名・ス自』責任をわが身に引き受けて自殺すること。▽既に古風。

いんけん【引見】『名・ス自他』身分・地位の高い者が、人を部屋などに引き入れて対面すること。「使者を―する」

いんけん【陰険】『ダナ』わるだくみするような性質・やりかたであるさま。暗い感じで意地わるそうなさま。「―な目つき」 派生 **-さ**

いんけん【隠顕・隠見】『名・ス自』隠れたり見えたりすること。

いんげん【隠元】 若いさやや成熟した種子(豆)を食用とする蔓(つる)性の一年草。豆は煮て食べたり、餡(あん)や菓子の原料にしたりする。インゲンマメ。▽明(みん)の僧、隠元がもたらしたという。まめ科。

いんこ【×鸚×哥】 熱帯原産の鳥。羽の色が美しく、人の言葉をまねるので、ペットとして飼われる。セキセイインコ・コンゴウインコなど種類が多い。▽いんこ科。おうむとは近縁で、おうむ科にもインコと呼ばれるものがある。

いんご【隠語】 特定の仲間の間だけで通じるように仕立てた語。

いんご【韻語】 漢詩文で、韻をふんだ語。

いんこう【印行】『名・ス他』印刷して発行すること。

いんこう【咽喉】 ①咽頭と喉頭。のど。②転じて、重要な通路。「―を扼(やく)する」

いんこう【淫行】 みだらなおこない。

いんごう【因業】『ダナ』頑固で無情なさま。仕打ちのむごいさま。「―なやりかた」「―おやじ」▽もと仏教語で、来世(らいせ)での報いの原因となる悪業のこと。 派生 **-さ**

いんごう【院号】「院」の字の付く号。特に、㋐昔の上皇・皇太后などの尊号。㋑戒名(かいみょう)で、「院」の字のあるもの。

いんこく【印刻】『名・ス他』印材に印を彫りつけること。

いんこく【陰刻】 文字(や模様)をくぼませた彫り方。▽碑文の多くはこれ。↔陽刻

いんざい【印材】 印をつくる材料。石・ゴム・木・水晶・象牙(ぞうげ)など。

インサイダーとりひき【インサイダー取引】 未公開の内部の情報を利用して行う不公正な証券取引。内部者取引。▽「インサイダー」は insider

いんさつ【印刷】『名・ス他』(版面にインクをつけて)版面上の文字や絵を紙や布などにすりうつすこと。「活版―」「謄写版―」

いんさん【陰惨】『名ナノ』暗く、むごたらしい感じのすること。「焼けあとの―な光景」 派生 **-さ**

いんし【印紙】 税金や手数料の納入の証明として、各種書類に貼りつける証票。特に、収入印紙を言う。

いんし【淫×祠】 邪神を祭ったやしろ。

いんし【因子】 ある結果をひき起こすもとになる要素。現象の要因を構成している作用素または力。ファクター。「遺伝―」

いんし【隠士】(節を持するために)隠者となった男子。

いんじ【淫事】 みだらな事。

いんじ【韻事】 詩歌や文章を作る風流なわざ。「風流―」

いんじ【韻字】 ①漢詩などで、韻をふむために句末に置く字。韻脚に用いる字。②連歌(れんが)や俳諧などで、句末を結ぶ語辞。

いんじ【印字】『名・ス他』タイプライター・電信機・パソコンなどで、文字・符号を打って紙などにしるすこと。また、その文字・符号。

いんじ【印璽】 国印と天皇の印との総称。

いんしつ【陰湿】『名ナノ』①日が当たらずにじめじめしているさま。②陰気で、明朗でないさま。「―ないじめ」 派生 **-さ**

いんじゃ【隠者】 俗世間の交わりや名誉を捨て、隠れるような暮らしに安らぎを得る人。隠遁(いんとん)者。

いんしゅ【飲酒】『名・ス自』酒をのむこと。「―家」▽↓おんじゅ

いんじゅ【印×綬】 昔、官に勤める人が身につけた、身分や位階を表す印をさげる組みひも。「―を帯ぶ」(任官する)

いんじゅ【院主】 寺院のあるじ。住持。

いんしゅう【因習・因襲】 古くから伝わり、とかく弊害を生むしきたり。「―にとらわれる」 **―てき【―的】**『ダナ』昔からの習慣にばかり従って、新しい考えかたを受け入れようとしないさま。

インシュリン ↓インスリン

いんじゅん【因循】『名ナノ』①古いしきたりに従っているだけで改めようとしないこと。「―姑息(こそく)」「―な行き方」②ぐずぐずして煮えきらないこと。「―な男」▽以前はサ変動詞にしても使えた。 派生 **-さ**

いんしょう【印章】 印顆(いんか)。「―偽造の罪」▽法的には、花押や印影を含む場合もある。

いんしょう【印象】 ①『名』見たり聞いたりした時に直接的に、深く心に感じとられたもの。「第一―」「―がうすい」「―深い」②『名・ス他』押し付けて形や色をうつすこと。「上から強く―された跡がある」▽象(かた)を印する意。 **―しゅぎ【―主義】** 事物の外形にとらわれず、自然のあたえる瞬間的印象をとらえ、これをそのまま表現しようとする芸術上の主義。 **―てき【―的】**『ダナ』ある印象をあざやかに与えるようなさま。また、強い印象を与えられるさま。 **―は【―派】** 印象主義の傾向の芸術家の総称。 **―ひひょう【―批評】** 芸術作品に対して、客観的な標準を用いず、その作品の、自己に与える印象に基づいて、直観的に行う批評。

いんしょう【引証】『名・ス他』他の事柄を引いて証拠立てること。

いんしょく【飲食】『名・ス自他』飲むことと食べること。飲み食い。「―店」「―物」

いんしん【×殷×賑】『名ナノ』大変ににぎわって、盛んな

さま。「―を極める町」「―な通り」

いんしん【音信】→おんしん

いんすう【因数】〔数学〕一つの項が幾つかの数または式の積の形をしている時の、その個々の数または式。「―分解」

いんずう【員数】人や物の個数。特に、一定の個数。「―外」▽「いんず」とも言う。

インスタント 即座。即席。すぐにできること。「―食品」▽instant

インストール《名・ス他》コンピュータなどにソフトウェアを導入し、使えるように設定すること。ハードウェアの増設についてもいう。▽install

インストラクター 教育・訓練の担当者。指導員。▽instructor 企業内教育やスポーツ・芸能などで言う。

インストルメンタル 歌がなく楽器の演奏だけの楽曲。器楽曲。▽instrumental

インスピレーション（神の啓示に導かれたかのような）ひらめき・思いつき。霊感。「―がわく」▽inspiration

インスリン 膵臓(すいぞう)から分泌されるホルモン。肝臓・筋肉などがぶどう糖を取りこむのを促進する。医薬品として製造もされ、糖尿病患者の血糖値を下げるのに用いる。インシュリン。▽insulin

いん‐する【印する】《サ変他》跡を残す。「全国に足跡を―」▽もと、印をおす、きざみつける の意。

いん‐する【淫する】《サ変自》度を過ごして熱中する。ふける。おぼれる。「書に―」

いんせい【×殷盛】《名ナ》さかんで栄えている様子。

いんせい【院生】院と名のつく所・組織の学生。特に、大学院の学生。

いんせい【院政】①いったん引退したはずの人が実権を握って取り仕切ること。▽⑵の転。②上皇や法皇が天皇に代わって院中で行う政治（の形態）。平安時代中期、白河(しらかわ)上皇に始まる。

いんせい【陰性】①《名ナ》消極的・陰気である性質。「―な男」②《名》〔医学〕検査の反応があらわれないこと。「ツベルクリン反応―」▽↔陽性

いんせい【隠×棲・隠×栖】《名・ス自》俗世間をのがれて静かにくらすこと。

いんぜい【印税】著作権者が著作権使用料として出版者などから受けとる金銭。定価・発行高に基づく歩合で定められる。

いんせき【引責】《名・ス自》責任を自分の身に引き受けること。責任をとること。「―辞職」

いんせき【姻戚】→いんぞく

いんせき【×隕石】流星が大気中で燃え尽きずに地上に落ちてきたもの。珪酸(けいさん)塩鉱物や鉄・ニッケルが主成分。▽→いんてつ

いんせつ【引接】《名・ス他》①呼びいれて面会すること。②ある人を他の人にひきあわせること。

いんせん【院線】鉄道院（一九〇八～二〇）が管理する鉄道。特に「院線電車」の略。▽その後「省線」、更に「国鉄線」「国電」を経て「JR線」。

いんぜん【院宣】上皇または法皇が出した宣旨(せんじ)。

いんぜん【隠然】《ト タル》表立ってはいないが、どことなく重みや力のある様子。「―たる勢力」

インセンティブ 何ごとかを行う際の誘因・動機・刺激となるものごと。「消費を促進する―」▽incentive

いんそう【印相】①仏教で、悟りの内容や意志を示す手指のかたち。印。▽「いんぞう」とも言う。②印章の相。またそれを見て運勢をうらなうこと。

インソール 靴の中敷き。▽insole

いんぞく【姻族】婚姻によって出来た親戚。

いんそつ【引率】《名・ス他》（おおぜいの）人をひきつれること。「生徒を―する」「―者」

インター ①「インターナショナル」⑵⑶の略。「第三―」「―を歌う」②「インターチェンジ」の略。③《名詞に冠して》…間の。▽inter- **―チェンジ** 高速道路の出入口。また、複数の高速道路が立体交差する所。インター。▽interchange **―ナショナル** ①国際的。国際間の。②社会主義運動の国際組織。「第一―」③社会主義運動につながる万国労働者の歌。▽international **―ネット** 世界規模のコンピュータネットワーク。通信回線を介して、世界各地の個人や組織のコンピュータがつながっている。▽アメリカ国防総省高等研究計画局のアーパネット（ARPANET、一九六九年から八九年まで運用）から発展した。Internet **―ハイ** 全国高等学校総合体育大会（高校総体）の通称。▽inter と high school とによる和製英語から。**―フェース** ①コンピュータで、異なる機器・装置のあいだを接続して、交信や制御を可能にする装置やソフトウェア。②コンピュータで、装置と人間との接点である、入出力部分。「マンマシン―」▽interface **―ホン** 構内用の有線通話装置。▽interphone

インターセプト《名・ス他》球技で、相手側のパスしたボールを奪うこと。カット。▽intercept

インターバル ①間隔。へだたり。間合い。「―トレーニング」②幕間(まくあい)。休憩時間。▽interval

インターフェア 競技で、相手のプレーを故意に妨害すること。▽interfere

インターン ①インターンシップの略。それを受ける学生。②医師や理・美容師の資格試験に先立って義務付けられた、一定期間の現場での実習。また、その実習生。▽intern ⑵は現在は廃止。 **―シップ** 学生が企業などで就業体験をすること。▽internship

いんたい ①【引退】《名・ス自》官職・地位をやめること。現役から退くこと。「政界から―する」②【隠退】《名・ス自》社会的活動から身を引くこと。

いんたいぞう【隠退蔵】役立てずに、隠してしまっておくこと。「―物資」

いんたく【隠宅】隠居所。▽もと、隠れ家の意。

インタビュアー インタビューをする人。聞き手。▽interviewer

インタビュー《名・ス自》面会。面接。特に、取材のた

め、会って話をすること。インタヴュー。「ーされる」▽interview

インタロゲーション マーク 疑問符。クエスチョンマーク。「?」▽interrogation mark

いんち【印池】印肉をいれる器。

いんち【引致】《名・ス他》ひっぱってつれて行くこと。特に、被告・被疑者・証人などを強制的に連行すること。

いんち【韻致】洗練された風雅なおもむき。雅趣。風流。

インチ ヤード ポンド法の長さの単位。記号in 一インチは一フィートの十二分の一。二・五四センチ。▽「吋」とも書く。inch

いんちき《名ナ・ス自》〔俗〕①賭博で不正をすること。「ー(を)する」②不正。不正なこと、また、ものごまかし。まやかし。「ーな商品」「ー商売」 派生 **-さ**

インディア ペーパー 辞書などに用いる、うすくて強い西洋紙。インディアン。▽India paper

インディーズ 映画や音楽の分野で、大手制作会社に属さない小規模なプロダクション。また、そこで制作した作品。▽indies

インディカまい【インディカ米】米の二大品種の一つ。粒が比較的に細長く、粘り気が少ないインド型の米。↔ジャポニカ米。▽「インディカ」はindica

インディゴ 藍色。藍色の絵の具、染料。インジゴ。▽indigo

いんてつ【×隕鉄】鉄とニッケルを主成分とする隕石(いんせき)。

インデックス ①索引。見出し。②指数。指標。▽index

インテリ ↓インテリゲンチア

インテリア 室内装飾。▽interior design から。

インテリゲンチア 知識階級。また知識階級に属する人。インテリ。▽ロシア intelligentsiya

インテリジェンス 知性。知識。▽intelligence

いんでん【印伝】羊または鹿のなめし皮。色うるしで模様をつけ、袋物などに造る。▽ポルトガル India オランダ indiën

いんでんき【陰電気】フランネルで樹脂・封蝋(ふうろう)をこすった時に樹脂・封蝋に起こる電気と同じ性質の電気。電子のもつ電荷と同じ符号の電荷。負電気。↔陽電気

いんでんし【陰電子】陽電子に対して、陰電気をおびた普通の電子。

インドア 室内。屋内。↔アウトドア。「ースポーツ」▽indoor

いんとう【咽頭】上は鼻腔(びこう)、前は口腔(こうこう)、下は食道と喉頭にはさまれた部分。「ー結核」

いんとう【淫×蕩】《名ナ》酒色などの享楽にふけること。派生 **-さ**

いんどう【引導】〔仏〕人々を導いて仏道に引き入れること。死者を葬る前に法語などを説き、浄土へ導くこと。「ーをわたす」(転じて、最後的宣言をしてあきらめさせる)

いんとく【陰徳】人に知らせずひそかにする善行。かくれた恩徳。「ーあれば陽報あり」(陰で善行をおこなう者は、必ずよい報いがあらわれる)

いんとく【隠匿】《名・ス他》人に見つからないように、こっそりかくすこと。「ー物資」「犯人をーする」

イントネーション 文や文節の区切りに現れる、話し手の意図・感情を表す、声の上がり下がり。たとえば文末を少しあげて言うと、疑問の調子になる。文音調。↓アクセント・よくよう(抑揚)。▽intonation

イントロダクション ①序説。序論。②手引き。入門。③前奏。イントロ。▽introduction

いんとん【隠×遁】《名・ス自》交わりを絶って俗世間からのがれて暮らすこと。「ー者」

インナー 「インナー ウエア」の略。下着。肌着。また、シャツなど上着のすぐ下に着る衣服。▽inner wear から。

いんない【院内】病院・寺院・議院など、院の内部。 **ーかんせん**【ー感染】病院内で患者が新たに感染すること。

いんに【陰に】《連語》表面にはあらわさず。それとなく。「ー非難する」。あらわでなく。間接的に。「ー定義した関数」▽↓いん【陰】(2)

いんにく【印肉】印を押す時に使う顔料(をしみ込ませたもの)。もぐさにひまし油や松脂(まつやに)・白蝋(はくろう)をまぜ、色をつける。

いんにょう ↓えんにょう

いんにん【隠忍】《名・ス自》じっとこらえて、我慢すること。表にあらわさずにこらえること。「ー自重(じちょう)」

いんねん【因縁】①〔仏〕物事はすべて、その起源(=因)と、果を結ばせる作用(=縁)とによって、定められていること。②転じて、物事の持っている定まった運命。「前世からのーとあきらめる」「何かのーだ」③理由。由来。「いわれー、故事来歴」④ゆかり。関係。「彼とのーは浅くない」「ーをつける」(言いがかりをつける)▽「いんえん」の連声(れんじょう)。

インバータ 直流電力から交流電力に変換する装置。逆変換装置。↔コンバータ。「ーエアコン」「ー制御」▽inverter(=逆にするもの)

いんばい【淫売】《名・ス自》(女が男から)金を得て性交すること。「ー婦」。その女。「ーを買う」

インバウンド 外国から日本に旅行に来ること。また、その人。「ー客」▽inbound(=本国行きの)

インパクト ①衝撃。強い影響。②野球・テニスなどで、バットやラケットが球に当たる瞬間。▽impact

インバネス 男子用外套(がいとう)の一種。二重まわしに似ている。春秋用・冬用がある。とんび。▽Inverness cape から。

いんばん【印判】実印や認め印などの総称。印。印形(いんぎょう)。

いんび【淫×靡】《名ナ》風俗・身なり・態度などが、くず

れてみだらな感じであること。「世相が―に流れる」「―な土地がら」 派生 **‐さ**

いんび【隠微】《名ナ》表面には現れにくい微妙なこと。隠されていて、かすかにしかうかがえないさま。「社会の―な側面」 派生 **‐さ**

いんぴ【隠避】《名・ス他》隠匿以外の方法で、犯人が逮捕を免れるようにはかること。「犯人―の疑い」

いんぶ【陰部】 人間の外生殖器。かくしどころ。

いんぷ【印譜】 いろいろの印影を集めた書物。

いんぷ【淫婦】 みだらな女。うわ気な女。

いんぷう【淫風】 みだらな風潮。

インフェリオリティー コンプレックス 自分は普通より劣っているという、卑下(ひげ)した気持が意識の下にあるため、本人の気づかない間に、向上の意欲や自信・勇気が失われるもの。劣等感。▽inferiority complex →コンプレックス。

インフォーマル《ダナ》非公式。略式。↔フォーマル。▽informal

インフォームド コンセント 医師が患者に病状・治療方針を十分に説明し、患者が納得・同意してから治療を進めるという診療原則。▽informed consent (=告知を受けた上での同意)

インフォメーション ①知らせ。情報。報知。②受付。案内所。▽information

インプット《名・ス他》↓にゅうりょく。↔アウトプット。▽input

インフラ「インフラストラクチャー」の略。

インフラストラクチャー 産業や生活の基盤となる社会資本。道路・鉄道・港湾・ダムや学校・病院・公園などの施設を言う。インフラ。▽本来は「下部構造」の意。infrastructure

インプラント 義歯を固定するために人工の歯根を顎骨に埋め込むこと。また、その歯根。▽implant

インフル「インフルエンザ」の略。「新型―」

インフルエンザ インフルエンザ ウィルスによって起こる感染症。高熱・頭痛・咽頭痛などの症状があり、肺炎などを併発して死に至ることもある。流行性感冒。流感。インフル。▽influenza

インフレ「インフレーション」の略。

インフレーション 社会全体で需要が供給を上回り、物価が持続的に高騰すること。インフレ。↔デフレーション。▽inflation 本来は通貨の需要量に対して流通量が膨張することを言う。→スタグフレーション

インプレッション 印象。「ファースト―」▽impression

いんぶん【陰文】 陰刻にした文字。▽「いんもん」とも言う。

いんぶん【韻文】 韻律を整えた文。広くは、散文に対し詩の形式の表現。↔散文

いんぺい【隠蔽】《名・ス他》故意におおいかくすこと。「悪事を―する」「―工作」

いんぼう【陰謀】 ひそかにたくらむ悪いはかりごと。

インボイス →しきりしょ(1)。▽invoice

インポテンツ 男性の性交不能。▽ドイツ Impotenz

いんぽん【淫奔】《名ナ》みだらなこと。淫乱。 派生 **‐さ**

いんぽん【院本】 浄瑠璃本。まるほん。▽「行院本」の略。「行院」は中国で俳優の居所。

いんみょう【因明】 古代インドに発達した、物事の正邪・真偽を考察論証する法。宗(=命題)、因(=成立要件)、喩(=証明)の三つから成る。

いんめつ【×湮滅・×堙滅・隠滅】《名・ス自他》隠すなど処置して分からなくしてしまうこと。「証拠を―する」。何かの処置で跡形なく消え去ること。「古文書が蔵から―していた」

いんめん【印綿・印×棉】 インド産の綿花または綿糸。

いんめん【印面】 印材の文字を刻むべき面。

いんも【×恁×麼・×什×麼・△甚×麼】 かくの如(ごと)く。どんな。いかに。「―の事」▽禅宗の用語。

いんもう【陰毛】 陰部にはえる毛。

いんもつ【音物】 進物。おくりもの。▽既に古風。

いんもん【陰門】 女性生殖器の外面部分。

いんゆ【因由】《名・ス自》それを原因として起こること。その起こり。原因。

いんゆ【引喩】 ことわざ・故事や有名な詩歌・文章などを引いて、自分の言いたいことを表現すること。また、その方法。

いんゆ【隠喩】 修辞法の一つで、たとえを引いて説明するのに、表現上では「の如(ごと)し」とか「ようだ」のようなたとえの形式になっていないもの。「雪の肌」「りんごの頬」のようなもの。暗喩。↔直喩。▽metaphor の訳語。

いんよう【引用】《名・ス他》(自分の論を説明・証明するために)他の文章や事例を引くこと。 **―ふ【―符】** 文章に引用した部分を示すために、その始めと終わりに記す符号。日本語には普通「」の対を使う。▽川の名を問題にするつもりで「ナイル川はミシシッピ川より短い。」と書くと、誤った地理的記述と取られかねない。川の名を問題にするなら「「ナイル川」は「ミシシッピ川」より短い。」と、引用符を付けるべきである。強調のために「彼こそ「詩人」だ。」(「詩人」の名にふさわしい人という気持の表明)のように使うこともある。

いんよう【陰陽】 ①中国の易学でいう、宇宙の万物を作り、支配する二つの相反する性質を持つ気。積極的なものを陽、消極的なものを陰とする。日・男・春・奇数などは陽、月・女・秋・偶数などは陰。おんよう。②磁気・電気などの陰極と陽極。

いんよう【飲用】 飲むためのものであること。「―に適さない」「―水」

いんよく【淫欲】 情欲。色欲。

いんらく【淫楽】 みだらな楽しみ。

いんらん【淫乱】《名ナ》手の施しようがないほど性的に乱れているたち(である様子)。 派生 **‐さ**

いんりつ【韻律】 詩の音韻上の形式。子音・母音などの

排列のしかた、また、音数の形式で表す。

いんりょう【飲料】飲むためのもの。のみもの。「—水」

いんりょく【引力】二つの物体が互いに引きあう力。↔斥力

いんれい【引例】証拠に引いた例。引用例。

いんれき【陰暦】→たいいんれき。↔陽暦

いんろう【印籠】薬などを入れて腰に下げる、小さな携帯用の入れもの。薬籠。▽古くは印や印肉を入れた。

いんわい【淫×猥】《名ナノ》劣情をそそるような、みだらなこと。「—な話」派生 **-さ**

う

う《助動》《五段活用動詞未然形、形容詞未然形語尾「かろ」、形容動詞未然形語尾「だろ」、およびこれと同じ型の活用をする助動詞と「ます」「です」との未然形につく(五段型以外の動詞等には「よう」がつく)。以前は「する」についた「しょう」(せう)の形も使った》

①それがこれから発現すると見て、その事を言うのに使う。▽文語の「む」が変化したもの。

㋐話し手・書き手の意志や勧誘を表明する。「今度はうまく作ってやろー」「行こーか行くまいか」「言おーよう無い恐怖の念」「さあ、出掛け**よう**ね」「おれでよければ役に立とー」「勝手な注文を一つ出そーなら、ビールでなくて酒がいい」「諦め**よう**にも諦め切れない痛恨事」▽この用法での主語は第一人称。「近ごろの政治家は自分の名を売ろーと、テレビに出たがる」の主語は第三人称だが、「自分の名を売ろー」が引用と認められ、この部分における主語はやはり第一人称。また、連体修飾をする句の末で行為者を代弁する気持で使う。

㋑『—ではないか』勧誘を表す。「早く出掛け**よう**ではないか」▽口頭語では「—じゃないか」の方が普通。「早く行こーじゃないか」。同じ形での別義は、→(2)㋓

㋒『—にも』…する意志があるにもかかわらず。…しようとしても。「相談し**よう**にも相手がいない」「様子をさぐろうにも、手が足りないんだ」▽後には否定的内容の表現が来る。主語に人称の制約は無い。

㋓《「—とする」の形で》まさにその事が起こるばかりの状態だと見て、言う。「今にも雨が降ろーとしている」「お前は十時になっても起き**よう**ともしないのか」▽主語に人称の制約はない。「私がこれから舞台へ出**よう**とする時」のように第一人称の場合には㋐とも解せる。

②不確かな(ところの残る)事として言うのに使う。▽「…たろー」のほか「…なかろー」など他の助動詞、従って否定の助動詞の後にも立つ。「う」の対となる「まい」は肯定表現について意味は否定推量専用。→まい。文末では「だろう」「でしょう」など断定の助動詞を介した形にすることが多い。連体形は、慣用的な言い方や「たやすくでき**よう**わけがない」など形式名詞につく場合を除けば、あまり使われなくなっている。

㋐話し手・書き手の推量を表す。「それはこうだろーね」「花も咲こー、実もなろー」「山道はさぞ寒かったろー」「君がしたのでしょー」「食ったらうまかろー」「新政策は金融引き締めに役立とー」「なろー(=できる)ことなら、もう一度会いたい」「五十を越えてい**よう**か、いかにも物慣れた態度だった」「五千円だろーが一万円だろーが、かまわない」「事もあろーに、立場を利用して私腹を肥やすとは」「誰がそれを知ろー」▽推量の内容は未発のことに限らない。

㋑断定を婉曲(えんきょく)に行う。「こちらの品がよろしいでしょー」「こう結論でき**よう**」▽㋐と異なるものでなく、話し手・書き手のその時の態度の差による。

㋒『—ものなら』…ということにでも(万一にも)なるとすれば。「うっかり返事でもし**よう**ものなら、どんな用を言いつけられないとも限らない」

㋓『—ではないか』念を押すような気持で相手の同意を求めるのに使う。「年ごろだから、虫の付くのも当然だろうではないか」▽口頭語では「—じゃないか」の方が普通。「やると決めたなら早くやろーじゃないか」。同じ形での別義は、→(1)㋑

㋔『—が』《主に文末で、断定の助動詞「だ」などに続けて》それなのにその事が有効に働いていないとしか見えない、と相手を責める気持を表す。「あいつはお前が紹介したんだろーが」「いつも教えているでしょーが(まだ覚えないのか)」

③当然の事としてそうだ、と思う気持を表す。「あろー事かあるまい事か」「この言葉は彼の真情を思わしめましょー」「だれも知ろーはずがない事が露見した」「他人に意見の一つもし**よう**やつが悪事を働くとは」▽既に古風だが、命令表現に近い「火の用心さっしゃりましょー」「下がりおろー」などもある。

う【×兎】うさぎ。「—の毛でついたほどのすきもない」

う【×卯】十二支の第四。方角では東、時刻では午前六時、また、午前五時から七時までの間を指した。▽→じゅうにし

う【×鵜】水辺に住み、巧みに水にもぐって魚をとらえる鳥。全身が黒色で、首が長い。ウミウ・カワウ・ヒメウなどの種類があり、鵜飼(うかい)に使うのはウミウ。「—のまねをする烏(からす)水におぼれる」(人まねは失敗することのたとえ)▽かつおどり目う科。

う【*宇】ウ ―①大きなやねの下。天地四方。「宇内(うだい)・宇宙・御宇・八紘(はっこう)一宇」②ひさし。のき。やね。「堂宇・屋宇・眉宇」③いえ。「殿宇」④度量。器量。「器宇・気宇」⑤建物を数える語。「金堂一宇」

う【人迂】ウ ―まっすぐ進まないで、まがる。まわりどおい。遠回り。遠回し。実情にうとい。「迂遠・迂回・迂路・迂闊(うかつ)・迂生」

う【*羽】【羽】ウ は はね ―①鳥類のはね。つばさのあるもの。「羽化・羽毛・羽翼」②「出羽(でわ)国」の略。「羽州・羽前・羽後・陸羽・奥羽」③《名》五音(ごいん)の一つ。「宮商角徴羽」

う【*雨】ウ あめ あま ―①あめ。あめふり。「晴雨・雨季・雨水・雨声・雨滴・雨天・雨量・雨露・降雨・山雨・慈雨・驟雨(しゅうう)・大雨・梅雨・微雨・法雨・夜雨・雷雨・淫雨・豪雨・猛雨・霖雨(りんう)・冷雨・暴風雨」②ふらせる。ふる。「雨下・雨飛」

う【人烏】ウ オ(ヲ) からす ―①鳥の名。からす。「烏合・烏兎(うと)・寒烏」②くろい。「烏羽玉(うばたま)」「烏鷺(うろ)の争い」

う【右】→ゆう【右】

う【有】→ゆう【有】

ヴァージン →バージン

ヴァイオリン →バイオリン

う-い【憂い】《形》思うようにならなくて、つらい。せつない。憂鬱だ。「―思いに沈む」 派生 **-さ**

うい【有為】〔仏〕因縁(いんねん)によって生じた、生滅・変化してやまない現実のありさま。↔無為。 **―てんぺん【―転変】** 万物が常に変化してやまないこと。「―は免れない」▽「ういてんぺん」とも言う。

うい(うひ)**【初】**《名詞の上に》初めての。「―孫」「―陣」

うい 《連体》感心な。気に入って愛すべき。「―やつ」▽目下の者に対して使った。「憂(う)し」から出て、気がかりだの意を経て生じた意。「愛い」とも書かれた。

ウイーク ①週。一週間。▽week ②弱いこと。▽weak (1)(2)ともに「ウィーク」とも言う。 **―エンド** 週末。「―の旅行計画」▽weekend **―デー** 日曜以外の日。週日。▽土曜日を含めないこともある。weekday **―ポイント** 弱点。▽weak point

ウイークリー 毎週発行する雑誌・新聞。週刊誌。週刊紙。▽weekly

ヴィーナス →ビーナス

ヴィールス →ウイルス

ういういしい(うひうひしい)**【初初しい】**《形》年が若く世間ずれがしていない。うぶだ。「―新妻(にいづま)」 派生 **-さ -げ**

ヴィオラ →ビオラ

ういき【雨域】 雨の降っている地域。「―が東へ移動する」

ういきょう【×茴香】 全体に芳香がある、南欧原産の多年草。高さ一〜二メートル。夏、黄色い小花が群がり咲く。実は薬用・香味料とし、また香油をとる。フェンネル。▽せり科。

ういご(うひ)**【初子】** 夫婦の間に初めて生まれた子供。

ういざん(うひ)**【初産】** 初めて子を産むこと。最初の出産。

ういじん(うひ)**【初陣】** 初めて戦いに出ること。その戦い。

ウイスキー 発酵させた大麦などを蒸留して作る強い酒。ウィスキー。▽whisky

ウイッグ 扮装(ふんそう)したり、頭髪を補ったりするためのかつら。ウィッグ。「部分―をつける」▽wig

ウイット その場その時に応じて気のきいたことを言う知恵。機知。頓知。ウィット。「―に富んだスピーチ」▽wit

ういまご(うひ)**【初孫】** その人にとって初めての孫。はつまご。

ウイルス ①特定の細胞に依存して増殖する、核酸と蛋白(たんぱく)質とからなる微粒子。細菌より小さく、光学顕微鏡では見えない。狂犬病・天然痘・小児麻痺(まひ)・モザイク病の病原体など、種類が多い。濾過性(ろかせい)病原体。ヴィールス。ビールス。▽ラテ virus ②コンピュータで、ソフトウェアにひそかに仕掛けて、正常な働きをさせなくしたり格納データを消し去ったりする、悪性のソフトウェア。▽(1)の比喩で、「感染」「潜伏」「発病」「増殖」などの語も、(1)と類比的に使う。ウイルス(2)を見つけ出して取り除くソフトウェアを「ワクチン」と言う。

ウィルチェアー ラグビー 車いすでおこなうラグビー。▽wheelchair rugby

ういろう【△外郎】 ①ういろう(2)に見かけが似ている蒸し菓子。②江戸時代に小田原・京都から売り出された痰(たん)切りの薬。▽「うい」は「外」の唐音。

ウィン ウィン 取引をする双方が、ともに良い結果を得ること。「―の関係を築く」▽win-win

ウインカー (自動車で)左折・右折・車線変更を知らせるために点滅させるランプ。方向指示器。ウィンカー。▽winker

ウインク 《名・ス自》相手に合図を送るための片目のまばたき。▽wink

ウイング ①航空機の翼。②建造物の、左右側面に延びた部分。また、舞台の左右のそで。③サッカー・ラグビーなどで、左右の両端の位置。また、その位置につく選手。▽wing

ウインター スポーツ 冬季に行われるスポーツ。スキー・スケート・アイス ホッケーなど。ウィンター スポーツ。▽winter sports

ウインチ 巻上げ機。重い物、深いあなの中の物などを持ち上げるのに使う。▽winch

ウインド 《造》風。ウインド。▽wind **―サーフィン** 風を利用して、帆を立てた板(=ボード)に乗って水上を走るスポーツ。ボードセーリング。▽windsurfing 商品名。 **―ブレーカー** スポーツで競技の順番を待つときなどに、防風のために着るジャンパー。▽アメリカ windbreaker もと商標名。

ウインドー ①→ショー ウインドー。②コンピュータの画面上で、アプリケーションなどの情報を表示・操作するための、長方形の領域。「―を開く」 ▽window

ウインナ ソーセージ 細く小さいソーセージ。ウインナ。▽Vienna(＝ウィーン) sausage

ウーステッド 長い羊毛を縒(よ)って作った厚地の織物。おもに男性の背広用。▽worsted

ウーマン リブ 女性解放運動。▽Women's Lib から。一九六〇年代後半にアメリカで始まった。

ううむ《感》「ううん」の別表記。

ウーリー ナイロン 毛織物のような感触をもたせたナイロン。▽woolly nylon

ウール 羊毛。また、羊毛を原料とした織物。毛織物。▽wool

ウーロンちゃ【×烏△竜茶】 台湾・福建省を主産地とする半発酵の黒っぽい中国茶。▽「ウーロン」は「烏竜」の中国音。茶葉の形が竜の爪に似て曲がっているところからの名という。

ううん《感》①(親しい)相手の言うことを打ち消す言葉。いいえ。「『行く?』『―、行かない』」「「どうしたの?」「―、何でもない」」②(詰めていた)息が音を立てて出るさま。「―とうなって息を吹き返した」

うえ(うへ)**【上】** ㊀《名》①位置が高い、または表立った所。↕した。㋐高い場所。「雲の―にそびえ立つ」「一段―にのぼる」「―を下への(＝あわてて、上に置くべきものを下にするような)大騒ぎ」㋑表面。「水の―を走る」「机の―に置く」 ▽㋑が原義。↓かみ(上)

②高い位置にあること。程度・地位・年齢などがまさっていること。↕した。「―の人」「腕前はずっと―だ」「毒の―にも毒になる」(非常な毒になる) ▽貴人の妻の呼び名に添えても使った。「紫の―」

③その人または事に関すること。「身の―」「酒の―の失敗」

④ある事柄と他の事柄とを関係させて言う語。㋐その事を条件に入れる意を表す。「困難を承知の―(で)引き受ける」「その―でなお意見は変わらない」㋑……に加えて。「その―こんな事にもなった」㋒……したのち。……した結果。「文句を言うのは実行した―にしろ」㋓《「―は」の形で》……である以上は。……からには。「改心しているから、この―は許してやれないか」「かくなる―は是非もない」

㊁《接尾》目上の者を言う時添える語。「父―」「姉―」

ウエア 着るもの。衣服。ウェア。「スポーツ―」 ▽wear

うえ(うゑ)**【飢え・△餓え】** 食糧が得られず空腹に苦しむ状態。「―をしのぐ」▽一時的な空腹には言わない。

ウェアラブル 小型のコンピュータで、腕時計やめがねのように身につけることができること。「―端末」 ▽wearable

ウェイター レストラン・喫茶店などの男性の給仕人。ウエーター。▽waiter

ウェイトレス レストラン・喫茶店などの女性の給仕人。ウエートレス。▽waitress

ヴェーダ →ベーダ

ウエート 重さ。重み。㋐重量。体重。㋑重要度。重きを置くこと。「一方の立場に―をかけて分析する」 ▽weight **―リフティング** 鉄製の心棒の両端に重い円盤をつけたものを、両手で持ち上げて力くらべをする競技。重量挙げ。ウエイト リフティング。▽weight lifting

ウエーブ ①《名》音波・電波などの波。「マイクロ―」②《名・ス自他》髪を縮らせ、美しい形に波打たせること。また、その波形。「髪を―する」③《名・ス自》応援席で、観客が立ったりすわったりして、波打つように見せること。▽(1)(2)(3)ともに「ウェーブ」とも言う。wave

うえか-える(うゑかへる)**【植(え)替える】**《下一他》草木を別の場所や鉢に移して植える。「バラを―季節がきた」「洋蘭(らん)を一回り大きい鉢に―」

うえからめせん(うへ…)**【上から目線】**《連語》人を上から見下すような、えらぶった態度・見方。

うえき(うゑ…)**【植木】** ①庭に植え(てあ)る木。「―が青々とした庭」②鉢に植えて育てる木。盆栽。「―鉢」 **―しょく【―職】** 植木屋という職(の人)。▽庭師は含めない。 **―や【―屋】** 植木(1)を育てたり売買したり世話したりする職(の人)。広義では庭師も含める。

うえこみ(うゑ…)**【植(え)込み】** ①庭などで、木を多く植えた場所。②ある物を、他の物の中に深くはめこむこと。「―ボルト」

うえさま(うへ…)**【上様】** 人を尊敬して言う語。㋐高貴の人の尊称。天皇・将軍などを指す。㋑領収証などで、相手の名前の代わりに書く語。

うえした(うへ…)**【上下】** ①上と下。「包みの―をしばる」②さかさま。「―にする」「―になる」

うえじに(うゑ…)**【飢(え)死(に)・△餓(え)死(に)】**《名・ス自》食物が無くて空腹のために死ぬこと。

ウエス 機械類のよごれをふき取るためのぼろ布。▽waste(＝すり減る)から。

ウエスタン アメリカの西部風の劇や音楽。ウェスタン。▽(アメリカ) Western

ウエスト 腰。衣服の胴部。▽waist

うえつがた(うへ…)**【上つ方】** 身分の高い人々。上流の人人。▽「つ」は古代の助詞で、「の」の意。

うえつけ(うゑ…)**【植(え)付け】** 草木などを他から移し植えること。特に、苗代(なわしろ)から持って来た稲の苗を田に一株ずつ植えること。田植え。

ウエット《ダナ》①湿ったさま。②情(じょう)にほだされやすいさま。からっとしないさま。↕ドライ。「―な性格」 ▽「ウェット」とも言う。wet **―スーツ** 水中・水上での作業やスポーツで、体の保温・保護のために着る簡易なゴム製潜水服の一種。▽wet suit

―ティッシュ 不織布にアルコール水溶液などを含ませた、湿ったティッシュ ペーパー。▽wet と tissue とによる和製英語。

ウエディング 結婚式。ウェディング。「―ケーキ」「―マーチ」「―ドレス」▽wedding

ウエハース 小麦粉・卵・砂糖などを混ぜ、薄い短冊状に焼いた軽い菓子。アイス クリームにも添える。ウエハー。▽wafers

ウェブ →ワールド ワイド ウェブ。▽web **―サイト** →サイト②。▽web site **―ページ** ワールド ワイド ウェブ上で提供されるひとまとまりの情報。文書・画像などからなり、ブラウザで閲覧する。▽web page

うえぼうそう【植え×疱×瘡】→しゅとう(種痘)

うえる【植える】〘下一他〙根もとを埋めて、上部をしっかりさせる。㋐草木を育てるため根を土に埋める。「プランターに球根を―」㋑はめ込む。「活字を―」「ブラシに毛を―」㋒他から移して育つようにする。「細菌を培養基に―」「種痘を―」

うえる【飢える・△餓える】〘下一自〙①食物が欠乏して(生命が保ちがたいほど)ひどく腹がへる。②望むものが与えられず、それを強く求める。「新しい知識に―」

ウェル ダン ビーフステーキの焼き方で、中まで十分に火が通っている状態。▽well-done →ミディアム・レア

うえん【有縁】仏の道に縁があること。「―の衆生(しゅじょう)」。また一般に、何らかのかかわり合いがあること。↕無縁

うえん【×迂遠】〘ダナ〙直接に目的に迫るようなものでなく、まわり遠いこと。世事にうとく、実用に適していないこと。「―な計画」▽もと、道がうねうね曲がりくねっていること。派生 **-さ**

うお【魚】水中にすみ、ひれを使ってたくみに泳ぐ生物。普通、体はうろこで覆われ、えらで呼吸する。さかな。「水を得た―のように(=生き生きと自在活発に)活動する」▽→ぎょるい

うおうさおう【右往左往】〘名・ス自〙大勢(おおぜい)の人が秩序もなく、あっちへ行ったりこっちへ来たり、混乱すること。まごまごすること。▽「往」は行くの意。「うおうざおう」とも言う。

ウォーキング ①〘名・ス自〙(健康のためかなり速く)歩くこと。▽日本での健康法としてはジョギング以後に広まる。②〘名〙競歩。▽walking

ウォーク イン クローゼット 歩いて出入りできる、衣服などの収納場所。▽walk-in closet

ウォーター (飲用の)水。ウオーター。▽water **―シュート** 急斜面からボートで水上にすべりおりる遊び。また、その設備。▽water chute **―プルーフ** 水をかぶったり水に漬かったりしても品質がだめにならないこと。「―の日焼け止め」▽waterproof **―フロント** (海や大きな川・湖の)水際(の地域)。▽waterfront **―ポロ** →すいきゅう。▽water polo

ウォーミング アップ〘名・ス自他〙①心身を安静の状態から運動に適した状態へ移行させること。また、そのための準備運動。↕クーリング ダウン。②広く、物事の開始前に軽く練習すること。「脳の―」「演奏前の―」③エンジンや機械を暖めること。▽warming up

ウォーム アップ ①〘名・ス自他〙→ウォーミング アップ。②〘名〙運動の際に保温用に着用するもの。「―シャツ」▽warm up

ウォーム ビズ 暖房エネルギーを節約するため、厚着して事務所で働くこと。また、その服装。↕クール ビズ。▽「ビズ」は business の略。二〇〇五年の造語。

うおがし【魚〈河岸〉】魚市場。もと、江戸の日本橋の河岸にあり、関東大震災後、東京築地(つきじ)に移ったものを指す。▽魚市場のある河岸の意。単に「かし」とも言う。

うおかす【魚×滓】食用に肉を取り去ったあとの魚の頭・尾・骨・はらわた等。肥料にする。

うおごころ【魚心】『―あれば水心(みずごころ)あり』一方の側に相手に親しむ気持があれば、その相手の方も同じく親しむ気持をもつものだ。▽「魚、心あれば……」という形であったものが、一語のように使われたもの。

ウオッカ ロシア特産の蒸留酒。ライ麦・とうもろこしから製し、きわめて強い。ウオトカ。ウオツカ。▽ロシア vodka

ウオッチ 携帯用の時計。腕時計。「ナース―」▽watch

ウオッチング〘名・ス他〙観察すること。「バード―」「人間―」▽watching

うおのめ【魚の目】足裏などのたえず擦れる部分の皮膚が厚くなり、押すと痛むもの。鶏眼。▽形が魚の目に似るから言う。

うおへん【魚偏】漢字の偏の一つ。「鮮」「鯨」などの「魚」の称。

ウォン 大韓民国・朝鮮民主主義人民共和国の通貨の基本単位。▽朝鮮語。

うおんびん【ウ音便】おもに「く」「ぐ」「ひ」「び」「み」の音が「う」の音に変わる現象。「お暑うございます」が「お暑くございます」となる類。

うか【雨下】〘名・ス自〙雨が降ること。また、雨が降るように激しく落ちそそぐこと。「弾丸―」

うか【羽化】〘名・ス自〙①昆虫のさなぎが(羽のある)成虫になること。②『―登仙(とうせん)』中国の古い信仰で、人が仙人となって天にのぼること。

うかい【×鵜飼(い)】夏、かがり火をたいてアユなどを寄せ、飼いならした鵜(う)を使ってとる漁。それを職業とする人。鵜匠(うしょう)。

うかい【×迂回】〘名・ス自〙①まわり道すること。遠まわりすること。「―路」「山裾を―する」「南に―する」②敵軍の背後にまわり込むこと。

うがい【×嗽(うがひ)】《名・ス自》口中やのどをきれいにするため、水などを含んでですすいで吐き出すこと。「―薬」

うかうか《副〔と〕・ス自》①しっかりした考えがなく、まわりに影響されて行動するさま。「つい―と手を出した」②ぼんやりしているさま。「―すると追い越される」

うかがい【伺い(うかがひ)】目上の人に指図(さしず)を求めること。「―を立てる」。特に(官公庁で)、許可または命令を求めるため、命令系統の上級のものに差し出す書類。「進退―」

うかがいし-る【×窺い知る(うかがひ…)】《五他》表面に現れたことから全体をおしはかる。「―ことのできない政治の世界」

うかが-う①【伺う(うかがふ)】《五他》㋐目上の人(時に神仏)の意見・指図(さしず)を得ようとして、たずねる。「お話を―」㋑聞くことのへりくだった言い方。拝聴する。「先ほどから―・っておりますと」㋒訪問することのへりくだった言い方。参上する。「お宅に―・いましょう」▽㋒の場合は自動詞。⑴は⑵の転。②【×窺う】《五他》そっとのぞいて見る。そっと様子を見る。「顔色を―」。様子を見て時機を待ち受ける。「好機を―」▽可能動詞とした「窺える」の形は、推測できる意に使うことが多い。「その事から本音(ほんね)が窺える」

うかさ-れる【浮かされる】《下一自》正体なく、心がうわついた状態にされる。「熱に―」「人気に―」

うか-す【浮かす】《五他》①浮くようにする。浮かせる。↕沈める。「腰を―」「模様を―・して織る」②余分・残りが出るように、切り盛りする。「食費を五千円―・した」

うかつ【×迂×闊】《名・ダナ》注意が足りず、ぼんやりしていること。物事の事情にうといこと。「―なことは言えない」▽もと、道がまわり遠い意。派生 **-さ**

うが-つ【×穿つ】《五他》①(穴を)あける。掘る。つきぬく。比喩的に、突き抜けて進む。「森を―・って行く」②着ける。はく。「靴を―」▽文語的。③物事や人情の隠れた真の姿に、たくみに触れる。「―・った事を言う」「―・ちすぎの見方」▽⑶は自動詞。

うかと《副》うっかり。うかうか。

うかぬかお【浮かぬ顔(…かほ)】《連語》心配などがあって、晴れやかでない顔。しずんだ顔。

うかば-れる【浮(か)ばれる】《下一自》→うかぶ⑶

うかびあが-る【浮(か)び上がる】《五自》①底の方に沈んでいたものが、水面に姿を現す。②それまで存在を知られなかったものや事柄が、知られるようになる。「犯人が―・った」③不遇の地位から人なみの状態になる。

うか-ぶ【浮(か)ぶ】《五自》①液状のものの表面や中、または空中に位置する。物が底または地面から離れて浮く。↕沈む。「船が―」「そんな不義理がばれては大川に―(＝殺されて土左衛門(どざえもん)になる)始末だった」「水中花が水の中ほどに―・んでいる」「空に―雲」▽「浮く」に比べ、状態性が強い。つまり浮いた結果のさまを言うことが多い。②表面に現れる。「不快の色が顔に―」「涙が目に―」「容疑者が捜査線上に―・んできた」。特に、意識にのぼる。「晴れの姿が心に―」。思いつく。「名案が―」③《「―・ばれる」「―・ばれない」の形で》㋐死者の霊が、この世に思い残すことが無くなり苦しみを脱却して、成仏(じょうぶつ)する。㋑転じて、立場が保たれる。「そのうえ左遷されては―・ばれない」

うかぶせ【浮(か)ぶ瀬】《連語》①身分・境遇がよくなる時節。「そのうちに―もあろう」②気持の上だけでも報いられるところ。「―がない」

うか-べる【浮(か)べる】《下一他》①(液状のものの中・表面や空中に)浮かぶようにする。浮かばせる。↕沈める。「笹舟(ささぶね)を小川に―」「飛行船を―」②外面にただよわせる。あらわす。「目に涙を―」「顔に喜びを―」③意識にのぼらせる。思い出す。「母の面影を―」

うか-る【受かる】《五自》試験を受けて合格する。

うかれだ-す【浮かれ出す】《五自》心がうきうきと調子づき始める。

うかれ-でる【浮かれ出る】《下一自》心がうきうきして、じっとしていられず、外へ出る。

うかれめ【浮かれ女】歌をうたい舞を舞って人を喜ばせることを職業とし、また色を売る女。あそびめ。遊女。

うか-れる【浮かれる】《下一自》心がうきうきして調子づく。「街の中を―・れあるく」

うがん【右岸】川の下流に向かって右側の岸。↕左岸

うかんむり【ウ冠】漢字の冠の一つ。「守」「完」などの「宀」の称。▽片かなのウに似た形であるところから。

うき【浮き】水に浮かべて、目印としたり他のものに浮力を与えたりするもの。特に、釣糸につけ、魚がかかったのを知る手がかりとするもの。

うき【雨季・雨期】その地方で、一年のうちで最も雨の降り続く季節。↕乾季

うきあが-る【浮(き)上がる】《五自》①浮いて水面(液状のものの表面)に出る。②持ち上がって、今まで接していた面との間にすきまができる。「土台が―」③かくれていた物事が表に現れる。④(指導的な立場の者が)まわりの者との触れ合いが薄くなる。遊離する。「幹部は部下から―・っている」

うきあし【浮(き)足】しっかり地面を踏んでいない足。㋐動こうとして、かかとが上がっている足。「―を払う」㋑今にも逃げ出そうとする態度。「―になる」 **―だ-つ**【―立つ】《五自》今にも逃げ出しそうになる。また、そわそわと落ち着かなくなる。

うきうお【浮(き)魚(…うを)】いわし・さば・さんま・まぐろ・かつお等、海面近くに群れをなしてすむ魚の総称。↕底魚(そこうお)

うきうき【浮き浮き】《副〔と〕・ス自》うれしくて、心が

はずむさま。「気も―と旅支度」「―して待つ」

うきおり【浮(き)織(り)】よこ糸を一部分浮かして、模様を織り出した織物。また、その織り方。

うきがし【浮(き)貸(し)】《名・ス他》(銀行員などが)正式な手続きによらず、帳簿をごまかして金を貸すこと。

うきかわたけ(うきかはたけ)【浮(き)河竹】川べの竹のように水に浮き沈みする、つらい身の上。遊女の身の上。▽「浮き」と「憂き」とをかけて言う。

うきぎ【浮(き)木】川や海に浮かんでいる木材。浮木(ふぼく)。「―の亀」(めったに出会えないことのたとえ)

うきくさ【浮(き)草】水面に浮かんで成育する小形の草。▽不安定なさまのたとえにも使う。「―の日々」 **―かぎょう**【―稼業】浮草のように、転々と一つ場所に落ち着かない職業。また、その人。旅芸人などに言う。

うきぐも【浮(き)雲】空にうかぶ雲。▽将来どうなるか全くわからないことのたとえにも使う。「―の生活」

うきごし【浮(き)腰】①いまにも逃げ出そうとして、腰が落ち着かないこと。②柔道のわざの一つ。相手の腰が浮いている時、自分の腰を入れて投げる。

うきしずみ(うきしづみ)【浮き沈み】《名・ス自》㋐浮いたり沈んだりすること。㋑転じて、よくなったり悪くなったりすること。栄えたり衰えたりすること。「―があるのは世の常だ」

うきしま【浮(き)島】①沼や湖の水草がはえ茂って、島のように見えるもの。②浮かんでいるように見える島。

うきす【浮(き)巣】水草の茂った水面に作った巣。「鳰(にお)の―」

うきだ-す【浮(き)出す】《五自》①表面に浮いて出て来る。「油が水面に―」②模様・形などが地(じ)・背景から飛び出したように、はっきり見える。

うきた-つ【浮(き)立つ】《五自》心が楽しく、うきうきする。

うき-でる【浮(き)出る】《下一自》→うきだす

うきドック【浮(き)ドック】海上で船を収容したのち、排水して浮上し、修理作業ができるようにしたドック。

うきな【浮(き)名】恋愛関係についてのうわさ。情事の評判。「―が立つ」「―を流す」▽「憂(う)き名」(つらいうわさ)から出た。

うきに【浮(き)荷】①打荷(うちに)のため海に投げ入れたり、荒い波で船からさらわれたりして、ただよっている貨物。②〔取引〕引取人が決まらないうちに、荷主が船積みして売り出す品物。

うきね【浮(き)寝】①水の上で寝ること。㋐水鳥が水に浮いたまま寝ること。㋑人が船の中で寝ること。②落ち着かない状態で寝ること。夜ごと、きまったやどりの場所がなく寝ること。「―の旅」

うきはし【浮(き)橋】水上にいかだ、または船を並べて橋としたもの。

うきぶくろ【浮(き)袋】①人を水に浮かせるため使う袋。ゴムなどで作って中に空気を入れる。②魚の体の中にある、気体を満たした袋状の器官。浮き沈みの調節をする。▽⑵は「鰾」とも書く。サメ・エイにはない。

うきふし【憂き節】つらい点。つらく悲しい事。▽雅語的。

うきふね【浮(き)舟】水に浮かんでいる小舟。

うきぼり【浮(き)彫(り)】①平らな面に、物の形が浮き上がるようにした半ば立体的な彫り方。また、その作品。②比喩的に、物事の様子・なりゆきなどを、ありありと見せつけること。「人生の苦悩を―にする」

うきみ【憂(き)身】つらい事が多い身(の上)。「―をやつす」(やつれるほど心を悩ます。転じて、身がやせるほど熱中する)

うきみ【浮(き)身】水泳で、体の力を抜いてあお向けに水面に浮かぶ方法。

うきみ【浮(き)実】彩りや香味を添えるため、スープに少量浮かせるもの。パセリ・クルトンなど。

うきめ【憂き目】つらいこと。苦しい体験。「―を見る」「―にあう」

うきよ【浮(き)世】①たよりになるものがなく、はかないこの世の中。つらい苦しい世間。▽漢語「浮世(ふせい)」と、仏教思想から出た「憂(う)き世」とが融合した意で使われる。②世の中。世間。「―離れた山里」 **―え**(ゑ)【浮世絵】江戸時代に盛んに描かれた風俗画で、遊女や芝居などを題材にしたもの。 **―ぞうし**【浮世草子・浮世草紙】江戸時代に上方(かみがた)で作られた、町人階級の世相・人情を書こうとした小説。井原西鶴(さいかく)はその代表的作家。 **―ばなれ**【―離れ】様子や言動が、世間の常識からかけはなれていること。「―した男」

うきょく【×迂曲・×紆曲】《名・ス自》うねり曲がること。また、遠まわり。遠まわし。

うきわ【浮(き)輪】輪形の浮き袋。また、海難救助用の輪形の器具。

う-く【浮く】《五自》①底または下の方から表面に出て来る。また、底を離れて中間にある。↕沈む。「プールにからだが―」「脂が肌に―」「空に―雲」「模様が―いて見える」②基礎・基盤・よりどころが、ゆるんだりなくなったりした状態だ。㋐ぐらぐらする。しっかり固定していない。「歯が―」「くぎが―」。まわりの人と密な関係が結べない状態にある。浮き上がる。「課の中で独り―いた存在だ」「組織から―」㋑心がうきうきする。うかれる。↕沈む。「―・かぬ顔」㋒《普通は連用形に「た」を伴って》うわついて軽々しい。軽薄だ。「―・いたうわさ」(恋愛関係についてのうわさ)③(節約して)残りが出る。「費用が千円―」

うぐ【×迂愚】《名ナ》ぼんやりして世事にうといこと。

派生 -さ

うぐい【〈石斑魚〉】体形はコイに似るがやや左右に扁平(へんぺい)な魚。体長三〇センチ前後。河川の広い範囲で見られ、海にくだるものもある。食用。はや。▽産卵期に銀色の腹が赤くなるので「あかはら」とも呼ばれる。こい科うぐい属。

うぐいす【×鶯】①春にホーホケキョと美しい声で鳴く小鳥。大きさは雀(すずめ)くらいで、いわゆる鶯色。飼い鳥としても珍重された。古くから詩歌によく詠まれ、単に「初音(はつね)」と言えば鶯のであるほど、また梅との取り合わせが雀と竹との取り合わせと同様、親しまれて来た。夏のを「老い鶯」と言う。「梅に―」「―の谷渡り」(→たにわたり②)「―の身をさかさまに初音かな」(宝井其角) ▽すずめ目うぐいす科。今は飼うことは禁止。②声のいい人をたとえて言う語。「―嬢」「―芸者」③「鶯色」の略。

うぐいすいろ【×鶯色】うぐいすの羽の色に似た、茶と黒のかかった緑色。▽「うぐいす茶」とも言う。

うぐいすばり【×鶯張り】木造建築の床(ゆか)の張り方の一種。踏むと、板が互いにこすれて出る音が、うぐいすの鳴き声に似る。京都知恩院にあるものが有名。

うぐいすまめ【×鶯豆】乾燥した青えんどう豆を水でもどして甘く煮たもの。

うぐいすもち【×鶯餅】もちまたは求肥(ぎゅうひ)で餡(あん)を包み、青きなこをまぶしたもち菓子。

ウクレレ ハワイ先住民の楽器。形はギターに似て小さく、四弦。軽くかかえて爪(つま)びきする。▽ukulele

うけ【受け・請け】①受けるもの、または、ささえるもの。うけざら・ささえの類。「郵便―」②(攻めに)対処すること。ささえ守ること。「―にまわる」③まわりの人の受け取り方。評判。人気。「―が悪い」④請け合い。また、「請け人」の略。保証人。「―に立つ」▽(1)〜(3)には「受」を使う。(1)には「承」も使う。

うけ【有×卦】『―に入(い)る』運が向いてきて、よい事が続くこと。▽「有卦」はもと、陰陽道(おんようどう)で、人の生まれ年の干支(えと)により、七年間吉事が続くという年まわり。

うけあい【受(け)合い・請(け)合い】受けあうこと。保証。「成功すること―だ(=間違いない)」▽以前は、間違いなくの意で副詞的にも使った。

うけあ-う【受(け)合う・請(け)合う】『五他』責任をもって引き受ける。また、物事が確かであると保証する。

うけい【右傾】『名・ス自』右に傾くこと。特に(国粋主義・ファシズムなど)右翼的な立場に思想が傾くこと。右翼化。↕左傾

うけいれ【受(け)入れ】①受け取ること。㋐引き受けて面倒を見ること。「―準備」「―態勢」㋑工場などで物品・材料を他から受け取ること。また会計帳簿で、収入。②承知すること。承諾。

うけい-れる【受(け)入れる】『下一他』①受け取る。㋐引き受けて面倒を見る。「失業者を―用意」㋑(工場などで)他から運び込まれた物品・材料を受け取る。②人の言う事などを承諾する。「要求を―」③やってきたものを拒否せずにいる。「異文化を―」▽「受け容れる」とも書く。

うけうり【受(け)売り】『名・ス他』他人の意見や他人から教わった知識を、そのまま自分の意見・知識のような顔をして他に伝えること。「これは彼の考えの―だが」▽もと、製造元や問屋(とんや)から仕入れた物を、他に売ること。

うけおい【請負】請け負うこと。また、その契約。「―仕事」 **―ぎょう**【―業】建築・土木工事の請負の営業。 **―し**【―師】請負業を営む人。 **―にん**【―人】請負の契約により、その仕事を完成する責任を負う者。

うけお-う【請(け)負う】『五他』一定の仕事の完成に対し一定の報酬をもらう約束で、仕事を引き受ける。「工事を―」

うけぐち【受け口】①郵便物などの受け入れ口。②上あごより下あごが少し前に出ている口つき。▽(2)は「うけくち」とも言う。

うけごし【受け腰】物を受けとめよう、または受け取ろうとする腰つきや態度。

うけこたえ【受け答え】『名・ス自』相手の言うこと、尋ねることに応じて答えること。「―がうまい」

うけざら【受(け)皿】①しずくなどの垂れるのを受けとめる皿。②(情勢・局面の動きに関し)あとを受け継ぐもの。「イデオロギー崩壊後の―になる考え方」「―さがし」

うけしょ【請書】承知した、または引き受けた旨を書いて差し出す文書。

うけだ-す【請(け)出す】『五他』①(質に入れたものなどを)代価を払って引き取る。「質物(しちもつ)を―」②遊女などの前借金をつぐなって自由にしてやる。身請けする。

うけだち【受け〈太刀〉】①《多く「―になる」の形で》相手の攻勢が激しくて押されぎみとなること。▽(2)の転。②相手が切り込んで来たのを受ける、太刀(たち)の使い方。

うけたまわ-る【承る】『五他』①つつしんで聞く。拝聴する。「御意見を―りたく存じます」「―りますれば、このたび御栄転の由」▽相手から直接でも、人を介してでもよい。②つつしんで承知する。「委細―りました」(聞き及んでいる意のほか、(3)の意にも)③お(引き)受けする。「御用命を―」「先陣を―」▽「受け賜る」の意。

うけつ-ぐ【受(け)継ぐ】『五他』前からあった物・仕事などを引きつぐ。継承する。「家名を―」

うけつけ【受付】①『名・ス他』申込み・願書などを受けつけること。②『名』来訪者や参集者の氏名・用件・質問などを聞いて取り扱ったり取り次いだりする所。また、その人・係。

うけつ-ける【受(け)付ける】『下一他』①相手の言う

こと(申込み・質問・願書提出など)を聞いて、それに応じた取扱いをする。「申込みは明日までー」「抗議を全然ー・けない」②与えられたものに応じた反応をする。特に、病人が飲食物・薬を胃に収め、もどさない。「薬もー・けない」

うけと-める【受(け)止める】《下一他》①自分の方にやって来るものを受けて、その進みをくい止める。②そらさないで、自分の中にとりこむ。「批判をまじめにー」

うけとり【受取・請取】金銭・品物を受け取った証拠に渡す書付け。領収証。

うけと-る【受(け)取る】《五他》①自分の方に来たものを受ける。「手紙をー」「代金をー」②解釈する。「お世辞をまともにー」。人の言葉・行動を、なるほどと合点(がてん)する。「ー・りにくい話だ」③責任をもって引き受ける。「特注をー」▽(3)は「請け取る」とも書く。

うけとれない【受(け)取れない】《連語》もっともだとは思えない。納得(なっとく)できない。「何ともー話だ」▽「ない」の部分は、「ぬ」「ません」でもよく、それら三つの活用形でもよい。

うけなが-す【受(け)流す】《五他》①まともに取り合わず、適当にあしらう。はぐらかす。「柳に風とー」②切り込んで来た刀を軽く受けて他にそらす。③人から差された杯を受け、飲むまねをして中の酒を杯洗にあける。

うけにん【請(け)人】貸借・雇い入れ等の契約の時の保証人。

うけはらい【受(け)払い】金銭の受取りと支払い。

うけみ【受(け)身】他からの働きかけを受ける立場。㋐自分から強く出る力がなく、他からの攻撃を防ぐ立場にあること。「ーになる」㋑〔文法〕動詞に助動詞などをつけて、その動作・作用を受ける意を表す言い方。㋒柔道などで、けがをしないように倒れる法。「ーをとる」

うけもち【受(け)持(ち)】仕事などを受け持つこと、受け持つ人。また、受け持った仕事。担当(者)。特に、学級の担任となる教師。

うけも-つ【受(け)持つ】《五他》自分の責任範囲として、引き受けて扱う。担当する。「新しいクラスをー」「配達をー郵便局」

うけもどし【請戻し・受戻し】借金のかたに差し出してあるものを、金と引換えにとりもどすこと。

う-ける ㊀【受ける・△承ける・請ける】《下一他》他から来る物や加わる作用を身に引き取る。①来るものを取って支える(ようにする)。▽一般には「受」を使う。㋐おさめ留める。うけとめる。「ボールをミットでー」「たれる油を皿にー」㋑授かる。「学位をー」「国民栄誉賞をー」「母の血をー・けて詩才がある」。天から授かる。「生を人の世にー」▽天授の場合は「享」とも書く。㋒あとを引き継ぐ。【承】「父のあとをー・けて家業に励む」②それに応じる気持で受け取る。㋐うけいれる。うけいれて応じる。【受】「敬礼をー」「試験をー」「ー!けて立つ」(仕掛けられた攻撃に応じて立ち向かう。相撲(すもう)の立ち合いから出た言い方)㋑要求・提案に応じる。【承・請】「おー・けします」㋒注文をひきうける。【請】「得意先の仕事をー」㋓代金を払って引き取る。【請】「質草(しちぐさ)をー・け出す」③作用などに身をさらす。【受】「四面に敵をー」「ボールを頭にー」「命令をー」「注意をー」「傷をー」「あなどりをー」「南をー・けて(=南向きに)建てられた家」㊁【受ける】《下一自》㋐芝居などで、客の気に入り、喝采を得る。㋑転じて広く、好評を得る。「大衆にー」「若者にー」▽㊀(3)の転。近年、面白がられる、笑えるの意で使い、多く「ウケる」と書く。「ウケる変顔(へんがお)」

うけわたし【受(け)渡し】①《名・ス他》物品や物事を一方の人が渡し、それを他方の人が受け取ること。「商品のー」「せりふのー」②《名》〔取引〕代金と引換えに取引物を渡すこと。

うげん【右舷】船尾から船首に向かって右側のふなばた。↕左舷

うご【〈海髪〉】↓おごのり

うご【雨後】雨の降ったあと。「ーの筍(たけのこ)」(次々に出現することのたとえ)

うごう【×烏合】烏(からす)の集散がばらばらであるように、統一も規律もなく集まること。「ーの衆」

うごか-す【動かす】《五他》動くようにする。動きを起こす。①ある位置・状態から他の位置・状態に移す。㋐位置や地位を移す。「重い石をー」「足をー」「営業課長を宣伝課長にー」。状態を変える。「一世をーほどの大事業」。(言葉や行為を通して)意志・感情を変えさせる。「甘言に心をー」「熱意が人をー」㋑揺れさせる。ゆさぶる。「風が葉をー」㋒『ー・せぬ』『ー・せない』変えようにも変えられない。否定できない。「動かせない事実を突きつける」▽「ーことのできない」「ー・し難い」の形でも使う。②自分の目的にかなうように行動させる。「首相をー・して解決を図る」「兵をー」「駒をー」③運転する。作動させる。「機械をー」「自動車をー」

うごかぬ【動かぬ】《連語》↓うごく(1)㋒

うこぎ【〈五加〉】山野に自生し、生垣などにもする、幹に鋭いとげのある落葉低木。高さ約二メートル。雌雄異株。五月ごろ小さい黄緑色の花が群がり咲き、黒い実がなる。若葉は食用。根の皮をほしたものは五加皮(ごかひ)と称し、漢方で強壮薬とする。▽うこぎ科。

うごき【動き】動くこと。㋐運動。行動。「すばやいーを見せる」「ーを封じる」「ーがとれない」㋑状態・傾向の移り変わり。「世のーにつれて」㋒位置や地位が移ること。「人事面で大きなーはない」

うご-く【動く】《五自》とまったままではいないで、他の位置・状態に移る。①ある位置・状態から他の位置

・状態に移る。㋐位置や地位が移る。「車がひとりでに—」「彼は先月、支店に—・いた(=人事異動になった)」。状態が移り変わる。「世の中が激しく—」。(他人の言動やまわりの情況によって)心が揺れ考えが変わる。「金に心が—」 ㋑じっとしていないで揺れる。「枝が風に—」 ㋒『—・かない』『—・かぬ』しっかり定まっている。確かだ。「動かぬ証拠」 ②ある目的で特別の行為をする。「かげで黒幕が—」 ③活動状態にある。「冬、木が—・かない間に剪定(せんてい)する」「裏で怪しい金が—」。運転状態に入る。「機械が—」「一番電車が—」

うこさべん【右顧左×眄】『名・ス自』右を見たり左を見たり、あたりの情勢をうかがってばかりいて、決断しないこと。「いたずらに—する」

うこっけい【×烏骨鶏】鶏の一品種。絹糸に似た黒や白の羽毛が生える。肉・卵が食用として珍重される。東アジア原産。▽皮・肉・骨が黒いので、この名がある。天然記念物。

うごめか-す【×蠢かす】『五他』うごめくようにする。「鼻を—」(得意がる意にも)

うごめ-く【×蠢く】『五自』(いもむしがはったり、うじが集まって動いたりするように)もぞもぞ動く。少しずつとぎれずに動く。

うこん【△鬱金】①根を香辛料や黄色染料とする、インド原産の多年草。茎は太く、葉は幅広い。秋、黄色の花が咲く。ターメリック。▽しょうが科。②うこん(1)の根で染めた(ような)濃い黄色。うこん色。

うこんのたちばな【右△近の×橘】紫宸殿(ししんでん)の正面階段の向かって左に植えた橘(たちばな)。↕左近の桜。▽昔、宮中の警護に当たった右近衛府(うこんえふ)(右近)の官人が、儀式のときその側に並んだ。

うざ-い『形』〔俗〕↓うざったい

うさいかく【×烏×犀角】犀(さい)の黒いつの。漢方で、粉末にしたものを子供の熱さましに使う。

うさぎ【×兎】①発達した後足でよく跳ねる、耳が長い草食の獣。上唇の中央が上方に切れ込む。肉は食用。毛皮はえりまきなどにする。愛玩用にも飼われる。▽うさぎ目、特にうさぎ科の哺乳(ほにゅう)動物の総称。②↓う(卯)

うさぎうま【×兎馬】ろばの別名。

うざった-い『形』〔俗〕煩わしい。面倒臭い。また、邪魔な感じだ。「電話が—」「—やつ」▽「うざい」はこれの略。

うさばらし【憂さ晴(ら)し】『名・ス自』つらさ・苦しさを忘れるため、気をまぎらすこと。その手段。

うさん【×胡散】『名ナノ』疑わしいこと。あやしいこと。「—なやつ」「当方を—(だ)と見るのか」▽「う」は「胡」の唐音。既に古風。 **—くさ-い**【—臭い】『形』何となく疑わしい。何となく怪しい。 派生 **-さ** **-げ**

うし【牛】体が大きく足が短く、頭に角が二本ある草食の獣。草などを食う時、反芻(はんすう)する。動作は総じて鈍いが力は強く、犂(すき)を引かせて田畑を耕したり、荷車を引かせたりした。肉・乳は食用。「—のよだれ」(細く長いこと)「—の歩み」(進みのいかにも遅いこと)「暗がりから—を引き出す」(動作の鈍いこと、物の判別がつかないことのたとえ)「—を馬に乗りかえる」(自分の都合のいい方に乗りかえる)「—は—づれ馬は馬づれ」(同類のものが行動を共にすること)「—にひかれて善光寺参り」(他人に誘われるなど、偶然のきっかけで、よい行いに導かれること) ▽うし科。古くから家畜化され、品種が多い。食用の肉を指す時は「ぎゅう」と言う。

うし【×丑】十二支の第二。方角では北北東、時刻では午前二時、また、午前一時から三時までの間を指した。▽↓じゅうにし

うし【〈大人〉】男のおとなを敬って言う語。特に江戸時代に国学者の間で師を指す。「鈴屋(すずのや)の—」▽今も雅語的には使う。

うし【×齲×歯】むしば。

うじ【氏】①『名』同じ血統の一団。「—の長者」㋐その血統集団の呼び名。転じて、苗字(みょうじ)。㋑家がら。「—より育ち」▽↓しぞく(氏族)。②『接尾』苗字に添える敬称。「宮本—」▽現在は「し」と言う。

うじ【×蛆】くさった肉や動物の糞便(ふんべん)などにわく、白くて足のない小虫。ハエの幼虫。「男所帯に—がわく」▽見た目の似た、ハチの幼虫にも言う。

うじうじ『副[と]・ス自』決心がつかず、ためらうさま。態度が煮え切らないさま。もじもじ。「—した態度」「しばらく—して、やっと部屋に入った」

うしお【△潮】①しお(潮)。また、海の水。▽やや雅語的。②「うしおじる」「うしおに」の略。

うしおい【牛追い】荷牛(にうし)を追って歩かせ、荷物を運ばせる人。牛方。

うしおじる【△潮汁】魚や貝を実として、塩で味をつけた吸物。

うしおに【△潮煮】たい・かつおなどを骨つきのまま水で煮て、塩で味をつけた料理。

うしがえる【牛×蛙】体長二〇センチに及ぶ大形のかえる。背の色は、雄は暗緑色、雌は茶色で、黒いまだらがある。鳴き声は牛に似る。北アメリカ原産。大正時代に食用として導入され、各地で野生化。しょくようがえる。▽あかがえる科。

うじがみ【氏神】①その土地に生まれた者を守る神。鎮守の神。▽(2)の転。本来は「産土(うぶすな)の神」と呼ぶ。②氏の祖先として祭る神。また、氏にゆかりの深い神。

うしぐるま【牛車】①牛にひかせる(荷)車。②↓ぎっしゃ

うしぐわ【牛×鍬】↓からすき

うじこ【氏子】氏神が守ってくれる範囲に生まれた者。▽もと、祖先神を同じくする一族の者。 **—じゅう**【—中】同じ氏神を祭る人々。氏子のなかま。

うじすじょう【氏素性】家がら。家すじ。「—も知れぬやつ」

うしとら【×艮・×丑×寅】北東。▽十二支で表せば、丑

(うし)と寅(とら)の中間になる。鬼門に当たる。

うしな-う(うしなふ)【失う】《五他》それまではあったものを、気づかずに、または不本意に、無い状態にする。㋐(身につけていた)自分のものを、無くする。「金を―」「地位も名声も―」「心を―」(平静さがなくなる)「気を―」▽→なくす。㋑とりにがす。「機会を―」㋒わからなくなる。「道を―」「生きるすべを―」㋓死に別れる。「父を―」 関連 無くす・無くする・無にする・失する・逃(のが)す・逸する・落とす・死なす・亡くする・喪失・亡失・忘失・流失・遺失・消滅・滅却・失墜・失効・死亡・死去

うしのときまいり(…まゐり)【×丑の△刻参り】丑の刻(=午前二時ごろ)に神社に参詣し、自分の呪う人をかたどったわら人形を神木に釘(くぎ)で打ちつけること。▽七日目満願の日にその人が死ぬと信じられた。

うしのひ【×丑の日】十二支にあてはめて丑(うし)に当たる日。特に、夏の土用の丑の日、寒(かん)の丑の日。▽土用の丑の日にうなぎを食べる習慣は、江戸時代に始まった。

うしへん【牛偏】漢字の偏の一つ。「牧」「特」などの「牜」の称。

うしみつ【×丑三つ】丑(うし)の刻を四つに分けた三番目に当たる時刻。午前二時から二時半。真夜中の意。「草木も眠る―どき」▽「丑満」は当て字。

うじむし【×蛆虫】①→うじ(蛆)。②人をののしって言う語。「この―めら」

うじゃうじゃ《副「と」・ス自》小さい虫などがむらがって(うごめいて)いるさま。「人間が―いる」「虫が―している」

うじゃじゃ-ける《下一自》〔俗〕①うんだり熟したりして、形が崩れる。「でき物が―」②姿・態度・規律などが、だらしなく乱れる。「―・けた暮らし」▽「うじゃける」とも言う。

うしょう【×鵜匠】鵜飼(うかい)で鵜を使う人。鵜飼。

うじょう【有情】①愛憎のこころのあること。↕無情。②木石などの非情のものに対し、一切の人や動物。↕非情

うしろ【後ろ】物の正面・前と反対の方。「―を向く」。裏側。物のかげ。「机の―に落ちている」。特に、背中。「敵に―を見せる」▽↕前(まえ)。「あと」と異なり静止的に捉えた位置関係に言う。

うしろかげ【後(ろ)影】後ろ姿。▽やや古風。

うしろがみ【後(ろ)髪】頭の後ろの方の髪の毛。「―を引かれる」(未練が残り、それが振り切れない)

うしろきず【後(ろ)傷・後(ろ)×疵】身体の背後に受けたきず。特に、逃げてうしろから切られたきず。↕むこうきず。▽武士はこれを不名誉とした。

うしろぐら-い【後(ろ)暗い】《形》人に知られては困るような、やましいところがある。「―ことはしていない」 派生 -さ

うしろすがた【後(ろ)姿】背の方から見た、人の姿。

うしろだて【後(ろ)×楯・後(ろ)盾】かげに控えて、助けてくれること。そういう人。▽もと、後方からの攻撃を防ぐ楯(たて)。

うしろで【後(ろ)手】①両手を背にまわすこと。「―にしばる」②後ろの方。「―に投げる」▽⑵の「手」は方向の意。

うしろとび【後(ろ)跳び・後(ろ)飛び】①後ろの方へとぶこと。②背面から足もとへ回す縄をとびこす、縄跳びのとび方。

うしろはちまき【後(ろ)鉢巻】頭の後ろで、結んだ鉢巻。↕向こう鉢巻

うしろまえ(…まへ)【後(ろ)前】後ろと前とが、逆になること。「セーターを―に着る」

うしろみ【後(ろ)身】「うしろみごろ」の略。着物の背にあたる部分。

うしろむき【後(ろ)向き】①こちらに背を向けていること。②発展・進歩等に逆行すること。「―の意見だ」

うしろめた-い【後ろめたい】《形》自分に、やましいところがある(ので気がとがめる)。「―・くて言い出せなかった」 派生 -さ

うしろゆび【後(ろ)指】『―を指される』陰で非難をされる。▽後ろから指さしてあれこれと言われる意。

うしん【有心】①思慮のあること。②連歌で、用語の正しい、本筋のもの。③(狂歌を「無心」と言うのに対して)普通の和歌。▽↕無心

うす【臼】①穀物・もちを杵(きね)でついたりする時に用いる器。その中に物を入れてつく。②ひきうす。

うす【薄】㊀《接頭》①《名詞の上に》厚さが薄い。「―紙」②《名詞・形容詞の上に》程度が少ない。㋐《色・味を指す語にかぶせて》淡い。薄い。「―紅」「―味」㋑少し。「―明かり」㋒なんとなく。「―気味悪い」▽形容詞「薄い」の語幹。㊁《接尾》《名詞に付き、形容動詞的な語を作る》程度が少ない。余り……がない(……がしない)。「見込み―」「効果―」「気乗り―」▽連体修飾する時は「―な」「―の」の形をとる。

うず(うづ)【渦】勢いよく流れる水(液体)の表面にできる、螺旋(らせん)状に巻き込んだ流れ。また、それに形が似たもの。「人の―」「争いの―の中で」

うすあきない(…あきなひ)【薄商い】〔取引〕売買が活発には行われないこと。

うす-い【薄い】《形》①厚みが少ない。↕厚い。㋐物の一方の面から反対側までの隔たりが小さい。「―紙」㋑中身また実質が乏しい。「人情が―」「利が―」「縁が―」「身寄りが―」(=縁者の乏しい)老婆」②色や味の程度が弱い。色が淡い。「―緑」。あっさりした味だ。「―塩味」▽⑵は、↕濃い。③密度が低い。㋐液状のものの、主な成分が少ない感じだ。「―みそしる」㋑まばらだ。「―ひげ」▽㋐㋑は、↕濃い。 派生 -さ

うすい【雨水】①→あまみず。②二十四気の一つ。立春から十五日目で、陽暦二月十九日ごろ。雪が雨に変わり、草木が芽吹き始める時季。

うすうす【薄薄】『副「と」・ノダ』①光・色・形などがぼんやりしているさま。「―とたそがれる」②情報・事情がおぼろで、はっきりとはしないさま。「事情を―(と)知ってはいたが」

うずうず『副「と」・ス自』①ある行動がしたくてたまらない気持でいるさま。「遊びに出たくて―している」②傷などがうずくさま。むずむず。こそばゆいような気がするさま。

うすがみ【薄紙】うすい紙。「―をはぐように」(病気が日ましによくなることの形容)

うすかわ【薄皮】①表面をおおう、ごく薄い膜。②(まんじゅうなどの)皮がうすでのもの。

うすぎ【薄着】『名・ス自』(寒い時でも)着物を何枚も重ね着しないこと。↕厚着。「伊達(だて)の―」

うすぎたな-い【薄汚い】『形』どことなくきたない感じだ。派生 **-さ**

うすきみわる-い【薄気味悪い】『形』何となく気味が悪い。派生 **-さ -げ -がる**

うすぎり【薄切り】食材を薄く切ること。その薄く切ったもの。「―チーズ」「パンにハムの―を挟む」

うず-く【×疼く】『五自』ずきずきと痛む。また、精神的にそのような痛みを感じる。「傷が―」「胸が―」

うすくち【薄口】①味がうすいこと。「―の吸い物」②比較的塩辛く、色がうすい醤油(しょうゆ)。↕濃い口。③うすでに作ったもの。「―の美濃(みの)紙」「―スパナ」

うずくま-る【×蹲る・×踞る】『五自』①腰を深く落とし、折り曲げた膝をかかえるようにして体を丸くする。しゃがむ。②けものが前あしを折って、地面に腹をつけてすわる。

うすぐもり【薄曇(り)】薄い雲が空一面にかかった天気。

うすぐら-い【薄暗い】『形』十分明るいとは感じない程度に暗い。また、ぼんやり暗い。派生 **-さ**

うすげしょう【薄化粧】『名・ス自』薄く目立たない程度にする化粧。↕厚化粧

うすじ【薄地】薄く作った金属や織物。↕厚地

うすじお【薄塩】①(塩漬けなどの)塩味の薄いもの。②肉類または野菜に、塩を薄く振っておくこと。

うずしお【渦潮】うずを巻いて流れる海水。

うずず-く【×舂く】『五自』夕日が山にはいろうとする。「かく日も壁際に―・き」(小林一茶「父の終焉日記」)▽古語的。

うすずみ【薄墨】濃くない墨の色。「恋文は―で書いた」

うずたか-い【△堆い】『形』盛り上がって高い。「―・く本を積み上げる」

うすちゃ【薄茶】①ひき茶の量を少な目にして、薄くたてた茶。↕濃い茶。②「薄茶色」の略。薄い茶色。

うすっぺら【薄っぺら】『ダナ』①薄くてぺらぺらしているさま。②(物の見方や人柄が)軽薄なさま。「―な人間」派生 **-さ**

うすで【薄手】①『名ナノ』厚みに乏しいこと。そういう物。㋐厚みが割合に少なくできていること。↕厚手。㋑安っぽいこと。浅薄なこと。「―の小説」派生 **-さ** ②『名』戦いなどで受けた軽い傷。↕深手。「―を負う」

うすなさけ【薄情(け)】情(じょう)(3)(イ)を受ける側から見て、いつ変わってもおかしくない(一時的な)、相手の薄い情。▽「はくじょう」と違い、恋愛関係に限って使う。

うすにく【薄肉】①「薄肉彫り」の略。彫刻で、模様などの浮き上がらせ方が少ないもの。②「薄肉色」の略。薄い肉色。

うすのろ【薄のろ】『名ナ』動作や反応がにぶいこと。そういう人をののしって言う語。▽「のろ」はのろま。派生 **-さ**

うすば【薄刃】刃物の刃の薄いもの。特に、刃の薄い包丁。菜切り包丁。

うすばかげろう【薄羽〈蜉蝣〉】黒く細長い体に半透明の四枚の羽がある、トンボに似た昆虫。カゲロウのようにひらひらと飛ぶ。幼虫はアリジゴク。▽うすばかげろう科。同科の昆虫を総称しても言う。

うすび【薄日】雲間や薄い雲を通してさす弱い日光。「―がもれる」

うすべり【薄△縁】畳表に縁(へり)だけをつけた敷物。

うずまき【渦巻(き)】①→うず。②うずを巻いている形。「―の模様」

うずま-く【渦巻く】『五自』①(水の流れなどが)ぐるぐる回ってうずになる。「濁流が―」「火炎が―」②人や感情などが激しく入り乱れる。「不満が―」

うずま-る【△埋まる】『五自』①土など他の物が上にかぶさって外から見えなくなる。「がけ崩れで家が―」「書物に―・って暮らす」②すきまなくおおわれる。いっぱいになる。「広場が人で―」

うずみび【△埋み火】炉や火鉢などの灰に埋めた炭火。

うすめ ①【薄目】まぶたを細く少しだけあけること。「―をあく」②【薄め】どちらかといえば薄いこと。↕濃いめ

うす-める【薄める】『下一他』(水などを加えて色・味などの)濃さを下げる。

うず-める【△埋める】『下一他』①土など他の物を上にかぶせて、外から見えなくする。「炭火を灰の中に―」「外国に骨を―」(外国で死ぬ)「袖に顔を―」②あいている場所をすきまなくおおう。いっぱいにする。「空白を―」「全市を花で―」

うすもの【薄物】紗(しゃ)や絽(ろ)などの、風通しがよい薄い織物。また、それで作った和服。

うすもよう【薄模様】①薄紫に染めた模様。②〔取引〕品薄の状態。

うずも-れる【△埋もれる】『下一自』①うまっている。「雪に―」②価値が人に知られずにいる。「―・れた人材」

うすよう【薄様】薄くすいた鳥の子紙。薄様紙(みがし)。また、薄手の和紙。↕厚様(あつよう)。▽「薄葉(うすよう)」とも書く。昔は和歌などを書いた。今も物を包む時などに使う。

うすよごれる【薄汚れる】《下一自》①どことなく汚れる。何となくきたない。②(態度が)何となくさわやかでなく、さもしい。

うすら=【薄ら】《名詞・形容詞の上に》①厚さが薄い。「―氷(ひ)」②程度が少ない。「―明かり」「―笑い」③なんとなく。「―寒い」

うずら【×鶉】①体が丸く肥え尾羽が短く、背が褐色でまだら模様がある鳥。草地にすみ、巣も地上に作る。雄は繁殖期によく鳴く。肉・卵は食用で飼育もされる。▽きじ科。②江戸・東京の歌舞伎劇場で、下階の左右両側にある桟敷。「東の―に座る」「―桟敷」▽土間席と仕切る二本の横木が鶉籠(=ウズラを飼うかご)に似ていることから。

うすらぐ【薄らぐ】《五自》少しずつ薄くなって、または減ってゆく。「霧が―」「痛みが―」「関心が―」

うすらさむい【薄ら寒い】《形》肌がひんやりする程度に、やや寒い。[派生]-さ

うずらふ【×鶉△斑】ウズラの羽にある模様に似た、茶色に黒白のまだら模様。

うずらまめ【×鶉豆】インゲンマメの一品種。種子はウズラの卵のように、薄茶色で白い斑点がある。煮豆用。

うすれる【薄れる】《下一自》しだいに薄くなる。しだいに減る。「靄(もや)が―」「興味が―」「意識が―」

うすわらい【薄笑い】《名・ス自》声も立てず顔の筋肉もさほど動かさないで笑うこと。かすかな笑い。うすらわらい。「―を浮かべる」▽微笑と異なり、人を小ばかにした笑い方。

うせい【×迂生】自分のことをへりくだって言う語。▽のろまな人間という意。既に古風。

うせい【雨声】雨の降る音。

うせつ【右折】《名・ス自》車や人が進路を右に折れ曲がること。↕左折

うせもの【△失せ物】↓なくしもの。▽今では占い以外には古風な語。

うせる【△失せる】《下一自》①あるはずのものが、なくなる。▽やや古風な言い方。㋐薄れて消える。「力が―」「血の気が―」㋑見えなくなる。「消え―」㋒死ぬ。②「去る」「行く」「来る」を、いやしめて言う語。「とっとと―・せやがれ」「出て―・せろ」▽「行く」「来る」の意では、今はほとんど使わない。

うそ【×嘘】①本当でない事を、人をだますために言うこと。いつわり。「―をつく」「―も方便」(時にはうそも手段として必要だ)「―から出たまこと」(うそのつもりで言ったことが、たまたま本当になってしまう)「―にも(=本心からの言葉でないにしても)そうほめて頂くと嬉(うれ)しい」「注射で痛みが―のように消えた」②正しくないこと。誤り。「―字」「そんなばかな。―をつけ」③《「……のは―だ」の形で》適当でないこと。「株を今売るのは―だ」[関連]虚言・妄言・虚辞・妄語・虚説・虚構・虚報・虚偽・虚飾・虚妄・偽善・偽証・作り事・空事・絵空事・眉唾(まゆつば)物・いかさま・いつわり・にせ・にせもの・嘘っぱち・嘘八百・嘘の皮・事実無根・虚実・根も葉もない・嘘つき・虚字

うそ【×獺】↓かわうそ

うそ【×鷽】口笛を吹くような声で鳴く、スズメよりやや大きな鳥。体は青灰色で、雄は腹面に淡紅色の部分がある。▽あとり科。

うそ=少し。なんとなく。「―寒い」▽「うす(薄)」の転。

うそうそ《副「と」》落ち着かない様子・態度であるさま。「変な男が―と周囲をうかがっている」

うぞうむぞう【有象無象】世にたくさんある、くだらないもの。「みんな―ばかりだ」▽仏教で、形(=象)の有無どちらにせよ宇宙にある一切のものの意。

うそさむい【うそ寒い】《形》何となく寒々(さむざむ)としている。うすら寒い。[派生]-さ

うそじ【×嘘字】正しくない字。いい加減な形に書いた字。

うそつき【×嘘つき】よくうそを言う人。

うそっぱち【×嘘っぱち】「うそ」の俗語。

うそなき【×嘘泣き】《名・ス自》何かのねらいで、泣いて(または泣いたように)見せること。▽↓なきまね

うそのかわ【×嘘の皮】「うそ」を強めて言う俗語。「―をひんむく」

うそはっぴゃく【×嘘八百】非常にたくさんのうそ。何から何までうそであること。「―を並べ立てる」

うそぶく【×嘯く】《五自》①大きな事を言う。豪語する。「天下はおれの物だと―」▽(3)の転。②知っているのに知らないふりをしてみせる。そらうそぶく。③口をすぼめて声や息を出す。また、そのようにして詩歌を吟じる。「月に―」

うた【歌・唄】①声に節をつけて歌う言葉。▽童謡・歌謡曲・民謡・俗曲など、すべて旋律をなすものを言う。②和歌、特に短歌。[歌]「―を詠む」

うたあわせ【歌合(わ)せ】左右二組に分かれた人々に詠ませた短歌を、左右一首ずつ組み合わせ、判者が批評して優劣を決め、勝った数の多い組を勝ちとする遊び。▽主として平安時代に貴族の間で流行した。

うたい【謡】↓ようきょく(謡曲)。「―本」

うだい【宇内】天がおおう限りの地全部。天下。世界。

うだいじん【右大臣】太政官(だいじょうかん)の長官で、太政大臣・左大臣に次ぐ地位。政務を統轄した官。

うたいて【歌い手・唄い手】歌を歌う人。歌のじょうずな人。歌手(かしゅ)。

うたいめ【歌い女】歌を歌って客に聞かせ、その場の座をとりもつのを職業とする女。▽現在では雅語的。

うたいもの【謡物】言葉に節をつけて歌うものの総

称。催馬楽(さいばら)・今様(いまよう)・謡曲・長唄等。↕語り物

うたいもんく【×謳い文句】特徴・長所などを特に強調して宣伝する言葉。キャッチ フレーズ。

うた‐う【歌う・謡う・唄う・×謳う】《五他》①節をつけて声を出す。【歌・謡・唄】「歌を―」▽鳥のさえずり等にも、たとえて言う。②詩歌に作る。よむ。【歌】「海を―・った詩」③盛んにほめそやす。【謳】「天子の徳を―」④人にはっきりわからせようと(強調して)述べ立てる。「効能を―」「条文に―・ってある」▽多く「謳」を書く。

うたかい【歌会】↓かかい(歌会)

うたがい【疑い】①事実と違うのではないかと思うこと。「―をさしはさむ」②(多く、悪い事を予想して)……ではないだろうかと思う点。「赤痢の―がある」「―が晴れる」「あらぬ―をかける」

うたがいぶか‐い【疑い深い】《形》なかなか物事を信用せず、すぐ疑ってみる性質・様子だ。「―人」「―目を向ける」派生 ‐さ

うたが‐う【疑う】《五他》①事実と違うのではないか、間違ってはいないかと思う。「新聞記事を―」「目を―」(↓め(目)(一)(1)(ウ))「耳を―」(↓みみ(1)(ア))②(多く、悪い事を予想して)……ではないだろうかと思う。「彼を犯人かと―」「肝機能障害が―・われる」③どうなる事か、それが何なのか、または本当の事かと、おぼつかなく思う。「事の成否を―」「真意(のほど)を―」「品性が―・われる」

うたがうらくは【疑うらくは】《連語》疑うことには。たぶん。▽漢文訓読調の言い方。

うたかた【△泡沫】①水面に浮かぶ泡。「よどみに浮かぶ―は」(方丈記)②はかなく、消えやすいもののたとえ。「―の恋」

うたガルタ【歌ガルタ・歌加留多】小倉百人一首を各一首ずつ書いた読み札と、下(しも)の句だけ書いた取り札と、二百枚一組で遊ぶカルタ。またその遊び。▽↓ひゃくにんいっしゅ

うたがわし‐い【疑わしい】《形》疑われるような様子だ。㋐本当かどうかわからない。「彼の言うことは―」㋑不確実だ。「当選は―」㋒あやしい。「―行動だ」派生 ‐さ ‐げ

うたぎれ【歌切(れ)】昔の有名な人が書き写した歌集の一部分を、掛け物や古筆として小さく切ったもの。

うたぐち【歌口】①笛・尺八などの管楽器の、口をあてて息を吹き入れるところ。②和歌のよみぶり。

うたぐりぶか‐い【△疑り深い】《形》うたがいぶかい。派生 ‐さ

うたぐ‐る【△疑る】《五他》↓うたがう

うたげ【△宴】さかもり。宴会。▽雅語的。関連 宴会・小宴・盛宴・饗宴(きょうえん)・祝宴・祝筵(しゅくえん)・酒宴・酒盛り・無礼講・夜会・茶会・茶話会・園遊会・晩餐(ばんさん)会・歓迎会・壮行会・送別会・懇親会・コンパ・パーティー・レセプション・二次会・忘年会・年忘れ・納会

うたごえ【歌声・唄声】歌をうたう声。

うたごかいはじめ【歌御会始】正月に宮中で行われる、その年最初の歌会。歌会始(うたかいはじめ)。

うたごころ【歌心】①和歌をよもうとするみやびの心。歌を作ったり、鑑賞したりする事についての素養。「―がある」②歌の意味。

うたざいもん【歌祭文】江戸時代の俗曲の一種。初め山伏が神仏の霊験を歌ったのが、後に世間の出来事を歌うようになった。祭文節。

うたざわ【歌沢・×哥沢】「歌沢節(ぶし)」の略。端唄(はうた)の一種。安政(一八五四～六〇)年間に、笹本(ささもと)彦太郎(歌沢大和大掾(やまとのだいじょう))が始めた。▽流派によって、「歌沢」「哥沢」と書き分ける。

うたた【△転】《副》物事が一段と進むさま。心が一層動くさま。とめようもなく。ますます。「山川草木―荒涼」(乃木希典「金州城下作」)「―感慨にたえない」▽文語的。

うたたね【△転た寝】《名・ス自》床にはいらないで、うつらうつら眠ること。思わず知らずとろとろと眠ること。かりね。

うだつ【×梲】『―が上がらない』(上から押さえられていて)よい身分になれない。▽「うだつ」は、木造建築で、梁(はり)の上に立て棟木(むなぎ)を支える短い柱。これが立たなければ屋根がつけられない。「うだち」とも言う。

うたびと【歌人】①歌よみ。また一般に、詩人。②歌うたい。▽もと、雅楽寮の歌手。

うたひめ【歌姫】女性歌手。また、うたいめ。

うたまくら【歌枕】そこを歌った以前の作品を踏まえて、多くの人が和歌によみ込んだ名所。

うたよみ【歌詠み】和歌を(じょうずに)作る人。歌人。

うだ‐る【×茹だる】《五自》①↓ゆだる。②暑気のため、のぼせ、だるくなる。ぐったりする。

うたれづよ‐い【打たれ強い】《形》①ボクシングで、打たれても打たれてもひるまず、グロッキーにならない。②比喩的に、多少の叱責や困難にへこたれないたちだ。「気が弱そうでも―やつ」

うち【内】㊀《名》①物の、包み込まれた中がわ。▽「中」とも書く。㋐囲い・境など何らかの限界、またある範囲の中。「屋敷の―」「会員の―から選出する」「苦労の―に楽しみもある」㋑一定の時間・数・量の範囲内。以内。あいだ。「決戦が三日の―に迫る」「朝の―に読む」「雨の降らない―に出掛けよう」「十の―の三つ」。一つづきの時間。過程。「平和の―に処理する」▽この例では「裡」とも書く。㋒隠れて見えない部分。「心の―を察する」②特定のものの内部。「―側」「参加者十名、―三名は子供」。特に、心の中。「怒りを―に秘める」③(自分を中心にして)自分が属する範囲(のもの)。↔よそ・そと。「―弁慶」「―づら」㋐自分の家・家庭。▽「家」とも書く。「―の人」「―のやつ」「―の者」などの形で、夫・妻・家族を表す。㋑一般に、自分の属するもの。「―の会社」「―ではそうしない」。また、国内や家庭内。「―を治める」④いえ。住宅。「―がたて込む」▽(4)は(3)㋐

の転。普通「家」と書く。㊁《代》女(の子)が自分を指す語。わたし。▽もとは、関西方言。

うち＝【打ち】《動詞の上に》①意味を強めるのに使う。「—興じる」「—しずむ」「—負かす」「—倒す」「—破る」②その動作が軽いことを表す。ちょっと……する。「—見た所、何の変哲もない」▽「—あける」「—切る」など、新しい別の意に転じるものが少なくない。

うちあい:あひ【打(ち)合い・撃(ち)合い】負けまいと互いにうってはうち返すこと。「小銃での—」「ホームランの—」

うちあげ【打(ち)上げ】①打ち上げる⑴こと。②まとまった(大きい)仕事の完了。それを祝う宴。▽⑵は、打ち上げる⑴㋑の意の転。 **—はなび**【—花火】筒にこめて空高く打ち上げ、空中で開くように作った花火。

うちあ‐ける【打(ち)明ける】《下一他》(秘密・悩みなどを)隠さずに全部話す。「身の上を—」

うちあ‐げる【打(ち)上げる】①《下一他》㋐打って高く上げる。「花火を—」「外野にフライを—」㋑相撲(すもう)・芝居などの一興行を終える。②《下一自》『波が—』波が打ち寄せて岸などに上がる。また、波が物を陸に運び上げる。

うちあわせ:あはせ【打(ち)合(わ)せ】①《名・ス他》前もって行う相談。下相談。②《名》衣服の、身頃(みごろ)の左右が重なり合う部分。

うちあわ‐せる:あはせる【打(ち)合(わ)せる】《下一他》①いっしょに物事をする人と、前もって用意のために相談する。②物と物をぶつける。「石と鉄を—」

うちいり【内入】①借金などの一部を返すこと。②収入。

うちいり【討(ち)入(り)】《名・ス自》攻め入ること。襲撃。「赤穂(あこう)義士の—」

うちいわい:はひ【内祝(い)】①身内の間だけでする祝い事。②自分や身内の祝い(結婚・出生・床上げなど)を記念して贈物をすること。また、その品物。

うちうち【内内】①身内や、広げてもごく親しい人の範囲だけの、内輪(うちわ)。「—の祝い」「—で行おう」②その組織の内部。「—の問題と世界的な問題」▽↓ないない

うちうみ【内海】島や岬に囲まれた海。入り海。↕外海(そとうみ)

うちお:を【打(ち)緒】糸を何本も合わせて組んだひも。組みひも。

うちおと‐す【打(ち)落(と)す】《五他》打って落とす。㋐たたき落とす。㋑(人の首などを)切って落とす。㋒弾丸を命中させて落とす。▽㋒は「撃ち落とす」とも書く。

うちかえ‐す:かへす【打(ち)返す】《五他》①先方が打って来たのに応じ、こちらからも打つ。「ボールを—」「小銃に機関銃で—(＝応射する)」「電報を—」▽応射の意では「撃ち返す」とも書く。②使って固くなった古い綿を綿弓で打って柔らかくする。「ふとんを—」③田畑をすき返す。

うちかけ【打(ち)掛(け)】①㋐女が帯をしめた上に掛けて着る長い小そで。かいどり。▽「裲襠」とも書く。武家の女性の礼服。現在も婚礼衣装に使う。㋑すべて、上に掛けて着る衣服。▽よろい、舞楽の装束などにある。②囲碁で、勝負がその日でつかない場合、いったん中止すること。▽多く翌日に打ちつがれる。

うちがし【内貸し】《名・ス他》報酬・賃金の一部を前金で払うこと。↕内借り

うちがし【打(ち)菓子】落雁(らくがん)など、型に入れて固めた干菓子(ひがし)。うちもの。

うちか‐つ【打(ち)勝つ】《五自》①困難や苦しみ・誘惑などに負けないで、それを乗り切る。▽「打ち克つ」とも書く。②「勝つ」を強めて言う語。

うちかぶと【内×冑】かぶとの内側。「—を見すかされる」(内輪の様子、ことに弱点をつかまれる)

うちがり【内借り】《名・ス他》報酬・賃金の一部を前もって借りること。↕内貸し

うちき【内気】《名ナ》引っこみがちな気質。気が弱く、人の前では、はきはきしない性格。

うちぎ【×袿】①昔の貴婦人の重ね上着。この上に唐衣(からぎぬ)・裳(も)をつけて正装とする。②男子が直衣(のうし)・狩衣(かりぎぬ)の下に着た服。▽⑴⑵とも古くは「うちき」。

うちきず【打(ち)傷】何かで打たれたり物に当たったりしてできた傷。

うちき‐る【打(ち)切る】《五他》先まで続く(はずの)物事を途中でやめる。「不入りで興行を—」

うちきん【内金】代金などの一部分として(前もって)支払われる金。

うちくだ‐く【打(ち)砕く】《五他》①打ってこなごなにする。「岩盤を—」②完全に壊してしまう。「野望を—」

うちくび【打(ち)首】刀で首を切り落とす刑罰。「—にする」

うちけ‐す【打(ち)消す】《五他》①そうでないと(強く)言う、また、思う。否定する。「不安を—」②「消す」を強めて言う語。「雨の音が声を—」

うちゲバ【内ゲバ】仲間同士、または同じような傾向の集団の間での暴力的な抗争。▽↓ゲバ

うちげんかん【内玄関】表玄関に対し、家人などが出入りする玄関。ないげんかん。

うちこ【打(ち)粉】①うどん・そばなどを打つとき、くっつかないようにふりかける粉。②刀剣の手入れに、刀身にふる粉。

うちこ‐む【打(ち)込む】《五他》①打って中へ入れる。「くぎを—」。たたきこむ。「ホーム ランを—」「木刀で—」。入力する。「データをすべて—」②物事に熱中する。「芸事に—」

うちころ‐す【打(ち)殺す】《五他》①たたいて殺す。②弾丸を命中させて殺す。▽⑵は「撃ち殺す」とも書く。

うちこわし【打(ち)△毀し・打(ち)壊し】物事をめちゃめちゃにしてしまうこと。特に、江戸時代、民衆が為政者に抗し、米屋・酒屋・高利貸・役所などを襲った騒動。

うちしず-む【打(ち)沈む】《五自》気がめいってしまう。すっかり元気がなくなる。「愁いに―」

うちじに【討(ち)死(に)】《名・ス自》(武士が)戦場で敵と戦って死ぬこと。戦死。

うちすう【内数】統計で、全体の数のうち、ある要素が占めている数。例、全校生徒数のうち、自転車通学者の数。

うちす-える【打(ち)据える】《下一他》相手が起きあがれなくなるまでなぐる。

うちす-てる【打(ち)捨てる】《下一他》無造作に、ほうったままにする。

うちぜい【内税】間接税、特に消費税の価格表示で、税込み価格を基準とした表示のこと。↕外税(そとぜい)。「―方式」

うちたえて【打ち絶えて】《連語》《あとに打消しを伴って副詞的に》全く。すっかり。「―音さたも無い」

うちだか【内高】江戸時代、表高(おもてだか)に対して、実際にとれる石高(こくだか)。

うちだし【打(ち)出し】①紙や薄い金属板を裏から打って、表に浮き出すようにした模様。②相撲(すもう)・芝居の一日の番組の終わり。はね。▽たいこを打つところから。

うちだ-す【打(ち)出す】《五他》①打って出す。「打出(うちで)の小づちで宝を―」㋐紙や薄い金属板を裏から強く打って、表に模様を浮き出させる。㋑一つの主義を強く浮き出させる。はっきりと主張を示す。「基本方針を―」㋒パソコンなどのデータを印刷する。②打ち始める。

うちた-てる【打(ち)立てる】《下一他》しっかりと(立派に)立てる。「わが旗を敵陣に―」「世界新記録を―」

うちちがい【打(ち)違い】①間違って打つこと。間違って打ったもの。「文字の―」②十字に交差すること。ぶっちがい。

うちつけ《ダナ》①だしぬけ。突然。「―なお願い」②むきだし。露骨。「―に話す」▽「うちつける」から出た語。かなり古風。

うちつ-ける【打(ち)付ける】《下一他》①ぶつける。「ころんで頭を―」②(くぎ等を)強く打つ。また、打って(物を)くっつける。「雨戸を―」

うちつづ-く【打(ち)続く】《五自》間が切れないでずっと続く。「―災害」

うちっぱなし【打ちっ放し】打ったままにすること。㋐建築で、コンクリートを打っただけの仕上げ。㋑ゴルフで、遠近さまざまな距離へボールを打つ練習をすること。また、その施設。▽「うちはなし」の促音化。

うちづら【内面】家族や内輪の人に対する顔つき・態度。↕外面(そとづら)。「―がいい」▽物の内側の意に使うこともある。

うちつ-れる【打(ち)連れる】《下一自》一緒に連れ立つ。

うちでし【内弟子】師匠の家に住みこんで手伝いなどしながら、その業を習う、弟子。

うちでのこづち【打出の小×槌】望む物の名を唱えながら打つと、それが出てくるという、小さい槌(つち)。

うちと-ける【打(ち)解ける】《下一自》心のへだてがなくなって親しくなる。「―・けた態度」

うちどころ【打ち所】①体などに物が打ち当たった場所。「―が悪くて死んだ」②『非の―もない』完璧だ。欠点が全く無い。

うちどめ【打(ち)留め・打(ち)止め】終わり。特に、興行の終わり。千秋楽。

うちと-める【撃(ち)止める・討(ち)止める】《下一他》鉄砲などをうって、また刀・やりを使って、殺す。しとめる。

うちと-る【討(ち)取る】《五他》①武器を使って相手を殺す。▽「撃ち取る」とも書く。②転じて、勝負などで相手を負かす。

うちに【打(ち)荷】船が難破しそうになった時、積荷の一部を海に投げ捨てて、船の安全をはかること。

うちにわ【内庭】一軒の家で、建物に囲まれている庭。中庭。

うちぬき【打(ち)抜き】紙や薄い金属板に型をあて、その型の輪郭通りに穴をあけること。そのように穴をあけたもの。

うちぬ-く【打(ち)抜く】《五他》①穴をあける。特に、紙や薄い金属板に型をあてて、その型の輪郭通りに穴をあける。②銃砲で打ち貫く。▽(2)は「撃ち抜く」とも書く。

うちのひと【内の人】①家で自分と生活を共にしている人。家族。②妻が自分の夫を他人に対して言う呼び名。▽(2)は既に古風。

うちのめ-す【打ちのめす】《五他》①相手が起き上がれないほど激しくなぐる。②ひどい打撃を与えて再起できなくする。「不況に―・される」

うちのり【内△法】①管・ます等の内側のさしわたし(寸法)。↕外法(そとのり)。②敷居から、かもいまでの距離。

うちはた-す【討(ち)果(た)す】《五他》敵の命を奪う。うち殺す。▽「果たす」は命を終わらせる意。

うちばらい【内払(い)】内金としての支払い。また、債務の一部の支払い。

うちはら-う【打(ち)払う】《五他》①はらい落とす。「山「かさの雪を―」「けがれを―」②追い散らす。「黒賊を―」。大砲などをうって(敵を)追い散らす。「黒船を―」▽後者は「撃ち払う」とも書く。

うちひし-ぐ【打(ち)△拉ぐ】《五他》①武力で勢いをくじく。「敵の軍勢を―」②《受身の形で》苦悩で意欲・気力を失う。「絶望感に―・がれる」

うちひも【打(ち)×紐】糸を何本も合わせて組んで作

ったひも。

うちぶ【打(ち)歩】 外国為替(かわせ)・株などの割増し価格。プレミアム。

うちぶところ【内懐】 ①和服の襟を合わせて着た時、帯のすぐ上で、肌に近い、胸の部分。比喩的に、奥まった部分。「山の―に抱かれた温泉場」②人に知られたくない心の中の様子。「―を見られる」

うちぶろ【内風呂】 →うちゆ

うちべんけい【内弁慶】《名ナ》家の中でばかり強がって外では意気地のないこと。そういう人。陰弁慶。

うちまく【内幕】 外からは見えない内部の事情。ないまく。「―をあばく」▽もと、陣地の外幕(とまく)の内側に張る少し小さい幕。

うちまご【内孫】 自分のあととりから生まれた子供。↔外孫。▽祖父母の側から言う。

うちまた【内股】 ①足の、ひざから上の部分の内側。②足先を内に向けて歩く歩き方。うちわ。③柔道・空手のわざの名。▽↔外股。 **―ごうやく**【―×膏薬】《名ナ》一定の意見・主張もなく、あちこちに都合次第でつき従うこと。そういう人。

うちまめ【打(ち)豆】 大豆をふやかして、つちで打ちつぶしたもの。しるに入れたり、煮たりしてたべる。

うちまわり【内回り】 (二重になった)円状の径路の内側の方を回ること。そういうもの。↔外回り

うちみ【打(ち)身】 体を強くぶつけた結果、体内(皮下組織)に生じる傷。打撲傷。

うちみず【打(ち)水】《名・ス自》ほこりを静めたり、暑さをやわらげたりするため、道や庭に水をまくこと。そのまく(まいた)水。

うちもの【打(ち)物】 ①打って作った金属器具。特に、刀・やり等、打って鍛えた武器。「―師」「―取っては第一の名人」②→うちがし(打菓子)。③打って鳴らす楽器。鐘・つづみ等。④つちで打ってつやを出した絹布。 **―わざ**【―業】 刀・やりなどで戦う技術。

うちもも【内×腿】 →うちまた(1)

うちやぶ-る【打(ち)破る・撃(ち)破る】《五他》①敵を攻めて完全に倒す。相手を負かす。「優勝候補を―」②「やぶる」を強めて言う語。「ドアを―」「旧習を―」

うちゆ【内湯】 住宅・旅館などの屋内にあるふろ場。うちぶろ。

うちゅう【宇宙】 万物を含むすべての広がり。天地。㋐物理学で、物質・放射が存在し得る全空間。天文学で、すべての天体を含む全空間。特に、地球の大気圏の外側を指すこともある。㋑哲学的には、秩序ある統一体としての世界。コスモス。 **―じん**【―×塵】 宇宙空間に散在する微粒子状の物質。 **―ステーション** 基地として使う大形の宇宙船。▽「ステーション」は station **―せん**【―線】 宇宙空間に存在し、たえず地球にも降りそそいでいる放射線。 **―せん**【―船】 人を乗せて宇宙を飛行する乗り物。▽宇宙空間を海と見なして「船」と言う。

うちょうてん【有頂天】 ①《名ナ》うまくいった喜びで夢中になっていること。「合格して―になる」▽有頂天(2)にのぼりつめる意から。②《名》〔仏〕三界(さんがい)のうちの最上位の天。また、形あるものの世界の最高の所。

うちよ-せる【打(ち)寄せる】《下一自》「寄せる」を強めて言う語。「高波が―」「浜に―せられた海草」

うちわ【内輪】 ①《名ナ》(ごく親しい人以外の)他人・部外者を交えない範囲(である有様)。「―だけが集まる」「―(で)の話」②《名ナ》ひかえめ。「―に食う」「―に見積もる」「―な女」③《名》→うちまた(2)。↔外輪(そとわ)。 **―もめ**【―×揉め】《名・ス自》家族・仲間・味方の間で争うこと。

うちわ【《団扇》】 ①薄く平らなものに柄をつけ、あおいで風を起こす道具。竹を骨とし、紙をはった丸型のものが普通。▽「打ち羽」の意。②相撲(すもう)の「軍配うちわ」の略。「西方に―をあげる」(↓ぐんばい(1)) **―だいこ**【―太鼓】 日蓮宗(にちれんしゅう)の信者が題目を唱える時にたたく、一枚革(がわ)をまるくはり、柄をつけた太鼓。

うちわけ【内訳】 金銭の総額、物品の総量などに対し、全体の内容を項目別に分けたもの。「―書」

うちわた【打(ち)綿】 綿弓で打った綿。特に、古綿を打ち返したもの。

うちわたし【内渡し】 支払うべき金額の一部分を渡すこと。また、その金。

うちわに【内×鰐】 つま先が内に向いた鰐足(わにあし)。↔外鰐(そとわに)

う-つ【打つ・撃つ・討つ】《五他》㊀物を他に激しい勢いで(瞬間的に)当てる。【打】①ぶつける。なぐる。たたく。「頭を―・って昏倒(こんとう)した」「手を―・って喜ぶ」「その条件で手を―・とう(=妥結しよう)」「雨が激しく窓を―」「岸―波」「ボールを―」▽打った結果を目的語にすることがある。「本塁打を―」②比喩的に、強い力・刺激を及ぼす。㋐(物事が)強い感動を与える。「心を―行い」「胸を―話」「気高い品位に―・たれる」㋑《普通は受身の形で》激しい衝撃を与える。「雷に―・たれる」(落雷を受けて死傷する)「滝に―・たれる」(滝つぼに立ち落水に身をさらして行(ぎょう)をする)㋒(においが)強く刺激する。「ゆりの芳香が鼻を―」▽→うち=③打つ(1)またはそれに似た動作で仕事などをする。【打】「籾(もみ)を―」「古綿を―・ち直す」「うどんを―」「槌(つち)を―」▽格助詞「を」で示すものが、「うどん」のように打った結果である場合も、「槌」のように用具である場合も、ある。打つ仕事などについて、更に次の限定ができるものがある。㋐金属を打ち鍛えて物を作る。「刀を―」㋑キーを使って文字などを表す、または、送る。「タイプライターを―」「電報を―」「メールを―」㋒筆記具を面に下ろし当ててしるしを付ける。「点を―」「番号を―」(番号づけをする)「非を―(=非難する)所が無い」(文章の難点に

しるしを付けたことから) ㋓(手や棒などを)強く当てて音を出す。「つづみを—」「時計が五時を—」「—・てば響く」(働きかけるとすぐ反応がある) ㋔鋤(すき)などを使って耕す。「田を—」▽動作が地面を打つのに似ていることから。㋕碁をする。また、碁石や将棋の駒を盤のある位置に置く。「碁を—」「玉の頭に金を—」▽盤面に打ち当てて置くことから。㋖賭事(かけごと)や双六(すごろく)をする。「ばくちを—」「飲む、—、買うの三道楽」▽さいころを投げて行うことから。㋗『首を—』刀で首を切る。打ち首にする。㋘網を一面に投げ打つ。「玄関先に水を—(=まく)」「網を—」。一面に(打ち)張る。「コンクリートを—」「幕を—」㋙力を込め物の中にたたいてまたは差して入れる。「くぎを—」「針を—」「くいを—」「注射を—」▽㋚打ちつけて掲げる。「高札を—」「額(がく)を—」▽古風な言い方。㋛長い物を打ち(組み)合わせて、よる。「緒(お)を—」「組みひもを—」㋜動けないまたは動かないように、回してしばりつける。「罪人に縄を—」「積荷に縄を—」
㊁①㋐石・弾丸をねらって飛ばす。【打・撃】「つぶてを—」「鉄砲を—」▽「を」で用具を示す。㋑ねらったところにボールを強く投げたり蹴ったりする。「シュートを—」「スパイクを—」②獲物・敵を打ち倒す。㋐武器を使って殺すまたは壊す。【撃】「主砲で敵艦を—」「敵将を—・ち取る」「肉弾相(あい)—」(↓にくだん) ▽昔の合戦の場合など「討」も使う。㋑敵する者を攻める。【討・撃】「賊軍を—」「邪を—」「相手の出ばなを—」「不意を—」
㊂目立つ事をする。目立つ状態を現す。【打】①効果のある事を(企てて)する。㋐興行をする。「芝居を—」(転じて、人目をごまかす行動をする意にも)。「向槌(むこうづち)を—」「草野球ながら四番を—・っていた」㋑ある種の動作・行為をする。「寝返りを—」「手付を—」(↓てつけ(1))「不審を—」(不審の念を差し挟む) ㋒かけひきとしての方策を行う。「新手(しんて)を—」「—手が無い」(手段・方法が見つからない)「逃げを—」②激しい動きをする。「でんぐり返しを—」「もんどり—・って投げ飛ばされる」「なだれを—・って崩れる」「ストライキを—」③周期的に山が来る動き方をする、またそういう状態を呈する。「脈を—」「波—」▽(3)は、「脈が—」のように自動詞としても使う。

うつ【鬱】ウツ ①『名・造』ふさがる。心持が晴れ晴れしない。「鬱を散ずる」「鬱結・鬱積・鬱憤・陰鬱・沈鬱・憂鬱・暗鬱・抑鬱・鬱鬱」②草木が茂っているさま。物事が盛んなさま。「鬱然・鬱蒼(うっそう)・鬱勃(うつぼつ)」▽「欝」は異体字。

うつうつ『副「と」』半ば目がさめ半ば眠っているさま。うとうと。「—(と)眠る」

うつうつ【鬱鬱】『ト タル』①心配事などがあって気が晴れないさま。「—として楽しまない」②草木がおい茂るさま。

うっかり『副「と」・ス自』よく考えず不注意であるさま。ぼんやりして気づかないさま。「つまらないことを—しゃべってしまった」「—して乗り越す」「—者」

うつぎ【△空木・〈卯木〉】山野に自生し、初夏、白い花をふさ状につける落葉低木。生垣(いけがき)などにもする。材は堅く、木釘(きくぎ)を作る。うのはな。▽幹の内部がうつろなことからの名。あじさい科(旧ゆきのした科)。

うっき【鬱気】『名・ス自』心配などのため気が晴れないこと。「—の病」

うづき【×卯月】陰暦四月。

うつくし-い【美しい】『形』目・耳・心に、うっとりさせる感じで訴えて来る。「桜の花が—」「—声」「—詩」「—友情」▽外面的な美麗さにも、精神的・道徳的なよさにも言う。やや文章語的。「いつくしむ」と同語源。↓うるわしい・きれい。派生 **-さ -げ** 関連 麗しい・美美しい・清い・見目好(みめよ)い・きれい・こぎれい・清らか・艶(あで)やか・きらびやか・楚楚(そそ)・優美・秀美・美妙・美麗・秀麗・艶麗・壮麗・鮮麗・華美・華麗・絢爛(けんらん)・端然・端正・端麗・典麗・清浄・清冽(せいれつ)・無垢(むく)・風光明媚(ふうこうめいび)

うっくつ【鬱屈】『名・ス自』気が晴れないでふさぎこむこと。

うつけ『名ナノ』気が抜けて、ぼんやりしていること。まぬけ。「—者」。ばか者。「この—が」▽からっぽになる意の下二段活用動詞の連用形から。今も「うつけたしわざ」のようにも使う。

うっけつ【鬱結】『名・ス自』気がふさいで晴れ晴れしないこと。

うっけつ【鬱血】『名・ス自』静脈(じょうみゃく)を血がうまく流れず、一か所にとどこおること。

うっこんこう【鬱金香】↓チューリップ

うつし【写(し)】(文書・絵・彫刻などの)もとになる物に、似せて作ったもの。「菊五郎—の人形」。特に、控えとして書き写した文書。副本。コピー。「許可書の—を取る」

うつしえ ゑ: ①【写(し)絵】㋐かげえ。㋑写真または幻灯の、古い言い方。㋒かき写した絵。②【移し絵】糊(のり)を塗った台紙に絵や模様を印刷したものを、水にぬらして他の物に貼り、絵・模様を移し取る遊び。

うつしだ-す【映し出す】『五他』①映像をスクリーンなどに映す。②背景や奥底にあるものをはっきり現す。「時代を—事件」「感情を—」

うつしと-る【写し取る】『五他』①原物と同じ内容や形の物を(原物そっくりに)作る。「原文を—」「色だけ白黒にして—・った地図」▽元来は臨模のような作業を言ったが、近ごろは機械的・光学的手段での複製にも使う。②すぐれた芸の本質をつかんで、その趣を再現する。「師匠の作風を—・った人形」

うつしもの【写し物】書類・書物を他の紙に書き写すこと。「—をする」。書き写した書類・書物。

うつ-す ㊀【移す】『五他』事物をある位置・状態から

他の位置・状態に動かし変える。①ものを動かして、もとと違う場所に置く。「机を窓近く―」「部屋の隅に座を―」「都を―」。地位を他に変える。配置替えをする。「本店課長から支店長に―」▽「遷す」とも書く。②視線や心を他に転じる。「花に目を―」「心を―」（変心する）③『時を―』時を過ごす。時間を費やす。「時をうつさず」（直ちに）④その状態から新しい状態に変える。「その案を実行に―・そう」「日本語に―」⑤病気を他に伝染させる。▽仮名書きにすることが多い。

㈡【映す】《五他》物の影・光などを他の表面に現す。投影する。▽ある場所に姿をはっきり現すというのが、㈠㈡㈢の原義。①水面・鏡などに姿・形が現れるようにする。「天守閣が堀に姿を―・している」②映像をスクリーンの上などにあらわす。

㈢【写す】《五他》ある事物に似せて作る。①文字・文書・絵などの原物を見ながら、それに似せ、またはその通りに、他に書き取る。転写する。模写する。「他人の答案を―・してはならない」②見聞きしたものを絵や文章に書く。「祝典の情景を―・した記事」。写真にとる。「愛児を写真に―」「写真を―」（撮影する）

うっすら《副［と］・ス自》①ごく薄いさま。ごくわずかであるさま。「―（と）雪が積もる」②かすかであるさま。「夜が―（と）明けはじめる」

うっ-する【鬱する】《サ変自》心がふさぐ。気が晴れない。

うつせがい(ひ・が)【△虚貝】①（海岸に打ち寄せられなどした）身がぬけた貝殻。②ツメタガイ・ウズラガイ等の異名。

うっせき【鬱積】《名・ス自》不平・不満が晴らされずに次々と、心に一杯たまること。「―した怒りが爆発する」▽もと、ふさがるほど積もること。

うつせみ【△空×蝉】せみのぬけがら。比喩的に、この世はたよりなくはかないということ。▽もとは「現(うつ)し臣(おみ)」の詰まった形で、この世の人の意。「空蝉」の字を当てたところから、平安時代以後、原義から転じた。

うつぜん【鬱然】《ト タル》①草木が茂ったさま。「―たる森」②物事が盛んなさま。「儒学が―と興る」③気が晴れ晴れしない様子。

うっそう【鬱×蒼】《ト タル》草木が青々と茂ったさま。「―とした森」

うっそり《副［と］・ス自》①気持がぼんやりしているさま。「頬杖(づえ)ついて―している」②姿・形がぼんやりしているさま。「植え込みが―と暗い」

うったえ(たへ)【訴え】①うったえる⑴⑵こと。「患者の―に耳を傾ける」「選挙戦、最後の―」②法律で、裁判所に対する民事訴訟・行政訴訟の請求。

うった-える(うつたへる)【訴える】《下一自他》①物事の曲直の判定を（権威のある人に）求める。特に、事件をさばいてもらうために、裁判所に申し立てる。②（おもに対策・同情を求めるために、不平・苦痛・恨みなどを）人に強く告げる。「窮状を―」③解決の手段として（激しい方法を）用いる。「腕力に―」④働きかける。「目に―」「良識に―」

うっちゃらか-す《五他》〔俗〕かまわずそのままにしておく。ほったらかす。

うっちゃ-る《五他》〔俗〕①投げすてる。ほうり出す。相撲(すもう)で、寄って来た相手を、土俵ぎわで身をそらせて土俵の外に投げ倒す。▽「打棄る」と書く。②比喩的に、どたん場で形勢を逆転する。③かまわずに打ち捨てる。「気の乗らない仕事を―・っておく」

うつつ【△現】①（夢・幻・霊魂に対して）現実。目がさめていること。「夢か―か」②正気(しょうき)なさま。「―を抜かす」（本心を失い夢中になる）③夢・幻と現実との間の状態。ぼんやりしている状態。「―に夢みる君」▽⑶の意は、多く「夢―」と続けて使ったところから生じた。

うって【討手】敵や罪人などを殺しまたはとらえるために向かう人。「―を差し向ける」

うってがえし(へし・が)【打って返し】囲碁で、相手の石を取ってもすぐ次の手で相手にその辺の石をすっかり取り返されてしまうこと。打って替え。「―をくう」

うってかわ-る(はる・か)【打って変(わ)る】《連語》《多くは「―・った」「―・って」の形で》態度や様子が今までと急に、まるで変わる。「昨日までとは―・った上天気」

うってつけ《ノダ》ぴったりと当てはまっていること。最適。「君に―の仕事がある」▽「打って付け」から。

うって-でる【打って出る】《連語》自ら積極的に進み出る。花々しく活動を始める。「選挙に―」

ウッド 丸みを帯びた頭部を持つゴルフ クラブ。ボールを遠くに飛ばすときに用いる。▽wood もと木製だったことから。

うっとうし-い【鬱陶しい】《形》①気がふさいで、晴れ晴れしない。「―天気」②煩わしい。うるさい。「髪の毛が下がってきて―」派生 **-さ -げ -がる**

うっとり《副［と］・ス自》①美しいものなどに心を奪われて、恍惚(こうこつ)とするさま。「―（と）見とれる」②眠気がさして、心地よくぼうっとするさま。「―いい気持に眠くなる」

うつびょう【鬱病】→よくうつしょう

うつぶ-す【うつ伏す・×俯す】《五自》顔を下向きにして伏す。うつぶせる。

うつぶせ【うつ伏せ・×俯せ】うつぶせること。うつぶし。↔あおむけ。「―に寝る」「スマホを―に置く」

うつぶ-せる【うつ伏せる・×俯せる】①《下一他》物の表側や上面を下に向けて置く。②《下一自》→うつぶす

うっぷん【鬱憤】晴らすおりがなくて、積もった怒り。押さえに押さえた恨み。「―を晴らす」

うつぼ【×靫・〈空穂〉】太い筒の中に矢を入れ、腰につけて持ち歩く道具。

うつぼ【×鱓】浅海の岩礁にすむ、細長い体で鋭い歯を

もつ魚。体長一メートル前後。ウナギに似るが、より太く左右に平たい。黄と茶色の独特の模様がある。食用のほか、皮をなめして利用することもある。▽うつぼ科。

うつぼかずら【×靫△葛・×靫×蔓】熱帯地方に自生する食虫植物。葉の先につぼ型の袋があり、その中に落ちた虫を消化する。▽うつぼかずら科。

うつぼつ【鬱勃】〘トタル〙①意気が盛んにわき起こるさま。「―たる闘志」。②こもった気が盛んに出るさま。「雲が―と湧く」

うつむ-く【×俯く】〘五自〙首を少し曲げて頭をたれる。顔を伏せる。

うつむ-ける【×俯ける】〘下一他〙首を少し曲げさせ、頭がたれるようにする。顔を伏せさせる。

うつらうつら〘副[と]・ス自〙眠けのため、(意識が)ぼんやりしているさま。「車中、―(と)しているうちに目的地に着いた」「―(と)眠る」

うつり㊀【移り】贈物を入れて来た器・ふろしきなどにお礼のしるしに入れて返す品(半紙・マッチなど)。▽多く「お―」と言う。㊁【映り】①(特に色の)取り合わせ。配合。「この着物は―がいい」②影が映ること。また映りぐあい。「写真の―が悪い」▽⑵は「写り」とも書く。

うつりが【移り香】そばの物(者)から移ってついた、かおり。

うつりかわ-る【移り変(わ)る・△遷り変(わ)る】〘五自〙物事のありさまが時と共に変わってゆく。変遷する。

うつりぎ【移り気】〘名ナノ〙①(一つの事に集中できず)気が変わりやすいこと。②浮気(うわき)。

うつりばし【移り箸】おかずと飯とを交互に食べず、おかずを食べた箸ですぐ他のおかずを取って食べること。▽無作法とされる。

うつ-る㊀【移る】〘五自〙事物が、ある位置・状態から他の位置・状態に変わる。①ものがもとと違う場所に置き変わる。移動する。「政権が他の政党に―」「都が―」。地位が変わる。「今度本社に―った田中です」▽「遷る」とも書く。「家を―」の「を」は、自動詞と結びついて移動・経過を表す格助詞。→を㊀⑶。②視線や心が定まらず、他に(も)向く。「あれこれと目が―って、どれを買おうかなかなか決まらない」「心が―」(関心などが他に向けられる)③『時が―』時間がたつ。また、時代が変わる。④その状態から新しい状態に変わる。「既に実行段階に―っている」「―り行く世の姿」「人気が―」⑤病気などが他に自然に伝わる。「風邪(かぜ)が―」「師匠の癖が―」「情(じょう)が―」▽病気の場合には仮名で書くことが多い。⑥色や香りが他の物につく。染まる。「薬のにおいが―」「新聞紙のインクが手に―」㊁【映る】〘五自〙物の影・光などが他の物の表面に現れる。①(水面・鏡など、また心に)姿・形・状態が見える。「障子に―人影」「人の目に―自分の姿」「裏の字が行間に―っている(=透けて見える)」「首相の決断は理想に燃えているように―った」②写真にとられて、姿・形が現れる。「右端に―っている人」▽⑵は「写る」とも書く。③物や色の配合がはえる。よく似合う。「帽子の色が服によく―」

うつろ【△空ろ・△虚ろ】①㋐〘名〙中身ががらんどうになっている所。うろ。ほら。㋑〘名ナノ〙うつろ⑴㋐のような状態。「古木の幹の―の部分」②〘ダナ〙ぼんやりした心でいるように見えるさま。また、受ける感じが空しいさま。「―な目を向ける」「その発言が何と―に響くことか」

うつろ-う【移ろう】〘五自〙次第に移ってゆく。「もみじも散って冬に―」「―いやすい」▽雅語的。「うつる」に継続の接尾語「ふ」のついた形の転。

うつわ【器】①入れ物。「水は方円の―に従う」②一般に、道具。③人物・才能(の大きさ)。「大臣の―ではない」「―の小さい人」

うで【腕】①人の、肩のはずれから手首までの部分。「―をつかんで放さない」「―を組んで考え込む」「―を拱(こまぬ・こま)く」(腕を胸もとに組んでじっとしている。転じて、傍観する)「―が後ろに回る」(検挙される。後ろ手にしばられたことから言う)「―が鳴る」(自分の力を示そうと、まるで腕の血肉が騒ぐようにうずうずする)「―をさする」(比喩的に、腕前を見せる機会が来るのを、我慢して待つことも言う)▽元来はひじから手首までを言う。ひじから上は「二の腕」、古くは「かいな」と言った。②腕力。「―に任せてなぐり続ける」「―ずく」。一般に、ことを成す腕前。実力。技量。「いい―だ」「―が立つ」「―を磨く」「―を上げる」「―を振るう」(自分の技量を十分に発揮する)「―を比べる」「―の冴(さ)えを高く買う」「―に縒(よ)りをかける」(立派な腕前を一層よく発揮しようと精を出す。より合わせて糸を強くすることからの見立てか)③(器物・建物などの)横に突き出た(そこで力を支える)部分。「シグナルの―」「椅子の―」「―木」関連 かいな・上肢・上膊(じょうはく)・前膊・下膊・上腕・前腕・両腕・片腕・隻腕・利き腕・右腕・左腕・細腕・痩せ腕・二の腕・腕首・腕前・手腕・才腕

うてき【雨滴】雨の水のつぶ。また、雨のしずく。雨だれ。

うでぎ【腕木】柱状の物から横に突き出して、つけた木。「―式信号機」。特に、建物などから横に出して、他の部分から加わる重みを支える木。「門の―」

うできき【腕利き】腕前のすぐれた人。「評判の―」「―の編集者」

うでくび【腕首】腕と手のひらとのつながりめ。てくび。

うでぐみ【腕組(み)】〘名・ス自〙両腕を胸の前で組み合わせること。

うでくらべ【腕比べ・腕△競べ】〘名・ス自〙腕前をどちらがすぐれているか比べること。

うでずく【腕ずく】腕力にうったえること。「―でも取って見せる」

うでずもう【腕〈相撲〉】ひじを立てて手のひらを握り合い、相手の腕を押し倒す遊び。

うでだて【腕立て】腕力をたのんで人と争うこと。「―無用」

うでたてふせ【腕立て伏せ】床の面または台の上に手のひらをつき、体を伸ばした姿勢で腕を屈伸する運動。うでたて。

うでだめし【腕試し】《名・ス自》自分の腕前がどのくらいかを確かめるため、ためすこと。

うでっこき【腕っこき】腕力や技量の特にすぐれていること。そういう人。「―の職人を集める」▽「うでこき」とも言う。

うでっぷし【腕っ節】①腕力の強さ。②腕の関節。▽「うでぶし」とも言う。

うでどけい【腕〈時計〉】革や金属などのバンドで手首にまいて付ける小形の時計。

うてな【△台】①見晴らしがいい、高く建てた御殿。「玉の―」②上が平らで、物をのせるようになっている台。「蓮(はす)の―」(↓はす(蓮)) ▽雅語的。

うでまえ【腕前】身につけた技術・能力(の程度)。

うでまくら【腕枕】《名・ス自》(昼寝などで)曲げた腕に頭をのせ、まくらとすること。

うでまくり【腕×捲り】《名・ス自》袖口をまくり上げて腕を出すこと。また、積極的に行動しようと意気込むこと。

う-でる【×茹でる】《下一他》↓ゆでる

うでわ【腕輪】腕にはめる、装飾用の輪。ブレスレット。

うてん【雨天】雨降りの天候。↕晴天。 **―じゅんえん**【―順延】予定の日が雨ならその翌日に、翌日も雨ならその次の日にというように、雨があがるまで一日ずつ順に延ばすこと。

うと【×烏×兎】月日。歳月。「―匆匆(そうそう)」(月日のたつことの早いさま) ▽中国で太陽を「金烏(きんう)」、月を「玉兎(ぎょくと)」と称した事による。文語的。

うど【〈独活〉】茎が太く高さ二メートルほどになる多年草。山地に自生。早春、地上に出た若芽や、地下の室(むろ)で軟白栽培した茎は、独特の芳香があり食用。「―の大木」(身体ばかり大きくて役に立たない者のたとえ) ▽うこぎ科。

うと-い【疎い】《形》その人や事に関係が薄い。㋐親しくない。疎遠だ。「去る者は日々に―・し」㋑よく知らない。事情に暗い。「世事に―」 派生 **-さ -げ**

うとう【〈善知鳥〉】北太平洋沿岸に住む、ハトよりやや大きな海鳥。背は黒茶色、腹は白、くちばしは橙(だいだい)色。繁殖期には目の上下に白い羽が生え、くちばしの上部に突起ができる。崖の上に深い穴を掘って繁殖する。▽うみすずめ科。

うとう【右党】①保守党。↓うよく(右翼)(2)。②酒が飲めず、甘い物が好きな人。下戸(げこ)。▽↕左党

うとうと《副[と]・ス自》眠りが浅いさま。うつらうつら。「―(と)まどろむ」

うとうとし-い【疎疎しい】《形》親しくない。親しげでない。また、よそよそしい。「二人はいつとはなく―・くなった」 派生 **-さ -げ**

うとく【有徳】徳をそなえていること。▽財産に恵まれている意にも使った。

うとまし-い【疎ましい】《形》いやだ。いとわしい。「顔をみるのも―」▽動詞「うとむ」から出た形容詞。 派生 **-さ -げ -がる**

うと-む【疎む】《五他》いやだと思って遠ざける。親しく思わない。きらう。「上司に―・まれる」

うどん【×饂×飩】小麦粉をねって薄くのし、細長く切った食品。▽JAS(日本農林規格)では長径一・七ミリ以上のをいう。↓そうめん。 **―こ**【―粉】小麦粉。

うどんげ【△優曇華】①仏教で、三千年に一度花が咲くといわれる植物。▽(仏に会うなど)きわめて稀(まれ)な事のたとえに使う。「たまたま(=偶然)あふこそ―なれ」(狂言)。南アジア原産のいちじく属の植物に比定され、その花が外から見えないのでめったに開花しないと考えられたという。②天井・木の枝などにクサカゲロウが産みつけた卵。短い白い柄の先に卵がつき、数本まとまっていて、花のように見える。吉兆とも凶兆とも言われる。

うとん-じる【疎んじる】《上一他》「うとむ」に同じ。うとんずる。▽「うとみする」の転。

うとん-ずる【疎んずる】《サ変他》↓うとんじる

ウナ「至急電報」の略号。「―電」▽発信紙に「ウナ」と書いて指定した。一九七六年廃止。

うなが-す【促す】《五他》物事をするように急がす。催促する。そうするように勧める。「猛省を―」「注意を―」「技術革新が発展を―」

うなぎ【×鰻】蛇のように細長く、体表がぬるぬるした魚。背が黒く、腹は白い。淡水で育つが、卵は遠い深海で産む。かば焼きなどにして食べる。「―の寝床」(細長い家などのたとえ) ▽うなぎ科。

うなぎのぼり【×鰻上り・×鰻登り】(物価・温度・地位などが)見る見るうちに、どんどんのぼってゆくこと。「―の出世」「物価が―に上がる」▽ウナギが体をくねらせて水中を垂直にのぼることから。

うなさ-れる【×魘される】《下一自》(悪夢や発熱などのため)眠りながら思わず苦しそうな声を出す。「恐ろしい夢に―」「高熱で―」

うなじ【△項】首のうしろの部分。首すじ。

うなじゅう【うな重】重箱の上段にうなぎのかば焼き、下段に飯を入れたもの。箱型の器で、飯の上にうなぎのかば焼きを乗せた料理にも言う。

うなず-く【×頷く】《五自》わかった、引き受けた、賛成するの意を示すため、首をたてに振る。

うなず-ける【×頷ける】《下一自》うなずくことが出来る。納得(なっとく)がゆく。もっともだと思われる。▽「うなずく」の可能動詞。

うなだ-れる【△項垂れる】《下一自》(心配事・考え事・悲しみ・恥ずかしさのため)首を前にたれる。

うなどん【うな丼】「うなぎどんぶり」の略。どんぶりめしの上にうなぎのかば焼きをのせたもの。

うなばら【海原】ひろびろとした海。

うなり【×唸り】①うなる音。「―を発する」②〔物理〕振動数の違う発音体を同時に鳴らして近づけた時、音が規則的に強くなったり弱くなったりする現象。③凧(たこ)につけて風でうならせるもの。

うな-る【×唸る】『五自』①力を入れて、長く引っ張った低い声を出す。うめく。「うんうん―」「―ほど(=非常にたくさん)金がある」②うなる⑴ような音が出る。「モーターが―」③感心のあまり声を出す。「見物人を―らせる(=感心させる)」④うなる⑴ような声で歌う。「義太夫(ぎだゆう)を―」

うに ①【〈雲丹〉〈海胆〉】丸い殻から黒いとげが全体にはえた、海底にすむ生物。▽うに綱の棘皮(きょくひ)動物の総称。②【〈雲丹〉】食用にするうに⑴の卵巣や精巣。

うぬ『代』相手のことを、ののしって指す語。▽既に古風。自分を指すこともある。「―ぼれ」

うぬぼ-れる【△己×惚れる・△自×惚れる】『下一自』実質以上に自分の事をすぐれていると思って得意になる。

うね【畝・×畦】畑に、物を植えるため、幾筋も土を盛りあげた所。また、それに似た形のもの。「波の―」

うねうね『副［と］・ス自』高く低く、または曲がりくねって、ずっと続くさま。「道が―(と)続く」「―した波」

うねおり【畝織(り)】畝のように高低を織り出した織物。そういう織り方。

うねま【畝間】畝と畝との間の低い所。

うねめ【〈采女〉】昔、主として天皇の食事に奉仕した下級の女官。

うねり ①うねること。「感情の―」②高くうねる大波。

うね-る『五自』①左右・上下に曲がりくねる。「道が―」②(波が)大きくゆるやかに上下に揺れ動く。「―大地」

うのう【右脳】大脳の右半分。音楽・図形などの処理(直感的・全体的把握)を行うとされる。

うのけ【×兎の毛】うさぎの毛。物事がきわめてかすかで小さいことにたとえる。「―で突いたほどのきずもない」

うのはな【×卯の花】①卯月に開花する白いウツギの花。②おから。▽色が白いところから。③おからに刻んだ野菜を混ぜて煎りつけ、調味したもの。

うのみ【×鵜×呑み】①鵜(う)が魚を呑み込むように、かまずに食物を呑み込むこと。②転じて、人から言われた事を、よくも考えずに、また、十分理解しないままで、取り入れること。まるのみ。「うわさ話を―にする」

うのめたかのめ【×鵜の目×鷹の目】『連語』ちょっとしたものでも見落とすまいと、注意を集中して捜すこと。またその目つき。「―で捜す」▽鵜(う)が魚を、鷹(たか)が鳥をねらう目つきにたとえる。

うは【右派】右翼の党派。国粋的または保守的な一派。↕左派

うば ①【×姥】年を取った女。②【〈乳母〉】母に代わって、子に乳をやり、また、育てる女。

うばいかえ-す【奪い返す】(うばひかへす)『五他』いったんは奪い取られたものを、(こちらも強く出て)取り戻す。「タイムリー ヒットで二点を―」

うばいと-る【奪い取る】(うばひ‥)『五他』奪ってわが物にする。▽ハンドバッグの引ったくりから国土の略取まで、相手の意に反する行動に広くわたって使える。

うば-う【奪う】(うばふ)『五他』①(相手の意志にさからって)相手が所有できなくしたり、自分のものにしたりする。特に、盗む。「命を―」「自由を―」「議席を―」。また、(競技などで相手から)点などを得る。「ダブル プレーを―」「トライを―」「タイトルを―」②取り去る。「熱を―」③(人の注意や心を)すい寄せる。「心(目)を―われる」

うはうは『副［と］ダ』〔俗〕うれしくてたまらない様子。「賃金アップで社員は―だ」「将来を考えると、―(と)浮かれてはいられない」

うばぐるま【〈乳母〉車】乳幼児をのせて、押して歩く小さな車。

うばざくら【×姥桜】①春、葉の出る前に花を咲かせる桜の俗称。ヒガンザクラ・ウバヒガンなど。▽歯のない老女にたとえて名づけたという。②若さの盛りを過ぎても、なお美しさが残っている女性。

うばすてやま【×姥捨山】年をとってあまり役立たない人を移しておく部局・地位。▽長野県にある姨捨山(おばすてやま)の頂に、親代わりの老婆を捨てて来た男の伝説に基づく語の、比喩的用法。

うはつ【有髪】僧形(そうぎょう)に対し、髪の毛をそらないでいること。

うひょう【雨氷】非常に冷えた雨が氷点下の地物に接して氷となり、岩石や植物などを覆ったもの。

うふ【右府】右大臣の別称。↕左府

うぶ ①【△初・〈初心〉】『名ナノ』まだ初々(ういうい)しくて、世間慣れがしていないこと。すれていないこと。「―な娘」②【産】『接頭』《名詞にかぶせて》生まれた時(のまま)の。「―声」「―毛」

うぶぎ【産着・産△衣】生まれたての子に着せる着物。

うぶげ【産毛】①子に生まれた時からはえている髪の毛。②(顔などに)産毛⑴のようにごく柔らかく、薄くはえている毛。

うぶごえ【産声】(‥ごゑ)①子が生まれた時、初めて上げる声。②『―を上げる』新しく物事が始まる。

うぶすな【〈産土〉】①その人が生まれた土地。②「うぶすながみ」の略。 **―がみ**【―神】その人の生まれた土地を守る神。鎮守(ちんじゅ)の神。▽→うじがみ

うふふ『感』うれしさがこらえきれずに思わず出る笑い声。口をあまり開けず小さく笑う声。「―とほほえんだ」

うぶや【産屋】①お産のために使う部屋。②出産のけがれを忌んで、出産のために別に建てた家。

うぶゆ【産湯】生まれ出た子をすぐ湯で洗うこと。その湯。

うべかりしりえき【得べかりし利益】『連語』↓いっしつりえき

うべな-う(うべなふ)【△肯う・△諾う】『五他』いかにももっともだと思って承知する。また、肯定する。↕否む

うへん【右辺】①等式の等号や、不等式の不等号の右側。そこにある数や式。②碁盤・将棋盤で、先手から見て右側。

うま【△午】十二支の第七。方角では南、時刻では昼の零時、また、午前十一時から午後一時までの間を指した。▽「正午」「午前」「午後」は、この午の刻に基づいて出来た語。↓じゅうにし

うま【馬】①細長い顔とたてがみのある長い首をもち、長い四肢で速く走る大きな獣。家畜として、乗用・農耕・運搬に役立てる。肉を「さくら」と呼び、食用にもする。「―の耳に念仏」(人の意見を、うわのそらで聞き流しにすることのたとえ)「―が行灯(あんどん)をくわえたよう」(人の長い顔のたとえ) ▽うま科。↓こま(駒)(1)。②下が開いた四本の脚がある台。左官が使う踏台など。③将棋で、成った角行(かくぎょう)。本来の動きの他に前後左右にも一ます動ける。竜馬(りゅうま・りゅうめ・りょうめ)。また、「桂馬(けいま)」の略。④「つけ馬」の略。遊女屋・料理屋などで、勘定の不払いを取り立てるために客の家までついて行く者。「―を引いて帰る」⑤『―が合う』気が合う。▽馬が乗り手と一体になって動くことからか。関連 馬匹(ばひつ)・駒・名馬・良馬・駿馬(しゅんめ)・竜馬・騏馬(きば)・神馬(しんめ)・駑馬(どば)・駄馬・荷馬(にうま)・輓馬(ばんば)・種馬・荒馬・悍馬(かんば)・奔馬・裸馬・騾馬(らば)・驢馬(ろば)・縞馬(しまうま)・騎乗・乗馬・騎馬・下馬・馬方・馬市・馬面・馬屋・馬乗り・馬の骨・馬の脚・馬車馬・馬耳東風・馬の耳に念仏・尻馬に乗る・馬が合う

うま-い【△甘い・△旨い】『形』①味がよい。「―汁を吸う」(転じて、骨を折らずに自分だけいい目をみる) ▽「美味い」とも書く。②よい。すぐれている。[旨]「―考えだ」。じょうずだ。「話し方が―」▽「上手い」「巧い」とも書く。③自分にとって都合がよい。もうけになる。「自分だけ―事をする」▽↕まずい。派生 -さ -げ -み* -がる

うまいち【馬市】馬の売買・交換をする市。

うまうま ㊀『副[と]』たくみなやり方で、人を思う通りに動かすさま。まんま。「―と話にのせる」㊁『名』幼児語で、食べ物。

うまおい(うまおひ)【馬追(い)】①客や荷物を馬にのせて行くその人。②放牧の馬を追ってさくの中に入れること。③草むらにすみ、秋に「すいっちょ」と鳴く、バッタに似た緑色の昆虫。うまおいむし。すいっちょ。▽鳴き声が、馬を追う時のかけ声に似ることからの名。きりぎりす科うまおい属の昆虫の総称。

うまがえし(うまがへし)【馬返し】登山路で、道がけわしくなり、乗って来た馬を降りて歩かねばならなくなる地点。

うまかた【馬方】馬に荷を引かせて運ぶ職業の人。

うまごやし【馬肥やし・〈苜蓿〉】①牧草・肥料として利用される多年草。茎の下部は地にはい、上部は直立する。葉は三つ葉で、クローバーに似る。晩春、黄色の小花を球状につける。▽まめ科。②クローバーの俗称。

うまじるし【馬印・馬△標】近世の戦場で、大将のそばに立てて目じるしとする武具。

うまずめ【〈石女〉】子が産めない女。▽「生まず女(め)」の意。卑しめて言った語。

うまづら【馬面】馬の顔のように長い顔。

うまとび【馬跳(び)・馬飛(び)】人が前かがみになっているところを、他の者がとびこえる、子供の遊び。

うまに【△甘煮・△旨煮】魚介・肉・野菜を甘辛く濃い味に煮つけた料理。

うまのあし【馬の足・馬の脚】芝居で、作り物の馬の中にはいって、足になる役。ひとりが前足、ひとりが後足となる。転じて、下級の役者、へたな役者をあざけっても言う。

うまのあしがた【〈毛莨〉】↓きんぽうげ

うまのほね【馬の骨】素性(すじょう)の知れない、つまらない人間を、あざけって言う語。「どこの―だかわからない」

うまのり【馬乗り】馬に乗ったように、上からまたがること。「―になる」

うまばえ(うまばへ)【馬×蠅】馬にたかる、大形のはえ。▽「うまあぶ」とも言う。

うまぶね【馬△槽】馬のかいばを入れるおけ。また、そのような大きなおけ。

うまへん【馬偏】漢字の偏の一つ。「験」「駅」などの「馬」の称。

うままわり(うままはり)【馬回り・馬×廻り】馬に乗っている大将の周囲。「―を固める」。その大将を警護する(名誉ある)役目の騎馬武者。▽近世には「馬廻組」という職名ができた。

うまみ【△甘み・△旨み】うまいという感じ。㋐よい味わい。味のよさ。㋑甘味・酸味・塩味・苦味の他にある基本の味。例、こんぶが含むグルタミン酸による味。▽「うま味」と書く。一九〇八年の池田菊苗(きくなえ)の発見に始まる日本人学者の種々の発見を、二十一世紀になってやっと国際的に承認。これに当たる西洋語が無いので、umami が国際語。㋒上手(じょうず)なわざから受ける感じ。㋓商売などの活動で、それをすることに伴って面白いように生じる利。「―のない仕事」

うまや【馬屋・×厩】馬を飼っておく小屋。 **―ごえ**【×厩肥】家畜を飼っておく小屋の糞尿(ふんにょう)と敷きわらとがまじったものを、くさらせた肥料。きゅうひ。

うま-る【埋(ま)る】『五自』①↓うずもれる(1)。②一杯になる。ふさがる。「空席が―・った」③損失などの埋め合わせがつく。「欠損もやっと―・った」

うまれ【生(ま)れ】①生まれること。出生。「三月—」「昭和—」②その人が生まれた家がら。素性(すじょう)。「—がよくない」③生まれた場所。出生地。生国。「—は遠州浜松在」(青砥稿花紅彩画)④『—もつかぬ』生まれつきではない。

うまれお-ちる【生(ま)れ落ちる】《上一自》この世に生まれ出る。

うまれかわ-る(かはる)【生(ま)れ変(わ)る】《五自》①死んだ者の魂が、他の生類(しょうるい)の形をとってまた生まれる。②人が変わったように、行い(人がら、気だて)がよくなる。「—って真人間になる」③物事が別のもののように改まる。「再開発で—ったまち」

うまれつき【生(ま)れつき】①生まれた時から備わっていること。また、そういう性質・容姿。「声の大きいのは—だ」②《副詞的に》生まれた時から。生来。「—口が悪い」

うまれながら【生(ま)れながら】《連語》生まれた時のまま。生まれつき。「—の大名」。生まれた時すでに。「—に苦労を背負っていた」

うま-れる【生(ま)れる・産(ま)れる】《下一自》①その時期が来て、母体から子や卵が出る。また、卵からかえる。出生する。誕生する。【生・産】↔死ぬ。「男子が—」「名家に—」「日本人に—」「桃から—れた桃太郎」②今までなかったものが出来上がる。【生】「新記録が—」「緊張感が—」 関連 生まれ落ちる・生ずる・出生(しゅっしょう)・誕生・生誕・降誕・産声をあげる・身二つになる・出産・分娩(ぶんべん)・安産・早産・難産・流産・死産・後産(あとざん)

うみ【海】①自然に、一面に水(普通は塩水)をたたえている、地球上の部分。↔陸(おか)・山。「—の幸(さち)山の幸」(海や山でのえもの、特に山海の珍味)「—の物とも山の物とも分からない」(どういうものか、どうなって行くか分からないもののたとえ)▽古くは大きな湖にも言った。「鳰(にお)の—」(琵琶(びわ)湖の別称)②一面に広がったもの。「火の—」③すずりの、水をためる所。↔陸(おか)。 関連 内海・外海・四海・沿海・環海・近海・遠海・遠洋・絶海・東海・南海・沖・沖合・荒海・灘(なだ)・浅海・深海・海溝・海淵・泥海・海原・青海原・滄海(そうかい)・大海・大洋・海洋・外洋・北洋・極洋・入り海・浦・潟・湾・海峡・瀬戸・水道・一衣帯水・血の海

うみ【×膿】①でき物や傷などの化膿(かのう)によって生じる黄白色の臭いしる。②比喩的に、始末しないと明朗にならず害となるもの。「政界の—を出せ」

うみ【産み・生み】産むこと。産んだこと。「—の苦しみ」「—の母」

うみうし【海牛】浅海の岩礁や砂地にすむ、ナメクジに似た形の軟体動物。巻貝の仲間だが殻は退化し、多くの種で体内に隠れている。大きさや色はさまざまだが、色鮮やかな種が多い。▽代表的な種で頭に二本の触角があるのでこの名がついた。

うみおと-す【産み落(と)す・生み落(と)す】《五他》(子・卵を)生んで体外に出す。

うみがめ【海亀】海にすむ大形のカメ。足がひれ状で泳ぎに適する。砂浜に穴を掘り、その中に卵を産む。アカウミガメ・アオウミガメ・タイマイなどの種がある。▽うみがめ上科のカメの総称。

うみじ(ぢ)【海路】↓かいろ(海路)

うみせんやません【海千山千】世間の経験を積み、ものの裏面まで知りぬいて悪賢いこと。そういう、したたか者。▽海に千年山に千年住んだ蛇は竜になるという言い伝えによる。

うみづき【産み月】子供が生まれる予定の月。臨月。

うみつ-ける【産み付ける・生み付ける】《下一他》①(卵を)産んで物につける。「蛾(が)が木の葉に卵を—」②産んだ子に遺伝させる。▽⑵は古風な言い方。

うみつばめ【海×燕】ツバメに似た翼と尾羽をもつ小形の海鳥。体長は二〇センチ前後。羽色は暗褐色から黒色の種が多いが灰色の種もある。▽みずなぎどり目うみつばめ科の鳥の総称。

うみどり【海鳥】海を生活の場としている鳥。カモメなど海辺でみられるもののほか、ペンギンのようにほとんど海で過ごすものもいる。かいちょう。

うみなり【海鳴り】台風や津波が来る前ぶれとして海から響いて来るうなり。

うみねこ【海猫】鳴き声が猫に似た海鳥。姿はカモメに似るが、やや小さく、尾羽の先端が黒く、くちばしの先に黒と赤の斑がある。↓かもめ

うみのおや【産みの親・生みの親】①自分を産んだ親。実父母。「—より育ての親」②最初に作りだしたり始めたりした人。「会の—」

うみのこ【産みの子・生みの子】自分が産んだ子。実子。

うみのさち【海の幸】《連語》海で採れたうまい食材。↔山の幸。▽もと、漁撈(ぎょろう)の獲物の意。今は気取った言い方。

うみびらき【海開き】海水浴場をその夏はじめて開くこと。

うみべ【海辺】海のほとり。海岸。

うみへび【海蛇】①海にすむヘビ。沖縄など暖かい海にすむ種が多い。食用とするものもある。▽コブラ科。強い毒を持つ種が多いが、人をかむことは少ない。②体が細長くヘビに似た海魚。南日本に多く、まれに食用。▽うみへび科の硬骨魚の総称。

うみぼうず【海坊主】①船のゆくてに現れるという坊主頭の化け物。これに会うと船に悪いことが起こるといわれる。②アオウミガメの別称。

うみほおずき(ほほづき)【海〈酸漿〉】一部の海産巻貝の卵を包む、半透明で革質の卵嚢(らんのう)。穴をあけて中の液を出し、ほおずきと同じように吹き鳴らして遊ぶ。

うみほたる【海蛍】浅海の砂地にすむ、体長三ミリほどの生物。夜、海中で発光物質を放出して青い光を出す。太平洋岸に分布。▽貝虫(かいむし)と呼ばれる甲殻類の仲間で、二枚貝のような殻をもつ。

う-む【△熟む】《五自》果実が熟する。

う-む【×膿む】《五自》傷やできものが、うみをもつ。化膿(かのう)する。

う-む【産む・生む】《五他》①母体が子や卵を時期が来て体外に出す。はらんだ子を、体から出す。②今までなかったものを作り出す。「よい結果を―・んだ」「利を―」[関連]産み落とす・出産・分娩(ぶんべん)・身二つ・多産・初産・早産・安産・難産・流産・死産・後産(あとざん)・産声・産屋・産湯・産院・産休・産児・産婦・産婆

う-む【△績む】《五他》麻など(繊維の長いもの)を細かく裂き、縒(よ)って長くつなぐ。つむぐ。

う-む【×倦む】《五自》同じ状態が長く続いて、いやになる。あきる。「―・まずたゆまず」

うむ【有無】①ものの有り無し。「回答の―にかかわらず」。有るのと無いのと。「―相通ずる」②『―を言わせず』なんのかのと言わせず。▽両方の極端を「有」と「無」で表す。

うめ【梅】早春、葉に先立って、白や紅の花を咲かせる落葉高木。また、その実。中国原産。品種が多く、五弁花のほか八重咲きもある。古くから花や香りを楽しむために栽培され、実は梅漬け・梅干しにする。寒さをしのいで清らかに咲くので高雅の士にたとえられ、また松・竹と共にめでたい植物とされる。「―にうぐいす」(よい取り合わせのたとえ) ▽「むめ」とも書いた。「梅」の中国古音「メ」に由来。ばら科さくら属。

うめあわ-す【埋(め)合(わ)す】(あはす)《五他》→うめあわせる

うめあわ-せる【埋(め)合(わ)せる】(あはせる)《下一他》損失などを他の物事でつぐない、損がないようにする。

うめき【埋(め)木】①すきまに木ぎれをはめ込むこと。特に、柱などの木の割れ・穴を隠すためにする。また、その木ぎれ。②「埋木細工」の略。↓よせぎざいく

うめ-く【×呻く】《五自》①苦しさのあまり、うなる。②苦心して詩歌を作り出す。苦吟する。

うめくさ【埋(め)草】(雑誌などに出来た)余白を満たすもの、特に、短い記事。▽もと、城攻めの時、堀を埋めるのに使う草。

うめしゅ【梅酒】梅の実を焼酎に漬けて作った酒。

うめず【梅酢】梅の実を塩づけにした汁。多くはシソを入れて赤くする。

うめた-てる【埋(め)立てる】《下一他》工事をして、くぼんだ地所に土砂などを入れて埋める。特に、海・池などを埋めて陸地にする。

うめづけ【梅漬(け)】梅の実を塩や焼酎に漬けたもの。

うめびしお【梅×醤】(しほ) 種を抜いた梅干しに砂糖・みりんを加え、加熱して練り上げた食品。

うめぼし【梅干(し)】塩漬けした梅の実を日に干した食品。「―ばばあ」(顔にひどくしわのよった老婆の比喩)「―飴(あめ)」(梅干しの形に似せた飴)

うめみ【梅見】梅の花を眺めて楽しむこと。探梅。「さむしろを畠(はた)に敷きて―かな」(与謝蕪村) ▽庭木の梅でもよいが、それを「探梅」とは言わない。

うめもどき【梅△擬き】葉の様子が梅に似る落葉低木。晩秋に赤い(または白い)実をつける。観賞し、また冬の切り花にする。▽もちのき科。

うめもど-す【埋(め)戻す】《五他》穴など、地面にいったん(は)掘った所を、埋めて元のような地面に戻す。「池を―・して芝生にする」

う-める【埋める】《下一他》①↓うずめる(1)。「地中に―」②一杯にする。ふさぐ。「穴を―」「欠員を―」「赤字を―」③湯に水を入れてぬるくする。

うもう【羽毛】鳥類の体をおおう、表皮が角質化したもの。鳥のはね。

うもれぎ【埋(も)れ木】①土の中に長い年月埋まって炭化し、化石のようになった木。「―細工」②世間から顧みられない境遇のたとえ。

うも-れる【埋(も)れる】《下一自》うずもれる。

うやうやし-い【恭しい】《形》礼儀にかなって丁寧だ。「―・く頭を下げる」[派生] **-さ** **-げ**

うやま-う【敬う】(うやまふ)《五他》相手を尊んで礼をつくす。尊敬する。「先祖(親)を―」[関連]尊ぶ(とうとぶ・たっとぶ)・あがめる・敬する・仰ぐ・見上げる・慕う・尊敬・畏敬・敬愛・敬慕・欽慕(きんぼ)・崇拝・崇敬・尊崇・景仰(けいこう)・私淑・敬老・敬遠

うやむや【有×耶無×耶】《ノダ》《「―な」も使う》その事実があるのかないのか、はっきりしない(させない)状態や態度。もやもやのまま。「話を―にする」「事件は―のうちに葬られた」

うゆう【×烏有】まったく無いこと。「―に帰する」(特に火事によって財産などをすっかりなくす) ▽「烏(いず)くんぞ有らむや」の意。

うようよ《副[と]・ス自》(小さい)生き物が多く集まってうごめいているさま。「糸みみずが―(と)動いている」

うよきょくせつ【×紆余曲折】《名・ス自》①遠まわりで曲がりくねっていること。「―した道」②こみいった事情ですんなりいかずに、いろいろに変化すること。「―を経てやっと解決した」

うよく【右翼】①右のつばさ。②保守的・国粋的な思想傾向。また、そういう団体。▽フランス議会で、議長席から見て右側の席を占めたから。③野球で、本塁から見て右側の外野。ライト。④軍隊・艦隊の右端に並んだもの。▽(1)～(4)は↕左翼。⑤席次・成績が上位であること。「最―」(首席) ▽(5)は、軍隊で成績を並べる時、最上位を右端に配したことから。

うよく【羽翼】①はねとつばさ。②(味方となって)助けてくれる人。また、助け。

うら【浦】海や湖の、波が静かな入江(の浜辺・海辺)。

うら【裏】①人の目から隠れた方の面。↕表。㋐物の正面・表面・前面と反対側の面。うしろ側。「―口」「足の―」「―通り」「―番組」㋑裏㋐となるもの。「服の―」「―を取る」(証拠を探して真偽を確かめ

る。↓うらづけ)。家・屋敷の背面にあたる所。「—の畑でポチが鳴く」 ㋒表面に出ない事情。内情。内幕(うちまく)。「政界の—」「—には—がある」(内情が複雑な事の表現)「—(の)取引で野党の承諾を取りつける」。表立ってはいないこと、もの。「パソコンの—技」「—メニュー」。特に、ポルノ。「—ビデオ」 ㋓うわべ・見掛けと反対の事柄。「—をかく」(相手の予想を覆(くつがえ)す事をして、相手のねらいをくじく)「—を言う」(本心を隠して反対の事を言う) ▽⑴は、「うらさびしい」等の「うら」(心の意)と同語源。②〔論理〕「AならB」「aはbだ」の形の命題に対し、「Aでなければ Bでない」「aでないものはbでない」の形の命題。▽↓⑴㋓。③対になるもののあとの方。↕表。「九回の—の攻撃」 ④『—を返す』 一度揚げた遊女とまた(二度目に)遊ぶ。▽↓なじみ⑶

うら[II] 《心の状態を指す形容詞の上に》何とはなしに。「—がなしい」「—さびしい」「—恥ずかしい」 ▽「心の中で」の意から転じた。「うら」は古くは心の意。

うらあみ【裏編(み)】 編物の基礎編みの一種。メリヤスの裏と同じ編目が出る。↕表編み

うらうち【裏打(ち)】『名・ス他』 ①紙や皮の裏に、他の紙や布を張って丈夫にすること。②比喩的に、別の面からの補強、特に証拠固め。うらづけ。

うらうら『副「と」』 日の光がのどかで明るいさま。「春の日が—と照る」

うらえり【裏襟・裏×衿】 あわせに仕立てる着物の、裏布のえり。

うらおもて【裏表】 ①裏と表。②表向きと内実。「物の—に通じた人」。見せかけと実際とが一致しないこと。「—があるやつだ」 ③裏と表とを反対にすること。裏返し。「シャツを—に着る」

うらかいどう【裏街道】 ①抜け道や近道となる、わきの街道。↕本街道。②比喩的に、表には出せない、まともでない仕方・生き方。「人生の—を渡る」

うらがえし【裏返し】 ①(本来の側ではなく)裏側を表にすること。「シャツが—だ」「答案を—に置く」 ②反対の一面(が現れること)。「愛情の—で冷たくあたる」

うらがえ-す【裏返す】『五他』 ①ひっくり返して裏側を表にする。②緊張などのあまり、不自然にうわずった声を発する。「殺せ、と声を—・してどなる」

うらがえ-る【裏返る】『五自』 ①ひっくり返って、裏が表側に出る。②緊張などで声が不自然にうわずる。「—・った声でやっと答えた」 ▽以前は裏切る意にも使った。

うらがき【裏書(き)】『名・ス自他』 ①紙の裏に証明・説明のための文字を書くこと。その書いたもの。㋐小切手などで支払いを受ける人が、その裏に住所氏名などを書くこと。㋑〔法律〕手形・小切手などを他人に譲り渡す時、証券上の権利を移転する旨を書くこと。㋒書画の軸物などの裏に、その鑑定の結果を書くこと。㋓巻物の裏に、由緒(ゆいしょ)・注釈を書くこと。②物事が確実なこと、本物であることの証明。

うらかた【裏方】 ①芝居で、舞台裏で働く人。道具方・衣装方など。↕表方。②比喩的に、目立たないところで働く人。「選挙戦の—をつとめる」 ③貴人の妻。特に、江戸時代以後、本願寺門主の妻。

うらがなし-い【うら悲しい】『形』 何となくかなしい。「—秋の一日」 ▽↓うら[II]。 派生 -さ -げ

うらがね【裏△曲・裏×矩】 曲尺(かねじゃく)の裏につけた目盛り。表の一目盛りの $\sqrt{2}$ 倍を一目盛りとしてある。うらじゃく。

うらがね【裏金】 ①商取引を有利にすすめるため、正式の取引金額以外に、かげで相手につかませる金銭。②雪駄(せった)の裏の後部などに打ちつけた鉄片。▽⑵は普通「裏鉄」と書く。

うらがみ【裏紙】 ①そのものの裏側に張ってある紙。「粘着テープの—をはがす」 ②表に文字などが書かれ(印刷され)た紙の、裏側(の白紙)。「—をメモ用紙に使う」

うらが-れる【△末枯れる】『下一自』 (冬が近づいて)草木の先の方が枯れる。▽「うら」は末の意。「—・れた宿場」「—・れた身の上」のように、さびれる(すがれる)の意に使うのは、誤用。

うらき【△末木】 木の末。こずえ。↕本木(もとき)

うらきもん【裏鬼門】 家相で、坤(ひつじさる)=南西)の方向。鬼門と共に不吉とする。↓きもん(鬼門)

うらぎり【裏切(り)】 うらぎること。その行為。内通。内応。「—にあう」

うらぎ-る【裏切る】『五他』 ①約束・信義を破り敵に味方して、元来の味方にそむく。「友を—」 ②人の予期に反する。「世間の期待を—」 ▽「うら」は心の意。

うらぐち【裏口】 ①裏側にある出入口。↕表口。②正式でない手段で、かげに回ってすること。「—入学」

うらげい【裏芸】 (芸人が)表芸とは別に、ひそかに習熟している技芸。↕表芸

うらごえ【裏声】 自然な発声では出せない技巧的な高音の声。↕地声(じごえ)

うらごし【裏×漉し】『名・ス他』 目の細かい金網や布を張った篩(ふるい)。また、それを使ってこすこと。「—にかける」 ▽いも類や餡(あん)をこすのに使う。

うらさく【裏作】 主とする作物を収穫した後、次の作付けまでの間、その耕地に他の作物を栽培すること。また、その作物。あとさく。↕表作

うらざと【浦里】 海岸近くの村。漁村。

うらさびし-い【うら寂しい・うら×淋しい】『形』 何となくさびしい。「—人生」 ▽↓うら[II]。 派生 -さ -げ

うらじ【裏地】 衣服の裏に使う布。

うらしまたろう【浦島太郎】 ①浦島伝説の主人公。亀に連れられて行った竜宮で三年を過ごし故郷に帰るが、あけてはいけないと言われた土産の玉手箱をあけると白煙が立ちのぼり老人になったという。②長期間その場を離れていたため実情にうとくなった人のたとえ。

うらじゃく【裏尺】→うらがね(裏曲)

うらじろ【裏白】①裏・内側・底が白いこと。②暖地に自生する常緑の羊歯(だ)植物。葉の裏が白い。正月の飾りに使う。▽うらじろ科。　**ーど**【ー戸】土蔵の入口の三枚の戸の二番目に、厚板に厚く白漆喰(しっくい)を塗って設けた、防火扉。▽→とまえ

うらせど【裏背戸】「背戸」に同じ。裏口。

うらだな【裏△店】町の表通りから引っ込んだ所に建てた家。「店が人手に渡りーに引っ込む」

うらづけ【裏付け】『名・ス他』裏付けること。また、その確かな証拠。「ーのない理論」「ー捜査」。また、活動の基盤となる経済力や人材。「資金のーのない計画」▽もと、裏打ち(1)の意。

うらづ-ける【裏付ける】『下一他』物事を他の面から証明する、または確実にする。

うらて【裏手】裏の方角。うしろの方。

うらどおり【裏通り】表通りの裏にある通り。↕表通り

うらどし【裏年】そのくだものがよくみのらない年。↕なり年

うらない【占(い)・×卜】占うこと。その結果。また、占うのを職業とする人。「トランプー」「ー師」

うらな-う【占う】『五他』人の運勢、事の吉凶、将来の成行きを、物のきざし等から判断する、または予言する。「子の将来をー」

うらながや【裏長屋】町の表通りから引っ込んだ所にある長屋。

うらなり【△末成り・△末△生り】①瓜(うり)などで、つるの末の方に、時期が遅くなってから、なった実。↕もとなり。「ーのかぼちゃ」②顔色が青白く、健康でない人。

ウラニウム →ウラン。▽uranium

うらはずかし-い【うら恥(ずか)しい】『形』何となく恥ずかしい。「ー年ごろ」▽→うら(Ⅱ)。 派生 **-さ** **-げ**

うらばなし【裏話】一般には知られていない、うちわばなし。

うらはら【裏腹】『名ナ』あべこべ。「言うこととやることとがーだ」▽もと、背と腹、裏と表の意。

うらび-れる『下一自』うらぶれる。

うらぶ-れる『下一自』落ちぶれたりして、みすぼらしい姿になる。

うらぼん【×盂×蘭盆】『仏』七月十五日を中心に行う、祖先の霊を祭る仏事。「精霊会(しょうりょうえ)」とも単に「盆」とも言う。▽梵語(ぼん)からか。本来は陰暦だが、地方により新暦でまた八月に行う。神道の魂祭(たままつり)と融合した面もあり、特に都会に出ている者の帰郷を兼ねて、年中行事として盛ん。この時期に盆踊りや灯籠流しも行われる。　**ーえ**【ー会】『仏』「うらぼん」に同じ。

うらまち【裏町】表通りの裏にある町。

うらみ【恨み・△怨み・△憾み】①うらむこと。うらむ心。[恨・怨]「人のーを買う」「ーをいだく」「ーを晴らす」「ーをのむ」(人に対するうらみをいだきながらそのままでいる)「ー骨髄に徹する」(人を深くうらむ)▽漢字の使い分けの傾向は、→うらむ(1)。②残念に思うこと。[憾]「未熟のーがある」(残念ながら未熟だ)

うらみごと【恨み言・△怨み言】うらみを述べる言葉。

うらみじに【恨み死(に)・△怨み死(に)】うらみながら死ぬこと。

うらみち【裏道】①表通りでなく(家並みなどの)裏を通じる道。②→うらかいどう(1)。③正しくないやりかた。まともでない生活。「人生のー」

うらみっこ【恨みっこ・△怨みっこ】『俗』互いに恨むこと。「ーなしにしよう」

うらみつらみ【恨みつらみ・△怨みつらみ】うらめしい事とつらい事。「ーの数々を述べる」▽「つらみ」は「うらみ」と語調を合わせたもの。

うら-む【恨む・△怨む・△憾む】『五他』①相手の仕打ちに対する不快・不満の気持を、その人に対していつまでも持ち続ける。[恨・怨]「人をー」▽字の原義通りではないが、含む所がある他人に向けるのに「怨」を使うことが多い。「恨」はわが身を残念がるのにも使える。②残念に思う。[憾]「己(おの)れの腕のつたなさをー」

うらむらくは【恨むらくは・△憾むらくは】『連語』うらめしい事には。残念な事には。▽漢文訓読調の言い方。

うらめ【裏目】①予想とは逆の(よくない)結果。「ーに出る」▽(2)の転。②振った(顚った)さいころの裏面の目。「ーが続く」③裏編みの目。

うらめし-い【恨めしい・△怨めしい】『形』恨みたくなる気持だ。残念だ。「冷たい仕打ちがー」「自分の非力がつくづくー」 派生 **-さ** **-げ** **-がる**

うらもん【裏門】(屋敷などの)裏側にある門。↕表門

うらもん【裏紋】正式のもんどころの代わりに使う紋。かえ紋。

うらやま【裏山】①裏の方にある山。②山の、日当りが悪い方の側。

うらやまし-い【羨ましい】『形』他の人が自分より恵まれているように見えて、自分もそうならよいのにという気持だ。「暇な人がー」 派生 **-さ** **-げ** **-がる**

うらや-む【羨む】『五自』他人の身の上や持物が自分より恵まれているように見えて、自分もそうなりたいと思う。また、ねたましく思う。「人がーような地位や肩書き」▽「心(うら)病む」の意。

うらら【△麗ら】『ダナ』→うららか。「春もーの風景」

うららか【△麗らか】『ダナ』①空が晴れて日が明るく照っているさま。「ーな春の日」②気分が晴れ晴れとして明るいさま。「ーな声で歌う」 派生 **-さ**

うらわか-い【うら若い】『形』ごく年わかい。若々しい。「ー女性」▽「うら」は末の意で、もと、こずえ(＝うら)の葉が出たばかりでみずみずしいことを言うか。または「うら」は心の意か。 派生 **-さ**

うらわざ【裏技】表立って示してはいない仕方でうまく処理する、その技。

ウラン 元素の一つ。元素記号U。天然に普通に存する元素のうち一番重い。同位元素の一つは核分裂を起こしやすく、原発・原爆に利用される。ウラニウム。▽ドイ Uran

うらんかな【売らんかな】《連語》売って大いに儲(もう)けようという態度がありありと見えること。「―の商魂」

うり【×瓜】長球形の大きな果実をつける蔓(つる)性の一年草。また、その果実。特に、マクワウリ・スイカなどをいう。「―二つ」(↓うりふたつ)「―のつるに茄子(なすび)はならぬ」(高望みしても、その親に相応した子しかできないたとえ) ▽うり科。同科の蔓草とその果実を総称してもいう。

うり【売り】①ものを売ること。「バナナの叩(たた)き―」「安―」「投げ―」「量り―」「切り―」「別―」「掛け―」「身―」。また、(相場の値下がりを見越して)為替・株式などを売ること。↕買い。「―のタイミングを計る」「ドル―、円買い」②ものを売る人。「物―」「金魚―」「富山の薬―」③セールス ポイント。売り物②。「駅に近いのが―の戸建て住宅」

うりあげ【売(り)上(げ)】一定の期間に、商品などを売って得た金の総額。「―高」

うりいそ-ぐ【売(り)急ぐ】《五他》売れる機会をのがすことを恐れて、急いで売る。

うりおしみ【売(り)惜しみ】《名・ス他》値上がりを予想して、売るのを控えること。

うりかけ【売(り)掛け】品物を売って、その代金をまだ取らずにあること。その代金。↕買掛け。「―を集めてまわる」

うりき-れる【売(り)切れる】《下一自》残らず売れる。

うりぐい【売(り)食い】《名・ス自》(収入の道がなく)持っている物を売って得た金で生活を立てること。

うりくち【売(り)口】商品を売りこむ相手。売り先。「―を見つける」

うりこ【売(り)子】(雇われて)品物を客に売る仕事をする人。「新聞―」「デパートの―」

うりごえ【売(り)声】(行商人や売り子などが)品物を売るために人に呼びかける声。

うりこし【売(り)越し】①信用取引や清算取引で、売り分が買い分を超過すること。②取引所で、買い方が売り方にまわること。

うりことば【売(り)言葉】けんかのきっかけになるような、言いがかりの言葉。「―に買い言葉」(相手の暴言に対して暴言で言いかえすこと)

うりこ-む【売(り)込む】《五他》①相手の買う気を誘って売りつける。㋐うまく宣伝などして品物を売る。㋑(利益や謝礼を見込んで)秘密の情報などを相手に知らせる。②相手にうまく持ちかけて信用させる。「上役に自分を―」③名前を広く知らせる。評判をとる。「まんじゅうで―んだ店」

うりざねがお【×瓜△実顔】中高(なかだか)でやや面長(おもなが)な顔。▽昔の美人の一つの型。「うりざね」は、瓜(うり)の種。

うりさば-く【売(り)×捌く】《五他》広い範囲にわたって、またはじょうずに、商品を売る。

うりだし【売(り)出し】①売り始めること。②一時にたくさんの商品をさばくため、値を引いたり景品をつけたりして、日を限って売ること。「歳末大―」③今まで有名でなかった人の人気が急に高くなること。「今―のスター」

うりたて【売(り)立て】所蔵品などを(入札やせり売りなどによって)一時に売り払うこと。

うりだめ【売(り)×溜め】「売溜め金」の略。商品が売れてたまった金。

うりつ-ける【売(り)付ける】《下一他》相手があまり好まないのに、むりに商品を買わせる。

うりて【売(り)手】売る側の人。↕買手。 **―しじょう**【―市場】買い手が多いとか品不足とかで、売手の方が有利な情況にある取引。↕買手市場

うりとば-す【売(り)飛ばす】《五他》思い切りよく惜しげもなく売り払う。

うりぬけ【売(り)抜け】取引で、買ってある株式・商品を、相場の下がる前に売りつくすこと。▽「売り逃げ」とも言う。

うりぬし【売(り)主】売り手。

うりね【売値】売り渡す時の値段。↕買値

うりば【売(り)場】①商品を売る場所。②物を売るのによい時機。「今が―だ」

うりはら-う【売(り)払う】《五他》全部売ってしまう。また、「売る」⑴に同じ。

うりふたつ【×瓜二つ】《ノダ》見分けがつかないほど、よく似ている様子。▽「―に割ったよう」の略。

うりぼう【×瓜坊】イノシシの子の俗称。うりんぼう。▽体の形や背のたてじまがマクワウリに似ていることから。

うりもの【売(り)物】①客に売る品物。商品。「この品は―ではありません」②相手の関心をひくための特別の用意。「サービスを―にする」「正直が―」

うりょう【雨量】雨が降った量。降った雨がすべてたまったと考えた時の水の深さで表し、単位はミリメートル。▽雪・ひょう・あられなども含める場合には、普通、降水量という。

うりわた-す【売(り)渡す】《五他》①品物(や権利)を売って買い手に渡す。「業者に―」②味方の身柄や情報を敵に渡す。「悪魔に魂を―」

う-る【売る】《五他》①金と引き替えに、また、金をもらう約束で、品物や権利を他人に渡す。↕買う。「土地を―」(転じて、不義理などにより本拠を立ち退く)「油を―」(怠ける。↓あぶら)②自分から押し出すようにする。㋐仕掛ける。↕買う。「けんかを―」㋑世間に広める。「名を―」「男を―」③利益を図って行動する。「恩を―」。利益に目がくらんで

裏切る。「友を―」「国を―」 関連 売り出す・売り込む・売り付ける・売り渡す・売り払う・売り捌(さば)く・売り捌く・鬻(ひさ)ぐ・卸す・売り出し・売り込み・販売・売却・直販・発売・セール・市販・直売・即売・密売・競売・公売・専売・特売・小売り・掛け売り・叩き売り・捨て売り・多売・乱売・売名・押し売り

うる【得る】『下二他』↓える(得)。▽文語的。多く「得(え)る」(2)の意で使う。

うる【×粳】イネ・アワ・キビ等の品種の中で、炊(た)いた時ねばりけが少ないもの。うるち。↕糯(もち)

うるう【×閏】暦の上の季節と実際の季節とのずれを調節するため、一年のうちの日数・月数を普通の年より多くすること。太陽暦では二月を一日増し、太陰暦ではある月を二回繰り返す。「文治二年―七月」

うるうどし【×閏年】うるうのある年。じゅんねん。

うるうる『副「と」・ス自』①目がうるんでいるさま。涙ぐんでいるさま。「感動で目が―(と)した」②水分を含んで、潤っているさま。

うるおい【潤い】①しめり。しめりけ。②精神生活が豊かであること。情趣。「―のある生活」③(物質的な)ゆとり。「家計の―」

うるお-う【潤う】『五自』①湿りけを帯びる。湿る。「雨で―」②恵みや利益を受ける。豊かになる。「ふところが―」「名所ができて、まわりの商店も―」

うるお-す【潤す】『五他』①潤うようにする。湿りを与える。「のどを―」「草木を―」②恵みや利益を与える。

うるか アユのはらわたや子を塩づけにした食品。

うるさ-い【△煩い・〈五月蝿〉い】『形』①わずらわしい(感じだ)。面倒で、または、しつこくされて、やりきれない。「―問題が起こった」「―・くつきまとう」「髪が―ほど多い」②何やかやと口やかましい。「―おやじ」「味に―」③音や声が何とも耳について不快だ。「車の走る音が―」▽「やかましい」が外界の状態を言うのに対し、そのやかましさが原因で生じる心の状態を主とする。(1)の転。 派生 -さ -げ -がる

うるさがた【うるさ型】何事にも口を出して批評し、文句をつける人。

うるし【漆】①樹液から塗料を、実から蠟(ろう)をとるために古くから利用される落葉高木。秋、美しく紅葉する。②うるし(1)の木を傷つけ、出る汁を原料にして作った塗料。普通は黒色。③うるし(2)を塗った紙を巻きつけた糸を織り込んだ布地。「―の絵羽羽織(えばはおり)」

うるしかぶれ【漆かぶれ】↓うるしまけ

うるしまけ【漆負け】うるしの毒性にあたって起こる皮膚の炎症。うるしかぶれ。

うるち【×粳】炊いた時、ねばりけの少ない、普通の米。↕もち・もちごめ

ウルトラ 極端な。超。「―ナショナリズム」▽ultra-

うる-む【潤む】『五自』湿りを帯びる。湿りを帯びたようになる。「目が―」(目に涙がにじむ)「声が―」(泣いているような声になる)

うるめ「いわし」と呼ばれる魚の一つ。形はマイワシに似る。干物にする。うるめいわし。▽目が透明な膜に覆われ、うるんで見えることによる名。

うるわし-い【麗しい】『形』①よく整って美しい。ほめたくなる(心があたたまる)ほど立派だ。「―女性」「これは―情景だ」▽外面的な様子にも精神的に共鳴・賛美できるありさまにも言う。②晴れやかだ。よい。「―天気」「御機嫌―・くいらっしゃる」 派生 -さ -げ

うれ【△末】草の茎や葉の先。木の幹や枝の先。

うれあし【売れ足】商品の売れていく速さ。「―が速い」「―が鈍る」

うれい【憂い・愁い】心配。悲しみ。嘆き。「―に沈む」「後顧の―」▽「うれえ」の転。

うれ-う【憂う・愁う】『上二他』↓うれえる。「人類の未来を―」「老眼を―・い」▽古くは下二段活用。文章語として連用・終止形が使われる。

うれえ【憂え・愁え】うれえること。↓うれい

うれ-える【憂える・愁える】『下一他』悪い結果になりはしないかと心配する。また、悪い事態を嘆き悲しむ。心をいためる。「国の前途を―」「片仮名語の氾濫を―」

うれくち【売れ口】物が売れて行く先。販途。「―をさがす」

うれし-い【×嬉しい】『形』(思い通りになって)晴れ晴れとした、またはずむような、よい気持だ。↕悲しい。「入試に合格して―」「友の全快が―」「―(=自分にとって快く有難い)ことを言ってくれるね」「―誤算」▽「心(うら)良(い)し」から出た語。 派生 -さ -げ -み -がる 関連 喜ばしい・快い・心地よい・楽しい・面白い・おかしい・歓喜・喜悦・喜色(満面)・愉悦・愉快・欣快(きんかい)・爽快・痛快・快適・会心・享楽・歓楽・悦楽・狂喜・随喜・法悦

うれしがらせ【×嬉しがらせ】人をうれしく思わせるような、言葉・仕向け。「―を言う」

うれしなき【×嬉し泣き】『名・ス自』うれしさのあまり泣くこと。「―に泣く」

うれしなみだ【×嬉し涙】うれしさのあまり出る涙。

うれすじ【売れ筋】商品として好評を得て、よく売れる分野・系統。そういう商品。

うれだか【売れ高】売れた商品の数量または金額。

ウレタン 合成樹脂・合成ゴムとして利用される高分子化合物。ポリウレタン。また、その原料となる有機化合物。▽ドイ Urethan

うれっこ【売れっ子】人気商売の人でよくはやる者。▽本来は芸者・娼妓(しょうぎ)について言う。

うれのこり【売れ残り】①売れないで残った品。②〔俗〕結婚適齢期を過ぎてもなお独身でいる女性。

うれゆき【売(れ)行き】品物が売れてゆく状態。

う-れる【熟れる】『下一自』果実の実が熟す。「よく―・れたバナナ」

う-れる【売れる】『下一自』①金と引き替えに、品物や

権利が買い手に渡る。「一日で‐れた」②世間に広まる。「名が‐れた男」③人々にうける。人気がある。「この料理ばかり、みなさんに―ね」「今一番‐れているタレント」

うろ【△空・△虚】中がからになっている所。ほらあな。うつろ。

うろ【×烏×鷺】①からすとさぎ。転じて、黒と白。②碁の異名。「―の争い」

うろ【×迂路】遠まわりの道。

うろ【雨露】①雨と露。「―をしのぐ」②大きな恵み。「―の恩」▽雨と露が万物をうるおすのにたとえて言う。

うろうろ《副[と]・ス自》落着きなく動き回るさま。「道がわからず、―した」

うろおぼえ【うろ覚え】不確実な記憶。

うろこ【×鱗】魚類・爬虫(はちゅう)類などの体の表面をおおっている小片。また、これに似た三角形のもの。「―雲」「目から―が落ちる」(何かがきっかけとなり、急に物事がよく見え、理解できるようになる)

うろた-える【うろたへる】《下一自》思いがけない事に驚き、どうすればよいかが分からず、まごつく。

うろちょろ《副[と]・ス自》うるさく感じられるほど(目の前を)動き回るさま。「名刺をもって、議員秘書室の前を―している男たち」

うろつ-く《五自》はっきりした目的がなくてあちこち歩く。ある目的からその近所を行き来する。

うろぬ-く【うろ抜く】《五他》多くある物の中から間をおいて引き抜く。まびく。「大根を―」▽「おろぬく」とも。

うろん【×胡△乱】《名・ダナ》確かでなく、怪しいこと。うさんくさいさま。「その申し立てには―(な点)がある」「挙動を―に思う」▽「う」も「ろん」も唐音。

うわ【上】上方。上部。上面。表面。また、そこで動作が行われること。「―あご」「―着」「―まわる」

うわえ【上絵】①布を白く染め抜いた所にかいた紋や模様。②釉薬(うわぐすり)をかけて焼いた陶磁器の表面に更にかいて焼きつけた模様。

うわおき【上置き】家具の上に置きそえる箱。「たんすの―」

うわがき【上書き】①《名》書物・箱などの表面に書く字句、特に手紙のあて先(を書くこと)。「由来の―をする」②《名・ス他》すでにある文字の上から書くこと。③《名・ス他》コンピュータなどの操作で、すでにあるデータを新しく書き換えること。「―保存する」

うわがみ【上紙】(本・箱などの)外側を包んだ紙。

うわかわ【上皮】①表面にある皮。②物の表面をおおう薄いもの。

うわがわ【上側】上になっている側。特に、表面。

うわき【浮気】《名ナ・ス自》心がうわついて変わりやすいこと。一人の人だけを愛さず、あの人この人と心を移すこと。

うわぎ【上着・上△衣】上に着る衣服。㋐下着の上に着る衣服。㋑上下が別々の服の、上の方の服。「背広の―」㋒防寒などのために一番上に着る衣服。コート・ジャンパーの類。㋓小袖(こそで)を重ねて着る時の、一番上のもの。

うわぐすり【×釉薬】素焼きの段階の陶磁器の表面に塗っておく薬品。焼成によってガラス質となり、水の浸透を防ぎ、つやが出る。「―をかける」

うわぐつ【上靴】家・建物の中ではく、くつ。うわばきのくつ。

うわごと【うわ言・〈譫言〉〈囈言〉】①高熱などで正気でない時に無意識に口走る言葉。②→たわごと

うわさ【×噂】《名・ス他》ある人の身の上や物事についての確実でない話(をすること)。「―が立つ」「―にのぼる」「―をすれば影(がさす)」(人の噂をすると、当人がそこに現れる)「人の―も七十五日」(噂もしばらくすれば消えるものだ)。更に広く、世間の評判。風説。「世間の―に高い人」「いつもお―しております」「金融危機が―される」

うわしき【上敷(き)】上に敷くもの。特に、畳の上に敷くもの。うすべり。

うわすべり【上滑り・上×辷り】《名ナ・ス自》①表面がつるつるしてすべること。②物事のうわべだけしか見ないで、軽々しくすませること。「―の知識」

うわずみ【上澄み】①水に溶解しないものが底の方に沈んで、上の方にできる澄んだ部分。②にごり酒のかすを沈ませ、上の澄んだ部分をくみ取ったもの。

うわず-る【上擦る】《五自》高い、落ち着かない調子になる。㋐声がかんだかくなる。㋑気持が高ぶり、落ち着きを失う。

うわぜい【上背】身のたけ。立った時の背たけ。「―がある」

うわちょうし【上調子】①《ダナ》気分に落着きがなく、軽々しいさま。うわっちょうし。②《名》→うわぢょうし

うわぢょうし【上調子】三味線(しゃみせん)を高低二音で合奏する時、曲に変化をつけるために高音用として奏する調子。そのひき手。

うわっかわ①【上っ皮】→うわかわ。②【上っ側】→うわがわ

うわつ-く《五自》心がうきうきして落ち着かない。「―いた風潮」▽「浮つく」とも書く。

うわっちょうし【上っ調子】《ダナ》→うわちょうし(1)

うわづつみ【上包み】①一番上を包むもの。「―をかける」②手紙・書物の外側を包む紙。

うわっつら【上っ面】→うわつら

うわっぱり【上っ張り】衣服をよごさないために、上に着るもの。

うわづみ【上積み】《名・ス他》①上の方に荷を積むこと。また、その荷。②更に積みあげること。「三千円を―する」

うわつら（うは）【上面】①物の表面。②転じて、本質から離れた外面的なもの。▽「うわっつら」とも言う。

うわて（うは）【上手】①《名》土地の高い方や川上・風上など、上の方。②《名ナノ》人より更にすぐれていること。そういう人。「一枚ーだ」。相手を頭から威圧するような態度。「ーに出る」(優越的な態度をとる) ③《名》相撲(すもう)で、相手の差し手の上から褌(まわし)をつかむこと。また、その手。「ー投げ」 ▽↕した て。→かみて。「じょうず」と読めば別の意。

うわぬり（うは）【上塗(り)】《名・ス他》あるものの上に更に塗ること。「恥のーをする」。特に、壁などの仕上げ塗り。↕中塗・下塗

うわね（うは）【上値】(今までの相場よりも)高い値段。高値。↕下値(したね)

うわのせ（うは）【上乗せ】《名・ス他》すでにあるものに、新たに追加すること。「サービス料金のー」

うわのそら（うは）【上の空】《名ナノ》他の事に心が奪われて、その事に注意が向かない状態。「講義をーで聞く」

うわのり（うは）【上乗り】《名・ス自》船や車で荷物を運ぶ時、荷物といっしょに乗ってゆくこと。その人。

うわばき（うは）【上履(き)】建物の中または室内に限って履く履物。↕下履(したばき)

うわばみ（うはばみ）【〈蟒蛇〉】①ニシキヘビのような、大きなへび。おろち。②大酒飲み。▽(1)が酒好きとされたことから。「おろち」には(2)の用法が無い。

うわばり（うは）【上張り・上貼り】《名・ス他》ふすま・天井・壁などに紙や布などを張って仕上げること。その紙・布。↕下張り

うわべ（うは）【上辺】表面。外見。見かけ。「ーをつくろう」「ーだけの親切」▽多くは、内実が伴わない意で使う。

うわまえ（うはまへ）【上前】①着物を着て前を合わせた時、上になる部分。↕下前。②『ーをはねる』預かり物や他人の利益の中から、一部を自分のものにする。

うわまわ-る（うはまはる）【上回る・上×廻る】《五自》ある数量よりも多くなる。↕下回る。「予想をー人出」

うわむき（うは）【上向き】①上に向いていること。↕下向き。②㋐あおむき。㋑相場や物価が高くなる傾向。②表向き。うわべ。

うわむ-く（うは）【上向く】《五自》事態が好ましい状態に向かう。「運勢がー」「景気がー」

うわめ（うは）【上目】①顔を上に向けないで、ひとみを動かして上の方を見ること。↕下目。②入れ物ぐるみはかりにかけること。皆掛(かいがけ)。③それ以上の多い量。超過。 **ーづかい**（ひづか）【ー遣い】顔は動かさないで、目だけを上に向けて相手を見ること。

うわもの（うは）【上物】土地の上にある建物など。▽不動産の売買などで言う。

うわや（うは）【上屋・上家】①柱に屋根をつけ、雨露を防ぐだけの簡単な建物。停車場・波止場・工事場などに作る。②建物の上にさらに屋根をつけて、工事などのできるようにした仮屋根。③税関の構内で、陸上げした貨物をしまっておく倉庫。

うわやく（うは）【上役】職場で自分より地位が上の人。特に、自分の属している部署での上司。↕下役

うわ-る【植わる】《五自》植えられる。「木がー・っている」

うん〔俗〕数字をおぼめかして言うときにその数字に代えて使う言葉。「ー十万円」「三十ー歳」「ー万人」▽多く片仮名で書く。

うん《感》①相手の言うことを受け入れて発する声。「「今晩ひま?」「ー、ひま」」「「そろそろ行こうか」「ー、行こう」」「ーとうなずく」▽丁寧な言い方は「はい」。②急に何かを思いついて出す声。「ー、そうだ」

うん【〔人〕云】ウン いう ―言う。……と言う。「云為・云云(うんぬん)」

うん【〔*〕雲】ウン くも ―①空にただよう、くも。「雲煙・雲霞(うんか)・雲海・雲際・雲集・雲散・雲水・雲霧・暗雲・彩雲・瑞雲(ずいうん)・青雲・風雲・浮雲・密雲・暮雲・雷雲・暁雲・星雲・戦雲・巻雲(けんうん)・層雲・巻積雲(けんせきうん)・積乱雲・原子雲」②「出雲(いずも)国」の略。「雲州」

うん【〔*〕運】【運】ウン はこぶ ―①《名・造》めぐりあわせ。さだめ。「運が強い」「運が向く」「運のつき」「運勢・運命・悪運・幸運・国運・天運・非運・不運・武運・文運・開運・機運・気運・時運・命運・宿運」②はこぶ。移す。「運河・運漕(うんそう)・運送・運賃・運搬・運輸・海運・舟運・水運・陸運・通運」③㋐移動・回転する。めぐる。「運行・運動」㋑回転させる。はたらかせる。「運算・運針・運転・運筆・運用・運営」

うんい【×云為】《名・ス他》言うこととすること。言行。しわざ。▽硬い文章語。

うんうん㊀《副[と]》苦しくて、またはその事に力を込めて、うめくさま。「熱を出してー(と)うなる」㊁《感》感動詞「うん」を重ねた言い方。

うんえい【運営】《名・ス他》組織・機構などを働かせること。「国会のー」「イベントをーする」。また、それをする人々・団体・組織。「ーからのお知らせ」

うんえん【雲煙・雲×烟】雲と煙。転じて、雲とかすみ。**ーかがん**【ー過眼】(雲や煙がたちまち目の前を通りすぎて跡形のないように)物事に執着しないこと。**ーひょうびょう**【ー×縹×緲】雲・煙のたなびくさま。

うんおう【×蘊奥】→うんのう

うんか【〈浮塵子〉】植物の汁を吸う小昆虫。形はせみに似るが、体長五ミリ程度。種類が多く、イネを食害する種がよく知られる。▽→よこばい(3)

うんか【雲×霞】雲やかすみ。「ーのごとき(＝一面に、多く集まった)大軍」

うんが【運河】運輸・灌漑(かんがい)・排水・給水等のために、人工的に造った川。

うんかい【雲海】高い所から見おろせば広々と海のようにひろがって見える雲。

うんき【△温気】あたたかいこと。また、むしあついこと。むしあつい空気。

うんき【運気】自然の現象に人の運命を当てて吉凶を判断すること。また単に、運のこと。

うんき【雲気】雲や霧の移動する様子。▽昔、天候・運勢の判断の根拠とした。

うんきゅう【運休】『名・ス自他』交通機関が運転・運航を休むこと。

うんきゅう【雲級】形や出現する高さなどによる雲の分類。巻雲(けんうん)・積雲・層雲など、十種類の基本形に分ける。雲形。

うんげん【×繧×繝・×暈×繝】①日や月のかさをかたどった染め模様。赤・青・黄・紫などを濃い色から少しずつうすくなるように段階をつけて色どる。②〔美術〕くまどり。

うんこ『名・ス自』→うんち

うんこう【運行】『名・ス自他』きまった道筋をめぐって行くこと。▽天体や交通機関に言う。

うんこう【運航】『名・ス自』船・航空機がきまった航路を動いて行くこと。

うんざ【運座】出席者が同じ題または各人それぞれの題で俳句を作り、すぐれた句を互選する会。

うんさい【雲際】雲のはて。はるかな天空。

うんさい【雲斎】「雲斎織」の略。地(じ)をあらく目を斜めに織った厚い綿布。多く、たびの底に用いる。

うんざり『副[と]・ス自・ノダ』これ以上はがまんできないと思うほどいやになること。「長話に—だ」「—するほどの長雨」

うんさん【雲散】『名・ス自』雲が風に散って跡形もなく消えるように、物事がなくなること。↔雲集。 —むしょう【—霧消】『名・ス自』雲や霧が消えてしまうように、物事が一度に消えてなくなること。「悩みが—した」

うんざん【運算】『名・ス他』式の示す通りに計算を進め、必要な値を出すこと。数値計算。

うんしゅう【雲集】『名・ス自』雲が群がるように多く集まること。↔雲散

うんじょう【運上】中世、公の物を京都に運んで上納すること。室町末期では、課税の意。江戸時代には雑税の一種として、商・工・漁猟・運送などの営業に対し、一定の率で課した。

うんじょう【×醞醸】『名・ス他』酒をかもし造ること。また、酒をかもすように、いろいろ手をつくすこと。

うんじょう【雲上】①雲の上。②宮中。「—人(びと)」

うんじょう【雲壌】①雲と土。②転じて、相違のはなはだしいこと。「(天地)—の差」

うんしん【運針】裁縫で、針のはこび方。縫い方。 —ぬい【—縫い】針をまっすぐに運んで布を縫う技術を覚えるために縫うこと。

うんすい【雲水】①行く雲と流れる水。②(雲がどことさだめなく行き水が流れてやまないように)諸国を修行して歩く僧。行脚(あんぎゃ)僧。▽主に禅僧に言う。

うんせい【運勢】人が持っている将来の運。「—を占う」

うんそう ①【運送】『名・ス他』旅客・貨物を運ぶこと。「—業」②【運×漕】『名・ス他』船で貨物を運ぶこと。

うんち『名・ス自』大便(をすること)。うんこ。▽幼児語から。

うんちく【×蘊蓄】十分研究してたくわえた深い知識。「—を傾ける」▽「蘊」は積む意、「蓄」はたくわえる意。

うんちん【運賃】旅客・貨物の運送料金。「航空—」

うんてい【雲×梯】はしご状の遊具。水平または山型に設置し、懸垂しながら渡る。▽もと、城を攻める時に使った長いはしご。

うんでい【雲泥】『ノダ』天の雲と地の泥とのような、性質・程度の大きな隔たり。「(天地)—の差」「その違いたるや—だ」

うんてん【運転】『名・ス他自』めぐらし働かせること。㋐電車・自動車・汽車・汽船などをあやつって、(動力で)走らせること。▽航空機は「操縦」と言う。㋑(複雑な)機械を動力とつないで働かせること。また、機械が動くこと。㋒物を活用すること。繰り回し。やりくり。「資金の—」

うんと『副』〔俗〕程度・分量がはなはだしいさま。非常に。たくさん。「—でかい」「—遊ぼう」「—値切る」

うんどう【運動】『名・ス自』①(あちこちと)位置を変えて動くこと。㋐物体(質点)が時の経過と共に位置を移す物理現象。㋑軍隊がわが方の有利になろうと移り動くこと。「迂回(うかい)—」②健康や楽しみのために、体を動かすこと。また、そのわざ。特にスポーツ。③目的達成のために、いろいろな方面に働きかけて努力すること。「選挙—」「社会—」 —かい【—会】種々の運動競技をする会。 —じょう【—場】運動②や遊戯をするために設けた場所。うんどうば。 —しんけい【—神経】①脳・脊髄のような中枢から筋肉・内臓などに刺激を与え、運動を起こさせる神経の総称。②俗に、運動②を巧みに行う感覚。 —ひ【—費】運動③に使う費用。

うんともすんとも『連語』《あとに打消しを伴って》全然返事をしないさま。「—答えない」▽「うん」は返事の言葉。

うんどんこん【運鈍根】立身・成功の三条件として考える、好運に恵まれること、才走らずこつこつ努めること、および根気よいこと。

うんぬん【×云×云】①『名・ス自他』その事について、いろいろ言うこと。「効能を—する」②『名』引用した言葉の後を略すとき使う語。しかじか。▽「うんうん」の連声(れんじょう)。

うんのう【×蘊奥】学問・技芸の奥深いところ。「—をきわめる」▽「うんおう」の連声(れんじょう)。

うんのつき【運の尽(き)】『連語』人の運命(や好運)が尽きて終局が来たこと。「ここで会ったが—」

うんぱん【運搬】《名・ス他》大きな物や多くの物を(目的地へ)運び移すこと。

うんぴつ【運筆】字を書く時の筆(筆記具)の運び方。その勢い。

うんぴょう【雲表】雲の上。「飛行機が―に出る」

うんぷてんぷ【運△否天賦】すべて人の吉凶禍福は、天がそうさせるのだとすること。運を全く天に任せること。「こうなったからは―だ」

うんむ【雲霧】①雲と霧。②比喩的に、眼前をおおって人を迷わせるもの。

うんめい【運命】①人間の意志にかかわらず、身にめぐって来る吉凶禍福。めぐり合わせ。②単に、将来。「会社の―はどうなるのか」▽もと中国では、天の命(めい)で人の一生が決まると考えた。 **―ろん**【―論】人生の一切は、あらかじめ決定されていて、人の力ではどうすることもできないという考え方。宿命論。

うんも【雲△母】真珠光沢があり、板状にはがれやすい鉱物。主成分は珪酸塩(けいさんえん)。熱に強く、電気の絶縁に使う。きらら。マイカ。

うんゆ【運輸】人や貨物を運ぶこと。「―機関」

うんよう【運用】《名・ス他》ものをうまく働かせ使うこと。「資本を上手に―する」「法の―」「―の妙」

うんりょう【雲量】雲が空を覆う割合。全く雲のない時を○とし、全天雲の時を一○とする。雲量一は全天の十分の一の面積を雲が覆う場合。

え

え《副》否定の助動詞「ぬ」「まじ」等に呼応して否定・反語の意味を強める。とうてい(……でない)。「―も言われぬよい香り」▽関西方言の「よう言わんわ」の「よう」は、これに由来。文語動詞「得(う)」の連用形から。

え《終助》《文末に使って》確かめる、念を押す気持を表す語。「これか―」「いやだぞ―」▽名詞に付け、呼びかけるのにも使った。「もし、旦那(だん)さん―」。既に古風。

え【江】海・湖などの一部分が、陸地に入りこんだところ。入り江。▽やや雅語的。

え【△枝】えだ。「梅が―」▽雅語的。

え【柄】手で持つために、器物につけた細長い部分。「ひしゃくの―」

え(ゑ)【絵・△画】物の形象を描き表したもの。言葉や記号によらず、直接、面上に表現したもの。絵画(かいが)。また、映画・テレビなどの画像。「彼の和服姿は―になる」「―にかいた餅」(実際の役に立たない物事のたとえ)

え(ゑ)【餌】生き物を育てるための食物。鳥獣などの食物。「鶏が―をあさる」▽「えさ」より文章語的。

=え(へ)【重】《数を表す和語に付けて》かさなるものの数を示す助数詞。「八(や)―咲きの花」(「八」は数の多いこと)「ひもを二(ふた)―にかける」「十(と)―二十(はた)―に囲む」

え【恵】→けい【恵】

え【慧】→けい【慧】

エア ①空気。エヤー。「タイヤに―を入れる」「―ブレーキ」「―ポケット」(気流の関係で空気が薄くなっている所。航空機がそこにはいると、急に落下する)②《語の成分として》航空。「―ライン」「―ポート」(空港)「―メール」(航空便)③楽器などのものがあるかのように身振りをすること。「―ギター」▽air **―コン** ①「エア コンディショナー」の略。空気調節装置。▽air conditioner から。②「エア コンディショニング」の略。(屋内の)空気の調節をすること。▽air conditioning から。

エアロビクス 体力トレーニングの一種。リズミカルな運動によって心臓や肺の機能を活発にし、酸素消費量の増大をはかる運動。▽aerobics

えあわせ(ゑあはせ)【絵合(わ)せ】絵を合わせること。カルタやカードを使う、絵を合わせる遊び。▽昔、貴族達のあいだで広く行われた歌合せに似た遊び。

えい(えひ)【×鱏・×鱝】上下に扁平(へんぺい)でひし形に近い形をした魚。腹(下)面にえらがある。多くの種は海産で胎生。肉を食用としたり、肝臓から肝油をとったりする種がある。▽サメとともに軟骨魚の代表。

えい【×纓】①冠の後ろに尾のようにつけた装飾の具。いろいろの種類がある。②冠が脱げないようにあごの下で結ぶひも。

えい【×裔】血筋の末の者。子孫。「三代の―」「後―(こうえい)」▽着物のすその意から。

えい《感》→ええ(3)

えい〖*永〗 **エイ** ヨウ(ヤウ) **ながい** とこしえ | ①長く続く。時間がながい。「永日・永続」②将来にわたって時の限りがない。「永遠・永久・永劫(えいごう・ようごう)・永住・永世・永代・永眠」

えい〖*泳〗 **エイ** **およぐ** | およぐ。「泳法・水泳・競泳・背泳・力泳・遊泳・遠泳」

えい〖詠〗 **エイ** **よむ** うたう | ①声をながくひっぱって詩歌をうたう。うたう。「詠嘆・詠歌・吟詠・朗詠」②《名・造》詩歌の詞章を作る。また、その詞章。「某々の詠」「詠進・詠草・遺詠・諷詠(ふうえい)・題詠・即詠・偶詠・献詠・近詠」

えい〖*英〗 **エイ** ひいでる はなぶさ | ①すぐれて美しい。人なみすぐれた者。「英気・英傑・英才・英姿・英俊・英断・英明・英誉・英霊・俊英・育英」②花。花ぶさ。「石英」③「英吉利(イギリス)」の略。「英国・日英・英仏・英貨・英語」

えい〖*映〗 **エイ** **うつる** **うつす** **はえる** | ①光があたって物の姿がはっきり現れる。フィルムに光をあてて、画像をうつし出す。「映画・映写・

映像・上映・放映」②他の光に照らされて光る。「映発・反映」

えい〘*栄〙【人榮】 エイ ヨウ(ヤウ) さかえる はえる はえ ― ①草木がさかんに茂る。「栄枯・繁栄・清栄」②〘名・造〙名声が高い。さかえている。「当選の栄をになう」「栄華・栄冠・栄光・栄進・栄転・栄達・光栄・虚栄・余栄」③さかんにする。「栄養」

えい〘*営〙【營】 エイ いとなむ ― ①こしらえる。作りととのえる。「営造・営繕・造営」②仕事をする。事業をする。物事をする。おこなう。「営業・自営・官営・民営・経営・運営・直営・営営」③計画する。はかる。「営利・営養」④すまい。特に、軍隊のとまる所。「営所・陣営・宿営・屯営・兵営・野営・露営・柳営・在営・営内・設営」

えい〘影〙 エイ ヨウ(ヤウ) かげ ― ①物体によって光線が妨げられた暗い部分。かげ。「影響・陰影・形影・暗影」②背景から浮き上がって見える形。水に映った形。「山影・影向(ようごう)・樹影・人影・船影」③すがた。おもかげ。「影印・影像・近影・神影・撮影・遺影・尊影」④光。「月影」

えい〘鋭〙【銳】 エイ するどい とし ― ①㋐先がとがっている。「鋭鋒(えいほう)・尖鋭(せんえい)」㋑角度が九十度よりも小さい。「鋭角」②勢いがはげしい。微細なものを見落とさない力がある。「鋭気・鋭敏・気鋭・新鋭・精鋭」③刃ものがよく切れる。「鋭利」

えい〘人叡〙 エイ ― ①さとりが深い。事柄を深く見通す力がある。かしこい。「叡才・叡智(えいち)」②天子のことについて冠する語。「叡感・叡旨・叡聞・叡覧・叡慮」

えい〘×穎〙(頴) エイ ― ①人よりすぐれていること。さとい。「穎才・穎悟・穎達・秀穎・俊穎」②稲の穂先についている、とがったもの。のぎ。とがったもののさき。筆・きりのさき。「穎脱・毛穎」

えい〘*衛〙【人衞】 エイ(ヱイ) エ(ヱ) まもる ― ①まわりについて防ぎまもる。守備する。「衛戍(えいじゅ)・衛生・衛星・衛兵・衛府(えふ)・衛門(えもん)・警衛・護衛・防衛・自衛・親衛・禁衛」②まもる者。「侍衛・守衛・門衛・前衛」

えい〘×嬰〙 エイ ― ①生まれたばかりの子ども。ちのみご。「嬰児」②かかる。まつわりつく。めぐらす。守る。「退嬰」③〔音楽〕本位音よりも半音高い音。「嬰商・嬰記号」▽和楽でも洋楽でも使う。

えいい【栄位】 名誉ある地位。高位。

えいい【営為】 いとなみ。仕事を行うこと。▽(ドイツ) Arbeit の訳語。

えいい【鋭意】《多く副詞的に》心をはげましてつとめること。「―研究に努める」

えいいん【影印】 写本・版本などの紙面を写真にとり、製版・印刷すること。「―本」

えいえい【営営】〘トタル〙利を求めて努めるさま。せっせと励むさま。「―と働く」「眼前のことに―たる人々」

えいえん【永遠】 ①無限に遠い未来まで時間的持続の際限のないこと。「―の平和」②哲学で、時間を超越し、過去・現在・未来を通じて存在すること。関連 永久・とわ・とこしえ・とこしなえ・長久・恒久・悠久・無窮・尽未来・不滅・不朽・不磨・常磐(ときわ)・いつまでも・久遠(くおん)・遼遠・悠遠・永世・永代・永劫(えいごう)

えいか【詠歌】 和歌をよむこと。よんだ和歌。↓ごえいか

えいが【映画】 高速度で連続撮影したフィルムを映写機でスクリーンに連続投影した映像によって、形や動きを再現するもの。活動写真。キネマ。シネマ。ムービー。▽現在はフィルムを使わないデジタルのものが多い。

えいが【栄華】 栄えときめくこと。権力や富貴をきわめていること。

えいがい【営外】 兵営の外。「―居住の下士官」

えいかく【鋭角】 鋭くとがった角。数学では、直角より小さい角。↕鈍角

えいがく【英学】 ①英語学・英文学等ひろくイギリスに関する学問。②イギリス流の学問。▽⑴⑵とも今は使わない。

えいかん【栄冠】 輝かしい勝利のしるしとして与えられる名誉のかんむり。転じて、勝利。栄誉。名誉。

えいき【英気】 ①すぐれた才気・気性。②何かをしようとする元気。「―を養う」

えいき【鋭気】 するどく強い気性・気勢。

えいきごう【×嬰記号】 ↓シャープ⑵

えいきゅう【永久】 (ある時からあと)果てしなく続くこと。「―運動」「―局外中立国」 **―し**【―歯】 乳歯がぬけたあとに生える歯。▽この歯は生えかわらない。

えいきょ【×盈虚】 ①月の満ち欠け。②比喩的に、栄枯。

えいきょう【影響】〘名・ス自〙一方の作用や働きが、結果として他方に変化や反応を起こさせること。その変化や反応。「―を及ぼす」「―が強い」「―力」「悪―」「当日の潮の流れが戦局に大きく―した」▽形に影が、音に響きが伴うことから。

えいぎょう【営業】〘名・ス自他〙①営利を目的として事業をいとなむこと。そのいとなみ。商業上の事業。「―中」②販売促進のための業務・活動。

えいけつ【永×訣】 ながの別れ。▽普通、死別を指す。

えいけつ【英傑】 非常にすぐれている大人物。

えいこ【栄枯】 盛んになったり衰えたりすること。「―盛衰」▽もと、草木の茂ることと枯れること。

えいご【英語】 学校の教科である「外国語」の一つ。英語を通じて、言語や文化に対する理解を深め、実践的なコミュニケーション能力を養うことを目的とする。

えいご【×穎悟】悟りがはやく、ぬきんで(＝穎)て賢いこと。

えいこう【×曳航】〘名・ス他〙船が、他の船をひいて航行すること。

えいこう【栄光】①輝かしいほまれ。光栄。②さいさきのよい光。瑞光(ずいこう)。

えいごう【永×劫】きわめて長い年月。「未来―」▽「劫(ごう・こう)」は仏教で、きわめて長い時間の単位。

えいこうだん【×曳光弾】弾底から光を出して、弾道がわかるようにした弾丸。

えいさい①【英才】すぐれた才能(の持ち主)。「―教育」②【×穎才】するどい才能(の持ち主)。

えいし【衛視】国会の警備に当たる職員。

えいし【英姿】すぐれてりっぱな姿。堂々とした姿。

えいし【英資】すぐれた生まれつき。

えいし【詠史】歴史上の事実をよむ詩歌の一体。

えいじ【英字】英語を表すのに使うローマ字。また、英語のこと。「―新聞」「―ビスケット」

えいじ【×嬰児】あかんぼう。みどりご。あかご。

えいじつ【永日】(春の)昼間がながいこと。ながび。日なが。「―の春の夕」

えいじはっぽう【永字八法】書法伝授の一法。「永」の一字がもつ、すべての漢字に共通する八種の運筆法。

えいしゃ【映写】〘名・ス他〙映画・スライドなど、フィルムの画像に光をあてて大きくうつすこと。「―機」「―幕」

えいしゃ【泳者】泳ぐ人。泳ぎ手。「メドレー リレーの第一―」

えいしゃ【営舎】兵営内で兵員が居住する建物。

えいしゃく【栄爵】光栄ある爵位。

えいしゅ【英主】すぐれた君主・主君。

えいじゅ【衛×戍】陸軍の軍隊がその土地に任務として常駐すること。「―地」「―病院」(衛戍地ごとに設けた陸軍病院)

えいじゅう【永住】〘名・ス自〙すえ永くそこに住むこと。「外国に―する」

えいしゅん【英俊】多くの人より特にすぐれている人。

えいしょう【詠唱】①〘名〙→アリア。②〘名・ス他〙節をつけて歌をうたうこと。「賛美歌の―」

えいじょく【栄辱】ほまれとはずかしめ。栄誉と恥辱。

えい-じる【映じる】〘上一自〙①光や物の影がうつる。「日の光が雲に―」「山の姿が水面に―」②目にうつる。その結果、ある印象を与える。「外国人の目に―じた日本」▽「映ずる」とも言う。

えい-じる【詠じる】〘上一他〙①詩歌を、声を出してよむ。②詩歌を作る。▽「詠ずる」とも言う。

えいしん【栄進】〘名・ス自〙高い地位にのぼること。

えいしん【詠進】〘名・ス他〙詩歌を作って、宮中や神社などに差し出すこと。

エイジング 加齢。また、熟成。▽aging

エイズ【AIDS】後天性免疫不全症候群。HIVウイルスの感染によって起こる。発症すると、免疫機能が低下し病原体に対する抵抗が失われ、死亡率が高い。▽acquired immunodeficiency syndrome の略。

えいすうじ【英数字】英字とアラビア数字。▽alpha-numeric の訳語。コンピュータでは、特にそれらの半角のものを言うこともある。

えい-ずる【映ずる】〘サ変自〙→えいじる(映)

えい-ずる【詠ずる】〘サ変他〙→えいじる(詠)

えいせい【永世】限りなくながく続く世。永久。 **―ちゅうりつこく**【―中立国】(現在のスイスのように)他の諸国家間の戦争に関係しない義務を負うかわりに、その独立と領土の保全とが他の諸国家によって保障されている国家。永久局外中立国。

えいせい【永生】①ながく生きること。長命。長寿。②永遠に滅びない生命。

えいせい【永逝】〘名・ス自〙死ぬこと。永眠。

えいせい【衛星】①惑星のまわりを運行する天体。「月は地球の―」「人工―」②転じて、ある中心になるもののまわりにあって、従属的関係にあるもの。「―都市」「―国」 **―ちゅうけい**【―中継】テレビ・ラジオの放送や情報通信のための電波を人工衛星で中継すること。広範囲への放送や遠距離の通信に用いる。 **―つうしん**【―通信】衛星中継を用いた通信。不特定多数へ送信する場合は「衛星放送」という。

えいせい【衛生】健康を守り、病気の予防をはかること。清潔に保つこと。「―上問題がある」

えいせん【×曳船】ひきふね。タグボート。

えいぜん【営繕】〘名・ス他〙建築物を新築または修理すること。

えいそう【営倉】旧軍隊で、規則に反した兵をとじこめる建物。また、そこにとじこめられる罰。「―に入れる」▽その罰に重営倉と軽営倉とがあった。

えいそう【営巣】〘名・ス自〙動物が自分の巣を作ること。「―地」

えいそう【詠草】和歌・俳句をよんで紙に書いたもの。和歌・俳句の草稿。

えいぞう【影像】絵画や彫刻で表現した、神仏や人の姿。

えいぞう【映像】①光線の屈折・反射または電気的変換によって再現した像。②頭にえがき出された、ものの姿。

えいぞう【営造】〘名・ス他〙家屋・倉庫などを造ること。その建物。 **―ぶつ**【―物】建造物。特に、国家または公共団体によって、公共・公衆の使用のために作られた施設。道路・図書館・学校など。

えいぞく【永続】〘名・ス自〙その情況・状態・特性が長く続くこと。ながつづき。「―性」「―的な関係」

えいたい【永代】永世。「―供養」

えいたつ【栄達】〘名・ス自〙高位高官にのぼること。出世すること。

えいだつ【×穎脱】〘名・ス自〙才能が群を抜いてすぐれること。▽袋の中に入れた、きりの先がつきぬけて出ることから。

えいたん【詠嘆・詠×歎】《名・ス自》①感動すること。②感動を声や言葉に表すこと。その表現。

えいだん【営団】第二次大戦中に設けられた、公共的な事業を行う特殊財団。「食糧—」「帝都高速度交通—」▽戦後は、多くは「公団」と称した。

えいだん【英断】思いきりよく事を決すること。すぐれた決断。

えいち【英知・×叡知・×叡×智】深遠な道理を知りうるすぐれた知恵。

エイチアイブイ【HIV】ヒト免疫不全ウイルス。エイズを発症させる。▽human immunodeficiency virus の略。

エイチピー【HP】「ホーム ページ」の略。

エイチブイ【HV】ガソリン エンジンと電気モーターなど、二種類の動力源を組み合わせた自動車。ハイブリッド車。▽hybrid vehicle の略。↓イーブイ

えいてい【営庭】兵営内にある広場。

えいてん【栄典】①名誉のしるしとして(天皇の国事行為により)与えられる勲章・位階等。②めでたい儀式。

えいてん【栄転】《名・ス自》今までよりもよい地位に移りかわること。↔左遷

えいと【英図】すぐれた計略・計画。「—むなしく」

エイト ボート レース用の八人でこぐボート。また、その八人の漕手(そうしゅ)。▽eight(=八)

えいトン【英トン】イギリス式のトン。一トンが約一〇一六キログラム。長トン。

えいねん【永年】《副詞的にも使う》長い年月。ながねん。「—にわたる努力」「—勤続」「—この道一筋に励んだ」

えいのう【営農】《名・ス自》農業をいとなむこと。

えいはつ【映発】《名・ス自》色や光の対照がよく映りあうこと。「花しべの黄の—があざやかだ」

えいびん【鋭敏】《ダナ》①感覚がするどいさま。敏感。「—な神経」②才知がするどく、さといさま。明敏。派生 **-さ**

えいぶん【英文】①英語でつづった文章。「—和訳」②イギリス文学。広く、英語による文学。「—科」

えいぶん【×叡聞】天子がお聞きになること。「—に達する」

えいへい【衛兵】警備・取締り・監視等の任務につかせ(てい)る兵。「火薬庫に—三名を出す」

えいべつ【永別】《名・ス自》二度と会えないような別れ。▽多くは死別に使う。

えいほう【鋭×鋒】(筆舌による)鋭い勢い(の攻撃)。「—を巧みにかわす」▽もと、鋭いほこさきの意。

えいまい【英×邁】《名ナノ》才知が衆にぬきんでていること。派生 **-さ**

えいみん【永眠】《名・ス自》長い眠りにつくこと。死ぬこと。「薬石(やくせき)効なく—仕(つかまつ)り候」

えいめい【英名】すぐれた名声。

えいめい【英明】《名ナノ》才知がすぐれて、物事の道理に明るいこと。「—な君主」派生 **-さ**

えいもん【営門】兵営の表門。「—過ぎれば衛兵所」

えいやく【英訳】《名・ス他》英語に翻訳すること。その翻訳。

えいゆう【英雄】すぐれた才知・実力を持ち、非凡な事をなしとげる人。「救国の—」「—の末路のあわれさ」 **—しゅぎ**【—主義】英雄を崇拝し、または英雄的行動を愛する心情。ヒロイズム。

えいよ【栄誉】人にたたえられる、栄(は)えある名誉。 **—れい**【—礼】自衛隊などが、国の元首・高官などを迎える時の礼式。

えいよう【栄養・営養】①生物がその生命を保ち、また成長してゆくために、必要な成分を体外の物質からとり入れること。②栄養(1)になる成分。それを含む飲食物。「—をとる」「—満点の料理」 **—か**【—価】食品がどれだけ栄養になり得るかという効果・価値。熱量(カロリー)と、蛋白(たんぱく)質・ビタミンなどの栄養素の含量を指標とする。 **—し**【—士】免許を受けて、食生活の栄養指導に従事する人。 **—しっちょう**【—失調】栄養の不足・不釣合いから起こる、身体の異常状態。むくみ・脈拍異常・貧血などの症状をきたす。 **—しょく**【—食】栄養価を主眼にして作った食事・食品。 **—そ**【—素】栄養の源となる物質。蛋白質・脂肪・炭水化物およびビタミン・ミネラルなど。

えいよう【栄×耀】はでで、ぜいたくな暮らしをすること。「—栄華は心のまま」

えいらん【×叡覧】天子がごらんになること。

えいり:ゑ【絵入り】書物・新聞などにさし絵のはいっていること。また、そういうもの。

えいり【営利】財産上の利益をはかること。かねもうけ。「—事業」 **—てき**【—的】《ダナ》何よりも営利を第一の目的とするさま。「—な事業」

えいり【鋭利】《名ナノ》①刃物などがするどく、切れ味のよいこと。②転じて、才気のするどいこと。「—な頭脳」派生 **-さ**

エイリアン SFで、宇宙人。異星人。▽alien(=外国人)

えいりょ【×叡慮】天子のお考え・御意向。「—を承る」

えいりん【営林】森林の保護育成や伐採の事業を営むこと。「—事業」

えいれい【英霊】死者の霊の美称。英魂。▽現在は多く、戦死者の霊を指して言う。

ええ《感》①相手の言うことを肯定したり合いづちを打ったりするのに使う語。②驚いたり問い返したりする時に発する語。▽「え(っ)」「ええっ」とも言う。③気合いを掛けて、または思い切って、何か動作を起こしたり態度を決めたりする時に発する語。「—、どうにでもなれ」▽「えい」とも言う。

エーアイ ①【AI】↓じんこうちのう。▽artificial intelligence の略。②【Ai】死因の究明などのために、CT画像などで体内の状況を調べる方法。▽autopsy(＝検視) imaging(＝画像診断)の略。

エーイーディー【AED】 自動体外式除細動器。心室の細動を自動で検出し、電気ショックを与えて正常な拍動に戻す救命装置。空港・駅・学校など公共の場に設置。▽automated external defibrillator の略。

エーエム【a.m.】 午前。↔ピーエム。「—九時に集合」▽ラテン ante meridiem の略。

エーエムほうそう【AM放送】 信号波の波形に応じて電波の振幅を変化させる方式による放送。振幅変調方式の放送。▽AMは amplitude modulation の略。

エーオーにゅうし【AO入試】 入試担当部署・委員会が、書類審査・小論文・面接等で合否を判定する入試。▽AOは admissions office の略。

エーカー ヤード ポンド法の面積の単位。一エーカーは約四〇アール。▽acre

エーきゅう【A級】 上の(重要な)クラス。「—戦犯」▽→ビーきゅう

エー クラス【Aクラス】 (最)上位。

エーご【A5】 JISによる紙の大きさの規格の一つ。長辺二一センチ、短辺一四・八センチ。A5判。

エージェンシー ①代理業。代理店。②政府に代わって管理的業務を行う機関。▽agency

エージェント ①代理人や代理店。また、仲介業者。②国家の秘密業務で働く者。スパイ。▽agent

エース ①一。トランプ・さいの目などの「一」。「スペードの—」②第一人者。特に野球で、主戦投手。▽ace

エーティーエス【ATS】 自動列車停止装置。▽automatic train stop の略。

エーディーエスエル【ADSL】 在来の電話線を利用して行う高速データ通信。▽asymmetric digital subscriber(s) line(＝非対称デジタル加入者線)から。「非対称」は、電話局から加入者への通信がその逆より高速であることによる。

エーティーエム【ATM】 銀行などの現金自動預け入れ払い出し機。▽automated teller machine の略。

エーテル ①電磁波を伝える媒質として宇宙に満ちていると考えられた物質。▽相対性理論によって、そのような物質の存在は必要ないとされた。②二個の炭化水素基が酸素原子により結合された有機化合物の総称。また、そのうち、特にエチル エーテルを指す。▽オランダ ether ドイツ Äther

エーデルワイス ヨーロッパの高山、特にアルプスに咲く花として名高い多年草。夏、白い小さな花が咲く。西洋うすゆきそう。▽ドイツ Edelweiss きく科。

ええと 『感』次に言う言葉を考えている時に発する語。「—、なんだっけ」

エートス →エトス

エービーシー【ABC】 ①英語の字母(の最初の三字)。「—順」②初歩。入門。いろは。「ダンスの—」

エーブイ【AV】 ①視聴覚の。「—機器」▽audio-visual の略。②成人向けビデオ。▽adult と video による和製英語から。

エープリル フール 西洋で、四月一日にはうそをついて人をだましてもよいという風習。また、その日。四月ばか。▽April fool

エーよん【A4】 JISによる紙の大きさの規格の一つ。長辺二九・七センチ、短辺二一センチ。A4判。▽役所・会社などの書類の標準寸法になっている。

エール 運動競技などの応援(の叫び)。声援。「—を交換する」▽yell

ええん【会×厭】 →こうとうがい

えがお【笑顔】 笑いをふくんだ顔。「—を見せる」

えかき【絵描き】 ①絵をかくのを職業とする人。②『お—』絵をかくことの幼児語。▽幼稚園から広まった。

えがきだ-す【描き出す・△画き出す】 『五他』言葉や絵であらわし出す。そのように表現する。また、思い浮かべる。

えが-く【描く・△画く】 『五他』①絵や図をかく。「弧を—いて飛ぶ」②様子を写し出す。表現する。描写する。「情景を—」「勝利を胸に—」

えがた-い【得難い】 『形』手に入れにくい。まれだ。貴重だ。「—人材」派生 **-さ**

えがら【絵柄】 絵のがら。構図。模様。

えがら-い 『形』あくが強くて、のどが強く刺激される。えぐい。派生 **-さ**

えがらっぽ-い 『形』えがらい。いがらっぽい。▽「っぽい」は接尾語。派生 **-さ**

えき【易】 ①易経の原理にもとづき、算木(さんぎ)と筮竹(ぜいちく)で吉凶をうらなう術。②「易経」の略。儒学の五経の一つ。占いの術をとり入れたもの。▽「周易」とも言う。

えき【疫】 エキ ヤク｜流行病。やくびょう神。「疫病(えきびょう・やくびょう)・疫痢・疫癘(えきれい)・疫学・検疫・免疫・悪疫・疾疫・防疫」

えき【*益】【益】 エキ ヤク ます ますます｜①『名・造』ためになる。役に立つ。「益になる」「益虫・益鳥・益友・益体(やくたい)・実益・裨益(ひえき)・便益・無益(むえき・むやく)・有益・利益(りやく)」②『名・造』もうけ。とく。「益が少ない」「益金・損益・純益・利益・広益・受益・権益・国益・差益・収益・用益」③数量が増加する。増進する。「増益」

えき【*液】 エキ｜『名・造』しる。水のように、体積は一定だが固有の形のない物質。「液をすすめる」「液体・液汁・液化・血液・唾液・粘液・胃液・原液・樹液・廃液・水溶液・消化液・淋巴(リンパ)液」

えき【*駅】【驛】 エキ うまや｜①『名・造』鉄道の停車場。旅客・貨物を扱う所。「最寄りの駅」「駅長・駅頭・通過駅・東京駅・貨物駅」②『名・造』昔、街道の所々に設けて、交通・通信のために馬・舟・人夫などを供給した所。宿駅。「水駅・駅舎・駅路」③宿場で旅人の用に応ずる車馬。「駅馬・駅伝」④次から次へおくる。伝える。つづく。「駅逓・駱駅(らくえき)」

えき【役】↓やく【役】

えき【易】↓い【易】

えきうり【駅売(り)】 駅の構内で物を売ること。また、その人。「—の弁当」

えきか【液化】『名・ス自他』物体が気体または固体の状態から液状に変わること、または変えること。 **—てんねんガス【—天然ガス】** ↓エルエヌジー(LNG)

えきか【×腋×窩】 わきの下のくぼんだ所。

えきが【×腋芽】 葉のつけねのところにはえる芽(め)。

えきがく【易学】 易を研究する学問。

えきがく【疫学】 多くの人を対象に、病気などの有無や生活環境などを調査し、統計学を応用して病気などを引き起こす要因を明らかにする学問。

えきぎゅう【役牛】 力仕事に使う牛。↔乳牛・肉牛

えききん【益金】 利益として得た金。利益金。

えきざい【液剤】 液状の薬剤。

エキサイティング『ダナ』興奮させるさま。「—なイベント」▽exciting

エキサイト『名・ス自』興奮すること。「観衆が—する」▽excite

エキシビション 展覧会。展示会。品評会。エキジビション。▽exhibition **—ゲーム** 模範試合。公開演技。▽exhibition game

えきしゃ【易者】 算木(さんぎ)・筮竹(ぜいちく)を用いてうらなうことを職業とする人。八卦見(はっけみ)。うらないしゃ。「大道—」

えきしゃ【駅舎】 ①鉄道の駅の建物。②昔、宿駅にあった建物。

えきしゅ【駅手】 鉄道の駅で、貨物の積みおろし・運搬などの仕事をした人。駅務掛(えきむがかり)。

えきじゅう【液汁】 しる。つゆ。

えきしょう【液晶】 構成分子が、結晶のように比較的規則的に配列しつつ、液体のようにある程度自由に動ける物質。熱や電場で分子配列が変化して光学的性質が変わるため、時計・テレビ・スマホなどの表示に利用する。液体結晶。

えきじょう【液状】 液体の状態であること。「—の油脂」 **—か【—化】**『名・ス自』地震の衝撃で地盤中の砂と水が分離し、砂が噴出したり流れたりすること。「埋立地の—防止対策」

エキス ①薬物または食物の有効成分をぬき出して濃い汁にしたもの。「梅肉—」②えりぬきの最も大事なところ。精粋。▽(オランダ) extract(=抽出物)から。

エキストラ 番外のもの。特に映画などの、臨時雇いの端役(はやく)。▽extra →エクストラ

エキスパート 専門家。くろうと。▽expert

エキスパンダー ゴムまたは金属製のばねを引っ張って筋肉を鍛えるための運動用具。▽expander

えき-する【役する】『サ変他』①人民をかり出して、公用に使う。②労働に使う。使役する。

えき-する【益する】『サ変自他』利益を与える。役に立つ。ためになる。「社会のために—仕事」

えきぜい【益税】 消費者が業者に支払った消費税の一部が、納税されずに業者の利益となること。

えきせいかくめい【易姓革命】 中国古来の政治思想。天は徳の高い者を天子として万民を治めさせ、子孫相継ぐが、もしその家(=姓)に不徳の者が出た場合は、その命をあらためて(=革)別の家の者に変える(=易)とする。

エキセントリック『ダナ』普通のものとひどく変わったさま。風変わりなさま。奇矯。「—な行動」▽eccentric

エキゾチシズム 異国(的な)情緒。また、異国(風の文物を好む)趣味。▽exoticism

エキゾチック『ダナ』異国の情緒・味わいを持つさま。異国風。▽exotic

えきたい【液体】 水や高温でとけた金属のように、ほぼ一定の体積はあるが、固有の形がない物質。また、そのような状態。沸点になると気体になり、凝固点になると固体になる。▽気体・固体とともに、物質の三態の一つ。 **—くうき【—空気】** 冷却・圧縮によって液体となった空気。透明で、わずかに青味をおびる。沸点は零下一九〇度。冷却剤その他に用いる。

えきちく【役畜】 耕作や運搬などの労役に使う家畜。

えきちゅう【益虫】 害虫を食べたり受粉を媒介したりして、人にとって有益とされる昆虫。↔害虫

えきちょう【益鳥】 害虫を食べるなどの理由から、人にとって有益とされる鳥。ツバメなど。↔害鳥

えきてい【駅亭】 宿駅の宿屋。また単に、宿場。

えきてい【駅逓】 ①宿駅から次の宿駅へ人や馬をかえて送ること。②郵便。

えきでん【駅伝】「駅伝競走」の略。道路をコースとする長距離のリレー競走。▽大正時代に京都-東京間で行ったのが最初。「駅伝」は、主要道路に沿って駅を設け乗り継ぐ馬(・船)を置いた、昔の交通制度。

えきとう【駅頭】 駅。また、駅のあたり。「—の別れ」

えぎぬ【絵絹】 主として日本画をかくための手織りの生絹(すずし)。

えきひ【液肥】 液状の肥料。水ごえ。かけごえ。

えきびょう【疫病】 はやりやまい。伝染病。

えきべん【液便】 腸に障害がある時の液状の大便。

えきべん【駅弁】「駅売り弁当」の略。鉄道の駅などで、乗客のために売る弁当。

えきまえ【駅前】 駅の前に広がる地域。「—広場」「—旅館」

えきむ【役務】 労働などによるつとめ。「—賠償」

えきゆう【益友】 交わってためになる友人。

えきり【疫痢】 小児のかかる急性感染症。多くは赤痢菌が原因。

えきれい【疫×癘】 流行性のたちの悪い病気。疫病。

えきろ【駅路】 宿駅のある道。街道(かいどう)。

えぐ-い『形』①のどを刺激するような味だ。「青梅は—」②(不快なほど)どぎつい。「やり方が—」 派生 **-さ -み**

エクササイズ『名・ス自』①健康や技術向上を目的とした体操。②練習。▽exercise

エクスタシー 気持よさが最高潮に達して無我夢中である状態。忘我の境。恍惚(こうこつ)。▽ecstasy

エクステ「エクステンション」の略。毛髪・まつ毛を、長く豊かに見せるためにつける毛。

エクステンション ①サービスを拡張すること。「—コース」(大学の公開講座・通信教育など) ▽extension ②→エクステ

エクストラ《主に接頭語的に》エキストラ。「—チャージ」(別料金) ▽extra

エクスプレス 急行。▽express

エグゼクティブ 企業の上級管理職。▽executive

えくぼ:ゑ【×靨・笑×窪】笑う時、ほおにできる小さなくぼみ。「あばたも—」(→あばた)

エクリチュール 書くこと。書き方。書かれたもの。▽哲学用語から。パロール(話し言葉)との対立で説かれる。フランス écriture

えぐ-るゑぐる【×抉る】『五他』①刃物やへらなどをつきさし、そのまま回して部分的に取る。「肉を—」②心を突き刺すように強烈な刺激を与える。「肺腑(はいふ)を—一言」③追及してあばき出す。「公式見解の欺瞞(ぎまん)性を—」

エクレア 細長いシュー クリームにチョコレートをかけた菓子。▽フランス éclair

えげ【会下】禅宗などで、一人の師僧のもとに集まって学ぶ修行者、また、その修行する所。えか。

えげつな-い『形』やり方・言い方があくどく人情味がない。「—表現」▽もとは関西方言。派生 **-さ**

エコ『名ナノ』自然環境保全。また、それらへの関心や意識。「—活動」「—問題」「—バッグ」「—マーク」(環境への負荷が少なく、環境保全に役立つと認めた商品につけるマーク) ▽「エコロジー」の略。

エゴ ①自己。自我。▽ラテン ego(=私) ②「エゴイスト」「エゴイズム」の略。

えご-いゑごい『形』→えぐい。派生 **-さ**

エゴイスト 利己主義者。▽egoist

エゴイズム 利己主義。▽egoism

えこう【回向・×廻向】『名・ス自』読経(どきょう)・布施などをおこなって死者の冥福を祈ること。▽もと、自分の修めた功徳(くどく)を他に回して、自他共に仏果を得ようとする意。

エコー 反射して戻ってきた音波や電波。反響。また、残響。▽echo **—けんさ**【—検査】超音波の反射を使って、対象内部の構造や動きを調べる検査。例、医学で、臓器の診断に利用する。

えごころ:ゑ【絵心】①絵に理解とたしなみがあること。「少しは—がある」②絵を書こうとする気持。「—が動く」

えこじ【依×怙地】『名・ダナ』つまらない事に頑固なこと。片意地。いこじ。派生 **-さ**

えことば:ゑ【絵△詞】絵巻物のことば書き。また、ことば書きのついている絵巻物。

えごのき 山野に自生し、庭木などにもする落葉小高木。初夏、長い柄の白色五裂の花が下を向いて咲く。果実は球形。種子から油をとる。材は和傘のろくろや細工物用、また床柱・天井の材にする。▽えごのき科。

エコノミー 経済(的)。▽economy **—クラス**(飛行機などの)普通席。▽economy class **—クラスしょうこうぐん**【—クラス症候群】長時間座り続けるなどしたため脚の血行が悪くなってできた血栓が、急に立ち上がった時肺に達して詰まる疾患。呼吸困難や死に至る。▽飛行機で、座席が狭くて体を動かしにくいエコノミー クラスの乗客に発症したことによる命名。「ロングフライト血栓症」とも言う。

エコノミカル『ダナ』経済的。▽economical

エコノミスト 経済学者。経済人。▽economist

えごのり【恵×胡〈海苔〉】ホンダワラなどの大きな海藻に着生して育つ紅色の海藻。形はひも状で不規則に分岐。食用。煮溶かして寒天のように固めた食品は、えご・うご・おきうとなどと呼ばれる。▽いぎす科。

えこひいき【依×怙×贔×屓】『名・ス他』他よりも特に、その者に目をかけること。公平でないこと。

えごま【×荏×胡麻】種子から油をとるために古くから栽培される一年草。シソの変種。茎や葉は緑色でアオジソに似るが、独特の臭気がある。

えごよみ:ゑ【絵暦】①絵入りの暦。②字の読めない人のために絵で意味を表した暦。めくらごよみ。

エコロジー ①生態系。②自然環境保全。「—運動」▽ecology 本来は「生態学」の意。↓せいたいがく・せいたいけい

えさゑさ【餌】①生き物を育てるための食物。鳥獣などの食物。え。②人をおびきよせる手段にするもの。

えさがし:ゑ【絵捜し・絵探し】絵の中から、一目では分からないように形・字が書いてあるのを、さがし出す遊び。その絵。

えし:ゑ【絵師・△画師】えかき。▽古くは、宮廷などで絵画のことをつかさどった職。

えし【△壊死】『名・ス自』からだの組織の一部分が生命をなくすこと。組織の局所的死。

えしき【会式】法会(ほうえ)の儀式。特に日蓮(にちれん)宗で、日蓮の忌日十月十三日に行う宗祖追恩の仏事。おえしき。御命講(おめいこう)。

えじき:ゑ【餌食】えさとして食われるもの。ねらわれて犠牲になるもの。「虎の—になる」「悪人の—にされる」

えしゃく【会釈】①『名・ス自』軽く一礼すること。㋐軽いおじぎ。あいさつでうなずく動作。㋑相手への心づかい。「遠慮—なく」②『名・ス他』〔仏〕仏典中の異なった説を照合して融和させ、矛盾なく解釈すること。

えしゃじょうり【会者定離】会う者は必ず離れる定めにあるということ。「生者(しょうじゃ)必滅—」(平家物語) ▽

仏教で、世の無常を説いた言葉。

エシャロット 小形たまねぎの一種で、西洋料理で使う香味野菜。シャロット。▽フランス échalote

えしん【回心・×廻心】〔仏〕宗教的自覚によって、心を改めて邪から正に入ること。▽→かいしん(回心)

えず:ゑ【絵図】①「絵」に同じ。②住宅・庭園などの平面図。

エスアイ【SI】→こくさいたんいけい。▽フランス système international d'unités の略。

エスイー【SE】コンピュータ システムの設計・作成に携わる技術者。システム エンジニア。▽system engineer の略。

エスエスティー【SST】音速よりも速く飛ぶ旅客機。超音速旅客機。▽supersonic transport の略。

エスエヌエス【SNS】インターネット上で、登録してネットワークを作り、情報交換を行うサービス。ソーシャル ネットワーキング サービス。▽social networking service の略。

エスエフ【SF】科学が進んだ未来の社会や宇宙などを舞台とする、空想的な小説。空想科学小説。▽science fiction の略。

エスエル【SL】蒸気機関車。▽steam locomotive の略。

エスオーエス【SOS】①船舶用無電の、救いを求める信号。②一般に、助けを求めること。「友だちに―を出す」

えすがた:ゑ【絵姿】絵にかいた、人の姿。画像。

エスカルゴ 食用かたつむり。その内臓を取り除き、加熱調理したもの。フランス料理に用いる。▽フランス escargot

エスカレーター 人間が歩かなくても昇降できる、階段状の装置。▽escalator

エスカレート『名・ス自』少しずつ拡大・激化してゆくこと。「暴動が―する」▽escalate

エスキス スケッチ。また、油絵作品などの下書き。エスキース。▽フランス esquisse

エスケープ『名・ス自』逃げること。抜け出すこと。「授業を―する」「―クローズ」(免責事項) ▽escape

エスコート『名・ス他』帰路や社交の場で、(男性が女性に)付き添うこと。▽escort(=護衛)

エスタブリッシュメント 国や市民社会や組織の中で、意思決定や方針樹立に影響力が強い、既成の権威的勢力(の体制)。▽establishment

エステ 「エステティック」の略。

エステティック 全身美容。エステ。「―サロン」▽フランス esthétique(=審美。美学)

エストロゲン 女性ホルモンの一つ。▽estrogen

エスニック『名ナ』服飾・料理・音楽などについて、アフリカ・中南米・アジアなどその民族風であること。「―料理」▽ethnic

エスは【S波】地震の際、P波に遅れて到達する主要な波動。波動の進む方向に垂直にゆれる横波。▽「エス」は secondary(=次の)の略。→ピーは

エスピー【SP】要人の身辺を守る私服警官。▽和製英語 security police からの略語。

エスプリ ①精神。精髄。②機敏にはたらく才知。機知。「―のきいた挨拶」▽フランス esprit

エスプレッソ よく煎ったコーヒー豆を細かく挽(ひ)き、高温・高圧蒸気で抽出したコーヒー。色が濃く、苦み・香りが強い。▽イタリア espresso

エスペラント 万国共通語をめざす人造語。ポーランドのザメンホフが一八八七年に発表した。▽エスペラント Esperanto

えせ=【〈似非〉〈似而非〉】《名詞の上に》似てはいるが、本物とは違った。まやかしの。「―学者」

えそ【△壊×疽】体の壊死(えし)した部分が腐敗・融解すること。感染症や、重度の凍傷による血管の障害などで起こる。「肺―」

えぞ【〈蝦夷〉】①北海道の古称。②古代、関東以北の住人。えみし。

えぞうし:ゑ【絵草紙・絵双紙】江戸時代の絵入りの読み物。特に、青本・黒本・黄表紙など、毎丁、絵のある木版刷りの小冊子類。広く、瓦版・にしき絵なども言う。

えぞぎく【〈蝦夷〉菊】中国東北部原産の一年草。夏から秋に紫・うす紅・白などの大きな頭状花が咲く。さつまぎく。アスター。▽きく科。

えぞまつ【〈蝦夷〉松】寒い地方に産する常緑高木。葉は線形。トドマツと共に重要な建築・器具・パルプ用材。▽まつ科。

えそらごと:ゑ【絵空事】物事を実際よりも誇張したり、うそを加えたりすること。ありもしないうそ。▽もと、絵かきが、想像力を働かせて実際と違った様子にえがくことを言った。

えだ【枝】①草木の幹から分かれて伸びた部分。②大もとから分かれ出たもの。「話の―に―が出て、筋がわからなくなった」

えたい『―が知れない』正体(しょうたい)・本性(ほんしょう)がわからない。▽「―がわからない」とも言う。「得体」とも書く。

えだうち【枝打ち】『名・ス他』下枝や枯れ枝を切って木の手入れをすること。

えだげ【枝毛】先が枝のように裂けた毛髪。

えだずみ【枝炭】茶の湯で、炉や風炉(ふろ)で炭をおこすのに使う炭。ツツジ・クヌギの小枝を焼き、胡粉(ごふん)等で白く塗った白炭(しろずみ)と塗らない山色(やまいろ)とがある。

えだにく【枝肉】家畜の、頭・内臓・尾・肢端(したん)をとり去った肉。

エタノール エチルアルコール。▽ドイツ Äthanol

えだは【枝葉】①枝や葉。②物事の末の方のこと。本筋でないもののこと。「そんなのは―の問題だ」

えだばん【枝番】「枝番号」の略。既存の番号の後ろに更に加えた番号。特に、㋐法令などで、二つ並ぶ条の間に新たな条文を加える時、今までの番号を変えな

いように、付ける番号。例、第八条と第九条との間に二か条を追加する時の、第八条の一、第八条の二という番号。㋑品物などに付けた番号で、例えば1359の改良品が出来た時、全く別の番号にするのでなく1359–01とするような番号付け。

えだぶり【枝振り】 枝の出ぐあい。枝のかっこう。

えだまめ【枝豆】 よく熟していない、青いさや入りの大豆。ゆでて食べる。▽枝付きで売るところからの名。

えだみち【枝道】 ①本道から分かれた道。②本筋からそれた所。

えたり【得たり】《連語》うまくいった。しめた。「―やおう(=うまくいったぞ、さあ)と立ちあがる」▽自分の思う通りになって気勢のあがった時発する語。文語動詞「得(う)」の連用形に助動詞「たり」の付いた形。　**―かしこし【―賢し】**《連語》うまくいった、これはありがたい。「相手の弱点に―とつけ入る」▽思う通りにいった時喜んで発する語。「かしこし」は文語形容詞。

えだわかれ【枝分(か)れ】《名・ス自》途中から二つ以上にわかれること。「―した道」「―構造」

エチケット 礼儀作法。▽フランス étiquette

えちごじし【△越後×獅子】 新潟県(=越後)発祥の獅子舞(ししまい)。子供に、獅子頭(ししがしら)をつけて、高足駄(たかあしだ)で芸をさせる。角兵衛(かくべえ)獅子。

エチュード ①主として器楽の練習のために作った楽曲。練習曲。②習作。▽フランス étude

エチルアルコール 最も代表的なアルコール。無色透明で可燃性の液体。酒の成分で、特有の香りと味がある。単にアルコールとも言う。エタノール。▽ドイツ Äthylalkohol

エチレン 炭素二つ、水素四つから成る炭化水素。石油化学工業の基礎原料の一つ。▽ドイツ Äthylen イギリス ethylene

えつ〖悦〗[悦] エツ よろこぶ ｜《名・造》こころよく思う。満足してうれしく思う。よろこぶ。「悦に入(い)る」(事がうまく運び心の中で喜ぶ)「悦服(えっぷく)・悦楽・喜悦・恐悦・満悦・愉悦・法悦」

えつ〖閲〗[閲] エツ けみする ｜①《名・造》改めしらべる。数を数える。よく読む。「閲を受ける」「閲読・閲兵・閲覧・簡閲・検閲・校閲・査閲・披閲」②経過する。「閲年・閲歴」

えつ〖越〗 エツ(ヱツ) オツ(ヲツ) オチ(ヲチ) こす こえる ｜①物の上を一方から他方に移りわたる。順序をふまないで進む。とびこえる。「越階(えっかい・おっかい)・越訴(えっそ・おっそ)」②ある程度・限界以上に進む。「越権(えっけん・おっけん)・越度(おちど)・激越・僭越(せんえつ)・卓越・超越・優越」③ある変わり目を通り過ぎる。「越境・越年(えつねん・おつねん)」④「こし」の国。「越前(えちぜん)・越中・越後(えちご)・越州・上越・加越能」⑤《名》中国の春秋時代の国名の一つ。「呉越同舟」⑥「越南(えつなん・ベトナム)」の略。「中越紛争」

えつ〖謁〗[謁] エツ ｜《名・造》目上の人に会ってもらう。貴人に会見する。「謁を賜う」「謁見・親謁・内謁・拝謁」

えっきょう【越境】《名・ス自》境界線や国境を越えること。「―入学」

えづ-く【餌付く】《五自》動物がなれて、与えたえさを食べるようになる。

エックス 未知であるもの。▽アルファベットのxを未知数の記号に使うことから。　**―きゃく【X脚】** 直立したとき、両膝がついてかかとがつかず、アルファベットのXのような形をなす脚。↔オー脚。　**―せん【―線・X線】** 電磁波の一種。波長は紫外線とガンマ線の間くらいで、物質を透過しやすいのでレントゲン写真などに利用する。レントゲン線。▽発見者のレントゲンが未知の線という意味で名づけた。

えつけ【絵付(け)】《名・ス自》陶磁器の表面に絵や模様を描くこと。釉薬(うわぐすり)の下に描くのを下絵付、上に描くのを上絵(うわえ)付と言う。

えづけ【餌付け】《名・ス自》(野生の)動物に食物を与えて馴(な)れさせること。

えっけん【謁見】《名・ス自》貴人や目上の人にお目にかかること。

えっけん【越権】 自分の権限以上のことに手を出すこと。「―行為」

えっさえっさ ①《感》重い物を運ぶとき、勢いや調子をつける掛け声。②《副[と]》労力を要することを、たゆまず調子づけて行うさま。「重い荷をみんなで―(と)運ぶ」「山道を―(と)登る」

エッジ ①はし。ふち。へり。②スキーやスノーボードの滑走面の両側の角。また、スケート靴の刃の両角。▽edge 「―が立つ」「―が効く」は、比喩的に鋭さのある意で用いる。

えっ-する【閲する】《サ変他》①しらべる。あらためる。検閲する。②読む。見る。目を通す。

エッセイ ①自由な形式で、気軽に自分の意見などを述べた散文。随筆。随想。②特殊の主題に関する試論。小論。▽「エッセー」とも言う。essay

エッセイスト エッセイの書き手。随筆家。▽essayist

エッセンス ①本質的要素。真髄。②植物体からとり出した食用・香料の精油。「バニラ―」▽essence

えっそ【越訴】《名・ス他》順序を飛び越し直接上位の官(上位者)に訴えること。おっそ。

エッチ 〔俗〕①《名ナ》性的にいやらしいこと。そういう人、特に男。②《名・ス自》性的行為、特に性交(すること)。▽普通「エッチ」または「H」と書く。「変態」のローマ字書きの頭字Hから。以前女学生の隠語だったのが、一九六五年ごろ一般化し、八〇年ごろから(2)の意が広まった。

エッチアイブイ【HIV】 ↓エイチアイブイ

えっちゅうふんどし【越中×褌】 小幅の布の端にひも

をつけた、丁字形のふんどし。えっちゅう。

えっちらおっちら《副[と]》つらそうに、やっとの思いで移動するさま。「重い荷物を下げて—家まで歩く」

エッチング 酸が金属(特に銅)を腐食させる作用を利用して、銅板に絵をかく術。また、それで刷った版画。腐食銅版画。▽etching

えっとう【越冬】《名・ス自》冬の季節を越すこと、過ごすこと。「—資金」「—隊」「日本で—するつばめ」

えつどく【閲読】《名・ス他》(調べようと)読むこと。

えつねん【越年】《名・ス自》旧年を送って新年を迎えること。としこし。おつねん。「—資金」 **—そう**【—草】秋に発芽して、葉のついたまま越冬し、翌年夏までに花をつけ結実して枯れる草本。アブラナ・ハコベなど。→にねんそう

えっぺい【閲兵】《名・ス他》軍隊を整列させて、検閲すること。「—式」

えつぼ:ゑ【笑×壺】(事がうまく運んで)笑いが顔に現れること。「—に入(い)る」▽既に古風。

えつらく【悦楽】《名・ス自》よろこびたのしむこと。

えつらん【閲覧】《名・ス他》①図書や書類を、調べようと読むこと。「—室」②ブラウザを用いてウェブページや文書・画像を見ること。▽図書館用語としては、資料を館内で利用することをいう。

えつれき【閲歴】ある人が、社会的にそれまでにすぎてきたあと。履歴。経歴。

えて〔俗〕動物の猿のこと。「—公」

えて【得手】得意とするわざ。「—に帆をあげる」(得意になって事を進める) **—かって**【—勝手】《名ナ》自分の都合のよいことばかり考えて、他人の利害を考えないこと。「—な言い分」派生 **-さ**

えて【得て】《連語》《副詞的に》→えてして。「末っ子は—甘やかされて育つ」▽古風。

エディター ①新聞・雑誌・書籍・映画フィルムなどの編集者。また、映画編集に使う機械。②コンピュータで、ソースプログラムや文書ファイルなどを編集するためのプログラム。エディタ。▽editor

エディプス コンプレックス 精神分析で、男の子が無意識に同性である父親を憎み、母親を慕う傾向。↔エレクトラ コンプレックス。→マザコン。▽フロイトの用語。父と知らずに父を殺し、母と結婚した、ギリシア神話のオイディプスにちなむ。Oedipus complex

えてして【得てして】《連語》《副詞的に》とかく、その傾向があること。「過信は—失敗を招く」

エデン 旧約聖書でいう、人類の始祖アダムとイブが暮らしていた楽園。▽ヘブライ Eden(=歓喜)

えと【〈干支〉】古代中国の考案で年・日(や方位)を表すシステム。十干すなわち甲・乙・丙・丁・戊(ぼ)・己(き)・庚(こう)・辛・壬(じん)・癸(き)と、十二支すなわち子(ね)・丑(うし)・寅(とら)・卯(う)・辰(たつ)・巳(み)・午(うま)・未(ひつじ)・申(さる)・酉(とり)・戌(いぬ)・亥(い)。これを組み合わせて甲子(きのえね)・乙丑(きのとうし)等六十種のよび名を作り、年・日などにあてはめる。▽「えと」は兄(え)と弟(と)で、十干をさらに木火土金(ごん)水の五行(ごぎょう)にあてはめ、甲(きのえ)乙(きのと)丙(ひのえ)丁(ひのと)……という読み方をしたところから起こったもの。「来年の—は午(うま)だ」など十二支だけ指しもする。

えど【×穢土】浄土に対して、凡夫の居るけがれの多い国土。この世。現世。↔浄土。「厭離(えんり)—」

えどおもて【江戸表】江戸をそれ以外の地方から指して言う語。「—へ出向した」

えとき:ゑ【絵解き】《名・ス他》①絵の意味の説明。またはその文言。更に広く、物事の説明。「—をしてくれ」②絵で説明を補うこと。

えとく【会得】《名・ス他》よく理解して自分のものとすること。

えどこもん【江戸小紋】小紋染めの一種。非常に細かい模様を型染めしたもの。▽江戸時代、武士の麻裃(あさがみしも)に用いたが、明治以降、一般にも趣味の高級品として使われるようになった。

えどころ:ゑ【絵所】昔、宮中・社寺・幕府などの絵画をつかさどった所。

エトス 人間の持続的な性状。また、社会集団における道徳的な慣習。エートス。↔パトス。▽ギリシア ēthos

エト セトラ などなど。その他いろいろ。▽etc., et cetera

えどっこ【江戸っ子・江戸っ△児】江戸で生まれ育った(裏だな住まいの)者。単に「江戸者(もの)」と言うのと違い、普通は美化して、物事特に金銭に淡白で威勢がいいという含みで使う。「—の生まれ損(そこ)ない金をため」(川柳)「生粋(きっすい)の—」「—のちゃきちゃき」▽そういう気性の、東京育ちの者にも言う。

えどづま【江戸×褄】女性用和服の、裾模様の一種。衽(おくみ)の裾から上前身頃にかけて斜めに模様を染めた、粋好みのもの。▽江戸中期以降に広まった。

えどづめ【江戸詰】江戸時代、大名とその家臣が、江戸にある藩邸に勤務すること。↔国詰(くにづめ)

えどまえ:へ【江戸前】いかにも江戸のものだと感じさせる風(ふう)。江戸風。「—の料理」▽もと、江戸湾(=東京湾)でとれる魚類の称。江戸前は江戸前面の海の意という。

えどむらさき【江戸紫】藍色の勝った紫色。▽江戸で染めはじめたから。→こだいむらさき

エトランジェ 見知らぬ人。異国の人。旅人。エトランゼ。▽フランス étranger

えどる:ゑ【絵取る】《五他》①いろどる。②一度書いた字の上を、墨でぬって形をととのえる。

えな【〈胞衣〉】胎児を包んでいる膜および胎盤・臍帯(さいたい)等の総称。

エナメル ①陶器・ガラス・金属器具などの表面に焼き付けるガラス質の塗料。琺瑯(ほうろう)。②「エナメル ペイント」の略。ワニスに顔料をまぜた塗料。光沢がある。▽enamel **—しつ**【—質】歯の表面をおおう、エナメルのようなかたい物質。琺瑯質(ほうろうしつ)。

えならぬ『連語』普通の程度を越えて、何とも言えず、よい。「—花の香り」▽文語副詞「え」+動詞「なる」+文語助動詞「ず」連体形に由来。

えにし【△縁】えん。つながり。「遠い—のかの人」▽雅語的。「えに」は「縁」の音、「し」は強めの助詞から。

エニシダ【〈金雀児〉】暖地の庭・公園に植えられるヨーロッパ原産の落葉低木。枝は緑色で細かく分かれ、五月ごろ、葉のつけ根に黄色の蝶(ちょう)形の花が咲く。▽スペイン hiniesta から。まめ科エニシダ属とそれに近縁の植物の総称。

エヌジー【NG】①映画・テレビの撮影に演技者の失敗などでとり直しがいること。「—を出す」。その失敗フィルム・ビデオテープ。②転じて、不都合なこと。よくないこと。「よそでは—の話」▽no good の略。

エヌジーオー【NGO】政府間協定によらずに設立された国際協力組織。非政府組織。▽non-governmental organization の略。

エヌピーオー【NPO】民間の、営利を目的とせず社会的活動を行う団体。▽nonprofit organization の略。

エネルギー ①精力。元気。②物理学的な仕事に換算しうる量の総称。物体の運動や光・電磁気・熱などさまざまな形態がある。「—保存の法則」③化石燃料など、⑵を生み出すもととなる資源。「省—」▽ドイツ Energie

エネルギッシュ『ダナ』精力的。▽ドイツ energisch

えのあぶら【×荏の油】エゴマの種子からとった油。乾性。桐油紙(とうゆがみ)や雨傘などにぬる。

えのき【×榎】暖地に自生し、また神社の境内や古くは一里塚に植えられた落葉高木。高さ二〇メートルに達し枝を大きく広げる。雌雄同株。四、五月、新葉と同時に淡黄色の花が咲く。家具・木炭・まき用。樹皮を煎じて漢方で薬用とする。▽あさ科(旧にれ科)。

えのぐ【絵(の)具】絵に色をつけるための材料。▽特に、溶いて使うのを指す。

えのころぐさ【〈狗尾〉草】野原に自生し、夏から秋にかけて茎の先に犬の尾のような緑色の花穂を出す一年草。高さ三〇〜八〇センチ。ねこじゃらし。▽→いぬころ

えはがき【絵葉書】裏面に絵や写真の刷ってあるはがき。

えはつ【△衣鉢】→いはつ(衣鉢)

えばはおり【絵羽羽織】絵羽模様の女性用羽織。訪問着用。えば。えばおり。

えばもよう【絵羽模様】和服で、縫い目にまたがる大柄の模様。

えび【×蝦・〈海老〉】水中にすむ硬い外皮をもつ生物。体は前後に長く、一対の柄のついた目と二対の触角がある。主に歩行に使う大きな五対の足の後ろに、遊泳などに使う小さな足が並ぶ。後端の足はひれ状で魚の尾びれに似る。クルマエビ・イセエビなどは食用。殻は加熱すると赤くなる。「—で鯛(たい)を釣る」(わずかな労力や品物で、多くの利益を得る)▽十脚目(えび目)の甲殻類のうち、カニやヤドカリを除いたものをいう。

えびがに【×蝦×蟹】→ざりがに

エピキュリアン 快楽主義者。享楽主義者。▽本来、ギリシアの哲学者エピクロスの説いた学説を信奉する者。epicurean

エピゴーネン 独創性も無く、ある人の思想につきしたがっている者。亜流。▽ドイツ Epigonen

えびごし【〈海老〉腰】えびのように曲がった腰。

えびじょう【〈海老〉錠】①門のかんぬきにおろす、えびのように曲がった錠。②南京(なんきん)錠。

えびす【×夷・×戎】①えぞ。えみし。②あらあらしい人。あらくれ武士。「あずま—」▽もと、辺境の(未開の)人々。また、異民族・外国人。

えびす【恵比須・恵比△寿】七福神の一つ。狩衣(かりぎぬ)・指貫(さしぬき)・風折りえぼしをつけ、右手につりざお、左手に鯛(たい)をだく。商家の神。▽蛭子命(ひるこのみこと)、事代主命(ことしろぬしのみこと)等諸説がある。 **—がお**【—顔】えびすが笑っているようなにこやかな笑い顔。 **—こう**【—講】旧暦十月二十日または正月十日(または二十日)に、商家などで商売繁盛を祈ってえびすをまつること。

エピソード 物語・事件の大筋の間にはさむ話。挿話。また、その人にまつわる(その人の隠れた一面をあらわすような)、ちょっとした話題。▽episode

えびたい【〈海老〉×鯛】「海老で鯛を釣る」ことの略。→えび

えびちゃ【〈葡萄〉茶・〈海老〉茶】黒みを帯びた赤茶色。「—式部」(→しきぶ⑵)

エビデンス 証拠。特に、治療法の効果などについての根拠。「—を示す」▽evidence

えびね【〈海老〉根・×蝦根】山地の樹下に自生し、観賞用に栽培もされる多年草。根茎は節が多く、エビの背に似る。四、五月ごろ花茎を伸ばし、その基部に長楕円(だえん)形の大きな葉が開く。花茎の先に数個の花をふさ状につける。▽らん科。

エピローグ ①詩歌・小説・演劇などの終わりの部分。↕プロローグ。②音楽のソナタ形式で、第二主題にもとづく小終結部。▽epilogue

エフエー【FA】(プロ野球の)自由契約選手。どのチームとも自由に契約する権利を持っている。「—制」▽free agent の略。

エフェドリン 麻黄(まおう)に含まれるアルカロイド。気管支を弛緩(しかん)させる作用があり、ぜんそくなどの薬に用いる。▽ephedrine

エフエムほうそう【FM放送】信号波の波形に応じて電波の周波数を変化させる方式による放送。雑音の混入が少なく、音を忠実に伝える。周波数変調方式の放送。▽FMは frequency modulation の略。

エプロン ①前かけ。②航空機がとまる飛行場内の区域。▽apron **—ステージ** 劇場で、観客席の中まで

突き出している舞台の一部。▽apron stage

エフ ワン【F1】世界各国を転戦して行われる自動車レース。それに使う、国際自動車連盟の規定で最上級の競走用自動車。▽Fは formula の頭文字。

えへへ《感》てれたり、作り笑いをしたりする時に出す笑い声。「―と首をちぢめた」

えへらえへら《副「と」・ス自》しまりなく、声をたてずに笑うさま。「責任を取ることなく―(と)笑ってすます」

えへん《感》①せきばらいをする時の声。②人の注意を引くために出す、せきばらいのまねの声。いばるさま。「―、―といばっていた」

えほう【恵方・△吉方】陰陽道(おんようどう)で、その年の干支(えと)にもとづいて、歳徳神(としとくじん)のある方向を吉の方向として定めたもの。 **―まいり**【―参り】元日に恵方にある神社・仏閣などに参詣して、その年一年の福徳を祈ること。

えぼし【×烏△帽子】奈良時代から江戸時代まで広く使われた、男子の袋状のかぶり物。もと黒の紗(しゃ)で作ったが、のち紙で作り、うるしで塗り固めた。立てえぼし・風折りえぼし・もみえぼし・引っ立てえぼし・さむらいえぼし等がある。 **―おや**【―親】武家社会で、元服する者に烏帽子をかぶらせ成人名を与える役の(勢力)者。

エポック それまでの時代とは違った意義・特色を持つ時代。新時代。「―を画する」▽epoch **―メーキング**《ダナ》画期的。画時代的。▽epoch-making

エボナイト 生ゴムに硫黄(いおう)をまぜ加熱して製する、黒色で光沢のある硬い物質。万年筆の軸、くし、電気の絶縁材料などに使う。硬質ゴム。▽ebonite

エホバ イスラエル民族が崇拝した神。万物の創造主。▽本来の呼称はヤハウェ。ヘブライ Yahweh から。

えほん【絵本】①(児童用の)絵を主にした本。②さし絵を主にした、江戸時代の通俗物語。↓えぞうし

えま【絵馬】願いごとのために、または願いごとのかなったお礼に、神社や寺に奉納する額(木の札)。▽もと、馬を奉納する代わりとして、馬の絵をかいた。

えまき【絵巻】物語などを絵で表し、巻物の体裁にしたもの。いくつかの場面の絵に文章を添える。

えまきもの【絵巻物】↓えまき

えみ【笑み】①笑顔を作ること。ほほえみ。「会心の―を浮かべる」②花が開くこと。また、ふくらんで割れ目が出来ること。「いがぐりの―」

えみし 蝦夷(えぞ)の古称。

エミュー オーストラリアの草原にすむ大きな鳥。形はダチョウに似るがやや小さく、首にも長い羽毛が生え、足指は三本ある。翼は退化して飛べず、発達した脚でよく走る。▽emu だちょう目エミュー科。

えみわれる【笑み割れる】《下一自》(クリのいがや果実が)ふくらんで割れる。

えむ【笑む】《五自》①明るい表情で声を出さずに笑う。にこにこする。②つぼみがほころびる。花が開く。③クリのいがやザクロなどの果実の外側が割れて中の実がのぞく。

エムアールアイ【MRI】強い磁場の中にある水素原子が電磁波を吸収することを利用して人体を断層撮影する方法。脳などの診断に使う。磁気共鳴映像法。▽magnetic resonance imaging の略。

エムケーエスエーたんいけい【MKSA単位系】長さにはメートル、重さにはキログラム、時間には秒、電流にはアンペアを基本単位とする単位系。▽「エムケーエスエー」は metre, kilogramme, second, ampere の頭字から。↓こくさいたんいけい

エムシー【MC】①番組や催事などの司会。▽master of ceremony の略。②コンサートの曲と曲の間のトーク。▽日本での用法。

エムディー【MD】デジタル化した音楽などの信号をデータ圧縮して記録できる、直径六・四センチの円盤(ディスク)。ミニ ディスク。「―プレーヤー」▽mini disc の略。

エムブイピー【MVP】スポーツ(特に野球)で最もすぐれた働きをした選手。▽most valuable player の略。

エメラルド 緑色の光沢のある宝石。緑玉(りょくぎょく)。翠玉(すいぎょく)。▽emerald

えもいわれぬ【えも言われぬ】《連語》《連体詞的に》言い表すことも出来ないほど、すぐれている。「―よいかおり」▽「ぬ」の所は「ない」「ません」でも使う。↓え《副》

えもじ【絵文字】①簡単な絵で表した文字。▽象形(しょうけい)文字の前の段階。②絵のような形で記号や言葉の代わりとするもの。

えもの【得物】武器。▽もと、自分の得手(えて)とする武器。

えもの【獲物】狩や漁でとれたもの、また、とろうとしているもの。「―を追う」

えもん【△衣紋】①装束(しょうぞく)をきちんと着けること。また、その方式。②着物のえりを胸で合わせたところ。「―をつくろう」「―を抜いて(=抜き衣紋にして)着る」 **―かけ**【―掛(け)】衣服を掛けておく道具。㋐衣服のそでを貫くように通す(竹などの)棒と、それをつるすために中央に付けたひもとを主要部としたもの。▽普通は和服用のを言い、洋服用のハンガーより幅が広い。㋑↓いこう(衣桁)。 **―ざお**【―×竿】着物をかける棒。 **―だけ**【―竹】竹製のえもんかけ㋐。

えら【×鰓】①水中にすむ動物の呼吸器。水中の酸素をとる。②人のあご。「―が張った顔」

エラー《名・ス自》あやまり。失策。失敗すること。▽error

えらい【偉い・△豪い】《形》他(の水準)を抜いて、まさっている。①品行や経歴や才能が立派だ。すぐれた。[偉]「カントより―哲学者」②地位や身分が高い。[偉]「―方のお越し」「どー社長様も居るもんだ」▽(2)の意では「がる」を付け得る。「自分で―がって大きく構える」③程度がはなはだしい。[豪・

偉】 ㋐予想を越えて大変だ。「―事になった」「身にこたえて―」 ㋑激しい。ひどい。「―寒さ」「―く人がたかる」 ▽⑶の意では、連体形「えらい」を副詞的に「今日は―寒い」「これは―困った」のように使うことがふえてきた。派生 -さ -がる

えらびだ-す【選び出す】《五他》 幾つかあるものの内から目的や希望・好みにかなうのを取り出す(取り上げる)。

えらびと-る【選び取る】《五他》 選び出して自分の物とする。

えら-ぶ【選ぶ・△択ぶ・×撰ぶ】《五他》 ①二つ以上のものの中から、目的にかなうものをえりわけ、また、とり出す。〔選・択〕「ネクタイを―」「代表に―」「手段を―・ばない」「……と―ところがない」(……と同様である) ②編集して書籍を作る。〔撰〕「字典を―」 関連 える・よる・えりすぐる・見分ける・えり分ける・見分ける・ふるい分ける・選・選択・選抜・選出・選考・選定・選別・厳選・精選・特選・改選・人選・公選・予選・抽選・くじ引き・取捨・セレクト・えりぬき・仕分け・よりどり

えらぶつ【偉物・△豪物】 すぐれた人物。▽軽いからかいの気持で使う。

えらぶ-る【偉ぶる】《五自》 偉そうにふるまう。「―・ったことを言う」

えら-む【選む】《五他》 →えらぶ

えり【襟・×衿】 ①衣服の、くびに当たる部分。また、その部分につけるきれ。「―を正す」(容姿をととのえる。姿勢を正す。気持をひきしめ、まじめな態度になる) ②体のくびの後ろの方。「―に付く」(権勢におもねる)

えり【×魞】 細長い袋状に竹簀(たけす)を立てて魚をとる装置。川や湖沼の魚の通路にしかける。

エリア 地帯。地域。区域。「サービス―」 ▽area

えりあし【襟足】 えりくびのところの髪のはえぎわ。

エリート えりぬきの人。選良。「彼は―意識が強い」 ▽フランス élite

えりかざり【襟飾り】 洋服のえりにつけるかざり。ブローチ・ネクタイの類。

えりがみ【襟髪】 えりくびのあたりの髪。「―をつかんで引き倒す」

えりぎらい【△選り嫌い】 →えりごのみ

えりくび【襟首】 首の、後ろの髪のはえぎわから下の部分。くびすじ。うなじ。「―をつかむ」

えりぐり【襟×刳(り)】 洋服の仕立てで、首の回りにそってくりあけた線。

えりごのみ【△選り好み】《名・ス自他》 多くのものの中から自分の好きなものだけをえらびとること。よりごのみ。えりぎらい。「―をせずに食べなさい」

えりしょう【襟章】 えりにつける記章。

えりすぐ-る【△選りすぐる】《五他》 多くのものから、よいものをえらぶ。よりすぐる。

えりぬき【△選り抜き】 多くの中から(すぐれたものを)えらんで抜き出すこと。粒より。よりぬき。

えりふ【襟布】 上着の襟が汚れないように内側に付ける白い布のカラー。

えりまき【襟巻】 首のまわりに巻いて、主に寒さを防ぐもの。くびまき。マフラー。

えりもと【襟元・×衿元】 衣服のえりの辺。また、(えりの合う)胸の辺。「―に付く」(権勢におもねる)「―をかき合わせる」

えりわ-ける【△選り分ける】《下一他》 多くの中から善悪・適否を見て区別する。よりわける。

エリンギ 南ヨーロッパ・中央アジア原産の食用きのこ。日本では自生せず栽培される。白い太めの軸の歯ごたえを特長とする。▽ラテン eryngii

え-る【△彫る】《五他》 ①くりぬく。②ほりつける。③所々きざんで、金銀や宝石をはめこむ。

え-る【△選る】《五他》 多くのものの中からえらび取る。よる。

える【得る】 ①《下一他》 ㋐手に入れる。自分の物にする。「知識を―」「志を―」「病を―」 ▽(鳥獣などを)つかまえる意では「獲る」とも書く。 ㋑理解する。さとる。「その意をえない」 ②《下一自》《動詞の連用形に付いて》……ことができる。「ありえない」「言いえて妙だ」(うまく言い表している) ▽⑵の場合、終止形・連体形は「うる」、仮定形は「うれ」となることが多い。「考え**うる**限り手をつくす」

エルイーディー【LED】 発光ダイオード。二つの電極の間に、ある決まった向きに電圧を加えた際に、発光する半導体素子。▽light emitting diode の略。表示や照明などに用いる。

エルエスアイ【LSI】 ICよりさらに多くのトランジスタなどを集積した電気回路の素子。大規模集積回路。高密度集積回路。▽large scale integration の略。

エルエヌジー【LNG】 天然ガスを低温で加圧して液化させたもの。液化天然ガス。▽liquefied natural gas の略。

エルエル【LL】 ①視聴覚教育機器を備えた語学練習室。▽language laboratory の略。②衣類で、特大のサイズ。▽Lは large から。

エルグ〔物理〕CGS単位系でのエネルギー・仕事量の単位。一ダインの力が働いてその方向に物体を一センチ動かす間にその力がする仕事の量。▽erg

エルシーシー【LCC】 低価格の航空輸送を行う会社。「―航空券」 ▽low cost carrier の略。

エルジービーティー【LGBT】 性的指向が異性愛でない人々や、性自認が身体的な性別と異なる人々。▽lesbian, gay, bisexual, transgender の頭字から。

エルディーケー【LDK】 住宅の間取りで、リビングルーム(＝居間)とダイニング キッチン(＝食堂兼用の台所)との機能を兼ねた部屋。▽living, dining, kitchen の頭字を並べたもの。

エル ニーニョ ペルー沖太平洋の赤道付近で海面温度が半年以上続いて平年より数度高くなる現象。世界

各地の天候不順をもたらす。▽スペイン El Niño（＝幼な子イエス）クリスマスごろ起こりがちだから。↓ラニーニャ

エルピー【LP】「エルピー　レコード」の略。一分間に三十三回と三分の一回転する、大形の長時間演奏用レコード。▽long playing record から。

エルピーガス【LPガス】 液化石油ガス。プロパンなどを主成分とするガスを常温で加圧し液化したもの。▽LPは liquefied petroleum の略。

エレガント『ダナ』優雅なさま。上品なさま。「―な服装」▽elegant 派生 **-さ**

エレキ ①「エレキテル」の略。電気。▽オランダ elektriciteit から。②「エレキ ギター」の略。 **―ギター** アンプによって音を電気的に増幅する方式のギター。▽electric guitar から。

エレクトラ コンプレックス 精神分析で、女の子が無意識に同性である母親を憎み、父親を慕う傾向。↕エディプス コンプレックス。▽フロイトの用語。弟と協力して、父を殺した母とその情夫に復讐(ふくしゅう)した、ギリシア神話のエレクトラにちなむ。Electra complex

エレクトロニクス 電子の働きを応用した素子、およびそれらを利用した通信・計測などに関する科学・技術の総称。電子工学。▽electronics

エレクトロン ①電子。▽electron ②軽くて強い、マグネシウム合金。▽十九世紀末にドイツの Griesheim Elektron 社が開発した。

エレジー 悲歌。哀歌。▽elegy

エレベーター 動力で人や貨物を垂直方向に運搬する機械。昇降機。リフト。▽アメリカ elevator

エレメント 要素。成分。▽element

エロ『名・ダナ』「エロチック」の略。▽エロチシズムの意にも使う。

エロ-い『形』好色である。また、性的魅力がある。「―話」▽「エロ」から。

エロ グロ エロチックでグロテスクなこと。

エロス ①ギリシア神話の愛の神。▽ギリシア Erōs ②愛。純な友情および真善美への努力の象徴。▽ギリシア erōs

エロチシズム 性愛に関すること、そういうもの。性愛。エロティシズム。▽eroticism

エロチック『ダナ』扇情的。好色的。エロティック。▽erotic 派生 **-さ**

えん【*円】【人圓】 エン(ヱン) まるい まるさ まどか ―①『名・造』まるい。かどがない。↕方。数学では、一平面上で、定点から等距離にある点の軌跡。また、それに囲まれた部分。「半径五センチの円を描く」「円滑・円丘・円月・円坐(えんざ)・円周・円錐(えんすい)・円卓・円板・円盤・内円・長円・半円・方円・楕円(だえん)・外接円・同心円」②かけたところがない。過不足なく十分。「円熟・円満・円融」③あたり一帯。「東京一円」④㋐『名・造』日本の通貨の基本単位。百銭で一円。また、日本の貨幣。「円があがる」「円高(だか)ドル安(やす)」㋑かね。「金円」

えん【*延】【延】 エン のびる のべる のばす ひく ―①長くする。ひきのばす。範囲がひろがる。「延焼・延長・延命・圧延・外延・蔓延(まんえん)」②期日がおくれる。「延期・延着・延滞・延引・延会・順延・遷延・遅延」③人を招きよせる。「延見」

えん【鉛】 エン なまり ―①金属の、なまり。「鉛版・鉛錘(えんすい)・鉛毒・鉛筆・亜鉛・黒鉛・蒼鉛(そうえん)」②炭酸鉛などを原料とする白色の顔料。「鉛華・鉛粉」

えん【*沿】 エン そう ―川や道など長いもののふちにそう。また時間の流れにしたがう。「沿海・沿岸・沿線・沿革」

えん【人淵】 エン(ヱン) ふち ―①水を深くたたえているところ。「深淵・淵叢(えんそう)・淵藪(えんそう)・淵源」②深い。また、深く静か。「淵酔(えんずい)」

えん【*演】 エン のべる ―①水が遠く流れる。転じて、ひろめる。広く及ぼす。「演繹(えんえき)・演義・演述・演説・講演・演壇・演題・演歌」②実地にひきあててみる。「演習・演算」。劇や音楽などを実地に行う。「演技・演芸・演劇・演出・演奏・実演・公演・出演・独演・開演・終演・客演・競演・口演・上演・熱演」

えん【炎】 エン ほのお ―①ほのお。「焔」に通じる。「火炎・光炎・陽炎」②もえあがる。「炎上・炎焼・気炎・情炎・炎炎」③㋐熱気がはげしい。「炎暑・炎天・炎熱」㋑火、また夏。「炎帝」④からだの部分に熱・痛みなどを起こす病気。「炎症・肺炎・骨膜炎・胃炎・消炎剤」

えん【人焰】 エン ほのお ―ほのお。「火焰・光焰・朱焰・酸化焰」▽「炎」で代用される。

えん【×烟】 エン けむり ―「煙」に同じ。「烟草(えんそう・タバコ)・炊烟・煤烟(ばいえん)・雲烟・喫烟」

えん【煙】【煙】 エン けむる けむり けむい けむたい ―①㋐けむり。「煙火・煙害・煙突・煙幕・香煙・硝煙・炊煙・人煙・発煙・噴煙・無煙・薫煙」㋑すす。「油煙・煤煙(ばいえん)」②タバコ（煙草）。「煙管(えんかん・キセル)・紫煙・愛煙・喫煙・節煙・禁煙」③かすみ・もや。ぼんやりと空中にただようもの。「煙雨・煙霞(えんか)・煙霧・雲煙・水煙」▽「烟」は異体字。

えん【人苑】 エン(ヱン) オン(ヲン) その ―①かこいをして鳥獣を飼うところ。また、草木を植えた畑・庭。庭園。「御苑・禁苑・神苑・遊苑・薬苑・鹿野苑(ろくやおん)」②文筆家・芸能家の世界。「文苑・芸苑」

えん【怨】 エン(ヱン) オン(ヲン) うらむ ―被害について人に不満・不快の情を持つ。「怨恨・怨嗟(えんさ)・怨訴・怨敵(おんてき)・怨念(おんねん)・怨霊(おんりょう)・仇怨(きゅうえん)・閨怨(けいえん)・私怨・宿怨・積怨」▽→うらむ(1)の▽以下。

えん【×衍】エン ―①のべひろげる。しく。「敷衍(ふえん)」②余計にする。まちがって多くする。「衍字・衍文」③あふれる。満ちひろがる。はびこる。「蔓衍(まんえん)」

えん【宴】エン うたげ ―①《名・造》さかもり。酒食を設け、人々を会して楽しむ。「梅花の宴」「宴会・宴席・宴遊・饗宴(きょうえん)・酒宴・遊宴・祝宴・招宴」②安楽にする。おちついた気分で楽しむ。「宴安」

えん【×掩】エン おおう ―おおいかくす。かばう。「掩蓋(えんがい)・掩体・掩護・掩蔽(えんぺい)」

えん【援】【援】エン(ヱン) たすける ―①手を差し入れて助ける。救う。「援軍・援護・援助・援兵・応援・救援・後援・支援・声援・来援」②ひきあげる。ひっぱる。例をひく。「援引・援用」

えん【×焉】エン や か ―①状態を表す語を作る。「忽焉(こつえん)・溘焉(こうえん)」②文末の助字。疑問・反語・断定などの意を表し、また、語調を整える。「我関せず焉」「終焉」

えん【(人)燕】エン つばめ ―①つばめ。つばくらめ。「燕雀(えんじゃく)・燕巣・燕尾服・燕麦・飛燕」②「宴」に通じる。㋐さかもり。「燕飲」㋑安息する。くつろぐ。「燕居」③《名》中国の国の名。㋐戦国時代の諸侯の一つ。前三世紀に秦(しん)に滅ぼされた。㋑五胡(ご)十六国時代、鮮卑族の建てた、前燕・後燕・西燕・南燕・北燕などの国々。

えん【*園】(【(人)薗】) エン(ヱン) オン(ヲン) その ―①かきねをして果樹を植えた畑。また、菜・花・薬草などを植えたひとくぎりの地。「園芸・田園・荘園(しょうえん)・菜園・薬園・農園・梅園」②《名・造》㋐作った庭。遊楽用の庭。人々が集まって楽しむ場所。「園丁・公園・庭園・名園・遊園地・開園・楽園・植物園・動物園・祇園精舎(ぎおんしょうじゃ)」㋑「学園」「幼稚園」「保育園」などの略。「園の経営」「園長・卒園」▽「苑」に通じる。

えん【*遠】【遠】エン(ヱン) オン(ヲン) とおい ―①かけはなれている。↕近。㋐時間また距離が長い。とおい。「遠近・遠因・遠隔・遠国(えんごく・おんごく)・遠征・遠祖・遠足・遠大・遠島・遠方・遠洋・遠雷・遠慮・遠流(おんる)・遠路・久遠(くおん)・永遠・悠遠・僻遠(へきえん)・以遠・望遠・迂遠(うえん)・遼遠(りょうえん)」㋑高尚。「高遠・深遠・幽遠」㋒うとい。「疎遠」②とおざかる。とおざける。↕近。「遠日点・遠心力・敬遠・遠離(おんり)」③「遠江(とおとうみ)国」の略。「遠州・駿遠(すんえん)」

えん【猿】エン(ヱン) さる ましら ―動物の、さる。「犬猿の仲」「猿人・猿猴(えんこう)・猿臂(えんぴ)・野猿・類人猿・意馬心猿」

えん【*塩】【鹽】エン しお ―①しお。「塩田・塩分・食塩・米塩・岩塩」②塩づけにする。塩あじをつける。「塩蔵」③㋐塩素。「塩化・塩酸」㋑《名・造》酸の水素原子を金属やそれに類する原子団で置きかえた化合物の総称。「塩類・塩基・硫酸塩」

えん【×厭】エン いとう あきる いや ―十分に満足する。腹いっぱいになる。あきる。うみ疲れる。いやになる。「厭世・厭離(えんり・おんり)・厭忌・嫌厭・禁厭・倦厭(けんえん)」

えん【縁】【(人)緣】エン よる ふち えにし へり ―①《名・造》日本建築で、えんがわ。「縁の下の力持ち」(表面に現れない所で力を尽くす人)「縁先(えんさき)・縁側(えんがわ)・濡縁(ぬれえん)・落縁」▽「椽」とも書く。縁はもと、布などのへりの意。②《名・造》二つ以上のもののかかわり。㋐〔仏〕原因をたすけて結果を生じさせる作用。直接的原因(=因)に対して間接的原因。まわりあわせ。「前世(ぜんせ)の縁」「縁なき衆生(しゅじょう)は度(ど)しがたし」(仏の教えを聞くまわりあわせのない者は、仏としてもすくいがたい)「因縁(いんねん)・機縁・奇縁・宿縁・結縁(けちえん)・逆縁・縁起・縁日」 関連 ゆかり・よすが・ちなみ・よしみ・絆(きずな)・つて・手蔓(てづる)・金蔓・コネ・続柄。㋑たよりにする。てがかりにする。関係。「妙な縁で」「縁由・縁語・地縁・血縁・類縁・旧縁・由縁・絶縁・俗縁・仏縁」㋒肉親や婚姻(・男女)の関係。「夫婦の縁」「親子の縁」「縁続き」「腐れ縁」「縁は異なもの味なもの」「縁家・縁故・縁類・縁者(えんじゃ)・縁辺・遠縁(とおえん)・再縁・内縁・復縁・離縁・良縁・悪縁」

えん【艶】【艷】エン つや あでやか なまめかしい ―①㋐《名・造》顔色が美しい。はなやかでうるおいがある。「艶をきそう」「艶美・艶麗・豊艶・濃艶」㋑あだめく。色気がある。「艶歌・艶冶・嬌艶(きょうえん)・妖艶・凄艶・清艶」②(男女の)情事に関したこと。「艶書・艶福・艶聞」

えんいん【延引】《名・ス自》事がのびのびになること。

えんいん【援引】《名・ス他》自分の説のたすけとして、他のものを引用すること。

えんいん【遠因】遠い、間接的な原因。↕近因

えんう【煙雨】けむるように降る雨。

えんえい【遠泳】長い距離を泳ぐこと。

えんえき【演×繹】《名・ス他》①普遍的命題から特殊命題を導き出すこと。一般的に、組み立てた理論によって、特殊な課題を説明すること。↕帰納。▽(2)の転。②敷衍(ふえん)してのべること。 **―てき**【―的】《ダナ》演繹することによって、論をすすめるさま。↕帰納的

えんえん【×奄×奄】《ト タル》息が絶え絶えなさま。「気息―」

えんえん【延延】《副・ト タル》時間・距離などが、非常に長いさま。「―十時間に及ぶ会議」「―たる長編小説」

えんえん【炎炎】《ト タル》火が盛んに燃え上がるさま。「―たる猛火」

えんえん【×蜒×蜒・×蜿×蜿・×蜿×蜒】《ト タル》うねり曲がって長く続くさま。「―たる長蛇の列」

えんお【×厭悪】《名・ス他》気にくわない、嫌なことだ

と、憎むこと。▽やや古風。

えんおう【×冤×枉】無実の罪。「—をそそぐ」

えんおう【×閻王】→えんま

えんおう【×鴛×鴦】おしどり。雌雄常にいっしょにいるので、夫婦のむつまじいことにたとえる。「—のちぎり」▽「鴛」はおしどりの雄、「鴦」は雌。

えんか【円価】円の貨幣価値。「—の変動」

えんか【円貨】円単位の貨幣。日本の貨幣。「—で支払う」

えんか【×嚥下】『名・ス他』→えんげ

えんか【塩化】『名・ス自』ある物質が塩素と化合すること。「—銀」 **—ナトリウム** ナトリウムと塩素とから成る無機化合物。食塩の主成分。 **—ビニール** ①アセチレンと塩酸とを作用させて得られる無色の気体。②「塩化ビニール樹脂」の略。⑴を重合させた合成樹脂。ポリ塩化ビニル。塩ビ。PVC。 **—ぶつ**【—物】塩素と、他の元素または基との化合物。

えんか ①【演歌】明治十年代から(時世を批判し)自由民権思想を大衆に訴えるため、壮士⑵㋐が演説の代わりに歌った歌。②【演歌・艶歌】㋐演歌⑴から転じ、後に、政治思想から離れ、バイオリン、後にはギターなどに合わせて演歌師⑴が街頭で歌った歌。▽悲恋物がよく歌われたので「艶歌」とも書くようになった。㋑昭和三十年代から、㋐を思わせるような(哀調を帯びた)伝統的なメロディーとこぶしをきかせるうたい方の、歌謡曲。 **—し**【—師】①街頭で人を集め新作の演歌⑵㋐を歌い、その歌詞の本を売った者。②バイオリン・ギターなどを携えて盛り場を流し、客の求めにより流行歌を歌う職の者。

えんか【煙火】①のろし。②花火。

えんか【煙×霞】けむりと、かすみ。また、それがかかったように、ぼうっとかすんで見える景色。

えんか【縁家】①婚姻関係のつながりのある家。②縁故のある家。

えんかい【宴会】酒食をそなえ、歌舞などをして楽しむ会。さかもり。「—の席」「—場」

えんかい【沿海】①海に沿った陸地。うみべり。「—都市」②陸地に沿った海。「—漁業」

えんかい【遠海】陸地から遠くはなれた海。↔近海。 **—ぎょ**【—魚】常に遠海にすむ魚。例、カツオ・マグロ・サンマ。

えんかい【縁海】大洋の周辺にあって、半島や島によって外洋から区切られている海。例、日本海・カリブ海。

えんがい【塩害】海水や潮風に含まれる塩分のために、作物・建築物・車両などが受ける害。

えんがい【煙害】精錬所・工場・汽車などから発する煙で、人畜・作物などが受ける害。

えんがい【×掩蓋】①物の上にかぶせるおおい。②陣地・塹壕(ざんごう)などに、敵弾の危害を防ぐため、設ける屋根。

えんかいしょく【鉛灰色】なまりの色のような灰色。

えんかく【沿革】うつりかわり。「母校の—」▽「沿」は自然にうつりかわること、「革」は意図してあらためる変化。

えんかく【遠隔】遠くへだたっていること。「—の地」「—操作」

えんかつ【円滑】『ダナ』①邪魔や故障がなく物事がすらすらといくさま。「—に取り運ぶ」②なめらかで、かどだたないさま。「—で世なれた人」 派生 **—さ**

えんがわ(は:が)【縁側】①家の座敷の外側にある細長い板敷き。えん。②魚のひれの付け根に、櫛(くし)の歯状に並ぶ身や骨。「カレイの—の身はおいしい」

えんかわせ(はせ:か)【円〈為替〉】円貨建てで表した、外国為替の値段。

えんかん【円環】まるい輪。まるくつながった形のもの。「—体」

えんかん【煙管・×烟管】①キセル⑴。②ボイラーの火格子(ひごうし)で発生した火気を通す管(くだ)。

えんかん【鉛管】なまりで作った管(くだ)。主に水道やガスの配管用。

えんがん【沿岸】①海・川・湖に沿った岸。②海・川・湖の陸地に近い部分。

えんがん【遠眼】遠視眼。↔近眼。「—鏡」

えんき【塩基】①酸と反応して塩(えん)を生じることのできる化合物。▽広くは、化学反応において電子を与える方の物質。↔酸。②核酸を構成する、窒素を含む分子。アデニン・グアニン・シトシン・チミン(RNAではウラシル)の四種があり、その配列をもとに種々の蛋白(たんぱく)質が生体内で合成される。核酸塩基。 **—せい**【—性】塩基の示す性質。水溶液では、酸に作用してその働きを中和し、塩(えん)を作る性質。「—染料」→アルカリせい。 **—はいれつ**【—配列】核酸内の塩基⑵の並び方。▽遺伝情報をあらわす。

えんき【延期】『名・ス他』予定の期日をのばすこと。「会談を—する」▽物事の実行を遅らせることにも、行う期間をさらにふやすことにも言う。

えんき【×厭忌】いみきらうこと。

えんき【遠忌】→おんき

えんぎ【演技】『名・ス自』劇・曲芸・歌舞・音曲などのわざを演じて見せること。そのわざ。「模範—」「泣いてみせたのも彼女の—だった」「—力」

えんぎ【演義】①道理・意味合いをわかりやすく説くこと。②史実をおもしろく敷衍(ふえん)した通俗小説。「三国志—」

えんぎ【縁起】①ものごとの起こり。社寺の由来。「信貴山(しぎさん)—」②吉凶の前兆。「—が悪い」「—をかつぐ」(ちょっとした事にでも、縁起がよいとか悪いとか考える)「—でもない」(縁起の悪いことを言うな。とんでもない)「—を祝う」(よい事があるようにと祝い祈る)▽もと仏教の中心思想で、一切のものはさまざまな原因や条件によって生じるということ。 **—だな**【—棚】芸人の家・料理屋・商店などで、縁起を祝うために設けた神だな。 **—なおし**(なほ)【—直し】さいさきの悪いのを打ち消すために祝いなおすこと。　―もの【―物】縁起を祝うための品物。例、だるま・招き猫・熊手。

えんきょく【×婉曲】『ダナ』表し方が、遠まわしなさま。露骨にならないように言うさま。「―に断る」 派生 ―さ

えんきょり【遠距離】距離が遠いこと。特に、行き来する距離が離れていること。↔近距離。「―恋愛」「―通勤」「―介護」▽バスや電車などの輸送には普通「遠距離」ではなく「長距離」を使う。

えんきり【縁切り】『名・ス自』夫婦・親子・兄弟・主従等の関係を切って他人の関係になること。「―状」

えんきん【遠近】遠いことと近いこと。「―感」「―両用眼鏡」　**―ほう**【―法】絵画で遠近を、目に見えるのと同じ距離感を与えるように、画面に表す方法。

えんぐみ【縁組】『名・ス自』夫婦・養子(養女)の関係を結ぶこと。法律上では特に養子縁組を言う。

えんぐん【援軍】①たすけの軍隊。増援隊。②比喩的に、加勢。「―記者」

えんげ【×嚥下】『名・ス他』口の中の食物を胃にのみ下すこと。「―障害」▽「えんか」とも言う。

えんけい【円形】輪のようにまるいかたち。「―劇場」「―脱毛症」

えんけい【遠景】遠くの景色。↔近景

えんげい【演芸】人に見せるための大衆的な演劇・音楽・落語・漫才などの芸。「―会」

えんげい【園芸】農業の一部門。果樹・野菜・草花類の栽培と造園技術との総称。「―植物」

エンゲージ リング 婚約のしるしとして男性が女性に贈る指輪。▽engagement ring から。

えんげき【演劇】俳優が演出者の指図のもとに脚本に従って演技し、観客に見せる総合芸術。しばい。劇。

エンゲルけいすう【エンゲル係数】家計の総支出のうち、食物のための支出がしめる割合。係数が高いほど、生活水準は低いとされる。▽ドイツの学者 E. Engel が提唱。

えんげん【怨言】うらみの言葉。

えんげん【×淵源】『名・ス自』物事のよってきたるもと。みなもと。また、それをおおもととしていること。

えんこ ①幼い子が、しりをつき、足を投げ出した状態で、すわること。②比喩的に、乗物が故障して動かなくなること。

えんこ【円弧】円周の一部分。弧。「―を描く」

えんこ【塩湖】塩水をたたえた湖。塩水湖。鹹湖(かんこ)。↔淡水湖。▽水一リットルの中に〇・五グラム以上の塩類を含むものを言う。

えんこ【縁故】人の間のかかりあい。つながり。「何の―も無い」「―採用」

えんご ①【援護】『名・ス他』たすけまもること。「―の手をさしのべる」②【×掩護】『名・ス他』本隊・友軍の行動や拠点を敵の攻撃からかばい守ること。「―射撃」▽「援護」で代用することもある。

えんご【縁語】意味上、縁のある言葉を使って和歌(や文)にあやをつける表現。また、その言葉。例、「長からん心も知らず黒髪の乱れてけさはものをこそ思へ」(千載集)では、「黒髪」は「長し」の縁語。

えんこう【円光】仏・菩薩(ぼさつ)の頭の後方からさしている光の輪。後光(ごこう)。

えんこう【×堰高】堰(せき)・ダムの高さ。

えんこう【猿×猴】さるの総称。

えんこうきんこう【遠交近攻】遠い国と親しくして、近い国を攻め取る策。▽中国、戦国時代に范雎(はんしょ)の唱えた外交政策。

えんごく【遠国】遠くの国(・地方)。おんごく。↔近国

えんこん【怨恨】うらむこと。(深い)うらみ。

えんさ【怨×嗟】『名・ス自』うらみなげくこと。「―の声」

えんざ ①【円座・円×坐】『名』わらなどでひらたく丸くあんで作った敷物。すわる時に使う。②【円×坐】『名・ス自』多くの人が輪になってすわること。

えんざ【縁×坐】罪人の親類・縁者であるために、同じ罪の一類として罰せられること。

えんざい【×冤罪】無実の罪。

エンサイクロペディア 百科辞典。▽encyclopaedia

えんさき【縁先】縁側の外側のはし。

えんさん【塩酸】塩化水素の水溶液。純粋なものは無色透明、不純なものは黄みを帯びる。酸性が強く、金・白金を除く多くの金属に作用して水素を発生する。

えんざん【演算】①『名・ス他』(数値)計算を行うこと。その計算。運算。②『名』〔数学〕集合の一つ以上の元の組に他の一つの元を対応させる規則。「論理―」▽①を抽象化して拡張した概念。

えんざん【鉛×槧】文筆にたずさわること。▽中国で昔、槧(=文字を書く板)に、鉛の粉で字を書いたことから。

えんし【遠視】遠くは見えるが、近くがはっきり見えない視力の異常。凸レンズを使って調節する。↔近視

えんじ【園児】幼稚園・保育園に通っている幼児。

えんじ【×臙脂】黒みをおびた赤色。

えんじ【×衍字】語句の中に間違ってはいった不要の字。

えんじつてん【遠日点】惑星や彗星(すいせい)の軌道上で太陽に最も遠い点。↔近日点

エンジニア 機械・電気などの技師。更に広く、工学者や技術者。▽engineer

エンジニアリング 工学。工学技術。▽engineering

えんじゃ【演者】芸や劇を演じる人。出演する人。▽もとは演説をする人も指した。

えんじゃ【縁者】身寄りの者。親類。

えんじゃく【×燕×雀】ツバメ・スズメのような小さい鳥。「―いずくんぞ鴻鵠(こうこく=大きな鳥)の志を知らんや」(凡人なんぞには大人物の心がわかるはずはない)

えんじゅ(ゑんじゅ)【×槐】街路樹や庭木として古くから植栽

される落葉高木。中国原産。高さ約一〇メートル。夏、黄白色の蝶(ちょう)形の花がふさ状に咲く。秋、さやにはいった実を結ぶ。材は固く建築・器具用に、花・実は煎じて薬用にする。▽まめ科。

えんしゅう【円周】円のまわりの線。平面上で、一点から等距離にある点の軌跡。また、その長さ。▽単に「円」とも言う。 **―りつ**【―率】円周の直径に対する比。約 3.1416 ▽「π(パイ)」で表す。

えんしゅう【演習】『名・ス自』①実際の情況を想定して訓練を行うこと。「水防―」「予行―」「―は実戦と思え、実戦は―と思え」②教師の指導のもとに実地に研究活動を行うこと。その授業。ゼミナール。▽(2)は他動詞的にも使う。

えんじゅく【円熟】『名・ス自』十分に熟達して、ゆたかな中身をもつに至ること。「―の境地」「―期」「―味」

えんしゅつ【演出】『名・ス他』①脚本・シナリオにもとづいて、俳優の演技、舞台装置、種々の効果などの各要素を総合的に組み立て、舞台に上演、または映画やテレビ番組などを制作すること。「―家」②会などの運営に趣向を凝らすこと。「派手な―の結婚式」「料理の―がよい」▽人や自分などに対してプロデュースすることにも言う。「自己―」

えんしょ【炎暑】きびしい暑さ。

えんしょ【艶書】恋文(こいぶみ)。▽既に古風。

えんじょ【援助】『名・ス他』助けること。「資金の―」「当事者間の話合いを側面から―する」

エンジョイ『名・ス他』楽しむこと。享受すること。「独身生活を―する」▽enjoy

えんしょう【延焼】『名・ス自』火事が、火元からさらに他へ焼けうつってゆくこと。「―を防ぐ」

えんしょう【炎症】体の一部に熱・痛み・赤みなどが生じる症状。「―を起こす」▽外傷や病原体による組織の障害に対する、生体の防御反応として起こる。

えんしょう【×焔硝・塩硝】①硝石。②(爆発時に煙の出る)火薬。▽「煙硝」とも書く。

えんしょう【艶笑】(話などが)色気(いろけ)の中におかしみを含んでいること。「―小咄(こばなし)」「―文学」

えんしょう【遠称】自分には遠い方の物事・方向・場所を指すのに用いる指示代名詞のよび名。口語の「あれ」「あちら」「あそこ」「あの」などや文語の「か」「かしこ」「かなた」などの類。↕近称・中称

えんじょう【炎上】『名・ス自』①火が燃えあがること。特に、火事で楼閣・大建築が燃えること。②インターネット上で、記事などに対し、多数の非難や中傷が届くこと。

えんしょく【怨色】うらんでいるような顔つき。

えんしょく【艶色】つややかな顔色。色っぽい、あでやかな顔つき。

えん-じる【怨じる】『上一他』うらむ。怨ずる。

えん-じる【演じる】『上一他』行う。「トップ争いを―」「重要な役割を―」「失態を―」。特に、演技を行う。「主役を―」▽「演ずる」とも言う。

えんしん【延伸】『名・ス自他』(空間的・時間的に)のばすこと。また、のびること。「路線を港まで―する計画」「平均寿命が―した」「昇給の―や停止」「航続距離の―を図る」▽主に政官界や産業界で言う。

えんしん【遠心】中心から遠ざかること。↕求心。 **―ぶんりき**【―分離機】遠心力を利用して、混合した比重の異なる物質を分離する装置。遠心機。 **―りょく**【―力】回転する座標系にある物体に見かけの上で働く、回転軸から遠ざかろうとする方向の力。例えば、急カーブを切る車に乗る人に、カーブの外側へ引っ張られるように働く力。↓こうしんりょく

えんじん【×厭人】人間をいやに思うこと。人間ぎらい。

えんじん【円陣】多くの人が集まって、輪の形にならぶこと。「―を組む」▽もと、円形をなす陣立て。

えんじん【猿人】原人よりさらに古い時代の人類。姿は類人猿に似るが、直立二足歩行をし、簡単な道具を使ったと考えられる。約四百万～二百万年前に生存したアウストラロピテクスなど。

エンジン 原動機。発動機。「―がかかる」(仕事に調子がでる意にも) ▽engine **―ブレーキ** エンジン車で走行中、踏み込んだアクセルを元に戻すことで生じる負荷による制動機能。「長い下りで―を使用する」▽engine brake

えんすい【円×錐】円周上の各点と、その円を含む平面上にない一点とを結んでできる立体。「―形」

えんすい【塩水】食塩のとけている水。しおみず。

えんずい【延髄】脳髄の最下部の、脊髄に移る部分。大脳からの命令の伝達路にあたり、呼吸・心拍などの反射の中枢。

エンスト『名・ス自』「エンジン ストップ」の略。自動車などのエンジンが不意にとまること。▽engine と stop とによる和製英語から。

えん-ずる【怨ずる】『サ変他』↓えんじる(怨)

えん-ずる【演ずる】『サ変他』↓えんじる(演)

えんせい【×厭世】この世・人生をいやなものに思うこと。 **―か**【―家】何かというと、すぐに、悲観してしまったり、世をはかなんだりする人。ペシミスト。↕楽天家。 **―かん**【―観】↓えんせいしゅぎ(1)。 **―しゅぎ**【―主義】①現にある人生や世界に失望し、これをいやがる態度。厭世観。②物事の悪い方向ばかり見、また、物事を悪い方向へばかり考えようとする態度・傾向。ペシミズム。↕楽天主義

えんせい【延性】物体が、弾性の限界を越えて、破壊されずに引きのばされる性質。

えんせい【遠征】『名・ス自』①試合・登山・探検などのため、遠くへ出向くこと。「国内―」「ヒマラヤ―」「―隊」②遠くへ征伐に行くこと。

えんせき【宴席】宴会の席。

えんせき【縁石】(道路などの)境界を示すため、ふちに置く石。

えんせき【縁戚】身内のもの。縁家。親類。

えんぜつ【演説】『名・ス自』多くの人の前で自分の意見・主張を述べ立てること。「政治―」「国連総会で―する」▽「講演」が伝達的・解説的なのに対し、聴衆に訴えて行動を促すといった場合が多い。「演舌」とも書いた。

エンゼル 天使。また、天使のような人。エンジェル。▽angel **―フィッシュ** 観賞用に広く飼育される熱帯魚。南アメリカ原産。体は左右に平たくて横からみるとほぼ円形。長いひれがあり、全体で三角形にみえる。銀白色で上下に走る黒いすじが数本ある。品種が多い。▽angelfish かわすずめ科。

えんせん【×厭戦】戦争をいやに思うこと。「―思想」

えんせん【沿線】鉄道の線路に沿った所。▽道路にも言う。

えんぜん【×婉然】『ト タル』しとやかで美しい様子。

えんぜん【×嫣然】『ト タル』(美人が)あでやかにほほえむ様子。

えんぜん【△宛然】『ト タル』そっくりであること。さながら(の)。

えんそ【塩素】ハロゲン元素の一つ。元素記号Cl また、その原子二つが結合した分子。刺激性の臭気があり、黄緑色。 **―すい**【―水】塩素を水に溶かしたもの。酸化剤で、漂白・殺菌などに使う。

えんそ【遠祖】代を重ねた遠い先祖。

えんそう【×淵×叢】物事の多く集まる所。▽「淵」は魚の集まる所、「叢」は鳥獣の集まる所。

えんそう【演奏】『名・ス他』音楽として表現すること。「楽器を―する」「同じ曲を―する」「―家」

えんぞう【塩蔵】『名・ス他』塩づけにして保存すること。

えんそく【遠足】遠い道のりを歩くこと。特に学校で、日帰りの旅行。

エンターテイナー 娯楽を提供して人を楽しませる人。特に、芸能人。エンターテーナー。▽entertainer

エンターテインメント 娯楽。演芸。▽entertainment 「エンターテイメント」とも言う。

えんたい【延滞】『名・ス自』支払い・納入や返却が、きまった日を越え(=延)て、とどこおること。

えんたい【×堰体】堰(せき)・ダムの本体。

えんだい【演題】演説・講演や語り物の題目。

えんだい【縁台】板(または竹)を並べて組み立てた、屋外用の細長い腰掛け。「うちわ片手に―で夕涼み」「―のへぼ将棋」

えんだい【遠大】『名ナ』遠い将来まで見通して規模が大きいこと。▽志や計画などについて言う。派生 **-さ**

えんだか【円高】他の通貨(特に米ドル)と比べて、円の価値が相対的に高いこと。↔円安。「―で輸入品が値下がりする」

えんたく【円卓】まるいテーブル。 **―かいぎ**【―会議】席順の問題が起こらないように、円卓を囲んで行う会議。特に、懇談的に議事を進める会議に言う。

えんタク【円タク】大正末期から昭和初期にかけて、約束した一円(以内)の料金で、東京・大阪の市内で客を運んだタクシー。転じて、流しのタクシー。

エンタシス 古代建築で、柱の中ほどに持たせた、わずかなふくらみ。ギリシア、ローマ、ルネッサンスの建築に行われ、日本でも飛鳥(あすか)時代の建築に見られる。▽entasis

えんだて【円建て】輸出入取引や資金の貸借・投資において、円による通貨表示を行うこと。

エンタメ「エンターテインメント」の略。

えんだん【演壇】演説・講演などをする人の立つ壇。「―に立つ」

えんだん【縁談】結婚や養子縁組の相談。「―がまとまる」

えんちゃく【延着】『名・ス自』予定の時刻よりおくれて到着すること。

えんちゅう【円柱】①切り口がまるい柱。「寺院の―」②〔数学〕長方形の一つの辺を軸としてその長方形を一回転させてできる立体。円壔(えんとう)。円筒。

えんちょう【延長】①『名・ス他』㋐物・事の長さ・期間を更にのばすこと。↔短縮。「労働時間を―する」「国会は八月まで―された」「―戦」㋑〔数学〕有限な長さの直線を、その方向と一致させて更にのばすこと。そののばした部分。②『名』〔哲学〕物体が広がりをもち、空間の一定部分を占めていること。その性質。③『名』外見などは異なっていても、性質や機能が同じで、一続きのものと考えられるもの。「手足の―」▽(1)㋐の比喩的用法。

えんちょうこくい【円頂黒衣】僧の姿。▽頭をまるめて黒い衣を着ている者の意。

えんちょく【鉛直】『ダナ』方向が鉛直線と一致するさま。「棒を―に立てる」「―面」 **―せん**【―線】重力の方向、すなわち物体をつり下げた糸の示す方向の直線。

えんづ-く【縁付く】『五自』嫁またはむこに行く。

えんづ-ける【縁付ける】『下一他』嫁またはむこにやる。

えんつづき【縁続き】血縁や婚姻で関係がつながること。▽さほど近くない関係に言う。

えんてい【園丁】公園や庭園の手入れを職業とする人。

えんてい【×堰堤】↓ダム

エンディング 終わり。結末。終わりの部分。「―テーマ」▽ending

えんてん【円転】『名・ス自他』(まるく)ころがる、ころがすこと。また、とどこおりなくすらすらと回転すること。 **―かつだつ**【―滑脱】『名・ダナ』ものごとが円滑に運んで、とどこおらないさま。

えんてん【炎天】夏の燃えるように暑い天気。その空。「―下」

えんでん【塩田】海水から塩をとるために砂浜に作った田の形のもの。

エンド ①終わり。末。「ジー―」(一巻の終わり)「―ユーザー」(末端の利用者。一般使用者) ②端。「ブックー」③スポーツで、それぞれの陣地。「ーが変わる」。また、カーリングで攻守一回の区切り。▽end　ーライン バレーボール・バスケットボールなどで、コートの短い方の線。▽end line

えんとう【円×壔】→えんちゅう(2)

えんとう【円筒】①まるい筒(つつ)。②→えんちゅう(2)

えんとう【煙筒】①えんとつ。②キセル。

えんとう【遠島】①陸地を遠く離れた島。②江戸時代の刑罰の一種。島流し。

えんとう【遠投】『名・ス自』ボールや釣りの仕掛けを遠くへ投げること。

えんどう【沿道】道にそったところ。みちばた。

えんどう【△羨道】横穴式の古墳で、玄室に通じる道。▽俗に「せんどう」とも言う。

えんどう【×豌豆】細長く平たいさやに入った豆をつける、一年生または二年生の作物。花は白または紫で蝶(ちょう)形。赤エンドウ・スナップエンドウなど、品種が多い。▽まめ科。→さやえんどう・グリンピース

えんどおーい(ほいど)【縁遠い】『形』①関係がうすい。「自然科学にはー学問」②結婚する機会になかなかめぐりあわない。派生 -さ

えんどく【煙毒】精錬所や工場などから出る煙に含まれる毒。

えんどく【鉛毒】鉛(なまり)に含まれる毒。特に、おしろいなどに含まれた鉛による中毒。

えんとして【△宛として】『連語』《副詞的に》さながら。ちょうどそっくり。「花はー雲のごとくであった」▽既に古風。

えんとつ【煙突】燃料の燃焼をたすける通風の役をし、また煙を外にみちびき出す装置。長い筒を立てた形のものが多い。けむりだし。

エントランス ホール 洋館の玄関のホール(1)(ア)。▽entrance hall

エントリー『名・ス自』競技などへの参加登録(をすること)。▽entry　**ーシート** 会社・団体に就職を希望する人が志望動機などを書いて提出する所定の書類。▽entry sheet

エントロピー 熱力学で、物質などの熱的状態を表す量の一つ。可逆変化では変化せず、不可逆変化では必ず増大する。統計力学では、多数の原子や分子がとりうる状態の総数をもとに定義され、乱雑さの度合いを表すと解釈される。▽情報理論で、統計力学と同種の量を情報量の指標として用いる。entropy

えんにち【縁日】その社寺と何かの縁があって供養や祭りをする日。例、天満宮の二十五日。▽参詣人めあての露店・屋台店が出てにぎわう。

えんにょう【延×繞】漢字の繞(にょう)の一つ。「延」「建」などの「廴」の称。▽「いんにょう」とも言う。

えんねつ【炎熱】夏の暑さのきびしいこと。↔酷寒。「ー肌を焼く」

えんのう【延納】『名・ス他』税金や授業料などを、期日を過ぎてから納めること。

えんのした【縁の下】日本家屋で、縁側の下。また広く、床下。「ーの力持ち」(目立たないところで皆のために努力・苦労している人)

えんぱ【煙波】広い川・湖などで、遠くの波が、もやがかかったように連なってぼんやり見えること。

えんばく【×燕麦】麦の一種。一年生または二年生で、小麦より葉が広く丈が高い。実は細長く、馬などの飼料。オートミールとして食用にもする。▽カラスムギの改良種か。

えんぱつ【延発】『名・ス自』きまった出発の期日・時刻が延びること。

えんばん【円盤】①丸くて薄く平たい形をしたもの。「空飛ぶー」②円盤投げ用の、ふちと真中に金属を用いた木製の盤。③レコード。ディスク。　**ーなげ**【ー投げ】陸上競技の一つ。円盤(2)を投げてその距離を競う。

えんばん【鉛版】印刷で、始めに組んだ版を紙型(しけい)にとり、その紙型に鉛・すず・アンチモンの合金をとかして流しこんで作る印刷版。▽この方法を既に使わない。

えんび【艶美】『名・ダナ』あでやかで美しいこと。「ーな姿態」

えんぴ【円×匙】土掘り用の、先が鉄製円形で木の柄をつけた小型のシャベル。「ーの音、十字鍬(ぐわ)の響き」▽「匙」の音は「し」だが、軍隊用語では「えんぴ」。

えんぴ【猿×臂】さるのように長いひじ。「ーをのばす」(腕を長くのばす)

えんぴつ【鉛筆】筆記具の一つ。木の軸に、黒鉛と粘土で作った芯を入れたもの。▽初め鉛を使ったから言う。

えんびふく【×燕尾服】男性用の洋装の礼服。上着の後ろの下の方が割れて、つばめの尾のように見える。

えんぶ【円舞】①ワルツ・ポルカなど、男女一組ずつでおどる社交舞踏。②円陣を作っておどる舞踏。　**ーきょく**【ー曲】→ワルツ

えんぶ【演舞】『名・ス自他』①舞を練習すること。②舞を舞って、多くの人に見せること。

えんぶ【演武】『名・ス自他』①武術を人前で演じて見せること。②武術の演練。

えんぷ【怨府】人々のうらみの集中する所。

えんぷく【艶福】何人もの異性から慕われて、もてること。「ー家」▽多くは、そういう男であるさまを言う。

えんぶだい【×閻浮△提】〔仏〕須弥山(しゅみせん)の南方にある国。もと、インドの称であったが、人間世界の称となり、また現世の称となった。▽梵語(ぼんご)から。

エンブレム シンボルとしての図案。記章。紋章。「制服の胸のー」▽emblem

えんぶん【塩分】①しおけ。「ーをひかえる」②海水などの中に含まれている塩類の量。

えんぶん【×衍文】(印刷物・写本などで)文章の中に間違ってはいった不要の文。

えんぶん【艶聞】つやっぽいうわさ。恋愛関係のうわさ。

えんぺい【×掩蔽】『名・ス他』①おおいかくすこと。②〔天文〕天体が、他の天体がおおいかくして、地球から見えなくなる現象。星食。

えんぺい【援兵】味方に出す助けの兵。

えんぺん【縁辺】①へりのあたり。周辺。②婚姻による縁つづきの間柄。

えんぼう【遠望】『名・ス他』(目の及ぶ限り)遠くをのぞみ見ること。遠見。見渡し。「―がきく」

えんぼう【遠謀】遠い将来のことまで考えに入れたはかりごと。「深慮―」

えんぽう【遠方】遠くへだたった所。

えんぽん【円本】定価が一冊一円の全集・叢書(そうしょ)本。昭和初期に隆盛。

えんま【×閻魔】〔仏〕人間の生前の行為、罪の軽重を審判する、地獄の大王。閻魔大王。閻王(えんおう)。 **―こおろぎ**(こほろぎ)【―〈蟋蟀〉】日本で最も大形のこおろぎ。体長約三センチ。体は黒褐色で油をぬったようなつやがある。雄は晩夏に美しい声で鳴く。 **―ちょう**【―帳】①閻魔王が、死者の生前におこなった善悪を書き記しておく帳面。②生徒・学生の成績などを記す、教師の手帳。▽(1)の見立て。以前は、ブラックリストの意でも使った。

えんまく【煙幕】戦争で、敵の目をさえぎって、味方の状態をかくすために、幕のように広く放散させる煙の層。「―を張る」(転じて、うまく言って相手に真意をとらえさせない)

えんまん【円満】①『ダナ』かどだたず、おだやかなさま。「―な人格」「―に解決する」②『名・ス自』神仏の功徳(くどく)などが満ちたりて欠けた所のないこと。「仏果―」「―具足」 派生 **-さ**

えんむ【煙霧】①→スモッグ。②煙と霧。

えんむすび【縁結び】①(男女の)縁を結ぶこと。縁組。②思う人の名を書いたこよりを社寺の格子(こうし)や樹木に結び、縁の結ばれることを祈る一種の願かけ。③遊戯の一つ。男女の名を書いたこよりをまぜあわせ、その中から合わせ引き抜いて、偶然の縁を占う。

えんめい【延命】『名・ス自他』寿命をのばすこと。「―治療」「施設の―をはかる」

えんめつ【煙滅】『名・ス自他』あとかたもなく消えてなくなること、消しさること。▽「湮滅(いんめつ)」を誤ったもの。

えんもく【演目】上演される演劇・演芸などの題目。

えんや【艶冶】『名・ダナ』(女性が)なまめいて美しいこと。

えんやす【円安】他の通貨(特に米ドル)と比べて、円の価値が相対的に低いこと。↔円高

えんゆ【縁由】①ゆかり。よしみ。因縁(いんねん)。由来。②法律行為や意思表示をする動機。▽「えんゆう」とも言う。

えんゆうかい【園遊会】庭園に模擬飲食店や演芸場を設け、多くの客を招いてもてなす社交・祝賀・披露の会。

えんよう【援用】『名・ス他』自分の主張のたすけとして、他の文献・事実・慣例などを引用すること。

えんよう【遠洋】陸地から遠くへだたった海。↔近海。「―漁業」「―航海」

えんよう【艶容】あでやかな姿・顔つき。

えんらい【遠来】遠方から来ること。「―の客」

えんらい【遠雷】遠くで鳴るかみなり。

えんり【×厭離】仏教で、けがれたこの世をきらって離れること。「―穢土(えど)」▽「おんり」は俗読み。

えんりょ【遠慮】『名・ス他自』①他人に対して、言葉や行動をひかえめにすること。「彼に―して発言を控える」「―会釈なく」。また、受けてよいものを辞退すること。▽(3)の転。②江戸時代、士分・僧に対する刑罰の一つ。門をとざし、昼間の出入りをさしひかえさせる。③遠い将来までを考えること。深慮遠謀。

えんるい【塩類】酸の水素原子を金属やそれに類する原子団で置換してできる化合物。えん。 **―せん**【―泉】塩類を多量に含む温泉。塩化物泉・硫酸塩泉などがある。

えんるい【縁類】結婚や縁組でつながる一族。

えんれい【艶麗】『名・ダナ』あでやかで美しいこと。

えんれん【演練】習熟するように繰り返し練習して、わざを鍛えること。

えんろ【沿路】沿道。

えんろ【遠路】遠い道のり。「―はるばる」

お

お(を)【尾】動物のしりから後ろに(細長く)のびた部分。しっぽ。「―を振る」(へつらう意にも)「虎の―を踏む」(→とら)「セキレイが―を働かす」。また、そういう形のもの。「彗星(すいせい)の―」「―を引く」(物事のなごりがあとまで残る)

お(を)【緒】①細ひも。「堪忍袋の―が切れる」(もうこれ以上は堪忍ができない)②草履・げたにすげて足にかけるひも。「―(のすげ方)が緩い」「鼻―」③楽器に張って鳴らす糸。弦(げん)。「琴の―」

お(を)【雄・×牡・△男】①おすの方。「―鹿(じか)」「―花」②二つあるもののうち、大きくて勢いのいい方。「―滝」▽↔め(雌・牝・女)

お(を)【小】①小さい。「―川」「―舟」②少し。「―暗い」「―やみなく降る」

お【△御】①《体言・形容詞・形容動詞に、または動詞連用形に「になる」「なさる」「申す」「遊ばす」等が付いた形にかぶせて》尊敬・丁寧の気持を表す。「―手

紙」「―寒いことです」「―静かな―宅ですね」「―話し申し上げる」「―出かけになる」 ▽漢語には普通「ご」、また母音で始まる語には「おみ」を使う。②《口語の動詞連用形にかぶせ、そこで言い切りにする》(やわらかな)命令を表す。「さあ―食べ」 ▽「お……なさい」の略。③《中世以後、主に女の名に冠して》尊敬・親しみの気持を添える語。「唐人―吉」「―富さん」 ▽(3)は「阿」「於」とも書いた。なお「お」は、「おほみ(大御)」→おほん→おん→お」と変化してできた語。

お〖汚〗 オ(ヲ) よごす けがす よごれる けがれる きたない けがらわしい
①人の行いが清くない。不正の行いをする。けがす。けがれる。「汚職・汚辱・汚名」②よごれる。よごれ。しみ。きたない。「汚点・汚染・汚穢(おわい)・汚物」 ▽よどんだ、きたない水たまりの意から。

お〖悪〗 →あく〖悪〗

おあい【汚×穢】 →おわい

おあいそ ①おせじ。「―を言う」 ②飲食店などで客に出す勘定書。▽→あいそ(愛想)

おあし【お足・お△銭】 金銭。おかね。▽まるで足があるかのように、よく動く(流通する)から言うか。多額の場合や改まった場合には使わない。

オアシス ①砂漠中で、水がわき樹木のはえている緑地。②(比喩的に)慰安となる所。「都会の―」 ▽oasis

おあずけ :あづけ【お預け】 ①犬などの前に食物をおき、よしと言うまで食べさせないこと。②約束・予定だけで、実施が保留されること。「―を食う」 ③江戸時代、大名などが、罪のために他の大名に預けられること。

おい :をひ【×甥】 兄弟姉妹の息子。↕姪(めい)

おい :おひ【×笈】 修験者(しゅげんじゃ)や行脚僧(あんぎゃそう)などが仏具・衣類・食器などを入れて背負う、あしつきの箱。きゅう。

おい【老い】 年寄りだという状態。「―を忘れる」「―も若きも」(老人若人ともに)

おい《感》 人に呼びかける時に発する語。▽親しい者どうしや目下の者に対してもっぱら男が使う。「おーい」と遠方に大声で呼びかける時には女も使う。

おいうぐいす :うぐひす【老い×鶯】 晩春から夏のころに鳴くウグイス(の声)。▽春に良い声で鳴くのに対して言う。

おいうち :おひ【追(い)討ち・追(い)撃ち・追(い)打ち】 ①逃げる者を追いかけてうつこと。②転じて、窮地に立っている者を更にやりこめ、困らせること。「―をかける」

おいえ :いへ【△御家】 ①身分の高い人または他人の家を敬って言う語。「―騒動」 ②主君・主人の家を言う語。「―の大事」 ③『―さま』 他人の妻を敬って言った語。奥方。奥様。 **―げい**【―芸】 ①家に伝わる独得の芸。②お手のものの芸。おはこ。 **―りゅう**【―流】 ①書道の一流派。その流派風の書体。尊円(そんえん)法親王の筆法を伝えたもの。②香道の一流派。三条西実隆(さねたか)が始めた。

おいおい ㊀《副「と」》 人が声を上げて泣くさま。おんおん。「男泣きに―と泣く」 ㊁《感》 感動詞「おい」を重ねた言い方。「―みんな聞いてくれ」

おいおい :おひおひ【追(い)追(い)】《副「に」「と」ダ》 順をおってだんだん。次第次第。徐々に。「これから―(に)説明する」「―慣れるだろう」「関取以外の検査は〈中略〉タイミングをみて―です」(朝日新聞、二〇〇八・九・三)

おいおと-す :おひ【追(い)落(と)す】《五他》 ①追って(追い払って)相手を落とす。「遅れて登る者は―せ」「後発会社が大手企業を―」 ②そこにいた敵を追い払って退却または落城させる。「出城から―」

おいかえ-す :おひかへす【追(い)返す】《五他》 来たものを、追い払って、もとへ戻らせる。「敵を―」「けんもほろろに―」

おいか-ける :おひ【追(い)掛ける】《下一他》 ①さきに進んでいるものをあとから追う。おっかける。「流行を―」 ②《「―・けて」の形で、副詞的に》ひきつづいて、すぐに。「手紙が来たと思ったら、―・けて吉報が入った」

おいかぜ :おひ【追(い)風】 進んで行く方向に、後ろから吹く風。順風。おいて。↕向かい風。「―に乗って飛ぶ」

おいき【老い木】 ①年数のたった木。老樹。②比喩的に、年をとって衰えた者。↕若木。「―に花」

おいごえ :おひ【追肥】 播種(はしゅ)または移植のあとにほどこす肥料。追肥(ついひ)。補肥(ほひ)。↕元肥(もとごえ)

おいこし :おひ【追(い)越し】 道路交通法で、車両が他の車両等に追いつき、進路を変えて側方を通過し、その前方に出ること。「―車線」「―禁止」 ▽→おいぬき

おいこ-す :おひ【追(い)越す】《五他》 ①あとから追いかけるものが前のものを越えて先へ出る。②今まで劣っていたものが追いついて、相手より更にまさる、または、目標を越える。「母の背丈を―」

おいこみ :おひ【追(い)込み】 追い込むこと。①仕事や競走などの最終段階に来ていっそう力を集中すること。「―をかける」 ②劇場などで、特定の座席を設けずに、多くの客を入れること。③印刷などで、次の文を、行やページをかえず前に続けて組むこと。「―項目」

おいこ-む【老い込む】《五自》 すっかり老人くさくなる。ふけこむ。

おいこ-む :おひ【追(い)込む】《五他》 ①追い立てて物のなかに入れる。「鶏を小屋に―」 ②相手を苦しい立場に立ち至らせる。「窮地に―」 ③文章の改行や空きを改めるのに、追込み(3)(と同様)の処置をする。

おいさき :おひ【生い先】 成長していく、行く末。将来。「―たのもしい」

おいさき【老い先】 年をとっている人の、これからの余生。「―が短い」

おいさらば-える :さらばへる【老いさらばえる】《下一自》 年を

とってよぼよぼになる。老衰する。▽文語四段活用動詞「おいさらぼふ」から転じた語。

おいし-い【〈美味〉しい】《形》①味がいい。うまい⑴。②うまい⑶。「—所だけ我が物にする」「—話に飛びつく」▽⑵は一九八〇年ごろからの用法。文語形容詞「美(い)し」に接頭語「お」をかぶせた形から。派生 **-さ -げ -がる**

おいしげ-る【生い茂る】《五自》草木が伸び育ってよくしげる。「うっそうと—」

おいすが-る【追(い)×縋る】《五自》追いついてすがりつく。

オイスター ソース 牡蠣(かき)を原料とした中華料理の調味料。▽oyster sauce

おいずる【×笈×摺】巡礼が衣服の上に着る、袖無し羽織に似たうすい衣服。▽「おひずり」の転。笈(おい)をせおうとき背のすれるのを防ぐために着たという。

おいせん【追(い)銭】一度払った上にさらに余分に払う金銭。「盗人(ぬすっと)に—」

おいそだ-つ【生い育つ】《五自》そだって大きくなる。生長する。

おいそれ《副と》《「—と(は)……できない」などの形で》依頼・必要に対して、すぐさまには(応じられない)。気軽に。「—と承知はできない」「—とは決めかねる」▽「おい」と呼ばれて「それ」と呼応する形から。

おいだき《名・ス他》①【追(い)炊き】不足した飯を炊き足すこと。②【追(い)×焚き】風呂(ふろ)の湯がさめた時、もう一度沸かすこと。

おいだ-す【追(い)出す】《五他》(ある場所、または集団から)追い立てて外へ出す。「村から—」

おいたち【生(い)立ち】成長すること。また、その経歴。「—の記」

おいた-てる【追(い)立てる】《下一他》①追って向こうの方へ行かせる。追い出す。「借家人を—」②せかす。「仕事に—てられる」

おいちら-す【追(い)散らす】《五他》追い立ててちりぢりにする。「野次馬を—」

おいつか-う【追(い)使う】《五他》(人や牛馬などを)容赦なく、追いまわすようにして使う。

おいつ-く【追(い)付く】《五自》①あとから出たものが前を進んでいるものの所に行き着く。②(先行している)目標となるものに達する。「外国の水準に—」「注文に生産が—かない」

おいつ-める【追(い)詰める】《下一他》追って行って逃げ場がない状態にする。「土壇場に—」

おいて ①【追(い)手】→おって(追手)。②【追△風・追(い)手】→おいかぜ

おいて【△措いて】《連語》《「……を—」の形で》以外に。さしおいて。「彼を—適任者はない」

おいて【×於(い)て】《連語》《「……に—」の形で》所・場合・時・観点を示す言い方。……で。「東京に—開催する」「文科大臣に—これを決す」「古代に—はその例を見ない」「学に—彼にまさる」▽「置く」の形式的用法。漢文の「於」の訓。「おきまして」も使う。

おいで【お△出で】①出ること、行くこと、来ること、いることの敬った言い方。「—になる」「—を願う」②「来る」「いる」の丁寧な命令形。「こちらへ—」▽「おいでなさい」から。 **-おいで**【—お△出で】(子供などを)よびよせる手まねき。「—をする」

おいてきぼり【置いてきぼり】置き去りにすること。置いてけぼり。「—をくう」▽江戸の本所七不思議の一つ「置いてけ堀」(魚を釣るとどこからともなく「置いてけ」という声がきこえるという伝えの堀)から。

おい-でる【お△出でる】《下一自》「行く」「来る」「居る」の尊敬語。おいでになる。いらっしゃる。

おいなりさん【お〈稲荷〉さん】①稲荷⑴を親しみ敬って言う語。②→いなりずし

おいぬか-す【追(い)抜かす】《五他》〔俗〕→おいぬく。「早くあいつを—して関取になりたい」▽二十世紀末から急増した言い方。

おいぬき【追(い)抜き】①車両が他の車両に追いつき、進路を変えずにそのまま前方に出ること。▽→おいこし。②スピード スケートや自転車競技で、速さではなく着順を争うもの。「団体—」

おいぬ-く【追(い)抜く】《五他》①あとから進むものが前のものを越えて先になる。②おいついて相手・目標より更にまさる。「先輩を—いて出世する」

おいはぎ【追剝(ぎ)】通行の人をおびやかして衣類や持ち物などを奪うこと。それをする人。

おいばね【追(い)羽根】ふたり以上で一つの羽根(羽子(はご))をつきあうこと。はねつき。▽女の子の新年の遊び。

おいばら【追(い)腹】殉死のための切腹。「—を切る」▽周囲から迫られていやいやするのを「義理腹」とも言った。

おいばらい【追(い)払(い)】(代価を)あとから支払うこと。

おいはら-う【追(い)払う】《五他》うるさいもの、じゃまなものを、追って退かせる。「借金取りを—」

おいぼれ【老×耄】おいぼれること。おいぼれた人。▽多く、自分を卑下したり相手をばかにしたりする時に言う。

おいぼ-れる【老い×耄れる】《下一自》年をとって、体や頭の働きがにぶくなる。

おいまく-る【追(い)×捲る】《五他》激しく追い払う。激しく追い散らす。また、せきたてる。「スケジュールに—られる」

おいまわ-す【追(い)回す・追(い)×廻す】《五他》①逃げまわる者をあちこちと追いかける。②どんどん働かせる。「仕事に—される」

おいめ【負(い)目】①相手に対して責任を果たしていないという、気持の上での負担。「—を感じる」②返さなければならない借金・負債。

おいやーる【追(い)△遣る】《五他》追うようにして、その人が欲しない所へ移らせる。「弟を隣の部屋にー」「死にー」

おいら【△己△等】《代》〔俗〕おれ。おれたち。「ーはドラマー」▽「おれら」の転。普通は男(の子供)が言うが、きちんとした町家以上では使わなかった。

おいらく【老いらく】年をとること。老年。「ーの恋」▽「老ゆらく」の転。↓=く

おいらん【〈花魁〉】遊郭で、姉分の女郎。上位の遊女。転じて一般に、女郎。遊女。▽江戸語で、妹分の女郎や禿(かむろ)が姉女郎を「おいらのねえさん」と呼んだからという。 **ーそう**【ー草】北アメリカ原産で、観賞用に栽培される多年草。明治年間に渡来。高さ一メートル前後。夏、紅紫色または白色の花が円錐(えんすい)形に集まり咲く。くさきょうちくとう。▽はなしのぶ科。

おーいる【生いる】《上一自》草木がのびる。生長する。「ーい茂る」

おーいる【老いる】《上一自》年をとる。老齢になる。また、年をとって心身が衰える。「ーいては子に従え」「年ーいた松」▽文語的。

オイル 油。「サラダー」「エンジンー」▽oil **ーシェール** 石油を含んだ頁岩(けつがん)(=シェール)。油母頁岩。▽oil shale

おいわけ【追分】①道が左右に分かれる所。②→おいわけぶし。 **ーぶし**【ー節】小うたの一種。もと、中山道(なかせんどう)と北国(ほっこく)街道との分かれ道である長野県追分でうたった馬子唄(まごうた)。のち、越後(えちご)追分・松前追分など各地に起こる。

おーう【生う】《上二自》↓おいる(生)

おーう【負う】《五他》①せなかにのせる。せおう。「赤ん坊をー」②身にひきうける。「責任をー」「罪を他人にーわせる」。身にこうむる。「傷をー」③『名にー』名として持つ。名にふさわしい。有名だ。④おかげを受ける。恩恵を受ける。「先人の努力にー所が大だ」▽(1)(2)は格助詞「を」、(4)は格助詞「に」を伴う。

おーう【追う・△逐う】《五他》①先のもの、前途にあるものに達しようとして進む。おいかける。「母のあとをー」「理想をー」②あとに従う。事の順序などに従う。「先例をー」「日をーって体力が回復する」「順をーって述べる」③退ける。去らせる。おいはらう。「はえをー」「地位をー」(地位から退ける)「国をーわれる」④駆(か)りたてる。「牛をー」「日々の暮らしにーわれる」

おう〖*王〗 オウ(ワウ) きみ おおきみ ｜①《名・造》君主。天命を受けて統治するもの。強い支配権を世襲するもの。「王国・王子・王女・王政・王道・王者・王座・大王・勤王(きんのう)・女王・法王・国王・帝王・仁王(におう)・明王(みょうおう)・巌窟王」▽秦(しん)の始皇帝以後、皇帝より一段下。②㋐皇族。みこ。おおきみ。「諸王・親王」㋑親王に対して、親王宣下がない皇族男子。天皇より五世(今は三世)以下の皇族男子。③《名・造》王座を占める者。実力で第一位にある者。「百獣の王」「ホームラン王」④《名・造》将棋の駒の一つ。「王将」

おう〖*往〗【往】 オウ(ワウ) ゆく いにしえ ｜①㋐ゆく。いってしまう。↔来。「来往・勇往・一往・往還・往来・往生・往診」㋑目的地へ向かってゆく。ゆき。↔復。「往復・往路」②㋐昔。時が過ぎ去ること。「既往・古往・往古・往昔・往年・往時」㋑のち。以後。「以往」

おう〖*央〗 オウ(アウ) なか ｜なかほど。まんなか。「中央・震央」

おう〖凹〗 オウ(アフ) くぼむ へこむ へこます ｜物の表面が部分的にひっこんでいる。また、そのこと。くぼむ。くぼみ。↔凸。「凹凸・凹版・凹レンズ」

おう〖*応〗【應】 オウ こたえる ｜①呼びかけ・問いに答える。返事する。「応と答える」「呼応・内応・応答」②《名・造》承知すること。「いやも応もない」③他の動きに従う。受けて動く。「感応(かんのう)・反応(はんのう)・順応(じゅんのう)・供応・即応・応対・応接・応援・応急・応戦・応報・臨機応変」④他の力につりあう。ふさわしい。「適応・対応・相応・照応・応用」

おう〖押〗 オウ(アフ) コウ(カフ) おす おさえる ｜①手でおさえる。圧する。印をおす。「押捺(おうなつ)・押印・花押」②おさえつける。とりしまる。「押収・押送」③詩で韻をふむ。「押韻」

おう〖欧〗【歐】 オウ ｜「欧羅巴(ヨーロッパ)」の略。「欧州・欧米・欧化・欧文・渡欧・西欧・訪欧・在欧」

おう〖殴〗【毆】 オウ なぐる たたく ｜(むちなどで)打つ。たたく。なぐる。「殴打・殴殺」

おう〖*桜〗【櫻】 オウ(アウ) さくら ｜日本で、さくら。「桜花・桜樹・桜桃(おうとう・さくらんぼ)・観桜」▽中国ではユスラウメのこと。

おう〖*横〗【橫】 オウ(ワウ) コウ(クワウ) よこ ｜①㋐よこ。東西の方向。進行方向に対して直角の方向。↔縦。「縦横・横断」㋑よこあい。わき。物の左右。㋒よこにする。よこたえる。「横笛・横臥(おうが)」②勝手気ままにする。ほしいまま。「専横・横暴・横領・横行」③正しくない。よこしま。「横死・横逆」④あふれる。さかん。「横溢(おういつ)」

おう〖翁〗【翁】 オウ(ヲウ) おきな ｜①男の老人。おきな。「老翁・漁翁・白頭翁・翁媼(おうおう)・不倒翁(=おきあがりこぼし)」②男の老人の敬称。「福沢翁・蕉翁(しょうおう)(=松尾芭蕉)・沙翁(さおう)(=シェークスピア)・杜翁(とおう)(=トルストイ)」▽代名詞のように用いることがある。「翁の業績」

おう〖奥〗【奧】 オウ(アウ) おく ｜①内へ深くはいった行きづまり。奥深い

所。深い。「深奥・蘊奥(うんのう)・胸奥・内奥・堂奥」②奥深く、大切な意味のある。「奥義(おくぎ・おうぎ)・枢奥・秘奥」▽部屋のすみの奥まったところの意から。③「陸奥(むつ)」の略。「奥羽・奥州・北奥・東奥」▽→おく(奥)

おう【×鶯】オウ(アウ) うぐいす ｜ウグイス。「鶯声・鶯語・鶯囀(おうてん)・老鶯・春鶯」

おう【皇】→こう〔皇〕

おう【黄】→こう〔黄〕

おうい【王位】王の位(くらい)。

おういつ【横×溢】〘名・ス自〙あふれるほど盛んなこと。「元気―」

おういん【押印】〘名・ス自〙印判を押すこと。捺印(なついん)。

おういん【押韻】韻をふむこと。句の終わり、またははじめに、同じひびきの音をおくこと。▽→きゃくいん(脚韻)・とういん(頭韻)

おうえん【応援】〘名・ス他〙①力を添えて助けること。加勢。「資金を出して―する」「―演説」②(競技で)拍手をし声をかけて、味方やひいきの選手をはげますこと。「―歌」「―団」

おうおう【×怏×怏】〘ト タル〙不満・わだかまりなどがあって、心が晴れないさま。「―として楽しまず」

おうおう【往往】〘副[に]〙そうなる場合がよくあるさま。ともすれば。おりおり。「古い屋敷には―にして怪談がつきまとう」▽もと、ゆく時々、ゆく所々の意。

おうか【桜花】さくらの花。

おうか【欧化】〘名・ス自他〙ヨーロッパ風になること。また、そうすること。

おうか【王化】王者の徳によって世の中をよくすること。

おうか【×謳歌】〘名・ス他〙①声をそろえてほめたたえること。②転じて、自分の恵まれた境遇などを、他人にはばからず言動に表すこと。「青春を―する」

おうが【×枉×駕】〘名・ス自〙相手の来訪を敬って言う語。おいでになる。「―の栄に浴する」▽駕(が=のりもの)を枉(ま)げて(わざわざ寄り道して)来る意。

おうが【横×臥】〘名・ス自〙横(向き)に寝ること。

おうかくまく【横隔膜】哺乳(ほにゅう)類の胸腔(きょうこう)と腹腔との境の、弓状をした筋肉性の膜。伸縮して呼吸作用をたすける。

おうかん【往還】とおりみち。街道。▽行き来の意から。

おうかん【王冠】①王位のしるしとして帝王のかぶるかんむり。また、栄誉のしるしのかんむり。「―を戴(いただ)く」②びんの口がね。

おうぎ(あふぎ)【扇】あおいで風を出す折りたたみ式の道具。儀式・舞などにも手に持つ。せんす。すえひろ。

おうぎ【奥義】学問・芸能・武術などの最も大事な事柄。最も肝心な点。極意。奥儀。「―をきわめる」

おうぎ【横議】勝手な議論をすること。「処士―」

おうぎがた(あふぎ…)【扇形】→せんけい(扇形)

おうきゅう【王宮】王が住む宮殿。

おうきゅう【応急】さし迫った場合(=急)に合わせ(=応)た臨時の処置。「―手当」▽普通「―の」「―に」の形で使う。

おうぎょく【黄玉】透明または半透明で、柱状の結晶をなす鉱物。弗素(ふっそ)を含むアルミニウムの珪酸塩(けいさんえん)で、黄・青・ピンクなどの色があり、美しいものは宝石とする。トパーズ。

おうけ【王家】王の一族。また、王の家すじ。「―の出」

おうけん【王権】統治者たる王としての権力。「―を確立した」

おうこ【往古】過ぎ去った昔。大昔。

おうこう【王侯】王と諸侯。土地・人民を支配する有力者。

おうこう【王公】王と身分の高い人。

おうこう【往航】目的地に向かう航海・飛行。↕復航

おうこう【横行】〘名・ス自〙①自由きままにあるくこと。「―闊歩(かっぽ)」②勝手きままにふるまうこと。また、(好ましくないことが)ほしいままにはびこること。「汚職が―する」

おうこく【王国】①王を君主とする国。②一つの大きな勢力。「野球―」

おうごん【黄金】①こがね。きん。②貨幣。「―万能」③→おおばん(大判)②。④比喩的に、きわめて価値のあること。「―の左腕」「―週間」 **―じだい**【―時代】文化・勢力などの、一番さかんな時代。最も栄えている時期。最盛期。▽ギリシア人が人類の歴史を金・銀・銅・鉄の四期に分け、その最初の一期は、正義・幸福・平和に満ちたと信じたことから。 **―ぶんかつ**【―分割】一つの線分を二つに分けるとき、小部分の大部分に対する比が、大部分の全部に対する比に等しくなるように分割すること。ほぼ一対一・六一八。美感を与えるという。▽名刺の横と縦との長さの比は、これに近い。

おうさ【王佐】〘―の才〙王をたすけ(=佐)て善政をしく才能。

おうざ【王座】①王のつく座席。また、王の位。②転じて、第一の地位。「芸能界の―を占める」「―を保つ」

おうさつ【殴殺】〘名・ス他〙なぐり殺すこと。

おうさつ【応札】〘名・ス自〙入札に参加すること。

おうさつ【×鏖殺】〘名・ス他〙みなごろしにすること。

おうし(おふ)【×唖】→おし(唖)

おうし【押紙】疑問や注意事項などをしるして文書・書物などにはりつけた紙。おしがみ。▽はりつける紙の裏面全体にのりづけする。→ふせん(付箋)

おうし【横死】〘名・ス自〙事故・殺害など、思いがけない災難で死ぬこと。不慮の死。非業の死。「―を遂げる」

おうし【王師】①王者の軍隊。▽「皇師」と書いて、特に皇軍を指すこともあった。②帝王の師範。

おうじ【往時】過ぎ去った時。むかし。↕近時。「―をしのぶ」

おうじ【往事】過去の事柄。むかしの事。

おうじ【王事】①王室に関することがら。「―に尽くす」②王者のする事業。

おうじ【王子】①王(1)の、むすこ。②親王でない、皇族の男子。

おうじ【皇子】天皇の、むすこ。みこ。

おうじ【欧字】ヨーロッパで使用する文字。特に、ローマ字。

おうしつ【王室】王の一家・一族。

おうじつ【往日】過ぎ去った日。昔。

おうしゃ【応射】『名・ス自』敵(相手)の射撃に対して、こちらからも撃ち返すこと。

おうじゃ【王者】①王たる人。帝王である人。②王道で国を治める人。↔覇者。③仲間で一番強い、力のあるもの。「リングの―」▽「おうしゃ」とも言う。

おうじゃく【×尩弱】『名ナ』かよわいこと。ひよわなこと。「身体―」

おうしゅ【応手】碁・将棋で、相手の打った手に応じて打つ手。

おうじゅ【応需】需要・要求に応じること。「入院―」

おうしゅう【応酬】『名・ス自』相手の行為に報いること。㋐やりとりすること。「杯の―を重ねる」「議論を―する」㋑やり返すこと。「負けずに―する」

おうしゅう【押収】『名・ス他』(裁判所・捜査機関が)証拠物などを差し押さえるなどして取得すること。

おうじゅく【黄熟】『名・ス自』イネ・ムギなどの穂がみのって黄色になること。

おうじょ【王女】①王(1)の、むすめ。②内親王でない、皇族の女子。

おうじょ【皇女】天皇の、むすめ。ひめみこ。

おうしょう【応召】『名・ス自』在郷軍人が召集に応じて軍隊にはいること。

おうしょう【王将】将棋で一番大事な、これを取られると負けになる駒。▽→ぎょくしょう(玉将)

おうしょう【×鞅掌】『名・ス自他』いそがしく働くこと。つかさどること。▽もと、背ににない手にもつ意。

おうじょう【往生】『名・ス自』①〔仏〕この世を去り、極楽浄土に往(い)って生まれること。②死ぬこと。「大―」③あきらめて静かにすること。また、どうにもしようがなくなること。閉口。「大雨で―した」 **―ぎわ**(はぎ)**【―際】**死にぎわ。「―が悪い」(転じて、なかなかあきらめない)

おうじょう【王城】帝王のすむ城。王宮。「―の地」

おうしょく【黄色】きいろ。「―火薬」▽「こうしょく」とも言う。

おうしょっき【黄×蜀×葵】夏、五枚の花弁が重なり合った薄黄色の大きな花を咲かせる多年草。花の中心は紅紫色。中国原産。根からとれる粘液は、和紙をすく時に使う。トロロアオイ。▽あおい科。

おう-じる【応じる】『上一自』①外からの働きかけに対応して行動を起こす。こたえる。ひきうける。従う。「挑戦に―」「注文に―」「募集に―」②……にふさわしく……する。……に見合うように……する。「身分に―じた暮らし方」「時に―じて変わる」③和する。呼応する。「響に―」▽「応ずる」とも言う。

おうしん【往信】こちらから(返事を求めて)差し出す手紙。↔返信

おうしん【往診】『名・ス自他』(医者が)患者の家に行って診察すること。↔宅診。「―料」

おうす【お薄】薄茶(1)のこと。

おうすい【王水】濃塩酸と濃硝酸との混合液。金・白金などの貴金属をとかすのに使う。

おうすい【黄水】胃から吐き戻した、胆汁混じりの黄色い水。

おう-ずる【応ずる】『サ変自』↓おうじる

おうせ(あふ)**【×逢瀬】**ふたりが会う折。面会の時。特に、(男女が)ひそかにあうこと。「―を重ねる」

おうせい【旺盛】『ダナ』活力や意欲が非常に盛んなさま。「元気―」「―な知識欲」 派生 **-さ**

おうせい【王制】君主制度。王が主権を有する政治制度。

おうせい【王政】①帝王・天皇の政治。「―復古」②君主政体。

おうせき【往昔】過ぎ去った昔。いにしえ。

おうせつ【応接】『名・ス自』うけこたえなどをして、相手をすること。応対。「―にいとまがない」(物事が次から次に現れ、せわしい)「―間」

おうせん【応戦】『名・ス自』相手の攻撃に応じ、やり返して戦うこと。

おうせん【横線】横に引いた線。「―小切手」(↓せんびきこぎって)

おうそ【応訴】『名・ス自』起こされた訴えに対し、被告としての防御行為をすること。

おうそう【押送】『名・ス他』受刑者・刑事被告人・被疑者を、ある場所から他の場所へ移すこと。

おうぞく【王族】帝王の一族。

おうた【△御歌】①天皇の作歌。御製(ぎょせい)。②皇后・皇太后・皇太子・皇族の歌。 **―かい【―会】**宮中で催される歌の会。 **―どころ【―所】**旧宮内省に属し、御製・御歌・御歌会に関する事務を扱った所。▽一九四六年廃止。

おうだ【殴打】『名・ス他』(人の体を)うちなぐること。

おうたい【応対】『名・ス自』相手になってうけこたえをすること。

おうたい【横隊】横方向に長く並んだ隊形。↔縦隊

おうだい【王代】↓おうちょうだい。 **―もの【―物】**王朝時代の事を扱った浄瑠璃・歌舞伎。

おうだく【応諾】『名・ス他』(人の頼み・申込みを)ききいれること。承知。

おうだん【横断】①『名・ス他自』横(または東西)の向きに断ち切ること。通過すること。↔縦断。「―面」「帆船で太平洋を―する」。②『名・ス自』横切ること。「道路を―する」「―に注意」 **―まく【―幕】**標語などを書いた横長の幕。道路を横断するように

広げて持って歩いたり、壁などに張ったりする。

おうだん【黄×疸】胆汁色素が血液に蓄積され、その色素のために皮膚・体の組織が黄色になる症状。

おうち あふち ↓せんだん(栴檀)(1)

おうちゃく【横着】『名・ダナ・ス自』平気でずうずうしくしていること。ずうずうしく構えて怠けること。「―をきめこむ」「―な態度」 派生 **-さ**

おうちょう【王朝】①帝王の朝廷。「―絵巻(=平安時代の宮廷を描いた絵巻)を見るような」②同じ王家に属する帝王の系列。また、その君臨する時期。「ロマノフ―」 **―じだい**【―時代】天皇みずから政治を行う(建前の)時代。特に、平安時代の称。また、奈良・平安時代の総称。▽明治から第二次大戦終了の間のを指すことは無い。

おうつり【お移り】↓うつり(一)

おうて【追手】↓おおて(3)(4)。▽「おって」と読めば別の意。

おうて【王手】将棋で、直接に王将を攻める手。「―を掛ける」(王手になる手を打つ)「いよいよ―だぞ」(以上の二例とも、比喩的に、物事が決着する寸前の状況も指す)

おうてっこう【黄鉄鉱】鉄と硫黄とからなる鉱物。淡黄色の光沢があり、金に似る。立方体・八面体の結晶やその集合体として産出する。

おうてん【横転】『名・ス自』①横倒しにころぶこと。②左・右に回転すること。

おうと【×嘔吐】『名・ス他』胃の中の物(食べたもの・胃液)を吐いてもどすこと。「―をもよおす」

おうど【王土】王者の治める土地。▽王の徳や文化をたたえて言う語。

おうど【黄土】①黄色顔料。主成分は酸化鉄。リノリウム・コンクリートの着色用。オーカー。オークル。②中国北部一帯の、地表を覆う黄色・褐色の土。こうど。

おうとう【応答】『名・ス自』問いや話しかけに答えること。うけこたえ。「ドアをたたいても―がない」「質疑―」

おうとう【王党】国王を支持する党派。

おうとう【王統】帝王の血筋。皇統。

おうとう【桜桃】俗に「さくらんぼ」と呼ばれる果実をつける落葉高木。桜に似た形の白色の花が咲く。佐藤錦などの品種がある。▽ばら科さくら属。

おうどう【横道】人の道にそむく、正しくないこと。邪道。また、不正と知りながらそれをすること。▽↓よこみち

おうどう【王道】①帝王が仁徳をもととして国を治めるやりかた。↕覇道。②最も正統・当然な(と思われている)方法・こと。「―すぎる展開」③(王様用の)楽な道。近道。「学問に―なし」

おうどう【黄銅】真鍮(しんちゅう)の別名。

おうとつ【凹凸】でこぼこ。中がへこんだものと中が高くなったもの。「―のはげしい道」

おうな【×嫗・×媼】年をとった女。老女。↕翁(おきな)

おうなつ【押×捺】『名・ス他』印判などをおすこと。「指紋―」

おうねつびょう【黄熱病】熱帯地方に流行する、ウィルスによる急性感染症。蚊が媒介する。▽その経過中、黄疸(おうだん)を起こすことからの名。

おうねん【往年】過ぎ去った年。昔。「―の名優」

おうのう【×懊悩】『名・ス自』なやみもだえること。

おうばい【黄梅】早春、葉が出る前に梅に似た黄色い六弁花が咲く落葉小低木。中国原産で観賞用に植栽。枝は緑で上部がややつる状に垂れ、地に着くと根を出す。▽もくせい科。

おうばく【黄×蘗】①〔植物〕↓きはだ(黄蘗)。②キハダの皮から作った粉薬、または染料。

おうばくしゅう【黄×檗宗】禅宗の一派。臨済宗の一分派。開祖は明(みん)の隠元。

おうはん【凹版】文字や図形の部分が他よりくぼんでいる印刷版。グラビア版など。↕凸版

おうばんぶるまい …ぶるまひ【×椀飯振舞】①『名・ス自』盛大なごちそう(をふるまうこと)。▽(2)の転。②『名』江戸時代、正月初めに一家の主人が家族・親類を呼んで催す宴会。▽「椀飯(おうばん)」はわんに盛ってすすめる飯。「大盤」と書くのは当て字。

おうひ【王妃】①王のきさき。②王の称号をもつ皇族の配偶者。

おうひ【奥秘】奥にひめられた深遠で大切な意義。

おうふう【横風】『ダナ』↓おおふう(1)

おうふう【欧風】ヨーロッパふう。

おうふく【往復】①『名・ス自』行って再び戻ること。ゆきとかえり。↕片道。「―切符」「家と会社を―する」②『名・ス自』(手紙の)やりとり(をすること)。「―書簡」③『名』「往復切符」の略。

おうぶん【応分】《普通「―の」「―に」の形で》身分・能力にふさわしい程度。「―の寄付」

おうぶん【欧文】①ヨーロッパの言語の文章。②ヨーロッパで使用する文字。欧字。特に、ローマ字。「―タイプライター」▽↕邦文。 **―みゃく**【―脈】(日本文にまじった)ヨーロッパの言語の直訳的な表現の文脈。

おうへい【横柄】『ダナ』ひどくいばって、人をふみつけにした態度であるさま。尊大。「―な口をきく」「―に構える」▽「押柄」「大柄」とも書く。 派生 **-さ** 関連 大風・尊大・高慢・高慢ちき・傲慢・驕慢(きょうまん)・暴慢・驕傲(きょうごう)・倨傲(きょごう)・傲然・傲岸・不遜・頭(ず)が高い・居丈高・高姿勢・高飛車・頭ごなし・威圧的・高圧的・押し付けがましい・官僚的・嵩高(かさだか)・権高(けんだか)

おうべい【欧米】ヨーロッパとアメリカ。▽「欧羅巴」「亜米利加」から。

おうへん【応変】↓りんきおうへん

おうぼ【応募】『名・ス自』募集に応じること。「懸賞に―する」「―原稿」

おうほう【往訪】『名・ス自』訪問すること。↕来訪

おうほう【応報】(したことに対する)むくい。果報。

「因果—」

おうほう【王法】国王の法令・政治。▽「仏法」に対して言うときは、「おうぼう」と濁る。

おうぼう【横暴】『名・ダナ』勢力などがあるのをよいことにして、勝手気ままで乱暴なこと。「—な亭主」「—を極める」 派生 **-さ**

おうま【黄麻】↓つなそ

おうまがときあふまが:【×逢魔が時】夕方のうす暗くなった時分。▽「大禍(おおまが)＝わざわい)時」の転。

おうむ【×鸚×鵡】人の言葉をよくまねる、熱帯原産のうむ科の鳥の総称。↓いんこ。 **—がえし**がへし【—返し】人から言われた言葉をそっくりそのまま言い返すこと。また、言いかけられて(十分考えることなく)即座に返事をすること。「—に繰り返すのみ」

▽おうむ科の鳥。くちばしは太く曲がり、頭には毛冠がある。

おうめい【王命】帝王の命令。

おうめわたあをめ:【△青△梅綿】三枚で本裁(ほんだち)の着物一枚分となるようにのばした綿。▽もと青梅(現在の東京都青梅市)の特産。

おうめん【凹面】中央がなだらかにくぼんでいる面。↕凸面。 **—きょう**【—鏡】反射面が凹面である鏡。反射望遠鏡などに用いる。↕凸面鏡

おうよう【応用】『名・ス他』原理や知識を実際的な(または他分野の)事柄にあてはめて利用すること。「—が利く」「理論と—」「新技術を治療に—する」

おうよう【×鷹揚】『ダナ』ゆったりとしてこせこせしないさま。おっとりとして上品なさま。「—にうなずく」▽もと、鷹(たか)が空中を飛ぶようにおおらかで威厳があるさま。「大様」とも書くが、本来は別語。 派生 **-さ**

おうらい【往来】①『名・ス自』行ったり来たりすること。「自動車の—がはげしい」②『名』道路。通り。「—に車をとめる」 **—もの**【—物】生活に必要な各種の知識を手紙(＝往来)体の文章の中に織りこんだ、昔の教科書。▽鎌倉・室町時代以降に多い。

おうりつ【王立】王・王族が資金を出し、または後援して設立・運営すること。「—博物館」

おうりょう【横領】『名・ス他』他人・公共のものを不法に自分のものとすること。「公金—」

おうりょく【応力】〔物理〕物体に外力が加わる場合、それに応じて物体の内部に生じる抵抗力。▽stress の訳語。

おうりん【黄×燐】薄黄色の蠟(ろう)状の燐(りん)。特有なにおいを発する。発火しやすく有毒。マッチ・ねこいらずの原料とした。▽燐の同素体。↓せきりん

おうレンズ【凹レンズ】中央が薄く、縁が厚くなっているレンズ。平行光線を発散させる。↕凸レンズ

おうろ【往路】行く時通る道。また、行き。↕帰路・復路

オウン ゴール サッカーなどで、味方のゴールに入れてしまった点。相手の得点になる。自殺点。▽own goal

おえしき【△御会式】日蓮(にちれん)宗で、宗祖日蓮の命日(十月十三日)に行う法会(ほうえ)。

おえつ【×嗚△咽】『名・ス自』声をおさえて泣くこと。むせび泣き。

おえないおへ:【負えない】『連語』どうしようもない。手にあまる。▽普通「手におえない」の形で使う。「ない」の部分は、「ぬ」「ません」でもよく、それら三つの活用形でもよい。「私の手におえる仕事ではない」のような言い方もする。「おえる」は「負う」の可能形。

おえらがた【お偉方】身分や地位の高い人々。▽少しちゃかした言い方。

お-えるをへる【終える】『下一他』その時まで続けていた事を、しとげてやめる。すっかり済んで、または時期が来て、しまいにする。↕始める。「宿題を—」「本を読み—」「学校を—」(卒業する)「一生を—」(死ぬ)「学校を—」▽「会期が—・えた」のように、自動詞的に使うこともある。

おお＝ほお【大】《名詞の上に》①大きい、広い、量が多い意を表す語。↕小(こ)・小(お)。「—男」「—川」「—人数」▽尊敬・賛美の気持でも使った。「—君」②程度がはなはだしい意を表す。「—あわて」「—いばり」③大体の意を表す。「—づかみ」「—ざっぱ」④同じ名称で呼ばれるもののうち、序列の上(年長)の方を指す。↕小(こ)・若。「—旦那(だんな)」

おお『感』①↓ああ(嗚呼)(1)。②相手を気づかってかける声。「—、どうした」「—、よしよし」③気勢をあげるのに発する声。「『今だ、かかれ!』「—」」「『やるぞ』「—」」

オーアール【OR】さまざまな要素が関連する問題を数理モデルで表し、合理的・効率的な解決や計画遂行の方法を導き出す手法。▽operations research の略。軍事作戦の研究に始まり、経営計画などに幅広く応用される。

おおあきないおほあきなひ【大商い】①手広く商売を営むこと。↕小(こ)商い。②(証券取引などでの)多額の売り買い。

おおあざおほ:【大字】町村内で、小字(こあざ)を含む広い字(あざ)。

おおあしおほ:【大足】①大きな足。②大また。「—に歩く」

おおあじおほあぢ【大味】『名ナ』(食物の味が)おおまかで、こまやかな風味・趣がないこと。↕小味。「—でまずい魚」「—な試合」

おおあたりおほ:【大当(た)り】『名・ス自』非常にうまく的中すること。商売や催し物が大成功すること。「—をとる」

おおあなおほ:【大穴】①大きな穴。②大きな欠損・損害。「—をあける」③競馬・競輪などで、大きな番狂わせ。また、それによる大もうけ。「—をねらう」

おおあまおほ:【大甘】『名ナ』①ひどく甘やかすようす。②きびしさに欠け、楽観的なようす。「—な見通し」

おおあめおほ:【大雨】多量に降る雨。↕こさめ。「低気圧の接近につれて—になるでしょう」

おおあり【大有り】〘ノダ〙〔俗〕たくさんある、たしかにあることを強調する言い方。「理由はーだ」

おおあれ【大荒れ】〘名・ス自〙①天候や海がひどく荒れること。②試合や相場などで、予想外に乱れた展開・結果になること。「ーの春場所」③酔いや怒りのために乱暴になること。

おおーい【多い】〘形〙数や量がゆたかだ。たくさんある。↔少ない。▽「大きい」と同語源。ただし、同種のもののまとまりについて言うから、「顔が大きい」と言えても「顔がー」とは(多面的の比喩や顔ぶれの意でなければ)言えない。数の決まっているものについても使わない。→おおき。派生 -さ 関連 沢山・余計・仰山・多多・数数・数多(あまた)・幾多・多大・莫大(ばくだい)・無数・うんと・たんと・しこたま・たんまり・がっぽり・どっさり・ふんだん・わんさ・ごろごろ・うようよ・盛り沢山

おおい【覆い・△被い】物の上や前面にひろげて、物をかくすもの。物にかぶせるもの。「ーをかける」

オーイーエム【OEM】相手会社の発注品の、相手先ブランドの形をとった生産。「端末機をーで出す」▽original equipment manufacturing の略。

おおいかぶさーる【覆い△被さる】〘五自〙覆いかぶせ包み込むように取りつく。「子供が背にー」「諸国に戦雲がー」「重い責任がーってきた」

おおいかぶーせる【覆い△被せる】〘下一他〙上から覆ってかぶせる。

おおいき【大息】大きく吐く(吸う)息。「ーをつく」

おおいちばん【大一番】大事な試合・勝負。「勝てば優勝が決まるー」

おおいちょう【大〈銀杏〉】相撲(すもう)で、関取(せきとり)の髪型。まげの先をいちょうの葉のように大きく広くしたもの。▽江戸時代には武士も結った。

おおいなる【大いなる】〘連体〙おおきい。偉大な。「ー功績」▽文語「おほきなり」の連体形から。

おおいに【大いに】〘副〙程度のはなはだしいことを表す語。非常に。はなはだ。「ー飲み、かつ語った」▽「おおきに」の音便。

おおいり【大入(り)】(興行場などで)入場者がたくさんはいること。「ー満員」 **ーぶくろ**【ー袋】興行場でお客がたくさんはいった時、従業員に慰労・祝いの気持で配る金銭を入れた袋。表に「大入」と書いてある。

おおーう【覆う・△被う】〘五他〙①雨・ほこり・人目などからさえぎろうと、上・まわりに物をかけて(または設けて)ふさぐ。「苗床をビニールでー」「耳をーばかりの雷鳴」「手でろうそくをーって風を防ぐ」「非をー」(=包み隠す) ②一面に広がって全体を包む。「会場をー熱気」「一言でーえば」(全体の核心を一言で言えば)

おおうち【大内】内裏(だいり)。皇居。天皇の御所。大内山。

おおうつし【大写し】〘名・ス他〙(映画などで)人物や物体のある部分を画面いっぱいに大きく写すこと。クローズ アップ。

オーエイチピー【OHP】透明フィルムに書いた文字・図表などをスクリーンに投影する装置。オーエッチピー。▽overhead projector の略。

オーエー【OA】事務の自動化。オフィスの機械化。「ー機器」▽office automation の略。

オーエス【OS】コンピュータで、ハードウェアやファイルの入出力を管理し、それらと各種アプリケーションとの仲介を行うソフトウェア。基本ソフトウエア。▽operating system の略。

オー エス〘感〙綱引きなどのかけ声。▽(フランス)oh hisse (=それ、引け)

オーエル【OL】①会社(役所)づとめの女性。女子事務員。▽日本で初めBG(business girl)と言ったが、米語での連想が悪い(→ビジネス ガール)ので、それを改めて office と lady とを合わせて作った「OL」が一九六五年ごろ一般化した。②「オリエンテーリング」の略。▽(ドイツ)Orientierungslauf から。

おおおく【大奥】江戸城内の、将軍の御台所(みだいどころ)(=正夫人)・側室やそれに仕える多数の女の住居。▽出入りが自由な男子は将軍だけ。女たちのねたみと敵愾心(てきがいしん)が渦巻く所として、今も比喩表現に使う。

おおおじ【大〈伯父〉・大〈叔父〉】親のおじ。祖父母の兄弟。

おおおば【大〈伯母〉・大〈叔母〉】親のおば。祖父母の姉妹。

おおがい【大貝】漢字の旁(つくり)の一つ。「頭」「順」などの「頁」の称。▽部首「貝」と区別し、形に着目して「おおがい」、または「いちのかい(一ノ貝)」と言うが、意味は貝に関係しない。「頁」は、音「ケツ」で頭の意。

おおがかり【大掛(か)り】〘ダナ〙多くの費用や人手がかかるさま。大仕掛け。大規模。

おおかぜ【大風】①激しく吹き荒れる風。「ーが吹いて塀が倒れた」▽「おおふう」と読めば別語。②ひどい風邪。「ーを引き込む」▽(2)は「大風邪」とも書く。

おおかた【大方】①〘副〙あらかた。ほとんど。大体のところ。「ー出来上がった」。おそらく。「ー知らないだろう」②〘名〙㋐物事の大体・大部分。あらまし。「出場者のーは男だ」㋑世間一般。「ーの評判」「ーの教示を乞う」▽㋑は「たいほう」とも言う。

おおがた【大型・大形】〘名ナ〙(同類の中で)形や規模が大きいこと。「大形の菊」「本年度予算は大型だ」「大型新人」(実力があると評判の新人)▽「形」で書くのは具体物の形に即して言う傾向がある。

オーガニック 有機栽培によること。「ー野菜」「ーコットンの靴下」▽organic(=有機的)

おおかみ【×狼】犬の原種となった野生の獣。体毛は、茶色や黄灰色。大きな口に鋭い牙(犬歯)がある。群れで行動し、ウサギ・シカなどを捕食する。かつては北半球の広範囲に分布し、日本にもニホンオオカ

ミが生息した。▽いぬ科いぬ属のタイリクオオカミとその亜種の総称。↓やまいぬ

おおがら【大柄】①体が普通より大きいこと。②模様や縞柄(しまがら)が大きいこと。「—のゆかた」▽↕小柄

おおかれすくなかれ【多かれ少なかれ】《連語》《副詞的に》多い、少ないの、どちらにしろ。多少(とも)。「誰にも—欠点はある」

おおかんばん【大看板】寄席・芝居・映画などで、一座の中心となっている人気芸人。▽もと東京の寄席で、人気の芸人の名前だけを看板に大きく書いたことから。

おおき【多き】多いこと。「百人の—にのぼる」「悩み—年頃」「恥—人生」▽文語形容詞「多し」の連体形。

おおき-い【大きい】《形》①物の形・量、事柄の度合が、同類の(平均的な)ものを越えてうわまわっている。↕小さい。㋐体積・面積などが、たくさんの場所を占める。「—部屋」「—つらをする」(えらぶって、横柄な態度をする)「—体」㋑数・量がほかよりうわまわっている。「五は三より—」。程度・作用などがはなはだしい。「—音」「損害が—」「人格形成に—く影響する」㋒年齢が上である。大人だ。「—くなったら」「ぼくより—子」㋓規模がまさっている。範囲が広い。「—計画」。包容力がある。「人物が—」②事実や身分・能力に比べ、大げさだ。「—事を言う」③㋐《「—く」の形で》えらぶって。かさにかかって。「頭から—く出る」「—く構える」㋑全体を大づかみに見渡すと。大別して。「目的は—く三つある」▽文語形容詞「多し」の連体形から出た「おほきなり」の「おほき」に形容詞語尾の付いたもの。派生 -さ*

おおきさ【大きさ】大きいこと。大きい度合。また広く、(度合も含めて考えて)量的にとらえた場合の、大小の度合。「重量の—を制限する」「ベクトルの向きと—」

おおきな【大きな】《連体》大きい(1)(2)。↕小さな。「—荷物」「—音」「—事を言う」「—顔をする」(自分がえらい者であるような様子をする。また、平然とした様子をする)「—お世話だ」(いらざるおせっかいだ)

おおきに【大きに】《感》関西で、感謝・礼を表す言葉。▽「大きにありがとう」の意。↓おおいに

おおきみ【大君】天皇の尊称。▽古くは、親王・諸王も指した。「たいくん」と読めば別の意。

オーきゃく【O脚】両足のかかとをつけて直立したとき、膝の間が開いて、アルファベットのOのような形になる脚。↕エックス脚

おおぎょう【大仰・大形】《ダナ》大袈裟(おおげさ)なさま。「—な身振り」派生 -さ

おおぎり【大切り】①物を大きく切り分けること。大きな切れはし。②㋐芝居・寄席(よせ)で、その日に演じる最終のもの。㋑一般に、最終。③寄席の最後にその日の出演者たちが行う余興。転じて、出題に対して滑稽な回答や機転を競い合う演芸。▽(3)は「大喜利」とも書く。

おおく【多く】分量・数量の多いこと。㋐たくさん。「そんなに—食うな」「それについて—を語らない」㋑おおかた。たいてい。「この本は—学生が読む」「—はそうならない」▽文語形容詞「多し」の連用形から。

オーク ぶな科の木。ナラ・カシワ・カシなど。建築材として使う。▽oak

オークション せり売り。競売。「ネット—」▽auction

おおぐち【大口】①口を大きくあけること。大きな口。「—をあける」②おおげさにいばって言う言葉。「—をたたく」③売買や金額の多いこと。↕小口。「—の注文」

おおくらだいじん【大蔵大臣】家計や会計を切り回す実権者。「給料を入れるのはあなたでも、わが家の—はわたしですからね」▽もと、大蔵省(=国の財務・通貨や金融などに関する中央官庁)の長。二〇〇一年省庁改編で名称は消えた。その比喩的用法。

オーケー【OK】①《感》よろしい。オーライ。②《名・ス自他》同意すること。承諾すること。「—を出す」「しぶしぶ—する」▽アメリカの俗語から。

おおげさ【大×袈×裟】①《ダナ》実質以上に大変な事のように見せかけるさま。「—な話」「—に痛がる」②《名》刀で肩からななめに切りおろすこと。▽もと、大きな袈裟(けさ)の意。

オーケストラ 管弦楽。また、その楽団。▽orchestra

おおごしょ【大御所】①その道の大勢力家。「文壇の—」▽(2)から。②隠居した将軍、またその居所の尊称。

おおごと【大事】重大な事柄。大事件。「そのままでは—になる」「それは—だ」。▽↓だいじ

おおざけ【大酒】多量の酒。たいしゅ。「—飲み」

おおさじ【大×匙】①洋食でスープなどを食する大きいさじ。②調味料を計量するための大きい方のさじ。一匙は一五cc。▽↓こさじ

おおざっぱ【大雑把】《ダナ》大づかみなやり方で、細かい点に注意しないさま。大まか。「—に言うと」「—な掃除」▽多くは、雑だという非難の気持で言う。

おおざつま【大×薩摩】大薩摩節。浄瑠璃の一派で享保(一七一六～三六)ごろにおこり、ふしまわしが豪快で江戸に流行した。後に、長唄の一部門となった。

おおざと【大里】漢字の旁(つくり)の一つ。「部」「都」などの「阝」の称。▽村や国を意味する「邑」の字が旁となったもの。「こざとへん」と形が似ている。

おおじ【大路】はばの広い道。大通り。↕小路(こうじ)。「都—」▽雅語的。

おおし-い【雄雄しい・△男△男しい】《形》男らしくて勇ましい。↕女女(めめ)しい。派生 -さ -げ

オージー【OG】↓オービー(1)

おおしお【大潮】満月と新月のころ、潮の満ち干の差が最も大きくなる時。また、その時の潮。↕小潮

おおしか【大鹿・×麋】大形のシカの俗称。特にヘラジカを言う。おおじか。

おおじしん【大地震】大きな地震。▽日常語。↓だいじしん

おおじだい【大時代】①『名ナ』外見が重々しく、いかにも古風なこと。「—な物言い」▽(2)の転。②『名』時代物の中で、源平時代以前のことを脚色したもの。「—もの」

おおしまつむぎ【大島×紬】鹿児島県の奄美(あまみ)大島で作る、かすり織りのつむぎ。おおしま。

おおすじ【大筋】物事の大体のすじみち。「—合意」㋐あらすじ。㋑要点。

おおずもう【大〈相撲〉】①盛大な相撲(すもう)興行。特に、日本相撲協会が主催するもの。②相撲で、観衆さえ思わず力むほど見ごたえのある一番。「投げを打ち合って—となった」

おおせ【仰せ】①(目上の者からの)いいつけ。命令。「—の通り」②お言葉。「ありがたい—をいただく」

おおぜい【大勢・多勢】多くの人数。↕小勢(こぜい)。▽「大勢」を「たいせい」と読めば別の意。

おおぜき【大関】相撲(すもう)で、力士の位の一つ。三役の最上位、すなわち関脇(せきわけ)の上の位。▽↓よこづな

おおせつける【仰せ付ける】『下一他』「言いつける」(1)の尊敬語。

おおせられる【仰せられる】『連語』《複合動詞相当》おっしゃる。▽文語「仰(お)す」+助動詞「らる」の口語形「られる」

おおせる【△果せる・△遂せる】『下一他』《動詞の連用形に付いて》なしとげる。すっかり終える。「重大な任務をし—」「逃げ—」

おおそうじ【大掃除】『名・ス他』①ふだん手が届かない所まで、念入りに大がかりにする掃除。特に、年の暮れなどに行うもの。②比喩的に、害悪を徹底的に一掃すること。「悪の巣を—する」

オーソドックス『名・ダナ』正統派。正統的であること。そのさま。▽orthodox

おおぞら【大空】広々とした(晴れた)空。

オーソライズ『名・ス他』正当と認めること。公認すること。「立ち入り検査を国が—する」▽authorize

オーソリティー その方面の権威。大家。▽authority

オーダー ①『名・ス他』注文(すること)。「スーツを—する」②『名』順序。「バッティング—」③『名』程度。けた。台。「百万円の—で考える」▽order **—メード** 注文によって製造する品。あつらえ。↕レディー メード。▽order と made とによる和製英語。

おおだい【大台】金額・数量の、大きな境目となるような、けた。「平均株価が一万九千円の—を越える」「—を割る」「予算が一兆円の—を越える」▽取引用語から広まった。どこを大台と見るかは時の情況による。

おおだいこ【大太鼓】日本の大形のたいこ。また、洋楽で用いる大形のドラム。

おおだてもの【大立者】①(演劇で)一座の中の一番すぐれた俳優。②転じて、ある社会の中で一番重んじられる人物。「政界の—」

おおだな【大△店】規模が大きい商店。「—の番頭」

おおつえ【大津絵】元禄(げんろく)(一六八八〜一七〇四)ごろ、近江(おうみ)国大津で売り出した絵。はじめは仏画、のちに鬼念仏・藤娘・瓢箪鯰(ひょうたんなまず)などを描く。

おおづかみ【大×摑み】『名・ス他』物事の大体をとらえ理解すること。▽もと、手の指を大きくひろげてつかみとることから。

おおつごもり【大×晦】おおみそか。▽↓つごもり

おおづつ【大筒】①大きな竹づつ。酒などを入れる。②大砲の古称。

おおつづみ【大鼓】能・長唄などで囃子(はやし)に使う大形のつづみ。

おおづな【大綱】①太い綱。②転じて、おおもと。大綱(たいこう)。

おおっぴら『ダナ』①むき出しで遠慮しないさま。「—にふるまう」②おもてだったさま。公然。「事が—になる」

おおづめ【大詰(め)】①芝居の一番終わりの幕。②転じて、物事の最終。終局。「いよいよ—に近づく」

おおて【大手】①同業者中、経営規模の特に大きい会社。「業界—」「最—」②取引で、多額の売買をする人。大手筋。③城の表口。「—門」④敵の正面に攻めかかる軍勢。▽(3)(4)は↕搦手(からめて)。「追手(おうて)」とも書く。

おおで【大手】肩から手先まで。↕小手(こて)。「—をひろげる」(両手を横に広くひろげる)「—を振って」(両手を振っていばって歩くさま。転じて、人に遠慮しないさま)

オーディーエー【ODA】政府資金で行われる、開発途上国などに対する援助・協力。政府開発援助。▽official development assistance の略。

オーティーシーいやくひん【OTC医薬品】医師の処方箋がなくても店頭で買える医薬品。一般用医薬品。大衆薬。▽OTCは over-the-counter (=処方箋なしで)の略。

オーディオ 音声・音響の、録音・再生・受信など。また、その装置。▽audio

オーディション 声楽家・俳優などと契約を結ぶとき、あらかじめその歌唱や演技をテストすること。「—を受ける」▽audition

おおでき【大出来】『名ナ』できばえが(予想以上に)立派であること。「六十点取れれば—だ」

オー デ コロン 香水の一種。▽(フランス) eau de Cologne

オート ①自動車。オートバイ。「—キャンプ場」②自動。「—ロック」「—フォーカス」「—パイロット」「—で撮る」▽auto **—さんりんしゃ**【—三輪車】荷物運搬用の三輪自動車。オート三輪。 **—バイ** 発

動機を備えた二輪車。自動二輪車。バイク。▽英口語 auto と motorbike とによる和製英語(英語では普通 motorcycle)。 **ーレース** ①自動車・オートバイなどの競走。②賭けの対象とする、公営のオートバイ競走。▽auto race

おおど：【大戸】 家の表の大きな戸。「ーをおろす」

おおどうぐ：【大道具】 舞台の場景をこしらえる建物・岩・立木・書割(かきわり)など。↕小道具

おおどおり【大通り】 町なかの、はばが広い道。

おおどか《ダナ》人の性質などが鷹揚(おうよう)でのびのびしているさま。おおらか。▽古語的。

オート クチュール 高級衣装店。また、高級注文服。↓プレタポルテ。▽フランス haute-couture

おおどころ：【大所】 ①おもだった人。大家(たいか)。②大きな構えの家。大家(たいけ)。資産家。

オートジャイロ 航空機の一種。ヘリコプターと同じように回転翼を持つが、原則的に風力による自由回転で、水平飛行用の推進装置を別に持つ。▽autogiro

おおとの：【大殿】 ①大名など貴人の当主の父の敬称。▽世子に対して当主を指して言う場合もある。②宮殿の敬称。(寝殿造りの)正殿。また、昔の大臣の敬称。おとど。

オードブル 洋食のコース料理で、最初にでる軽い料理。前菜。▽フランス hors-d'œuvre

オートマチック ①《ダナ》自動的。②《名》自動的に作動する機械や装置。自動拳銃や自動変速装置など。「ー車」▽automatic

オートミール 加熱した燕麦(えんばく)を押しつぶすか、ひき割りにした食品。それを牛乳・水で煮たかゆ。▽oatmeal

オートメーション 自動(制御)装置(になっていること)。人手で(ほとんど)操作せずに、機械が自分で調整しながら仕事をする装置。自動化。▽automation

おおとり：【大鳥】 コウノトリのような大形の鳥。▽「鳳」「鵬」「鴻」でも書く。

オーナー 持ち主。所有者。「ードライバー」(自分の所有する車を自分で運転する人)「球団のー」▽owner

おおなた：【大×鉈】『ーを振るう』思いきった省略・整理をする。「機構改革に大鉈を振るう」

おおなわ【大縄】「大縄跳び」の略。また、それに使う長い縄。長縄。 **ーとび**【ー跳び・ー飛び】 二人の回し手が回す長い縄を、他の人がとびこえる遊戯・運動。大縄。

おおにゅうどう：【大入道】 体が大きくて坊主頭をした男。また、その形の化け物。

おおにんずう：【大人数】 多い人数。↕小人数(こにんずう)。▽「おおにんず」とも言う。

おおね：【大根】 物事のおおもと。根本。▽↓だいこん

おおば：【大葉】 青ジソの葉。刺身のつまやあえ物に使う。

オーバー ①《名・ス自他》(物の上や、ある限度を)越えること。越すこと。「予算をーする」②《ダナ》大げさなさま。度が過ぎるさま。「ーな表現」▽(1)(2)は over ③《名》「オーバーコート」の略。外套(がいとう)。▽overcoat から。 **ーオール** ①《名》肩ひもでつるす、胸当てのついた作業用ズボン。つなぎ。幼児の、上下がつながった遊び着。「ーを着た整備工」▽overalls ②《ダナ》全般的。「企業をーにカバーする政策」▽overall **ーシューズ** 防水などのために、靴の上にはく上靴。▽overshoes **ータイム** ①超過勤務。②バレーボールで、規定回数以上ボールに触れること。③バスケットボール・ハンドボールで、規定時間以上ボールを持つこと。▽overtime **ーヒート**《名・ス自》①エンジンやモーターが過熱すること。②情況が興奮気味になること。「論争がーする」▽overheat **ーブッキング** 乗り物・宿泊施設などで、提供できる枠以上の予約を入れること。▽overbooking **ーペース** 仕事・運動などの速さが適度をこえていること。▽over と pace とによる和製英語。 **ーホール** 分解点検修理。▽overhaul **ーラップ**《名・ス自》①映画で、一つの画面が消えないうちに次の画面を薄く映し出し、次第にその画面を濃くして行く技法。二重写し。②転じて一般に、一部が重なり合うこと。▽overlap **ーラン**《名・ス自》止まりきれず走り越してしまうこと。「ランナーが三塁ベースをーする」「飛行機が滑走路をーする」▽overrun **ーローン** 銀行で、貸出し高が預金高を上回ること。貸出し超過。▽overloan **ーワーク** 過度の労働。働きすぎ。▽overwork

おおばけ：【大化け】《名・ス自》(平凡だった)職人や芸人の腕前が、何かを切っ掛けとして急に、別人と思えるまでに、上がること。「その噺家(はなしか)にーが訪れた」。また、(技能などが)急に進歩すること。「青二才(あおにさい)と見ていた彼が、ーした論文を書いた」

おおばこ：【〈車前草〉】 原野や、特に路傍の頻繁に踏みつけられる所に生える多年草。楕円(だえん)形の葉が地面から放射状に生える。夏、花茎を伸ばし、白色・小形の花を穂状につける。葉・実は、利尿・せき止め用。▽「おんばこ」「かえるば」とも。おおばこ科。

おおはば：【大幅】 ①《名》小幅(こはば)の二倍の布はば。②《ダナ》数量などの変わりかたが大きいさま。「ーに延期」「ーの値上げ」▽↕小幅

おおはらい：【大×祓】 万民の罪・けがれをはらい清めるため、六月・十二月の末日に宮中や神社で行う神事。▽もと「おほはらへ」と言った。

おおばん：【大番】 ①平安・鎌倉時代、宮中の守護のため京都に駐在した諸国の武士。大番役。②江戸幕府の職名。江戸城・京都二条城・大坂城を交替で警護した武士。大番組。

おおばん：【大判】 ①普通より寸法の大きく広い紙面。②長円形をした大型の、昔の金貨。一枚が小判十枚(十両)の価値をもつ。▽↕小判

おおばんぶるまい【大盤振舞】《名・ス自》↓おうばんぶるまい

オービー【OB】①(在校生に対して)卒業生。先輩。▽old boy の略。女には girl を使って「OG」と言う。②ゴルフで、コース外(にボールを出すこと)。▽out of bounds の略。

おおびけ：おほ【大引け】①取引で、立会いが終了すること。また、その時の値段。②遊郭で、午前二時のこと。店をしめる時刻。

おおびら：おほ『ダナ』→おおっぴら

おおひろま：おほ【大広間】(大勢が会合できるように)非常に広く作った室・座敷。

おおふう：おほ【大風】『ダナ』①いばって構え、人を見下したさま。横柄。「老舗(しにせ)を鼻にかけた―な商いぶり」②気持が大きくこせこせしないさま。▽(1)は「横風」とも書く。「おおかぜ」と読めば別の意。

おおぶたい：おほ【大舞台】①広くて立派な舞台。②俳優の立派な演技。「―を踏む」③輝かしい活動の場。「オリンピックの―」▽(3)は(2)の転。「だいぶたい」とも言う。

オープニング 開くこと。始めること。始まり。「―セレモニー」(開会式)「―の曲」▽opening

おおぶね：おほ【大船】大きな船。「―に乗った気持」(すっかり安心しきった気持)

おおぶり：おほ【大振り】①『名・ス他』大きく振ること。②『ダナ』形・かさが大きめなさま。おおがた。▽↕小振り

おおぶろしき：おほ【大風呂敷】①大きなふろしき。②転じて、ほらとしか思えないような(身のほど知らずの)大きなこと(を言うこと)。「―をひろげる」

オーブン 食材を入れ加熱調理する箱形の道具。天火(てんぴ)。▽oven

オープン ①『名ナノ』㋐おおいがないこと。無蓋(むがい)。㋑公開されていること。だれでも参加してよいこと。㋒(態度が)あけっぱなしで隠しだてをしないこと。「―な態度」②『名・ス自他』開くこと。開業。開店。「来月―する予定」▽open　**―カー** 屋根のない、または屋根をあけられる自動車。▽open と car とによる和製英語。　**―キャンパス** 大学構内を一般見学用に開放すること。特に、入学を目指す高校生を対象にした行事。▽open と campus とによる和製英語。　**―シャツ** 開襟シャツ。▽open shirt　**―ショップ** 労働組合に加入するかしないかを従業員の自由意志によってきめるという、労働協約上の規定。組合を除名されても従業員としての資格を失わない。↕クローズド ショップ。▽open shop　**―スペース** 開放してある場所。空き地。「公園や緑地の―」▽open space　**―セット** 映画やテレビの撮影のための、野外装置のこと。▽open と set とによる和製英語。　**―せん**【―戦】プロ野球で、リーグ戦開幕の前に行われる非公式の試合。　**―ハウス** ①見本として見学者に開放している建売り住宅。「―を見て購入する」②自宅を開放して来訪者を無差別に受け入れるパーティー。「町の人は年に一度の―を楽しみにしている」③見学者に開放している公共施設や工場など。「―方式のビール製造工場」▽open house　**―ルーム** 販売用の見本として見学者に開放しているアパートやマンションの部屋。▽open と room とによる和製英語。

おおへい：おほ【大柄】『ダナ』→おうへい。派生 **-さ**

おおべや：おほ【大部屋】大きな部屋。㋐病院で、個室に対し、何人もの患者を入れる病室。㋑楽屋で、下級の俳優が雑居する広い部屋。転じて、下級の俳優。

オーボエ 管弦楽用の、高音の木管楽器。▽イタリア oboe

おおぼね：おほ【大骨】〔俗〕せぼね。「―が曲がるほど重たい」▽→おおぼね

おおぼね：おほ【大骨】大変にやっかいな苦労。「それを実行に移すのは―だ」「―を折らせる」▽大骨折りの意。「おおほね」とも。

おおまか：おほまか【大まか】『ダナ』細かい点にまではこだわらないさま。「金に―だ」「―に分類する」▽「おおざっぱ」に比べると、非難の意で使う割合が少ない。派生 **-さ**

おおまじめ：おほ【大〈真面目〉】『ダナ』あきれるほど、大いにまじめなさま。「―も―、にこりともせず座っている」「―な顔で冗談を言う」▽→きまじめ

おおまた：おほ【大股】両足を大きく開くこと。また、歩幅の広いこと。↕小股(こまた)。「―に歩く」

おおまわり：おほまはり【大回り・大×廻り】①『名ナノ・ス自』道を行くのに遠回りをすること。②『名・ス自』能や芝居で、役者が舞台を大きく一回りすること。

おおまんどころ：おほ【大△政所】摂政(せっしょう)・関白の母の敬称。

おおみ：おほ【大身】刃(は)が長くて大きいこと。「―の槍(やり)」

おおみ＝：おほ【大△御】《体言の上に》強い尊敬の気持を表す。「―心」「―言」▽神や天皇に使うことが多い。

おおみこと：おほみ【大△御言】天皇のお言葉。▽古語的。

おおみず：おほみづ【大水】雨などのため、川の水があふれて土地をひたすこと。洪水。「―が出る」

おおみそか：おほ【大〈晦日〉】みそかのうち一年最後の日になるみそか。

おおみたから：おほみ【大△御宝】(天皇の)人民。国民。▽古語的。

おおみや：おほ【大宮】①皇居・神宮の敬称。②太皇太后・皇太后の尊称。　**―びと**【―人】宮中に仕える役人。公家(くげ)。▽雅語的。

おおみよ：おほみ【大△御代】天皇がお治めになる世。天皇の治世。▽既に古風。

オーム 電気抵抗の単位。記号Ω。一ボルトの電位差を与えたとき一アンペアの電流が流れる導線の抵抗が一オーム。▽ドイツの物理学者 Ohm にちなむ。

おおむかし：おほ【大昔】非常に遠い(古い)昔。太古。

おおむぎ：おほ【大麦】麦の一種。温帯で広く栽培され、一年生または二年生。実はコムギより大きく、のぎがある。実は飼料やビール・みそ・しょうゆ・あめの

材料。わらは帽子などの細工用。

おおむこう【大向(こう)】①劇場で、舞台の正面の観覧席の後ろにある立見席。②立見席の見物人。転じて、広く一般の見物人。「—をうならす」(大向こうにいる見物人の賞賛を博する。転じて、大衆的人気を収める)

おおむね【△概ね】《名・副》およその趣旨。大体。あらまし。「事の—を知る」「—良好だ」

おおむらさき【大紫】①大形で雄の羽に美しい紫色の部分がある蝶(ちょう)。クヌギなどの樹液によく集まる。▽たてはちょう科。日本の国蝶。②紅紫色の大輪の花が咲く、ツツジの園芸品種。

おおめ【大目】①分量が、やや多いくらいの加減。「少し—に計る」▽普通「多め」と書く。②大ざっぱに見積もること。「—に見る」(転じて、あまりとがめないで寛大に扱う) ③二百匁(もんめ)を一斤とする称。▽普通の一斤は百六十匁。→きん(斤)

おおめだま【大目玉】①ぎょろりとした目。②ひどくしかること。「—をくわす」「—を頂戴(ちょうだい)した」

おおめつけ【大目付】江戸時代、老中(ろうじゅう)の支配下で諸務を監督し、大名の行動を監察し、役人の怠慢を摘発する役目(の人)。

おおもじ【大文字】①欧字の字体で、文頭、固有名詞の語頭などに用いるもの。「A」「B」など。②大きな文字。▽↔小文字

おおもて【大持て】《名・ス自》おおいにちやほやされること。非常によくもてること。▽↓もてる

おおもと【大本】いちばんのもと。物事の根本(こんぽん)。

おおもの【大物】①同類の中の大きな物。「一番の—を釣る」②大きな勢力・能力を持っている人。だれからも、一段上だと見られるような者。「政界の—」「—新人」▽↔小物。 **—ぐい**【—食い】相撲(すもう)や碁・将棋などで、自分よりはるかに実力のある第一級の相手を、よく負かす人。

おおもん【大門】①大きな門。②(城や遊郭などの)おもて門。正門。

おおや【大家・大屋】①貸家の持ち主(またはその代理人)。やぬし。②おもや。本屋(ほんおく)。▽「大家」を「たいか」「たいけ」と読めば別の意。

おおやいし【大△谷石】宇都宮市大谷付近で産する石。凝灰岩の一種で、加工しやすい。火に強いので蔵の壁や石塀に使う。

おおやけ【公】①朝廷。政府。役所。また、国家。「—の費用を私する」②私有でないこと。共有。公共。↔私(わたくし)。「公園は—のものだ」③一般に知れ渡っていること。公然。「事件が—になる」「学説を—にする」

おおゆき【大雪】激しくたくさん降る(降り積もった)雪。▽「たいせつ」と読めば別義もある。

おおよう【大様】《ダナ》↓おうよう(鷹揚)。派生 **-さ**

おおよそ【大△凡】↓およそ。「事件の—は聞いている」「その日から—一か月たって」

オーラ 人や物が発する微妙な雰囲気。霊気。アウラ。▽aura

オーライ《感》よろしい。オーケー。「発車—」▽all right から。

おおらか《ダナ》(人柄が)こせつかず、ゆったりとしたさま。「—な気持の人」派生 **-さ**

オーラミン 繊維の黄色染料として用いる有機化合物。たくあんなどの着色にも使ったが、有毒のため食品では使用禁止。▽auramine

オール ①《名》ボート用の櫂(かい)。▽oar ②《連体》すべての。全。「—日本」③《名・ス自》[俗] 徹夜(すること)。▽(2)(3)は all **—ウエーブ** 長波・中波・短波のすべてを受信できるラジオ受信機。全波受信機。▽all wave receiver から。中波放送が一般的だったころの語。 **—オア ナッシング** すべてか、それとも無か。中間の選択の余地がないこと。「—の選択」▽all-or-nothing **—スター** ①「オール スター キャスト」の略。人気俳優の総出演。転じて、顔ぶれがよくそろっていること。▽all-star ②「オール スター ゲーム」の略。 **—スター ゲーム** プロ スポーツで、チームをこえて選抜されたトップ選手たちで行われる試合。▽all-star game **—バック** 髪を分けないで全部後ろへすきあげる髪形。▽all と back とによる和製英語。 **—ラウンド**《名ナ》(スポーツなどで)いろいろな技能に通じていること。万能。「—プレーヤー」▽all-round

オールディーズ 昔の流行歌。特に、一九五〇～六〇年代にヒットした英語のポピュラー ソングをいう。▽oldies

オールド 古い。年とった。「—ファッション」▽old **—ミス** 婚期が過ぎた(婚期をのがした)未婚女性。老嬢。▽明治時代に old と miss とから作った語(英語では old maid)。「ハイ ミス」とも言う。

オールマイティー ①《名ナ》完全に何でもできること。全知全能。②《名》トランプで、一番強い札。▽almighty

オーレオマイシン 抗生物質の一種。発疹(ほっしん)チフス・梅毒などに広く用いた。今は家畜の薬としての利用が主。▽Aureomycin クロルテトラサイクリンの商標名。

オーロラ (南極・北極地方で)空中に現れる放電による発光現象。弧状・幕状など数種ある。白色か赤緑色を帯びることが多い。極光。▽aurora ローマ神話の暁の女神の名から。

おおわざ【大技】相撲(すもう)・柔道などで、動きの大きい思い切ったわざ。↔小技(こわざ)。「—をふるう」「—にこだわって切り返される」▽「大業」とも書く。

おおわざもの【大業物】きわめて切れ味のよい刀。▽↓わざもの

おおわらい【大笑い】《名・ス自他》余りのおかし

さに吹き出して、盛んに笑うこと。「一同腹を抱えてーをした」「こいつが金持ちだなんて、とんだーだ」

おおわらわ【大△童】《ダナ》力の限り努力・奮闘するさま。「売りこみにーだ」▽戦陣で、かぶとを脱ぎ、乱れ髪になって奮戦する有様が、童子の束ねない髪のようである意から。

おか【丘・岡】小高くなった土地。山の低いもの。

おか【△傍・岡】当事者のわきに居るという立場。かたわら。はた。「ーで焼くほどにはもてない」「ー目」

おか【△陸】①陸地。地球の表面で水におおわれていない所。「ーへ上がった河童(かっぱ)」(環境が変わったためにすっかり無力になってしまうことのたとえ)②硯(すずり)の墨をする所。▽(1)(2)とも↕海

おが【△大×鋸】大きなのこぎり。

おかあさん【お母さん】①母親に対する普通の言い方。▽もっと丁寧には「お母さま」等。他人に対して自分の母親を言うときは「はは」と言うのが普通。「おかあさん」は明治時代に国定教科書を編むに当たっての新造と言われる。もとの東京語では「母上」や「おっかさん」「かあちゃん」など。「おっかあ」はよほど下層でなければ使わなかった。②広く、大人の女性に呼びかける時に使う語。

おかいこ【お蚕】絹糸が取れる蚕を大切に思って言う、一種の敬語。　**ーぐるみ**　絹物ばかりを着ていること。▽ぜいたくな暮らしや育ちを言う。

おかえし【お返し】①他人から物をもらった時、返礼として、こちらからも物を贈ること。また、その物。②おつり。「はい、十円のーです」③仕返し。

おかか①「かつおぶし」の女性語。②母または人の妻を呼ぶ称。▽今は使わない。

おかかえ【お抱え】→かかえ(1)

おかがみ【お鏡】鏡餅のこと。

おかき　かき餅のこと。

おがくず【おが×屑】のこぎりで材木をひく時に出るくず。▽↓おが

おかくれ【お隠れ】『ーになる』貴人が死ぬことを敬って言う語。

おかげ【△御×蔭・△御陰】①人の力添えや神仏の助けなどによって受ける恩恵。「ー(様)で繁盛しています」「ーをもちまして」▽↓かげ(二)。②《多くは「ーで」の形で》(善悪にかかわらず)それが原因であること。また、その事の影響。「あそこが倒産したーで、こちらまでえらい損害だ」「目立たなかったのは地味な服のーだ」

おかざり【△御飾り】①神前や仏前の飾りつけ、また、供え物。②正月のしめかざり。③名目だけで実質のないもの。「ーにすぎない会長」

おがさわらりゅう【小×笠原流】①礼儀作法の一流派。室町時代に小笠原長秀が定めたもので、現在も広く行われる。転じて、かた苦しい行儀作法。②弓術・馬術の一流派。▽今も流鏑馬(やぶさめ)に残る。

おかし-い《形》①面白くて笑い出したくなる気持・有様だ。こっけいだ。「この落語はいつ聞いてもー」「一生を面白ーく送る」▽もと、興をそそられる意。②普通でない。㋐笑いたくなるほど、普通とは変わっている。「何ともー筆順で書く」㋑変だ。「調子がー」「夫婦仲がー」㋒いぶかしい。「ー(=怪しい)そぶりを見せる」「話の筋がー(=納得しかねる)」▽連体形相当の「おかしな」の形もある。「可笑しい」とも書く。派生 **-さ -げ -み -がる**

おかしがた-い【犯し難い】《形》積極的にそれを損なうことはとてもできない。「ー気品」「いかめしくー雰囲気」派生 **-さ**

おかじょうき【△陸蒸気】汽車のこと。▽明治初期の語。「蒸気船」をもとにした表現。

おかしらつき【尾頭付(き)】尾も頭もついたままの魚。普通、焼いて神事や祝い事に用いる。「鯛(たい)のー」

おか-す【犯す・侵す・冒す】《五他》一定の範囲・規準を越えて、踏み込む。①してはならない事をする。㋐法律・規則・道徳の定めを破る。【犯】「罪をー」㋑他の者の権利・権限をそこなう。特に、他国、他人の土地に不法に立ち入る(攻め込む)。【侵】「所有権をー」「国境をー」㋒他人に逆らう。【犯】「面(おもて)をー」(その人の面前で、あえてする)㋓けがし、そこなう。冒瀆(ぼうとく)する。【冒・犯】「神聖をー」。特に、強姦(ごうかん)する。②侵入して害を与える。【冒・侵】「結核菌が肺をー」③邪魔になる物事や困難などを乗り越える。【冒】「危険をー」「雨をーして決行する」④他人の姓をいつわって名のる。【冒】

おかず　飯の菜(さい)。副食物。▽品数を設ける意から。

おかた【△御方】他人の敬称。「あのー」▽「ー様」の形では他人の妻の敬称として使った。

おがたまのき【小賀玉木・〈黄心樹〉】暖地に自生する常緑高木。葉は長楕円(だえん)形で厚く、つやがある。早春、芳香のある白色の小花が咲く。球形の果実が集まってつき、赤く熟す。よく神社の境内に植える。▽もくれん科。

おかちん「餅」の女性語。

おかっぱ【お△河△童】前髪はまゆの上で、横・後ろは肩の上で切りそろえた(多くは女の子の)髪型。

おかっぴき【岡っ引(き)】→めあかし。▽おか(=そば)で手引きする者の意。江戸の俗語。

おかづり【△陸釣(り)】(舟で海上に出ることなく)岸など陸上にいて魚をつること。

おかどおおい【お門多い】《連語》訪(おとな)うべきお宅が多い。挨拶に使う切り口上。「ーところを手前どもまで頂戴(ちょうだい)いたしまして」

おかどちがい【お門違い】《名ナ》間違ったものを目あてにすること。見当違い。「彼を恨むのはーだ」▽もと、間違えて別の家を訪ねる意。

おかばしょ【岡場所】江戸時代、官許の吉原以外の遊郭。▽明治以後も洲崎(すさき)や玉の井などの遊郭を言った。

おかぶ【お株】↓かぶ(株)(2)(イ)

おかぼ【〈陸稲〉】畑に植えるイネ。りくとう。味・収穫は水稲(すいとう)よりややわるい。▽「陸(おか)の穂」の意。

おかぼれ【岡×惚れ】『名・ス自』わき(＝おか)からひそかに恋すること。

おかまい【△御構(い)】(1)相手になることの丁寧な言い方。(ア)客に対するもてなし。「ーもできません」(イ)気にかけること。問題にすること。「人の迷惑もーなしに」「ーなくやって下さい」▽(1)は打消しを伴う。(2)江戸時代の追放の刑。「江戸ー」

おかみ【△御上】(1)天皇・朝廷。(2)政府・役所。▽臣民の立場で言う。(3)主君。主人。また、その妻。▽使用人の立場で言う。(4)他人の妻。▽商人の妻を指して言うことが多い。「八百屋のー」(5)(料理屋・旅館などの)女主人。▽(5)は「女将」と書くことが多い。

おがみうち【拝み撃ち・拝み打ち】刀を両手に握り、頭上に高くふり上げて切りおろすこと。

おがみたおす【拝み倒す】『五他』拝むようにしてしきりに頼み、なんとか承知させる。「ーして金を借りる」

おがむ【拝む】『五他』(1)うやまって礼をする。左右の手のひらを合わせて礼をする。(2)「見る」をへりくだって言う語。「お顔をー」「宝物をーませていただく」

おかめ (1)(ア)丸顔で、ほおが高く鼻の低い女の面。おたふく。(イ)この面に似た顔の女。(2)「おかめそば」「おかめうどん」の略。かまぼこ・しいたけ・のりなどの具材をのせた、汁入りの麺類。

おかめ【岡目】他人のすることを、わき(＝おか)から見ていること。 **ーはちもく**【ー八目】『連語』第三者には、当事者よりもかえって物事の真相や得失がよくわかること。▽碁を、わきで見ていると、対局者よりもずっと先の手まで見越して利・不利が見抜けることから。

おかもち【岡持】器に入れた食物を持ち運ぶ、手・ふた付きの、平たいおけや縦長の箱。

おかやき【岡焼き】『名・ス自』直接自分にかかわりがないのに、他人の仲のいいのをねたむこと。

おかゆ【△陸湯】入浴の際に、湯船のとは別に、体を洗うのに設けてある湯。▽「おか」は傍らの意。↓あがりゆ・かかりゆ

おから とうふを作る時の大豆のしぼりかす。煮たり炒(い)ったりして副食にする。うのはな。

おがら【△麻△幹】あさの皮をはぎとった茎。

オカリナ〔音楽〕粘土・陶器などで作った、はと形の笛。両手の指で八〜一二個の穴を開閉しながら吹く。オカリーナ。▽イタリア ocarina

オカルト 神秘的なこと。超自然的なさま。「ー映画」▽occult

おかわ 長円形の便器。おまる。▽「かわや」から出た語。

おがわ【小川】幅がせまい、小さな川。▽「大川」と特に対比させて言う時は「こがわ」。

おかわり【お代(わ)り】『名・ス他』同じものを、続けて飲食すること。その、続けて飲食する物。「ごはんのー」

おかん【悪寒】発熱のためぞくぞくする寒け。「ーがする」

おかんむり【お冠】不機嫌なこと。怒っていること。「大変なーだ」▽「冠をまげる」(不機嫌になる)から。

おき【沖】(1)岸から遠く離れた海上・湖上。(2)田畑・原野の開けた遠い所。「荒川ー」▽「奥」と同語源。

おき【×熾・×燠】(1)赤くおこった炭火。(2)薪(まき)などの燃えさし。

＝おき【置き】《数量を表す語に付けて》それだけずつの間を隔てること。「一人ー」「二時間ー」

おぎ【×荻】水辺・湿地などに自生する、ススキに似た多年草。秋、銀白色の毛のある花穂を出す。茎は細く中空で、屋根を葺(ふ)くのに用いた。▽「かぜききぐさ」「めざましぐさ」とも。いね科。

おきあい【沖合】沖のほう。

おきあがりこぼし【起き上(が)り小△法師】底におもりがあり、倒してもすぐ起き上がる、だるま人形。不倒翁。

おきあがる【起き上(が)る】『五自』横たわっていた体をみずから起こす。▽「病床にー」は上半身を起こすだけだが、普通には(獣の場合を含め)全身起立を指す。

おぎえぶし【×荻江節】江戸長唄の一分派(の三味線音楽)。十八世紀半ばに荻江露友が始め、江戸吉原でお座敷歌としてはやった。静かな趣がある。荻江。▽↓こきょく

おきかえる【置(き)換える】『下一他』(1)置いてある物を、そこから移して他の場所に置く。「花びんを机の上から窓べにー」(2)そのものを取り去って、そこに他のものを置く。「等号を不等号にー」

おきがけ【起き掛け】↓おきぬけ

おきがさ【置(き)傘】不意の雨降りに備えて、勤め先などに用意しておく傘。

おきぐすり【置(き)薬】定期的に訪れる薬売りが家庭に置いていく常備薬。代金は使った分だけ支払う。

おきご【置(き)碁】碁で、弱い方の人が初めから二目(もく)以上の石を置いて、うつこと。

おきごたつ【置(き)×炬×燵】置き場所が移せるこたつ。↕ほりごたつ

おきざり【置(き)去り】そこに残して置いて、行ってしまうこと。「子供をーにする」

おきじ【置(き)字】(1)漢文の助字。よみ下すときは、さしおいて読まない。例、「焉(えん)」「矣(い)」「乎(こ)」。(2)手紙の文で、副詞・接続詞に用いる字。例、「凡(およ)そ」「抑(そもそも)」「将又(はたまた)」。

オキシダント (1)酸化剤。(2)排気ガスなどに含まれる窒素酸化物・有機化合物に紫外線が作用して生じる、酸化力の強い物質の総称。オゾンなど。眼・呼吸器な

どを冒し、植物にも有害。光化学スモッグの原因となる。▽oxidant

オキシドール 濃度約三パーセントの過酸化水素の水溶液。消毒・漂白などに用いる。▽oxydol 日本薬局方での名称。

おきつぎ【置(き)△注ぎ】 相手が置いたままにしてある杯に酒を注ぐこと。▽酌(しゃく)の失礼な仕方。

おきつち【置(き)土】 ①地面または物の上に土を載せること。そうした土。②→きゃくど

おきて【×掟】 人の行為に関し、前もってこれこれと方向づけたもの。㋐とりきめ。定め。「世間の―」㋑命令。法度(はっと)。法律。「国の―」「―を守る」「―を破る」

おきてがみ【置(き)手紙】 用件を書いた手紙を、出掛ける時や立ち去る時に、残しておくこと。その手紙。

おきどけい【置(き)〈時計〉】 机・棚などの上に置いて使う時計。

おきどこ【置(き)床】 床の間のように作った台。▽作りつけとせず、移せる。

おきどころ【置(き)所】 ①その物や体を置くのにふさわしい場所。「身の―も無い」②物が置いてある場所。「あの本の―を忘れた」

おきな【△翁】 ①としとった男。老人の敬称。また、謙遜した自称。↔媼(おうな)。②式三番(しきさんば)②で使う面。③おきな②をつけて舞う、能楽のめでたい曲。正式の演能では、一番最初に演じる。

おぎない(おぎなひ)【補い】 おぎなうこと。おぎなったもの。埋め合わせ。「―をつける」

おぎな-う(おぎなふ)【補う】〘五他〙 不足をみたす。埋め合わせる。「欠員を―」「言葉を―」「コストアップ分を広告収入によって―」「能力不足を努力で―」

おきなかし【沖仲仕】 はしけと本船との間で、荷物のあげおろしをする人夫。

おきなぐさ【△翁草】 ①山野の草地に生える多年草。全体に白い毛が密生する。春、高さ十センチほどの花茎の先に暗赤紫色の花が咲き、その後、めしべの先がのびて銀白色の髪のようになる。根は漢方薬。▽きんぽうげ科。②菊の雅称。③松の雅称。

おきぬけ【起き抜け】 寝床から起き出したばかりのこと。おきがけ。「―に体操をする」

おきば【置(き)場】 その物(や体)を置くのによい(かなった)場所。置き場所。

おきび【×燠火・×熾火】 →おき(燠)⑴

おきびき【置(き)引(き)】〘名・ス自他〙 車中や待合室などで、置いてある他人の荷物を盗んで持ち去ること。その人。

おきふし【起き伏し】 ①起きたり寝たりすること。②転じて、毎日の生活。

おきまして【×於きまして】〘連語〙 →おいて(於)

おきまり【お決(ま)り】 いつもきまっていること。きまっていて変化のないこと。「それは彼の―の手だ」

おきみやげ【置(き)〈土産〉】 ①辞去する時に残して行く金品。②去るにあたり、あと(の人)に残して行く物・事柄。「前首相の―ともいうべき制度改革」

おきもの【置物】 ①客間・床の間などにおく飾り物。②比喩的に、見ばえはするが、実際は何もできない人。「社長といっても―に過ぎない」

おきや【置屋】 芸者・娼妓(しょうぎ)をかかえておく家。揚屋(あげや)・茶屋などからの客の注文によって、女をさし向ける商売。

おきゃん【お×俠】〘名ナノ〙(女の)勇み肌。おてんばの女。「―な町娘」▽「キャン」は「俠」の唐音。

おぎょう【△御形】 →ははこぐさ。▽春の七草の一つとしての名。ごぎょう。

お-きる【起きる】〘上一自〙 ①横たわっていたものが直立する。㋐立つ。「ころんでも、ただは―きない」㋑目をさまして床から出る。「早く―きないと遅刻するぞ」。また、目をさます。「赤ん坊が―」㋒〘「―きている」の形で〙眠らないでいる。「夜中まで―きている」②→おこる(起)㋐㋒

おきわすれる【置(き)忘れる】〘下一他〙 ①置いた物を持ち帰るのを忘れる。②物を置いた場所を忘れる。

お-く ㊀【置く・△措く】〘五他〙 ①物・事柄に、ある位置を占めさせる。【置】▽「すえる」が動かないようにしっかり位置させるのに対し、「おく」は位置させたまま変えずに保つ意。㋐物・事・人をそこに位置させる。「本を机の上に―」「別荘に番人を―」「下宿人を―」「困難な状況に―かれる」「その事を念頭に―いて」「信頼を―」㋑設ける。「県庁を―」「委員会に書記局を―」「近い所に目標を―」「自治体の数を減らすことを目標に―」㋒預け入れる。「カメラを質(しち)に―」㋓蒔絵(まきえ)・箔(はく)を施しつける。「金粉を―」㋔「そろばんを―」(そろばん玉を動かして数値を入れ)計算して結果を出す。

②次のものとの間にはさまるようにする。間を隔てる。【置】「しばらく間(ま)を―」「一軒―いた隣」「三日―いてから行く」

③物・位置・状態をそのままに留める。㋐自分の動きに伴わず、そのままにする。【置・措】「荷物を―いて出掛ける」「妻子を―いて(=見捨てて)出家する」㋑さしおく。除く。【措】「何はさて―き」「恐懼(きょうく)―能(あた)わず」㋒動きをとめる。やめる。【措・置】「うるさい意見は―いてもらおう」「―きゃあがれ」(やめろ。よせやい)「筆を―」(文章を終える)▽「筆を―」には「擱」「置」を使う。㋓その状態を見のがしたままにする。【置】「ただでは―かない」

④〘動詞連用形やそれに「て」のついた形などを受けて〙おく③の形式化した用法。㋐……する状態、……した結果を保つ。「言わせて―けば、いい気になって」「報(し)らせずに―」「お見知り―き下さい」「酒は飲まずに―いた」㋑一応……したまま、取り立てたことをしない。「まあ聞くだけは聞いて―」㋒今ここで……する。前もって……する。「今のうちに読んで―こう」「念のため断って―」▽話し言葉では、「……て

(で)おく」の部分を「……と(ど)く」と言うこともある。

㈡【置く】《五自》露・霜がおりる。「葉末に白露が―」▽㈠(1)㋐の自動詞。

おく【奥】①内へ深くはいった所。↕表。㋐入口・手前から深くはいった方。「山の―」「学問の―を究める」「ゲームとは言え―が深い」(↓おくぶかい(2))。中心から離れた場所。「神田から八王子の―に移り住んだ」。物の末、終わりの所。「手紙の―に一言」㋑家の中で、後ろの方の、妻や家族の住む所。「―向きの事」「―女中」②身分のある人の妻。夫人。▽現在では「奥様」「奥さん」の形で、他人の妻の敬称。

おく【*屋】や オク(ヲク) ―①人の住む建物。すまい。「屋舎・屋外・屋内・家屋・茅屋(ぼうおく)・陋屋(ろうおく)・社屋・民屋・書屋・廃屋」②《名・造》やね。建物の上をおおう部分。「屋上屋を架する」

おく【*億】オク ―《名・造》一万を一万倍して得る数(に等しい値や順位)。「損害は百億円にのぼる」「この空港の一億人目の旅客」。転じて、数・量が極めて多い。「億兆・巨億」

おく【憶】オク おぼえる おもう ―①心の中に保つ。おぼえる。「記憶」②過去を思いやる。「追憶・憶念」③おもう。思念する。「憶想」④「臆」(3)の代用字に使う。「憶説・憶測・憶断」

おく【臆】オク ―①胸。心をいれるところ。「胸臆」②心。思い。「臆中」③心中でおしはかる。自分だけの考え。「臆見・臆説・臆測・臆断」④気おくれする。おじる。「臆病・臆面・怯臆(きょうおく)」

おくがい【屋外】建物のそと。↕屋内。「―広告」

おくがき【奥書】①写本の終わりに、筆者の名・由来などを書き付けたもの。一般に、奥付(おくづけ)。②その事が真正・確実であると証明して、書類の終わりに記す文。

おくがた【奥方】身分の高い人の妻。

おくぎ【奥義】↓おうぎ(奥義)。▽正しくは「おうぎ」。

おくざしき【奥座敷】①玄関から離れた、奥の座敷。↕表座敷。②《「……の―」の形で》比喩的に、……(の中心)から少々離れて、人々がよく使う保養地。

おくさま【奥様】①相手・他人の妻の敬称。②女主人。▽雇われた人の立場から言う。↓おく(奥)

おくさん【奥さん】↓おくさま。▽「奥様」より一般的。

おぐし【△御△髪】他人の髪の毛を敬って言う語。 **―あげ**【―上げ】他人の髪の毛を結うこと。

おくしゃ【屋舎】たてもの。家屋。

おくじょう【屋上】屋根の上。「―屋を架する」(むだなことをする)。多く、ビルなどの建築で、人などの出入りや設備などのできる平らな上面。「―庭園」

おく-する【臆する】《サ変自》何かをすることを恐れてためらう。気おくれする。「―色もなく」

おくせつ【臆説・憶説】推測や仮定に従って言う意見。

おくそく【臆測・憶測】《名・ス他》いいかげんな推測をすること。あて推量。

おくそこ【奥底】①奥深い所。②深く秘めた本心。

オクターブ 音階で、ある音の完全八度上または下の音。また、その両音の間の隔たり。物理学的には、その音の振動数に対し二倍の振動数をもつ音。性質が同じでよく協和する。「―が上がる」(話の調子が高まる) ▽ドイツ Oktave フランス octave

おくだん【臆断・憶断】《名・ス他》おしはかってきめること。臆測による判断。

オクタンか【オクタン価】ガソリンのノッキング(=異常爆発)がおこらない性質の程度を表す数字。数字が大きいほど性質がよい。▽「オクタン」は octane

おくち【奥地】海岸や文化的中心地から遠く離れた地域。

おくちょう【億兆】限りなく大きな数。また、万民。「―心を一(いつ)にして」

おくつき【奥津△城】墓。▽神道では、「墓」と言わず、この言葉を用いる。「つ」は古代の助詞で「の」の意。

おくづけ【奥付】書物の終わりにある、著者名・発行者(所)名・発行年月日・定価などを印刷した箇所。

おくて ①㋐【〈晩稲〉】おそく実るイネの品種。㋑【〈晩生〉】作物やくだもので、おそく成熟する品種。②【奥手】おそく成熟すること。「あの娘は―だ」▽↕わせ

おくでん【奥伝】↓おくゆるし

おくない【屋内】建物の中。↕屋外。「―スポーツ」

おくに【△御国】国を敬って言う語。「―のため」㋐他人の出身地を敬って言う語。「―はどちらですか」㋑地方。いなか。「―なまり」「―自慢」㋒江戸時代、大名の領地のこと。「―家老」「―入り」(大名が領地に帰ること。転じて、著名人が故郷に帰ること)

おくねん【憶念】深く思い込み、いつまでも忘れない思い。

おくのいん【奥の院】本堂より奥の方にあって、本尊・霊像を祭ってある所。

おくのて【奥の手】①たやすく人に知らせない腕前。最後の手段。「―を出す」②奥義(おうぎ)。極意(ごくい)。

おくば【奥歯】口の奥の、上下・左右にある歯。大・小の臼歯。「―に物がはさまったような言い方」(率直でない言い方)

おくび【〈噯気〉】胃の中にたまったガスが、口外へ出たもの。げっぷ。「―にも出さない」(そのことを少しも口に出して言わない)

おくびょう【臆病】《名ナ》物に恐れやすい性質。ちょっとした事にも恐れること。「―神がつく」(おじけがつく。臆病な気持になる)「―風に吹かれる」(同上) 派生 **-さ** **―まど**【―窓】夜間の応対のため、店の(雨)戸に設けたのぞき窓。

おくぶか-い【奥深い】《形》①表から遠い。また、ずっと奥まで続いている。「―やしき」②意味が深い。簡単には究めがたい。「―教え」派生 **-さ**

おくま-る【奥まる】《五自》奥深くなる。奥に位置する。「―ったへや」

おくまんちょうじゃ【億万長者】普通の人には望めな

いほどの資産家。▽「百万長者」(millionaire の訳語)にならった造語。貨幣価値が下がったので言う。

おくみ【×衽・×袵】和服の前幅を広く作るために前身頃(まえみごろ)に縫いつける細長い布。

おくむき【奥向(き)】①家の奥のほう。②家庭生活に関する方面(の仕事)。また、家計。

おくめん【臆面】《普通「—もない」「—なく」の形で》気おくれした様子。

おくやま【奥山】人里離れた、奥深い山。「—に踏み入る」

おくゆかし-い【奥床しい】《形》上品で深みがあり、心がひきつけられる。深い考えがありそうに見えて、何となく慕わしい。「人柄が—」▽本来は「奥行かし」で、その事柄や人の奥までたどって知りたい意。「床」と書くのは当て字。派生 **-さ・-げ・-がる**

おくゆき【奥行(き)】①(建物・棚・地面などの)表から裏までの距離・長さ。↔間口(まぐち)。②比喩的に、知識や人柄の深さ。

おくゆるし【奥許(し)】師匠から奥義を伝えられること。奥伝。

おくら【お蔵】一度発表しようとした物事を発表しないままにすること。使わないでおくこと。「—入り」「—になる」「—にする」▽「お蔵に入れる」(くらにしまいこむ)の意から。

オクラ 暖地で栽培される一年生の果菜。また、その果実。細長い莢(さや)状で断面が五角形の果実を、緑色で柔らかいうちに食用。粘液を含み独特の風味がある。▽okra あおい科。

おぐら:を【小倉】①↓おぐらあん。「—アイス」②↓おぐらじるこ。 **—あん**【—×餡】あずきのこしあんに、蜜で甘く煮た大粒のあずきをまぜたもの。 **—じるこ**【—汁粉】小倉あんで作ったしるこ。

おぐら-い:を【小暗い】《形》うすぐらい。ほのぐらい。「—茂みの下」派生 **-さ**

おくら-す【遅らす・後らす】《五他》↓おくらせる

おくら-せる【遅らせる・後らせる】《下一他》おそくする。おくれるようにする。おくらす。「開演を—」

おくり【送り】①送ること。送る動作。特に、送る(1)㋑㋓の意。「野辺の—」「フィルムの—が変だ」②「送り状」の略。

おくりおおかみ:おほかみ【送り×狼】人のあとをつけねらう、危険な人。特に、親切らしく送って行って、途中で女をねらう男。▽もと、人のあとをつけて襲う狼(おおかみ)の意。

おくりかえ-す:かへす【送り返す】《下一他》いったんは届けられた、また来ていたものを、送り主やもとの所に戻すために返す。「不備の書類を—」「不法入国者を本国に—」

おくりがな【送り仮名】①漢字のよみ方をはっきりさせるために、その下につける仮名。「送る」の「る」など。②↓すてがな(1)

おくりこ-む【送り込む】《五他》目的の所の内部まで、送る。「宿屋へ—」「調査団を—」「スパイを—」

おくりじ【送り字】↓おどりじ

おくりじょう【送り状】①物品を送るときにそえる手紙。特に、運送人の請求により、荷送り人が荷物につけてやる証書。運送状。②荷送り人から荷受け人に送る、荷物の勘定書。仕切状(しきりじょう)。

おくりだ-す【送り出す】《五他》外部に向けて、送る。㋐出て行く家族などを送る。「夫を会社に—・してから」。内でする事を終えて、外に送る。「製品第一号を—」「卒業生を—」▽単に「送る」または「出す」と言うより無事を願う気持を伴う。㋑相撲(すもう)で、相手をうしろから押して土俵の外へ出す。

おくりつ-ける【送り付ける】《下一他》先方の意向・迷惑など考慮せず一方的な態度で書状や品物を送る。▽「送付する」より一方的な感じが激しい。

おくりとど-ける【送り届ける】《下一他》(大事なものを)それを待つ者の所に(安全に)送って、着かせる。「迷子を親もとに—」「—・けられた設計図」

おくりな【贈(り)名・×諡】人の死後に贈る称号。▽生前の、よい性質や行いに基づいて付ける。

おくりび【送り火】盂蘭盆(うらぼん)が終わる七月(今は土地によっては八月)十六日の夕、あの世へ帰る祖先の霊魂を送るために門先(かどさき)で麻幹(おがら)をたく、その火。↔迎え火

おくりむかえ:むかへ【送り迎え】《名・ス他》人を送ることと迎えること。送迎。「幼稚園の—」

おくりもの【贈(り)物】人に祝いやお礼や記念として贈る品物。「—をする」

おく-る【送る・贈る】《五他》①(こちら側の)ある所から(あちら側の)他の所に、動かして移す。【送】㋐向こうにある目あての場所に移し届かせる。「荷を—」「使者を江戸に—」㋑去る人に、案内・惜別・警護等のため、ある地点までついて行く。見送る。↔迎える。「駅まで—・ろう」。去って行くものを惜しみながら別れる。「友を—」「春を—」「なきがらを野辺に—」(葬送する) ㋒時を過ごす。「なまけて日を—」㋓順々に移して行く。「バケツを手で—」「二字分を次行に—」㋔『足を—』倒れるのを防ぐなどのため踏み出して足を移す。②人に与える。【贈】㋐物をあげる。「中元の品を—」「お祝いに花束を—」▽物に見立てた場合にも言う。「別れの言葉を—」「拍手・喝采を—」「声援を—」もこの類だが、普通は「送」を使う。㋑死者に官位・称号を与える。【送】「正三位(しょうさんみ)を—」③送り仮名をつける。【送】「語尾を—」関連 届ける・書き送る・差し出す・送付・送達・発送・送・回送・転送・返送・託送・護送・運送・輸送・搬送・郵送・電送・逓送・配達

おくるみ 赤ん坊を抱く時、衣服の上からくるむもの。かいまきに似て、小形でそでがない。

おくれ【遅れ・後れ】おくれること。おくれた度合。「三分—で発車」「—を取る」(他人に先(せん)を越され、劣る)

おくれげ【後れ毛】女の両鬢(びん)や襟足などに下がっ

た毛。▽あとからのびたので、たばねられないから言う。

おくればせ【遅れ×馳せ】おくれて、かけつけること。また、時機におくれること。「—ながら」

おく-れる【遅れる・後れる】《下一自》あとになる。おそくなる。㋐きまった時刻よりあとになる。「開演が五分—」「帰宅が—」。きまった時刻に間に合わない。「学校に—」「バスに(乗り)—」㋑他の進み方から取り残される。「流行に—」。死ぬのがあとになる。死に別れて残る。「妻に—」㋒進み方が普通・予定の状態よりおそい。「時計が三分—」「流行が東京より—」。劣る。「学力の—・れた子」▽㋒は、↕進む

おけ【×桶】細長い木の板を筒形になるように並べ、たがで締め、底板をはめた容器。木製でなくて、その形にしたのもある。「—で水を汲(く)み取る」「手—」「ふろ—」

オケ〔俗〕「オーケストラ」の略。「あの—で棒を振る」

おけつ【悪血】病毒などによって変質した血。くろち。

おけら【×朮】山野に自生する多年草。茎は下部が木質化し、葉は硬く縁にとげがある。秋、白または淡紅色の頭状花をつける。若芽は白毛に包まれており、食用。根を乾燥したものは屠蘇散(とそさん)の原料、漢方で利尿剤・健胃剤、また蚊遣(かや)り等になる。▽「うけら」とも言う。きく科。

おけら ①【〈螻蛄〉】↓けら(1)。②〔俗〕無一文のこと。また、解雇された状態。▽人のお手上げの身振りがおけら(1)に似るから、という。

お-ける【置ける】《下一自》『気が—』油断できず(気づまりで)遠慮を覚える。「やかまし屋に見えても気のおけない(=楽な気持で接することができる)人だ」▽気づかいを自然その人に対して置くようになる意。多くは打消しの形で使う。

おける【×於ける】《連語》《「……に—」の形で》その時や所においての。……での。……の場合の。「国会に—発言」。……に対する(関係)。「作家の、人生に—はこのようなものである」▽「置く」の形式的用法。動詞「おく」+古語助動詞「り」の連体形から。

おこ【×烏×滸・尾×籠】《名ナノ》おろかなこと。ばかげたこと。ばか。「—の沙汰」▽古風な語。↓びろう(尾籠)

おご【〈海髪〉】↓おごのり

おこう【汚行】不道徳な行い。▽既に古風。

おこえがかり【お声掛(か)り】目上の人、勢力のある人から、直接に声を掛けられる、特に、言葉を掛けて意向を示されること。「社長の—で採用した」

おこがまし-い【×烏×滸がましい】《形》身の程しらずだ。差し出がましい。「なまいきな口をきいて—」「問はれて名乗るも—が」(青砥稿花紅彩画)▽↓おこ。派生 -さ

おこげ【お焦げ】①釜の底に焦げついた飯。②中華料理で、飯をせんべい状に形作って乾燥させ、焼き色をつけて餡(あん)をかけたもの。

おこし むしてかわかした米・あわなどの穀物を炒(い)って、ごま・豆・のりなどを入れ、水あめ入りの砂糖水で固めた菓子。

おこし【お腰】↓こしまき(1)

おこし【起(こ)し】(結びに対して)文章の書き出しの部分。

おこし【お越し】他人が行くこと、または来ることの敬語。「あちらへ—になる由」「—をお待ちしています」

おこ-す【起(こ)す・興す・×熾す】《五他》①おきるようにする。【起】㋐横たわっていたものを直立させる。立たせる。「倒れた木を—」㋑目をさまさせて、床から離れさせる。「朝早く—」「たたき—」②持ち上げてひっくり返す。【起】㋐土を掘り返す。耕す。「畑を—」㋑大きなものを、はがし取るように動かす。「岩を—」㋒花札などをめくって表側を出す。③その事・状態が新たに成り立つようにする。㋐物事を始める。【起】「訴訟を—」「事業を—」「文章を—」「テープを—」(録音テープの音声を文字で記す)㋑直前には無かった事を現れるようにする。生じさせる。【起】「事件を—」「電気を—」「腹痛を—」「やけを—」㋒勢いをつける。盛んな状態にする。【起・興】「勇気を—・して困難に当たる」「蕉風(しょうふう)=松尾芭蕉(ばしょう)の俳風)を—」㋓炭火を(よく)燃えるようにする。【熾】▽「おきる」「おこる」の他動詞。

おこぜ【×鰧・〈虎魚〉】南日本近海の岩礁にすむ魚。頭がでこぼこした奇妙な形で、鋭いせびれに毒がある。体長約二〇センチ。食用。おにおこぜ。▽おにおこぜ科またはふさかさご科。近縁の数種の魚の総称としても言う。

おごそか【厳か】《ダナ》気持が引き締まるほどおもおもしいさま。「—な儀式」「—に宣言する」派生 -さ 関連 厳然・尊厳・荘厳・荘重・森厳・冷厳・厳粛・粛然・粛粛・厳めしい・厳として・粛として・物物しい・神神しい・神聖

おこそずきん【△御△高祖頭巾】目だけ出して、顔と頭を全部つつむ、和服の女性用の防寒ずきん。▽今はすたれた。

おこた-る【怠る】《五自》しなければいけない事を、なまける。「仕事を—」「注意を—」

おこてん【×乎古△止点】↓をことてん

おこない【行い】しわざ。ふるまい。㋐行為。「その—には不審が残る」㋑身持ち。品行。「日ごろの—がよくない」

おこないすま-す【行い澄ます】《五自》①よく戒めを守って仏道を修める。②比喩的に、神妙らしい態度でいる。

おこな-う【行う】《五他》①物事を(型や習慣に従って)取り運ぶ。施行・実施・処理をする。「試験を—」「社長の務めを—」▽よりどころに従ってする気持を含むのが普通。古くは仏道修行を指す場合があって、「—・いすます」はその名残。②『—・われる』

一般の人々に認められ用いられる。「広く世に行われる」▽「行なう」とも送る。関連 する・なす・遣(や)る・致す・営む・執り行う・開く・催す・やっつける・やらかす・しでかす・仕(つか)る・遊ばす・執行・挙行・開催・共催・主催・実行・実践・実施・施行・履行・励行・決行・敢行・強行・断行・代行・予行・並行

おこのみやき【お好み焼(き)】 水で溶いた小麦粉に、好みの具材(野菜・肉類・イカなど)を混ぜ、鉄板の上で焼きながら食べる料理。▽江戸・東京の下町で「もんじ焼き」略して「もんじゃ」と呼ぶものがもとともと言われる。

おごのり【〈海髪〉】 内湾の海底の岩に付着して育つ暗紅色の海藻。ひも状で多くの枝を出し、髪のような形をなす。さしみのつまや寒天製造の材料となる。うご。おご。▽おごのり科。

おこぼれ【お△零れ】 事のついでのようにして分かち与えられ自分にまで及ぶ、わずかな恩恵や利益。「―にあずかる」

おこも 「こじき」の女性語・幼児語。▽「こもかぶり」から。

おこもり【△御籠(も)り】『名・ス自』神仏に祈願するため、神社や寺にこもること。参籠。

おこり【×瘧】 高熱と平熱とが繰り返し現れる病。▽多くはマラリアと考えられる。

おこり【起(こ)り】 もと。㋐物事のはじまり。起源。「奇習の―を調べる」㋑原因。「けんかの―は彼の悪態だ」

おごり【△傲り・×驕り・×奢り】 ①得意になってたかぶること。わがままなふるまい。【驕・傲】「―が生じる」②ぜいたく。【奢】「―をきわめる」③人にごちそうすること。【奢】「君の―だ」

おこ-る【怒る】『五自』①(相手をゆるせず)興奮して気を荒だてる。腹をたてる。②叱る。「父に―られた」▽「起こる」と同語源。関連 いかる・憤る・腹立つ・むくれる・ふくれる・むかつく・いきり立つ・息巻く・怒髪天を衝(つ)く・癇癪(かんしゃく)を起こす・八つ当たり・向かっ腹・業腹(ごうはら)・立腹・激怒・激憤・激昂(げっこう)・憤慨・憤激・憤怒・私憤・悲憤・義憤・鬱憤(うっぷん)・余憤・公憤・憤懣(ふんまん)・慷慨(こうがい)・嚇怒(かくど)・怒気

おこ-る【起(こ)る・興る・×熾る】『五自』その事・状態が新たに成り立つ。㋐生じる。発生する。【起】「事件が―」「道心が―」㋑勢いが盛んになる。【興】「国が―時」㋒火が炭にうつって盛んに燃える。【熾】▽このごろは㋐㋒にも「おきる」を使うことが多い。

おご-る【△傲る・×驕る・×奢る】 ①『五自』㋐自分の才能・家柄・地位・財産等に得意になり、それをたのみとして勝手なふるまいをする。【驕・傲】「―平家は久しからず」㋑身分以上にぜいたくな生活をする。【奢】「口が―っている」(高級な料理を食べつけている。うまいものでなければ、食べようともしない)②『五他』人の分の飲食代や料金を自分の金で払う。【奢】「うなどんを―ろうか」

おこわ こわめし。赤飯(せきはん)。

おさ【×筬】 織物の縦糸をそろえ横糸を押し詰めて織り目を整えるための、織機の付属具。金属または竹の細い板をくしの歯のように並べて、長方形のわくに入れたもの。

おさ【△長】 ①仲間のかしら。首長。②比喩的に、最もすぐれたもの。「花の―」▽雅語的。

おざ【お座】『―がさめる』一座の興がうすらぐ。座がしらける。

おさい【お菜】 おかず。副食物。

おさえ【押(さ)え・抑え】 ①押さえるのに使うもの。おもし。「―に文鎮を置く」②勝手な行動や攻撃をおさえる力となること。その人・もの。「彼がいないと―がきかない」「―の投手」「―(=防備)に砦(とりで)を置く」③軍や行列の最後。しんがり。「秀吉を―にして兵を引いた」

おさえつ-ける【押(さ)え付ける】『下一他』①動かないようにしっかりおさえる。②抑圧する。「反対派を―」

おさ-える【押(さ)える・抑える】『下一他』①上から物をあて、またはおおって、動かないようにする。㋐圧(お)して動かない状態にする。「文鎮で紙を―」「漏水箇所をテープで―」「傷口を―」㋑動きを封じるために、おおう、そのような仕方で当てる。「手首を―えて脈を見る」②自由な動きができないようにする。㋐動こう、勢いを増そうとするのをくいとめる。「暴動を―」「うわさのひろがるのを―」「価格の高騰を―」「政府には軍部を―力が無い」「強敵を―えて優勝」㋑先方の自由にさせない行為を加える。「人の主張を―」「財産を―」㋒発動しようとする感情をとめる。こらえしのぶ。「怒りを―」「涙を―」③見つけて、勝手な動きができないようにする。見つけて、自分のものにする。㋐とりおさえる。つかまえる。「犯人を―」「現場を―」㋑大切なところをつかまえる。つかむ。「急所を―」「証拠を―」「要点を―」④ある程度・範囲を越えないように、とどめる。「塩分を―えた食事」「予算を三万円以内に―」▽「押す」と同語源。

おさおさ『副』《あとに打消しを伴って》きちんと。ちゃんと。「その対策を―怠らない」。全く。「―ひけを取らない」

おさがり【お下がり】 ①神仏に供えたあとでとりさげたもの。②兄姉・先輩などからゆずられた使いふるしの物。お古。

おさき【お先】 ①《「に」を伴って》「さき」の敬語。「―に失礼」「―にどうぞ」②これから先。前途。「―まっくら」③他人の手先。「―に使われる」④先方。相手。「―タバコ」

おさきぼう【お先棒】『―をかつぐ』軽々しく人の手先になる。▽↓さきぼう

おさげ【お下げ】 ①(少女の)髪のゆい方。編んで肩のあたりに垂らす。②女の帯の結び方。両端を垂れさ

げる。

おさだまり【お定まり】いつものきまりきった様子であること。おきまり。「おやじの―の苦労話が始まった」

おさつ　薩摩(さつま)芋。▽女性語。

おさつ【お札】紙幣。

おざつき【お座付】芸者が客の座敷に呼ばれて、最初に三味線(しゃみせん)をひいて歌うこと。また、その歌。

おさと【お里】『―が知れる』その人のおいたちの、見当がつく。▽良くない育ちについて言う。↓さと(2)(ア)

おさな-い(をさ-ない)【幼い】《形》①年が少ない。小さい。▽普通は赤ん坊には言わない。②未熟だ。子供っぽい。幼稚だ。派生 **-さ** **-げ**

おさながお(をさながほ)【幼顔】子供の時の顔つき。「どこかに―が残っている」

おさなご(をさな‥)【幼子・幼△児】おさない子。幼児(ようじ)。

おさなごころ(をさな‥)【幼心】子供心。「―にも感心した」

おさなともだち(をさな‥)【幼友達】子供の時の友達。

おさななじみ(をさな‥)【幼×馴染(み)】子供の時に親しくしていた間柄(の人)。

おざなり【お座なり】《名・ダナ》その場かぎりのまにあわせ。いい加減。「―の計画」「―にする」「―を言う」

おさまらない(をさまら‥)【納まらない】《連語》物事の決着がついた状態でない。「そんな回答では事態は―」。気持の平静が得られない。不満が残る。「―胸のうちをもらす」▽「ない」の部分は、「ぬ」「(納まり)ません」でもよく、それら三つの活用形でもよい。

おさま-る(をさ-まる)【収まる・納まる・修まる・治まる】《五自》㊀物事が整った状態になる。①中にきちんとはいる。㋐物の中や限度内に、はいる。[収・納]「この箱にうまく―」「三ページで―」「元の鞘(さや)に―」(元通りの状態に返る) ㋑受け取り手に正しく引き渡される。[納]「税金が―」②行いがよくなる。[修]「身持ちが―」㊁物事が安定した状態になる。①乱れがしずまる。[収・治・納]「争いが―」「インフレが―」「流感が―」「そんな返事では―・らない」「腹の虫が―・らない」▽↓おさまらない。②おだやかに落ち着く。㋐平和な状態になる。平和を保つ。[治]「国内が―」㋑痛みなどが去る。[治]「病気の苦しみが―」㋒ある地位・境遇に(満足して)落ち着く。[収・納]「重役に―」「調度品がうまく―・った部屋」「やっと胃に―」

おさむ-い【お寒い】《形》〔俗〕↓さむい(2)

おさめ(をさめ)【納(め)】これで切りをつけ、あとは(その年内は)しないということ。しまい。終わり。↕始め。「―の会」「この世の見―に花を見る」「御用―」▽↓おさめる㊀(3)

おさ-める(をさ-める)【収める・納める・修める・治める】《下一他》㊀物事を整った状態にする。①ある状態にきちんとなるように、物を中に入れる。㋐しまう。かたづける。[収・納]「蔵に―」「矛(ほこ)を―」(戦いを終わらせる)「腹に―」(↓はら(腹))。限度内で済ませる。「文章を四百字以内に―」㋑取って自分のものにする。[収・納]「粗品ですがお―・めください」「人事権を手中に―」㋒受け取り手のもとに渡す。[納]「注文品を得意先に―」「月謝を―」㋓道具に記録(し保存)する。[収]「式場の光景をカメラに―」②成果をあげる。[収]「宣伝が効果を―」③《多く、動詞の連用形に付いて》その動作をして終わりとする。[納]「見事に舞い―」④物事を整った形にする。[修]㋐学問・技芸などを身につける。「古今の学を―」㋑行いを正しく整える。「身を―」㊁物事を安定した状態にする。①乱れをしずめる。落ち着かせる。[収・治]「紛争を―」「動揺する心を―」②政治をする。統治する。[治]「国を―」関連 納入・納付・奉納・献納・完納・全納・分納・前納・後納・未納・滞納・物納・受納・収納・格納・収穫・収蔵

おさらい(‥らひ)【お×浚い】《名・ス他》①遊芸の師匠などが弟子(でし)を集めて、教えたわざを演じさせること。また、その会。温習。②復習。

おさらば《名・ス自》別れのあいさつをすること。別れること。「東京に―する」▽「お」+「さらば」から。

おさん【お産】子を産むこと。出産。「軽い―」「―が始まる」

おさんじ【お三時】↓さんじ(三時)

おさんどん　女中。めしたき女。「―をする」(台所仕事をする意にも)▽下女の名「三」の見立て。↓さんすけ

おし【×啞】生理的に物が言えない人。おうし。

おし(をし)【〈鴛鴦〉】↓おしどり

おし㊀【押し・△圧し】《名》①押すこと。[押]㋐相撲(すもう)の手の一つで、組まず、手のひらを相手の体にあてがって押すわざ。「―に手なし」(強く押しまくられては、対抗するわざがない)「―の一手(いって)」(転じて㋑の意にも) ㋑自分の考え・望みを無理にも通そうとすること。「―が強い」▽㋐の転。②押さえつけるもの。その力。[押・圧]㋐おもし。「漬物に―をする」㋑押さえ(となる力)。特に、人を服従させる威力。「―がきく」㊁【押(し)】《接頭》《動詞にかぶせて》①無理にも……する。「室内に―入る」「自説を―通す」▽↓おす(押)㊁。②語勢を強めるのに使う。「年内も―詰まった」

おじ(をぢ)①【〈伯父〉〈叔父〉】父や母の兄弟、および、おばの夫。▽父や母より年上なら「伯父」、年下なら「叔父」と書く。おばの夫の場合、「伯」「叔」の使い分けは、そのおばを基準にする。②【〈小父〉】よその大人の男。▽普通は「おじさん」の形で使う。

おしあい(‥あひ)【押し合い】①互いに押すこと。②相場に変動がないこと。　**―へしあい**(‥へしあひ)【―へし合い】《名・ス自》多くの人が押し合って混乱すること。▽↓へしあう

おしあて【推(し)当て】おしはかること。だいたいの推量。

おし・い【惜しい】〘形〙①大切なもの、値打ちのあるものを、失うまたはむだにすることが、耐え難い。「命が―」「平社員には―人物」②大切なもの、値打ちのあるものを失ったり、そこなったりして、残念だ。「まだ若かったのに―ことをした」「―勝負だった」(もう少しで勝てるところだったのに、負けてしまって残念だった) ▽元来は「愛(を)し」で、大切に思うさま。派生 **-さ -げ* -がる***

おじいさん ①【お×爺さん】【お〈祖父〉さん】祖父(ふ)の敬称。②男の老人の敬称、また親しんで言う語。

おしいただ・く【押し頂く・押し△戴く】〘五他〙物をもらって、うやうやしく頭の上にささげ持つ。感謝の意をこめてもらう。「賞状を―」

おしい・る【押し入る】〘五自〙無理にはいる。強引にはいる。「強盗が―」

おしいれ【押(し)入(れ)】ふすまや戸で部屋と仕切った、布団や家財の入れ場所。

おしうつ・る【推(し)移る】〘五自〙年月・時勢が、うつりかわる。

おしうり【押(し)売(り)】〘名・ス他〙むりに売りつけること。その人。

おしえ【押(し)絵】花鳥・人物などの形を厚紙で作っていろいろな布で包み、中に綿を入れて高低をつけ、物の面にはりつけたもの。「―羽子板」

おしえ【教え】教えること。教育。「―を受ける」。

おしえご【教え子】以前教えた(今教えている)生徒・学生。弟子。

おしえこ・む【教え込む】〘五他〙相手がそれを身につけるほどまでに、よく教える。「孫に家の芸を―」

おしえのにわ【教えの庭】学園。学校。▽雅語的。

おし・える【教える】〘下一他〙①知識や技能を身につけるように導く。理解させる。「数学を―」「子供たちを―」②(自分の)知っていることを告げ示す。「秘密を―」③さとす。戒める。「人の道を―」関連 導く・しつける・仕込む・育てる・はぐくむ・手塩にかける・教壇に立つ・教育・教授・教示・示教・教導・指導・指南・主導・先導・善導・補導・誘導・教化・感化・徳化・垂範・啓発・啓蒙(けいもう)・薫陶・訓育・手引き・案内・指示・授業・手ほどき・助言

おしかえ・す【押し返す】〘五他〙押して来るのにさからって、こちらからも押してもどす。「敵を―」

おしかく・す【押し隠す】〘五他〙知られたり見られたりしたくない事を、一所懸命に隠す。

おしかけにょうぼう【押し掛け女房】男の家に押し掛けて無理に妻となった女。

おしか・ける【押し掛ける】〘下一自〙進んで押し寄せる。招かれないところに無理にいく。「抗議に―」

おしがり【押し借り】無理じいで借りること。「―ゆすり」

おしが・る【惜しがる】〘五他〙惜しそうな様子をする。

おしき【△折敷】狭い薄板を折り四囲のふちにした角盆。足つきのもある。神事・食事用。▽「おりしき」と読めば別の意。

おじぎ【お辞儀】〘名・ス自〙頭をさげて敬礼すること。「先生に―する」

おしきせ【お仕着せ】→しきせ

おじぎそう【〈含羞〉草】ブラジル原産の小低木。一年生の園芸植物として普及。葉に触れると、葉が閉じておじぎをするようにたれる。夏、淡紅色の小花が球状に群れ咲く。ねむりぐさ。▽まめ科。

おしきり【押し切り】①おしつけて切ること。②まぐさなどを切り刻む道具。

おしき・る【押し切る】〘五他〙①おしつけて切る。②「切る」を強めていう言葉。③困難をおしのけてやりとおす。「反対を―」

おしくら 何人かの子供がひとかたまりになって互いに押し合う遊戯。おしっくら。おしくらまんじゅう。▽「押し競(くら)べ」の略。

おしげ【惜しげ】惜しがる様子。惜しがる気持。「―もなく与える」

おじけ【△怖じ気】こわがる気持。おぞけ。「―がつく」「―を震(ふる)う」(こわくて体がふるえる) **―だ・つ**【―立つ】〘五自〙恐ろしさのためにぞっとする。**―づ・く**【―付く】〘五自〙こわいという気持になる。

おじ・ける【△怖じける】〘下一自〙こわがって、びくびくする。しりごみする。

おしこみ【押し込み】①(建物の)押入れ。②強盗。

おしこ・む【押し込む】①〘五自〙無理にはいりこむ。㋐おしいる。㋑強盗にはいる。②〘五他〙無理に入れる。詰め込む。③〘五他〙力・勢いで圧倒する。「一気に―」

おしこ・める【押し込める】〘下一他〙①つつみこんで外に出さない。外出させず、とじこめる。②無理にいれる。詰め込む。

おしころ・す【押し殺す・△圧(し)殺す】〘五他〙①おしつぶして殺す。圧殺する。②表情・感情などをおさえて目立たないようにする。「笑いを―」「―した声で言う」

おじさん 「おじ」(1)(2)の軽い敬称。

おしずし【押×鮨】木箱に酢飯をつめ、具をのせて押しまとめたすし。箱ずし・棒ずしもこの類。

おしすす・める ①【押し進める】〘下一他〙強い(激しい)勢いで進める。「先陣を川岸まで―」②【推し進める】〘下一他〙事業の促進や計画の成就を図って積極的な活動をする。「景気浮揚策を―」

おしせま・る【押し迫る】〘五自〙間近に迫る。「年の瀬も―」

おしたじ【お下地】→したじ(4)。▽女性語。

おしだし【押(し)出し】①押して出すこと。㋐相撲(すもう)のきまり手の一つ。↓おしだす(1)㋐。㋑野球で、満塁の時に打者に四球または死球を与え得点させてしまうこと。「―の一点」②ひとなかへ出た時の様子・態度。「―が立派だ」

おしだ・す【押し出す】①〘五他〙押す力を加えて、出

す。「チューブの薬を—」。特に、㋐相撲(すもう)で、褌(まわし)に手を掛けずに押して、相手を土俵の外に出す。㋑これぞとばかり積極的に示す。「減税を前面に—」②『五自』多人数の前や中へと(ひるまず)出て行く。「揃(そろ)いの浴衣(ゆかた)で—」▽「繰り出す」より威勢がいい、時には顰蹙(ひんしゅく)を買う様だとの感じを伴う。

おした-てる【押し立てる】『下一他』①前面や表立った所に立たせる。「旗を—」「山田氏を会長に—」②強く押しやる。「土俵ぎわまで—」

おしだま-る【押し黙る】『五自』全くものを言わない。じっと口をつぐむ。

おしちや【お七夜】子が生まれて七日目の夜。その祝い。

おしつけがまし-い【押し付けがましい】『形』相手の気持にかまわず、自分の意志を無理に押し付けるようだ。「—親切」 派生 **-さ**

おしつ-ける【押し付ける】『下一他』①おさえつける。力を入れてぎゅっと押す。②無理にさせる。無理に受け取らせる。「仕事を—」「責任を—」

おしっこ『名・ス自』小便(をすること)。▽幼児語から。

おしつぶ-す【押し潰す】『五他』押しつける圧力で潰す。「土石流が建物を—」「個性を—教育」

おしつま-る【押し詰(ま)る】『五自』ゆとりなく、さしせまる。特に、年の暮れに近づく。「今年も—・ってきた」

おしつ-める【押し詰める】『下一他』①力を入れてつめこむ。②押していって、ゆきづまらせる。「土壇場に—」③押しつけてちぢめる。また、要約する。「—・めて言えば」

おして【押して】『連語』《副詞的に》しいて。むりに。「—お頼み申します」▽↓おす(押)㊁

おしてしるべし【推して知るべし】『連語』おしはかって知ることができる。想像でわかる。言うまでもない。「この有様では他も—だ」▽文語的。

おしとお-す【押し通す】『五自他』①無理に通す。やり抜く。「自説を—」②(困難があっても)貫き通す。「一生、独身で—」

おしどり【〈鴛鴦〉】①池・川などを雌雄つがいで泳ぐ姿がよく見られる水鳥。形はマガモにやや似るが小さい。繁殖期の雄は暗緑色・赤褐色などの羽毛が生え、頭部に飾り羽があり、風切り羽の一部が扇形となり、美しい。雌は暗褐色で地味。おし。▽かも科。②仲よく、いつもつれだっている夫婦。

おしなべて【押し△並べて】『連語』《副詞的に》凹凸を押して並べたように、すべて一様に。総じて。概して。「ことしの稲作は—悪い」

おしの-ける【押(し)△退ける】『下一他』物を押してどかせる。また、人を無理にしりぞける。「人を—・けて前へ出る」

おしのび【お忍び】身分のある人や有名人が、人目に立たないようこっそり出歩くこと。▽「微行(しのび)」の丁寧な言い方。

おしば【押(し)葉】植物の葉・花などを紙(書物)の間にはさんで、押さえつけ、乾かしたもの。▽花を主体とする場合、「押し花」とも言う。

おしはか-る【推(し)量る・推(し)測る】『五他』ある事について考える時に、既にわかっている他の事を基準にして、見当をつけ判断する。推量する。「胸中を—」

おしばな【押(し)花】↓おしば

おしべ【雄×蕊】花の中にある、花粉をつくる器官。花糸(=糸状のところ)と葯(やく=花粉のはいったふくろ)から成る。さくらなどでは雌蕊(めしべ)の周囲に沢山ある。ゆうずい。↕雌蕊

おしボタン【押(し)×釦】押して機器を操作するボタン。「—式信号」

おしぼり【お絞り】客が手や顔をふくために出す、湯や水でしめして絞った手ぬぐい・タオル。▽紙のもある。

おしまい【お仕舞】おわり。▽「しまい」の丁寧な言い方。

おしみな-い【惜しみ無い】『形』出し惜しむ態度を執らない。充分にあらわす。「—援助を送る」▽↓おしむ㋒

おし-む【惜しむ】『五他』惜しいと思う。㋐大切にする。「寸暇を—」「名を—」㋑思い切れず、残念がる。「別れを—」「友の死を—」㋒物惜しみをする。出し惜しむ。「骨身を—」(労苦をいやがる)「骨身を—・まず働く」「協力を—・まない」▽㋒は、多く打消しを伴って使う。

おしむぎ【押麦】蒸したはだか麦・大麦を、押して平たくし、乾かしたもの。

おしむらくは【惜しむらくは】『連語』惜しいことには。残念なことに。▽漢文訓読調の言い方。↓-く

おしめ【押(し)目】上がりつつあった相場が一時下がること。

おしめ【〈襁褓〉】おむつ。

おじめ【緒締め】袋の口を締めるため、口ひもを束ねて通してあるもの。玉の形が多く、石・角(つの)などで作る。

おしめり【お湿り】(晴天続きのあと)適度の雨が降ること。「いい—だ」▽もと、女房言葉。

おしも【お下】①身分の高い家の下女。②「しも(下)」(2)の丁寧な言い方。▽(1)(2)とも廃語に近い。

おしもおされもせぬ【押しも押されもせぬ】『連語』実力があって堂々としている。

おしもんどう【押(し)問答】『名・ス自』互いに言い張ってゆずらず、やり合うこと。

おじや　↓ぞうすい(雑炊)

おしゃか【お△釈×迦】〔俗〕役に立たなくなること。そうなったもの。「—になる」(作り損なう。また、物が壊れて使い物にならなくなる)「—を出す」(できそこないを出す)　**—さま**【—様】釈迦を敬って言う語。「—でも御存じない」(だれにも推し量れないほ

ど意外だ」

おしゃく【お酌】①『名・ス自』「しゃく(=酒をつぐこと)」の丁寧な言い方。「—をする」②『名』東京など関東では「半玉(はんぎょく)」、京阪では「舞子(まいこ)」の、異称。

おしゃぶり 赤ん坊に持たせてしゃぶらせるおもちゃ。

おしゃべり【お×喋り】『名ナ・ス自他』口数が多いこと。そういう人。「—なやつだ」。また、とりとめもない会話(をすること)。「少し—しましょう」

おしゃま『名・ダナ』小さいくせにませているさま。そういう女の子。

おじゃまむし【お邪魔虫】そこに居るだけで(も)雰囲気をだめにしてしまうような、その場の人にとって邪魔なやつ。

おしや-る【押し△遣る】『五他』押して向こうへやる。また、押しのける。

おしゃれ【お〈洒落〉】①『名ナ・ス自』気のきいた服装・化粧やポーズに心掛けること。そうする人。「—な男」②『ダナ』(心をくすぐるばかり)しゃれた。「—なドレス」「町並みが—です」▽②の、物にまで広げた用法は一九八〇年代から。

おじゃん〔俗〕物事がだめになること。不成功におわること。だめ。「—になる」▽「じゃん」は火事を知らせる半鐘の音。

おしゅう【汚臭】きたなくてくさいにおい。

おしょう【和尚】①寺の住職。また一般に、僧のこと。▽②の転。②修行を積んだ偉い僧の尊称。▽禅宗・浄土宗で言う。華厳宗・天台宗では「かしょう」、真言宗などでは「わじょう」と言う。↓わじょう

おじょうさま【お嬢様】①娘を丁重に言う語。▽相手・主家・他人の娘を指すほか、年若い娘や少女への呼び掛けにも使う。「お嬢さん」のほうが一般的な形。②苦労を知らないで育った女。「—で困る」「—育ち」「—芸」(お嬢さんが気晴らしに修めた芸事。素人(しろうと)芸)

おじょうず【お上手】↓じょうず(2)

おしょく【△御職】江戸時代、同列の中で上席の人。▽特に遊女について言うことが多い。

おしょく【汚職】自分の職権を利用して、賄賂を取るなどの不正な行いをすること。▽「瀆職(とくしょく)」を言い替えた語。

おじょく【汚△濁】〔仏〕↓おだく

おじょく【汚辱】『名・ス他』他人を辱めけがすこと。そうされた人の恥。「—にまみれる」

おしよ-せる【押し寄せる】『下一自』多くのものが激しい勢いで近づく。「波が—」「群集が—」

おしらさま【おしら様】関東・東北の民間で信仰する、養蚕の神様。

お-じる(おぢる)【△怖じる】『上一自』こわがる。びくびくする。

おしろい【〈白粉〉】肌を白く見せるための、化粧用の白いこな。液状のもある。「—をつける」▽「お白い」から。原料は、昔は鉛白(炭酸塩)だったが、今はカオリンや澱粉(でんぷん)など。 **—した**【—下】おしろいのつきをよくするために肌につける、クリーム・化粧水。化粧下。 **—ばな**【—花】江戸初期に渡来し、観賞用に栽培される一年草。夏から秋にかけて赤・黄・白・しぼり等の花が夕方咲き翌朝しぼむ。種子の中に白い粉状の胚乳がある。▽おしろいばな科。南アメリカ原産で、元来は多年草。 **—やけ**【—焼け】『名・ス自』(役者・芸者などが)長くおしろいをつけたために、皮膚が茶色になること。▽今は禁止されている鉛白を原料につかったことによる。

オシログラフ 音波・脳波などの振動現象を、目に見える波形として表示・記録する装置。オッシログラフ。▽oscillograph

おしわ-ける【押し分ける】『下一他』左右にかきわける。「人ごみを—けて進む」

おしん【悪心】吐き気を催すこと。胸がむかつくこと。

おしんこ【お新△香】↓しんこ(新香)

お-す【押す・推す・△圧す】『五他』㊀手前から向こうへと力を加える。①物にじかに触れて、向こうの方に力を加える。【押】↕引く。「とびらを—してあける」②放送界・芸能界で、プログラムの進行の遅れがあとを圧迫する。「二分半—していますよ」▽自動詞的な感じで使うことが多い。③上から下へと力を加える。㋐重みを加えて押さえつける。「花を—」(おし花にする) ㋑上から力を加えて型を紙などにうつす。「印を—」(↓いん〔印〕(1)㋐)「焼印を—した下駄(げた)」㋒『箔(はく)を—』力を加えて、箔を物の面にのりづけにする。▽(3)は一般に「押」。㋐には「圧」も、㋑には「捺」も使う。④前や表立った所に出るように力を加える。㋐(後ろから)力を加えて進ませる。【推・押】「艪(ろ)を—」(艪を操って舟を進める)「車を—」㋑人や物を、価値がある、適当だとして、用いるようにすすめる。推薦する。【推】「田中君を委員に—」「入門用にはこの本を—そう」。人を上位にすえる。「先輩を会長に—」

㊁力をもって迫る。【押】①そうせずとも済むのに、それをする。「念を—」「駄目(だめ)を—」②《「……を—して」の形で》無理なのを承知で、あえてする。「病気を—して出社する」③相手を圧倒し優位に立つ。「勝負は今のところ挑戦者が—している」▽(3)には「圧」も使う。▽↓おし(押)㈡

㊂ある事柄を根拠にして他の事柄へと考えを進める。おしはかる。【推】「—して知るべし」「この事から—と、あれが原因に違いない」▽㈠(4)の転。

㊃『韻を—』詩の句末の音をそろえる。▽「押韻」を訓読した言い方。「韻を踏む」とも言う。

おす(をす)【雄・×牡】動物で、人間の男性に当たる方。↕雌(めす)

おすい【汚水】よごれた、きたない水。

おすえ(おすゑ)【△御末】江戸時代、将軍または諸侯の奥向

きに仕える下級の女中。

おずおず『副[と]・ス自』相手を恐れて、ためらいながらする様子。おそるおそる。「―(と)尋ねてみる」▽文語動詞「怖(お)づ」の終止形を重ねたもの。

おすきやぼうず【△御数寄屋坊主】江戸幕府で、茶の湯の儀式、茶の道具などを扱った、坊主頭の下級の役人。

おすそわけ【お裾分け】『名・ス他』よそからもらった物や利益を、更にほかに分けること。その分けたもの。「―にあずかる」

オストメイト　ストーマの保有者。▽ostomate

おすなおすな【押すな押すな】『連語』大勢の人が押しかけて、混雑する、または先を争う様子。「―の騒ぎ」▽「な」は禁止の終助詞。

おすべらかし　女性のさげ髪の一種。前髪を左右にふくらませ、もとどりを背後にすべらせて長く下げる。

おすまし【お澄(ま)し】①『名・ス自』すまして気取ること。その人。②『名』すまし汁。▽⑵は「お清汁」とも書く。

おすみつき【△御墨付】①権威者からもらった保証。▽⑵の転。②幕府・大名から証明のために家来に与えた、黒印の押してある文書。

おせおせ【押せ押せ】『連語』①勢いに乗って押しまくること。「―ムード」②仕事がたてこんで、次々に予定が遅れるさま。「仕事が―になって休みが取れない」「こう―ではたまらない」▽「押す」の命令形を重ねた形。

おせじ【お世辞】→せじ(世辞)

おせち【お節】正月・五節句などの特別な料理。

おせっかい【お節介】『名・ダナ』出しゃばって世話を焼くこと。不必要に人の事にたちいること。「いらぬ―を焼く」。派生 **-さ**

おせわ【お世話】「世話」⑴⑵の尊敬語・謙譲語。「―になります」「―様です」「―を致します」

おせん【汚染】『名・ス自他』(空気・水・食物などが)放射性物質・有毒物質・細菌・塵(ちり)などでよごされること。よごすこと。「環境―」

おぜんだて【お膳立て】『名・ス自他』①食膳をとりそろえること。②すぐとりかかれるように準備すること。その準備。

おそ【×獺】→かわうそ

おそ【悪阻】→つわり

おそ・い【遅い】『形』①物事の動き進むのに時間がかかる。⇔速い。「歩き方が―」「―電車」「理解が―」②もう時がかなりたっている。⇔早い。㋐時刻・時期が後だ。「朝―・くまで寝ている」「夜が―町」(夜ふけまで営業している店の多い町)「帰りが―」▽㋐は「晩い」とも書く。㋑時機を失している。間に合わない。「後悔してももう―」「今や―・しと待ちうける」(まだかまだかと、じりじりしながら待つ) 派生 **-さ**

おそいかか・る【襲い掛(か)る】『五自』危害を与える(急な)攻撃行動に出る。「獲物に―」

おそ・う【襲う】『五他』①激しい勢いで不意に攻める。いきなり危害を加える行為をする。また、無理に性的行為に及ぼうとする。「敵の本陣を―」「背後から―」②防ぎようもない勢いで、急に押しかける(ようにやって来る)。「新聞記者が寝込みを―」「不意に眠気が―・ってきた」「町が泥流に―・われる」③家系・地位などを継ぐ。「家督を―」「名人位を―」

おそうまれ【遅生(ま)れ】四月二日から十二月末までの間に生まれたこと。その人。⇔早生まれ。▽早生まれは数え年七つで小学校に入学し、おそ生まれは数え年八つで入学した。

おそかれはやかれ【遅かれ早かれ】『連語』《副詞的に》遅いにしろ、早いにしろ、いずれそのうちに。早晩(そうばん)。「―わかることだ」

おそく【遅く】遅い時刻や時期。「―まで働く」▽形容詞の「遅い」の連用形から。

おぞく【汚俗】よくないならわし。

おそくとも【遅くとも】『連語』たとえ遅くなったとしても。いくらおくれても。おそくも。「―月末までには仕上げます」

おそくも【遅くも】『連語』→おそくとも

おぞけ【△怖気】→おじけ

おそざき【遅咲き】①普通の開花期よりも遅く咲くこと。そういう品種。②成功や成果が遅れて得られること。「学者としては―だった」「―の恋」⇔早咲き

おそざくら【遅桜】遅咲きの桜。

おそしさま【△御祖師様】(日蓮(にちれん)宗で)日蓮の敬称。▽→そし(祖師)

おそじも【遅霜】気候が暖かくなってから降りる霜。晩霜。⇔早霜

おそぢえ【遅知恵】①子供の知恵の発達がおくれていること。②あとになってから出てくる知恵。

おそで【遅出】『名・ス自』シフト制やフレックス　タイム制の勤務形態で、出勤時刻が遅い方。遅番。⇔早出。「今週は―だ」

おそなえ【お供え】①『名』かがみもち。②『名・ス他』「供え物」や供えることの丁寧な言い方。

おそなわ・る【遅なわる】『五自』おそくなる。「―・りました」(古風な遅参のあいさつ)

おそば【お△側】①「側(そば)」の丁寧語。②主君や主人のそば。また、そこに居て仕える人。近臣や小間使いなど。

おそばん【遅番】おそく勤務につく番。⇔早番(はやばん)

おそまき【遅×蒔き】①普通よりも遅い時節に種をまくこと。そういう品種。⇔はやまき。②時期に遅れて事をすること。「―ながら」

おぞまし・い『形』接する状態に恐怖・嫌悪を覚え、そこから逃れたい、いやな思いだ。「―光景」派生 **-さ** **-げ**

おそまつ【お粗末】『名ナ』→そまつ⑴。派生 **-さ**

おそらく【恐らく】『副』推し測って考えると。多分。「―来ないだろう」「この案は―承認されるに違いな

い」「―は直る見込みのない故障」▽恐れることには、の意から。

おそるおそる【恐る恐る】《副・ノダ》こわがりながら。こわごわ。「―火口をのぞく」「―主人の前に出る」

おそるべき【恐るべき】《連語》だれでもが恐れるほど大変な。「―伝染病」「―力の持ち主」

おそれ【恐れ・畏れ・虞】①おそれること。恐怖。「―をなす」②悪いことが起こるのではないかという心配。懸念(けねん)。「大雨の―がある」

おそれい-る【恐れ入る・畏れ入る】《五自》①自分の悪かったことについて、また相手の好意に対して、恐縮する。「どうも―ります」②相手の力量・実力に圧倒されて、参る。「―って引きさがる」③余りひどくてあきれる。全くあきれる。閉口する。「あの恥知らずには―る」「―った話だ」

おそれおお-い【恐れ多い・畏れ多い】《形》①申しわけなくて頭が上がらない。恐縮だ。②大変にありがたい。もったいない(2)。 派生 **-さ**

おそれげ【恐れげ】こわがりびくびくする様子。「―もなく進み出る」

おそれながら【恐れながら・畏れながら】《連語》恐縮ですが。「―申し上げます」▽現在使えば大仰(おおぎょう)。

おそ-れる【恐れる・畏れる・△怖れる・×懼れる】《下一自》相手の力に押されて心が弱くなる。㋐かなわない、どうしようもないと思ってこわがる。【恐・怖】「暴君を―」「夜が来るのを―」㋑悪いことが起きるのではないかと心配する。【懼】「冷害の発生を―」「失敗を―」▽㋑には「虞」も使う。㋒敬いの心が生じて、かしこまる。「神を―れないしわざ」▽㋒には多く「畏」を使う。

おそろし-い【恐ろしい】《形》恐れを覚える(ほどの)気持だ。㋐こわい。「暗い夜道は―」㋑程度がひどい。「―く大きい」「―風だ」 派生 **-さ -げ -がる**

おそわ-る【教わる】《五他》教えられる。教えてもらう。「道を―」「先生に/から―」

おそわ-れる【×魘われる】《下一自》こわい夢を見て、うなされる。▽「おそう(襲)」の受身の言い方から。

おそん【汚損】《名・ス他自》よごして傷つけること。また、よごれそこなわれること。そのよごれやきず。

オゾン 酸素原子三個から成る酸素の同素体。ほとんど無色の気体で、特有の臭いがある。空気(酸素)中の放電によって生じる。防腐・殺菌・漂白用。「―層」(成層圏にある、オゾンの濃度が高い層)「―ホール」(南極大陸上空のオゾン層にできる、穴があいたように濃度が極度に低い部分) ▽ozone

おだ『―をあげる』勝手な気炎をあげる。

おだい【お代】「代金」の丁寧語。

おたいこ【お太鼓】①女の帯の結び方で、太鼓の胴のようにふくらませたもの。太鼓結び。②『―をたたく』うまいことを言って人のきげんをとる。

おだいじに【お大事に】《連語》病人・患者へのいたわりのあいさつ。▽「大事」(2)から。

おだいもく【△御題目】主張。特に、口先で唱えるだけで実質を伴わない主張。「―に終わる」「―を並べる」▽日蓮(にちれん)宗で唱える「南無妙法蓮華経(なむみょうほうれんげきょう)」の七字のことから。尊んで「お」を付けた。

おたいら【お平ら】《主として「―に」の形で》足をくずして楽にすわるようにすすめる言葉。

おたおた《副「と」・ス自》思いがけない出来事に適切に対応できず、あわてるさま。「大人が―してはいけない」

おたがいさま【お互い様】お互いに同様(の条件・境遇)であること。「苦しいのは―だ」

おたかく【お高く】『―とまる』気位が高く、取り澄ました態度をとる。人を見下した態度をとる。

おたから【お宝】①金銭のこと。②きわめて大切な品物。

おだき【雄滝・△男滝】近くにある二つの滝で、水勢が激しく大きいほうの滝。↔雌滝(めだき)

おたく【お宅】①相手の人の家の敬語。②相手の人や相手の属している所の敬語。「―は御承知でしょう」「―の景気はどうですか」③特定の趣味的分野を深く愛好し、人並み以上にその分野の知識や物品を保有・収集したり、行動したりする者。「アニメ―」▽(2)の転。普通は仮名書き。一九八三年に中森明夫が「『おたく』の研究」で言い出した頃には、視野が狭く社交性に欠ける者というイメージを伴っていた。九〇年代以降サブカルチャーとして積極性を帯びても使う。「ヲタク」あるいは略して「ヲタ」と書くこともある。

おだく【汚濁】《名・ス自》よごれ濁ること。▽仏教では「おじょく」。

おだけ【雄竹】マダケ・ハチク・モウソウチク等、大形の竹の俗称。

おたけび【雄△叫び】いさましい叫び声。「―をあげる」

おたずねもの【△御尋ね者】逮捕しようとしてさがし求めている犯罪容疑者。

おたち【お立ち】出発すること、また、来客が帰ることの敬語。「もう―ですか」

おたちあい【お立(ち)会(い)・お立(ち)合(い)】↓たちあい(イ)。「あいや、―。これより取りいだしたるは」

おたちだい【お立ち台】①(話題の人や地位の高い人が)会見・挨拶などのために上る一段高い台。「優勝者が―でインタビューに応じる」②ディスコ・クラブなどにある小舞台。

おだて【×煽て】おだてること。「―にのる」

おだ-てる【×煽てる】《下一他》しきりにほめて得意にならせる。

おたなもの【お△店者】商店の奉公人。

おたびしょ【△御旅所】祭礼のとき、みこしを本宮から移してしばらく安置する所。

おたふく【お多福】↓おかめ⑴。 **—かぜ**【—風・—〈風邪〉】流行性耳下腺炎の俗称。ウイルスによる感染症で、熱がでて、耳下腺がはれ顔が下ぶくれになる。小児に多い。 **—まめ**【—豆】大粒のそらまめ。また、それを甘く煮たもの。

おだぶつ【お×陀仏】①人が死ぬこと。②転じて、物事がだめになること。「—になる」▽死ぬ時に南無阿弥陀仏(なむあみだぶつ)を唱えることから。

おたま【お玉】①「おたまじゃくし」⑴の略。②玉子。鶏卵。

おだまき(をだまき)【×苧△環・小田巻】①つむいだ麻糸を、ボールのように中を空洞にして巻いたもの。②↓おだまきむし。③観賞用に栽培される多年草。五月ごろ青紫色または白色の花が数個下向きに咲き、もとの方が細長く突出し、その先が内側にまがっている。▽花の形が⑴に似る。きんぽうげ科。 **—むし**【小田巻蒸し】底にうどんを入れた茶わん蒸しの一種。

おたまじゃくし【お玉×杓子】①形がまるくて柄(え)のついたしゃくし。②カエルの幼生。頭部がまるく、足がなくて尾だけで泳ぐ。③楽譜の音符♩・♪などの俗称。「—が読めない」

おたまや【△御霊屋】貴人の霊をまつっておく所。みたまや。霊廟(れいびょう)。

おたまりこぼし〔俗〕『—があるものか』がまんがならない。こらえきれない。▽「たまらない」の「たまる」を「おきあがりこぼし」にもじった言葉。

おためがお(おためがほ)【お△為顔】人のためを思って言うように見せかけた顔つき。

おためごかし【お△為ごかし】『名ナノ』人のためにするように見せて実は自分の利益を図ること。「—の意見」

おためすじ(おためすぢ)【お△為筋】利益になる客筋。

おだやか【穏やか】『ダナ』①何事もなく静かなさま。安らか。平穏無事。「—な気候」「—でない発言をする」②落ち着いて静かなさま。「—な物言い」 派生 **—さ** 関連 柔らか・安らか・なだらか・平らか・円(まど)か・淑(しと)やか・たおやか・なよやか・物柔らか・物静か・やんわり・しっとり・そっと・事無く・丸い・優しい・大人しい・恙(つつが)無い・穏和・温和・穏健・穏便・円満・温厚・順良・柔和・安穏・平穏・平静・静穏・静謐(せいひつ)・平和・平安・太平・安寧・安泰・無事

おだわらぢょうちん(をだはらぢやうちん)【小田原△提△灯】伸び縮みでき、いらない時は折りたたんで腰にさせる細長いちょうちん。▽天文(一五三二〜五五)年間、小田原の人の創製という。

おだわらひょうじょう(をだはらひやうぢやう)【小田原評定】いつまでたってもきまらない相談。▽北条(ほうじょう)氏が豊臣(とよとみ)秀吉に攻められた時、小田原城中で、戦うか降伏するかの相談がなかなかきまらなかったことから。

おち【落ち】①あるべきものが漏れること。また、その漏れたもの。「帳簿の—を見つける」。特に、注意が行き届かない所。手抜かり。「手続きに—がある」②その地から逃げ去ること。「都—」③物事の終局。㋐落ち着くところ。終わり。「笑われるのが—だ」㋑落語などの、人を笑わせてその話の結びとする部分。さげ。「話に—がつく」

おちあ-う(おちあふ)【落ち合う】『五自』出合っていっしょになる。「駅で—」「二つの川が—」▽「川の落合いの所」のように、名詞でも使う。

おちあゆ【落(ち)×鮎】↓くだりあゆ

おちい-る【陥る】『五自』①おちて中にはいる。おちこむ。「穴に—」「深い眠りに—」②よくない状態にはいりこむ。「ジレンマに—」「危篤に—」。計略にかかる。「敵の策略に—」③攻め落とされる。「城が—」▽「落ち入る」の意。

おちうお(おちうを)【落(ち)魚】①産卵のために川を下る魚。②水が冷たくなって、下流や川・海の深い方に移る魚。③死んだ魚。▽⑶は↓おちる⑷㋓

おちうど【落△人】↓おちゅうど

おちえん【落(ち)縁】座敷の床(ゆか)よりも一段低い縁側。

おちおち『副[と]・ス自』《あとに打消しを伴って》落ち着いて。安心して。「心配で夜も—(と)眠れない」

おちぐち【落(ち)口】①水の流れ落ちる所。②くじ・入札などに当たった人。

おちくぼ-む【落ち×窪む】『五自』周囲より目立って低くなる。「徹夜で目が—」「砂時計の砂の山が—」「台地が川へと—斜面」

おちこち(をちこち)【△遠△近】あちらこちら。ここかしこ。将来と現在。▽距離・時間ともに言う。雅語的。

おちこぼれ【落(ち)△零れ】①まわりから取り残された者。特に、授業についていけない生徒。②収穫の時、落ちて散らばった穀物。③他人が取り残した、あまりもの。

おちこ-む【落ち込む】『五自』①穴・池などに落ちる。②悪い状態になる。「売り上げが一五%も—」③転じて、気分が沈む。めいる。「愛犬が死んで—・んでいる」▽⑶は一九七〇年ごろから。「気がめいる話」の「めいる」の所には使えない。④まわりよりも低くなる。くぼむ。「目が—」

おちしお(おちしほ)【落(ち)潮】↓ひきしお

おちつき【落(ち)着き】①おちつくこと。おちついた態度。「—がない」「—を失う」②物の安定。「—の悪い机」

おちつきはら-う(おちつきはらふ)【落ち着き払う】『五自』少しもあわてず落ち着いた態度をとる。

おちつ-く【落ち着く】『五自』①あちこち動いていたものが、一定の所にとどまりつく。㋐定住地・定職などがきまる。「京都に—」「やっと教師に—」㋑結論として、それに到達する。帰結する。「—所は一つ」㋒不安定の状態から安定した状態になる。動揺がしずまる。「さわぎが—」「景気が—」②軽々しさのない様子である。㋐どっしりした態度である。「—・いて行動する」㋑うわついた感じがなく地味である。

「—・いた色」

おちつ-ける【落ち着ける】《下一他》おちつくようにする。しずめる。「気持を—」

おちど【落(ち)度・△越度】あやまち。過失。不都合な悪い所。「こちらに—がある」▽もと、世のおきて(=度)を越える意。

おちの-びる【落ち延びる】《上一自》遠いところへ逃げおおせる。

おちば【落(ち)葉】①散った木の葉。②黄赤がかった茶色。おちばいろ。

おちぶ-れる【落ちぶれる】《下一自》身分や生活状態などがさがって、みじめなありさまになる。零落する。

おちぼ【落(ち)穂】収穫のあとに落ち残った稲などの穂。「—ひろい」

おちむしゃ【落(ち)武者】いくさに負けて逃げ落ちる武士。「平家の—」

おちめ【落ち目】①くだりざかになる状態・運命。「人気が—になる」②商品の目方が、荷送り人からの書付よりも減っていること。

おちゃ【お茶】①《名》「茶」の丁寧語。㋐飲料としての茶。「—を入れる」「—をひく」(芸妓(げいぎ)などが、客が付かず暇でいる)「—を濁す」(いい加減にその場をごまかす)㋑茶道。「—を習う」「—に(=茶会に)招く」(なお↓(2)㋒仕事の途中での(茶やタバコを飲むのに挟む)小休み。「一段落ついたところで—にしよう」②《名・ス自》(少人数で)茶菓(コーヒーとケーキなど)を共にすること。「友だちを—に招く」(なお↓(1)㋑)「そこらの店で—しましょう」▽一九八〇年ごろから「する」を付けて、喫茶店などで茶菓をとり話をする意に使うようになった。

おちゃうけ【お茶請け】↓ちゃうけ

おちゃこ【お茶子】芝居茶屋の女中。芝居の見物客の案内・休息・食事の世話をするために雇われている女。▽今は無い。

おちゃっぴい《名ナノ》女の子が出しゃばっておしゃべりなこと。そういう娘。

おちゃのこ【お茶の子】①茶を飲む時に食う菓子など。②手軽なこと。たやすいこと。「—さいさい」

おちゃひき【お茶×挽(き)】芸者などが、客に呼ばれずひまでいること。また、いつもそういう状態の、はやらない芸者。

おちゃめ【お茶目】《ダナ》「ちゃめ」に「お」を冠した言い方。▽二〇〇〇年ごろから「お—なグッズ」のように、「おしゃれな」同様、物についての言い方が出てきた。「こぶしを振り上げる句よりも、オチャメな句の多い時代のほうがいいですね」(毎日新聞、二〇〇四・三・一二)

おちゃらか-す《五他》ちゃかす。からかう。なぶる。おひゃらかす。

おちゅうど【落△人】戦に負け、隠れて逃げのびる人。「—が隠れ住む里」「—伝説」▽「おちびと」→「おちうど」から出た語。

おちゆ-く【落(ち)行く】《五自》①逃げてゆく。「—先は」②結局、そこに帰着する。結論として行き着く。③おちぶれるようになる。▽文語的な言い方。

おちょうしもの【お調子者】①いい加減に調子を合わせる人。②軽はずみでうわついた事をする人。おっちょこちょい。

おちょうめちょう:を【雄×蝶雌×蝶】①婚礼の時、銚子(ちょうし)や提(ひさげ)につける、紙折りの雌雄のちょう。②雄蝶雌蝶(1)の付いた銚子で新郎新婦に酒をつぐ役の少年少女の対(つい)。

おちょく-る《五他》〔俗〕からかう。「後輩を—」

おちょこ【お×猪△口】①「ちょこ」の丁寧語。②傘が風にあおられて、柄と逆の方向に開くこと。「—になる」

おちょぼぐち【おちょぼ口】小さくつぼめた口つき。おつぼぐち。▽小さくてかわいらしい口をいう。

お-ちる【落ちる】《上一自》①下の方へ動き移る。㋐(支えを失い)重力に引かれて下へと(まっすぐ)動く。「二階から—」「穴に—」「木の葉が—」「ちり一つ—・ちていない」。㋑落ちる㋐に似た動きをする。「日が—」「雷が—」「川面(かわも)に—・ちた月影」「滝が—」「賀茂川の末は大阪湾に—」②前からの、または本来の位置を離れる。㋐ついていたものがとれる。「色が—」「垢(あか)が—」「目から鱗(うろこ)が—」(↓うろこ)。㋑ついているべきものがぬける。「名簿に名が—・ちている」「一字—」㋑(戦に負け、つかまらないように)逃げ去る。「—・ち行く平家」「大将が城を—」㋒落第や落伍(らくご)をする。「試験に—」「行軍で—」③劣った状態になる。程度が下がる。弱まる。「速力が—」「風が—」「成績が—」「話が—」(下品な話題となる)「人後に—・ちない」(他人に劣らない)▽(2)㋒の転。④終局の状態に行き着く。㋐『眠りに—』眠った状態に入る。㋑物事の所属・結果が定まる。「人手に—」「腑(ふ)に—・ちない」(合点がいかない)㋒負けて敵に取られる。「都が—」「城が—」㋓気絶する。「柔道で首を締められて—」。死ぬ。「鳥が—」

おつ【乙】《ダナ》①(ちょっと)しゃれて気がきいているさま。「—な味」▽邦楽で乙の音に渋みを感じることから。↓おつ〔乙〕(3)。②《「—に」の形で》妙に。変に。「—にすます」「—にからむ」

おつ〔乙〕オツ おと イツ きのと ①㋐十干の第二。「乙丑(いっちゅう)・乙卯(いっぼう)・乙夜(おっや・いっや)」。↓きのと。㋑すべて第二位のもの。「甲乙・乙種」②《名・造》甲と共に物の名の代わりとして使う。「甲と乙と」③《名・造》〔音楽〕甲(かん)より一段低い音。④おわり。文章の読みどまりにつける称。「不乙(ふいつ)」▽↓おつ(乙)

おっ=【追っ】〔俗〕《動詞の上に》「追い」の転。「—かける」「—つかない」「—払(はら)う」

おつうじ【お通じ】大便の排泄(はいせつ)。便通。通じ。「—

がない」

おっかあ〔俗〕①母。↕ちゃん。②かかあ。▽庶民でも最下層でなければ使わなかった。

おつかいだて【お使い立て】《名・ス他》↓つかいだて

おつかいもの【お遣い物・お使い物】↓つかいもの(2)。「―になさるなら、のしをお掛けします」

おっかけ【追っ掛け】①おいかけること。「―再生」(番組の録画中にその番組を最初から再生すること) ②芸能人やスポーツ選手などを熱心に追いかけ回すこと。また、それをする熱狂的なファン。③《副詞的に》間をおかず、ひきつづき行うさま。「―すぐ行く」

おっかける【追っ掛ける】《下一他》↓おいかける

おっかない《形》〔俗〕こわい。恐ろしい。派生 **-さ -げ -がる**

おっかなびっくり《副・ノダ》おそるおそる。こわごわ。「―機械にさわる」

おっかぶせる《下一他》勢いよくかぶせる。①責めを人に負わせる。なすりつける。「責任を人に―せて知らん顔をする」②《「―せて」「―せるように」等の形で》㋐高圧的な態度に出る。「―せるような態度で命じる」㋑人の行為が終わるか終わらないかのうちに、すぐ別のことをする。「―せて言う」▽「おしかぶせる」の転。

おつき【お付】身分の高い人のそばにいて、その用をする人。

おつぎ【お次】①あとに続くこと、また続く人の丁寧語。「―はどなた」②「次の間」の丁寧語。③江戸時代、将軍・大名の家で、主人の居室の次の部屋に控えている奥女中。

おっくう【億×劫】《名ナ》物事をするのに気が進まず、面倒くさい気持であること。「外出するのが―だ」▽仏教語「億劫(おっこう)」(きわめて長い時間)から。派生 **-さ -がる**

おつくり【お作り】①さしみ。②化粧。

おつけ 味噌(みそ)汁。おみおつけ。

おつげ【△御告(げ)】神仏が、その意志や予言などを人間に示し知らせること。その知らせ。

おっけん【臆見】いい加減におしはかった考え。

おっこちる《上一自》「おちる」の俗語。

おっことす《五他》「おとす」の俗語。

おっしゃる《五自》「言う」の尊敬語。「―通りです」▽「仰せある」のつまった語。

オッズ 賭け率。また競馬などで、勝ちを得る場合の予想配当率。▽odds

おっちょこちょい《名ナ》〔俗〕うわすべりで軽々しいこと。軽薄。そういう人。

おっつかっつ《ダナ》差が少なく、ほぼ同じであるさま。「二人の成績は―だ」

おっつけ【追っ付け】《副》そのうち。まもなく。「―帰るだろう」

おって【追手】逃げる者(敵や犯人)を捕らえ(切り捨て)ようとして、追い掛ける人。▽動詞「追う」連用形+「手」から。

おって【追って】《連語》《副詞的に》①のちほど。まもなく。「―指示があるでしょう」②つけ加えて。なお。▽手紙や掲示文などで使う。「追而(おって)」とも書く。 **―がき**【追×而書(き)】手紙の本文を書いた後に書きそえること。また、その文章。なおなおがき。追伸。二伸。

おっと【夫・〈良人〉】配偶者である男。↕妻。▽内縁関係にある場合も含む。「をひと(男人)」の転。関連 主人・亭主・宅・うちの人・連れ合い・宿六・旦那(だんな)・夫君・先夫・前夫・後夫・婿・花婿・新郎・ハズ

おっとせい【〈膃肭臍〉】アシカによく似た海獣。アシカよりも耳介が目立つ。一年の大半を海中で過ごし魚などを食べる。毛皮や肉が利用された。▽あしか科。

おつとめひん【お△勉め品・お勤め品】店が客を引きつけるねらいで、質の割に特に安い値を付けた(=勉)品。↓べんきょう(2)

おっとり《副[と]・ス自》①性格・態度がゆったりして鷹揚(おうよう)なさま。「―(と)した人柄」「何事にも―構えて動揺しない」②雰囲気がおだやかなさま。「―した柄の着物」

おっとりがたな【押(っ)取り刀】危急の事が起こって刀を腰に差すひまもなく、手に持ったままの(ように、取る物も取りあえず駆けつける)有様。

おつに【乙に】《副》↓おつ(乙)(2)

おつねん【△越年】↓えつねん

おっぱい ①乳房や母乳の、幼児語。「まだ―が恋しい年ごろ」②〔俗〕乳房。

おっぱらう【追っ払う】《五他》↓おいはらう

おつぼぐち【お×壺口】↓おちょぼぐち

おっぽりだす《五他》「ほうり出す」を強めた言い方。

おつむ あたま。「―てんてん」(幼児が手で自分の頭を軽くたたくしぐさ)。頭脳の知的な働き。「―がいい」▽「つむり」から。

おつもり 酒席で、それでおわりにするという、その酌。「―にする」

おつや【お通夜】↓つや(通夜)

おつゆ【△御△汁】「汁(つゆ)」の丁寧な言い方。

おつり【お釣(り)】つり銭。つり。「―が来る」(十分過ぎるくらい十分だ)

おつりき【乙りき】《ダナ》〔俗〕一風変わってしゃれたさま。「―な事を聞くね」▽やや古風。

おてあげ【お手上げ】全くどうにもしようがなくなること。▽降参のしるしに両手をあげることから。

おでい【汚泥】(汚い)どろ。▽行為や品性の下劣なたとえに使う。

おでき ↓できもの

おでこ ①「ひたい」の俗語。②ひたいが高く出ていること。そういう人。▽「でこ」は、「出こうべ(=頭)」の略か。

おてしょ 小さくて浅い皿。手塩皿。

おてだま【お手玉】 小さな布の袋にあずきなどを入れて縫いくるんだおもちゃ。また、それを幾個か持って投げ上げては受ける遊び。てだま。

おてつき【お手付き】 ①歌ガルタで、まちがって他の札に手をつけること。それをした罰として引き受ける札。②クイズなどで間違うこと。その罰。▽⑴⑵では、「—は一回休み」などと言う。③主人が召使などの女と肉体関係を結ぶこと。そうなった女。

おてつけ【お手付け】 →おてつき

おてのすじ(ぢ:す)【お手の筋】 相手の身に関する想像が当たること。「やはり—だった」▽「手の筋から見た予見のとおり」の意。

おてのもの【お手の物】 得意のわざ。

おてまえ(まへ:て)【お手前】 ①『名』茶の湯の作法。▽「お点前」とも書く。②『名』腕前。技量。おてなみ。③『代』あなた。武士が同輩に対して使った。

おでまし【お出まし】 出てゆくこと、出てくることの尊敬語。「—になる」「社長みずから—とは」

おてもと【△御手△許・△御手元】 「てもと」の丁寧語。また、会席・料理屋などで、箸または小皿などの称。 **—きん**【—金】 高貴の人の手もとにある金(かね)。

おてもり【お手盛(り)】 自分に好都合なように自分でとりはからうこと。「—の予算」▽自分で食物を器に盛ることから。

おてやわらかに(やは:らかに)【お手柔らかに】 『連語』手ひどくなく。「—願います」▽もと、武術の試合を始める前などに言う挨拶の言葉。

おてらさま【△御寺様】 寺、特に菩提寺(ぼだいじ)、またその住職の、敬語。

おてん【汚点】 ①きれいな物の面についた、よごれ。しみ。②不名誉な点。きず。「議会史上に—を残す」

おでん 大根・こんにゃく・ゆで卵などをだし汁で長時間煮込んだ料理。▽「田楽(でんがく)」から出た語。

おてんき【お天気】 ①㋐空模様。気象状態。「—が悪い」㋑晴天。「きょうは—だ」②きげん。きげんのよしあし。「—屋」(きげんの変わりやすい人)

おてんとさま【△御天△道様】 太陽のこと。おてんとうさま。

おてんば【お転婆】『名・ダナ』少女・娘が、周囲に気おくれせず、活発に元気よく動き回ること。そういう人。おはね。

おと【音】 ①物が動き、こすれ、また、ぶつかって出る空気の震え(=疎密波)が耳に届いて聞こえるもの。「滝の—」「—を立てて歩く」「—を殺して」(音を立てないで)▽物理的性質は同じでも普通は声を含めない。→おん【音】・ひびき・こえ(声)。②《普通「—に聞く……」の形で。……は体言相当》鳴り響くうわさ・評判で多くの人に知れ渡っている。「—に聞く桜の名所」▽「—に聞こえる」もほぼ同じ。「鼠小僧(ねずみこぞう)の名は—に聞こえた」

おとあわせ(はせ:あ)【音合(わ)せ】『名・ス自』①合奏する前に楽器の調子や音高を合わせること。チューニング。②放送・演劇などで、本番の前に、音楽・効果音などを演技や進行に合わせて流してみること。

おとうさん【お父さん】 ①父親に対する普通の言い方。▽もっと丁寧には「お父さま」等。他人に対して自分の父親を言う時は「ちち」と言うのが普通。「おとうさん」は明治時代に国定教科書を編むに当たっての新造と言われる。もとの東京語では「父上」や「おとっつぁん」「とうちゃん」など。「ちゃん」はよほど下層でなければ使わなかった。②広く、大人の男性に呼びかける時に使う語。

おとうと【弟】 同じ親から生まれた年下の男。更に広く、義弟。すなわち夫・妻の弟、妹の夫。↔兄。▽「おと(=若い・次の)ひと」の転。 **—でし**【—弟子】 同じ先生や師匠の所に、あとから来た弟子。 **—ぶん**【—分】 (親族の弟でないのに)弟として扱われる者。

おとおし(ほし:と)【お通し】 料理屋で(客の注文を帳場に通したしるしに)注文した料理のできる前に出す簡単な食べ物。つきだし。

おどおど『副[と]・ス自』おびえたり自信がなかったりして、落ち着かないさま。「—(と)した目つき」

おとがい(おと:がひ)【×頤】 下あご。「—をたたく」(悪口を言う。また、よくしゃべる)「—を解く」(↓かいい(解頤))

おどか-す【脅かす・△威かす・△嚇かす】『五他』①おどす。脅迫する。「命を奪うと—」②おどろかす。びっくりさせる。「あんまり—なよ」

おとぎ【△御×伽・お×伽】 ①お伽噺(ばなし)の世界。「—の国」②そばについていて相手をすること。㋐貴人の話相手。特に、戦国時代・江戸時代に主君のそばで話の相手をする者。「—衆(しゅう)」㋑寝室で主人に添い寝をすること。その女。㋒死んだ人の通夜(つや)をすること。▽「とぎ」の丁寧語。 **—ぞうし**【△御×伽草子】 室町時代に行われた童話風の短編小説。 **—ばなし**【お×伽×噺】 ①子供に聞かせる昔話。更に広く、童話。②比喩的に、非現実的な話。夢物語。▽もと、人のそばにいて、退屈をなぐさめる話のこと。

おとぎりそう【△弟切草・〈小連翹〉】 山野に自生する多年草。夏、黄色の五弁花が咲く。草全体を乾燥して、民間や漢方で止血・鎮痛に用いる。▽これを鷹(たか)の傷を治す秘薬としていた鷹匠が、薬効をもらした弟を切り殺したという伝説がある。おとぎりそう科。

おどけ ふざけ。しゃれ。冗談。「—者(もの)」▽「お道化」か。

おど-ける『下一自』(人を笑わせるような)こっけいな言動をする。ふざける。「—けて人を笑わせる」「—けた仕草」

おとこ(をとこ)【男】 ①人間の性別の一つで、女でない方。男子。男性。特に、成人男子を指すことが多い。また、強くしっかりしている、激しい等、男性から連想されてきたことを指す場合もある。「—なら泣きごとを言うな」「—坂」▽古く「をとこ」は「をとめ」の対で、若い男の意。②男⑴としての器量。㋐一人前の男。「—にする」「—を売る」(りっぱな男という評判を広める)「—を磨く」(りっぱな男として通るように修行する)。男としての体面・面目(めんぼく)。「—が立つ」「—がすたる」「—を下げる」㋑《多く「よい」を伴って》男性の容貌。男ぶり。「—がよくて金持で」③愛人である男性。特に情夫。「—を作る」「—ができる」④召使である男子。下男。関連 男性・男子・男児・おのこ・野郎・殿御・殿方・丈夫(じょうふ)・ますらお・好男子・美男・色男・年男・醜男(ぶおとこ)・優男(やさおとこ)・山男

おとこいっぴき【男一匹】 一人前の男子の意を強めて言う語。

おとこえし【男郎花】 山野に自生する多年草。オミナエシに似るが、たけがやや高く、毛が多く茎も太く、花が白い。▽すいかずら科(旧おみなえし科)。

おとこおび【男帯】 男がしめる幅の狭い帯。角帯(かくおび)や兵児帯(へこおび)。

おとこおんな【男女】 男でありながら女のような、また、女でありながら男のような性徴・性質をもつ者。

おとこぎ【男気・〈侠気〉】 犠牲を払って人に尽くしてやる気性。義侠(ぎきょう)心。▽「男気」を「おとこけ」と読めば別の意。

おとこぎらい【男嫌い】 女が、男に接するのをきらうこと。そういう女。↕女嫌い

おとこぐるい【男狂い】《名・ス自》 女が、男との情事をひどく好むこと。そういう女。↕女狂い

おとこけ【男気】 男のいる様子。男のけはい。おとこっけ。↕女気。▽「おとこぎ」と読めば別の意。

おとこごころ【男心】 ①男特有の心持ち。男らしい心。②男のうわきな心。「—と秋の空」(変わりやすいもののたとえ) ▽↕女心

おとこざか【男坂】 神社・寺の参道などで二つある坂のうち、急な方の坂。↕女坂

おとこざかり【男盛り】 男の、一番元気がさかんで働ける時期。↕女盛り

おとこしゅ【男衆】 おとこしゅう。㋐男の人たち。㋑下男(げなん)。↕女子衆(おなごしゅ)

おとこじょたい【男所帯】 男ばかりで女のいない所帯。↕女所帯

おとこずき【男好き】 ①女の容姿・気性などが男の好みに合うこと。「—のする顔」 ②女が、男との情事を好むこと。↕女好き

おとこだて【男〈伊達〉】 男の面目(めんぼく)を重んじ、強きをくじき弱きを助けること。そういう人。侠客(きょうかく)。

おとこっぷり【男っ振り】 →おとこぶり

おとこで【男手】 ①労働力としての男子。「—でなければできない仕事」「—が足りない」。また、男ひとりだけですること。「妻に死なれ—で育てた子」 ②男の筆跡。③漢字のこと。▽↕女手

おとこなき【男泣き】《名・ス自》 やたらには泣かないはずの男が、こらえ切れず泣くこと。「—に泣く」「—する宵もある」

おとこのこ【男の子】 男である子供。↕女の子。▽若い男を軽んじても言う。

おとこばら【男腹】 男児ばかり産む女。↕女腹

おとこひでり【男×旱】 (男が少なくて)女が男を求めるのに不自由する状態。↕女旱

おとこぶり【男振り】 男としての風采・器量。「堂々とした—」。男としての面目(めんぼく)。「仲裁に成功して—をあげる」 ▽↕女振り

おとこまえ【男前】 男ぶり。また、好男子。▽近年、気丈でかっこいいの意で女にも言う。「—女子」

おとこまさり【男勝り】 女ながら、男もかなわないほど気丈でしっかりしていること。そういう女。

おとこみょうり【男冥利】 男に生まれて(神仏から)授かるしあわせ。↕女冥利。「—に尽きる」(男として非常にしあわせだ) ▽まれに、良い夫を授かったしあわせの意にも。

おとこむすび【男結び】 ひもの結び方の一種。右端を左の下にまわして返した輪に、左の端を通して結ぶ。垣根などを結ぶ時に用いる。

おとこめかけ【男×妾】 情夫として女にかかえられている男。

おとこもち【男持(ち)】 男子用に作った持ちもの。おとこもの。↕女持。「—の傘」

おとこやく【男役】 演劇で、男の役を女優がすること。また、その女優。

おとこやもめ【男×鰥】 妻を失ってひとりぐらしの男。やもめ。↕女やもめ。「—にうじが湧(わ)く」

おとこらし-い【男らしい】《形》 いかにも男と言うのにふさわしい。雄々しい。男性的だ。派生 **-さ**

おとさた【音沙汰】 おとずれ。たより。様子の知らせ。「何の—もない」

おとし【落(と)し】 ①人・生き物を捕らえるしかけ。㋐ねずみなどを捕らえるしかけ。わな。㋑「おとし穴」の略。②木製の火ばちの、灰を入れる所。銅やブリキで作る。おとしかけ。③戸の桟に作りつけて、しめるとき敷居の穴にさしこむしかけ。戸があかないようにする。くるる。④話の結び。おち。「—話」 ▽→おとす㈠⑷㋕

おどし【脅し・△威し・△嚇し】 ①おどすこと。おどかし。「—をかける」「—文句」 ②案山子(かかし)。

おどし【△威・×縅】 鎧(よろい)の札(さね)を革または糸でつづりあわせたもの。もえぎおどし・赤おどしなど。▽文語四段動詞「をどす」の連用形から。「縅」は国字。

おとしあな【落(と)し穴】 ①上に乗った人や獣が落ち込むように仕掛けた穴。②人をおとしいれる謀略。

おとしい-れる【陥れる・落(と)し入れる】《下一他》 ①穴の中に落ちこませる。②だまして窮地に追い込む。「人を罪に—」 ③城や敵陣などを攻め取る。

おとしがみ【落(と)し紙】 便所で使う紙。

おとしご【落(と)し子】 その物事から生じた思い掛けない(よくはない)結果。▽もと、貴人の落としだねの意で、それの比喩的用法。

おとしざし【落(と)し差し】 刀をきちんとささずに、刀のこじりを低く下げてさす、さし方。

おとしだね【落(と)し×胤】 (貴人が)妻でない女にうませた子。落胤(らくいん)。

おとしだま【お年玉】 新年のお祝いとして子供や使用人に贈る金品。

おどしつ-ける【脅し付ける】『下一他』ひどくおどす。

おとしどころ【落(と)し所】 交渉ごとなどで最終的に決着させる際の内容やタイミング。「議論の―」「―をさぐる」

おとしばなし【落(と)し×噺】 →らくご(落語)

おとしぶた【落(と)し蓋】 ①なべなどのふちにかぶさらないで、中に落ち込むようにした、ふた。②箱の側面を口にし、みぞにそって縦に上げ下げして開閉する仕掛けのふた。

おとしぶみ【落(と)し文】 ①初夏、木の葉を切って筒状に巻き、その中に卵を産みつける小甲虫。その地上に落ちた葉を(2)に見立てた名。体長一センチ弱で、姿はゾウムシに似る。ナミオトシブミ。▽広くは、おとしぶみ科(または亜科)の昆虫の総称。②政道批判など公然とは言えない事を書いて、道などにわざと落としておく、匿名の文書。落書(らくしょ)。また、投げぶみ。▽今はすたれた。

おとしまえへ…ま【落(と)し前】〔俗〕『―を付ける』もめごとの始末を付ける。▽もと、てきや・盗賊の隠語。値引きの限度や強盗のおどし文句を言う。

おとし-める【×貶める】『下一他』劣ったものとして扱う。見くだす。さげすむ。「人を―めた言い方」

おとしもの【落(と)し物】 うっかり落としてしまうこと。「―をしないように」。その、落としたもの。「―を届けてくれた」

おどしや【お土砂】『―をかける』おべんちゃらを言って相手の心をやわらげる。▽納棺の時、死体の硬直をゆるめるまじないとして土砂をふりかけたことから。

おと-す【落(と)す】『五他』㊀落ちる(1)ようにしむける。①落ちさせる。「橋の上から石を―」「涙を―」「生み―」「月が光を―」「ふろ(の水)を―」「戦争が―・して行った暗いかげ」。普通より低くする(構える)。「ページに目を―」「腰を―・して仕切る」②前からの、または、本来の位置から離す。㋐ついている(べき)ものを、離しとったり削ったりする。「嵐が花を吹き―」「垢(あか)を―」「その事項を記録から―」㋑こっそり逃がす。「老臣が主君を無事に―」㋒出費する。置いて行く。「観光客が―金」㋓落第させる。不合格にする。「データをCDに―」㋔もとになるものから内容を移し取る。③劣った状態、不活発な状態にする。㋐程度を下げる。「速力を―」「品質を―」「声を―」「身分を―」㋑『気を―』失望してがっかりする。㋒がっかりして気がぬけた状態になる。「力を―」「肩を―」㋓『火を―』仕事を終えて、かまどなどの火を消す。▽更に広く、電気の動力を切る場合にも言う。④終局の状態に行き着かせる。決着をつける。㋐手にはいるようにする。「入札して―」㋑敵を破って手に入れる。「城を―」。困難に打ち勝って目的を達する。「美女を―」㋒気絶させる。「柔道の手で―」㋓『命を―』死ぬ。「交通事故で命をおとす」▽(2)の意の転。㋔予算を執行する。「予備費から―・して買う」㋕落語で、しゃれなどで話の締めくくりを付ける。さげる。㊁うっかりして、また、力が及ばず、失う。㋐うっかり、持ち物などをなくす。「金を―」㋑書いたり言ったりすべき事を、うっかり忘れて、ぬかす。「一字―」「言い―」「名簿から名前を―」㋒確保すべきものをのがす。「見―」「大事な試合を―」

おど-す【脅す・△威す・△嚇す】『五他』言うことを聞かせるために、こわがらせる。脅迫する。「人を―・して金をまきあげる」

おとずれ【訪れ】(おとづれ) 人のもとをたずねること。そのように時がめぐって来ること。「春の―」

おとず-れる【訪れる】(おとづれる)『下一自』人のもとや名所などをたずねる。訪問する。「旧跡を―」。(時や状況などが)めぐって来る。「秋が―・れた」「世界に平和が―」「突然沈黙が―・れた」 関連 訪ねる・伺う・訪う(おとなう・おとう)・訪問・往訪・探訪・来訪・歴訪・慰問・弔問・回礼

おとつい(をとつひ)【〈一昨日〉】 →おととい。▽「をち(=彼方)つ(=の)日」から出た言葉。

おととい(をとひ)【〈一昨日〉】 昨日の前の日。いっさくじつ。おとつい。「この野郎、―来やがれ」(いやなやつを追い返す時の、ののしり文句。できない事を言うのがののしりになる)

おととし(をとし)【〈一昨年〉】 昨年の前の年。

おとな【〈大人〉】 ①『名』一人前に成人した人。②『ダナ』おとな(1)のように、十分に分別があるさま。「彼はなかなか―だ」「―な感じを出す」③『ダナ』子供が(わがままを言わず)おとなしくしているさま。「―にしなさい」▽(3)は「おとなしい」の語幹。

おとな-う(おとなふ)【△訪う】『五自』おとずれる。訪問する。▽「音」に接尾語「なふ」が付いて動詞になった語。

おとなげな-い【〈大人〉気ない】『形』大人にしては分別のない態度だ。「―事をする」 派生 -さ

おとなし【音無し】 全く音を立てないこと。また、行動を起こさずじっとしていること。「―の構え」

おとなし-い【〈大人〉しい】『形』①性質がおだやかで、人にさからったり騒いだりしない。「―・く引き下がる」②格別に目立たず、落ち着いている。「―柄の着物」 派生 -さ -げ

おとなしやか『ダナ』おとなしく、おだやかな有様・態度。「―に振舞う」▽本来の性格の時にも見掛け(だけ)の時にも使う。造語法については、↓まことしや

か

おとな-びる【〈大人〉びる】『上一自』おとならしくなる。「—・びた口ぶり」

おとひめ【△乙姫】竜宮に住む美しい姫。

おとめ【〈乙女〉〈少女〉】①年の若いむすめ。少女(しょうじょ)。②まだ結婚しないむすめ。処女。▽雅語的。

おとめご【〈乙女〉子・〈少女〉子】少女。▽雅語的。

おとも【お供・お△伴】つき従って行くこと。また、その人。

おとや【△乙矢】弓道で、手に二本持つ矢のうち、二番目に射る矢。↕甲矢(はや)

おどら-す①【踊らす】『五他』㋐仕向けて踊るようにする。踊らせる。㋑《特に、受身の形で、比喩的に》意のままに操る。「ボスに—・される」②【躍らす】『五他』おどる(2)㋐㋓の動きを生じる。「身を—」「期待に胸を—」

おとり【×囮】①鳥・獣を誘いよせて捕らえるために、つないでおく同類の鳥・獣。②誘いよせるために使う手段。「景品を—にする」「—捜査」(犯罪者やその協力者に偽装した捜査官などを使って容疑者を誘い出す捜査法)

おどり【踊(り)】(音楽に合わせ)手足・体を動かしてリズムに合った動作をすること。舞踊(ぶよう)。▽↓まい(舞)

おどりあが-る【躍り上がる】『五自』勢いよく、とびあがる。はねあがる。「—・ってよろこぶ」「びっくりして—」

おどりかか-る【躍り掛(か)る】『五自』勢いよくとびかかる。

おどりぐい【躍り食い・踊り食い】シロウオやエビなどを生きたまま食べること。

おどりこ【踊り子】①(盆踊りなどで)踊りをおどる少女。②踊りを職業とする女性。ダンサー。③↓ひよめき。 **—そう**【—草】山野の日陰に自生する多年草。春、葉のつけ根に淡紅色または白色の花をつける。▽花の形を、笠(さか)をかぶった踊り子に見立てた名。しそ科。

おどりこ-む【躍り込む】『五自』勢いよくとびこむ。「敵中へ—」

おとりさま【△御×酉様】鷲(おおとり)神社。また、酉(とり)の市(いち)のこと。「寒いわけさ、もう—だものね」

おどりじ【踊り字】同じ字を重ねるとき、下の字を略したことを示す符号。畳字(じょうじ)。おくり字。くりかえし符号。「々・ゝ・〱」など。

おとりぜん【お取り膳】男女が一つの膳に仲良く差し向かいで食事すること。その膳。▽テーブル差し向かいでは言わない。

おどり-でる【躍り出る】『下一自』踊るかのように元気よく登場する。はなばなしく(ある仕事に)乗り出す。「政界に—」。(他を抜いて)一気にある高い地位につく。「首位に—」

おどりねんぶつ【踊(り)念仏】↓くうやねんぶつ

おどりば【踊(り)場】①踊りをする場所。②階段の途中の広く平らな場所。③上り調子で来た物事、特に景気が、一旦停滞する状態。「急テンポの階段を上ることに成功した日本経済が〈中略〉—を迎えること」(一九六〇年度経済白書)▽(2)の比喩から。

おと-る【劣る】『五自』他にくらべて及ばない。ひけをとる。↕勝(まさ)る。「性能が—」「負けず—・らず」「昨日に—・らず暑い」▽「落とす」と同語源。

おど-る①【踊る】『五自』(音楽に合わせて)手足・体を動かしてリズムに合った動作をする。「佐渡おけさを—」「ダンスを—」「提灯(ちょうちん)が風に—」②【躍る】『五自』㋐とびあがる。はねあがる。「空に—鯉(こい)のぼり」「見出しが—」㋑激しく動揺する。「悪路で車体が—」㋒(文字などが)乱れている。「字が—・っている」㋓驚き・緊張・喜び・希望などで動悸(どうき)が激しく打つ。どきどきする。わくわくする。「胸が—」

おどろ【×棘】『名ナノ』①草木の乱れ茂った所。②転じて、もつれからみあっていること。「髪も—に振り乱す」

おとろ-える【衰える】『下一自』勢いや能力がなくなる。盛んでなくなる。弱る。「体力が—」

おどろおどろ『副と』音・雰囲気などが不気味なさま。「大砲の音が—と聞こえてくる」

おどろおどろし-い『形』音・雰囲気などが不気味である。 派生 **-さ** **-げ**

おどろか-す【驚かす】『五他』驚きをあたえる。びっくりさせる。「耳目(じもく)を—」(世間に衝撃を与える)

おどろき-い-る【驚き入る】『五自』ひどく驚く。「余りの事に—・った次第」

おどろ-く【驚く】『五自』思いがけない出来事や状態に、心がさわぐ。びっくりする。「人出の多さに—」

関連 びっくりする・たまげる・驚き入る・ぎょっとする・はっとする・どきりとする・どぎまぎする・面食らう・愕然(がくぜん)・驚嘆・仰天(ぎょうてん)・驚異・驚愕(きょうがく)・驚倒・震駭(しんがい)・震撼(しんかん)・狼狽(ろうばい)・一驚

おないどし【同い年】同じ年齢。同年。▽「おなじとし」の音便。

おなか 腹のこと。「—がすく」「—をこわす」「—をこしらえる」(食事をする) ▽もと、女房言葉。

おなが【尾長】灰青色の長く美しい尾羽のある鳥。大きさはムクドリくらい。頭部は黒く、背は淡い褐色で、首・胸が白。群れてやかましく鳴く。▽からす科。 **—どり**【—△鶏】ニワトリの一品種。雄は尾が長く、八メートル以上に達するものもある。高知県の産で特別天然記念物。ながおどり。長尾鶏(ちょうびけい)。

おながれ【お流れ】①予定していたことが中止になること。成り立たないで取りやめになること。「会が—になる」②目上の人にさしてもらうさかずき。「—頂戴(ちょうだい)」③目上の人が下さる不用物・使いふるし。

おなぐさみ【お慰み】お楽しみ。結構なこと。「うまくいったら—」▽ふざけ、皮肉などの意味でも使う。

おなご(をなご)【△女子】女である子。また一般に、女。また、雇われている女。女中。▽「をんなご」の転。

おなごしゅ(をなごしゅ)【△女子衆】おなごしゅう。㋐女の人たち。㋑女中。↕男衆(おとこしゅ)

おなさけ【お情(け)】「情け」の敬語。また、弱い立場の者に与える恩恵。「教授の一で単位がもらえた」

おなじ【同じ】①《連体・ノダ》これとそれとの間に区別ができない(区別するまでもない)。「一日の夜」「あいつの境遇も一(の)はず」「一東京でもこの町は不便だ」「一穴のむじな」(↓ひとつあな)「一釜の飯を食う」(他人どうしで起居を共にする) ▽文語で形容詞だった名残で「同じく」が使え、時に「同じい」も使う。日常の用法では部分的等しさに対し総体的に見ることが多いが、厳密な区別は立たない。↓ひとしい(1)・おなじゅうする。関連 等しい・同一・同等・相等・同類・同系・同種・同位・等位・等価・同値・同格・同数・同質・等質・同量・等量
②《副》《「一……なら」の形で》同類から最も著しい一つを選ぶ意を表す。どうせ。「一やるなら大きい事をしろ」

おなじく【同じく】《接》すぐ前にあげた、物または説明と同じであることを示す語。「医師甲、一乙」▽古語形容詞「同じ」の連用形から。

おなじく-する【同じくする】《サ変他》↓おなじゅうする

おなじくは【同じくは】《連語》おなじことなら。▽やや古風。

おなじみ【△御×馴△染(み)】①なじんでいることを言う敬語。「毎度一の文句」▽この例のように、聞き古したの意で皮肉的にも使える。②その店をひいきにしてよく来るお客。「一様」

おなじゅう-する(おなじう-する)【同じゅうする】《サ変他》《「……を一」の形で》……を同じにする。「男女七歳にして席を一・せず(=区別する)」。……が同じだ。「志を一者が集まった」

オナニー 自慰行為。▽ドイツ Onanie

おなべ【お鍋】下女のこと。「一どん」▽下女の仕事に関係がある「鍋」を、人名めかして言う。

おなみ(をなみ)【△男波・△男△浪】高低のある波のうちの高い方。片男波。↕女波(めなみ)

おなら 屁(へ)のこと。▽「鳴らす」からか。

おなり【△御成(り)】皇族や将軍がお出かけになること、または来られること。「上様の一」「一街道」

おなんどいろ【お納戸色】ねずみがかった藍色。

おなんどやく【△御納戸役】江戸時代、将軍家・大名家で衣服・調度などの出し入れを管理した役人。

おに【鬼】①人の形をし、つの・きばがあり、裸体に虎の皮のふんどしを締めている怪物。怪力・勇猛・無慈悲で、恐ろしい。「一が出るか蛇(じゃ)が出るか」(何が起こるか知れない時に使う言い方)「一に金棒」(それを得て強い上にも強さが増すこと)「一の目にも涙」(無慈悲な者にも、時には思いやりがあるというたとえ)「一の居ぬ間に(命の)洗濯」(こわい人がいない間に思う存分楽をすること)「一の首を取ったよう」(この上ない手柄を立てたように喜ぶことの形容)「一の念仏」(むごい人がうわべは慈悲深くよそおうこと)「一の霍乱(かくらん)」(いつもは丈夫な人が病気になったことのたとえ)「一も十八、番茶も出花」(どんな女でも年ごろには相応によく見えるものだということ)「心を一にする」(冷酷にふるまう)「一を欺く(=まるで鬼かと思われる)力」▽仏説による地獄の獄卒との混交が見られる。西洋などの似たものも言う。(3)の転。
②鬼(1)のような人。㋐非常に勇猛な人。「土俵の一」㋑ある事に精魂を傾けそそぐ人。「文学の一」㋒むごくて思いやりのない人。血も涙もない人。㋓鬼ごっこで、人をつかまえる役。
③死人の霊魂。亡霊。「護国の一となる」。また、人にたたりをする無形の恐ろしいもの。▽「隠(おに)」つまり、姿が見えないものの意。
④《接頭語的に他の名詞に冠して》鬼(1)のような。㋐強くて恐ろしい。「一将軍」㋑むごい。ひどい。「一ばばあ」㋒鬼のような顔をした。「一瓦(がわら)」㋓大形の。「一蜘蛛(ぐも)」

おにあざみ【鬼×薊】あざみの一種。山地の草原に自生。高さ約一メートル。葉の縁にあるとげが鋭い。秋、紫紅色の頭状花をつける。やまあざみ。

おにうちまめ【鬼打(ち)豆】節分の夜にまく、炒(い)った大豆。

オニオン たまねぎ。「一スープ」▽onion

おにがみ【鬼神】荒々しく恐ろしい神。きじん。

おにがわら(おにがはら)【鬼瓦】屋根の棟の端に置く大きなかわら。鬼の顔をしたもの、雲形の模様のものなどがある。

おにぎり【お握り】にぎりめし。おむすび。

おにぐも【鬼〈蜘蛛〉】くもの一種。体長二〜三センチで暗褐色。太くがっしりとした足と、三角形の大きな腹部が目立つ。人家の近くに多く、車輪状の網を張る。▽「かみなりぐも」とも。

おにご【鬼子】①親に似ない子。おにっこ。②歯がはえて生まれた子。

おにごっこ【鬼ごっこ】子供の遊び。鬼(2)(エ)になった者が他のものをつかまえるために追う。

おにば【鬼歯】きばのように、外に向かってはえ出た八重(やえ)歯。▽鬼のきばに見立てて言う。

おにばば【鬼△婆】①むごくて情け知らずの老女。▽(2)の転。②老女の姿をした鬼(1)。▽「鬼ばばあ」とも。

おにび【鬼火】①夜、墓地や湿地などで燃える青色の火。燐火(りんか)。きつねび。②出棺の時たく門火(かどび)。

おにもつ【お荷物】『一になる』人の負担になる。厄介ものになる。「チームのお荷物になる」

おにやらい(おにやらひ)【〈追儺〉・鬼△遣】↓まめまき。▽古語的

おにゆり【鬼〈百合〉】ゆりの一種。山野に自生し、夏、黒点のある赤黄色の花が咲く。花弁はよくひらき、先がそりかえる。地下の鱗茎(りんけい)は食用。

おにわばん【御庭番】八代将軍徳川吉宗の時代に創設した、江戸幕府の職名。諸大名の動静を探る役目の、将軍直属の密偵。通常は江戸城奥庭の番人を勤める。▽比喩的にも使う。「藩閥政権の—」

おぬし【お主】『代』対等または目下の相手を指す語。おまえ。「—できるな」▽今使えばふざけた感じ。

おね【尾根】山頂と山頂とをつなぐ、みねすじ。また、谷と谷の間の突出部の連続。おねすじ。「—づたい」

おねうち【御値打ち】「値打ち」の丁寧語。特に、物やサービスの値段がその価値に比べて安いこと。「こちらは—品になっております」

おねじ【雄ねじ】雌(め)ねじのくぼみにはまるようにした方の、ねじ。↔雌ねじ

おねしょ『名・ス自』寝小便(をすること)。▽幼児語から。

おねり【お練り】→ねり⑵

おの【斧】木を割る道具。刃のあるくさび形の鉄片に柄(え)をつけたもの。よき。

おのえ【尾の上】山頂。頂上。「—の松」▽雅語的。

おのおの【各・各々】『名・副』多くの人(や物)のそれぞれ。「—(が)意見を述べる」

おのが【己が】『連体』自分の。「—身の不幸を嘆く」▽文語的。

おのがじし【己がじし】『副』それぞれの思いのままに。めいめい。「彼等は—勝手な真似(まね)をするだろう」(夏目漱石「草枕」)▽文語的。

おのこ【男】一人前の男。また(一般の)男性。▽雅語的。もと「男(を)の子」の意。

おのず【自ず】『副と』→おのずから

おのずから【自ずから】『ダナ・副』ひとりでにそうなるさま。自然。おのずと。「—道が開けるであろう」「それは—な告白だった」▽「みずから」と読めば別の意。

おののく【戦く】『五自』体や手足が恐ろしさや不安などで、ぶるぶるふるえる。わななく。「恐怖に—」

おのぼりさん【お上りさん】都会に出かけて来た、いなか者。▽からかって言う語。

オノマトペ 自然界の音・声、物事の状態や動きなどを音(おん)で象徴的に表した語。音象徴語。擬音語・擬声語・擬態語など。▽フランス onomatopée「オノマトペア」とも言う。

おのれ【己】①『名』その人(その物)自身。自分自身。「—の本分を尽くす」「—をむなしゅうする」②『代』㋐私。㋑おまえ。▽既に古風。③『感』感情が激した時、怒りの気持で発する語。「—、よくもだましたな」

おは【尾羽】鳥の尾と羽。「—うち枯らす」(相当の身分の人がおちぶれ、みすぼらしい姿になる)

おば ①【伯母・叔母】父や母の姉妹、および、おじの妻。▽父や母より年上なら「伯母」、年下なら「叔母」と書く。おじの妻の場合、「伯」「叔」の使い分けは、そのおじを基準にする。②【小母】よその大人の女。▽普通は「おばさん」の形で使う。

おばあさん ①【お〈祖母〉さん】祖母(ぼ)の敬称。②【お婆さん】年とった女の敬称、また親しんで言う語。

オパール 半透明あるいは不透明でガラス光沢のある鉱物。主成分は水分子を含んだ珪酸(けいさん)で結晶構造をとらない。白・黄・紅・青などさまざまな色があり、美しいものは宝石とする。蛋白石(たんぱくせき)。▽opal

おはぎ【お萩】もち米とうるち米を混ぜて炊き、軽くついて丸め、小豆あん・すりごま・きな粉などをまぶしたもの。ぼた餅。▽「萩の餅」の女房言葉から。

おはぐろ【〈鉄漿〉・御歯黒】歯を黒くそめること。かねつけ。歯黒め。また、歯を黒くそめる、濃い茶色の液。鉄片を酢などにひたして作る。かね。▽古く、上流の女性の間で行われ、一時は公家(くげ)などの男子の間でも行われたが、江戸時代には結婚した女性が用いた。 **—とんぼ**【—〈蜻蛉〉】とんぼの一種。はねは黒く、とまる時に閉じて直立させる。胴は細く、雄は緑色、雌は黒。かねつけとんぼ。黒やんま。▽かわとんぼ科。

おばけ【お化け】ばけもの。「—屋敷」。形や大きさが異常なもの。「—カボチャ」

おはこ ①芝居で別格とする得意の演目。十八番。▽市川家の歌舞伎十八番が起こりで、その台本を箱に納めて尊重したから言う。②得意の芸。

おはこび【お運び】来ること、行くことの敬語。「—を願う」

おばさん「おば」⑴⑵の軽い敬称。▽中年女性を疎んじ(軽んじ)て言うようにもなった。「—顔」

おはじき 貝がら・ガラス玉・小石などをまいて、指さきではじきあてて取り合いをする、少女の遊び。また、それにつかう平たいガラス玉。

おばしま【欄】てすり。らんかん。▽雅語的。

おはしょり 女の和服で、めいめいの着丈(きたけ)に合わせて余った部分を腰の上で揚げ折り、腰紐(こしひも)で結んでとめること。また、その部位。▽「御端折」の意。

おばすてやま【姨捨山】→うばすてやま

おはち【お鉢】①めしびつ。おひつ。「—がまわる」(順番が来る。おひつが自分の所へ来るという意から)②火山の火口、特に、富士山頂の火口。 **—めぐり**【御鉢巡り】おはち⑵のまわりをまわること。

おはつ【お初】はじめての物事。「—にお目にかかる」「—を食べる」

おはつお【お初穂】神仏にそなえる、おかね・穀物・食物など。▽その年初めてとれた穀物などを神仏・朝廷に最初にささげたことから。

おはな【お花】花にかかわる略語。㋐いけばな。華道。「—の先生」㋑花代(はなだい)。「—がかさむ」㋒花札(はなふだ)。「—を引く」

おばな【尾花】ススキ(の花穂)。▽穂の姿が獣の尾に似ることから命名。今はやや雅語的。

おばな【雄花】おしべがあって、めしべのない花。マツ・イチョウ・キュウリなどの単性花にある。↕雌花

おはなばたけ【お花畑・お花×畠】高山や北国の地方で、夏、いろいろの高山植物が咲きそろった所。

おはね おてんば。はねかえり娘。

おはよう【お早う】『感』朝、人にあった時のあいさつの言葉。「―ございます」▽「おはやく」の音便。

おはらい【△御×祓(い)】①けがれ・わざわいを取り除くための神道の行事。特には、六月末・十二月末の、おおはらい。②神社から出す、災厄よけのお札(ふだ)。

おはらいばこ【お払い箱】使用人にひまを出すこと。いらなくなった物を捨てること。▽元来は「お祓箱」。伊勢神宮のお祓(はら)いの札を入れてある箱で、これが毎年新しいのと取り換えられることから。

おはらめ【△大原女】京都の北郊大原(おはら)のあたりから、市中に黒木(=たきぎ)や木工品などを売りに来る女。荷を頭上にのせて歩く。

おはり【お針】①針仕事。裁縫。②針仕事に雇われる女。おはりこ。

おはりこ【お針子】→おはり(2)

おび【帯】衣服の上から、腰にまいて結ぶ細長い布。それに形が似たもの。「―を締める」「―を解く」「―に短し、襷(たすき)に長し」(物事が中途はんぱであることのたとえ)

おびあげ【帯揚(げ)】女の帯が下がらないように、結びめにあて後ろから前にまわして結ぶ布。しょいあげ。

おひいさま【お△姫様】「おひめさま」の音便。

おびいわい【帯祝】妊娠五か月めに安産を祈って岩田帯をするときの祝い。

おび-える【△脅える・×怯える】『下一自』こわがってびくびくする。「不安に―」「―えた目つき」

おびがね【帯金】①箱・たるなどに帯のように巻いた、薄く細い鉄。②刀のさやにつけた、ひもとおしの環(かん)。

おびがみ【帯紙】帯封に使う細長い紙。

おびかわ【帯側】女の帯の表側にする厚地の布。

おびかわ【帯革・帯皮】①かわで作ったおび。特に、剣や刀を腰につるための、幅がやや広い革ベルト。バンド。かわおび。②機械用のベルト。調革(しらべがわ)。

おひきずり【お引(き)×摺り】→ひきずり(1)(2)

おびきだ-す【△誘き出す】『五他』だましたり挑発したりして、さそいだす。「おとりを使って―」

おびきよ-せる【△誘き寄せる】『下一他』だましたり挑発したりして、招きよせる。「敵を―」「甘い言葉で―」

おひざつき【お膝突】遊芸の入門に際して師匠に出す、お礼の品物。転じて、入門料。

おひさま【お日様】太陽のこと。

おひざもと【お膝下】①(天子または将軍など)政権を持つ者のいる地。また、有力者などの本拠地。「善光寺の―」②貴人のそば。

おびざん【帯桟】戸の中ほどにとりつけた横桟(よこざん)。

おびじ【帯地】帯にする布地。糸織・繻子(しゅす)・博多(はかた)・塩瀬(しおぜ)など。

おびじめ【帯締(め)】女性用の帯を上から締めるひも。▽→おびどめ(1)

おびじょう【帯状】帯のような細長い形状。「―の平原」▽「たいじょう」とも言う。

おびしろはだか【帯代裸】きちんと締める帯の代わりに、ひもや細帯で済ませた、だらしない姿。▽和装の姿について言う。

おびしん【帯芯】帯の中に入れる固い布。三河(みかわ)もめん・河内(かわち)もめんなど。

おひたし 青菜や山菜をゆでて、削り節・醤油(しょうゆ)・ポン酢などをかけた料理。

おびただし-い【×夥しい】『形』①非常に多い。「―人出」②ひどい。はなはだしい。「歩きにくいこと―」派生 **-さ**

おひつ【お×櫃】めしびつ。おはち。

おびどめ【帯留】①帯締めに通して帯の前正面につける装飾品。▽帯締めの両端を止める金具をも言った。②刀のさやの中ほどに突起させた所。

おひとよし【お人△好し】おとなしくて善良なこと。そういう人。すぐだまされる人。

おひなさま【お×雛様】雛(ひな)人形。また、雛祭り。

オピニオン 意見。世論。「―リーダー」▽opinion

おひねり【お△捻り】→ひねり(2)

おびのこ【帯×鋸】刃のついた薄い帯状の鋼鉄を回転させ、金属・木材などをひき切る、のこぎり。

おびばんぐみ【帯番組】ラジオ・テレビで、毎日同じ時間帯に放送する番組。

おびふう【帯封】新聞・雑誌類を郵便で送るのに、宛先などを記した帯紙で巻き包むこと。その紙。

おひまち【△御日待】①農村などで、何かの祈願の意味で部落の人々が集会を開き、宴会をすること。正月に最も多く行われる。②行事のある日。休日。宴会。

おひや【お冷(や)】①冷たい飲用の水。「―をどうぞ」▽もと、女房言葉で水のこと。②冷や飯。

おびやか-す【脅かす】『五他』①おびえさせる。おどかして恐れさせる。「敵を―」②地位や身分、安定した状態などをあぶなくさせる。「王座を―」「平和を―」

おひゃくど【△御百度】願い事がかなうように、神社・寺で一定の距離を百回往復して拝むこと。「―を踏む」(頼み事をかなえてもらうために、同じ所や人に何回も足を運ぶ意にも)▽「御百度参り」の略。

おひゃらか-す『五他』からかっておだてる。おべっかを使っておだてる。

おひら【お平】底が浅くて平たく、かぶせぶたがある椀(わん)。▽「おひらわん」の略。

おひらき【お開き】会合・宴会などの終わり。閉会。

「―にする」▽「終わり」と言うのを忌んで使う。

おひる【お昼】①ひる。②ひるめし。

お-びる【帯びる】《上一他》①身につける。腰にさげる。「刀を―」②内に持っている。含む。「雨を―・びた雲」「赤味を―」「酒気を―」③引き受けて持つ。「使命を―」

おひれ【尾×鰭】（本体でないものとしての）尾とひれ。「根も葉もない話に―が付いて（＝事実でない事が付け加わり、話が大きくなって）広まる」▽「おびれ」と読めば別の意。

おびれ【尾×鰭】魚などの体の後端にあるひれ。▽「おひれ」と読めば別の意。

おひろい 歩くことの敬語。

おひろめ【お披露目】《名・ス他》結婚や開店、新しい人や物などの披露（ひろう）をすること。「新メンバーの―」「新商品の―」▽「広め」から出た言葉。

おびんずる【お△賓頭×盧】〔仏〕→びんずる

オフ ①電気・通信などが通じていないこと。停止中であること。↔オン。「―会」（ネット上で知り合った人どうしが直接に会う会合）②範囲外であること。「―レコ」「―シーズン」③休暇・休憩中であること。「―の日の過ごし方」▽off

オファー《名・ス他》①申し込むこと。依頼。誘い。「海外から―が来る」②商取引で品名・価格・数量などの条件を提示して売り手が申し込むこと。▽offer

オフィシャル《ダナ》公的。公式。公認。「―ゲーム」「―サイト」▽official

オフィス 事務所。会社。役所。「―街」「―ビル」▽office

おぶいひも【おぶい×紐】赤ん坊・幼児を背負うのに使うひも。

おぶ-う《五他》せおう。▽おもに、子供をせおう時に言う。

オフェンス（球技で）攻撃。攻撃する側。その選手。↔ディフェンス。「このチームは―が弱い」▽offense

おふくろ（くだけた場面で、男が）母親を親しんで言う語。▽昔は敬称で、「―さま」とも言った。「御袋」の意。

おふくわけ【お福分け】《名・ス他》よそからもらったものを、他に分けてやること。おすそわけ。

オブザーバー 会議で、議決する権利はないが参加できる人。▽observer

オフサイド サッカー・ラグビーなどで、競技者がプレーしてはいけない位置にありながらプレーする反則。▽offside

おぶさ-る《五自》①（人が）せおわれる。②他のものの力にたよる。「先輩に―」

オフ シーズン 物事が盛んに行われない時期。シーズンオフ。「―の割引料金」▽off-season

オブジェ 美術で、幻想的効果を生むために作品にとりいれられる石・流木・車輪等のさまざまの物体。また、それによる作品。特に生け花では、花以外の材料。▽（フランス）objet（＝物体・対象）

オプショナル ツアー 団体旅行で、希望者のみが参加する（別料金の）小旅行。▽optional tour

オプション 選択。特に、ある事・物の追加を希望するかどうかの選択。また、その追加する事・物。▽option

オフセット 平版印刷の一種。版からゴム布などに転写した原版で印刷するもの。「―版」▽offset

おふだ【△御札】神社や寺で出す守り札。

オフ タイム 休みの時間。▽off と time とによる和製英語。

おぶつ【汚物】きたないもの。糞尿（ふんにょう）など。

オプティミスト 楽天家。楽観論者。↔ペシミスト。▽optimist

オプティミズム 楽天主義。↔ペシミズム。▽optimism

おふでさき【△御筆先】神がかりの言葉。▽もと、天理教などで、神の言葉を教主が書きとめたという文書。

おぶね【小舟】小さなふね。こぶね。▽雅語的。

オフ ピーク ピークを外れた時期・時間帯。「―通勤」「―の電気料金割引」▽off-peak

オブラート 澱粉（でんぷん）でつくった、薄いすきとおった膜のようなもの。のみにくい粉薬などを包む。「―に包む」（相手を刺激しないよう遠回しに表現する意にも）▽（ドイツ）Oblate

オフ ライン コンピュータなどの情報処理システムがネットワークに接続していない状態。↔オンライン。「―では閲覧できない」。コンピュータを介さないで実際に会うこと。「―ミーティング」▽off-line

オフ リミット 立ち入り禁止。「米軍管理地は民間人―だ」「観光客―の海岸」▽off limits

オフレコ 記録にとどめないこと。記録外。その事項。▽off the record から。

おふる【お古】→ふる(古)

おふれ【△御触れ】→ふれ

おべっか 上の者のごきげんをとること。へつらうこと。「―を使う」「―使い」

おへやさま【△御部屋様】大名などのめかけ。

オペラ 歌劇。▽opera **―グラス** 観劇用の小型の双眼鏡。▽opera glasses

オペレーション ①機械類の運転・操作。②中央銀行が行う証券売買による市場操作。③手術。オペ。④（軍事上の）作戦。▽operation

オペレーター ①機械類の操作に従事する（役の）人。例、電話交換手、無線通信士、計算機械の操作者。②みずからの危険負担で、船舶による運輸業を営む者・会社。↔オーナー。▽operator

オペレッタ 軽い歌劇。小歌劇。▽（イタリア）operetta

おべんちゃら 口先ばかりうまく言って実意のないこと。そういう言葉。「―を言う」

おぼえ【覚え】①おぼえる(2)こと。また、その事柄。記憶。「―がない」「腕に―がある」（腕前に自信がある）②うえからの評価。信任。「―がめでたい」③覚書。

おぼえがき【覚(え)書(き)】①忘れないように書いておくもの。メモ。②当事者間の合意を書面にしたもの。③略式の外交文書。自国の希望や意見をのべて、相手国に伝える文書。

おぼえこ-む【覚え込む】《五他》必要ならすぐにも使えるほど、確実によく覚える。「むずかしい手順を—」

おぼえず【覚えず】《連語》《副詞的に》おもわず。無意識に。「—涙をこぼす」

おぼ-える【覚える】《下一他》①自然にそう思われる。感じる。「寒さを—」「共感を—」②忘れずに心にとどめる。記憶する。「よく—えていない」「—えていろ」▽「憶える」とも書く。③体得する。身につける。「こつを—」▽文語動詞「思ふ」に古代の助動詞「ゆ」がついた「おもほゆ」が「おぼゆ」となり、そこから出た語。

おぼこ ①世間を知らずすれていないこと。そういう人。「—むすめ」②まだ男に接しないこと。きむすめ。

おぼし-い【△思しい・△覚しい】《形》《「……と—」の形でだけ使い、……は体言か言い切りの文相当かである》どうも……らしく思える。「泥棒と—く何ともあやしいやつ」「この辺に長者屋敷があったと—」▽文語動詞「思ほゆ」から出た「おぼゆ」の形容詞化で、自分の判断に関してだけ言う。「彼は学生と—」は「彼が学生だ、と—」と言うのに等しい。用法の似たものに「たい」がある。→たい(度い)(2)

おぼしめし【△思(し)召(し)】①「思い」の尊敬語。お考え。お気持。転じて、気持だけの少ない分量。「日当はほんの—ばかりだ」②(異性を)おもう気持。「あの娘に—がある」▽(1)の転義。(2)は、ややふざけた言い方。

おぼしめ-す【△思し召す】《五他》「思う」の敬語。「これをどう—しますか」▽古語「おもほす」+「召す」に由来。現在使えば大仰。

オポチュニスト 御都合主義者。日和見(ひよりみ)主義者。▽opportunist

おぼつかな-い【覚△束無い】《形》①うまく運ぶかどうか疑わしい。「成功は—」②たよりない。心もとない。「—返事」「足元が—」 派生 **-さ -げ -がる**

おほほ《感》口をすぼめて気取って軽く笑う声。「手を口元に添えて—と笑った」「—、ご冗談でしょ」

おぼめか-す《五他》わざとあいまいにする。「意図を—」▽「おぼろ」と同語源。→めかす(2)

おぼら-す【溺らす】《五他》おぼれさせる。

おぼれじに【溺れ死(に)】《名・ス自》水におぼれて死ぬこと。溺死(できし)。水死。

おぼれだに【溺れ谷】地上でできた谷が、後に地盤沈下や海面上昇で海面下に沈んでできた湾。

おぼ-れる【溺れる】《下一自》①水中に落ちこんで死にそうになる、また、死ぬ。「—者は藁(わら)をもつかむ」(非常に困難な状況におちいった時は、何の頼りにならないものでも頼りにするものだ)②心をうばわれて、そのことにふける。夢中になって本心を失う。「愛欲に—」「酒に—」

おぼろ【×朧】①《ダナ》物の姿・形がかすんで、はっきりしないさま。「—な月」▽春の自然現象をいう。②《ダナ》記憶がはっきりしないさま。「記憶が—になる」③《名》おぼろ昆布・おぼろ豆腐の略。

おぼろぐも【×朧雲】空一面にひろがる灰色の雲。高層雲。雨の前兆という。

おぼろげ【×朧気】《ダナ》確かでないさま。ぼんやり。「—な記憶」「—ながら分かる」

おぼろこぶ【×朧昆布】乾燥した厚いこんぶを薄くけずったもの。すし・すまし汁などに用いる。

おぼろづき【×朧月】春の、ぼんやりかすんで光が薄い月。

おぼろづきよ【×朧月夜】おぼろよ。

おぼろよ【×朧夜】おぼろ月の出ている夜。

おほん《感》気取ってせきばらいをする声。「口元にこぶしをやって—と話し出す」

オマージュ ①尊敬。敬意。②賛辞。▽(フランス) hommage

おまいり〔まゐり〕【△御参り】《名・ス自》神仏などを拝みに行くこと。

おまえ〔まへ〕【△御前】①《名》神仏・貴人の前を敬って言う語。みまえ。②《代》対等あるいは目下の相手をや乱暴に指す語。▽今は主に男が言う。もと、目上を言った。「—さん」は親しみをこめて言う。

おまけ ①値引きしたり品物を添えたりして、客の得になるようにすること。また、その品。②その上に何かつけ加えること。「話に—が付く」▽↓まける㈡

おまけに《連語》《接続詞的に》そのうえに。「彼は英語が出来る。—フランス語もしゃべれる」▽↓おまけ(2)

おまじり 飯粒のまじった重湯(おもゆ)。病人・幼児食。

おませ《名ナ》子供のくせにおとなびていること。そういう子供。

おまたせ【お待たせ】《連語》待たせてしまってすまなかった意の、あいさつの言葉。

おまちどおさま〔おまちどほ〕【お待(ち)遠様】《連語》相手を待たせてすまないという、あいさつの言葉。

おまつ〔を〕【雄松】クロマツ。▽雌松(アカマツ)に対して、樹皮が黒く葉が堅いので言う。

おまつりさわぎ【お祭(り)騒ぎ】①祭礼の時のにぎやかな騒ぎ。②転じて、必要以上にむやみに騒ぎ立てること。

おまもり【お守】主に社寺が出す守り札。

おまる 室内用の持ち運びできる便器。おかわ。

おまわり〔まはり〕【お巡り】巡査のこと。おまわりさん。▽パトロールも任務なので、言う。

おみ= →お=(御)。▽「おほみ(大御)」の転。多く下の語が母音で始まるときに使う。「—足」「—帯」「—くじ」「—大きくていらっしゃる」

おみあし【おみ足】他人の足を敬って言う語。

おみえ【お見え】そこへおいでになること。「—になる」「—が無い」

おみおつけ「みそしる」の丁寧語。おつけ。

おみき【△御〈神酒〉】神前にそなえる酒。「—上がらぬ神は無い」▽単に酒を、ふざけても言う。「だいぶ—が回っているね」 **—どくり**【—徳利】①お神酒を入れる一対の徳利。②いつも一緒にいる(おそろいの格好をしている)仲良し。▽(2)は古風。

おみくじ【△御×籤】神社や寺で引いて吉凶を占う、くじ。「—があたる」

おみこし【△御〈神輿〉】→みこし(御輿)

おみそれ【お見△逸れ】『名・ス他』逢(あ)ってそれと気がつかなかった時や、だれであるか思いつかない時に使う言葉。相手のすぐれている点に気がつかなかった時にも使う。「—いたしました」

オミット『名・ス他』除外すること。除外できるものとして無視すること。省略すること。▽omit

おみな【△女】女性の美称。▽雅語的。もと、若い女の意。

おみなえし【〈女郎花〉】山野に自生する多年草。秋の七草の一つ。秋、黄色の小花を多数かさ状につける。根を干したものは漢方薬。▽古くから和歌によまれ、また女性のたとえにも使われた。すいかずら科(旧おみなえし科)。→おとこえし

おみや【お宮】①神社のこと。②〔俗〕→めいきゅう(迷宮)

おむかえ【△御迎え】「迎え」の丁寧な言い方。㋐盆に祖先の精霊を迎えること。㋑仏が浄土に呼び寄せに来る、つまり死期が迫ること。「—が来る」

おむすび【お結び】→おにぎり

おむつ 股にあてて、用便をうけるもの。おしめ。むつき。「—カバー」「紙—」「—がとれる」

オムニバス いくつかの独立したストーリーを並べて、全体で一つの作品にしたもの。「—映画」▽omnibus

オムライス 炒(い)めて味付けをした飯をオムレツの中身にしたもの。▽フランス omelette とイギリス rice とによる和製語。

オムレツ 溶き卵をフライパンで焼きまとめたもの。刻んだハムを混ぜたり、上にケチャップをかけたりすることもある。▽フランス omelette

おめい【汚名】わるい評判。不名誉。「—をすすぐ」

おめいこう【△御命講】〔仏〕→おえしき。▽「大御影供(おみえいく)」のなまり。

おめおめ『副〔と〕』恥だと分かっていて、何もしないでいるさま。「—(と)引き下がるわけにはいかない」「よくも—来られたな」

オメガ 最後。「アルファから—まで」▽ギリシア字母の最後の文字(大文字Ω小文字ω)だから。

おめかし『名・ス自』化粧をし、顔や身なりを飾ること。おしゃれ。

おめがね【お〈眼鏡〉】よしあしの見わけ、めききの意の敬語表現。「—にかなう」(気に入る。また、認められる)

おめく【△喚く】『五自』さけぶ。わめく。

おめざ【お目ざ】①目が覚めることの幼児語。②幼児が目を覚ましたときに与える菓子類。めざまし。

おめし【△御召】①呼びよせること、乗ること、着ることを敬って言う語。「—になる」「—列車」②「おめしちりめん」の略。ねり糸で織り、こまかな「しぼ」を寄せた絹織物。

おめしかえ【お召し替え】衣服を着がえること、また、その衣服の尊敬語。「—になりますか」

おめしもの【△御召物】他人の着物を敬って言う語。

おめずおくせず【△怖めず臆せず】『連語』少しも気後れしないで。「自分の意見を上司に—言う」

おめだま【お目玉】『—をくう』(目上の人から)しかられる。▽「—頂戴」もこの意。

おめでた めでたい出来事、特に、結婚・妊娠・出産。

おめでたい 『形』→めでたい。 派生 **-さ**

おめでとう 『感』新年や慶事にあたってのあいさつの言葉。

おめにかかる【お目に掛(か)る】『連語』人に会うことをへりくだって言う語。お会いする。

おめみえ【△御目見得】①『名・ス自』貴人のお目にかかること。▽今は言わない。②『名』奉公人が二、三日間ためしに使われること。▽現在は行われない。③『名』その土地に初めて(というほど久しく)来た俳優が初めて演じるしばい。④『名・ス自』江戸幕府の家臣が、将軍に直接あうこと。それができる身分。「—以上」(＝旗本)▽(4)は「御目見」と書く。「—以下」は御家人(ごけにん)を指し、旗本を含まない。

おめもじ【お目もじ】『名・ス自』お目にかかることの女房言葉。

おも【主・重】『ダナ』いろいろある中で、大切で中心になっているさま。「会社の—な人々」

おも【面】①顔。顔つき。「—なが」▽もと、顔の正面、顔面の意。②平らなものの表面。「池の—」▽(1)(2)とも文語的。

おもい【重い】『形』①目方が多い。「鉄は水より—」②動かすまたは働かすのに重い(1)ような感じがある。「—足取り」「ハンドルが—」「—音が反響する」「腰が—」(てきぱきとは動かない)「口が—」(余りべらべらとはしゃべらない)「まぶたが—」(ねむい)「頭が—」(うっとうしい、不快だ)「心が—」(晴れ晴れしない)③程度がはなはだしい。㋐大切だ。重大だ。「—任務」「責任が—」㋑容易なことではない。「—罪」。ひどい。「—病気」▽↕軽い。 派生 **-さ**＊ **-げ** **-み**＊ **-がる**

おもい【思い】心がその対象に向かって働くこと。その内容。㋐心に秘めた気持。「—が届く」「—(＝願い)がかなう」㋑心を燃やすような、心の働き。執着心。愛着する心。「—がまさる」「母親—の子」。執念(しゅうねん)。「—をとげる」。特に、恨み。「人の—は恐ろしい」㋒もくろみ。「—の通りに運ぶ」㋓心にあれこれ浮かべること。「—にふける」「—半ばに過ぎ

る」(→なかば(1)㋐)。うれい。心配。「—に沈む」㋔気持。「—を新たにする」。特別に味わった気分。経験。「楽しい—をした」

おもいあが-る【思い上がる】《五自》実際よりも自分をえらく考える。うぬぼれる。

おもいあた-る【思い当(た)る】《五自》自分の経験や記憶に照らして、なるほどと気がつく。「—ふしがある」

おもいあま-る【思い余る】《五自》あれこれと考えても心が決まらず、悩みにたえられなくなる。

おもいあわ-せる【思い合(わ)せる】《下一他》二つ以上の事を比べ考える。他の事と結びつけて考える。

おもいいれ【思い入れ】①自分の思いをそこにそそぎ込むこと。その思い。「そこには彼なりの—が見られる」②芝居で、せりふを言わずに思いを表す身振り。「—宜(よろ)しくあって」▽昭和初期までは副詞的に、思い切りの意にも使った。「—ひどい目に会わしてやる」

おもいうか-べる【思い浮(か)べる】《下一他》思い出して、意識にのぼらせる。「母の面影を—」

おもいおこ-す【思い起(こ)す】《五他》過去に思いを寄せて自然に思い出す。「—せば五年前」

おもいおもい【思い思い】《名ノ・副に》めいめい自分の思うままであること。「—に行動する」「—の服装」

おもいかえ-す【思い返す】《五他》①過ぎ去ったこと、決めたことを再び考える。②一度決めた考えを反省して変える。考えなおす。

おもいがけず【思いがけず】《連語》《副詞的に》意外にも。「—出会った」▽→おもいがけない

おもいがけない【思いがけない】《連語》意外だ。考えたこともない。「—事件」▽「思いがけぬ」「……とは思いもかけませんでした」のような形でも使う。

おもいきった【思い切った】《連語》《連体詞的に》↓おもいきる(3)

おもいきって【思い切って】《連語》《副詞的に》↓おもいきる(2)

おもいきや【思いきや】《連語》《「……と」を受け》そう思ったところ(実は……)。意外にも。「すぐ現れると—、いつまでも出て来ない」▽文語動詞「思ふ」の連用形＋過去の助動詞「き」＋反語の助詞「や」

おもいきり【思い切り】①《名》あきらめ。「—が悪い」②《副》思う存分。十分。「—走った」

おもいき-る【思い切る】《五他》①迷い・ためらいをたち切る。断念する。「出世を—」②《「—って」の形で》㋐よい結果になるかどうか分からないが、心を決め(勇気をふるって)。「—って真実を告げる」㋑思う存分。思いきり。「—って遊んでやろう」③《「—った」の形で》並たいていではできない大胆な。「—ったことをしたもんだ」「—ったデザイン」

おもいこ-む【思い込む】《五自》確かな事と信じ込む。「本当だと—」。固く心に決める。「いったん—んだらてこでも動かない」

おもいざし【思い差し】その人にと思う心があって、さかずきに酒をついですすめること。

おもいさだ-める【思い定める】《下一他》心にしっかりと決める。「やるしかないと—」

おもいし-る【思い知る】《五他》身にしみてわかる。「どうだ、—ったか」「無力を—らされる」

おもいすごし【思い過(ご)し】余計なところまで考えること。邪推。「それは君の—だ」

おもいだしわらい【思い出し笑い】何かを思い出して笑うこと。

おもいだ-す【思い出す】《五他》記憶をよみがえらせる。㋐過去にあった事を今また思う。「子供のころを—」㋑忘れていた事柄を、こうだったと再び心に浮かべる。「用事を—」

おもいた-つ【思い立つ】《五他》ある事をしようという新たな考えをおこす。「—ったらすぐ実行に移す」「—ったが吉日」(事を思い立ったら、その日を吉日として、すぐ着手するのがよい)

おもいちがい【思い違い】《名・ス自他》実際と違うことを事実と思いこむこと。

おもいつき【思い付き】おもいついたこと。▽いい意味では、着想・工夫。わるい意味では、気まぐれ。

おもいつ-く【思い付く】《五他》①考えが、心に浮かぶ。「名案を—」②→おもいだす㋑

おもいつ-める【思い詰める】《下一他》いちずに深く思う。ひたすらにその事を思ってなやむ。

おもいで【思い出】過去の体験を思い出すこと。「—の名場面」。特に、体験した事柄で今も印象に残って思い浮かべる、その事。「初恋の—」「戦時下の暗い—」▽「想い出」とも書く。

おもいとどま-る【思い△止まる】《五他》しようと決めていたことを、考えた上でやめる。「辞職を—」

おもいとま-る【思い止(ま)る】《五他》↓おもいとどまる

おもいなお-す【思い直す】《五他》考えを変える。思い改める。「すぐに—した」

おもいなし【思いなし】①《名》おしはかって、そうだと決めること。②《副》そう思ってみると。「—(か)やせたようだ」▽「思い為(な)し」の意。

おもいな-す【思いなす】《五他》心でそれと決めこむ。▽→なす(成)(2)

おもいなや-む【思い悩む】《五自》あれこれ考え苦しむ。「—必要はない」

おもいのこ-す【思い残す】《五他》心残りを感じる。「—ことはない」

おもいのたけ【思いの丈】ある人を思う(愛する)心の、ありったけ。「—を打ち明ける」▽主に恋愛感情について言う。

おもいのほか【思いの外】《ダナ・副》意外なさま。予想とちがって。「行った先で—(に)時間をくった」「内情は—だった」「きっと困ると—平気な顔でい

た」

おもいめぐら-す【思い巡らす】『五他』さまざまに考える。時空間を広げて考える。「静かにー」

おもいもう-ける【思い設ける】『下一他』あらかじめわかっていて考えに入れておく。予期する。「ー・けぬ災難」

おもいもの【思い者】①愛する人。恋人。▽男性の側から、女性を言う。②めかけ。

おもいもよらない【思いも寄らない】『連語』(そういうことになろうとは)全く予想もしない。「彼が辞任しようとは思いも寄らなかった」「思いも寄らぬひどい罰」「思いも寄らずわれ一人だけ生き残った」▽「ない」の部分は、「ぬ」「(寄り)ません」でもよく、それら三つの活用形でもよい。

おもいやられる【思い△遣られる】『連語』→おもいやる(ウ)

おもいやり【思い△遣り】同情すること。その気持。「ーに欠ける」

おもいや-る【思い△遣る】『五他』心をそこまで働かせる。㋐遠く離れている人や物事に思いをはせる。「故郷の老父のことをー」㋑他人の身の上や気持をおしはかって、いたわる。同情する。「彼の苦境をー・って心を痛める」㋒《「ー・られる」の形全体で》気がかりである。心配である。「先がー・られる」

おもいわずら-う【思い煩う】『五自他』いろいろと考えて苦しみなやむ。

おも-う【思う】『五他』心の働きの対象とする。㋐心に浮かべる。心が引かれ、または心がそちらに働く。「昔をー」「人をー」(恋する意にも)「春はものをー・わせる」「ーようには、はかどらない」▽「想う」「念う」などとも書く。㋑《「……とー」の形で、または形容詞・形容動詞の連用形を受けて》感覚的に、または結論として、……だと心にとらえる、または感じる。「あすは雨が降るとー」「悲しくー」「不思議にー」「ぜひ行こうとー」▽「考える」は知的な面に限られるが、「思う」は情的・意志的でもよい。面(おも)をそれに向ける意から。

おもうさま【思う様】『連語』《副詞的に》思う存分。十分に。「ー(に)遊ぶ」「ーの生活にふける」

おもうぞんぶん【思う存分】『連語』《副詞的に》心に満足するほど。したいかぎり、十分に。「ー(に)食べる」「ーの働きをする」

おもうつぼ【思う×壺】こうなったらしめたものだと、前もって思った姿。「まんまとーにはまる(＝予期通りになる)」「今辞任したら、やつらのーだ」

おもうに【思うに・×惟うに】『副』考えてみると。「ー、それが原因だ」

おもおもし-い【重重しい】『形』威厳がありどっしりと落ち着いている。「立ち居が万事ー」「わざとー・くふるまう」↕軽軽しい。派生 **-さ -げ**

おもがい【面×繋】馬の頭の上からくつわにかけて飾りにする、ひも。↕しりがい

おもかげ【面影・×俤】①心の中に浮かぶ姿。様子。「昔のーがしのばれる」②(だれかに似た)おもざし。「母親のーがある」

おもかじ【面×舵】船首を(従って、船の進行方向を)右に向けるための、かじの取り方。↕取舵(とりかじ)

おもがわり【面変(わ)り】『名・ス自』(年をとったりして)かおつきが変わること。

おもき【重き】重要であること。重み。「ーをおく」(重視する)「ーをなす」(重んじられる) ▽文語形容詞「重し」の連体形から。

おもくるし-い【重苦しい】『形』おさえつけられるようで不快だ。「ー雰囲気」派生 **-さ -げ**

おもさ【重さ】重いこと。重い程度。目方。▽特に物理学では、質量と区別して、物体に作用する重力の大きさ。

おもざし【面差(し)】かおの様子。かおつき。「ーが祖父に似ている」

おもし【重し・重△石】物を押さえつけるために置く物。おし。「漬け物のー」「ーをかける」

おもしろ-い【面白い】『形』①魅力ある物事に心が明るみ、目の前がぱっとひらけて晴ればれした状態だ。「あの余興はー・かった」▽「面」は顔を向けている眼前を言い、「白」は明るいことを言った。当て字ではない。特に、㋐心が引かれて興味深い。「一ひねりしたー表現」「ー試合となった」㋑こっけいだ。おかしい。「ー顔をして笑わせる」②『ー・くない』好ましくない。「おもしろくない事態になる」。不平そうである。「おもしろくない顔をする」派生 **-さ -げ -み -がる**

おもしろおかし-い【面白おかしい】『形』話などが興味深くておかしい。「ー・く話して聞かせる」「ー生活」派生 **-さ -げ**

おもしろずく【面白ずく】おもしろさにまかせて(無責任な態度で)すること。

おもしろはんぶん【面白半分】『名ナノ』(図に乗って)からかい気味に、またはやじ馬的に、それをするという態度。「ーでできはしない」

おもた-い【重たい】『形』①目方が重くかかってくる感じだ。「ー石」「まぶたがー」「ゆく春やー・き琵琶(びわ)の抱ごころ」(与謝蕪村) ②心にのしかかる感じだ。晴れ晴れしない。「気分がー」派生 **-さ -げ -がる**

おもだか【〈沢瀉〉】水田・湿地に生える多年草。夏、白色三弁の花を穂状につける。葉は矢じり形で柄が長く群がり出る。▽おもだか科。

おもたせ【お持たせ】相手がみやげに持参した菓子などを、その場で接待に使う時に、そのみやげの食品を指す敬語。「ーで失礼ですがお召し上がりください」

おもだち【面立ち】目鼻だち。かおだち。容貌。

おもだ-つ【主立つ・重立つ】『五自』仲間や同類のうちで、中心となっている。「ー・った人びと」

おもちゃ【〈玩具〉】①子供が持って遊ぶ道具。がんぐ。②もてあそびにするもの。なぐさみもの。「人をーにする」▽「もてあそび」から。

おもて ㊀【表】①人の目に立つ方の面。↕裏。㋐普通のありさまや正式のすえ方で前または上になる、その物として主な面。正面。表面。前面。「―口」「紙の―」「池の―を渡る風」㋑表㋐となるもの。「畳―」「―ぎれ」㋒陰でなく前面にはっきり位置する状態。「―に立って働く」。おおやけ・正式であること。「―ざた」「―芸」「―むき」㋓文書の記載に即した面。「書類の―ではこう決めてある」▽「面」とも書く。同語源。㋔人に見えるうわべ。「―を飾る」

②宮殿・城・屋敷・家の、表立った所。↕奥・裏。㋐入口に近いまたは客を迎える部屋。「―座敷」㋑御殿などで、政務を執る所。転じて、政務の面の事。「―御殿」「―家老」

③家の中から見ての、外方。㋐家の前。↕裏。「―で人の声がする」㋑家の外。戸外。↕内。「子供は―で遊べ」

④対になるものの初めの方。↕裏。「九回の―の攻撃」

㊁【面】①かお。顔面。「―を起こす」(顔を上げる。また、名誉となる)「―を伏せる」(うつむく。また、面目を失う)「―も振らず」(わき見などせず熱心に)「―を犯して(=きげんを損じるのもいとわず)いさめる」▽㊀①㋐の転。現在は慣用的・文語的な表現でしか使わない。

②仮面。面(めん)。「能の―」

おもで【重手・重△傷】ひどいきず。ふかで。

おもてあみ【表編(み)】編物の基礎編みの一種。メリヤスの表と同じ編目が出る。メリヤス編み。↕裏編み

おもてがえ(:がへ)【表替(え)】《名・ス自他》畳の表を新しいのに取り替えること。

おもてがき【表書き】《名・ス自》上(うわ)書き⑴(をすること)。

おもてかた【表方】劇場などの、見物人に関する事務をとる人々。事務員や案内人。↕裏方

おもてがまえ(:まへ)【表構(え)】家の正面の造り方。「―が立派だ」

おもてかんばん【表看板】①劇場の正面に掲げる、上演内容や俳優に関する看板。②世間に示す表面の名目。

おもてぐち【表口】①正面の出入口。↕裏口。②↓まぐち⑴

おもてげい【表芸】本業として当然習熟している技芸。↕裏芸

おもてげんかん【表玄関】①家・建物の正面にある正式な玄関。↕内玄関。「―から出入りする」②比喩的に、その国・地域の最も重要な空港・港。「空の―」

おもてさく【表作】同じ土地に年間二種の作物を作る時、初めに作る、主な作物。↕裏作

おもてざしき【表座敷】大きな家の表の方にある、客間とする座敷。↕奥座敷

おもてざた【表沙汰】①世間に公然と知れわたること。「事が―になる」②役所で正式に扱う事件。特に訴訟。

おもてだか【表高】江戸時代、武家の表向きの石高(こくだか)。↕内高(うちだか)。

おもてだ-つ【表立つ】《五自》世間に公然と知られる。表面化する。「―・った動きは見られない」「―・っては反対できない」

おもてどおり(:どほり)【表通り】幅が広くて、人や車の往来が頻繁な、町の主要道路。↕裏通り

おもてぶたい【表舞台】活躍ぶりを広く見せ示す所・場。「世界の―に立つ」「政治の―から消える」

おもてむき【表向き】①公然たること。「―になる」②実際はともかくも、表面上のこと。うわべ。「―の理由」③政府・役所。その仕事の方面。特に裁判の訴訟など。

おもてもん【表門】家の表にある門。正門。↕裏門

おもと【△御△許】女の手紙で、あて名に書きそえる言葉。おんもと。「―に」

おもと【〈万年青〉】山地の樹下に自生し、古くから観賞用に栽培される多年草。厚くて細長くつやのある葉が地下茎から群がり生じ、夏、円筒形の花穂に緑黄色の花を密生する。実は赤く、まれに黄色。品種が多い。▽くさすぎかずら科(旧ゆり科)。

おもな【主な・重な】《連体》↓おも(主)

おもなが【面長】顔が少し長めなこと。

おもに【重荷】重い荷物。転じて、負担。つらい事。「―に小付(こづけ)」(重い負担の上にさらに負担が加わること)「―をおろす」(責任を果たして心が楽になる)

おもに【主に】《副》中心になるところは。大部分は。主として。「夏は―いなかで暮らす」▽「重い」と同語源。

おもね-る【×阿る】《五自》意見を合わせてその人の気に入るようにする。へつらう。追従(ついしょう)する。「上司に―」「大衆に―」

おもはゆ-い【面△映(ゆ)い】《形》恥ずかしい。きまりがわるい。▽顔を合わせるのがまぶしい意。派生 -さ -げ -がる

おもみ【重み】重く感じること。その度合。↕軽み。「伝統の―」。また、(人物に)貫禄(かんろく)があること。「あの方は近ごろますます―を加えておいでだ」

おもむき【趣】①味わい。面白み。「―のある庭」▽⑵の転。②自然にそう感じられる有様。感じ。「深山幽谷の―がある」③意図する内容。趣旨。「お話の―」④様子。……であるということ。「承れば御風邪の―」

おもむ-く【赴く・△趣く】《五自》①ある場所に向かって行く。「京都に―」②ある状態に向かう。「病気も快方に―」「心の―まま」▽「面(おも)向く」の意。

おもむろ【△徐】《副に》動作が静かでゆっくりしている様子。「一同を見回して―に口を開いた」

おももち【面持(ち)】気持の現れとしての顔つき。「けげんな―」

おもや【母屋・母家】①住まいにする主な建物。▽物置・離れなどに対して言う。②家の、建物としての主な部分。▽ひさし・廊下などに対して言う。

おもやつれ【面×窶れ】『名・ス自』心労や疲れのため、顔がやせて見えること。

おもゆ【重湯】たくさんの水で、粘りの出るまで米を煮てとった汁。病人・乳児食。

おもらい【お×貰い】こじき。

おもらし【お漏らし】『名・ス自』(幼児が)大小便をもらすこと。

おもり【お守(り)】『名・ス他』①子供をあやして番をすること。その人。子守。②比喩的に、世話や補佐をすること。「亭主の―をする」「新部長の―役」

おもり【重り・×錘】重さを増すためにつけ加えるもの。㋐釣糸につける小さい鉛のかたまり。㋑はかりの分銅(ふんどう)。

おも-る【重る】『五自』①目方が重くなる。②病気が悪くなる。

おもわ【面輪】(正面から見た)顔。顔面。▽「わ」は輪郭の意。

おもわく【思惑】思うこと。㋐意図。「自分の―で行動する」「―がはずれる」「―通りに運ぶ」㋑評判。気うけ。「世間の―を気にする」㋒相場で、上がり下がりを予想すること。「―買い」▽文語動詞「思ふ」に名詞を作る接尾語「く」の付いた語。「思惑」は当て字。

おもわし-い【思わしい】『形』《多く、打消しを伴って》よいと思う状態だ。望ましい。「景気が―くない」「―結果が得られない」

おもわず【思わず】『連語』《副詞的に》そうしようと思ったのではないのに。意識・意図しないで。うっかり。「―長居をしました」「あまりの恐ろしさに―泣き出した」 **―しらず**【―知らず】『連語』《副詞的に》↓おもわず

おもわすれ【面忘れ】『名・ス自』他人の顔を見忘れること。

おもわせぶり【思わせ振り】『名・ダナ』意味がありそうに見せかける言葉や態度。「―を言う」「―なしぐさ」

おもん-じる【重んじる】『上一他』(ねうちがあると見て)大切にし、うやまう。重きを置く。尊重する。おもんずる。↔軽んじる。「体面を―」▽「重みす」の転。

おもん-ずる【重んずる】『サ変他』↓おもんじる

おもんぱかり【△慮り】①おもいはかること。考え。思慮。②はかりごと。

おもんぱか-る【△慮る】『五他』①よくよく考える。熟慮する。②はかりごとを立てる。▽「おもひはかる」の音便。

おもん-みる【×惟る】『上一他』考えてみる。「つらつら―に」▽「おもひみる」の音便。古風な言い方。

おや【親】①それを生んだもの。父と母との総称。また、それを子として養うもの。↔子。「―の心、子知らず」「生みの―より育ての―」(他人でも、育ててくれた人)「―のすねをかじる」(親の扶養・援助を受ける)「―犬」②祖先。「―代々」「遠つみ―」▽「祖」とも書く。③物を生じるもと。「里芋の―」「―木」④中心となる方のもの。㋐中心となって支配するもの。「―時計」「―会社」「トランプの―」㋑主だったもの。また、大小が対するもののうち、大きい方。「―柱」「―指」「扇の―ぼね」

おや『感』音や気配を不審・意外に感じて発する声。「―、だれかしら」「―、またお出かけですか」「―、お帰り」「―、とんだ長居をしました」

おやいも【親芋】里芋の根の、大きな塊。その周囲に多くの子芋を生じる。いもがしら。

おやおもい【親思い】親を大切に思って常に心をつくすこと。また、その人。

おやがいしゃ【親会社】その会社に対して、資本の全部または大部分を出していて、実際の支配権をにぎっている会社。↔子会社

おやがかり【親掛(かり)】ひとりだちする時期になっても、子が親に養われていること。「―の身」

おやかた【親方】同じ業の一群の職人・弟子(でし)の技能を導き、また生活の面倒を見て、監督する人・頭(かしら)。↔子方。 **―ひのまる**【―日の丸】〔俗〕親方は日の丸、すなわち国家だから、どんな事が起こっても安全だということ。▽公共企業体などの安易な考え方を皮肉った語。

おやかぶ【親株】①新株に対して、会社がそれまで発行した旧株。②根を分けてとる苗木の、もとになるもの。▽↔子株

おやがわり【親代(わ)り】親の代わりになって世話をしたり、養育したりすること。その人。

おやき【親木】接木(つぎき)・さし木をとる、もとになる木。

おやき【親機】組み合わせて用いる機器のうち、主要な機能をもつ本体。↔子機(こき)。「コードレス電話の―」

おやくごめん【△御役御免】その役目をやめさせられること。また、その仕事をせずによくなること。「嫁が働き者で、私は主婦の―です」。比喩的に、使い古して不用にすること。「あの型の機関車は間もなく―になる」

おやくしょしごと【お役所仕事】形式的で、時間がかかり、実効のあがらない仕事ぶり。▽官公庁の仕事の進め方を皮肉った語。

おやこ【親子】①㋐親と子。また、その間の関係。㋑親と子との関係にたとえられる二つのもの。「―電話」②「おやこどんぶり」の略。出し汁で煮た鶏肉(とりにく)・タマネギなどを溶いた鶏卵でとじ、どんぶりの飯にかけた料理。

おやご【親御】他人の親に対する敬称。「―さん」

おやこうこう【親孝行】『名ナ・ス自』子が親をうやまい、親につくすこと。孝行。↔親不孝

おやごころ【親心】①子を愛する親の心。②転じて、(目上の者が目下の者に対して)親のようにかわいがる温かい心。

おやじ【親‸父・親‸仁・親×爺】①(くだけた場面で、男が)父親を親しんで言う語。②店などの主人や年輩の男を指す言葉。「飲み屋の—」「—ギャグ」

おやしお【親潮】千島列島から日本の東岸を南へ流れ、黒潮と合流して太平洋を東へと向かう寒流。合流点は四月頃に最も南下し、宮城県沖、ときに茨城県沖に達する。千島海流。

おやしらず【親知らず】①生みの親の顔を知らないこと。また、その子。②「おやしらずば」の略。人間の口の一番奥に生える、上下・左右四本の歯。一番おそく生え、一生生えない人もいる。第三大臼歯。知歯。③親子でも互いに気づかうことのできないような難所。親知らず子知らず。

おやす‐い【お安い】『形』①たやすい。簡単だ。「—御用だ」②『—くない』(男女が)特別に親密な関係にある。▽(2)はひやかして言う語。↓やすい

おやすみ【お休み】①『名・ス自』仕事などを休むこと。休暇。「今日は風邪で—します」「一週間—をいただく」②『感』寝る前のあいさつ。おやすみなさい。

おやだま【親玉】①〔俗〕仲間をリードする中心人物。▽上手な芸人などをほめても言う。②じゅずの中の大きな玉。

おやつ【お八つ】午後の間食。▽八つ時(=今の午後二時、三時ごろ)に食べることから。

おやなし【親無し】親がいないこと。親をなくした子。みなしご。

おやばか【親馬鹿】子どもかわいさのあまり、親がおろかなことをしたり、はたからおろかに見えたりすること。そういう親。

おやばなれ【親離れ】『名・ス自』親から自立すること。

おやふこう【親不孝】『名ナ・ス自』親に対して子としての道を守らないこと。不孝。↔親孝行

おやぶね【親船】実際の作業に従事する小舟を従え、必要物資を補給したり漁獲物を受け入れたりする大きな船。母船(ぼせん)。「—に乗ったよう」(安心だ、心丈夫だ、という気持の形容)

おやぶん【親分】なかまの間でかしらと仰ぐ人。特に、侠客(きょうかく)などのかしら。↔子分。「—肌」

おやぼね【親骨】扇の骨で、両端の太い骨。

おやま【‸女形】芝居で女の役をする、男の役者。おんながた。また、女姿のあやつり人形。▽歴史的仮名遣いは「おやま」とも。

おやま【お山】①「山」の丁寧語・幼児語。「—の大将」(せまい分野でいばっている人。もと、子供の遊びの一つ)②「山」の尊敬語。「六根清浄(しょうじょう)、—は晴天」▽信仰の対象にしている山を言う。

おやまさり【親勝り】子の器量・能力が、親よりすぐれていること。

おやみ【小‸止み】↓こやみ

おやもじ【親文字】①(ローマ字の)頭(かしら)文字。②(漢和辞典で)熟語のもとになる文字。見出しにする。③活字の字母。

おやもと【親元・親‸許】親子が離れて生活している場合の、親の家。親のところ。

おやゆずり【親譲り】親から譲りうけたこと・もの。「—の無鉄砲で小供の時から損ばかりして居る」(夏目漱石「坊っちゃん」)

おやゆび【親指】手足の、一番太い指。

およが‐す【泳がす】『五他』①泳がせる。泳ぐようにしむける。泳ぐような動作を起こす。「はたいて—」(↓およぐ(2))「手を—」②転じて、容疑者などを、捕まえずにわざと自由にさせ、様子を見る。

およ‐ぐ【泳ぐ・×游ぐ】『五自』①人間や魚などが手足やひれを動かして、水中・水面を進む。②前のめりになってよろめく。「はたかれて—」③世の中をうまく渡る。「政界を—ぎまわる」

およそ【‸凡そ】①『名』おおかた。だいたい。あらまし。「世相の—を物語る」「—のところはこんなものだ」「—二百人が集まる」②『副』㋐一般に。おしなべて。「—人として親を思わぬものはない」㋑まったく。全然。「—意味がない」「—ばかばかしい話だ」

およばずながら【及ばず×乍ら】『連語』不十分ではあるが。行き届かないが。「—加勢しましょう」▽謙遜して言う言葉。↓およばない(1)

およばない【及ばない】『連語』①かなわない。そこまでの力がない。「学力は太郎に—」②……する必要がない。「恥じるに(は)—」▽「ない」の部分は、「ぬ」「(及び)ません」でもよく、それら三つの活用形でもよい。

およばれ【お呼ばれ】『名・ス自』ごちそうなどに招待されること。

および【及び】『接』主に体言(と同資格のもの)を並べて挙げるのに使う語。㋐……も……も(みな)。「高等学校—中学校の生徒」「父として—ひとりの男として」㋑それら挙げたものを一団として考えることを表す。「東京・大阪—名古屋の三大都市」「日本—アメリカで結んだ協定」▽「及ぶ」の連用形から。↓ならびに

およびごし【及び腰】①やや腰をまげ、手を伸ばして物を取ろうとする、不安定な姿勢。②比喩的に、自信やる気のない態度。「—の外交」

およびたて【お呼び立て】『名・ス他』人を呼び出すことの丁寧な言い方。「—してすみません」

およ‐ぶ【及ぶ】『五自』①ある所・時・状態などに達する。㋐作用などがそこにまで届く。「害が身に—」「その点にまで言い—」㋑ついにそうなる。立ち至る。「合戦(かっせん)に—」「十万人に—人出」「この期(ご)に—んでまだためらうのか」。(ついに、または、あえて)その動作をする。「新調のタキシードを一着(=着ること)に—んで会場に現れる」㋒ある範囲に行き渡る。「影響が全国に—」②『普通、打消しを

伴って》追いつく。㋐肩を並べる。匹敵する。「実力は私などの一所でない」「ー・びもつかない」「君にー者があろうか」㋑取り返しがつく。「後悔してもー・ばない」㋒かなう。しとげられる。実現できる。「ー・ばぬ恋」「ー・ばずながら(＝十分には出来まいが)力を貸そう」③《「に」を受け、打消し・反語の言い方で》……ことが必要だ。「わざわざ来るにはー・ばない」(来なくてさしつかえない)「言うにやーー」(言うまでもない)④《他の動詞の連用形について》その動作を強調するのに使う。「聞きーー」▽(1)の転。

およぼ-す【及ぼす】《五他》(作用・影響などが)及ぶようにする。ゆきわたらせる。「迷惑をー」「円高が消費生活に影響をー」

オラショ (キリシタンの)祈祷(きとう)。祈り。▽ラテン oratio

オラトリオ ↓せいたんきょく。▽イタリア oratorio

オラン ウータン ボルネオ・スマトラの森に住む類人猿。体は長い茶色の毛で覆われる。脚の二倍ほどある長い腕で巧みに樹間をわたり、ほとんどを樹上で過ごす。猩々(しょうじょう)。▽マレー orang-utan(＝森の人) ひと科オラン ウータン属。

おり【×檻】動物、また罪人などを逃げないように入れておく入れ物・へや。

おり【×滓】液体中に沈んだ、かす。

おり【折(り)】㊀《名》①折ること。また、折ったもの。②折箱。「ーにつめる」。折箱につめたもの。折詰。「菓子のー」③時の流れの中で、折り目のように他と区別される、その時点。㋐時節。時季。「暑さのー(で)ぐったりした人が多い」㋑機会。「ーを見はからって」「ーもー」(ちょうどその時)㋒《連体修飾を伴って、副詞的にも》そのとき。その場合。「散歩に出かけたーに」「そのーに」㊁《接尾》㋐折箱の数を表すのに添える語。「菓子一ー」㋑折り重ねたものの数を表すのに添える語。「半紙一ー」

おり【汚吏】汚職や不正な事をする役人。

おりあい【折(り)合い】①おりあうこと。妥協。「ーがつく」②人と人との関係。仲。「ーが悪い」

おりあ-う【折(り)合う】《五自》対立した同士が、ゆずりあって解決をつける。妥協する。おれあう。「値段がー・わない」

おりあしく【折▵悪しく】《連語》時機が悪いことに。あいにく。「ー主人は不在でして」

おりいって【折り入って】《連語》《副詞的に》特別に。心をこめて、人に願う、または相談をかける時に使う語。「ーお頼み申します」

オリーブ 地中海沿岸原産の常緑小高木。日本では暖地で栽培される。果実は長球形で油分に富み、塩漬けにして食用、またしぼってオリーブ オイルをとる。葉は長楕円(だえん)形で厚い。花は芳香があり淡緑白色。枝はヨーロッパで平和の象徴とされる。▽もくせい科。「橄欖(かんらん)」と訳すことがあるが、カンランとは別の木。olive　**ーいろ**【ー色】オリーブの実のように、黄色をおび、ややくすんだ緑色。また、暗緑色。　**ーオイル** オリーブの実をしぼって取る油。緑黄色半透明の液状で食用・薬用にする。オリーブ油(ゆ)。▽olive oil

おりえり【折(り)襟】外へ折りかえすように仕立てたえり。↕つめえり

オリエンタル 東洋の。東洋らしい。▽oriental

オリエンテーション その事柄についての、進路・方針を定めること。また、それが定まるようにしてやること。方向づけ。▽orientation

オリエンテーリング 山野を地図と磁石に頼って、出発点から幾つかの関門地点を発見・通過し、早く目的地点まで歩く、競技。▽orienteering

オリエント 東方。東洋。主として中近東を指す。「古代ー」▽Orient もとラテン語で、日の昇るところの意。

おりおり【折折】①その時その時。そのつど。「ーの歌」「四季ー」②ときどき。「ー見かける」

おりかえし【折(り)返し】①折り返すこと。また、折り返したもの。㋐折って二重にした所。「えりのー」㋑往復するような経路の、その地点で戻る向きに転じること。その地点。「マラソンのー(点)」㋒詩歌の終わりの、語句の繰り返し。リフレイン。②《副詞的に》返答などをすぐにするさま。「ー回答があった」

おりかえ-す【折(り)返す】《五他》もとの方へ折り戻す。㋐折って二重にする。「えりをー」㋑繰り返す。「ー・して三遍歌う」㋒そこまで行って、戻る向きに転じる。引き返す。「終点からー」▽㋒は自動詞。↓おりかえし(1)㋑。㋓返答などをすぐにする。

おりかさな-る【折(り)重なる】《五自》多くのものが、次々に重なりあう。「ー・って倒れる」

おりかさ-ねる【折(り)重ねる】《下一他》折って、上へつみ重ねる。畳んでかさねる。

おりがし【折菓子】折詰めの菓子。

おりかばん【折(り)×鞄】二つに折りたたむように作った小型のかばん。書類などを入れる。

おりがみ【折(り)紙】①紙を折っていろいろな形をこしらえる遊び。その折ったもの。折るのに使う(色のついた)紙。②保証すること。「ーをつける」▽(3)の転。③(刀や美術品などを)鑑定して確かなものであることを保証した書きつけ。④折りたたんだ紙。特に、奉書紙や鳥の子紙を横に二つ折りにしたもの。贈物の目録や、公式の書きつけに用いる。　**ーつき**【ー付(き)】①保証するのに足りるという世間の評判。「腕前はーだ」▽(2)の転。②鑑定保証の折紙のついているもの。

おりから【折から】《副・ノダ》ちょうどその時。「ー来合わせた人物」「ーの雨で中止になった」「寒さのー」▽「折柄」は当て字。

おりく【折句】和歌・俳句・川柳などで、各句の頭に物の名などを一字ずつ置いて詠んだもの。例、「かきつばた」を詠めと言われて作った「**か**らころも**き**つつ

なれにしつましあればはるばるきぬるたびをしぞおもふ」(在原業平)、「アロハ」の題で「あ(会)いたさはろん(論)より証拠はた(端)に見え」(水谷倭文夫)。

おりこみ(をり)【折(り)込み】(新聞・雑誌などに)付録や広告のちらしをはさみこむこと。そういうちらし。

おりこみずみ【織(り)込み済(み)】前もって考えに入れてあること。想定内。「不満が続出するのは—だった」

おりこ-む(をり)【折(り)込む】『五他』①中のほうへ折り曲げる。②他の物を中へ入れて、折る。「ちらしを新聞に—」

おりこ-む【織(り)込む】『五他』①模様をつくるために地の糸とは別の糸を中に入れて織る。②一つの物事の中に他の物事をくみ入れる。「視覚教育を—んだ授業」

おりじ【織地】織物の地質(じしつ)。布地(ぬのじ・きれ)。

おりしき(をり)【折敷】一方のひざを立て他方のひざを横に折り曲げて、腰をおろした姿勢。▽「おりしけ」とも言う。「おしき」と読めば別の意。

オリジナリティー 独創性。新機軸。▽originality

オリジナル ①『ダナ』独創的。めあたらしいさま。②『名』(複製品に対して)原物。原作。原文。原画。原形。▽original

おりしも(をり)【折しも】『連語』そのことがある、その時。折も折。「—中秋の名月であった」▽「し」は文語の副助詞、「も」は係助詞。

おりじわ(をり)【折(り)×皺】衣類などを折りたたんだ際につく、すじ目。折り目。畳み皺。

おりすけ(をり)【折助】さむらいの家で使われる下男。

おりたた-む(をり)【折(り)畳む】『五他』大きなものをいくつかに折って小さくする。「傘を—」

おりた-つ【下り立つ・降り立つ】『五自』高い方から下りて低い所に立つ。「庭に—」「空港に—」

おりづめ(をり)【折(り)詰(め)】食べ物を折箱に詰めること。そうしたもの。

おりづる(をり)【折(り)鶴】紙を、つるの形に折ったもの。

おりてほん(をり)【折(り)手本】折り本にこしらえてある(書画の)手本。

おりど(をり)【折(り)戸】ちょうつがいで、中央から折りたためるようにした戸。

おりな-す【織(り)成す】『五他』①糸で織って(模様などを)つくり出す。②物事を組み合わせて、ある状態をつくり上げる。「様々な人生模様を—」

おりばこ(をり)【折(り)箱】薄くけずった板、ボール紙などを折りまげて作った箱。おり。

おりひめ【織(り)姫】①はたを織る若い女、転じて、織物工場で働く女子工員の美称。②→たなばたつめ

おりふし(をり)【折節】①その場合場合。そのときどき。②時刻。季節。「—の移り変わり」③『副詞的に』たまに。ときどき。「今も—は見かけるが」

おりほん(をり)【折(り)本】横に長くつぎ合わせた紙を、端から折りたたみ、とじないで作った本。習字の手本や経本などに多い。

おりめ(をり)【折(り)目】①物を折りたたんださかい目・すじ目・たたみ目。「—を付ける」(転じて、きちんとしている)②物事のくぎり。けじめ。「—正しい」(行儀作法にかなって、きちんとしている)

おりめ【織(り)目】織物の糸と糸とのすきま。「—があらい」

おりもと【織(り)元】商品としての織物を織る家。

おりもの【下り物】①女性の生殖器から分泌される粘液。こしけ。②あとざん。③月経。

おりもの【織物】糸を織ってつくった布。

おりやま(をり)【折(り)山】布や紙などを折ったときに外側にできる折り目。

おりよく(をり)【折(り)△好く・折(り)良く】『副』ちょうどよい時に。「—バスが来た」

お-りる【下りる・降りる】『上一自』①上から下に移る。▽「落ちる」と違い、意図的な動作を言う。㋐高い方の所から(動いて来て)下の位置・場所に着く。↕あがる・のぼる。「山を—」「壇から—」「地下室に—」「幕が—」(転じて、事件が終わりとなる)「飛び—」㋑乗物から出る。↕乗る。「電車から—」「船を—」「京都で—」㋒高い地位から退く。↕のぼる。「位を—」㋓勝負事などで、参加する権利をすてる。「今日はついていないからもう—よ」。転じて、自分から役を投げ出してやめる。㋔役所などから、指示や決定が与えられる。「許可が—」「恩給が—」②霜や露が地上・草葉などの上に生じる。置く。「初霜が—」③もとあった所から下に離れる。㋐体内から下に出る。[下]「虫下しで回虫が—」㋑硯(すずり)で墨がすれる。「この硯は墨がよく—」

オリンピック オリンピック競技。▽Olympic Games から。 **—きょうぎ**【—競技】世界の国々が参加するスポーツ競技大会。昔のギリシアのオリンピア祭にならって四年ごとに行う。冬季大会もある。

お-る(をる)【△居る】『五自』いる(1)(2)。▽「いる」に比べればやや文語的。「……ている」の連用中止法では「……て-り」を使うことが多い。「おります」は「います」よりもやや丁寧な感じを与える。「ます」を伴わずにいえば、尊大な感じがある。「わかって—」「そこに立って-れ」。主に自分のことについて使い、他人について使えば軽んじる気持を表す。

お-る(をる)【折る】『五他』①物に曲げ重ねるような力を加える。㋐棒状や平面状のものを曲げて重なるようにする。「指を-って数える」「紙を—」㋑棒状の物に曲げるような力を加えて切り離す。「枝を—」「骨を—」(転じて、苦労する。努力する)「筆を—」(書くことを一切やめる)㋒(紙を)折り畳んで、物の形を作る。「折紙でつるを—」「山(谷)に—」②くじく。↕張る。「我(が)を—」(自分の意見をまげる)「鼻を—」(↓はな(鼻))

お-る【織る】『五他』(糸など)細くて長いものを組み合わせ、まじわらせて平らなものを作る。㋐経(たて)糸と緯(よこ)糸を組み合わせて、機(はた)にかけ布を作る。

「絹を―」「はたを―」▽比喩的に、作り上げる。「物語を―」 ㋑藁(わら)や藺(い)を組み合わせて筵(むしろ)を作る。

オルガナイザー ↓オルグ。▽organizer

オルガン 風を送って音を出す鍵盤楽器。「パイプ―」▽(ポルトガル) orgão

オルグ《名・ス他》「オルガナイザー」の略。未組織の大衆・労働者などの中にはいって、政党や組合などの組織体を作るために働く人。また、その活動(をすること)。▽organizer から。

オルゴール ぜんまいじかけで、円筒に付いたピンが音階板をはじき、自動的に楽曲を奏する装置。▽(オランダ) orgel

おれ【俺】《代》男が自分を指す語。「ぼく」より強さや荒々しさがあり、「わたし」よりくだけた言い方。▽近年は、幅広い年齢で仲間うちや目下に対し「ぼく」より「おれ」を使う人が多い。

おれあ-う(をれあふ)【折れ合う】《五自》↓おりあう

おれい【△御礼】《名・ス自》感謝の気持を表すこと。その言葉やその気持を表す贈物。 **―がえし**(…がへし)【―返し】人から受けた贈物・世話に対して、礼の品物を返すこと。返礼。 **―ぼうこう**【―奉公】長く奉公した主家の世話になったお礼に、給金無しでしばらく勤めること。▽現在でも比喩的に使う。「定年直後、一年だけ非常勤で―をする」 **―まいり**(…まゐり)【―参り】神仏にかけた願(がん)の成就(じょうじゅ)した礼に参詣すること。▽釈放されたならず者が、自分を告発した者の家に、あいさつと称して暴れ込むことも指す。

おれおれさぎ【俺俺詐欺】多く高齢者に対して「俺だよ俺」と電話をし、金に困った肉親になりすまして金をだましとる詐欺。▽多く「オレオレ詐欺」と書く。↓ふりこめさぎ

おれきれき【お歴歴】↓れきれき(2)

おれくぎ(をれ…)【折れ×釘】①折れまがって使えないくぎ。②折りまげてあるくぎ。打ちつけて、物を掛けるのに使う。▽折れ釘を並べたようだと、あざけって言う。 **―りゅう**【―流】きわめてへたな書風。

おれくち(をれ…)【折れ口】①物が折れた、その面または境目(の辺)。②人の死にあうこと。「町内にまた―が出た」

おれせん(をれ…)【折れ線】↓せっせん(折線)。「―グラフ」

お-れる(をれる)【折れる】《下一自》①折った状態になる。「紙の端が―」。㋐平面状や棒状のものが曲がって重なる。長いものが、折ったように曲がる。「道が右に―れている」㋑棒状の物が曲がって切り離れる。「風で枝が―」「骨が―」(転じて、苦労だ) ②初めの向きと違った方に曲がる。㋐曲がって進む。「通りを右に―」㋑くじける。「気が―」「我(が)が―」㋒主張・意見をやわらげ、相手に従うようにする。「先方も大分―れて来た」

オレンジ ①みかんに似た果物。また、それをつける常緑小高木。果皮・果肉は赤味をおびた黄色で、ネーブル・マンダリンなどの品種がある。甘味・酸味があり生食、またジュースの原料などにする。▽みかん科みかん属の数種の総称。②オレンジ色。(1)の果実のような色。▽orange

おろおろ《副[と]・ス自》不安にかられて、どうしてよいかわからないさま。「どうなられて―する」「―(と)泣く」「―ごえ」(不安に震えた声)

おろか【愚か・△疎か】《名ナノ》あり方・仕方に欠けたところがあり、適切でないさま。㋐知恵・思慮が足りないこと。【愚】「自分の―をたなに上げて人をくさす」「―なふるまい」㋑そうするのがばかげた行為であること。「言うも―な(=言うまでもない)事」▽㋑は「言う」「語る」「問う」「聞く」等、限られた動詞と共にしか使わない。㋒《「……は―」の形で》……は無論、その上さらに。「金は―、命まで奪われた」。……だけでは足りず。……ぐらいはまだしも。「国内制覇は―、海外進出まで夢みる」▽もと、おろそかの意。「―ならぬ(=大変な)事態に立ち至った」 派生 **-さ**

おろかし-い【愚かしい】《形》ばかだ。考えがたりない。ばかげている。 派生 **-さ** **-げ**

おろし【卸・下(ろ)し・×颪】①商品を問屋から小売店に売り渡すこと。【卸】「―商」「―売り」②大根おろし。【卸・下】③山から吹きおろす風。【颪】「高嶺(たかね)―」④新しい品を使い始めること。【下】「仕立て―」

おろしうり【卸売(り)】問屋が生産者や輸入業者から商品を買い入れて、小売商人に売り渡すこと。↕小売

おろしがね【卸金・下(ろ)し金】大根・わさびなどをすりおろす道具。

おろしたて【下(ろ)し立て】下ろした(↓おろす(2)㋓・(3)㋑)ばかりであること。「―のショウガの香り」「―のハンカチ」「―の筆」

おろ-す【降ろす・下ろす・卸す】《五他》①おりるようにする。▽「落とす」と違い、結果に責任を持つ気持が含まれる。一般に「降」「下」を使って書くが、㋑㋕は「下」。㋐高い所から下方に移す。上から移して、ある位置に置く。↕あげる。「あげた手を―」「車から荷を―」「錠を―」(かけがねを落として錠をかける)「胸をなで―」「人をこき―」(他人の欠点を指摘して悪口を言う) ㋑(ある所まで届くように)下方へのばす。↕あげる。「幕を―」(転じて、事件を終りとする)「縫い上げを―」「木が根を―」㋒乗物から出す。↕乗せる。「乗客を―」㋓高い所から風が吹く。「山を―風」▽この意だけ自動詞。㋔高い地位から退ける。↕のぼす。「無能な大臣は―・せ」「主役を―」㋕神仏や貴人などに供した(飲食)物をさげる。↕あげる

②もとあった所から離して落とす。【下】㋐体内から下に出す。「虫を―」「子を―」㋑そったり切ったりして落とす。「髪を―」「枝を―」㋒魚を切りさばく。「三枚に―」㋓おろしがねで、すりくだく。「わ

さびを―」。㋔硯(すずり)で墨をする。「墨を―」 ▽おろしがねの場合には「卸」も使う。③しまってある物を使うために出す。㋐引き出す。【下】「貯金を―」 ㋑新しい衣類や、消耗品の道具類を使い始める。【下】「入学式に新調の服を―」「―！したばかりの筆」 ㋒商品を問屋が小売商に売り渡す。【卸】

おろそか【△疎か】『ダナ』いい加減なさま。なおざり。「準備が―だ」

おろち(をろち)【〈大蛇〉】だいじゃ。▽↓うわばみ

おろぬき【おろ抜き】多くの中から、間をへだてて抜き取ること。また、抜き取ったもの。まびき。「―大根」▽「うろぬき」のなまり。

おわい【汚×穢】きたないもの。特に、大小便。おあい。

おわび【お×詫(び)】落度(おちど)や人にかけた迷惑をわびること。「―の言葉もない」

おわらい(わらひ)【お笑い】①客を笑わせることを目的とした芸。「―タレント」「―を一席」②↓わらいぐさ

おわり(をはり)【終(わ)り】物事が済むこと。その最後のところ。しまい。はて。また、人の一生の終わる時。臨終。↕初め。「―を全うする」(最後まできちんとしとげる)

おわりはつもの(をはりはつもの)【終(わ)り初物】季節の末になって成熟し、初物と同じように珍重される、野菜・くだもの。

おわ-る(をはる)【終(わ)る】『五自』その時まで続いていた事が済む。すっかり済んで、または時期が来て、しまいになる。はてる。↕始まる。「授業が―」「一生が―」(死ぬ)「計画は失敗に―った」「工事は二か月で―だろう」「笑い話で―」「飲み―」 ▽「これで私の講演を―ります」のように、他動詞的にも使う。[関連] 済む・果てる・尽きる・了する・はねる・上がる・明ける・終結・終息・終止・閉止・終了・完了・修了・完結・終局・終業・仕舞い・仕納め・済み・お開き・おつもり・はね・打ち出し・打ち切り・ゲームセット

おん(をん) 雄(おす)。↕めん。「―どり」

おん【御】↓お(御)。▽「お」より丁重で、改まった語。

オン ①電気・通信などが通じていること。機械が操作中であること。↕オフ。「スイッチ―」「―ライン」②ゴルフで、打ったボールがグリーンにのること。「ワン―」。テニスなどで、ボールがコートの線上に落ちること。▽on

おん【*音】オン イン おと ね ①『名・造』おと。「澄んだ音」「音響・音波・音色・楽音・騒音・高音・録音・擬音・雑音・海潮音」②音楽。ふし。「音曲・音頭(おんど)・音符・音階・知音(ちいん)」③『名・造』こえ。特に漢字音について、音節のはじめの子音。頭子音。↕韻。「日本語の代表的な音」「音声・音韻・音読・発音・玉音(ぎょくおん・ぎょくいん)・同音・濁音・母音(ぼいん)・子音(しおん・しいん)・表音文字」④『名・造』漢字のよみ方。↕訓。「音と訓」「音訓・字音・漢音・呉音・唐音・宋音(そうおん)・慣用音」⑤心が通じあう。おとずれ。たより。「音物(いんもつ)・音信(いんしん・おんしん)・福音(ふくいん)・無音(ぶいん)・訃音(ふいん)・疎音(そいん)」

おん【*温】【温(人)】オン(ヲン) ウン あたたか あたたかい あたたまる あたためる ぬくい ぬくまる ①ほどよくあたたかい。「温暖・温室・温泉・温度・温気(うんき)」②つめたさ・あたたかさの度合。温度。「気温・水温・体温・検温・低温・常温・適温・平温・保温」③おだやか。心がやさしい。「温厚・温良・温順・温和・温顔・温情」④復習する。さらう。「温故・温習」⑤大切にする。「温存」

おん【*恩】オン 『名・造』めぐむ。なさけをかける。「親の恩」「恩をうける」「恩を忘れる」「恩を売る」(相手から感謝されようとして、わざと親切にする)「恩に着せる」(自分のした事を相手がありがたく思うようにしむける)「恩を仇(あだ)で返す」(人から親切にされたのに、その人に害をする)「恩愛(おんあい・おんない)・恩寵(おんちょう)・恩恵・恩怨・恩義・恩賞・恩借・恩人・師恩・謝恩・報恩・感恩・厚恩・鴻恩(こうおん)・四恩・忘恩」

おん【穏】【穩】オン(ヲン) おだやか 心が安らか。はげしくない。落ち着いている。「穏健・穏当・穏和・平穏・安穏(あんのん)・静穏・不穏」

おんあい【恩愛】①他人を恵み、かわいがること。情け。②親子・夫婦などの間の愛情。▽「おんない」は連声(れんじょう)。

おんあんぽう【温×罨法】罨法のうち、温めるもの。↕冷罨法

おんい【恩威】いつくしみと、人を従える威光。「―ならび行われる」

おんいき【音域】出せる音・声の高低の範囲。

おんいん【音韻】①一つの言語で、個々の言語音を他の言語音と対比して、同類の言語音として一まとめにできるようなもの。例えば、日本語の「デンキ」「デンパ」の「ン」は音声としては異なるが、同じ音韻だとする。②漢字の音(＝頭子音)と韻(＝頭子音以外)。

おんうち【御内】手紙であて名のわきにそえる言葉。相手の妻、または一家全体にあてる場合に用いる。

オン エア『名・ス他』(放送局で)放送中であること。また、放送すること。▽on the air から。

おんおん『副[と]』↓おいおい(一)

おんが【温雅】『名ナ』おだやかで上品なこと。「―な人柄」[派生] -さ

おんかい【音階】あるきまった音程によって、楽音を順次に並べたもの。楽曲を組み立てるもとになる。

おんがえし(へし:がへし)【恩返し】『名・ス自』人から受けた恩に報いること。報恩。

おんがく【音楽】①音による芸術。器楽と声楽とがある。②学校の教科の一つ。(1)の知識や技能などを教える。

おんかた【御方】居所または貴人の敬語。

おんかん【音感】音に対する感覚。音の高低、音色など

を聞きわける能力。「―を養う」

おんがん【温顔】 おだやかでやさしい顔つき。「―に接する」

おんき【遠忌】 五十年忌・百年忌など、遠く歳月を経過した後に行われる法会(ほうえ)。えんき。

おんぎ【恩義・恩×誼】 報いるべき義理がある、あたたかい恩。

おんぎ【音義】 ①漢字の字音と意味。また、経典・古典に用いられた漢字の字音や意味を注釈したもの。②音の一つ一つがもつ意味。

おんきせがまし-い【恩着せがましい】〘形〙恩恵を与えたことを、相手にいかにもありがたがらせようとする態度だ。▽↓=がましい。派生 **-さ**

おんきゅう【恩給】 ある年数勤めて退職または死んだ官公吏、またはその遺族に、国家などから与える金銭。「軍人―」▽現在の共済年金に当たる。

おんきゅう【温×灸】 器具に入れたもぐさに火をつけて患部やつぼを加熱する療法。

おんきょう【音響】 おとの響き。「―測定」(音響の届く時間で距離を推定する測りかた、更に広く、音波に関する測定) **―こうか【―効果】** ①演劇・映画などで、擬音などを使って劇の効果を強めること。そのしかけ。②建物で、演奏の効果を十分発揮させうるかどうかということ。

おんぎょく【音曲】 日本ふうの、楽器による音楽・うたいものの総称。特に、三味線(しゃみせん)などにあわせてうたう俗曲。「歌舞―停止(ちょうじ)」(天皇・将軍などの逝去の際に世間の芝居興行や音曲を一定期間差し止めること)

オングストローム 光の波長など非常に短いものを測る、長さの単位。記号Å。一オングストロームは一メートルの百億分の一。▽angstrom スウェーデンの物理学者 Ångström にちなむ。

おんくん【音訓】 漢字の音と訓。すなわち、漢字の中国における発音をもとにした読みかたと、漢字の意味に対して日本語を当てた読みかた。

おんけい【恩恵】 めぐみ。なさけ。「―に浴する」「―をこうむる」「―を施す」

おんけつどうぶつ【温血動物】 →ていおんどうぶつ

おんけん【穏健】〘名・ダナ〙おだやかで、行き過ぎや誤りのないこと。↕過激。「―な思想」派生 **-さ**

おんげん【音源】 その音が出て来るもと(として使うもの)。「最盛期の高座を―としたシリーズ」

おんこ【恩顧】 なさけをかけること。ひいき。

おんこう【温厚】〘名ナ〙おだやかで情に厚いこと。「―篤実」「―な人柄」派生 **-さ**

おんごく【遠国】 遠くの国(・地方)。えんごく。↕近国

おんこちしん【温故知新】 昔の事をたずね求め(=温)て、そこから新しい知識・見解を導くこと。

おんさ【音×叉】 U字形の鋼棒に柄(え)をつけ、たたくと特定の高さの音が出るようにしたもの。楽器の調律や音響実験に用いる。

オン ザ ロック 氷塊にウイスキーなどの酒をそそいだ飲み物。▽on the rocks

おんし【恩師】 教えをうけ、世話になった先生。

おんし【恩賜】 天皇・主君から賜ること。そのたまもの。

おんじ【音字】 表音文字。仮名、ローマ字など。↕意字

おんしつ【音質】 音や声の性質。音のよしあし。

おんしつ【温室】(植物を育てるためなどに)内部の温度を高める装置をした建物。「―栽培」「―育ち」(大事にされて育ち、世間の荒波にくじけやすいこと。そういう人) **―こうか【―効果】** 大気中に二酸化炭素などの物質が増えることで(まるで温室内のように)気温が高まる現象。「―ガスの発生を抑えよ」

おんしっぷ【温湿布】 あたためるための湿布。

おんしゃ【恩赦】 裁判できまった刑罰を、特別な恩典によって許し、または軽くすること。▽内閣が決定し、天皇が認証する。

おんしゃく【恩借】〘名・ス他〙人の情けによって金や品物を借り受けること。また、その金品。

おんじゃく【温石】 軽石(かるいし)・滑石(かっせき)などを熱し、布に包んで体を温めるもの。

おんじゅ【△飲酒】 酒を飲むこと。「―戒」(仏教の五戒の一つ。酒を飲んではならないこと)

おんしゅう【恩×讐】 情けも恨みも。「―を越えて手を握り合う」

おんしゅう【温習】 くり返して習うこと。おさらい。「―会」

おんじゅう【温柔】〘名ナ〙①おだやかで、やさしいこと。「―な性質」②あたたかで柔らかな感じがすること。

おんじゅん【温順】〘名ナ〙①性質がおとなしく、人にさからわないこと。②気候がおだやかなこと。派生 **-さ**

おんしょう【恩賞】 てがらをほめて主君が賞を与えること。その賞。

おんしょう【温床】 ①早く成長させるために人工的に温熱を加えて、作物の苗を育てる所。フレーム。②物事の起こる原因になる場所・物事。「悪の―」

おんじょう ①**【温情】** 思いやりのあるやさしい心。「―主義」②**【恩情】** 情けのある心。いつくしみ。

おんじょう【音声】 ①人間の声。おんせい。「大―をあげる」②雅楽で、管弦の音。

おんしょく【音色】 →ねいろ

おんしょく【温色】 ①おだやかな顔色。②→だんしょく(暖色)

おんしらず【恩知らず】 恩を受けてもありがたいと思わず、恩に報いる心が無いこと。そういう人。

おんしん【音信】 たより。おとずれ。手紙。いんしん。**―ふつう【―不通】** たより・連絡がまったくないこと。「上京後、五年間―の息子」

おんじん【恩人】 情けをかけてくれ世話になった人。「命の―」

オンス ヤード ポンド法の単位。記号oz. ㋐重さの

単位。普通、ポンドの十六分の一。㋑容積の単位。ガロンの百六十分の一。▽オランダ ons

おんすい【温水】温かい水。湯。↕冷水。「―プール」

おんすうりつ【音数律】音節の数で組み立てる韻律。五七調・七五調など。

おんせい【音声】①人が出す声。言語音。▽↓おんいん。②放送などで、(映像に対して)声や音。「―がとぎれる」

おんせつ【音節】音声上の一単位。一まとまりの音のくぎり。シラブル。「弱―」 **―もじ**【―文字】日本の仮名のように、一音節を一字で表す文字。

おんせん【温泉】地熱で温められた温水がわき出す泉。また、それを利用した浴場や、その浴場がある一帯。いでゆ。「―場(ば)」▽法律上は、セ氏二五度以上のものか、温度にかかわらず一定の成分を有するものをいう。 **―たまご**【―卵・―玉子】湯の温度とゆで時間を調節して、卵白が半凝固状態、卵黄が半熟になるようにゆでた鶏卵。▽元来は、温泉でゆでた鶏卵。 **―マーク**〔俗〕ラブホテル。つれこみ宿。▽看板に地図の温泉記号♨を使ったことから。

おんぞうし【御曹司・御曹子】①名門の子息。②公家(くげ)の部屋住みのむすこ。転じて、源氏の嫡流のむすこ。▽「曹司」は部屋のこと。

おんそく【音速】音が空気中を伝わる速さ。秒速約三三一メートル。

おんぞん【温存】『名・ス他』①大事に保存しておくこと。「兵力を―する」「―療法」②(悪習などを)改めないままにしておくこと。

おんたい【御大】〔俗〕その仲間、その道の頭(かしら)である人。▽「御大将」から。

おんたい【温帯】熱帯と寒帯との間にある、気候の温和な地帯。南北両半球で、おおよそ二三・五度から六六・五度の緯線の間。

おんたく【恩沢】めぐみ。「―に浴する」

おんだん【温暖】『名ナ』気候が暖かなこと。「―な風土」 **―か**【―化】『名・ス自』気候が温暖になること。特に、地球温暖化。 **―ぜんせん**【―前線】前線(2)の一種。暖かい気団の方が勢力が強く、寒気団の上に乗り上げつつ進むもの。暖気の上昇で雲ができ、広範囲に雨が降る。↕寒冷前線

おんち【音痴】①音感がにぶくて、正しい音程で歌えないこと。そういう人。②〔俗〕転じて、《普通は「……―」の形で》㋐特定の感覚がにぶいこと。「方向―」▽(ア)は(イ)を誤解した戦後学生語に発する。㋑自分の能力や他人の思惑にお構いなく、それに引かれて熱中する状態。その人。「寮歌―」「ドイツ語―」「こりもせず―だなあ」▽旧制高校生の用語。多く「オンチ」と書く。

おんちゅう【御中】郵便物のあて名が組織名の時、その下に添える言葉。「凸版印刷株式会社―」

おんちょう【恩×寵】主君や神のめぐみ・いつくしみ。

おんちょう【音調】①音の高低の調子。②楽曲のふし・調子。③詩歌のリズム。七五調など。

おんてい【音程】①二つの楽音の高低の差。②俗に、音の高さ。「―が狂う」

おんてき【怨敵】うらみ重なる敵。

オン デマンド 需要に応じて、または必要になった時だけ、行うこと。「ビデオ―」(利用者の要求に応じて、通信回線を通じてビデオ番組を配信するサービス)▽on demand **―しゅっぱん**【―出版】注文に応じて必要な部数だけ、書籍を印刷・製本する方式。

おん-でる【おん出る】『下一自』〔俗〕追い出されるのでなく、自分から進んで去る。「会社を―」

おんてん【恩典】なさけある処置。有利な扱い。また、それをほどこすこと。「―に浴する」

おんと【音吐】声の出し方。こわね。「―朗々」(声量が晴ればれと豊かな様子)

おんど【音頭】①多くの人が、歌につれておどる踊り。その曲。「伊勢―」②㋐人の先に立って、物事をはじめること。「乾杯の―をとる」㋑多人数で歌う時、ひとりがまず歌い出して皆の調子を取ること。③雅楽で、管楽器を吹き始める人。 **―とり**【―取(り)】音頭(2)をとること。その人。首唱者。

おんど【温度】暑いか寒いか、熱いか冷たいかの度合い。 **―さ**【―差】比喩的に、その事に関し二集団(ふたり)の間に認められる熱意・態度の違い。「増税問題で政府・与党間に―がある」▽二十世紀後期に政治・報道用語として使い始めた。

おんとう【穏当】『名・ダナ』おだやかで、しかも筋が通り無理がないこと。「―を欠く」「―に事を取りさばく」 派生 **-さ**

おんどく【音読】『名・ス他』①声に出して読むこと。↕黙読。②漢字を字音で読むこと。おんよみ。↕訓読(1)

おんどり(をん)【△雄鳥】おすの鳥。特に、ニワトリのおす。↕めんどり。▽ニワトリの場合、「雄鶏」と書く。

オンドル【温△突】朝鮮、中国東北地方の暖房装置。床下の数条のみぞに煙を通し、床の板・石を熱するもの。▽朝鮮語。

おんな(をんな)【女】①人間の性別の一つで、子を産みうる身体の構造になっている方。女子。女性。婦人。「―ならでは夜の明けぬ国」(天岩戸(あめのいわと)の神話にも見るとおり、女でなくては明るくならないものだ、ということ)。成年女子を指すことも多い。「―になる」。また、気持がやさしい、激しくない等、女性から連想されてきたことを指す場合もある。「―坂」▽「をみな」の転。↓おみな。なお、「藤原鎌足の女」など、血統をいう時の「女」の字は、「むすめ」または「じょ」と読む。②女性の器量・容貌。女ぶり。「いい―だねえ」「―が上がる」③愛人である女性。特に、情婦。「―をこしらえる」。めかけ。「―を囲う」④召使である女子。下女。女中。 関連 女性・女子・婦人・婦女・女人(にょにん)・女史・刀自(とじ)・女丈夫(じょじょうふ)・女傑・レディー・おなご・たおやめ・淑女・貴婦人・美人・佳人・麗人・美女・べっぴん・大和撫子(やまとなでしこ)・色女・醜女(しゅうじょ・しこめ)・

才女・才媛・悪女

おんない【恩愛】「おんあい」の連声(れんじょう)。→おんあい

おんながた【女形】→おやま(女形)

おんなぎらい【女嫌い】男が、女に接するのをきらうこと。また、そういう男。↕男嫌い

おんなぐせ【女癖】《普通、「―が悪い」の形で使う》その男性の、女性とのつきあいに関して現れる傾向。

おんなぐるい【女狂い】《名・ス自》男が、女に夢中になり、情事におぼれること。そういう男。↕男狂い

おんなけ【女気】女がいるために生じる雰囲気。おんなっけ。↕男気。「男ばかりで―が全くない」

おんなごころ【女心】①女特有の心持ち。女らしい心。②女のうわきな心。「―と秋の空」(変わりやすいもののたとえ) ▽↕男心

おんなこども【女子供】女や子供。「―には分からない」 ▽多くは男が見下して言う。

おんなごろし【女殺し】女を殺すこと。また、女を迷わせる魅力的な男。美男子。

おんなざか【女坂】神社・寺の参道などで二つある坂のうち、ゆるやかな方の坂。↕男坂

おんなざかり【女盛り】女の、いちばん美しい年ごろ。女の肉体が機能的にもっとも盛んになっている年ごろ。↕男盛り

おんなじ【△同じ】《連体・ダナ・副》「おなじ」のくだけた言いかた。

おんなじょたい【女所帯】女だけの所帯。↕男所帯

おんなずき【女好き】《名ナ》①とかく女から好かれること。「―のするタイプ」②男が、女との情事を特に好む性質であること。↕男好き

おんなたらし【女×誑し】多くの女をだましてもてあそぶこと。その常習者。色魔。

おんなで【女手】①働き手としての女。「―一つで育てる」②女の筆跡。③草(そう)仮名・平仮名。▽↕男手。→おんなもじ

おんなのこ【女の子】①女である子供。↕男の子。②若い女性。▽軽んじても言う。「会社の―が」

おんなばら【女腹】女児ばかり産む女。↕男腹

おんなひでり【女×旱】(女が少なくて)男が女を求めるのに不自由する状態。↕男旱

おんなぶり【女振り】女らしい風采。特に、女としての容姿。↕男振り

おんなへん【女偏】漢字の偏の一つ。「始」「妙」などの「女」の称。

おんなみょうり【女冥利】女に生まれて(神仏から)授かるしあわせ。↕男冥利

おんなむすび【女結び】ひもの結び方の一種。男結びの結び方を左から始めたもの。↕男結び

おんなもじ【女文字】①女の書いた文字。女の筆跡。②平仮名。▽平仮名の出来た当時、主に漢字を使った男に対し、女が使った。

おんなもち【女持(ち)】女の持ち物としてふさわしいように、形などやや小さく作ったもの。おんなもの。↕男持

おんなやもめ【女△寡・〈寡婦〉】夫を失って独身の女。↕男やもめ。「―に花が咲く」▽「やもめ」は元来この意。

おんならしい【女らしい】《形》しとやかでやさしいなど、女としての(とされる)特質をもっている。派生 **-さ**

おんねつ【温熱】あたたかく感じる熱。「―療法」

おんねん【怨念】うらみの執念。遺恨。

おんのじ【御の字】〔俗〕ありがたい、しめたものだの意。「君がしてくれれば―だ」▽もと、「御」の字を付けたいほどすぐれたものの意。

おんば【〈乳母〉】うば。「―さん」「―日傘」(乳母(うば)をつけたり、日傘をさしかけたり、というように子供を大事に育てること)▽今は「―日傘」の形でしか使わない。

おんば【穏婆】産婆。とりあげばあさん。

おんぱ【音波】発音体の振動によって空気などに生じる波動。耳に入ると鼓膜をゆらし、音として知覚される。音の波。

オンパレード 勢ぞろい。総出(そうで)。「名曲の―」▽on parade

おんばん【音盤】(音楽などの)レコード。ディスク。

おんびき【音引き】①字書などで、漢字を字音で引くこと。↕画(かく)引き。②→ちょうおんぷ

おんぴょうもじ【音標文字】音声を示す符号として用いる文字。㋐→ひょうおんもじ。㋑発音符号。

おんびん【音便】語が連接する時、発音しやすい別の音に変わる現象。特に、イ音便・ウ音便・促音便・撥(はつ)音便をいう。

おんびん【穏便】《ダナ》物事が、かどだたず、おだやかであるさま。「―に処理する」派生 **-さ**

おんぶ ①背負うことの幼児語。②人に頼ること。「資金の不足分は親に―する」「―にだっこ」(頼りきること)

おんぷ【音符】①文字の補助記号。濁音符・半濁音符・長音符などの総称。②〔音楽〕形によって音の長短、位置によって音の高低を表す記号。「四分―」③形声によって構成される漢字の、音を表す部分。例、「格」の「各」の部分。

おんぷ【音譜】楽譜。

おんぷう【温風】①器具から出るあたたかい空気の流れ。②あたたかい風。春の風。

オンブズマン 国民に代わって行政活動を監視し、また国民からの行政機関に対する苦情を処理する者。スウェーデンに始まる。▽スウェーデン ombudsman

おんぼう【△隠亡・△隠坊】火葬場で死体を焼く職業の人を呼んだ称。

おんぼろ〔俗〕非常にいたんでいること。ぼろぼろ。また、そういうもの。

おんみ【御身】①《名》相手の体をうやまって言う語。「―お大切に」②《代》あなた。▽②は既に古風。

おんみつ【△隠密】①《ダナ》物事を人に知れないよう

に隠してするさま。こっそり。ひそか。「—に事を運ぶ」「—の計画」派生 -さ ②《名》江戸時代の探偵。忍びの者。

おんみょうじ【△陰陽師】律令時代、陰陽道に関する行事をつかさどる職の人。後に、民間にあって加持祈祷(かじきとう)を行う者。おんようじ。

おんみょうどう【△陰陽道】↓おんようどう

おんめい【恩命】情けあるおおせ。ありがたいお言葉。

おんめい【音名】音楽で、ある高さの音に付けた名前。西洋音楽のハニホヘトイロ、CDEFGAHなど。

おんもと【御△許】↓おもと(御許)

おんもん【×諺文】ハングルの旧称。

おんやく【音訳】《名・ス他》①音を手掛かりに語を写し取ること。例えば㋐漢字の音(まれに訓)を使って外来語を書き表すこと。例、「仏陀(ぶっだ)」「倶楽部(くらぶ)」。㋑ローマ字など外国の表音文字で表してある日本の人名等の固有名詞を、推し測って漢字で表すこと。②視覚障害者のために、文字で記された情報を音声化すること。

おんやさい【温野菜】加熱調理した温かい野菜。主として根菜・果菜類。↔生野菜。「ステーキに—の付け合わせ」

おんよう【音容】声(=音)と姿(=容)。

おんよう【温容】やさしくおだやかな、顔かたち。「師の—に接する」

おんようどう【△陰陽道】古代中国の陰陽(↓いんよう)五行(↓ごぎょう)説にもとづいて、自然現象を説明し人間の吉凶を判断する学問。後に俗信化した。▽「おんみょうどう」とも。

おんよく【温浴】《名・ス自》湯にはいること。↔水浴

おんよみ【音読み】《名・ス他》↓おんどく⑵

オンライン コンピュータなどの情報処理システムがネットワークに接続した状態。また、ネットワーク通信を介すること。↔オフ ライン。「—預金口座システム」「—で買う」▽on-line **—ゲーム** ネットワークを通して行うコンピュータ ゲーム。▽online game

おんり【×厭離】↓えんり。▽正しくは「えんり」。

オンリー ①ただそれだけ。「—ワン」「仕事—の生活」②〔俗〕第二次大戦後の一時期、一人の特定の外国人とだけ交渉をもつ売春婦。▽only

おんりつ【音律】①音の(高低の)調子。音楽の調子。②音楽で、相対的な音の高さの関係を一定の方法によって整理したもの。例、西洋音楽の平均律、中国・日本の十二律。

おんりょう【怨霊】うらみを晴らそうと、たたりをする霊(れい)。▽死霊が普通だが、生霊(いきりょう)にも使える。

おんりょう【温良】《名ナ》おだやかで、すなおなこと。「—な人物」派生 -さ

おんりょう【音量】音の大きさ・豊かさ。

おんる【遠流】流罪(るざい)の中で最も重いもの。佐渡・隠岐(おき)・土佐など京都から遠く離れた地に流すこと。↔近流(きんる)

おんわ【温和】①《名・ダナ》おとなしくてやさしいこと。「—な性質」②《名ナ》あたたかでおだやかなこと。「気候が—」派生 -さ

おんわ【穏和】《名・ダナ》おだやかで、かどだたないこと。「—な表現」派生 -さ

か

か【蚊】夏発生して、人畜の血を吸う小さな昆虫。吸われるとかゆい。種類が多く、日本に住むのは体長五ミリ前後。血を吸うのは雌だけ。ハマダラカはマラリアの、アカイエカは日本脳炎の病原体を媒介する。幼虫は、ぼうふら。「—の鳴くような声」(弱々しい声)「—の涙」(非常に少量・少額なことのたとえ)▽はえ目か科。

か【香】かおり。におい。「梅が—」▽雅語的。

か【△彼】《代》①「何」と対応して、ばくぜんと物事を指す語。「何や—や」「何とも—とも」▽⑵から。②↓かの

か=《形容詞の上に付いて》語調を整え、また、勢いを強める。「—弱い」「—細い」「—黒(ぐろ)い」

=か【日】《和語の数詞に付け、体言を作る》日数。また、ある基準の日から数えてその日数に当たる日。「ふつ—かかる」「今月のはつ—に出かける」

=か【△処】《主に動詞連用形に付け、体言を作る》その動作・作用の行われる場所。「住み—」「あり—」「奥—」▽「奥が」「隠れが」のように濁ることがある。

か ①《終助》《句末に置き、述語の体言・副詞などや活用語連体形(形容動詞では語幹)に付く》㋐疑い・問い掛け・反語・言い返し、また、詠嘆、自問自答などによる納得を表す。「これで哲学—」「もう帰る(の)—」「帰るんだって?もう—い」「できは見事—」「こんな幸運がまたとあろう—」「その発言は公人として(なの)—」「茶でも飲むとする—」「お値段はいくらです—」「あいつとなんか口をきく(もの)—」「それ見たこと—」「とうとう卒業—」「そう—、分かったぞ」▽文中にはさむ句では「何だ—こわい」「庭を荒らしたのが犬だ—どうだ—調べよう」のように、助動詞「だ」の終止形にも付くが、文末では「それは何—」「庭を荒らしたのは犬—どう—」であって「だ」に付かない。文中にはさんで(推量したり念を押したりの)注釈的に使うことがある。「会計係が、あろうこと—、金庫から金を盗んで逃げた」「いつもは楽にできるのに、何の手違い—、うまくいかなかった」「いい—、危ない所には行くなよ」。また文中で「か」に終わる句は体言相当の働きもする。「どうしたらよい—を考えろ」「成功する—否—はやってみなければ分からない」「問題はどこで暮らす—だ」

㋑《特に助動詞「う」や打消しに付いて》誘い掛けを表す。「そろそろ出掛けよう―」「これ食べてみない―」 ▽⑴㋐㋑は文語係助詞に由来し、その文末の用法が固定したもの。文語的な「難局を何―恐れよう」「あすの命をたれ―知る」なども、時には使われる。

㋒《意味的に両立し難いA・Bによる「A―B―」の形で》選択の意を表す。「生―死―」「食う―食われる―の戦い」「君が来る―ぼくが行く―だ」 ▽「か」に選択を求める意味があるというより、このようなA・Bを㋐の用法で並置したことで全体としてこの意が生ずる。↓⑵㋑

㋓《主に「A―A(で)ない―」「A―どう―」「A―否―」の形で》Aである、Aすることが不確定・不明だという意を表す。「行く(の)―行かない(の)―、早く決めろ」「会社が休暇を認める―どう―」。《「A―Aしないうち」の形で》Aするとすぐ。「入社してわずか半年たつ―たたないうちに」 ▽㋓も㋒と同種の用法。

㋔『―に』……かと。……かのように。「夕月があるかなきかに掛かる」「別れを惜しむかに響く船の汽笛」

⑵《副助》㋐《多くは不定を表す表現に添えて》不確かな気持、または知っていてもあらわにはしない気持を表す。「いつ―行こう」「いつ―も話したね」「だれ―それを知らないか」「どこ―遠いところ」「いつの間に―仲良しになっていた」「つらい目を幾度―見た」「何―(しら)悲しい」「カント―だれ―の言葉だが」「もし―(したら)田中さんではありませんか」「十年―そこらしたら」「私どう―しているわ」 ▽↓いつか(何時)・どうか《連語》

㋑《「A―B―……N(―)」の形で》可能性のあるものを並べ(選択を求め)るのに使う。「雨―雪が降るでしょう」「コーヒー―紅茶―どちらにします?」「色は黒―白―赤―どれがお好みですか」「直接に―間接に―知っている」 ▽㋑の用法を並立助詞とする説もある。⑴㋒㋓と本質的には異ならず、すべてに「か」を添えるのが本来。↓とか

㋒《「ばかり―」の形で》↓ばかりか

㋓《「どころ―」の形で》↓ところ⑷。▽⑵は⑴の転。

か【*下】 カ ゲ した しも もと さげる さがる くだる くだす くださる おろす おりる ― ①㋐一層低い方。した。しも。ふもと。↕上。「下方・下流・下風・下弦・以下・机下・山下・天下・眼下・階下・城下・廊下・形而下(けいじか)」。以下「ゲ」と読む。「下水・下段・上下」 ㋑他の物の影響を受ける地位・所。もと。すそ。「時下・灯下・門下・部下・麾下(きか)・配下・管下・言下・目下・県下・膝下(しっか)・会下(えげ)・支配下」 ㋒表に現れない部分。「意識下」 ②位づけ、ねうちづけをした低い方。低級のもの。また、身分の低いもの。いやしい。めした。「下位・下等・下士・下婢(かひ)・下情」。以下「ゲ」と読む。「下作・下策・下司(げす)・下衆(げす)・下種(げす)・下劣・下女・下男・下人・下郎・凡下・地下(じげ)」 ③順序で、おそく現れる方。「下巻・下旬」 ④上から下へ動く、また動かす。くだる。おりる。くだす。おとす。おちる。さげる。↕上。「下筆・下付・下命・下問・下降・落下・滴下・沈下・却下・投下・放下」。以下「ゲ」と読む。「下痢・下剤・下山・下馬・下車・下船・下落・卑下・宣下」 ⑤中央から地方へゆく。また、官庁などから民間へ移る。「西下」。以下「ゲ」と読む。「下向・下野」 ⑥他の語に添え、敬称に用いる。「陛下・猊下(げいか)・閣下・殿下・貴下」

か【*仮】【假】 カ ケ かり かす ― ①一時的なまにあわせ。本物でないもの。「仮装・仮説・仮託・仮面・仮病(けびょう)・仮死・虚仮(こけ)・仮名・仮象」 ②かりる。かす。ゆるす。「仮借(かしゃく)」 ③かりに。臨時に。まにあわせに。「仮定・仮設・仮泊・仮寓(かぐう)」

か【*価】【人價】 カ あたい ― ①物のねうち。ねだん。「価値・価格・価額・代価・市価・定価・売価・時価・物価・高価・評価・廉価・平価・真価・声価・結合価」 ②元素・基などの原子価、イオンの電荷などを数える語。

か【佳】 カ よい ― ①すぐれてよい。めでたい。「佳句・佳作・佳話・佳境・佳節・佳辰(かしん)・佳肴(かこう)・絶佳」 ②美しい。顔かたちが美しい。「佳人・佳麗」

か【*化】【化】 カ(クワ) ケ ばける ばかす ― ①形や性質が別のものになる。かわる。かえる。「化石・化合・化学・化膿(かのう)・化身(けしん)・化粧(けしょう)・化生(けしょう)・権化(ごんげ)・羽化・俗化・風化・退化・強化・悪化・激化・老化・酸化・転化・進化・電化・変化(へんか・へんげ)・帰化・遷化(せんげ)・都会化・不良化・民主化・映画化・機械化・自由化」 ②人格に影響を与える。教え導く。「化育・王化・文化・改化・教化(きょうか・きょうけ)・造化・淳化(じゅんか)・徳化・能化(のうげ)」 ③「化学」の略。「理化・化成」

か【*花】【花】 カ(クワ) ケ はな ― ①はな。花がさく。「花卉(かき)・花弁・花冠・花木・花時・花月・花影・花鳥・花信・百花・残花・造花・供花(くげ・きょうか)・献花・立花・六弁花・落花生・隠花植物」 ②はなのような。美しくはでなこと、また、もの。「花押・花燭(かしょく)・花客・名花・美花・詞花」 ③美しさを売る。「花街・花柳界」 ▽「華」が本字。

か【×訛】 カ(クワ) なまり ― ①正しくない。あやまり。「訛伝・訛謬(かびゅう)」 ②ある地域または個人の言葉が、標準とちがった形をとる。なまる。「転訛・訛言・訛語・訛音」 ▽「譌」は異体字。

か【*貨】【貨】 カ(クワ) ― ①ねうちを持つ品物。財宝。「貨財・貨殖・貨物・貨車・雑貨・舶貨・載貨」 ②代価として通用する品物。金銭。「貨幣・金貨・銅貨・悪貨・通貨・硬貨・外貨・鋳貨」

か【靴】【靴】 カ(クワ) くつ ― 革で作ったはきもの。くつ。「軍靴・長靴・隔靴搔痒(かっかそうよう)」

か【*可】カ よい べし ―①『名・造』ゆるすことができる。よしとする。よろしい。「可もなく不可もなし」（特によくもないが、また特にわるくもない。まあまあだ）「分売も可」「栄養可」「可否・可決・許可・裁可・認可・優良可」②できる。なし得る。「可能・可燃性・可溶性・可逆反応・可視光線」③評価する。……に値する。「可愛・可憐(かれん)」

か【*何】カ なに なん いずれ ―疑問を表す。なに。どれ。「誰何(すいか)・幾何」

か【*荷】カ に になう ―①にもつ。に。「出荷・入荷・集荷・在荷・着荷」②肩の上にのせる。になう。引っかぶる。「荷担・荷重・負荷」③肩にかつぐ荷物を数える語。「酒樽(さかだる)一荷」④はちす。はすの葉。「荷葉・荷華・荷露・荷風」

か【*河】カ かわ ―①大きなかわ。かわ。「河川・河水・河口・河岸(かがし)・河畔・大河・山河・運河・氷河・決河・銀河」▽もと、中国で長江を「江」というのに対して、黄河のこと。「江河・河南」②「河内(かわち)国」の略。「河州・摂河泉」

か【苛】カ ―①きつい。きびしい。むごい。ひどい。「苛酷・苛政・苛税」②いらいらと皮膚を刺激する。「苛性」③こまかくてわずらわしい。「苛煩」

か【*歌】カ うた うたう ―①うたう。ふしをつけてうたう。「歌舞・歌劇・歌曲・唱歌・謳歌(おうか)」②ふしをつけてうたう言葉。韻文。「歌謡・歌文・歌詞・歌集・歌碑・歌論・名歌・唱歌・詠歌・悲歌・牧歌・短歌・和歌・詩歌・狂歌・返歌・挽歌(ばんか)・校歌・主題歌」。特に、和歌。「歌人・歌学」▽「哥」は古字、「謌」は同字。

か【*加】カ くわえる くわわる ―①足す。ふやす。かさねる。くわえる。くわわる。「加法・加算・加味・加害・加勢・加筆・加護・付加・追加・添加・倍加・増加」②なかまにはいる。くわわる。「加入・加盟・参加・奉加帳」③「加賀国」の略。「加州・加越能」④「カ」に当たる外国語音を表すのに使う。特に、㋐「加奈陀(カナダ)」の略。「日加会談」㋑「加利福尼亜(カリフォルニア)」の略。「加州」

か【架】カ かける かかる ―①物をのせたり掛けたりする台、または、さお。「架上・書架・開架・筆架・銃架・後架・十字架・担架」②空中にかけわたす。かける。かかる。「架空・架設・架橋・架線」

か【嘉】人 カ よみす ―①よい。美しい。味がいい。よし。「嘉言・嘉辰(かしん)・嘉肴(かこう)・嘉味」②めでたいこと。よろこびごと。「嘉慶・嘉祥・嘉節・嘉例・嘉儀」③よいとしてほめる。よろこぶ。よみす。「嘉納」

か【*果】カ(クワ) はてる はたす はて ―①木の実。くだもの。「果実・果樹・青果・苹果(ひょうか)・漿果(しょうか)」②『名・造』原因・因縁によって生じるもの。「因となり果となる」「果を得る」「果報・因果(いんが)・仏果・効果・結果・成果・戦果・悪因悪果」③思い切って最後のきまりをつける。決断する。「果敢・果断」④思ったとおりの結果になる。はたして。「果然」

か【*課】カ(クワ) ―①租税・仕事などをわりあてる。「課税・課役(かやく)・課業・課題・公課・賦課」②『名・造』なすべき仕事のわりあて。「次の課を予習する」「課程・日課・学課・考課・放課後」③『名・造』役所や会社などの事務機構の単位。「うちの課では」「課長・庶務課・会計課」

か【菓】カ(クワ) ―①おかし。「菓子・乳菓・製菓・茶菓(さか)・氷菓・冷菓・名菓」▽日本での用法。②木の実。くだもの。「果」に同じ。

か【*火】カ(クワ) コ ひ ほ やく ―①ひ。ほのお。「火気・火山・火中・火勢・火炎・火燵(こたつ)・火傷(かしょう・やけど)・水火・発火・石火」②あかり。ともしび。「漁火(ぎょか・いさりび)・蛍火(けいか・ほたるび)・鬼火(きび・おにび)・灯火・行火(あんか)」③物がもえる。やく。「火田・火災・火難・火事・大火・失火・兵火」④物を燃やしてその熱で煮たきする。たく。「火食」⑤きびしく勢いがはげしい。「火急・火宅・情火・心火」⑥爆発によって物を破壊するもの。おもに銃砲を指す。「火兵・火器・火薬」⑦『名・造』㋐五行(ごぎょう)の一つ。㋑七曜の一つ。また「火曜日」の略。

か【*科】カ(クワ) しな とが ―①一定の標準を立ててすじみちを通すこと。等級。種類。区分けした一つ一つ。「科目・科挙・科学・学科・実科・全科・選科・百科・専科・分科・教科・文科・理科・眼科・放射線科」②生物分類学上の一段階。目(もく)と属との間。「齧歯目(げっしもく)ねずみ科」③㋐きまり。法律。「金科玉条」㋑法律に照らして罪の等級を定める。罪をおわせる。おきて。とが。「科料・罪科・重科・厳科」④舞台で俳優が行う動作。しぐさ。「科白(かはく・せりふ)」

か【*夏】カ ゲ なつ ―①四季の一つ。なつ。「夏日・夏期・夏季・夏至(げし)・夏安居(げあんご)・夏炉冬扇・立夏・初夏・盛夏・炎夏・消夏・晩夏」②『名』㋐中国古代の王朝名。禹(う)王から桀(けつ)王に至る十七代とされる。「夏殷(かいん)周」㋑五胡(ごこ)十六国の一つ。㋒西夏。

か【寡】カ(クワ) すくない ―①『名・造』すくない。「寡をもって衆にあたる」「衆寡・寡少・寡聞・寡徳・寡黙・寡言・寡欲・多寡」②徳がすくない。諸侯の自称、また自国の君主を他国人に対して呼ぶ時に用いる。「寡人・寡君」③配偶者を失った男(=やもお)または女(=やもめ)。「寡婦(かふ・やもめ)・鰥寡(かんか)」

か【*家】カ ケ いえ や うち ―①㋐人の住む建物。いえ。「家居・家具・家屋・家財・家畜・農家・人家・隣家」㋑一族の集まって住むところ。世帯。「家計・家庭・出家(しゅっけ)・在家(ざいけ)」②血すじつづきの者の集まり。一族。「一家・家門・家人(かじん・けにん)・家長・家兄・家族・家運・家督・家産・家風・名家・豪家・実家・旧家・国家・婚家・良家・養家・貴家・患家」。以下「ケ」と読む。「本家・分家・当家・宮家(みやけ)・公家

(げく)・将軍家・家来」③学問その他の流派。一流派を立てる人。一つの事柄についてすぐれている人。「大家・作家・画家・書家・音楽家・好事家(こうずか)・陰陽家(おんようけ)・事務家・専門家・諸子百家」

か【嫁】カ よめ とつぐ かたづく ｜①よめいりする。とつぐ。また、よめ。「降嫁・許嫁(きょか・いいなずけ)・婚嫁・再嫁」②(罪や責任を)人になすりつける。「転嫁」

か【稼】カ かせぐ ｜①くらしを立てるためにせいを出して働く。かせぐ。「稼業・稼働日数」②穀類をうえつける。また、うえつけた穀類。みのった穀類。「稼穡(かしょく)＝穀物の植えつけととり入れ)」

か【華】カ(クワ) ケ はな ｜①「花」の本字。「華道・蓮華(れんげ)・華鬘(けまん)・国華」②《名・造》はなやか。はでやか。「華を去り実(じつ)に就く」「華美・華奢(かしゃ・きゃしゃ)・華飾・栄華(えいが)・浮華・繁華・豪華・昇華・詞華」③おしろい。こな。「亜鉛華」④中国の自称。「中華・日華・華北・華中・華南・華僑(かきょう)」

か【渦】カ(クワ) うず ｜水がうずをまいて流れる。また、うず。うずまき。「渦中・渦水・渦紋・戦渦」

か【*過】【過】カ(クワ) すぎる すごす あやまつ あやまち ｜①㋐とおってゆく。とおりこす。「過客・過雁(かがん)・過渡・一過・通過・経過・濾過(ろか)・擦過・看過・黙過」㋑時がたつ。すぎる。「過去・過日・過般」㋒立ちよってゆく。よぎる。「過雨」②㋐適当な程度をこえる。度をこす。ゆきすぎ。「過度・過半・過大・過少・過重・過労・過分・過言・過敏・過激・超過・過不及・過不足・過保護・過酸化物」㋑度がすぎて正しさを失う。あやまる。あやまち。まちがい。「過誤・過失・大過・小過・功過」③とが。つみ。「過料・罪過」

か【禍】【禍(人)】カ(クワ) わざわい まが ｜よろこばしくない事柄。不幸をひきおこす原因。災難。↕福。「禍福・禍根・水禍・災禍・奇禍・惨禍・戦禍・輪禍・大禍・黄禍・筆禍・舌禍」

か【暇】カ ひま いとま ｜しなければならない仕事のない時。手すきの時。ひま。「小暇・寸暇・休暇・余暇・閑暇・賜暇」

か【霞(人)】カ かすみ ｜①日の出や日没に雲が美しくいろどられること。「朝霞・晩霞」②春、野山にただようもや。かすみ。「雲霞・煙霞」

か【箇】カ コ ｜①物事を一つ一つ指し示すのに用いる。「箇条・箇所」②物を数えるとき、数詞につける語。「つ」に当たる。「十二箇月」▽「个」は同字、「ケ」と書くのは「个」の代用。

が【×蛾】蝶(ちょう)に似た昆虫。蝶とは違って夜行性のものが多く、灯火などに集まる。幼虫は毛虫・芋虫・螟虫(めいちゅう)など害虫とされるものが多いが、蚕もこれに属する。▽ちょう目のうち、蝶以外の昆虫の総称。羽を開いたまま物にとまる、触角が櫛(くし)の歯状になっている、などで蝶と区別されるが、例外も多い。

が ㊀《格助》①《体言(に相当する表現)Aに付いてBを述語とし》Bの主語を示す。AはBの動作・作用主に限らず、「A―B」で次のような概念関係を表す。▽「は」との使い分けに関しては、↓は《係助》(1)㋐

㋐Bで表す性質をもつ。「空―青い」「桜―満開だ」「困った時に助けるの―友達というものだ」「n―偶数であるための条件」▽特に「A―A」の形は、↓㋗

㋑何に着目してBを言うのかその観点を示す。「太郎は色―黒い」「根(＝生まれつきの性格)―明るい人です」「象は鼻―長い」「算数―よくできる子」

㋒Bで表す関係に立つ。「小太郎―太郎の長男であることは皆が知っている」「この品(の方)―そちらのより高い」▽比較表現の主語に付く場合はすべてこの用法。

㋓Bで表す動作・作用を発する。「日―出る」「鳥―空を飛ぶ」「会社―事業を拡張する」「先生―生徒に解かせた問題」

㋔《特に、感覚的なAにつき「A―する」の形全体で》(感じられるほどに)Aが出現・発生する。「持ち重り―する」「そんな気―する」

㋕Bが何に向けてそう言うのか、その対象を示す。「腹―痛い」「本―面白い」「旅行―したい」「この席からは掲示―見にくい」「あいつはお前―好きなんだ」「この掛け軸―気に入った」

㋖《A(の末)が活用語連体形である慣用的言い回し》AするまたはAであることが、の意。「言わぬ―花」「思いとどまる―よい」「まあ聞いた―いい」「服を脱ぐ―早いか(＝脱ぐとすぐ、脱ぐや否や)川へ飛び込んだ」▽多くは、用法的には㋐。文語で連体形が体言相当の働きもしたことの名残。

㋗《「A―A」の形で》着目するAの性質に注意を喚起し、改めてAだと確認する(念を押す)気持で言うのに使う。一般には、Aが(多くは具合のよくない)特別なAの意。「事情―事情なので肩身が狭い」「場所―場所なところへもってきて時期も悪い」「相手―相手だけに気をつけろ」「日ごろの仲―仲だから、けんかでもしなければいいが」。特に、Aが数量表現や「みな」や「何」などの場合、そのすべての意。「十人―十人(とも)口をそろえて」「みんな―みんな同じ服装だ」「何―なんでも(＝どんなことがあっても)やりぬくぞ」▽㋐でB＝Aの場合の慣用的用法。

㋘続けて述べる叙述を引き出すのに使う。「贈り物はせいぜい―一万円止まりだ」「そもそも―彼の不注意から始まった」「本来―そうあるべきでない」「早い話―丸くおさまったということだ」▽「が」が無ければ連用修飾語とされるような用法。

㋙《主に文末に間投助詞的に使って》ののしり(時には気安さからの親しみ)の気持を表す。「(この)おろかものー」▽述語の省略に由来する表現。

②㋐《体言(相当の)A・Bによる「A―B」の形で》AをBの連体修飾語とするのに使う。「梅―香」「君―代」「ここ十年―とこ(＝のところ)変わりが無い」

「描き方が中途半端である―ゆえに美しくない」▽多くは文語的、時に雅語的。明治前半までは、今なら「中村の家」と言うところを普通に「中村―家」と言った。㋑《「A―ごとし」の形で、Aは活用語(に終わる連語)や人代名詞》Aのよう(だ)。↓ごとし。「過ぎたるは及ばざる―ごとし」「まずは信ずべき―ごとくである」「むせぶ―ごとくに聞こえる笛の音」▽文語の残存形。⑵を他の格助詞と区別して連体助詞とする説もある。

㊁《接助》《終止形に付いて》①その前後に述べたことをつなぐ役目をする。逆接の時も順接の時もある。「努力した―、解決には至らなかった」「食べてみた―、予想どおりの味だった」▽㈠⑴の転。②《「が」のあとを表現せず、言いさしのままで》相手の反応を待つ気持を表す。「試してはみます―」。時には詰問にも使う。「言わなくても分かってるだろう―」③《「……う(よう・まい)―……う(よう・まい)―」の形で》そのどちらにしてもの意。「行こう―行くまい―かまわない」「どうしよう―勝手だ」

㊂《接》《句の初めに》逆接に使う。しかし。「彼が悪いと思う。―、彼はそれを認めない」▽㈡⑴の逆接の場合の転。

が【牙】ガ ゲ きば ―①歯、また特に大きく鋭く成長した歯。きば。「毒牙・歯牙・犬牙・爪牙(そうが)・象牙(ぞうげ)」②象牙で飾った大将の旗じるし。「牙城」③仲買人。取引の間にはいって口銭をとるもの。「牙銭」

が【*芽】【芽】ガ ゲ め ―①草木の、め。めが出はじめる。「麦芽・嫩芽(どんが)・発芽・腋芽(えきが)・肉芽・摘芽・胚芽(はいが)」②物事のはじまる最初の動き。きざし。「萌芽(ほうが)」

が【雅】【雅】ガ みやびやか ―①《名・造》みやびやか。風流。「雅と俗」「雅遊・雅客・雅趣・文雅・典雅・風雅・温雅・優雅・清雅・閑雅・都雅・古雅」②正しい。「雅言・雅楽」③一定している。つねづねのこと。「雅意・雅志」④《名》詩経にいう詩のスタイルのうち、宮廷でうたう高尚な詩。⑤他人の言行・詩文などにつけるほめ言葉。「雅兄」

が【瓦】ガ(グワ) かわら ―①土をある形に焼きかためたもの。かわら。(玉に対して)こわれやすくねうちのないもの。「瓦礫(がれき)・瓦石・瓦解・陶瓦・煉瓦(れんが)」②重量の単位「グラム」に当てて用いる。③「ガ」に当たる外国語音を表すのに用いる。「瓦斯(ガス)」

が【*我】ガ われ わ ―①自分のこと。第一人称の代名詞。われ。おのれ。「彼我・自我・個我・非我・忘我・没我・無我」②《名・造》ひとりよがり。自分勝手の考え。自分本位の考え。わがまま。「我が強い」「我を通す」「我を折る」「我を張る」「我意・我流・我利」③仏教で、常住のものとして認識される自己。「我執・我慢・人我(にんが)・大我・小我」

が【餓】【餓】ガ うえる ―食物が少なくて生命をささえかねる。ひもじい思いをする。「餓死・餓鬼・餓莩(がひょう)=餓死した人)・餓虎・飢餓」

が【*画】【畫】ガ(グワ) エ(ヱ) えがく カク(クワク) ―㈠「ガ」と読む。①《名・造》絵をかく。えがく。「書画に秀でる」「画家・画師(えし)・画匠・画工・画伯・彩画・図画・臨画」②えがかれた。いろどられた。「画眉・画餅(がべい)・画竜点睛(がりょうてんせい)」③かかれた絵。「画商・画帖(がじょう)・画譜・壁画・水彩画・日本画・南画・洋画・漫画・劇画・線画・版画・書画」。また、映像。「映画・録画」㈡「カク」と読む。▽「劃(かく)」の代用。①かぎる。くぎる。くぎり。「画然・画一・区画」②はかる。はかりごと。「画策・計画・企画・参画」③《名・造》直線を引く。漢字の字体をくみたてる一筆の線。「画で引く」「筆画・字画・一画・画数」㈢《名》易の卦(け)をあらわす算木(さんぎ)の横段のしるし。

が【臥】ガ(グワ) ふす ―横になってねる。うつぶせになる。「臥床・臥竜(がりょう)・臥薪嘗胆(がしんしょうたん)・安臥・起臥・仰臥・横臥・病臥・行住坐臥(ぎょうじゅうざが)」

が【*賀】ガ ―①《名・造》(先方にあったよい事を)喜び祝う。喜びたたえる。ことほぐ。「五十の賀」「賀正・賀状・賀宴・賀頌(がしょう)・賀表・賀詞・賀客・祝賀・慶賀・参賀・朝賀・年賀・拝賀・謹賀新年」②「加賀国」の略。「賀州・越登賀」

が【駕】ガ ―①《名・造》馬にのる。のりもの。また、他人の往来を敬って言う表現。「駕を枉(ま)げる」(来訪を敬って言う表現)「車駕・枉駕(おうが)・来駕」②おいこす。しのぐ。「凌駕(りょうが)」

カー 自動車。「―ステレオ」「レンタ―」「―チェイス」。車両。「ケーブル―」▽car **―シェアリング** 自動車を共同で所有または賃借し、各人の使用に応じてその費用を分担する方法。▽car sharing **―フェリー** 自動車ごと貨客を運ぶフェリーボート。▽car ferry **―ポート** 屋根と柱だけの簡単な車庫。▽carport

があがあ 《副[と]》①アヒルなどの鳴き声。②機械の雑音。「補聴器が不調で―いう」③うるさく言い続けるさま。「―騒ぎたてるほどの問題ではない」

カーキ 黄色に少し茶色のまじったような色。枯草色。「―色」▽khaki

かあさん【母さん】子が母を親しみを込めて呼ぶ語。↕とうさん。▽「お―」の形が多い。

カースト インドに古来伝わる世襲の階級制度。大きく婆羅門(バラモン=僧)・刹帝利(クシャトリヤ=王族・武人)・吠舎(バイシャ=平民)・首陀羅(スードラ=奴隷)に分かれ、それぞれ職業を世襲し、通婚したり食事を共にしたりすることを禁じられる。カスト。▽caste

ガーゼ やわらかく粗い織りの綿布。多くは消毒して医療に使う。▽ドイ Gaze

カーソル ①コンピュータなどの表示画面で、文字や図形を入力・表示する位置を指し示す下線や記号。②計算尺や測量器械などで、目盛りを読んだり合わせたりするために左右に動かす透明な板。▽cursor

ガーター ①靴下留め。靴下つり。▽garter ②ガーター勲章。イギリスの最高勲章。▽Garter **ーあみ【ー編(み)】** 編み棒を使って、表編みに交互に裏目を入れて編むこと。

かあつ【加圧】『名・ス他自』圧力を加えること。圧力が加わること。↔減圧

カーディガン 毛糸で編んだ、前あきのセーター。▽cardigan

ガーデニング 草木の手入れ、野菜作りなど、趣味としての庭仕事。▽狭くは、自然の趣を生かした英国風のものを言う。gardening

カーテン ①室内の空間・窓・壁などにつるす布。光線・温度の調節、防音、遮蔽(しゃへい)、間仕切り、装飾用など。②舞台の幕。③比喩的に、隔て。遮蔽物。「鉄のー」(→てつのカーテン) ▽curtain **ーコール** 演劇・音楽会などの幕切れに喝采して、出演者を再び舞台上に呼び出すこと。▽curtain call

ガーデン 庭。洋風庭園。「ビアー」「ーパーティー」▽garden

カート ①物を運ぶ手押し車。「ショッピングー」▽cart ②パイプ製のフレームに小型のエンジンを載せたスポーツ用の車両。「レーシングー」▽kart

カード ①メモ・整理・集計・確認などに使う、普通は小型長方形の厚紙類。「単語ー」「バースデーー」▽材質は紙に限らない。②クレジット カード・キャッシュ カード・プリペイド カードなどの総称。「ー社会の弊害」③㋐トランプ。また、ゲームに使う、(1)に似たもの。「ーゲーム」㋑手段。打つ手。「核兵器のーを持って」「制裁ーも切りにくい」④(野球などの)試合の組合せ。「好ー」▽card

ガード ①『名』道路の上にまたがっている鉄道橋。「ー下」(市街地で店・倉庫・駐車場に利用する、鉄道高架線の下も指す) ▽girder から。②『名・ス他』㋐護衛。見張り。「ーマン」「要人をーする」。防護。「ーレール」㋑ボクシングで、守りの構え。「ーがかたい」▽guard

カートリッジ 機器の部品(同様のもの)で、差し替えが自由にできるもの。「インクー」▽cartridge

カートン ①(ろう引きの)厚紙や段ボールなどで作った紙の箱。②特定の商品を一定数まとめて箱詰めしたもの。特にタバコの(二十本入り)パックを十個詰めたもの。▽carton

カーナビ GPSなどを使って自動車の現在位置を求め、目的地への道順とあわせて、車内に搭載した画面に表示する装置。▽日本で命名した car navigation system から。

カーニバル ①謝肉祭。②転じて、お祭りさわぎを伴う催し。「海のー」▽carnival

カーネーション 赤・白などの美しく香りのよい多弁の花を咲かせる園芸植物。南ヨーロッパ原産で、日本には江戸時代初期に渡来。春から夏に咲くが、一年を通じて栽培・流通する。オランダセキチク。▽carnation なでしこ科。

カーバイド 炭化カルシウム。水と反応してアセチレンガスを出し、灯火燃料とした。石灰窒素の原料にする。▽carbide 広くは炭化物全般をいう。「シリコンー」

カービンじゅう【カービン銃】 普通よりも銃身の短い歩兵用の小銃。騎銃。▽「カービン」は carbine

カーブ ①『名』曲線。②『名・ス自』道などを曲がること。道などが曲がっていること。また、その曲がっているところ。「ーを切る」「ーミラー」③『名・ス自』野球で投手が手首を内側にひねって投げる変化球。また広く、球すじが曲がること。▽curve

カーペット じゅうたん。敷物。▽carpet

ガーベラ 南アフリカ原産の多年草。ヨーロッパで観賞用に品種改良された。形はタンポポに似るが、より大きい。五〜九月に真紅・橙(だいだい)・白・黄などの頭状花が咲く。▽gerbera 広くは、きく科ガーベラ属の植物の総称。

カーボン ①炭素。「ー電極」「ーロッド」②「カーボン紙」の略。裏一面に炭素の微粒子などの顔料を蠟(ろう)や油と混合したものが塗られていて、これを二枚の紙の間に挟んでおくと上の紙に書いた内容が下の紙に複写される。▽carbon

ガーリー 『ダナ』少女らしいさま。「ーなスタイル」▽girlie, girly

ガーリック にんにく。▽garlic

カーリング 氷上スポーツの一つ。四人ずつ二組に分かれ、交互に、ハンドルのついた円形の重い石(ストーン)を円形の的(ハウス)に向けて投げて滑らせ、ブラシ(ブルーム)で氷上を掃いてストーンの速度と方向を調整し、ストーンの位置による得点を争う。▽curling

カール ①『名・ス自他』(頭髪の)巻き毛。また、巻き毛にすること。「ー人形」▽curl ②『名』山の斜面にできた、半円形にえぐられたようなくぼ地。急ながけで囲まれ、底(=カール底)は平ら。かつて氷河に浸食されてできた地形。圏谷(けんこく)。▽ドイツ Kar

ガール 少女。女の子。「ーフレンド」。特に、ある種の仕事に従事している若い女性。「エレベーターー」「バスー」▽girl **ースカウト** 一九一二年アメリカで始まった、社会に貢献する女性の育成をめざす国際的な少女団。その団員。▽Girl Scouts

かい【峡】 両側から山が迫っている所。山と山との間。「山ー」

かい【×櫂】 水をかいて舟を進める道具。棒の端を幅広く平らに削ったもの。オール。パドル。

かい【貝】 ①多く水中にすみ、石灰質の固い殻の中に軟らかな体のある生物。アサリなどの二枚貝と、サザエなどの巻貝とがある。▽ウミウシやタコなど殻が退化したものを含めて、軟体動物全体を「貝類」

と総称することもある。②貝殻。「砂丘には―が散らばっていた」「―細工」。青貝の殻の内側。「―をちりばめた箱」(↓らでん) ③ほらがい。「―を吹く」

かい【△甲×斐・△効】したことの結果としてのききめ。効果。また、するだけの値打ち。「苦心した―がない」▽↓かいがいしい

かい【買い】ものを買うこと。「まとめ―」「衝動―」「安物―の銭(ぜに)失い」。また、(相場の上昇を見越して)為替・株式などを買うこと。↕売り。「この会社は今が―だ」「―気配」「青田―」

かい【×隗】『―より始めよ』言い出した人から始めよ。▽「隗」は人名。中国の故事による。

かい【下位】地位や順位が低いこと。↕上位。 **―ぶんるい**【―分類】一定の基準で分類した一つ一つの類を、更に細かく別の基準で分類すること。また、その分類。

かい【下意】下級のものの意見。また一般人民の考え・感情。下情。↕上意。「―上達」

かい【歌意】歌に込められた意味。

かい=【×搔(い)】「かき=」の音便形。「―繰る」「―くぐる」

かい『終助』①軽く疑ったり確かめたりする気持を表す。「元気―」②反語を表す。「そんなこと出来る―」▽助詞「か」+助詞「い」

かい〖介〗 カイ ①㋐間にはさまる。間でとりもつ。「介在・媒介・仲介・紹介」㋑たすける。「介抱・介錯(かいしゃく)」㋒よる。たよる。「介意」②㋐かたい。㋑堅い外被のある動物。えび・かに・かいの類。また、その外被。「介虫・介鱗(かいりん)・魚介」㋒よろい。兵甲。「介士・介冑(かいちゅう)」③小さい。つまらないもの。「芥」に通じる。「一介の読書子」

かい〖*界〗(人堺) カイ さかい ①『名・造』田の間のくぎり。さかい。「界を接する」「界域・界線・界隈(かいわい)・境界・限界・結界・国界・封界・分水界」②『名・造』くぎりめをつける。さかいの線をひく。「界を引く」「界紙」③ある範囲のうち。仲間。社会。「下界・世界・財界・仙界・官界・租界・幽界・視界・三界・法界(ほうかい・ほっかい)・塵界(じんかい)・眼界・学界・生物界・法曹界・社交界」④生物を大きく分類する区分。門の上。「植物界・動物界・菌界」⑤地層の年代による区分。地質時代の「代」に対応する。「古生界・新生界」

かい〖*会〗【會】 カイ(クワイ) エ(ヱ) **あう** ①㋐あう。出あう。集まる。「会見・会合・会商・会葬・会盟・会談・会話・会戦・会議・面会・再会・来会・密会・集会・付会・会者定離(えしゃじょうり)」㋑かなう。あてはまる。「会心」㋒てらしあわせる。ひきあわせる。一致させる。「照会」②『名・造』㋐集まり。人々が集まってする行事。「会を催す」「夜会・総会・司会・閉会・延会・散会・参会・流会・音楽会・展覧会・会式(えしき)・法会(ほうえ)・大嘗会(だいじょうえ)」㋑何かの関係のある者が集まって作る団体組織。グループ。「会の運営」「会員・会長・議会・商会・学会・委員会・同好会」㋒人や物の多く集まるところ。「都会」③行きあったおり。とき。しお。「際会・機会」④よくのみこむ。さとる。理解する。「会得(えとく)・会釈(えしゃく)・理会」⑤かぞえる。計算する。「会計」⑥「絵」と通じる。「図会(ずえ)」

かい〖*絵〗【繪】 カイ(クワイ) エ(ヱ) 『名・造』いろいろな糸でぬいとりしたもの。色どり描いたもの。「絵画」。以下「エ」と読む。「絵をかく」「絵図・絵伝・絵本・絵馬(えま)・図絵」

かい〖*回〗 カイ(クワイ) エ(ヱ) **まわる まわす** めぐる かえる ①向きを変えて、もとにもどる。まわす。まわる。めぐる。めぐらす。かえす。「回覧・回読・回状・回復・回生・回答・回転・回遊・周回・低回・転回・迂回(うかい)・挽回(ばんかい)・撤回・奪回・旋回・回向(えこう)」②『名・造』ひとまわり。度数。「回をかさねる」「一回・初回・今回・次回・幾回・回忌」▽「廻」に代えて用いる。「囘」は古字。③主に関西の大学で、例えば「二回生」のように、入学後何年目の学生かを言う。▽学年ではなく、関東系の大学では使わない。

かい〖人廻〗 カイ(クワイ) エ(ヱ) めぐる まわる 「回」に同じ。物の外側をまわる。円を描くようにしてもとにもどる。方向を変える。「廻廊・廻遊・廻船・廻向(えこう)・輪廻(りんね)」▽「回」で代用する。「廽」は異体字。

かい〖*灰〗【灰】 カイ(クワイ) **はい** ①もえがら。はい。「灰塵(かいじん)・骨灰(こっかい・こつばい)・灰燼(かいじん)・灰土・死灰・熱灰・石灰(せっかい・いしばい)・降灰」②活気のないもの。生気を失ったもの。はい色のもの。「灰白色」

かい〖*快〗 カイ(クワイ) ケ **こころよい** ①『名・造』心がはれはれして気持がよい。こころよい。おもしろい。「一時の快をむさぼる」「快感・快漢・快楽(かいらく・けらく)・快活・快晴・快適・快談・快諾・快挙・不快・全快・明快・愉快・爽快・痛快・欣快(きんかい)・豪快」②速い。「快速・快走・軽快」

かい〖怪〗 カイ(クワイ) ケ **あやしい あやしむ** ①㋐疑問に思われる。あやしむ。「怪死」㋑疑わしい。信用できない。「怪文書」②『名・造』不思議である。あやしい。あやしいもの。「白昼の怪」「怪聞・怪談・怪物・怪鳥(かいちょう・けちょう)・怪魚・怪火・怪訝(けげん)・妖怪・奇怪・幻怪・奇奇怪怪・勿怪(もっけ)・怪奇・怪異」③大変すぐれていて、常識をこえている。「怪力・怪腕・怪傑」

かい〖懐〗【人懷】 カイ(クワイ) **なつかしい なつかしむ なつく なつける** いだく おもう **ふところ** ①㋐着物の内側の胸の部分。「懐中・懐紙・懐剣」㋑ふところに入れて持つ。「懐抱・懐妊・懐炉・抱懐」②㋐思う。思い。なつかしく思う。心にいだく事柄。「懐古・懐旧・懐疑・本懐・素懐・述懐・追懐・胸懐・感懐・虚心坦懐(たんかい)」㋑なつかしく思わせる。やさしくし

て従わせる。なつける。「懐柔」

かい〘壊〙〘人壊〙 カイ(クワイ) エ(ヱ) **こわす こわれる** やぶれる ―― こわれる。形、また、組織や制度がくずれる。「損壊・全壊・倒壊・崩壊・破壊・決壊・朽壊・壊乱・壊滅・壊敗・金剛不壊(こんごうふえ)・壊血病・壊疽(えそ)」

かい〘悔〙〘人悔〙 カイ(クワイ) ケ **くいる くやむ くやしい** ―― 自分が悪かったことに気づいて苦しい思いをする。くい改める。「悔悟・悔悛(かいしゅん)・懺悔(ざんげ)・後悔」

かい〘人晦〙 カイ(クワイ) みそか くらい ―― ①月が出ないこと。月の最後の日。みそか。ひとつごもり。「晦日」②暗い。暗くする。見えなくする。くらます。「晦冥・韜晦(とうかい)」③はっきりしない。わけがわからない。「晦渋」

かい〘*海〙〘人海〙 カイ **うみ** ―― ①うみ。↕陸。「海陸・海洋・海岸・海浜・海流・海面・海市(=しんきろう)・大海・四海・絶海・領海・渡海・航海・内海・公海・沿海・日本海」②広く大きい形容。「海容」③一面にひろがったもの。また、物事の多く集まっているところ。「樹海・雲海・苦海・人海戦術・学海・芸海・文海」

かい〘潰〙 カイ(クワイ) ついえる **つぶす つぶれる** ―― 堤防がきれる。整頓を失う。乱れる。つぶれる。「潰滅・潰走・潰瘍(かいよう)・潰乱・決潰」

かい〘戒〙 カイ **いましめる** ―― ①㋐事のおこる前に用心するように注意を与える。禁止する。さとす。いましめる。「戒心・戒告・戒飭(かいちょく)・戒厳・警戒・訓戒・自戒・厳戒・懲戒・遺戒」㋑『名・造』いましめ。善行のおきて。特に、仏教僧団でのもの。「戒を守る」「戒律・戒行(かいぎょう)・戒壇・十戒・斎戒・持戒・受戒・破戒・殺生戒(せっしょうかい)」②『名』訓戒を目的とした漢文の文章の一体。▽「誡」に代えて用いる。

かい〘*械〙 カイ ―― ①しかけ。からくり。道具。「機械・器械」②罪人を自由にさせないための道具。かせ。かせをはめる。「械繫(かいけい)」

かい〘×誡〙 カイ いましめる ―― 行動について注意を与える。説諭する。また、そのことば。「訓誡・教誡・遺誡」▽「戒」で代用する。

かい〘*改〙 カイ **あらためる あらたまる** ―― ①前のものをやめて新しいものに変える。あらためる。前のものがすたれて新しくなる。あらたまる。「改廃・改新・改造・改装・改築・改心・改宗・改正・改革・更改・変改・朝令暮改」②検査する。点検する。あらためる。「改札」▽⑵は訓「あらためる」に基づく日本での用法。それで「改札」と「検札」との区別が生じた。

かい〘拐〙 カイ ―― 金品をだまし取る。人をだましてつれ去る。かどわかす。「拐帯・拐奪・誘拐」▽本来、ひっかけて取る意。

かい〘皆〙 カイ **みな** ―― のこらず。すべて。ぜんぶ。みな。「皆目・皆無・皆伝・皆済・皆勤・皆既食・皆出席・悉皆(しっかい)」

かい〘*階〙 カイ きざはし ―― ①急なところを上下するために設けた段々。はしご。「階段・階梯(かいてい)・石階」②高下・優劣の順序。等級。「階級・階層・位階・段階・音階・職階」③『名・造』多層建築の各層。また、建物の各層を数える時に用いる語。「次の階」「二階・地階」

かい〘諧〙 カイ かなう やわらぐ ―― ①他のものとしっくり調和する。なかよくする。なかよくあう。「諧和・和諧」②おどける。たわむれる。ユーモア。「諧謔(かいぎゃく)・俳諧」

かい〘*開〙 カイ **あく あける ひらく ひらける** ―― ①閉じてあったものがひらく。あく。あける。自由にする。花が咲く。「開閉・開巻・開封・開放・開花・打開・展開・公開・全開・満開・切開・疎開・散開」②はじまる。仕事をはじめる。「開始・開基・開会・開校・開店・開幕」③手を加えて有用なものにする。教えて知恵をひろくする。ひらける。「開拓・開墾・開発・開化・開明・未開・新開地」

かい〘*解〙 カイ ゲ **とく とかす とける** ほどく ―― ①部分部分にわける。ばらばらになる。とく。「解剖・解体・解散・解析・解組・解離・分解・瓦解・電解・氷解・融解・溶解」②『名・造』わかる。さとる。わかるようにする。とく。説明。「解語・解明・解釈・解義・解説・解題・理解・明解・了解・見解・誤解・難解・弁解・曲解・図解・読解・不可解・一知半解」。問題をといて得た結果。問題のこたえ。「方程式の解」「正解」③しばりつけていた力をとりのぞく。はたらきを及ぼしていた力をなくす。ほどく。とく。「解雇・解纜(かいらん)・解禁・解除・解任・解職・解放・解脱(げだつ)・解毒(げどく)・解熱(げねつ)・和解」④日本で、下から上に達する文書。「ゲ」と読む。「解状・解文(げもん・げぶみ)」

かい〘塊〙 カイ(クワイ) **かたまり** ―― 土のかたまり。つちくれ。また単に、かたまり。「塊状・塊茎・塊根・土塊・血塊・肉塊・山塊・地塊・金塊・氷塊・凝塊」

かい〘人魁〙 カイ(クワイ) さきがけ ―― ①先頭をゆく。さきがけ。かしら。首長。「首魁・巨魁」②大きくてすぐれている。「魁偉・魁傑」

がい【我意】 自分の考えを押し通そうとする気持。わがまま。勝手気ままな心。「―を通す」

がい【画意】 絵の中にこめられている意味。絵のおもむき。

がい【賀意】 祝う気持。「―を述べる」

がい〘*外〙 ガイ(グワイ) ゲ **そと ほか はずす はずれる** ―― ①そと。そとがわ。うわべ。↕内。「内外(ないがい・げない)・外形・外面(がいめん・げめん)・外力・外観・外郭・外陣(がいじん・げじん)・外科(げか)・外題(げだい)」②ある範囲からはずれたところ。↕内。「外出・外交・外海・外界・心外・望外・度外・国外・校外・海外・天外・教外(きょうげ)・

号外・論外・口外・意想外」③自体・本体とは別のもの。「外力・外国・外藩・外伝・外典(げてん)・外道(げどう)・渉外・対外・排外」④母のほうの身内。「外戚・外祖父」⑤のけものにする。はずす。「除外・疎外」

がい【凱】(人) ガイ ｜戦いに勝った時に奏する音楽。転じて、かちどき。また、勝ちいくさ。「凱歌・凱旋・凱陣」

がい【*街】ガイ カイ まち ｜四方に通じる道。大通り。また、その道に面した人家の群れ。まちの一画。まちすじ。ちまた。まち。まちなか。「街路・街上・街頭・街衢(がいく)・街灯・市街・花街・十字街・商店街・官庁街・街道(かいどう)」

がい【慨】【慨】ガイ ｜思うようにならないで、恨み悲しむ。なげく。「慨然・慨世・慨嘆・感慨・憤慨・慷慨(こうがい)」

がい【概】【槪】ガイ おおむね ｜①大体のところ。おおむね。あらまし。「概要・概況・概括・概見・概言・概算・概数・概説・概評・概論・概念・一概・大概・梗概」▽もと、ますで物をはかるとき、盛り上がった部分を平らにならす棒。②〔名・造〕おもむき。様子。みさお。「敵を呑(の)むの概あり」「気概」③「慨」に同じ。

がい【×咳】ガイ せき ｜せき。しわぶき。「咳唾・咳嗽(がいそう)・鎮咳・労咳・謦咳(けいがい)」

がい【該】ガイ ｜①あたる。あてはまる。「該当」②問題になっている事物を指す。その。「該案・該地・当該・該人物・該事件」③ひろくそなわる。兼ねる。「該博」

がい【骸】ガイ ｜骨。死人の骨。むくろ。ほねぐみ。「骸骨・死骸・遺骸・残骸・形骸」

がい【×碍】ガイ ゲ ｜邪魔をする。妨げる。「障碍・無碍(むげ)・妨碍・碍子」▽「礙」が本字。「害」で代用する。

がい【蓋】ガイ ふた おおう ｜①㋐かぶせる。おおう。ふたをする。「蓋世」㋑おおうもの。かさ。ふた。「頭蓋(ずがい・とうがい)・口蓋・天蓋・掩蓋(えんがい)・無蓋車」②たぶん。けだし。「蓋然」③笠(かさ)などを数える語。「一蓋」

がい【*害】【害】ガイ そこなう ｜①〔名・造〕きずつける。そこなう。悪い状態にする。↔利。「害がある」「害悪・害毒・害意・害虫・利害・損害・被害・毒害・殺害・傷害・自害・迫害・危害・公害・薬害」②わざわい。(その)人に直接の原因が無い不幸な事件。「凶害・災害・惨害・冷害・干害・風水害」③攻めるに都合がわるいところ。さまたげ。「要害・妨害・阻害」

がい【崖】ガイ がけ ｜きり立ったところ。がけ。「懸崖・断崖・崖線」

がい【涯】ガイ みぎわ はて ｜①かぎり。はて。「生涯・天涯・境涯・際涯・無涯」②水ぎわ。きし。「水涯」

かいあく【改悪】〔名・ス他〕改めてかえって悪くすること。▽「改善」という語にならって出来た語。

がいあく【害悪】害となる悪いこと。害。「―を流す」「―を及ぼす」

かいあげ【買(い)上げ】(かひ:) ①皇室・政府が民間から買い入れること。②自分の品を他人が買うことを敬って言う語。「お―品」

かいあさ-る【買(い)△漁る】(かひ:) 〔五他〕あちこちさがし求めて(盛んに)買う。「美術品を―」

がいあつ【外圧】外部からの圧力。また、外国が加える圧迫。↔内圧

かいあわせ【貝合(わ)せ】(かひあはせ) 平安末期からの遊びの一つ。三百六十個のハマグリを数人に配った上で各自が貝を左右に分け、伏せた右貝と対応するように左貝を出し、うまく対になった数を競う。後には貝殻の裏に絵や和歌をかいて判定しやすくした。▽もと、「貝覆(かいおおい)」と言い、平安時代の貴族の遊びで、左右に分かれて珍しい貝を出し合い優劣を競ったもの。

かいあわせ【買(い)合(わ)せ】(かひあはせ) 買っておいたので間に合うような、同類の品。「ちょうど―があった」

かい-い【×痒い】〔形〕↓かゆい。派生 -さ

かいい【介意】〔名・ス他〕気にかけること。心配すること。

かいい【会意】①心にかなうこと。②漢字の六書(りくしょ)の一つ。二つ以上の漢字を合わせて一つの字を作り、その意味を合成する漢字の構成法。「日」と「月」とを合わせて「明」とする類。

かいい【怪異】①〔名ナ〕道理では説明がつかないほど不思議で異様なこと。②〔名〕ばけもの。

かいい【海尉】海上自衛官の階級で、旧軍の尉官に当たるもの。▽一等・二等・三等に分かれ、海曹との間に准海尉がある。

かいい【解×頤】下あご(=頤)がはずれるほど大口をあけて笑うこと。「―の態」

かいい【×魁偉】〔名ナ〕顔(や体)が人並はずれていかついさま。「容貌―」派生 -さ

がいい【害意】人に危害を与える意志。

かいいき【海域】ある範囲内の海。「ビキニ―」

かいいぬ【飼(い)犬】(かひ:) 家で飼われている犬。「―に手を嚙(か)まれる」(世話をしてやった者から、かえって害を受ける)

かいい-れる【買(い)入れる】(かひ:) 〔下一他〕物を自分の所に買う。「不用品を高価で―れます」

かいいん【改印】〔名・ス自〕印判を今までのと別のものに変えること。「―届」

かいいん【会員】会の構成員。

かいいん【海員】船の乗組員。「―組合」

かいいん【×誨淫】みだらなことを教えること。「―の書」

かいいん【開院】〔名・ス自他〕病院など、「院」とよばれる組織体が機能し、業務を開始すること。▽旧憲法下で、国会の開会を言った。

がいいん【外因】物事の、それ自体からでなく外部か

ら生じた原因。↕内因

かいう-ける：【買(い)受ける】《下一他》代金をはらって物を手に入れる。

かいうん【海運】船舶による海上の運送。↕陸運・空運

かいうん【開運】運が開け、幸せに向かうこと。「—のお守り」

かいえき【改易】《名・ス他》江戸時代、侍に科する罰で、身分を平民に落とし、家禄(かろく)・屋敷を没収するもの。切腹より軽く、蟄居(ちっきょ)より重い。▽族籍を改め易(か)える意。

かいえん【開演】《名・ス自他》演芸・演劇・コンサートなどをはじめること。↕終演。「六時—」

がいえん【外延】〔論理〕ある概念にあてはまる事物の全て。例えば、金属の外延は、鉄・銅など全ての金属類。↕内包

がいえん【外×苑】御所(ごしょ)や神宮の外にあって、その御所・神宮に属する広い庭。↕内苑(ないえん)。「明治神宮—」

がいえん【外縁】外がわのふち。外がわに沿った部分。

かいおうせい【海王星】太陽系の八つの惑星のうち一番外側を回る惑星。

かいお-き：【買(い)置き】《名・ス他》たくさん買って、しまっておくこと。ストック。

かいおけ【飼い×桶】飼葉(かいば)を入れて家畜に食わせるためのおけ。かいばおけ。

かいおん【快音】胸のすくような、大きく鋭い音。▽多く野球の打球について言う。

かいか【怪火】鬼火や火の玉など原因のわからないあやしい火。また、原因のわからない火事。

かいか【開化】《名・ス自》人知・世の中が開けること。「文明—」

かいか【開花】《名・ス自》①花が開くこと。「—期」(その草木の花が咲いている期間)「桜の—予想」(=いつ咲き始めるかの予想)」▽草木の初花についても、他と切り離して一つのつぼみに対しても、言える。②物事が盛んになること。成果が現れること。「才能が一度に—した」

かいか【開架】図書館(室)の閲覧者に、自分で書架から出して自由に利用させる仕方。↕閉架。「—式」

かいか【階下】二階建て以上の建物で、下の方。「洪水で—は水浸しになった」

かいが【絵画】絵(え)。「—展」

がいか【×凱歌】戦勝・凱旋(がいせん)を祝って歌う喜びの歌。「—を奏する」(戦いに勝つ)「—を挙げる」(同上)

がいか【外貨】①外国の貨幣。↕邦貨。「—獲得」「—準備高」②外国からの品物。▽(2)の意では使わなくなって来た。

ガイガーけいすうかん【ガイガー計数管】放射線の線量を測定する装置。内部に封入したガスが放射線によって電離されると放電をおこし、その回数を数える。ガイガー ミュラー計数管。ガイガー カウンター。▽ドイツ人 H. Geiger と W. Müller とが考案した。

かいかい【開会】《名・ス自他》集会・会議・競技会などを開くこと。会が始まること。↕閉会。「—式」

かいがい【海外】海を隔てた外国。「企業の—進出」「—に伝わる」

がいかい【外海】陸地に囲まれず、遠く外に広がっている海。また、陸地から遠く離れた海。そとうみ。外洋。↕内海

がいかい【外界】自分をとりまく、まわりの世界。↕内界

がいがい【×皚×皚】《ト タル》一面雪や霜で白いさま。「白(はく)—たる山」

かいがいし-い【△甲×斐△甲×斐しい】《形》骨身をおしまず、きびきびしている。「—働き」▽「かい」は効(かい)の意。「甲斐」は当て字。 派生 **-さ -げ**

かいか-える【買(い)替える】《下一他》新しいものを買って、古いものと取り替える。「テレビを—」

かいかく【改革】《名・ス他》制度などを改め変えること。「機構—」「意識—」

がいかく【外角】①多角形の一辺と、これと隣り合う辺の延長とが成す角。②野球で、ホーム プレートの、打者から遠い側。アウト コーナー。アウトサイド。▽↕内角

がいかく【外郭・外×廓】外のかこい。 **—だんたい**【—団体】官庁などの機関の外部にあって、その機関と連絡を保ち事業や活動を助ける団体。

かいかけ：【買(い)掛け】品物を買って、代金をまだ払わずにあること。その代金。↕売掛け。▽以前は「かいがかり」と言った。

かいがけ【皆掛(け)】容器といっしょに品物を秤(はかり)ではかること。

かいかつ【快活】《名・ダナ》朗らかに生き生きしている、明るい性格。そのさま。 派生 **-さ**

かいかつ【快×闊】《名・ダナ》①気性がさっぱりして、度量が大きいこと。②気持よくひらけているさま。

かいかつ【開×豁】《ダナ》①心が広くて物事にこだわらないさま。②目の前がひらけていて遠くまで見通せるさま。「—地」

がいかつ【概括】《名・ス他》さまざまな点にわたる内容を、主な所に目をつけて、まとめること。

かいかぶ-る：【買(い)△被る】《五他》実質以上に高く評価する。「あまり—らないでください」▽多くは人について使う。

かいがら：【貝殻】貝の外側のから。 **—ぼね**【—骨】↓けんこうこつ。 **—むし**【—虫】貝殻のように固い、あるいは蠟(ろう)状の分泌物で体が覆われる小さな昆虫。植物にとりついてほとんど動かずにその汁を吸う。農業・園芸上の害虫として知られる種が多いが、蠟や染料に利用するものもある。▽かいがらむし上科の昆虫の総称。

かいかん【快感】気持のいい感じ。「—を覚える」

かいかん【怪漢】あやしい男。

かいかん【会館】 集会・会合などのために設けた建物。「市民—」

かいかん【開巻】 書物を開いたはじめ。「—劈頭(へきとう)」

かいがん【海岸】 陸が海に接している所。うみべ。 **—せん【—線】** ①海と陸との境界を連ねた線。②海ぞいの鉄道線路。

かいがん【開眼】『名・ス自』①目が見えるようにすること。「—手術」②芸道・技術の真髄をつかむこと。技量を発揮させること。「役者として—する」「打撃—」▽もと、⑵は呉音で「かいげん」と読む。

がいかん【外患】 団体の外部や外国から圧迫や攻撃を受ける心配。それによる紛争。「内憂—こもごも至る」

がいかん【外観】（中身の価値とは別の）外から見た（うわべの）様子。そとみ。「—は立派だが」

がいかん【概観】『名・ス他』大体の様子・状況。大体を見ること。ざっと見わたすこと。

かいき:(かひ)【買(い)気】 買おうとする気持。市場(しじょう)などで買手側が感じる人気。

かいき【回帰】 ①『名・ス自』ある事が行われて、また元と同じ（ような）状態にもどること。②『名』→さいき(再帰)⑵。 **—せん【—線】** 赤道から南北おのおの約二三・四度を通る緯線。北回帰線と南回帰線の総称。 **—ねつ【—熱】** 熱帯地方でみられる急性の感染症。発病すると数日の間隔をおいて高熱を発する。病原体は細菌で、ノミ・シラミなどによって媒介される。再帰熱。

かいき【快気】『名・ス自』病気がよくなること。「—祝い」

かいき【怪奇】『名ナノ』そんな物事がこの世にあろうかと、信じられないほど意外な、または変わったこと。「複雑—」 派生 **—さ**

かいき【会期】 会（特に議会）の開かれている期間・時期。

かいき【会規】 会の設けた規則。会則。

かいき【海気】 染色した生糸で平織りにした絹布。こうもりがさの地(じ)や羽織の裏に使う。▽多く甲斐(かい)国（＝山梨県）郡内地方で産したので「甲斐絹(かいき)」とも書く。

かいき【開基】『名・ス自他』もといを開くこと。特に、寺院を創立すること。それをした僧。▽もと、寺院建立に財政的支援をした在家の実力者。

かいき【回忌】 人の死後、年ごとにめぐり来るその月その日の忌日(きにち)。年回忌。年忌。周忌。▽満一年目を一周忌（一回忌）、満二年目を三回忌と言う。以下、七・十三・十七・二十三・二十七・三十三回忌などがある。

かいぎ【会議】『名・ス自』関係者が集まって（一定の手続きにのっとり）議題について意見を出し、相談すること。その会合。「編集—」。また、その機関。「学術—」 関連 合議・一議・議事・先議・審議・協議・衆議・評議・詮議・密議・謀議・和議・参議・発議・動議・本会議・会談

かいぎ【回議】『名・ス他』係の人が立案した文書を関係者に順に回して、意見をきき、または承諾を求めること。

かいぎ【快技】 見ていて痛快に感じるほどのすぐれたわざ・技術。妙技。

かいぎ【懐疑】『名・ス自他』うたがいを持つこと。うたがうこと。「—の念」。考えを決定するのに十分な根拠がないため、動揺している心的状態。「—的」 **—ろん【—論】** 認識について、その主観性（個人性）と相対性とを重視し、人間の知力では普遍的認識を得ることが不可能だとする態度。

がいき【外気】 家の外の空気。外部の空気。「—に触れる」

かいきえん【怪気炎・怪気×焰】 聞く者に、そんなにうまく行くものかと感じさせる、中味が疑わしい気炎。「飲み屋で始終—を上げる男だ」▽「快気炎」と書いて、勢いのよい（胸がすく）気炎を言うのは、誤用。「きえん」だけでその意。

かいきしょく【皆既食・皆既×蝕】 月が地球の影にすっかりはいって太陽の光を全く受けない皆既月食と、太陽が月にさえぎられて全く見えない皆既日食との総称。↔部分食

かいぎゃく【諧×謔】 面白い気のきいた冗談。しゃれ。ユーモア。「—を弄する」「—家」

かいきゅう【懐旧】 昔の事を懐かしく思い出すこと。「—談」「—の情」

かいきゅう【階級】 ①位。位の段階。特に軍隊での位。「—章」②格技などで、競技者の体重によって分けた区分。③社会における経済的利害・地位などを同じくする群。主にその社会の生産関係から生じ、制度化されて固定する場合もある。「—制度」④階層⑵。「知識—」 **—とうそう【—闘争】** 経済的・政治的利害を異にする階級間の争い。特に、支配階級に対する被支配階級の抗争。

がいきゅう【外×舅】 妻の父。

かいきょ【快挙】 胸のすっとするような見事な行為。「元禄(げんろく)の—」（赤穂(あこう)義士の討入りのこと）

かいきょう【回教】 →イスラムきょう。▽ウイグル（回紇）民族を通じて中国に伝えられ、「回回(フイフイ)教」と称したのに基づく。

かいきょう【懐郷】 故郷を懐かしく思うこと。「—病」（ホームシック）

かいきょう【海峡】 陸地にはさまれた、海の狭い部分。「津軽—」

かいぎょう【改行】『名・ス自』文章を進め（整え）るために、そこで行を変える（＝改）こと。

かいぎょう【開業】 ①『名・ス自他』ある事業をあらたにはじめること。「—費」②『名・ス自』営業をしていること。 **—い【—医】** 個人で医院・病院を経営している医者。町医者。

がいきょう【外教】 外国から伝来した宗教。特に、キリスト教。

がいきょう【概況】大体の情況。「取引の―」

がいきょく【外局】中央官庁に直属し、しかも独立官庁のような性質を持つ機関。例、文化庁・公正取引委員会の類。↕内局

かいきーる【買(い)切る】『五他』あるものを全部買う。特に、観客席・乗物の座席などを残らず買う。「桟敷(さじき)を―」

かいきん【解禁】『名・ス他』禁止の命令を解き自由にすること。「狩猟―」

かいきん【皆勤】『名・ス自』一日も休まず出勤・出席すること。「―賞」

かいきん【開襟・開×衿】①折りえりにしてひらいた、えり。「―シャツ」②心をうちあけること。

がいきん【外勤】事務所の外にあって交渉・販売などの仕事をすること。その任務の人。外務。↕内勤

かいく【化育】『名・ス他』天地自然が万物を生じそだてること。

がいく①【街区】市街の(道に囲まれた)一区画。「―の建築物容積率」②【街×衢】ちまた。まち。

かいぐい【買(い)食い】『名・ス他』(子供が)きまった食事以外に、菓子などを買って食べること。

かいくぐーる【×掻い△潜る】『五他』(すばやく)くぐる。「警察の目を―」「猛火を―」▽「くぐる」よりも語勢が強い。

かいぐすり【買い薬】売薬を買って用いること。その薬。「―で治した」

かいくーる【×掻い繰る】『五他』両手で交互にたぐる。

かいくれ『副』《下に打消しを伴って》全く。まるで。かいもく。「―わからない」▽「掻(か)き暮れ」の音便。

かいくん【回訓】『名・ス自他』在外の役人が訓令を仰ぎ求めたのに対して、本国政府が回答として訓令を発すること。また、その訓令。↕請訓

かいぐん【海軍】主に海上の攻防を任務とする軍隊。

かいけい【塊茎】地下茎の一部が澱粉(でんぷん)などを貯蔵して、かたまりのようになったもの。ジャガイモなど。

かいけい【会計】『名・ス他』①金銭・物品の出入りを管理すること。また、その方法・体系。「お―」「―係」②〔俗〕代金を勘定・支払いすること。 **―ねんど**【―年度】会計の便宜上、一定の区切りで設けられた一年の期間。日本では普通、四月一日から翌年三月三十一日まで。

がいけい【外形】外側から見える形。外見。「―にとらわれた考え方」

がいけい【外径】管や球体物の外側の直径。そとのり。↕内径

かいけいのはじ【会稽の恥】以前に受けた恥。「―をそそぐ」▽中国の春秋時代、越王勾践(こうせん)が、呉王夫差(ふさ)と会稽山で戦って負けた恥を、多年辛苦の後にそそいだ故事から。

かいけつ【怪傑】不思議なほど人並みはずれた能力を見せる人物。▽男について言う。

かいけつ【解決】『名・ス他自』問題やもつれた事件などを、うまく処理し落着させること。「難問を―する」。また、事件が片付くこと。「紛争が―する」「―がつく」

かいけつびょう【壊血病】ビタミンCの欠乏によって起こる病気。歯ぐきの出血等の症状がある。

かいけん【懐剣】ふところに入れて所持する護身用の短刀。▽多くは女性が持った。

かいけん【会見】『名・ス自』ふだんは離れている人が場所を定めて(公式に)会い、物事を談じあうこと。「歴史的―」「首相に―を申し入れる」「記者―」▽特に代表・使節などの場合に用いることが多い。

かいけん【改憲】『名・ス自他』憲法を改めること。憲法改正。「―論者」

かいげん【戒厳】警戒をきびしくすること。特に、非常事態に際して、行政権や裁判権を軍隊にゆだね、兵力によってその地域を警備すること。 **―れい**【―令】戒厳を布告する命令。「―を布(し)く」

かいげん【改元】『名・ス自』年号を改めること。

かいげん【開眼】『名・ス自』①〔仏〕仏道の真理をさとること。転じて、一般に芸道にさとりを開くこと。②新たに作られた仏像・仏画に仏の魂を迎え入れ供養する儀式。「大仏―」▽→かいがん(開眼)

がいけん【外見】外から見た様子。うわべ。外観。「―上の類似」

かいこ【蚕】繭から絹をとるために飼育される蛾(が)の幼虫。桑の葉を食べて育ち、通常四回の脱皮を経て蛹(さなぎ)になる。飼育する季節によって春蚕(はるご)・夏蚕・秋蚕と言う。成虫はカイコガで、色は白く、体が太くて羽が小さいため飛べない。 **―だな**【―棚】①カイコを飼うための、何段も重ねたたな。②蚕棚(1)のような形に幾段もしつらえた寝台。

かいこ【回顧】『名・ス他』過ぎ去った出来事をあれこれ思いかえすこと。「―録」

かいこ【懐古】『名・ス自』①昔の事をなつかしく思い起こすこと。②昔の時代を慕わしく思うこと。「―趣味」

かいこ【解雇】『名・ス他』やとっていた人を一方的にやめさせること。首を切ること。

かいご【介護】『名・ス他』高齢者・病人・障害者など日常生活に支障のある人を助けること。「老老―」▽看護より広く、日常生活の援助、財産の管理なども含めて言う。 **―し**【―士】「介護福祉士」の略。食事・入浴・排泄(はいせつ)等に関する介護を行い、またその指導をする人。

かいご【悔悟】『名・ス自他』今までのことを悪かったとさとり、悔いること。

かいご【改悟】『名・ス自』今までの悪かったことをさとり改めること。「―の情」

かいご【解語】『―の花』人間の言葉を解する花、つまり美人。

かいこう【回航・×廻航】①『名・ス他』船をある港に航

行させること。また、外国での任務を終えた軍艦の帰国の航海。②《名・ス自》あちこち巡って航海すること。

かいこう【怪光】原因不明のあやしい光。「—が走る」

かいこう【改稿】《名・ス自他》原稿を書きあらためること。その原稿。

かいこう【海港】①海に面した港。海岸にある港。↔河港。②海外貿易のための港。

かいこう【海溝】非常に深い、細長い溝のような海底の地形。「日本—」▽最深部が水深六〇〇〇メートル以上のものをいう。↓トラフ

かいこう【×邂×逅】《名・ス自》思いがけなく会うこと。めぐりあい。「三十年ぶりの—」

かいこう【開口】①口を開くこと。物を言うこと。「—一番」(物を言いはじめたとたん) ②能楽で、脇能(わきのう)の初めに、ワキが出て、新作の祝いの小謡を独吟すること。現在は、一曲のうたい出しをも指す。③人・空気・光などを通すために、入口や窓を設けること。また、その入口や窓。「—部」

かいこう【開港】《名・ス自他》外国との貿易のために港を開放すること。その港。 **—じょう**【—場】外国との貿易のための港。開港された港。

かいこう【開講】《名・ス他自》講義や講習を始める、また、それが始まること。「初級講座を—する」

かいごう【会合】《名・ス自》話し合いなどのため集まること。あつまり。

かいごう【改号】《名・ス自》称号・名前を変えること。また、あらためた称号・名前。

がいこう【外交】①外国との交際・交渉。「—官」②外部との交際・交渉。特に、銀行・保険会社・商社などでする勧誘・交渉・注文取り。「保険の—員」 **—じれい**【—辞令】①外交上に使う感じのいい言葉。②転じて、口先だけの心のこもっていない言葉。

がいこう【外×寇】外国から攻めてくること。また、外敵。

がいこう【外港】大都市の近くにあり、その都市のために門戸の役割をはたす港。

がいこう【外向】性格として、外部の物事に関心を示し、社交的・集団的な傾向。↔内向。「—性」「—的」

がいこう【外光】建物の外部(から)の光。「—を取り入れた設計」

かいこく【回国・×廻国】《名・ス自》①多くの国々をめぐり歩くこと。②巡礼のために国々をまわること。また、その人。「—巡礼」

かいこく【戒告・×誡告】《名・ス他》言葉に出していましめること。特に、㋐公務員に対する懲戒処分の一つ。当人に、いましめを言いわたすもの。㋑行政法上、義務不履行の場合に、一定期間に義務の履行を督促する通知。

かいこく【海国】海に取り囲まれた国。また、海に関係する事業・産業によって有名な国。

かいこく【開国】《名・ス自》①外国と交通をはじめること。↔鎖国。②独立した国家をうちたてること。建国。

がいこく【外国】よその国。よその国土。「—人」 **—かわせ**(かはせ)【—〈為替〉】国際間取引で生じる貸借を為替で決済すること。それに使う手形。▽略して「外為(がいため)」と言う。

がいこつ【骸骨】①骨ばかりになった死骸。②『—を乞う』辞職を願い出る。▽仕官中主君に捧げた身の残骸を乞いうける意から。

かいことば(かひ)【買(い)言葉】言われた悪口に対して負けずに言い返す悪口。「売り言葉に—」

かいこ-む(かひ)【買(い)込む】《五他》多量に買い入れる。「値上がりを見越して—」

かいこ-む【×掻い込む】《五他》①脇の下に抱えこむ。「槍(やり)を小脇に—んで」②(液体状のものを)汲(く)みこむ。▽「掻き込む」の音便。

かいごろし(かひ)【飼(い)殺し】①家畜を、役に立たなくなっても死ぬまで養っておくこと。②転じて、仕事で能力を発揮させないまま雇っておくこと。

かいこん【塊根】澱粉(でんぷん)などの養分をたくわえていて、かたまりのようになった根。サツマイモやダリアの根の類。

かいこん【悔恨】後悔し残念に思うこと。くやむこと。「—の情」

かいこん【開墾】《名・ス他》山野を切りひらき耕して、新しく田畑とすること。

かいさ【海佐】海上自衛官の階級で、旧軍の佐官に当たるもの。▽一等・二等・三等に分かれる。

かいさい【快×哉】気持がいいこと。痛快なこと。「—を叫ぶ」「—の声」▽「快きかな」の意。

かいさい【皆済】《名・ス他》残らずすますこと。▽特に返金・返品・納入などの場合に言う。

かいさい【開催】《名・ス他》会や催物を行うこと。「—地」

かいざい【介在】《名・ス自》両者の間に他の事物がはさまってあること。「困難が—する」

がいさい【外債】外国で募集する公社債。外国債。

がいざい【外在】《名・ス自》今問題にしているものに対し、その外にあること、または外部から与えられて存すること。↔内在。「—的な基準」「—批評」(芸術作品を一個の社会現象として社会的立場から批評すること)

がいざい【外材】外国から輸入する材木。

かいさく【改作】《名・ス他》作品を作りかえること。特に、著作物を変形・翻案・脚色などして新しい作品にすること。そうかえた作品。

かいさく【開削・開×鑿】《名・ス他》山野を切りひらいて道や運河を通すこと。

かいさつ【改札】《名・ス自》駅で、切符をしらべたり取り集めたりすること。「—口」▽「改」を検査する意の「あらためる」でも使うのは日本での用法。↓けんさつ(検札)

かいさつ【開札】《名・ス自》封を開くなどして、入札の

結果をしらべること。

かいさん【海産】 海から産出すること。海でとれること。「—物」

かいさん【解散】『名・ス自他』集まっている人がわかれ散ること。㋐集会・団体的行事などを終わってわかれること。「六時—」㋑団体組織を解くこと。「会社の—」㋒任期満了前に全議員の資格を解くこと。「国会—」

かいさん【開山】 ①寺院を創始すること。また、寺院を創始した僧。開基。宗派の祖。②転じて、物事の創始者。▽「かいざん」と読めば山開きの意。

かいざん【改×竄】『名・ス他』字や語句を変えること。「小切手—」▽多くは、悪用する目的の場合に使う。

がいさん【概算】『名・ス他』おおよその見積りをすること。精密にではなく、ざっと出す計算。「—要求」

かいし【怪死】『名・ス自』死因のわからない死。「—をとげる」

かいし【海士】 海上自衛官の階級で、旧軍の兵に当たるもの。▽海士長・一等海士・二等海士・三等海士がある。なお、能の曲名の「海士」は「あま」と読み、全く別。

かいし【開始】『名・ス自他』はじまること。はじめること。

かいし【懐紙】 ①たたんでふところに入れておく紙。菓子をとりわけたり、杯をふいたりするのに使う。ふところがみ。②和歌・連歌を正式に記すのに使う紙。檀紙(だんし)や杉原紙(すぎはらし)を多く使う。

かいじ【快事】 心がはればれするような素晴らしい出来事。「近来まれな—」

かいじ【海事】 海上の事柄に関すること。「—法」

かいじ【開示】『名・ス他』①明らかに示すこと。「勾留(こうりゅう)理由の—を求めた」「提携に当たり必要情報は互いに—する」②教えを説き示すこと。「—悟入」▽(2)は「かいし」とも言う。

がいし【外史】 官でまとめたのでなく、民間人の書いた歴史。野史。↔正史。「日本—」

がいし【外紙】 →がいじし(外字紙)

がいし【外資】 外国からの資本。「—導入」「—系の会社」

がいし【×碍子】 電線を支柱などに絶縁固定する磁器製の器具。▽合成樹脂などでできたものもある。

がいじ【外字】 ①外国の文字。②一定の規準で文字を集めた場合、その中に含まれない文字。常用漢字表の表外字や、JISの漢字コード体系外の文字など。

—し【—紙】 外国文で書かれた新聞。外紙。

がいじ【外耳】 哺乳(ほにゅう)類・鳥類の聴覚器官のうち、鼓膜よりも外側の部分。耳介と外耳道(=外界から鼓膜まで通じる細長い穴)とから成る。

がいじ【外事】 ①外国人(やその外国)に関することがら。②よそのこと。外部のこと。

がいじ【×孩児】 幼児。おさなご。▽文語的。

かいしき【皆式】『副』全く。少しも。すべて。残らず。▽「皆色」または「皆式」の意。多く、下に打消しを伴う。既に古風。

かいじつ【×晦日】 陰暦で、毎月の末の日。みそか。つごもり。

がいして【概して】『副』大まかにいって。大体。「考察は—妥当である」

かいしめ(かひ)**【買(い)占め】** 必要以上に買い集めて利益をはかること。買い取ってひとり占めにすること。「株の—」

かいし‐める(かひ)**【買(い)占める】**『下一他』買占めをする。

かいしゃ【会社】 商行為その他の営利行為を業とする目的で設立した社団法人。株式会社・合資会社・合名会社などがある。▽明治前期には「結社」と同義にも使った。

かいしゃ【×膾×炙】『名・ス自』広く言われていること。広く知れわたっていること。「人口に—する」(広く世人の話題に上り賞賛される) ▽「膾」はなます、「炙」はあぶりもの。広く賞味されるものの意から。

がいしゃ【外車】 外国製の自動車。

かいしゃく【介×錯】『名・ス他』①つきそって世話をすること。また、その人。後見。②切腹する人の首を切りおとすこと。また、その役の人。

かいしゃく【解釈】『名・ス他』文章や物事の意味を、受け手の側から理解すること。また、その理解したところを説明すること。その内容。「—のしようで、どうにでもとれる」「変わった—だ」

かいじゃくし(かひ)**【貝×杓子】** 帆立貝のような平たい貝がらに、木や竹の柄をつけた杓子(しゃくし)。汁物をすくうのに使う。

かいしゅ【皆朱】 漆塗りの一種。全部朱色に塗ること、また、塗ったもの。

がいじゅ【外需】 国外(から)の需要。↔内需

かいしゅう【会衆】 会合に寄り集まった人々。

かいしゅう【回収】『名・ス他』一度ばらまかれたものや、手もとを離れたものを、とりもどすこと。「資本を—する」。一度使われたものを再利用のために集めること。「廃品—」「宇宙船の—」

かいしゅう【改修】『名・ス他』ぐあいが悪い所を改め直すこと。修理すること。「橋の—」

かいしゅう【改宗】『名・ス自』今までのと別の宗旨・宗教を信じること。自分の宗旨・宗教を変えること。

かいじゅう【怪獣】 ①正体の分からない、あやしい動物。②(映画やアニメなどに登場する)巨大で特別な力を持つ、架空の生き物。

かいじゅう【懐柔】『名・ス他』うまく手なずけ従わせること。抱き込むこと。「—策」

かいじゅう【×晦渋】『名ナ』言葉や文章などの意味がむずかしくて分かりにくいこと。派生 **‐さ**

かいじゅう【海獣】 哺乳(ほにゅう)類の中で、海で住むのに適したように形態の変化をとげているもの。クジラ・イルカ・ラッコ・アザラシなど。

がいしゅう【外周】(市街・公園などの)土地区画や図

形などの外まわり。「―道路」

がいしゅういっしょく【×鎧袖一触】よろいのそででちょっと触れたぐらいの簡単さで敵を負かすこと。

がいじゅうないごう【外柔内剛】外見はものやわらかだが心の中はしっかりしていること。

がいしゅつ【外出】《名・ス自》外に出かけること。「―許可」

かいしゅん(かひ)【買春】《名・ス自他》金品を与えて性的な行為をすること。▽「売春(ばいしゅん)」に対して、金を支払う側を問題とする見方から言う語。一九九五年ごろから広く使われ出し、音読みでは紛れるので、区別して「かいしゅん」と言う。

かいしゅん【回春】①年が改まって、また春になること。新年になること。②若返ること。③病気がよくなること。

かいしゅん【改×悛・悔×悛】《名・ス自》前非を悔いあらため、心をいれかえること。「―の情」

かいしょ【会所】人が寄り集まる所。「碁―」。特に、江戸時代、㋐商業上の取引をするために人が集まった所。取引所。㋑行政・財政に関する、また取締りの、事務所。

かいしょ【楷書】漢字の書体の一つ。くずさない書き方で、標準的なものとされる。隷書から転じた。真書。↔行書・草書

かいじょ【介助】《名・ス他》そばにあって、世話をして助けること。「歩行―」「―者」 **―けん**【―犬】手足に障害をもつ人に付き添い、その行動を助けるよう訓練された犬。

かいじょ【海×恕】海のような広い心で許すこと。海容。「失礼の段、ご―ください」

かいじょ【解除】《名・ス他》①禁止・制限などの特別の処置をとりやめて、もとの状態にもどすこと。「警報―」「武装―」「封鎖―」②法律で、いったん結んだ契約を解消し、契約が初めからなかったと同じ法的効果を生じさせること。▽法律でも行政処分などでは「解約」とほとんど同じ意味に使っている。その場合を除き、解除はもとの状態にもどす義務が生じる。

かいしょう(かひ)【△甲×斐性】頼みがいがある、しっかりした気性のぐあい。「―を見せた」「―が無い」▽→かいがいしい

かいしょう【会商】《名・ス他》集まって相談すること。▽外交関係についていうことが多い。「日英―」

かいしょう【回章・×廻章】①関係者に回覧する手紙。回状。回文。②返事の手紙。返書。▽(2)は既に古風。

かいしょう【快勝】《名・ス自》胸がすくような勝利。

かいしょう【改称】《名・ス他》今までの呼び名を改めること。その改めた名。

かいしょう【海相】(以前の)海軍大臣の略称。

かいしょう【海将】海軍の将官。また、海上自衛官の最高位。▽自衛官では海佐との間に海将補がある。

かいしょう【海×嘯】①三角形状に開いた河口部などで、満潮時に高い波が河をさかのぼる現象。②(大きな)津波。▽(2)は明治から昭和初期の用法。

かいしょう【解消】《名・ス自他》従来あった関係・取決め・組織などがなくなること。また、そのようにすること。「婚約―」「発展的―」(より大きなものへと発展するための解消)「不満を―する」

かいじょう【回状・×廻状】→かいしょう(回章)

かいじょう【海上】海の上。海面。↔陸上

かいじょう【塊状】かたまりになった状態。

かいじょう【戒×杖】山伏(やまぶし)などが護身用に持って歩くつえ。錫杖(しゃくじょう)。

かいじょう【会場】会合の開かれる場所。

かいじょう【開城】《名・ス自》降参して敵に城や要塞を明け渡すこと。「旅順―約成りて」

かいじょう【開場】《名・ス自》会場を開いて、人を入場させること。↔閉場

かいじょう【階上】二階建て以上の建物で、二階またはそれ以上の階。「―に寝室がある」

かいじょう【階乗】〔数学〕その自然数以下のすべての自然数を掛け合わせた数値。例、3の階乗は $3!$ と書き、$3\times2\times1=6$ ▽普通、0の階乗は1と定義する。→さいき(再帰)(2)

がいしょう【外相】外務大臣の略称。

がいしょう【外傷】体の外部から受けた傷。▽表面に見える傷だけでなく、内臓破裂なども含めて言う。

がいしょう【外商】①外国の商社・商人。②デパートなどで、売場を通さず、直接客に販売すること。

がいしょう【街×娼】街頭で相手をみつけ、売春する女。夜の女。

かいしょく【会食】《名・ス自》集まっていっしょに食事すること。

かいしょく【戒×飭】《名・ス他自》→かいちょく。▽「かいしょく」は誤読。「戒飾」と書くのは誤り。

かいしょく【海食・海×蝕】《名・ス他》潮流や波が陸地をおかし、削り取っていくこと。また、その作用。

かいしょく【解職】《名・ス他》職務をやめさせること。免職。「―請求」

がいしょく【外食】《名・ス自》家庭外(の店)で食事すること。その食事。

かいしん【回診】《名・ス自他》(特に病院内で)医師が巡回して診察すること。

かいしん【回心】《名・ス自》キリスト教で、生活や世界に対する従来の不信の態度を改めて、再び信仰に心を向けること。▽→えしん

かいしん【戒心】《名・ス自》油断しないこと。用心。

かいしん【戒慎】《名・ス自》気をひき締めてつつしむこと。

かいしん【会心】《「―の」の形で》うまく行った、または、思う通りだと、心にかなうこと。「―の作」「―の笑み」

かいしん【改心】《名・ス自》悪い心をあらためること。

かいしん【改新】《名・ス自他》古いものをあらためて、新しくすること。または、新しくなること。「大化の

ー」

かいじん【灰×塵】灰とちり。あとかたもなく細かく砕けることや、取るに足りないものの、たとえ。

かいじん【灰×燼】灰と燃えさし。「ーに帰する」(火事で焼けてしまってあとかたもなくなる)

かいじん【海神】海の神。▽「かいしん」とも言う。

かいじん【怪人】あやしい所がある人物。

がいしん【害心】人に危害を与える下心。

がいしん【外信】外国からの通信、たより。「ー部」

がいじん【外人】外国人。

がいじん【外陣】↓げじん

かい-す【介す】『五他』↓かいする(介)

かい-す【解す】『五他』↓かいする(解)

かいず【海図】海の深浅、潮流の方向など、航海をするのに必要なことを描いた図。

がい-す【害す】『五他』↓がいする(害)

かいすい【海水】海の水。塩分を含む。 **ーぎ**【ー着】海水浴・水泳のときに着るもの。水着(みずぎ)。 **ーよく**【ー浴】運動・避暑・療養などのために、海の水をあび、あるいは海で泳ぐこと。

かいすう【回数】あることが何回起こるか(起こったか)の数。度数。「上演ー」 **ーけん**【ー券】乗車・入場・飲食などの券の何枚かをひとつづりにしたもの。

がいすう【概数】おおよその数。大体の数。

かい-する【介する】『サ変他』間におく。なかだちとする。介す。「人をー・して」「意にー・しない」(少しも心にかけない)

かい-する【会する】『サ変自』集まる。㋐会合する。よりあう。「一堂にー」㋑合う。出合う。「一点にー」

かい-する【解する】『サ変他』解釈する。「事態は重大だとー」。わかる。理解する。「風流をー」▽「解す」とも言う。

がい-する【害する】『サ変他』害を与える。㋐傷つける。そこなう。「健康をー」「心証をー」㋑殺す。殺害する。㋒邪魔をする。妨げる。「眺望をー」▽「害す」とも言う。

がい-する【慨する】『サ変他』嘆く。憂える。憤慨する。「世をー」

かいせい【回生】『名・ス自』生きかえること。「起死ー」

かいせい【快晴】気持よく空が晴れ渡ること。▽気象学上では、雲量○と一の場合を言う。

かいせい【改正】『名・ス他』(規則・方式などを)あらため変えること。「法律のー」「時刻表のー」▽「正」の字を含むが、「訂正」と異なり、正すという意味は強くない。「改正」は一部改正でもその法令を全体としてとらえた場合に言い、法令の中の個々の条や項を直すには「改める」を使う。関連 改訂・改良・改善・是正・修正・更正・補正・訂正・改定・修訂・規正・批正・正誤・叱正・正す・直す・改める

かいせい【改姓】『名・ス自』姓を変えること。苗字(みょうじ)をあらためること。「ー届」

かいせい【諧声】①調和する声。②漢字の六書(りくしょ)の一つ。↓けいせい(形声)

がいせい【外征】『名・ス自』外国へ軍を出すこと。

がいせい【慨世】世の有様を憂えて嘆くこと。「ーの言」

がいせい【蓋世】世をおおいつくすほどの手腕や気力があること。「ーの英雄」

かいせき【懐石】茶の湯で茶の前に出す簡単な料理。茶懐石。

かいせき【会席】①寄合いの席。②「会席料理」の略。 **ーぜん**【ー膳】会席料理を載せて出す、一尺二寸(＝三六センチ余)角の、脚が無い、漆塗りの膳。 **ーりょうり**【ー料理】元来は、本膳料理を簡略にしたもの。次第に変化して、酒宴の席の料理となった。会席膳で出す上等な料理。

かいせき【解析】①『名・ス他』事柄を細かく分けて、組織的・論理的に調べること。「データをーする」「統計ー」②『名』「解析学」の略。微分学・積分学など、極限の概念を使って研究する数学の分野。▽代数学・幾何学に対して言う。 **ーてき**【ー的】『ダナ』事柄を組織的・論理的に解明しようとするさま。数学で、解析学の方法によるさま。

がいせき【外戚】母方の親戚。

かいせつ【回折】『名・ス自』〔物理〕進行する波動が障害物の影の部分に回り込んで伝わる現象。物かげにいても音が聞こえるなど。▽diffraction の訳語。

かいせつ【解説】『名・ス他』ものごとを分析して、理由・意味などを説明すること。その説明。「ーを加える」「ニュースー」「ー記事」

かいせつ【開設】『名・ス他』施設・設備などを新しくもうけること。また、その使用を始めること。「銀行に口座をーする」

がいせつ【×剴切】『名ナ』意見などが非常に適切なこと。「時勢にーな議論」

がいせつ【外接・外切】『名・ス自』①ある図形が他の図形を取り囲んで、重ならずにぴったりと接すること。㋐多角形の各辺がその内にある多角形の各頂点にそれぞれ接すること。㋑多角形の各辺がその内にある一つの円に接すること。㋒一つの円が多角形の各頂点を通ること。②互いに他の外側にある二つの円(または球面)が、一点で接すること。▽多面体と球についても同様にいう。↔内接

がいせつ【概説】『名・ス他』あるものの全体についての、だいたいの説明・解説。「国語ー」

カイゼルひげ【カイゼル×髭】先をピンと上にはねあげた口ひげ。▽ドイツ帝国の皇帝(ドイツ Kaiser)ヴィルヘルム二世のひげがそうであったことから。

かいせん【回線】(電話やインターネットなどの)通信で情報を送るための伝送路。「通信ー」「光ー」▽circuit の訳語。無線の場合にも言う。

かいせん【回旋・×廻旋】『名・ス自他』ぐるぐるまわること、まわすこと。旋回。 **ーきょく**【ー曲】↓ロンド

かいせん【回船・×廻船】海上を貨物や乗客を運送してまわる船。運送船。回漕(かいそう)船。

かいせん【改選】《名・ス他》あらためて選挙すること。特に、議員・役員などの任期満了後、次の選挙をすること。

かいせん【会戦】《名・ス自》大兵団どうしの野戦の決戦。

かいせん【海戦】海上の戦闘。↔陸戦・空戦

かいせん【海鮮】食用の新鮮な海産魚介。「—料理」

かいせん【開戦】《名・ス自》戦争を始めること。↔終戦

かいせん【界線】さかいの線。境界線。特に投影画で、平面と正面との境界をなす線。

かいせん【×疥×癬】疥癬虫の寄生によって起こる皮膚病。点状や線状の発疹(ほっしん)ができ、ひどくかゆい。皮癬(ひぜん)。 **—ちゅう**【—虫】人体の皮膚の角質層に穴をあけてすむ小さなダニ。体長〇・四ミリほど。疥癬を起こす。ひぜんだに。ひぜんのむし。▽ひぜんだに科。

かいぜん【改善】《名・ス他自》悪い(劣った)ところを改めて、よくすること。「生活—」「病状が—した」

がいせん【×凱旋】《名・ス自》戦いに勝って帰ること。「—将軍」「優勝チームが—する」

がいせん【外線】①外側の線。②屋外の電線。③内線に対して、外部に通じる電話。 **—さくせん**【—作戦】内線作戦をとる敵軍に対して、外側から包囲・挟撃するように行う作戦。

がいせん【崖線】崖(がけ)が長く連なる地形。また、それが成す線。「国分寺—」

がいせん【街宣】《名・ス自》「街頭宣伝」の略。通行人相手に街頭で主義・主張を宣伝すること。「—車」▽商用のには言わない。

がいぜん【慨然】《トタル》①公憤を覚えて憂え嘆くさま。②気力をわき立たせるさま。

がいぜん【蓋然】蓋然的であること。蓋然性に関係すること。「—判断」 **—せい**【—性】その事柄が実際に起こるか否か、真であるか否かの、確実性の度合。また、蓋然的であること。▽これを数量化したものが確率。 **—てき**【—的】《ダナ》その事柄が、実際に起こる、あるいは真であることもあり、そうでないこともあるという性質をもつさま。

かいそ【改組】《名・ス他》組織をあらためること。

かいそ【開祖】①一流派のもとを開いた人。②寺院を創立した人。祖師。開山(かいさん)。

かいそう ①【回送・×廻送】《名・ス他》適切な所に送り直すこと。㋐郵便物の名宛人(なあてにん)が転居している場合などに、転居先などにまわすこと。㋑タクシーなど営業車両を、からのまま他の場所に送ること。②【回×漕・×廻×漕】《名・ス他》船を使って運送すること。「—船」

かいそう【回想】《名・ス他》過ぎ去ったことをあれこれ思い出すこと。「—にふける」「—録」

かいそう【改装】《名・ス他》建物などの外観・設備、または装備や包装を改めること。

かいそう【改葬】《名・ス他》一度葬った遺骸を、改めて他の所に葬りかえること。

かいそう【会葬】《名・ス自》葬式に参列すること。

かいそう ①【海草】海中に生じる顕花植物。イトモ・アマモなどの類。▽②と区別して「うみくさ」と言うこともある。②【海藻】海中に生じる藻類の総称。テングサ・アオノリ・コンブなど。食用とするものも多い。

かいそう【海曹】海上自衛官の階級で、旧軍の下士官に当たるもの。▽海曹長・一等海曹・二等海曹・三等海曹がある。

かいそう【開創】《名・ス他》新たにつくり開くこと。特に寺を創建すること。

かいそう【快走】《名・ス自》快調に走ること。また(他を引き離して)突っ走ること。▽比喩的にも使う。「会社の経営が—を続ける」

かいそう【潰走】《名・ス自》戦いに負けた隊が四分五裂になって逃げること。

かいそう【階層】①建物の階の上下のかさなり。②社会を構成する、人々のいろいろな層。「知識—」③物事が全体として成す体系的関係。「—的分類」▽(2)は class の、(3)は hierarchy の訳語。

かいぞう【改造】《名・ス他》働きが十分でなくなったものを(また、本来の用途から別の使い方ができるように)つくり変えること。「内閣を—する」「—銃」

かいぞう【解像】《名・ス他》レンズが結ぶ像や写真・ディスプレーなどの画像が、細部まで映し出され再現されること。「—力」「—度」

がいそう【×咳×嗽】《名・ス自》せきこむこと。せき。

がいそう【外層】外側の層。

がいそう【外装】①建物・機械などの外面のよそおい。「—を施す」②荷物などの、外側の包み。▽↔内装

かいぞえ(ぞ:へ)【介添(え)】①《名・ス自他》つきそっていろいろ世話をすること。その人。「—人」②《名》嫁に行く女に実家からついて行く女中。介添女中。

かいそく【快速】気持のいいほど速いこと。「—電車」(普通のより停車する駅が少なく、速い電車)

かいそく【快足】走り方・歩き方が速いこと。速い足。

かいそく【会則】会の(組織や業務についての)規則。

かいぞく【海賊】海にいて、船や沿岸地方を襲い財物を奪う賊。「—行為」「—船」 **—ばん**【—版】(外国の)著作物を無断で複製・販売した物。

がいそふ【外祖父】母方の祖父。

がいそぼ【外祖母】母方の祖母。

かいぞめ(か:ひ)【買(い)初め】新年になってはじめて物を買うこと。

かいそん【海損】海上における事故で起こった、船や積荷の損害。

がいそん【外孫】↔そとまご

がいだ【×咳唾】①せき・つばき。②転じて、ちょっと口にした言葉。「—珠(たま)を成す」(ちょっと吐いた言葉でも、玉のように美しい、ということ。詩文の才能の豊

かなことのたとえ)

かいたい【懐胎】《名・ス自他》妊娠すること。「お品は十九の春に―した」(長塚節「土」)「マリアの処女―」▽やや古風。↓かいにん(懐妊)

かいたい【拐帯】《名・ス他》まかせられている金銭・物品などを、自分のものとする目的で持ち逃げすること。「公金―」

かいたい【解体】《名・ス自他》①ばらばらにすること。また、ばらばらになること。「建物を―する」「組織が―した」「―修理」②鳥獣(や人)の体を切り開くこと。「獲物を―する」

かいだい【海内】①四海のうち。国内。②天下。

かいだい【改題】《名・ス他》題名をかえること。

かいだい【解題】《名・ス他》ある書物に関して、その著者、成立、筆写の系統、出版年月、体裁、内容、他に及ぼした影響などについて解説すること。また、その解説。

かいだい【開題】①〔仏〕経典の題目の意義を解説し、大綱を提示すること。②解題。▽⑵は既に古風。

かいたく【開拓】《名・ス他》①荒野を切り開いて、田畑・道路・宅地などにすること。「島を―する」②新しい分野・領域を作り上げたり見つけ出したりすること。「市場を―する」③進むべき道を切り開くこと。「運命を―する」

かいだく【快諾】《名・ス他》よろこんで承知すること。こころよく聞きいれること。「―を得る」

かいだし(かひ)【買(い)出し】《名・ス自他》①食料品などをまとめて買いに行くこと。「みんなで打ち上げの―に行く」②商品を市場・問屋(とんや)などに出向いて買うこと。③消費者が食糧生産地に直接行って買うこと。「―部隊」

かいたた-く(かひ)【買(い)×叩く】《五他》売手側の弱みにつけ入って、不当にやすい値をつけて買う。

かいだめ(かひ)【買(い)×溜め】《名・ス他》他日の必要や価格の高騰にそなえて、品物を当面の必要以上に買ってためこむこと。

がいため【外△為】「外国為替(かわせ)」の略式通称。「―法」

かいだん【会談】《名・ス自》面会して話しあうこと。その話しあい。「巨頭―」▽普通、責任ある立場の者の公的な話しあいに使う。

かいだん【怪談】ばけもの・幽霊などが筋の中心になっている話。

かいだん【戒壇】〔仏〕僧尼となる者に戒を授けるために作った壇。

かいだん【階段】段になった通路。特に、建物の一つの階から他の階に通じる段。はしごだん。

がいたん【慨嘆・慨×歎】《名・ス他》気が高ぶるほど嘆いて心配すること。「―に耐えない」

がいだんこうせつ【街談×巷説】世間のうわさ。

かいだんじ【快男児】気性のさっぱりした、快活な男性。好漢。▽「快男子(かいだんし)」とも言う。

ガイダンス 指導。㋐初心者に与える概略的説明。㋑教育において、生徒の自発的な発展を期しながら一定の方向に導こうとする指導。▽guidance

がいち【外地】内地以外の領土。▽第二次大戦前の日本では、朝鮮・台湾など。

かいちく【改築】《名・ス他》建物の全部または一部を新しく建てかえること。

かいちゅう【回虫・×蛔虫】人の小腸に寄生する生物。形はミミズに似るが体に節がない。その卵が食物などとともに人体に入り、腸内でかえる。ヒトカイチュウ。▽人糞(じんぷん)を肥料としていた時代に多かった。広くはかいちゅう科の寄生虫の総称。

かいちゅう【改鋳】《名・ス他》鋳(い)なおすこと。鋳造のしなおし。「金貨の―」

かいちゅう【海中】海の中。海面の下。「―散歩」

かいちゅう【懐中】《名・ス他》ふところやポケットの中。また、そこに入れて持っていること。携帯すること。 **―でんとう**【―電灯】電池などを電源にした、持ち運べる小型の電灯。 **―どけい**【―〈時計〉】ふところやポケットに入れて携帯する小型の時計。くさり・ひもなどをつける。 **―もの**【―物】ふところやポケットに入れているもの。特に、財布・紙入れなど。「―御用心」

がいちゅう【外注】《名・ス他》製造会社などが、材料品の加工などを自社で行わず、外部の業者に注文してさせること。「部品の多くを―に出す」

がいちゅう【害虫】人畜や農作物に害を与えたり、不快感を抱かせたりする、人にとって有害とされる虫。アブラムシ・カ・ゴキブリなど。↕益虫

かいちょう【会長】①会を代表する人。②会社で、社長より上の栄誉を有する人。▽社長を退いてこれになることが多い。

かいちょう【回腸】小腸の後半部のまがりくねった部分。十二指腸・空腸の後に続き、大腸につながる。

かいちょう【快調】《名・ダナ》調子が非常によいこと。気持よく事が運ぶさま。「仕事が―に進む」派生 **―さ**

かいちょう【海鳥】↓うみどり

かいちょう【階調】↓グラデーション

かいちょう【諧調】調和のよくとれた音・調子。

かいちょう【開帳】《名・ス他》①厨子(ずし)のとびらを開いて、安置する本尊秘仏などを拝観させること。↓いがいちょう・でがいちょう。②賭博の座を開くこと。▽⑵は法律では「開張」。

がいちょう【害鳥】作物や養殖魚を食べるなど、農林・水産業にとって有害とされる鳥類。↕益鳥

かいちょく【戒×飭】《名・ス他自》戒めてつつしませること。また、自ら戒めてつつしむこと。

かいちん【開陳】《名・ス他》意見などを人の前で述べること。

かいつう【開通】《名・ス自》鉄道・道路・電話などが完成して通じること。「トンネルが―する」▽他動詞的にも使った。

かいづか(かひ)【貝塚】先史時代の人が食べた貝の殻が積もった遺跡。▽貝以外の動植物の残骸、土器・石器なども出土し、考古学上重要。

かいつくろう(かいつくろふ)【×搔い繕う】《五他》きちんと整える。特に、服装・髪などの乱れたのをととのえる。

かいつけ(かひ)【買(い)付け】①いつも買ってなれていること。「—の店」②(産地・生産者などから)大量に買い入れること。「小麦の—が進む」

かいつぶり 池や川にすむ、ハトぐらいの大きさの鳥。背は黒茶色、くびは赤茶色で、腹が白い。巧みに水にもぐり小魚などをとる。木の枝や水草を使って水上に浮かぶ巣を作る。カイツムリ。ニオ。▽かいつぶり科。

かいつまむ【×搔い△摘む】《五他》要点を大ざっぱにとらえる。概括する。「—んで話す」

かいつむり ①→かいつぶり。②→かたつむり

かいづめ(かひ)【貝爪】短くて平たいつめ。

かいて(かひ)【買(い)手】買う側の人。↔売手。 **—しじょう**【—市場】売手が多いとか品が余っているとかで、買手の方が有利な情況にある取引。↔売手市場

かいてい ①【改定】《名・ス他》(今までの決まっていた事を)改めて、決め直すこと。「標準報酬を—する」②【改訂】《名・ス他》(主に文章について)述べ方、また、述べてある内容を、直し改めること。「教科書の—版」「職員の給与額を—する」▽文章表現については②を使うが、述べた事柄の場合には⑴⑵共に使われ、ほとんど同義。

かいてい【海底】海の底。「—ケーブル」(海底に敷設した通信用・送電用などのケーブル)。また、海の底の地下。「—トンネル」 **—かざん**【—火山】海底にあり、頂が海面上に現れていない火山。海中火山。

かいてい【開廷】《名・ス自他》法廷で裁判をひらくこと。↔閉廷

かいてい【階×梯】①階段。▽「蘭学(らんがく)—」など、書物の題に使って、一歩一歩のぼって行くための入門的手引の意にも使う。②器械体操で、斜めにかけたはしご。また、それによる体操。

かいてき【快適】《名・ダナ》ぐあいがよくて、非常に気持のよいこと。「—な温度」 派生 **—さ**

かいてき【会敵】行動中の部隊などが敵と出会うこと。▽→せってき

がいてき【外的】《ダナ》物事の外部にある、また、外面・外部に関した、さま。↔内的。「—条件」「—に働く圧力」

がいてき【外敵】外部の敵。外国から攻めて来る敵。

かいてん【回天・×廻天】天下の形勢を一変させること。また、衰えた勢いをもり返すこと。「—の事業」

かいてん【回転・×廻転】①《名・ス自他》ぐるぐるまわること。一点または一直線のまわりをまわること、まわすこと。「エンジンの—」「—レシーブ」「三—ジャンプ」②比喩的に、動くこと。働くこと。「頭の—が速い」「工場がフル—で操業する」③《名・ス自》(商品などが)順に入れかわって行くこと。「在庫—率」「客の—がいい」「—資金」④《名》回転競技の略。→スラローム。 **—いす**【—椅子】座面が水平に回転するいす。 **—し**【—子】回転する機械の、回転する部分。 **—じく**【—軸】①物体の回転運動の中心になる一定直線。②回転する機械の軸。

かいてん【開店】①《名・ス他》新たに店をひらいて商売を始めること。店びらき。「—祝い」②《名・ス自》店をあけて、その日の業務を始めること。▽⑴⑵とも、↔閉店。 **—きゅうぎょう**【—休業】店はあけているが、客が少ないため営業状態は休業しているのに等しいこと。

かいでん【皆伝】《名・ス他》師匠が弟子に奥義を全部伝えること。「免許—」

がいてん【外典】典拠が疑わしいなどの理由で、正典から除かれた宗教上の文書。↔正典。▽「げてん」と読めば別の意。

がいでん【外伝】伝記の主となる部分からもれた、その人物に関する逸話。「義士—」

がいでん【外電】外国電報。特に、海外ニュースを伝えるもの。

ガイド《名・ス他》案内すること。「—ブック」。また、案内者。特に観光・登山などのを言う。「バス—」▽guide **—ライン** 政府や団体が指導方針として示す、大まかな指針。指導目標。▽guideline

かいとう ①【回答】《名・ス自》質問・要求などに対する返答(をすること)。返事。「質問に—する」②【解答】《名・ス自》問題を解いて答えを出すこと。そのこたえ。「模範—」

かいとう【快刀】気持よく切れる刀。「—乱麻を断つ」(転じて、もつれた物事をきっぱり処断・解決すること)

かいとう【会頭】商工会議所などの会の長。

かいとう【回頭】《名・ス自》船や航空機が針路を新たな向きに回すこと。「竜田丸は大きく左に—した」

かいとう【怪盗】盗人の中でも神出鬼没で、なかなかつかまらない者。

かいとう【解凍】《名・ス他》①冷凍食品など、凍らせたものを溶かしてもとにもどすこと。②コンピュータで圧縮したデータを元に戻すこと。

かいとう【解党】《名・ス他自》政党(や党派)を解散すること。↔結党

かいとう【会同】《名・ス自》会議のため、寄り集まること。その集まり。

かいどう【会堂】①集会のために作った建物。「公—」②キリスト教の教会堂。

かいどう【怪童】並みはずれて体が大きく力の強い(男の)子。

かいどう【海×棠】中国原産の落葉小高木。春、長く垂れる柄の先に、淡紅色の五弁花を房状につける。八重咲き品種もある。庭木や盆栽にする。ハナカイドウ。元来は近縁のミカイドウの称で、花が上向きに咲き、小さなリンゴのような実をつける。「—や白粉

(おしろい)に紅をあやまてる」(与謝蕪村) ▽楊貴妃(ようきひ)にもたとえる。ばら科。

かいどう ①【海道】海に沿った街道(かいどう)↓②。特に、東海道。「—一の大親分」②【街道】㋐大きな街(まち)と街を結び、国中に通じる主要な道路。「北国(ほっこく)—」㋑物事がたどる過程のたとえ。「出世—」

がいとう【外×套】寒さや雨を防ぐために洋服の上に着る衣服。オーバー。コート。「毛皮の—」

がいとう ①【外灯】屋外にある電灯。屋外灯。②【街灯】街路を照らすため、道ばたに柱を立てて設けた電灯。街路灯。

がいとう【街頭】(人通りの多い)まちなか。路上。「—演説」「—録音」

がいとう【該当】〘名・ス自〙一定の資格・条件にあてはまること。「—者なし」

かいどく(かひ)【買(い)得】〘ダナ〙(実質に比べて値段が安いなどで)買うと得になるさま。「お—品(ひん)」「—な物件」「相場より安く—だ」

かいどく【会読】〘名・ス他〙幾人かが集まって、書物を読み合い、それについて論じ合うこと。

かいどく【解読】〘名・ス他〙わかりにくい文章や解き方がわかっていない暗号などを読み解くこと。「古代文字の—」

かいどく【回読】〘名・ス他〙順々にまわして読むこと。

がいどく【害毒】害になるよくないもの。「—を世に流す」

かいとり(かひ)【買(い)取り】買い取ること。特に、商品の仕入れで、売れ残っても返品できない契約の買い方。

かいどり【×掻取】→うちかけ(1)㋐。▽褄(つま)が開くのを手で掻(か)い取る(=つまんで引き上げる)から。

かいどり(かひ)【飼(い)鳥】野鳥に対し、主として小さく、家で飼われている鳥。

かいと-る(かひ)【買(い)取る】〘五他〙買って自分のものとする。(不用品などを)引き受けて買う。「言い値で—」

かいな(かひな)【△腕】(二の)うで。▽文語的。→うで(1)

かいなで 物の表面をさらりとなでただけで、深くは知られないこと。「あれほど見事には—の学者には論じられない」▽「掻(か)き撫(な)で」の音便。

かいなん【海難】船舶・船員・積荷などが航海中に陥る危難。乗上げ・衝突・遭難・火災など。「—救助」

かいなんぷう【海軟風】→かいふう(海風)(2)

かいにゅう【介入】〘名・ス自〙事件・問題などに割り込むこと。事件に強(し)いてかかわること。「武力—」

かいにん【懐妊】〘名・ス自他〙妊娠すること。懐胎。「そのころ妃殿下は皇子様を御—なさっておいでだった」▽最近は自分・身内には「身ごもる」と言っても「懐妊」とはあまり言わなくなった。

かいにん ①【解任】〘名・ス他〙今ついている任務をとくこと。▽(2)と違って、後任者の事は言っていない。②【改任】〘名・ス他〙その地位・職についていた者を去らせ、別の者をそこにつけること。「取締役の—」▽以前の法令に使われた。

かいにんそう【海人草】→まくり

かいぬし(かひ)【飼(い)主】その動物を飼っている人。

かいぬし(かひ)【買(い)主】買い手。

かいね(かひ)【買(い)値】買い取る時の値段。また、買い入れの原価。↔売値

かいねこ(かひ)【飼(い)猫】家で飼われている猫。

がいねん【概念】同類のものに対していだく意味内容。㋐同類のもののそれぞれについての表象から共通部分をぬき出して得た表象。㋑対象を表す用語について、内容がはっきり決められ、適用範囲も明確な、意味。▽㋐では共通性の抽象に、㋑では意味の明確な限定に、それぞれ重点がある。㋒俗に、複雑なものに対する大まかな認識内容のこと。「—図」 **—てき**【—的】〘ダナ〙個々の物・事の特殊性を問題にしないで、それらの類の概念㋐を取り扱う態度であるさま。多くは、具体的でない見方であるさま。▽現実に深く立ち入らず、血が通っていないというような、悪い意味に使う場合が多い。

かいのくち(かひ)【貝の口】角帯(かくおび)や女物の半幅帯の結び方の一種。

かいは【会派】大きな団体や政党の中にできる、政策や利害にもとづく小集団。派閥。「新人議員が—を組む」

かいば(かひ)【飼(い)葉】牛や馬にやる、ほし草などの飼料。「—おけ」

かいば【海馬】①タツノオトシゴ。②馬ほどもある海獣という意で使われた語。例、セイウチ・ジュゴン・トド。③脳の内側にあり、情動の現れや短期記憶に関係する部位。形が海馬(1)に似る。

かいはい【改廃】〘名・ス他〙改正することと廃止すること。「法の—」

がいはく【外泊】〘名・ス自〙自分の家やそのとき寝泊まりしている宿所とは別の場所に泊まること。「病院から—許可をもらう」

がいはく【該博】〘名ナ〙学問・知識が広く、何にでも通じていること。「—な知識」▽「該」は兼ねそなえる意。 派生 **-さ**

かいはくしょく【灰白色】灰色がかった白色。

かいばしら(かひ)【貝柱】二枚貝の殻のそれぞれの内側に両端が付着し、貝がらを閉じる働きをする筋肉。帆立貝・ばか貝などの、比較的大きなものは料理に利用する。はしら。▽→こばしら

かいはつ【開発】〘名・ス他〙①天然資源などを見出して、人間生活に役立たせること。「電源—」②(まだ存在しない)技術や製品を新しく作り出すこと。「新製品の—」「研究—」③人の潜在能力を引き出すこと。「想像力を—する」

かいばつ【海抜】平均海水面からの高さ。「富士山は—三七七六メートルある」「—の低い地帯」

かいはん【改版】〘名・ス他〙以前に出した出版物の版を、新しく組みなおすこと。

かいはん【開板・開版】『名・ス他』出版すること。▽特に木版本について言う。
かいパン【海パン】「海水パンツ」の略。下半身にはく丈の短い(男性用)水着。▽海水浴用に限らず広く水着の意で使う。
がいはん【外販】「外交販売」の略。会社などを訪問して商品を売ること。
がいはんぼし【外反×拇×趾】先の細い靴による圧迫などで、足の親指が付け根から体の外側(人差指側)に曲がること。付け根部分の骨が体の内側に突き出して痛む。
かいひ【回避】『名・ス他』よけて、わきに避けること。「落下物を―する」。免れようとして、避けること。「責任―」
かいひ【会費】会を維持するために会員の出す費用。また、会に要する費用で、出席者の負担するもの。「―制」
かいひ【開扉】『名・ス自』①とびらを開くこと。②開帳(1)すること。
がいひ【外皮】外側を包むかわ。↕内皮
かいびかえ【買(い)控え】(時機を待って)買うのを控えること。「消費者の―が起こる」
かいびゃく【開×闢】天地のはじめ。「―以来」
かいひょう【解氷】『名・ス自』春、張りつめていた氷がとけだすこと。また、とけて水に浮かぶ氷。
かいひょう【海氷】海水の凍結や、氷河からの流入により、海上にある氷。「沿岸海域の―観測」
かいひょう【海×豹】→あざらし
かいひょう【界標】土地などの境界のしるし。
かいひょう【開票】『名・ス他』投票箱を開いて、投票の結果を調べること。
がいひょう【概評】全体にわたっての大体の批評・評価。
かいひん【海浜】海岸がはまになっている所。はまべ。
かいふ【回付・回附・×廻附】『名・ス他』文書などを送り届けること。渡すこと。
かいふ【開府】『江戸―』江戸に幕府が置かれ、江戸の町が開かれたこと。▽「府」は役所の意。
がいぶ【外侮】外部または外国から受けるあなどり。
がいぶ【外部】①外側。②その組織などに属さない人。「―からの批評」▽↕内部
かいふう【海風】①海の上を吹く風。②昼間、海から陸にむかって吹く風。海軟風。↕陸風
かいふう【開封】①『名・ス他』(手紙などの)封を開くこと。②『名』封をしないで発送する郵便物。ひらきふう。
かいふく【回復・×恢復】『名・ス自他』もとのとおりになること。もとどおりにすること。「健康が―する」「失地を―する」「天候の―を待つ」「国交―」▽病気がなおる意では「快復」とも書く。
かいふく【開腹】『名・ス自』手術のために腹を切り開くこと。「―手術」
かいぶし【蚊×燻し】蚊を追い払うために物をいぶすこと。また、その火や煙。かやり。かやりび。
かいぶつ【怪物】①あやしいもの。特に、力の強い大きなばけもの。②比喩的に、特に体格あるいは力量のすぐれた人物。
がいぶつ【外物】①他のもの。②〔哲学〕自我に属さず、客観的世界に存在するもの。
かいぶん【回文・×廻文】①回章(1)。②上から読んでも下から読んでも、同じ言葉になる文句。例、「たけやぶやけた」。▽(2)は「かいもん」とも言う。
かいぶん【怪聞】あやしいうわさ。変なうわさ。
かいぶん【灰分】生物体や石炭などがもえたあとに残る不燃性の無機物。▽食品成分の一つとしてミネラルとも言う。
がいぶん【外聞】世間へのきこえ。評判。うわさ。また、その結果としての体裁・見栄(みえ)。「―をはばかる」「―の悪いことをいうな」「恥も―もない」
かいぶんしょ【怪文書】中傷的・暴露的な内容を持ち、出所の明らかでない、いかがわしい文書。
かいへい【皆兵】全国民が兵役に服する義務を持つこと。「国民―」
かいへい【海兵】①旧日本海軍の下士官と兵。②「海軍兵学校」の略。→へいがっこう。 **―たい**【―隊】上陸作戦や敵地強襲などを主任務とする部隊。▽marines の訳語。アメリカでは、陸海空軍とは独立した部隊。 **―だん**【―団】旧日本海軍で下士官・兵を訓練・教育した兵営。
かいへい【開平】『名・ス他』〔数学〕平方根を算出すること。
かいへい【開閉】『名・ス他』開くことと閉じること。開いたり閉じたりすること。あけたて。「自動―」
がいへき【外壁】外側に向いた壁や仕切りの塀。また、壁の外側。壁のような外面。↕内壁(1)。「火口の―」
かいへん【貝偏】漢字の偏の一つ。「財」「貯」などの「貝」の称。
かいへん【改編】『名・ス他』一度編成・編集したものを、やりなおすこと。「組織を―する」
かいへん【改変】『名・ス他自』→へんかい
かいへん【海辺】海に近いところ。うみべ。海端(うみばた)。
かいべん【快弁】よどみなくたくみに述べたてること。「―をふるう」
がいへん【外編・外×篇】本の主な部分である内編に引き続いて書き加えた部分。
かいほう【介抱】『名・ス他』傷病者などの世話をすること。看病。
かいほう【懐抱】『名・ス他』①ふところに入れて持つこと。②ある考えを心に持つこと。抱懐。
かいほう【快方】病気やけががよくなって来ること。「―に向かう」
かいほう【快報】いいことのしらせ。吉報。
かいほう【会報】会に関する事を会員にしらせるために発行する文書や雑誌。
かいほう【解法】問題を解く(具体的な)方法。

かいほう【解放】《名・ス他》①ときはなして自由にすること。「人質を―する」②体や心の束縛や制限などをとり除いて自由にすること。「妄想から―される」

かいほう【開放】《名・ス他》①あけはなすこと。「窓を―する」「―厳禁」②制限を解くこと。自由に出入りさせること。「門戸―」「市場―」 **―てき【―的】**《ダナ》①ありのままで、人にかくしだてをしないさま。「―な人柄」②広く門戸を社会(世界)に開いて、誰でも受け入れる状態であるさま。

かいぼう【海防】艦船で攻め寄せる敵に対する守り。 **―かん【―艦】**国内の海岸防備や自国船団の護衛を主任務とする軍艦。

かいぼう【解剖】《名・ス他》①生物の体を切り開いて、形態・構造・作用などを調べ、また、病原・死因などを探ること。②(文構造などを)分解・分析して明らかにすること。

がいぼう【外貌】顔かたち。また、外面の有様。

かいぼり【×搔い掘り】ほりや池などの水をくみ出して、中の魚をとること。

かいまい【回米・×廻米】①江戸時代、諸国から集めた米を、江戸・大坂へ回送すること。②生産地から市場へ送られて来た米。

がいまい【外米】外国産の米。↔内地米

かいまき【×搔(い)巻(き)】綿を入れた袖つきの夜着(よぎ)。掛けぶとんをこの上に掛ける。

かいまく【開幕】《名・ス自他》①幕をあけて芝居などが始まること。②大会・行事などが始まる、また、それを始めること。「―試合」 ▽↔閉幕

かいま-みる【垣間見る】《上一他》物の間・すきまからこっそりのぞく。ちらと見る。「政界の醜さを―思い」▽この語からの派生形として「垣間見える」「垣間見せる」を使う人もあるが、標準的な言い方ではない。

かいみょう【戒名】〔仏〕①受戒し仏門に入った者に授ける名。②僧が在家信者の死後におくる名前。

かいむ【会務】会の事務。

かいむ【皆無】《名ナ》全く無いこと。「可能性は―だ」

がいむ【外務】①外国についての事務。「―省」②↓がいきん

かいめい【改名】《名・ス自》名前を改めること。

かいめい【階名】音階の中の、それぞれの音に付けた名前。その音階の主音をもとにした相対的なもの。西洋音楽のドレミファソラシなど。

かいめい【×晦冥】くらくなること。くらやみ。「天地―」

かいめい【解明】《名・ス他》ときあかすこと。(不明な点を)はっきりさせること。「疑惑を―する」

かいめい【開明】知識が進んで、文明が開けること。文明開化。

かいめつ【潰滅・壊滅】《名・ス自他》ひどく壊れ(壊され、または取られて)なくなること。「―的打撃」「全軍―」 ▽「壊」は「潰」の代用。

かいめん【海綿】①↓かいめんどうぶつ。②海綿動物の繊維状の骨格。やわらかく、小さな穴が無数にあき、水分を吸う。化粧・医療・事務用品などに使用。 **―どうぶつ【―動物】**海中の岩や砂地に着生する生物。体は袋状で、上端に口、体壁に多くの小孔があり、内部に胃腔(いこう)をもつ。感覚細胞も神経細胞も分化していない。▽海綿動物門の生物の総称で、淡水産の種もある。

かいめん【海面】海の表面。

かいめん【界面】互いに性質の違う二つの物質(やシステム)が接する、境の面。「―活性剤」「プログラムと人間との―」 ▽interface の訳語。

がいめん【外面】うわべ。㋐物の外側をなす面。㋑内面に対し、外からの見掛け。外見。▽↓げめん。 **―てき【―的】**《ダナ》うわっつらだけ。見かけだけ。「―な美しさ」

かいもく【皆目】《副》《下に打消しを伴って》全く。全然。「―わからない」「―身に覚えがない」

かいもど-す:かひ**【買(い)戻す】**《五他》一度売り渡したものを、あとになって買い取る。

かいもの:かひ**【買(い)物】**①《名・ス自》物を買うこと。「―に行く」。その買った物。②《名》買って得をした物。「なかなかの―だった」

かいもん【開門】《名・ス他自》とざしてある門の扉を開くこと。↔閉門

がいや【外野】①㋐野球のグラウンドで、内野の後方一帯の地域。㋑「外野手」の略。外野を守る選手。②比喩的に、わきで見ている人。責任のない第三者。「―がうるさい」

かいやき:かひ**【貝焼(き)】**①貝を貝殻のついたままで焼くこと。②なべのかわりに貝殻に入れて食物を焼くこと。

かいやく【改訳】《名・ス他》訳しなおすこと。特に、既に訳文がある原典について、改めて翻訳すること。その翻訳。

かいやく【解約】《名・ス他》いったん結んだ契約を、(将来に向けて)解消させること。▽↓かいじょ(解除)

かいゆ【快癒】《名・ス自》病気やけがが、すっかりなおること。

かいゆう【回遊】《名・ス自》①諸方をめぐり遊ぶこと。方々をまわって観光すること。「―切符」②魚などが群れを作り泳いで季節的に移動すること。▽(2)は「回游」と書いた。

かいゆう【会友】①同じ会の友人。②会員以外で、会と関係深い人に、特に与える名・資格。

がいゆう【外遊】《名・ス自》外国に旅行すること。「―の途につく」▽「遊」は旅に出る意。

かいよう【海容】大きな度量で人の罪やあやまちを許すこと。「ご―ください」

かいよう【海洋】広い大きな海。↔大陸。 **―きこう【―気候】**海洋の影響を強く受ける気候。気温の変

化が比較的少なく、雨量が多い。↕内陸気候

かいよう【潰瘍】皮膚・粘膜・角膜などにできる、深部にまで及ぶ組織の欠損。「胃―」▽欠損の浅いのは「糜爛(びらん)」と言う。

がいよう【外用】皮膚や粘膜に薬をぬること。↕内用

がいよう【外洋】広々としたそとうみ。↕内海。「―レース」

がいよう【概要】(要点をかいつまんだ)あらまし。大要。

かいらい【×傀×儡】①あやつり人形。くぐつ。でく。②人の手先となって思いのままに使われる者。「―政権」 **―し**【―師】①人形遣い。くぐつ回し。②かげで人をあやつって思いのままに行動させる者。策士。黒幕。

かいらい【界雷】前線に伴う上昇気流によって起こる雷。▽春雷はこの型のもの。↓ねつらい

がいらい【外来】①《「―の」の形で》よそから来ること。㋐内部者でない人が来ること。「―者」㋑外国から来ること。「―の文化」「―種」②「外来患者」の略。入院患者に対し、病院にかよって来て診療を受ける者。 **―ご**【―語】他の言語からはいって来て、もとの言語本来の言葉と同じように用いられる語。▽日本語の場合、古く伝わった漢語は普通外来語とは呼ばない。

かいらく【快楽】気持よく楽しいこと。特に、欲望の満足によって起こる感情。「―にふける」「―主義」(人生の目的は快楽にあるとする主義) ▽「けらく」とも言う。

かいらん【回覧・×廻覧】①《名・ス他》順々にまわして見ること。「―板」②《名・ス自》方々をまわって見て歩くこと。▽(2)は古風。

かいらん ①【壊乱】《名・ス自他》秩序が崩れ乱れること。秩序を崩し乱すこと。「風俗―」②【潰乱】《名・ス自》敵に敗れ秩序を失って、まとまりがつかないこと。

かいらん【解×纜】《名・ス自》舟のともづなを解いて出発すること。ふなで。

かいり【×乖離】《名・ス自》そむき、はなれること。「国民と為政者の―」「―概念」(哲学で、包括するのが自然な上位の類が無い、例えば「机」と「自由」との組のような概念)

かいり【海×狸】↓ビーバー

かいり【海里・×浬】航海・航空で用いる距離の単位。一海里は一八五二メートルで、子午線上を緯度で一分移動した距離に相当する。

かいり【解離】①分子がその成分原子や原子団またはより小さい分子に分解し、しかもそれが状況によっては可逆的に進むような、分解。「熱―」「電気―」②〔心理〕自己の同一性、記憶・感覚などの正常な統合が失われること。「―性障害」

かいりき【怪力】ふしぎなほど強い力。並みはずれた力。

かいりつ【戒律】仏教で、修行者や僧団が守らなければならない規律。広く宗教一般でも言う。「―を破る」▽本来は「戒」と「律」とは別。↓かい【戒】・りつ【律】

がいりゃく【概略】①細部を略したあらまし。「―を示す」②《副詞的に》あらかた。大略。「その研究を―紹介しよう」 関連 概要・大綱・大意・輪郭・アウトライン・要約・要略・提要・摘要・ダイジェスト・あらすじ・大筋・大略・大要・大体・大概・あらかた・おおよそ・概(おお)ね・ほぼ

かいりゅう【海流】海に生じる、ほぼ一定方向に向かう川のような流れ。貿易風・偏西風などによって、また、陸水の流入や海の温度差によって起こる。「千島―」

かいりゅう【開立】《名・ス他》〔数学〕立方根を算出すること。

かいりょう:(かひ)【飼(い)料】①家畜を飼う食料。しりょう。②家畜を養う費用。

かいりょう【改良】《名・ス他》不十分なところ(もの)を改めて、一層よくすること。「品種―」

がいりょく【外力】そとから作用する力。

がいりん【外輪】①外側の輪(わ)。そとわ。②車輪の外側にとりつけた鉄製の環。 **―ざん**【―山】二重火山の、外側の古い方の噴火口の縁。箱根や阿蘇(あそ)のものが有名。↕内輪山。 **―せん**【―船】船を進めるための水車を船の中央の両舷外や船尾に取り付けた汽船。

かいれい【回礼】《名・ス自》年賀に諸方をまわること。また、礼を述べるのに諸方をまわること。

かいれき【改暦】《名・ス自》暦法を改めること。

かいろ【懐炉】衣服の内側に入れるなどして体を温める道具。特殊な灰や揮発油を燃料とするもののほか、鉄粉の酸化熱を利用した使い捨てのものなどがある。「―灰」「使い捨て―」▽多く片仮名で書く。

かいろ【回路】(環状の)電流の通路。ある機能を実現するために複数の素子を電気的につないだもの。「―網」「集積―」

かいろ【海路】船が通る道(筋)。うみじ。↕陸路・空路。「待てば―の日和(ひより)あり」(悪い事ばかりは続かない。じっくり待っていれば必ず良い事があるものだ)「―マニラにおもむく」

がいろ【街路】市街のみち。「―樹」

かいろう【回廊・×廻廊】長くて折れまがった廊下。「社殿の―」

かいろうどうけつ【×偕老同穴】①夫婦なかよく、生きてはともに年をとり、死んではいっしょに葬られること。▽「詩経」から。②円筒形の目のあらいかごのような体をもつ海綿動物。しばしば中に雌雄一対のドウケツエビがすみ、これを偕老同穴(1)になぞらえての称。

がいろん【概論】《名・ス他》全体の概要を述べること。述べたもの。

かいわ【会話】《名・ス自》向かいあって話しあうこと。

また、その話のやりとり。「英—」

かいわい【界×隈】そことその近辺。あたり。「—から の人出」「銀座—」

かいわり【貝割(り)・×穎割(り)】種から芽を出したばかりで、貝殻を割ったような姿の、ふた葉。「—大根」「—菜(な)」▽「かいわれ」とも言う。

かいわん【怪腕】人並みすぐれた腕力または腕前。「—をふるう」

かいん【下院】二院制の議会の、元来は(貴族任命でなく)人民による公選議員で組織する方の議院。↕上院

か-う【△支う】《五他》ささえにする。つっぱりにする。「棒を—」

か-う【買う】《五他》①金銭を払って品物や権利を自分のものにする。↕売る。「家を—」②自分の方に引き取る。㋐自分から求めて受ける。進んで引き受ける。↕売る。「けんかを—って出る」「調停役を—って出る」「消費意欲をかき立てることに一役—」㋑自分の行為が原因で、ある結果を招き、身に受けよくない、または、みじめな事柄について言う。▽(2)㋑は「うらみを—」「冷笑を—」「同情を—」③尊重する。高く評価する。「実力を—」 関連 購(あがな)う・求める・仕入れる・仕込む・買い出し・掛け買い・競り買い・故買・入手・購買・購入・購求・購読・ショッピング・買収

か-う【飼う】《五他》①動物を養い育てる。飼育する。「ペットを—」②動物に食物や水を与える。「馬に水を—」

ガウス 磁場の大きさ・密度・強弱を表すCGS電磁単位。記号G。▽gauss ドイツの数学者ガウスの名にちなむ。

カウボーイ アメリカ西部の牛飼いの男。▽cowboy

かうん【家運】一家の運命・運勢。「—が傾く」

ガウン ①長くゆったりした上衣。②判検事・弁護士などの法服。大学教授・教師などの正装。▽gown

カウンセラー カウンセリングを職務とする人。相談員。▽counsel(l)or

カウンセリング 悩みを訴える人の相談に応じ、(精神医学・臨床心理学などの立場から)助言や指導をすること。▽counsel(l)ing

カウンター ①飲食店・銀行などで、客側と従業員側とを仕切る(細長い)テーブル。②数取り器。計数器。③スポーツで、守備から一転して攻撃にかわること。「—攻撃」「—を食う」「—パンチ」④向きが反対、反撃的、相互、相補うなどの意を表す。「—パート」▽(4)は、本来は造語成分。counter **—テナー** 男声の、テナーよりさらに高い音域(の歌手)。▽countertenor

カウント ①《名・ス他》数をかぞえること。また、数えて得られる数値。②《名》競技の得点。野球では、投手の打者に対する投球のストライクとボールのそれぞれの数。ボクシングでは、ノック ダウンのときの秒の数。③《名》放射線の線量をガイガー計数管で測った数。「七千—」▽count **—ダウン** 大きな数から小さな数へ数えること。特に、あと何秒(何日、等)と時を数えること。「人工衛星打ち上げの—が始まった」▽countdown

かえ【代え・替え・換え】それに取りかえる(べき)品物や人。「—が見当たらない」

かえうた【替(え)歌】ある歌の歌詞を替え(言い回しは似せて)、同じ節で歌うその歌(の文句)。↕元歌(もとうた)

かえぎ【替(え)着】着がえの着物。

かえし【返し】①先方のした事に応じてこちらも何かをすること。返礼。「お—」②かえし歌。返歌(へんか)。③波・風・地震などが、一度やんでまたおこること。

かえしぬい【返し縫い】袋物などを縫うとき、一針ごとに後ろへ少し返しては縫い進める運針。

かえしわざ【返し技】①柔道などで、相手の仕掛ける技を逆用してこちらから掛ける技。②比喩的に、相手に切り返す対応・応答。「質問へのみごとな—」

かえ-す【×孵す】《五他》(あたためるなどして)卵を雛(ひな)や子にする。かえらす。

かえ-す【返す・帰す・△還す】《五他》①物・事・人を、もとのまたは本来の場所・状態に戻す。▽(2)の転。(1)㋒は「帰」、他は「返」を使う。㋐㋑には「還」を使うこともある。㋐もとどおりにする。「もとに—」㋑もとの場所・持主に戻す。「兵を—」「借金を—」㋒もとの場所に行かせる。帰らせる。「嫁を実家に—」「ヒットでランナーを—」(野球で、その行為により走者を本塁に戻す。↓ほんるい(1))㋓もとに戻るように動かす。「—刃(やいば)でのどを突く」「裏を—」(↓うら(裏)(4))「寄せては—波の音」▽波の場合は自動詞的。㋔受けた行為に対して、こちらからも働きかける。「恩を—」「礼を—」「言葉を—」「なぐり—」。《「……(を)—」の形で》球技などで、負けている方が点を入れて追い迫る。②反対の向きにする。【返】㋐裏を表側に出す。「手のひらを—」「うちわを—」(相撲(すもう)で、行司が軍配を構え、立合いを促す姿勢をとる)「座ぶとんを—」㋑下を上にする。「屏風(びょうぶ)を—」「畑の土を—」▽(2)は「反す」とも書く。③《動詞連用形に付いて》その動作をもう一度する。繰り返す。【返】「読み—」 関連 戻す・償う・突っ返す・返還・返却・返済・返上・返納・返付・返礼・還付・弁済・弁償・補償・賠償・償還・償却・報償

かえすがえす【返す返す】《副》①くりかえしくりかえし。くれぐれも。「—頼む」②何度考えても。「—(も)残念だ」

かえだま【替(え)玉】①本物のように見せかけた、代わりのにせもの。「—を使う」「—受験」②ラーメンの残った汁に入れる、おかわりの麺。

かえち【替(え)地】土地の交換。特に、今まで有して(住んで)いた土地を立ち退(の)かせる代わりとして(そこへ移るように)用意する土地。

かえって【△却って】《副》普通に期待されるところとは反対に。むしろ逆に。「歩いたほうが━早い」▽動詞「返る」の連用形＋助詞「て」から。

かえて【替(え)手】①交替する人。②三味線(しゃみせん)・琴などの演奏で、本手に対して作られた、合奏するための旋律。地唄(じうた)・長唄に多い。かえで。↕本手

かえで【×楓】てのひらのような形の葉が、秋に美しく紅葉する落葉高木。一般に「もみじ」と言われる。材は木目(もくめ)が細かくつやがあるので、器具・家具・漆器の木地(きじ)などに用いる。▽むくろじ科(旧かえで科)。葉の形を見立てた「蛙手(かえるで)」の転。盆栽界では、葉の切れ込みの数が五つ以上のを「もみじ」と言い、三つのを「かえで」と呼び分ける。本来は漢字で「槭」と書き、「楓(ふう)」は別の植物。

かえもん【替(え)紋】→うらもん(裏紋)

かえり【帰り】行った先からもとへもどること。帰り道。帰途。帰路。↕行き

かえりうち【返(り)討(ち)】かたきを討とうとして、かえってかたきのために討たれること。「━にあう」(しかえしをしようとした者がやっつけられる意にも)

かえりがけ【帰りがけ】かえるとき。かえるついで。かえる途中。かえりしな。

かえりぎわ【帰り際】帰ろうとする時。

かえりぐるま【帰り車】客を送って帰りのあき車。「━ですからお安く行きます」

かえりざき【返(り)咲き】①季節でないときに花が咲くこと。特に、春咲く花が、秋にもう一度咲くこと。くるいざき。②一度衰えたものが、もう一度栄えること。一度その(高い)地位を失いまたは退いた者が再びもとの状態に返ること。「三役への━」▽⑴の比喩的用法から。

かえりざ-く【返り咲く】《五自》返り咲きをする。「チャンピオンに━・いたが、すぐ敗れた」

かえりじたく【帰り支度】《名・ス自》帰るための、身の回りの支度(をすること)。

かえりしな【帰りしな】帰るその折(＝しな)。帰り際。

かえりしんざん【帰り新参・返り新参】再びもとのところに帰って勤め始めること。その人。

かえりち【返り血】自分にかかった、切りつけた相手の血。「━を浴びる」

かえりちゅう【返り忠】もとの主君にそむき、それと敵対関係にある新しい主君に忠義をつくすこと。うらぎり。

かえりてん【返(り)点】漢文を訓読するとき、漢字の左側につける記号。下から上へ返って読むことを表す。「レ、一・二、上・下、甲・乙、天・地」など。

かえりばな【帰り花・返り花】小春びよりの暖かさで、本来の花期ではないのに咲いた花。▽俳句で単に「帰り花」と言えば桜。ほかのは「つつじの帰り花」などのように言う。

かえり-みる【顧みる・省みる】《上一他》①ふり向いて後ろの方を見る。【顧】▽返り見る意。一族などに目を掛ける場合には「眷」も使った。②過ぎた事や他人の事を、かえりみる⑴ようにして考える。㋐過去の事柄(前例)やその経過の有様を考える。【顧】「歴史を━」㋑(自分の)して来た事のよしあしを考える。反省する。【省】「平生を━」㋒他人や物事を気に掛けて心を配る。【顧】「人を━余裕もない」「危険を━・みず進む」

かえ-る【×孵る】《五自》卵が雛(ひな)や子になる。孵化(ふか)する。

かえ-る【返る・帰る・△還る】《五自》①物・事・人が、もとのまたは本来の場所・状態に戻る。▽⑵の転。⑴㋒は「帰」、他は「返」を使う。㋐㋑には「還」を使うこともある。㋐もとどおりになる。「もとに━」㋑本来の持主、もとの所に戻る。「忘れ物が━」㋒本来居る所または初めに居た所に戻る。「家へ━」「ねぐらに━」「出発点に━」「来客が━(＝去る)」「━・らぬ人になる」(死ぬ)「━・らぬ旅」(→しでのたび)「ランナーが━」(野球で、走者が本塁に戻れて点がはいる)㋓先方から(反射して)戻る。「こだまが━」「問合せに答えが━・って来た」②普通と逆の向きになる。【返】㋐裏が表側になる。「裾が━」「軍配が━」(↓かえす(返)⑵㋐)㋑下が上になる。「踏ん張りそこねて足が━(＝足の裏が見えるような動き方になる)」▽⑵は「反る」とも書く。③《動詞連用形に付いて》すっかり……する。【返】「あきれ━」「冴(さ)え━」

関連 戻る・立ち返る・取って返す・引き返す・舞い戻る・帰還・帰郷・帰京・帰帆・帰港・帰国・帰参・帰省・帰宅・帰着・帰朝・帰任・回帰・復帰

か-える①【変える】《下一他》前と違った状態に移す。変化させる。「調子を━」「荒れ地を畑に━」。改める。「予定を━」「書き━」②【代える・換える・替える】《下一他》あるものを除き、他のものを当てる。㋐それを取り除き、そこに新しいものを使う。【換・替】「部品を━」「背に腹は━・えられない」㋑(及ばずながら、本格な)ものの役目をさせる。代理させる。【代】「蕪辞(ぶじ)を連ねて祝辞に━・えます」㋒甲の所のA、乙の所のBを、甲の所にB、乙の所にAがあるようにする。とりかえる。交換する。【換・替】「おむすびとかきの種とを━」「円をドルに━」▽⑵㋒が原義。

かえる【×蛙】多く水辺に住み、発達した後足でよく跳ねる動物。尾はなく、足にある水かきで泳ぐ。晩春・夏にかけてよく鳴く。幼生はおたまじゃくし。冬眠する。かわず。「━の子は━」(凡人の子はやはり凡人であるというたとえ)「━の面(つら)に水」(どんな仕打ちをされてもしゃあしゃあとしていることのたとえ)▽無尾目の両生類の総称で、アマガエル・カジカガエル・ヒキガエルなど種類が多い。

かえるおよぎ【×蛙泳ぎ】ひらおよぎ。

かえるさ【帰るさ】帰るおり。帰りみち。「━に立ち寄る」▽雅語的。

かえるまた【×蛙股・×蟇股】①上部の荷重を支えるための、かえるの股のように下方に開いた建築部材。▽普通「蟇股」と書く。②網目の結び方の一つ。目がよく開くので魚網などに用いる。

かえん【火炎・火×焔】ほのお。

がえん【×臥煙】①江戸の火消し人足。▽刺青(ほりもの)をし勇ましい気風を誇ったが、乱暴なふるまいも多かった。②転じて、ならず者。

がえん【賀宴】祝いのさかもり。よろこびの宴会。

がえん-じる【△肯んじる】『上一他』承知する。ひきうける。がえんずる。

がえん-ずる【△肯んずる】『サ変他』→がえんじる

かお【顔】①頭部の前面。目や鼻や口がある所。「—を洗う」「—から火が出る」(非常に恥ずかしい思いをする)「—にもみじを散らす」(女性などが恥ずかしがって赤面した美しい様子の形容)「(人の)—に泥を塗る」(他人の体面を傷つける。↓③(イ))「—を合わせる」(会う。対面する)「—がそろう」(一同が皆集まる)「大きな—をする」(いばる) ▽→つら(面) ②顔(1)の様子。㋐顔つき。表情。「変な—をする」㋑容貌。「きれいな—」㋒《接尾語的に》…の様子。「得意—」「知らん—」「わけ知り—」▽人の態度に言う。③顔(1)は人を見分ける目立つ部分だから、次のようにも使う。㋐人によく知られていること。「—が広い」「彼はこの辺で—だ」(顔を見せるだけでも、様々の便宜をはかってもらえるほどだ)「—が売れる」(有名だ)「—を利かす」(有名さや勢力を利用して特別扱いをさせる)㋑面目(めんぼく)。体面。「—が立つ」「—をつぶす」㋒『—がさす』人に見られては具合の悪い状態になる。関連 おもて・つら・温顔・紅顔・厚顔・尊顔・童顔・笑顔・幼な顔・素顔・泣き顔・似顔・寝顔・真顔・横顔・赤ら顔・瓜(うり)ざね顔・恵比須(えびす)顔・心得顔・したり顔・手柄顔・我が物顔・顔面・満面・面長・細面(ほそおもて)・顔立ち・しかめっ面・ふくれっ面・仏頂面・吠(ほ)え面・横っ面・相貌・容貌・容色・美貌・人相・面相・形相(ぎょうそう)・相好(そうごう)・プロフィール

かおあわせ【顔合(わ)せ】『名・ス自』人と人とが(初めて)会うこと、または共に何かすること。「新任委員の—」「早くも第一回戦で強敵との—だ」「東西歌舞伎の大—」

かおいろ【顔色】①顔の色。顔の血色。「—が悪い」②表情に現れた人の気持。かおつき。「—を変える」「—をうかがう」

かおう【花押】(古文書や今も特定の文書に)署名の代わりに書いた一種の記号。書判(かきはん)。▽草書体で書いた署名をくずしたもの。

かおかたち【顔△貌・顔形】①目・口・鼻などの形・配置を含めて、顔の様子。②体つきのぐあい。「細おもてで、すらっとした—」▽今は(1)が普通。

かおく【家屋】人が住むための建物。いえ。

カオス ①天地創造以前の世界の状態。混沌(こんとん)。ケーオス。↔コスモス。②〔物理〕比較的簡単な方程式などで表現できるにもかかわらず、条件のわずかな違いによって結果が大きく異なるために、実際上予測が困難な現象。▽ギリシア chaos

かおぞろい【顔×揃い】(集まるべき)人がそろったこと。特に、すぐれた人がそろっていること。

かおだし【顔出し】『名・ス自』人の家をたずねること。あいさつに行くこと。また、会合に出席すること。

かおだち【顔立ち】(体つきではなく)顔かたち。目鼻立ち。「上品な—」関連 面立ち・面差し・面影・顔つき・面(つら)つき・目鼻立ち・かんばせ・面相・面容・造作・マスク・眉目・見目・容顔・容色・外貌・容貌・面貌・相貌・尊容・温容・器量

かおつき【顔つき】顔の様子。㋐表情。「あきれた—」「—を変える」㋑顔だち。「どこか—が似通う」「—が変わる」

かおつなぎ【顔×繋ぎ】『名・ス自』①知りあいの関係を保つために訪問し、あるいは会合に出席すること。②知らない人同士を紹介すること。

かおなじみ【顔×馴△染(み)】よく見知っていること。また、その人。

かおパス【顔パス】〔俗〕地位や権力、面識により、料金を支払わずに有料施設や出入りに制限のある施設の入場や利用ができること。「劇場に—で入る」▽「パス」は pass

かおぶれ【顔触れ】会や事業などに参加する人の面々。メンバー。「—がそろう」「いつもの—」

かおまけ【顔負け】相手がずうずうしかったり、上手だったりして、こちらが圧倒されたり、恥ずかしく思ったりすること。「くろうと—の歌いっぷり」

かおみしり【顔見知り】互いに顔を知りあっている間柄。そういう人。

かおみせ【顔見世】『名・ス自』①はじめて(多くの人に)顔を見せること。②一座の役者が総出で出演すること。「—狂言」▽多く十一月に興行。

かおむけ【顔向け】他人に顔をあわせること。「—できない」(面目なくて、人に顔をあわせられない)

かおもじ【顔文字】記号で人の表情を図案的に表すもの。例、笑い顔の(^_^)や、泣き顔の(;_;)など。

かおやく【顔役】その仲間・土地で勢力があり名が通った人。▽普通は、侠客(きょうかく)・博徒について言う。

かおよせ【顔寄せ】よりあい。会合。かおあわせ。

かおり【薫り・香り】①いいにおい。「香水の—がただよう」「—の高い花」②物事のかもしだす、よい感じ。「—高い伝統文化」関連 →におい

カオリン 長石の風化などで生じる粘土。陶磁器や耐火材の原料にする。その主成分はカオリナイトと呼ばれるアルミニウムの珪酸(けいさん)塩鉱物。▽kaolin 中国景徳鎮近くの陶磁器の原料産地、高嶺の中国音から。

かお-る(かをる)【薫る・香る・×馨る】《五自》いいにおいがする。「風―五月」▽主に花や香(こう)のにおいに言う。雅語的。

かおん【×訛音】なまった発音・音声。

かか【×呵×呵】大声で笑うさま。「―大笑」

がか【画家】絵をかくことを職業とする人。えかき。

がか【画架】絵をかくときにカンバスを立てかける三脚。イーゼル。

がが【×峨×峨】《トタル》山や岩などがけわしくそびえ立っている様子。「―たる連山」

かかあ【×嚊・×嬶】妻のこと。自分の妻または他家の主婦を(親しんで)呼ぶ称。「―天下」(妻が夫を支配し、夫の頭があがらないこと)「―大明神」

かかい【下界】〔数学〕ある集合に属する数のいずれよりも大きくない数。それ自身は着目する集合に属する必要はない。↕上界。▽下界のうち最大のものを「下限」という。なお、「げかい」と読めば別の意。

かかい【加階】《名・ス自他》位階が高くなること。位階をあげること。

かかい【歌会】歌の会。歌を作って互いに発表する会。うたかい。

かがい【加害】損害を与えること。また、傷害・殺害すること。「―者」

かがい【禍害】わざわい。災難。

かがい【花街】↓はなまち。▽多く京都での呼び方。

かがい【課外】きめられた学科・課業のほかであること。「―活動」

がかい 嵩(かさ)。また、図体(ずうたい)。なり。「あの力士は―が大きい」

がかい【瓦解】《名・ス自》屋根の瓦(かわら)の一部が落ちればその余勢で残りも崩れ落ちるように、物事の一部の崩れから全体の組織がこわれてしまうこと。「幕府の―」

がかい【画会】①ある画家の(かいた絵を売るための)展示会。②集まって絵をかき、互いに批評しあう会。

かかえ(かかへ)【抱え】①㋐雇うこと。「お―の運転手」㋑年季をきめて抱えてある芸者・遊女。↕自前(じまえ)。②《数詞の後につけて》両手で抱えるほどの大きさを表す。「ひと―」「み―」(三人の人が両手を広げ輪になって取り巻くほどの太さ)

かかえこ-む(かかへ…)【抱え込む】《五他》①両手で前や脇にかかえて持つ。だきこむ。②たくさんのことを引き受ける。しょいこむ。「仕事を―」「巨額の赤字を―」

かか-える(かかへる)【抱える】《下一他》①落ちない、または離れないように、腕をまわして支え持つ。「両手で荷物を―」「小脇(こわき)に―」「頭を―」(考え込む時などの動作の見立て。心配し思案する)「腹を―・えて笑う」②自分が責任を負い面倒を見るものとして持つ。「急ぎの仕事を―」「妻子を―」③人を雇って使う。「秘書を―」

カカオ 種子からココア・チョコレートを製する、中央・南アメリカ原産の常緑高木。高さは五～十メートルほどで、幹や太い枝に黄白色の花が直接たばになってつく。橙(だいだい)色や赤褐色に熟す果実の中に多数の種子(カカオ豆)がある。▽スペイン cacao　あおい科(旧あおぎり科)。

かかく【価格】物のねうちを金額で表したもの。あたい。ねだん。「低―」「高―」

かかく【家格】家の格式。いえがら。

かかく【華客】商家などで、お得意の客。買いつけの人。

かかく【過客】①来客。②ゆききのひと。たびびと。「月日は百代(はくたい)の―にして」(奥の細道)

かがく【化学】物質の性質ならびに物質相互間の反応を研究する、自然科学の一部門。▽chemistry の訳語。聞いて「科学」と紛らわしいので、俗に「ばけがく」とも言う。　**―こうぎょう**【―工業】化学反応の利用をおもな手段として製品を生産する工業部門。ソーダ工業・セメント工業・製油工業・有機合成工業など。　**―しき**【―式】元素記号を使って物質を表した式の総称。分子式・実験式・示性式・構造式などがある。　**―せんい**【―繊維】化学的につくられた繊維。ナイロンなど化学的に合成した合成繊維と、アセテートなど天然繊維を化学処理してつくるものとに分けられる。　**―はんのう**【―反応】熱や圧力、他の物質の作用によって、物質に生じる、化学変化を伴う反応。　**―ひりょう**【―肥料】無機物などから化学的につくられる肥料。硫酸アンモニウムなど。人造肥料。　**―へいき**【―兵器】人体に有害な化学物質を利用した毒ガスなどの兵器。　**―へんか**【―変化】《名・ス自》物質がそれ自身、あるいは複数の物質の間で原子の結合を組みかえて、新しい物質に変わること。↕物理変化。　**―りょうほう**【―療法】癌(がん)細胞や病原微生物の活動を阻害する化学物質・抗生物質などを用いる治療法。薬物療法。

かがく【科学】一定領域の対象を客観的な方法で系統的に研究する活動。また、その成果の内容。特に自然科学を指すことが多い。▽science の訳語。「科」は個々の部門の意。　**―ぎじゅつ**【―技術】科学(主に自然科学)と、その理論の成果に基づく実際的な技術。　**―てき**【―的】《ダナ》科学の方法に合致して合理的・客観的であるさま。「―に考える」

かがく【家学】家に伝わる学問。家に伝わり、代々おさめてきた学問。

かがく【歌学】和歌についての学問。和歌の性質や、作歌の規則・文法などを研究する。

かがく【価額】それの価格にあたる金額。

ががく【雅楽】日本在来の古楽と、唐・三韓などから伝来した音楽との総称。神楽(かぐら)・催馬楽(さいばら)・朗詠・唐楽・高麗楽(こまがく)など。▽宮廷に伝わる唐楽・高麗楽などを指す場合が多い。もと、俗楽に対して正しい音楽の意。

ががく【画学】絵画の技術や研究。「―を教える」

かか-げる【掲げる】《下一他》人目につくように高くあげたり、(書いたものを)はり出したりする。「旗を—」。主張などを人に知られるように示す。「理想を—」「野党が三大公約を—げて選挙に臨む」「「連携と実践」をスローガンに—」「目標として—」。記載する。示す。「巻末に索引を—」

かかし【〈案山子〉】①作物を荒らす鳥獣を防ぐため、田畑に立てる、竹やわらなどで作った人形。かがし。②見掛けではよさそうなのに、役に立たない人。見掛け倒し。

かか-す【欠かす】〘五他〙あいだを抜かす。「散歩を一日も—さない」「—さず出席する」

かかずら-う(かかづらふ)〘五自〙(その事、特に面倒な事に)かかわりを持つ。関係する。また、その結果、とらわれてこだわる。「小事に—」

かかと【×踵】①足の裏の後部。きびす。くびす。②はきものの(裏の)後部。「—の高い靴」

かかとうじょう【夏下冬上】炭火をおこす時、夏は火種を炭の下に入れ、冬は炭の上に置くのがよいということ。

かがみ【鏡】①光の反射を利用して顔や姿をうつして見る道具。②手本。模範。「武人の—」▽⑵は普通「鑑」と書く。③酒だるのふた。「—をぬく」▽昔の鏡に似た円形だから。④「鏡餅」の略。「お—」

かがみいた【鏡板】①戸や天井にはめこむ、平らで大きな板。②能舞台のうしろの正面の板。松の絵がある。また、歌舞伎の舞台を能舞台に似せた時、正面に張る松竹梅を描いた板。

かがみびらき【鏡開き】正月に床の間に飾ったかがみもちをおろして、食べること。正月の十一日または二十日に行う。▽「開く」は「割る」の忌詞(いみことば)。

かがみもち【鏡餅】丸く平たく作り、大小二つを重ねたもち。神仏に供え、正月に床の間に飾る。おかがみ。おそなえ。▽形が昔の鏡に似ていることから。

かが-む【△屈む】〘五自〙体を曲げ低めた状態になる。㋐折れまがる。「腰が—んだ老人」㋑腰や足を曲げて姿勢を低くする。「低い門を—んで通り抜ける」

かが-める【△屈める】〘下一他〙かがむようにする。体を折り曲げる。「腰を—」

かがやかし-い【輝かしい・×耀かしい】〘形〙すばらしくて輝くばかりだ。りっぱだ。「—成功」派生 **-さ**

かがやか-す【輝かす・×耀かす】〘五他〙かがやくようにする。「目を—して喜ぶ」

かがや-く【輝く・×耀く】〘五自〙①まぶしいように光る。「太陽が—」「—ネオンの光」②名誉・喜びなどで華々しく(または晴れ晴れと)見える。「優勝の栄冠に—」「喜びに生き生きと—顔」

かかり【掛(か)り・係り】①その仕事を受け持つ役(の人)。「—を決める」「出納(すいとう)—」▽「掛」「係」と書き、送り仮名を付けない。②費用。↓かかる(掛)㈡⑶㋑。③関係。㋐かかわりあい。「何のゆかりも—もない」㋑文法的に係ること。↓かかる(掛)㈢⑶㋒。また、「係助詞」の略。④作り。構え。「門の—」。風情(ふぜい)。「髪の—」「—を本(ほん)とす」〔花伝書〕▽↓かかる(掛)㈢⑸。⑤それに掛かった(↓掛かる㈢⑷)ところ・時節。「—にある石地蔵」「秋の—に病みついた」⑥囲碁で、攻撃の石を打つこと。↓かかる(掛)㈢⑹㋐。▽⑴⑶以外は「係」では書かない。

かがり【×篝】①「かがり火」の略。②かがり火をたくときに使う鉄のかご。

=がかり【掛(か)り】①《人数・時間などを表す語に付けて》仕事をするのにそれだけ費やすこと。「五人—でする」「二年—の作品」②それと似かようこと。その風情(ふぜい)。「芝居—」「能—」③それの世話になること。養われること。「親—」④ついでであること。「通り—に寄った」⑤攻め立てること。「車—」(交代で攻めかかること)▽⑵⑸には「懸」も使う。

かかりあ-う【掛(か)り合う】(…あふ)〘五自〙関係する。たずさわる。特に、まきぞえをくう。「その事件に—」

かかりいん【係員】その事を担当している人。

かかりかん【係官】国家の機関で、その事を担当している公務員。

かかりきり【掛(か)り切り】ある事にばかりたずさわって、他の仕事には手がまわらないこと。かかりっきり。

かかりつけ【掛(か)り付け】特定の医者や病院に、いつもきまって診察や治療を受けていること。「—の医者」

かがりび【×篝火】夜、警護・照明・漁獲のためにたく火。かがり。 **—ばな**【—花】シクラメンの別名。▽花の姿による見立て。

かかりむすび【係り結び】文中に係助詞が使われた時、それが文末の陳述に影響を及ぼす呼応関係。▽特に文語で、文末の活用形が連体形・已然(いぜん)形を取って終止する場合に言う。例、「月ぞ出づる」「月こそ出づれ」。

かかりゆ【掛(か)り湯】①↓あがりゆ。②湯船にはいる前に体の汚れをざっと落とすのに使う湯。「洗い場の隅で—をする」

かか-る【掛(か)る・懸(か)る・架かる・係る・×繫る・×罹る】〘五自〙㈠ある所に支えとめられる。▽「掛ける」㈠の自動詞。一般に「掛」で書く。⑴支えとなるようなもの(の面や一点)にそれがとめられる。㋐つるされている。ぶら下がる。「風鈴が軒に—っている」㋑「船が—」。繫留(けいりゅう)される。停泊する。【繫】㋒料理などのため火の上にすえられる。「なべがガスに—っている」㋓人目につくようにとめ掲げられる。「額(がく)が—ったお堂」「獄門に—」▽㋑以外は「懸」でも書く。⑵曲がった物、とがった物、刃物、張った物、仕組んだ物にとらえられる。ひっかかる。【掛】「ホックがうまく—らない」「舟べりに手が—って助かった」「やりの穂先に—」「凧(たこ)が電線に—」「鳥が網に—」「わなに—」(だまされる意にも)「計略に—」「催眠術に—」⑶何かのために、ものがそこにとめられる。【掛】

㋐物事がそれでとらえられる。「お目に—」(お会いする)「気に—」(気になって心配する)「子の将来が心に—(=案じられて心から離れない)」「人の口に—」(うわさになる) ㋑そこで扱われる。「敵の手に—・って殺される」「医者に—」「彼に—・っちゃかなわない」「当社の経営に—ホテル」▽㋐㋑は「懸」でも書く。㋒持ち出されてそこにとまり、または、それで処理される。「重すぎてはかりに—・らない」「一貫目は—」(目方が四キロ近くはある)「計算機に—ようなデータ」「裁判に—」「予算案が総会に—」
④それをたより・目当てにする。【掛】 ㋐倒れてしまわないように、それを頼みとする。「女にもたれ—」「より—」▽普通は自動詞連用形に付けて使う。㋑心をそれに寄せて頼みにする。「老後は次男に—つもりだ」㋒大切なものが代償となる。「今度の事業に運命が—」「優勝の—・った一番」。成功した時の賞として約束される。「敵将の首に百両—・った」▽㋒は「懸」でも書く。㋓契約した状態にある。「この建物には保険が—・っている」
㊁他に(全体的に)おおいかぶさる。【掛】 ▽「掛ける」㊁の自動詞。①それをかぶった(浴びた)状態になる。「泥水が—」「とばっちりが—」「チョコレートの—・ったケーキ」「赤に少し青が—」「黒み—」「桜が肩に散り—」。それが他の物をおおう。「カバーの—・った本」「山頂に雲が—」「一面に霧が—」
②他の行動の結果としてこちらに負担・不利が生じる。「迷惑が—」「苦労が—」
③負担・費用・労力・量が加わる。㋐課される。「税が—」 ㋑つぎ込む必要がある。要(い)る。「改装に百万円—」「時間が—」「仕上げは来月まで—」「手が—仕事」▽相当の金額や量の時に言う。㋒働き・力が(いっそう)加わる。「芸に磨きが—」「気合が—」「馬力が—」「支柱に圧力が—」「肩に重みが—」 ㋓『嵩(かさ)に—』強圧的な態度に出る。▽もと、戦いの優勢に乗じる。「懸」でも書く。㋔掛け算をしてある結果となる。「その値には安全係数が—・っている」
④交配される。「シェパードにテリアが—・っている」▽「に」で示す方が雌。
⑤とりつかれる。病気になる。「結核に—」 ▽「罹」でも書く。
㊂一方から他方にさし渡される。▽「掛ける」㊂の自動詞。一般に「掛」で書く。①物の間やまわりにさし渡される。㋐(両端を支えとし)またぐように渡される。「川に橋が—」「にじが—」▽橋の場合は「架」とも書く。㋑細長い物が他の物のまわりに渡される。「ひもが—・った行李(こうり)」
②向けられた作用が届く。㋐声や言葉が送られる。「電話が—」「大向こうから声が—」「次期大臣の声が—」「彼に就職の口が—」「お座敷が—」(芸者などが席によばれる) ㋑開いたり働いたりしないように、それが施される。「部屋にかぎが—・っている」「安全装置の—・った銃」 ㋒そこに作用が向かう。「誘いが—」「親の無い子に不憫(ふびん)が—」「彼に嫌疑が—」「催眠術が—」「足わざがうまく—」「攻撃が—」「麻酔が—」 ㋓道具・機械が働きをする。「アイロンがよく—・った服」「ラジオが—」「エンジンが—」(比喩的に、活力が出る意にも)「ロビーには新世界交響曲が—・っている」
③ものの間に関係がつく。【係】 ㋐物事が関係する。それに関する。「本件に—訴訟の第一審」「国家機密に—重大事件」▽普通は連体形で使う。「繫」でも書く。㋑かけ言葉で表現される。「沼津食わずのヌマズには飲マズが—・っている」 ㋒その語句の文法的な働きが他の語句に向かう。「色よく咲くのイロヨクはサクに—」「係助詞コソが—先の語」
④動作・作用・状態がそれに(まで)及ぶ。「坂道に(さし)—」「鼻に—・った声」「夏に—・って暑さが増す」「西に—・って火の手が上がる」 ▽↓⑥
⑤張りめぐらしたり仕組んだりして、作られる。「くもの巣の—・った天井」「小屋が—」「芝居が—」(小屋掛けして上演したことから、興行する意)「来月(の歌舞伎座)は義経(よしつね)千本桜が—」
⑥立ち向かう。㋐攻撃をしに向かう。「素手(すで)で—」「さあ—・って来い」「大声でくって—」 ㋑仕事と取り組む(ために手を着ける)。「工員五名が作業に—」「けんかをとめに—」。始める。「早く仕事に—・れ」
㊃《動詞の連用形、助動詞「(さ)せる」「(ら)れる」の連用形に付けて》ある情況に移り及ぶ。㋐ちょうど……する。「その時、自動車が通り—・った」 ㋑……しそうになる。「死に—」

かかる【×斯かる】《連体》こういう。こんな。「—情勢下で」 ▽「かくあり」のつづまった文語動詞「かかり」の連体形から。

かが-る【×縢る】《五他》糸やひもでからげるように、縫い、またはつづる。「ボタン穴を—」

かかわらず(かかはらず)【△拘(わ)らず】《連語》《「に(も)」を受けて》関係なく。……なのに。「病気に(も)—出かけた」

かかわりあ-う(かかはりあふ)【関(わ)り合う・△係(わ)り合う】《五自》たがいに関係し合う。たがいに影響し合う。「そんなことに—・いたくはない」

かかわ-る(かかはる)【関(わ)る・△係(わ)る・△拘(わ)る】《五自》①関係する。関係がある。「命に—ことだ」「私などの—・り知る所ではない」②こだわる。「つまらないことに—な」

かかん【加冠】《名・ス自》元服して初めて冠をつけること。

かかん【果敢】《ダナ》決断力に富み、大胆なさま。「勇猛—」「積極—に挑戦する」 派生 **-さ**

かかん【花冠】①花の萼(がく)の内側にあり、花蕊(かずい)を囲む、花弁の集まりからなる構造。「十字形—」②花で作っ(飾っ)たかんむり。

かかんしょう【過干渉】《名・ダナ》他人の行為に必要以上に口出しすること。「—な親」

ががんぼ 形が蚊に似た、体長二〜三センチほどの昆虫。足が長くて折れやすい。かとんぼ。▽はえ目ががんぼ科の昆虫の総称。

かき【垣】土地の一まとまりを他と仕切るために設けた、割合低い囲い。和風のは多く竹や柴(しば)でしつらえる。▽「四つ目ー」「生けー」など複合語を除いて、次第に「垣根」と呼ぶようになった。一般に塀よりは開放的。

かき【柿】秋を代表する果物。また、それをつける落葉高木。果実は柿色(1)。甘がきと渋がきがあり、それぞれ品種が多い。樹高は一〇メートル近くに達する。葉は厚く革質、花は浅い鐘状で四裂し、乳白色や淡黄色。「桃栗(りく)三年ー八年」▽かきのき科。

かき【〈牡蠣〉】浅海の岩につく、殻がやや不規則でごつごつとした形の二枚貝。美味で滋養に富むので、養殖もされる。▽かき上科の貝の総称。特にマガキ・イワガキなど食用とするものをいう。

かき【下記】下(または後)に記してあること。また、その文句。↕上記。「ーの通り」

かき ①【夏季】夏の季節。「ー施設」②【夏期】夏の期間。「ー講習」

かき【火器】①銃砲類の総称。②火ばちなど、火を入れて使う道具。▽(2)は、物がすたれて、今は言わない。

かき【火気】①火のある様子。火のけ。「ー厳禁」②火のいきおい。「ーにあおられる」

かき【花×卉】花の咲く草。花を観賞用とする草。くさばな。「ー園芸」

かき【花器】花をいける容器。はないけ。

かき【花期】その植物の、花が咲く時期・期間。

かき=【×掻(き)】《(多くは他動的な意味の)動詞の上に》語勢を強める。「ーくどく」「ー曇る」「ー消す」

かぎ ㊀【鍵】①㋐錠のあなにさし入れ、錠をかけたりあけたりする道具。「ーであける」㋑転じて、錠。②問題解決のために最も重要な要素。それがわかれば問題が解けるもの。キー。「問題を解くー」㊁【×鉤】物にひっかけて引いたりとめたりするのに使う、先の曲がった細長い金属。また、それに似た形のもの。

がき【餓鬼】①〔仏〕㋐餓鬼道におちた亡者(もうじゃ)。㋑無縁の亡者。㋒「餓鬼道」の略。②子供をののしって言う言葉。「このーめ」 **ーだいしょう**【ー大将】いたずらな子供たちの中のかしら。 **ーどう**【ー道】〔仏〕三悪道(さんあくどう)・六道の一つ。ここにおちた亡者は、常に飲食できず、飢えとかわきに苦しみ、また常にむちうたれるという。

かきあげ【×掻(き)揚げ】てんぷらの一種。小えびや細切りの野菜などを小麦粉のころもでかきまとめ、油で揚げたもの。

かきあ-げる【書(き)上げる・描(き)上げる】《下一他》①書いていたものをすっかり仕上げる。書き終える。「論文をー」②一つ一つ取り出して書き並べる。「要求事項を全部ー」

かきあじ(ぢ:あ)【書(き)味】ペンなどの、書きぐあい。

かきあつ-める【×掻(き)集める】《下一他》かきよせて集める。方々から集める。「資金をー」

かぎあ-てる【嗅(ぎ)当てる】《下一他》①物をかいでそのあり場所または中身を当てる。②比喩的に、探り当てる。

かぎあな【鍵穴】錠を開閉するために鍵を差し込む穴。「ーからのぞく」

かきあらわ-す(:あらはす)【書(き)表す】《五他》書くことで明らかに表す。▽事情などをはっきりさせるために書く点で、単に言い表すのとは異なる。

かきあわ-せる(:あはせる)【×掻(き)合(わ)せる】《下一他》手で寄せあわせる。「えりをー」

かきいれ【書(き)入れ】①書き入れること。その文字。②㋐「書入れ時」の略。㋑転じて、売れ行き・利益・興味などに対する期待。 **ーどき**【ー時】利益・もうけの非常に多い時。▽帳簿の記入に忙しい時の意から。

かきい-れる【書(き)入れる】《下一他》記入する。書きこむ。

かきいろ【柿色】①かきの実(み)の色。黄色を帯びた赤色。②かき渋の色に似た色。赤茶色。③ベンガラに少し黒を入れた色。暗褐色。

かきうつ-す【書(き)写す・描(き)写す】《五他》写し取る(1)仕方で書く。

かきおき【書(き)置き】①《名・ス自他》用件などを書き残しておくこと。その手紙。おきてがみ。②《名》遺書。遺言(ゆいごん)状。

かきおく-る【書(き)送る】《五他》書いて、人に送る。

かきおこ-す【×掻(き)起(こ)す】《五他》掻(か)くようにしておこす。「畑の土をー」「炭火をー」

かきおこ-す【書(き)起(こ)す】《五他》①文章の最初の部分を書く。書き出す。②録音などを文字にする。

かきおと-す【書(き)落(と)す】《五他》書くべき事柄を不注意で漏らす(忘れる)。「彼の名をー・してしまった」▽↓かきもらす

かきおろし【書(き)下(ろ)し】新しく書くこと。また、新しく書いた作品。▽特に、新聞・雑誌などに掲載しないで、直接単行本として発行されたもの。また、直接上演されたものを言う。

かきかえ(へ:か)【書(き)替え・書(き)換え】書きあらためること。書きなおすこと。

かきかた【書き方】①書く方法。㋐書式。㋑筆の運び方。②旧制の小学校教科目の一つ。国語科の一部。習字。

かぎかっこ【×鉤括弧】文章で会話・引用部分や書名などをくくる記号(の対)、すなわち「 」や『 』。「ーをつける」▽形がかぎ㊁(鉤)に似ることからの命名。

かきき-える【×掻(き)消える】《下一自》一瞬にあとかたもなく消える。

かきくだ-す【書(き)下す】《五他》①上から順に下へ書く。②筆にまかせて書く。「一気にー」③漢文を、

かなまじりの日本語文に書きなおす。「—し文」

かきくど-く【×掻き口説く】《五他》「くどく」を強めて言う語。「思いとどまるように—」

かきくも-る【×掻(き)曇る】《五自》「くもる」を強めて言う語。「一天にわかに—」

かきく-れる【×掻(き)暮れる】《下一自》『涙に—』悲しみに沈んで目の前が暗くなる。

かきごおり【×掻(き)氷】氷を専用の機械で細かく削り、シロップなどをかけて食べる氷菓。削氷(けずりひ)。▽→こおりみず(2)

かきごし【垣越し】①→かきねごし。②垣根や塀を越えること。「—の松」

かきことば【書き言葉】文章を書く時、使う言葉。↔話し言葉

かきこみ【書(き)込み】①手帳・行間などに書き入れること。その書き入れた文字。「細かい字の—」②コンピュータなどで記憶装置にデータを記録すること。「—エラー」

かきこ-む【×掻(き)込む】《五他》①かいて手もとにあつめる。②急いで食べる。かっこむ。「飯を—」▽→かいこむ(掻い込む)

かきこわ-す【×掻(き)壊す】《五他》吹き出物や治りかけた傷を掻(か)いて、かえって悪くする。

かぎざき【×鉤裂き】布などを、くぎなどにひっかけて、鉤(かぎ)なりに裂くこと。その裂けめ。

かきさし【書きさし】書くのを途中でやめること。書きかけ。「—の原稿」

かきしぶ【柿渋】渋がきの実をしぼってとった液。「—を引く」▽防水・防腐用として、木・麻・紙などに塗る。

かきしる-す【書(き)記す】《五他》字や言葉を書きつける。

かきす-てる【書(き)捨てる・描(き)捨てる】《下一他》①書いたままでほうっておく。②なげやりに書く。

かきそ-える【書(き)添える】《下一他》そばに付け足して書く。かきたす。「一筆(いっぴつ)—」

かきぞめ【書(き)初め】新年に初めて(毛筆で)文字を書く行事。また、その書いたもの。▽昔から一月二日に、恵方(えほう)に向かってめでたい文句や決意の言葉などを書く。

かきだし【書(き)出し】①書きはじめ。冒頭。②芝居の番付の一番初めに名前を記される俳優。

かきだ-す【×掻(き)出す】《五他》手などで掻(か)くようにして出す。かいだす。「ストーブの灰を—」

かきだ-す【書(き)出す・描(き)出す】《五他》①書きはじめる。②必要なことを書き並べる。

かぎだ-す【嗅(ぎ)出す】《五他》①鼻でかいで隠れていたものを見つけ出す。②転じて、さぐり出す。さぐり当てる。「敵の秘密をうまく—した」

かきた-てる【×掻(き)立てる】《下一他》①勢いよくかきまぜる。②転じて、強い刺激を与えてその気持をあおる。「虚栄心を—」「不安を—」③油ざらの中の灯心を出して、光を強くする。かきあげる。「灯心を—」

かきた-てる【書(き)立てる】《下一他》①とりあげて書きならべる。「項目を一つ一つ—」②目につくように盛んに書く。「悪口を新聞に—」

かぎタバコ【嗅ぎ〈煙草〉】鼻のあなにすりつけてかおりを味わう粉タバコ。

かきたま【×掻(き)玉】かきまぜた鶏卵を、煮立ったすまし汁の中に少しずつ流し込んで作った汁。かきたまご。かきたま汁。

かきちら-す【書(き)散らす・描(き)散らす】《五他》①筆にまかせて無造作に書く。②あちこちに、やたらに書きつける。

かきつけ【書(き)付(け)】後のために書き付けたもの。「証拠の—」

かきつ-ける【書(き)付ける】《下一他》書きとめる。

かぎつ-ける【嗅(ぎ)付ける】《下一他》①においのあとを追って、物をみつけ出す。「猫がさかなを—」②(ちょっとしたことから)さぐりあてる。「秘密を—」

かぎっこ【鍵っ子】〔俗〕親が勤めに出ていて、学校から帰っても家に家族が残っていない境遇の子。▽自宅の鍵を持ち歩いていることから。

かぎって【限って】《連語》《副詞的に》→かぎる(2)

かきつばた【〈杜若〉〈燕子花〉】池・沼・水辺に生え、五、六月に濃紫の美しく大きい花が咲く多年生植物。ハナショウブに似ているが、葉はそれより広く、中脈がはっきりしない。園芸種の花には白やしぼりもある。▽あやめ科。→あやめ(菖蒲)

かきて【書き手・描き手】文章・文字・絵などを(巧みに)書く人。また、書いた人。筆者・作者。「なかなかの—だ」

かきとめ【書留】「書留郵便」の略。引受けから配達までを記録に残して送り届ける郵便。「—で出す」

かきと-める【書(き)留める】《下一他》心覚えなど後に読み返せるように書いておく。「手帳に—」

かきとり【書(き)取(り)】①書き写すこと。②(練習や試験で)読みあげ、または仮名で記した文字・語句などを書くこと。「漢字の—」「英語の—」

かきと-る【書(き)取る】《五他》人の言うことを筆記する。文章や語句を写しとる。

かきなお-す【書(き)直す・描(き)直す】《五他》いったんは書いた文や字などを、できが不満だとか誤っているとか不備の指摘を受けたとかで、改めて(もっとよくしようと)書く。

かきなが-す【書(き)流す・描(き)流す】《五他》あまり注意や工夫をしないで、無造作に書いて行く。「すらすらと—」

かきなぐ-る【書きなぐる・描きなぐる】《五他》なぐりつけるような仕方で、乱暴に書く。

かきなら-す【×掻(き)鳴らす】《五他》弦楽器を指先でかくようにしてひく。「琴を—」

かぎなり【×鉤なり】かぎのように曲がった形。「くぎをたたいて—にする」

かぎなわ【×鉤縄】 末端に(ひっかけるための)かぎをとりつけた縄。

かきぬき【書(き)抜(き)】 ①要点や必要箇所を書きとること。その書きとったもの。抜書き。②芝居で、台本から役者一人一人のせりふだけを書きぬいたもの。

かきぬ-く【書(き)抜く】『五他』 要点や必要箇所など、一部分を書きとる。

かきね【垣根】 ①垣。「—を結う」「—に赤とんぼがとまる」「—を取りはずした(=ざっくばらんな)付き合い」 ②垣の根もと。「—に菊を植える」 **—ごし**【—越し】 垣を間にした状態で何かすること。垣越し。「—に隣り合って住む」「—に話す」

かきのこ-す【書(き)残す・描(き)残す】『五他』 ①(一部分)書かないままに残す。「時間がなくて、二ページ分—した」 ②のちのために書いて残す。「遺言を—」

かきのし【書(き)〈熨斗〉】 贈物の包み紙・引き幕などにのしをつける代わりに、略式に「〔のし〕」と書いたもの。

かきのぞき【垣×覗き】 垣のあいだ・すきまから中をのぞくこと。

かぎのて【×鉤の手】 ①大体直角(かぎの形)に曲がっていること。そういうもの。②曲尺(かねじゃく)の曲がったかど。

かぎばな【×鉤鼻】 鼻柱が、横から見るとかぎのように曲がっている鼻。わしばな。

かぎばり【×鉤針】 先がかぎの形に曲がっている針。その形の編み物用の針。

かきはん【書(き)判】 →かおう

かきま-ぜる【×掻(き)混ぜる・×掻(き)△雑ぜる】『下一他』 ①手や道具を中に入れ、(均質な状態になるように)混ぜ合わせる。「卵を—」 ②(あちこちから取ってきて)混乱させる。「話を—」

かきまわ-す【×掻(き)回す】『五他』 ①手や道具を使って中のものをまわし動かす、また、ごちゃごちゃにする。「ふろの湯を—」「部屋の中を—」 ②働きかけて、秩序を乱し、ごちゃごちゃにしてしまう。「部内を—」

かきみだ-す【×掻(き)乱す】『五他』 ごちゃごちゃにかきまぜ、混乱させる。「髪を—」「風紀を—」

かきむし-る【×掻(き)×毟る】『五他』 ひっかいてむしる。また、むやみにかく。「髪の毛を—」

かきもち【欠き餅】 ①鏡餅を砕いて小さくしたもの。▽刃物で切ることを忌んで手で欠くことから言った。②なまこ餅・のし餅などを薄く切ってほしたもの。また、それを揚げたり焼いたりしたもの。

かきもの【書(き)物】 ①書いたもの。文書。記録。②文字や文章を書くこと。「—をしている」

かきもら-す【書(き)漏らす・書(き)×洩らす】『五他』 書きおとす。また、ある欄などへの記入を、不注意で忘れる。▽→かきおとす

かきもん【書(き)紋】 ①衣服の、筆で書いた紋。↕縫い紋・染抜き紋。②衣服の、筆で書いた模様。↕染め模様

かきやく【書(き)役】 文章の草案を作ったり、筆写したりする役。書記。

かぎゃく【可逆】 逆もどりし得ること。状況を逆にしたとき、反応や変化もまた逆の方向に進み得ること。例、酢酸とエチルアルコールからエステルと水が生じる反応の類。「—反応」

かぎゃく【加虐】 他をしいたげること。虐待を加えること。↕被虐。「—的な接し方」「—性」

かきゃくせん【貨客船】 貨物船で、旅客をも乗せる設備のあるもの。

かきゅう【下級】 下の等級。下のクラス。等級や段階が低いこと。↕上級。「—裁判所」「—生」

かきゅう【加給】『名・ス他』 普通の支給、特に給料に、増し分を出すこと。「—品」

かきゅう【火急】『名ナ』 火が燃え広がるように急なこと。一分一秒を争うほど急を要すること。「—のしらせ」

かぎゅう【×蝸牛】 かたつむり。 **—かくじょう**【—角上】 かたつむりの角(つの)の上。きわめて小さい世界のたとえ。「—の争い」 ▽「荘子」則陽篇(そくようへん)の寓話(ぐうわ)から。

かきゅうてき【可及的】『副』『—すみやかに』 できるだけ早く。

かきょ【家居】 ①『名・ス自』 家にこもっていること。②『名』 住居。

かきょ【科挙】 中国で、昔の官吏の採用試験。隋(ずい)に始まり、清(しん)朝の末期に廃止された。

かきょう【佳境】 何とも言えずすばらしい所。㋐興味深い所。「話はいよいよ—に入る」 ㋑景色のよい所。「本邦随一の—」

かきょう【家郷】 ふるさと。故郷。

かきょう【架橋】『名・ス自』 橋をかけること。また、かけわたした橋。

かきょう【華×僑】 中国本土から海外に移住した中国人およびその子孫。

かきょう【歌境】 短歌(和歌)に詠まれた境地。「—の深化」。短歌(和歌)を詠む心境。「—が到(いた)らない」(歌が詠みたい気持にまでならない)

かぎょう【家業】 ①家の生活を立てるための職業。②その家が代々従事してきた職業。

かぎょう【稼業】 (生活のための収入を得る)仕事。商売。なりわい。「役者—」 ▽自嘲的に言うこともある。

かぎょう【課業】 わりあてた学科・業務。「—を怠る」

がきょう【画境】 絵に描かれた境地。「新しい—を開く」。絵を描く心境。「—が乱される」

がぎょう【画業】 絵を書く仕事。「—にいそしむ」

かきょく【佳局】 おもしろい局面。興味深い局面。

かきょく【歌曲】 ①歌。歌のふし。②声楽のための曲。リート。

かぎり【限り】ここまで、これだけという限界(の内)。①限界。果て。「—無く多い」㋐限度一杯(まで)。「横暴の—を尽くす」(横暴をきわめる)「できる—の看護」「力の—努める」「きょうを—と(=最後の時として)奮戦する」㋑そこまでしか、またはそれだけしか許さない意を示す。「申込みは今月末—」「やり直しは三回—だ」「この場—の話だが」②範囲内。㋐『—で(は)ない』その範囲にはいらない。「彼の関知する限りではない」「非常の場合にはこの限りでない」㋑《従属句末などに使い》時間や場合などの条件を限定するのに使う。……の範囲内で。「仕事がある—は帰らない」「あやまらない—許さない」「この—では君の言い分も正しい」

かぎりな-い【限り無い】『形』はてしがない。「—・く続く道」「—(=この上ない)栄誉」派生 **-さ**

かぎ-る【限る】①『五他』ここまでとか、この条件を満たす場合とかいうように、境・範囲を定める。「塀で周囲を—」「日時を—・って受け付ける」「人数を三人と—」「入場者は成人に—」②『五自』特に取り立ててそれと限定する。「彼に—・ってそんな事はしない」㋐《「……に—」の形で》他には……にまさるものがない。……が最上だ。「花は桜に—」「疲れたら寝るに—」㋑《打消しを伴った全体で》そうとは決まらない。「どんな法則にも例外がないとは—・らない」「だれに—・らず、収入は多い方がいい」。他にも同類がある。「できるのは君に—・らない」

かきわ-ける【×掻(き)分ける】『下一他』掻(か)くようにして道を開く。「人ごみを—・けて進む」

かきわ-ける【書(き)分ける・描(き)分ける】『下一他』区別して書く。

かぎわ-ける【嗅(ぎ)分ける】『下一他』①かいで、においの元である物を区別する。「犬が肉を—」「ハーブの種類を—」②比喩的に、すぐには分からない相違を感覚的に察する。「証言の真偽を—」

かきわり【欠き割り】↓みがきにしん

かきわり【書(き)割(り)】舞台の背景として(座敷や山河などを)描いたもの。

かきん【家×禽】家で飼う鳥の総称。ニワトリ・アヒルなど。↕野禽(やきん)

かきん【×瑕×瑾】きず。特に、欠点。短所。

かきん【課金】『名・ス他』使用(利用)料金を課すること。また、そのかね。

か-く【欠く】『五他』完全さをそこなう。㋐固い物の一部を折ったり削ったり割ったりして、こわす。「刃先を—」「茶碗(ちゃわん)を—」㋑そろいのものの一部を失う。「けがで主力選手を—・いての対戦」㋒ある、またはするのが当然なものを、(十分には)備えない状態にある。「礼儀を—」「義理を—」「配慮を—」「資格を—」「—べからざる(=なくてはならない)人物」

か-く ㊀【×掻く】『五他』①つめ、またはそれに形の似た道具を、物にくい込ませるようにして(強く)動かす。㋐つめを立ててこする。「かゆい所を—」「頭を—」(失敗した時のてれ隠しの動作にも言う)㋑刃で削る。「かつおぶしを—」。刀で切り取る。「首を—」㋒道具でかき寄せる。「熊手で落ち葉を—」。また、田をすき返す。耕す。「田を—」㋓弦をはじくようにして琴などをひく。「—・き鳴らす」②手などで掻く(1)ようにして押しのける。「雪を—」「人を—・き分ける」。特に、水を後ろに押しやる。「オールで水を—・いて進む」▽「裏を—」は↓うら(1)㋓。③(粉に水や湯を入れ)すり回すように動かして作る。「からしを—」④《連用形で》↓かき=。㊁【×掻く・×舁く】『五他』①(目立つような状態で)外に現す。また、その事をする。「汗を—」「瘡(かさ)を—」(特に、梅毒にかかる)「いびきを—」「あぐらを—」「恥を—」「べそを—」▽「……をかく」全体で自動詞的。②(二人以上で一つの物を)かつぐ。【舁】「駕籠(かご)を—」

か-く【書く・描く】『五他』①文字をしるす。「名前を—」「油絵を—」絵や図を表し出す。えがく。▽「掻く」(1)の転。絵や図の場合には「描く」「画く」とも書く。②文章に作る。「詩を—」「詩に—」。著す。「本を—」関連 書字・筆記・書記・速記・臨書・板書・細書・聞き書き・寄せ書き・朱書・血書・自書・自記・自筆・直筆・肉筆・手書き・手書・代筆・代書・他筆・一筆

かく【佳句】詩などのすぐれた文句。また、すぐれた俳句。

かく【×斯く】『副・ノダ・ス自』状態・様子がこうだという意を表す語。こう。このよう(に)。「—申す私は山田でございます」「—も盛大に御参加下さいまして」「—まで説いてもわからんのか」「平家は—のごとく滅びた」「—なる上は覚悟せよ」「中村は—して石井とけんか別れになった」。特に、《「—して」「—て」の形で接続詞的に》「大軍の渡河に成功した。—(し)て包囲網は着々と成る」▽文語的。今日では改まったあいさつの中で使うことが多い。「こう」は、この「かく」の音便形「かう」から。↓かくかく(斯く斯く)・かかる(斯

かく【*各】カク おのおの ①めいめい。ひとつひとつ。おのおの。「各人・各自・各地・各国・各様・各所・各部・各位・各種・各般・各論」②それぞれの。ひとつひとつすべての。「各学校・各大臣」

かく【*格】カク キャク コウ いたる ①きまり。法則。標準。「格式・格言・合格・別格・破格・規格・本格・古格・適格・律令格式(りつりょうきゃくしき)」②『名・造』地位。身分。程度。「格が違う」「格づけ」「格調・人格・風格・品格・性格・歌格・価格・資格・昇格」③方形に組みあわせた材。「骨格・格子(こうし)・格天井(ごうてんじょう)」④くる。いたる。とおる。きわめる。「格物致知」⑤ただす。ただしい。「厳格」⑥『名・造』文法上、文中で語句が他の語句に対する意味的関係。「格がかわる」「主格・目的格・連体格」⑦『名・造』三段論法の推論形式による分類。第一格から第四格まである。⑧手でうつ。うつ。「挌(かく)」に同じ。「格闘・

格技」▽↓きゃく(格)

かく〖*閣〗カク ―①二階づくりのりっぱな御殿。たかどの。貴人の住む所。「閣下・仏閣・台閣・内閣・高閣・楼閣・天守閣」②「内閣」の略。「閣僚・閣議・閣外・倒閣・入閣・組閣」③かけはし。二階造りの廊下。「閣道」④やめる。さしおく。「閣筆」

かく〖核〗カク さね ―①《名・造》物事の中心(となるもの)。かなめ。「核になる」「核心・中核・核家族」②物の中心の部分。「地核・痔核(じかく)」㋐《名・造》細胞核。「核膜・核分裂」㋑《名・造》原子核。また、核兵器。「核の持込み」「核燃料・核爆発・核反応・核戦争」③草や木の芽ばえるたね。内果皮の硬化したもの。さね。「核果」

かく〖*角〗カク かど つの すみ ―①《名・造》かど⑴のある形。特に方形のもの。「角に切る」「二寸角」(一辺が二寸の正方形であること)「角材・角柱・角帽・角袖(かくそで)」②《名・造》相まじわる二直線の作る図形。「角の大きさ」「角度・鋭角・鈍角・仰角・直角・三角・広角・視角・死角・方角」③動物の頭部にあるつの。つので作った笛。「頭角・皮角・牛角・犀角(さいかく)・触角・互角・一角獣」④くらべる。競争する。「角力(かくりょく)・角逐」⑤「角力(すもう)」の略。「角界・角道」⑥《名》五音(ごいん)の一つ。⑦《名・造》将棋の駒「角行(かくぎょう)」の略。「角を動かす」「飛角・角落(かくおち)・角道(かくみち)」

かく〖*拡〗〖擴〗カク(クワク) ひろげる ―ひろくする。ひろがる。「拡大・拡充・拡張・拡声器・軍拡」

かく〖*革〗カク かわ あらたまる ―①獣の皮から毛をとり除いたもの。つくりがわ。なめしがわ。「皮革・牛革・擬革・革帯・革質」②㋐かわで作った武具。「甲革」㋑かわで作った楽器。太鼓の類。③前のものをとりはらって、様子を変える。改める。改まる。「革命・革新・革正・改革・沿革・変革」

かく〖殻〗〖殼〗カク から ―物の表面をおおう、かたいから。「甲殻・皮殻・地殻・卵殻・外殻・耳殻」

かく〖郭〗カク(クワク) ―①都市の外まわりをかこんだ土壁。転じて、物の外まわり。「城郭・外郭・輪郭・周郭・遊郭・胸郭・郭外」②広々とした様子。「郭大・郭清」

かく〖×廓〗カク(クワク) くるわ ―①都の外まわりをかこんだ土壁。転じて、物の外まわり。また、かこまれた場所。「廓内・外廓・輪廓・五稜廓(ごりょうかく)」②広々とした様子。大きい。「廓大・廓然・廓清」③日本で、くるわ。「遊廓」▽「郭」で代用する。

かく〖*覚〗〖覺〗カク おぼえる さます さめる さとる ―①感じて知る。経験して記憶にとどめる。おぼえる。「知覚・視覚・触覚・聴覚・味覚・才覚・感覚・錯覚・幻覚・統覚・予覚」②はっきりする。はっきりわかる。さとる。目がさめる。「覚知・覚悟・覚醒・発覚・自覚・不覚」③さとり。また、さとった人。「大覚・正覚(しょうがく)・先覚」

かく〖較〗カク コウ(カウ) くらべる ―①くらべる。「比較・較差(こうさ)」②はっきりしている。あきらかだ。「コウ」と読む。「較然」③あらまし。「大較(たいこう)」

かく〖隔〗〖隔〗カク へだてる へだたる ―間にものを入れる。へだてる。離す。遠ざける。「隔世・隔月・隔年・隔絶・隔地・隔意・隔離・疎隔・間隔・遠隔・懸隔・隔靴掻痒(かっかそうよう)」

かく〖×劃〗カク(クワク) ―すじをひいて区切りをつける。くわけする。くぎる。「劃一・劃然・計劃」▽「画」で代用する。

かく〖*確〗カク たしか たしかめる ―①かたい。しっかりして動かない。「確固・確然・確信・確守・確執・確定・確保・確立」②《ト タル・造》たしか。間違いがない。「確とした証拠」「確説・確証・確答・正確・的確・精確・明確」▽↓かくたる。③あやまりがないかどうかはっきりさせる。たしかめる。「確認」

かく〖鶴〗カク つる ―①鳥の、つる。「白鶴・孤鶴・野鶴・鶴氅(かくしょう)」②つるのように白いさま。つるの首のように長いさま。つるのつばさのように張ったさま。「鶴髪・鶴林(釈迦(しゃか)入滅の地)・鶴首・鶴望・鶴翼」

かく〖獲〗カク(クワク) える ―漁猟をして動物をとらえる。獲物にする。とる。「獲得・獲麟(かくりん)(=絶筆。また、物事の終わり)・捕獲・漁獲・濫獲」

かく〖穫〗カク(クワク) ―穀物を刈り入れる。とりいれる。「収穫・多穫」

かく〖×赫〗カク ―①あかい。勢いがさかん。「赫赫・赫然」▽火が盛んに燃えている意から。②かっとする。いかる。「嚇」に同じ。「赫怒」

かく〖嚇〗カク おどす ―はげしくおこる。しかる。おどかす。「嚇怒・威嚇・脅嚇」

かく〖画〗↓が〖画〗

かく〖客〗↓きゃく〖客〗

か-ぐ【嗅ぐ】《五他》嗅覚(きゅうかく)を働かせてにおいを感じ取る。「においを―」

かぐ【家具】生活のために、家にそなえておく道具。例、たんす、いす。

がく【×萼】花被(=おしべとめしべを囲んでいるもの)が二重になっているものの、外側にあるもの。普通は、花びらの外側の緑色のもの。うてな。

がく〖*学〗〖學〗ガク まなぶ ―①《名・造》ならう。教えをうける。研究する。まなぶ。「学に志す」「学問・学習・学芸・学事・学業・学生・学者・学究・好学・勉学・独学・研学・篤学・晩学・雑学・共学・苦学・浅学」②《名・造》研究の内容。知識の体系。「学がある」「学徳・学識・無学・語学・理学・科学・家学・曲学・天文学・朱子学」③まなばせるための機関・施設。「大学・小学・学園・学校・入学・在学・学閥・学長・学制・学窓」④まなぶ人。研究する人。「後学・先学・碩学(せきがく)」

がく【岳】【嶽】ガク たけ ―①高くて大きな山。けわしい山。「岳麓(がくろく)・五岳・山岳・巨岳・富岳(＝富士山)」②大きくて威厳がある。「岳岳・岳父」▽「岳」は「嶽」の古字。

がく【*楽】【樂】ガク ラク たのしい ギョウ(ゲウ) たのしむ ―①《名・造》楽器を鳴らして音曲を奏すること。音楽。「楽の音(ね)」「楽人・楽曲・楽団・楽隊・楽器・楽譜・音楽・雅楽・舞楽・礼楽・軍楽・唐楽・器楽・管弦楽」②《名・造》こころよい。身も心も安らかで苦しみがない。たのしい。「ラク」と読む。「楽をする」「安楽・快楽(かいらく・けらく)・逸楽・悦楽・気楽・享楽・行楽・道楽・愉楽・苦楽・娯楽・歓楽・楽土・楽園」③《名・造》たやすい。「ラク」と読む。「楽に勝つ」「易易楽楽」④願い求める。このむ。「ギョウ」と読む。「愛楽(＝仏法を信じ願い求めること)・楽欲(＝願い求めること)」⑤「千秋楽」の略。「ラク」と読む。「楽日(らくび)」▽↓らく(楽)

がく【*額】ガク ひたい ぬか ―①《名・造》分量。主として金銭上の数値。「必要な額」「額面・定額・少額・多額・全額・半額・金額・差額・価額・巨額・満額・(生)産額」②《名・造》壁や入口の上などに掲げておくもの。紙や板に字や絵をかいて掲げるもの。「額をかける」「扁額(へんがく)・篆額(てんがく)・勅額・額面・額縁(がくぶち)」③ひたい。顔の、まゆの上の広い部分。「前額」

かくあげ【格上げ】《名・ス他》資格・地位をそれまでより高くすること。↕格下げ。「営業所から支店に―する」

かく-い【角い】《形》〔俗〕四角である。かどばっている。

かくい【各位】みなさま。みなさまがた。「会員―」

かくい【隔意】その人に対し打ち解けない気持。「―ない発言」

がくい【学位】ある一定の学術を修め、価値ある論文を提出した者に与える呼び名。博士・修士・学士などがある。「―をとる」「―論文」▽学位に学士が加わったのは一九九一年度。

かくいつ【画一・×劃一】どれもこれもそろって同様なこと。また、一様に統一すること。「―的」「―化」

かくいん【各員】ある一団に属するひとりひとり。めいめい。「――層奮励努力せよ」

かくいん【客員】→きゃくいん(客員)

かくいん【閣員】閣僚。▽明治風の言い方。

がくいん【学院】学校を指す異称。

がくいん【楽員】楽団のメンバー。

かくう【架空】①《名》空中にかけわたすこと。「―ケーブル」②《名ノ》事実に基づかないこと。㋐想像で作ること。「―の人物」「―の物語」㋑根拠のないこと。「―名義」「―請求」

かぐう【仮×寓】かりずまい。

かくうえ【格上】《ノダ》人の地位や力量が上であること。物の価値や性能が上であること。↕格下。「―の相手」「―の乗り物」

がくえん【学園】学校。「―祭」▽下級から上級までのいくつかの学校をふくむ組織を指すことが多い。

かくおび【角帯】二つ折りで固く仕立ててある、男性用の帯。

がくおん【学恩】学問の上で受けた恩義。「師の―に謝する」

がくおん【楽音】音波が周期的に構成されていて、振動数を正確に測定でき、聴覚に快感を与える音。↕騒音㋐

かくかい【角界】相撲(すもう)の社会。かっかい。

かくがい【格外】①普通のものからはずれていること。並はずれ。②格付けの中にはいらない、程度の劣る品。

かくがい【閣外】内閣の外部。総理大臣及びその他の国務大臣の範囲にはいっていないこと。↕閣内。「新内閣に―から協力する」「―に去る」

かくかく【×赫×赫】《ト タル》①赤く輝く様子。熱気をさかんに発する様子。「―とした炎天」②功名などが著しい様子。「―たる戦果」

かくかく【×斯く×斯く】《副・ノダ》しかじか。これこれ。「―の理由で」「―しかじか」▽↓かく(斯)

がくがく《副[と]・ダ・ス自》①しっかり固定しているべきものが、ゆるんで動きやすくなっているさま。「歯が―になる」②疲労・寒さ・恐怖などで、体の一部が小刻みに震えるさま。「ひざが―する」

がくがく【×諤×諤】《ト タル》遠慮しないで正しい(と信じる)論を述べたてる様子。「侃々(かんかん)―の論」

かくかぞく【核家族】夫婦とその子とだけから成る家族。

かくがた【角形】四角なかたち。四角。

かくがり【角刈り】頭全体が四角に見えるようにした男子の頭髪の刈り方。

かくぎ【格技】取り組み合って勝負する競技。相撲(すもう)・柔道・レスリングなど。格闘技。

かくぎ【閣議】内閣がその職権を行うために開く、内閣総理大臣及びその他の国務大臣による会議。「―決定」

かくぎょう【角行】将棋の駒の一つ。斜め四方に何ますでも動かせる。かく。▽↓うま(馬)(3)

がくぎょう【学業】学問を修めるわざ。学校での勉強。「―成績」「―を怠る」

かくぎり【角切り】食材を立方体に切ること。「豚ばら肉の―」▽一辺が一センチ程度のものは「さいの目切り」、五ミリ程度のものは「あられ切り」と言う。

かくぐう【客×寓】①客となって身をよせること。また、その家。②旅先でのかりずまい。

がくげい【学芸】学問と芸術。「―欄」「―会」(学校で行う子供たちの発表会) **―いん**【―員】博物館法により博物館・美術館などに置かれる専門職員。資料の収集・展示・調査研究などを行う。

がくげき【楽劇】歌唱に重きを置く歌劇に対し、音楽と劇との融合を図ったもの。

かくげつ【隔月】ひと月おき。

かくげつ【客月】今月の前の月。先月。▽文語的。

かくげん【確言】《名・ス自他》はっきりと言いきること。はっきりした言葉。「―を得る」「―を避ける」

かくげん【格言】簡単に言い表した、戒めの言葉。金言。

かくご【客語】①〔文法〕→きゃくご。②〔論理〕→ひんじ(1)

かくご【覚悟】《名・ス自他》①悪い事態(に多大の努力がいるの)を予測して心の準備をすること。「―はよいか」「困難は―の上だ」「決死の―」▽(2)から。②〔仏〕迷いを去り道理を悟ること。

かくさ【格差】価格・資格・等級・生活水準などの差。「所得―」「―是正」

かくさ【較差】→こうさ(較差)。▽「かくさ」は慣用読み。

かくざ【×擱座・×擱×坐】《名・ス自》①船が浅瀬にのりあげること。座礁。②戦車・車両がこわれて動けなくなること。

かくさい【客歳】去年。昨年。客年。▽文語的。

かくざい【角材】四角な材木。

がくさい【学才】学問の才能。

がくさい【学際】二つ以上の学問の境界領域にあること。いくつかの分野にまたがって関連すること。▽interdisciplinary の訳語として、「国際」にならって一九七〇年ごろ造られた語。

かくさく【画策】《名・ス他》はかりごとを立てること。計画を立て、あれこれと実現をはかること。「陰で―する」

かくさげ【格下げ】《名・ス他》資格・地位をそれまでより低くすること。↕格上げ

かくざとう【角砂糖】一～二センチ角に押し固めた砂糖。

かくさん【拡散】《名・ス自他》①広がり散ること。「核―」②一つの液体に他の液体を、あるいは一つの気体に他の気体を入れた時、二つの物体がだんだんと混ざり、全体が等質となる現象。

かくさん【核酸】すべての生体内に見出される高分子の有機化合物。DNAとRNAの総称。炭素原子五個からなる糖に燐酸(りんさん)と塩基(2)が結合したものが、鎖のように連なった構造をしている。遺伝子の本体であり、また蛋白(たんぱく)質合成に重要な役割を果たす。

かくし【隠し】ポケット。▽既に古風。

かくし【客死】《名・ス自》→きゃくし

かくじ【各自】おのおの。めいめい。ひとりひとり。「弁当は―持参」「―勝手に出かける」

がくし【学士】①大学学部の卒業者の称号。▽一九九一年度からは学位の一つ。②学識の優れた人。「―院会員」▽(2)が原義。

がくし【学資】(学校で学ぶのにいる)学問修業の費用。学費。

がくし【楽師・楽士】音楽を演奏する人。▽もと雅楽について言ったが、今は西洋音楽について言うことが多い。

かくしあじ(ぢ:あ)【隠し味】調理する時、全体の味を引き立たせるために、ほんの少し別の調味料などを加えること。その加えたもの。「トマトを―に使う」

かくしえ(ゑ:)【隠し絵】よく見ると他のものの形が忍び込ませてある、遊び的な絵。

かくしき【格式】身分・家柄などについての、きまった礼儀作法。また、その程度。「―を重んじる」「―が高い」 **―ばる**【―張る】《五自》礼儀作法などをやかましく、堅苦しくふるまう。「―った挨拶」

がくしき【学識】身についた学問と識見。学問上の識見。「―経験者」

かくしくぎ【隠し×釘】外から見えないように打ったくぎ。

かくしげい【隠し芸】常には見せず、宴会などで座興にする芸。

かくしご【隠し子】世間に対して隠している子。

かくしごと【隠し事】他に秘密にしている事柄。秘事。

かくした【格下】《ノダ》人の地位や力量が下であること。物事の価値や性能が下であること。↕格上。「―の相手に負ける」「こっちが―だ」

かくしだ【隠し田】江戸時代、税をとられないように隠してある田。

かくしだて【隠し立て】《名・ス自他》わざと包み隠すこと。「少しも―をしない」

かくしだま【隠し球】①野球で、塁に出た走者をアウトにするために球の所在を隠すこと。また、その球。②論争などで、大詰めまで隠し持っている、その帰結に影響を与える人や証拠など。切り札となる人や方策。

かくしつ【確執】《名・ス自》自分の意見を強く主張してゆずらないこと。またそこから起こる争い。

かくしつ【核質】細胞の核の膜の内側にある、生命活動に重要な物質を含む液。

かくしつ【角質】主に脊椎動物の外面を覆う、ケラチンなどの蛋白(たんぱく)質が蓄積して形成される硬い組織。皮膚の表面のほか、鱗(うろこ)・毛・爪・角(つの)などを形成する。

かくしつ【革質】植物の表皮などの、革のように固い性質。

かくじつ【隔日】一日おき。

かくじつ【確実】《ダナ》たしかで間違いがないさま。「―な方法」「―視される」 派生 **-さ**

かくして【×斯くして】《連語》→かく(斯)

かくしどり ①【隠し撮り】《名・ス他》気づかれないように、こっそり撮影すること。②【隠し△録り】《名・ス他》気づかれないように、こっそり録音すること。

かくしぬい【隠し縫い】縫目を外面にあらわさないようにして縫うこと。その縫い方。

かくしぼうちょう【隠し包丁】食材に火が通りやすく、味がよくしみるように、目立たないところに切り込みを入れること。「大根に十字の―を入れる」

かくしゃ【客舎】旅先での宿泊所。

がくしゃ【学者】学問を業とする人。「―肌」▽単に物知りの意にも使う。古くは、学に志して修業する人の意。

がくしゃ【学舎】学校(の建物)。学びや。

かくしゃく【×矍×鑠】《ト タル》年をとっても、丈夫で元気のいい様子。「―とした老人」

かくしゅ【各種】いろいろの種類。さまざま。「―豊富に取りそろえる」 **―がっこう**【―学校】技術・職業教育を専門に行う学校。▽料理・美容・看護・語学などのものがある。

かくしゅ【×馘首】《名・ス他》①免職。解雇。②首を切り落とすこと。

かくしゅ【△鶴首】《名・ス自》首を鶴(つる)のように長くのばして、待ちわびるさま。「―して待つ」

かくしゅう【隔週】一週間おき。

かくじゅう【拡充】《名・ス他》組織や設備などを拡張・充実すること。

がくしゅう【学修】《名・ス他》知識・技能を学んで身につけること。

がくしゅう【学習】《名・ス他》①ならい学ぶこと。「―塾」②特に、学校などで系統的に勉強すること。心理学で、以前の経験を土台にして新しい適応の仕方を習得していくこと。 **―かんじ**【―漢字】常用漢字のうち、義務教育期間に読み書きを学習する漢字。学年別漢字配当表に示され、小学校段階で提示される。教育漢字。

がくじゅつ【学術】学問。「―雑誌」「―論文」▽学問と芸術、または学問と技術とをふくめて言うこともある。

かくしょう【客将】客分として待遇されている将軍。

かくしょう【確証】たしかな証拠。「―をにぎる」

がくしょう【学匠】①学者。②(仏)仏道を学ぶ僧。

がくしょう【楽匠】大音楽家。大作曲家。大指揮者。

がくしょう【楽章】交響曲・ソナタなどの楽曲の大きな一くぎり。「第一―」

がくしょく【学殖】深い学識。学問の素養。

かくしん【隔心】へだてのある心。打ちとけない心。

かくしん【核心】(主に物事の)中心となっている大切な所。「―にふれる」「―をつく」

かくしん【確信】《名・ス他》かたく信じていること。信じて疑わないこと。「―をもって言う」「無罪を―する」 **―はん**【―犯】政治的・思想的または宗教的信念に発して、それが(罪になるにせよ)正しい事だと確信して行う犯罪。▽一九九〇年ごろから、俗に、悪いとは知りつつ(気軽く)ついしてしまう行為の意に使う。

かくしん【革新】《名・ス他》制度や組織などをかえて、新しいものとすること。↔保守。「―的」「技術―」

がくじん【岳人】登山を愛好する人。登山家。▽気取った言い方。

がくじん【楽人】音楽を演奏する人。楽師。

かく-す【隠す】《五他》もの・ことを隠れるようにする。㋐人に見られないようにする。「金を―」「姿を―」㋑秘密にする。秘する。「名を―」「背後に―された事情」「周りの人に―」

かくすい【角×錐】平面上にある多角形の辺上の各点と、その平面外の一点とを結んでできる立体。

かくすう【画数】漢字の字画の数。

かく-する【画する・×劃する】《サ変他》①線を引く。②線を引いてくぎる。範囲や期間をはっきり他と区別する。「一時期を―」「一線を―」③はかる。計画する。くわだてる。〔画〕

かくせい《名・ス他》①【×廓清】積もりたまった悪いものをすっかり取り払い、清めること。「政治の―」②【郭清・×廓清】手術で、癌(がん)細胞など悪性物を(有する臓器を)取り払うこと。「リンパ節の―」

かくせい【覚醒】《名・ス自他》①目がさめること。目をさまさせたりすること。また、意識をはっきりさせたり興奮させたりすること。②迷いからさめること。迷いをさますこと。また、自分の非に気がつくこと。 **―ざい**【―剤】アンフェタミンなどの、中枢神経を刺激する薬物。眠気の抑制、疲労感の軽減などの作用があるが、依存性が強く、製造・販売・所持などは法律で規制。

かくせい【隔世】①時代を隔てること。時代が違うこと。「―の感がある」②世代を隔てること。「―遺伝」

がくせい【学制】学校教育に関する制度。

がくせい【学生】学校で学業を修めている者。特に、大学に学ぶ者。

がくせい【楽聖】非常にすぐれた作曲家・演奏家。音楽界の偉人。「―ベートーベン」

かくせいき【拡声器】①音声を(装置などで)大きくして遠くまで聞こえさせるもの。②→ラウドスピーカー

がくせき【学籍】学生や児童・生徒としてその学校に所属することを表す籍。「―簿」

がくせき【学績】学業成績。また、学問の業績。「―が挙がる」

かくぜつ【隔絶】《名・ス自》へだたり、掛け離れること。

がくせつ【学説】学問上の説。

がくせつ【楽節】楽章を構成する単位。八または四小節から成り、一つの完全にまとまった楽想を表すもの。

かくぜん【画然・×劃然】《ト タル》区別がはっきりしている様子。「―とした相違がある」

かくぜん【確然】《ト タル》揺るぎなく確かなさま。「―たることを言う自信がない」

がくぜん【×愕然】『ト タル』非常にびっくりするさま。「友の急死に―とした」

がくそう【学僧】①学問の深い僧。②学問を修業中の僧。

がくそう【学窓】学問を修める所。学校。「―を巣立つ」▽学舎の窓(まど)の意。

がくそう【楽想】楽曲の構想。

がくそう【額装】『名・ス他』(軸装に対し)書画・写真等を額に入れて表装すること。額縁を使った表装。

がくそく【学則】学校の(総則的な)規則。

かくそくど【角速度】回転運動をする点の速度を、中心に対して単位時間に回転する角度で表したもの。

がくそつ【学卒】「大学卒業」の略。大卒。

かくそで【角袖】①男物の和服の四角なそで。また、その形のそでがある外套(がいとう)。②(洋服に対して)和服。また、「角袖巡査」の略。かつて制服を着ないで、私服として和服を着ていた(刑事)巡査。▽(2)は現在ではすたれた。

かくたい【客体】→きゃくたい

かくだい【拡大・×廓大】『名・ス他自』ひろげて大きくすること。ひろがること。「―鏡」「―解釈」「内需を―する」

がくたい【楽隊】器楽や吹奏楽を演奏する一団の人々。

かくたる【確たる】『連体』たしかな。ゆるがない。しっかりした。「―証拠」「―信念」「―地歩を占める」▽「確とした」の方が普通になってきた。

かくたん【×喀×痰】痰(たん)を吐くこと。吐いた痰。「―検査」

かくだん【格段】『ダナ・副[と]』特別に程度が著しいさま。㋐違いが大きく、かけはなれているさま。「―の差」「―(に)劣る」「―に面白い」㋑格別。破格。「―の計らい」

がくだん【楽団】音楽の演奏をする団体。

がくだん【楽壇】音楽家の社会。音楽界。

かくち【客地】旅行中の土地。旅先。

かくちく【角逐】『名・ス自』おたがいに競争すること。▽「角」は競うこと、「逐」はおいかける意。

かくちゅう【角柱】①切り口が四角い柱。②〔数学〕同一直線に平行な三つ以上の平面と、この直線に交わる二つの平行した平面とで囲まれた多面体。「四―」▽(2)はもと「角壔(かくとう)」と言った。

かくちょう【拡張】『名・ス自他』規模や範囲を大きくひろげること。「道路―」「軍備を―する」 **―し**【―子】コンピュータで、ファイルの種類を表す文字列。ファイル名の最後に、ピリオドに続けてつける。「○○.txt」の「txt」など。

かくちょう【格調】詩歌や文章などのもつ品格と調子。「―が高い」

がくちょう【学長】大学の長。

がくちょう【楽長】楽隊の長、指揮者。

かくつう【角通】相撲(すもう)に関する知識・事情にくわしい人。▽すもうを「角力」とも書くところから。

かくづけ【格付(け)】『名・ス他』物の価値や資格に応じて分類して、その段階・等級をきめること。

がくっと『副』→がくん

かくて【×斯くて】『接』「かくして」「かくありて」の略。→かく(斯)

かくてい【画定・×劃定】『名・ス他』区切りをつけてはっきりと定めること。「境界―」

かくてい【確定】『名・ス自他』しっかり決まること、決めること。「―的」「所得税の―申告」「刑が―する」

カクテル ①氷片を入れた筒状の容器で、数種の酒・果汁などを混ぜ合わせた飲料。混成酒。「―パーティー」②異なる種類のものを混ぜ合わせたもの。「フルーツ―」「―ソース」「―光線」▽cocktail **―ドレス** イブニング ドレスよりは略式の、正装用女性服。▽cocktail dress

がくてん【楽典】西洋音楽の譜についての基礎的な諸規則。また、それを取り扱う教科書。

かくど【客土】①『名』旅先(主に他国)の土地。②『名・ス自』→きゃくど

かくど【角度】①角の大きさ。②物事を見る見方。「観察の―」「―をかえて話す」

かくど【確度】確実さの程度。たしかさ。「―の高い情報」

かくど【嚇怒・×赫怒】『名・ス自』はげしくおこること。

がくと【学徒】①学問を研究している人。学者。「―の本領」②学生と生徒。「―動員」▽(2)は一九三〇年代末に使い出された。

がくと【学都】学校を、町の成立・発展の中心としている都市。

かくとう【客冬】去年の冬。

かくとう【格闘・×挌闘】『名・ス自』たがいに組み付いてたたかうこと。くみうち。とっくみあい。うちあい。「―技」「難問と―する」

かくとう【確答】『名・ス自』はっきりした返事(をすること)。諾否を明らかにした返事。「―を避ける」

かくとう【角×壔】→かくちゅう(2)

かくとう【角灯】ガラスで四面を張った四角な手さげランプ。ランタン。

がくとう【学統】師から弟子へ(そのまた弟子へ)と引き継がれる、学問上の(特色ある)系統。「山崎闇斎(あんさい)の―を引く学者」

がくどう【学童】①小学校に学ぶ児童。②「学童保育」の略。日中、保護者が家にいない学童(1)を保育すること。そのための施設。

かくとく【獲得】『名・ス他』(努力して)手に入れること。「賞金を―する」「資金―」

がくとく【学徳】学問と徳行。「―の高い人」

かくない【閣内】内閣を構成する、総理大臣及びその他の国務大臣の範囲内。↔閣外。「―不一致による内閣総辞職」

かくに【角煮】①大きめの角切り豚ばら肉を甘辛く、とろけるほど柔らかく煮込んだ料理。▽中国料理の

トンポーロー(東坡肉)。②角切りのマグロ・カツオなどを佃煮(つくだに)風に煮た料理。

かくにん【確認】『名・ス他』確かにそうだと認めること。はっきり認めること。「意思の―」「安否を―する」

かくねん【客年】去年。昨年。客歳。▽文語的。

かくねん【隔年】一年おき。

がくねん【学年】①学校で定めた一年間の修学期。普通、四月から翌年三月まで。「―末試験」②一年間の修学期間を単位として、教育内容の段階で区分した集団。「わたしの―は第二―です」

かくのう【格納】『名・ス他』(その場所にしっかりと納め)しまい入れること。 **―こ**【―庫】しまい入れておく倉庫。特に、航空機を入れておく所。

がくは【学派】学問上の流派。

かくはいきぶつ【核廃棄物】→ほうしゃせいはいきぶつ

がくばつ【学閥】同じ学校の出身者や同じ学派によって作られる派閥。

かくば-る【角張る】『五自』①四角い形になる。かどが出来る。「―った顔」②かたくなる。しかつめらしくする。四角張る。

かくはん【各般】いろいろ。さまざま。「―の事情」

かくはん【×攪×拌】『名・ス他』かきまわすこと。かきまぜること。▽「こうはん」の慣用読み。

かくはんのう【核反応】原子核に、中性子などの他の粒子が衝突して起こる現象の総称。粒子の散乱や吸収、核分裂など。原子核反応。

がくひ【学費】勉学に要する費用。

かくびき【画引き】漢字を字画の数によって引けるようにすること。↔音引き。「―索引」

かくひつ【×擱筆】『名・ス自』筆をおいて、文章を書くのをやめること。書き終えること。↔起筆

かくふ【拡布】『名・ス他』広めて行き渡らせる(利用者を増やす)こと。

がくふ【学府】学校。「最高―」

がくふ【岳父】妻の父。しゅうと。

がくふ【楽譜】歌曲や楽曲を一定の記号で書きしるしたもの。譜。

がくぶ【学部】大学で、専攻の学問の領域によって大別した、それぞれの部。「―は文―・理―・医―がある」

がくふう【学風】①学問上の傾向。②大学の気風。校風。

かくふく【拡幅】『名・ス他』道路・通路などの幅を広くすること。

がくぶち【額縁】①絵画や書を入れて掲げるためのわく。②転じて一般に、物の周囲に装飾用にとりつけた物の総称。

かくぶつちち【格物致知】①朱子学で、物事の本質まで突き詰め(=格)て行って、知識を深める(=致)こと。②陽明学で、心のはたらきを正し(=格)、自らの良知を発揮する(=致良知)こと。▽四書の一つ「大学」にある言葉。

かくぶん【確聞】『名・ス他』確かに聞き及ぶこと。「―する所によると」

かくぶんれつ【核分裂】『名・ス自』主としてウランやトリウムなどの重い原子核が、同程度の大きさの二つ以上の原子核に分裂すること。その現象。そのとき非常に大きなエネルギーを放出する。原子核分裂。

かくへいき【核兵器】核分裂・核融合で生じるエネルギーや放射線を利用した兵器。原子爆弾・水素爆弾・中性子爆弾など。

かくべえじし【角△兵△衛×獅子】越後獅子(えちごじし)。▽「角兵衛」は獅子(しし)の頭(かしら)を作り出した名工、また、獅子舞の親方の名という。

かくへき【隔壁】物をへだてる壁。しきり。

かくべつ【格別】『ダナ・副』①普通の程度とは違っているさま。段違いなさま。「―(に)安い品」「―の御愛顧」「これは―のごちそうだね」②例外に属するさま。「雨の日は―(として)、毎日行け」 関連 特別・特殊・別段・格段・破格・殊に・特に・別して・わけて・とても・とっても・とりわけ・甚だ・過分・大変・非常・とんだ・とんでもない・目覚ましい・もってのほか

かくほ【確保】『名・ス他』しっかり(支えて)、得ているものを保ったり、いるものをそろえたりなど、自分の支配が及ぶ状態にすること。「地位の―に汲々(きゅうきゅう)とする」「製作資材の―」「容疑者の身柄―」「ザイルで体を―した」

かくほう【確報】確実な知らせ。

かくぼう【角帽】①上から見ると、ひしがたになっている帽子。主に大学の学生帽。②転じて、大学生のこと。

がくぼう【学帽】学校の制帽。

がくぼく【学僕】師の家や塾の下男となって、そのかたわら学問をする人。

かくま-う(かくまふ)【△匿う】『五他』人をひそかに隠して居させる。「犯人を―」

かくまき【角巻】毛布の肩かけ。▽東北地方で女性が用いる。

かくまく【角膜】眼球の外壁の前部にある透明な膜。円形で皿状をなす。

がくむ【学務】学校や教育に関する事務。「―課」

かくめい【革命】①天命が革(あらた)まること。前の王朝がくつがえって、別の王朝がかわって統治者となること。易姓革命。②被支配階級が、支配階級を倒して政治権力を握り、国家や社会の組織を根本的に変えること。「フランス―」③急激な変革。「産業―」「―的な変化」▽(2)(3)は revolution の訳語。

がくめい【学名】学術上、動植物につける世界共通の名称。ラテン語による。

がくめん【額面】①部屋などに掲げる額。②「額面価格」の略。債券・証券・貨幣などの表面に記された金額。③物事の表面の意味。みかけ。「―通りには受

けとれない」　ーわれ【ー割れ】公債・社債・株券などの表面に記された金額より、市場価格の方が安くなること。

がくもん【学問】①〘名・ス自〙学び習うこと。「耳(みみ)ー」。学んで得た知識。「ーがある」②〘名〙科学や哲学など、知的活動の総称。「ーの世界」「ーを修める」

かくや　細かく刻んだ古漬の漬物。「ーのたくあん」▽「覚弥」「隔夜」とも書く。

かくや【×斯くや】〘連語〙こうでもあろうか。「弁慶の奮戦もーとばかり思われる」▽かなり古風。

がくや【楽屋】①芝居などで、出演者が出演の準備をしたり休息したりする所。②比喩的に、うちまく。ないしょ。「役人のーは」③雅楽で、楽人が楽を奏する所。　ーうら【ー裏】①楽屋のなか。②転じて、関係者だけの内情。「ーをさらけ出す」　ーおち【ー落ち】①寄席(よせ)などで、仲間の者だけに通じて観客などにはわからないこと。②転じて、一部の関係者にだけ通じて他の者にはわからないこと。　ーすずめ【ー×雀】楽屋(1)に出入りして、芝居や役者の消息に通じている人。芝居通。また、社会の裏面・内幕に通じている人。　ーばなし【ー話】うちわの話。

かくやく【確約】〘名・ス他〙はっきりと約束すること。たしかな約束。

かくやす【格安】〘ダナ〙品質の割にねだんが安いこと。(他よりも)ねだんが安いこと。「ー品」 派生 ーさ

がくゆう【学友】同じ学校でいっしょに学ぶ友だち。

かくゆうごう【核融合】水素・ヘリウムなどの軽い原子核が融合して別の原子核に変化する現象。その際、大きいエネルギーを放出する。原子核融合。

かくよう【各様】それぞれ。さまざま。「各人ー」

がくようひん【学用品】学校で(勉強するのに)必要な文房具などの品物。

かくよく【△鶴翼】(昔の)陣立ての一つ。鶴(つる)が翼を張ったような配置で敵を取りかこもうとするものとされる。

かぐら【〈神楽〉】①神を祭るときに奏する舞楽。和琴(わごん)・大和笛(やまとぶえ)・拍子(ひょうし)の三つ、のちに篳篥(ひちりき)も加えて楽を奏し、かぐら歌をうたい、舞をまう。②芝居のはやしの一種。③→さとかぐら。④〘多く「おー」の形で〙平家(ひらや)に二階を建て増したもの。

かくらん【×攪乱】〘名・ス他〙かきみだすこと。かきまわして騒ぎを起こすこと。「敵の後方をーする」▽「こうらん」の慣用読み。

かくらん【×霍乱】日射病のたぐいの古い呼び名。「鬼のー」(→おに(1))

かくり【隔離】〘名・ス他〙①へだてること。②感染症の患者などを一般から離して一定の場所におくこと。「ー病棟」

がくり【学理】学問上の原理・理論。

がくり〘副と〙→がくん。「ーと首をたれる」

かくりつ【格率】〔哲学〕行為の規則、論理の原則などを簡単に言い表したもの。準則。▽maxim の訳語。

かくりつ【確率】ある事象が起こる、または、ある命題が真である、確からしさの度合。「成功するーは低い」　ーてき【ー的】〘ダナ〙(先験的に)決まっているというのではなく、偶然の支配を受けるような性質のものであるさま。▽「確率論的」の意にも使う。　ーろん【ー論】確率を対象にする、数学の一部門。

かくりつ【確立】〘名・ス自他〙物事をしっかりとうち立てること。確固としたものにすること。また、なること。「民主主義政治体制がーする」「販売ルートをーする」

かくりょう【閣僚】内閣を組織している各国務大臣。

がくりょう【学寮】①学校の寄宿舎。②寺院で僧が修学する所。

がくりょく【学力】それまでに習い覚え、また体得した知識によって養われた能力。「ーをつける」「ー試験」

がくれい【学齢】義務教育を受けるべき年齢。㋐義務教育期間。「ー期」㋑学齢㋐の始まる時。「ーに達した六歳で小学校にゆく」

かくれが【隠れ家・隠れ△処】世間の目からかくれて住む家。かくれ場所。「犯人のー」▽「が」は「か」の連濁。「ありか」の「か」と同様、(家に限らず)場所の意。

がくれき【学歴】学業についての経歴。どの学校を卒業(または中退)したかという経歴。

かくれざと【隠れ里】世をさけてそこに隠れ忍ぶ村里。

かくれみの【隠れ×蓑】①㋐それを着れば姿が見えなくなるという、みの。㋑転じて、本当の考え・姿を隠す手段とするもの。②山地に自生し、また庭木にもされる、常緑の小高木。葉は厚く光沢があり、若いものは三～五裂。夏、緑色の小花をつける。▽葉の形をみのに見立てた命名。うこぎ科。

かくれもない【隠れも無い】〘連語〙はっきり現れていて、だれにも分かる。歴然としている。「ー事実」

かくーれる【隠れる】〘下一自〙①姿が見えない状態になる。㋐ものの陰で外から見えなくなる。「月がー」㋑人目につかないようにする。ひそむ。「人込みにー」②官職につかずに野(や)にいる。「ーれた人材」③身分の高い人が死ぬ。「おーれになる」

かくれんぼう【隠れん坊】①鬼の役になった者が他の隠れた者を捜す、子供の遊び。②比喩的に、(一時的に)身を隠すこと。▽「かくれんぼ」とも言う。

かぐろーい【か黒い】〘形〙くろぐろとしている。「ー髪」▽「か」は接頭語。

かくろう【客×臘】去年の十二月。昨年のくれ。旧臘(きゅうろう)。

かくろう【閣老】江戸時代の老中(ろうじゅう)の別称。

かくろん【各論】全体を構成する各項目についての議

論・論文。↕総論

かぐわし-い（かぐはしい）【△香しい・△芳しい・×馨しい】《形》においがいい。かんばしい。「—花の香り」▽「香(か)」+「くはし(=見事だ)」から。派生 **-さ**

がくわり【学割】「学生割引」の略。鉄道運賃・入場料などを、学生・生徒を対象に割り引くこと。

かくん【家君】自分の父。▽既に古風。

かくん【家訓】家に伝わる教訓。家憲。

がくん《副と》①瞬間的に大きな衝撃があるさま。がくっと。がくり。「列車が—と止まる」②変化の度合いが大きく、急激であるさま。「知らせを聞いて、—と肩を落とす」「成績が—と下がる」

かけ①【掛け】《名》㋐「掛売り」「掛買い」の略。現金売買でなく、あとで清算する約束で行う売り買い。㋑「掛けそば」「掛けうどん」の略。熱い汁をかけたそば・うどん。②【賭け】《名》勝負事などで金や品を出し合い、勝った者がそれを取ること。また、その出した金品。③【掛け】《接尾》《動詞の連用形、助動詞「(さ)せる」「(ら)れる」の連用形に付けて》「掛ける」㈣の用法を体言化したもの。「読み—の本」▽↓=がけ(2)

かけ【欠け】かけること。「月の満ち—」。また、かけた部分。かけら。「せとものの—」

かげ【影・陰・×蔭・×翳】㊀光によって生じるもの。▽明・暗どちらにも言う。①(物にさえぎられて)光があたらない暗い所。【陰・蔭・翳】「光と—の調子をとらえてデッサンする」「—になり日向(ひなた)になり」(人にあれこれの仕方で尽くすさま)「—(=何かを隠すことなどによる暗さ)のある顔」▽(2)㋐の転。②(光によって)見える姿・形。【影】㋐光が物にさえぎられ、その物の後ろに生じる像。かげぼうし。「—を落とす」「—も形もない」(あとかたもない)「—が薄い」(生気に乏しいことのたとえ)「—のようにつきまとう」㋑(光で見える)物の姿・形。「人(の)—もまばらだ」「—を隠す」「見る—もない」(以前とは打って変わった衰えようだ)㋒水や鏡の面に(反射により)映って見える姿。「堀に映る松の—」㋓心に浮かべる顔形や姿。おもかげ。「なき母の—を慕う」㋔姿だけ(ぼんやり)見えて手ごたえのないもの。「幽霊の—」「名門の—におびえる」㊁日・月・星・灯火・かがり火の光。【影】「仰ぐ日の—」「月(の)—を踏んで行く」▽「お—」はかげ㊁の比喩的用法に発し、威光による恩恵を言う。↓おかげ ㊂物にさえぎられて見えない所。人目に立たない所。【陰・蔭】「岩の—にひそむ」「—であやつる」「—の人」

かげ【鹿毛】しかの毛のように茶褐色の馬の毛色。たてがみ・尾、四肢の下部は黒い。そういう毛色の馬。

がけ【崖】山や岸がけわしくきりたっている所。

=**がけ**【掛(け)】①《漢語の数詞に付けて》割合・歩合を表す。「定価の八—で売る」▽普通、送り仮名をつけない。②《動詞の連用形に付けて》その動作の途中で、ついでに行う意を表す。「帰り—に寄ってくれ」▽↓かけ(掛)(3)。③《体につける物の名に付けて》身につけた状態。「ゆかた—で外出する」「下駄(たげ)—で散歩する」「たすき—」④《人数を表す語に付けて》その人数で腰を掛けること。「三人—の座席」

かけあい（かけあひ）【掛(け)合い】①話し合うこと。談判。②二人以上でかわるがわるにすること。「—漫才」

かけあ-う（かけあふ）【掛(け)合う】《五他》①互いに掛ける。「湯を—」②なかなか要求を入れない相手に、話し合いをもちかける。「役員に—」

かけあし【駆(け)足】①速く走ること。②比喩的に、速く(あわただしく)すること。「—で冬がやって来た」「論文を—で読み終える」③馬を最も速く走らせること。ギャロップ。

かけあわ-せる（かけあはせる）【掛(け)合(わ)せる】《下一他》①掛け算をする。②交配する。交尾させる。

かけい（かけひ）【×筧】↓かけひ

かけい【佳景】いいけしき。いいながめ。

かけい【家兄】自分の兄。▽既に古風。

かけい【家系】家の系統。ちすじ。血統。「—が絶える」

かけい【家計】一家のくらしむき。一家の生活を維持する経済。一家の生計。「—簿」「—を支える」

かけい【火刑】ひあぶりの刑罰。

かけい【花茎】スミレ・タンポポなどのように、地下茎や根から直接出て花だけをつける茎。

がけい【雅兄】《代》手紙などで、男性である相手を敬愛して指す語。

かけうり【掛(け)売(り)】《名・ス他》即金でなく、後から代金をもらう約束で、品物を先に渡して売ること。貸売り。かけ。

かげえ（かげゑ）【影絵・影△画】いろいろの形を、手または切りぬいた紙片などで作り、灯火で照らして影を障子・壁などにうつす遊戯。

かけえり【掛(け)×衿】着物や夜具のえりの上に、汚れないように同じ布(または黒布)をかけたえり。

かけおち《名・ス自》①【駆(け)落ち】恋しあう(男女)二人が連れ立ってひそかに他の地へ逃げること。②【欠(け)落ち】他郷へ逃げ隠れること。逐電。また、失踪。

かけがい（かけがひ）【掛(け)買(い)】あとで代金を払う約束で、即金でなく品物を買うこと。かけ。

かけがえ（かけがへ）【掛(け)替え】必要な時のために備えておく同じ種類のもの。予備のもの。かわり。「—のない命」

かけがね【掛(け)金】戸締まりなどに使う金具。「—を外す」

かけかまい（かけかまひ）【掛(け)構い】《あとに打消しを伴って》関係。「—(が)無い男だ」▽既に古風。

かけがみ【懸(け)紙】贈物の上包みにする紙。多くは、のし・水引などが印刷してある。

かげき【歌劇】歌を中心として歌手が演じる、西洋の音楽劇。オペラ。

かげき【過激】『名ナ』思想や行動が度を越して激しいこと。↕穏健。「議論がとかく―に走る」派生 **‐さ** **―は**【―派】過激な方法で主義・理想を実現しようとする党派。

かけきん ①【掛(け)金】日掛け・月掛けなど定期的に積み立ててゆく金。②【掛(け)金】掛売りまたは掛買いの品物の代金。掛け代金。掛け銭。③【賭(け)金】賭け事に出した金銭。

かげぐち【陰口】当人のいない所で言う悪口。かげごと。「―をたたく」

かけくらべ『名・ス自』かけっこ。「うさぎと亀の―」

かけご【懸子・掛子・掛籠】外側の箱の縁に乗せ掛けて中にはめるように作った箱。

かけごい【掛(け)乞い】↓かけとり

かけごえ【掛(け)声】①人に呼びかける声。特に、芝居や競技などで、ひいきの者に呼びかける声。②勢いをつけ、または拍子をとるために出す声。「―ばかりで着手しない」

かけごと【賭(け)事】金品をかけての勝負事。かけ。

かげごと【陰言】↓かげぐち

かけことば【掛△詞・懸△詞】修辞法の一つ。同音の言葉一つに二つ以上の意味を持たせたもの。「逢(ぁ)ふことは雲居はるかになる神の音にききつつ」(古今集)の「なる」が「成る」と「鳴る」にかけてある類。

かけこみ【駆(け)込み】間にあうように急いですること。「危険な―乗車」「―で申請する」 **―でら**【―寺】江戸時代、離婚を望む女性が駆け込む寺。縁切り寺。▽今日では、問題を抱える人が助けを求めておとずれ、また、それを支援する施設・場所に言う。

かけこ‐む【駆(け)込む】『五自』①走って中にはいる。②駆込訴(かけこみうったえ)＝江戸時代に町役人などの手を経ず、直接幕府重臣や領主などに訴え出ること)をする。

かけざん【掛(け)算】二つ(以上)の数や式をかけあわせた値を求める計算法。乗法。↕割り算

かけじ【掛(け)字・懸(け)字】床の間などにかける、主として文字を書いた掛け物。

かけじく【掛(け)軸】掛け物。軸物。

がけした【崖下】崖の下(の所)。「―の家」

かけす 低山の森林にすむ、ハトより少し小さい鳥。全体に紫色を帯びた暗褐色で、尾は黒い。翼は先が黒く一部青・白の縞(まし)がある。物音をまねるのがうまい。カシ・ナラ・クリ等の実を好む。かしどり。▽からす科。

かけず【掛(け)図】掛け物のように表装した地図あるいは標本の絵。

かけすて【掛(け)捨て】①保険などで、該当する事故や災害にあわなかった時、掛け金が戻って来ないこと。②保険・無尽など期限前に、掛けた分をむだにしてやめること。▽(1)(2)とも「かけずて」とも言う。

かけずりまわ‐る【駆けずり回る】『五自』あちこち走りまわる。また、奔走する。「―・って集めた資金」

かげぜん【陰膳】①旅などに出た人の無事を祈って、留守宅の人が供える食膳。②供養のため仏壇などに供える食膳。

かけだおれ【掛(け)倒れ】①売掛けの代金の回収ができず損失となること。②費用ばかりかかって利益がないこと。③掛け金をかけただけで損失となること。

かけだし【駆(け)出し】物事を始めたばかりのこと。物事になれていないこと。そういう人。新米(しんまい)。「―の記者」

かけだ‐す【駆(け)出す】『五自』①外へ、かけて出る。②走りはじめる。

かげち【陰地・×蔭地】日当たりが悪い土地。

かけちが‐う【掛け違う】①『五自』行き違いになる。「君とは―・ってなかなか会えない」。物事や考えが一致しない。くいちがう。「二人の意見が―」②『五他』まちがってかける。かけちがえる。「ボタンを―」

かけぢゃや【掛(け)茶屋】↓ちゃみせ

かけつ【可決】『名・ス他』議案をよいとみとめて通すこと。↕否決

かけつけさんばい【駆(け)付け三杯】酒席に遅れて来た者に、罰として立て続けに酒を三杯飲ませること。

かけつ‐ける【駆(け)付ける】『下一自』急いでその場にやってくる。▽元来は、大急ぎで馬を馳(は)せて来る意。

かけっこ 走って、どちらが早いか競争すること。競走。かけっくら。かけくらべ。

がけっぷち【崖っ縁】①がけのはし。②転じて、危険な状況に追い込まれること。「―に立つ」

かけて『連語』①わたって。「秋から冬に―」②関して。「数学に―は」▽↓かける(掛)(三)(4)(イ)

かけどけい【掛(け)〈時計〉】柱や壁などにかけておく大型の時計。

かけとり【掛(け)取り】掛売りの代金をとって歩くこと。その人。かけごい。

かけながし【掛(け)流し】品物を一度使っただけで捨ててしまうこと。使い捨て。特に、温泉の湯をわき出るままに使い流すこと。「源泉―の温泉」

かげながら【陰ながら】『副ノ』相手に見えないところで。よそながら。ひそかに。人知れず。「―無事を祈る」

かけね【掛(け)値】①実際の値段より高くつけた値段。②物事を大げさに言うこと。「―なしの話だが」

かげのぞき【×蔭×覗き・陰×覗き】(様子を見になどちょっと(物陰から)のぞく(また、訪れる)こと。「―でもしたら許さないぞ」「先月から―もしない」

かけはぎ【掛(け)△接ぎ・掛(け)×矧ぎ】『名・ス自』裏に布を当て、目立たないように衣服を繕うこと。「かぎ裂きの服を―に出す」▽共布(ともぎれ)を織り込む方法

が一般的。「かけつぎ」とも言う。

かけはし【掛(け)橋・懸橋・架(け)橋】①けわしいがけなどに板などを渡して作った橋。②橋渡し。なかだち。取持ち。「両者の―」「友好の―」

かけはな-れる【掛(け)離れる・懸(け)離れる】《下一自》非常にへだたりや違いがある。「都会から―れた山村の生活」「現実と―」

かけひ【×筧】地上にかけ渡して水を通じさせる、とい。かけい。

かけひき【駆(け)引き】《名・ス自》①戦場で、機を見て兵を進退させること。②売買・交渉などで、相手の出方に応じて態度をかえ交渉を有利にすること。「―がうまい」「―を使わず誠意で当たれ」

かげひなた【陰《日向》】①日のあたらない場所と日のあたる場所。「―になって(=時には裏で時には表に回って)助ける」②人の見ている所と見ていない所とで言行が違うこと。「―のある人」「―なく働く」

かけぶとん【掛(け)布団・掛(け)×蒲団】寝るときに体の上にかけるふとん。↔敷きぶとん

かけへだた-る【懸(け)隔たる】《五自》遠くはなれる。はるかにへだたる。程度に格段の相違がある。

かけへだ-てる【懸(け)隔てる】《下一他》遠くはなれさせる。間をへだてる。程度に格段の相違をつける。

かけべり【掛(け)減り】はかりにかけたとき、前にかけたときよりも目方が減ること。目べり。

かげべんけい【陰弁慶】→うちべんけい

かげぼうし【影法師】光が当たって物に映っている人の影。

かげぼし【陰干(し)・陰△乾(し)】《名・ス他》日かげでほしてかわかすこと。

かげま【陰間】男色(なんしょく)を売る人(特に少年)。男娼(だんしょう)。▽もと、江戸時代に、まだ舞台に出ていない少年俳優のこと。

かげまつり【陰祭(り)】一年おきにする例祭(本祭)に対して、例祭のない年にする小祭。

かけまわ-る【駆(け)回る】《五自》走りまわる。あちこちかけずりまわる。奔走する。「事件のもみ消しに―」

かげみ【影身】『―に(つき)添う』影がからだに添っているように離れない。

がけみち【崖道】がけのきわを通る道。

かげむしゃ【影武者】①敵をあざむいたり、いざという時の身がわりにしたりするため、大将(主要人物)の服装をさせておく、大将に容姿が似た者。②表に出ず、人のために働く、または指図をする人。黒幕。

かけめ【掛(け)目】①はかりにかけてはかった重量。量目(りょうめ)。②繭取引で、繭値算出に用いる乗数。

かけめ【欠(け)目】①不足した目方。減量。②欠けて不完全な部分。欠点。③囲碁で、目のように見えながら目にならない所。

かけもち【掛(け)持ち】《名・ス他》二つ以上のことを受け持ってすること。「A校とB校と―で教える」

かけもの ①【掛(け)物】床の間や壁に掛けられるように、書画を表装したもの。掛け軸。②【懸物】勝負事にかける物。

かげもり【影盛】鬼瓦の後ろに装飾として、鬼瓦より大きめに盛り上げる漆喰(しっくい)の塊。▽関東の土蔵で富の象徴とする。

かげもん【陰紋】輪郭だけを書いた紋。また、陰の線(二重線)で書いた紋。

かけや【掛矢】カシなどの丈夫な木で作った大型の槌(つち)。くいを打つときなどに用いる。

かけゆ【掛け湯】風呂場に入ってまず、湯をかけて体をあたため簡単に洗うこと。「―をする」

かけら ①物の欠けた、小さな断片。「クッキーの―」②《「Aの―も……」の形で、否定表現などを伴い》少しのAさえも。「反省の―も見られない」「こんな生活には青春の―さえあるものか」▽Aの部分は抽象的な表現。

かげり【陰り・×翳り】①かげること。かげ。②比喩的に、先行きが思わしくなくなるきざし。「景気の―が気になる」

かけ-る【×翔る】《五自》鳥や飛行機が空を飛ぶ。また、(足を地につけないかのように)飛ぶように行く。

か-ける【掛ける・懸ける・架ける・賭ける】《下一他》㈠ある所に支えとめる。①物を動かして端(と見られる部分)を他の物の面や一点に(固定的に)とめる。【掛】㋐つるす。ぶら下げる。「すだれを―」「じゅずを手に―」「博学を鼻に―(=自慢する)」㋑しりを、支えとする物の上にすえる。「いすに腰を―」「どうぞお―け下さい」㋒料理などのために火の上にすえる。「なべをこんろに―ける」㋓人に見せるようにとめ掲げる。「額(がく)を―」「獄門に―」「首をば、六条川原に―けられたり」(太平記)▽㋑以外は「懸」でも書く。②曲がった物、とがった物、刃物、張った物、仕組んだ物でとらえる。「手鉤(てかぎ)を―」「肩に手を―」「鎌を―」(他人の本心を探ろうと誘いの言動をする)「やりの穂先に―」「刃(やいば)に―」「敵を馬蹄(ばてい)に―(=け散らす)」「わなに―」(だます意にも)「ぺてんに―」「鳥を―(=網で捕らえる)」▽「わなを―」は、→㈢(5) ③何かのために、ものをそこにとめる。㋐物事をそれでとらえる。「お目に―」(御覧に入れる)「気に―」(思いやる。心配する)「しり目に―」(さげすんだり無視したりする態度をとる)㋑そこで扱う。「手塩に―けて(=よく世話して)育てる」「医者に―」「妻を手に―けて殺す」▽③の㋐㋑は「懸」でも書く。㋒持ち出してそこにとめ、または、それで処理する。「秤(はかり)に―」(さお秤に物を下げて測ったことから、目方を測る、評価する)「てんびんに―」(二つの物事の損得を考える意にも)「ふるいに―」(より分ける意にも)「材料を機械に―」「裁判に―」「議案を委員会に―」④それをたより・目当てにして、もの・心を寄せる。

㋐倒れてしまわないように、それに託する。「梯子(はしご)を屋根に―」「もたせ―」「よせ―」▽普通は他動詞連用形に付けて使う。㋑心をそれに寄せて頼みにする。「神に願いを―」「子の成長に望みを―」㋒《「―・けて」の形で》引合いに出して約束する。「面目に―・けても勝つぞ」「神―・けて(誓う)」㋓大切なものを代償とする。「命を―・けた恋」「優勝を―・けて戦う」。成功や賭けの賞として約束する。「賞金を―」「このゲームに千円―」▽(4)の(ア)~(エ)は「懸」でも書く。㋔賭けでその場合を選ぶ。【賭】「丁の目に―」㋕約束する。「保険を―」(掛け金を払って保険契約を結ぶ)

㊁他に(全体的に)おおいかぶせる。【掛】①それを目標物がかぶる(浴びる)ようにする。「すいかに塩を(振り)―」「布団を―」「水を―」「火を―」(放火する)「矢を射―」「赤に少し青を―」。おおう。「本にカバーを―」

②こちらの行動の結果として他に負担を生じる。こうむらせる。「親に苦労を―」「迷惑を―」

③負担・費用・労力・量をそれに加える。㋐課する。負担させる。「罰金を―」「税を―」㋑つぎ込む。費やす。「五千万円―・けて建てた家」「食事に時間を―」「(人)手を―」▽相当の金額や量の時に言う。㋒働き・力を(増し)加える。「大理石に磨きを―」「圧力を―」(威圧・圧迫する意にも)「勉強に馬力を―」「石で重みを―」㋓もとになる値に割増しをする。「仕入値に五割―・けて売る」㋔掛け算する。「三に七を―」「三と〇・七(と)を―」「ウエートを―・けて算出する」

④交配する。「スピッツにテリアを―」「スピッツとテリア(と)を―」▽「に」で示す方が雌。

㊂一方から他方にさし渡す。【掛】①物の間やまわりにさし渡す。㋐(両端を支えとし)またぐように渡す。「川に橋を―」「梁(はり)を―・け渡す」「めがねを―」▽橋の場合は「架」でも書く。㋑細長い物を他の物のまわりに渡す。「たすきを―」「荷物にひもを―」「輪を―」(転じて、一層はなはだしくする)㋒『帆を―』帆を張り渡す。

②作用を向けて、そこに届かせる。㋐声や言葉を発して、送る。「声を―」「気合(きあい)を―」(㊁(3)㋒の意にも)「号令を―」「口を―」(申し入れる)「芸者を―」(=呼ぶ)「電話を―」「なぞを―」(暗示的に問う意にも)㋑開いたり働いたりしないように、それを施す。「かけがねを―」「部屋にかぎを―」「安全装置を―」㋒そこに作用を向ける。「お姫様に思いを―」(=恋い慕う)「情けを―」「目を―」(転じて、面倒を見て引き立てる)「攻撃を―」「足わざを―」「麻酔を―」▽(2)㋒は「懸」でも書く。㋓道具・機械を働かせる。「かんなを―」「服にブラシを―」「ラジオを―」「車にブレーキを―」「月光の曲(のCD)を―」

③ものの間に関係をつける。㋐その言葉の音の類似を利用して他の言葉を暗示する。【掛・懸】「沼津食わずは、ヌマズに飲マズが―・けてある」㋑その言葉を文法的に他の言葉に結びつける。【係】「修飾語をこちらの名詞に―・けて解する」

④及ぼす。㋐『(……から)……に―・けて』時・所・方向の(……から)……までの間。「夏から秋にかけて咲く花」「大阪にかけての一帯」㋑『……に―・けては』……に言い及ぼすなら。特に……は。「自信にかけては人一倍だ」

⑤張りめぐらしたり仕組んだりして作り設ける。「くもが枝に巣を―」「小屋を―」「忠臣蔵(の芝居)を―」「わなを―」▽「架」で書く場合もある。「わなに―」は、↓㊀(2)

㊃《動詞の連用形、助動詞「(さ)せる」「(ら)れる」の連用形に付いて》物事を始めた情況にある。「観客が席を立ち―」。まだし終えない状態にある。「読み―・けた本」「なぐられ―・けたので急いで逃げた」

か-ける【欠ける】《下一自》一部が無くて不完全になる。㋐固い物の一部分がこわれて取れる。「茶碗(ちゃわん)のふちが―」「刃(は)が―」(やいばが―・けた)」㋑一部が失(う)せた形になる。「月が―」。そろいのものの一部分が無い状態となる。「メンバーから花形選手が―・けた」「全集の二冊が―」㋒あって当然のものが不足する。「常識に―・けた発言」「適用できる規定が―・けている」

か-ける【駆ける・×駈ける】《下一自》人や獣が足で走る。また、人が馬に乗って走る。「サラブレッドが草原を―・け抜ける」「少女が―・けてきた」

かげ-る【陰る・×翳る】《五自》①今までさしていた光が弱くなる。特に、日光・月光が雲にさえぎられ、また、日光が夕方になって、弱まる。「日が―・って寒くなる」②比喩的に、先行きが思わしくなくなる。「景気が―」▽「かげ(影)」㊀の動詞化。

かげろう(かげろふ)【〈蜻蛉〉〈蜉蝣〉】とんぼに似ているが羽や体が弱々しく、ひらひら飛ぶ昆虫。長い二、三本の尾毛がある。成虫は、夏、水辺をよく飛び、産卵を終えると数時間で死ぬ。▽かげろう目の昆虫の総称。成虫の生命が非常に短いことから、短命、はかなさのたとえにも使う。「―の人の身」

かげろう(かげろふ)【〈陽炎〉】春や夏に、日光が照りつけた地面から立ちのぼる気。「―が燃える」「―が立つ」

かけわた-す【掛(け)渡す】《五他》(綱や橋など細い物を)一方から他方に渡して掛ける。▽橋の場合、「架け渡す」とも書く。

かけん【家憲】その家で守るべき掟(おきて)。家訓。

かげん【下弦】満月ののち次の新月の前までの間の月(の形)。月の左半分側が、弓のつるに当たる方を下にして見える。↕上弦。「―の月」

かげん【下限】下の方の限界。↕上限。▽↓かかい(下界)

かげん【加減】①《名・ス他》加えたり減らしたりすること。加法と減法。「―乗除」②ぐあい。㋐《名・ス他》調節してちょうどよい状態にすること。「適当に―(を)する」「量を―する」「手―」。調節された程度。「ふろの―を見る」㋑《名》体のぐあい。健康状態。「今日はお―はいかがですか」㋒《名》物事の情況・事情。「外国語がへたなのに、どういう―(で)か海外勤務を命じられた」③《接尾》《動詞連用形、状態を表す名詞について》㋐程度。ぐあい。「腹のへり―で」「利口さ―は大したことない」㋑やや……のぐあい。……ぎみ。「うつむき―の姿」㋒ちょうどよい程度。「湯が飲み―だ」 **―もの**【―物】程よく調節することがむずかしいもの。

かげん【×嘉言】人生訓となるよい言葉。

かげん【寡言】口かずの少ないこと。

がけん【我見】①自分だけのかたよった狭い意見・見地。②〔仏〕我執(がしゅう)。

がげん【雅言】→がご。↔俚言(りげん)

かげんてき【仮言的】《ダナ》〔論理〕一つの判断が「もし……なら」という条件部を伴って表される立言であるさま。▽ドイツ hypothetisch の訳語。

かげんみ【過現未】仏教で、過去・現在・未来。三世(さんぜ)。

かこ【〈水夫〉】船をあやつる者。ふなのり。

かこ【過去】もう過ぎてしまった時。①時間の三区分の一つで、現在より前(の全体)。以前。昔。「―三年間の実績」「―(には)そんな時代もあった」▽経歴に近い意でも使う。「いかがわしい―を持つ」。文法で動詞などの過去形を、単に「過去」とも言う。また、過去に比べて最高であることを略して「―最高」と言う。「―最高の人出」②〔仏〕三世(さんぜ)の一つである生前の世。前世。過去世。▽前身に近い意でも使う。「―は牛であった」 **―ちょう**【―帳】死者の法名・俗名、生没年月日などを書いておく帳面。鬼簿。点鬼簿。鬼籍。

かご【籠】竹ひご・つた・柳の枝・針金など、平たい帯状または線状の材料で編んで作ったいれもの。例、鳥籠、花籠、くず籠。▽↓かごのとり

かご【×駕籠】人の乗る座を作り、上に一本の轅(ながえ)を通し、その前後をかつぐ乗物。▽「籠」と同語源か。

かご【加護】《名・ス他》神仏が力を与えてまもり助けること。

かご【歌語】和歌の中でよく使われ、一般の書き言葉や話し言葉では使われない言葉。例、「つる(鶴)」に対する「たづ」、「かへる(蛙)」に対する「かはづ」。

かご【×訛語】発音が、標準語と違っている言葉。なまった言葉。

かご【過誤】あやまち。やり損じ。あやまり。

がご【雅語】日常表現には使わないような、風雅な趣のある(上品な)言葉。特に、平安時代の雅文・和歌に使ってある類の言葉。雅言。↔俗語・卑語・俚語(りご)。▽↓かご(歌語)

かこい【囲い】①まわりをふさいで囲むこと。そうする塀や垣。囲んだ場所。「―を作る」「―の中」②野菜などを季節のあとまで貯蔵しておくこと。③茶室の一種。▽もと、広間の一部を囲って設けた。④「囲い者」の略。

かこいこむ【囲い込む】《五他》①すっかり囲う。「生垣で農地を―」②価値あるものの流出を防ぐ。「会員制度で客を―」「自社の技術を―」

かこいもの【囲い者】別宅に住まわせておく、めかけ。

かこう【囲う】《五他》①外部の力が及ばないように、まわりをふさぐ。「柵で―」▽↓かこむ。②隠しておく。㋐かくまう。「容疑者を―」㋑愛人をひそかに養う。③たくわえておく。貯蔵する。「野菜を―」

かこう【下降】《名・ス自》下にさがること。低くおりること。↔上昇。「景気は―ぎみだ」「―線をたどる」

かこう【仮構】①かりの構造物。②想像で組み立てたもの。虚構。

かこう【加工】《名・ス他》人手を加えること。細工すること。原料または他の製品に手を加えて、新しい製品を作ること。「―品」「にしんの卵を塩かずのこに―する」

かこう【×嘉×肴・佳×肴】うまい、酒のさかな。よい料理。

かこう【河口】川の、海や湖にそそぐところ。

かこう【河港】河口または河岸にある港。↔海港

かこう【火口】①火山の噴火口。②罐(かま)の火たき口。 **―きゅう**【―丘】火山の噴火口の中に新しく噴火してできた比較的小さな火山。中央火口丘。 **―こ**【―湖】火山の噴火口に水がたまってできたみずうみ。

かこう【歌稿】歌の草稿。歌の下書き。

かこう【花梗】枝や茎から分かれ出て、その先に花のつく、短い柄の部分。花柄(かへい)。

かこう【華甲】数え年六十一歳の称。還暦。本卦(ほんけ)帰り。▽「華」の字を分解すると六つの十と一とになるところからという。「甲」は甲子(きのえね)の意で、えとを指す。

かごう【化合】《名・ス自》二つ以上の物質が反応して結合し、全く別の一物質となる化学変化。例、水素二と酸素一とが結合して水となる類。 **―ぶつ**【―物】化合の結果できた物質。

がこう【画工】絵をかく人。えかき。

がこう【画稿】絵の下書き。

がごう【雅号】画家・文筆家などが、本名の他につける風流な別名。「蘆花(ろか)」「漱石(そうせき)」の類。

かこうがん【花×崗岩】深成岩の一種。普通、灰白色で黒いごまのような点々がある。主成分は石英・正長石・斜長石・雲母(うんも)・角閃石(かくせんせき)など。固く美しいので、建築・土木用にする。御影石(みかげいし)。グラニット。

がこうそう【×鵞口×瘡】多く乳児に見られる口の中の炎症。灰白色の小斑が舌の表面や頬の内側にできる。カンジダという糸状菌が感染して起こる。

かこうち【可耕地】耕作することができる土地。

かこく《ダナ》①【苛酷】非常にきびしくむごいさま。

無慈悲。「—な刑罰」派生 **-さ** ②【過酷】きびしくてむごすぎるさま。「—な試練」派生 **-さ**

かこ-つ【△託つ】《五他》①→かこつける。②なげいて言う。ぐちを言う。うらんで言う。「不遇を—」

かこつ-ける【△託ける】《下一他》あることをするために、他の事柄を口実として結びつける。かこつ。ことよせる。「出張に—けて観光する」

かごぬけ【籠△脱け】①身をおどらせて、かごをくぐりぬける曲芸。②さぎの手口の一つ。そこの建物に関係する人物を装って（安心させ）、だましとった金品を携えて入り、裏口など別の口から逃げ去る。

かごのとり【籠の鳥】籠の中に閉じ込められ飼われている鳥に似た、自由の無い境遇の者、特に、遊女や妾(めかけ)。

かこみ【囲み】①囲むこと。囲むもの。「—記事」②囲んで攻めること。その攻めているもの。「—を破る」

かこ-む【囲む】《五他》並んで周囲・境を限る。㋐ものを中にして、まわりに（並び）連なる。「かがり火を—んで歌う」「山に—まれた町」「食卓を—」㋑まわりをふさいで中に取りこめる。「秀吉、小田原城を—」「括弧で—」▽㋐は中をあけた状態にすること、㋑は中に向けて作用を及ぼすことに、重点がある。㋑に比べると「かこう」は外からの力をさえぎる意を主とする。

かごめ【籠目】①かごの編みめ。②竹かごの目のような模様。③目をふさいでしゃがんだ鬼の周りを、数人が輪になって歌いながら回り、歌が終わったとき、背後にいる人を鬼に当てさせる、子供のあそび。かごめかごめ。▽③は「かがめ、かがめ」の転という。

かこん【禍根】わざわいの起こるおもと・原因。「—を除く」「—を残す」

かごん【過言】《ノダ》言いすぎ。「彼は世界的な文豪と言っても—ではない」▽まれに名詞的にも言う。「とんだ—を致しました」

かさ【×笠・傘】①雨・雪・日光などを防ぐため、かぶったり、さしたりするもの。㋐かぶりがさ。【笠】「みのと—」「—の台が飛ぶ」（笠をかぶる台、すなわち首が飛ぶ。首をきられる）「権勢を笠に着る（＝頼みとして高圧的な態度をとる）」㋑さしがさ。からかさ・こうもりがさ・ひがさなどの総称。【傘】「—をすぼめる」②かさ⑴㋐の形をしたもの。「電灯の笠」「まつたけの傘」

かさ【×嵩】ものの大きさ・量。特に、体積。「荷物の—」「—にかかる」（上から押さえつけるように威圧的な態度をとる）

かさ【×暈】太陽または月のまわりに見える輪のような光。▽「笠(かさ)」と同語源。

かさ【×毬】松や栃などの実のから。「松—」

かさ【×瘡】①皮膚にできるできもの・はれものなど。くさ。②「梅毒」の俗称。

かさあげ【×嵩上げ】《名・ス他》①堤防などを今までよりも高くすること。②比喩的に、量を多くすること。「家族手当の—」

かざあし【風脚】風の速さ。

かざあな【風穴】①風が出入りする穴やすきま。「どてっ腹に—をあけるぞ」（脅し文句）。また、通風のために壁などにあけた穴。「よどんだ社風に—をあける（＝新風を吹き込む）」②山腹などにある奥深い穴。夏、すず風が吹き出る。ふうけつ。

かさい【果菜】果実を食用とする野菜。ナス・キュウリ・トマト・カボチャなど。

かさい【火災】火事のわざわい。火事。「—発生」 **—ほけん**【—保険】火災による損害を補うための損害保険。

かさい【家裁】「家庭裁判所」の略。

かざい【家財】①家にある道具類。家具。「—道具」②家にある財産。一家の財産。

がさい【画才】絵をかく才能。

がざい【画材】①絵にかく材料。絵になる題材。②絵をかくための材料。筆・絵の具など。「—商」

かさいりゅう【火砕流】噴出した高温の火山灰・軽石・火山岩塊などが一団となって高速度で流れ下る現象。また、その流れ。

かざおれ[れ:を]【風折れ】木などが風で吹き折られること。「柳に—なし」

かさかき【×瘡×搔き】梅毒にかかっている人。

かさかさ《副[と]・ノダ・ス自》①（表面が乾いて）うるおいがないさま。「—の肌」②薄くてかわいたものが触れ合って出す軽い音。「—と落ち葉を踏む」

がさがさ《副[と]・ノダ・ス自》①（表面が乾いて）なめらかでないさま。「—の手」②性質などにうるおいがなくて、粗雑なさま。がさつなさま。「—した人」③かわいたものが触れ合って出す音。「包み紙を—あける」

かざかみ【風上】風の吹いてくる方。↕風下(かざしも)。「—なので類焼を免れた」「—に置けない」（性質や行動の卑劣な者をののしる言い方）

かさぎ【×笠木】鳥居・塀・門などの上に横にわたす木。冠木(かぶき)。

かざきり【風切り】①船の上に立てて風の方向を見る旗。かざみ。②普通のかわらをふいた屋根の切妻に近く、棟から軒までつけた丸がわら。③鳥のつばさの後ろの縁に並ぶ長い羽。風切り羽(かざきりばね)。

かさく【佳作】できばえのいい作品。「選外—」

かさく【仮作】《名・ス他》①一時かりに作ること。またそのもの。②真実でないことを空想によって作ること。またそのもの。「—物語」

かさく【家作】作ってある家。特に、貸家にする目的で作った家。

かさく【寡作】《名ナ》芸術家などが作品を少ししか作らないこと。↕多作。「—な作家」

かさぐも【×笠雲】高い山の頂付近をおおう、笠状の雲。

かざぐるま【風車】①子供のおもちゃの一つ。軸に紙

などで作った羽根を付け、風を受けて回るようにしたもの。②→ふうしゃ

かさけ【×瘡気】梅毒の気味。「うぬぼれと―のない者はない」

かざけ【〈風邪〉気】かぜに軽くかかっている(引き始めなどの)気持・様子。

かさご【×笠子】日本各地の沿岸部にすむ魚。大きさ・形はメバルに似るが、背びれなどのとげが大きい。色は紅色ないし黒褐色で黄色などのまだらが入る。食用。▽めばる科(または亜科)。

かざごえ【〈風邪〉声】かぜをひいた時のかれた声、また、鼻のつまったような声。

かさこそ『副[と]』乾いた薄いものが触れ合う音。そのさま。「ポプラのわくら葉が―と散る」(南部修太郎「修道院の秋」)「箱の中で何か―音がする」

がさごそ『副[と]』乾いたものが触れ合うやや大きな音。人・動物が動き回るさま。「―(と)家捜しをする」「カニがかごの中を―(と)はい回る」

かささぎ【×鵲】肩羽と腹が白い、カラスに似た鳥。カラスより少し小さく尾が長い。日本の分布は九州北部などに限られるが、七夕(たなばた)の説話などで昔から有名。村落近くの高木の枝に大きな巣を作って住む。天然記念物。烏鵲(うじゃく)。▽からす科。

かざしも【風下】風の吹いて行く方。↔風上(かざかみ)

かざ-す ①【×翳す】『五他』手にとった物、または手そのものを上げて、何かに差し掛ける、また、何かをおおうようにする。「扇を―」「ストーブに手を―」▽②の転。②【〈挿頭〉す】『五他』髪や冠に花・枝・造花などを差す。▽「髪差す」の転。

かさだか【×嵩高】『ダナ』①かさが多いさま。かさばること。②相手をみくだして横柄なさま。「―に物を言う」派生 **-さ**

がさつ『ダナ』動作・態度などに落着きがなく、荒っぽくぞんざいなさま。「―な人」派生 **-さ**

かさつ-く『五自』うるおいを失って滑らかでなくなる。「冬になると肌が―」「心が―」

かさづけ【×笠付(け)】『名・ス自』→かむりづけ

がさっと『副』乾いたものが一瞬動く音。そのさま。「植え込みが―揺れた」「大量の紙くずを―捨てる」

かざとおし【風通し】→かぜとおし

かざなみ【風波】風と波。かぜなみ。

かさな-る【重なる】『五自』①物の上に物がのる。②事の上に事がさらに加わる。「―不幸」「日曜と祝日が―」

かさね【重(ね)・△襲】①『名』㋐かさねること。また、かさねたもの。㋑衣服を重ねて着ること。その衣服。かさねぎ。②『接尾』重箱や着物など、重ねた物の数に添える語。「ふた―」

かさねがさね【重ね重ね】『副ノ』たびたび繰り返して。「―の災難」。いくえにも。重々(じゅうじゅう)。「―おわび申し上げます」

かさねて【重ねて】『連語』《副詞的に》繰り返して。ふたたび。「―尋ねた」「―折もあるだろう」

かさ-ねる【重ねる】『下一他』①物の上にさらに物をのせる。積みあげる。②事のある上にさらに事を加える。繰り返す。「罪を―」「苦労を―」「―・ねてお願いします」

かざばな【風花】①雪のつもっている風上から、風に吹かれてまばらに飛んでくる雪。②晴天に風が立ってちらちら雪が降ること。▽「かざはな」とも言う。

かさば-る【×嵩張る】『五自』かさが大きい状態だ。かさがふえる。「―・った荷物」

かさぶた【×瘡蓋・×痂】はれもの・きずなどがなおるに従って、その上にできるかたい皮。

かざまち【風待ち】船が出帆しようとして、順風を待つこと。かぜまち。

かざまど【風窓】建物のゆか下などに、風を通すためにあけたあな。

かざみ【風見】①風の方向・強さなどを見ること。②屋根の上や船の上につけて、風の方向を知る道具。かざきり。矢やニワトリの形をしたものが多い。「―鶏(どり)」(大勢の動向を見てからそれに乗ろうとする人の意にも)

がざみ かにの一種。甲羅は左右がとげ状に突出し、ひし形に近い。一番後ろの一対の足がひれ状。川口近くの海・湾に住む。肉は美味。わたりがに。▽わたりがに科。

かざみち【風道】風の吹き抜ける道。また、風の通ったあと。かぜみち。「北に窓を開けて土間に―を作る」「水田の―」

かさ-む【×嵩む】『五自』かさが大きくなる。かさ・数量がます。「費用が―」

かざむき【風向き】①風の吹いてくる方向。かぜむき。②比喩的に、大体の傾向。形勢。「世間の―」。きげん。「今日は社長の―が悪い」

かざよけ【風△除け】風を防ぐこと。そのためのもの。かぜよけ。

かざり【飾り】①かざること。装飾。装飾品。②正月の松かざり。しめかざり。「お―」③表面だけの美しさ。虚飾。「―のない人」

かざりぎり【飾り切り】『名・ス他』食材を美しい形に切り整えること。また、切ったもの。

かざりけ【飾り気】見せかけのために表面を飾ろうとする様子。「―のない態度」

かざりしょく【飾り職・×錺職】金属のかんざしや、いろいろの金具などの細かい細工をする職人。

かざりた-てる【飾り立てる】『下一他』人目を引くように、はでに(けばけばしく)飾る。「言葉を―」

かざりつ-ける【飾り付ける】『下一他』それぞれの物をそれぞれの所にきちんと飾る。

かざりぼうちょう【飾り包丁】魚・野菜など食材の表面に見ばえよく切れ目を入れること。「生しいたけに―を入れて揚げる」

かざりまど【飾り窓】商店で、商品を陳列する窓。ショー ウインドー。

かざりもの【飾り物】①かざりたてた物。装飾。特に、祭礼などで、人に見せるために仕立てたもの。②見かけはりっぱだが、実際の役には立たないこと。そういう人。「—の社長」

かざ-る【飾る】《五他》①美しさ・はなやかさ・りっぱさを添えるようにする。それをして物事を引き立てる。「部屋に花を—」「花で部屋を—」「言葉を—」(②の意にも使う)「部史を—全国優勝」「引退の行事を—にふさわしいスピーチ」「有終の美を—」。見栄えがするように並べる。「棚に品物を—」②見かけだけをよいようにとりつくろう。「うわべを—」「—らない人柄」

かさん ㊀【加算】《名・ス他》①算出して、もとのものに加えること。「利子を—する」②たし算。↔減算。㊁【可算】《ノダ》《「—な」も使う》①数えられること。「—名詞」②《数学》その集合の元が自然数と一対一に対応づけられること。すなわち、濃度⑵が自然数全体の集合と同じであること。▽㊁は countable の訳語。

かさん【加×餐】《名・ス自》養生すること。▽食を加える意。

かさん【家産】一家の財産。身代(しんだい)。

かざん【火山】地下のガスや溶岩などをふき出してできた山、または現にふき出している山。 **—がん**【—岩】火成岩の一種で、マグマが地表または地表近くで急速に冷却されてできたもの。玄武岩・安山岩など。 **—たい**【—帯】火山が分布する帯状(おびじょう)の地域。 **—ばい**(ばひ)【—灰】火山からふき出す、こまかいちりのような物質。▽学術的には直径二ミリ未満のもの。二ミリ以上六四ミリ未満なら「火山礫(れき)」、それ以上なら「噴石」と言う。 **—みゃく**【—脈】火山が列をなして連なっているもの。火山で成っている山脈。

がさん【画賛・画×讃】絵の上部や余白に書き加える文章・句。

かさんかすいそ【過酸化水素】酸素二原子と水素二原子から成る無色・透明の液体。純粋のものはわずかに硝酸に似たにおいを持ち、酸化力が強い。▽↓オキシドール

かし【×樫】暖地に自生する常緑高木。果実はどんぐり。材は堅く弾力があり、船舶用・器具用。アカガシ・シラカシ・イチイガシ、その他数種ある。▽ぶな科。

かし【貸し】①貸すこと。貸したもの。②比喩的に、他人に与えた恩恵。「—を作る」③帳簿上の「貸方」の略。▽↕借り

かし【〈河岸〉】①かわぎし。特に、舟から人や荷物をあげおろしするかわぎし。②かわぎしに立つ市場。特に魚市場を言う。③事をする場所。「—を変える」

かし【下士】①下士官。「週番—」②江戸時代の、各藩の下級武士。↕上士

かし【下肢】人の四肢のうち、下の一対、すなわち脚。↕上肢。▽四足動物の後肢にあたる。

かし【下賜】《名・ス他》身分の高い人がくださること。くだしたまわること。

かし【仮死】人事不省となり呼吸もとまり、脈拍もほとんどなく、一見、死と区別できないような状態。

かし【可視】肉眼で見えること。「—光線」 **—か**【—化】《名・ス他》見えるようにすること。「業務とコストの—」

かし【歌詞】歌曲・歌謡曲・歌劇などで曲にのせる言葉・文句。

かし【歌誌】短歌の作品や評論を載せる雑誌。

かし【×瑕×疵】①きず。欠点。②法律や当事者の予期するような状態や性質が欠けていること。

かし【菓子】食事以外に食べる嗜好(しこう)本位の食べ物。多くは甘い。「洋—」「水—」▽もとは、くだものの意。 **—おり**(をり)【—折(り)】菓子を入れた折り箱。「お土産にお酒と—を持参する」 **—パン** 菓子のように、甘味をつけたり、ジャム・チョコレート・あんなどを入れたパン。

かし【華氏】↓カし

カし【カ氏】水の氷点を三二度、沸点を二一二度とする温度の計り方。記号F。↕セし。▽もと「華氏」と書き、発明者ドイツ人 Fahrenheit の中国表記「華倫海特」による。

かし《終助》《言い切りの形に付く》念を押して表現を強めるのに使う。「事あれ—と望む」「航路に事無かれ—と祈る」▽現代語では「さぞかし」のように語の複合成分化したものを除けば、ほとんど、命令表現に「がし」の形で付いた慣用的表現でしか使わない。↓=がし

かじ(かぢ)【×梶・×楫・×舵】①水をかいて船をこぎ進める道具。②船の後ろにつけて、船の方向を定める船具。広く、乗り物の方向を定める具。「—をとる」(転じて、一般に、方向を誤らないようにうまく導く)「—を切る」(転じて、方針を変更する)③車の梶棒(かじぼう)。

かじ(かぢ)【〈鍛冶〉】金属を熱して打ちきたえ、いろいろの器械や器具を作ること。また、その職人。「刀—」「—屋」

かじ【家事】①家庭内部の事柄。「—の都合により」②家庭生活をいとなむためのいろいろな仕事。掃除・炊事・洗濯など。「—に追われる」「—労働」

かじ【火事】建物・船・山林などが焼けること。火災。火難。関連 火災・火難・大火・劫火(ごうか)・小火(ぼや)・自火・近火・急火・怪火・放火・不審火・付け火・兵火・戦火・雷火・祝融・火事見舞・火事場の馬鹿力 **—どろ**【—泥】↓かじばどろぼう

かじ【加持】《名・ス自》①諸仏が不可思議な力で衆生(しゅじょう)を守ること。②密教で、行者が印(いん)を結び真言(しんごん)を唱えて仏の助け・保護を祈り、病気や災難を除くこと。「—祈祷(きとう)」

がし【賀詞】祝いの言葉。祝詞(しゅくし)。

がし【餓死】《名・ス自》うえて死ぬこと。うえじに。

=がし《活用語の命令形などに付けて》そうせよと言

わんばかりの態度であるさま。「わざと聞こえよ―に悪口を言う」「これ見よ―の態度」「じゃま者は出て行け―に扱う」▽文語助詞「かし」の変形。

かしあた‐える【貸(し)与える】《下一他》貸してやる。貸与する。▽所有権は移さない。

かしうり【貸(し)売り】《名・ス他》↓かけうり

かじか【×鰍】澄んだ川に住む、ハゼに似た小魚。背は暗灰色で雲形の斑紋があり、腹は白い。美味。ごり。▽かじか科。

かじか【河鹿】「かじかがえる」の略。 **―がえる**【―×蛙】かえるの一種。谷川の瀬に住み、背は暗褐色で、足先に吸盤がある。雄は声が美しい。▽あおがえる科。

がしがし《副「と」》荒っぽく力を加えるさま。「下手な字を―書く」

かしかた【貸(し)方】①物や金を貸す人。また、貸す方法。②複式簿記で、帳簿の右側。負債・資本・収益などを記す側。▽↕借方(かりかた)

かじか‐む《五自》手足がこごえて、自由に動かなくなる。「寒さで指が―」

かしかり【貸し借り】《名・ス他》貸しと借り。貸したり借りたりすること。たいしゃく。「―無し」

かしかん【下士官】将校の下で、兵より上の位の軍人。▽自衛隊の曹に当たる。

かじき(かぢき) マグロに似た体形で、上あごが前方に剣のように突き出ている大形の海産魚。外洋に住み、多く切り身として流通。かじきまぐろ。▽めかじき科・まかじき科の魚の総称で、大きな種では四メートルを超えるものもある。

かしきり【貸(し)切(り)】貸しきること。「―バス」

かしき‐る【貸(し)切る】《五他》①約束した期間、他の人には使わせずその人だけに貸す。②残らず貸す。

かしきん【貸(し)金】貸したかね。

かしく ↓かしこ

かし‐ぐ【△傾ぐ】《五自》水平または垂直であるべき物がかたむく。「舟が―」

かし‐ぐ【△炊ぐ】《五他》米や麦をたいて飯にする。

かじく【花軸】花が穂のようにつくとき、その穂の中軸となって花梗をつける茎の部分。

かし‐げる【△傾げる】《下一他》水平または垂直であるべき物をかたむける。「首を―」(不審に思う意にも)

かじ‐ける《下一自》↓かじかむ

かしこ 女が手紙の終わりに書く語。かしく。▽文語形容詞「畏(かしこ)し」の語幹で、おそれ多いことよ、の意。

かしこ‐い【賢い】《形》頭がよい。才知がすぐれている。利口だ。「おお、―子だ」「得たり―・し」(↓えたりかしこし) ▽「畏(かしこ)し」(おそれおおい)の転。 派生 **‐さ** **‐げ** **‐がる** 関連 聡(さと)い・賢(さか)しい・小賢しい・悪賢い・あざとい・利口・小利口・怜悧(れいり)・賢明・聡明・発明・利発・英明・英邁(えいまい)・頭脳明晰(めいせき)・才気煥発(かんぱつ)・先見の明・利口ぶる・目先が利く・目から鼻へ抜ける・一を聞いて十を知る

かしこきあたり【△畏き辺り】《連語》皇室・宮中を指す語。▽尊んで言う。既に古風。

かしこくも【△畏くも】《連語》おそれおおくも。もったいなくも。▽既に古風。

かしこし【貸(し)越(し)】銀行が当座預金の取引のある者に、その残高以上に小切手を振り出すこと。その許可。また預金以上の小切手の額。当座貸越。

かしこだて【賢立て】利口ぶること。賢いように振舞うこと。さかしら。

かしこどころ【賢所】①神殿・皇霊殿とともに宮中三殿の一つ。神鏡を祭ってある所。内侍所(ないしどころ)。温明殿(うんめいでん)。▽宮中三殿とその付属の建物の在る区域を指すには、「けんじょ」と読んで区別する。②賢所(1)に祭る、神器(じんき)としての八咫(やた)の鏡。

かしこま‐る【△畏まる】《五自》①おそれいって、つつしんだ態度になる。「小言を―・って聞く」②正座する。威儀を正してすわる。「―・らずどうぞお楽に」③つつしんで(命令を)うけたまわる。承知する。「はい、―・りました」

かしざしき【貸座敷】①↓かしせき。②遊女屋。

かしず‐く(かしづく)《五自》人につかえて、丁寧に世話をする。「姑(しゅうと)に―・いてくらす」

かしせき【貸席】会合や食事のために料金をとって貸す部屋。また、これを業としている家。貸座敷。

かしだおれ(かしだふれ)【貸(し)倒れ】売掛金や貸金が取りもどせず、そのまま損失となること。

かしだ‐す【貸(し)出す】《五他》①貸して、持ち出させる。「図書を―」②貸付のために支出する。

かしだな【貸(し)△店】↓かしみせ

かしちん【貸(し)賃】物を貸してとる料金。損料。

かしつ【加湿】《名・ス他》蒸気で湿り気を加えたり、湿度を高めたりすること。↕除湿。「気道を―して痰(たん)を出しやすくする」「―器」

かしつ【過失】不注意でしでかす思わぬ過ち。「―を悔やむ」「―傷害」

かじつ【佳日・×嘉日】よい日。めでたい日。

かじつ【果実】①実(み)。特に、くだもの。「―酒」(穀物でなくブドウなどから造る酒) ▽生物学的には、雌しべとその付随器官が受粉後に発達して中に種子を含むもの。②〔法律〕元物(げんぶつ)から生じる収益。例、利子。「預金の―」

かじつ【過日】すぎた日。先日。

がしつ【画室】絵をかく室。アトリエ。

がしつ【画質】(写真やテレビなどの)画像の見た目の質。

かしつけ【貸(し)付(け)】利子・損料や期限を決め、金品・権利を貸すこと。「―金」

かして【貸(し)手】金品などを貸す人。貸主。↕借手

かしどり【×橿鳥・×樫鳥】↓かけす

かじとり(かぢとり)【×舵取(り)】《名・ス他》①かじで船の進む方向を定めること。その人。操舵手(そうだしゅ)。②物事がうまく進行するように誘導すること。その人。「政治の―」

かしぬし【貸(し)主】↓かして

カジノ ルーレットなどの賭博(とばく)が行われる豪華な設備の娯楽場。▽イタリア casino

かじのき【×梶の木】多く暖地に自生し栽培もされる落葉高木。雌雄異株で、雄花は穂状につき、雌花は球形になって咲く。色は淡緑色。果実は熟して赤くなる。繊維はコウゾよりは劣るが和紙の原料。▽くわ科。

かじば【火事場】火事の現場。 **―どろぼう**【―泥棒・―泥坊】①火事場の騒ぎにまぎれて、盗みをはたらく者。②どさくさまぎれに不正な利益を上げる者のたとえ。▽(1)(2)とも「かじどろ」とも略す。

かじぼう【×梶棒】①人力車や荷車などの前につき出た、ひっぱるための長い柄。轅(ながえ)。②舟のかじの頭部に取り付け、かじを回転させるために動かす取手。梶柄(かじづか)。

かしほん【貸本】料金をとって貸す書籍・雑誌。「―屋」

かしま【貸間】代金をとって人に貸す部屋。

かじまくら【×楫枕】船中で寝ること。船旅。なみまくら。▽雅語的。

かしまし-い【×姦しい】『形』(人々の声で)やかましい。そうぞうしい。「女三人よれば―」派生 **-さ**

かしまだち【鹿島立ち】旅行に出発・出帆すること。かどで。▽昔、鹿島の神に安全を祈って旅立ちしたことからか。

ガジマル ↓ガジュマル

かしみせ【貸(し)店】貸料をとって人に貸す店。かしだな。

カシミヤ インドの西北、カシミール地方に産するカシミヤ山羊(やぎ)の毛から織った高級織物。柔らかく保温性に富み、光沢が多く地質(じしつ)が強い。洋服地用。カシミア。▽cashmere

かじめ【×搗△布】岸近くの岩礁に群生する褐色の海藻。長さ一～二メートル。近縁のアラメに似るが、茎が分岐しない。焼いてヨードをとる。のろかじめ。▽こんぶ目。アラメをカジメと言うこともある。

かしもと【貸元】①金を貸す人。金主(きんしゅ)。②ばくちうちの親分。▽ばくち銭を貸すことから言う。

かしや【貸家】家賃をとって人に貸す家。

かしゃ【仮△借】漢字の六書(りくしょ)の一つ。音だけあって文字のない言葉を書くのに、同じ音の別の意味の字を借りてあてたもの。肉を盛るうつわの「豆(とう)」を「まめ」の意に用いる類。▽「かしゃく」と読めば別の意。

かしゃ【貨車】貨物を運送するための鉄道車両。

かじゃ【△冠者】↓かんじゃ(冠者)。「太郎―」

かしゃく【仮借】『名・ス他』大目に見てやり、まあまあと許すこと。「―ない糾弾」▽「かしゃ」と読めば別の意。

かしゃく【×呵△責】責め苦しめること。しかり責めること。「良心の―を覚える」

かしゃく【×挂×錫】『名・ス自』〔仏〕①僧侶(そうりょ)が行脚(あんぎゃ)の途中、寺院にとまること。②転じて、僧堂に籍をおいて修行すること。▽錫杖(しゃくじょう)を(壁に)かける(＝挂)意。「けしゃく」とも。

かしゃく【家借】『名・ス自』他人の家を借りること。

かしゅ【火酒】蒸留してアルコール分を多くした酒。ウォッカ・ウイスキー・ブランデー・ジン・焼酎など。蒸留酒。

かしゅ【火手】ボイラーのかまたき。▽もと「火夫」と、また「火手」の後には「機関助士」と言った。

かしゅ【歌手】歌をうたうことを職業とする人。うたいて。「オペラ―」

かじゅ【果樹】くだもののなる木。「―園」

がしゅ【画趣】絵を思わせるおもむき。絵になりそうなおもむき。

がしゅ【雅趣】風雅なおもむき。雅致。

カジュアル 『ダナ』気軽にくつろいだ感じであるさま。「―な装い」▽casual

かしゅう【何首×烏】つるどくだみの塊根。漢方で健胃・強壮剤とする。

かしゅう【家集】(昔の歌よみの)個人の歌集。いえのしゅう。↕撰集(せんじゅう)

かしゅう【歌集】①短歌(和歌)の作品集。②歌曲を集めて編集した本。「青年―」

かじゅう【佳×什】すぐれた詩歌。▽「什」は、「詩経」の雅と頌(しょう)との十篇(じっぺん)を一巻としたものを「篇什(へんじゅう)」ということから転じて、詩篇の意。

かじゅう【果汁】果物を搾った汁。ジュース。

かじゅう【加重】『名・ス他』①重さを加え増すこと。②法律で、刑を加えて重くすること。 **―へいきん**【―平均】各項の数値に重要度などに応じた係数(＝重み)をかけて算出する平均。重み付き平均。

かじゅう【荷重】①積み荷の重さ。②機械や構造物の全体または構成部分に加わる力。「―試験」③体重を足などにかけること。その重さ。▽「におも」と読めば別の意。

かじゅう【過重】『名ナ』支えきれないほど、またこらえきれないほどに重いこと。「―な労働」

がしゅう【我執】①自分だけの小さい考えにとらわれて、それから離れられないこと。我(が)を通すこと。②〔仏〕自分の心身の中に、恒常不変の実体があると考えて執着すること。

がしゅう【画集】絵を集めて本にしたもの。

ガジュマル 熱帯・亜熱帯に生え、幹や枝から気根が垂れる常緑高木。潮風に強いので防風林や生垣(いけがき)にする。材は細工用。ガジマル。▽沖縄語。くわ科。

がしゅん【賀春】新春を祝賀すること。▽年賀状などに使う言葉。

がじゅん【雅×馴】『名ナ』言葉づかいが正しく、上品でおだやかなこと。

かしょ【歌書】和歌の書物。歌集や歌学書。

かしょ【箇所・△個所】①《普通は連体修飾を受け「……―」の形で》……である(と限定して述べた)ところ。

「誤ったーを正せ」「閲覧ー」②《数量表現と結合して接尾語的に》場所・地点を数える語。「十数ーに及ぶ傷」

かしょ【華×胥】『ーの国に遊ぶ』よい気持で昼寝をする。▽中国古代の黄帝が昼寝して、理想郷である華胥氏の国に遊んだ夢を見たという、「列子」に記す故事から。

かじょ【加除】《名・ス他》加えることと除くこと。「名簿のー」

かじょ【花序】花が茎または枝に付く、その並びかた。また、花をつけた茎または枝。「総状ー」

かしょう【仮称】《名・ス他》正式の名が決まっていない時に、仮の名で呼んでおくこと。また、その仮の名。

かしょう【仮象】かりの姿。かりのかたち。主観的にだけあって、客観的実在性のないもの。

かしょう【歌唱】《名・ス自他》歌をうたうこと。また歌。「ー指導」「ー力」

かしょう【河床】川の底の地盤。→かわどこ

かしょう【火傷】《名・ス自》やけど。普通は高い熱を受けて起こる皮膚組織の傷害。▽低い熱でも長時間受ければ生じることがある。「低温ー」

かしょう ①【過小】《名ナ》小さすぎること。↔過大。「ー評価」 派生 **-さ** ②【過少】《名ナ》少なすぎること。↔過多。 派生 **-さ**

かしょう【過賞・過称】《名・ス他》ほめすぎること。

かしょう【×嘉賞】《名・ス他》いいと認めてほめること。

かじょう【箇条・△個条】いくつかに分けてあげた、その一つ一つの条項。 **ーがき**【ー書(き)】条項にわけて書き並べること、また、書き並べたもの。「ーにする」

かじょう【下情】しもじもの様子。民間の実情。「ーに通じる」

かじょう【渦状】うずまきがた。うずまきのような有様。「ー星雲」

かじょう【火定】《名・ス自》〔仏〕仏道の修行者が、火の中に自らの身を投げて死ぬこと。火中で入定(にゅうじょう)すること。

かじょう【過剰】《名ナ》多すぎて余ること。「自信ー」「ー人口」「ー反応」 派生 **-さ**

がしょう【×臥床】①《名》ねどこ。②《名・ス自》とこについて寝ること。

がしょう【画商】絵を売り買いする商人。

がしょう【賀正】新年を祝賀すること。▽「正」は正月の意。年賀状などに書く言葉。

がしょう【雅称】風雅な呼び方・名前。

がじょう【牙城】①強敵・強い相手の根拠地。ねじろ。「敵のーに迫る」「保守のー」②城の本丸で、主将のいる所。▽「牙」は大将の旗を指す。

がじょう【画×帖】①絵を集めてとじたもの。②絵をかくための帳面。画帳。

がじょう【賀状】祝賀の手紙。特に年賀状。

かじょうさはん【家常茶飯】①あたりまえのこと。日常茶飯。▽(2)から。②家庭でとる、いつもの食事。

かしょく【仮植】《名・ス他》植物を定植するまでの間、かりにうえること。↔定植

かしょく【家職】①その家の職業・仕事。家業。②(武家・華族・富豪の家などで)家の事務をとる人。

かしょく【火食】《名・ス他》物を煮たきして食べること。

かしょく【華×燭】(結婚式の席上の)華やかなともしび。「ーの典」(結婚式の美称)

かしょく【貨殖】財産をふやすこと。「ーの道に長ず」

かしょく【過食】《名・ス自》食べすぎること。

かしら【頭】①あたま(1)。「ーに霜を置く」(白髪になる)「ー、右」(軍隊などでの敬礼の号令の一つ) ▽文語的。②一群の長。首領。特に、仕事師・町火消(まちびけし)の棟梁(とうりょう)。「ーを呼んで来い」③一番上や一番初めにあること、またはもの。「七つをーに四人の子持ち」「ー文字」

かしら《終助》《体言・連体形(形容動詞型活用では語幹)に付く》㋐疑ったり怪しんだりするのに使う。「あれでいいー」「本当にどうしたのー」㋑《「くれない」等の下に付け》依頼を表す。「あなたに行っていただけないー」▽女性が使うことが多い。「かしらん」とも言う。「か知らぬ」の転。

=**がしら**【頭】①……したとたん。「出会いーに打たれた」②一番……した人。「出世ー」「もうけー」

かしらじ【頭字】→かしらもじ

かしらだ-つ【頭立つ】《五自》人の上に立つ。長となる。

かしらぶん【頭分】あたまかぶ。親分。首領。

かしらもじ【頭文字】①単語の最初の文字。②欧文で、固有名詞のつづり初めなどに使う大文字。かしらじ。キャピタル。

かしらん《終助》→かしら《終助》

かじりつ-く【×齧り付く】《五自》①堅いものにかみつく。しっかりとくいつく。②強くすがりつく。離れまいとして努力する。「仕事にー」

かじ-る【×齧る】《五他》①堅いものを前歯で少しずつかむ。かみ切って食べる。「ねずみがー」「りんごをー」②物事の一部分だけを知る、また、学ぶ。「聞きー」「ラテン語をーったことがある」

かしわ(かしは) 鶏肉の総称。▽もと、羽毛が茶褐色の鶏の俗称。

かしわ(かしは)【×柏・×槲】山地に自生する落葉高木。葉は倒卵形で大きく、ふちは波状。木の皮はタンニンを多く含み、染色やなめし皮用。材は薪炭用。実(=どんぐり)から澱粉(でんぷん)をとり、葉はかしわもちに使う。▽「槲」の字も使う。ぶな科。

かしわで(かしは:)【×柏手】神を拝むときに、両方のてのひらを打ち合わせて鳴らすこと。「ーを打つ」

かしわもち(かしは:)【×柏餅】①上新粉を蒸して練った餅にあんを入れ、柏の葉で包んだ和菓子。五月五日の節

句に供する。②一枚の布団を二つに折ってその中に寝ること。

かしん【×嘉×辰・佳×辰】よい日がら。めでたい日。

かしん【家臣】家に仕える臣下。家来。家人(けにん)。

かしん【家信】自宅からのたより。家書。

かしん【花信】花が咲いたというしらせ。花だより。

かしん【花心】花の中心。おしべ・めしべのあるところ。

かしん【過信】『名・ス他』①信用、または信頼しすぎること。②自信を持ちすぎること。

かじん【佳人】美しい女。美人。「―薄命」

かじん【家人】家族、特に主人以外の人。家の者。

かじん【歌人】短歌(和歌)を作る人。歌よみ。

がしんしょうたん【×臥薪×嘗胆】(かたきを討とうとして)苦心・苦労を重ねること。▽中国の春秋時代、呉王夫差(ふさ)が薪の上に臥(ふ)し、越王勾践(こうせん)が胆(きも)を嘗(な)め、苦しい試練に耐え屈辱を忘れまいとした故事から。

か-す【貸す】『五他』①持ち主を変えない、つまり返ってくる前提で、自分のものを他者に使わせる。「花子が正男に本を二冊―」「土地を―」「銀行が―・した金が焦げつく」「軒を―・して母屋(おもや)を取られる」(↓のき) ▽臨時的使用なら「共催者として名義を―」のように無体物でもよい。②知恵や力を出してその人に添えてやり、助ける。「手を―・してあげよう」「人の話に耳を―(=耳を傾けて聞いてやる)」「山口のレポートにアイデアを―」▽(1)(2)とも、↕借りる。関連 用立てる・役立てる・貸し出す・浮き貸し・貸し切り・貸し付け・賃貸し・賃貸・間貸し・又貸し・貸与・融通・貸借・レンタル

か-す【仮す】『五他』かりに与える。「―に時を以(もっ)てす」▽文語的。

かす『―を食う』〔俗〕こごとを言われる。

かす ①【×滓】㋐液体などの底にたまるもの。おり。「―がたまる」㋑よい部分を取り去って、あとに残った不用の部分。「食べ―」「しぼり―」㋒程度の劣るもの。つまらないもの。「お前は人間の―だ」②【×粕・×糟】酒のもろみをこして、あとに残ったもの。酒かす。

かず【数】①(三つとか四百十七とかのたぐいの)物の多少の程度を言う語。「―をかぞえる」「―を読む」(数の多少を知る)「―が知れない」(どれほど多いか知れない。(2)はこれの転義)「―ある中でも逸品だ」▽「かぞえる」と同語源。普通には自然数を言うが、↓すう〔数〕(一)(1)。②事物のかず(1)が多いこと。「―をこなす」(多数を処理する。そういう経験に富む)「―仕事」(質より量でこなす仕事、そういう仕事ぶり)③取り立てて数え上げるほど価値があること・もの。「人の―に入る」「物の―にも入らない」「―ならぬ身」▽(3)の意では「物の―」と言うことが多い。

ガス【瓦×斯】①気体。「水素―」。限定して㋐石炭ガス・天然ガスなど燃料用の気体。「―ストーブ」㋑「毒ガス」の略。㋒電球に詰める、窒素やアルゴンなどの気体。㋓濃霧。「―がかかる」▽(オランダ) gas ②「ガス糸」「ガス織り」の略。③「ガソリン」の略。 **―いと**【―糸】もめん糸の表面のけばをガスの炎で焼いて、なめらかにしてつやを出した糸。ガス。 **―おり**【―織(り)】ガス糸で織った織物。 **―タンク** ガスをたくわえるための大きな容器。内圧に耐えるために、丈夫な金属製で、円筒形や球形をしている。ガスだめ。▽gas tank **―とう**【―灯】石炭ガスなどを燃料とし、主に街路を照らすために用いた灯火。ガス ライト。ガス ランプ。 **―ぬき**【―抜き】①炭坑などで、ガス爆発を予防するために、発生しはじめたガスを取り除くこと。②比喩的に、組織内の不満が爆発しないように、うまく発散させること。 **―マスク** 有毒なガスや煙から呼吸器や目を保護するために、顔面を覆うように装着する器具。防毒面。▽gas mask **―レンジ** ガスを燃やした炎で鍋などを加熱して煮炊きを行う器具。▽gas range

かすい【下垂】『名・ス自』たれさがること。「胃―」 **―たい**【―体】↓のうかすいたい

かすい【仮睡】『名・ス自』うたたね。ちょっとねむること。仮眠。

かすい【加水】『名・ス自』水を加えること。 **―ぶんかい**【―分解】『名・ス自他』水が作用して起こる分解反応。例、塩(えん)類が水により分解され酸とアルカリになること、有機化合物が水と反応して分解すること。

かすい【花穂】穂(ほ)のような形に群がって咲く花。穂状花。例、オオバコの花。

かずい【花×蕊】花のおしべ・めしべの総称。

かすう【仮数】〔数学〕常用対数の真数は、小数点を除いて数字の並び方が同じになる。↓しひょう(指標)(2)

かすか【△幽か・△微か】『ダナ』わずかに感じられる程度であるさま。「島が―に見える」「―な音」「―な痕跡」「―に触れる」 派生 **-さ** 関連 仄(ほの)か・ほんのり・うっすら・淡い・薄い・少し・少少・ぼんやり・薄薄・ほのぼの・微微・微弱・軽微

かすがい(かすがひ)【×鎹】①かけがね。②二つの材木をつなぎとめるために打ち込む、コの字型のくぎ。「子は―」(子どもは夫婦の間をつなぎとめる働きをする)

かすかす『ノダ』①すれすれのさま。「―で間に合った」②果実などに、水分が乏しく味がないさま。「―の梨」

かずかず【数数】『名・副』多くのもの。多く。(多くのものの)一つ一つ。「―の思い出」「疑惑の―」

かず-ける(かづける)【△被ける】『下一他』①かぶらせる。②かこつける。ことよせる。「病気に―・けて欠席する」③押しつける。せおわせる。転嫁する。「罪を人に―」

かすじる【×粕汁】鮭(さけ)・大根などを煮込み、酒粕を加えた汁物。体が温まるので冬によく食する。

カスタード 牛乳・卵・砂糖をまぜ、クリーム状に煮つめ

たもの。それで作った洋菓子。「―プリン」▽custard

カスタネット 木の実を二つに割ったような形をしている打楽器。多くはスペイン舞踊の伴奏に使う。キャスタネット。▽フランス castagnettes

カスタマー 顧客。「―サービス」▽customer

カスタマイズ『名・ス他』(機械やパソコンで)使用者の必要に応じて、部品の追加・交換や設定の変更をすること。「―PC」「マネジメント手法の―」▽customize

カスタム ①客の注文で作ること。特別仕様。あつらえ。「―メード」(注文服) ②税関。関税。▽custom

かすづけ【×粕漬(け)】野菜や肉類・魚類を、酒かすや、みりんかすに漬けること。また、その漬けたもの。

カステラ 泡立てた鶏卵に牛乳・小麦粉・砂糖などをまぜ、オーブンでスポンジ状に焼いた菓子。▽ポルトガル Castella 宣教師が伝えたという。

カスト →カースト

かすとり【×粕取(り)】酒かすを原料として作る焼酎。また急造して、かすだけを除いた粗悪な酒。「―雑誌」(かすとりを三合飲めばつぶれるということから、三号で廃刊になるような低俗な雑誌)▽第二次大戦後の混乱期に「闇市(やみいち)」と共に広まった語。

かずならぬ【数ならぬ】『連語』《連体詞的に》とりあげて数え立てるほどの価値のない。「―(=卑しい)身」

かずのこ【数の子】ニシンの卵巣。塩漬けしたり干したりして保存し、もどして正月のおせち料理にする。▽「かど(ニシンの別称)の子」の転。数の多いことが子孫繁栄に通じるという。

かすみ【×霞】①たなびいて山のふもとなどに白くぼうっと掛かる(普通には春の)霧。「―か雲か」(遠くに咲く桜などの形容)「―を食って生きている」(俗界を離れた、仙人のような暮らしぶりだ)▽↓きり(霧)(1)。②(普通「翳み」を使う)目のくもり。明らかに見えないこと。「目に―がかかる」③「かすみあみ」の略。

かすみあみ【×霞網】空中に張りわたして小鳥を捕らえるための、ごく細い糸で編んだ網。かすみ。▽現在、許可なく使用することは禁止。

かすみめ【×翳(み)目・×霞目】かすんだ目。明らかに見えない目。

かす-む【×霞む】『五自』①かすみがかかる。②うすぼんやり見える。はっきり見えなくなる。「煙で―」「目が―」「重要な点が―・んでしまう」▽目の場合は、普通「翳む」を使う。

かす-める【×掠める】『下一他』①さっと盗み取る。「財布を―」②目をごまかす。くらます。「親の目を―」③触れるか触れないかのところを通り過ぎる。「銃弾が頭を―」「疑惑が脳裏を―」(=ちらっと湧く)

かずもの【数物】①数の多いもの。数をこなすことによって、はじめて意義や値打の出るもの。②わずかな金額で数多く買えるもの。下等品。③一定の数で一そろいになっているもの。

かずら(かづら) ①【△葛】つる草の総称。「つた―」②【×鬘】つる草などを髪飾りとしたもの。▽↓かつら(鬘)

かすり ①【×掠り】㋐かすること。ごくわずか触れること。㋑うわまえをはねること。②【×絣・〈飛白〉】かすったようにところどころに小さな模様を出した織物。またその模様。「紺―」▽色を染めた糸(=絣糸)を織って模様を出す織り絣と、無地の布を織ってから模様を染める染め絣がある。

かす-る【×掠る】『五他』①かすかに触れる。かすかに触れて進んで行く。「―り傷」(物が肌を掠ってできる軽いきず)②うわまえをはねる。

か-する【化する】①『サ変自』㋐形や性質が変わって別のものとなる。変わる。「鬼と―」「廃墟(はいきょ)と―」㋑同化する。感化する。㋒ばける。②『サ変他』㋐変わらせて別の種類のものとする。変える。㋑教え導いて変わらせる。感化する。「徳をもって人を―」

か-する【嫁する】①『サ変自他』よめに行く。とつぐ。また、よめにやる。とつがせる。②『サ変他』他にかぶせる。転嫁する。「責任を―」

か-する【架する】『サ変他』空中にかけわたす。上にかける。「橋を―」「屋上、屋を―」(↓おくじょう)

か-する【科する】『サ変他』法に照らして処罰する。「刑を―」

か-する【課する】『サ変他』わりあてる。負わせる。「税を―」。言いつけてさせる。「宿題を―」

か-する【×呵する】『サ変他』①しかりつける。とがめる。②息を吹きかけ(温め)て書く。「筆硯(ひっけん)を―」

が-する【賀する】『サ変他』祝う。よろこびの言葉を言う。

かす-れる【×掠れる】『下一自』掠られたようになる。①筆・ペンなどに、墨や絵の具が十分に含まれていなくて、と切れたり穴が明いたりしたような所ができる。②声がしわがれる。▽(2)には「嗄れる」も使う。

かせ【×桛・×綛】①つむでつむいだ糸を巻きとるH型やX型の道具。②「かせいと」の略。③かせ(1)一つに巻けるだけの糸の長さ。一かせは、線糸では七七〇メートル、毛糸では五一〇メートルほど。

かせ【×枷】①罪人の首や手足にはめて自由を束縛する、昔の刑具。転じて、人の行動を束縛する邪魔物。「首―」②三味線(しゃみせん)の上調子(うわぢょうし)を弾く時、音を高くするために、弦の上からさおに結びつける物。「―をかける」

かぜ ①【風】㋐空気が(広い範囲を)流れ動く現象。「―が吹く」「―の吹きまわし」(物事のはずみ・ぐあい)「―を食らう」(あわてて逃げるさま)。㋑わざとらしいみせかけのそぶり。「学者―を吹かす」②【風・〈風邪〉】㋐のどの痛みや、咳(せき)・くしゃみ・発熱などを伴う病気。風邪(ふうじゃ)。感冒。「―を引く」(空気中に漂う悪いものを体内に引き込む意。↓ひく㈠⑴㋓）「悪い—がはやる」㋑『—を引く』古くなったり湿ったりして、品質が落ちる。「茶が風を引く」「このフィルム、風を引いてるぞ」関連 逆風・強風・疾風・はやて・順風・旋風・軟風・熱風・暴風・烈風・爆風・微風・そよ風・無風・季節風・向かい風・潮風・浜風・山風・海風・陸風・金風・薫風・涼風・清風・緑風・松風・東風(こち)・南風(はえ)・秋風・からっ風・こがらし・おろし・深山(みやま)おろし・山おろし・嵐・春嵐・春一番・青嵐・台風・神風・野分・竜巻・つむじ風・突風

がせ〔俗〕騒がせるだけの偽物であること。「—ねた」(にせの情報)「—の一一〇番通報」▽「騒がせ」から。多く片仮名で書く。

かぜあたり【風当(た)り】①風が吹き当たること。その強さ。②世間や人から受ける非難・攻撃。「世間の—が強い」

かせい【仮性】病気で、原因は違うが、性質や症状が真性のものに近いもの。↕真性。「—近視」

かせい【加勢】①『名・ス自』助けること。助力すること。②『名』助けの人。援兵。援軍。

かせい【化成】『名・ス自他』①形を変えて他の物になる、またはすること。また、化学合成すること。②育て導いて成長をとげさせること。また、徳化により善に移ること。

かせい【化生】『名・ス自』いったん分化した生物の細胞や組織が、異なる性質や形状のものに変わること。▽「けしょう」と読めば別の意。

かせい【△和声】→わせい(和声)

かせい【歌聖】きわめてすぐれた歌人。歌のひじり。

かせい【河清】『百年—を俟(ま)つ』いくら望んでも実現しないこと。▽いつも濁っている黄河の水は長く待っても澄まないことから。

かせい【火勢】火の燃えるいきおい。

かせい【火星】太陽系で内側から四番目の惑星。直径は地球の約半分で、赤い色に光って見える。「—人」

かせい【家政】①家事をとりしきること。日常の家庭生活の処理。②一家の経済。一家の暮らし向き。「—を預かる」 **—ふ**【—婦】雇われて家事にあたる職業の女性。

かせい【苛性】皮膚その他の動物組織に激しい作用を与え、ただれさせる性質。 **—カリ** 水酸化カリウムの慣用名。白色の結晶体。水に溶けると多量の熱を発生し、アルカリ性が強い。カリ石鹼(せっけん)・カリガラスなどの原料となる。 **—ソーダ** 水酸化ナトリウムの慣用名。食塩の水溶液を電解したりして作る。水に非常に溶けやすく、アルカリ性が強い。湿気を吸うと潮解する。石鹼・パルプ工業などに使う。

かせい【苛政】きびしい政治。苛酷な政治。虐政。

かぜい【課税】『名・ス自』税金を課すること。「—率」

がせい【賀正】→がしょう(賀正)。「—を述べる」

がせい【画聖】きわめてすぐれた絵かき。

かせいがん【火成岩】地下のとけたマグマが、地表または地下で固まって出来た岩石。主に石英・長石・輝石・角閃石(かくせんせき)などからなる。例、花崗岩(かこうがん)・安山岩。

かせいと【×桛糸】かせからはずした糸。

カゼイン 乳汁に含まれる主要な蛋白(たんぱく)質。牛乳に酸を加えると凝固・沈殿する成分で、チーズの原料。また、石灰とまぜて接着剤にする。乾酪素。▽(ドイツ) Kasein

かせえだ【×悴枝】細くて育ちの悪い枝。

かせき【化石】①『名』地質時代の生物の遺骸や生活の痕跡が岩石の中に残されたもの。「貝—」②『名』比喩的に、時代遅れになること。そのもの。「—的人物」▽太古からその姿をほとんど変えていない生物を「生きた化石」と呼び、これも同じような比喩に用いる。③『名・ス自』石になること。 **—ねんりょう**【—燃料】石油や石炭など、太古の生物の死骸が変性してできたエネルギー資源。

かせぎ【稼ぎ】①かせぐこと。働き。生業。「—ぐち」②「かせぎ高」の略。かせいで得た金額。「—が少ない」

がせき【瓦石】①かわらと石。②転じて、無価値なもの。

かせ-ぐ【稼ぐ】『五自』①精出して働く。一心に働く。働いて金を得る。「生活費を—」②もうける。「点を—」「時を—」(有利な事態になるのを待って、当面の困難を持ちこたえようとする)

かぜくさ【風草】原野・路傍に多く見られる多年草。細長く先がとがった葉が叢生(そうせい)して大きな株をなす。秋、紫色の花穂が円錐(えんすい)形に群がり出る。▽これを風知草(かぜしりぐさ)と考えたことがある。いね科。

かぜごえ【〈風邪〉声】→かざごえ

かぜしりぐさ【風知草】昔中国で、生育の仕方から、その年の台風の来襲が予知できる草とされた知風草の、日本風のよび名。▽現在知られるどの植物か不明。→かぜくさ

かせつ【佳節】めでたい日。祝日。「天長の—」

かせつ【仮説】ある現象を統一的に説明するために立てた仮定。「作業—」

かせつ【仮設】①『名・ス他』(急場をしのぐため)仮に作ること。「—住宅」②『名・ス自』実際にはない、また、確かだとは分かっていない事柄を仮にそうだとすること。数学や論理学では、一つの命題を導くためにおく前提条件。仮定。↕終結⑵㋑。「まず解を得たと—する」

かせつ【架設】『名・ス他』かけわたして、設備すること。「電話の—」

カセット 各種機器で、頻繁に交換する必要のある記録媒体や燃料などの消耗品を小さな容器におさめて、簡便に取り換えられるようにしたもの。特に、録音・録画用の磁気テープを内蔵した小さい箱。▽cassette **—こんろ**【—×焜炉】燃料ボンベを取り付け、卓上で使えるような、小型のガスこんろ。

かぜとおし【風通し】①風が吹きとおすこと。通風。かざとおし。「—がいい」②比喩的に、意思疎通

の度合。「社内の―をよくする」

かぜなみ【風波】①風で立つ波。▽「ふうは」「なみかぜ」「かざなみ」と違い、もとは風と波の意には使わない。②→かざなみ

かぜのかみ【風の神】①風をつかさどる神。②風邪(ふうじゃ)をはやらせる神。

かぜのこ【風の子】『子供は―』子供は寒い風のなかでも元気に遊ぶということ。

かぜのたより【風の便り】『連語』どこからともなく伝わってきたうわさ。風聞。「結婚したと―に聞き及んでいる」

かぜひき【風引き・〈風邪〉引き】風邪にかかること。また、その人。

かぜまち【風待ち】→かざまち

かぜむき【風向き】→かざむき

かせん【下線】アンダーライン。

かせん【化繊】「化学繊維」の略。

かせん【寡占】『名・ス他』同一産業内で、少数の大企業が、その市場を支配すること。その状態。▽oligopoly の訳語。

かせん【歌仙】①和歌にすぐれた人。「六―」「三十六―」②三十六句からなる俳諧または連歌(れんが)の一体。「―を巻く」

かせん【河川】かわ。 **―しき**【―敷】河川の敷地として法律によって定められた土地。堤防・河原も含む。▽「屋敷」の「敷」と同じなので、「―じき」と言うのは誤り。

かせん【河船】川だけを航行する船。かわぶね。

かせん【火×箭】→ひや(火矢)

かせん【火線】直接敵を射撃する、戦闘の最前線。

かせん【架線】送電線・電話線などをかけわたすこと。また、かけわたされた電線。「―工事」▽俗に「がせん」とも言う。

かぜん【果然】『副』予想が目前の事実になって現れるさま。はたして。はたせるかな。「その事が―問題となった」

がぜん【×俄然】『副［と］』物事がにわかに起こるさま。急に一変した状態になるさま。「ひと眠りしたら―元気が出て来た」「―として悟った」

がせんし【画仙紙・画箋紙】中国原産の、書画用の白い紙。にじみどめがしていない。

かそ【過疎】『名ナ』(人口や建物などが)ある範囲・地域に、度を越して少なくなっていること。↕過密。「人口―に悩む」

がそ【画素】(デジタル カメラ・ファクシミリ・テレビなどの)画像を構成する最小単位。ピクセル。

かそう【下層】重なった下の方の層。↕上層。「―の雲」「―社会の人々」

かそう【仮想】①『名・ス自他』事実でないことを仮にそう考えること。仮定しての想像。「―敵国」②『名』そのものではないが、実質的・近似的に同等に扱えること。バーチャル。「―メモリー」「―現実」 **―つうか**【―通貨】主にインターネットで、貨幣と同様に決済手段や投機対象としてやりとりされる数値情報。

かそう【仮装】『名・ス自』①仮の扮装(ふんそう)(をすること)。「―行列」②仮の装備(をすること)。「―巡洋艦」

かそう【家相】吉凶に関係する、家の位置・向き、間取りの配置などのあり方。

かそう【仮葬】『名・ス他』仮に葬ること。「行きだおれを―する」

かそう【火葬】『名・ス他』死体を焼いて、残った骨を葬ること。荼毘(だび)。「―に付す」「―場」

かぞう【加増】『名・ス他』①多くすること。増加。②領地・禄高(ろくだか)を増加すること。

かぞう『名・ス他』①【家蔵】自分の家に持っていること、そのもの。②【架蔵】(自分の家の)たなに所蔵すること。▽主に書籍について言う。

がぞう【画像】①絵画の主題とした、人の姿。えすがた。「少女―」②テレビやコンピュータなどの画面に映し出す(デジタルの)像。「―が乱れる」「―データの提供」「―診断」(体内の様子を画像にしたものを使って行う診断)

かぞえ【数え】→かぞえどし

かぞえあ-げる【数え上げる】『下一他』(最後まで)一つ一つ数える。

かぞえうた【数え歌】「一つとや……」「二つとや……」のように、順を追ってうたって行く歌。

かぞえた-てる【数え立てる】『下一他』物事をとり上げて、一つ一つ数える、また、言い立てる。「欠点を―」

かぞえどし【数え年】生まれた年を一歳として、あと新年のたびに一歳を加えて数える年齢。▽単に「かぞえ」とも言う。「かぞえで十九」。→まんねんれい

かぞえび【数え日】今年もあと幾日しか残らないというように押し迫った、あわただしい年末の日。「―になって主人に寝込まれた」

かぞ-える【数える】『下一他』①一つ二つと、その数がどれほどかを調べる。▽「かず」と同語源。㋐勘定する。「札を―」「指を折って―」「今回で百回を―(＝百回となる)伝統ある大会」「完成までに長い年月を―え(＝時を経)た」㋑並べ立てる。列挙・枚挙する。「あれこれ長所を―」「罪を―えて責める」②《「AをBに―」の形で》Bの範囲にAを含めてとらえる。「この軸を家宝に―えてよい」「四天王のひとりに―えられる」「世界の三大運河の一つに―えられている」 関連 数え上げる・算する・割り出す・弾(はじ)き出す・勘定・計算・計数・カウント・算用・算数・運算・演算・算定・算出・計上・試算・換算・逆算・御破算・清算・精算・決算・総決算・採算・打算・筆算・暗算・鼠算(ねずみざん)

かそく【加速】『名・ス自他』速度を加えること。速めること。↕減速。 **―ど**【―度】単位時間に速度が変

化する割合。 **ーどてき【ー度的】**『ダナ』(状態の変化の)速さが次第に増してゆくさま。「ーな増加」

かぞく【家族】(同じ家に住み生活を共にする)夫婦や親子・きょうだいなどの(血縁)関係で結ばれた小集団。「ー構成」「離れて暮らすー」 **ーあわせ(あはせ)【ー合(わ)せ】**明治の末に始まった、一家族分ずつの札をそろえる遊び。 **ーせいど【ー制度】**①社会制度によって規定される家族の形態。「ーの歴史」②家族という団体を社会組織の基礎としている制度。「ーの弊害」

かぞく【華族】公・侯・伯・子・男の爵位を持つ者とその家族。▽一八六九～一九四七年の間に存した。

がぞく【雅俗】雅と俗。風雅と卑俗。

かそせい【可塑性】固体が変形しやすい性質。力を取り去っても歪(ひず)みがそのまま残る性質。塑性。▽粘土などに見られる。

カソリック →カトリック。▽Catholic

ガソリン 原油を分留して、一番はじめに得られる物質。自動車・飛行機などの内燃機関の燃料とするほか、塗料・ゴム工業にも使う。揮発油。▽gasoline **ーカー** ガソリンを燃料として走る車。特に、鉄道の気動車。▽gasoline car **ースタンド** 街頭にある、自動車の給油所。▽gasoline と stand とによる和製英語(英語では gas(olin) station)。

かた【型・形】①個々のかたちのもとになる(と考えられる)もの。【型】㋐かたちを作り出すための、鋳型・型紙の類。「かぎのーを取る」「ー染め」㋑武道・芸事・スポーツなどで、規範となる一定形式。フォーム。「踊りのー」㋒習慣的・慣例的なきまりきった形式。「ーにはまる」「ーを破る」「ーのごとく」▽㋑の転。「形」とも書く。㋓似た個々のかたちから抽象したもの。タイプ。パターン。「古いーの人間」。かたちや規模に基づく部類。「大ーの台風」▽「かたち」が個別的・具体的・実際的なのに対し、「かた」は一般的・抽象的・規範的。②物のかたち。【形】㋐あるきまったかたち。「三日月ー(みかづきがた)」「ーばかりのあいさつ」㋑あとに残ったかたち。「あとー」「足ーを残す」③証拠・保証のしるし。「その失言をーに取る」。特に、抵当・担保。「借金のー」▽(3)は普通、仮名書き。

かた【方】㊀『名』何かを目指すその向き。①方角。方位。向き。「東のーに海を望む高台」②二つあるものの一方。「借りー、貸しー」「父ー」③しかた。方法。「無念やるーなく」④ころ。時代。「過ぎこしー」⑤敬意をもって人を指す言葉。「この(お)ー」㊁『接尾』①《動詞連用形に付いて》しかた。方法。「話しー」「走りー」②《動詞連用形や動作性名詞に付いて》㋐それをすること。「撃ちーやめ」「調査ー依頼」㋑それをする人。係(かか)り。「勘定ー」「まかないー」③他の人の家に住んでいる時、その家の主人の氏(名)の下につける語。「石田一郎ー、岸清ー」

かた【潟】①遠浅(とおあさ)の海岸で満潮の時は隠れ、潮が引くと現れる所。しおひがた。ひがた。②外海と分離してできた湖や沼。③浦・湾の別称。「薩摩(さつま)ー」

かた【肩】①そこから腕(前あし)が出ている、胴体の最上部。人なら、そこに物をかつぐ所。「ーをたたく」「ーがこる」「ーをいからす」(肩を高く張る。人を威圧するさま)「ーで風を切る」(威勢がよくて得意なさま)「ーで息をする」(苦しそうに息をするさま)「ーをすくめる」(身をちぢめるように両肩を上げる。困惑や不賛成などのさま)「ーを並べる」(歩く時などに二人ならぶ。転じて、同じような勢いを持つ)「ーを持つ」(ひいきする。味方になる)「ーの荷がおりる」(責任や負担から解放されて楽になる)「ーが軽くなる」(肩のこりがとれる。また、肩の荷がおりる)「ーを入れる」(ひいきする。力を添える)「ーを落とす」(落胆する)「ーがいい」(ボールを遠くへ、または強く投げる力がある)②衣服の、肩(1)に当たる部分。③器物や山・道などの、肩(1)に似た位置・形の所。 関連 肩口・肩先・肩幅・肩つき・怒り肩・撫(な)で肩・肩身・肩肘・肩息・肩車・肩越し・肩凝り・五十肩・肩上げ・肩当て・肩掛け・肩章・強肩・比肩・双肩・路肩・肩書き・肩代わり・肩入れ・肩透かし・肩叩(たた)き・右肩上がり

かた【片】①二つそろったものの一方(だけ)。「ーや西軍の雄」「ー一方」「ー手」「ー親」「ー道」「ー思い」「ーだより」「ー割れ」②完全な形に対しては欠けていること。㋐不完全。「ー言(こと)」㋑位置的にかたよっていること。「ー田舎(いなか)」「ー山里(やまざと)」㋒わずか(ばかり)。「ー時(とき)」③『ーがつく』物事が落着する。▽(3)は「形」の当て字か。

かた【×夥多】非常に多いこと。おびただしいこと。

かた【過多】『名ノ』多すぎること。↕過少。「胃酸ー」「情報ー」

がた〔俗〕長期間の使用が原因の不調。がたがたであること。「ーが来る」

=**がた** ①【型】その典型的な様子を持っていること。その類型に属すること。タイプ。「闘士ーの青年」「うるさーー」②【形】そういうかたち。「卵ー」「うずまきー」

=**がた【方】**《名詞に付けて》①敬意をこめて、複数の人を示す語。「あなたー」「先生ー」②その所属・仲間であることを示す語。「徳川ー」③ころ。時分。「夜明けー」④おおよそのところを示す語。「三割ー高くなる」

かたあげ【肩上げ・肩揚げ】子供の着物のゆきの長さを調節するために肩のところに縫いあげておくこと。「ーがとれる」(大人になる)

かたあて【肩当(て)】①物をかつぐ時に肩にあてるもの。②肩の形を整えるため(または補強のため)衣服の肩の部分に入れる布や芯。③寝る時、肩にあてて寒さを防ぐもの。

かた-い【堅い・固い・硬い】『形』①力を加えても、形を変えたり壊れたりしないほど、物がしっかりしてい

る。↕やわらかい。「石は木より━」。比喩的に、音に伸びがなく冷たい感じだ。【硬】「━トーン」②たやすくは崩れないほど確かだ。【堅・固】㋐攻撃や誘惑などに負けない。堅固だ。「━とりで」「━く門をとざす」「意志が━」「━約束をかわす」「口が━」(秘密などを守り通し、しゃべらない)。きびしい。「━く戒める」㋑する事がいい加減でなく、良心的だ。↕やわい。「いつも━仕事をする大工」㋒実現の見込みが確実だ。「彼の合格は━」③心や体の状態に、ゆとりや遊びがない。【堅・固】㋐きまじめだ。かた苦しい。「(お)━事を言う」㋑かたくなだ。がんこだ。融通がきかない。「頭が━」㋒緊張のあまり行動のなめらかさを失う。「初出場で━くなる」「━表情」▽表情の場合は普通「硬」を使う。 派生 **-さ**

かた-い【難い】《形》《口語では主に「……に━くない」の形で使い》……しようとしても、それがむずかしい。(……し)にくい。「その心情は理解(する)に━くない(=たやすく理解できる)」「想像に━くない」▽「堅し」の転で、外からの働きを受けつけない意から。 派生 **-さ**

かたい【下×腿】ひざから足首までの部分。

かたい【歌体】歌、特に和歌の形体。短歌・長歌・旋頭歌(せどうか)など。

かたい【過怠】①あやまち。てぬかり。②あやまちの償いにする物事。特に、武家時代に、金品・労役によって、罪・あやまちを償わせたこと。

かだい【仮題】仮につけた題名。

かだい【架台】①足場として作った台。②鉄道・橋などを支える台。

かだい【花台】花瓶をのせる台。

かだい【課題】題や問題を与えること。その与えられた題・問題。「新内閣の━」

かだい【過大】《名ナ》大きすぎること。↕過小。「━な期待」「━評価」 派生 **-さ**

=がた-い【難い】《動詞連用形に付け、形容詞を作る》……しにくい。なかなか……できない。↕やすい。「動かし━事実」▽「かたい(難)」から。

がたい〔俗〕図体(ずうたい)。なり。「あの男は━が大きい」▽「がかい」の「かい」を「体(たい)」と誤解してできたか。

がだい【画題】絵画の題目。

かたいき【片息・肩息】非常に苦しそうに絶え絶えにつく息。

かたいじ【片意地】《名ナ》頑固に自分の考えを通すこと。そういう様子。強情。かたくな。「━を張る」「━な男」 派生 **-さ**

かたいた【型板・形板】①木工・石工などで、物の形をかたどり、標準として用いる板。②亜鉛・銅などの金属板に模様や文字を切り抜いたもの。捺染(なっせん)用。

かたいっぽう【片一方】二つのうちの一方。かたほう。

かたいと【片糸】より合わせる前の細糸。片緒。

かたいなか【片田舎】都会から離れた、へんぴな村里。

かたいれ【肩入れ】《名・ス自》贔屓(ひいき)にし、声援や助力をすること。

かたうで【片腕】①一方の腕。②《普通「……の━」の形で》……の腕の一つかのように、……とともに働く(頼みになる)者。「父の死後、母の━として家業を支えた」

かたうらみ【片恨み】《名・ス他》片方だけから恨みに思うこと。その恨み。▽多くは、理由のない恨みについて言う。

かたえ(かたへ)【片△方】①かたわら。かたはし。そば。また、かたわらの人。②一方。③半分。

かたおか(かたをか)【片岡】前が高く後ろがなだらかに低くなっているおか。

かたおき【型置き】型紙を置いて、その上から塗料や染料をつけてその模様を出すこと。その仕事をする職人。

がたおち【がた落ち】〔俗〕①《名・ス自》急にひどくさがること。「売上げが━になる」②《名》段違いに劣ること。「腕は━だ」

かたおもい(かたおもひ)【片思い】一方だけから思い慕うこと。片恋。

かたおなみ(かたをなみ)【片△男波】↓おなみ。▽「かたを無み」の誤解で生じた語か。雅語的。

かたおや【片親】両親のうちのどちらか一方。また、一方の親しかいないこと。↕二親(ふたおや)

かたがき【肩書(き)】①氏名の右上に職名などを書くこと。②地位・身分・称号。「━がものをいう」

かたかけ【肩掛(け)】外出時に、防寒用またはアクセサリーとして肩にかける(女性用の)もの。ショール。

かたかた【片方】二つのうちの一方。かたほう。

かたかた①《副[と]・ス自》堅いものがふれ合うこと。そのときの澄んだ音。「風で窓が━(と)鳴る」②《名》押して歩くと音を立てる、歩き始めの幼児の遊具。

かたがた【方方】「人々」の丁寧な言いかた。「御来場の━に申し上げます」

かたがた【×旁】①《副・ノダ》何かをするのに兼ね併せて。「━御礼申し上げます」②《接尾》……をかねて。「涼み━買物をする」

がたがた①《副[と]・ス自》㋐固いものが激しくふれ合い、大きなにぶい音をたてるさま。「風で雨戸が━揺れる」㋑恐怖や寒さで(全身・歯などが)はげしく震え動くさま。「悪寒(おかん)で体が━する」②《名・ノダ》組立てが粗末だったり、こわれかかったりしていること。「━のおんぼろ自動車」「組織が━になる」③《副[と]・ス自》精神的に動揺して落ち着かないさま。「そう━するな」

かたかな【片仮名】大部分は漢字の一部分(=片)をとって作った、かなの一種。今は外来語の表記などに使われる。↕平仮名。「━職業」 **-ご**【━語】片仮名で表記される語。特に、外来語。▽「カタカナ語」と書くことが多い。

かたがみ【型紙】染色したり裁断したりするための、一定の形に切り抜いた紙。

かたがわ(…は…が)【片側】両側・両面があるものの、その一方のがわ。「一町」(道の一方だけ家が建ち並んだ町)

かたがわり(…は…が)【肩代(わ)り・肩替(わ)り】『名・ス自他』①負担や負債や契約を別の者が代わって引き受けること。「借金を一する」②駕籠(かご)をかく人が交替すること。その、代わりの者。

かたき【敵】①恨みのある相手。あだ。仇敵(きゅうてき)。「一を討つ」②せり合う相手。「商売一」「恋一」

かたぎ【〈気質〉】その身分・職業などに特有な、気風・性格。「職人一」「昔一」

かたぎ【堅気】『名ナ』①まともな職業に従事していること。その人。「一の女」「一になる」▽やくざ・芸妓(げいぎ)・娼婦(しょうふ)に対して言う。②地味で堅い感じがすること。「一の人間」

かたぎ【形木・△模】①捺染(なっせん)などに使うための、模様を彫りぬいた木。②版木(はんぎ)。

かたきうち【敵討(ち)】『名・ス自』→あだうち

かたぎぬ【肩△衣】袖がなく、小袖の上に、肩からせなかをおおう礼服。下には袴(はかま)を着ける。継上下(つぎかみしも)。▽袖無しの胴着を指すこともある。

かたきやく【敵役】①芝居で悪人に扮(ふん)する役。悪形(あくがた)。②比喩的に、憎まれる立場の人。にくまれ役。

かたく【仮託】『名・ス自他』かこつけること。また、かこつけ。「神話に一して語る」

かたく【家宅】家屋敷。家。すまい。「一捜索」

かたく【火宅】この世。現世。娑婆(しゃば)。▽煩悩に悩まされることを、火事になった家にたとえて言う。

かたくずれ(…くづれ)【形崩れ】『名・ス自』洋服を着古して、初めのちゃんとした形が失われること。

かたくち【片口】①片方だけの言い分。「一では事情がわからない」②一方にだけ注口(つぎぐち)のある鉢・銚子(ちょうし)。「一から酒を移す」 **一いわし**【一×鰯】「いわし」と呼ばれる魚の一つ。マイワシより小さく、下あごが上あごより短い。干して、煮干やごまめとする。せぐろいわし。しこいわし。しこ。▽かたくちいわし科。

かたくな【△頑な】『ダナ』他人にかまわず自分の思い込みを保つさま。「一に心をとざす」派生 **-さ**

かたくり【片×栗】①山野に自生する多年草。春先の短期間、十センチほどの花茎の先に紫紅色・淡紅色の花が下向きに咲く。葉は淡緑色で厚い。「かたかご」と呼ばれた古代から日本で親しまれる。花後、地上の部分が消える。地下茎に良質の澱粉(でんぷん)がある。▽ゆり科。②「かたくり粉」の略。 **一こ**【一粉】揚げ物の衣としてまぶしたり、粘りやとろみを出すために具材や汁に混ぜたりする白い粉。ジャガイモなどからとった澱粉で、元はカタクリの地下茎からとった。

かたくるし-い【堅苦しい】『形』打ちとけず儀式ばる。しかつめらしい。「一あいさつ」派生 **-さ -げ**

かたぐるま【肩車】人を自分の首のつけねにまたがらせて、両肩の上にかつぐこと。

かたけ【片△食】一日の食事のうちの一回の食事。「ひと一」▽昔、朝夕二食だったうちの一方の意。

かた-げる【△傾げる】『下一他』かしげる。「首を一」

かた-げる【△担げる】『下一他』かつぐ。肩にになう。

かたこい(…ひ …こ)【片恋】→かたおもい

かたごし【肩越し】(視線や手などが)肩の上を通りこすこと。「前の人の一にのぞいた」

かたこと【片言】①幼児や外国人などの不完全でたどたどしいものの言いかた。「一の英語」「一をしゃべる」②言葉の一部分。へんげん。「一も聞きもらすまいとする」

かたこり【肩凝り】肩の筋肉がはって固くなること。

かたさき【肩先】肩の上部。肩口(かたぐち)。

かたしき【型式】航空機・自動車等の、構造や装備の違いによる、特定の型。モデル。例、航空機のYS-11。

かたじけな-い【×忝い・△辱い】『形』好意がありがたい。恐れ多い。「御親切は一が」「御愛顧をかたじけのうする(=有り難くもいただく)」派生 **-さ -がる**

かたしろ【形代】①神を祭る時、神の代わりとして置くもの。②みそぎ・はらいに、それを受ける人の代わりとして使った人形(ひとがた)。

かたじん【堅人】きまじめで融通がきかない人。かたぶつ。

かた-す【片す】『五他』①片付ける。②片寄せる。▽関東地方を中心に使われる。

かたず(…づ)【固△唾】「一をのむ」どうなることかと緊張して息をこらす。

かたすかし【肩透かし】①相撲(すもう)で、相手の出てくるところを、身をかわして、相手の肩口をはたいて引き落とすわざ。「一を引く」②相手の勢いをうまくそらし、その努力を無効に終わらせること。「一を食わせる」

カタストロフィー ①破滅的な災害。悲劇的な結末。②芝居の大詰め。▽「カタストロフ」とも言う。catastrophe

かたすみ【片隅】まんなかから離れた、すみ。すみっこ。

かたずみ【堅炭】かし・ならなどで作った、堅くて火力の強い炭。

かたぞう【堅蔵】→かたじん。▽「飲兵衛(のんべえ)」と同様、人名めかした言い方。

かたぞめ【型染(め)】型紙で模様をおして染めたもの。

かたたがえ(…がへ …たがへ)【方△違え】外出の時、目的地の方角に障りがあれば、前夜、方角のよい方に一泊して目的地に行くという風習。▽陰陽(おんよう)道から出た俗信で、今は廃れた。

かたたたき【肩×叩き】《名・ス自》①肩の凝りをほぐすために、肩を軽くたたくこと。また、そのための道具。②相手の肩を軽くたたき、親しみの気持を見せて、何かを頼むこと。特に、退職の勧誘。

かただより【片便り】手紙を出しても、先方からは返事の来ないこと。

かたち【形】①見たり触ったりして知りうる、物の姿のうち、色を除いたもの。「―が崩れる」(もとの形、整った形でなくなる)「―がついて来た」(計画段階などから進んで、ねらったように具体的なまとまりが現れて来た意にも使う) ▽物体の輪郭に着目して言う場合が多い。「姿」と違って、一部分だけを取り上げても言える。↓かた(型)(1)。②中身や働きに対し、外に現れたものとしてのかたち(1)・様子。「―ばかり(=ほんのしるしだけ)のお礼」。特に、姿勢。態度。「―を改める」。からだつき。「みめ―」

かたちづく-る【形作る】《五他》形あるものにする。形成する。構成する。「一つの学説を―」

かたちんば【片ちんば】①《名》↓ちんば(1)。②《名ナ》対(つい)であるべきものがそろわないこと。「この靴は―だ」

かたつ【下達】《名・ス他》上の者の意思を下の者に通じさせること。「上意―」「命令―」

かたつき【型付(き)】型置き模様のついていること。その模様のあるもの。

かたつき【肩つき】肩の様子。肩のかっこう。

かたづ-く【片付く】《五自》物事にきまりがつく。片がつく。㋐散らかっている物を始末して、整頓した状態になる。「へやが―いた」㋑解決すべき物事に結末がつく。「事件が―」「宿題が―」㋒〔俗〕邪魔者が除かれる(殺される)。㋓嫁に行く。▽多く、親の立場から言う。「嫁く」とも書く。

がたつ-く《五自》①がたがたと音がする。「雨戸が―」②組織・生活・経済状態などが不安定になる。「財政が―」

かたつけ【型付け】型染めで模様をつけること。それをする職人。

かたづ-ける【片付ける】《下一他》物事にきまりをつける。片をつける。㋐散らかっている物を始末して、整頓する。「机の上を―」㋑解決すべき物事に結末をつける。「仕事を―」㋒〔俗〕邪魔者を除く(殺す)。㋓嫁にやる。▽「嫁ける」とも書く。

がたっと《副》①堅いものが音を立ててぶつかるさま。がたりと。がたんと。「玄関で―物音がした」「―椅子を引く」②状態が一気に悪い方向に転じるさま。がたんと。「成績が―落ちた」「事故で遊園地の客足が―止まった」

かたっぱし【片っ端】《名・副》《多くは「―から」の形で》「はし」を勢いよく言う語。かたはし。「―から(=かまわず次々に)壊して行く」「容疑者を―から洗い出す」

かたっぽ【片っぽ】〔俗〕↓かたほう。▽「片っぽう」とも。

かたつむり【〈蝸牛〉】うずまき状の殻を背負って木や塀などをはう陸生の巻貝。からだはナメクジに似ていて、頭に二対の触角を持ち、長い方の先端に目がある。自由に殻の中にひっこむ。夏の湿気の多い時多く出る。でんでんむし。かたつぶり。まいまい。まいまいつぶり。▽にほんまいまい科など数科の陸生巻貝の総称。

かたて【片手】①片方の手。「懐中電灯を―に(=持って)捜す」②「五」を示す隠語。 **―おけ**(けを)【―×桶】取手(とって)が片方にだけあるおけ。

かたておち【片手落ち】注意が全体にゆきわたらず、片方に対する配慮が欠けていること。

かたてま【片手間】本業のあいま(にして済む程度の手間)。「―仕事」

かたどおり(・どほり)【型通り】《副詞的にも使う》一定の型のとおり。きまりきったとおり。「―の挨拶」「―やってみる」

かたとき【片時】まとまった時間とも言えない少しの間。ちょっとの間。「―も放さず手もとに置く」「そんな事ぐらい―の間にできる」「―も忘れたことがない」

かたど-る【△象る】《五自》《「…に―」の形で》元となる…の形を写し取って表す。「波に―った模様」

かたな【刀】(武器として用いる)片刃(2)の刃物。特に近世、脇差(わきざし)と併せて「大小」と言う。↕剣(つるぎ)。「―折れ矢尽きる」「―の錆(さび)となる」(斬られる。血が刀身の錆の原因となることから)

=がたな-い ↓=がたい。「離れ―」▽「ない」は「はしたない」「満遍ない」の場合と同じく、形容詞を作る接尾語。「無」の意とは別。

かたなかじ(ぢ・か)【刀〈鍛冶〉】刀をきたえて作る職業の人。

かたながれ【片流れ】屋根が棟から軒まで一方にだけ傾斜しているもの。「―づくり」

かたなし【形無し】さんざんなこと。面目(めんぼく)を失うこと。「雨で折角の品も―になった」「大の男も―だ」▽本来の姿が損なわれる意。

かたねり【固練り・固×煉り】かたく練ること。水気を多くしないで練ること。そう練ったもの。

かたのごとく【型の△如く】《連語》きまったように。しきたりどおり。

かたは【片刃】①刃物で、片面だけから研いで刃をつけたもの。↕両刃。②刀身の一辺にだけ刃のあるもの。↕諸刃(もろは)・両刃。▽「かたば」とも言う。

かたはい【片肺】①片方だけの肺。②比喩的に、双発飛行機の、故障していない片側のエンジン。「―飛行」

かたばかり【形ばかり】《連語》形式だけ。しるしばかり。ほんの少し。

かたはし【片端】①一方のはし。かたっぱし。②わずかのもの。一部分。「話の―を聞きかじって」

かたはだ【片肌】『―(を)脱ぐ』①一方の肩だけ肌脱

ぎになる。②助力のために手を貸す。▽↕もろ肌

かたはば【肩幅】両肩のはしからはしまでの幅。「―が広い」

かたばみ【〈酢漿〉】庭や路傍に地面をはうように自生する多年草。ハート形の三枚葉が柄につき、春から秋にかけて黄色の小花が咲く。実ははじけ飛ぶ。▽かたばみ科。

かたはらいた-い【片腹痛い】『形』おかしくて見ていられない。「身の程も知らずそんなことをするとは―」▽「傍(かたはら)痛し」(そばで見ていても気の毒だ)から。「片腹」は当て字。

カタパルト 飛行機射出機。狭い場所から飛行機を飛び立たせる装置。多くは艦船に設ける。▽catapult

かたばん【型番】製品の型ごとにつける記号・番号。

かたパン【堅パン】堅く焼いたビスケット状のパン。保存・携行用。乾パンもその一種。

かたびさし【片×庇】①片流れのひさし。②粗末なさしかけの屋根(の家)。▽(2)は今は言わない。

かたひじ ぢ:ひ【肩肘】『―張る』『―怒らす』堅苦しいさま、いばったさまを言う表現。

がたぴし『副[と]・ノダ・ス自』①組立てが悪かったり、ゆるんだりして、調子がよくないさま。「建具(たてぐ)が―する」②組織・人間関係などが円滑でないさま。「夫婦仲が―する」

かたびら【〈帷子〉】生糸や麻で作ったひとえもの。また一般に、ひとえもの。

かたぶつ【堅物】きまじめで、融通がきかない人。

かたぶとり【固太り】『名・ス自』肉付きがかたくしまって、ふとっていること。そういう人。

かたへん 漢字の偏の称。①【方偏】「旅」「族」などの「方」。②【片偏】「版」「牋」などの「片」。

かたほ【片帆】船の帆を一方に傾けてはること。↕真帆(まほ)

かたほう【片方】二つの対するものの一つ(の側)。かたっぽ。↕両方。▽一方に言及した上では、他方の意になる。

かたぼう【片棒】駕籠(かご)をかつぐ二人のうちの一方。「―をかつぐ」(転じて、いっしょに(よくない)仕事をする。協力する)

かたぼうえき【片貿易】輸出または輸入のどちらかにかたよった貿易。

かたほとり【片△辺】中心地・繁華街から離れた片すみ。㋐片いなか。㋑その地区の、さびれた片すみ。「デルタ地帯の―」

かたまえ へ:ま【片前】洋服の上着の前合せが浅く、ボタンが一列になっているもの。シングル。↕両前

かたまり【固まり・塊】①一つに固まったもの。「脂肪の―」「闘志の―を胸に秘めて」②比喩的に、ある傾向が極端な人。「欲の―」「信仰の―」③一団になった人の集まり。「学生の―が会場のあちこちに見える」

かたま-る【固まる】『五自』一まとまりに固めた状態になる。㋐液状・粒状またはやわらかい物が、まとまって形をなす状態になる。「油が―」「砂糖が―」「コンクリートが―」㋑一まとまりに集まる。「二、三人ずつ―って帰る」▽「塊る」とも書く。㋒しっかりした状態になる。「意見が―」「会社の基礎が―」「病気が―」(病状が安定する)㋓心をその事にだけ向け、他を顧みない。「信心で―」「競馬にこり―」㋔〔俗〕凍りついたように動かなくなる。「―・ったまま手錠をかけられた」「パソコンが―」

かたみ【形見】思い出の種になるもの。記念にのこされた品物。特に、死んだ人や別れた人ののこした品。▽生きているうちに配るのを「生き―」と言う。 ―**わけ**【―分け】死んだ人の遺品を、故人の親族・親友などに分け与えること。

かたみ【片身】①体の半分。特に、魚の背骨を境としての一方。②衣服の身頃(みごろ)の片方。

かたみ【肩身】世間に対する面目(めんぼく)。「―が広い」(面目が立つ)「―が狭い」(面目が立たない)

かたみがわり はり:が【△互替(わ)り】互いにかわるがわるしあうこと。交替。▽既に古風。

かたみち【片道】行きか帰りかのどちらか一方。↕往復。「―切符」

かたむき【傾き】①かたむくこと。かたむいた程度。傾斜。②物事がある一定方向に進んでいく有様。傾向。「不勉強の―がある」(どちらかと言えば不勉強だ)

かたむ-く【傾く】『五自』①物が全体として、平らな有様から右か左か(前か後ろか)一方に、斜めになる。「船が―」「軒が右に―・きたれる」「前かがみに―」②かたよる。ある傾向をおびる。気持がその方に向く。「左翼思想に―」「賛成に―」③正常な状態を失って不安定になる。「家運が―」④(日や月が)天空から地平に落ちかかる。「日が西に―」

かたむ-ける【傾ける】『下一他』①かたむくようにする。ななめにする。「杯を―」(酒をのむ)②正常な状態を失わせ不安定にする。「国を―」③あることに集中する。「全力を―」「耳を―」

かたむすび【固結び】→こまむすび

かたむすび【片結び】ひもの片方に輪を作り、その輪の周りに他方をまわしてくぐらせ、はじめの輪を引き締めて結ぶもの。▽簡単にほどける結び方。

かため【片目】①片方の目。「―で見る」「―が明く」(負け続けた力士がやっと一勝する)②片方の目がみえないこと。

かため【固め】㊀いくらかかたい程度。「ごはんを―に炊く」㊁①固めること。堅くすること。「地―」②かたい約束。誓い。「夫婦の―の杯」③警備。そなえ。「宮門の―につかわす」「敵の―を破る」

かた-める【固める】『下一他』一まとまりの形をなすものにする。㋐液状・粒状の物、またやわらかい物に手を加えて、(前よりも)固い状態にする。「こねて―」「土を踏み―」「げんこつを―」「嘘(うそ)で―」(嘘ばかりで事態をつくろう)㋑一か所に集める。「荷

物を―・めておけ」「経営陣を一族で―」㋒しっかりしたものにする。「決心を―」「結婚して身を―」(一家を成す) ㋓守りを堅固にする。結束して事に当たるようにする。「城門を―」「守りを―」 ▽「かた(型・形)」と同語源。

かためん【片面】一方の面。↕両面

かたやぶり【型破り】《名ナ》慣行として定まっている型の通りでないこと。また、風変わりなこと。「―な人間」

かたやまざと【片山里】へんぴな山里。▽雅語的。

かたよ-せる【片寄せる】《下一他》①一方へ寄せる。②一方へまとめる。かたづける。

かたよ-る【片寄る・偏る】《五自》①真中からずれて、一方に寄る。「針路が北に―」②正しい状態からずれて、不公平・不均衡になる。偏する。「栄養が―」「―・ったものの見方」

かたら-う(かたらふ)【語らう】《五他》親しく話し合う。▽「語り合ふ」から出た語。特に次のような場合に使う。㋐(男女が)仲むつまじく話す。また、(男女が)ちぎりをかわす。㋑(実情を打ち明け)説いて仲間に引き込む。「彼を仲間に―・おう」「友を―・って旅に出る」㋒うまく話をもちかけて、だます。かたる。▽㋒の意では「騙」を使う。

かたり【語り・×騙り】かたること。①演劇・映画などで、場面の説明や進行のために語ること。その人。②能・狂言で、節をつけずに物語ること。その文句。[語] ▽語り物の方は節が付く。③人をだまして金や物をまきあげること。そういうことをする人。[騙]

がたり《副と》↓がたっと(1)。「列車が―と動き出す」

かたりあか-す【語り明かす】《五他》話をしあって夜を明かす。夜どおし話しあう。

かたりぐさ【語(り)草・語(り)△種】後々までも人の話のたねになるような事柄。

かたりくち【語(り)口】語る口つき。語りかた。

かたりて【語(り)手】語る人。↕聞き手

かたりべ【語△部】①自分の(古い)体験・見聞を後に伝えようと語る人。「下町大空襲の―」▽(1)は(2)の第二次大戦後の比喩的用法。②日本で上代、朝廷に仕えて、古い伝承を暗唱して語るのが職の氏族。

かたりもの【語(り)物】節をつけ、楽器に合わせて語る物語。平曲・浄瑠璃・浪花節(なにわぶし)など。

かた-る【語る・×騙る】《五他》①事柄や考えを言葉で逐一(ちくいち)述べ伝える。[語]「経験を―」「言うに落ちず―に落ちる」(話しているうちに、うっかり本当のことを言ってしまう) ②節をつけて述べる。[語]「浪曲を―」③うまい事を言ってだます。[騙] ㋐だまして金品などをまき上げる。㋑自分がそれだと言ってだます。「他人の名を―」

カタル 粘膜表層が炎症を起こし、液体が滲出(しんしゅつ)する症状。「胃―」▽「加答児」と書いた。オランダ catarre ドイツ Katarrh

カタルシス 舞台の上の出来事(特に悲劇)を見ることによってひきおこされる情緒の経験が、日ごろ心の中に鬱積している同種の情緒を解放し、それにより快感を得ること。浄化。▽ギリシア katharsis

カタログ 商品目録。営業案内。▽catalogue 当て字で「型録」とも書いた。

かたわ(かたは)【片△端】①体に完全でないところがあること。そういう人。②正常なつりあいがとれていないこと。「戦争は強いが文化は低いというのは―だ」

かたわき【片脇】「脇」を強調した語。かたわら(1)。「―に寄せる」▽「片輪」とも書いた。

かたわら(かたはら)【傍ら】①そば。わき。「母の―で子が遊ぶ」「道の―に咲く花」②㋐《連体修飾を伴って副詞的に》それをすると同時に。そのあいまに。「仕事の―、勉強する」㋑《単独で》併せて。「店を出した。―品物も作った」

かたわれ【片割れ】①割れた一片。一つのものから分かれたもの。②(悪い)仲間の一人。「犯人の―」 ―**づき**【―月】半分またはそれ以上欠けた月。半月。弓張り月。

かたん【荷担】《名・ス自》力を添えて助けること。味方すること。「悪事に―する」▽「加担」とも書く。もと、荷をかつぐ意。

かだん【果断】《名・ダナ》ためらわずに思い切ってすること。その態度。「必要なのは君の―だ」「―な処置」

かだん【歌壇】歌人の社会。

かだん【花壇】①庭や公園などで、他と区切って草花を植えてある場所。②大阪・兵庫あたりで、別荘のこと。▽いま旅館名に付けても使う。

がたん《副と》↓がたっと。「ドアが―と閉まる」

がだん【画壇】画家の社会。

カタンいと【カタン糸】ミシン用のもめん糸。▽「カタン」は cotton

かたんちゅうてつ【可鍛鋳鉄】とかした鋳鉄を急にひやした後、焼鈍(やきなまし)したもの。鋳鉄のようにもろくないので鍛錬できる。

かち ①【△徒】乗物に乗らないで歩くこと。徒歩。「―立ち」②【△徒・〈徒士〉】江戸幕府の下級のさむらい。徒歩で行列に従い、あるいは先導した。かちざむらい。

かち【△褐】濃い紺色。かちいろ。かちん。▽「褐」は当て字。藍を搗(か)って染めることから。「搗つ」は打つ意。

かち【勝(ち)】勝つこと。勝利。↕負け。「―に乗じて突き進む」

かち【価値】どれくらい大切か、またどれくらい役に立つかという程度。またその大切さ。ねうち。「読む―のある本」 ―**かん**【―観】物事の価値についての、個人(または、世代・社会)の(基本的な)考え方。「彼とは―が違う」 ―**はんだん**【―判断】評価を下すこと。規範となる価値を基準として妥当性や有

用性を測ること。

がち『名・ダナ』〔俗〕「がちんこ」の略。本気。

がち【雅致】 風流なおもむき。雅趣。

=**がち【勝ち】** ……が(他の部分に比べて)多いこと。「曇り―」「黒目―」。とかくその傾きがあること。「忘れ―だ」

かちあ‐う(かちあふ)『五自』同時に起こって重なる。「日曜と祝日が―」▽「搗(か)ち合う」(二人以上でつく杵(きね)が臼の中でぶつかり合う)から。

かちいくさ【勝ち戦・勝ち△軍】 戦いに勝ったこと。勝利を得た戦い。↕負け戦

かちいろ【△褐色】 →かち(褐)。▽「かっしょく」と読めば、別の色。

かちうま【勝(ち)馬】 競馬で勝った、または勝つと予想される馬。「―に乗る」(優勢な方について利を得ようとする)

かち‐える【×贏ち得る】『下一他』努力の結果、自分のものとする。自分の有利になるものを手に入れる。「巨利を―」「名声を―」▽「勝ち得る」とも書く。

かちかち ①『ノダ』打てば音が出るかと思われるほど、堅いさま。「―に凍る」②『ノダ』精神的に緊張しているさま。融通がきかないさま。「試験場で―になる」③『副「と」』固いものが連続して打ち当たる音。

がちがち ①『ノダ』歯が立たないほど物が堅いさま。「―のいも」②『ノダ』ゆとり・ゆるみがないさま。融通がきかないさま。「―の愛国者」③『副「と」』固いものが打ち当たるにぶい音。「寒くて歯が―(と)鳴る」

かちき【勝(ち)気】『名ナノ』他人に負けまいとする気性。きかぬ気。負けん気。

かちく【家畜】 家庭や農園で飼われる鳥獣。牛・馬・犬・鶏など。

かちぐみ【勝ち組】 ①社会での競争に勝って成功し、意気が高い側(の人や会社)。▽(1)は本来の(2)を言葉だけ流用して、バブル景気が終わった後に広まった語。②第二次大戦後しばらく、ブラジルの日系人の間で、日本が勝って戦争が終わったと信じる側(の人々)。▽↕負け組

かちぐり【×搗×栗・勝×栗】 くりをほして臼でつき(=搗(かち))、殻と渋皮とをとりのぞいたもの。▽「搗(かち)」と「勝」とが音が通じるので、出陣・勝利の祝いや、正月の祝儀に使った。

かちこ‐す【勝(ち)越す】『五自』勝った数や得点がうわまわる。↕負け越す。「一点―」

かちっと ①『副』堅いものが軽く打ち当たるさま。かちりと。「ライターで―火をつける」「ロックを―解除する」②『副・ス自』作りにゆるみがなく、確実なさま。かっちり。「―したスーツ」「レポートを―まとめる」

かちてん【勝ち点】 スポーツで、順位を決めるために勝敗・点差などによって与えられる点。「―で並ぶ」

かちどき【勝×鬨・×鬨】 勝った時に、一斉にあげる喜びの声。「―をあげる」

かちと‐る【勝(ち)取る】『五他』①勝って自分のものとする。「ストで賃上げを―」▽第二次大戦後の労働組合用語。「かちえる」の連想でできた語か。②努力や苦労をして手に入れる。「歌手としての人気を―」

かちなのり【勝(ち)名乗り】 相撲(すもう)で、行司が勝った方の名を呼んで、その方に軍配をあげること。「―をあげる」

かちぬき【勝(ち)抜き】 負けるまで、また、優勝が決まるまで、相手を変えて勝負すること。「―戦」

かちぬ‐く【勝(ち)抜く】『五自』①つぎつぎに相手を破って勝ち通す。「予選を―」②どんなにしてでも勝つ。「一致団結して―・こう」

かちはだし【△徒×跣】 はだしで歩くこと。

かちほこ‐る【勝(ち)誇る】『五自』勝って得意になる。勝って意気があがる。

かちぼし【勝(ち)星】 相撲(すもう)の勝負の表で、勝った者の名につける白い丸じるし。白星。また、勝つこと。勝ち。「―をあげる」

かちまけ【勝ち負け】 勝つことと負けること。勝敗。

かちみ【勝ち味】 勝つ見込み。「―がない」▽「味」は当て字。

かちめ【勝ち目】 ①勝ち気味であること。優勢。②勝つ見込み。

がちゃがちゃ ①『副「と」』金属・陶器などがふれ合う音。「警備員が鍵束(かぎたば)を―いわせて巡回する」②『副「と」』うるさく言いたてるさま。「―(と)文句を言う」③『名』クツワムシの俗称。その鳴き声。

がちゃん『副と』かたい物が打ち当たって、不快にひびく音。「電話を―と切る」

かちゅう【家中】 家の中。㋐家屋敷の内部。「―を捜す」㋑家族(や奉公人)の全員。「―総出で迎える」㋒その大名や小名の家来の総称。「浅野家―」「尾州藩―」▽「いえじゅう」「うちじゅう」と読めば㋒の意にはならない。

かちゅう【渦中】 ①うずまきの中。②事件の混乱したさわぎの中。「―に巻き込まれる」

かちゅう【火中】 ①『名』(燃える)火の中。「―の栗(くり)を拾う」(他人の利益のためにあぶないことをする)②『名・ス他』火に入れて焼き捨てること。「手紙は読後―した」

かちゅう【華×冑】 名門。貴族。

カチューシャ C字形で硬い材質のヘアバンド。▽トルストイの小説「復活」の女主人公の名 Katyusha に由来。

かちょう【家長】 一家のあるじ。▽旧民法の戸主。「―権」

かちょう【花鳥】 (自然を楽しむその対象としての)花や鳥。 **―ふうげつ【―風月】** 自然界の美しい景物。「―に明け暮れする」(風流にひたる日々を送る)

がちょう【画帳】 →がじょう(画帖)(2)

がちょう【×鵞鳥】雁(がん)を飼い馴(な)らしてできた変種の家禽(かきん)。

かちり『副と』↓かちっと⑴。「―と鍵をかける」

かちわり【×搗(ち)割(り)】(食用に)氷を打ち割った小さな塊。▽主として関西で言う。関東では「ぶっかき」。

かちん ↓かち(褐)

かちん『副と』『―と来る』相手の言動が自分の気持を強く刺激して、不愉快に思う。▽金属のようにかたい物をたたいたりする時の音から。

かちんかちん『ノダ』かちかちの強調。「雪道が―に凍る」「―の形式主義者」

がちんこ ごまかしのない真剣勝負。▽角界の語から。

か-つ【勝つ】『五自』①戦争・試合などで、相手を負かす。競争で、相手・他を上回る。「戦いに―」「相手に―」「裁判に/で―」「―って兜(かぶと)の緒(お)を締めよ」(勝った時にはいっそう心を締め、いい気になるな)「改革の掛け声も財政難には―てない」②心に働く(欲望・誘惑などの)強い力をおさえる。「おのれに―」▽「克つ」とも書く。③賭け事で利益を出す。「競馬で―」⑴⑵⑶は↔負ける。④まさる。「荷が―」(耐えかねるほどの負担だ)。その傾向が強い。「この味は甘さより塩けが―っている」関連 打ち勝つ・負かす・勝(まさ)る・立ち勝る・凌(しの)ぐ・抜きんでる・右に出る・勝利・勝運・優勝・大勝・圧勝・必勝・完勝・常勝・全勝・連勝・快勝・楽勝・辛勝・奇勝・戦勝・勝ち目・勝ち負け・白星・怪我(けが)勝ち・無手勝流

かつ【且つ】『副・接』ある事が一方で行われる(成り立つ)と共に、他の事も行われる(成り立つ)意を表す。㋐同時に。一方また。「必要―十分な条件」㋑《特に「―A―B」の形で》……したり……したり。「―飲み―歌う」㋒一つの事に他が加わる意を表す。その上。更に。「頭がよく―人情もある」

カツ ↓カツレツ。「―丼」

かつ〖括〗カツ(クワツ) くくる ― しめくくる。ひとまとめにする。「括弧・一括・包括・統括・概括・総括・括約筋」

かつ〖*活〗カツ(クワツ) いきる ― ①『名・造』水が勢いよく流れるように動く。働く。生きる。生かす。「死中に活を求める」「活気・活況・活動・活用・活計・活路・生活・死活・復活・快活・敏活・活殺自在」②『名』気絶した人の急所をついたりもんだりして回復させること。転じて、元気を失った人に元気をつけること。「活を入れる」

かつ〖×闊〗カツ(クワツ) ひろい ― ①ひろい。大きい。ひろびろしている。「広闊・闊葉樹・闊歩・寛闊・快闊」②間が遠い。「久闊・迂闊(うかつ)」

かつ〖喝〗〔喝〕カツ ― 『名・造』声がかすれるほどの大声を出す。大声を出してしかる。大声でおどす。しかる声。特に、禅宗でのはげましの声。「……成仏(じょうぶつ)せんことを。喝」「喝采・喝破・大喝・恐喝・恫喝(どうかつ)・威喝」

かつ〖褐〗〔褐〕カツ カチ ― ①あらい毛で織った衣服。また、その色。黒ずんだ茶色。「褐色・褐炭・褐鉄鉱・裘褐(きゅうかつ＝粗末な衣服)」②身分のいやしい人。「褐衣(かちえ)・褐夫」③日本で、古く、濃い紺色。かちいろ。かちん。

かつ〖渇〗〔渇〕カツ かわく ― ①水がきれてなくなる。かれる。かわく。「渇水・枯渇」②『名・造』のどがかわいて水をほしがる。欠乏を満たしたいと切望する。「渇を覚える」「渇をいやす」「渇仰・渇望・渇愛・飢渇(きかつ・けかつ)」

かつ〖滑〗カツ(クワツ) コツ すべる なめらか ― ①なめらかでよくすべる。とどこおりがない。「滑脱・滑車・滑走・滑空・滑降・平滑・円滑・潤滑」②とどこおりなく、言葉が流れ出る。「滑稽(こっけい)」

かつ〖*割〗〔割〕カツ わる わり われる さく ― 刃物で切って、はなればなれにする。さく。わける。わかれる。「割譲・割拠・割烹(かっぽう)・割腹・割愛・割礼・分割」

かつ〖轄〗〔轄〕カツ ― 車の輪を軸にとめつけるくさび。転じて、物事を中心へ取りまとめる。「管轄・統轄・所轄・総轄・直轄・分轄」

がつ〔月〕↓げつ〔月〕

かつあい【割愛】『名・ス他』惜しいと思うものを、思いきって手放したり省略したりすること。

かつ-える【△餓える・△飢える】『下一自』①食物が欠乏し、ひどく空腹を感じる。飢(う)える。②欠乏を感じる。求めるものが与えられず、しきりにほしがる。「親の愛に―」▽「うえる」の文語的な言い方。

かつお【×鰹】かつお節・なまり節の原料として知られる海魚。体長九〇センチ以上になる。黒潮に沿って群棲(ぐんせい)、回遊する。肉は赤黒く、さしみ・たたきなどにもする。▽堅魚(かたうお)から出た語。さば科。

かつおぎ【×鰹木】神社・宮殿の棟木(むなぎ)の上に飾りとして、棟木と直角の方向に横たえ並べた丸太。形がかつお節に似ている。

かつおぶし【×鰹節】三枚におろしたカツオの身をゆでていぶし、発酵・熟成させ、固く乾燥させたもの。薄く削ってだしに使用する。かつぶし。▽背中側を背節、血合いのある方を腹節という。

かっか【核果】外果皮が薄く、中果皮は多肉質で、内果皮が固い殻になっている果実。梅・桃など。↓かひ(果皮)

かっか【閣下】高位高官の人に対する敬称。特に、旧勅任官・将官以上の人を呼んだ敬称。▽もと、たかどのの下(もと)の意。高貴な人に対して直接に言うことを遠慮したことから。代名詞のようにも用いる。

かっか『副〔と〕・ス自』①ひどく熱いさま。㋐火が盛んにおこるさま。㋑太陽が激しく照りつけるさま。㋒体がほてるさま。「酒を飲んで顔が―する」②激しく憤慨・興奮するさま。「そんなに―するな」

がっか ①【学科】学問の科目。「―を分かつ」。大学の

学部を構成する下位組織。「物理—」②【学課】学業の課程。

かっかい【各界】(職業別・専門別などに分けられた)それぞれの社会。「—の代表」

かっかい【角界】→かくかい

がっかい ①【学界】学者の社会。②【学会】同じ分野の学術研究を目的とした、研究者の団体。それが開く学術的会合。

かっかく【×赫×赫】『ト タル』→かくかく(赫赫)

かっかざん【活火山】現に活動中か、概ね一万年以内に噴火したことのある火山。▽一九九一年の定義拡張以前に「休火山」と言ったものの大部分を含む。

かっかそうよう【隔靴×掻×痒】靴の上からかゆいところをかくように、もどかしいこと。「—の感」

かつかつ ①『副・ノダ』時間的・金銭的にやっと間に合うさま。やっとのことで。どうにかこうにか。「—の旅費」②『副[と]・ス自』固いものが連続して軽く打ち当たる音。「ヒールの音が—(と)ひびく」

がつがつ ①『副[と]』空腹で、むさぼるように食べるさま。「行儀悪く—食う」②『副[と]・ス自』貪欲であるさま。「金にあまり—するな」

がっかり『副[と]ナ・ノダ・ス自』①(望みがかなわず)気を落とすさま。「—な知らせ」②疲れたり気が抜けたりしたさま。「接待を終えて—した」▽(2)は古風。

かつがん【活眼】物事の道理をはっきり見通す眼識・見識。「—を開く」

かっかん【客観】→きゃっかん

かっき【客気】物事にはやる(一時的な)意気。血気。「—にかられる」

かっき【活気】いきいきとした精気・勢い。「—を帯びる」

がっき【学期】一学年間をさらに分けた区分。

がっき【月忌】死んだ人の命日に当たる毎月の日。また、その日に行う仏事。

がっき【楽器】音楽を演奏するための、音を出す器具。

かっきてき【画期的・×劃期的】『ダナ』今までになかったことをして新しい時代を開くさま。「—な発見」▽epoch-making の訳語。

かつぎや【担ぎ屋】①縁起(えんぎ)をひどく気にする人。②(第二次大戦中から戦後にかけて)生活必需品、特に食糧を、生産地から担いで来て売る闇屋。

がっきゅう【学究】学問を専門に研究すること。また、研究者。学者。「—肌の人」

がっきゅう【学級】学校で、授業に便利なように分けた、生徒の一団。級。組。クラス。

かつぎょ【活魚】生きたまま出荷する鮮魚。いけうお。「—用施設」 **—しゃ**【—車】魚を生きたまま運ぶ設備をそなえた車両。

かっきょ【割拠】『名・ス自』各自の地方を根拠として占領すること。「群雄—」

かっきょう【活況】活気があり勢いづいた情況。「—を呈する」▽特に、商業・株式市場などで言う。

がっきょく【楽曲】音楽の曲。声楽曲・器楽曲・管弦楽曲などの総称。

かっきり『副[と]ダ』①区画がはっきりしているさま。「—二つに分ける」②数量などに端数(はすう)がないさま。ちょうど。きっかり。「五時—に着く」

かっき-る【×掻っ切る】『五他』刀の刃を内へ向け、手前にひくようにして切る、また、切りはなす。「腹—って」「首を—」

かっきん【×恪勤】まじめに職務にはげむこと。「精励—」

かつ-ぐ【担ぐ】『五他』①肩で支えてもつ。になう。「みこしを—」②まつり上げる。推戴する。「委員長に—」③だましてからかう。「まんまと—・がれた」④迷信にとらわれる。縁起(えんぎ)を気にする。「験(げん)を—」

がっく【学区】公立の学校単位に設けた(通学)区域。

かっくう【滑空】『名・ス自』飛行機などが、動力を用いずに飛ぶこと。鳥などが羽ばたかずに飛ぶこと。「—機」(グライダー)

がっくり『副[と]・ス自』急に、折れ曲がったり、くじけたり、元気が抜けたりするさま。「—(と)肩を落とす」

かっけ【△脚気】ビタミンB_1の欠乏のために、末梢(まっしょう)神経がおかされ、足がしびれたりむくんだりする症状。 **—しょうしん**【—衝心】脚気に伴う急性の心臓障害。呼吸困難となり、死ぬことが多い。

かっけい【活計】生活していくこと。その方法・手段。暮らしむき。家計。

がっけい【学兄】同じ学問をしている友人を尊敬して言う語。▽学問上の先輩の意。

かつげき【活劇】①立回りの場面を中心とする映画・演劇。②格闘。「街頭で—を演じる」

かっけつ【×喀血】『名・ス自』肺・気管支から出た血をせきとともに吐き出すこと。肺結核などが原因。▽→とけつ

かっこ【各戸】それぞれの家。「—に配布する」

かっこ【各個】おのおの。めいめい。ひとりひとり。「—に持ち帰る」「—撃破」

かっこ【括弧】『名・ス他』特定の数字・文字などの前後をかこって、他の部分との区別をはっきりさせる記号。パーレン( )、鉤(かぎ)括弧「 」、亀甲(きっこう)〔 〕、ブラケット[ ]など、種類が多い。「—に入れる」「—でくくる」 **—つき**【—付(き)】その言葉に特別な意味が付されること。「—の『自由』」▽「 」を付して示すことから。

かっこ【×羯鼓】①雅楽などに使う太鼓の一種。台に乗せ、両手のばちで両面を打つ。②能の舞の一種。羯鼓(1)を体の前につけて舞うもの。

かっこ【確固・確×乎】『ト タル』しっかりしているさま。確かなさま。「—たる決意」「—とした方針」

かつごう【渇仰】『名・ス他』①仏教で、仏を心から仰ぎ慕うこと。②深く慕うこと。▽のどがかわいた者が

水を求めるのにたとえた語。

かっこう【格好・×恰好】①『名』ものの姿・形。㋐全体としての、また一部分の、かたち(1)。▽一時的にとる姿勢についても言う。㋑身なり。「―を構わない」。体裁。「―がいい事を言う」「手ぶらでは―が悪い」。②『名ノ』ちょうどいい程度・様子。ころあい。「―の値段」「テロには―な目標だ」③《年齢を表す数字の下に付いて》丁度その年ごろ。「四十―の男」

かっこう【滑降】①『名・ス自』(スキーで斜面を、また、グライダーで空を)すべりおりること。②『名』急斜面をすべりおりる速さを競うアルペン競技。ダウンヒル。

かっこう【角行】↓かくぎょう

かっこう【郭公】夏に日本に飛来し、多く山地で見られる鳥。体はハトより少し小形で細長く、翼と尾が長い。背面は灰青色、胸と腹は白地に黒の横しまがある。托卵(たくらん)することで知られる。よぶこどり。閑古鳥。▽「かっこー」と鳴くのでこの名がある。かっこう科。↓ほととぎす

がっこう【学校】学生・生徒・児童を集め、一定の方式によって教師が継続的に教育を与える施設。 ―ぶんぽう【―文法】(初等の諸)学校で教える、簡略便宜的な文法。▽多くは、当座を間に合わせるだけの説の含みで言う。

がっこつ【顎骨】あごの骨。

かっこ-む【×搔っ込む】『五他』↓かきこむ

かつざい【滑剤】機械のすべりをよくするために使う、油・滑石など。

かっさい【喝采】『名・ス自』やんやとほめること。どっとほめそやす声。「―を浴びる」「―を博する」「拍手―」

がっさい【合切・合財】何もかものこらず全部。「一切(いっさい)―」「―袋」(こまごました携帯品を入れる袋)

がっさく【合作】『名・ス他自』①共同して作ること。またそのもの。②共通の目標のための協力・協同。▽(2)は現代中国語からはいった語。

かっさつ【活殺】生かすことと殺すこと。「―自在」(自分の思うがままに取り扱うこと)

がっさつ【合冊】『名・ス他』↓がっぽん

がっさん【合算】『名・ス他』二つ以上のものの、それぞれの値を合計すること。

かつじ【活字】組み並べて印刷に使う、普通は金属製の字型。現在は、印刷用の文字。「―離れ」(書籍を読まなくなる傾向・状態)

かっしゃ【活写】『名・ス他』いきいきと写しとること。

かっしゃ【滑車】周囲にみぞがついた円板に軸をつけて自由に回転するようにした装置。みぞに綱をかけて、綱の動きの方向を変えたり、小さな力で重いものを引き上げたりするのに用いる。

かっしゃかい【活社会】活動している社会。実際の社会。実社会。

ガッシュ 濃厚で不透明な水彩絵の具。それで描いた絵。グワッシュ。▽フランス gouache

がっしゅうこく【合衆国】二つ以上の国家(州)が連合してできた、単一の国家。構成各国家には外交権はない。▽アメリカ合衆国を指すことが多い。

がっしゅく【合宿】『名・ス自』同じ宿舎に泊まりこむこと。特に、スポーツ練習や研修などの目的で、グループで行うことに言う。

かつじょう【割譲】『名・ス他』土地または物の一部をさいて、他にわけ与えること。「領土を―する」

かっしょう【滑×翔】『名・ス自』空をすべるように水平に、または上昇して、飛ぶこと。

がっしょう【合唱】『名・ス他』①↓せいしょう(斉唱)。②多くの人が、いくつかの声部にわかれ、各声部の声が互いに和声をなしながら、全体で一曲をなすように歌うこと。コーラス。▽↔独唱

がっしょう【合掌】①『名・ス自』両方のてのひらを、顔・胸の前で合わせて拝むこと。②『名』木材を山形に組み合わせたもの。「―造り」

がっしょうれんこう【合従連衡】①『名』中国の戦国時代の、小国連合で秦に対抗する策(=合従)と、秦との単独同盟をはかる策(=連衡)。②『名・ス自』さまざまな外交上の駆け引きをすること。

かっしょく【褐色】黒ずんだ茶色。「暗―」▽「かちいろ」と読めば、別の色。

がっしり『副[と]・ス自』体つきや組立てなどがしっかりしているさま。がっちり。「―した肩」「―(と)受けとめる」

かつじんが【活人画】扮装(ふんそう)した人が、適当な背景の前に動かずにいて、ある人物画に見せかける装置。▽日本では明治二十年代から行われた。

かっすい【渇水】『名・ス自』雨が降らず、水がかれること。「―期」

かっ-する【渇する】『サ変自』①のどがかわく。②比喩的に、(欠乏するため)非常にほしがる。③水がかれる。

がっ-する【合する】①『サ変自』多くのものがいっしょになる。一つになる。「本流に―」②『サ変他』合わせる。一つにする。「点数を―」

かっせい【活性】化学的に活発な性質をもっていること。物質の原子・分子がエネルギーの高い状態にあり、化学反応を起こしやすくなっていること。 ―か【―化】『名・ス他自』①活性を与える、また、帯びる。②まわりに生き生きと作用する力を与える、また、帯びる。「この計画で地域を―したい」「記憶素子が―した」 ―たん【―炭】吸着性を特に強めた炭素。吸着剤として、脱色・浄化・触媒・下痢止めなどに使う。

かっせき【滑石】やわらかく、蠟(ろう)のような質感のある鉱物。主成分はマグネシウムと珪酸(けいさん)で、色は白や帯緑色。石筆として、また化粧品・薬品・電気絶縁材・陶磁器などに使う。タルク。

かつぜつ【滑舌】言葉を明確に発音する口や舌の動き。「―が悪い」▽もと演劇や放送業界の用語。

かつぜん【×豁然】『ト タル』①ぱっと打ちひらけるさま。ひろびろとしたさま。②突然迷いや疑いが晴れるさま。「―と悟る」

かつぜん【×戛然】『ト タル』堅い物が触れる音を表す語。

かっせん【割線】円周または曲線を二つ以上の点で切る直線。

かっせん【合戦】『名・ス自』敵味方が出合って戦うこと。たたかい。また、そのように競り合うたとえ。「雪―」「報道―」

かっせん【活栓】管を自由に開閉する装置。主に、水がはいった器や管にとりつけ、水の流れを調節する。コック。

かっそう【滑走】『名・ス自』①すべるように走ること。スキー・スケートなどですべること。②飛行機が離着陸の際に地上・水上を走ること。「―路」

かっそう【褐藻】葉緑素のほかに黄色の色素をもち、茶色に近い色をした藻類。緑藻・紅藻とともに藻類を大きく分ける分類の一つ。すべて多細胞で、ほとんどが海産。コンブやヒジキなど。

がっそう【合奏】『名・ス他』二つ以上の楽器をあわせて、いっしょに一つの曲を奏すること。↕独奏

がっそう【合葬】『名・ス他』一つの墓に二人以上の死者を埋葬すること。「夫婦―」

カッター ①切ったり削ったりする道具(工具)。②大型のボート。汽船などに搭載する。③西洋の小帆船。一本マストで船首の長いもの。▽cutter **―シャツ** 折りえりの付いた、長そでのシャツ。ワイシャツの多くはこれである。▽もと商標名。

かったい(かったゐ)【×癩】ハンセン病。「―の瘡(かさ＝梅毒)うらみ」(少しでもよいものを見てうらやむことのたとえ)

がったい【合体】『名・ス自』①二つ以上のものが一つに合わさること。②心を一つにすること。

かつだつ【滑脱】『ダナ』言動などが自由自在に変化するさま。「円転―」派生 **-さ**

かったつ【×闊達】『ダナ』度量が大きくて、小さな物事にこだわらないさま。「自由―」派生 **-さ**

かったる-い『形』①くたびれて、だるい。「足が―」②不十分で物足りない。「―奴だ」派生 **-さ** **-げ**

かったん【褐炭】石炭の品位の一つ。炭化の度合いが低く色は褐色。すすが多く出、火力が弱い。

かつだんそう【活断層】過去数十万年の間に重ねて活動し、将来も活動する可能性のある断層。その活動が地震を引き起こす。▽active fault の訳語。

がっち【合致】『名・ス自』ぴったり合うこと。一致。「目的に―する」

かっちゃく【活着】『名・ス自』さし木・移植などした植物が、根づいて生長し続けること。

かっちゅう【△甲×冑】戦士が身や頭につけた防備の武具。よろいかぶと。

かっちり『副「と」・ス自』①ぴったり合って正確であるさま。かっきり。「決めたことは―守る」②ゆるみがなく、引き締まっているさま。「―(と)したスーツ」

がっちり『副「と」・ス自』①↓がっしり。②しっかり組み合っていて、すきまのないさま。「―スクラムを組む」③しっかりしていて、落ちや抜け目がないさま。「―かせぐ」「―屋」

ガッツ 根性。「―がある」▽guts **―ポーズ** 握りこぶしを胸の前または頭上高く突き出す動作。主にスポーツなどで、勝利やうまくいった際の表現。▽guts と pose とによる和製英語。

がつ-つく『五自』〔俗〕がつがつする。「久しぶりの食事に―」

がっつり『副』十二分に。おおいに。思い切り。「―腹ごしらえをした」

かつて【△曽て・×嘗て】『副・ノダ』①むかし(から今まで)。以前。「―(は)そういう経験もした」「―の懐かしい思い出」「―ならば許されない事」②《打消しを伴って》今まで一度も。ついぞ。「―ない大戦争」▽「―も知らぬ恋」(万葉集)など古くは全くの意。この転義が(1)(2)で、転義に移ってからは「かって」が普通だった。第二次大戦後また「かつて」に戻った。

かって【勝手】①『名・ダナ』それを行う時または使う時の、ぐあい(のよしあし)。「―がわからない」「―が違う」㋐ぐあいのよさ。便利さ。「―の悪い台所」㋑(他人の事など考えず)自分に好都合なようにふるまうこと。「―なやつ」「―ばかり言う」「―にしろ」派生 **-さ** ②『名』㋐台所。「―道具」㋑くらしむき。生計。「―が苦しい」 **―しだい**【―次第】『ダナ』思うとおりにするさま。身勝手。「何をやろうと―だ」 **―ぐち**【―口】台所の出入口。 **―むき**【―向き】①台所の方面。②台所用。③くらしむき。 **―もと**【―元・―△許】台所のあたり。かってむき。くらしむき。「―不如意(ふにょい)」(家計が苦しい)

カッティング『名・ス他』カット(1)すること。洋裁で、裁断。▽cutting

かってっこう【褐鉄鉱】水酸化鉄を主成分とする鉱石。黄褐色または黒褐色でもろい。古くから鉄原料や黄土色顔料に利用。

がってん【合点】『名・ス自』承知。うなずくこと。がてん。「―だ」▽もと、和歌や俳句などで自分のよいと思うものにしるしを付けたり、回状などの自分の名前の肩に賛成のしるしを付けたりすること。

カット ①『名・ス他』切ること。切りとって省くこと。「ダイヤモンドを―する」「賃金―」㋐テニスや卓球などで、たまを切るようにして打つこと。㋑球技で、インターセプトすること。㋒髪を切ること。また、その髪型。「ショート―」②『名』小さいさし絵。映画の一場面。▽cut **―グラス** 彫刻や切込み細工をしたガラス。そのガラス器。切子(きりこ)ガラス。▽cut glass **―ソー** ニット地を裁断して縫製したもの。ポロ シャツなど。▽cut and sewn から。

かっと ①『副』火が急におこるさま。「薪(まき)が―燃え

上がる」②〘副〙太陽が急にあつく照りつけるさま。「雨が上がって━陽(ひ)が照る」③〘副・ス自〙怒りで急に興奮するさま。「━なって怒る」④〘副〙目や口を大きく開くさま。「両目を━見開く」

ガット テニス・バドミントンのラケットに網のようにはる糸。また、楽器の弦。▽gut もと豚・羊などの腸を用いた。→ちょうせん(腸線)

かつどう【活動】①〘名・ス自〙働き動くこと。活気をもって、または積極的に働くこと。「クラブ━」「━家」「火山が━する」②〘名〙「活動写真」の略。映画の旧称。

かっとう【葛藤】〘名・ス自〙もつれること。悶着(もんちゃく)。あらそい。「心理的━」「欲望が良心と━する」▽葛(かずら)や藤(ふじ)の枝が、もつれからむことから言う。

かっとばす【かっ飛ばす】〘五他自〙〔俗〕勢いよく遠くまで飛ばす。㋐野球のボールを打って勢いよく遠くまで飛ばす。「ホーム ランを━」㋑車などを速く走らせる。「車より自転車が━している」▽「かっ」は接頭語。

カツどん【カツ丼】とんカツを飯の上にのせた、どんぶり飯の一種。

かつは【且つは】〘接〙一方では。それに加えて。▽「かつは……かつは……」の形で使うことが多い。

かっぱ【△河△童】①子供の形をし、頭の上にある皿に水をたくわえ、水陸両方に住み、泳ぎがうまく、他の動物を水中に引き入れて血を吸うという小怪物。「━の川流れ」(達人も時には失敗することのたとえ)「━の屁(へ)」(実に容易で何でもないことのたとえ)②泳ぎがうまい人。③〔俗〕胡瓜(きゅうり)。▽かっぱ(1)の好物とされることから。

かっぱ【喝破】〘名・ス他〙堂々と論じて(人の気づかない、隠したがる)真理を明らかにすること。また、非を大声でしかること。

カッパ【合羽】①雨天用のマント。防水着。②荷物・駕籠(かご)などの雨おおいに使う桐油紙(とうゆがみ)。▽ポルトガル capa

かっぱつ【活発・活×潑】〘ダナ〙(ことば・動作などが)元気で勢いがいいさま。「━な子ども」 派生 **‐さ**

かっぱらい(…ぱらひ)【×搔(っ)払い】人の油断・すきをねらって、置いてある物などを盗むこと。それをする人。

かっぱん【活版】活字を組み合わせて作った印刷版。活字版。それによる印刷。「━刷り」

がっぴ【月日】日付けとしての、月と日。「生年━」

がっぴょう【合評】〘名・ス他〙幾人かの人が集まって、いっしょに同じ作品・問題を批評すること。また、その批評。

かっぷ【割賦】月賦などの形で、何回かに分けて払うこと。賦払い。「━販売」

カップ ①持つ手のある茶碗(ちゃわん)。「コーヒー━」。特に、計量カップ。「小麦粉━二杯」②賞杯。「優勝━」③ブラジャーの、乳房に当てる部分。▽cup **━ケーキ** カップ状の紙・アルミ箔(はく)に入れて焼いた小形ケーキ。▽cup cake **━めん**【━麺】カップ型の容器に入ったインスタント乾麺。熱湯を注いでそのまま食べる。

かっぷく【割腹】〘名・ス自〙腹を切って自殺すること。屠腹(とふく)。▽→せっぷく(切腹)

かっぷく【×恰幅】からだつきや様子。「━がいい」▽主に中年男性について言う。

かつぶし →かつおぶし

かつぶつ【活仏】いきぼとけ。▽チベット仏教の首長を指すことがある。

がっぷり〘副[と]〙①相撲で、互いに差し手を深く引いて組むさま。「━(と)四(よ)つに組む」②物事にしっかりと取り組むさま。「業者と━(と)手を組む」

カップル 一対(つい)。組。特に、(男女)ふたりづれ。「似合いの━」▽couple

がっぺい【合併】〘名・ス自他〙一つに合わさること、また合わせること。併合。「町村━」 **━しょう**【━症】ある病気に伴って起こる病気。▽「余病」より新しい言い方。

がっぺき【合壁】かべ一つへだてた隣家。「近所━」

かつべん【活弁】無声映画で、筋や情況を説明し、せりふをいう人。▽活動写真の弁士の意。

かっぽ【×闊歩】〘名・ス自〙①ゆったりと、大またに歩くこと。②いばって(大手を振って)歩くこと。

かつぼう【渇望】〘名・ス他〙のどのかわいた人が水をほしがるように、心から願望すること。待ちこがれること。「━をいやす」「平和を━する」

かっぽう【割×烹】(日本風の)食物の調理。料理。▽「割」は刃物で切る、「烹」は煮る意。 **━ぎ**【━着】家事や料理などをする時に着物の上につける、そで付きの長いエプロン。多くは白色。

がっぽう【合邦】〘名・ス他〙二つ以上の国家を合併すること。

がっぽり〘副[と]〙〔俗〕一度にたくさんの金を手に入れるさま。「━もうける」

かっぽれ 幕末に、はやし言葉「カッポレカッポレ」を伴って願人(がんにん)坊主が江戸市中に広めた歌と踊り。また、それに基づくかぶき舞踊。▽初代・三代目の豊年斎梅坊主のが有名。東京の花柳界の宴席ではこれに「奴さん」「セッほんかいナ」を連ねた組曲で踊るのを常とした。

がっぽん【合本】〘名・ス他〙数冊の雑誌・小冊子などをとじ合わせて一冊にすること。またその本。合冊(がっさつ)。

かつまた【且つ又】〘接〙その上また。▽先に述べたことに更に他のことを重ねて言うのに使う。

かつもく【×刮目】〘名・ス自〙目をこすってよく見ること。注意して見ること。「━に価(あたい)する」

かつやく【活躍】〘名・ス自〙めざましく活動すること。▽もと、勢いよくおどること。

かつやくきん【括約筋】肛門(こうもん)や尿道など、管状の器官の周囲にある環状の筋肉。その弛緩(しかん)と収縮により、内容物を通過させたり止めたりする。

かつよう【活用】①《名・ス他》そのものの真価をいかしてうまく使うこと。「余暇を—する」「資源の—」②《名・ス自》〔文法〕用言・助動詞が語尾変化すること。その語尾変化。「五段に—する」 **—ご【—語】**活用をする語。用言と助動詞の総称。

かつようじゅ【×闊葉樹】→こうようじゅ

かつら【×桂】①山地に生え、黄や紅色に美しく紅葉する落葉高木。高さ三〇メートルにもなる。雌雄異株。若葉は紅色を帯び、材は良質で用途が広い。▽かつら科。②中国の伝説で、月にあるという木。月桂(げっけい)。

かつら【×鬘】①扮装(ふんそう)用の、毛髪などで作った種々の形のまげ。②毛髪などで作り、髪型を変えるためにかぶるもの。③頭髪に添えるために束ねた毛。かもじ。添え髪。▽「かずら」とも言う。

かつらく【滑落】《名・ス自》(特に、急な岸壁や凍った雪面を登っている際に)すべり落ちること。

かつらした【×鬘下】日本髪の一つ。ごく低い銀杏返(いちょうがえし)。昔、歌舞伎役者や踊りの師匠などが結った。▽「かつらしたじ」とも。

かつらむき【×桂△剝き】大根・にんじんなどを五センチ程度の筒切りにし、それを回しながら巻紙状に薄くはぐようにむくこと。刻んで刺身のつまなどにする。

かつりょく【活力】活動のもとになる力。エネルギー。

かつれい【割礼】陰茎の包皮を切りとる風習・儀式。▽元来日本には無い。

かつれき【活歴】史実を重んじた、明治初期の改良演劇。歌舞伎狂言にとりいれられた。▽九代目市川団十郎が演じて評判になり、「活歴史」と評せられたことから出た語。

カツレツ 洋風料理の一つ。牛・豚・鶏肉などの切り身に鶏卵・パン粉をつけて油で揚げたもの。カツ。▽cutlet

かつろ【活路】命の助かるみち。窮地からのがれるみち・方法。「—を見いだす」

がつん《副と》①堅いものが音を立ててぶつかるさま。「あごに一発—と入ってノックダウン」「停車中の車に—と追突した」②衝撃が大きいさま。「言うべきことは—と言う」

かて【糧】①食物。糧食。▽もと、上代人の重要な携帯食だった糒(ほしいい)。②活動の本源。力づけるもの。「心の—」

かて【×糅】米などの主食を炊く時、おぎないとして他のものを加えること。その加えたもの。

かてい【仮定】《名・ス自他》仮に定めること。また、仮設。仮説。「他の諸事情を一定と—する」「中間段階を—するとわかりやすい」

かてい【家庭】家族が生活を共にする所。家族として生活を共にする集まり。「—を持つ」 **—か【—科】**小・中・高等学校の教科の一つ。衣食住に関する知識・技術・態度などを習得させる。 **—きょうし【—教師】**他の家庭に招かれて、その家の子弟を私的に教える人。 **—さいばんしょ【—裁判所】**家庭事件の審判・調停や、少年保護事件の審判などを行う下級裁判所。家裁。 **—てき【—的】**《ダナ》①まるで一家族のような、あたたかでなごやかなさま。「—な雰囲気」②家庭生活に向いているさま。「—な夫」

かてい【課程】学校などで、ある期間に割り当ててさせる学習の順序・内容。「修士—」

かてい【過程】物事の進行・変化してゆく途中の段階。経過のみちすじ。プロセス。「審議の—」

カテーテル 尿道にさして尿を排出させたり、胃などに薬を注入したりするのに使う、細い管状の医療器具。▽(オランダ)katheter

カテキン 緑茶などに含まれ渋味を感じさせる有機化合物。活性酸素による老化を防ぐ抗酸化作用や抗菌作用があるとされる。▽catechin

カテゴリー →はんちゅう(範疇)。▽(ドイツ)Kategorie

かててくわえて【×糅てて加えて】《連語》《副詞的に》さらに。その上に。おまけに。▽「糅てる」は混ぜる意。

かてめし【×糅飯】米に他のものをまぜて炊いた飯。

=がてら ……を兼ねて(……する)。……かたがた。「花見—歩いて行く」

かでん【家伝】その家に代々伝わって来たこと。また、その伝え。「—の妙薬」

かでん【家電】テレビ・電気冷蔵庫・洗濯機・自動炊飯器など、更には携帯電話も含め、家庭用電気(電子)器具。「—メーカー」

かでん【×瓜田】『—の履(くつ)』嫌疑を受ける行為は避けた方がよいというたとえ。▽「瓜田に履を納(い)れず」(瓜(うり)畑ではくつを直さない。瓜を盗むと疑われるから)(文選)から。↓りか(李下)

かでん【荷電】《名・ス自》物体が電気を帯びていること。電気を帯びること。帯電。また、その電気(量)。電荷。

かでん【×訛伝】《名・ス自》誤って伝わること。まちがった言い伝え。

がてん【合点】《名・ス自》承知(すること)。納得(なっとく)。「—が行かない」(納得できない) ▽「がってん」の転。

がでんいんすい【我田引水】物事を、自分の利益になるように引きつけて言ったりしたりすること。▽わが田に水を引く意。

かと【過渡】移り行くこと。古いものから脱し、新しいものへ移り行く途中。「—的」「—時代」 **—き【—期】**移りかわりの途中の時期。物事の移りかわりの最中で、まだ安定していない時期。

かど【△廉】箇条。理由とする事項。「病気の—により許す」「不審の—で取り調べる」▽「角」と同源か。

かど【角】①物のとがって突き出した部分。②隅。③道のまがり目の所。④他人とのつきあいが円滑にゆかないような点・性質。圭角(けいかく)。「物も言いようで

—が立つ」「—が取れる」(円熟しておだやかになる)
かど【門】 ①家の外構えの出入口。もん。また、家の前。「—に立つ」②家。一族。「笑う—には福きたる」▽→おかどおおい・おかどちがい
かど【×鰊】 東北地方で、ニシンのこと。
かど【過度】『名・ダナ』程度を越すこと。「—の労働」
かとう【下等】『名ナ』等級が下であること。質が劣ること。↔高等・上等。「—動物」「—な趣味」派生 **-さ**
かとう【仮痘】 真性痘瘡(とうそう)の軽症のもの。
かとう【果糖】 果実や蜂蜜などに含まれる糖。分子量が小さく、糖類の中でも特に水に良く溶ける。フルクトース。
かとう【過当】『名ナ』適度を越えること。「—競争」「—な要求」
かどう【可動】 動かせること。動くしかけになっていること。「—橋(うきょ)」「—間仕切り」
かどう【渦動】 うず巻き型の運動。
かどう【稼働・稼動】『名・ス自他』①かせぎはたらくこと。「—日数」②機械を働かすこと。
かどう【歌道】 和歌の道。和歌を作ったり研究したりすること。
かどう【花道・華道】 いけばな(の道)。「—教授」
かどう【河道】 河川の、水が流れる所。「—断面」
かどうきょう【架道橋】 →ガード(1)
かとうぐち【火灯口・△瓦灯口】 茶室と水屋(みずや)との間に設ける出入口の形式の一つ。鴨居(かもい)を使わず上部を半円形にする。▽「瓦」と書いたときには「がとうぐち」とも言う。
かとうせいじ【寡頭政治】 少数の人で国家権力をにぎって行う独裁的な政治。
かとうぶし【河東節】 江戸中期に十寸見(ますみ)河東が江戸で始めた浄瑠璃。軽妙の中に渋みがある。河東。
かとうまど【火灯窓・花頭窓】 禅宗寺院などの、上部が⌒の形になった窓。
かどかどし-い【角角しい】『形』かどが多い。性質が円満でない。派生 **-さ**
かどがまえ(がまへ)**【門構(え)】** →もんがまえ
かとく【家督】 ①相続すべき家の跡目。また、跡目をつぐ者。あとつぎ。②旧民法で、戸主の身分に伴う権利と義務。戸主の地位。「—相続」
かどぐち【門口】 家・門の出入口。「—まで見送る」
かどだ-つ【角立つ】『五自』かどが目立つ状態になる。円満でなく荒立つ。「—った石」「それでは話が—」
かどだ-てる【角立てる】『下一他』円満でなく荒立つようにする。「話を—」
かどち【角地】 二つの道路がまじわったかどに面した土地。
かどづけ【門付(け)】『名・ス自』人家の門口に立って、音曲を奏し、または舞を舞い、金銭・物品をもらって歩くこと。その人。
かどで【門出・〈首途〉】『名・ス自』①自分の家を出発して、旅に出ること。旅立ち。②比喩的に、新しく生活を始めること。「人生の—」
かどなみ【門並(み)】 ①家ごと。家の並び(の一つ一つ)。「—に旗を出す」②《副詞的に》一つ一つが残らず。全部。「やる事なす事—(に)うまくいかない」▽(1)(2)とも既に古風。
かどば-る【角張る】『五自』①かどが突き出している。②人の態度などがくだけていず、四角ばる。
かどばん【角番】 ①囲碁・将棋などで、何番勝負かを行う場合、それでその人の負けが決定するという一番。②相撲(すもう)で、その場所に負け越せばその地位から転落するという局面。「—大関」
かどび【門火】 儀式として門前でたく火。▽盂蘭盆(うらぼん)・葬式・婚礼などに送迎の意味でたく。
かどまつ【門松】 新年に、門前に立てる飾りの松。松飾り。竹や梅を添えるものもある。
カドミウム 金属元素の一つ。元素記号 Cd 銀白色で柔らかい。天然には亜鉛と共に産し、性質も亜鉛に似る。電池の電極などに使う。有毒。▽cadmium
かどみせ【角店】 道の曲がりかどにある店。
かどやしき【角屋敷】 道のまがりかどにあって、二面が道に面した家。▽それが店屋なら「角屋」と言う。
カドリール 四人一組になり、方陣を作って踊る社交ダンス。十八世紀から十九世紀にかけて、フランスを中心としてヨーロッパ全土に流行した。カドリーユ。▽スクエア ダンスの起源。quadrille
かとりせんこう【蚊取(り)線香】 除虫菊を主材料として作った、棒状またはうずまき状の線香。蚊を除くのに使う。かやりせんこう。
カトリック キリスト教で、ローマ教皇を首長とする一派。ローマ カトリック教会。また、その教徒。旧教。天主教。カソリック。▽オランダ katholiek これとは独立したギリシア正教(ギリシア カトリック)を指すこともある。
カトレア 美しい大輪の花を咲かせる洋蘭(ようらん)。▽ラテン Cattleya 主にらん科カトレア属の園芸品種の総称。
かどわか-す(かどはかす)『五他』だまして、(女・子供を)つれ去る。誘拐する。
かとん【火×遁】 忍術の術の一種。火の中にはいって身をかくす法。
かとんぼ【蚊〈蜻蛉〉】 ガガンボの別称。
かな【仮名】 漢字から生まれた、日本独自の音節文字。普通、片かなと平がなとを言う。↔真名(まな)。▽「かめい」と読めば別の意。 **—がき【—書(き)】** かなで書くこと。 **—づかい**(づかひ)**【—遣(い)】** 語をかなで書く時どの字を使うかに関するきまり。「歴史的—」「現代—」 **—でほん【—手本】** いろは歌を平がなで書いた、習字の手本。転じて、いろは歌のこと。
かな ①『連語』疑問を込めた詠嘆を表す。「何かいいことない—」「わしの言葉が信用できない—」▽終助詞「か」+間投助詞「な」。「かなあ」とも言う。②『終助』《体言・活用語連体形に付く》詠嘆を表す。「悲しい—、すべてが灰燼(かいじん)に帰してしまった」「果たせる—彼は来なかった」「むべなる—」(もっと

もだ)「世の中は三日見ぬ間に桜—」(大島蓼太) ▽文語的文脈で多くは挿入的に用いる。係助詞「か」+間投助詞「な」の一語化。「哉」と書くこともある。

がな ①《連語》言いさして詠嘆を込めるのに使う。「そんな事ならすぐできる—」。特に、事実と反対の事柄の実現を願う時に使う。「翼があれば飛んで行くんだ—」 ▽「がなあ」とも言う。②《副助》あればいいという気持で例を挙げるのに使う。なりと。「何—おつなものがほしい」「茶—飲みたい」 ▽古風な言い方。文語の終助詞「がな」の転。

かなあみ【金網】針金を編んで作った網。

かない【家内】①家の中。「—工業」②家族。「—安全」③妻。「—にした」 ▽普通は自分の妻を言う。

かな-う【△適う・×叶う・△敵う】《五自》①あてはまる。ちょうど合う。ふさわしい。【適】「礼儀に—」「理に—」②望みどおりになる。【叶】「願いが—」③及ぶ。匹敵する。【敵】「数学では彼に—わない」④『—わない』やりきれない。がまん出来ない。「暑くてかなわない」

かなえ【×鼎】『—の軽重(けいちょう)を問う』①統治者を軽んじこれに代わって天下を取ろうとすること。②転じて、ある人の実力を疑って、その地位をくつがえそうとすること。▽「鼎」は、古代中国で使われた三本足の青銅器。周の定王の時、楚の荘王が周の王室に伝わる宝である九鼎(きゅうてい)の大小・軽重を問うた故事から。

かな-える【△適える・×叶える】《下一他》①あてはまるようにする。満たす。「求人条件を—えた人」②こうしたいという状態にしてやる。聞き届ける。「望みを—」

かながしら【金頭】大きく角ばった固い頭をもつ海魚。体長約三〇センチ。はでな赤色で、ひれにとげがある。食用。▽ほうぼう科。

かながた【金型】金属やプラスチックにプレスなどの加工をして、部品を(精密にかつ多数)造り出すのに使う、主に金属製の型。▽もと、鋳物製造で砂型に対し金属製の鋳型を言った。

かなかな【×蜩】→ひぐらし(蜩)

かなきりごえ【金切り声】金属を切るときに出るような高く鋭い(女性の)声。「—をあげる」

カナキン【金巾】堅く縒(よ)った細い綿糸で、目を堅く薄地に織った布。カネキン。▽ポルトガル canequim

かなぐ【金具】器具などにとりつける金属製の付属品。環・引手・錠の類。かなもの。

かなくぎ【金×釘】金属で作ったくぎ。 **—りゅう**【—流】へたな文字を(流派のように呼んで)あざける言い方。

かなくさ-い【金臭い】《形》鉄分のにおいや味がする。「この水は—」 派生 **-さ**

かなぐし【金串】魚などを焼く時にさす金属製のくし。

かなくず【金×屑】金属を細工するとき出るきりくず。

かなくそ【金×屎】①→こうさい(鉱滓)。②鉄をきたえるとき、はがれ落ちるくず。

かなぐつわ【金×轡】金属製のくつわ。「—をはめる」(転じて、口止めのために、賄賂の金を贈る)

かなぐりす-てる【かなぐり捨てる】《下一他》乱暴にぬぎとって、捨てる。「上着を—」「恥も外聞も—」

かなけ【金気】①水の中に溶けて含まれる鉄分。また、その鉄分によって生じる味。②新しいなべ・かまなどを火にかけた時しみ出る赤黒いしぶ。

かなし-い【悲しい・△哀しい】《形》心が痛んで、泣けてくるような気持だ。↕うれしい。「父に死なれて—」「—物語」 ▽古くは、切ないほど、いとおしい意。 派生 **-さ -げ -み* -がる** 関連 うら悲しい・物悲しい・嘆かわしい・嘆く・哀れ・哀感・哀愁・哀傷・哀切・悲哀・悲愴(ひそう)・悲壮・悲嘆・悲痛・感傷・愁嘆・傷心・断腸・沈鬱・沈痛・痛嘆・痛哭(つうこく)・しんみり・ほろり・ペーソス

かなしき【△鉄敷・金敷】→かなとこ

かなしばり【金縛り】①動けないように、かたく縛りつけること。また、縛られたように身動きがとれなくなること。「—にあう」②金銭で自由を束縛すること。

かなしぶ【△鉄渋】鉄のさびが水にまじったもの。

かなしみ【悲しみ】かなしむこと。かなしむ心。悲哀。↕喜び。「—に沈む」「—にくれる」

かなし-む【悲しむ・△哀しむ】《五他》それをかなしい事だと感じる。それについて心が痛む思いをする。↕喜ぶ。「彼のために—べき事だ」

かなた【〈彼方〉】《代》(遠くはなれた)あちらのほう(の場所)。むこう。「山の—の町」「はるか—に」 ▽雅語的。

かなだらい【金×盥】洗面などに使う金属製のたらい。

かなづち【金×槌】①頭が鉄でできているつち。くぎなどを打ち込むのに使う。②泳ぎが全くできないこと。その人。▽すぐ水中に沈んでしまうから。 **—あたま**【—頭】堅い頭。頑固で融通のきかない頭。石頭。

カナッペ クラッカーや、薄く一口大に切ったパンに、野菜・肉や魚の加工品などを載せた前菜。▽フランス canapé

かなつぼ【金×壺】金属製のつぼ。銅壺(どうこ)の類。 **—まなこ**【—眼】くぼんで丸い目。

かなつんぼ【金×聾】耳の全く聞こえないこと。その人。

かな-でる【奏でる】《下一他》楽器などの音を出して演奏する。「バイオリンを—」

かなとこ【△鉄床・△鉄×砧】金属をきたえる鉄製の台。かなしき。 **—ぐも**【—雲】積乱雲が発達して頭部が広がり、かなとこのような形になった雲。

かなばさみ【金×鋏】①金属板を切るためのはさみ。②火・炭などをはさむ、金属製の道具。

かなぶつ【金仏】①金属製の仏像。かなぼとけ。②融通がきかず感情が無いかのように見える人。▽↓きぶつ(木仏)

かなぶん 緑褐色で金属光沢のある甲虫。コガネムシに似るが、体が平たく丸みが少ない。成虫はクヌギなどの樹液を吸う。▽飛ぶ時に羽音がうなるところからの名。こがねむし科。また、コガネムシなど似た甲虫の俗称。

かなへび【金蛇】トカゲの一種。普通「トカゲ」と呼ばれるニホントカゲより細長く尾も長い。背は褐色で、腹は黄または白。日本固有。▽かなへび科。

かなぼう【金棒・△鉄棒】①鉄で作った棒。「鬼に—」(→おに(1)) ②頭部に数個の鉄の輪をつけた杖(つえ)状の鉄の棒。夜番などが持つ。「—を引いて歩く」(うわさをまき散らす。↓かなぼうひき) ③器械体操に使う鉄棒。 **—ひき**【—引き】ちょっとした事を大げさにふれまわる人。隣近所のうわさをして歩く人。▽夜番などが、金棒(2)をつき鳴らしてめぐり歩いたことから。

かなめ【要】①束ねた扇の骨の根もとを貫いてはめ、開閉をつかさどるもの。②最も大切な部分。要点。「ここが肝心—の所だ」「チームの—」 ③〔植物〕↓かなめもち

かなめもち【要×黐】暖地に自生し、生垣などとして植栽もされる常緑小高木。五、六月、白い小花をつけ、秋に果実が熟して赤くなる。▽ばら科。モチノキに似、古く材を扇の骨に用いたことによる名とも言われる。

かなもの【金物】①金属製の器具。「—屋」 ②↓かなぐ。③↓ハードウェア

かなやま【金山】鉱山。

かならず【必ず】《副ノ》例外など一つも起こらずに。まちがいなく。きっと。確かに。「戦えば—勝つ」「隠しても—あらわれるものだ」「—返事をもらって来い」「晴れれば—と言ってよいほど風が出る」「—のようにそうなる」 ▽↓かならずしも・かならずや

かならずしも【必ずしも】《連語》《下に打消しを伴った全体で》かならず……である、というわけではない。「—楽観はできない」 ▽部分否定で、「絶対に……ではない」とは異なる。

かならずや【必ずや】《連語》ほとんど確実に。きっと。「かれは—大成するであろう」 ▽下に推量の言葉を伴う。

かなり《ダナ・副》①非常にとまではいかないが、程度が普通よりはまさっていること。相当。「—上手だ」「—の金額」「—な年齢」 ②〔俗〕非常に。▽「可成」とも書いた。

カナリヤ 姿と鳴き声が美しく愛玩用に飼われる小鳥。スズメよりやや小さい。品種が多く、色は黄色が多い。カナリア。▽「金糸雀」とも書く。^(オランダ) kanarie ^(スペイン) canaria あとり科。

がな-る《五自》〔俗〕大声でどなる。わめく。「スピーカーで—りたてる」

かなわ【金輪】①金属製の輪。②↓ごとく(五徳)(2)

かなん【火難】火の災難。火災。火事。「—の相」

かに【×蟹】水中や水辺に住み、体表は殻状で堅く、一対のはさみと四対の足をもつ生物。横に歩き、泡を吹く。種類が多く食用になるものがある。「—は甲羅に似せて穴を掘る」(人は自分の分相応の願望を持つということのたとえ) ▽えび目かに下目の甲殻類の総称。

かにく【果肉】果実の肉の部分。

かにこうせん【×蟹工船】(北洋で)かにをとり、その場で加工して缶詰にする設備を持つ船。

かにばば【×蟹×屎】生まれた赤ん坊が初めてする大便。黒くてねばり気がある。かにくそ。胎便。

がにまた【×蟹股】〔俗〕両膝が外に向き、間が開いていること。

かにゅう【加入】《名・ス自》組織・団体などに加わること。「組合に—する」

カヌー ①丸木舟など、櫂(かい)でこぐ小舟の総称。②カヌー(1)を競技用にした小舟。その競技。▽canoe

かね【金】①金属。特に鉄を指すことが多い。「—のわらじで捜し歩く」(根気よく捜しまわる) ▽金属を材料として作るいろいろの物、例えば鐘・鉄漿(かね)等をも指す。②金銭。おかね。「—を食う」(費用が多くかかる)「—になる」(もうかる。換金できる)「—を寝かす」(金銭・資本を十分利用しないで、ただためておく) 関連 銭・おあし・金子(きんす)・金銭・金円・阿堵物(あとぶつ)・頭金・内金・掛け金・元金・元本・基金・義金・現金・公金・残金・敷金・資金・賞金・償金・千金・即金・大金・納金・礼金・悪銭・小銭・釣銭・ばら銭・小遣い銭・身銭・有り金・はした金・目腐れ金・手付け・へそくり・円貨・外貨・貨幣・通貨・硬貨・紙幣・札(さつ)・プレミアム・キャッシュ

かね 金属性の、打ち、たたき、またはついて鳴らすもの。①【鐘】つりがね。「—をつく」。また、その音。「—を聞く」 ②【×鉦】小形の、たたいて鳴らす楽器。「—や太鼓で捜す」(大騒ぎして捜し回る)

かね【×矩】①曲尺(かねじゃく)(2)。②直線。直角。

かね【〈鉄漿〉】↓おはぐろ。▽金(かね)(1)で作るから。

かねあい【兼(ね)合い】両方の事情・条件等によって、折り合いがつく状態。「千番に一番の—」(千度やっても一度成功するかどうかわからないほどむずかしいこと)

かねいれ【金入れ】財布(さいふ)。

かねかし【金貸(し)】金銭を貸して利息を取る営業(をする人)。

かねがね《副》前々から。かねて。「—お願いしてまいりましたとおり」

かねぐり【金繰り】資金のやりくり。「—がつかない」

かねごえ【金肥(え)】↓きんぴ

かねざし【×矩△尺・×矩差(し)】↓かねじゃく

かねじゃく【△曲尺・×矩尺】①直角に折れ曲がった形の金属製の物さし。大工が使う。かねざし。すみが

ね。まがりがね。②鯨尺(くじらじゃく)で八寸の長さを一尺とした目盛りの物さし。また、それによる長さの測り方。かね。

かねずく…づく【金ずく】金銭の力で物事を片付けること。

かねそな-える…そなへる【兼ね備える】『下一他』二つ以上の要素を一緒に持っている。「勇気と優しさとを—」

かねたたき【×鉦×叩き】①鉦(かね)をたたくこと。その人。②鉦をたたいて経文などを唱え、金品をもらい歩く乞食(こじき)。③撞木(しゅもく)。④秋の夜、「ちんちん」と鉦をたたくような音で鳴く昆虫。体長一センチほどで、形はコオロギに似る。▽かねたたき科。

かねつ【加熱】『名・ス他』熱を加えること。「—器」

かねつ【過熱】『名・ス自他』①熱くなりすぎること。「出火の原因はストーブの—から」「—気味の相場」「取材合戦が—する」②液体を沸騰させずに沸点以上に熱すること。「—器」③蒸気を沸点以上に熱すること。「—蒸気」

かねづかい…づかひ【金遣い】金銭の使いかた。「—があらい」

かねづまり【金詰(ま)り】金銭の融通がつかなくなること。金銭が欠乏すること。「—になる」

かねづる【金×蔓】金銭を手に入れる手づる。金銭を出してくれる人。「—をたどる」

かねて【△予て】『副ノ』以前から。前もって。「—(から)承知していた」▽文語動詞「かぬ」の連用形+助詞「て」から。

かねない【兼ねない】『連語』《動詞連用形を受け》(その前提のもとでは)……しないとは言えない。……しそうだ。「死ねと言われれば死に—」

かねばなれ【金離れ】《「—がいい」「—が悪い」の形で》金銭の使いぶり。

かねへん【金偏】①漢字の偏の一つ。「銀」「鉄」などの「金」の称。②〔俗〕金偏の字のつく産業。すなわち製鉄業など。「—景気」

かねまわり…まはり【金回り】金銭の流通。ふところぐあい。収入の調子。「—がいい」

かねめ【金目】金銭に換算した価値。特に、それを売買するとすれば値段の高いこと。「—のもの」

かねもうけ…まうけ【金×儲け】『名・ス自』金銭をもうけること。営利。

かねもち【金持(ち)】金をたくさん持っていること。そういう人。財産家。「—喧嘩(けんか)せず」(金持は、けんかをすれば損をすることを知っているので、他人と争わないものだ)

か-ねる【兼ねる】『下一他』①一つの物、ひとりの人が二つ以上の働き(役目)をする。「長椅子と寝台を—」「首相が外相を—」「大は小を—」②《動詞の連用形に付けて》ある事情が働いて、そうしようと思ってもしにくい。「申し—ねますが」「見るに見—」▽↓かねない

かねん【可燃】火に燃える(燃えやすい)こと。「—物」「—性」

かねんど【過年度】過ぎた会計年度。「—勘定の訂正」

かの【△彼の】『連体』あの。「—有名な事件」▽今日では文語的。もと、代名詞「か」と助詞「の」との連語。

かのう【化×膿】『名・ス自』傷が経過不良で膿(うみ)を持つこと。

かのう【可能】『ノダ』《「—な」も使う》(まだ実現していないが)実現の余地があること。↕不(可)能。㋐(しようと思えば)できること。「—な範囲で努力しよう」「微分—」㋑そうあっても理論や規定の上の矛盾がないこと。「百階建てのビルも—だ」▽↓ひつぜん。 **—せい**【—性】それが可能だという性質・度合。「—が高い」▽日常語では多く、そうなる見込みの意に使う。

かのう【×嘉納】『名・ス他』①進言などをほめて聞き入れること。②ほめ喜んで受け取ること。「献上品を御—あらせられた」

がのう【画×嚢】絵の道具を入れる袋。主に洋画家が使う。「—をこやし(=絵のモチーフを豊かにして)帰る」

かのえ【×庚】十干の第七。五行(ごぎょう)で金に配する。↓じっかん(十干)。▽「金(か)の兄(え)」の意。

かのこ【鹿(の)子】①しかの子。②「かのこまだら」「かのこしぼり」「かのこもち」などの略。 **—しぼり**【—絞り】絞染(しぼりぞめ)の一種。全体に白く、細かいまだら模様を染め出したもの。かのこぞめ。 **—まだら**【—△斑】鹿の背のような、一面に点在する白い斑点。 **—もち**【—餅】もち・求肥(ぎゅうひ)・ようかんなどを餡(あん)でくるみ、外側に甘く煮たあずきを粒のまままつけたもの。京かのこ。かのこ。

かのじょ【彼女】①『代』話し手・相手以外の女性を指す語。↕彼。②『名』恋人である女性。「君の—はどこにいる」▽欧文の訳語としてできた。初めは「彼女」と書いて「かのおんな」「あのひと」等と読んだ。

かのと【△辛】十干の第八。五行(ごぎょう)で金に配する。↓じっかん(十干)。▽「金(か)の弟(と)」の意。

カノン ①〔音楽〕ある声部の旋律を他の声部で、厳格に模倣しながら追いかけてゆく技法、また曲。▽ドイツ Kanon ②砲身が長くて、遠距離射撃に適した大砲。▽「加農」とも書いた。オランダ kanon

かば【×樺】①↓かばのき・しらかば。②「樺色(かばいろ)」の略。

かば【×蒲】↓がま(蒲)

かば【河馬】丸くずんぐりとした体に、短く太い四肢と大きな口をもつ、大形の哺乳(ほにゅう)動物。体毛はなく、皮膚は灰褐色。アフリカ産。昼は水中に住み、夜は陸上に出て草を食う。陸生動物の中では象について大きい。▽かば科。

カバー ①『名』他の物を覆うのに使うもの。㋐覆い。「野積みの貨物に—を掛けた」㋑書物の表紙の上にかけるもの。「—ガール」(雑誌の表紙をかざる女性モデル)㋒靴や靴下の上から覆ってはくもの。②『名・ス他』扱いや力などが全体に及ぶこと。「日本

の新聞が―しきれない海外情報」③『名・ス他』足りないところを補うこと。㋐損失や不足の補い。「赤字分を―する」㋑球技で、守備の手薄になった所を他の選手が補うこと。カバーリング。④『名・ス他』オリジナルの曲に対して、他の歌手や演奏家が、自分の持ち曲として歌ったり演奏したりすること。「古い曲を―する」▽cover

かはい【加配】『名・ス他』規定の数量の上に特別に加えること。「―米」「その地域の教員を―する」

かばいだて【×庇(かば)い立て】『名・ス他』何かにつけ、その人をかばうこと。

かばいろ【×樺色】赤味を帯びた黄色。

かば-う【×庇う】『五他』他から害を受けないように守って、いたわる。「罪を―」「親が子を―」「右手を―っているうちに左手も腱鞘炎(けんしょうえん)になった」

がばがば ①『副[と]・ノダ・ス自』衣類・履物などが大きすぎたり、こわばったりしているさま。また、こすれて音をたてるさま。「ワイシャツが糊(のり)で―する」「―のレーンコート」②『副[と]』次々に(音をたてて)大量に移動するさま。「長靴に―水が入る」

かはく【仮泊】『名・ス自』①艦船が一時的に停泊すること。②仮の宿泊。仮眠。

かはく【科白】俳優の(しぐさ・)せりふ。▽もと「科」がしぐさ。

がはく【画伯】①絵の道にすぐれた人。②画家の敬称。「横山大観―」

かばしら【蚊柱】たくさんの蚊が一かたまりになって飛んでいて柱のように見えるもの。「―が立つ」

がばっと『副』①勢いよく身を伏せたり起こしたりするさま。がばと。「夢を見て―起き上がる」②口が大きく開くさま。「靴底が―はがれる」

がばと『副』急に起き上がる、または倒れ伏すさま。がばっと(1)。「―跳ね起きた」

ガバナンス 統治。支配。管理。「―の強化」「コーポレートー」▽governance

かばね【△姓】日本の上代、氏族の尊卑を表すための階級的称号。臣(おみ)・連(むらじ)・宿祢(すくね)など数十種がある。

かばね【×屍】死人の体。死体。なきがら。しかばね。

かばのき【×樺の木】かばのき科の落葉高木の総称。シラカバ・ダケカンバ・ウダイカンバなど。

かばやき【×蒲焼(き)】開いて中骨をとった鰻(うなぎ)・穴子などを串に刺し、甘辛いたれをつけて蒲色に焼いたもの。▽サンマ・イワシなどを串を刺さずに同じように調理したものもいう。

かばらい【過払(い)】代金・給料などを払いすぎること。

かばり【蚊×鉤】羽毛などで、蚊の形に作ったつり針。あゆつりなどに使う。かがしら。

かはん【河畔】川のほとり。かわばた。かわぎし。

かはん【過半】半分より多いこと。「―を割る」 **―すう**【―数】全体の半分より多い数。「―を占める」

かはん【過般】さきごろ。このあいだ。「―お願いした件」▽改まった言い方。

かばん【×鞄】皮革などで作った、書類その他の物を入れて持ち運ぶ用具。▽中国語「夾板(きゃばん)」の転。

かばん【下番】見張り・当直などの勤務を終え(交代し)て下がること。↔上番

がばん【画板】①絵をかくとき、台にする板。②油絵をかきつける板。

かはんしん【下半身】腰から下の部分。↔上半身。▽「しもはんしん」とも言う。

かひ【下×婢】女中。下女。はしため。

かひ【可否】①よしあし。②賛成と反対。賛否。

かひ【果皮】種子を取り囲んでいる果実の部分全部。外・中・内の三層に分ける。一般には、果実の表面を覆う外皮(外果皮)。▽リンゴ・ナシなどの食べる所は中果皮。

かひ【歌碑】短歌(和歌)を彫りつけた碑。「島木赤彦の―」

かび【×黴】飲食物や湿気の多い場所に生じる菌類。また、その集落。青かび・黒かびなど多くの種類があり、動植物に寄生するものもある。「―が出る」「つゆどきにはよく―がはえる」「―のはえた(=古くさい)言い回し」

かび【華美】『名・ダナ』はなやかで美しいこと。はでなこと。「―な服装」 派生 **-さ**

がび【×蛾眉】①蛾の触角のような三日月形の、美しい女の眉(まゆ)。②美人。

かびくさ-い【×黴臭い】『形』①かびのにおいがする。「押入れが―」②(考え方などが)時代おくれで古くさい。古めかしい。「―理論」 派生 **-さ**

カピタン【加比丹】①江戸時代、長崎のオランダ商館長。②(オランダ船の)船長。▽ポルトガル capitão

かひつ【加筆】『名・ス他』文章や絵に手をいれて直すこと。

がひつ【画筆】絵を書くのに使う筆。えふで。

がびょう【画×鋲】図画などを壁や板にとめるためにさすびょう。

か-びる【×黴びる】『上一自』①かびがはえる。②古くなる。

かひん【佳品】できがすぐれた品。

かびん【花瓶】花器のうち、多く壺(つぼ)形のものを言う。陶磁器・銅器・ガラス製などがある。

かびん【過敏】『名ナ』感受性が強すぎること。感じかたが非常に激しいこと。「―な反応」「神経―」 派生 **-さ**

かふ【下付】『名・ス他』役所から民(間)に下げ渡すこと。▽今は言わない。

かふ【家父】自分の父。↔家母。▽古風。

かふ【家扶】もと皇族や華族の家で、家務・会計をつかさどった人。家令の次席。

かふ ①【寡夫】男のやもめ。②【寡婦】女のやもめ。

かふ【火夫】火手の旧称。ボイラー マン。

かぶ【株】①草木の、根の付いた(かなりの大きさの)

一まとまり。㋐(植え替えがきくような)一つの草木。「菊の—を分ける」「桜の若木を三—植える」㋑草木を切り倒した、または刈り取ったあとに残った部分。切り株。②社会での、ある地位・身分・特権。㋐商行為に関して定められた、株主としての権利。株式。また、株券。「あの会社の—を一万—買った」「—の暴落」㋑一般に、他に対して占める、特別な地位・権利。「相撲(すもう)の年寄の—を譲る」「親分—の男」「男(として)の—が上がる」「お—を奪う」(他人の本領・得意とすることを自分がしてのける)

かぶ【×蕪】 丸く大きな白い根を食用にする栽培作物。一年草または二年草で、葉も食用。根の表面が赤いものもあり、「あかかぶ」と言う。かぶら。▽アブラナの改良種。

かぶ【下部】 一つのもののうちの、下の部分。↕上部。「橋脚の—」「—組織」▽↓かほう(下方)

かぶ【歌舞】〘名・ス自〙歌と舞。また、歌ったり舞ったりすること。「—を楽しむ」「—音曲の停止(ちょうじ)」(↓おんぎょく)

がふ【画布】 絵をかくための布。カンバス。

かふう【下風】 かざしも。「人の—に立つ」(人より劣った位置に立つ。おくれをとる)

かふう【家風】 その家に特有な、代々の気風や生活上の習慣。「—に合わない」

かふう【歌風】 短歌(和歌)の作品ににじみ出たその歌人(や派)の作風。

がふう【画風】 絵画の作風。絵画に現れた、作者の傾向や特徴。

カフェ ①コーヒー。②コーヒーなどを飲ませる店。③カフェ(2)のような雰囲気の語り合う場。▽フランス café **—オレ** 温めたミルクをコーヒーにほぼ等量入れた飲み物。▽フランス café au lait **—テラス** 前の道まで張り出して客席を設けた喫茶店。▽café と terrasse とによる和製語。 **—ラテ** エスプレッソに倍以上の温めたミルクを注いだコーヒー飲料。▽イタリア caffellatte

カフェイン コーヒー・ココア・茶などに含まれるアルカロイドの一種。純粋なものは銀白色の針状結晶。神経中枢に対する興奮作用のほか、強心・利尿などの作用をもつ。▽ドイツ Kaffein

カフエー 洋酒などを供し女給が接待する飲食店。▽今のキャバレーの前身で、明治末に現れ一九四〇年ごろまであった。以前はコーヒー店。「カッフェー」「キャッフェ」とも言った。米語経由のフランス café

カフェテリア 客が好みの料理を自分で食卓に運ぶ形式の料理店。キャフェテリア。▽アメリカ cafeteria

かぶか【株価】 株式の相場の価格。株券の値段。

がぶがぶ〘副[と]〙水などを勢いよく(音をたてて)大量に飲むさま。「お茶を—(と)飲む」

かぶき【△冠木】 ①↓かさぎ。②門柱の上部を貫く横木。③「冠木門」の略。 **—もん【—門】** 笠木(かさぎ)を柱の上方に渡した屋根のない門。

かぶき【歌舞伎】「かぶき芝居」の略。出雲(いずも)の阿国(おくに)歌舞伎にはじまり、江戸時代に発達・完成した、日本特有の民衆演劇。▽中世語の動詞「かぶく」(=風体や行動が華美奇矯で人目をそばだたせる)の連用形に由来。

かふきゅう【過不及】 多すぎたり足りなかったりすること。「—なく」(適度に)

かふく【禍福】 わざわいとしあわせ。「—は糾(あざな)える縄のごとし」(わざわいとしあわせとは、縄がより合わさるように入れ替わりながら変転する)

がふく【画幅】 絵の軸物。

かふくぶ【下腹部】 下ばらの部分。

かぶけん【株券】 株主権を示す有価証券。株式。

かぶさ-る【△被さる】〘五自〙かぶる(一)状態になる。㋐上におおいかかる。「黒雲が頭上に—」。おおうように加わる。「青が—・った緑」「二人の声が—・ってよく聞き取れない」㋑自分に及ぶ。「上役が休んだので仕事がこっちに—・って来た」

かぶしき【株式】 ①株式会社の資本構成単位。②株権。③株券。 **—がいしゃ【—会社】** 株主で組織された有限責任会社。

カフス ワイシャツのそで口。▽cuffs **—ボタン** カフスにつける実用と装飾をかねたボタン。▽日本でイギリス cuffs とポルトガル botão とを合わせて作った語。

かぶせぶた【△被せ蓋】 縁まで掛け中身をすっぽり覆うようにした、ふた。

かぶ-せる【△被せる】〘下一他〙かぶるようにする。①それで他人の頭や顔をおおうようにする。「頭巾(ずきん)を—・せてもらったお地蔵さん」②全体を隠すように上からおおう。「本にカバーを—」。液状や粉状のものを、上からかける。③転じて、今の状態をおおうように(上から)加える。「A氏が言い終わらないうちに、それに—・せてB氏が反論を始めた」「紫に赤を—」「三味線の手を—」④他人に罪や責任を負わせる。なすりつける。「部下に責任を—・せて平気でいる」

カプセル 物を封じ込める容器。㋐粉末薬などを封入した、ゼラチン製の容器。㋑宇宙飛行体の気密容器。▽ドイツ Kapsel **—ホテル** カプセル状の寝室を並べた簡易ホテル。▽日本でドイツ Kapsel とイギリス hotel とを合わせて作った語。

かふそく【過不足】 量が多過ぎる(度合いが大き過ぎる)ことと足りないこと。「—がない」

かぶだち【株立(ち)】 一つの根株から群がり生える、草木の生え方。

カプチーノ エスプレッソに同量の泡立てたミルクを入れたコーヒー飲料。▽イタリア cappuccino

かぶつ【貨物】 ①形の有る財貨。②「かもつ」の明治期までの言い方。

かぶと【△甲・×兜・×冑】 頭にかぶる防護用武具。鉄や革などで作る。「—をぬぐ」(降服する)「勝って—の緒(お)を締めよ」(成功しても、油断せずに気を引き締めよ)

かぶとがに【×兜×蟹】兜(かぶと)を伏せたような丸く堅い甲と剣状の長い尾をもつ節足動物。全長八五センチに達する。瀬戸内海から九州北部の浅海の泥地にすむ。「生きた化石」と言われる。▽かぶとがに科。

かぶとくび【×兜首】かぶとをつけた、大将などの首。

かぶとむし【△甲虫】兜(かぶと)の前立てのような、先のわかれた大きな角(つの)がある甲虫(こうちゅう)。雌には角がない。角を除いた体長は四センチ前後。表皮は黒茶色でつやがある。成虫は樹液を吸い、幼虫は腐葉土を食べる。さいかちむし。▽こがねむし科。

かぶぬし【株主】株式会社の出資者。株式の所有者。会社に対し、持株に応じた権利・義務をもつ。

かぶま【株間】植えた作物の、株と株との間。

かぶら【×蕪・〈蕪菁〉】↓かぶ(蕪)

かぶら【×鏑】①木または鹿角(しかのつの)で蕪(かぶら)形に作り、中を空洞にし、数個の穴をあけ、矢の先につけ、矢が飛ぶと鳴るようにしたもの。②「鏑矢」の略。

かぶらや【×鏑矢】鏑(かぶら)(1)をつけた矢。合図や矢合わせに使う。かぶら。

かぶり【△頭】あたま。かしら。「―を振る」(頭を左右に振って不承知の意を示す) ▽「かぶる(被)」と同語源。

がぶり『副と』①大きく口を開いて食いつくさま。また、一気に飲み込むさま。「犬に―とやられた」②船などがおおいかぶさるような大波を受けるさま。「船首に―と波をかぶった」

かぶりつき 劇場で、舞台ぎわの土間・客席。雨落ち。▽動詞「かぶりつく」の連用形から。

かぶりつ-く『五自』口を大きくあけてくいつく。特に食物に、勢いよく(粗暴に)くいつく。

カプリッチオ 狂想曲。奇想曲。カプリチオ。▽イタリア capriccio

かぶりもの【△被り物】笠(かさ)・帽子など、頭にかぶるものの総称。

かぶ-る【△被る】㊀『五他』①頭や顔をおおうように着ける。「帽子を―」「鬼の面を―」②(全体が)隠れるように上・頭からおおう。「ふとんを―」「おおいを―・った積荷」「雪を―・った山頂」。液状や粉状のものを上・頭から浴びる。「水を―」「ほこりを―」③転じて、おおうように(上から)加わる。「赤を―・った紫色」④身に引き受ける。「罪を―」。自分に直接の原因がないことで、責任をしょいこむ。㊁『五自』①写真の画面が露出過度などでぼやける。②(荒波をかぶって)船がゆれる。③〔俗〕(同じような物事が)かさなる。「話の筋が―」

かぶ-る『五自』『虫が―』腹が激しく痛む。また、陣痛が起こる。▽「かぶりつく」の「かぶり」と同語源で、かじる意。

がぶ-る『五自』①(荒波をかぶって)船がゆれる。②相手にかぶさるように体を進める。「―・って寄り切る」▽「かぶる(被)」の転。

かぶ-れる『下一自』①うるし・薬品などに触れて、皮膚に炎症がおこる。まける。②(悪く)影響されてしまう。「アメリカに―」▽(1)は転成名詞として「うるしのかぶれで困る」、(2)は接尾語として「西洋かぶれが過ぎる」のようにも使う。

かぶわけ【株分け】『名・ス他』子がふえて何本にもなった根株を分けて移し植えること。

かふん【花粉】雄蕊(おしべ)の葯(やく)の中にできる粉状の生殖細胞。雌蕊(めしべ)の柱頭について実を結ばせる。**―しょう**【―症】スギ・ヒノキ・ブタクサなどの花粉を吸い込むことで起こる、アレルギー性の鼻炎。目のかゆみ、鼻みず、くしゃみを伴う。

かぶん【寡聞】『ノダ』見聞が狭いこと。▽謙遜して言う場合が多い。「―にして存じません」

かぶん【過分】『ダナ』分に過ぎること。身分不相応。「―のおほめにあずかる」▽謙遜して、身に余って有難いの意に使うことが多い。派生 **-さ**

がぶん【雅文】優雅な文章。特に平安時代の仮名文。またはこれをまねて後代に作った擬古文。

かべ【壁】①建物の、内と外、また内部の(床から天井まである)仕切り。「―に耳」(いつどこでだれが聞いているかわからず、密談のもれやすいことのたとえ)▽以前は多く、塗り壁(土をねって塗ったもの)を指す。②障害。障害物。「研究は―にぶつかった」③登山で、直立した岩壁。

かへい【寡兵】(敵よりも)小人数の部隊。

かへい【貨幣】金(かね)(2)。商品交換のなかだちで、支払いの手段、価値の尺度として社会に流通するもの。硬貨・紙幣の類。**―かち**【―価値】貨幣のもつ購買力。

がべい【画餅】絵にかいたもちのように、物事が実際の役にたたないこと。「―に帰(き)す」(計画などがむだ骨折りに終わる)▽「がへい」とも言う。

カペイカ ロシアなどの貨幣単位。ルーブルの百分の一。コペイカ。カペック。▽ロシア kopeika

かべかけ【壁掛(け)】壁面にかけて装飾とするもの。

かべがみ【壁紙】①補強と装飾をかねて壁にはる紙。②コンピュータなどの画面の背景とする画像。

かべしたじ【壁下地】壁土をぬりつける骨組となるもの。細い材木や竹で組み、間にすすきやあしを入れる。かべしろ。

かべしろ【壁代】↓かべしたじ。▽昔、寝殿造で仕切りに使った帳(ちょう)のことも言った。

かべしんぶん【壁新聞】会社・工場・学校などで、種々のニュース・主張などを編集したものを、大勢集まる場所の壁面にはって人々に見せるもの。

かべぞしょう【壁訴訟】壁が相手であるかのように(ひとりで)苦情・愚痴を言うこと。また、遠回しに行う非難・中傷。「知らぬ人にも夫の―をする」▽「かべそしょう」とも言う。

かべつち【壁土】壁を塗るのに使う粘土分のある土。

かべどなり【壁隣】壁一枚をへだてた隣の家・部屋。▽棟割り長屋などに言う。

かへん【可変】変えうること。変わりうること。↕不

変。　―しほん【―資本】資本のうち、労働力の購入にあてる部分。剰余価値を生じる。↕不変資本

かへん【花片】花びらの一つ一つ。

かへん【佳×篇・佳編】できがよく好ましい、文芸作品や論文。

かべん【花弁】花びら。はなれている花冠の各片。▽本来の表記は「花瓣」。

かぼ【家母】自分の母。↕家父。▽既に古風。

かほう【下方】ものの、それより下の方。↕上方。▽そのものに含まれる場合は主として「下部」を使う。

かほう【加俸】正規の本俸以外に与えられる俸給・給与。

かほう【加法】たし算。↕減法

かほう【家宝】家の宝。家に伝わる宝物。

かほう【家法】①一家のおきて。②家伝の秘法。

かほう【果報】①《名》因果応報。報い。②《名ナ》しあわせ。「―な男」「―は寝て待て」(幸運は人力を越えたものだから、あせらず時機が来るのを待て)「口―」(→くち㈠(2)(ア)) 派生 **-さ**　**―もの**【―者】しあわせもの。

かほう【火砲】口径の比較的大きい火器。大砲。

かほう【過褒】ほめすぎること。

がほう【画法】絵画についての技法。「遠近―」

がほう【画報】絵や写真を中心にした雑誌形式の刊行物。

がほう【芽胞】一部の細菌が、環境が悪化した際に細胞内に作る、遺伝物質を含んだ耐久性の高い構造。細胞が死んでも死なず、環境が改善すると発芽して細菌になる。内生胞子。

がぼう【画房】「画室」の気取った言い方。

がぼう【画×舫】遊覧用の美しく飾った船。

かほうわ【過飽和】①ある温度での溶解度以上に、溶液中に物質が溶けていること。②空気中に飽和蒸気圧以上の蒸気が存在する状態。「―蒸気」

カポエイラ 足技を中心とする、ブラジルの武術。音楽に合わせ、アクロバットのような動きをまじえつつ行う。カポエラ。▽ポルトガル capoeira

がぼがぼ ①《副[と]》水や泡が勢いよく出入りするさま。がぶがぶ。「溺れて水を―(と)飲んだ」「排水口が―(と)いう」②《ノダ・ス自》ゆるみが大きいさま。「―の長靴」

かぼく【家僕】下男。しもべ。

かぼく【花木】美しい花の咲く木。

かほご【過保護】《名・ダナ》子どもなどを、必要以上にいたわって育てること。保護過剰。

かぼす ゆずに近縁の柑橘(かんきつ)類。主に大分県で産する。果汁は酸味が強く調味に使う。

かぼそ-い【か細い】《形》細くていかにも弱々しい。「指が―」「―声」▽「か」は接頭語。派生 **-さ** **-げ**

カボチャ【〈南瓜〉】熱帯原産で、果菜として栽培する一年生つる草。夏、黄色の雄花・雌花を同株に開く。表面は多く緑褐色で中身が橙(だいだい)色の大きな実を食用。とうなす。なんきん。▽地名カンボジアの転。うり科。

カポック →パンヤ。▽kapok

ガボット フランスの古い二拍子の舞踏曲。▽フランス gavotte

かほど《副[に]ノ》これほど。これぐらい。「―の屈辱があろうか」▽かなり古風。

かま ブリなど大きな魚の鰓蓋(えらぶた)に続く、胸びれのついた部分。脂肪分が多く美味。

かま ①【釜・×罐】密閉して米や水を加熱するもの。㋐飯をたいたり湯をわかしたりする、金属製の器。鍋よりも深く、普通は周囲につばがある。【釜】▽炊事用のと、茶道で使う茶釜(ちゃがま)とがある。→はがま。㋑ボイラー。【罐】「機関車の―をたく」②【窯・×竈】まわりを囲んだ中で火をたきなどして物を加熱する装置。㋐かまど。へっつい。【竈】㋑物を高温に熱したり溶かしたりするための設備。【窯】「炭焼き―」「陶器の―」

かま【鎌】草や芝を刈るのに使う農具。三日月形の刃に木の柄をつけたもの。「―をかける」(相手に本音をはかせるため、たくみにさそいかける)

がま【×蒲】沼・池の岸辺の湿地に自生する多年草。高さ約二メートル。葉は長く厚く、干して、むしろ・すだれ・かご等を作る。夏、葉間から花茎を出し、その先に、長さ二〇センチほどの円柱形、茶色の花穂をつける。花粉は薬用。かば。▽がま科。

がま【〈蝦蟇〉】→ひきがえる

かまあげ【釜揚げ】①新鮮な小魚を大釜でさっと塩ゆでにすること。「静岡特産、桜えびとしらすの―」②「釜揚げうどん」の略。ゆでたうどんを釜から揚げ、そのままゆでた湯とともに器にとって、つゆをつけて食べるもの。

かまいたち【鎌×鼬】ちょっとした拍子に、うちもしないのに皮膚に鎌で切ったような切り傷が出来る現象。▽いたちのような獣のしわざと信じてこの名が出来た。

かまいつ-ける【構い付ける】《下一他》《普通、打消しや反語の形で》相手にして気を使う。「それ切り横を向いて、烟草(たばこ)を呑(の)んで―けない」(森鷗外「雁」玖)

かま-う【構う】①《五自》かかわる。㋐関係する。問題にする。「費用に―わず仕事を進める」「そうしても―わない」(許容の意を表す言い方)㋑《普通は打消しを伴って》相手になる。世話をやく。気をつかう。「子供に―わない母親」「身なりに―わない」「お―い申しませんで」②《五他》相手にする。㋐《普通は打消しを伴って》心にかける。「だれも―ってくれない」「服装を―わない」㋑相手にしてふざける。からかう。「犬を―」

かまえ【構(え)】①できあがった建築物の様子。つくり。「家の―」「門の―」②体のそなえ。身がまえ。姿勢。「―が悪い」「正眼の―」。用意。準備。「和戦両様の―」③漢字で周囲を囲む部首。「国」のく

にがまえ、「開」のもんがまえなど。

かまえて【構えて】《連語》《副詞的に》①待ちうけて。用意して。心にかけて。②決して。「―油断するな」▽古風な言い方。

かま-える【構える】《下一他》①(家などを)組み立てる。ととのえつくる。「一家を―」「店を―」(店を出して商売する) ②ある姿勢をとる。身がまえる。「上段に―」「図太く―」「ストを―」。たくらむ。「事を―」

かまきり【〈蟷螂〉】多数のとげのある鎌状の前あしで他の虫を捕らえて食う昆虫。体は緑色や褐色で、胸部が細長い。とうろう。▽かまきり目の昆虫の総称。

がまぐち【〈蝦蟇〉口】口金のついた金入れ。▽口ががまの口に似ているから。

かまくび【鎌首】鎌のような形の首。主に蛇がもたげた首を言う。「―をもたげる」

かまくら 雪国で小正月に行う行事。子供たちが雪で室(むろ)を作り、水神を祭り、その前で火をたいて鳥追いの歌を歌い、また室の中に食物などを持ってはいって遊ぶ。また、その雪の室。

かまくらぼり【鎌倉彫】漆器の一種。彫刻をした素地に黒漆を塗り、その上に朱漆で装飾したもの。

かま-ける《下一自》そのことだけにかかわって、他をなおざりにする。「子供に―けて本も読めない」

=**がまし-い**《動詞連用形や動作を表す漢語名詞に付け、形容詞を作る》いかにも……の様子だ。「催促―」「押しつけ―」▽多く望ましくないことに言う。

かましき【釜敷(き)】かま・鉄びん・やかんなどを置くとき、その下に敷くもの。

かます【×叺】穀物・塩・石炭などを入れるための、わらむしろの袋。▽蒲簀(かます)の意。昔は蒲(がま)で作った。

かます【×魳】体と頭は細長く、先がとがった大きな口に鋭い歯のある海魚。干物(ひもの)などにして食用。▽かます科の魚の総称。体長三〇センチほどの種が一般的だが、二メートルに達する種もある。

かまたき【×罐×焚き】蒸気機関のかまをたくこと、また、その人。

かまち【×框】①床(ゆか)の端に渡す横木。「上がり―」②戸・障子などの周囲のわく。

かまど【×竈】①なべ・かまなどをかけて、その下で火をたいて煮たきするための設備。へっつい。かま。くど。②独立して家庭生活をする一家。世帯。「―を分ける」

かまどうま【×竈馬】発達した後あしでよくはねる、羽がなく体がえびのように曲がっている昆虫。体長二センチ前後。色は褐色で触角が長い。暗所に群棲(ぐんせい)する。おかまこおろぎ。えびこおろぎ。▽かまどうま科。

かまとと だれでも知っているような事に、知らないふりをすること。何も知らないふりをして、無邪気に見せかけること。そういう人。▽「かまぼこも魚(とと)か」と聞くことから。

かまどめ【鎌止め】山野で草木を刈るのを禁じること。

かまひげ【鎌×髭】かまのように上にはねあげたひげ。

かまびすし-い【×囂しい・×喧しい】《形》やかましい。騒がしい。派生 **-さ**

かまぼこ【×蒲×鉾】①白身の魚の肉をすりつぶし、加工した食品。板つき・簀巻(すまき)などがある。②宝石がはめ込まれていない中高の指輪。 **―がた**【―形】板つきかまぼこのように、中高で湾形をなすもの。

かまめし【釜飯】一人用の小さいかまに、米・肉・野菜などを入れ、味付けして炊き込んだ飯。

かまもと【窯元】陶磁器を作る所。そこの主人。

かまゆで【釜×茹で】①かまで物をゆでること。②かまの中に人を入れて煮殺す昔の極刑。釜煎(かまいり)。

かまわない【構わない】《連語》さしつかえがない。許容の意を表す言い方。「もうやめて(も)―」▽動詞「構う」(1)+助動詞「ない」。「ない」の部分は、「ぬ」「(構い)ません」でもよく、それら三つの活用形でもよい。

がまん【我慢】①《名・ス他》辛い事を耐え忍ぶこと。「飲みたい酒を―する」「殴り倒されて―にも立ち上がれなかった」。こらえて許すこと。「この失態も今度だけは―しよう」「もう―がならない」▽(3)の無理でも通す意から(1)が出たか。②《名》〔仏〕自分を偉いと立てる(わがままな)慢心。「―の角が折れる」▽(2)が原義。③《ダナ》(無理も承知で)わがままを通すさま。「強情―な老人」▽(3)は古風。関連 こらえる・耐える・忍ぶ・耐え忍ぶ・たまりかねる・忍苦・忍耐・隠忍・堪忍・堅忍・辛抱・耐乏・やせ我慢 **―づよ-い**【―強い】《形》忍耐力が強い。よく辛抱する。派生 **-さ**

かみ【上】系列としてとらえたものの初めの方。↔しも。①一続きのものの初めの方。㋐流れの源に近い方。川上。「舟で―に行く」「―つ瀬」。また、地形が高い方。㋑表現の起こし(に近い方)の部分。「―に述べたとおり」㋒『その―』その昔。以前。▽雅語的。②一続きのもののうえの方。「―半身」「―の句」。特に、身分・地位・格式がうえのもの。「―に立つ人」㋐君主。天皇。また、主君。主人。「―御一人(ごいちにん)」(天皇のこと) ㋑政府。官庁。「お―のお達し」▽㋐㋑は多く「お―」の形で言う。㋒(昔の役所の)長官。▽「伯」「頭」「督」等、官庁によって異なる漢字で書いた。↓かみ(守) ③中心の位置、またはそれに近い所。㋐都。「―方(かみがた)」(今の関西地方)。皇居・都に近い方の土地。「―野国(かみつけのくに・こうずけのくに)」 ㋑上座。上席。㋒台所に対し奥向き。「―女中」㋓『お―(さん)』他人の妻や女主人(の敬称)。▽現在では敬称の意識が薄れた。↓おかみ(4)(5)・かみさん

かみ【△守】国司の長官。地方官の長。「武蔵―(むさしのかみ)」▽↓かみ(上)(2)㋒

かみ【紙】①字・絵を書いたり、物を包んだりするのに使う、漉(す)いてつくるもの。主に植物性繊維を材料とする。洋紙と和紙とがある。②(じゃんけんで)指を全部開いたかたち。ぱあ。▽(1)の見立て。

かみ【神】人知を越えた威力を持つと考えられる存在。㋐信仰や崇拝の対象とする、すぐれた尊い存在。「—に祈る」「唯一の—」㋑人間にわざわいや幸いをもたらし、また自然現象を左右する存在。「さわらぬ—にたたりなし」(関係を持たなければ害を受ける心配がない。恐れて近寄らない時に言う)「疫病—」「守り—」㋒特に、神道(しんとう)の神。「—も仏もないものか」

かみ【髪】①頭にはえる毛。「—をおろす」(髪をそって僧・尼になる) ▽「上(かみ)の毛」の意か。②髪(1)を結った形。「—がこわれる」

かみ【加味】《名・ス他》①味をつけ加えること。②あるものに他の要素を(少し)まぜ加えること。つけ加えること。「法に人情を—する」

がみ【雅味】風雅な味わい。「—ゆたかな文章」

かみあ-う【×嚙(み)合う】《五自》①互いにかみつき合う。②歯と歯がぴったり合う。「歯車が—」③意見・考えなどがうまく合う。「議論が—・わない」

かみあわ-せる【×嚙(み)合(わ)せる】《下一他》かみあうようにさせる。

かみいれ【紙入れ】①懐紙などを入れるもの。②金銭、特に紙幣などを入れて持ち歩くための入れもの。

かみおろし【神降(ろ)し】①祭りの時などに神霊を呼びおろすこと。②巫女(みこ)が神霊を呼びおろして自分の身に憑(つ)け、託宣を述べること。

かみがかり【神×憑り・神懸(か)り】①神霊が人の体にのりうつること。その状態になった人。▽とても優れていてそのように見えることにも言う。「—のプレー」②科学や理論を無視して、不条理な事を狂信すること。そういう人。

かみかくし【神隠し】人、特に子供が、突然ゆくえ知れずになること。▽かつて、山の神にさらわれたなどと考えたことから。

かみかけて【神掛けて】《連語》《副詞的に》神に誓って。決して。きっと。「—そんなことはいたしません」

かみかぜ【神風】①神の威力で吹きおろすという風。特に元寇(げんこう)の時、元(げん)の船を転覆させた暴風雨。②〔俗〕《名詞にかぶせて》命知らずでむこう見ずな事をすること。「—タクシー」▽第二次大戦中、特攻隊に「神風」の名をつけたことから。

かみがた【上方】京都付近。関西地方。▽もと皇居が京都にあったから。「じょうほう」と読めば別の意。 **—ぜいろく**【—×贅六】江戸の人が上方の人をののしっていった言葉。

かみがた ①【髪型】髪の結い方。髪のスタイル。②【髪形】髪を結った様子。髪つき。「きりりとした—」

がみがみ 《副「と」》口やかましくしかりつけたり文句を言ったりするさま。「—どなりつける」

かみき【上期】会計年度などの一年を半分ずつに分けた、初めの半期。上半期。↔下期(しもき)

かみきり【紙切(り)】①紙を切るように作った小刀。②寄席(よせ)の芸の一つ。客が出した題に応じて、即座にはさみで紙を切り抜いていろいろな形を作って見せるもの。

かみきりむし【髪切(り)虫】体は上下にやや扁平(へんぺい)な円筒形で長い触角と左右に開く丈夫なあごをもつ甲虫。種類が多いがほとんどは草食で竹・木などをかじるものもある。幼虫をてっぽう虫と言い、丈夫なあごで木の幹を食害する。▽かみきりむし科の昆虫の総称。

かみきれ【紙切れ】紙のきれはし。紙片。「倒産で株券が単なる—と化す(=全く価値がなくなる)」

かみぎわ【髪際】(額の)髪の毛のはえぎわ。

かみくず【紙×屑】いらなくなった紙切れ。用済みの紙。「—かご」

かみくだ-く【×嚙(み)砕く】《五他》①かんでくだく。②わかりやすく説明する。「—・いて説明する」

かみこ【紙子】紙で作った衣服。渋紙をもみ、露にさらして渋のにおいを消して作る。

かみころ-す【×嚙(み)殺す】《五他》①かみついて殺す。②(かむようにして)口の開くのをおさえる。「笑いを—」「あくびを—」

かみざ【上座】目上の人をすわらせる上位の席。上席。↔下座(しもざ)

かみざいく【紙細工】紙で細工したもの。また、紙でいろいろ細工すること。

かみさ-びる【神さびる】《上一自》→かんさびる

かみさま【神様】①神をうやまっていう言葉。②ある事に非常にすぐれた人。「彼は校正の—だよ」

かみさん 商人・職人や一般庶民の妻の称。「近所の—連中」

かみしだ-く【×嚙みしだく】《五他》かみつぶす。かみくだく。「口にくはへて—」(坪内逍遥「桐一葉」)

かみしばい【紙芝居】物語の場面場面を描いた紙を順にめくりながら、場景や筋を芝居仕立てに語って、子供に見せるもの。 **—や**【—屋】町をまわり、集まった子供にあめなどを売り、紙芝居を見せる商売の者。▽テレビの普及以前には、うまい紙芝居屋は子供を熱狂させた。買わずに見るのを「ただ見」と言う。

かみし-める【×嚙(み)締める】《下一他》①力を入れてかむ。くいしばる。「悔しさに唇を—」②よく味わう。「先生の言葉をよく—・めて聞く」

かみしも【上下】①上と下。特に、上位と下位。また、うわぎとはかま。②江戸時代の武士の礼装。肩の張った肩衣(かたぎぬ)とはかまとを同じ色に染めたもの。「—をぬぐ」(四角張らない態度になる)▽国字で「裃」と書く。③腰の上と下。また、あんまがそこをもむこと。「あんま—二百文」

かみじょちゅう【上女中】主人のそば近く仕えて奥向きの仕事をする女中。奥女中。↕下(しも)女中

かみすき【紙×漉き】和紙をすくこと。それを業とする人。

かみそり【〈剃刀〉】髪やひげをそるのに使う、刃が薄く鋭利な刃物。「—のように頭の切れる人」 **—まけ**【—負け】かみそりでそった後にできる炎症。かみそりかぶれ。

かみだな【神棚】神をまつるために家の中にこしらえた、たな。

かみだのみ【神頼み】神に祈って助けを求めること。「苦しい時の—」

かみタバコ【×嚙み〈煙草〉】かんで口中で香気を味わうタバコ。押し固めた葉に香味などを加えたもの。

かみつ【過密】『名ナ』(人口や建物などが)ある範囲・地域に、度を越えて集中していること。↕過疎。「—都市」 派生 **-さ**

かみつ-く【×嚙(み)付く】『五自』①かんで取りつく。「足に—」②反抗的な意見や文句を言う。くってかかる。「議論の相手に—」

かみつぶて【紙×礫】紙を(かんで)固く丸めてぶつけるもの。

カミツレ ↓カモミール。▽オランダ kamille に「加蜜列」と当てたことから。

かみて【上手】①上(かみ)の方。上座の方。②舞台の向かって右の方。▽↕下手(しもて)。↓うわて。「じょうず」と読めば別の意。

かみでっぽう【紙鉄砲】①細い中空の竹筒の両端にぬらしてまるめた紙をつめ、棒で押し、空気の圧力で紙を飛ばす仕掛けのおもちゃ。②新聞紙などを三角形に折り込んで、打ち振ると音を立てるようにした折り紙(の遊び)。

かみどこ【髪床】↓かみゆいどこ

かみどめ【髪留め】髪をまとめて留める道具。ヘアピン・シュシュなど。

かみなづき【神無月】↓かんなづき

かみなり【雷】①雲と雲との間、または雲と地表との間に起こる放電現象。大きな音響を伴う。「—が鳴る」「—が落ちる」(大声でしかりつけられる意にも)「—ぐも」(↓らいうん) ②雷神。雲の上にいて雷(1)をおこし、人の臍(へそ)をとるという神。関連 雷(いかずち)・雷公・雷鳴・軽雷・雷雨・百雷・万雷・春雷・遠雷・落雷・迅雷・霹靂(へきれき)・初雷・虫出しの雷・日雷(ひかみなり)・雷電・紫電一閃(いっせん)

かみなりおやじ【雷親△父】何かにつけてすぐどなりつける習慣のある父親。

かみのき【紙の木】①楮(こうぞ)のこと。②雁皮(がんぴ)のこと。▽いずれも、樹皮を紙の原料とするので言う。

かみのく【上の句】短歌のはじめの五七五の三句。↕下の句

かみのけ【髪の毛】頭に生える毛。頭髪。毛髪。

かみのぼり【紙×幟】紙で作ったこいのぼり。

かみばさみ【紙挟み】①書類・用紙などをはさんでしまっておくための文房具。フォルダー。②クリップ。

かみばな【紙花】紙で作った造花。特に葬儀に使うもの。

かみはんき【上半期】↓かみき

かみひとえ【紙一重】紙一枚の厚さほどの、ごくわずかな隔たりのこと。「—の差」「豊かな生活と—の貧困」

かみぶくろ【紙袋】紙でつくったふくろ。▽「かんぶくろ」とも。

かみぶすま【紙×衾】外側を紙にし、中にわらを入れた布団。

かみふぶき【紙〈吹雪〉】色紙(いろがみ)などを細かく切って吹雪のように空中にまきちらすもの。祝意や歓迎を表す。

かみまき【紙巻(き)】「紙巻きタバコ」の略。刻んだタバコの葉を紙で巻いたもの。口付きと両切りとある。巻きタバコ。シガレット。

かみもうで【神詣で】神社におまいりすること。

かみやしき【上屋敷】江戸時代の位の高い武士(特に大名)が、常時の住居とした家。↕下屋敷

かみやすり【紙×鑢】ガラス粉・金剛砂などを紙や布に塗ったもの。物をみがくのに使う。サンドペーパー。

かみゆい【髪結(い)】髪をゆうこと。それを職業とする人。 **—どこ**【—床】理髪店。特に江戸時代のもの。かみどこ。かみいどこ。

かみよ【神代】日本の神話の中で、神武天皇即位より前の、神の治めた時代。じんだい。「—の昔」

かみより【紙×縒り】↓こより

かみわ-ける【×嚙(み)分ける】『下一他』①よくかんで味わう。「酸(す)いも甘いも—」(いろいろのことを経験して知りつくす) ②道理をこまかに分別して考える。「そこのところをよく—けて下さい」

かみわざ【神業】神のしわざ。また、神の力でしかできないような奇跡。「それは全く—だった」

かみん【仮眠】『名・ス自』通常の睡眠時間が取れないとき少しの間(でも)ねること。「早く—を取っておけ」

かみん【夏眠】『名・ス自』夏のある期間、動物が活動を休み、または睡眠状態を続けること。↕冬眠

カミング アウト『名・ス自他』他人に隠していた秘密を公表すること。特に、少数派の立場や主義であることを表明すること。▽coming out of the closet (=押し入れから出てくる)から。

か-む『五他』『鼻を—』鼻じるを出して、きれいにする。▽「擤む」とも書く。

か-む【×嚙む・×咬む・×嚼む】①『五他』上下の歯を強く合わせる。㋐物に歯を立てる。かみつく。「犬に—まれる」「くさびを—ませる」「清流、岩を—」㋑歯で物を押しくだく。食物を咀嚼(そしゃく)する。「—んで含める」(↓ふくめる(2))「—んではき出すよう」(そっけないさま) ②『五自』歯車などの上の歯と下

の歯とが食い合う。③『五自』〔俗〕関係する。「一枚ー」④『五自』言葉がなめらかに出ず、言いそこなったり言いよどんだりする。▽演劇・放送用語が広まった。

ガム チューイン ガム。▽gum

カムイ 神。「ーユーカラ」▽アイヌ語。日本語「神(かみ)」の転じた語とも言う。

がむしゃら【我武者羅】『ダナ』向こう見ずにむちゃくちゃに物事をするさま。「ーに勉強する」派生 **-さ**

ガム テープ 丈夫な紙または布に粘着剤を塗布したテープ。包装などに使う。▽gum と tape とによる和製英語。

カム バック『名・ス自』もとの位置・地位にもどること。復帰。再起。「現役にーする」▽come back

カムフラージュ『名・ス他』①偽装。迷彩。②様子をかえて、ほんとうのことを相手にさとられないようにすること。▽「カモフラージュ」「カモフラージ」とも言う。(フランス) camouflage

かむり【△冠】 かんむり。

かむりづけ【△冠付(け)】 雑俳(ざっぱい)の一つ。五七五の最初の五文字を前句として、それに七文字・五文字を付ける。▽「笠付(かさづけ)」とも言う。

かむろ【×禿】 ①子供の髪を短く切りそろえたもの。そういう髪をした子供。②遊女の使う幼女。

かめ【△瓶】 ①液体を入れる底の深い陶製の容器。②花いけにする容器。花瓶。

かめ【亀】 堅い甲羅をもち、その中に頭・尾・四足をひっこめることができる動物。歩みがのろい。長寿で縁起のよい動物とされる。イシガメなど池・沼にすむものが身近だが、陸生・海生の種もある。「鶴は千年、ーは万年」▽かめ目の爬虫(はちゅう)類の総称。

カメ 洋犬のこと。▽外国人が 'Come here.' と犬を呼んだのを「カメや」と聞きなして出来た語。

かめい【加盟】『名・ス自』盟約に加わること。団体にはいること。

かめい【下命】『名・ス他』命令をくだすこと。いいつけ。「何なりと御ー下さい」

かめい【下名】 ①(文書の)あとの方(=下)に記す名前。「ーの者」②自分のことをへりくだって言う言葉。▽(1)(2)とも既に古風。

かめい【仮名】 かりの名。本名を伏せて、一時つける名。▽「かな」と読めば別の意。

かめい【家名】 ①一家の名称。②一家の名誉。家の体面。「ーに傷がつく」

がめい【雅名】 優雅な名。また、雅号。

がめつ-い『形』〔俗〕利を得ることに抜け目がなく、押しが強い。▽大阪の一部の方言から。派生 **-さ**

かめのこ【亀の子】 かめの子ども。また単に、かめのこと。 **ーだわし【ー△束子(だわし)】** シュロなどの繊維を太めの針金の周りに束ねて二つ折りのように曲げて作った、長円形のたわし。▽一九〇七年に東京の西尾商店で発明・発売。形が亀に似るので商標名とした。

かめのこう【亀の甲】 ①かめの体をおおう角質の甲羅。「ーより年の劫(こう)」(長年の経験のねうちのあることのたとえ)②六角形の上下左右に連続した模様。きっこう。

かめぶし【亀節】 小さめのカツオの身を三枚におろして作ったかつおぶし。↔本節(ほんぶし)

かめむし【亀虫】 触れると悪臭を発する昆虫。農作物や果樹の汁を吸う種は害虫とされる。くさがめ。へっぴりむし。▽かめむし目かめむし亜目の昆虫の総称。

カメラ ①写真機。②映画撮影機。キャメラ。「ーを回す」(→まわす(一))。また、ビデオ カメラやテレビ カメラ。▽camera **ーマン** 専門の写真技師。撮影技師や写真家。▽cameraman

カメレオン アフリカ・南アジアなどの森林の樹上にすむ、トカゲにやや似た動物。体は左右にやや扁平(へんぺい)。長い尾を枝などに巻き付ける。長くのびる舌で虫などを捕らえる。左右の目が別々に動き、体色を周囲の色と同じに変える。種類が多く、体長は数センチから数十センチ。▽chameleon カメレオン科の爬虫(はちゅう)類の総称。

かめん【仮面】 扮装(ふんそう)などのためにかぶる面。マスク。「ーをかぶる」(本心・本性をかくして別なものに見せかける)「ーをはぎ取る」

がめん【画面】 ①絵の表面。②映画・テレビ・コンピュータなどの像を映し出す部分の面。また、写し出した像。「ーが暗い」

かも【×鴨】 ①ずんぐりした体で首が長く、上下に扁平(へんぺい)なへら状のくちばしと、水かきのある短い足をもつ水鳥。池や川の水面を泳ぐ。マガモ・コガモ・カルガモなど種類が多い。冬、北からきて、春に帰る。肉は美味。▽かも科の鳥のうち比較的小形のものの総称。②利用しやすい好人物。勝負ごとなどでくみしやすい相手。「ーになる」「いいーが来た」「ーがねぎをしょって来る」(かもがある上、鴨鍋料理に使うねぎまでそろって、ますますもっておあつらえ向きのこと)

かも『連語』そのことがあり得るという気持を表す。「行ったー知れない」▽終助詞「か」と係助詞「も」との結合。ほとんどが「かも知れない」の形で使われるので、単に「かも」だけでこれの省略形とし、不確かである意で使う。

かもい(ゐ)**【×鴨居】** 引き戸・障子などを立てる、出入り口などの上の溝のある横木。↔敷居(しきい)

がもう【×鵞毛】 ガチョウの羽毛。極めて軽いものにたとえる。「雪はーに似て飛んで散乱し」(謡曲)

かもく【寡黙】『名ナ』言葉数が少ないこと。派生 **-さ**

かもく ①**【科目】** 小区分した個々の項目。そういう区分。「勘定ー」②**【課目】** それをすべきものとして課せられた個々の項目。特に、学校で習う個々の学課。

かもじ【×髢】 婦人の髪にそえ加える髪の毛。いれがみ。▽もとは髪のこと。女房言葉で、髪(かみ)の「か」と「文字(もじ)」を付けた。

かもしか アジアの山岳に住むシカに似た獣。体長一・五メートルほど。雌雄とも一対の短い角(つの)がある。日本固有種のニホンカモシカは特別天然記念物。▽うし科。アフリカやインド産の羚羊(れいよう)も「かもしか」と呼ぶが、全く別の動物。

かもしだ-す【醸し出す】《五他》気分・感じ・雰囲気などを作り出す。「笑いを―」

かも-す【醸す】《五他》①穀類をこうじにし、水を加えて、酒・醤油(しょうゆ)などを作る。醸造する。②雰囲気などを作り出す。「物議を―」

かもつ【貨物】 貨車・トラックなどで輸送する品物。▽→かぶつ

かもなんばん【×鴨南蛮】 鴨(鶏)肉・ねぎ入りのかけそば(うどん)。

かものはし【×鴨の×嘴】 かもに似たくちばしを持ち、四肢にみずかきがあるオーストラリア特産の獣。哺乳(ほにゅう)類では珍しい卵生の動物で、かえった子は乳で育てる。水辺に住み昆虫や小魚を食べる。▽単孔目かものはし科。

かもば【×鴨場】 野生の鴨をおとりで誘導し、手持ちの網で捕獲するための、池を中心とした猟場。▽徳川将軍家などが伝承していた猟法を明治以降、皇室、後に宮内庁が継承している。

カモミール ヨーロッパ原産で、薬用植物として栽培される越年草。夏、中心が黄色の白色花が咲く。花を乾燥したものは鎮静剤・発汗剤。カミツレ。▽chamomile きく科。

かもめ【×鷗】 海辺で見られる、カラスくらいの大きさの体が白い鳥。翼は長く青灰色で先のほうに黒斑がある。くちばしは黄色く先がかぎのように曲がる。魚群の上を群れて飛ぶ。冬に日本に飛来。▽広くは、ちどり目かもめ亜科、また、そのうち特にウミネコ・ユリカモメなどを含むかもめ属の鳥の総称。

かもん【下問】《名・ス他》①目下(めした)の者に質問すること。②他から受けた質問を自分で謙遜していう言葉。

かもん【家紋】 その家のしるしとして定まる紋。定紋(じょうもん)。紋所(もんどころ)。

かもん【家門】 ①一家一門。一家の全体。「―の名誉」②家柄。③江戸時代に、三家・三卿(さんきょう)以外の徳川家の親族。

かもん【渦紋】 うずまきの形の模様。

かや【×榧】 山野に自生し庭木にもする常緑高木。葉は平たい線状で堅く、先がとがる。雌雄異株。種子は食用・薬用にし、また搾って油をとる。材は堅く、建築、また碁盤などに使う。▽いちい科。

かや【×茅・×萱】 チガヤ・ススキ・スゲなど、細長い茎が屋根をふくのに使われる草本植物の総称。

かや【蚊屋・〈蚊帳〉】 寝るとき、蚊を防ぐために吊(つ)り下げて寝床をおおうもの。麻・木綿(もめん)などで作る。

がやがや《副[と]・ス自》多くの人が騒がしく話し合っている声。そのさま。「教室内は―していた」

かやく【加薬】 ①漢方で、主な薬に補助の薬を加えること。また、その薬。②やくみ。③主に関西で、五目飯に入れるいろいろな材料。「―ごはん」

かやく【火薬】 化学変化を起こして、ガスと熱とを発生して激しく爆発する化合物。「―庫」

カヤック パドルでこぐ小舟。また、水が入らないように上部を覆ったその小舟を用いる競技。▽kayak

かやつりぐさ【蚊屋釣草】 路傍に普通に見られる一年草。茎は三角形で、基部に線形の長い葉がつく。夏、茎の頂に数葉と、黄褐色の花穂を出す。▽二人で茎を両端からそれぞれ違う面で裂いて四角形を作る遊びがあり、それを蚊屋を吊(つ)るのに見立てた名。かやつりぐさ科。

かやぶき【×茅×葺(き)】 かやで屋根をふくこと。そうした屋根・家。

かやり【蚊△遣(り)】 ①蚊を追い払うために、杉の葉、みかんの皮などをいぶして煙をたてること。そういうもの。かいぶし。「―火」②→かとりせんこう **―せんこう【―線香】** →かとりせんこう

かゆ【×粥】 水を多くして米をやわらかくたいたもの。「―をすする」

かゆ-い【×痒い】《形》皮膚をかきたいような感じである。かいい。「―ところに手がとどく」(細かなところにもゆきとどく) 派生 **-さ -み -がる**

かゆばら【×粥腹】 かゆを食べた腹の感じ。かゆばかり食べて、力のない腹。「―をかかえて」

かよい(かよひ)**【通い】** ①通うこと。ゆきき。交通。②㋐通勤。「住込みか―か」㋑転じて、つとめ。「どちらにお―ですか」③通い帳。

かよいじ(かよひぢ)**【通(い)路】** 行きかう道すじ。「夢の―」▽雅語的。

かよいちょう(かよひ)**【通(い)帳】** ①掛買いの際、品名・金額などを記入しておく帳面。②預けた金の出し入れを記入する帳面。つうちょう。

かよいばんとう(かよひ)**【通(い)番頭】** 自宅に住みそこから店に通う(ことが許された、古参の)番頭。

かよ-う(かよふ)**【通う】**《五自》①きまった地点の間を行き来する。「島も―わぬ絶海の孤島」「定期船が―」「学校に―」②思いが相手に伝わり届く。「心の―友人」③筋をたどって流れて行く。「温かい血が―体」「血の―人」(血縁者、また、人情味のある人)「電流が―」。通路がつながる。「本街道に―細道」④似た所がある。「顔だちに―ものが感じられる」

かよう【歌謡】 ①韻文形式で、拍子とふしを付けてうたうもの。特に、謡い物。「記紀―」②ふしをつけてうたう歌。「ラジオ―」 **―きょく【―曲】** 大正末から昭和三十年ごろまでの流行歌を典型とする、そういう系統の大衆歌謡。▽昭和初年の造語。

かよう【火曜】 曜日の一つ。月曜のつぎ。「―日」

かよう(やう)**【×斯様】**《ダナ》《副詞的にも使って》このよ

う。「―取り計らいます」▽かなり古風。

かよく【寡欲】《名ナ》欲が少ないこと。欲ばりでないこと。

かようへん【可溶片】↓ヒューズ

かようせい【可溶性】液体にとけ得る性質。↕不溶性

がようし【画用紙】絵をかくのに使うやや厚い紙。

がよく【我欲】自分だけの利益を得ようとする欲望。

かよけ【蚊△除け】蚊を追い払うこと。また、そのために使うもの。かやり。

かよわ-い【か弱い】《形》弱々しく頼りない感じだ。「―女の細腕」▽「か」は接頭語。派生 **-さ -げ**

かよわ-す(かよはす)【通わす】《五他》通うようにする。通じさせる。かよわせる。「心を―」

から【空】①普通には内容としてあるはずの物が無い有様。▽「殻」と同語源。㋐何も詰まっていない状態。「―の箱」「二本目の徳利も―にする」「すっからかんの―財布」㋑何も持ったり乗せたりしない状態。「―身」「―の車」「―馬」㋒現物や現金を手もとに持たずにする取引。「―で売る」「―株」②見せ掛けだけで、真実でない様子・状態。「―いばり」「―約束」

から【△幹】①みき。くき。「麦の―」②↓やがら

から【殻】①内部がなくなって残った外側。▽「空(から)」と同語源。㋐あきがら。「缶詰の―」㋑ぬけがら。外皮。「蛇の―」「もぬけの―」㋒しぼり取ったあとの大豆かす。おから。きらず。②貝や草木の実などの、表面をおおっている堅い皮。「卵の―」「自分の―に閉じこもる」

から=【唐】《名詞の上に》唐の国(=昔の中国)など外国から渡来した意を表す。「―獅子(じし)」「―芋」「―ころも」

から= 全く。からっきし。「―いくじがない」「―っぺた」

から ㈠《格助》①動作・作用に関し、到達点や帰結状態との関係で出発点を示すのに使う。経由点が出発点より直接に関心を引く場合には、それを示すことがある。「路地―大通りに出る」▽関係の意の古い名詞の転で、「はらから」「やから」「間がら」などの「から」と同源。概して「より」と言い替えられるが、慣用的に「から」としか言えない表現もある。

㋐動きの発する空間的、時間的または抽象的な位置を示す。「山の上―谷底を見る」「戸が内側―開いて人が現れた」「どこ―ともなく花のかおりが流れて来る」「昨日―寝ていない」「高校時代―大学までは」「江戸―東京への移り変わり」「二月―三月にかけて咲く花」「結論―言おう」「問題が次―次に現れる」「心―お祝い申します」▽時間的起点には「思う―面倒だ」のように動作表現を受けることもある。空間的位置の代わりに方角でも言う。「火事は東―燃え広がった」。また、指示代名詞に付く場合の用法では、「これ―」は今後の意に、「それ―」はその時以後、その上、そしての意に、「あれ―」は了解されている過去のある時以後の意に、使うことが多い。↓これから・それから

㋑《普通は「―が」など格助詞を伴う形で》そもそもという気持で(まず)着目するものを持ち出すのに使う。「ここ―がやっと本題です」「その生い立ち―が不幸だった」「彼ほどの男にして―が手も足も出ない」。また、《「―を」「―に」の形で》多くは着目する期間の起点を示す。以降。「彼のこれ―を見守ろう」「和歌の伝統として貫之(つらゆき)―を考察する」「議論は明治維新―に限る」▽格助詞は一般に連なることはないが、㈠ではこの結合を許す。

㋒その判断が出て来るもとになるものを示す。「先の定理―証明されるとおり」「面構(つらがま)え―(して)不敵だ」「お寒さの折―御自愛下さい」「顔色―は健康らしい」

㋓源や材料や成員となるものを示す。「そのうわさは太郎―聞いた」「芭蕉(ばしょう)の葉―できた布」「日本酒は米―作る」「五人―成る委員会」「上院・下院―構成された議会」

㋔原因となるものを示す。「やっと会えたうれしさ―涙ぐむ」「資金の不足―計画を断念する」▽↓㈡

㋕(1)

㋕経る所を示す。「窓―日がさす」「日取りは君―伝えてくれ」「東海道をそれ、宇治―京都に入る」

②動きや思考の規準(点)となるものを示すのに使う。㋐基点や観点を示す。「的―それる」「角(かど)―(数えて)三軒目」「そこ―(先)が知りたい」「去年―見ると背丈も伸びた」「その意味―テレビの普及は日常生活を一変した」「家が近くにある関係―よく行き来している」▽時間の基点を言うには、「病気をして―(こちら)すっかり気が弱った」のように「……てから」の形も使える。また「部屋は、押入れ―茶箪笥(ちゃだんす)―、手がつけられないほどの荒らされ方だった」のように、「……を始め」に近い意でも使う。

㋑数量の、ある範囲の境目、普通には下限を示す。「六十点―七十九点までの成績の者」「千円―千五百円ほどの品」「千人―の人が集まった」

③《動詞連体形A+「―(に)」+Bの形で》㋐Aするそのことから直ちにBが分かるという意。……するだけで。「見る―混雑している店先」「一見する―に強そうだ」「聞く―におぞましい」㋑(まずいことを)……してその上で。「大枚の借金しておいて―に何とかしてくれと泣きついても」▽㋑は必ず「からに」の形。近ごろ余り使わない。

㈡《接助》事柄Aが帰結としてBを起こすという関係づけを表す。①《A末が終止形の表現に付いて》Bとなる理由・原因を示す。「弱い者いじめをする―皆に嫌われる」「犬は忠実だ―かわいい」「私が責任を持つ―よい」。《特に命令・依頼・勧誘の一部表現では》AをBの前提として動機づけるのに使う。「(どっちでも)いい―選べ」「頼む―静かにしてもらいたい」「構わない―置き去りにしよう」

②《「―(に)は」の形で、動詞型・形容詞型の活用語や

助動詞「た」に終わる句に付き》……する(である)以上は。「子供の面倒を見なかった―には親の責任が問われる」「こうなった―(に)はしかたがない」「値が高い―(に)は質もよくなくてはおかしい」

がら ①㋐肉をとったあとの、ニワトリの骨。㋑石炭のもえかすの中の、コークス状のもの。「石炭―」▽(1)は「殻(から)」の転。②相場の全面的な大暴落。「―落ち」▽(2)はくずれる音から出た語で、「ガラ」「瓦落」とも書く。

がら【柄】①体格。からだつき。「―の大きい子ども」②分際(ぶんざい)。身分。「そんなことをする―ではない」。品位。「―の悪い人」③模様。「派手な―だ」④《接尾語的に》そのものの性質やおかれている状況。「時節―」「土地―」「仕事―」

カラー ①シャツ・洋服のえり。▽collar ②㋐色。色彩。「―フィルム」「―テレビ」㋑絵の具。「ポスター・―」㋒独得の気分・調子。特色。「チームの―」「ローカル―」▽color, colour

がらあき【がら空き】中ががらがらに空いていること。

からあげ【空揚(げ)・唐揚(げ)】鶏肉(とりにく)・魚・野菜などに片栗(かたくり)粉(小麦粉)をまぶしたり、粉を調味料と混ぜてもみ込んだりして揚げたもの。「小あじの―」

からあし【空足】『―を踏む』そこに足場がないのに、あると思い過(あやま)って(=空)一歩踏み出す。

からあや【唐×綾】唐織(からおり)の綾(あや)。中国から伝わった浮織(うきおり)の綾。綸子(りんず)など。

から-い【辛い】《形》①激しく舌をさすような味だ。「さんしょはぴりりと―」②塩味(しおあじ)が強い。しおからい。▽「鹹い」と書く。③激しく身にこたえる。㋐きびしい。「点が―」▽(1)・(2)・(3)㋐は、↕甘い。㋑つらい。苦しい。「―目を見る」㋒《「―・くも」の形で》やっとのことで。「―・くも難をのがれた」[派生] -さ -み*

からいばり【空威張り】《名・ス自》実力がないのに、うわべだけえらそうに、または強そうにすること。

からいり【△乾煎り】《名・ス他》水分を飛ばしたり香りを引き出したりするために、油を敷かずに煎ること。

からうす【唐臼】うすを地面に固定し、シーソーの一端に杵(きね)を取り付けたような仕掛けを足で踏んで穀物をつくもの。ふみうす。

からうた【〈漢詩〉・唐歌】↓かんし(漢詩)。↕大和(やまと)歌

からうま【空馬】人や荷物を乗せていない馬。

からうり【空売(り)】取引所などで、現物を持たずに売ること。相場の値下がりを予想し、買いもどして差益を得るのをねらって行う。↕空買い

からえずき〔ゑづき〕【空×嘔】吐き気がありながら、何も吐けないこと。

からオケ【カラオケ】歌謡曲などの伴奏だけの録音。その再生装置(の伴奏で歌うこと)。「―で盛り上がる」▽歌が無い(=空(から))オーケストラの意から。

からおし【空押し】《名・ス他》模様を彫った型に、染料・墨・インクなどを使わず、紙・革・布などをはさんで押してその模様を浮き出させたもの。そのように浮き出させること。

からおり【唐織(り)】唐から渡来した(織り方の)織物。地(じ)は生糸で、五色の練り糸や金糸を織りまぜて花鳥の模様を浮織りにしたもの。

からがい〔がひ〕【空買(い)】取引所などで、現物の取得ではなく、値上がりを予想して転売の差益を得る目的で買うこと。↕空売り

からか-う〔からかふ〕《五他》(人がいやがる)冗談を言ったりいたずらをしたりして、困らせて面白がる。「新郎を―」▽「小学校にはひつた一人息子の武夫に―・つたりした」(芥川龍之介「玄鶴山房」二)のような、助詞に「に」をとる用法もあった。

からかさ【△傘】割り竹の骨に紙を張って油をひき、柄(え)をつけてろくろで開閉できるようにした、かさ。▽「唐風のかさ」の意。

からかね【唐金】銅と錫(すず)との合金。青銅。

からかぶ【空株】株式取引で、実際の受け渡しをしない株。空売りに使う株。↕実株(じつかぶ)

からかみ【唐紙】①美しい模様や金銀泥(でい)などがついている紙。主にふすま用。②ふすま。▽「とうし」と読めば別の意。

からから《ノダ》よくかわいて水分がないさま。「のどが―だ」「溜池(ためいけ)が―に干上がった」▽水がかれる等の「かれる」と同語源。

からから《副[と]》①(男性が)豪快に笑うさま。②転がって軽い音をたてるさま。「矢車が―(と)鳴る」

がらがら《ダナ》中が空っぽに近いさま。「―の電車」▽「がら」は「空(から)」の転。

からがら ↓いのちからがら

がらがら ①《副[と]・ス自》固い物が動いたり崩れたりする音。そのさま。それに似た声や音。「地震で屋根瓦が―と落ちる」「―とうがいをする」「信頼が―と崩れる」②《副[と]・ス自》性格や行動ががさつなさま。「―した性分」③《名》振るとがらがら音がする、乳児用のおもちゃ。 **―ごえ**【―声】のどに引っかかるような聞き苦しい声。 **―へび**【―蛇】南北アメリカに住む毒蛇。尾の先に節のある中空の部分があり、これを激しく振って音を出し威嚇する。▽まむし亜科がらがらへび属のへびの総称。

からかわ〔かは〕【唐皮】①とらの毛皮。②オランダから渡来した紋型のある皮。▽(2)は「唐革」とも書く。

からき【唐木】紫檀(したん)・黒檀(こくたん)・白檀(びゃくだん)など熱帯産の木材。

からきし《副・ノダ》《多くは下に打消しの語を伴って》まるっきり。全く。からっきし。「―知らない」「人間もこうなっちゃ―みじめだ」「酒は―だ」「―の下戸(げこ)」

からくさ【唐草】「唐草模様」の略。織物や染物に、つる草のはいまわる様子を図案風に描いた模様。▽アラ

ベスクが起源。

からくじ【空×籤】くじびきで、当たりでないくじ。

がらくた 値打のない、使い道のなくなった雑多な品物や道具類。

からくち【辛口】①口当たりが辛めなこと。↕甘口。㋐(酒の)甘味が少なく刺激が強いこと。「—のワイン」㋑塩辛いこと。㋒唐辛子など香辛料の刺激が強いこと。②辛辣(しんらつ)なこと。「—書評」

からくも【辛くも】『連語』《副詞的に》やっとのことで。▽→からい(3)㋒

からくり ①糸の仕掛けで操ること。そういう仕掛け。「—人形」。更に広く、簡単な自動装置。一般に、機械(の仕組み)を指す古風な言い方。②工夫をこらして仕組んだ計略(の仕組み)。「—がばれる」▽文語動詞「からくる」の連用形から。

からぐるま【空車】荷物・乗客を乗せていない、あいている車。くうしゃ。

からくれない【唐紅・△韓紅】(くれなゐ) 濃く美しいくれない。深紅色。

からげいき【空景気】うわべだけ景気がよさそうに見えること。また、むりやりに景気がよさそうにすること。「—をつける」

から-げる『下一他』①しばって束ねる。くくる。しばる。「荷を紐(ひも)で—」②衣類のすそをまくり上げて落ちないようにする。「しりを—」「すそを—」▽「絡げる」「紮げる」と書く。

からげんき【空元気】うわべだけ元気があるように見せかけること。

からこ【唐子】①唐風の衣装・髪形をした子供。その姿をした人形。②唐子(1)のように髪の一部を残した、頭の剃(そ)り方。近世の幼児に見られたもの。

からごころ【唐心・△漢△意】漢籍を学んで感化を受け心酔する心。そういう物の見方・考え方。↕やまとごころ

カラザ 鳥の卵の中で、黄身の位置を固定させるはたらきをする、ひも状の形成物。▽chalaza

からざお【殻×竿・〈連枷〉】(からさを) 豆類・麦・粟(あわ)などの脱穀に使う農具。さおの先に短いさおをつけ、もとのさおを振って、先のさおを回転させて打つ。むぎうち。

からさわぎ【空騒ぎ】『名・ス自』わけもなく大騒ぎすること。無駄に騒ぐこと。

からし【〈芥子〉】カラシナの種子をひいて作った黄色の辛い粉。香辛料・薬用。

からじし【唐×獅子】①猪(いのしし)や鹿(かのしし)と区別して言う場合の獅子(しし)のこと。②美術的に装飾化した獅子。「牡丹(ぼたん)に—」

からして『連語』助詞「から」の強調的または慣用的な表現の形。㋐……から見て。……から言って。……から考えて。「この点—賛成できない」。物事の、普通には軽視するような一端をあげて、その結論を全般に及ぼす意を表す。「この輸送機は姿—美しい」▽↓から『格助』(1)㋒。㋑↓から『接助』(1)。「困る—騒ぐのだ」

からしでい【〈芥子〉泥】からしの粉末を水でといてどろどろにしたもの。布や紙にのばし、患部にはる。神経痛などに用いる。

からしな【〈芥子〉菜】種からからしをとるために栽培される一年生または二年生の植物。葉もから味があって塩づけなどにする。▽あぶらな科。

から-す ①【枯らす】『五他』㋐枯れさせる。「水をやり過ぎて植木を—した」㋑材木や薪(まき)を自然に乾かして水分をぬく。「よく—した木で細工する」②【×涸らす】『五他』わき水やためた水を汲(く)みつくす。「池を—」③【×嗄らす】『五他』(のどの使いすぎや病気などで)声をかすれた状態にする。「声を—して叫ぶ」「のどを—」▽(1)(2)(3)とも同語源。↓かれる

からす【×烏・鴉】①人家近くの森などに住み、街中でも見られる、全身つやのある黒色の鳥。「かーかー」と鳴く声が陰気に聞こえるので、不吉(ふきつ)な鳥とされる。熊野の神の使いともされた。「髪は—のぬれ羽色」「鵜(う)のまねをする—」(身のほどを知らないで、人まねをして失敗をすること)「—の雌雄」(よく似ていて区別しにくいこと)「—の行水(ぎょうずい)」(長湯をしないで入浴をすますこと)「—のお灸(きゅう)」(口のまわりに出来るただれ)「—の鳴かない日があっても」(毎日鳴くあのからすが仮に鳴かない日があっても、そういう場合でも)「—の足跡」(中年に向かう女性が気にする、目じりの小じわ)▽からす科からす属の鳥やそれに近縁の鳥の総称。普通、体長六〇センチ弱のハシブトガラスと、それよりやや小さいハシボソガラスとの二種をいう。②くろうと。▽からすが黒いことをもじって言う。③からす(1)に性質の似たもの。㋐声高くうるさく言い立てる人。㋑意地がきたない人。④《多くは接頭語的に》色が黒いもの。「—あげは」

ガラス【〈硝子〉】石英・ソーダなどを原料とし、高温で溶かして混ぜ合わせ、冷却して作った物質。透明で堅いが、もろい。着色もでき、窓にはめたり、器具その他、用途は広い。▽(オランダ)glas　**—しょうじ**【—障子】紙のかわりにガラスをはめ込んだ障子。　**—ばり**【—張り】①ガラスをはること。また、はってあるもの。②内部がよく見えること。公明正大で秘密が少しもないこと。「—の政治」

からすうり【×烏×瓜】山野に自生する多年生つる草。巻きひげで木などにはいのぼる。雌雄異株。夏の夜、花弁の先が網状に細く裂けた白い花が咲き、秋の終わりに赤い実が下がる。果肉は化粧料、また、ひび・あかぎれ止め。塊根からとった澱粉(でんぷん)は薬用。▽うり科。↓てんかふん

からすがい【×烏貝】(からすがひ) 淡水産の二枚貝。貝殻は楕円(だえん)形で大きく、外面は黒色、内面は青白色の弱い真珠光を持つ。東洋の特産。▽いしがい科。

からすがね【×烏金】借りた翌日返す、日歩で借りる高

利の借金。▽一夜あけて、烏の鳴くときには返す意という。

からすかんざえもん【×烏勘左△衛門】 からすのこと。▽「からす」と同じ頭韻の語を重ねて人名に擬したもの。

からすき【唐×鋤・×犂】 牛馬にひかせて田畑をたがやすのに使うすき。うしぐわ。

からすぐち【×烏口】 からすのくちばしのような形に作った製図用器具。墨を含ませて、線を引くのに使う。

からすてんぐ【×烏天×狗】 からすのようなくちばしや羽を持つ、下級の天狗(てんぐ)。

からすへび【×烏蛇】 ①へびの一種。背は暗黄褐色、側面に黒いまだらがあり、腹部にも黒点がある。奄美(あまみ)・沖縄に分布。からすひばあ。②変異によって体色が黒くなった、シマヘビ・ヤマカガシなどのへび。

からすみ【〈鱲子〉】 乾物の一種。ボラ・サワラ・ブリなどの卵巣を塩づけにし、圧搾して干したもの。▽形が唐の墨に似ているところから言う。

からすむぎ【×烏麦】 ①畑や路傍に見られる越年生の雑草。夏、茎の先に緑色の花がまばらな円錐(えんすい)形につく。▽いね科。エンバクの原種とされる。②↓えんばく

からせき【空×咳・△乾×咳】 ①わざとするせき。せきばらい。②痰(たん)の切れない、またはからまないせき。▽「からぜき」とも言う。

からせじ【空世辞】 世辞の中でも口先ばかりで軽薄なお世辞。

からそうば【空相場】 ↓くうとりひき

からだ【体】 ①頭から足までの全体。身体。「―ばかり大きくて、する事は子供だ」「―を張る」(一身をなげうって行動する)「いい―だ」(体格がいい)「―をもて余す」(体力のはけ口がない)「―をこわす」(健康を害する) ②体(1)のうち胴を主にした部分。「―に合わない服」③活動情況の面から見た体(1)。「―に余裕がない」(暇がない)「―があく」(暇ができる) ▽「体をかわす」など「たい」と読む時は、身構えに意味の重点がある。↓み(身)(1)(ア)。関連 身・巨体・巨軀(く)・五体・遺体・死体・肢体・弱体・上体・身体・人体・図体(ずうたい)・病体・母体・老体・老軀・体格・体軀・上半身・下半身・人身・全身・半身・満身・生身・肩身・肌身・骨身・体つき・背格好・恰幅(かっぷく)・肉付き・痩軀(そうく)・短軀・長軀・長身・骨格・骨っ節・足腰・なきがら・ボディー

からだき【空炊き・空×焚き】《名・ス自他》水が入っていないのに、なべ・かま・風呂をたくこと。▽なべ・かまは「炊」で、風呂は「焚」で書く。

からたけ【唐竹・△幹竹】 ↓まだけ。 **―わり【―割(り)】** 縦にまっすぐに切りさくこと。

からたち【〈枳殻〉】 中国原産の落葉低木。柑橘(かんきつ)類の一種。樹木は緑色で枝にとげが多く、垣根などにする。春、葉に先立ち小さい白色五弁花が咲く。果実はミカンに似るが食べられず、かおりが良いので果実酒にする。未熟な実を干したものは、枳殻(きこく)または枳実(きじつ)と呼ばれる漢方薬で健胃剤にする。

からたちばな【唐×橘】 秋から冬の間、球形の赤い実をつける常緑小低木。葉は厚く披針形。夏、白色の小花が咲く。庭木・盆栽などとして栽培され、実が白色・黄色の品種もある。▽さくらそう科(旧やぶこうじ科)。

からだつき【体つき】 体のかっこう。

からちゃ【空茶】 ①茶菓子なしで飲む茶。②出がらしの茶。

からつ【唐津】 ①「唐津焼」の略。②関西方言で、陶磁器の総称。 **―やき【―焼】** 佐賀県唐津市およびその周辺で焼いた陶磁器。

からっかぜ【空っ風】 雨や雪を伴わずに激しく吹く、湿気の少ない風。

からっきし《副・ノダ》↓からきし

からっけつ〔俗〕全く、からのこと。無一物。特に、財布に一銭もないこと。

カラット ①合金中の金の割合をあらわす単位。純金を二十四カラットとする。②宝石の重さの単位。一カラットは二百ミリグラム。▽carat

からっと《副・ス自》↓からり

がらっと《副》↓がらり

がらっぱち《名ノ》言葉や動作が荒っぽくぞんざいなこと。そういう人。

からっぺた【空っ〈下手〉】《名ノ》まるで問題にならないほど、下手なこと。そういう人。

からっぽ【空っぽ】《名ノ》中に何も入っていないこと。から。「―の箱」「内容が―の演説」

からつゆ【空〈梅雨〉】 梅雨の期間に雨が少ないこと。てり梅雨。

からづり【空釣(り)】 えさをつけず、つりばりでひっかけて魚をつること。

からて【空手】 ①手に何も持たないこと。素手(すで)。手ぶら。②沖縄から伝わった一種の拳法。突き・受け・蹴りの三方法を基本とする。▽(2)は「唐手」とも書く。「空手」を「そらで」と読めば別の意。

からてがた【空手形】 ①融通手形(=実際の商取引に基づくのではなく、単に資金融通のためのもの)のうち、支払資金の用意が十分でない悪質のもの。不渡りになる危険が多い。②実行されない約束。「公約も―に終わる」

からとう【辛党】 酒ずきな人。左党。↔甘党

からとて《連語》《活用語の終止形に付いて》予期される結果に応じない事柄が伴うことを示す。……からといって。「外見が粗野だ―、心までそうだとは限らない」

からとりひき【空取引】 ↓くうとりひき

からに《連語》↓から《格助》(3)

からにしき【唐錦】 中国産の錦。中国風に織った錦。

からには《連語》↓から《接助》(2)

からねんぶつ【空念仏】①心がこもらず、口先だけで唱える念仏。②実行の伴わない主張。「—に終わる」▽「そらねんぶつ」とも言う。

からは《連語》→から《接助》(2)

からはふ【唐破風】破風の一種。そり曲がった曲線状のもの。玄関・門・神社の屋根などの装飾用。

カラバン →キャラバン

からびつ【唐×櫃】直方体のひつで、外に反った足が各側面下方に、または前後二本ずつ左右一本ずつ、付いたもの。衣装などを入れる。

から-びる【△乾びる】《上一自》かわいて水気がなくなる。草木がしおれる。

からぶき【△乾拭き】《名・ス他》つやを出すために、かわいた布で縁側・家具などをふくこと。

からぶり【空振り】《名・ス自他》①(当てようと思って)振ったバット・ラケット・手・足などに当たらないこと。「—三振」「—してバランスを崩す」②転じて、企てが不成功に終わること。

カラフル《ダナ》はなやかな色を多く使って美しいさま。多彩。「—な服装」▽colo(u)rful

からへんじ【空返事】→そらへんじ

がらぼう【がら紡】日本で開発された機械による紡績法。西洋の紡績法が普及した後は、くず綿・くず糸を原料として太糸を製造した。▽紡績機の立てるがらがらという音から。

からぼり【空堀】水のない堀。

からま-す【絡ます】《五他》からむようにする。㋐まきつかせる。「縄を枝に—」「(互いに小)指を—」㋑関係づける。「オリンピックに政治を—な」▽現在用法は第二次大戦後に次第に広まった。また㋑の意での「からませる」の形に移りつつある。

からまつ【唐松・〈落葉松〉】本州中部の亜高山帯に自生し、東日本で広く植林される落葉高木。高さ二〇メートル以上になる。葉は針状で柔らかく鮮緑色。晩秋、黄葉したあと落葉する。雌雄同株。木材は建築・土木用材。樹皮は染料。樹脂からテレビン油をとる。フジマツ。▽まつ科。

からま-る【絡まる】《五自》からむようになる。幾度も巻きつく。もつれる。「つる草が—」「諸事情が—って事が複雑になる」

からまわり(からまはり)【空回り】《名・ス自》①車・機関などがむだに回転すること。②理論・行動が、同じところをまわっていて、発展しないこと。「議論が—する」

からみ【空身】からだ一つで、身軽なこと。物を持ったり世話のやける同行者を連れたりしないこと。「荷物が無く—なのが有難い」「切り込む刀を—でかわす」

からみ【辛み】からいこと。からい味。▽「み」を「味」と書くのは当て字。

=**がらみ** ①《数量を表す語に付けて》……見当。およそ……くらい。「四十—の男」「千円—の品物」▽現在は年輩を指す場合の用法が多い。②……に関連した動き(をすること)。「政局は総選挙—」

からみそ【辛味×噌】①塩分の多いみそ。↔甘味噌(1)。②唐辛子などを練り込んだ味噌。

からみつ-く【絡み付く】《五自》①ものの周囲にしっかりとからむ。「蔓(つる)が—」②人にしつこく言いがかりをつける。「彼は酔うと—」

から-む【絡む】《五自》①(細長いものが不規則に)巻きついたり交わったりして、もとに戻りづらい状態になる。まといつく。まつわる。「糸が—」「痰(たん)が—」②(深く)関係する。「事件には女が—んでいる」③しつこく言いがかりをつけて相手から離れない。「酔客に—まれる」

からむし【×苧・〈苧麻〉】山野に自生し、茎の皮から繊維をとるために栽培もされる多年草。茎はやや木質化し、高さ一・五メートルに達する。繊維で越後縮(えちごちぢみ)・越後上布(えちごじょうふ)などを織る。まお。ちょま。▽いらくさ科。

からめて【×搦手】①城の裏門。また、城の裏門を攻める軍勢。②物事の裏面。▽↔大手(おおて)

から-める【絡める・×搦める】《下一他》①捕縛する。しばる。「罪人を—」▽古風な言い方。②からむようにする。【絡】㋐料理で、蜜や飴(あめ)などを材料の表面全体にからむようにつける。㋑↓からます。▽㋑の用法は本来的ではない。

カラメル ①砂糖を高温で熱して黒茶色の粘液状にしたもの。食品の着色料、製菓の原料。②キャラメル。▽caramel

がらもの【柄物】布地などで、模様・図柄がついているもの。

がらゆき【柄行】がら。体裁。模様。

からよう(からやう)【唐様】①中国風の様式。からふう。②中国風の書体。特に、江戸中期に流行した明朝(みんちょう)風の書体。「売家と—で書く三代目」(川柳) ③鎌倉時代に宋(そう)から伝わった禅寺の建築様式。

からり《副と》①心地よく乾いたさま。からっと。「台風一過、—と晴れ上がった空」「洗濯物が—と乾く」「天ぷらを—と揚げる」②気持にこだわりがないさま。からっと。「—とした気性」「何事も—と割り切る」

がらり《副[と]》①引き戸・障子などを勢いよくあける音。そのさま。がらっと。②ある状態が急にすっかり変わるさま。がらっと。「態度が—(と)一変する」

カラン 水道栓の出口にとりつけた口金。じゃぐち。▽(オランダ) kraan

がらん【×伽藍】寺院の建物の総称。「七堂—」

がらん《副と》広い建物の中などに人も居ず、物もないさま。中がからであるさま。「—とした教室」

がらんどう《名ナノ》中に何もはいっていない、また、だれも居ないさま。がらんとして広いこと。

かり【仮】①一時の間に合わせ。臨時。「—免許」②本来のものでないこと。にせ。「世をしのぶ—の名」「—の世」(はかなく無常な現世) ③仮定。「これは

—の話だが」▽「借り」の転。↓かりに

かり【×雁・×鴈】↓がん(雁)

かり【狩(り)】①鳥獣を追いかけてとらえること。また、射たり撃ったりしてとること。②魚や貝をとること。「潮干—」③自然の動植物を、観賞する行事。また、食用の植物などを採集すること。「ほたる—」「もみじ—」「まつたけ—」「いちご—」▽⑵⑶は他の語に付けて用い、「……がり」と連濁する。

かり【借り】①借りること。借りたもの。特に、借金。負債。②比喩的に、他人から受けた恩恵、または、ひどい仕打ち。「—がある」「—を返す」③帳簿上の「借方」の略。▽↕貸し

カリ【加里】①「カリウム」の略。②炭酸カリウムの俗称、また一般にカリウム塩の俗称。▽オランダ kali

がり【我利】自分だけの利益。「—私欲」

かりあげ【借(り)上げ】①政府などが民間から土地や物品を借り受けること。「—社宅」②江戸時代、諸藩が、財政の窮乏を防ぐため、家臣に対し、かりあげ⑴の形式で行った減俸。

かりあげ【刈(り)上げ】頭髪を、えりもとを短く、上に行くにつれて長く残るように刈ること。

かりあつ-める【駆(り)集める】『下一他』かりたてて集める。急いで集める。

かりいえ【借り家】借りて住む家。しゃくや。

かりい-れる【借(り)入れる】『下一他』他から借りて、自分の物に加える。

かりい-れる【刈(り)入れる】『下一他』みのった稲・麦などを刈って取り入れる。収穫する。とりいれる。

かりうけきん【仮受(け)金】費目決定などの確定的な会計措置を後日に行う状態(=仮)で受け入れる金。

かりう-ける【借(り)受ける】『下一他』借りて受け取る。

かりうど【狩△人】↓かりゅうど

カリウム 金属元素の一つ。元素記号K。銀色でもろい。水と激しく反応して水素を出す。ガラス製造などに利用する。肥料の成分。また、陸上植物の生理に重要な役割をもち、肥料の成分。カリ。▽オランダ kalium

ガリウム 金属元素の一つ。元素記号 Ga 半導体の原料。▽gallium

カリエス 骨の慢性炎症。特に、骨が結核菌におかされ、うみが出る病気。「脊椎—」▽ドイツ Karies

かりおや【仮親】①かりに親の役をする人。②養父母。養い親。

かりか-える【借(り)換える】『下一他』前に借りた分を返して、または、返したことにして、借り直す。

かりかし【借り貸し】借りと貸し。かしかり。

かりかた【借(り)方】①物や金を借りる人、また、借りる方法。②複式簿記で、帳簿の左側。資産・経費などを記す側。▽↕貸方(かしかた)

カリカチュア 戯画。漫画。風刺画。▽caricature

かりがね【×雁がね】①鳥のガンの雅語的表現。「渡る—」▽もと、ガンの鳴き声(=ね)の意。「が」は文語の助詞。②ガンの一種。全体的に暗褐色で、不規則な縞(しま)模様があり、顔・体の一部は白い。くちばしが小さい。

かりかぶ【刈(り)株】稲・麦などを刈り取って、あとに残った株。

かりかり ①『副[と]』堅い物をかんだり引っかいたりする音。そのさま。②『ノダ』余分な水分や脂が抜けて歯切れよいさま。「ベーコンを—に焼く」「—のトースト」③『副・ス自』〔俗〕苛立(いらだ)つさま。「そう—するな」

がりがり ①『副[と]』「かりかり」⑴より重く鈍い音。そのさま。「氷を—とかじる」②『副[と]』むきになってするさま。「—勉強する」③『ノダ』骨格が見えるほどやせているさま。「拒食で—にやせる」

がりがりもうじゃ【我利我利亡者】欲深くて、自分の利益ばかり追う人。

かりぎ【借(り)着】他人の衣服を借りて着ること。その衣服。

かりぎぬ【狩△衣】平安時代に男の公家(くげ)が常用した略服。衿(えり)が丸く、袖にくくりがある。わきは縫い合わさず、下に指貫(さしぬき)を着る。江戸時代には、模様のあるもので作り、礼服とした。▽もと、狩のとき着たから言う。

カリキュラム 生徒・児童が学習するコースとして立てられた、教育内容の系列。教育課程。▽curriculum

かりき-る【借(り)切る】『五他』そこにあるものを、まるごと借りる。「バスを—」

かりくさち【刈(り)草地】飼料になる草を採取する土地。

かりこし【借(り)越(し)】①一定の限度を越えて借りること。②貸してあるものよりも、借りたものが多いこと。

かりこみ【狩(り)込み】①けものを追い立てて捕まえること。②浮浪者・街娼(がいしょう)などをいっせいに検挙すること。

かりこ-む【刈(り)込む】『五他』草木・髪などの伸びすぎた部分を切りすてて全体の形を整える。「文章を—」

かりしゃくほう【仮釈放】『名・ス他』懲役や禁錮の刑に服する者を、一定の条件のもとに、仮に釈放すること。▽「仮出所」はこれの俗称。

かりしょぶん【仮処分】かりに処分すること。法律で、当然受けるべき権利、避けられるべき不利益などが、裁判中などの理由で保留されているとき、暫定的にその権利などに対して定められる処置。当事者の申請に応じて裁判所が定める。「—を申請する」

カリスマ 超人間的・非日常的な、資質・能力。英雄・預言者・教祖などに見られる、民衆をひきつけ心酔させる力。また、それをもつ人。「—シェフ」▽ギリシア charisma(=神の賜物(たまもの))

かりずまい【仮住(ま)い】『名・ス自』一時、仮にそこに住んでいること。その場所。

かりそめ【仮初】①その時かぎりのこと。しばし。ま

にあわせ。当座。「—の病気」③かるがるしいこと。おろそか。「—にする」

—にも《連語》《あとに打消しや禁止の語を伴い》①かりにも。いやしくも。「—教師たる身にあるまじき行為」②少しでも。片ときでも。けっして。「—忘れたことはない」

かりたお-す【借(り)倒す】《五他》借りたままで返さずに押し通す。

かりだ-す【駆(り)出す・狩(り)出す】《五他》①獲物などを追いたてて出す。②人をうながして引き出す。「選挙に—」

かりた-てる【駆(り)立てる】《下一他》①獲物などを追いたてる。②無理にも、そうするように、そそのかす。「国民を戦争に—」「なぐりたい衝動に—・てられた」

かりっと《副・ス自》焼いたり揚げたりした食品が歯切れよいさま。「鶏(とり)肉の皮を強火で—焼く」「—した食感」

かりて【借(り)手】金品などを借りる人。借主。↕貸手

かりとじ【仮×綴(じ)】表紙に厚紙をつけない、簡単な製本(をした本)。

かりと-る【刈(り)取る】《五他》①刈って取り除く。②穀物を収穫する。

かりに【仮に】《連語》《副詞的に》①仮定を述べる部分の初めに使う語。もしも。「—雨なら」「—降るとしても」②まにあわせに。暫定的に。こころみに。「—使ってみる」

かりにも【仮にも】《連語》①かりそめにも。いやしくも。「—大学生ともあろう者が」②《多く、下に禁止・打消しの語を伴って》どんなことがあっても。けっして。「—死にたいなどと考えるな」

かりぬい【仮縫い】《名・ス他》①かりに縫っておくこと。②洋服を仕立てあげる前に、かりに縫い合わせ、それを体に合わせてみること。下縫い。

かりぬし【借(り)主】↓かりて

かりね【仮寝】《名・ス自》①仮にねること。しばらくそのままでねること。うたたね。②旅の泊まり。かりのやどり。たびね。

かりば【仮歯】治療期間の途中で臨時に入れておく簡単な入れ歯。

かりば【狩(り)場】狩をする場所。

カリパス コンパス式に、広げることのできる二本の足をもち、その両先端で長さを測定する器具。キャリパス。管や穴などの内径を測るのを「内パス」、管や棒などの外径を測るのを「外パス」と言う。▽calli-pers

がりばん【がり版】謄写版のこと。▽原紙に鉄筆で書くとき、がりがりと音がすることから。

カリひりょう【カリ肥料】カリウムを多く含む肥料。灰・硫酸カリなど。

カリフ ムハンマドの後継者として、全イスラム教徒を統率した宗教的・政治的指導者の呼称。▽caliph アラビア khalifah(＝相続者。代理者)から。

かりぶき【仮×葺き】①仮に屋根を葺(ふ)くこと。また、その屋根。②板ぶきのままで、まだ瓦ののせていない屋根。

カリフラワー 球状にかたまってできる白いつぼみを食用とする野菜。太い茎の周囲に葉が放射状にはえ、中心につぼみができる。花椰菜(はなやさい)。▽cau-liflower キャベツの変種。

がりべん【がり勉】ただひたすら、机にかじり付いて勉強だけをすること。▽「がり」は「我利」。多く、あざけりの気持を込めて言う。

かりほ【刈(り)穂】刈りとった稲の穂。

かりみや【仮宮】かりの御殿。㋐行在所(あんざいしょ)。㋑御輿(みこし)の御旅所(おたびしょ)。

かりめん【仮免】仮に与えられる免許。特に、仮運転免許の略。▽自動車の運転免許を取得するとき、公道上で運転練習するために必要。

かりもの【借(り)物】自分のものでないもの。人から借りたもの。

かりやく【下略】↓げりゃく

かりゅう【下流】①川の河口に近い方の部分。川しも。②下の階級。下層。▽↕上流

かりゅう【花柳】芸者衆(や遊女連)の(慣行的)風俗界。「—の巷(ちまた)」　—びょう【—病】性感染症。▽花柳の巷(ちまた)で感染する病気の意。　—かい【—界】芸妓(げいぎ)などの社会。

かりゅう【×顆粒・×粿粒】丸い小さいもの。つぶ。

がりゅう【我流】自分勝手の流儀。自分独自のやりかた。自己流。

かりゅうど【狩△人】鳥獣をとるのを業とする人。猟師。かりうど。▽「かりびと」の音便。

かりょう【下僚】職場で地位が下の者。下役(したやく)。

かりょう【佳良】(かなり)よいこと。

かりょう【加療】《名・ス自》治療をほどこすこと。

かりょう【科料】刑罰として、ある金額をとりたてるもの。軽い犯罪に科する。▽もと、罪科をつぐなうために出す金品。「過料」と区別して「とが料」とも言う。

かりょう【過料】行政上、軽い禁令をおかしたものに支払わせる金銭。▽もと、過失罪科に科する金品。「科料」と違って刑罰ではない。区別して「あやまち料」とも言う。

がりょう【×臥△竜】①伏している竜。②隠れて世に知られていない大人物のたとえ。▽「三国志」諸葛亮(しょかつりょう)伝にある語。

がりょう【雅量】おくゆかしく、大らかな度量。「—がある」

がりょうてんせい【画△竜点×睛】事を完成するために最後に加える大切な仕上げ。「—を欠く」▽「睛」はひとみ。竜をかいて、最後にひとみをかき加えたら、描いた竜が天に昇ったという中国の故事から。

かりょうびんが【×迦陵△頻×伽】仏教で、極楽にいると

いう鳥。人間の頭を持ち、美しい声で鳴くという。声を仏の音声にたとえる。迦鳥(かちょう)。▽梵語(ぼんご)。

かりょく【火力】①火の力・強さ。「―発電」(法律上は原子力発電も含む) ②銃火器の威力。「―にまさる敵」

か-りる【借りる】『上一他』①持ち主を変えない、つまり返す前提で、他人のものを自分用に使う。「正男が花子に本を二冊―」「銀行から―・りた金を返す」「雨宿りに軒下を―」「仏が人の姿を―・り(=人の姿となって)て現れた」▽臨時的利用なら「有名人の名を―」のように無体物でもよい。⑴⑵とも、↕貸す。②他者から知恵や力を受けて自分の助けとする。「君の腕を―・りて作った」「本店から要員を―」「猫の手も―・りたい」(大多忙のたとえ) ③引き算で同じ桁の引く方が相手より大きい時、相手の直上桁から10を分けてもらって計算する。「10―・りて来る」 関連 借り入れる・借り切る・借り受ける・借り倒す・踏み倒す・借款・借財・借銭・借用・借金・寸借・前借・租借・拝借・起債・債務・負債・賃借り・前借り・間借り・又借り

かりわたし【仮渡し】かりにわたすこと。特に、精算がわからない時、概算でかりに支払うこと。

かりん【花△梨】黄色く熟する長球形の堅い果実をつける落葉高木。中国原産で古く日本に渡来。晩春、淡紅色の五弁花が咲く。果実は芳香があるが、生食には適せず、砂糖づけ・果実酒などにする。木材は赤褐色できめこまかく、器具に用いる。▽ばら科。

かりんさんせっかい【過×燐酸石灰】燐酸(りんさん)肥料の一つ。燐酸二水素カルシウムと硫酸カルシウムの混合物。

かりんとう【花林糖】小麦粉を練って棒状にし、植物油であげて砂糖蜜をからめた駄菓子。

か-る【刈る】『五他』密生してはえている細長いものをまとめて切り取る。「稲を―」「頭(=髪の毛)を―」

か-る【借る】『五他』→かりる。▽関西方言。

か-る【狩る】『五他』①鳥・獣・魚を追って、獲物にする。②とらえようとして探し求める。「魔女を―」③花や紅葉を求めて野山を歩く。また、植物などを鑑賞・採集する。「嵯峨(さが)野に桜を―」▽雅語的。

か-る【駆る・×駈る】『五他』①馬や車に乗って走らせる。「馬を―・って行く」。追いたてて歩かせる。「羊の群れを―」②しいてさせる。「老軀(ろうく)を―・って」③感情が心を強くとらえる。「衝動に―・られる」「不安に―・られる」▽主として、受身の形で用いる。

=**が-る**《形容詞語幹やダナ型の語や「たい」の「た」に付いて五段動詞を作る》①……という感じを表面に表す。「痛―」「おだてうれし―・らせる」「迷惑―」「芝居に行きた―」▽主に感覚・感情を表す語に付き、話し手以外の様子を言うのが普通。②見掛けだけ……(であり)そうなふりをする。「力んで強―」「粋(いき)―・って格好をつける」「偉―・り屋」(自分は偉いとやたらにうぬぼれる人)

ガル CGS単位系での加速度の単位。一ガルは毎秒毎秒一センチの割合の速度変化。記号Gal ▽イタリアの科学者ガリレイ(Galilei)の名にちなむ。

かる-い【軽い】『形』①目方が少ない。「木は石より―」②動かすまたは働かすのに軽い⑴ような感じがある。「腰が―」(気軽にすぐ行動する)「口が―」(すぐぺらぺらしゃべる)「心も―・く」(晴れ晴れとして)「ハンドルさばきが―」「―音を立てて動く」③大した程度ではない。㋐価値が少ない。大切でない。「責任が―」「彼を―・く見る」(=大したものとは考えない)」㋑負担になるものがそれほどひどくは、または深刻ではない。「税が―」「―病気」「―読物」「―飲物」㋒動作の程度が小さい。「―・くぶつかる」「―会釈(えしゃく)」㋓《連用形で》簡単に済むやり方で。「―・くいなす」。事もなく。「―・く連勝した」▽⑴から⑶㋑の一部までは、↕重い。派生 -さ -げ -み*

かるいし【軽石】細かな穴が無数にあいた軽い岩石。溶岩が噴出する際に、溶けている気体が圧力の減少によって泡となり、そのまま固まったもの。多く水に浮く。浮石。

かるかや【刈×萱】①山野に自生する多年草。高さ一・五メートルくらいになる。葉は長い線状。秋、褐色の穂状の花が咲き、太くて長い芒(のぎ)がある。根は硬く、束ねてたわし・刷毛(はけ)などにする。メガルカヤ。▽いね科。②かるかや⑴に似た多年草。⑴より花穂が小さく、芒が短い。オガルカヤ。スズメカルカヤ。▽いね科。⑴とは別属。

かるがゆえに【ゆ:ゑ:】『連語』それゆえに。そういうわけだから。▽文語的。「かる」は「か(彼)ある」の転。

かるがる【軽軽】『副[と]・ス自』①いかにも軽そうなさま。「―と持ち上げる」②ことが、たやすく、造作(ぞうさ)なく行われるさま。「扇動に―と乗る」③気分が爽快であるさま。「―とした気分」

かるがるし-い【軽軽しい】『形』かるはずみだ。軽率・浅薄だ。「―態度」「そんな事を―・く言うものではない」派生 -さ -げ

カルキ ①石灰。②→さらしこ⑴。▽オランダ kalk

かるくち【軽口】①こっけいで面白い話。軽妙な話。「―をたたく」②口が軽いこと。前後のみさかいなく何でもしゃべってしまうこと。そういう人。③秀句・地口(じぐち)の類。うまいしゃれ。

カルサン【軽×衫】はかまの一種。上部をゆるやかに、下部をももひきのように仕立てたもの。▽ポルトガル calção(=半ズボン) 雪国で男女とも用いた。

カルシウム 元素の一つ。元素記号Ca アルカリ土類に属する銀灰色の軽金属。石灰石・燐灰石(りんかいせき)など化合物として、地殻の重要な構成成分。また人体の骨組織の必要成分。用途が多い。▽オランダ calcium

カルタ【歌留多・〈骨牌〉】①遊戯・ばくちに使う、長方形の小さい厚紙の札。種々の絵や文字が書いてあり、うたガルタ・いろはガルタ・花ガルタなど種類が

多い。②トランプ。▽ポルトガル carta

カルチャー 文化。教養。カルチュア。▽culture **―ショック** 異文化に接したときに受ける精神的な衝撃。▽culture shock **―センター** 社会人対象の教養講座。▽culture と center とによる和製英語。

カルテ 診療記録。病症録。▽ドイツ Karte(＝カード)

カルテット 四重奏(団)。四重唱(団)。クァルテット。▽フランス quartette

カルデラ 火山の中にある、円形またはそれに近い、広くて大きなくぼ地。火山体の崩壊・陥没によって形成されたものが多い。「―湖」▽caldera

カルテル 企業の独占形態の一つ。同種の生産にしたがう企業家が、企業の独立性を保ちながら連合するもの。自由競争をさけ、市場を独占して価格を維持し、利益の増進をはかる。企業(家)連合。↓トラスト・コンツェルン。▽ドイツ Kartell

カルト 特定の対象を熱狂的に崇拝したり礼賛したりすること。また、その集団。異端的宗教。「―教団」「―映画」(その分野の愛好者たちが熱狂的に支持する映画) ▽cult

かるはずみ【軽はずみ】〘名・ダナ〙よく考えず、調子に乗ってすること。軽率。「―な行動」

カルビ 牛・豚などのばら肉。調味料で味付けして焼き肉などにする。▽朝鮮語。

カルマ →ごう(業)。▽梵語(ぼんご)。

かるみ【軽み】①軽く(軽薄だと)感じること。↔重み。②芭蕉(ばしょう)の俳諧で、身近な題材を平淡に表す作風。

カルメやき【カルメ焼(き)】 スペイン・ポルトガル伝来の砂糖菓子。↓カルメラ

カルメラ 少量の水で溶かしたざらめに重曹を加え、お玉などに入れて加熱し、丸くふくらませた菓子。カルメイラ。▽ポルトガル・スペイン caramelo

かるやか【軽やか】〘ダナ〙↓かろやか。▽やや古風。

かるやき【軽焼(き)】 せんべいの一つ。もち米の粉に砂糖を加え、ふくれるように焼いたもの。

かるわざ【軽業】 体を身軽にすばやく動かして、危険な離れ業を演じること。綱渡り・玉乗りの類。 **―し【―師】** かるわざが職業の人。

かれ【彼】〘代〙話し手・相手以外の男性を指す語。↔彼女。▽以前は女性をも指した。②〘名〙恋人または夫である男性。↓かれし

がれ 登山用語で、山くずれでがけになった、石のがらした急斜面。「―場(ば)」

かれい【×鰈】 体が平たく木の葉のような形をした魚。目は二つとも体の右側にあたる面にあり、この面を上にして海底の砂上に横たわる。上にした面は褐色で周囲の色に合わせて変化し、下面は白色。食用。▽かれい科の魚の総称。↓ひらめ

かれい【加齢】〘名・ス自〙(壮年期以後の人が)年齢が増すこと。「それは―現象(＝年をとるに伴っておこる、心身の現象)で、しかたない」「―臭」▽「老化」を避けて言い出した。

かれい【×嘉例】 めでたい先例。吉例。

かれい【家例】 その家に(だけ)代々伝わるしきたり。

かれい【家令】 皇族・華族の家の諸事を管理し家扶以下を監督する人。

かれい【華麗】〘名・ダナ〙はなやかで美しいこと。はでやかなこと。「―なダンス」「―な転身」 派生 **―さ**

かれい【佳麗】〘名・ダナ〙美しいこと。「―を競う」 派生 **―さ**

かれいろ【枯れ色】 草木が枯れた色。

カレー 肉・野菜などにさまざまな香辛料の風味をきかせて調理した、辛味の強い南アジア発祥の料理。飯などと共に食べる。カリー。「グリーン―」(タイの青唐辛子を使ったカレー)「―味」▽curry **―こ【―粉】** インドで、カレーに使う基本的な香辛料。コリアンダー・茴香(ういきょう)・唐辛子・鬱金(うこん)・丁子(ちょうじ)など多種類の乾燥香辛料を粉に挽(ひ)いて調合したもの。 **―ライス** 肉・野菜をいため、カレー粉などで味つけして煮こんだものを、飯にかけて食べる日本の料理。ライス カレー。▽curry and rice, curried rice から。

ガレージ 自動車の車庫。「―セール」(家庭の不用品を自宅の車庫などに並べて売ること) ▽garage

かれえだ【枯(れ)枝】 ①木の枯れた枝。②葉の枯れ落ちた木の枝。

かれおばな【枯れ尾花】 かれたススキ。「幽霊の正体見たり―」

かれがれ ①**【枯れ枯れ】**〘副と・ダナ〙草木の枯れたさま。「―の藪(やぶ)」「―とした山」②**【×涸れ×涸れ】**〘ダナ〙水などのかれたさま。「川の水は―で」

かれき【枯(れ)木】 枯れた樹木。「―に花」(衰えたものが再び栄えることのたとえ)「―も山の賑(にぎ)わい」(つまらない物も無いよりはましであること)

がれき【瓦×礫】 ①かわら・コンクリートのかけらや石ころなどの集まり。建物・家具などの残骸。「―と化す」②役に立たないもの。価値のないつまらないもの、その集まり。▽かわらと小石の意。

かれこれ ①〘名・副〙とやかく。なんのかの。いろいろ。「―言う」②〘副〙おおよそ。ほとんど。やがて。「もう―六時だ」

かれさんすい【枯山水】 水を用いず、石の組合せや地形の高低などによって山水の趣を表した庭園。▽「かれせんずい」とも言う。

かれし【彼氏】〘俗〙恋人や夫である男性。↔彼女。▽一九三〇年に徳川夢声が、からかう気持で造ったという。

かれすすき【枯れ×薄】 葉も穂も枯れたススキ。「冬の野の―」

かれつ【苛烈】〘名・ダナ〙(むごいほど)きびしく激しいこと。「―な戦闘」「―を極める」「―に耐え切れない」 派生 **―さ**

カレッジ ①単科大学。②旧制専門学校。▽college

かれの【枯(れ)野】 (冬になって)草木が枯れはてた野

原。「旅に病(や)んで夢は—をかけ廻(めぐ)る」(松尾芭蕉)

かればむ【枯ればむ】《五自》枯れかかる。枯れる気配が見えてくる。

かれら【彼△等】《代》話し手・相手以外の複数人を指す語。あの人々。▽女だけなら「彼女等」と言うのが普通。

か-れる ①【枯れる】《下一自》㋐草木が衰えて命が終わる。「桜が—」「排気ガスで街路樹の葉が—」㋑自然に乾いて材木の水分がぬける。「細工用に三年寝かしたので十分—・れている」「—・れた材を使う」㋒多年の修練などの結果、なまなましい鋭気がとれ、深みのある味をもつようになる。「—・れた芸」「人間が—」▽㋑の転。積極的な評価を表す。②【×涸れる】《下一自》㋐川・池などの水がなくなる。「日照り続きで井戸が—」「地下水が—」㋑資源や能力などが尽きてなくなる。「財源が—」③【×嗄れる】《下一自》声がかすれて出なくなる。▽(1)(2)(3)とも同語源。もと、生気がそこから離れ去る意。

かれん【可×憐】《ダナ》かわいらしいさま。愛らしいさま。「—な花」。いじらしいさま。「—な花売り娘」 派生 **-さ**

カレンダー こよみ。▽calendar

かれんちゅうきゅう【苛×斂×誅求】(税金を)むごくきびしくとりたてること。

かろう【家老】大小名の重臣で、家務を総轄した職。家臣の長。

かろう【過労】働きすぎて疲れること。疲れすぎ。「—で倒れる」「—死」

がろう【画廊】絵画その他の美術品を陳列する所。ギャラリー。

かろうじて(からうじて)【辛うじて】《副》容易でなかったが、やっと(のことで)。からくも。「—合格した」▽「からくして」の転。

かろく【家×禄】家に代々伝わる俸禄。▽江戸幕府内では旗本・御家人に、大名には「士(さむらい)」の家に付く。

かろし-める【軽しめる】《下一他》あなどる。見さげる。軽侮する。

ガロップ ↓ギャロップ

カロテン ニンジン・トウガラシなどに含まれる黄赤色の色素。生物に広く分布する。動物体内でビタミンAに変化する。また葉緑素と共存し、植物の呼吸作用に重要な役目を果たす。▽「カロチン」とも。carotin, carotene

かろとうせん【夏炉冬扇】夏の火ばち、冬のおうぎのように、時節に合わない無用の物。

かろやか【軽やか】《ダナ》①かるがるとしたさま。かるやか。「—に踊る」②しつこくないさま。薄いさま。淡いさま。「—な口当たり」 派生 **-さ**

カロリー ①熱量の単位。記号cal 一気圧の下で一グラムの水の温度をセ氏一度高めるのに要する熱量。▽現在はジュールを使うことが多く、定義も一カロリーを約四・二ジュールと定める。②食品の栄養価をあらわす単位。普通、カロリー(1)の千倍。▽(ドイツ) Kalorie

かろん【歌論】和歌に関する評論や文学論。

ガロン ヤード ポンド法の容積の単位。イギリスでは約四・五リットル、アメリカでは約三・八リットル。▽gallon

かろん-じる【軽んじる】《上一他》ねうちが乏しいとして、軽くあつかう。↕重んじる。㋐あなどり、さげすむ。見くだす。㋑大切にしない。惜しまない。「約束を—」「命を—」▽「軽みす」の転。「かろんずる」とも。

かろん-ずる【軽んずる】《サ変他》↓かろんじる。▽「軽みす」の転。

かわ(かは)【川・河】自然の水がだんだんに集まり、陸地のくぼんだ所を流れる(帯のような)水路。一般に、山から発して海にそそぐ。「—の流れ」「—の字になって寝る」(夫婦が一子を中にして寝る、一家の平和な暮らしを言う表現) 関連 河川・大河・大川・山川(やまがわ)・谷川・小川・せせらぎ・川筋・水脈・水流・伏流・細流・小流・渓流・本流・主流・支流・分流・急流・激流・奔流・清流・濁流・瀬・川瀬・高瀬・早瀬・急湍(きゅうたん)・懸河(けんが)・淵(ふち)・よどみ・瀞(とろ)・天井川

かわ(かは)【側】①物の一方の面。物事の一方の立場。▽「がわ」とも言う。ほとんど同義だが、「がわ」(1)㋐の意ではさほど使わない。②↓かわ(皮・革)(3)㋑。▽「皮」と同語源か。

かわ(かは)【皮・革】①動植物の表面をおおう膜などの部分。表皮。「みかんの—」「面(つら)の—が厚い」(あつかましい)②獣などの皮(1)をはぎ取ったもの。㋐毛がわ。㋑毛がわの毛を取り去り、なめしたもの。なめしがわ。[革]③表面。㋐中身の無い、うわべ。うわかわ。「化けの—がはげる」「うその—をひんむく」㋑中身をおおい包む布など。「ふとんの—」▽(3)㋑は「側」とも書く。④鼓(つづみ)や三味線(しゃみせん)。▽革(2)㋑が使ってあるから。

かわ【佳話】聞く者の心が温まるような、よい話。

かわ【歌話】和歌に関する話。

がわ(がは)【側】①まわりを囲むもの。㋐かたわら。はた。「当人より—が騒ぐ」㋑物の周囲。「金—の時計」②↓かわ(側)(1)。特に、対立するものの一方。「敵の—の情報」

かわあかり(かは:)【川明(か)り】暗い中で、川の水面がほのかに明るいこと。

かわあそび(かは:)【川遊び】《名・ス自》川に舟を浮べ、風情(ふぜい)を楽しんで遊ぶこと。また、川で水遊びをすること。

かわい-い(かはいい)【可△愛い】《形》①(小さくて)愛らしい。「—子ねこ」。小さい。「—電池」㋐愛して大事に思う。「—子には旅をさせよ」(子がかわいければ、甘やかして育てずに、世間に出して苦労をさせるのがよい。昔、旅はつらいものであったから、そう言う)㋑魅力があり好ましく思う。かわいらしい。「—デザ

イン」「―おばあちゃん」▽「可愛」は当て字。②同情を誘うばかりに(痛々しく)かわいそうだ。「寒空に吹きさらしのお前が―」 派生 -さ -げ -がる*

かわいが-る【可△愛がる】《五他》①かわいいと感じて、やさしくあつかう、また、大事にする。「子供を―」▽比喩的に物に対しても使うことがある。「子供を―・ってやれば長持ちする」②《反語的に》いじめる。「―・ってやったら泣き出した」

かわいそう《ダナ》みじめな状態にある人に対して、同情せずにいられない気持であるさま。ふびんなさま。「あの子が―だ」▽当て字で「可哀相」などと書く。 派生 -がる 関連 哀れ・惨め・気の毒・哀れむ・痛痛しい・痛ましい・いたわしい・あたら・同情・悲惨・悲痛・不憫(ふびん)・無残・憐憫(れんびん)

かわいらし-い【可△愛らしい】《形》子供らしさ・美しさなどで人をほほえませるような状態にある。愛らしい。「―子供」。(愛らしく)小さい。「―時計」 派生 -さ -げ

かわうそ【川×獺・×獺】水辺にすむ、いたちに似た獣。いたちよりも大きく、頭は丸い。指の間に水かきがあってたくみに泳ぎ、魚などをとって食う。ニホンカワウソは特別天然記念物に指定されたが、絶滅。▽俗説に、人語をよくまねし、人をだまして川に引き入れるという。いたち科。

かわお【革緒】革で作ったひも。太刀などにつける。

かわおと【川音】川の流れの音。

かわおび【革帯・皮帯】かわで作ったおび。おびかわ。バンド。ベルト。

かわか-す【乾かす・渇かす】《五他》かわくようにする。㋐水気を取り去る。【乾】「洗濯物を―」㋑のどのかわいた状態を起こす。「のどを―」

かわかみ【川上】①川が流れてくる方。上流。②比喩的に、生産・製造の方。▽↕川下(かわしも)

かわがり【川狩(り)】川で魚を捕らえること。川猟(かわりょう)。

かわき【乾き・渇き】かわくこと。①水気がなくなること。その度合。【乾】「―が早いペンキ」②㋐のどがかわくこと。その度合。「―をいやす」㋑比喩的に、うるおいに欠けた環境・状態に耐えず、うるおいを求める心。「心の―」

かわぎし【川岸・河岸】川の岸。川のほとり。かし。

かわきり【皮切り】①物事のしはじめ・最初。初手(しょて)。「式を―にいろいろの行事が行われる」▽⑵の転。②最初にすえる灸(きゅう)。

かわ-く【乾く・渇く】《五自》①風・熱にあたって、水分(湿気)がなくなる。蒸発して水分・湿気がなくなる(減る)。乾燥する。【乾】㋐ぬれた(しめった)ものの水分が去る。「洗濯物が―」「犬の鼻が―」「―・いた咳(せき)」▽古くは、自然にそうなる場合には「干(ひ)る」を使ったが、今はこの区別が失せている。㋑大気の湿度が低くなる。「―・いた風」②㋐のどのうるおいがなくなり、水分をとりたくなる。「―・いたのどをビールでうるおす」㋑比喩的に、うるおいに欠けた環境・状態にいて、うるおいとなるものを求める。「音楽に―」

かわぐ【革具・皮具】かわで作った道具。

かわくだり【川下り】舟・いかだで川を下ること。特に、急流を下る舟遊び。

かわぐち【川口】川の、海や湖にそそぐところ。

かわごし【川越し】①川をへだてていること。②徒歩で川をわたること。③人を背負って川を越すことを職業とする人。川越し人足。

かわざんよう【皮算用】「とらぬ狸(たぬき)の皮算用」の略。まだ実現するかどうかわからないうちに、実現をあてにしてあれこれ計画を立てること。

=**がわし-い**《名詞や動詞連用形などに付け、形容詞を作る》……の様子だ。……がましい。「みだり―」

かわしも【川下】①川が流れていく方。下流。②比喩的に、販売・消費の方。▽↕川上(かわかみ)

かわじり【川尻】①川下(かわしも)。②川口。

かわ-す【交(わ)す】《五他》①やりとりする。交換する。「言葉を―」「杯を―」「呼び―」②互いにまじえる。交差する。「枝を―」「情を―」(肉体関係を結ぶ)

かわ-す【×躱す】《五他》身をひるがえしてさける。「体(たい)を―」「追及を―」▽「交わす」と同語源。

かわず【×蛙】かえる。▽雅語的。奈良時代にはカジカガエルを指した。

かわすじ【川筋】①川の水の流れる道筋。②川の流れに沿った一帯の土地。

かわせ【川瀬】川の、浅いところ。川の中の瀬。

かわせ【〈為替〉】①現金を送る代わりに、手形・小切手・証書などで金銭の受け渡しを済ませる方法。また、その手形などの総称。②「為替手形」の略。③「為替相場」の略。 **―かんり**【―管理】政府が為替の売買を管理すること。外国為替の自由取引によって資本が国外に移動したり為替相場が急変したりすることを防ぐために行う。 **―じり**【―尻】銀行で、為替取引の結果生じた、債権・債務の残高。 **―そうば**【―相場】自国貨幣と外国貨幣との交換比率。為替レート。 **―てがた**【―手形】手形の一種。送金するのに、振出人が第三者(支払人)に委託し、受取人に対して一定金額を支払ってもらう形式のもの。

かわせがき【川施餓鬼】川での溺死者などの霊をとむらうため、川辺・船中でする法会(ほうえ)。塔婆を水中に立てたり流したりして回向(えこう)する。

かわせみ【川×蟬・〈翡翠〉】背・尾が美しい青色をした、川辺にすむ小鳥。羽と頭部は暗緑色、目のまわりと腹は赤褐色で、足は赤い。大きさはスズメくらい。比較的大きなくちばしで小魚をとって食う。▽かわせみ科。

かわそう【革装・皮装】表紙に皮革を使った装丁。

かわたけ【川竹・河竹】①川べにはえる竹。②マダケ。③浮き沈み定めない遊女の身の上。「うき―」

かわだち【川立ち】川べに生まれ育つこと。また、その人。水練の巧みな人。「—は川で果てる」(得意のわざで、かえって身をほろぼすことのたとえ)

かわたれ まだ薄暗い明け方。▽古くは夕ぐれにも言った。↕たそがれ。「—時」「—星」▽「彼(か)は誰(たれ)」と人の見分けがつきにくい意。雅語的。

かわたろう【河太郎】河童(かっぱ)のこと。

かわちどり【川千鳥】川べにいる千鳥。

かわづら【川面】川の水面。かわも。

かわと【革×砥】刃物をとぐために革で作った道具。

かわどこ ①【川床・河床】川の底の面。また、河川の土手の内側の地帯。▽「かしょう」と読んだ時より指すものが広い。②【川床】納涼のため河原に張り出して設けた桟敷。かわゆか。

かわとじ【革×綴(じ)・皮×綴(じ)】①表紙に皮革を使って製本した書物。②革ひもで物をとじること。

かわどめ【川止(め)・川留(め)】江戸時代、街道すじの大きな川で、増水のとき、通行人が渡るのを禁じたこと。

かわなか【川中】川の流れの中央。

かわながれ【川流れ】川の水に流され、おぼれて死ぬこと。その人。「かっぱの—」(↓かっぱ(河童))

かわはぎ【皮剝(ぎ)】①皮が厚くてざらざらとした海魚。体は左右に扁平(へんぺい)で上下に高い菱形(ひしがた)。突き出た口にある丈夫な歯で貝などをかじる。美味。▽皮をはいで調理することからの名。かわはぎ科。②けものの皮をはいで、なめす作業をする人。

かわびらき【川開き】年中行事の一つ。川で、その年の納涼の開始を祝うこと。

かわぶね【川船】川(や湖)で使う内陸用の、主に小舟。▽江戸や近辺では「茶船」とも言った。

かわべ【川辺】川のすぐ近くの場所。川のほとり。

かわへん【革偏】漢字の偏の一つ。「靴」「鞍(らく)」などの「革」の称。

かわほね【河骨】↓こうほね

かわほり【〈蝙蝠〉】↓こうもり(1)

かわむこう【川向(こ)う】川をへだてた向こう岸。対岸。▽江戸や以前の東京では、特に、本所・深川を指した。

かわも【川△面】川の水面。

かわや【×厠】便所。▽「川屋」の意。昔、川の上にかけ渡して作ったから。

かわやなぎ ①【川柳】㋐川べにある柳。㋑茶の一種。番茶の上等なもの。▽「せんりゅう」と読めば別の意のこともある。②【川柳・川×楊】㋐ネコヤナギの別称。㋑ヤナギの一種。水辺に自生する落葉小高木。葉は細長くとがり、裏面は白色を帯びる。早春、穂状の花が咲く。ナガバカワヤナギ。

かわゆ-い《形》「かわいい」の元の形。

かわゆか【川床】↓かわどこ(2)

かわよど【川×淀】川の流れがよどんだ所。

かわら【瓦】粘土を一定の形にかため、かまで焼いたもの。屋根をふくのに使う。「—葺(ぶ)き」

かわら【〈川原〉〈河原〉】川べの平地で、水が流れていない、砂や石の多い所。「鴨(かも)の—」 **—こじき**【—△乞食】歌舞伎役者をいやしめて言う語。▽京都の四条河原で興行したから言う。 **—なでしこ**【—×撫子】ナデシコの別名。 **—もの**【—者】①乞食(こじき)・非人などをいやしんで呼んだ語。②↓かわらこじき

かわらけ【〈土器〉】うわぐすりをかけずに焼いた、素焼きの陶器。特に、杯。

かわらせんべい【瓦煎餅】屋根瓦の形に素焼きした甘いせんべい。

かわらばん【瓦版】江戸時代に、火事・地震・心中・敵討ちなどの一事件を急報するのに町を売り歩いた、多くは木版一枚刷り(で絵入り)の簡単な印刷物。▽固めた粘土に彫って瓦のように焼いた版から始まったか。

かわらやね【瓦屋根】瓦でふいた屋根。

かわり①【変(わ)り】異なること。違い。「以前と—がない」。取り立てて言うほどの、特別な出来事。「お—ありませんか」②【代(わ)り・替(わ)り】あるものが退いたあとを他のものが占めること。また、その占めたもの。㋐代理。身がわり。代用。「父の—をする」「—の品物」㋑あるものに相当するような他のもの。つぐない。「高給を出す—に、よく働いてもらいたい」㋒交替すること。また、交替して新たに来る者。「—が来る」「二の—」(↓にのかわり)㋓一杯食べ終えて、更に次の一杯に移ること。「(お)—をする」

かわりがわり【代(わ)り代(わ)り】↓かわるがわる

かわりだね【変(わ)り種】普通とは違った種類の物や人。その仲間の人としては変わった経歴をもった人。「もとサラリーマンの—力士」

かわりばえ【代(わ)り映え】《名・ス自》かわったために、前よりよくなること。「—しない」▽多くは下に打消しを伴う。

かわりは-てる【変(わ)り果てる】《下一自》(よくない状態に)すっかり変わってしまう。「—・てた姿」

かわりばんこ【代(わ)り番こ】かわりあって事をすること。かわりばん。

かわりみ【変(わ)り身】①からだの位置をとっさに変えること。②転身。転向。「—が早い」

かわりめ【変(わ)り目】他種のものに変わる境目。特に、ある状態から他の状態へ移りかわる時。「気候の—」

かわりもの【変(わ)り者】言動や性質が普通とは違っている人。変人。奇人。

かわりょう【川猟】↓かわがり

かわ-る ①【変(わ)る】《五自》異なった状態になる。㋐前と違った状態に移る。変化する。「声が—」「演題が—」。改まる。「年が—」▽「勤め(先)を—」

の「を」は、自動詞に係って移動・経過を表す格助詞。↓を㈠⑶。㋑《「た」「ている」と合して》普通とは異なる。「—った話」「あの人は—っている」②【代(わ)る・替(わ)る】《五自》あるものが退き、他のものがその位置に来る。㋐あるものが、他のものの役目をする。代理する。【代】「一同に—って私から申し上げます」㋑交替する。いれかわる。また、とってかわる。【替】「大臣が—」▽「花子が雪子と当番を—」のようにも使う。

かわるがわる【代(わ)る代(わ)る】《副[に]ノ》互いにかわりあって。かわりばんこに。

かん【甲】日本音楽で、一般に高い音域の音。↕乙(おつ)。特に、基本音に対して一オクターブ高い音。また、高い音域で歌われる、特定の部分。

かん【×燗】酒を徳利などに入れ、適度にあたためること。「—をつける」

かん【×疳・×癇】①少しのことにもいらっとしやすい性質。「—にさわる」(いらいらのもとになる)「—が高ぶる」②漢方で、ひきつけなどを起こす、小児の病気。「—の虫が強い」▽↓かん〖癇〗

かん【×鐶】金属製の輪。「カーテンの—」「たんすの—」

=かん 握りずしの個数を言うのに添える語。「こはだ二—」▽「貫」「巻」を当てるが、語源未詳。二十一世紀になって急に広まった言い方。

かん〖甘〗カン あまい あまえる あまやかす うまい ―①味がよい。うまい。あまい。「甘味・甘露・甘美・甘藷(かんしょ)・甘蔗(かんしゃ・かんしょ)」②心に気持よく思う。満足する。よろこばせる。あまんじる。「甘言・甘心・甘受」

かん〖*干〗カン おかす ほす ひる ―①かわく。かわかす。ひる。ほす。「干満・干潮・干魃(かんばつ)・干天・干瓢(かんぴょう)・水干」②かかわる。関係する。あずかる。「干与・干渉」③さからう。おかす。「干犯」④さからいふせぐ。盾(たて)。盾で守る。「干戈(かんか)・干城」⑤もとめる。「干禄(かんろく)＝仕官を願うこと)」⑥みき。「幹」に通ずる。「十干・干支(かんし・えと)」⑦てすり。「欄干」⑧不定数を言う。いくらか。「若干」

かん〖*刊〗カン ―①《名・造》版木に彫って印刷する。書物を出版する。「明治の刊」「刊行・刊記・発刊・新刊・創刊・既刊・増刊・週刊・旬刊・月刊・季刊・朝刊・休刊・廃刊・復刊・○○社刊・本日刊」②刀でけずる。きざむ。彫刻する。「刊刻」

かん〖×奸〗カン ―①㋐わるがしこい。ずるい。邪悪。「姦」に同じ。「奸人・奸臣・奸物・奸婦・奸智(かんち)・奸悪・奸計・奸佞(かんねい)」㋑《名・造》わるもの。「君側の奸」「漢奸・斬奸状」②してはいけないことをする。おかす。みだら。「姦」に同じ。

かん〖汗〗カン あせ ―①あせ。あせが出る。あせを出す。「汗腺・汗顔・汗馬・発汗・冷汗・汗牛充棟」②(中央アジアの)遊牧民の君主の称号に用いる音訳字。ハン。「成吉思汗(ジンギスカン)・伊児汗(イルカン)国」

かん〖肝〗カン きも ―①五臓の一つ。きも。「肝油・肝臓」②心。まごころ。「肝胆・心肝・肺肝」③いちばん大切な点。かなめ。「肝心(かんじん)・肝腎・肝要」

かん〖×旱〗カン ひでり ―日が強く照る。雨が長く降らない。ひでり。かわく。「旱天・旱魃(かんばつ)・大旱」▽「干」で代用する。

かん〖缶〗〖罐〗カン(クワン) ―《名・造》金属で作った筒形・箱形のいれもの。「海苔(のり)の缶」「缶入り・缶詰・空缶(あきかん)・鮭缶(さけかん)・石油缶・ドラム缶・汽缶・薬缶(やかん)」▽オランダ kan に漢字をあてたもの。本来、「缶」は音「フ」で「罐(カン)」とは別字。

かん〖*完〗カン(クワン) まったい ―①足りないところがない。欠けめがない。まっとうする。↕欠。「完全・完備・完璧・完膚・完納・完済・完投・完走・完本」②事を終える。おわる。また、小説、映画、テレビ ドラマなどの終わりにしるす語。「完了・完結・完成・未完・補完」

かん〖冠〗カン(クワン) かんむり ―①頭にかぶるもの。かんむり。「冠位・王冠・金冠・挂冠(けいかん)・戴冠(たいかん)・衣冠・宝冠・荊冠(けいかん)・無冠・樹冠・月桂冠(げっけいかん)」②《名・造》他よりすぐれた位置にあること。最優秀(であること)。「世界に冠たる技術」「冠絶・栄冠・三冠」③かんむりをかぶる。元服する。「冠婚・冠者・弱冠」。上にのせる。「冠詞・冠称」

かん〖函〗カン はこ ―物をいれる箱。「私書函・投函」

かん〖*官〗カン(クワン) つかさ ―①宮廷や政府に勤めるもの。役人。「高官・大官・長官・文官・士官・教官・事務官・貴官・顕官・微官・代官・神官」②国家の機関。宮廷・役所。政府。「官吏・官庁・官衙(かんが)・官紀・官学・官制・官海・官報・官命・太政官(だいじょうかん)」③《名・造》やくめ。役人の地位。「官を辞する」「官位・官職・退官・免官・兼官・猟官・仕官」④つかさどる。はたらきをもつもの。「官能・五官・感官・器官」

かん〖棺〗カン(クワン) ひつぎ ―《名・造》死者をほうむるための箱。かんおけ。「棺に納める」「棺を蓋(おお)って事定まる」(死後になってはじめてその人の真価がきまる)「棺槨(かんかく)・石棺・納棺・出棺・寝棺(ねかん)・座棺」

かん〖*館〗〖舘〗カン(クワン) やかた たち ―①《名・造》官の建てた大きな建物。公共の建物。「館の所蔵です」「学館・公館・図書館・博物館・大使館・館員・館長」②大きな建物。店。「本館・別館・新館・会館・商館・洋館・常設館・写真館・映画館・帰館」③昔、旅人を泊めて、食事をさせた官設の宿屋。後、私設の宿屋にも言う。「館舎・旅館・鴻臚館(こうろかん)」▽「舘」は異体字。

かん〖*管〗カン(クワン) くだ ―①中のうつろな円筒形のもの。㋐《名・造》くだ。

「ガスの管」「管状・血管・気管・鉄管・鉛管・信管・導管・配管・毛細管・試験管・水道管」㋑ふえ。「管弦・管楽器・琴管」㋒ふで。「管軸・彩管・筆管」②物を見る目のかぎられてせまいこと。「管見」③範囲を限って支配する。つかさどる。「管掌・管轄・管領・管理・管区・管下・管長・主管・総管・所管・移管・保管」④くだ状のものを数える語。

かん【*巻】【巻】 カン(クワン) ケン まく まき ―①まがる。かがまる。「巻曲(けんきょく)」②小さくする。まく。「席巻(せっけん)・巻雲(けんうん)」③〘名・造〙まいたもの。また特に、書物。「巻を措(お)く能(あた)わず」「巻帙(かんちつ)・巻頭・巻子本(かんすぼん)・全巻・開巻・万巻・経巻・圧巻」④㋐(フィルム・テープなど)巻いたものを数える語。㋑書物の区分を数える語。「上巻・第五巻・附巻」

かん【×姦】 カン かしましい ―①自分の都合をはかって不正をする。わるがしこい。「姦臣・姦邪・姦計・姦智(かんち)」②道にそむいて(男女が)通じる。私通する。女性を犯す。「姦通・姦淫・姦夫・姦婦・強姦・和姦・輪姦・鶏姦」

かん【*看】 カン みる ―注意して見る。見守る。「看守・看経(かんきん)・看破・看取・看病・看護・看板・看客・看過・参看」

かん【陥】【陷】 カン おちいる おとしいれる ―①おちこむ。城を攻めおとされる。「陥落・陥入・陥没・失陥」②おとしあな。人をだましておとしいれる計略。「陥穽(かんせい)」③まちがい。あやまち。足りないところ。「欠陥」

かん【乾】 カン ケン かわく かわかす ほす いぬい ―①水気がなくなる。水気がない。かわかす。「乾湿・乾燥・乾田・乾物(かんぶつ)・乾杯・乾板・乾電池」②㋐易の卦(け)の一つ。陽の卦。天の剛健なはたらきをあらわす。↕坤(こん)。㋑(地に対する)天。そら。↕坤(＝地)。「乾坤(けんこん)」㋒天・日・天子・君主・父・男子等をあらわす。↕坤。「乾徳(けんとく)」③方位が北西の方角。いぬい。▽⑵以下は「ケン」と読む。

かん【*幹】 カン みき ―①枝に対するもと。みき。手足に対する胴。ものごとの主要部分。「幹流・幹線・幹部・幹事・根幹・軀幹(くかん)・骨幹・本幹・主幹・基幹・語幹」②仕事をするについてのはたらき。才能。うでまえ。「才幹」

かん【×翰】 カン ―ふで。また、ふでで書いたもの。てがみ。文書。詩文・学問に関すること。「翰池(＝すみつぼ)・翰札(＝てがみ)・翰林・翰長・翰墨・書翰・宸翰(しんかん)・手翰・来翰・投翰・貴翰」

かん【韓】 カン ―①〘名〙朝鮮の国名。㋐大韓民国。韓国。「日韓会談」㋑古代、朝鮮南部の地にあった。「三韓・馬韓・辰韓(しんかん)・弁韓」②〘名〙中国古代の国名。戦国時代の諸侯の一つ。

かん【勘】 カン かんがえる ―①考え合わせてよく取りしらべる。「勘考・勘案・勘合・勘弁・勘定・勘文(かんもん)・校勘・勘解由(かげゆ)」②罪をただす。「勘当・勘気・勅勘」③〘名・造〙五感では感じないことを感じとる、一種の感覚・能力。第六感。さとり。「勘がにぶい」「勘でわかる」「勘をはたらかす」「山勘(やまかん)」

かん【勧】【勸】 カン(クワン) ケン すすめる ―はげます。教えみちびく。よいことを行うようしむける。「勧誘・勧業・勧工・勧奨・勧化(かんげ)・勧進(かんじん)・勧請(かんじょう)・勧賞(かんしょう・けんじょう)・勧戒・勧善懲悪」

かん【患】 カン(クワン) ゲン わずらう うれえる ―①病気。わずらう。「疾患・急患・患者・患部」②心を苦しめなやます。苦しみ。なやみ。うれえる。「患苦・患難・外患・内患・後患(こうかん)・災患・苦患(くげん)」

かん【*感】 カン ―〘名・造〙心が動く。心を動かす。物事にふれての心の動き。「隔世の感」「感きわまる」「感に堪えない」(非常に感動する)「感情・感傷・感泣・感涙・感覚・感心・感想・感動・感銘・感嘆・感奮・感激・感染・同感・所感・直感・敏感・万感・快感・好感・雑感・肉感的・違和感・悲壮感・割高感・第六感」

かん【憾】 カン うらむ ―残念に思う。ものたりなく思う。「遺憾」

かん【貫】 カン(クワン) つらぬく ―①つき通す。ひとすじにやりとおす。「貫通・貫徹・貫流・一貫・突貫・縦貫」②ならわし。「慣」に通じる。「旧貫」③戸籍。名籍。「貫籍・郷貫・本貫」④計算の単位。㋐尺貫法の質量の基本単位。一貫は千匁(もんめ)、三・七五キログラム。「貫禄(かんろく)」㋑江戸時代の銭(ぜに)千文(実際は九百六十文)。㋒鎌倉時代以後の、武士の知行高(ちぎょうだか)。

かん【*慣】 カン(クワン) なれる ならす ―くり返し行ってよくなれる。従来のことがそのまま行われる。ならわし。「慣習・慣性・慣熟・慣用・慣行・慣例・習慣・旧慣」

かん【緩】【緩】 カン(クワン) ゆるやか ゆるむ ゆるい ゆるめる ―きつくない。ゆったり。ゆるい。ゆっくり。ゆるやか。ゆるめる。速くない。「緩急・緩和・緩慢・緩舒(かんじょ)・緩歩・緩行・緩衝・弛緩(しかん)・緩下剤」

かん【×緘】 カン ―口をとじる。口をくくりしめる。手紙に封をする。「緘口・緘書・封緘」▽封筒の封じ目にこの字を書くこともある。

かん【*寒】【寒】 カン さむい ―①さむさ。さむい。こごえる。ぞっとする。「寒暑・寒暖・寒気・寒天・寒夜・寒地・寒波・寒流・厳寒・春寒・余寒・耐寒・極寒(ごっかん)・悪寒(おかん)・寒心」②〘名・造〙二十四気のうち、一年中でもっとも寒い時期、およそ三十日間。「寒の入り」「寒のあけ」「寒の戻り」「大寒・小寒・寒中・寒行(かんぎょう)・寒念仏・寒垢離(かんごり)」③いやしい。まずしい。さびしい。「貧寒・寒苦・寒村」

かん【寛】［寛］ カン(クワン) ひろい ゆるやか ― ひろびろとしてゆとりがある。きびしくない。くつろぐ。ゆるす。「寛大・寛容・寛恕(かんじょ)・寛厚・寛仁」

かん【喚】 カン(クワン) よぶ めす ― ①大声を出す。叫ぶ。わめく。「喚声・喚呼・叫喚」②声をかけて呼びよせる。「喚問・喚状・召喚」

かん【換】 カン(クワン) かえる かわる ― とりかえる。とってかわる。「換言・換算・換気・換金・換骨奪胎・交換・兌換(だかん)・転換・互換・置換・変換」

かん【堪】 カン たえる こらえる たまる ― ①がまんする。こらえる。もちこたえる。「堪忍」②物にうちかって任にあたる。すぐれている。「堪能(かんのう・たんのう)・不堪」

かん【敢】 カン あえて ― 遠慮しないでする。おしきってする。あえてする。おしきって。「敢然・敢行・果敢・勇敢」

かん【×瞰】 カン みる ― 上から下を見る。見おろす。「瞰下・瞰視・瞰望・下瞰・俯瞰(ふかん)・鳥瞰」

かん【款】 カン(クワン) ― ①《名・造》まごころ。まごころをもって親しむ。よしみ。「款を通じる」「款待・交款」②㋐きざみつける。しるす。鏡や鼎(かなえ)などに陰刻した文字。↕識。「款識(かんしき)・落款」㋑法令・条文などの箇条書き。「約款・定款・借款・第一款」㋒予算・決算で、部の下、項の上のまとめの単位。「款項目」▽「欵」は異体字。

かん【歓】［歡］ カン(クワン) よろこぶ ― 《名・造》顔色にあらわしてよろこぶ。よろこび。よろこばせる。「歓をつくす」「歓心・歓声・歓呼・歓待・歓迎・歓談・歓楽・歓喜・交歓・哀歓・合歓」

かん【閑】 カン ― ①しずか。「閑寂・閑雅・閑静・閑地・閑境・深閑・森閑・清閑」②《名・造》することがなくてひま。のんき。何もしないでいる。「忙中閑あり」「繁閑・閑散・閑職・閑人・閑居・閑談・閑日月・閑文字・農閑期・閑話休題・安閑・有閑・消閑」③なおざり。注意を払わない。「閑却・等閑(とうかん・なおざり)」

かん【*関】［關］ カン(クワン) せき かかわる ― ①かかわる。あずかる。かける。「関与・関係・関知・関連・関白・関心・相関・連関」②大事な場所。しかけ。時機。「関頭・関節・機関」③戸をしめる。とざす。出入り通行をとりしまるところ。出入口。「関門・関西・郷関・難関・税関・海関・通関・玄関・函谷関(かんこくかん)」④戸締りの道具。かんぬき。「関鑰(かんやく)＝かんぬきと錠)」▽「関数」の「関」は、↓かんすう

かん【*間】 カン ケン あいだ ま ― ①《名・造》物と物とのあいだ。すきま。へだたり。物のある範囲。へだてる。すきまがある。「間(かん)、髪(はつ)を入れず」(すきまのないこと。また、事が非常に急で少しも時間のないこと)「阪神の―に多い」「間隔・間隙・間接・間断・間歇(かんけつ)・間然・間食・間色・中間・民間・時間・山間・坊間・巷間(こうかん)・瞬間・離間・京浜間」。以下「ケン」と読む。「人間・世間・眉間(みけん)」②《名》ちょうどよい機会。「その間を利用して」「間に乗じる」③《名・造》ひそかに様子を見る。うかがう。「間を放つ」「間者・間諜(かんちょう)・反間」④ひま。「閑」に同じ。「間暇・間日・間話」⑤長さの単位。六尺、約一・八メートル。「ケン」と読む。「間数・間竿(けんざお)・一町五間」⑥建築の間口(まぐち)の柱間を数える語。「ケン」と読む。「五間四面」▽「閒」が正字。

かん【*簡】 カン ケン えらぶ ― ①《名・造》てがる。つづめて省く。↕繁。「簡にして要を得る」「簡易・簡単・簡便・簡明・簡要・簡潔・簡素・簡略・繁簡」②竹のふだ。紙以前に用いた書写材料。書物。手紙。「手簡・書簡・木簡・錯簡・断簡」③選び出す。「簡抜・簡閲」▽「簡」が正字。

かん【×癇】 カン ― 《名・造》①発作的に痙攣(けいれん)や失神を起こす病気。ひきつけ。「子癇・癲癇(てんかん)」②感情が激しくいらだちやすい気質。神経質。「癇にさわる」(いらいらさせる)「癇が高ぶる」「癇癪(かんしゃく)・癇癖・癇性(かんしょう)」▽「癎」は俗字。日本では「疳」を用いることもある。

かん【*漢】［漢］ カン から ― ①中国本土。また、中国本土古来の民族。中国に関することがら。から。「漢土・漢人・漢字・漢語・漢文・漢詩・漢籍・漢学・漢訳・漢方・漢民族・和漢洋」②男子。おとこ。「好漢・酔漢・悪漢・暴漢・巨漢・怪漢・痴漢・冷血漢・門外漢・無頼漢」③《名》中国の王朝の名。㋐秦(しん)を滅ぼして劉邦(りゅうほう)が建てた国。「漢魏(かんぎ)六朝(りくちょう)・前漢・後漢」㋑三国時代の王朝の一つ。蜀漢(しょくかん)。㋒五胡(ごこ)十六国の一つ。成漢。また、五代時代の国。後漢、北漢、南漢。④あまのがわ。「天漢・銀漢」▽もと、中国の川の名(漢水)。

かん【×灌】 カン(クワン) そそぐ ― ①水をつぎこむ。流し入れる。そそぎかける。「灌水・灌漑(かんがい)・灌腸・灌頂(かんちょう)・灌仏・湯灌(ゆかん)」②群がり。あつまる。群がりはえる。「灌木」

かん【監】 カン ケン みる ― ①上から下を見おろす。よく見えるところから見て取りしまる。見はりをして善悪を判断する。「監視・監察・監修・監督・監禁・監房・監軍・監獄・監査役」②監督の役目。監督の役人。「技監・軍医監・学監・総監・舎監・生徒監」③監房。「収監・未決監」

かん【艦】 カン ふね ― 《名・造》戦闘に用いる船。いくさぶね。「わが艦にもどる」「艦船・艦隊・艦首・艦橋・艦艇・艦長・軍艦・巨艦・砲艦・戦艦・旗艦・母艦・僚艦・潜水艦」

かん【鑑】 カン かがみ かんがみる ― ①鏡。物の形をうつすもの。てほん。いましめ。「印鑑・図鑑・年鑑・武鑑・門鑑・明鑑・殷鑑(いんかん)・亀鑑」②鏡に照らしてみる。真の姿を考えみる。見きわめる。「鑑査・鑑定・鑑識・鑑別・鑑賞・鑑札」▽「鑒」は同字。

かん【×諫】 カン いさめる ― 人の悪いところを言ってあらためさせる。意見する。いさ

め。「諫言・諫止・諫死・諫争・直諫・諷諫(ふうかん)・極諫・苦諫」

かん【還】【還】 カン(クワン) ゲン かえる かえす ―①ひとめぐりする。もとへ戻る。「還元・還付・還幸・還御(かんぎょ)・還啓・還暦・還魂・生還・往還・返還・償還・奪還・帰還・奉還」。以下「ゲン」と読む。「還俗」②また。ふたたび。「還起」

かん【環】【環】 カン(クワン) わ めぐる たまき ―①輪の形。めぐって端のないこと。「環状・環礁・金環・円環・一環」②一まわりまわる。めぐる。めぐらす。かこむ。「環海・環境・循環」③《名》〔数学〕それに属する二元の間で、決められた性質を満たす二種の演算が定義されている集合。たとえば、整数全体の集合は、加法(逆演算として減法を含める)と乗法のもとで環をなす。ドイツ Ring の訳語。

かん【観】【觀】 カン(クワン) みる ―①㋐よく見る。わきからながめる。「観覧・観察・観測・観賞・観客・観光・観月・観劇・観望・傍観・客観・内観・概観・参観・拝観・静観・達観」㋑心中に思い浮かべて本質をさとる。「観想・観照・直観」㋒見る立場。みかた。「悲観・楽観・人生観・唯物観・先入観」㋓《名・造》見えたところ。ありさま。ながめ。「別人の観」「外観・奇観・壮観・美観・偉観・景観」②人に見せる。示す。「展観・観兵・観艦式」③見晴らし台。「観闕(かんけつ)・楼観」。また(道士(1)が高い見晴らし台で修行したので)道教の寺院。「道観・白雲観」

がん【雁・鴈】 カモに似るがカモよりも大きい水鳥。体は太く首が長い。あしのゆびの間には水かきがある。冬に日本に来る渡り鳥で、春に北へ帰る。かり。かりがね。▽かも科のうち比較的大形の種の総称。

がん【癌】 ①悪性腫瘍(しゅよう)。癌腫(がんしゅ)と肉腫があるが、狭義では癌腫を指す。表皮・粘膜・腺組織にでき、治療がたやすくない。「肺―」②比喩的に、機構・組織などで、最大の難点となっているもの。「議会政治の―だ」

がん【龕】 仏像をおさめる厨(ず)子。

がん【玩】 ガン(グワン) もてあそぶ ―めずらしがって好む。おもちゃにする。大切にする。「玩味・玩弄・玩具(がんぐ・おもちゃ)・玩物・賞玩・愛玩」▽「翫」も同じ。

がん【頑】 ガン(グワン) かたくな ―物の道理がのみこめない。融通がきかない。かた意地。かたくな。「頑として」「頑固・頑冥・頑迷・頑強・頑民・頑陋(がんろう)・頑健」

がん【丸】 ガン(グワン) まる まるい まるめる ―①まるい。まるいもの。まるめたもの。「丸薬・弾丸・砲丸・一丸」②ねり合わせ固く小さくまるめた薬の名に添える語。丸薬。「茯苓(ぶくりょう)丸・クレオソート丸」

がん【含】 ガン ふくむ ふくめる ―口のなかに物を入れて持つ。内に物を包み持つ。「含有・含味・含蓄・含嗽(がんそう)・包含・内含」

がん【岸】 ガン きし ―①水と陸とのさかい目。みぎわ。きりぎし。がけ。「岸頭・対岸・彼岸・沿岸・海岸・護岸・接岸」②きり立って高い。他の物からとびはなれている。「傲岸」

がん【岩】 ガン いわ いわお ―①大きな石(が寄り集まっている所)。「岩石・岩塊・岩窟・岩塩・岩頭・岩壁・巨岩・奇岩」②大地を構成する鉱物の集合体。「砂岩・頁岩(けつがん)・輝岩・火成岩・安山岩」

がん【巌】【巖】 ガン いわお ―①ごつごつして大きな岩。「巌石・巌窟」②山がごつごつしてけわしい。けわしくて高い。「巌阻・巌巌」

がん【顔】【顏】 ガン ゲン かお かんばせ ―①かお。かおつき。「顔面・顔色・顔容・拝顔・玉顔・天顔・竜顔・汗顔・厚顔・破顔・温顔・童顔」②いろどり。「顔料」

がん【願】 ガン(グワン) ねがう ―《名・造》望んで頼みにする。欲望の満たされることを他人または神仏に求める。神仏にたよって成就(じょうじゅ)すべき目的を立てる。「願をかける」「願がかなう」「願望(がんぼう・がんもう)・願人(がんにん)・願文(がんもん)・願書・願力(がんりき)・哀願・宿願・念願・嘆願・切願・懇願・祈願・請願・志願・本願・悲願・勅願・発願(ほつがん)・満願・結願(けちがん)」

がん【贋】 ガン にせ ―本物らしく別に作ったもの。にせもの。「真贋・贋造・贋札・贋物」

がん【眼】 ガン ゲン まなこ め ―①《名・造》物を見る器官。め。「眼をつける」(悪感情をもって相手の顔をじっと見る意の俗語)「眼球・眼瞼(がんけん)・眼疾・眼科・眼前・眼下・眼光・眼帯・肉眼・心眼・老眼・近眼・複眼・点眼・半眼・碧眼(へきがん)・銃眼・三白眼・千里眼・慈眼(じげん=仏たちの慈悲の眼)・開眼供養(かいげんくよう)」②物事をみわける能力。「眼識・眼力・具眼・慧眼(けいがん)・法眼(ほうげん=僧の位)・観察眼・鑑賞眼・詩眼」③目にみるところ。「眼界・眼中・着眼」④かんじんかなめのところ。要点。「眼目・主眼」

がん【元】 ↓げん〔元〕

かんあく【姦悪・奸悪】《名ナ》心がねじけ曲がって邪悪なこと。そういう人。わるもの。派生 **―さ**

かんあけ【寒明け】 寒が終わって立春になること。

がんあつ【眼圧】 眼球内の体液の圧力。「―を調べる」

かんあん【勘案】《名・ス他》あれこれを考え合わせること。「諸事情を―して」

かんい【官位】 ①官職と位階。「―を有する」「―相当」②官職の等級。官等。

かんい【敢為】 物事を押し切ってすること。

かんい【簡易】《名・ダナ》手順・手続が簡単で、たやすく(=易)行えること。「―書留」「―旅館」「―な方法」派生 **―さ** **―さいばんしょ【―裁判所】** 軽微な民事・刑事事件の第一審を扱う最下級の裁判所。簡裁。

がんい【含意】『名・ス他』①一つの表現(の意味)が、(当然の)結果として、ある事を意味すること。そのように導かれた意味。②論理学では、前提命題Aから論理的な帰結として命題Bが成り立つ場合の、AとBとの形式的関係。この場合「AがBを含意する」と言う。▽implication の訳語。

がんい【願意】①願う気持。願いのこころ。②願いのおもむき・内容。

かんいっぱつ【間一髪】①事がはなはだ切迫すること。あぶないところ。「ーで間に合う」▽(2)の転。②すきまが髪の毛一本の幅しかないこと。

かんいん【×姦淫】『名・ス自他』配偶者以外と性行為をすること。

かんいん【官印】官庁または官吏が職務上使う印。公印。↕私印

かんいん【官員】官吏。役人。▽明治時代の用語。

かんうんやかく【閑雲野△鶴】(のどかに空に浮かぶ雲や原野に遊ぶ鶴(つる)のように)なんの束縛も受けず、悠々自適して、自然を楽しみながら暮らす境遇。

かんえつ①【簡閲】(呼び集めて)数え調べること。「ー点呼」②【観閲】軍隊などを検閲すること。「ー式」

かんえん【肝炎】肝臓が炎症を起こす疾患。ウイルスの感染やアルコールの大量摂取によって起こる。

がんえん【岩塩】岩石の間に層をなし、また火山の昇華物中に産する、塩。白色・灰色で光沢があり、質はもろい。

かんおう【感応】『名・ス自』↓かんのう(感応)

かんおう【観桜】桜の花を観賞すること。花見。「ー会」

かんおけ(けを:)【棺×桶】棺に使う、おけ・木箱。

かんおん【感恩】『名・ス自』恩に感じること。恩を感謝すること。かんのん。

かんおん【漢音】日本で行われる漢字音の一種。隋(ずい)・唐以後、宋(そう)以前に長安地方で使われた音にもとづき、遣唐使・留学生などによって持ち込まれた。例、「行」を「コウ(カウ)」、「明」を「メイ」と言う類。

かんか【干×戈】武器一般。「ーにかけて争う」「ーを交える」(戦争する)「ーが収まる」(戦いがおさまる)▽「干」は防ぐたて、「戈」は攻めるほこ。

かんか【患家】患者のいる家。▽医者の立場から言う。

かんか【感化】『名・ス他』人に影響を与えて、心・行いを変えさせること。 **ーいん**【ー院】↓きょうごいん

かんか【換価】『名・ス他』代価にみつもること。ねぶみ。

かんか【看過】『名・ス他』見のがすこと。見すごすこと。「過失をーする」

かんか【管下】管轄する範囲内にあること。「警視庁ーの警察署」

かんか【閑暇】ひまがあること。ひま。

かんが【閑雅】『名・ダナ』①風流でしとやかなこと。上品。②静かで趣があること。派生 **-さ**

かんが【官×衙】官庁。役所。

がんか【眼下】目の下の方。「ーに見おろす」

がんか【眼×窩】眼球のはいっている頭骨前面の穴。めだまのあな。

がんか【眼科】医学の一分科。目に関する病気などを取り扱う。

かんかい【勧戒】『名・ス他』①善をすすめ、悪をいましめること。②〔仏〕有縁(うえん)の衆生(しゅじょう)に受戒をすすめること。

かんかい【官界】役人の社会。

かんかい【環海】四方に海をめぐらしていること。また、その海。

かんかい【感懐】心に感じいだく思い。感想。

かんかい【寛解・緩解】『名・ス自』全治とまでは言えないが、病状が治まっておだやかであること。「治癒またはー」

かんがい【感慨】物事に感じてしみじみとした気持になること。身にしみて感じること。「ーにふける」 **ーむりょう**【ー無量】↓かんむりょう

かんがい【干害・×旱害】ひでりで水が欠乏して起こる農作物などの災害。ひでりの害。

かんがい【×灌×漑】『名・ス他』水路を作って田畑に必要な水を引き、土地をうるおすこと。「ー用水」

がんかい【眼界】①目に見える範囲。視界。「ーが開ける」②物を見、考える範囲。考えの及ぶ範囲。「ーが狭い」

かんがえ(かんがへ)【考え】考えること。「ーに入れる」(考慮する)「へたのー休むに似たり」(くだらない思案をするのは、何も考えないのと同じだ)。考えて得た内容。「彼には彼のーがあろう」「新しいーを出す」

かんがえごと(かんがへ:)【考え事】いろいろと頭の中で思案すること。特に、心配事。「絶えずーをしている」

かんがえこ-む(かんがへ:)【考え込む】『五自』気にかかる一つの事にばかり心が占められて(悩み)考える状態が続く。

かんがえつ-く(かんがへ:)【考え付く】『五他』(考えているうちに)その考えが浮かぶ。

かんがえもの(かんがへ:)【考え物】①よく考えなければいけない事柄。慎重に判断して決すべき事。「それはーだ」②よく考えて問題を解く遊び。その問題。判じ物。なぞなぞ。

かんが-える(かんがへる)【考える】『下一他』①あれやこれやと思いをめぐらす。その事について、心を知的に使って判断する。「よくー・えて物を言え」「君はどうーか」「相手の気持をー」「人間はー葦(あし)だ」(人間の思考力の偉大さについて言ったパスカルのことば)▽もと、事の正邪・真偽を問いただす意。↓おもう。②新たなものをくふうする。考案する。「もっとうまい手段をー・えよう」「新しい機械をー・え出した」関連 鑑(かんが)みる・慮(おもんばか)る・考え込む・思い込む・思い入れ・見て取る・判ずる・断ずる・思考・思案・思索・

思量・思惟(しい)・考察・考量・思慮・考慮・心慮・尊慮・貴慮・短慮・深慮・遠慮・熟慮・千慮・熟思・勘案・勘考・熟考・長考・愚考・黙考・沈思・静思・瞑想(めいそう)・判断・論断・予断・速断・即断・決断・意図・思惑・意向・志向

かんかく【感覚】①目・耳・鼻・舌・皮膚などでとらえられた外部の刺激が、脳の中枢に達して起こる意識の現象。「—器官」。感覚神経の興奮に訴えるような直接的な感じ方。「—的」②物事のとらえ方・感じ方。「芸術的—」「—が古い」▽まれに「—する」の形も、使う。③あたかも……の感じ。「仕事ぶりがアルバイト—だから困る」「ゲーム—で楽しく学習できます」▽一九八〇年代から広まった使い方。

かんかく【×扞格】《名・ス自》おたがいに相手を受け入れないこと。▽「扞」は、こばむ。「格」は、はばむ。

かんかく【間隔】空間に並んだり時間的に相継いだりする事柄の間の隔たり(の大きさ)。「前列との—を詰めろ」「木を植え並べる—」「五分(の)—で発車する」▽空間的用法では普通、対象物が見渡せるなど隔たりが余り大きくない場合に使う。心理的相互関係にも、それを空間的にたとえれば使う。「—を置いてつき合え」。「距離」の方が一般的な概念で、使い方に少し違いもある。→きょり(距離)

かんがく【官学】官立の学校。↕私学

かんがく【漢学】日本で、中国の学術や、中国に関する学問の称。漢文についての学問。

がんかけ【願掛け】《名・ス自》神・仏に願立てをすること。願をかけること。

かんかつ【寛×闊】《名・ダナ》ゆったりしていること。度量が広く、寛大なこと。「—な心」派生 **-さ**

かんかつ【管轄】《名・ス他》権限によって支配すること。また、その支配の及ぶ範囲。「裁判所の—外」「—区域」

かんがっき【管楽器】吹き口を吹いて管内の空気を振動させて音を出す楽器の総称。木管楽器と金管楽器の二種に分ける。吹奏楽器。↕弦楽器・打楽器

かんがみる【鑑みる】《上一自他》手本に照らして考える。また、他とくらべあわせて考える。「先例に—みて」「時局を—に」▽「鏡」を動詞化した「かがみる」の転。

カンガルー 主にオーストラリアの草原にすむ獣。長い尾でバランスをとり発達した後足で飛び跳ねて移動する。草食。雌は子供を腹部の袋に入れて哺育(ほいく)する。▽kangaroo カンガルー科の有袋類の総称。大きな種は体長二メートルになる。

かんかん「かみの毛」「かんざし」の幼児語。

かんかん【感官】感覚器官。また、その作用。

かんかん【漢×奸】中国で、敵に通じる同国人。売国奴。

かんかん【看貫】品物の量目をはかること。また、その台ばかり。看貫秤(ばかり)。「—にかける」

かんかん【閑閑】《ト タル》静かに落ちついているさま。のんびり。「悠々—として日を送る」

かんかん ①《副[と]》金属などをたたいた時に発する音。「踏切の警鐘が—鳴る」②《副[に]》日光が強く照りつけるさま。また、火が真っ赤におこるさま。「日が—照る」「炭火が—におこっている」③《ダナ》ひどく怒っているさま。「—になって怒る」 **—でり**【—照り】夏の空に雲ひとつ無く、日が強く照りつけるさま。

かんがん【×宦官】昔、東洋諸国、特に中国で、去勢され後宮につかえた男の役人。

かんがん【汗顔】恥じて顔に汗をかくこと。非常に恥ずかしく感じること。「—の至り」

がんがん ①《副[と]》金属製品などがやかましい音で鳴るさま。「ハンマーを—と打つ」②《副[と]》勢いが激しいさま。㋐熱・暑気・冷気などが強烈なさま。「ストーブを—燃やす」㋑やり方が強烈なさま。「指導が—行われる」③《副[と]・ス自》頭・耳が響くように痛むさま。「頭が—する」

かんかんがくがく【×侃×侃×諤×諤】何の遠慮もせず盛んに論議すること。「—の論」

かんかんしき【観艦式】その国の海軍、特に軍艦の威容を元首などに見せる儀式。

かんかんぼう【かんかん帽】麦わらを固く編んで作った、夏の(男性用)帽子。

かんき【乾季・乾期】一年中で雨の少ない季節。特に、熱帯地方の秋から春までの間。↕雨季

かんき【勘気】家来や子供が、君主・父からしかりとがめられること。勘当(かんどう)。「—をこうむる」

かんき【喚起】《名・ス他》呼びおこすこと。「注意を—する」

かんき【官紀】官吏の規律。「—粛正」

かんき【官記】官吏に授与される任命書・辞令。

かんき【寒気】①気温が低くて寒いこと。寒さ。②冷たい空気。

かんき【換気】《名・ス他》(部屋などの)空気を入れかえること。汚れた空気を出して、新しい空気を入れること。「—口(こう)」「—扇」

かんき【歓喜】《名・ス自》非常によろこぶこと。よろこび。「—の声」▽仏教では「かんぎ」と読む。

がんぎ【×雁木】雁(がん)の行列のように、斜めでぎざぎざしているもの。㋐反った木の橋の桟。㋑桟橋の船着場や土手にある階段。㋒坑内で使うはしご。㋓大のこぎり。㋔雪国で、軒からひさしを長く出し、その下を通路とするもの。がんぎづくり。

かんぎく【寒菊】きくの一品種。花は小形で黄色、晩秋から冬にかけて咲く。

かんきだん【寒気団】冬に、寒い地方で発生して暖かい地方へ移動する、冷たい空気のかたまり。「シベリア—」

かんきつるい【×柑×橘類】蜜柑(みかん)や橘(たちばな)、それに似た柚子(ゆず)やレモンなどの総称。また、その果実。

かんぎてん【歓喜天】魔障を除くという仏教守護の神。頭は象、身体は人間にかたどられ、単身と男女双身とがある。聖天(しょうでん)。日本では夫婦円満・安産などの神としても信仰する。

かんきゃく【観客】 見る人。見物人。特に、芝居・映画・スポーツなどの興行を見る人。「―席」

かんきゃく【閑却】《名・ス他》重視しないで打ち捨てておくこと。なおざりにすること。「―を許さない事態」

かんきゅう【官給】《名・ス他》役所から金品を給与すること。「―品」

かんきゅう【感泣】《名・ス自》深く感じ入って泣くこと。感激して泣くこと。

かんきゅう【緩急】 ①ゆるやかなこととき びしいこと。また、おそいのと早いのと。「―自在」②急なこと。危急の場合。「一旦―の際は」

がんきゅう【眼球】 脊椎動物の視覚器である目の主要部分。球形をなし眼窩(がんか)の中にある。めだま。

かんぎゅうじゅうとう【汗牛充棟】 蔵書が非常に多いことの形容。▽重さは牛が引いて汗をかくほどで、嵩(かさ)は棟(むね)につかえるほど、の意。

かんきょ【官許】《名・ス他》政府からの許可。

かんきょ【閑居】 ①《名》閑静なすまい。②《名・ス自》ひまでいること。「小人―して不善をなす」(→しょうじん(小人))。世事から身を引いて、のんびりと暮らすこと。「―の慰み」

かんぎょ【還御】《名・ス自》天皇・三后・将軍・公卿(こうけい)が出先から帰ること。

かんきょう【感興】 物に感じて興がわくこと。その面白み。「―をもよおす」「―をそぐ」

かんきょう【環境】 人間または生物を取り巻く、まわりの状況。そのものと何らかの関係を持ち、影響を与えるものとして見た外界。「―に適応する」「―保護」「教育―が悪い」「―衛生」▽自然的環境と社会的環境とがある。 **―せってい【―設定】**《名・ス他》パソコンで、ソフトウェアの動作や表示などを利用者の使い勝手がよいように調整すること。その作業。 **―ホルモン** (正常な)ホルモン作用を乱し、生体に有害な化学物質。内分泌攪乱(かくらん)化学物質の通称。▽一九九七年ごろから使われ出したが、誤解を招きやすい語。

かんぎょう【勧業】 産業を奨励すること。

かんぎょう【官業】 国有・国営の事業。

かんぎょう【寒行】 寒中に行う修行(しゅぎょう)・苦行。

がんきょう【眼鏡】 →めがね

がんきょう【頑強】《名・ダナ》ねばり強くて、相手になかなか屈しないこと。「―に抵抗する」 派生 **―さ**

がんぎょう【願行】 誓願と修行(しゅぎょう)。

かんきり【缶切(り)】 かんづめを切ってあける道具。

かんきわまる【感極まる・感窮まる】《五自》感動の極に達する。「―って泣き出す」

かんきん【官金】 政府の所有になる金銭。

かんきん【換金】《名・ス自他》物を売って現金に換えること。「―価値のある物」

かんきん【桿菌】 棒状・円筒状の細菌。病原となるものには、チフス菌・ジフテリア菌・赤痢菌などがある。バチルス。

かんきん【監禁】《名・ス他》身体の自由を拘束し、一定の場所にとじこめて外に出さないこと。「―を解く」

かんきん【看経】《名・ス自他》①禅宗で、声を出さずにお経を読むこと。お経の黙読。↔読経(どきょう)。②(声を出して)お経を読むこと。

かんぎん【感吟】 ①《名・ス他》人の作った詩歌を感心して読むこと。②《名》感嘆すべき詩歌、特に、俳句。

かんぎん【閑吟】《名・ス他》しずかに詩歌をくちずさむこと。

がんきん【元金】 もときん。▽利息に対して言う。

かんく【甘苦】 甘さとにがさ。楽しみと苦しみ。「―を共にする」

かんく【管区】 管轄する区域。「―気象台」

かんく【艱苦】 難儀や苦労・辛苦。

がんぐ【頑愚】《名・ダナ》頑固で道理にくらいこと。 派生 **―さ**

がんぐ【玩具】 おもちゃ。

がんくつ【岩窟】 岩にできた洞穴。いわや。岩あな。

がんくび【雁首】 ①キセルの、火皿(ひざら)の付いた頭部。ここに刻みタバコを詰めて火をつける。▽形を雁の首に見立てて言う。②〔俗〕首・頭。「―を並べてあいさつに出る」

かんぐる【勘繰る】《五他》気をまわしてあれこれと悪く考える。邪推する。

かんぐん【官軍】 朝廷(政府)方の軍隊。↔賊軍。「勝てば―」(勝利者側の主張が結局は正義とみなされてしまうということ)

かんげ【勧化】《名・ス他》①仏の道をすすめること。②寺の建立(こんりゅう)・修復のために、寄付をつのること。勧進(かんじん)。

かんけい【奸計・姦計】 わるだくみ。「―をめぐらす」

かんけい【簡勁】《名・ダナ》表現が簡潔で力強いこと。 派生 **―さ**

かんけい【還啓】《名・ス自》三后・皇太子などが帰ること。

かんけい【関係】《名・ス自》①二つまたは一組のものが他に対してもつ何らかのつながり。「本社は彼と何の―もない」「火と水(と)の―」(対立関係のたとえ)「人間―」「―をもつ」(特定の(情交)関係をもつ意にも)「関数―」▽論理的には、甲の乙に対する関係と、その逆関係すなわち乙の甲に対する関係とを区別する。②それに直接(強く)かかわること。そういうかかわり。「彼が―した事件」「暴力事件に―する」「所持金の―で買うのをやめる」「―者」「―筋(すじ)」③《接尾語的に》その方面(の仕事)。「営業―をやっています」▽職業・担当業務をややぼかして言う。 **―づける【―付ける】**《下一他》(関係が一見なさそうなものに)つながりをつける。結びつけて考える。

かんげい【歓迎】《名・ス他》好意をもってよろこび迎

えること。「投稿を―します」「大―」「―会」

かんげいこ【寒稽古】《名・ス自》寒中に行う武道・音曲などのけいこ。

かんげき【感激】《名・ス自》はげしく感動して、気持がふるいたつこと。強く心を動かすこと。「友情に―する」

かんげき【観劇】《名・ス自》演劇を見ること。芝居見物。

かんげき【間隙】すきま。「―を縫って進む」「―を生じる」(不和になる意にも)

かんげざい【緩下剤】内服して、急激でなく便通をよくする薬。

かんけつ【完結】《名・ス自》①続いていたものが完全に終了すること。「―編」②それ自体でまとまった形にととのうこと。「論理としては―している」

かんけつ【簡潔】《名・ダナ》表現が簡単で要を得(え)、むだがないこと。「―に述べる」派生 **-さ**

かんけつ【間欠・間×歇】一定の時間をおいて起こったりやんだりすること。「―的」 **―せん**【―泉】一定の時間をおいて、周期的に熱湯・水蒸気をふき出す温泉。 **―ねつ**【―熱】一定の時をおいて起こる発熱。マラリア・回帰熱などの感染症や敗血症でみられる。また、そういう症状を示す熱病。↓おこり

かんげつ【寒月】冬、寒々として、さえわたって見える月。

かんげつ【観月】月をながめて賞すること。月見。「―会」

かんけり【缶蹴り】隠れん坊の一種。鬼に見つからないようにしながら、鬼の守る一個の缶を蹴る遊び。

かんけん【乾繭】保存のため、まゆを乾燥し、蛹(さなぎ)を殺すこと。そうしたまゆ。↕生繭(せいけん)

かんけん【官憲】①役所。行政官庁。その筋。特に、警察関係を言う場合が多い。②官吏。役人。特に、警察官吏。

かんけん【官権】政府・官吏の権力・権限。

かんけん【管見】狭い見識。▽管(くだ)を通して見る意で、自分の知識や見解を謙遜して言う場合が多い。

かんげん【寛厳】ゆるやかなことと、きびしいこと。「―よろしきを得る」

かんげん【換言】《名・ス他》他の言葉にいいかえること。いいかえ。「―すれば」

かんげん【甘言】相手の心をひきつけたりする手段として使う、うまい(聞き手に気持よい)言葉。「―につられる」

かんげん【敢言】《名・ス自》押し切って(=敢)自分の意見を言うこと。「―の臣」(君主の気に入らない事もあえて言う臣下)

かんげん【×諫言】《名・ス他》いさめること。その言葉。「この点を強く上司に―する」▽目上・上位の人に対するものに限る。

かんげん【管弦・管×絃】管楽器と弦楽器。また、音楽を奏すること。特に、雅楽の合奏。「詩歌―」 **―がく**【―楽】多くの弦楽器・管楽器・打楽器によって、一定の指揮のもとに行われる洋楽の大合奏。オーケストラ。

かんげん【還元】《名・ス他自》①根源的なものに(再び)もどす、またはもどること。「利益を社会に―する」②酸化物から酸素を取り去ること。▽広くは、化学反応で物質が電子を得ること。↕酸化。

がんけん【頑健】《名ナノ》体ががっしりして、健康なこと。派生 **-さ**

がんけん【眼×瞼】眼球の上下をおおって角膜を保護する皮膚。まぶた。

かんこ【歓呼】《名・ス自》よろこんで声をあげること。「―の声」

かんこ【×鹹湖】↓えんこ(塩湖)

かんご【漢語】昔、中国から伝来して日本語となった語。更に広く、漢字で組み立てて音(おん)で読む語。↕和語

かんご【看護】《名・ス他》けが人・病人を介抱し、世話すること。看病。 **―し**【―師】医師の診療を手伝い、病人を看護することを職業とする人。法定の資格を要する。▽「看護婦」に代わり、男女を問わない呼称として出来た語。 **―ふ**【―婦】女性の看護師の旧称。

かんご【監護】《名・ス他》監督し保護すること。

かんご【閑語】《名・ス自》①静かに話すこと。②ひまにまかせた、むだ話。

がんこ【頑固】《名・ダナ》①かたくなで意地を張ること。わからずやで、押しの強いこと。片意地。「―おやじ」「―一徹」②しぶとくて、除きにくいこと。「―な水虫」「―な汚れ」派生 **-さ**

かんこう ①【勘考】《名・ス他》考えること。思案。勘案。②【勘校】《名・ス他》比べ合わせて考えること。校勘。

かんこう【勧降】降服をすすめること。「―文」

かんこう【完工】《名・ス自》工事を完了すること。竣工(しゅんこう)。

かんこう【寛厚】《名ナノ》心が広やかでおとなしいこと。派生 **-さ**

かんこう【感光】《名・ス自》光線の作用を受けて、化学変化を起こすこと。「―材料」 **―し**【―紙】感光性のある物質を塗布した、光があたると色が変わる紙。図面の複製や写真の焼付けに使う。

かんこう【刊行】《名・ス他》印刷して出版すること。「―物」

かんこう【慣行】以前からのならわしとして通常行われること。「社会―」

かんこう【敢行】《名・ス他》無理・障害を承知の上で、あえてすること。「盗塁を―する」

かんこう【緩行】《名・ス自》ゆっくり進むこと。鉄道で、各駅停車で進むこと。

かんこう【甘×汞】水銀の塩化物の一つ。二つの水銀が結合し、そのそれぞれに塩素が結合する。有毒だが、かつては下剤・化粧品などに利用した。塩化第一水

銀。
かんこう【×箝口】発言を封じること。また、言葉に出さないこと。▽「けんこう」の慣用読み。 **―れい**【―令】他人に話すことを禁じる命令。
かんこう【×緘口】〘名・ス自〙口を閉じて物を言わないこと。
かんこう【還幸】〘名・ス自〙天皇が行幸先から帰ること。
かんこう【観光】〘名・ス他〙他国・他郷の風光・景色を見物すること。「―バス」「―旅行」「―都市」「―地」
かんごう【勘合】①〘名・ス他〙調べあわせること。考えあわせること。②〘名〙日本と明朝(みんちょう)との間で、往来の証として与えた割符(わりふ)。勘合符。
かんごう【環×濠】自衛のために集落の四周にめぐらした濠(ほり)。「―集落」▽弥生時代にも見られるが、室町時代に発達した。
がんこう【×雁行】①〘名〙空を並んでとぶ雁(がん)の行列。②〘名・ス自〙ななめに並んで行くこと。
がんこう【眼光】①目の光。②見わける力。「―紙背に徹する」(書いてある事の言外の意味まで読み取る)
がんこう【眼孔】①眼球のはいっているあな。②見識の範囲。▽⑵は古風。
がんこうしゅてい【眼高手低】批評は上手だが、実際に創作すると下手(へた)であること。
かんこうちょう【官公庁】官庁と、地方公共団体の役所。
かんこうば【勧工場】明治・大正期に、多くの商店が一つの建物の中に商品を並べて販売した、百貨店の前身のようなもの。
かんこうばい【寒紅梅】寒中に咲き出し、紅色の花をつける、梅の品種。▽江戸時代からの園芸種。八重咲き・一重咲きがある。
かんこうへん【肝硬変】慢性・ウイルス性の肝炎が進行して、肝細胞が壊れ、肝臓が縮小・硬化した状態。肝硬変症。
かんごえ【寒肥】寒中にほどこす肥料。
かんごえ【寒声】寒稽古(かんげいこ)で発する声。▽「かんせい」と読めば別の意。
かんごえ【×癇声】すぐ癇癪(かんしゃく)を起こす人の高い声。癇癪を起こした時のいらいらした高声。
かんこく【勧告】〘名・ス他〙当事者に、こういう処置をしたほうが良いと(多少とも)公的なしかたで告げ(説い)て勧めること。その内容。「和解を―する」
かんごく【監獄】→けいじしせつ
かんこつ【×顴骨】→きょうこつ(頬骨)
かんこつだったい【換骨奪胎】〘名・ス他〙他人の詩文の語句や構想をうまく利用し、その着想・形式をまねながら、自分の作としても(独自の)価値があるものに作ること。▽もと、道教の語で、人間の骨・胎(からだ)をとりかえて仙人になる意。
かんこどり【閑古鳥】→かっこう(郭公)。「―が鳴く」(さびしいさま。特に、商売などがはやらないさま)▽「かっこうどり」がなまったもの。
かんごり【寒×垢離】寒中、冷水を浴びながら、神仏に祈願すること。
かんこんそうさい【冠婚葬祭】元服と婚礼と葬儀と祖先の祭典。慶弔の儀式。
かんさ【監査】〘名・ス他〙監督し検査すること。「会計―」
かんさ【鑑査】〘名・ス他〙検査して、そのものの適否・優劣を鑑定すること。「美術展に無―で出品する」
かんさい【完済】〘名・ス他〙借金を全部返すこと。残らず返済・納入すること。
かんさい【漢才】漢学の方面にすぐれた才能。漢学に通じ、詩文をよく作る才能。「和魂―」
かんさい【関西】京都・大阪およびその近県一帯の地域。↔関東。「―弁」▽関の西の地の意。
かんさい【簡裁】「簡易裁判所」の略。
かんさい【艦載】〘名・ス他〙軍艦に搭載すること。「―した偵察機を発進させる」
かんざい【寒剤】ものを冷やすために用いる冷たい物質。液体窒素など。特に、二種類以上の物質を混合して低い温度を得るもの。氷と食塩を混合したものなど。
かんざい【管財】財産・財務を管理すること。「―人」
がんさい【顔彩】四角な小さい陶器に流し込んで乾かした、日本画の顔料。
かんさいぼう【幹細胞】自ら増殖する能力と、特定の働きをする細胞に分化する能力とを合わせ持つ細胞。例、血液のもとになる造血幹細胞。
かんさく【間作】〘名・ス他〙①農作物のうねの間、または苗木が成長するまでの期間に、その株の間に他の作物を植えて栽培すること。混作の一種。②ある作物を収穫し、次の作物をまくまでの短い期間に収穫できるような作物を作ること。輪作の一種。
がんさく【×贋作】〘名・ス他〙特定の作品のにせものを作ること。そのにせ作。
かんざくら【寒桜】寒の終わりごろに咲き始める、花色の濃い桜の一種。
かんざけ【×燗酒】燗(かん)をした酒。あたためた酒。↔冷酒(ひやざけ)
かんざし【×簪】①女性の髪に飾りにさすもの。②かんむりの付属品の一つ。かんむりが落ちないように、もとどりに貫きさすもの。▽「かみさし」から。
かんさつ【監察】〘名・ス他〙情況を見届けて察知すること。特に、視察し監督すること。「―官」
かんさつ【観察】〘名・ス他〙事物の現象を自然の状態のまま客観的に見ること。「―眼」「―力」
かんさつ【鑑札】ある種の営業や行為に対して役所が与える許可証。「古物商の―」「犬の―」
がんさつ【×贋札】にせさつ。
かんさ-びる【神さびる】〘上一自〙①こうごうしくなる。②年をへて古めかしくなる。古風になる。▽「かみさびる」とも言う。文語的。

かんざまし【×燗冷まし】いったん燗(かん)をした酒が冷えてしまったもの。

かんざらし【寒×晒し】①寒中に穀類などをさらすこと。②白玉粉。

かんさん【換算】《名・ス他》ある単位で表した数量を、別の単位の数量に数えなおすこと。「尺をメートルに—する」「和暦を西暦に—する」

かんさん【甘酸】甘さと酸(す)さと。また、楽と苦。苦楽。

かんさん【閑散】《名ナ》ひっそりしていること。ひまなこと。「市場(しじょう)—」「人通りが少なく—とした町」

がんざん【元三】①一月一日。▽歳・月・日の三つの元(はじめ)の意。②元日から三日間。さんがにち。

かんし【干支】十干と十二支。また、その組合せ。えと。

かんし【冠詞】ヨーロッパ諸語などの品詞の一つ。名詞の前につけ、数・性・格などを示す語。

かんし【漢詩】漢字でつづった詩。一句は主として四言(しごん)・五言(ごごん)、または七言(しちごん)からなり、平仄(ひょうそく)・韻脚などの規則がある。からうた。

かんし【環視】《名・ス他》ぐるりをとりまいて、まわりで見ること。「衆人—の中で」

かんし【監視】《名・ス他》(悪いことが起こらないように)番をして見張ること。「本部の—下に置く」「—網」

かんし【×諫止】《名・ス他》いさめてとめること。いさめて思いとどまらせること。

かんし【×諫死】《名・ス自》死んでいさめること。死を覚悟していさめること。

かんし【×鉗子】外科手術の際に組織・異物などをはさんだりするのに使う、はさみのような形の器具。

かんじ【感じ】感じること。感じたもの。㋐感覚。「—が無くなる」㋑物・事から受ける印象・感情。「—の悪い人」㋒ある感情を起こさせる、物の様子。「春の—」「明るい—の絵」

かんじ【漢字】漢民族の間で発生し、発達した表意文字。

かんじ【幹事】①他の人の委任を受けて、主となって事務を担当すること。その人。「—長」②世話人。「同窓会の—」

かんじ【監事】①団体の庶務をつかさどる人。②公益法人・協同組合などを監督する機関。また、それにたずさわる人。

かんじ【×莞×爾】《ト タル》喜んでにっこり笑う様子。

かんじいる【感じ入る】《五自》心にしみて感じる。すっかり感心する。

がんじがらめ【×雁字×搦め】①なわやひもなどを、上下左右から幾重にもまきからめ(て動けないようにす)ること。「—にする」②精神的な束縛を受けて行動の自由を奪うこと。

かんしき【鑑識】①物を鑑定し見きわめる力。めきき。「—眼」②警察で行う鑑定。筆跡・指紋・血痕などの遺留物を鑑定し捜査に役立てること。

かんじき 雪の中に足が深く入るのをさけるために、はきものの下につけるもの。多くは、木の枝やつるを輪にして作る、わかんじき。

がんしき【眼識】よしあし・優劣を見わける見識。めきき。

かんじく【巻軸】①まきもの。②まきもの・書物などの終わりの、軸に近い部分。③まきもの・書物の中のすぐれた詩歌・俳句。

かんしつ【乾湿】かわきとしめり。乾燥と湿気。「—計」

かんしつ【乾漆】①像・器物などを作る漆工技法の一つ。木・粘土などの原型の上に、漆で製した糊(のり)で布をはり重ね、漆を上塗りして仕上げる。奈良時代に唐から伝来。「—の仏像」②長い間貯蔵してできた、漆液のかわいたかたまり。漢方で使う。

がんしつ【眼疾】目の病気。眼病。

がんじつ【元日】年の始めの日。正月の第一日。

かんじつげつ【閑日月】①ひまな月日。②転じて、ゆとりのある心で過ごす時間。

かんして【関して】《連語》→かんする(関)。▽「関しまして」も使う。

かんしゃ【官舎】国(地方公共団体)が公務員を住まわせるために建てた住宅。公務員宿舎。

かんしゃ【感謝】《名・ス自他》ありがたく思って礼をいうこと。心にありがたく感じること。「—の念を抱く」

かんしゃ【甘×蔗】→さとうきび

かんじゃ【冠者】①元服してかんむりをつけた男子。かじゃ。②昔、六位で官位のなかった人。③若者。「猿面(さるめん)—」④召使の若者。

かんじゃ【患者】病気で医者の治療を受ける人。病気にかかっている人。▽以前は医者から見ての言い方。

かんじゃ【間者】敵方の様子をさぐる者。間諜(かんちょう)。まわしもの。スパイ。

かんしゃく【官爵】官職と爵位。

かんしゃく【×癇×癪】ちょっとした事にも怒りやすい性質。かんぺき。「—持ち」。その発作。「—を起こす」 **—だま**【—玉】①かんしゃく。②金剛砂と火薬をまぜ、豆つぶほどに丸めた玩具。地面などに投げつけると大きな音を出して爆発する。

かんじゃく【閑寂】《名ナ》ひっそりとさびしいこと。ものしずか。「—を愛する」派生 **-さ**

かんしゅ【巻首】まきもの、または書物の始め。巻頭。

かんしゅ【監守】監督・守護すること。取りしまること。また、そうする人。

かんしゅ【看守】刑務所などで、囚人の監視・使役、その他の刑事施設事務にたずさわる職員。

かんしゅ【看取】《名・ス他》見てとること。見て会得(えとく)すること。

かんじゅ【官需】政府の需要。また、その物資。↔民需

かんじゅ【感受】《名・ス他》外界の刺激や印象を、感じて受けいれること。特に心理学で、感覚神経によって外界の刺激・印象を受けいれること。 **―せい**【―性】外界の刺激・印象を受けいれる能力。物を感じとる能力。「―が強い」

かんじゅ【甘受】《名・ス他》甘んじて受けること。「苦しみを―する」

かんじゅ【貫首・貫主】かしらに立つ人。㋐天台宗の最高の僧職、天台座主(ざす)の異称。㋑各宗本山や諸大寺の住持の敬称。▽「かんず」とも。

がんしゅ【×癌腫】→がん(癌)

がんしゅ【願主】願いをかける当人。願(がん)を立てる人。ねがいぬし。

かんしゅう【慣習】ある社会で歴史的に成立・発達し、一般に認められている、伝統的な行動様式。ある社会一般に通じるならわし。「―に従う」 **―ほう**【―法】慣習にもとづいて成立する法。法としての力を持っている習慣。一種の不文法。

かんしゅう【監修】《名・ス他》書籍の著述・編集の監督をすること。「辞典の―者」

かんしゅう【観衆】大勢の見物人。見ている人。

がんしゅう【含羞】はじらうこと。

かんじゅく【完熟】《名・ス自》果実または種子が十分大きくなり、内容も充実すること。▽トマトなどで、収穫後に熟したものに対して、畑にあるうちに熟したものをいうこともある。

かんじゅく【慣熟】《名・ス自》物になれて、うまくゆくようにすること。なれて上手(じょうず)になること。「―運転」

かんしゅだん【慣手段】いつもきまってとる手段。常用手段。慣用手段。

かんしょ【官署】官庁とその補助機関。「税関―」

かんしょ【漢書】漢文の書物。中国の書物。漢籍。↕和書・洋書。▽「かんじょ」(百二十巻の中国漢王朝の史書)とは別。

かんしょ【甘×蔗】→さとうきび。▽「かんしゃ」の慣用読み。

かんしょ【甘×薯・甘×藷】→さつまいも

かんじょ【官女】宮中に仕える女。女官。かんにょ。

かんじょ【寛×恕】《名・ス他》度量が広く、思いやりの深いこと。あやまちなどをとがめずに、広い心で許すこと。「ご―を請う」

かんじょ【緩徐】速度・調子がゆるやかなこと。

がんしょ【×雁書】手紙。書簡。▽昔、中国で、蘇武(そぶ)が匈奴(きょうど)に囚(とら)われたとき、雁(がん)の脚に書状をくくって都に送ったという故事から。

がんしょ【願書】①願いの趣旨を書いた書面。特に、入学願書。②→がんもん

かんしょう【冠省】手紙で、時候のあいさつなどの前文をはぶくこと。また、そのときに書く言葉。

かんしょう【冠称】①他と区別するために、上にかぶせる名称。②→つのがき

かんしょう【勧奨】《名・ス他》よいことだとすすめて励ますこと。

かんしょう【勧賞】《名・ス他》ほめて励ますこと。

かんしょう【感賞】《名・ス他》感心してほめること。

かんしょう【鑑賞】《名・ス他》芸術作品に接して、味わい理解すること。「名曲―」「映画―」

かんしょう【観賞】《名・ス他》見てほめあじわうこと。見て楽しむこと。「―魚」「―植物」

かんしょう【観照】《名・ス他》①対象の本質を客観的に冷静にみつめること。②美を直接的に認識すること。

かんしょう【×奸商・×姦商】不正な手段で不当な利益を得る、または得ようとする商人。悪くてずるい商人。

かんしょう【完勝】《名・ス自》一方的に勝つこと。↕完敗

かんしょう【干渉】《名・ス自》①立ちいって他人の物事に関係すること。他人のことに立ちいり、しいて自分の意思に従わせようと指図・妨害すること。「選挙―」「内政に―する」「―を排する」②〔物理〕二つ以上の同一種の波動が同一点で合ったとき、重なって互いに強めあい、または弱めあう現象。「―縞(じま)」

かんしょう【感傷】物に感じて心をいためること。「―にひたる」。感じやすくすぐに(安っぽく)心を動かすこと。「―に過ぎない」 **―しゅぎ**【―主義】感情を理性や意志などより重んじ、詠嘆・悲嘆の調子が強い、文芸上の傾向。主情主義。センチメンタリズム。 **―てき**【―的】《ダナ》悲哀の感情におぼれやすいさま。センチメンタル。「―な歌」

かんしょう【環礁】大洋中に発達してできる、環(わ)の形をした珊瑚礁(さんごしょう)。中は浅いが、周囲の海は深い。

かんしょう【×癇性】《名ナ》すぐ激するような性質。また、病的と見えるほどきれい好きなこと。▽「疳性」とも書く。

かんしょう【簡×捷】《名・ダナ》手軽ですばやいこと。

かんしょう【管掌】《名・ス他》つかさどること。自分の管轄の仕事として監督し取り扱うこと。「政府―」

かんしょう【緩衝】《名・ス他》二つのものの間に立って、不和・衝突をやわらげること。また、そのもの。「―地帯」

かんじょう【冠状】かんむりのような形・様子。

かんじょう【勘定】《名・ス他》①量の計算(をすること)。㋐物の数量計算。また個数を数えること。㋑金銭出納(すいとう)の計算。「―合って銭(ぜに)足らず」㋒複式簿記で、出納の種類別に、その増減を左右の欄に分けて記録・計算するため、元帳(もとちょう)に設けた特殊な形式。「―科目」②代金を払うこと。その代金。③見積り。考え。「―に入れる」▽③の意では「する」がつかない。④《「だ」や「になる」を従えて》理屈を考えて引き出した結末・結論。「進んで行う人がいないから、みんなに嫌われた―だ」▽④は、考えて決めるという原義に近い用法。 **―がき**【―書(き)】

売掛金や代金の請求書。かんじょうしょ。　―ずく(づく) 利益だけを考えて、事をすること。打算によって行動すること。　―だか-い【―高い】《形》金銭の勘定が細かくてけちだ。利益ばかりを考えて打算的だ。そろばんだかい。派生 ―さ

かんじょう【勧△請】《名・ス他》①神仏の来臨を願うこと。②神仏の分霊を請(しょう)じ迎えること。

かんじょう【干城】国を守る武士・軍人。▽「干」は盾(たて)。

かんじょう【感情】①気持。心持。「―の機微にふれる」②快・不快を主とする意識のもっとも主観的な側面。「―を顔にあらわす」「―を害する」「―をまじえず語る」関連 情・情意・情感・情操・情緒・情熱・情味・激情・私情・至情・詩情・心情・真情・衷情・熱情・余情・旅情・悪感情・喜怒哀楽・快感・万感・劣等感・コンプレックス・気分・機嫌・気持・心地・心持・心境・もののあわれ・ムード　―いにゅう【―移入】《名・ス自》自己の感情を、対象の中に投射して、その対象と自己との融合を意識すること。　―てき【―的】《ダナ》理性を失って感情に走るさま。興奮するさま。「―になる」

かんじょう【感状】戦(いくさ)で立てた手柄をほめて、主君や上官が与える書きつけ。

かんじょう【環状】輪のような形。「―線」

かんじょう【管状】くだのような形。「―花」

がんしょう【元正】元日。一月一日。

がんしょう【岩×漿】→マグマ

がんしょう【岩礁】海水中に隠れている岩。暗礁。

がんじょう【頑丈】《名・ダナ》人や物が丈夫で、弱りそうもないこと。▽もと、馬について言った語。「岩乗」とも書く。派生 ―さ

かんしょく【官職】官と職。▽「官」は職務の一般的種類、「職」は職務の具体的範囲。

かんしょく【感触】①皮膚が外界の刺激にふれて感じること。「ひんやりとした―」②てざわり。はだざわり。広く、相手の談話などから受ける、ぼんやりした感じ。「よい―を得る」

かんしょく【寒色】寒い感じを与える色。青系統の色。↔暖色・温色

かんしょく【間色】原色と原色との中間の、やわらかい感じの色。原色以外の色。中間色。

かんしょく【間食】《名・ス自》食事と食事とのあいまに物を食べること。その食物。あいだぐい。

かんしょく【完食】《名・ス他自》出された食べ物の全量や全種類を食べ切ること。「給食を―した」

かんしょく【閑職】ひまな職務。重要でない職。「―に左遷された」

がんしょく【顔色】かおいろ。「―なし」(圧倒された様子)

かん-じる【感じる】《上一他自》刺激を身に受けとる。覚える。「離れていても近くに―じた」㋐感覚を生じる。「寒さを―」「腹痛を―」「殺気を―」㋑何かが刺激となって、ある気持をいだく。「敵意を―」「月光に詩情を―」「貧しいのを不幸と―」「―ところがあって、行いを改める」㋒心に刻みつける。「恩を―」。感動する。「厚い友情に―」「その善行に天が―じて恵みを垂れる」▽「感ずる」とも。関連 覚える・感じ入る・感づく・感極まる・感・感応・感慨・感覚・感激・感受・感心・感性・感嘆・感動・感奮・感銘・音感・共感・五感・実感・体感・第六感・直感・痛感・同感・予感・霊感・勘・官能・錯覚・視覚・触覚・知覚・聴覚・味覚・直覚・痛覚・統覚・印象・ピンと来る・インスピレーション・センス・気・気付く・気持・興奮・賛嘆・ショック・センセーション

かん-じる【観じる】《上一他》①心に思い浮かべて観察する。静かに心に思い浮かべて真理を悟る。②悟ってあきらめる。観念する。「結局人生は夢だと―」▽「観ずる」とも。

かんしん【×奸臣・×姦臣】邪悪な(悪巧みをする)家来。

かんしん【寒心】きもをひやすこと。おそれてぞっとすること。「―にたえない」

かんしん【感心】①《名・ス自》心に深く感じること。物事に感服して、ほめるべきだと思うこと。「しつけの良さに―する」「その案は―しない」(=あまりよくない)②《ダナ》ほめるべきであるさま。「―な生徒だ」

かんしん【歓心】心に喜ぶこと。喜んでうれしいと思う心。「―を買う」(人に気に入られるように努める)

かんしん【関心】心にかけること。気がかり。特に、興味をもって、注意すること。「文学に―をもつ」「読者の―をひく」　―じ【―事】気がかりな、または、興味のある事柄。「目下の最大の―は医療問題だ」

かんじん【勧進】《名・ス他》①人々に仏道をすすめて、善に向かわせること。②寺社・仏像の建立(こんりゅう)・修繕などのために寄付を募ること。▽→かんげ。　―ちょう【―帳】勧進(2)の趣意を記して、金品を募集する帳面。▽安宅(あたか)の関で、弁慶が勧進帳を読んだ話が有名。　―もと【―元】何か事を発起してその世話をする人。特に、勧進相撲(ずもう)・勧進芝居などの興行元。

かんじん【寛仁】《名・ダナ》寛大で慈悲心があること。心がひろく、なさけ深いこと。「―大度(たいど)」

かんじん【肝腎・肝心】《ノダ》《「―な」も使う》とりわけ大切であること。肝要。「努力が―だ」▽肝と心、あるいは肝と腎は、共に人体にとって大切なもの。　―かなめ【―要】《「―の」の形で》一番大切なこと。非常に肝要なこと。「―のこの一点だけは譲れない」

かんじん【閑人】ひまで用のない人。ひまじん。「―の寝言」

かんしんせい【完新世】地質時代の新生代第四紀の後半の時代。約一万二千年前に更新世が終わってから現在にいたる時代。沖積世。▽この時代に、河川の堆積物でできた地層を沖積層と言う。

かんじんより →こより

かんす【×鑵子】茶の湯に使う釜。

かんすい【完遂】《名・ス他》完全にやりとげること。最後まで遂行すること。▽「かんつい」と読むのは誤り。

かんすい【冠水】《名・ス自》大水で、田畑・作物、道路などが水びたしになること。

かんすい【×灌水】《名・ス自》水をそそぐこと。

かんすい【×鹹水】しおみず。海の水。↕淡水。 **—ぎょ**【—魚】塩水に住む魚。海水魚。↕淡水魚

がんすいたんそ【含水炭素】炭水化物の旧称。

かんすう【関数・×函数】ある数(または、数の組)に対して、別の一つの数(これを「関数値」と言う)が定まる対応関係。また、その対応の規則。「三角—」「多変数—」「成績を努力の—と見る」▽もとは「函」を用い、「関」はその書き替え。広くは数に限らず集合の元の間の対応関係。関数値が二つ以上の場合は「多価関数」という。

かんすうじ【漢数字】漢字のうち、数を表すもの。一・五・百・千など。▽アラビア数字(算用数字)・ローマ数字に対して言う。

かん-する【冠する】《サ変他》①(文字・修飾の言葉などを)上にかぶせる。上にくっつける。「接頭語「か」は、主として形容詞に—・し」②冠(かんむり)をかぶる。転じて、元服する。

かん-する【×姦する】①《サ変他》女性をおかす。②《サ変自》姦通(かんつう)する。

かん-する【×緘する】《サ変他》封をする。閉じる。「口を—・して語らない」

かん-する【関する】《サ変自》①かかわる。関係する。「われ—・せず」②《「……に—」の形で》……に関係がある。……を対象とする。……についての(ものである)。「教育に—発言」「日本語に—・して論じる」▽多く、連体形か「関し」「関して」「関しまして」の形で使う。「この発明は……に—」のように終止形も使うことがある。

かん-ずる【感ずる】《サ変他自》↓かんじる(感)

かん-ずる【観ずる】《サ変他》↓かんじる(観)

かんせい【歓声】喜びのさけび声。「—をあげる」

かんせい【×鼾声】いびきの音。「—雷のごとし」

かんせい【喚声】さけび声。「驚きの—があがる」

かんせい【×喊声】突撃の際の、ときの声。「—をあげる」

かんせい【寒声】①寒そうな声。寒さを感じさせる声。②寒さを感じさせる風や水の音。▽「かんごえ」と読めば別の意。

かんせい【完成】《名・ス自他》事物が完全に仕上がること。「新曲が—した」「橋が—した」「—を見る」。事物を完全に仕上げること。「長編小説を—する」「県が橋を—した」「—を目指す」

かんせい【官制】行政機関の設置・廃止・組織・権限などについての規定。▽旧制では勅令によったが、今は法律で定める。

かんせい【官製】政府がつくること。↕私製。「—はがき」

かんせい【感性】印象を受け入れる能力。感受性。また、感覚に伴う感情・衝動や欲望。「—に訴える」

かんせい【乾性】乾く性質。水分をあまり含まないか、必要としない性質。↕湿性。 **—ゆ**【—油】空気中におくと、すぐ乾いて固まる植物油。桐油(とうゆ)などの類。ペンキ・印刷インク・油絵具などに使う。乾油。乾燥油。

かんせい【慣性】〔物理〕他からの力の作用を受けない限り現在の運動状態が変化しないという、運動の性質。惰性(だせい)。

かんせい【管制】《名・ス他》危険を予防するために、ある種の行動に対し、強制的に管理・制御・制限すること。「航空機の離着陸の—」「灯火—」

かんせい【閑静】《名・ダナ》環境などがひっそりとして静かなこと。「—な屋敷町」 派生 **—さ**

かんせい【陥×穽】①おとしあな。②比喩的に、人をおとしいれるはかりごと。「—にはまる」

かんぜい【関税】貨物が、ある境界線を通過するとき、それに割り当てて徴収する税。特に、外国から輸入する貨物に対して国家が課する税。税関で徴収する。

がんせい ①【眼精】目の力。眼力。「—疲労」(目を使う仕事をする時に疲労感を生じ、眼痛・頭痛・肩こり・吐き気などを催す状態) ②【眼×睛】ひとみ。くろめ。

かんぜおん【観世音】〔仏〕観音経などに説かれる菩薩(ぼさつ)。大慈大悲に富み、苦悩を除き、世人がその名を唱える音声を観じて解脱(げだつ)させるという。観自在。観音(のん)。「—菩薩」

かんせき【漢籍】中国の書籍。漢文で書かれた書物。漢書(かんしょ)。

がんせき【岩石】地殻を形作る物質。そのかたまり。一種または数種の鉱物が集まってできている。水成岩・火成岩・変成岩に分類する。

かんせつ【冠雪】《名・ス自》物、特に山の頂が雪をかぶること。また、その雪。「富士山の初—」「道路標識の—対策」

かんせつ【関節】骨と骨とが連結し、そこを軸として相互に骨が動くところ。「—炎」

かんせつ【環節】昆虫やみみずのように、体が多くの環(わ)のような分節のつながりからできているものの、その一つ一つの分節。輪節。

かんせつ【間接】《名ナ》間に何か仲立ちがあり、それを通して行われること。↕直接。「—的」「—に言う」「—支配」 **—かんせん**【—感染】病原体に感染した人が触れた物や空気・水などがなかだちとなって感染すること。間接伝染。↕直接感染。 **—きつえん**【—喫煙】↓じゅどうきつえん。 **—しょうめい**【—照明】光を天井や壁に投射し、その反射光を利用する室内照明法。 **—しょうめい**【—証明】間接的な証明。特に、Aを証明するのに、「Aでない」という主張が成り立たないことを示す証明(法)。↓はい

りほう。　**ーぜい**【ー税】納税者がその課せられた税を直接負担するのでなくて、消費者などが負担するようになっている税。酒税・消費税など。↕直接税。　**ーせんきょ**【ー選挙】候補者の当落を、一般選挙人によって選出された選挙人の投票によって決定するもの。↕直接選挙

かんせつ【関説】『名・ス自』……に関して説明すること。「この論点には前論文でーした」

かんせつ【官設】官庁で施設すること。公設。↕私設

かんぜつ【冠絶】『名・ス自』最もすぐれていること。「世界にーする」

がんぜなーい【頑是無い】『形』幼くて、まだ物の是非・善悪の判断がつかない。ききわけがない。派生 **ーさ**

かんぜより【観世×縒り】↓こより

かんせん【乾×癬】慢性の皮膚病。皮膚の代謝・角質化が異常に亢進(こうしん)し、銀白色の皮膚片が剝がれ落ちる。ひじ・ひざがしら・頭などに生じることが多い。感染はしない。

かんせん【官選】政府で選ぶこと。↕民選・公選。「ー弁護人」

かんせん【幹線】道路・鉄道・電信などの、大もとの線。主な道筋となる線。本線。↕支線

かんせん【感染】『名・ス自』①病原体が体内に侵入して、病気がうつること。「ー経路」「同室の患者もーした」▽「伝染」とほぼ同義だが、病気に視点を置く「伝染」に比べ人に中心を置く。②他からの影響でその悪風・弊風に染まること。▽比喩的。「あくびがーする」は使わない。↓でんせん(伝染)。　**ーしょう**【ー症】細菌・ウィルス・寄生虫などの感染で起こる病気。「ただの消化不良でなくーらしい」

かんせん【汗腺】皮膚にあって、汗を出す管状の腺。

かんせん【艦船】軍艦と船舶。▽戦闘用でない船を含めて軍に籍のある船を言うこともある。

かんせん【観戦】『名・ス他』戦いや競技などの様子を見ること。「ー記」

かんぜん【完全】『名・ダナ』欠けるところや、足りないところのないこと。「ー無欠」「防備のーを期する」派生 **ーさ**　**ーねんしょう**【ー燃焼】『名・ス自』①酸素が十分に供給されてすべて燃焼すること。②比喩的に、全力を出し切ること。「最後の大会でーする」

かんぜん【間然】『ーする所がない』あれこれと非難する欠点がない。

かんぜん【敢然】『副・ト タル』思い切って事をするさま。「ー(と)難局に当たる」

がんせん【頑×癬】↓いんきん

がんぜん【眼前】①視線の向く前方。「峠に立つと、すばらしい眺めがーに開ける」②目のすぐ前という近いところ。「ーの敵」「ーに横たわる難問」

かんぜんちょうあく【勧善懲悪】善事をすすめ、悪事をこらすこと。

かんそ【簡素】『名・ダナ』かざりけ・むだが無く簡単なこと。「ーな結婚式」派生 **ーさ**

がんそ【元祖】系譜や時の順序が問題になる話題で、それを始めた最初の人・もの。「くずもちのーは当店です」▽「始祖」よりは日常語的で、人に限らず広い範囲に使える。

かんそう【乾燥】『名・ス自他』物に含まれている水分がなくなること、それをなくすこと。かわくこと。

かんそう【乾草】かわかした草。ほしくさ。

かんそう【完走】『名・ス自』最後まで走りぬくこと。「マラソンをーする」▽自動車などにも言う。

かんそう【感想】ある物事に対して心に生じた、まとまりのある感じや考え。所感。「読書ー文」

かんそう【観想】自己の心情についての真の姿をとらえようと、心をしずめて深く思い入ること。

かんそう【観相】人の容貌・骨格などによって、その人の性質・運命を判断すること。人相を見ること。

かんそう【間奏】①一曲の途中に、はさんで奏される部分。協奏曲の独奏部にはさまれたオーケストラ合奏部、歌曲の途中にはいる、歌のない演奏だけの部分など。②歌劇の幕間の演奏。

かんそう【歓送】『名・ス他』栄転する人や壮途につく人を、よろこび激励して、出発を見送ること。壮行。▽「歓迎」の対として作られた語。

かんそう【還送】『名・ス他』おくりかえすこと。送還。

かんぞう【甘草】根に独特の甘みがあり、干して漢方生薬や甘味料として用いる多年草。夏から秋に、淡紫色蝶(ちょう)形の花が総状に集まり咲く。中国原産。あまき。あまくさ。▽まめ科。

かんぞう【×萱草】山野に自生する多年草。葉は細長く線状。夏、花茎が高くのび、黄赤色のユリに似た花が咲き、一、二日でしぼむ。若葉は食用。▽わすれぐさ科(旧ゆり科)。

かんぞう【肝臓】脊椎動物の内臓の一つ。人では、腹腔(ふくこう)の右上、横隔膜の下に接し、胃を半ば覆っている。赤褐色で、左右二葉に別れ、中央付近に胆嚢(たんのう)がある。胆汁の分泌、毒物の分解、グリコーゲンの貯蔵など、重要な働きをする。きも。

がんそう【含×嗽】『名・ス自』うがいすること。口をすすぐこと。「ー剤」

がんぞう【×贋造】『名・ス他』にせものを作ること。偽造。「ー紙幣」

かんそく【患側】片麻痺(へんまひ)がある人の、障害がある側。

かんそく【観測】『名・ス他』①天体・気象などの自然現象を、観察・測定すること。②ある事に基づいて推測すること。「希望的ー」

かんぞく【×奸賊・×姦賊】心がねじけて邪悪な人。にくむべき悪人。

かんそん【寒村】生産が乏しく、貧しくさびれた村。

かんそんみんぴ【官尊民卑】政府・官吏をとうとんで、人民をいやしむこと。

カンタータ〔音楽〕独唱・重唱・合唱および器楽伴奏から成る大規模な声楽曲。交声曲。▽イタリア cantata

カンタービレ〔音楽〕発想記号の一つ。「歌うように

（美しく）」という指定。▽イタリア cantabile

かんたい【寒帯】気候の区分の一つ。北極・南極近くの非常に寒冷な地帯。おおよそ極圏（緯度が六六・五度以上の地帯）に相当する。北半球では、夏至（げし）前後に白夜がみられる。↕熱帯

かんたい【歓待・款待】《名・ス他》喜んで手厚くもてなすこと。そのもてなし。▽「款」は真心からの意。

かんたい【緩怠】①怠ること。なおざり。②過失。とが。ておち。③無礼。不届き。

かんたい【艦隊】二隻以上の軍艦によって編成された海軍部隊。

かんだい【寛大】《名・ダナ》心が広く大様（おおよう）なこと。「―な処置」「―に扱う」 派生 **‐さ**

がんたい【眼帯】眼病患者などが目をおおっておく、ガーゼなどのきれ。

かんだか‐い【甲高い・×疳高い】《形》（耳につくほど）声の調子が高い。「―声で叫ぶ」▽↓こう【甲】⑹。 派生 **‐さ**

かんたく【干拓】《名・ス他》湖沼・潟などを排水して、陸地や耕地にすること。「―地」

がんだて【願立て】《名・ス自》誓いを立てて祈願すること。願かけ。立願（りゅうがん）。

かんたまご【寒卵】鶏が寒中に生んだ、たまご。

かんたる【冠たる】《連語》《「……に―」の形で》……の範囲で最もすぐれた。「世界に―生産高を誇る」「古今に―大詩人」

がんだれ【×雁垂】漢字の垂（たれ）の一つ。「厚」「原」などの「厂」の称。▽「雁（がん）」の字の垂の意。

かんたん【感嘆・感×歎】《名・ス自》①感心して、ほめること。「出来ばえに―する」②なげき悲しむこと。 **―ふ**【―符】感嘆や強調を表す符号。エクスクラメーション マーク。「!」

かんたん【肝胆】①並び合う肝（きも）と胆（い）。②転じて、心。心の奥底。「―相照らす」（互いにうちとけて親しく交わる）「―を砕く」（非常に苦心する）

かんたん【簡単】《名・ダナ》こみいっていないこと。↕複雑。取扱いがたやすく、手数がかからないこと。「―な試験」「―明瞭」 派生 **‐さ** **―ふく**【―服】↓あっぱっぱ

かんたん【×邯×鄲】①夏秋のころ美しい声で鳴く、スズムシに似た昆虫。スズムシより体が細長く、色は淡い黄緑色。半透明の羽があり、触角は体長より長い。▽かんたん科（または亜科）。②↓かんたんのゆめ。 **―し**【―師】↓まくらさがし。 **―のゆめ**【―の夢】《連語》人の世の栄枯盛衰がはかないたとえ。邯鄲の枕。邯鄲夢の枕。▽昔、盧生（ろせい）という男が、邯鄲という地で不思議な枕を借りて寝たところ、夢で次第に立身して富貴をきわめたが、目ざめて見ると、飯を一回炊くほどのごく短い時間であったという中国の故事から。

かんだん【歓談】《名・ス自》うちとけた楽しい話し合い（をすること）。気持よく心を割って話し合うこと。

かんだん【閑談】《名・ス自》ひまつぶしのむだばなし（をすること）。当面の問題と直接関係のない話。

かんだん【間断】『―なく』間がとぎれることなく。たえまなく。

がんたん【元旦】①元日の朝。②俗に、元日。

かんだんけい【寒暖計】気温をはかる器具。温度計。

かんち【×奸知・×奸×智・×姦×智】よこしまな知恵。わるがしこい知恵。「―にたける」

かんち【完治】《名・ス自》病気・けがが完全になおること。▽「かんじ」とも言う。

かんち【換地】《名・ス自》土地を交換すること。また、交換する土地。かわりの土地。かえ地。

かんち【閑地】①ひっそりと物しずかな土地。②あいている土地。③比喩的に、ひまな地位。職務のない身分。

かんち【感知】《名・ス他》①直観的に心に感じて知ること。感づくこと。「計画を―する」②機械が環境の状態変化を検出すること。「火災―器」

かんち【関知】《名・ス自》あることに、関係して知ること。あずかり知ること。「私の―するところではない」▽多くは後ろに打消しを伴う。

かんち【監置】《名・ス他》法廷の秩序を乱すなど、裁判所の職務執行を妨げたり裁判の威信を害したりした者を、留置すること。

かんちがい（:ち がひ）【勘違い】《名・ス自》物事をうっかり間違って思いこむこと。

かんちく【寒竹】竹の一種。小形で細く、高さ一～三メートル、径一センチ内外。表面は紫色を帯びる。枝は節ごとに数本出る。観賞用・生垣（いけがき）用。晩秋から冬に生えるたけのこは食用。

がんちく【含蓄】①《名・ス他》表現が、ある意味を含みもつこと。「―する所は大だ」②《名》深い意味がひそんでいる、表現の味。「―がある」「―に富む」

かんちつ【巻×帙】①書籍の巻と帙（ちつ）。②転じて、書物。書籍。

かんちゅう【寒中】小寒の始めから大寒の終わりまでの、およそ三十日間。かんのうち。「―見舞」

がんちゅう【眼中】目に入る視野のうち。「―に無い」（転じて、気にかけない）

かんちょう【官庁】①国家事務を受け持ち、それを執行する国家機関。「行政―」②俗に、役所。

かんちょう【干潮】潮が引いて、海面の高さが最も低下した状態。ひきしお。↕満潮

かんちょう【×灌腸・×浣腸】肛門（こうもん）から薬物を直腸または大腸内に注入すること。便通をつけるため、また人工栄養補給のために行う。

かんちょう【管長】神道・仏教系統の宗教団体で、一宗一派を管理する長。

かんちょう【間×諜】敵国・敵軍側の様子をひそかに探り、情報を味方に知らせる者。まわしもの。スパイ。

がんちょう【元朝】元日の朝。元日。

かんつう【×姦通】《名・ス自》配偶者以外と性行為をす

るること。「―罪」(旧刑法で、妻が夫以外の男と関係することによる罪)

かんつう【貫通】《名・ス自他》貫きとおること。つらぬき通すこと。「―銃創」(↔盲貫銃創)「トンネルを―する」

カンツォーネ ①イタリアの大衆歌謡。二十世紀初頭のナポリ民謡に始まる。②ダンテ・ペトラルカが始めた、イタリア語の叙情詩。▽(イタリア) canzone

かんづ-く【感づく・勘づく】《五自》危険・陰謀・不正などに、直観的に気づく。

かんつばき【寒×椿】①寒中に咲くツバキ。②サザンカの園芸品種の一つ。十一月から一月にかけて咲く。サザンカとツバキの交雑種とされる。

かんづめ【缶詰(め)】①保存のため、食品を缶に詰め、加熱・滅菌し、密封したもの。②比喩的に、ある場所にとじ込められること。「事故で電車に―になる」

かんてい【官邸】(大臣・長官などの)官設の邸宅。「首相―」

かんてい【艦艇】大小各種の軍艦。▽「艦」は大型のもの、「艇」は小型のものを言う。

かんてい【×戡定】《名・ス他》武力で戦乱を平定すること。

かんてい【鑑定】《名・ス他》物ごとの真偽・良否などを判定すること。めきき。みさだめ。「筆跡―」「―書」

がんてい【眼底】眼球内部の後面で、網膜のある部分。「―出血」

かんていりゅう【勘亭流】書風の一つ。歌舞伎の看板などで筆太に書かれる書体。

かんてき 七輪のこと。▽京阪地方で言う。

かんてつ【貫徹】《名・ス他》物事をやりとおすこと。貫きとおすこと。「初志―」「要求―」

カンテラ 携帯用の石油灯。石油のはいったブリキの壺(つぼ)に綿糸の芯を通したもの。▽(オランダ) kandelaar

カンデラ 光度の単位。国際単位系の基本単位の一つ。記号cd ▽candela かつての単位「燭(しょく)」を厳密に定義し直したもの。

かんてん【寒天】①冬の空。さむざむとした空。②テングサの煮汁を凍結・乾燥した物。それを原料としたゼリー状の食品。「―質」▽江戸時代に日本で発明し、和菓子や料理の種類が増した。寒ざらし(1)のところ天の意。

かんてん【干天・×旱天】ひでりの空。夏の照りつける空。「―の慈雨」(待望のものが与えられる意にも)

かんてん【観点】観察・考察する立場。見地。見かた。

かんでん【乾田】①排水がよく、灌漑(かんがい)をやめれば畑になる田。↔湿田。②収穫後のよくかわいた田。

かんでん【感電】《名・ス自》身体に電流が流れることで衝撃を受けること。びりびりと感じ、強い電流では死亡することもある。

かんでんち【乾電池】電解液を固体にしみこませて電極とともに金属容器に封入した電池。ふつう円柱形で、規格化されたいくつかの大きさがある。懐中電灯・玩具などに使う。

かんと【官途】官吏になること。官吏の勤務・地位。「―につく」「―を辞する」

かんど【感度】感じる度合・程度。「―のよい計器」

かんど【漢土】中国の昔の呼び名。もろこし。

かんとう【巻頭】書物・雑誌の一番初めのところ。「―言」

かんとう【官等】官職の等級。

かんとう【敢闘】《名・ス自》勇ましく戦うこと。果敢に戦うこと。「―精神」

かんとう【×竿頭】さおのさき。「百尺―一歩を進める」(↓ひゃくしゃくかんとう)

かんとう【関東】東京およびその近県一帯の地域。↔関西。「―武士」▽関の東の地の意。

かんとう【関頭】わかれめ。「生死の―に立つ」

かんどう【勘当】《名・ス他》悪行を叱責して親や師が、子や弟子(でし)の縁を切ること。義絶。▽罪を勘(かんが)え、おきてに当てる意から。

かんどう【感動】《名・ス自》物に深く感じて、心を動かすこと。「―を与える」「音楽に―する」「―的な情景」

かんどう【間道】わきみち。ぬけみち。↔本道

がんとう【岩頭・×巌頭】岩の上。岩のほとり。

がんどう【×龕灯】①仏壇の灯明(とうみょう)。②↓がんどうぢょうちん。 **―がえし**【―返し】(がへし) 芝居で、場面を変化させる装置。回り舞台を使わず、一つの背景を後ろに倒すと、次の場の背景が下からせり出すもの。どんでんがえし。▽「強盗返し」とも書く。 **―ぢょうちん**【―△提△灯】ちょうちんの一種。銅・ブリキで釣鐘形に外側を作り、中にろうそくたてが自由に回転するようにしたもの。前方だけを照らす。▽「強盗提灯」とも書く。

かんとく【感得】《名・ス他》感じて会得(えとく)すること。特に、深遠な真理などを悟り知ること。

かんとく【監督】《名・ス他》人の上に立って、指図(さしず)したり、取り締まったりすること。その人・機関。「映画―」「―官庁」「野球の―」「部下を―する」

かんどころ【勘所】①三味線(しゃみせん)などの弦楽器で、一定の音を出すために指頭で糸を押さえる、その押さえ所。②肝心かなめの場所。ものごとの急所。「―をおさえる」

がんとして【頑として】《連語》《副詞的に》強く自説を主張して、他人の言を聞き入れない態度であること。「―承知しない」

カントリー ①(特にアメリカの)田舎。田園。「―スタイルの生活」「―スキー」(山スキー) ②アメリカ南部で一九二〇年代に生まれたポピュラー音楽。カントリー ミュージック。「―歌手」 **―クラブ** (日本で)郊外のゴルフ場。▽country club 元来はアメリカで、テニス・ゴルフなどの娯楽・休養施設を持つ郊外のクラブ。

かんな【×鉋】大工道具の一つ。木の台に、刃を適度に傾けて入れこんだもの。材木の面を削ってなめらか

にするのに使う。「―をかける」

カンナ 中南米原産で、ヨーロッパで観賞用に品種改良された園芸植物。春にショウガに似た球根を植えると、夏から秋にかけて花穂を出し、大形の花が下から順に咲く。品種が多く、黄・紅・しぼりなどの花色がある。▽canna カンナ科。

かんない【管内】管轄地域の範囲内。

かんながら【〈随神〉〈惟神〉】神でおわしますまま。神の御心(みこころ)のまま(であること)。「―の道」

かんなづき【神無月】陰暦十月。かみなづき。

かんなべ【×燗鍋】酒の燗(かん)をするのに使うなべ。銅製で、つると注(つ)ぎ口とふたがある。

かんなめさい【神×嘗祭】十月十七日に行う宮中行事。天皇がその年の新米を伊勢神宮に供える祭事。▽「しんじょうさい」とも言う。

かんなん【×艱難】困難にあって苦しみなやむこと。つらいこと。なんぎ。「―汝(なんじ)を玉にす」(人は多くの困難を経てりっぱな人物になる)「―辛苦」

かんにゅう【貫乳・貫入】陶磁器の釉薬(うわぐすり)の部分にできる細かいひび模様。

かんにゅう【×嵌入】『名・ス自他』穴などに長い物がはまりこむこと。はめこむこと。

かんにん【堪忍】『名・ス自』①こらえてしのぶこと。②怒りをしのんでとがめだてしないこと。他人の過失を怒らずがまんすること。「ならぬ―するが―」 **―ぶくろ**【―袋】堪忍する度量を袋にたとえた語。「―の緒が切れる」(もうこれ以上は堪忍ができない)

がんにん【願人】①訴願書を出した人。ねがいぬし。②祈願者。③→がんにんぼうず。 **―ぼうず**【―坊主】①江戸時代、家々をまわって人に代わり願かけの修行などをした乞食僧(こじきそう)。②乞食の僧。また、頭髪ののびた僧。

カンニング『名・ス自』学生が試験のとき、監督者の目を盗んで不正行為をすること。▽cunning(=ずるい)

かんぬき【×閂】門や戸をしっかりとしめるための横木。▽「貫(かん)の木」の転。

かんぬし【神主】神社に仕える人。神職。神官(しんかん)。また、その長。

かんねい【×奸×佞・×姦×佞】『名ナ』心がねじけて、悪がしこく、人にへつらうこと。

かんねつし【感熱紙】熱したところが黒く発色する紙。ファクシミリやレシートなどに用いる。

かんねぶつ【寒△念仏】→かんねんぶつ

かんねん【観念】①『名・ス自他』もうこれまでだと、あきらめること。「死んだものと―する」「―のほぞをかためる」(もうだめだと覚悟する)▽本来は、目を閉じ心をしずめて、仏や浄土の相を思い念じること。②『名』あるものについていだく意識内容。㋐意識の対象について心に描き持つ像。「美の―」▽俗に「概念」と混同しても使う。㋑物事に関する(望ましい)考え。「責任―がない」 **―てき**【―的】『ダナ』具体的現実を離れて、(抽象的に)頭の中だけで考えるさま。 **―ろん**【―論】①われわれの精神的存在だけをこの世界の本源的な存在とし、外界は、われわれが自己の精神的存在すなわち観念で認めた、仮象の世界にすぎないとする認識論。↔実在論・唯物論。②現実に基づかず、頭の中で組み立てた考え・論。「―ではこの難局が乗り切れない」

がんねん【元年】①その年号に改まった最初の年。「令和―」②比喩的に、物事の大きな変わり目の、最初の年。「リサイクル―」

かんねんぶつ【寒念仏】寒夜、鉦(かね)を打ち鳴らし、念仏を唱えて寺院にまいること。かんねぶつ。▽もと、寒の三十日間、山野に出て声高く念仏を唱えたこと。

かんのう【堪能】『名ナ』深くその道に通じ、すぐれていること。そういう人。たんのう。

かんのう【官能】①感覚器官の働き。②感覚。特に、性的感覚。「―的」「―に訴える」

かんのう【完納】『名・ス他』定められた量や額をすっかり納めること。

かんのう【感応】『名・ス自』①心が物に感じて応じ答え、動くこと。②信心が神仏に通じること。③電場(でんば)・磁場(じば)内の物体が、電気・磁気作用を受けること。誘導。

かんのむし【×疳の虫・×癇の虫】疳(かん)を起こす原因と考えられていた虫。また、その病気。ひきつけ。「―がおこる」

かんのん【観音】→かんぜおん。 **―ちく**【―竹】中国南部原産で、江戸時代に沖縄(琉球(りゅうきゅう))を経て伝わった常緑観葉植物。幹は枝分かれせず、高さ一ないし二メートル。シュロに似た繊維に覆われた長い葉柄に、てのひら状に裂けたつやのある葉が出る。雌雄異株。りゅうきゅうしゅろちく。▽「観音」は沖縄の観音山にちなむという。やし科。 **―びらき**【―開き】真中から左右に開くようになった開き戸。また、その開き方。▽観音像をおさめた厨子(ずし)の作りから。

かんば【×樺】→しらかば

かんば【×悍馬・×駻馬】荒っぽい性質の馬。あばれうま。あらうま。

かんば【汗馬】①馬を走らせて汗をかかせること。「―の労」(戦場での功労)②駿馬(しゅんめ)。

かんぱ【寒波】寒冷な空気が移動してきて、寒気をもたらす現象。また、その気流。「―の襲来」

かんぱ【看破】『名・ス他』みやぶること。「悪だくみを―する」

カンパ『名・ス他』大衆に呼びかけて行う資金募集。資金カンパ。「―を集める」▽(ロシア) kampaniya から。

かんばい【完売】『名・ス他自』売り尽くすこと。売り切れること。「―御礼」「前評判が良くて発売日に―した」

かんばい【寒梅】寒中に咲く早咲きの梅。

かんばい【観梅】梅の花をながめて賞すること。梅見

(うめみ)。

かんぱい【乾杯】《名・ス自》慶事や健康を祝い、または祈り、グラス⑴・さかずきをあげて飲みほすこと。▽→けんぱい

かんぱい【完敗】《名・ス自》一方的に負けること。↕完勝

かんぱい【感×佩】《名・ス自》心に深く感じて忘れないこと。ありがたいと心に感じること。感銘。

かんぱく【関白】①威力・権力の強い者のたとえ。「亭主―」②中古期、天皇を補佐して政務をつかさどる重職。太政(だいじょう)大臣の上。▽もとは「かんばく」と濁音で発音した。

かんばしい【芳しい】《形》①かおりがいい。かぐわしい。こうばしい。②立派だ。「―成績でない」「成り行きは―くない」▽「かぐはし」の転。⑵は普通、あとに打消しが来る。→かぐわしい。派生 **-さ**

かんばしる【甲走る】《五自》声が細く高く、するどくひびく。「―った声」▽「甲」は高い音。

カンバス ①荒く織った麻布。覆いなどに用いる。②油絵用の画布。キャンバス。▽canvas

かんばせ 顔つき。顔の色。「花の―」(花のように美しい顔つき)▽「かおばせ」の転。

かんばつ【×旱×魃・干×魃】長い間雨が降らず、田畑などが乾いてしまうこと。ひでり。▽「魃(ばつ)」はひでりの神。

かんばつ【簡抜】《名・ス他》えらんで、よりぬくこと。▽既に古風。

かんばつ【間伐】《名・ス他》森林が茂りすぎて木の生長が悪くなるのを防ぐために、木を切ってまばらにすること。すかしぎり。

かんぱつ【×渙発】《名・ス他》詔勅を広く天下に発布すること。「大詔―」

かんぱつ【×煥発】《名・ス自》火の燃え出るように、美しく輝き現れ出ること。「才気―」

かんはつをいれず【間髪を△容れず】《連語》ほとんど間(ま)を置かず、すぐに。▽間に髪一筋を入れる余地もない意。「間髪」を「かんぱつ」と読むのは誤り。

カンパニー 会社。▽company

がんばる【頑張る】《五自他》①忍耐して、努力しとおす。気張る。「よく―って見事に仕上げたものだ」②ゆずらず強く主張し通す。「―って言い返す」「一番前に―って(=場所を独り占めにして)いて席を譲らない」▽「我(が)に張る」の意。

かんばん【×燗番】料理屋などで、酒をあたためる世話をする人。

かんばん【看板】①商店・劇場などが(その建物の正面などに)、屋号・広告などを書いて掲げ、通行人の目につくようにした板。②転じて、人の注意を引くための題目、スローガンやもの。「―番組」③飲食店・酒場などが、その日の営業を終えること。「もう―だ」「―にする」 **―だおれ**【―倒れ】看板だけがりっぱで、実情はそうでもないこと。そういうもの。 **―むすめ**【―娘】店先で、客をひきつけるような美しい娘。

かんぱん【官版】政府で出版すること、出版したもの。

かんぱん【乾板】ガラスなどの透明な板に感光乳剤を薄くぬってかわかした写真感光板。暗箱に入れて撮影するのに使う。

かんぱん【甲板】船舶の上部の、木や鉄板で張りつめた、広く平らな床。デッキ。 **―いん**【―員】船体の整備や荷の積み下ろしなどを担当する船の乗組員。こうはんいん。

かんぱん【干犯】《名・ス他》干渉して他の権利をおかすこと。「統帥権―」

かんパン【乾パン】小さく薄くして(固く)焼いた、ビスケット様のパン。水分が少なく、保存・携帯用。もとは軍用食糧。

がんばん【岩盤】岩石で構成された地盤。

かんび【完備】《名・ス自他》完全にととのい、備わっていること。また、完全に備えること。↕不備。「冷房―」

かんび【甘美】《ダナ》①甘くて美味なさま。うまいさま。②甘く快く感じられるさま。「―な詩」派生 **-さ**

かんぴ【官費】政府が支出する費用。国の出す費用。↕私費。「―留学生」▽多くは「―で」の形で、自費でなく、会社や依頼者などが持ってくれる費用。

がんぴ【×雁皮】暖地の山に自生し、樹皮を雁皮紙の原料とする落葉低木。葉は卵形で互生。初夏、筒形黄色の花を頭状につける。▽じんちょうげ科。 **―し**【―紙】ガンピの樹皮の繊維から作った、薄く上質の和紙。美濃(みの)・伊豆(いず)産が有名。▽ミツマタの繊維で代用もする。

かんびょう【看病】《名・ス他》病人の介抱・世話をすること。

かんぴょう【干×瓢・乾×瓢】ユウガオの実の肉の部分を薄く細長く、ひものようにむいて干した食品。のりまきなどに使う。「―巻き」

がんびょう【眼病】眼(め)の病気。眼疾。

かんぴょうき【間氷期】氷河時代において、氷期と氷期の間で気候がやや温暖化した時期。

かんぶ【幹部】①組織の中心となる人々。「最高―」②軍隊の将校・下士官の称。「―候補生」

かんぶ【患部】病気や傷のある部分。「―に薬をぬる」

かんぷ【乾布】かわいたぬの。「―摩擦」

かんぷ ①【×姦夫・×奸夫】自分の妻以外の女に通じる男。また、悪い男。②【×姦婦・×奸婦】自分の夫以外の男に通じる女。また、悪い女。

かんぷ【完膚】きずのない完全な皮膚。欠点・きずのない箇所。「―なきまでに(=徹底的に)たたきのめす」

かんぷ【×悍婦】気の荒い女。

かんぷ【還付】《名・ス他》領有・所有・租借していたものをもとにもどすこと。「―金」(納付した税金の一部が、納めすぎなどで返還されたもの)

カンフー【△功△夫】中国の武術・拳法。「―映画」▽中国語。

かんぷう【完封】《名・ス他》①完全に封じること。完全に敵の活動をとめること。②野球で投手が相手に一点もとらせずに勝つこと。

かんぷう【寒風】冬に吹く冷たい風。「ーにふるえる」

かんぷく【官服】官吏の制服。国で支給する服。↕私服

かんぷく【感服】《名・ス自》感心して敬服すること。感じて、もっともと思うこと。

がんぷく【眼福】珍しいもの、貴重なもの、美しいものなどを見る幸せ。目の保養。「ーを得る」

かんぶくろ【紙袋】紙製の袋。かみぶくろ。

かんふぜん【肝不全】肝臓の機能が著しく低下し、その機能を果たさなくなった状態。

かんぶつ【乾物】乾燥した食品。ほししいたけ・かんぴょう・煮干の類。「ー屋」

かんぶつ【×奸物・×姦物】心の曲がった悪い人。奸智(かんち)にたけた人。

かんぶつ【換物】《名・ス自》財産を物にかえて保持すること。

かんぶつ【×灌仏】①仏像に香水(こうずい＝仏に供える水)をそそぎかけること。②「灌仏会(え)」の略。↓はなまつり

がんぶつ【×贋物】にせもの。まがいもの。

カンフル 樟脳(しょうのう)の、主に医薬品としての呼称。血行促進の効果があり、かゆみ止めなどの成分にする。かつて、強心剤として広く用いた。▽オランダ kamfer **ーちゅうしゃ**【ー注射】①重病人の血行を促進させ、心臓麻痺(まひ)を防ぐためによく使った、カンフルの注射。②比喩的に、普通の手段ではどうにもならなくなった物事に対する即効的な処置。カンフル剤。「景気停滞に対するー」

かんぶん【漢文】中国の文語体による文章・文学。また、それにならって、漢字だけで書いた文章。↕和文。 **ーくんどく**【ー訓読】→くんどく(2)。「ー調」(原漢文を訓読したのに似た調子の文体)

かんぷん【感奮】《名・ス自》感じてふるいたつこと。

かんぺい【観兵】(陸軍)部隊を整列させ、また分列行進させて、検閲すること。「ー式」▽もと、軍を出して敵に威力を見せ示す意。

かんぺいしゃ【官幣社】もと、神社の社格の一つ。皇室から例祭の幣帛(へいはく)を受けた。

かんぺき【完璧】《名・ダナ》一つも欠点がなく、完全なこと。完全無欠。「ーを期する」▽「璧」は宝玉。 派生 **ーさ**

かんぺき【×癇癖】→かんしゃく(癇癪)

がんぺき【岸壁】①けわしく切り立った岸。②船舶を横づけるために、港湾・運河の埠頭(ふとう)に作った壁。

がんぺき【岩壁】壁のように切り立つ大岩。

かんべつ【鑑別】《名・ス他》鑑定して見分けること。めきき。「ひよこの雌雄をーする」 **ーしょ**【ー所】「少年鑑別所」の略。家庭裁判所で調査・審判を受ける少年などを鑑別する施設。

かんべに【寒紅】寒中に製した紅。▽寒中の丑(うし)の日に買ったものは、小児の疱瘡(ほうそう)などにきくとされた。

かんべん【勘弁】《名・ス他》①他人の過失・罪咎(つみとが)を許すこと。「もうーならない」②希望・要求などに応じないのを許すこと。「スピーチだけはーして下さい」▽もと、考えわきまえること。

かんべん【簡便】《名・ダナ》簡単で便利なこと。「ーな方法」 派生 **ーさ**

かんぺん【官辺】政府・官庁方面。▽今はあまり言わない。

かんぼう【官房】内閣・府・省・庁などで、その長に直属して、機密事項、人事、官印の保管、文書、会計、統計などの総括的事務を分担する機関。

かんぼう【感冒】体を冷やした際などに起こる呼吸器系の疾患の総称。かぜ。風邪(ふうじゃ)。かぜひき。▽寒さ負けでのは「寒冒」と書くことがある。

かんぼう【関防】書画で、冒頭であることを示すために右肩に押す長方形の印。「仮名文なのにーまである」「ー印」(明(みん)代に公文書偽造を防ぐ割り印も言った)▽中国での、守備兵を置く大事な関所に由来。

かんぼう【監房】刑務所などで、罪人や刑事被告人などを入れておく部屋。▽二〇〇五年の法改正以後、居室・居房と言う。

かんぼう【観望】《名・ス他》観覧・展望すること。ながめ見渡すこと。「形勢をーする」

かんぽう【官報】政府が、一般国民に知らせる事項を編集して、毎日刊行する国家の公告文書。

かんぽう【漢方】中国から伝来した医術。「ー医」(漢方による医者) **ーやく**【ー薬】漢方で使う医薬。主に、木の皮、草の根や葉などを使う。

かんぽう【観法】①人相をみる法。②心に仏法の真理を観察すること。

かんぽう【艦砲】軍艦が備える、主砲その他の大砲。「ー射撃」

がんぼう【願望】《名・ス他》願ってその実現を望むこと。がんもう。「長年のーがかなう」

かんぼく【×灌木】低木の旧称。↕喬木(きょうぼく)

かんぼく【×翰墨】①筆と墨。②詩文。また、それを作ること。書画をかくこと。広く、文学に関すること。

かんぼつ【陥没】《名・ス自》(土地などが)おちこむこと。「道路のー」「ー骨折」

かんぽん【刊本】文字や絵を印刷した書物。刊行された(木版の)書物。↕写本

かんぽん【完本】そろいもの・全集などで、一冊も欠けず、全部そろっている本。↕欠本・端本(はほん)・零本

がんぽん【元本】利益・収入などを生み出す基礎となる財産、または権利。貸家・公社債・株券・預金・著作権など。

かんまいり【寒参り】《名・ス自》大寒・小寒の三十日間、信心や祈願のため、白衣を着て、はだしで鈴を振りながら、毎夜、神仏に参ること。それをする人。

ガンマせん【ガンマ線・γ線】ラジウムなどの放射性

物質から出る放射線の一つ。波長の短い電磁波で、物質を透過する力が強い。→アルファせん・ベータせん。▽「ガンマ」は、ギリシア語の第三字母。

かんまつ【巻末】書物の一番終わりの所。「―の付録」

かんまん【干満】潮のみちひ。「―の差が大きい」

かんまん【緩慢】『ダナ』①ゆっくりしているさま。「―な動作」②手ぬるいこと。きびしくないさま。派生 **-さ**

かんみ【甘味】①あまみ。基本的な味覚の一つ。②菓子・果物など甘いものの総称。「―処(どころ)」(甘いものを食べさせる店) **―りょう**【―料】食品に甘味をつけるための調味料。砂糖・水あめ・キシリトールなど。「人工―」

かんみ【×鹹味】塩からい味。

がんみ【含味・玩味】『名・ス他』①食物をかみわけてよく味わうこと。②意味をよく考え味わうこと。「熟読―」

かんむり【冠】①頭にかぶるものの総称。特に、衣冠束帯の時に使った、かぶりもの。「李下(りか)に―を正さず」(→りか(李下))「―を曲げる」(→おかんむり) ②催しや競技会の名称に、スポンサー企業などの名をかぶせること。「―大会」③漢字で、上部を構成する部首。「宇」のうかんむり、「草」のくさかんむりなど。

かんむりょう【感無量】『名・ダナ』胸一杯になるほど、しみじみ感じること。▽「感慨無量」の略。

かんめ【貫目】①めかた。②尺貫法のめかたの単位。→かん〔貫〕(4)(ア)。③貫禄(かんろく)。

かんめい【感銘・肝銘】『名・ス自』深く感動して忘れないこと。「―を受ける」「―が深い」

かんめい【簡明】『名・ダナ』簡単で、はっきりしていること。簡単明瞭。「―に述べる」派生 **-さ**

がんめい【頑冥・頑迷】『名ノ』頑固で考え方が柔軟さを欠き、物事の道理がわからないこと。「―固陋(ころう)」派生 **-さ**

かんめん【乾麺】保存用に干した麺類。うどん・そうめんなどを固く干したもの。ゆでて食べる。

がんめん【顔面】顔(の表面)。「―蒼白(そうはく)」「―神経痛」

がんもう【願望】→がんぼう。▽「がんぼう」より古めかしい。

かんもく【×緘黙】『名・ス自』口を閉じて、しゃべらないこと。おしだまること。だんまり。無言。

がんもく【眼目】主眼。めど。要点。

かんもじ【閑文字】実益のない、むだな文字・文章。むだな言葉。

かんもち【寒餅】寒中につく、もち。

がんもどき【×雁△擬き】細かく切ったにんじんなどの根菜類を、くずした豆腐で丸くまとめ、油で揚げたもの。飛竜頭(ひりょうず)。▽雁の肉に味を似せた意。

かんもん【喚問】『名・ス他』呼び出して、問いただすこと。「証人―」

かんもん【関門】①関所(せきしょ)の門。関所。②比喩的に、通過するのがむずかしい所。「出世の第一―」

がんもん【願文】神仏に願を立てる時、その趣旨を記した文。また、仏事の時、施主が願意を記した文。

かんやく【完訳】『名・ス他』原文全部を翻訳すること。その翻訳。全訳。↔抄訳

かんやく【簡約】『名・ス他・ダナ』①簡単に要約すること。てみじか。また、簡単。②《普通、サ変動詞で》数式中の同類項をまとめるなど、論理的に同等で簡潔な形にすること。「―した方程式」

がんやく【丸薬】ねり合わせ、固く小さく丸めた薬。

かんゆ【肝油】タラ・サメなどの魚類の肝臓からとった油。ビタミンA・ビタミンDなどに富み、医薬品・サプリメントに用いる。

かんゆう【勧誘】『名・ス他』すすめ、誘い入れること。「保険に―する」

かんゆう【×奸雄・×姦雄】悪知恵にたけた英雄。

かんゆう【官有】政府が所有していること。↔民有。「―林」

がんゆう【含有】『名・ス他』成分・内容として含んでいること。「―量」「―率」

かんよ【関与・干与】『名・ス自』関係をもち、その事にあずかること。たずさわること。かかわること。「国政に―する」

かんよう【寛容】『名・ダナ』心が寛大で、よく人を受けいれること。過失をとがめだてせず、人を許すこと。「―の精神」派生 **-さ**

かんよう【×涵養】『名・ス他』自然にしみこむように、養成すること。無理のないようだんだんに養い作ること。「徳を―する」「水源―林」▽以前はサ変自動詞にも使った。「国力が大いに―した」

かんよう【慣用】『名・ス他』使いなれること。一般・普通に使うこと。「―的な表現」 **―おん**【―音】昔から日本で一般に使いならしてきた漢字の音。正当な漢字の音から見れば誤っているもの。「消耗」の「耗」(正しくは「コウ」)を「モウ」と読み、「輸出」の「輸」(正しくは「シュ」)を「ユ」と読む類。 **―く**【―句】二語以上が結合または呼応し、その一続きが全体として、ある固定した意味を表すもの。イディオム。例、「あごで使う」「油を売る」。 **―ご**【―語】よく使われる語。㋐決まり文句。㋑特定の集団、また、ある個人によく使われる語。通用語。

かんよう【肝要】『名ノ』最も重要・必要なこと。肝腎。

かんよう【官窯】宮廷(=官)が設けて経営する窯(で作った陶磁器)。

かんようしょくぶつ【観葉植物】葉の美しい色や形を観賞する植物。フェニックス・ベゴニア・ポインセチアなど。

がんらい【元来】『名・副』はじめから。もともと。「―(は)無器用な人間」「―の性質」「―が怠け者だ」▽語類については、→こらい

がんらいこう【×雁来紅】→はげいとう

かんらく【乾酪】→チーズ

かんらく【歓楽】よろこびたのしむこと。快楽。「ー街」

かんらく【陥落】〘名・ス自〙①おちいること。おちこむこと。「地盤のー」②攻めおとされること。征服されること。「要塞がーする」

かんらん【寒×蘭】古くから観賞用に栽培される多年草。暖地の山間に自生もする。細長い葉は深緑色でつやがある。秋から初冬、一茎に五、六花をつける。花は、花弁が細く芳香があり、淡黄色・白・紅など色の変化が多い。▽らん科。

かんらん【×橄×欖】東南アジア原産の常緑高木。オリーブに似た核果は食用。また、その中の種子から取る油は食用・薬用。葉は楕円(だえん)形で厚く、花は黄白色。▽かんらん科。オリーブとは別の木。

かんらん【甘藍】①→はぼたん。②→キャベツ

かんらん【観覧】〘名・ス他〙ながめ、見物すること。「ー料」 **ーしゃ**【ー車】遊園地などにある、人を乗せる多くの箱を取り付けた大型水車風の輪を動力でゆっくり回して、風景の観覧を楽しませる装置。

かんり【官吏】旧制度下での役人。特に、国務にたずさわり国家に対して忠実・無定量の勤務をする公法上の義務を負う者。▽今は「国家公務員」。

かんり【監理】〘名・ス他〙監督・管理すること。とりしまること。

かんり【管理】〘名・ス他〙よい状態であるように気を配り、必要な手段を(組織的に)使ってとりさばくこと。「業務をーする」「政府のー下にある」「財産のー」「品質ー」「アパートのー人」 **ーしゃ**【ー者】物事や組織を管理する地位にある者。「工場のー」▽土地・建物や財産を管理する人は「管理人」と言う。 **ーしょく**【ー職】組織の全体または一部を管理する職。また、その人。「ー手当」 **ーず**【ー図】品質のよい製品を作るための管理手段の一つとして使う、図表やグラフ。

がんり【元利】元金と利子。「ー合計」

がんりき【眼力】物事の理非・善悪を見分ける力。がんりょく。

がんりき【願力】①願をかけて、目的を貫こうとする念力。②阿弥陀仏(あみだぶつ)の本願の力。本願力。

かんりつ【官立】政府が設立すること。▽今は「国立」。

かんりゃく【簡略】〘名・ダナ〙簡単で略式であること。「ーな手紙」「ーに記す」「ー化」 派生 **ーさ**

かんりゅう【乾留・乾×溜】〘名・ス他〙空気を遮断して加熱することで、固体の有機物を揮発成分と不揮発成分とに分ける操作(をすること)。石炭から石炭ガス・タール・コークスを、木から木酢と木炭をとるはこの例。▽「留」を使うのは「溜」の代用。

かんりゅう【寒流】高緯度の海域から低緯度の海域へと流れる冷たい海流。親潮(おやしお)など。↔暖流

かんりゅう【貫流】〘名・ス自〙つらぬいて流れること。「平野をーする川」

かんりゅう ①【還流】〘名・ス自〙気体や液体がもとの向きにもどって流れること。その流れ。「静脈からのー」。比喩的に、金銭など(の流れ)がもとにもどること。「海外に投資した資金をーさせる」②【環流】〘名・ス自〙気体や液体がめぐり流れ、循環すること。またその流れ。特に、地球規模での大気や海水の流れについて言う。「南極ー」「血液がーする」

かんりゅう【韓流】韓国大衆文化の流行。ハンりゅう。「ースター」「ードラマ」▽二〇〇〇年頃から台湾で言われるようになった。これに対応して、中華文化圏の大衆文化の流行を日本では「華流」と呼ぶ。

かんりょう【官僚】官吏。役人。 **ーてき**【ー的】〘ダナ〙官僚にありがちな、好ましくない性質・傾向であるさま。形式的で柔軟性に欠け、権威主義・秘密主義の、行動・態度・様子。

かんりょう【完了】〘名・ス自他〙完全におわること、おえること。「準備ー」

かんりょう【感量】計器で測定できる最低の量。

かんりょう【管領】①〘名・ス他〙取って自分の物にすること。押領。②〘名〙取締り。室町幕府の職名では、将軍を助け政務を総轄する者。かんれい。

がんりょう【顔料】①物体を一定の色に着色する物質。水・アルコールにとけず、着色する物体ともまじらず、不透明なもの。塗料・インクの原料。②えのぐ。

がんりょく【眼力】→がんりき(眼力)

かんりん【×翰林】①文書の集まっている所。②学者・文人の仲間。▽昔、中国で、学者や文人が伺候して、天子の召命を待っていた控え所。 **ーいん**【ー院】アカデミー。▽中国で唐以来、名儒や学士に詔勅などの文を作らせた官庁。清(しん)朝では国史の編集、経書の侍講をもさせた。

かんるい【感涙】感激して流すなみだ。ありがたなみだ。「ーにむせぶ」

かんれい【寒冷】寒く、ひややかなこと。つめたいこと。「ー地」 **ーしゃ**【ー×紗】目が粗く、薄地で、堅めの綿布、または麻布。装飾・カーテン・造花用など。 **ーぜんせん**【ー前線】前線②の一種。冷たい気団の方が勢力が強く、暖かい気団の下にもぐりこみつつ進むもの。積乱雲や積雲が発達し、雷雨や突風が生じる。↔温暖前線

かんれい【慣例】それが普通となっている例。しきたり。「ーに従う」

かんれき【還暦】六十年生きて干支(えと)が生まれた年のに戻る(=還)数え年六十一のこと。本卦帰(ほんけがえり)。華甲。▽祝いに赤い物を着けさせる慣わしがある。

かんれん【関連・関×聯】〘名・ス自〙物事の間にかかわり・つながりがあること。「ー質問」「ー性」「交通安全にーした活動」

かんろ【寒露】①二十四気の一つ。陽暦十月八日ごろ。▽草葉の露も冷たさを増す意。②晩秋から初冬にかけての露。

かんろ【甘露】①昔の中国の伝説で、天子が仁政を行

った治世に、天が降らせたという甘いつゆ。②あまくて、おいしいこと。美味。「ああ——」

がんろう【玩弄】《名・ス他》もてあそぶこと。なぶること。「—物(ぶつ)」

かんろく【貫×禄】身にそなわった威厳。身体から感じられる、重み・立派さ。「—がある」「—を示す」

かんわ【緩和】《名・ス他自》きびしさやはげしさをやわらげること。また、やわらぐこと。「制限を—する」「交通事情を—する」「緊張—」 **—ケア** 疼痛(とうつう)軽減など、対症療法を主とした医療行為。緩和医療。患者とその家族の肉体的・精神的苦痛を和らげ、生活の質(QOL)の維持・向上を目的とする。

かんわ【官話】現代中国の共通語の旧称。「北京(ペキン)—」▽もと、官衙(かんが)で使う言語の意。

かんわ【閑話】①《名》むだばなし。②《名・ス他》静かに談話すること。 **—きゅうだい**【—休題】余談を打ち切って、本筋にもどる意を表す語。それはさておき。さて。

かんわ【漢和】中国と日本。漢字・漢語と日本語。「—辞典」

き

き《助動》《文語。一般に、用言の連用形に付く。口語の文章中にも、連体形「し」は時々、終止形「き」はまれに、使われる》(自分のよく知っている)過去の事柄を回想して(気取って)言う。(確かに)……た。「幼かりし日」「わが恋せしおとめ」「初めに渾沌(こんとん)ありき」▽終止形「き」はカ変動詞につかない。カ変を受ける時は「こし・こしか」が本来。サ変を受ける時は「しき・せし・せしか」となる。

き【木・△樹】①地上部の茎つまり幹が木質化して硬く、冬も立ち続ける植物の総称。↔草。「—の芽」(「このめ」とも言う)「—の股から生まれる」(人情の分からない人のことを言う表現)「—で鼻をくくる」(↓はな(鼻))「金(かね)のなる—」(次々にもうけが生じるような財源のたとえ)「—に竹をついだよう」(条理が通らないこと、物事が不調和なことのたとえ)「—を見て森を見ず」(細かい点にばかりこだわって全体をつかまない) ②木(1)を建築・器具製造などの材料とするようにしたもの。「—の本だな」 ③拍子木(ひょうしぎ)。「—がはいる」▽(3)は「柝」と書いた。↓きのかしら。④文法構造や計算機でのデータ構造などを描くのによく使う図形で、「根(ね)」と呼ばれる特別の節(ふし)から枝を出した先に節があり、そこからまた必要なだけ枝と節とを出した構造。ただし二つ以上の枝先が同じ節に至ってはならない。「構文の—」「二分—(にぶんぎ)」(どの節から出る枝も二本以下である木) 関連 樹木・木本(もくほん)・ツリー・立ち木・庭木・並木・街路樹・果樹・台木・本木(もとき)・宿り木・青木・緑樹・松柏(しょうはく)・常磐木(ときわぎ)・生木・若木・老木・老樹・古木・枯れ木・朽ち木・雑木・流木・低木・灌木(かんぼく)・高木・喬木(きょうぼく)・大木・大樹・巨木・巨樹・名木・神木・霊木

き【黄】秋に色づいたイチョウの葉のような色。また、その系統の色。交通標識では、青が赤に変わる予告など、注意を催すための信号。▽現在では、「黄色(きいろ)」と言うことが多い。なお「—な」で黄色い意も表す。

き【生】混じりけが無い、また、本来のに加工も精製もしていないこと。「—のまま」「ウイスキーを—で飲む」「—むすめ」「—まじめ」「—糸」「—漆」

き【×癸】十干の第十。↓みずのと

き【気】↓き【気】・きにいる・きのどく

き【*気】【[人]氣】キ ケ —①《名・造》心の動き・状態・働きを総合して捉えたもの。精神。「浩然の気を養う」「気が重い」「気軽(きがる)」「気が遠くなる」「気を静める」「気を落とす」「気落ち」「気が利く」(ちょっとしたことにも心が行き届く)「気が利いた(=しゃれた)文句」「よく気がつく男だ」「気が引ける」(引け目を覚える)「ほめられてその気になる(=そういう気持が起こる)」「気は心」(わずかの事でも真心の一端は現れる)「気働き・気概・気焔(きえん)・気鋭・気勢・気魄(きはく)・気力・気風(きふう・きっぷ)・気分・気質(きしつ・かたぎ)・気性(きしょう)・意気・本気・勇気・和気・鋭気・英気・根気・稚気・覇気・平気・病気・人気・男気(おとこぎ)・親切気(しんせつぎ・しんせつげ)」▽(1)は(2)(ア)の転。伴う語との組合せでさらに分けられて、(ア)平常の心。「気を失う」「気を取り戻す」「気が狂う」「気が気でない」(二番目の「気」がこれ)「気もそぞろだ」(↓そぞろ) (イ)緊張して盛んな精神。「気を吐く」「気をくじく」「気が抜ける」((2)(ウ)の意にも) (ウ)何かそれをしようという心の働き。「気を入れる」(気持を集中する)。特に、意図。つもり。「今後どうする気だろう」「お前の気が知れない」。また、それに引かれる心。関心。「気が進まない」「お気が向いたらいらっしゃい」「流行が気になる」「人の気を引く」 (エ)あれこれ考える心。「気をもむ」「気にする」「試験の結果が気になる」「気に病む」「気を回す」(余計な事まで心を働かせ、時には邪推する)「気のせいか尾行されているようだ」 (オ)感情。「気を悪くする」(感情を害する)「気に食わない」(反発や不満の心が生じる)「気まずい」。また、人を恋い慕う心。「あの人に気がある」

②《名・造》見えないとしても身のまわりに漂うと感じられるもの。(ア)天地間に満ちわたるもの(の働き)。「天地正大の気」「正気・元気・生気・霊気・気運・雰囲気」 (イ)その場の漠然とした全体的な感じ。「殺伐の気がみなぎる」 (ウ)それに特有の、香・味・けはい。「気の抜けたビール」「秋気」▽↓け(気)(1)(2)。 (エ)天地間に起こる自然現象の担い手。「気象・気候・

気体・大気・空気・熱気・湿気(しっき・しっけ)」「電気」③口を出入りする息。呼吸。「気息・気管・一気・酒気」▽漢字のもとの意味はこれ。④四季の中の十五日間をまとめた期間。五日間を「候」と言い、その相継ぐ三候が気。「気候・節気・二十四節気」

き〖*汽〗キ ― 水の蒸発したもの。ゆげ。水蒸気。蒸気。「汽笛・汽車・汽船・汽缶」

き〖*己〗キ コ おのれ おの つちのと ― ①自分。自身。「知己・克己・自己(じこ)・利己(りこ)」②十干の第六。「己丑(きちゆう)・己巳(きし)」。↓つちのと

き〖忌〗キ いむ いまわしい ― ①きらって避ける。にくむ。ねたむ。「忌避・忌憚(きたん)・忌諱(きい)・嫌忌・禁忌」②『名・造』人が死んだあと、一定の期間慎むこと。いみ。「忌があける」「忌服・忌明(きあけ)・忌中・服忌」③死者の命日。「忌日(きにち・きじつ)・忌辰(きしん)・遠忌(おんき)・周忌・年忌・三回忌・河童忌(かっぱき)」

き〖*紀〗キ ― ①すじみちをたてて記したもの。また、天子の事績を記したもの。「紀行・紀要・紀伝・本紀」②すじみち。のり。きまりをつける。「紀律・官紀・風紀・軍紀・綱紀」③とし。年代。一まわり十二年。「紀元・紀年・皇紀・西紀・世紀・芳紀」④地質時代の年代区分の一つ。代を細分する区分で、さらに世に細分される。「ジュラ紀・石炭紀」⑤『名』「日本書紀」の略。「記紀(=古事記と日本書紀)・神代紀」⑥「紀伊(きい)国」の略。「紀州・南紀」

き〖*記〗キ しるす ― ①㋐かきつける。しるす。「記入・記述・記事・記名・記帳・記録・速記・簿記・登記・明記・注記・転記・筆記・列記・連記」㋑心に印象をとどめる。おぼえる。「記憶・強記・暗記・銘記」②㋐かきつけたもの。しるし。文章。「記号・記章・日記・手記・雑記・戦記・伝記・別記」㋑『名・造』文章の一種。事実をありのままに記すもの。「花を観(み)るの記」「航海記・探検記」㋒『名』「古事記」の略。「記紀(=古事記と日本書紀)」

き〖*起〗〔起〕キ おきる おこる おこす ― ①おきあがる。立つ。高くもちあげる。「起伏・起立・起臥(きが)・起居・起床・突起・勃起(ぼっき)・躍起・隆起・起重機」②活動をはじめる。あらわれる。「起動・起算・起稿・起債・起訴・起請(きしょう)・惹起(じゃっき)・発起(ほっき)・奮起・蜂起・喚起・継起・決起・生起・想起・提起」③『名・造』はじめ。おこり。「起源・起首・起句・縁起(えんぎ)・起承転結」

き〖企〗キ くわだてる たくらむ ― 事をしようと思いたつ。もくろむ。計画する。「企図・企画・企業・企及」

き〖*危〗キ あぶない あやうい あやぶむ ― ①傾いて倒れかかる。不安定。あぶない。「安危・危機・危急・危険・危地・危篤・危殆(きたい)・危難」②不安に思う。あやぶむ。「危惧」③害する。そこなう。「危害」④高い。高くする。「危峰」

き〖*机〗キ つくえ ― 物をのせる台。特にその上で読み書きをする台。つくえ。「机上・机辺・机下・机案・浄机」

き〖飢〗〔飢〕キ うえる ― 生命を保つに足りるだけの食物がない。食物がなくて苦しむ。うえ。「飢餓・飢渇・飢寒・飢饉(ききん)」

き〖*岐〗キ ギ わかれる ― ①わかれる。ふたてにわかれる。ふたまた。えだみち。「岐路・岐道・分岐・多岐」②「岐阜」の略。「三岐(=三重県と岐阜県)代表」

き〖*希〗キ ケ まれ こいねがう ― ①めったにない。少ない。珍しい。まれ。「希少・希代・希世・希有(けう)」②うすい。「希薄・希硫酸」▽「稀」の代用字。③ねがう。こいねがう。「希望・希求(ききゅう・けぐ)」④「希臘(ギリシア)」の略。

き〖稀〗キ ケ まれ ― ①めったにない。めずらしい。少ない。まれ。「稀少・稀覯(きこう)・稀元素・稀代・稀有(けう)・古稀」②まばら。濃くない。うすい。「稀薄・稀釈・稀硫酸」▽「希」で代用する。

き〖奇〗キ くし ― ①『名・造』普通とちがっている。めずらしい。すぐれている。ふしぎ。「奇を好む」「奇をてらう」(普通と違っていることを売物にする)「奇異・奇怪・奇妙・奇抜・奇跡・奇遇・奇術・奇人・奇行・奇岩・奇勝・奇観・珍奇・怪奇・新奇・猟奇・好奇心」②思いがけない。「奇襲・奇禍」③はんぱ。二で割りきれない整数。↔偶。「奇数」

き〖綺〗キ ― ①織り方の模様が斜めになっているもの。あや。あやぎぬ。「綺羅」②美しい。はなやか。「綺麗」③たくみで飾りのあること。「綺語(きご・きぎょ)・綺談」

き〖騎〗キ のる ― ①馬などにまたがる。のる。「騎者・騎士・騎兵・騎手・騎馬・騎虎・騎射」②㋐馬にのった兵士。「敵騎・鉄騎」㋑馬にのった人の数に添える語。「一騎・単騎・三騎・数騎」

き〖*寄〗キ よる よせる ― ①身をよせる。まかせる。たのむ。よそから来て住む。「寄食・寄宿・寄留・寄寓(きぐう)・寄生虫」②物をあずける。相手のものにする。おくる。「寄託・寄贈・寄付・寄与・寄稿・寄進」③より道をする。「寄港・寄航」

き〖祈〗〔祈〕キ いのる ― 神仏に心中思うことを告げ、実現をねがう。いのる。いのり。「祈念・祈願・祈祷(きとう)・祈誓・祈雨・祈年・祈請」

き〖*季〗キ すえ ― ①春夏秋冬のそれぞれの時節。「季節・季候・季題・季語・四季・夏季・節季」②ある期間。「雨季・年季」③㋐順序で後に属するもの。兄弟のなかで最年少の者。年代的に終りに近い方。すえ。↔孟(もう)・仲。「季子・季世・澆季(ぎょうき)」㋑年若いこと。小さいこと。「季女」(年若い女)④春夏秋冬のそれぞれの最後の月。「季春・季夏」⑤一年を単位として数える語。「一季半季の奉公」⑥『名』俳句で、句によみこむ四季折々の景物。季語。「この句には季がない」

き〖軌〗キ ①車の輪の通ったあと。わだち。車の通るべき道。線路。「軌道・軌跡・軌条・広軌」②〘名・造〙みちすじ。定まった道。法則。のり。「その軌を一にする」「軌範・常軌・不軌」

き〖姫〗〖姬〗キ ひめ 高い身分の人の側室。後宮の女性。また、女性に対する美称。「姫妾(きしょう)・王姫・美姫・妖姫・寵姫(ちょうき)」

き〖既〗〖旣〗キ すでに ①物事が起こってしまっている。すでに完全な事実となっている。すでに。↔未。「既述・既報・既成・既製・既往・既定・既決・既設・既刊・既知・既倒・既得・既婚・既望・既発表」②食べ、あるいは飲みつくす。つきる。「皆既日食」▽正字は「旣」。

き〖鬼〗キ おに ①見えないが、人間以上の力を持つおそろしい存在。人にわざわいをもたらすもの。おに。また、そのような人。「疑心暗鬼を生ず」「鬼神・鬼畜・鬼魅・鬼門・鬼気・悪鬼・邪鬼・債鬼・吸血鬼」②死んだ人のたましい。「鬼神・鬼籍・鬼哭(きこく)・幽鬼・餓鬼」③異形のばけもの。「鬼面・百鬼夜行」④すぐれたもの。「鬼才・神出鬼没」

き〖*帰〗〖歸〗キ かえる かえす ①本来の位置へもどる。かえる。かえす。「帰来・帰去・帰還・帰宅・帰省(きせい)・帰途・帰路・帰郷・帰国・帰朝・帰雁(きがん)・帰心・帰士・復帰・不帰・回帰」②あるべきところへ行く。おさまる。おもむく。よりしたがう。「帰降・帰順・帰着・帰納・帰服・帰属・帰趨(きすう)・帰依(きえ)・帰命(きみょう)」

き〖*基〗キ もと もとい もとづく ①物事の一番下にあってささえているもの。土台。根本。「基礎・基準・基本・基盤・基金・基地・基調・開基」②もととする。もとづく。「基因」③もととなる物質。「培養基」④化学反応の際、一つの原子のような反応をする原子団。「水酸基・硫酸基・メチル基・シアン基」⑤機械・塔などのようにすえられたものを数える語。「五重塔一基」⑥「基督(キリスト)」の略。「基教」

き〖*規〗キ のり ①正しい円形を描く道具。コンパス。転じて、標準。てほん。きまり。きめたこと。「規矩(く)・規準・規律・規範・規格・規制・規則・規模・規程・規約・新規・先規・正規・法規・内規・定規(じょうぎ)」②正しくする。ただす。いましめる。「規正」

き〖*喜〗キ よろこぶ ①うれしがる。よろこぶ。よろこび。「喜悦・喜怒哀楽・喜色・喜劇・喜捨・歓喜・驚喜・欣喜(きんき)・随喜・悲喜・一喜一憂」②〘名・造〙七十七歳。「喜の字の祝い」「喜寿」。↓きじゅ

き〖嬉〗キ うれしい 遊んでたのしむ。うれしがる。たわむれる。「嬉嬉・嬉戯・嬉笑・嬉游・嬉楽」

き〖幾〗〖幾〗キ いく ①数についての不定・疑問の語。いくつ。いくら。「幾何」②ちかい。ほとんど。「幾殆(きたい)」③前ぶれ。きざし。「幾微(=機微)」④こいねがう。「庶幾」

き〖*機〗〖機〗キ はた ①細かい働きをする、からくり。はた(織機)。しかけ。「機巧・機械・機関・織機・飛行機・工作機・鋳造機」②〘名・造〙物事の起こるきっかけ。きざし。はずみ。おり。しおどき。「機を見る」「機に乗じて」「機が熟す」「これを機に」「機宜・機会・機先・機運・機微・時機・危機・待機・戦機・動機・契機・逸機・好機・転機・臨機応変」③物事のはたらき。心のはたらき。仏教で、教化を受けて発動する心の力。「機能・機敏・機略・機知・機縁・機根・機嫌」④生活機能。「有機・無機」⑤働きの上で肝心の点。かなめ。大事なところ。「機務・機密・天機・心機・軍機・枢機・万機(ばんき)」⑥㋐〘名・造〙「飛行機」の略。「機から降りる」「機首・機体・戦闘機・爆撃機・民間機」㋑飛行機を数える語。「三機編隊」

き〖饑〗キ うえる ①食物がなくて苦しむ。うえる。ひもじい。うえ。「飢」に同じ。「饑死・饑餓」②穀物が不作なこと。凶作。凶荒。「饑饉(ききん)」

き〖*揮〗キ ふるう ①物を持ってふりまわす。さしずの旗をふる。あらわす。「揮毫(きごう)・指揮・発揮」②散る。まきちらす。「揮発」

き〖輝〗キ かがやく 光りかがやく。かがやき。てる。かがやかしい。「輝光・輝石・光輝」

き〖揆〗キ はかる 〘名・造〙はかる。はかりごと。方法。やりかた。「揆を一にする」(同じ方法だ。同じ行き方だ)「一揆」

き〖*期〗キ ゴ ①〘名・造〙時日をきめて約束する。めあてをつける。待ち設ける。「期をたがえず」「期日・期限・期間・期待・所期・予期」②とりきめた、くぎりの日時。ひとくぎりになる時節。一定の時点から時点までの間。おり。「期末・一期・次期・末期・任期・長期・満期・時期・周期・定期・結期・納期・学期・死期・刑期・婚期・乾燥期・農繁期・幼児期・思春期・四半期」。以下「ゴ」と読む。「一期・末期・死期・最期」▽↓ご(期)

き〖棋〗キ ①すごろくのこま。または、ごいし。「棋子(=ごいし)・棋局(=ごばん)」②碁(ご)または将棋の競技。「棋士・棋道・棋界・棋譜・将棋」

き〖*貴〗キ たっとい とうとい たっとぶ とうとぶ ①尊敬・尊重に値する。㋐身分・家柄がたかい。尊敬する。↔賤(せん)。「貴賤・貴人・貴族・貴紳・貴顕・貴賓・貴公子・貴婦人・高貴・福貴・尊貴・富貴(ふっき・ふうき)」㋑ねだんが高い。大切にする。とうとぶ。「貴重・貴金属・騰貴」②相手方に関する語の上につけて、相手への敬意、また相手方に属するものであることを表す。「貴下・貴殿・貴兄・貴酬・貴電・貴意・貴地・貴国・貴社」

き〖毀〗キ こわす ―①こわす。きずつける。そこなう。「毀損・毀傷・破毀」②人を悪くいう。そしる。そしり。「毀誉褒貶(きよほうへん)」

き〖毅〗(人) キ ―心が強くしっかりしている。物に動かされない。たけだけしい。つよい。「毅然・剛毅・沈毅」

き〖棄〗キ すてる ―ほうり出してあとをかえりみない。すてる。「棄却・棄権・棄民政策・放棄・破棄・唾棄・廃棄・遺棄・自棄」

き〖*旗〗キ はた ―①はた。はたじるし。「旗手・国旗・半旗・国連旗・旗亭(＝飲み屋。看板に旗を立てたから言う)」②軍で、大将の目じるしとするはた。大将のいるところ。軍隊。「旗鼓・旗幟(しき)・旗下・旗艦・反旗・義旗」③〘名〙満州族の軍団(の単位)。「八旗」

き〖*器〗〖器〗(人) キ うつわ ―①入れもの。道具。「器物・器具・器楽・器材・器財・石器・鉄器・土器・磁器・陶器・茶器・祭器・神器・楽器・火器・凶器・利器・計量器・電熱器・消化器」②はたらきのあること(もの)。才能のあること。「器用・器量・器官・才器・凡器・大器」

き〖亀〗〖龜〗キ かめ ―①爬虫(はちゅう)類の、かめ。「亀甲(きっこう・きこう)・盲亀」②かめの甲。卜占(ぼくせん)に用いるもの。「亀卜・亀裂・亀鑑」

き〖伎〗→ぎ〖伎〗

ぎ〖偽〗〖僞〗(人) ギ いつわる にせ ―自然でないもの。人為。本物でないものを本物らしく見せかける。似せる。虚構。↕真。「真偽・偽作・偽造・偽装・偽書・偽名・偽印・偽筆・偽物・偽証・偽善・虚偽」

ぎ〖伎〗キ ギ ―①うでまえ。はたらき。わざ。「技」に通じる。「伎倆(ぎりょう)・伎能」②俳優。芸人。「伎楽」

ぎ〖×妓〗ギ ―遊芸を売る女。芸者。色を売る女。遊女。「妓女・妓夫・妓楼・芸妓・娼妓(しょうぎ)・名妓・美妓」

ぎ〖*技〗ギ わざ ―〘名・造〙(手でする)仕事のじょうずさ。手なみ。うでまえ。わざ。げい。「技、神(しん)に入る」「技倆(ぎりょう)・技能・技巧・技芸・技術・技師・美技・妙技・武技・国技・球技・競技・演技・曲技・特技・余技」

ぎ〖宜〗ギ よろしい ―その場にあてはまって都合がよい。ほどよい。「機宜・時宜・適宜・便宜」

ぎ〖誼〗(人) ギ よしみ ―親しみ。よしみ。「交誼・友誼・情誼・高誼・厚誼」▽もと、ほどよい、程度にかなう意。

ぎ〖欺〗ギ キ あざむく ―うそをついて人を迷わす。心にもないことを言う。「欺心・欺瞞(ぎまん)・詐欺」

ぎ〖*義〗ギ よし ―①〘名・造〙条理。正しい道。道理にかなったこと。人道に従うこと。「義を見てせざるは勇なきなり」「仁義礼智(ち)信・義理・義務・大義・道義・信義・忠義・節義・恩義・正義・徳義・律義(りちぎ)」②利害をすてて条理に従う。公共のために尽くす気持。「義気・義侠(ぎきょう)・義士・義婦・義勇・義軍・義挙・義憤・情義」③ある関係を本質として持たないものが、その関係を結ぶこと。かり。実物の代用。「義父・義母・義姉・義兄弟・義足・義手・義歯・不義・名義人」④意味。わけ。言葉の内容、すじみち。「義疏(ぎそ・ぎしょ)・意義・字義・語義・本義・別義・第一義・広義・釈義・講義・奥義(おうぎ・おくぎ)・疑義・教義・談義・定義」

ぎ〖儀〗ギ ―①進退動作の上でまねるべき手本。法則。のり。のっとる。「儀法・儀典・儀表・律儀・流儀・礼儀・行儀」②〘名・造〙作法に従って進退すること。礼式。「朝見の儀」「儀式・儀仗(ぎじょう)・儀服・儀容・威儀・婚儀・葬儀・盛儀・典儀・容儀」③かたどる。かたどったもの。模型。測量器械。「渾天儀(こんてんぎ)・地球儀・水準儀・測距儀」④〘名・造〙事柄。「その儀ばかりはお許し下さい」「仕儀・内儀・余儀・難儀・公儀」⑤人を示す名詞に添えて主題であることを示す。「私儀・内儀(＝町人の妻の称)」「その方儀」▽⑷⑸は日本的用法。

ぎ〖犠〗〖犧〗ギ いけにえ ―神を祭る時に供える生き物。いけにえ。「犠牲・犠牛・犠羊・犠打」

ぎ〖*議〗ギ はかる ―①〘名・造〙相談する。「理事会の議を経る」「議院・議会・議決・議事・議題・議長・会議・閣議・協議・衆議・評議・謀議・合議・審議・詮議・密議・稟議(りんぎ)」。また、「議員」の略。「都議・町議」②相談の内容。意見。「議案・建議・異議・提議・和議・決議・動議・抗議・争議」③論じる。「議論・討議・論議・物議・不思議」④批評する。そしる。「誹議(ひぎ)」⑤文章の一体。事の可否を論じ定める文章。

ぎ〖*疑〗ギ うたがう ―確かでないと思う。あやしむ。真実のところを知りたく思う。うたがわしい。うたがい。「疑念・疑心・疑問・疑惑・疑義・疑点・嫌疑・質疑・懐疑・容疑・狐疑(こぎ)・猜疑(さいぎ)・遅疑・半信半疑」

ぎ〖擬〗ギ もどき なぞらえる ―①大体似たものとしてあてはめてみる。まねる。似せる。あてはめる。「擬造・擬作・擬音・擬制・擬態・擬勢・擬古・擬人・擬声語・模擬」②まねた。実物になぞらえた。実物によく似た。「擬国会・擬民主主義」

ぎ〖戯〗〖戲〗(人) ギ ゲ たわむれる ざれる ―おもしろさを求めてする。楽しみの動作をする。あそぶ。ふざける。芝居をする。「戯書・戯作(げさく)・戯曲・児戯・悪戯(あくぎ・いたずら)・遊戯・球戯・嬉戯(きぎ)・演戯・戯言(ぎげん・ざれごと)」

ぎ〖×魏〗ギ ―①高く大きい。「巍」に同じ。「魏魏・魏然」②〘名〙中国の国の名。㋐戦国時代の諸侯の一つ。㋑三国の一つ。㋒南北朝時代に鮮卑(せんぴ)族のたてた国。

ギア ①歯車。また、歯車を組み合わせた伝動装置。特に、自動車の歯車式の変速装置。「―をトップに入れる」「変速ー」②用具。道具。「アウトドアー」「ヘッドー」 ▽gear 「ギヤ」とも。

きあい【気合(い)】①ある事をしようとして、精神を集中した勢いや掛け声。「ーのこもった技」「ーを掛ける」「ーを入れる」②心。気分。気立て。「いいーの男」

ぎあく【偽悪】自分から実際以上に悪人であるかのように見せかけ、ふるまうこと。そういう態度。▽「偽善」に基づいて造った語。

きあけ【忌明け】→いみあけ

きあつ ㊀【気圧】①大気の圧力。「ー配置」「ーの谷」(天気図で、低気圧の中心から細長くのびた低圧部) ②圧力の単位。一気圧は一〇一三・二五ヘクトパスカル。㊁【汽圧】ボイラーなどで発生させた蒸気の圧力。

きあわ-せる【来合(わ)せる】《下一自》偶然その場に来ていて出あう。「いいところにーせた」

きあん【起案】《名・ス他》事務文書などのもとになる案や文を作ること。

ぎあん【議案】会議で討論・議決するために提出する原案。

きい【奇異】《名ナノ》普通と特に様子が変わっていること。「ーの感に打たれる」

きい【忌×諱】《名・ス他》おそれて避けていること。「ーに触れる」(人がいみきらっている事を言ったりおこなったりして、その人の不興を買う) ▽「い」は「諱(き)」の誤読。

きい【貴意】あなたの御意見。「ーを得たく」 ▽多く手紙に使う。

キー ①かぎ。②事件・問題を解く手がかり。③オルガン・ピアノなどの、指で押さえて音を出すところ。また、タイプライター・パソコンなどの、指で文字を打つところ。「ーをたたく」④音調。「ーをはずす」 ▽key **ーノート** ①音階の第一音。主音。②絵画・文芸・思想などの中心をなす色彩・思想など。▽keynote **ーパーソン** 組織や運動の中で重要な人物。▽key person **ーパンチャー** コンピュータの入力をする人。▽keypuncher **ーポイント** 問題や事件を解決するために重大な手がかりとなる点。▽key と point とによる和製英語。 **ーボード** ①タイプライター・パソコン・ピアノなどの機器・楽器の、キー(3)が並べてある盤。鍵盤。②鍵盤楽器の総称。特に、電子鍵盤楽器。▽keyboard **ーホルダー** 複数の鍵をまとめておくための道具。 **ーワード** 内容を把握するための手がかりとなるような、重要な言葉。▽keyword

きいきい《副[と]》①金属などがきしる音。「水車の心棒がー(と)いう」②動物などのかん高い鳴き声。「猿がー(と)騒ぐ」③声がかん高く響くさま。その声。「怒ってー(と)わめく」 **ーごえ**【ー声】かん高く、鋭い声。金切(かなき)り声。

キーサン【×妓△生】朝鮮の(もと政府お抱えの)芸者。キーセン。▽朝鮮語。

きいたふう【利いた風】《連語》分かってもいないのに、さもそれに通じていると見せかけて、なまいきな風。「ーなことを言うな」

きいちご【木×苺】山野に自生し、黄・赤などに熟する実を食用とする落葉低木。種類が多く、普通は茎や葉などにとげがある。ラズベリーなどの栽培品種もある。▽ばら科きいちご属の総称。

きいつ【帰一】《名・ス自》幾つか違ったものが、結局は一つのものに帰着すること。

きいっぽん【生一本】①《名》純粋でまじりけがないこと。そういうもの、特に酒。「灘(なだ)のー」②《名・ダナ》気持がまっすぐで、思い込んだらそれに打ち込んで行く性質。「ーな性分」「あのーが長所だ」 派生 -さ

きいと【生糸】蚕の繭から取ったままで、手を加えていない糸。

キーパー ①守る人。管理する人。「ハウスー」②「ゴールキーパー」の略。▽keeper

キープ《名・ス他》①確保すること。維持すること。「クラブでブランデーのボトルをーする」②球技で、自チームのものとしてボールを保持すること。▽keep

キール 船底をへさきからともまで通り、構造上背骨のような役目をする、鉄材または木材。竜骨。▽keel

きいろ【黄色】《名ナノ》→き(黄)・きいろい

きいろ-い【黄色い】《形》黄色をしている。「嘴(くちばし)がー」(未熟だ。ひなの嘴によるたとえ)「ー声」(主に女性や子供の、かんだかい声) ▽連体修飾の場合には「黄色な」、終止の場合には「黄色だ」も使う。派生 -み

きいん【気韻】気品の高いおもむき。

きいん【起因】《名・ス自》物事の起こった原因。また、原因となること。「不注意にーする事故」

ぎいん【偽印】にせのはんこ。偽造の印判。

ぎいん【議院】衆議院と参議院(旧憲法では貴族院)との両院。議会。国会。

ぎいん【議員】国会や地方議会、その他の会議機関に加わって、議決する権利を持つ者。

きう【気宇】気がまえ。心のひろさ。「ー壮大」

キウイ ①ニュージーランド特産の飛べない鳥。ニワトリ大で翼は著しく退化し、体は灰褐色。くちばしが長く、土中の小動物などを食べる。キーウィ。▽kiwi ②六〜八センチほどの卵形の果物。また、それをつけるつる性落葉樹。果皮は褐色で果肉はふつう緑色。▽kiwi fruit の略。ニュージーランドで作出された品種で、(1)に因んだ名。またたび科。

きうけ【気受け】他人が、その人に接して受ける好ききらいの感じ。「ーがいい」

きうつ【気鬱】気がふさいで晴れ晴れしないこと。

きうつり【気移り】《名・ス自》気持や注意が集中せず、他のものに心が移って行くこと。

きうら【木裏】板目(2)にとった板の面で、木の心(しん)に

近い方。↕木表(きおもて)

きうるし【生漆】まだ精製していない漆の液。

きうん【機運】時のめぐりあわせ。おり。「―が熟する」「(事を行う情勢が十分整って来る)

きうん【気運】時世のなりゆき。また、その中に認められる、一定の方向を取ろうとする傾向。「改革の―が高まる」

きえ【帰依】『名・ス自』(仏や神など)すぐれたものを頼みとして、その力にすがること。「三宝(さんぼう)に―する」▽元来は仏教語。

きえい【帰営】『名・ス自』兵営に帰ること。

きえい【気鋭】意気込みが鋭いこと。「新進―」

きえい【機影】航空機の姿。また、その影。「上空に―を認める」「―が消える」

きえい-る【消え入る】『五自』自然に消え去る。「物の音までー―ばかり」「身も―思い」

きえう-せる【消え△失せる】『下一自』存在していた物・人などが消えてなくなる。「希望が―」「とっととー・せろ」

きえぎえ【消え消え】『ダナ・副と』①形や姿がほとんど消えそうに薄くなるさま。②気絶しそうなほど驚くさま。また、生きた心地もしないさま。

きえつ【喜悦】『名・ス自』よろこぶこと。よろこび。

きえのこ-る【消え残る】『五自』他のものが消えてしまったのに、それだけが消えないで残る。

きえは-てる【消え果てる】『下一自』すっかり消える。

き-える【消える】『下一自』はっきりと(盛んな勢いで)現れていたものが、そうでない状態になる。㋐雪などがとけ去る。㋑熱や光などを発していたものが、発しなくなる。「火がー・えたような」(さびしくなってしまったことの形容)「風で火が―」「電灯が―」㋒形が見えなくなる。「字がこすれて―」「姿が―」「さっさとー・えてなくなれ(=立ち去れ)」「闇の中に―」「視界から―」㋓無くなる。「あくどさが―」。絶える。「うわさが―」。聞こえなくなる。「足音がー・え去る」

きえん【奇縁】ふしぎな縁。「合縁(あいえん)―」

きえん【機縁】①事が起こるようになる、きっかけ。②〔仏〕仏の教えに感化されるのは、その人の機根と、教えを受ける因縁とによるということ。

きえん【気炎・気×焰】(燃え上がるような)さかんな意気(を発した言葉、時には大言壮語)。「当たるべからざる―で論じ立てる」「―をあげる」「―を吐く」「怪―」 **―ばんじょう**【―万丈】盛んに気炎を上げること。▽「万丈」は気炎の高さの表現。

ぎえん【義援・義×捐】慈善や公益のための寄付。「―金」▽「捐(えん)」はすてる意。

きえんさん【希塩酸・×稀塩酸】水で薄めた塩酸。

きおい【△競い】①競(きお)うこと。②「きおいはだ」の略。▽「気負い」とも書く。

きおい【気負い】自分こそはと意気ごむこと。「若いので―がある」

きおいた-つ【△競い立つ】『五自』あることをしようと盛んに意気込む。勇み立つ。▽「気負い立つ」とも書く。

きおいはだ【△競い肌】強きをくじき弱きを助ける、侠客(きょうかく)の気風。勇み肌。

きお-う【△競う】『五自』負けまいとして張り合う。争う。

きお-う【気負う】『五自』自分こそはと意気ごむ。「ひとりでー・っている」▽「競(きお)う」から出た語。

きおう【既往】過ぎ去ったこと。「―年度」。過ぎ去った昔。「―をなつかしむ」 **―しょう**【―症】今は直っているが、以前かかったことのある病気。

きおう【期央】(営業年度・会計年度などで)その期のなかば。

きおく【記憶】『名・ス他』①過去に経験した事を忘れずに覚えていること。また、その覚えている内容。物覚え。「―に新しい」②コンピュータが情報を保持していること。 **―そうち**【―装置】コンピュータで、データやプログラムを(情報として)納め、蓄え、かつ取り出せるようにしてある部分。メモリー・ハードディスクなど。 **―ようりょう**【―容量】記憶装置に蓄えうるデータ(情報)の量。▽普通、ビット・バイトを単位として測る。

きおくれ【気後れ】『名・ス自』何かしようとする時、自信がなくて心がひるむこと。「―がして話せなかった」

キオスク 新聞などちょっとした物を売る小さな店。▽kiosk 「キヨスク」とも言う。

きおち【気落ち】『名・ス自』張りつめていた気持が抜けてがっかりすること。「すっかり―する」

きおも【気重】『名ナ』①気分が沈みがちで引き立たないこと。②相場が引き立たず、株の取引が不活発なこと。

きおもて【木表】板目(2)にとった板の面で、木の心(しん)に遠い方。↕木裏

きおん【基音】①〔物理〕倍音に対し、振動数が最小の純粋音。基本音。②〔音楽〕和音の最も低く、全体の調子を決定する音。

きおん【気温】大気の温度。▽気象学では普通、地上一・五メートルの高さの所の温度で表す。

ぎおん【擬音】(放送や演劇で)実際の音に似せて、道具を使って作り出す音。 **―ご**【―語】自然現象の音にまねて作った語。例、がたぴし・こけこっこー。▽↓ぎたいご・オノマトペ

ぎおんえ【×祇△園会】七月(もとは六月七～十四日)に行う、京都の八坂神社の祭礼。▽十七日・二十四日の、にぎやかな祇園ばやしで練り歩く山鉾(やまぼこ)巡行が有名。

ぎおんしょうじゃ【×祇△園精舎】須達(すだつ)長者が、釈迦(しゃか)のために説法道場として建てた寺。

きか【奇禍】思いがけない災難。「―にあう」

きか【奇貨】①利用すれば思いがけない利益が得られる品・機会。「―おくべし」(えがたい機会だから、う

まくこれを利用しなければならない) ②珍しい財物。

きか【幾何】「幾何学」の略。物の形・大きさ・位置関係など、図形や空間の性質を研究する、数学の一部門。▽中国でgeometryの'geo'の音訳として「幾何」を当てた。 **ーがく**【ー学】→きか(幾何)。 **ーきゅうすう**【ー級数】→とうひきゅうすう。 **ーへいきん**【ー平均】→そうじょうへいきん

きか【気化】《名・ス自》液体が沸騰・蒸発して気体となること。▽固体が気体に変わる昇華を含めても言う。

きか【帰化】《名・ス自》①自分から願い出て、自国の国籍を捨て、他国の国籍を得て、他国民となること。「ー人」②渡来した動植物が、その土地になじんで、自生・繁殖するようになること。

きか【机下】書簡で相手の名の敬称の脇に添えて敬意を表す語。(玉)案下。足下。▽あなた様の机の下まで差し出すという意。「几下」とも書く。「几」も、つくえ。なお、→しょうじ(粧次)

きか【貴下】《代》相手を敬って指す語。▽主に男が書簡に使う。

きか【旗下・×麾下】将軍の旗本(はたもと)。また、その軍団の指揮者に属する部下(だという関係)。▽「麾」は大将の旗の意。

きか【季夏】夏の終わりの一か月。晩夏。陰暦六月。

きが【帰×臥】《名・ス自》官職や世間で目立つ地位から退いて(故郷にもどり)、静養・農耕などの、自然を友とするような静かな生活に入ること。

きが【起×臥】《名・ス自》起きることと寝ること、つまり日常の生活。「ーを共にする」

きが【飢餓・×饑餓】食物が不足して、うえること。うえ。

ぎが【戯画】こっけいな絵。また、ふざけて描いた絵。カリカチュア。

ギガ= 基準となる単位名に冠し、その十億倍に当たる意を表す語。記号G。「ーバイト」▽giga-

きかい【器械】道具。器物。▽→きかい(機械)。 **ーたいそう**【ー体操】鉄棒・木馬・平行棒などの器械を使ってする体操。

きかい【機械】①動力によって一定の運動を起こし、その結果、有用な仕事をするもの。広く、設計通りの働きをするように人間が作り出した(物質の組合せによる)装置。「ーのよう」(正確であるさま。また、心や自由を欠くさま) ②俗に、機械・器械類の総称。▽一般に原動機構・伝導機構・作業機構から成る。その中の一機構を欠けば、普通「器械」と書く。 **ーか**【ー化】《名・ス他自》①人手を省いたり生産量をふやしたりするため、機械力を使うこと。または軍隊の機動力を高めるため、機械を多くとり入れること。②人間の行動が、機械のように、外からの力に左右され自主的でなくなること。 **ーがくしゅう**【ー学習】コンピュータに、問題とその答えを入力し、類似の問題に正答できるようなアルゴリズムを自動で構築させること。答えなしにデータに隠れた法則性を導き出させる場合もある。 **ーすいらい**【ー水雷】→きらい(機雷)。 **ーてき**【ー的】《ダナ》①機械の仕掛けで、または機械仕掛けのように、動くさま。「ーな仕事」②個性的でなく、型にはまっているさま。「ーな考え方」「ーに覚える」 **ーぶんめい**【ー文明】産業革命により、生活の諸分野に機械の影響が強く現れた、近代の文明。

きかい【機会】それをするのにうまいぐあいの時機。とき。おり。しおどき。「絶好のーをのがす」 関連 契機・好機・機運・機宜・時機・時宜・時節・潮時・転機・勝機・戦機・好運・きっかけ・ころあい・チャンス・ピンチ

きかい【奇怪】《名ナ》普通の考え方では、理解できない不思議な出来事、または許せないけしからぬこと。「ーを極める」「ー千万(せんばん)」▽強めて「きっかい」とも言う。 派生 **ーさ**

きがい【危害】身体や生命に及ぼす危険・損害。「ーを加える」

きがい【気概】困難にも屈しない強い意気。気骨。はり。「ーを示す」

ぎかい【議会】公選された議員によって、国民や住民の意思を代表・決定する、合議制の機関。特に、国会。

きがえ(…がへ)【着替え】①着がえるために用意した衣類。②着がえること。▽(2)は「きかえる」が「きがえる」に変化したために出てきた語義。

きが-える(…がへる)【着替える】《下一他》着ている衣類をぬいで他に替える。「パジャマにー」▽もと「きかえる」。名詞形「きがえ」(1)に引きずられての変化か。

きがかり【気掛(か)り】《名ナ》いつも心から離れず、心配なこと。「ーな兆候」「あすの天気がーだ」

きかく【企画・企×劃】《名・ス他》ある事をするため、計画を立てること。その計画。もくろみ。「ーを立てる」「イベントをーする」

きかく【棋客】碁や将棋をする人。ききゃく。

きかく【規格】標準としての定め。特に工業製品の、寸法・形・質などについて定めた標準。「ーに合った」「ー品」

ぎがく【器楽】楽器によって演奏する音楽。↔声楽

ぎがく【△伎楽】面をかぶり音楽に合わせて演じる、古代の舞踊劇。▽起源はインド・チベットとされ、日本には百済(くだら)から伝わった。

きかげき【喜歌劇】軽い喜劇的内容の歌劇。また、オペレッタ。

きがさ【気×嵩】《名ナ》勝ち気。負けん気。「ーな女」

きかざ-る【着飾る】《五自》美しい着物を着て、人目につくように身なりを飾る。

きか-す【利かす】《五他》→きかせる(利)

きか-す【聞かす】《五他》→きかせる(聞)

きガスるい【希ガス類・×稀ガス類】非常に安定で他の元素とほとんど化合しない一群の元素。天然にはヘリウム・ネオン・アルゴン・クリプトン・キセノン・ラ

ドンの六種があり、常温常圧ではいずれも気体。▽近年は「貴ガス」とも表記。

きか‐せる【利かせる】〘下一他〙作用や効果が(十分に)現れるようにする。㋐ききめがあるようにする。「塩を―」「すごみを―」㋑〘気を―〙よく細かい事に気づいて、言われる前に人の望むとおりにする。

きか‐せる【聞かせる】〘下一他〙聞くようにする。㋐言葉で教える。「よく言って―・せよう」㋑(話や歌などがうまくて)思わず聞き入らせる。「彼ののどは、なかなか―ね」

きがた【木型】鋳物の原型としたり、靴の形の基準としたりする木製の型。

きかつ【飢渇】食べ物や飲み物がない苦しみ。飢えと、のどのかわき。

きかぬき【利かぬ気】〘連語〙→きかんき

きがね【気兼ね】〘名・ス自〙他人の思わくを考えて気をつかうこと。えんりょ。「―のいらない相手」「―せずに話す」

きがまえ がまへ【気構え】何かしようとし、また何かを予期して、心を決め準備していること。心構え。

きがみ【生紙】漉(す)く時にのりを入れないで作った和紙。きずきの紙。

きがる【気軽】〘ダナ〙物事をつきつめて考えず簡単に行動に移るさま。「―に引き受ける」「―な服装」派生 **―さ**

きがる‐い【気軽い】〘形〙気軽だ。派生 **―さ**

きかん【奇観】珍しいながめ。すぐれた風景。また、かわった見もの。

きかん【基幹】それを主要部分として物事を成り立たせる一番のおおもと。「―産業」

きかん【季刊】(雑誌などを)年に四回発行すること。その刊行物。クオータリー。

きかん【既刊】すでに刊行したこと、刊行した物。↔未刊

きかん【期間】ある定めた期日から他の定めた期日までの間(の時間的長さ)。「有効―」

きかん【器官】生物体を構成し、一定の形態をし、特定の生理機能をいとなむ部分。例、根・葉・胃。「消化―」

きかん【気管】動物の呼吸器の一部で、空気が流れる管。㋐脊椎動物の、のどから肺へ通じる管。㋑昆虫やクモの体側の穴(気門)から体内の各部へ通じる管。 **―し**【―支】気管㋐から肺臓にはいる、木の枝のように分かれた部分。

きかん【機関】ある働きをするための仕掛け・仕組み。㋐エンジン。火力・電力などのエネルギーを機械的な力に変える装置。「内燃―」㋑ある目的を達するために設けた組織。「報道―」㋒〔法律〕法人の意思決定・活動遂行の地位にある個人またはその集団。 **―こ**【―庫】機関車を入れる車庫。 **―し**【―紙・―誌】政党・研究機関などの団体や個人が、その目的を達するために発行する新聞・雑誌。▽新聞の場合は「紙」、雑誌の場合は「誌」。 **―しゃ**【―車】客車・貨車をひっぱって線路を走るのに使う車両。 **―じゅう**【―銃】引きがねを引き続けると、自動的・連続的に弾丸が発射される、射撃速度の速い銃。マシンガン。機銃。「軽―」「―のようにまくし立てる」▽口径の大きいものは「機関砲」と言う。

きかん【旗艦】艦隊の司令長官(司令官)が乗っている軍艦。▽マストに将旗(=指揮官の階級を表す旗)を立てる。

きかん【帰艦】〘名・ス自〙軍艦の乗組員、または航空母艦などから飛び立った飛行機が、その軍艦に帰ること。

きかん ①【帰還】〘名・ス自〙(特に、戦場から内地・基地に)帰ること。「宇宙から無事―する」「―兵」②【帰還・×饋還】〘名・ス他〙→フィードバック

きかん【帰館】〘名・ス自〙やかた(=大きな建物)に帰ること。「ご―」(帰宅の大げさな言い方)

きかん【汽缶】→ボイラー

きかん【貴簡・貴×翰】相手の書いた手紙を敬って言う語。

きかん【飢寒・×饑寒】飢えと寒さ。食べ物がなく空腹で、こごえること。

きかん【亀鑑】てほん。もはん。▽「亀」は占いの道具、「鑑」は鏡。行動の規準となるものの意。

きがん【奇岩・奇×巌】珍しい形をした岩。

きがん【帰×雁】春さきに、南から北の寒い地方へ渡ってゆく、がん。

きがん【祈願】〘名・ス他〙神や仏に願い事をこめて祈ること。「合格―」

きがん【輝岩】主成分が輝石の火成岩。

ぎかん【技官】特別の学術・技芸に関する仕事をする国家公務員。▽→じむかん

ぎがん【義眼】眼病・事故などのため眼球を取り去ったあとに入れる人工の眼球。入れ目。

きかんき【利かん気】〘連語〙人に負けたり人の言いなりになったりするのを、きらう気質。勝ち気。きかぬき。

きかんぼう【利かん坊】腕白で負けずぎらいな男の子。

きき【危機】悪い結果・成行きを招くかも知れない、危険で不安な時や状態。「財政―」「―に陥る」 **―いっぱつ**【―一髪】髪の毛一本ほどのわずかな違いで危険に追い込まれるという、危ない瀬戸際。 **―かんり**【―管理】大規模な自然災害・事故など不測の事態に備え、かつ起こった時に適切に対応する政策・体制。

きき【×嬉×嬉】〘ト タル〙いかにもうれしそうに楽しむさま。「―として戯れる」

きき【忌×諱】〘名・ス他〙→きい(忌諱)。▽「きき」が正しい読み方。

きき【既記】すでに書きしるしたこと。「―のごとく」

きき【機器・器機】機械・器械・器具の総称。「医療―」

きき【鬼気】身の毛がよだつような恐ろしいけはい。

「―迫る光景」▽「鬼」は恨みをいだく人の霊。

きぎ【×嬉戯】『名・ス自』遊びたわむれること。楽しみ遊ぶこと。

きぎ【機宜】それをする都合が、非常によい折。「―を得た処置」

ぎき【義旗】正義のため戦う(軍隊の)旗じるし。「―を翻す」(正義の戦いを起こす)

ぎき【義気】正義を守る心。義侠(ぎきょう)心。

ぎぎ【×巍×巍】『ト タル』高く大きいさま。「―たる岩石」

ぎぎ【疑義】意味(事柄の内容)がはっきりしないこと。疑問に思われること。「―をただす」

ききあわ-せる(あはせる)【聞(き)合(わ)せる】『下一他』事柄を確かめ、はっきりさせるため、あちこちに問いたずねる。問い合わせる。

ききい-る【聞(き)入る】『五自』われを忘れて聞く。一心に耳を傾ける。

ききい-れる【聞(き)入れる】『下一他』(相手の願いや要求を)聞いて受け入れる。

ききうで【利(き)腕】よくきく方の腕。利き手。▽多くの人では右の腕。

ききお-く【聞(き)置く】『五他』先方の意見や要求を聞くだけで、自分の考えや答えを示さないでおく。

ききおさめ(をさめ)【聞(き)納め】それが聞くことの最後で、もう二度と聞けないこと。

ききおと-す【聞(き)落(と)す】『五他』聞くべき事を(うっかり)聞かないでしまう。聞き漏らす。

ききおぼえ【聞(き)覚え】①耳で聞いて覚えること。「―の小唄(こうた)」②以前に聞いて覚えていること。「―のある声」

ききおよ-ぶ【聞(き)及ぶ】『五他』①人から聞いて知る。②前々から聞いている。「噂(うわさ)はかねがね―んでいる」

ききかいかい【奇奇怪怪】『ト タル』「奇怪」を強めて言う語。▽「―な」「―の」の形でも使う。

ききかえ-す(かへす)【聞(き)返す】『五他』①問い返す。㋐一度聞いた事を(確かめるためなどに)もう一度問う。㋑相手の問いに対し、こちらからも問う。②もう一度聞く。「録音を何度も―」

ききがき【聞(き)書(き)】①『名・ス他』自分が直接・間接に聞いた事を書きとめること。その物。②『名』本人が書けば述作となる内容を(本人と近しい人が)聞いて書いた物。「五世名人―」

ききかじ-る【聞(き)×齧る】『五他』①深くもわからず、人の話の一部またはうわべだけを聞く。②転じて、表面的な知識だけを持つ。

ききかた【聞(き)方】①聞く方法。聞く術。②聞く側。「―に回る」

ききぐるし-い【聞(き)苦しい】『形』①聞いていて不快だ。「―中傷」②聞き取りにくい。「声が小さくて―」派生 **-さ**

ききごと【聞(き)事】注意して聞いておくべきこと。

ききこみ【聞(き)込み】(刑事などが犯罪捜査の手掛かりをつかむため)方々きいてまわること。

ききこ-む【聞(き)込む】『五他』情報を他から聞いて知る。耳に入れる。

ききざけ【聞(き)酒・利(き)酒】酒のよしあしや銘柄を見分ける目的で口に少量ふくんで味わうこと。「―をする」。そのための酒。▽「唎(き)酒」とも書く。

ききじょうず【聞(き)上手】相手が話しやすいように受け答えして、十分に話をさせること。そういう人。

きぎす【〈雉子〉】キジの文語表現。「焼け野の―夜の鶴」(子をいつくしむ親の愛のたとえ)

ききすご-す【聞(き)過(ご)す】『五他』①聞いたのに、その内容を心にとめないでしまう。②他人のあやまちなどを聞いても、聞かなかったことにしておく。

ききずて【聞(き)捨て】聞いても、取り上げて問題にしないこと。「―ならぬ一言」「つまらぬうわさを―にする」

ききすま-す【聞(き)澄ます】『五他』心を集中してよく聞く。

ききそこな-う(そこなふ)【聞(き)損なう】『五他』①誤った聞き方をする。聞き違える。②聞くべき機会をのがす。

ききだ-す【聞(き)出す】『五他』人に探りを入れた聞き方をして、知りたい事を引き出す。「秘密を―」

ききただ-す【聞(き)×糺す】『五他』不明の所を質問して、はっきりさせる。「真意を―」

ききつ-ける【聞(き)付ける】『下一他』①音や声をふと耳にする。「遠くの悲鳴を―けた」②伝え聞いて、ある事柄を知る。「うわさを―けてやって来た」③聞き慣れる。「小言は―けている」

ききづたえ(づたへ)【聞(き)伝え】人から伝え聞いた話。伝聞。

ききづら-い【聞(き)△辛い】『形』①聞きとりにくい。②聞くにたえない。「話が露骨で―」③相手に尋ねることがつらい。「僕からは―」派生 **-さ**

ききて【利(き)手】①→ききうで。②腕前のすぐれた人。

ききて【聞(き)手・聴(き)手】(人の話や音楽などを)聞く側の者。↕話し手・語り手

ききとが-める【聞(き)×咎める】『下一他』人の話の不明な点や誤りに気がつく。また、気がついて問いただしたり、非難したりする。「不用意な一言を―」

ききどころ【利(き)所】ききめのある点。特に急所。要所。「―をおさえる」

ききどころ【聞(き)所】特に注意して聞くべきところ。聞くねうちのあるところ。

ききとど-ける【聞(き)届ける】『下一他』相手の申し出や願いを聞いて、承認を与える。「願いを―」▽もと、相手の言い分を注意して聞く意。

ききとり【聞(き)取り・聴(き)取り】耳で聞いて理解すること。聞き取ること。「英語の―テスト」「―調

査」

ききと-る【聞(き)取る・聴(き)取る】『五他』①音や声を耳でとらえる。聞いてよく理解する。②(事情を知るために)詳しく話を聞く。聴取する。

ききなが-す【聞(き)流す】『五他』①(乗り気でない態度で)聞いても心にとめない。②他人のあやまち等を聞いても、とがめないでおく。聞き過ごす。

ききな-す【聞(き)×做す】『五他』①聞いて、そのように受け取る。②鳥のさえずりなどを、人の言葉に置き換えて聞く。例、コノハズクの「仏法僧」、ホトトギスの「てっぺんかけたか」の類。

ききにく-い【聞きにくい】『形』①音声がはっきりせず、聞きとるのがむずかしい。聞きとりにくい。②質問したいけれどもぐあいが悪い。たずねにくい。「あえて―ことを聞く」③内容がひどくて聞いていられない。「―悪口」派生 **-さ -げ**

きぎぬ【生絹】生糸を練らないで織った絹織物。↕ねり絹

ききはず-す(はづす)【聞(き)外す】『五他』聞くべきことを、聞かないで過ごす。聞くべき機会をのがす。

ききふるした【聞(き)古した・聞(き)△旧した】『連語』何度も聞いて、もう珍しいと思わない。新鮮味がない。「―話」

ききほ-れる【聞(き)×惚れる】『下一自』心を奪われ夢中で聞き入る。「名調子に―」

ききみみ【聞(き)耳】『―を立てる』よく聞こうとして耳を澄ます。

ききみょうみょう【奇奇妙妙】『トタル』「奇妙」を強めて言う語。▽「―な」「―の」の形でも使う。

ききめ【効(き)目・利(き)目】利いたしるし。効果。行動や作用の結果として、予期した通りの事が現れること。「薬の―」「叱った―があった」

ききもの【聞(き)物】聞いておくとよいもの。聞くねうちのあるもの。

ききもら-す【聞(き)漏らす】『五他』→ききおとす

ききやく【聞(き)役】物事を聞く役目(の人)。人の言うことを、もっぱら聞く側の人。「―にまわる」

ききゃく【棄却】『名・ス他』①取り上げずすて(去)ること。②〔法律〕訴えを受けた裁判所が、その申立てを理由がないとして、また法に合わないとして、無効の言渡しをすること。「控訴―」

ききゃく【棋客】→きかく(棋客)

ききゅう【企及】『名・ス自』努力して、追いつくこと。肩を並べること。「凡人の―するところでない」

ききゅう【危急】危険な事態が目の前に迫っていること。 **―そんぼう**【―存亡】危難が迫って、現在のまま生き残れるかほろびるかの、せとぎわ。「―の秋(とき)」

ききゅう【希求・×冀求】『名・ス他』得たいと願って求めること。「平和を―する」

ききゅう【帰休】『名・ス自』軍隊や職場に籍のある人が、一時、仕事を休んで家に帰ること。「―兵」「一時―制」

ききゅう【気球】空中に上げるために、熱した空気や空気より軽い気体を密閉した袋。▽かごを下げて、人が乗れるものもある。

ききょ【起居】『名・ス自』立つことと座ること。立ち居ふるまい。また、日常生活。「―を共にする」「―進退」

きぎょ【×綺△語】→きご(綺語)

ぎきょ【義挙】正義のために事を起こすこと。義のためにする行為。

ききょう【×桔△梗】山野に自生し、秋、美しい青紫色または白色の花が咲く多年草。花はつりがね形で先が浅く五つに分かれる。秋の七草の一つ。根を干したものはせき止めの薬。▽ききょう科。

ききょう【奇矯】『名ナノ』行動・思想傾向が普通の人とは変わっていて激しいこと。「―なふるまい」派生 **-さ**

ききょう【気胸】①胸膜腔(こう)の中に空気がたまった状態。②「気胸療法」または「人工気胸術」の略。胸膜腔に空気を送り込んで肺を押し縮めること。▽結核の治癒を促す療法として行われた。

ききょう【帰京】『名・ス自』みやこ(現在では東京)に帰ること。

ききょう【帰郷】『名・ス自』郷里に帰ること。

きぎょう【企業】事業の企てをすること。また、その経営体。生産・営利の目的で事業を経営する組織体。「中小―」 **―たい**【―体】企業の形態・目的を持った組織。「公共―」(私企業に対する「公共企業」に「体」がついてできた語)

きぎょう【機業】はたおりのしごと。絹・木綿(もめん)その他の布を織る事業。

きぎょう【起業】『名・ス自他』新しく事業を起こすこと。特に、ベンチャー。

ぎきょう【義×侠】強きをくじき弱きを助ける、おとこぎ。おとこだて。「―心」「―的精神に富む」

ぎきょうだい【義兄弟】①義によって誓い合って、兄弟の交わりを結んだ者。②義理のきょうだい、すなわち、妻や夫の兄弟、また姉妹の夫など。

ききょく【危局】さし迫った、あぶない時局・場面。

ぎきょく【戯曲】演劇の台本。また、その形式で書いた文芸作品。

ききょらい【帰去来】故郷に帰るため(官をやめて)ある地を去ること。▽陶淵明(とうえんめい)の「帰去来辞」で有名な言葉。「かへりなん、いざ」と訓じて来た。「来」は助辞。

ききわけ【聞(き)分け】聞き分けること。「―のよい子だ」

ききわ-ける【聞(き)分ける】『下一他』①音や内容を聞いて区別する。②話を聞いて、その道理を納得(なっとく)し、それに従う。分別(ふんべつ)する。「ここは一つ―けてくれ」

ききん【基金】①ある目的のため積み立て、または準備しておく資金。②事業の経済的基盤となる財産・

資本。

ききん【飢×饉・×饑×饉】①農作物が十分に実らず、食物が欠乏して人々が飢え苦しむこと。②(食物に限らず)必要な物が著しく不足すること。「水—」

ぎきん【義金】義援の金。▽→ぎえん

ききんぞく【貴金属】空気中で熱しても酸化されにくく、化学変化をほとんど受けない、産出量の少ない金属。金・銀・白金・イリジウム等。↔卑金属。「—店」

きく【利く】①《五自》作用・効果が(十分に)現れる。㋐ききめがある。「薬が—」「腰痛に—」「わさびが—」(→わさび)「糊(のり)の—いたゆかた」「ブレーキが—かない」▽薬には「効く」とも書く。㋑よく動き働く。「腕が—」「左が—」(酒飲みだの意にも)「気が—」(→き〖気〗(1))㋒(悪条件に耐えて)役立つ。(……が)できる。「無理が—」「洗濯が—」「見晴らしが—」。(……を)使って何かができる。「顔が—」「保険が—」「—いたふうな事を言うな」(→きいたふう)②《五他》『口を—』ものを言う。特に、別の人に話して周旋する。

きく【聞く・聴く】《五他》①物音や人の話を耳でとらえる。㋐音・声を耳で感じ取る。聴覚を働かす。「音楽を—」。耳に感じたものから、それだと知る。「あれは花子の琴の音(ね)だと—いた」㋑人が話す言葉から話の内容をつかむ。また、間接的に物事を知る。「講義を—」「言い分を—こう」「既に死んだと—」㋒要求・命令・教えを承知する。「親の言うことをよく—子」「無理を—いてもらう」「—耳を持たない」②答を求めて問う。たずねる。「道を—」「先生に—いてみろ」▽「訊く」とも書く。③酒の味をためし、または香(こう)をかぎ、その味・香(か)の他との違いを感じ取る。【聞】「香を—」関連 伺う・承る・聞き入れる・聞き落とす・聞き及ぶ・聞きかじる・聞き込む・聞き付ける・聞き取る・聞き流す・聞き漏らす・伝え聞く・聞き覚え・聞き伝え・立ち聞き・盗み聞き・人聞き・又聞き・外聞・仄聞(そくぶん)・他聞・伝聞・内聞・謹聴・傾聴・幻聴・試聴・静聴・清聴・聴講・聴聞・盗聴・拝聴・傍聴・地獄耳・空耳・初耳・早耳・耳慣れる

きく【危×懼】《名・ス他》→きぐ(危惧)

きく【規×矩】手本。規則。「—準縄」▽もと、コンパス(=規)と物さし(=矩)。

きく【起句】書き出しの文句。特に漢詩で、絶句の第一句。▽律詩の第一・第二句を指すこともあった。

きく〔菊〕キク ①《名・造》秋に咲く花を観賞するため、古くから栽培される多年草。品種が多く、花の形・色はさまざま。花を食用にするものもある。四君子(しくんし)の一つ。長生きの薬と信じられた。「十日の菊」(時期に遅れたもののたとえ。→きくのせっく)「菊花・菊水・残菊・寒菊・除虫菊」▽きく科。近縁の野草をも言う。②紋所(もんどころ)の名。皇室の紋章(十六の重弁)、菊水・乱菊などがある。

きぐ【木具】白木(しらき)製の粗末な道具。特に、折敷(おしき)。

きぐ【危惧】《名・ス他》悪い結果になりはしないかと心配しおそれること。危懼(きく)。「—の念を抱く」「絶滅—種」

きぐ ①【器具】道具。また、構造の簡単な機械類。②【機具】機械・器具類。

ぎく【疑×懼】《名・ス他》(そのとおりかどうか)疑って不安がること。

きくいただき【菊△戴】雄の頭頂に二本の黒筋に挟まれただいだい色の斑紋がある、スズメよりも小さな鳥。体は緑褐色の地に黒・白の筋が入る。松林などに群れをなして住む。▽頭頂の斑紋を菊の花に見たてた名。すずめ目きくいただき科。

きくいも【菊芋】北アメリカ原産の多年草。高さ二メートル以上になり、黄色の花が咲く。サトイモに似た地下茎が食用になり、アルコールの原料ともなる。▽きく科。

きぐう【奇遇】思いがけないめぐりあい。

きぐう【寄×寓】①《名・ス自》他人の家に一時世話になること。②《名》仮のすまい。

ぎくぎく《副[と]・ス自》①動きが滑らかでないさま。ぎくしゃく。「ロボットがアームを—(と)伸ばす」②接合部がきしむさま。「椅子の脚が—いう」「指の関節が—する」

きくざくら【菊桜】百枚以上の花弁があり、八重の小菊を思わせる花が咲く桜の品種。▽兼六園菊桜が名高い。

きくざけ【菊酒】菊の節句に飲む、菊花を浸した酒。

ぎくしゃく《副[と]・ス自》①ものや身体の動きがなめらかでないさま。「—(と)した足取り」②物事が円滑でないさま。「人間関係が—している」

きくず(づ)【木×屑】材木の切りくずや削りくず。

きくすい【菊水】紋所の名。菊の花が流水の上に半ば浮かび出た形。▽楠木(くすのき)家の紋として有名。

きぐすり【生薬】原料のままほとんど加工しない漢方薬。しょうやく。「—屋」(転じて、一般の売薬店をも言った)

きくする【×掬する】《サ変他》①水などを両手ですくう。②比喩的に、事情などをくみとって察する。「—!すべき真情」

きくずれ(づれ)【着崩れ】《名・ス自》最初に着付けをした時の衣服の形が乱れてくること。

きぐち【木口】①建築用材の等級・性質。「—がいい」②材木を横切りにした面。こぐち。③袋などの口につけた木のとって。

きくづき【菊月】陰暦九月の異称。

ぎくっと《副・ス自》①→ぎくり。②接合部が瞬間的に折れ曲がるさま。「階段を踏み外して足首が—なった」

きくな【菊菜】しゅんぎくの異名。

きくならく【聞くならく・〈聞道〉〈聞説〉】《連語》《副詞的に》聞くところ(によれば)。▽漢文訓読から出た言い方。「聞くなり」に接尾語「く」の付いた形。

きくにんぎょう【菊人形】見世物として、菊の花で飾

りつけた人形。▽歌舞伎に題材を求めることが多い。

きくのせっく【菊の節句】五節句の一つ。陰暦九月九日に行い、宮中では菊見をし、宴会があった。重陽(ちょうよう)の節句。

きくばり【気配り】《名・ス自》手落ち・失敗のないように、あれこれと気をつけること。「細かい―」「―に欠ける」

きくばん【菊判】書物の大きさの規格の名。長辺二二・八センチ、短辺一五・二センチ。菊判全紙を十六折りにした大きさ。▽菊判全紙は、長辺九三・九センチ、短辺六三・六センチ。初めて輸入された時、菊花の商標がついていた所から言う。

きくびより【菊〈日和〉】菊の花が咲くころの、秋晴れのよい天気。

きくみ【菊見】(屋外に出て)菊の花を見て楽しむこと。観菊。「団子坂の―」(団子坂は東京都文京区にある坂。ここで開かれた菊人形展が有名で、二葉亭四迷「浮雲」では章名ともなった)▽鉢仕立てが主だが、菊人形にも言う。

きぐみ【木組み】木造建築で、材木に切り込みを入れて組み合うようにすること。

きぐみ【気組み】心がまえ。いきごみ。

きぐらい(らゐ)【気位】自分の品位を保とうとする気の持ちかた。「―が高い」

きくらげ【〈木耳〉】形が人の耳、食感がくらげに似た、茶褐色のきのこ。秋、山中の朽ち木に群生する。干して主に中国料理で用いる。▽きくらげ科。

ぎくり《副と》恐れと驚きとを急に感じるさま。ぎくっと。「不意の知らせに―とした」「―と胸にこたえる」

きぐるみ【着ぐるみ】↓ぬいぐるみ(2)

きぐろう【気苦労】方々に気兼ね・気配りをする苦労。心配。「―が絶えない」

きくん【貴君】《代》男が、対等の男の相手を指す語。▽主に手紙文で使う。「きみ」よりは丁寧。

ぎぐん【義軍】正義のための戦いに集められた兵士。義兵。

きけい【奇形・奇型・×畸形・×畸型】生物体において、多くは先天的に、一般とは異なる形態を示すもの。

きけい【奇警】《名ナ》思いもよらない奇抜なこと。「―の言を吐く」▽もと、すぐれて賢い意。派生 **―さ**

きけい【奇計】普通では思いつかないような巧みな計略。「―を用いる」

きけい【×詭計】人をだます計略。「―をめぐらす」

きけい【貴兄】《代》男が、対等またはそれに近い目上の男の相手を敬って指す語。▽主に書簡で使う。

ぎけい【義兄】義理の兄。姉の夫、または配偶者の兄など。

ぎけい【偽計】人をあざむく計略。その手段。

ぎげい【△伎芸】歌舞音曲のわざ。

ぎげい【技芸】美術・芸事・演芸などの(その道で特別の)わざ・腕前。▽修練を積んで芸としての見事さが発揮されるようなものに関して言う。

きげき【喜劇】①観客を笑わせながら、人生の真実面を表す劇。↔悲劇。②比喩的に、思わず笑ってしまうような出来事。

きけつ【既決】既に決まったこと。↔未決

きけつ【帰結】《名・ス自》推理・議論・行動などが最後に落ち着くところ。決着すること。「論理的―」

ぎけつ【議決】《名・ス他》合議して決めること。「―機関」。それによって決めた事柄。「―に従う」 **―けん**【―権】会議の一員として議決に加わる権利。「―を持つ」

きけもの【利け者】才覚や働きのある人。また、働きがあるので、はばのきく人。

きけん【危険】《名・ダナ》あぶないこと。㋐悪い事の起こるおそれがあること。↔安全。「―をおかす」「夜道は―だ」㋑予想される悪い事態。「―を未然に防ぐ」▽「―ににらみ合う」など副詞的用法の「―に」は、余り使わない。 **―りつ**【―率】ある行動について、それが失敗に帰する(と見込まれる)割合。「その手術は―が高い」。特に、統計的検定で、下した推論が間違っている確率。「―五%で有意差が認められる」

きけん【気圏】地球を包んでいる大気の存在する範囲。大気圏。▽水圏・岩石圏に対して言う。

きけん【棄権】《名・ス他自》選挙権・議決権などの権利があるのに、それを使わないこと。特に、投票しないこと。

きけん【貴顕】身分が高く、名声が顕(あら)われていること。そういう人。「―紳士」

きげん【期限】①前もって決められた一定の日時。「―付き」「―を切って提出させる」②〔法律〕いつから、または、いつまでと、始期か終期かが定めてある間の(不定の)時間的広がり。

きげん【機嫌】①愉快か不快かという気分。「―を取る」(人の気に入るようにする)②《多くは「ご」をつけて》いい気持。「なかなかご―な様子」「一杯―」③人の安否。「―を伺う」▽もと仏教語で、「譏嫌」と書き、人がそしりきらうことの意。 **―かい**【―買い】①自分の気分ですぐ、他人に対する好悪(こうお)の感情が変わる人。▽「機嫌変え」のなまりか。②相手の機嫌を気にして、うまく取り入ろうとする人。 **―きづま**【―気×褄】『―を取る』相手の気に入るようにする。▽「機嫌を取る」の「取る」と「褄(つま)を取る」の「取る」をかけて、口調を整えた語。

きげん【紀元】①年数の経過を数えるもとになる年。「―前」②建国の最初の年。 **―せつ**【―節】もと、神武天皇が即位したといわれる日(二月十一日)を祝って定めた祝日。

きげん【起源・起原】物事のおこり。もと。

きげんそ【希元素・×稀元素】地球上にまれにしか存在しないと考えられていた元素。希ガスやウラン・チタン等。

きこ【旗鼓】いくさに使う旗とつづみ。「―の間に見(まみ)える」(戦場で敵味方となって会う)

きこ【騎虎】『―の勢い』(虎(とら)に乗って走ると途中ではおりられないように)物事にはずみがついて、途中ではやめられない、激しい勢い。

きご【季語】俳句・連歌(れんが)などで、春夏秋冬の季節の感じを表すため、その季節を示す語としてよみ込むように定められた語。季題。例、「牡丹(ぼたん)散つて打ちかさなりぬ二三片」(与謝蕪村)の「ぼたん」が初夏を表す類。

きご【×綺語】①美しく表現した言葉。「狂言―」②仏教の十悪の一つ。真実に反して飾り立てた言葉。▽「きぎょ」とも言う。

ぎこ【擬古】古い時代の風習・しかたをまねること。「―文」(古代の文体にならって作った文章)

きこう【奇功】思いもよらない、すぐれた手柄。

きこう【奇効】ふしぎなききめ。

きこう【奇行】普通の人ならしない、変わった行い。

きこう【気孔】①植物の葉の(多くは)裏にある特殊な細胞間のすきま。呼吸をし、水分の出入りの調節をする。②溶岩が固まるとき、ガス・水蒸気などが出て、表面にできる小さいあな。

きこう【気功】中国古来の健康法の一種。気と呼ばれる体内エネルギーを活性化し、免疫力や自然治癒力を高めるといわれる。

きこう【気候】ある土地の、長期間を平均して見た、気温・降雨量などの気象の状態。「―のよい土地」

きこう【季候】季節や天候。時候。

きこう【起工】『名・ス自』工事を始めること。「―式」

きこう【起稿】『名・ス自他』原稿を書き始めること。

きこう【寄稿】『名・ス他』原稿を新聞や雑誌にのせるように送ること。またその原稿。「―家」

きこう【寄港】『名・ス自』航海の途中で船が港に寄ること。

きこう【帰港】『名・ス自』船が、出発した港に帰ること。

きこう【帰航】帰りの航路。

きこう【帰耕】『名・ス自』(都会での)それまでの職業をやめて、郷里に帰って農業に従うこと。

きこう【機甲】戦車・装甲車など、機械力を利用した兵器で装備すること。「―部隊」

きこう【機構】ものが組み立てられている、しくみ。㋐官庁・会社・団体等の組織。「国家―」「―改革」。活動単位としての組織体。「北大西洋条約―」「流通―」㋑機械の内部の構造。「―学」

きこう【×稀×覯】めったに見られないこと。「―本」(世の中に伝えられている物の少ない、珍しい本)

きこう【騎行】『名・ス自』馬に乗って行くこと。

きこう【紀行】旅行中の出来事、行動、見聞きした事、感想などを書いたもの。

きこう【紀綱】→こうき(綱紀)

きこう【貴公】『代』男が、対等または目下の男の相手を指す語。▽元来は武士が目上に対して使った。

きごう【揮×毫】『名・ス他』(筆をふるって)字や絵をかくこと。▽「毫」は筆の毛、「揮」はふるう意。

きごう【記号】一定の事柄を指し表すために使う、文字・しるし等の総称。特に文字に対して符号類を指すことがある。▽指す方のしるしと指されるものとの対応関係の働きを「記号」と見る考え方もある。

ぎこう【技工】手で加工する技術。その技術を職業とする人。「歯科―士」

ぎこう【技巧】ものを仕上げたり表現をしたりする際の、巧みに行う手腕。テクニック。「―をこらす」「―的な文章」▽個人的能力の面で言い、「技術」と違い、組織立っていなくてよい。

きこうし【貴公子】身分の高い家の若い男子。貴族の若い男子。「―然とした風采」

きこうでん【△乞巧×奠】陰暦七月七日の夜、牽牛星(けんぎゅうせい)・織女星を祭る儀式。たなばたまつり。▽巧みを乞(こ)う祭り(＝奠)の意。昔中国で、この祭事に女子が手芸の上達を祈るので言う。

きこえ【聞(こ)え】①他人の評判。外聞。うわさ。「名人の―が高い」「こんな事を言うと―が悪いが」②声・音の聞こえる感じや明瞭度。「右耳の―が悪い」

きこえよがし【聞(こ)えよがし】『ダナ』当人がそばに居るのに気づかないふりをして、(うわさやかげ口めかして)皮肉・悪口を言うさま。▽「聞こえる」の命令形＋助詞「かし」の転。

きこ-える【聞(こ)える】『下一自』①音・声が耳に感じられる。「波の音が―」②耳に感じたものが、…だと取れる。「その言い分がおかしく―」「そんな事を言うと自慢のように―」「嫌味に―」③多くの人の耳に入って、知れ渡る。「(世に)―・えた名人」「音に―・えた甲州軍」④『普通は打消しの形で』言う事が納得(なっとく)できる。「そりゃ―・えませぬ」▽⑷はすでに古風。

きこく【帰国】『名・ス自』自分の国に帰ること。㋐外国から帰ること。㋑帰郷。

きこく【鬼×哭】死人の霊魂が恨めしさに泣くこと。その泣き声。「―啾啾(しゅうしゅう)」

ぎごく【疑獄】罪状がはっきりせず、有罪・無罪の決定のしにくい裁判事件。特に、高官などが関係している大がかりな贈収賄事件。

きごこち【着心地】衣服を着た時の体になじむ感じ。「―がいい」

きごころ【気心】その人が本来持っている気質。気立て。「―が知れない」

きこしめ-す【聞(こ)し召す】『五他』①㋐「聞く」の尊敬語。㋑転じて、「飲む」「食う」「治める」「行う」などの尊敬語。▽非常に敬意の程度が強い。②「酒を飲む」の意をふざけて言う語。

ぎこちな-い『形』動作などが、なめらかでなく不自然なところがある。「―握手」▽「ぎごちない」とも言う。無骨(ぶこつ)の意の「ぎこつなし」の転。派生 **-さ** **-げ**

きこつ【奇骨】風変わりな性格。独自のしっかりした心。

きこつ【気骨】自分の信じることを貫こうとし、容易に人に屈服しない、強い心。「―稜稜(りょうりょう)」▽「きぼね」と読めば別の意。

きこな-す【着こなす】〘五他〙自分のからだにあわせて、似合うように上手に着る。

きこみ【着込み・着籠み】くさりかたびらなど、護身用に上着の下に着るもの。

きこ-む【着込む】〘五他〙①上着の下に重ねて(何枚も)着る。②「着る」を強めて言う語。「重いオーバーを―んで」

きこり【木こり・×樵】山林の木を切る(たきぎを切り出す)こと。その職業の人。

きこん【既婚】〘ノダ〙すでに結婚していること。↕未婚

きこん【気根】①根気。②植物の地上の部分から生じ、空気中に露出している根。

きこん【機根】〘仏〙衆生(しゅじょう)の心に備わっていて、仏の教えを聞けば働き出す力。

きざ〘ダナ〙人に不快や反感を感じさせるほど、服装・動作・言語などに気取っているさま。いやみ。「―なせりふ」「―にふるまう」▽「気障(きざわ)り」の略。派生 **-さ**

きざ【×跪×坐】〘名・ス自〙ひざまずいてすわること。

ぎざ ぎざぎざ。また、ふちにぎざぎざのある物。▽もと、五十銭銀貨をこう呼んだことがある。

きさい ①【奇才】世にも珍しいほど、すぐれた才能(がある人)。②【鬼才】人間とは思われないほど、すぐれた才能(がある人)。③【機才】すばやく、機敏に働く才気。

きさい【既済】事がもう済んだこと。特に、借金などを返してしまったこと。↕未済

きさい【記載】〘名・ス他〙(ある事を書物や書類に)書いてのせること。「帳簿に―する」

きさい【起債】〘名・ス自他〙国家・地方公共団体・会社などが債券を発行募集すること。

きざい【器財】道具。器物。▽総称として使う。

きざい ①【器材】㋐器具の材料。㋑器具とそれを用立てるのに必要な物。「観測用―を集める」②【機材】㋐機具の材料。㋑機具とそれを用立てるのに必要な物。「―遅れ」▽→きぐ(器具・機具)

きざがき【きざ柿】→きざわし

きさき【△后】①帝王の妻。②天皇の妻。皇后および中宮。

きさき【気先】気勢の進んで行く所。いきおい。

ぎざぎざ〘名・ノダ・ス自〙ふちにのこぎりの歯のような刻み目があるさま。また、その刻み目。「布のふちを―に切る」

きさく【気さく】〘ダナ〙人柄や態度がさっぱりして明るく、物事にこだわらないさま。派生 **-さ**

きさく【奇策】人の思いつかない変わったはかりごと。「―を弄する」

ぎさく【偽作】〘名・ス他〙似せて作った、本物でない作品。またそれを作ること。▽旧法で、著作権をもつ者の許可なしで複製し発行することの意に使った。

きざけ【生酒】まぜ物のない純粋の酒。きいっぽん。

きさご【〈細螺〉】巻貝の一種。殻はカタツムリに似、放射火炎状の薄茶色のまだらがある。おはじきなどの遊びに使う。きしゃご。▽にしきうずがい科。

きささげ【木〈豇豆〉】ササゲに似た細長いさや状の実をつける落葉高木。中国原産。実は二〇センチ内外で、利尿薬となる。▽のうぜんかずら科。

きざし【兆し・×萌し】物事が起こることを予想させるようなしるし。「春の―」「回復の―」▽もと、芽ばえの意。

きざ-す ①【兆す・×萌す】〘五自〙何かが起ころうとする動きが感じられる。また、心が動く。「悪心が―」②【×萌す】〘五自〙草木の芽がわずかに出る。芽ぐむ。芽ばえる。

きさつ【貴札】相手のくれた手紙を敬って言う語。▽手紙文で使う。

きざっぽ-い〘形〙きざな感じがする。派生 **-さ**

きざはし【△階】階段。▽雅語的。

きさま【貴様】〘代〙相手をののしって言う語。非常に親しい同輩以下の者に対しても使う。「―と俺(と)の仲だから」▽もとは目上に使った敬称。主に男が使う。

きざみ【刻み】①刻むこと。また、刻み目。②「刻みタバコ」の略。③〘接尾語的に〙(細かい)区切りで。……ごとに。「分(ふん)―のスケジュール」「一センチ―のサイズ」▽もとは「時の刻み」の意。

きざみあし【刻み足】歩幅を狭くし急いで歩くこと。

きざみタバコ【刻み〈煙草〉】タバコの葉を細かく刻んだもの。キセルに詰めて吸う。

きざみつ-ける【刻み付ける】〘下一他〙きざんで跡をつける。「心に―」(忘れないように、よく覚え込む)

きざみめ【刻み目】刻んだ跡。その跡がついている所。

きざ-む【刻む】〘五他〙①細かく切る。㋐切って細かくする。「大根を―」㋑細かく区分して進む。「時を―」②切り込んで跡を付ける。㋐(浅い、または狭い)切れ目を入れる。刻み目をつける。「目盛りを―」㋑彫り付ける。彫刻する。「仏像を―」㋒記憶にとどめる。「まぶたに―」

きさめ【△樹雨】濃霧の(後の)森で、枝葉についた霧が水滴となり、雨に似た音を立てて落ちる現象。

きさらぎ【〈如月〉】陰暦二月。

きざわし(きざはし)【木×醂】木になったままで甘くなる柿。きざがき。あまがき。

きざわり(きざはり)【気障り】〘名ナノ〙相手の態度・行動に不快を感じること。また、そういう感じを与えるような、いやみな様子。

きさん【帰山】〘名・ス自〙僧が自分の住む寺に帰ること。

きさん【帰参】〘名・ス自〙①(長らくほかに行っていた

人が)帰って来ること。②一度主人の家から去った武士が、またもとの主人に仕えるようになること。

きさん【起算】『名・ス自』ある点を出発点として、そこから数え始めること。「就業日から―する」

ぎさん【×蟻酸】アリやハチの毒腺内にある刺激性の酸。無色透明の液体で、皮膚に触れると炎症を起こす。工業的に合成され、飼料用防腐剤、染料の添加剤などに用いる。

きさんじ【気散じ】①『名』気晴らし。「―に茶をたてる」②『ダナ』気楽なさま。のんき。「―なやつだ」

きし【岸】①陸地が海・湖・川などと接するあたり。水ぎわ。②がけ。きりぎし。関連 岸辺・岸壁・海岸・沿岸・ビーチ・水辺・水際・波打ち際・汀(みぎわ)・渚(なぎさ)・辺(ほとり)・川岸・河岸・川辺・川端・河畔・池畔・湖畔・湖岸・浜辺・海辺・対岸・両岸・向こう岸

きし【×愧死】『名・ス自』恥ずかしさの余り死ぬこと。また、死ぬほど恥ずかしく思うこと。

きし【旗×幟】①表立って示す立場・主張。「―鮮明」▽②の転。②合戦(かっせん)のおり、自分の存在を明らかにするために立てるはた・のぼり。旗じるし。

きし【棋士】碁または将棋を職業として行う人。

きし【奇士】なみはずれた言行をする男子。

きし【騎士】①馬に乗っている武士。②ヨーロッパ中世の、封建君主に仕えた騎馬の武士。ナイトの位に叙せられた。「―道」

きじ【×雉・×雉子】雄の羽が青緑色で美しく、尾が長い鳥。雌は淡褐色に黒斑があり、尾は短い。「―も鳴かずば打たれまい」(無用の事を言わなければ、わざわいを受けないというたとえ)▽日本の国鳥。きじ科。→きぎす

きじ【木地】①木材の地質(じしつ)。もくめ。②木彫(もくちょう)などの材料にする木を、荒くひいたもの。③塗らないままの木。④「木地ぬり」の略。もくめが透いて見えるようにした、うるし塗り(の器具)。

きじ【生地】①手を加えない自然のままの性質・状態。「―が出る」②布・織物などの地質(じしつ)。また、布・織物。「―は三メートル必要だ」③陶磁器の、うわぐすりを塗る前のもの。④小麦粉をこねて作った麺・パンなどの材料。▽「せいち」と読めば別の意。

きじ【記事】事柄を伝えようとして書いた(新聞や雑誌の)文章。

ぎし【技士】特定の技能を身につけた人。「無線―」「一級施工管理―」

ぎし【技師】①技術関係の事を専門に行う職員。エンジニア。②旧制度で高等官(待遇)の技術者。

ぎし【義士】①義をかたく守る、立派な人。②特に、赤穂(あこう)義士のこと。「―銘々伝」

ぎし【義子】義理の子。養子。↔実子

ぎし【義姉】義理の姉。配偶者の姉、兄嫁など。

ぎし【義肢】義手と義足。

ぎし【義歯】入れ歯。

ぎじ【擬似・疑似】本物ではないが、見かけがよく似ていて区別がつけにくいこと。また、そういうもの。「―コレラ」「―体験」

ぎじ【擬餌】①魚のえさになる虫などの形に似せて作ったもの。擬似餌(ぎじえ)。②「擬餌鉤(ぎじばり)」の略。 **―ばり**【―×鉤・―針】擬餌を付けた釣りばり。毛鉤(けばり)・ルアーの類。

ぎじ【議事】会合して相談すること。また、その内容。「―録」 **―どう**【―堂】議員が議事を行うための建物。特に、国会議事堂。

きしかいせい【起死回生】滅亡・崩壊の危機を救って、よい状態にすること。「―をはかる」「―のホームラン」▽今にも死にそうな人を生き返らせる意。

きしかた【来し方】①すぎ去った前のこと。過去。②通りすぎてきた方。こしかた。

きしかん【既視感】以前に見たはずも無いのに、いつか既に見ていると感じる、その感じ。デジャ ビュ。「この町には―を覚える」

ぎしき【儀式】神事・祭事・仏事・礼式などの作法(さほう)。また、その行事。 **―ばる**【―張る】『五自』形式を重んじ、体裁を飾る。

ぎしぎし【〈羊蹄〉】やや湿気のある野原・路傍に生える大形の多年草。葉は三〇センチほど。四、五月ごろ、節ごとに淡緑白色の花が穂になって垂れる。茎や葉は酸味をとれば食用。根は長く黄色で、大黄(だいおう)の代用として緩下剤、また皮膚病薬。▽たで科。

ぎしぎし『副[と]』①物がこすれてきしむ音。そのさま。「体中の関節が―と痛む」②無理に押し詰めるさま。ぎっしり。

きじく【基軸】同種がいろいろあるうちの、中心として基本的な働きをするもの。「―通貨」

きじく【機軸】①くみたて。方式。方法。「新―を出す」②活動の起こる中心。▽もと、車輪・機関などの軸。

きしつ【器質】〔医学〕器官や組織の形態に確認できる性質。「―的障害」(原因となる器官や組織の病変が確認できる障害)

きしつ【気質】①気だて。気性(きしょう)。②心理学で、一般的な感情傾向から見た、個人の性質。▽もとは、ギリシアのヒポクラテスに発する多血質・憂鬱質・胆汁質・粘液質の四型に分けた。

きじつ【忌日】→きにち

きじつ【期日】それをすることに関し、前もって定めた約束の日。▽短い限り二日以上でも言える。 **―まえとうひょう**(まへ)【―前投票】一定の事由があって投票日に投票できない有権者本人が、公示日・告示日の翌日から投票日前日までに期日前投票所で行う投票。▽法律では「きじつぜんとうひょう」と言う。

きしな【来しな】来ようとする時。来がけ。

きじばと【×雉×鳩】野生のハトの一種。全身ぶどう色がかった灰色で、翼の一部がくり色。特色のある太い声で鳴き、市街地にも来る。やまばと。

きしべ【岸辺】岸のあたり。

きし-む【×軋む】『五自』固い物と物とが強くこすれ合

って、音を出す。「床(ゆか)が―」

きしめ‐く【×軋めく】『五自』きしんで音を立てる。

きしめん【×棊子麺】平打ちにしたうどん。ひもかわ。

きしもじん【鬼子△母神】仏法を守護し、安産・育児などの願いをかなえるという女神。もとインドの鬼神訶梨帝母(かりていも)。▽俗に「きしぼじん」とも言う。

きしゃ【喜捨】『名・ス他』寺社や貧乏な人に施し物を、喜んですること。

きしゃ【汽車】(蒸気の力を動力とした)機関車によって、客車・貨車を引きレールの上を走る車。▽広く鉄道一般の意でも言う。

きしゃ【記者】文書をかく人。特に、新聞・雑誌などの編集員で、記事を書く人。「―団」

きしゃ【騎射】『名・ス自』馬に乗って走りながら弓を射ること。

きしゃく【希釈・×稀釈】『名・ス他』溶液に水などの溶媒を加えて薄めること。

きじゃく【着尺】おとなの着物が一枚作れる、反物の長さと幅。↔羽尺(はじゃく)。 **―じ**【―地】衣服用の反物。

きしゃご【〈細螺〉】→きさご

きしゅ【奇手】普通はしないような、思いがけない仕方。定石(定跡)とはちがった手。

きしゅ【期首】特定の期間のはじめ。↔期末

きしゅ【旗手】①(団体等の印の)旗を持つ役の人。②ある運動の先頭に立つ人。「ダダイズムの―」

きしゅ【機首】航空機の前端部。「―を下げる」

きしゅ【機種】(同類の)航空機や機械の種類。「パソコンの―」

きしゅ【騎手】(競馬などの)馬の乗り手。

きじゅ【喜寿】七十七歳(の祝い)。喜の字の祝い。▽「喜」の草書体「㐂」が七十七に見えるから。

ぎしゅ【技手】①技師の下に属して、技術関係の仕事をする職員。②旧制度で判任官(待遇)の技術者。▽「技師」と聞き違えないように俗に「ぎて」とも言う。

ぎしゅ【義手】事故・病気などで切断された手の代わりにつける人工の手。

きしゅう【既習】すでに学習していること。

きしゅう【奇習】風変わりな習慣・風習。

きしゅう【奇襲】『名・ス他』相手の思いもよらぬしかたで、不意をうって攻撃すること。「―をかける」

きしゅう【季秋】秋の終わりの一か月。晩秋。陰暦九月。

きしゅう【貴酬】返信の手紙の脇付(わきづけ)の語。御返事の意。

きじゅう【機銃】→きかんじゅう

きじゅう【騎銃】馬上で扱いやすいように銃身を短くした、騎兵用の銃。騎兵銃。▽現在では、カービン銃を言うこともある。

きじゅうき【起重機】重い荷物を上げおろししたり水平方向に移動したりするための機械。クレーン。

きしゅく【寄宿】『名・ス自』他人の家に身を寄せて暮らすこと。また、生徒・会社員などが、学校・会社などの宿舎に住むこと。「―人」 **―しゃ**【―舎】生徒や会社員などのため、学校や会社などが設けた共同宿舎。

きしゅく【×耆宿】学識・経験のすぐれた老大家。

きしゅつ【既出】『ノダ』既に出てい、または掲げてあること。↔未出。「この入試問題は他校に―だ」「前章で―の定理を使って」

きじゅつ【奇術】てじな。「―師」

きじゅつ【既述】『名・ス他』一続きの文章の、それより前の所に既に述べてあること。「―の通り」「……であることは―した」

きじゅつ【記述】『名・ス他』物事を書きしるすこと。特に、対象とする物事の特質がはっきり分かるように、秩序だてて書きしるすこと。

ぎじゅつ【技術】①科学の原理を(産業や医療・事務などの活動に)役立てて、ものを生産したり組織したりするしかた・わざ。「―の粋を尽くした設備」「古代の土木―」「実験―」「レオナルド=ダ=ヴィンチは―家でもあった」(→ぎじゅつしゃ)▽「技能」「技巧」「技芸」よりは社会的な見方で使う。個人的能力についても使うが、その場合にも客観的にまとまったものと見て言う。technology に相当。②物事を巧みに(能率的に)行うわざ。「作文―」▽(2)が原義で、小わざにも使える。 **―かいはつ**【―開発】新しい技術(1)を現実化・実用化すること。 **―しゃ**【―者】技術(1)を職業とする人。▽engineer の訳語として使うことが多い。「―家」の方は、時代の技術を指導するような技術思想の持ち主とか、きわめてすぐれた技術者とかを指す。↓ぎじゅつや。 **―てき**【―的】『ダナ』①科学の応用面に関係のあるさま。②原理・本質そのものは改めて論ぜず、その運用面にだけ関するさま。「予算獲得の―折衝」 **―や**【―屋】(俗)事務・営業の職に対して、技術(1)を職務とする人。↔事務屋。▽人文・社会科学の研究者に対し、理工系の研究者を言うこともある。

きしゅん【季春】春の終わりの一か月。晩春。陰暦三月。

きじゅん①【基準】物事の基礎にする標準。「―を満たす」②【規準】模範・標準となるもの。従うべき規則。▽「規」はコンパス、「準」は水準器の意。

きじゅん【帰順】『名・ス自』反逆心を改めて、服従すること。

きしょ【奇書】世にも珍しい内容の本。

きしょ【希書・×稀書】古写本・古刊本・限定版など、世の中に数の少ない珍しい本。

きしょ【貴書】相手の手紙や書物を敬って言う語。▽手紙文で使う。

きしょ【寄書】『名・ス他』①手紙を書いて送ること。②新聞・雑誌などにのせる原稿を書いて送ること。またその文章。寄稿。

きしょ【貴所】①『名』相手の住所を指す尊敬語。②『代』相手(おもに男)を敬って指す語。▽主に男が書

箇に使う。近年、「所」で終わる機関への敬称として使うことがある。

きじょ【鬼女】女の姿をした鬼。また、鬼かと思われる(むごい)女。

ぎしょ【偽書】(本物めかした)偽(にせ)の書物・手紙・文書。

ぎじょ【×妓女】芸妓(げいぎ)や遊女。

きしょう ①【奇勝・奇×捷】不意を打って(=奇)得る勝ち。②【奇勝】不思議な(=奇)名勝。珍しい景色。「天下の—」

きしょう【希少・×稀少】《ノダ》《「—な」も使う》ごく珍しいほど少ししかないこと。 **—かち**【—価値】そのものが世間に少ししかない、あるいはなかなか手にはいらないことから生じる価値。 **—きんぞく**【—金属】→レア メタル

きしょう【気性】生まれつきの性分。気だて。気質。気象。「—が激しい」 **—もの**【気性者・気象者】気性のしっかりした者。▽「きしょうじん」とも言う。

きしょう【気象】①天候・気温・風の強さなど、大気の状態・現象。②→きしょう(気性)。 **—だい**【—台】気象(1)や地震などの観測・調査・研究を任務とする機関。

きしょう【毀傷】《名・ス他》そこない傷つけること。

きしょう ①【記章・×徽章】身分・職業などを表すため、帽子や衣服につけるしるし。▽「徽」は旗じるしの意。②【記章】記念として与えるしるし。

きしょう【起床】《名・ス自》寝床から起き出ること。↕就床・就寝

きしょう【起△請】《名・ス他》神仏に誓いを立て、もしそれにそむけば罰(ばち)があたるだろうと書きしるすこと。その文書。起請文(きしょうもん)。▽特に、君臣や恋人の間の真心の変わらない誓いとして書いた。もと、企てを起こし他の人にも勧めること(を書いた文書)。 **—もん**【—文】→きしょう(起請)

きじょう【気丈】《ダナ》→きじょうぶ(2)。 派生 **-さ**

きじょう【机上】①机の上。②比喩的に、実際的でなく理論にばかり走ること。「—の空論」「—プラン」

きじょう【機上】(飛んでいる)飛行機の中。機中。「—の人となる」

きじょう【軌条】レール。

きじょう【騎乗】《名・ス自》馬に乗ること。

ぎしょう【偽称】《名・ス他》うそ(にせ)の名称。氏名・身分・地位などを偽って言うこと。

ぎしょう【偽証】《名・ス他》真実でない事を真実のように述べた証明。特に、裁判所で証人が、故意にうその証言をすること。「—罪」

ぎじょう【儀×仗】儀式等に使う装飾的な武器。「—兵」

ぎじょう【議定】①《名・ス自他》合議で決めること。その相談。相談して決めた、おきて。▽既に古風。「ぎてい」とも言う。②《名》明治初年に、宮家・公卿(くぎょう)・諸侯の中から任じた職の名。

ぎじょう【議場】会議をする場所。

ぎじょう【戯場】芝居の舞台。劇場。

きしょうてんけつ【起承転結】①漢詩の絶句を組み立てる型。▽絶句は第一句(=起)で言い起こし、第二句(=承)でその内容をうけ(多くは対句にする)、第三句(=転)で意を転じて発展させ、第四句(=結)で結びとする。②転じて、物事の順序・作法。

きじょうぶ【気丈夫】《ダナ》①たよりになるものがあって、安心に思うさま。心じょうぶ。「案内者がいるから—だ」②心の持ち方がしっかりしているさま。気丈。 派生 **-さ**

きじょうゆ【生×醬油】加熱処理をしていない、醸造したままの醬油(しょうゆ)。

きしょく【喜色】うれしそうな顔色・顔つき。「—満面」

きしょく【気色】①心に思っている事が顔に現れた、その様子。かおいろ。「相手の—をうかがう」「—を損じる」②(他から受ける)気持。気分。「—(が)悪い」(気持が悪い。不快だ) ▽「けしき」と読めば別の意。

きしょく【寄食】《名・ス自》他人の家に身を寄せて衣食の世話を受けて生活すること。居候(いそうろう)となっていること。

キシリトール 樹木などに含まれる糖類キシランを原料とする甘味料。虫歯予防に効果があるとされる。▽xylitol

きし-る【×軋る】《五自》固い物と物とが強くすれ合って、音が出る。「引き戸が—」▽古くは他動詞にも使った。

きしん【寄進】《名・ス他》社寺等に物品や金銭を寄付すること。「—者」

きしん【帰心】故郷・家に帰りたいと思う心。「—矢のごとし」

きしん【忌×辰】死んだ人の命日。忌日。

きしん【貴紳】身分の高い人。▽「貴顕紳士」の略。

きしん【鬼神】①目に見えず耳に聞こえないが、超人的な力をもつ神。おにがみ。②死者の霊。

きじん【鬼神】①→きしん(鬼神)(1)。②荒々しく恐ろしい鬼。ばけもの。

きじん【奇人・×畸人】性質や行いが風変わりな人。変わりもの。

きじん【貴人】地位や家柄が高い人。

きじん【帰陣】《名・ス自》①球技などで、守備のため自陣に帰ること。②戦場から(もとの陣営に)帰ること。↕出陣

ぎしん【疑心】疑う心。疑い。「—をいだく」 **—あんき**【—暗鬼】「疑心、暗鬼を生ず」の略。疑心が起こると、(ありもしない鬼の姿が見えるように)何でもない事まで恐ろしくなること。「—に陥る」

ぎしん【義心】義に勇む心。正しい道を進もうとする心。

ぎじん【擬人】人間でないものを、人間のように見立てること。「—化」「—法」(修辞法の一種)

ぎじん【義人】正義を守る人。自分の利害を考えずに他人の苦しみを救う人。

き-す【帰す】《五自他》→きする(帰)

き-す【期す】《五他》→きする(期)

きす【×鱚】沿岸部の海底にすむ、筒型で細長い体の魚。体長二〇センチほどで背びれが二つある。食用。▽きす科の魚の総称。特にはシロギスのこと。

キス《名・ス自》相手の唇・頰・手などに自分の唇をつけること。愛情や尊敬のしるし。くちづけ。接吻(せっぷん)。キッス。▽kiss

きず【傷・×疵・×瑕】①切ったり打ったりして、皮膚や肉を損じること。けが。けがをした部分。その跡。【傷・疵】「―を負う」「すねに―を持つ」(隠している悪事があって、ひけ目に感じる) ②物がこわれ損じた所。また広く、不完全な所。欠点。【疵・瑕】「柱の―」「信用に―がつく」「玉に―」(ほとんど完全だが、ある点だけが欠点だ)

きず【生酢】薄めたり混ぜ物をしたりしていない酢。

ぎ-す【擬す】《五他》→ぎする(擬)

ぎ-す【議す】《五他》→ぎする(議)

きずあと【傷跡・傷痕・×疵痕】傷がついて直った(残った)あと。

きすい【汽水】河口付近や海につながる湖沼で、淡水と海水が混じり合い、塩分が両者の中間になったもの。「―域」

きすい【既遂】なしとげたこと。↕未遂

きずい【奇×瑞】めでたい事の前兆として現れた、不思議な現象。

きずい【気随】《ダナ》自分の思うまま。「―気ままに暮らす」

きすう【奇数】二で割り切れない整数。↕偶数

きすう【帰×趨】《名・ス自》(物事が)ゆきつくこと。結局のところ。「―するところ」「勝敗の―は明らかだ」▽「趨」は走る意。

きすうほう【記数法】数字を組み合わせて数を表す方法。現在は、0から9のアラビア数字を並べて表すのが普通。命数法。

きずき【生×漉き】コウゾ・ミツマタ、あるいはガンピばかりで、他の物をまぜないで紙をすくこと。また、そのすいた和紙。

きずきあ-げる(きづき…)【築き上げる】《下一他》努力して立派に作り上げる。「天守閣を―」「―げた地位」

ぎすぎす ①《副[と]・ノダ・ス自》やせていて、ふくらみが感じられないさま。「―にやせる」 ②《副[と]・ス自》なめらかでないさま。「―(と)せわしない毎日」。愛嬌(あいきょう)がなく、親しみにくいさま。「―した物言い」

きすぐ【生△直】《ダナ》一本気で飾りけがないさま。

きず-く(きづ…)【築く】《五他》①土や石を盛り上げ、つき固めて作る。②土台からしっかりと作り上げる。「新生活を―」「巨万の富を―」

きずぐち【傷口】①傷で皮膚が破れたところ。②比喩的に、ひとに触れられたくない過去の過ちや弱点。

きずつ-く【傷つく・×疵付く】《五自》傷ができる。傷を受ける。㋐けがをする。㋑きずを生じる。「―いた果物」㋒完全でなくなる。いたむ。「誇りが―」「心が―」

きずつ-ける【傷つける・×疵付ける】《下一他》傷を負わせる。㋐けがをさせる。㋑品物などを、そこなう。㋒名誉・誇り・気分などを害する。完全でなくする。「自尊心を―」

きずとがめ【傷×咎め・×疵×咎め】傷の手当てが悪かったりして、直りにくく、かえってひどくなること。

きずな(きづな)【×絆・×紲】①人の結びつき。「恩愛の―」▽(2)の転。②馬・犬・たか等をつなぎとめる綱。

きずもの【傷物・×疵物】きずがあるもの。不完全なもの。▽品物にも人にも使う。

き-する【帰する】①《サ変自》結局、ある一つのところに落ちつく。最後にはそうなる。「水泡に―」「烏有(うゆう)に―」②《サ変他》負わせる。押しつける。「罪を他人に―」▽→きするところ(帰)

き-する【期する】《サ変他》①期限として定める。「雨期明けを―して反攻にでる」②ある事をしとげようと、前もって決心する。「必勝を―」③予期する。期待する。「明日(あす)を―」「再会を―」▽→きするところ(期)・きせずして

き-する【記する】《サ変自他》①書きしめす。書きつける。しるす。「出自を―」②記憶する。「脳裏に―」

ぎ-する【擬する】《サ変他》①ある物事を何かと同じように見立てる。㋐まねる。似せる。なぞらえる。「李白(りはく)に―」㋑まだ決まらない事を、かりにあててみる。「後継首相に―」②物を他の物に当てる。あてがう。「短刀を胸に―」

ぎ-する【議する】《サ変他》その件について、集まって意見を述べあう。審議する。

きするところ【帰する所】《連語》行きつくところ。「趨勢(すうせい)の―を知らない」(決着がどうなるかわからない)。とどのつまり。結局。「―(は)こうなる」

きするところ【期する所】《連語》なしとげようとして決意する事柄。「心に―がある」

きせい【奇声】普通ではない変な声。とんきょうな声。「―を発する」

きせい【寄生】《名・ス自》一つの生物が、他の生物についたり内部に入り込んだりして、そこから栄養を取るなどして生活すること。 **―ちゅう**【―虫】①回虫・さなだ虫・かいせん虫など、他の生物に寄生する動物。②比喩的に、他の人にすがって、そこから利益を得て生活する者。

きせい【希世・×稀世】世にまれなこと。希代。

きせい ①【既成】《多く「―の」の形で》既にでき(あが)って世にあること。「―の理論では済まない」「―事実」②【既製・既成】注文でつくるのでなく、既に商品としてできていること。「―の背広」「―品」

きせい【期成】ある物事を必ず完成させようと強く望

み、互いに約束すること。「—同盟」

きせい【気勢】意気込んだ気持。いきおい。「—があがる」「—をそぐ」

きせい【帰省】《名・ス自》故郷に帰ること。▽「省」はかえりみる、すなわち、父母の安否を問う意。

きせい【祈誓】《名・ス自》神仏に祈ってちかいを立てること。

きせい ①【規制】《名・ス他》規律を保つために制限すること。「交通—」「—を緩和する」「自発的に—する」▽法令では次の(2)(3)を次第に使わず(1)の言い方に統一する傾向にある。②【規正】《名・ス他》公正な規律に照らし、不都合な所を直すこと。「政治資金—法」③【規整】《名・ス他》公正な規律にかなうように物事を整えること。「飲食営業の臨時—」

ぎせい【擬制】①実質は違うのに、そう見なす(見せかける)こと。②法律で、異なるものを法律上同じと見なして、同じ効果を与えること。例、窃盗罪で電気を財物と見なす類。　**—しほん**【—資本】一定の貨幣収入を、仮にある資本から得た利子として評価した場合の、その見せかけの資本。

ぎせい【擬製】本物をまねて作ること。その作ったもの。　**—どうふ**【—豆腐】精進料理の一品。崩した豆腐に卵・野菜などを混ぜ、調味成形して焼いたり蒸したりしたもの。▽「擬製」は当て字で、義性(ぎせ)僧正が作り始めたという。

ぎせい【擬勢】①見せかけの勢い。強がり。「—を張る」②動物が敵をおどすためにとる姿勢。体の一部の色があざやかになったりする。

ぎせい【犠牲】①一層重要な目的のために、自分の生命や大切なものをささげること。「—を払う」②天災など不測の災難によって生命を失うこと。「地震による—者」▽もと、神などを祭る時にささげる生き物。いけにえ。　**—だ**【—打】野球で、打者がアウトになる間に、塁上の走者が進塁・得点することを得たバントまたはフライ。犠打。▽犠牲フライは、犠飛とも言う。

ぎせい【議政】国会で政治や立法について討議すること。「—壇上にまみえる」

ぎせいご【擬声語】→オノマトペ

きせかえ【着せ替え】着ている衣服を脱がせて、別の衣服を着せること。「—人形」

きせき【奇跡・奇×蹟】常識では起こるとは考えられないような、不思議な出来事。特に、神などが示す思いがけない力の働き。

きせき【軌跡】①幾何学で、与えられた条件のすべてを満たす点の集まりが作る図形。②車の輪の通った跡。③比喩的に、たどって(移り変わって)来た道筋。「心の—をたどる」

きせき【輝石】カルシウム・鉄・マグネシウムなどの珪酸塩(けいさんえん)類から成る一群の鉱物。岩石の成分として代表的で火成岩などに含まれる。結晶は柱状で、色は暗緑色または暗褐色・黒色。

きせき【鬼籍】死者の名や死亡年月日などをしるす帳面。過去帳。「—に入る」(「死ぬ」の婉曲(えんきょく)表現)

ぎせき【議席】議場内の議員の席。「—に着く」。転じて、議員としての資格。「—を争う」

きせずして【期せずして】《連語》初めから予期したのではなくて。「—意見が一致した」▽予想よりよい結末となった時に言う。

きせつ【季節】四季のおりおり。時節。シーズン。「—外れの雪」▽「節」は、四季のそれぞれを三分した気候のくぎり。関連 時節・時候・時季・気候・四季・春秋・陽気　**—ふう**【—風】季節によって風向きを変え、冬季は大陸から大洋へ、夏季は大洋から大陸へ向かって、吹く風。モンスーン。　**—ろうどうしゃ**【—労働者】①仕事が通年ある所で働く、出稼ぎの季節労働者(2)。▽(2)が原義。②季節により仕事量に大差がある、農・林・漁業や土木建築業などの労働者。

きせつ【気節】意気と節操。気骨。

きせつ【既設】《ノダ》既に設けてあること。↕未設

きぜつ【気絶】《名・ス自》一時的に息が絶えて死んだようになること。気を失うこと。

ぎぜつ【義絶】《名・ス他自》肉親・君臣の縁を切ること。

キセノン 希ガス元素の一つ。元素記号Xe 無色無臭で、非常に化合しにくい。「—ランプ」▽ドイツ Xenon

き-せる【着せる】《下一他》①衣類を他人の体にまとわせる。物を他の物にかぶせる。「歯に衣(きぬ)を—せない」(→は(歯))▽↓きる(着)。②負わせる。「部下に罪を—」「恩を—」(恩を施してやったぞという態度をとる)

キセル【〈煙管〉】①きざみタバコを吸うための道具。普通、タバコをつめる雁首(がんくび)・吸い口、それらをつなぐ羅宇(ラオ)から成る。▽カンボジア khsier ポルトガル人がもたらした。②(俗)乗車駅・降車駅近くだけの切符を持ち、途中は切符なしで列車・電車に乗る、不正行為。キセル乗り。

きぜわ【生世話】「生世話物」の略。歌舞伎の世話物狂言のうち、その脚本を書いた当時の世態・人情に取材した写実的なもの。

きぜわし-い【気△忙しい】《形》①せかせかして落ち着かない。「年末には—思いをする」②せっかちだ。「—人」派生 -さ -げ

きせん【機先】物事がまさに起ころうとするやさき。「—を制する」(他に先んじて事を行い、自分の方を有利にする)

きせん【汽船】①蒸気機関を動力として進む船。蒸気船。②機械的な動力で推進する大型の船。▽↓きてい(汽艇)

きせん【機船】発動機の付いた船。

きせん【貴×賤】身分の高い者と低い者。とうといことと、いやしいこと。「—上下の差別なく」(福沢諭吉「学問のすゝめ」)

きせん【輝線】光のスペクトルの中に現れる輝いた線。↕暗線。▽物質によりその位置は一定。

きぜん【×毅然】『ト タル』自分の信念を貫くしっかりした態度で臨む様子。「—たる態度」 派生 **-さ**

ぎせん【義戦】正義のために起こした、いくさ。

ぎぜん【偽善】本心からでなく、うわべをつくろってする善行。↕偽悪。「—者」

ぎぜん【×巍然】『ト タル』高くぬきんでたさま。▽山や人物について言う。

きそ【基礎】土台。㋐それをより所として物事を成り立たせる、おおもと。「—をしっかり勉強する」▽㋑の比喩用法から。㋑建築物や大きな装置の一番下にすえ、全重量を支えるもの。▽建築作業で「—工事」というのは、建築に先立って地面をならし固める工事も含む。時には「—工事」全体を㋐と同様にも使う。 **—づ-ける**【—付ける】『下一他』物事や理論的認識の基礎を明らかにする。「物理学を数理的に—」

きそ【起訴】『名・ス他』(特に検察官が)裁判所に訴訟を提起すること。「—状」

きそ-う【競う】『五自』負けまいとして争う。張り合う。「腕を—」「開発を—」「—・って寄付をする」

きそう【基層】ある物事の基礎となって横たわっているもの。その上に重なり立つようにして物事が存する、基盤。「西欧近代文化の—の一つはギリシア精神だ」

きそう【奇相】珍しいすぐれた人相。

きそう【奇想】思いもよらない考え。 **—てんがい**【—天外】『名ナノ』全く思いもよらないような奇抜なこと。

きそう【帰巣】『名・ス自』動物が巣・すみか、あるいは繁殖地から遠く離れても、またそこへもどってくること。「—本能」 **—せい**【—性】動物が帰巣をする性質。ミツバチ・伝書バトのほか、ツバメ・サケなど渡りや回遊をする動物に顕著。

きそう【貴僧】身分の高い(立派な)僧。▽僧に対し第二人称の敬称としても使う。

きそう【起草】『名・ス他』草案・草稿を書きおこすこと。

きぞう【寄贈】『名・ス他』品物を他人におくり与えること。▽「きそう」とも言う。

ぎそう ①【擬装】『名・ス他』人(特に敵)の目をくらますために、ほかの物と紛らわしい様子にすること。カムフラージュ。▽第二次大戦後の一時期「偽装」と書いたこともあった。②【偽装】『名・ス他』(不当に利を生もうと)事実を偽り曲げて、もっともらしく設(しつ)らえ装うこと。「耐震強度の—をした設計」

ぎそう【×艤装】『名・ス他』進水した艦船に、航海や戦闘に必要な種々の装置・設備を備え付ける工事をすること。また、その装置・設備。

ぎぞう【偽造】『名・ス他』にせものをつくること。「—紙幣」

きそく【気息】息づかい。「—を整える」 **—えんえん**【—×奄×奄】今にも死ぬばかりに息も絶え絶えの有様。▽「あの会社も—だ」のような比喩的用法もある。

きそく【規則】それに基づいて行為・手続き・操作が行われるように定めた規準。きまり。おきて。「就業—」「計算—」「—を守る」「—通りに行う」▽↓ほうそく。 関連 定め・決まり・心得・ルール・掟・法・法則・規定・規程・規約・規範・規律・基準・定律・鉄則・総則・概則・通則・細則・内規・本則・付則・補則・罰則・会則・会規・社則・党規・党則・学則・校則・校規 **—ただし-い**【—正しい】『形』動作・生活が、一定の規則に従っているように、きちんとしている。 派生 **-さ** **—だ-つ**【—立つ】『五自』『—・った』規則正しい。 **—てき**【—的】『ダナ』一定のきまりに従っている(ような感じを与える)さま。秩序立っているさま。「—に変化する」「波の音が—に響いてくる」

きそく【×驥足】すぐれた才能。「—をのばす」▽「驥(き)」は足の速い馬。

きぞく【帰属】『名・ス自』①つき従うこと。「—意識」②その所有となること。「国家に—する」

きぞく【貴族】①社会の上流にあって、社会的に特権を持つ階級に属する人。家柄・身分の尊い人。②比喩的に、恵まれた境遇にある人。 **—いん**【—院】旧憲法下で、衆議院とともに帝国議会を構成した立法機関。

ぎそく【偽足】アメーバや白血球などが細胞表面の一部に一時的に形成する突起。運動・食物摂取の働きをする。

ぎそく【義足】切断などによってなくなった足の代わりにつける人工の足。

ぎぞく【義賊】金持から金品を盗んで貧乏人に分け与える盗賊。

きそつ【既卒】既に卒業していること。卒業予定者または新卒に対して言う。「—者」

きそば【生〈蕎麦〉】小麦粉などのつなぎを混ぜずに、そば粉だけで打ったそば。

きぞめ【着初め】新しく仕立てた衣服を初めて着ること。

きそん【帰村】『名・ス自』故郷の村に帰ること。

きそん【既存】『名・ス自』《「—の」の形で》既にあること。「—の設備を活用する」「—誌」▽「きぞん」とも言う。

きそん【毀損】『名・ス他自』物をこわすこと。物がこわれること。「名誉—」▽「棄損」は代用字。

きた【北】①方位の一つ。太陽が出る方(=東)に向かって左の方角・方面。②北風。▽↕南

ギター 弦楽器の一種。平たいひょうたん型の木製の胴体と棹(さお)とから成り、六本の弦を張り、指やピックで弾く。▽guitar

きたい【危×殆】非常にあぶないこと。「—に瀕(ひん)する」

きたい【気体】空気のように、一定の形をもたず、体積が自由にひろがり得る物質。また、そのような状態。▽固体・液体とともに「物質の三態」の一つ。↓じょうき(蒸気)(1)

きたい【希代・×稀代】①《名》《「―の」の形で》世にまれなこと。「―の英雄」②《ダナ》不思議なさま。「―な事を言う」▽「きだい」とも言う。⑵は「奇態」とほとんど区別されない。

きたい【奇態】《名・ダナ》風変わりなさま。不思議なさま。「―なふるまい」「当て推量が―に的中する」

きたい【帰隊】《名・ス自》部隊など隊と名の付くものから一時的に離れていた人が、もどること。

きたい ①【鬼胎】おそれ。心配すること。「―をいだく」②【奇胎】〔医学〕染色体の異常によって、受精卵が絨毛(じゅうもう)状の組織になって増殖し、ぶどう状の塊となる病気。胞状奇胎。

きたい【基体】〔哲学〕種々の作用・性質の基礎にあってそれらを支持する実体。また、主体の精神活動の基礎にひそみ、客観的存在の根源をなす実在。

きたい【期待】《名・ス他》ある人がそれをするのを(他の人が)あてにし、心待ちに待つこと。▽「―する。」と言い切って済む文末を「―したい。」と言うことが一九九五年ごろから好まれ出した。 **―ち**【―値】統計学で、確率の見地から算定した平均値。実現する可能性のある各値に、それが実現する確率をかけて総和したもの。▽expectation (value) の訳語。以前は「期望値」と言った。

きたい【機体】航空機の発動機以外の部分。また、その翼を除いた胴体。

きだい【季題】季語で表される題。

きだい【貴台】相手(主に男)のことを敬って言う語。▽主に男が書簡に使う。

ぎたい【擬態】①他の物に様子を似せること。②動物が他の動物や周囲の物に似た色・形などをもつこと。 **―ご**【―語】物事の状態・身ぶりを、それらしく表した語。例、にこにこ・べったり。▽↓オノマトペ

ぎだい【議題】会議にかけて討議する題目。

きた-える(きたへる)【鍛える】《下一他》鉄などの金属を熱し、打って強くする。「刀を―」。また、人に厳しい練習・修練をさせ、技術や心身をしっかりしたものにする。「足腰を―」

きだおれ(きだふれ)【着倒れ】衣服にぜいたくをして財産をなくすこと。そういう人。「京の―、大阪の食いだおれ」

きたかいきせん【北回帰線】北緯約二三・四度の緯線。夏至(げし)の時、太陽がこの線の真上に来る。

きたきり【着た切り】今着ている着物しかなく、他に着がえもないこと。 **―すずめ**【―×雀】着たきりの人。▽「舌切り雀」とかけたもの。

きたく【寄託】《名・ス他》ものを他人に預け、その処理を頼むこと。

きたく【帰宅】《名・ス自》自分の家に帰ること。

きたぐに【北国】北の方にある国・地域。

きたけ【着丈】身長に合わせた着物の、えりからすそまでの長さ。

きた-す【来す】《五他》物事を起こらせる。結果として招く。「支障を―」▽来るようにする意から。

きだち【木〈太刀〉】木製の太刀。木刀。

きたつ【既達】《ノダ》(公用文などで)既に達示(たっし)で知らせたこと。「―の件」

きだて【気立て】心の持ちかた。性質。気質。「―のやさしい娘」▽多く、よい場合に使う。

きたな-い【汚い・×穢い】《形》触れるのもいやなほど、よごれた状態だ。㋐どろ・ごみ・汚物などにまみれている。㋑(はばかられるほど)清らか・さわやかでない。「―言葉を使う」「やる事が―」「友人を欺くとは―やつだ」「金に―」(けちであくどい)▽多くは不潔な場合であるが、「―色の絵」などでは不快感に重点がある。 派生 **-さ -げ -がる**

きたならし-い【汚らしい・×穢らしい】《形》いかにもきたなく見える有様だ。いかにもきたない感じだ。「―部屋」「態度が―」▽実際にきたない場合も含め、不潔な感じを持たせる場合に言う。 派生 **-さ -げ -がる**

きたのかた【北の方】公卿(くぎょう)など身分の高い人の正妻の敬称。▽寝殿造(しんでんづくり)で北の対屋(たいのや)に住んだから。

きたはんきゅう【北半球】地球の赤道以北。↕南半球

きたまくら【北枕】北を頭にして寝ること。▽死人を安置する時こうするので、一般には不吉としてきらう。

ぎだゆう【義〈太夫〉】「義太夫節(ぶし)」の略。竹本義太夫が広めた浄瑠璃の一派。太ざおの三味線(しゃみせん)を使って語る。

きた-る【来る】①《五自》くる。やってくる。↕去る。「待ち人―」②《連体詞的に》次にくる、この次の。「―五日」

きたん【忌×憚】いみはばかること。遠慮。「―のない批評」

きだん【気団】水平方向の広い範囲にわたって温度・湿度などがほぼ一様な大気のかたまり。「小笠原(おがさわら)方面の暑い―」

きだん ①【奇談】世にも珍しい話。②【×綺談】面白く仕組んだ話。

きだん【基壇】(大きな)建物をその上に支える、石や土の壇。

ぎだん【疑団】心の中にわだかまっている疑い。

きち【危地】あぶない場所・境遇・立場。「―に追い込む」「―を脱する」

きち【基地】軍隊・探検隊などの行動の根拠地。広く、拠点となる場所。「車両―」「―局」(携帯電話などの無線通信を中継する施設)

きち【奇知・奇×智】普通とは違う、天才的な知恵。

きち【機知・機×智】その場に応じてとっさに働く鋭い知恵。ウイット。「―に富む」

きち【既知】《ノダ》既に知っている、または知られたこと。↕未知。「―数」

きち【×窺知】《名・ス他》うかがい知ること。

きち〖吉〗キチ キツ よし ―《名・造》りっぱ。めでたい。よいこと。↕凶。「吉が出た」「吉例・吉瑞(きちずい)・吉夢・大吉」。以下「キッ」と読む。「吉凶・吉辰(きっしん)・吉報・吉左右(きっそう)・不吉」

きちがい(がひ)【気違い・気△狂い】①心の状態が常軌を逸し普通でないこと。その人。狂人。②ある物事にすっかり夢中になること。なっている人。「芝居―」 **―ざた**【―沙汰】狂人がするようなこと。「この荒海に船を出すなど―だ」

きちきち ①《ダナ・副[と]・ス自》ぴったり合って、すきまやゆとりがないさま。「―の靴」②《副[と]》物事を規則正しく行うさま。きちんと。「―(と)送金する」③《副[と]》物がきしんで出るような音。「―とバッタがとぶ」「置時計が―と時を刻む」

きちく【鬼畜】鬼と畜生。残酷で恥知らずな者。

きちじ【吉事】めでたい事。縁起がいい事。↕凶事

きちじつ【吉日】物事をするのに、日取りのよい日。きちにち。↕凶日(きょうじつ)。「思い立ったが―」(↓おもいたつ)

きちじょうてん【吉祥天】福徳をもたらすという仏教の女神。もとインド神話の女神。きっしょうてん。吉祥天女。

きちっと《副・ス自》①すき間・ゆるみがないさま。乱れなく、整っているさま。きちんと(2)。「―ネクタイを締める」②的確に、過不足なく。きちんと(1)。「休みを―とる」

きちにち【吉日】↓きちじつ

きちゃく【帰着】《名・ス自》①よそからある所に帰り着くこと。「今週中には―する予定だ」②議論などが結局ある点に落ち着くこと。

きちゅう【忌中】家族に死者があって、忌(いみ)に服している間。特に、死後の四十九日間。

きちょう【記帳】《名・ス他》帳簿に書き込むこと。「売り上げを―する」「受付で―をすませる」

きちょう【基調】①〔音楽〕↓しゅちょう(主調)。②作品や思想・行動の底を流れるもの。テーマ。「人類愛を―とした活動」

きちょう【帰朝】《名・ス自》(公務で)外国に行った者が帰国すること。

きちょう【貴重】《名ナ》きわめて大切なこと。「―な体験」「―品」▽単独の「―」、「―の」の形を今ほとんど使わない。明治期まではとうとび重んじる意で「―する」も使った。派生 **-さ -がる**

きちょう【機長】航空機の乗務員の最高責任者。普通は正操縦士。

ぎちょう【議長】会議や議会の運営・採決をし、またこれを代表する人。「―団」

きちょうめん【×几帳面】①《ダナ》物事をすみずみまできちんとするさま。▽(2)の転。②《名》器具の角(かど)を削って丸みをつけ、その両側に刻み目を入れたもの。▽昔、室内の仕切りの道具として使った几帳(きちょう)の柱がこの細工になっている。派生 **-さ**

きちれい【吉例】めでたいしきたり。

きちん【木賃】木賃宿に払う燃料代(宿泊代)。 **―やど**【―宿】安宿。▽もと、泊まり客が自炊し、燃料代だけ払うしくみの宿。

きちんと《副・ス自》①過不足なく、正確に。きちっと。「金は―払ってある」②乱れなく整っているさま。「―した身なり」

きつ〖喫〗〖喫〗キツ ―(口で)かむ。口からのどを通して腹の中へと入れる。たべる。のむ。身に受ける。「喫茶(きっさ)・喫煙・喫驚・喫緊・満喫」

きつ〖詰〗キツ つむ つめる つまる なじる ―①問いつめる。とがめだてする。せめる。「詰問・詰責・面詰・難詰」②ゆきづまる。かがまる。のびのびしない。「詰屈」

きつ〖(人)橘〗キツ たちばな ―①みかんなどの木の総称。「柑橘(かんきつ)」②たちばな氏の称。「源平藤橘(げんぺいとうきつ)」

きつ〖吉〗↓きち〖吉〗

きつ‐い《形》①物事の程度がはなはだしい。㋐激しい。「―仕事」「―酒」「―酔いよう」㋑体が動かせないほどつらく覚える。「発熱で―」㋒きびしい。「―・くしかる」「―寒さ」②強い。しっかりしている。「―子だ」「―顔つき」③ゆるくない。きゅうくつだ。「帯を―・くしめる」「靴が―」派生 **-さ**

きつえん【喫煙】《名・ス自》タバコをすうこと。

きつおん【×吃音】どもった声。どもり。「―矯正」

きっかい《名ナ》↓きかい(奇怪)。「―至極(しごく)」派生 **-さ**

きづかい(づかひ)【気遣い】うまくゆく、または失敗しないように、気をつかうこと。「接待の―に疲れる」「どうぞお―なく」「人に知れる―(=心配)はない」▽「―が(は)ない」の形は「あいつの仕事じゃうまくゆく―はない」のように「……はずがない」に近い意味にも使う。

きづか‐う(づかふ)【気遣う】《五他》あれこれと心配する。「安否を―」

きっかけ【切っ掛け】物事を始めるはずみ(となるもの)。機会や動機や手がかり。「交渉の―をつかむ」「人の来たのを―に立ち去る」

きっかり《副[と]・ノダ》①数量などがちょうどで、はんぱがないさま。きっちり。「時間―に現れる」②きわだって、はっきりしているさま。

きづかれ【気疲れ】《名・ス自》気をつかったために疲れること。

きづかわし‐い(づかはしい)【気遣わしい】《形》気にかかる。心配だ。派生 **-さ -げ**

きっきゅうじょ【×鞠×躬如】《ト タル》身をかがめて、おそれ慎むさま。「―として仕える」

きっきょう【吉凶】(縁起の)よい事と悪い事。「―を占う」

きっきょう【喫驚】《名・ス自》おどろくこと。びっくりすること。

きっきん【喫緊】〘名ナ〙さしせまって大切なこと。
キック〘名・ス他〙(相手や球を)蹴ること。そのような足の動き。「―ボクシング」(足で蹴ることもできるボクシング)「ドルフィン―」▽kick　**―オフ**〘名・ス自〙フットボールで、その試合の開始や再開のときに球を蹴ること。▽種目により仕方に差がある。水球では相手を蹴る反則を指す。kickoff　**―バック**〘名・ス他〙払い戻し。割戻し。リベート。「官僚への―」▽kickback
きづ-く【気付く】〘五自〙気がつく。㋐(他人から教えられたりせず)自分で心に感じとる。「誤りに―」▽他動詞的に「それを―」のようにも使う。㋑(失神状態などから)正気にもどる。
きっくつ【詰屈・×佶屈】〘ダけ〙①(道などがせせこましく)曲がりくねっているさま。②文字・文章がむずかしく意味のとりにくいさま。「―聱牙(ごうが)」(文章が難解なこと)
ぎっくりごし【ぎっくり腰】腰をひねったり中腰で重いものを持ったりした時に突然起こる腰痛の総称。原因は、筋肉の損傷や椎間板ヘルニアなどさまざまで、不明なことも多い。
きつけ【着付け】着物をきちんと着(せてや)ること。また、その出来上がり。
きつけ【気付け】①気絶している者、正気を失っている者などに、元気を取りもどさせること。②「きつけ薬」の略。きつけ⑴に使う薬。③→きづけ
きづけ【気付・気△附】郵便物を相手の住所に送るのでなく、その人と関係のある所、立ち寄る所にあてて送る時に、注意を願う意味であて名に付ける語。▽「きつけ」とも言う。
きつ-ける【着付ける】〘下一他〙いつも着て、なれている。また、着物をきちんと着(せてや)る。「和服を―」
きっこう【×拮抗】〘名・ス自〙力・勢力がほぼ等しく、互いに張り合うこと。

きっこう【亀甲】かめのこうら。またそれに形どった、六角の模様・紋所。
きっさ【喫茶】茶をのむこと。　**―てん**【―店】コーヒー・紅茶・菓子(あるいは軽食)を客に供する飲食店。
きっさう【吉左右】→きっそう(吉左右)
きっさき【切っ先・×鋒】刃物の先のとがった所。また、切りそいだ物の先。「―を突きつける」
ぎっしゃ【△牛車】昔、牛に引かせ、貴人の乗った車。うしぐるま。ぎゅうしゃ。
キッシュ パイ生地に具・卵・生クリームなどをのせてオーブンで焼いたフランス発祥の料理。▽フランス quiche
きっしょう【吉祥】さいわい。めでたいこと。きちじょう。
ぎっしり〘副[と]〙すきまもなく、いっぱいに入っているさま。「―(と)並んだ書類」
きっしん【吉×辰】よい日。めでたい日。吉日。▽「辰(しん)」は時の意。
キッズ 子供たち。「―ルーム」(子供が遊べる部屋)▽kids
きっすい【生粋】まじりけが全く無いこと。「―の江戸っ子」
きっすい【喫水・×吃水】船が水に浮かんでいる時の、船の最下面から水面までの距離。ふなあし。　**―せん**【―線】船体が水に浮かんだ時の、水面ぎわの線。
きっ-する【喫する】〘サ変他〙①(飲食物・タバコなどを)口を通してのどに入れる。②身に受ける。こうむる。「惨敗を―」
きっせき【詰責】〘名・ス他〙(失敗などを)問い詰めて責めること。
きつぜん【×屹然】〘ト タル〙山が高くそびえ立つさま。そのように、独立独歩で人に屈しないさま。
きっそう【吉△左右】①よいたより。「―を待つ」②善悪・成否どちらかの知らせ。
きっそう【吉相】①よい人相。福々しい人相。②よい事の前兆。

きづた【木×蔦】樹木や岩にからんで高く伸びる、常緑つる性の木。晩秋、黄緑色の小花が球形に集まって咲く。冬づた。▽うこぎ科。
きっちゃ【喫茶】→きっさ。「―店」
キッチュ〘名ナ〙芸術気取りのまがいもの。俗悪なもの。▽ドイツ Kitsch
ぎっちょ〔俗〕左きき。
きっちょう【吉兆】めでたい事が起こる前ぶれのしるし。↔凶兆
きっちり〘副[と]・ス自〙①間違いなく。完全に。きちんと。「―けじめをつける」②数量などに端数(はすう)がないさま。かっきり。「―三時」③すき間がないさま。きちんと合っているさま。「―としたスーツ姿」
キッチン 台所。料理場。キチン。「ダイニング―」(食堂を兼ねた台所)▽kitchen　**―ばさみ**【―×鋏】料理用のはさみ。　**―ペーパー** 調理する際、食品や鍋から水分・油分などを取るのに使う薄い紙。▽kitchen paper
きつつき【〈啄木鳥〉】鋭いくちばしで木の幹をつついて穴をあけ、中の虫を食べる鳥。コゲラ・クマゲラなど種類が多い。けらつつき。けら。▽きつつき科の鳥の総称。
きって【切手】①「郵便切手」の略。郵便物にはって料金が支払い済みであることを示すもの。②金銭を受け取った証拠の書付や券。「商品―」(商品券)
きっての〘連語〙《名詞……に付け》……の範囲で一番の。「町内―美人」▽→きる(切)⑴㋓
キット ①模型などを組み立てる材料一式。「模型飛行機―」②ある目的に使う道具一式。「工具―」▽kit
きっと ①〘副・ノダ〙話し手が間違いないと推し量る気持を表す語。「彼は―来る」「忘れないでね、―よ」。いつも、きまって。「上京のたびに―寄る」▽「必ず」より確信度の低い用法がふえてきた。「確か・

確かに」の関係に似ている。②《副》話し手の断乎(だん)とした気持を表す語。間違いなく。たしかに。「—申しつけたぞ」▽(1)(2)は「急度」「屹度」とも書いた。③《副》きびしい、またけわしい気持を表した顔つきになるさま。「—なる」「—にらみつける」

キッド 子やぎの皮。手袋・靴などに用いる。▽kid

きつね【×狐】①体が細く尾が太い、犬に似た獣。毛色は薄茶。人をばかすと言われる。また、稲荷(いなり)の神の使いとされる。「虎の威を借(か)る—」(↓とら(虎))「—につままれる」(キツネにだまされた時のように、さっぱり分からずぽんやりするさまのたとえ)「—と狸(たぬき)のばかし合い」(ずるい人の間でたがいに相手をだまそうと策動することのたとえ)▽いぬ科。②比喩的に、ずばしこく、ずるい人。悪がしこい人。人をののしるのにも使う。「この雌(め)—め」③「きつね色」の略。薄茶色。④「きつねうどん」の略。油あげ・ねぎなどを入れたうどん。▽油あげはきつねの好物だということから。

きつねけん【×狐拳】拳の遊び方の一つ。両手で、きつね・庄屋(しょうや)・かりゅうどの形をつくり、勝負を決める。藤八(とうはち)拳。

きつねごうし【×狐格子】→きつれごうし

きつねつき【×狐付き・×狐×憑き】きつねの霊に取りつかれた結果起こるとされる、精神が乱れた状態。その取りつかれた人。

きつねのよめいり【×狐の嫁入り】①きつね火が並んで、嫁入りの行列の提灯(ちょうちん)を思わせるもの。②日が照りながら小雨が降る天気。

きつねび【×狐火】夜、人がともしていないのに火が燃える現象。鬼火。▽きつねが口から吐くという俗説による。朽ち木の発光などを見誤ったものか。

きっぱり《副「と」・ス自》①固い決意ではっきりと行うさま。「—(と)断った」「—した態度」②目に見えて、はっきり。「目鼻立ちの—(と)した顔」

きっぷ【気(っ)風】その人の行動の仕方を見聞きして感じ取れる、その人の気性。「—がいい」▽「きふう」の転。

きっぷ【切符】①金銭をすでに支払ってある証拠の券。主に交通機関の料金や劇場の観覧料金を払ったしるしの券。▽比喩的に、競技(大会)に出場する資格や権利。「最後の—を争う」②品物の受け渡し・配給などのしるしとして使う券。「配給—」

きっぽう【吉報】めでたい(喜ばしい)知らせ。↕凶報。「—が届く」

きづま【気×褄】→きげんきづま

きづまり【気詰(ま)り】《名ナ》周囲に気兼ねが多くて、心がのびのびしないこと。

きつもん【詰問】《名・ス他》相手を責めながら、返事を迫って問い立てること。

きづよ-い【気強い】《形》①頼もしくて安心だ。心づよい。「連れがあるので—」②気が強い。気丈だ。また、情にほだされない。「—母親に育てられた」 派生 -さ -げ

きつりつ【×屹立】《名・ス自》山などが高くそびえ立っていること。

きつれごうし【木連格子】たて・よこに組み立てた格子。また、それに板をはった戸。妻ごうし。狐(きつね)格子。

きて【来手】来る人。来てくれる人。「嫁の—がない」

ぎて【技手】《俗》→ぎしゅ(技手)

きてい【基底】物・事柄の基礎をなしている(底)面。その、形成の基礎となるもの。「ベクトルの—」「—部」

きてい【旗亭】料理屋。酒を飲ます店。また、宿屋。▽中国で旗を立てて目印としたから言う。

きてい【汽艇】小型の汽船。

きてい【既定】《ノダ》すでに定まっていること。↕未定。「—の方針」

きてい ①【規定】《名・ス他》物事の仕方や手続き、また概念などを、それに基づいて行為や議論ができるように、はっきり定めること。またその定め。「—の料金を払う」「—量」「法律に—されている」「手続を—する」▽「規程」と区別する場合には、「前条の—による委員は」のように、個々の条・項・号の定めをいう。②【規程】《名》官公庁や組織体の内部で事務手続きなどについて定めた(一まとまりの)規則。「物品出納—」

ぎてい【義弟】義理の弟。配偶者の弟、妹の夫など。

ぎていしょ【議定書】①会議で話しあってきめた事を記した文書。②外交交渉や国際会議の議事を記録し調印した文書。

きてき【汽笛】蒸気がまの蒸気を吹き出させて鳴らすふえ。その音。また、広く、船などが鳴らす警笛。

きてれつ【奇△天烈】《ダナ》非常に奇妙なさま。▽多くは「奇妙」に付け、強調するのに使う。俗語的。 派生 -さ

きてん【基点】距離を測る時などの、もとにする(地)点。

きてん【起点】物事、特に道路や鉄道がそこから始まる(と定めた)所。↕終点。「日本橋を—とする」

きてん【気転・機転】物事に応じて、とっさに心が働き、うまい考えがわくこと。「—がきく」

きでん【紀伝】「紀伝体」の略。歴史記述法の一つ。本紀(ほんぎ)・列伝などの別を立てて記す。↕編年体

きでん【貴殿】《代》相手を敬って指す語。▽男が目上か対等の男の相手に用いるが、公用の場合に性別を問わず使うことがある。

きでん【起電】《名・ス自》電気を発生させること。主に静電気について言う。「摩擦—器」

ぎてん【儀典】儀式についての決まり。典例。

ぎてん【疑点】疑わしい点。「—をただす」

ぎでん【偽電】発信人や内容を偽った電報。

きと【企図】《名・ス他》目的を立て、その実現の手段を計画すること。企て。

きと【帰途】かえりみち。「—につく」

きど【木戸】①庭や通路に木で作った開き戸の門。ま

た、その出入り口。「裏―」「―が立つ」(互いに行き来しなくなる) ②(相撲(すもう)・芝居などの)興行場の出入り口。「―を突く」(興行場などで、入場をこばむ) ③「木戸銭(きどせん)」の略。「―を払う」 ④江戸時代に市内の要所に設けた、警戒のための門。▽「城(き)戸」の意で、もと、柵に設けた門。 **―ごめん**【―御免】木戸銭を払わずに興行場に出入りを許されていること。そういう人。 **―せん**【―銭】見物料。

きど【喜怒】喜びと怒り。また、さまざまの人間的感情。「―を顔に表す」「―哀楽」

きど【輝度】発光している面や光を反射している面の、明るさの度合。単位面積あたりの光度で表す。

ぎと【擬斗】→ぎとう。▽「ぎと」とは言わない。

きとう【季冬】冬の終わりの一か月。晩冬。陰暦十二月。

きとう【既倒】すでに倒れたこと。「狂瀾(きょうらん)を―に廻(めぐ)らす」(→きょうらん(狂瀾))

きとう【帰投】『名・ス自』航空機・艦船などが基地に帰り着くこと。

きとう【気筒・汽×筩】→シリンダー。「四―エンジン」

きとう【祈×祷】『名・ス自他』神仏に祈ること。「加持―」

きどう【奇童】普通の子供よりも特別すぐれた子供。

きどう【奇道】人の思いもよらないやり方。

きどう【気道】動物の体内の、呼吸のための空気の通路。

きどう【軌道】①車の通る道。特に、汽車・電車などがその上を走るように設けた線路。「―の保守」②物体などが一定の力の作用を受けて運動する際の、一定の経路。特に、天体・ロケットなどが運行する道すじ。「静止衛星―」③比喩的に、物事が進行する道筋。「仕事が―に乗る」(仕事が順調に運ぶようになる)「―修正」(方針などを変える意)

きどう【機動】①交戦の前後や交戦中に、戦略・戦術上おこなう、軍隊の移動・運動。②状況に応じてすばやく活動できること。「―性」「―力」 **―ぶたい**【―部隊】機動力の高い(遊撃)部隊。

きどう【起動】『名・ス自他』働きを起こす、特に発電機・タービン・パソコンなどが運転・作動を始めること。また、ソフトウエアなどを立ち上げること。

ぎとう【擬闘・擬△斗】劇・映画で、(和風でない仕方の)格闘の演技(の振り付け)。▽普通「擬斗」と書く。「斗」は「闘」の俗な略字。「技斗」とも書く。↓たて(殺陣)

きどうしゃ【気動車】ディーゼル エンジンなどの内燃機関を備えた鉄道車両。

きどうらく【着道楽】着る物にお金を惜しまず使って楽しむ道楽。その道楽にふける人。

ぎとぎと『副[と]・ノダ・ス自』油脂が鈍く光ったりべとついたりするさま。「あぶらが―浮いたラーメン」「―の肌」

きとく【奇特】『名ナ』特別にすぐれていること。また、行いが感心なこと。殊勝。「―なことだ」▽「きどく」とも言う。派生 **-さ**

きとく【危篤】病気が重くて今にも死にそうなこと。

きとく【既得】『ノダ』既に自分のものにしていること。 **―けん**【―権】既に得ている権利。法律上、正当に手に入れた権利。

きどく【奇特】『名ナ』→きとく(奇特)。派生 **-さ**

きどり【木取り】用材として適するように、材木を切ること。特に、丸太から角材を切り取ること。

きどり【気取り】きどること。「―が少しもない」「女房―で居る」

きど-る【気取る】『五自』①体裁(ていさい)を飾って、重々しい様子をしたり、すましたりする。「―らない人柄」「―ったポーズ」②それらしい様子をする。「豪傑を―」▽「けどる」と読めば別の意。

きどるい【希土類・×稀土類】→レア アース

キナ【規那】樹皮にマラリアの特効薬となるキニーネを含む、南アメリカ原産の常緑高木。▽(オランダ) kina あかね科。

きない【畿内】京都に近い、山城・大和(やまと)・河内(かわち)・和泉(いずみ)・摂津の五か国。▽もと、中国の古制で、帝都を中心とした直轄地。

きないしょく【機内食】旅客機の中で客に供する食事。

きなが【気長】『ダナ』のんびりしていて、あせらないさま。↔気短(きみじか)。「―に待つ」派生 **-さ**

きながし【着流し】男子が和服を着た場合、はかまをつけていないこと。外出用の正装でないこと。

きなくさ-い【きな臭い】『形』①紙や布などのこげるにおいがする。②戦争や何か物騒なことが今にも起こりそうな気配だ。派生 **-さ**

きなぐさみ【気慰み】気ばらし。

きなこ【黄(な)粉】大豆をいって、粉にしたもの。餅や団子につける。▽「黄なる粉」から転じたもの。

きなり【生成り】手を加えない、そのままの状態。㋐糸や生地などで、さらして真っ白にしていないもの。「―の木綿」㋑酒類の薄めない状態。生のまま。「ウイスキーを―で飲む」

きなん【危難】生命、身の上があぶないこと。難儀。災難。

キニーネ キナの樹皮に含まれるアルカロイド。マラリアの特効薬で解熱(げねつ)作用もある。キニン。▽(オランダ) kinine

きにい-る【気に入る】『連語』それが当人の気持によく合って、好ましく感じる。「本ばかり読んでいるのが父の―らなかった」「豪傑肌が主君に―られた」「はきはきしたところを―」▽「ぬきんでてお―」など、一語化しない例も残る。「この柄が私に―」の形では自動詞的、「私がこの柄を―」の形では他動詞的。

きにち【忌日】毎年・毎月の、その人が死んだ日と日付の同じ日で、供養(くよう)をする日。命日(めいにち)。きじつ。

きにゅう【記入】『名・ス他』字を書き入れること。

ギニョール 指にはめて動かす人形を使ってする芝居。▽フランス guignol

きにん【帰任】『名・ス自』一時離れていた任地・任務にもどること。

きぬ【絹】蚕の繭から取った繊維。また「絹織物」の略。

きぬおりもの【絹織物】絹糸で織った織物。

きぬがさ【△衣×笠・絹傘】①絹または織物を張った、柄の長いかさ。▽昔、貴人のうしろからさしかけた。②天蓋(1)。

きぬかつぎ【△衣△被(ぎ)】里芋(小芋)を皮ごとゆでたり蒸したりしたもの。▽「かつぎ」(古くは「かづき」)は、平安時代以後、貴婦人が外出するときに頭からかぶった衣服。

きぬぎぬ【〈後朝〉】共寝(とも ね)した男女が朝になって別れること。その時刻。「—の別れ」▽「衣衣」とも書いた。昔、脱いだ衣を重ねて男女が共寝をした翌朝、めいめいの着物を着て別れたから。雅語的。

きぬけ【気抜け】『名・ス自』体から心が抜け去ったように、ぼんやりする、または張り合いがなくなること。

きぬごし【絹×漉(し)】絹を張ったふるい。そのふるい、または絹の布でこして、きめ細かにすること。

きぬこまち【絹小町】「絹小町糸」の略。絹縫い糸の代用で、絹紡績糸の手縫い糸。

きぬさや【絹×莢】さやえんどうの、特に柔らかいもの。

きぬじ【絹地】①絹で織った布。②日本画を描くのに使う絹の布。絵絹。

きぬずれ【△衣擦れ】着ている人の動作につれて、着物のすそなどがすれあうこと。また、それによって発する音。

きぬた【×砧】木のつちで布地を打ってつやを出すのに使う、石や木の台。また、それを打つこと。▽「きぬいた(衣板)」の転。

きぬばり【絹針】絹の布を縫うのに使う細い針。

きぬばり【絹張り】①絹の布を張ること。また張ったもの。「—の傘」▽紙張り・木綿(もめん)張りなどに対して言う。②絹の布をのり張りする板。③絹の布のしわをのばすため、布の両端につける丸い棒。

きぬぶるい(ぶ:るひ)【絹×篩】絹の布を張った目の細かいふるい。物をこまかくこしたり、液体をこしたりする。

きぬもの【絹物】絹織物。また、絹で作った衣服。

きぬわた【絹綿】くずまゆの繊維で作ったわた。

きね【×杵】うすに穀物を入れてつくのに使う木製の道具。

きねずみ【木×鼠】リスの別称。

きねづか【×杵△柄】きねの柄(え)。「昔とった—」(以前によくやって、今でも手ぎわよくできること)

キネマ 映画。シネマ。▽kinema

きねん【紀年】紀元から数えた年数。

きねん【祈念】『名・ス他』(神仏に)願いごとを祈って、その達成を念じること。「平和を—する」

きねん【記念・紀念】『名・ス他』①過ぎ去った物事などを思い起こすこと。「—碑」「皇太子殿下の御成婚を—した貨幣」「創立五十周年を—して」②後日の思い出として残しておくこと。「—写真」▽「記念」が普通になったのは昭和以降。

ぎねん【疑念】ある事が本当かどうかと疑う心。

きねんさい【祈年祭】その年の五穀の豊作を祈る神事。年ごいの祭り。▽もと、旧暦二月四日に宮中で行われた祭祀(さいし)。

きのう(きのふ)【〈昨日〉】①今日(きょう)の一日前の日。さくじつ。「—の今日」(昨日に続いての今日。ある事があって、それからまだ日のたっていないこと)「—今日(=ごく最近)始まった問題でない」②比喩的に、近い過去。「—の夢と忘れよう」

きのう【気×嚢】①一部の動物にある、空気が入る袋状の器官。特に、鳥の胸部・腹部にあり、肺に空気を送り込む器官。②気球などの、ガスを入れる袋。

きのう【機能】『名・ス自』①物のはたらき。作用(すること)。「知識が資本として—する」「新制度がうまく—していない」②法律で、機関がその権限内で活動できる能力。

きのう【帰農】『名・ス自』一度離村した農民が再び農業にもどること。▽本来は、官を辞し、または他の職業をやめ、(故郷に帰って)農業を営む意。

きのう【帰納】①『名・ス他』推理・思考の手続きの一つ。個々の具体的な事柄から、一般的な命題や法則を導き出すこと。↔演繹(えんえき)。「—法」▽induction の訳。②『名』→さいき(再帰)(2)。「—関数」▽recursion の訳。 **—てき**【—的】『ダナ』帰納(1)することによって論を進めるさま。↔演繹(えんえき)的。また、帰納(2)の性質をもつものであること。

ぎのう【技能】物を作る仕事などに関し、それを巧みに(見事に)してのけることができる腕前。「平面に削り上げる—」「運転—」「—職」「算数の—」▽主に個人に属する能力として言うが、「技巧」より客観的。またこれを組織化して考えた場合には「技術」と言う。

きのうきょう(きのふけふ)【〈昨日今日〉】きのうやきょう。近ごろ。

きのえ【△甲】十干の第一。五行(ごぎょう)で木に配する。↓じっかん(十干)。▽「木の兄(え)」の意。

きのえね【△甲△子】十干と十二支との最初の組合せ(になる年や日)。▽「かっし」とも言う。また、当夜、大黒天を祭る「きのえね祭り」の略にも言った。

きのかしら【木の頭・×柝の頭】芝居で、幕切れの拍子木の打ち始めの音。きがしら。

きのくすり【気の薬】心の保養になること。面白いこと。

きのこ【×茸・△菌】湿った地面や、朽ち木などに生じ、多くは傘状をした菌類の子実体(胞子を生じる器官)。また、それを生じる菌類の総称。シイタケ・シメジなど食用もあるが、ワライタケなど有毒のものも多い。▽「木の子」の意。

きのこぐも【×茸雲】核爆発・火山噴火などの際に立ち上る、きのこの姿の大きな雲。

きのじ【喜の字】→きじゅ

きのと【△乙】十干の第二。五行(ごぎょう)で木に配する。↓じっかん(十干)。▽「木の弟(と)」の意。

きのどく【気の毒】『名ナ・ス自』他人の不幸や不運に心が痛むこと。その気持。「寄る辺の無い―な身の上」「―な気がした」「それでは彼に―だ」「―にも両親を交通事故で失った」「えらい目にあって―したな」「お―様」▽もと、自分の心(＝気)を痛める種になるもの(＝毒)の意。派生 **-さ -げ -がる**

きのみきのまま【着の身着の×儘】『連語』現在着ているもののほか、何一つ物を持っていないこと。「―で焼け出された」

きのめ【木の芽】春、木にはえ出した芽。特に、サンショウの芽。▽「このめ」とも言う。

きのやまい(やまひ)【気の病】精神の疲れなどから起こる病気。

きのり【気乗り】『名・ス自』それをする気が起こるか否かということ。「―薄(うす)」「―(が)しない」。↓のりき

きば【牙】一部の獣にある、大きくとがった歯。食肉獣では犬歯が発達したもので、肉を引き裂くのに使う。象では上あごの門歯が長く伸びたもの。「―をむく」「―をとぐ」(相手を害そうと用意することのたとえ)

きば【木場】材木をたくわえておく所。材木商店が多く集まっている地域。

きば【騎馬】馬に乗ること。馬に乗っている人。「―巡査」 **―せん**【―戦】騎馬武者どうしの戦いをまねた遊び。二、三人が馬を作り、別の一人が上に乗り、敵味方に分かれ、上に乗った者を落としたり、鉢巻きや帽子を奪い合うもの。

きはい【気配】①気くばり。手配。②けはい。「ただならぬ―」③相場の人気・様子。

きはい【×跪拝】『名・ス自』ひざまずき上半身を前にかがめて敬意を表すること。

きばい【木灰】草木を焼いて作った灰。

きばえ【着映え】身に着けてりっぱに見えること。「―がしない着物だ」

きはく【希薄・×稀薄】『名ナ』①気体の密度、液体の濃度が薄いこと。②一般に、少なく薄いこと。↕濃厚。「意欲が―だ」派生 **-さ**

きはく【気迫・気×魄】他に力強く働きかける精神力。「―に満ちている」

きばく【起爆】『名・ス自』火薬の爆発を起こさせること。「―剤」(新しい事態を引き起こすきっかけの意にも)「―装置」

きばさみ【木×鋏】植木のかり込みなどに使う、長い木の柄をすげた、はさみ。

きはずかし-い(はづかしい)【気恥(ずか)しい】『形』何となくはずかしい。きまりが悪い。派生 **-さ -げ -がる**

きはだ【木肌】木の外皮。

きはだ ①【黄肌】マグロの一種。体長二メートル以上になる。ひれが黄色い。きわだ。きはだまぐろ。▽さば科。②【黄×蘗】山地に生える落葉高木。樹皮は黄色の染色剤とし、また漢方薬とする。材は細工用。きわだ。おうばく。▽みかん科。

きばたらき【気働き】時に応じてすばやく気を使うこと。きてん。「―がある」

きはちじょう【黄八丈】黄色の地に縞柄(しまがら)のある、糸織りの絹織物。八丈島の特産だった。

きはつ【揮発】①『名・ス自』通常の温度で液体が気体になること。②『名』「揮発油」の略。 **―ゆ**【―油】沸点がセ氏三〇度から二〇〇度の範囲の、揮発性の石油製品。燃料・溶媒にする。ガソリン・ベンジンなど。

きばつ【奇抜】『名ナ』思いも寄らないほど風変わりなこと。「―な衣装」▽もと、思いも及ばないほど優れている意。派生 **-さ**

ぎばへんじゃく【×耆婆×扁×鵲】名医。▽「耆婆(ぎば)」は古代インドの、「扁鵲(へんじゃく)」は古代中国の名医の名。

きば-む【黄ばむ】『五自』黄みを帯びる。黄色くなる。「木の葉が―」

きばや【気早】『名・ダナ』気が早いこと。せっかち。また、気がはやりやすいこと。派生 **-さ**

きばらい(らひ)【既払(い)】すでに支払いがしてあること。↕未払い。▽「きはらい」とも言う。

きばらし【気晴(ら)し】『名・ス自』ふさいでいる気分を直そうと、心を他のものに向けること。気散じ。

きば-る【気張る】『五自』①あることをしようと、張り切る。いきごむ。②思い切って多くの金銭を出す。はずむ。「チップを―」

きはん【帰帆】帰って行く帆掛け船。また、故国や港に帰る船。

きはん【規範・軌範】判断・評価・行為などの、拠(よ)るべき規則・規準。「社会―」

きはん【×羈×絆】行動する人の足手まといになるもの。束縛になるもの。ほだし。▽もと、つなでつなぐこと。

きばん【基板】電子機器の部品で、半導体などを組み合わせて搭載する板。「プリント―」

きばん【基盤】その上にすべてを積み上げてゆく土台。物事の土台。「生活の―」「―とする技術」

きはんせん【機帆船】発動機と帆とを持つ小型の船。

きひ【忌避】『名・ス他』①きらって避けること。「徴兵―」②法律で、不公平な裁判が行われるおそれのある時、その裁判官の裁判を訴訟の当事者がことわること。

きひ【基肥】種をまいたり植えつけをしたりする前に耕地に施す肥料。もとごえ。

きび【×黍・×稷】米粒よりも小さな淡黄色の実を房状につける一年生作物。五穀の一つで、食用や飼料にする。秋、緑色の花穂をつける。うるち・もちの別がある。「―だんご」▽いね科。

きび【機微】 容易には察せられない微妙な事情。「人情の―に触れる」

きび【×驥尾】『―に付す』才知のない人がすぐれた人のあとにつき従って自分だけではできないような事をする。▽「驥」は足の速い馬。

きびき【忌引】 近親の人が死んだため(勤め・学校を休んで)家にこもって喪に服すること。また、そのための休暇。

きびきび『副[と]・ス自』動作などが見ていて気持よいほど敏速で活気があるさま。「―動き回る」「―(と)行動する」「―した文章」

きびし-い【厳しい・△酷しい】『形』①厳格で、なさけ容赦がない。「―訓練」「―・く審査する」②はなはだしい。「暑さが―・くなる」「―不況」③緊張・緊迫している。「―表情」「―交渉が続く」④むずかしい。「明日までに終わらせるのは―」派生 **-さ**

きびしょ →きゅうす(急須)。▽「急焼」の唐音の転化。

きびす【×踵】 かかと。くびす。「―を返す(めぐらす)」(あともどりする)「―を接して」(つぎつぎと続いて)

きびたき【黄×鶲】 夏、山地の森林で繁殖する、スズメぐらいの大きさの鳥。春、日本に飛来。雄は、背面が黒く、眼の上と胸が鮮やかな橙(だい)・黄色で、声が美しい。雌は暗緑色で地味。▽ひたき科。

きひつ【起筆】『名・ス自他』書き始めること。↔擱筆(かくひつ)

ぎひつ【偽筆】 他の人の字に似せて書いたもの。

きびゅうほう【帰×謬法】〔論理〕→はいりほう

きひょう【起票】『名・ス自他』新しく伝票を書くこと。伝票を起こすこと。

きびょう【奇病】 かわった病気。珍しい病気。

ぎひょう【儀表】 手本。模範。「世の―となる」

ぎひょう【戯評】 茶化したり皮肉ったりした調子である批評。漫画・川柳・漫文などの形をとる。「社会―」

きびょうし【黄表紙】 ①黄色の表紙。②江戸時代中期に刊行された草双紙。絵を主として会話や簡単な説明で筋を運ぶ滑稽(こっけい)文学。▽表紙が黄色なのでこの名がある。→くさぞうし

きびら【生平】 甚平などに用いる、さらしていない平織りの麻布。

きひん【気品】 どことなく感じられる上品さ。けだかい品位。「あの人は―がある」「―のある書」

きひん【貴賓】 身分の高い客。「―席」

きびん【機敏】『名・ダナ』時に応じて心の働きや動作がすばやいこと。「―に対処する」派生 **-さ**

きふ【寄付・寄附】『名・ス他』公のことや事業のため、金銭や品物を贈ること。「―を募る」「売り上げを福祉団体に―する」 **―こうい【―行為】**〔法律〕財団法人を設立するための一定財産を出し、根本規則を定める行為。また、個々の財団法人の組織・活動について定めた根本規則(をしるした書面)。

きふ【棋譜】 碁や将棋の対局の記録。

きぶ【基部】 基礎となる部分。ねもとの部分。

ぎふ【×妓夫】 →ぎゅう(妓夫)

ぎふ【義父】 義理の父。母の先夫・後夫、あるいは配偶者の父、養父など。↔実父

ギブ アップ『名・ス自』あきらめること。降参すること。お手上げ。▽give up

ギブ アンド テーク 相手に利益を与え、かわりに自分も相手から利益を得ること。▽give-and-take

きふう【気風】 気性。気質。特に、ある集団が共通に持っている気質。「―が荒い」▽→きっぷ(気っ風)

きふう【棋風】 碁や将棋のしかたに現れる、その人の個性。

きふく【帰服・帰伏】『名・ス自』つき従って支配下にはいること。

きふく【起伏】『名・ス自』①土地が平らでなく、高くなったり低くなったりしていること。②盛衰などさまざまの経過があること。「―の多い一生」「感情の―に乏しい」

きぶく【忌服】 近親が死んだ場合、一定の期間、喪に服すること。服喪。

きぶくれ【着膨れ・着×脹れ】『名・ス自』重ね着のためにふくれること。

きぶさめ【木×萌雨】 春先の芽吹きを促す雨。

きふじん【貴婦人】 身分の高い(家の)女性。

ギブス →ギプス

ギプス 骨・関節の病気や骨折の時、その部分を動かないように保護するために使うもの。包帯を石膏(せっこう)の粉で固めるが、現在は多くガラス繊維製。ギブス。▽(ドイツ)Gips

きぶせ【気伏せ・気△塞(せ)】『ダナ』気づまりなさま。気の滅入(めい)るさま。

ぎふぢょうちん【岐阜△提△灯】 岐阜特産のちょうちん。細い骨に薄い美濃紙(がみ)を張って白や水色の地に絵を描く。盂蘭盆(うらぼん)の夜などにつるす。

きぶつ【木仏】 木で作った仏像。「―金仏(かなぶつ)石仏(いしぼとけ)」(融通のきかない人、情に動かされない人のたとえ)

きぶつ【器物】(入れ物を含め、一般に)道具。▽機械は普通含めない。「うつわもの」と読めば「入れ物」の意。

ぎぶつ【偽物】 にせもの。にせて作ったもの。

きぶっせい【気ぶっせい】『ダナ』相手に親しみにくく、気づまりなさま。▽「気ふさぎ」の転「きぶさい」から出た語か。あるいは「気伏せ」の転か。

ギフト 贈り物。進物。▽gift **―チェック** 銀行などが発行する贈答用の小切手。銀行では現在は廃止。▽gift cheque

きぶとり【着太り】『名・ス自』着物を着ると実際より太って見えること。↔着痩せ

きふるし【着古し・着△旧し】 何度も着て古くなること。その衣服。

きふる-す【着古す】『五他』衣服を古くなるまで着る。「―・したジーンズ」▽くたびれている場合と風合い

がよくなっている場合とがある。

きぶん【奇聞】不思議な珍しいうわさ。

きぶん【気分】①ある間続く感情の状態。「—を変える」。ある時の心身の感じ。「—が悪くなる」「—がすぐれない」②そのあたり全体の感じ。雰囲気。「—を楽しむ」「お祭り—」 **—や**【—屋】その時の気分に左右され(て行動す)るたちの人。

ぎふん【義憤】道にはずれたことに対して発するいかり。「—を感じる」

ぎぶん【戯文】ふざけた調子で書いた文章。

きへい【騎兵】①馬に乗った兵。②(近代軍で)乗馬した機動力を利用して敵を捜索し、また襲撃する兵種。「—隊」

ぎへい【義兵】正義のために起こす戦争。また、それに参加する兵。「—を募る」

きへき【奇癖】変わったくせ。奇妙なくせ。

きへん【木偏】漢字の偏の一つ。「板」「根」などの「木」の称。

きへん【机辺】机の近く。机のあたり。

きべん【×詭弁】①道理に合わない、言いくるめの議論。ごまかしの議論。「—を弄する」②論理学で、相手の思考の混乱や感情につけ入って相手をだます、見掛け上は正しそうな、虚偽の推論。

きぼ【規模】物事がもつ、しくみの大きさ。「大学の—」▽江戸時代までは、模範・名誉・効果・代償などの意にも使った。

ぎぼ【義母】義理の母。父の先妻・後妻、あるいは配偶者の母、養母など。↔実母

きほう【既報】すでに報道・通報したこと。

きほう【気泡】液体または固体中に気体が包まれてできる、あわ。

きほう【気胞】①↓はいほう(肺胞)。②↓うきぶくろ(2)

きほう【機×鋒】きっさき。ほこさきの勢い。「鋭い—」

きほう【貴方】《代》相手(方)を敬って指す語。あいてがた。▽主に男が書簡に使う。↓あなた

きぼう【既望】陰暦十六日(特に八月十六日)の夜。また、その夜の月。▽「望」は満月。

きぼう【希望】《名・ス他》未来に望みをかけること。㋐こうなればよい、なってほしいと願うこと。また、その事柄の内容。「進学を—する」㋑望みどおりになるだろうというよい見通し。「将来の—を失う」 **—てき**【—的】《ダナ》こうなればよいとか、たぶん望みどおりになるだろうとかいう期待を持っているさま。「—観測」「—な意見」

きぼう【鬼謀】常人の思いもおよばないうまい計略。「神算—」

ぎほう【技法】作品などを作るうえでの表現・技巧上の方法。手法。「日本画の—」

ぎぼうし【擬宝△珠】①↓ぎぼし(1)。②山の湿った地に自生し、観賞用に栽培もされる多年草。夏、長い花茎を出し、白・紫・淡紫などの花を総状につける。つぼみの形がぎぼし(1)に似る。オオバギボウシはウルイとも呼ばれ、若葉を食用。▽くさすぎかずら科(旧ゆり科)ぎぼうし属の植物の総称。

ぎぼうしゅ【擬宝珠】↓ぎぼし(1)

きぼく【亀×卜】かめの甲を焼いてできる割れ目によって吉凶を判断する、古代の占い。

ぎぼく【義僕】忠義な下男。

ぎぼし【擬△宝△珠】①手すりや橋の欄干につける宝珠(ほうじゅ)(2)の形を模した飾り。②↓ぎぼうし(2)

きぼね【気骨】『—が折れる』気を使う苦労が多くて心が疲れる。気づかれする。▽「きこつ」と読めば別の意。

きほよう【気保養】心を楽しませ、きばらしをすること。▽「きぼよう」とも言う。既に古風。

きぼり【木彫(り)】木を材料にして彫ったもの。また、その技術。もくちょう。

きほん【基本】その物事の中心となる、おおもと。「理論の—(的)部分」「—給」 **—てきじんけん**【—的人権】人間が当然もつべき、一番土台となる権利。人種・性別・身分などによって差別されないこと、思想・信教の自由、集会・結社・表現の自由など。

ぎまい【義妹】義理の妹。配偶者の妹、弟の妻など。

きまえ【気前】気性。特に、金や物を惜しげもなく出して使う気性。「—がいい」「—を見せる」

きまかせ【気任せ】《名・ダナ》自分の思った通りにして、他に気兼ねをしないこと。気まま。「—な一人旅」「—に本をあさる」

ぎまく【義膜・偽膜】炎症を起こしている所からにじみ出たうみなどが、かわいてできた膜。組織としての生命をもっていない。

きまぐれ【気△紛れ】《名・ダナ》一定の考えを持たず、そのときの気分に動かされやすいこと。「—な人」 派生 **-さ**

きまじめ【生〈真面目〉】《名・ダナ》融通のきかない程まじめなこと。「—すぎて面白くない」▽↓おおまじめ。 派生 **-さ**

きまずい【気まずい】《形》相手と気持がしっくりせず、ぐあいが悪い。「—思いをする」「仲が—くなる」 派生 **-さ -げ**

きまつ【期末】特定の期間の終わり。↔期首。「—試験」「—手当」

きまま【気×儘】《名・ダナ》他人に気がねなどせず、自分の思い通りにふるまうこと。「—な生活」「—に暮らす」「勝手—をする」 派生 **-さ**

きまよい【気迷い】①心が一つに決まらず、迷いが起こること。②〔取引〕相場の高低の見通しがつかず、株式の売買が活発でないこと。

きまり【決(ま)り・△極(ま)り】①きめられたもの。規則、または組織としての決定事項。「—に従う」②きまること。㋐結末。決着。「—がつく」「—をつける」。おさまり。「—よくかたづけて行く」㋑『—が悪い』恥ずかしくて隠れたい気持だ。「ほめ立てられてきまりが悪い」▽人前が具合よくつくろえない

意から。㋒↓おきまり

きまりき-る【決(ま)り切る】《五自》だれもが知っていて、ごくあたりまえである。分かり切る。「|・った事を言うな」「そんな事は|・っている」

きまりて【決(ま)り手・△極(ま)り手】相撲(すもう)で、勝負がきまった時のわざ。

きまりもんく【決(ま)り文句・△極(ま)り文句】いつもきまって言う、同じ文句。型にはまった新鮮みのない表現。

きま-る【決(ま)る・△極(ま)る】《五自》①これで動かないという状態になる。㋐変わらないような結果が出る。「彼が委員長に―」「よし、それで|・った(=結論が出た)」㋑『|・った』一定の。「きまった顔ぶれ」㋒『|・って』必ず。「きまって雨になる」㋓『……に|・っている』(……ことが)間違いない。「そんな事では失敗するに決まっている」②決定的な状態に至る。㋐わざを掛けられて動きが取れなくなる。「右腕が―」㋑(勝負の)決着がつく。「東土俵で―」㋒物事が、型どおりにうまくはまる。「踊りの型が―」「足払いが―」㋓(服装などが)引き立つ。「今日のスーツは|・っている」

きまわし【着回し】(きまはし)《名・ス自》一つの服を、他の服や小物との組み合わせを工夫して、いろいろな装いに使うこと。「―のきく服」

ぎまん【欺×瞞】《名・ス他》人の目をごまかし、だますこと。

きみ【君】①《代》対等または目下の者を呼ぶ、親しみをこめた言い方。↕僕。▽主として男が使う。②《名》主君。特に国王。帝(みかど)。

きみ【黄み】黄色がかっていること。きいろみ。

きみ【黄身】鳥の卵の中の黄色い部分。卵黄。↕白身。▽「黄味」とも書く。「味」は当て字。

きみ【気味】体や心に感じたその感じ。㋐気分。気持。「―がいい」(胸がすっとする、いい気分だ)㋑……の傾向にある感じ。「かぜの―で休む」 **―あい**(ひあ)【―合い】①気持。気分。②そんなふうな様子。 **―わる-い**【―悪い】《形》何となく気持がよくない。こわいように思われる。派生 **-さ -げ -がる**

=**ぎみ**【君】《主に親族名称に》他人を敬って言う語。「姉―」▽きみ(君)②の意の転。現在使うと大仰。

=**ぎみ**【気味】《名詞または動詞・助動詞の連用形に付けて》……の(好ましくない)傾向・様子である意を示す。「風邪(かぜ)―」「予定より遅れ―だ」「押され―の形勢をひっくり返した」↓きみ(気味)㋑

きみじか【気短】《ダナ》気が短いさま。せっかちなさま。↕気長(きなが)。派生 **-さ**

きみつ【気密】気体が出入りできないように密閉されていること。「―室」「―服」

きみつ【機密】大切な秘密。政治上・軍事上の秘密。「―保持」▽枢機の秘密の意。 **―ひ**【―費】内密の事柄に使う費目。支出の内容を明らかにしなくてよい。

きみどり【黄緑】黄色と緑色との中間の色。黄みをおびた緑色。

きみゃく【気脈】『―を通じる』ひそかに連絡をはかり気持を通じる。ぐるになる。▽「気脈」は血が通う筋道。

きみょう【奇妙】《ダナ》普通の考え方ではわからないような不思議なさま。㋐変なさま。風変わり。「―な風習」㋑珍しくてすぐれているさま。「―に足が早い」派生 **-さ**

きみょう【帰命】〔仏〕身命を投げ出して仏の教えに従うこと。 **―ちょうらい**【―頂礼】〔仏〕自分の頭を仏の足につけて敬礼し、帰命の意をあらわすこと。仏をおがむ時唱える語。

ぎみん【義民】正義・人道のために一身をすててつくす民。

ぎむ【義務】法律上または道徳上、人や団体がしなくてはならない、また、してはならないこと。↕権利。「―を果たす」 **―きょういく**【―教育】国民すべてが教育を受ける権利があることにもとづき、学齢にある児童・生徒の就学を親(保護者)に義務づけている普通教育。

きむずかし-い【気難しい】(きむづかしい)《形》何かと自分独自の考え・やり方にこだわって、扱いにくい性質だ。神経質だ。派生 **-さ -げ**

きむすめ【生娘】処女。うぶな娘。まだ子供めいた純真な娘。

キムチ 白菜を主としトウガラシ・ニンニクなど香辛料を多く使った、朝鮮の代表的漬物。▽朝鮮語。

きめ【木目】①木の板の表面に現れる、年輪がつくり出す模様。もくめ。▽「木理」とも書く。②人の肌の表面の細かなあや。「―のこまかい肌」③ものの表面の手ざわりの感じ。「―の荒い仕事だ」▽「肌理」とも書く。↓きめこまかい

きめ【決め・△極め】きめること。きめた事柄。規則。約束。「社内の―を守る」。「一年間という―で住み込む」

きめい【記名】《名・ス自》名前を書くこと。「―投票」

ぎめい【偽名】(本当の氏名を隠すための)にせの名前。

きめこまか-い【きめ細かい】《形》きめが細かい。細部にまで行きとどいている。「―配慮」「|・く指導する」▽「木目細かい」「肌理細かい」とも書く。↓きめ(木目)

きめこみ【木目込(み)】板目紙(いためがみ)に切地(きれじ)をはった押絵。 **―にんぎょう**【―人形】木彫人形に、金襴(きんらん)・ちりめんなどの布地をはめこんだもの。

きめこ-む【決(め)込む・△極(め)込む】《五他》自分でそうだと決めて思いこむ。㋐ひとりぎめに、そう信じこむ。「頭から―」㋑そのつもりになって、いい気でいる。「宗匠を―」㋒意図的にそれをする。「ねこばばを―」

きめだま【決め球】野球で、投手が勝負を決めようとして使う得意な球。ウイニング ショット。

きめつ-ける【決(め)付ける・△極(め)付ける】《下一他》①相手に言い訳を許さず、強くしかる。②断定的にものを言う。「頭から犯人だと―」

きめて【決め手・△極め手】①勝ち負け(物事の真偽)が最終的に決められる手段・方法。「―を欠く」②物事を決定する人。

きめどころ【決め所・△極め所】きめるによい所、または時機。ここぞという要所。

き-める【決める・△極める】《下一他》①これで動かないという事を選び取る。㋐選びとって、変えないものにする。「当番を―」「心を―」「話を―」(相談をまとめる)「ずるを―」「自宅では飲まないと―めている」「行くことに―めた」㋑『……と―めて』……と思い込んで。「うまく行くときめている」「だめだときめて掛かる」②決定的な状態にする。㋐(わざを掛けて)動きが取れない(決定的な)状態に持ち込む。「右腕を―」「一挙に勝負を―」㋑(俗)物事を、その状態にぴしりと見事に引き立つようにする。「ネクタイ一つで―ダンディーぶり」▽きまる(2)㋓の他動詞で、割合新しい用法。

きめん【鬼面】鬼の顔。また、鬼にかたどった面。「―人を驚かす」(うわべのおどかしで、相手を驚かす)

きも【肝・△胆】内臓の大事な部分。㋐肝臓。㋑広く、内臓。㋒精神の宿る所。心。「―に銘ずる」「―をつぶす」(驚く)「―を冷やす」(驚いてひやりとする)「―が太い」(勇気がある)「―がすわる」(めったな事には驚かない。たんがすわる)▽㋒は「胆」と書くことが多い。㋓大事なところ。「ここがこのプランの―だ」

きもいり【肝煎(り)】仲にはいって世話をしたり、間をまとめるため骨を折ったりすること。そういう人。世話人。▽心をあれこれと使って骨を折る意から。

きもう【起毛】織物・編物のけばを立てること。

きもすい【肝吸(い)】うなぎの内臓の吸い物。「―つきのうな重」

きもだめし【肝試し・△胆試し】度胸があるかどうかをためすこと。

きもち【気持(ち)】①物事にいだく、多くは感覚的・感情的な、心の状態。気のありかた。▽→ここち・こころもち(1)。㋐気(1)の持ちかた。気構え。「―を引き締めてかかる」㋑物事をどう感じ取っているかという、心のさま。「老人の―を大切にする」「ほんの―ばかりのお礼」㋒感情。「ぼくに対してどんな―でいるのか」㋓心が置かれている状態。気分。「さわやかでいい―だ」㋔体の状態についての感じ。気分。「船酔いで―が悪い」②《副詞的に》そう思ってみればそう感じられるほどに。幾らか。「―大きめな服」▽→こころもち(2)

きもったま【肝っ玉】肝に宿っている気力。特に胆力。勇気。「―がすわっている」

きもの【着物】①身につけて着るもの。衣服。②特に、洋服に対し、和服。

きもん【奇問】奇抜な質問。「―を発する」

きもん【鬼門】①何をするにも避けなければならない、艮(うしとら)(=北東)の方角。▽この方角は鬼が出入りすると信じられた。②その人にとって、どうにもうまくいかない相手・場所・事柄。にがて。「英語は―だ」 **―よけ**【―△除け】鬼門に神仏をまつったり、祈祷(きとう)をしたりして災難を避けようとすること。

きもん【旗門】スキーのアルペン競技などで、コースを示すために立てる対(つい)の旗。

ぎもん【疑問】《名ノ》疑って尋ねること。また、疑わしい点。「―を抱く」「―視する」 **―ふ**【―符】疑問を表す符号。クエスチョン マーク。「?」

きや《連語》……たが(そうではなかった)。「すぐ負けると思い―、手ごわく反抗した」▽過去を表す文語助動詞「き」+係助詞「や」の残存形。

ギヤ →ギア

きゃあきゃあ《副[と]》(女や子供が)泣いたり騒いだりする高い声。また、そういう声を立てるさま。

ぎゃあぎゃあ《副[と]》①「きゃあきゃあ」を強めた表現。②やかましく述べ立てるさま。「―さわがれて中止した」

きやく【規約】約束事としての定め。特定団体内でその成員に適用するために定めた規則。「―を守る」▽議論の共通に前提とする約束をも言う。

きゃく【△格】王朝時代に律令(りつりょう)の不備を改め補うため、臨時に出された勅令や官符(=太政官が下した公文書)。また、それを集めた書物。「律令―式」

きゃく【却】キャク かえって しりぞく ―①しりぞける。おしかえす。受けつけない。欲望をおさえる。「却下」②後ろへさがる。しりぞく。ひく。「退却」③とりはらう。なくしてしまう。「売却・忘却・消却」▽「卻」が正字。

きゃく【脚】キャク キャ カク あし ―①あし。あしの力。歩く力。「脚部・脚力・脚下・脚気(かっけ)・脚光・脚線美・脚絆(きゃはん)・健脚・飛脚・馬脚・行脚(あんぎゃ)」▽本来は、ひざからくるぶしまでの部分。転じて、あし全体。②㋐《名・造》物の下にあって全体をささえるもの。土台になるもの。あしのようなもの。「脚本・脚注・失脚・三脚・立脚・偏旁(へんぼう)冠脚」㋑あしのある道具を数える語。「机一脚」

きゃく【*客】キャク カク ―①㋐《名・造》たずねて来る人。まねかれてくる人。↕主。「客をする」(人を招待してもてなす)「客人・客間・客室・主客・来客・訪客・賓客(ひんかく)・珍客・先客・接客・食客(しょっかく)・弔客(ちょうかく)・刺客(せっかく・しかく)」㋑(ある事に長じた)人物。「カク」と読む。「論客・政客・墨客・侠客(きょうかく)・剣客」㋒主人の側でない者。主に対する地位。「客分・客員・客将(かくしょう)・客演」㋓自分に対するもの。主体の相手。ほかのもの。「客観・客体・客語」②《名・造》たびびと。旅館にとまる人。旅。「不帰の客となる」「客地(かくち)・客死・旅客」③《名・造》物を買う人。物を見にくる人。船や車に乗る人。「客を取る」「顧客・観客・客席・客船・客車・乗客」④すでに過ぎ去ったことを表す語。「カク」と読む。「客年・客歳・客月・客臘(かくろう)」⑤人をもてなすための道具を数える語。「吸物椀(すいものわん)五客」

ぎやく【偽薬】患者を安心させたり新薬の効果を調べたりするのに使う、本当の成分を含まないが外見では見分けられない薬剤。プラシーボ。

ぎゃく〖虐〗［虐］ギャク しいたげる ①むごく扱う。ひどく扱って傷つける。しいたげる。「虐待・虐政・虐殺・悪虐・残虐・暴虐・嗜虐(しぎゃく)・自虐」②わざわい。「大虐」

ぎゃく〖*逆〗［逆］ギャク ゲキ さか さからう むかえる ①㋐〘名・造〙物事の順序や進行の方向が反対になる。向かうべきでない方へ向かう。反抗する。道にそむく。↕順。「客と逆のことをする」「大逆・悪逆・反逆・順逆・逆上・逆行・逆流・逆臣・逆徒・逆賊・逆運・逆縁・逆修(ぎゃくしゅ)・逆襲・逆浪・逆鱗(げきりん)・逆比例・逆光線・可逆反応・逆三角形」㋑〘名〙〔論理〕ある命題の主語と述語、または仮定の部分と終結の部分とを入れ替えた命題。例、「人は動物だ」に対し「動物は人だ」。㋒〘名・造〙「逆手(ぎゃくて)」の略。「逆を取る」②招いて来させる。来るものを受ける。むかえる。「逆旅(げきりょ)」③あらかじめ。前もって。「逆睹(げきと)」

ギャグ 演芸などで、観客を笑わせる、(場当たりの)せりふ・しぐさ。また広く、冗談・笑い話。「―漫画」▽gag

きゃくあし【客足】商店・興行物等に客が来る、その集まりぐあい。「―がつく」「―が遠のく」

きゃくあしらい‥あしらひ【客あしらい】客をもてなすこと。そのもてなし方。

きゃくあつかい‥あつかひ【客扱い】①〘名〙客のもてなし方。客あしらい。②〘名・ス他〙客として扱うこと。「―はしない」

きゃくい【客位】主に対して客の位置・地位にあること。また、客としての位置・地位。↕主位

きゃくいん【客員】正規の成員以外に、特に迎えられて加わった人。「―教授」▽「かくいん」とも言う。

きゃくいん【脚韻】詩歌の句末を、同音にそろえること。句末の押韻(おういん)。↕頭韻

きゃくうけ【客受け】客のうけとる感じ、印象。客のあいだでの評判。

ぎゃくうん【逆運】思い通りに行かない運命。不運。

きゃくえん【客演】俳優が自分の所属ではない劇団などに臨時に出演すること。

ぎゃくえん【逆縁】①順当に反した法事。年長者が年少者の、親が子の、供養をする類。↕順縁。②死者と縁のない者が事のついでにとむらうこと。③仏に敵し仏法をそしることが、かえって仏道にはいる因縁となること。

ぎゃくぎれ【逆切れ】〘名・ス自〙〔俗〕受けている叱責やからかいに我慢できず、逆に怒り出すこと。「―を起こす」▽↓きれる㊀(1)㋒。「逆ギレ」とも書く。

きゃくご【客語】〔文法〕動詞が、他に動作・作用を及ぼす意味のものである時、その動作・作用の受け手であるものを表す語。目的語。賓辞(ひんじ)。▽動作・作用のし手を表す「主語」に対して言う語。「かくご」とも言う。

ぎゃくこうか【逆効果】↓ぎゃっこうか

ぎゃくこうせん【逆光線】↓ぎゃっこう(逆光)

ぎゃくコース【逆コース】①進むべき道すじと反対の道すじ。②社会進歩の動きと反対の動き。▽第二次大戦後よく使われた。

きゃくざしき【客座敷】客をもてなすために設けてある座敷。

ぎゃくさつ【虐殺】〘名・ス他〙むごい方法で殺すこと。

ぎゃくざや【逆×鞘】二つの価格の差が、本来あるべき状態と逆転していること。また、その差。「―の解消」▽米や石油の売買価格で言うほか、保険の予定利率を運用利回りが下回る場合などを言う。

ぎゃくさん【逆算】〘名・ス他〙普通の順序とはちがって、終わりの方から前へ数えること。「没年から―して」

ぎゃくざん【逆産】分娩(ぶんべん)の際、胎児が(頭から生まれ出ず)足の方から生まれること。さかご。

きゃくし【客死】〘名・ス自〙旅先(主に外国)で死ぬこと。▽本来は「かくし」。

ぎゃくし【虐使】〘名・ス他〙むごく、しいたげながら使うこと。こき使うこと。

きゃくしつ【客室】①客を通す部屋。②旅館などの、客を泊めるための部屋。また、乗物で客をのせる所。「―乗務員」(↓アテンダント)

きゃくしゃ【客舎】↓かくしゃ

きゃくしゃ【客車】鉄道で、旅客を乗せる車両。

ぎゃくしゅ【逆修】①生きているうちに自分のための仏事をして冥福を祈ること。②年長者が、死んだ若い者の冥福を祈ること。

ぎゃくしゅう【逆襲】〘名・ス他自〙攻撃されていた者(・側)が、勢いを転じて、反対に攻撃すること。

ぎゃくじゅん【逆順】普通とは逆の順序。「―に並べる」

ぎゃくじょう【逆上】〘名・ス自〙怒り・悲しみ・驚き・悔しさ等のあまり、血が頭にあがって、取り乱すこと。かっとなること。のぼせること。

きゃくしょうばい【客商売】旅館・飲食店など、客のもてなしをする商売。接客業。

きゃくしょく【脚色】〘名・ス他〙①小説や事件を劇や映画に上演できるような形に仕組むこと。脚本に書くこと。②比喩的に、事実を誇張したりして面白く語ること。

きゃくじん【客人】客に来ている人。お客。

ぎゃくしん【逆心】主君にそむく心。謀反(むほん)心。

ぎゃくしん【逆臣】主君にそむく臣下。

ぎゃくすう【逆数】その数に掛け合わせると1になる数。例、3の逆数は$\frac{1}{3}$。$\frac{b}{a}$の逆数は$\frac{a}{b}$。

きゃくずき【客好き】客が来るのを喜ぶこと。客を呼ぶのが好きなこと。また、そういう人。

きゃくすじ【客筋】①商売との関係(＝筋)で捉えた、客。「―の家のお嬢さん」②客(たち)の身分・人柄(のよしあし)。客だね。「―がいい小料理屋」③年齢・性別・職業などから見た、客のあり方。客層。「―が雑多だ」

ぎゃくせい【虐政】人民をしいたげ苦しめる政治。

きゃくせき【客席】(特に興行場で)客の(ための)席。

ぎゃくせつ【逆接】〔文法〕甲・乙二つの文または句の接続のしかたで、甲が成り立てば普通乙は成り立たないというものを、あえて結びつけるもの。「雨が降っても行く」の「ても」、「春になったけれど寒い」の「けれど」、「彼は偉い。しかしいやなやつだ」の「しかし」の類の語で表されるような関係。↔順接

ぎゃくせつ【逆説】①通説や真理とされることに反するようで、よく考えると一種の真理を言い表している説。「負けるが勝ち」の類。「―的に言えば」②↓ぎゃくり(1)。▽paradox の訳語。

きゃくせん【客船】旅客を乗せて運ぶための船。

きゃくぜん【客膳】お客用の(道具としての)膳。また、客をもてなす食事。

ぎゃくせんでん【逆宣伝】《名・ス他》相手の宣伝に対抗し(特に相手の宣伝を利用して)、相手に不利になるように宣伝し返すこと。また、そういう宣伝。

きゃくそう【客僧】①招かれて他寺にいる僧。②修行の旅をしている僧。

きゃくそう【客層】→きゃくすじ(3)

ぎゃくそう【逆走】《名・ス自》定められた方向の反対へ走ること。「一方通行路の―」

ぎゃくぞく【逆賊】主君に反逆した悪人。

きゃくたい【客体】①認識や行動の目的となるもの。②主観または主体の作用とは独立して存在するもの。▽「客観(きゃっかん)」とも言う。↔主体

ぎゃくたい【虐待】《名・ス他》むごい扱いをすること。「動物を―する」

きゃくだね【客種】商店・興行物などに来る客の種類。

ぎゃくだんそう【逆断層】水平方向へ圧縮する力によって、一方の層が他方の層の上にずれて持ち上がって見える断層。二層を引き離す力によって、一方の層がずれ落ちたように見える、正断層に対して言う。▽reversed fault の訳語。

きゃくちゅう【脚注・脚×註】本文の下の方につける注記。▽foot-note の訳語。

ぎゃくちょう【逆潮】風向きまたは船の進路と反対の方向に流れる潮。

きゃくづとめ【客勤め】客の相手をする勤め。特に、遊女が客の相手になってつとめること。

ぎゃくて【逆手】①(柔道などで)相手の関節を普通に動く向きと逆に曲げ痛めるわざ。②相手の攻撃をそらし、それを逆用して攻め返すこと。さかて。「―を取ってやり込める」③普通とは逆の、物の握り方。↔順手

きゃくでん【客殿】来客と応対するための御殿。

ぎゃくてん【逆転】《名・ス自他》①ひっくりかえって反対になる、またはすること。「形勢―」「―現象」②逆に回ること、回すこと。「ハンドルを―する」。また、飛行機の宙返り。

きゃくど【客土】《名・ス自》土質を改良するため、よそ(＝客)から土を運び入れること。その土。おきつち。▽「かくど」とも言う。

ぎゃくと【逆徒】主君にそむいた者ども。

ぎゃくと【逆×睹】《名・ス他》↓げきと

きゃくどめ【客止め】《名・ス自》興行物などで、大入り満員のため、あとから来た客の入場をことわること。

きゃくひき【客引き】《名・ス自》客を自分の店・宿屋・見世物などに呼び入れようと誘うこと。それをする人。

ぎゃくひれい【逆比例】《名・ス自》↓はんぴれい

ぎゃくふう【逆風】進んで行く方向から逆に吹いて来る風。むかい風。↔順風

きゃくぶん【客分】客としての取扱い(を受ける人)。

きゃくほん【脚本】演劇や映画のせりふ・動作・舞台装置などを書いた、上演のもととなる本。台本。シナリオ。

きゃくま【客間】来客を通して応接するためのへや。

ぎゃくゆにゅう【逆輸入】《名・ス他》自国から輸出した物を(外国で加工されたりした形で)また輸入すること。▽自国(発祥)のものを、外国ではやった形でとり入れることにも言う。

ぎゃくよう【逆用】《名・ス他》①ある目的のための物事を、それとは反対の目的に利用すること。「備蓄米を―してもうける」②一方が利用しようとねらった事物を、逆に相手方が利用すること。「地形を敵に―される」

きゃくよせ【客寄せ】客の関心をひいて集まるようにすること。

きゃくらい【客来】客がたずねて来ること。

ぎゃくり【逆理】①(一見)妥当な推論に基づきながら、一般に受け入れられている判断に反する結論を導くような論。▽元来は unreasonable の訳語。②↓ぎゃくせつ(逆説)(1)。▽paradox の訳語。

ぎゃくりゅう【逆流】《名・ス自》川下から川上へ、または海から川へというように、普通の流れと反対の方向に水や液体が流れること。その流れ。▽比喩的にも言う。「血が―する思い」

きゃくりょく【脚力】歩き続けられるあしの力。

ぎゃくろう【逆浪】さかまく波。逆風によって起こる波。

ギャザー 洋服で、縫い縮めたひだ。▽gathers

きゃしゃ【△華×奢・△花車】《名ナ》姿・形が(上品で美しいが)弱々しく感じられる様子。頑丈でない様子。「―な体つき」

きやす-い【気安い】《形》遠慮がいらず気楽である。「―・く引き受ける」派生 **-さ** **-げ**

キャスター ①↓ニュースキャスター。②家具の足やかばんなどにつける小さな車輪。「—付きの椅子」▽caster

キャスティング『名・ス自』①映画・演劇などの配役をすること。「最高の—」②釣竿(つりざお)にリールをつけ、仕掛けを遠くへ投げ込むこと。投げ釣り。▽casting　**—ボート** 賛否同数の場合、議長または委員長が投じる決定投票。「—を握る」(賛否が対立しているとき、会議の議決をきめる決定権を、議長または少数の第三党がもつ)▽casting vote

キャスト 配役。「オール スター—」▽cast

きやすめ【気休め】 ①その場かぎりの安心。「—に勉強する」②当座、人を心配させないようにするためのあてにならない言葉や物事。「—を言う」

きやせ【着痩せ】『名・ス自』衣服を着ると実際よりやせて見えること。↕着太り

キャタストロフィー ↓カタストロフィー

きゃたつ【脚立・脚×榻】 小形のはしごのようなものを両方から合わせて、上に台をつけた踏み台。

キャタピラ ブルドーザーや戦車など、悪路を移動する車両で車輪の代わりに用いる装置。帯状につないだ鋼板などを、複数の車輪を囲むように取り付け、これを回転させて走るもの。カタピラ。無限軌道。▽caterpillar 商標名。

きやつ【〈彼奴〉】『代』他人を見下げて言う語。あいつ。▽友人をふざけて呼んだりする時に使う。「—らが連れ立って悪さをする」

きゃっか【却下】『名・ス他』(官庁・裁判所等が)申請や訴願をとり上げず、さしもどすこと。「申立てを—する」

きゃっか【脚下】 あしもと。「—を見よ」

きゃっかん【客観】 主観の認識、または主体の行動の対象となるもの。また、主観または主体の作用とは別に、独立して存するもの。↕主観。▽「客体(きゃくたい)」とも言う。以前はサ変動詞にもした。　**—せい【—性】** 客観的であること。　**—てき【—的】**『ダナ』主観または主体を離れて、独立の存在であるさま。だれが見てももっともだと思われるような立場で物事を考えるさま。「—な事実」　**—テスト** 採点が客観的にできるように問題を作成したテスト。▽多肢選択法・完成法・正誤法などがある。

きゃっきゃっ『副[と]』声をあげて喜ぶさま。「赤ん坊が—(と)笑う」「女学生が—(と)ふざけている」

ぎゃっきょう【逆境】 不運で、思うようにならない境遇。↕順境

きゃっこう【脚光】 フットライト。「—を浴びる」(注目される)

ぎゃっこう【逆行】『名・ス自』ものの順序や流れにさからう方向に進むこと。↕順行。「時代に—する」　**—うんどう【—運動】**〔天文〕太陽系で、地球の公転と反対の方向に起こる天体の軌道運動。また、地球から見て、天球を東から西へ移行するように見える天体運動。↕順行運動

ぎゃっこう【逆光】「逆光線」の略。(写真で)対象の背後から自分の方へ向かってさす光。

ぎゃっこうか【逆効果】 ある効果があると予測したのに、かえって反対の結果になること。そのような結果。ぎゃくこうか。

ぎゃっこうせん【逆光線】 ↓ぎゃっこう(逆光)

キャッシュ 現金。「—で払う」▽cash　**—カード** 銀行などで、現金の出し入れに用いるカード。▽cash card　**—フロー** 現金の収入と支出の流れ。▽cash flow　**—レス** カード等で取引きし、現金を使わないこと。▽cashless

キャッシング 現金の小口の貸し付け。▽cashing

キャッチ ①『名・ス他』とらえること。つかまえること。㋐球技で、ボールを受け取ること。㋑水泳などで、水をとらえてかくこと。▽catch ②『名』「キャッチャー」の略。　**—コピー** 人の注意を引く宣伝文句。「「信頼と実績」の—で売り出す」▽catch と copy とによる和製英語。　**—フレーズ**（広告などの）客を引きつける文句。うたい文句。▽catch phrase　**—ボール** ボールを互いに投げたり受けたりして練習すること。ボールなげ。▽catch と ball とによる和製英語。比喩的にも使う。「言葉の—」　**—ホン** 電話の通話中に、その通話者を待たせて後からかけてきた人と話すことができるサービス。▽商標名。catch と phone とによる和製英語。

キャッチャー 野球の捕手。キャッチ。▽catcher　**—ボート** 銛(もり)を打ち出す砲を備え、鯨を捕らえる船。普通、母船と共に行動する。▽日本で catcher と boat とを合わせて作った語か。

キャップ ①ハットに対し、つばのない、また、前部にひさしのある帽子。②キャップ(1)に似て、物にはめてかぶせる物。「万年筆の—」▽cap ③「キャプテン」の略。責任者。主任。

ギャップ ①すきま。裂け目。みぞ。へだたり。「ジェネレーション—」②考え方などの、くいちがい。「理想と現実の—」▽gap

キャディー ゴルフ場で、ゴルファーに随行して、クラブを持ち運んだりプレー上の助言をしたりする人。キャデー。▽caddie

キャノン ↓カノン

キャパシティー ①容量。②収容能力。定員。③物事を受け入れる能力や度量。▽capacity

ギャバジン 織物の一種。梳毛(そもう)を使い、うねの高いあや織りにした服地。ギャバ。▽gabardine

キャバレー 舞台やダンス ホールのある酒場。ナイトクラブ。▽フランス cabaret

きゃはん【脚×絆・脚半】 歩行の便のため、すねに巻いてまとうもの。特に、小幅の長い布を巻き付けてひもでとめる、巻ききゃはん。▽ゲートルの訳語としても言い、また、はばきを指すこともある。

キャビア チョウザメの卵を塩づけにした食品。▽caviar

キャピタル ①ローマ字の大文字。②資本。資産。「―ゲイン」(資産の売買による利益) ▽capital

キャビネ 短辺一一センチ、長辺一六・二センチ程度の写真判の大きさ。カビネ。キャビネ判。▽フランス cabinet

キャビネット ①戸だな。飾りだな。②(収納用の)箱。ラジオ・テレビなどの外箱。レコードなどを入れる箱。▽cabinet

キャビン 船室。船・航空機の客室。軍艦の士官室。▽「ケビン」とも言う。cabin **―アテンダント** ↓アテンダント㋐。▽cabin attendant

キャプション ①新聞・雑誌などの見出し。また、写真・図版に添えられた説明文。②映画・テレビの字幕。タイトル。▽caption

キャプテン 団体などの長。㋐チームの主将。㋑船長。▽captain

ぎゃふん 〘副と〙《普通「と言う」「となる」「と参る」が来る》思いがけず弱み・手落ちなどを指摘され、当人もそれを認めるほかなくて、うめく(ようにすっかり降参する)さま。「あの高慢なやつに―と言わせてやった」「―となって黙り込む」

キャベツ 厚く大きな葉が球(たま)のように巻いた野菜。かんらん。たまな。▽cabbage あぶらな科。

ギヤマン ガラス(製の酒器などの細工物)。▽オランダ diamant 原語は、また、古くはダイヤモンドの意。それをガラス細工でガラス切りに使ったことから。古語的。

きやみ【気病み】 心配・苦労から起こる病気。

キャミソール 袖なし、肩ひもつきの女性用下着やブラウス。▽camisole

キャメル ①らくだの毛で作った毛織物。「―コート」②らくだ色。▽camel

きゃら【×伽羅】 香木の一種。沈香(じんこう)②の優良品で、黒く光沢がある。▽梵語(ぼんご)から。

キャラ 〔俗〕「キャラクター」の略。「お気に入りの―」「―が立つ」

ギャラ 「ギャランティー」の略。出演料。保証金。▽guarantee から。

キャラクター ①性格。人格。「ユニークな―」②演劇・映画・漫画・アニメ・ゲームなどに登場する人や物。「―商品」▽character

キャラコ 薄くてつやがある、目のつんだ白木綿地(もめんじ)。▽calico

キャラバン ①砂漠地方などを、らくだに荷を積み、隊を組んで行く商人の一団。隊商。②調査・販売・宣伝などのために、一団を組んで、遠征・巡行すること。また、その一団。「観光―」▽caravan

きゃらぶき【×伽羅×蕗】 蕗(ふき)の茎を醤油(しょうゆ)・酒などで伽羅色(きゃらいろ=黒茶色)に煮詰めた食品。

きゃらぼく【×伽羅木】 雪の多い山地に自生し、庭園・生垣などに植栽される常緑針葉樹。イチイの変種だが、幹は直立せず、高さは普通二メートル程度。

キャラメル 砂糖・牛乳などから作るあめ菓子。▽caramel

ギャラリー ①美術品陳列室。画廊。②回廊。歩廊。③(ゴルフ競技などの)観客。▽gallery

きやり【木△遣(り)】 ①「木遣歌」の略。木遣②の時、または地突きの時、祭りで山車(だし)を引く時などに歌う歌。▽「木遣節」「木遣音頭(おんど)」とも言う。②重い材木や石を、多くの人が音頭を取りながら運ぶこと。

キャリア ①経歴。㋐積み重ねた実地の経験。㋑特定の試験に通って本庁に採用されている、上級公務員職の候補となり得る、官僚。「―組」▽㋑は大会社にも準じて使うようになった。career ②運ぶもの。担い手。㋐↓ほきんしゃ。㋑携帯電話などの通信事業者。㋒航空会社。▽②は carrier ㋑は common carrier の略。 **―パス** ①出世・昇進が約束されている一連の役職。「大企業の―に乗る」「―を駆け上る」②専門的な知識や技術・能力を身につけていく過程。「新入社員にいくつかの―を用意する」▽career path

キャリー バッグ ①車輪がついている大形のバッグ。②パソコンやペットを入れて運ぶためのかばん。▽carry と bag とによる和製英語。

ギャル 若い女性。特に、若くて活発な娘。▽アメリカ gal

ギャルソン ①少年。青年。②給仕。ボーイ。ガルソン。▽フランス garçon

ギャロップ 馬などの、最も速い走り方。速がけ。▽gallop

きゃん【×侠】 〘ダナ〙はすっぱ(めいて、おてんば)。「―な口を利く」▽古風。女に言うが、もとは男女とも勇み肌の意。↓おきゃん

ギャング ①アメリカの大じかけな強盗団・暴力団。②日本で、ピストルなどを持った(単独の)強盗。▽gang(=組・一味)

キャンセル 〘名・ス他〙取り消すこと。特に、契約や予約を解除・破棄すること。解約。▽cancel

キャンデー ①砂糖を煮詰めて作った、あめ菓子。キャンディー。②「アイス キャンデー」の略。▽candy

キャンドル ろうそく。「―サービス」(結婚披露宴で新郎新婦がテーブルのろうそくに火をつけて回ること。また、火をつけたろうそくを持って行う礼拝)▽candle

キャンバス ↓カンバス

キャンパス ①大学などの構内・校庭。②大学。学園。▽アメリカ campus

キャンプ ①〘名〙仮小屋。㋐テントを張って作る小屋。㋑(捕虜などの)収容所。「難民―」㋒合宿(所)。②〘名・ス自〙野営。▽camp **―ファイア** キャンプ(2)で、夜、皆が集まって燃やすたき火。キャンプファイヤー。▽campfire

ギャンブラー 賭博をする人。賭博師。出たとこ勝負をする人。▽gambler

ギャンブル ばくち。かけ勝負。▽gamble

キャンペーン 組織的な宣伝活動。「―を張る」▽campaign

きゆう【×杞憂】心配しないでいい事を心配すること。とりこし苦労。「そんな事は―に過ぎない」▽杞(き)の国の人が、天がくずれ落ちはしないかと心配したという、中国の故事による。

きゅう【×灸】①漢方療法の一つ。皮膚にもぐさを置き、これに火をつけ、その熱の刺激で病気を直す方法。やいと。②いましめのため、つらい思いをさせること。強くしかること。「―をすえる」

きゅう【×玖】数値を表す時、「九」の改竄(かいざん)を防ぐ目的で代用する字。

きゅう【×笈】↓おい(笈)。「―を負う」(遊学のため郷里を出る)

キュー ①ビリヤードで、玉を突くために用いる棒。②演劇・放送で、せりふ・しぐさの開始などを示す合図。「―を出す」▽cue

きゅう【急】『名・ダナ』物事の起こり方・進み方などが、速く激しいこと。㋐さし迫っていて、猶予できない、または危険なさま。緊急の状態・事件。「事は―を要する」「天下の―」「―を告げる」㋑にわか。不意。突然。「―にだまりこむ」「―をつく」㋒傾斜が強いさま。「―な坂」㋓速いさま。「―な流れ」㋔鋭角であるさま。「―カーブ」㋕あわただしいさま。性急。「―な催促」▽↓きゅう〔急〕

きゅう〔*急〕〔急〕 キュウ(キフ) いそぐ せく ―①㋐進行がはやい。「急速・急行・急流・急進・急性・特急・至急・早急・性急」㋑変化がはげしい。にわか。「急変・急転・急病・急遽(きゅうきょ)・急停車・急上昇・短兵急」②『名・造』さしせまった状態。事変。「焦眉の急」「緩急・急迫・急使・急用・急務・緊急・火急・不急・危急・応急・救急車」③傾斜が強い。けわしい。「急坂・急峻(きゅうしゅん)・急傾斜」④『名』(舞楽・能楽などの)序破急の第三段。▽↓きゅう(急)

きゅう〔*九〕 キュウ(キウ) ク ここの ここのつ ―『名・造』ものの個数を数える時の、八の次の、すなわち8に1足して得る数(に等しい値や順位)。陽の数の最上位。「九牛の一毛」「九死に一生を得る」「九天」▽この和語は「ここの」。アラビア数字では「9」。習慣的に「く」としか言わない場合もある。数値表現の改竄(かいざん)を防ぐ目的では「玖」とも書く。↓く(九)

きゅう〔×仇〕 キュウ(キウ) あだ かたき ―恨みのある相手。敵手。あだかたき。「仇視・仇怨・仇敵・仇讐(きゅうしゅう)・復仇」▽互いに類をなすもの、仲間の意から、相手、つれあいの意、さらに恨みのある相手の意に転じたもの。

きゅう〔人鳩〕 キュウ(キウ) はと ―①鳥の名。はと。「鳩舎・鳩杖(きゅうじょう)・鳩信」②あつまる。あつめる。「鳩合・鳩首」

きゅう〔*究〕 キュウ(キウ) きわめる ―物事を最も深いところまで明らかにする。それ以上さきのないところまで知る。「究明・究理・究極・究竟(くっきょう)・考究・推究・探究・研究・学究・追究・論究」

きゅう〔窮〕 キュウ きわまる きわめる ―①行きづまって身うごきができない。こまる。貧乏する。「窮迫・窮乏・窮民・窮地・窮余・窮境・窮状・窮屈・窮策・窮鼠(きゅうそ)・窮鳥・窮措大・困窮・貧窮」②極限までゆきつくす。つきつめる。「窮極・窮冬・無窮・窮理」

きゅう〔*宮〕 キュウ グウ ク みや ―①天子・神・仙人などが住む所。御殿。「宮城・宮廷・宮殿・宮中・宮女・宮室・王宮・離宮・後宮・迷宮・水晶宮・行宮(あんぐう)・竜宮・宮内(くない)庁」②后妃などの住む所。またそこに住む后妃など。「グウ」と読む。「東宮・中宮・斎宮」③皇統に関係ある神社。「グウ」「クウ」と読む。「神宮・外宮(げくう)・内宮(ないくう)・遷宮・宮司(ぐうじ)」④春分点を起点として黄道を十二分した点。「十二宮・白羊宮」⑤『名』五音(ごいん)の一つ。

きゅう〔*久〕 キュウ(キウ) ク ひさしい ―時間的に長い。長い間そのままにしてある。「久遠(くおん)・永久・長久・恒久・持久・耐久・悠久」

きゅう〔及〕〔及〕 キュウ(キフ) およぶ および およぼす ―目的まで届く。届かせる。おいつく。「及第・及落・追及・企及・波及・普及・言及・論及・遡及・過不及」

きゅう〔*吸〕〔吸〕 キュウ(キフ) すう ―息をすいこむ。↕呼。「呼吸・吸気・吸入・吸引・吸収・吸盤・吸血・吸着・住血吸虫」

きゅう〔*級〕〔級〕 キュウ(キフ) しな ―①順序のあるものの一区切り。また、順序。段階。程度。「級差・級数・階級・等級・上級・低級・特級・A級・初級・進級・超弩級(ちょうどきゅう)」②学校教育で、学年の中で組み分けしたグループ。クラス。「学級・原級・同級・級長・級友」③だんだん。階段。階段を数える語。「石階十二級」④合戦(かっせん)でうちとった首。「首級」

きゅう〔*弓〕 キュウ ゆみ ―①ゆみ。ゆみで矢を射ること。「弓術・弓箭(きゅうせん)・弓馬・強弓(ごうきゅう)・半弓・洋弓・楊弓(ようきゅう)」②㋐ゆみのように曲がったもの。ゆみなり。「弓形・弓状」㋑バイオリンなどのゆみ。「胡弓(こきゅう)」

きゅう〔*丘〕 キュウ(キウ) おか ―小さい山。小高い地形。「丘陵・段丘・円丘・墳丘・砂丘・火口丘」

きゅう〔*旧〕〔舊〕 キュウ(キウ) ク ふるい もと ―①前まえからある。もとからある。年久しい。↕新。「新旧・旧年・旧臣・旧知・旧慣・旧訳・旧約」②『名・造』昔。過去。もと。もとの状態。「旧に復する」「旧好・旧悪・旧誼(きゅうぎ)・復旧・懐旧・倍旧・守旧・旧藩主」③昔からのなじみ。「故旧」④今は主流でない。過去のものとなっている。古いほうの。↕新。「旧道・旧思想・旧民法・旧仮名遣」⑤『名・造』旧暦。↕新。「旧の正月」「旧盆」

きゅう【＊休】キュウ(キウ) やすむ やすまる やすめる ―①仕事をやめてからだをやすめる。やめる。「休止・休息・休暇・休日・休業・休憩・休戦・休場・休火山・公休・定休・運休・帰休・臨休・盟休」②大きい。やすらかである。めでたい。「休戚」

きゅう【朽】キュウ(キウ) くちる ―木がくさる。生気がうせて使いものにならなくなる。くさって形を失う。「朽木・不朽・老朽・枯朽・腐朽」

きゅう【臼】キュウ(キウ) うす ―うす。また、うすの形をしたもの。「臼砲・臼状・臼歯・脱臼」

きゅう【＊求】キュウ(キウ) グ もとめる ―自分のものにしようとする。㋐他人に望む。「求刑・求愛・要求・請求・購求・誅求(ちゅうきゅう)」㋑探しもとめる。「求人・求職・求道(きゅうどう・ぐどう)・探求・追求・欲求・希求・欣求(ごんぐ)」

きゅう【＊救】キュウ(キウ) グ ク すくう たすける ―たすける。力をそえる。こまっている人に物を与える。苦しみからぬけられるようにする。守る。「救助・救世(きゅうせい・くせ・ぐぜ)・救命・救出・救国・救民・救恤(きゅうじゅつ)・救荒・救急・救済・救援・救難・救護・救窮・救乞・匡救(きょうきゅう)」

きゅう【＊球】キュウ(キウ) たま ―①まるいたま。美しい玉。また、まるい玉のような形をしたもの。「球形・球状・球面・球菌・球体・球根・結球・眼球・天球・電球・地球・気球・血球」②㋐まり。ボール。「球技・球戯・投球・打球・直球・曲球・好球」㋑ボールを使う競技。「庭球・卓球・排球・籠球・蹴球・水球・撞球(どうきゅう)」㋒野球。「球場・球団・球界・球歴」③〘名〙〔数学〕三次元空間で、一定点からの距離が等しい点の軌跡で囲まれた部分。④野球で、投球数を数える時に用いる。「一球・百球」

きゅう【＊泣】キュウ(キフ) なく ―涙を流してなげく。なく。「泣哭(きゅうこく)・啼泣(ていきゅう)・号泣・感泣・悲泣」

きゅう【糾】キュウ(キウ) ただす ―①よりあわせて作ったなわ。よりあわせる。あつめる。もつれる。「糾合・紛糾」②取り調べる。ただす。「糾明・糾問・糾弾・糾察」▽「糺」は同字。

きゅう【＊給】キュウ(キフ) たまう たまわる ―①物が十分足りる。足りるようにする。「給足・給水・自給・供給・補給」②目上から、目下に与える。たまわる。転じて、一般に供給する。「給付・給米・給与・給恤(きゅうじゅつ)・給料・給金・給電・給油・給費・支給・配給・需給」③給料。「月給・週給・日給・俸給・恩給・追給・加給・薄給・時間給」④世話をする。「給仕・女給」

きゅう【人厩】キュウ(キウ) うまや ―うまや。「厩舎・厩肥」▽「廏」が本字。

ぎゆう【義勇】①忠義と勇気。②正義の心から発する勇気。また、みずから進んで公共のために力を尽くすこと。「―兵」

ぎゅう【〈妓夫〉】遊女屋の客引き。また、遊女屋で働く男。▽「牛」と書くのは当て字。

ぎゅう【＊牛】ギュウ(ギウ) ゴ うし ―①家畜のひとつ。うし。「牛馬・牛耕・牛酪・牛乳・牛耳・牛角・牛飲馬食・牛刀・汗牛充棟・牽牛(けんぎゅう)・水牛・野牛・乳牛・牧牛・闘牛・役牛(えきぎゅう)・牛車(ぎっしゃ・ぎゅうしゃ)・牛頭(ごず)」②〘名・造〙食用の牛の肉。「牛の上(じょう)」「牛鍋(ぎゅうなべ)・牛缶」③「妓夫(ぎゅう)」の当て字。「牛太郎」

キューアール コード【QRコード】四角形の枠内に小さな正方形を縦横に並べ、その配置によって情報を表す符号。▽機械で読み取り、バーコードよりも多くの情報を表現できる。商標名。

きゅうあい【求愛】〘名・ス自〙(異性に)自分を愛してくれるように求めること。「野鳥の―行動」

きゅうあく【旧悪】以前おかした悪事。「―が露顕する」

キュー アンド エー【Q&A】質問と応答。一問一答。「―集」「―形式」▽question and answer の略。特に、多くの人から何度も寄せられる同じ質問とその回答については、FAQ(frequently asked questions の略)と言う。

きゅういん【吸引】〘名・ス他〙吸い取ること。吸い込むこと。「―力」(人をひきつける力にも言う)

ぎゅういんばしょく【牛飲馬食】〘名・ス自〙多量に飲食すること。▽牛のように飲み、馬のように食べる意。

ぎゅうえき【牛疫】牛などがかかる、ウイルスによる感染症。感染力・死亡率が高い。▽家畜法定伝染病の一つ。

きゅうえん【×仇怨】かたき。あだ。うらみ。怨恨。

きゅうえん【休演】〘名・ス自〙興行や出演を休むこと。

きゅうえん【救援】〘名・ス他〙他人の困難を救い助けること。「―物資」

きゅうえん【求縁】縁談を求めること。結婚の相手をさがすこと。

きゅうえん【旧怨】昔のうらみ。

きゅうえん【旧縁】古いかかわりあい。昔のなじみ。

キューオーエル【QOL】↓クオリティー オブ ライフ

きゅうおん【旧恩】古い恩義。以前受けた恩義。

きゅうか【休暇】勤務・仕事などの休み。「―をとる」「夏季―」

きゅうか【急火】にわかに燃え上がった火事。

きゅうか【旧家】①その土地に古くから続いている家がら。②もと住んでいた家。

きゅうかい【休会】〘名・ス自他〙会を休むこと。㋐国会や地方議会で、所定の手続きを経て議事を休むこと。㋑取引所などで、立会(たちあい)を休むこと。

きゅうかい【旧懐】以前の事をなつかしく思う心。

きゅうかく【嗅覚】においに対する感覚。「―が鋭い」▽その器官は、脊椎動物では鼻、昆虫では主に触角。

きゅうがく【休学】『名・ス自』学業を休むこと。特に、学生・生徒が病気などの理由で、在籍のまま長期間登校しないこと。

きゅうかざん【休火山】長く活動をしないでいる火山。▽火山の旧分類で使った語。

きゅうかつ【久×闊】長らく音信をしないこと。無沙汰(ぶさた)。「ーを叙する」(久しぶりのあいさつをする)

きゅうかぶ【旧株】株式会社の資本増加によって新しく生じた株に対して、従来の株券。親株(おやかぶ)。↕新株

きゅうかん【休刊】『名・ス自他』定期刊行物の発行を休むこと。

きゅうかん【休閑】地力(ちりょく)の回復をはかるため、一定期間、耕地に作物をつくらないこと。「ー地」

きゅうかん【急患】急病の患者。

きゅうかん【旧慣】古くからのならわし。

きゅうかん【旧観】昔(から)のありさま。「ーを取りもどす」

きゅうかんちょう【九官鳥】体が黒く人の言葉をよくまね、愛玩用に飼育される鳥。くちばしは橙(だいだい)色で、目の下部から首の後ろが黄色い。インドや中国南部の原産。▽むくどり科。

きゅうき【吸気】①(動物が)吸い込む息。↕呼気。②蒸気機関や内燃機関で、燃料と空気を混合したガスや蒸気をシリンダー内に吸いこむこと。また、その吸いこむ気体。↕排気

きゅうき【旧記】古い記録。古記。

きゅうぎ ①【球技】野球・サッカーなど、ボールを使うスポーツ(の総称)。②【球戯】ボールや球(たま)を使う遊び。特に、ビリヤード。

きゅうきゅう【×汲×汲】『ト タル』(あくせくして)その事にばかり一心につとめる様子。「営利にーとしている」

きゅうきゅう【救急】①急病・怪我(けが)の急場の手当て。「ー箱」「ー車」「ートリアージ」②にわかの難儀を救うこと。

きゅうきゅう『副[と]・ノダ・ス自』①物がこすれたりきしんだりする音。②金銭的・精神的に余裕のないさま。

きゅうぎゅう【九牛】『ーの一毛』取るにも足りないわずかな(小さな)事。▽九頭もいる牛の毛の全体の中の一本という意。

ぎゅうぎゅう『副[と]・ノダ』①強く締めつけたり、詰め込んだりするさま。「食料をーに詰める」②手加減せずに責め立てるさま。「ーの目に合わせる」▽↓きゅうきゅう『副[と]・ノダ・ス自』。 **ーづめ**【ー詰め】『ノダ』動きが取れないほどたくさん詰めてあるさま。「ーの電車」

きゅうきょ【急×遽】『副ノ』あわただしくいそいで。にわかに。「ー帰国した」

きゅうきょ【旧居】以前に住んでいた所・家。

きゅうきょう【究×竟】↓くっきょう

きゅうきょう【窮境】どうにもならない苦しい境遇・立場。

きゅうきょう【旧教】カトリック。↕新教

きゅうぎょう【休業】『名・ス自』営業・業務を休むこと。

きゅうきょく【究極・窮極】物事を押し詰めて行って、最後に達する所。とどのつまり。「ーに達する」「描きたいーの絵画はこういうものだ」

きゅうきん【球菌】細菌の外形による分類の一つ。球形をした細菌。分裂後の細胞の並び方で、双球菌・連鎖球菌などに細分される。▽↓かんきん(桿菌)・スピロヘータ

きゅうきん【給金】給料として渡される金銭。

きゅうくつ【窮屈】『名・ダナ』心身に圧迫を感じたり、物資にめぐまれなかったりして、動きがとれないこと。「お偉方の前はーだ」「ーな靴」「生活がーだ」 派生 **-さ -げ -がる**

きゅうけい【弓形】①弓のように曲がった形。弓なり。②数学で、円の弦と弧とに囲まれた部分。

きゅうけい【球形】たまのようなまるい形。

きゅうけい【休憩】『名・ス自』(仕事・運動の間などで)休むこと。休み。

きゅうけい【求刑】『名・ス他』検察官が、一定の刑を被告人に科するよう、請求すること。

きゅうけい【宮刑】古代中国の、死刑に次ぐ重い刑罰。男子は去勢し、女子は幽閉する。腐刑。▽女にも生殖能力を奪う処置をしたとの説もある。

きゅうげき【急激】『ダナ』急にはげしい変化が起こるさま。「ーなインフレ」「気温がーに変化する」 派生 **-さ**

きゅうげき【旧劇】新劇や新派に対して、歌舞伎。

きゅうけつ【×灸穴】人の体の、灸(きゅう)をすえるべき特定の箇所。

きゅうけつ【吸血】生き血を吸うこと。「ー動物」「ー鬼」(人の生き血を吸う魔物。また、他人を搾取するむごい人のたとえ)

きゅうけつ【給血】『名・ス自』輸血に必要な血を提供すること。

きゅうげん【給源】供給のみなもと。

きゅうご【救護】『名・ス他』救助し看護すること。

ぎゅうご【牛後】牛のしっぽ。強大なもののあとについて追い使われる者。↓けいこう(鶏口)

きゅうこう【休校】『名・ス自』学校が授業を行わず、休みとすること。

きゅうこう【休耕】『名・ス自』その田畑での耕作を一時休むこと。「ー田」

きゅうこう【休講】『名・ス自他』教師が講義を休むこと。講義・授業が休みになること。

きゅうこう【休航】『名・ス自他』(船や飛行機などが)運航を休むこと。

きゅうこう【急行】①『名・ス自』急いで行くこと。「事故現場にーする」②『名』列車等の輸送機関が、各駅にとまらず早く終点まで行くこと。また、その汽車・

電車・バス等。「—列車」 —けん【—券】急行列車に乗る旅客に、乗車料金と別に取る料金の切符。

きゅうこう【救荒】飢饉(ききん)の救助。「—対策」 —さくもつ【—作物】一般の作物が不良で凶作の時にも生育して収穫できる作物。ソバ・サツマイモなど。

きゅうこう【旧交】ずっと以前(から)のつきあい。「—をあたためる」

きゅうこう【×躬行】『名・ス他』自分みずからおこなうこと。「実践—」

きゅうごう【糾合・×鳩合】『名・ス他』一つに集めること。「同志を—する」▽「糾」は縄をより合わせる意。「鳩」は集める意。

きゅうこうか【急降下】『名・ス自』飛行機が高空から、急角度で降下すること。「—爆撃」

きゅうこうぐん【急行軍】速く歩き、休憩を減らして、早く目的地に行き着こうとする行軍。

きゅうこく【急告】『名・ス他』急いで告げ知らせること。急ぎの知らせ。

きゅうこく【救国】国家の難儀を救うこと。

きゅうごしらえ…ごしらへ【急×拵え】急の間に合わせるため急いでつくること。そのつくったもの。

きゅうこん【求婚】『名・ス自』自分と結婚するように求めること。結婚申込み。プロポーズ。

きゅうこん【球根】球状または塊状になった植物の地下茎や根。鱗茎(りんけい)・塊茎・根茎・塊根などの園芸や農学での呼称。

きゅうさい【休載】『名・ス他』(雑誌・新聞などに)載せている続き物を休むこと。

きゅうさい【救済】『名・ス他』(災害や不幸で苦しんでいる人を)救い助けること。「—措置」▽「済」も、すくう意。

きゅうさい【旧債】以前の負債。

きゅうさく【窮策】追い詰められたあげく、苦しまぎれに考え出した手だて。

きゅうさく【旧作】以前に作った作品。

きゅうさん【急×霰】にわかに降るあられ。「—のごとき拍手」▽「さん」は「霰(せん)」の慣用音。

きゅうし【九死】『—に一生を得る』十のうち九までは死ぬほど危ないところを、やっと助かる。

きゅうし【九紫】九星の一つ。→きゅうせい(九星)

きゅうし【急使】急ぎの使い。「—を派遣する」

きゅうし【急死】『名・ス自』丈夫でいた人(・動物)が、急に死ぬこと。

きゅうし【窮死】『名・ス自』生活または病気に苦しんで、そのあげく、死ぬこと。

きゅうし【休止】『名・ス自他』運動・進行・活動などを、一時休むこと。また、動きが止まること。 —ふ【—符】音符の一種。楽曲の途中で、一時、音の連続をやめることを示すもの。

きゅうし【臼歯】哺乳(ほにゅう)動物の歯列の一番奥にある、食物を嚙(か)み潰す役割をする歯。人では上下左右に五本ずつあり、前側の小臼歯と奥側の大臼歯に分けられ、後者のみを言うこともある。おくば。

きゅうし【旧×址】有名な建物・事件などがあったあと。旧跡。

きゅうし【旧師】以前に教えを受けたことのある先生。

きゅうじ【×灸治】灸(きゅう)による治療。

きゅうじ【球児】野球をすることに熱中している生徒。

きゅうじ【給仕】①『名』役所や会社のオフィスで、書類の持ち運び、お茶くみ、がり版印刷など雑用が仕事の少年少女。▽(2)の転。現在は絶えた。②『名・ス自他』(そば近く仕えて)雑用や飲食の接待をすること。その役の人。

きゅうじ【旧時】過ぎ去った昔。

ぎゅうし【牛脂】牛の脂肪を精製したもの。食用。せっけん・ろうそくの製造用。ヘット。

ぎゅうじ【牛耳】『—を執る』一つの党派・団体の中心になって、支配する。▽昔、中国で諸侯が約を結ぶ時、盟主が牛耳を執って裂き、血をすすりあって誓いを立てたことから言う。→ぎゅうじる

きゅうしき【旧式】①『名』古い形式。昔からのしきたり。「—そのままに祭祀(さいし)が執り行われた」②『名ナ』古くさい形式・デザイン。また、考えや行動が古くさいこと。↔新式。「—な思想」

きゅうしき【旧識】昔からの知りあい。旧知。

きゅうじたい【旧字体】当用漢字字体表や常用漢字表で新たに採用された字体に対し、それ以前の字体。例、「円」に対する「圓」、「実」に対する「實」。

きゅうしつ【宮室】帝王・天皇の一族。▽もと、帝王・天皇の住まう御殿の意。

きゅうじつ【休日】日曜日や国民の祝日など業務・授業等が休みになる日。

きゅうしゃ【×柩車】ひつぎを乗せる車。霊柩車(れいきゅうしゃ)。

きゅうしつせい【吸湿性】物質が大気の中から湿気を吸いこむ性質。

きゅうしゃ【×厩舎】①牛・馬等の家畜を飼っておく建物。うまや。②競馬用の馬を飼育・調教する所。

きゅうしゃ【×鳩舎】ハトを飼う小屋。

ぎゅうしゃ【牛舎】牛を飼っておく建物。うしごや。

ぎゅうしゃ【牛車】牛がひく車。

きゅうしゅ【旧主】以前に仕えた主人・君主。

きゅうしゅ【×鳩首】『副・ス自』数人あつまって相談すること。「—対策を練る」▽「鳩」は集める意。

きゅうしゅう【吸収】『名・ス他』外部のものを内に吸い込む、すっかり吸い取ること。また、取り入れて自分のものとすること。「知識を—する」

きゅうしゅう【急襲】『名・ス他』不意をついて襲撃すること。

きゅうしゅう【旧習】古くからのならわし。

きゅうしゅつ【救出】『名・ス他』(危険にさらされた状態から人や動物を)救い出すこと。

きゅうじゅつ【弓術】弓に矢をつがえて物を射るわ

ざ。弓道。
きゅうじゅつ【救×恤】『名・ス他』貧乏人・被災者などを救い、恵むこと。▽「恤」は、あわれむ意。
きゅうしゅん【急×峻】『名ナ』山や坂などの傾斜が急でけわしいこと。そういう所。派生 **-さ**
きゅうしょ【急所】①大事な場所。「―を突いた発言」②体の中で、命にかかわるような箇所。
きゅうじょ【救助】『名・ス他』生命の危険にさらされている人を救うこと。「遭難者を―する」
きゅうしょう【急症】急激に起こる症状。急病。
きゅうしょう【求償】賠償または償還を求めること。
きゅうしょう【旧称】もとのよび名。
きゅうじょう【休場】『名・ス自』①興行場などが休業すること。②運動競技場または興行場などに出場するはずの者が休むこと。
きゅうじょう【旧情】古くからいだいている気持。昔からの友情。「―を温める」
きゅうじょう【宮城】今の皇居の旧称。▽江戸城を皇居にして、初め「東京城」と言ったが、一八八八年にこの名にしてから一九四八年までの称。
きゅうじょう【球場】野球場。「甲子園―」
きゅうじょう【球状】たまの形。たまに似た形。
きゅうじょう【臼状】臼(うす)のかたち。
きゅうじょう【窮状】困り果てている状態。「―を訴える」
きゅうしょく【休職】『名・ス自』官庁や会社の職員が、身分はそのままで一定期間職務を休むこと。
きゅうしょく【求職】『名・ス自』職を求めること。職をさがすこと。↕求人。「―活動」
きゅうしょく【給食】『名・ス自』(学校・工場などで児童・工員に)食事を与えること。また、その食事。
ぎゅうじ-る【牛耳る】『五他』集団などを、中心になって支配する。「政界を―」▽「ぎゅうじ」の動詞化。
きゅうしん【休神・休心】『名・ス自』安心すること。「一同元気ですのでご―ください」▽手紙文で、相手を安心させるときに使う。
きゅうしん【休診】『名・ス自』病院や医院で診療を休むこと。「本日―」
きゅうしん【急診】急病や容態が急変した時、医者がかけつけて診療すること。
きゅうしん【急進】『名・ス自』①急いで進むこと。②(現状にとらわれず)急に理想・目的を実現しようとすること。↕漸進。「―的」「―思想」
きゅうしん【急伸】『名・ス自』売り上げ・株価・業績などが急に増えること。
きゅうしん【急信】いそぎの手紙。
きゅうしん【×鳩信】伝書ばとを使ってする通信。
きゅうしん【求心】中心に近づこうとすること。↕遠心。 **―りょく**【―力】①↓こうしんりょく。②指導的立場にある人物が周囲の人を惹(ひ)き付ける力。「現政権は―を失った」
きゅうしん【旧臣】①古くから仕えている家来。②以前に仕えていた家来。
きゅうじん【九×仞】非常に長いこと。「―の功を一簣(き)に虧(か)く」(高い築山(つきやま)も最後のもっこ一杯の土がないと完成しない意から、長い間の努力も、最後の手違いから失敗に終わる意) ▽一仞(いちじん)は八尺(約二・四メートル)・七尺など諸説ある。
きゅうじん【求人】雇い入れるため、人をさがし求めること。↕求職
きゅうじん【旧人】①前から世間に知られている人。また、新しみのない人。↕新人。②原人の次、現在の人類の一つ前の進化の段階にある人類。例、ネアンデルタール人。
きゅう-す【休す】《「万事―」「わが事―」の形で》やむ。終わる。▽文語サ変動詞終止形の残存。
きゅうす【急須】葉茶をいれ、湯をさして煎じ出すための、手のついた道具。
きゅうすい【休×錘】紡績会社の操業短縮のため、紡錘(ぼうすい)の運転を休止すること。
きゅうすい【給水】『名・ス自』不足している水・水分を供給・補給すること。
きゅうすい【吸水】『名・ス自他』水分を吸収すること。
きゅうすい【×汲水】水をくみあげること。「―作業」
きゅうすう【級数】数列の各項 $a_1, a_2, a_3, \dots$ を足し合わせたもの。$a_1+a_2+a_3 \dots +a_n$ など。特に足し合わせるものが無限にある場合を言う。
きゅう-する【窮する】『サ変自』①行き詰まる。②逆境・貧乏・困難などに追い詰められて、苦しむ。「金に―」「返答に―」「―・すれば通ず」(追いつめられると、かえって活路が見出される)
きゅう-する【給する】『サ変他』(目上から目下に)与える。あてがう。支給する。「制服を―」
きゅうせい【九星】陰陽(おんよう)道で、一白(いっぱく)・二黒(じこく)・三碧(さんぺき)・四緑(しろく)・五黄(ごおう)・六白・七赤・八白・九紫のこと。これを五行(ごぎょう)と方位とに配し、人の生まれた年を割り当てて、吉凶・運勢を占う。
きゅうせい【急性】病気が急に起こり症状の進み方が速いという性質。↕慢性
きゅうせい【急逝】『名・ス自』(人が)急死すること。
きゅうせい【救世】世を救うこと。㋐乱れた世の中を救うこと。㋑苦しみの多い世から人々を救うこと。「―軍」(軍隊組織のキリスト教の一派) **―しゅ**【―主】人の世、人類の救い手。特にキリスト教で、イエス キリストを指す。
きゅうせい【旧制】古い制度。以前の制度。「―高校」
きゅうせい【旧姓】(結婚や養子縁組をして姓が変わった人の)もとの姓。
きゅうせき【旧跡・旧×蹟】昔の、有名な建物または事件のあった所。「名所―を訪ねる」
きゅうせき【休戚】喜び(＝休)と悲しみ(＝戚)。幸・不幸。
きゅうせき【求積】『名・ス他』①面積や体積を知るための計算。「幾つもの台形で近似して―する」②未知の関数の導関数を含んだ式(微分方程式)に対し

て、積分などを用いて元の関数を求めること。

きゅうせつ【急設】〘名・ス他〙いそいで設備・設置・設立すること。

きゅうせん【九泉】九重にかさなった地の底、すなわち黄泉。死者の世界。

きゅうせん【休戦】〘名・ス自〙敵味方が話合いの上で、戦いを一時やめること。▽試合や議論などにも言う。

きゅうせん【弓×箭】弓と矢。転じて、武具一般・武術。また、戦い。

きゅうぜん【×翕然】〘ト タル〙多くのものが一致して一つになるさま。「—として同情が彼に集まった」

きゅうせんぽう【急先×鋒】戦争・論争などの際、まっさきに立って勢いよく進むこと。また、その人。

きゅうそ【泣訴】〘名・ス自他〙泣いて訴えること。苦しみにたえかねて、窮状を述べ訴えること。

きゅうそ【窮×鼠】追い詰められて逃げ場を失った、ねずみ。「—猫をかむ」(弱者も追い詰められると死力を出して強者に反撃することのたとえ)

きゅうそう【急送】〘名・ス他〙(物品を)急いで送ること。

きゅうぞう【急造】〘名・ス他〙(必要が起こって)急いでつくること。

きゅうぞう【急増】〘名・ス自〙急激にふえること。

きゅうそく【休息】〘名・ス自〙していた事をやめて、心身を休めること。「—をとる」「—所」

きゅうそく【急速】〘名・ダナ〙物事の起こり方・進み方が非常に速いこと。「—な発展」「—に広まる」

きゅうぞく【九族】自分を中心として父・祖父・曽祖父・高祖父および子・孫・曽孫・玄孫の九代にわたる親族。

きゅうそだい【窮措大】まずしい学者。貧乏書生。▽「窮」は貧乏、「措大」は大事を取り上げたり捨てたりする意で学者・書生を指す。

きゅうたい【球体】球。球の形をしたもの。

きゅうたい【旧態】古くからの状態・ありさま。「—依然」

きゅうだい【及第】〘名・ス自〙試験に合格すること。↔落第

きゅうたく【旧宅】以前に住んでいた家。

ぎゅうたろう【牛太郎】「ぎゅう(妓夫)」の、人名めかした呼び方。

きゅうたん【急×湍】流れのはやい浅瀬。

きゅうだん【急談】急ぎの話。「—を要する」

きゅうだん【球団】プロ野球のチームを持ち、試合を見せることを事業としている団体。職業野球団。▽他のプロの球技にも言うことがある。

きゅうだん【糾弾・×糺弾】〘名・ス他〙罪状を問いただし、非難すること。

きゅうち【窮地】追い詰められ、のがれようもない、苦しい立場。「—に立つ」

きゅうち【旧知】昔からの知りあい。「—の間がら」

きゅうちしん【求知心】知識を得ようと求める心。

きゅうちゃく【吸着】〘名・ス自他〙①吸いつくこと。吸いつけること。②ある物質が他の液体または気体と接しているとき、前者の表面に、後者の分子や、後者に混合・溶解している分子が引きつけられる現象。

きゅうちゅう【宮中】天皇の住む宮殿の中。皇居の中。

きゅうちょう【急調】物事の進行が速いこと。急テンポ。

きゅうちょう【窮鳥】追い詰められ、逃げ場のない鳥。「—懐(ふところ)に入る」(逃げ場を失った人が来て救いを求めることのたとえ)

きゅうちょう【級長】選挙や任命でなり、学級を代表する生徒・児童。▽第二次大戦後は廃止され、今は学級委員と言う。

きゅうつい【急追】〘名・ス他〙逃げる者を、激しく追うこと。

きゅうつい【窮追】〘名・ス他〙追いつめること。問いつめること。

きゅうてい【休廷】〘名・ス自他〙法廷の裁判を休んで開かないこと、また、途中で一時休むこと。

きゅうてい【宮廷】王が住んでいる宮殿。

きゅうてき【×仇敵】かたき。

きゅうてん【九天】①天界。天の最も高い所。②宮中。**—きゅうち**【—九地】天の頂上から地の底までの間。全宇宙。

きゅうてん【急転】〘名・ス自〙物事の様子が急に変わること。「事態が—する」 **—ちょっか**【—直下】〘名・ス自〙様子が急に変わり、物事の解決・結末がつくこと。

きゅうてん【×灸点】灸(きゅう)をすえること。またその箇所に墨でつけた点。

きゅうでん【宮殿】①王が住む御殿。②神を祭る社殿。

きゅうでん【休電】〘名・ス自〙電力不足の緩和のため、工場や住宅への送電を一時中止すること。「—日」

きゅうでん【給電】〘名・ス自〙電力を供給すること。

きゅうでん【急電】急ぎの電報。至急電報。ウナ電。

きゅうテンポ【急テンポ】調子が急なこと。急速な進み方。▽「テンポ」は(イタリア)tempo

きゅうと【旧都】もとの都。古都。↔新都

キュート〘名ナ〙(若い女性や子どもが)きびきびしていてかわいいさま。「—な魅力」▽cute 派生 **-さ**

きゅうとう【急騰】〘名・ス自〙物価や株の相場などが急にあがること。↔急落。「地価が—する」

きゅうとう【給湯】〘名・ス自〙(建物内に)湯を供給すること。

きゅうとう【旧冬】前年末の冬。昨冬。▽年が明けてから言う。

きゅうとう【旧×套】昔からのままの形式。ありきたりのやり方。「—を脱する」「—墨守」

きゅうどう【弓道】弓術。▽明治以降の言い方。

きゅうどう【求道】宗教的な真理や真髄を求めて修行すること。▽→ぐどう

きゅうどう【旧道】新道に対し、以前の道。▽古道とは限らない。

ぎゅうとう【牛刀】牛を料理するのに使う、大きな刀。「鶏を割(さ)くに―を用う」(小さな事を処理するのに大げさなやり方をすることのたとえ)。また、刃渡りが長めで刃先のとがった洋包丁の一種。

ぎゅうとう【牛痘】ウシなどがかかる感染症。病原体は天然痘のウイルスと近縁で、人への害は少ないため、種痘に用いた。

ぎゅうどん【牛丼】醬油(しょうゆ)・砂糖などで煮た薄切り牛肉を米飯に載せたどんぶり料理。

ぎゅうなべ【牛鍋】野菜といっしょに、なべに牛肉を入れて煮ながら食べる料理。すきやき。また、そのなべ。

きゅうなん【急難】さしせまった難儀。にわかに起こった難儀。

きゅうなん【救難】危難、特に、水陸の交通運輸機関の事故による災難から、救うこと。「―信号」

ぎゅうにく【牛肉】食用に供する牛の肉。

きゅうにゅう【吸入】『名・ス他』①すい入れること。②病気をなおすために、薬品を気体または霧状にして吸いこむこと。「―器」

ぎゅうにゅう【牛乳】牛の乳(ち)。ミルク。

きゅうにん【旧任】以前その地位にあったこと。また、その人。↔新任

きゅうねん【旧年】過ぎ去った、前の年。▽年が明けてから前年を指して言う。

きゅうは【急派】『名・ス他』急いで派遣すること。

きゅうは【旧派】①古くから行われている流儀。昔からの一派。②新派劇に対して、歌舞伎のこと。▽↔新派

きゅうば【弓馬】弓術と馬術。武芸一般。「―の家」(武士の家柄)「―の騒ぎ」(いくさ)

きゅうば【急場】さしせまって、何とかうまく切り抜けなければならないような場合。「―をしのぐ」

ぎゅうば【牛馬】牛や馬。▽労役に追い使われるものの代表として言うことがある。

きゅうはい【九拝】『名・ス他』何回も礼拝してありがたがること。また敬意や謝意を表すること。「三拝―」

きゅうはい【朽廃】『名・ス自』朽(く)ちて役に立たなくなること。

きゅうはく【急迫】『名・ス自』(事態が)さしせまること。せっぱつまること。切迫。

きゅうはく【窮迫】『名・ス自』追い詰められ、どうにもならないこと。特に、貧困がはなはだしくなること。「財政が―する」

きゅうばく【旧幕】「旧幕府」の略。江戸幕府のこと。▽明治以後の言い方。

きゅうはん【急坂】傾斜の急な坂。

きゅうはん【旧版】新版に対し、以前に刊行された方の刊行物。

きゅうはん【旧藩】江戸時代の藩のこと。▽明治以後の言い方。

きゅうばん【吸盤】①タコなど一部の動物にある、他の物に吸いつくための器官。普通、中央がくぼんだ円形で、くぼみの中の圧力を下げて吸いつく。②吸盤(1)に似た形状・機能の、ゴム製などの器具。

きゅうひ【×厩肥】↓うまやごえ。「―を施す」

きゅうひ【給費】『名・ス自』官公庁・会社・個人などから費用(特に学費)を与えること。

きゅうび【急火】①急にもえ上がる火。②火力の強い火。

ぎゅうひ ①【牛皮】牛の皮。②【△求肥】白玉(しらたま)粉に水あめ・砂糖などを混ぜてこね、蒸して薄い餅のようにした菓子。▽②も、もとは「牛皮」とも書いた。

キューピー キューピッドに形どった人形。頭頂部の髪の毛がとがり、目が大きい。▽kewpie 商標名。

キュービズム ↓キュビスム。▽cubism

キューピッド ローマ神話の恋愛の神。裸身で背に翼がはえ、弓を持った子供の姿に表す。その矢で射られた人は恋心を生じるという。キューピット。▽Cupid

きゅうびょう【急病】急に起こった病気。「―人」

きゅうひん【救貧】貧乏な人を救うこと。「―事業」

きゅうびん【急便】急なたより・配送。急ぎの使い。

きゅうふ【給付】『名・ス他』物を与えること。公の機関などが、金品や便宜を与えること。「医療―」「補助金を―する」

きゅうぶつ【旧物】昔からある古くさい物。「―破壊」

きゅうぶん【旧聞】以前に聞いた話。以前から伝わっていて、耳新しくない話。「―に属する」

ぎゅうふん【牛×糞】(肥料にする)牛のくそ。

きゅうへい【旧弊】①『名』古いしきたりの弊害。「―を打破する」②『ダナ』昔の(古くさい)考え・しきたりを、がんこに守っているさま。「―な年寄り」 派生 **-さ**

きゅうへん【急変】①『名』にわかに起こった変事。非常の事故。②『名・ス自』急に様子がかわること。「容態が―する」

きゅうぼ【急募】『名・ス他』大急ぎで募集すること。「従業員―」

ぎゅうほ【牛歩】牛のあゆみのようにのろい、歩き方・進みぐあい。「―戦術」

きゅうほう【急報】『名・ス他』いそぎの知らせ。

きゅうほう【臼砲】砲身が口径に比べ非常に短く、射角の大きな曲射砲。

きゅうほう【旧法】①(新しい法令が出て)廃止された古い法令。②古いやり方。

きゅうぼう【窮乏】『名・ス自』貧乏に苦しむこと。

きゅうぼん【旧盆】旧暦で行う盂蘭盆会(うらぼんえ)。

きゅうみん【休眠】『名・ス自』①生物が、生活に不適当な期間、その働きを不活発にして、悪い環境に耐えること。②比喩的に、物事が一時ほとんど活動をやめること。「―状態」「―会社」

きゅうみん【救民】苦しんでいる人民を救うこと。
きゅうみん【窮民】貧乏に苦しんでいる人民。
きゅうむ【急務】急いで(優先して)しなければならない仕事。「目下の―」
きゅうむいん【×厩務員】馬の世話を業とする人。特に、競馬で競走馬の世話を行う人。
きゅうめい【救命】危険にさらされている人の命を救うこと。「―具」
きゅうめい【究明】《名・ス他》道理・真理を徹底的に追究して明らかにすること。「真相―」
きゅうめい【窮命】《名・ス自他》運命がきわまること。苦しい目にあわせること。
きゅうめい【糾明・×糺明】《名・ス他》犯罪・悪事などを問いただし、悪い点を追及して明らかにすること。
きゅうめい【旧名】以前の名。
きゅうめん【球面】①球の表面。②〔数学〕空間内の、一定点から等しい距離にある点の軌跡。
きゅうもん【宮門】宮殿・皇居の門。特に、内裏(だいり)の外郭の門。
きゅうもん【糾問・×糺問】《名・ス他》罪や悪事を問い詰めて調べること。
きゅうやく【旧約】①ふるい約束。以前にした約束。②「旧約聖書」の略。↔新約。 **―せいしょ**【―聖書】キリスト教典の一つ。▽新約聖書に対して、ユダヤ教から受け継いだ聖典を神と人との旧(ふる)い契約とみなして言う。
きゅうやく【旧訳】(新しく行われた訳に対し)以前の訳。↔新訳
きゅうゆ【給油】《名・ス自》ガソリンなどの燃料や潤滑油などを補給すること。「―所」
きゅうゆう【級友】同じ学級の友だち。クラスメート。
きゅうゆう【旧友】昔の友だち。古くからの友だち。
きゅうゆう【旧遊】昔その地に旅行したこと。「―の地」
きゅうよ【窮余】《「―の」の形で》追い詰められて困り切ったあげく。苦しまぎれ。「―の一策」
きゅうよ【給与】《名・ス他》①金銭や品物をあてがい与えること。また、その金銭・物品。「制服を―する」②特に、官公庁・会社などで勤務する者に対する給料・手当などの総称。「―所得」
きゅうよう【急用】急ぎの用事。
きゅうよう【休養】《名・ス自》仕事などを一時やめ、からだを休めること。休んで体力を養うこと。「―をとる」
きゅうよう【給養】《名・ス他》物を与えて養うこと。軍隊で、人馬の生存に必要な物資を支給すること。
きゅうらい【救×癩】(社会事業の一つとして)ハンセン病(=癩病(らいびょう))の患者を救うこと。「―事業」
きゅうらい【旧来】昔から(そうであること)。従来。「―の陋習(ろうしゅう)」
きゅうらく【及落】及第と落第。及第するか落第するか。
きゅうらく【急落】《名・ス自》物価や株の相場などが急に下がること。↔急騰
ぎゅうらく【牛酪】↓バター
きゅうり(きうり)【〈胡瓜〉】細長い実を食用とするために栽培される一年草。また、その実。インド原産。実は熟すと黄色くなるが、ふつう未熟で緑色のうちに食べる。▽黄色の瓜(うり)の意。うり科。
きゅうり【久離・旧離】江戸時代、町人・百姓の父兄や近親から官に届け出て、親族の縁を切ること。勘当(かんどう)。「―を切る」(勘当する) ▽その結果、永久に連帯責任を負わずに済む。
きゅうり【窮理・究理】物事の道理・法則を突き詰めること。
きゅうりゅう【急流】水の速い流れ。
きゅうりゅう【×穹×窿】①半球形またはそれに近い形。②天。大空。▽その形が伏せた半球のように見えるから。
きゅうりょう【丘陵】あまり高くない山地。おか。小山。
きゅうりょう ①【休漁】《名・ス自》(魚の保護のため)漁を一定期間休むこと。②【休猟】《名・ス自》その鳥獣を捕らえるのを一定期間休むこと。
きゅうりょう【救療】貧乏な患者を救って診療を受けさせること。
きゅうりょう【給料】勤労に対して支払われる報酬。特に、その基本給の部分。
きゅうりょう【旧領】もとの領地または領土。
きゅうれい【旧例】古い慣例。昔からのしきたり。
きゅうれき【旧暦】↓たいいんれき。「―(の)ひな祭り」
きゅうろう【旧×臘】前の年の十二月。▽翌年の新春になっての言い方。
きゅっと《副》①強く締めつけるさま。そのように見えるさま。「―口をむすぶ」②瞬間的に行うさま。「―一杯」
ぎゅっと《副》強く締めたり、押さえつけたり、詰めたりするさま。「レモンを―絞る」
キュビスム 二十世紀初めフランスに起こった絵画の一派。点・線などの再構成によって、立体の本質を表現しようとする。ピカソ、ブラックらが創始。立体派。キュービズム。▽(フランス) cubisme
キュラソー オレンジの皮を加えた、甘い洋酒。リキュールの一種。▽初め西インド諸島のキュラソー島で製した。(フランス) curaçao
キュリー 放射能の単位。記号Ci 一キュリーは三七〇億ベクレルで、ラジウム一グラムの放射能にほぼ等しい量。▽物理学者 Curie 夫妻の名にちなむ。
キュレーター 博物館や美術館で研究・収集・展示・保存・管理などを行う役の人。学芸員。▽curator (=館の管理者)
キュロット ①ひざ丈のズボン。②ズボン風に仕立てた、股下のあるスカート。キュロット スカート。▽(フランス) culotte

きゅんと〘副・ス自〙感動で胸が一瞬締め付けられるように感じるさま。「胸に—くる送別の辞」

きよ【寄与】〘名・ス自〙役に立つ事を行うこと。貢献。「業界に—する」▽もと、贈り与えること。

きよ【毀誉】悪口を言うこととほめること。「—褒貶(ほうへん)」

きょ〘*去〙**キョ** **コ** **さる** いぬ ①ある場所から離れてゆく。時が経過してゆく。さる。いってしまう。↕来。「去来・去就・去年(きょねん・こぞ)・去歳・去秋・退去・辞去・死去・薨去(こうきょ)・卒去・逝去・過去(かこ)」②遠ざける。とりのぞく。「消去・除去・撤去・去勢」③漢字音の四声の一つ。「去声」

きょ〘巨〙[巨] **キョ** コ ①大きい。「巨細(こさい)・巨大・巨人・巨漢・巨魁(きょかい)・巨木・巨樹・巨岩・巨体・巨材・巨像・巨頭・巨匠・巨艦・巨砲・巨刹」②おおい。たくさん。「巨万・巨億・巨額・巨費・巨多・巨利・巨富・巨財」

きょ〘距〙[距] **キョ** へだてる へだたる ①間をおく。間がある。へだたる。「距離・測距儀」▽もと、鶏のけづめの意。②ふせぐ。こばむ。「拒」に同じ。

きょ〘拒〙[拒] **キョ** ふせぐ **こばむ** ①さからってはねつける。ことわる。こばむ。「拒絶・拒否・抗拒・峻拒(しゅんきょ)」②ふせいでよせつけない。ふせぐ。「拒止」

きょ〘拠〙[據] **キョ** **コ** よりどころ よる 頼みとしてすがる。たよる。もとづく。よりどころ。「拠点・本拠・占拠・割拠・依拠・根拠・準拠・典拠・論拠・証拠(しょうこ)」

きょ〘*挙〙[擧] **キョ** **あがる** **あげる** こぞる **あげて** ①下から上へあげる。「挙手・挙足・一挙手一投足」②㋐〘名・造〙目だつように事をする。おこなう。くわだてる。行動。「反撃の挙に出る」「大挙・一挙・挙行・挙式・挙兵・美挙・義挙・快挙・壮挙・暴挙・愚挙・軽挙妄動」㋑体を動かすこと。ふるまい。「挙動・挙止・挙措・一挙一動」③㋐とりあげて、公の地位につける。ひきあげて使う。「挙用・推挙・科挙・選挙」㋑召しあげる。召しとる。「検挙」④例にとりあげる。ならべたてる。「列挙・枚挙・挙証」⑤すべて。のこらず。こぞる。「挙国・挙朝・挙世」

きょ〘*居〙**キョ** **コ** **いる** おる ①〘名・造〙腰をおちつけている。すわる。住んでいる。住む場所。「居を定める」「居を構える」「居止・居宅・居所・居住・居留・居村・居室・居士(こじ)・起居・住居・穴居・家居・皇居・同居・群居・幽居・隠居・閑居・新居・転居・蟄居(ちっきょ)・閉居・別居・寓居(ぐうきょ)・安居(あんご)」②じっとして何も努力しない。「居然」③家の名につける語。「惜春居」

きょ〘虚〙[虛] **キョ** **コ** むなしい そら ①中身がない。からっぽ。からにする。↕実。「虚実・虚無・虚空(こくう)・空虚・盈虚(えいきょ)」②実が伴わない。「虚構・虚偽・虚言・虚名・虚位・虚飾・虚栄・虚報・虚説・虚伝・虚勢・虚仮(こけ)」③邪心を持たない。「虚心・謙虚」④〘名・造〙備えがない。用意を怠ること。油断。「虚を衝(つ)く」「虚に乗じる」「虚虚実実」

きょ〘*許〙**キョ** **ゆるす** ばかり もと ①他人の頼み・願いを聞きとどける。聞き入れる。「許可・許容・許諾・許否・許嫁(きょか・いいなずけ)・官許・公許・免許・特許・裁許・認許・聴許・勅許」②大体の数。ばかり。「許多」③ところ。もと。

ぎょ〘*魚〙**ギョ** **うお** **さかな** うお。さかな。また、そのような形のもの。「魚族・魚類・魚群・魚介・魚肉・魚鳥・魚拓・魚板・魚袋・魚雷・水魚・池魚・鮮魚・香魚・養魚・金魚・稚魚・熱帯魚・深海魚・淡水魚・人魚・木魚」

ぎょ〘*漁〙**ギョ** **リョウ**(レフ) すなどる あさる ①魚をとる。すなどる。「漁礁・漁船・漁村・漁場(ぎょじょう・りょうば)・漁夫・漁師(ぎょし・りょうし)・漁期(ぎょき・りょうき)・漁火(ぎょか・いさりび)・漁獲・漁歌・漁撈(ぎょろう)・大漁(たいりょう)・不漁(ふりょう)・密漁(みつりょう)・出漁(しゅつりょう)・禁漁(きんりょう)」②水にはいって魚をとるように、さがしまわって取る。むさぼりあさる。「漁色」▽音「リョウ」は、「猟」の字音を日本で転用したもの。

ぎょ〘御〙[御] **ギョ** **ゴ** **おん** お み ①他人を尊敬してその行為・持物などにつける語。「御作・御意・御慶・御忌」。以下「ゴ」と読む。「御前・御諚(ごじょう)・御家族・御沙汰(ごさた)・御両親・御霊前・御馳走(ごちそう)・御出勤・御成功」②㋐尊重すべきものの名につける語。丁寧にいう語。「ゴ」と読む。「御膳・御飯・御詠歌・御殿・御幣・御難・御坊・御用」㋑人物、特に貴婦人の称呼につける敬称。「御前」の略。「ゴ」と読む。「伊勢の御」「父御(ててご)・嫁御」③(馬や車を)じょうずに扱う。思いのままに扱う。あやつる。のる。世を治める。「御者・御宇・統御・制御・礼楽射御書数」④天子の行為・持物などにつけて敬意を表す。「御物(ぎょぶつ・ごもつ)・御璽・御名・御題・御感・御寝・御衣・御製・入御(にゅうぎょ・じゅぎょ)・出御・遷御・崩御(ほうぎょ)・臨御・還御・渡御・供御(ぐご)」⑤ふせぐ。「禦(ぎょ)」に同じ。「防御」▽→ご(御)

きよ-い【清い】〘形〙けがれがない。さわやかだ。きれいだ。㋐澄んで濁り・曇りがない。「—流れ」「目が—」㋑利得や欲望など世間の汚れを離れて、純だ、さっぱりしている、また立派だ。「心の—政治家」「—つき合い」派生 **-さ** **-げ**

きょい【虚位】実権(実力)が伴わない、名だけの地位。

ぎょい【御衣】天皇・貴人の衣服。お召し物。「恩賜の—」

ぎょい【御意】①(目上の人の)意向・指図(さしず)・命令の尊敬語。「—のまま」「—を得たい」②「御意のとおり」の略。そのとおり。「—にござります」

きよう【器用】①〘名・ダナ〙物事、特に細かい仕事をうまくやってのけるさま。「—がかえってあだとなる」「手先が—だ」▽もと、有用な器物の意。②〘ダナ』要領がよいさま。「―に立ち回る」派生 -さ ―びんぼう【―貧乏】『名ナ』なまじ器用にいろいろの事がこなせるために、かえって大成しないこと。

きよう【紀要】大学・研究所などで定期的に(多くは年一回)出す刊行物。「学会―」

きよう【起用】『名・ス他』(今まで認められないでいた者を)取り立てて(ある役などにつけ)用いること。「若手を―する」「先発投手に―する」

きょう【〈今日〉】(今経過しつつある)この日。「―このごろ」(きょうを含めて最近の期間を指す言い方) ▽「このごろ・現代」の意味は無い。その時には「きょうび」と言う。

きょう【経】仏が説いた教えを書きとどめたもの。広く仏教の聖典をも言う。「―をよむ」 ▽仏教以外の聖典を指すこともある。

きょう【興】①面白く思うこと。楽しみ。面白み。「―にのる」「―がつきない」 ②詩経にいう詩のスタイルのうち、物に託して思いを述べる詩。

きょう〖凶〗キョウ ―①作物の出来がわるい。飢饉(ききん)。↕豊。「凶作・凶荒・凶歳・凶年・豊凶」 ②『名・造』運がわるい。縁起がわるい。わざわい。不吉(ふきつ)。↕吉。「凶が出る」「吉凶・凶報・凶事・凶変・凶夢・大凶」 ③心がわるい。わるもの。「凶悪・凶器・凶刃・凶行・凶状・凶徒・凶漢・凶賊・凶暴・元凶」 ▽「兇(きょう)」の代用。

きょう〖兇〗キョウ ―わるい。邪悪。あらあらしい。わるもの。「兇漢・兇器・兇徒・兇変・兇暴・元兇」 ▽「凶」で代用する。

きょう〖共〗キョウ とも ―①いっしょに(する)。仲間になる。「共同・共和・共有・共存・共栄・共産主義・共鳴・共学・共感・共済組合・共通・共演・共催・公共」 ②「共産主義」「共産党」の略。「反共・防共・容共」

きょう〖供〗キョウ ク グ そなえる とも ―①物を準備して神仏の前に奉る。物を神仏にささげる。そなえる。「供米(くまい)・供物(くもつ)・供養(くよう)」 ②用が足りるようにする。役立てる。すすめる。さし出す。「供出・供進・供給・供血・供託・供用・供覧・提供」 ③ごちそうする。「供応」 ④たずねられて事情を述べる。「供述・口供・自供」 ⑤とも。ともにする。「供奉(ぐぶ)」

きょう〖叫〗キョウ(ケウ) さけぶ ―①大きな声を出してはげしくよぶ。「絶叫・叫喚」 ②声高くなく。なく。「叫哭(きょうこく)」

きょう〖狂〗キョウ(キヤウ) くるう くるおしい ―①常軌を逸する。「狂人・狂気・狂態・狂想曲・発狂・奇狂・風狂・頓狂・誇大妄想狂・偏執(へんしゅう)狂」 ②一事に熱中して生活の均衡を失うこと。また、その人。「競馬狂・野球狂」 ③こっけい。おどけ。「狂歌・狂句・狂詩・狂言・酔狂」 ④異常にはげしい。さわがしい。あらあらしい。「狂暴・狂奔・狂喜・狂瀾(きょうらん)・狂騒・熱狂・躁狂(そうきょう)」

きょう〖京〗キョウ(キヤウ) ケイ ―①天子の住まいのある土地。帝都。みやこ。「京地・京洛(きょうらく)・京都・京風・東京・入京・上京・帰京・退京・離京・故京・在京・英京・南京(なんきん)」。以下「ケイ」と読む。「京華・京師・京畿(けいき)」 ②㋐「東京」のこと。「ケイ」と読む。「京浜・京葉・京成・京王」 ㋑『名・造』「京都」のこと。「京の三条」「京染・京呉服・京阪神(けいはんしん)」 ③『名』一兆を一万倍して得る数(に等しい値)。けい。 ▽大きいの意から。 ④いろは歌の最後「す」の次につける語。

きょう〖享〗キョウ(キヤウ) うける ―①供えられたものをうける。身にうける。「享有・享受・享年」 ②供えものをする。奉る。すすめる。「享祀(きょうし)・享祭」

きょう〖協〗キョウ(ケフ) かなう ―①力をあわす。あわせる。「協力・協心・協同・協会・協賛・妥協」 ②調子があう。かなう。やわらぐ。和合する。「協和・協調・和協」 ③相談をして一致する。「協定・協約・協商・協議」

きょう〖怯〗キョウ(ケフ) おびえる ―こわがる。おじける。ひるむ。おそれる。いくじがない。臆病である。「怯夫・怯弱・怯懦(きょうだ)・卑怯・勇怯」

きょう〖況〗キョウ(キヤウ) ―様子。ありさま。「状況・情況・近況・実況・概況・活況・好況・景況・盛況・苦況・不況・戦況」 ▽↓いわんや

きょう〖侠〗キョウ(ケフ) ―一身を顧みずに弱い者を助けること。またその人。おとこぎ。おとこだて。「侠気・侠骨・侠客(きょうかく)・任侠・義侠・勇侠・遊侠」

きょう〖峡〗[峽] キョウ(ケフ) はざま ―山と山との間の谷あい。川の両岸の高くせまっているところ。せまい細長い地。かい。「峡谷・峡間・峡湾・地峡・海峡・山峡・天竜峡」

きょう〖挟〗[挾] キョウ(ケフ) はさむ はさまる ―はさむ。「挟撃・挟持・挟輔(きょうほ)」

きょう〖狭〗[狹] キョウ(ケフ) せまい せばめる せばまる ―物と物との間に余裕がない。動く範囲が小さい。せまくする。↕広。「広狭・狭隘(きょうあい)・狭小・狭窄(きょうさく)・狭義・狭量・偏狭」

きょう〖恐〗[恐] キョウ おそれる おそろしい こわい おそらく ―①びくびくする。こわがる。おそれる。「恐怖・恐懼(きょうく)・恐慌・恐水病」 ②おそれいる。かしこまる。つつしむ。「恐悦・恐縮・恐惶(きょうこう)・恐察」 ③おどす。おどしつける。「恐迫・恐喝」

きょう〖恭〗キョウ うやうやしい ―人に対して礼儀正しく謹(つつ)しむ。敬意をもってへりくだる。「恭賀・恭敬・恭倹・恭順・謙恭」

きょう【＊胸】キョウ むね むな ―①首の下、腹の上の部分。むね。「胸部・胸囲・胸郭・胸膜・胸像・気胸」②こころ。心のなか。こころもち。心の中の思い。「胸中・胸底・胸懐・胸裏・胸奥・胸臆・胸襟・心胸・度胸」③物の、からだでいえば胸にあたるような部分。「胸壁」

きょう【脅】キョウ(ケフ) おどす おどかす おびやかす ―威力で人にせまる。おどす。こわがらせる。おびやかす。「脅迫・脅威・脅喝」▽本来は、わき、わきばらの意。

きょう【＊強】キョウ(キヤウ) ゴウ(ガウ) つよい つよまる つよめる しいる こわい ―①〘名・造〙つよい。勢力がある。筋力がつよい。心がしっかりしている。↕弱。「音の強と弱」「強弱・強力(きょうりょく・ごうりき)・強大・強壮・強健・強硬・強暴・強烈・強国・強者・強敵・強風・強震・強剛・強固・屈強・富強・列強・頑強・強打者」。以下「ゴウ」と読む。「強情・強欲」②つよくする。勢力をつける。つよめる。「強化・強兵・増強・補強・強心剤」③無理を押す。しいる。「強制・強行・強襲・強迫・強弁・強要・勉強・牽強(けんきょう)」。以下「ゴウ」と読む。「強引・強請(ごうせい・ゆすり)・強訴・強盗・強姦(ごうかん)」④かたい。こわい。「強飯(ごうはん・こわめし)」⑤切り捨てた端数(はすう)のあることを示す語。↕弱。「五百円強・三キロ強」▽「强」は俗字。

きょう【＊教】【敎】キョウ(ケウ) おしえる おそわる ―①教える。ならわせ、みちびく。「教化(きょうか・きょうけ)・教戒・教育・教訓・教鞭(きょうべん)・教授・教師・教養・教書・政教・文教・指教・示教・風教」②㋐神やほとけの教え。「宗教・教祖・教主・教会・教理・教義・教派・教団・教区・新教・邪教・異教・布教・司教・殉教・宣教・一神教」㋑宗教の一派。「天理教・キリスト教・道教」

きょう【人卿】キョウ(キヤウ) ケイ ―①政治をつかさどる大臣。宰相。三位(さんみ)以上の人。「卿相(けいしょう)・上卿(しょうけい)・月卿(げっけい)・公卿(くぎょう・こうけい)・大蔵卿(おおくらきょう)」②天子が臣下をよぶよび名。また一般に相手を尊んでよぶよび名。おんみ。「卿等(けいら)・諸卿」▽代名詞的にも用いる。③イギリスでの称号であるLordやSirの訳語。「ラッセル卿」

きょう【＊郷】【鄕】キョウ(キヤウ) ゴウ(ガウ) さと ―①むらざと。いなか。古代の律令(りつりょう)制で行政区画の一つ。郡のなかの数村をあわせたもの。ごう。「郷邑(きょうゆう)・郷令・郷俗・異郷・他郷・水郷(すいきょう・すいごう)・国郷談(くにきょうだん)」。以下「ゴウ」と読む。「郷士・郷兵・郷社・在郷・近郷」▽中国の周代における行政区画の一つ。一万二千五百戸以上ある土地をいう。②ふるさと。「郷里・郷国・郷土・郷党・郷関・郷愁・故郷・帰郷・同郷・家郷・愛郷・望郷・懐郷」③ところ。場所。土地。「仙郷・理想郷・歓楽郷・温泉郷・桃源郷」▽→ごう(郷)

きょう【響】【人響】キョウ(キヤウ) ひびく とよむ ―①音が高く鳴る。音が広く聞こえわたる。評判が伝わる。共鳴する。こだまする。関係を及ぼす。「音響・影響・反響・残響・交響楽」②「交響楽団」の略。

きょう【人饗】キョウ(キヤウ) もてなす ―酒食を用意してもてなす。ごちそうをする。祭りに供えものをする。もてなし。ごちそう。「饗応・饗宴・饗膳・大饗」▽「供」で代用することもある。

きょう【×竟】キョウ(キヤウ) おわる ―①おわる。事がすむ。おえる。「竟宴」②おわり。はて。最後。「畢竟(ひっきょう)・究竟(くっきょう)」

きょう【＊境】キョウ(キヤウ) ケイ さかい ―①地域と地域とのくぎりめ。分界。「境界・四境・国境・越境・境内(けいだい)」②〘名・造〙㋐しきられた地域。範囲。物のおかれた位置。地位。「無人の境」「境涯・境界(きょうがい)・境遇・境地・環境・異境・辺境・妙境・仙境・魔境・秘境・佳境・窮境・苦境」㋑ありさま。状態。「無我の境」「心境・老境・逆境・悲境・順境・進境・恍惚(こうこつ)境」③〘名・造〙〔仏〕感覚器官と心とによって知覚・思慮される対象。「境界(きょうがい)」

きょう【＊鏡】キョウ(キヤウ) かがみ ―①かがみ。「鏡台・鏡面・鏡裏・鏡銘・古鏡・明鏡・破鏡・三面鏡・反射鏡・凹面鏡」②レンズ。レンズを通して物を見る道具。「眼鏡・双眼鏡・顕微鏡・望遠鏡」③反省の手がかり。模範。参考となるもの。「鏡鑑・法鏡」

きょう【×嬌】キョウ(ケウ) なまめかしい ―なまめかしい。あだっぽく美しい。なまめかしい女性。「嬌名・嬌声・嬌笑・嬌態・嬌羞・愛嬌」

きょう【＊橋】キョウ(ケウ) はし ―はし。水や道の上にかけ渡す、はし。「橋畔・橋梁(きょうりょう)・橋脚・橋頭・鉄橋・架橋・陸橋・可動橋・歩道橋・跨線橋(こせんきょう)」

きょう【矯】キョウ(ケウ) ためる ―①曲がったものをまっすぐになおす。ためる。悪いことを改める。「矯正・矯風」②いつわる。かこつける。偽造する。「矯飾」③強い。いさましい。はげしい。「矯激・奇矯」

きょう【＊競】キョウ(キヤウ) ケイ きそう せる くらべる ―力量を比べあう。他に勝とうとして争う。また、せりの売買で、値段を互いにきそいあう。「競争・競走・競漕(きょうそう)・競泳・競技・競売(きょうばい・けいばい・せり)・競馬(けいば)・競輪(けいりん)」

きょう【驚】キョウ(キヤウ) ケイ おどろく おどろかす ―意外なことに出あって緊張する。びっくりする。びっくりさせる。「驚怖・驚異・驚倒・驚愕(きょうがく)・驚喜・驚嘆・驚天動地・一驚・喫驚」

きょう【経】↓けい〔経〕

きょう【興】↓こう〔興〕

ぎょう【儀容】いかめしく整った様子。礼儀にかなったすがた。

ぎょう【技×癢・△伎×癢】自分の技量を示したくて、人のするのを見ていて腕がむずむずすること。「―を感じる」

ぎょう【行】①文字などのならび・つらなり。くだり。㋐文字・語句・文章などを書き、また印刷やコンピュータ上で表すときのならび。「―が短い」「―をまたぐ」▽縦書きのときは縦のならび、横書きのときは横のならびを言う。㋑五十音図で、同じ子音の(五つの)音のならび。「ア―」「ハ―五段活用」②〔数学〕行列または行列式で、横のならび。③修行(しゅぎょう)。「無言の―」④行書。「真―草」▽→こう〔行〕

ぎょう【御宇】王の治める御代(よ)。御治世。▽宇内(うだい)を御する意から。

ぎょう〘仰〙ギョウ(ギャウ) コウ(カウ) あおぐ おおせ ―①上を向く。あおむく。見上げる。あがめる。あおぐ。「仰望・仰視・仰臥(ぎょうが)・仰天・仰角・俯仰(ふぎょう)・欽仰(きんぎょう・きんこう)・景仰(けいぎょう・けいこう)・信仰(しんこう)・渇仰(かつごう)」②公文書で、上位からの命令などに用いる語。

ぎょう〘暁〙[曉] ギョウ(ゲウ) あかつき ―①夜あけ。あけがた。「暁天・暁星・暁鐘・暁闇(ぎょうあん)・今暁・昨暁・早暁・払暁」②よくわかる。はっきりする。さとる。さとす。「暁達・通暁」

ぎょう〘*業〙ギョウ(ゲフ) ゴウ(ゴフ) わざ ―①〘名・造〙生活の中心をささえるしごと。くらしの手だて。「製塩を業とする」「生業・職業・天業・正業・失業・休業・家業・廃業・産業・工業・商業・企業・創業・興業」②しごと。本務。学問。「業務・業績・業者・業界・作業・学業・授業・課業・修業・卒業・偉業」③やしき。「別業」④〘名・造〙〔仏〕身(しん)・口(く)・意(い)が行う善悪の行為。特に、悪い報いの因となる悪行。「ゴウ」と読む。「業因・業果・業報・業火・業苦・業病・悪業・因業・罪業・宿業・非業・自業自得」⑤〘名〙腹。心。「ゴウ」と読む。「業をにやす」▽→ごう(業)

ぎょう〘凝〙ギョウ こる こらす ―液体がこりかたまる。じっとして動かない。心が一つのことに注がれて他に動かない。「凝固・凝結・凝縮・凝滞・凝集・凝脂・凝血・凝然・凝視・凝念・凝思・凝議」

きょうあい【狭×隘】〘名ノ〙せまいこと。「―な土地」「心が―だ」

きょうあく ①【凶悪・×兇悪】〘名ノ〙残忍で、ひどい事も平気ですること。「―犯人」 派生 **-さ** ②【×梟悪】〘名ノ〙非常に性質が悪く、人の道にそむくこと。 派生 **-さ**

きょうあす(けふ:)【〈今日明日〉】《副詞的に》すぐに。「―できるものでもない」「―に迫る」

きょうあつ【強圧】〘名・ス他〙強い力や権力でおしつけること。「―的な姿勢」「―手段をとる」

きょうあん【教案】授業の目的・方法などを書いた予定案。学習指導案。

ぎょうあん【暁△闇】月の落ちたあと、日の出る前の、やみ。あかつきやみ。

きょうい【脅威】威力によるおどし。また、おびやかされること。「―にさらされる」

きょうい【胸囲】乳の位置で測った胸まわり(の長さ)。

きょうい【驚異】非常に驚くべきこと。また、その驚き。「―的なスピード」

きょういき【境域】土地のさかい(内部の広がり)。

きょういく【教育】〘名・ス他〙教えて身につけさせること。人の心身両面にわたって、またある技能について、その才能を伸ばすために教えること。 **―かてい**【―課程】↓カリキュラム。 **―しゃ**【―者】(生徒の手本となるような人格を備えた、)教育を行う人。

きょういん【教員】学校の職員として教育を行う人。教師。

きょううん【強運】強い運勢。「―の持ち主」

ぎょううん【暁雲】夜明けの雲。

きょうえい【共栄】ともに栄えること。「共存―」

きょうえい【競泳】〘名・ス自〙一定の距離を泳いで、その速さをきそうこと。その競技。

きょうえい【競映】〘名・ス他〙同じまたは似かよった題材の映画を競争で上映すること。

きょうえき【共益】共同の利益。「―費」

きょうえつ【恐悦・恭悦】〘名・ス自〙つつしんでよろこぶこと。「―至極(しごく)」▽他人に自分のよろこびをいう語。

きょうえん【共演】〘名・ス自〙(主役格のものが二人(二組)以上)いっしょに出演すること。「―者」「オーケストラとの―」

きょうえん【競演】〘名・ス他〙同じまたは似かよった題材の劇や役を競争で演じること。▽近ごろは「共演」の意で使うことが出てきた。

きょうえん【×竟宴】平安時代、書物の講読、勅撰(ちょくせん)和歌集の編纂(へんさん)等の一事業が終わった(=竟)時に宮中で開かれた祝宴。その際、詩賦(ふし)や和歌がよまれた。

きょうえん【×饗宴】もてなしのさかもり。

きょうおう【供応・×饗応】〘名・ス他〙酒や食事を出して人をもてなすこと。

きょうおう【胸奥】むねのおく。人に知られない心中。

きょうおく【胸臆】むね。また心の思い。「―を吐露する」

きょうおん【×跫音】あしおと。

きょうおんな(:をんな)【京女】↓あずまおとこ

きょうか【供花】↓くげ(供花)

きょうか【強化】〘名・ス他〙十分でない点に力や物を補って、全体的に強くすること。↔弱化。「取締りを―する」「―合宿」 **―しょくひん**【―食品】ビタミン・ミネラルなどを加えて栄養に富むようにした食品。

きょうか【教化】〘名・ス他〙人を教え、よい影響を与え

て善に導くこと。▽↓きょうけ

きょうか【教科】学校で、教育の目的・方法、生徒の発達などに応じて、授業の材料を分けたもの。例、国語科・理科。 **―かてい**【―課程】↓カリキュラム。▽「教育課程」の旧称。 **―しょ**【―書】学校の教科用に編集した図書。また、教材として使用する図書。

きょうか【橋架】橋げた。また単に、橋。

きょうか【狂歌】こっけいを主にした、(くだけた表現の)短歌。

きょうが【恭賀】『―新年』新年をつつしんでお祝い申し上げる意。

ぎょうが【仰×臥】〘名・ス自〙あおむけに寝ること。背臥(はいが)。「―位」

きょうかい【協会】ある目的のため、会員が協力して維持する会。

きょうかい【教会】同じ宗教(特にキリスト教)を信じる人の組織。また、その教義を説き広め、また礼拝するための建物。 **―どう**【―堂】キリスト教の教会の建物。

きょうかい ①【教戒・教×誡】〘名・ス他〙教えいましめること。②【教×誨】〘名・ス他〙悪い事をした者に教えさとすこと。「―師」

きょうかい【胸懐】むねのうち。心のうち。

きょうかい【境界】(土地の)さかい。「―線」「諸科学の―領域」▽↓きょうがい(境界)

きょうがい【境界】①〔仏〕㋐認識作用の対象。境。㋑業(ごう)・因の結果としての境遇。②単に、境遇。また、分際(ぶんざい)。ある物事の範囲内。▽↓きょうかい(境界)

きょうがい【境涯】人がこの世に生きてゆく上での立場。境遇。身の上。

ぎょうかい【凝塊】こりかたまった、そのかたまり。

ぎょうかい【業界】同じ産業に従事する人々の社会。 **―し**【―紙】業界に関する記事をのせる新聞。

ぎょうかいがん【凝灰岩】火山灰など、火山からの噴出物が凝結して出来た堆積岩。大谷石(おおやいし)もこの一種。

きょうかく【×侠客】強きをくじき弱きを助けることを看板にする男。男だて。▽江戸時代の町奴(まちやっこ)や、ばくち打ちの大親分など。「剣客」などが次第に「けんきゃく」に移ったのに、この語は「きょうきゃく」と言わない。

きょうかく【胸郭・胸×廓】胸をとりまく骨格。胸椎・胸骨・肋骨(ろっこつ)からなる。

きょうがく【共学】(特に男女が)同じ学校・教室でいっしょに学ぶこと。

きょうがく【教学】①教育と学問。▽学問の道徳面を強調して言うこともあった。②(その宗教の)教義と学問。

きょうがく【驚×愕】〘名・ス自〙非常に驚くこと。大きな驚き。「急死の報に―する」

ぎょうかく【仰角】水平面から上にある物を見る視線と、水平面とがなす角。↔俯角(ふかく)。

ぎょうかく【行革】「行政改革」の略。行政の機構・制度・運営を改革すること。「―の推進」

ぎょうがく【行学】〔仏〕修行(しゅぎょう)と学問。

きょうかたびら【経×帷子】仏式で死者を葬る時、死者に着せる白い着物。▽麻・木綿(もめん)・紙などで作り、経文などを書く。

きょうかつ【恐喝】〘名・ス他〙おどしつけること。また、おどして金品をゆすりとること。

きょうがのこ【京鹿(の)子】①京都で染めた、かのこ絞り。②紅餡(あん)を使った、かのこもち。③古くから観賞用に栽培される多年草。夏、赤紫色の小花が密集して咲く。▽咲く様子を①に見立てた。ばら科。

ぎょうがまえ(：が まへ)【行構(え)】漢字の構えの一つ。「術」「街」などの「行」の称。ゆきがまえ。

きょうがる【興がる】〘五自〙面白がる。

きょうかん【凶漢・×兇漢】人に危害を加える悪漢。

きょうかん【郷関】①故郷とよそとの境。②転じて、ふるさと。「―を出る」

きょうかん【共感】〘名・ス自〙他人の感情・考え・主張に、全くそうだと感じること。その気持。「―を覚える」「広く―を呼ぶ」「―を得る」

きょうかん【叫喚】①〘名・ス自〙大声でさけびわめくこと。②〘名〙「叫喚地獄」の略。 **―じごく**【―地獄】〔仏〕八熱地獄の第四。悪業を犯した者が死後、熱湯や猛火の中に入れられ、苦しんで泣き叫ぶ所。「阿鼻(あび)―」

きょうかん【教官】公務員(官吏)の身分にある教員・研究員。㋐国公立の学校・研究所・研修所等で教育や研究を職務とする公務員。「法務―」「地方―」▽一般には、私立大学や専門学校の教員、教習所の指導員などを指すこともある。㋑旧制の学校で教練を担当した将校。

きょうかん【経巻】経文を書いた巻物。

きょうかん【峡間】谷あい。谷間(たにま)。

きょうかん【胸間】①胸のあたり。②心の中。

ぎょうかん【行間】文章の行と行との間。「―を読む」(文章の表面に表されていない真意をくみとる)

きょうき【凶器・×兇器】人を殺傷するのに使う器具。刃物・ピストル等。

きょうき【強記】物おぼえがいいこと。「博覧―」

きょうき【驚喜】〘名・ス自〙思いがけずうれしい事が起こって喜ぶこと。またその喜び。

きょうき【狂喜】〘名・ス自〙気も狂いそうなほど喜ぶこと。激しく喜ぶこと。「―乱舞」

きょうき【狂気】精神状態が常軌を逸していること。また、そのような心。「―の沙汰(さた)」

きょうき【×侠気】強い者をくじき弱い者を助けようとする心。おとこぎ。

きょうき【狭軌】鉄道のレールの幅が国際標準一・四三五メートルより狭いもの。↔広軌。▽日本では一・〇六七メートルを標準として、これより狭いものを言った時期がある。

き

きょうぎ【協議】《名・ス他》寄り合って相談すること。その相談。「対策を―する」「―がまとまる」「―会」▽「―を経て……しなければならない」のような文脈では、同意に至ることまで含むのが普通。

きょうぎ【教義】宗教の(各宗派の)教えの内容・主張。

きょうぎ【狭義】同じ言葉(表現)が指す意味の範囲に広さの違いがある時、狭い方の意味。↔広義

きょうぎ【競技】《名・ス自》技術の優劣を争うこと。特にスポーツの試合をすること。また、スポーツのこと。「陸上―」「―ダンス」「―カルタ」 **―じょう**【―場】①競技をするための定められた線などを引いた区画。コート。ピッチ。フィールド。②各種の競技をおこなう総合的施設。多く客席を設ける。スタジアム。

きょうぎ【経木】スギ・ヒノキ等の材木を紙のように薄く削ったもの。食品を包むのに使う。▽古くは経文を書くのに使った。

ぎょうき【×澆季】人情が薄く、世の乱れた時代。末の世。▽「澆」は軽薄、「季」は末の意。

ぎょうぎ【凝議】《名・ス他》はかりごとをこらすこと。あれこれと相談すること。「鳩首(きゅうしゅ)―」

ぎょうぎ【行儀】立居振舞いの作法(さほう)。「―見習い」「―よく(=きちんと)並ぶ」

きょうきゃく【橋脚】橋げたを支える柱。

きょうきゅう【供給】《名・ス他》①要求・必要に応じて物をそちらにまわし与えること。「一般家庭に電力を―する」②販売・交換のため商品を市場(しじょう)に出すこと。↔需要

きょうぎゅうびょう【狂牛病】BSEの俗称。↓ビーエスイー

きょうきょう【×兢×兢】《ト タル》おそれて、つつしむ様子。びくびく。「戦戦―」

きょうきょう【恐恐】『―謹言』おそるおそる謹んで申す意。▽書簡の結びに使う語。

きょうきょう【×恟×恟】《ト タル》びくびくするさま。「天変地異に人心―」「―たる一夜」

きょうぎょう【協業】《名・ス他》ある生産工程や業務を、多くの労働者や企業が、分担し合って組織的に働くこと。

ぎょうきょう【業況】その産業または企業体の景況。

ぎょうぎょうし【行行子】↓よしきり

ぎょうぎょうしい【仰仰しい】《形》大げさで、目立ちすぎる様子だ。「―見送り」 派生 **―さ**

きょうきん【胸襟】『―をひらく』心の中をうちあける。うちとける。▽「胸襟」は、むねとえりの意。

きょうく【恐×懼】《名・ス自》非常におそれかしこまること。

きょうく【教区】宗門の布教・監督のため設けた区域。

きょうく【狂句】こっけいな俳句。俳句の形をとった、しゃれ。

きょうぐ【教具】授業を効果的に進めるための道具。▽黒板・掛図・標本・テレビ・パソコンなど。広くは教科書も言う。

きょうくう【胸×腔】〔医〕↓きょうこう(胸腔)

きょうぐう【境遇】社会の中で、ある人を取り巻く一切の関係。めぐりあわせ。身の上。

きょうくん【教訓】《名・ス他》おしえさとすこと。またその言葉。「―を垂れる」「事件から―を得る」

きょうけ【教化】《名・ス他》〔仏〕説き教えて感化し、人々を仏道に導くこと。▽「きょうげ」とも言う。

きょうけい【恭敬】つつしみうやまうこと。

ぎょうけい【行刑】刑の言渡しを受けた者に、その刑を執り行うこと。

ぎょうけい【行啓】太皇太后・皇太后・皇后・皇太子・皇太子妃・皇太孫などのお出まし。▽↓ぎょうこう(行幸)

きょうげき【京劇】中国の古典的な劇。俳優が歌い、せりふを言い、そのしぐさは舞踊的で、囃子方(はやしかた)を伴う。▽北京(ペキン)に伝わった劇。「けいげき」とも言う。

きょうげき【挟撃・×夾撃】《名・ス他》はさみうち(をすること)。

きょうげき【矯激】《名・ダナ》人の言動が度はずれて激しいこと。「―に過ぎる」

きょうけつ【供血】《名・ス自》輸血に必要な血を提供すること。

ぎょうけつ【凝血】《名・ス自》体外に流れ出て固まった血。体外に流れ出た血が固まること。

ぎょうけつ【凝結】《名・ス自》①物がこり固まること。②〔物理〕↓ぎょうしゅく⑵㋐

きょうけん【強健】《名ナ》体が丈夫で、病気をしないこと。「老いてなお―を誇る」「身体―な」

きょうけん【強権】強い権力。警察・軍隊などの強制的な権力。「―発動」「―的に取り調べる」

きょうけん【強肩】野球などで、投球力がすぐれていること。「―の外野手」

きょうけん【教権】①宗教上の権力。特にカトリックで教皇・教会が持つ権力。②教育上、教師が学生・生徒に対して持つ権力。

きょうけん①【恭倹】《名ナ》人にはうやうやしく、自分は慎み深くすること。②【恭謙】《名ナ》つつしみ深く、へりくだること。

きょうけん【狂犬】狂犬病にかかって、むやみに人にかみつく犬。▽比喩的にも使う。 **―びょう**【―病】哺乳(ほにゅう)類に感染し、発病すると神経系をおかし多くは死に至る、ウイルスによる感染症。発病した犬に咬(か)まれることで人に感染することが多かった。水を飲んだり見たりするだけで呼吸困難になるところから恐水病とも呼ばれる。

きょうげん【狂言】①能楽の間に演じる、滑稽なせりふ劇。能狂言。「―師」②歌舞伎芝居の出し物。「顔見世―」③たわむれに言う言葉。道理に合わない言葉。④仕組んで偽ること。うそ。「―自殺」 **―きご**【―×綺語】道理に合わない言葉や作り飾った言葉。小説・作り物語を指す。▽古くは「きょうげんきぎ

ょ」とも。 **―まわし**【―回し】芝居で、主人公ではないが、場面の転換や話の進行にあたる重要な役がら。

きょうこ【強固・×鞏固】《ダナ》しっかりして動かないさま。「意志―」「―な地盤」派生 **―さ**

ぎょうこ【凝固】《名・ス自》①こりかたまること。②〔物理〕液体・気体が固体になること。↔融解。「血液の―」

きょうごいん【教護院】↓じどうじりつしえんしせつ。▽「感化院」の改称。

きょうこう【凶荒】穀物がみのらないこと。不作による飢饉(ききん)。

きょうこう【凶行・×兇行】殺人・傷害などの乱暴な悪い行い。

きょうこう【強行】《名・ス他》無理だと思っても思いきって行うこと。「反対をおしきって―する」

きょうこう【強攻】《名・ス他》(危険を覚悟で)無理して攻めること。「―策」

きょうこう【強硬】《ダナ》自分の主張などを強く押し通そうとするさま。手ごわいさま。↔軟弱。「―に主張する」派生 **―さ**

きょうこう【恐慌】①恐れてあわてること。②〔経済〕株価の急落、物価の暴落、支払不能、倒産・破産、失業などを起こすような、資本主義経済における混乱状態。パニック。

きょうこう【恐×惶】おそれ入ること。「―の態(てい)」「―謹言」(丁重な手紙の結びの表現の一つ)

きょうこう【教皇】ローマ カトリック教会の首長。法王。

きょうこう【胸×腔】胸部の体腔(たいこう)。内部に肺・心臓などがおさまり、横隔膜で腹腔(ふくこう)と隔てられる。▽医学用語では「きょうくう」と読む。

きょうこう【△向後・×嚮後】《副詞的にも使う》今後。これから先。「―の推移」「―(は)縁を絶つ」▽「向後」は「こうご」とも読む。

きょうごう【強豪】強くて手ごわいこと。そういう人(・チーム)。

きょうごう【△校合】《名・ス他》基準とする本文に照らして、本文の異同を確かめること。「異本と―する」

きょうごう【競合】《名・ス自》互いにせりあうこと。「―するバス路線」

きょうごう【×驕傲】《名ナ》おごりたかぶること。

ぎょうこう【×僥×倖】偶然に得るしあわせ。

ぎょうこう【暁光】あけがたの空の光。

ぎょうこう【行幸】《名・ス自》天皇のお出まし。みゆき。

きょうこうぐん【強行軍】①時間的に無理な計画を強いて実行すること。▽②の比喩的用法。②できるだけ速く目的地に達するため、一日の行程を増して行う、激しい行軍。

きょうこく【峡谷】幅の割に、深く、きりたった細長い谷。深い谷。

きょうこく【強国】軍事力が強く、経済力にも富む国。↔弱国

きょうこく【郷国】ふるさと。生まれ故郷。

きょうこつ【×俠骨】おとこだての気性。俠気(きょうき)に富む気骨。

きょうこつ【胸骨】胸郭の前面中央で、肋骨(ろっこつ)をつないでいる骨。

きょうこつ【△頰骨】ほおの上部、目の斜め下に左右一個ずつある骨。顴骨(かんこつ・けんこつ)。

きょうさ【教唆】《名・ス他》①おだててそそのかすこと。②法律で、犯罪を行おうと思うように他人にしむけること。「―扇動」

ギョウザ ↓ギョーザ

きょうさい【共済】力を合わせて助け合うこと。「―組合」

きょうさい【共催】《名・ス他》共同で主催すること。

きょうさい【恐妻】妻の勢いに押されて、いつも妻の思わくを恐れ気にする、夫の態度。「―家」▽第二次大戦後、広まった語。以前からある「かかあ天下」は家庭の状態を主眼にして言う。

きょうざい【教材】授業・学習に使う材料。「視聴覚―」

きょうさく【狭×窄】間がすぼまって狭いこと。「幽門―」「―射撃」(狭い場所で練習として行う小銃射撃)

きょうさく【凶作】天災や気候不順などのために、作物のみのりが非常に悪いこと。↔豊作

きょうさく【競作】《名・ス他》(作品などを)競争で作ること。

きょうさく【△警策】↓けいさく(警策)(1)

きょうざつ【×夾雑】余計なものがまじりこむこと。「―物」

きょうざまし【興△醒(ま)し】せっかくの面白みをこわしてしまうもの。また、それによって面白みがなくなること。

きょうざめ【興△醒め】《ダケ・ス自》興味がそがれるさま。面白みがなくなること。「なんとも―な話だ」

きょうざめる【興△醒める】《下一自》面白がっていた気分が(ある原因によって)消える。

きょうさん【共産】財産を共有にすること。 **―けん**【―圏】共産主義をとる諸国の地域。 **―しゅぎ**【―主義】財産の共有を目ざす主義。特に、マルクスが唱え出した、生産手段の社会的共有により、階級や搾取のない、平等な社会を目ざす思想・運動。 **―とう**【―党】マルクス レーニン主義を原理とし、共産主義の実現を目ざす政党。

きょうさん【協賛】《名・ス自》①(計画の趣旨に)賛成し、助力すること。②旧憲法で、議会が法律案・予算案を成立させるための意思表示をすること。

きょうさん【強酸】酸性度の強い酸。塩酸・硝酸・硫酸の類。↔弱酸

ぎょうさん【仰山】《ダナ・副》数量が非常に多いさま。また、大げさなさま。「―な身ぶり」▽関西方言。

きょうし【×嬌姿】(女の)あでやかでなまめかしい姿。

きょうし【教師】①学業を教える人。教員。先生。「家庭—」②宗教の指導者。布教師。

きょうし【狂死】『名・ス自』気が狂って死ぬこと。狂いじに。

きょうし【狂詩】江戸時代中期以降、漢詩の形式をとって、日本で作ったこっけいな詩。

きょうじ【凶事】縁起が悪いこと。不吉な出来事。↔吉事

きょうじ【教示】『名・ス他』教え示すこと。「ご—を仰ぐ」▽「きょうし」とも言う。

きょうじ【×矜持・×矜×恃】自分の能力を信じていだく誇り。プライド。▽「きんじ」は俗読み。

きょうじ【×驕児】①わがままな子供。だだっこ。②比喩的に、思いあがって勝手にふるまう若者。

きょうじ【△脇侍・×夾侍】→わきじ

ぎょうし【凝脂】①こりかたまった脂肪。②なめらかでつやのある白い肌。

ぎょうし【凝視】『名・ス他』ひとみをこらして見ること。じっと見詰めること。

ぎょうし【仰視】『名・ス他』あおぎ見ること。

ぎょうじ【行事】儀式化して、または一定の計画のもとに、日を決めて行う事柄・催し。「年中—」「学校—」

ぎょうじ【行司】相撲(すもう)の土俵上で、勝負の進行・判定をする役の人。軍配を持つ。

ぎょうじ【行持】『名・ス他』仏道を常に怠らず修行すること。

きょうしきょく【狂詩曲】→ラプソディー

きょうしつ【教室】①(学校で)学習や授業をする室。②大学の組織としての、専攻科目ごとの教員集団。「—会議」③技芸などを習うところ。その集まり。「編物—」

きょうしつ【狂疾】精神病。

きょうじつ【凶日】不吉な日。物事を行うのに縁起の悪い日。↔吉日(きちじつ)

ぎょうじつ【行実】人が実際に行ったことがら。▽「こうじつ」とも言う。

きょうしゃ【強者】強い者。↔弱者

きょうしゃ【狂者】→きょうじん(狂人)

きょうしゃ【狭斜】花柳界の異名。「—の巷(ちまた)」▽昔の中国の都、長安の遊郭の地の名による。

きょうしゃ【香車】将棋で、前方にだけ幾ますでも進める駒。きょうす。きょう。

きょうしゃ【×驕×奢】『名ナ』おごり。ぜいたく。「—な暮らし」

きょうじや【経師屋】書画の幅(ふく)、また、ふすま・びょうぶなどの表具をする人。表具師。

ぎょうしゃ【業者】①事業や営業をしている人。②同業者。

ぎょうじゃ【行者】仏道・修験(しゅげん)道の修行をする人。

きょうじゃく【強弱】強さと弱さ。また、強さの度合。

きょうしゅ【凶手・×兇手】乱暴な悪事をする者。また、そのしわざ。「—にかかる」

きょうしゅ【×拱手】『名・ス自』①両手を組み合わせること。手をこまぬくこと。②手を下さず何もしないでいること。「—傍観」

きょうしゅ【教主】宗教の一派をはじめた人。また、開祖の跡を継ぎ、その宗教教派を代表する人。▽釈迦(しゃか)を指す時もある。

きょうしゅ【×梟首】『名・ス他』打首にした罪人の首を木にかけてさらすこと。さらし首。

きょうしゅ【興趣】物事から感じられる(低俗でない)面白み。「—を添える」「—をそぐ」

きょうじゅ【享受】『名・ス他』受け取って、自分のものにする、また、芸術美などを味わい楽しむこと。「自由を—する」

きょうじゅ【教授】①『名・ス他』学術・芸事を教え授けること。「個人—」②『名』大学(・高等専門学校)および旧制の高等学校・専門学校で、講義・研究する職(の人)。

ぎょうしゅ【業主】事業・営業の経営者。

ぎょうしゅ【業種】事業・営業の種別。

きょうしゅう【×嬌羞】(女が)なまめかしく示す恥じらい。

きょうしゅう【強襲】『名・ス他』①(わが損害も顧みず)猛烈な勢いで敵におそいかかること。②強烈におそうこと。「—ヒット」

きょうしゅう【教習】教え習わせること。「—所」▽以前はサ変他動詞にも使った。

きょうしゅう【郷愁】異郷のさびしさから故郷に寄せる思い。ノスタルジア。「—に駆られる」「—を誘う」

ぎょうしゅう【凝集・凝×聚】『名・ス自』散らばったり溶けたりしていたものが、集まって固まること。

ぎょうじゅうざが【行住×坐×臥】歩き、止まり、座り、臥す、日常のふるまい。日常。平生(へいぜい)。「—心に掛ける」

きょうしゅく【恐縮】『名・ス自』身もちぢまるほど恐れ入ること。「まことに—ですが」「—千万(せんばん)」▽お礼を言うあいさつの言葉としても使う。

ぎょうしゅく【凝縮】『名・ス自』①こり固まって縮まること。②〔物理〕㋐飽和蒸気の温度を下げるか圧縮するかすると、その一部が液体になる現象。㋑↓ぎょうこ

きょうしゅつ【供出】『名・ス他』①提供すること。②米・麦などの農作物の割当量を法律に従って政府に売り渡すこと。「—米(まい)」

きょうじゅつ【供述】『名・ス他』裁判官・検察官などの尋問に答えて事実や意見を述べること。

きょうじゅん【恭順】つつしみの態度で従うこと。

きょうしょ【教書】①権力・権威のある者が発する文書。㋐アメリカで大統領・州知事が議会に出す政治上の意見書。また国民に呼びかけ、政府の意向を示す文書。㋑ローマ教皇が公式に発する訓告の宣言。②教科書のこと。

きょうじょ【共助】助けあい。

きょうじょ【狂女】正気(しょうき)でない女。気が違った女。

ぎょうしょ【行書】漢字の書体の一つ。楷書を少しくずした書き方。

きょうしょう【協商】①《名・ス自》相談して(=協)とりはからう(=商)こと。②《名》〔法律〕二国以上が(同盟を結ぶほどではないが)ある事柄を協定すること。その協定。

きょうしょう【×嬌笑】(女の)色っぽい笑い。

きょうしょう【狭小】《名ナ》狭くて小さいこと。↔広大。「—な国土」「—な度量」

きょうしょう【×梟将】勇猛な武将。

きょうじょう【凶状・×兇状】犯罪。罪状。「—持ち」(前科者)

きょうじょう【教場】→きょうしつ(教室)⑴

きょうじょう【教条】教会が公認した教義(の箇条)。**—しゅぎ**【—主義】権威者が述べた事を、その精神を深くも理解せず、杓子定規(しゃくしじょうぎ)に振りまわす態度。▽dogmatism の訳語。

ぎょうしょう【暁鐘】夜明けに鳴らす鐘の音。明けの鐘。↔暮鐘

ぎょうしょう【行商】《名・ス他》(店を構えず)商品を持って一軒一軒をたずね、小売りすること。また、その小売り商人。「—人」

ぎょうしょう【×驍将】強い武将。勇ましい武将。

ぎょうじょう【行状】人の日々の行い。品行。身持ち。

きょうしょく【教職】学生・生徒・児童(や公衆)を教える職。

きょうしょく【矯飾】偽りかざること。うわべをかざること。

きょうしょくいん【教職員】教員と教育関係の職員。

きょう-じる【興じる】《上一自》面白がって夢中になる。愉快に思う。きょうずる。「遊びに—」「笑い—」

きょうしん【共振】《名・ス自》振動する物体が、外部の振動と同期して更に大きく振動すること。▽↓きょうめい(共鳴)⑴

きょうしん【強震】もとの震度階級の一つ。震度五。壁に割れ目が入り、墓石が倒れ、煙突や石垣がこわれる程度の強い地震。

きょうしん【狂信】《名・ス他》理性を失っていると見えるほど信じ込むこと。「—的な態度」

きょうじん【凶刃・×兇刃】人殺しに使う刃物。

きょうじん【強×靭】《名・ダナ》しなやかで強いこと。強くてねばりがあること。「—な筋肉」「—な精神」 派生 **-さ**

きょうじん【狂人】正気(しょうき)でない人。気が違った人。狂者。

きょうしんかい【共進会】農作物や工業製品を出品させ展覧し、その優劣を審査する会。▽産業振興のために行った。

きょうしんざい【強心剤】心臓の働きをつよめ、衰弱を防ぐための薬。

きょうしんしょう【狭心症】心筋への血流が低下することで発作的に起こる、胸部がしめつけられるように激しく痛む症状。

きょうす →きょうしゃ(香車)

きょうすい【胸水】胸膜炎などの時、胸膜腔(くう)の中にたまる液。

ぎょうずい【行水】《名・ス自》(夏の暑い時など)湯や水を入れたたらいにはいって、体の汗を流すこと。「烏(からす)の—」(ごく短時間で入浴をすますことのたとえ) ▽もと、潔斎のため、水・湯で体を清めること。

きょうすいびょう【恐水病】→きょうけんびょう

きょう-する【供する】《サ変他》①差し出す。「客に茶菓を—」②役立つようにする。「閲覧に—」

きょう-する【狂する】《サ変自》①常軌を逸する。気が違う。②理性を失っていると見えるほど夢中になる。

きょう-する【×饗する】《サ変他》ごちそうして、もてなす。

きょう-ずる【興ずる】《サ変自》→きょうじる

きょうせい【共生・共×棲】《名・ス自》①いっしょに生きてゆくこと。②〔生物〕異種の生物が相手の足りない点を補い合いながら生活する現象。

きょうせい ①【矯正】《名・ス他》欠点を直すこと。正常な状態に変え正すこと。「歯並びを—する」②【×匡正】《名・ス他》間違っているものを正しく直すこと。

きょうせい【強制】《名・ス他》力ずくで、または権力によってさせること。無理じい。「兵役義務を国民に—する」「—労働」「なかば—的に」 **—しっこう**【—執行】《名・ス他》債務者に対する債権者の請求権を、法律に基づき、国家の強制手段によって実現すること。その手続き。 **—しょぶん**【—処分】《名・ス他》犯人の逃亡や証拠の湮滅(いんめつ)を防ぐために、国家がその人や物に直接加える処分。 **—そうかん**【—送還】《名・ス他》密入国や国内で暴力行為をした外国人を、国家権力で本国に送りかえすこと。

きょうせい【強勢】①つよいいきおい。②言語学で、語の中のある音節を際立たせるための力の程度。強弱で示される。

きょうせい【強請】《名・ス他》→ごうせい(強請)

きょうせい【教生】教育技術の実習をする学生。教育実習生。

きょうせい【×嬌声】(女の)なまめかしい声。

ぎょうせい【暁星】夜明けの空に消え残る星。特に、明けの明星(みょうじょう)。

ぎょうせい【行政】国の統治作用のうち、司法・立法以外の面の総称。㋐司法以外で法に従って国を治めること。「—機関」「—府」「—大臣」(行政を分担管理する地位としての総理大臣・各省大臣) ㋑国会・司法裁判所以外の国家機関や地方公共団体が法規の範囲内で行う政務。 **—かん**【—官】行政事務をつかさどる官吏。 **—きょうてい**【—協定】国と国との行政機関が結ぶ協定。条約と違って国会の批准を要し

ない。　**ーけん**【ー権】行政を行う権能。↕立法権・司法権。　**ーしょし**【ー書士】他人の嘱託を受けて、官公署に提出する書類の作成と提出手続きの代理を(業と)する人。　**ーせいり**【ー整理】人員や費用を切り詰めるため行政機関の組織を簡素化すること。**ーそしょう**【ー訴訟】行政官庁の違法な処分によって権利をおかされた者が、その取消しや変更を求めるために起こす訴訟。　**ーほう**【ー法】行政上の組織および(行政の主体である)国・地方公共団体と人民との関係を規定する法規。

ぎょうせき【行跡】人の行いのあと。身持ち。行状。

ぎょうせき【業績】事業や学術研究の上でなしとげた仕事。仕事のできばえ。「ーを挙げる」

きょうせん【胸腺】胸骨のうしろ側、心臓の前にある器官。免疫機能に重要な働きをする。思春期以後、次第に退化する。

きょうぜん【×饗膳】ごちそうのおぜん。

ぎょうぜん【凝然】《ト タル》じっと動かないさま。「ーと立ちつくす」

きょうそ【教祖】①ある宗教・宗派をひらいた人。②比喩的に、新しい運動の熱狂的リーダー。

きょうそう【強壮】《名ナ》強くて健康なこと。「ー剤」

きょうそう【狂騒・狂×躁】理性を失った騒ぎ。

きょうそう【競×漕】船、特にボートで一定の距離を速くこぐ競争。

きょうそう【競争】《名・ス自他》勝ち負け・優劣を人とせりあうこと。「生存ー」「世界各国とーする」　**ーしけん**【ー試験】多数の志望者の中から一定の人数を選ぶために行う試験。↕資格試験。　**ーしん**【ー心】何事につけても人に負けまいと張りあう心。

きょうそう【競走】《名・ス自》一定の距離を、速さをきそって走ること。「徒ー」「ー馬」▽車などにも言う。

きょうぞう【経蔵】①仏の教説を集成した典籍。律蔵・論蔵とともに三蔵の一つ。②経典を入れておく蔵。

きょうぞう【胸像】人物の胸から上だけの像。

きょうぞう【鏡像】鏡の反射によって作られた物体の像。また、左右が反転した像や図形。

ぎょうそう【形相】(普通ではないと感じられるような)かおかたち。「温和な顔が別人のような恐ろしいーに変わった」▽「けいそう」と読めば別の意もある。

きょうそうきょく【狂想曲】変化に富んだ自由な手法で作曲した器楽曲。カプリッチオ。

きょうそうきょく【協奏曲】→コンチェルト

きょうそく【教則】物事を教える上の規則。「ー本」(音楽演奏の基本技法を段階を追ってしるした本)

きょうそく【△脇息】すわった時、脇(わき)に置いて、ひじをかけ、体をもたせかけるための道具。

きょうぞく【凶賊・×兇賊】乱暴で、むやみに人を殺傷する賊。

きょうぞめ【京染(め)】京都で作られる染物。京都式の染物。

きょうそん【共存】《名・ス自》同時に二つ以上のものが共に存すること。特に、自分も他人もそろって生存すること。「ーをはかる」「ー共栄」▽「きょうぞん」とも言う。

きょうだ【×怯×懦】《名ナ》おくびょうで気の弱いこと。

きょうだ【強打】《名・ス他》①強い勢いで打つこと。「ころんで頭をーした」②野球等の球技で、球を強く打つこと。

きょうたい【×嬌態】媚(こび)を含んだ色っぽい態度・様子。

きょうたい【狂態・狂体】正気(しょうき)とは思われない態度・様子または体裁。

きょうたい【×筐体】機器の外側を成すはこ。

きょうだい【兄弟】①同じ親から生まれた間柄の者。また、結婚などの結果、同じ人を親と呼ぶ間柄になった(夫・妻以外の)者。「私にはーが無い」▽片親だけ同じでもよい。姉・妹をも含めて言う。また、自分(その人)を含まない場合(例、「太郎のー」)と含む場合(例、「太郎ー」「花子は三人ーだ」)とがある。また、動物などにも言う。「ねこのー」②→きょうだいぶん。［関連］はらから・姉妹・義兄弟・乳兄弟(ちきょうだい)・異父兄弟・異母兄弟・兄・兄貴・長兄・次兄・実兄・義兄・姉・姉貴・実姉・義姉・弟・実弟・義弟・妹・実妹・義妹・にいさん・ねえさん・令兄・愚兄・令弟・愚弟・舎弟　**ーぶん**【ー分】血縁の兄弟ではないが、約束を結んで兄弟同様の親しい間柄となった者。

きょうだい【強大】《名ナ》強くて大きいこと。↕弱小。「ーな権力」［派生］**ーさ**

きょうだい【橋台】橋の両端で橋をささえる部分。

きょうだい【鏡台】顔や姿をうつし化粧をするための、鏡を取り付けた台。▽もとは手鏡を立て掛けた。

ぎょうたい【凝滞】《名・ス自》交通や仕事の運びが、とどこおって進まないこと。

ぎょうたい【業態】営業や企業の状態。

きょうたく【供託】《名・ス他》金銭・有価証券・物品を供託所や一定の者に差し出し、保管してもらうこと。▽提供寄託の意。供託すべき場合やその効力が、法律で決められている。

きょうたく【教卓】教室で教師の前に置いてある、教授用の机。

きょうたん【驚嘆・驚×歎】《名・ス自》びっくりして感心すること。ひどく感心すること。思いがけない出来事にあって驚くこと。「ーすべき記憶力」

きょうだん【凶弾・×兇弾】凶悪な者が発した弾丸。「ーに倒れる」

きょうだん【教壇】教室で、教師が教授するときに立つ壇。「ーに立つ」(教職につく意にも)

きょうだん【教団】同じ教義の信者が作った宗教団体。

きょうち【境地】体や心が置かれている状態。㋐立場。㋑心境。「無我のー」

きょうちくとう【×夾竹桃】インド原産で、夏、こずえに紅・白色の花がたくさん咲く観賞用の常緑低木。葉は厚く、形が竹の葉に似る。有毒。▽きょうちくとう科。

ぎょうちゃく【凝着】《名・ス自》異種の物質がふれあって、互いにくっつくこと。「―力」

きょうちゅう【胸中】胸の中。心の思い。「―を察する」

ぎょうちゅう【×蟯虫】人の腸に寄生する、体長一センチ前後の細長い紡錘(ぼうすい)形の寄生虫。ヒトギョウチュウ。▽広くは、ヒト以外に寄生する種も含めて、ぎょうちゅう科の生物の総称。

きょうちょ【共著】二人以上が共同で書物を書きあらわすこと。

きょうちょう【凶兆】よくないことの前ぶれ。不吉のしるし。↔吉兆

きょうちょう【協調】《名・ス自》①利害の対立した者同士が、おだやかに問題を解決しようとすること。「労資―」②性格・考え方などの異なった者同士が、互いにゆずりあって調和していこうとすること。「―性に欠ける」▽協同調和の意。

きょうちょう【強調】①《名・ス他》調子を強めること。また、強い調子で主張すること。力説。「違いを―する」②《名ナ》〔取引〕相場がしっかりしていて、下落に向かわないこと。

きょうちょう【狭長】《名ナ》(地形が)狭くて長いこと。

きょうちょく【強直】①《名・ス自》(関節の動きや筋肉が)こわばること。「ひざの―」②《名ナ》心が強く正直なこと。

きょうつい【胸椎】脊柱の一部で、頸椎(けいつい)と腰椎の間の部分。人では十二個の椎骨からなる。

きょうつう【共通】《名・ダナ・ス自》二つ以上の物事のどちらにもあること、また、当てはまること。「趣味の―が二人を近づけた」「都会人に―の欠点」「―な部分集合」「市民参加制度が―に抱える悩み」「失敗の原因は―だ」「猫と犬に―する性質は」「―項」 **―ご**【―語】国内(または広い地域)のどこでも、更に広くは世界のほとんどの国で通じる言語。「全国―」「英語は今や世界の―だ」▽初めの意味では方言に対して言うが、標準語とは限らない。

きょうつう【胸痛】胸部の痛み。主として胸腔(きょうこう)や腹腔の中の臓器の病気から起こる。

きょうづくえ【経机】お経をのせておく机。

きょうてい【協定】①《名・ス他》協議して定めること。相談して決めること。またその決めた事柄。②《名》国家間の取り決めで、あまり厳重な手続きをしないで結べるもの。

きょうてい【教程】ある科目を教える順序・方式。▽「○○教程」のように教科書の名称に使うことがある。

きょうてい【×篋底】箱の底。「―に秘す」(しまいこんで人に見せない)

きょうてい【胸底】胸の底。心の奥。

きょうてい【競艇】↓ボート レース(2)

きょうてき【強敵】てごわい敵。油断できない強い敵。↔弱敵

きょうてき【狂的】《ダナ》常軌を逸しているさま。「―な執着」

きょうてん【教典】その宗教の教えをしるした、基本的な書物。例、キリスト教の聖書。

きょうてん【経典】①仏の教説を書きとどめた書物。広く仏教の聖典(=三蔵)。経(きょう)。②教典。

きょうでん【強電】電気を動力・熱などのエネルギー源として利用するための工学部門の俗称。発電・送電なども含む。↔弱電

ぎょうてん【仰天】《名・ス自》非常に驚くこと。あきれ返ること。「びっくり―」▽驚きのあまり、天を仰ぐ意。

ぎょうてん【暁天】明けがたの空。また、明けがた。「―の星」(非常に数が少ないことのたとえ)

きょうてんどうち【驚天動地】天を驚かし地を動かすこと。震天動地。「―の大事件」

きょうと【凶徒・×兇徒】乱暴で人殺しなどをする悪者。また、暴動の仲間。暴徒。

きょうと【教徒】宗教の信徒。信者。「キリスト―」

きょうど【強度】強さの度合。また、度合が強いこと。「―試験」「―の近視」

きょうど【強×弩】勢いのつよい、いしゆみ。「―の末(すえ)」(勢力のあった者も、その衰える時期には何事もなし得ない意)

きょうど【郷土】①生まれて育った土地。故郷。②《複合語の中で》その地方(特有)。「―芸能」 **―しょく**【―色】その地方特有の風趣。地方色。ローカル カラー。

きょうとう【×侠盗】(金持から盗んで貧乏人に恵むような)義侠心(ぎきょうしん)のある盗賊。

きょうとう【共闘】《名・ス自》「共同闘争」の略。二つ以上の組織が共同して闘争すること。

きょうとう【教頭】学校の校務を整理し、校長を補佐する役の教員。

きょうとう【狂×濤】荒れ狂う大波。

きょうとう【郷党】郷土の人々。

きょうとう【驚倒】《名・ス自》非常に驚くこと。▽「倒」は動作が激しいことを表す。

きょうどう【共同】《名・ス自》①二人以上でいっしょに行うこと。また、二人以上が同等の資格で結びつくこと。「井戸を―で使う」「民間企業と―で開発する」「他の都道府県と―して、連合審査会を置く」②↓きょうどう(協同)。 **―しゃかい**【―社会】↓ゲマインシャフト。↔利益社会。 **―せんせん**【―戦線】二つ以上の団体が、当面の共通目的によって結びついて作る態勢・組織。「―を張る」(比喩的に一致団結して事に当たる意にも) **―たい**【―体】血縁的・地縁的、また感情的なつながりによって結びつい

た人間社会の様式。協同体。　―ぼうぎ【―謀議】数人が共同で犯罪の実行を相談し、合意すること。そのうちのある者に実行させる場合を言う。

きょうどう【協同】『名・ス自』心をあわせ、力をあわせ、助けあって仕事をすること。「―一致」「国と都道府県が―して事業を実施する」　**―くみあい**(‥ぁひ)【―組合】労働者・農民・一般勤労者・中小企業家などが、消費者や生産者として、生活や事業の改善のために協同事業を行う組織。　**―たい**【―体】↓きょうどうたい(共同体)

きょうどう【×嚮導】『名・ス他』先だちをして案内すること。またその人。道案内。

きょうどう【教導】『名・ス他』教え導くこと。またその職務の人。

きょうどう【鏡銅】青銅の一種。錫(すず)の含有率が高く白銀色。金属鏡の材料にした。

ぎょうどう【行道】法会(ほうえ)などで、僧侶(そうりょ)が経を読みながらめぐり歩くこと。

きょうとうほ【橋頭×堡】①〔軍事〕橋を守るため、その前方に築くとりで。また、川・湖・海などの岸近くで、渡って来た部隊を守り、以後の攻撃の足場とする地点。「―を築く」②比喩的に、拠点。足場。▽「きょうとうほう」とも言う。

きょうな【京菜】↓みずな(1)

きょうにん【×杏△仁】アンズのたねの中にある仁(じん)。また、それを干した漢方薬。水を加えて蒸留した杏仁水は鎮咳(ちんがい)剤とし、圧搾して得た杏仁油は軟膏(なんこう)などを作るのに使う。あんにん。

ぎょうにんべん【行人偏】漢字の偏の一つ。「役」「後」などの「彳」の称。▽「行」の字の偏であり、人偏に似ているところから。↓ぎょうがまえ

きょうねん【享年】天から授かって、この世に生存した年齢。死んだ時の年齢。行年(ぎょうねん)。「―八十歳」▽「享」はうける意。

きょうねん【凶年】農作物の出来が非常に悪い年。↕豊年

ぎょうねん【行年】①↓きょうねん(享年)。②↓こうねん(行年)

きょうは【教派】同じ宗教の中での分派。宗派(しゅうは)。

きょうばい【競売】『名・ス他』多くの買い手に競争で値をつけさせ、一番高値をつけた者に売ること。せり売り。「―にかける」▽法律では「けいばい」と言う。

きょうはく【強迫】『名・ス他』①無理じい(すること)。②民法で、相手方に害悪が生じるぞと告げ、恐れさせること。▽↓きょうはく(脅迫)。　**―かんねん**【―観念】いくら打ち消しても、心につきまとって離れない、不快・不安な気持。

きょうはく【脅迫】『名・ス他』①おどしつけること。おどし。「―状」「口止め料を払えと―する」②刑法で、他人を恐れさせる目的で、害悪を加える意思を示すこと。「―罪」「刃物をつきつけて―する」▽↓きょうはく(強迫)(2)

きょうはん【共犯】二人以上が共同で行う犯罪。互いにその関係にある者。「―者」

きょうはん【教範】教える法式。教授の範例。

きょうはん【橋畔】橋のたもと。橋のそば。

きょうび(けふ)【〈今日〉日】今どき。この節。現在。現代。「―そんなことは流行(はや)らない」

きょうふ【恐怖】『名・ス自』恐れること。恐れる心。恐ろしい感じ。　**―しょう**【―症】理由もないと知りながら、ちょっとした事に恐怖・不安を感じる状態。「赤面―」　**―せいじ**【―政治】反対者を投獄・殺害するなどの手段で押さえつけて行う悪政。

きょうふ【教父】①初期のキリスト教会のすぐれた指導者たちの称。②洗礼の時の名づけ親。

きょうぶ【胸部】胸の部分。特に胸腔(きょうこう)。

きょうふう【強風】強い風。▽気象学で、木の全体を動かすような強い風を言う。

きょうふう【狂風】荒れ狂う風。

きょうふう【矯風】悪い風習を改めさせ、直すこと。

きょうふう【驚風】漢方で、手足の痙攣(けいれん)や意識の消失を主とする小児の症状。脳脊髄膜炎のほか、脳水腫や癲癇(てんかん)も指したらしい。

きょうぶん【狂文】こっけい・風刺をねらった文章。▽狂歌に対し江戸時代中期に起こった。

きょうへい【強兵】①兵力・軍備を充実させること。「富国―」②強い兵士。強い軍隊。

きょうへい【×驕兵】おごりたかぶった軍隊。

きょうへき【胸壁】①城壁・陣地などに敵弾を防ぐために設ける、人の胸の高さほどの壁。胸牆(きょうしょう)。また、とりで。②胸部をとりまく体壁。

きょうへん【共編】二人以上で書物を編集すること。

きょうへん【凶変・×兇変】不吉(ふきつ)な変事。

きょうべん【強弁】『名・ス他』無理に(言い張って)言いわけ・主張をすること。「―を張る」

きょうべん【教×鞭】授業の時、教師が持つむち。「―をとる」(教職にある)

きょうほ【強歩】(団体的な)鍛錬のために長い道のりを歩き通す催し。

きょうほ【競歩】どちらかの足がいつも地面を離れないようにして速く歩く競技。

きょうほう【凶報】凶事の知らせ。悪い知らせ。↕吉報

きょうほう【教法】仏が説いた教え。

きょうぼう【共謀】『名・ス他』共同で(悪事を)たくらむこと。

きょうぼう【凶暴・×兇暴】『ダナ』ふるまいが悪くてあらあらしいさま。凶悪で乱暴なさま。「―性」 派生 ―さ

きょうぼう【狂暴】『ダナ』正気(しょうき)を失ったようにあばれるさま。常識はずれに乱暴なさま。「―な振舞い」 派生 ―さ

きょうぼう【強暴】①『ダナ』強くて乱暴なさま。②『名』強迫して暴行を加えること。

ぎょうぼう【仰望】『名・ス他』仰ぎ見て望むこと。尊敬

して慕うこと。

ぎょうぼう【×翹望】『名・ス他』首をながくして待ち望むこと。

きょうぼく【×喬木】高木(こうぼく)の旧称。↕灌木(かんぼく)

きょうぼく【×梟木】さらし首をのせる木。獄門台。

きょうほん【教本】①教則の本。教科書。②教えのおおもと。▽⑵は既に古風。

きょうほん【狂奔】『名・ス自』狂ったように走り回ること。特に、ある事に熱中し、一所懸命に動き回って努力すること。「金策に―する」

きょうま【京間】曲尺(かねじゃく)の六尺五寸(二メートル弱)を一間(いっけん)とした、住宅などの寸法。主として関西地方で行われ、田舎間(いなかま=六尺を一間とする)などに対して言う。

きょうまい【京舞】地唄(じうた)を伴奏とする、京都で発達した舞踊。▽「地唄舞」とも言う。

きょうまい【供米】米を供出すること。また、供出米。▽「くまい」と読めば別の意。

きょうまく【胸膜】胸腔(きょうこう)の内壁と、胸腔内の器官、特に肺を包んでいる膜。肋膜(ろくまく)。「―腔」(胸膜内壁側と臓器側との胸膜に挟まれた空所) **―えん**【―炎】胸膜に起こる炎症。胸の側面や背中に疼痛(とうつう)を感じる。多く、結核などの感染症や癌(がん)・リウマチ・外傷などに起因する。肋膜(ろくまく)炎。

きょうまく【×鞏膜】眼球の白目の部分の表面を覆う白色不透明の膜。▽→かくまく

きょうまん【×驕慢】『名・ダナ』おごりたかぶること。人をあなどって勝手にふるまうこと。派生 **‐さ**

きょうみ【興味】人の関心をそそる面白み。「―を抱く」「―津津(しんしん)」(興味が尽きないさま) **―ぶかい**【―深い】『形』興味・関心をそそられる。「―指摘」「話を―く聞いた」派生 **‐さ ‐げ ‐がる**

きょうむ【教務】①授業に伴う事務。②宗門上の事務。

ぎょうむ【業務】毎日継続して行う商売・事業などに関する仕事。「―内容」「―用」

きょうめい【共鳴】『名・ス自』①発音体が外部の振動と同期して音を発すること。その現象。音程の等しい音叉(おんさ)を並べて一方を鳴らすと、他方も音を発する類。▽広くは共振と同義。②他の人の考え方や行動に自分も心から同感すること。「趣旨に―する」

きょうめい【×嬌名】芸者などに立った高い評判。「―を馳(は)せる」

ぎょうめい【×驍名】強いという評判。勇武の誉れ。

きょうもう【凶猛・×兇猛】『名ナノ』荒々しく強いこと。派生 **‐さ**

きょうもん【教門】①仏教で、教義を組織的に研究する方面。教相門。②生死解脱(げだつ)の道に入る門としての仏の教え。

きょうもん【経文】お経の文章・文句。また、お経。

きょうやく【共役・共×軛】二つが組になって現れ(考えられ)、それらを入れ替えたとしても全体の性質に変わりがないような相互関係に立っていること。「―角」「―根」「―溶液」「―的に作用する」▽conjugate の訳語。

きょうやく【共訳】『名・ス他』二人以上が共同で翻訳すること。

きょうやく【協約】『名・ス自』協議して約束すること。また、その内容。特に、国家・個人・団体等の間の合意による約束の一形式。

きょうゆ【教諭】幼稚園・小学校・中学校・高等学校・特別支援学校などの正教員の正式の呼び名。

きょうゆう【享有】『名・ス他』(権利・能力など無形のものを)生まれながらに身につけ持っていること。

きょうゆう【共有】『名・ス他』①共同で所有すること。「―財産」「―地」「秘密を―する」②法律で、自分の持ち分に所有権があること。▽→そうゆう(総有)

きょうゆう【×侠勇】義侠心(ぎきょうしん)と勇気があること。そういう人。

きょうゆう【×梟雄】たけだけしく勇猛な人物。

ぎょうゆう【暁勇】知謀に富み(=暁)しかも大胆なこと。

きょうよ【供与】『名・ス他』ある利益を相手方に得させること、その行為。「武器を―する」

きょうよう【供用】『名・ス他』使用に供すること。使わせること。

きょうよう【共用】『名・ス他』共同で使うこと。

きょうよう【強要】『名・ス他』無理に要求すること。強いること。「自白を―する」

きょうよう【教養】学問・知識を(一定の文化理想のもとに)しっかり身につけることによって養われる、心の豊かさ。「―のある人」「無―」「一般―」

ぎょうよう【業容】事業の内容や規模。「―の拡大」

きょうらく【享楽】『名・ス他』快楽にふけって、十分に楽しむこと。 **―しゅぎ**【―主義】人生の目的は享楽だとする考え方。快楽説。

きょうらく【京×洛】みやこ。京都。

きょうらく【競落】『名・ス他』競売物をせり落とすこと。▽法律では「けいらく」と言う。

きょうらん【供覧】『名・ス他』多くの人がそれを見られるようにすること。

きょうらん【狂乱】『名・ス自』①理性を失って、言う事やする事が普通でないこと。②比喩的に、異常なほど激しいこと。「―物価」

きょうらん【狂×瀾】①荒れ狂う大波。「―怒濤(どとう)」②乱れて手のつけようのない情勢。「―を既倒に廻(めぐ)らす」(くずれた大波を押し返すように、どうしようもないほどに傾いた形勢を盛り返す)

きょうり【教理】宗教の教えの体系。

きょうり【胸裏・胸×裡】胸のうち。心の中。

きょうり【郷里】ふるさと。生れ故郷。

ぎょうりき【行力】仏道・修験(しゅげん)道を修行して得た功徳(くどく)の力。

きょうりきこ【強力粉】ねばりけの強い小麦粉。パンやパスタに使う。↕薄力粉(はくりきこ)

きょうりつ【共立】〘名・ス他〙共同で設立すること。

ぎょうりつ【凝立】〘名・ス自〙身動きもせずじっと立つこと。

きょうりゅう【恐竜】中生代に栄えた爬虫(はちゅう)類の一群。ニワトリ大のから全長三五メートルを越すのまであり、種類が多様。▽中生代末に滅びたが、鳥類は肉食恐竜の子孫とする説が有力。

きょうりょう【橋×梁】(かけ渡す)はし。▽「梁」も橋の意。

きょうりょう【狭量】〘名ナノ〙人を受け入れる心が狭いこと。「―な小人物」↕広量。派生 -さ

きょうりょく【協力】〘名・ス自〙目的に向かって心を合わせ努力すること。「―を惜しまない」「―的」「警察に―する」「平和維持活動に―する」「関係機関と―する」▽本来は、軽重の差があっても、全員が同一目的に向かって共に、ということだったが、近ごろは「いたずらに―する」など手を貸す程度の事や、「アンケートに御―有難うございます」など以前の「お手数をお掛けしました」に近いあいさつに使われている。

きょうりょく【強力】〘名・ダナ〙力・作用が大きいこと。強い力・作用。「―な味方」▽「ごうりき」と読めば別の意。派生 -さ

きょうりん【×杏林】医者のこと。▽昔、中国の名医董奉(とうほう)が治療代を取るかわりに杏(あんず)を植えさせた結果、数年で林になったという故事から。

きょうれつ【強烈】〘ダナ〙力・作用が強くて激しいさま。「―な印象」派生 -さ

ぎょうれつ【行列】①〘名・ス自〙多人数が順序よく並んだ列。また、そういう列を作って進み行くこと。②〘名〙〔数学〕数字・文字を長方形や正方形に並べたもの。

きょうれん【教練】〘名・ス他〙教えならすこと。特に軍隊で戦闘力をつけるための練習。▽↓ぐんじきょうれん

きょうれん【狂恋】激しく愛して理性を失っているように見える恋。

きょうろん【経論】〔仏〕三蔵(＝経・律・論)の中の、経(＝仏説を文学的に表現したもの)と論(＝経の内容を論理的に述べたもの)。

きょうわ【共和】国家主権が一人だけにはなく、合議制の最高機関が政治を行うこと。「―国」「―政体」「―制」

きょうわ【協和】〘名・ス自〙①心をあわせて仲よくすること。②同時に発せられた、高さの異なる二つ以上の合成音がよく調和して響く状態。「―音」▽「きょうか」とも言う。

きょうわらべ【京童】何やかやと物見高く、人のうわさをして喜ぶ連中。▽もと、京都の若者の意。

きょうわん【峡湾】↓フィヨルド

きょえい【虚栄】うわべだけをてらうこと。みえ。「―を張る」 **―しん**【―心】みえを張りたがる心。

ぎょえい【御詠】天皇や皇族が作る詩歌。

ぎょえい【魚影】海・川などで(群れをなして)泳ぐ魚の姿。群れをなす魚の集まり具合。「―が濃い」▽漁業・釣りなどで使う語。

ぎょえん【御×苑】天子の所有の庭園。

きょおく【巨億】ばくだいな数。▽「巨万」よりも意味が強い。

ギョーザ【×餃△子】中華料理の一種。小麦粉をこねて薄く伸ばした皮に、ひき肉・野菜を包み、蒸したりゆでたり焼いたりしたもの。▽中国山東方言からか。中国語の共通語では「チャオズ」。

きょか【×炬火】たいまつ。かがり火。

きょか【許可】〘名・ス他〙①願いを聞き届けること。……してもよろしいと(目下の者に)許すこと。「外出を―する」②〔法律〕一般に禁止されている行為を、特定の人に法律の範囲で許すこと。「―営業」(質屋・薬局の類)

ぎょか【漁火】魚をとるため舟でたく火。いさり火。

きょかい【巨×魁・×渠×魁】(盗賊などの)首領。親玉。

ぎょかい【魚介】魚や貝などの類。海産動物の総称。▽「介」は堅い殻の意。

きょがく【巨額】非常に多い数量、特に金額。

ぎょかく【漁獲】〘名・ス他〙水産物を取ること。その獲物。

きょかん【居館】住まいに使う大邸宅。

きょかん【巨漢】体が特別大きい男。大男。

きょかん【巨艦】大きな軍艦。

きょがん【巨岩・巨×巌】大きないわ。

ぎょかん【御感】感じること、ほめることの尊敬語。特に天子について言う。

ぎょがんレンズ【魚眼レンズ】カメラのレンズで、カメラから一八〇度前後の範囲を写すことができるもの。▽その像が、水中から見える水の外の景色に似ることからついた名。

きょき【×歔×欷】〘名・ス自〙すすり泣き(をすること)。むせび泣き。

きょぎ【虚偽】うそ偽り。真実でない事を、誤ってまたは故意に、真実だとすること。

ぎょき【御忌】貴人・祖師の年忌の法会(ほうえ)の尊敬語。

ぎょき【漁期】魚がよくとれる時節。漁業の好期。りょうき。

きょぎょう【虚業】堅実でない方面の事業。▽「実業」をもじった語。

ぎょきょう【漁況】漁業の状況。魚の取れぐあい。

ぎょぎょう【漁業】魚介類・海苔(のり)など水産動植物を取る、または養殖する生産活動・職業。「―権」

きょきょじつじつ【虚虚実実】互いに計略の限りをつくして戦う様子。「―の駆け引き」▽「虚」は備えのすき、「実」は備えが固いこと。

きょきん【×醵金】〘名・ス自〙何か事をするために金を出しあうこと。その金。▽「拠金」で代用することもある。

きょく【巨×軀】大きな体。巨体。

きょく【旭】キョク あさひ ｜ あさひ。「旭日・旭光」

きょく【*曲】キョク まがる まげる くせ くま つぶさに ｜ ①まっすぐでない。よこしま。まげる。↔直。「曲折・曲直・曲線・曲面・曲射・曲言・曲学・曲論・曲筆・曲邪・曲解・私曲・邪曲・湾曲・屈曲・迂曲(うきょく)・歪曲(わいきょく)」②こまかい一つ一つの部分。すみ。くわしい。「委曲」③《名・造》変化のあるおもしろみ。音楽のふし。「何の曲もない」「曲技・曲芸・曲馬・曲節・歌曲・謡曲・戯曲・音曲・平曲」④㋐《名・造》音楽上の作品。「曲を作る」「楽曲・名曲・秘曲・序曲・編曲・小夜(さよ)曲・交響曲」㋑音楽上の作品を数える語。⑤詩の一体。「春風馬堤曲」⑥屏風(びょうぶ)の仕立て方を言う語。▽→びょうぶ

きょく【*局】キョク つぼね ｜ ①建物の中を小さくしきったところ。つぼね。しきる。かぎられた場所。部分。「局所・局部・局限・局地・究局・大局」②役所などの事務を区分して取り扱う所。また、役所などでの組織機構上の一つ。「部局・本局・総局・事務局・編集局・交通局・郵便局・薬局・局長・局紙・局方」▽特に、郵便局・放送局・電話局を言うことがある。「局待ち電報」「キー局」③㋐碁盤・双六盤(すごろくばん)などの盤面。その勝負。「棋局・対局・敗局・結局」㋑囲碁・将棋の対局を数える時に用いる語。㋒《名・造》物事の終り。「局を告げる」「終局・結局」④《名・造》当面の事態。「その局に当たる」「局面・時局・戦局・政局・大局・当局・局外中立」⑤心のはたらき。度量。「局量」

きょく【*極】キョク ゴク きわみ きわめる きわまる きまる きめる ｜ ①《名・造》この上ないところ。頂点。限界点。「疲労の極」「極限・極点・終極・窮極」。以下「ゴク」と読む。「極上・極意・極寒・極暑・極熱・極月(ごくげつ)・極楽・極悪・極秘・至極」▽屋根のむな木の意から。②一方のはて。「極地・極東・磁極・南極・北極・電極・対極・両極・消極・積極」③最後のところまでしつくす。限界点まで及ぶ。「極大・極微・極右・極度・極量・極端・極力・極言・極諫(きょっかん)・極論・極致・極道(ごくどう)」④天子の位。「大極・皇極・登極」⑤《副・造》非常に。特にはなはだしく。この上なく。「極(ご)くおもしろい」「極彩色(ごくさいしき)」⑥きわめつける。判定する。決定する。「極印(ごくいん)」▽→ごく(極)

ぎょく【漁区】漁業のための海面の区域。

ぎょく【玉】料理屋・すし屋で、鶏のたまご。また、たまご焼きのこと。

ぎょく【*玉】ギョク たま ｜ ①石の美しく貴いもの。たま。宝石。「玉石・玉帛(ぎょくはく)・玉杯・玉帯・玉砕・玉成・珠玉・宝玉・美玉・紅玉・碧玉(へきぎょく)・硬玉」②すぐれて美しいもの。りっぱなもの。「玉酒・玉手・金殿玉楼・金科玉条」③他人に属する事物につける美称。「玉案・玉章・玉什(ぎょくじゅう)・玉稿」④天子に関する事物につける美称。「玉音・玉体・玉顔・玉座」⑤《名・造》ある行為で大切な、目的物を指す隠語。例、取引所で、売買の約定をした物。「建玉(たてぎょく)」。花柳界で、芸者。「玉を付ける」「半玉」。「玉代(ぎょくだい)」の略。⑥《名・造》将棋の駒「玉将」の略。「入玉」

ぎょぐ【漁具】漁業に使う道具・機械。

ぎょくあん【玉案】玉で飾った立派な机。▽多くは机の美称として使う。 **―か**【―下】書簡で相手の名の敬称の下に添えて敬意を表す語。案下。

きょくう【極右】極端な右翼思想(の人)。↔極左

きょくうち【曲打ち】太鼓などの、曲芸のような打ち方。

ぎょくおん【玉音】天皇の声。

きょくがい【局外】その事件や仕事に関係のないこと。「―に立つ」「―者」 **―ちゅうりつ**【―中立】戦争をしている国のどちらにも味方せず、公平な態度をとるべき、国際法上の立場。

きょくがく【曲学】真理をまげた学問。 **―あせい**【―×阿世】真理を曲げて世の人の気に入るような説を唱え、時勢に投じようとすること。「―の徒」

きょくぎ【曲技】普通にはしない、かるわざ風の技術。また、かるわざ。「―飛行」「―団」

きょくげい【曲芸】見世物の一つ。普通にはできないような、目さきの変わった離れわざ。「―師」

きょくげん【局限】《名・ス他》範囲を狭く限ること。

きょくげん【曲言】《名・ス自》遠まわしに言うこと。↔直言

きょくげん【極限】①はて。ぎりぎりの所。「―状況」②〔数学〕一定の法則に従って変化する変数が、ある値に限りなく近づく場合、その値のこと。「―値」

きょくげん【極言】《名・ス他》遠慮せず思った通りを言うこと。また、極端な言い方をすること。「―すれば」

きょくさ【極左】極端な左翼思想(の人)。↔極右

ぎょくざ【玉座】天子がすわる所。

きょくざい【局在】《名・ス自》限られたところに存在すること。かたよって存在すること。→へんざい(偏在)・へんざい(遍在)

ぎょくさい【玉砕】《名・ス自》玉が美しく砕けるように、名誉や忠義を重んじて、いさぎよく死ぬこと。

きょくざひょう【極座標】点の位置を、座標軸上の原点からの距離と方向とによって表す仕組みの座標。

きょくし【曲師】浪花節(なにわぶし)の三味線(しゃみせん)を弾く人。

きょくし【局紙】ミツマタを主原料とする上質の和紙。紙幣・免状・証券などに使用。▽明治初年に大蔵省印刷局が開発したことからの称。→もぞうし

きょくじ【曲事】不正な事柄。

きょくじつ【×旭日】朝日。「―昇天の勢い」

きょくしゃ【曲射】物かげの目標をうつために、湾曲した弾道で砲弾を落下させる射撃。↔直射・平射。「―砲」

ぎょくじゅう【玉×什】立派な詩歌。▽他人の詩歌をほ

めても言う。

きょくしょ【局所】 範囲が限られた所。㋐全体の中で今着目する、ある部分。↕大域。「―的な紛争」㋑身体の一部。「―麻酔」▽特に陰部を指すことがある。

きょくしょ【極所】 きわまった所。ゆきつく最後。

きょくしょう【極小】 ①きわめて小さいこと。②〔数学〕関数値が変数のある値の近くで最小になること。変数がその値から幾分でも増減すれば関数値は増大する。↕極大。▽「最小」とは別概念。

きょくしょう【極少】 きわめて少ないこと。

ぎょくしょう【玉将】 将棋で、対戦者の段位の低い(弱い)方が持つ王将の呼び名。▽「入玉」という時の「玉」はどちらの王将でもよい。

ぎょくしょう【玉章】 立派な文章。▽他人の手紙を敬って言うのにも使う。→たまずさ

ぎょくずい【玉髄】 石英の微小な結晶が網目状に集まった鉱物。半透明で蠟(ろう)のようなつやがあり、不純物によって白・紅・緑などの色がある。印材等にする。

きょくせき【×跼×蹐】《名・ス自》身の置き場所もない思いをすること。▽「跼天(きょくてん)蹐地(せきち)」の略。高い天なのに背を曲げて縮み、踏み破れない地なのに抜き足で歩く意。

ぎょくせき【玉石】 玉のようにすぐれたものと、石のようにつまらないもの。▽「たまいし」と読めば別の意。 **―こんこう【―混交・―混×淆】** すぐれたものの、つまらないものが、入り混じっていること。

きょくせつ【曲折】《名・ス自》①まがりくねっていること。②物事が入り組み変化すること。その事情。「―を経る」「紆余(うよ)―」

きょくせつ【曲節】 音楽や歌謡のふし。

きょくせつ【曲説】《名・ス他》事実を曲げて説明すること。また、その説明。

きょくせん【曲線】 曲がった線。↕直線。▽数学では、「一次曲線」のように直線を含めても言う。 **―び【―美】**(女性の体の)曲線が作り出す美しさ。

きょくそう【曲想】 楽曲の構想・テーマ。「―を練る」「―が浮かぶ」

きょくだい【極大】 ①きわめて大きいこと。②〔数学〕関数値が変数のある値の近くで最大になること。変数がその値から幾分でも増減すれば関数値は減少する。↕極小。▽「最大」とは別概念。

ぎょくたい【玉体】 天皇のからだ。

ぎょくだい【玉代】 芸者・遊女を揚げるための代金。はな。

きょくたん【極端】 ①《名》一番の端(はし)。「両―」②《ダナ》普通の常識などからきわめて離れているさま。「―から―に走る」「―に嫌う」「―な意見」 派生 **―さ**

きょくち【局地】 限られた地。限られた区域。「―戦」

きょくち【極地】 ①どんづまりの所。はての土地。②北極・南極の地。

きょくち【極致】 力をつくして最後にたどりつく所・有様。最もすばらしい境地・おもむき。「美の―」

きょくちょう【曲調】 音楽のふし。

きょくちょく【曲直】 曲がったこと(=不正)と、まっすぐなこと(=正)。「理非―」

きょくてん【極点】 ①到達できる最後の点。どんづまり。②南極点・北極点。

きょくてんせきち【×跼天×蹐地】 →きょくせき

きょくど【極度】 普通は《「―の」「―に」の形で》この上もないという程度。「―の不安」「―に喜ぶ」

きょくとう【極東】 東のはて。特に、欧米から見て、日本・中国・朝鮮・タイなど、東アジア・東南アジアを呼ぶ称。

きょくどめ【局留(め)】 郵便物を、差出人が指定する郵便局にとどめておくこと。また、その扱い。

きょくのり【曲乗り】 馬・たま・自転車などに、曲芸として、または曲芸風に、乗ること。

きょくば【曲馬】 馬に乗ってする曲芸。「―団」

ぎょくはい【玉杯】 玉で作ったさかずき。立派なさかずき。

きょくばん【局番】 各電話局の呼び出し番号。局番号。

きょくび【極微】 きわめて小さい(細かい)こと。ごくび。「―の世界」

きょくびき【曲弾き】《名・ス他》三味線(しゃみせん)・琵琶(びわ)などを、非常な速さで、または曲芸のように変わったひき方で、ひくこと。

きょくひつ【曲筆】《名・ス他》事実を偽って書くこと。その文章。↕直筆(ちょくひつ)。

きょくふ【曲譜】 音楽・歌謡の譜。

きょくぶ【局部】 全体のうちの特定の一部分。局所。「―麻酔」▽陰部を指すことがある。

ぎょくほ【玉歩】 天皇・皇后・皇太后の歩み。「―を進めたまう」

きょくほう【局方】「日本薬局方」の略。薬事法に基づいて薬の処方・分量などの標準を定めたもの。

きょくほう【局報】 ①電信事務や気象報告について関係官庁間で往復する電報。②局と名のついた所から出す通知・報告。

きょくほく【極北】 北の果て。「―の地」

きょくまちでんぽう【局待ち電報】 電報の発信人が、発信局で返電を待っていることを受信人に知らせる特殊取扱い電報。▽現在は廃止。

きょくめい【曲名】 楽曲・能・狂言などの題名。

きょくめん【局面】 ①碁や将棋の盤面。その勝負の形勢。②物事の成り行き。形勢。「―の打開」「―分析」

きょくめん【曲面】 曲がった面。平面でない面。▽数学では、特殊な場合として平面を含めることもある。

きょくもく【曲目】 音楽・能などの曲の名。演奏会のプログラム(に列記した曲の名)。

きょくりょう【極量】 劇薬・毒薬などを薬として用いる際に、一回または一日に使ってよい最大の量。▽薬の用量が定められていなかった時代に用いた語。

きょくりょく【極力】《副》力をつくして。できる限り

努力して。「—援助しよう」「—反対した」

ぎょくろ【玉露】①品質が最上の煎茶。②玉のように美しい露。

ぎょくろう【玉楼】（玉をちりばめた）立派な高殿。「金殿—」

きょくろく【曲×彔】法会(ほうえ)の時などに僧が使う椅子。よりかかる部分が、まるくまげてある。

きょくろん【曲論】正しくないのに正しいかのように言い曲げた議論。

きょくろん【極論】《名・ス他》①力をつくして、徹底的に論じること。②極端にかたよった議論。

ぎょぐん【魚群】水中、特に海を泳いでいる魚の群。「—探知器」

ぎょけい【御慶】およろこび。お祝い。特に、新年のあいさつ。

ぎょけいすいらい【魚形水雷】→ぎょらい

きょけつ【虚血】血管がつまって、臓器などに流入する血液の量が著しく減少した状態。「—性心疾患」

きょげつ【去月】今月のすぐ前の月。先月。

きょげん【虚言】他人をあざむく言葉。うそ。

きょこう【挙行】《名・ス他》（儀式や行事を）執り行うこと。

きょこう【虚構】《名・ス他》実際にはない、作り上げたこと。作り事を仕組むこと。フィクション。

きょごう【×倨傲】《名ナ》おごりたかぶること。傲慢。

ぎょこう【漁港】漁船が根拠地とし、えものの陸揚げなどをする港。

きょこくいっち【挙国一致】《名・ス自》国(国民)全体が一つになって同じ態度をとること。

きょこん【許婚】いいなずけ。

きょざ【×踞座】《名・ス自》ひざをつき、うずくまってすわること。

ぎょざ【御座】天子など身分の高い人の座席。

きょさい【去歳】去年。前年。

きょさい【巨細】→こさい(巨細)

きょざい【巨材】①巨大な材木。「—を組んだ御殿」②偉大な人材。

きょざい【巨財】たくさんの財産。

きょさつ【巨刹】大きな寺。

きょし【巨資】莫大(ばくだい)な資本。大資本。

きょし【拒止】《名・ス他》ふせぎとめること。こばみとどめること。

きょし【挙止】たちいふるまい。動作。「—進退」

きょし【×鋸歯】のこぎりの歯。「—状の文様(もんよう)」

きょじ【虚字】漢文で、㋐具象的意味を表す文字。特に、動詞・形容詞に当たる文字。㋑前置詞・後置詞・助動詞等、文法上の形式的意味を表す文字。▽↔実字

きょじ【虚辞】①真実を語らない言葉。うそ。②文法で、実辞(=実質的概念を表す語)について形式的な意味を添える語。助詞・助動詞の類。

ぎょじ【御璽】天皇の印鑑。

きょしき【挙式】《名・ス自》式(特に結婚式)をあげること。

きょしつ【居室】ふだんいる部屋。居間。

きょじつ【虚実】ないこと(=虚)とあること(=実)。㋐うそと本当。㋑防備の有無。様々の策略を使うこと。「—を尽くして戦う」

きょしてき【巨視的】《ダナ》①直接に人間の感覚で識別できる大きさの対象を扱うさま。②社会現象などについて、全体の集団的な様子に着目するさま。マクロ。「—理論」▽↔微視的。macroscopic の訳語。

ぎょしゃ【御者・×馭者】馬をあつかう者。馬車に乗って、馬をあやつって走らせる者。

きょじゃく【虚弱】《名ナ》体が弱く病気になりやすいこと。ひよわなこと。「—体質」派生 **-さ**

きょしゅ【挙手】《名・ス自》掌(てのひら)をひろげて手をあげること。㋐(合図などのため)手をあげること。㋑右手を顔のわきにあげる敬礼。

きょじゅ【巨儒】学問の深い儒学者。大学者。

きょじゅ【巨樹】大きな木。大木。

きょしゅう【去秋】去年の秋。昨秋。

きょしゅう【去就】離れ去ることと従うこと。向背。進退。どんな動きをするかという態度。「—を決する」

きょじゅう【居住】《名・ス自》住むこと。すまい。「—地」(住所・居所のどちらでもよい)

きょじゅう【据銃】《名・ス自》照準のために銃を構えること。▽主にその動作練習に言う。

ぎょしゅう【漁舟】魚をとる舟。漁船。

きょしゅつ【×醵出】《名・ス他》(何人かの人がある目的で)金銭・物品を出しあうこと。▽「拠出」で代用することもある。

きょしゅん【去春】去年の春。昨春。

きょしょ【居所】①引き続いて居住する場所。居場所。②法律で、本拠となる住所。

きょしょう【去声】漢字の四声の一つ。現代中国語では発音の終わりが低く弱まるもの。

きょしょう【巨匠】ある専門分野、特に芸術方面の大家。

きょしょう【挙証】《名・ス自》証拠をあげること。「—責任」

きょじょう【居城】その人がふだん住んでいる城。

きょじょう【居常】へいぜい。ふだん。

ぎょしょう【魚礁・漁礁】魚が多く集まる、海中の岩などで隆起しているところ。「人工—」

ぎょしょう【魚×醤】小形の魚介を塩漬けして発酵・熟成させ、出てくる汁を漉(こ)して作った液体調味料。例、しょっつる(秋田)、いしる(能登地方)、ナンプラー(タイ)、ヌクマム(ベトナム)など。独得のにおいがある。

ぎょじょう【漁場】漁業を行う場所。また、漁業権のある、水面の区域。ぎょば。

きょしょく【拒食】(病的に)食事を受けつけないこと。↔過食。「—を繰り返す」「—症」

きょしょく【虚飾】内容が伴わないのに外見だけを飾る、うわべの体裁。みえ。

ぎょしょく【漁色】次々に女を追い求めて愛情をもてあそぶこと。

きょしん【虚心】《名・ダナ》わだかまりを持たない心。先入観を持たない、すなおな態度。「人の話を―に聞く」 **―たんかい**【―×坦懐】《名・ダナ》先入観を持たず、広く平らな心。また、そうした心で物事に臨む態度。「―に話す」

きょじん【巨人】特別からだの大きな人。また、人並みはずれてすぐれた人。

ぎょしん【御寝】寝ることの尊敬語。「―なる」（おやすみになる）▽今はほとんど使わない。

ぎょしん【魚信】釣りで、魚が餌に触れたことが、竿(さお)や糸に伝わったり浮きに現れたりすること。あたり。

ぎょ-す【御す】《五他》→ぎょする

きょすう【虚数】負数の平方根として規定された数。↔実数。▽$\sqrt{-1}$を数と見なしてiと表し、これを「虚数単位」と言う。

ぎょ-する【御する】《サ変他》①馬をじょうずにあやつる。②人を自分の思い通りに動かす。「―しやすい人物」

きよせ【季寄せ】俳諧の季語を系統立てて並べ、各語に簡単な説明をつけたもの。▽→さいじき

きょせい【去勢】《名・ス他》①動物の繁殖を防ぐなどの目的で、(雄の)生殖腺をとり去ること。②比喩的に、気持の張りを失わせ、元気・勢いを奪ってしまうこと。

きょせい【去声】→きょしょう(去声)

きょせい【巨星】①大きな星。大きく見える星。②比喩的に、輝かしい光を放つ偉大な人物。「―墜(お)つ」「学界の―」

きょせい【挙世】《副詞的に使って》その時の世の中の人みんな。一世をあげて。「―これに驚く」

きょせい【虚勢】うわべばかりの勢い。見せかけの威勢のよさ。からいばり。「―を張る」(からいばりする)

ぎょせい【御製】天子のつくった詩歌。

きょせき【巨石】非常に大きな石。「―の神殿」

きょせつ【虚説】根もないうわさ。そらごと。

きょぜつ【拒絶】《名・ス他》ことわること。いやだと言って受けつけないこと。「要求を―する」「―反応を起す」

きょぜん【居然】《ト タル》①座って動かないさま。②居ながら。

ぎょせん【御×撰】天子が編集した書物。

ぎょせん【漁船】水産物を取るための船。「―団」

きょそ【挙措】立ち居ふるまい。

きょぞう【虚像】①レンズや反射鏡で屈折・反射した光を逆向きにたどった位置にあって、あたかもそこから光が来ているように見える像。②真実を伝えてはいない人物像など。「歴史の―」▽⑴の転用。↔実像

ぎょぞく【魚族】魚類。魚の種族。

ぎょそん【漁村】主に漁業で生活している村。

きょた【許多】数多いこと。あまた。

きょたい【巨体】非常に大きな体。

きょだい【巨大】《名ナ》非常に大きいこと。「―都市」 派生 **―さ**

ぎょだい【御題】天子が出す詩歌の題。また、天子が書いた題字。

きょたく【居宅】日常住んでいる家。すまい。

きょだく【許諾】《名・ス他》相手のたのみを聞き入れること。よろしいとひきうけること。

ぎょたく【魚拓】魚の表面に和紙や布をおいて、墨で魚の形を写すこと。写したもの。

きょだつ【虚脱】《名・ス自》①心臓が弱って体力がなくなり、死にそうになること。②気力が抜けてぼんやりすること。「―状態」「―感」

きょたん【虚誕】おおげさに言ううそ。でたらめ。

きょたん【×祛×痰・去×痰】のどや気管にからむたんを取り去ること。「―剤」

きょだん【巨弾】大きな弾丸。それを打ちこむように非常に大きい効果のある非難・手段。

きょちゅう【居中】両方の間に立つこと。 **―ちょうてい**【―調停】国際間の紛争を、第三国が間に立って平和に解決するようにとりもつこと。▽団体や個人の紛争にも言う。

きょっかい【曲解】《名・ス他》相手の言おうとする事に対し、わざと素直でない解釈をすること。

きょっかん【極冠】火星の南北両極に見られる白色の斑紋。主に、凍った二酸化炭素(ドライアイス)による。

きょっかん【極官】①この上もない高い官。②官職世襲の時代に、その家柄としてなりうる最高の官。▽「ごっかん」とも言う。

きょっかん【極×諫】《名・ス他》極言していさめること。手づよくいさめること。

きょっけい【極刑】最も重い刑罰。死刑。「―に処する」

きょっこう【×旭光】朝日の光。

きょっこう【極光】→オーロラ

ぎょっこう【玉稿】他人の原稿を敬って言う語。

ぎょっと《副・ス自》思いがけない恐怖や驚きで、動揺・緊張するさま。「物音に―する」

ぎょてい【魚×梯】魚道⑵の一種。魚が遡りやすいように作った、ゆるい傾斜、または幾段にもなった水路。

きょてん【拠点】活動の足場にする所。

きょでん【虚伝】真実とかけ離れたうわさ・言い伝え。

ぎょでん【魚田】アユなど小魚を白焼きし、さらにみそをつけて香ばしく焼き上げた料理。▽「田」は「田楽(でんがく)」から。

きょとう【巨頭】①ある団体や方面で代表的な、おもだった人。「―会談」②大きなあたま。

きょとう【挙党】一つの政党全体。「―一致」

きょどう【挙動】①立ち居ふるまい。動作。「―不審」②体操で、一連の、他の動作と区別できる動作。「二―で行う」

ぎょとう【漁灯】漁船が(魚を引き寄せるために)ともすあかり。いさり火。

ぎょどう【魚道】①海の魚が群をなして回遊する、一定の経路。②河川の流れを遮るダムなどの構造物を作った場合、魚類の通路として設ける水路。

きょときょと『副[と]・ス自』不安・好奇心などで、落ち着きなく視線を動かすさま。「―(と)あたりを見回す」

きょとん『副と』あっけにとられたり気抜けしたりしているさま。「―とした顔つき」

きょねん【去年】今の年から見てその前の年。昨年。

ぎょば【漁場】→ぎょじょう

きょはく【巨×擘】①おやゆび。②仲間内ですぐれた人。

ぎょばん【魚板】魚の形に木を彫って作った板。禅寺などでこれを打って、さまざまな合図をする。

きょひ【巨費】たいそうな額の費用。「―を投じる」

きょひ【拒否】『名・ス他』自分に向けられた要求・希望などを、いやだと言ってはねつけること。こばむこと。拒絶。 **―けん**【―権】会議で可決した事に対し同意を拒みうる権利。または議決を拒否して議案をほうむる権利。

きょひ【許否】許すか許さないかということ。「―を確かめる」

ぎょひ【魚肥】魚を原料として作った肥料。

きょふ【巨富】巨万の富。莫大(ばくだい)な財産。

ぎょふ【漁夫・漁父】漁業をする人。りょうし。「―の利」(互いに争っているのにつけ込んで、第三者が労せずして利益をさらい取ること。中国の故事による)

きよぶき【清拭き】『名・ス他』ぬれたふきんで家具などをふいてから更に、かわいたふきんでふくこと。

ぎょふく【魚腹】『―に葬られる』水死する。

ぎょぶつ【御物】天子の持物。皇室の所有品。ぎょもつ。▽→ごもつ

きょぶん【虚聞】でたらめのうわさ。

ぎょふん【魚粉】魚をかわかして粉にしたもの。食料品や肥料にする。

きょへい【挙兵】『名・ス自』兵を集めて戦いを起こすこと。

きょほ【巨歩】大きな足あと。大きな功績。

きょほう【巨峰】高く大きくそびえる山。

きょほう【巨砲】大きな大砲。「大艦―」

きょほう【虚報】内容が事実でないしらせ。

きょぼう【居房】刑務所や拘置所で、被収容者の居室。一人が入る独居房(独房)と複数の人が入る雑居房とがある。

ぎょほう【漁法】魚をとる方法。網、釣、その他がある。

きょぼく【巨木】大きな木。

きよま-る【清まる】『五自』清らかになる。「心の―思い」

きょまん【巨万】非常に多くの数・金額。「―の富」

きよみずのぶたい【清水(きよみづ)の舞台】『連語』『―から飛び降りる』思い切って事を行うこと、決断することのたとえ。▽京都市清水寺の舞台は、高いがけの上に張り出すように作ってあることから。

ぎょみん【漁民】漁業を職業とする人々。りょうし。

きょむ【虚無】何も存せず、むなしいこと。空虚。「―感」㋐価値のある本質的なものがないこと。㋑万物の根元としての無。 **―しゅぎ**【―主義】実在とか真理とか、既にあるあらゆる制度・権威とかを否定する傾向とその主張。ニヒリズム。

きょめい【虚名】実際の価値にふさわしくない、実際以上の名声。

ぎょめい【御名】天皇の名前。「―御璽」

きよ-める【清める】『下一他』けがれをはらって清らかにする。「身を―」

きょもう【虚妄】うそいつわり。▽「虚」はそういう事実のないこと、「妄」は事実に反すること。

ぎょもう【魚網・漁網】魚をとるあみ。

ぎょもつ【御物】→ぎょぶつ

きよもと【清元】「清元節(ぶし)」の略。江戸時代の文化(一八〇四～一八)ごろ浄瑠璃から出た、三味線(しゃみせん)音楽の一種。清元延寿太夫(えんじゅだゆう)がはじめた。

ぎょゆ【魚油】魚(イワシ・ニシンなど)を煮てとった油。灯火、せっけん製造、製革に使うが、ひどく臭い。

きょよう【挙用】『名・ス他』人を上の地位に取り立てて、仕事をさせること。仕事をさせるため、それに応じた地位に取り立てること。

きょよう【許容】『名・ス他』ある事をすること、ある状態にあることを、許して認めること。「―範囲」

きょらい【去来】『名・ス自』去ることと来ること。ゆき来。「胸中に―する」

ぎょらい【魚雷】「魚形水雷」の略。発射すると目標物に向かって水中を進み、爆発して損害を与える水雷。

きよらか【清らか】『ダナ』清いさま。けがれがなく美しいさま。「―な泉」「―な心」派生 **-さ**

きょり【巨利】大きなもうけ。莫大(ばくだい)な額の利益。

きょり【距離】①こことそことの隔たりの大きさ。「先遣隊との―を詰めろ」「ある程度―を置いてつきあう」②二点を結ぶ線分に沿った長さ。「近道なら八割の―で済む」▽「車間―」のようなのを除き普通は、かなり隔たるのを言う。↓かんかく(間隔)

きょりゅう【居留】『名・ス自』①一時的にその地にとどまって住むこと。②外国の居留地に住むこと。 **―ち**【―地】そこでだけ外国人が居住・営業することを許した特別地域。 **―みん**【―民】居留地に住む外国人。

ぎょりゅう【御柳】春・夏に淡紅色の小花が咲く、中国原産の落葉小高木。葉は小さく針状。年を経ると枝が垂れる。庭木などにする。▽ぎょりゅう科。

ぎょりゅう【魚竜】恐竜と同時期にさかえた水生爬虫(はちゅう)類。魚に似た体形で、体長二十メートルに及ぶ巨大な種もあった。

ぎょりょう【漁猟】漁撈(ぎょろう)と狩猟。また単に、漁業。

ぎょりん【魚×鱗】①魚のうろこ。また、魚のこと。②魚のうろこのように並ぶ形。「波を—模様に描く」③(昔の)陣立ての一つ。(1)(2)のように密集した形とされる。

ぎょるい【魚類】脊椎動物の一つの部類としての魚のこと。

きょれい【虚礼】見かけばかりで実質が伴わない礼儀・礼式。「—廃止」

きょれい【挙例】例をあげること。

ぎょろう【漁労・漁×撈】事業あるいは生活の糧として水産物をとること。▽「撈」は水中にはいって物をとる意。

きょろきょろ《副[と]・ス自》物珍しさや探し物などであたりを見まわすさま。「—するな」

ぎょろぎょろ《副[と]・ス自》大きい目玉がものすごく光るさま。大きい目でにらみまわすさま。「大きな目を—動かす」

ぎょろめ【ぎょろ目・ぎょろ△眼】大きく開いて見据える目つき。また、ぎょろりとした感じの目つき。「—の男」

きょろり《副と》①すばやく目を動かすさま。②平然としているさま。けろり。「十万の読者に千度読まれたうござる、と答へて—としていらっしゃる」(太宰治「渡り鳥」)③呆然(ぼうぜん)としているさま。

ぎょろり《副と》大きい目玉を動かしてにらむさま。「—と目をむく」

きよわ【気弱】《名・ダナ》気が弱いこと。また、そうした性質。「—に笑う」派生 **-さ**

きら【×綺羅】①あや織りの絹と、うす織りの絹。転じて美しい衣服。「—を飾る」②あでやかで美しいこと。「いらかを並べて—を競う」

キラー ①頼まれて人を殺すことを商売とする者。殺し屋。②特定の相手に強い者。相手を悩殺する人。「レディー—」▽killer

きらい【嫌い】《名ナ》①きらうこと。いやがること。⇔好き。「母は魚が—だ」②《特に「……の—なく」の形で》差別。わけへだて。「男女の—なく採用する」(→きらう(2))③『……の—がある』そういう傾向が認められる。疑いがある。「独裁のきらいがある」

きらい【機雷】「機械水雷」の略。水中に仕掛け、船がふれるなどすると爆発する水雷。

きらい【帰来】《名・ス自》帰ってくること。▽→じききらい

きら-う【嫌う】《五他》①それを好まず、しりぞけたい思いをいだく。⇔好む・好く。「団体生活を—」㋐好意をもたない。憎む。㋑いやがって避ける。「鬼門を—」㋒それに弱くて損なわれるおそれがある。「湿気を—機械」▽もと、除き去る意。②『—・わず』あれこれ区別しないで。「所きらわず、つばをはき散らす」

きらきら《副[と]・ス自》(美しく)光りかがやくさま。「目が—している」

ぎらぎら《副[と]・ス自》①(どぎついほど)強く光りかがやくさま。「—した夏の太陽」②どぎつく、強烈な印象を与えるさま。「—と出世欲に燃える」

きらく【気楽】《名・ダナ》気分が楽なこと。㋐気兼ねせずに済み、のびのびするさま。「一日を—に過ごす」㋑物事にこだわらない性質。のんき。「—な人だ」派生 **-さ -げ**

きらく【帰×洛】《名・ス自》都(京都)に帰ること。

きら-す【切らす】《五他》①きれた状態にする。絶やす。きらせる。「息を—・して走る」「タバコを—」②『しびれを—』しびれがきれる。→きれる(三)

きらず 豆腐をつくる時にできる大豆のしぼりかす。おから。うのはな。▽切って使う必要がない意という。

ぎらつ-く《五自》ぎらぎら光る。「憎悪に目を—・かせる」

きらびやか《ダナ》輝くばかり見事で美しく、はでなさま。「—に着飾る」派生 **-さ**

きらぼし【×綺羅星】大空に美しく輝く多くの星。「大名小名—のごとく並ぶ」▽「きら、ほし(のごとく)」を誤認して広まった語。

きらめか-す《五他》きらめくようにする。人の目に立つように光らせる。

きらめ-く《五自》目立って光り輝く。「海上に—星座」「この文章に彼の才気が—・いている」

きらら【〈雲母〉】→うんも。▽きらめいて見えるから。

きらり《副と》瞬間的に、鋭くまたは美しく光りかがやくさま。「—と涙が浮かぶ」

ぎらり《副と》瞬間的に、(どぎついほど)強く光るさま。「白刃(はくじん)が—と光る」

きらん【貴覧】他人が見ることを敬って言う語。高覧。御覧。「—に供する」

きり ①【切り・△限】《名》物事がそこで終わりとなる、切れ目の所。㋐くぎり。「仕事に—がつく」「—がない」㋑限度。「欲を言えば—がない」㋒演劇などの最後の部分。寄席(よせ)でその日に演じる最後の一段。▽「喜利」とも書く。「大喜利(おおぎり)」とも言う。㋓清算取引での受渡し期限。▽「限」と書く。②《副助》限定を表す。▽(1)の転ゆえ「切り」と書くことがある。「っきり」とも言い、また以前は「ぎり」とも言った。㋐それを最後とする意を表す。そのあとはそのままを保つ場合と、それからあと別の状態に移ってしまう場合と、どちらにも使う。「部屋に入った—出て来ない」「それっ—で連絡が絶えた」「一言ぽつんと言った—黙り込んだ」㋑それより他には認められない意を表す。「どうせ一度—のことだ」「二人っ—で話そう」「君は自分のこと—考えていない」「寝た—となる」「思い—(=ほかの配慮はせず欲するままに)ボールを蹴る」「まるっ—知らない」▽㋐㋑とも

後に打消しを伴うことが多い。

きり【×桐】①材を家具類・細工物・げた・琴などに使う落葉高木。五月ごろ筒状の淡紫色の花が咲く。葉は大形で掌状。材は軽く、狂いが少なく、音をよく伝える。▽きり科(旧ごまのはぐさ科)。②紋所の名。桐⑴の葉と花を意匠化したもの。菊とともに皇室の紋章ともされる。

きり【×錐】柄(え)をもんで小さな穴をあける、先端に刃のついた(大工)道具。

きり【霧】①細かい水滴が、地面・水面近くに集まって、煙のようにかかる現象。▽平安朝以降、春のを「かすみ」、秋のを「きり」と呼び分ける。気象学では、視程一キロ未満のを「霧」、一キロ以上のを「靄(もや)」と言い、また、霞(かすみ)も「霧」と呼ぶ。②霧のように細かくして飛ばす水や液体。「—を吹く」 関連 狭霧(さぎり)・濃霧・煙霧・雲霧・朝霧・夕霧・夜霧・霧雨・霧氷・霧雲・霞(かすみ)・靄(もや)・ガス・スモッグ・霧笛・霧吹き・噴霧器・迷霧・霧中・五里霧中・霧隠れ・霧散・雲散霧消

きり【奇利】思いがけない利益。「—を博す」

ぎり【義理】①世の道理。㋐人として行うべき道。「居候(いそうろう)には文句の言えた—ではない」㋑特に江戸時代以後、交際上などの関係から、いやでも他人にしなくてはならない事。「—を欠く」「—人情」「お—で働く」「—にも(=いやでも。仮にも)上手とは言えない」②血縁はないが、血縁者と同様な関係にあること。「—の子」③ことば・文字の、わけ。意味。「—が通じない」 **—あい**【—合】義理⑴にからむこと。つきあい。 **—がた-い**【—堅い】《形》義理⑴㋑をおろそかにしない。 派生 **-さ** **—ずく** どこまでも義理⑴㋑を立て通そうとする態度。また、義理⑴の名で迫る態度。 **—だて**【—立て】義理⑴㋑を立てて、ものがたく守ること。

きりあ-う【切(り)合う】《五他》①切ったり切られたりする。刃物をもって戦う。▽「切」は「斬」とも書く。②物と物とが十文字に交わる。

きりあ-げる【切(り)上げる】《下一他》①適当なところで終わりにする。「仕事を早めに—」②計算で、必要な桁より小さい端数(はすう)を取り去った末位に1を加える。↕切り捨てる。③(外国為替で)通貨の価値を引き上げる。「円を—」

きりあめ【霧雨】→きりさめ

きりいし【切(り)石】①用途に従って形を整えた石材。②石だたみ。しき石。③割れてかど立った石。

きりうり【切(り)売(り)】《名・ス他》求めに応じて(布など)商品を少しずつ切って売ること。「知識の—」

きりえ【切(り)絵】紙を切り抜いて、人や物などの形を表したもの。

きりおと-す【切(り)落(と)す】《五他》切ってはなす。「腕を—」「堤防を—(=こわして水を流す)」

きりかえし【切(り)返し】切り返すこと。㋐剣道で、正しい姿勢で進退して行う、うち方の練習。㋑相撲(すもう)で、相手の踏み込んだ足を逆用して後ろへ倒すわざ。

きりかえ-す【切(り)返す】《五他》①切り込んで来る相手に、こちらからも相手を切ろうとする。②反撃に出る。「皮肉な言葉で—・した」③相撲(すもう)で切り返し㋑を掛ける。④自動車の運転で、回したハンドルをすぐに逆に回す。

きりかえばた【切(り)替え畑】①新しく開墾した土地、あるいは地力の弱い土地で、一定期間休耕して地力が回復してから作付けをする畑。②→やきはた

きりか-える【切(り)換える・切(り)替える】《下一他》今までのをやめて、新しくする、または別のにする。「頭を—」「チャンネルを—」

きりかか-る【切(り)掛(か)る・斬(り)掛(か)る】《五他》刃物で切ろうと襲いかかる。

きりがくれ【霧隠れ】霧の中に姿を消すこと。

きりかけ【切(り)掛け・切(り)懸け】①切る動作を途中までですること。また、途中まで切ったもの。「—のパン」②和風建築で、上部を少し重ねて横に張り並べた羽目板。

きりか-ける【切(り)掛ける・斬(り)掛ける】《下一他》①きりつける。②切ったものを他の物にかける。首を切って獄門にかける。

きりかぶ【切(り)株】→かぶ(株)⑴㋑

きりかみ【切(り)紙】①切った紙。紙を切ること。「—細工」▽「きりがみ」とも言う。②折紙(おりがみ)⑶を折り目通りに横に二つ切りにしたもの。中世から行われていた和歌・連歌・神道などの口伝において、これに秘事をしるして伝授した。

きりかみ【切(り)髪】①切った髪の毛。②首または頬の辺までで短く切った、女の髪型。特に以前、未亡人が出家の意味で、まげの部分を切ってたらした髪型。

きりかわ-る【切(り)替(わ)る】《五自》全部すっかり変わる。今までのとは違ったものになる。「新しい制度に—」

きりきざ-む【切(り)刻む】《五他》①細かく切る。「白菜を—」②何度も傷つける。「心が—・まれた」

きりぎし【切(り)岸】切り立ったがけ。断崖絶壁。

きりきず【切(り)傷・切(り)×疵】刃物などで切ってできたきず。

きりきょうげん【切(り)狂言】芝居で、一日に二つ以上の出し物を上演する時、その最後のもの。きり。

きりきり《副「と」・ス自》①物がきしる音。「歯を—と食いしばる」②非常な勢いで回転するさま。強く巻きつけるさま。「髪を—(と)巻き上げる」③てきぱきと物事を取り運ぶさま。「—(と)立ち働く」④頭・腹などが鋭く刺されるように痛むさま。「胃が—する」 **—しゃん**《副と》一分(いちぶ)のむだもなく、きちんとして、かいがいしいさま。 **—まい**【—舞(い)】非常な勢いで回ること。(あわてて)忙しく立ち働くこと。「—をする」

ぎりぎり ①《名・ノダ》許される極限で、もうそれ以上は余地のない状態。「時間—で間に合った」②《副「と」》強く力を入れるさま。強く巻きつけるさま。

その音。「—(と)歯ぎしりをする」

きりぎりす【×螽斯】バッタに似た昆虫。糸状の触角が体より長い。雄は羽にある発音器官で「ちょんぎいす」と鳴く。ぎっちょ。ぎす。はたおり。▽きりぎりす科。古歌のはコオロギを指す。

きりくず【切(り)×屑】物を切って出たくず。

きりくずす【切(り)崩す】《五他》①切って削り取り、もとの形でなくする。「がけを—」②相手方の陣形や団結を乱れさせる。「敵陣を—」

きりくち【切(り)口】①切った刃物の当たった所。㋐ものを切った、その面。また、(袋などで)開封を指示された所。㋑切り傷のあと。「—が今なお痛む」②比喩的に、物事を(見事に)さばいてみせる、そのさばき方。「鋭い—の批評」

きりくび【切(り)首・斬(り)首】首を切ること。切り落とした首。「—にする」

きりくむ【切(り)組む】《五他》(材木などを)切って組み合わせる。

きりぐも【霧雲】山で霧のように低くただよう雲。

きりこ【切(り)子・切(り)籠】①四角なもののかどを切り落とした形。また、その形をした品物。②「切子ガラス」の略。「江戸—」 **—ガラス** ↓カットグラス。 **—どうろう**【—灯籠】切子形のわくに飾りをたらした灯籠。盂蘭盆会(うらぼんえ)に使う。

きりこうじょう【切(り)口上】(一語一句の句切りをはっきりさせながら言う)改まった調子の口上。改まった堅苦しい物の言い方。

きりごたつ【切(り)×炬×燵】↓ほりごたつ

きりこまざく【切りこまざく】《五他》ずたずたに小さく切る。▽「こまざく」は細裂く。

きりこみ【切(り)込み】①刃物で切れ目を入れること。その切れ目。②敵の中に切って入ること。「—隊」▽「切」は「斬」とも書く。③細切りにした生の鮭(さけ)・鰊(にしん)などを塩麹(しおこうじ)に漬け込んで発酵させた食品。北海道・東北地方の郷土料理。

きりこむ【切(り)込む】《五他》①物の中に刃物を深く切り入れる。②敵の中に深く攻め込む。▽「切」は「斬」とも書く。③比喩的に、相手を鋭く追及して問い詰める。④切ってはめ込む。「ガラス障子を—」

きりさいなむ【切(り)△苛む・斬(り)△苛む】《五他》むごくずたずたに切っていためつける。

きりさく【切(り)裂く】《五他》切って両方に離す。切って割る。「布を—」「魚の腹を—」

きりさげがみ【切(り)下げ髪】↓きりかみ(切り髪)⑵

きりさげる【切(り)下げる】《下一他》①切ってたれさがるようにする。「髪を—」②切って刃物を下までおろす。「肩口を—」▽「切」は「斬」とも書く。③引き下げる。「平価を—」「労働条件を—」

きりさめ【霧雨】霧のように細かく、音もなく降る小雨。ぬかあめ。

きりざんしょう【切(り)山×椒】上糝粉(じょうしんこ)に山椒・砂糖を加え、蒸して搗(つ)き、五センチほどの拍子木(ひょうしぎ)形に切った菓子。白・薄紅・薄緑などのを混ぜる。▽酉(とり)の市の名物。

キリシタン【切支丹・△吉利支丹】①天文(一五三二〜五五)年間に日本に伝わったカトリック。その信徒。②キリシタン⑴の宣教師が布教の手段に使った、理化学的な技術。当時の日本人には魔法と思われた。▽ポルト christão **—バテレン**【—△伴△天連】①キリシタンの神父の敬称。▽「バテレン」はポルト padre のなまり。②転じて、邪宗。

きりじに【切(り)死(に)・斬(り)死(に)】《名・ス自》敵と切り合って死ぬこと。

きりすて ①【切(り)捨て】切り捨てること。「小数点以下—」②【斬(り)捨て】江戸時代に、武士に対し無礼を働いた町人・百姓を斬り捨てたこと。 **—ごめん**【斬(り)捨て御免】斬り捨ててもとがめられないという許し(を得ていること)。

きりすてる【切(り)捨てる】《下一他》①切って不要な部分を捨てる。「少数意見を—」②計算で、必要な桁より小さい部分の端数(はすう)を無視する。↕切り上げる。③人を切り殺してそのままにしておく。▽⑶の場合、「切」は「斬」とも書く。

キリストきょう【キリスト教】イエス キリストの人格・教訓を中心とし、父なる唯一の神に仕える宗教。▽「キリスト」はポルト Christo(＝救世主)

きりずみ【切(り)炭】適当な長さに切った木炭。

きりだし【切(り)出し】①切り出すこと。②はがねの先が斜めに刃になっている小刀。

きりだす【切(り)出す】《五他》①切って運び出す。「石材を—」②大切な提案・相談事などを話し始める。「おもむろに—」③火打石で打って火を出す。▽⑶は「鑽り出す」とも書く。

きりたつ【切(り)立つ】《五自》(山・がけなどが)切ったような鋭い傾斜でそびえ立つ。

きりたんぽ 硬めに炊いた飯をつきつぶし、杉の串に円筒形に塗りつけて焼いたもの。主に鍋料理の具にして食べる。▽秋田県の名物。

きりつ【規律・紀律】①《名》人の行為の規準として定めたもの。おきて。転じて、秩序。「—正しい生活」「—違反」▽どちらを書いてもほぼ同じだが、「紀律」は支配下にある者に対する風紀・秩序の維持に関する場合に多い。②《名・ス他》規制すること。「電波を監視し、及び—すること」▽「規律」と書く。

きりつ【起立】《名・ス自》すわっていた姿勢から立つこと。立ちあがること。▽最近の「立ち上げる」に近い気持で他動詞にも使った。「この町名が新宿区—の際に消滅」「この人が—した会社は数多い」

きりつぎ【切(り)接ぎ・切(り)継ぎ】《名・ス他》切り取って、つぎ合わせること。

きりつける【切(り)付ける】《下一他》①刃物で切って傷をつける。刃物を持って切りかかる。▽「切」は「斬」とも書く。②切って形をつける。きざみつける。

きりっと《副・ス自》①引き締まってゆるみのないさ

ま。きりりと。「ー結んだ唇」「長い髪をー結い上げる」「ーした目鼻立ち」②冷えていて、のど越しが心地よいさま。「ー冷えたビール」「ーした冷酒」

きりづま【切妻】①切妻屋根の両端の、山形の壁面部分。②「切妻屋根」の略。　**ーやね**【ー屋根】書物を開いて「へ」の字なりにしたような形の屋根。

きりつ-める【切(り)詰める】『下一他』①切り捨てて長さを短くする。②できるだけ倹約する。「ー・めた生活」

きりど【切(り)戸】丈(たけ)の低い戸口。くぐり戸。

きりどおし(…どほし)【切(り)通し】山・丘などの土を削り取って間に通した道。

きりとり【切(り)取り】①切って取ること。②人を切り殺して物をとること。「ー強盗」

きりと-る【切(り)取る】『五他』切って取る。㋐刃物で切って物の一部を取る。「手術で胃をー」㋑攻撃して敵地を乗っ取る。

きりなし『ダナ』いつまでも続いて限りがない、また絶え間がないさま。▽「切り無し」の意。

きりぬき【切(り)抜(き)】①切って一部分を抜き取ること、また、抜き取ったもの。「新聞のー」②「切抜き絵」の略。切り抜いて(更に組み立て)物の形にするように描いた絵。

きりぬ-く【切(り)抜く】『五他』きりぬきを作る。

きりぬ-ける【切(り)抜ける】『下一自』力を尽くして、または何とか、苦境から脱する。「難局をー」「口先でその場をー・けても」▽刀で切り掛かり敵の囲みを破って抜け出す意の、転。

きりのう【切能】その日に演じる最後の能。

きりは【切端・切羽】坑道の先端。「トンネルを掘る向こう側のーからの音」。鉱石・石炭などの採掘場。▽「きりば」とも言う。「切羽」を「せっぱ」と読めば別の意。

きりはく【切(り)×箔】①金・銀の箔(はく)をこまかく切ったもの。砂子としてまきちらす。②金・銀の箔をうるしで鳥の子紙にぬりつけ、細く糸状に切ったもの。織物のよこ糸に用いる。

きりはた【切(り)畑】①山腹を切り開いたり、山の木を切り倒したりして作った畑。②→きりかえばた(1)

きりばな【切(り)花】枝・茎をつけて切り取った花。生け花・仏前などに用いる。

きりはな-す【切(り)離す・切(り)放す】『五他』①一つになっていたものを、切って別々にする。分離する。「車両をー」「問題をー・して考える」②つながれていたもの(囚人や牛馬など)を放してやる。

きりはなれ【切(り)離れ】①切って別々になること。②思い切ること。また、金離れ。「ーがいい」▽既に古風。

きりはら-う(…はらふ)【切(り)払う】『五他』(妨げになるものを)切ってとりのける。「下枝をー」「敵をー」

きりばり【切(り)張(り)・切(り)貼(り)】『名・ス他』①紙の一部分を切り取って、新しい紙を張りかえること。「障子のー」②(印刷物を)あちこちから切り取って、貼り合わせること。「ーを作る」③きりばり(2)のような、独創性のない構成。「ーの論文だ」

きりび【切(り)火】①神だなの前や人の出がけに火打石を打って出す、清めの火。「ーを打って送り出す」②火きりによって出す火。▽「鑽(り)火」とも書く。

きりひとは【×桐一葉】秋の初めに桐の葉が一枚散ること。「ー落ちて天下の秋を知る」(小さな一つの事から宇宙の動きを見て取る、また、衰微のきざしを知る)

きりひら-く【切(り)開く】『五他』①山や丘をくずしたり木を切ったりして道をつける。また、山や荒れ地を開墾する。②比喩的に、新しいことを始めたり先に進めたりする。「新分野をー」③包丁・はさみなどで切ってひらく。「魚の腹をー」④敵の囲みから逃げ出す口を作る。

きりふき【霧吹(き)】液体を霧のような細かい水滴の状態にして、物に吹きつけること。そのための道具。

きりふ-せる【切(り)伏せる・斬(り)伏せる】『下一他』切って相手を倒す。

きりふだ【切(り)札】①トランプ遊びで、他の札を全部負かすものと決められた札。②(きりふだ(1)のように)最後に出す最も強力な手段。きめ手。

きりぼし【切(り)干(し)】「切り干し大根」の略。大根を千切りにして日にほしたもの。保存食品。

きりまい【切(り)米】江戸時代、武士が春・夏・冬と期限を切って俸禄(ほうろく)として主君から与えられた米。

きりまく-る【切(り)×捲る・斬(り)×捲る】『五他』はげしく切り立てて相手を追いまくる。

きりまど【切(り)窓】壁・羽目板などに切って開け、開閉ができる明り取り。

きりまわ-す(…まはす)【切(り)回す・切(り)×廻す】『五他』①手当たり次第に切る。やたらに切る。②複雑な仕事などを、うまく処理し、やってのける。「女手一つでー」

きりみ【切(り)身】一匹の魚を幾つかに切ったもの。

きりみず(…みづ)【切(り)水】花を切り取ってすぐ、切り口を水中に入れること。

きりむす-ぶ【切(り)結ぶ・斬(り)結ぶ】『五自』①刀の刃と刃を互いに合わせて激しく切り合う。②激しくやりあう。

きりめ【切(り)目】①切った結果できたあと。②物事のくぎり。きちんとすべきところ。

きりもち【切(り)餅】①のしもちを四角く食べよい大きさに切ったもの。②江戸時代、一分銀(いちぶぎん)百枚(二十五両)を四角く紙に包んで封印をしたもの。▽切餅(1)に形が似るから。

きりもど-す【切(り)戻す】『五他』樹木の剪定(せんてい)で、今年伸びた枝だけでなく、昨年生えた古い枝まで切って樹形を小さく整える。

きりもみ【×錐×揉み】『名・ス自』①きりを両手で回しながら穴をあけること。②飛行機が失速して機体をらせん状に回して急降下するさま。曲芸飛行などで行うこともある。

きりもり【切(り)盛り】《名・ス他》①料理で、できた食物を切ったり、器に盛ったりすること。②物事をとりさばくこと。「家事の―」

きりゃく【奇略】奇抜な着想・策略。

きりゃく【機略】時に応じて自在に働くはかりごと。臨機応変の策略。「―に富む」

きりゅう【寄留】《名・ス自》①一時的に本居を離れてよそに住むこと。②旧法で、九十日以上、本籍地以外の一定の場所に居所をもつこと。

きりゅう【気流】大気の流れ。「上昇―」

きりょ【×羇旅】旅のこと。▽和歌の分類目によく使われた。

きりょ【貴慮】(手紙などで)相手の考えを敬って言う語。お考え。「―を得たく」

きりょう【器量】①物の役に立つべき才能と徳。「人の上に立つ―がある」②顔かたち。みめ。「―よし」 **―じん**【―人】器量(1)がある人。 **―まけ**【―負け】①才能があって、かえって世渡りに支障が多いこと。②顔かたちがよいので、かえって良縁に恵まれないこと。

ぎりょう【技量・△伎×倆】物事を行う、特別なうまさや力。うでまえ。手なみ。

ぎりょう【議了】《名・ス自他》議事または審議が決着すること。

きりょく【気力】物事をなしとげようとする精神の力。また、元気。精力。「―がみなぎる」「―を失う」 関連 意力・精力・精神力・意気・気炎・心意気・向こう意気・元気・生気・活・活気・志気・士気・血気・鋭気・英気・熱気・気合い・張り・張り合い・気概

きりり《副と》強くひきしまっていて、ゆるみのないさま。きりっと。「―と締まった口もと」

きりりしゃん《副と》かいがいしいさま。きりきりしゃん。

きりわ-ける【切(り)分ける】《下一他》①(ケーキなどを)切って(取り)分ける。②うまく区別してさばく。「込み入った問題のありかを―けてみせる」▽(2)は一九九〇年代に言い出した。

きりわり【切(り)割り】①切って(二つに)割ること。②山や丘の一部を切りくずして道をつくること。

きりん【×騏×驎】①一日に千里も走るという、よい馬。「―も老いては駑馬(どば)に劣る」②→きりん(麒麟)(2)

きりん【×麒×麟】①首と足が細長く、体高四メートル以上になるアフリカ特産の獣。体色は、淡黄色に黒褐色の大きなまだらがある。木の葉や芽を食べる。ジラフ。▽うし目(または鯨偶蹄目)きりん科。②中国で、聖人の出る前に現れるとされた想像上の動物。雄を「麒(き)」、雌を「麟(りん)」と言う。 **―じ**【―児】将来大成すると期待がもてる、すぐれた若者。

き-る【切る・斬る・△伐る・×截る・×鑽る】《五他》①一続きのものを(力を加えて)離れ離れにする。▽一般には「切」で書く。布・紙などには「截」、樹木などには「伐」、刀による時には「斬」も使う。㋐刃物などで断ったり、裂け目を付けたりする。「つめを―」「ススキの葉で手を―」「ねじを―」(刻んでねじを作る)「堰(せき)を―ったように」(一度にどっとあふれ出すさまの形容)。刀で人などを傷つけ殺す。「人を―」「大家の新作を―って捨てた勇ましい評論家」㋑結びつきをなくする。「縁を―」「彼と手を―」(関係を絶つ)㋒小切手や手形を発行する。振り出す。「小切手を―」▽用紙をつづった小切手帳から切り離して渡すので、こう言う。㋓中を分けて勢いよく進む。「風を―って飛ぶ」「正面を―」(まともに向かう)「抜き手を―って泳ぐ」。中を分けて向こう側に出る。「行列を―」「円Oを―直線m」▽数学では「截」も使う。㋔カルタやトランプで、札がでたらめな順になるように混ぜ返す。㋕(不要な)水分・油気(あぶらけ)を(振ったりして)除く。「手の水を―」「和紙を敷いて油気を―」②基準とする値に達しない状態にする。【切】「元値を―って売る」「持ち時間が五分を―」③物事にくぎりをつける。【切】㋐そこまででやめる。「言葉を―」「出願受付は百人で―ろう」㋑期限を定める。「日を―って回答を迫る」㋒《動詞連用形に付いて》……し終える。「目的地まで歩き―」。……するのをやめる。「思い―」。完全に(すっかり)……する。「弱り―」㋓トランプで、切り札を出す。④他から、または今までの状態から、きわだって、(勢いよく)する。【切】㋐真っ先になってする。「先頭を―」「彼がまず口を―った」㋑目立つふるまいをする。「たんかを―」「みえを―」「しらを―」(しらばくれる)㋒ハンドル・かじ等を動かし、進む向きを変える。「ハンドルを右に―」「カーブを―」㋓「鯉口を―」→こいぐち ⑤硬い物(木と木、石と鉄など)を、強くもみ込むようにしたり、激しく打ちつけたりして、火を出す。【切・鑽】

き-る【着る】《上一他》①衣類をまとって体をおおう。「和服を―」「上着を―」▽「著る」とも書く。はかま・ズボン・スカート・靴下などは「はく」と言う。②負う。「罪を―」(罪をその人が引き受ける)「恩に―」(恩を受けたという気持を持つ) 関連 着用・着する・着ける・召す・着込む・纏(まと)う・着こなす・着飾る・装う・繕う・めかす・羽織る・着付け・着替え・お召し替え・身支度・身仕舞い・身拵(ごしら)え・身繕い・おめかし・仕着せ・重ね着・厚着・薄着・盛装・礼装・正装・略装・軽装・着流し・装束・御召・着の身着のまま・着た切り雀(すずめ)

きるい【着類】身につけるものの総称。きもの。

キルク →コルク。▽(オランダ)kurk

ギルダー →グルデン。▽guilder

キルティング《名・ス自》二枚の布の間に綿を入れて刺し縫いすること。それで出来たもの。防寒用上着、ふとんなどに用いる。キルト。▽quilting

キルト ①→キルティング。▽quilt ②(スコットランドで男子が着用する)毛織・格子柄のひだ付き巻きスカート。▽kilt

ギルド 中世のヨーロッパで、技術の独占などのため、親方・職人・徒弟から組織された同業者の自治団体。▽guild

きれ【切れ】㊀《名》①切った結果できた小さな物。㋐きれはし。「細ー(こまぎれ)」㋑織物を切ったもの。更に広く、織物。布地。▽「布」「裂」とも書く。㋒有名な古人の筆跡の断片。「高野ー(こうやぎれ)」②切れるぐあい。切れ味。「ーのいいわざ」③料金や目方などが足りない、またはなくなっていること。「前金ー(まえきんぎれ)」㊁《接尾》(食品の)切ったものの数を表す語。「切り身二ー」

きれあが-る【切れ上がる】《五自》上の方まで切れている。「小股(こまた)のー・った女」(いきで、すらりとした美人)

きれあじぢ:あ【切れ味】刃物の切れぐあい。また、人の才能・うでまえの鋭さ。「ーのよいナイフ」

きれい【奇麗・×綺麗】《ダナ》①美しい、特に見た目がきらびやか・はでで美しいさま。「花がーだ」「ーな女性」「口先ばかりーな事(=体裁がよい事)を言う」▽「綺」はあや織物を言う。②よごれ・余計なものがないさま。㋐(利益や色恋のからまない)さっぱりしたさま。すがすがしいさま。「ーなつきあい」「身辺をーにする」「ーな心の持ち主」㋑清潔。「手をーに洗う」「ーにそうじする」㋒《「ーに」の形で副詞的に》あとかたなく、さっぱり。すっかり。「借金をーに返す」「ーに忘れてしまった」「七でーに割り切れる」 派生 **-さ** **ーごと**【ー事】①見かけ・口先だけは、いちおう非難されないように体裁よくしてある物事。「ーでは済まされぬ」②よごれないで済む仕事。 **ーどころ**【ー所】美しく装った女。▽多く芸者を指す。「きれいどこ」とも言う。

ぎれい【儀礼】形式を整えて行う礼法。

きれぎれ【切れ切れ】《ダナ》あちこちで切れて、続かない、または細かくなっているさま。「ーな話」「息もーに訴える」

きれくち【切れ口】切れた断面。切れた所。きりくち。

きれこみ【切れ込み】刃物が物の途中まではいったあと。また、それに似た形。刻み。

きれこ-む【切れ込む】《五自》①(刃物で切ったように)ものの面が深く入り込んだ状態になる。「深くー・んだ山ひだ」②進む方向を急に転じる。「つと林の中へー・んだ」

きれじ【切れ字】連歌(れんが)・俳諧で、句の切れ目に使う助詞・助動詞の類。▽「や」「かな」「けり」や命令形など。

きれじ【切(れ)地・△布地・△裂地】織物の地質。また単に、織物(のきれはし)。

きれじ【切(れ)×痔・△裂×痔】肛門(こうもん)の周りが裂けたりただれたりする病気。裂け痔(じ)。

きれつ【亀裂】《名・ス自》物の表面に(かめの甲の模様のような形の)ひびができること。その裂け目。「党内のーが深まる」

ぎれつ【義烈】義を守る心、忠義の心が非常に強いこと。

きれなが【切れ長】『ーの目』目じりが切れこんでいるように見える目。

きれはし【切れ端】物を切ってできた小部分。また、物のすみのごく小部分。はしくれ。

きれはなれ【切れ離れ】①(本体から)切れて別々になる状態。②思い切りよく支出するという気前。「ーがいい」▽すでに古風。

きれま【切れ間】物が切れてできた間。とだえたあいま。「雲のー」

きれめ【切れ目】①切れてできたあと。「ーを入れる」②切れた所。尽きた所や時。「金のーが縁のー」

きれもの ①【切れ者】物事を切りまわす才能がある人。また、主君の信用があつい勢力者。②【切れ物】(よく切れる)刃物。

き-れる【切れる】《下一自》㊀「切る」の自動詞。▽ただし、(2)の尽きる意、また㊂の意で対応する他動詞は「切らす」。①一続きのものが離れ離れになる。㋐裂け目・とぎれが出来る。「雲がー」「あかぎれがー」「電気がー」(電球のフィラメントが切れて、つかなくなる意にも、電流が来なくなる意にも)。刃物などで傷つく。「手のーような(=ま新しくて、ぴんとした縁で指を切りそうな)一万円札」。きれぎれになる。「息がー」。くずれる。「堤がー」㋑結びつきがなくなる。「彼とは手がー・れた」㋒〔俗〕平常でない心理状態に陥る。「先生に強く注意されてー・れてしまった」②とだえる。尽きる。「音信がー」「橋の手前で町並みがー」。(持ち合わせていたものが)尽きる。「油がー」「品がー」「麻酔がー」。目方・金額などが不足の状態だ。割れる。「元手(もとで)がー」③進む向きが変わる。「下り坂を海辺の方にー」「ボールが右にー」▽「それる」と違い、普通、意図的にそうした結果を言う。④《動詞連用形に付いて》完全に(終わりまで)……できる。「明日までには読みー」▽多くは打消しを伴って、……する限度を越える、……できないの意に使う。「もう待ちー・れない」「世話が/をやきー・れません」㊁物をよく断ち切ることができる。㋐切れ味が鋭い。「よくー刀」㋑頭が鋭くて物事をたくみに取りさばく力がある。敏腕だ。「なかなかー男」㊂『しびれがー』からだの一部、特に(長く正座していたため)足が圧迫を受けてしびれる。転じて、待ち遠しさに耐えられなくなる。

きろ【岐路】わかれ道。二また道。「人生のーに立つ」

きろ【帰路】帰る時に通る道。また、帰る時。↕往路。「ーにつく」「学校のー本屋に寄る」

キロ 基準となる単位名に冠し、その千倍に当たる意を表す語。記号k。特に「キロメートル」「キログラム」等の略。▽(フランス) kilo- **ーグラム** 質量の単位。国際単位系の基本単位の一つ。記号kg 当初は水一リットルの質量、その後長く国際キログラム原器の質量に、等しい質量と定義したが、二〇一九年五月からは値の定義された物理定数をもとに物理現象によって定義する。▽フランス kilogramme

ぎろう【×妓楼】遊女を置いて客を遊ばせる家。

きろく【記録】《名・ス他》①後々まで伝える必要のある事柄を書きしるすこと。その書きしるしたもの。「―に残す」「議事録に―する」②競技などの成績・結果。特にその最高のもの。「世界―」「新―」「―破りの暑さ」 **―えいが**【―映画】虚構を用いず、実際のままを記録した映画。ドキュメンタリー映画。 **―てき**【―的】《ダナ》特に記録すべきほどに程度がはなはだしいさま。「―暴風」

ギロチン 死刑のための首切り台。断頭台。ギヨチーヌ。▽guillotine

ぎろん【議論】《名・ス他》自分の考えを述べたり他人の考えを批評したりして、論じ合うこと。その論の内容。「死刑について―する」「行政改革を―する」

きわ【際】もう少しで別の物になる、その物のすぐそば。すれすれのところ。ある事のすぐ前の時。「いまわの―」(死の直前)

きわ【奇話】珍しい話。風変わりな話。

=**ぎわ**【際】①《名詞に付けて》そのすぐそば。「窓―」②《動詞連用形に付け、体言を作る》……しようとする時。……し始める時。「別れ―」「花も散り―になる」

ぎわく【疑惑】本当かどうか信用できないと思うこと。疑い。「―の念」「―が生じる」

きわた【木綿】①種子の白い毛をわた⑵にする落葉高木。熱帯アジア産。春、赤色五弁の花が葉に先立って咲く。▽あおい科(旧パンヤ科)。②わた⑴。

きわだ ①〔動物〕↓きはだ⑴。②〔植物〕↓きはだ⑵

きわだ-つ【際立つ】《五自》他のものと区別されてはっきりと目立つ。「―った特色」

きわど-い《形》もう少しであぶないという、すれすれのところにある。「―差で勝った」「―芸当」「―話」(もう少しで下品・卑猥(ひわい)になりかねない話) 派生 -さ

きわまり【窮まり・極まり】物事がきわまったところ。究極。「無礼―ない」(この上なく無礼だ。無礼きわまる)

きわま-る【窮まる・極まる・△谷まる】《五自》物事がこれが果てという所まで来る。㋐ぎりぎりの状態にまで達する。【極・窮】「感―って泣き出す」㋑……がこの上ない状態になる。【極】「楽しみはここに―」㋒動きがとれない状態に陥り、困りはてる。【窮・谷】「進退―」

きわみ【極み】きわまるところ。はて。限り。この上なしというところ。「寂しさの―」

きわめ【極め】①きわめること。見きわめ。②書画・刀剣などの鑑定。「―をつける」

きわめがき【極(め)書(き)】書画・刀剣などの鑑定の証明書。極札(きわめふだ)や折紙(おりがみ)。

きわめつき【極(め)付(き)】①書画・刀剣などに極書(きわめがき)がついていること。②転じて一般に、定評があること。「―の名演技」▽「極め付け」は本来の言い方でない。

きわめて【極めて】《副》この上なく。非常に。「―重大な問題」▽文語動詞「きはむ」の連用形＋助詞「て」から。

きわ-める【窮める・極める・究める】《下一他》この上なしの所まで達しつくす。「山頂を―」「学の蘊奥(うんのう)を―」「ぜいたくを―」「多忙を―」「口を―・めてののしる」▽第二例のような時だけ「究める」と書く。

きわもの【際物】①ある時期のまぎわにだけ売れる品。例、正月の門松、三月のひな人形。②一時の流行・人気をあてこんで作った品物や脚本・小説など。

きわやか《ダナ》きわだっているさま。境目がはっきりしているさま。 派生 -さ

きをつけ【気を付け】《連語》直立不動の姿勢をとるようにかける号令。▽名詞としても使う。「―をする」

きん【斤】①尺貫法の重さの単位。普通、一斤が一六〇匁(もんめ)(六〇〇グラム)だが、計る物によって一二〇匁・一八〇匁等、多少違いがある。②食パンの(かたまりとしての)量の単位。三四〇グラム以上と決められていて、四〇〇グラム弱のことが多い。

きん〘巾〙 キン きれ はば ―①織物。ぬのきれ。手ぬぐい。「巾着・手巾・布巾・雑巾(ぞうきん)・茶巾・三角巾」②おおうもの。かぶるもの。頭をおおうもの、くびをおおうもの(えりまき)など。「頭巾(ずきん)・領巾(りょうきん・ひれ)」▽↓はば

きん〘*均〙 キン ひとしい ―①地面をならしてたいらにする。ならす。「平均・均整・均斉・均衡」②ひとしい。差がない。「均等・均分・均霑(きんてん)・均質・均一」

きん〘*近〙〘近〙 キン コン ちかい ―①へだたりが大きくない。㋐距離がちかい。「遠近・近所・近侍・近親・近縁・近視・近海・近景・近辺・近似・近衛(このえ)・付近・卑近・側近・至近・晩近(ばんきん)」㋑時間がちかい。このごろ。「近近・近日・近来・近況・近作・近刊・近詠・近信・最近」②物のすぐそばにちかづく。ちかづける。「接近」▽↕遠

きん〘人欣〙 キン ゴン よろこぶ ―よろこんで気がうきうきする。「欣快・欣喜雀躍(じゃくやく)・欣然・欣欣・欣求(ごんぐ)浄土」

きん〘*金〙 キン コン かね かな こがね ―①金・銀・銅・鉄などの金属鉱物の総称。かね。また、金属で作った器具。かなもの。「金属・金石・金鉄・金工・金瘡(きんそう)・合金・板金」②《名・造》鉱物、また、金属元素の一種。美しく黄色に輝く貴金属。元素記号 Au こがね。また、そのように見えるもの。「黄金(おうごん)・金銀・金玉・金塊・金泥(きんでい・こんでい)・金貨・金印・金箔(きんぱく)・純金・金銀瑠璃(こんごんるり)・白金」③《名

・造』ねうちがある、堅固な、美しい、光り輝く、きわめて貴重なもの。金に似たかがやきのある黄色。こがね色。「金の卵」(将来有望な若手)「金枝玉葉・金殿玉楼・金城湯池・金波・金髪・金鵄(きんし)・金看板」。以下「コン」と読む。「金銅・金色(こんじき)・金堂・金剛・金光明」④㋐通貨。おかね。「金一封」「金銭・金品・金員・金額・金融・金策・貯金・募金・税金・借金・賃金・百金・千金・資本金」▽昔、中国で通貨の単位。㋑金額を示すとき、数の上につける語。「金壱千円」⑤金(きん)(2)の純度を示す単位。二十四金が純金。「十八金」▽「十八K」などと書く「K」は、カラットを表す記号。↓カラット(1)。⑥『名・造』成績などを、金・銀・銅に分けたときの第一位。「金賞・金メダル」⑦『名』五行(ごぎょう)の一つ。「ゴン」と読む。⑧『名』国名。中国北部に、女真族が建てた国。元に滅ぼされた。「金史」⑨『名・造』将棋の駒「金将」の略。「成金(なりきん)・と金」⑩『名・造』七曜の一つ。また「金曜日」の略。

きん【人欽】 キン つつしむ ―①うやまいつつしむ。「欽仰(きんぎょう・きんこう)・欽慕」②天子に関する物事につける敬語。「欽命・欽定」

きん【錦】 キン にしき ―①いろいろの糸で模様を織り出した高級な織物。にしき。「錦繍(きんしゅう)・錦衣・錦紗(きんしゃ)・紅錦」②いろどりが美しい。「錦秋・錦鶏」③相手に関する物につけて、敬意を示す。「錦地」

きん【僅】 キン わずか ―①わずかである。わずか。少し。「僅少・僅差」②やっと。「僅僅」

きん【謹】【人謹】 キン つつしむ ―気をひきしめて、おろそかにしない。物事に念を入れる。恐れ敬って、ていねいにする。「謹慎・謹直・謹厚・謹言・謹啓・謹聴・謹呈・謹賀」

きん【*勤】【人勤】 キン ゴン つとめる つとまる いそしむ ―①心力をつくしてはたらく。せいを出す。つとめる。「勤務・勤怠・勤惰・勤続・勤勉・勤労・勤倹・勤王・勤行(ごんぎょう)・忠勤・精勤・恪勤(かっきん)」②勤務する。職務に従事する。「勤番・出勤・欠勤・通勤・皆勤・内勤・外勤・夜勤・超勤・在勤・常勤・転勤」

きん【菌】 キン ―①『名・造』細菌。「菌を保有」「黴菌(ばいきん)・細菌・葡萄(ぶどう)球菌・腐敗菌・殺菌・滅菌・保菌・雑菌・無菌」②きのこやかびの類。「菌類・菌糸・採菌」

きん【琴】 キン ゴン こと ―①きんのこと。胴を桐(きり)で作り、五本または七本の弦を張った弦楽器。また、一般に弦楽器。「琴箏(きんそう)・琴瑟(きんしつ)・琴線・七弦琴・月琴・提琴・和琴(わごん)・弾琴」▽十三弦のは「箏(そう)」と言う。②鍵盤のある楽器。「洋琴・風琴」

きん【*筋】 キン すじ ―①『名・造』収縮する力のある肉の繊維。「筋肉・筋骨・筋力・腹筋・随意筋・括約筋」②物体の内部で力となるすじ状のもの。「鉄筋・木筋」

きん【*禁】 キン ―①『名・造』さしとめる。とどめる。やめさせる。行動を自由にさせない。おきて。禁止の言葉。法律。「禁を破る」「禁止・禁断・禁欲・禁煙・禁酒・禁猟・禁足・禁書・禁制・禁令・禁錮・厳禁・発禁・解禁・国禁・軟禁・監禁・拘禁・失禁」②一般の人にははいることをさしとめてある場所。天子の居所。皇居。「禁中・禁裡(きんり)・禁門・禁闕(きんけつ)・禁衛」③いみきらってさける。「禁忌」

きん【襟】 キン えり ―①衣服のえり。えりくび。「衿(きん)」に同じ。「開襟」②むね。心のうち。「襟懐・襟度・胸襟・宸襟(しんきん)」

きん【人禽】 キン とり ―鳥類の総称。「禽鳥・禽獣虫魚・水禽・野禽・家禽・猛禽」▽本来、つかまえる、とりこの意で、「擒(きん)」に同じ。

きん【緊】 キン しめる しまる ―きつく糸をまきつける。きつくしまる。きびしい。さしせまる。「緊縮・緊褌(きんこん)一番・緊張・緊要・緊急・緊密・喫緊」

きん【今】 →こん【今】

ぎん【吟】 ギン ―①口の中で声を長く引く。ため息をつく。うめく。ふしをつけて物を言う。うたう。くちずさむ。「吟味・吟唱・吟誦(ぎんしょう)・吟声・詩吟・朗吟・独吟・放吟・呻吟(しんぎん)」②『名・造』詩歌をつくる。詩歌。「某某の吟」「吟詠・吟行・吟遊・名吟・駄吟・苦吟・沈吟」

ぎん【*銀】 ギン しろがね ―①『名・造』鉱物、また、金属元素の一種。白色の光沢のある貴金属。元素記号 Ag しろがね。また、そのように見えるもの。「銀塊・銀箔(ぎんぱく)・銀貨・銀杯・銀牌(ぎんぱい)・銀山・金銀・白銀・水銀・洋銀」②銀に似た、かがやきのある白色。「銀髪・銀翼・銀輪・銀鱗(ぎんりん)・銀河・銀波・銀盤・銀幕・銀世界」③通貨。おかね。金銭。昔の貨幣単位。「銀百両」「銀行・銀座・賃銀・労銀・路銀」④『名・造』成績などを、金・銀・銅に分けたときの第二位。「銀賞・銀メダル」⑤『名・造』将棋の駒「銀将」の略。⑥「銀行」の略。「日銀・都銀」

きんあつ【禁圧】『名・ス他』威力・権力によって圧迫し禁止すること。

きんい【金位】 金製品に含まれる金の純度の等級。

ぎんい【銀位】 銀製品に含まれる銀の純度の等級。

きんいつ【均一】 すべて一様なこと。等しいこと。「―料金」▽「よりどり十銭(じっせん)―」など同一金額の意には必ず「きんいち」と言った。

きんいっぷう【金一封】 紙に包んで封じたお金。▽金額をはっきりさせないで人に贈ったり寄付したりする時の言い方。

きんいん【近因】 最も近く、直接的な原因。↔遠因

きんいん【金員】 金額。金銭。▽金銭の員(かず)の意。

きんうん【金運】 金銭に関する運勢。「―が強い」

きんえい【禁衛】 皇城の守護。禁門の守り。

きんえい【近影】 その人を最近とった肖像写真。

きんえい【近詠】 最近よんだ詩歌。

ぎんえい【吟詠】『名・ス他』①詩歌に節をつけて歌う

こと。②詩歌を作ること。

きんえん【禁×厭】まじないをして、悪事・災難をとどめること。まじない。

きんえん【禁煙・禁×烟】『名・ス自』タバコをすうことの禁止。「―席」▽「―する」はタバコをすう習慣を自分でやめる場合に使う。

きんえん【禁園・禁×苑】皇居の庭。

きんえん【筋炎】感染症や免疫疾患などによって起こる筋肉の炎症。

きんえん【近縁】①近い血縁。近い続き柄。そういう人。②生物で、分類上、近い関係にあること。「―種」

きんえん【金円】おかね。金銭。

きんおうむけつ【金×甌無欠】少しのきずもない黄金のかめのように、完全・堅固で欠点がないこと。特に、国家が強く立派で、外国の侵略を一度も受けていないこと。▽「きんのうむけつ」とも言う。

きんか【×槿花】ムクゲまたはアサガオの花。▽朝咲き夕方にはしぼむので、はかなさのたとえ。「―一朝の夢」

きんか【近火】近所に起こった火事。

きんか【金貨】金を主成分とする貨幣。

きんが【謹賀】『―新年』新年をつつしんでお祝い申し上げる意。

ぎんか【銀貨】銀を主成分とする貨幣。

ぎんが【銀河】①天(あま)の川の別称。②銀河系の別称。③銀河系と同質の天体。形状は、アンドロメダ銀河など銀河系に似たもののほか、球状をなすものなどもある。▽③は「小宇宙」「島宇宙」とも言った。 **―けい**【―系】太陽系を含む無数の恒星や星雲と暗黒物質からなる天体。形状は渦を巻いたような円盤状で、地球からは、星の多い円盤の縁の方向が天(あま)の川として観測される。

きんかい【×欣快】非常にうれしく気持がいいこと。

きんかい【近海】陸地に近いあたりの海。↕遠海・遠洋

きんかい【金塊】(精製した)金のかたまり。

ぎんかい【銀塊】(精製した)銀のかたまり。

ぎんかいしょく【銀灰色】銀色を帯びた灰色。

きんかぎょくじょう【金科玉条】この上なく大切にして従うべききまり。金や玉のように立派な法律。

きんがく【勤学】『名・ス自』熱心に学問をすること。

きんがく【金額】かねだか。貨幣の額で示された値。

きんかくし【金隠し】和式大便器の前の縁に立てた、ついたて状のもの。

きんがみ【金紙】金粉または金や真鍮(しんちゅう)の箔(はく)をおした、金色の紙。

ぎんがみ【銀紙】銀色の紙。㋐銀粉または銀の箔(はく)をおした紙。㋑鉛・錫(すず)の合金、アルミニウムなどを薄く紙のようにのばしたもの。「タバコの―」

ギンガム 格子(こうし)・縞(しま)模様の平織りの木綿(もめん)洋服地。▽gingham

きんがわ【金側】外側が金でできている物。特に、「金側時計」の略。

ぎんがわ【銀側】外側が銀でできている物。特に、「銀側時計」の略。

きんかん【近刊】①近いうちに刊行すること。その本。②最近刊行されたこと。その本。

きんかん【金冠】①金のかんむり。②金の合金で作って、治療のため歯にかぶせるもの。

きんかん【金×柑】熟すと黄金色になる卵形の小さな実をつける柑橘(かんきつ)類。暖地で栽培される常緑低木で、実は皮ごと食用・薬用。▽みかん科。数種ある。

きんかん【金環】(飾りにする)金の輪。 **―しょく**【―食・―×蝕】月が太陽の中央を覆い、周りが金環のように見える日食。

きんかん【金管】「金管楽器」の略。金属性の管楽器。トランペット、トロンボーンの類。

きんがん【近眼】近視の眼(め)。▽↓きんしがん。 **―きょう**【―鏡】近視眼用の凹レンズのめがね。

ぎんかん【銀漢】銀河。あまのがわ。▽「漢」は「あまのがわ」の意。

きんかんばん【金看板】①彫り込んだ文字に金箔(きんぱく)をはって目立たせた看板。②転じて、世間に誇りがましく宣伝する商品、また主義・主張など。

きんき【×欣喜】『名・ス自』大喜び。 **―じゃくやく**【―×雀躍】『名・ス自』大喜びで、こおどりすること。

きんき【禁忌】『名・ス他』忌んで禁じること。㋐月日・方位・食物などについて、習俗として、きらって避けること。㋑↓タブー。㋒ある病気に対して使う事を禁じなければならない薬品・食品、または温泉の質。

きんき【錦旗】赤地の錦(にしき)に日月を描いた、天皇の旗。にしきのみはた。▽勅命によってつかわされた征討将軍のしるし。

ぎんき【銀器】銀で作ったうつわ・道具。

ぎんぎつね【銀×狐】黒毛に白のさし毛がある、きつねの毛皮の色。そのような毛のきつね。

きんきゅう【緊急】『名・ダナ』事が重大で、その対策などが急がれること。「事は―を要する」「―動議」 派生 **―さ**

きんぎょ【禁漁】水産動植物の保護のため、(常にまたはある時期)それを取るのを禁じること。きんりょう。「―期」「―区」

きんぎょ【金魚】赤・白・黒などの美しい体色や、長いひれなどの変わった体形を楽しむために飼われる魚。突然変異したフナを交配して改良したもので、出目金(でめきん)・琉金(りゅうきん)など種類が多い。 **―ばち**【―鉢】金魚を入れてながめるための、ガラスを張った、またはガラス製の鉢。

きんきょう【近況】身辺の最近の様子・状況。「―報告」▽「近状・近情」は身辺に限らない。

きんきょう【禁教】その宗教の布教・信仰を禁じること。また、禁じられた宗教。

きんぎょう【近業】最近の仕事。最近の著作。

きんきょく【琴曲】ことをひいて、かなでる曲。箏曲(そうきょく)。

きんぎょく【金玉】金と玉。そのように得がたく珍重

すべきもの。▽「きんたま」と読めば別の意。　**ーとう**【ー糖】寒天・砂糖・香料をまぜて煮つめ、固めてざらめ糖をまぶした夏むきの菓子。

きんきょり【近距離】距離が近いこと。↕遠距離。「ー圏」「ーバス」

きんぎれ【錦切(れ)】①にしきの切れはし。②明治維新当時の官軍のこと。▽肩に錦切れ⑴をつけて目印としたから。

きんきん【×欣×欣】『ト タル』よろこぶさま。　**ーぜん**【ー然】『ト タル』よろこぶさま。

きんきん ①『副[と]・ス自』金属的な甲高い声が響くさま。きいきい。「声をー(と)張り上げて怒る」②『副[と]・ス自』頭や耳の奥が鋭く、響くように痛むさま。「こめかみがー(と)する」③『副[に]』↓ぎんぎん⑴。　**ーごえ**【ー声】甲高く不快な声。きいきい声。

きんきん【僅僅】『副』わずか。たった。ほんの。「ー五年で大成功した」

きんきん【近近】『副ノ』そう先でなく近いうち。「ー(に)出直してくるよ」「実現はー(のこと)だと見込まれる」▽「ちかぢか」が空間に関しても使えるのに対し、こちらは時間に言う。

きんぎん【金銀】金と銀。㋐金属の金・銀。㋑金貨・銀貨。一般に金銭。

ぎんぎん『副[に]・ノダ』〔俗〕①外気や飲物がよく冷えているさま。「冷房をーに利かせる」「ーに冷えたビール」②目立って派手なさま。強烈なさま。「ー照りつける太陽」

きんく【禁句】①和歌・俳諧などで趣をこわす、または約束としてきらって使わない言葉。②聞き手の感情を害さないため、使ってはならない語句。

キング ①王。帝王。また、王のような最高・最強力のもの。王者。②トランプ・チェスの、王にかたどった札または駒。▽king　**ーサイズ** ごく大型。特大型。▽アメリカ king-size　**ーメーカー** 総理大臣などの権力者の人選を左右する、陰の実力者。▽kingmaker

きんぐち【金口】「金口タバコ」の略。吸い口に金紙を使った巻きタバコ。▽「こんく」と読めば別の意。

きんけい【近景】見ている方に近い(手前の)景色。↕遠景

きんけい【謹啓】手紙の始めに書く、あいさつ語。つつしんで申し上げますの意。

きんけい【錦鶏】雄の頭部に金色の羽毛があり、体には赤褐色・緑・藍色などの鮮やかな羽毛が生える鳥。形はキジに似る。中国原産で、日本では観賞用に飼育される。▽きじ科。

きんけつ【禁×闕】皇居。内裏(だいり)。御所。▽もと、皇居の門。

きんけつ【金穴】①金坑。②その人のために費用・資本などを出してくれる人。ドル箱。

きんけつ【金欠】〔俗〕金銭の持ち合わせが不足していること。手もと不如意(ふにょい)。

きんけん【勤倹】よく働いて、倹約すること。「ー力行」

きんけん【近県】近くにある県。

きんけん【金券】①特定の範囲内で金銭の代わりに通用する券。②金貨と引き換えられる紙幣。兌換(だかん)券。

きんけん【金権】金銭を持っていることによって発揮される権力。金の威光。金力。「ー政治」

きんげん【謹厳】『名・ダナ』つつしみ深く、軽々しい行いをせず、まじめなこと。「ー実直」 派生 **-さ**

きんげん【謹言】つつしんで言うこと。▽多く手紙の結びに用いる。「恐惶(きょうこう)ー」

きんげん【金言】金のように価値の高い言葉。㋐格言。㋑仏教で、仏の口から説かれた尊い言葉。金口(こんく)。▽㋑は「こんげん」とも言う。

きんこ【禁錮・禁固】『名・ス他』①一室内にとじこめて外出させないこと。②刑罰の一種で、刑務所には入れるが、労働はさせずにとじこめておくもの。

きんこ【近古】中古と近世との間の時期。▽日本史では普通、鎌倉・室町時代を指す。

きんこ【金庫】①かねぐら。特に、金銭・貴重品・重要書類等を入れ、盗難・火難などを防ぐ、かぎのかかる鉄製の入れ物や施設。②国家・地方公共団体の現金出納機関。③特別に設立された金融機関の名称。「農林中央ー」

きんこ【〈金海鼠〉〈光参〉】寒い地方の沿岸浅海に住む、なまこの一種。生殖腺が黄色い。煮て干したものを食材にする。

きんこう【均衡】『名・ス自』幾つかの物・事の間のつり合い。つり合うこと。「ーを保つ」「ーが破れる」

きんこう【×欣幸】しあわせに思って喜ぶこと。

きんこう【謹厚】つつしみ深くて情にあついこと。

きんこう【近郊】都市にごく近い郊外。

きんこう【金工】金属細工をする工芸。その業の人。

きんこう ①【金鉱】黄金を含む鉱石。それが出る鉱山。②【金坑】黄金を掘り出すための穴。また、金山。

きんごう【近郷】近くの村里。また、都市に近い村々。「ー近在」

ぎんこう【吟行】『名・ス自』①声をあげて詩歌をうたいながら歩くこと。②詩歌や俳句をつくるために景色のよい所や名所旧跡に出かけてゆくこと。

ぎんこう【銀行】①貯蓄者から金銭を預かり、他方その貸付を行い、手形割引・証券の引受け等をする金融機関。特殊銀行では銀行券の発行もする。「ー員」②比喩的に、貴重なものを保管し、必要に応じて供給する組織。「血液ー」　**ーけん**【ー券】特定の銀行(日本では日本銀行)が発行する紙幣。▽貨幣の一種として通用する。

ぎんこう ①【銀鉱】銀を含む鉱石。それが出る鉱山。②【銀坑】銀を掘り出すための穴。また、銀山。

きんこく【謹告】『名・ス他』つつしんで知らせること。

きんごく【禁獄】牢獄(ろうごく)にとじこめておくこと。

きんごく【近国】近くの国(・地方)。↕遠国(おんごく)

きんこつ【筋骨】筋肉と骨格。肉づきと骨ぐみ。「―たくましい」

きんこん【緊×褌】ふんどしをしっかりとしめること。「―一番」(心を大いに引きしめてかかること)

きんこんしき【金婚式】結婚して五十年たった夫婦が行う記念の祝い。

ぎんこんしき【銀婚式】結婚して二十五年たった夫婦が行う記念の祝い。

きんさ【僅差】わずかなちがい、へだたり。「―で負けた」

ぎんざ【銀座】東京の目抜き通り。転じて、繁華な通り・商店街などに付ける語。「軽井沢―」▽もと、江戸幕府直轄の銀貨をつくった役所。それが所在したことからの地名。

きんざい【近在】都会に近い村里。「近郷―」

きんさく【近作】最近の作品。

きんさく【金策】『名・ス自』いろいろ工夫して必要な金銭をととのえること。「―に歩く」▽多くは、人から借りてととのえることに言う。

きんさつ【禁札】禁止する事柄を書きしるした立てふだ。

きんさつ【金札】江戸時代から明治初年にかけて、諸藩や政府が発行した、金貨に代わるべき紙幣。

きんざん【金山】①金の鉱石を埋蔵・産出する山。②金属で作ったような要害の山。「―鉄壁」

ぎんざん【銀山】銀の鉱石を埋蔵・産出する山。

きんざんじ【金山寺・△径山寺】「きんざんじみそ」の略。なめ味噌(みそ)の一種で、大豆・大麦を混ぜてむし、なす・うりなどを加えて作った食品。▽中国の径山寺で作り始めたという。

きんし【禁止】『名・ス他』してはいけないと、さしとめること。命じてさせないこと。「駐車―」「軍事利用を―する」 **―ほう**【―法】①禁止に関する規定。国際私法で、外国法の適用を排除する法律。②文法で、禁止の意を表す語法。

きんし【菌糸】菌類の体を形作る、非常に細い糸状の細胞や細胞の列。

きんし【近視】遠くがはっきり見えない、視力の異常。凹レンズによって調節する。↕遠視。 **―がん**【―眼】①近視の眼(め)。②比喩的に、大局の見通しがきかないこと。

きんし【金糸】金襴(きんらん)の織物や刺繍(ししゅう)用などの、金箔(きんぱく)を使った糸。

きんし【金×鵄】神武天皇の長髄彦(ながすねひこ)征伐の時、天皇の弓にとまった、金色のトビ。「―勲章」(旧軍で武功抜群の軍人が受けた、金鵄のデザインの勲章)

きんじ【×矜持】「きょうじ」の読み誤り。

きんじ【近似】『名・ス自他』よく似ていること。また、真の(量的)状態と大差がない結果になる方法で表すこと。 **―けいさん**【―計算】真の値が求められないか、真の値を求めるのに非常に手間がかかるかの時に、その代用としてこれに近い値を求めるための計算。 **―ち**【―値】真の値の近似である値。

きんじ【近侍】『名・ス自』おそば近くつかえること。またその人。

きんじ【近事】近ごろのできごと。

きんじ【近時】近ごろ。最近。↕往時

きんじ【金字】金泥で書いた文字。金色にいろどった文字。 **―とう**【―塔】①ピラミッドのこと。▽「金」の字の形に似ていることから。②比喩的に、不滅の業績。「―を立てる」

きんじ【金地】地(じ)に金泥や金箔(きんぱく)を一面に置いたもの。

ぎんし【銀糸】刺繍(ししゅう)用などの、銀箔(ぎんぱく)を使った糸。

ぎんじ【銀地】地(じ)に銀泥や銀箔(ぎんぱく)を一面に置いたもの。

きんじき【禁色】天皇以下公卿(くぎょう)以上が、その位階によって着用を定められた袍(うほ)の色。下位の者の使用は禁じられた。

きんしぎょくよう【金枝玉葉】天皇の一門。皇族。▽金や玉の枝葉の意。枝葉は子孫を指す。

きんじさん【禁治産】→きんちさん

きんしたまご【錦糸卵・金糸卵】薄焼きの卵を細く糸状に切ったもの。

きんしつ【均質】『ダナ』ある物・事のどの部分をとっても、性質が平均し、むらがないさま。「―な製品」「―の講義」

きんしつ【琴×瑟】『―相和す』琴と瑟(おおごと)をひいて音がよくあうように、夫婦が仲よく、しっくりしていること。

きんじつ【近日】近いうち。ちかぢか。

きんじて【禁じ手】①相撲(すもう)・囲碁・将棋などで、使ってはいけないわざ、または手。反則負けになる。②転じて、使ってはいけない(とされている)手段。

きんしゃ【×禽舎】鳥を飼うための小屋、建物。

きんしゃ【金砂】①金(色)の粉。また、金砂子(すなご)。②金色の砂。また、砂金。

きんしゃ【金×紗・錦×紗】①錦紗ちりめん・錦紗おめしの通称。和服用の高級な絹織物。前者は細めの生糸で織り、しぼが小さいちりめん。後者は練り染め糸を使って、平織または紋織にした織物。②金糸を織り込んだ紗(しゃ)。

ぎんしゃ【吟社】(漢)詩・和歌・俳句を作る目的の結社。

ぎんしゃ【銀砂】銀(色)の粉。また、銀砂子(すなご)。

ぎんしゃり【銀舎利】[俗]白米の飯。▽第二次大戦末期や戦後の食料不足のころによく用いた。↓しゃり(舎利)(2)

きんしゅ【禁酒】『名・ス自』酒を飲むのを禁止すること。▽「―する」は、飲酒の習慣を自分でやめる場合に使う。

きんしゅ【筋腫】筋肉組織から発生する腫瘍(しゅよう)。一般には、肉腫ほど悪性ではない。

きんしゅ【菌△株】菌や細菌を分離して純粋培養を続けたもの。菌株系統。きんかぶ。

きんしゅ【金主】①資金を出してくれる人。②金銭を持っている人。かねもち。③江戸時代、大名に金を貸した者。▽関西では「銀主」と言った。

きんしゅ【金種】貨幣・紙幣の額面金額による種類。

きんじゅ【近△習】→きんじゅう(近習)

ぎんしゅ【銀朱】顔料の一つ。朱に同じ。水銀を焼いて製する。

きんしゅう【錦秋】木々が紅葉して、にしきのように美しい秋。「—の候」

きんしゅう【錦×繡】①にしきとぬいとり。一般に、豪華で美しい衣服・織物を言う。②豪華で美しい物事・詩歌。③特に、美しいもみじ(の景)のたとえ。

きんじゅう【×禽獣】①鳥やけものの類の総称。②比喩的に、人の道・恩義を知らない者。ちくしょう。

きんじゅう【近習】主君のそば近く仕える家来。きんじゅ。

きんしゅく【緊縮】『名・ス自他』①ひきしまること。ひきしめること。②財政の基礎を固めるため、支出をできるだけきりつめること。「—政策」

きんしょ【禁書】公共に害があるとして、ある種の書物の出版・所持を法律で禁じること。また、その本。

きんしょ【謹書】『名・ス他』つつしんで書くこと。

きんじょ【近所】近いところ。近くの場所。「となり—」「—迷惑」 **—がっぺき**【—合壁】かべ一重でへだたっている隣。隣近所。

きんしょう【僅少】『名ナ』ごく少ないこと。わずかばかり。「—の差」

きんしょう【近称】自分に近い方の物事・方向・場所を指すのに用いる指示代名詞のよび名。「これ」「ここ」「こなた」などの類。↕遠称・中称

きんしょう【金将】将棋で、まわりのますのうち、斜め後ろ以外に一ますだけ動ける駒。きん。▽→なりきん

きんじょう【今上】現在の天皇。「—陛下」

きんじょう【謹上】つつしんでさしあげること。▽手紙の名あてのわきによく書く。「—再拝」

きんじょう【錦上】『—花を添える』にしきの上に美しい花を置くように、立派なことを重ねる。

きんじょう【近状・近情】近ごろの様子。最近の状態。▽→きんきょう(近況)

きんじょう【禁城】皇居。宮城。

きんじょう【金城】守りのかたい城。かたい守り。 **—てっぺき**【—鉄壁】簡単には攻め落とせない城。▽金でつくった城と鉄の城壁の意。 **—とうち**【—湯池】非常に守備がかたい城。▽金でつくった城と熱湯を入れた堀の意。

ぎんしょう【吟唱・吟×誦】『名・ス他』詩歌を、声をあげ節をつけてよむこと。▽「唱」は「誦」の代用字。

ぎんしょう【銀将】将棋で、まわりのますのうち、横と真後ろ以外に一ますだけ動ける駒。ぎん。

ぎんじょう【吟醸】酒・醬油(しょうゆ)・味噌(みそ)などの、吟味した原料を用いた念入りな醸造。「—酒」(精米の歩合を六〇%以下までにし、低温で発酵させた良質の日本酒)

きんしょく【金×燭】(光まばゆい)金製の燭台(しょくだい)。

ぎんしょく【銀×燭】美しく輝くともしび。また、銀製の燭台(しょくだい)。

きん-じる【禁じる】『上一他』①いけないと制してやらせない。禁止する。「使用を—」②《「……を—じ得ない」の形の全体で》……しようとする気持を押しとどめることができない。「失笑を—じ得ない」▽「禁ずる」とも言う。

ぎん-じる【吟じる】『上一他』詩歌などを節をつけてよむ。また、詩歌をつくる。吟ずる。

きんしん【謹慎】『名・ス自』言行をつつしむこと。特に、悪い行いをした罰、また、つぐないとして、家にとじこもったり、行動に気をつけたりして、品行をつつしむこと。

きんしん【近信】近ごろのたより。▽既に古風。

きんしん【近親】①血縁関係が近い親族。②そば近く仕える親しい家来。

きんしん【近臣】主君のそば近く仕える家来。

きんす【金子】貨幣。金銭。お金。

ぎんす【銀子】(銀による)貨幣。▽「銀貨」とは別で、今は言わない。

きんすじ(ぢ:す)【金筋】金色の筋。特に、制服のえり・そで等に縫いつけ身分などを表すもの。

ぎんすじ(ぢ:す)【銀筋】銀色の筋。特に、制服のえり・そで等に縫いつけ身分などを表すもの。

きんすなご【金砂子】金箔(きんぱく)を細かい粉にしたもの。絵・蒔絵(まきえ)・ふすま地などに散らす。

ぎんすなご【銀砂子】銀箔(ぎんぱく)を細かい粉にしたもの。絵・蒔絵(まきえ)・ふすま地などに散らす。

きん-ずる【禁ずる】『サ変他』→きんじる

ぎん-ずる【吟ずる】『サ変他』→ぎんじる

きんせい【均整・均斉】つりあいがとれ整っていること。

きんせい【禁制】『名・ス他』ある行為を禁じること。また、その法規。「—品」(輸出や輸入を禁止されている品物)▽「きんぜい」とも言う。

きんせい【近世】現代に近い時代。▽日本史では江戸時代、中国史では明(みん)の末から清(しん)までを指し、西洋史では近代とほぼ同じ。

きんせい【金星】太陽系で内側から二番目の惑星。▽明けの明星、宵の明星、あかぼし、ゆうずつ等は、この星のこと。「きんぼし」と読めば別の意。

きんせい【金製】金で作ること。金で作った物。こがねづくり。

きんせい【謹製】『名・ス他』心をこめつつしんで製造すること。また、その品物。

きんぜい【禁制】→きんせい(禁制)。「女人(にょにん)—」

ぎんせい【吟声】詩歌などを吟じる声。

ぎんせい【銀製】銀で作ること。銀で作った物。しろ

がねづくり。

ぎんせかい【銀世界】雪が降ってあたり一面が白く輝く美しい景色。

きんせき【金石】①金属と石。また金属製や石製のもの。②きわめてかたいことのたとえ。「―の交わり」 **―がく**【―学】①金石文を研究する学問。②現在の鉱物学にあたる昔の学問。 **―ぶん**【―文】かなえ・鐘・石碑など、金石にしるされた文章・銘。

きんせつ【緊切】『名ナ』①ぴったりとつくこと。②さしせまった、きわめて大切なこと。

きんせつ【近接】『名・ス自』①すぐ近くにあること。②近づくこと。接近。

きんぜつ【禁絶】『名・ス他』禁じて根だやしにすること。

きんせん【琴線】①琴の糸。②比喩的に、人の心の奥に秘められている真情。「その名文句が彼の―に触れた」

きんせん【金線】金色のすじ。

きんせん【金扇】地紙に金箔(きんぱく)を一面に置いた扇。

きんせん【金銭】おかね。通貨。貨幣。「―欲」 **―ずく**(づく)（精神的な面を無視し）物事を全く金銭だけで解決しようとすること。

きんせん ①【謹選】『名・ス他』心をこめてえらぶこと。②【謹×撰】『名・ス他』つつしんで（歌集・書物などを）編纂(へんさん)すること。

きんぜん【×欣然】『副・ト タル』よろこぶ様子。よろこんで。「―（として）死地におもむく」

ぎんせん【銀扇】地紙に銀箔(ぎんぱく)を一面に置いた扇。

ぎんせん【銀線】銀色のすじ。

ぎんぜん【銀×髯】銀のように白いあごひげ。

きんせんい【筋繊維・筋線維】筋肉を構成する細胞。筋肉繊維。▽長く伸びて糸のようであるから言う。

きんせんか【金×盞花】春、橙(だいだい)色や黄色の花が長期にわたって咲く一年草または越年草。地中海原産で観賞用に栽培される。▽「盞」はさかずき。花の形がこれに似ている。きく科。

きんそう【金×瘡】刀や槍(やり)による切りきず。

きんそうがく【金相学】金属・合金の性質と、その微細な構造との関係を研究する学問。金属組織学。

きんそく【禁足】『名・ス他』一定の場所に居させて、外出・旅行を禁じること。▽罰として行う場合が多い。

きんそく【禁則】禁止すべき事柄を定めた規則。「ワープロ ソフトの―処理」（例えば、行頭に句読点などが来ないようにする処理）

きんぞく【勤続】『名・ス自』同じ勤め先に長年月勤めつづけること。「―三十年」「―年数」

きんぞく【金属】金属元素とその合金との総称。他の物質にはないような光沢（＝金属光沢）があり、展性・延性を有し、電気・熱をよく伝える。 **―げんそ**【―元素】金・銀・銅・鉄・鉛・水銀など単体で金属を形成する元素。 **―せい**【―性】①金属特有の性質。②金属に似た性質。「―の音」（金属をたたいた時に出るのに似た音） **―ひろう**【―疲労】→ひろう（疲労）(2)

きんだ【勤惰】→きんたい（勤怠）

きんたい【勤怠】つとめることとなまけること。また、出勤・欠勤（出席・欠席）の状態。勤惰。

きんたい【今体】現今行われている体裁・様式。

きんたい【近体】①近ごろ行われている体裁・様式。②漢詩で、律詩・絶句（の形式）。近体詩。▽↔古体

きんだい【近代】現代に近い時代。近ごろ。▽歴史上、文芸復興以後、更に狭くは封建制度廃止以後を指す。また現代と同じ時期をも指す。日本史では普通、明治維新から第二次大戦終結までを言う。 **―か**【―化】『名・ス自他』①（封建時代から近代に移る時代において）国家・社会・文化が、以前より市民的・合理的なものに変わること。「十九世紀における日本の―」②（現代において）考え方・処し方で後れていたものが、科学的・現代的なものに変わること。「―した都市」「経営を―する」 **―げき**【―劇】十九世紀末から起こった新しい劇。個人主義・自然主義の立場から、人生問題・思想問題を取り上げる。 **―ごしゅきょうぎ**【―五種競技】オリンピックなどの競技種目の一つ。一人の選手が、水泳・フェンシング・馬術・コンバインド（射撃とランニングの複合種目）を行い、その得点を争う。 **―こっか**【―国家】封建国家がくずれて新たに成立した、（法治主義による）中央集権国家。 **―さんぎょう**【―産業】産業革命以後起こった、主として規模が大きく機械技術を使うような、産業。 **―てき**【―的】『ダナ』近代の特徴的な性質・傾向をもっているさま。一時代前とは別の、いかにも新しい感じを与えるもの。

きんだか【金高】おかねで表した量。金額。

きんだち【△公△達】親王・貴族など身分の高い家柄の青少年。▽「きみたち」の転。雅語的。

きんたま【金玉】〔俗〕睾丸(こうがん)。「―火ばち」（寒い時火ばちをまたの間に入れて暖まること。その火ばち） ▽「きんぎょく」と読めば別の意。

きんたろう【金太郎】①→きんとき(1)。②菱(ひし)形の布で作った子供の腹掛け。金太郎腹掛け。 **―あめ**【―×飴】どこを切っても、断面に金太郎(1)の顔が現れるように作った棒状のあめ。

きんだん【金談】金銭についての相談。必要な金銭を工面(くめん)するための相談。

きんだん【禁断】『名・ス他』ある行為を禁じること。禁制。「―の木の実」（旧約聖書に書かれている、エデンの園の知恵の木の実。アダムとイブとが禁制を犯して食べ、エデンの園から追われた。比喩的に、してはいけない快楽など） **―しょうじょう**【―症状】麻薬・覚醒剤やアルコール等の慢性中毒で、それらの摂取をやめると起こる頭痛・苦悶(くもん)・不眠など各種の症状。離脱症状。

きんちさん【禁治産】→せいねんこうけんせいど

きんちゃく【巾着】布・革などで作って、口をひもでくくるようにした袋。金銭・薬・守り札などを入れ携帯

する。　**ーあみ**【ー網】漁業用の網の一種。網を丸く張ってから綱を引き巾着の口を締めるようにして魚をとらえる。　**ーきり**【ー切(り)】往来の人のかね入れなどを盗む者。すり。

きんちゃく【近着】〘名・ス自〙近いうちに到着すること。また最近到着した物。「ーの洋書」▽「近着弾」は目標の手前への着弾で、これとは別。

きんちゅう【禁中】宮中。皇居。

きんちょ【近著】最近の著作物。

きんちょう【禁鳥】法律により捕獲を禁じた鳥。保護鳥。▽現在は、野鳥の捕獲は原則として禁止で、狩猟可能なものを指定する。

きんちょう【緊張】〘名・ス自〙ひきしまってゆるみのないこと。㋐心身を引き締めていること。「ーの面持ち」㋑間柄が悪くなり今にも争いの起こりそうな形勢になること。「ー緩和」「ーを解く」

きんちょう【謹聴】〘名・ス他〙つつしんで(よく)聞くこと。▽演説中に、聴衆の中から「よく聞け」という意の掛け声として使った。

きんちょう【金△打】〘名・ス自〙約束を守るという誓いの証拠として、金属製の物(武士は刀の刃・鍔(つば)、女子は鏡)を打ち合わせたこと。かたい約束。

きんちょく【謹直】〘名・ダナ〙つつしみぶかくて正直なこと。きまじめ。派生 **ーさ**

きんつば【金×鍔】①金または金色の金属で作った、刀のつば。②和菓子「きんつば焼き」の略。粒あんを寒天で四角く固め、ゆるく溶いた小麦粉を付けて各面を焼いてつくる。▽本来はこねた小麦粉であんを包み、刀のつばの形に成形して焼いた。

きんてい【禁廷】禁中。宮中。皇居。

きんてい【×欽定】君主の命によってえらび定めること。「ー憲法」

きんてい【謹呈】〘名・ス他〙つつしんで差し上げること。

きんでい【金泥】にかわで金の粉末をといてよくまぜたもの。文字・絵画・彩色等に使う。こんでい。

ぎんでい【銀泥】にかわで銀の粉末をといてよくまぜたもの。文字・絵画・彩色等に使う。

きんてき【金的】①真中に金紙をはった、弓の的。②比喩的に、皆があこがれていながら、なかなか手に入れがたいもの。「ーを射止める」

ぎんてき【銀笛】銀色の金属で作られた西洋風の、たて笛。

きんてつ【金鉄】①金と鉄。また、金属の称。②きわめて堅固な物事のたとえ。「ーの誓い」

きんてん【均×霑】〘名・ス自〙平等に利益を得ること。▽「霑」はうるおう意。

きんでんぎょくろう【金殿玉楼】黄金で飾り、玉をちりばめた御殿。非常にりっぱで美しい御殿。

きんてんさい【禁転載】〘連語〙新聞・雑誌・書籍などの記事の転載を禁じること。

きんど【襟度】心のひろさ。人を受け入れる度量。

きんとう【均等】〘名・ダナ〙平等で差がないこと。「ー割」

きんとき【金時】①源頼光(よりみつ)の四天王の一人とされる、半ば伝説上の人物。坂田金時。幼時、金太郎と言い、血色よく太っていて、足柄山で熊とすもうをとって勝ったという。▽名は「公時」とも書く。②比喩的に、顔が赤いこと。「ーの火事見舞」(酒に酔って真赤になったのをいう) ③「きんとき豆」の略。いんげん豆の一品種。アズキのような赤紫色の種子をつける。

ぎんどけい【銀〈時計〉】〔俗〕旧東京帝国大学の優等卒業生。▽一九一八年まで恩賜の銀側の時計が授けられたから言う。

きんトレ【筋トレ】「筋力トレーニング」の略。筋力の強化を目的としたトレーニング。

きんとん【金△団】さつまいもなどを煮てつぶした甘いあんに、栗などをまぜたもの。正月料理の一つ。

ぎんながし【銀流し】見かけだおし。まやかしもの。「何がお坊ちゃまだ、あのーめ」▽もと、水銀に砥粉(とのこ)をまぜ、銅などの金属にすりつけて、銀色を出すこと。じきにはげる。

ぎんなん【銀×杏】イチョウの実。食用。▽樹木を指す場合は「いちょう」と読む。

きんにく【筋肉】収縮することで、関節の曲げ伸ばし、心臓の拍動、消化器の蠕動(ぜんどう)などの動きを生み出す動物の器官・組織。すじ。

ぎんねず【銀×鼠】「ぎんねずみ色」の略。銀色を帯びたねずみ色。

きんねん【近年】最近の数年。近ごろ。「ーにない豪雪」

きんのう【勤王・勤皇】王のために力を尽くし、忠節を励むこと。特に幕末時代、幕府を助ける佐幕派に対して、京都朝廷のために働いた一派のこと。「ーの志士」

きんのう【金納】〘名・ス他〙租税または小作料などを物ではなく金銭で納めること。↔物納

きんば【金歯】金をかぶせ、または、金でうめた歯。

きんぱ【金波】日光や月光がうつって金色に輝く波。

ぎんぱ【銀波】月光などがうつって銀色に輝く波。

きんぱい【金杯・金×盃】金製または金めっきのさかずき、またはカップ。

きんぱい【金×牌】賞として与える金製または金めっきのしるし。金メダル。

ぎんぱい【銀杯・銀×盃】銀製または銀めっきのさかずき、またはカップ。

ぎんぱい【銀×牌】賞として与える銀製または銀めっきのしるし。銀メダル。

きんばえ【金×蠅】体が金属光沢のある緑色・青緑色をしたハエの総称。特にそのうちナミキンバエを言い、イエバエより一まわり大きい。▽主にくろばえ科きんばえ属のハエ。

きんばく【緊縛】〘名・ス他〙きつくしばること。

きんぱく【緊迫】〘名・ス自〙情勢がひどくさしせまる

こと。「―感」

きんぱく【金×箔】金を打って紙のように薄くのばしたもの。

ぎんぱく【銀×箔】銀を打って紙のように薄くのばしたもの。

きんぱつ【金髪】金色の髪の毛。ブロンド。

ぎんぱつ【銀髪】①「はくはつ」「しらが」の美称。②銀色の髪の毛。

きんばん【勤番】《名・ス自》①交替で勤務すること。②江戸時代に諸侯の家来が交替で江戸屋敷に勤めたこと。「―侍」。幕府の役人が特定の地方に勤めたこと。「甲府―」

ぎんばん【銀盤】①銀製の皿。②比喩的に、氷の表面。また、スケート リンク。

きんぴ【金肥】金を払って買い入れる肥料、自給肥料に対して言い、多くは化学肥料。

きんぴか【金ぴか】《名・ダナ》金色にぴかぴか光ること。また、そういうふうに飾り立てたさま。

きんぴら【金平】「金平ごぼう」の略。細切りや笹(ささ)がきにしたごぼうを油で炒(いた)め、甘辛く煮つけた惣菜(そうざい)。▽蓮根(れんこん)などで同様の調理をしたのも言う。

きんぴん【金品】金銭と品物。「―の贈与」

きんぷう【金風】秋の風。▽秋は五行説で金に当たることから。文語的。

きんぶち【金縁】金製または金色のふち。

ぎんぶち【銀縁】銀製または銀色のふち。

ぎんぶら【銀ぶら】東京の盛り場である銀座の通りをぶらぶら散歩すること。

きんぶん【均分】《名・ス他》等しい割合に分けること。

きんぷん【金粉】金または金色の合金の粉末。

ぎんぷん【銀粉】銀または銀色の合金の粉末。

きんべん【勤勉】《名・ダナ》仕事や勉強に一所懸命に励むこと。「―家」派生 **―さ**

きんぺん【近辺】近く。付近。▽多くは場所の位置について言う。→きんぼう

きんぼ【×欽慕】《名・ス他》敬って慕うこと。

ぎんぽ【銀△宝】体長一八センチほどの左右に扁平(へん)な細長い体の近海魚。灰褐色で、複雑な斑文がある。旬は春先から新緑のころまでで、テンプラなどにする。ウミドジョウ。▽にしきぎんぽ科。

きんぼう【近傍】位置の近い範囲。かたわら。▽「近辺」に比べやや抽象的な捉え方をした時に言う。数学では、ある厳密な定義に従って使う。

きんぽうげ【金×鳳△花・〈毛茛〉】山野や田のあぜに生える有毒の多年草。高さ五〇センチ内外で茎や葉に毛が多い。四～六月、枝の先に黄色の五弁花を開く。うまのあしがた。▽きんぽうげ科。

きんぼし【金星】①相撲(すもう)で、平幕の力士が横綱と戦って得た白星。「―をあげる」②比喩的に、大きなてがら。▽これになぞらえ、大関から得たのを「銀星(ぎんぼし)」と言うが、金星と違って加給は無い。「きんせい」と読めば別の意。

きんほんい【金本位】一国の採用する貨幣の一単位が、一定量の金と常に等価関係を持つように組織立てられた貨幣制度。「―制」

ぎんほんい【銀本位】一国の採用する貨幣の一単位が、一定量の銀と常に等価関係を持つように組織立てられた貨幣制度。

ぎんまく【銀幕】①映画を映す白い幕。スクリーン。②転じて、映画(の世界)。「―の女王」

きんまんか【金満家】お金をたくさん持っている人。金持ち。

ぎんみ【吟味】《名・ス他》理論・品質・内容・罪状などについて、詳しく調べ確かめること。「材料を―する」▽もと、詩歌を吟じてそのおもむきを味わうこと。

きんみつ【緊密】《ダナ》ぴったりつながっていて、すきまがないさま。関係が密接なさま。「―な協力」派生 **―さ**

きんみゃく【金脈】①金の鉱脈。②比喩的に、資金を引き出すあてのある所また人。

きんみらい【近未来】ごく近い将来。数十年先の未来。「―小説」

きんむ【勤務】《名・ス自》職務でそこに勤めること。その勤め。「―に就く」「―医」(病院勤めの医師)

きんむく【金無×垢】全部金で、まぜ物がないこと。純金製。

きんめ【斤目】はかりにかけて表す、物の重さ。目方。

きんモール【金モール】①金糸(きんし)で作った組紐(くみひも)。帽章・肩章などに使う。それを使った、文武官の礼装。②金糸を使った絹織物。▽「モール」はポルトガル mogol

きんもくせい【金木×犀】秋に芳香の強い赤黄色の小花が群がって咲く常緑小高木。中国原産。庭木にする。▽もくせい科。白い花のは木犀だが、区別しては「銀木犀」とも言う。→もくせい(木犀)

きんもつ【禁物】①使ってはならない物や事。②いみきらって(注意して)さけるべき物や事。「寝不足は―だ」

きんもん【禁門】①警備が厳重で、たやすく出入りが許されない門。②皇居の門。転じて、皇居。

きんもん【金紋】(大名行列の先に持たせたはさみ箱のふたなどに)金色のうるしで描いた紋所。

きんゆ【禁輸】《名・ス他》輸出・輸入を禁じること。その禁止。

きんゆう【金融】《名・ス自》金銭、特に産業の資金を、不足な者に用立てること。「―業」 **―きかん**【―機関】資本金の融通や供給を行う機関。銀行・保険会社・信用金庫等。 **―こうこ**【―公庫】普通の金融機関では貸さない種類の資金を貸すために、特に政府が出資して作った金融機関。「住宅―」 **―しじょう**【―市場】資金の貸借が行われる市場(しじょう)。貨幣が、利潤を生む点で商品のように取引される市場。 **―しほん**【―資本】大銀行の資本が大会社に出資され、両方の資本が融合した独占的な資本の形態。

通俗的には銀行資本。

ぎんゆうしじん【吟遊詩人】中世、フランス南部に起こった叙情詩人の一派。各地を旅行して、自作の詩を吟誦(ぎんしょう)した。

きんよう【緊要】《名ナ》極めて大切で、必要なこと。

きんよう【金曜】曜日の一つ。木曜のつぎ。「―日」

きんよく【禁欲】《名・ス自》肉体的な欲望(特に性欲)をおさえること。「―生活を送る」

ぎんよく【銀翼】飛行機の銀色に輝くつばさ。

きんらい【近来】ちかごろ。最近。

きんらん【金×襴】平金糸(ひらきんし)をよこ糸に加えて模様を織り出した錦の一種。「―緞子(どんす)」

きんり【禁裏・禁×裡】皇居。御所。宮中。「―様(さま)」(天皇)▽やたらに中にはいることを禁じる所の意。

きんり【金利】貸金・預金に対する利子。また、その割合。

きんりょう【斤量】はかりめ。目方。

きんりょう ①【禁猟】狩猟を禁じること。②【禁漁】→きんぎょ(禁漁)

きんりょく【筋力】筋肉を働かせて出す力。

きんりょく【金力】金銭を使うことによって人を支配する、金銭の威力。かねの力。

きんりょくせき【金緑石】黄緑色、透明で、ガラス光沢のある鉱物。美しいものは宝石とされる。▽アレクサンドライトや猫目石もこの一種。

きんりん【近隣】近いとなり。となり近所。

ぎんりん【銀輪】銀色の輪。銀製の輪。▽自転車を指すことがある。

ぎんりん【銀×鱗】銀色に光るうろこ。▽生きている魚を指すことがある。

きんる【近流】近国に流す軽い流罪(るざい)。↕遠流(おんる)

きんるい【菌類】動物のような運動も、植物のような光合成も行わず、他の生物が作った有機物を分解して利用する一群の生物。菌糸からなる糸状菌(きのこ・かびなど)と単細胞の酵母とがある。

きんれい【禁令】国家が国民に対して、ある行為を禁止する法律・命令。「―を犯す」

ぎんれい【銀×嶺】雪が降り積もって銀色に輝く山。「―は招く」

きんろう【勤労】《名・ス自》賃金をもらって、一定の時間内、ある仕事をすること。「―奉仕」(労力を無償で奉仕すること)▽もと、勤めに骨を折ること。 **―かいきゅう**【―階級】勤労による所得で生活する階級。給料生活者・小商工業者・農民・労働者の総称。 **―しゃ**【―者】給料生活者・労働者などの呼び名。 **―しょとく**【―所得】勤労によって得る所得。↕不労所得・財産所得

きんわ【謹話】《名・ス自他》つつしんで話をすること。▽特に皇室関係について言った。

く

く【九】《名・造》→きゅう〔九〕。「掛け算の―――」「―寸五分」(→くすんごぶ)「―尺二間の裏長屋」「―曜星」「薬―層倍」▽「苦」との同音を忌んで多くは漢音の「きゅう」を使うが、前掲例は皆「く」と言う。

=く《文語で動詞・形容詞などと融合して体言化したもの》……すること。……(し)いこと。また、……のもの。……というもの。▽今日でも「いわく」「思わく」「のたまわく」「聞くならく」「惜しむらくは」などの中に残っている。古代語に「あく」という体言があり、動詞・形容詞・助動詞の連体形と融合して成立したと推測される。

く〔*区〕〔區〕 ク | ①しきりをする。さかい。くぎり。「区分・区別・区域・区画(くかく)・区間・地区・学区・管区・漁区・禁猟区・選挙区」②《名・造》大都市の市域に設けられる区画単位。「区の仕事」「区政・区会・区議・区民・行政区・自治区・特別区・市区町村」③まちまち。ひとつひとつ違う。こまごましている。小さい。「区区」④区画・区間などを数える語。「一区」

く〔駆〕〔驅〕(駈) ク かける かる | 馬を走らせる。追いたてる。追っぱらう。みずから走る。「駆使・駆役・駆除・駆逐・長駆・疾駆・先駆・前駆」▽「駈」は異体字。

く〔×軀〕 ク からだ | ①からだ。「軀幹・体軀・短軀・長軀・病軀」②仏像などを数える語。「(仏像)一軀」

く〔*句〕 ク | ①《名・造》〔文法〕言葉や文章のきれめ・くぎり。センテンス。また、センテンスの構成部分。また、連語。特に、㋐国文法で、末に結びが加われば文となりうる形式。▽山田孝雄(よしお)に由来する考え方。㋑英文法などで、単語の連なりが一単語と同等に働くもの。近ごろは、構文要素と同じ意味にも使う。「句は文の要素としての単位」「句点・句読(くとう)・句法・文句・字句・語句・対句・佳句・警句・禁句・成句・慣用句・名詞句」▽㋑は phrase の訳語。②《名》詩歌などの一段落。「上(かみ)の句」③《名・造》㋐連歌・俳諧の作品の単位。「句意・句集・句会・発句(ほっく)・二の句・揚句(あげく)・名句・秀句・俳句・連句・三句・百句」㋑俳句。「句をひねる」「選句・句作」

く〔*苦〕 ク にがい にがる くるしむ くるしめる くるしい | ①にがい。にがにがしく思う。「苦味・苦笑・苦言」②《名・造》堪えがたい圧迫を感じる。心になやむ。くるしく思う。くるしむ。くるしい。「苦は楽の種」「苦楽・苦境・苦辛・苦痛・苦悶(くもん)・苦悩・苦慮・苦労・苦行・苦戦・苦難・困苦・労苦・病苦・貧苦・辛苦・痛苦・生活苦」③《名・造》骨を折る。力を尽くす。「何の苦もなく、してのける」「苦心・苦吟・苦学・苦役(くえき)」④《名・造》苦しみ。心に痛みを与える原因。悪業の結果として受ける難儀。

「苦にする」(気にかける。心配する)「貧乏を苦に病む」「四苦八苦・愛別離苦」

く【×懼】 ク おそれる。驚いてびくつく。あやぶむ。「危懼・疑懼・畏懼・恐懼」▽常用漢字表に挙がる「惧」は「懼」の異体字。

ぐ【*具】【具】 グ そなえる そなわる つぶさ ①必要なだけそろっている。そろえる。十分に持つ。事こまかに。つぶさに。「具足・具備・具有・具体・具象・具眼・具現・具申・具陳・不具」②常にそなえておく器物。「器具・道具・用具・家具・表具・馬具・武具・文具・寝具・農具・機具・装身具・運動具」③『名・造』道具。手段。「政争の具に利用する」④『名』料理で、きざんで汁や五目ずしなどに入れたりピザにのせたりするもの。「具をのせる」⑤衣服・器具などの一そろいになっているものの数を表す語。「よろい三具」

ぐ【愚】 グ おろか ①『名・造』才知の働きがない。ばか。ばか者。ばかばかしいこと。くだらないこと。「愚に返る」(もうろくする)「愚の骨頂」(この上もなくばかなこと)「愚にもつかぬ」(ばかばかしくて話にならない)「賢愚・愚劣・愚昧・愚痴・愚鈍・愚直・愚人・愚民・愚問・暗愚・下愚・衆愚・迂愚(うぐ)」②『名・造』自分、また自分に関する物事につける謙称。「愚おもへらく」「愚案・愚考・愚妻・愚息・愚弟」

ぐ【虞】【虞】 グ おそれ ①うれえる。おそれ。おもんぱかる。「不虞・憂虞・虞犯」②『名』中国古代、舜(しゅん)が堯(ぎょう)からゆずられて帝位にあった王朝の名。「虞舜・唐虞」

ぐあい【具合・△工合】 事が運ぶ調子や(健康)状態のよしあし。「機械の―が悪い」「脈の―が変だ」「いい―(=あんばい)に、すぐバスが来た」「明日なら―(=都合)がよろしいんですが」「不―が起こる」。しかた・でき上がりの様子。「出来―」「こんな―に作れ」

グアノ 海鳥のふんが大量に堆積して石のように固まったもの。燐酸塩(りんさんえん)と窒素を多く含み、肥料となる。鳥糞(ちょうふん)石。▽guano

クァルテット →カルテット

くあわせ【句合(わ)せ】 俳諧の発句(ほっく)を左右の両組から一句ずつ出し、判者に優劣を決めさせる催し。

ぐあん【具案】 ①草案を書くこと。②一定の手段がそなわっていること。

ぐあん【愚案】 ばかばかしい、くだらない考え・案。▽特に、自分の考え・案を、へりくだって言う語。

くい【×杭・×杙】 土の中に打ち込んで、目印や支柱にする、長い棒。「出る―は打たれる」(目立つものはとかく他に押さえられることのたとえ)

くい【悔い】 くいること。後悔。「―を千載(=千年)にのこす」

くい【句意】 (俳)句に込められた意味。

くいあ-う【食い合う】 ①『五他』互いに相手や相手のものを食う。また、互いに相手の領分をおかす。②『五自』組み合わせた部分がよく合う。かみ合う。「歯車が―」③『五他』いっしょに物を争って食う。

くいあげ【食い上げ】 生活の手段を失うこと。失業して生活に困ること。「飯の―になる」

くいあら-す【食い荒らす】『五他』①片っぱしから乱暴に食い散らす。「ねずみに―・される」②他の勢力範囲を荒っぽく犯す。「選挙地盤を―・された」

くいあらた-める【悔(い)改める】『下一他』自分の行いやあやまちを、悔いて改める。

くいあわせ【食(い)合(わ)せ】 ①同時に食べると身体に害があるとされる食品の組み合わせ。食べあわせ。例、ウナギと梅干。「―が悪い」②二つの物を組み合わせてつなぐこと。また、その部分。

くいいじ【食い意地】 むさぼり食おうとするいやしい心。「―が張る」

くいい-る【食い入る】『五自』内部深く入り込む。「―ような目つき」

クイーン ①女王。王妃。②比喩的に、一団中の、花やかで中心的存在である女性。③トランプ・チェスの、女王にかたどった札または駒。▽queen

くいおき【食い置き】 くいだめ。

くいかけ【食い掛け】 食べ始めて中途でやめること。そうした食べ物。

くいき【区域】 何かに着目した一区画の土地。▽「地域」より狭いのを言う。

くいき-る【食い切る】『五他』①歯でかんで切る。②全部食う。「一人では―・れない」

ぐいぐい『副[と]』勢いよく物事を続けて行うさま。㋐強い力で続けざまに引くあるいは押すさま。㋑勢いよく進めて行くさま。「―(と)引き離す」㋒勢いよく続けて飲むさま。「酒を―(と)あおる」

くいけ【食い気】 物を食おうと思う気持ち。食欲。

くいこ-む【食い込む】『五自』①(歯を立てたように)深く中に入り込む。「破片が壁に―」「腕になわが―」②ある限界を越えて入り込み、その部分をなくしてしまう。「授業が休み時間に―」「もとでに―」

くいさが-る【食い下がる】『五自』①食いついて、ぶらさがるようにして離れない。②ねばり強く相手と争ったり追及したりする。

くいしば-る【食いしばる】『五他』「歯を―」①歯を強くかみ合わせる。②力む。我慢する。

くいしろ【食い代】 食費。くいりょう。

くいしんぼう【食いしん坊】『名ナ』意地きたなく、やたらに物を食いたがる性質。また、その人。

クイズ 問題を出して答えさせる遊び。その問題。▽(アメリカ)quiz(=教師の試問)

くいぜ【△株】 切りかぶ。「―を守る」(旧を守って変えないことのたとえ)

くいぞめ【食い初め】 赤ん坊に、生まれて百日目(もとは、また今も地方によっては、百二十日目)に初めて飯を食べさせる(まねをする)内祝い。

くいたお-す【食い倒す】《五他》①飲食店で飲食した代金を、払わずにすましてしまう。②くいつぶす。

くいだおれ【食い倒れ】①飲み食いがぜいたくで貧乏すること。「京の着倒れ、大阪の―」②働かず遊び暮らすこと。また、その人。

くいだめ【食い×溜め】《名・ス自》しばらくは食べないでも済むように、一時にたくさん食べておくこと。食い置き。

くいたりない【食い足りない】《連語》①食べ物が十分でなく、満腹しない。「あんなに食べて、まだ―のか」②もの足りない。「―報道記事」

くいちが-う【食い違う】《五自》物事が一致しない。「意見が―」「予想と―結果」▽もと、歯がうまくかみ合わない意。「鶍(いすか)の嘴(はし)の―・い」

くいちら-す【食い散らす】《五他》①出された食べ物を、あれこれと、少しずつ食う。②転じて、あれこれといろいろな事に手を出し、少し試みてはすぐ投げ出す。③食べ物をこぼし散らして、まわりを汚くする。

くいつ-く【食いつく】《五自》①㋐口でしっかり物にとりつく。㋑転じて、ある物にしっかりついて離れない。「仕事に―」②㋐つりなどで、魚がえさに寄って来て食う。㋑転じて、喜んで飛びつく。「金もうけの話に―」

クイック《名・ダナ》動作が速いさま。「―起動」。ダンスで、速いステップ。「―ステップ」。バレーボールで、速攻。▽quick

ぐいっと《副》「ぐいと」を強めた言い方。

くいつな-ぐ【食い×繋ぐ】《五自》①あとまで続くように食べ物を小出しにして食べていく。②転じて、何とか手段をつくして、その場をしのぎ、生きてゆく。「持ち物を売って―・いで来た」「遺産で―」

くいっぱぐれ【食いっぱぐれ】→くいはぐれ

くいつぶ-す【食い潰す】《五他》働かず無収入で暮らして、前からあった財産などを使い果たす。

くいつ-める【食い詰める】《下一自》生計の道が断たれて、生活に困る。

くいで【食いで】確かに食ったと思えるほど多くの分量。食いごたえ。食べごたえ。食べで。「なかなか―がある」

ぐいと《副》勢いよく動作をするさま。「―飲み干す」「手綱(たづな)を―引っ張る」

くいどうらく【食い道楽】うまい物、珍しい物をあさって食う道楽。その道楽にふける人。▽気取って「しょくどうらく」とも言う。

くいと-める【食い止める】《下一他》(被害・侵入などがそれ以上に及ぶことを)防ぎとめる。「延焼を―」

くいな【〈水鶏〉】水辺にすむ渡り鳥。くちばしが長く、形はニワトリに似て小形。▽くいな科。雄の鳴き声が戸をたたく音に似るので、和歌などに「鳴く」といわず「たたく」と表現する。

くいにげ【食い逃げ】《名・ス自》飲食店で飲食した代金を払わないで逃げること。それをした人。

くいのば-す【食い延(ば)す】《五他》長い間もつように、食糧を小出しにして食う。

ぐいのみ【ぐい飲み・ぐい×呑(み)】①一息にぐいと飲むこと。②底の深い大振りの杯。

くいはぐれ【食いはぐれ】①食べる時機をはずすこと。食べそこなうこと。②転じて、生活の道を失うこと。▽「くいっぱぐれ」とも言う。

くいぶち【食(い)扶△持】食べ物を買うための金。生活費。食い分。「―は実家から来る」▽もと、食べ物を買うのに当てる扶持(ふち)。

くいぶん【食い分】→くいぶち

くいもの【食い物】①食って栄養を取るための物。食べもの。②転じて、そこから利益を得ようとして利用(悪用)するもの。「娘を―にする」

くいりょう【食い料】①食費。くいしろ。②食べ物。▽今ではあまり言わない。

く-いる【悔いる】《上一他》あとになって失敗・悪事・欠点などに気がつき、あの時こうすればよかった、あしたのが悪かったなどと残念がる。「前非を―」

クイン →クイーン

クインテット 五重奏(団)。五重唱(団)。クィンテット。▽quintet(te)

く-う【食う・×喰う】《五他》①食物をかんで、のみ込む。「肉を―」「―か―・われるかの戦い」(→③)。食事をする。「―や―・わずの生活」「―には(=生計には)困らない」「何―・わぬ顔」(そしらぬふりの形容)▽→くらう⑴・たべる。②(歯を立てて)口でとらえる。かむ(ようにする)。㋐かみつく。「魚がよく―」(=釣針に掛かる)」㋑虫がさす。「蚊が―」㋒くわえる。「よく毛を―毛抜き」③(食物を口に入れるように)相手をやっつける。「優勝候補を―」「―・って掛かる」(激しい口調で相手に迫る)「人を―・った(=こばかにした)話」。他の領分を侵す。「地盤を―・われる」④他から好ましくない事を受ける。「大目玉を―」「その手は―・わない」「一杯―」(だまされる)▽→くらう⑵。⑤費やす。「時間を―」「かなり年を―・った(=相当な年輩の)男」「ガソリンを―車」

関連 ぱくぱく・もぐもぐ・むしゃむしゃ・がつがつ・もりもり・ぺろぺろ・ぺろり・ぱくり・たらふく・食べる・食らう・喫する・食する・食(は)む・口にする・召す・上がる・召し上がる・聞こし召す・いただく・頰張る・食いつく・ぱくつく・平らげる・かき込む・飲み込む・詰め込む・つまむ・つつく・食い散らす・食い荒らす・食い延ばす・立ち食い・買い食い・つまみ食い・貰(もら)い食い・盗み食い・無駄食い・薬食い・共食い・食い合わせ・食い掛け・食いはぐれ・食い溜(だ)め・食い道楽・食わず嫌い・賞味・毒見・別腹(べつばら)・健啖(けんたん)・移り箸・迷い箸・握り箸・飲食(おんじき・いんしょく)・悪食(あくじき)・断食(だんじき)・美食・粗食・間食・偏食・過食・暴食・飽食・絶食・

雑食・貪食(どんしょく)・大食・多食・少食・菜食・肉食・生食・粉食・粒食・米食・寝食・立食・試食・牛飲馬食・無為徒食・穀潰(ごくつぶ)し・蓼(たで)食う虫もすきずき

くう【*空】【空】クウ そら から あく あける すく むなしい ―①『名・造』大地の上方の空間。そら。「空(くう)に消える」「空を切ってもんどりうつ」「空中・空間・架空・虚空(こくう)・上空・中空・滑空・滞空」②『名・造』何もない。内容がない。よりどころがない。むだ。からになる。からにする。「努力が空に帰する」「空の物語」「空虚・空隙・空疎・空地・空車・空想・空費・空名・空理・空論・真空・空空」③『名・造』〔数学・論理〕その集合に属する元が無いこと。「空でない領域」「(非)空集合」④『名・造』〔仏〕因縁の作った仮の相で、実体がないこと。「空寂・色即是空」⑤航空に関すること。「空域・空港・空路・空輸・空軍・空襲・空母・空挺隊(くうていたい)・防空・対空・照空灯」

くう【腔】〔医〕→こう【腔】

ぐう ①『―の音(ね)も出ない』他から責められた時などに、痛いところを突かれたので、一言も釈明や反論ができない。▽息が詰まった際の音を写す「ぐう」から。②じゃんけんで、五本の指を閉じた形。いし。▽こぶしをぐうっと突き出す意からか。

ぐう【偶】グウ たまたま ―①二つならぶ。対(つい)になる。むかいあう。たぐい。ともがら。なかま。つれあい。「偶語・配偶・好偶・対偶」②二で割り切れる。↔奇。「偶数」③人がた。にんぎょう。「偶像・木偶(もくぐう)・土偶」④思いがけなく。ふと。その時まで予定せずに。たまたま。「偶然・偶成・偶詠・偶吟・偶感・偶発」

ぐう【遇】【遇】グウ あう ―①思いがけなく出あう。でくわす。「遭遇・値遇・千載一遇」②あしらう。あつかう。もてなす。客あしらい。接待。「待遇・冷遇・厚遇・優遇・知遇・礼遇・殊遇・不遇」

ぐう【隅】グウ すみ ―①かたすみ。はしっこ。はて。かど。「四隅・一隅・辺隅・片隅・東北隅」②「大隅(おおすみ)国」の略。「隅州」

ぐう【寓】人 グウ ―①㋐かりずまい。かりずまいする。かりに身を寄せる。「寓居・寓舎・仮寓・流寓・寄寓・旅寓」㋑自分の家をへりくだって言ったり門札に書いたりするのに使う。「加藤寓」②かこつける。たとえ話の中に真意をふくめる。「寓言・寓意・寓話」③(目を)とめる。つける。「寓目」

ぐう【宮】→きゅう【宮】

くうい【空位】ある定められた地位(特に国王の位)に、だれもついていない状態。あいている地位。

くうい【空尉】航空自衛官の階級で、旧軍の尉官に当たるもの。▽一等・二等・三等に分かれ、空曹との間に准空尉がある。

ぐうい【×寓意】他の物事にかこつけ、ほのめかして表した意味。「―的な表現」

くういき【空域】ある目的のために設定または想定された空中の一定の範囲。「民間航空路の―がせまい」「戦闘訓練―」

ぐういん【偶因】意図しない結果を生み出した偶然的な事情・原因。

くううん【空運】航空機による空の運送。↔海運・陸運

ぐうえい【偶詠】ふと心にうかんだままを詩歌に作ること。その詩歌。

くうかん【空間】①何も無くあいている所。「―をうずめる」▽普通、すき間より広いのを言う。②地上で言う上下・左右・奥行きといった方向に(限りなく)広がる世界。▽時間と共に、物体界が成り立つ基本形式とするもの。③〔数学〕*n*個の座標で定まる点の集合を「*n*次元空間」と言う。 **―げいじゅつ**【―芸術】絵画・彫刻・建築など、物質的な素材で一定の空間を構成して美を表す芸術。造形美術。↔時間芸術

ぐうかん【偶感】おりおりにふと心にうかんだ感想。

くうかんち【空閑地】建築や農耕に利用しないであけてある土地。

くうき【空気】①地球を包む大気の下層部を成す、無色・無臭・透明の混合気体。ほぼ酸素一、窒素四の割合に混じったものを主体とする。②人々の気持を支配するようなその場の情況。雰囲気。「失敗すると知りながら、あの時の―ではそうするほかなかった」「とても反対できる―ではない」「―を読む」 **―かんせん**【―感染】『名・ス自』空気中に飛び散っている病原体を、主に呼吸とともに吸い込むことで病気がうつること。▽もとは空気伝染と言った。 **―じゅう**【―銃】圧縮空気の力で弾丸を発射させる装置の銃。狩猟のほか射撃競技にも使う。 **―ぬき**【―抜き】風を通すためのもの。特に、建物内の換気のために設けるもの。換気孔。 **―ポンプ** 密閉した容器内の空気を取り除くポンプ。また、自転車のタイヤ等に空気を入れるポンプ。空気入れ。 **―まくら**【―枕】空気を入れふくらませて使う、袋状のまくら。

くうきょ【空虚】『名・ダナ』物のなかみ、または物事の内容をなす価値、あるいは心のより所が、何もないこと。からっぽ。「―な生活」派生 **―さ**

ぐうきょ【×寓居】『名・ス自』かりずまい。▽自分の住まいをへりくだっても言う。

くうくう【空空】『ト タル』①何もないさま。「―漠漠たる原生林」②ものごとに執着のないさま。煩悩(ぼんのう)のないさま。③ぼんやりして、とらえどころのないさま。

ぐうぐう『副[と]』①いびきをかいて寝入っているさま。「―(と)高いびきで眠る」②空腹で腹が鳴る音。「腹が―(と)鳴る」

くうぐん【空軍】航空機中心に組織し、航空機による攻防を任務とする軍隊。

くうけい【空×閨】夫または妻がいない、ひとり寝の寂

しい寝室。「ーを守る」

くうげき【空隙】すきま。

くうけん【空拳】事にあたって役立つもの(特に武器)を何も持たず、頼みは自分の手だけであるさま。素手(すで)。「徒手ー」

くうげん【空言】①何の根拠もないうわさ。②実行できもしない、むだな言葉。「ーを吐く」

ぐうげん【×寓言】たとえ話。寓話(ぐうわ)。

ぐうご【偶語】『名・ス他』ふたりが向かい合って語ること。▽「偶」は二つ並ぶ意。

くうこう【空港】(民間用の)航空機の定期発着場。エアポート。

ぐうごう【偶合】『名・ス自』①偶然に一致すること。暗合。②偶然に出合うこと。

くうこく【空谷】『ーの跫音(きょうおん)』①人けのない谷間にひびく人の足音。②転じて、さびしく暮らしている時に受ける、人のおとずれ。うれしい便り。▽「荘子」の文による。

くうさ【空佐】航空自衛官の階級で、旧軍の佐官に当たるもの。▽一等・二等・三等に分かれる。

くうさい【空際】(低地から見上げる)はるか向こうの、土地が空に接して見える所。

ぐうさく【偶作】たまたま何かの機会にふと作ること。また、その作品。

くうし【空士】航空自衛官の階級で、旧軍の兵に当たるもの。▽空士長・一等空士・二等空士・三等空士がある。

ぐうじ【宮司】神社で祭事をする職の者。㋐神社の最高の神職。また、もとの官幣社・国幣社で最高の神官。㋑伊勢神宮で、祭主の下である大宮司・少宮司。

くうしつ【空室】あいている部屋。空き室。㋐宿泊施設などの、予約・宿泊されていない部屋。㋑アパートなどの、人が住んでいない部屋。

くうしゃ【空車】①人や貨物をのせていない車。↕実車。②その駐車場にまだ車をとめる空きがある状態(であること)。↕満車

くうしゅう【空襲】『名・ス他』航空機で空中から爆弾を落としたり機関銃を撃ったりして襲撃を加えること。上空からの攻撃。

くうしゅうごう【空集合】〔数学〕それに属する要素が一つも無い集合。零個の要素から成る集合。

くうしょう【空将】航空自衛官の最高位。▽空佐との間に空将補がある。

ぐうじん【偶人】でく。人形。

ぐうすう【偶数】二で割り切れる整数。↕奇数

ぐう-する【×寓する】①『サ変自』かりずまいをする。②『サ変他』他の事にかこつけて、それとなくほのめかして言う。

ぐう-する【遇する】『サ変他』待遇する。もてなす。「国賓としてー」「客を丁重にー」

ぐうせい【偶成】偶然に出来上がること。たまたま心にうかんで出来上がること。「ー二首」「ー条件」

くうせき【空席】あいている座席。また、欠員になっている地位。

くうせつ【空説】根拠のない説。

くうせん【空戦】空中で航空機同士が行う戦闘。空中戦。↕陸戦・海戦

くうぜん【空前】『ノダ』今までに一度もなかった(ような)こと。「ーの盛況」 **ーぜつご**【ー絶後】『ノダ』今までに一度もなく、これからも起こらないと思われる、ごくまれなこと。

ぐうぜん【偶然】①『副』ふと。思いがけず。「ー知り合った」②『名・ダナ』他のものとの因果関係がはっきりせず、予期できないような仕方で物事が起こること。↕必然。「ーの一致」 派生 **-さ**

くうそ【空疎】『名ナ』形だけで、実質的なかみがないこと。「ーな議論」 派生 **-さ**

くうそう【空曹】航空自衛官の階級で、旧軍の下士官に当たるもの。▽空曹長・一等空曹・二等空曹・三等空曹がある。

くうそう【空想】『名・ス他』現実にはあり得ない事、現実とは何ら関係のない事を、頭の中だけであれこれと思いめぐらすこと。「ーにふける」「ー家」

ぐうぞう【偶像】①神仏にかたどって作った像。信仰の対象とする像。②比喩的に、崇拝の対象とされるもの。「スターは大衆のーだ」▽もと、木石・金属で作った像。 **ーすうはい**【ー崇拝】偶像や偶像的なものを宗教的対象として重んじ崇拝すること。▽多くは、真の信仰でないとして排撃する立場から言う。

くうそくぜしき【空即是色】〔仏〕物の本性は空(くう)だが、それがそのままこの世の一切のものであるということ。▽↓しきそくぜくう

ぐうたら『名・ダナ』〔俗〕ぐずぐずして、気力のないさま。のらくら。また、そういう人。派生 **-さ**

くうち【空地】①あきち。②空と地。空中と地上。「ー連絡」

くうちゅう【空中】そらの中。また、空気の中。 **ーせん**【ー戦】↓くうせん。 **ーせん**【ー線】↓アンテナ。 **ーぶんかい**【ー分解】『名・ス自』①航空機が事故のため、空中で壊れてばらばらになること。②比喩的に、計画や組織が、途中で分裂してなくなること。 **ーろうかく**【ー楼閣】①空中に楼閣を築くような、土台のない事柄。架空の物事。②蜃気楼(しんきろう)。

くうちょう【空調】室内空気のよごれをとり、温度・湿度を自動的に調節すること。また、その装置。空気調節。「ー設備」▽air conditioning の訳語。

くうてい【空×挺】「空中挺進(ていしん)」の略。地上部隊が、航空機を利用して空からある地点へ決死的な乗込みをすること。「ー部隊」

クー デター 権力者階級の一部が政権を奪い取る目的で行う武力行使。クー デタ。▽フランス coup d'État

くうてん【空転】『名・ス自』からまわり(すること)。「話がーする」

くうでん【空電】大気中の放電によって発生する電

波。受信機に雑音を与える。
くうどう【空洞】①ほらあな。また、中空。うつろ。②〔医学〕身体組織内に壊死(えし)が起こり、その部分が排出された後にできたあな。 **ーか**【ー化】《名・ス自》中心部分が(空洞になったように)弱くなること。形だけで中身のないこと。「制度のー」
くうとりひき【空取引】実物の受渡しをせず、相場の高低で損益を計算し、差金(さきん)で決済をする取引。からとりひき。
クーニャン【×姑△娘】むすめ。少女。▽中国語。
ぐうのね【ぐうの音】《連語》→ぐう(1)
くうはく【空白】《名ナ》①紙面などの何も書いていない部分。②転じて、むなしく何もないこと。「戦時中のーを埋める」
くうばく【空漠】《ト タル》①何もなく、果てしなく広がっているさま。「ーたる荒野」②つかみどころがなく、要領を得ないさま。「ーたる議論」
くうばく【空爆】《名・ス他》「空中爆撃」の略。航空機によって爆撃すること。
くうはつ【空発】《名・ス自》①ダイナマイトで岩石を砕く時、目的の岩石を破壊するには至らないような、むだな爆発(をすること)。②ねらいを定めないうちに弾丸が飛び出すこと。
ぐうはつ【偶発】《名・ス自》偶然に発生すること。思いがけず起こること。「ー的な事件」
くうひ【空費】《名・ス他》むだについやすこと。むだづかい。
くうふく【空腹】《名ナ》腹がすくこと。すきばら。
くうぶん【空文】実際の役に立たない文章。特に、現実の状態とかけ離れていて役に立たない、規定や法律の条文。
クーペ 一列の主座席を有する、ドアが二枚のスポーティーな乗用車。▽フランス coupé
くうぼ【空母】「航空母艦」の略。→こうくうぼかん
くうほう ①【空包】実弾の代わりに使い、発射音だけ出るような仕掛けの、演習用の弾薬。↔実包。②【空砲】実弾をこめていない銃砲。「ーを撃つ」
クーポン ①切り取って使う形式の切符。特に、乗車券や指定旅館の宿泊券などが一綴(つづ)りになっているもの。②割引券。優待券。「ー券」▽フランス coupon
くうめい【空名】実際の価値にそぐわない高い名声。虚名。
ぐうもく【×寓目】《名・ス自》目をつけること。目をとめること。
くうやねんぶつ【空×也念仏】節をつけて念仏し、鉦(かね)・ひょうたんをたたき、歓喜の情を表して踊るもの。踊り念仏。空也(くうや)踊り。鉢叩(はちたた)き。▽空也上人(しょうにん)が教えたという。
くうゆ【空輸】《名・ス他》「空中輸送」の略。航空機によって輸送すること。↔海運・陸運
ぐうゆう【偶有】《名・ス他》ある性質などを偶然に備えること。
クーラー ①冷却器。冷房装置。「ルームー」「カーー」②釣りなどに携帯する冷蔵用の箱。クーラー ボックス。▽cooler
くうらん【空欄】書類などで、文字や記号を書き込むようにあけてある欄。「ーをうめる」
くうり【空理】実際とかけはなれた、役に立たない理論。「ー空論」
クーリー【△苦△力】中国・インドの下層の肉体労働者。東洋各地の下層労働者。▽中国語。ヒンディー語 kuli から出た語という。
くうりく【空陸】空中と陸上。また、空軍と陸軍。
クーリング オフ 訪問販売などの特定の取引に限って、契約後の一定期間内であれば、消費者が違約金なしで解約できる制度。▽cooling-off(=頭を冷やす)
クーリング ダウン《名・ス自》激しい運動の後に、心身の興奮を静めること。また、そのための軽い運動。クール ダウン。↔ウォーミング アップ。▽cooling down
クール ①《ダナ》涼しくてさわやかなさま。また、冷静なさま。「ーな態度」。かっこうがいいさま。いかしたさま。▽cool ②《名》㋐治療期間(の一区切り)。▽ドイツ Kur ㋑続き物の放送期間などの一区切り。▽フランス cours **ーダウン**《名・ス自他》①→クーリング ダウン。②冷やすこと。熱がさめること。「日焼け肌のー」「ーして考える」▽cool down **ービズ** 冷房エネルギーを節約するため、ネクタイをせず半袖シャツを着るなど、涼しい姿で事務所で働くこと。また、その服装。↔ウォーム ビズ。▽「ビズ」は business の略。二〇〇五年の造語。
くうれい【空冷】空気で冷やすこと。↔水冷。「ー式エンジン」
くうろ【空路】航空機が飛んで行くコース。↔海路・陸路。「ーを利用する」(航空機を利用して行く)「ーパリに到着」
くうろん【空論】実際とかけはなれていて役に立たない議論。「机上のー」「ー家」
クーロン 電気量の単位。記号C。一アンペアの電流が一秒間に運ぶ電気量が一クーロン。▽coulomb フランスの物理学者クーロンの名にちなむ。→でんし
ぐうわ【×寓話】教訓的な内容を、他の事柄にかこつけて表した、たとえ話。例、イソップ物語。
クエーカー キリスト教の一派。形式的儀式を排し、謹厳質素な生活をし、絶対平和を主張する。▽Quaker
くえき【苦役】①苦しい肉体労働。②懲役など、苦役(1)を伴う懲罰。
クエスチョン マーク 疑問符「?」。クエッション マーク。▽question mark
くえない(くへ)【食えない】《連語》①ずるがしこくて気が許せない。「ー人間だ」▽煮ても焼いても食える代物(しろもの)ではない意。②生活が出来ない。「安月給ではー」▽「ない」の部分は、「ぬ」「ません」でもよく、それら三つの活用形でもよい。
くえる(くへる)【食える】《下一自》食うことができる。㋐

食うだけの値打がある。「この山菜料理ちょっと―ね」 ⓘ生計が立つ。「不景気でも何とか―」 ▽↓くえない

くえんさん【×枸×櫞酸】 レモンなどの柑橘(かんきつ)類の果実や梅干に多く含まれる有機酸。清涼飲料水の材料や医薬などにする。▽多く「クエン酸」と書く。「枸櫞」はシトロンの漢名。

クオーク 物質を構成する最も基本的な要素の一つと考えられている素粒子。六種類あり、陽子・中性子・中間子などは、それらが結びついてできているとされる。▽quark

クオーター ①四分の一。②競技で、規定試合時間の四分の一。▽quarter 「クォーター」とも言う。

クオータリー 年に四回の定期刊行物。季刊。クォータリー。▽quarterly

クオーツ ①水晶に振動する電圧をかけると、一定の振動数で共振することを利用した発振器。②クオーツ(1)を利用した時計。ずれが少ない。水晶時計。▽quartz(＝水晶)

クオーテーション ①引用。引用文。▽quotation ②「クオーテーション マーク」の略。引用符号。「“ ”」「‘ ’」。コーテーション。▽quotation marks から。

クオリティー 質。品質。「スピード アンド―」「―が高い」。また、上質・高級なこと。「―ペーパー」(新聞の高級紙。↕大衆紙) ▽quality **―オブ ライフ** 生活の質。人がどのように人間らしく生きるかを考えるときの尺度とする概念。▽医療・福祉の分野で使うことが多い。quality of life 略して「キューオーエル」(QOL)とも言う。

くおん【久遠】 時が無窮なこと。永遠。また、遠い昔。

くかい【区会】 区議会の旧称。「―議員」

くかい【句会】 俳句を作って互いに発表する会。

くかい【苦海】〔仏〕苦悩が広がっているこの世を海にたとえた語。苦界(くがい)。

くがい【苦界】 ①〔仏〕苦しみの絶えない、人間界。②遊女の境遇。「―に身を沈める」

くかく【区画・区×劃】〘名・ス他〙 土地・紙面のような広がりに境目をつけた、仕切り・まとまり。「―整理」「行政―」「この―に記入する事項」

くがく【苦学】〘名・ス自〙 働いて学費をかせぎながら学校に通うこと。「―生」 ▽もと、苦労を重ねて学ぶ意。

くがつ【九月】 その年の九番目の月。「―尽(じん)」(陰暦九月末日で、秋の極みの意) ▽(陰暦の)異称は「長月(ながつき)」「菊月(きくづき・きくげつ)」。

くがら【句柄】 俳句や連俳のできばえ・持ち味。

くかん【区間】 ある距離を幾つかの点で分けた、点と点との間。「列車の不通―」「駅伝の―新記録」

くかん【×軀幹】 からだ。

ぐがん【具眼】 ものの本質を見ぬく力があること。「―者」 ▽物を見る眼(め)を具(そな)える意。

くき【茎】 植物の、普通は地上に長くのびて枝葉をつけ、根からとった養分・水分の通路となる器官。地下にあるもの(＝地下茎)もある。木では特に「幹(みき)」と言う。

くぎ【×釘】 板・材木を打ちつけたり物を掛けたりするのに使う、先がとがったもの。鉄・木・竹などで作る。「―をさす」(違約のないように相手に念をおしておく)「糠(ぬか)に―」(↓ぬか)

くぎかくし【×釘隠し】 長押(なげし)などに打ったくぎの頭を隠すため、その上にかぶせる飾りの金具。

くぎごたえ【×釘応え】(こたへ) ①打ちつけたくぎが、よく利くこと。②物事のききめがあること。

くぎざき【×釘裂き】 出ているくぎにひっかけて、衣服などをさくこと。そのさけた部分。かぎざき。

くきちゃ【茎茶】 煎茶などの製造過程で取りだした茎の部分を集めた茶。棒茶。

くぎづけ【×釘付け】 ①くぎを打ちつけて動かないようにすること。②そこから動けなくなること。「テレビの前に―になる」

くぎぬき【×釘抜(き)】 打ってあるくぎを抜き取る道具。

くぎめ【×釘目】 くぎを打ち込んだ所。

ぐきょ【愚挙】 おろかなふるまい。ばかげた企て。

くきょう【句境】 ①俳句に詠まれた境地。「―の進歩」②俳句を詠む心境。「―が到(いた)らない」(句が詠みたい気持にまでならない)

くきょう【苦境】 苦しい境遇・状況・立場。「―に立つ」「―を脱する」

くぎょう【△公×卿】 ①公(こう)(＝大臣)と卿(けい)(＝大納言・中納言・参議・三位以上の官人)との称。▽「大臣―」と言う時は、卿を指す。「くげ」とも言う。②広く、殿上人(てんじょうびと)。

くぎょう【苦行】〘名・ス自〙 堪えがたい程の苦しみを伴う修行(をすること)。仏教などで、肉体の欲望を押さえる修行。「難行(なんぎょう)―」

くぎり【句切(り)・区切(り)】 ①詩文の句の切れ目。②広く、物事の切れ目。「―をつける」

くぎ-る【句切る・区切る】〘五他〙 ①言葉や文章にくぎりをつける。段落をつける。②分けて境をつける。「土地を―」

くぎん【苦吟】〘名・ス自〙 苦心して詩歌を作ること。またその詩歌。

くく【九九】 一から九までの数の掛け算を、例えば「二、三が六。二、四が八」のように唱えやすく整えたもの。

くく【区区】〘ト タル〙 ①ばらばらで、まとまりがない様子。まちまち。「―として一定せず」「―に分かれる」 ②小さくて取るに足りない様子。「―たる事件」

くぐい【×鵠】(くぐひ) ↓はくちょう(白鳥)

くぐま-る【△屈まる】〘五自〙 かがむ。こごむ。

くく-む【×銜む】〘五他〙 ふくむ。㋐口の中に含み、のみ込まずにいる。ⓘ心にとどめ恨みに思う。

くく-める【×銜める】〘下一他〙 ①口の中に含ませる。

②いいきかせて納得させる。「言い―」
くぐも‐る《五自》(声が)こもってはっきりしない。
くぐり【△潜り】①くぐること。くぐってはいること。②「くぐり戸」の略。
くくりつ‐ける【△括り付ける】《下一他》あるものを他のものに、離れないようにしばる。「赤ん坊を背中に―」
くぐりど【△潜(り)戸】くぐって出入りするような小さな出入口の戸。また、その出入口。
くくりまくら【△括り枕】中にそばがらなどを入れ、両はしをくくったまくら。
くく‐る【△括る】《五他》①ひも・なわ等を、ものに巻きつけて締める。しばる。「犯人を―」「首を―」(首をつる)「木で鼻を―」(→はな(鼻)) ②ばらばらの物を一つにまとめてしばる。「荒なわでまきを―」「腹を―って(＝覚悟して)場に臨む」 ③ばらばらの物をまとめる。物事のまとめをする。「括弧で―」「高(たか)を―」(たいしたことはあるまいと軽く見る)
くぐ‐る【△潜る】《五自》①物の下を(体をすぼめるようにして)通り抜ける。「わきの門を―」「法の網を―」(法律の規定もれの部分を悪用する) ②水の中にもぐる。
くげ【供△花・供華】仏前に花を供えること。その花。▽「きょうか」「くうげ」とも言う。
くげ【△公家】①朝廷。また、朝廷に仕える者。②→くぎょう(公卿)
くけい【×矩形】すべての角が直角の、四辺形。長方形。▽数学では正方形も含めて言う。
ぐけい【愚兄】私の兄。▽へりくだった言い方。
くけだい【×絎台】裁縫用具の一つ。着物などをくける時、布がたるまないように一端をつっておく台。
くけつ【口×訣】口で言い伝える秘伝。
くけ‐る【×絎ける】《下一他》縫い目が表に出ないような縫い方をする。
くけん【区検】「区検察庁」の略。→けんさつちょう
くげん【苦△患】(仏)苦しみ。悩み。
くげん【苦言】言われた側では痛いところをつかれて快くないが、ためになる忠告。「―を呈する」
ぐけん【愚見】自分の意見をへりくだって言う語。
ぐげん【具現】《名・ス他》はっきりと具体的なかたちに現すこと。実際に現すこと。「理想を―する」
くこ【×枸×杞】山野に自生する落葉小低木。若葉は食用。葉や根は解熱剤。赤く熟する小さな実を酒にひたして枸杞酒とする。▽なす科。
くご【供御】天皇の飲食物。▽上皇・皇后・皇子にも言う。武家時代、将軍にも言った。
くご【×箜×篌】古代・中世に東洋諸国で行われた弦楽器。ハープに似た竪(たて)箜篌、琴に似た臥(が)箜篌などがある。百済琴(くだらごと)。
ぐこう【愚考】《名・ス他》おろかな考え。▽自分の考えをへりくだって言うのにも使う。
ぐこう【愚行】おろかな行為。ばかげた行い。
くごころ【句心】①俳句を作ろうと思う気持。「―が湧く」②俳句の趣を解する気持。「―に富む」
くさ【×瘡】①→たいどく。②→かさ(瘡)
くさ【草】㊀《名》①地上の部分が柔らかく、木質をなさない植物の総称。②特に次のように限定して言う。㋐役に立たず、やたらに生えるもの。雑草。「―を取る」㋑屋根をふく、わら・かや。「―ぶきの屋根」㋒まぐさ。かいば。「馬に―をやる」③「草色」の略。㊁《接頭》本格的ではないものであること。「―ずもう」「―競馬」「―野球」
＝ぐさ【△種】《動詞連用形などに付けて》……の材料。……のたね。「語り―」「お笑い―」「質(しち)―」▽「くさ(種)」の連濁。しばしば「草」で書く。
くさ‐い【臭い】《形》①いやなにおいがする。「―物に蓋をする」(醜いことを知られないように一時的な方法で隠す)「―物身知らず」(自分に欠点があることに気がつかない)「―飯を食う」(刑務所で服役する)「―(＝大げさな、わざとらしい)演技」▽接尾語的に、「……のにおいがする」の意にも使う。「ガス―」②《接尾語的に》㋐……めいた感じがする。少し……のような様子だ。「学者―」「バター―」(欧米風だ) ㋑好ましくない意味を強めるのに添える語。「面倒―」「分別―」「いんちき―」③疑いを持たれる様子だ。あやしい。「彼のそぶりが―ぞ」[派生] **‐さ ‐み* ‐がる** [関連]→におい
ぐさい【愚妻】私の妻。▽へりくだった言い方。
ぐざい【具材】料理の具となる食材。
くさいきれ【草いきれ】夏、強い日光に照らされて、草の茂みから生じる、むっとした熱気。
くさいち【草市】盂蘭盆(うらぼん)に仏に供える草花や種々の品を(陰暦七月十二日夜から翌朝にかけて)売る市(いち)。
くさいりずいしょう【草入(り)水晶】他の鉱物がまじって、草が封じ込められたように見える水晶。
くさいろ【草色】みどり色。また、もえぎ色。
くさかげろう(‥かげろふ)【草〈蜉蝣〉】緑色の透明な羽をもつ昆虫。形はややトンボに似て、体長約一センチ。▽くさかげろう科。広くは同科の昆虫の総称。卵を「うどんげ」と言う。→うどんげ(2)
くさがめ【草亀】①かめの一種。イシガメに似るが、甲羅に三本の稜線(りょうせん)があって頭が大きく、色は黒っぽいことが多い。▽いしがめ科。悪臭を出すのがその名の由来で「臭亀」とも表記。②→かめむし
くさかり【草刈(り)】鎌などで、草を刈ること。
くさがれ【草枯(れ)】草が霜・雪などで枯れること。その季節。
くさかんむり【草冠】漢字の冠の一つ。「草」「落」などの「艹」の称。▽「艸」の字が冠になったもの。旧来は四画の「艹」であったが、新字体では三画の「艹」になった。
くさき【草木】草と木。植物。「―もなびく」(盛んな勢いに人々が服従すること)「―も眠る」(夜がふけてあたりがすっかり静かになること)

くさく【句作】《名・ス自》俳句を作ること。▽自分の作品をへりくだって言うのにも使う。
ぐさく【愚作】くだらない作品。▽自分の作品をへりくだって言うのにも使う。
ぐさく【愚策】へたな策略。
くさくさ《副[と]・ス自》しゃくにさわったり、憂鬱(ゆううつ)だったりして、気分が晴れないさま。「長雨で—する」
くさぐさ【△種△種】いろいろ。さまざま。
くさけいば【草競馬】(設備も本格的でない)小規模の競馬。▽→くさ(草)(二)
くさごえ【草肥(え)】→りょくひ
くさ-す【腐す】《五他》悪く言う。わざと低く評価する。けなす。
くさずもう【草〈相撲〉】(設備も本格的でない)しろうとの相撲(すもう)。▽→くさ(草)(二)
くさずり【草×摺(り)】よろいの胴の下にたらし、腰のまわりをおおうもの。
くさぞうし【草双紙】江戸時代、大衆を目当てにする絵入り小説本。文章には平仮名が多い。赤本・青本・黒本・黄表紙・合巻(ごうかん)物などの総称。
くさたけ【草丈】草の高さ。特に、イネ・ムギなど作物の伸びた高さ。
くさとり【草取(り)】(田畑にはえている)雑草を取り去ること。除草。その作業をする人。そのための道具。
くさのいおり【草の×庵】《連語》草ぶきの簡素な、小屋のような家。▽雅語的。
くさのね【草の根】《連語》①葉のかげになって見えない、草のねもと。「—を分けても捜しだす」(徹底的に捜し求める) ②(公の)組織に属さない一般人。民衆。庶民。「—民主主義」▽(2)は grass roots の訳語。
くさばな【草花】草に咲いている花。また、美しい花が咲く種類の草。
くさばのかげ【草葉の陰】《連語》墓場の下。あの世。「—から見守っている」▽草の葉の下の意。

くさび【×楔】V字形にとがった木片・鉄片。木石を割り広げたり、重い物を押し上げたり、物のつぎ目に打ってとめたりするのに使う。特に、車の心棒の端に打ち、輪がはずれないようにするもの。「—を打ち込む」(敵陣に攻め込み勢力を二分する)
くさびがたもじ【×楔形文字】メソポタミアに起こり、西南アジアに行われた古代の文字。字画が楔形をしている。楔状(けつじょう)文字。せっけいもじ。
くさひき【草引(き)】樹木の手入れとして庭の雑草を引き抜く作業。除草。
くさひばり【草〈雲雀〉】コオロギに似た体長一センチ弱の昆虫。黄褐色で、触角がきわめて長い。鳴き声が美しい。▽こおろぎ科、または、くさひばり科。
くさぶえ【草笛】草の葉をまるめ、笛のように鳴らすもの。
くさぶか-い【草深い】《形》いかにも田舎めいている。ひなびている。▽もと、草が高くたくさん茂っている意。[派生] **-さ**
くさぶき【草×葺(き)】かや・わらなどで屋根をふくこと。その屋根。
くさぼうき【草×箒】ほうき草の枯らした茎をたばねて作った、ほうき。
くさぼけ【草〈木瓜〉】→しどみ
くさまくら【草枕】(草をまくらとする)旅のかりね。▽文語的。
くさみ【臭み】①臭いにおい。「口の—を消す」②わざとらしい、いやな感じ。一種独得のいやみ。「—のある文章」
くさむしり【草むしり】草をとること。除草。
くさむ-す【草△生す】《五自》草がはえる。「—した墓」
くさむら【草むら・×叢】草が群がってはえている所。
くさめ【×嚔】→くしゃみ。▽文語的で既に古風。
くさもち【草餅】蒸したよもぎを入れてついたもち。
くさや 腹開きにし、発酵した塩汁にひたしたムロアジなどのひもの。くさやのひもの。▽焼くと臭いので言う。
くさや【草屋】①草ぶきの家。②まぐさを入れておく小屋。
くさやきゅう【草野球】しろうとが集まって(原っぱなどで)する野球。▽→くさ(草)(二)
くさやね【草屋根】草ぶきの屋根。
くさやぶ【草×藪】草がぼうぼうと生(お)い茂っている所。
くさら-す【腐らす】《五他》腐るようにする。腐らせる。
くさり【鎖】金属製の輪をつなぎ合わせたひも状のもの。物をつなぎとめるのに使う。「—を解く」
ぐさり《副と》勢いよく突きさすさま。ぐさっと。「短刀で—とつく」
くさりかたびら【鎖〈帷子〉】刀を防ぐためによろい・衣服の下に着る、細かい鎖をつづって作ったかたびら。
くさりがま【鎖鎌】昔の武器の一種。端に分銅(ふんどう)のある長い鎖をかまにつけたもの。
くさ-る【腐る】《五自》①くずれいたんで、だめになる。㋐動物性・植物性のもの(特に食物)が腐敗菌の作用で変化・分解し、いたむ。「—!っても鯛(たい)」(本当にすぐれているものは、だめになったようでも、なお値打を保つということ)「—ほどある」(たくさんある) ㋑木や石が外気にさらされて、くずれる。金属がさびて、ぼろぼろになる。㋒人の心が純粋さを失って、すっかりだめになる。堕落する。「根性が—!っている」②思い通りにいかず、気がめいって元気を失う。「負け続けて—」③[俗]《動詞連用形を受けて》他人の動作をあざけって言うのに使う。「何を言い—か」「いばり—!っている」
くされ【腐れ】①《名》くさること。くさったもの、またはその程度。②《接頭》《名詞にかぶせて》あざけり、ののしって言う語。「—儒者」
くされえん【腐れ縁】離れよう、縁を切ろうとしても断ち切れない、好ましくない関係。▽特に恋愛関係について言う。

くさ-れる【腐れる】《下一自》→くさる(1)(ア)

くさわけ【草分(け)】①ある物事を(他にさきがけ)初めてすること(した人)。創始(者)。「業界の―」▽(2)の転。②荒れ地を切り開いて村・部落の基礎を作ること、また、その人。

くし【串】食物などを刺し通すのに使う、竹・鉄などで作った細い棒。

くし【×櫛】髪の毛をすいたり、髪飾りとしたりするのに使う、細い歯を並べた道具。「髪に―を入れる」「―の歯をひくように」(物事がひんぱんに引き続いて起こるさまを言う)

くし【句誌】俳句の作品や評論を載せる雑誌。俳誌。

くし【駆使】《名・ス他》①追い使うこと。②機能・能力などを思いのままに自由自在に使うこと。「コンピュータを―する」「英語を縦横に―する」

くじ【×籤・×鬮】人の直接の意志によって選ばない、物事の決め方。また、それに使うもの。今は紙片・こよりなどに、番号・印などを書き、だれにあたるかわからないようにして引かせる。「―を引く」「―に当たる」「―できめる」▽古くは、神意を占う方法の一つ。

くじ【九字】修験者・忍術使いなどが唱えた、護身の秘法である九つの文字。すなわち「臨兵闘者皆陣列在前」。「―を切る」(九字を唱えてまじないをする)

ぐし【愚姉】私の姉。▽へりくだった言い方。

くじうん【×籤運】くじを引いた時、それにあたるかどうかの運。「―が強い」

くしがき【串柿】しぶがきの皮をむき、竹ぐしにいくつも刺して干し、甘くしたもの。

くしがた【×櫛形】くしのように上部だけ丸みをもった形。「―まど」(その形の、換気・採光用の窓)

くしき【△奇しき】《連体》ふしぎな。霊妙な。「―運命」▽文語形容詞「くし」の連体形から。

くじ-く【△挫く】《五他》①不自然にひねるなどして関節部を痛める。「足を―」②勢いをそいで弱くする。「強きを―」「出端(ではな)を―」

くしくも【△奇しくも】《連語》ふしぎにも。「―めぐりあった」▽文語形容詞「くし」の連用形+助詞「も」

くしけず-る(くしけづる)【×梳る】《五他》くしでといて、髪の毛をととのえる。すく。

くじ-ける【△挫ける】《下一自》勢いをそがれ、弱まる。「心が―」

くしざし【串刺(し)】①くしに刺し通すこと。また、刺し通したもの。②くしに刺すように、さし殺すこと。

ぐしぬい(ぬひ)【ぐし縫(い)】①和裁で一番普通の縫い方。並縫い。②いせる時などに、指を針から離さないで針先だけ動かしてごく細かく縫う縫い方。

くじのがれ【×籤逃れ】くじを引いた結果、当番などをのがれること。また、徴兵検査で甲種合格の者が、くじを引いた結果、入営しないで済んだこと。

くじびき【×籤引(き)】《名・ス自》くじを引くこと。くじを引いて物事を決めること。抽籤(ちゅうせん)。

くしまき【×櫛巻(き)】日本髪の髪型の一種。髪をひもで結ばず、くしに巻きつけて頭の頂に結う、手軽な結い方。「―にするのが嫁のくづし初め」(川柳)

くしめ【×櫛目】櫛(くし)ですいて、髪に残った櫛の歯のすじめ。

ぐしゃ【愚者】ばか者。↔賢者

くしやき【串焼(き)】魚・鶏肉(とりにく)・貝などを、くしに刺して焼いたもの。その料理法。

くじゃく【△孔×雀】雄の羽(上尾筒(じょうびとう))が長く、目玉のような紋があり、扇形に広げると美しい鳥。熱帯の森林にすむ。▽きじ科。 **―いし**【―石】孔雀の羽の色に似た青緑色の光沢のある鉱石。装飾品用・顔料用。くじゃくせき。マラカイト。

くしゃくしゃ ①《ダナ・副[と]》しわが寄ったり、形が崩れたりしているさま。乱れて、整っていないさま。くちゃくちゃ。「紙を―に丸める」「顔を―にして笑う」②《副[と]・ス自》気持がすっきりしないさま。くさくさ。「気が―する」

ぐしゃぐしゃ《ダナ・副[と]》①形が崩れているさま。「結んだ帯が―に崩れる」②水を含んで、形が整わないさま。ぐしょぐしょ。「涙で―になった顔」

ぐじゃぐじゃ ①《ダナ・副[と]》ひどく乱れているさま。元の形をとどめないさま。ぐちゃぐちゃ。「引出しの中は―だ」②《副[と]》とりとめなく、わけのわからないことを言うさま。

くしゃくにけん【九尺二間】間口(まぐち)九尺(約二・七メートル)、奥行(おくゆき)二間(約三・六メートル)というような狭くて粗末な家。貧乏人の住まい。「―の裏長屋」

ぐしゃっと《副》たたきつけられたりして、あまりかたくない物がつぶれるさま。「卵が―つぶれた」

くしゃみ【×嚔】鼻の粘膜が刺激されて、「はくしょん」などと聞きなされる音とともに、鼻・口から空気を放出する反射運動。▽「くさめ」の転。

くじゅ【口授】《名・ス他》口伝えに告げて教えること。「奥義の―」「遺言の趣旨を―する」▽「こうじゅ」とも言う。

くしゅう【句集】俳句(連句)の作品集。

くじゅう【苦汁】①苦しい、また、にがい経験。「―をなめる」▽(2)から。②にがい汁。

くじゅう【苦渋】事がはかどらず、苦しみ悩むこと。「―に満ちた表情」▽もと、にがくてしぶいこと。

くじゅうめつどう【苦集滅道】→したい(四諦)。▽「くじゅめつどう」とも。

くしょ【区処】《名・ス他》目的にかなうように区分して、任務などを処置すること。その区分。

くじょ【駆除】《名・ス他》害になるものを追い払い、また殺して取り除くこと。「害虫―」「回虫を―する」

くしょう【苦笑】《名・ス自》にがわらい(をすること)。

くじょう【苦情】自分が他人から害を受けている状態

などに対する不平の気持。「―を持ち込む」▽もと、苦しみ悩んでいる事情。

ぐしょう【具象】物が実際にそなえている形。「―画」▽多くは、美術で「抽象」に対して言う。

ぐしょぐしょ『ノダ』ひどくぬれたさま。びしょびしょ。「雨で服が―になる」

ぐしょぬれ【ぐしょ×濡れ】ぐしょぐしょにぬれること。びしょぬれ。

くじら【鯨】①魚に似た大形の海獣。最大種では体長三〇メートルに達する。頭上に鼻孔があり潮を吹く。肉は食用、また油を取り、骨などは細工物にした。▽くじら目(あるいは鯨偶蹄(ぐうてい)目)の海獣の総称。歯のあるハクジラと歯の代わりに鯨ひげのあるヒゲクジラがある。↓いるか。②「鯨尺」の略。

くじらざし【鯨差(し)】↓くじらじゃく

くじらじゃく【鯨尺】ものさしの一種。主に布を計るのに使った。その一尺は曲尺(かねじゃく)の一尺二寸五分に当たる、約三七・八センチ。▽昔、鯨ひげで作ったから言う。

くじらひげ【鯨×鬚】歯のない鯨の口に、くしの歯のように並んでいる角質のもの。これで小魚やプランクトンを海水から濾(こ)しとって食べる。弾力に富み、釣竿や工芸品に使う。

くじらまく【鯨幕】黒布と白布とを一枚置きに縫い合わせた幕。一般に葬儀などの凶事用。

くじ-る【×抉る】『五他』穴の中に物をさし込んでかき回す。また、えぐって中の物を取り出す。

くしん【苦心】『名・ス自』物事をしとげようと、あれこれ心を使って苦労すること。「収益の確保に―する」「―惨憺(さんたん)」「―談」

ぐしん【具申】『名・ス他』(上役に、意見・希望などを)詳しく申し出ること。

ぐじん【愚人】ばかな人。

くす【×楠・×樟】↓くすのき

くず【×屑】①物のかけら・切れ端などで、何の役にも立たないもの。「人間の―」③良い部分を選び分けた、または、使った残り。「―繭」「野菜―」②比喩的に、役にも立たず価値も

くず【葛】①山野に自生する、つる性の多年草。つるは十メートル以上になる。八月ごろ、紫紅色の花が総状に咲く。肥大した根は解熱剤とし、また、葛粉を取る。繊維は葛布(くずふ)などを作る。秋の七草の一つ。▽まめ科。②「くずこ」「くずふ」の略。

ぐず【愚図】『名ナノ』はきはきせず、動作・決断がにぶいこと。そういう人。▽「愚図」は当て字。↓ぐずぐず

くずあん【葛×餡】しょうゆ・酒などで味付けしただし汁に、水に溶いた葛粉を加えとろみをつけたもの。くずだまり。とうがん・豆腐などにかけて食す。

くずいと【×屑糸】くずになった糸。使い残りの糸くず。

ぐずう【×弘通】『名・ス自』〔仏〕仏法がひろまること。

くずお-れる『下一自』くずれるように倒れる。張りつめた気力がぬけて、その場に倒れるようにすわる。

くずかご【×屑籠】紙くずなどを入れるかご。

くすくす『副[と]』こらえきれずに笑うさま。「二人連れが―(と)笑いながらこちらを見ている」

ぐずぐず①『ノダ』本来の形が崩れたりゆるんだりしているさま。「―になった包み」②『副[と]・ス自』はきはき行動せずに時間を費やすさま。のろまなさま。「返事を―(と)引き延ばす」③『副[と]』はっきりは言わず、ぶつぶつ不平を言うさま。「いつまでも―言うな」④『副[と]・ス自』鼻がつまったり、むずかって泣いたりするさま。「鼻を―させる」▽(2)(3)は「愚図愚図」とも書く。

くすぐった-い【×擽ったい】『形』①くすぐられて、むずむずする。②ほめられたりして、うれしくはあるがきまりが悪い。てれくさい。派生 **-さ -げ -がる**

くすぐり【×擽り】話術や演芸などでお客を無理に笑わせようと仕組むこと。

くすぐ-る【×擽る】『五他』①(わきの下や足の裏などの)皮膚を刺激し、むずむずする笑いたいような気持を起こさせる。②滑稽(こっけい)なことや追従(ついしょう)を言ったりして、無理にも人を笑わせたり、いい気分にさせようとしたりする。こそぐる。「自尊心を―」

くずこ【葛粉】クズの根から取った白い粉。澱粉(でんぷん)に富み、食用。

くずし【崩し】くずすこと。くずしたもの。㋐《接尾語的に名詞に付いて》そのものの変化した形であることを示す語。「木遣(きや)り―」㋑「くずしがき」(1)の略。

くずしがき【崩し書き】①草書や行書で書くこと。また、その字。②略字。▽(2)は今は言わない。

くずしじ【崩し字】くずし書きにした文字。

くず-す【崩す】『五他』①一つにまとまり整った形を成しているものを、砕いてこわす。「山を―」。整った状態を乱す。「敵陣の一角を―」「ひざを―」。くずし書きにする。「字を―・して書く」②同額の小銭(こぜに)に替える。「千円札を―」

くすだま【△薬玉】①造花などを玉のように束ね、飾り糸をたらしたもの。また、玉が二つに割れて中から紙吹雪などが散るもの。開店祝いなどに飾り、運動会などに使う。▽(2)に由来する。②香料を錦の袋に詰め、薬草・造花や五色の糸を添えた飾り。端午に、不浄・邪気をはらうとして、柱などにかけたもの。

ぐずつ-く『五自』①(幼児が)機嫌悪く泣く。むずかる。「具合が悪いのか、赤ん坊が―」②態度・状態などがはっきりしない。「―・いた天気」③ぐずぐずして時間を費やす。「何を―・いているのか」▽「愚図つく」とも書く。

くずてつ【×屑鉄】①鉄製品を作る時に出る、鉄の切りくず等。②鉄製品等の廃品。製鉄材料とする。スクラップ。

くずねり【葛練(り)】くず粉を水でねって砂糖を加

え、煮固めたもの。

くす-ねる《下一他》(金品などを)こっそりごまかして自分の物とする。

くすのき【×楠・×樟】暖地に生じ、高さ二〇メートル以上に達する常緑高木。材は堅く香気がある。種々の器具を作り、また樟脳(しょうのう)を取る。くす。▽くすのき科。

くずふ【葛布】クズの繊維で作った布。耐水性があり、雨具・ふすまはりなどに使う。

くすぶ-る【×燻る】《五自》①ついている火が炎を立てずに、煙ばかり出している。いぶる。②煙のすすで黒くなる。「天井が—」③くすぶる⑴に似た状態だ。㋐争いが完全には収まらず、しこりを残している。「不満が—」㋑人の行動・状態が、ぱっとせず、発展的でない。「下積みで—」「一日中家に—っている」

くすべ-る【×燻べる】《下一他》ほのおを立てない状態で煙らせながら燃やす。

くずまい【×屑米】搗(つ)く時、小さく割れてくずになった米。

くずまゆ【×屑繭】生糸にならない不良まゆ。

くす-む《五自》①さえない色合いをしている。②引き立たず、無視されがちな状態である。「—んだ存在」

くずもち【葛餅】くず粉を水で溶いて煮たものを型に入れて冷やし固めた半透明の和菓子。黒蜜・きな粉などをかけて食べる。

くずもの【×屑物】くずになってしまったもの。廃品。

くずや【×屑屋】廃品を集めたり売買したりする職業(の人)。

くずゆ【葛湯】くず粉に砂糖を入れ、熱湯をそそいでかき混ぜた飲物。

くすり【薬】①病気・傷をなおすため、飲んだり塗ったり注射したりするもの。「—九層倍(くそうばい)」(医薬の値段は原価に比べ非常に高く、利をむさぼっているという意)「毒にも—にもならぬ」(善悪どちらにも役立たない)「—にしたく(て)も無い」(ほんの少しもない。全く無い)「—を盛る」(殺す目的で飲食物に毒薬を入れる)②比喩的に、薬に似た働きのあるもの。「苦労は身の—」③広く、特別な化学的効果を生じる物質。薬品。火薬や、陶磁器を作るのに使うわぐすりの類。▽↓やく【薬】⑵

くすり《副と》短く軽く笑うさま。くすっと。「—と笑って肩をすくめる」「冗談を言っても—ともしない」

くすりぐい【薬食い】薬として食べること。特に、寒中に滋養・保温のため獣肉を食ったこと。

くすりづけ【薬漬(け)】①医師が患者に(必要以上に)大量の薬を服用させること。②麻薬などの中毒で、それがなくてはいられない状態。

くすりゆ【薬湯】薬になるもの(すなわち薬品や薬草)を入れた、ふろ。▽温泉を指したことがある。「やくとう」と読めば別の意もある。

くすりゆび【薬指】手の中指と小指との間の指。▽粉薬をかきまぜるのに、主にこの指を使ったから言う。

ぐ-する【具する】《サ変他》①申し述べる。「意見を—」②連れて行く。伴う。

ぐず-る《五自》(特に子供が)ぐずぐずいう。だだをこねる。▽「愚図る」とも書く。

くずれ【崩れ】①くずれること。「山—」「総—」「化粧の—を直す」。くずれたもの。「築地(ついじ)の—」「花見客の—」②《身分・職業を表す語に添えて》前に……だったが、今は落ちぶれた者。「役者—」

くず-れる【崩れる】《下一自》①一つにまとまって形を成していたものが、砕けてこわれる。「壁が—」。整った状態が乱れる。「隊伍(たいご)が—」「姿勢が—」「天気が—」②小銭(こぜに)に替えられる。「千円札が—れますか」

くすんごぶ【九寸五分】短刀。あいくち。▽長さからの呼び名。

くせ①【×癖】㋐偏った仕方を繰り返して、ついた習慣。習慣となっている、偏った傾向・しぐさ。「なくて七—」「—になる」㋑単に、偏った傾向・性質。「—のある人」「—のある香り」㋒曲がったり折れたりした跡が物に残ったもの。「髪の—」㋓《連体修飾を受け、多くは「に」を伴い、全体で副詞的に》それなのに。「金持の—に、けちだ」「わかっている—に」「悩みを抱え、その—それを誇りでもするような」②【△曲・クセ】謡曲で、曲舞(くせまい)の節でうたう部分。

くせ【△救世】〔仏〕世の人を苦悩から救うこと。「—観音」▽「くぜ」「ぐせ」「ぐぜ」とも言う。

ぐせい【愚生】男が自分をへりくだって言う語。▽主に書簡に使う。

ぐぜい【×弘誓】〔仏〕菩薩(ぼさつ)が自らの悟りと衆生(しゅじょう)の救済を願ってたてる広大な誓願。

くせげ【癖毛】まっすぐでなく、ちぢれたり曲がったりしている髪の毛。くせっけ。

くせつ【苦節】苦しみに負けずに守り通す心。「—十年」

くぜつ【口舌・口説】言い争い。口げんか。

ぐせつ【愚説】ばかげた説。▽自分の説をへりくだって言うのにも使う。

くせもの【△曲者】①油断できない者。㋐盗賊など、あやしいやつ。㋑ひとくせある、したたか者。②比喩的に、警戒を要すること。「あの親切は—で、何か下心(したごころ)があるに違いない」

くせん【苦戦】《名・ス自》相手が強く、不利に苦しみながら戦うこと。またその戦い。「—を強いられる」

くせんてい【駆潜艇】潜水艦を爆雷で駆逐する、小型で速力が速い船。

くそ【×糞・×屎】㊀《名》①肛門(こうもん)から出る、食物のかす。大便。②分泌物や物のかす。「目—」「たもと—」③つまらぬもの。「—味噌(みそ)」「—なやつ」▽論外であるという意で「……も—もない」と言う。「愛情も—もない」㊁《感》人をののしったり、「何を」と思ったりする時、発する語。㊂《名詞の上または下に付けて》物事や状態をののしったり、強めて言ったりするのに使う語。「―ばばあ」「―勉強」「―落着き」「―まじめ」「へた―」「やけ―」▽近年俗に、ほめる時にも使う。「―かわいい」

ぐそう【愚僧】①《名》愚かな僧。②《代》僧が自分をへりくだって言う語。拙僧。

くそおちつき【×糞落(ち)着き】いやに落ち着き払っていること。▽→くそ㊂

ぐそく【具足】①《名・ス自》物事が十分に備わっていること。「円満―」②《名》甲冑(かっちゅう)、または、よろいの簡略なもの。 **―に**【―煮】イセエビ・カニなどを殻つきのままぶつ切りにして煮つける料理法。その料理。▽殻を、具足(2)にたとえる。

ぐそく【愚息】私のむすこ。▽へりくだった言い方。

くそぢから【×糞力】ばかばかしいほど強い力。▽→くそ㊂

くそどきょう【×糞度胸】並はずれて、ずぶとい度胸。▽→くそ㊂

くそばえ〔へ…ば〕【×糞×蠅】きんばえ。

くそみそ【×糞味×噌】《ダナ》価値があるもの(味噌(みそ)でたとえる)とつまらぬもの(糞(くそ)でたとえる)との、区別をつけないさま。何の価値も無いと一顧も与えないさま。「―にけなす」

くそむし【×糞虫】動物の糞(ふん)に集まるこがねむしの俗称。

くだ【管】①中が空洞で、細長く丸い棒状のもの。②糸車のつむに差し、糸を巻きつける軸。「―を巻く」(管がぶんぶんと音を立てるように、酔ってくどくつまらないことを言う)③機(はた)の部分品。梭(ひ)に入れ横糸を繰り出す器具。

くたい【×軀体】①からだ。②建造物の、設備・建具・装飾などを除いた、強度に関わる構造部分。

くだい【句題】①(有名な)和歌・漢詩の一句を題としてよんだ詩歌。「―和歌」②俳句の題。

ぐたい【具体】(そのものが単に考えられるというだけでなく)形・姿を備えること。具象。↕抽象。 **―か**【―化】《名・ス他自》具体的にする(なる)こと。特に、計画などを実行できるようにすること。計画などが実現すること。 **―てき**【―的】《ダナ》物事が(単に思考の対象になるだけでなく)直観的に知りうるような、姿・形を備えているさま。↕抽象的。「―な提案」

くだ-く【砕く】《五他》①固まっている物を打ちこわして、細かくする。「岩を―」「こなごなに―」「心を―」(あれこれと相手のことを気遣う。また、目的を達するためいろいろと心を使い苦労を重ねる)②徹底的にいためつける。「敵の野望を―」「荒波を―いて岸を守る設備」③むずかしい説明などを、わかりやすい形にする。「―いて話す」

くたくた《副[と]・ノダ》①非常に疲れたさま。ぐたぐた。「通勤で―になる」「―と椅子に座り込む」②形が崩れるほどになったさま。「着物が―になる」「―に豆を煮こむ」

くだくだ《副[と]》長たらしく述べるさま。くどくど。「不平を―(と)述べ立てる」

ぐたぐた《副[と]・ノダ》①本来の体や形を失ったさま。くたくた(1)より程度がはなはだしいさま。「体が疲れて―になる」②言動がとりとめなく、また、だらしないさま。「夏休みを―(と)過ごす」

くだくだし-い《形》長たらしく、くどい。派生 **-さ**

くだけまい【砕け米】もみすりや米つきの際に、粒がくだけた米。

くだ-ける【砕ける】《下一自》①固まっている物がこわれて、細かくなる。「玉と―」(→ぎょくさい)「腰が―」(外力に負け、構えた姿勢がくずれる)②勢いが弱まる。くじける。「意気込みが―」「波が―浜辺」③態度や話の内容が堅苦しさのない(人情味をもった)ものになる。「―けた捌(さば)きをする」「かたい話が―けてきて、座が沸く」

くださ-る【下さる】《五他》「くれる(呉)」(1)(イ)・(2)(ア)の尊敬語。↕差し上げる。①(主に、目上の人が)好意・親切から、物をこちらに与える。▽単に丁寧な言い方としても使う。「お茶を一杯―・い」②《「お」「ご」を伴った動詞連用形や動作を表す漢語、または「お……になって」「お……なさって」を受けて、または連用形に「て」を伴った形に付いて》好意的に……なさる、という気持を表す。「お読み(になって)―」「御笑納―・い」「おいでなさって―・いまし」▽動詞「下す」の未然形＋敬語の「る」から出た語。命令形は「ください」。

くださ-れる【下される】《下一他》→くださる(1)。▽今日では「くださる」より敬意が高い。

くだしぐすり【下し薬】大便の通じをよくするために飲む薬。下剤。

くだ-す【下す・降す】《五他》①そのものを移しおろす。㋐地位を下げる。【下・降】↕のぼす。「官位を―」㋑命令・判定などを出す。【下】「断を―」「判決を―」㋒打ち勝って従わせる。降参させる。【降】「強敵を―」㋓体内から下に出す。「さなだ虫を―」「腹を―」(下痢する)㋔低い方の場所に動かす。【下】↕のぼす。「いかだを―」㋕賜う。【下】「お言葉―し置かれる」②振りおろすようにして行う。【下】㋐実際にそれをする。「手を―」(着手する。実行する)「筆を―」(書く)㋑《「書き」「読み」を受け》すらすらと続け(てその事を終え)る。

くたっと《副・ス自》張りを失って形が崩れるさま。「―した上着」

ぐたっと《副・ス自》体の力が抜けるさま。ぐったり。「疲れて―倒れこむ」「寝起きが悪く、朝は―している」

くたにやき【九谷焼】石川県九谷村(現、加賀市)発祥の磁器。細かい模様と金色の彩色とが特色。

くだばり【管×鍼】鍼術(しんじゅつ)用はりの一種。金属製の管に入れて使う。

くたばりぞこない【くたばり損ない】〔俗〕死にぞこない。

くたば-る《五自》〔俗〕死ぬ。「—ってしまえ」▽ののしって言う。

くたびれもうけ【〈草臥〉×儲(け)】疲れるだけで、何の得もないこと。「骨折り損の—」

くたび-れる【〈草臥〉れる】《下一自》①㋐(体や気を使って)疲れて元気がなくなる。「長く歩いて—」「彼女と話すのは—よ」㋑《動詞連用形に添えて》疲れていやになるほど……する。「待ち—」②長く使ったため古びて弱くなる。「—れた洋服」

くだもの【〈果物〉】ナシ・イチゴ・ブドウなど、食用となり、水けの多い、草木の実。水菓子。▽「木の物」の意。

くだらごと【〈百済〉琴】→くご(箜篌)

くだらない【下らない】《連語》→くだる(2)(3)

くだらぬ【下らぬ】《連語》→くだる(3)

くだり ㊀【下り】①くだる(1)こと。特に、都から他の地方へ行くこと。「—列車」「東(あずま)—」②「下り坂」「下り列車」の略。▽↕のぼり。㊁【△行】上から下までの列。文書の行(ぎょう)。「三—半」(↓みくだりはん)㊂【△件】①長い文章の一節。「この—がわからない」②前文にあげた事柄。くだん。

くだりあゆ【下り×鮎】産卵期で川を下る鮎(あゆ)。おちあゆ。→さびあゆ

くだりざか【下り坂】①進むにつれて下って行く坂道。②盛りを過ぎて、これから先だんだん衰えてゆくこと。「景気は—になった」▽↕のぼり坂

くだりばら【下り腹】下痢(を起こしていること)。

くだ-る【下る・△降る】《五自》①そのもの全体が低い所に達する。㋐高い所からおりる。[下・降]↕のぼる。「坂を—」「野(や)に—」(官職を辞する。また、政権を離れ野党になる)㋑命令・判定などが出る。[下]「動員令が—」㋒負けて従う。降参する。[降]「敵の軍門に—」㋓都から地方へ行く。[下]↕のぼる。㋔下痢をする。「腹が—」㋕時が移って末世になる。「世が—」㋖劣る。下回る。[下]「品—人柄」②ある規準量より少なくなる。[下]↕のぼる。「死者は十名を—らない」▽多く打消しの形で使う。③『—らない』『—らぬ』価値がない。筋が通らず、ばかばかしい。「する事なす事がくだらない」「何とくだらぬ話ではないか」▽「読みが下らぬ」「理が下らぬ」の意からという。

くだん【△件】①『—の』決まり切った。例の。かの。前に話題にした。「くだんの日記が出てくれば真相が分かる」②『—のごとし』前述の通りだ。証文などの末に使う語。▽↓くだり㊂(2)

くち【口】㊀動物が飲食物をとり入れるところ。多くは頭部にあり、声を出したり、人の場合は、物を言ったりする。「あいた—がふさがらない」(驚きあきれた様子)「—がいやしい」(何につけすぐ飲み食いしたがる)

①人が物を言う動作について、次のように使う。㋐口㊀を使って述べること。「—も八丁、手も八丁」(話すのも実行するのも達者だ)「—約束」「秘密を—にする」(「—に出す」とも)「—を利く」(物を言う。紹介・交渉・仲裁をする)「—がすべる」(隠し事などをうっかりしゃべる)「—を割る」(白状する)「わきから—を出す」「人の—にのぼる」(うわさされる)「—がうまい」「—ほどにもない」「—が軽い」(おしゃべりで、秘密などもすぐ漏らすたちだ)「—が重い」(あまり物を言わないたちだ)「—が堅い」(簡単には秘密を漏らさないたちだ)「—を拭う」(うしろめたい事がありながら、そ知らぬ顔をする。また、知っていても知らないふりをする)「—は禍(わざわい)の門(かど)」(うっかり言った事からわざわいを招くことがあるから、言葉は慎むべきだ)㋑誘い。「—が掛かる」▽もと、客から芸人などに対する座敷への呼び出し。②飲食に関係して次のように使う。㋐味に関する感覚・好み。「—がおごる」「甘—の酒」「あたしゃどうも—果報(=御馳走を受ける巡り合わせに富むこと)があるね」㋑食料を必要とする点から見た人数。「—の多い家庭」

㊁(形や働きが)口㊀に似たもの。①物・人が出入りする所。「駅の南—」。びん・かん等の、中身を出し入れする所。「—を切る」②一つのもののはじめの所。㋐そこからはいる(開いた)所。「戸—」「登山—」㋑はいったばかりの辺。「宵の—」㋒物の端の面。「木(こ)—」「切り—」

㊂数多くまたは何回もあるはずの物事について区分した、その一つ。「勤め—が無い」「金を定期—に預ける」「一—千円」「この—の品は悪い」「もうけ話に一—乗る」

関連 口器・口辺・口角・口もと・口つき・大口・おちょぼ口・お壺(つぼ)口・受け口・鰐口(わにぐち)・切れ口・吸い口・傷口・袖口・鯉口(こいぐち)・筒口・銃口・焚(た)き口・窓口・改札口・入口・出口・表口・門口・非常口・勝手口・戸口・木口・とば口・上がり口・裏口・逃げ口・捌(は)け口・勤め口・序の口・口切り・口開け・糸口・切り口・口出し・川口・河口・港口・湾口・坑口・火口・登山口・開口・口述・口供・口にする・口に出す・口を利く・口を開く

ぐち【愚痴】(今となっては)言ってもしかたがない事を、言っては嘆くこと。「—をこぼす」▽もと、理非の見分けがつかない愚かさのこと。

くちあい【口合(い)】①互いに話がよく合うこと。合口(あいくち)。②仲介に立つ人。③地口(じぐち)。

くちあけ【口開け】①物の口をひらくこと。②物事をする一番初め。商店で、その日の最初の商売。

くちあたり【口当(た)り】①飲食物を口にした時の感じ。したざわり。「—のよい酒」②応対ぶり。「—のいい人」

くちあらく【口荒く】《連語》荒々しい言い方で。「人の失敗を—ののしる」

くちあらそい【口争い】言い争うこと。口論。

くち-い《形》〔俗〕これ以上食えないほど満腹だ。「腹

が‐・くなる」 派生 ‐さ ‐げ ‐がる

くちいやし‐い【口いやしい】『形』→くちぎたない(2)。派生 ‐さ

くちいれ【口入れ】奉公人の周旋をすること。「―屋」▽この業は一九四七年、法律で禁止。

くちうつし ①【口移し】『名・ス他』㋐口に含んだ飲食物を、自分の口から直接相手の口に入れてやること。㋑口で言って伝えること。口伝(くでん)。②【口写し】『名』ある人の口ぶりにそっくりなこと。

くちうら【口裏】その人の真意が推察できるようなものの言いぶり。「―から察すると」「―を合わせる」(あらかじめ相談して、たがいの話の内容が合うようにする)

くちうるさ‐い【口△煩い】『形』→くちやかましい(2)。「―・く言う」派生 ‐さ ‐げ

くちえ【口絵】書物・雑誌の初めの所に載せる絵・写真。

くちおし‐い【口惜しい】『形』残念だ。くやしい。▽やや古風な言い方。「朽(く)ち惜し」から出た語。もと、価値あるものや愛し重んじるものが滅び去るのを惜しむ気持を言った。派生 ‐さ ‐げ ‐がる

くちおも【口重】『ダナ』あまりしゃべらないこと。また、軽々しくは物を言わないこと。↔口軽(くちがる)。派生 ‐さ ‐げ

くちがき【口書(き)】①筆を口にくわえて書くこと。②江戸時代に、(足軽以下の者の)裁判で本人の申し立てを記録したもの。また、罪人の白状書に爪印(つめいん)をおさせたもの。

くちかず【口数】①物を言う分量。ことばかず。「―が多い」②人数。③事柄・事件の数。

くちがた‐い【口堅い】『形』①やたらに他言(たごん)しない。②言うことが確かだ。派生 ‐さ

くちがため【口固め】①くちどめ。②(かたい)口約束。

くちがね【口金】器物の口につける金具。「びんの―」「バッグの―」「電球の―」

くちかほう【口果報】→くち㈠(2)㋐

くちがる【口軽】『ダナ』おしゃべりで、軽々しく物を言うこと。特に、秘密をすぐ人にもらすこと。↔口重(くちおも)。派生 ‐さ

くちき【朽(ち)木】腐っている木。

くちきき【口利き】談判・相談などをまとめようと、あいだをとりもつこと。仲介。調停。斡旋(あっせん)。世話。また、それに慣れている人。「―料」

くちぎたな‐い【口汚い】『形』①悪い汚い言葉を使う。「―・くののしる」②食い意地が張っている。食べ物に対していやしい。派生 ‐さ

くちきり【口切(り)】①物の口をあけること。茶道で、新茶を入れたつぼの封を切って行う茶会。旧暦十月ごろ行う。②物事の初め。かわきり。特に、最初に成立した売買取引。

くちく【駆逐】『名・ス他』敵するもの、邪魔するものを、追い払うこと。 **―かん**【―艦】比較的小形で速力が速く、主に魚雷や砲などを使った攻撃を行う軍艦。▽概ね巡洋艦よりも小形で砲艦よりも大形のものを言ったが、現在は巡洋艦に匹敵する大形のものもある。

くちぐせ【口癖】たびたび言って癖のようによく出ること。またその言葉。

くちぐち【口口】①人々の口。「―に(=めいめいに)言う」②ほうぼうの出入口。「―を固める」

くちぐるま【口車】たくみに、口先で言い回すこと。「―に乗る」(うまく口先でだまされる)

くちげんか【口×喧×嘩】『名・ス自』言い争うこと。口論。

くちごうしゃ【口巧者】『名・ダナ』くちじょうず。

くちごたえ【口答え】『名・ス自』目上の者に逆らって言い返すこと。言葉を返すこと。

くちことば【口言葉】口で話す言葉。話し言葉。口頭語。▽柳田国男の用語。

くちコミ【口コミ】井戸端会議風に、またネット内のおしゃべり風に、言わば口づてに伝えるという仕方。▽「マスコミ」のもじり。 **―サイト** 商品・店舗・サービスなどに対する個人評価を広く集めるウェブサイトの総称。

くちごも‐る【口籠(も)る】『五自』言葉に詰まって、または気圧(おけ)されて、はっきり言えずにいる。

くちさがな‐い【口さがない】『形』他人の事について、節度なく口悪く言いふらす態度だ。「―京童(きょうわらべ)」派生 ‐さ

くちさき【口先】①口の端(は)。②口で言う言葉。特に、実(じつ)の伴わない、うわべだけの言葉。「―だけの約束」

くちさびし‐い【口寂しい・口×淋しい】『形』口の中に入れる(唇にくわえる)嗜好(しこう)品が無くて、物足りない気分だ。▽「口ざみしい」とも。派生 ‐さ

くちざわり【口触り】→くちあたり(1)

くちしのぎ【口×凌ぎ】一時しのぎの食べ物。また、一時しのぎの暮らし。

くちじゃみせん【口三味線】①口で三味線の音や曲をまねること。②転じて、口先でだますこと。「―に乗せる」

くちじょうず【口上手】『名・ダナ』口先でうまいことを言い並べること。そういう人。↔口下手(くちべた)

くちずから【口ずから】『副』自分の口から。自分自身の言葉で。「―伝授する」

くちすぎ【口過ぎ】暮らしを立てること。生計。

くちずさ‐む【口ずさむ】『五他』何となく心に浮かんだ(詩歌の)文句を、軽く声に出す。

くちすっぱく【口酸っぱく】『副』同じ事を、いやになるほど何度も言うさま。くちずっぱく。「―指導する」

くちぞえ【口添え】『名・ス自他』ある人が交渉や依頼をしている時、他の人が相手に口をきいてやって、うまくいくようとりなすこと。

くちだし【口出し】《名・ス自》他の人の談話中に、わきから割り込んで口をきくこと。さしでぐち。「余計なーをするな」

くちだっしゃ【口達者】《名・ダナ》くちじょうず。

くちぢゃ【口茶】《名・ス自》出がらしになった急須に新しい茶葉を加えること。そうして入れた茶。差し茶。

くちつき【口つき】①㋐口もとの形や感じ。㋑話している言葉の様子や感じ。「不満そうなー」②口(特に紙巻タバコで吸い口)がついていること、また、その物。③牛馬の口をとって引く人。口取り。▽(2)(3)は「口付」とも書く。

くちづけ【口付け】《名・ス自》キス。接吻(せっぷん)。

くちづたえ(:づたへ)【口伝え】口で伝えること。㋐人から人へと言い伝えること。㋑直接に口で伝え教えること。口伝(くでん)。

くちづて【口△伝て】→くちづたえ㋐

くちどめ【口止め】《名・ス他》ある事を他人に話さないように、口外を禁じること。「ー料」

くちとり【口取(り)】①牛馬のくつわを取って引くこと。また、その人。②饗膳(きょうぜん)で、吸い物と一緒に最初に出す、伊達(だて)巻き・紅白かまぼこ・栗きんとんなどを皿に盛り合わせた料理。口取りざかな。③茶を飲むときに食べる菓子。茶請け。

くちなおし(:なほし)【口直し】《名・ス自》すぐ前に飲食した物のいやな味を消すため、別の物を飲食すること。その飲食物。

くちなし【〈山梔子〉】夏、芳香のある白い六弁の花が咲く常緑低木。花は観賞用。実は熟すと黄赤色となり、染料用・薬用。▽実が熟しても口を開かないことからの名か。あかね科。

くちなめずり(:なめづり)【口×舐り】《名・ス自》→したなめずり。

くちならし【口慣(ら)し・口×馴(ら)し】《名・ス自》①すらすら言えるように、口を慣れさせること。②飲食して、その味に舌をなじませること。

くちなわ【△蛇】へびの異称。▽朽縄(くちなわ)＝腐ったなわ)に似た形だから。

くちぬき【口抜き】びんの口金を抜きはずす器具。せん抜き。

くちのは【口の端】《連語》言葉のはし。「ーに掛ける」(言葉にして言う、また、話題にする)「ーにのぼる」(話題になる)

くちば【朽(ち)葉】散ってくさった葉。「ー色」(赤みを帯びた黄色)

くちばし【×嘴】鳥などの口の上下のふちが、細長く突き出て固くなっている部分。「ーが黄色い」(未熟なことのたとえ)「ーを入れる」(口出しをする)

くちばしる【口走る】《五他》無意識に、言葉として口に出す。心にもないことを、うわのそらで、または調子に乗って言う。「あらぬことをー」

くちはっちょうてはっちょう【口八丁手八丁】《連語》しゃべることもすることも、人一倍達者なこと。▽「口も八丁手も八丁」とも言う。

くちはてる【朽(ち)果てる】《下一自》①完全に腐って役に立たなくなる。②転じて、世に知られず、むなしく死ぬ、または終わる。

くちはばったい【口幅ったい】《形》身のほども考えず、大きな事やなまいきな事を言う態度だ。「ーことを言う」

くちばや【口速・口早】《ダナ》物の言いかたがはやいこと。「ーに話しかける」

くちび【口火】①(火縄銃やダイナマイトの)爆薬を爆発させるためにつける火。また、ガス湯沸かし器などの点火用の小さな火。②転じて、物事の起こるきっかけ・原因。「ーを切る」(物事を始める。一番最初に始める)

くちひげ【口×髭】上唇(うわくちびる)の上(鼻との間)にはやしたひげ。

くちびょうし【口拍子】口で拍子をとること。その拍子。

くちびる【唇】口のふちの、薄い皮でおおわれた、やわらかい部分。「ーをかむ」(残念がる)「ーを奪う」(相手の意志に反してキスする)「ーを盗む」(同上)「ー滅びて歯寒し」(互いに助け合うものが、一方が滅びれば、他の一方もあぶなくなることのたとえ)

くちふうじ【口封じ】《名・ス他》その事が外部にもれないように、関係者に口どめをすること。

くちぶえ【口笛】唇をすぼめ、また、指を口に入れ、強く息を出して笛のような音を出すこと。また、その音。「ーを吹く」

くちふさぎ【口塞ぎ】①《「おー」の形で》客に出す料理の、へりくだった言い方。つまらない料理。②口をふさぐこと、またはふさぐもの。特に、口どめ。

くちふたぎ【口塞ぎ】→くちふさぎ

くちぶちょうほう【口不調法】《名ナ》物の言い方が巧みでないこと。くちべた。「主人は何分ーでして」▽へりくだった言い方。

くちぶり【口振り】話し方の様子。言葉つき。話しぶり。「まんざらでもなさそうなー」

くちべた【口〈下手〉】《名・ダナ》ものの言い方が巧みでないこと。⇔口上手(くちじょうず)

くちべに【口紅】唇に塗る紅。

くちべらし【口減らし】《名・ス自》経済上の理由から(養うべき)人数をへらすこと。

くちへん【口偏】漢字の偏の一つ。「味」「咲」などの「口」の称。

くちまえ(:まへ)【口前】ものの言い方。話しぶり。「ーのいい(＝口のうまい)男」

くちまかせ【口任せ】深く考えないで、口から出るのにまかせて言うこと。

くちまね【口〈真似〉】《名・ス自他》他人のものの言い方をまねること。

くちまめ【口まめ】《名・ダナ》口かずが多いこと。よくしゃべること。そういう人。

くちもと【口元・口△許】①口のあたり。またその様子。「―をほころばせる」「―がゆるむ」②出入口のあたり。

くちやかまし-い【口×喧しい】《形》①盛んにしゃべり立ててやかましい。くちうるさい。②あれこれと小言(こごと)・注意を言いたがる性質だ。 派生 **-さ -げ**

くちやくそく【口約束】《名・ス自他》(証文など作らず)言葉を取りかわすだけでする約束。

くちゃくちゃ《副「と」》①音を立てて嚙(か)んだりこねたりするさま。「―(と)音を立てて食べてはいけません」「ひき肉とタマネギを手で―(と)混ぜる」②↓くしゃくしゃ(1)

ぐちゃぐちゃ ①《副「と」》↓くちゃくちゃ(1)。「―(と)嚙(か)む」②《副「と」・ダナ・ス自》本来の形・姿が崩れているさま。「雨で地面が―になる」③《副「と」》とりとめなく続けるさま。「―と文句を言う」

ぐちゃっと《副》押しつぶされて形が崩れるさま。「熟柿(じゅくし)が―落ちてきた」

くちゅう【苦衷】苦しい心の中。「―を察する」

くちゅう【駆虫】《名・ス自》寄生虫・害虫を(薬などの使用により)いなくすること。「―剤」

くちょう【口調】言葉の調子。文句の言いまわし。「おだやかな―で話す」「―のいい宣伝文」「演説―」

ぐちょく【愚直】《名・ダナ》正直いちずなこと。ばか正直。「―に勤め上げる」 派生 **-さ**

くちよごし【口汚し】口をよごす程度の少量の食物の意で、客に料理をすすめる時に、へりくだって言う言い方。「ほんのお―ですが」

くちよせ【口寄せ】《名・ス自》(死者の)霊を招き寄せて、その言葉を人に伝えること。それをする人、特に(盲目の)女性。▽その女性を東北地方ではイタコ・ムラミコ・オナカマなどと呼ぶ。

く-ちる【朽ちる】《上一自》①木などが腐って、形がくずれる、役に立たなくなる。②転じて、(名声などが)すたれる。むなしく終わる。「才能がむだに―」

ぐち-る【愚痴る】《五自》〔俗〕ぐちを言う。

くちわき【口脇】口のはた。「―が白い」(幼稚だ。子供っぽい)

ぐちん【具陳】《名・ス他》詳しく述べること。「意見―」

くつ【靴・×沓】足をその中に入れ、履いて歩くための物。▽衣冠束帯の時にも用いた。

くつ〘屈〙 クツ かがまる かがむ かがめる ―①折れまがって伸びない。かがむ。へこむ。くじける。へりくだる。↕伸。「屈伸・屈折・屈曲・屈伏・屈服・屈託・屈辱・屈従・屈指・退屈・後屈・不屈・卑屈・偏屈・鬱屈」②つきる。「窮屈」③つよい。「倔(くつ)」に通じる。「屈強」▽↓くつ〘窟〙(2)

くつ〘掘〙 クツ ほる ―穴をほる。土をほりとる。地中からほり出す。「掘鑿(くっさく)・発掘・採掘」

くつ〘窟〙 クツ いわや ―①あな。ほらあな。あなぐら。岩山を掘って造った住居。あなずまい。人の集まるところ。「石窟・巌窟(がんくつ)・洞窟・巣窟・魔窟・阿片(あへん)窟」②すじみち。「理窟」▽「理屈」は「理窟」の代用。

くつう【苦痛】肉体的故障や精神的悩みで覚える苦しみ。

ぐづう【×弘通】《名・ス自》↓ぐずう

くつおと【靴音】靴で歩く足音。

くつがえ-す(くつがへす)【覆す】《五他》ひっくり返す。㋐裏返し・さかさまにする。㋑打ち倒す。滅ぼす。「政権を―」㋒今までのことを否定して、全く新たな(正反対の)ことにする。「定説を―」

くつがえ-る(くつがへる)【覆る】《五自》ひっくり返る。㋐裏返し・さかさまになる。㋑打ち倒される。滅びる。「政権が―」㋒今までのことが否定され、全く新たな(正反対の)ことになる。「判決が―」

クッキー 小麦粉を主材料として焼いた、薄くて甘い、一種のビスケット。▽(アメリカ) cookie, cooky

くっきょう ①【△究×竟】《ノダ》《「―な」も使う》非常に好都合なこと。あつらえむきなこと。「―の隠れ家」▽もと、物事を押し詰めた(完全な)所の意。②【屈強】《ノダ》《「―な」も使う》きわめて力の強いこと。「―な若者」▽「究竟」とも書いた。 派生 **-さ**

くっきょく【屈曲】《名・ス自》折れまがること。

くっきり《副「と」・ス自》際立って鮮やかに見えるさま。「足跡が―残る」「明暗を―と分ける」「―(と)した眉」

クッキング 料理。料理法。「―スクール」▽cooking

くつくつ《副「と」》①声をおさえて笑うさま。「―(と)忍び笑いをもらす」②物が煮える音。「鍋が―煮えている」▽「ぐつぐつ」より音が小さい感じ。

ぐつぐつ《副「と」》鍋の中で物が音を立てて煮えるさま。「雑炊を―(と)煮る」

くっこうせい【屈光性】植物が、光の刺激によって、光の方向か、反対の方向に曲がる性質。▽前者を「向光性」、後者を「背光性」とも言う。

くっさく【掘削・掘×鑿】《名・ス他》土砂・岩石を掘り取ること。「―機」

くっし【屈指】《「―の」の形で》数多くの中から特に指を折って数え立てられるほど、すぐれていること。指折り。「―の名曲」

くつした【靴下】(靴をはく時などに)足に直接はく衣料。

くつじゅう【屈従】《名・ス自》屈伏して従うこと。

くつじょく【屈辱】屈伏させられて恥を受けること。服従させられている恥。「―的」「―感を味わう」

ぐっしょり《副「と」》ひどくぬれるさま。びっしょり。

クッション ①洋風の柔らかい座ぶとん。②物をささえる、弾力のある物。「―のきいた座席」③ビリヤードの台の内縁。また、玉をそこに当てること。④比喩的に、緩衝物。↓ワン クッション。▽cushion

くっしん【屈伸】《名・ス他自》のびちぢみ。かがめたり、のばしたりすること。また、かがんだり、のびたりすること。「―自在」

くっしん【掘進】『名・ス自』地下を掘って前に進むこと。「海底をーしてトンネルを作る」

グッズ 小物。雑貨。「パーティーー」▽goods（＝商品。品物）

くつすべり【靴滑り】→くつべら

くつずみ【靴墨】靴の手入れに塗るクリーム状のもの。皮を保護し、つやを出す。

ぐっすり『副［と］』深く眠るさま。

くっ‐する【屈する】①『サ変自』折れ曲がる。「ー‐した腰」②『サ変自』くじける。「失敗にーことなく」。負けて服従する。「敵にー」「欲望にー」③『サ変他』折り曲げる。かがめる。「膝をー」。勢いをくじく。打ち負かす。勝って従わせる。「敵をー」

くつずれ【靴擦れ】靴の中で足がすれて傷ができること。その傷。「ーができる」

くっせつ【屈折】『名・ス自』①折れ曲がること。「ーした心理」②〔物理〕光波・音波などの波動が一つの媒質から他の媒質にはいる時、その境の面で進む向きが変わること。 **―ご**【―語】〔言語〕語形全体や語尾の変化によって文法的な働きを表すような種類の言語。例、ギリシア語・ドイツ語。

くったく【屈託】『名・ス自』①ある事が気になってくよくよすること。「何のーもない様子」「ーのない笑い」②疲れてあきること。「長々と続く訓話にーしきった」

ぐったり『副［と］・ス自』すっかり疲れて体の力が抜けたさま。ぐたっと。「ーする」

くっつ‐く『五自』①すきまをあけず、つく。㋐接着して離れない。㋑接する。㋒離れずつき従う。②〔俗〕恋仲や夫婦になる。

くっつ‐ける『下一他』くっつかせる。くっつくようにする。

ぐっと『副』①力をこめ（勢いよく）一気に。「ーひっぱる」②一段と。「ー引き立つ」③心に強い衝撃や感動を受けるさま。「ー来る一言」

グッド『ダナ』良いこと。「味もーでヘルシー」「ータイミング」▽good **―バイ**『感』さようなら。▽good-bye

くつぬぎ【×沓脱ぎ】戸口・縁側などの、はきものをぬぐ所。また、そこに置く平たい石。くつぬぎ石。

くっぷく【屈伏・屈服】『名・ス自』勢いに恐れ縮み、または負けて、従うこと。

くつべら【靴×箆】靴をはく時かかとにあてて、足を入れやすくする、へら。くつすべり。

くづめらくがみ【苦爪楽髪】苦労が多ければつめが速くのび、安楽なら髪が速くのびるということ。▽この反対に「苦髪楽爪」とも言う。

くつろ‐ぐ【△寛ぐ】『五自』心も体ものんびりと、楽になる。ゆったりとして休む。▽もと、締まっていた状態がゆるくなる意。→くつろげる㋑

くつろ‐げる【△寛げる】『下一他』くつろがせる。㋐気を楽にさせる。「住みにくい所をどれほどか、ー‐げて」（夏目漱石「草枕」）㋑堅く身につけた着物などをゆるめ、楽にする。「襟もとをー‐げて胸に風を入れる」

くつわ【×轡】①手綱（たづな）につなぐ輪が両端にあり、馬の口に含ませる、金具。「ーをならべて」（馬首をそろえて。そろって、いっしょに）▽「口輪」の意。②「くつわがた」の略。円の中に十文字を入れた形。

くつわむし【×轡虫】秋の夜がちゃがちゃと鳴く、触角が長い昆虫。がちゃがちゃ。▽鳴き声がくつわの音に似ていることからの名。くつわむし科（または亜科）。

ぐてい【愚弟】私の弟。▽へりくだった言い方。

くでま【工手間】大工や職人がものを作る手数や賃金。

くてん【句点】日本語の文の切れ目にうつ記号。普通には「。」を使う。まる。▽→とうてん（読点）

くでん【口伝】（秘伝などを）口で伝え、教え授けること。また、それを書きしるした書物。

ぐでんぐでん『ノダ』酒に酔いつぶれて正体をなくしたさま。「ーのよっぱらい」

くど‐い『形』しつこくて、うるさい。あっさりしていない。「ー説明」「ー‐く聞き返す」▽食物の味などについても言う。派生 **‐さ ‐げ**

くとう【句読】①文章の句切り方、読み取り方。「ーを誤る」▽もと、文章の切れ目切れ目。「句」は文の、「読」は文中の切れ目。②「句読点」の略。 **―てん**【―点】句点と読点（とうてん）。句切りの符号。「ーをつける」

くとう【苦闘】『名・ス自』相手が手ごわくて苦しい戦いをすること。苦戦。

くどう【駆動】『名・ス他』動力を与えて動かすこと。「前輪ー車」「ー装置」「ー力」

ぐとう【愚答】ばかげた答え。

ぐどう【△求道】①仏の正しい道を求めること。求法（ぐほう）。②転じて、人の世の道理を求めること。▽→きゅうどう（求道）

くどき【口説き】①くどくこと。その言葉。②㋐謡曲・浄瑠璃で、心の中の思いをしめやかに述べる文句。㋑叙事的な長い内容の民謡。盆踊り・木遣（きや）りなどに用いる。

くど‐く【口説く】『五他』①自分の意志に従わせようと、あれこれ言い迫る。特に、交際を迫る。「親をー」「女をー」②くどくど述べ訴える。特に、愚痴をこぼす。

くどく【功徳】①神仏からよい報いを与えられるような、よい行い。世のため、人のためになるよい行い。「ーを施す」「ーを積む」②神仏のめぐみ。御利益（ごりやく）。また、よい行いの報い。

ぐとく【愚×禿】僧が自分をへりくだって言う言い方。▽髪をそった、はげの愚か者の意。

くどくど『副［と］』同じ事を繰り返して、しつこく言うさま。「ー（と）言いわけをする」▽形容詞「くどい」の語幹を重ねた語。

ぐどん【愚鈍】『名ナ』頭が悪く、する事もまぬけなこ

と。派生 -さ

くなん【苦難】(身にふりかかる)苦しみ・難儀。

くに【国】①国家。国土。「ー破れて山河あり」「ーの機関」▽「邦」と書くこともあった。②地域。「南のー」③昔の日本の地方の区画。「大和(やまと)のー」④任国。領土。「ー表(くにおもて)」⑤生まれて育った土地。郷里。「ーの母からの手紙」「おー自慢」 関連 母国・故国・自国・祖国・他国・外国・異国・異邦・隣国・隣邦・友邦・敵国・属国・軍国・富国・強国・大国・小国・島国・海国

くにいり【国入り】『名・ス自』領主が自分の領地に、また、武士が主君の領地に赴くこと。

くにおもて【国表】大名などの、自分の領国。▽京都や江戸にある屋敷に対して言う。

くにがえ(へ:が)【国替(え)】①平安時代、いったん決めた地方官の任地を、希望によって他に替えること。②江戸時代、諸侯の領地を他に替えること。転封(てんぽう)。

くにがまえ(まへ:が)【国構(え)】漢字の構えの一つ。「国」「因」などの「囗」の称。▽「国」の字の構えの意。

くにがら【国柄】その国の特質・持ち味。また、国家の成立事情の特色。

くにがろう【国家老】江戸時代、諸侯の江戸参勤中に、留守を預かる家老。▽江戸家老に対して言う。

くにく【苦肉】敵などをだますために、自分を苦しめてかえりみないこと。「ーの策」(せっぱつまってとる手段)

くにことば【国言葉】その地方だけで使われる言葉。くになまり。

くにざかい(かひ:ざ)【国境】国と国との境界。

くにざむらい(らひ:ざむ)【国侍】国もとに住む侍。地方の侍。

くにたみ【国民】こくみん。▽雅語的。

くにづくし【国尽(く)し】(日本)諸国の名を全部よみ込んで、覚えやすく調子がいい文句につづったもの。

くにづめ【国詰】江戸時代、諸侯が自分の領地に、また、家臣が主君の領地に居ること。↕江戸詰

くになまり【国×訛(り)】ある地方(郷里)のなまり。方言。

くにはら【国原】ひろびろとした国土。▽雅語的。

くにびと【国人】①その地方の住民。②国民。▽古風な言い方。↓こくじん(国人)(2)

くにぶり【国振り・国△風】①くにがら。②《普通は「おー」の形で》地方地方の風俗。

くにもち【国持(ち)】武家時代、一国以上を領有すること。その(格式の)大名。

くにもと【国元・国△許】①生まれた土地。故郷。②本国。領地。

くにゃくにゃ『副「と」・ノダ・ス自』柔らかくて形が定まらないさま。「ーしないでちゃんと立ちなさい」「ーの生だこ」

ぐにゃぐにゃ『副「と」・ス自・ノダ』やわらかく(折れずに)曲がったり変形したりするさま。「鉱石をーにとかす」。真っすぐでないさま。「ーした道」。動作・態度がしっかりしないさま。「ーと動く」「ーの字」

ぐにゃり『副と』たわいなくつぶれて本来の形を失うさま。ぐにゃっと。ぐんにゃり。「脱線した列車がーと曲がっている」「ひざがーとなって立てない」

くぬぎ【×櫟】山野の雑木林に生える落葉高木。材は薪炭にする。実はどんぐり。▽ぶな科。

くねくね『副「と」・ス自』曲がりくねるさま。曲がりくねっているさま。「腰をーさせる」「ーと曲がった道」▽「くねる」と同語源。

くねつ【苦熱】暑さの苦しみ。ひどい暑さ。

くね-る『五自』いくつもゆるく折れ曲がる。

くねんぼ【九年母】ゆずに似た実をつける柑橘(かんきつ)類。インドシナ原産の常緑低木。実は香りがよく甘みがあり、皮も食べられる。▽みかん科。

くのう【苦悩】『名・ス自』精神的な苦しさに、もだえ悩むこと。その苦しみ。

くはい【苦杯】つらい経験のたとえ。「ーを喫する」「ーを嘗(な)める」▽にがい液を入れた杯の意。

くば-る【配る】『五他』しかるべき所に分けてものを割り当てる。㋐ものを分けて届ける。それぞれの人や所に渡す。「慰問品をー」㋑あそこ、ここと行き渡らせる。「気をー」「四方に目をー」㋒それぞれを適切な所にすえる。「人員を要所にー」 関連 分ける・分かつ・分け与える・取り分ける・割り当てる・割り振る・分配・配布・配付・配達・配当・配給・頒布・手配・高配・配置・配備・配属・配分・案分・均分・お裾分け・山分け・折半・頭割り・加配・増配・減配・特配・遅配・欠配・好配・無配・配管・配線・配電・配水・配車・配船・配本・配膳・宅配・気配り・心配り・手配り

ぐはん【△虞犯】罪を犯すおそれのあること。「ー少年」

くひ【句碑】俳句を彫りつけた碑。「芭蕉(ばしょう)のー」

くび【首・×頸】①頭と胴とをつなぐ細い部分。「ーを長くして待つ」(今か今かと、心待ちにする)②首(1)に形の似た部分。「徳利のー」「足ー」③衣服の、首(1)に当たる部分。▽(2)(3)はおもに「首」と書く。④首(1)から上の部分。あたま。【首】「ーを突っ込む」(ある事に興味を持って手をつけたり、それに深入りしたりする意にも)「ーが飛ぶ」(首を切って殺される。また、解雇される)「ーになる」(打ち首になる。また、人形芝居が済んで人形の首がはずされる意から転じ、免官・免職・解雇される)「ーが回らない」(借金が返せず、やりくりがつかない)「ーをひねる」(転じて、不審・疑問に思ったり、不賛成の気持を持ったりする) ▽多く、身体から切り離したものを言う。 関連 こうべ・頸部(けいぶ)・首っ玉・首根っこ・雁首(がんくび)・素首・ネック・喉頸(のどくび)・小首・首筋・項(うなじ)・襟首・襟足・身柱元(ちりけもと)・盆の窪(くぼ)・猪首(いくび)・鎌首・生首・投げ首・首級・馘首(かくしゅ)・首を切る・首が飛ぶ

ぐび【具備】『名・ス自他』必要なものが十分に備わっていること。完全に備えること。「条件をーする」

くびおけ(け:を)【首×桶】昔、討ち取った(切り落とした)首を納めるおけ。

くびかざり【首飾り・×頸飾り】首にかける装飾品。宝石などをつないで輪にしたもの。

くびかせ【首×枷・×頸×枷】①罪人の首にはめて自由にふるまえないようにした刑具。②比喩的に、自由をさまたげるもの。「子は三界(さんがい)の一」(→さんがい(三界))

くびがり【首狩(り)】宗教的儀式のために他の部族・部落をおそい、人の首を切り取る風習。▽かつてアフリカ・オセアニアなどに見られた。

くびき【×頸木・×軛】①車の轅(ながえ)の先につけ、牛馬のくびにあてる横木。②比喩的に、自由をさまたげるもの。「暴政の一のもとにおかれる」

くびきり【首切り・首斬り】①免職・免官・解雇すること。②首を切り落とすこと。その役目の人。

くびくくり【首×縊り】くびをくくって自殺すること。その人。くびつり。

ぐびぐび《副[と]》のどを鳴らしながら(酒などを)飲むさま。

くびじっけん【首実検】《名・ス自他》①実際に会って、本人かどうかを確かめること。▽(2)の転。②昔、戦場で討ち取った敵の首を、確かにその者の首かどうか、大将が自ら検査したこと。

ぐびじんそう【△虞美人草】ヒナゲシの別名。▽虞美人(ぐびじん)は、中国の昔の武将項羽の愛姫。

くびす【×踵】→きびす

くびすじ【首筋・×頸筋】くびの後部。えりくび。

くびったけ【首ったけ】相手にすっかりほれこんで夢中になること。▽もと、足からくびまでの長さ。首のところまでその中にはまりこんでいるさま。

くびったま【首っ玉】〔俗〕→くび(1)。「一にかじりつく」

くびっぴき【首っ引き】手もとに置いた物を絶えず手放さず参照しながら事を行うこと。「辞書と一で読む」

くびつり【首×吊り】①くびくくり。②〔俗〕既製服。▽店頭につるしてあることから。

くびねっこ【首根っこ】→くび(1)。「一を押さえる」

くびのざ【首の座】《連語》首を切る時にすわらせる座席。「一に直る」

くびひき【首引き】①輪にしたひもを首に掛け渡し、引っ張り合う遊び。②互いに競争すること。③→くびっぴき

くびまき【首巻・×頸巻】えりまき。

くびまわり【首回り】首のまわり。衣服の首のところ。また、その寸法。

ぐびり《副と》酒などを勢いよく一口飲むさま。「一と杯を干す」

くび-る【×縊る】《五他》首をしめて殺す。特に、しばり首にする。

くび-れる ①【×縊れる】《下一自》首をくくって死ぬ。②【△括れる】《下一自》物の中ほどが、くくられて、またはくくられたように、細い形である。「一・れた腰」

くびわ【首輪・×頸輪】①犬や猫のくびにはめる輪。②くび飾り。

ぐふ【愚父】私の父。▽へりくだった言い方。

ぐぶ【△供奉】《名・ス自》おともの行列に加わること。またその人。

くふう【工夫】《名・ス他》①あれこれと考え、よい方法を得ようとすること。また、その考えついたうまい方法。「一をこらす」②禅宗で、公案について考え抜くこと。▽「こうふ」と読めば別の意。

ぐふう【×颶風】①強く激しい風。②熱帯低気圧の旧称。▽気象学などで、風力階級最大の風。

くぶくりん【九分九厘】①《名》百に対し九十九の割合。②《副詞的に》ほとんど。「一間違いない」

ぐぶつ【愚物】ばかもの。愚人。

くぶん【区分】《名・ス他》区別して分けること。また、それぞれに分けた、その仕切り。区わけ。

くべつ【区別】《名・ス他》それとこれとの間に認める違い。また、それをこれと違うもの(種類)として扱うこと。「一がつかない」

く-べる《下一他》物を火の中に入れて、もやす。「まきを一」「ストーブに石炭を一」

くぼ【×窪】地面の落ちこんだ所。くぼんだ所。

ぐぼ【愚母】私の母。▽へりくだった言い方。

くほう【句法】詩文・俳句の組み立て方、作り方。

くぼう【△公方】①おおやけ。公事。②朝廷。③幕府。将軍(家)。

ぐほう【×弘法】《名・ス自》仏法を世にひろめること。

ぐほう【△求法】→ぐどう

くぼち【×窪地】まわりよりもくぼんだ土地。

くぼ-まる【×窪まる】《五自》くぼむようになる。

くぼ-む【×窪む】《五自》(地面などの)一部分が落ちこんだ状態になる。そこだけまわりよりも低くなる。「眼が一」

くぼ-める【×窪める】《下一他》くぼむ状態にする。

くま【熊】①《名》全身に黒や茶褐色の体毛が生え、体が大きく四肢が太く短い獣。首は短く頭部が大きい。鋭い牙と爪があり、尾は短い。多く山中に住み、日本にはツキノワグマ・ヒグマが分布。北極とその周辺には体毛の白いホッキョクグマが分布。▽ねこ目(食肉目)くま科の動物の総称。②《接頭》《名詞にかぶせて》強く恐ろしい、また、形が大きい意を添える語。「一蜂」「一蟬(ぜみ)」

くま【×隈】①もののすみ。㋐入り込んだ場所。㋑奥まってものかげになった所。②濃い色と薄い色とが接する所。特に、疲れて目のまわりが黒ずんだもの。③「くまどり」の略。

くまい【供米】神や仏に供える米。▽「きょうまい」と読めば別の意。

ぐまい【愚妹】私の妹。▽へりくだった言い方。

ぐまい【愚昧】《名ナ》ばかで、物の道理がわからないこと。▽「昧」は(道理に)暗い意。派生 **-さ**

くまぐま【×隈×隈】すみずみ。

くまこうはちこう【熊公八公】（庶民的で）無教育な人々。▽落語によく出て来る職人の名から。

くまざさ【×隈×笹・熊×笹】①ササの一種。葉は広く、料理の装飾に使う。冬に葉のふちだけが枯れて白くくまどられたようになる。②山地に生える大形のササ。

くまぜみ【熊×蟬】体が黒く羽が透明な大形のセミ。盛夏にシャーシャーと大声で鳴く。主に日本の関東以南に分布。

くまたか【熊×鷹】森林に住む大形の鷹。背面は暗褐色、腹面は白・淡褐色に褐色の縞(しま)模様。後頭部に角のように逆立った羽がある。尾ばねは矢の羽にした。▽たか科。荒々しく貪欲な人のたとえにも使う。

くまで【熊手】長い柄の先に多くの曲がったつめが、くまの手のような形についた道具。㋐穀物・落葉などをかき集める道具。竹製。㋑酉の市(とりのいち)で売る縁起物。熊手㋐の形のものに、紙製の小判やおかめの面などがつけてある。㋒敵をひっかけてとらえるための道具。鉄製。

くまどり【×隈取(り)】『名・ス他』彩色を加え、ぼかすこと。㋐歌舞伎や中国の京劇などで、役者が表情を強く見せるため、顔に種々の色の線を入れること。また、その模様。㋑日本画で、遠近や凹凸を表現するため、ぼかして描くこと。また、描いた所。

くまなく【×隈無く】『連語』①かげ・曇りがなく、はっきりと。「—照る月」②すみずみまで、余す所なく。「—捜す」

くまのい【熊の△胆】クマの胆嚢(たんのう)を中の胆汁ごと干した生薬。苦味が強く、健胃剤・強壮剤・気付け薬などとして古くから珍重。熊胆(ゆうたん)。

くまばち【熊蜂】①ずんぐりとした体形の大形で黒いハチ。毛深く胸の部分が黄色い。集団生活はせず、花の蜜を吸う。キムネクマバチ。クマンバチ。▽みつばち科くまばち属。同属のハチを総称しても言う。②スズメバチの別称。

くままつり【熊祭(り)】→イヨマンテ

くまんばち【熊ん蜂】①スズメバチの別称。②クマバチの別称。

くみ【組(み)】組むこと。組まれたもの。㋐組み合わせて一そろいになるもの。㋑いっしょに同じ事をするための、人々の集まり。特に、学校のクラス。㋒同じような性格を持つと見られる人々の仲間。「落第—」㋓印刷で、活字を並べて版を作ること。▽㋑㋒は「組」と書く。

くみ【苦味】にがいあじ。にがみ。 **—チンキ** 生薬の橙皮(とうひ)・せんぶり・山椒(さんしょう)を使ったチンキ剤。黄褐色で苦味があり、健胃剤にする。

ぐみ【〈胡頽子〉〈茱萸〉】さくらんぼに似た赤く熟する実をつける落葉または常緑低木。実は食用、材は道具の柄にする。▽ぐみ科ぐみ属の木の総称。つる性のものもある。

くみあい(‥あひ)【組合】共通の利害や目的をもつ人々が、自分らの利益を守り目的を達するため、互いに助け合い責任を分け持ち、約束を守って運営する組織体。▽特に「労働組合」の意味で使うことがある。

くみあ-う(‥あふ)【組(み)合う】『五自』互いに組む。㋐仲間になって力を合わせる。㋑組みついて争う。

くみあ-げる【×汲(み)上げる】『下一他』①（低い所にある水などを）くんで高い所に移す。「ポンプで—」②下の者の意見や希望を取り上げる。

くみあわ-す(‥あはす)【組(み)合(わ)す】『五他』→くみあわせる

くみあわせ(‥あはせ)【組(み)合(わ)せ】①組み合わせること。組み合わせたもの。「試合の—」②〔数学〕幾つかのものから、ある個数を取り出して作った組。また、そのようにして作られる組の総数。▽→じゅんれつ(2)

くみあわ-せる(‥あはせる)【組(み)合(わ)せる】『下一他』①幾つかのものを合わせて、一つのまとまりにする。「腕を—」②競技・試合などで、たたかう相手を決める。

くみいと【組糸】組み合わせた糸。

くみい-れる【組(み)入れる】『下一他』組になるようにして仲間に加える。また、組や系列をなすものに、あるものを加え入れる。「計画に—」

くみいん【組員】組、特に暴力団の(幹部でない)一員。

くみうた【組歌・組唄】短い歌詞を組み合わせて一つの曲とした、三味線(しゃみせん)や琴の歌。

くみうち【組(み)討(ち)・組(み)打(ち)】取り組んで戦うこと。組みついて討ち取ること。

くみお(‥を)【組緒】→くみひも

くみおき【×汲(み)置き】あとで使うために、前もってくんでおくこと。「—の水」

くみおどり(‥をどり)【組踊(り)】①二人または三人が組んで踊ること。②幾つかの踊りを組み合わせて一つの踊りにしたもの。③せりふ・歌・踊りからなる沖縄の古典劇。

くみか-える(‥かへる)【組(み)替える・組(み)換える】『下一他』組み方をかえる。また、改めて組む。「遺伝子を—」

くみかわ-す(‥かはす)【酌(み)交(わ)す】『五他』杯をやりとりして酒を飲む。

くみきょく【組曲】器楽曲の一形式。幾つかの曲を組み合わせて一つの曲にしたもの。

くみこ-む【×汲(み)込む】『五他』水などを(大きな入れ物に)くんで入れる。

くみこ-む【組(み)込む】『五他』組み入れる。「予算に—」

くみさかずき(‥さかづき)【組(み)杯・組(み)×盃】重ね合わせて一組となる、大小のある杯。かさね杯。

くみし-く【組(み)敷く】『五他』取り組んだ相手を倒し、上に乗って押さえつける。

くみしやすい【△与し△易い】『連語』→くみする(2)

くみじゅう【組(み)重】幾つも重ね合わせるように作った重箱。かさねじゅう。

くみ-する【△与する】〘サ変自〙①仲間入りする。(賛成して)味方になる。②〘―しやすい〙相手にしてあつかいやすい。恐れるに足りない。▽「組」+文語サ変動詞「す」から。

くみ-だ-す【×汲(み)出す】〘五他〙液体をくんで外へ出す。

くみたて【×汲(み)立て】くんでから間のないこと。くんだばかり。

くみたて【組(み)立て】組み立てること。組み立てたものの仕掛け。「―式家具」

くみた-てる【組(み)立てる】〘下一他〙(色々なものを)組み合わせて、まとまった全体に作り上げる。「部品を―」「論理を―」

くみつ-く【組(み)付く】〘五自〙人と組もうとして取りつく。

くみて【組(み)手】①建築で、材を組んだ形。その部分。②相撲や柔道で、まわしや柔道着の持ち方。③空手で、相手と攻防の型を実際におこなうこと。

くみてんじょう【組天井】格子形に細かく組んだ天井。

くみとり【×汲(み)取(り)】くみ取ること。特に、便所の大小便をくみ出すこと。「―口」

くみと-る【×汲(み)取る】〘五他〙①水や液状のものをくみ出して他に移す。②推し測って理解する。「言外の意味を―」

くみはん【組(み)版】原稿を印刷する形にまとめること。▽元来、活版印刷で活字を組んで版を作ること。

くみひも【組(み)×紐】糸を組み合わせて作ったひも。組緒(くみお)。

くみふ-せる【組(み)伏せる】〘下一他〙組みついて相手を倒し、押さえつける。

くみほ-す【×汲(み)干す・×汲(み)△乾す】〘五他〙すっかりすくい上げてしまう。また、飲み尽くす。

くみもの【組(み)物】①組み合わせて作った物。②↓ときょう

ぐみん【愚民】おろかな人民。▽ばかにした言い方。

―せいさく【―政策】支配者が、人民の批判力を奪って自己を有利にするため、人民を無知の状態にしておこうとする政策。

く-む【×汲む・酌む】〘五他〙①液体をすくい上げる。[汲]「バケツに水を―」②(酒などを)器につぐ。また、それを飲む。[酌]「酒を―み交わす」③推し量る。「事情を―」④《多く「流れを―」の形で》その系統に属する。その流儀を学び従う。[汲]「土佐派(とさは)の流れを―んだ絵画」

く-む【組む】㊀〘五他〙①物と物とを離れないよう互いにかける。筋違いに交わらせる。「腕を―」「ひもを―」②部分を合わせて、まとまった全体を形づくる。「やぐらを―」「徒党を―」「活字を―」「山田とペアを―んで出場」「特集番組を―」㊁〘五自〙①互いの体を合わせて戦う。「がっぷり四つに―」「―み手」②仲間になる。「皆と―んで」

=ぐ-む《名詞に付け、五段活用の自動詞を作る》きざす。上の名詞の指すものが結果として現れ始めるような動作・作用が起こる。「涙―」「芽―」「芽が角(つの)―」

くめん【工面】〘名・ス他〙金銭を整えようと、あれこれくふうすること。算段。転じて、金まわり。「―がいい」

くも【雲】空に浮かび、綿(わた)のように見えるもの。晴れた空では白、曇り空では黒く見える。空気中の水分が小さな水滴・氷片となったもの。「―をつかむよう」(つかみどころがないたとえ)「花の―」(一面に咲き渡った花のながめ)「―が晴れる」(心や真実を覆うものがとれ、すっきりする)「―の上」(宮中)「―を霞(かすみ)と」(一目散に逃げて行って、姿の見えなくなること。「を」は間投助詞か) 関連 白雲・黒雲・薄雲・浮雲・夏雲・夕雲・綿雲・千切れ雲・横雲・叢(むら)雲・朧(おぼろ)雲・霧雲・雨雲・雪雲・筋雲(すじぐも)・うろこ雲・まだら雲・鰯(いわし)雲・鯖(さば)雲・入道雲・鉄床(かなとこ)雲・雲の峰・巻雲(けんうん・まきぐも)・雷雲・乱雲・密雲・断雲・雲海・飛行機雲・原子雲・暗雲・妖雲・瑞雲(ずいうん)・紫雲・彩雲・青雲

くも【〈蜘蛛〉】八本の足をもつ節足動物。体内から糸を出して網状の巣を作ることで知られるが、巣を作らない種も多い。見た感じが悪いので、妖怪とされ、迷信も多い。「―の子を散らすよう」(くもの子がはいっている袋を破ると、多くの子が四方に散ることから、ちりぢりに逃げて行くさま) ▽くも目の節足動物の総称。

くもあい(ひ)【雲合い】(晴れるか曇るかの)雲の様子。空模様。

くもあし【雲脚】①雲の動き。「―が速い」②机・卓の雲形に曲がった形の脚。

くもい(ゐ)【雲居】①雲がなびいて(かかって)いる所。また、高く遠く離れた所。②宮中。「―の庭」▽「雲井」とも書くが、当て字。「居(ゐ)」はすわる意の古語動詞連用形。

くもがくれ【雲隠れ】〘名・ス自〙①(月が)雲に隠れること。②転じて、隠れ先がわからないように、逃げること。

くもがた【雲形】雲がたなびいた形。「―定規」

くもざる【〈蜘蛛〉猿】中央・南アメリカの森林にすむ、手足と尾が細長い猿。足より長い手と、物に巻き付く尾を巧みに使って樹上を移動する。▽くもざる科の霊長類の総称。

くもじ(ぢ)【雲路】鳥などが飛ぶ、空中のみち。また、雲のゆくえ。

くもすけ【雲助】江戸時代に、宿場などに居て、駕籠(かご)をかついだ住所不定の人足。 **―こんじょう**【―根性】人の弱みにつけこんで、ゆすりを働くような下劣な根性。▽雲助にたちの悪い者が多かったことから。

くもつ【供物】神仏に供える物。「お―」

くもで【〈蜘蛛〉手】(道・あぜ等が)くもの足のように

多方に分かれ出ていること。そのような所。「―十字に往来する」

くもない【苦も無い】《連語》それをするのに、これと言った苦労もいらない。「目標を達成するのは―」「何の苦も無く発見できる」

くものうえ【雲の上】《連語》①空の高い所。転じて、宮中を指す言い方。②(手のとどかないような)高い地位・境遇。「―の人」

くものみね【雲の峰】《連語》夏、山の峰のような形に高く立つ雲。入道雲。

くもま【雲間】(青空がのぞいている)雲の切れ目。晴れ間。

くもまくかしゅっけつ【〈蜘蛛〉膜下出血】脳を覆う髄膜の中間層(蜘蛛膜)と最内層(軟膜)との間の空間で起こる出血。多く動脈瘤(どうみゃくりゅう)の破裂による。突然はげしい頭痛におそわれ、死に至ることも多い。

くもゆき【雲行き】①雲が動いて行く有様。②転じて、物事のなりゆき。形勢。「―があやしい」

くもら-す【曇らす】《五他》①曇るようにする。②心配や悲しみの表情をする。「顔を―」

くもり【曇(り)】①空がくもること。その天候。「今日の天気は、―のち雨」②輝いていたもの、すき通っていたものが、くもってしまうこと。その部分。「レンズの―」③すっきりしていないこと。「心の―」(気が晴れないこと、その有様)「―なき身」(嫌疑をかけられる余地のない身)「―なき世」(政治が公明な世) 関連 曇天・薄曇り・高曇り・本曇り・雨曇り・花曇り・霞(かす)む・かげる・どんより

くもりがち【曇(り)勝ち】《名ナノ》曇ることが多いこと。曇る傾向が強いこと。「―の天気」「心配で顔も―となる」

くもりガラス【曇(り)ガラス】つやを消して不透明にしたガラス。

くも-る【曇る】《五自》①雲やかすみがかかって、空がおおわれる。②輝いていたもの、またはすき通っていたものが、はっきりしなくなる。「湯気でガラスが―」「物選びの目が―」「理性が―」③心配や悲しみで(心・顔つき・声などが)暗くなる。「表情が―」

くもん【苦×悶】《名・ス自》苦しみもだえること。

ぐもん【愚問】くだらない(ピントはずれの、または無益な)質問。「―愚答」(くだらない問答)

くやし-い【悔しい・〈口惜〉しい】《形》辱めを受けたり自分の無力を思い知らされたりして、腹立たしく残念だ。「また負けて―」▽文語動詞「悔ゆ」から出た語。→くちおしい。派生 **-さ -げ -がる**

くやしなき【悔し泣き】《名・ス自》くやしがって泣くこと。

くやしなみだ【悔し涙】くやし泣きして出る涙。

くやしまぎれ【悔し紛れ】《ダナ》あまりくやしくて、つい理性を失い、むちゃをするさま。「―に乱暴をした」

くやみ【悔(や)み】①くやむこと。後悔。②人の死をいたんで、とむらうこと。その言葉。「―を言う」

くや-む【悔やむ】《五他》①自分の言行をしまったと、あとで省みて残念がる。後悔する。「過去の失敗を―」②人の死を惜しんで、とむらう。

ぐゆう【具有】《名・ス他》そなえもつこと。具体的な形でそなえていること。

くゆら-す【×燻らす】《五他》煙を(ゆるやかに)立てる。「葉巻を―」「パイプを―」

くよう【九曜】七曜(2)に羅睺(らご)・計都(けいと)という二つの星を加えたもの。陰陽(おんよう)家が、これで運命を占った。九曜星。

くよう【供養】《名・ス他》死者の霊に供え物をして、死者の冥福を祈ること。

くよくよ《副[と]・ス自》気にやんでも仕方のないことに心をなやますさま。「今さら―するな」

くら【蔵・倉・△庫】家財・商品などを安全に貯蔵するための建物。「―が建つ」(大金持ちになる意にも)

くら【×鞍】人や荷をのせるため、馬・牛などの背に置くもの。革製・木製。▽物をすえる場所の意の古語「座(くら)」と同語源。

くら-い【暗い】《形》①光のさしかたが不足して、物がよく、または全く、見えない状態だ。「日が落ちて―くなる」「―電灯」「手もとが―」②性格・表情・表現内容などがさわやかでない。㋐陰気だ。明朗でない。「―性格の男」「―音楽」㋑希望も感じられないような状態だ。「―社会」「見通しは―」㋒色がくすんでいる。「―赤色」③その物事をよく、または全く知らない。事情に通じていない。「歴史に―」▽↕明るい。「暮れる」と同語源。派生 **-さ -み** 関連 小暗い・ほの暗い・薄暗い・真っ暗・真っ暗闇(くらやみ)・暗がり・真っ暗がり・薄暗がり・手暗がり・暗然・蒼然(そうぜん)・暗暗・暗黒・暗鬱・暗澹(あんたん)・暗転・暗夜・暗闇

くらい【位】㊀《名》序列の中の、ある位置(に添うあり方)。㋐身分・官職等に伴う公の地位。「大臣の―」「―が高い」▽「座居(くらゐ=高く設けた席にすわること、またその席)」から出た語。→くらいする。㋑人の貫禄(かんろく)や芸術の気品。「―負けがする」。伝統芸で、(動きの中での)すわりのよい姿・構え。「―を取る」㋒数値のけた。「―どり」「千の―」㊁《名・副助》大体の量や比較の基準を示す。ほど。ぐらい。「その―は何でもない」「百人―集まる」「ネコ―の大きさ」「それ―の事(=わずかそれほど)ではだめだ」▽程度そのものの意にはならないので、「ほど」に付けて「高いとはどれほど―高いのか」のようにも使う。

ぐらい《助》→くらい(位)㊁

クライアント ①顧客。取引先。広告主。②カウンセラー・弁護士などへの相談・依頼者。③ネットワーク上で、他のコンピュータ(サーバー)からサービスを受けるコンピュータ。▽client(=依頼人。顧客)

くらいこ-む【食らい込む】①《五自》捕らえられて刑務所などに入れられる。②《五他》やっかいな事を押しつけられて、しょい込むはめになる。

くらい-する【位する】《サ変自》ある地位・地点に位置する。……にある。

グライダー 主として発動機を用いず滑空だけで飛ぶ飛行機。滑空機。▽glider

くらい-つ-く【食らいつく】《五自》「食いつく」のぞんざいな、または強調した言い方。

くらいどり【位取り】数値の位(＝けた)を定めること。その定め方。

くらいまけ【位負け】《名・ス自》①実力以上の地位にあるため、かえってその人に不利益になること。②相手の地位・品位が高すぎて圧倒されること。

クライマックス 緊張などが、極に達した状態。最高潮。やま。▽climax

クライミング 登山。特に、ロック クライミング。▽climbing

くらいれ【蔵入れ・倉入れ】《名・ス他》蔵・倉庫に収め入れること。

グラインダー 円形の砥石(といし)を回して使う研磨盤。研削盤。▽grinder

くら-う【食らう】《五他》①「食う」「飲む」のぞんざいな言い方。「酒を―」②うける。こうむる。くわされる。「びんたを―」「風を―って逃げる」

クラウド インターネット上で、コンピュータを制御するおもと(＝サーバー)もデータもどこにあるかを使用者が意識せずに、どこからでも利用できる形態。「―コンピューティング」▽cloud(＝雲) **―ファンディング**(インターネットを利用して)不特定多数の人に出資を求めること。▽crowdfunding crowdは群衆の意。

クラウン ①王冠。②イギリスの、王冠の模様がある旧五シリング貨幣。▽crown

グラウンド 運動場。競技場。グランド。▽ground

くらがえ【×鞍替え】《名・ス自》生計の手段や仕事や勤める場所を取り替えること。▽もと、遊女や芸者が勤め場所を替えることに使った。

くらがり【暗がり】暗い所。「―から牛(を引き出す)」(暗所の黒牛を引き出すのは見定めにくいことから、はっきりとは分からない意。転じて、動作が鈍いこと)。また、人目につかない所。「―では何をしているか知れたものじゃない」

くらく【苦楽】苦しみと楽しみ。「―を共にする」

クラクション 自動車の警笛。▽klaxon

くらくら《副[と]・ス自》①目まいがするさま。「目が―する」「頭が―する」▽「くらむ」「暗い」と同語源。②湯が煮え立つさま。

ぐらぐら《副[と]・ノダ・ス自》①大きく揺れ動くさま。不安定なさま。「入れ歯が―だ」②目まいがするさま。「頭が―する」③湯が煮え立つさま。

くらげ【〈水母〉〈海月〉】海を漂う、半透明の寒天のような体の生物。形はつりがね形やかさ形で、周囲や下面から触手がふさのように下がる。▽刺胞動物のうち、生涯のある時期に浮遊生活をするものの総称。淡水産もある。

くらざらえ【蔵×浚え】《名・ス他》→くらばらい

くらし【暮(ら)し】暮らすこと。㋐生計。「―が立たない」㋑日常生活。「平凡な―」

グラジオラス 茎の先に下から上へと穂状に咲く花を観賞するために栽培される多年草。春に球根を植え、夏に開花。花の色は種々ある。▽gladiolus あやめ科グラジオラス属の総称。

クラシカル ①《ダナ》古典的。古風。②《名》スキーを交互に動かして進む滑りかた。また、その競技。▽classical

くらしきりょう【倉敷料】倉庫に貨物・商品を保管する料金。▽単に「倉敷」とも言う。

クラシック ①《名》古典。㋐古代ギリシア・ラテンのすぐれた作品。㋑ある分野の中心となるほど、すぐれた著述・作品。㋒(西洋音楽のうちで、ジャズ・ポピュラー音楽等に対し)古典音楽。②《ダナ》古典的。▽classic

くらしむき【暮(ら)し向き】生活・生計の様子。

くらじり【×鞍尻】くらの後部。

くら-す【暮(ら)す】《五他自》①月日をすごしてゆく。転じて、生活する。生計を立てる。「気楽に―」▽②から。②日が暮れるまでの時間をすごす。「本を読んで―」

クラス 同様のものの一まとまり。㋐学級。「―会」㋑等級。階級。「A―の商品」「ファースト―」㋒(数学・論理)→るい【類】④。㋓コンピュータのプログラムで、関連するデータとそれらに対する処理を一まとまりの構造として記述し、汎用的に利用できるようにしたもの。▽class **―メート** 級友。同級生。▽classmate

グラス ①ガラス製のコップ。洋風の杯。▽glass ②㋐めがね。「サン―」㋑双眼鏡。「オペラ―」▽glasses **―ファイバー** ガラスを繊維状にしたもの。ガラス繊維。断熱材・防音材・絶縁材に用いる。▽glass fiber 光通信に用いるものは「光ファイバ―」と言う。

クラスターばくだん【クラスター爆弾】容器が空中で開き、中にある多数の小型爆弾が飛び散って、広い範囲に被害を与える爆弾。▽残虐な兵器だとして二〇一〇年に国際条約で禁止された。「クラスター」はcluster(＝房)

くらずれ【×鞍擦れ】くらで擦れたために、牛馬の背中や人間の股にできる傷。

くらだし【蔵出し・倉出し】①《名・ス他》倉庫に預けてあった貨物を引き出すこと。②《名》(貯蔵してあった酒などの)蔵から出したばかりのもの。「―の酒」

グラタン 肉・野菜などをホワイト ソースであえて皿に入れ、オーブンで焼いた料理。「マカロニ―」▽フランス gratin

クラッカー ①塩味をつけた薄くて軽いビスケット。②紙製の筒で、ひもを引くと爆音を立てて紙テープなどが出る玩具。③非公開のコンピュータ システムにアクセスして、データを盗んだりプログラムを破壊したりする者。→ハッカー。▽cracker

ぐらつ-く《五自》しっかりしていないため、不安定で揺れ動く。「歯が—」「身代(しんだい)が—」「考えが—」

クラッシュ《名・ス自》①激しくぶつかること。特に自動車レースでの衝突事故。②コンピュータが致命的に故障する(また、そのためにデータが壊れる)こと。▽crash

グラッセ《名・ス他》フランス料理用語で、つやを出す調理法。そのように調理した食品。㋐バター・砂糖を加えたブイヨンでつやよく煮た野菜類。「にんじんを—する」「カボチャの—」㋑木の実・果物などを甘く煮て砂糖をまぶしつけた菓子の類。「マロン—」▽(フランス) glacé(e)

クラッチ ①機械装置。㋐二つの軸の一方から他方へ、任意に断続して動力を伝える仕掛け。連軸器。連動器。㋑起重機のつめ。㋒自動車のクラッチ㋐を動かす踏み板。▽clutch ②ボートのオールを取り付けて、その支点とする装置。▽crutch

くらっと《副》一瞬めまいがするさま。「外に出たとたん、あまりの暑さに—なる」「美女に—きた」

ぐらっと《副・ス自》①↓ぐらり。②精神的に動揺するさま。「うまい話につい—する」

くらつぼ【×鞍×壺】①くらの中央の平らな部分。②馬術で、くらの前か後ろかに、少しもたれかかること。

グラデーション(特に色調・明暗などの)段階的変化。階調。「青の—」「—をつける」▽gradation

グラニューとう【グラニュー糖】結晶の非常に細かいざらめ糖。コーヒー・紅茶・菓子などに使う。▽「グラニュー」はgranulated(=粒状にした)から。

くらばらい【蔵払い】《名・ス他》売れずに蔵に残っている商品を、整理のため安く売り出すこと。くらざらえ。

グラビア ①印刷法の一種。写真・絵などの明暗の調子をよく表現し、大量印刷をするのに適する。写真凹版。②グラビア⑴で印刷された書物やそのページ。「—誌」▽「グラビヤ」とも言う。gravure

くらびと【蔵人】杜氏(とうじ)の下で日本酒造りに従事する職人。▽「くろうど」と読めば別語。

くらびらき【蔵開き】《名・ス自》新年の吉日(普通は十一日)に、その年初めて蔵を開き、祝うこと。

クラブ ①同じ目的の人々が作った団体。また、その集まり場所。「ペン—」「アスレチック—」▽「倶楽部」と当て字した。②娯楽・社交のための会員制の店。「ナイト—」③トランプの札の印の一つ。黒の♣の形。みつば。④ゴルフのボールを打つ棒。「—を振る」▽club

グラフ ①互いに関係のある二つ以上の数量を図に描いたもの。「円—」②写真を主にした雑誌。画報。③(数学)点とそれらを結ぶ線とから成る図形(の構造)。物事の抽象的関係を示すのによく使う。「—理論」▽graph ⑴と⑶とは別のもの。木⑷は⑶の特殊な場合。

グラブ →グローブ⑴

グラフィック ①写真を主にした出版物。②文字や線がきの絵などによる印刷美術。「—デザイン」③(コンピュータで)画像やその出力に関わること。「コンピューター—」「—ボード」▽graphic

クラブサン →チェンバロ。▽(フランス) clavecin

クラフト ①手芸品。工芸品。民芸品。▽craft ②「クラフト紙」の略。 **—し**【—紙】木材を化学処理して得た強度の強いパルプ(クラフト パルプ)を漂白せずに原料とした褐色の丈夫な紙。包装紙・封筒などに用いる。ハトロン紙。▽「クラフト」はkraft ↓ハトロンし

くらべ【比べ・△競べ】《複合語の後半として》くらべて優劣を争うこと。競争。「背(せい)—」「根(こん)—」「我慢—」

くらべもの【比べ物】『—にならない』一方が大いにすぐれていて、比較にならない。

くら-べる【比べる・△較べる・△競べる】《下一他》①二つ以上のものについて、同じ点や違った点、まさり劣りを調べる。比較する。【比・較】「秀吉と家康とを—」「去年に—べて作柄が悪い」②他のものと競争する。また、させる。「お前と腕を—べよう」

グラマー ①《名》文法。文法書。▽grammar ②《名・ダナ》(肉感的)魅力のあるさま。また、そのような女性。▽(アメリカ) glamo(u)r girl から。

くらまい【蔵米】江戸時代、幕府の浅草米倉や諸藩の倉庫に貯蔵した米。

くらま-す【×晦ます・暗ます】《五他》見つからないように(身を)隠す。「姿を—」。人目を盗む。ごまかす。「人の目を—して逃げる」▽もと、暗くする意。

クラミジア 病原菌の一種。性交渉による性器・喉への感染で性器クラミジア感染症を、結膜への感染でトラコーマを引き起こす。また、それに近縁の細菌の総称。▽(ラテン) Chlamydia

くらみせ【蔵店】土蔵造りにした店。

くら-む【×眩む・暗む】《五自》目がまわる。目先が暗くなる。また、まともに判断できなくなる。「欲に目が—」▽もと、暗くなる意。

グラム 質量の単位。記号g。一グラムは一キログラムの千分の一。▽「瓦」とも書いた。(フランス) gramme

くらもと【蔵元】蔵を持ち、品物の貯蔵・保管をして商売している人。特に、酒蔵を持って日本酒を製造・販売する人。

くらやしき【蔵屋敷】江戸時代、諸藩が江戸・大坂などに設けた、倉庫のある屋敷。ここに領内の米穀・物産などを貯蔵し、それを貨幣にかえた。

くらやみ【暗闇】①暗いこと・所・時。②《比喩的に》㋐人目につかない所。「—に葬る」「—から牛を引き出す」(行動の遅鈍なことのたとえ)㋑見通しがつかず混乱した状態であること。希望が持てないこと。「今の世は—だ」

ぐらり『副と』一瞬、揺れたり傾いたりするさま。ぐらっと。「地震で家が―と揺れ動く」「めまいがして―と倒れかかった」

クラリネット 木製・金属製の、高めの音を出す、竪笛(たてぶえ)形の楽器。クラリオネット。▽clarinet

くらわ-す【食らわす】『五他』相手が食うように仕向ける。①食わせる。②打撃を加える。なぐる。「一発―」

くらわ-せる【食らわせる】『下一他』→くらわす

くらわたし【倉渡し】売買条件として、売手が商品を、預けてある倉庫で買手に渡すこと。

クランク ①往復運動を回転運動に、またはその逆に、変えるための折れ曲がった回転軸。②映画撮影機のハンドル。「―イン」(映画の撮影を開始すること)「―アップ」(映画の撮影を完了すること) ③道路の(連続して)直角に曲がる箇所。▽crank

クランケ 患者。▽(ドイツ) Kranke

グランド ①『名』→グラウンド。▽ground ②『接頭』大型の。「―ピアノ」。壮大な。「―オペラ」▽grand

グランプリ 芸能・芸術などのコンクールで与えられる最優秀の賞。▽(フランス) grand prix(=大賞)

くり【×栗】①秋、いがに包まれた実がなる落葉高木。また、その実。実は食用。材は堅く、家屋の土台、車などに使う。▽ぶな科。②クリの実の色。くりいろ。濃い茶色。

くり【×刳り】洋服の仕立てで丸く切られたところ。「襟の―」「袖の―」

くり【庫裏・庫×裡】寺の台所。転じて、住職や家族の居間。

クリア ①『名・ス他』障害となる物をこえること。「五メートルのバーを三回目に―してのける」②『名・ス他』不要な物をとりのぞくこと。「ディフェンスがボールを―した」「電卓の零―を忘れる」③『名・ダナ』(澄んで)はっきりした状態。「―な論旨」「画像が―に映る」「頭を―にする」▽「クリヤ(―)」とも言う。clear

くりあ-げる【繰(り)上げる】『下一他』順々に上の方におくりあげる。前に持ってゆく。↕繰り下げる。「小数点以下を―」「旅行の期日を―」

くりあわ-せる【繰(り)合(わ)せる】『下一他』やりくりして都合をつける。「万障―せて出席する」▽もと、糸などを繰って合わせる意。

クリーク 掘割り。特に、中国の平野に多い、小運河。▽creek

くりいし【×栗石】①栗の実ぐらいの小さな丸い石。②河原にある、径一〇～一五センチぐらいの丸い石。基礎工事用。▽「ぐりいし」とも言う。

グリース ①機械の軸受けなどに用いる潤滑剤。②ポマードより滑らかな整髪料。▽grease

クリーナー 掃除用の器具・機械。また、洗剤。▽cleaner

クリーニング『名・ス他』①洗濯。普通、洗濯屋がするドライ クリーニングを指す。「―に出す」②汚れを落とすこと。そうじすること。「歯の―」「ハウス―」▽cleaning

クリーム ①生乳から分離したとろみのある脂肪分。②クリーム(1)に似た食材・料理。③クリーム(1)のような黄色っぽい色。④肌・毛髪などを保護する半固体の化粧品。⑤靴・皮革などをみがくねばりのあるもの。⑥「アイス クリーム」の略。▽cream

くりい-れる【繰(り)入れる】『下一他』①順にたぐって引き入れる。②あるものを、他のものの中に組み入れる。

クリーン『ダナ』①清潔なさま。「―な選挙」②鮮やかなさま。「―ヒット」▽clean 派生 **-さ**

グリーン ①緑色。②芝生。特に、ゴルフ コースのフェアウェーの先で、芝をごく短く刈り込み、ホールが切ってあるところ。▽green **―ピース** ↓グリンピース。 **―ベルト** 道路の車道分離帯や都市の緑地帯など、草や木を植えた所。▽greenbelt

クリエーター つくる人。多く、広告や映像関係の製作者を言う。▽creator

クリオネ 体が半透明で翼のようなひれをあおって泳ぐ体長二～三センチの生物。オホーツク海沿岸など北の海にすむ巻貝で、成体になると貝殻を失い浮遊する。ハダカカメガイ。▽(ラテン) Clione クリオネ科。クリオネ属の巻貝を総称しても言う。

くりかえしふごう【繰(り)返し符号】→おどりじ

くりかえ-す【繰(り)返す】『五他自』同じ事を何回も続けて行う。同じ事が何回も反復される。「噴火を―」「歴史は―」

くりか-える【繰(り)替える】『下一他』①一方と他方とを替える。交換する。②やりくりする。流用する。

くりかた【×刳(り)形・繰形】①くってあけた形。②建物・家具の突出部・ふちを削ってつけたカーブ。

くりから【×倶利×迦羅・×倶△梨×伽羅】『仏』「倶利迦羅竜王」の略。不動明王の変化(へんげ)身、また、その力の象徴とされる竜。火焔(かえん)に覆われ、岩の上に立てた剣にまきついた姿で表される。▽梵語(ぼんご)。 **―もんもん**【―紋紋】背中に入れたくりからの刺青(ほりもの)。また、それをした人。

くりき【功力】『仏』功徳(くどく)の力。効験。

くりくり ①『副[と]・ス自』あまり大きくない物が軽快に回るさま。「目を―させる」②『副[と]・ノダ・ス自』いかにも丸々として可愛らしいさま。「―した目」「頭を―にそる」 **―ぼうず**【―坊主】髪をすっかりそった頭。

ぐりぐり ①『副[と]・ス自』(押しつけられた)かたいものが回るように動くさま。「ひじで背中を―(と)もむ」②『名』触れるとかたまりのようになっている皮下のはれもの。特に、瘰癧(るいれき)。「―ができる」

くりげ【×栗毛】馬の毛色の一つ。栗色の毛なみ(の馬)。

クリケット イングランド発祥の球技。十一人ずつの二チームが攻守にわかれ、ボールをバットで打って、二か所のウィケット(小さな三本の柱)の間を走って得点をきそう。▽cricket

グリコーゲン 動物が体内で作る炭水化物の一種で、エネルギー代謝(たいしゃ)に必要な物質。特に肝臓・筋肉などに含まれる。糖原質。▽ドイツ Glykogen

くりこ-す【繰(り)越す】《五他》この期から次の期に送る処置をする。「残額は来年度に―」

くりごと【繰(り)言】同じ事を何回もくどく言うこと。その言葉。特に、ぐち。「老いの―」

くりこ-む【繰(り)込む】㊀《五他》①順々に、またはどんどんはいり込ませる。②端数を切り上げて、上の位に入れる。③手元にたぐりよせる。④他のものの中に組み入れる。「予備費に―」㊁《五自》勢いよく次々とはいり込む。「会場に―」

くりさ-げる【繰(り)下げる】《下一他》順々にあとに回して行く。↔繰り上げる。「日程を―」

グリス 軸受けなど摩擦の多い所につける、ねばりのある油。グリース。▽grease

クリスタル ①水晶。②水晶のように透明な(高級の)ガラス。また、それで作ったカット グラスなど。クリスタル ガラス。▽crystal

クリスチャン キリスト教徒。▽Christian **―ネーム** キリスト教徒に洗礼の時つける名。▽Christian name

クリスマス イエス キリストの降誕祭。十二月二十五日に行う。聖誕祭。▽Christmas, Xmas **―イブ** クリスマスの前夜(祭)。聖夜。▽Christmas Eve **―カード** クリスマスを祝っておくるカード。▽Christmas card **―キャロル** クリスマスを祝う歌。クリスマス カロル。▽Christmas carol **―ツリー** クリスマスの時に、飾りや贈り物をかける木。多くはモミの木を使う。▽Christmas tree

グリセリン 薬・爆薬の原料、機械の潤滑油などにする、無色透明で甘味のある粘性の高い液体。天然油脂の成分の一つでアルコールの一種。グリセロール。リスリン。▽glycerin

くりだ-す【繰(り)出す】㊀《五他》①次から次へと(一続きに)出す。「軍勢を―」▽もと、糸を繰って出す意。②やりをしごいて突き出す。㊁《五自》大勢の人が次から次へと(一続きになって)出かける。「家族そろって花見に―」

クリック《名・ス他》コンピュータで、マウスのボタンを押してすぐ離すこと。その操作。▽click カチッという音の意から。二回連続して押すのをダブルクリックと言う。

くりっと《副・ス自》①小さくて丸いさま。「―した瞳」「―したしこりが手に触る」②丸くくりぬくさま。「刃先を―回してリンゴの芯をとる」

グリッド ①電子管の陰極と陽極の間におき、電子流を調節する格子状または網状の電極。②複数のコンピュータをネットワークで接続して、一つのシステムとして利用できるようにしたもの。コンピュータグリッド。▽grid

クリップ ものをはさむ小さな金具。紙ばさみ用・髪どめ用など。▽clip

グリップ バット・ラケット・ゴルフ クラブ・ハンドルなどの、握る部分。また、その握り方。▽grip

くりど【繰(り)戸】みぞが一本で、戸袋から一枚ずつ繰り出してたてる雨戸。

クリニック ①診療所。②臨床講義。▽ドイツ Klinik

グリニッジじ【グリニッジ時】イギリスの旧グリニッジ(Greenwich)天文台を通る子午線上、すなわち経度〇度の経線上での時刻。国際的な標準時とする。グリニッチ時。世界時。

くりぬ-く【×刳(り)△貫く】《五他》えぐって穴をあける。また、えぐって丸ごと取り出す。「めだまを―」

くりの-べる【繰(り)延べる】《下一他》日時や期間を繰り下げて延ばす。延期する。

ぐりはま〔俗〕物事が逆になること。くいちがい。▽「はまぐり」の倒語。「ぐれはま」とも言う。

くりひろ-げる【繰(り)広げる】《下一他》順々に端から開くように出して広げる。「巻物を―」。次々に繰り出して、並べ立てるように現す。「華麗な式典を―」

クリプトン 希ガス元素の一つ。大気中に微量に含まれる無色・無臭の気体。元素記号 Kr「―電球」(内部にクリプトンを封入した白熱電球)▽krypton

くりぶね【×刳(り)舟】一本の木を刳(く)って作った舟。丸木舟。

くりまわ-す：まはす【繰(り)回す】《五他》都合をつけて、(順ぐりに)やりくりする。

くりまんじゅう【×栗×饅△頭】中に栗(くり)のはいった白あんを入れ、外側を栗色に焼いたまんじゅう。くりまん。

くりめいげつ【×栗名月】陰暦九月十三夜の月。のちの月。▽栗(くり)を供えることから。「豆名月」とも言う。

くりや【×厨】料理をする所。台所。

くりょ【苦慮】《名・ス他自》苦心して、いろいろと考えること。いい方法はないかと胸を痛めること。「対策に―する」

くりよ-せる【繰(り)寄せる】《下一他》①たぐって手もとに近づける。②だんだんに詰め寄せる。

グリル ①《名・ス他》食材を直火で焼く網。肉・魚などを網に乗せて焼くこと。その料理。②《名》グリルした肉などを供する軽食堂。▽grill

くりわた【繰(り)綿】綿繰り。また、綿繰りでできた、まだ精製していない綿繊維。

くりん【九輪】〔仏〕塔の露盤の上の、輪が九つはまった装飾柱。▽相輪全体をも言う。

グリン ピース 完熟前のエンドウのさやを除いた、緑色の豆。多く缶詰などに加工されて流通する。青えんどう。実えんどう。▽green peas

く-る【×刳る】《五他》①刃物などを回しながら穴をあける。②裁縫で、襟・袖を縫いつける身ごろ部分に丸みをつけて切る。

く-る【繰る】《五他》①細長いものを少しずつたぐって巻き取る。「糸を━」②順送りに向こうに送る。「雨戸を━」「じゅずを━」。順にめくる。「ページを━」。順に数える。「日数を━」③綿繰り車で綿の種を取り去る。

くる【来る】《カ変自》①距離的・時間的に身近な所に移る。↔行く。㋐こちら(自分の方)に近づく。「━者は拒まない」「食事をして(から)━」「歩いて━」。近づいてここに至る、届く。「いつか**き**た町」「手紙が━」「中村から連絡が━」。こちらに通じる。「山村に電灯が**き**た」㋑時がめぐって、近づく。「春が━」「チャンスが━」。《多くは「た」が付いて》その時になる。「出発の日が**き**た」「法案は詰めに**き**ている」「がたの**き**た機械」②ある状態に立ち至る。㋐ある事がもとで、その状態になる。「過労から━病気」。……のようになる。「そう**こ**なくちゃ面白くない」。由来する。「迷信から**き**た風習」㋑《動詞連用形+「て」を受けて》次第に……の状態になる。「電車がこんで━」「だいぶ暖かくなって**き**た」。前からずっと……する。「こらえにこらえて**き**た我慢が爆発する」「今日まで続けて**き**た仕事」「これまで見て**き**たとおり」㋒『と**き**ている』『と**き**たものだ』……である意を取り立てて言う表現。「それが面白いと**き**ている」「彼が軽率と**き**たもんだから」㋓『と**き**たら』『と**き**ては』『と━と』『と**き**た日には』……を取り上げて言い立てれば。「野球と**く**ると飯より好きだ」関連 訪れる・きたる・やってくる・いらっしゃる・参る・遠来・外来・再来・伝来・到来・渡来・舶来・飛来・来駕(らいが)・来会・来場・来聴・来朝・来店・来日・来臨・一陽来復・捲土重来(けんどちょうらい)

くる【×佝×僂・×痀×瘻】せむし。 **━びょう**【━病】ビタミンDの不足などによって起こる、小児の骨の形成異常。骨の石灰化が進まず、四肢の変形などが生じる。

ぐる (わるだくみの)仲間。共謀。「━になる」

くるい(くるひ)【狂い】狂うこと。狂った状態・程度。「計画に━が生じた」

=**ぐるい**(ぐるひ)【狂い】《名詞に付けて》……にはなはだしく夢中な状態、または人。「女━」

くるいざき(くるひ‥)【狂い咲き】花が、季節はずれに咲くこと。その花。

くるいじに(くるひ‥)【狂(い)死(に)】《名・ス自》気が狂っ(たようになっ)て死ぬこと。

くる-う(くるふ)【狂う】《五自》正常状態を失う。㋐精神が乱れ、正常な考え方ができなくなる。気が違う。「嫉妬に━」㋑度を越して夢中になる。また、夢中で激しく動く。「ギャンブルに━」「舞い━」㋒物事が正常な状態でなくなる。「機械が━」「順序が━」㋓ねらい・見込みがはずれる。計画どおりにならない。「予定が━」

クルー 乗組員。また、ボートの選手団。▽crew

クルーザー 居住設備を持ち外洋を航海できる、大型のヨットやモーターボート。▽cruiser

クルージング《名・ス自》①船や大型のヨットで周航すること。②自動車で長距離ドライブをすること。▽cruising

クルーズ《名・ス自》客船による観光旅行。▽cruise

グループ 群。集団。仲間。▽group **━ホーム** 認知症の高齢者や障害者などが、援助や介護を受けながら共同で生活する施設。▽group home

くるおし-い(くるほしい)【狂おしい】《形》気が違ってしまいそうな気持だ。また、正常でないように見える。派生 **-さ -げ**

くるくる《副[と]》①何度も回ったり、回したり、巻いたりするさま。「━とよく動く目」②骨惜しみせず、体をよく動かして立ち働くさま。「━と家事をこなす」③変化が激しいさま。「天気が━変わる」

ぐるぐる《副[と]》↓くるくる(1)。「━巻きにする」「スプーンで━かき混ぜる」▽「くるくる」より重い、また範囲が広い感じ。

くるし-い【苦しい】《形》①体の痛み・熱などや心に感じる圧迫・悲しみ・後悔などで、どうにも我慢できない気持だ。つらい。▽複合語では「……ぐるしい」となることがある。「心━」「聞き━」。また、「━ゅうない。近(ち)う近う」のような形で、身分の高い者が下の者に、構わないの意で使った。②困難が伴って、つらい。「━仕事」「家計が━」③困難な立場に立たされて、無理がある。「━言いわけ」派生 **-さ -げ -がる** 関連 つらい・切ない・たまらない・居たたまれない・遣(や)る瀬ない・悩ましい・見苦しい・聞き苦しい・重苦しい・心苦しい・胸苦しい・息苦しい・寝苦しい・暑苦しい・狭苦しい・堅苦しい

くるしまぎれ【苦し紛れ】《ダナ》苦しさのあまり(普通ではない仕方で)それをするさま。「━の逃げ口上」

くるし-む【苦しむ】《五自》①苦しいと思う。苦痛を感じる。「腹痛に━」「数学の授業に━」②どうするべきかわからず困る。窮する。「理解に━」「回答に━」③うまく行おうとして苦労する。骨折る。「局面の打開に━」「これでは━んだ甲斐(かい)もない」

くるし-める【苦しめる】《下一他》苦痛を与えて、つらいと思わせる。苦しませる。いじめる。「数学が私を━」「身を━めてまで義を立てる」

クルス 十字。十字架。▽ポルトガル・スペイン cruz

グルタミン アミノ酸の一つ。グルタミン酸の誘導体。蛋白(たんぱく)質の中に多く含まれている。▽glutamine **━さん**【━酸】アミノ酸の一種。白色の結晶。そのナトリウム塩(えん)は調味料にする。

ぐるっと《副》回ったり、取り巻いたりするさま。ぐるり(2)。「首を━回す」「ファンが━取り囲む」「公園を━一回りする」

クルップ のど・気管に偽膜ができる急性の炎症。クループ。「━性肺炎」▽ドイツ Krupp

グルテン 小麦などに含まれる蛋白(たんぱく)質の一種。麩

(ふ)の材料。▽gluten

グルデン ユーロ②採用より前の、オランダの通貨の基本単位。ギルダー。▽オランダ gulden

クルトン かりかりに焼いたり揚げたりしたパンの小片。スープの浮き実にする。▽フランス croûton

くるぶし【×踝】足首の関節の両側にある、かたく突起した部分。

くるま【車】①心棒を中心に回る仕組みの輪。車輪。②荷車・電車・自動車・人力車(じんりきしゃ)など、車輪を回して移動する仕掛けの物の総称。「―の両輪」▽現在単に「―で行く」「―を拾う」と言うと自動車を指すが、明治から大正にかけては人力車を指した。③輪の形。「―切り」(輪切り)

くるまいす【車椅子】足腰の不自由な人などが、腰掛けたままで移動できるように、いすに車をつけたもの。

くるまいど【車井戸(ゐど)】滑車のみぞに掛けた綱の両端につるべをつけ、綱をたぐって水をくむ仕掛けの井戸。

くるまえび【車〈海老〉・車×蝦】日本各地の浅い海にすむエビ。胸から腹にかけてしま模様があり、体を曲げると車の輪のように見える。食用。▽くるまえび科。

くるまざ【車座】大ぜいが輪になってすわること。

くるまだい【車代】自動車などに乗った料金。車賃。また、その名目で支払う謝礼金。「お―」

くるまどめ【車止(め)】①車の通行を禁止すること。②線路の行き止まりに設ける、車両が線路外に出るのを防ぐ装置。③自動車などが動かないようにする器具。

くるまひき【車引(き)・車×曳(き)】車に人や荷物をのせてひく職業(の人)。

くるまへん【車偏】漢字の偏の一つ。「軽」「輪」などの「車」の称。

くるまよせ【車寄(せ)】車を乗りつけて乗り降りするために、玄関口に屋根を張り出した所。

くるま-る《五自》くるむ状態になる。特に、物を巻きつけて、からだを包む。「ふとんに―」

くるみ【〈胡桃〉】秋、堅い殻に覆われた大きな核の入った実をつける落葉高木。また、その実(核)。核の中の仁を食用とし、また油を採る。材は器具用。▽くるみ科くるみ属の植物の総称。

=ぐるみ《名詞に付けて》……までひっくるめて、そっくり。ごと。「身―脱いで(=着物を全部脱いで)置いて行け」「家族―のおつきあい」「企業―の選挙運動」

くる-む《五他》巻くようにして包む。「タオルで―」「餡(あん)を―んだ菓子」

グルメ 食通。美食家。また、おいしい食べ物・料理。▽フランス gourmet

くるめがすり【久留△米×絣】福岡県久留米地方から産する、丈夫な、もめんの紺絣(こんがすり)。

くるめ-く【×眩く】《五自》①物がぐるぐる回る。②目が回る。

くるめ-る《下一他》①一つにまとめる。ひっくるめる。②うまくだます。まるめる。「言い―」③しっかり巻き込む。くるむ。

くるり《副と》一回転または一巻きするさま。くるっと。「―と振り向いた」

ぐるり ①《名》まわり。あたり。周囲。「―を見渡してもそんな人はいない」「―の景色」②《副と》あたりを見回したり、回ったりするさま。ぐるっと。

くるる【△枢】①戸の片端の上下に短い棒をつけ、それを小さな穴(=とぼそ)にはめ込んで、開閉するようにした仕掛け。②戸の桟。おとし。さる。

くるわ【△郭・×廓】一区域をなす地域。特に、㋐遊郭。㋑城のかこい。▽㋑は「曲輪」とも書く。

くるわし-い(くるはしい)【狂わしい】《形》↓くるおしい。派生 **-さ -げ**

くるわ-す(くるはす)【狂わす】《五他》↓くるわせる

くるわ-せる(くるはせる)【狂わせる】《下一他》狂うようにする。「判断を―」

くれ【暮(れ)】暮れること。暮れる時。㋐太陽が沈むころ。夕方。「日の―」㋑季節、特に一年の末。「―の大売出し」関連 日暮れ・日の入り・暮れ方・夕・夕べ・夕方・夕暮れ・夕まぐれ・夕さり・夕刻・薄暮・日没・黄昏(たそがれ)・入相(いりあい)・晩・晩方・火点(ひとも)し頃・年の瀬・年末・歳末・歳暮・節季・大晦日(おおみそか)・大晦(おおつごもり)・盆暮れ

くれうち【△塊打(ち)】鋤(すき)で起こしておいた土の塊(かたまり)を、たたいて砕く作業。

クレー ①「クレー射撃」の略。標的として土器を空中に投げ、散弾銃でうつ競技。また、その土器。②粘土。「―コート」▽clay

グレー 灰色。▽grey, gray **―ゾーン** (白か黒か)どちらとも決めかねる、あいまいな領域。▽grey zone

クレーター 月面などにある、隕石(いんせき)の衝突でできたと考えられる、円形にくぼんだ地形。▽crater

グレード 等級。段階。品等。「―の高い車」▽grade **―アップ**《名・ス他》等級・品質などを上げること。アップグレード。▽grade と up とによる和製英語。

クレープ ①穀類の粉にたまご・牛乳を混ぜ、薄く焼いたもの。②特殊加工して表面に細かいひだ・しわの入った布地。ちりめん織。ちぢみ。「―デシン」▽フランス crêpe

グレープ ぶどう。「―ジュース」▽grape **―フルーツ** 食用やジュースの原料として輸入される柑橘(かんきつ)類。果実は直径十数センチで、果肉にはやや苦味がある。亜熱帯原産の常緑樹で、実がぶどうの房のように付く。▽grapefruit ブンタンとオレンジの雑種。西インド諸島で発見され、アメリカで品種改良された。

クレーマー 店や企業に対して常習的に苦情を訴える人。▽claimer(=原告・請求人)

クレーム ①苦情・請求。②貿易で、売手が契約違反を

した時、売手に損害賠償を請求すること。「―がつく」▽(1)(2)は claim ③→クリーム。▽フランス crème

クレーン 起重機。▽crane

グレーン ヤード ポンド法の重さの単位。一グレーンは一ポンドの七千分の一で、約〇・〇六四八グラム。ゲレーン。▽grain

クレオールご【クレオール語】 植民地で入植者の言語が先住者の言語と混ざって形成され、その土地の母語となったもの。英語系・フランス語系・スペイン語系など各種ある。▽クレオールは中南米やカリブ海の植民地生まれのヨーロッパ人。フランス créole ↓ピジンご

クレオソート ①ブナなどの木材を乾留して得られる、淡黄色で刺激臭がある油状の液体。殺菌力が強く、下痢止めなどの医薬の成分として用いる。局方クレオソート。木(もく)クレオソート。②コールタールを蒸留して得られる、黄色から暗褐色で刺激臭がある油状の液体。工業原料や木材の防腐剤に用いる。工業クレオソート。石炭クレオソート。▽ドイツ Kreosot

クレオン →クレヨン

くれがた【暮(れ)方】 日が暮れるころ。夕方。

くれぐれ【△呉△呉】 《副》《多くは「も」を伴って》念入りに望む意を表す。「この注意を―も忘れるなよ」「―もお間違い無いように」「―もよろしく(お伝えください)」

クレジット ①外貨を必要とする政府・会社などが、外国の政府・会社と短期の借入れの契約をすること。借款。信用供与。「―を設定する」②信用販売。▽一九六〇年に「割賦(かっぷ)」に代えてクレジット カードと共に使い出された。消費者ローンを含めても言う。③テレビなどで、番組提供のスポンサー名を言うこと。④新聞記事・翻訳書・写真などに明記された、著作権者・提供者の名。▽credit(＝信用) **―カード** 特定の会員に発行する、信用を供与・証明するためのカード。▽credit card

クレゾール コールタール・木タールを蒸留・精製して得られる有機化合物。純粋なものは無色透明の液体で、特異な臭いがある。消毒殺菌に用いる。▽ドイツ Kresol

クレソン 葉がセリに似て辛味がある野菜。西洋料理で肉に添える。水辺や湿地に生える半水生の多年草で、日本には明治期に渡来。栽培もされる。オランダガラシ。▽フランス cresson あぶらな科。

くれたけ【△呉竹】 中国原産のハチク、また、マダケの古名。▽呉(ご)の国から渡来したという。

ぐれつ【愚劣】 《名・ダナ》ばからしく何の価値もないこと。また、ばかで劣っているさま。「―な文章」 派生 **―さ**

クレッシェンド 〔音楽〕次第に強く(演奏するところ)。↔デクレッシェンド。▽イタリア crescendo

くれない【紅】 (ベニバナで染めたような)あざやかな濃い赤。「頬が―に染まる」▽語源は「呉(くれ)の藍(あい)」。

くれなず-む【暮(れ)△泥む】 《五自》日が暮れそうでなかなか暮れない。「―春の日」▽↓なずむ

くれのこ-る【暮(れ)残る】 《五自》日が暮れきらず、明るさが残る。「―空の色」。日が暮れてもなお、ぼんやり見える。「―白百合(しらゆり)」

クレバス 氷河や雪渓の割れ目。▽crevasse

クレパス クレヨンとパステルと両方の特色をもつ、棒状の絵の具。▽「クレヨン」と「パステル」とを合わせた語。商標名。

ぐれはま 〔俗〕→ぐりはま

クレマチス 古くから園芸用に栽培される、つる性多年草。初夏から夏に開花。非常に品種が多く、花は白・紫・桃色、一重・八重・釣鐘形など、色も形もさまざま。▽clematis きんぽうげ科せんにんそう属。広くは同属の植物の総称。↓てっせん(鉄線)(2)

くれむつ【暮(れ)六つ】 暮方の六つどき。日没の午後六時ごろ。季節によって異なる。また、その時鳴らす鐘。↔明(あ)け六つ

クレヨン 石鹸(せっけん)・蠟(ろう)・脂肪などに色をまぜて作った棒状の絵の具。洋画・児童画などに使う。クレオン。▽crayon

く-れる【△呉れる】 《下一他》①与える。㋐自分が相手に渡す。「そんな物、―れてやれ」▽現在では、乱暴な言い方。㋑他人が好意・親切から、物をこちらに与える。「金を―」「お祝い(お土産・記念)に―れた人形」㋒動作を加える。「目も―れない」(見向きもしない)「げんこつを―」(げんこつでなぐる) ②《動詞連用形＋「て」を受けて》㋐(他人が)好意をもって……する意。「よく来て―れたね」。《使役表現を受け命令形で使って》相手の許しを求める意。「早く帰らせて―れ」㋑自分側が(恩恵的に)……てやる。「そんなに頼むのなら俺が代わって―れないでもない」「ちと締めて―れよう」▽今日では先方を見下す言い方。

く-れる【暮れる】 《下一自》①日が沈んで暗くなる。夜に入る。②季節・年・月・日が終わりに近くなる、または終わる。「秋が―」「一日が雑務で―」③目の前が暗い心地になる。㋐悲しみなどで暗い気持にとらわれる。「悲嘆に―」「涙に―」㋑どうしてよいか見通しが立たない状態になる。「思案に―」「途方に―」▽「暗い」と同語源。(3)は「眩れる」とも書く。

ぐ-れる 《下一自》①生活態度が正しい道からそれる。やけ気味で生活が堕落する。②見込みはずれになる。

くれわり【△塊割(り)】 土の塊(かたまり)をたたき割る農具。

ぐれん【△紅×蓮】 ①真赤なハスの花の意で、猛火の炎の色のたとえ。「―の炎」②〔仏〕「紅蓮地獄」の略。**―じごく【―地獄】** 〔仏〕八寒地獄の一つ。ここにおちると、寒さで皮膚が裂けて真赤になるという。

クレンザー みがき粉。▽cleanser

クレンジング クリーム 化粧などを落とすためのクリ

ーム。クリンシン クリーム。▽cleansing cream

ぐれんたい【愚連隊】 盛り場などを数人一団となってうろつく不良仲間。▽「ぐれる」から出た語で、「愚連」は当て字。

くろ【△畔】 田畑のあぜ。また、平地の中で小高い所。

くろ【黒】 ①墨のような色。光を一様に吸収し、見る人に暗い感じを与える色。▽「暗い」「暮れる」と同語源。②黒色と関係のある次のようなもの。㋐碁石の黒い方。↕白。㋑毛並みの黒い犬など。㋒右翼の俗称。↕赤。㋓無政府主義(者)の俗称。↕赤。③〔俗〕犯罪容疑が強い、または犯罪事実があること。そういう人。↕白

グロ『名ナノ』「グロテスク」の略。

くろ-い【黒い】『形』①黒(1)の色をしている。②黒い(1)感じを与える。㋐肌が日に焼けた色をしている。「一顔」㋑よごれて黒ずんだ色をしている。「シャツが一くなる」㋒『腹が一』正しくない心をもっている。悪だくみをひめている。派生 **-さ -み***

グロ-い『形』気味が悪い。あくどい。「一映像」▽「グロ」から。

くろう【苦労】『名ナノ・ス自』(物事がうまくゆくようにあれこれと、体や気を使うこと。骨折り。「親に一(=心配)をかける」▽もと、苦しんで疲れること。関連 御苦労・労苦・苦心・苦慮・苦難・辛苦・心労・難儀・腐心・骨折る・粒粒辛苦 **ーしょう【一性】**『名ナノ』ちょっとした事まで、気に病んで苦労する性質。**ーにん【一人】** 今までに多くの苦労をしてきて、世事・人情に通じている人。

ぐろう【愚弄】『名・ス他』こばかにして、からかうこと。

ぐろう【愚老】 老人が自分をへりくだって言う語。

くろうと【玄人】 技芸などその道に熟達した職業人・専門家。また、芸妓(げいぎ)・娼妓(しょうぎ)など、水商売の女。↕素人(しろうと)。 **ーはだし【一×跣】** 素人なのに玄人に引けを取らないこと。「梅を描かせたら一だ」▽玄人もはだしで逃げ出すほど、の意。語義からは「素人離れ」より上手のようだが、どちらが上とも言えない。

くろうど【蔵△人】 蔵人所(くろうどどころ)の職員。初めは機密文書・訴訟などを扱い、後には宮中の雑事の処理に当たった。令外(りょうげ)の官。くらんど。▽「くらびと」と読めば別語。 **ーどころ【一所】** 平安初期に置かれた役所。蔵人が事務を執った役所。

クローカス ↓クロッカス

クローク ホテル・レストラン・劇場などの、コートや携帯品を一時預かる所。▽cloakroom から。

クローズ アップ『名・ス他』①映画などで、大写し。②比喩的に、大きく取り上げること。▽close-up

クローズド ショップ 労働協約上の規定の一つ。全従業員が一つの組合に加入し、使用者は組合員以外の労働者を雇うことができず、また組合から脱退・除名された者を使用者は解雇しなくてはならない制度。↕オープン ショップ。▽closed shop

クローゼット 衣類・食料などを入れるための、押入れ・戸棚。特に、衣装戸棚。クロゼット。クロセット。▽closet

クローネ ノルウェー・デンマークの通貨の基本単位。▽krone

クローバー 地をはう茎から出た葉柄に三枚の小葉がつき、夏、白い花が球状に集まり咲く多年草。日本には牧草・肥料用に導入され野生化。シロツメクサ。▽四つ葉のものは幸福のしるしとされる。clover まめ科。

グローバリズム 国を超えて地球全体を一共同体としてとらえる考え方。地球主義。「経済的一の進展」▽globalism

グローバル『ダナ』世界的規模であるさま。「一な視野で考える」▽global **ースタンダード** 世界標準。国際標準。▽global standard

くろおび【黒帯】 ①柔道・空手などで、有段者が用いる黒色の帯。②(葬儀などで和装の女性がしめる)黒色の帯。

グローブ ①野球用・ボクシング用などの、皮製手袋。グラブ。▽glove ②電灯の光をやわらかく広く散らすための、ガラスなどで作った球状の覆い。▽globe

クローム ↓クロム

クロール「クロール ストローク」の略。足で交互に水を強くたたき、手を交互に大きく回して水をかき、速く進む泳ぎ方。▽crawl stroke から。

クロールカルキ さらし粉。▽ドイツ Chlorkalk

クローン 生物体の細胞から無性生殖的に増殖し、それと全く等しい形質と遺伝子組成を受け継ぐ別の個体。「一羊」▽clone

くろがき【黒柿】 ①柿の木やその近縁種の木材で、黒色の縞(まし)の入ったもの。銘木として珍重される。②亜熱帯を中心に分布する常緑高木。材として(1)がとれ、家具などにする。台湾黒檀(こくたん)。

くろがね【△鉄】 鉄。▽雅語的。黒い金属の意。

くろかび【黒×黴】 ①黒く見えるかび。②澱粉(でんぷん)を発酵させて枸櫞(くえん)酸などの有機酸を製造するのに用いるカビ。胞子が黒い。クロコウジカビ。▽こうじかび科。

くろかみ【黒髪】 黒くてつやつやとしている美しい髪の毛。

くろき【黒木】 ①皮をはがないままの丸木の材木。↕赤木。②木を三〇センチほどに切り、かまどで黒く蒸し焼きにした、たきぎ。③↓こくたん(黒檀)

くろくま【黒熊】 黒いくま。特に、日本産のツキノワグマ。

くろくも【黒雲】 ①(光をさえぎり、雨を降らせる)黒い雲。暗雲。②比喩的に、物事をはばむ障害。

くろぐろ【黒黒】『副「と」・ス自』真っ黒に見えるさま。「巻紙に墨一と書く」「針葉樹の一(と)した森」「一と光る瞳」

くろご【黒△衣・黒子】 ①歌舞伎で、役者の後見役。ま

た、後見役が着る黒い装束。②表立たず、人(や組織)をささえる(役の)人。▽「くろこ」とも言う。

くろこげ【黒焦げ】焼けて黒く焦げること。「―の御飯」「―の家」

くろごめ【黒米・△玄米】げんまい。

くろざとう【黒砂糖】まだ精製していない、色の黒い砂糖。

くろじ【黒地】地色(じいろ)が黒いこと。そういうもの。

くろじ【黒字】収入が支出より多いこと。↕赤字

くろしお【黒潮】日本列島に沿って太平洋を北東へと流れる暖流。親潮と合流後、太平洋を東へと向かう。

くろしょうぞく【黒装束】頭から下まで黒いかぶりものや着物を着ていて、黒一色であること。そういう装束。

クロス ①《名》織物。布。クロース。「テーブル―」。特に、本の装丁で表紙に使う布地。「―装」▽cloth ②《名》十字(架)。③《名・ス自》十字に交わること。交差すること。▽(2)(3)はcross **―カントリー** ①「クロスカントリー レース」の略。原野・丘陵・森林などを横切って走る競技。断郊競走。▽cross-country race から。②山野などの雪上をコースとする、スキーの距離競技。▽cross-country skiing から。**―チェック** 物事を異なった観点や複数の資料・方法で検査・確認すること。▽cross-check **―ワード** 碁盤の目のように線を引いた区画の中に、与えられた条件に合うように、たてよこ交差させて語を書き入れる、なぞ遊び。クロスワード パズル。▽cross-word

グロス ①十二ダース。百四十四個。②総計。総体。↕ネット。▽gross

クロス ゲーム 追いつ追われつ、白熱した試合。接戦。▽close game

くろずむ【黒ずむ】《五自》(よごれたり古くなったりして)少し黒くなる。黒みを帯びる。

くろそこひ【黒〈内障〉】→こくないしょう

くろだい【黒×鯛】形はマダイに似るが色が黒い海魚。沿岸近くにすみ、釣りの対象魚として人気がある。食用。かいず。▽たい科。主に関西で「ちぬ」とも言う。

くろダイヤ【黒ダイヤ】①黒色のダイヤモンド。②石炭を、黒いダイヤモンドに見立てた、美称。

くろち【黒血】はれ物などから出る、黒ずんでくさった血。また、黒ずんでみえる大量の血。

くろちく【黒竹】幹はやや細く、その表面が黒紫色の竹。観賞用・器具用。紫竹(しちく)。▽ハチクはこれの変種。

クロッカス 春に黄・白・紫色などの花が咲く球根植物。クローカス。春サフラン。花サフラン。▽広くはクロッカス属の総称でサフランなども含むが、一般にはそのうち花を観賞する品種を言う。crocus

クロッキー 短時間で描く写生。速写。▽(フランス) croquis(=写生) 日本では「スケッチ」と区別して使う。

グロッキー (ボクシングでパンチを受け)へとへとに疲れ弱った様子。▽groggy

くろづくり【黒作り】①いかの塩辛にその墨を入れて黒くしたもの。②(太刀(たち)のさや・つばなどの)黒うるしで塗ったつくり。

くろつち【黒土】黒い土。特に、腐植などを含んで黒い色をした、耕作に適する土。こくど。

くろっぽい【黒っぽい】《形》①全体として黒が主になった感じの色合いだ。「―服」②くろうとじみている。「―まねをする」派生 **―さ**

グロテスク 《名・ダナ》気味が悪く、あくどい感じの様子。奇怪。異様。グロ。▽grotesque 派生 **―さ**

くろてん【黒×貂】テンの一種。体毛は灰色から黒褐色。南千島・シベリアなどにすみ、毛皮が珍重された。北海道には亜種のエゾテンがすむ。

くろねずみ【黒×鼠】①主人の家のものをかすめ取る番頭・雇人。↕白ねずみ。②黒みを帯びたねずみ色。

クロノメーター 外界の影響を受けずにきわめて正確に時を刻む携帯用の時計。▽chronometer 決められた規格を満たすものが認定される。ぜんまい時計が多いがクオーツもある。

クロノロジー ①年代学。②年表。年代記。▽chronology

くろはちじょう【黒八丈】黒い無地の厚手の絹布。八丈島原産。東京都五日市(いつかいち)(=現あきる野市)でも産するので「五日市」とも言う。

くろパン【黒パン】ライ麦を主材料とする、酸味のある黒っぽいパン。ライ麦パン。

くろビール【黒ビール】高温で色濃く焙煎(ばいせん)した麦芽を多く使用した黒っぽいビール。

くろびかり【黒光(り)】《名・ス自》黒くて、つやがあること。

くろぶさ【黒房】黒い色の房。相撲では、土俵の吊(つ)り屋根の北西の隅に垂らす黒色の房。

くろふね【黒船】幕末に欧米から来航した船を呼んだ名。▽黒塗りだったから。

くろほ【黒穂】黒穂病(=黒穂菌がついて起こる病気)にかかって、黒くなった麦の穂。▽「くろぼ」とも言う。

くろぼし【黒星】黒く丸いしるし。①㋐相撲(すもう)で、負けを表す「●」の印。㋑負け。失敗。▽↕白星。②的(まと)の中心の黒丸。転じて、ねらったところ。図星(ずぼし)。

くろまく【黒幕】①表面に出ず、かげで指図(さしず)したり操ったりする人。「政界の―」▽(2)から。②(芝居の舞台で場の変わり目に使う)黒い幕。

くろまつ【黒松】海岸近くに多く生える、黒みを帯びた樹皮の松。アカマツよりも枝が太く、葉が固い。樹脂が多く、松脂(まつやに)がとれる。材は建築・土木用。雄(お)松。

くろまめ【黒豆】ダイズの品種で種皮が黒いもの。煮豆にする。

くろみ【黒み】黒い色合い。黒っぽい感じ。また、黒い部分。▽「み」を「味」と書くのは当て字。

くろみずひき【黒水引】半分が黒(紺)、半分が白の水引。凶事に使う。青水引。

くろ-む【黒む】『五自』黒くなる。▽「黒ずむ」よりは黒さの程度が大きい。

クロム 金属元素の一つ。元素記号 Cr 銀白色でかたく、さびにくい。ステンレスなど、鋼との合金に有用なものが多い。クローム。▽chrome

くろめ【黒目】眼球の中央の黒い部分。　**―がち**【―勝ち】『名ノ』黒目の部分が大きい(感じのする、美しい)目の様子。

くろもじ【黒文字】①つまようじ。▽(2)で作るから言う。②山林に生える落葉低木。幹は緑色でしだいに黒い斑(ふ)が入る。樹皮に芳香があり、つまようじを作る。枝葉を蒸留したものを黒文字油と言い、香料にする。▽くすのき科。

くろやき【黒焼(き)】動植物を(土器などに入れ)黒く蒸し焼きにすること。そうしたもの。「いもりの―」▽民間薬などとして使われる。

くろやま【黒山】『名ノ』人が群がり集まっている様子の形容。「―の人だかり」▽人の頭が黒いところから。

くろゆり【黒〈百合〉】高山・寒地に自生する多年草。初夏、臭気のある濃い紫褐色の花が咲く。▽ゆり科。ユリとは別属。

クロレラ 淡水中にすむ、直径数マイクロメートルの単細胞の植物。光合成の能力が高く、増殖が速い。蛋白(たんぱく)質の含有量が高く、栄養食品にする。▽chlorella クロレラ属の緑藻の総称。

クロロフィル 葉緑素。▽chlorophyl(l)

クロロホルム エタノールに水・さらし粉を混ぜ、蒸留して得られる化合物。においが強い無色の液体で、化学工業用の溶剤に利用。吸入すると麻酔作用がある。クロロフォルム。トリクロロメタン。▽chloroform

クロロマイセチン 土壌細菌から抽出された、抗生物質の一種。現在は化学的に合成する。さまざまな微生物に有効だが副作用が強く、現在は限られた感染症だけに用いる。▽略して「クロマイ」とも言う。Chloromycetin クロラムフェニコールの商標名。

くろわく【黒枠】黒いわく。特に、死亡通知状・死亡広告のまわりに引いた黒い線。

クロワッサン バターを十分に練り込んで焼いた三日月形のパン。▽(フランス) croissant

くろん【句論】文法で、句・文についての理論。

ぐろん【愚論】くだらない議論。また、自分の意見をへりくだって言う語。

くろんぼう【黒ん坊】①黒人。また、皮膚の色が黒い人。▽今は使わない。②くろご。

くわ【桑】葉を蚕の飼料にする落葉高木。栽植したものは年々養蚕のため刈りとるので、あまり大きくならない。赤紫のノイチゴ状の実は食用・桑酒用。材は家具用。樹皮の繊維は紙の原料。▽くわ科。

くわ【×鍬】田畑を耕したりならしたりする、平たい鉄に柄(え)のついた農具。

くわい【〈慈姑〉】塊茎を食用とするために水田で栽培される多年草。根茎は直径数センチの球形で、長さ数センチの芽が一本伸びる。▽オモダカの栽培品種。「芽が出る」として正月の縁起物とされる。　**―あたま**【―頭】昔、医者などがゆった髪の型。総髪を後ろで束ね、先を短くさげ、クワイの芽に似たさまをしたもの。

ぐわい【具△合・△工△合】「ぐあい」のなまり。

くわいれ【×鍬入れ】『名・ス自』①農家で新年の耕作始めの行事。恵方(えほう)の畑に鍬(くわ)を入れて掘り起こす。②建築・土木工事や植樹を始める時に行う儀式。

くわえざん【加え算】たしざん。

くわ-える【加える】『下一他』①前からあるものに新しいものを合わせ、その数・量・程度を増す。「汁に塩を―」「二に三を―(=足し算する)」「仲間に―」「風に―・えて雨も降り出した」②(ある行為を)施す、また、与える。「治療を―」「打撃を―」「手心を―」

くわ-える【×銜える】『下一他』口で軽くかんで(または、かむようにして)物をささえる。「パイプを―」

くわがた【×鍬形】①かぶとの前立ての一種。角(つの)のように二本の金具を立てたもの。②太刀(たち)の頭・こじりを、(1)に似せて作った飾り。　**―むし**【―虫】雄のあごがよく発達して、鍬形(1)に似ている甲虫。オオクワガタ・ノコギリクワガタなどの種類がある。▽くわがたむし科の昆虫の総称。

くわけ【区分け】『名・ス他』くぎって、分けること。区分(くぶん)。

くわご【桑子・桑△蚕・〈野蚕〉】かいこの原種とされるガ。幼虫は灰褐色で、成虫は飛べる。くわこが。やまがいこ。▽「くわこ」とも言う。かいこが科。

くわし-い【詳しい・△精しい・△委しい】『形』細かい所まで言い尽くしている。詳細だ。「―説明」。細かい点までよく知っている。精通している。「京都の地理に―」 派生 **-さ**

くわ-す【食わす】『五他』①食べさせる。「一杯―」(転じて、人をだます)。養う。「家族を―・していく」▽人について言う時には「食べさせる」よりぞんざいな表現。②食う(4)ようにする。「けんつくを―」

くわずぎらい【食わず嫌い】『名・ス自』①食べてみたこともないのに、その食べ物をはじめから嫌って食べないこと。②比喩的に、その物事をよく知らないのに、けぎらいすること。「江戸文学を―している」

くわせもの【食わせ物】見掛けばかりよくて、中身はよくない物、または人。「とんだ―だ」▽人の場合は多く「食わせ者」と書く。

くわ-せる【食わせる】『下一他』↓くわす

くわだ-てる【企てる】《下一他》こういう事をしようと計画を立てる。また、計画を実行しようとする。「陰謀を―」「新しい事業を―」

くわばら【桑原】落雷、広くは、いやな事を避けるため唱える、まじないの言葉。▽二回（以上）続けて唱える。桑の生えた原には落雷しないと信じられていたから。

くわゆみ【桑弓】桑で作った弓。昔、男児が生まれた時、これで四方を射て、将来の発展を祝った。▽中国の故事による。

くわり【区割(り)】《名・ス他》くぶん。くわけ。

くわわ-る【加わる】《五自》加えた状態になる。㋐前からある上に更に増す。「寒さが―」「責任が―」㋑あることに参加する。「競技に―」

くん【＊君】クン きみ ｜①万人の上に立って天下に号令する人。天子・帝王・諸侯。また人の上に立つべき徳のある人。「君主・君侯・君国・君臨・君恩・君子・主君・名君・神君・幼君・先君・亡君・暗君・暴君・忠君」②敬称。㋐父・夫等を呼ぶ。「父君・夫君」㋑同輩または目下の人を呼ぶ。「貴君・細君・諸君」。㋒敬称の接尾語のように用いる。「山田君」

くん【＊訓】クン よむ おしえる ｜①言いきかせてわからせる。教えさとす。おしえる。おしえ。「訓化・訓育・訓導・訓戒・訓告・訓示・家訓・祖訓・古訓・教訓・校訓・社訓・遺訓・垂訓・庭訓(ていくん ていきん)・聖訓・処世訓」②文章や文字の意味がわかるようにする。よむ。「訓解・訓義・訓釈・訓詁(くんこ)」③《名・造》漢字を固有の日本語でよむ。漢字に日本語をあてる。↔音。「音と訓」「訓点・音訓・字訓・難訓・訓読・古訓・和訓」

くん【勲】【勳】クン いさお いさおし ｜国家や王室のためにつくした功績。立派な働き。「勲功・勲位・勲等・勲章・殊勲・武勲・元勲・偉勲・賞勲・叙勲」。また、勲章の等級に冠して用いる。「勲一等」

くん【薫】【薰】クン かおる ｜①よいにおいが立つ。よいかおり。「薫芳・薫草・薫風・薫煙・余薫」②火をつけてよい香気を立たせる。よい香気を立てて物にしみこませる。よい手本に近づけて自然に感化を与える。「薫陶・薫染・薫化・薫育」

ぐん【＊軍】グン いくさ ｜《名・造》①戦争のための兵の集団。陸海(空)軍の総称。また、軍事についての行政組織。転じて、軍隊に似た団体組織。「軍の意向」「軍団・軍旅・軍勢・軍隊・軍人・軍旗・軍紀・軍使・三軍・大軍・官軍・建軍・進軍・援軍・将軍・義勇軍・第一軍司令官・救世軍・娘子軍(じょうしぐん ろうしぐん)・巨人軍・孤軍奮闘」▽中国周代の兵制では、一軍は一万二千五百人。日本中古では、三千人以上、人数によって三等あった。旧軍では、作戦上の必要で数個師団を編成したもの。普通「第一軍」のように番号をつけて呼ぶ。②戦争。戦争への備え。「無名の(＝理由がない)軍を起こす」「軍事・軍略・軍船・軍艦・軍備・軍陣・軍需・軍刀・軍扇・軍配・軍功・従軍・懸軍・敗軍」

ぐん【＊郡】グン こおり ｜《名・造》行政区画。日本では、町村を含み、都・道・府・県の下の区画。一九二一年までは地方公共団体。近世以前の「こおり」に相当する。「郡司・郡代・郡部・郡県・州郡」▽中国の周代では、県の下の小区画。秦(しん)以後は、県の上の大区画(天下三十六郡)。

ぐん【＊群】グン むれる むれ むら ｜①《名・造》同類が一つところに多数集まる。またその集まったなかま。あつまり。「群を抜く」(多くの者をぬきんでている。非常にすぐれている)「群集・群居・群衆・群像・群島・一群・魚群・抜群・大群・流氷群」②数多い。「群雄・群臣」③《名》〔数学〕集合の任意の二つの元に対して、同じ集合に属するある一つの元が必ず定まるような操作が定義された、空でない集合。ただし更に、結合法則が成り立つこと、単位元が存在すること、逆元が存在することという、三条件も満たさなければならない。▽ドイツ Gruppe の訳語。

ぐんい【軍医】医者として軍隊に服務する将校相当官。

くんい【勲位】功績のしるしとして国家が与える、勲等と位階。

くんいく【訓育】《名・ス他》品性・気質・習慣を、よい方に伸ばすように、教えさとして育てること。

くんいく【薫育】《名・ス他》徳をもって人をみちびき育てること。

ぐんえい【軍営】軍隊がその土地にとどまって敷く陣。陣営。▽俗に兵営の意にも言う。

ぐんえき【軍役】①軍陣の使役(しえき)。軍隊の服役。②戦役(せんえき)。戦争。

くんおん【君恩】主君の恩。君主のめぐみ。

ぐんか【軍歌】軍隊の士気をふるい立たせるために制定した歌。▽俗に、軍国歌謡まで含めても言う。

ぐんか【軍靴】軍隊用の靴。特に、茶色の編上げ靴。

くんかい【訓戒・訓×誡】《名・ス他》教えさとして、いましめること。「―を垂れる」

ぐんがく【軍学】用兵・戦術についての学問。兵法。「山鹿流(やまがりゅう)の―」▽江戸時代までのものを指す。

ぐんがく【軍楽】軍隊の音楽。軍の楽隊の演奏。また、その演奏する楽曲。「―隊」

ぐんかん【軍艦】軍に所属する船。そのうち特に、戦闘を行うための船。▽旧軍では、戦艦・巡洋艦・航空母艦など比較的大型の船を言った。

くんき【勲記】叙勲者に対して、勲章と共に与えられる証書。

ぐんき【軍旗】軍隊の、士気統一のしるしとする旗。▽旧日本陸軍では、歩兵・騎兵連隊に天皇から与えられた連隊旗を指す。また、軍艦に掲げるものは「軍艦旗」と言う。

ぐんき【軍機】軍事上の機密。

ぐんき【軍紀・軍規】軍隊の風紀や規律。「ーが乱れる」

ぐんき【軍記】戦争の話をしるした書物。 **ーものがたり**【ー物語】鎌倉・室町時代に作られた、合戦(かっせん)を中心に叙事詩的にまとめた物語。例、平家物語・太平記。

ぐんぎ【軍議】いくさを行うための(武人の)会議。

ぐんぎ【群議】多くの人の議論。

ぐんきょ【群居】《名・ス自》群れをなして生活していること。

くんくん《副「と」》①においをかぐさま。「鼻をーさせる」「ーにおいをかぐ」②子犬が甘えて鳴く声。

ぐんぐん《副「と」》勢いよく速く進行したり成長したりするさま。どんどん。「相手をー(と)引き離す」「ー(と)伸びる」

くんこ【訓×詁】字句の解釈。▽「訓」は字義を、「詁」は古語を解く意。

ぐんこ【軍鼓】戦陣で使った太鼓。陣太鼓など。

くんこう【勲功】国家・君主などに尽くした、功労・手柄。

くんこう ①【君公】君主。主の君。②【君侯】武士が、その仕える諸侯を呼ぶ称。

くんこう【薫香】よいかおりを立てるため、くゆらす香料。たきもの。

ぐんこう【軍功】いくさで立てた手柄。戦争での功績。

ぐんこう【軍港】海軍の根拠地として特別の施設のある港。

くんこく【君国】君主の統治する国。

くんこく【訓告】《名・ス他》(文書または口頭で)いましめ告げること。「ー処分」

ぐんこく【軍国】軍事を主な政策とする国家。「ー調」 **ーしゅぎ**【ー主義】国家のあらゆる政策・組織を戦争に役立つように整え、戦争で国威を高めようとする立場。ミリタリズム。▽第一次世界大戦後に連合国側がドイツの行動を非難して言い出した militarism の訳語。

くんし【君子】徳が高く品位のある人。人格者。「ーは危うきに近寄らず」(君子は身をつつしみ守って危険をおかさずこれを避ける)▽もと、高い官職の人の意。 **ーじん**【ー人】→くんし。 **ーらん**【ー×蘭】南アフリカ原産の常緑観賞用多年草。明治時代に渡来し、幅広い帯状の葉を楽しむものとして普及。花は橙(だいだい)色。クリビヤ。▽ひがんばな科。近年は同属別種のウケザキクンシランを言うことが多い。

くんじ【訓示】《名・ス他》上位の者が下位の者に、物事をするに当たっての心得を教え示すこと。その教え。

くんじ【訓辞】導きいましめる言葉。「ーを垂れる」

ぐんし【軍使】戦争中に、敵側に当方の意思を伝える必要が生じた時、差し遣わす使者。

ぐんし【軍師】①主将のもとで作戦をめぐらす人。②比喩的に、策略・手段をうまく考えて指図(さしず)する人。

ぐんじ【軍事】軍隊・兵備・戦争など、軍に関する事柄。「ー行動」 **ーきょうれん**【ー教練】もと、学校で行われた、軍事に関する訓練。

ぐんしきん【軍資金】①軍事に必要な資金。②比喩的に、何か行動を起こすためのもとで。

くんしゃく【勲爵】勲等と爵位。

くんしゅ【君主】世襲によって位につく統治者。天子。王。「ー制」 **ーこく**【ー国】君主政体をとる国。 **ーせいたい**【ー政体】君主が主権を有する政体。君主制。王制。↔共和政体・貴族政体

くんしゅ【×葷酒】葷(くん＝ネギ・ニラ等の臭い野菜)と酒。「ー山門に入(い)るを許さず」(葷酒などを清浄な寺門の内に持ち込んではならない。禅寺などの門のわきに記す言葉)

ぐんじゅ【軍需】軍事上の需要。また、その物資。↔民需。「ー産業」

ぐんしゅう【群衆】一か所に集まった多人数の群れ。群集。

ぐんしゅう【群集・群×聚】①《名・ス自》群がり集まること。群がり集まった人々の一団。②《名》動物生態学で、一地域内に多種の動物が互いに有機的な関係をなして生活している、その全体。 **ーしんり**【群集心理】群集の一員となったために生じる心的特性。他人の言動にひきずられ、興奮しやすくなる。

ぐんしゅく【軍縮】「軍備縮小」の略。

ぐんしょ【軍書】①軍記。②軍事上の文書。

くんしょう【勲章】勲功を表彰して授ける記章。「文化ー」

くんじょう【×燻蒸】《名・ス他》いぶし、むすこと。「ー剤」(燻蒸による殺虫剤)

ぐんしょう【群小】多くの小さいもの。「ー国家」

ぐんじょう【群青】あざやかな青色の(東洋画用の)絵の具。また、その青色。

くん-じる【薫じる】《上一自他》→くんずる(薫)

くん-じる【訓じる】《上一他》漢字を訓で読む。訓ずる。

ぐんしれいかん【軍司令官】軍団を統率・指揮する長官。

ぐんしれいぶ【軍司令部】軍司令官のもとで、軍団や区分した管区を統括する本部。

くんしん【君臣】主君と臣下。君主と臣民。

ぐんしん【軍神】①武運を守る神。②軍人の手本となるような武勲を立てて戦死し、神として祭られた将兵。

ぐんじん【軍人】軍籍に属する人の総称。▽→ぐんぞく

ぐんじん【軍陣】軍隊の陣営。軍営。戦陣。

くんずほぐれつ【組んずほぐれつ】《連語》取っ組み合ったり離れたり。「ーの大乱闘」▽「組みつほぐれつ」の転。「つ」は文語助動詞。

くん-ずる【薫ずる】《サ変自他》①いい香りがする。かおる。におう。また、かおらせる。におわせる。②

風が若葉の香りを漂わせる。「南風—時」▽「くんじる」とも。

くん-ずる【訓ずる】《サ変他》→くんじる(訓)

くんせい【×燻製・薫製】魚・肉などをいぶして水分を抜き、特殊な香気をつけたもの。素材によっていぶす温度・時間が異なり、一般に保存性が増す。スモーク。

ぐんせい【群×棲】《名・ス自》同じ種類の動物が群れをなして生活すること。群居。

ぐんせい【群生】《名・ス自》同じ種類の植物が群がってはえること。

ぐんせい【軍制】軍事に関する制度。

ぐんせい【軍政】①戦時・事変に当たり、また占領地で、軍が行う行政。②軍事に関する政務。

ぐんぜい【軍勢】軍隊の人数。また単に、軍隊。▽近代軍には言わない。

ぐんせき【軍籍】軍人としての籍。兵籍。「—に編入する」

くんせん【薫染】《名・ス自他》よい感化を受ける、または与えること。

ぐんせん【軍扇】昔、大将が軍陣で指揮するのに使った扇。

ぐんせん【軍船】水上のいくさに用いる船。

ぐんそう【軍曹】旧陸軍の下士官の階級の一つ。伍長(ごちょう)の上、曹長の下。

ぐんそう【軍装】①軍人の(出征・観兵式・勤務の時の)服装。②武装。

ぐんぞう【群像】絵画や彫刻などで、多くの人物の姿を主題としたもの。「—劇」

くんそく【君側】君主のおそば。君辺。「—の奸(かん)」(君主のそばにいる悪い臣下)

ぐんぞく【軍属】軍人でなくて、軍隊に勤務する者。

ぐんたい【軍隊】一定の組織で編成されている、軍人の集まり。一隊をなす軍。

ぐんだい【郡代】守護代。また、江戸時代に諸国の幕府直轄地を支配した職の名。

=くんだり《地名に付けて》(都から)遠く離れた土地や場末(ばすえ)を指すのに使う語。▽「下り」の転。

ぐんだん【軍団】①軍隊編成の単位の一つ。軍⑴と師団との中間のもの。②上代、諸国に配置した軍隊。

ぐんだん【軍談】①合戦(かっせん)を種にして作られた、江戸時代の通俗小説。②軍記を、節をつけて読み聞かせる講談。

くんちょう【君×寵】主君の寵愛(ちょうあい)。

くんづけ【君付け】《名・ス自他》人の名に「くん」を付けて呼ぶこと。また、その程度の待遇。「—で呼ぶ」

ぐんて【軍手】太い白もめんで織った作業用手袋。もと軍隊用。

くんてん【訓点】漢文を訓読するためにつけた、返り点・送り仮名・振り仮名・ヲコト点などの符号。

くんでん【訓電】《名・ス他》電報で訓令すること。その訓令。また、訓令の電報。

ぐんと《副》①思いきり力を込めて。「—ふんばる」②比べ物にならないほど。一段と。「背が—伸びた」

くんとう【勲等】国家が与える栄典の等級。勲章の等級。

くんとう【薫陶】《名・ス他》すぐれた人格で感化し、立派な人間をつくること。▽香(こう)をたいてかおりを移し、粘土を焼いて陶器を作り上げる意。

くんどう【訓導】①《名》小学校の教諭の旧称。②《名・ス他》教えさとして導くこと。

ぐんとう【群島】群れ集まっている島々。「フィリピン—」

ぐんとう【群盗】多くの、または集団をなしている盗賊。

ぐんとう【軍刀】軍人がさげる戦闘用の刀。▽細身のサーベルは「指揮刀」と言い、軍刀と区別。

くんとく【君徳】君主として備えるべき徳。

くんどく【訓読】《名・ス他》①漢字に固有の日本語を当てて読むこと。「春」を「はる」、「来」を「くる」と読む類。くんよみ。↕音読⑵。②漢文を日本語の文法に従って直訳的に読むこと。

ぐんなり《副[と]・ス自》力が抜けているさま。しおれているさま。「暑くて—している」

くんのう【君王】君主。王。帝王。

ぐんば【軍馬】軍隊で飼い、軍事に役立てる馬。

ぐんばい【軍配】①「軍配うちわ」の略。「—を構える」「……に—を上げる」(行司(ぎょうじ)が軍配うちわを勝ち力士の方に上げる。転じて、ある一方を勝ちと判定する)②軍勢の配置・進退の指揮。「武田信玄の—の妙」。転じて、指図(さしず)。▽⑵は既に古風。 **—うちわ**【—〈団扇〉】①軍勢の大将が指揮に使う鉄製のうちわ型のもの。②相撲(すもう)の行司が力士の取組に使う、⑴の形のもの。

ぐんばつ【軍閥】軍部を中心とした政治的勢力・集まり。

ぐんぱつ【群発】《名・ス自》いっときの間しきりに起こること。「—地震」

ぐんび【軍備】国家の防衛や戦争の遂行のための備え。「—増強」「—縮小」

ぐんぴ【軍費】軍事上の費用。

ぐんぴょう【軍兵】いくさに出る兵士。兵卒。▽近代軍には言わない。

ぐんぴょう【軍票】戦地・占領地で軍隊が、通貨の代用として使う手形。

くんぷ【君父】主君と父。

ぐんぶ【群舞】《名・ス自》群がって舞うこと。その舞。

ぐんぶ【軍部】陸海空軍の総称。軍当局。

ぐんぶ【郡部】郡に属する部分・地域。

ぐんぷ【軍夫】軍隊に属して雑役をする人夫。

くんぷう【薫風】(若葉の香りを漂わせて吹く)初夏の風。

ぐんぷく【軍服】軍人の制服。

ぐんぼう【軍帽】軍人の制帽。

ぐんぽう【軍法】軍隊のおきて。軍隊関係に適用する刑法。▽古くは兵法の意。合戦(かっせん)のしかた。陣法。　**―かいぎ**【―会議】軍人を裁判する、軍の特別刑事裁判所。

くんみん【君民】君主と臣民。　**―どうち**【―同治】君主と、臣民の代表者である議会とが、協同で政務を行うこと。▽イギリスの政体など。

ぐんむ【軍務】軍事上の勤務、また、事務。「―に服する」

くんめい【君命】主君の命令。

くんもう【訓×蒙】子供・初心者に教えさとすこと。また、その目的で書いた書物。▽物事に暗い(＝蒙)のを教える(＝訓)意。

ぐんもう【群盲】多くの盲人。転じて、多くの愚人。「―象を評す」(凡人が大事業や大人物を批評しても、その一面に触れるにとどまって、全体は見渡せない意。「―象を撫(な)でる」とも言う)

ぐんもん【軍門】陣営の門。「―にくだる」(降参する)

ぐんゆう【群雄】多くの英雄。　**―かっきょ**【―割拠】(戦国時代に)各地を地盤とした英雄たちが、互いに勢力を振るって対立すること。

ぐんよう【軍用】①軍事・軍隊に用いること。「―道路」「―機」②軍費。　**―きん**【―金】軍事上の目的に使うための金銭。比喩的に、事業などをするための資金。　**―けん**【―犬】軍隊で連絡・警戒・捜索などに使う犬。

ぐんよう【軍容】戦いに臨む軍隊の勇ましいかたち・様子。

くんよみ【訓読み】《名・ス他》→くんどく(1)

ぐんらく【群落】①植物生態学で、一地域内に植物が互いに有機的な関係をなして生えている、その全体。②多くの村落。

ぐんりつ【軍律】①軍隊の風紀・規律。軍紀。②→ぐんぽう

ぐんりゃく【軍略】軍事上のはかりごと。兵略。戦略。

ぐんりょ【軍旅】(編成され戦場に出ている)軍隊。転じて、戦争。

くんりん【君臨】《名・ス自》君主として臣下に臨み、国を統治すること。転じて、ある方面の事で他を押さえて、絶対的な勢力を振るうこと。「画壇に―する」

くんれい【訓令】《名・ス自他》上級官庁が下級官庁に、事務の方針や法令の解釈について命令を下すこと。また、その命令。

ぐんれい【軍令】①陣中での命令。②旧憲法で、作戦・用兵についての統帥事務。▽軍政(2)に対して言う。　**―ぶ**【―部】旧海軍の作戦を計画する機関。▽旧陸軍の参謀本部に相当。

くんれん【訓練】《名・ス他》習熟させるため、実際にその事をさせて鍛えること。「部下を―する」「職業―所」「猛―」

ぐんろん【群論】群(3)の性質を研究する数学の一部門。

くんわ【訓話】よい行いをするように教えさとす話。

け

け【毛】①皮膚にはえる糸状の角質形成物。「―ほどの事」(取るに足りない小事)「……に―のはえた程度」(……よりもややまさった程度の意)「―を吹いて疵(きず)を求む」(人の欠点を指摘し追及して、かえって自分の欠点をさらけ出す)。特に限定しては、㋐頭の毛。かみのけ。㋑羊毛。「―織物」「―のシャツ」㋒羽毛。「鳥の―」②毛(1)に似たもの。「タンポポの―」「筆の―」

け【×褻】晴(はれ)でないこと。おおやけでないこと。ふだん。日常。わたくし。↔晴(はれ)。▽古語めかした言い方の時だけ使う。

け【×卦】易(えき)で算木(さんぎ)に現れた形象。これで吉凶を占う。「よい―が出た」▽乾(けん)・兌(だ)・離・震・巽(そん)・坎(かん)・艮(ごん)・坤(こん)の八つをもとにして八卦(はっけ)と言い、これを組み合わせて六十四卦とする。

け【気】①《名・造》手には取れないが、ゆらぎ漂ってそれがあると知れるような或(あ)るもの。▽↓き【気】。㋐その存在が感じ取れる気分・有様。「人の(隠れている)―がする」「火の―がほしい肌寒さ」「しゃれっ―」「茶目っ―」「娑婆(しゃば)っ―」(俗世間への関心)「病気の―がある」。限定しては、病気。「かぜの―が抜けない」「胸の―」「腰―」㋑含まれていてその特徴をなす成分・要素。「塩―が薄い」「白粉(おしろい)の―も無い」(全く化粧していない)「女っ―を欠いた家」②《接尾》《形容詞語幹……に付け》……という気持・心。「ねむ―」「寒―」▽↓げ

け＝《多く形容詞の上に》①様子が……だ。「―ぢかい」「―高い」②何となく。「―だるい」「―おされる」

＝**け**【家】《氏・苗字(みょうじ)・身分を表す語に付けて》……の家。……一門。「平―」「島津―」「将軍―」▽本来は、高い家柄に言う。

け《終助》《助動詞「た」「だ」と合し「たっけ」「だっけ」の形で文末に使う》思い出しながら(または相手の関心に訴えるように)述べる気持を表す。「行ったっ―」「それは犬だっ―か」▽文語助動詞「けり」の転。

け【化】→か【化】

け【気】→き【気】

け【家】→か【家】

げ【下】①劣っていること。劣ったもの。「その策は―の―(＝最低)だ」②(本などの)下巻。▽↓か【下】

げ【×偈】仏の功徳(くどく)をほめたたえる詩。四句から成る。頌(じゅ)。偈頌(げじゅ)。▽梵語(ぼんご)。

＝**げ**《形容詞語幹・形状性連語……に付け形容動詞語幹・名詞を作り》……でありそうな様子。いかにも……ら

しいさま。「うれしーでも恥ずかしーでもあった」「聞くも物憂ーに座る」「事も無ーにしてのけた」「不満ーな態度」「悪ーも無くした事だ」「合点が行かぬーに叫ぶ」▽時に「憎さげ」のようにも使われ、「さ」で一旦抽象化したのに重ねてそれを含む気分を表す。近ごろは「気持よさげに」のように、「そう(相)」(1)に準じた用法もする。

げ【下】→か【下】

げ【外】→がい【外】

げ【夏】→か【夏】

ケア『名・ス他』①(病人・老人などの)介護・世話(をすること)。「在宅ー」②手入れすること。よい状態に保つこと。「スキンー」▽care　**ープラン**　介護サービス計画。介護保険で受けられるサービスの内容や日時などが有効に行えるように立てた計画。▽普通、ケア　マネージャーが本人と相談して定める。care plan　**ーマネージャー**　介護を受ける人のために、介護の方針を定めたりサービスの内容・費用などの計画を立てたりする専門家。特に、介護保険の介護支援専門員を言う。ケア　マネジャー。ケアマネ。▽care manager

けあい【蹴合(い)】互いにけること。特に、闘鶏。

けあがり【蹴上(が)り】鉄棒で、そろえて上げた両足を振り下ろす反動で腰から上を棒の上にあげること。

けあ-げる【蹴上げる】『下一他』足でけって上へ飛ばす。上方へける。

けあし【毛足】絨毯(じゅうたん)・毛布などの表面から伸びている毛。

けあな【毛穴・毛△孔】毛がはえるあな。

ケアレス　ミス　不注意から生じる間違い。▽careless mistake から。

げあんご【夏安△居】→あんご

けい【×罫】紙などに一定の間隔で引いた線。「表(おもて)ー」

けい【*兄】ケイ　キョウ(キャウ)　あに　―①『名・造』親が同じで、さきに生まれた男子。あに。↕弟。「兄(いけ)たり難く弟(いて)たり難し」(優劣がつけにくい)「兄弟(けいてい・きょうだい)・父兄・長兄・阿兄(あけい)・実兄・舎兄・義兄・兄事」②友だちや少し目上の者などを尊敬や親しみの気持をこめて呼ぶ語。「大兄・学兄・貴兄・雅兄・加藤兄」

けい【刑】ケイ　ギョウ(ギャウ)　―①『名・造』しおきする。罪を責めて罰を与える。首をきる。殺す。「刑が重い」「刑に処する」「刑具・刑法・刑部(ぎょうぶ)省・刑事・刑場・刑務所・死刑・厳刑・体刑・重刑・処刑・量刑・極刑・私刑・徒刑・流刑・天刑・終身刑」②法(のり)。のっとる。「天刑・典刑」

けい【×荊】ケイ　いばら　―①とげのある低木。いばら。うばら。「荊棘(けいきょく)・荊冠」②刑罰として罪人を打ちたたくつえ。しもと。③自分の妻の謙称。後漢の梁鴻(りょうこう)の妻が、いばらのかんざしをさした故事による。「荊妻・荊室」

けい【*型】ケイ　かた　―①土で作った鋳がた。転じて、個々の物の形を生み出すもと。物の形をかたどったもの。また、同類のものから抽象される形式。「原型・紙型・模型・類型」②模範となるもの。手本。「典型・儀型」

けい【*形】ケイ　ギョウ(ギャウ)　かた　かたち　―①『名・造』表に現れたすがた。「形態・形骸・形象・形状・形式・形影・形相(ぎょうそう)・形勢・形勝(けいしょう)・外形・地形・有形・無形・変形・奇形・原形・象形・図形・美形・人形(にんぎょう)・裸形(らぎょう)・形音義・正方形・形而上(けいじじょう)・形而下(けいじか)」②かたちとして現れる。姿をなす。かたどる。あらわす。「形成・形容・造形」

けい【*系】ケイ　―①いとすじ。すじ。ひも。つながり。一つづきの関係をなすもの。「系図・系統・系譜・系列・世系・大系・体系・家系・直系・母系・傍系・太陽系」②体系(としてとらえられるもの)。システム。「公理系・測定系・力学系・神経系・人間機械系」③『名』〔数学〕ある定理から直ちに導かれる他の命題。▽corollary の訳語。④系統だった分類。またその部門。「文学系・結晶系・六方晶系」⑤地質時代の年代区分に対応する地層。「ジュラ系・三畳系・第三紀系」

けい【*係】ケイ　かかり　かかる　かかわる　―つなぎとめる。つながる。かかわりを持つ。「係数・係類・係累・係争・関係・連係」

けい【*径】【徑】ケイ　みち　―①車が通れない小道。細道。勝手に通りぬける道。「径路・小径(しょうけい・こみち)・山径・石径・樵径(しょうけい)・捷径(しょうけい)」②『名・造』まっすぐに結ぶみち。さしわたし。「径一〇センチ」「口径・直径・半径」。思うがままにまっすぐ行う。まっすぐなこと。「直情径行」

けい【*軽】【輕】ケイ　キョウ(キャウ)　かるい　かろやか　―①かるい。てがる。「軽重・軽装・軽傷・軽輩・軽快・軽便・軽舟・軽金属・軽音楽・軽自動車・軽労働・軽工業・軽食」②『名・造』特に、「軽自動車」の略。③ふるまいが慎重でない。根がない。おもおもしくない。かるがるしい。「軽挙・軽率・軽薄・軽佻(けいちょう)・剽軽(ひょうきん)」④重く見ない。大切に考えない。かろんじる。「軽侮・軽蔑・軽視」▽↕重

けい【茎】【莖】ケイ　くき　―①草の、くき。また、そのような形をしたもの。「茎幹・根茎・球茎・鱗茎(りんけい)・地下茎」②草のくきなど、細長いものを数える語。「一茎・数茎」

けい【*経】【經】ケイ　キョウ(キャウ)　へる　たつ　つね　―①すじみちをたどる。過ぎてゆく。とおりみち。へる。「経過・経由・経路・経歴・経験・経年」②『名・造』物のすじみちや不変の道理を説いた書物。「経書・経典・経伝・経学」。特に仏教で、仏の所説をしるした典籍。以下「キョウ」と

読む。「経巻・経蔵・経文・写経・誦経(じゅきょう)・読経(どきょう)・心経(しんぎょう)・大蔵経」▽↓きょう(経)。③すじみちをつける。管理する。はかる。治める。おさめととのえる。「経営・経理・経世・経国・経済・経略・経綸(けいりん)」④南北の方向、または道。↕緯。「経線・経度・東経・西経」⑤織物のたていと。たて。↕緯。「経緯」⑥すじ。物事のすじみち。いつも一定していること。「経常・経費」⑦ひもで首をくくる。「自経」⑧すじをひく。境をつける。「経界・経地」

けい〖継〗【繼】ケイ **つぐ** まま ―①つなぐ。つづける。うけつぐ。「継続・継嗣・継承・継受・後継・承継・中継」②生父母に代わる親子関係。最初の婚姻に代わる夫婦関係。「継父(けいふ・ままちち)・継母(けいぼ・ままはは)・継子(けいし・ままこ)・継夫・継妻・継室」

けい〖(人)繋〗ケイ ケ つなぐ ―つなぎ合わせる。結び合わす。つなぎとめる。しばる。とらえる。「繋索・繋束・繋泊・繋縛(けいばく・けばく)・繋留・繋船・繋駕(けいが)・繋辞・連繋」

けい〖契〗【契】ケイ ケツ キツ **ちぎる** ―①割符(わりふ)。「契符」②割符を合わせる。まじわる。約束する。「契約・契機・契合・黙契」③きざむ。「契舟」

けい〖*計〗ケイ **はかる はからう** ―①数をかぞえる。物事を数えてはかる。「計算・計上・計量・計料・計帳・合計・会計・歳計・小計・累計・集計・生計・家計」②計量のための装置。「寒暖計・湿度計」③〘名・造〙合計。総計。「計一万円」④〘名・造〙心の中で数えてみる。見積もる。はかりごとを立てる。はかりごと。「一年の計は元旦にあり」「百年の計」「計画・計策・計略・謀計・妙計・秘計・奇計・一計・百計・早計」

けい〖詣〗ケイ **もうでる** いたる まいる ―進んでゆく。ある場所に行きつく。神仏におまいりする。「参詣・造詣」

けい〖憩〗ケイ **いこう** いこい ―途中でとまってやすむ。息をいれる。やすむ。「憩止・憩泊・休憩・小憩」▽「憇」は異体字。

けい〖恵〗【(人)惠】ケイ エ(ヱ) **めぐむ** ―①とぼしい人に物を与える。恩を施してかわいがる。めぐみ。「恩恵・仁恵・恵沢・恵贈・恵投・恵存・恵与・恵福・恵方(えほう)・慈恵・互恵・特恵」②かしこい。さとい。「慧」に通じる。「知恵」

けい〖(人)慧〗【慧】ケイ エ(ヱ) さとい ―①心が働いてゆきとどく。才知が機敏に働く。さとりが早い。かしこい。また、こざかしい。「慧眼・慧悟・慧敏・智慧(ちえ)・小慧」②〔仏〕事の道理を見抜く力。分別して疑いを解く力。ちえ。「エ」と読む。「慧眼(えげん)・明慧(みょうえ)」

けい〖稽〗ケイ かんがえる ―①くらべて考える。ひきくらべる。「稽古・滑稽(こっけい)・荒唐無稽」②止まる。進まない。とどこおる。「稽滞・稽留」③いたる。つく。ぬかずく。「稽首」

けい〖(人)桂〗ケイ かつら ―①〘名・造〙芳香のある樹皮や枝を薬用とする常緑高木。中国・インドネシアなどで栽培される。シナニッケイ。「桂皮」▽くすのき科。↓かつら(桂)。②肉桂・月桂樹(げっけいじゅ)など(1)に近縁の植物や、芳香のある木犀(もくせい)等の植物の総称。「桂樹・桂林・桂舟・桂冠」③将棋の駒「桂馬(けいま)」の略。「成桂(なりけい)」

けい〖×珪〗ケイ ―「珪石」は石英。「珪素」は岩石の主要構成元素。「珪素・珪砂・珪酸・珪藻・珪化木(けいかぼく)」▽「硅」は同字。

けい〖×閨〗ケイ ねや ―①後宮。女性の寝室。夫婦仲に関すること。「閨中・閨房・閨怨・空閨・孤閨・紅閨・深閨」②女性のことをいう。女流。「閨秀作家・令閨」③壁をくりぬいて作ったくぐり門。小さい門。また宮中の小さい門。「閨門」

けい〖啓〗【啓】ケイ ひらく ―①閉じたものをあける。未知のものを明らかにする。教えみちびく。みちびく。「啓示・啓発・啓蒙(けいもう)・啓開」②出発する。貴人が出歩く際の先ばらいをする。「行啓」③㋐上(かみ)に奉る文書。臣下から君主に奉る意見書。「創学校啓」▽もと、皇太子・三后に奉る文書。㋑申す。申しあげる。「言う」のへりくだった言い方。「啓上・啓白・拝啓・謹啓」④あけの明星。金星。「啓明」⑤立春・立夏の時候。「分至啓閉」

けい〖掲〗【(人)揭】ケイ **かかげる** ―高く持ち上げる。人の目につくところへ上げる。「掲揚・掲示・掲載・表掲・前掲」

けい〖渓〗【溪】ケイ たに ―谷の水。谷川。谷水の流れるところ。たに。「渓谷・渓流・渓水・深渓・雪渓・耶馬渓(やばけい)」▽「谿」は同字。

けい〖鶏〗【(人)鷄】ケイ **にわとり** とり ―家禽(かきん)の一つ。ニワトリ。「鶏肉・鶏卵・鶏冠(けいかん・とさか)・鶏頭・鶏肋(けいろく)・鶏鳴・群鶏・養鶏・闘鶏・軍鶏(ぐんけい・しゃも)」▽「雞」は本字。

けい〖蛍〗【螢】ケイ **ほたる** ―昆虫の、ほたる。「蛍火・蛍光灯」「蛍雪の功」

けい〖*敬〗ケイ キョウ(キャウ) **うやまう** つつしむ ―物事を注意深く行う。おろそかにしない。他人を尊んで自分の挙動をつつしむ。うやまいとうとぶ。うやうやしくする。「敬意・敬神・敬老・敬具・敬虔(けいけん)・敬愛・敬慕・敬服・敬語・敬称・敬礼(けいれい・きょうらい)・表敬・失敬・不敬・畏敬・恭敬・尊敬・崇敬・愛敬(あいけい・あいきょう・あいぎょう)」

けい〖*警〗ケイ キョウ(キャウ) いましめる ―①非常を告げて注意する。用心させる。用心する。つつしむ。「警世・警告・警報・警醒・警鐘・警策(けいさく・きょうさく)」②非常の事態にそなえる。まもる。そなえ。まもり。「警戒・警固・警備・警衛・警吏・警察・警護・警邏(けいら)・警蹕(けいひつ)・夜警・巡警・自警」③「警察」または「警察官」の略。「国警・市警・婦警」④すばやい。知恵のはたらきがすぐれている。「警句・警抜・警敏・奇警」

けい〔*景〕ケイ キョウ(キャウ) かげ ―①《名・造》けしき。見渡される地上のありさま。「景気・景色(けいしょく・けしき)・景趣・景勝・風景・光景・絶景・背景・近景・借景・情景・勝景・点景・殺風景」。また、演劇などにおける場面。「二幕五景」。②日の光。ひかげ。日の光に照らし出されるすべてのものの形。「影」に通じる。「景迹(けいせき・きょうざく)=立派な行い)」③あおぐ。したう。「景仰(けいこう・けいぎょう)・景慕」④大きい。あきらか。めでたい。「景雲・景福」

けい〔傾〕ケイ かたむく かたむける かしげる ―①一定の方向からはずれる。ななめにする。ひっくりかえる。くつがえす。「傾斜・傾度・傾倒・傾国・傾城(けいせい)・傾注・傾聴・左傾」②自然のなりゆき。かたむき。「傾向」

けい〔携〕ケイ たずさえる たずさわる ―①手にもつ。ひっさげる。「携行・携帯・必携」②人の手をひく。手をとりあう。「携手・提携・連携」▽正字は「攜」。

けい〔慶〕ケイ キョウ(キャウ) よろこぶ ―めでたく思う。祝う。よろこびごと。めでたいこと。吉事。さいわい。「慶弔・慶祝・慶祥・慶福・慶事・慶賀・大慶・御慶(ぎょけい)・嘉慶(かけい)・同慶・余慶・落慶」

けい〔×頸〕ケイ くび ―くび。のどくび。「頸血・頸椎・頸部・頸骨・刎頸(ふんけい)」。また、くびのように細くなっている部分。

けい〔京〕↓きょう〔京〕

けい〔卿〕↓きょう〔卿〕

けい〔競〕↓きょう〔競〕

ゲイ 同性愛の人。特に、性自認と恋愛の相手が男性の場合を言う。▽gay

げい〔*芸〕〔藝〕ゲイ ―①《名・造》修練して身につけた技能。学問。技術。わざ。「芸は身を助ける」「芸文・芸術・芸林・才芸・学芸・六芸(りくげい)・多芸・無芸・工芸・武芸・技芸・手芸」②芸術、また遊芸に関すること。「芸妓(げいぎ)・芸当・芸能・芸界・遊芸・演芸」③草木を植える。種子をまく。「園芸・農芸」④「安芸(あき)国」の略。「芸州」▽「芸」は、もと音「ウン」で別字。香草の意。今「藝」の代用。

げい〔迎〕〔迎〕ゲイ ゴウ(ガウ) むかえる ―①くる人を出むかえる。待ちうける。「送迎・迎撃・迎接・迎賓・迎春・迎歳・奉迎・歓迎・来迎(らいごう)」②他人の心にあうように立ち回る。「迎合」

げい〔鯨〕ゲイ くじら ―くじら。特に雄のくじら。「鯨波(げいは・とき)・鯨油・鯨飲・巨鯨・捕鯨」▽雌くじらは「鯢(げい)」。

けいあい【敬愛】《名・ス他》(ある人を)尊敬し、親しみの心をもつこと。

けいあん【慶×庵・×桂×庵】雇い人の周旋業(者)。口入屋(くちいれや)。▽江戸の医者大和(やまと)慶庵が、よく縁談の仲介をしたことから。現在では、この業は法律で禁止。↓くちいれ

けいい【敬意】尊敬する気持。「―を表する」「―を払う」

けいい【経緯】①物事のいきさつ。細かい事情。▽「経」は織物の縦糸、「緯」は横糸の意。②経度と緯度。

けいい【軽易】《ダナ》てがるで平易なさま。「―な服装」

げいいき【芸域】習得した芸の範囲。「―が広い」

けいいん【契印】二枚以上にわたる書類のつなぎ目(つづり目)に、そのつながりが真正である証拠に押す印。▽↓わりいん

げいいん【鯨飲】《名・ス自》酒を多量にのむこと。「―馬食」

けいえい【形影】ものの形と、そのかげ。「―相弔う」(自分の身と影法師とが互いに慰め合うだけで、ほかに同情する者もなく孤独だ)「―相伴う」(夫婦などが、いつもいっしょに居てむつまじい)

けいえい【経営】《名・ス他》①事業を営むこと。また、その運営のための仕組み。「会社を―する」「多角―」「―陣」②規模を定め、くふうをこらして物事を行うこと。「天下を―する」▽もと、建築のため土地を測り土台をすえる意。 **―さんか**【―参加】企業経営に、経営者だけでなく、労働者や労働組合が制度として加わること。▽経営協議会制・管理参加制・労働者自主管理制などの形態がある。 **―しゃ**【―者】事業を経営する人。「企業―」「私学―」

けいえい【継泳】水泳のリレー レース。

けいえい【警衛】《名・ス他》警戒し護衛すること。また、その人。

けいえん【敬遠】《名・ス他》①表面はうやまったような態度をして、近づくのをさけること。意識してさけること。②野球で、その打者との勝負を避けて四球を与えること。その四球。

けいえん【×閨怨】夫に捨てられた女性が、ひとりねの寂しさを恨みに思うこと。▽「閨」は、ねや。

げいえん【芸×苑】文学者や芸術家の仲間・社会。

けいえんげき【軽演劇】軽い気持で楽しめる肩のこらない演劇。

けいおんがく【軽音楽】流行歌風の音楽、ダンス音楽、ジャズ音楽などの総称。

けいか【経過】①《名・ス自》時間が過ぎてゆくこと。ある時間をへること。②《名》一定時間内の事態のなりゆき。「病気の―」 **―きてい**【―規定】法令(や私的団体の規程)の制定・改廃に伴って、経過措置を定める規定。▽普通は新たに出した法令・規程の附則で定める。 **―そち**【―措置】法令・規程の類を改めるに当たって(ある期間だけ)新規定をゆるく適用し、新しい秩序への移行を滑らかにする扱い方。▽経過規定を設けて行う。 **―りし**【―利子】債券を、利札(りふだ)を考慮しないで売買する時、前回の利払い日以後受渡し当日までの日数に応じて、買手が売手に支払う利子。

けいが【慶賀】『名・ス他』めでたい事柄を祝うこと。よろこびいわうこと。「―に堪えない」

げいか【×猊下】高僧に対する敬称。▽もと、高僧のそばの意。「猊」は獅子(し)。すぐれた人を百獣の王にたとえる。

けいかい【境界・経界】地所の境。きょうかい。

けいかい【警戒】『名・ス他』好ましくない事が起こらないように、注意し用心すること。「津波を―する」「辺りを―する」 **―しょく**【―色】毒や悪臭など、身を守る独得の手段をもつ動物に見られる目立つ体色。警告色。▽敵を警戒させるためという。 **―せん**【―線】①警戒を要する限界の線。②非常線。

けいかい【軽快】①『ダナ』みがるで、すばやいさま。「―な動作」②『ダナ』心がはずむような、軽い感じであるさま。「―な音楽」③『名・ス自』病気・症状が軽くなること。派生 **-さ**

けいがい【形骸】①(精神を別にした)体。また、建物などの骨組。②転じて、内容のない外形だけのもの。「法の―化」

けいがい【×謦×咳】せきばらい。「―に接する」(お目にかかる、また、じかに話をきく) ▽「謦」も「咳」も、せき。

げいかい【芸界】芸人の仲間。芸能人の社会。

けいかく【×圭角】言語・行動がかどだって、円満でないこと。「―が取れる」(かどがとれて、人格が円満になる) ▽もと、圭(=玉)のとがったかどの意。

けいかく【計画】『名・ス他』物事を行うために、その方法・手順などを筋道を立てて企てること。また、その企ての内容。プラン。「―を立てる」「生産―」

けいがく【経学】経書(けいしょ)を研究する学問。

けいかん【×挂冠】『名・ス自』官職をやめること。▽正しくは「かいかん」。昔、中国で在官の時かぶっていた冠を脱いで掛けた故事から。

けいかん【×桂冠】↓げっけいかん。 **―しじん**【―詩人】イギリスで、宮内官に列する、名誉ある詩人。

けいかん【×荊冠】いばらの冠。キリストがはりつけになる時かぶせられた冠。

けいかん【景観】眺め渡す景色(の様子)。

けいかん【警官】警察官。特に、巡査。

けいかん【鶏冠】ニワトリのとさか。

けいかん【鶏×姦】↓なんしょく(男色)

けいがん【×慧眼】『名ナ』物事の本質や裏面を見抜く、すぐれた眼力。「―の士」

けいがん【×炯眼】『名ナ』①ぎらぎら光る目。②鋭い眼力。「―人を射る」▽「慧眼(けいがん)」と同様の意にも使う。

けいき【京畿】皇居に近い土地。▽多く「畿内」を指した。

けいき【刑期】刑を受ける期間。

けいき【契機】変化・発展を起こす要素・原因、または、きっかけ。

けいき【景気】①売買・取引などに表れた経済活動の情況。「―変動」「不―」。特に、経済活動が活発で、金回りがよいこと。好景気。「大変な―だ」②活動状態や威勢。「―をつける」「―よく騒ぐ」

けいき【継起】『名・ス自』引き続いて起こること。

けいき【計器】物の長さや重さその他の量をはかる器具の総称。 **―ひこう**【―飛行】悪天候で視界が悪いときなどに、パイロットが計器だけで判断して離着陸や飛行をすること。

げいぎ【芸×妓】↓げいしゃ(芸者)(1)

けいきかんじゅう【軽機関銃】ひとりで持ち運びできる機関銃。▽「軽機」と略すこともある。

けいききゅう【軽気球】気球。特に水素を用いたもの。

けいきょ【軽挙】軽はずみな行動(=挙)をすること。 **―もうどう**【―妄動】『名・ス自』軽はずみな、むこう見ずの行動(をすること)。

けいきょう【景況】①物事のありさま。②景気(経済活動)の情況。

けいきょく【×荊×棘】①茨(いばら)。ばら。また、茨などがはえた荒れ地。②乱れた状態。戦乱。③障害になるもの。困難。

けいきんぞく【軽金属】比重が小さい軽い金属。例、アルミニウム。↕重金属

けいく【警句】短い中に、物事の真理や奇抜なすぐれた考えを含ませた言葉。「―を吐く」

けいぐ【刑具】罪人などの処刑や体罰に使う道具。

けいぐ【敬具】書簡文の末に、結びのあいさつとして書く語。つつしんで申す意。関連 拝具・敬白・謹言・再拝・頓首・貴酬・九拝・草草・匆匆(そうそう)・不一・不乙(ふいつ)・不二・不悉(ふしつ)・不尽・不備・かしこ

けいぐん【鶏群】『―の一鶴(いっかく)』凡人の中にいる一人のすぐれた人。

けいけい【×炯×炯】『ト タル』(目が)鋭くひかるさま。「眼光―」

けいけい【軽軽】『副に』かるがるしいこと。「そのようなことは―に口にするな」

けいげき【京劇】↓きょうげき(京劇)

げいげき【迎撃】『名・ス他』攻めてくる敵を迎えうつこと。邀撃(ようげき)。「―機」

けいけつ【経穴】灸(きゅう)をすえ、鍼(はり)を打つべき身体の箇所。つぼ。▽↓けいらく

けいけん【敬×虔】『ダナ』深く敬って態度をつつしむさま。特に、神仏につつしんで仕えるさま。「―な祈り」派生 **-さ**

けいけん【経験】『名・ス他』実際に見たり聞いたりおこなったりして、まだしたことがない状態から、したことがあるという状態に移ること。「出産を―する」。また、それによって知識・技能などが身につくこと。その身についた知識・技能など。 **―かがく**【―科学】経験的な事実を研究する科学。数学・論理学など、対象の実質的な性質を扱わない形式科学に対して言う。 **―しゅぎ**【―主義】↓けいけんろん(1)。 **―てき**【―的】『ダナ』経験を通して得られた知識や印象を重視するさま。 **―ろん**【―論】①わ

れわれの知識は経験によってだけ得られるのだという立場・議論。②経験に基づいて出てきた議論・見解。

けいげん【軽減】『名・ス他自』(負担・苦痛などを)へらして軽くすること。またそれが少なくなること。

けいこ【稽古】『名・ス他』(先生について)繰り返しよく習うこと。「兄弟子に―をつけてもらう」▽もと、(古書を読んで)昔の事をよく考える(＝稽)意。―**ごと**【―事】遊芸など趣味に関するわざを師匠について習うこと。▽稽古するものでも学問・武術には言わない。

けいご【敬語】聞き手や話題にのぼっている物事に対する、話し手による対人関係のわきまえ、特に敬意・へりくだりなどの気持を表す言葉づかい。また、そのための特別な言葉。▽従来の尊敬語・謙譲語・丁寧語の三分類に、二〇〇七年に丁重語・美化語を分化した、五分類が行われる。対人関係のわきまえ(＝待遇)という観点から(おとしめる表現まで含め)統一的に説明する別の学説もある。

けいご ①【警護】『名・ス他』非常の事が起こらないように、警戒して守ること。その役目の人。▽(2)ののちの表記形に発する。②【警固】『名・ス他』警戒して守りかためること。その役目の人、または設備。

げいこ【芸子】→げいしゃ(芸者)(1)。▽関西で言う。

けいこう【傾向】ある方向・態度に傾くこと。傾き。特に、左翼思想に傾くこと。「―文学」 ―**てき**【―的】『ダナ』特定の傾きがあるさま。特に、左翼思想的。

けいこう【径行】思うことをまげずに行うこと。「直情―」

けいこう【携行】『名・ス他』たずさえてゆくこと。持ってゆくこと。「―食糧」

けいこう【景仰】『名・ス他』徳を慕い仰ぐこと。▽「けいぎょう」とも言う。

けいこう【経口】(薬などを)口の中を通すこと。口から与えること。「―ワクチン」

けいこう【蛍光】①ほたるの光。②〔物理〕ある種の物質が、紫外線・放射線などを受けると発光する現象。ルミネセンス。▽蛍石にこの性質が著しいことからの称。 ―**とう**【―灯】ガラス管内に水銀蒸気を封入し、放電によって水銀が発する紫外線でガラス管の内側に塗った蛍光塗料を光らせるしくみの照明装置。 ―**ばん**【―板】紫外線・エックス線などを当てた時、蛍光を発する板。

けいこう【鶏口】『―となるとも牛後となるなかれ』大きな団体でしりに付いているよりも、小さな団体でも、その長となれ。

けいごう【契合】『名・ス自』割符(わりふ)を合わせたように、二つのものがぴったり一致すること。

げいごう【迎合】『名・ス自』自分の考えをまげても、他人の意に従って気に入られるようにすること。

けいこうぎょう【軽工業】容積に比べて重量の軽い物資、主として消費財をつくり出す工業。例、食料品工業・製紙印刷・玩具製造。↕重工業

けいこく【傾国】(国をあやうくするような)絶世の美人、特に、遊女。傾城(けいせい)。▽「漢書(かんじょ)」の「一顧すれば人城を傾け、再顧すれば人国を傾く」による。

けいこく【経国】国家を経営すること。国を治めること。

けいこく【渓谷・×谿谷】たに。たにま。

けいこく【警告】『名・ス他』(好ましくない事をしないように)前もって他人をいましめること。前もって告げ知らせる注意。「―を発する」

けいこつ【×脛骨】膝と足首とをつなぐ長い骨。腓骨(ひこつ)と共に下腿骨(かたいこつ)をなす。

けいこつ【×頸骨】首の骨。

げいこつ【鯨骨】くじらの骨。▽よく細工物に使った。

げいごと【芸事】歌・三味線(しゃみせん)・踊りなど、遊芸に関する事柄。

けいさい【掲載】『名・ス他』新聞・雑誌などに文章などをのせること。

けいさい【継妻】後妻。▽既に古風。

けいさい【×荊妻】自分の妻のへりくだった言い方。愚妻。▽「荊」はいばら。

けいざい【経済】①『名』人間の生活に必要な物を生産・分配・消費する行為についての、一切の社会的関係。転じて、金銭のやりくり。▽「経世済民」(→けいせいさいみん)から出た語。②『名ナ』費用・手間がかからないこと。倹約。「―な品」「時間の―を図る」。費用をかけないこと。「―な人」▽連体修飾は「―な」の形による。 ―**か**【―家】①経済(1)に通じた人。②俗に、金の使い方がうまい人。また、何でも節約する、金銭にしぶい人。 ―**かい**【―界】①売買・交換など経済活動が行われる社会。②実業家の社会。 ―**がく**【―学】経済事象やその構造を研究する学問。 ―**けいかく**【―計画】国民経済の長期的な見通しのもとに、経済面の政策の総合的な方向づけをすること。その内容。 ―**すいいき**【―水域】領海の外側にあり、沿岸から二百海里までの水域。国際法に基づいて設定され、沿岸国に資源の開発・管理が認められる。排他的経済水域。ＥＥＺ。 ―**せいちょう**【―成長】(一国の)経済の動きを連続的量的にとらえる立場から見た、経済規模が増大する傾向。 ―**てき**【―的】『ダナ』①経済(1)に関するさま。②支出にむだが少ないさま。特に、安あがり。 ―**ふうさ**【―封鎖】一切の経済上の関係を絶って相手国を困らせること。

けいさく【×繫索】人や物をしばりつけたり、つなぎとめたりすること。また、そのための綱。

けいさく【警策】①『名』座禅の時、眠気を覚ましたり、精神を集中させたり、姿勢の乱れを戒めたりするために肩や背中を打つ、先を平たく削った棒。②『名・ス他』人の自覚などを呼び起こすこと。▽「策」は、むちの意。

けいさつ【警察】①国民の生命・身体・財産の保護、犯罪の捜査、被疑者の逮捕、公安の維持など、社会秩序

を保つため、国家の統治権に基づいて国民に命令・強制する、行政上の作用。また、その仕事を担当する組織。②「警察署」の略。　**―かん**【―官】 警察(1)の職務を行う(警視総監・道府県警察本部長から巡査までの)公務員。　**―けん**【―犬】 鋭い嗅覚を利用して犯人を追跡するなど、警察が犯罪捜査に役立てる犬。　**―けん**【―権】 統治権の一つの働き。警察(1)の目的のため、国民を強制する国家権力。　**―こっか**【―国家】 警察権が強大で、国民の自由や生活を圧迫している国家。　**―しょ**【―署】 一定地域内の警察に関する事務を扱う役所。　**―ちょう**【―庁】 警察行政の中央機関。▽一九五四年に始まる。　**―てちょう**【―手帳】 警察官が携帯し、身分を示すのにも使う手帳。▽現在は手帳でなく証票。

けいさん【×珪酸・×硅酸・ケイ酸】 ①珪素(けいそ)・酸素・水素の化合物。②二酸化珪素の俗称。天然に、石英・水晶などとして産出。ガラス・陶磁器の原料。

けいさん【計算】『名・ス他』①物の数量について加減乗除その他の数学的方法で値を定めること。広く、適切な手順(アルゴリズム)に従って数や情報を処理すること。②予定の一部に入れ(それを見越して)考えること。「反対が出るのは―に入れてある」　**―き**【―機・―器】 計算用の機器。▽今はデジタル式の電卓や電子計算機を言うことが多い。　**―じゃく**【―尺】 掛け算・割り算・冪(べき)計算などが簡単に行えるようにした、物差し型の器具。　**―しょ**【―書】 計算結果を、まとめて記した文書。「損益―」。特に、勘定書き。

けいさんしょう【経産相】 経済産業大臣の略称。

けいさんぷ【経産婦】 出産の経験のある女性。

けいし【京師】 みやこ。帝都。

けいし【刑死】『名・ス自』刑に処せられて死ぬこと。

けいし【継子】 ままこ。ままっこ。

けいし【継嗣】 あとつぎ。あととり。

けいし【×罫紙】 けいを引いた紙。

けいし【警視】 警察官の階級の一つ。警視正の下で、警部の上。　**―そうかん**【―総監】 警視庁の長官。　**―ちょう**【―庁】 東京都の警察の本部。

けいし【軽視】『名・ス他』物事を軽く見て、重大だと考えないこと。かろんじること。ばかにすること。↕重視。「人命―」

けいじ【兄事】『名・ス自』ある人を兄のように敬って、接すること。

けいじ【刑事】 ①刑法の適用を受け、それによって処理されるべき事柄。↕民事。「―事件」「―訴訟」②「刑事係巡査」の略。私服で、主に犯罪の捜査を役目とする巡査。　**―しせつ**【―施設】 懲役、禁錮または拘留に処せられた者、刑事被告人や死刑囚などを収容する施設。▽拘置所・刑務所などの総称。二〇〇五年「監獄」から改称。

けいじ【慶事】 祝い事。めでたい事。▽「慶」はよろこぶ意。

けいじ【啓示】『名・ス他』さとし示すこと。特に(キリスト教で)人知ではわからないような事を、神が現し示すこと。

けいじ【掲示】『名・ス他』(知らせる必要のある事を)文書などに書いて、人目につく所に掲げること。また、その文書。「―板」

けいじ【経時】 物事の変遷に着目した場合の、時の移り変わり。時系列的な見方。「―観察」「―的な劣化を研究する」▽特に年(度)を単位として時を追うのは「経年」とも言う。

けいじ【×繫辞】 ①言語学(論理学)で、主語(主辞)と動詞以外の述語(賓辞)とをつなぎ、肯定または否定を表す語。例、命題「犬は忠実だ」'A dog is faithful.'の「だ」や'is'。②本文につけた説明の言葉。特に、「易経(えききょう)」で、卦(け)のあとに書いてある説明の部分。

けいじ【計時】『名・ス自』競技などで、所要(・許容)時間をはかること。その時間。「―係」「途中―」

けいじか【形×而下】 ①形をそなえているもの。②〔哲学〕感性的経験で知り得るもの。時間・空間の中に形をとって現れるもの。↕形而上(けいじじょう)

けいしき ①【形式】 物・事となって現れている(うわべの)形や型。↕内容・実質。▽内容面からとらえていないということに重点がある場合(例、「―ばる」「―論理」)と、型の面に重点がある場合(例、「文書の―」)とがある。②【型式】 ↓かたしき。　**―か**【形式化】 ①『名・ス自』内容より形式を重んじるようになること。「最近の結婚披露宴はすっかり―してしまった」②『名・ス他』科学で、対象の個別的実質を捨象し、その構造の形式だけを手掛かりとして議論できるように、理論を整えること。「文法論の―」▽これに成功すれば客観的検証や証明がしやすい。この立場を強く主張するのが、形式主義(イ)。　**―げんご**【形式言語】 記号論理式やプログラミング言語など、特定分野での必要から(特に文法が明確で例外がないように)規則的に構成した、表現の体系。人工言語。↕自然言語。　**―しゅぎ**【形式主義】 形式を重んじる立場。特に、㋐内容を軽視し外形をつくろい整えることを主にする態度。▽非難の気持をこめて使うことが多い。㋑科学の理論を、対象の、または理論を表す記号表現の、形の面の性質・規則に基づいて構成する立場。　**―てき**【形式的】『ダナ』形式に関するさま。特に、内容より形式を重んじるさま。「心のこもらない―なあいさつ」　**―はん**【形式犯】 住居侵入など、その行為をしただけで罪となる犯罪。↕実質犯

けいじじょう【形×而上】 ①形をもっていないもの。②〔哲学〕感覚的経験では知り得ないもの。有形の現象の世界の奥にある、究極的なもの。↕形而下(けいじか)。　**―がく**【―学】 形而上の存在を扱う、哲学の部門。現象界の奥にある、世界の根本原理を(純粋思惟(しい)や直観によって)探究する学問。▽マルクス主義の哲学では、弁証法的でない、ものの考え方を指す。

けいしつ【形質】形体と性質。遺伝や生物分類について、次代以降に伝わる、外に現れた性質・形。

けいしつ【継室】後妻。のちぞい。

けいじつ【△頃日】このごろ。近ごろ。

けいしゃ【傾斜】《名・ス自》傾いてななめになること。傾き。また、その度合い。「戦時体制へと―する」

けいしゃ【×珪砂・×硅砂】主に石英の粒から成る砂。陶磁器・ガラスの原料。

けいしゃ【鶏舎】ニワトリの小屋・建物。とりごや。

げいしゃ【芸者】①宴会の席などで、歌・踊りなどで座に興を添え、客を楽しませる職業の女。芸妓(げいぎ)。「―を揚げる」②遊芸がうまい人。芸達者。「ああ見えてなかなかの―だよ」▽②はほとんど言わない。

げいしゃ【迎車】タクシーやハイヤーなどが客を迎えに行くこと。またその車。

けいしゅ【警手】①列車の安全な運行をはかるために事故を警戒する鉄道職員。②(もとの)皇宮(こうぐう)警察署の職員の最下級。皇宮警手。

けいしゅう【×閨秀】《多く接頭語的に》学問や芸術に特にすぐれた女性。「―作家」▽「閨」はねや、女性を指す。

けいじゅう【軽重】→けいちょう(軽重)

けいしゅく【慶祝】《名・ス他》よろこび祝うこと。

けいしゅつ【掲出】《名・ス他》掲示して出すこと。

げいじゅつ【芸術】文芸・絵画・彫刻・音楽・演劇など、独得の表現様式によって美を創作・表現する活動。また、その作品。▽もと、技芸と学術の意。 ―いん【―院】芸術界の長老を会員とする、芸術活動の指導的機関。 ―か【―家】芸術活動に従事する人。 ―しじょうしゅぎ【―至上主義】芸術は、社会や道徳に役立てるためのものでなく、芸術自身を目的とし、美に仕える独自の存在だという主義・主張。「芸術のための芸術」という考え方。

げいしゅん【迎春】新年を迎えること。

けいしょ【経書】儒学の経典。四書・五経など。


けいしょう【形象】①かたち。すがた。②美学で、対象を観照(想像)して心の中に浮かび上がる、その対象のすがた。

けいしょう【敬称】①敬意を表す呼び名。「閣下」「殿下」など。②人名に添えて敬意を表す言い方。「……様」など。「―を略す」

けいしょう ①【景勝】風景がすぐれていること。そういう土地。②【形勝】(築城のためなどに)地形がすぐれていること。そういう土地。

けいしょう【継承】《名・ス他》うけつぐこと。「皇位―」

けいしょう【警鐘】①警告のために鳴らす鐘。「―を打ち鳴らす」②比喩的に、警告。

けいしょう【軽少】《名ナ》わずか。少し。「―な品」

けいしょう【軽×捷】《名ナ》みがるですばやいこと。[派生] ―さ
けいしょう【軽傷】体を動かすのに困らない程度の軽い傷。軽いけが。↔重傷
けいしょう【軽症】軽い病症。↔重症
けいじょう【刑場】死刑を執行する場所。しおきば。「―の露と消える」(刑死する)

けいじょう【計上】《名・ス他》全体の計算の中に含めて、ある物・事を数え上げること。「予算に旅費を―する」

けいじょう【啓上】《名・ス他》申しあげること。「一筆―」

けいじょう【形状】物の形の様子。

けいじょう【敬譲】相手を敬い、自分がへりくだること。尊敬と謙譲。「―語」

けいじょう【経常】つねに一定の状態でつづくこと。つね。「―費」「―利益」▽多く、会計や取引などに言う。 ―しゅうし【―収支】一国が他国と商品やサービスを取引したときの、一定期間における収入額・支出額の総体。「輸出が伸びて―が黒字になった」▽→こくさいしゅうし

けいじょう【警乗】《名・ス自》犯罪防止などのため、乗物に乗り込んで移動しながら警戒すること。「―員」

けいしょく【慶色】よろこびの顔色・様子。

けいしょく【軽食】簡単な食事。手軽な食事。

けいしん【敬神】神を敬うこと。

けいしん【軽信】《名・ス他》深くも考えずに、軽々しく信じること。

けいしん【軽震】もとの震度階級の一つ。震度二。大勢の人が感じ、戸・障子がすこし動く程度の地震。

けいず【系図】先祖から代々の系統を書きしるした図表。系譜。 ―かい【―買】①盗品と知りながら売買すること。その商人。故買。②身分の低い者が、家柄をよく見せるため、貧乏貴族の系図を買うこと。また、その者。

けいすい【経水】月経。

けいすい【軽水】重水と区別して呼ぶ、普通の水。「―(型)炉」

けいすう【係数】①数式の各項で変数や変数の積にかかっている定数。②ある数量と他の数量との間にある、比例あるいは比例に準じた関係を特徴づける定数。多く、なんらかの事物の特性を表す。「摩擦―」「相関―」「エンゲル―」

けいすう【計数】①㋐ものの数をかぞえること。「ガイガー―管」。計算すること。また、数えたり計算したりして出した数値。㋑→のうど(濃度)(2)。②はかりごと。計略。▽(2)の「数」ははかりごとの意。 ―がた【―形・―型】数値や物理量を、連続的に変化する量ではなく、一つ二つと段階的に変化する量として扱う、情報処理や機器の方式。「―計算機」▽digital の訳語。→デジタル
けい-する【刑する】《サ変他》刑を科する。特に、死刑にする。

けい-する【慶する】《サ変他》よろこぶ。いわう。

けい-する【敬する】《サ変他》うやまう。「―して遠ざける」

けいせい【傾△城】美女。特に、遊女。▽→けいこく(傾国)

けいせい【形勢】変化する物事の、(大局的に見た)その時その時の状態、また勢力の関係。なりゆき。雲行き。「天下の―をうかがう」「―を見て態度を決める」

けいせい【形声】漢字の六書(りくしょ)の一つ。意味を表す部分と音を表す部分とを組み合わせて、文字を作る方法。諧声。例、「江」＝「氵」(水の意)＋「工」(音を示す)

けいせい【形成】『名・ス他』整ったものに形づくること。「―外科」

けいせい【経世】世の中を治めること。「―の策」「―家」(政治家) **―さいみん**【―済民】世を治め、民の苦しみを救うこと。政治。

けいせい【警世】世間に向かって警告を発すること。「―家」

けいせい【警醒】『名・ス他』警告を発して迷いをやぶり、めざめさせること。

けいせき【形跡】その物事が行われた(と判断できる証拠の)あとかた。「争った―はない」

けいせき【×珪石・×硅石】主に二酸化珪素(けいそ)、すなわち石英からなる石。陶磁器原料・研磨剤などに利用。

けいせき【経籍】経書(けいしょ)。

けいせつ【蛍雪】苦労して学問をすること。「―の功を積む」▽晋(しん)の車胤(しゃいん)がほたるの光で、また孫康が窓の雪の反射光で書物を読み、貧乏に負けず勉強した故事による。

げいせつ【迎接】『名・ス他』出むかえて応接すること。「―に暇(いとま)がない」

けいせん【経線】地球の両極を通って地表をかこむ仮想の大円。子午線。↕緯線。▽「経」は縦糸の意。

けいせん【係船・×繫船】『名・ス自』①船をつなぎとめること。ふながかり。②航海させるとかえって損失になると予想される時、会社が所有船をつなぎとめて、一時使用しないこと。また、その船。

けいせん【×罫線】①けい。行(ぎょう)の間の境の線。②「罫線表」の略。相場の動きを示したグラフ。

けいせん【×頸腺】くびにあるリンパ節。

けいそ【刑訴】「刑事訴訟(法)」の略。↕民訴

けいそ【×珪素・×硅素・ケイ素】非金属元素の一つ。元素記号Si 岩石や土砂の主成分。また、半導体や太陽電池の主要材料。シリコン。

けいそう【係争・×繫争】『名・ス自』両者が互いに裁判で争うこと。「―中」

けいそう【形相】①かたち。ありさま。ぎょうそう。②〔哲学〕アリストテレス以後、中世哲学の重要概念で、事物が持つ本質的な特徴、あるいは事物を構成する原理。質料と共に、実在する事物を成り立たせているとする。

けいそう【×珪藻・×硅藻】淡水・海水中で繁殖する単細胞の植物。細胞は二酸化珪素(けいそ)を主成分とする殻で覆われる。代表的な植物プランクトンで、種類が多い。 **―ど**【―土】珪藻の殻が堆積して出来た土、あるいは軟質の岩石。色は白色・灰白色・黄色など。みがき粉・耐火材などにする。

けいそう【継走】↓リレー レース

けいそう【軽装】みがるな服装・いでたち。

けいそう【軽×躁】『名ナ』①落ち着かないで、軽はずみに騒ぐ様子。②医学で、軽い躁(そう)状態。

けいぞう【形像】かたどった像。かたち。

けいぞう【恵贈】『名・ス他』他が物を(自分に)贈ることを敬って言う語。恵与。恵投。「ご―にあずかり」

けいそうど【軽×鬆土】土粒の間にすきまが多く、耕作に労力を要しない土。火山灰由来の土や、腐植質を多く含む土に多い。けいしょうど。▽「軽鬆」は、軽くて質があらいこと。

けいそく【計測】『名・ス他』(ある目的に役立てるため)ものの数量的状態をはかること。「湖沼の魚の個体―」

けいぞく【継続】『名・ス自他』前から行われていた事が引き続き行われること。前の状態・活動をうけついで続けること。「―審議」

けいぞく【係属・×繫属】『名・ス自他』①つなぎつけること。つながりをつけること。②〔法律〕ある訴訟が裁判所で取扱い中であること。

けいそつ【軽率】『名・ダナ』注意深く物事を考えることなく、すぐ決めたり、したりする態度であること。派生 **-さ**

けいぞん【恵存】贈り物をする時、先方の名に書き添えて「どうかお手もとにお置きください」の意を表す語。▽「けいそん」とも言う。

けいたい ①【形体・形態】形(の情態)。②【形態】〔心理〕↓ゲシュタルト

けいたい【携帯】①『名・ス他』身につけて、また手に持って持ち運ぶこと。②『名』「携帯電話」の略。▽多く「ケータイ」「ケイタイ」と書く。 **―でんわ**【―電話】無線を用いた、持ち運びできる小さく軽い電話機。▽→スマート フォン

けいたい【敬体】文末に、「です」「ます」など、丁寧の意を表す語を使う文体。▽普通の文は「常体」と言う。

けいだい【境内】神社・寺院の敷地の内。▽もと一般に、くぎりの内部。

けいたく【恵沢】めぐみ。なさけ。

げいだん【芸談】芸能・芸道の秘訣(ひけつ)や苦心を語る体験的な話。

けいちつ【啓×蟄】二十四気の一つ。陽暦の三月五日前後。「―の候」▽冬ごもりの虫がはい出る意。

けいちゅう【傾注】『名・ス他』傾けてそそぐこと。特に、ある事に心を集中すること。「全力を―する」

けいちょう【傾聴】『名・ス他』(耳を傾けて)熱心にきくこと。「―に値する」

けいちょう【慶兆】おめでたい事の前兆。吉兆。

けいちょう【慶弔】よろこび祝うべき事と悲しみとむらうべき事。

けいちょう【敬弔】『名・ス他』つつしんでとむらうこと。

けいちょう【敬重】『名・ス他』うやまい重んじること。

けいちょう【軽重】軽いのと重いのと。重大な事とそうでもない事。また、軽いか重いかの度合。重さ。けいじゅう。「鼎(かなえ)の―を問う」(↓かなえ)

けいちょう【軽×佻】『名ナノ』考えが浅く、調子にのって行動する様子。「―浮薄」 派生 **-さ**

けいつい【×頸椎】脊柱のうち、頭蓋骨につながる首の部分の骨。哺乳(ほにゅう)類では普通、七個ある。

けいてい【兄弟】兄と弟。男のきょうだい。▽「きょうだい」と読む時と違って姉妹を含まない。「―がつけがたい」では比喩的に優劣の意。

けいてい【径庭・×逕庭】かけ離れの程度。へだたり。「―がない」▽「径」「逕」は狭い道、「庭」は広場。

けいてき【警笛】警告・注意のために鳴らす笛。

けいてん【経典】聖人・賢人が著述した書物。㋐経書。㋑↓きょうてん(経典)

けいでん【経伝】経書とその解釈書(=伝)。

けいでんき【継電器】ある回路の電流の断続に応じて、別の回路を開閉する装置。電話交換器などに使われる。リレー。

けいと【毛糸】動物(羊など)の毛をつむいだ糸。

けいど【経度】イギリスの旧グリニッジ天文台を通って南極と北極とを結ぶ線を基準とし、この経線を含む平面と、任意の経線を含む平面とが、地球の中心に対してなす角度。東経一八〇度、西経一八〇度まである。↕緯度

けいど【軽度】『名ナノ』程度が軽いこと。度合がひどくないこと。

けいとう【傾倒】『名・ス自他』①全心を傾けて、また、持っているもののすべてを出しきって、その仕事に当たること。「平和交渉に全力を―する」②ある人や物事に熱中すること。「カントに―する」

けいとう【恵投】『名・ス他』↓けいぞう(恵贈)

けいとう【系統】①一定の順序を追って、または原理によって、並んでいる(統一のある)つながり。特に、一族の血統。②一つながりになるもの。㋐組織の中での同類のもの。「事務―の職員」㋑バスや路面電車のルート。「運転―」 **―じゅ**【―樹】生物が共通の祖先から進化して、複数の種へと枝分かれしていく様を描いた図。 **―てき**【―的】『ダナ』順序だった筋道に従って組み立てられているさま。「―に説明する」

けいとう【継投】『名・ス自』野球で、試合中に別の投手が代わって投げること。また、何人かの投手で一試合を投げること。「複数の投手で―する」▽↓リリーフ(1)

けいとう【鶏頭】夏・秋にニワトリのとさかに似た赤・黄などの花が咲く一年草。園芸品種が多く、花が球状・羽毛状に咲くものもある。▽ひゆ科。

げいとう【芸当】特別の技術を伴って演じるわざ。㋐演芸や曲芸。㋑はなれわざ。「無類の―で読者を魅了する」

げいどう【芸道】技芸や芸能の道。

けいどうみゃく【×頸動脈】くび(=頸)の左右にあって頭部に血を送る、太い動脈。

げいなし【芸無し】何の芸も身につけていないこと。そういう人。無芸。

げいにん【芸人】①遊芸・演芸を職業とする人。②転じて、遊芸がうまい人。

けいねん【経年】年月を経ること。「―調査」「―変化」

げいのう【芸能】映画・演劇・歌謡・舞踊・落語など、大衆的娯楽の総称。演芸。「―界」▽本来は、学芸・技能の才、転じて芸事(げいごと)の意。

けいば【競馬】馬に乗って行う競走。「―場」▽現在では、馬券を売って賭けさせる、公認の賭博。

げいは【鯨波】ときの声。「―をあげる」▽もと、大波の意。

けいはい【軽輩】身分の低い者。「―の身」▽やや古風。

けいはい【×珪肺】塵肺(じんぱい)の一種。珪酸を含む粉塵を多量に吸い込むことで起こる。採石場・陶磁器工場などに多い。▽俗に「よろけ」と言う。

けいばい【啓培】『名・ス他』無知の者に知識を得させ、りこうにすること。▽「啓発培養」の略。

けいばい【競売】『名・ス他』〔法〕↓きょうばい

けいはく【敬白】つつしんで申すこと。▽「白」は申すの意。書簡・願文(がんもん)などの末に使う。

けいはく【軽薄】①『名・ダナ』態度に重みや慎重さがなく、軽々しいこと。あさはかで、うわすべりしているさま。↕重厚。 派生 **-さ** ②『名』おせじ。「例の―を言う」▽(2)は古風。

けいばく【×繫縛】『名・ス他』つなぎしばること。束縛。

けいはつ【啓発】『名・ス他』無知の人を教え導き、その目をひらいて、物事を明らかにさせること。「自己―」

けいばつ【刑罰】国家が、法にそむいて罪を犯した者に加える制裁。「―を科する」

けいばつ【警抜】『名ナノ』群を抜いてすぐれて、人の意表をついていること。「―な文章」

けいばつ【×閨閥】妻の実家やその親類の勢力を中心に結んだ人々(のつながり)。

けいはんざい【軽犯罪】軽い犯罪。いたずら・不行儀などで、軽犯罪法に列挙してある行為。「―に問われる」

けいひ【×桂皮】桂(けい)(1)の樹皮。色は赤く、芳香と辛味がある。薬用・芳香剤用。ニッケイなど近縁の植物の樹皮にも言う。香辛料としてはシナモンと呼ばれる。

けいひ【経費】ある事をするのに必要な費用。また単に、費用。かかり。「―節減」▽もと、定まった平常の費用。

けいび【経鼻】(薬などを)鼻の中を通すこと。鼻から与えること。「―栄養チューブ」

けいび【警備】『名・ス他』万一の場合に備え、周囲によく注意して守ること。「国境の―に立つ」「―員」

けいび【軽微】『名ナ』ほんのすこし。わずか。「―な負傷」「損害は―だ」

けいひつ【警×蹕】神殿のとびらをあける時などに、神職が出す「おお」という声。▽昔、天皇の出入、貴人の通行、神事などでの、先払いの掛け声。「蹕」は通行者を止めて道を清める意。

けいひん【景品】①商品に添えて客に贈る品。景物。おまけ。②催しの参加者に、労をねぎらったり技量をほめたりするため、与える品。

げいひん【迎賓】賓客を迎えもてなすこと。「―館」(外国の元首などをもてなすための施設)

けいふ【系譜】①系図。②比喩的に、系統。「自然主義文学の―」

けいふ【継父】実父や養父でない、母の夫。ままちち。

けいぶ【警部】警察官の階級の一つ。警視の下で、警部補の上。

けいぶ【軽侮】『名・ス他』人をばかにして見下げること。軽く見てあなどること。

けいぶ【×頸部】くび。くびの部分。

けいふう【軽風】そよそよと吹く風。微風。▽気象学などで、頰に感じられ、木の葉が揺れる程度の風。

げいふう【芸風】俳優や演芸家が芸をする時の、その人に独得の仕方・持ち味。

けいふく【慶福】めでたいこと。さいわい。よろこび。

けいふく【敬服】『名・ス自』うやまって従うこと。感心しうやまうこと。

けいぶつ【景物】①花鳥風月など、四季のその折々の風物。②風情(ふぜい)を添えるもの。興味をそそる物。「とんだ―」(予期せず起こった、ちょっと面白い出来事) ③→けいひん。 **―し【―詩】**四季のその折折の風物をよみ込んだ詩。風物詩。

けいふぼ【継父母】継父と継母。

けいふん【鶏×糞】ニワトリの糞(ふん)(を乾かした肥料)。

げいぶん【芸文】(美術・音楽などの)芸術と文芸。また、単に文芸。▽もと、学問と技芸(技術)。

けいべつ【軽蔑】『名・ス他』ばかにすること。かろんじさげすむこと。「―のまなざし」「―的な笑い」

けいべん【軽便】『名・ダナ』手軽に出来ていて、または手軽に使えて、便利なこと。派生 **―さ** **―てつどう【―鉄道】**線路の間の幅が狭く、小型の機関車・車両を使う、構造の簡単な鉄道。

けいぼ【敬慕】『名・ス他』尊敬して人柄を慕うこと。

けいぼ【継母】実母や養母でない、父の妻。ままはは。

けいほう【刑法】罪人を罰するおきて。犯罪・刑罰を規定した法律。

けいほう【警報】(あらし・出水・火事・空襲など)重大災害や危険が起こりそうな時、それを一般の人に注意して警戒させるための知らせ。「津波―」「―器」

けいぼう【警棒】警官が腰にさげる、護身・逮捕用の棒。

けいぼう【警防】危険・災害を警戒し防ぐこと。「―団」

けいぼう【×閨房】ねや。寝室。また、女性の居間。

けいま【×桂馬】将棋で、前方二つ目のますの左または右にだけ進める駒。けい。「―とび」

けいみょう【軽妙】『名・ダナ』軽やかで、うまみがあること。気がきいていてうまいこと。「―なしゃれ」 派生 **―さ**

けいむ【警務】警察の事務。

けいむしょ【刑務所】自由刑に処せられた者を収容しておく施設。▽→こうちしょ・けいじしせつ

けいめい【鶏鳴】①にわとりが鳴くこと。その鳴き声。②一番どりが鳴くころ。午前二時ごろ。転じて、夜明け。

げいめい【芸名】芸能人として、本名以外につけた名。

けいもう【啓×蒙】『名・ス他』無知の人を啓発して正しい知識に導くこと。▽「啓」はひらく、「蒙」は暗い意。 **―しゅぎ【―主義】**ヨーロッパでルネッサンス後期から十八世紀後半にかけて起こった、革新的思想運動の立場。合理主義に立ち、因襲・迷信の打破、人間の解放を目ざした。

けいもん【×閨門】ねや(＝閨)の入口の戸。寝室のなか。転じて、夫婦のなか。「―が治まる」(家庭内の風儀に乱れがない)

けいやく【契約】『名・ス他』約束(すること)。一定の法律的効果を発生させる目的で、相対する当事者の合意によって成立する、法律行為。「民間企業と―する」「―を結ぶ」「―書」 **―しゃいん【―社員】**身分が正社員でなく、企業と契約した期間に限って(時には専門的な)業務に従う者。▽一九七五年ごろ言い出したか。業務内容はさまざま。

けいゆ【経由】『名・ス自』経て行くこと。ある所に行くのに他の場所を通って行くこと。また、ある事を行うのに、中間の機関を通じること。「―手続き」

けいゆ【軽油】原油を分留して得る、重油より軽く灯油より重い油。精製直後は無色透明。ディーゼル エンジンの燃料などにする。

げいゆ【鯨油】鯨(くじら)のあぶらみ・内臓などからとった油。せっけんの原料などにした。

けいよ【刑余】以前に刑罰をうけたこと。前科があること。

けいよ【恵与】『名・ス他』①恵みをもって与えること。②転じて、他から物を与えられることを敬って言う語。

けいよう【形容】①『名・ス他』ものの姿や性質などを、いろいろなことば・たとえを使って言い表すこと。「―しがたい惨事」②『名』顔かたち。姿。様子。ありさま。

けいよう【掲揚】『名・ス他』掲げあげること。(旗を、さお・塔などに)高々とあげること。「校旗―」

けいら【警×邏】『名・ス他』警戒のために見まわること。またその人。パトロール。

けいら【軽羅】軽くて薄い絹布。

けいらく【経絡】①ものの筋道。②東洋医学で、つぼとつぼを結びつらねる筋道。▽「経」は身体を縦に走るもの、「絡」は横に走るもの。

けいらん【鶏卵】にわとりのたまご。

けいり【経理】《名・ス他》金銭出納・財産に関する事務処理をすること。その処理・管理。▽もと、おさめ整える意。

けいりし【計理士】→こうにんかいけいし。▽一九四八年、計理士法が廃止された。

けいりゃく【経略】《名・ス他》国家を治めること。また、天下を経営し四方を征伐すること。

けいりゃく【計略】はかりごと。もくろみ。謀略。「―にまんまとひっかかる」

けいりゅう【渓流・×谿流】谷川。その流れ。

けいりゅう【係留・×繋留】《名・ス他》(綱で)つなぎとめること。「ボートを―する」「―気球」

けいりょう【計量】《名・ス他》①(長さや重さなど)物の量をはかること。②数量を通して現象を捉え、分析すること。「―カップ」「―経済学」

けいりょう【軽量】目方(体重)が軽いこと。↔重量。「―級」「車体の―化」

けいりん【競輪】①地方公共団体が財政収入を得るために行う、職業選手による自転車競走。その勝負を客に賭けさせる。②競輪⑴の競技方式を取り入れた自転車競技。▽⑵は「ケイリン」と書く。

けいりん【経×綸】国家を治めととのえること。その策。

げいりん【芸林】文芸家の社会。芸苑(げいえん)。

けいるい【係累・×繋累】(親・妻子など)面倒を見なければならない家族たち。「―を断つ」▽身をつなぎ、しばる意。

けいれい【敬礼】《名・ス自》敬って礼をすること。丁寧におじぎをすること。またその礼。

けいれき【経歴】今までに経てきた学業・仕事・地位などの事柄。履歴。▽もと、経てきたことの意。

げいれき【芸歴】これまでの芸の経歴やその年数。「幅広い―を持つ」「―二十年」

けいれつ【系列】組織だって並んでいる、一連の物事。また、その序列。「―会社」

けいれん【×痙×攣】《名・ス自》筋肉がひきつること。ひきつり。「―を起こす」

けいろ【毛色】①毛の色。②様子。性質。種類。「―の変わった人間」

けいろ ①【経路・径路】ある(地)点から他の(地)点に、そこをたどって(移って)ゆく道筋。「山側の―を取って進む」「進入―」「流通―」②【径路・×逕路】道、特にこみち。「―が入り込む」▽⑵はかなり古風。

けいろう【敬老】老人を敬って大切にすること。

げいろう【鯨×蠟】マッコウクジラのあぶらからとれる蠟のようなもの。精製品はつやのあるもろい結晶。化粧品・軟膏(なんこう)・ろうそくの原料。

けいろく【鶏×肋】大して役には立たないが捨てるには惜しいもの。▽もと、鶏のあばらぼねのこと。

けう【△希有・×稀有】《名ナ》めったにない、珍しいこと。「百年に一人という―の人材」▽「希」「稀」は、まれの意。

けうと・い【気疎い】《形》うとましい。不愉快だ。派生 **-さ・-げ**

けうら【毛裏】うらに毛がついた衣服。うらけ。

ケーオー【KO】《名・ス他》ノックアウト(すること)。「―勝ち」▽knockout の略。

ケーキ ①西洋風の生菓子。洋菓子。「―に紅茶」「ショート―」②塊となったもの。「ツナ―」「カーボン―」▽cake

ケージ ①(ペットを入れたり動物園で展示に使用したりする)檻(おり)、籠。②(バッティング練習用の)防護用の網。③エレベーターの、人や荷物をのせる箱。▽cage

ゲージ ①編物で一定の大きさを編むための、基準となる目と段の数。②測定具の一種。物の長さ・幅・厚さ・太さ・直径などが、標準寸法どおりか否かが測りやすいように出来ている器具。③鉄道のレールの幅。軌間。▽gauge

ケース ①箱。入れ物。②場合。事例。▽case **―スタディー** 具体的な事例について調査・分析して問題の所在・原因などを究明し、一般的法則を引き出す研究方法。事例研究。▽case study **―バイ ケース** 原則にとらわれず、ひとつひとつの場合に応じて考え、適切な処置をとること。▽case と by と case とからの和製英語。 **―ワーカー** 精神的・肉体的・社会的な面で何らかの困難をもつ人の相談相手となって、解決指導に当たる人。▽case worker

ケーソン 地下の土木工事などに使用する、鉄筋コンクリートなどでできた巨大なはこ。地下水の流入を防ぎ、中で人が作業できるようにする。潜函(せんかん)。▽caisson

ケータイ〔俗〕→けいたい(携帯)⑵

ケータリング パーティーなどの会場に料理や飲料を配達するサービス。▽catering

ゲート 門。出入口。㋐飛行場の乗り場。㋑競馬で、スタート時に馬を入れる仕切り。▽gate **―ボール** 五人ずつ二組に分かれ、木球をスティックで打って三つのゲートを順にくぐらせ、ゴールポールに当てる球技。日本で考案され、高齢者スポーツとして普及。▽gate と ball とによる和製英語。

ゲートル 西洋風の脚絆(きゃはん)。▽フランス guêtre

ケープ ①防寒用、また、幼児用の、そでのない外套(がいとう)。②散髪・洗髪などの時、首から下をおおうもの。▽cape

ケーブル ①電気絶縁物でおおった電線。また、電気信号や光信号を通して送るための線。②麻や針金で作った太い綱。▽⑴⑵は cable ③「ケーブル カー」の略。 **―カー** 急斜面に敷いたレールを、斜面の上側から鋼索で引っぱって動かす仕組みの鉄道。▽cable car →ロープウエー。 **ーテレビ** 同軸ケーブル・光ファイバー ケーブルなどを用いたテレビ放送。有線テレビ。CATV。 ▽cable television から。

ゲーム（ルールのある）遊び。勝負事。「みんなでーをする」㋐競技。試合。㋑テニスなどで、セットの中の勝負の一区切り。「二ー連取」㋒専用の機器やパソコン・スマート フォン上でするもの。「ー機」「テレビー」「ーセンター」「コンピューターー」▽game **ーセット**（球技で）試合の勝負がついたこと。試合終了。▽game and set から。

けおさ-れる【気△圧される】〘下一自〙相手の勢いに心理的におされる。何となく圧倒される。

けおと-す【蹴落(と)す】〘五他〙①けって下へおとす。②自分がある地位につこうとして、他人を押しのける。失脚させる。「ライバルをー」

けおり【毛織(り)】毛糸で織ったこと。また、その織物。毛織物。

けが【△怪我】〘名・ス自他〙①（過失で負った）きず。負傷(すること)。②あやまち。過失。また、思いがけないこと。「ーの功名(こうみょう)」(災難・失敗だと思った事が意外なよい結果を生むこと) 関連 傷・負傷・傷痍(しょうい)・創傷・火傷(かしょう・やけど)・外傷・打撲傷・擦過傷・咬傷(こうしょう)・裂傷・凍傷・戦傷・致傷・死傷・刃傷(にんじょう)・挫傷(ざしょう)・深手・浅手

げか【外科】身体の外部のきず・でき物、内臓の疾患に対して、手術などをほどこす、医学の一分科。↕内科。「ー医」

げかい【下界】（天上から見た）人間の世界。この世。また、地上。「ーを見おろす」▽「かかい」と読めば別の意。

けかえ-す(かへす)【蹴返す】〘五他〙①けって、もとの方向へもどす。「ボールをー」②けってひっくりかえす。③けってきた相手に対し、こちらからもける。

けががち【△怪我勝(ち)】〘名・ス自〙実力でなく偶然のことで勝つこと。

けがき【毛描き】日本画で、人・鳥獣の毛を細い線にえがくこと。また、それに使う筆。

けがき【×罫書(き)・×罫描(き)】機械・器具の部品を作る時、その材料に加工上必要な(線・点の)しるしをつける作業。

けが-す【汚す・×穢す】〘五他〙触れる(する)べきでないものに触れて、そのものの清さを失わせる。美しいもの、清いものをよごし、きたなくする。㋐行いの節度を失って、醜くする。「心をー」「晩節をー」㋑名誉・尊厳を傷つける。「人妻をー」「家名をー」「身をー」 ▽みずから意図的にしたのでなく、結果的にそう見える場合にも使う。㋒人格・実力のない者が、高い地位につく。㋓転じて、自分がある地位や席につくことを、へりくだって言う。「末席をー」 ▽「よごす」に対し、精神面・道徳面について言う。

けがに【毛×蟹】北海道など北の海に産する、体全体に剛毛が生えたカニ。美味。▽くりがに科。

けかび【毛×黴】パン・肉・野菜によく繁殖するかび。灰白色または薄茶色で、のびた菌糸は毛髪が密生したように見える。▽けかび科けかび属のかびの総称。

けがまけ【△怪我負(け)】〘名・ス自〙実力があるのにうっかりして負けること。

けがらわし-い(けがらはしい)【汚らわしい・×穢らわしい】〘形〙それによって自分までけがれるような、いやな感じがする。㋐きたならしい。㋑いとわしい。不愉快だ。㋒下品でさげすむべきだ。㋓わいせつだ。 派生 **-さ** **-げ**

けがれ【汚れ・×穢れ】①けがれること。きたないこと。「ーを知らない子ども」「ーを祓う」▽精神的なものに多く使う。②㋐月経。㋑忌服(きぶく)・出産・月経などで神前に出るのをはばかること。▽(2)は古代の俗信による。

けが-れる【汚れる・×穢れる】〘下一自〙触れるべきでないものに触れたり、すべきでないことをしたりして、清さを失う。清いもの・美しいものがよごれ、きたなくなる。㋐不道徳な行いで清らかさを失う。「悪習で心がー」「ー・れた金」「血にー・れた手で正義を裁く」▽㋒の転。㋑名誉・尊厳にきずがつく。「履歴がー」「身がー」(罪をこうむったり貞操を破られたりした状態になる) ㋒忌服(きぶく)・出産・月経などで、身体が不浄になる。▽㋒は古代の俗信による。「よごれる」に対し、主に精神面・道徳面について言う。

けがわ(けがは)【毛皮】毛がついたままの獣の皮。

げかん【下×浣・下×澣】月末の十日間。下旬。▽↓じょうかん(上浣)

げき【×檄】敵の罪悪などをあげ、自分の信義・意見を述べて、公衆に呼びかける、また、決起をうながす文書。檄文(げきぶん)。「ーを飛ばす」(転じて、奮起を促す。はげます) ▽昔、中国で召喚や説諭のため政府・官庁から出した、木札に書いた文書。

げき〔隙〕 ゲキ すき ひま ― 物と物との間の空間。すきま。互いの心がぴったりしないこと。不和。仲たがい。「間隙・空隙・寸隙」▽「隟」は異体字。

げき〔＊劇〕 ゲキ はげしい ― ①力を出してはげしく働く。はげしく強い。忙しい。「劇甚・劇烈・劇痛・劇薬・劇震・劇論・劇務・劇職・繁劇・忽劇(そうげき)」②〘名・造〙たわむれる。たわむれ。しばい。「劇を見る」「劇場・劇団・劇界・劇評・劇作・劇的・演劇・喜劇・悲劇・活劇・寸劇・歌劇・新劇・京劇・惨劇」

げき〔撃〕〔人撃〕 ゲキ うつ ― ①手または物で強くうつ。たたく。「撃鼓・撃攘(げきじょう)・撃砕・撃剣・打撃・衝撃・射撃・銃撃・砲撃・狙撃・目撃」②力によってせめる。武力を加える。「撃滅・撃破・撃退・撃沈・攻撃・進撃・追撃・突撃・襲撃・排撃・駁撃(ばくげき)・反撃・爆撃・雷撃・遊撃・電撃」

げき【〘*激〙ゲキ はげしい】①はげしくうちあたる。勢いがつよい。はげしい。きびしい。はなはだしい。変化が急で著しい。「激烈・激甚・激越・激変・激増・激化・激動・激震・激突・激賞・激怒・激痛・激務・激論・激戦・急激・過激」▽和語に付け「激辛(から)」「激似(に)」「激うま料理」「激安(やす)」のように言う用法も生じた。週刊誌やテレビでは「激白」「激写」など大仰(おおぎょう)な表現も使う。②強くつき動かす。はげます。たかぶる。感情をはげしく動かす。「激励・激昂(げっこう)・感激・憤激・奮激」

げきえいが【劇映画】物語の筋をもった映画。▽ニュース映画・文化映画などと区別して言う。

げきえつ【激越】〘ダナ・ス自〙①声が激しく高いこと。「―な口調」②感情が激しく高ぶって荒々しいこと。「―した感情」派生 ―さ

げきか【劇化】①〘名・ス他〙事件・小説などを劇に脚色(して上演)すること。②〘名・ス自他〙↓げきか(激化)

げきか【激化】〘名・ス自他〙激しくなること。激しくすること。「宣伝競争が―する」▽「劇化」とも書く。また、「げっか」とも言う。

げきが【劇画】①紙芝居の別称。②物語を、絵(と文と)を連ねて、構成した読物。▽滑稽(こっけい)を主にする漫画と区別して一九六〇年代に言い出されたが、八〇年代後半には「漫画」の称に吸収されるようになった。

げきかい【劇界】演劇・俳優の社会。演劇界。劇壇。

げきげん【激減】〘名・ス自〙急激にへること。↕激増

げきご【激語】興奮して発する激しい言葉。「―を発する」

げきさい【撃砕】〘名・ス他〙敵などを攻めて打ち砕くこと。

げきさく【劇作】〘名・ス自〙しばいの脚本を作ること。また、その脚本。

げきし【劇詩】戯曲形式で書かれた詩。多く、上演を目的としないで、読まれる詩として書かれたもの。▽「詩劇」と同義にも用いられる。

げきしゅう【激臭・劇臭】耐えられないほど刺激の強いにおい。「鼻をつく―」

げきしょ【激暑・劇暑】きびしい暑さ。酷暑。

げきしょう【激症・劇症】病気の進行が早く、症状がひどいこと。「―肝炎」

げきしょう【激賞】〘名・ス他〙盛んにほめたたえること。

げきじょう【劇場】演劇や映画を客に見せるための設備をした場所。

げきじょう【撃×攘】〘名・ス他〙(敵を)うちはらうこと。

げきじょう【激情】激しく起こる感情。とどめがたいほど激しく強い感情。「―に駆られる」

げきしょく【激職・劇職】激しくいそがしい職務。激務。

げきしん【激震】①もとの震度階級の一つ。震度七。家屋の三割以上が倒壊し、山崩れや地割れ、断層を生じる、非常に強い地震。②比喩的に、大きな衝撃。「世界中に―が走った」

げきじん【激甚・劇甚】〘名ナ〙たいそう激しいこと。はなはだしいこと。「―な競争」「―災害」派生 ―さ

げき-する【×檄する】〘サ変自〙檄(げき)をおくる。

げき-する【激する】①〘サ変自〙激しくなる。勢いが増す。㋐流れが激しくつき当たる。「岩に―水」㋑荒立つ。「風波が―」「言葉が―」㋒いきり立つ。おこる。「―した心を静める」㋓感動してふるい立つ。②〘サ変他〙はげます。

げきぜつ【×鴃舌】意味が通じない外国人(野蛮人)の言葉。▽鴃(もず)のさえずりの意で、いやしめて言った。

げきせん【激戦】〘名・ス自〙両軍が全力を尽くす激しい戦い。「―地」。(試合・競争・試験などでの)激しい争い。「選挙の―区」

げきぞう【激増】〘名・ス自〙急激にふえること。↕激減

げきたい【撃退】〘名・ス他〙(敵などを)うちしりぞけること。うちはらうこと。「押売りを―する」

げきたん【激×湍】勢いの激しい谷川の流れ。はやせ。

げきだん【劇団】劇を上演する人々の団体。

げきだん【劇壇】↓げきかい

げきだん【劇談】①㋐いそがしく(激しく)語る話。㋑激しい談判。②演劇についての話。

げきちゅうげき【劇中劇】劇の一場面として演じる別の劇。

げきちん【撃沈】〘名・ス他〙艦船を砲撃・爆撃・雷撃によって沈めること。

げきつい【撃墜】〘名・ス他〙航空機を砲撃・銃撃して落とすこと。

げきつう【激痛・劇痛】はげしい痛み。「―が走る」

げきつう【劇通】演劇や劇界の事情に明るいこと。また、その人。芝居通。

げきてき【劇的】〘ダナ〙①劇で見るように、緊張・感激を呼び起こし、強い印象を与えるさま。「―なシーン」。劇の筋のように、平凡でなく起伏が多いさま。「―な生涯」②程度がいちじるしいさま。「新薬の―な効果」

げきと【△逆×睹】〘名・ス他〙物事の結末を前もって見てとること。「―すべからず」▽「ぎゃくと」とも言う。

げきど【激怒】〘名・ス自〙激しく怒ること。ひどい立腹。

げきとう【激闘】〘名・ス自〙激しく戦うこと。その戦い。

げきどう【激動】〘名・ス自〙激しくゆれ動くこと。「戦後の―期」「―する国際情勢」

げきどく【劇毒】激しい作用をもつ毒。猛毒。

げきとつ【激突】〘名・ス自〙激しく突き当たり、ぶつかり合うこと。

げきは【撃破】〘名・ス他〙①敵をうちやぶること。「各

個―」②撃沈・撃墜まではいかない損害を与えること。

げきはつ【激発】〘名・ス自他〙激しく起こること、起こさせること。励ましふるいたたせること。

げきひょう【劇評】(上演された)劇に対する批評。

げきぶつ【劇物】医薬品とは別に、毒物及び劇物取締法で定められた、毒性のある物質。毒物よりは毒性が低い。

げきふん【激憤】〘名・ス自〙激しくいきどおること。また、そのいきどおり。憤激。

げきぶん【×檄文】→げき(檄)

げきへん【激変・劇変】〘名・ス自〙ありさまや情勢が急激に変化すること。その変化。

げきむ【激務・劇務】激しく忙しい務め・仕事。「―に耐える」

げきめつ【撃滅】〘名・ス他〙(敵などを)再び敵対はできなくなるほどうちほろぼすこと。

げきやく【劇薬】作用が激しく、使い方を誤ると生命にかかわる非常に危険な薬品。

けぎらい(ぎらひ)【毛嫌い】〘名・ス他〙これといった理由もなく、ただ感情的にきらうこと。▽闘鶏で、鶏が相手の毛なみをきらって蹴合わないことから出たといわれる。

げきりゅう【激流】激しい勢いの流れ。

げきりょ【△逆旅】やどや。旅館。▽旅客を迎える(=逆)所の意。

げきりん【△逆×鱗】天子の怒り。また、目上の人の怒り。「―に触れる」▽竜のあごの下にある、さかさのうろこに触れる者は必ず殺されるという中国の故事による。天子を竜にたとえる。

げきれい【激励】〘名・ス他〙大いに励ますこと。励まして気を引き立てること。

げきれつ【激烈・劇烈】〘ダナ〙物事が働く勢いの非常に激しいさま。「―な競争」派生 **-さ**

げきろう【激浪】荒く激しい波。

げきろう【△逆浪】→ぎゃくろう

げきろん【激論】〘名・ス自〙互いに譲らず、激しく議論すること。激しい議論。「―をたたかわせる」

げくう【外△宮】伊勢(いせ)神宮の一つ。三重県伊勢市に鎮座。豊受(とようけ)大神を祭る。穀物の神である。↕内宮(ないくう)。▽「げぐう」と言うのは誤り。

げけつ【下血】〘名・ス自〙消化管内の出血が肛門(こうもん)から外に出ること。

げげん【化現】〘名・ス自〙神仏が姿をかえてこの世に現れること。

けげん【△怪×訝】〘ダナ〙その場の事情などがわからず、納得(なっとく)がいかないさま。いぶかしいさま。「―(そう)な面持(おもも)ち」派生 **-さ -がる**

けご【毛△蚕】卵からかえったばかりの、かいこ。▽長い毛がはえている。

げこ【下戸】酒が飲めない人。↕上戸(じょうご)

げこう【下向】〘名・ス自〙①低い方へくだること。②都からいなかへ行くこと。③参拝した神社・寺から帰ること。

げこう【下校】〘名・ス自〙児童・生徒が学校から帰途につくこと。↕登校

げこく【下刻】一刻(=今の二時間)を三分した最後の時刻。↕上刻・中刻。「辰(たつ)の―」

げごく【下獄】〘名・ス自〙刑に服するため監獄(刑事施設)にはいること。

げこくじょう【下×剋上・下克上】下位の者の勢力が上位の者にうちかつこと。臣として君をしのぐこと。▽「剋」は勝つ意。「克」は代用字。

けこみ【蹴込(み)】①入口のくつぬぎの下。②階段の踏み板と踏み板との間の垂直の部分。③人力車で客が足をおく部分。

けこ-む【蹴込む】①〘五他〙けって中に入れる。②〘五自〙元金にくい込んで損失となる。

げこん【下根】〔仏〕仏道修行の能力・素質が乏しい者。↕上根。▽→こん〘根〙(3)

けさ【〈今朝〉】きょうの朝。この朝。

けさ【×袈×裟】①僧侶(そうりょ)の衣服。左肩から右脇下にかけて、衣をおおう長方形の布。法衣(ほうえ)。▽梵語(ぼんご)。②「けさがけ」の略。 **―がけ**【―懸け】①(けさをかけたように)一方の肩から斜めに他方の脇にかけて物をかけること。②→けさぎり。 **―ぎり**【―斬り】肩から斜めにきりおろすこと。けさがけ。

げざ【下座】①〘名〙しもざ。末席。↕上座(じょうざ)。「―につらなる」②〘名〙芝居・寄席(よせ)の囃子方(はやしかた)。▽「外座」から転じた。③〘名・ス自〙貴人に対し座をさがって平伏する礼。「土(ど)―」

げざい【下剤】大便を排出させるためにのむ薬。くだしぐすり。「―をかける」

げさく【下作】①〘名〙よくない出来あがり。できのわるい物。↕上作。②〘名ナ〙いやしく下品なこと。

げさく【下策】まずいはかりごと。へたな手段。↕上策

げさく【△戯作】たわむれに作った文章。特に、江戸時代の俗文学。読本(よみほん)・黄表紙(きびょうし)・洒落本(しゃれぼん)・人情本の類。 **―しゃ**【―者】戯作を書く人。特に江戸時代の俗文学作者。

げざん【下山】〘名・ス自〙①山をおりること。↕登山。②(ある期間修行した後)寺から家に帰ること。▽「げさん」とも言う。

けし【〈罌粟〉・×芥子】①五月ごろ紅・紫・白などの花が咲く越年草。種子は非常に小さい。未熟な実から阿片(あへん)を製する。▽けし科。麻薬原料植物として一般の栽培は禁じられている。②カラシナの種子。非常に小さい。③「けしだま」の略。

げし【夏至】二十四気の一つ。太陽が最も北に寄り、北半球では昼が一番長い日。陽暦六月二十二日ごろ。↕冬至(とうじ)

げじ(げぢ) 暗く湿った場所にすむ、体長三センチほどで足がたくさんある虫。ムカデに似るが、足がずっと長

い。げじげじ。▽広くは、むかで綱げじ目の節足動物の総称。歴史的仮名遣いは「げじ」とも。

げじ【下知】↓げぢ

けしあたま【×芥子頭】けしぼうずの頭。

けしいん【消印】消したしるしに押す印。特に、郵便局で切手・はがきに使用済みのしるしに押す日付印。

けしか‐ける《下一他》(犬などを)勢いづけて相手に立ち向かわせる。そそのかして、自分の思う通りに行動させる。

けしからぬ《連語》↓けしからん

けしからん《連語》道理や礼儀に反していて良くない。不届きだ。「―行い」「彼の言い分は―」▽文語形容詞「異(け)し」に由来する語。「けしからぬ」の転。

けしき【景色】①(かなり広い視界に入れた)山・川・海などのながめ。風景。▽「気色(けしき)」の転。なお、「気色」の意のときにも「景色」と書くことがある。②主に陶器に、焼きぐあいなどで現れた特別な色や模様などの風情。景(けい)。「茶わんの欠けた所をうまく継いで、かえって―になった」関連 眺め・眺望・見晴らし・展望・風景・風光・景観・風物・風月・山水・雪景色・夕景色・雪景・晩景・夜景・佳景・絶景・景勝・点景・盆景・近景・遠景・借景

けしき【気色】何かしようとする、また、何かが起ころうとする、(ほのかな)様子。㋐気持のあらわれ。そぶり。様子。「恐れる―もなく進み出る」㋑物事が動き出そうとするきざし。「秋の―が動く」「その霧はいつまでたっても晴れる―は見えません」(芥川龍之介「河童」)▽「けはい」よりは外面に現れている場合に言うが、「ありさま」ほどには客観的ではない。「きしょく」と読めば別の意。 **―ば‐む**《五自》怒りを顔や態度にあらわす。

げじき【下直】《名・ダナ》①値段の安いこと。安価。②価値の低いこと。安っぽいこと。↕高直(こうじき)。▽既に古風。

けしくち【消(し)口】火事を消すためにとりかかる場所、また、延焼をくいとめた場所。けしぐち。「―を取る」(他の火消の組より先に消口を作る)

げじげじ(げぢげぢ)①ゲジの俗称。②いやなやつを、ののしって言う語。「―野郎」▽歴史的仮名遣いは「げじげじ」とも。 **―まゆ**【―眉】濃く太く、げじげじの形に似た眉。

けしゴム【消(し)ゴム】鉛筆で書いたものをすり消すのに使う文房具。多く直方体の形をした、ゴムやプラスチックのかたまり。ゴムけし。字消し。

けしずみ【消(し)炭】まきの火を途中で消して炭状になったもの。また、木炭が燃え切らないうちに消したもの。火つきがよいので火種として使う。

けしだま【×芥子玉】けしつぶのような細かい玉を並べた模様。

けしつぶ【×芥子粒】①ケシの種子。②非常に小さい(つぶ状の)もののたとえ。

けしつぼ【消(し)×壺】火がついている炭・まきを入れて、ふたをして消すつぼ。ひけしつぼ。

けして《副》↓けっして

けしと‐ぶ【消(し)飛ぶ】《五自》勢いよくはね飛ばされて、なくなる。「爆発で火薬庫が―んだ」「一縷(いちる)の望みも―」「心配が―」

けしと‐める【消(し)止める】《下一他》①燃え広がる火をくいとめる。②比喩的に、他に広がるのを防ぎとめる。「デマを―」

けしにんぎょう【×芥子人形】非常に小さい人形。ひな祭りなどに用いた。豆人形。

けしぼうず【×芥子坊主】(子供の)頭の髪の毛をそって中央だけ丸く残したもの。

けじめ(けぢめ)①区別。「公私の―」②態度をはっきりさせること。けり。「彼女とは―をつける」③隔て。「―をくう」(仲間はずれにされる)

げしゃ【下車】《名・ス自》乗り物からおりること。↕乗車

けしゃく【×挂×錫】《名・ス自》↓かしゃく(挂錫)

げしゅく【下宿】《名・ス自》へや代(および食費)を払って他人の家のへやに住むこと。またその家。「―人」

けじゅす【毛×繻子】たて糸に綿糸、よこ糸に毛糸を使って織った、なめらかで、つやのある織物。

ゲシュタルト ゲシュタルト心理学の基本概念。全体を、部分の寄せ集めとしてでなく、ひとまとまりとしてとらえた、対象の姿。形態。▽(ドイツ) Gestalt

げしゅにん【下手人】自分で手を下して人を殺した者。広く、悪事をはたらいた張本人。「―をあげる」

げじゅん【下旬】月の二十一日から末日までの間。↕上旬・中旬

げじょ【下女】雑事をさせるために雇った女。女中。

けしょう【化生】①〔仏〕母胎や卵からでなく、忽然(こつぜん)と生じること。四生(ししょう=胎生・卵生・湿生・化生)の一つ。②〔仏〕形を変えて現れること。③ばけもの。変化(へんげ)。また、ばけること。▽↓かせい(化生)

けしょう【化粧】《名・ス自他》①おしろい・紅などを使って顔を美しく引き立たせること。「―品」②一般に、美しく飾ること。外観をきれいにすること。「―煉瓦(がれん)」 **―した**【―下】おしろい下。 **―しつ**【―室】①化粧に使う部屋。②便所の(遠回しな)別称。 **―だち**【―裁(ち)】製本や表具の際に、紙のはしをきれいに切り落とすこと。 **―ばこ**【―箱】①化粧道具をしまっておく箱。②進物用などにするためきれいに飾った箱。 **―まわし**【―×廻し】力士が土俵入りに使うまわし。前に垂れ下げる部分が、刺繍(ししゅう)などで美しい絵模様になっている。

げじょう【下乗】《名・ス自》乗っている物から降りること。㋐神社・仏閣などの境内に車馬を乗り入れてはならないこと。㋑貴人に対する礼として馬からおりること。

げじょう【下城】《名・ス自》城に詰めていた者が、その城から(帰宅のため)退出すること。↕登城(とじょう)

けじらみ【毛×虱】しらみの一種。体長二ミリ弱で、体は丸く扁平(へんぺい)。多く陰部につく。

けしん【化身】①神仏が姿を変えてこの世に現れること。神仏の生まれかわり。②抽象的なものが形をとって現れたもの。「悪の―」

げじん【外陣】神社・寺の建物の内部で、人々がすわっておがむところ。↕内陣。▽「がいじん」とも言う。

け-す【消す】《五他》①はっきりと(盛んな勢いで)現れていたものを、そうでない状態にする。㋐熱や光などを発していたものを、発しないようにする。「火事を―」「提灯(ちょうちん)を―」「つやを―」「電灯を―」。スイッチを切る。「ラジオを―」㋑(ぬぐったり削ったりして)見えなくする。「黒板の字を―」「姿を―」㋒除き去る。無くする。「毒を―」「邪魔者を―(=殺す)」。絶やす。「うわさを―」「録音を―」②『肝(きも)を―』非常な驚きや悲しみで、気が動転する。びっくりする。

げす【下△種・下△衆・下△司】①《名ナノ》心がいやしいこと。そういう人。「―の勘繰り」②《名》身分が非常に低い者。「―の知恵は後から」(下賤(げせん)の者は、事が終わってからようやく名案が出るということ) **―ば-る**【下△種張る】《五自》いやしい根性をまる出しにする。下品な態度をしている。

げすい【下水】①台所・ふろ場等から流れる汚れた水。②「下水道」の略。▽↕上水。 **―どう**【―道】下水を流すための管・みぞ。↕上水道

けすじ【毛筋】①一本一本の髪の毛。▽ごく小さなことのたとえにも使う。「―ほども疑わない」②髪にくしを入れたあとの筋目。③「毛筋立て」の略。髪の毛筋を正すのに使うくし。

ゲスト ①客。招待客。賓客。▽guest ②臨時の出席者。▽guest member から。

けずね【毛×臑・毛×脛】毛が多くはえたすね。

けずめ【蹴爪】↓けづめ

けずりぶし【削り節】かつお節などを、うすく削ったもの。調味用。

けず-る①【削る】《五他》㋐刃物を使って、物の面を少しずつ欠けさせる。「小刀で鉛筆を―」「かつおぶしを―」「板を―」㋑そぎ取るようにして、除く、または減らす。「リストから名を―」「予算を―」②【×梳る】《五他》くしで髪をとかす。くしけずる。

げせつ【下拙】《代》へりくだって自分を指す語。▽今は使わない。

げせない【解せない】《連語》理解・納得できない。わからない。▽「ない」の部分は、「ぬ」「ません」でもよく、それら三つの活用形でもよい。

ケ セラ セラ なるようになるさ。▽一九五六年のアメリカ映画の主題歌 'Que sera, sera' から流行。

げ-せる【解せる】《下一自》理解・納得できる。わかる。▽↓げせない。「それを聞いてやっと―・せた」のような使い方は古風。

ゲゼルシャフト 人間社会の型の一つ。その団体に加わって得られる利益が、成員の関心の中心になって結合される。利益社会。例、会社・労働組合。↕ゲマインシャフト。▽ドイツ Gesellschaft

げせわ【下世話】《名・ダナ》世間で俗に口にする言葉や話。「―にも聞かれる」。そういう通俗的なさま。「―な興味」「―にくだけた態度」

げせん【下船】《名・ス自》船からおりること。↕乗船

げせん【下×賤】《名ナノ》身分や生活が非常に低いこと。「―の身」

げそ〔俗〕すし屋などで、いかの足。▽「下足(げそく)」の略。

けそう【懸想】《名・ス自》人に思いをかけること。「小町娘に―する」▽古風な言い方。

げそく【下足】(人の多く集まる席などで)脱いだはきもの。「―番」

けそめ【毛染め】毛を染めること。また、それに使う薬剤。

けた【桁】①建物の柱の上に棟の方向に渡して、ささえとする材。↕梁(はり)。▽橋脚に渡したものをも言う。②㋐数値の位取り。「答えの―が違う」㋑転じて、規模。「人物の―がずっと大きい」③そろばんの珠(たま)をつらぬく縦棒。

げた【下△駄】①板の下側に歯を作りつけ、三つの穴をあけて鼻緒をすげた、はき物。「―をはかせる」(数量などを実際より大きく見せる。水増しする)「―をあずける」(相手にその処置を一任する)②印刷で、所要の活字がない場合など、その位置に他の活字を裏返しにして仮に入れておくもの。▽校正刷りでは下駄の歯の形「〓」になることから。

けたい【×懈怠】《名・ス自》なまけること。おこたり。▽「けだい」とも言う。

げだい【外題】①表紙に書いてある書名。↕内題。②芝居・講談などの題名。

けたお-す【蹴倒す】《五他》①けってたおす。②ふみたおす。「借金を―」(負債を返さずに済ませる)

けだか-い【気高い】《形》上品で高貴な感じがある。品格が高い。 派生 **-さ**

けたけた《副「と」》無神経に品悪く声を立てて笑うさま。「大口開けて―(と)笑う」

けだし【蹴出し】女性が腰巻の上に重ねて着るもの。すそよけ。▽着物の裾を上げて歩く時、腰巻が出るのを隠すため。

けだし【△蓋し】《副》考えてみるのに。思うに。「―名言だ」「竹所と号したのは―竹を好むゆえだ」▽文語的な語。推定する時に使う。

けだ-す【蹴出す】《五他》①足でけって出す。②転じて、支出を節約して予算から余りを出す。

けたたまし-い《形》びっくりするような、鋭い高い音がする。「もずが―・く鳴く」 派生 **-さ**

けたちがい【桁違い】①《ダナ》物事の価値や程度が他とかけはなれて違うさま。「―の強さ」②《名》数の位取りを間違えること。▽↓けた(2)

げだつ【解脱】《名・ス自》〔仏〕俗世間の束縛・迷い・苦

しみからぬけ出し、悟りを開くこと。また、死者の霊が修羅(しゅら)の妄執(もうしゅう)をのがれて浮かばれること。

けた-てる【蹴立てる】《下一他》①荒々しくける(ように踏む)。荒々しくふるまう。「席を―てて帰る」②勢いよくけるようにして土けむりや波を起こす。「軍艦が波を―てて進む」

げたばき【下△駄履き】①げたをはくこと。「―で歩く」②一階を商店・事務所などに、二階以上を住宅にした建物。「―住宅」③フロート(=浮舟)のついた水上飛行機の俗称。「―飛行機」

けたはずれ(:はづれ)【桁外れ】《ダナ》標準・規格と非常にかけはなれているさま。どはずれ。「―に大きい」

けだま【毛玉】①衣類の表面に立った毛羽が絡んで玉状となったもの。「セーターの―を取る」②犬や猫などの表面の毛が絡んだもの。③猫やウサギなどの胃の中で飲み込んだ毛が固まるもの。▽⑶は普通「毛球」と書く。

けだもの【△獣】①→けもの。▽「毛の物」の意。②粗暴で情けをわきまえない人をののしって言う語。

けたゆき【桁行】建物のけたが渡されている長さ。↕梁間(はりま)。「―四間梁間三間」

けだる-い《形》なんとなくだるい。派生 **-さ -げ**

げだん【下段】①下の段。②剣道・槍術(そうじゅつ)などで、低く構える型。▽↕上段・中段

けち ①《名・ダナ》しみったれ。㋐必要以上に物を惜しがること。そのような人。㋑みすぼらしく、くだらないこと。「―な服」「―な言い分」㋒心がせまいこと。「―な根性」派生 **-さ** ②《名》不吉。悪い因縁。難癖(なんくせ)。言いがかり。「他人の計画に―を付ける」

げち【下知】《名・ス他》→げぢ

げぢ【下知】①《名・ス他》さしず(すること)。言いつけ。②《名》鎌倉・室町時代の、裁判の判決(文)。▽現代仮名遣いに、この語の「知」を「じ」とすべき根拠が無いから、「ぢ」の連濁と認めざるを得ない。

けちえん【△結縁】〔仏〕仏道に入る縁を結ぶこと。仏道に帰依(きえ)すること。

けちが-える(:ちがへる)【蹴違える】《下一他》①向きを間違えてける。②けって筋肉をちがえる。

けちがん【△結願】《名・ス自》〔仏〕日を定めて行った法会(ほうえ)・願立(がんだて)等の、日数が満ちること。満願。

けちくさ-い【けち臭い】《形》いかにもけちだ。心がいかにも狭い。「―考えだ」派生 **-さ**

けちけち《副[と]・ス自》わずかな金品も出し惜しみするさま。「―しないでご馳走(ちそう)する」「―(と)財布のひもを締める」

けちみゃく【△血脈】〔仏〕師から弟子(でし)に授け伝える法統。

ケチャップ トマトなどを煮つめ、香辛料で味付けした調味料。日本では「トマト ケチャップ」のこと。ソースのように使う。▽ketchup

けちら-す【蹴散らす】《五他》(荒々しく)けって散らす。また、追い散らす。けちらかす。「敵を―」

けち-る《五他》〔俗〕金銭などを出し惜しむ。「タクシー代を―」。不十分な数量で済ませようとする。「砂糖を―った菓子」▽「けち」を動詞化した語。

けちんぼう【けちん坊】けちな人。けちなこと。けちんぼ。▽→けち⑴㋐

けつ【穴】〔俗〕①尻(しり)。②びり。最後。▽→けつ〖穴〗

けつ〖*穴〗ケツ あな ―①土地がくぼんでうつろになっているあな。あなぐら。「穴居・穴隙・洞穴・墓穴・虎穴・偕老(かいろう)同穴」②鍼灸(しんきゅう)で鍼(はり)や灸(きゅう)を用いるべき人体部分。要所。「経穴・灸穴」▽→けつ(穴)

けつ〖*欠〗〖缺〗ケツ かける かく ―《名・造》こわれる。こわれ落ちて足りなくなる。そろっているはずのものが足りない。かける。かく。↕完。「欠をおぎなう」「欠損・欠漏・欠如・欠乏・欠本・欠礼・欠勤・欠席・残欠・補欠・出欠・不可欠・完全無欠」▽本来「欠」は、音「ケン」で、あくびの意。今「缺」の代用。

けつ〖*血〗ケツ ケチ ち ―①㋐ち。ちしお。「血液・血球・血漿(けっしょう)・血管・血脈(けつみゃく)・血行・血色・血肉・血書・血判・血涙・出血・止血・流血・鮮血・吐血・喀血(かっけつ)・膏血(こうけつ)・充血・貧血・献血・採血・輸血」㋑血のつながり。親子関係でたどれる間柄。「血統・血族・血縁・混血・純血」㋒〔仏〕法門のつながり。法門の相承。「血脈(けちみゃく)」②勢いさかんな生命力。「血気・血相・熱血・心血」③刀で人を切りころす。はげしいたたかい。「血路・血戦・無血占領」

けつ〖人訣〗ケツ わかれる ―①人と別れる。別れを告げる。「訣別・訣辞・永訣」②おくのて。奥儀。「口訣・秘訣・要訣」

けつ〖*結〗ケツ ケチ ゆう ゆわえる むすぶ ―①糸すじをたばねて一つにまとめる。むすびつける。ゆわえる。「結縄・結髪・結束・連結」②ばらばらであったものが、つながりあって一つにかたまる。「結氷・結晶・結集・結核・凝結・凍結」③約束してかたく結びつく。組をつくる。ちぎる。むすぶ。「結盟・結誓・結縁(けちえん)・結党・結社・結婚・団結」④組み立てて一つのものを作る。「結構・結界・結成」⑤一つのものができあがる。「結実・結果」⑥《名・造》しめくくりをつける。終わりになる。むすび。「結末・結了・結局・結論・結願(けちがん)・終結・完結・妥結・締結・帰結・起承転結」

けつ〖*決〗ケツ きめる きまる ―①最終的に定める。是非を判断する。思いきる。覚悟する。「決意・決断・決行・決算・決死・決心・決戦・決定(けってい)(けつじょう)・可決・裁決・判決・解決・対決・自決」②《名・造》相談をまとめる。議事の結論を出す。可否をきめる。「決をとる」「決議・決選・採決・議決」③堤が切れる。水があふれる。破れる。「決壊・

決潰・決河・決裂」④勢いがよいこと。「決起・決然」⑤わかれる。「決別」▽「訣(つけ)」の代用。

けつ〖*潔〗【潔】ケツ いさぎよい ―汚れがなくて清らか。人の心情・行為に不純なものがない。「潔白・潔斎・潔癖・清潔・廉潔・高潔・不潔・純潔」

けつ【傑】ケツ すぐれる ―すぐれている。まさる。ぬきんでる。すぐれた人物。「傑出・傑物・傑士・傑作・英傑・豪傑・人傑・女傑・怪傑」

げつ〖*月〗ゲツ ガツ(グヮツ) ガチ(グヮチ) つき ―①地球の衛星。つき。「月輪・月光・月影・月暈(げつうん)＝月のまわりに生じる、かさ)・月食・月齢・月桂(げっけい)・月下・月世界・明月・半月・残月・新月・満月・名月・観月・寒月・水月・月天子(がってんし)」②時間の単位。陽暦で一年を十二分した一区間。陰暦で月のみちかけのひとめぐり。つきぎめ。「月間・月刊・月報・月給・月俸・月謝・月収・月経・月賦・歳月・年月・日月(じつげつ)・今月・本月・臨月・先月・来月・毎月・十二箇月」。以下「ガツ」と読む。「月忌・月日・一月・二月・正月」③〘名・造〙七曜の一つ。また「月曜日」の略。「月水金」

けつあつ【血圧】血管の壁に及ぼす血液の圧力。「―低下」「高―症」

けつい【決意】〘名・ス自他〙意志をはっきりさだめること。はっきりさだめた意志。決心。「退陣を―する」「―を固める」

けつい【欠位・×缺位】その地位にいるべき人が欠けること。それで欠けた地位。

けついん【欠員・×缺員・×闕員】定員にまで達していないこと。定員をみたしていないこと。その人数。「―ができる」「―を埋める」

けつえき【血液】動物の体内をめぐり流れる液体。種々の血球を含み、体の細胞に栄養分や酸素を与え、二酸化炭素等を運び去る。「―の凝固」「―センター」(輸血用血液の確保・保管・供給を業務とする施設) **―がた**【―型】血球と血清の凝集反応をもとにして血液を分類した型。ＡＢＯ式・Ｒｈ式のほか、いくつかの分類方式がある。

けつえん【血縁】(親子・兄弟など)血のつながりがある関係。血すじ。また、その人。血族。「―関係」

げつおう【月央】つきなかば。▽取引関係で使う。

けっか【欠課・×缺課】〘名・ス自〙課業に欠席すること。学生や生徒がある時間だけ講義に出席しないこと。

けっか【決河】大水で、川の堤を破って水があふれ出ること。「―の勢い」

けっか【結果】①〘名・ス自他〙ある物事・行為から生じた状態(になること)。↕原因。「試験の―」「予想外の―を招く」「より良い政策効果を―する」「―を出す」(好ましい結果を出す。プロ野球から広まった言い方)▽副詞的にも使う。「努力の―完成した」。⑵の転。②〘名・ス自〙植物が実を結ぶこと。その結んだ実。結実。「この品種の梅(に)は―が多い」 **―せきにん**【―責任】故意、過失の有無にかかわらず、結果として生じた損害に責任を負うこと。 **―ろん**【―論】結果を見たあとになってからする議論。また、結果のよしあしだけ重視した議論。

げっか【月下】月の光がさしている所。 **―びじん**【―美人】初夏から初秋の夜、純白大輪の美しく香りのよい花が咲く、常緑の多肉植物。花は一晩でしぼむ。▽さぼてん科くじゃくさぼてん属の一種。 **―ひょうじん**【―氷人】男女の縁をとりもつ人。仲人(なこうど)。▽「月下老人」と「氷人」との複合語。「月下老人」も「氷人」もなこうどのこと。中国の故事による。

げっか【激化】〘名・ス自他〙→げきか(激化)

けっかい【決壊・決潰】〘名・ス自他〙(堤防などが)切れてくずれること。また切りくずすこと。「―箇所」

けっかい【結界】〔仏〕①修行や修法(しゅほう)のために一定区域を限ること。また、修法で魔障を入れないようにした一定区域。「―を張る」②仏前で内陣・外陣(げじん)、僧・俗を区別するのに設けた、木の柵。

けっかい【血塊】血のかたまり。

けっかく【欠格・×缺格】必要な資格を備えていないこと。↕適格。「―事由」

けっかく【結核】①〔医学〕㋐結核菌によって起こる、小さな結節状の病変。㋑結核菌によって起こる慢性感染症。結核症。特に肺結核。②〔鉱物〕水成岩・凝灰岩の溶液で、核のまわりに沈殿してできたかたまり。

げつがく【月額】ひと月あたりの金額。

けっかふざ【結×跏×趺×坐】仏の、また禅の修行をする時のすわり方。左右の足の甲をそれぞれ反対の股(もも)にのせて、足の裏が上を向くように組む。▽「跏」は足の裏、「趺」は足の甲。

けつがん【×頁岩】粘土が固まってできた水成岩。板状でやわらかく、薄くてはがれやすい。泥板岩。シェール。▽俗に「ページがん」とも言う。

けっかん【欠陥・缺陥】欠けて足りないもの。不備。欠点。

けっかん【血管】体内をめぐる血液が通るくだ。

げっかん【月刊】定期的に毎月出版すること。その出版物。「―誌」

げっかん【月間】(特別な行事のある)一か月間。「消費者―」

けつぎ【決議】〘名・ス他〙会議で、ある事柄を取り決めること。会議で決定した事柄やその内容。

けっき【決起・×蹶起】〘名・ス自〙決意して立ち上がり、行動を起こすこと。「―をうながす」▽「蹶」は蹴る意。

けっき【血気】物事に激しやすい意気。向こう見ずの元気。「―にはやる」▽もと、生命を維持する身体の力。血液と気力。 **―ざかり**【―盛り】〘名ナ〙血気が一番盛んな年ごろ。若いころ。 **―のゆう**【―の勇】〘連語〙血気にかられた一時の勇気。向こう見ずの勇気。

けっきゅう【結球】『名・ス自』キャベツなどの葉が重なって球状になること。また、そうなったもの。

けっきゅう【血球】 血液中の細胞成分。哺乳(ほにゅう)類では赤血球・白血球・血小板がある。

げっきゅう【月給】 月単位で金額が定められた給料。「―取り」(サラリーマン)

けっきょ【穴居】『名・ス自』ほらあなに住むこと。

けっきょく【結局】《多く副詞的に使う》あげくのはて。最後におちつく状態。▽まれには「―するところ」の形でも使う。もと、囲碁を打ち終えたこと。

けっきん【欠勤・×缺勤】『名・ス自』つとめを休むこと。↕出勤。「無断―」

げっきん【月琴】 四絃(しげん)で平たく胴が丸い、中国伝来の楽器。

けっく【結句】 ①『名』詩歌の結びの句。②『副』結局。挙句に。「―困るのは自分だ」▽②は既に古風。

けづくろい【毛繕い】(けづくろひ) 動物が、舌でなめるなどして毛やからだをきれいにすること。

げっけい【月×桂】 ①月にあるというカツラの木。②転じて、月。また、月光。 **―かん【―冠】** ①ゲッケイジュの葉で作った冠(かんむり)。▽古代ギリシアで競技の優勝者に与えた。②最も名誉のある地位。また、そのしるし。 **―じゅ【―樹】** 地中海沿岸原産の常緑高木。葉には芳香があり、乾燥させたものをローリエと呼び香料にする。雌雄異株。春、淡黄色の花が咲く。▽くすのき科。

げっけい【月経】 成熟期の女性に約一か月の間隔で周期的に起こる子宮出血。つきのもの。メンス。

げっけいうんかく【月×卿雲客】 公卿(くぎょう)と殿上人(てんじょうびと)。身分の高い人々を言う。

けつげん【結言】 論文などの末に結論的な事柄を述べた、結びの部分。

げっけん【撃剣】 ↓けんじゅつ

けつご【結語】 文章の結びの言葉。

けつごう【欠号・×缺号】 雑誌などの定期刊行物で、ある号が欠けていること。その欠けた号。

けつごう【結合】『名・ス自他』結びつくこと。合わさって一つになること。結び合わせること。 **―そしき【―組織】**〔生物・医学〕動物体の組織・器官を結合・支持する組織。広くは骨や血液を含めて言う。結締組織。

けっこう【欠航・×缺航】『名・ス自』定期的に出ている船・飛行機が(暴風雨などのため)出ないこと。

けっこう【決行】『名・ス他』思いきって実行すること。「小雨―」

けっこう【血行】 体内での血液の循環。血のめぐり。「―が滞る」

けっこう【結構】 ①『名』構え作ること。組み立てること。構え。規模。布置。「文章の―」②『ダナ』よくまとまった状態であるさま。㋐(うらやましいほど)欠けた所がない。「―な御身分」。すぐれた。みごとだ。「―な出来ばえ」「唱える主義は―でも実践が伴わない」「お元気で―です」▽副詞的用法「―に」はほとんど無い。㋑気だてがよい。「―な御仁(ごじん)」「―人(じん)」▽古風な言い方。㋒(これ以上)いらない。「もう―(です)」▽㋒は、主として言い切りの形で使い、謝絶や拒否に言うことが多い。派生 **-さ** ③『副ナ』何とかうまく。非常にとまでは言わないが相当に。「これで―間に合う」「英語で―やりとりする」「―忙しい毎日」「人間は―したたかなものだ」「―な値段だ」

げっこう【月光】 月のひかり。

げっこう【激高・激×昂】『名・ス自』いきり立つこと。激しく怒って興奮すること。

けっこん【結婚】『名・ス自』夫婦となること。夫婦関係を生じさせる法律行為。「医者と―する」▽↓こんいん。 関連 婚姻・成婚・輿(こし)入れ・再婚・初婚・新婚・早婚・晩婚・離婚・破婚・妻帯・内縁・復縁・離縁・良縁・縁組・縁切り・嫁入り・婿入り・縁付く・嫁する・嫁ぐ・めあわせる・めとる・連れ添う

けっこん【血痕】 血の(ついた)跡。

けっさい【決済】『名・ス他』(証券または代金の支払いによって)売買取引を完了すること。また単に、支払い。

けっさい【決裁】『名・ス他』長たる者が、部下の差し出した案の採否を決めること。「大臣の―を仰ぐ」

けっさい【潔斎】『名・ス自』神事・仏事の前に、飲食その他の行為をつつしみ、水浴などして心身を清めること。「精進(しょうじん)―」

けっさく【傑作】 ①非常に優れた出来ばえ(の作品)。②〔俗〕普通の人(場合)ならしない、とっぴで笑いたくなる言動(であること)。「また―をしでかした」▽⑴のふざけた用法。連体修飾には「―な」の形を使う。「―なやつだ」

けっさつ【結×紮】『名・ス他』手術で、組織を糸でしばり固定すること。血管をしばって出血を止めるなどの目的で行う。

けっさん【決算】 金銭の最終的な勘定(をした結果)。特に、一定の期間内での利益・損失の総計算。「―期」

げっさん【月産】 一か月あたりの生産高。

けつじ【欠字・×缺字・×闕字】 ①文章中で、あるべき字が落ちていること。また、その字。②文章中に天皇・貴人の名などを書く時、敬意を表して、すぐ上を一字か二字あけること。

けっし【傑士】 きわだってすぐれた男。傑物。

けっし【決死】『ノダ』命をなげだす覚悟をすること。「―隊」

げつじ【月次】 毎月(の)。「―報告」▽接頭語的に使う。

けっしきそ【血色素】 血液中の色素蛋白(たんぱく)質。多く、ヘモグロビンを言う。

けつじつ【結実】『名・ス自』①草木が実を結ぶこと。②結果として出来上がること。その出来上がったもの。「努力が―する」

けっして【決して】『副』《あとに打消し・禁止や「もの

か」を伴って》絶対に。どんな事があっても。けして。「もう―しません」「金など―貸すものか」「―怠るな」▽「決する」連用形＋助詞「て」から。この原義どおりの使い方もある。「死を―事に当たる」

けっしゃ【結社】何人かの人が共通の目的のため集まってつくった団体。そういう結合をすること。「―の自由」

げっしゃ【月謝】月ごとに出す謝礼、特に授業料。

けっしゅ【血腫】内出血でたまった血がこぶのように固まったもの。「硬膜下―」

けっしゅう【結集】《名・ス他自》散り散りになっているものを、まとめ集めること。「力を―する」。また、まとまり集まること。「集会に―する」

げっしゅう【月収】月々の収入。また、その月の収入。

けっしゅつ【傑出】《名・ス自》他からとびぬけてすぐれていること。「―した人物」

けつじょ【欠如・×缺如・×闕如】《名・ス自》欠けて足りないこと。ないこと。「能力の―」

けっしょ【血書】《名・ス自他》(強い決意を示すため)自分の血で字を書くこと。その書いた文字や文書。

けっしょ【×闕所】江戸時代、追放以上の刑に処せられた者の領地・財産を没収すること。▽もと、持ち主の欠けた土地の意。

けつじょう【欠場・×缺場】《名・ス自》出るべき場(ば)に出ないこと。↔出場

けつじょう【×楔状】くさび形(のもの)。 **―もじ**【―文字】→くさびがたもじ

けつじょう【結縄】文字のなかった時代に、なわの結び方で互いに意思を通じ、物事の記憶のたよりにしたこと。

けっしょう【決勝】勝負を最終的に決めること。「―戦」 **―せん**【―線】競走で、決勝点を示すために走路に引いた線。その上にテープを張ったりする。ゴール ライン。 **―てん**【―点】①競走・ボートレース・競馬など、所定の距離を早く走りきった者を勝ちとする競技で、その勝負を決める到達点。ゴール。②勝負を決める得点。③戦闘の勝敗をここで決めようとする地点。

けっしょう【結晶】《名・ス自》①原子や分子の規則正しく周期的な配列で構成された固体。また、それになること。「雪の―」「―体」②苦心・努力・愛情などの結果(みごとな形に)できあがったもの。所産。また、そういうものができること。「努力の―」「愛の―」

けっしょう【血×漿】血液の液体成分。血液から血球を取り除いた残り。

げっしょう【月商】一か月間の商取引の総額。

けっしょうばん【血小板】哺乳(ほにゅう)動物の血液成分の一つ。大きさは赤血球の数分の一で、形は変化しやすい。血液を固まらせる役目をする。

けっしょく【欠食・×缺食】《名・ス自》(貧困などのため)とるべき食事をぬくこと。「―児童」

けっしょく【血色】顔のいろつや。「―がよい」▽もと、血の(ような)色の意。

げっしょく【月色】月の色。月の光。

げっしょく【月食・月×蝕】地球が太陽と月との間に来て太陽の光をさえぎるため、月の一部または全部が欠けて見える現象。

けつじん【傑人】他よりとびぬけてすぐれた人。傑物。

けっしん【決心】《名・ス自他》その物事を必ずしよう(しまい)と、心をきめること。決意。「移住を―する」「―がつく」

けっしん【結審】《名・ス自》審理が終わること。訴訟の取調べを終えること。

けっ-する【決する】《サ変自他》①きまる。きめる。「雌雄を―」(戦って勝敗を決める)「意を―」②堤防が切れて、水が流れ出る。堤防を切って、水をおし流す。

けつぜい【血税】①(血の出るような思いがする)負担の重い税金。②国民の兵役義務のたとえ。▽身血を税とする意。

けっせい【結成】《名・ス他》人や団体が集まって組織を作りあげること。「チームを―する」

けっせい【血清】血液が固まるときに分離する黄色・透明の液体。免疫抗体を含む。

げっせかい【月世界】月の世界。「―旅行」

けっせき【欠席・×缺席】《名・ス自他》出るべき席に出ないこと。また、学校をやすむこと。↔出席。「会議に(を)―する」「―者」 **―さいばん**【―裁判】①当事者の一方が欠席した場合に、出席当事者の主張にだけ基づいてなされる、(欠席者に不利な)判決。欠席判決。②転じて、その人のいない席で、その人に不利な事を決めてしまうこと。

けっせき【結石】内臓や管状の組織の中で、分泌液の成分が石のように固まったもの。胆石など。「腎臓―」

けっせつ【結節】①結ばれた(ように)ふしができること。そのふし。「戦後思想の―点」②〔医学〕皮膚の下にできる、大きさ五〜三〇ミリ程度のこぶ。内臓にできるものにも言う。「肺―」

けつぜん ①【決然】《副・ト タル》覚悟を決めたさま。強く決心したさま。「世の非難にも―として動じない」②【×蹶然】《副・ト タル》地をけって立ち上がるさま。激しい勢いで事を起こすさま。「―大敵に向かう」

けっせん【決戦】《名・ス自》最後の勝負を決めるために戦うこと。その戦い。「―を挑む」

けっせん【血戦】《名・ス自》(血みどろになり)全力をつくして戦うこと。その戦い。

けっせん【血栓】血管の中で血液が固まったもの。「脳―」

けっせんとうひょう【決選投票】最初の投票で当選者が決まらないとき、上位(の二)者について再び投票して当選者を決めること。

けっそう【傑僧】とびぬけてすぐれた僧。

けっそう【血相】顔つき。顔色。「―を変える」

けつぞく【血族】同じ祖先から出て血統がつながった人々。▽法律上はこれと同一視する人々(養子など)を含める。

けっそく【結束】《名・ス自他》(関係するのに)ばらばらになったままでいるようなもの、まとまりの弱いものを一つに束ねること。特に、同じ志の者が団結すること。「蔓(つる)をなわで支柱に―する」「同志の―を一段と固める」

げっそり《副[と]・ス自》①急にやせ衰えるさま。「―(と)やつれた顔」②がっかりして気力がなくなるさま。「―して座りこむ」

けっそん【欠損・×缺損】①《名・ス自》欠けて不完全になること。その状態。②《名》転じて、(金額で表した)損失。

けったい【結滞】《名・ス自》脈拍が途切れること。不整脈の一種。

けったいな《連体》奇妙な。変な。「何とも―話だ」▽「希代(けた)=世にもまれ)」+「なる」から。関西では「けったいやなあ」の形も使う。

けったく【結託】《名・ス自》互いに心を通じ合わせて(よくない)事に当たること。ぐるになること。「業者と―する」

けったくそ〔俗〕「―が悪い」気色が悪い。いまいましい。

けつだん【決断】《名・ス自他》きっぱり決めること。「投資を―する」「―を迫る」

けつだん【結団】《名・ス自他》団体を(公式に)結成すること。「―式」

けったん【血×痰】血が混じった痰(たん)。「―が出る」

げったん【月旦】「月旦評」の略。人物の批評。しなさだめ。▽「月旦」は毎月のついたちのこと。中国、後漢の許劭(きょしょう)が毎月一日に人物評をした故事による。

けっちゃく【決着】《名・ス自》物事のきまりがつくこと。また、きまりがついた最終状態。「―をつける」▽「結着」とも書く。

けっちょう【結腸】大腸のうち、両端の盲腸・直腸を除いた部分。大腸の大部分を占める。

けっちん【血沈】「赤血球沈降速度」の略。凝固を防ぐ薬を加えた血液中で、赤血球が沈んで行く速度。貧血や細菌感染の有無などを判断する指標になる。赤沈。

けってい【決定】《名・ス他自》①はっきり決める(決まる)こと。その決まった事柄。「順位を―する」「派遣が―した」「総理大臣に―する」「委員会の―に従う」②論理学で、一定の手順を踏んで確実に真偽を見定めること。↓けっていもんだい。 **―てき**【―的】《ダナ》物事の成行きが決まってしまって、動かし難いさま。 **―ばん**【―版】①(書物の)最終的な最も完全な版。②比喩的に、一番質のよい品。 **―もんだい**【―問題】〔論理〕同類の一群のまだ真偽不明の問題に関して、許された範囲の論理的操作を(有限回)施して、初めの問題が真だと見定められるか否かという問題。 **―ろん**【―論】人間の意志・行為など普通に自由と考えられているものも、すべて何らかの原因(宿命・神意・自然法則など)によってあらかじめ決定されているという説。

けってい【結締】結びあわせ締めつけること。 **―そしき**【―組織】〔生物・医学〕↓けつごうそしき

けってん【欠点・×缺点】①不十分・不完全で、非難の対象となるような点。短所。「―をさらけだす」②合格点に達しない点数。落第点。

ケット「ブランケット」の略。

ゲット《名・ス他》《多くはサ変動詞化して》手に入れること。獲得。「どんどん応募して賞品を―しよう」▽get

けっとう【決闘】《名・ス自》争い・恨みを解決する手段として、約束した方法で戦うこと。はたしあい。「―を挑む」

けっとう【結党】《名・ス自》政党を結成すること。↕解党。▽もと、徒党を組むこと。

けっとう【血糖】血液に含まれている糖類、特にぶどう糖。「―値」

けっとう【血統】祖先からの血のつながり。血すじ。「―書」

けっとう【血闘】血を流してするたたかい。

けっとばす【蹴っ飛ばす】《五他》↓けとばす

けつにく【血肉】①血と肉(で成るもの)。「―を分けた間柄」「知識が―となる」(身につく)②転じて、親子兄弟。肉親。骨肉。

けつにょう【血尿】血が混じって出た小便。

けっぱい【欠配・×缺配】《名・ス他自》①主食などの配給を欠くこと。②当然出すべき給与を欠くこと。

けっぱく【潔白】《名・ダナ》けがれていないこと。心や行いが正しくて、うしろ暗い所がないこと。「身の―を訴える」 派生 **‐さ**

けっぱつ【結髪】《名・ス自》髪をゆうこと。

けつばん【欠番・×缺番】その番号にあたるものがぬけていること。そのぬけている番号。

けっぱん【血判】《名・ス自》指を切ってその血で自分の名前の下に押すこと。またその押したしるし。▽誓いや決意などを表す。

けつび【結尾】(文章などの)おわり。むすび。

けっぴょう【結氷】《名・ス自》氷がはること。はった氷。

げっぴょう【月表】月ごとの記録として作る表。

げっぴょう【月評】毎月その月の出来事についてする批評。「小説―」

げっぷ 胃の中にたまったガスが、口外へ出たもの。おくび。

げっぷ【月賦】「月賦払い」の略。代金などを一時に払わず、一定額ずつ月ごとに払う方法。▽「月賦」は月々のわりあて。

けっぷう【血風】斬り合い・戦闘の起こっている場所を吹き通る、血なまぐさい風。「―すさぶ鳥羽伏見」

けつぶつ【傑物】 とびぬけてすぐれた人物。

けつぶん【欠文・×缺文・×闕文】 文章の中で(部分的な)脱落のあるもの。また、その脱落している部分。

けっぷん【血粉】 獣の血液を乾かし固めたもの。飼料や肥料にする。

けっぺき【潔癖】『名・ダナ』不潔・不正を極度にきらうこと。そのような性質。「―に身を処す」派生 **‐さ**

けつべつ【決別・×訣別】『名・ス自』(いとまごいをして)長く、またはきっぱりと別れること。「―を告げる」▽「決」は「訣」も別れる意。

けつべん【血便】 血が混じって出た大便。

けつぼう【欠乏・×缺乏】『名・ス自』(必要なものが)欠けていること。不足。

げっぽう【月俸】 月給。

げっぽう【月報】 月々の通報・報告(書)。「全集の―」

けっぽん【欠本・×缺本・×闕本】 ①そろいもの・全集などで、欠けた本があるもの。その欠けた本。↔完本。②叢書(そうしょ)のうちで、ぬけている部分。

けつまく【結膜】 まぶたの裏と眼球前面の白目の部分を覆う粘膜。「―炎」

けつまず‐く【蹴×躓く】(けつまづく)『五自』↓つまずく

けつまつ【結末】 物事・文章の終わり。最終的な結果。「―をつける」

げつまつ【月末】 ひと月の終わり。つきずえ。「―払い」

けつみゃく【血脈】 ①血管。②血すじ。血統。▽↓けちみゃく

けづめ【蹴爪】 ①ニワトリ・キジなどの、あしゆびの後方につき出たつめのようなもの。②牛や馬の、地にふれない小さなゆび。かけづめ。

けつめい【結盟】『名・ス自』同盟をむすぶこと。▽もと、互いに誓うこと。

けつめい【血盟】(血判などして)固く誓うこと。

げつめい【月明】 月が明るいこと。明るい月光。月あかり。

げつめん【月面】 月の表面。「―図」

けつゆうびょう【血友病】 血液を凝固させる成分の欠乏によって、出血しやすく、また出血が止まりにくい病気。普通、遺伝性のものを言い、男性に発現する。血液製剤で症状を防ぐ。

げつよ【月余】 ひとつき余り。

げつよう【月曜】 曜日の一つ。日曜のつぎ。「―日」

げつらい【月来】 この数か月以来。

けつらく【欠落・×缺落】『名・ス自』(あるべき物が)ぬけ落ちること。

げつり【月利】 一か月単位で決めた利率・利息。

けつりゅう【血流】 血管の中の血の流れ。

げつりん【月輪】 つき。つきのわ。

けつるい【血涙】 悲しみ・いきどおりのあまり出る涙。血の涙。「―をしぼる」(ひどく泣く)

けつれい【欠礼・×缺礼】『名・ス自』礼(儀)を欠くこと。あいさつをしないこと。「喪中につき年賀―」

げつれい【月例】 毎月一回定期的に行われること。「―の委員会」「―報告」

げつれい【月齢】 ①〔天文〕新月の時を零として計算した日数。満月はほぼ月齢十五に当たる。②(赤ん坊の)生まれてから過ぎた、月の数。

けつれつ【決裂】『名・ス自』①切れ裂けること。②会談・交渉で双方の意見が対立し、物別れになること。

けつろ【血路】 ①敵の囲みを破って逃げる道。②転じて、困難を切り抜ける道。「―を開く」

けつろ【結露】『名・ス自』物の面に水滴が出来て付着すること。

けつろう【欠漏・×缺漏】『名・ス自』入るはずのものが抜け漏れること。落ち。

けつろん【結論】『名・ス自』①議論でまとまった最終的な結果を述べること。「―を出す」「―づける」(↓=づける) ②前提からみちびかれる判断(を出すこと)。断案。帰結。

げてもの【下手物】 ①あまり手を加えていない粗野な品物。↔上手物(じょうてもの)。②一般から風変わりと見られるもの。「―趣味」

げてん【外典】 仏教経典以外の書物。↔内典。▽仏教の立場から言う。「がいてん」と読めば別の意。

げでん【下田】 地味(ちみ)のやせた下等な田地。↔上田(じょうでん)

けど『接助』↓けれど。▽「けども」の形でも使う。

けとう【毛唐】〔俗〕欧米人(をいやしめていう言葉)。外人。▽「毛唐人(毛むくじゃらの外人)」の略。

げどう【外道】 ①(仏教徒の立場から見て)仏教以外の教え。異端。また、これを信奉する人。②真理に反した道・説。③邪悪の相を表した仮面。④釣りで、釣る目的のものと違った種類の、釣り上げた魚。

げどく【解毒】『名・ス自』物理的・化学的方法で、体の中の毒物の作用をなくすること。「―剤」

けとば‐す【蹴飛ばす】『五他』①けって飛ばす。また、「ける」を強めて言う語。②はねつけて、とりあわない。一蹴する。「要求を―」

ケトル やかん。▽kettle

けど‐る【気取る】『五他』(相手または周囲の)様子を見て、事情を悟る。気づく。「―られないようにする」▽「きどる」と読めば別の意。

けなげ【△健気】『ダナ』(女性・子供など)力の弱いもののかいがいしさが、ほめてやりたいほどであるさま。心がけが殊勝であるさま。

けな‐す【×貶す】『五他』低めるように悪く言う。悪口を言う。そしる。「作品を―」派生 **‐さ**

けなみ【毛並(み)】 ①(動物の)はえそろった毛の様子。②性質。種類。転じて、(人について)家柄。「―がいい」

げなん【下男】 男の召使。下僕。しもべ。

げに【△実に】『副』ほんとうに。「―(も)恐ろしいのは返済期限」▽文語的。

けにん【家人】 ①家につかえる者。家来。いえのこ。②↓ごけにん。▽「かじん」と読めば別の意。

げにん【下人】身分が低い者。特に、召使。しもべ。

けぬき【毛抜(き)】毛・ひげ・とげなどをぬく道具。**―あわせ**【―合(わ)せ】表・裏をぬい合わせ、ふちがそろうように仕上げること。▽毛抜の先がきちんとそろう事から言う。

げねつ【解熱】『名・ス自』高熱の体温を下げること。「―剤」

ゲネプロ 演劇・音楽会などで、仕上げのための、全体を通したリハーサル。通し稽古。総稽古。▽ドイツ Generalprobe から。

けねん【懸念】①『名ナノ・ス他』気にかかって不安がること。心配。「―を抱く」「それは―な事だ」②『名』〔仏〕執念。執着(しゅうじゃく)。

けのび【蹴伸び】水泳で、プールの壁を両足で蹴り、うつ伏せで両腕を前方に伸ばした背伸びの姿勢で進むこと。

ゲノム 生物が正常な生命活動を営むために必要な、最小限の遺伝子群。また、それを含む染色体の組。種によって数が異なる。「ヒト―」▽ドイツ Genom

けば【毳・毛羽】①紙・布などの表面にできる細くやわらかい毛。「―が立つ」②地図で、山の形を示すのに使う、細く短い線。

げば【下馬】①㋐『名・ス自』馬からおりること。特に、貴人・神社・仏寺に敬意を表して、馬からおりること。下乗。㋑『名』「下馬先(げばさき)」の略。(城門や社寺の前など)下馬すべき所。②『名』下等な馬。**―ひょう**【―評】(特定の個人について)第三者があれやこれやと行う批評・評判。世間の評判。▽下馬先(げばさき)でお供の者が、主人を待つ間に色々な評判をしあったことから。

ゲバ「ゲバルト」の略。(過激派学生などの、闘争としての)暴力行為。「内(うち)―」「―棒」▽ドイツ Gewalt から。

けはい【気配】①何となく感じられる様子。けわい。「人が動く―に振り向く」「秋の―がする」②〔取引〕景気。相場。▽「気配」は当て字。⑵は「きはい」とも言う。

けばけば ①『名』→けば⑴。「―をとり除く」②『副〔と〕・ノダ・ス自』けばけばしいこと。「―した花柄の食器」

けばけばし-い『形』非常に派手でどぎつい。「―化粧」 派生 **-さ**

けばだ-つ【毳立つ・毛羽立つ】『五自』けば⑴が起こり立つ。そそける。

けばり【毛鉤】釣針に羽毛などを巻いて小昆虫に見せかけたもの。擬餌針の一種。

けびいし【検非違使】平安時代初期に違法を検挙するために設けた官。

けびょう【仮病】病気のふりをして人をだますこと。にせ病。「―を使う」

げ-びる【下卑る】『上一自』下品にみえる。げすばる。「―・びたふるまい」▽普通「―・びた」「―・びている」の形で用いる。

ケビン →キャビン

げひん【下品】『名・ダナ』人柄・様子などがいやしいこと。品(ひん)が悪いこと。↕上品。▽↓げぼん。 派生 **-さ**

けぶか-い【毛深い】『形』毛が多くはえている。毛が濃い。 派生 **-さ**

けぶり【気振り】はたから見てそれと察しがつく様子。「弱みを―にも見せない」

げぼく【下僕】男の召使。下男。

けぼり【毛彫(り)】毛のように細い線で模様や文字をほること。その彫ったもの。

げぼん【下品】①〔仏〕浄土に往生する仕方を上中下の三つにわけたときの、下位の往生。②転じて、下等の階級。下等なこと。▽↓げひん

ゲマインシャフト 人間社会の型の一つ。自然的・直接的に、打算抜きで結合したもの。共同社会。例、家族・村落。↕ゲゼルシャフト。▽ドイツ Gemeinschaft

けまり【蹴鞠】(昔、貴族社会で行われた)まりをける遊び。それに使うまり。しゅうきく。

けまん【華鬘】〔仏〕仏前をかざるため、仏堂の内陣の欄間(らんま)などにかける飾り。

けみ【毛見・検見】武家時代、米の取入れ前に幕府・領主が役人に田を検分させ、年貢(ねんぐ)を定めること。▽稲の毛(=実り)を見る意。

けみ-する【閲する】『サ変他』①しらべる。検査する。②時・年月がたつ。「完了まで五年を―・した」

けみょう【仮名】実名のほかに、かりにつけた名。通称。▽↓かめい(仮名)。「かな」と読めば別の意。

けむ「けむり」の略。「―になる」(あとかたもなく消えうせる)「―に巻く」(一方的に言い立てて話をごまかし、相手をとまどわせる)

けむ-い【煙い】『形』煙が目、鼻、のどに入って苦しい。けむたい。 派生 **-さ -げ -がる**

けむくじゃら【毛むくじゃら】『名ナノ』体毛が多くはえているさま。「―のすね」▽歴史的仮名遣いは「けむくぢやら」とも。

けむし【毛虫】①蝶(ちょう)・蛾(が)の幼虫で、体に毛がはえているものの称。植物の茎や葉を食べる。毛に毒があるものもある。②いじわるで嫌われる人のたとえ。

けむた-い【煙たい】『形』①↓けむい。②気づまりで窮屈だ。けむったい。「おやじが―」 派生 **-さ -げ -がる**

けむだし【煙出し】けむりを室外に出すための窓・筒。けむりだし。

けむり【煙・烟】①物が焼ける時に出る気体。「―が立たない」(暮らしが苦しい。飯もたけないという意)「―になる」(火事などで、あとかたも無くなる)「野辺の―」(なきがらを焼くけむり。転じて、死)②けむり⑴に似たもの。「水―」

けむ-る【煙る】『五自』①けむりが立つ。けむりがこもる。②(薄い煙のように)かすんで見える。「芽柳

がー」

げめん【外面】 そとがわ。うわべ。特に、顔つき。「ー如菩薩(にょぼさつ)、内心如夜叉(にょやしゃ)」(顔は柔和だが、心は険悪で恐るべきだ)

けもの【獣】 全身に毛が生え、四本の足で歩く動物。けだもの。▽「毛物」の意。

けものへん【獣偏】 漢字の偏の一つ。「犯」「狩」などの「犭」の称。▽「犬」の字が偏になったもの。

けものみち【獣道】 シカ・イノシシ等のけものの往来によって山中に自然に出来た細い道。

げや【下屋】 母屋(おもや)にさしかけて造った小屋根。また、その下の部分。

げや【下野】《名・ス自》①(高い)官職をやめて民間(＝野)にくだること。②政権から離れて野党となること。

けやき【×欅】 多く山地に自生し、風よけのため人家周辺に植栽もされる落葉高木。高さ二〇メートル以上になる。材はかたくてくるいが少なく、木目(もくめ)が美しく、建築・船舶・器具用材にする。▽にれ科。

けやぶる【蹴破る】《五他》①足でけって破る。「ドアをー」②敵を負かす。「敵軍をー」

けやり【毛×槍】 さやを鳥の羽で飾った槍(やり)。▽大名行列の先頭で槍持ちが振るもの。

けら ①**【〈螻蛄〉】** 湿った土中にすみ、大きな前肢で土を掘る昆虫。植物の根や小動物を食べる。おけら。▽ばった目けら科。広くは同科の昆虫の総称。みみずの鳴き声というのは、実はケラの鳴き声。②**【〈啄木鳥〉】** →きつつき

ゲラ ①「ゲラ刷り」の略。校正刷。もと、組んだ版をゲラ②に入れたまま、校正用に刷ったもの。②印刷所で組み版をのせる、ふちの浅い木箱。▽galley から。

けらい【家来】 ①君主や主人に忠誠を誓って仕える者。家臣。従者。②比喩的に、子分。

けらく【△快楽】 →かいらく

げらく【下落】《名・ス自》ねだん・相場・価値・等級がさがること。

けらくび【〈螻蛄〉首】 ①木材の継ぎ手が抜けないように先端を大きく、もとをくびれた形にしたもの。②槍(やり)の穂が柄に接した部分。

けらけら《副[と]》声を立てて明るく(おおぎょうに)笑うさま。

げらげら《副[と]》無遠慮に、大きな声で笑うさま。「ー(と)笑いころげる」

ケラチン 脊椎動物の爪や毛髪の主成分をなす蛋白(たんぱく)質。代表的な角質の成分の一つで、皮膚やうろこなどにも含まれる。▽keratin

けらつつき【〈啄木鳥〉】 →きつつき

けり《「ーがつく」「ーをつける」の形で》結末がつく(をつける)。「貸した金をそれなりー(＝済んだ事のようにそれきり)返さない」▽平曲など語り物で、話を「そもそも」で起こし、一段落した所に文語助動詞「けり」を据えたことから。「鳧」とも書いたが、当て字。

けり【×鳧】 水田や湿地などにすむ、ハトくらいの大きさで足が長い鳥。背は淡褐色で、腹は白く、胸の一部と翼の先が黒い。▽名は鳴き声から。ちどり科。

げり【下痢】《名・ス自》大便が固まらず、液状になって出ること。腹くだし。くだりばら。「ーを起こす」「ー止め」

げりゃく【下略】《名・ス自》文章・語句などで、あとを略すこと。かりゃく。↔上略・中略

ゲリラ 正規軍でない小部隊で敵陣や後方に出没し、敵をかき乱すこと。また、その小部隊。「ー戦」▽guerrilla もと、スペイン語。

け-る【蹴る・×蹶る】《五他》①足の先で強く物を突いて動かす。また、はね飛ばす。「ボールをー」「席をーって立ち去る」②(示された提案・要求などを)聞き入れず拒む。はねつける。「要求をー」「内定をー」

ゲル ①コロイド中の分子が網目状に結合して、弾性のある固体になったもの。寒天・ゼラチンなど。▽(ドイ)Gel ②〔俗〕金銭。かね。ゲルト。「ーピン」(一文無し。ゲルがピンチの意) ▽(ドイ)Geld から。

ゲルトナーきん【ゲルトナー菌】 サルモネラ菌の一種。しばしば食中毒の原因となる。▽一八八八年ドイツの A. Gärtner が発見した。

ケルビン 温度の単位。国際単位系の基本単位の一つ。記号K。▽イギリスの物理学者 Kelvin 卿(きょう)にちなむ。 **ーおんど【ー温度】** →ぜったいおんど

ゲルマニウム 非金属元素の一つ。元素記号 Ge 結晶は灰白色でもろい。代表的な半導体材料の一つ。▽(ドイ)Germanium

ケルン 山で道標や記念として、石を積み上げたもの。▽cairn

げれつ【下劣】《ダナ》人柄、物の考え方などが、下品でいやしいさま。派生 **ーさ**

けれど ①《接助》《終止形に付いて》㋐実際に起こった、または確かな事柄をあげ、それにもかかわらず(普通にはこれと矛盾するような)他の事柄が成り立つ意を表す。……ではあるが、しかし。「顔は美しいー性格は悪い」「よく言って聞かせたーまだ直らない」㋑《㋐の用法で「けれど」のあとを表現せず言いさしのままで》相手の反応を待つ気持を表す。「行きたいのですー」。転じて、ものやわらかな表現として使う。②《接》《句の初めに付いて》普通には矛盾する事柄を、前の事柄に続けて言うのに使う。しかし。だが。「機械化すればいいと言われよう。ーそのためには……」▽文語形容詞已然(いぜん)形に助詞「ど」が付いた語尾以下が切り離されて一語となったもの。

けれども《接助・接》→けれど

けれん ①ごまかし。はったり。「何のーもない」②義太夫(ぎだゆう)で、法式を破って語ること。また、芝居で、俗受けをねらって演出すること。早替り・宙乗りなど。

ゲレンデ 広く高低起伏があるスキーの練習場。スキ

—場。▽ドイツ Gelände

げろ〔俗〕へど。

ケロイド やけど・潰瘍(かいよう)等が直ったあとに出来る、紅色の板状・結節状の隆起。▽ドイツ Keloid

げろう ①【下郎】人に使われている、身分の低い者。②【下×臈】㋐勤めてからの期間が短く、地位が低い者。もと、修行の年数(＝臈)の少ない僧。↕上臈(じょうろう)。㋑下種(げす)。

けろけろ ①《副[と]》蛙の鳴き声。②《副[と]・ス自》何事もなかったような(無神経な)態度であるさま。けろり⑴。「注意してもーしている」

けろっと《副》→けろり

けろり《副と》①何事もなかったかのようであるさま。他人事のような態度であるさま。けろっと。「ーとした顔」②あとかたもなくすっかり。「病気がーと治る」

けわい(けはひ) →けはい⑴

けわしーい(けはしい)【険しい】《形》①(山・坂の)傾斜が急で、のぼるのに困難だ。「ー崖」②とげとげしく、きつい。荒々しい。「ー目つき」③危険・困難が起こりそうな、あわただしい情勢だ。「ー戦局」派生 **-さ**

けん【×妍】(顔かたちなどが)美しいこと。たおやか。「百花ーを競う」

けん【×腱】筋と骨を結びつけている白い繊維性の丈夫な組織。「アキレスー」

けん〖*犬〗ケン いぬ ― 動物の、いぬ。「犬歯・狂犬・老犬・警察犬」「犬猿の間」▽つまらぬもののたとえにも用いる。「犬馬の労」

けん〖献〗〖獻〗ケン コン たてまつる ささげる ― ①宗廟(そうびょう)・貴人に肉をそなえる。目上の人に物をさしあげる。「献上・献呈・献納・献策・献金・献本・献酬・献身・献詠・奉献・進献・貢献」②賢者の記憶している史実。「賢」に通じる。「文献」③酒を人にすすめること。「コン」と読む。「一献(→こん)・献立(→こんだて)」▽もと、酒を添えて出す膳(の数)を言い、一献ごとに料理が改まった。

けん〖*件〗ケン くだり くだん ― 《名・造》問題にとりあげられる個々の事物。事がら。また、事がらを数えるのに用いる語。「…に関する件」「件数・一件・事件・条件・物件・要件・用件・案件・人件費」

けん〖倹〗〖儉〗ケン つづまやか ― 引きしめた生活をする。むだな金をつかわない。つましい。「倹約・倹素・勤倹・恭倹・節倹」

けん〖倦〗ケン うむ ― 疲れてしまって、あきたりなまけたりする。「倦怠・倦厭(けんえん)」▽原義は、疲れてうずくまる意。

けん〖圏〗〖圈〗ケン ― ①限られた地域や範囲。なわばり。「成層圏・当選圏・首都圏・勢力圏・圏内・圏外」②まわりにかこいをしたところ。かこい。おり。わ。まげもの。「圏点」

けん〖*券〗〖劵〗ケン ― ①《名・造》チケット・切符など、事実を記したり受取りのしるしにしたりする紙片。「券を買う」「沽券(こけん)・債券・証券・郵券・旅券・馬券・入場券・乗車券・券売機・商品券」▽もと、荘園(しょうえん)田地などの所有の手形。②約束に際して後日の証拠とするわりふ。てがた。わりふに書いて約束する。「券状」

けん〖拳〗〖拳〗ケン ゲン こぶし ― ①にぎりこぶし。「拳固(げんこ)・拳骨(げんこつ)・拳法・空拳・強拳・鉄拳」②うやうやしい。まごころのある様子。「拳拳服膺(ふくよう)」③《名・造》手の指などを種々の形にして勝負を争う遊戯。けん。「拳を打つ」「本拳・狐拳(きつねけん)」

けん〖*見〗ケン ゲン みる みえる みせる あらわれる まみえる ― ①みる。目でみわける。みえる。「見物・見学・見料・見聞(けんぶん・けんもん)・見台・一見・再見・隠見・実見・望見・外見・散見・発見」▽「視之不見」(『老子』)を「これをみれどもみえず」と訓じる例で分かる通り、「視」は意志を伴う行動に使い、受動的に(でも)目に入る(つまり、みえる)「見」と対比される。「観」は(「視」の場合より)いっそう念を入れてよくみる意に使う。②《名・造》みて考える。自分の考え。考え方。学説。立場。「皮相の見」「見解・見識・見地・意見・卓見・所見・識見・管見・愚見・浅見・卑見・予見・先見・定見・政見・偏見」③隠れていたものが出てくる。あらわれる。あらわす。「現」に通じる。「見在(げんざい)・露見・発見・外見」④人にあう。まみえる。「見参(げんざん・げんざ)・一見(いっけん・いちげん)・引見・相見・朝見・接見」

けん〖肩〗〖肩〗ケン かた ― かた。「肩章・肩胛骨(けんこうこつ)・双肩・比肩・強肩」

けん〖*建〗ケン コン たてる たつ ― ①しっかり打ち立てる。設ける。「建造・建設・建築・建国・創建・再建・封建・土建」②家、特に寺院をたてる。「建立(こんりゅう)・再建(さいけん・さいこん)」③意見や計画を差し出す。「建議・建策・建言・建白」④くつがえす。「建水(けんすい・こぼし)」

けん〖*健〗ケン すこやか ― ①からだがしっかりとして力強い。じょうぶ。無病。「健康・健勝・健在・健脚・健児(けんじ・こんでい)・健胃剤・穏健・頑健・強健・剛健・壮健・保健」②努めてやまない。よく。すらすら。程度の非常に強いことをあらわす。「健忘・健啖(けんたん)・健闘・健軍」

けん〖鍵〗ケン かぎ ― ①錠の穴にさしこんで錠を開閉する金具。かぎ。「秘鍵」②《名・造》ピアノ・パソコンなどで、指でおさえる部分。「オルガンの鍵」「鍵盤・白鍵・黒鍵・電鍵」

けん〖*県〗〖縣〗ケン あがた ― 《名・造》行政区画の称。地方公共団体の一つ。「県の役人」「県政・県会・県庁・県立・県税・県令・県知事・廃藩置県・近県・府県・青森県・県域」▽中国ではもと州・道(どう)などの下、いまでは省の下。なお、周代には郡の上であったが、戦国以後は郡に属した。

けん〘*研〙〘研〙ケン とぐ ―①石でこすってみがく。とぐ。努力して向上する。「研磨」②物の道理を調べる。きわめる。「研学・研究・研修・研鑽(けんさん)・研精」③すずり。「硯」に同じ。「研北」④「研究所」の略。

けん〘兼〙〘兼〙ケン かねる ―①二つ以上のものを一つに合わせる。一つある上にもう一つ持つ。あわせもつ。かねる。「兼用・八宗兼学・兼務・兼職・兼任・兼備・昼夜兼行・首相兼外相」②前もって用意する。「兼題」

けん〘嫌〙〘嫌〙ケン ゲン きらう いや ―①こころよく思わない。いやがる。いとう。「嫌悪(けんお)・嫌忌・機嫌」②疑い。疑わしい。疑う。「嫌疑」

けん〘謙〙〘謙〙ケン へりくだる ―自分をひくくして人にゆずる。へりくだる。「謙遜・謙虚・謙退・謙譲・謙称・謙辞・謙徳・恭謙」

けん〘剣〙〘人劍〙ケン つるぎ ―〘名・造〙両刃の刀。腰におびる刃物。つるぎ。はちやさそりの尾にある針。「剣を学ぶ」(剣術を修行する)「剣戟(けんげき)・剣術・剣客・剣舞・剣劇・刀剣・木剣・懐剣・撃剣・銃剣・手裏剣・暗剣殺・真剣勝負」▽「劒」は古字、「劔」は異体字。

けん〘*険〙〘人險〙ケン けわしい ―①あぶない。安全でない。損害がありそうな事態。「険悪・危険・冒険・保険」②悪いたくらみがある。「陰険」③〘名・造〙顔つきがけわしい。「顔に険がある」「険相」④〘名・造〙山が高くてきり立っている。けわしい。難所。「天下の険」「険阻・険隘(けんあい)・険要・険路・峻険(しゅんけん)・天険」▽「嶮」に同じ。

けん〘*検〙〘人檢〙ケン しらべる ―①取り調べる。「検査・検討・検索・検閲・検札・検診・検眼・検問・検察・検事・検視・検死・検出・検定・検分・点検・探検・巡検・臨検」②とりしまる。しめくくる。「検束・検校(けんぎょう)・検非違使(けびいし)」③文書の上書きをして封印をする。「検印」④㋐「検察庁」の略。「最高検・送検」㋑「検定試験」の略。「英検」

けん〘×嶮〙ケン けわしい ―山が高くけわしい。「嶮崖・嶮岨(けんそ)・嶮路・嶮峻(けんしゅん)・嶮難」

けん〘*験〙〘人驗〙ケン ゲン しるし ためす ―①結果が形をとってあらわれること。証拠になる事実。しるし。あかし。ききめ。「符験・証験・効験」②証拠を求めて確かめる。ためす。しらべる。ためし。「験問・験算・験証・験電器・実験・試験・体験・経験」③修行や祈祷(きとう)の効果。「ゲン」と読む。「験者(げんざ・げんじゃ)・霊験・修験道(しゅげんどう)」④〘名〙→げん(験)

けん〘軒〙ケン のき ―①屋根のふきおろした端。のき。ひさし。「軒灯」②〘名・造〙家屋。家を数える語。また、書斎・雅号・屋号などに用いる。「軒数・軒別・一軒・志道軒・精養軒」③高くあがる。高い。あがる。「軒軒・軒昂(けんこう)」▽もと、引き手の高くあがった車。中国古代に大夫(たいふ)以上の人が乗ったくるま。

けん〘人牽〙ケン ひく ―前からひっぱる。ひきつける。「牽引・牽制・牽牛・牽強付会」

けん〘堅〙ケン かたい ―ひきしまって形態を変えにくい。じょうぶ。かたい。「堅固・堅牢(けんろう)・堅実・堅甲・堅氷・堅塁・堅忍不抜・強堅・剛堅・中堅」

けん〘人喧〙ケン やかましい かまびすしい ―声を立ててわめきまわる。やかましい。かしましい。「喧嘩(けんか)・喧擾(けんじょう)・喧喧囂囂(けんけんごうごう)・喧噪(けんそう)・喧伝」

けん〘*絹〙ケン きぬ ―蚕の繭からとった糸。また、それで織った布。「絹糸・絹布・素絹・人絹・正絹・本絹・純絹」

けん〘遣〙〘遣〙ケン つかう つかわす やる ―①行かせる。使いとしてやる。つかわす。おくる。「遣外・遣唐使・派遣・差遣・先遣隊」②追いはらう。放ちやる。「遣悶」

けん〘*権〙〘権〙ケン ゴン ―①〘名・造〙他人を支配することのできる力。他に対して自己を主張する資格。ちから。いきおい。「生殺与奪の権をにぎる」「権力・権勢・権柄(けんぺい)・権限・権能・権威・権利・権臣・権門・人権・政権・大権・分権・利権・実権・特権・執権・主権・覇権・強権・専権・選挙権・著作権・中央集権・治外法権」②はかりごと。正当でない謀計。「権道・権謀」③正当なものへの代用。時・所に応じた臨時のもの。間に合わせ。かり。「権略・権法」。以下「ゴン」と読む。「権現・権者(ごんじゃ)・権化(ごんげ)・権殿・権妻・権官」④㋐竿秤(さおばかり)におけるおもり。はかり。はかる。「権衡・権量・権度」㋑はじめ。おこり。「権輿(けんよ)」

けん〘*憲〙〘憲〙ケン のり ―①基本の法則。おきて。特に国の根本の法律。「憲法・憲章・憲範・憲政・憲兵・国憲・朝憲・家憲・違憲・合憲・護憲・立憲」②役人。「官憲」

けん〘懸〙ケン ケ かける かかる ―①つりさげる。ひきかける。かかる。「懸垂・懸崖・懸河・懸瀑(けんばく)・懸魚(げぎょ・けんぎょ)・懸腕・懸賞・懸命・懸念(けねん)・懸想(けそう)」②遠くへだたる。かけはなれる。「懸絶・懸隔」

けん〘賢〙ケン かしこい まさる ―①才知がすぐれている。かしこい。かしこい人。「賢愚・賢人・賢才・賢主・賢聖・賢明・先賢・英賢・遺賢」②相手に関する物事につける敬称。「賢台・賢兄・賢察」

けん〖顕〗［顯］ ケン あきらか あらわれる ―①よく目立つ。明らか。「顕著・顕貴・顕官・顕位・顕在・貴顕」②目に見えるようになる。あらわれる。あらわす。明らかになる。明らかにする。↔隠。「隠顕・顕彰・顕揚・露顕・顕微鏡・顕花植物」③密教以外の仏教。↔密。「顕密・顕教」

けん〖繭〗 ケン まゆ ―蚕、また、ひろく、昆虫が作るまゆ。「繭糸・繭紬(けんちゅう)・繭蚕・蚕繭」

けん〖乾〗↓かん〖乾〗

けん〖間〗↓かん〖間〗

げん【験】①仏道・修験道などの修行を積んだしるし。また、祈祷(きとう)などのききめ。効験。②縁起。前兆。「―がいい」「―をかつぐ」▽↓けん〖験〗

げん ①【厳】〘名〙態度・処置がきびしく、しっかりしていること。厳重。「守備を―にする」「―に戒める」②【厳・×儼】〘トタル〙他からは動かせないほど、おごそかな様子。「事実は―として存する」「―たる態度」▽↓げん〖厳〗

げん〖*厳〗［嚴］ ゲン ゴン おごそか きびしい いかめしい ―①つよくいかめしい。すきがなくて犯しがたい。おごそか。「厳然・威厳・尊厳・謹厳・荘厳(そうごん)・森厳・端厳」②容赦がない。きびしい。「厳格・厳正・厳重・厳密・厳粛・厳酷・厳選・厳禁・厳罰・厳刑・厳科・厳守・厳秘・厳封・厳命・厳談・厳寒・厳冬・厳達・峻厳(しゅんげん)・冷厳・戒厳令」③飾る。「荘厳(しょうごん)」④自分の父に対する尊称。また、他人の父に対する尊称としても用いる。「厳父・厳君」▽↓げん〖厳〗

げん〖*元〗 ゲン ガン(グワン) もと はじめ ―①根本。根源。作用の起こるところ。もとで。「元素・元価・元気・元本(げんぽん・がんぽん)・根元・還元・復元・三元放送」。以下「ガン」と読む。「元金・元利」②天地間の根本的実在。「一元・多元・本元」③頭。くび。「元服」④第一の人。首長。「元首・元帥・元勲・元老・元臣・元凶」⑤一番はじめ。「元始祭」。以下「ガン」と読む。「元祖・元来・元日・元旦・元朝・元年」⑥帝王の代、また年号の最初の年。「元号・改元・紀元・一代一元」⑦人民。「黎元(れいげん)」⑧おおきい。⑨〘名・造〙〔数学〕㋐方程式の未知数。「二元一次方程式」㋑(集合の)要素(となるもの)。⑩〘名・造〙中国の通貨の基本単位。⑪〘名〙中国で、モンゴル族のたてた王朝。「元寇(げんこう)・元朝」

げん〖幻〗 ゲン まぼろし ―①まぼろし。実在しないものが目に見えること。「幻影・幻覚・幻想・幻滅・幻灯・夢幻」②いつわる。人の目をくらます。人をまどわす。「幻惑・幻妖・幻術・変幻」

げん〖玄〗 ゲン くろい ―①奥深くて明かりの及ばない所の色。黒。赤黒い色。天の色。「玄黄・玄米」②奥深い意味を感じさせる。奥深い道理。「玄玄・玄旨・玄理・玄妙・玄関・幽玄・深玄」③老荘の学・道教に関する言葉につける。「玄学・玄理学」

げん〖弦〗 ゲン つる ―①弓に張る糸。弓のつる。「鳴弦」②楽器に張ってかきならす糸。「絃(げん)」に通じる。「弦歌・弦声・管弦」③月が半円の形に見える場合。ゆみはりづき。「弦月・上弦・下弦」④〘名・造〙〔数学〕㋐円周など曲線上の二点を連ねる線分。㋑直角三角形の斜辺。「鉤股弦(こうこげん)・正弦・余弦」▽㋑は和算用語に由来する。

げん〖絃〗 ゲン ―〘名・造〙楽器に張って、打ちまたはこすって鳴らす糸。またその楽器を鳴らすこと。また、その楽器。「絃を張る」「絃歌・絃声・絃楽器・三絃・管絃楽」▽「弦」で代用する。

げん〖舷〗 ゲン ふなばた ―船の両側面。ふなべり。「舷側・舷門・舷灯・右舷・左舷・両舷」

げん〖*言〗 ゲン ゴン いう こと ―①〘名・造〙口で発表することと。ものをいうこと。言った言葉。文句。単語。「言を左右にする」(はっきりしたことを言わない)「言を俟(ま)たない」(言うまでもない)「言語(げんご・げんぎょ・ごんご)・言行・言下・言外・言質(げんち)・片言隻句・千言万語・多言・巧言・代言・食言・失言・放言・宣言・格言・金言・方言・緒言・用言・換言・甘言・極言・苦言・空言(くうげん・そらごと)・建言・広言・讒言(ざんげん)・祝言(しゅうげん)・助言・寸言・忠言・提言・暴言・名言・流言」。以下「ゴン」と読む。「言語道断・遺言(いごん・ゆいごん)・伝言・無言・真言」②いう。ものいう。「言明・言論・言上(ごんじょう)・他言(たごん)・雅言・進言・断言・予言・不言実行」

げん〖*限〗 ゲン かぎる かぎり きり ―①さかいめ。くぎり。しきりをする。範囲をきめる。「限界・限度・限局・限定・無限・有限・際限・制限・極限・門限・日限・年限・期限・分限・権限」②区切りを数える語。「三限目」

げん〖*原〗 ゲン はら もと ―①みなもと。もと。おこり。物事のはじめ。もとづくところ。「原由(げんゆう・げんゆ)・原因・原始・原点・原子・原色・原籍・原泉・原流・原理・原形質・起原・語原」②現在の形のもとになる前の形。「原人・原日本人・原語・原文・原本」③ものの根元をたずねる。「原始」④ひろくて平らな地形。はら。「原野・原頭・平原・草原・高原・中原・燎原(りょうげん)・火口原」⑤「原子力」の略。「原爆・原潜・原発」

げん〖*源〗 ゲン みなもと ―①水流のはじめて現れるところ。物事の発するもと。「源泉・源流・源由・淵源(えんげん)・水源・本源・根源・財源・起源・語源・光源・資源・情報源・遡源」②みなもと氏の称。「源平・源氏・源三位(げんざんみ)」

げん〖*減〗 ゲン へる へらす ―水位がさがる。量が少なくなる。へらす。↔増。「増減・加減・減少・減水・減法・減殺(げんさい)・減収・減税・減俸・減食・減退・半減・削減・軽減・節減・自然減」▽「减」は俗字。

げん〖*現〗 ゲン あらわれる あらわす うつつ ―①かくれていたものが見えるようになる。「現然・現象・現像・現出・表現・出現・実現・顕現・権現(ごんげん)」▽もと、玉の光がかがやいてはっきりしている意。②まのあたりにある。実際にある。この世にある。今ある。今の。「現今・現代・現在・現存・現況・現状・現実・現職・現任・現世・過現未・現住所」

けんあい【兼愛】自他・親疎の別なく平等に人を愛すること。▽墨子の説。

けんあく【険悪】『名ナ』人の心、天候、道などが、けわしくて悪いこと。「—な顔」(とげとげしい顔)「二人の仲は—だ」(けんかをしそうなほど悪い) 派生 **-さ**

げんあつ【減圧】『名・ス自他』圧力がへること。圧力をへらすこと。↕加圧

けんあん【懸案】問題とされながらまだ解決がつかない問題。「—事項」

けんあん【検案】『名・ス他』①状況などを調べ考えること。②〔法律〕㋐刑事訴訟で、特別の知識・経験のある者が行う鑑定。㋑死体について死亡の事実を医学的に確認すること。 **—しょ**【—書】医師の発行する検案②㋑の証明書。

げんあん【原案】検討・討議のために作った最初の案。「—どおり可決」▽多く、修正案に対して言う。

けんい【権威】①すぐれた者として、他人を威圧して自分に従わせる威力。また、万人が認めて従わなければならないような価値の力。「親の—」②専門の知識・技術について、その方面で最高の人だと一般に認められている人。大家。「—筋」 **—しゅぎ**【—主義】権威をふりかざして服従させたり、権威に服して無批判に従ったりする態度や行動。

げんい【原意】もともとの意味。原義。

けんいざい【健胃剤】胃腸のはたらきをよくする薬。

けんいん【検印】①検査ずみのしるしにおす印。②書物の奥付(おくづけ)に、発行の承認、部数の確認のために著者がおす印。▽現在は省略することが多い。

けんいん【×牽引】『名・ス他』(機械の力で)ひっぱること。ひきよせること。「—車」(比喩的に、先頭に立つ人の意にも)

げんいん【原因】『名・ス自』ある物事や状態をひき起こすもと(となって働くこと)。↕結果。「この痛みは冷えが—している」「良質の水の不足に—するコレラの大発生」「故障の—となる」「—を突き止める」▽着目する事柄Bに対し、それに時間的に先立つ幾つもの事柄のうちの、ある(一つとは限らない)Aが起こらないまたは無いとすればBも実現しないだろうと思われる場合に、AをBの「原因」、BをAの「結果」と言う。 関連 因(いん)・一因・素因・真因・要因・起因・誘因・成因・動因・主因・因由・事由・理由・動機・モチーフ・口火・謂(い)われ・起こり・ちなみ・訳・事訳(ことわけ)・導火線・所為(せい)

げんいん【減員】『名・ス他自』人員・定員をへらすこと。人員・定員がへること。↕増員

げんいん【現員】現在の人員。

けんうん【△巻雲・絹雲】高空にほうきで掃いたように白い筋状にかかる白雲。まきぐも。▽一時「絹雲」と書いたが、現在は「巻雲」。

げんうん【×眩×暈】めまい。

けんえい【兼営】『名・ス他』本業のほかに他の営業を兼ねて行うこと。

けんえい【献詠】『名・ス他』宮中・神社などに詩歌をよんでたてまつること。また、その詩歌。

げんえい【幻影】まぼろし。幻覚によって生じる影像。心の中に描き出す姿。「—におびえる」

けんえき【検疫】『名・ス他』ある地域に出入りする人・動植物や貨物に病原体が含まれていないかを検査し、必要に応じて消毒・隔離などの処置をとること。「—を受ける」「—済(ずみ)」

けんえき【権益】権利とそれに伴う利益。多く、ある国が他国内で得たものを言う。「国家の—を守る」

げんえき【原液】薄めたり加工したりする前の、もとの液。

げんえき【減益】『名・ス自』利益が減ること。↕増益

げんえき【現役】①㋐ある社会で現に活動中のもの。「—を退く」㋑浪人(1)㋑に対し、在校中の者、または浪人せずに進学した者。「—で合格した」②現に軍務に服していること。常備兵役の一つ。↕予備役・後備役。▽(1)は(2)の比喩的用法。

けんえつ【検閲】『名・ス他』しらべあらためること。特に、種々の形で行われる思想発表の内容・表現を、公の機関が強権的に取り調べること。「—を通る」

けんえん【×倦×厭】『名・ス自』あきていやになること。

けんえん【嫌煙】喫煙しない人が、まわりの人の喫煙をきらって拒否すること。「—権」

けんえん【×慊×焉】『ト タル』①心に満足できない様子。②満足に思う様子。▽「慊」には満足と不満足との正反対の意味がある。

けんえん【犬猿】いぬとさる。仲が悪いことのたとえ。「—の仲」

げんえん【減塩】『名・ス自』病気治療や健康維持のため、食塩の摂取量を控え目にすること。「—食」

けんお【嫌悪】『名・ス他』憎みきらうこと。不愉快に思うこと。「—感」

げんおう【玄奥】奥ぶかくて、はかり知れないこと。

けんおん【検温】『名・ス自』体温を計ること。 **—き**【—器】体温計。

げんおん【原音】①原語での発音。②録音・放送などで、再生音に対してもとの音。

けんか【×喧×嘩】『名・ス自』(ことばや暴力で)争うこと。いさかい。「友人と—する」「—を売る(=しかける)」「—過ぎての棒千切(ぼうちぎり)」(時機におくれて効果のない事のたとえ)「—両成敗(りょうせいばい)」(けんかをした場合、その理非にかかわらず両方を処罰すること)「—別れ」▽もと、さわがしいことの意。 関連 争い・諍(いさか)い・立ち回り・揉(も)め事・鍔(つば)迫り合い・角(つの)突き合い・小競り合い・鞘(さや)当て・いざこざ・ごたごた・トラブル・出入り・殴り込み・衝突・紛争・抗争・係争・闘争・悶着(もんちゃく)・摩擦・葛藤・波風・争う・揉める・吹っ掛ける・遣(や)り合う・揉み合う・摑(つか)み合う・啀(いが)み合う **—ごし**【—腰】今にもけんかを始めようとする、くってかかる態度。

けんか【献花】《名・ス自》霊前などに花を供えること。また、その花。▽仏教では「供花(くげ)」と言う。

けんか【県下】県内の(諸)地域。「—一円」▽県庁所在地から見た呼び名。

けんか【×鹼化】《名・ス自》アルコールと酸との化合物(エステル)が、アルカリの作用でアルコールと酸とに分解する化学反応。▽油脂から石鹼(せっけん)を造るときの化学反応に由来する語。

けんが【懸河】(上からつるしたかのような)急流のかわ。はやせ。「—の勢い」「—の弁」(よどみなく話しまくる弁舌)

げんか ①【原価・元価】仕入れ値段。もとね。②【原価】〔経済〕商品をつくるのに使う一切の費用が、製品の単位当たり幾らになるかを、計算した値。「—計算」

げんか【減価】①定価から割引した値段。値引き。②価額を減少すること。また、その値。 **—しょうきゃく**【—償却】《名・ス他》資産(家屋・機械など)が、使用するにつれて、財としての価値を減じるのを費用として計上する、会計手続き。

げんか【弦歌・×絃歌】三味線(しゃみせん)の音と歌声。三味線をひいたり歌ったりすること。「—のさざめき」

げんか【現下】《「—の」の形で》いま。目下(もっか)。現在。「—の情勢」

げんか【言下】(相手の)言い終わったすぐあと。一言のもと。ごんか。「—に否定する」

げんか【厳科】きびしい罰。

げんが【原画】(複製画などでない)もとの絵。

けんかい【見解】物事に対する考え方や評価。意見。

けんかい【県会】県議会の旧称。「—議員」

けんかい【×狷介】《名ナ》自分の意志をまげず、人と和合しないこと。「—の士」▽「狷」は分を守って不義をしない意、「介」はかたい意。現在は多く悪い評価で使う。 派生 **-さ**

けんがい【懸崖】①切り立ったようながけ。きりぎし。②盆栽の枝が、根より低く垂れるようにしたもの。「—づくりの菊」

けんがい【圏外】(影響の及ぶ)範囲の外。特に、通信の範囲外。↔圏内

けんがい【遣外】外国に派遣すること。「—使節」

げんかい【厳戒】《名・ス他》厳重な警戒(をすること)。「—体制をしく」

げんかい【幻怪】《名ナ》ふしぎ。あやしいこと。

げんかい【限界】(それを越えられない)ぎりぎりの限り・境・仕切り。「—点に達する」 **—こうよう**【—効用】〔経済〕ある財の消費量の増大による、その効用(=満足度)の増加量。「—逓減の法則」(消費量の増大に伴い、財一単位当たりの効用の増加量が次第に減っていくという法則) **—しゅうらく**【—集落】高齢者が人口の半分以上になり、共同生活の維持が難しくなった集落。▽二十世紀末の辺地過疎化に伴い、大野晃によって造られた語。

げんがい【言外】直接は言葉に出さないところ。「—の含み」

げんがい【限外】限度以上に出ること。「銀行券の—発行」

けんかく【剣客】剣術つかい。また、剣術が強い人。けんきゃく。

けんかく【懸隔】《名・ス自》かけはなれていること。

けんがく【兼学】《名・ス他》二つ以上の学問を兼ね学ぶこと。

けんがく【建学】《名・ス自》学校(大学)を創設すること。「—の精神」「—当初は」

けんがく【研学】《名・ス自》(怠ることなく)学問・研究を進めること。

けんがく【見学】《名・ス他》実際を見て、それに関する知識を得ること。「工場を—する」

げんかく【厳格】《ダナ》手加減などせず、きびしいさま。「—な審査」 派生 **-さ**

げんかく【幻覚】〔心理〕外界から刺激を受けていないのに、受けたように感じる、その感覚。幻視・幻聴など。「—に悩まされる」「—症状」▽広義には錯覚も含む。

げんがく【弦楽・×絃楽】バイオリンなどの弦楽器による音楽。「—四重奏」

げんがく【減額】《名・ス他自》金額を減らすこと。金額が減ること。↔増額

げんがく【×衒学】学問・知識のあることを自慢し見せびらかすこと。「—的」

けんかしょくぶつ【顕花植物】花を咲かせ、実を結び、種子ができる植物の総称。↔隠花植物。▽被子植物と裸子植物の総称として使われたが、現在の分類では使わず、種子植物という。

げんがっき【弦楽器・×絃楽器】琴・三味線(しゃみせん)・バイオリン・ギターのように、糸をはり、ひいて鳴らす楽器。↔管楽器・打楽器

けんがみね【剣が峰】相撲(すもう)の土俵の円周を形作る俵の表面にあたる所。「—に立つ」(物事が成るか否かのさかいに立つ。また、追い詰められて後がない状態になる)▽土俵外を奈落にたとえて言う。もと、噴火口のまわり。

けんかん【兼官】《名・ス他》本官のほかに他の官職を兼ねること。

けんかん【顕官】地位の高い官職(の人)。

けんかん【建艦】軍艦の建造。「—競争」

けんがん【検眼】《名・ス自》視力を検査すること。

げんかん【厳寒】きびしい寒さ。

げんかん【玄関】①建物の正面の入口。「シルク ロードへの—口(=入口にあたる交通拠点)」▽武家屋敷では、正面入口の式台がある所。⑵の転。②玄妙な道に入る関門。禅学に入るいとぐち。転じて、禅寺の門。寺の書院の昇降口。 **—し**【—子】玄関番。 **—ばらい**【—払(い)】来客を玄関で応対して帰すこと。また、面会せずに、追い帰すこと。「—を食わされる」 **—ばん**【—番】玄関に居て客の取次ぎ

をする人。▽書生を指すことがある。
げんかん【現官】現在ついている官職。
けんき【嫌忌】《名・ス他》いみきらうこと。
けんぎ【建議】《名・ス他》①意見を上申すること。その意見。②旧憲法時代、議会が政府に意見・希望を申し述べること。「—権」
けんぎ【剣技】刀(剣)をつかう武技。
けんぎ【嫌疑】悪い事をしたのではないかという疑い。「—をかける」
げんき【元気】《名・ダナ》①活動のもとになる気力。また、それがあふれている感じであること。「—を出せ」「—に歩く」▽万物生成の元である精気の意から。②体の調子がよいこと。「早く—になって下さい」▽病気の勢いが減る「減気」からか。派生 **-さ**
関連 安泰・旺盛(おうせい)・矍鑠(かくしゃく)・活躍・頑健・強健・強壮・堅固・健康・健勝・健全・丈夫・壮健・息災・達者・勇健・清栄・清閑・清祥・清適・清福・健やか・たくましい・血気盛り・まめ・タフ
げんき【衒気】他人に自分の才能などを見せびらかしたがる気持。
げんき【原器】同種類の物の規準として作られた器。特に、度量衡の基本標準となる器。「メートル—」「キログラム—」
げんぎ【原義】もともとの意味。原意。本義。
けんきゃく【健脚】《名ナ》足が強く、よく歩けること。また、その強い足。「—を誇る」
けんきゃく【剣客】→けんかく(剣客)
けんきゅう【研究】《名・ス他》物事を学問的に深く考え、調べ、明らかにすること。また単に、調べること。「歴史を—する」「対策は鋭意—中です」「—を重ねる」
けんぎゅう【×牽牛】①たなばた伝説の男主人公。織女の恋人。②牽牛星。彦星(ひこぼし)。(1)に擬せられる、鷲座(わしざ)で最も明るい星、アルタイル。 **—か**【—花】あさがお。

げんきゅう【減給】《名・ス他自》給料をへらすこと。給料がへること。⇔増給。「—処分」
げんきゅう【原級】①もとの等級。②進級の際の、もとの学年。「—にとめおく」
げんきゅう【言及】《名・ス自》その事柄に言い及ぶこと。
けんきょ【検挙】《名・ス他》捜査機関が被疑者を特定すること。また、取り調べのため警察に連れて行くなどすること。
けんきょ【謙虚】《名・ダナ》自分を偉いものと思わず、すなおに他に学ぶ気持があること。「—な人柄」派生 **-さ**
げんきょ【原拠】事柄のもとになるよりどころ。
けんきょう【×牽強】道理に合わないものを無理に合わせようとすること。こじつけ。 **—ふかい**【—付会・—附会】自分の都合のよいように無理に理屈をこじつけること。
けんきょう【検鏡】《名・ス他》顕微鏡を使って検査すること。
けんぎょう【顕教】〔仏〕衆生(しゅじょう)の能力や素質に応じて、言葉で明らかに説かれた教え。▽密教で、密教以外の宗派を指す語。
けんぎょう【兼業】《名・ス他》本業のほかに他の業務を兼ね営むこと。その業務。副業。「—農家」
けんぎょう【検△校】①昔、盲人に与えられた最高の官名。②社寺の一切の事務を取り締まる職。▽もと、物事を点検・勘校する意。
げんきょう【元凶・元×兇】悪者のかしら。悪い事をする者の中心人物。また、悪の根源。
げんきょう【現況】(事業などの)現在の状況。
げんぎょう【現業】実地の仕事。特に、工場・作業場など現場(げんば)での業務や労働。 **—ちょう**【—庁】現業を行う行政機関。例、林野庁。
げんきょく【原曲】もとの曲。
げんきょく【限局】《名・ス他》内容・意味などをせまく限ること。

けんきん【兼勤】《名・ス他》本務以外に役目を兼ねること。兼務。
けんきん【献金】《名・ス自》ある目的に使ってもらうために、お金を差し上げること。またその金。「政治—」▽元来は、官などに金を献上すること。今は寄付と同じ意にも使う。
げんきん【厳禁】《名・ス他》きびしく禁止すること。厳重な禁止。
げんきん【現金】①《名》㋐現にその場に持っている金銭。げんなま。㋑現在通用している貨幣。▽簿記では、すぐ貨幣に換えられる銀行あて小切手・郵便為替券なども「現金」として扱う。②《ダナ》目先の利害によって簡単に態度を変えるさま。「—な奴(やつ)」派生 **-さ**
けんぐ【賢愚】かしこいこととおろかなこと。また、賢者と愚者。
けんくん【賢君】かしこい君主。賢明な君主。
けんぐん【建軍】兵制や軍の組織を定め、新たに軍を編成すること。
けんぐん【懸軍】(後方との連絡が絶えるほど)敵地に深く入り込むこと。また、その遠征軍。「—万里」
げんくん【元勲】国につくした大きな勲功。また、国のために大いに働いて功績をあげ、重んじられている老臣。
げんくん【厳君】(他人の)父の敬称。父君。
げんげ【〈紫雲英〉】→れんげそう
けんけい【賢兄】賢い兄。「—愚弟」▽(他人の)兄に対する敬称。同輩に対する敬称としても使う。文語的。
げんけい【現形】現在のかたち。
げんけい ①【原形】(物が初めに持っていた)もとのかたち。「—をとどめない」②【原型】でき上がったものの、もとになった型(かた)。㋐鋳物などを作る、もとになる型。㋑古い生物学で、生物の形態の根源にあると考える抽象的な類型。↓プロトタイプ。③【元型】ユング心理学で、人類の無意識に普遍的に存在して、共通の心理的イメージを生み出すとされるもの。アーキタイプ。▽⑶は「原型」とも書く。 **ーしつ**【原形質】〔生物〕細胞の生きている部分を構成し、生活機能の基礎となっている物質。

げんけい【減刑】《名・ス自》言い渡してある刑を軽くすること。▽法律で恩赦の一種。

げんけい【厳刑】きびしい刑罰。「ーに処する」

けんげき【剣劇】切り合いを見せ場とする芝居や映画。ちゃんばら物。

けんげき【剣×戟】刀で切り合う戦い。▽もと、武器の意。「戟」は、ほこ。

けんけつ【献血】《名・ス自》無償で供血すること。

げんげつ【弦月】上弦・下弦の月。ゆみはりづき。

げんげつ【限月】〔取引〕先物(さきもの)取引で、商品の受渡し期限。▽期限の月の意。

けんけん 片足でぴょんぴょん跳ぶこと。また、片足で跳ぶ子供の遊び。

けんけん【×喧×喧】《ト タル》やかましく声をたてるさま。「ーとして争いを始める」 **ーごうごう**【ー×囂×囂】《ト タル》口々に発言してやかましいさま。

けんけん【拳拳】ささげ持つさま。転じて、うやうやしく慎む様子。「ー服膺(ふくよう)する」

けんげん【建言】《名・ス他》(政策などの)意見を申し立てること。

けんげん【献言】《名・ス他》意見を申し上げること。

けんげん ①【権限】正式または公的に行為し得る権利の範囲。特に、法規上の職権として、また法律や契約で認められて、行い得る権能の範囲。「職務ー」②【権原】その行為をすることを正当化する、法律上の原因。▽⑴と区別して俗に「けんばら」と言うこともある。

けんげん【顕現】《名・ス自他》はっきりと姿が現れること。また、物事をはっきりとあらわすこと。

げんげん【言言】一つ一つの言葉。一言一言。「ー句句」「ー火を吐く」

けんこ【×眷顧】特別に目をかけること。ひいき。「ーにあずかる」「ーをこうむる」

けんご【堅固】《ダナ》①しっかりしていて、容易には破られたりくずされたりしないさま。「ーな城」「貞操ー」②すこやか。丈夫。「ますますーでおいでなさる」▽⑵は古風な言い方。派生 **ーさ**

げんこ【△拳固】にぎりこぶし。げんこつ。

げんこ【×儼×乎】《ト タル》おごそかで威厳のあるさま。

げんご【原語】翻訳語・訳文のもとになっている言葉。(訳さない)もとの(外国)語。

げんご【言語】一定のきまりに従い音声や文字・記号を連ねて、意味を表すもの。また、その総体。そういう一まとまりの(形式的な)体系。ことば。言語で表現する行為を指すこともある。「ー明晰(めいせき)」「ーに絶する美しさ」▽漢音で「げんぎょ」、呉音で「ごんご」とも読んだ。日本語・英語などのほか、エスペラントなど人工的につくられたものもある。また、特定目的のために設計した記号体系を指すこともある(↓けいしきげんご)。伝達機能に着目し(比喩的に)「イルカのー」「数学は科学のーだ」のようにも使う。 **ーがく**【ー学】言語に関すること、特にその構造を研究する学問。▽「語学」と言うこともあるが、「語学」は、外国語を身につける勉強や、外国語を使う能力を指すことが多い。

けんこう【剣光】たたかっている剣のひかり・ひらめき。

けんこう【兼行】《名・ス自》①夜も昼と同様に働いて急いで行うこと。「昼夜ー」▽もと、二日かかる道のりを、夜も歩いて一日で行くこと。②二つ以上の物事を兼ね行うこと。

けんこう【軒×昂】《ト タル》気持がふるい立つさま。「意気ー」

けんこう【健康】《名・ダナ》すこやか(さ)。「ーな考え方」㋐病気にかかっていず元気な(正常な)状態。「ーな体」「若さとーを誇る」「ーが衰える」「心身のー」㋑病気(になる危険)の有無に関する、体の状態。「ー診断」「ー管理」(健康が保てるように生活の仕方などを管理すること) 派生 **ーさ** **ーほけん**【ー保険】病気やけがなどに対して、その医療費の一部を国・会社などが負担する保険。健保。

けんこう【堅甲】①堅固に作ったよろい。②かたい甲殻。

けんこう【権衡】つりあい。「ーを保つ」▽もと、はかりのおもり(=権)とさお(=衡)のことで、はかりの意。

けんごう【剣豪】剣術の強い人。

げんこう【原稿】印刷したり口頭発表したりするための下書き。草稿。「ー用紙」

げんこう【原鉱】原料となる鉱石。掘り出したままの鉱石。

げんこう【玄黄】天地。▽「玄」は天が黒い、「黄」は地が黄色い意。

げんこう【現行】現に行うこと。また、現在、世に行われていること。 **ーはん**【ー犯】現に行っている、または行い終わった時に見つけられた犯罪。また、その犯人。 **ーほう**【ー法】現に行われていて効力を有する法律。

げんこう【言行】①言うことと行うこと。「ー不一致」②言ったり行ったりすること。振舞い。行動。「平素のーを見る」

げんごう【元号】年号。例、「令和」「天平勝宝」。

けんこうこつ【肩×胛骨・肩甲骨】背中の上部に左右一対ある逆三角形の骨。かいがらぼね。

けんこく【建国】《名・ス自他》新たに国をたてること。「ー祭」

けんこく【圏谷】↓カール⑵

げんこく【原告】民事訴訟を起こして裁判を請求する

当事者。↔被告

げんこく【厳酷】『ダナ』むごいほどきびしいさま。

げんこく【減石】『名・ス自』酒の生産をへらすこと。

げんこつ【△拳骨】にぎりこぶし。げんこ。「—をくらわす」

げんごろう【源五郎】①池や沼にすむ甲虫。体は暗緑色でつやがあり、長さ三～四センチの楕円(だえん)形。長くて毛の生えた後肢をあおって泳ぐ。→まごたろうむし(2)。②「源五郎ぶな」の略。 **—ぶな**【—×鮒】琵琶(びわ)湖産の大形のフナ。美味。▽→へらぶな

けんこん【△乾×坤】①天地。②陰陽。③乾(いぬい＝北西)と坤(ひつじさる＝南西)。 **—いってき**【—一×擲】運命をかけて、のるかそるかの勝負をすること。

げんこん【現今】現在。こんにち。

けんさ【検査】『名・ス他』(何らかの基準に照らして)異状や悪い所がないかどうか調べること。「所持品を—する」

けんさい【賢才】すぐれた才知(がある人)。

けんざい【健在】『名ナ』①丈夫で暮らしていること。元気でいること。②従来と変わりなく能力を発揮していること。

けんざい【建材】建築の資材。建築材料。「新—」(石膏(せっこう)ボード・プリント合板などのこと)

けんざい【×硯材】すずりを作る材料の石。

けんざい【顕在】『名・ス自』(はっきりと認められるように)かたちに現れて、あること。↔潜在。「—化」

げんさい【減災】災害による被害を少なくすること。「—対策」

げんさい【減殺】『名・ス他』へらしそぐこと。少なくすること。▽「殺」も量をへらす意。

げんざい【原罪】キリスト教で、最初の人間アダムとイブが神にそむいて犯した罪。▽人間は皆アダムとイブの子孫として、生まれながらに罪を負っていると考える。

げんざい【現在】①『名』今(に至る、ごく近い間)。㋐時間の三区分の一つで、過去と未来との境。「過去の事は別にして—(で)は」「彼は—この地に来ているのか」「—の首相」▽文法で動詞などの現在形を、単に「現在」とも言う。㋑(仏)三世(さんぜ)の一つである現世。㋒《月日・時を表す語に付けて》数量がいつを規準にしたものかを示す言い方。「昨日—の会員数」「正午—の気温」②『名・ス自』現に存在すること。「—の孫」「そういう物も—する」 **—だか**【—高】現にあるだけの分量。ありだか。 **—ち**【—地】移動するものが現にその位置にあるという場所。一時滞在してその時に現に居る場所。

げんざいりょう【原材料】生産の資材になるもの。原料。

けんざお(を:ざ)【間×竿】間数(けんすう)を測るための、目盛りがあるさお。

けんさき【剣先】①剣のさき。きっさき。②とがったもののさき。③衽(おくみ)の上部の先端。

けんさく【研削】『名・ス他』砥石(といし)などで削って、表面をなめらかにすること。研磨。「—盤」(グラインダー)

けんさく【検索】『名・ス他』文書・カードなどから必要な情報をさがし出すこと。データベースやインターネットで、あるキーワードを含むデータやウェブサイトをさがし出すこと。 **—エンジン** 情報を検索するシステム。特に、インターネット上の情報を検索するシステム。サーチ エンジン。▽「エンジン」は engine

けんさく【献策】『名・ス他』計略・計画などを上の者に申し述べること。

げんさく【原作】訳したり書きかえたり脚色したりする前の、もとの作品。

げんさく【減作】農作物の収穫がへること。

けんさつ【検察】『名・ス他』取り調べて明らかにすること。特に、犯罪を捜査し証拠を集めること。 **—かん**【—官】検事総長・次長検事・検事長・検事・副検事の総称。主として検察事務(＝犯罪を捜査し、公訴を行い、刑の執行を監督する等)に従う国家公務員。 **—ちょう**【—庁】検察官が行う事務を統轄する役所。最高検察庁(最高検)・高等検察庁(高検)・地方検察庁(地検)・区検察庁(区検)があり、最高裁判所・高等裁判所・地方裁判所・簡易裁判所に対応して置かれる。

けんさつ【検札】『名・ス自』車掌が乗客の乗車券をしらべること。車内改札。

けんさつ【賢察】『名・ス他』相手が推察することを敬って言う語。お察し。「ご—の通り」

けんさん【研×鑽】『名・ス他』(学問などを)みがき深めること。「—を積む」「—に励む」

けんざん【剣山】いけ花の道具。花の根もとを固定させるために、金属製の台に太い針を上向きに多く植えたもの。

けんざん【検算・験算】『名・ス他』計算をしたあとで、間違いがないかどうか確かめるため、もう一度計算してみること。ためしざん。

けんざん【見参】『名・ス自』→げんざん(見参)

げんさん【原産】(特に動植物が)最初に産出したこと。「アフリカ—」 **—ち**【—地】①動植物の初めの生息地。②原料・製品の生産地。

げんさん【減産】『名・ス自他』生産が減ること。生産を減らすこと。↔増産

げんさん【減算】『名・ス自』引き算。↔加算

げんざん【△見参】『名・ス自』①お目にかかること。「初(うい)—を得る」②現に伺候していること。「対面」を敬って言う語。③主従関係を結んだ者が正式に面会すること。お目見え。▽「けんざん」とも言う。

けんし【剣士】剣術がうまい人。剣術つかい。

けんし【検使】事実を見届けるための、また検死のための使者。

けんし【検死・検×屍】『名・ス他』→けんし(検視)(1)

けんし【検視】『名・ス他』①検察官などが、変死者などの死体を取り調べること。②事実を見届けること。検分。「切腹の―」

けんし【犬歯】門歯と臼歯の間に、上下左右に計四本ある歯。肉食動物で特に発達し、きばと呼ばれる。いときりば。

けんし【献詞】著者または発行者がその本を他人に献じるために書いたことば。献辞。

けんし【絹糸】きぬいと。

けんし【繭糸】まゆと糸。また、まゆの糸。

けんじ【健児】血気さかんな若者。

けんじ【堅持】『名・ス他』(考え・態度を)かたく守って譲らないこと。

けんじ【検事】①検察官の官名の一つ。検事長の下で副検事の上。②検察官の旧称。 **―きょく【―局】**検察庁の旧名。

けんじ【検字】字引で、漢字をその画数から引けるように、総画順に並べた索引。

けんじ【献辞】→けんし(献詞)

けんじ【顕示】『名・ス他』はっきり示すこと。「自己―」

げんし【元始】初め。もと。おこり。

げんし【原始】①自然のままであること。また、進化や変化をしていないこと。「―状態」②物事の初め・おこり。また、物事(特に理論)のもとになるもの。「―要素」 **―かんすう【―関数】**与えられた関数 $f(x)$ に対し、$f(x)$ が $F(x)$ を微分すれば得られるような $F(x)$ のこと。▽$f(x)$ から $F(x)$ を得る計算を「不定積分」と言う。 **―じん【―人】**原始時代の人類。また、原始的な生活を送る未開の地の人。 **―てき【―的】**『ダナ』①原始(1)であるさま。転じて、幼稚であるさま。②それがその理論にとって原始(2)であること。▽(2)は「元始的」と書く場合もある。 **―りん【―林】**人手がはいっていない森林。原生林。

げんし【原子】それ以上は分解できない、ごく小さなもの。㋐元素の特色を失わない範囲で達し得る、最小の微粒子。原子核と電子とからなる。㋑〔哲学〕世界の構成要素となる、単一不可分の微細なもの。▽atom(=ギリシア語で不可分の意)の訳語。 **―か【―価】**原子㋐が水素原子の何個と結合し得るかを表す数。水素原子と結合しない原子では、結合し得る別の原子の数と、その別の原子の原子価とから間接的に決める。 **―かく【―核】**原子の中心にある粒子。陽子と中性子とから成る。 **―きごう【―記号】**→げんそきごう。 **―だん【―団】**ある化合物の分子内に含まれる特定の原子の一団。▽根(こん)や基(き)よりやや広義。 **―ばくだん【―爆弾】**核兵器の一つ。原子の核分裂で出るエネルギーを使った爆弾。数万から数十万トンの火薬に匹敵する爆発力と、放出される放射線によって甚大な被害を及ぼす。 **―びょう【―病】**放射線を人体に受けることによって起こる病気。 **―りょう【―量】**炭素原子の質量を基準とし(十二と定めて)、他の元素の原子の相対的な質量を表す値。 **―りょく【―力】**原子核の崩壊や核反応の際、放出されるエネルギー。そのエネルギーを動力源として用いたもの。「―発電」 **―ろ【―炉】**核分裂の連鎖反応を、制御しながら続けさせる装置。 **―ろん【―論】**〔哲学〕物質は原子が集まってできていると考え、それによって物質の性質や現象を説明しようとする立場、及びその立場に立つ理論。▽atomism の訳語。原子の組合せだけでは説けない全体があるという立場(totalism)と対立し、近代物理学・化学の物質観もこの考えに基づいている。

げんし【原紙】①楮(こうぞ)の皮から製した厚紙。蚕卵紙に使う。②謄写版の原版に使う、蠟紙(ろうがみ)。「―を切る」

げんし【原詩】訳したり作りかえたりする前の、もとの詩。

げんし【原資】(新規)事業に必要な、もととなる資金。

げんし【幻視】〔心理〕実際には無いものが、存在するかのように見えること。「―画」(ジオラマ(2)のこと)

げんし【減資】『名・ス自』資本金をへらすこと。↔増資

げんじ【現時】今。きょうこのごろ。現在。

げんじ【言辞】ことば。ことばづかい。「こざかしい―を弄する」

けんしき【見識】物事について鋭い判断をもち、それに基づいて立てた、すぐれた考え・意見。「―がある」「―が高い」(気ぐらいが高い意にも)。また単に、物の見方。「―が狭い」 **―ばる【―張る】**『五自』見識があるように見せかける。見識ぶる。

げんじぐるま【源氏車】牛車(ぎっしゃ)の俗称。御所車(ごしょぐるま)。

けんじつ【堅実】『名・ダナ』てがたく、確実なこと。しっかりしていて、あぶなげがないこと。「―な商売」 派生 **―さ**

げんしつ【玄室】古墳の内部にあって、棺を納める室。

げんしつ【言質】「げんち」の誤読。

げんじつ【現実】(頭の中で考えるだけの事でなく)現に実際こうであるという状態・事実。「―離れのした話にすぎない」 **―てき【―的】**『ダナ』①(考え・行い等が)現実に即しているさま。②生活態度に理想・夢がなく、目前の利害にとらわれるさま。

げんじてん【現時点】時間的流れの中での、今、この時。「―では値上げに反対」▽将来への見通しは別にして、という気持で使うことがある。

げんじな【源氏名】①バーのホステスなど、水商売で働く人の、店での呼び名。▽(2)の転。②源氏物語五十四帖(じょう)の題名にちなんでつけた女官の名。▽↓ごんべえな

げんじぼたる【源氏蛍】ほたるの一種。体長約一五ミリ。成虫ばかりでなく、さなぎも幼虫も卵も光る。幼虫は清流にすみ、巻貝を食べる。▽これよりやや小形のヘイケ(平家)ボタルに対する称。

けんしゃ【検車】『名・ス他』車両に故障がないかどうか検査すること。「―係」

けんじゃ【賢者】 道理に通じた人。賢人。けんしゃ。↕愚者

げんしゃ【減車】《名・ス他》車両の数や運転本数を減らすこと。

げんじゃ【験者】 →しゅげんじゃ

けんじゃく【剣尺】 ものさしの一種。曲尺(かねじゃく)の一尺二寸(約三六センチ)を八等分にしたもの。刀剣・仏像・門戸を測る。

けんじゃく【間尺】 →けんなわ

げんしゃく【現尺】 原物どおりの寸法。原寸。↕縮尺

けんしゅ【堅守】《名・ス他》かたく守ること。

けんしゅ【賢主】 賢明な君主。

げんしゅ【元首】 国家の首長。国際法上、外国に対して国を代表する者。君主国では君主、共和国では大統領。

げんしゅ【原酒】 造ったままで、まだ薄めたり混ぜたりしていない日本酒やウイスキー。

げんしゅ【原種】 ①種を取るためにまく種。②品種改良以前の、もとの動植物。在来種。↕変種

げんしゅ【厳守】《名・ス他》(規則・命令・約束・時間などを)きびしく守ること。

けんしゅう【兼修】《名・ス他》同時に二つ以上の事を修業すること。

けんしゅう【検収】《名・ス他》発注に応じて納められた品などを、注文の際の品質条件・数量・仕様に合っていると確かめた上で、受け取ること。

けんしゅう【研修】《名・ス他》①学術などを、みがき修めること。②執務能力を高めるため特別に学習すること。「—期間」「—生」

けんしゅう【献酬】《名・ス他》杯のやりとり(をすること)。

けんじゅう【拳銃】 ピストル。

げんしゅう【減収】《名・ス自》収入や収穫が減ること。↕増収

げんしゅう【現収】 現在の収入。

げんじゅう【厳重】《ダナ》きびしいさま。いい加減な扱いを許さないさま。「—な警戒」「—注意」▽もと、おごそかの意。派生 **-さ**

げんじゅう【現住】 ①《名・ス自》現在そこに住んでいること。「—地」「—所」②《名》〔仏〕現在の住職。

げんじゅうみん【原住民】 その土地にもともと住みついていた民。▽移住者・征服者に対して言う語。

けんじゅがくは【犬儒学派】 古代ギリシアで、無為自然を理想とし、社会的慣習や文明生活を無視・軽蔑した哲学の一派。キュニコス学派。キニク学派。▽ギリシア Kynikos の訳語。

げんしゅく【厳粛】《ダナ》厳しく、おごそかなさま。「—な事実」(厳として動かしがたい事実)「—主義」(道徳法則を厳格に守る態度) 派生 **-さ**

けんしゅつ【検出】《名・ス他》物の中に隠れ、または混じっているものを、検査して見つけ出すこと。「指紋の—」

けんじゅつ【剣術】 刀剣を使って戦う技術。また、それを定式化し、木刀・竹刀(しない)で勝負する術。撃剣(げっけん)。剣道。「—つかい」

げんしゅつ【現出】《名・ス自他》物事があらわれ出ること。あらわし出すこと。

げんじゅつ【幻術】 ①人の目をくらます、あやしい術。魔法。妖術。②手品。奇術。

けんしゅん【険×峻・×嶮×峻】《名ナ》(山が)高くてけわしいこと。そういう場所。

けんしょ【険所・×嶮所】 けわしい場所。登るのに困難な場所。

けんじょ【賢女】 かしこい女。りこうな女。「—の誉れ」

けんじょ【賢所】 →かしこどころ(1)

げんしょ【原書】(翻訳書などに対して)もとの本。原本。特に、欧文の書物。洋書。

げんしょ【厳暑】 きびしい暑さ。

けんしょう【健勝】《名ナ》健康がすぐれて元気なこと。すこやか。▽手紙文で「御」をつけて相手や第三者に使う。

けんしょう【憲章】 重要な事を(多くは理想的な立場から)定めてある、おきて。「児童—」

けんしょう ①【肩章】制服・礼服の肩につける階級章。②【懸章】目印に掛ける、たすき(3)。「週番—」

けんしょう【懸賞】(答えを寄せる、または尋ねる人や物を知らせるという条件で)賞金・賞品をかけること。「—小説」「—金」

けんしょう【検証】《名・ス他》実際に調べて証拠だてること。㋐仮説を実証すること。㋑〔法律〕裁判官などが、証拠資料となる事物・場所を直接調べる行為。「実地—」

けんしょう【見性】《名・ス自》〔仏〕自己に根源的にそなわる本性を見きわめること。 **—じょうぶつ【—成仏】** 見性することが仏の悟りにほかならないということ。

けんしょう【謙称】《名・ス自他》謙遜した呼び方(をすること)。例、「小生」「愚弟」。

けんしょう【顕正】 正しい仏の道理を明らかに示すこと。更に広く、正義を明らかに示すこと。「破邪—」

けんしょう【顕彰】《名・ス他自》(隠れているよいことを)明らかにあらわすこと。明らかにあらわれること。功績などを一般に知らせ、表彰すること。

けんじょう【健常】《名ナ》心身に障害がないこと。「—者」

けんじょう【×喧×擾】 さわがしいこと。

けんじょう【献上】 ①《名・ス他》奉ること。さしあげること。「—品」②《名》「けんじょうはかた」の略。 **—はかた【—△博多】** 独鈷(とっこ)形の浮織の紋がはいった博多織の帯地。▽昔、博多地方の藩主黒田侯が江戸幕府に献上したから。

けんじょう【謙譲】《名ナ》へりくだること。謙遜。「—の美徳」派生 **-さ** **—ご【—語】** 敬語の一分類で、尊敬語のいわば裏返しとなる形をした語。その眼目

は、へりくだる意を託する形の表現をこちら側に使うことであちら側を立てる(高く置く)こと。例、あちら側での「おっしゃる」に対し、こちら側では「申し上げる」。▽「参る」は本来(「行く」の)謙譲語だったが、「海岸近くまで参りますと」ではだれかにへりくだっているわけでない。そこで別に丁重語(↓ていちょうご)を立てもする。しかし「無礼を申すと容赦はしない」の「申す」の使い方は、謙譲語・丁重語どちらと解しても、うまく説明がつかない。「お手紙」が文脈により尊敬語になったり謙譲語になったりするのも分かりづらい。別の説明原理からこれらを統一的に扱う学説もある。↓そんけいご

げんしょう【減少】『名・ス自他』減って少なくなること。減らして少なくすること。↕増加。「輸入量が半分に―した」

げんしょう【現象】現れた形・すがた。ある物事が形をとって現れること。㋐現存する事実。事柄。できごと。「面白い―だ」 ㋑感覚によってとらえられたもの。↕本体。㋒(本質と対比して)表面だけの現れ。「単なる―だ」 **―かい**【―界】〔哲学〕感覚の世界。経験の世界。 **―がく**【―学】心に浮かぶ事を(なぜそれを思いつくか、それが正しい事かなどの問題は抜きにして)記述して得た資料を、分類し分析して行くという方法を特色とする、心理的な哲学の方法。▽ドイ Phänomenologie の訳語。フッサールが始めた方法。他にも、この名で呼ぶ学問領域がある。 **―ろん**【―論】①〔哲学〕㋐われわれが知り得るのは現象だけで、本体は認識できないという説。㋑現象の背後の本体というものを認めず、現象だけが実在だとする立場。②物事のうわべの現れだけを見て行う議論。

げんしょう【×絃×誦】①琴をひき詩をとなえ(て勉学す)ること。「―の声を絶やさない」②転じて単に、勉学すること。「―に努める」▽既に古風。

げんしょう【言笑】物を言ったり笑ったりすること。うちとけて笑いながら物を言うこと。「―のうちに」

げんじょう【原状】もとのままのありさま。以前の形。「―に復する」「―回復」

げんじょう【現状】現在の状態。「―維持」

げんじょう【現場】↓げんば(1)。▽刑事事件のにはこちらを使う。

けんしょうえん【×腱×鞘炎】腱鞘(=腱の外側をさやのように包む組織)の炎症。▽指をよく使うピアニストなどの職業病として知られる。

けんしょく【兼職】『名・ス他』本務のほかに職務を兼ねること。その職務。↕本職

けんしょく【顕職】地位の高い官職。高官。

げんしょく【現職】現在ついている職務・職業。また、ある職務に現についていること。「―の大臣」

げんしょく【原色】①他の色を出すもと(=原)になる色。㋐混ぜ合わせれば他のすべての色が作れる、異なった色の組。絵の具などでは赤・黄・青(顔料名はマゼンタ・イエロー・シアン)、光では赤・緑・青が、三原色。㋑俗に、絵の具の三原色のように純度が高くて目立つ色。「―の衣装がはやる」②(印刷などで)もとのままの色。「バラの―図鑑」「作品の―に近い複製」

げんしょく【減食】『名・ス自』食事の量を減らすこと。

けん-じる【献じる】『上一他』神や目上の人に物をさしあげる。たてまつる。献ずる。

げん-じる【減じる】『上一自他』へる。へらす。「罪一等を―」。また、引き算する。▽「減ずる」とも言う。

げん-じる【現じる】『上一自他』(今まで見えなかったものが)あらわれる。また、あらわす。現ずる。

けんしん【見神】キリスト教で、神の本体を心に感じとること。

けんしん【剣身】刀剣の主要部をなす、刃があり鞘(さや)におさまる部分。刀身。

けんしん【健診】「健康診断」の略。病気の予防などのために行う診断。「定期―」

けんしん【検針】『名・ス他』①(電力・水道・ガスなどの)メーター(の針)を調べて、課金のための使用量を測ること。②仕立てた衣服などに不注意で残る針が無いように検査すること。「―機」

けんしん【検診】『名・ス他』病気かどうかを診察すること。「―を受ける」「集団―」「定期―」

けんしん【献身】『名・ス自』一身をささげること。自分の利益をかえりみずつくすこと。自己犠牲。「―的」

けんしん【権臣】権力を持った家来。

けんじん【堅陣】守りが堅い陣地。

けんじん【賢人】①賢明な人。知恵・行いのすぐれている人。聖人に次ぐ徳のある人。②にごり酒。▽清酒を「聖人」にたとえるのに対して言う。

げんしん【原審】その裁判の一つ前の段階で訴訟を審理した裁判。原裁判。「―を破棄する」

げんじん【原人】猿人の次、旧人の前の進化の段階にある人類。例、北京(ペキン)原人。

げんず【原図】(複製・転写したのでない)もとの図。

けんすい【建水】水こぼし。こぼし。▽茶道具の一つ。「建」はこぼす意。

けんすい【懸垂】『名・ス自』①たれさがること。②器械体操で、鉄棒などにぶらさがって腕を屈伸し、体を上下させること。 **―まく**【―幕】建物の外壁などに下げる、標語などを書いた縦長の垂れ幕。

げんすい【元帥】軍人の最高位(で、功労のすぐれた大将に与える称号)。

げんすい【減水】『名・ス自』水量が減ること。↕増水

げんすい【減衰】『名・ス自』次第に減少して行くこと。

げんすいばく【原水爆】原子爆弾と水素爆弾。「―禁止運動」

けんすう【件数】事件・事柄の数。「発生―」

げんすう【現数】現在ある数量。

けん-する【検する】『サ変他』①しらべる。とりしらべる。検査する。②とりしまる。

けん-する【験する】『サ変他』ためす。また、検算する。

けん-ずる【献ずる】『サ変他』↓けんじる

げん-ずる【減ずる】『サ変自他』↓げんじる(減)

げん-ずる【現ずる】『サ変自他』↓げんじる(現)

げんすん【原寸】実物どおりの寸法。現尺。「―大」

げんせ【現世】現在の世。この世。「―利益(りやく)」▽仏教では「げんぜ」とも。

けんせい【建制】法制で建て定めること。特に、軍隊をそういう規準で編制すること。 **―じゅん**【―順】軍隊などで、編制表に定められた組織の順序。「―に行軍する」

けんせい【県勢】県の状態。「―要覧」

けんせい【×牽制】『名・ス他』ある行動によって相手の注意を引きつけるなどして、相手の自由な行動をおさえ妨げること。「―球」

けんせい【権勢】権力と(それに伴う)威勢。権力をにぎって勢力をはること。「―をふるう」

けんせい【憲政】憲法によって行う政治。立憲政治。

げんせい【原生】自然のままはえている、または生活していること。「―林」 **―だい**【―代】地質時代の区分の一つ。始生代と古生代との中間の時代。約二十五億年前から五億四千万年前まで。▽始生代と合わせて先カンブリア時代と言う。 **―どうぶつ**【―動物】アメーバやゾウリムシなど、単一細胞から成る微小動物の総称。▽「原虫」とも言う。

げんせい【厳正】『名・ダナ』きびしい態度で公正を守ること。「―中立」派生 **-さ**

げんせい【現世】①↓げんせ。②現代。

げんせい【現制】現在行われている制度。

げんせい【現勢】現在の勢力または情勢。

げんぜい【減税】『名・ス自他』租税を減らすこと。↕増税

けんせき【×譴責】『名・ス他』①悪い行いや過失などをいましめて責めること。②官吏・従業員に対する一番軽い懲戒処分。▽国家公務員法の戒告に相当。

げんせき【原石】①加工するまえの宝石。②↓げんこう(原鉱)

げんせき【原籍】転籍前のもとの籍。

げんせき【言責】①自分の述べたことに対する責任。②事の是非を言明すべき責任。

けんせきうん【△巻積雲・絹積雲】空高くに、まだら状に並んでかかる雲。まだら雲。うろこ雲。さば雲。いわし雲。

けんせつ【兼摂】『名・ス他』兼ねつかさどること。「―大臣」

けんせつ【建設】『名・ス他』(大きな構造やりっぱな組織を)新たにつくり上げること。↕破壊。「ダムを―する」「民主国家の―」 **―ぎょう**【―業】土木・建築に関する工事を請け負う業種。 **―てき**【―的】『ダナ』積極的にものを作り出し、よくしていこうとするさま。↕破壊的。「―意見」

けんぜつ【懸絶】『名・ス自』かけ離れること。「―した実力」「植民地と本国との文化的―」

げんせつ【言説】言うこと。その説。ことば。

けんせん【剣×尖】つるぎの先。剣先。

けんぜん【健全】『ダナ』①(身体・精神などが)すこやかで申し分ないさま。②片寄らず堅実なさま。あぶなげなく確かなさま。「―な娯楽」派生 **-さ**

けんぜん【顕然】『ト タル』はっきり現れているさま。

げんせん【厳選】『名・ス他』厳重な基準によって選ぶこと。

げんせん【源泉・原泉】みなもと。㋐水や温泉がわきでるもと。いずみ。㋑ものが生じるもと。 **―かぜい**【源泉課税】所得税課税法の一種。給与・配当・印税など一定範囲の所得に対し、それが支払われる時に税を課し、天引きして納めさせること。 **―ちょうしゅう**【源泉徴収】給与や利子の支払者が前もって税金分を差し引いた金額を支払う形で、国が税金を取ること。

げんぜん【厳然・×儼然】『ト タル』いかめしくおごそかな様子。おごそかで動かしがたい様子。「―たる事実」

げんぜん【現前】『名・ス自』目の前にあること。まのあたり。また、目の前に現れること。「―する難問の山」

けんそ【険阻・×嶮×岨】『名ナ』けわしいこと。けわしい所。

げんそ【元素】①物質を化学的に分けていって最後に得られる要素。ただ一種類の原子によって作られる物質。化学元素。例、水素・鉄・ナトリウム。②万物を構成する根元的な要素。↓ちすいかふう・ごぎょう(五行)。 **―きごう**【―記号】元素(1)の種類を表示する記号。原子記号。例、H(=水素)・O(=酸素)。

けんそう【×喧騒・×喧×噪】『名ナ』人声や物音で騒がしいこと。「―の地」「―に満ちた街」

けんそう【険相】『名ナ』すごみのある人相。怒った、けわしい顔つき。

けんぞう【建造】『名・ス他』建物・船など大きな構造物をつくること。「―物」

げんそう【幻想】『名・ス他』根拠のない空想。とりとめのない想像(をすること)。「―をいだく」 **―きょく**【―曲】自由な即興的な曲想のもとにつくられた器楽曲。また、歌劇のアリアなどの旋律をつないで自由に編曲した曲。ファンタジー。 **―てき**【―的】『ダナ』現実から離れ、夢や幻のようなさま。「―な絵」

げんそう【現送】『名・ス他』現金・現物を輸送すること。

げんそう【舷窓】ふなべりにつけた小さな窓。

げんぞう【幻像】実際にはないのに、あるかのようにみえる像。幻影。

げんぞう【現像】『名・ス他』露光した乾板・フィルム・印画紙を薬品で処理して映像をあらわすこと。

けんそううん【△巻層雲・絹層雲】空高くに、白いベールのようにうすくかかる雲。うすぐも。

けんそく【健側】片麻痺(へんまひ)がある人の、障害がない

側。

けんそく【検束】《名・ス他》①自由な行動をさせないように取り締まること。②かつて、警察権によって、公安に害がある者、保護を要する者を、警察署に連行して留めておいたこと。

けんぞく【×眷属・×眷族】一族。親族。更に広く、郎党、従者。▽「眷」はかえりみて目を掛ける意。

げんそく【原則】①特別な場合は別として、一般に適用される根本的な法則。②《副詞的に》一般に。ふつうは。「そんな事は―許されない」

げんそく【減速】《名・ス自他》速力がおそくなること。速力をおそくすること。↕加速

げんそく【舷側】ふなべり。ふなばた。

げんぞく【△還俗】《名・ス自》僧が僧籍を離れて、俗人にかえること。

けんそん【謙遜】《名ナ・ス自》へりくだること。控え目なつつましい態度でふるまうこと。

げんそん【現存】《名・ス自》現在実際に存在すること。「―する人物」▽「げんぞん」とも言う。

げんそん【厳存】《名・ス自》厳然として確かに存在すること。

げんそん【減損】《名・ス自他》へること。へらすこと。

げんそん【玄孫】孫の孫。やしゃご。

けんたい【×倦怠】《名・ス自》いやになって怠ること。あきあきすること。「―期」。動くのもいやなほど、だるく感じること。「―感」

けんたい【兼帯】《名・ス他》①一つの事で二つ以上の役に立てること。兼用。「朝昼―の食事」②二つ以上の官職を兼ねること。かけもち。兼任。

けんたい【検体】検査・分析の対象として取り上げる物体。

けんたい【献体】《名・ス自》医学の解剖実習に役立てるために、自分の死後の体を提供すること。

けんだい【兼題】和歌・俳句の会を開く前に、あらかじめ出しておく題。↕席題

けんだい【見台】「書見台」の略。書物をのせて読むための台。▽邦楽などで譜面を置くのにも用いる。

けんだい【賢台】同輩(以上の人)に対する敬称。▽多く手紙などで男同士が使ったが、現在では大仰(おおぎょう)。

げんたい【原隊】自分の軍籍がそこにある所属部隊。「配属先の部隊から―に復帰する」

げんたい【減退】《名・ス自》(勢い・欲望・体力などが)衰えること。少なくなること。↕増進。「記憶力の―」

げんだい【原題】題名を改めたり翻訳したりした時の、もとの題。

げんだい【現代】時代区分の一つ。現在と同じと認められる政治形態・思想傾向などが起こってから現在までの時代。今の世。現今。当世。 **―かなづかい**【―仮名遣(い)】現代語の発音に基づいて定めた、語を仮名書きにする時のきまり。一九四六年に、内閣告示によって定められ、一九八六年に改定された。↕歴史的仮名遣い。 **―てき**【―的】《ダナ》現代ふうであるさま。現在の生活に関係があるさま。

げんたいけん【原体験】人の生き方や考え方に大きな影響を与える幼少期の体験。

けんだか【権高・見高】《ダナ》気位(きぐらい)が高く、人を見下したようなさま。「―な女の声」

げんだか【現高】現在あるだけの量。ありだか。現在高。

げんたつ【厳達】《名・ス他》きびしい通達。きびしく通達すること。

けんだま【剣玉・拳玉】(木製の)おもちゃ。一端をとがらせ他の三端は椀(わん)状にえぐった十字形の柄に、差し穴のある球を糸で下げ、柄を操って球をその先端で受ける。

けんたん【健×啖】《名ナ》盛んに食うこと。多量の食物を平らげること。「―家」▽「啖」は食べる意。

けんたん【検×痰】《名・ス自》結核などの病菌が出ているかどうかを調べるために、たんの検査をすること。

げんたん【厳探】《名・ス他》きびしくさがすこと。

げんたん【減反】《名・ス自他》作付(さくづけ)面積を減らすこと。↕増反。「―政策」

げんだん【厳談】《名・ス自》手きびしく談判すること。

げんだんかい【現段階】物事が進行する過程の中で、今の段階。▽→げんじてん

けんち【検地】《名・ス自他》田畑を測量して、面積・境界・石高(こくだか)等を検査すること。▽今は言わない。

けんち【検知】《名・ス他》機械などで検査して知ること。「ガス漏れ―器」

けんち【見地】①観察や判断をする際の立場。観点。「大局的な―」②(建築などの予定地に行って)土地を検分すること。

けんち【×硯池】すずりの水をためるくぼんだ部分。

けんち【軒×輊】《名・ス自》あがりさがり。高低。また、優劣。▽「軒」は車の前が高いこと、「輊」は車の前が重くさがること。文語的。

げんち【現地】①ある事が実際に行われている場所。現場。「―調査」②自分が現在いる土地。現在地。

げんち【言質】あとで証拠となる(約束の)言葉。「―を取る」▽「げんしつ」と読むのは誤り。

けんちく【建築】《名・ス他》建物や橋を建てること。その建てたもの。「木造―」「―物」▽法律では増改築や移築を含む。

けんちゃ【献茶】《名・ス自》①神仏に抹茶を供えること。②貴人に茶をたてて供すること。

けんちゅう【絹×紬・繭×紬】作蚕(さくさん)の糸で織った薄地の織物。▽→けんどん(絹緞)

げんちゅう【原注・原×註】原本(1)に初めからつけてあった注。

げんちゅう【原虫】→げんせいどうぶつ

けんちょ【顕著】《ダナ》はっきり目立つさま。いちじるしいさま。「―な現象」 派生 **-さ**

げんちょ【原著】翻訳や改作の、もとになっている著

作。

けんちょう【堅調】 取引で、相場が上昇傾向にあること。↔軟調

けんちょう【県庁】 県の行政事務を行う役所。

げんちょう【幻聴】 外界から何の刺激もないのに、何かが聞こえるように感じること。

けんちん【△巻△繊】 ①とうふ・だいこん・ごぼう・しいたけ等を油でいためて、味をつけたもの。また、それを湯葉でまいて油で揚げたもの。②「けんちんじる」の略。けんちんを実とした、すまし汁。▽「ちん」は「繊」の唐音。

げんつき【原付(き)】「原動機付き自転車」の略。道路交通法では、排気量五〇cc以下のエンジンを搭載する二輪車。

けんつく【剣突(く)】 荒々しい小言(こごと)。「ーを食わす」(ぴしゃりと断る意にも)

けんてい【検定】〘名・ス他〙①一定の基準に照らして検査し、合格・不合格などを決定すること。「学力ー」「教科書のー」「ー試験」②統計学で、無作為に抽出した標本の観測値から、母集団の性質として立てた仮説が正しいかどうかを確率的に推断する手続き。

けんてい【献呈】〘名・ス他〙(物を目上の人などに)さしあげること。

けんてい【賢弟】 賢い弟。▽多く、相手の弟や年下の男に対する敬称として使う。文語的。

げんてい【舷×梯】 船の外側に備えつけ、乗り降りするのに使うはしご段。タラップ。

げんてい【限定】〘名・ス他〙物事の範囲や数量を限ること。「特定地域にーする」 **ーばん【ー版】** 部数を限って出版・販売するもの。

けんてき【×硯滴】 すずりにたらす水のしずく。すずりの水。

けんてつ【賢哲】 賢人と哲人。賢明で道理をわきまえた人。

けんてん【圏点】（文章中で特に注意すべき所を示すため）文字のわきにつけた○◎・、などのしるし。「ーを打つ」

けんでん【×喧伝】〘名・ス他〙世間に言いはやし伝えること。盛んに言いふらすこと。

げんてん【原典】（よりどころとなる）もとの書物。

げんてん【原点】 ①(距離などを測る時の)基準にする点。数学では、座標を定めるための基準点。②比喩的に、物事の根源を成すところ。「ーに戻って考え直す」

げんてん【減点】〘名・ス自〙点数を減らすこと。また、減らした点数。

げんど【限度】 それ以上はこえられないという(程度の)境め。限界。「我慢するにもーがある」「ーいっぱいの借入れ」

けんとう【健闘】〘名・ス自〙よくがんばってたたかうこと。「ーむなしく敗退する」

けんとう【拳闘】 →ボクシング

けんとう【検討】〘名・ス他〙物事をいろいろの面からよく調べ、それでいいかどうか考えること。「ーを加える」

けんとう【献灯】 神仏に灯明(とうみょう)を奉納すること。またその灯明。

けんとう【軒灯】 軒先(のきさき)につける、灯火・電灯。

けんとう【見当】 ①めあて。㋐(大体の)方向・方角。「寺はこのーにある」㋑まだ確かめられない事について立てた推量・予想。見込み。「ーがつく」「ー違い」▽相手の質問内容を肯定しながら、ぼかして答えるのにも使う。「まあそんなーだろう」②〘接尾語的に〙大体の数量を示す語。……ぐらい。……前後。……程度。「五十ーの男」

けんとう【賢答】 賢明な返答・解答。▽相手の答えを敬って言う語としても使う。

けんどう【剣道】 剣術の明治以降の言い方。また、剣術で心身を鍛錬するわざ。

けんどう【権道】 手段は正しくないが、目的は正しい道にかなうこと。目的をとげるために執る便宜の(不正な)手段。臨機応変の手段。

げんとう【原頭】 原(はら)のほとり。また単に、原。

げんとう【厳冬】 冬の、寒さがきびしいころ。

げんとう【幻灯】 絵・写真などに光線をあて、レンズで拡大して幕に映し出して見せる装置。スライド。

げんとう【舷灯】 夜、船が進む方向を知らせるため、ふなべりにつける灯火。▽右舷は緑、左舷は赤。

げんとう【舷頭】 ふなばた。

げんとう【現当】〔仏〕現世と来世。この世と後の世。「ー二世」▽「当」は当来(＝まさに来るべき)。

げんどう【原動】 運動・活動を起こすもと。 **ーき【ー機】**(モーター・熱機関・水力機関など)自然界のエネルギーを機械的エネルギーに変える装置。 **ーりょく【ー力】** 活動を起こすもとになる力。

げんどう【言動】 言葉と行動。言行。ふるまい。「ーを慎む」

けんとうし【遣唐使】 奈良時代・平安時代初期に、日本が唐(今の中国)に派遣した使節。

ケントし【ケント紙】 洋紙の一種。製図・絵画用。▽イギリスのケント(Kent)州の原産。

けんどじゅうらい【×捲土重来】〘名・ス自〙→けんどちょうらい

けんどちょうらい【×捲土重来】〘名・ス自〙まえに敗れた者が、いったん引きさがって勢いを盛り返し、意気込んで来ること。けんどじゅうらい。「ーを期する」▽杜牧(とぼく)の詩句に基づく。

けんどん【倹×飩】 上下・左右に溝があって、ふたや戸のはめはずしが出来る箱や戸棚。▽江戸時代、お代わりを出さないうどん・飯・酒などを「けんどん」と言うが、これを入れて運ぶけんどん箱に由来。

けんどん【×慳貪】〘名・ダナ〙①けちで欲ばりなこと。「暮らし向きのーな男」②無慈悲なこと。愛想がないこと。「いかにもーに言う」▽既に古風。今も「突っー」の形では使う。

けんどん【絹×緞】良質の柞蚕(さくさん)の糸をたてよこに使って、絹紬(けんちゅう)よりも密に織った平織。

けんない【圏内】(影響の及ぶ)範囲の内。↕圏外。「通勤―」「合格―」

げんなま【現なま】〔俗〕現金。かね。▽「なま」はなまものの意。

げんなり『副[と]ダ・ス自』(飽きて)見るのもするのもいやになっているさま。うんざり。「長話に―した」

けんなわは:な【間縄】一間(いっけん)ごとにしるしまたは目盛りをつけたなわ。間尺(けんじゃく)。▽種まき・植えつけの間隔を整えるのに使うものや、測量用のなわ。

けんなん【剣難】刀などで殺傷される災難。「―の相」

けんなん【険難・×嶮難】『名ナ』①けわしくて困難なさま。そのような難所。②苦しみ悩むさま。

げんに【厳に】『副』→げん(厳)(1)

げんに【現に】『副』目の前に。実際に。「私が―体験した事だ」▽自分の言ったことの証拠をあげる時に多く使う。

けんにょう【検尿】『名・ス自』健康状態を診断するために小便の色・にごり・糖・蛋白(たんぱく)質・細菌などを医学的に検査すること。

けんにん【兼任】『名・ス他』二つ以上の職務をかけもつこと。兼務。↕専任

けんにん【堅忍】『名・ス自』しんぼう強く、がまんすること。「―持久」 **―ふばつ**【―不抜】つらいことに負けず、がまん強く心を動かさないこと。

けんにん【検認】『名・ス他』①検査して認めること。②〔法律〕家庭裁判所が遺言書の存在および内容を確認するために調査すること。その手続き。

げんにん【現任】現在任じられていること。「―委員」

げんにん【現認】『名・ス他』現実のものとして事実を認めること。「逃走者を―している」

けんにんじがき【建△仁寺垣】割り竹を、表を外側に向けて並べ、なわで結んだ垣。けんにんじ。▽京都の建仁寺で初めて作ったという。

けんのう【権能】その事柄をすることが認められている資格。権利を主張・行使し得る能力。

けんのう【献納】『名・ス他』社寺・公共団体に物や金銭を献上すること。

げんのう【玄能】両端のとがらない大型のかなづち。▽これで玄翁(げんのう)和尚が殺生石(せっしょうせき)を砕いて悪霊を除いたからといい、「玄翁」とも書く。

げんのしょうこ 茎や葉を煎じて下痢止めにする多年草。原野に自生する。ふうろそう科。▽「現の証拠」で、飲むとすぐききめが現れる意。

けんのん【剣×呑】『名ナ』あぶないこと。「それは―な話だ」▽やや古風。派生 **-さ -がる**

けんば【犬馬】『―の労』主君や他人のために、及ばずながら力を尽くすこと。「犬馬の労をとる」▽へりくだった言い方。

けんぱ【検波】『名・ス他』①(特定の波長の)電波があるかどうかしらべること。②変調された電波、または交流電流から、変調に用いた電気信号をとり出すこと。復調。「―器」

げんば【現場】①物事が現在行われている、または実際に行われた、その場所。「事故の―」「―を押さえる」▽「げんじょう」とも言う。②実際に作業をしている場所や人々。「工事―」「―の意見をきく」

けんぱい【献杯・献×盃】『名・ス自』相手に敬意を表し、また故人を弔って、さかずきをさすこと。▽→かんぱい(乾杯)

げんぱい【減配】『名・ス他』配給・配当を減らすこと。↕増配

けんばいき【券売機】乗車券・入場券・食券など、券を出して売る機械。

けんぱく【建白】『名・ス他』政府・上役などに自分の意見を申し立てること。またその書面。「―書」▽既に古風。

げんばく【原爆】「原子爆弾」の略。「―症」

げんばく【原麦】麦製品の原料にする麦。

げんばく【玄麦】精白していない麦。

げんばつ【厳罰】きびしい罰。「―に処する」

げんぱつ【原発】①『名・ス自』症状がそこに最初に現れること。「―部位」②『名』「原子力発電所」の略。↓げんしりょく

けんばん【検番・見番】芸者に口がかかった時の取次や玉代(ぎょくだい)の計算、芸者屋の取締りなどをする事務所。

けんばん【鍵盤】キーボード。主に楽器にいう。「―楽器」 **―ハーモニカ** 息を吹き込んで演奏する、鍵盤のある楽器。小学校などで使う。▽「ハーモニカ」はharmonica

げんばん【原盤】複製したのではない、録音に用いたもとのレコード。

げんぱん【原板】写真で、画像のもとになるもの。現像された乾板・フィルムなど。

げんぱん【原版】①印刷で、紙型(しけい)をとる前のもとの組版。②(写真などの)印刷版にする、もとの版。

けんび【兼備】『名・ス他』一身(一つのもの)に両方とも備わること。「才色―」

けんぴ【建碑】『名・ス自』碑をたてること。

げんぴ【原皮】まだ加工していない、材料の皮。

げんぴ【原肥】もとごえ。基肥。

げんぴ【厳秘】きびしく守るべき秘密。極秘(ごくひ)。「―に付する」

けんびきょう【顕微鏡】非常に小さなものを拡大して見る装置。レンズを組み合わせた光学顕微鏡や電子線を用いる電子顕微鏡がある。

けんぴつ【健筆】文章や文字をじょうずに、すらすらと書くこと。「―をふるう」

けんぴょう【堅氷】かたいこおり。

げんぴょう【原票】事務手続きで、もとになる伝票。

けんぴん【検品】『名・ス他』品物をしらべること。ことに製品の検査。「―係」

げんびん【減便】《名・ス他》船・航空機やバスの運行回数を減らすこと。↕増便

げんぴん【原品】(模造や複製に対して)もとの品物。

げんぴん【現品】現にある品物。実際の品物。現物。

けんぶ【剣舞】詩吟にあわせ剣をもって舞う舞。

けんぷ【絹布】絹糸で織った布。絹織物。

げんぷ【厳父】厳格な父。「—慈母」▽他人の父の敬称としても使う。

げんぷう【厳封】《名・ス他》厳重に封をすること。

げんふうけい【原風景】原型となる風景。「保存したい日本農村の—」。幼時に印象に刻まれ、成人しても思いを馳(は)せる景色。「私の—は土管が転がる原っぱだ」

げんぶがん【玄武岩】塩基性で暗灰色から黒色の火山岩の総称。しばしば柱状の節理ができる。▽兵庫県の玄武洞のが有名。

げんぷく【元服】《名・ス自》①公家や武家で、成人になったことを示す儀式。普通は男子のを言い、初めて冠をつける。②江戸時代、女性が結婚して、まゆをそり、歯をそめ、髪を丸まげに結ったこと。▽⑴⑵ともに「げんぶく」とも言う。

けんぷじん ①【賢夫人】かしこい妻。②【賢婦人】かしこい女性。

けんぶつ【見物】《名・ス他》楽しみのため、また好奇心から、物事・場所などを見ること。また、その人。「高みの—」▽「みもの」の音読みに発するが、意味が分かれた。

げんぶつ ①【原物】もとのもの。▽写真撮影したものなどに対して言う。②【元物】〔法律〕果実⑵を生じるもとになる物。例、桑の葉に対する桑の木。

げんぶつ【現物】①現にある品物。②金銭以外の品物。「—支給」「—出資」③〔経済〕㋐取引の対象である実際の商品・株券の類。↕先物(さきもの)。㋑「現物取引」の略。受渡し期日に現物⑶㋐の受渡しをすること。

けんぶん【検分・見分】《名・ス他》実際に立ち合って、調べ見届けること。「土地を—する」「実地—」

けんぶん【見聞】《名・ス他》見たり聞いたりすること。その事柄。けんもん。「—を広める」

げんぶん【原文】(翻訳・添削などをした文に対して)もとの文。

げんぶん【言文】話す言葉と書く文章と。 **—いっち【—一致】**文章を書く時の言葉づかいを、話す言葉に一致させること。

けんぺい【兼併】《名・ス他》あわせて一つにすること。他の所有地や国を併合すること。

けんぺい【憲兵】主に軍隊に関する警察を受け持ち、軍紀を維持する任務の兵種(の軍人)。「—隊」

けんぺい【権柄】権力。権力で人を押さえつけようとすること。 **—ずく**(づく)《ダナ》相手を頭から押さえる態度で、物を言ったりふるまったりするさま。「—な態度」

げんぺい【源平】①源氏と平氏。②敵味方。「—に分かれて」▽源平両氏が戦ったことから。③紅白。「—餅」▽源氏が白旗、平氏が赤旗を用いたことから。

けんぺいりつ【建蔽率】建築の敷地面積に対して建築物が占める面積の割合。▽保安・衛生上、必要な空地をとるため、法律上種々の制限がある。

けんぺき【×痃癖・肩癖】①くびから肩にかけて筋肉がひきつること。▽「痃」は筋肉のひきつる病。②あんま術。▽痃癖⑴をもんで直すところから。既に古風。

けんべん【検便】《名・ス自》寄生虫・病原菌・血液の有無などを調べるため大便を検査すること。

けんぼ【賢母】かしこい母。賢明な母。「良妻—」

けんぽ【兼補】《名・ス他》本職の外に兼務としての職につけること。

けんぽ【健保】「健康保険」の略。

げんぼ【原簿】写しでない、もとの帳簿。事務上一番もとになる帳簿。「—と照合する」▽↓もとちょう

けんぼう【健忘】忘れっぽいこと。 **—しょう【—症】**記憶力が減退し、忘れっぽくなる病気・病状。「—にかかる」

けんぼう【権謀】臨機応変のはかりごと。 **—じゅっすう【—術数】**人をあざむくはかりごと・たくらみ。「—をめぐらす」

けんぽう【剣法】剣術。

けんぽう【剣×鋒】つるぎの先。剣先。▽「鋒」はほこさき・きっさきの意。

けんぽう【拳法】こぶしで突き足で蹴るわざを主とした中国伝来の武術。

けんぽう【憲法】基本となるきまり。特に、国家の統治体制の基礎を定める法。国家の根本法。

げんぽう【減法】引き算。↕加法

げんぽう【減俸】《名・ス自》懲罰などのために、俸給額を減らすこと。「—処分」

けんぽく【×硯北・研北】手紙のあて名のわきに添え書きする敬語の一つ。▽机を南向きにおくと、人は硯(すずり)の北側に居るところから、おそばの意。

げんぼく【原木】原料・材料につかう木。

けんぽん【献本】《名・ス他》書籍を進呈すること。また、その書籍。

けんぽん【絹本】書画をかくのに使う絹地(きぬじ)。また、それにかいた作品。

げんぽん【原本】①(写し・訳・改作などをする前の)もとの書物・文書。②〔法律〕一定の内容を示す確定的なものとして、最初に作った文書。謄本・抄本・正本のもと。「判決—」③おおもと。根本。「—にさかのぼれば」

けんま【研磨・研摩】《名・ス他》①(砥石(といし)などで)とぎみがくこと。「—機」「—材」②転じて、深く研究したり鍛えたりすること。「心身を—する」

げんま【減摩】①《名・ス自》すり減ること。②《名・ス他》摩擦を減らすこと。「—剤」

げんまい【玄米】もみを取り去っただけでまだ精白し

ていない米。くろごめ。↕白米

けんまく【見幕・剣幕・権幕】(怒ったりいきり立ったりした)ものすごい、荒々しい顔つき・態度。「すごい―」

げんまん 約束を必ず守るしるしとして、相手と小指をからみ合わせること。ゆびきり。▽東京の児童語。

げんみつ【厳密】《ダナ》こまかい点まで見落とさず、またいい加減な扱いをせず、きびしいさま。「―な校訂」「―に区別する」派生 **-さ**

けんみゃく【検脈】《名・ス自》脈の速さ・強さ・規則性などを調べて身体の状況を知ること。▽古くは「見脈」と書いた。「検脈」は近代から。

げんみょう【玄妙】《名ナ》道理や技芸のさえが、奥深く(=玄)すぐれている(=妙)こと。派生 **-さ**

けんむ【兼務】《名・ス他》本務以外の職務をかけもちすること。また、かけもちの職務。

けんめい【懸命】《ダナ》ある限りの力を出し尽くして、がんばるさま。「―の努力」派生 **-さ**

けんめい【賢明】《名・ダナ》かしこくて道理に明るいこと。「―な人」。かしこくて適切なこと。「―な処置」派生 **-さ**

けんめい【件名】一つのまとまりとして取り扱う項目の名前。「図書の―目録」

げんめい【原名】(つけ変えたり訳したりする前の)もとの名。

げんめい【厳命】《名・ス他》きびしく命令すること。きびしい命令。「―を下す」

げんめい【言明】①《名・ス自他》はっきり言うこと。言いきること。断言。「―を避ける」②《名》論理学で、一つの主張を言い表したもの。

げんめつ【幻滅】《名・ス自》幻想からさめること。美しく心に描いていた事が、現実には幻に過ぎないと悟らされること。「―の悲哀」

けんめん【券面】証券の、金額が書いてある、表面。また、そこに書いてある金額。券面額。

げんめん【原綿・原×棉】綿糸の原料とする(ために輸入する)綿花。「―の割当」

げんめん【減免】《名・ス他》負担を軽くし、または全く除くこと。軽減と免除。「税の―措置」

げんもう【原毛】毛糸の原料とする(ために輸入する)羊毛などの獣毛。

げんもう【減耗】《名・ス自他》すりへること。すりへらすこと。▽「げんこう」の慣用読み。

けんもつ【献物】たてまつる品物。献上品。「―帳」

けんもほろろ《連語》人の頼み・相談を、全く取り合わずはねつけるさま。取りつくしまもないさま。「―に突き放す」「―のあしらい」▽「けん」も「ほろろ」も、キジの鳴き声という。

けんもん【検問】《名・ス他》あやしい事を、問いただして調べること。「―所」「路上で警察の―にかかる」

けんもん【権門】官位が高く権勢がある家。「―に屈する」

けんもん【見聞】《名・ス他》→けんぶん(見聞)

げんもん【舷門】船の上甲板の横側にある出入口。

げんや【原野】人の手の入っていない、雑草・低木がはえているのはら。

けんやく【倹約】《名ナ・ス他》むだを省き、費用を切り詰めること。節約。

げんゆ【原油】油井からくみ上げたままの石油。これを分留してガソリン・灯油などを抽出する。

げんゆ【原由】もとづくところ。▽「げんゆう」とも言う。

けんゆう【兼有】《名・ス他》あわせもつこと。

げんゆう【現有】《名・ス他》現在もっていること。「―勢力」

けんよ【権×輿】はじめ。はじまり。おこり。▽はかりは権(おもり)から、くるまは輿(こ)から作り始めるということから。

けんよう【兼用】《名・ス他》一つのものを、二つ以上の用途に役立てること。他の用途をも兼ねること。「晴雨―のかさ」

けんよう【険要】地勢がけわしくて敵を防ぐのに都合のよいこと。「―の地」

けんよう【顕揚】《名・ス他》名をあらわしあげること。

けんよう【顕要】《名ナ》高く重要な地位にあること。その人。「―の職」

げんよう【幻妖】正体がわからない、ばけもの。

けんようすい【懸×壅垂】→こうがいすい

けんよく【謙抑】《名・ス自・ダナ》へりくだって自己をおさえること。派生 **-さ**

けんらん【×絢×爛】《トタル》目がくらむほどきらびやかで美しいさま。ぜいたくで花やかなさま。「―豪華」「―たる詩風」派生 **-さ**

けんり【権利】ある物事をしてよい、またはしないでよいという資格。特に、(一定資格の者に対し)法が認めて保護する、特定の利益を主張・享受し得る力。↕義務。「―を行使する」「―書」▽もと、権勢と利益の意。 **―きん**【―金】土地や家屋などを借りる時、その貸主または今までそこを借りていた人に払う、借り賃以外の金。

げんり【原理】多くの物事を成り立たせる、根本的な法則(規則)。認識や行為の根本をなす理論。 **―しゅぎ**【―主義】(特にキリスト教で)聖典の説くことは文字通り真実だと信じ、そのように生活する態度。「イスラム―」▽fundamentalism の訳語。

げんりゅう【源流】①川の水の流れ出るもと。物事の起こり。みなもと。起源。②物事のおこり(=源)とその末のありさま(=流)。

けんりょ【賢慮】賢明な考え。▽他人の考えを敬って言う語としても使う。

けんりょう【見料】見物する時、または人相・手相などを見てもらう時、払う料金。

げんりょう【原料】物を製造・加工するもとになる材料。

げんりょう【減量】《名・ス自他》量が減ること。量を減らすこと。特に、体重を減らすこと。

けんりょく【権力】他人を支配し、服従させる力。支配者が(組織・富・武力などを背景として)被支配者に加える強制力。「国家—」「—をふるう」「—争い」

けんるい【堅塁】守備がしっかりしていて攻め落としにくい、とりで・陣地。「—を抜く」

けんれい【県令】①㋐県知事の、一八八六年以前の称。㋑もと中国で、県の長。②旧制で、県知事が発する行政命令。

げんれい【厳令】《名・ス他》きびしく命令すること。その命令。厳命。

けんろ【険路】けわしいみち。

けんろう【堅×牢】《名ナ》(物のつくりが)かたくて丈夫なこと。頑丈なこと。「—な製本」派生 **-さ**

げんろう【元老】①功労のある長老。②もと、皇室から特別の待遇を賜り、国家の大事につき御下問を受けた政治家。 **—いん**【—院】①古代ローマで政務官を指揮する国家機関。②明治初年の立法府。③上院。

げんろくそで【元×禄袖】和服の袖型の一つ。元禄(一六八八〜一七〇四)時代の女小袖にならって、たもと袖の丸いのが特色。

げんろくもよう【元×禄模様】元禄(一六八八〜一七〇四)時代に流行した、大型で派手な模様。市松模様・弁慶じまなど。

げんろん【言論】言語や文章によって思想を表現し発表すること。「—の自由」

げんわ【原話】その作品のもとになった説話・物語。

げんわく①【×眩惑】《名・ス自他》目がくらんで、まどうこと。目をくらまし、まどわすこと。②【幻惑】《名・ス他》目さきをまどわすこと。

けんわん【懸腕】「懸腕直筆(ちょくひつ)」の略。書道で、腕をあげて脇をつけず、筆をまっすぐに立てて書く方法。大字を書くのに適する。▽ほかに左手を枕にする「枕腕(ちんわん)」、腕を軽く机にのせる「提腕」がある。

こ

こ【子・△児】①親から生まれたもの。また、それに準じるもの(養子など)。【子】↕親。「—を養う」「犬の—」「—芋」「—会社」②年少者。幼い者。また、若い娘。「なかなかいい—だ」▽二十一世紀に入ってから特に、家族の一員という気持でペットを指す用法も広まった。③元金の利息。【子】「もとも—もない」④女性の名の末にもちいる語。【子】「花—」▽以前は貴婦人に使った。「女御(にょうご)高—(たかきこ)」。古くは男子にも使った。「小野妹—(いもこ)」⑤《複合名詞の末尾の要素として》人・物の意を表す語。【子】「売り—」「振り—」

こ【粉】砕けて非常に細かくなったもの。こな。「身を—にして(=ひどく骨を折って)働く」

こ【△蚕】かいこ。

こ=【小】《体言・形容詞などの上に》①小さい。↕大(おお)。「—鳥」「—道」「—ぢんまり」②わずかばかり(の)。「—雨(さめ)」。ちょっとした。「—急ぎ」「—走り」「—ぎれいな所」。ちょっと……する。「—耳にはさむ」「—ひざを打つ」「—金をためる」「—ばかにする」③ばかにした気持を表す。なまはんか。「—利口」。その有様を憎む気持を表す。「—うるさい」「—憎らしい」④ほとんど……にもなる時間または距離。「—一日」「—半刻(はんとき)」「—一里」▽ある数量に少し足りないが、それに近い場合に使う。

=こ →=っこ。「お合—です」「代わり番—に持つ」「順番—」「本—の勝負だぜ」▽幼児語から出たか。体言(的な語)に付く。

こ【*戸】【戶】コ と へ ―①人のすむ建物の出入口。片びらきの、とびら。と。「戸外・門戸」②㋐いえ。一家。「戸戸・戸口・戸籍・戸主・戸長・戸別・戸数」㋑家を数える語。「一万戸」③酒を飲む量についていう語。「上戸・下戸」

こ【雇】【僱】コ やとう ―賃金をはらって人を使う。やとう。やとい。「雇用・雇員・解雇」

こ【顧】【顧】コ かえりみる ―①ふりかえって見る。見まわす。かえりみる。「一顧・指顧・右顧左眄(うこさべん)」②思いめぐらす。心をその方へむける。心にかける。おもう。「顧慮・顧問・回顧・恩顧・後顧・愛顧」

こ【人乎】コ ―主として状態をあらわす漢語につけて語調を強める助字。「洋洋乎・断断乎・断乎・確乎・牢乎(ろうこ)・凜乎(りんこ)」

こ【*呼】コ よぶ ―①息をはく。はく息。「呼吸・呼気」②長く声を出す。声を長くしてよびかける。よぶ。「呼号・呼応・点呼・歓呼・連呼・指呼」③名づける。「呼称・称呼」④息を長く引いて嘆息する声。「嗚呼(ああ)」

こ【*古】コ ふるい ふるす いにしえ ―①過ぎ去ったむかし。遠い前の時代。↕今(こん)。「古代・古今・古都・古寺・古道・古人・古典・古詩・古墳・古来・古武士・古渡(こわたり)・上古・中古・往古・太古・千古・懐古・復古・稽古・考古・擬古文」②久しい年月がたっている。ふるい。↕新。「古物・古画・古書・古風・古木・中古品」

こ【*固】コ かためる かたまる かたい もと もとより ―①備えがきびしい。他におかされない。じょうぶで形がくずれない。「固守・固持・固定・固着・固辞・固形・固体・堅固・強固・牢固(ろうこ)」②かたくて融通がきかない。かたくな。「固陋(ころう)・固執・頑固」③もともと。はじめから。もとより。「固有」

こ〖*個〗コ カ ― ①《名・造》一つの物。ひとりの人。数える単位となるもの。「箇」に通じる。「個の認識」「個個・個人・個体・個性・個数・一個・別個・各個・個条(かじょう)・好個」②物を数える語。「段ボール三個」。↓か〖箇〗

こ〖*故〗コ ゆえ ふるい もと ことさら ― ①過ぎ去った昔の事。古い。もとの。もとから。もとからある。「故老・故参・故事・故実・典故・温故知新」②古い知合い。昔からのなじみ。「故郷・故山・故園・故宅・故旧・縁故」③なくなった人。死ぬ。「故人・物故・故博士・故徳富翁」④いわれがある事柄。ことがら。差し支えのある事柄。「世故・事故・故障」⑤特別の意味があってする。ことさらに。わざと。「故意・故買・故殺」⑥ゆえ。ゆえに。

こ〖枯〗コ かれる からす ― ①草木の生気がなくなって死ぬ。かれる。「枯木・枯死」②水けがなくなる。うるおいや、つやつやかさがない。「枯骨・枯渇・枯淡」③おとろえる。「栄枯盛衰」

こ〖人胡〗コ ゴ ウ えびす ― ①中国で、北西方の異民族。また一般に、異民族・外国の意を表す。えびす。「胡人・胡服・胡弓・胡楽(こがく)・五胡十六国・胡椒(こしょう)・胡麻(ごま)・胡粉(ごふん)」②でたらめ。すじが通らない。「胡乱(うろん)・胡散(うさん)」

こ〖*湖〗コ みずうみ ― 四周を陸地にかこまれた大きな水たまり。池・沼よりさらに大きい。「湖水・湖沼・湖面・湖畔・湖上・江湖・火口湖・塩湖・琵琶(びわ)湖」▽中国で、洞庭湖を指すことがある。

こ〖人糊〗コ のり ― ①のり。のりで物をはりつける。「糊精・糊塗」②かゆをすする。くちすぎをする。「糊口」③どうやら暮らしを立てる。はっきりしない。「曖昧模糊」

こ〖×狐〗コ きつね ― きつね。「狐狸(こり)・狐鼠(こそ)・白狐(びゃっこ)・妖狐・養狐場・狐疑・野狐禅」

こ〖孤〗コ みなしご ― ①幼くて父のない者。両親のない者。みなしご。「孤児」②《名・造》助けるものがない。ひとりぼっち。ただひとつ。ひとり。「徳は孤ならず」「孤独・孤立・孤城落日・孤軍奮闘・孤塁・孤高・孤影」

こ〖弧〗コ ― ①《名・造》弓形にまがった形。「弧をえがいて」「弧状・括弧」▽木で作ったゆみの意から。②《名・造》〔数学〕円周または曲線の一部の称。「円弧」

こ〖虎〗コ とら ― とら。勇猛なもの。おそるべきもの。「虎狼(ころう)・虎穴・虎児・虎口・猛虎・白虎(びゃっこ)・竜虎・騎虎」

こ〖股〗コ また もも ― ①足のひざから上。もも。また。「四股」②《名》和算で、直角三角形の直角をはさむ二辺の中の長い方。「鉤股弦(こうこげん)」③行動するための大事な部分。主君を助ける大切な家来。重要な臣下。「股肱(ここう)」

こ〖*庫〗コ ク くら ― 物をしまっておく建物・場所。「庫裏(くり)・武庫・倉庫・宝庫・文庫・書庫・金庫・公庫・国庫・在庫」▽もと、兵車を入れておく建物。

こ〖誇〗コ ほこる ― 大きなことを言ってえらぶる。自慢する。実際より大きく言う。ほこり。「誇称・誇示・誇張・誇大」

こ〖鼓〗コ つづみ ― ①ばちで打ち鳴らす楽器。つづみ。「鼓笛・鼓動・鼓膜・太鼓・羯鼓(かっこ)・鉦鼓(しょうこ)」②つづみをうつ。たたいて音を出す。ふるいたたせる。はげます。「鼓吹・鼓舞・鼓腹」▽「鼓」は名詞に、「皷」は動詞にと区別して用いられたが、今は混用する。「皷」は異体字。

こ〖己〗↓き〖己〗

こ〖箇〗↓か〖箇〗

ご【〈豆汁〉〈豆油〉】大豆を水に浸してひきつぶした乳白色の液。豆乳・豆腐の原料、染色の材料。

ご【期】おり。時。期限。「この―に及んで」▽今際(いまわ)の時、すなわち死に臨む時の意から。

ご【御】①《接頭》㋐《(漢語の)体言の上に》尊敬の意、または自分側のものでない意を添える。「―恩は忘れません」「―両親は―健在ですか」「近ごろ―子息はどうかね」「―存じ」▽からかって言うこともある。「これは―あいさつだね」㋑《自分の行為を表す漢語の上に》相手方に自分の行為が及ぶことを、へりくだって表す。「―あいさつに伺う」「―説明いたします」②《接尾》《人物を表す語に付き》尊敬の意を添える。「姉―」「めい―さま」

ご〖互〗ゴ たがい ― 両方がかわるがわる同じようなことをしあう。かわるがわる。たがいに。「互生・互選・互譲・互恵・互助・互用・互市・互角・相互・交互」

ご〖*五〗ゴ いつつ いつ ― 《名・造》四の次の、すなわち4に1を足して得る、数(に等しい値や順位)。「五感・五里霧中・五目並べ・三三五五」▽この和語は「いつ」。数値表現の改竄(かいざん)を防ぐ目的では「伍」とも書く。アラビア数字では「5」。↓しのごの

ご〖人伍〗ゴ まじわる ― ①一組。なかま。「伍長・隊伍・落伍」▽中国古代の軍制では五人を、行政でも五戸を一伍とした。旧日本陸軍では、横隊で前後に重なる二兵を、側面縦隊で横に列をなす四兵を、「伍」と言った。②《名》仲間入りをする。肩をならべる。「伍を成す」③数値を表す時、「五」の改竄(かいざん)を防ぐ目的で代用する字。「金伍万円也」

ご〖人吾〗ゴ われ わが ― ①自分。話し手自身を指す。われ。「吾人」②友人・同輩に対する親しみを表す。「吾子・吾兄」

ご〖悟〗ゴ さとる ― ①是非がはっきり判断できる。迷いがなくなる。またその力。「悟性・悟入・悟得・悟道・覚悟・頓悟・悔悟・改悟・大悟」②わかりがよい。さとりが早い。「明悟・穎悟(えいご)」

ご〖*語〗ゴ ギョ かたる かたらう ― ①物言う。話をする。かたる。話しあう。つげる。「語調・語気・私語・耳語・笑語・低語・独語・閑語・豪語・

結語・喃語(なんご)・大言壮語」②《名・造》意味を表すため、口で言ったり字に書いたりしたもの。ことば。単語。ことばづかい。「語塞(ごふさ)がる」「語の意味」「語句・語法・語源・語幹・語根・語尾・語頭・語中・語末・語感・語弊・語録・語学・隠語・敬語・熟語・綺語(きご)・人語・仏語(ぶつご)・国語・古語・類語・死語・漢語・詩語・用語・反語・俚語(りご)・言語(げんご・げんぎょ・ごんご)・現代語・標準語・外来語・日本語」③「物語」の略。「源語・勢語・平語」

ご【*午】ゴ うま ひる ―十二支の第七。時間ではひる、方位では南を指す。「正午・午前・午後・午睡・午餐(ごさん)・午砲・子午線・丙午」▽↓うま(午)

ご【呉】【呉】ゴ くれる くれ ―《名》周・三国・五代にそれぞれ江南に建てられた国の名。「呉楚(ごそ)七国・呉越同舟・呉音・呉服・呉綾(ごりょう)・呉下」▽日本の上代に中国の異称とした。くれ。

ご【娯】【娯】ゴ たのしむ ―気晴らしなどをしてたのしむ。たのしい。「娯楽・娯遊・歓娯」

ご【*誤】【誤】ゴ あやまる ―やりそこなう。うっかりして生じるまちがい。「正誤・誤差・誤字・誤写・誤記・誤植・誤訳・誤読・誤認・誤解・誤算・誤用・誤報・誤伝・誤聞・誤診・誤審・誤謬(ごびゅう)・誤脱・過誤・錯誤」▽言うことが食い違う意から。

ご【*護】ゴ まもる ―つきそって、あやまちのないように大切にする。まもり。「護衛・護送・護身・護憲・護法・護持・護符・警護・救護・庇護(ひご)・弁護・保護・擁護・守護・愛護・掩護(えんご)・援護・加護・介護・看護・鎮護・防護・冥護(みょうご)・養護」

ご【*後】ゴ コウ のち うしろ あと おくれる ―①《名・造》時間・空間について、物事の正面または進行方向に反対の側。↕前・先。「その後」「前後・先後・後日(ごじつ・ごにち)・後刻・後夜・後場(ごば)・後生(ごしょう)・後光・後手(ごて)・後妻・後漢・今後・爾後(じご)・以後・向後(こうご・きょうこう)・午後・事後・銃後・戦後・病後・死後・最後・直後・予後・牛後・人後・老後・善後策・放課後・空前絶後」。以下「コウ」と読む。「後半・後続・後継・後嗣(こうし)・後裔(こうえい)・後事・後代・後難・後患・後悔・後便・後世・後人・後援・後輩・後顧」②あとになる。おくれる。おくらす。「後家(ごけ)」。以下「コウ」と読む。「後室・後来・後進」

ご【碁】ゴ ―《名・造》盤にひいた縦横十九本ずつの線の交点に、交互に一つずつ黒と白の石を置き、地を囲み合って広く占めた方を勝ちとするゲーム。囲碁。ごいし。ごをうつ。「詰碁(つめご)・碁石(ごいし)・碁盤・碁会」

ご【后】↓こう【后】

ご【御】↓ぎょ【御】

コア 《名ノ》物事の中心部。中核。「―システム」「―メンバー」「―の問題」「―なファン」▽core **―タイム** フレックスタイム制で、全員に出勤義務のある時間帯。▽core time

こあがり【小上がり】小料理屋などで、腰掛け席とは別に設けた、奥行のない畳敷きの客席。

こあきない:あきなひ【小商い】わずかの元手(もとで)で細々と行う商売。↕大商い(1)

こあげ【小揚(げ)】船荷の陸揚げ運搬。また、その人夫。

こあざ【小字】町村の大字(おおあざ)を更に細分した小区域。

こあじ:あぢ【小味】《名ナ》こまやかな趣のある味。↕大味。「―の利いた料理」

こあたり【小当(た)り】ちょっとあたってみること。「承知かどうか―に当たってみよう」

コアラ オーストラリア特産の有袋類。体長約七〇センチ。子熊を思わせる体形だが、耳が大きく、鼻先は毛がなく黒い。全身に灰色から黄褐色のやわらかい毛が生える。ユーカリの樹上で暮らし、その葉だけを食べる。こもりぐま。▽koala コアラ科。

こーい【濃い】《形》①色や味の程度が強い。色が深い。「―緑」。味が強い。「―塩味」▽↕薄い・淡い。②密度が高い。㋐液状のものの、主な成分が多い感じだ。「―スープ」「―血のつながり」㋑一面にそこをふさいだ様子だ。「―霧」「ひげが―」▽↕薄い。派生 ーさ

=こーい ↓=っこい

こいひこ【恋】《名・ス自他》(特に男女の間で)相手に愛情を寄せること。その心。恋愛。「片思いの―」「―は盲目」(恋をすると無分別になる)▽本来は、その対象にどうしようもないほど引きつけられ、しかも、満たされず苦しくつらい気持を言う。「―に焼けて死ぬ虫になったって、思いはとげて見せるぞ」のような用例から見て取れるとおり、心の活動(やその内容)を言う「思い」とは区別される。「―は楽しい夢じゃもの」のような言い方は、一九一〇年代ごろからのもの。↓こう(恋)

こいひこ【×鯉】流れの急でない川や池にすむ、口元に二対のひげがある魚。鯉こくや洗いにして食べる。品種改良された白・黒・赤などのまじった美しい体色のものは錦鯉と呼ばれ、鑑賞用。「―の滝登り」「江戸っ子はさつきの―の吹き流し」(腹に含むものが無く、さっぱりした気性である意。↓こいのぼり)▽こい科。↓まごい・ひごい。松鯉の図(=松の枝が差し掛かる滝を登る鯉の絵)は「勝利」に懸けてめでたいものとされる。

こいひこ【請い・乞い】他人に願うこと。願い。所望。「―を入れる」

こい【故意】《名・副とに》わざとすること。「―にする」「―か過失か」▽昔は、「故意と」と書いてワザトと読ませるのが普通だった。

ごい【語意】単語の持つ意味。語義。

ごい【語彙】①ある範囲の、あるいは広く一言語についての、語の総体。「農業―」「日本語の―」「基本―」②書名などで、用語集。「日本民俗―」③俗に、単

語。「この―はむずかしい」▽誤った使い方。

こいうた(こひ)【恋歌】恋の心をよんだ歌。恋のうた。れんか。

こいか(こひ)【恋歌】→こいうた。▽以前はこちらの言い方が普通。

こいかぜ(こひ)【恋風】吹かれて身にしみる風のような、恋心の切なさ。「魔風―」

こいがたき(こひ)【恋敵】同じ人を恋している競争相手。

こいき【小意気・小粋】『ダナ』どことなくあかぬけているさま。ちょっといきなさま。「―な女」派生 **-さ**

こいくち【濃(い)口】色の濃い(普通の)醤油(しょうゆ)。↕薄口(2)

こいぐち(こひ)【×鯉口】刀のさやの、刀身を差し入れる口の部分。「―を切る」(刀を抜きやすくするために、親指でつばを押し上げてはばきの部分をさやから出す)▽形が長円形で鯉の口に似ることからの名。

こいこがれる(こひ)【恋い焦がれる】『下一自』恋しさのためにひどく心を悩ます。

こいこく(こひ)【×鯉こく】筒切りの鯉を味噌(みそ)・酒・砂糖で甘辛く煮た料理。

こいごころ(こひ)【恋心】人を恋い慕う気持。

ごいさぎ【五位×鷺】背が暗灰色で、翼・腰・尾は灰色、腹が白い、中形のサギ。▽名は、醍醐(だいご)天皇が神泉苑(しんせんえん)の御宴の時、五位を授けた故事に基づくという。

こいじ(こひぢ)【恋路】慕う心がそれを通って相手に寄って行く道、つまり恋のこと。「―の闇」▽雅語的。

ごいし【碁石】囲碁用の、平たい円形の石。白(一八〇個)と黒(一八一個)とがある。石・貝殻などで作る。

こいしい(こひしい)【恋しい】『形』そのものが身近にはなく(その人のそばには居られず)、どうしようもなく慕わしくてせつないほどだ。「―お方は百里先」「故郷が―」「火が―季節」▽文語動詞「恋ふ」から派生した語。派生 **-さ -げ -がる**

こいしたう(こひしたふ)【恋い慕う】『五他』恋しさいっぱいで、寄りすがりたいように慕う。→こう(恋)

こいする(こひ)【恋する】『サ変自他』(特に男女の間で)相手に愛情を寄せる。恋をする。▽「若い実業家を―娘」の「を」より「に」を使うのが、二十世紀末には多くなった。→こう(恋)

こいちゃ【濃(い)茶】①点茶の時、抹茶の量を多めにしてたてるもの。↕薄茶。②濃い茶色。

こいつ『代』「これ」の乱暴な言い方。このやつ。▽「こやつ」の転。人にも事物にも使う。

ごいっしん【御一新】明治維新のこと。

こいなか(こひ)【恋仲】互いに恋し合うあいだがら。相思のあいだがら。

こいにょうぼう(こひ)【恋女房】恋して結婚した、(今も愛する)妻。

こいねがう(こひねがふ)【△希う・×冀う・〈庶幾〉う】『五他』強く願い望む。切に望む。

こいねがわくは(こひねがはくは)【△希くは・×冀くは・〈庶幾〉は】『連語』どうか。なにとぞ。▽こいねがうことには、の意。

こいのぼり(こひ)【×鯉×幟】端午の節句にたてる布または紙製の、鯉(こい)をかたどったのぼり。普通は、滝の水をかたどる吹き流しを含めて言う。

こいびと(こひ)【恋人】恋の思いをよせる相手。▽→あいじん(1)

こいぶみ(こひ)【恋文】恋心を書き送る手紙。ラブ レター。

こいも【小芋・子芋】小さい芋。特に、親芋の周りについた小さい芋。また、里芋。

コイル 絶縁した針金をらせん状などに巻いたもの。回路の素子や電磁石に使う。▽coil

こいわずらい(こひわづらひ)【恋煩い】恋の悩みによって病気のようになった状態。恋の病(やまい)。

こいん【雇員】役所や会社で、事務官の仕事を助けるためにやとう者。やとい。▽今この制度は無い。

コイン 硬貨。貨幣。▽coin **―ランドリー** コインを入れて動かす洗濯機・乾燥機がある所。▽coin-operated laundry から。 **―ロッカー** コインを入れて利用する貸しロッカー。▽coin と locker とによる和製英語。

ごいん【五音】①中国音階の五つの音。宮商角徴(ち)羽。②五十音図各行の五つの音。また、五十音のこと。

ごいん【誤飲】『名・ス自他』異物を誤って飲み込むこと。▽本来は、気道に飲み込む「誤嚥(ごえん)」と区別する。

こう(こふ)【恋う】『五他』恋しく思う。▽現代語では「恋い慕う」のような複合語中に使い、単独ではほとんど使わない。「恋する」より広い。例えば「母を恋い慕って泣く子」とは言うが、「恋し慕う」とは言わない。古くは「君に恋ひ」のように「に」を使うのが本則だったのが「を」に移った。意味の重点が、対象に引き付けられることから、対象を心の中で追い求めることに傾いたからと見られる。→こい(恋)・こいする

こう(こふ)【請う・乞う】『五他』①他人に対して願い求める。願い望む。「許しを―」②神や仏に祈って求める。

こう【×劫】①〔仏〕非常に長い時間。↕刹那(せつな)。「―を経る」(長い年月をへる。年功を積む)▽梵語(ぼんご)。「ごう」とも言う。②碁で、一目(いちもく)の石を交互に取り合えるような石の配置。取られたあと、すぐに取り返せない決まりがあり、一手、他の方面の急所にうち(=劫立て)、それに相手が応じたあと、一目を取り返す。▽多く「コウ」と書く。

こう(かう)『副ダ』このよう(に)。「―いう(=このような問題)」「―まで(=これほど)うまくは作れまい」▽文語の副詞「斯(か)く」の転。江戸時代に、町人などが他人に呼び掛けて話を切り出すのにも使った。「―、弥次(やじ)さん」(東海道中膝栗毛)。→かく(斯)

こう【*口】コウ ク くち ①くち。また、くちの形をしたもの。「口角・口辺・口腹・口腔

(こうこう)・口蓋・糊口(ここう)・鶏口・虎口・経口・開口・閉口・箝口(かんこう)令」②口を使って物を言う。「口気・口吻(こうふん)・口述・口演・口授(こうじゅ・くじゅ)・口供・口論・口外・口約・口舌(こうぜつ・くぜつ)・口調(くちょう)・口伝(くでん)・口碑・衆口・藉口(しゃこう)・悪口・異口(いく)同音」③外面に開いた内部への通路。出入りするところ。「口径・銃口・河口・港口・噴火口・突破口」④頭・家・剣・器具などの数をかぞえる語。また、ひとりひとり。「口銭・人口・戸口・口分田(くぶんでん)・壺(つぼ)一口」

こう【*向】**コウ**(カウ) キョウ(キヤウ) **むく むける むかう むこう** さき ―①顔をあわせて対する。その方へむく。むかう。「向上・向暑・向寒・向日(こうじつ)性・傾向・趣向・下向(げこう)・参向・出向・一向・回向(えこう)・意向・志向・性向・動向・偏向・内向」②その方へ向いてつき従う。「向背」③過ぎ去った時。以前。「向来(こうらい・きょうらい)・向後(こうご・きょうこう)」

こう【*后】**コウ** ゴ きさき のち ―①きさき。「后妃・皇后・立后・母后・太后・皇太后・太皇太后・三后」▽もと、人民に向かって号令する者、君主の意。②のち。「後」に通用。「午后(ごご)」

こう【拘】**コウ** ク とらえる かかわる ―①とらえる。つかまえてつなぐ。「拘引・拘禁・拘束・拘留・拘置・拘囚」②一つの事にかかずらう。とらわれる。「拘泥」▽「抅」は略字。

こう【控】【控】**コウ ひかえる** ひく ―①ひきさる。さしひく。「控除」②告げる。訴える。「控訴・控告」③ひかえる。ひきとめる。おさえる。「控制」

こう【[人]腔】コウ(カウ) ―①肉体の内部の中空になっている部分。はらの中。「腔腸動物・体腔・腹腔・鼻腔・口腔・胸腔」②からだ。身のうち。「満腔」▽(1)(2)とも「クウ」と誤ることがあったが、特に(1)で「口腔」を「コウクウ」と歯科で言うのを始め、今では医学慣用読みの観がある。

こう【×膠】コウ(カウ) にかわ ―①にかわ。にかわで接合する。「膠漆・膠固・膠化・膠状・膠質」②にかわでつけるように固くつける。「膠着」

こう【*工】**コウ ク** たくみ ―①道具を使って物をじょうずに作り出す。たくみ。てわざ。作業。「工作・工具・工芸・工事・工場・工程・工費・工賃・工夫(くふう)・工面(くめん)・手工・図工・加工・人工・起工・着工・竣工(しゅんこう)・施工・同盟罷工(ひこう)・同工異曲・細工(さいく)・木工(もく)」②ものを作る人。細工をする人。職人。「工人・工員・工女・工匠・工夫(こうふ)・名工・良工・職工・女工・土工・木工(もっこう)・画工・刀工・機械工・印刷工・熟練工・大工(だいく)・士農工商」③工業。「工学・工科・商工」

こう【巧】**コウ**(カウ) **たくみ** うまい ―たくみ。できあがりがよい。くふう。↕拙。「巧拙・巧妙・巧者・巧手・巧緻・巧言・巧遅・技巧・利巧・精巧・老巧・機巧」

こう【攻】**コウ せめる** ―①兵を出して相手の悪いところをとりたててとがめる。せめる。「攻守・攻防・攻撃・攻勢・攻略・攻戦・攻囲・攻城・難攻・速攻・侵攻・反攻・内攻・正攻法・遠交近攻」②みがく。主として一つのことに立ち向かう。おさめる。「攻玉・攻究・専攻」

こう【項】**コウ**(カウ) うなじ ―①物事を小分けした一つ一つ。法律・文章などの箇条。予算・決算のまとめの単位。「款項・項目・条項・事項・別項・要項」②《名・造》〔論理・数学〕命題(式)・代数式・数列などの構成要素であり、その式などが言及する対象を指す表現。「移項・常項・多項式・単項式・同類項・初項・一般項」③首すじのうしろ。後頭部の下。うなじ。「項領・項背」

こう【*功】**コウ ク** いさお ―①《名・造》労力をつくして事をなしとげた結果・しごと。てがら。いさお。「功なり名遂ぐ」「功を奏する」「内助の功」「功用・功労・功業・功績・功罪・功科・功名・功臣・功利・大功・武功・勲功・成功・年功・論功行賞」②《名・造》ききめ。しるし。「労して功なし」「功力(くりき)・功徳(くどく)・功用」

こう【*公】**コウ ク おおやけ** きみ ―①統治機関。役所。朝廷。おおやけ。おもてむき。↕私。「公私・公儀・公署・公衙(こうが)・公職・公務・公用・公費・公団・公認・公式・公吏・公立・公学校・公文所(くもんじょ)・奉公」②社会一般。国家。世間。「公衆・公民・公人・公共・公会堂・公徳・公開・公益・公安・公判・公聴会」③かたよらない。平等。ただしい。↕私。「公正・公明・公平・公道」④通じて用いられる。あまねくあてはまる。「公理・公約数・公分母」⑤貴人。諸侯。主君。「公子・公卿(こうけい・くぎょう)・公家(こうけ・くげ)・公達(きんだち)・王公・乃公(だいこう)」⑥同輩以上、貴人または他人への敬称。「貴公・尊公・主人公・菅公(かんこう)・楠公(なんこう)」⑦《名・造》五等の爵位(公・侯・伯・子・男)の最上位。「公爵・近衛(このえ)公」⑧名前の下につけて、親しみまたは軽蔑の意を表す語。「熊公・八公・雷公・ずべ公」

こう【孔】**コウ** ク あな ―①突き抜けた穴。ほらあな。物の表面に口のあいたところ。「孔穴・孔版・眼孔・瞳孔・鼻孔・気孔・穿孔(せんこう)・鑽孔(さんこう)・噴気孔」②度合がきつい。はなはだしい。はなはだ。「孔壬(こうじん)」③中国の人の姓。特に儒教の始祖、孔丘(孔子)を指す。「孔孟(こうもう)・孔門」

こう【*好】**コウ**(カウ) **すく** よい **このむ** よしみ ―①よくて、あるいは美しくて心をひかれる。ちょうどあてはまってよい。このましい。「好個・好士・好漢・好友・好日・好句・好言・好果・好適・好便・好都合・好時節・好結果・好敵手・良好」②愛する。このむ。「好悪(こうお)・好意・好古・好学・好色・好角家・好事家(こうずか)・嗜好(しこう)・愛好・同好・時好」③美しい。見た目がよい。「好男子・相好(そうごう)」④仲よくすること。よしみ。「好誼(こうぎ)・修好・親好・友好」⑤うまい。すぐれている。「好技・好手・絶好」

こう〖*広〗〖人廣〗 コウ(クワウ) ひろい ひろまる ひろめる ひろがる ひろげる ―①はてしがない。ひろい。ひろさ。↕狭。「広狭・広大・広野・広言・広軌・広範囲・長広舌」②ひろげる。発展させる。大きく包含する。増補。「広義」

こう〖人弘〗 コウ グ ひろい ひろめる ―①広く大きい。「弘遠・弘大」②大きくする。ひろく遠くまでゆき渡らせる。ひろめる。「弘報・弘法(こうぼう・ぐほう)・弘通(ぐずう)・弘誓(ぐぜい)・恢弘(かいこう)」

こう〖人宏〗 コウ(クワウ) ひろい ―ゆたかで大きい。広くする。大きくする。「宏遠・宏大・宏壮・宏図(と)・恢宏(かいこう)」

こう〖甲〗 コウ(カフ) カン かぶと ―①『名・造』物の外面をおおう、かたいから。こうら。草木の芽がかぶっている、うすいかわ。よろい。よろいをつけた兵士。「亀の甲」「甲殻・甲冑(かっちゅう)・甲革・甲板(こうはん・かんぱん)・甲骨文字・兵甲・鉄甲・機甲・装甲・亀甲(きっこう)・鼈甲(べっこう)」②『名・造』手のひら、足のうらの反対の面。「足の甲」「手甲(てっこう)」③物事のはじめ。第一。等級などの第一位。「甲乙」④十干の第一。→きのえ。「甲子(こうし・かっし)・華甲」⑤『名・造』物の順序を表し、また代名詞のようにも使う。「以下、原告を甲、被告を乙と称する」「甲論乙駁(おつばく)・甲種合格」⑥高音。音や声の高い調子。「カン」と読む。「甲高い」▽→かん(甲)。⑦「甲斐(かい)国」の略。「甲州・甲信越」

こう〖*交〗 コウ(カウ) キョウ(ケウ) まじわる まじえる まじる まざる まぜる かう かわす こもごも ―①たがいにいりくむ。まじりあう。両方から同じことをしあう。やりとりする。「交錯・交接・交雑・交流・交渉・交通・交歓・交互・交差・交盟・交戦・性交・手交」②『名・造』つきあう。まじわる。まじわり。「水魚の交」「交誼(こうぎ)・交友・交情・交際・国交・外交・旧交・親交・断交・絶交・社交」③かわる。かえる。かわるがわる。「交代(こうたい)・交替・交換」④『名』時節・時代などのかわり目。「秋冬の交」「明治大正の交」

こう〖*効〗〖效〗 コウ(カウ) きく ききめ ―『名・造』力をつくしてした結果。機能を発揮した結果。ききめ。しるし。「効を奏する」「効力・効用・効能・効果・効験・特効・薬効・実効・時効・即効・無効・発効・卓効・有効・失効」▽正字は「效」。

こう〖×狡〗 コウ(カウ) ずるい ―わるがしこい。ずるい。「狡智(こうち)・狡獪(こうかい)・狡猾(こうかつ)・狡兎(こうと)」

こう〖*校〗 コウ(カウ) キョウ(ケウ) かんがえる くらべる ―①学生・生徒が集まって教育を受ける所。また、学校を数える語。「学校・校長・校医・校舎・校庭・本校・分校・登校・休校・下校・転校・藩校・母校・予備校・出身校」②調べる。比べ合わせる。「校勘・校閲・対校・勘校・校合(きょうごう・こうごう)・校定・校正・校訂・校本・校了」③木のさく。戦陣で大将のいる所に設けたかきね。将のしるし。「将校」

こう〖郊〗 コウ(カウ) ―①都の外。町はずれ。「郊外・郊野・近郊・遠郊」②天子が都のはずれの野で天地を祭ったまつり。「郊祀(こうし)」

こう〖絞〗 コウ(カウ) しぼる しめる しまる ―首をしめて殺す。くびる。「絞殺・絞死・絞首」

こう〖*紅〗 コウ ク グ べに くれない あかい ―①㋐あざやかな赤い色。べに。また、その色。くれない。「紅色・紅白・紅玉・紅顔・紅潮・紅梅・紅蓮(ぐれん)・丹紅・深紅(しんく・しんこう)・浅紅・真紅(しんく)・暗紅・鮮紅色・百日紅(ひゃくじつこう・さるすべり)・東天紅」㋑あかに近い色もいう。「紅茶・紅葉(こうよう・もみじ)・紅毛・猩紅(しょうこう)熱」②化粧用のべに。美人、また女性に関するもの。「紅粉・紅裙(こうくん)・紅唇・紅灯・紅涙」

こう〖*綱〗 コウ(カウ) つな ―①網の目をしめくくる大きなつな。おおづな。物事をとりしまる根本のきまり。常に守るべき道。「綱紀・綱常・綱領・綱要・三綱・大綱・要綱・紀綱・政綱」②『名・造』大きな区分け。生物学の分類では、門の下、目(もく)の上。「綱目・哺乳(ほにゅう)綱ねこ目」

こう〖*鋼〗 コウ(カウ) はがね ―きたえて、質を強くした鉄。はがね。「鋼鉄・鋼玉・鋼塊・鋼材・鋼管・鋼索・製鋼所・軟鋼・精鋼・粗鋼・鋳鋼・鉄鋼・ニッケル鋼・圧延鋼」

こう〖*鉱〗〖鑛〗 コウ(クワウ) あらがね ―多く地下に埋蔵され、精錬して金属を得るもの。「鉱石・鉱物・鉱産物・鉱山・鉱泉・鉱脈・鉱床・鉱区・鉱毒・鉱夫・鉱業・金鉱・銀鉱・黄銅鉱・鉄鉱・採鉱・炭鉱・原鉱・探鉱・砕鉱・廃鉱」▽「礦」は同字。

こう〖×曠〗 コウ(クワウ) あきらか むなしい ―①日の光が、さえぎるものもなく、ひろびろと輝く。明らか。転じて、ひろびろとしている。「曠曠・曠野・曠遠」②広くて間に何もない。むなしくする。むだにする。「曠古・曠世・曠日」

こう〖×礦〗 コウ(クワウ) あらがね ―あらがね。「鉱」に同じ。

こう〖*光〗 コウ(クワウ) ひかる ひかり ―①ひかり。また、ひかりに照らされて美しくりっぱに見える姿・形・色・艶など。「光線・光学・光芒(こうぼう)・光彩・光沢・光明(こうみょう)・光景・日光・月光・後光・雷光・蛍光・風光・威光・発光・採光・観光・眼光・感光・逆光・脚光・陽光・光風霽月(せいげつ)」②輝いてあたりを明るくする。ひかる。てらす。「光輝・夜光」③日月。時間。「光陰・消光」④はえあること。名誉。ほまれ。また、他人の動作に対して敬意を表すのに使う。「光栄・光来・光臨・栄光」

こう〖*考〗 コウ(カウ) かんがえる ―①とりしらべる。こころみる。「考査・考試・考究・考訂・考証・参考・備考」②おもいはかる。工夫をめぐらす。かんがえる。「考慮・考案・思考・愚考・勘考・熟考・長考・推考・一考」③考究の結果を示す論文。「論考

・国意考」④死んだ父。「考妣(こうひ)・先考・皇考」▽(1)〜(3)は、古くは「攷」も使った。

こう【*孝】 コウ(カウ) キョウ(ケウ) ——『名・造』よく父母に仕える。父母を大切にする。「孝は百行の本(もと)」「孝行・忠孝・孝道・孝悌(こうてい)・孝順・孝養(こうよう・きょうよう)・孝心・孝子・孝女・大孝・仁孝・不孝(ふこう・ふきょう)・至孝・追孝(ついこう・ついきょう)・二十四孝」

こう【*行】 コウ(カウ) ギョウ(ギヤウ) アン いく ゆく おこなう ——①『名・造』歩いてゆく。うごいてゆく。めぐる。ゆくこと。旅。「行を共にする」「行進・行程・行路・行旅・行客・行雲・行楽・行幸(ぎょうこう・みゆき)・歩行・同行・連行・通行・運行・進行・逆行・移行・直行・急行・壮行・紀行・旅行・徐行・尾行・横行・単独行・遊行(ゆぎょう)・マナスル行・行住坐臥(ぎょうじゅうざが)」②ゆかせる。やる。進める。「行軍・行文」③人や字(や書いた語)の(前後方向の)連なり。「行伍(こうご)・数行」。以下、「ギョウ」と読む。「行列・行間・行数・行頭・改行・別行」▽↓れつ『列』。④ゆきながら。道すがら。ゆくゆく。歩きながらする。「行吟・行商(ぎょうしょう)・吟行」⑤旅あるき。持ちあるく。「アン」と読む。「行在・行宮(あんぐう)・行火・行脚(あんぎゃ)・行灯(あんどん)」⑥『名・造』おこなう。する。おこなわれる。ふるまい。特に仏教で、悟りにいたるための実践。「行為・行動・言行・品行・敢行・慣行・挙行・決行・予行・励行・実行・施行(しこう・せぎょう)・性行・素行・徳行・操行・孝行・私行・力行・非行」。以下「ギョウ」と読む。「無言の行」「行政・行事・行儀・行水・行者・苦行・乱行・奉行(ぶぎょう)・興行・難行・勤行(ごんぎょう)・修行(しゅぎょう)」。(印刷して)世に出す。「印行・版行・刊行・発行・単行本」⑦『名・造』〔仏〕㋐一切の生滅変化する存在。「諸行(しょぎょう)無常」㋑身・口(く)・意のなすこと。外物に対する意識のはたらき。五蘊(ごうん)の一つ。「行蘊(ぎょううん)」⑧位が高く官が低いことを示す。「ギョウ」と読む。↔守。「正二位行大納言」⑨漢字の書体の一種。「ギョウ」と読む。「行書・楷行草」⑩唐宋(とうそう)以後起こった同業組合。また問屋、仲買業、商店。「銀行・洋行・行員」⑪楽府(がふ)から転じた漢詩の一体。「琵琶行(びわこう)」

こう【衡】 コウ(カウ) はかり ——①重さ。また、重さをはかるもの。はかり。「権衡・度量衡」▽本来、はかりのさおの意。はかりの権(おもり)に対していう。②つりあい。ひとしい。平均。「均衡・平衡」③よこ。「合従(がっしょう)連衡」

こう【坑】 コウ(カウ) あな ——①地に掘ったあな。鉱物を採るためのあな。「坑道・坑路・坑夫・坑底・坑内・坑口・炭坑・金坑・廃坑・斜坑・入坑」②あなにうめる。生きうめにする。おとしいれる。「坑殺」

こう【抗】 コウ(カウ) あらがう ——まけずにはりあう。さからう。てむかう。「抗争・抗戦・抗議・抗論・抗告・抗訴・抗弁・反抗・抵抗・対抗・拮抗(きっこう)・抗毒素・抗生物質」

こう【更】 コウ(カウ) さら ふける ふかす あらたまる かわる ——①あたらしくなる。あらたまる。かわる。新しいこと。さら。「更新・更正・更改・更生・更衣・変更」②入れかわる。かわるがわる。「更迭・更代(こうたい)」③『名・造』日の入りから日の出までの間を五等分して呼ぶ時刻の名。「五更・初更」。夜がおそくなる。「更闌(た)ける」「深更」④そのうえに。かさねて。ますます。さらに。「更議」

こう【硬】 コウ(カウ) かたい ——堅くてたやすく砕けない。かたい。↔軟。「硬度・硬化・硬質・強硬・硬貨・硬球・硬水・硬骨・硬直・硬派・生硬」

こう【*幸】 コウ(カウ) さいわい さち しあわせ さきわう みゆき ——①『名・造』めぐりあわせがいい。しあわせ。さいわい。思いがけないしあわせ。「幸か不幸か、その日には間に合わなかった」「幸運・幸福・幸甚・不幸・薄幸・多幸・欣幸(きんこう)」②しあわせを与える。かわいがる。寵愛(ちょうあい)する。愛せられている者。「幸臣・寵幸(ちょうこう)」③天子の出行。みゆき。「行幸・巡幸・臨幸・遷幸・御幸(ごこう)・親幸」

こう【昂】 コウ(カウ) あがる たかぶる たかまる ——高くなる。気力が高まる。「昂然・昂進・昂騰・意気軒昂・激昂」▽「昂」は異体字。

こう【肯】 コウ うべなう がえんじる ——①ききいれる。ゆるす。よしとする。承知する。あえて。「肯定・首肯」②骨つきの肉。転じて、物事の急所。「肯綮(こうけい)」

こう【*厚】 コウ あつい ——①豊かである。あつい。てあつい。↔薄。「厚薄・厚意・厚情・厚志・厚恩・厚遇・厚誼(こうぎ)・深厚・濃厚・寛厚・温厚・重厚」②あつくする。ゆたかにする。「厚生・肥厚」

こう【巷】 コウ(カウ) ちまた ——①人家の集まった中の小道。ちまた。むらざと。まち。「陋巷(ろうこう)・隘巷(あいこう)・閭巷(りょこう)」②一般世間。庶民の世界。「巷説・巷談」

こう【*港】[港] コウ(カウ) みなと ——舟着き場。みなと。「港湾・港口・港内・港外・良港・漁港・要港・軍港・空港・入港・出港・築港・開港」

こう【江】 コウ(カウ) え ——①大きな川。「江河・江漢・江水・江海・江湖・江南・曲江・揚子江(ようすこう)・遡江」▽もと、長江。②「近江(おうみ)国」の略。「江州(ごうしゅう)」

こう【洪】 コウ ——①おおみず。「洪水・洪積層」②大きい。「洪大・洪恩」③「洪牙利(ハンガリー)」の略。

こう【浩】[浩] コウ(カウ) ひろい ——水が盛んで、ひろびろしている。大水のさま。広くて大きい。「浩浩・浩瀚(こうかん)・浩然」

こう【鴻】 コウ おおとり ——①くぐい(白鳥)など、大形の水鳥。おおとり。「鴻毛・鴻鵠(こうこく)」②大きい。広大。「鴻大・鴻図(こうと)・鴻志・鴻恩・鴻基・鴻業」

こう【溝】【溝】コウ みぞ ―田の間を流れる用水。また谷あいの流れ。ほりわり。みぞ。「溝水・溝渠(こうきょ)・城溝・海溝・側溝・排水溝」

こう【*構】【構】コウ かまう かまえる ―①家などを組み立てる。物ごとを組み合わせる。かまえる。つくる。「構造・構成・構築・構図・構想・機構・遺構・結構・虚構・仮構」②かまえ。かこい。「構内・構外」

こう【*講】【講】コウ(カウ) ―①説いて明らかにする。説きあかす。「講釈・講義・講究・講述・講説・講話・講演・講堂・講師・講筵(こうえん)・講座・講読・聴講・代講・開講・休講・輪講・長講・論講・進講・侍講・補講」②けいこする。ならう。「講習・講武・講学」③はかる。手だてを考える。仲なおりをする。「媾(こう)」の代用。「講和」④《名・造》〔仏〕㋐経典の講義をする法会(ほうえ)。「講会(こうえ)・最勝王講・法華(ほっけ)八講」㋑本尊・祖師を鑽仰(さんぎょう)し、祈祷(きとう)を行う法会。「講式・羅漢講」⑤《名・造》㋐日本で、神仏信仰のために組織する団体。「伊勢(いせ)講・富士講・念仏講・無礼(ぶれい)講・講中(こうじゅう)・講元(こうもと)」㋑民間の金融組織または相互扶助組合。「頼母子(たのもし)講・無尽(むじん)講・恵比須(えびす)講」

こう【購】【購】コウ あがなう ―代償を払って物を手に入れる。あがなう。「購入・購求・購買・購読」

こう【恒】【恆】(人) コウ つね ―①いつも変わらない。「恒常・恒例・恒星・恒心・恒産」②久しい。「恒久」

こう【慌】【慌】コウ(クワウ) あわてる あわただしい ―いそぎあわてる。あわただしい。「恐慌」

こう【*皇】コウ(クワウ) オウ(ワウ) きみ ―①天下を領有する者。国王。天子。君主。きみ。「天皇・皇帝・教皇」②㋐天皇。天皇の。「皇后・皇妃・皇位・皇嗣(こうし)・皇統・皇子(こうし・おうじ・みこ)・皇女(こうじょ・おうじょ・みこ)・皇太子・皇祖・皇族・皇室・皇居・上皇・法皇(ほうおう)」㋑日本の。「皇国・皇朝・皇紀・皇学・皇典」③万物の主宰者。上帝。かみ。「皇天」④偉大だ。「皇皇」⑤あわてるさま。「倉皇」

こう【*耕】【耕】コウ(カウ) たがやす ―①すきやくわで田畑の土をすき返す。「耕耘(こううん)・耕田・耕土・耕作・耕地・農耕・牛耕・馬耕・深耕・中耕・休耕・晴耕雨読」②土地をたがやすようにせっせと働いて生活の資を得る。「筆耕」

こう【*航】コウ(カウ) ―舟で水を渡る。また、乗物で空をとぶ。「航行・航海・航程・航路・航運・通航・就航・曳航(えいこう)・渡航・直航・寄航・帰航・周航・回航・欠航・密航・難航・独航船・航空」

こう【荒】【荒】コウ(クワウ) あれる あらす あらい すさぶ ―①人手がはいらないで、土地に雑草がおい茂る。作物がみのらない。あれる。「荒地・荒蕪(こうぶ)・荒野・荒涼・凶荒・備荒・救荒」②だめになる。すたれる。とりとめなく激しくする。あらい。「荒廃・荒淫・荒天」③道理にあわない。とりとめがない。「荒唐無稽・荒誕」④国のはて。辺境。「八荒」

こう【×薨】コウ みまかる ―身分の高い人の死。「薨去・薨御・崩薨」

こう【*降】コウ(カウ) ゴウ(ガウ) おりる おろす ふる くだる ―①高い所から低い所へ行く。くだる。おりる。くだす。おろす。↔昇。「降下・下降・昇降・滑降・沈降・乗降・降臨・降誕・降嫁・降霊・降壇」②天からおりてくる。ふる。あめふる。あまくだる。「降雨・降雪」③ある時からのち。「以降」④敵に負けて従う。くだる。「降参・降服・降伏・降人・投降」⑤〔仏〕魔を負かして従える。くだす。「ゴウ」と読む。「降伏(ごうぶく)・降服(ごうぶく)・降魔」

こう【*香】コウ(カウ) キョウ(キャウ) か かおり かおる かんばしい ―①におい。か。「香味・芳香・遺香・残香」②㋐《名・造》よいにおいを出すもの。また、それをねりあわせたもの。たきもの。「香をたく」「香をきく」「香木・香料・香水・香華(こうげ)・香煙・香辛料・香奠(こうでん)・沈香(じんこう)・麝香(じゃこう)・煉香(ねりこう)・焼香・薫香・反魂香・竜涎(りゅうぜん)香」㋑香のにおいをききわける遊戯。「香道・聞香(ぶんこう・もんこう)・香合せ」③《名・造》よいにおいが立つ。こうばしい。かんばしい。「香の物」「香気」④将棋の駒「香車(きょうしゃ)」の略。「キョウ」と読む。「香落(きょうおち)・成香(なりきょう)」

こう【*候】コウ そうろう ―①物事の状態。それを知る手がかり。きざし。「徴候・症候・天候・気候・測候所」②《名・造》時節。時季。「春暖の候」「時候・候鳥」▽五日を「候」、三候を「気」という。③まつ。まちうける。「候補」④うかがう。さぐる。ねらう。「斥候」⑤貴人のそば近くにいて命令を待つ。「伺候・参候・祗候(しこう)」

こう【侯】コウ ―①封建時代に一定の領土を分有して支配した者。大名や小名。「侯伯・諸侯・王侯・列侯・君侯・藩侯・封侯」②《名・造》五等の爵位(公・侯・伯・子・男)の第二位。「侯爵・大隈(おおくま)侯」

こう【喉】コウ のど ―口の奥の、食道・気管に通じる部分。のど。「喉頭・咽喉」

こう【貢】コウ ク みつぐ ―①みつぐ。たてまつる。みつぎもの。君主や政府にさし上げる産物。「貢物・貢献・来貢・朝貢・入貢・進貢・年貢(ねんぐ)」②人材を推挙する。「貢士」

こう【*高】コウ(カウ) たかい たか たかめる たかまる たからか ―①たかい。たかさ。たかい所。↔低。「高低・高所・高山・高地・高原・高楼・高空・高度・高射砲・登高・標高・座高」②とうとい。すぐれている。長じている。↔低。「高貴・高位・高官・高徳・高足・高弟・高価・高齢・高級・高給・高禄(こうろく)・高圧・高温・高気圧・高血圧・高潮・高音・至高」③相手の行為や相手に属する事物を敬っていうのに使う語。「高説・高評・高談・高堂・高恩・高聞・高批・高庇(こうひ)・高台」④心がすぐれてけだかい。「高潔・高邁(こうまい)・高尚・高雅・崇高・孤高」⑤たかぶる。「高慢・高言」⑥高等の。「高裁・高商」。また、「高等学校」の略。「高校・工高・高卒」

こう〘*康〙**コウ**(カウ) やすらか ―①無事。事故や苦がなくて安らか。やすらかにする。安んじる。「安康・小康」②体がじょうぶ。「健康」

こう〘*黄〙【(人)黃】**コウ**(クワウ) **オウ**(ワウ) **き こ** ―き。きいろ。きいろくなる。「黄色(こうしょく・おうしょく)・黄白・黄塵(こうじん)・黄葉・黄土(こうど・おうど)・黄熟(こうじゅく・おうじゅく)・黄泉(こうせん・よみ)・玄黄」。以下「オウ」と読む。「黄金(おうごん・こがね)・黄銅・黄梅・黄蘗(おうばく)・黄疸(おうだん)・卵黄・硫黄(いおう・ゆおう)・大黄・五黄」

こう〘(人)膏〙コウ(カウ) ―①肉のあぶら。脂肪。「膏血・膏肓(こうこう)・膏油・石膏」②あぶらぐすり。「膏薬・軟膏・硬膏・絆創膏(ばんそうこう)」

こう〘酵〙**コウ**(カウ) ―酒を作るもと。発酵。わく。「酵母・酵素」

こう〘稿〙**コウ**(カウ) ―『名・造』詩文を作る時の下書き。「稿を改める」「稿本・草稿・原稿・寄稿・投稿・起稿・脱稿・遺稿・句稿・拙稿・玉稿・論稿・未定稿・稿料」▽本来、稲・麦などの茎、わらの意で、「藁」に同じ。

こう〘*興〙**コウ キョウ おこる おこす** ―①おこる。はじまる。さかんになる。たち上がる。「興隆・興亡・興敗・興奮・興業・興行・興国・再興・中興・復興・勃興・作興・振興・興信所」②『名・造』おもしろみ。おもしろく感じること。おもしろがる。「キョウ」と読む。「興に乗じる」「興感・興趣・興味・不興・座興・余興・遊興・感興・酒興・即興・一興」▽→きょう(興)

こう〘後〙 →ご〘後〙

こう〘耗〙 →もう〘耗〙

ごう【業】〔仏〕身・口(く)・意が行う善悪の行為。特に悪業。また、前世の悪行の報い。「―を煮やす」(事が思うように運ばずいらいらする)「―が煮える」(同上)「―をさらす」(悪業によって受けた恥をさらす) ▽梵語(ぼんご)「カルマ」の漢訳。

ごう【郷】①さと。いなか。②古代行政区域の一つ。郡内の一区域。当初は、五十戸をもって一郷としたが、後には数村をあわせたものを指した。「―に入(い)っては―に従え」(その土地にはいったら、その土地の習慣に従うべきだ)

ごう〘*号〙【號】**ゴウ**(ガウ) さけぶ ―①大声で泣く。さけぶ。「号泣・怒号・呼号・叫号」②大きな声でさしずする。あいずをする。また、あいずのしるし。「号令・号音・号砲・号鐘・号笛・信号・符号・記号・暗号・略号」③称する。名づける。大げさにいう。④『名・造』呼び名。名。雅名。「号をつける」「番号・雅号・筆号・別号・屋号・年号・国号・院号・元号・山号・称号・尊号・追号」⑤車・船・飛行機・犬などの名の下にそえる。「東洋号・朝風(あさかぜ)号」⑥『名・造』数詞の下にそえて順位を示す。「第一号・三号車」㋐活字の大きさを示す。「五号活字」㋑西洋画で(後に日本画でも)画面の大きさを示す。㋒雑誌などの発行の順番を示す。「次の号にのせる」「欠号・号外・四月号」

ごう〘*合〙**ゴウ**(ガフ) **ガッ カッ** コウ(カフ) **あう あわす あわせる** ―①一致する。いっしょになる。あわせる。「合一・合同・合流・合意・合計・合議・合格・合資・合金・合成・合理的・結合・配合・化合・集合・会合・調合・総合・六合(りくごう)・符合・和合・暗合・糾合・校合(きょうごう)・照合・迎合・競合・統合・複合・融合・適合・整合・談合・都合(つごう)・野合・離合・分合・正反合」。以下「ガッ」と読む。「合致・合併・合体・合唱・合奏・合宿・合算・合掌・合点(がってん・がてん)」。以下「カッ」と読む。「合戦」②『名・造』二つの天体が天球上でほぼ同じ位置に来ること。特に、太陽と惑星とが黄経を等しくする時。「内合・外合」③十分の一の分量。㋐容積では一升の十分の一。㋑面積では一坪の十分の一。㋒登山路では、頂上までの道のりを十区分した一つ。「富士山の五合目」④ふたのある器物を数える語。「長櫃(ながびつ)一合」⑤試合や合戦の回数を数える語。戦うこと。「数合」

ごう〘拷〙**ゴウ**(ガウ) ―①打ちたたいて責める。罪を白状させるために責める。「拷問」②かすめとる。「拷掠(ごうりゃく)」

ごう〘剛〙**ゴウ**(ガウ) こわい つよい ―『名・造』強くてかたい。↔柔。「剛の者」「剛柔・剛健・剛直・剛毅(ごうき)・剛勇・剛気・剛胆・剛力・剛体・強剛・金剛(こんごう)・大剛・外柔内剛」

ごう〘×毫〙ゴウ(ガウ) ―①きわめて細い毛。きわめてわずかなこと。「毫毛・白毫(びゃくごう)・秋毫・柔毫・毫末・一毫・寸毫」②筆の穂先。毛筆。「毫端・揮毫」③目方または長さの単位。毛(もう)。釐(り)の十分の一。「毫釐」

ごう〘傲〙**ゴウ**(ガウ) おごる たかぶる ―人を人とも思わない。おごりたかぶる。「傲慢・傲岸・傲然・傲語・倨傲(きょごう)・驕傲(きょうごう)」

ごう〘豪〙**ゴウ**(ガウ) ―①力や才知などがすぐれている。すぐれた人。「豪傑・豪気・豪勇・豪健・豪壮・豪家・豪族・文豪・酒豪・富豪・強豪・古豪・俊豪・土豪・剣豪」②見かけが大きく勢いがある。度はずれている。「豪酒・豪遊・豪胆・豪雨・豪華・豪奢(ごうしゃ)・豪語」③獣の一つ。やまあらし。「豪猪(ごうちょ)」④「豪太剌利亜(オーストラリア)」の略。「豪州・日豪会談」▽(4)はもと「濠(ごう)」を当てた。

ごう〘(人)壕〙ゴウ(ガウ) ほり ―城壁のまわりのほり。土を掘りとったくぼみ。からぼり。「壕舎・塹壕(ざんごう)・防空壕」▽「濠(ごう)」に通じる。

ごう〘(人)轟〙ゴウ(グワウ) とどろく ―(多くの車がたてる)大きな響き。大きな音を響かせる。「轟音・轟然・轟轟・轟沈」

ごう〘郷〙↓きょう〘郷〙・ごう(郷)

こうあつ【光圧】光が物体の表面に当たってそれに及ぼす圧力。

こうあつ【高圧】強い圧力・電圧。↔低圧。「—線」 **—てき**【—的】『ダナ』相手を頭から威圧するさま。頭ごなしにおさえつけるさま。「—な言い方」

こうあつざい【降圧剤】高い血圧を下げる薬剤。

こうあん【公安】①社会・公衆の、無事・安全。公共の安寧。「—委員会」「—条例」②「公安警察」の略。⑴の維持を目的とする警察の一部門。

こうあん【公案】禅宗で、悟道のために与えて工夫⑵させる問題。

こうあん【考案】『名・ス他』工夫して考え出すこと。案出。くふう。「—者」

こうい【行為】おこない。ふるまい。特に、しようという意志をもってする行い。▽↓こうどう(行動)・きふこうい

こうい【好意】いい人だなあと思う気持。親愛感。「—を寄せる」。親切な気持。「—を無にする」「—的」

こうい【厚意】おもいやりのある心。厚情。

こうい【攻囲】『名・ス他』(要塞などを)包囲して攻撃すること。

こうい【更衣】『名・ス自』着物をきがえること。「—室」▽平安時代、女御(にょうご)に次ぐ、後宮女官。

こうい【校異】書物の本文の異同を比較校訂すること。

こうい【校医】学校の委嘱を受け、医療・衛生を管理する医者。学校医。

こうい【皇位】天皇の位。

こうい【皇威】天皇の威光。みいつ。

こうい【高位】地位の高いこと。高い位。「—高官」

ごうい【合意】『名・ス自』意志が一致すること。「双方の—に基づいて」「—に達する」

こういき【広域】ひろい区域。「—経済」

こういしょう【後遺症】①ある病気・けがが治っても、そのあとまで影響が残る、その症状。②比喩的に、あとまで残る悪影響。「台風の—」

こういつ【後逸】『名・ス他』野球などで、球を受けそこなって後ろにのがすこと。

ごういつ【合一】『名・ス自他』一つにまとまること。一つにあわすこと。「知行(ちこう)—」

こういっつい【好一対】似合いの一対。よい組合せの一対。

こういってん【紅一点】多数の男の中のただ一人の女。▽もと、目につくものの意。「万緑叢中(そうちゅう)—」(一面の緑の中に咲く一輪の花)から。

こういん【光陰】とき。月日。「—矢の如(ごと)し」(月日のたつのは速いというたとえ)▽「光」は日、「陰」は月の意。

こういん【公印】官庁・公署の印。「—偽造」

こういん【工員】工場労働者。職工。

こういん【行員】銀行の事務員。銀行員。

こういん【後×胤】子孫。すえ。後裔(こうえい)。

こういん【皇×胤】天皇の血筋(である人)。

こういん【拘引・勾引】『名・ス他』尋問のため、被告人・被疑者などを強制的に裁判所・警察署などにつれていくこと。

こういん【荒淫】過度に色事にふけること。

ごういん【強引】『ダナ』むりも構わず、強気でするさま。「—に売りこむ」 派生 **-さ**

こうう【降雨】あめふり。また、降るあめ。「—量」

ごうう【豪雨】一時に多量に降る雨。大雨。

こううん【幸運・好運】『名ナ』運がよいこと。よい運。↔不運・非運。「—をつかむ」 **—じ**【幸運児】運のよい人。時勢にあった人。

こううん【耕×耘】『名・ス他』田畑をたがやすこと。「—機」▽「耕運機」と書くのは書き換え。

こううんりゅうすい【行雲流水】空をゆく雲と川を流れる水のように、執着することなく物に応じ、事に従って行動すること。

こうえい【光栄】『名ナ』輝くばかりの身のほまれ。「優勝の—に包まれる」。人に認められて名誉に思うこと。「お褒めをいただいて—です」

こうえい【公営】役所が経営すること。特に、地方自治体が直接間接に経営すること。「—住宅」

こうえい【後衛】①バレーボールやテニスのダブルスで、後方で主として守備をする者。また、サッカー・ラグビーなどのバックス。▽⑵の転。②退却の際、軍隊の後方で援護に任じる部隊。▽↔前衛

こうえい【後×裔】子孫。すえ。後胤(こういん)。

こうえき【交易】『名・ス自他』物品を交換すること。そのあきない。

こうえき【公益】社会一般の利益。公共の利益。↔私益。「—法人」

こうえつ【校閲】『名・ス他』文書・原稿などの誤りや不備な点などをしらべること。

こうえつ【高閲】他人が校閲することを敬って言う語。「御—を賜る」

こうえん【公園】①公衆のために設けられた庭園や遊園地。「児童—」②自然の景観を維持するために、指定した区域。「国立—」

こうえん【公演】『名・ス自他』公衆の前で演劇・舞踊・音楽などを演じること。「海外で狂言を—する」

こうえん【口演】『名・ス他』口で述べること。また、口で述べる演芸を行うこと。

こうえん【好演】『名・ス他』うまい演技や演奏(をすること)。「—が光る」

こうえん【講演】『名・ス自』(会場に集まった)多人数を相手に、ある話題について話をすること。その談話。「学会で—する」

こうえん【講×筵】講義をする場所。「—に列する」▽「筵(えん)」は、すわるむしろ。

こうえん ①【高遠】『名ナ』高尚で遠大なこと。「—な理想」 派生 **-さ** ②【×宏遠】『名ナ』広くて遠大なこと。「気宇—」 派生 **-さ**

こうえん【後援】 ①『名・ス他』応援・援助すること。うしろだて。「—会」 ②『名』後続の援軍。後詰(ごづめ)の援兵。「—続かず」

こうえん【香煙・香×烟】 香(こう)のけむり。

こうお【好悪】 すききらい。「—の情が激しい」

こうおつ【甲乙】 甲と乙。第一と第二。すぐれているものと劣っているもの。「—をつけがたい」(どちらがすぐれているか、決めがたい)

こうおん ①【厚恩】 かけて下さった手厚い御恩。②【高恩】 並々ならぬ御恩。

こうおん【×鴻恩・洪恩】 広大なめぐみ。大恩。

こうおん【高温】 温度の高いこと。高い温度。↕低温。「—多湿」

こうおん【高音】 ①㋐高い音。㋑ソプラノ。▽↕低音。②大きい音。「—を発する」

ごうおん【号音】 あいず・信号の音。

ごうおん【×轟音】 大きくひびきわたる音。「—を立てる」

こうおんしょうがい【構音障害】 ことばを発音するのに障害のある状態。

こうおんどうぶつ【恒温動物】 ↓ていおんどうぶつ

こうか【公課】 分担金(・租税)など、公法による国民の負担。

こうか【好果】 よい結果。好結果。

こうか【考課】 官吏などの事務の成績を考えて優劣を定めること。「人事—」 **—じょう【—状】** ①官吏の考課に関する報告書。②銀行・会社の営業報告書。

こうか【効果】 ①よい結果。望ましい結果。ききめ。「—がある」「—的」 ②劇などで、その場面にふさわしい情況を作り出すこと。例、海岸の場面で、波の音を擬音で出す。 **—ひょう【—表】** ↓こうかじょう

こうか【功過】 功績と過失。てがらとあやまち。

こうか【功科】 職務の勤めぶりの成績。「—表」

こうか【校歌】 校風を発揚するため制定した歌。

こうか【×膠化】『名・ス自』ゼリー状の凝結物となること。ゲル化。

こうか【硬化】『名・ス自』かたくなること。↕軟化。㋐物質がかたくなること。「動脈—」 ㋑(考えや態度が)強硬になること。 **—ゆ【—油】** 液状の植物油・魚油などに水素を添加して固体状にした油。マーガリン・ショートニングや蠟燭(ろうそく)の製造に用いる。

こうか【硬貨】 金属製の貨幣。↕紙幣

こうか【降下】『名・ス自』①高い所からおりること。「パラシュート—」 ②命令などが、高い地位の人から出ること。「大命—」

こうか【降嫁】『名・ス自』皇族の娘が臣下にとつぐこと。

こうか【高価】『名ナ』値段が高いこと。↕廉価・安価。 派生 **-さ**

こうか【高架】(橋・路線などを)高い所にかけわたすこと。「—線」「—鉄道」

こうか【高歌】 大声で歌うこと。「—放吟」

こうか【後架】 便所。▽もと、禅宗で洗面所のこと。

こうか【黄禍】 黄色人種が白色人種に及ぼすわざわい。「—論」 ▽ドイツ皇帝ヴィルヘルム二世などが唱えた。

こうが【公×衙】 官公庁。役所。

こうが【高雅】『名・ダナ』気高くて、みやびやかなこと。 派生 **-さ**

ごうか【×劫火】 仏教で、世の終末に全世界を焼きつくすという大火。▽「こうか」とも言う。

ごうか【業火】 仏教で、悪業(あくごう)が身を滅ぼすのを火にたとえていう語。また、罪人を焼き苦しめる地獄の火。

ごうか【豪家】 勢力のある、物持ちの家がら。

ごうか【豪華】『名・ダナ』はなやかで立派なこと。はでぜいたくなこと。 派生 **-さ** **—ばん【—版】** 造本が特別立派な書籍。また広く、素晴らしく立派なもの。「—の食事」

こうかい【航海】『名・ス自』海上を船で渡ってゆくこと。

こうかい【公海】 領海や経済水域以外の、特定の国家の主権に属さず各国が自由・平等に使用出来る海。

こうかい【公開】『名・ス他』公衆に開放すること。広く、入場・出席・傍聴・観覧・使用などが許されていること。「庭園を—する」「データを国民に—する」「—の席で」「未—」 **—じょう【—状】** 特定の人に与える手紙であるが、雑誌・新聞などに載せて広く一般に示すもの。

こうかい【公会】 ①おおやけの会議。また、公開された会。②国際間の重大な問題を扱う国際会議。一八一五年ウィーン公会など。

こうかい【後会】 後日(ごじつ)の面会。「—を約す」

こうかい【後悔】『名・ス自他』してしまった事について、後から悔やむこと。「—先に立たず」(事が終わって後にくやんでも取返しがつかない)

こうかい【更改】『名・ス他』前のと異なる新しい契約等に変えること。「債権者の交替による—」

こうかい【×狡×獪】『名ナ』わるがしこいこと。狡猾(こうかつ)。

こうがい【×笄】(かうがい) ①女性が結髪にさす、棒状の髪飾り。②髪を梳(す)いてかき上げる道具。▽「かみかき」の転。

こうがい【公害】 企業の活動が原因で、一般住民の生活に及ぶ害。騒音や煤煙(ばいえん)・有毒ガス・廃液・廃棄物による(空気・土壌・河川)汚染、地下水の大量採取から起こる地盤沈下、また製品中の有毒物など。▽↓こうがい(鉱害)・みなまたびょう

こうがい【光害】 ↓ひかりがい

こうがい【鉱害】 鉱業の活動が原因で、その地域に生じる公害。▽足尾銅山のは十九世紀末に既に社会問題とされた。

こうがい【×慷慨】『名・ス自他』正義にはずれた事などを、激しくいきどおり嘆くこと。「悲憤—する」

こうがい【梗概】 文章や話の大要を短くまとめたもの。あらすじ。あらまし。

こうがい【口蓋】 口の中の上側の部分。 **—すい【—垂】** 口蓋の奥の中央に垂れさがった軟らかい突起。懸壅垂(けんようすい)。▽俗に「のどちんこ」「のどひこ」と言う。

こうがい【口外】『名・ス他』(秘密にすべきことなどを)言葉に出すこと。他人に話すこと。「—を禁じる」

こうがい【構外】 かこいの外。施設などの管轄範囲の外。↕構内

こうがい【校外】 学校の敷地のそと。学校外。↕校内。「—学習」

こうがい【郊外】 建物の密集する市街地に隣接した(田園)地帯。「—に住む」「—を散歩する」

ごうかい【豪快】『ダナ』気持がよいほど、力強く大きい感じであるさま。「—に笑い飛ばす」 派生 **—さ**

ごうがい【号外】 (新聞などで)定期以外に臨時に発行するもの。

こうかいどう【公会堂】 公衆の会合などのために設けた建物。「日比谷—」

こうかがくスモッグ【光化学スモッグ】 公害の一つ。窒素酸化物や一酸化炭素などが紫外線を受け化学変化を起こすことで生じるスモッグ。▽「スモッグ」はsmog

こうかく【降格】『名・ス自他』格式・地位などが下がること。また、それを下げること。↕昇格。「—人事」

こうかく【口角】 口の両脇の上下の唇の合わさるところ。「—泡をとばす」(はげしく議論をするさま)

こうかく【広角】 写真レンズの写す範囲(画角)が広いこと。「—レンズ」

こうかく【高角】 水平線となす角度が大きいこと。「—砲」(旧日本海軍で、高射砲のこと)

こうかく【高閣】 ①棟の高い建物。たかどの。高楼。②高い棚。「—に束(つか)ねる」(書物などを、たばねて高い棚にのせておく。久しく使用しない意)

こうがく【高額】 多い金高(かねだか)。↕低額。「—所得者」

こうがく【光学】 物理学の一部門で、光に関する現象を研究するもの。 **—きかい【—器械・—機械】** 光の反射・屈折を応用する装置。鏡・レンズ・プリズムなどを組み合わせて作る。望遠鏡・顕微鏡・カメラなど。

こうがく【工学】 役に立つ生産物を得るために、計画・設計・製造・検査の段階に基礎的科学を応用する技術の総称。「機械—」「システム—」「経営—」「数理—」▽engineering の訳語。もとは工業に関して言ったが、近ごろはそれに限らない。

こうがく【向学】 学問に志すこと。「—の念」「—心に燃える」

こうがく【好学】 学問を好むこと。「—の士」

こうがく【後学】 ①後進の学究者。↕先学。②のちに自分の役に立つ知識・学問。「—のために見ておこう」

ごうかく【合格】『名・ス自』一定の条件や資格にかなうこと。試験や検定などに及第すること。「司法試験に—する」「—品」

こうかくか【好角家】 相撲(すもう)を見ることの好きな人。▽すもうを「角力」とも書くところから。

こうがくねん【高学年】 学校での上級の学年。小学校では、五、六年で、時には四年も含む。

こうかくるい【甲殻類】 全身がかたい殻におおわれ、多くは水中にすみ、鰓(えら)呼吸をする節足動物。エビ・カニ・アミ・ミジンコの類。

こうかけ【甲掛(け)】 手の甲や足の甲を保護するためにつける布。

こうかつ【広闊】『ダナ』ひろびろとひらけたさま。「—な原野」

こうかつ【×狡×猾】『名・ダナ』悪賢いこと。「大いに—を働かせる」「—な手段」 派生 **—さ**

こうかん【交換】『名・ス他』取り替えること。入れ替えること。特に、互いに引き替えに、相手方のものを得ること。「おもちゃを友だちと—する」「乳製品や家畜を、穀物や絹と—する」「名刺の—」「列車—」(一方の列車が待避線にはいっていて、他方とすれちがいをすること) **—しゅ【—手】**「電話交換手」の略。かかって来た電話を受け付けて、通話しようとする相手方の電話線につなぐ仕事をする人。▽現在は自動化されている。

こうかん【公刊】『名・ス他』社会に広めるために出版すること。

こうかん【交歓・交×驩】『名・ス自』人が集まってともどもに楽しむこと。互いにうちとけあって楽しむこと。「—会」

こうかん【公館】 領事館・公使館・大使館の称。

こうかん【向寒】 寒さ、特に寒(かん)に向かうこと。「—の候」「—の折から」

こうかん【好漢】 人間として好ましい(感じを与える)男。

こうかん【好感】 ①『名』このましいと思う気持。このましい感じ。よい感情。「—をいだく」「—を与える」②『名・ス自』取引で、(先行きが)よいという感じを得ること。「日銀総裁の談話に—して株価が上がる」

こうかん【×巷間】 世間。一般の人達の間。「—のうわさ」

こうかん【後患】 それが種となって、あとに紛糾や害悪が残る、心配事。

こうかん【校勘】『名・ス他』(古い書籍などの)本文の異同を比較研究すること。

こうかん【×槓×杆】 てこ(状のもの)。▽lever の訳語。

こうかん【×浩×瀚】『名ナ』書物の分量が多いこと。書物が大部であること。「—な医学書」

こうかん【皇漢】 日本と中国。 **—やく【—薬】** 西洋の医薬に対して、日本古来の処方および漢方の処方による医薬。和漢薬。

こうかん【鋼管】 鋼鉄製のくだ。

こうかん【高官】高い官位。「高位―」。高い官についている人。「―が集まる」

こうがん【厚顔】『名ナノ』あつかましく、恥知らずなこと。「―無恥」 派生 **-さ**

こうがん【紅顔】若々しい血色のよい顔。「―の美少年」

こうがん【×睾丸】哺乳(ほにゅう)類の長球形の精巣。きんたま。

ごうかん【合歓】『名・ス自』歓楽を共にすること。特に、(男女が)共寝(ともね)すること。 **―ぼく**【―木】ねむの木。

ごうかん【強×姦】『名・ス他』暴力によって強制的に性交すること。↔和姦(わかん)

ごうがん【傲岸】『ダナ』いばっていて人に頭をさげないさま。「―不遜」 派生 **-さ**

こうがんざい【抗×癌剤】悪性腫瘍(しゅよう)の増殖をおさえる薬。制癌剤。

こうかんしんけい【交感神経】自律神経の一つ。心臓や血管の活動を促進し消化器の働きを抑制して、身体を運動に適した状態にする。↓ふくこうかんしんけい

こうき【光輝】ひかり。かがやき。「―ある(＝名誉に富む)一生」「―を放つ」

こうき【工期】工事の行われる期間・期限。「―短縮」

こうき【公器】おおやけの物。公共の機関。「新聞は社会の―」

こうき【口器】昆虫などの口の周囲にある、食物の摂取に用いる器官。はさみ状や管状など形はさまざま。

こうき【口気】①くちぶり。言葉つき。②口から出る息。

こうき【香気】よいにおい。かおり。

こうき【広軌】鉄道のレールの幅が、国際標準の一・四三五メートルより広いもの。↔狭軌。▽日本では一・〇六七メートルを標準として、これより広いものをいった時期がある。

こうき【好奇】珍しいこと、変わったことに強く気持がひかれること。「―の目を向ける」「―の念」 **―しん**【―心】未知のことを探究しようとする心。

こうき【好機】ちょうどよいおり。チャンス。「―をとらえる」「―を逸する」

こうき【後期】ある期間をいくつかに分けた場合のあとの時期。「江戸時代―」

こうき【後記】①あとがき。「編集―」②そこより後に書くこと。「―の通り」

こうき【校紀】学校内での風紀。

こうき【校規】学校内部での規則。校則。「―にそむく」

こうき【皇紀】日本の紀元を、日本書紀にしるす神武天皇即位の年(西暦紀元前六六〇年)を元年として起算したもの。

こうき【綱紀】国を治める上での(大小の)規律。

こうき【興起】『名・ス自』①勢いがさかんになること。②意気がふるいたつこと。「感奮―」

こうき【高貴】『名ナノ』①(身分などが)高くて貴いこと。「―の出」②立派で値打ちのあること。値段の高いこと。「―薬」 派生 **-さ**

こうぎ【公儀】①表向き。おおやけ。②中央政府。㋐朝廷。㋑(江戸)幕府。「―隠密」

こうぎ ①【交×誼】心が通い合った交際。②【高×誼】なみなみならぬよしみ。▽多くは、他から受ける交際の敬語に使う。③【厚×誼】厚いよしみ。④【好×誼】心からのよしみ。

こうぎ【広義】同じ言葉(表現)が指す意味の範囲に広さの違いがある時、広い方の意味。↔狭義

こうぎ【講義】『名・ス他』(大学の授業として)学術(のある部門)につき解説的に述べること。その談話。

こうぎ【抗議】『名・ス自』なされた発言・決定・行為などを不当として反対意見を言うこと。その反対意見。「軍事介入に―する」「政府に―する」

こうぎ【×狎×妓】かわいがっている芸者。

ごうき【剛×毅】『名ナノ』意志が強固で不屈なこと。 派生 **-さ**

ごうき【豪気】①『名』壮大ですぐれた気性(きしょう)。②『ダナ』↓ごうぎ(豪儀)。 派生 **-さ**

ごうぎ【豪儀・豪気】『ダナ』規模が大きく、派手ですばらしいさま。「そりゃ―だね」▽「ごうき」とも言う。「強気」とも書く。 派生 **-さ**

ごうぎ【合議】『名・ス自他』集まって相談すること。「―の上で決める」「―制」

こうきあつ【高気圧】大気中で周囲に比べて相対的に気圧の高い所。そこから風が周囲に吹き出す。↔低気圧。「移動性―」「大陸―」

こうきゅう【公休】①公式に定められた休日。②同業の商店などで日取りを申し合わせた休業(日)。

こうきゅう ①【考究】『名・ス他』問題を掘り下げて考えること。「哲学の―」②【攻究】『名・ス他』学芸上の事柄を追究すること。③【講究】『名・ス他』学問をおさめ、研究すること。「〇〇研究所―録」

こうきゅう【好×逑】よいつれあい。よい妻。「君子の―」

こうきゅう【後宮】①后妃などの住む宮殿。②后妃や、奉仕する女官達の総称。

こうきゅう【恒久】永久不変。「―的な設備」「―平和」

こうきゅう【降級】『名・ス自他』等級・階級が下がること。↔昇級

こうきゅう【降給】『名・ス自』給料が下がること。↔昇給

こうきゅう【硬球】(テニス・野球などで)かたいボール。↔軟球

こうきゅう【購求】『名・ス他』買い求めること。

こうきゅう【高級】『名ナノ』等級や程度の高いこと。↔低級。「―品」 派生 **-さ**

こうきゅう【高給】俸給額が高いこと。↔薄給。「―取

り」

ごうきゅう【号泣】『名・ス自』大声をあげて泣くこと。

ごうきゅう【強弓】 張りが強く、引くのに力を要する弓（の引き手）。

こうきょ【公許】『名・ス他』官公庁の免許。官許。

こうきょ【溝×渠】 給水または排水のため、水を通すように掘ったもの。みぞ。

こうきょ【皇居】 天皇の住居。

こうきょ【抗拒】『名・ス自』相手の（暴力的）行為をのがれようと抵抗すること。「―不能の状態に乗じて」

こうきょ【×薨去】『名・ス自』皇族・三位（さんみ）以上の人が死亡すること。

こうぎょ【香魚】 アユの異称。

こうきょう【公共】 社会一般。おおやけ。「―の福祉」「―施設」「―団体」

こうきょう【口供】『名・ス他』事実（や意見）を口頭で述べること。供述。「―書」（被告人・証人・被疑者などが述べた事を書きつけた書類）

こうきょう【好況】 景気のよいこと。好景気。↔不況

こうきょう【高教】 立派な教え。「―を拝聴しました」▽他人の教えを敬っても言う。

こうぎょう【興行】『名・ス他』演芸やスポーツを行い、入場料をとって客に見物させること。「相撲（すもう）の―」「―物」「―師」「―場」

こうぎょう【興業】 新たに産業・事業をおこすこと。「殖産―」

こうぎょう【功業】 てがら。功績。

こうぎょう【工業】 原料を加工して有用物とする産業。

こうぎょう【鉱業・×礦業】 鉱物を採掘し、またそれを精錬する事業。

こうきょうがく【交響楽】 ↓こうきょうきょく

こうきょうきょく【交響曲】 管弦楽のための音楽の中で最も規模の大きいもの。普通には、標題を持たず、四楽章からなり、ソナタ形式をとる。交響楽。シンフォニー。シンホニー。

こうぎょく【硬玉】 白・淡緑色などでガラス光沢があり、宝石として翡翠（ひすい）と呼ばれる鉱物。輝石の一種。

こうぎょく【紅玉】 鋼玉の紅色のもの。ルビー。

こうぎょく【鋼玉】 アルミナを主成分とした、透明や半透明でガラス光沢のある鉱物。ダイヤモンドに次いで硬く、研磨材となる。紅色のものはルビー、青色のものはサファイアと言い、宝石として珍重される。コランダム。

こうきん【公金】 政府または公共団体の所有に属する金銭。おおやけの金。「―横領」

こうきん【行金】 銀行が有するかね。

こうきん【拘禁】『名・ス他』捕らえてとじこめること。また、法律で、受刑者などの身体を継続的に拘束すること。「―を解く」▽↓こうりゅう（拘留・勾留）

こうきん【抗菌】 有害な細菌がふえるのを防ぐこと。「―性物質」▽↓めっきん

こうぎん【高吟】『名・ス他』詩や歌などを声高くうたうこと。「放歌―」

ごうきん【合金】 二種以上の金属を融合させてできた物質。例、真鍮（しんちゅう）は銅と亜鉛との合金。▽金属のほかに炭素・珪素（けいそ）など非金属元素を含む合金もある。

こうく【校区】 学区。▽西日本で言う。

こうぐ【工具】 工作に使用する器具・道具。特に、機械工作の際に使う刃物。

こうぐ【香具】 匂袋（においぶくろ）・薫物（たきもの）に使う材料。また、それをたくのに使う道具。 **―し【―師】** やし。てきや。▽もと、香具をつくり、またそれを売る人を言った。今はこの表記で普通「やし」と読む。

ごうく【業苦】〔仏〕前世の悪業によって現世で受ける苦しみ。

こうくう【口×腔】〔医〕↓こうこう（口腔）。▽歯科医師から出た語。

こうくう【航空】 航空機で空中を飛行すること。「―兵」 **―き【―機】** 飛行機・飛行船など、人が乗って空中に浮かび、飛行する機械の総称。 **―しゃしん【―写真】** 飛行中の航空機から地上を撮影した写真。空中写真。 **―ぼかん【―母艦】** 多数の航空機を載せ、それを発着させるための軍艦。空母。

こうぐう【厚遇】『名・ス他』てあつくもてなすこと。↔冷遇

こうぐう【皇宮】 皇居。「―警察」

こうくん【紅×裙】 美人。芸者。▽紅色の裙（すそ）の意。

こうぐん【行軍】『名・ス自』軍隊が隊列をととのえ一地から他地に（輸送機関によらず）移動すること。「強―」

こうぐん【皇軍】 天皇が統率する軍隊。▽日本で、旧陸海軍の総称として用いた。

こうげ【香華】 仏前に供える香と花。

こうげ【高下】 ①『名』（身分などの）高いことと低いこと。②『名・ス自』（物価などの）あがりさがりすること。

こうけい【公×卿】 朝廷に仕える三位（さんみ）以上の人。くぎょう。

こうけい【口径】 筒状の物の口の内径。砲身やレンズなどについて言う。

こうけい【光景】（そこに見える）景色や事件のありさま。

こうけい【後景】 ↓はいけい（背景）

こうけい【後継】 あとをつぐこと。あとつぎ。「―者」

こうけい【肯×綮】 物事の急所。かんじんかなめ。「―に当たる」（意見などが急所をついてうまく当たる）▽「肯」は骨についた肉、「綮」は筋と肉を結ぶところ。

こうげい【工芸】 美術的な工業生産品を作るわざ。また、その生産品。彫金・焼物・塗物・織物・染物の類。「伝統―」

ごうけい【合計】『名・ス他』あわせかぞえること。また、そのあわせた数量。しめだか。総額。

こうけいき【好景気】『ダナ』経済活動が活発で、金回りがよいさま。好況。↕不景気。「―に沸く」

こうげき【攻撃】『名・ス他』①進んで敵をうつこと。試合・競技などで攻めること。↕守備。②悪い点をとりたてて非難すること。「個人―」

こうけち【×纐×纈】しぼりぞめの類。▽「こうけつ」とも言う。

こうけつ【×膏血】苦労して得た収益や財産。「―をしぼる」(人の苦労して得たものをしぼりとる) ▽もと、人のあぶらと血。

こうけつ【高潔】『名ナ』けだかくりっぱで、けがれのないこと。「―な人格」派生 **-さ**

ごうけつ【豪傑】①武勇にすぐれ、力も強く、肝っ玉もすわっている人。②俗に、小事にこだわらず思いきったことをする人。

こうけつあつ【高血圧】血圧が基準より高いこと。↕低血圧

こうけん【公権】公の事に関する、国・地方公共団体や、(選挙権など)個人の権利。↕私権。▽→こうけんりょく

こうけん【効験】ききめ。効能。「―あらたか」

こうけん【後件】もしAならBだ、というような形の判断の場合、Bとして述べられる事柄。帰結部分の内容。↕前件

こうけん【後見】『名・ス他』背後にひかえて世話をすること。またその人。うしろだて。㋐親代わりに幼い人の面倒を見ること。また、その人。㋑能や歌舞伎の舞台で役者の演技上のかいぞえ役。▽「うしろみ」(後見)の字音よみから。　**―にん**【―人】後見をする人。特に、法律で、成年被後見人などの監護・代理・財産管理などをするように定められた人。▽→せいねんこうけんせいど

こうけん【高見】すぐれた意見・識見。▽他人の意見・識見を敬っても言う。↕卑見

こうけん【高検】「高等検察庁」の略。→けんさつちょう

こうけん【貢献】『名・ス自』何かのために力をつくして寄与すること。「学問に―した人々」▽貢(みつぎもの)を献上する意から。

こうげん【光源】光を発するもと。

こうげん【公言】『名・ス他』公然と言うこと。みんなの前でおおっぴらに言うこと。「―してはばからない」

こうげん【巧言】言葉をかざってうまく言うこと。また、その言葉。　**―れいしょく**【―令色】言葉をうまくかざり、顔色をうまくつくろうこと。

こうげん ①【広言】『名・ス自』口にまかせて大きなことを言うこと。おおぐち。「―を吐く」②【高言】『名・ス自』いばって大きなことをいうこと。大言壮語。

こうげん【抗言】『名・ス自』相手の言葉にさからって言うこと。

こうげん【抗原】生物体内に入ると、生体の免疫反応によって抗体が作り出される物質。

こうげん【高原】周辺よりも標高が高くて平坦(へいたん)な土地。

こうげん【荒原】あれはてた野原。あらの。あれの。

ごうけん【剛健】『名・ダナ』心が強く身体が健康なこと。「質実―」派生 **-さ**

ごうけん【合憲】憲法に違反しないこと。↕違憲

こうげんがく【考現学】現代の社会現象を研究し、現代とは何かを見いだそうとする学問。▽「考古学」をもじった命名。

こうげんびょう【×膠原病】皮膚・筋・関節などの結合組織に炎症・変性が起こる、慢性疾患。例、リウマチ。▽collagen disease の訳語。

こうけんりょく【公権力】国や地方公共団体が国民(人民)に命令し強制する、その権力。

こうこ こうのもの。つけもの。「お―」▽「こうこう」とも言う。

こうこ【公庫】住宅・生業資金などの金融を営む政府機関。

こうこ【好個】《「―の」の形で》適当なこと。ちょうどよいこと。「―の読物」

こうこ【好古】昔の物事を好むこと。いにしえの道を愛すること。「―趣味」

こうこ【後顧】あとをふりかえること。あとに心がひかれること。「―の憂いがない」

こうこ【×曠古】前例のないこと。空前。未曽有(みぞう)。

こうこ【江湖】世の中。世間。「―の好評を博す」▽中国の長江と洞庭湖のことから。

こうご【交互】かわるがわる。たがいちがい。

こうご【口語】話し言葉。口頭語。↕文語。　**―たい**【―体】話し言葉風の文体。↕文語体。　**―ぶん**【―文】口語体の文章。↕文語文

こうご【向後】→きょうこう(向後)

ごうご【豪語】『名・ス自』意気さかんに大きなことを言うこと。大言壮語。

こうこう【口×腔】口からのどまでの間の口の中の空間。こうくう。「―衛生」▽医学では「こうくう」の形が使われる。

こうこう【皇考】天皇が、なくなった自分の父を指す言葉。

こうこう【×浩×浩】『ト タル』①水がひろびろとひろがっている様子。②ひろびろした様子。

こうこう【×皓×皓】『ト タル』しろじろと明るい様子。「―たる月光」

こうこう【×煌×煌】『ト タル』光り輝く様子。「電灯が―と輝く」

こうこう【硬×膏】常温ではとけないが、体温に接すると粘着性が出る膏薬(こうやく)。絆創膏(ばんそうこう)・ピック膏など。↕軟膏(なんこう)

こうこう【×膏×肓】『病―に入る』①容易に治らない重病となる。②比喩的に、物事に夢中になっている。▽「膏」は胸の下の脂、「肓」は胸の上の薄膜で、治りにくい部分。「こうもう」と読むのは誤り。

こうこう【孝行】《名ナ・ス自》①子が親をうやまい、親につくすこと。親孝行。「—な少年」 ②親につくすように、人につくすこと。「女房—」

こうこう【航行】《名・ス自》船や航空機が航路を行くこと。「—中の船舶」

こうこう【高校】「高等学校」の略。「—生」

こうごう【交合】《名・ス自》性交(すること)。交尾(すること)。

こうごう【×咬合】上下の歯をかみ合わせた時の位置関係。かみ合わせ。「不正—」

こうごう【皇后】天皇・皇帝の妻。きさき。

こうごう【香合・香×盒】香(こう)を入れる容器。

ごうごう【×囂×囂】《ト タル》人々の声でさわがしい様子。「喧喧(けんけん)—」「—たる非難」

ごうごう【×轟×轟】《副・ト タル》物音がとどろき響く様子。㋐電車などが轟音を立てて走るさま。「—たる騒音」㋑水が流れ落ちるさま。「ダムから—と放水が始まった」㋒強風が吹くさま。「松林を—と風が吹き渡る」

こうこうがい【硬口蓋】口蓋の前の方の、中に骨のあるかたい部分。↔軟口蓋。「—を舌先ではじいて発音する」

こうごうしい【神神しい】(かうがうしい)《形》尊くおごそかである。▽「かみがみし」から出た語。派生 **-さ**

こうこうせい【向光性】植物の茎や葉が光の強い方へ向かって屈曲する性質。向日性。↔背光性。▽↓くっこうせい

こうごうせい【光合成】葉緑素をもつ生物が、光のエネルギーを用いて二酸化炭素と水から炭水化物を合成すること。このとき酸素を放出する。

こうこうや【好好×爺】人のよいおじいさん。

こうこがく【考古学】遺物や遺跡によって、古代からの人類の文化を研究する学問。

こうこく【抗告】《名・ス自》裁判所(または行政官庁)の決定・命令に対する不服を上級の裁判所(または官庁)に申し立てること。▽↓じゅんこうこく

こうこく【広告】《名・ス他》広く世間に知らせること。特に、商品や興行物などを広く知らせ、人の関心を引きつけること。また、それを記したものやコマーシャル(2)。「新製品の—」「意見—」「三行—」(新聞に並んで載る三行程度の短い広告)「—を打つ(=出す)」 **—とう**【—塔】①屋上などに設けた、広告用の細長い建造物。②企業や団体の宣伝の役割を担う人。

こうこく【公告】《名・ス他》官庁や公共団体が広告・掲示などで一般公衆に告知すること。

こうこく【公国】元首を「公」と呼ぶヨーロッパの小国。例、モナコ公国。

こうこく【皇国】天皇の治める国。すめらみくに。「—の興廃」

こうこく【興国】国運・国勢をふるいおこして盛んにすること。

こうこつ【×恍×惚】《ト タル》①物事に心をうばわれて、うっとりするさま。②(老人となって)ぼんやりして記憶などもはっきりしないさま。▽「—の」という形でも使う。「—の状態」。(2)は、一九七二年の有吉佐和子の小説「恍惚の人」によって広まった。

こうこつ【硬骨】①気骨があって、自分の意志を容易にまげないこと。「—の士」「—漢」②軟骨に対して、石灰分が多くてかたい骨。 **—ぎょ**【—魚】骨格が主として硬骨(2)から成る魚類。↔軟骨魚。▽普通の魚類はたいていこれに属する。

こうこつもじ【甲骨文字】亀の甲や獣の骨などに刻まれた、古代中国の文字。甲骨文。

こうさ【交差・交×叉】《名・ス自》二つ(以上)の線状のものが、十文字やすじかいに交わること。 **—てん**【—点】二つ(以上)の道が交わる所。

こうさ【公差】①等差数列の隣り合う項の差。②貨幣・度量衡器・工業製品などで、標準の重さ・大きさなどからこの程度はずれていても仕方がないとして、公式に許容されている範囲。

こうさ【△較差】最高と最低、最大と最小、いいものとわるいものなどの差。

こうさ【考査】《名・ス他》いろいろ考えしらべること。特に、学校で生徒に課する試験のこと。

こうさ【黄砂】黄色の砂。特に、モンゴルや中国で、黄色の砂ぼこりが天空をおおうこと。春に多く、時に日本にも及ぶ。

こうざ【口座】①会計帳簿(おもに元帳)で、資産・負債・資本の増減や損益の発生を項目別に記入・計算する場所。②「預金口座」の略。金融機関で、預貯金の受け払いや残高を、名義ごとに管理する区分。「銀行に—を開く」

こうざ【講座】①大学などで、研究や教育のために、教授など必要な人員を備えて構成した組織。②講座(1)になぞらえて講義風に編集・編成した、啓蒙(けいもう)的な出版物・放送番組・講習会。「公開—」

こうざ【高座】①説教・演説などをする人のために一段高く設けた席。②寄席(よせ)で、芸を演じる場所。

こうさい【光彩】あざやかに輝く光。「—を放つ」「—陸離」(光彩がいりみだれてまばゆいばかりに輝くさま)

こうさい【△虹彩】眼球の前面、ひとみの周りにある円盤状の膜。伸縮してひとみの大きさを変え、網膜に達する光の量を加減する。▽色素により、茶褐色・緑色などがある。

こうさい【交際】《名・ス自》人間(国)どうしがつきあうこと。つきあい。「作曲家と—する」「—費」。恋人どうしになること。 **—か**【—家】つきあいの広い人。また、つきあいのたくみな人。

こうさい【公債】国家や公共団体が負う債務。普通は、経費調達のためのものを言う。また、その証書。

こうさい【口才】口が達者なこと。弁舌の才能。

こうさい【鉱×滓】金属を精錬するとき、とけた鉱石の上層に浮かぶ不純物。かなくそ。スラグ。▽正しくは「こうし」。

こうさい【高裁】「高等裁判所」の略。

こうざい【功罪】手柄になる点と責められる点。「―相なかばする」

こうざい【鋼材】鋼鉄を板・棒・管などに加工したもの。機械・建築などの基礎材料にする。

こうさく【交錯】《名・ス自》幾つかのものがいりまじること。「夢と現実とが―する」

こうさく【工作】①《名》手を加えて物を作ること。特に、㋐学校で、紙・粘土・木などの細工で製作態度・技能を養う科目。「図画―」▽→ずこう。㋑土木・建築などの工事。②《名・ス他》ある目的のために、計画的な働きかけを行うこと。「裏面―」「秘密―員」 **―きかい**【―機械】工具をとりつけて、主として金属の加工をする機械。旋盤・フライス盤など。▽「機械を作る機械」とも呼ばれる。machine tool の訳語。 **―ぶつ**【―物】①材料に機械的加工をして組み立てて作ったもの。製作品。②建造物・溝渠(こうきょ)・トンネルなど、地上や地中に人工で製作したもの。

こうさく【耕作】《名・ス他》田畑をたがやして作物を植え育てること。「―地」

こうさく【鋼索】鋼(はがね)の針金をより合わせてつくった綱。索条。ワイヤ ロープ。「―鉄道」(ケーブル カー)

こうさつ【絞殺】《名・ス他》ひもなど細長い物で首をしめて殺すこと。▽→やくさつ(扼殺)

こうさつ【考察】《名・ス他》物事を明らかにするためによく考え調べること。

こうさつ【高察】お察し。御推察。「窮状を―下さい」

こうさつ【高札】①昔、命令などを書いて、人目をひく所に掲げたふだ。たかふだ。②入札のうちで値段がいちばん高いもの。③他人の手紙を敬って言う語。お手紙。「御―」

こうざつ【交雑】《名・ス自他》まじること。特に、動物・植物において、別の種、または別の品種の雌と雄とをかけあわせて雑種を作ること、また、雑種ができること。交配。

ごうさらし【業×晒(し)・業×曝(し)】①〔仏〕前世の悪業(あくごう)の報いで、この世に恥をさらすこと。②人をののしって言う語。恥さらし。

こうさん【公算】そのことが起こ(りそうであ)ることの確からしさの度合。見込み。確率。「―が大きい」

こうさん【恒産】一定の安定した財産・生業。「―なきものは恒心なし」

こうさん【降参】《名・ス自》①戦いに負けて、相手に屈服すること。降服。②(負けて)閉口すること。「この問題には―だ」

こうざん【高山】高い山。「―植物」 **―びょう**【―病】高地に登ったとき、気圧が低く酸素が少ないために起こる症状。吐き気・耳鳴り・心悸亢進(しんきこうしん)などが起こる。山岳病。

こうざん【鉱山】有用な(金属)鉱物を掘りとる場所・施設。

こうさんぶつ【鉱産物】鉱山が産出する物。

こうし【孝子】親に孝行な子ども。

こうし【光子】光の、素粒子としての名称。フォトン。

こうし【行使】《名・ス他》(与えられた権利・権力を)実際に用いること。「実力―」

こうし【公使】外交使節の一階級で、大使に次ぐもの。正式には、特命全権公使とよぶ。それに次ぐものとして代理公使・弁理公使がある。 **―かん**【―館】公使が駐在国で事務を取り扱う所。

こうし【公子】貴族の子。わかとの。

こうし【公司】中国で、会社のこと。コンス。

こうし【公私】おおやけとわたくし。公的なことと私的なこと。「―とも多忙」「―混同」

こうし【厚志】手厚いこころざし。親切な心づかい。

こうし【×嚆矢】物事のはじめ。▽もと、かぶら矢の意。昔、中国で、開戦のしるしにかぶら矢を射たことから。

こうし【後肢】あとあし。↔前肢

こうし【後嗣】あとつぎ。よつぎ。

こうし【後×翅】昆虫の四枚の翅(はね)のうち、後ろの一対。↔前翅

こうし【皇師】皇軍の別称。▽文章語的。→し〔師〕(5)

こうし【皇嗣】天皇のよつぎ。皇位継承の第一順位者。

こうし【格子】①細い木などをたてよこに、間をすかして組んだもの。建具として戸・窓などにとりつける。「鉄―」(牢獄(ろうごく)のを指すことが多い)②格子(1)のように、同じものが周期的に並んだ構造のもの。「結晶―」③「格子縞(こうしじま)」の略。④「格子戸」の略。格子(1)をはめ込んだ戸。 **―づくり**【―造り】表に格子をつけた家の造り。

こうし【×皓歯】白く美しい歯。「明眸(めいぼう)―」

こうし【紅紫】くれないとむらさき。転じて、種々の美しい色。

こうし【考試】生徒・官吏などの学力・資格を調べて、その及落・採否を判定すること。試験。

こうし【講師】①講演・講習を行う人。②大学などで、嘱託を受けて授業を担当する人。また、准教授の下、助教(助手)の上に位する教員の職名。▽→こうじ(講師)

こうし【高士】①人格のけだかい人。②世間から離れて住んでいる、りっぱな人物。隠君子。

こうじ(かうじ)【×麹】米・麦・豆・ぬかなどを蒸して、麹菌を適当に繁殖させたもの。酒・しょうゆ・みそをつくるのに用いる。

こうじ(ぢ)【小路】①町なかの細い道。↔大路(おおじ)。②単に、道。「広―」

こうじ【公示】《名・ス他》(公の機関が)一般の人に発表して示すこと。▽→こくじ(告示)

こうじ【好字】よい文字。人名・地名などに好んで使われるめでたい文字。

こうじ【好餌】①人を誘い寄せる手段。「―をもって人を誘う」②欲望のえじき。「……の―となる」(……

の思うままにされる）▽もと、よいえさの意。

こうじ【好事】①よろこばしい、めでたいこと。「—魔多し」（よい事には邪魔が入りやすい）②よい行い。「—門をいでず」（よい行いは世間の人に知られにくい）▽「こうず」と読めば別の意。

こうじ【後事】将来・死後のことがら。「—を託する」

こうじ【工事】『名・ス自他』建築・土木などの、作業・仕事。「道路改修—」

こうじ【×柑子】みかんの一種。実がウンシュウミカンより小さく、皮は薄くて、すっぱい。こうじみかん。

こうじ【講師】①法会(ほうえ)で経論を講じる役僧。②宮中御歌会で、歌をよみあげる役目の人。▽↓こうし（講師）

こうじ【高次】①高い次元。高い程度。「—の段階」②高い次数。「—方程式」▽(2)は普通、三次以上を言う。③〔生理〕大脳皮質の関わる、記憶・判断・意志などの精神的な活動。「—脳機能障害」

ごうし【合×祀】『名・ス他』（幾つかの神・霊を）合わせてまつること。「靖国(やすくに)神社に—される」

ごうし【合資】資本を合わせること。 **—がいしゃ**【—会社】無限責任社員と有限責任社員とからなる会社。前者が事業を経営し、後者が資本を提供する。

ごうし【郷士】農村に土着した武士。また、土着の農民で武士の待遇を受けていた者。

こうしき【公式】①おおやけに定めた方式。広くおおやけにする（と決めた）方式。↔非公式。「—会談」「—ホームページ」②数学などで、一般に通じる法則をあらわした関係式。 **—しゅぎ**【—主義】原則にとらわれすぎて、その場その場の適応を考えないやりかた。 **—てき**【—的】『ダナ』公式通りであるさま。融通がきかないさま。

こうしき【硬式】①硬い素材を用いる方式。「—飛行船」②野球・テニスなどで硬球を使う方式。▽↔軟式

こうじき【高直】『名ナ』値(＝直)が高いこと。高価。↔下直(げじき)。▽既に古風。

こうじきん【×麴菌】澱粉(でんぷん)を糖化する力を持ち、日本酒・しょうゆ・みそ・甘酒等の製造に利用する、かび。▽こうじかび属の菌類の総称。特に発酵食品の製造に用いるものを言う。

こうしけっしょう【高脂血症】脂質異常症の旧称。

こうじげん【高次元】『名ナ』①〔数学・物理〕次元(1)が高いこと。②内容の水準が高いこと。「—の話」「—な議論」▽(2)は(1)の転。↔低次元

こうしせい【高姿勢】相手に対し高く構えた姿勢。威圧的な態度。↔低姿勢。「—に出る」

こうしつ【公室】①機関の長などが執務するへや。また、地方自治体の長などに直属して、総括的事務を担う機関。「知事—」②共用の（休憩）室。「士官—」▽↔私室

こうしつ【後室】①身分のある人の未亡人。②家の後ろの方にある部屋。

こうしつ【皇室】天皇を中心とするその一族。天皇家。

こうしつ【硬質】『ダナ』かたい性質であるさま。↔軟質。「—な音」「—の石材」

こうしつ【×膠質】→コロイド

こうじつ【口実】言いのがれの言葉や材料。言い訳。「—を設ける」「つまらないことを漏らして相手に非難の—を与える」

こうじつ【好日】安らかに過ごせる、よい日。「日々これ—」

こうじつ【×狎×昵】『名・ス自』なれ親しむこと。なれなれしくなること。

こうじつせい【向日性】↓こうこうせい

こうしゃ【巧者】『名・ダナ』物事に器用でたくみなこと。そういう人。「—に語る」「見—(みごうしゃ)」「相撲(すもう)—」

こうしゃ【後車】後方を進む車。↔前車。「—、来ません」

こうしゃ【後者】①二つあるもののうちの、あとの方。↔前者。②あとにつづく者。後の世の者。

こうしゃ【校舎】学校の建物。

こうしゃ【公舎】公務員の宿舎。

こうしゃ【公社】国家的な事業経営のために設けられた特殊な企業形態の一つ。国が全額出資する公法人で、直接国の監督を受ける。「日本専売—」▽三公社あったが現在は民営化。ほかに、地方公共団体の設立する地方公社がある。

こうしゃ【講社】講中(こうじゅう)(1)の結社。講。

こうしゃ【降車】『名・ス自』車からおりること。↔乗車。「—口」

こうしゃ【高射】空中にある目標に対する射撃用であること。「—砲」「—機関銃」

ごうしゃ【郷社】もと、神社の社格の一つ。その地域の産土神(うぶすながみ)をまつる神社に相当。

ごうしゃ【豪×奢】『名・ダナ』大層ぜいたくで、はでなこと。「—な生活」 派生 **-さ**

ごうしゃ【×壕舎】掘った穴を利用して住居にしたもの。▽防空壕を転用したものが多かった。

こうしゃく【公爵】爵位の一つ。五等の爵位（公・侯・伯・子・男）の第一。

こうしゃく【侯爵】爵位の一つ。五等の爵位（公・侯・伯・子・男）の第二。

こうしゃく【講釈】①『名・ス他』文章の意味を説明してきかせること。また、物事の意義・価値などをもったいぶって説明すること。「散歩の効用をひとくさり—する」②『名』講談。「—師」

こうじゃくふう【黄×雀風】陰暦五月に吹く南東風。

こうしゅ【公主】中国で、天子の娘のこと。

こうしゅ【攻守】攻めることと守ること。「—所を異にする」（形勢が急変して、今までの攻め手・守り手の関係が逆転する）

こうしゅ【工手】鉄道・電気などの工事をする労働者。工夫(こうふ)。▽今は言わない。

こうしゅ【巧手】①わざのすぐれている人。②〔将棋

などの)うまい手。

こうしゅ【好手】 ①わざのすぐれている人。②いい手段。うまいわざ。

こうしゅ【×拱手】「きょうしゅ」の読み誤り。

こうしゅ【高手】 技芸が優れていること。その人。名手。

こうしゅ【絞首】 首をしめて殺すこと。「—刑」「—台」

こうじゅ【口受】〘名・ス他〙直接口から聞き、教えを受けること。▽「くじゅ」とも言う。

こうじゅ【口授】〘名・ス他〙→くじゅ

こうじゅ【×鴻儒】 えらい儒者・学者。大儒。

ごうしゅ【豪酒】 多量に酒を飲むこと。酒に強いこと。また、そういう人。

こうしゅう【公衆】 社会一般の人々。「—道徳」「—衛生」 **—でんわ【—電話】** 公衆が料金を払って自由に使える電話。

こうしゅう【口臭】 口から吐き出されるいやなにおい。

こうしゅう【講習】〘名・ス他〙(人が集まり)指導を受けて、学問・技芸などを勉強・練習すること。「—会」

こうじゅう【講中】 ①講(5)(ア)を組んで、神仏にお参りする連中(れんじゅう)。②頼母子(たのもし)講の組合員。

こうしゅうは【高周波】 電波・電流の周波数が比較的多いこと。その電波・電流。↕低周波

こうしゅく【拘縮】 周囲の組織の萎縮などによって、関節の動きの制限された状態。

こうしゅごうかく【甲種合格】 旧日本軍の徴兵検査で体格がすぐれていて現役兵に採用できるという第一級の判定。

こうじゅつ【公述】〘名・ス自他〙公聴会で意見を述べること。「—人」

こうじゅつ【口述】〘名・ス他〙口で述べること。「—試験」「—筆記」

こうじゅつ【後述】〘名・ス他〙あとで述べること。↕前述

こうじゅん【公準】 ある理論体系で論理を展開するうえでの必要性から、証明抜きで真であるとする命題。要請。▽論理上は公理と性質の違いがなく、同義で用いることもある。

こうじゅん【降順】 数の大きいものから小さいものへ進む順序。下降順。↕昇順

こうしょ【公署】 地方公共団体の役所。

こうしょ【向暑】 暑さに向かうこと。「—の候」

こうしょ【高所】 ①高い場所。「—恐怖症」②高い立場・見地。「大所(たいしょ)—から判断する」

こうじょ【公序】 公共の秩序。「—良俗」

こうじょ【控除・×扣除】〘名・ス他〙(金額・数量などを)引き去ること。「—額」

こうじょ【孝女】 孝行なむすめ。

こうじょ【皇女】 →おうじょ(皇女)

ごうしょ【×劫初】(仏)この世のはじめ。↕劫末

こうしょう【交渉】〘名・ス自他〙①相手と話合いをして、取り決めようとすること。かけあうこと。「諸外国と—する」「値引きを—する」「団体—」②かかわりあいをもつこと。関係。つきあい。「彼女と—がある」「没—」

こうしょう【公傷】 公務中に受けた負傷。▽俗には私企業従業員の就業中の負傷にも言う。

こうしょう【公×娼】 公許されて営業する娼妓(しょうぎ)。↕私娼(ししょう)

こうしょう【公称】〘名・ス自〙①(数・名などが)おもてむきそうなっていること。「—資本」②おおやけの名称。おおやけに称すること。

こうしょう【公証】 公務員が職権で証明する行政上の行為。例、不動産の登録、鑑札の下付。 **—にん【—人】** 法律行為その他私権民事に関し依頼人が求める事柄(例、遺言書の作成)を公正証書にしたり会社の定款に認証を与えたりする権限を有する者。「—役場」

こうしょう【考証】〘名・ス他〙昔の事について、文献に基づいて実証的に説明すること。「—学」

こうしょう【厚相】(以前の)厚生大臣の略称。

こうしょう【口証】 口述の証明。

こうしょう【口承】〘名・ス他〙口づてに伝承すること。「—文学」

こうしょう【×哄笑】〘名・ス自〙大口をあけて笑うこと。

こうしょう【口×誦】〘名・ス自〙声をあげてよむこと。

こうしょう【×咬傷】 かまれた傷。かみ傷。

こうしょう【好尚】 このみ。嗜好(しこう)。

こうしょう【高尚】〘名ナ〙俗っぽくなく、程度の高いこと。「—な趣味」 派生 **-さ**

こうしょう【高唱】〘名・ス他〙大声でとなえる、または歌うこと。

こうしょう【工匠】 ①工作(や建築)を業とする人。職人。▽既に古風。②工作物の意匠。

こうしょう【工×廠】 陸海軍に直接所属して、軍需品を製造する工場。「砲兵—」

こうしょう【行賞】 賞を与えること。「論功—」

こうしょう【校章】 その学校を表す紋章。

こうしょう【鉱床】(有用な)鉱物が地中に局部的に集まっているもの。そういう所。

こうじょう【口上】 ①口で言うこと。「—がうまい」「逃げ—」「切り—」②芝居で舞台の上から、襲名披露、出し物の説明などを述べること。③→こうじょうがき。 **—がき【—書(き)】** 口頭で述べる公式の挨拶などを文書にしたもの。

こうじょう【工場】 機械などを使って、物品の製造・加工などをする施設、またその建物。こうば。

こうじょう【交情】 ①交際の親しみ。「—が深い」②(男女が)情をかわすこと。

こうじょう【厚情】 手厚いなさけ。「御—感謝します」

こうじょう【向上】〘名・ス自〙(度合・程度が)上に向かってすすむこと。よりすぐれたものに高まること。↕低下。「体位の—」

こうじょう【江上】大きな川の上またはほとり。

こうじょう【攻城】城や要塞を攻めること。「—砲」

こうじょう【荒城】荒れはてた(建物もないような)城。「いま—のよはの月」(土井晩翠「荒城の月」)

こうじょう【恒常】一定で変わりがないこと。「—性」

こうじょう【甲状】かぶとのような形。「—軟骨」 **—せん**【—腺】内分泌腺の一つ。喉頭の前下部にあり、成長や代謝にかかわるホルモンを分泌する。

こうじょう【×膠状】にかわのような粘りけのある状態。

ごうしょう【豪商】財力があり、手広く事業を行う商人。大商人。

ごうじょう【強情】『名・ダナ』意地が強く、一度こうと決めたらそれを守り通す、態度・様子。「—を張る」「—なやつだ」 派生 **-さ** 関連 頑固・固陋(ころう)・頑迷・一徹・一刻・狷介(けんかい)・偏屈・偏執・しぶとい・頑(かたくな)・こちこち・強情っ張り・情っ張り・意地っ張り・鼻っ柱・鼻っぱし・昔気質(むかしかたぎ)・石頭・片意地・依怙地(いこじ)・旋毛(つむじ)曲がり・臍(へそ)曲がり

こうしょく【交織】(毛と綿などのように)種類のちがう糸をまぜて織ること。まぜおり。

こうしょく【黄色】きいろ。おうしょく。

こうしょく【好色】『名ナ』いろごとが好きなこと。いろごのみ。「—漢」 派生 **-さ**

こうしょく【公職】おおやけの職。公務員・議員など。

こうしょく【×曠職】職務の責任を十分に尽くさないこと。

こうしょく【降職】『名・ス他』職務上の地位を下げること。降任。

こうしょっき【紅×蜀×葵】→もみじあおい

こう-じる【△困じる】『上一自』こまる。くるしむ。こうずる。

こう-じる【高じる・×嵩じる・×昂じる】『上一自』程度がはなはだしくなる。たかまる。こうずる。「思いが—」「病気が—じて」

こう-じる【×薨じる】『上一自』(皇族または三位(さんみ)以上の)貴人が死ぬ。薨去(こうきょ)する。こうずる。

こう-じる【講じる】『上一他』①講義をする。「長年心理学を—じた」②考えをめぐらして行う。手だてを考える。「手段を—」 ▽「講ずる」とも言う。

こうしん【交信】『名・ス自』無電・電報などで情報を取りかわすこと。

こうしん【口唇】くちびる。

こうしん【功臣】国や主君に対して功労のあった臣下。

こうしん【×庚申】①干支(えと)の一つ。かのえさる。②「庚申待ち」の略。 **—づか**【—塚】庚申待ちに縁のある青面金剛(しょうめんこんごう=密教の神)または三猿(→さんえん)を刻んだ(道端に祭る)石塔。 **—ばら**【—〈薔薇〉】ばらの一品種。常緑で、花は赤または白色。四季咲き種。 **—まち**【—待(ち)】庚申(1)の夜、青面金剛(→こうしんづか)像などを掲げて行う(古くからの)祭。江戸時代以降、神仏混交の民間行事として盛んで、講中の祭事のあと夜明けまで酒食を共にして歓談した。

こうしん【行進】『名・ス自』大ぜいが隊列をととのえて進んでゆくこと。「示威—」 **—きょく**【—曲】行進にあわせて演奏するための曲。また、その形式の楽曲。マーチ。

こうしん【高進・×亢進・×昂進】『名・ス自』高い度合に(まで)進むこと。「代謝の—」

こうしん【後進】①『名』㋐あとから進んでくること。そういう人や物。後輩。「—に道を譲る」㋑進歩・発展の段階がおくれていること。↔先進。「—性」②『名・ス自』(車などが)うしろへ進むこと。後退。↔前進

こうしん【後身】①境遇・組織などのすっかり変わったあとの身や形。②生まれ変わった身。生まれ変わり。▽↔前身

こうしん【恒心】常に変わらない正しい心。「恒産なき者は—なし」

こうしん【更新】『名・ス自他』前の状態を改めること。前の状態から改まること。「世界記録を—した」「ソフトウェアを最新版に—する」「公判手続の—」(裁判官の交替があって公判手続を初めからやり直すこと)。契約や免許などで、前のに代えて期間を改め延ばすこと、そうなること。「契約の自動—」「運転免許—」

こうしん【紅唇】赤いくちびる。べにをつけたくちびる。

こうしん【孝心】孝行の心。

こうじん【幸甚】非常に幸いなこと。「—の至り」

こうじん【公人】①公職にある人。②社会の一員として責任を負うという面でとらえた人。↔私人

こうじん【行人】①道を行く人。②旅人。

こうじん【後人】後世の人。↔先人

こうじん【後×塵】人や車馬の通り過ぎたあとに立つほこり。「—を拝する」(すぐれた人につき従う。また、人に先んじられる)

こうじん【黄×塵】①遠くから風にのってやってくる黄色い土煙。「—万丈」②世間の俗事。世俗のわずらい。「—にまみれる」

こうじん【荒神】かまどの神。三宝荒神。

こうしんじょ【興信所】商事または人事について、依頼に応じて秘密に調査報告する機関。

こうしんせい【更新世】地質時代の新生代第四紀の前半の時代。氷河時代に当たる。約二六〇万年前から約一万年前まで。洪積世。

こうじんぶつ【好人物】気だてのよい人。お人よし。

こうしんりょう【香辛料】食物に香気・辛味などを加える調味料。スパイス。例、こしょう・とうがらし。

こうしんりょく【向心力】物体が円運動を行う時、円の中心に向かって物体に働く力。求心力。→えんしんりょく

こうしんろく【興信録】他人の信用状況を明らかにす

るため、その財産・営業の状況を調査収録した書物。

こうず【公図】〔法律〕土地の区画・地番を示した図面。登記所が作成・保管する。

こうず【好事】かわった物を好むこと。ものずき。▽「こうじ」と読めば別の意。 **ーか**【ー家】①ものずきな人。②風流な事柄を好む人。

こうず【構図】絵画などで、各部分を適当に配置してまとまった全体を作り上げること。コンポジション。その配置。

こうすい【香水】よい香りをたたせるために体や服に少量つける、香料をアルコールなどにとかした化粧品。

こうすい【硬水】カルシウム・マグネシウムなどのミネラルが多く溶け込んだ、硬度⑵の高い水。普通の石鹸(せっけん)による洗濯には不適。↔軟水

こうすい【降水】雨・雪などが地上にふること。また、地上にふった水分。「ー確率」 **ーりょう**【ー量】雨・雪・あられ・ひょうなどが地上に降下した時の量。▽→うりょう

こうすい【鉱水】①鉱物質を多く含む水。鉱泉の水。②鉱山などから排出する水で、鉱毒を含むもの。

こうずい【洪水】①多量の雨や雪どけによって、河川の水が増加し、あふれ出て土地をひたすこと。おおみず。②比喩的に、物があふれるほど多いこと。「本のー」

こうすう【口数】①人口。②項目や品物のかず。

こうすう【工数】製品を造り上げるなど一まとまりの仕事を仕上げるまでに要する、作業手順の段階数。工程の数。

こう-する【抗する】『サ変自』てむかう。はむかう。抵抗する。

こう-ずる【△困ずる】『サ変自』→こうじる(困)

こう-ずる【高ずる・×嵩ずる・×昂ずる】『サ変自』→こうじる(高)

こう-ずる【×薨ずる】『サ変自』→こうじる(薨)

こう-ずる【講ずる】『サ変他』→こうじる(講)

ごう-する【号する】『サ変自他』①となえる。称する。「兵力百万とー」②号⑷をつける。名づける。「近松門左衛門は巣林子とーした」

こうせい【攻勢】積極的に相手に攻めかかる態勢。↔守勢・防勢。「ーに転じる」「ーをかける」

こうせい【公正】『名・ダナ』①かたよりがなく正当なこと。「ー取引」②はっきりしていて正しいこと。派生 **-さ** **ーしょうしょ**【ー証書】〔法律〕公証人が作成した、法律行為や権利についての証書。

こうせい ①【校正】『名・ス他』ゲラ刷りなど、作業の中間段階で印刷や画面表示したものを、原稿と比べながら、種々の誤りや不備を正すこと。また、ゲラ刷り。「ーを出す」②【△較正・校正】『名・ス他』計器類の狂い・精度を、標準器と比べて正すこと。

こうせい【更正】『名・ス他』税の申告や登記の申請に誤りが見いだされた時、税務署や登記官の側からその誤りを改めること。▽「修正」が自分からなのと区別して言う。

こうせい ①【更生】『名・ス自』㋐もとのよい状態にもどること。「悪からーする」㋑役に立たなくなったものに手を加えて利用すること。「ー品」②【更生・×甦生】『名・ス自』生きかえること。

こうせい【厚生】人間の生活を健康な豊かなものにすること。「福利ー」「ー労働省」

こうせい【後生】①あとから生まれること。そのもの。②年の少ないもの。後輩。後進。「ーおそるべし」▽「ごしょう」と読めば別の意。

こうせい【後世】①《副詞的にも使う》後の世。後の時代。「ー追慕されよう」②→ごせ

こうせい【×曠世】世にもまれなこと。

こうせい【恒星】太陽のように、自ら光を発する天体。▽天球上の位置が常に一定している(=恒)ように見えるところから。↓わくせい・せいだん(星団)

こうせい【構成】『名・ス他』各部分を集めて、または各部分が集まって全体を組み立てること。その組立て。「石と砂とでーされている」「外部専門家によってーされる評価委員会」「文章のー」「ー要素」「ー員」

ごうせい【剛性】物体が、曲げ・ねじりなどの力に対して歪(ゆが)まない性質。「ー率」

ごうせい【合成】『名・ス他』①二つ以上のものを合わせて一つの状態にすること。「力のー」「ー写真」「ー語」②元素や比較的簡単な化合物から複雑な化合物を作ること。「ー洗剤」「光ー」 **ーしゅ**【ー酒】アルコールに糖や酸を加えて、清酒のような風味を加えた酒。 **ーじゅし**【ー樹脂】熱を加えるなどの一定の条件下で可塑性を示し、容易に成型できる人工の高分子有機化合物。ポリエチレン・ポリ塩化ビニールなど。いろいろの器具材料として利用。 **ーせんい**【ー繊維】化学繊維を大別したときの一つ。天然の繊維を使わず、石油などから得た有機化合物から合成されるもの。例、ナイロン・ポリエステル。

ごうせい【強請】『名・ス他』無理に求めること。ゆすり。

ごうせい【豪勢・強勢・剛勢】『ダナ』ぜいたくですごいと感じさせるさま。「ーな料理」。また、勢いの強く盛んなさま。派生 **-さ**

こうせいきょく【交声曲】↓カンタータ

こうせいざい【抗生剤】抗生物質から作った薬剤。

こうせいぶっしつ【抗生物質】かびや細菌により分泌され、他の微生物(病原菌など)の発育・繁殖をおさえる物質。ペニシリン・ストレプトマイシンなど。

こうせき【功績】国や社会・団体に貢献した業績。てがら。「ーをあげる」

こうせき【口跡】言葉づかい。ものの言い方。特に、役者のせりふの言いぶり。

こうせき【航跡】水上を船などが通過したあとに残る波や泡のあと。また、航空機が飛んだ道筋。

こうせき【鉱石・×礦石】金属を採ることの出来る鉱物

（の集合体）。

こうせきうん【高積雲】空の中層に、丸みのある塊が斑(まだら)状・帯状に群れをなしたように並ぶ形の雲。羊雲。むら雲。

こうせきせい【洪積世】更新世とほぼ同時代を指す、地質時代の区分。▽氷期に氷河によって運ばれた堆積物を、誤って大洪水によるものと考えたことからの名称。現在は正式な年代区分としては使わない。

こうせつ【交接】『名・ス自』①交際(すること)。②性交(すること)。交尾(すること)。

こうせつ【降雪】雪が降ること。また、降った雪。

こうせつ【公設】国家や公共団体が設立すること。↕私設。「—市場(いちば)」「—質屋」「—民営」

こうせつ【巧拙】巧みなこととつたないこと。じょうずへた。「—を問わない」

こうせつ【×巷説】世間のうわさ。風説。

こうせつ【講説】講義し説くこと。また、その説。

こうせつ【高説】すぐれた説。「ご—を拝聴する」▽他人の説を敬っても言う。

こうせつ【高節】けだかい節操。「—を持する」

こうぜつ【口舌】弁舌。くちさき。言葉。「—の争い」「—の徒」(弁説はすぐれているが実行力に欠ける者)

ごうせつ【豪雪】一時に多量に降る雪。

こうせん【交戦】『名・ス自』互いに相手取っていくさをすること。 **—こく**【—国】戦争に参加している国家。戦争当事国。

こうせん【好戦】戦いを好むこと。「—的」

こうせん【抗戦】『名・ス自』抵抗して戦うこと。「徹底—」

こうせん【光線】光が照り走る(直)線。

こうせん【公選】『名・ス他』住民の投票によって選挙すること。↕官選。「知事—」

こうせん【口銭】売買の仲介をした手数料。「—を取る」

こうせん【工銭】工事の手間賃。工賃。

こうせん【工船】とれた魚介類を海上ですぐに加工するための設備を持つ船。「かに—」

こうせん【香煎】穀類、特に大麦をいって粉にしたもの。砂糖をまぜ、湯にとくなどして食べる。麦こがし。

こうせん【鉱泉】鉱物質・ガスなどをたくさん含んでいる泉。▽温泉を含めるときと、冷泉だけを指すときとがある。→おんせん

こうせん【黄泉】→よみ(黄泉)。▽地下の泉の意。

こうぜん【公然】『副・ト タル・ノダ』おおっぴらなさま。知れわたっているさま。「一派を—非難する」「—の秘密」

こうぜん【×昂然】『ト タル』自分の能力や行動に自信・誇りをもち、意気が盛んなさま。

こうぜん【×浩然】『ト タル』水の流れや心などが広くゆったりしているさま。「—の気(＝おおらかで生き生きとした気力)を養う」

こうぜん【紅×髯】①赤いひげ。②西洋人のひげ。転じて、西洋人のこと。

ごうせん【合繊】「合成繊維」の略。

ごうぜん【傲然】『ト タル』尊大でたかぶった様子。

ごうぜん【×轟然】『ト タル』大きな音がとどろきひびくさま。

こうそ【公租】税金。国税・地方税の総称。「—公課」

こうそ【公訴】『名・ス他』検察官が犯罪の被疑者に対して有罪の判決を求めること。その訴え。

こうそ【控訴】『名・ス自』第一審の判決に対する不服の申し立てを上級裁判所に対してすること。

こうそ【高祖】①祖父母の祖父母。②遠い先祖。③仏教で、一宗を開いた高僧。「—日蓮(にちれん)」④中国で、王朝を開いた天子(の廟号(びょうごう))。「漢の—」

こうそ【皇祖】天皇の先祖。天照大神(あまてらすおおみかみ)または神武天皇、あるいは天照大神から神武天皇までの代々の総称。「—皇宗」

こうそ【皇×祚】天皇の位。皇位。

こうそ【酵素】生物の細胞の中で作られる、触媒作用のある蛋白(たんぱく)質性の物質。例、アミラーゼ・ペプシン。

こうぞ(かうぞ)【×楮】樹皮を和紙原料とする落葉低木。山地に自生し、各地で栽培。春、淡黄緑色の花が穂状に咲き、実は赤く熟して甘くなる。▽くわ科。

ごうそ【強訴】『名・ス自』徒党を組んで訴えること。

こうそう【×倥×偬】いそがしいさま。「兵馬—の間」

こうそう【広壮・×宏壮】『名ナノ』建物などが広大でりっぱなこと。「—な邸宅」派生 **-さ**

こうそう【×咬創】かまれたきず。かみきず。

こうそう【後送】『名・ス他』①後方へ送ること。特に戦場などで、前線から後方へ送ること。②あと(になって)から送ること。「代金は—で結構です」

こうそう【抗争】『名・ス自』手向かって(張り合って)争うこと。その争い。

こうそう【×訌争】内部の争い。うちわもめ。

こうそう【構想】『名・ス他』ものごとの全体としての内容、それを実現するための方法などについて、考えをめぐらし組み立てること。その組立て。「国家のシステムを—する」「—を練る」

こうそう【皇宗】天皇の代々の祖先。▽第二代綏靖(すいぜい)天皇以後を指す。→こうそ(皇祖)

こうそう【紅藻】赤色や藍色の色素をもち、全体が紅色または紫色である藻類。ほとんどが深い海に生育する。あさくさのり・ふのり・おごのり・てんぐさなど。

こうそう【降霜】霜がおりること。また、おりた霜。

こうそう【鉱層】鉱物が層状に集まっている鉱床。

こうそう【香草】料理の香りづけなどに使う、匂いのよい草。

こうそう【高層】①上空高い所。「—気流」②高く階が重なること。「—建築」

こうそう【高燥】『名ナノ』土地が高所にあって乾燥して

いること。↕低湿

こうそう【高僧】徳や知のすぐれた僧。また、位の高い僧。

こうぞう【構造】幾つかの部分から全体を成り立たせる組立て。「柔ーのビル」「機械のー」。全体を形作る、諸要素の依存・対立の関係のあり方の総称。「理論ー」「日本語のー」　**ーしゅぎ**【ー主義】学問研究の一つの方法。観察対象の基盤に在ると考えられる構造を明らかにし、その見地から対象を説明しようとする態度。▽レヴィ-ストロースの文化人類学的研究を通じて有名になったほか、数学・言語学などでも使われた。

こうぞう【行蔵】世に出て道を行うことと世をのがれて才能を表に出さないでいること。一般に、出処進退。

ごうそう【豪壮】『ダナ』いきおい強くさかんなさま。かまえが大きくはでなさま。「ーな屋敷」 派生 **-さ**

こうそく【拘束】『名・ス他』行動の自由をしばること。束縛。「ーを解く」　**ーじかん**【ー時間】実際に働く時間ばかりではなく、休み時間を含む労働時間。↕実働時間

こうそく【校則】学校の規則。校規。

こうそく【梗塞】『名・ス自』ふさがって通じないこと。「心筋ー」「脳ー」

こうそく【高速】高速度。「ー道路」

こうそく【高足】すぐれた弟子(でし)。高弟。

こうぞく【後続】『名・ス自』それより後に続く(続いて来る)こと。

こうぞく【皇族】天皇の一族。現在は、皇后・太皇太后・皇太后・親王・親王妃・内親王・王・王妃及び女王の範囲。

こうぞく【航続】船舶・航空機が一回積んだ燃料だけで航行できること。「ー距離」「ー力」▽多くは、一定の速度(および高さ)による最長時間で表す。

ごうぞく【豪族】ある地方に土着し、大きな富や勢力を持つ一族。

こうそくど【高速度】速度がはやいこと。いちじるしい速さ。　**ーえいが**【ー映画】一秒間に撮影するこま数が、通常の数倍ないし数百倍の映画。標準速度で映写・再生すると、速い動きがゆっくり見られる。　**ーこう**【ー鋼】金属を高速で切削する工具に使う合金鋼。摩擦熱で高温になっても硬さを保つ。

こうそつ【高卒】「高等学校卒業」の略。「ー者」

こうそふ【高祖父】祖父母の祖父。

こうそぼ【高祖母】祖父母の祖母。

こうそん【公孫】王侯・貴人の子孫。　**ーじゅ**【ー樹】↓いちょう(銀杏)

こうそん【皇孫】天皇の孫。また、天皇の子孫。

こうた ①【小唄】端唄(はうた)から出た俗曲の一つ。三味線(しゃみせん)のつまびきに合わせて歌う短い曲の歌。転じて、短い俗曲・民謡。「流行ー」(後の歌謡曲のこと)▽⑴の指すものを⑵と区別するために、明治時代に始まる。↓はうた。②【小歌】昔、民間流行の俗謡を上流社会で取り上げ用いたもの。特に、室町時代に行われたもの。

こうだ(かう)『連語』こういう事・わけ・様子だ。「その理由はー」「ああだーといろいろ(に)言う」▽指示副詞「こう」＋断定の助動詞「だ」。丁寧に言うには「こうです」などを使う。

こうだ【好打】『名・ス他』球技で、ボールをみごとに打つこと。

こうたい(たひ)【小謡】謡曲中の要所を抜き出した一段。

こうたい【交替・交代】『名・ス自他』(人が)入れ代わること。代わり合うこと。また、代わりになる人。「選手がーする」「店番をーする」「任務をーする」「政権ー」「ー勤務」

こうたい【後退】『名・ス自』後方へしりぞくこと。↕前進

こうたい【抗体】体内にはいった病原体などの異物(抗原)に反応して、体内で生じる蛋白(たんぱく)質分子。その抗原が再び侵入すると、それに特異的に結合する。免疫の中枢を担う。

こうだい【広大・×宏大】『名ナ』ひろく大きいこと。↕狭小。「ー無辺」 派生 **-さ**

こうだい【後代】後の時代。後世(こうせい)。

こうだい【高大】『名ナ』高く大きいこと。「ーな理想」 派生 **-さ**

こうだい【高台】①茶わん・皿・鉢などの底に設ける、輪の形の(四角いのもある)支えの台。▽「糸底」「糸尻」とも呼ぶ。②高く建てた立派な建物。▽相手の家、更には相手を、敬っても言う。③↓たかだい。▽⑵⑶は既に古風。

ごうたい【剛体】どんなに力を加えても形が変わらない物体。▽力学で考える仮想的な存在。物体を剛体として取り扱うと運動の法則が単純になる。

こうたいごう【皇太后】三后の一つ。先帝の皇后。

こうたいし【皇太子】皇位を継承すべき皇子。東宮。

こうたいそん【皇太孫】皇太子がないときに皇位を継承すべき、天皇の孫。

こうだか【甲高】①足の甲が高く張り出していること。②甲の部分を特に高く作った足袋(たび)・靴。

こうたく【光沢】物の面のつややかさ。つや。「ーを出す」

こうだく【黄濁】『名・ス自』黄色くにごること。

こうたつ【公達】政府や官庁からの通知。▽「きんだち」と読めば別の意。

こうたつ【口達】『名・ス他』命令・通知を(書面でなく)口で伝えること。

ごうだつ【強奪】『名・ス他』暴力でむりやりうばいとること。

こうたん【荒誕】『名ナ』でたらめでおおげさなこと。荒唐。

こうたん【降誕】『名・ス自』神仏・君主・聖人などがうまれることを言う語。　**ーさい**【ー祭】降誕の日を祝う祭り。特に、クリスマス。

こうだん【公団】国家的事業を経営するための特殊な企業体の一つの形態。「日本道路ー」「ー住宅」▽現在は廃止。

こうだん【後段】文章などの、後の方の段。↕前段。「ーに述べるとおり」

こうだん【降壇】『名・ス自』(演説などをするための)壇上からおりること。↕登壇

こうだん【講壇】講義や講演をする壇。

こうだん【講談】武勇伝・かたきうち・政談などを、調子をつけて語る寄席(よせ)演芸。▽明治以前は「講釈」と言った。

こうだん【×巷談】まちのうわさばなし。世間話。

こうだん【高談】①『名・ス自』大きな声で(人の迷惑も考えず)しゃべること。②『名』他人の談話を敬って言う語。

こうだん【高段】武道・碁・将棋などで段位の高いこと。「ー者」

ごうたん【豪胆・剛胆】『名・ダナ』きもがすわっていること。危険・困難に臨んでも、大胆に物事を処する態度。「ーをもって聞こえる男」 派生 -さ

ごうだん【強談】強引(ごういん)に談判すること。こわだんぱん。

こうだんし【好男子】顔立ちのよい男。㋐美男子。㋑快活で男らしい男。好漢。快男児。

こうち【公知】世間に広く知られていること。周知。「特許のー例がある」

こうち【巧遅】たくみではあるがおそいこと。↕拙速。「兵はーより拙速をたっとぶ」

こうち【巧緻】『名ナ』きめこまかく上手にできていること。「ーな文章」「ーを極める」 派生 -さ

こうち【拘置】『名・ス他』刑が確定した者を刑事施設内に拘禁すること。▽↓こうりゅう(拘留・勾留)(2)。 **ーしょ**【ー所】未決囚、死刑の言渡しを受けた者を収容する施設。▽↓けいむしょ・けいじしせつ

こうち【×狡知・×狡×智】わるがしこい知恵。

こうち【耕地】耕作をして作物を作る土地。「ー整理」

こうち【高地】①周囲より高い土地。↕低地。②標高の高い土地。「ー栽培」「ートレーニング」

ごうち【碁打ち】碁をうつ人。碁のたくみな人。

こうちく【構築】『名・ス他』基礎の構えから始めて全体を築く(作り上げる)こと。「ー物」「理論をーする」

こうちせい【向地性】植物の根が、生長に伴って、地球の中心の方向に伸びる性質。↕背地性

こうちゃ【紅茶】茶の木の若葉をつみ取り、発酵・乾燥させて製した茶。煎じた汁は紅褐色。

こうちゃく【×膠着】『名・ス自』にかわで付けたように、粘りつくこと。ある状態が固定して、動きがなくなること。「戦線がー状態に陥る」 **ーご**【ー語】〔言語〕文法的働きを示す接辞が単語や語根にゆるく接合し、その切れ目がかなり明確な言語。日本語もこの特徴を持つ。

こうちゅう【校注・校×註】(古典の)本文を校訂し、注釈を加えること。その注釈。

こうちゅう【甲虫】前翅(ぜんし)が厚く堅くなって体を覆っている昆虫。例、かぶとむし・こがねむし・ほたる。▽こうちゅう目に属する昆虫の総称。

こうぢゅう【講中】↓こうじゅう

こうちょ【好著】読んで好感がもてる、すぐれた書物。

こうちょ【皇×儲】天皇のあとつぎ。

こうちょ【高著】他人、特に相手の著書を敬って言う語。↕拙著

こうちょう【候鳥】季節により住地を変える鳥。渡り鳥。例、がん・つばめ。↕留鳥(りゅうちょう)

こうちょう【黄鳥】ウグイスの異称。

こうちょう【校長】小学校・中学校・高等学校・各種学校などの長。▽大学は「学長」。

こうちょう【好調】『名・ダナ』調子・ぐあいがよいこと。↕不調。「ーなすべりだし」 派生 -さ

こうちょう【硬調】かたい調子。↕軟調。㋐取引市場で値段があがる形勢にあること。㋑写真の印画で、明暗の差が強調されて、黒白の対照がはっきり映し出されていること。

こうちょう【高調】『名・ス自』気分や調子の高まること。

こうちょう【高潮】①満潮の極点に達したもの。▽↓たかしお。②転じて、物事の極点・絶頂。「最ーに達する」

こうちょう【紅潮】『名・ス自』顔が赤みをおびること。「ほおをーさせる」

こうちょうかい【公聴会】(国会の委員会などで)重要な事柄をきめるについて、利害関係者・学識経験者などから意見をきく会合。

こうちょうどうぶつ【×腔腸動物】口から内部に入りこんだ腔腸(こうちょう)(=体の中の空所)をそなえ、それを中心軸とした傘状や円筒形などの体をもつ動物。例、くらげ・さんご・いそぎんちゃくの類。

こうちょうりょく【抗張力】↓ひっぱりつよさ

こうちょく【硬直】『名・ス自』①身体などがこわばって(自由に)動かなくなること。「死後ー」②態度などが固定化して、周りの変化について行けなくなること。

ごうちょく【剛直】『名ナ』気性(きしょう)が強くて、信念を曲げないこと。 派生 -さ

こうちん【工賃】工作・加工の手間賃。

ごうちん【×轟沈】『名・ス他自』砲撃・爆撃などにより艦船を短時間で沈めること、また、艦船が沈むこと。▽旧軍ではおおむね一分以内に沈むのを言った。

こうつう【交通】『名・ス自』行きかうこと。その状態。㋐人・車などの往来。通行。「ー整理」「ー事故」。また、人と人との意思疎通。㋑隔たった地点間の人の往来、財貨の輸送の総称。広義には通信も含む。 **ーきかん**【ー機関】乗物・道路などの運輸施設と、郵便・電信・電話などの通信施設との総称。特に、乗物。

ごうつくばり【業突張り・強突張り】『名ナ』ひどく欲

ばりでがんこなこと。ひどく強情なこと。また、そういう人。

こうつごう【好都合】『名ノ』都合の良いこと。 派生 **ーさ**

こうてい【肯定】『名・ス他』①同意すること。価値があると判断すること。「現状をーする」「人生をーする」②(述語とそれに係る要素とで表される意味内容を)そのとおりだと判断し認めること。「ー文」▽↕否定

こうてい【公定】『名・ス他』おおやけにきめること。特に、政府がきめること。「ー歩合」 **ーかかく**【ー価格】経済統制の必要上、政府が決定する価格。▽第二次大戦前後に多く見られ、値札に(公)と書き、「まるこう」と呼んだ。

こうてい【公廷】公判廷。

こうてい【公邸】公式の仕事に使う高級公務員の邸宅。

こうてい【工程】工作や工事などの仕事を進めていく順序・段階。また、作業のはかどりかた。「ー管理」

こうてい【行程】①足や車で行く距離。みちのり。「一日のー」②旅行などの日程。③ピストンが端から端まで動く距離。ストローク。

こうてい【高低】(高さ・度合・程度などが)高いことと低いこと。

こうてい【高弟】弟子(でし)の中で、特にすぐれた弟子。

こうてい【孝×悌・孝弟】親に孝行で、兄に従順なこと。

こうてい【孝貞】孝行で、貞操の固いこと。

こうてい【校訂】『名・ス他』古書などの本文を、諸本と比べ合わせて正すこと。

こうてい【校庭】学校のひろば・運動場など。

こうてい【皇帝】(帝国の)君主の称号。▽秦(しん)の始皇帝が始めて称した。

こうでい【拘泥】『名・ス自』ほかに選びようもあるのに、一つの事にこだわること。「勝敗にーしない」

ごうてい【豪邸】大きく豪華に建てたやしき。

こうてき【公的】『ダナ』おおやけであるさま。↕私的。「ー生活」「ー扶助」「ーに決定する」

こうてき【好適】『名ノ』うまく適していること。「保養にーだ」

ごうてき【号笛】あいずに吹きならす笛。

ごうてき【豪的・強的】『ダナ』すぐれたさま。程度のはなはだしいさま。▽「豪勢」「強勢」「豪気」「豪儀」などの「豪」「強」に接尾語「的」をつけたもの。既に古風。

こうてきしゅ【好敵手】試合や勝負事で、力が同じくらいの、よい相手。ライバル。

こうてつ【更迭】『名・ス自他』その役目の人がかわること。その役目の人をかえること。「大臣をーする」▽「迭」はかわる意。

こうてつ【鋼鉄】二パーセント未満の炭素を含み、きたえて堅く強くし得る鉄。艦船・銃砲・機械・刃物など、用途が広い。鋼(こう)。はがね。スチール。▽↓ちゅうてつ

こうてつかん【甲鉄艦】鉄板で全体を装甲した軍艦。▽幕末から明治までの語。

こうてん【交点】①線と線、または線と面とが交わる点。②〔天文〕天球上で、惑星や彗星(すいせい)の軌道が黄道と交わる点。

こうてん【光点】光を発する点。

こうてん【公転】『名・ス自』惑星(または衛星)が周期的に恒星(または惑星)のまわりを回ること。↕自転

こうてん【好天】晴れあがったよい天気。↕悪天。「ーに恵まれる」

こうてん【好転】『名・ス自』状態などがよい方に変わり向かうこと。ぐあいがよくなること。↕悪化。「景気のー」

こうてん【後天】生まれてから後に身に備わること。↕先天。「ー性」 **ーてき**【ー的】『ダナ』後天のものであるさま。

こうてん【荒天】天気が悪く荒れていること。風雨や雪などのはげしい天候。

こうでん【公電】官庁で打つ、公務のための電報。

こうでん【香典・香×奠】死者の霊前にそなえる香に代わる金銭。 **ーがえし**【ー返し(がえし)】香典を受けた返礼に品物をおくること。その品物。

こうでんかん【光電管】光の強弱を電流の強弱に変える真空管。

ごうてんじょう【△格天井】木を組んで格子(こうし)形に仕上げた天井。

こうでんち【光電池】光エネルギーを電流に変える装置。太陽電池もこの一種。

こうと【後図】後々のためのはかりごと。「ーをはかる」

こうと【×狡×兎】『ー死して走狗(そうく)烹(に)らる』すばしこい兎(うさぎ)が死んでしまえば、猟犬は不要になって煮て食べられてしまう。敵国がほろびてしまえば、功臣も殺されるというたとえ。

こうど【高度】①『名』規準面から対象までの高さ。「ー一万メートルで飛ぶ」。天体では視線と水平線とがなす角度で表す。②『ダナ』程度が高いさま。「ーの技術」「ーに発達した文明」

こうど【光度】①光源の光の強さの度合。単位はカンデラ。②天体の発する光の明るさ。「月のーを視等級で表す」

こうど【硬度】①物体のかたさの度合。特に金属・鉱物について言う。②水の中にとけているカルシウム塩(えん)・マグネシウム塩の含有量の度合。▽↓こうすい(硬水)・なんすい。③エックス線の物体透過の度合。

こうど【荒土】あれはてた土地。

こうど【耕土】上層の土で、耕作され、農作物の根がのびひろがる部分。作土。表土。

こうど【紅土】熱帯・亜熱帯にある赤色の土。アルミニウム・鉄の酸化物または水酸化物などを多く含む。ラテライト。

こうど【黄土】①↓おうど(黄土)。②よみじ。黄泉。

こうとう【公党】私的なつながりでない党派。政党として一般から公然と認められているもの。↕私党

こうとう【勾当】①事務を担当して処理すること。その役の人。▽昔、寺門・摂関家などにおかれた。②昔、盲人に与えた官名。検校(けんぎょう)の下、座頭の上。

こうとう【口答】口で答えること。↕筆答。「口問―」

こうとう【口頭】くちさき。「―にのぼす」(口に出して言う)。(文字に書いたりせず)口を使って述べること。「―試問」「―弁論」

こうとう【×叩頭】『名・ス自』頭を地につけておじぎすること。

こうとう【光頭】つやで光るはげあたま。

こうとう【喉頭】動物の気道の一部で、上は咽頭に、下は気管に連なる部分。内部に声帯がある。 **―がい**【―蓋】喉頭の入口にあり、さじの先のような形の軟骨でできた器官。食物が気管に入るのを防ぐ。のどまめ。会厭(えん)。

こうとう【皇統】天皇の血統。「―連綿」

こうとう【荒唐】『名ノ』言うことがとりとめもないこと。 **―むけい**【―無稽】『名ノ』荒唐で考えによりどころがないこと。でたらめ。「―な話」

こうとう【紅灯】①あかい灯火。「―の巷(ちまた)」(花柳界(かりゅうかい))②ほおずきぢょうちん。

こうとう【降等】『名・ス他』旧軍隊で、兵卒の階級を一階級下げる懲罰。一般に、等級や順位を下げること。

こうとう【高等】『名ノ』程度・等級や品位が高いこと。↕下等・初等。「―動物」「―科」 **―がっこう**【―学校】①中学校卒業者にその上の普通教育または専門教育を施す学校。②中学四年修了以上の学力を有する者に高等普通教育を施した、旧制の学校。 **―かん**【―官】旧制官吏等級の一つ。判任官の上で九等級に分かれていた。 **―さいばんしょ**【―裁判所】最高裁判所の下、地方裁判所の上の裁判所。もとの控訴院に相当する。高裁。

こうとう【高騰・×昂騰】『名・ス自』物価などが高く上がること。「地価が―する」

こうとう【高踏】世俗を抜け出て、高く身を処すること。「―派」。お高くとまっていること。「―的」

こうどう【行動】『名・ス自』ある事を行うこと。行い。しわざ。「考えを―に移す」「勝手な―をする」「―科学」「―派」(考えたり議論したりするより、実際に行動することを重んじる人たち) ▽行為と区別する場合は、無意識的動作を含めて言う。 **―しゅぎ**【―主義】①第一次世界大戦後のニヒリズムに対して起こった、文学運動の一つ。行動を重くみる。②意識ではなく、客観的に観察しうる行動を対象として研究する行き方。初め心理学で唱えられた。 **―はんけい**【―半径】①行動範囲の大きさ。「彼の―は大きい」▽⑵の転。②軍艦・軍用機などで、航続距離の二分の一を半径として考えた、行動可能距離。

こうどう【講堂】①学校などで、儀式・講演などをする広い部屋。②〔仏〕七堂伽藍(がらん)の一つ。説教・講話などをする堂。

こうどう【高堂】①高い堂。②手紙などで、相手の家・家人を敬って言う語。

こうどう【公道】①だれが通ってもよい道。「天下の―」②おおやけの機関がつくり、維持する道路。↕私道。③世の中に広く通じる、公正な道理。

こうどう【坑道】地下に掘った通路。特に、鉱山などの坑内の通路。「―に入る」

こうどう【香道】香木をたいてそのかおりを楽しむ技。

こうどう【黄道】①地球から見て、太陽が地球を中心に運行するように見える天球上の大円。②↓こうどうきちにち。 **―きちにち**【―吉日】陰陽道(おんようどう)で、何をしてもうまくいくという日。 **―こう**【―光】日没後、西の地平線近くに、また日の出前、東の地平線近くに、黄道に沿って見える、うすい光の帯。

こうどう【黄銅】↓しんちゅう(真鍮)。▽「おうどう」とも言う。

ごうとう【強盗】暴行・脅迫して財物を奪うこと。その者。

ごうとう【豪×宕】『名ノ』気性が雄大で、小事にこだわらず思うままにすること。

ごうどう【合同】①『名・ス自他』独立していた二つ以上のものが一つにまとまること。また、そういうものを一つにまとめること。「二クラス―の授業」②『名ノ』〔数学〕二つの図形が全くぴったりと重ね合わせられること。「―三角形」▽図形以外にも、それと似た関係の場合には言う。「―式」

こうとうぶ【後頭部】あたまのうしろの部分。

こうとく【公徳】社会生活をよくするために守るべき道徳。「―心」

こうとく【高徳】すぐれて高い徳。「―の士」

こうどく【講読】『名・ス他』文章を読んで意味をときあかすこと。また、その課目。「英語―」

こうどく【購読】『名・ス他』書籍・新聞・雑誌などを買って読むこと。「―者」

こうどく【鉱毒】鉱物の採掘・製錬で生じる、廃棄物・廃水・排煙による害毒。

こうどくそ【抗毒素】生物体内にはいった毒素と結合して、その作用を中和する働きをする抗体。

こうない【坑内】炭山・鉱山の坑道の中。「―作業」

こうない【校内】学校の校舎・敷地(・組織)のなか。↕校外。「―放送」「―展覧会」

こうない【構内】施設などの管轄範囲の内。敷地・建物のなか。↕構外。「駅の―」

こうないえん【口内炎】頰の裏側、歯茎・舌など、口の中の粘膜に起こる炎症の総称。特に、粘膜表面が白くただれ、その周囲が腫れるアフタ性口内炎を言うことが多い。

こうなご↓いかなご

こうなん【後難】あとになって降りかかってきそうなわざわい。「―を恐れる」

こうなん【硬軟】かたいこととやわらかいこと。強硬と軟弱。「―両様の構え」
こうにち【抗日】(中国で)日本の帝国主義侵略に抵抗したこと。また、その運動。▽第一次大戦に始まり、日中戦争で最高潮に達した。
こうにゅう【購入】『名・ス他』買い入れること。
こうにん【公認】『名・ス他』国家・政党・団体などが正式に認めること。「―調理学校」「党―候補」 **―かいけいし**【―会計士】公認会計士法に基づき、他人の求めに応じ、報酬を得て、財務書類の監査・証明を行うことを職業とする者。
こうにん【後任】前の人をうけついで任務につく人。↔先任・前任
こうにん【降任】『名・ス自他』役が下になること、また、下の官に下げること。↔昇任
こうねつ【高熱】高い熱。「―を発する」「―で焼く」
こうねつひ【光熱費】灯火(照明)と燃料にかかる費用。電気料金・ガス代など。
こうねん【光年】天文学で使う長さの単位。光が一年間に進む距離を一光年とする。約九兆四六〇〇億キロ。
こうねん【行年】①→ぎょうねん(享年)。②生まれてから経た年。生年(しょうねん)。
こうねん【後年】そのことがあってから何年も(ずっと)のち。
こうねん【高年】年齢が高いこと。高齢。
こうねんき【更年期】閉経前後の時期。大体四十~六十歳ごろ。「―障害」
こうのう【効能】ききめ。「―があらわれる」「薬の―書き」
こうのう【行×嚢】「郵袋(ゆうたい)」の旧称。
こうのう【後納】『名・ス他』代金などをあとから支払うこと。「料金―郵便」
ごうのう【豪農】富や勢力のある農家。
こうのとり【×鸛】東アジアに分布する、つるに似た鳥。くちばしが黒く、足は赤い。日本では野生のものは一度絶滅し、飼育個体が放鳥されて生息。特別天然記念物。ヨーロッパにはくちばしが赤いシュバシコウと言う近縁種が分布し、赤ん坊を運んでくると伝えられる。▽こうのとり科。
こうのもの【香の物】野菜を塩・ぬかなどに漬けたもの。漬物。こうこ。
ごうのもの【剛の者】すぐれて強い者。▽古くは「こうのもの」と言った。
こうは【光波】光の波動。
こうは【硬派】①強硬な意見・主義を主張する党派。②㋐腕力・暴力などを主とする不良仲間。㋑物事に正義を主張し、また恋愛関係などにきまじめな人。㋒新聞社で、政治・経済などの記事を扱う人の俗称。▽↔軟派
こうば【工場】「こうじょう」に同じ。「町―」▽普通は、小規模のものを言う。
こうはい【交配】『名・ス他』→こうざつ
こうはい【好配】①よい配偶。よいつれあい。②よい配合。③よい配当。
こうはい【高配】相手・他人の払ってくれる配慮を敬って言う語。「御―にあずかる」
こうはい【光背】仏像の後ろにつける、光明(こうみょう)をかたどった装飾。後光(ごこう)。
こうはい【向背】従うこととそむくこと。また、成行き。「―が定まらない」
こうはい【後背】うしろ。せなか。背後(はいご)。「―地」(都市または港の商業的勢力の及ぶ地域。ドイツ Hinterland の訳語)
こうはい【後輩】学問・年齢・地位などが自分より下の人。また、同じ学校・勤務先などで、あとからはいった人。↔先輩
こうはい【荒廃】『名・ス自』あれはてること。「建物の―」「人心が―する」
こうはい【興廃】盛んになるか衰え滅びるかということ。「皇国の―この一戦にあり」
こうはい【降灰】噴火などによる火山灰が地上に降ってくること。その灰。▽気象学などの用語。本来は「こうかい」と言う。
こうばい【公売】『名・ス他』差し押さえた品物などを、公告して、競売・入札などの方法で売ること。
こうばい【勾配】①傾斜の程度。「―が強い」「急―」②斜面。▽「勾」は和算で直角三角形の底辺のこと。「―を上がる」
こうばい【紅梅】こい桃色の花が咲く梅の品種の総称。また、その花のような色。
こうばい【購買】『名・ス他』買うこと。買い入れること。「―欲をそそる」「―部」 **―くみあい**【―組合】中間者の手をへないで物品を買い入れて、安く組合員に供給する協同組合。 **―りょく**【―力】ものを買う財力。
こうばいすう【公倍数】二つ以上の整数に共通の倍数。↔公約数。「最小―」
こうはく【広博】『名ナ』知識・学識などが広いこと。
こうはく【紅白】赤と白。「―の菓子」「―試合」(赤組と白組とに分かれてする試合)
こうはく【黄白】金と銀。転じて、おかね。「―をまく」
こうばく【広漠】『ト タル』広々として果てしないさま。
こうばく【荒漠】『ト タル・ニ ナル』荒れはてて、どこまでも何もないさま。
こうばこ【香箱】香を入れるはこ。香合(こうごう)。漆器製・陶器製などがある。
こうばしい【香ばしい・△芳ばしい】『形』①こんがりやけたような、よい匂いだ。②かおりがよい。▽「かぐわしい」と同語源。派生 **―さ**
こうはつ【好発】『名・ス自』(病気などの)発生する頻度が高いこと。「幼児に―する疾患」「―部位」
こうはつ【後発】後からおくれて出発すること。↔先発。「―医薬品」(→ジェネリック いやくひん)

ごうばつ【×劫罰】地獄の苦しみを味わわせる罰。▽「劫(ごう)」は、仏教で、きわめて長い時間。

こうばな【香花】仏にそなえる香と花。こうげ。

ごうはら【業腹】『名ノ』すごく腹が立つこと。しゃくにさわること。「実に―だ」「―な仕打ち」 派生 **-さ**

こうはん【公判】公開した法廷で、刑事事件の裁判をすること。「―に付する」 **―てい**【―廷】公判期日に、裁判官および裁判所書記官が列席し、検察官・被告人・弁護人が出席した上でする取調べ。

こうはん【孔版】謄写版のこと。

こうはん【広範・広汎】『ダナ』範囲が広いさま。「―な研究」▽「広」も「汎」もひろい意。「範」は書き替え。 派生 **-さ**

こうはん【後半】あとの半分。↕前半

こうはん【×攪×拌】『名・ス他』かきまわすこと。かくはん。

こうはん【江畔】大きな川のほとり。

こうはん【甲板】→かんぱん(甲板)

こうばん【交番】①「交番所」の略。町の要所に設けられた警官の詰め所。▽一九九四年から「巡査派出所」にかわってこれが正式名称となった。②かわるがわる番に当たること。「―制」「―で見張る」

こうばん【降板】『名・ス自』①野球で、投手が試合の途中で交代して投手板から降り退くこと。②比喩的に、失敗・病気などにより役職を退くこと。「健康を害して社長を―した」▽↕登板

ごうはん【合板】まるい原木を巻紙をのばすように薄く切り取り、その木目が直交するように奇数枚張り合わせたもの。天井板・壁板などに使う。ベニヤ板。ごうばん。

こうひ【光被】『名・ス自』君徳がひろく行き渡ること。

こうひ【公費】国家または公共団体の費用。↕私費。▽私立学校の校費などまで含める使い方もある。

こうひ【工費】工事の費用。

こうひ【口碑】昔からの言いつたえ。伝説。

こうひ【后妃】きさき。

こうひ【考×妣】亡父と亡母。

こうひ【高×庇】他人の庇護(ひご)・援助を敬って言う語。「御―を賜って」

こうひ【高批】他人の批判・批評を敬って言う語。「御―」

こうび【交尾】『名・ス自』動物の雌雄が生殖のために交わること。「―期」

こうび【後備】①→ごづめ。②「後備役」の略。もと軍隊で、予備役を終えた者が服した兵役。

こうび【後尾】長く続いているものの、後ろ端(のあたり)。「列車の最―」

ごうひ【合否】合格か不合格かということ。「―の判定」

こうヒスタミンざい【抗ヒスタミン剤】体内におけるヒスタミンの作用を消すための薬。アレルギー性疾患(じんましん・ぜんそくなど)の治療に用いる。

こうひつ【硬筆】毛筆に対して、ペン・鉛筆などの称。

こうひょう【公表】『名・ス他』一般に対し、おもてむきに発表すること。「予算をインターネットで―する」

こうひょう【好評】よい評判。↕悪評・不評。「―を博する」

こうひょう【講評】『名・ス他』説明を加え理由をはっきりさせながら批評すること。▽指導的立場からを言う。

こうひょう【高評】①(よい)評判が高いこと。②他人の批評を敬って言う語。「御―を仰ぐ」

こうひょう【降×雹】ひょうが降ること。

ごうびょう【業病】悪業(あくごう)の報いとしてかかると考えられた難病。

こうびょうりょく【抗病力】病気に対する抵抗力。

こうひん【公賓】政府・皇室が公式にもてなす、外国の王族・閣僚・特使などの客(=賓)。▽国賓に次ぐ待遇として一九六四年に制度化。

こうびん【幸便】そこに行く、または届けるのに好都合な、ついで。「―に託して」

こうびん【後便】次のたより。あとで出すたより。「委細―」

こうふ【交付】『名・ス他』役所などから、金銭・書類などを一般の人にひき渡すこと。「旅券の―」「再―」

こうふ【公布】『名・ス他』①ひろく告げ知らせること。②法律で、成立した法令などを一般国民が知り得るように官報で公表すること。拘束力の発生要件となる。

こうふ【工夫】工事に従事する労働者。▽「くふう」と読めば別の意。

こうふ ①【坑夫】炭坑や鉱山の坑道で採掘などをする労働者。②【鉱夫】鉱山で鉱石を掘り出す労働者。

こうぶ【公武】公家(くげ)と武家。朝廷と幕府。「―合体」

こうぶ【後部】正面や進む向きから見て後ろの部分。↕前部。「―座席」

こうぶ【荒×蕪】『名・ス自』土地があれはてて雑草が茂ること。「―地」

こうふう【光風】①春の光をはらむ風。②雨あがりの明るいさわやかな風。「―霽月(せいげつ)」(心が清らかでわだかまりのないさま。もと、光風と雨後の月)

こうふう【高風】けだかい風格。「―を慕う」

ごうふう【業風】〔仏〕業(ごう)の力を風にたとえた語。また、地獄で吹くという大暴風。

こうふく【口腹】口と腹。飲食(の欲)。「―を満たす」

こうふく【幸福】『名・ダナ』恵まれた状態にあって、満足に楽しく感じること。しあわせ。↕不幸。 派生 **-さ -げ -がる**

こうふく【降伏・降服】『名・ス自』敵に対して自ら敗れたことを認め、敵にしたがうこと。▽→ごうぶく

ごうふく ①【剛腹】『名ノ』胆力があって度量の大きいこと。 派生 **-さ** ②【剛×愎】『名ノ』気が強くて人に従わないこと。 派生 **-さ** ▽「愎」は片意地の意。

ごうぶく【△降伏】『名・ス他』法力(ほうりき)(や神威)によって、悪魔や敵を押さえしずめること。

こうぶつ【好物】好きな飲食物。好きなもの。

こうぶつ【鉱物】どの部分もほぼ均質な、天然の無機物。例、石英・赤鉄鉱。▽これが岩石を構成する。

こうふん【公憤】正義感から発する、公共のためのいきどおり。↕私憤

こうふん【口×吻】①口ぶり。言い方。「不賛成の—をもらす」▽②の転。②口さき。口もと。

こうふん【紅粉】べにおしろい。化粧。

こうふん【興奮・×昂奮・×亢奮】《名・ス自》①感情が高ぶること。「子どもたちが雪に—する」「—を覚える」「—して眠れない」②刺激によって、生体または器官や組織に活動状態の高進が生じること。その変化。　**—ざい**【—剤】脳を興奮させる薬剤。カフェインの類。

こうぶん【公文】政府や官庁の出した文書。▽古くは「くもん」と言った。

こうぶん【行文】文章の書き進め方。「—が見事だ」

こうぶん【高文】「高等文官試験」の略。旧制で、高等官の文官になるための試験。▽「高等試験」とも言った。

こうぶん【構文】文(および文中のまとまりのある部分)の、形式面から見た構成。文の組立て。▽数式や論理式についても言う。syntax の訳語。syntax は構文論でもあり、「統語・統辞」とも訳される。

こうぶんしかごうぶつ【高分子化合物】分子量の大きい化合物の総称。例、天然物質では澱粉(でんぷん)・セルロース・蛋白(たんぱく)質、人工物質では合成繊維・プラスチック。

こうぶんしょ【公文書】公務員がその職務上作成した文書。↕私文書

こうべ(かうべ)【△首・△頭】あたま。くび。「—をめぐらす」「正直の—に神やどる」▽古語的。

こうへい【公平】《名・ダナ》判断・行動に当たり、いずれにもかたよらず、えこひいきしないこと。「—無私」 派生 **—さ**

こうへい【衡平】《名ナ》つりあいのとれていること。平衡。「—な裁量」▽「衡」は、竿秤(さおばかり)。

こうへい【工兵】土木・建築・鉄道・通信など技術的作業で他兵種の戦闘を助ける任務の兵種(の軍人)。

こうへん【口辺】口のあたり。「—に微笑を浮かべて」

こうべん【抗弁】《名・ス他》①相手にはりあって、またはさからって弁じ立てること。②法律で、民事訴訟法上の防御方法の一つ。相手方の申し立て・主張の排斥を求めるため、別の主張をすること。「—を許さない」　**—けん**【—権】相手方の請求を特定の条件が成就するまで一時的に拒否して延期の効果を発生させる権利。

ごうべん【合弁】(もと中国で)外国資本と共同で事業を経営すること。「—会社」「—事業」▽本来の表記は「合辦」。　**—か**【—花】花弁の一部または全部が一輪でくっついている花。例、ツツジ・アサガオ。↕離弁花。▽本来の表記は「合瓣花」。

こうほ【候補】①ある地位などにつくことを自ら希望し、または人に推されていること。その人。「—者」②ある地位などを得る可能性のある人。また、そういうもの。「優勝—」「宿泊地の—に挙げる」

こうぼ【公募】《名・ス他》一般から募集すること。「—展」

こうぼ【酵母】出芽によって繁殖する単細胞の菌類。特に、酒の醸造など食品の発酵に用いるものを言う。糖分をアルコールと二酸化炭素とに分解する種が多い。▽パンだねに利用するものはイーストと呼ばれる。

こうほう【公法】権力関係・公益など公的生活面を規定する性格の法律の総称。憲法・行政法・刑法・訴訟法・国際公法の類。↕私法

こうほう【公報】①官庁から、広く知らせるために出す機関紙。狭義では、地方公共団体のそれを官報と区別して言う。「選挙—」②官庁から国民への公式の知らせ。「戦死の—」

こうほう【工法】加工や工事の方法。

こうほう【広報・×弘報】一般に広く知らせること。その知らせ。「—活動」

こうほう【後方】①後ろの方向・方面。↕前方。「振り返って—を見る」「敵の—を攪乱(かくらん)する」「敵の—に回る」②戦線より後ろの地域。そこでの作戦軍に対する補給・修理・衛生などを受け持ち、連絡線を確保する任務。兵站(へいたん)。「—参謀」「—任務」「—支援部隊」▽「のちかた」と読めば別の意。

こうほう【航法】船舶や航空機が正確な航行をするための技術。「計器—」

こうほう【高峰】①高くそびえる峰。たかね。②比喩的に、すぐれた人物。「学界の—」

こうぼう【光×芒】光のすじ。「—一閃(いっせん)」

こうぼう【工房】美術工芸家の仕事場。アトリエ。

こうぼう【攻防】攻めることと防ぐこと。「必死の—」

こうぼう【×弘法】『—にも筆の誤り』書道にすぐれた弘法(=平安初期の僧、空海の大師名)にも時には書き誤りがある。達人も時には失敗することのたとえ。『—筆を選ばず』本当の名人は道具のよしあしにとらわれない。

こうぼう【荒亡】狩や酒色などの楽しみにふけること。

こうぼう【興亡】おこることと滅びること。「平家の—」

こうぼう【好望】前途に見込みがあり、たのもしいこと。

ごうほう【合法】《名ナ》法規にかなっていること。法規に反していないこと。↕非合法。「—活動」　**—てき**【—的】《ダナ》合法であるさま。

ごうほう【業報】〔仏〕善悪の業(ごう)を原因として受けるむくい。特に、悪業に対して受けるむくい。

ごうほう【号俸】国家公務員の職階によってきめられた俸給。何級何号と区分される。

ごうほう【号砲】合図としてうちならす銃・大砲。

ごうほう【豪放】『名・ダナ』きもったまが太く、小事にこだわらない気性であること。「—磊落(らいらく)」派生 **-さ**

こうほうじん【公法人】国家目的を遂行するために存立する法人。地方公共団体・土地改良区等。公法上の法人。↔私法人

こうぼく【公僕】公衆への奉仕者、すなわち公務員。

こうぼく【校僕】学校の用務員(校務員)の旧称。

こうぼく【坑木】坑道のささえとして使われる木材。

こうぼく【香木】よいにおいを漂わせるためにたく、香りの高い木。例、沈香(じんこう)・竜脳。

こうぼく【高木】①幹が木質で堅く、直立して高くなる木。例、すぎ・まつ。↔低木。▽おおむね三〜五メートルを基準に、それより高くなる木を言う。十メートルに達しないものを、小高木と言って分けることもある。旧称は「喬木(きょうぼく)」。②たけの高い木。

こうほね【△河骨】沼や池に生える多年草。根茎は白く太く、水底の泥の中に横たわり、葉はサトイモの葉に似る。夏、黄色の花を開く。根は薬用。かわほね。▽すいれん科。

こうほん【校本】古書などの伝本が何通りもある時、それらの本文の違いが一覧できるようにまとめた本。

こうほん【稿本】更に良くするつもりで、いったん書いた原稿本。

ごうま【△降魔】悪魔を降伏(ごうぶく)すること。「—の剣」▽「こうま」とも言う。

こうまい【高×邁】『名ナノ』けだかく、衆にすぐれていること。「—な精神」派生 **-さ**

ごうまつ【×劫末】〔仏〕この世の終わり。↔劫初

ごうまつ【×毫末】『副ノ』《「—も」「—の」の形で使い、あとに打消しを伴って》細い毛の先ほど、わずか。秋毫(しゅうごう)。「おのれの過去を—も語らない」「—の狂いも無い」

こうまん【高慢】『名・ダナ』うぬぼれが強く、高ぶっていること。派生 **-さ** **—ちき**『名・ダナ』高慢なさま。高慢な人。▽ののしって言う語。派生 **-さ**

ごうまん【傲慢】『名・ダナ』高ぶって人をあなどり見くだす態度であること。「—無礼」派生 **-さ**

こうみ【香味】においと味わい。飲食物の香気。「—料」

こうみゃく【鉱脈】地殻の割れ目を満たした、板状の、最も普通の鉱床。

こうみょう【光明】①明るく輝く光。②比喩的に、(苦しい中にあっての)明るい見通し。「解決に一縷(いちる)の—を見いだす」

こうみょう【功名】手柄を立てて名をあげること。「けがの—」(→けが)「—を立てる」「—心」

こうみょう【高名】①有名なこと。②戦場で立てた、てがら。武勲。▽「こうめい」と読めば別の意もある。

こうみょう【巧妙】『ダナ』きわめてたくみなさま。「—な作戦」派生 **-さ**

こうみん【公民】①国政に参与する地位における国民。②中学校社会科の一分野。また、高等学校の一教科。▽旧制の高等小学校・中等学校の学科目でもあった。③律令制で、私有を許されず、国家(天皇)に属する民。「公地—」 **—かん**【—館】市町村等に、住民の教養・健康・生活などの向上のために設けられる集会所。 **—けん**【—権】公民(1)としての権利。「—停止」

こうむ【公務】公の職務。公用。「—出張」 **—いん**【—員】国または地方公共団体の職務を担当する者。

こうむ【校務】学校の運営に必要な事務。

こうむてん【工務店】土木・建築に関する仕事をする、店・会社。

こうむ-る【被る・×蒙る】『五他』①いただく。たまわる。「恩恵を—」「御免を—」(お許しをいただく。失礼する。また、ことわる。いやである)②身にふりかかるものとして受ける。「損害を—」

こうめ【小梅】ウメの一変種。花も葉も実もすべて普通のウメより小さい。実は食用・薬用。

こうめい【公明】『名・ダナ』公正で隠しだてをしないこと。派生 **-さ** **—せいだい**【—正大】『名・ダナ』公明で少しも私心がないこと。派生 **-さ**

こうめい【高名】①『名ナノ』名高いこと。高いほまれ。こうみょう。「—な医者」②『名』他人の名前を敬って言う語。お名前。「御—は承っております」

ごうめい【合名】共同で責任を負うために名を書きつらねること。 **—がいしゃ**【—会社】会社形態の一つ。無限責任社員だけから成るもの。▽資本よりも人的結合の色彩が強い。

ごうも【×毫も】『副』《あとに打消しを伴って》いささかも。ちっとも。毫末も。「—恐れず」▽→ごうまつ(毫末)

こうもう【×鴻毛】おおとりの羽毛。きわめて軽いことのたとえ。「死は—より軽し」

こうもう【紅毛】①赤い髪の毛。②江戸時代、オランダ人の称。転じて、一般に西洋人のこと。 **—へきがん**【—×碧眼】赤い髪と青い目。西洋人のこと。

こうもう【×膏×肓】「こうこう」の読み誤り。

ごうもう【剛毛】ふとくかたい毛。

こうもく【綱目】ものごとのあらすじと細目。

こうもく【項目】ものごとをある基準にしたがって区分したときの小分け。

ごうもくてき【合目的】『ダナ』一定の目的にかなっているさま。

こうもくてん【広目天】〔仏〕四天王の一つ。西方を守る。甲冑(かっちゅう)を着け筆などを持つ武将の姿に作る。

こうもり【〈蝙蝠〉】①長くのびた前足の指の間に被膜があり、これをつばさとして空を飛ぶ哺乳(ほにゅう)類。昼間は、ほら穴などの暗所に後ろ足の爪でぶら下がって休み、日暮れに外に出て虫を捕らえて食う。「鳥無き里の—」(すぐれた人のいない所なので、そうでもない者がいばっている)▽こうもり目(翼手

目)の哺乳類の総称。昼行性で果実を食う種もある。②比喩的に、状況しだいで態度を変える人。③「こうもりがさ」の略。 **―がさ**【―傘】西洋風の雨傘。金属製の骨に布地をはりつけ、柄(え)をつけたもの。こうもり。

こうもん【校門】学校の門。

こうもん【×肛門】消化器の出口。直腸の終わる部分。糞(ふん)を排出する。しりの穴。

こうもん【×閘門】①運河・放水路などで、水量を調節して水面を一定にするためのせき。②高低の差の大きい水面で、船舶を昇降させるための装置。

こうもん【黄門】中納言(ちゅうなごん)の唐風の呼び方。▽徳川光圀(みつくに)は「水戸(みと)黄門」と言われた。

ごうもん【拷問】『名・ス他』肉体的な苦痛を与えて自白を強制すること。「―にかける」

こうや ①【広野・×曠野】ひろびろとした野原。ひろの。②【荒野・×曠野】あれた野原。あらの。

こうや【紺屋】布を藍で青く染める業(の者)。転じて広く、染物屋。こんや。「―の白ばかま」(自分の専門でも、わが身に関しては、案外おろそかにしがちなこと)「―のあさって」(約束の期日のあてにならないたとえ。紺屋の仕事は天候に支配されるため、仕上がりがおくれがちだったから)

こうやく【公約】『名・ス自他』(政府・政党などが)公衆に対して、ある事を実行すると約束すること。その約束。

こうやく【口約】『名・ス自他』口で約束すること。その約束。

こうやく【×膏薬】傷・できものなどに塗ったり、布などに塗って患部に貼りつけたりする薬。軟膏と硬膏とがある。「―をはる」▽「膏」は、動物などの粘性の高いあぶら。

こうやくすう【公約数】①二つ以上の整数のどれをも割り切り得る(1以外の)整数。共通の約数。↔公倍数。「最大―」②比喩的に、二つ以上のものに共通する部分。

こうやどうふ【高野豆腐】とうふを小形に切り、凍らせた後、乾燥させたもの。こおりどうふ。しみどうふ。▽もと、高野山でつくったところから。

こうやひじり【高野△聖】寄付をつのるため、高野山から各地に出る僧。

こうやまき【高野×槙】日本特産の常緑高木。大きいものは高さ三〇メートル以上になる。樹皮は「まきはだ」といい、ふろおけや船の水漏りを防ぐ、つめものとする。材は、ふろおけ・船材・土木用材。▽名は高野山に多く産することから。こうやまき科。

こうゆ【香油】髪の毛などにつける、においのよいあぶら。

こうゆ【鉱油】石油など、地下から産出するあぶら。

こうゆう【校友】同じ学校に学ぶ者。「―会」▽卒業生を学校側から呼ぶ称。

こうゆう【交友】交際している友だち。友だちと交際すること。「―範囲」「―関係」

こうゆう【交遊】『名・ス自』つきあい遊ぶこと。交際。

こうゆう【公有】『名・ス他』国家や公共団体が所有していること。↔私有。「―財産」

ごうゆう【豪遊】『名・ス自』(ふんだんに金を使って)豪勢にあそぶこと。また、そのあそび。

ごうゆう【剛勇・豪勇】『名ナ』勇気があって強いこと。派生 **-さ**

こうよう【公用】個人のでなく、国家や公共団体などの用事。また、国家や公共団体などが使用すること。↔私用。「―物」

こうよう【効用】①使い道。用途。「他に―がない」②ききめ。効能。経済学で、財貨が消費者の欲望を満たし得る能力の度合。消費者の満足度。「限界―」

こうよう【後葉】①後世。後代。「名を―に残す」。また、(その人の)末孫。②時代を大きく区切った場合の、末ごろの一区切り。末期。▽(1)(2)の「葉」は時期の意。③部位を分ける臓器で、後ろに位置する部分。「脳下垂体―」

こうよう【紅葉・黄葉】『名・ス自』落葉植物の葉が落葉するに先立って、秋、赤または黄に変わること。その葉。もみじ。▽常緑樹では春の終わりに、新葉と交替する時に多く黄葉する。

こうよう【綱要】基本となる大事な所(事項)。

こうよう【孝養】『名・ス自』親をやしない孝行をすること。「―をつくす」

こうよう【高揚・×昂揚】『名・ス自他』(ある精神や気分が)高まり強くなること。高め強めること。「士気の―」

こうようじゅ【広葉樹】ひらたくて幅の広い葉を持つ木。例、さくら・かしなど。↔針葉樹。▽旧称は「闊葉(かつよう)樹」。

ごうよく【強欲・強×慾】『名・ダナ』あくどいほど欲が張っていること。派生 **-さ**

こうら【甲羅】①かめ・かになどの外部をおおう殻。甲。「―を経る」(年功を積む。「劫臈(こうろう)=長い年月。年功」との混同か)②比喩的に、人の背中。「―干し」

こうらい【光来】他人の来訪を敬って言う語。「御―を仰ぐ」

こうらい【後来】この後。将来。

こうらいしば【高△麗芝】芝(1)の一種。芝生(しばふ)として植栽するために広く流通する。▽「ちょうせんしば」とも言う。

こうらいべり【高△麗△縁】白地に黒い連続模様を織り出した、畳のへり。

こうらく【攻落】『名・ス他』攻めおとすこと。

こうらく【行楽】山野などに出て、遊び楽しむこと。「―の春」「―客」

こうらん【勾欄・高欄】欄干(らんかん)。

こうらん【×攪乱】『名・ス他』かきみだすこと。かくらん。

こうらん【高覧】他人が見ることを敬って言う語。「御

—をこう」

こうり【小売(り)】卸売(おろしうり)商から買った品物を消費者に売ること。↕卸売。「—業」「—商」

こうり【公吏】地方公共団体の職員の旧称。地方公務員。

こうり【公理】①一般に通じる道理。②〔数学・論理〕その理論の出発点として、論証ぬきで真だと仮定し、他の命題の前提とする根本命題。その理論で前提とする公理の体系。 **—けい**【—系】 **—ろん**【—論】一つの科学的理論を、公理系と推論規則とに基づいて、形式的推論ができるように、組み立てるという方法。公理的方法。

こうり【功利】①功名と利益。②〔倫理〕他の目的の実現に役立つ性質。 **—しゅぎ**【—主義】幸福と利益を価値の標準、人生の主たる目的とする倫理思想。近世、特にイギリスに発達した。 **—てき**【—的】『ダナ』自分のための利益(だけ)を求めるさま。「—な考え」

こうり【高利】①高い利息。②非常な利益。 **—かし**【—貸(し)】(不当な)高利で金銭を貸すこと。それを業とする人。こうりがし。

こうり【行×李】①柳や竹で編み、衣類などを納める、かぶせぶたのある箱型の入れ物。▽もと、旅行に携える荷物の意。②軍隊で、弾薬・食料・器具などを運ぶ役目の部隊。大行李・小行李があった。

ごうり【合理】物事の理屈に合っていること。 **—か**【—化】『名・ス他』①不合理を除き、技術の導入、人員削減などにより能率的にすること。「産業—」②弁解・正当化のための理由づけをすること。 **—しゅぎ**【—主義】①合理的に割り切って考える行き方。②認識の起源を理性に求める認識論上の立場。また、理性を最高の原理とし、それに反するものを否定する思想上の立場。 **—てき**【—的】『ダナ』合理であるさま。「—な方法」 **—ろん**【—論】合理主義⑵。

ごうりき【合力】①『名・ス自』力を合わせること。力をそえること。▽「ごうりょく」(合力⑴)とは別。②『名・ス他』金銭・品物をめぐむこと。また、それを受ける人。こじき。

ごうりき【強力・剛力】①力が強いこと。強い力。「—無双」②登山者の荷物を背負って案内する人。▽もと、修験者(しゅげんじゃ)の荷を背負って従う下男。「強力」は「きょうりょく」と読めば別の意。 **—はん**【強力犯】暴行・脅迫を手段とする犯罪。殺人・強盗・傷害など。実力犯。↕知能犯

こうりつ【公立】都道府県、市町村区など、地方公共団体が設立・管理すること。「—高等学校」

こうりつ【効率】①機械に供給したエネルギーに対して、仕事として有効に使われたエネルギーの割合。②仕事の能率。「—をあげる」「—的な作業」

こうりつ【高率】率が高いこと。高い率。↕低率

こうりゃく【攻略】『名・ス他』①敵陣や敵地を攻め取ること。②転じて、さまざまに働きかけて相手を負かしたり説きふせたりすること。「—本」

こうりゃく【後略】『名・ス自他』文章を引用する際に、後(残り)の部分を省略すること。↕前略・中略

ごうりゃく【×劫×掠・×劫略】『名・ス他』脅かして、かすめ取ること。

こうりゅう【交流】①『名』ほぼ一定の周期で流れの向きを変える電流。↕直流。▽家庭用の電気もこれ。②『名・ス自』違った系統のものが、互いに行きかい、入りまじること。「子どもたちとの—」「—を図る」「文化—」「人事—」

こうりゅう『名・ス他』①【拘留】刑の一種で、一日以上三十日未満の期間、刑事施設に拘置すること。②【勾留】被告人や被疑者を、公訴上の必要により、拘禁すること。▽⑵は刑でなく、有罪の確定しない者に対して行う。新聞などで「拘置」と書き替えたことがあるが、拘置は別概念。なお「勾留」には人身保護法一八条に規定する別の用法もある。

こうりゅう【興隆】『名・ス自』物事が盛んにおこり、勢いがふるうこと。「文化の—」

ごうりゅう【合流】『名・ス自』①川と川とが一緒になり一つの川になって流れること。また、移動する人の集団の流れが一つになること。「デモ隊に—する」②人や団体・党派が一緒になって行動を共にすること。「連れと宿で—する」

こうりょ【行旅】『名・ス自』旅(たび)をすること。また、旅人。 **—しぼうにん**【—死亡人】〔法律〕氏名・本籍・住所が分からず、遺体の引き取り手も無い死者。

こうりょ【考慮】『名・ス他』そのことをよく考えてみること。「—の余地がある」「—に入れる」

こうりょう【×亢△竜】天高くのぼりつめた竜(りゅう)。こうりゅう。

こうりょう【×蛟△竜】①まだ竜(りゅう)となっていない蛟(みずち)。水中にひそみ、雲雨に会して天に上るという。②転じて、時運に際会しないで志を得ない英雄・豪傑のたとえ。▽「こうりゅう」とも言う。

こうりょう【口糧】軍隊で、一人用の糧食。「携帯—」

こうりょう【広量・×宏量】『名ナ』度量の広いこと。広い度量。↕狭量

こうりょう【考量】『名・ス他』他のことと考えはかること。「利害得失を—する」「比較—」

こうりょう【校了】『名・ス自他』校正が完了すること。

こうりょう【荒涼・荒×寥】『トタル』(風景などの)荒れはててさびしいさま。「—たる原野」

こうりょう【香料】①芳香をつけるための材料となる物質。②香典。「御—」

こうりょう【稿料】原稿料。

こうりょう【綱領】政治団体、特に政党の対策・方針・主義主張を(箇条書で)示したもの。

こうりょうし【光量子】光のエネルギーの量子。光と物質との間で受け渡されるエネルギーの最低量で、その値は光の波長によって決まる。光子を言うこともある。

こうりょく【効力】効果を及ぼすことのできる力。法律のはたらき、薬のききめなど。「―を失う」

こうりょく【抗力】物体の表面に働いて、その運動を妨げる力。また、流体中を運動する物体に働く抵抗。

ごうりょく【合力】①『名』〔物理〕同時に働く二つ以上の力と効果が全く等しい、一つの力。合成力。↕分力。②『名・ス自』↓ごうりき(合力)(1)

こうりん【光輪】キリスト教美術で、神的人格や聖人の頭の上方に描いた金色の輪。▽↓ごこう(後光)(2)

こうりん【光臨】他人の来訪を敬って言う語。「御―を仰ぐ」

こうりん【降臨】『名・ス自』①神仏などがあまくだること。「天孫―」②貴人の来臨を敬って言う語。

こうりんまきえ【光×琳×蒔絵】蒔絵(まきえ)の一種。漆器の中に金属・青貝をはめこんだもの。▽尾形光琳(こうりん)がはじめた。

こうる【×梱る】『五他』(なわをかけて)荷づくりする。こる。▽「行李(こうり)」を五段に活用させた語。

こうるい【紅涙】①血の涙。血涙。②(美しい)女性の流す涙。「―をしぼる」

こうるさい【小△煩い】『形』ちょっと(した事にも)または何かにつけ口やかましい。派生 -さ

こうれい【交霊】死者の霊魂と、生きている者が意思を通じ合うこと。「―現象」

こうれい【皇霊】歴代天皇・皇后などの神霊。「春季―祭」

こうれい【×伉×儷】配偶。つれあい。▽文語的。

こうれい【好例】ちょうどいい例。適切な例。

こうれい【恒例】ある儀式や行事がいつもきまって行われること。そういう儀式・行事。「―の秋季運動会」

こうれい【高齢】高い年齢。高年。老齢。「―者」

ごうれい【号令】①『名・ス自』支配者や指揮者が、統率する者に命令・指図(さしず)をすること。②『名』指揮者が、一定の型に従って発する、ある動作をさせるための言葉。「―を掛ける」

こうろ【行路】①みちを歩いてゆくこと。また、そのみちや、その人。②世渡り。 **―びょうしゃ**【―病者】病気・飢えで、道ばたに倒れ、引取り手のない人。行き倒れ。

こうろ【高炉】↓ようこうろ

こうろ【香炉】香をたくのに使う容器。

こうろ【航路】船や航空機の通るみちすじ。「欧州―」

こうろう【功労】手柄と骨折り。「多年の―」「―者」

こうろう【高楼】たかどの。

こうろうしょう【厚労相】厚生労働大臣の略称。

こうろく【高×禄】支給額の多い俸禄(ほうろく)・俸給・給料。「―を食(は)む」(高禄をもらっている)

こうろぜん【黄×櫨染】天皇が晴れの儀式に着る袍(ほう)の染色の名。黄褐色。ハゼ・スオウの煎じ汁に酢・灰汁(あく)などをまぜて染める。▽「黄櫨」はハゼノキ。

こうろん【公論】①世間一般の議論。「万機―に決すべし」②公正な、かたよらない議論。

こうろん【口論】『名・ス自』口で言い争うこと。言い合い。

こうろん【硬論】強硬な議論・意見。↕軟論

こうろん【高論】すぐれた論。「―卓説」▽他人の論を敬っても言う。

こうろんおつばく【甲論乙×駁】『名・ス自』甲が何か述べると、乙がそれに反対するというふうに、議論がいろいろ出てまとまらないこと。

こうわ【口話】(口や耳の不自由な人が)唇の動きや形を利用して意思を通わせる伝え方。「―法」▽↓しゅわ

こうわ【講和・×媾和】『名・ス自』交戦国間の合意で、戦争を終結し、平和を回復すること。「―条約」「全面―」

こうわ【講話】『名・ス自』(講義形式で)わかりやすく説いて聞かせること。また、その話。

こうわ【高話】他人の話を敬って言う語。「御―を拝聴する」▽「たかばなし」と読めば別の意。

こうわん【港湾】船が出入・停泊し、人が乗り降りしたり貨物を積みおろししたりする施設のある水域。

ごうわん【豪腕・剛腕】①野球で、剛球や速球を投げることができる投手(の腕力)。②比喩的に、力ずくで事を行うこと。その能力。「―政治家」

ごうん【五×蘊】〔仏〕人間を成り立たせている五つの要素。色(しき)(=肉体)・受(=感覚)・想(=想像)・行(ぎょう)(=心の作用)・識(=意識)。▽「蘊」はあつまる意。

こえ【声】人や動物が、声帯などの器官を使って出す音。「―を上げる」(大声を出す。声を出して主張する。意見・考えを言う意にも)「―を立てる」「―を掛ける」(話し掛ける)「賛成の―(=意見・主張)もある」。それに似た音。「虫の―」「鐘の―」「風の叫び、波の―」「松の―」(=こずえなどが風に鳴る音)。季節・時期などが近づくけはい。「秋の―」「四十の―をきく」 関連 音声(おんじょう・おんせい)・声音(こわね・せいおん)・音(ね)・ボイス・肉声・地声・裏声・嗄(しわが)れ声・濁り声・どら声・胴間声・金切り声・黄色い声・鼻声・風邪声(かざごえ)・大音声・声高・忍び音・蛮声・美声・悪声・奇声・鼾声(かんせい)・玉音

こえ【肥】こやし。肥料。

=ごえ【越え】《国名・峠の名の下に付けて》国の境または峠を越えて行く道(すじ)。「伊賀(いが)―」「ひよどり―」

こえい【孤影】ひとりさびしい姿。「―悄然(しょうぜん)」

ごえい【護衛】『名・ス他』つきそって守ること。また、その人。「身辺に―をつける」

ごえいか【御詠歌】寺々を巡拝する人が、そこの仏をたたえてうたう歌。

こえかけ【声掛け】『名・ス自』挨拶・注意喚起などのために声をかけること。「客への―」「―運動」(積極的に声をかけて援助などを申し出る活動)

こえがわり【声変(わ)り】『名・ス自』青年期にはいるころ、声帯の成長に伴い、声が変わること。ま

た、その時期。男子に著しい。

こえごえ【声声(ごえごえ)】めいめいがみな声に出して言うこと。「―に叫ぶ」

こえたご【肥たご】肥料にする糞尿(ふんにょう)を運ぶおけ。こえおけ。

こえだめ【肥×溜(め)】肥料にする糞尿(ふんにょう)をためておく所。

ごえつどうしゅう【呉越同舟】仲の悪い者同士が一所にいる、または共通の目標で協力すること。▽呉・越ともに中国春秋時代の国。互いによく争った。

ごえもんぶろ【五〈右衛〉門風呂】かまどの上に直接据える鉄のふろ。浮きぶたを底板に利用する。長州ぶろ。▽豊臣(とよとみ)秀吉が大盗石川五右衛門を、かまゆでの刑にしたという俗説に基づく名。

こ-える【肥える】《下一自》①体に肉がついて大きくなる。ふとる。②地味(ちみ)が豊かになる。③多くのものにふれて、良し悪(あ)しなどを解する力が豊かになる。「目が―」「耳が―」「舌が―」

こ-える【越える】《下一自》①手前から向こうに、その上を過ぎて移る。「山を―」「国境を―」「二メートルのバーを―」▽(1)(2)の一部は「越す」と互換的でも、こちらはその状態になる意。「を」は移動の格助詞。②ある時期、特に年を過ごしてその後になる。「暑い夏を―」「―・えて天明九年の正月」③ある基準より上になる。「分(ぶん)を―・えてしゃしゃり出る」㋐…より大きな値になる。「百人を―」「三〇度を―暑さ」「予想を―」㋑ぬきんでて、まさる。「人に―」(人よりまさる)。超越する。「現代を―」「党派を―・えて大局を見る」▽㋐㋑は「超える」とも書く。㋒順序を追わず、先に出る。飛び越す。「兄を―・えて弟が家をつぐ」

ごえん【誤×嚥】《名・ス自他》飲食物や唾液(だえき)を、誤って食道ではなく気道に飲み込むこと。「―性肺炎」

こおう【呼応】《名・ス自》①互いに呼びかわすこと。互いに示し合わせ、相応じて行うこと。②先行する一定の語に応じて後ろに特定の語形が来ること。「月こそ出づれ」の「こそ」と已然形との関係の類。

ごおう【五黄】九星の一つ。「―の寅(とら)」(この年に当たる生まれの人は、運勢が強く気性も激しいという)。→きゅうせい(九星)

こおうこんらい【古往今来】昔から今まで。

ゴー カート 遊戯用の小型自動車。▽go-cart

コークス 石炭を乾留して出来る多孔質の固体。火力の強い燃料となる。▽ドイツ Koks

ゴーグル 風(・光線・ちり)よけ用・水中用のめがね。▽goggles から。

ゴー サイン「それ行け」、または「始めよ」という、合図や許可。「新企画に―が出た」▽go と sign とによる和製英語。

ゴージャス《ダナ》ぜいたくで、はなやかなさま。豪華。「―な船旅」▽gorgeous 派生 -さ

コース 物事を進める筋道。㋐通る道筋。「登山の―」。比喩的に、進路。方針。「事態は予想の―をはずれた」㋑競走路・競泳路など、競技での定められた通路。「イン―」㋒(学科)課程。「進学―」㋓西洋料理で、一定の順序で出される一組の料理。「ディナーの―」▽course

コースター ①コップなどの下に敷く平たい物。コップ敷き。▽coaster ②→ジェット コースター

ゴースト ①幽霊。「―タウン」(住む人がいなくなって荒れ果てた町)「―ライター」(隠れた代筆者) ②アナログ放送のテレビの画像にできる、影のようにずれた映像。また、それが生じる現象。建物などで反射した電波によって起きる。③写真撮影の際、入射した強い光がレンズ面で反射を繰り返すことによって生じる、ぼけた画像。▽ghost

ゴー ストップ 道路上の交通信号機。▽go と stop とによる和製英語。

コーチ《名・ス他》スポーツの技術などを指導すること。また、その人。コーチャー。▽coach

コーチゾン 副腎皮質から分泌されるホルモンの一つ。糖・蛋白(たんぱく)質などの代謝に関わる。また、抗炎症・抗アレルギーの効果が強いので、関節リウマチ・皮膚疾患などの薬として用いる。▽cortisone

コーチャー ①コーチする役目の人。②野球で、ランナーに助言する役目の人。「三塁―」▽coacher

コーチン 中国原産のニワトリの一品種。体は丸みを帯びて大きい。多くの卵肉兼用品種の基礎となった。「名古屋―」▽cochin 「交趾」は当て字。

コーディネート《名・ス他》①物事を調整すること。間に立ってまとめること。②衣服や装身具などで、色・形・材質をうまく組み合わせて、全体の調和をはかること。「カラー―」▽coordinate 放送や服飾に関して、そういうことを仕事にする人を「コーディネーター」と言う。

コーティング《名・ス他》表面をおおう加工をすること。「防水―」「チョコ―」「髪の―」▽coating

コーデュロイ →コールテン。▽corduroy

コート ①㋐洋服の上に着る外套(がいとう)。「レーン―」㋑背広などの上着。㋒和服の上に着る女性用外套。▽coat ②テニス・バレーボールなどの競技場。▽court

コード ①ゴムなどで絶縁した電線。主に室内用。▽cord ②符号。特に、コンピュータで情報を表現するための記号の体系。「―ブック」「文字―」③こういうことをしないようにと定めた準則。倫理規定。「プレス―」▽(2)(3)は code (＝法典。おきて) ④㋐楽器の弦。㋑和音。▽chord **―レス** 電気器具で、内蔵電源や無線電波などを用いることによりコードが不要なこと。「―掃除機」▽cordless

コードバン スペインのコルドバ(Córdoba)産の山羊(やぎ)皮に由来する皮革。現在では牛・豚、特に馬の高級ななめし皮を言う。男性用の靴・ベルトなどに使う。▽cordovan

こおどり【小躍り(こをどり)】《名・ス自》喜んで体を小刻みに

動かすこと。おどらんばかりに喜ぶこと。「—(を)して喜んだ」

コーナー ①かど。すみ。「—をつく投球」②競走路が大きく曲がって向きの変わる所。「第四—」③アルバムに写真をはるとき、四すみにつけてとめるもの。④デパートなどの売り場の一区画。「化粧品—」。新聞・雑誌・放送番組などの一区画。「リクエスト—」▽corner **—キック** サッカーで、自陣のゴールラインから守備がボールを外に出したとき、攻撃側がそのゴール ラインとタッチラインのかどから蹴るキック。▽corner kick

コーナリング スケートや自動車などの競技で、コーナーを曲がること。そのわざ。▽cornering

コーパス テキストや発話を大規模に集めてデータベース化した言語資料。▽corpus

コーヒー【×珈×琲】コーヒーの木(あかね科の常緑高木)の実(コーヒー豆)や、それをいって粉にしたもの。また、それを湯で浸出した飲み物。▽(オランダ) koffie **—ブレーク** 仕事などを皆がちょっと休んでコーヒーを一杯飲む時間。▽coffee break

コーポレーション 株式(または有限)会社。(社団)法人。▽corporation

ゴーヤー 熱帯アジア原産のつる性の一年草。また、それがつける果実。巻きひげで物にからみつきながら伸び、夏から秋に黄色の花が咲く。果実は全面にいぼ状の突起があり、熟すとはぜて赤色の果肉が見える。普通、果皮が緑色で味が苦いうちに食べる。ニガウリ。ツルレイシ。レイシ。▽沖縄語。うり科。

コーラ 柑橘(かんきつ)類やバニラ・シナモンなどの香料で風味づけした、黒褐色で甘い炭酸清涼飲料。▽cola 当初、アフリカ原産の常緑樹コーラ(あおい科)の実を原料に使ったことから。

コーラス 合唱。合唱団体。合唱曲。▽chorus

こおり(こほり)【△郡】昔の行政区画の一つ。国を小区分したもので、いくつかの郷・村を包括する。

こおり(こほり)【氷】水が氷点下の温度で固体となったもの。関連 樹氷・霧氷・雨氷・薄氷・堅氷・浮氷・流氷・初氷・銀盤・氷河・氷塊・氷原・氷山・氷晶・氷雪・氷霜・氷壁・氷水・アイス・つらら

こおりがし(こほり…)【氷菓子】糖蜜や果汁に香料を加えて凍らせた食品。例、シャーベット・アイス キャンデー。

こおりざとう(こほり…)【氷砂糖】純良な砂糖をかたまりに結晶させたもの。食用。

こおりつ-く(こほり…)【凍り付く】『五自』こおってくっつく。「水道の栓が—」。かたくこおる。「—いた雪原」「恐怖で—」

こおりどうふ(こほり…)【凍り豆腐】↓こうやどうふ

こおりぶくろ(こほり…)【氷袋・氷×嚢】↓ひょうのう

こおりまくら(こほり…)【氷枕】中に氷を入れ、枕の代わりにするゴム製などの袋。頭部を冷やすのに用いる。

こおりみず(こほりみづ)【氷水】①氷のかけらを入れて冷やした飲み水。②氷を細かく削ったもの。かきごおり。▽江戸・東京では普通「—を飲む」と言い、砂糖水を掛けただけのを特に「すい」と呼んだ。

コーリャン【△高×粱】中国北部に産する背の高いモロコシ。▽中国語。

こお-る(こほる)【凍る・△氷る】『五自』液体また物体中の水分が、低い温度のために、固体の状態に変わる。「血も—恐怖」

コール ①『名・ス自他』呼び出すこと。電話の呼び出し(音)。「何回—しても出ない」。(通信での)呼び出し。②『名・ス自他』大声で呼びかけること。その呼びかけ(の声)。「客席から名前を—する」③『名・ス自他』ルールなどにのっとって宣言すること。「セーフの—」④『名』金融機関の間で行う極めて短期の融資。短資。▽call **—サイン** ある無電局・放送局を他の局と区別するために定められている呼び出し符号。例、JOAK。▽call sign

ゴール ①『名』競走の決勝点。比喩的に、広く、目標。②『名・ス自』サッカー・ホッケーなどで、ボールを入れる目標とする柱の門。また、そこにボールを入れて得点すること。③『名・ス自』↓ゴール イン。▽goal **—イン**『名・ス自』ゴール(1)に着くこと、はいること。「結婚に—する」▽goal と in とによる和製英語。 **—キーパー** サッカー・ホッケーなどで、ゴール(2)を守備する者。▽goalkeeper **—ボール** 鈴の入ったボールを相手のゴールに転がすように投げて得点を競う競技。選手は目隠し(アイシェード)を着用する。▽goalball **—ライン** ①決勝線。②サッカー・ラグビーなどのフィールドの短い方の両端の線。▽goal line

コール タール 石炭を乾留してガス・コークスをつくるときに得られる、黒いどろどろした油状の物質。特有の臭気がある。防腐用塗料。また分留して、いろいろの有機化学工業の重要な原料とする。石炭タール。▽coal tar

コールテン 布地の一種。ビロードに似た木綿(もめん)織りで、表がうね織りのもの。丈夫で、洋服・足袋(たび)などを作る。コーデュロイ。▽corded velveteen から。「コール天」とも書き、「天」は「天鵞絨(ビロード)」の略とも言う。

ゴールデン= 黄金のように価値の高い。「—アワー」(放送で、視聴率が最も高い時間)「—ウイーク」(四月末から五月初めの、休日の多い週)▽golden

ゴールド 金(きん)。黄金。▽gold **—ラッシュ** ①金を求めて産地に採掘者が殺到すること。②金融市場で、金の買いが殺到すること。▽gold rush

コールド クリーム 油脂を多く含んだ化粧用クリーム。油性クリーム。▽cold cream

コールド ゲーム 野球で、種々の事情のためゲームを中断し、それまでの得点で勝敗をきめて試合終了とすること。▽called game

コールド パーマ 電熱を用いず、薬液だけでするパーマ。▽cold permanent wave から。

コールド ミート ローストした肉類を冷やしたもの。

冷肉。▽cold meat

こおろぎ【〈蟋蟀〉】体が黒褐色でつやがあり、触角が長い、跳ねて動く昆虫。体長は二センチ前後。草むら・壁のすきまなどにすみ、雄は、秋の夜、美しい声で鳴く。▽ばった目こおろぎ科こおろぎ亜科の昆虫の総称。

こおん【古音】呉音・漢音以前に日本に伝わった漢字音。例、「川」の「ツ」。

コーン ①とうもろこし。「―スープ」▽アメリカ corn ②アイス クリームを入れる円錐(えんすい)形の容器。穀物の粉でつくり、食べられる。③スピーカーで、円錐形の振動板。④道路などに置く円錐形の標識。パイロン。▽(2)(3)(4)は cone(＝円錐) **―スターチ** とうもろこしから作った澱粉(でんぷん)。食用および糊(のり)の原料として使用。▽アメリカ cornstarch **―フレーク** 挽(ひ)き割りにしたとうもろこしを平たくつぶした食品。牛乳などをかけて食べる。▽cornflakes

ごおん【五音】→ごいん(五音)

ごおん【呉音】日本漢字音の一種。六朝(りくちょう)時代の中国の呉の地方の音が伝わり、仏教語に多く用いる。例、「弱」を「ニャク」と言う類。

こおんな【小女】①小柄の女。②年のゆかない女中。

コーン ビーフ →コンビーフ

こか【古歌】古い(和)歌。「―に詠まれた名所」

こが【個我】個としての自我。

こが【古雅】『名ナノ』古風でみやびやかさのあること。「―な山水画」

ごか【呉下】『―の(旧)阿蒙(あもう)』進歩しない昔ながらの人物。▽魯粛(ろしゅく)が久しぶりに会った呂蒙(りょもう)に対して、君は今では学問も上達していて、昔、呉にいた時の蒙君ではない、と言った、三国志の故事から。

こがい【子飼い】①ひなの時から飼って育てること。②転じて、未熟なうちから手元において、面倒をみて育てること。「―の部下」

こがい【戸外】家・建物の外。屋外。

ごかい【〈沙蚕〉】いそにすむ、淡紅色で細長い動物。体は百個前後の環節からなり、各環節から、いぼ状の足と毛が生える。釣りのえさに用いる。▽ごかい科の多毛類の総称。

ごかい【五戒】〔仏〕在家の信者の守るべき五つの禁戒。殺生(せっしょう)・偸盗(ちゅうとう)・邪淫・妄語・飲酒(おんじゅ)の五つをしてはならない。

ごかい【誤解】『名・ス他』意味をとりちがえること。まちがった解し方をすること。「―を招く」「―を解く」

こがいしゃ【子会社】資本その他の点で、直接に他の会社の支配を受け、これと経済上一体をなす会社。↕親会社

ごかいしょ【碁会所】席料をとり、碁を打たせるところ。

コカイン コカ(南米原産のコカノキ科の低木)の葉から抽出されるアルカロイド。無色無臭の結晶状で、代表的な麻薬の一つ。局所麻酔に用いる。▽ドイツ Kokain

こがき【小書き】『名・ス他』小さく書くこと。注などを、文書の中にこまかく書き入れること。

こかく【古格】古い格式。むかしの方式・形式。

こかく【孤客】ひとり旅の人。

こかく【顧客】→こきゃく

こがく【古学】①江戸時代に起こった儒学の一派。直接、経書の本文について研究しようとしたもの。②→こくがく(1)

こがく【古楽】古代の音楽。また、雅楽の分類の一つ。中国の、秦(しん)・漢・六朝(りくちょう)以前の音楽とする。

ごかく【互角】互いの力に優劣の差がないこと。「―の勝負」▽牛の二本の角の長さ・太さに変わりがない意から。「互格」「牛角」とも書いた。

ごかく【碁客】碁を打つ人。碁打ち。

ごかく【語格】語の用法のきまり。語法。

ごがく【語学】①外国語を身につける勉強。また、その学科。俗に、外国語を使う能力。「あの人は―に強い」②言語を研究する学問。▽文芸研究としての文学と区別して言う。

こがくれ【木隠れ】木のかげにかくれて見えないこと。

こかげ【小陰・小×蔭】ちょっとした物かげ。

こかげ ①【木影】(水面などに映る)木の姿。②【木陰・木×蔭】(枝が茂ったりしてできる)木のかげ。

＝ごかし 《体言に付けて》……を口実として自分の利益をはかること。「おため―」「親切―」

こがしら【小頭】組をなす人々の中で、その小分けした一部分の長。「火消しの―」

こか-す 『五他』①転がす。倒す。②〔俗〕その品物を質草にする。また、品物を、まともでない方法で処分する。

こが-す【焦がす】『五他』①焼いて黒くする。こげた状態にする。②こがれて心を苦しめ悩ます。「胸を―」

こかた【子方】①能などで、子供の演じる役。また、その子供。②てした。こぶん。↕親方

こがた【小型・小形】『名ナノ』(同類の中で)形や規模が小さいこと。「小形の詩集」「この発電機は小型だね」「小型な(＝実力も貫禄(かんろく)も乏しい)大臣」▽「形」で書くのは具体物の形に即して言う傾向がある。

ごがたき【碁敵】囲碁の相手。囲碁の好敵手。

こがたな【小刀】①雑用に使う小形の刃物。ナイフ。②→こづか。▽「しょうとう」と読めば別の意。 **―ざいく**【―細工】①小刀でこまかな細工をすること。②転じて、いたずらに小策を弄すること。

こかつ【枯渇・×涸渇】『名・ス自』①ひあがって水がなくなること。②尽きはてて、なくなること。「才能の―」

ごがつ【五月】その年の五番目の月。「―五日のこい

のぼり」▽異称は「皐月(さつき)」だが、陰暦に基づくので「さつき晴れ」は元来、陽暦五月の好天でなく今のつゆ晴れを指した。「五月雨(さみだれ)」も梅雨のことだった。

こがね【小金】ちょっとばかりまとまったお金。「—をためる」

こがね【黄金】①金。黄金(おうごん)。また、それが持つ輝く黄色。「—の波」(実った稲穂のさま) ②金貨。 **—むし**【—虫】緑と赤紫色の混じった金属光沢のある体長約二センチの甲虫。成虫はサクラなどの広葉樹の葉を、幼虫は植物の根を食べる。▽こがねむし科。広くは同科の昆虫の総称。

こかぶ【子株】①植物の親株からわかれてできた株。②〔取引〕新株。▽↕親株

こがも【小×鴨】カモの一種。冬、日本各地の水辺に見られ、肉は美味。

こがら【子柄】人柄・みめかたちを含めて、子供のたち。「案外に—がいい」

こがら【小柄】《名ナノ》①身体が普通よりも小さいこと。「—な男」②模様や柄がこまかいもの。▽↕大柄

こがら【小×雀】山林にすみ、体が灰色で頭が黒い小鳥。シジュウカラに似るが、やや小さく、胸に黒帯がない。▽しじゅうから科。

こがらし【木枯(ら)し・×凩】秋のおわりから冬のはじめにかけて吹く北よりの強い風。▽風速八メートル以上の風を言う。

こがれじに【焦がれ死(に)】《名・ス自》恋い焦がれる余りに、病気になって死ぬこと。

こが-れる【焦がれる】《下一自》切に思い望む。恋い慕って思い悩む。「思い—」

こがわ【小川】「大川」と特に対比させて言う、小さい川。「本流に比べれば—の支流だ」▽↓おがわ

こがわせ【小〈為替〉】旧制の郵便為替(かわせ)の一種。最も簡便なもの。

こかん【股間・×胯間】またのあいだ。またぐら。

こがん【孤×雁】ただ一羽で、つれのない雁(がん)。

こがん【湖岸】みずうみのきし。

ごかん【五官】五感を生じる五つの感覚器官。目・耳・鼻・舌・皮膚。

ごかん【五感】視・聴・嗅・味・触の五つの感覚。感覚の総称。

ごかん【語感】①語が与える、論理的意味以外の、主観的な印象。語のニュアンス。②言葉に対する微妙な感覚。「鋭い—の持ち主」

ごかん【語幹】語尾が変化する語の、変化しない(と見なす)部分。▽「高い」のウ音便は「たこう」だが、「たか」の部分を語幹と認める。この例外は歴史的仮名遣いでは生じない。

ごかん【互換】《名・ス自他》機械の部品などが(完全に同一ではないが)、互いに取り換えて使えること。「—可能な部品」「—性」

ごがん【御願】祈願・立願を敬って言う語。特に、天皇の勅願。「—寺」

ごがん【護岸】水害や侵食を防ぐため、川岸や海岸、堤防を保護すること。「—工事」

こかんじゃ【小冠者】年のゆかない若者。▽軽んじた言い方。古風。

こかんせつ【股関節】股(また)にある関節。大腿(だいたい)骨の上端と骨盤とをつなぐ。

こき【子機】組み合わせて用いる機器のうち、本体と離して用いる端末。↕親機。「コードレス電話の—」

こき【古希・古×稀】(数え年の)七十歳の称。「—を祝う」▽杜甫(とほ)の詩中の句「人生七十古来稀(まれ)なり」から。

こき【古記】ふるい記録。旧記。

こき【呼気】(動物が)はき出す息。↕吸気

こぎ【×狐疑】《名・ス自》ある事に臨み、うたがってためらうこと。「—逡巡(しゅんじゅん)」

ごき【御忌】貴人・祖師の年忌を敬って言う語。ぎょき。

ごき【誤記】《名・ス他》書きあやまり(をすること)。

ごき【語気】話す言葉の勢い・調子。「—鋭くつめよる」

ごぎ【語義】その言葉の意義。語意。

コキール 肉・牡蠣(かき)・野菜などをホワイト ソースであえたものを貝殻(の形の皿)に入れ、粉チーズなどをかけてオーブンで焼いた料理。コキーユ。▽フランス coquille の英語読みから。

こきおろ-す【△扱(き)下ろす】《五他》手きびしくけなす。

こぎく【小菊】①花の小さい菊。②和紙の名。小さな判型で、鼻紙、茶の湯の釜敷(かましき)などに使うもの。

ごきげん【御機嫌】①《名》「きげん」の敬語。「—斜め」(きげんの悪いこと)「—取り」「—うかがい」②《名ナノ》いいきげん。上きげん。「大分—だ」 **—よう**【—△好う】《連語》人に会ったときや別れるときの、(健康を祝し、祈る)あいさつの言葉。

こきざみ【小刻み】《名ナノ》①間を小さく速くきざむこと。「—に歩く」②徐々に少しずつ出すさま。「—に発表する」

こぎたな-い【小汚い】《形》なんとなく汚らしく、うとましい。派生 **-さ -げ -がる**

こきつか-う【△扱(き)使う】《五他》遠慮や同情などすることなく、人を使う。

こぎつ-ける【×漕(ぎ)着ける】《下一自他》①船などを漕(こ)いで目的の所に到着させる。②転じて、努力してある目標に到達する。「ようやく開店に—」

こぎって【小切手】当座預金の中から、一定額を自分または自分の指定する人に支払うことを、銀行に委託する証券。「—を切る」(↓ふりだす(2))

ごきぶり 台所などにすむ、平たく楕円(だえん)形で、油を塗ったようなつやのある黒褐色の昆虫。家具のすきまなどに潜み、素早く走る。あぶらむし。▽日本の人家に普通なのはごきぶり科の数種。

こきま-ぜる【△扱(き)混ぜる】『下一他』まぜあわせる。「見渡せば柳桜を—ぜて都ぞ春の錦なりける」(古今集) ▽「扱き雑ぜる」とも書く。

こきみ【小気味】『—がよい』胸がすうっとする気持だ。

こきゃく【顧客】おとくいの客。こかく。

ごぎゃく【五逆】①〔仏〕五つの最も重い罪悪。すなわち父・母・羅漢を殺すこと、仏身を傷つけること、僧団の和合を破ること。②主君・父・母・祖父・祖母を殺すこと。

こきゅう【故旧】古いなじみ。ずっと以前からの知合い。

こきゅう【呼吸】①『名・ス自他』息を吐いたり吸ったりすること。「新鮮な空気を—する」「ひと—置く」(次の動作に移るのにほんの少し間を置く)。生物が必要な酸素を取り入れ、二酸化炭素を排出すること。②『名』動作を共にする人と人との間の調子。「—が合う」▽相撲(すもう)の仕切りから。③『名』物事を巧みに行う微妙なこつ。「—を覚える」 **—き**【—器】①呼吸をいとなむための器官。肺・気管支・咽喉など。魚類では鰓(えら)。②肺のこと。

こきゅう【鼓弓・×胡弓】東アジアの弦楽器。日本では、形は三味線(しゃみせん)に似て小形。弦は三、四本。馬の尾の毛を張った弓でこすって演奏する。▽→にこ

こきょう①【古京】古く都だった所。「—遺文」▽日本では奈良を指すことが多い。②【故京】今の都に移る前の、もとの都。「—からのゆかり」

こきょう【故郷】生まれた土地。ふるさと。

こぎよう【小器用】『名・ダナ』ちょっと器用なこと。派生 **-さ**

ごきょう【五教】①儒教で、人の守るべき五つの教え。▽→ごじょう(五常)。②釈迦(しゃか)一代の教説を五種に分類したもの。

ごきょう【五経】儒学で尊重する五部の書、すなわち、易経(えききょう)・詩経・書経・春秋・礼記(らいき)の総称。

ごぎょう【五行】古代中国の説でいう五つの元素、木(もく)・火(か)・土(ど)・金(ごん)・水(すい)の総称。また、あらゆる現象を説明するとされる、それらの運行の原理。→そうこく・そうしょう(相生)

ごぎょう【御形】ハハコグサの異称。特に、春の七草の一つとしての称。

こきょく【古曲】古い時代にできた、または古流の趣を伝える、曲。▽特に、三味線音楽では、十八世紀中頃までに現れた一中節・河東(かとう)節・薗八(そのはち)節・荻江(おぎえ)節の四流を指す。

こぎ-る【小切る】『五他』小さい部分に句切る。また、値切る。

こぎれ【小切れ・小△布】布の小さなきれはし。

こぎれい【小奇麗・小×綺麗】『ダナ』身づくろい・部屋などの感じが、さっぱりと整っていて気持のいいさま。「—な店」「—に身なりを整える」派生 **-さ**

こ-く ①【△扱く】『五他』細長いものを片手でゆるく握り、他方の手で引き動かす。しごく。また、しごいて、ついているものをかき落とす。「稲を—」②【△放く】『五他』〔俗〕㋐(屁(へ)を)はなつ。ひる。㋑「言う」を卑しめて言う語。ぬかす。「うそを—」㋒「する」の乱雑な言い方。「びっくり—・いた」

こく 味わえば味わうほど心にしみるような、すぐれた趣、味。「—のある酒」▽本来は酒などの味覚について使う語。「酷」からとも「濃く」からともいう。

こく【石】①穀物や液体の容積をはかる単位。一石は一斗の十倍、一升の百倍。約一八〇リットル。②武家時代、大名・武家の知行高(ちぎょうだか)の単位。「加賀百万—」③船や木材などの体積をはかる単位。一石は十立方尺。約〇・二八立方メートル。

こく〖克〗 コク よく かつ ——①力を尽くして事をしとげる。よくする。できる。よく。「克明・克復・克似」②力を尽くして相手に打ち勝つ。かつ。「克己・克服・超克・相克」

こく〖*告〗［告］ コク コウ(カウ) つげる ——①言葉にして相手にわからせる。知らせる。つげる。「告示・告知・告白・告諭・告別・告訴・布告・戒告・宣告・忠告・予告・通告・報告・密告・広告・警告・勧告・謹告」②下から上に告げる。もうす。「告文(こうもん)・申告」③訴える。「告訴・原告・被告」

こく〖酷〗［酷］ コク むごい ひどい ——①『ダナ・造』容赦がなく、きびしい。むごい。ひどい。「彼には酷だ」「酷な命令」「酷薄・酷烈・酷刑・酷吏・苛酷(かこく)・冷酷・惨酷・残酷・厳酷」②程度がはげしい。はなはだしい。「酷寒・酷暑・酷熱・酷似」

こく〖*谷〗 コク たに や きわまる ——①山と山の間の流れ。また、山と山の間の低地。たにあい。「山谷・空谷・幽谷・渓谷・浸食谷」②きわまる。ゆきづまる。

こく〖*刻〗 コク きざむ とき ——①ほりつける。きざむ。「彫刻・刻印・刻字・印刻・板刻・篆刻(てんこく)・鏤刻(るこく)」②容赦がない。むごい。きびしい。「刻薄・刻苦・苛刻(かこく)・深刻」③『名・造』時計のきざみ目。時間。昔、一昼夜を十二等分したもの、またそれを更に二等分したものをも言う。とき。「子(ね)の刻」「漏刻・時刻・刻限・時時刻刻・一刻・寸刻・遅刻・先刻・即刻・定刻」

こく〖*国〗［人國］ コク くに ——①一つの政府に属する土地。古くは諸侯の封じられた土地。大きいものを「邦」、小さいものを「国」という。ただし多く混用される。「国家・国体・国政・国庫・国交・国際・国威・国史・国論・国葬・一国・小国・大国・外国・他国・諸国・愛国・亡国・興国・建国・開国・祖国・母国・属国」。転じて、わが国の、特に日本の、の意に用いる。「国学・国語・国文」②政府に関すること。また「国有」「国民」等の略。「国税・国体・国連」③地理上または行政上の区画。「国郡・国守」④ふるさ

と。「郷国」⑤国の中で特にすぐれている人。「国士・国手」▽「圀」は古字。

こく〖*穀〗【穀】コク ―イネ・ムギ・アワ・キビ・ヒエ・マメ等、田畑で作り、実を主食として用いる植物。「穀物・穀類・五穀・米穀・雑穀・新穀・脱穀・穀倉」

こく〖*黒〗【黑】コク くろ くろい ―①墨のようない ろ。くろ。くろい。↕白。「黒色・黒白(こくびゃく)・漆黒・黒衣(こくい・こくえ)・黒雲・黒板・黒子(こくし・ほくろ)」②黒に近い色。また、暗い。「黒雨・暗黒」

こく〖石〗→せき〖石〗

こ-ぐ【△扱ぐ】〖五他〗根のついたまま引き抜く。根こぎにする。

こ-ぐ【×漕ぐ】〖五他〗①櫓(ろ)・櫂(かい)などを動かして舟を進める。「舟を―」(からだを前後にゆらして、いねむりする意にも)②乗っている自転車やブランコを動かすために足を屈伸させる。③深い雪や泥、やぶなどをかきわけて進む。

ごく【極】〖副〗きわめて。「―上等だ」「―わずか」「―自然に」

ごく【語句】①語と句。または、語や句。②言葉。

ごく〖獄〗ゴク ひとや ―①〖名・造〗罪人を監禁しておく所。ろうや。「獄に下る」「獄舎・獄窓・獄吏・獄卒・獄死・獄門・入獄・投獄・出獄・監獄・禁獄・脱獄・典獄・地獄・牢獄(ろうごく)・煉獄(れんごく)」②訴える。訴え。「獄訴・獄訟・疑獄」

こくあく【酷悪】〖名ナノ〗残酷で、暴悪なこと。

ごくあく【極悪】〖名ナノ〗この上なくよこしまなこと。「―非道」 派生 **-さ**

こくい【国威】国家の威光。「―宣揚」

こくい【黒衣】黒い衣服、特に僧服。▽「こくえ」とも言う。

ごくい【極意】(芸道や武道などの)最も深遠な意味・秘訣(ひけつ)。奥義(おうぎ)。「―を授ける」

ごくい【獄衣】刑務所で服役者に着せる衣服。囚人服。

こくいっこく【刻一刻】〖連語〗一刻ごとに。時がたつに従って、どんどん。「天候が―(と)変化する」

こくいん【刻印】①〖名・ス自他〗印を彫ること。その印。②〖名・ス自他〗比喩的に、刻みつけること。「―された記憶」③〖名〗消しがたい証拠・定評。「極道者の―を押される」▽極印(ごくいん)(1)の転。

ごくいん【極印】①金・白金などの貴金属、小判等、また高圧ガス容器などに、品質証明のために打って刻みつけた印影。②→こくいん(3)

こくう【穀雨】二十四気の一つ。陽暦四月二十日ごろ。▽春雨が降って百穀(＝さまざまの作物)をうるおす意。

こくう【虚空】何もない空間。空中。大空。 **―ぞうぼさつ**【―蔵×菩×薩】虚空のように広大で限りない知恵と功徳(くどく)を蔵し、衆生(しゅじょう)に施す菩薩(ぼさつ)。

ごくう【御△供】神仏に供える物。御供物(ごくもつ)。「人身(ひとみ)―」

こくうん【国運】国の運命。「―がさかえる」

こくえい【国営】国家の経営によること。↕民営

こくえき【国益】国の利益。国利。

こくえん【黒鉛】↓せきぼく

こくおう【国王】王の称号を持っている、国の元首。

こくが【穀×蛾】灰白色に暗褐色のまだらのある、蛾(が)の一種。幼虫は貯蔵穀物につく。食い荒らされた穀粒は、分泌物によって、糸でつないだようになる。

こくが【国×衙】国司の役所。また、国司の治める地域。

こくがい【国外】国の領土のそと。「―追放」

こくがく【国学】①江戸時代に、古事記・万葉集などの古典に基づいて文献学的に古代日本の思想・文化を明らかにしようとした学問。②律令(りつりょう)制で、国ごとに設けた地方官吏の養成機関。↕大学(2)

こくぎ【国技】その国の(伝統とも言える)代表的な運動競技。

こくぐう【酷遇】〖名・ス他〗むごい取扱いをすること。ひどい待遇。

こくぐら【穀倉】穀物をたくわえる倉。こくそう。

こくぐん【国軍】(私兵でなく)近代国家として有する軍。

こくげき【国劇】その国の特有の演劇。▽日本では歌舞伎。

ごくげつ【極月】(陰暦)十二月の呼び名。師走(しわす)。

こくげん【刻限】①定められた時刻。定刻。②とき。時刻。

こくご【国語】①日本の言語。日本語。▽俗に、方言に対して、共通語・標準語を指すこともある。②ある国家の公的な言語。国家語。③学校の教科の一つである「国語科」の略。 **―がく**【―学】国語(1)を研究する学問。▽日本人の立場での称。日本語学と同じはずであるが、日本語学は、外国人に日本語を教える際の問題に焦点を合わせた日本語研究という含みで使うことがある。

こくごう【国号】一国の称号。国名。

こくこく【刻刻】↓こっこく。▽こちらが本来の形。

ごくごく〖副「と」〗液体を勢いよく、続けて飲むさま。その音。「赤ん坊がミルクを―(と)のどを鳴らして飲む」

ごくごく【極極】〖副ノ〗この上なく。きわめて。「―親しい仲」「―の秘密」「―最近」▽副詞「ごく」の強調した言い方。

こくさい【告祭】神前に報告して祭儀をいとなむこと。

こくさい【国債】国家が、歳入不足を補うなど、財政上の必要から発行する公債。

こくさい【国際】一国内の問題ではなく、諸国家の間に存在・関係すること。「―的」「―連合」「―会議」▽通例、他の名詞の上につけて使う。 **―かいきょう**【―海峡】公海どうし、または公海と領海とを結び、外国船も(一定条件のもとで)通れる海峡。

例、津軽海峡・ジブラルタル海峡。　**―かせん**【―河川】国境となっている、または二つ以上の国を貫いているが、条約で外国船も通れる川。例、ライン川・ドナウ川。　**―けっこん**【―結婚】国籍のちがう者同士の間に行われる結婚。　**―ご**【―語】言語を異にする各民族・各国家の間で共通に使用されるべき言語。世界語。　**―こうほう**【―公法】国際社会の法。条約、国際慣習、諸国家間の合意によって成立したと見なされる、国家間の関係を規律する法。国際法。　**―しほう**【―私法】ある人の外国での行為について、本国の法と外国の法が違った規定をしている時、いずれによって解決するかなどをきめる法規。　**―しゅうし**【―収支】一国が一定期間（普通は一年）に外国と受け払いをした、（輸出入や資本の貸借など）一切の受取額・支払額の総体。「―に赤字が出る」　**―しゅぎ**【―主義】国と国との、または国民と国民との親和・協力を望ましいとする主義・考え方。　**―しょく**【―色】いろいろの国の人が入りまじったりして、かもし出される雰囲気。「―豊かな会議」　**―たんいけい**【―単位系】世界中で通じる標準として、国際度量衡総会で採択された単位の体系。MKSA単位系を拡張したもの。メートル・キログラム・秒・アンペアに、ケルビン・モル・カンデラを加えた七つを基本単位とする。▽一九六〇年に採択され、現在まで何回か改定。「SI」と略称する。　**―つうか**【―通貨】国際間取引の決済に利用されることが多い（貨幣価値が割合に安定している）通貨。「ドルの―としての役割」　**―ほう**【―法】→こくさいこうほう。　**―もんだい**【―問題】影響が他国にまで及ぶので、一国内にはとどまらない（または他国が取り上げるに至った）政治・経済・社会的な問題。

ごくさいしき【極彩色】非常に濃く手のこんだ彩色。はでで、けばけばしい色どり。

こくさく【国策】国家目的を遂行するための政策。

こくさん【国産】自国で産出すること。その産物。日本の生産（物）。↔舶来。「―品」「―化」

こくし【国史】一国の歴史。日本の歴史。

こくし【国士】①自分の事は省みずもっぱら国の事を心配する人物。憂国の士。②国中で最もすぐれた人物。　**―むそう**【―無双】国中にならびない国士。天下第一の人物。

こくし【国司】昔、朝廷から諸国に赴任させた地方官。

こくし【国師】朝廷から国の師として高僧がたまわった称号。「夢窓―」▽奈良時代、諸国に置かれた僧官。

こくし【酷使】〘名・ス他〙むごいほどひどく使うこと。こき使うこと。「社員を牛馬のように―する」「―したので車にガタが来た」「若い時―した体」

こくじ【告示】〘名・ス他〙広義には、公の機関がある事項を広く一般に知らせること。狭義には、そのための形式の一つ。「内閣―」▽法律用語として、「公示」との間に慣例的な差も見られる。発表形式については「公示」と言わない。

こくじ【国字】①その国で公的に採用している文字。「―問題」②漢字に対し、仮名。③日本で作られた漢字。例「峠(とうげ)」「榊(さかき)」「辷(すべる)」。

こくじ【国事】国家に関する事柄。一国の政治に関する事項。　**―はん**【―犯】国家の政治秩序を侵害する犯罪。政治犯。

こくじ【国璽】国家のしるしとして押す印(いん)。　**―しょうしょ**【―尚書】イギリスで、国璽を保管する大臣。

こくじ【酷似】〘名・ス自〙非常によく似ること。そっくりなこと。

ごくし【獄死】〘名・ス自〙監獄（刑事施設）に入れられている間に死ぬこと。牢死(ろうし)。

こくしびょう【黒死病】ペスト。

ごくしゃ【獄舎】監獄（刑事施設）。また、その建物。

こくしゅ【国主】①一国の君主。②「国主大名」の略。　**―だいみょう**【―大名】江戸時代、一国、またはそれ以上を領有していた大名。国持ち。例、薩摩(さつま)と大隅(おおすみ)を領有した島津家。

こくしゅ【国守】①国司の長官。国の守(かみ)。②→こくしゅだいみょう

こくしゅ【国手】①名医。転じて、医師の敬称。▽国を医する手の意から。②囲碁の名人。

こくしょ【国書】①国の元首が、その国の名をもって出す外交文書。②漢籍などに対し、日本の書物。

こくしょ【酷暑】非常に暑いこと。きびしい暑さ。↔酷寒

ごくしょ【極暑】この上なく暑いこと。↔極寒

こくじょう【国情・国状】国の様子・ありさま。

ごくじょう【極上】この上なく上等なこと。「―の酒」

こくしょく【穀食】〘名・ス自〙穀物を常食とすること。

こくじょく【国辱】国としての恥。

こくじん【国人】①一国の人民。くにびと。②室町時代、その地方（＝国）土着の武士。▽⑵は「こくにん」とも言う。

こくじん【黒人】皮膚の色の黒みがかった褐色の人種（の人）。

こくすい【国粋】その国家・国民に特有の長所や美点。　**―しゅぎ**【―主義】自国の伝統を他のどの国よりもすぐれたものと考え、それを守り広げようとする考え方。

こくずり【粉薬】こなぐすり。

こく-する【刻する】〘サ変他〙きざみこむ。彫りこむ。

こく-する【×哭する】〘サ変自〙大声でさけび泣く。慟哭(どうこく)する。

こくぜ【国是】国家としての方針。▽「是」は、よいとする意。

こくせい【国勢】国の（人口・産業・資源などの）形勢。「―調査」（日本では特に人口調査を中心とする）

こくせい【国政】国の政治。▽行政だけでなく立法・司法を含んでも言う。

こくぜい【国税】国家が徴収する租税。例、所得税・法

人税・関税。↕地方税

ごくせい【極製】極上の製造(品)。

こくせき【国籍】①個人が特定の国家に属し、その一国民であるという身分・資格。出生や帰化によって得る。「―を取得する」②船舶などの、特定の国家への所属。「―不明の飛行機」

こくせん【国選】国が選ぶこと。「―弁護人」(被告人が貧困などのため弁護人をつけることができない時、国選により、つける弁護人。旧称、官選弁護人)

こくそ【△蚕×糞】かいこのふん。さんぷん。

こくそ【告訴】〘名・ス他〙被害者やその法定代理人などが、捜査機関に対し、犯罪事実を申告して訴追を求めること。▽→こくはつ

こくそう【国喪】国民全体が服する喪(も)。

こくそう【国葬】国家的功労のあった人に対し、国の儀式として国費で行う葬儀。

こくそう【穀倉】①こくぐら。②転じて、穀物を多く産する地方。「―地帯」

ごくそう【獄窓】監獄(刑事施設)の窓。「―にのぞく若葉」。監獄(刑事施設)の中。「―に呻吟(しんぎん)する」

こくぞうむし【穀象虫】ゾウムシの一種。体はごく小さく黒褐色。米・麦などの貯蔵穀物を食い荒らす害虫。こくぞう。こめくいむし。▽おさぞうむし科。

こくぞく【国賊】その国民でありながら国家を害する者。

こぐそく【小具足】甲冑(かっちゅう)に対して、それに付属する各種の部分品。例、こて・すねあて。

ごくそつ【獄卒】①獄で囚人を直接取り扱う下級の役人。獄の番人。②地獄で亡者(もうじゃ)を責めいじめるという鬼。

こくたい【国体】①「国民体育大会」の略。毎年都道府県もちまわりで開催する、総合スポーツ大会。②国家の成り立ちに従って主権の所在に伝統を含めて考えた、政治的な国家体制。「―明徴運動」▽明治期以降、第二次大戦の敗戦に至る間に、「政体」と区別して強調された考え方。

こくだか【石高】米穀の量。特に、検地によって決められた玄米の標準生産高。また、米で与えられた武士の俸給の高。扶持高(ふちだか)。

こくだち【穀断ち】〘名・ス自〙修行・祈願などのため、ある期間、穀物を食べないこと。

こくたん【黒炭】①やわらかく火が移りやすい、黒い木炭。↕白炭。②→れきせいたん

こくたん【黒×檀】南方アジアに産し、黒色で堅く緻密な材が銘木として賞用される常緑高木。また、その材。器具材などとする。▽数種あり、いずれも、かきのき科かきのき属。

こくち【告知】〘名・ス他〙つげ知らせること。通知。「病名を―する」「―板」

こぐち【小口】①金額や数量の少ない部類。↕大口。「―の取引」②切り口。横断面。③ものの端。いとぐち。④『―をきく』ちょっと利口ぶった口をきく。⑤書物の背の部分以外の三方。特に背と反対の部分。 **―がき**【―書(き)】小口⑸、特に和装本の下の小口に、書物の題号・巻数などを書きつけること。 **―ぎり**【―切り】料理で、細長い食材を端から薄く輪切りにすること。そう切ったもの。「あさつきの―」

こぐち【木口】木材の縦の軸に垂直な断面。

こくちょう【国鳥】国民が愛好・尊重し、その国を代表するとされる鳥。例、日本ではキジ。

ごくつぶし【△穀潰し】食べるだけは一人前で、役に立たない人を、ののしって言う語。

こくてい【国定】国でさだめること。その定めたもの。「―教科書」 **―こうえん**【―公園】国立公園に準じる指定があり、都道府県が管理する公園。▽→こくりつこうえん

こくてつ【国鉄】「国有鉄道」の略。国が所有・経営する鉄道。▽現在の日本では、JR諸会社はその後身。

こくてん【国典】①国の法典。②国の儀式。③日本の典籍。

こくてん【黒点】太陽の表面で、周囲より暗く黒く見える斑点状のもの。太陽黒点。

こくでん【国電】大都市とその周辺の省線電車が、一九四九年に日本国有鉄道の管理下に移ってから一九八七年に民営化されるまでの称。▽その後、現在のJR線の電車に引き継がれる。

こくど【国×帑】国家の財貨。▽文語的。「帑」は金蔵。

こくど【国土】国家の領土である地域・土地。「―総合開発」

こくど【黒土】腐植質を多く含む、よく肥えた黒い土。

こくど【黒奴】黒人の奴隷。また、黒人を卑しめて言う語。

こくとう【黒糖】さとうきびのしぼり汁を煮つめた、精製前の砂糖。黒砂糖。

こくどう【国道】国費で作る道路。国の道路網の根幹をなす。「―一号」

ごくどう【極道】〘名ナ〙悪事を行い、または放蕩(ほうとう)にふけること。そういう人。▽人をののしる語にも使う。「この―め」 派生 **―さ**

こくない【国内】①国の領土のうち。↕国外。「日本の―」②国のなかの、外国と関係のないこと。↕国際。「―問題」 **―そうせいさん**【―総生産】→ジーディーピー

こくないしょう【黒内障】眼球に白内障のような目立った病変がないのに、視力が失われる疾患。先天性のもの、尿毒症によるものなどがある。くろそこひ。

こくなん【国難】国家全体が受ける危難。

こくねつ【酷熱】きびしいあつさ。酷暑。

こくはく【告白】〘名・ス他〙①かくしていた心の中を、打ち明けること。「恋の―」②㋐キリスト教で、自分の信仰を公にすること。信仰告白。㋑カトリックで、洗礼を受けた後の罪を打ち明けること。告解。

こくはく【酷薄】〘名ナ〙むごく、なさけ心のないこと。残酷で薄情なこと。「―な性格」 派生 **―さ**

こくはつ【告発】『名・ス他』①犯人も被害者も除く第三者が、犯罪事実を検察関係者に知らせて訴追を求めること。②不正の事があると暴いて人々に告げ知らせること。摘発。「隠れた横暴を社会に―する」「内部―」(→ないぶ) ▽→こくそ(告訴)

こくばん【黒板】 白墨で字などを書くのに使う、黒く(後には目の保護のため深緑に)塗った板。▽→ホワイトボード

こくひ【国費】 国家が支弁する費用。「―で留学する」

こくび【小首】『―をかしげる』ちょっと首を傾けて思案する。いぶかしく思う。

ごくひ【極秘】 きわめて秘密であること。「―の情報」

ごくび【極微】 ①ごく小さい(細かい)こと。きょくび。②ごく微妙な点。「論が―に入る」

こくびゃく【黒白】 ①白と黒。②正邪。善悪。是非。「法廷で―を争う」

こくひょう【酷評】『名・ス他』手きびしい批評をすること。その批評。

こくひん【国賓】 政府・皇室が公式にもてなす、外国の元首・王・首相などの客(=賓)。▽公賓より手厚い儀礼を受ける。

ごくひん【極貧】 この上なく貧乏なこと。赤貧。

こくふ【国父】 国民から父として敬愛される統治者。「―孫文」

こくふ【国富】 国家の富力。国全体の富。

こくふ【国府】 昔、国ごとに置いた国司の役所。それのあった土地。府中。▽「こくぶ」とも言う。

こくふう【国風】 その国特有の風俗・習慣。国ぶり。

こくふく【克復】『名・ス他』戦いに勝って、平和のときの状態をとりもどすこと。「平和―」

こくふく【克服】『名・ス他』努力して困難にうちかつこと。困難をのりこえること。

こくふん【穀粉】 穀物をひいて粉にしたもの。

こくぶん【告文】 ①神に告げ奉る文。こうもん。②おかみに申し立てる文書。上告文。

こくぶん【国文】 ①漢文などに対し、日本語で書かれた文章。②「国文学」「国文学科」の略。

こくぶんがく【国文学】 日本の文学。日本文学。また、それを研究対象とする学問。

こくぶんぽう【国文法】 日本語の文法。

こくへいしゃ【国幣社】 もと、国庫から幣帛(へいはく)を奉る、官幣社につぐ社格の神社。

こくべつ【告別】『名・ス自』別れを告げること。いとまごいすること。 **―しき【―式】** 死んだ人に別れを告げる儀式。▽大正前期までは一般的に転任・卒業等の別れを告げる儀式を言った。

こくほ【国歩】 国が進んで行く歩み。

こくほ【国保】「国民健康保険」の略。

こくぼ【国母】 天子の母。「やがて―ともおなりの方」▽「こくも」とも言う。既に古風。

こくほう【国宝】 国の宝。特に、国家が指定して特別に保護・管理する建築物や美術品など。

こくほう【国法】 国の法律・法規。国のおきて。

こくぼう【国防】 外敵の侵略に対する、国の備え・守り。 **―しょく【―色】**(草色がかった)黄土のような色。▽もと陸軍が、迷彩になるので軍服に採用した。一九三五年ごろの、軍部外での造語。

ごくぼそ【極細】 きわめて細いこと。きわめて細いもの。

こくほん【国本】 国の根本。国の土台。

こくみん【国民】 その国家を構成する人々。その国の国籍を持つ者。 **―がっこう【―学校】** 一九四一年に(尋常)小学校を改称した呼び名。▽一九四七年に「小学校」に復した。 **―けんこうほけん【―健康保険】** 会社員や公務員以外の一般の国民を対象とし、疾病・負傷等に関して療養の給付などをする社会保険。国保。 **―しょとく【―所得】** 一国の一定期間に経済活動の結果として(新たに)生じる、価値(利潤・利子・地代・賃金)の総額。 **―せい【―性】** その国民に通有の精神的特色。 **―そうせいさん【―総生産】** →ジーエヌピー。 **―ふく【―服】** 太平洋戦争中、男子が常用すべきものとして制定された、軍服に似たカーキ色の上下服。

こくむ【国務】 国家の政務。 **―しょう【―相】** 国務大臣の通称。 **―しょう【―省】** アメリカの省の一つ。他の国の外務省にあたるもの。 **―だいじん【―大臣】** 広義では、内閣の構成員。狭義では、内閣総理大臣以外の大臣。また俗に、無任所大臣のこと。 **―ちょうかん【―長官】** アメリカ国務省の長官。閣僚の首席。

こくめい【克明】『ダナ』いちいちこまかく念をいれるさま。丹念。「―な描写」 派生 **-さ**

こくもつ【穀物】 人間がその種子を主食とする作物。稲・麦・あわ・きび・豆など。

ごくもん【獄門】 ①牢獄(ろうごく)の門。②昔、死罪になった者の首を、刑場の横木(高さ約一メートル)にすえてさらすこと。さらし首。「―にかける」

ごくや【獄屋】 ろうや。

ごくやす【極安】 この上なく安いこと。

こくゆ【告諭】『名・ス自』つげさとすこと。

こくゆう【国有】 国家がその財産として所有していること。「―林」「―財産」「―化」

こくようせき【黒曜石】 黒色ないし灰色でガラス質の火山岩。貝がら状に薄く割れ、石器時代には、やじり・刃物などの材料にした。現在は、装飾用・印材・文鎮などにする。

こくら【小倉】「小倉織り」の略。綿織物の一種。太糸で厚地に織ったもの。帯・はかま・学生服用など。▽もと、福岡県北九州市小倉の特産。

こぐら-い【小暗い】『形』少し暗い。どことなく暗い。おぐらい。 派生 **-さ**

こぐらか-る『五自』→こんがらかる

ごくらく【極楽】「極楽浄土」の略。転じて、心配のない安楽な境遇。↕地獄。 **―おうじょう【―往生】**『名・ス自』〔仏〕死んで、極楽浄土に生まれること。ま

た、安らかに死ぬこと。「―をとげる」 **―じょうど【―浄土】**〔仏〕阿弥陀仏(あみだぶつ)の浄土。西方十万億土を過ぎた所にあるという苦しみの全くない世界で、阿弥陀を念じるものが死後迎えられるとされる。極楽。西方(さいほう)浄土。 **―ちょう【―鳥】** ニューギニアとその近辺の島に住み、雄は栗色(くりいろ)・黄色・青色などで鮮やかに彩られた羽毛をもつ鳥。繁殖期の雄には特異な形状の飾り羽が生え、独得の求愛ダンスを行う。オオフウチョウ・コフウチョウなど種類が多く、大きさはスズメかハトくらい。▽ふうちょう科の鳥の総称。 **―とんぼ【―〈蜻蛉〉】**〔俗〕うわついた態度ののんき者をからかって言う語。

こくり【国利】 国の利益。国益。

こくり【酷吏】 人民に対して無慈悲な官吏。

ごくり【獄吏】 牢屋(ろうや)の役人。

ごくり『副と』音を立てて一口に飲み込むさま。ごくっと。「苦い薬を―と飲み込む」「―とのどを鳴らす」「―と生唾をのむ」

こくりつ【国立】 国の設立であること。「―大学」 **―こうえん【―公園】** 代表的な景観の地を国が指定し、自然保護や管理をし、国民の保養などに使う公園とした地帯。▽日本のは一九三四年に始まる。

こくりょく【国力】 国の勢力。特に、国の経済力。

=こく・る『動詞連用形に付け、五段活用動詞を作る』激しい勢いで……する。「しかり―」「黙り―」(頑固に沈黙を守る)

こくるい【穀類】 穀物に属するもの。

こくれつ【酷烈】『名・ダナ』きわめてきびしいこと。

こくろう【国老】 ①大名の家老。②国の老臣。

ごくろう【御苦労】『名ナ』①他人の苦労を敬って言う語。「―がある」②他人のほねおりをねぎらう言葉。「―だったな」▽⑵はふつう目上の人に対しては使わない。

こくろん【国論】 国民一般の意見。国の世論。「―を二分する大事」

こくん【古訓】 ①漢字・漢文の、古いよみ方。②古くから言い伝えられた訓戒。

こくん『副と』首をたてに振るさま。「―とうなずく」

こぐん【孤軍】 援軍も連係する友軍もなくて孤立した軍勢・軍隊。「―奮闘」(ひとりで困難に立ち向かう意にも)

こけ【×苔】 湿った地面、木の幹、岩などの表面を覆うように密生して生える、緑色や褐色の小さな植物。胞子で繁殖する。「甲羅に―がはえる」(古くなる)▽苔植物門に分類される植物の総称。これを細分した三つの門に分けることもある。一般には、見た目の似た地衣類などをも言う。

こけ【×鱗】 こけら。うろこ。「―を引く」(魚のうろこを落とす)

こけ【虚仮】 ①心の中とうわべとが一致しないこと。偽り。②思慮の浅いこと。深みのないこと。ばか。「人を―にするな」 **―おどし【―△威し】** 浅はかな見えすいたおどし。見せかけだけもっともらしく見せること。

ごけ【後家】 ①夫の死後、再婚しないでいる女。やもめ。未亡人。②対(つい)になる物や、合わせて一つの物の、片方だけが残っていること。「―蓋」

ごけ【碁×笥】 碁石を入れるための容器。

こけい【古形】 古い形式。古い形。

こけい【固形】 一定の形にかためたもの。「―燃料」

こけい【孤×閨】 夫が長く不在で、妻がひとり寝るへや。「―を守る」

ごけい【互恵】(国と国とが)互いに特別の便宜・恩恵などをはかりあうこと。「平等―」

ごけい【語形】 語のかたち。「―変化」

こげくさ・い【焦げ臭い】『形』物のこげるにおいがする。 派生 **―さ**

こけし 円筒状の胴に丸い頭をつけた木製の人形。こけし人形。▽元来は東北地方の特産。

こけしみず(みづ)**【×苔清水】** こけにおおわれた岩の間を流れるきれいな水。

こげちゃ【焦茶】 黒みがかった、濃い茶色。焦茶色。

こけつ【虎穴】 虎(とら)のすんでいる、ほらあな。「―に入らずんば虎子を得ず」(危険をさけていては成功できない)

こげつ・く【焦げ付く】『五自』①こげて、鍋・釜などにくっつく。「飯が―」②比喩的に、貸した金などが、回収できない状態になる。「―・いた不良債権」

コケット 色っぽい女。▽coquette

コケットリー 男を惑わすように色っぽい物腰。こび。媚態(びたい)。▽coquetry

コケティッシュ『ダナ』色っぽいさま。男の気をひこうとするさま。▽coquettish

ごけにん【御家人】 家人(けにん)の敬称。㋐鎌倉(室町)時代、将軍と主従関係で結ばれた武士。㋑江戸時代、将軍直属の下級武士。

こけむ・す【×苔むす】『五自』苔(こけ)がはえる。「―・した石段」。古めかしくなる。

こげめ【焦げ目】 こがしたあと。「魚に―をつける」

こけもも【×苔桃】 赤く熟する直径一センチ弱の実を食用とする常緑小低木。寒地や高山帯に自生し、茎はしばしば地をはう。初夏、淡紅色で釣鐘形の花が咲く。実は甘酸っぱく、ジャムなどにする。▽つつじ科。

こけら ①【×鱗】うろこ。②【×杮】ヒノキ・マキ等を薄くはいだ板。主に屋根をふくのに使う。「―ぶき」。また、材木を削ったくず。

こけらおとし【×杮落(と)し】 新築・改築した劇場での初の興行。▽工事の最後に木屑(きくず)を払い落としたことから。

こ・ける『下一自』①肉が落ちる。やせほそる。「ほおが―」②足をとられて、よろめく、または倒れる。「―・けつまろびつ」(倒れたり転がったりするようなかっこうであわてて走るさま)▽⑴⑵は別語。

=こ・ける『動詞連用形に付け、下一段活用動詞を作る』

その動作が激しく続く。「笑い―」「眠り―」

こ-げる【焦げる】《下一自》火にあぶられ、焼けて黒色または茶色になる。「きつね色に―」

こけん【×估券・×沽券】人のねうち。体面。面目。「―にかかわる」▽もと、土地などの売渡しの証文。売り値。「その程度の―はある」

こけん【孤剣】たった一本の剣（以外に何の武器も持っていないこと）。「―を恃（たの）む」

ごけん【護憲】憲法の精神または立憲政治を守ること。憲法または憲政の擁護。「―運動」

ごげん【五弦・五×絃】①弦楽器の、五本の弦。②琵琶（びわ）の一種。弦は五本。

ごげん【語源・語原】その語の起源や起源的意味。「―学」

ここ【×此△処】《代》㊀このところ。①この場所。㋐その表現の話し手である自分が、居たり見たり行動したりしている所。「―から東京までは百キロある」「―かしこ」（ここにもあそこにも。あっちこっち）㋑自分に関係ある行為を起こさせたい場所。「あした会うのはそこでなく―にしよう」㋒それについて今述べている、ある場所。「それは見晴らしのいい場所だ。―にホテルを造る計画がある」▽話し手がその場所に、現にいる必要はない。㋓今を関心の中心とした、ある時間。「―一週間雨が降らなかった」「―二、三日が峠だ」

②この場面。物事が今おかれている状態。「事―に至る」「仕事に切りがついたから、―で一休みしよう」

③今述べている事態。「―の事情をよく考える必要がある」「―をもって」（これゆえに。だから。漢文の「是以」の慣用的読みから）▽→(1)㋒

㊁《「に」を伴って、接続詞的に》事柄を説き起こすのに使う表現。さて。「―に、孝行で評判の男があった」。→ここに。▽「茲に」とも書く。

ここ【個個・△箇△箇】一つ一つ。ひとりひとり。おのおの。「―別別」「―に扱う」「―の判断に任せる」 **―じん**【―人】ひとりひとりの人。

ここ【×呱×呱】乳飲み子の「おぎゃあ」と泣く声。「―の声をあげる」（生まれる）

こご【古語】昔用いられた単語で、現代では普通は用いないもの。

ごご【午後】一日の後半である正午以後。↕午前。㋐正午から夜の十二時まで。㋑日中（にっちゅう）の後半である、正午から夕方まで。 **―いち**【―一】《俗》午後（の仕事）の一番初め。「―にお届けします」▽「あさいち」にならった造語。

ココア カカオの種をいって粉にしたもの。それをとかして飲む飲み物。また、チョコレートの原料とする。▽cocoa

ここ-いら【×此△処いら】《代》→ここら。「―で有名な店と言えば」

ここう【孤高】《名ナノ》孤独で超然としていること。ひとりかけはなれて、高い理想をもつこと。「―を持する」 派生 **-さ**

ここう【弧光】気体中にある二つの電極間の放電で生じる、弧状の光。アーク。

ここう【×糊口・×餬口】くちすぎ。「―をしのぐ」（やっと食べて生きてゆく）▽もと、かゆをすすること。

ここう【戸口】戸数と人口。「―調査」▽「とぐち」と読めば別の意。

ここう【虎口】①虎（とら）の口。②きわめて危険な所。「―を脱する」「―の難」

ここう【股×肱】一番頼みとする部下。手足と頼むもの。「―の臣」▽「股（こ）」はまた、「肱（こう）」はひじの意。

こごう【古豪】十分な経験をつんだ剛の者。古つわもの。ベテラン。「優勝十回の―チーム」

こごう【呼号】《名・ス自》呼び叫ぶこと。大いに言い立てること。「天下に―する」

ごこう【五更】①一夜の、昔の五区分法。ほぼ午後七時から二時間ずつに区分した、初更（甲夜）・二更（乙夜（いつや））・三更（丙夜）・四更（丁夜）・五更（戊夜（ぼや））。②五更(1)の第五更。寅（とら）の刻。

ごこう【後光】①仏・菩薩（ぼさつ）の体からさすという光。「―がさす」。また、それをあらわすために仏像のうしろに添えるもの。光背。②キリスト教絵画で、人物の栄光をあらわすために、その人物の全体を包むように描く金色の部分。▽→こうりん（光輪）

ごこう【御幸】上皇（じょうこう）・法皇（ほうおう）・女院のおでまし。みゆき。「大原（おはら）―」

ごこう-ごみん【五公五民】収穫の半分を年貢（ねんぐ）としておさめ、残りの半分を農民のものとすること。江戸時代の租税徴収の原則的比率。

こごえ【小声】小さな声。

こご-える【凍える】《下一自》寒さのために、体の感覚と自由を失う。「―えて死ぬ」（凍死する）

ここ-かしこ【×此△処×彼△処】《代》あちらこちら（と方々）。「―を捜しまわる」

ここく【故国】自分の生まれた国。母国。▽以前は故郷も指した。

ごこく【五穀】五種の主要な穀物。米・麦・あわ・きび・豆。転じて、穀物の総称。「―豊穣（ほうじょう）を祈る」▽麻やひえをかぞえることもあって、諸説一定しない。

ごこく【後刻】その時よりものちの時。のちほど。「―改めて参上します」

ごこく【護国】国家を守ること。「―神社」

こごし【小腰】『―をかがめる』腰をちょっとかがめる。

ここち【心地】外界の有様に応じて起こり、ある程度は続く、感じや気分。「すがすがしい―」「生きた―もしない」▽複合語の下の部分になる時には「……ごこち」となる。「乗り―」「寝―が悪い」

ここち-よ-い【心地△好い】《形》いい気分(1)だ。感覚的に楽しい。快い。「―湯上がり」 派生 **-さ -げ -がる**

ここつ【枯骨】死後、時がたって朽ちはてた骨。また、故人。「君恩が—に及ぶ」

こごと【小言】注意したりしかったりすること。また、ぶつぶつ文句をいうこと。その言葉。

ココナッツ ココ椰子(やし)の実。ココナツ。▽coconut

ここに【×茲に】《接》さて。▽話題を引き出したり転換したりするのに使う。代名詞「ここ」+助詞「に」。「茲」とも書いた。

ここの【九】《造》「九(きゅう)」の和語。「—度(たび)」「—重(え)」(多くは、宮中を指す)▽数え上げる唱え以外に単独では使わない。

ここの-え:へ【九重】①物が九つ重なったこと。また、その重なり。②天子の住居。内裏(だいり)。また、皇居のある所。都。

ここのか【九日】日数で九になる時間。また、その月の九番目の日。▽「か」は日の意。

ここのつ【九つ】①個数を言う場合の、数の九。また、九歳。②昔の不定時法による時刻の呼び名で、今の午前・午後の零時ごろ。

こご-む【△屈む】《五自》かがむ。

こごめ【小米・粉米】搗(つ)いた時に砕けた米。砕けまい。 **—ばな**【小米花】①→しじみばな。②→ゆきやなぎ

こご-める【△屈める】《下一他》かがめる。

ここもと【×此△許】《代》①この辺。②わたしの方。▽既に古風。

ココやし【ココ×椰子】熱帯で栽培される、代表的なヤシ。幹の頂に大きな羽状の葉が集まって生え、直径三〇センチ前後の堅い実をつける。実からコプラをとり、若い実の中の汁はそのまま飲料になる。▽「ココ」は coco(=やしの実。やしの木) ↓やし(椰子)

ここら【×此△処ら】《代》このあたり。ここいら。㋐この辺の場所。「—で休もう」。㋑この程度。「—で精一杯だろう」▽「ここ」より漠然とした言い方。

こご-る【△凝る】《五自》こおって(あるいは温度が下がって)、こり固まる。凝固する。

こころ【心】①体に対し(しかも体の中に宿るものとしての)知識・感情・意志などの精神的な働きのもとになると見られているもの。また、その働き。「—ここにあらず」(うわのそらだ)「—にもない事を言う」「—に掛ける」「—を使う」「—を入れ替える」(改心し、新たに出発する)▽意味によって「情」「意」とも書く。㋐心の本来の状態。まごころ。「—から感謝する」「—を尽くす」㋑その時の心の状態。考え。感じ。気持。思い。「—が変わる」「—にかなう」「—を打ち明ける」。何を企てるかの意図、狭くはたくらみ。「あんな事をするなんて—が読み取れない」㋒思いやり。情け。「—を寄せる」㋓情趣を解する心。②事物の内にこもっていて、それの価値のもとになるようなもの。㋐表現の意味合い。わけや味わい。「歌の—を知る」㋑謎で、答が成り立つ根拠となる、わけ。「……とかけて……と解く。その—は」▽↓こころする。 関連 精神・心神・心理・全身全霊・方寸・心中(しんちゅう)・胸中・意中・心底・心事・衷心・衷情・微衷・苦衷・胸襟・幼心(おさなごころ)・親心・男心・女心・気心・虚栄心・恋心・里心・下心・邪心・初心・傷心・出来心・手心・童心・道心・内心・人心・二心・仏心・本心・真心・民心・娘心・ものごころ・野心・良心・老婆心・私心・ハート・マインド

こころあたり【心当(た)り】ある事について、多分こうであろうと心に思い当たること。「—がない」。見当(をつけた所)。「—をさがす」▽まれに「心当たる所をさがす」のように動詞にもする。

こころあて【心当て】①たしかな根拠も無しにおしはかること。当て推量。②心だのみ。「—にする」

こころある【心有る】《連語》《連体詞的に》思慮・分別がある。物事をよく理解している。「情勢をわきまえた—ふるまい」。おもいやりがある。「—処置に感激した」

こころいき【心意気】盛んでいさぎよい気だて・気まえ。

こころいれ【心入れ】①気をつけること。心づかい。②心ぞえ。はからい。

こころいわい:はひ【心祝(い)】形式ばらず、派手でない、気持だけの祝い。

こころえ【心得】①心がまえ。心がけ。「—がよくない」②技能などを身につけていること。たしなみ。「武術の—」③注意すべき、守るべきことがら。「登山の—」④下級の者が上級の者の職務を代理・補佐するときの名称。「課長—」 **—がお**:ほ【—顔】《名・ダナ》いかにも、事情がわかっているぞといわんばかりの(得意そうな)顔つき・態度(であること)。 **—ちがい**:ひ【—違い】①道にはずれた、考え・行い。②思い違い。考え違い。

こころ-える【心得る】《下一他》①こういうものであると理解する。のみこむ。②事情を知って、引き受ける。承知する。「万事—えた」

こころおき【心置き】《多く「—なく」の形で副詞的に使う》①心づかいをすること。遠慮すること。「—なく話す」②心があとに残って気になること。「—なく行ける」

こころおとり【心劣り】《名・ス自》予想していたよりも劣って感じられること。「あの様を見て—がした」

こころおぼえ【心覚え】心に覚えていること。忘れないために、しるしをつけること。そのしるし。

こころがかり【心掛(か)り】気にかかること。心配。

こころがけ【心掛け】心の持ち方・用意。日ごろの心がまえ。「—がいい」

こころが-ける【心掛ける】《下一他自》(そのことに)忘れず注意する。「倹約を—」「君の就職口は—けておこう」「健康維持に—けている」

こころがまえ:まへ【心構え】物事に対処する(事前からの)心の用意。

こころがら【心柄】心の持ち方の様子。心だて。

こころがわり:はり【心変(わ)り】《名・ス自》決まっていた心が移って他に変わること。心移り。変心。

こころくばり【心配り】《名・ス自》①→こころづかい。「いろいろ御—ありがとう」②あちこち細かい点にまで注意を払うこと。

こころぐま【心×隈】心のすみにあるわだかまり。▽かなり古風。

こころぐみ【心組み】心に思い設けること。心構え。

こころぐるし-い【心苦しい】《形》相手にすまなくて負担を感じる気持だ。派生 **-さ -げ -がる**

こころごころ【心心】各自の心。思い思い。

こころざし【志】①こころざすこと。こうしようと心に決めたこと。「—を遂げる」「遠大な—を立てる」②厚意。親切。「お—を感謝します」③(感謝などの)気持をあらわすための贈物。「ほんの—」関連 意志・遺志・志願・志望・宿志・初志・寸志・素志・大志・闘志・薄志・雄志・意向・意図・初心・抱負・期する・心掛ける

こころざ-す【志す】《五自他》目的・目標を立て、そのことをしようと心に決める。「学に—」「歌手を—」▽本来「……に」をとったが、「……をめざす」にひかれて、現在は「……を」が大多数。

こころして【心して】《連語》十分に気を配って。「—行け」▽動詞「心する」の連用形+接続助詞「て」

こころじょうぶ【心丈夫】《ダナ》頼りになるものがあって、安心できるさま。心づよいさま。派生 **-さ**

こころしらい【心しらい】心づかい。心づくし。▽既に古風。

こころ-する【心する】《サ変自》よく心を働かせる。特に、十分に注意や覚悟をする。

こころぞえ【心添え】相手のためを思ってする注意。忠告。

こころだのみ【心頼み】心の中でたよりに思うこと。「—にする」

こころづかい【心遣い】《名・ス自》その人のためを思っていろいろと気をつかうこと。配慮。

こころづ-く【心付く】《五自》①気がつく。思いつく。②物心がつく。

こころづくし【心尽(く)し】その人のためを思って、まごころをこめること。「—の手料理」

こころづけ【心付(け)】①(店員などに)謝意を示して、金などを与えること。また、その金など。祝儀。チップ。「みんなに—をする」②連句の付け方の一つ。前句全体の意味を受け、それに応じた句をつけること。

こころづま【心妻・心△夫】心に妻と思い定めた女、また夫と思い定めた男。▽「つま」は古語では配偶者の意。

こころづもり【心積(も)り】《名・ス自》心の中であらかじめこうしようと見積もっておくこと。予定。

こころづよ-い【心強い】《形》頼りになるものがあって、安心した気持でいられる。気丈夫だ。「連れがあると—」派生 **-さ**

こころな-い【心無い】《形》①思慮・分別がない。「—ことをしでかしたものだ」②思いやりがない。「—仕打ち」③(人間のようには)知・情・意をもたない。「—草木」④ものごとの味わい・趣がわからない。派生 **-さ**

こころなし【心成し】『—か』気のせいか。そう思って見るからか。「こころなしか、やつれたようだ」

こころならずも【心ならずも】《連語》したいと思ってではなく、しかたなく。不本意ながら。「今回は—引き下がった」

こころにく-い【心憎い】《形》憎らしい気がするほど、みごとだ。「—演技」派生 **-さ**

こころね【心根】心の大本をなす奥底。

こころのこり【心残り】あとまでも気になって、心配・残念に感じること。未練。

こころばえ【心ばえ】①心のおもむく所。心ばせ。気だて。②趣。味わい。「荒磯(ありそ)の—で岩を配した庭」▽「心延え」の意。

こころばかり【心ばかり】《連語》ほんの気持を示すだけのしるし。「—の品」(贈物をするときなどに、へりくだって言う語)

こころばせ【心×馳せ】心を向け気をくばること。心づかい。また、思慮・注意の深いこと。「—ある人」

こころぼそ-い【心細い】《形》頼りがなく心配だ。さびしい。「知らない人ばかりで—」派生 **-さ -げ -がる**

こころまかせ【心任せ】自分の心が動くままに、それに従って物事をすること。気まま。

こころまち【心待ち】《名・ス他》そのことを心の中で期待しながら待つこと。「電話を—にする」

こころみ【試み】ある事をためしにやってみること。ためし。「最初の—」「—に」

こころ-みる【試みる】《上一他》(実際に)どうなるかやってみる。ためしにやってみる。ためす。「説得を—」

こころもち【心持(ち)】①物事についていだく心の持ち方・有様。「おだてられていい—でいると、とんだ目にあうぞ」「暗い—で月日を送る」▽気持(1)よりも、総合的・抽象的な傾向があり、また概して持続性も長い場合に言う。②《副詞的に》そう思ってみればそうとも思えるくらい。幾らか。「—右に寄せる」▽気持(2)よりは意識的。

こころもとな-い【心△許無い】《形》十分には安心できない。たよりない。「—返事」派生 **-さ -げ -がる**

こころやす-い【心安い】《形》①親しい間柄だ。懇意だ。②安心だ。心配がない。派生 **-さ -げ**

こころやすだて【心安立て】親しさになれて無遠慮なこと。「—に留守番を頼む」

こころやり【心△遣り】気晴らし。うさ晴らし。

こころゆ-く【心行く】《五自》《主に「—まで」「—ばかり」の形で》満足して気が晴れる。

こころよ-い【快い】《形》気持・気分がいい。㋐心に楽しく愉快に感じる。「—そよ風」㋑《おもに連用形で》人(の行為)に対して悪い感情をもたない。好意的だ。「—く引き受ける」「—く思わない」派生 **-さ**

-げ

こころよわ-い【心弱い】『形』情(うじょ)にもろい。気が弱い。派生 **-さ -げ**

ここをもって【△是を△以て】『連語』→ここ(此処)(一)(3)

ここん【古今】昔と今。昔から今まで。「―東西」「―未曽有(みぞう)」

ごこん【五根】〔仏〕眼・耳・鼻・舌・身の五つの感覚器官。▽→ろっこん

ごこん【語根】単語の基体をなし、それ以上分析できない究極の要素。

ごごん【五言】一句が五字からできあがっている漢詩の句。その句から成る漢詩の体。「―絶句」

こざ【×胡×坐】『名・ス自』あぐらを組むこと。あぐら。

ごさ【誤差】①測定や理論的推定などで得られた近似値(測定値)と真の値(と考えられるもの)との差。「計算―」「測定―」「許容―」②比喩的に、食い違い。

ござ【御座】「座」を敬って言う語。貴人の席。 **―ぶね**【―船】①天皇・貴人の乗る船。②屋形船。

ござ【×茣×蓙・×蓙】藺(い)の茎を細かく編んだ敷物。むしろ。▽御座に敷くむしろの意から。

コサージュ (女性が)襟元に付ける小さな花飾り。コサージ。▽corsage

こさい【小才】ちょっとした才知・機転。「―がきく」

こさい【△巨細】大きい事と小さい事。細大。委細。きょさい。「―もらさず」

ごさい【五彩】①五色(ごしき)。②中国の陶磁器で、上絵に種々の色を使ったもの。

ごさい【後妻】妻と死別・離婚した男性が、そのあとで妻に迎えた別の女性。のちぞい。↕先妻・前妻

こざいく【小細工】①こまごました手先の働きを要する仕事。②転じて、すぐそれと分かってしまうような、浅はかな策略。「―を弄する」

ございます『連語』「ある」の丁寧な言い方。「たくさん―」「有難う―」「さようで―」▽「ござります」の音便。→ござる

コサイン →よげん(余弦)。▽cosine

こさ-える【こさへる】『下一他』〔俗〕→こしらえる

こざかし-い【小△賢しい】『形』①利口ぶって、なまいきだ。②ずるくて抜け目がない。派生 **-さ -げ**

こざかな【小魚・小×肴】小さいさかな。ざこ。「―はカルシウム源」

こさく【小作】農民が地主に借地料を払い、その土地を耕作して農業を営むこと。また、その農民。↕自作。 **―そうぎ**【―争議】地主と小作人との間に起こる、小作料・耕作権などについての紛争。 **―のう**【―農】小作による農作。それを営む人。↕自作農。 **―りょう**【―料】小作人が地主に支払う、土地の借り賃。

こさじ【小×匙】①茶さじ(2)。②調味料を計量するための小さい方のさじ。一匙は五cc。▽↓おおさじ

こざしき【小座敷】①小さい座敷。②母屋(おもや)から外側に出して建てた室。③茶道で、四畳半よりせまい茶室。

ござしょ【御座所】「座所」を敬って言う語。天皇・貴人の居室。おまし所。

ごさた【御沙汰】「指図(さしず)」「命令」などを敬って言う語。「―を待つ」

こさつ【古刹】古い寺。▽「刹」は寺のこと。

こさつ【故殺】①過失からでなく、故意に人を殺すこと。②旧刑法での、殺人罪に関する区別の一つ。前から計画してではなく、その場の激情から殺意を生じて人を殺すこと。↕謀殺

こざっぱり『副「と」・ス自』さっぱりと清潔な感じのするさま。「―(と)した服装」「―(と)片付いた部屋」

こざとへん【小里偏】漢字の偏の一つ。「限」「陽」などの「阝」の称。▽丘を意味する「阜」の字が偏になったもの。旁(つくり)の「おおざと」と形が似ている。

ござなく【御座無く】『連語』「……(が)なく」「……(で)なく」の丁寧な言い方。▽既に古風。

こさめ【小雨】こまかに降る雨。小降りの雨。↕大雨

ござります『連語』→ございます。▽動詞「ござる」＋助動詞「ます」から。「ござりまする」の形を今も特殊な口上には使う。

ござ-る『五自』①「居る」「ある」等の敬語。▽「御座ある」から転じた形。㋐「居る」「ある」の敬った言い方。いらっしゃる。おありになる。㋑「ある」の丁寧な言い方。▽(1)は、現在では、「ます」と合して音便になった「ございます」の形で使う。「来る」「行く」の敬語にも使った。「早う―・れ」②〔俗〕すっかりまいる。㋐物が腐ったり、いたんだりする。㋑もうろくする。㋒惚(ほ)れこむ。

こさん【古参】①ずっと以前からその職にいること。そういう人。「最―」②ふるくから仕えていること。そういう人。▽↕新参(しんざん)

こざん【故山】故郷の山。故郷。「骨を―に埋める」

ごさん【午×餐】昼の食事。「―会」

ごさん【誤算】①『名・ス他』計算を間違えること。計算違い。②『名』見込み違い。「うれしい―」

ござん【五山】中国の宋(そう)の制度にならった、禅寺の格式の一つ。時の政府が住持を任命する、最高位の五つの寺。足利義満(あしかがよしみつ)の時に京都五山・鎌倉五山の制を定め、五寺ずつとした。▽「ごさん」とも。

ごさんけ【御三家】代表的な三つの家柄を敬って言う語。㋐江戸時代の、尾張(おわり)・紀伊(きい)・水戸(みと)の徳川三家の総称。㋑転じて、一般に、個人・団体などの中の主だったもの三つ。

ござん-す『連語』「ござります」のくずれた形。「ええ、良(よ)―」

ござんなれ『連語』さあ来い、と手ぐすね引いて待つ態度を言う語。「好敵―」▽「にこそあるなれ(……である よ。……だな)」の転。

こし【腰】(一)『名』①人・動物の胴のくびれた部分(から尻の辺まで)。「刀を―にさす」「―の物」(刀)「―

を抜かす」(驚いたり恐れたりして立ち上がれなくなる。また、非常に驚く)「ーをすえる」(どっしり構えて物事をする)「ーがすわらない」(動作・態度がふらふらしている)「ーを割る」(腰を低めて強い外力にこたえられる姿勢をとる)「ーが引ける」(積極的に取り組む姿勢でない)「ーが低い」(他人に対し、へりくだった態度だ)
②腰⑴の力。持ちこたえる力。粘り。「ーが強い」(もちなどの粘りけが強いのにも言う)。構え。姿勢。腰つき。「けんかー」「やさしい物ー」「話のーを折る」(口出しなどで邪魔をして、話す気をなくさせる)▽人が重い物を担ったり外力に耐えたりする時に力のはいる所であり、動作を起こす時にも使う所だから。
③衣服の、腰⑴に当たる部分。
④ものの、腰⑴に似た、中ほどよりやや下の部分。ふもとに近い山腹、和歌の第三句など。
㊁《接尾》《数を表す和語に付く》はかま・刀など腰につけるものの数を表す時添える語。
関連 腰部・腰間・腰つき・腰回り・ウエスト・小腰・柳腰・海老(えび)腰・本腰・物腰・強腰・弱腰・逃げ腰・二枚腰・粘り腰・喧嘩(けんか)腰・浮き腰・及び腰・へっぴり腰・受け腰・丸腰・腰弱・腰砕け・腰抜け

こし【×輿】昔の乗り物の一つ。屋形(やかた)の中に人を乗せ、その下に取り付けた二本の長柄(ながえ)をかついで運ぶもの。「玉のーに乗る」(低い身分の女性が貴人・金持の妻になる)

こし【古史】古い時代の歴史。

こし【古×址・故×址】昔、建築物・町などがあった、その場所。古跡。▽「址」は土台石の意。

こし【古×祠】古いほこら・やしろ。

こし【古詩】①昔の詩。▽漢詩では特に後漢以前の詩をいう。②漢詩の体の一つ。近体詩(＝律詩・絶句)に対するもの。字数・句数に制限なく、押韻も自由。

こし【故紙・古紙】一度使って不用となった紙。ほご。更にそれを含めて、再生紙の原料としての、用済みとなった新聞・雑誌・散らし広告。

こし【枯死】《名・ス自》木や草が完全に枯れること。

こし【虎視】『ー眈眈(たんたん)』虎(とら)が獲物をねらって、じっと見つめていること。また、そのように機会をねらって様子をうかがっていること。

こじ【古寺】ふるい寺。歴史のある寺。ふるでら。「大和のー」

こじ【故事】①昔あった事柄。②(ある物や言葉に関して)昔から伝わっている話やいわれ。「ー来歴」

こじ【固持】《名・ス他》自分の意見などをかたく持ち続けて変えないこと。固執。「自説をーする」

こじ【固辞】《名・ス他》かたく辞退しつづけること。

こじ【孤児】両親のない子。みなしご。

こじ【居士】①出家せず家に居たまま仏道を修行する男子。特に、在家の禅の修行者。また、単に男の見立て。「慎重ー」②男子の戒名の下につける称号の一つ。↕大姉(だいし)

こじ【誇示】《名・ス他》誇らしげに示すこと。得意になって、見せること。「権力をーする」

ごし【五指】五本のゆび。親指・人差し指・中指・薬指・小指。「ーに余る」(五つより多い)「ーに入る」

ごし【互市】貿易。交易。▽今は言わない。

＝**ごし**【越し】①《名詞に付けて》その物を越して……すること。「窓ーに見る」②《時間の長さを表す語に付けて》その間じゅう続いて来た意。「三年ーの問題」

ごじ【誤字】形や用法がまちがっている字。

ごじ【護持】《名・ス他》しっかりと守って保つこと。「法華経(ほけきょう)をーする」

こしあげ【腰揚げ】子どもの和服の丈を調節するために、腰のところを縫い上げること。

こじあ-ける【こじ開ける】《下一他》(棒などをさしこんで)むりやりにあける。

こしあん【×漉(し)×餡】煮たあずきをすりつぶし、裏漉(うらご)しして作った餡(あん)。

こしいた【腰板】①障子・壁などの下の部分に張った板。②はかまの後ろの腰に当たる部分の、布で包んだ板。

こしいれ【×輿入れ】《名・ス自》嫁入り(すること)。婚礼。▽もと、嫁の乗った輿(こし)を、婿の家にかつぎ入れること。

こしお【小潮】月の上弦・下弦のころ、潮の満ち干の差が最も小さくなる時。またその時の潮。↕大潮

こしおび【腰帯】①女性の和装で、本帯の上に着物に掛けて締める綸子(りんず)などの細い帯。▽腰紐(こしひも)とは別。②帯のこと。③束帯のとき、袍(ほう)の腰に結ぶ黒塗りの革帯(かくたい)。石帯(せきたい)。④水干(すいかん)・狩衣(かりぎぬ)の上に結ぶ帯。手細(てぼそ)。

こしおれ【腰折れ】へたな詩歌・文章。また、自分の詩歌・文章を謙遜して呼ぶ語。「ー歌」「ー文(ぶみ)」

こしがき【腰垣】腰ほどの高さの、低い垣。

こしかけ【腰掛(け)】①腰をかける台。いす。②比喩的に、本来望む職につくまでの間、一時身をおく勤め。「ー仕事」

こしか-ける【腰掛ける】《下一自》台などの上に腰をのせ、足をたれてすわる。腰をかける。「椅子にー」

こしかた【来し方】過ぎて来た時。過去。きしかた。「ー行く末」▽「越し方」は当て字。

こしがたな【腰刀】いつも腰にさしている短い刀。

こしがみ【×漉(し)紙】沈殿物をこすのに使う紙。ろし。

こしき【×甑】米などを蒸すための、大型の(せいろのような)蒸し器。▽弥生時代からあり、用途はさまざま。材質や形が時代によって異なる。

こしき【×轂】車の、輪の中心の太いまるい部分。中を軸が通り、周囲に輻(や)が放射状に差し込まれている。

こしき【古式】昔風のやり方。古来の方式。「ーゆかしく」

こじき【△乞食】食物・金銭を恵んでもらって生活する人。物もらい。▽→こつじき

ごしき【五識】〔仏〕五根によって生じる色・声・香・味・触の五つ。すなわち、眼・耳・鼻・舌・身の知覚作用。

ごしき【五色】①五種類の色。特に、青・黄・赤・白・黒。②転じて、いろいろの色。いろいろの種類。

こしぎんちゃく【腰巾着】①腰にさげる巾着。②転じて、いつもその人につき従って離れない人。▽⑵は普通、軽蔑して言う。

こしくだけ【腰砕け】①(相撲(すもう)などで)腰の力が抜けて、体勢がくずれること。②転じて、事が途中で急におかしくなり、勢いを失ってしまうこと。

こしけ【腰気・〈白帯下〉】女性の生殖器から分泌される、白色のにごった膿状(のうじょう)粘液。おりもの。はくたいげ。

ごしごし『副「と」』物を強くこするさま。「体を—(と)洗う」

こししょうじ【腰障子】腰板のついた紙障子。

こしだか【腰高】①腰の位置を十分に下げないで、姿勢が不安定なさま。「力士が—に寄り進む」②器物などの腰を高く作ったもの。特に高坏(たかつき)。③「腰高障子」の略。腰板を、全体の高さの半分近くまで高く張った障子。

こしだめ【腰だめ】①銃床を腰に当て、ねらいをよく定めずにうつこと。②転じて、大体の見当で物事をすること。

ごしちちょう【五七調】和歌や詩における音数律の一つ。五音句・七音句の順に繰り返す。

ごしちにち【五七日】人の死後三十五日目。この日に法事をいとなむ。

こしつ【個室】一人用のへや。「病院の—」

こしつ【固執】『名・ス自他』→こしゅう(固執)

こしつ【×痼疾】ながく治らない病気。持病。

こじつ【故実】昔の儀式・作法・服装などの、さだめ・ならわし。「有職(ゆうそく)—」

ごじつ【後日】①事柄が起こったあと。「—談」(その事がその後どうなったかについての話) ②これからさき。今後。「—の証拠にする」

こしつき【腰つき】腰のかっこう。腰のあたりの様子。「ふらふらした—」

ゴシック ①「ゴシック式」の略。②→ゴチック。▽Gothic　**—しき**【—式】西洋中世末期、ルネッサンス直前の美術様式。神と自然の秩序の劇的な力強い表現を示す。特に建築で、穹窿(きゅうりゅう)と、先のとがったアーチを持つ教会建築が代表的。

こじつ-ける『下一他』むりやりに関係・脈絡があるように理屈をつけて言う。付会する。

ゴシップ うわさ話。▽gossip

こしっぽね【腰っ骨】①腰のところのほね。②転じて、物事を押し通してする力。忍耐力。「—が強い」

ごじっぽひゃっぽ【五十歩百歩】違いはあるが、大差はなく、似たり寄ったりであること。▽五十歩逃げた兵が百歩逃げた兵を臆病だと笑ったという話から。

こしなわ【腰縄】①軽い罪人などの場合、腰だけになわをかけること。また、そのなわ。②用のある時のために、腰につけて持ち歩くなわ。

こしぬけ【腰抜け】①腰が抜けて、立てないこと。そういう人。②転じて、いくじがなく、臆病なこと。そういう人。「—侍」

こしのもの【腰の物】①腰に差す刀。②腰巻。

こしばがき【小×柴垣】細い柴(しば)で作った垣。

こしばめ【腰羽目】腰ぐらいの高さまで張った羽目。

こしばり【腰張り】壁・ふすまなどの下の方を、紙や布で張ること。その張ったもの。

こしひも【腰×紐】(和服の着くずれを防ぐため)腰のまわりに結ぶひも。

こしびょうぶ【腰×屏風】腰ほどの高さの、低い屏風(びょうぶ)。

こしべん【腰弁】「腰弁当」の略。㋐弁当を腰にさげること。また、その弁当。㋑転じて、(毎日、弁当を持って出勤する)安月給取り。

こしぼね【腰骨】腰のところのほね。

こしまき【腰巻】①女性の和装で、腰から下に、肌にじかに巻きつける布。ゆもじ。お腰。▽腰に巻く、けだし・すそよけなども言う。②土蔵の周囲の下部の、特に厚く塗った部分。③室町・江戸時代、女性が小袖(こそで)の上から、腰に巻きつける礼装用の衣服。

こしまど【腰窓】①通風・採光などのため、部屋・廊下の床に接して設けた小窓。②人の腰の高さほどが下端である窓。

こしみの【腰×蓑】腰にまとう、短いみの。

こしもと【腰元】①貴人のそばに仕えた侍女。②腰のあたり。

ごしゃ【誤写】『名・ス他』文章などを書き写す時にまちがえること。

ごしゃ【誤射】『名・ス他』銃などを誤ってうつこと。間違った相手を射撃すること。

こしゃく【小×癪】『名・ダナ』いかにもなまいきで、しゃくにさわる様子であること。「—な奴(やつ)め」「—なまねをする」「—にさわる」(いささか腹がたつ) 派生 **-さ -げ**

ごしゃく【語釈】語句の意味の解釈。

ごしゃごしゃ『副「と」・ノダ』乱雑なさま。不明朗なさま。ごちゃごちゃ。「—(と)書きこむ」

こしゆ【腰湯】腰から下だけを湯につけて温める(洗う)こと。座浴。「—を使う」

こしゅ【固守】『名・ス他』一歩も退かず固く守ること。「陣地の—・確保」「自説を—して譲らない」

こしゅ【故主】もとの主人。旧主。▽既に古風。

こしゅ【戸主】①一家の主人。家長。②旧民法で、家の責任者。戸主権を持ち、家族を統率する者。

こしゅ【鼓手】太鼓を打ち鳴らす人。

ごしゅ【御酒】「酒」の丁寧語。おさけ。

ごしゅ【語種】日本語の単語を、語源・由来によって分

類した種類。和語・漢語・外来語・混種語の四つがあり、それぞれに準じて造られたものも、もとの語と同じ種別とする。
こしゅう【呼集】『名・ス他』よび集めること。「非常―」
ごしゅいん【御朱印】①寺社で参拝者のために押す朱色の印。②領主など(特に、戦国時代以後、将軍や大名)が文書に朱肉で押した印。また、その印のある公文書。朱印状。 **―せん**【―船】近世初期、海外渡航を許す朱印状をもって貿易に出かけた船。朱印船。
こしゅう【固執】『名・ス自他』自分の意見などを、あくまでも主張しつづけること。こしつ。
こしゅう【孤愁】ただひとりでいることのさびしさや悲しさ。
こしゅう【孤舟】ぽつんと一隻浮かんでいるふね。
こじゅう【×扈従】『名・ス自』身分の高い人のおともをすること。またその人。こしょう。▽「扈」はつき従う意。
ごじゅう【後住】あとに来た住持。次の代の住持。↔先住
ごじゅうおん【五十音】日本語の音節を、仮名で書き表して示した五十の音。「―順」 **―ず**【―図】五十音を、五段十行に、たて・よこ規則的にならべたもの。段はアからオまで、行はアからワまで。
ごじゅうかた【五十肩】五十歳ぐらいになるとよく起こる肩の痛み。▽→しじゅうかた
ごじゅうさんつぎ【五十三次】昔、江戸日本橋から京都三条大橋までの間にあった五十三の宿駅。東海道五十三次。
こじゅうと【小×舅・小×姑】夫または妻の兄弟姉妹。▽姉妹の場合は「小姑」と書き、「こじゅうとめ」が正しい。
こじゅうとめ【小×姑】夫または妻の姉妹。こじゅうと。
ごじゅうのとう【五重(の)塔】寺院に建てる、屋根を五層に造った塔。
こじゅけい【小×綬鶏】体はウズラに似て丸く、ハトよりやや小さい鳥。背は褐色、腹は黄褐色で、濃い褐色の斑紋が多数ある。鳴き声は甲高い。胸と頭は青灰色と赤褐色で彩られる。中国原産で、日本各地で野生化。▽きじ科。
ごしゅでん【御守殿】江戸時代、将軍の娘で、三位(さんみ)以上の諸侯にとついだものの敬称。また、その住居。
ごじゅん【語順】語が、文や句の中でとる位置の順序。語序。
こしょ【古書】①昔の書物。②古本(ふるほん)。「―即売会」
ごしょ【御所】①天皇の住む所。禁中。また、天皇のこと。②上皇・皇太后・親王などの住む所。また、上皇・皇太后・親王などの敬称。③昔、将軍・大臣などの住む所。また、将軍・大臣などの敬称。 **―ぐるま**【―車】→げんじぐるま
ごじょ【互助】お互いに助け合うこと。「―の精神」
ごじょ【語序】→ごじゅん
こしょう【小姓】昔、身分の高い人のそばに仕えた少年。▽武家時代には役名となった。もと、少年の意。
こしょう【古称】古い呼び名。
こしょう【呼称】①『名・ス他』名づけてそう呼ぶこと。その呼び名。「これを〇〇と―する」「歴史的―」②『名』体操などで「一」「二」など大声でとなえる掛け声。
こしょう【誇称】『名・ス他』自慢して大げさに言うこと。「日本一と―する」
こしょう【故障】物事の正常な運びを妨げるさしさわり。㋐『名・ス自』体や機械の一部に異常が起こって、働きがそこなわれること。「エレベーターが―する」「体の―」「電車の―」「機関部の―」㋑『名』事態の進行を邪魔するもの。支障。反対意見。異議。「外部から―がはいる」「―を申し立てる」
こしょう【×扈従】『名・ス自』→こじゅう
こしょう【湖沼】陸地の広いくぼみに水をたたえた所。みずうみ・ぬま・いけの総称。
こしょう【×胡×椒】①房状に実る、あずき粒大の実を香辛料とする常緑つる性植物。インド原産と言われ、熱帯各地で栽培。実は熟すと赤くなる。▽こしょう科。②こしょう(1)から作る、強い香りと辛味のある香辛料。完熟前の実をそのまま乾燥させた黒こしょうと、完熟後に外皮を除いて乾燥させた白こしょうとがある。いずれも粒のまま、あるいは粉末にして使う。③(九州地方で)唐辛子。「ユズ―」
こじょう【古城】古い城。古びた城。
こじょう【孤城】①一つだけ離れてぽつんと建っている城。②援軍が来ないで孤立している城。「―落日」(勢いが衰えて、心細いことのたとえ)
ごしょう【五障】〔仏〕①女性が仏身など五つのものにはなれないというさわり。②修道上の五つのさわり。煩悩(ぼんのう)・業(ごう)・生(しょう)・法・所知の五つ。
ごしょう【後生】①〔仏〕後の世に生まれ変わること。また、生まれ変わった世。「―を願う」(後の世の安楽を願う) ▽「こうせい」と読めば別の意。②人に哀願するときに使う言葉。「―だからやめてくれ」▽後生を願う意から。 **―ぎ**【―気】来世の安楽を願い望む心。「―を起こす」 **―だいじ**【―大事】①たいそう大事にすること。「―に持っている」「―に育てる」▽(2)の転。②後生の安楽を大切にして、生前一心につとめること。 **―らく**【―楽】①後生は安楽だと考えて安心すること。②何事も苦にせず、たいそうのんきなこと。
ごじょう【五常】儒教で、人の守るべき五つの恒常不変の真理。㋐仁・義・礼・智(ち)・信。㋑父・母・兄・弟・子のそれぞれ守るべき義・慈・友・恭・孝。五典。㋒→ごりん(五倫)
ごじょう【互譲】互いに譲り合うこと。「―の精神」
ごじょう【御×諚】貴人の命令。仰せ。▽今は使わない。
こしょうがつ【小正月】陰暦一月一日から七日の大

(おお)正月に対し、一月十五日(前後三日間)のこと。

こしょく【古色】古びた色や様子。「―蒼然(そうぜん)」(いかにも古びて見えるさま)

こしょく ①【個食】㋐同じ食卓についた家族がそれぞれ別のメニューの食事をとること。㋑一食分ずつ小分けしてある食品。「そばの―パック」②【孤食】(多く、家族がいるにもかかわらず)一人でさびしく食事をすること。▽⑴⑵とも、食生活形態の変化で二十世紀末から広まった語。

ごしょく【誤植】印刷物で、文字が誤っていること。ミスプリント。▽以前は活版印刷での活字植え違いだが、今は他の印刷法の場合にも言う。

こしよわ【腰弱】『名ナ』腰の力が弱いこと。また、その人。転じて、ねばり・いくじがないこと。派生 **-さ**

こしらえ(こしらへ)【×拵え】①物の出来上がった状態。作り。「―がよい」「太刀(たち)の―」②したく。準備。特に、身づくろい。化粧や服装。「派手な―で出掛ける」

こしらえごと(こしらへ―)【×拵え事】事実でないのに、いかにも本当らしく作った事。つくりごと。虚構。

こしら-える(こしらへる)【×拵える】『下一他』仕組んだように作り上げる。㋐形をそなえたものにする。「新しい洋服を―」「仏様にお供えするお団子を―」「おでこに瘤(こぶ)を―」「身代(しんだい)を―」「子供を―」(=もうける)」「女を―」(情婦を新たに持つ)㋑人目を引くように整え装う。「顔を―」(化粧する)「身なりを派手に―」㋒ある目的に役立てるために整えそろえる。工面(くめん)する。「家を建てる金を―」㋓ない事を本当のように見せかける。「話を―(=でっち上げる)」「無理に笑顔を―・えて接する」

こじら-す【×拗らす】『五他』こじれるようにする。こじれさせる。こじらせる。「かぜを―」

こじり【×鐺】刀のさやの末端。さやじり。多くは金属などで包み飾る。

こじ-る『五他』細長いものなどをあてがって、えぐるようにする。「ふたを―・ってあける」

ごじる【呉汁】①水にひたして柔らかくした大豆を擂(す)りつぶして、みそ汁に入れた料理。②友禅など手芸的な染色の色止め剤。▽→ご(豆汁)

こじ-れる【×拗れる】『下一自』物事が、もつれて順調に運ばなくなる。「話が―」「かぜが―」

こじわ【小×皺】皮膚や着物などにできる、細かいしわ。

こしん【湖心】湖面のまんなか。

こじん【個人】個々別々の、ひとりひとりの人。 **―さ**【―差】個人による違い。人々の間に見られる精神や身体の機能上の差異。 **―しゅぎ**【―主義】①個人の意義・価値を強調し、個人の自由・独立を尊重する立場。↔全体主義。②俗に、利己主義のこと。 **―てき**【―的】『ダナ』その人だけの立場によるさま。「―な考え」「―に会って話す」 **―プレー** 集団で行うスポーツや仕事で、全体の利益を顧みず、個人の成績や名誉だけを重んじる行動。↔チーム プレー。▽「プレー」はplay

こじん【古人】昔の人。「―の言によれば」

こじん【故人】なくなった人。今はなき人。

ごしん【誤信】『名・ス他』まちがって信じこむこと。

ごしん【誤審】『名・ス自他』まちがった審判。審判を誤ること。

ごしん【誤診】『名・ス自他』まちがった診断。診断を誤ること。

ごしん【護身】からだ・いのちを危険から守ること。「―術」

ごじん【×吾人】『代』われ。われら。▽文語的。

ごじん【御仁】他人の敬称。お方。お人(ひと)。「立派な―だ」▽古風な言い方。

ごじん【後陣】本陣の後ろの方に構えた陣。あと備え。こうじん。

ごしんえい【御真影】天皇・皇后のお写真。

ごじんか【御神火】火山の噴火・噴煙を神聖視して言う語。▽「神の火」の意。伊豆大島三原山の噴煙を指すことが多い。

ごしんさん【御新さん】「御新造さん」の略。↓ごしんぞう

ごしんぞう【御新造】他人の妻を言う敬語。▽大正ごろまで中流家庭の人妻について使った。「ごしんぞ」とも。

ごしんとう【御神灯】職人・芸人の家や芸者屋で、縁起をかついで戸口につるした提灯(ちょうちん)。「格子造(こうしづくり)に―さげて」▽「ごじんと(う)」とも言う。

ごしんぷ【御親父】相手の父親を敬って言う語。

こじんまり『副[と]・ス自』↓こぢんまり。▽「じ」は「ぢ」とするのが正しい表記。

こ-す【×漉す・×濾す】『五他』細かい隙間(すきま)をくぐらせ、かすを取り除いて、純粋な成分だけにする。「餡(あん)を―」「水を―」

こ-す【越す】㈠『五他』①手前から向こうに移るために、その上を過ぎて動きを進める。「山を―」(最盛期・絶頂期などを過ぎる意にも言う)「川を―」「難関を―」▽⑶㋑までは「越える」と互換的でも、「越す」はその動作や作用をもたらす意。「を」が動的目標の格助詞。②ある時期を過ごして送る。「冬を―」「年を―」③ある基準より先に出る。「度を―」「分(ぶ)を―」㋐……より大きな値をとる。「百人を―」▽「超す」とも書く。㋑追い抜く。「先を―」㋒まさる。「それに―した事はない」▽㋒は「……を―」の形では使わない。㈡『五自』①引越しをする。「隣町に―」②《「お―しになる」などの形で》「行く」「来る」の敬語。いらっしゃる。「福岡までお―しになりますか」「ようこそお―し下さいました」

ごす【呉須】①染付け磁器の模様を描く青藍(せいらん)色の顔料。▽もと、中国に産する粘土から製した。その発色成分は酸化コバルトで、今は合成品を使う。②「呉須焼き」の略。中国伝来の染付け(=青絵)の磁器。

ごず【△牛頭】〔仏〕頭が牛、体が人の形の、地獄の番人。「―馬頭(めず)」

こす-い【×狡い】〘形〙①ずるい。わるがしこい。②けちけちしている。派生 **-さ**

こすい【湖水】みずうみ。

こすい【鼓吹】〘名・ス他〙意見や思想を盛んに主張し、相手に吹きこむこと。「国粋思想を―する」▽もと、つづみを打ち、笛を吹くこと。

ごすい【五衰】〔仏〕天人が臨終に示す五種の、衰えていく有様。

ごすい【午睡】〘名・ス自〙ひるね(をすること)。

こすう【戸数】家・世帯の数。 **―わり**【―割】独立の生計を営む者に対し、資力を標準として課する地方税。▽一九四〇年廃止。

こすう【個数】個々に分かれているもの(全部)のかず。「必要な―だけ買い整える」▽人数には使わない。

こずえ(こずゑ)【×梢】樹木の先の部分。▽木の末の意。

こすから-い【×狡辛い】〘形〙→こすっからい。▽形容詞「こすい」の語幹+「からい」 派生 **-さ -げ**

コスチューム 衣服、特に舞台衣装や時代的な衣装。▽costume

こすっから-い【×狡っ辛い】〘形〙わるがしこくて、ずるい。▽「こすからい」の転。派生 **-さ -げ**

コスト 物を生産するのにかかる費用。原価。「―を割る」「―ダウン」(製作費の切下げ)。広く、ねだん。費用。▽cost **―パフォーマンス** (機械の性能を知る目安になるような)一まとまりの仕事をしとげるのにいる費用。価格性能比。広く、かかった費用や作業量に対する成果。▽cost performance

コスプレ〔俗〕漫画・アニメ・ゲームなどのキャラクターに扮装(ふんそう)すること。▽costume play(=衣装劇・時代劇)からの略語。

ゴスペル ①キリスト教の福音(書)。②「ゴスペル ソング」の略。黒人霊歌・ブルース・ジャズを結合した、黒人の宗教音楽。▽gospel

こず-む(こづむ)【×偏む】〘五自〙①気持が沈む。心が重くなる。「心が―」②筋肉が固くなる。凝る。「肩が―」

コスメチック ①化粧品。コスメティック。コスメ。②牛脂・パラフィンなどに香料を加えてねり、棒状に固めたもの。毛髪をなでつけるのに用いる。チック。▽cosmetic

コスモス ①メキシコ原産の一年草。葉が細く、茎も細長く伸びて、秋、白・紅などの花が咲く。観賞用。秋桜。▽広くは、きく科コスモス属の植物の総称。そのうち多くオオハルシャギクを言う。②秩序ある世界。宇宙。↔カオス。▽cosmos

コスモポリタン ①国籍などにはこだわらないで、全世界を自国と考えている人。世界主義者。②世界を股にかけ、外国(人)と交際の広い人。国際人。▽cosmopolitan

こすりつ-ける【△擦り付ける】〘下一他〙こすって物(の面)に付ける。「壁に泥を―・けて取る」。また、強くこする。何度もこする。「転んで道路に顔を―・けてしまった」「犬が飼い主に体を―」

こす-る【△擦る】〘五他〙ぴったりとつけて何度も触れ合わせる。また、押し付けた状態で動かす。「タオルで背中を―」「車を電柱で―」

こ-する【鼓する】〘サ変他〙気分をふるいおこす。「勇を―・して」▽もと、楽器を打ち鳴らす意。

ご-する【×伍する】〘サ変自〙同等の位置に並ぶ。肩を並べる。仲間入りする。「名人の列に―」

こす-れる【△擦れる】〘下一自〙物と物とが、こすった状態になる。すれあう。「かかとが靴に―・れて痛い」

ごすんくぎ【五寸×釘】長さ五寸(=約一五センチ)ほどの太いくぎ。

ごせ【後世】〔仏〕来世(らいせ)。死後の世。「―を願う」(後世を安楽に送ることを願う)▽↓こうせい(後世)

ごぜ【〈瞽女〉】三味線(しゃみせん)をひき歌をうたうなどして、銭を乞い歩いた、盲目の女性。▽「めくら御前(ごぜ)」から。

こせい【個性】①他の人とちがった、その人特有の性質・性格。個人の特性。「―的な人」②個体に特有の性質。

こせい【古制】古い時代のおきて・しきたり・制度。

こぜい【小勢】少ない人数。こにんずう。↔大勢(おおぜい)

ごせい【互生】〘名・ス自〙葉が、互い違いに出る、生え方。↔対生

ごせい【悟性】〔哲学〕人間の認識能力の一つ。論理的な思考力。特に理性と区別して、経験界に関する知性。

ごせい【語勢】話している言葉の勢い。「―を強める」

ごせい【語性】その単語や連語が示す(特に品詞など文法に関する)性質。その語類に通有する性質。

こせいだい【古生代】地質時代の区分の一つ。先カンブリア時代に次ぐ古い時代。約五億四千万年前から二億五千万年前まで。▽その初期に三葉虫が現れ、次いで魚類が現れた。

こせがれ【小×倅】①若い者をあなどって言う語。②自分のむすこのへりくだった言い方。

こせき【古跡・古×蹟】昔、著名な建物などのあった所。歴史上の遺跡。

こせき【戸籍】国民各個人の親族的身分関係をはっきりさせるため、これを記載した公の台帳。「―上の名前」「―簿」▽以前は家、今は夫婦を単位に作る。

こせこせ〘副[と]・ス自〙小さいことにこだわって気持にゆとりがなく、落着きのないさま。「―した人」

こせつ【古拙】〘名ナ〙技術的には拙劣であるが、古風で素朴な中に趣のあること。派生 **-さ**

こぜつ【孤絶】〘名・ス自〙一つ(ひとり)だけ切り離したように、ぽつんとあること。

こせつ-く〘五自〙こせこせする。

ごせっく【五節句・五節供】一年間の五つの節句。人日(じんじつ=一月七日)、上巳(じょうし=三月三日)、端午(たんご=五月五日)、七夕(しちせき=七月七日)、重陽(ちょうよう=九月九日)。

ごせっけ【五摂家】摂政(せっしょう)・関白に任じられる家柄。近衛(このえ)・九条・二条・一条・鷹司(たかつかさ)の五つの家。

こぜに【小銭】こまかいおかね。硬貨。「―入れ」

こぜりあい【小競(り)合い】①小部隊が衝突して戦うこと。②ちょっとした、いさかい。

こせん【古銭・古泉】昔通用したおかね。▽「泉」は貨幣の意。

こせん【弧線】弓なりの線。弧状の線。

ごせん【互選】『名・ス他』お互いの中から選挙して選び出すこと。

ごせん【五線】楽譜を表示するための五本の平行線。「―譜」

ごぜん【午前】一日の前半である正午以前。↕午後。㋐夜中の零時から正午まで。㋑日中(にっちゅう)の前半である、朝から正午まで。 **―さま**【―様】(遊んで)夜中の零時過ぎに帰宅する人を、「御前様」をもじって呼ぶ称。

ごぜん【御前】①貴人の面前・座前を敬って言う語。みまえ。「―試合」②相手に対する呼びかけの敬称。▽主として古くは女性に対して、江戸時代には、家臣から主君に対して用いた。③身分ある男女の称呼に添える敬称。「若君―」「尼―」

ごぜん【御膳】ぜん・飯・食事を敬っていう語。「二汁五菜の―」 **―じるこ**【―汁粉】こしあんで作った汁粉の異名。▽↓いなかじるこ。 **―そば**【―〈蕎麦〉】特上のそば粉で作ったそば。

こせんきょう【×跨線橋】鉄道線路の上にまたがってかけた橋。

こせんじょう【古戦場】昔、合戦(かっせん)の行われた場所。

こそ『係助』ある物や事を他から区別し、これを言うのだと取り立てて挙げるのに使う。①強調する事物に関する表現に添えて言う。「今度―成功してみせるぞ」「これ―人間の活力である」「こちら―よろしく」「あなたに―似つかわしい」「その一言はおかみさんに―聞かせてあげたかった」「すべてに責任を負って―組織の長というものだ」「それで―世の中はうまく行く」「さて―あいつのしわざだったか」(そういういきさつがあってのことだったかと、事情が判明した時の言い方)▽格助詞を伴う必要のある場合には、その格助詞の後に置く。また、更に係助詞「は」を添えても使う。一般に係助詞の直後には格助詞を置かないが、「こそ」は「権力におもねらない姿勢―が大切だ」のようにも使え、この場合には副助詞に近づいたと言える。注意すべき用法として、㋐《句A・Bをつなぐ接続助詞「から」や「ば」に付け》AゆえB、またはAならBという関係が認められることを強調する。「彼だから―みなが信服するのだ」「帰るあてがあれば―待ってもいられるのだ」▽「だから―」は接続詞のようにも使う。「大事なのはこの点だ。だから―聞き流してはならない」㋑『それ―』↓それこそ ②その事を認めるがしかし、または、大方の予想に反してこの場合にはむしろ、という気持でその事に言及する。「山門―小さいが由緒ある寺だ」「色―黒いものの、きりりとした好男子だ」「立場―異なれ気持は同じだ」「感謝―すれ遺恨はない」▽多くは、「こそ」が係る部分に逆接の言い方が来る。また、本来の用法である文語の已然形で結ぶ例も珍しくない。③《未然形に続く「ば―」の形で。あとを省いても使う》全くそうならないことを暗示する。「寒いも暗いも厭(いと)わば―、早速駆けつける」「押しても突いても動かば―」「そんなむだ遣いをするゆとりがあらばー」▽⑵の転。

こぞ【〈去年〉】きょねん。昨年。▽雅語的。

こぞう【小僧】①年少の僧。小坊主。②商店で使われている、年少の男店員。でっち。③年少の男子をあなどって言う語。

ごそう【護送】『名・ス他』(人や物に)つきそって、保護や監視をしながら送りとどけること。 **―せんだん**【―船団】戦時に敵の襲撃を防ぐため、駆逐艦などに護(まも)られ、最低速船に合わせた速さで目的地に進む輸送船の一団。「―方式」(同業会社などが、その問題に関しては競争をせず、権威にすがって弱小企業に足並みをそろえる行き方)

ごぞう【五臓】漢方で、肺・心・脾(ひ)・肝・腎の五つの内臓。 **―ろっぷ**【―六×腑】①五臓と六腑(胃・腸など)。②転じて、腹の中すべて。

こそく【×姑息】『ダナ』①一時のまにあわせをするさま。その場のがれ。「―な手段」②俗に、卑怯(ひきょう)なさま。▽「姑」はしばらくの意。派生 **-さ**

こぞく【古俗】昔の風俗。古くからの習慣。

ごぞく【語族】同一の祖語から分かれて発達してきたと認められる諸言語の一群。「インド ヨーロッパ―」

こそぐ-る『五他』↓くすぐる

ごそくろう【御足労】自分のためにわざわざ出向いてもらう感謝の気持をこめて、他人が出掛けることを言う語。「―を煩わしました」

こそ-げる『下一他』こすり削って落とす。

こそこそ『副[と]・ス自』人に隠れてひそかにするさま。「―話」「―(と)裏口から出る」

ごそごそ『副[と]・ス自』①乾いたりこわばったりした物が触れあう音。また、そういう音を立てて、何かをしているさま。「かばんの中を―(と)探る」「朝早くから台所で―やっている」②話し声が不明朗なさま。「―(と)話し声がする」

こそだて【子育て】『名・ス自』子供を養い育てること。「―地蔵」(子供の健やかな成長をお願いする地蔵)「―から解放された」「―支援」▽「育児」と違い、乳幼児より後にも言う。

ごそつ【五卒】(旧制高等学校などの入学者について)旧制中等学校卒業者。▽↓よんしゅう。四修と併せて「現役」と言った。
こぞっこ【小△僧っ子】 年少の男子をあなどって言う語。
こぞって【△挙って】《連語》《副詞的に》(人々が)残らず。みんな。「—参加する」「国を—平和を求める」▽「こぞる」の連用形＋「て」の音便。
ごそっと《副》→ごっそり
こそで【小袖】 ①小さいそでの、着物。▽古くは、そでの小さい下着。後におもて着となり、現在の和服へと変化した。②絹の綿入れ。↕布子(ぬのこ)
こそどろ【こそ泥】 こそこそと人目を盗んではいり、わずかの物をとる泥棒。
こそばゆ-い《形》皮膚がむずむずする。くすぐったい。「皆の前でほめられて—」派生 **-さ -げ -がる**
こぞめ【濃染(め)】 こく染めること。
こぞ-る【△挙る】《五他》残らず集める。「(国を)—って反対した」▽現在では、普通「こぞって」の形で使う。
ごぞんじ【御存じ・御存知】「存じ」を敬って言う語。知っていらっしゃること。
こたい【古体】 ①昔の形態。昔ふう。②漢詩で、律詩・絶句(＝近体)に対し、唐より前の詩体。
こたい【個体】 ①個々独立に他の物とその存在を区別して認識されるもの。個物。②一個の生物として完全な機能をもつ最小の単位。
こたい【固体】 石・木・氷のように、変形しにくい一定の形・体積を保つ物質。また、そのような状態。▽液体・気体とともに「物質の三態」の一つ。
こだい【古代】 ふるい時代。いにしえ。歴史の時代区分で、近代(および中世)に対して、歴史時代の最初の時代。 **—むらさき【—紫】** 色の名。赤色をおびた紫色。▽→えどむらさき
こだい【誇大】《ダナ》実際よりおおげさに言うさま。おおげさなさま。「—広告」派生 **-さ -げ** **—もうそう【—妄想】** 自分の現在の状態を、実際よりもはるかにおおげさに空想して、それを事実のように思いこむこと。
ごたい【五体】 ①身体の五つの部分。筋・脈・肉・骨・毛皮。または、頭・両手・両足。あるいは、頭・くび・胸・手・足。転じて、全身。②書道で、篆(てん)・隷・真・行(ぎょう)・草の五書体の称。
ごだい【五大】〔仏〕地・水・火・風・空の五つの称。▽一切の物質に遍在してそれを構成するもとと見て「大」という。
こだいこ【小太鼓】 小型のたいこ。高い音が出る。
ごたいそう【御大層】《ダナ》おおげさすぎるさま。「—な言い方をする」▽皮肉をこめて言う。派生 **-さ -げ**
こたえ【答(え)・応え】 ①他からの働きかけに対して示す、何らかのふるまい。反応。㋐呼ばれたり質問されたりしたのに対する返事。応答。回答。【答・応】「—を求める」㋑ある作用に対する反応・反響。【応】「歯—がない」「手—がある」②問題を解いた結果。解答。【答】
こたえられない【△堪えられない】《連語》①我慢し切れない。②転じて、たまらなくよい。大変快い。「あんまりうまく運んだので—」「—おいしさ」▽「ない」の部分は、「ぬ」「ません」でもよく、それら三つの活用形でもよい。
こた-える【答える・応える・△堪える】《下一自》①他からの働きかけに対して、何らかのふるまいを示す。反応する。㋐かけられた言葉に対して、こちらからも言う。返事・応答をする。【答・応】「声を掛けたが黙して—えない」「質問に—」㋑相手の願いや望みに見合ったことをして返す。むくいる。【応・答】「激励に—」「期待に—」㋒刺激などを受けて身に強く感じる。「失敗が身に—」▽㋒は「徹」を当てたことがある。②問題を解いて結果を示す。解答する。【答】③じっとこらえ持つ。我慢し通す。【堪】「持ち—」▽⑴㋒の転。↓こたえられない。関連 応じる・受け答え・口答え・応答・回答・確答・即答・答申・答弁・名答・明答・返事・生返事・返書・返信・返答・返報・応酬
こだか-い【小高い】《形》(土地が)すこし高い。「—丘」
こだから【子宝】(親にとっては何よりもまさった宝である)こども。「—に恵まれる」
ごたく【御託】『—を並べる』もったいぶって自分勝手なことをくどくどと言いたてる。▽「ごたく」は「御託宣」の略。
こだくさん【子沢山】 その人に子供が多くあること。「律儀者(りちぎもの)の—」
ごたくせん【御託宣】 ①神のお告げ。②転じて、くどくどと言うこと。えらそうに、もったいぶって言うこと。ごたく。
ごたごた ①《副[と]・ス自》秩序なく種々のものが入り混じったさま。ごちゃごちゃ。「安物が—(と)並べてある」「—した述べ方を整理しろ」②《副[と]・ス自》人の出入りが激しく、落ちつかないさま。「関係で—している」③《名・副[と]・ス自》穏やかでない状態。もめ事。「家に—があってごぶさたした」「夫婦仲が—(と)する」
こだし【小出し】《名・ス他》少しずつ出すこと。「金を—に使う」
こだち【小〈太刀〉】 小型の刀。また、それを使ってする武術。
こだち【木立】 立ち並んで生えている木。「杉の—」。木の群がり。▽後者の意で使う時は、普通、林より狭いのを指す。
こたつ【×炬×燵・△火×燵】(炭火などの)熱源の上部を木製の櫓(やぐら)で囲い、上に布団をかけて暖を取るしかけ。「掘り—」「置き—」「電気—」
ごだつ【誤脱】 文章中の書き誤りとぬけおち。誤字(誤植)や脱字・脱文。
ごたつ-く《五自》ごたごたして混雑する。混乱する。

もめ事が起こる。

こだて【小×楯】身を守るまにあわせの楯(たて)。「―に取る」(まにあわせの楯とする。身を防ぐたよりとする)

こだな【△蚕棚】かいこを飼うかごをのせておく棚。かいこだな。

こだね【子種】①子となるべきもと。精子。②家系をつぐ者としての、子ども。「―が欲しい」

ごたぶん【御多分】『―にもれず』大部分の人が考えるとおり。例外ではなく。「御多分にもれず、わが社も不況で苦しい」▽普通、あまりよくないことに言う。

こだま【木霊・×谺】山や谷で声や音が反響して聞こえてくるもの。山びこ。▽もと、樹木に宿る精霊と考えられた。

ごたまぜ『ノダ』〔俗〕→ごちゃまぜ

こだわり【△拘り】①こだわること。②特別の思い入れ。「当店―の味」▽②は近ごろの用法。

こだわ-る【△拘る】『五自』①ちょっとしたことにとらわれる。拘泥する。「小事に―」▽元来は良い意味でない。②特別の思い入れがある。「味と質に―」▽②は近ごろの用法。

こたん【枯淡】『名ナ』人柄・作品などで、俗っぽさや欲気がなく、あっさりとしている中に深い味わいを感じさせること。「―の境地」派生 **-さ**

コタン 部落。集落。「カムイ(=神の)―」▽アイヌ語。

ごだん【誤断】『名・ス自他』あやまった判断をすること。また、その判断。

こち【×鯒】体が上下に平たくて頭と口の大きい海魚。尾は細い。背は砂の色に似て、泥まじりの砂地にすむ。南日本に多い。食用。▽こち科の魚の総称。そのうち特に、マゴチを言う。

こち【〈東風〉】(春よく吹く)東からの風。▽雅語的。

こち【故知・故×智】古人の用いた知略・はかりごと。「―に学ぶ」

こち【故地】それにゆかりのある土地。「万葉の―」

こち【×胡地】えびすの国の土地。辺境。▽「胡」は、昔中国で匈奴(きょうど)、更に広く西域地方の異民族を呼んだ称。

ごち〔俗〕『―になる』ごちそうになる。

ゴチ →ゴチック

こぢから【小力】ちょっとした、しかし馬鹿にはできない力。「―がある」

こちこち ①『ノダ』かたくなって、柔軟さが感じられないさま。㋐凍ったり干からびたりして非常にかたくなったさま。「―の冷凍食品」「―の筋肉」㋑緊張して動作がなめらかにできないでいるさま。「優勝を目の前にして―になる」㋒(きまじめで)考え方に融通がきかないさま。「彼の頭は―だ」②『副[と]』ねじまき時計が時を刻む音。

ごちそう【御×馳走】『名・ス他』①豪華な食事。②ふるまい。客への供応。もてなし。「―になる」▽「馳走(ちそう)」の敬語。 **―さま**【―様】『連語』①食後の感謝、または食事のお礼を表すあいさつ言葉。②(男女の)親密な様子を見せつけられた時、からかって言う言葉。

ゴチック 活字の字体の一つ。全体が肉太で角ばったもの。ゴシック。ゴチ。▽フランス gothic ドイツ Gotik →ゴシック

こちとら『代』〔俗〕自分。おれ(たち)。▽特に職人階層が使った。既に古風。

こちゃく【固着】『名・ス自』かたくくっつくこと。

ごちゃごちゃ『副[と]・ノダ・ス自』①種々の物が乱雑に入り混じったさま。「引き出しの中が―だ」②乱れて、きちんとしていないさま。「汚い字を―と書き連ねる」

ごちゃまぜ【ごちゃ混ぜ】『ノダ』種類の異なるものをごちゃごちゃに混ぜた状態。「各国のコインが―になってしまった」

こちょう【戸長】明治の初め、町村にあって行政事務をあずかった吏員。いまの町村長にあたる。

こちょう【×胡×蝶・×蝴×蝶】蝶(ちょう)の異称。 **―らん**【―×蘭】洋蘭の一種。白色の蝶(ちょう)に似た大形の花を連ねてつけ、観賞用に好まれる。

こちょう【誇張】『名・ス他』おおげさに表現すること。

こちょう【鼓腸】腸内にガスが充満して、腹部のふくれる症状。

ごちょう【×伍長】旧陸軍の下士官の最下位。軍曹の下。

ごちょう【語調】(話す)言葉の調子。

こちら『代』①この方向。㋐話し手が居る、または向いている方向。「鬼さん―、手の鳴る方へ」㋑今、話題にしている方向。②こちら⑴に当たる方の物。「―ではどうでしょう」▽⑴⑵は「こっち」より丁寧。③こちら⑴に当たる場所。ここ。「―は静かです」▽「ここ」「こっち」より丁寧。④話し手や話し手の側の人を指す語。「―はいつでも結構です」▽「こちらさん(さま)」の形では、自分が今ともに居る相手側を指す。「―さんは、いつも御繁盛で何よりです」「―さまには先刻お目にかかりましたね」。⑷は「こっち」より丁寧。

こぢんまり【小ぢんまり】『副[と]・ス自』小さいなりに、ほどよくまとまっている様子。「二人だけで―(と)暮らす」「―(と)した部屋」▽「こ」+「ちんまり」

こつ【[忽]】(人) コツ ゆるがせ たちまち ―①非常に急。心がせく。にわか。たちまち。「忽焉(こつえん)・忽然(こつぜん・こつねん)」②うっかりする。おろそかにする。ゆるがせにする。「忽諸・粗忽・軽忽(けいこつ・きょうこつ)」③数の単位。糸(し)の十分の一。一の十万分の一。

こつ【[骨]】コツ ほね ―①ほね。「骨格・骨相・骨膜・骨盤・骨肉・骨質・骨折・筋骨・骸骨・肋骨(ろっこつ)・大腿骨(だいたいこつ)・白骨・骨粗鬆(そしょう)症」②『名・造』

火葬にした人骨。「お骨・納骨・遺骨」③物事をくみたてるしんになるもの。要点。「骨髄・骨子・真骨頂・鉄骨・木骨」④からだ。「病骨・老骨」⑤人がら。気だて。動かしがたい気質。「風骨・気骨・奇骨・侠骨（きょうこつ）・凡骨・反骨」⑥《名・造》要領。微妙なやり方の呼吸。ぐあい。調子。「骨をのみこむ」「骨法」▽普通単独では仮名書き。

こつあげ【骨揚げ】《名・ス自》火葬にして残ったほねをひろって骨壺（こつぼ）におさめること。骨（こつ）拾い。

ごつ-い《形》〔俗〕堅くかどばっていて、ごつごつした感じだ。大きくていかつい。㋐程度がはなはだしい。すごい。「―お腹立ちですね」㋑無粋（ぶすい）だ。やぼだ。「―こと言うな」㋒手ごわい。がんこだ。「―おやじ」派生 **-さ**

こつえん【×忽×焉】《副と》にわかに。たちまち。「―として逝く」

こっか【刻下】現在。ただいま。目下（もっか）。「―の急務」

こっか【国家】国。一定の領土に居住する多数人から成る社会集団で統治権を有するもの。 **―こうむいん**【―公務員】国家の公務に従事し、国家から給与を受け取る公務員。 **―しけん**【―試験】一定の資格を認め、または免許を与えるために国の機関が管理して行う試験。 **―しゃかいしゅぎ**【―社会主義】国家権力の干渉によって社会主義を実現しようとする思想および運動。 **―しゅぎ**【―主義】物事を考え行動する時、国家を優位に置き、国家を中心とする主義。

こっか【国歌】①国民的祭典、国際的行事等で、国民および国家を代表するものとして歌う（奏でる）歌。②和歌。

こっか ①【国花】国民が愛好・尊重し、その国を代表するとされる花または植物。例、日本では桜、イギリスではばら。②【国華】国の美しい輝き。国の名誉。

こづか【小△柄】わきざしのさやの外側にさし添える小刀。

こつがい【△乞×丐】こじき。ものもらい。

こっかい【国会】国家の議会。日本国憲法では、衆議院と参議院から成り、国権の最高機関で、国の唯一の立法機関。 **―ぎいん**【―議員】国会を構成する議員。 **―ぎじどう**【―議事堂】国会の議事が行われる建物の名称。

こっかい【国界】国ざかい。

こっかい【骨灰】動物の骨を焼いてつくる白色の粉末。主成分は燐酸（りんさん）カルシウム。肥料にするほか、燐酸・燐の原料や陶磁器材料にする。こつばい。こっぱい。

こづかい ①【小遣（い）】「小遣銭」の略。ちょっとした買物など雑用にあてるための金。ポケット マネー。「―かせぎ」②【小使】学校・会社・官庁などで、雑用をする人。▽今は言わない。

こっかく【骨格・骨×骼】①高等動物で、骨が組み合わさって、体のささえをなすもの。骨組み。からだつき。②転じて、物事の中心となる組立て。

こつがら【骨柄】骨相から受ける人柄の感じ。「人品（じんぴん）―」

こっかん【骨幹】①体のおおもととしての骨。②転じて、物事の根幹。「軍の―」

こっかん【酷寒】きびしい寒さ。

ごっかん【極寒】きわめて寒いこと。その時節。

こっき【克己】自分の欲望や邪念にうちかつこと。「―心」

こっき【国旗】国家の象徴として定められた旗。

こづきまわ-す【小突き回す】《五他》①人をつっついたり、ゆすったりする。②しつこく意地悪をする。

こっきょう【国境】国と国との境。異なる国家間の領土の境界線。「……と―を接する」

こっきょう【国教】国家が公認し、国民の信奉すべきものとして保護を加えている宗教。

=**こっきり**《少量の数量表現に付けて》それだけ。「一回―」

こっきん【国禁】国法で禁じられていること。「―の書」

こっく【刻苦】《名・ス自》非常に骨折ること。「―勉励」

コック ①料理人。▽オランダ kok ②栓。「非常用―」▽cock

こづ-く【小突く】《五他》①人の身体などを、（強くなく）つく。②意地悪くいじめる。

コックス ボート レースで、舵（かじ）を取る人。舵手（だしゅ）。▽cox

コックピット 航空機・競走用自動車・ヨットなどの操縦席。▽cockpit

こっくり ①《副［と］》首を急に下げるさま。「―（と）うなずく」「―居眠りをする」②《名》うなずく動作。「―をする」③《副［と］・ス自》甘辛い味が濃く、深みのあるさま。「―した田楽味噌（みそ）」

こづくり【小作り】《名ナ》小さく作られていること。特に、体つきの小さいこと。小柄。

こっくん【国訓】漢字に国語をあてて読む読み方。訓。

こっけい【滑稽】《名・ダナ》言動がおどけていて、おもしろくおかしいこと。また、ばかばかしくておかしいこと。派生 **-さ -み -がる** **―ぼん**【―本】江戸時代後期の小説（本）の一種。町人の日常生活におけるおかしさを書いたもの。例、東海道中膝栗毛（ひざくりげ）。

こっけい【酷刑】残酷な刑罰。ひどすぎる刑罰。

こっけん【国憲】国家の根本法、すなわち憲法。

こっけん【国権】国家権力。国の統治権。「―乱用」「―を発動する」

こっこ【国庫】財産権の主体としての国家。国家に属する貨幣を保管する所。「―金」「―収入」「―に入る」

=**ごっこ** 互いに……のまねをする子どもの遊び。「鬼―」（鬼が人をつかまえる遊び）「学校―」

こっこう【国交】①国家間の交際。「—断絶」②省としての「国土交通」の略。「—省」「—相」

ごつごうしゅぎ【御都合主義】定見をもたず、その時その時の状態に応じて都合のいいように行動するやり方。

こっこく【刻刻】《副[と]ノ》時を追って。一刻ごと。刻一刻。「期限が—(として)迫ってくる」「—の変化」

こつこつ ①【×兀×兀・×矻×矻】《副[と]》たゆまずに努力する様子。「—(と)働く」②《副[と]》堅いものが続けて打ち当たるさま。その音。「—(と)ヒールの音が響く」

ごつごつ《副[と]・ノダ・ス自》①角張っているさま。凸凹しているさま。「—の岩山」②なめらかでないさま。しなやかでないさま。「—した手」③荒っぽい感じを与えるさま。「—した人がら」

こっし【骨子】要点。主内容。骨組み。「法案の—」

こつじき【△乞食】①〔仏〕僧が修行のため家の前に立ち、鉢をささげ、食をこい歩くこと。托鉢(たくはつ)。「—行脚(あんぎゃ)」②こじき。

こっしつ【骨質】①動物の骨を形づくる物質。コラーゲンなどの高分子化合物の間に燐酸(りんさん)カルシウムなどが結晶化して沈着し、堅くて丈夫。骨基質。②骨のような物質。また、他の物質が骨のようであるさま。③骨の強度を保つ要因としての、骨の質。

こっしょ【×忽諸】①たちまち尽きること。②なおざりにすること。▽(2)は(1)の誤用。

こつずい【骨髄】①体の深奥。心の底。「恨み—に徹する」(非常にうらみに思う)。骨子。②骨の内部にあるやわらかい組織。血球のもとになる細胞を多量に含み、造血機能を担う。「—移植」「—バンク」

こっせつ【骨折】《名・ス自他》骨が折れたり、骨にひびが入ったりすること。

こつぜん【×忽然】《副と》にわかに。突然。こつねん。「—と消えうせる」

こっそう【骨相】骨のありさま・形態。特に、人の性格や運勢を判断する材料になるものとして言う。「—をうらなう」

こつそしょうしょう【骨粗×鬆症】骨質が萎縮して、骨がもろくなる疾患。

こっそり《副[と]》隠れて人に知られないようにするさま。こそっと。「—(と)盗み出す」「—探る」

ごっそり《副[と]》多くの金品や人が、ほとんど全部。「商品が—盗まれた」

こった《連語》《文末に用いる》……ことだ。「なんて—」▽「ことだ」の転。

ごった《副ダ》→ごっちゃ。「敵味方が—になる」

ごったがえ-す【ごった返す】《五自》たいそう混雑する。「駅のホームが人波で—」

ごったに【ごった煮】野菜や肉などさまざまな食材をいっしょに煮込んだもの。

こったん【骨炭】動物の骨を焼いて乾留し、有機物を炭化させたもの。主成分は燐酸(りんさん)カルシウム。液中の不純物を吸着する作用が強く、砂糖の精製・脱色などに用いる。

こっち《代》こちら。▽「こち」の促音化。

こづち【小×槌】小さいつち。「打ち出の—」

ごっちゃ《副ダ》種類の異なるものがまじって区別がつかないさま。ごちゃごちゃ。ごった。「公私が—になる」

こっちょう【骨頂・骨張】①この上もないこと。「愚の—」「野暮(やぼ)の—」▽多くは悪いことに言う。②そのもののおおもと。「真—を発揮する」

こつつぼ【骨×壺】火葬にして残った骨を入れておく壺(ぼっ)。

こつづみ【小鼓】小さいつづみ。左手で調べの緒を取って右肩にのせ、右手で打つ。

こづつみ【小包】①小さい包み。②「小包郵便」の略。小さい品物を郵便物として送るもの。▽二〇〇七年以降、民営化により正式名称としては言わない。

こってり ①《副[と]・ス自》濃くて、しつこいさま。「—(と)した料理」「—化粧する」②《副[と]》いやというほど。「—叱られた」

こつでんどう【骨伝導】発音体の振動が、空気を介さずに頭蓋骨などの骨を振動させ、それが内耳に伝わって聴覚を生じること。「—ヘッドホン」

こつどう【骨堂】遺骨をおさめておく堂。納骨堂。

こっとう【骨×董】収集とか美的鑑賞とかの対象としての古道具・古美術品。「—品」

コットン ①もめん。綿布。化粧用の脱脂綿。▽cotton ②「コットン紙」の略。もめんなどの繊維から作った、厚手でやわらかく軽い紙。

こつにく【骨肉】①骨と肉(で代表する肉体)。「—を分ける」(肉親だ) ②親子・兄弟など、肉親。「—相食(は)む」(=争う)」

こつねん【×忽然】→こつぜん

こっぱ【木(っ)端】①木の削りくず。②転じて、取るにたらない、値打ちのないもの。「—役人」 **—みじん**【—△微×塵】細かくこなごなに砕けること。こなみじん。

こつばい【骨灰】→こっかい(骨灰)

こっぱい【骨×牌】①カルタ。②獣骨で作ったマージャン用の牌(パイ)。

こつばこ【骨箱】遺骨を納める箱。白布で包み、首から下げて持ち運ぶ。

こつばん【骨盤】魚類を除く脊椎動物の腰の部分を作っている骨格。仙骨・尾骨と左右の寛骨から成る。

こっぴどい【こっ△酷い】《形》〔俗〕人に対するやりかたが非常にひどい。手きびしい。「—く叱りつける」「—く叩(たた)く」 派生 **-さ**

こつひろい【骨拾い】《名・ス自》→こつあげ

こつぶ【小粒】①粒が小さいこと。そういうもの。②体が小さいこと。小柄。③器量などが小さいこと。「政治家も—になったものだ」

コップ ガラス製などの、円筒形をした水飲み。「—酒」

▽オランダ kop

こっぷん【骨粉】動物の骨を乾燥・粉砕して、粉にしたもの。飼料や燐酸(りんさん)肥料にする。

コッペ パン 紡錘(ぼうすい)形に焼いたパン。▽「コッペ」はフランス coupé のなまりか。

コッヘル 登山などに携行する、鍋・やかん・食器などを入れ子にした炊事用具のセット。▽ドイツ Kocher

こっぽう【骨法】①ほねぐみ。こつがら。②礼儀・作法。「挙措が―にかなっている」③芸術品の制作や芸道上の主眼点。「気韻を―とする絵」「家代々の―を伝える」

こづま【小×褄】褄(つま)のこと。▽「こ」は接頭語。 **―からげ** 女性が活発な動作などをするために着物のつま先を帯の間にはさむこと。

こつまく【骨膜】骨の表面を覆っている膜。「―炎」

こづめ【小爪】①爪の切りくず。②爪のはえぎわにある、三日月形の白い部分。

ごづめ【後詰(め)】援軍として後方に控える軍勢。

こづらにくい【小面憎い】《形》顔を見てもしゃくにさわる気持だ。こっつらにくい。▽「小づら」は「つら」をいやしめて言う語。派生 **-さ**

こつん《副と》(かたいものが)軽く当たるさま。「―と頭をたたく」「釣竿(ざお)に―と当たりがあった」

ごつん《副と》鈍い音をたてて物がぶつかるさま。「曲がり角で―と鉢合わせした」

こて【×鏝】①しっくい・泥などを壁に塗りつけるのに使う道具。②こて(1)に形の似た、熱して使う道具。㋐衣服のしわのばし、折り目つけなどに使う道具。㋑はんだを溶かして接合部に付ける道具。㋒髪を巻き整えるのに使うはさみ状の道具。

こて【小手・籠手】①腕の、肘と手首の間。手先。腕先。「―に振って相手の体勢をくずす」「高手(たかて)―にしばり上げる」②小手(1)をおおうもの。㋐よろいの付属具。左右の肘から先につける。ゆごて。㋑弓を射る時、左の肘にかける皮製のもの。ゆごて。㋒剣道で、手にはめ、肘の辺までおおう防具。③剣道で、手首を撃つこと。④『―をかざす』(遠くを見る時などに)目の上にちょっと手をかざす。▽(1)・(2)㋐・(3)・(4)は「小手」、(2)㋑㋒は「籠手」と書く。 **―さき**【小手先】①手のさきの方。②転じて、小器用・小才。「―の仕事」「―がきく」 **―しらべ**【小手調べ】本式にとりかかる前に、手先の調子を見ること。事前にちょっとしてみること。

ごて【後手】①相手に先んじられること。「―を引く」「やることが―になる」②碁・将棋で、相手のあとから打ち、またはさし始める番。↕先手(せんて)。③後陣。ごづめ。↕先手(さきて)

こてい【固定】《名・ス自他》一定の位置や状態にあって、動かないこと。また、そのようにすること。「壁や天井に―されたパイプ類」「―電話」 **―しさん**【―資産】現金などと違って流通を目的とせず、また消耗品でもないような資産。土地・家屋・設備など。↕流動資産。「―税」(土地・家屋・償却財産に対し市町村などが課する税金) **―しほん**【―資本】一回の生産過程で使い果たすようなものでなく、土地・家屋・機械などのように、繰り返し生産に役立つような資本。↕流動資本

こてい【湖底】みずうみの底。「―に沈んだ古寺の鐘」「―の村」(ダム建設などで今は水没した村)

こてい【小体】《ダナ》住居・生活などが、こぢんまりして華美・ぜいたくでないさま。「―に手堅く暮らす」

コテージ 山小屋風の小さな家。コッテージ。▽cottage

こてき【鼓笛】太鼓と笛。「―隊」

こてこて《副[と]・ノダ》①いやけがさすほどしつこく濃厚なさま。「―の上方漫才」②目立って数量が多いさま。「―(と)土産物を買いこむ」

ごてごて《副[と]・ノダ・ス自》①(「こてこて」より一段と)濃厚で、派手なさま。「―(と)飾りたてる」②乱雑で数が多いさま。「―と混み合う」

ごてつく《五自》〔俗〕①ごたごたする。②ごてる。

ごてどく【ごて得】↓ごねどく

こでまり【小手×毬】古くから観賞用に栽培される中国原産の落葉小低木。春、枝先に白色五弁の小花が幾つも、まりのようにかたまって咲く。▽ばら科。

こてまわし :てまはし【小手回し】すばやく準備をすること。機転がきくこと。「―が利く」

ごてる《下一自》〔俗〕ぐずぐずと文句や不平を言い続ける。▽今は「ごねる」が普通だが、本来は別語。

こてん【個展】個人の作品の展覧会。

こてん【古典】①古い時代に著された、立派な内容の書物。②(古典(1)も含めて)過去の時代に作られ、長年月にわたる批判に耐えて伝えられ、現代でも文化的価値の高いもの、特に文芸作品。クラシック。▽物理学で、量子力学に対して普通の力学を古典力学と言うように、現在のものとは質的に違うが、それを母体として現在のものが出てきた場合にも使う。「―派経済学」「―劇」 **―しゅぎ**【―主義】古典に実現されているようなあり方を価値の基準とする主義。特に(ギリシア・ローマの)古典を模範とし、それにのっとる芸術的傾向。▽後者は近世の浪漫主義と対立する。 **―てき**【―的】《ダナ》①古典と呼ぶにふさわしい値打ちがあるさま。▽この場合には同時代の作についても言う。②古典を重んじる傾向をもつさま。また、伝統的。

こでん【古伝】古くからの言い伝え。また、昔の記録。

ごてん【御殿】貴人の住居の敬称。転じて、豪華な邸宅。 **―い**【―医】江戸時代の、幕府や大名の抱えの医者。↕町医。▽「御典医」とも書く。 **―じょちゅう**【―女中】①宮中・将軍家・諸大名の奥向きに仕える女中。②比喩的に、嫉妬・陰口・中傷など、正々堂々の手段によらずに、策謀したり人をおとしいれたりすること。そういう人。

ごでん【誤伝】《名・ス自他》まちがって伝わる、または伝えること。まちがった伝え・うわさ。

こてんこてん《副に》〔俗〕ひどくやっつけるさま。さんざん。こてんぱん。「―にやられる」

こてんぱん《副に》↓こてんこてん

こと【事】 一 もの(一)(1)としてでなくとらえた、意識・思考の対象。▽普通「もの」が、その形を見たり手で触れたりでき、ある場所を占めると考えられるのに対し、ものの働き・性質、ものの間の関係などの面を取り上げる時、「こと」と言う。「もの」より抽象的な指し方である。なお(2)(ア)が原義と考えられ、文語「言(こと)」と同語源。

①われわれの生活の中に現れたり、われわれがしたりする事柄。㋐できごとやしわざ。「この―があって後」「そんな―をしたのか」「食うにも―欠く」(食物さえ十分に得られず生活に困る)「言うに―を欠いて」(言いようも他にあろうに無遠慮に)「―に触れ折(おり)に触れ」「巧みに―を運ぶ」。特に関心を呼び起こすような著しいできごと・しわざ。「一朝―ある時」「もっぱらうわさ話を―とする人」「嵐を―ともせず出発した」「―を起こす」(事件・事業などを起こす)「―を好む」(平穏を喜ばず、重大な事件や変事が起こるのを待ち望む)「―あれかし」

㋑あるできごと・しわざと、それに関係する事情。「―ここに至る」「―によると」「―もあろうに(=他の仕方も可能なはずなのに、何でそんな悪い仕方をとって)いきなり拒絶するとは」

㋒ある対象を中心にし、それに関する(一切の)事柄・ありかた。「ぼくの―は心配するな」「山の―には詳しい」「あの人の―だから間違いはない」「私としたー が何というへまをしたのでしょう」

②言ったり考えたりする内容の、存在・形成を問題にする場合に使う語。㋐言語で表すところの存在・内容。「こんな―も話し合った」「ばかな―を言う」「何の―かわからない」

㋑《活用語の連体形に付け》それが表す内容を思考の対象とする意を表す。「死ぬ―はいやだ」「こっけいな―に(は)、用心深い彼が真先に失敗した」「行かない―には事情が分からない」「会う―は会うが」「読まない―にする」▽この用法では、ある決まった言い回しを取って、その全体で特別な意味となる場合が多い。「食べた―がない」(経験)「夜ふかしはしない―にしている」(習慣)「急ぐ―はない」(必要)「合格したければよく勉強する―だ」(最上の行為)

㋒《「AとはBの―だ」の形で》AとBとが同じ(意味を持つ)対象だという判断を表す。「弁天小僧とはおれの―だ」。《「……という―だ」の形で》他人から聞いたところを伝える意を表す。……という話・うわさだ。「じきに上京するという―だ」

㋓《体言に続けて》それについて言えばの意を表す。「私―このたび」▽二つの体言の間にはさんで、すなわちの意に近くも使う。この場合、多くは上の体言が通称、下の体言が実名。「次郎長―山本長五郎」

㋔《形容詞連体形などを受け副詞的に使って》それが表す状態・情況・物事が、述語の指す動作などのしかたに関係する意を表す。「長い―話す」「うまい―やった」「やがての―(に)重い腰を上げた」「あの元気者が去年の―大病をした」「外国は知らぬ―わが国では」「重役は無論の―社長の椅子までねらっている」

二《文末に付く》①《動詞連体形または動詞に打消しの「ぬ」「ない」が付いた形を受けて》要求・命令を表す。「早く行く―」「道路で遊ばない―」▽(一)(2)の転。

②《活用語の終止形・連体形に付いて》感動・疑問を表す。「まあきれいな花だ―」「それでいい―?」▽(二)(2)は終助詞ともされる。(一)(2)の転。現在では女性語。

こと【異】『……を―にする』……を別々にする。「首足、所をことにする」(首を切られる)「攻守、所をことにする」(攻勢・守勢の立場が入れ替わる)▽「異なる」は、これと断定の助動詞「なり」とが合した「異なり」から転化した動詞。「殊(こと)に」とも同語源。

こと【琴】 邦楽の弦楽器の一つ。↓そう(箏)・きん〔琴〕・わごん(和琴)。▽平安時代には弦楽器の総称。

こと【古都】 古いみやこ。旧都。

こと【×糊塗】『名・ス他』あいまいに取り繕っておくこと。一時しのぎにごまかしておくこと。「失敗を―する」

ごと【△如】「ごとし」の語幹。↓ごとし(3)(ア)。▽雅語的。

=**ごと**《名詞に付けて》……までいっしょに。ぐるみ。「骨―食べる」

=**ごと【△毎】**《名詞、それに準じる語に付けて》……のたびに。「日―の務め」「三時間―に授乳する」「佐保山にたなびく霞(かすみ)見る―に」(万葉集)。どの……も。「会う人―に皆そう言う」

ことあげ【言挙げ】『名・ス自』言葉に出して言い立てること。▽雅語的。

ことあたらし-い【事新しい】『形』①ことさらめいている。わざとらしい。「―・く言うまでもない」②今までとは違って新しい。派生 -さ -げ

ことう【古刀】 古い刀剣。↕新刀。▽普通、慶長(一五九六～一六一五)以前の作に言う。

ことう【孤島】 海上遠く離れて、ぽつんと一つだけある島。「絶海の―」

ことう【孤灯】 一つさびしくともる灯火。

こどう【古道】 ①古い時代の(今はあまり利用されない)道。「熊野―」▽旧道とは限らない。②仏教・儒教伝来より前の、日本の心のあり方。▽江戸時代に国学者がそれへの復古を唱えた。

こどう【鼓動】『名・ス自』①心臓がどきどきと動くこと。その動きが胸に響いて伝わること。その響き。②比喩的に、まだ内にひそんでいる動き(が伝わること)。「新時代の―が聞こえる」

ごとう【語頭】 語のはじめの部分。↕語末・語尾。「―

音」

ごとう【誤答】『名・ス自』(テストなどでの)間違った答え。間違って答えること。↕正答

ごどう【悟道】仏の教えの真髄をさとること。

ごとう【×梧×桐】アオギリ。

こどうぐ【小道具】①こまごました道具類。②芝居などで、舞台で使用する道具類のうち、割合に小形のもの。↕大道具

ごとうしゃく【五等爵】旧憲法時代、華族の階級である公・侯・伯・子・男の五つの爵位。

ことうた【琴歌】琴に合わせて歌う歌。

ごとうち【御当地】その土地に来たよその者が、その土地を指して言う尊敬語。「―ソング」

ごとおび【五十日】月のうちで、五と十のつく日。取引の支払い日にあたり、交通量が多くなる。「―なので時間がかかりますよ」

ことか-く【事欠く】『五自』不足する。不自由する。「その日の食事にも―」「言うに―・いて」(言うにしては、もっと別の良い言い方もあろうに、そうではなくて)

ことがら【事柄】その物事がそういう様子を見せる内容(の実質)。「見てきた―」

ごとき【△如き】『助動』「ごとし」の連体形。↓ごとし

こときれる【事切れる】『下一自』息が絶える。生命が終わる。▽「死ぬ」の婉曲(えんきょく)的な言い方。「縡切れる」とも書いた。

こどく【孤独】『名ナノ』ひとりぼっちであること。「―感」▽もと、みなし子とひとり者。派生 **-さ**

ごとく【△如く】『助動』「ごとし」の連用形。↓ごとし(1)(3)

ごとく【五徳】①五つの徳目。例、儒家で、温・良・恭・倹・譲。②ガスこんろ・火鉢の火の上に鍋・鉄瓶などを据えるのに使う、金属製の器具。▽火鉢に使うものは金属または陶器製で、三本(または四本)足がある輪の形をし、足を灰にさして据える。

ごとく【悟得】『名・ス他自』悟りを開いて真理を会得すること。

ごどく【誤読】『名・ス他』読みちがえること。正しい読み方でないこと。

ことこと『副「と」』①弱火で煮込むさま。「豆を―(と)煮る」②固いものが当たって、連続的に軽い音をたてるさま。

ことごと【事事】事という事みな。▽やや古風。

ごとごと『副「と」』物が揺れたり、ぶつかったりしてたてる音。「列車が―(と)通る」

ことごとく【×悉く・△尽く】『名・副』残らず。すべて。「予想が―外れる」「―うそだった」「その―を暗記していた」

ことごとし-い【事事しい】『形』大げさだ。物々しい。大がかりだ。「―・く論じたてる」派生 **-さ** **-げ**

ことごとに【事△毎に】『連語』ことのあるたびに。「―文句を言う」

ことこまか【事細か】『ダナ』記述や説明の内容がくわしく、細部にまで及んでいるさま。

ことさら【殊更】①『副「に」ナノ』わざわざ。わざと。故意に。「―(に)強調する」「―な理由を付ける」②『副』中でも。とりわけ。「―暑い時節」

ことし【今年】現在が属している年。この年。こんねん。本年。

ことじ【琴△柱】琴の胴の上に立てて弦を支え、音を調節する道具。

ごとし【△如し】『助動』《体言、体言＋「の」、体言＋「が」、用言連体形(＋「が」)を受ける。文語のク活用型》①同じと見る意を表す。……のとおり(だ)。「例のごとく朝寝をしている」「だれも語るがごとく手配を急いだ」「型のごとき演技には魅力が乏しい」「型のごとき陳腐な意見」「かねて打ち合わせておいたごとく旧機種より数段すぐれている」「新機種は当然のごとく旧機種より数段すぐれている」(新機種の性能のよさを当然のことと見た表現)「戦争とは、かくのごときものだ」「世界の大勢かくの―とは言え」「よって件(くだん)の―」▽「同じ」という意の体言性古代語「こと」を形容詞化し、前に来る「の」の影響で連濁を受けて生じたもの。形式的な形容詞とする説がある。②《連体形で》例として挙げるのに使う。……のような。「上杉鷹山(ようざん)がごとき名君」「お前ごときは物の数でもない」③……に似ている。……にたとえられる。㋐……のようだ。「白魚(しらうお)のごとき指」「眠るがごとき大往生」「あたかも蛇ににらまれた蛙(かえる)のごとき有様」「光陰矢の―」「風のごと来て風のごと去る」㋑……とみなす、……として扱う意。「その点は信ずべきがごとくである」「結果がすべてであるかのごとき見解」。……のように思われる意。「今朝は少しく、わが心明るき―」(石川啄木)

ことだま【言霊】言葉に内在する霊力。「―信仰」▽昔、言語が発せられるとその内容が実現すると、信じていた。

ことた-りる【事足りる】『上一自』不足しないですむ。十分用がたりる。

ことづか-る【言付かる・△託かる】『五他』人からある人への伝言や届け物をたのまれる。ことづけられる。

ことづけ【言付け・△託け】伝言。

ことづ-ける【言付ける・△託ける】『下一他』人に頼んで、先方に伝言し、または品物を届けてもらう。

ことづて【言△伝】①伝言。ことづけ。②間接に伝え聞くこと。伝聞。「―を耳にする」

ことづめ【琴爪】琴をひく時、指先にはめる爪形の具。

ことなかれしゅぎ【事×勿れ主義】何事もなく平穏無事にいくことを望み、万事に消極的なやり方。

ことなく【事無く】『連語』問題になるようなことも起こらずに。無事に。「一連の催しも―終わった」

ことな-る【異なる】『五自』あるものが他のものと同じでない。ちがう。「見解が―」「事実と―」▽↓こ

と(異)

ことに【殊に】〘副〙普通とは違っていちじるしく。とりわけ。中でも。特に。▽文語「異(こと)」＋断定の助動詞「なり」の連用形「に」から。→とくに

ごとに【△毎に】〘連語〙→ごと(毎)

ことによると【事に△依ると】〘連語〙ひょっとすると。「財布が無いが、—すられたのかも知れない」

ことのお【琴の緒】琴に張る弦。琴糸。▽雅語的。

ことのは【言の葉】言葉。「やまと—」「—の道」(歌道)▽雅語的。

ことのほか【殊の外】〘連語〙思いのほか大層に。とりわけ一層。「—(に)喜ぶ」「—の落胆ぶりだった」

ことば【言葉・△辞・△詞】意味を表すため、口で言ったり字に書いたりしたもの。㋐語。単語や連語。「やさしい—に言い替える」「—を尽くす」(相手によくわかるように、十分によく述べる)▽「言(こと)の端(は)」の意。㋑言語。「日本の—と中国の—」「—は国の手形(てがた)」(なまり等その人の言語の特色は、その人の出身地を示すものだという意)㋒言語による表現。「—を掛ける」(話し掛ける)「—を交わす」「—を返す」(口答えする)「—を濁す」(はっきり言わずにごまかす)「—を飾る」(事実よりきれいに言う)㋓言語で述べ表したもの。「祝いの—」「刊行の—」▽「辞」と書くことが多い。㋔一つの作品で、歌に対して散文の部分。また、地(じ)の文や節をつけてうたう部分に対して会話の部分。▽「詞」と書く。 **—がき**【△詞書】①(和歌・俳句の)まえがき。②絵巻物の説明文。③絵本の、人物の対話文。 **—がり**【言葉狩り】特定の語を悪いものとみなし、出版・報道などで使わせないようにし向けること。 **—じり**【言葉尻】言葉の終わりの方。また、言語表現の、内容的には余り大切でない形式面の部分。言い方を誤った箇所など。「—をとらえる」(言い違いにつけこむ) **—づかい**【言葉遣い】話すときの、言葉の使い方。ものの言いぶり。「—が悪い」 **—つき** 話す言葉の続けぐあいや調子。「長い外国暮らしで日本語の—がぎこちなくなっている」

ことはじめ【事始(め)】①始めて仕事にとりかかること。昔、陰暦二月八日にはじめてその年の農事に取りかかったこと。また、十二月八日にすす払いをして正月の準備をはじめたこと。おことはじめ。②物事の始め。「蘭学(らんがく)—」

ことぶき【寿】①ことばで祝うこと。その祝いのことば。また、祝うべきめでたい事柄。「—を重ねる」②命が長いこと。長命。長寿。「—を保つ」

ことぶれ【事触れ】物事を知らせて歩くこと。その人。▽既に古風。

ごとべい【五斗米】わずかの俸給。「—のために腰を折る」(わずかの俸給を得るためにぺこぺこする)

ことほ-ぐ【言△祝ぐ・△寿ぐ】〘五他〙お祝いをのべる。喜びの言葉を言う。▽上代では「ことほく」。

ことほどさように【事程左様に】〘連語〙それほど。そんなに。「今ごろは—忙しい」▽so…that… の訳語として成立。

こども【子供】①幼い子。児童。「—っぽいいたずら」「まだまだ—(＝未熟)だな」②自分のもうけた子。むすこ、むすめ。子。▽もと、「こ」に「ども」の付いたもので、子ら、多くの子の意。 関連 小児・小人(しょうにん)・児童・男児・女児・少年・少女・嬰児(えいじ)・産児・双生児・乳児・胎児・幼児・幼女・悪童・神童・赤子・赤ちゃん・赤ん坊・みどりご・幼子(おさなご)・乳飲み子・ちご・ふたご・坊主・坊や・坊ちゃん・お嬢様・乙女・男の子・女の子・わらべ・がき・小僧・小娘・ボーイ・ガール・ベビー **—ごころ**【—心】おさなくて単純な、また純真な心。「—にもわかる」「—を呼び覚ます」 **—だまし**【—×騙し】底意が見えすいていて程度も低いこと。

こともなげ【事も無げ】〘ダナ〙何事もないかのように平然としているさま。気にもせず無造作なさま。「—に言う」

ことよ-せる【事寄せる】〘下一自〙そのこととは本来関係のない、または関係の薄い事柄に、動機・理由をもとめる。かこつける。「花見に—せて外出する」

ことり【子取り】一人が鬼、一人が親、他はすべて子となって、親の護(まも)りを突破して鬼が子をとらえる遊び。

ことり【小鳥】小形の鳥。スズメ・ウグイス・カナリヤの類。

ことりまわし【小取(り)回し】機転のきくこと。器用に動くこと。「—がよい」

ことわけ【事訳】ことの理由。

ことわざ【×諺】昔から言い伝えてきた、訓戒・風刺などを内容とする短い句。例、「善は急げ」「ぬかにくぎ」。 関連 俗諺(ぞくげん)・俚諺(りげん)・格言・金言・箴言(しんげん)・寸言・寸鉄・警句

ことわり ①【断り】断ること。その言葉。「—の手紙」「何の—もなしに」②【△理】物事の筋道。もっともな事。道理。「彼がそう言うのも—だ」

ことわりがき【断り書き】本文で述べた事の適用範囲や例外などを追加説明する文言。「—を添える」

ことわ-る【断る】〘五他〙①相手の申し出や今までの契約を受けいれない態度に出る。拒絶・辞退・解約する。「借金を—」「援助を—」「○○新聞は来月から—ろう」②自分(側の者)がする事の影響が及ぶ人に対し、その事を(前もって)知らせたり言い訳をしたりする。また、そうして相手の許し・了承を得る。「一言も—らずに勝手な事をする」▽送り仮名は「断わる」とも。語源は「事割る」で、物事の筋道を明らかにする意。 関連 拒む・否む・辞する・退ける・はねつける・つっぱねる・一蹴・拒絶・拒否・固辞・辞退・謝絶・拝辞・不承知

こな【粉】一つ一つをとり出してみることができないほど小さい粒の固体。また、その集まり。こ。粉末。▽特に小麦粉を指して言うことがある。

こなから【小△半・〈二合半〉】半分の半分。特に、一升の四分の一。二合五勺(しゃく)。転じて少量。▽おもに

酒・米について言う。

こなぐすり【粉薬】粉末状のくすり。散薬。こぐすり。

こなごな【粉粉】『ノダ』こまかく砕けたさま。こなみじん。

こなし『身の―』体のさばきかた。立居振舞い。物腰。

こな-す『五他』①細かく砕く。②食物を消化する。③物事を処理する。「仕事を一日で―」④習得して自在にあつかう。要領をおぼえて自由に運用する。「英語を自由に―」▽「読み―」の「こなす」も「頭ごなし」の「こなし」も(4)の一用法。

こなた【〈此方〉】『代』こちらのほう。「片や米国、―日本」㋐こちら側の所。「バイカル湖の―の地域」㋑現在に至る時間。過去から現在までの間。このかた。以後。「室町時代より―二百年間は」▽やや古風な言い方。

こなまいき【小生意気】『ダナ』いかにもなまいきなさま。なまいきでしゃくにさわるさま。派生 **-さ**

こなみじん【粉△微×塵】こなごなに砕けたさま。

こなミルク【粉ミルク】牛乳を乾燥させて粉状にしたもの。粉乳。

こなや【粉屋】麦・米などの粉を商い、または加工することを職業とする家・人。

こなゆき【粉雪】粉のようにさらさらした細かい雪。

こな-れる『下一自』①食物が消化する。②知識・技術などがすっかり身について運用自在となる。「―れた英語」③世事になれてかどが取れる。「物腰が―」

ごなん【御難】災難・難儀などの敬語。「―続き」▽からかいの気分で、あるいは自分の受けた難儀については自嘲して使うことも多い。

こにくらし-い【小憎らしい】『形』憎らしくて、しゃくにさわる。派生 **-さ -げ**

こにだ【小荷駄】馬につけて運ばせる荷物。

ごにち【後日】↓ごじつ

こにもつ【小荷物】①小さい荷物。②鉄道で、小型・軽量で主に旅客列車で輸送する貨物の称。

コニャック フランスのコニャック地方で産出する、ブランデーの一種。▽フランス cognac

ごにゅう【悟入】『名・ス自』悟りを開いて真理の世界に達すること。

ごにん【誤認】『名・ス他』まちがえてちがうものをそれと認めること。「事実を―する」「―逮捕」

こにんずう【小人数】少ない人数。↕大(おお)人数。▽「こにんず」とも言う。

ごにんばやし【五人×囃子】謡・笛・太鼓・大鼓(おおつづみ)・小鼓の、一人一つずつ五体で成るひな人形。

こぬか【小×糠・粉×糠】ぬか。「―三合持ったら養子に行くな」(養子は気苦労の多いものであることのたとえ) **―あめ**【―雨】↓ぬかあめ。「雲は低く垂れて、―は益(ます)ます降注(ふりそそ)ぐ」(尾崎紅葉「多情多恨」)

コネ「コネクション」の略。縁故。親しい関係。「……と―をつける」▽connection から。

こねかえ-す【×捏(ね)返す】『五他』何回もくり返してこねる。

こねく-る【×捏ねくる】『五他』↓こねる

ごねどく【ごね得】しつこく文句をつけて相手に譲歩させ、その分だけ得をすること。ごねて利益を増すこと。▽「ごてどく」とも言う。

こねどり【×捏(ね)取(り)】もちつきの時、満遍なく搗(つ)けるように餅をこねかえすこと。それをする人。

こ-ねる【×捏ねる】『下一他』①水分を含んだ粉や土などを(回転や圧力を加えながら)混ぜ、まとめる。「パンの生地を―」②理屈や言い訳などをあれこれと考え、しつこく述べる。「だだを―」▽「こねくる」とも言う。

ご-ねる『下一自』〔俗〕①文句や不平をあれこれとしつこく言う。▽「ごてる」の誤用か。②死ぬ。くたばる。▽(2)は既に古風。

ごねん【御念】「念」の敬語。お心づかい。「―の入った話」▽からかいの気分でも言う。「―には及ばないさ」

この【×此の】㊀『連体』「これ」と指し示せるような関係に立つ意を表す語。①話し手の手に触れるほど近い位置にあることを表す語。「―本をあげよう」「きょうの―よい日に」②この(1)に述べた位置を占める物・人・事に関係している意を表す語。これの。「―後ろにある」③今述べている事柄に関係する意を表す語。「―点に注意しなければならない」㊁『感』すらすら言えない時などのつなぎ、また、相手を叱る時の強めの語。「それが―、……」「―馬鹿者め」▽もと、代名詞「こ」と助詞「の」との連語。

このあいだ【×此の間】↓あいだ(1)㋑。▽「こないだ」とも言う。

ごのう【御悩】貴人の病気を敬って言う語。御病気。▽既に古風。

このうえ【×此の上】『連語』①これよりも上。「―の栄達は無理だ」「―(が)無い名誉」「危ないこと―(も)無い」「今までにもさんざ迷惑した。―迷惑を掛けるのか」②こうなった後。㋐今後。「―ともよろしくお願い申します」㋑『―は』こうなったからには。「この上はあやまるしかない」

このえ【△近△衛】皇居の護衛を主目的とした親兵。「近衛兵」または「近衛師団」の略。▽もと、令(りょう)制の近衛府で、六衛府(ろくえふ)の一つ、宮中の護衛をつかさどった役所。

このかた【×此の方】①以来。以後。「十年―」②「この人」の敬語。

このかん【×此の間】この(ある時点とある時点の)あいだ。「会議は夜まで続いた。―彼は一言もしゃべらなかった」

このごろ【×此の頃】少し前から現在までを漠然と指す語。近ごろ。最近。▽「このころ」は「この」と「ころ」との二語で、「このごろ」とは別。

このさい【×此の際】現に今。この事情の折(から)。

「―はっきりさせておこう」「―だからしかたがない」▽関東大震災後「―ですから」が流行語のように使われた。

このした【木の下】きのした。こかげ。樹下。▽雅語的。 **―やみ**【―闇】木が茂って、木陰が暗いこと。

このしろ 沿岸近くや内湾に住む、体長二五センチほどになる海魚。背は青くて黒い斑点が数列に並び、腹は銀白色。背びれの後端が糸状にのびる。食用。▽にしん科。→こはだ

このせつ【×此の節】近ごろ。当節。

このたび【×此の度】最近にある事があった、その時を指す語。こんど。「―はお世話になりました」

このところ【×此の所】このごろ。近ごろ。最近。「―体調が思わしくない」

このは【木の葉】①きのは。樹木の葉。②小さいもの、軽いもの、とるに足りないものを言う語。「―侍」「―天狗(てんぐ)」 **―ずく**【―〈木菟〉】日本で最小のフクロウ(ミミズク)。全体にうすい黄褐色。森林に住み、九州以北では夏に現れ、冬は南に移動する。▽「ぶっぽうそう」と鳴くので、「声の仏法僧」と言われる。ふくろう科。 **―ちょう**【―×蝶】チョウの一種。羽を閉じてとまると、枯葉そっくりに見える。沖縄からインドにかけて分布。▽たてはちょう科。

このぶん【×此の分】《「―なら」「―では」などの形で》現在のような状態・調子。「―なら雨にはなるまい」「―ではすぐに回復するよ」

このほう【×此の方】『代』主に目下の相手に対して使う、自分を指す語。われ。おれ。↔其(そ)の方。▽既に古風。

このほど【×此の程】①このたび。「―は御婚約おめでとうございます」②最近。「―帰国したばかりです」

このま【木の間】木と木とのあいだ。樹間。

このまし‐い【好ましい】『形』好みにかなった状態だ。㋐好感がもてる。「―青年」㋑望ましい。「―・くない傾向」 派生 ‐さ ‐げ ‐がる

このみ【好み】気に入って、いいと思うこと。「お―どおりの品」。趣味。「―にぴったり」。流行。「最近の―」

このみ【木の実】木になる実。きのみ。

この‐む【好む】『五他』気に入ったものを味わい楽しむ。「英雄は色を―」。心にかなうものを求めて喜ぶ。「甘言を―」▽「すく」が心の引かれる方に重点があるのに対し、「このむ」は選びとる方に重点がある。→このんで

このめ【木の芽】木の先にもえ出てきた若芽。きのめ。

このもし‐い【好もしい】『形』→このましい。 派生 ‐さ ‐げ ‐がる

このよ【×此の世】現に生きて住んでいる世。現世。今の世。↔彼(あ)の世。「―の限り」

このわた【〈海鼠腸〉】なまこの内臓の塩辛(しおから)。酒のさかなとして珍重。

このんで【好んで】《連語》《副詞的に》好みに合うものとして自分から進んで。「―遠くへ出掛ける」。性(しょう)に合うので、しばしば、よく。「―馬の絵をかく」

こば【木端】①材木の切り端。こっぱ。②ヒノキ・マキ等を薄くはいだ板。主に屋根をふくのに使う。こけら。「―板」

ごば【後場】取引所で、午後の立会(たちあい)。↔前場(ぜんば)

ごばい【故買】盗品だと事情を知っていて買うこと。「贓品(ぞうひん＝盗んだ品)―」

ごはい【誤配】『名・ス他』郵便物や宅配の品物を誤って違う所に配達すること。

ごばいし【五倍子】ヌルデの葉に一種のアブラムシが寄生したためにできる、こぶ状の部分。この組織中に含まれているタンニンを染色・インク製造等に利用する。「付子(ふし)」とも言う。▽↓もっしょくし

こばか【小馬鹿】『―にする』みくびった態度で扱う。

こはく【×琥×珀】①地質時代の植物樹脂が化石化したもの。半透明で赤・黄・茶などの色を帯び、光沢がある。装身具用や電気絶縁材にする。②絹織物の一種。平織りで、横うねを現したもの。帯地・羽織地・袴(はかま)地など。琥珀織り。

ごばく【誤爆】『名・ス他』誤って目的以外の(特に、軍事目標でない)ものを爆撃すること。

ごはさん【御破算】①そろばんで、盤面を払って零にもどすこと。「―で願いましては」②物事の進行の途中で、ふたたび、はじめの何もなかった状態にもどすこと。「この話は―にしよう」

こばしら【小柱】ばかがいの貝柱。食用。

こばしり【小走り】『名・ス自』小またで足早に歩くこと。

こはずかし‐い(:はづかしい)【小恥(ずか)しい】『形』変にきまりが悪い。こっぱずかしい。「そんな事―・くて言えるか」 派生 ‐さ ‐げ ‐がる

こはぜ たび・きゃはん・書物の帙(ちつ)などの、合わせ目をとめるために付ける爪形のもの。

こはだ コノシロの若魚。多く十センチ弱のものを言う。酢で締めて握りずしのねたなどにする。

こばち【小鉢】小形の鉢(1)(2)。「徳利と皿や―が並ぶ棚」「―に植えた松」

ごはっと【御法度】禁じられていること。禁制。

こばな【小鼻】鼻柱の両側のややふくらんだ所。「―をうごめかす」(得意そうな様子を言う)

こばなし【小話・小×咄】短い話。気のきいたしゃれや、お色気(いろけ)を内容とした、短い物語。「江戸―」

こばなれ【子離れ】『名・ス自』親がわが子の世話をやくのをやめて、子どもの自主性にまかせられるようになること。「―のできない親」

こはば【小幅】①『名』反物(たんもの)の幅の規格を示す語。約三六センチ。並(なみ)幅。②『ダナ』数量などの差・開きが少ないさま。「―な修正にとどめる」▽↔大幅

こば‐む【拒む】『五他』①相手の要求を拒否する。「支払いを―」②押し進もうとするのをさまたげる。は

ばむ。

こばら【小腹】『―が立つ』(少し)腹が立つ。しゃくにさわる。『―が減る』『―がすく』少し腹が減る。▽「小腹がすく」は一九九〇年ごろ主に若い女性の間で言い始めた。

ごばらい【後払(い)】あとばらい。

こはる【小春】陰暦十月の異称。 **―びより**【―△日和】小春のころの、ぽかぽかと暖かいひより。

コバルト 金属元素の一つ。元素記号Co 銀白色で硬い。強い磁性を持つ。特殊鋼をつくる成分となり、また酸化物はガラス・陶磁器の青色着色用。▽cobalt **―ブルー** 鮮やかな青色(の顔料)。▽cobalt blue

こはん【孤帆】たった一つ見えるほかけ舟。

こはん【湖畔】みずうみのほとり。「―の宿」

こばん【小判】①天正(一五七三～九二)のころから江戸時代にかけて作られた金貨。楕円(だえん)形で、普通一枚が一両。②判(はん)が小さいこと。小さい判。▽↔大判。 **―いただき**【―×戴】→こばんざめ。 **―ざめ**【―×鮫】頭に、ひれが変形した小判形の吸盤があり、大きな魚の腹や船底に吸いついて移動する魚。暖かい海にすむ。▽こばんざめ科。広くは、同科の魚の総称。硬骨魚で、サメの仲間ではない。

ごはん【御飯】めし・食事の丁寧語。「―粒(つぶ)」 **―むし**【―蒸(し)】冷たくなった飯を蒸して温める用具。

ごはん【誤判】まちがった判決または判断。

ごばん【碁盤】碁で、碁石を打ち並べるための盤。方形で、上面に縦・横各十九本の線が引いてあり、その交点に碁石を置く。 **―わり**【―割(り)】碁盤の目のように、整然と縦・横の線で分割すること。

こはんとき【小半時】①昔の一時(いっとき)の四分の一。現在の三十分。②およそ半時。現在の一時間足らず。

こはんにち【小半日】約半日。

こび【×媚】(特に女がなまめかしい様子で)こびること。その動作・様子。「―を売る」(こびて相手の意を迎えようとする)「―を呈する」

ごび【語尾】語の終わりの部分。㋐単語の末尾。語末。↔語頭。㋑特に、活用語の語形変化をする語末部分。例、「読まない・読む」の「ま・む」、「早く・早い」の「く・い」。↔語幹。㋒話すことばの(一続きの)語の終わりの所。言葉じり。「―をはっきり言わない」

コピー ①『名・ス他』写し。複写(すること)。「書類を―する」「別の記憶媒体に―する」「―を取る」②『名・ス他』コンピュータ操作で、図形や文字の複製をメモリー(2)に一時的に記録すること。→ペースト(3)・コピペ。③『名・ス他』模倣すること。模造品。「―食品」「西洋画の―」④『名』広告文案。キャッチフレーズ。▽copy **―ライター** 広告文案の作成者。▽copywriter **―ライト** 著作権。▽copyright

こびき【木×挽(き)】材木を大鋸(おが)でひいて、板や角材を製すること。また、それを業とする人。

こひざ【小膝】ちょっとした動作をする時のそのひざ。「―をたたく」(急に気づいたり感心したりした時の動作)「―を打つ」(同上)「―を進める」

こひつ【古筆】①古人の筆跡。②平安時代から鎌倉時代にかけて書かれた和様の書道のすぐれたもの、特に仮名書きのもの。 **―ぎれ**【―切(れ)】巻子本(かんすぼん)や冊子で伝えられたすぐれた筆跡を、掛軸などに仕立てるために切断した断片。

こびと【小人】①伝説・童話などに出てくる、体が極端に小さい人(の形をしたもの)。②背たけがきわめて低い人。③武家で走り使いをする小者。▽「しょうじん」「しょうにん」と読めば別の意。

コピペ『名・ス他』〔俗〕(コンピュータを使って)他の文章や画像から必要部分の写しを取り、別の場所に貼り付けること。「―で同じようなレポートが幾つも出た」▽copy and paste から。

こびへつらう【×媚び×諂う】『五自』よく思われようと、下手に出て相手のご機嫌を取る。

こびゃくしょう【小百姓】貧乏で、わずかの耕地しか持っていない百姓。

ごひゃくらかん【五百羅漢】釈迦(しゃか)の死後、諸所から集まったという五百人の阿羅漢。

ごびゅう【誤×謬】(考え・知識などの)あやまり。「―を犯す」

こひょう【小兵】体が小さいこと。↔大兵(だいひょう)。「―力士」

こびりつく『五自』しっかりくっついて離れない。かたくくっつく。「飯粒が―いている」「あの事が頭に―」

こひる【小昼】①朝食と昼食のあいだでとる食事。②転じて、間食。おやつ。▽「こびる」とも言う。

こびる【×媚びる】『上一自』①女が、なまめかしい態度を示して男の心をひこうとする。かわいこぶる。②相手に気に入られようとしてごきげんをとる。へつらう。おもねる。「重役に―」

こびん【小×鬢】びん。「―をなでつける」「―に白髪が出る」▽びんに関して、ちょっとした動作・様子を表すのに使う。

こぶ【×瘤】①(病気で、または打ちつけたりなどして)体の一部分に生じる盛り上がり。「目の上の―」(転じて、邪魔になるもの)②こぶ(1)のように表面に小高く盛り上がったもの。「木の―」「らくだの―」③足手まといになるやっかいもの。特に、子供。「―つき」

こぶ【昆布】→こんぶ

こぶ【鼓舞】『名・ス他』励まし奮い立たせること。「士気を―する」▽もと、つづみを打ち、舞をまうこと。

ごふ【護符】神仏の加護がこもるという札。紙片に神仏の名、まじないの文句などを記す。ごふう。

ごぶ【五分】①一寸の二分の一の長さ。約一・五センチ。「―刈り」②一割の半分の割合。五パーセント。③二分の一。転じて、五分五分。「―の勝負」 **―ごぶ**【―五分】互いに優劣がないこと。

ごぶいん【御無音】手紙文で、ごぶさた。「長らく―に打ち過ぎ」

こふう【古風】『名ナ』様子・やりかたなどが現代的でなく、昔ふうなこと。派生 **ーさ**

ごふう【護△符】→ごふ

ごふうじゅうう【五風十雨】五日目ごとに風が吹き、十日目ごとに雨が降ること。農作に都合のよい気候。

こぶかーい【木深い】『形』木立(こだち)が茂って奥深い。派生 **ーさ**

こふく【鼓腹】『名・ス自』はらつづみを打つこと。食が足りて安楽なさま。

ごふく【呉服】反物(たんもの)。和服の織物。「ー屋」

こぶくしゃ【子福者】子宝に恵まれている人。子どものたくさんある人。

ごぶさた【御無沙汰】『名・ス自』相手を訪問したり便りをしたりしないでいること。また、その時のあいさつに言う語。「長らくーしております」

こぶし【拳】五指を折りまげてにぎり固めた手(の形)。にぎりこぶし。げんこつ。「ーを振り上げる」

こぶし【小節】民謡・歌謡曲などでの、装飾的な微妙な節回し。「ーをきかせる」▽「しょうせつ」と読めば別語。

こぶし【〈辛夷〉】早春、葉に先立ち、白色大形の花が咲く落葉高木。山野に自生し、観賞用に植栽される。実は小児の拳に似る。▽もくれん科。

こぶし【古武士】(信義を重んじ剛健だった)昔の武士。「ーの風格がある」

ごふしょう【御不承】①「不承」の敬語。御迷惑。②たとい気が進まなくても承諾することを、敬って言う語。「枉(ま)げてー下さい」

ごふじょう【御不浄】便所のこと。はばかり。手洗い。

こぶしん【小普請】①建築物の、小規模な修理・改築。②江戸時代、小普請(1)を非役の旗本・御家人に課すること。③江戸時代、非役の旗本・御家人で禄高(ろくだか)二百石以上三千石以下の者。

こぶつ【古仏】古い仏像。

こぶつ【古物】①使いふるした品。一度使用された品。②古くから伝わっている物。

こぶつ【個物】哲学で、感性的に認識され、それ以上は分割して考えないような一つ一つの事物。

こぶとり【小太り・小△肥り】ちょっとふとっていること。

ごふない【御府内】江戸の区域内(町奉行の支配下)。品川大木戸・四谷大木戸・板橋・千住・本所・深川以内の地域。▽境界をはっきり定めたのは文政元年(一八一八)。

こぶら【×腓】→こむら

コブラ 強い神経毒をもつ、一群の代表的な毒蛇。インドコブラなど、敵を威嚇する際に体の前部を直立させ、頸部(けいぶ)を偏平に広げる種を言うことが多い。最大種のキングコブラは体長三メートル以上になる。▽cobra 広くは、コブラ科のヘビの総称。

コプラ ココヤシの胚乳(はいにゅう)を乾したもの。脂肪分に富み、マーガリンや石鹸(せっけん)の原料にするコプラ油をとる。▽copra

ゴブランおり【ゴブラン織(り)】フランス織物の一種。壁かけ、じゅうたん用。ルイ王朝時代、ゴブラン家の工場で作られて発達。精巧さとあざやかな色彩で有名。▽「ゴブラン」は(フランス)Gobelins

こぶり【小振り】①『名』小さく振ること。②『ダナ』他に比べて多少、小がたであるさま。▽↔大振り

こぶり【小降り】雨や雪の降り方がわずかなこと。

こふん【古墳】土を高く盛った古代の墓。

こぶん【子分】①親分に従属している配下の者。てした。部下。▽(2)の転。②かりに子として扱われている者。

こぶん【古文】昔(古代)の文章。特に、日本で近世以前の詩文。

ごふん【×胡粉】貝がらを焼いて作った白色の顔料。

ごぶん【誤聞】『名・ス他』内容をまちがって聞くこと。聞きちがい。また、まちがった内容のうわさ。「ーが流れる」

こへい【古兵】新兵に対し、それより古参の現役兵。▽「古参兵」「古年次兵」も同義。

ごへい【御幣】神祭用具の一つ。紙または布を切り、細長い木にはさんで垂らしたもの。▽「おんべ」とも言う。 **ーかつぎ**【ー担ぎ】えんぎを気にすること。そういう人。▽御幣をかついで不吉(ふきつ)をはらう意。

ごへい【語弊】言い方が適切でないために起こる弊害。誤解を招いたり、不快感を与えたりする言い方。「ーがある」

コペイク →カペイカ

こへき【個癖】その個人・個物に特有のくせ。「ーに注意して矯正する」「銃のー」

こへき【古癖】古い物や古代の風習を好むくせ。好古癖。

こべつ【戸別】家ごと。一軒一軒。各戸。「ー訪問」

こべつ【個別・△箇別】一つ一つ別々にすること。「ー的」「ーに考える」

ごほう【午砲】正午を知らせる号砲。どん。

ごほう【語法】①文法。▽文語文法と区別して、特に口語文法を指すことがある。②表現法から見た言いまわし。「ー巧みに説き伏せた」

ごほう【護法】①法律を擁護すること。②〔仏〕㋐仏法を守護すること。㋑法を守護する鬼神。護法神。㋒ばけものや病気を退散させる法力。

ごほう【誤報】内容のまちがった知らせ。また、まちがった報道をすること。

ごぼう【△牛×蒡】細長く土色の根を食用にする根菜。葉はハート形で大きい。▽きく科。 **ーぬき**【ー抜き】①ゴボウの根を土中から引き抜くように、一気にぐいと抜き取ること。また、多くの中から一つずつ順々に抜き去ること。②競走などで、何人かの者を一気に追い抜くこと。

ごぼう【御坊】僧侶または寺院の敬称。

こぼうず【小坊主】①まだ年少である僧。②少年をぞんざいに言う語。▽未熟さをあなどった言い方。

ごほうぜん【御宝前】神社・寺院の、賽銭(さいせん)箱のある所。神や仏のまえ。

こぼく【枯木】枯れた立ち木。枯れ木。「―にとまる鳥」

こぼし【△翻・△零】茶道で、茶碗(ちゃわん)を洗った水などをこぼし入れるもの。建水(けんすい)。

こぼ-す【△零す・×溢す】《五他》①こぼれる⑴ようにする。（いっぱいになった）液体や粒状のものを、あふれ出させる。傾けたりして流し出す。「バケツの水を少し―」。漏らし落とす。「涙を―」「パンくずを―」②不平やぐちを、心の中にしまっておけず、口に出す。「不景気で困ると―」

こぼ-つ【△毀つ】《五他》取り壊す。打ち砕く。

こぼね【小骨】①小さい（細かい）骨。「魚の―」②『―を折る』ちょっと苦労する。

こぼれざいわい(…ざいはひ)【△零れ幸い】思いがけずやってきた幸運・幸福。僥倖(ぎょうこう)。

こぼれだね【△零れ種】①自然に地面にこぼれ落ちた種子。②おとしだね。

こぼればなし【△零れ話】事件に付随して生まれた、ちょっと面白い短い話。余話。

こぼれび【△零れ日】雲間や物の間を通ってこぼれ落ちる（少ない）日ざし。「裏町にも―なら当たるぞ」

こぼ-れる①【△零れる・×溢れる】《下一自》余って漏れ出る。㋐液体や粒状のものなどが、あふれて落ちる。「涙が―」。落ち散る。すき間から落ちる。「茶わんから御飯が―」「グローブからボールが―」㋑あり余って外に出る。あふれる。「笑みが―」「白い歯が―」「―ばかりの愛敬(あいきょう)」②【△毀れる】《下一自》欠けたりくずれたりして、完全な姿を失う。「刃が―」▽⑴に対する他動詞は「こぼす」、⑵に対する他動詞は「こぼつ」。

こほん【古本】書写などの年代が古い本。▽「ふるほん」と読めば別の意。

こほん《副と》小さくせきをする音。

ごほん《副と》せきをする音。「―、―とせき込む」

こぼんのう【子煩悩】《名ナ》自分の子どもを、ちょっとした事にも大騒ぎして、かわいがること。その人。

こま【駒】①馬の雅語。▽もと、子馬。馬の子。②将棋などで、盤上に並べて使うもの。㋐将棋で、「王将」「飛車」などと書いてある、下が開いた五辺形のもの。㋑転じて、戦力となるもの。「―不足」③三味線(しゃみせん)・バイオリン等の、糸と胴との間に入れて糸を張り支えるもの。④物の間にはさむ小さい木。「―をかう」▽→こま(齣)

こま【×齣・駒】フィルムや漫画の一画面、劇映画の一部分、時間割の一区画のように、枠のあるものの中の小区画。「四―漫画」「授業を五―もつ」▽小さいくぎりの意。「小(こ)間(ま)」か。

こま【小間】小さい部屋。茶道で、四畳半より狭い茶室。

こま【〈独楽〉】おもちゃの一つ。円形で厚みのある材に、心棒をつけ、これを中心として回転させるもの。

ごま【×胡麻】小さな種子を古くから食品や油の原料にする一年生作物。夏、白い花が咲く。種子の色は黒・白・茶(金)がある。「―をする」(→ごますり) ▽ごま科。

ごま【護摩】密教で行う祈祷(きとう)法。不動明王などを安置し、護摩壇で護摩木を燃やしながら祈る。「―をたく」▽梵語(ぼんご)。 **―だん**【―壇】護摩をたくために炉をすえる壇。

ごまあえ(…あへ)【×胡麻△和え】煎ってすったゴマの種に砂糖・醤油(しょうゆ)などをまぜ、ゆでたほうれん草などを和えた料理。

コマーシャル ①商業上の。「新製品が―ベースに乗る」。（会社・商品などの）宣伝のための。「―ソング」▽commercial ②ラジオやテレビなどで、番組の切れ目や中途で行う短い広告放送。CM。▽commercial(s)

ごまあぶら【×胡麻油】ゴマの種をしぼって製した食用油。

こまい(こまひ)【木舞】①軒の垂木(たるき)の端にわたす細長い材。②壁の下地にする竹。

こまい【古米】前年に取れた米。ふるごめ。↕新米

こまいぬ【×狛犬】神社の社殿の前などに置かれている一対の獅子(しし)のような像。魔よけのためのものと言われる。こま。▽「高麗犬」の意。

こまか【細か】《ダナ》こまかいさま。↓こまかい。派生 **-さ**

こまか-い【細かい】《形》①あわせて一まとまりとなるものの一つ一つが、ごく小さい。↕粗い。「―砂」「網の目が―」「ねぎを―・く刻む」「金を―・くする」（金銭をくずす）「―の（＝小銭）を持ち合わせない」②全体の中で考えて、そのものがごく小さい。「余白に―字で書き込む」「―点まで気を配る」「―こと（＝取るに足らぬ事）を気にする」③小さい事柄まで及んでいる。㋐詳しい。「―情報」「―・く記憶している」㋑行き届いて丁寧だ。「芸が―」「―心づかい」㋒煩わしいほど、小さい事まで問題にする。「―校則」「―小言を言う」。特に金銭について、ちょっとした事にまでうるさい。「―わりに金もうけがへただ」派生 **-さ**

こまかし-い【細かしい】《形》わずらわしいばかりに細かい。派生 **-さ -げ**

ごまか-す《五他》目先をまぎらわせ、取りつくろう。「不確かな点を適当に―」「本当の気持を―」。人目をあざむいて不正を働く。「勘定を―」関連 →だます

ごまがら【×胡麻△幹】種子をとり除いた、ゴマの茎。

こまぎれ【細切れ・小間切れ】細かい切れ端。「牛肉の―」「―の話」

こまく【鼓膜】聴覚器官の一つ。耳の穴の奥にある薄

い膜で、外耳と中耳の境界をなす。空気の振動に伴って振動し、これを中耳の方に伝える。

こまげた【駒下△駄】材木をくりぬいて台も歯もいっしょに作った下駄。

こまごま【細細】《副［と］・ス自》いかにも細かい(2)・(3)㋒さま。「—した品物」「—(と)注意を与える」

こまごまし-い【細細しい】《形》こまごまとしている。

ごましお(しほ)【×胡麻塩】①黒ゴマの種を煎って、やき塩とまぜたもの。②黒と白とが点々と入り混じったもの。特に白髪の入りまじった短い髪。ごましおあたま。「—説明」 派生 -さ

こましゃく-れる《下一自》子どもが、妙にませた、生意気なふるまいをする。▽「こまっしゃくれる」「こまっちゃくれる」とも。

ごますり【×胡麻×擂り】私利をはかるため、他人におもねりへつらうこと。そういう人。

こまた【小股】①歩幅(ほはば)が狭いこと。↕大股(おおまた)。「—に歩く」②『—の切れ上がった』(和服姿で)腰つきのよいすらっとした、いきな女の姿を言う言い方。 **—すくい**(ひ)【—×掬い】①相撲(すもう)で、相手の股を内側からちょっとすくい上げて倒すわざ。②比喩的に、相手のすきにつけ入って自分の利益を図るしかた。

ごまだれ【×胡麻垂れ】すりゴマを加えた、たれ(2)。

こまち【小町】評判の美しい娘。小町娘。▽小野(おの)小町(=平安朝の歌人)が、絶世の美人だったということから。 **—いと**【—糸】ガス糸を二本より合わせた縫糸。▽絹糸を合わせたものを「絹小町」と言う。

ごまつ【語末】語の終わりの部分。↕語頭。「—音」

こまづかい(かひ)【小間使(い)】身の回りの雑用をする女。

こまつな【小松菜】煮物・炒(いた)め物・漬物などとして食べる一年生の葉菜。薄緑色の葉柄のある緑色の葉が根元から集まって生える。アブラナの一変種。▽もと、東京の小松川で多く産したから。

こまどり【駒鳥】山地の森にすむスズメ大の小鳥。背面はかば色、胸・のどは黄赤色。高く美しい声で鳴く。▽名は鳴き声が馬(駒)のいななくのに似ることから。ひたき科。

こまぬ-く【×拱く】《五他》両手を胸の前で組み合わせる。うで組みをする。こまねく。「腕を—」(何もしないでじっとただ傍観している意にも)

こまね-く【×拱く】《五他》「こまぬく」の転。

こまねずみ【〈独楽〉×鼠・〈高麗〉×鼠】ハツカネズミの飼養品種。小形で、全身まっ白。一方向にくるくると回る習性がある。マイネズミ。「—のように働く」

ごまのはい(ひ)【護摩の灰】旅の道中、旅人をよそおい他人の物をかすめとる盗人。▽弘法大師のたいた護摩の灰と称して売り歩いた者があった事の転。「護摩の蠅」とも書いた。

こまむすび【小間結び】ひもの左右を打ちちがえて結び、再び打ち返してかたく結ぶこと。まむすび。かたむすび。↕蝶(ちょう)結び。▽「細(こま)結び」の意。「小間」は当て字。

こまめ《ダナ》めんどうがらずによく立ち働くさま。派生 -さ

ごまめ 小形のカタクチイワシを干したもの。また、それを乾煎(からい)りし、砂糖・しょうゆ・みりんなどで味をつけたもの。祝儀用。「—の魚(とと)まじり」(身分不相応の交際)「—の歯ぎしり」(非力の者がいくら気ばってみてもむだなこと) ▽↓たづくり

こまもの【小間物】雑貨のうち、荒物より小さく、こまごまとした、針・糸などの日用品や口紅・かんざしなど化粧品・装身具の類。「—屋を開く」(へどをはき散らす意にも)

こまやか【△濃やか・細やか】《ダナ》①色の濃いさま。「松の緑—に」②心がこもっているさま。情の厚いさま。「愛情—」 派生 -さ

こまよけ【駒△除け】馬などが逃げたり侵入したりするのを防ぐために作ったさく。

ごまよごし【×胡麻汚し】↓ごまあえ

こまりは-てる【困り果てる】《下一自》どうしようもなく困る。すっかり困ってしまう。

こまりもの【困り者・困り物】扱いや始末に困る、厄介な者または物事。「素行が悪い、近所の—」「骨董(こっとう)道楽で—を買わされる」

こま-る【困る】《五自》《「AがBに／で—」や「A(に)はBが—」の形で》A(人)がBをどう扱えばよいか分からない気持になる。そうした気持になり苦しむ。「貧に—っての盗み」「私は水虫で—っている」「お前の身勝手には—ったものだ」「子供はむずかしい字が—」「それが—のだ」▽「Bが困る」はBを対象物として提示し、従って「困っている」にしない。

関連 窮する・弱る・参る・音を上げる・悩む・思い悩む・思い余る・胸に余る・困却・困苦・困惑・当惑・迷惑・閉口・辟易(へきえき)・往生・降参

こまわり(はり)【小回り】①小さく回ること。「左—右大回り」。細かい身のこなし。「—がきく」②少しまわり道をすること。

ごまん《副と》〔俗〕非常にたくさんあるさま。「証拠は—とある」▽「巨万(こまん)」の転か。

コマンド ①コンピュータに特定の機能の実行を指示する命令。▽command ②特別攻撃隊員。奇襲隊員。▽commando

こみ【込み】①違う種類のものもいっしょに入れてあること。「—にする」②《他の名詞を受けて》……を含めて。「税—三万円」③囲碁で、先手の有利さを調整するために課するハンディキャップ。「—の六目半を考慮しても盤上は劣勢だ」▽(3)は普通「コミ」と書く。

ごみ 使って役に立たなくなった紙くずや食物のくず、その他の廃棄物。「—みたいな(=価値の乏しい)論文が多い」

ごみ【五味】甘い・辛い・酸い・苦い・塩辛いの五種の味。

こみあ-う【混(み)合う・込(み)合う】《五自》(押し合う)大勢の人で混雑する。

こみあ-げる【込(み)上げる】《下一自》①いっぱいになって、あふれ出るような状態になる。「喜びが―」「涙が―」②今にも吐きそうになる。

こみい-る【込(み)入る】《五自》事件の性格、物の構造などが複雑に入り組む。「―-った事情」

コミカル《ダナ》喜劇的で、こっけいみのあるさま。コミック。「―なタッチの作品」▽comical

ごみごみ《副[と]・ス自》物や家などがたてこんで、まとまりなく、雑然としているさま。「―(と)した町」

ごみさら-い【ごみ×渫い】家々で捨てたごみをさらい取ること。

こみだし【小見出し】(新聞・雑誌の記事などで)表題の大見出しに対し、文中に立てる小字の見出し。▽辞書で、見出しの語に追い込んで掲げるものを「子見出し」という。

ごみため【ごみ×溜(め)】ごみを捨てる場所。

こみち【小道】狭い道。「いつも散歩する―」▽↓こうじ(小路)・ほそみち

コミック ①《名ナ》喜劇的。「―な役がら」②《名》漫画(本)。▽(1)(2)はcomic ③《名》「コミック オペラ」の略。喜歌劇。▽comic operaから。

コミッショナー プロの野球・ボクシング・レスリングなどで、その統制をとる最高権威者の職名。▽commissioner

コミッション ①委託の手数料。周旋料。口銭(こうせん)。②わいろ。▽commission

コミット《名・ス自他》①かかわること。「社会や政治に―する」②約束すること。「支援を―する」▽commit

コミットメント ①かかわり合い。「政治への―」②約束。「エネルギー プロジェクトを支援するとの―」▽commitment

こみどり【濃緑】こいみどり色。

ごみとり【ごみ取り】①ちりとり。②ごみさらい。

こみみ【小耳】「―にはさむ」聞くともなしにちらりと聞く。耳にする。

ごみゃく【語脈】語と語との続きぐあい。

コミュニケ (外交上の)声明書。コンミュニケ。▽フランス communiqué

コミュニケーション 気持・意見などを、言葉などを通じて相手に伝えること。通じ合い。▽communication

コミュニスト 共産主義者。コンミュニスト。▽communist

コミュニティー 一定の地域に居住し、共同体意識を持つ人々の集団。地域社会。▽community

こ-む ㊀【込む・混む】《五自》①㋐(建物・乗物のようなど)一定場所に人がいっぱいに群がり入った状態になる。混雑する。「―-んだ電車」「店が大勢の客で―」[混] ㋑複雑に入り組む。「手の―-んだ(=精巧な)細工」[込] ②《動詞連用形に付いて》㋐中に入る。「風が吹き―」「飛び―」「切れ―」㋑その状態をじっと続ける。「考え―」「だまり―」㋒すっかりそうなる。「老い―」「せき―」[込] ㊁【込む】《五他》《動詞連用形に付いて》①中に入れる。「レコードに吹き―」「腕で抱え―」②大いに(すっかり)そうする。「自分を売り―」「オーバーを着―」「煮―」

ゴム【護×謨】①ゴムノキの樹皮から分泌する液(天然ゴム)から作った物質。弾性に富む。硫黄(いおう)を加えて、工業用・日用品用の種々の物に使う。▽現在は石油を原料とした合成ゴムが作られている。②植物の樹皮・葉などから分泌され、水に溶かすとコロイド溶液を作るかいちじるしくふくらむ酸性の物質。アラビア ゴムなど。▽オランダ gom ③けしゴム。 **―あみ**【―編(み)】セーターの袖口や首周りに多く見られる毛糸の編み方の一種。表編みと裏編みとを一段か二段ごとに繰り返し、ゴムのように伸縮性を大きくする。 **―けし**【―消し】↓けしゴム。 **―とび**【―跳び】ゴムひもを歌などにあわせて跳び越えたり足でおさえたりする遊び。ゴム段。 **―なが**【―長】ゴム製の長靴。 **―のき**【―の木】樹皮を傷つけてゴムを採る植物の総称。熱帯産常緑高木のパラゴムノキ(とうだいぐさ科)が代表的。現在はゴム採取に使わないが、観葉植物として広く流通するインドゴムノキ(くわ科)もよく知られる。

こむぎ【小麦】世界で一番多く作られている穀物。一、二年生の作物。種子は粉にして、パンやうどんなどの原料とする。▽いね科。 **―いろ**【―色】収穫期の小麦のような色。日にやけた健康的な肌色に言う。「肌を―に焼く」 **―こ**【―粉】小麦を粉にしたもの。パンなどの原料。メリケン粉。うどん粉。

こむずかし-い【小難しい】《形》①何となくめんどうだ。「―理屈」②ややきげんが悪い様子だ。「―顔」派生 **-さ -げ**

こむすび【小結】相撲(すもう)で、力士の位の一つ。三役の最下位で、関脇(せきわけ)の下。

こむすめ【小娘】①まだ十分にはおとならしくなっていない娘。少女。②若い娘をあざけって言う語。

こむそう【虚無僧】普化(ふけ)宗の有髪(うはつ)の僧。深編笠(ふかあみがさ)をかぶり、尺八を吹きながら諸国をまわって托鉢(たくはつ)する。薦僧(こもそう)。ぼろんじ。

こむら【木×叢】木の枝の入りまじってしげった所。

こむら【×腓】すねのうら側のふくれた部分。ふくらはぎ。こぶら。

こむらがえり【×腓返り】こむらの筋肉のけいれん。こぶらがえり。

こむらさき【濃紫】紺に近い濃い紫色。「江戸の―」

こめ【米】イネの種子からもみがらを取り去ったもの。日本には食用米(粳(うるち)と糯米(もちごめ))と酒米がある。精白した粳は飯とし、糯米はついてもちとする。日本の米はジャポニカ種、他の地域にはインディカ種が多い。

ごめいさん【御名算・御明算】 他人の計算が正しい意の丁寧語。▽主にそろばんで言う。

こめおり【×穀織(り)】 織り目がもみ米のような形ですき通った絹織物。こめおりもの。

こめかみ【〈顳顬〉】 耳と目の間にある、物をかむと動く部分。

こめくいむし【米食(い)虫】 ①→こくぞうむし。②何の役にも立たない人をあざけって言う語。ごくつぶし。

こめこ【米粉】 米をひいて粉にしたもの。フォーやビーフンの原料。うるち米をひいたものは上糝粉(じょうしんこ)、もち米をひいたものは白玉粉・道明寺(どうみょうじ)粉と言い、和菓子の原料。

こめそうどう【米騒動】 米の値の暴騰で民衆が起こす騒動。▽多くは、一九一八年のものを指す。

こめつき【米×搗き】 玄米を精製して白米にすること。また、それをする人。 **—ばった【—〈飛蝗〉】** バッタの一種、ショウリョウバッタの別称。後足をそろえて持つと、体を前後に動かし、米をつくように見える。▽比喩的に、頭をぺこぺこ下げてへつらう人を言うことがある。 **—むし【—虫】** 仰向けにすると、胸部の関節をはじくようにまげて、とび跳ねる小昆虫。▽こめつきむし科の甲虫の総称で、種類が多い。

こめつぶ【米粒】 ①米の粒。②小さいもののたとえ。「—ほどの梅のつぼみ」

コメディアン 喜劇役者。▽comedian

コメディー 喜劇。▽comedy

こめどころ【米所】 米を豊富に産する所。良質の米の産地。

こめぬか【米×糠】 米のぬか(1)。飼料・肥料・製油原料。ぬかみそにして漬物を漬ける。▽単に「ぬか」と言うと、多くこれを指す。

こめびつ【米×櫃】 米を入れて保存しておく箱。「—がからっぽだ」(生活するための金が全くない意にも)

こめへん【米偏】 漢字の偏の一つ。「粉」「精」などの「米」の称。

こ-める【込める・籠める】《下一他》中へ入れる。㋐(弾丸・火薬などを)中へ詰める。「たまを—」「封じ—」㋑気持などを注ぎ込む。「心を—」「言葉に—められた精神」「力を—・めて歌う」㋒含める。「税を—・めて十万円」㋓《動詞の連用形について》……して、まいらせる。「言い—」

ごめん【御免】 ①免許・免職などの意の尊敬語。「天下—」「御役(おやく)—」②赦免・容赦などの意の尊敬語。「天下りは—だ」「—をこうむる」③訪問・謝罪などの際のあいさつ語。「待たせて、—」「—下さい」「—なさい」

ごめんそう【御面相】 顔の様子。▽少しからかう気持で使う語。

コメンテーター 解説や批評をする人。▽commentator

コメント 説明。論評。見解。「ノー—」▽comment

こも【×菰】 →まこも

こも【△薦】 ①荒く織ったむしろ。もとはマコモを材料とした。ものにかぶせるのに使う。②《「お—」の形で》→こもかぶり(2)

こもかぶり【△薦△被り】 ①薦(こも)でおおった四斗(約七二リットル)入りの酒だる。②こじき。おこも。

ごもく【五目】 ①五つの品目。また、様々なものが入っていること。②「ごもくずし」「ごもくめし」「ごもくならべ」などの略。 **—ずし【—×鮨】** いろいろな具を入れてつくった散らしずし。 **—ならべ【—並べ】** 碁盤・碁石による遊びの一種。黒・白交互に石を置き、縦・横・斜めのいずれかに五つ、先に並べた方が勝ち。 **—めし【—飯】** 魚や野菜などいろいろなものをまぜて炊きこんだ飯。

こもごも【△交△交】《副[に]・ノダ》かわるがわる。入れ替わって。「内憂外患—至る」「私には悲喜—だった」

こもじ【小文字】 ①欧文の字体で、小さい文字。「a」「b」など。▽普通、文の初めや固有名詞の語頭などには使わない。②小さな文字。▽↔大文字

こもだれ【△薦垂れ】 ①出入口に、戸の代わりに薦(こも)を垂れ下げてあること。②むさ苦しい住まい。こじき小屋。

こもち【子持(ち)】 ①(幼い)子供を持っていること。また、その人。②魚などが体内に卵を持っていること。

ごもつ【御物】 将軍(皇室)の所蔵品。▽皇室のは普通「ぎょぶつ」と言う。

こもの ①【小物】付属的なこまごました品・道具。例、和服の着物に対する足袋(たび)。②【小物】力量や地位がたいしたことのない者。小人物。↔大物。▽「小者」と書くこともある。③【小者】身分が低い使用人。㋐武家の雑用に使われる男。㋑でっちや下男。

こもり【子守(り)】《名・ス自他》子供のもりをすること。また、その人。

こも-る【籠(も)る】《五自》①(気体などが)いっぱいに満ちていて外へ漏れない。「煙が—」「陰(いん)に—」(外に発散せず、暗い。または、沈む)▽換気が悪く室内の空気が悪い時、「この部屋は—・っているね」のような使い方もする。②(感情などが)いっぱい含まれている。「心が—」「力が—」③中にいて外へ出ない。ひきこもる。「家に—」「寺に—」(寺にとまって祈願する)

こもれび【木漏れ日・木×洩れ日】 茂った木の葉の間を漏れてさす日の光。

こもん【小紋】 細かい模様を地一面に染め出した織物。「—染め」

こもん【顧問】 相談をうけて意見を述べる役目の人。

こもんじょ【古文書】 古い文書。特に、昔の時代の史料となる、差出人・受取人・用件・日付などを備えた文書。「—学」

こや【小屋】 ①仮に建てた小さな建物。「ほったて—」「仮—」▽古くは、小さい(粗末な)家の意。②芝居・見世物などを興行するための建物。▽もと、小屋掛

けで興行した。③主な建物に付属する、従者(軽輩の者)の住まい。「―住み」 **―がけ【―掛(け)】** 興行などのために仮の建物を作ること。 **―ぐみ【―組(み)】** 家の屋根の重みを受けるための骨組・構造。

ごや【五夜】 一夜を五つに区分した称。また、その第五夜。第五更(こう)。寅(とら)の刻。→ごこう(五更)

ごや【後夜】 ①夜半から朝まで。②〔仏〕夜の後半、特に明けがたに行う勤行(ごんぎょう)。

こやかまし-い 《形》ちょっとした事に対しても口やかましい。いちいちうるさく言う。

こやく【子役】 芝居・映画などで子供の役。また、子供役者。

ごやく【誤訳】 《名・ス他》まちがって訳すこと。その翻訳。

こやくにん【小役人】 身分の低い役人。

こやし【肥(や)し】 ①地味(ちみ)を豊かにするもの。肥料。こえ。②比喩的に、のちのちのためになるもの。「芸の―」

こや-す【肥やす】 《五他》①栄養を与えてふとらせる。「家畜を―」「私腹を―」(おおやけの立場を利用して自分の利益をはかる) ②地味(ちみ)を豊かにする。「土地を―」 ③(良い芸術などに多くふれて)良し悪(あ)しなどを解する力を豊かにする。「美術に対する目を―」

こやす【子安】 ①安産。▽今では言わない。②「子安地蔵」の略。 **―じぞう【―地蔵】** 出産を守護するという地蔵尊。

こやつ【×此△奴】 《代》人を見下げて言う語。こいつ。

こやみ【小△止み】 雨や雪がしばらくの間やむこと。おやみ。「―なく降る」

こゆう【固有】 《名ナノ》①他から与えられたのではなく、もとからあること。「人間―の精神」②そのものだけにあること。特有。「日本に―な文化」 **―めいし【―名詞】** ある一つの事物特有の名称として用いられる名詞。人名・地名・国号など。

こゆき ①**【小雪】** 少し降る(降り積もった)雪。▽「しょうせつ」と読めば別の意もある。②**【粉雪】** こなゆき。

こゆび【小指】 手足にある、一番外側の、一番小さい指。▽手の小指で恋人・妻などを表すことがある。

こよい【△今宵】 きょうの宵。今晩。「―の月の出」

こよう【小用】 ①ちょっとした用事。②小便(に行くこと)。しょうよう。「―をたす」

こよう【古謡】 古い時代に作られた歌謡(民謡)。

こよう【雇用・雇×傭】 《名・ス他》労働に従事させるため、賃金をはらって人をやとうこと。

ごよう【御用】 ①用・用事などの敬った言い方。「何の―ですか」②宮中・官庁や、江戸時代の幕府・藩の用事。③捕吏などが官命で犯人をとらえること。「―だ」④権力あるものの意を迎え、自主性のないものを形容する語。「―学者」「―組合」 **―おさめ【―納め】** (官庁で)十二月二十八日にその年の仕事をおえること。↕御用始め。 **―きき【―聞(き)】** ①得意先などの注文を聞いてまわること。その店員。②江戸時代、官命を受けて十手(じって)・捕縄(とりなわ)をあずかり、犯人の捜査・逮捕をてつだうこと。またその人。 **―しょうにん【―商人】** 商品を宮中・官庁や江戸時代の藩に納入する商人。 **―たし【―△達】** 御用商人。「宮内庁―」▽↓ようたし(2)。 **―てい【―邸】** 皇室の別邸。 **―はじめ【―始め】** (官庁で)一月四日に新年はじめての事務をとること。↕御用納め

ごよう【誤用】 《名・ス他》用法をあやまって用いること。また、あやまった用法。「言葉の―」

こようじ【小×楊枝】 つまようじ。

ごようまつ【五葉松】 ①↓ひめこまつ(1)。②短い葉が五本まとまって生える松。(1)やハイマツなど。▽多くは西日本で言う。「五葉の松」とも。

こよなく 《副》(他と比べて)格段違って。殊の外。「―晴れた青空」▽形容詞「こよなし」の連用形から。雅語的。

こよみ【暦】 ①《名》年間の月日(・曜)、その日に関わる祝祭・行事や節気、更には日の出・日の入り、月の満ち欠け、潮の満ち引き(に加えて日の吉凶まで)を、日を追って一覧できる形に仕立てた表や書物。「寒くても―の上では春だ」「伊勢―」(いせごよみ=日本で著名な太陰太陽暦)。広く、年月日を定める方法の仕組み。暦法。「日本は明治六年一月以降―を改めた」▽「日(か)読み」の転。一枚刷(の合冊)のも書物体のもある。洋式のは普通「カレンダー」と呼ぶ。柱に懸ける柱暦などで毎日まくり取る使い方のは「日めくり」と言う。↓たいようれき・たいいんれき。②《造》《複合語の末に立ち、読みは「ごよみ」》暦(1)には載らない、ある分野の事柄を選び限って、その季節や月日時を知る一覧表式の表や書物、そのように構成したもの。「名所花―」「秋の美術展―」「県下高校サッカー―」「今夜の江戸小唄(こうた)―は九時十分から放送します」

こより【△紙×縒り・△紙×撚り】 和紙を細長く切って、よりをかけてひも状にしたもの。かみより。かんぜより。かんじんより。

こら 《感》しかったり、とがめたりする時、また、人に呼びかける時に発する語。「―、待て」

コラーゲン 動物の体皮・軟骨・腱(けん)などを形作る繊維状の蛋白(たんぱく)質。▽温水処理するとゼラチンになる。ドイツ Kollagen

コラージュ 印刷物・写真・布・針金などを貼りつけて絵を構成する手法。▽フランス collage

コラール ドイツのプロテスタント教会ルター派の賛美歌。ラテン語を知らない人でも歌えるようにドイツ語で作られた歌。衆賛歌。▽ドイツ Choral

こらい【古来】 《名・副》ずっと昔(から)。「―いろいろな説がある」「―の名品」「日本―の踊り」▽「―の」の形でも普通に使い、特に、本来不要の格助詞「から」を伴う「―から」の形が夏目漱石にも一回ならず見

られ、一九九〇年ごろには普通なので、「ずっと昔」を指す名詞に転じたと見られる。今のところ、似た用法が出始めた「元来」だけでなく将来は「爾来」「自今」「以後」など、意味的に関連する漢語にまで広まるかも知れない。↓らい〖来〗(3)

ごらいこう【御来光】 (1)高山で見る荘厳な日の出の景観。(2)→ごらいごう(2)

ごらいごう【御来△迎】 (1)〔仏〕来迎(らいごう)を敬って言う語。(2)高山の日の出・日没時に霧があると、弥陀(みだ)が光背を背負って来迎するような像が見えること。▽実は自分の影。(3)→ごらいこう(1)

こらえしょう(こらへしやう)【△堪え性】 忍耐する意地。忍耐力。「—がない」

こら-える(こらへる)【△堪える】〖下一他〗(苦痛や不快さを)がまんする。(感情や欲求を)抑えて外に出さない。「涙を—」「怒りを—」「—・えきれない寒さ」

ごらく【娯楽】 人間の心を仕事から解放して楽しませ慰めるもの。「—番組」「—施設」

こらこら〖感〗人に呼びかけるのに使う語。▽「これはこれは」から。東京では相手を軽く見る場合に使う。

こらし-める【懲らしめる】〖下一他〗制裁を加えてこりさせる。こらす。「悪を—」

こら-す【懲らす】〖五他〗こりるようにする。こらしめる。

こら-す【凝らす】〖五他〗(1)こりかたまるようにする。「緊張して肩を—」(2)意志・注意力などを一つ所に集中させる。「ひとみを—」(↓ひとみ)「工夫を—」「意匠を—」

コラボレーション 協同の作業・活動。特に合作。▽collaboration 略して「コラボ」とも言う。

コラム 新聞・雑誌などで、線で囲んだ、ちょっとした記事。囲み欄。「—欄」▽column(=円柱)

コラムニスト コラムの(職業的な)書き手。▽columnist

ごらん【御覧】 (1)相手・他人が見ることを敬って言う語。「—に入れる」(お見せする。「見せる」の謙譲語)「こちらを—ですか」(2)「御覧なさい」の略。㋐見るようすすめるのに使う。「あれを—」。㋑することをすすめるのに使う。「書いて—」

こり【×梱】 (1)包装した荷物。(2)行李(こうり)。(3)包装した貨物の個数・量を表す語。

こり【凝り】 筋肉が張ってかたくなること。「肩の—」

こり【×垢離】 神仏に祈願する際、水を浴びて体のけがれを去ること。水ごり。

こり【×狐×狸】 キツネやタヌキ。「—妖怪のしわざ」

ごり【×鮴】 →かじか(鰍)

コリアンダー (1)↓パクチー。(2)コリアンダー(1)の種子。欧風の煮込み料理などの香辛料。▽coriander

ごりおし【ごり押し】〖名・ス他〗〔俗〕無理にでも自分の思うところを押し通そうとすること。「—(を)して迫る」

こりかたま-る【凝り固まる】〖五自〗(1)凝ってかたくなる。(2)そのことだけに執着して他を顧みない。「一つの考えに—」

こりこう【小利口】〖ダナ〗目先の事で小才が利くさま。こざかしいさま。▽よくない評価に使う。派生 -さ

こりこり〖副[と]・ノダ・ス自〗固くしまって、弾力のあるさま。また、そのような物をかむ音。「—した軟骨」

こりごり【懲り懲り】〖ノダ・ス自〗すっかり懲りるさま。「賭事(かけごと)はもう—だ」

ごりごり (1)〖副[と]・ノダ・ス自〗固い物を噛(か)んだり、力を入れて擦ったり掻(か)いたりする音。また、そのさま。「すりこぎで—ひく」(2)〖副[と]〗無理やりに、または力任せに押し通すさま。「—(と)推進する」(3)〖ノダ〗かたくなで融通のきかないさま。「—の民族主義者」

ごりじい(ごりじひ)【ごり強い】〖名・ス他〗ごり押しをしいる態度。「—は御免だ」

こりしょう【凝り性】 物事に熱中して、度が過ぎるほど徹底的にしないと満足できない性質。

ごりしょう【御利生】 神仏から受ける恩恵。ごりやく。

こりつ【孤立】〖名・ス自〗(1)助けが得られず独り切り離された状態にあること。「世間から—する」「—無援」「激しい意見を吐いて—してしまう」(2)他から離れて一つ(ひとり)だけであること。「農家が一軒—していた」「荒海に—した島」 **—ご【—語】**〔言語〕単語に語形変化がなく、文法的機能が語順によって表される言語。中国語が代表的。

こりっと〖副・ス自〗軟骨・しこりなどを触った時の感触。また、なまこなど弾力のある固いものを噛(か)み切る時の感触。「—したクラゲの酢のもの」

ごりむちゅう【五里霧中】 迷って方針や見込みなどの立たないこと。▽もと、深い霧の中にいて方角の分からないこと。

こりや【凝り屋】 凝り性の人。

ごりやく【御利益】 神仏が人間に与えるお恵み。

こりゅう【古流】 古くからあり古風を保つ流儀。▽すたれていたのを復原した流派をも言う。

こりょ【顧慮】〖名・ス他〗(ある事を)考慮に入れて心遣いをすること。気づかうこと。

ごりょう【御寮】 →ごりょうにん。 **—にん【—人】** 上方(かみがた)で、中流家庭の若い妻の敬称。ごりょんさん。▽もとは、娘をも言った。

ごりょう【御料】 (1)「料」の敬った言い方。お使いになる食料・衣服・器物など。(2)皇室の財産。(3)↓ごりょうち。 **—ち【—地】** 皇室の所有地。 **—りん【—林】** 皇室所有の森林。

ごりょう【御陵】 皇室の墓。みささぎ。

こりょうり【小料理】 ちょっとした料理。手軽な料理。「—屋」

ゴリラ アフリカにすむ類人猿。現在生息する最も大きな霊長類で、雄は特に大きく体重二百キロ近くになる。体は黒い体毛で覆われる。木にはほとんど登

らず四足で歩行、時に後足だけで立ち上がる。木の葉・果物・昆虫などを食べる。オオショウジョウ。▽gorilla ひと科ゴリラ属二種の総称。

こ-りる【懲りる】《上一自》(失敗などにより)痛手をうけ、二度とやるまいと思う。「失敗に/でー」

ごりん【五倫】儒教で、人の常によるべき五つの道。君臣の義、父子の親、夫婦の別、長幼の序、朋友(ほうゆう)の信。

ごりん【五輪】①オリンピック競技のしるし。五大陸をあらわす五つの輪を組み合わせたもの。また、オリンピック大会。「東京ー」②〔仏〕地・水・火・風・空。「五大」を円輪にたとえて言う語。③「五輪塔」の略。 **ーとう**【ー塔】五大にかたどった五つの部分からなる塔。多く石造りで、供養塔・墓標として立てた。

こ-る【×梱る】《五他》荷造りする。梱包(こんぽう)する。▽「こうる」の転。

こ-る【×樵る】《五他》山林にはいって樹木をきる。きこる。

こ-る【凝る】《五自》①同質のものが寄り固まる。②ある物事がおもしろくて打ち込む。熱中する。「野球にー」③意匠・細工に心を用いる。「ーった模様」④筋肉がはって固くなる。「肩がー」(比喩的に、窮屈だの意にも)

ころい【孤塁】孤立した、ただ一つのとりで。「ーを守る」(ただ一人になっても主張をまげないたとえにも使う)

ごるい【語類】言語学で、語の性質に基づいて設けた類別。▽品詞の拡張概念。word class の訳。

コルク コルクガシ(=ぶな科の常緑高木)の表皮の下の外皮。軽くて弾性に富み、水を通さない。びんの栓、ぞうりの台、防音室の壁など用途が広い。キルク。▽cork

コルセット ①女性の洋装の下着。腹から腰にかけての形をととのえるために用いる。②脊柱または骨盤を固定するために用いる医療の装具。▽corset

コルト アメリカのコルト社製のピストル。▽創業者の S.Colt は、弾倉を回転させて次弾を装填する連発機構を考案した。

コルネット 金管楽器の一つ。三弁をもち、トランペットよりやわらかい音を出す。吹奏楽の主要楽器。▽cornet

ゴルフ 球技の一つ。クラブで小球を打ち、野外コース上の十八個の小穴の中に、次々に入れてゆく競技。打数の少ない方が勝ち。▽golf **ーリンク** ゴルフ場。ゴルフ コース。▽golf links

ゴルファー ゴルフをする人。▽golfer

これ 〔一〕【×此(れ)】《代》①(心理的または空間的・時間的に)自分に最も近いものを指し示す語。㋐自分が指(ゆび)さすもの。「ーを御覧」「ーといった(=特別に持ち出して示す)話題もない」㋑自分の働き掛けの範囲内にあるもの。「ーを済ませて行くよ」「もはやーまで」(→これまで②)㋒今。「ーからの日本」「ーまでにない出来ばえ」㋓ここ。「ーに控えておれ」▽㋓は古風な言い方。

②今話題になっている事・物を指す語。「一夜のうちに大木になった。おじいさんはーを見て驚いた」「言論の自由はーを束縛しない」▽後の例は「之」とも書く。「之」は漢文では代名詞でないが、こう訓じる習慣があった。

③判断の対象となるものを強調して指す語。「……とはーいかに」「ーすなわち」▽「是」と書く。「是」は漢文では断定の助動詞に似た働きをするが、こう訓じる習慣があった。

④他人に対し(ここにいる、また、いま話題になっている)自分の身内の者、自分側の(目下の)者を指す語。「ーは私の母です」「ーのつれあいが申しますには」▽多くは紹介的に使う。

〔二〕《感》①語調を助け、口調を強める時に使う語。「ー時明治三十八年」▽「惟」と書く。漢文または漢文調の文で使う。②注意を促したり、しかったりする時発する語。こら。「ーー女房」「ー、やめないか」③感動を表す語。「ーはーは」▽〔一〕①の転。

ごれいぜん【御霊前】→れいぜん(霊前)

これから《連語》①今から後。今後。将来。「ーの日本」②今から。「ー出かける」▽→から《格助》(1)㋐

コレクション ①美術品・骨董(こっとう)品などを集めること。また、集めたもの。収集品。②新作流行服の発表会。「パリー」▽collection

コレクター 趣味で収集する人。「切手のー」▽collector

コレクト 受信者・受取人がその料金を支払うこと。「ーコール」(電話料の受信者払い)▽collect (英語では形容詞・副詞)

これこれ【×此(れ)×此(れ)】①《代》「これ」で指せるような事が幾つもある時、それらを一つに合わせて言う語。「ーの事情があって簡単には運ばない」「ーしかじか」(→しかじか)②《感》→これ〔二〕(2)

これしき《連語》この程度(の、ちょっとしたこと)。これくらい。「何のー」「ーの事でへこたれてたまるか」▽→しき《副助》

コレステロール 細胞膜の成分やホルモンの材料として、高等動物の体内に広く存在する有機化合物。血中の脂質成分として知られ、血管壁にたまると動脈硬化を起こす。▽cholesterol

これはしたり《連語》自分の過失に気づいたり、意外な事にあきれたりする時に発する語。▽「したり」は、サ変動詞「す」の連用形+文語助動詞「たり」。現在この語を使えば、おおぎょう。

これまで《連語》①この時まで。今まで。「ー(に)見たことが無い」②最後の局面に達したこと。「今はー」「ーという段階に至った」

これみよがし《ダナ》「これを見よ」と言わんばかりに誇らしげに見せつけるさま。「ーに」「ーの態度」▽「がし」は文語助動詞「かし」の転。

コレラ コレラ菌による急性の感染症。経口感染し、下痢と嘔吐(おうと)が激しいと極度の脱水症状になり、死に至ることもある。▽もと法定伝染病の一つ。古く、「虎列刺」と当てた。また「ころり」「三日ころり」とも称した。オランダ cholera

ころ 重いものを動かす時、下に入れてころがす棒。

ころ【頃】①ある事の起こった時などを、その前後を含めて漠然と指す語。「去年の春の―」「―は元禄(げんろく)十五年」「六時―(ごろ)」▽「この頃」は「このころ」と読めば話題の時期を言い、「このごろ」と読めば近ごろの意。②ある事にちょうどよい時機。ころあい。しおどき。「―を見計らって切り出す」

ごろ 「ごろつき」の略。「政治―」

ごろ【語呂・語路】①語や文句を発音した時の続きぐあい。調子。「―がいい」②→ごろあわせ。 **―あわせ**(あはせ)【―合(わ)せ】成句に音が似ていて意味の異なる新しい別の句を作る、言葉のしゃれ。地口(じぐち)。例、「猫に小判(こばん)」に対して「下戸(げこ)に御飯」。

ゴロ ①野球で、打者の打ったボールが地上をバウンドして行くもの。▽「グラウンダー」(grounder)のなまりとも、ごろごろころがるからともいう。②【呉×絽】「ゴロフクレン」の略。

ころあい(ころあひ)【頃合(い)】適当な時機・程度。「―を見て訪れる」「パンが―に焼き上がった」

コロイド 分子が集まって、普通の顕微鏡で見えない程度の粒となって、浮きただようような状態で存するもの。膠質(こうしつ)。「―状態」▽colloid

ころう【固×陋】『名・ダナ』がんこで、見聞がせまいこと。また、考え方が古くて新しいものを受け入れないこと。派生 **-さ**

ころう【孤老】ひとり暮らしをしている(孤独な)老人。

ころう【故老・古老】(昔からの事に通じている)老人。

ころう【虎×狼】とらとおおかみ。また、そのように残忍なもの。

ごろうじろ【御△覧じろ】ごらんなさい。▽サ変動詞「御覧ず」から転じた上一段活用動詞「ごろうじる」の命令形。特別の場合には今も使う。

ころおい(ころほひ)【頃おい】その折。「晩秋の―」。ころあい。「―を見て訪ねる」▽やや古風。

ころがき【枯露柿】皮をむいたしぶがきを干したもの。しぶが抜けて、白く甘い粉をふく。ほしがき。▽「枯露」は当て字。

ころが-す【転がす】『五他』①物を回しながら動かし進める。「玉を―」(美声のたとえにも使う)「車を―」(俗に、自動車を運転することを言う)「地所を―」(地価のつり上げを図って業者間で転売し合う)②(勢いよく)横倒しにする。「花瓶を―」「土俵に―」

ころがりこ-む【転がり込む】『五自』①ころがって(まはころがるようにして)はいり込む。②期待していなかったものがはいって来る。「金が―」③生活に困ったりして、世話になるために他人の家などにはいり込む。「兄の家に―」▽「ころげこむ」とも言う。

ころが-る【転がる】『五自』①(丸い物などが)回りながら進む。ころげる。「石が坂道を―」「屋根から―り落ちる」②回ったように横倒しに倒れる。ころげる。「つまずいて―」③横たわって寝たような形になる。「寝―」「大きな石が―っている」④《「―っている」の形で》身のまわりに幾らでもほうり出してある。やたらにある。「以前ならどこにも―っていた代物(しろもの)」▽(1)(2)は「ころげる」とも言う。

ごろく【語録】儒者・禅僧・指導者などが説き示したことばを集めた書物。

ころくがつ【小六月】陰暦十月の称。小春。

ころげこ-む【転げ込む】『五自』→ころがりこむ

ころ-げる【転げる】『下一自』→ころがる(1)(2)

ころころ ①『副「と」』㋐小さな物がころがるさま。「色鉛筆が―ころがる」㋑変化が次々に、簡単に起こるさま。「考えが―変わる」㋒鈴の音やカエルなどの鳴く声。また、若い女性の笑い転げる声。②『副「と」・ノダ・ス自』丸みを持つさま。「―と太った小犬」

ごろごろ ①『副「と」・ス自』㋐あまり小さくない物がころがったり回転したりするさま。その音。「荷車を―(と)引く」㋑数多く存在するさま。「失業者が―いる」㋒これといった仕事をしないで(寝ころんだりして)いるさま。「勉強もせず―している」②『副「と」』㋐雷の鳴る音。また、雷。「雷が―鳴る」「―さま」㋑猫がのどを鳴らす音。㋒腹が鳴る音。

コロシアム 大競技場。▽coliseum ローマ帝政時代に作られた、円形闘技場(コロセウム)から。

ころしもんく【殺し文句】その一言で相手がまいる、きめ手となる言葉。

ころ-す【殺す】『五他』①生命を奪い取る。死なせる。↕生かす。「首を締めて―」「虫も―・さぬ顔」(どんな殺生も好まないような、おとなしやかな様子)▽「手おくれで親を―・してしまった」は、実際の殺人ではないが、気持の上ではそれに近いものとして言う。②活動させないようにする。↕生かす。㋐意識して勢いを押さえる。「声を―」「腹の虫を―」(怒りを押さえて我慢する)㋑(他の物によって)その物の働きや効果を発揮させないようにする。「臭みを―」「味を―」「才能を―」。用済みにする。▽碁・相撲(すもう)等で相手のしかける手が生きて働かないようにする、野球でアウトにする、恋愛関係で相手を悩殺するのにも言う。

ごろた ①丸太。特に物をころがすために下におく丸太。ころ。②「ごろた石」の略。道などにころがっている丸い石。

コロタイプ 写真製版の一種。感光材を混ぜたゼラチンをガラス板に塗って乾燥させ、これにネガフィルムの像を焼き付けたものを版にする。大量印刷には向かないが、写真や絵画の精密な印刷に適する。玻

璃版(はりばん)。▽collotype

ごろつき(無職・住所不定で)人の弱点につけいる、ならずもの。▽「破落戸」「無頼」などの字をあてた。

ごろつ-く《五自》①物がごろごろしている。「岩が—山道」②職がなくぶらぶらしている。

コロッケ ゆでてつぶしたジャガイモにひき肉などをまぜて丸め、パン粉をまぶして揚げた料理。▽フランス croquette

ころっと《副・ス自》①(比較的小さいものが)軽々と転がるさま。ころりと。「抽選器から玉が—出る」②形が丸みを帯びているさま。「—した体つき」③簡単にことが行われるさま。ころりと。「—だまされる」「宿題を—忘れる」

コロップ →コルク。▽オランダ prop から。今は使わない。

コロナ 太陽の大気の最外層をなす電離した気体の層。皆既日食の際に、太陽のまわりに真珠色の淡い冠状の光として見え、この光をも言う。▽corona

コロニー ①植民地。また、入植者の集落。②一地域に定着した生物集団。「サギの—」③細菌などを培養したときの、肉眼で見える集まり。④心身障害者などが集まって社会生活を営みながら、治療・訓練・生産などの活動に励む施設。▽colony

ごろね【ごろ寝】《名・ス自》(寝じたくをしないで)ごろりと横になってねること。

ころば-す【転ばす】《五他》①たおす。②ころころところがす。

ごろはちぢゃわん【五△郎八茶×碗】大きくて粗末な飯茶碗(めしぢゃわん)の一種。

ころび【転び】転ぶこと。㋐転向。特に江戸時代の、キリシタン信者の仏教への改宗。㋑芸者の売春行為。

ころびね【転び寝】①《名・ス自》ごろね(すること)。②《名・ス自》うたたね(すること)。③《名》私通。野合。

ころ-ぶ【転ぶ】《五自》①体の重心を失って倒れる。「—・ばぬ先の杖(つえ)」(失敗しないように前もって用心すること)「—・んでもただは起きぬ」(どんな場合にも、ちゃっかりと利益を得ようとする)②ことがらの成り行きが変化する。「どう—・んでも」(事態がどのように変わろうとも)③横たわった形になる。「寝—」。芸者などが、簡単に売春をする。④弾圧に負けて改宗・転向をする。⑤→ころがる(1)。「あわてふためいて—ように走る」

ゴロフクレン【呉×絽服連】江戸時代に舶来し明治まで使われた荒い粗末な毛織物。▽オランダ grof grein

ころも【衣】①僧が着る衣服。法衣(ほうえ)。②揚げ物などの外側のかわ。▽もと、僧のに限らず衣服を言ったことから、身を覆うという見立てで(2)の意が生じた。

ころもがえ【衣△更え・〈更衣〉・衣替え】《名・ス自》①季節に応じて、衣服をかえること。②比喩的に、外観・外装を変えること。

ころもへん【衣偏】漢字の偏の一つ。「裸」「補」などの「衤」の称。

コロラチュラ 技巧的で華麗なソプラノ。歌劇の独唱などに用いられる。▽coloratura

ころり ①《副と》㋐簡単に転がったり倒れたりするさま。ころっと(1)。「—と転ぶ」㋑簡単に事が行われるさま。ころっと(3)。「—と態度を変える」②《名》コレラの俗称。▽ころりと死ぬことに掛けて言った。

ごろり《副と》(重いもの、太いものが)転がったり横になったりするさま。ごろん。「丸太を—と転がす」「畳の上に—と横になる」

コロン 欧文の句読(くとう)点の一つ。「:」▽colon

ごろん《副と》→ごろり

コロンブスのたまご【コロンブスの卵】誰にも可能な事でも最初に行うのは難しいというたとえ。▽コロンブス(Columbus)が、アメリカ大陸発見は誰にでもできると批判された時、では卵を立ててみよと周囲に問い、皆が失敗したあとで卵の端をつぶして立ててみせたという話から。

こわ-い ①【怖い・△恐い】《形》恐ろしい。「わたしは雷が—」「—病気」▽(2)の転。②【△強い】《形》かたい。抵抗がつよい。㋐意地っ張りだ。「情が—」㋑歯ごたえがする。「—御飯」㋒ごわごわしている。「ワイシャツののりが—」③疲れてきつい。へとへとだ。▽東北方言。派生 -さ -がる*

こわいけん【△強意見】きびしい意見。

こわいろ【声色】①声の音色。こわね。特に、役者などのせりふまわしの音色・くせなど。「—をつかう(=まねる)」②役者・芸人などのせりふをまねる芸。声帯模写。▽「せいしょく」と読めば別の意。

こわおもて【△強面】→こわもて(強面)

こわか【小若】町内の若い衆(しゅ)にはまだ仲間入りできない程度の、男の子。▽祭礼の半纏(はんてん)の胸の襟に、この語を記したりする。

こわが-る【怖がる・△恐がる】《五自》こわいと思う。恐ろしがる。

こわかれ【子別れ】《名・ス自》親が、子と生き別れをすること。

こわき【小脇】『—にかかえる』軽くわきにかかえる。

こわく【×蠱惑】《名・ス他》人の心を乱しまどわすこと。たぶらかすこと。「—的」

こわけ【小分け】《名・ス他》(全体をいくつかに)小さく分けること。「—して袋詰めする」。一度区分したものを、更に細かく区分すること。細分。

こわごわ【恐恐】《副[と]》こわいこわいと思いながら。恐る恐る。「—(と)近付く」

ごわごわ《副[と]・ノダ・ス自》紙や布などが、かたくて、しなやかでないさま。「—した生地(きじ)」「—に乾く」「のりで—のシャツ」▽「こわばる」「こわい」等と同語源。

こわざ【小技】細かい(時としては、本筋でない)技巧的なわざ。「うまくは行っているが、いかにも—を利かした仕方だ」▽相撲(すもう)・柔道などでは「大技」に対して言う。「小業」とも書く。

ごわさん【御△破算】→ごはさん

こわ-す【壊す・△毀す】《五他》ものをいためて、そのものの働きを失わせる。㋐形のある物を砕いたり傷つけたりして使えなくする。「家を—」「ガラス戸を—」㋑障害を起こす。故障させる。「腹を—」「操作ミスでデータ ファイルを—」。整っている状態を傷つけてだめにする。「雰囲気を—粗暴なふるまい」㋒まとまりかけた約束や計画などをだめにする。「話を—」㋓くずす。「千円札を百円玉に—」

ごわ-す《サ変自》ございます。「ここに名産が—」「柿(かき)で—」▽方言的な言葉。

こわだか【声高】話す声が大きく高いこと。「—に話す」

こわたり【古渡(り)】室町時代またはそれ以前に外国から渡来したこと。そういう物。↕新渡(しんと)

こわだんぱん【△強談判】強硬な談判。

こわつき【声つき】こえの様子。▽既に古風。

ごわつ-く【△強付く】《五自》固くてごわごわする。「ジーンズがぬれて—」「—・いた髪」

こわっぱ【小△童】子供をばかにして言う語。「この—めが」▽「こわらは」の転。かなり古風。

こわね【声音】声のねいろ。▽「せいおん」と読めば別の意。

こわば-る【△強張る】《五自》(やわらかいものが)かたくなる。「顔が—」

こわめし【△強飯】もち米を蒸したもの。あずきをまぜて赤くしたものが多い。おこわ。

こわもて【怖持て・△強持て】相手がこわがって優待するといったもて方。

こわもて【△強△面】他をおどしつけるようなこわい顔つき。相手に対し強い態度でのぞむこと。こわおもて。「—に出る」

こわり【小割(り)】①小さく割ること。またその割ったもの。②まきを小さく割るための、なた。

こわれもの【壊れ物・△毀れ物】①こわれたもの。②こわれやすいもの。「—注意」

こわ-れる【壊れる・△毀れる】《下一自》そこなわれて、そのものの働きをしなくなる。㋐形のある物が砕けたりくずれたりする。破損する。「茶碗(ちゃわん)が—」「—・れた石垣を積み直す」。㋑故障する。「ラジオが—」「いすが—」「ウイルスでコンピュータが—」㋒整っている状態が傷つけられてだめになる。「静かな雰囲気が—」「データが—」㋓約束・計画などがだめになる。「縁談が—」

=こん【献】《漢語の数詞に付けて》宴席で杯を重ねる度数。また、もてなしの酒食を出す度数。「一—さしあげる」▽↓けん〔献〕

こん〖*今〗コン キン いま ①現在。いま。このごろ。ちかごろ。↕古・昔。「古今(ここん)・今昔(こんじゃく)・今後・当今・昨今・現今・方今・自今」。以下「キン」と読む。「今上・今古・今代・今体・当今(とうぎん)」②このたび。「今般・今度・今次・今日(こんにち)・今朝(こんちょう)・今夜・今年・今歳・今生(こんじょう)・今学期」

こん〖*困〗コン こまる くるしむ 苦しむ。動きがとれない。こまる。「困却・困窮・困難・困厄・困苦・困憊(こんぱい)・貧困・窮困」

こん〖×坤〗コン ひつじさる ①易の卦(け)の一つ。陰の卦。柔順で物を成長させる徳をあらわす。↕乾(けん)。②土地。つち。↕乾(=天)。「乾坤(けんこん)」③天・天子・男子等をあらわす「乾」に対して、地・皇后・母・妻・臣・女子等をあらわす。「坤徳(=婦徳。特に皇后の徳)」④方位で、南西の方角。ひつじさる。

こん〖昆〗コン ①あとに続くもの。子孫。また、兄。「昆弟・後昆」②数が多い。種類が多い。「昆虫」

こん〖*混〗コン まじる まざる まぜる こむ ①いっしょになる。まじる。まざる。まぜる。「混一・混合・混同・混成・混和・混雑・混乱・混交・混濁・混線・混声合唱・混血児」②大きく一つになっていて、差別がつけられないさま。「混沌(こんとん)・混迷」

こん〖人昏〗コン くらい ①日が沈んで暗くなる。夕暮れ。「黄昏(こうこん・たそがれ)」②(事に)暗い。精神がはっきりしない。「昏昏・昏迷・昏惑・昏睡・昏倒」

こん〖婚〗コン 縁組をする。結婚する。よめとり。「婚姻・婚礼・婚儀・婚約・婚期・婚家・結婚・成婚・新婚・求婚・許婚(きょこん・いいなずけ)・早婚・晩婚・初婚・再婚・離婚・未婚・重婚・雑婚・略奪婚」

こん〖恨〗コン うらむ うらめしい うらむ。くやむ。うらめしい。「恨事・私恨・遺恨・怨恨・痛恨・悔恨・多情多恨」▽↓うらむ(1)の▽以下。

こん〖*根〗コン ね ①草木のね。また、ねもと。物のつけね。ね。ねざすところ。「草根木皮・大根・舌根・球根・発根」②物事のもと。「根元・根源・根拠・根幹・根底・根治・根絶・無根・禍根・語根・基根・歯根」③《名・造》〔仏〕感覚器官。生命活動の器官。また、その原動力。「六根・男根」④《名・造》もって生まれた性質。物事に堪えうる力。「根を詰める」(あきずに気力を使いつくすほど熱心にする)「根気・根性(こんじょう)・精根・利根・鈍根」⑤《名・造》〔化学〕↓き〔基〕(4)。⑥《名・造》〔数学〕㋐ある数を何乗かした数に対する、そのもとの数。累乗根。「根号・平方根」㋑方程式を解いて得られる、未知数を満足する値。「根を求める」「複素根」

こん〖痕〗コン あと ①きずあと。「瘢痕(はんこん)・刀痕・痘痕(とうこん)」②物があったあと。形跡。「痕跡・血痕・弾痕・墨痕・残痕」

こん〖紺〗コン 《名・造》糸の染め色。青と紫の間。「紺のズボン」「紺青(こんじょう)・紺碧(こんぺき)・紺地・紺紙・紺サージ・紺屋(こうや・こんや)・紺色(こんいろ)・紫紺・濃紺」

こん【魂】 コン たましい たま ①たましい。↕魄(はく)。「魂魄(こんぱく)・霊魂・亡魂・英魂・招魂・鎮魂・反魂香(はんごんこう)」②こころ。精神。「魂胆・心魂・詩魂・闘魂・商魂・忠魂」

こん【墾】 コン はる 荒れ地をひらいて耕す。ひらく。「墾田・墾植・開墾・新墾・再墾・未墾」

こん【懇】 コン ねんごろ 誠実。誠がこもっていておろそかでない。「懇切・懇親・懇篤・懇意・懇情・懇望(こんもう)・懇願・懇諭・懇談・別懇・昵懇(じっこん)・懇懇」

こん【建】 →けん【建】

こん【金】 →きん【金】

ごん【権】 昔、官名にかぶせて、定員外にかり(=権)に置いた地位を表した。「—大納言(だいなごん)」「大宰(だざい)の—の帥(そち)」▽→けん【権】

ごん【言】 →げん【言】

こんい【懇意】《名ナノ》親しく交際して、仲のよい間柄であること。「—にする」▽もと、親切な心の意。

こんいつ【混一】《名・ス自他》まじって一つになること。まぜて一つにすること。

こんいつ【×渾一】《名・ス自》異なる性質のものが、全くとけあって一つのものとなること。

こんいん【婚姻】 社会的承認を経た(法律上正式の)持続的な(男女)関係。結婚。「—届」

こんか【婚家】 結婚して嫁または婿にいった先の家。

コンガ キューバの、陽気でリズムが勝った民俗音楽・舞踊。それに使う、胴の長い太鼓。▽スペイン conga

ごんか【言下】 →げんか(言下)。「—に答える」

こんかい【今回】《副詞的にも使う》話題の事が今から一番近くにある、その時。今度。「—の事はまことに遺憾だ」「—はきっとうまくゆくぞ」「—御栄転だそうでおめでとう」▽現時点にも、ごく近くにそれが予定されている未来にも、ごく近い過去でそれ以来同類の事がなかった過去にも、「いま」で指せる範囲の時に対しては使える。

こんがいし【婚外子】 法律上の婚姻関係にない親の間に生まれた子。

こんかぎり【根限り】 根気の続く限り。「—の努力」

こんがすり【紺×絣・紺〈飛白〉】 紺地に白いかすり模様を織り出した織物。またその模様。

こんかつ【婚活】《名・ス自》結婚相手をさがすための活動。「—してみる」▽「就活」になぞらえた語。

こんがらか-る《五自》もつれ絡まりあう。紛糾(ふんきゅう)する。▽「こぐらかる」「こんぐらかる」「こんがらがる」とも。

こんがり《副[と]・ス自》焼いたり揚げたりして、ほどよい色がついているさま。「—するまで揚げる」

こんかん【根幹】 根本。中枢。「—をなす」

こんがん【懇願】《名・ス他》おりいって頼み願うこと。

こんき【根気】 一つの物事を途中で投げ出さずにし続け得る精力。「—が無い」「—強い」「—よく続ける」

こんき【婚期】 結婚に適した年ごろ。「—を逸する」▽特に、女性について言う。

こんぎ【婚儀】 結婚の儀式。婚礼。

こんきゃく【困却】《名・ス自》困りはてること。

こんきゅう【困窮】《名・ス自》困りきってしまうこと。特に、貧乏で苦しむこと。

こんきょ【根拠】 ①もとになる理由。よりどころ。「判断の—」②目的遂行に必要な物資を備え、支援する基地。根城。「—地」「その港に—を構える」

こんぎょう【今暁】 きょうの夜明け方。

ごんぎょう【勤行】《名・ス自》仏前に読経(どきょう)や回向(えこう)をすること。つとめ。

こんく【困苦】 心身とも困り苦しむこと。「—欠乏」

こんく【金口】 仏の口。釈迦(しゃか)の説法。「—直説(じきせつ)」▽金色の口の意。「きんぐち」と読めば別の意。

ごんぐ【×欣△求】《名・ス他》〔仏〕よろこんで道を願い求めること。進んで求道(ぐどう)すること。 **—じょうど【—浄土】** 浄土に往生(おうじょう)することを欣求すること。↕厭離穢土(えんりえど)

ゴング ボクシングなどで、試合の開始・終了などを告げる鐘。▽gong(=どら)

コンクール 音楽・絵画・映画などの技・出来栄えを競う催し。▽フランス concours

こんぐらか-る《五自》→こんがらかる

こんくらべ【根比べ・根△競べ】《名・ス自》根気の強さを争うこと。

コンクリート ①《名》セメント・水・砂・砂利(じゃり)をねりまぜたもの。また、それが乾いて石のように固まったもの。建築土木工事の材料。コンクリ。②《ダナ》凝結した。具体的な。▽concrete

コングロマリット 異業種の会社まで合併などで吸収し、多種類の事業を営む大企業。複合企業。▽conglomerate

ごんげ【権化】 ①仏・菩薩(ぼさつ)が衆生済度(しゅじょうさいど)のため、この世に仮(=権)の姿で化現(けげん)すること。また、その時の化身(けしん)。権現(ごんげん)。②ある抽象的な特性が具体的な姿をとったのか、と思われるほど、その特性のいちじるしいもの。化身。「悪の—」

こんけい【根茎】 ①地下茎の一種。地中または地表をはい、根のように見える茎。タケ・ハスなどに見られる。②根と茎。

こんけつ【混血】 結婚を通じて、二種族の特色がまざること。↕純血。 **—じ【—児】** 互いに人種が異なる父母の間に生まれた子。ハーフ。

こんげつ【今月】 今日(きょう)が属する月。この月。現在の月。

こんげん【根元・根源】 物事がそこから出発している、おおもと。「諸悪の(発する)—はこれだ」

ごんげん【権現】 権化(ごんげ)。特に本地垂迹(ほんじすいじゃく)説で、仏や菩薩(ぼさつ)が仮(=権)に姿を変えて日本の神として現れること。また、その神。日本の神の称号ともする。「山王—」「—様」(徳川家康の尊称) **—づくり【—造(り)】** 神社建築様式の一つ。拝殿と本殿の間を中殿(=相の間)が連結し、全部が同一の棟にあるもの。

こんご【今後】 今から後。この後。以後。

ごんご【言語】 ことば。言語(げん)。「—を絶する」 **—どうだん【—道断】** ①《ノダ》《「—な」の形でも》もっての外であること。②《名》もと仏教で、究極の真理が言葉で言い表せないこと。

こんこう【混交・混×淆】《名・ス自他》異種のものが入り混じること。そういうものを入り混じらせること。「玉石(ぎょくせき)—」「和漢—文」「公私を—する」▽秩序なく、みだりに、の含みで使うことが多い。

こんごう【根号】 数学で、開平・開立(かいりゅう)などの根(こん)をあらわす符号。ルート。√

こんごう【金剛】 ①《仏教関係の語に冠して》堅固・最勝の意。▽もと、金属中で最も堅い物の名。②非常に堅く、こわれないこと。「—の身」③「金剛石」「金剛身(=すぐれた身体、すなわち仏身)」「金剛杵(しょ)」などの略。 **—しゃ【—砂】** 鋼玉を原料とする砂状の研磨材。 **—しょ【—×杵】** 密教で、煩悩(ぼんのう)を破り菩提(ぼだい)心を表す金属製の法具。 **—しん【—心】** 金剛のように堅い信仰心。 **—せき【—石】** →ダイヤモンド(1)。 **—づえ【—×杖】** 修験者(しゅげんじゃ)の持つ八角または四角の白木のつえ。 **—ふえ【—不△壊】** 非常に堅固で、決してこわれないこと。 **—やしゃ【—夜×叉】**〔仏〕五大明王(みょうおう)の一つ。北方を守護する。 **—りき【—力】**(金剛力士のような)大力。 **—りきし【—力士】** 仏法を守護する半裸形の神。寺門左右に安置されるものは普通「仁王(におう)」と言う。

こんごう【混合】《名・ス自他》混ざりあうこと。混ぜあわせること。「—物」

コンコース 公園などの中央広場。駅・空港などの中央にある、通路を兼ねた広い場所。▽アメリカ concourse

こんこん《副[と]》①軽い咳(せき)をするさま。②ドアなどを軽くたたく音。「—とノックする」③雪などがしきりに降るさま。④狐(きつね)の鳴く声。

こんこん【×昏×昏】《副と》意識を失っているさま。眠りの深いさま。「—と眠る」

こんこん【×滾×滾】《副と》(水が)尽きることなく盛んにわき出るさま。「湯が—とあふれる」▽「渾渾」「混混」とも書く。

こんこん【懇懇】《副と》心をこめて繰り返し説くさま。「—とさとす」

コンサート 演奏会。音楽会。「レコード—」▽concert **—マスター** オーケストラ楽員中の首席演奏者。普通は第一バイオリン部の首席奏者。▽concertmaster

こんさい【根菜】 ダイコン・ニンジン・レンコンなど、根や地下茎を食用とする野菜の総称。

こんざい【混在】《名・ス自》入り混じって存在すること。

ごんさい【権妻】 めかけ。▽仮の妻の意。明治時代の言い方。

こんさく【混作】《名・ス他》耕地に二種以上の作物を同時に作ること。

こんざつ【混雑】《名・ス自》人や物がいっぱい集まって無秩序になること。ごった返すこと。「店が勤め帰りの客で—している」

コンサバティブ《名ナ》保守的。コンサバ。▽conservative

コンサルタント ある事柄について助言・指導を行う専門家。「経営—」「結婚—」▽consultant

コンサルティング《名・ス自》専門的な事柄について、相談者に解決策を示したり指導したりすること。「—会社」▽consulting

こんし【懇志】 親切に行き届いた志。

こんじ【今次】 こんど。今回。「—の大戦」

こんじ【恨事】 うらみが残ること。非常に残念なこと。「千載の—」

こんじ【根治】《名・ス他自》→こんち

こんじ【金字】 金泥で書いた文字。金色の文字。

コンシーラー しみ・くま・そばかす・にきび跡などを隠すための部分用ファンデーション。▽concealer

コンシェルジュ ホテルなどで客の求めに応じて見物・小旅行の情報案内や手配などをするサービス係。コンシエルジュ。▽フランス concierge

こんじき【金色】 きんいろ。「—世界」(極楽浄土)

こんしこんでい【紺紙金泥】 紺色に染めた紙に金泥で経文などをしるしたもの。

こんじゃく【今昔】 今と昔。「—の感」(今と昔とを思い比べ、あまりの変わり様で起こる感慨)

こんしゅう【今週】 この週。現在の週。

こんしゅご【混種語】 語種の異なる単語が組み合わさった複合語。例、「百メートル」は漢語「百」と外来語「メートル」との混種語、「百メートル平泳ぎ」はさらに和語「平泳ぎ」が加わった混種語である。

こんしょ【懇書】 相手の手紙を敬って言う語。懇切な手紙。「御—」

こんじょう【今生】 この世。この世に生きている間。「—の別れ」

こんじょう【懇情】 親切な心(の配り方)。懇(ねん)ろな心づかい。

こんじょう【根性】 その人の性質全般をつらぬく、根本的な(強い)性質。「—がしっかりしている」「—がない」「ひがみ—」「—を入れ換える」(心を改める)

こんじょう【紺青】 あざやかな明るい藍色。また、その顔料。「—の海」

ごんじょう【言上】《名・ス他》(目上の人に)申し上げること。

こんしょく【混食】《名・ス自他》①米に雑穀などを混ぜて主食とすること。②肉食も草食もすること。

こんじる【混じる】《上一自他》ある物に他の物がまざる。また、他の物をまぜる。こんずる。

こんしん【懇親】 親しみあうこと。交際をあつくすること。親睦。「—会」

こんしん【混信】《名・ス自》通信やラジオ放送などで、

他の送信元からの信号がまじって受信されること。

こんしん【×渾身】 からだ全体。満身。「—の力をふりしぼって」

ごん-す 《五自・助動》〔俗〕「ござる」の変じた言い方。▽現在では時代小説等に(活用語尾「し」「す」「せ」の形で)しか現れないが、昭和十年代までは関取言葉でもあった。来る意で使う命令形「ごんせ」もある。「さあ見にごんせ」

こんすい【×昏睡】 《名・ス自》①容易には目覚めないほど深く眠り込むこと。②〔医学〕意識を完全に失い目覚めさせることができない状態。「—状態」

ごんすけ【権助】 下男(げなん)のこと。

コンスタント ①《ダナ》常に一定しているさま。「—な売れ行き」②《名》〔数学〕定数。▽constant

こん-ずる【混ずる】 《サ変自他》→こんじる

こんせい【懇請】 《名・ス他》熱心におりいって頼み込むこと。

こんせい【混成】 《名・ス他自》二種以上のものをいっしょにして、一つのもの・集団とすること。また、そうなること。「—チーム」「—岩」

こんせい【混生】 《名・ス自》(植物などが)いろいろ種類が入り混じってはえること。

こんせい【混声】 「混声合唱」の略。男声と女声と合わせて歌うこと。

こんせき【今夕】 きょうの夕方(晩)。こよい。

こんせき【痕跡】 過去に何事かがあったと分かるようなあと。あとかた。「—をとどめる」「かすかな—」

こんせつ【懇切】 《名・ダナ》行き届いて親切なこと。「—丁寧に説明する」 派生 **-さ**

こんぜつ【根絶】 《名・ス他》根本から完全になくすること。ねだやし。「天然痘の—」

コンセプト ①概念。②企画・広告などで、全体を貫く基本的な観点・考え方。▽concept

こんせん【混戦】 ①《名・ス自》敵味方が入り乱れて戦うこと。乱戦。②《名》スポーツなどで、勝敗・決着の予想がつかないような状態。

こんせん【混線】 《名・ス自》①電信・電話で、他の信号・通話がまじって受信されること。②転じて、会話などで、いくつかの話がからみ合って、わけがわからなくなること。「話が—する」

こんぜん【婚前】 結婚しようとはしているが、まだしていない期間。「—旅行」

こんぜん【×渾然】 《ト タル》別々のものが一つにとけあって、差別のないさま。「—一体となる」▽「混然」とも書く。

コンセンサス 意見の一致。合意。「国民の—を得る」▽consensus

コンセント 電気の配線にコードを接続するために、壁などに設けるプラグの差込み口。▽concentric plug からか。

コンソーシアム 互いに力を合わせて目的に達しようとする組織や人の集団。共同事業体。「私大図書館—」「資源開発—」▽consortium

コンソール ①自動車で、シフト レバーや各種スイッチのある部分。②→そうさたく。③テレビやステレオで、脚付きのキャビネットに収められているもの。「—タイプ」▽console

コンソメ 澄んだスープ。↔ポタージュ。▽もと、肉をよく煮出したスープ。(フランス) consommé

こんだく【混濁・×溷濁】 《名・ス自》まじってにごること。みだれること。「意識が—する」「—の世」

コンダクター ①オーケストラなどの指揮者。②「ツアー コンダクター」の略。添乗員。▽conductor

コンタクト ①《名・ス自》接触(すること)。連絡(すること)。「—を取る」▽contact ②《名》「コンタクトレンズ」の略。 **—レンズ** 視力の矯正のために、眼球に直接つけるようにしたプラスチック製のレンズ。▽contact lens

こんだて【献立】 出す料理の組合せ・順序(を記したもの)。▽品書きとは異なる。↓けん【献】(3)

こんたん【魂胆】 心中に隠されたたくらみ。策略。「何か—がありそうだ」▽もと、きもったま。たましい。

こんだん【懇談】 《名・ス自》形式ばらず、打ちとけて話し合うこと。「—会」

こんち【根治】 《名・ス他自》病気が再び起こらないように、根本から完全に治すこと。また、根本から完全に治ること。こんじ。

コンチェルト ピアノ・バイオリンなどの独奏楽器が中心となり、これにオーケストラが伴う楽曲。協奏曲。コンツェルト。「ピアノ—」▽(イタリア) concerto

コンチネンタル 文化・様式がヨーロッパ大陸風であるさま。「—タンゴ」▽continental(=大陸の)

こんちゅう【昆虫】 体は頭・胸・腹の三部にはっきり分かれ、胸に三対のあしがある小さな生物。多く二対四枚の羽をもつ。非常に種類が多く、大部分は陸生。卵を産んで繁殖し、幼虫から成虫へと体の形が大きく変わるものが多い。▽「昆」が仲間・群れの意で、一般には虫(1)を指しても言った。節足動物門の一群で、伝統的には昆虫綱として分類される。

コンツェルト →コンチェルト。▽(ドイツ) Konzert

コンツェルン 一企業が多方面にわたる諸企業に出資して、それらを実質上の支配下に置くことによってできた、諸企業の統一体。カルテル・トラスト以上に集中度が高い企業合同の形態。▽(ドイツ) Konzern

コンテ ①クレヨンの一種。黒色・茶褐色でやわらかく、素描や写生に用いる。▽十九世紀のフランス人化学者コンテの創製。(フランス) conté ②映画・テレビの撮影台本。カットごとに詳しく記したもの。また、ラジオ放送の台本。「絵—」▽continuity(=連続)から。

こんてい【根底・根×柢】 土台をなし、よりどころとなっている所・事柄。根本土台。「—からくつがえす」

こんでい【金泥】 →きんでい

コンディショナー ①調節装置。「エアー—」②髪・肌の状態を整える液剤。「ヘアー—」▽conditioner

コンディション ①その時の調子・状態。「からだの—

を整える」②条件。▽condition

コンテキスト 文章などの前後の脈絡。文脈。コンテクスト。▽context

コンテスト あることについて競争すること。そのための会。「スピーチー」▽contest

コンテナ ①貨物の運送に用いる、鋼鉄製やアルミ製などの大きな箱。中の荷物を出し入れせずに、そのまま貨車や船舶への積み込み・積み替えを行う。「ー車」②機械・器具などの容器。▽container

こんでん【墾田】 新たに開墾した田地。

コンデンサー ①電気をたくわえる機能をもつ素子。電子工学で広く用いられる。ハイブリッド カーなどで電力貯蔵に用いる大きなものもある。蓄電器。キャパシタ。②蒸気機関の排気を冷却してもとの水にもどす装置。凝縮器。③集光器。▽condenser

コンデンス ミルク 牛乳に砂糖を加えて煮つめて濃くしたもの。練乳。▽condensed milk

コンテンツ (特に、電子的な手段で提供する)情報のなかみ。▽contents

コント ①風刺と機知に富んだ、短い物語。軽妙な、ごく短い話。②軽妙な寸劇。▽フランス conte

こんど【今度】 ①このたび。今回。「ー着任した先生」②この次。「ーしたら許さないぞ」

こんとう【×昏倒】『名・ス自』目がくらんで倒れること。

こんとう【懇到】『ダナ』親切で行き届くさま。

こんどう【混同】『名・ス他自』①異なるものを、同一のものとまちがえること。「公私をーする」②混合して一つになること。また、そうすること。混一。「ー農」(耕作と畜産をかねた農業)

こんどう【金堂】 寺院で、その本尊を安置する堂。▽古代に創建された寺院で言うことが多い。「法隆寺のー」

こんどう【金銅】 銅に金めっきをしたもの。「ー仏」

コンドーム 避妊・性感染症予防のために、性交時に男性が使用する薄いゴム製の袋。▽condom

こんとく【懇篤】『ダナ』親切で手厚いさま。ねんごろ。「御ーなるお言葉を賜る」

コンドミニアム 分譲形式の(高級な)集合住宅。分譲マンション。▽condominium

ゴンドラ ①イタリアのベネチア名物の小舟。②飛行船・気球・ロープウエーなどのつりかご。つり座席。▽gondola

コントラスト ①対照。対比。②写真や画像で、最も明るい部分と最も暗い部分との明るさの比。広く、明暗の調子。▽contrast

コントラバス バイオリン属の弦楽器中、一番大型で一番低い音を出すもの。ダブル ベース。▽ドイツ Kontrabass

コントラルト 音楽で、女声の最低音域。▽イタリア contralto

コンドル 南アメリカの高山にすむ、翼を広げた幅が三メートルにも達する鳥。体は黒い羽毛に覆われ、頭と首には羽毛がない。首のつけねには白色の羽毛が襟巻状に生える。死肉を食う。アンデス コンドル。▽condor コンドル科。広くは同科の鳥の総称。

コントローラー ①制御装置。②管理者。また、その機関。▽controller

コントロール『名・ス他』制御・管理(すること)。うまく調節・加減すること。「感情をーする」「ータワー」(管制塔)「ーの悪い投手」▽control

こんとん【混×沌・×渾×沌】 区別が立たず物事が入り混じっている状態。派生 -さ

こんな『連体・副』こういう(様子だというさま)。「ー種類の花」「ー寒い日に出掛けた」「大きさはーだった」「そんなー(＝それやこれや)で弱った」「ーに早く出来ようとは」▽「こう」+「な」に由来。連体形にナ語尾のない特殊形容動詞になったとも見られる。なお、「に」を付けない「ー寒いのによく来たね」から進んだ副詞法で「値段はー高い」のようにも使う。この用法は「あんな」「そんな」にもあるが、「どんな」にはない。

こんなん【困難】『名ナノ』しとげるのが(つらく)むずかしいこと。「ーにうち勝つ」「ーな問題」派生 -さ

こんにち【今日】 ①きょう。本日。②このごろ。現代。「ーの世界」 **ーさま【ー様】** きょうを守って下さる御天道様(おてんとさま)。「遊んでいてはーに申しわけない」 **ーは**『連語』昼間、人に会った時、人を訪問した時の、あいさつの語。▽「今日はよいお天気です」などというあいさつの下略。

こんにゃく【×蒟×蒻・×崑×蒻】 ①こんにゃく(2)の原料として栽培される多年草。地下の球茎から、葉柄が一メートルに達する大きな葉が生える。東南アジアに広く分布し、日本には古く渡来。▽さといも科。②こんにゃく(1)の球茎をすりおろし、炭酸ソーダを加えて加熱しながら練り固め、成型したのち灰汁(あく)が抜けるまで熱湯でゆでた食品。 **ーいも【ー芋】** こんにゃく(1)の球茎。こんにゃく(2)・のりの原料。 **ーだま【ー玉】** ↓こんにゃくいも。 **ーばん【ー版】** ゼラチンや寒天で版を作る、簡易な印刷法。▽もと、こんにゃくを用いた。

こんにゅう【混入】『名・ス自他』まじって入ること。まぜて入れること。「毒がーする」

こんねん【今年】 今現在が属する年。ことし。

コンパ 茶話会。懇親会。▽学生語。company から。

コンバージョン ラグビーで、トライの後のゴール キックに成功すること。追加で二点が与えられる。▽conversion

コンバータ 交流電力を直流電力に変換するなど、エネルギーや情報の形態を変換する装置。↕インバータ。▽converter(＝変換器)

コンバート『名・ス他』①野球などで、選手の専門の守備位置を変えること。「内野手から外野手へーする」②コンピュータで、データを他のシステム用に変換すること。▽convert

コンパートメント 仕切った区画。特に客車の、部屋の

ように区切った客室。「寝台特急の—」▽compartment

こんぱい【困×憊】《名・ス自》苦しいこと続きに疲れ果てること。「疲労—」

コンパイラ 人間が理解しやすい形式で書いたプログラムを、コンピュータが実行可能な形式のプログラムに変換するためのソフトウェア。「—言語」(コンパイラの変換元のプログラムを記述するための形式言語) ▽compiler 変換することをコンパイルと言う。

コンバイン 農作物の刈り取り・脱穀・選別の機能を一台で兼備した大型農機具。▽combine

こんぱく【魂×魄】たましい。霊魂。▽多く死者について言う。

コンパクト ①《名》おしろい・べになどを入れる、携帯用の鏡つき容器。②《ダナ》小さくまとまったさま。「—カー」▽compact 派生 **-さ** **—ディスク** ↓シーディー。▽compact disk

コンパス ①V字形に自由に開閉できる二本足の製図器具。一方の足にある針を紙面に刺して、そこを中心に回転させて、もう一方の足につけた鉛筆などで円・円弧を書く。ぶんまわし。②両足の開き幅。歩幅。「—が大きい」③↓らしんばん。▽オランダ kompas

コンパチ「コンパチブル」の略。機器・装置を取りかえても同じように作動すること。互換性があること。▽compatible から。

コンパニオン 展示場・競技場・宴会場などで接待にあたる役の女性。▽companion

こんばん【今晩】きょうの晩。こんや。 **—は**《連語》夜、人に会った時、人を訪問する時の、あいさつの語。▽「今晩はお寒うございます」などというあいさつの下略。

こんぱん【今般】このたび。今回。

コンビ (二人の)組合せ。二人組。「気の合った—」「名(めい)—」▽combination から。

コンビーフ 缶詰食品で、塩漬けした牛肉を煮沸後、ほぐして味つけしたもの。コーン ビーフ。▽corned beef から。

コンビナート 炭坑・製鉄・機械工業のように生産過程が順を追って続く種々の産業部門を、一つの企業として一地域に結合させたもの。企業結合。▽ロシア kombinat

コンビニ「コンビニエンス ストア」の略。食料品や雑貨を中心とする小型スーパーマーケット。適地立地・無休・深夜(や二十四時間の)営業など、便利さを特徴とする。▽convenience(=便利) store から。

コンビネーション 組合せ。組み合わさったもの。「—プレー」㋐上下がひとつづきになった子供用・女性用の下着。㋑茶革と白革など二色、または、革とカンバスをはり合わせて作った靴。▽combination

コンピュータ 計算機。特に、デジタル式の電子計算機。コンピューター。「—リテラシー」(従来の仕方での読み書きに対し、コンピュータを道具として文書作成や情報の授受が行える技能) ▽computer ↓でんしけいさんき。 **—ウイルス** ↓ウイルス(2)。▽computer virus **—グラフィックス** コンピュータ処理で描く図形や絵。▽computer graphics **—ゲーム** ↓ゲーム。▽computer game **—ネットワーク** 通信回線を利用して複数のコンピュータを接続したシステム。▽computer network

こんぴら【金×毘羅】もとインドの神で、仏法を守護する神。航海の安全を守るとされ、船人に尊崇される。▽梵語(ぼんご)。

こんぶ【昆布】寒い地方の沿岸の岩礁などに生える、食用として代表的な海藻。淡褐色で帯状に長くのびる。乾物として流通し、出汁(だし)をとるほか各種料理に使用。ヨード製造にも用いる。こぶ。▽アイヌ語からか。こんぶ科、特にこんぶ属のいくつかの褐藻。

コンプライアンス 企業などが、法令や規則をよく守ること。法令遵守。「—の強化」▽compliance(=従順)

コンプリート《名・ス他》完全なこと。完成すること。全部揃(そろ)っていること。「—コレクション」▽complete

コンプレックス 精神分析で、感情の複合。現実の意識に反する感情が抑えつけられたまま保存され、無意識のうちに現実の意識に混じり込んでいるもの。強迫観念や夢はこの複合が象徴的に現れたもの。特に、「インフェリオリティー コンプレックス」(劣等感)の略。▽complex

コンプレッサー (空気)圧縮機。▽compressor

コンペ ①ゴルフで、競技会。②建築などで、一定の課題を出して複数の者に競わせること。▽competition から。

コンペイトー【金平糖・金△米糖】表面に角(つの)のような突起が多数ある、直径一センチ程度の球形の砂糖菓子。▽ポルトガル confeito

ごんべえ【権△兵△衛】農夫、いなか出の下男、いなか者を、さげすんで言う呼び方。「—が種まきゃ、からすがほじくる」 **—な**【—名】江戸深川の踊り子、後に芸者が付けた、男の名のような芸名。例、「つた吉」「豊治」▽遊女の「小紫」「薄雲」のような源氏名に対して言う。

こんぺき【紺×碧】やや黒みを帯びた青色。「—の海」

コンペティション 競争。競技会。▽competition ↓コンペ

コンベヤー 工場などで材料や貨物を連続的に運搬する機械装置。コンベヤ。「ベルト—」▽conveyer

ごんべん【言偏】漢字の偏の一つ。「話」「論」などの「言」の称。

コンポ「コンポーネント」㋑の略。

こんぼう【懇望】《名・ス他》↓こんもう

こんぼう【×棍棒】太めの丸い棒。

こんぼう【混紡】二種類以上の質の違う繊維を混ぜて紡績すること。

こんぽう【×梱包】『名・ス他』荷造りすること。その荷造りしたもの。「―を解く」

コンポーネント 構成要素。部品。㋐コンピュータ機器やソフトウェアの部品。㋑ステレオで、チューナー・アンプ・プレーヤー・スピーカーなどの単独の機器。コンポ。㋒プレハブ建築で使用する建築部材。▽component

コンポジション 組み立てること。構成。㋐作文。文章の組立て。㋑作曲。㋒構図。▽composition

こんぽん【根本】物事がそこから出発して成り立っている、一番大切なもと。「論拠が―からくつがえされる」「―的な改革」

コンマ ①欧文の句読(くとう)点の一つ。カンマ。「,」。「―を打つ」②小数点。「―以下」(転じて、普通以下。問題にならないこと)▽comma

こんまけ【根負け】『名・ス自』相手よりも根気が続かなくなること。「あまり熱心なので―した」

コンミッション →コミッション

こんめい【×昏冥】くらやみ。

こんめい ①【×昏迷・混迷】『名・ス自』道理にくらく(=昏)、心が迷うこと。②【混迷】『名・ス自』入り乱れて、わけがわからないこと。「―する世界情勢」

こんめい【懇命】他人の出す命令の敬語。御親切な仰せつけ。

こんもう【懇望】『名・ス他』他人に切にのぞむこと。こんぼう。

こんもり『副「と」・ス自』①木々が茂って奥深い感じがするさま。「―(と)した森」②丸みを帯びて盛り上がっているさま。「庭木に―(と)雪がかぶさる」

こんや【今夜】きょうの夜。今晩。

こんや【紺屋】→こうや(紺屋)。▽現在では「こんや」が普通。

こんやく【婚約】『名・ス自』結婚の約束をすること。また、その約束。「―者」

こんゆう(ふ:ゆ)【今夕】きょうの夕方。こんせき。

こんよう【混用】『名・ス他』まぜて使うこと。また、混同して用いること。

こんよく【混浴】『名・ス自』男女が入り混じって入浴すること。

こんらん【混乱】『名・ス自』何が何やらわからないほど、乱れ入り混じること。「とっさのことに、頭が―する」「情報が―する」

こんりゅう【建立】『名・ス他』寺院・堂塔をたてること。造立(ぞうりゅう)。

こんりゅう【根粒・根×瘤】細菌などの侵入によって植物の根にできた、こぶ状の組織塊。まめ科植物に多い。 **―きん**【―菌】根粒をつくる細菌。宿主から炭水化物を得る一方で、空気中の窒素から肥料となるアンモニアを作り出し宿主に供給する。根粒バクテリア。

こんりょうのそで【×袞△竜の袖】『連語』天子の御衣のそで。「―に隠れる」(天子の威徳のもとに隠れて自分勝手な行いをする)

こんりんざい【金輪際】『副』《あとに打消しを伴って》底の底まで。あくまでも。断じて。「―承知しない」▽もと仏教で、大地の最下底の意。

こんれい【婚礼】結婚の儀。婚儀。

こんろ【×焜炉】家庭などで使う炊事用の燃焼器具。「ガス―」▽以前代表的だったのは七輪。最近は多く「コンロ」と書く。

こんわ【懇話】『名・ス自』うちとけて話しあうこと。懇談。「―会」

こんわ【混和】『名・ス自他』よくまざりあうこと。よくまぜあわせること。

こんわく【困惑】『名・ス自』困って、どうしてよいかわからないこと。

さ

さ『副・ス自』状態・様子がそうだという意を表す語。そう。「―は言え、知らん顔でも済むまい」「ところが―にあらず(=そうでない)」▽現代の「そう」は、「かく(斯)」の音便「かう」に類推してできた「さう」の転。「さ」は現在、独立してはほとんど使わず、使えば文語的。結合して使う時の用法は特に次の⑴〜⑷の通り。→さて・さながら・さよう(然様)

①《副助詞と結合して》㋐『―ほど』考えられるそういう程度。それほど。「結果を予想するのはさほど(に)むずかしくない」「さほどの秀才であるものか」「さほどに(も)望むなら好きにしろ」㋑『―まで』そういう状態・様子を呈するまでに。それほどまで。「さまで責めるには及ばない」「さまで立派な人物なものか」「さまでの作品とも思えない」㋒『―のみ』そうとばかり。そうむやみに。「彼をさのみ悪くは言えまい」「さのみ(に)繁盛していない」㋓『―ばかり』そうであるという程度(に)。(わずか)それくらい。「さばかりの傷に泣き言を言うな」。そんなにばかり。「他人をさばかり悪く言うものではない」▽㋐〜㋒はあとに打消し(や反語)を、更に㋑は条件づけ表現も、伴う。㋑〜㋓はやや古風。㋔『―しも』それ(あれ)と、だれも知るほど。「さしも無敵のチームも敗退した」「さしもの弁慶あやまった」▽「しも」は文語副助詞「し」に係助詞「も」が付いた強めの表現。

②《係助詞が次に来て》㋐『―も』それほどまでにも。いかにも。「一本の酒をさも大事そうに飲む」

▽本来の意は、そうも。「さもあるはずだ」「さもあらばあれ(=事はそうであってもそれにかかわらず)信念は貫こう」「さもありなん(=そうなるのがもっともだ)という始末だ」。本来の意で使うのは、概して既に古風。転義の方は副詞化したとも見られる。「さもありなん」の「なん」は、文語助動詞「ぬ」の未然形+文語助動詞「む」から。㋑『ーもなければ』『ーもないと』『ーもなくば』そうでなければ。そうでないと。もしそうでないとするなら。「気づいたからよかったが、さもなければ火事になるところだった」「娘を大事にしてください。さもないと私は死ぬにも死ねません」「うまく運んだのだろう。さもなくば助けを求めて来るはずだ」㋒『ーぞ』→さぞ

③《文語の動詞「あり」、形容詞「なし」との結合(に由来する)用法》㋐→さり。㋑『ーなきだに』そうでなくてさえ。「さなきだに苦労の多い都会生活で、公共料金の値上げが控えている」▽文語的。「だに」は副助詞。

④《文語の動詞「す」を伴い、「す」が形式的に使われた場合》㋐そうする。そうである。「ーすればこれは万民の嘆きとなる」▽前の文や句を受けて使い、文語的。「ーするに(=のに)」の形もある。㋑《あとに打消しを伴って》『ーして』『ーした(る)』そうある度合が大したものでないという意を表す。取り立ててそれだと言うほど(の)。「駅までさして道のりはない」「さしたる混乱もなく」「駅までさしたる道のりでない」「事態はさして深刻でない」「完成までにさしたる時間も掛かるまい」▽それぞれ、一語化した副詞・連体詞とも見られる。

さ= ①《名詞・動詞・形容詞の上に》語調を整えるのに使う。「ー迷う」②《名詞の上に》(陰暦の)五月の。また、五月と関係が深い。「ー月」「ーみだれ」「ー苗」「ー少女(おとめ)」▽②は「早」と書くことがある。

=さ ①《形容(動)詞語幹や形状性の体言・連語であるAに付け》Aが表す状態・気持・性質などそのもの(の程度)を言うのに添える語。「目もくらむ明るーだ」「悪ー(=悪いわざ、いたずら)をする」「合格のうれしーに浮き立つ」「筆さばきの見事ー」▽「荷物の重さが手にこたえる」に対し「荷物の重さが少なくて助かる」の「重さ」は目方の意で、後述㋐の用法。「むきー加減」のような「加減」を伴う形は程度の著しい事の強調だが、「加減」を抜いた「Aさ」が成り立ちにくいものがある。「Aさげ」の形も使う。→=げ・=み。特に、

㋐対(つい)になる形容詞Bに意味上の際限となる原点がある(例えばBが「小さい」でAが「大きい」)場合、Bを含めて考えられるAの、程度を指す(必ずしもAであることを意味しない)。「穴をふさぐのにこんなんじゃ大きーが足りない」▽この用法になる形容詞は「明るい」「厚い」「大きい」「重い」「高い」「長い」「速い」「広い」「深い」で、更に「固ーは十分だ」「……さに劣る」のように文脈によって使えるのもある。「速い」に引き替え「早い」にこの用法は無い。またAを「遠い」とした時「近さが0だ」と普通言わないからか、「遠い」もこの用法を持たない。

㋑名詞止めの文を成し、感動の気持を込める。「故郷の山河の懐かしー(よ)」「岩陰に咲く撫子(なでしこ)の可憐(かれん)ー」

②《語幹が一拍の形容詞の語幹に付け》様態の「そう」に続けるのに挟む。「この品がよーそうだ」▽「話したい」「行かない」等は「話したそう」「行かなそう」でよい。③《特定動詞Aの終止形に付き》Aする折。「帰るーに寄った」▽古語の残存で雅語的。

さ《間助》①《文節の切れ目に付く》軽く念を押すのに使う。「それがー、困った事にー、見つからないんだよ」②《活用語の終止形(形容動詞では語幹)に付けて、文末に使い》㋐断定に軽く言い離す気持を添える。「これが男というものー」「せいぜい勉強するー」「見掛けは立派ー。しかし中身はね」。反発の気持でも使う。「言われるまでもなく、とっくに試しました(の)ー」㋑抗議・詰問の気持を表す。「いばりくさって、何ー」▽㋑は疑問を表す語に付く。

さ【*左】 サ ひだり たすける ─①《名・造》ひだり。↔右。「左のとおり」(次に書いてあるとおり)「左右(さゆう・そう)・左岸・左舷・左翼・左大将(さだいしょう)・左馬頭(さまのかみ)・左顧右眄(さこうべん)」②しるし。しょうこ。「左証・証左」③(中国では、漢以来の法で朝廷の順位は右を尊んだので)ひくい方。くだす。「左遷」④道理にもとる。よこしま。「左言・左道」⑤(右手の仕事を左手がたすけることから)たすける。「佐」に同じ。⑥(フランス革命後、急進派は議会で左方の席を占めたから)急進派・共産主義などの立場。「左翼・左傾・左派・極左」⑦酒のみ。酒ずき。「左党」

さ【*佐】 サ すけ たすける ─①他人の仕事の介添(かいぞえ)をする。身に添って助ける。「佐幕・補佐」②旧陸海軍、自衛隊員の「将」に次ぐ階級。「佐官・大佐・一等陸佐」③「佐渡国」の略。「佐州・越佐」

さ【人些】 サ いささか ─すこしばかり。いささか。わずか。「些些・些少・些細・些事」

さ【*査】 サ しらべる ─よくみて、明らかにする。しらべる。「査察・査証・査閲・査収・査定・査問・検査・主査・踏査・審査・考査・調査・捜査・巡査・監査・精査・探査・走査線」

さ【沙】 サ シャ すな ─①すな。「沙漠・泥沙」▽「砂」の本字。現代では「砂」を用いる。②(水中で)より分けて悪いものを捨てる。「沙汰(さた)」

さ【*砂】 サ シャ すな いさご ─すな。いさご。「沙」と同じ。「砂礫(されき)・砂石(させき・しゃせき)・砂塵(さじん)・砂鉄(さてつ・しゃてつ)・砂金(さきん・しゃきん)・珪砂(けいしゃ・けいさ)・砂丘・砂防・砂糖・砂利(じゃり)・土砂(どしゃ)・白砂(はくさ・はくしゃ)・金砂(きんしゃ)・熱砂(ねっさ・ねっしゃ)・流砂(りゅうさ・りゅうしゃ)」

さ【*差】 サ シ シャ さす ─①《名・造》へだたり。ちがい。たがいちがいになってそろわない。たがう。「差がある」「差異・差違・差等・差別(さべつ・しゃべつ)・大差・参差(しんし)・千差万別」②《名・造》

一つの数値と他の数値との間のひらき。さしひき。「差を求める」「差額・誤差・公差・時差・格差・偏差・落差」③使いの人をやる。つかわす。「差遣・差配」④すこし。いくらか。「差少」

さ【唆】 サ そそのかす ｜教えて悪いことをさせる。「教唆・示唆」

さ【詐】 サ いつわる ｜いつわる。いつわり。「詐欺・詐謀・詐術・詐取・詐称・詐病・姦詐(かんさ)・譎詐(けっさ・きっさ)」

さ【×瑣】 サ ｜こまかくちいさい。こうるさい。「瑣瑣・瑣細・瑣末・瑣事・煩瑣」

さ【鎖】【鎻】 サ くさり とざす ｜①くさり。「鉄鎖・連鎖・鎖骨」②とびらのしまりをする金具。かけがね。「鎖鑰(さやく＝じょうまえとかぎ)」③とざす。「鎖国・鎖港・閉鎖・封鎖」▽「鎻」は異体字。

ざ …なくては。…なければ。「行かーなるまい」▽助動詞「ず」＋係助詞「は」の一語化で、従来の品詞論では入れるべき品詞が無い。「ざあ」と延ばしても言う。既に古風。

ざ【坐】 ザ すわる そぞろ ｜①ひざを折り、しりを着けてすわる。「坐作(ざさ)進退・行住坐臥(ざが)・坐禅・坐業・正坐・静坐・端坐・安坐・鼎坐(ていざ)・独坐・対坐・鎮坐・結跏趺坐(けっかふざ)」②じっとすわって、何もしない。「坐食・坐視」③すわる場所。席。「座」に同じ。④かかりあいで罪に問われる。「連坐」▽「座」で代用する。もと、動詞の場合は「坐」、名詞の場合は「座」と使い分けた。

ざ【*座】 ザ すわる ｜①《名・造》すわる位置。その上にすわるための具。また、物を据える場所。「妻の座」「座に直る」(自分の席につく)「座席・座右・座標・上座・首座・末座・下座・台座・砲座・円座・玉座・星座・高座・講座・即座・当座」②《名・造》一つの目的で集まっている場所。「座をはずす」「座が白ける」「座を取り持つ」「満座・一座・座上・座興・座談・座長・座中・中座」③㋐中世に行われた商工民の組合組織。「材木座」㋑田楽・猿楽・歌舞伎などの演技者の集団。「大和(やまと)猿楽四座・菊五郎一座・座頭(ざがしら)」㋒劇場。「江戸三座・市村座・座元(ざもと)」㋓近世、金銭等を作る公設の機関。「金座・銀座」④《接尾語的に》星座のこと。「大熊座・琴座」⑤祭神・仏像・山などを数える語。「八千メートル峰十四座」⑥すわる。「正座」▽⑥は「坐(ざ)」の代用字。

ざ【挫】 ザ くじける ｜立っていたものをくじき折る。途中で勢いが衰える。くじける。腰くだけになる。くじく。「挫折・挫傷・捻挫・頓挫」

さあ《感》①人をうながす時、また、自分が行動を起こす時などに発する語。「ー参りましょう」「ーがんばるぞ」②喜んだり驚いたりする時に発する語。「ー出来たぞ」「ー大変だ」③返答をはぐらかしたり、ためらう時に発する語。「ーどうかな」「ー私にできるかどうか」

サーカス 軽業(かるわざ)や動物を使った曲芸などの興行。また、各地を興行してまわるその一座。曲芸団。▽circus

サーキット ①電気回路。②オートレースの競走路。▽circuit

サークル ①(同好者などの)仲間。「演劇ー」「ー活動」②周囲。範囲。かこい。「ベビーー」▽circle

ざあざあ《副[と]》大量の水が流れ、打ち当たる音。そのさま。「頭からー(と)水をかぶる」 **ーぶり【ー降り】** 雨が大量に降ること。

ザーサイ【◁榨菜】 からし菜の変種の、肥大した茎の根元を、塩漬けして発酵させた(中国の)漬物。▽中国語。

サージ あや織りの毛織物。綿・絹のあや織りをも言う。▽serge

サーチャージ 追加料金。割増料。▽surcharge 特に、原油価格が上がった際に、航空運賃に加えられる料金を言う。「燃料ー」

サーチライト 夜間、遠方まで照らし出すようにした照明装置。そのあかり。探照灯。探海灯。▽searchlight

サード 野球の三塁、また三塁手。▽third base, third baseman から。

サーバー ①テニス・卓球・バレーボールなどで、サーブをする人。②飲食物を給仕するために用いる、大型のフォークやスプーン、またはポットなど。③ネットワーク上で、複数のユーザーやプログラム、すなわちクライアントにサービスを提供するコンピュータ。「ファイルー」「ウェブー」▽server

サービス《名・ス他自》①個人(客・来訪者)や社会や家族に対する、奉仕的な活動、また、職務としての役務提供(をすること)。「訪問介護ー」「公共へのー精神」「休日には家族ーもする」。狭くは、㋐客への接待(をすること)。「ーがよい旅館」㋑商売で値引きをしたり客への便宜を図ったりすること。「百円ーしておきます」「ー車を回す」「ー設計」「ー残業」(手当て無しでする残業)▽service ②→サーブ(1)。 **ーエリア** ①高速道路に接して設けた、駐車・給油・食事などができる設備がある区画。②その放送局の発信電波が普通に受信できる区域。▽service area **ーステーション** サービスをする所。自動車の給油所、商品の故障修理所、御用承り所など。▽service station

サーブ ①《名・ス自》(テニス・卓球などで)攻撃側から最初に球を打ち出すこと。サービス。「ー権をとる」②《名・ス他》給仕すること。▽serve

サーファー サーフィンをする人。「陸(おか)ー」(ファッションだけ真似て実際にはサーフィンをしない人)▽surfer

サーフィン サーフボードを使って波に乗るスポーツ。波乗り。▽surfing

サーフボード サーフィンに使う細長い楕円(だえん)形の板。波乗り板。▽surfboard

サーベル 片刃で細身の西洋の長剣。洋刀。▽オランダ sabel

ざあますことば【ざあます言葉】「ざあます」をたくさん使う(東京山の手の上品ぶった女性の)言葉つき。▽「ざあます」は「ございます」の転。口頭語では現在は滅びている。

サーモグラフィー 物体表面の熱分布を赤外線センサーで測定する装置。▽thermography

サーモスタット 温度の自動調節装置。一定の温度まで上(下)がると熱源のスイッチが切れ、一定の温度まで下(上)がるとスイッチがはいるようになっている。▽thermostat

サーモン 鮭(さけ)。「スモークー」「ーピンク」▽salmon

さあらぬ〘連語〙さりげない。そうだとは知らないような。「ー態(てい)」▽文語的。→さり㊂(1)

サーロイン 牛の腰肉の上の方の部分。上等な部位とされる。「ーステーキ」▽sirloin

さい【×犀】熱帯地方にすむ大きな体の獣。四肢と首は太く短い。体毛がなく皮が厚い。鼻の上の角(つの)は「犀角(さいかく)」と言い、粉にしたものを漢方では解熱剤とする。▽さい科の哺乳(ほにゅう)類の総称で数種ある。

さい【×賽・采・〈骰子〉】立方体の各面にそれぞれ一から六個の点(目)が打ってあり、すごろく・ばくち等に使うもの。投げころがして上面に出た点の数で事を決する。さいころ。「ーを振る」「ーは投げられた」(いったん乗り出したからには、最後までやり通すほかない。ローマの武将カエサルの言葉という)

さい【差異・差違】(性質・働き等の)違い。

さい〖*才〗サイ ザイ ざえ ―①〘名・造〙生まれつき備わっている能力。性能。はたらき。「語学の才」「才に走る」「才におぼれる」「才気・才能・才知・才覚・才幹・才略・才学・才器・才物・才子・才媛・才色兼備・才筆・秀才・天才・英才・奇才・学才・文才・多才・非才・短才・浅才・鈍才・和魂漢才」②㋐船の積荷、または石材の単位。一立方尺(〇・〇二七八立方メートル)。㋑木材の体積の単位。一寸角、一間または二間の長さを一才とする。㋒容積の単位。勺(しゃく)の十分の一。一才は約一・八ミリリットル。▽→さい〖歳〗

さい〖*再〗サイ サ ふたたび ―二回。ふたたび。もう一度。ふたたびする。「再度・再三再四・再生・再発・再建(さいけん・さいこん)・再興・再考・再思・再来・再選・再審・再婚・再計画・再出発・一再・再再・再来年(さらいねん)」

さい〖*災〗サイ わざわい ―自然に起こるわるい事。大火・大水・ひでりなど。わざわい。わざわいする。「災害・災厄・災難・災異・災禍・変災・天災・火災・水災・人災・震災・罹災(りさい)・息災」

さい〖*妻〗サイ つま ―〘名・造〙結婚している女。つま。↔夫。「妻(さい)に迎えた」「妻子・妻女・妻君・妻妾(さいしょう)・妻帯・夫妻・正妻・嫡妻・先妻・後妻・良妻・賢妻・悪妻・荊妻(けいさい)・愛妻・恐妻」▽単独で使うのは、古風。

さい〖采〗〖采〗サイ とる ―①良材を選ぶ。選びとる。手にとる。とる。「採」に同じ。「采芳・采詩」②いろどり。「彩」に同じ。「采色・采画・采衣・采旗」③〘名・造〙しごと。やくめ。官。「采を振る」「采配」④臣下が官によって領地をもらう。「采地・采邑(さいゆう)」⑤外にあらわれたあやもよう。かたち。すがた。「風采・神采・文采」⑥〘名〙すごろくの賽(さい)。さいころ。「采の目」

さい〖*菜〗〖菜〗サイ な ―①つみとって食用にする草。な。「菜園・菜圃(さいほ)・菜根・菜食・野菜・蔬菜(そさい)・白菜・甜菜(てんさい)・花椰菜(はなやさい)」②酒や飯の副食物。おかず。「菜単(＝中国料理で、献立表)・惣菜(そうざい)・一汁一菜」

さい〖彩〗〖彩〗サイ いろどる あや ―①色どりをつける。かざりをつける。そのあや模様。美しい色どり。つや。「彩色・彩画・彩雲・彩管・色彩・光彩・虹彩(こうさい)・迷彩・精彩・生彩・異彩・多彩・淡彩・油彩・水彩画」②ようす。すがた。「神彩」

さい〖*採〗〖採〗サイ とる ―良材を選んでとりあげる。手にとる。とり出す。とる。「採取・採集・採算・採用・採録・採択・採決・採訪・採掘・採鉱・採炭・採油・採光・採血・採点・伐採」

さい〖哉〗(人) サイ かな や ―詠嘆・賛嘆を表す助字。「善哉(ぜんざい)」「快哉を叫ぶ」

さい〖栽〗サイ うえる ―①若い苗を植える。移し植える。「栽培」②うつしうえてある所。うえこみ。「前栽(せんざい)・盆栽」

さい〖*裁〗サイ さばく たつ ―①㋐物事をうまく分ける。処理する。さばく。「裁量・裁可・裁許・裁決・裁断・裁定・裁判・決裁・勅裁・制裁・総裁・独裁・仲裁」㋑「裁判所」の略。「最高裁・家裁」②形。型。ようす。「体裁(ていさい)」③㋐衣服を仕立てるために布をたち切る。たつ。「裁縫・裁断・断裁」㋑「裁縫」の略。「和裁・洋裁」

さい〖載〗サイ のせる のる ―①㋐車・物の上にのせる。のせて運ぶ。「積載・満載・舶載・搭載」㋑書物・帳簿・掲示などに書きしるす。しるす。ふみ。「載録・記載・登載・掲載・収載・連載」②とる。もつ。うける。「載酒・載福」③元日から大みそかまでの一めぐり。歳。「千載一遇・在位七十載・天平勝宝五載」

さい〖砕〗〖碎〗(人) サイ くだける くだく ―①くだける。くだく。「砕片・砕石・砕氷・粉骨砕身・破砕・粉砕・玉砕」②こまかい。小さくてわずらわしい。くだくだしい。「零砕」

さい〖宰〗サイ つかさどる つかさ ―①仕事をとりしきる。つかさどる。家臣の長、また大臣。「宰領・主宰・宰相」②肉を料理する。料理人。「庖宰(ほうさい)」

さい〖*済〗〖濟〗サイ セイ なす わたる すむ すます すくう ―①すむ。すます。できあがる。「未済・既済・弁済・返済・皆済・完済・決済」②事を成就させる。なる。なす。「済美(せいび)」③水をわたる。わたす。また、たすける。すくう。「済生・済民・済世・済度・救済・経済」④美しい様子。おごそかな様子。また数多く盛んな様子。「多士済済(せいせい)」

さい〘斎〙【齋】 サイ いわう いつく ものいみ とき ―①神事などのため、心身を清めて飲食などの行為をつつしむ。いみきよめる。いわう。いつく。ものいみする。「斎戒沐浴(もくよく)・斎主・斎壇・斎宮・斎場・潔斎」②㋐心を静かにして読み書きする室。「書斎・山斎」㋑書斎の名、また雅号・芸名につける語。「六無斎・一刀斎・一竜斎」③〔仏〕㋐戒律を守り行いをつつしむこと。「斎日・八戒斎」㋑非時でない食事。とき。「斎食」㋒僧に供養する食事。仏事の時の食事。「斎会(さいえ)」

さい〘*祭〙 サイ まつる まつり ―①神をまつる。まつり。「祭礼・祭典・祭祀(さいし)・祭儀・大祭・祝祭・冠婚葬祭・新嘗祭(しんじょうさい・にいなめさい)」②にぎやかな催し。おまつりさわぎ。「謝肉祭・赤道祭・前夜祭・大学祭・文化祭・芸術祭」

さい〘*際〙 サイ きわ ―①〘名・造〙山と山との合わさったところ。出あいのところ。きわ。おり。「天地の際」②ちょうど、そのおりに行きあわす。出あわす。「際会・際遇」③〘名・造〙時機。(……である)時。おり。場合。「訪問した際に」「この際」(→このさい)「会議は三時開会。その際(に)この書類も持参のこと」「実際」④まじわる。つきあう。「交際・国際・学際」⑤ゆきつくしたところ。はて。かぎり。「際限・際涯」⑥ほとり。あたり。「天際・水際」

さい〘*細〙 サイ ほそい ほそる こまか こまかい くわしい ―①太くない。ほそい。「細流・細管・細腰」②こまかい。小さい。少ない。↕大。「細分・細小・細大・細雨・巨細(こさい)・細心・細字・細書・細目・細則・細片・細工(さいく)・細末・細菌・微細・繊細・些細(ささい)・零細」③〘名・造〙くわしい。「精」に同じ。「微に入り細を穿(うが)つ」「詳細・子細・精細・委細・明細・細評・細論・細見・細密」④こまかしい。小さくてわずらわしい。「瑣細(ささい)・細事」⑤つまらない。いやしい。かるい。「細君・細民」

さい〘*最〙【最】 サイ もっとも も ―〘名・造〙他よりもすぐれている。こえるものがない。第一。いちばん。「最たるもの」「これを最となす」「最大・最上・最高・最低・最新・最近・最後・最期(さいご)・最愛・最善・最恵国・最敬礼・最先端」▽↓さいたる

さい〘催〙 サイ もよおす ―①せきたてる。せまる。うながす。「催促・催告」②そうなるようにしむける。しぜんとその気になる。「催眠・催涙」③集まりや宴席をひらく。会を設ける。「開催・主催・共催」

さい〘債〙 サイ ―①借金・借財。他人から金品を借りた負い目。自分が果たすべき約束。「債務・債券・負債・公債・社債・外債・文債・書債・画債」②借金の返済を求める。「債権・債鬼」③「国債」「公債」「社債」等の略。「起債・募債・五分債」

さい〘歳〙【歲】 サイ セイ とし ―①とし。一か年。「歳旦・歳朝・歳晩・歳末・歳暮(せいぼ・さいぼ)・歳計・歳入・歳出・歳費・歳星(さいせい・さいしょう)・歳次」②時間の経過。としつき。つきひ。「歳月・歳時」③年齢。「五十歳・百歳・万歳(ばんざい・ばんぜい)」▽「才」を略字として使うことがある。④田畑の一年の収穫。みのり。「凶歳・豊歳」

さい〘塞〙 サイ ソク とりで ふさぐ ふさがる ―①土を盛って外敵の侵入を防ぐ設け。国境の小城。とりで。「砦(さい)」に同じ。「辺塞・防塞・要塞・塞外」②通れないようにする。ふさぐ。ふさがる。じゃまする。さまたげる。とじこもる。「ソク」と読む。「閉塞・逼塞(ひっそく)」

さい〘西〙 ↓せい〘西〙

さい〘斉〙 ↓せい〘斉〙

さい〘截〙 ↓せつ〘截〙

ざい【座位・×坐位】 ①座席の位置・順序。②すわっている体勢・状態。「―姿勢」「―の種目」

ざい〘*在〙 ザイ ある います おわします ―①ある。あり場所を占めて、ある。いる。「在留・在位・在野・在外・在宅・在校・在世・在家(ざいけ)・在京・在ロンドン・在日・在米・存在・内在・介在・滞在・偏在・顕在・潜在・現在・不在・健在・駐在・所在・行在(あんざい)・自在」②〘名・造〙「在郷(ざいごう)」の略。都市からある程度離れた土地。「東京の在」「近在・在所」

ざい〘*材〙 ザイ サイ ―①建築や製作の原料となる木。また一般に、原料となる物質。役に立つべきもの。「材木・材料・木材・石材・印材・良材・人材・逸材・教材・題材・素材・機材・取材」②〘名・造〙持って生まれた能力。もちまえ。うでまえ。「有為の材」「材幹(さいかん)・適材適所」

ざい〘*財〙 ザイ サイ たから ―〘名・造〙人間に効用のあるもの。(物品・金銭等)価値のあるもの。所有物。たから。「財を築く」「財を成す」「財物(ざいぶつ・ざいもつ)・財布(さいふ)・財宝・財貨・財産・財源・財力・財政・財務・財界・資財・家財・私財・蓄財・散財・借財・浄財・理財・文化財」

ざい〘剤〙【劑】 ザイ ―いろいろの種類をとりあわせる。特に、各種のくすりを調合したもの。「配剤・調剤・薬剤・錠剤・催眠剤・強心剤・消化剤・清涼剤」

ざい〘*罪〙 ザイ つみ ―①法にふれる。法によって刑罰を科せられる非行。刑罰を与える。とが。つみ。つみなう。「罪科・罪状・罪名・罪人・犯罪・無罪・破廉恥罪・重罪・服罪・断罪・死罪・殺人罪」②良心・道徳のとがめをうけること。仏教で、悪い果報をうむ因。つみ。「罪悪・罪業(ざいごう)・罪障・謝罪・滅罪・五逆罪」

さいあい【最愛】《多く「―の」の形で》いちばん愛していること。「―の妻」

さいあく【最悪】執る行為や物事の質・価値について、最も劣っていて悪いこと。↕最善・最良。「—の選択」「事態は—だ」

ざいあく【罪悪】道徳や宗教の教えなどにそむく悪い行い。

ざいい【在位】《名・ス自》帝王がその位についていること。

さいう【細雨】こまかい雨。きりさめ。

さいうよく【最右翼】↓うよく(右翼)(5)

さいうん【彩雲】①(朝日・夕日などで)美しくいろどられた雲。②高層の雲の一部分が色づき、雲の動きと共に色も変化して美しく見えるもの。

さいえき【再役】願い出て兵役の期間を延長すること。また、退役した軍人が再び軍務につくこと。

ざいえき【在役】《名・ス自》任務・苦役・兵役などに服していること。

さいえん【再演】《名・ス他自》同じ芝居などをもう一度上演すること。また、同じ芝居の同じ役で、もう一度出演すること。

さいえん【再縁】《名・ス自》(女性が)二度めの結婚をすること。

さいえん【才媛】学問・才能がすぐれた女性。才女。

さいえん【菜園】野菜畑。

サイエンス (自然)科学。▽science

さいおう【再往・再応】ふたたび繰り返すこと。「一往も—も」

さいおうがうま【塞翁が馬】人生の幸不幸は予測できないものだというたとえ。「人間万事—」▽昔、中国の北境の塞(とりで)の付近に住んでいた老翁が飼い馬に逃げられ、それによって禍福がさまざまに転じて起こった故事による。

さいか【再嫁】《名・ス自》女性が二度めの結婚をすること。再縁。▽現在は「再婚」が普通の言い方。

さいか【最下】いちばん下。いちばん劣っていること。↕最上

さいか【西下】《名・ス自》首都(東京)から西の方(関西方面)に行くこと。↕東上

さいか【災禍】天災や事故によって受けるわざわい。災害。

さいか【裁可】《名・ス他》①君主が、臣下の奏上する案文を裁決し、許可を与えること。②旧憲法で、議会の協賛による法律案・予算案に、天皇が許可を与えること。これによって法律・予算が確定した。

さいか【細×瑕】ごく小さなきず。わずかの欠点。

さいか【載貨】貨物をのせ積むこと。また、その荷物。

ざいか【財貨】①金銭と品物。財物。②経済学で、人間の欲望を満たす金銭や物資。財。

ざいか【在荷】《名・ス自》現在手持ちの荷物・商品。荷物・商品が、現在その店・工場等にあること。

ざいか ①【罪過・罪科】つみ。罪悪。②【罪科】法律によって処罰すること。しおき。刑罰。

さいかい【再開】《名・ス他自》一時とじたりやめたりしていたものを再び開いたり始めたりすること。一時とじたりやめたりしていたものが再び開かれたり始まったりすること。

さいかい【再会】《名・ス自》(長く別れていた人どうしが)また会うこと。「—を期する」

さいかい【際会】《名・ス自》事件・機会などに出合うこと。「国難に—する」

さいかい【斎戒】《名・ス自》(神仏に祈ったり、神聖な仕事に従ったりする場合に)飲食や行動を慎んで、心身を清めること。「—沐浴(もくよく)」

さいがい【災害】天災や戦争・事故などによって受けるわざわい。「労働—」(↓ろうさい)

さいがい【塞外】とりで・国境の外。▽もと、中国の万里の長城の北側。

さいがい【際涯】大地のはて。「—もなく続く原野」

ざいかい【財界】政治・社会に影響力が大きい実業家・金融業者の世界。経済界。

ざいがい【在外】外国にあること。「—資産」。外国にいること。「—邦人」

さいかく【才覚】①《名》㋐知恵のすばやいはたらき。機転。「—のある人」㋑くふう。思いつき。②《名・ス他》くふうして金を借り集めること。くめん。「少し—してみよう」「—がつく」

ざいがく【在学】《名・ス自》学生・生徒として、学校に籍を置いていること。

ざいかた【在方】いなか。在。在所。

さいかち【〈皁莢〉】山野や河原に自生する落葉高木。幹・枝にとげがあり、二〇センチ余の曲がったさやに入った種子をつける。夏に黄緑色、四弁の小花が総状に咲く。材は器具・細工物に利用。実は漢方薬とし、民間でせっけんの代用ともした。▽「皂莢」とも書く。まめ科。

さいかん【再刊】《名・ス他》①中止されていた雑誌・新聞などの定期刊行物を再び刊行すること。②書籍の再版を刊行すること。

さいかん【彩管】絵をかく筆。絵筆。「—をふるう」

さいかん【才幹】才能。うでまえ。「—のある人物」

さいかん【菜館】中国式の料理店。▽「〇〇菜館」のように、屋号で使う。

ざいかん【在官】《名・ス自》官職についていること。

さいき【債鬼】借金取り。「—に責められる」▽借金取りを恐れ恨む気持で言う。

さいき【再起】《名・ス自》悪い状態から立ち直ること。㋐失敗した者がまた勇気を出して立ち上がること。㋑病気が直って元気になること。「—不能」

さいき【再帰】①再び帰ること。②数学や情報処理で、ある概念や処理を、その概念・処理自身を(繰り返し)使って定義すること。例えば、$n!$(nの階乗)は、$n! = n \times (n-1)!$ と $0! = 1$ との組で定義できる。▽(2)は recursion の訳語。多くは「—的」の形で使う。「帰納」「回帰」とも言う。

さいき【才気】頭脳の、鋭い活発な働き。「—煥発(かんぱつ)」

さいき【×猜忌】ねたみきらうこと。「—の念」

さいき【祭器】祭事(仏事)に使う器具。

さいぎ【祭儀】祭りの儀式。

さいぎ【×猜疑】《名・ス他》他人の行いや性質をすなおに理解せず、ねたんだり疑ったりすること。「—心」

さいぎ【再議】《名・ス他》会議で相談しなおすこと。「一事不—の原則」

さいきょ【再挙】《名・ス自》一度失敗した事業や運動をもう一度おこすこと。「—をはかる」

さいきょ【裁許】《名・ス他》役所などで、審査の上、許可すること。

さいきょう【最強】いちばん強いこと。「—チーム」

ざいきょう【在京】《名・ス自》都(特に東京)に滞在・居住・所在していること。「—球団」

ざいきょう【在郷】《名・ス自》郷里にいること。

さいきん【最近】現在にかなり近い過去のあるとき。「—彼は結婚した」。少し前から現在までの時期。ちかごろ。「—の世界情勢」

さいきん【細菌】肉眼では見えないほど小さい単細胞の生物。二分裂を繰り返して増殖する。種類が非常に多く、水中・土中や動物の体内などいたるところにいる。発酵や腐敗を起こすものや、病原体になるものもある。バクテリア。分裂菌。

さいきん【細×瑾】少しのきず・欠点・あやまち。

ざいきん【在勤】《名・ス自》ある勤務についていること。「九州支店に—中」

さいぎんみ【再吟味】《名・ス他》吟味し直すこと。

さいく【細工】《名・ス自他》①手先を働かして細かい物を作る仕事(をすること)。その結果作られた物。「—は流々(りゅうりゅう)、仕上げを御覧(ごろう)じろ」(細工の仕方は色々あるが、くふうはこらしてあるから、心配せずに仕上りを見てくれ) ②細かな点についてのくふう(をすること)。特に、小さな点を変えたりして、人目をあざむこうとする、企(たく)らみ。「陰で—をする」

さいぐ【祭具】祭りに使う道具。

さいくつ【採掘】《名・ス他》地中の鉱物や石炭・石油を掘り取ること。

サイクリング《名・ス自》(楽しみのため)自転車の遠乗りをすること。▽cycling

サイクル ①周期。②周波数。その単位。③自転車。「—レース」「レンタ—」▽cycle

サイクロトロン 陽子・イオンなど電荷を帯びた粒子を磁場中で円運動させながら、電場を使って加速する装置。原子核の人工破壊などに用いる。▽cyclotron

サイクロン インド洋に発生しベンガル湾沿岸などを襲う、強い熱帯低気圧。▽cyclone

さいくん【細君・妻君】①他人の妻を指す語。▽主に同輩以下の場合に使う。⑵の転。②他人に自分の妻を言う語。▽もとは謙遜の言葉。「妻君」は当て字。⑴⑵とも、古風。

ざいけ【在家】出家(しゅっけ)していない人。在俗の仏教信者。↔出家

さいけい【歳計】一年または一会計年度の収入・支出の総計。

ざいけい【財形】「勤労者財産形成促進制度」の略。住宅・年金など勤労者の財産形成を促進するために設けられた、貯蓄・融資を税制面から優遇する制度。「—貯蓄」

さいけいこく【最恵国】その国と通商条約を結ぶ国々のうち、最も有利な取扱いを受ける国。「—待遇」

さいけいれい【最敬礼】《名・ス自》最上の敬礼(の仕方をすること)。▽以前、天皇・神霊などに対する礼式として定められていた。

さいけつ【裁決】《名・ス他》物事の理非をさばいて申し渡すこと。「—を下す」「—を仰ぐ」

さいけつ【採決】《名・ス他》議案の採否を、会議構成員各々の賛否によってきめること。「—をとる」

さいけつ【採血】《名・ス自》診断・輸血・実験などのために体内から血液を取ること。

さいげつ【歳月】年月。としつき。「—人を待たず」

サイケデリック《ダナ》幻覚剤によってもたらされる幻覚を想起させるさま。そのような、極彩色の絵・デザインや音楽などに対して言う。サイケ。「—な模様」「—なライブ」▽一九六〇年代後半の流行語。psychedelic

さいけん【債券】国家・公共団体・銀行・会社等が、事業に必要な資金を借り入れるため発行する有価証券。

さいけん【債権】財産に関して、ある人が他のある人に対してある行為を請求しうる権利。↔債務。▽金を貸した者が借り手に対してその返済を請求する権利など。

さいけん【細見】①《名・ス他》くわしく見ること。くわしく示すこと。②《名》くわしい地図・図面など。特に、江戸吉原(よしわら)遊郭の案内書。

さいけん【再建】《名・ス他》①建築物を建てなおすこと。▽→さいこん(再建)。②転じて、衰え滅びたものをもとのように築き上げること。「会社の—をはかる」③医学で、切りとった臓器や器官をつくり直すこと。「—手術」

さいけん【再検】《名・ス他》もう一度しらべること。再検査。

さいげん【再現】《名・ス自他》一度消えうせたものがまた現れること。一度なくなったものをまた出現させること。「事故の状況を—する」

さいげん【際限】物事の状態が移り変わっていく最後の所。きり。限り。「ぜいたくを言えば—がない」「—なくしゃべる」

ざいげん【財源】財貨をうみ出すもと。「山林が村の主要—だ」。支出する金の出所。「機械購入の—がない」

さいけんとう【再検討】《名・ス他》もう一度検討すること。

さいこ【最古】いちばん古いこと。↔最新

さいご ①【最後】㋐いちばん終わり。↔最初。「—の

努力」。いちばんうしろ。「―の列」④《「……たら―」の形で》……するのを最後として。いったん……したらそれっきり。「言い出したら―あとへ引かない」「峡谷に迷い込んだら―(で)死を待つだけだ」②【最期】命が尽きる時。死にぎわ。　―っぺ【最後っ×屁】①『いたちの―』イタチが追いつめられた時に苦しまぎれに出す悪臭の屁(へ)。②せっぱ詰まった時、苦しまぎれにすること。最後のあがき。

ざいこ【在庫】《名・ス自》(取引に備えて)品物が倉庫にあること。その品物。「―品」「―調べ」　**―かんり**【―管理】その時その時の情況に合わせて、在庫品の量が適当になるように管理すること。

ざいご【在△郷】→ざいごう(在郷)(1)

さいこう【再考】《名・ス他》もう一度よく考えること。考えなおすこと。「―を促す」

さいこう【再校】→しょこう(初校)

さいこう【再稿】→しょこう(初稿)(2)

さいこう【再興】《名・ス自他》衰えていたものがまた興ること。衰え(いったんやめ)ていたものをまた興すこと。「―をはかる」

さいこう【採光】《名・ス自》室内に光線(おもに日光)を導き入れて明るくすること。

さいこう【採鉱】《名・ス自》鉱石を掘り取ること。

さいこう【砕鉱】《名・ス自》鉱物の成分を分離するため、鉱石を砕くこと。「―機」

さいこう【最高】《名・ダナ》①高さ・位置・程度がいちばん高いこと。「―血圧」「―においしい」②いちばんすばらしいこと。「―の気分」▽↕最低。好結果等の感想を聞かれ何事にも「―です」などと答えるのは、一九八〇年ごろから。　**―がくふ**【―学府】いちばん程度の高い学校。▽主に旧制の大学を指した。　**―けん**【―検】「最高検察庁」の略。↓けんさつちょう。　**―さい**【―裁】「最高裁判所」の略。一切の法律・命令・規則または処分が憲法に適合するかしないかを決定する権限を有する、終審裁判所。

ざいこう【在校】《名・ス自》①学校に生徒・学生として籍をおいていること。在学。「―生」②学校にいること。「午前中―」▽(2)は教師についても言う。

ざいごう【在郷】①いなか。在。ざいご。②郷里にいること。　**―ぐんじん**【―軍人】平時は社会で生業についているが、戦争・事変が起こると必要に応じて召集され国防に任ずべき予備・後備役などにある者、または退役の軍人。

ざいごう【罪業】〔仏〕罪となるべき業(ごう)。「―が深い」。↓ごう(業)

さいこうちょう【最高潮】ある感情や状態が最も高まること。またその場面・時期。クライマックス。「―に達する」

さいこうほう【最高峰】①(その付近の)山々の中でいちばん高い峰。②転じて、一群の中でいちばんすぐれた人・物。「医学界の―」

さいこく【催告】《名・ス他》〔法律〕相手方に対して一定の行為を請求すること。「貸金返済の―を受ける」

さいごく【西国】①西の方の国。特に、九州地方。②「西国三十三所」の略。関西にある三十三か所の、観音巡礼の霊場。▽(2)の「西国」は関西を指す。「さいこく」とも言う。

ざいこく【在国】《名・ス自》①国もとにいること。在郷。②江戸時代、大名やその家臣が領地にいること。↕在府

サイコセラピー　精神療法。心理療法。▽psychotherapy

さいころ【〈賽子〉〈骰子〉】→さい(賽)

サイコロジー　心理。心理学。▽psychology

さいこん【再婚】《名・ス自》二度めの結婚をすること。↕初婚。▽三度め以後にも使う。

さいこん【再建】《名・ス他》神社・仏閣などの建物を建てなおすこと。

さいさい【再再】《名・副》①たびたび。いくども。再三。「―話したとおり」「―の注意にもかかわらず」②三回目。「―手術」

さいさい【歳歳】年々。毎年。

さいさき【△幸先】事を始める際の前ぶれ。「―がいい」▽もと、めでたい事が起こる前兆。

さいさく【細作】忍びの者。間者(かんじゃ)。スパイ。▽古風。

さいさん【再三】《名・副》二度も三度も。「―の失敗」　**―さいし**【―再四】くり返して何度も。

さいさん【採算】収支を計算してみること。「―が合う」(収支がひきあう。利益がある)「―がとれる」(同上)「―を無視した事業」

ざいさん【財産】個人・家・団体などが所有する、金銭や土地・建物・家具・商品など経済的価値がある物の総体。身代(しんだい)。「―を失う」「健康だけが私の―だ」▽顧客関係など形のないものを含むこともある。負債も、消極的財産と見ることがある。　**―か**【―家】財産がたくさんある人。金持。　**―けい**【―刑】罰金・科料・没収など、財産を取り上げる刑罰。　**―しょとく**【―所得】利子・地代など、財産の利用によって生じる所得。↕勤労所得。　**―もくろく**【―目録】財産の状態を項別に記したもの。特に、会社などの(一定年月日現在での)動産・不動産・債権その他の財産、および債務についての、一覧表。

さいし【再思】《名・ス他》もう一度思い巡らすこと。再考。「―三考」

さいし【才子】頭がよく働き、目立った才能がある人。才物。「―才に倒れる」(才子は自分の才にたより過ぎて、かえって失敗する)　**―たびょう**【―多病】才子はとかく体が弱く病気がちであること。「―佳人薄命」

さいし【妻子】妻と子。つまこ。「―を養う」

さいし【祭司】祭典や宗教上の職務をつかさどる者。▽主にユダヤ教で言う。

さいし【祭×祀】祭り。祭典。▽祖先を祭る場合にも言う。

さいじ【催事】 デパートなどで、特別のもよおし。「七階―場」

さいじ【祭事】 祭り(の行事)。

さいじ【細事】 大筋には響かないこまかな事柄。「―にこだわらない」

さいじ【細字】 こまかい文字。「―用毛筆」

さいじ【歳次】 年のめぐり。▽もと、木星(＝歳)がその年に宿る(＝次)方。

さいしき【彩色】《名・ス自他》色をつけること。いろどり。「壺(つぼ)に―を施す」

さいしき【才識】 才知と識見。

さいしき【祭式】 祭りの儀式。祭りの方式。

さいじき【歳時記】 俳句の季題を分類して、解説を加え、例句を載せた書物。季寄せ。▽もと中国で、一年中の行事・故実などを記した書物。

さいじつ【祭日】 ①祭りを行う日。㋐神社で祭りを行う日。㋑宮中で重要な祭事が行われる日。㋒神道(しんとう)で、死者の霊を祭る日。②俗に、「国民の祝日」のこと。「日曜・―は休業」

ざいしつ【在室】《名・ス自》その部屋にいること。

ざいしつ【材質】 ①材木または材料の性質。②木の皮の内側の部分。木質部。

さいして【際して】《連語》《「に」を受け》ある場合や事態に出あって。……にあたって。「非常時に―」▽サ変動詞「際する」の連用形＋接続助詞「て」

ざいしゃ【在社】《名・ス自》①会社の中にいること。「午前中―」②会社に勤めていること。「―二十年」

さいしゅ【採取】《名・ス他》(鉱物や植物、また、指紋などを)選んでひろい取ること。

さいしゅ【採種】《名・ス自》次回の栽培のために、植物のたねをとること。「―畑」

さいしゅ【祭主】 ①祭事を行う時に中心となる人。②伊勢神宮で、神官の長。

さいしゅう【採集】《名・ス他》標本や資料にするため取り集めること。「昆虫―」

さいしゅう【最終】 いちばん終わり。↕最初。「―日(び)」

ざいじゅう【在住】《名・ス自》その土地に住んでいること。「パリ―の日本人」

ざいしゅく【在宿】《名・ス自》自分の家にいること。在宅。

さいしゅつ【歳出】 国家や公共団体などで、一会計年度内の支出の総計。↕歳入

さいしゅっぱつ【再出発】《名・ス自》新たな意気込みで、もう一度とりかかること。

さいしょ【最初】 ①いちばん初め。順番で、それより前が無いこと。↕最後・最終。②《副詞的に》まず。はじめ。「―読んだとき」

さいしょ【細書】《名・ス他》こまかい文字で書くこと。

さいじょ【才女】 頭がよく働き、目立った才能がある女性。

さいじょ【妻女】 ①つま。②妻と娘。▽⑴⑵共に古風。

ざいしょ【在所】 ①ありか。すみか。②郷里であるいなか。国もと。③いなか。ざい。

さいしょう【宰相】 ①総理大臣のこと。首相。②参議⑵を中国風に呼んだ語。▽天子の政務を補佐した、古代中国の官の名から。

さいしょう【妻×妾】 つまと、めかけ。

さいしょう【最小】 いちばん小さいこと。↕最大。**―げん【―限】** 小さいことのぎりぎりのところ。ある範囲内でもっとも小さいこと。↕最大限。「被害を―にくいとめる」「―これだけは必要だ」 **―こうばいすう【―公倍数】** 公倍数のうちで、(絶対値が)最小のもの。▽整式では次数が最低のもの。

さいしょう【最少】 ①いちばん少ないこと。↕最多。②いちばん若いこと。最年少。↕最長

さいじょう【最上】 いちばん上。「―段」「―階」。いちばん良いこと。「―の品」↕最下

さいじょう ①**【祭場・斎場】** 祭りを行う清浄な場所。②**【斎場】** 葬式を行う場所。

ざいしょう【罪障】 悟りをひらいたり極楽往生したりする上で、妨げとなる罪(悪い行い)。

ざいじょう【罪状】 罪の実状。「―をあばく」「―認否」

さいしょく【才色】(女性の)才知と美しい顔だち。「―兼備」

さいしょく【菜食】《名・ス自》副食物にふだん(肉類を食べないで)野菜類を食べること。↕肉食。「―主義」

ざいしょく【在職】《名・ス自》その職についていること。

さいしん【再審】《名・ス他》①審査をしなおすこと。②〔法律〕既に判決がくだった事件について、その裁判に欠陥があるとして、裁判所が審理しなおすこと。「―請求」

さいしん【再診】 二度め以降の診察。

さいしん【最新】 いちばん新しいこと。↕最古。「―型」

さいしん【細心】《ダナ》細かい所までよく気をつけ、綿密な心・やりかた。「―の警戒を怠らない」「―に注意する」 派生 **-さ**

さいじん【才人】 頭がよく働き、すぐれた才能がある人。

さいじん【祭神】 その神社に祭ってある神。

サイズ 大きさ。寸法。多くは服・帽子・はきもの・器物などに使う。▽size

ざいす【座椅子・×坐椅子】 床(ゆか)に置く、足のない椅子状の背もたれ。

さいすん【採寸】《名・ス自》注文で衣類を作る時、体の各部の寸法をはかること。

ざいせ【在世】 →ざいせい(在世)

さいせい【再生】《名・ス自他》①そのままでは働かない状態から、また働く状態になる、あるいはすること。㋐衰え死にかかったものが生気を取りもどすこと。「―の喜び」㋑精神的に生まれ変わること。「―の道を歩む」㋒いったん消費されたものが、人

工的に、あるいは自然の力で、再び利用可能なものになること。「―ゴム」「―可能エネルギー」㋓(生物)動植物が失われた部分を新たに作り出すこと。㋔録音・録画したものを、音や映像として再現すること。「―装置」㋕(心理)一度知覚した事柄を意識に再現すること。②再びこの世に生まれること。

さいせい【再製】《名・ス他》くずとなったもの、または一度製品となったものに加工して、別の製品にすること。

さいせい【済世】世の人をすくうこと。「―救民の道」

さいせい【祭政】祭事と政事。「―一致」(祭事と政治とは一致するものとした思想。古代社会に多くみられる)

ざいせい【在世】《名・ス自》人がこの世に生きていること。存命(ぞんめい)。

ざいせい【財政】①国家や地方自治体が収入・支出を行う経済行為。②転じて、会社・団体(更には家)の経済状態。 **―なん**【―難】苦境に立つほど財政が苦しいこと。

さいせいき【最盛期】勢いがいちばん盛んな時期。「ローマ帝国の―」

さいせいさん【再生産】《名・ス他》生産されたものを使って、また新たな生産がつぎつぎに行われて行くこと。そういう過程。

さいせき【採石】《名・ス自》石材を切り出すこと。

さいせき【砕石】石を細かく砕くこと。その砕けた石。

ざいせき【在席】《名・ス自》勤務で自分の席についていること。

ざいせき【在籍】《名・ス自》その成員として学校・団体などに籍があること。

ざいせき【罪責】犯罪の責任。

ざいせき【罪跡】犯罪の証拠となるあとかた。犯跡。

さいせつ【再説】《名・ス他》もう一度説くこと。

さいせつ【細説】《名・ス他》くわしく説くこと。詳説。

さいせん【再選】《名・ス他》選挙などで同じ人を再び選出すること。また、二度めの当選。

さいせん【×賽銭】神仏に参詣して奉納する金。もと、祈願成就(じょうじゅ)のお礼に奉納した金。「―箱」

さいぜん【最前】①いちばん前。②さきほど。さっき。先刻。「―もお話ししたとおり」

さいぜん【最善】執る行為について可能性のある中で最もよいこと。↔最悪。「―の救済策」「―をつくす」(できる限りのよい手立てで行う)

さいぜん【×截然】→せつぜん。▽「せつぜん」が正しい読み。

さいぜんせん【最前線】①戦場の最前列の、敵と直接に接する線。第一線。②転じて、もっとも直接的な仕事をする部署。「販売―」

さいそう【再送】《名・ス他》いったん送ったものを、事故で届かなかったなどで、また送ること。

さいそう【才藻】詩文の才能。文才。「―豊かな詩人」

さいそう【採草】家畜の飼料や肥料とするために雑草を刈り取ること。「―地」

さいそく【催促】《名・ス他》早くするように要求すること。「借金返済の―」

さいそく【細則】総則・通則などに基づき、そこでは述べていない細かい点を取り決めた規則。

ざいぞく【在俗】出家(しゅっけ)せずに、俗人のさまでいること。その人。在家(ざいけ)。

さいた【最多】いちばん多いこと。↔最少

サイダー 炭酸水に香料や砂糖で風味をつけた清涼飲料水。▽cider(＝りんご酒)

さいたい【妻帯】《名・ス自》妻を持つこと。「―者」

さいたい【×臍帯】胎児と胎盤とを結びつけ、母体から胎児へ栄養を送る、ひものような肉管。生まれ出てから切る。へそのお。▽「せいたい」とも言う。 **―けつ**【―血】臍帯(さいたい)に含まれる血液。造血幹細胞を多く含み、白血病の治療などに利用する。

さいだい【最大】いちばん大きいこと。↔最小。「―多数の―幸福」「―級の台風」 **―げん**【―限】大きいことのぎりぎりのところ。ある範囲内でもっとも大きいこと。↔最小限。「能力を―(に)発揮する」 **―こうやくすう**【―公約数】①公約数のうちで、(絶対値が)最大のもの。▽整式では次数が最高のもの。②比喩的に、違った意見の間で見つけられる、合意可能な最大限の共通点。「左右両派の主張の―」

さいだい【細大】小さい事と大きな事。細かい点も大きな点もすべて。「―漏らさず調べ上げる」

さいたく【採択】《名・ス他》ある意見・案などを、よいものとして選び取ること。

ざいたく【在宅】《名・ス自》自分の家に居ること。「―勤務」「―ケア」

さいたる【最たる】《連体》もっとも代表的な。第一の。「傑作の―もの」「愚劣の―もの」

さいたん【採炭】《名・ス自》石炭を掘り取ること。

さいたん【最短】いちばん短いこと。↔最長。「―距離」

さいたん【歳旦】一月一日の朝。▽「旦」は朝の意。

さいだん【祭壇】祭りを行う壇。神・精霊・死霊などに犠牲や供え物をささげるための壇。祭器や祭具を置き、礼拝に用いる壇。

さいだん【細断】《名・ス他》細かく断ち切ること。「シュレッダーで書類を―する」

さいだん【裁断】《名・ス他》①布・紙などを型に合わせて断ち切ること。「洋服の―」②物事の善悪・正邪を判断して断定すること。「―をくだす」

ざいだん【財団】法律上一個の物権と見なされる、財産の集まり。また、財団法人のこと。 **―ほうじん**【―法人】ある公益に供する財産を、独立に運用するため、その財産に基づいて設けられた法人。

さいち【才知・才×智】才気と知恵。心の働き。「―に富む」

さいち【細緻】《名ナ》こまかく綿密なこと。緻密。「―な描写」「―をきわめる」 派生 **-さ**

さいちく【再築】《名・ス他》こわれてしまった建物を

また建てること。

さいちゅう【最中】動作や状態の現れが高まっている時。「目下売出しの―だ」。動作が進んで、まだ終わってはいない時。「食事の―に電話が来た」▽→さなか。「もなか」と読めば別の意もある。

ざいちゅう【在中】《名・ス自》中にその物がはいっていること。「履歴書―の封筒」▽封書などの上書きにも用いる。「写真―」

さいちょう【再調】《名・ス他》調べなおすこと。

さいちょう【最長】①いちばん長いこと。↔最短。②いちばんすぐれていること。③いちばん年上のこと。最年長。↔最少

ざいちょう【在庁】《名・ス自》出勤して役所に居ること。

ざいちょう【在朝】《名・ス自》朝廷につかえていること。官職についていること。↔在野

さいちょうほたん【採長補短】《名・ス自》他人のすぐれている点をとり入れ、自分の短所を補うこと。

さいちん【最賃】「最低賃金」の略。「―制」(労働者の賃金の最低限度を法定し、使用者はそれ以下で雇用してはならないとする制度)

さいづち【才×槌】小形の木のつち。 **―あたま**【―頭】木づちの形に似て、ひたい・後頭部がでっぱった頭。

さいてい【再訂】《名・ス他》(書物などで)二度めの訂正をすること。

さいてい【最低】《名・ダナ》①高さ・位置・程度がいちばん低いこと。「一日の―気温」「―線の譲歩」②いちばん望ましくないこと。とても劣悪であること。「金の話をするなんて―だ」▽↔最高

さいてい【裁定】《名・ス他》物事の理非・善悪をさばいて決めること。裁断。

ざいてい【在廷】《名・ス自》現に法廷に出頭していること。

さいてき【最適】《名ナ》いちばん適していること。「―の人事」「―な条件」「―化」 **―かい**【―解】幾つかある解の中で、目的に最もよくかなう一つ。

ざいテク【財テク】(本来は)会社(転じて個人)が、証券や不動産などの投資で、資金運用のもうけを図ること。▽「財務テクノロジー」の略として一九八〇年ごろ言い出された。へそくりを「奥さんの―」のように言うのは俗用。

さいてん【再転】《名・ス自》一度変わったことがまた変わること。「計画が―してもとに返る」

さいてん【採点】《名・ス他》点数をつけて成績の優劣を表すこと。

さいてん【祭典】祭りの儀式。また単に、祭り。「春の―」

さいでん【祭殿】祭りを行うための建物。

ざいてん【在天】《名・ス自》天上にあること。「―の英霊」▽神・霊などについて言う。

サイト ①特定の目的に使う場所。敷地・用地。「キャンプ―」「ダム―」②インターネットにおいて、ウェブ ページを蓄積しているコンピュータまたはコンピュータを含むシステム全体。ウェブ サイト。▽site

さいど【再度】《名・副》ふたたび。二度。

さいど【彩度】色のあざやかさの度合い。▽色相・明度とともに色の三要素の一つ。

さいど【済度】《名・ス他》①仏・菩薩(ぼさつ)が、迷い苦しんでいる人間をすくって(=済)、悟りの彼岸にわたす(=度)こと。「衆生(しゅじょう)―」②転じて、苦しみや困難から救うこと。

サイド ①横わき。がわ。「プール―」「―攻撃」②(相対立するものの)一方の側。「住民―」③球技などで、それぞれの陣地。「―が変わる」④《他の語の前に付けて》副次的。補助的。「―ワーク」▽side **―カー** 自転車・オートバイの横につけた運搬車。側車。また、それがついているオートバイ。側車にも人の乗るものが多い。▽sidecar **―テーブル** わきづくえ。机のわき、部屋のすみなどに置く補助的な机。▽side table **―ビジネス** 本業以外の仕事。副業。サイド ワーク。▽side と business とによる和製英語。 **―ブレーキ** 自動車で、運転席の横で操作する、駐車時にかけるブレーキ。パーキング ブレーキ。▽side と brake とによる和製英語。 **―ミラー** 安全確認のため、自動車の両側面にとりつける鏡。▽side と mirror とによる和製英語。 **―ライン** テニス・バスケットボールなどのコートの長い方の線。▽sideline

さいどう【細動】心臓の筋肉の各部分がこまかくばらばらに動くこと。「心室―」

さいとく【才徳】才知と徳行。

さいどく【再読】《名・ス他》もう一度読むこと。読み返すこと。

さいとり【才取(り)】①売買をとりついで口銭(こうせん)を取る営業。また、その人。ブローカー。②左官の助手として、壁土などを下から差し出す作業。また、その作業をする助手。

さいな-む【△苛む】《五他》①苦しめ悩ます。いじめる。「良心に―まれる」②責めしかる。

さいなら《感》(俗)「さようなら」の雑な言い方。

さいなん【災難】不意に起こる不幸な事。わざわい。 **―よけ**【―△除け】災難をよけること。そのためのお守り・お札(ふだ)・祈祷(きとう)・まじない。

ざいにち【在日】《名・ス自》(外国から来て)日本に住んでいること。「―外国人」

さいにゅう【歳入】国家や公共団体などで、一会計年度内の収入の総計。↔歳出

さいにん【再任】《名・ス自他》①もう一度、以前の官または役目につくこと、またはつけること。②任期が満ちた後、続けてもう一度その職務に任じること。

さいにん【再認】《名・ス他》①再び認可すること。②〔心理〕過去に経験した事柄が現在の事態に再び現

れた時、これはあれだと認知すること。

ざいにん【在任】『名・ス自』任務についていること。

ざいにん【罪人】つみを犯した人。

サイネリア ↓シネラリア

さいねん【再燃】『名・ス自』①一度火の消えた状態から、また燃え出すこと。②比喩的に、おさまっていた事がまた問題になること。「民法改正論が―する」

さいのう【才能】ある個人の素質や訓練によって発揮される、物事をなしとげる力。

さいのう【採納】『名・ス他』示された案などを取り入れて用いること。「意見を―する」

ざいのう【財×囊】かねを入れるふくろ。さいふ。「―をはたく」

さいのかわら【×賽の〈河原〉】①〔仏〕冥土の三途(さんず)の河原。死んだ子供は、ここで父母供養のため石を積んで塔を作るが、鬼がそれをこわし、子供は延々と石を積み続ける。最後に地蔵菩薩(ぼさつ)に救われるという。②いくら続けても、あとからあとからくずされる、むだな努力のたとえ。

さいのめ【采の目・×賽の目】①さいころの六面に打った、一つから六つまでの点。②さいころ程度の小さな立方体。「豆腐を―に切る」

サイバー『造』コンピュータやそのネットワークに関する意。「―攻撃」▽cyber (cybernetics から) **―スペース** コンピュータ ネットワークなどの電子メディアの中に成立する仮想空間。▽cyberspace **―テロ** 国家や社会基盤の情報ネットワークに侵入し、システムを破壊したり情報を盗み出したりして社会機能を不全にする行為。▽cyberterrorism から。

さいはい【×儕輩】↓せいはい(儕輩)

さいはい【再拝】『名・ス他』二度続けておがむこと。▽書簡文の結びのあいさつとしても使う。

さいはい【采配】①指図。指揮。「見事な―」「―を振る」(多くの人に指図をする) ▽(2)の転。②昔、戦場で大将が士卒を指揮するために振った道具。細く切った厚紙や獣の毛で作ったふさを、柄(え)に取りつけたもの。③はたき。ちりはらい。▽形が(2)に似るから。

さいばい【栽培】『名・ス他』植物、特に野菜・果樹などを植え育てること。また、魚介類を養殖すること。「―漁業」

さいばし【菜箸】おかずを各自の皿に取り分け、または料理を作るのに使う箸。

さいはじ-ける【才△弾ける】『下一自』ちょっとした事にも器用に、才能ありげにふるまう。「―・けた子供」

さいばし-る【才走る】『五自』(いやみなほど)才気にあふれる。「―・った顔」

さいはつ【再発】『名・ス自他』おさまっていたものが、また起こること。「病気が―する」「事故の―を防ぐ」

ざいばつ【財閥】大きい資本や企業を支配している人々の一族・一団。「―解体」

さいはて【最果て】これより先はないという、はての所。「―の町」

サイバネティックス 通信工学・制御理論などを融合させて、生物・機械をとわず有機的に働くシステムに共通する、フィードバックなどの一般的原理を研究する学問。▽cybernetics 一九四七年にアメリカ人ウイーナーが、舟のかじ取りの意のギリシア語に基づいて命名。

さいはん【再犯】①ふたたび罪を犯すこと。そうした者。②〔法律〕懲役に処せられた者が、釈放後五年以内にまた懲役に当たる罪を犯すこと。

さいはん【再版】『名・ス他』前に出版した書物をふたたび出版すること。その書物。

さいはん【再販】「再販売価格維持契約」の略。商品の生産者が、小売業者などに、その商品の販売価格を指定し、守らせること。▽流通機構にからんで、一九七五年ごろから使い出した。

さいばん【歳晩】年のくれ。年末。

さいばん【裁判】『名・ス他』裁判所が、権利・理非に関する争いを、法の適用によって解決すること。また、その過程。「―にかける」 **―いん**【―員】衆議院議員選挙の有権者の中からくじで選ばれて、重大な刑事事件について裁判官といっしょに評議・判決に加わる人。▽この制度は二〇〇九年から実施。↓ばいしん(陪審)。 **―かん**【―官】裁判所の構成員として裁判することを職務とする国家公務員。 **―しょ**【―所】民事・刑事の訴訟を裁判する国家の機関。

さいひ【採否】採用するかしないかということ。

さいひ【歳費】一年間の費用。特に、国会議員に国家が支給する一年間の手当。

さいび【細微】『名ナノ』(非常に)こまかいこと・ところ。「―に及ぶ考察」

さいひつ【才筆】たくみな文章。また、文章の才。「―をふるう」

さいひつ【細筆】①穂が細い筆。ほそふで。②こまかく書くこと。細書。

さいひょう【砕氷】氷をくだくこと。「―船」。くだけた氷。

さいふ【採譜】『名・ス他』民謡など口承の歌を楽譜に書きとること。

さいふ【財布】金銭を持ち歩くための入れ物。金入れ。「―の紐(ひも)を締める」「―の底をはたく」「―を握る」

さいぶ【細部】細かい部分。「―にわたって調べる」

ざいふ【在府】『名・ス自』江戸時代、大名やその家臣が江戸に在勤すること。↕在国

サイフォン ①液体を、容器の縁や土手などを越えて、低い所に移すのに使う管。②蒸気の圧力で湯が移動する、ガラス製のコーヒーわかし。③家庭用の、炭酸水を作るしかけのびん。サイホン。▽siphon

さいふく【祭服・斎服】祭主・神主(かんぬし)などが祭りの時に着る衣服。

さいぶつ【才物】頭がよく働き、目立った才能がある

人。才子。「なかなかの―だ」

ざいぶつ【財物】財である物。金銭と品物。また、宝物。▽元来は「ざいもつ」。

さいぶん【祭文】祭りの時、神の霊に告げる文。また、神式葬儀の時、死者の霊に告げる文。さいもん。

さいぶん【細分】《名・ス他》細かく分けること。「―化」

さいべつ【細別】《名・ス他》細かく区別すること。また、細分。

さいへん【再編】《名・ス他》編成しなおすこと。「委員会を―する」

さいへん【砕片】くだけたかけら。破片。

さいへん【細片】細かいかけら。

さいぼ【歳暮】年のくれ。年末。歳末。せいぼ。

さいほう【再訪】《名・ス他》再びおとずれること。

さいほう【西方】西の方。▽西方浄土(=極楽)を指すこともある。

さいほう【採訪】《名・ス自他》研究上の資料を採集するために旧家・社寺などをたずねること。また、たずねて採集すること。「民話の―」

さいほう【裁縫】《名・ス自》布をたちきって衣服などを縫うこと。

さいぼう【細胞】①生物体を組織する単位。原形質という半流動性の物質が細胞膜という膜で包まれていて、その形態は生物や組織によってさまざま。▽中に細胞核がある真核細胞と核が明瞭でない原核細胞とに分けられる。②組織の単位となっている小さな組織または個人。▽「さいほう」とも言う。 **―そしき**【―組織】①細胞の集まりから成る組織。②基本単位となる小団体の活動によって団員が増すと、それを分けてさらに団員を増していく組織。 **―ぶんれつ**【―分裂】一つの細胞①が分裂して、二つ以上の新たな細胞ができる現象。

ざいほう【財宝】財産や宝物。たからもの。

サイボーグ 人や生物の体の一部を、機械に置き換えたもの。▽cyborg (cybernetic organism から) 多くSFとして語られる。

サイホン →サイフォン

さいまつ【歳末】年のくれ。年末。

さいみつ【細密】《ダナ》細かく、もれる所のないこと。綿密。「―な注意」「―画」 派生 **-さ**

さいみん【催眠】眠くなること。眠けをもよおすこと。「―薬」 **―じゅつ**【―術】暗示を与えて感覚に影響を及ぼし、半ば眠り、半ばさめている状態にさせる術。▽術をかけられている者は、術をかけている者の暗示・命令に従う。

さいみん【細民】下層の人々。貧民。「―街」(スラム)

さいむ【債務】特定の人に対して金銭を払ったり物を渡したりすべき法律上の義務。多く、借金を返すべき義務。↕債権。「―を負う」「―を果たす」

ざいむ【財務】財政に関する事務。 **―しょひょう**【―諸表】経営(運営)活動の財務上の結果を関係者に報告する目的で作る、諸種の計算書・計算表。貸借対照表・損益計算書など。

ざいめい【在銘】刀剣・器物などに製作者の銘(=名前)があること。また、銘があるもの。↕無銘

ざいめい【罪名】①犯罪の種類を表す名。②罪があるという世間のうわさ。「―をすすぐ」

さいもく【細目】細かい点にわたる個々の項目。

ざいもく【材木】家屋・器具などを作るための木。木材。

ざいもつ【財物】→ざいぶつ

さいもん【祭文】①→さいぶん(祭文)。②→うたざいもん。③→さいもんよみ。 **―かたり**【―語り】→さいもんよみ。 **―よみ**【―読み】江戸時代、錫杖(しゃくじょう)を振り、ほら貝または三味線(しゃみせん)を伴奏にして歌祭文(うたざいもん)を語った門付(かどづけ)。

ざいや【在野】民間にあること。㋐個人が官途につかないでいること。↕在朝。㋑政党が政権を取らないで野党の立場にあること。

さいやく【災厄】わざわい。災難。「―が降りかかる」

さいゆ【採油】《名・ス自》あぶらをとること。「菜種から―する」。石油を掘りとること。

さいゆう【西遊】《名・ス自》↓せいゆう(西遊)

さいよう【採用】《名・ス他》適当な人材や意見・方法などをとりあげて用いること。「正社員として―する」「寄せられた意見を―する」「―試験」

さいよう【細腰】女性の腰が細いこと。やなぎごし。また、腰のほそい美人。

ざいよう【財用】①財貨の用途。財貨の運用。②費用。

さいらい【再来】《名・ス自》①ふたたび来ること。②ふたたびこの世に生まれ出ること。うまれかわり。「お釈迦(しゃか)さまの―」▽↓さらい=

ざいらい【在来】これまで普通にあったこと。ありきたり。「―の風習」「―線」「―種」

さいらん【採卵】《名・ス自》卵を採取すること。

さいり【×犀利】《ダナ》文章の勢いや頭の働きが鋭いさま。また、真実を鋭くついているさま。「―な観察」▽もと、堅固で鋭い意。 派生 **-さ**

さいりゃく【才略】①才知と、はかりごと。②才知に富むはかりごと。

さいりゅう【細流】幅が狭い川。小川。

ざいりゅう【在留】《名・ス自》一時そこに(特に外国に)とどまって住むこと。「―邦人」

さいりょう【宰領】《名・ス他》取り締まること。特に、旅行者の一団の世話・取締りをすること。▽もと、運送の荷物の管理・監督(をする人)。

さいりょう【最良】質・価値が最もすぐれていること。↕最悪。「―の品」

さいりょう【裁量】《名・ス他》自分の意見でとりさばき、処置すること。「自由―」「……の―にゆだねる」

ざいりょう【材料】それに手を加えて何かを作り上げる、もととするもの。㋐加工して製品にするもと。原料。資材。㋑研究・調査などの結論を出すもと。データ。資料。「反省―」㋒芸術的表現の題材。

ざいりょく【財力】 経済力。特に、金銭の威力。金力。また、金銭を負担することのできる力。

さいりん【再臨】《名・ス自》①再びその場に臨むこと。②キリスト教で、世界の終わりの日にキリストがもう一度この世に現れること。

ザイル 登山用の綱。ロープ。▽ドイツ Seil

さいるい【催涙】 毒ガスなどで涙腺を刺激して涙を出させること。「―弾」

さいれい【祭礼】 祭りの儀式。祭り。

サイレン 穴のある円板を高速度でまわして音を出す信号器。また、その音やそれに似た音で、警笛・時報として広範囲に聞こえるように鳴らすもの。「就業の―が鳴る」▽siren

サイレント ①「サイレント ピクチャー」の略。無声映画。↔トーキー。②つづり字のうち、ある文字を発音しないこと。また、その文字。無音。▽silent

サイロ ①冬、牧草などの不足に備えて、飼料を発酵させた状態で貯蔵するため、石・れんが・鉄筋コンクリート等で円筒形に作った倉庫。②サイロ⑴の形をした貯蔵庫・格納庫。「セメント―」▽silo

さいろう【×豺×狼】 ①ヤマイヌとオオカミ。②転じて、残酷で欲深い人。むごいことをする人。

さいろく【才六・采六】 ①丁稚(でっち)を言う隠語。▽采(さい)の目の六の裏は一で、「出一(でいち)」に掛けたしゃれ。②→ぜいろく

さいろく ①【採録】《名・ス他》取り上げて記録すること。その記録。「異なる意見を―する」。投稿などを採用して載せること。②【載録】《名・ス他》書物や記録に載せること。③【再録】《名・ス他》一度発表してあるものを他の書物などにまた載せること。「原論文には―がある」。再び録音・録画すること。

さいろん【再論】《名・ス他》同じ事柄についてもう一度論じること。その論。

さいろん【細論】《名・ス他》細かく論じること。その論。詳論。

さいわい【幸い】(さいはひ)《名ナノ・副・ス自》運がよくて恵まれ、満足できる状態。しあわせ。「晴天も―して(＝好都合な結果をもたらし)盛会だった」「太郎が来たのを(これ)―と(ばかり)当番を代わってもらった」「―(にも)大した被害がなかった」「当たるを―(＝好都合として)なぎ倒す」「無類の正直が彼には―しなかった」 関連 幸(さち)・しあわせ・福・幸福・幸運・幸甚・多幸・吉事・慶事・好事・大慶・同慶・僥倖(ぎょうこう)・天佑(てんゆう)・ラッキー

さいわりびき【再割引】〔取引〕金融機関が一度割り引いた手形を、更に他の金融機関にもう一度割り引いてもらうこと。▽→わりびく⑶

さいわん【才腕】 頭がよく働き、物事をてきぱきと処理する手腕。「―をふるう」

サイン ①《名・ス自》㋐署名。「契約書に―する」「色紙に―する」㋑あいず。暗号。「野球の―」「―を送る」▽sign ②《名》→せいげん(正弦)。▽sine

ざいん【座員】 劇の一座に属している人。

ザイン〔哲学〕存在。実在。↔ゾルレン。▽ドイツ Sein

ざう【座右】 →ざゆう

サウスポー ①野球で、左投げの投手。②多く左利きのボクサーがとる、左肩を後ろに引いたかまえ。▽southpaw

サウナ 多く浴場などに併設される、室温を高くした小部屋。そこに入って汗を流す。もと、フィンランド風の蒸し風呂で、熱した石の熱とそれに水をかけて得られる蒸気とで小部屋内の温度・湿度を高めたもの。サウナ風呂。▽フィンランド sauna

サウンド 音。音響。音声。▽sound **―トラック** 映画フィルムの縁(へり)の、録音できる細い帯状の部分。また、映画の音楽などを収録したレコード・CD。▽略して「サントラ」とも言う。sound track **―ボックス** 共鳴箱。特に、蓄音器の針の振動を受けて音を再生する装置。▽sound box

さえ【×冴え】 ①光・色・音などが澄みきること。②腕前などがあざやかなこと。「剣の―」「頭の―」

さえ(さへ) ①《副助》ある事物に加えてその事物までという気持で持ち出すのに使う。「大風の上に雨―降りだした」「けさは砂利―明るく輝くように思われる」「かすかな混乱を―おぼえた」「確信に満ちた目が笑って―いた」「あいつは泣いてくやしがった。おれも聞いて―くやしい」②《係助》㋐《打消しを伴って》ある事物を程度の軽い方の例として挙げ、まして今言おうとする場合はそれより著しいと暗示するのに使う。「夫婦げんかは犬―くわぬ」「大きな音に―気付かない」㋑《「ば」など条件化の表現を伴って》後ろに言う事が、その前に言う事だけの条件で満たされる意を表す。「母が呼びに―来なければ帰りはしない」「お前―正しければ、それでよい」▽⑵㋑は論理上は必要条件を示している。⑴⑵とも起源的には文語動詞「添ふ」の連用形の転。

さえかえ-る【×冴(え)返る】(:かへる)《五自》①非常にさえる。②余寒がきびしい。

さえき【差益】 売買の決算での、収支の差額としての利益。↔差損。「―金」「為替(かわせ)―」

さえぎ-る【遮る】《五他》①行動や動きを邪魔してその先へまで及ばないようにする。「発言を―」「光を―」②間を隔てて、向こうを見えなくする。「カーテンで―」

さえざえ【×冴え×冴え】《副[と]・ス自》澄んで、すがすがしいさま。「―とした月」「―した顔」「声が―とひびき渡る」

さえずり【×囀り】(さへづり) さえずること。その声。特に、繁殖期の鳥の雄の(美しい)鳴き方(の声)。↔地鳴き。「ひばりの―が明るい」

さえず-る【×囀る】(さへづる)《五自》①鳥がしきりに鳴き続ける。②転じて、べちゃくちゃやかましくしゃべる。

さえつ【査閲】《名・ス他》実地に成績を検査すること。特に、軍事教育の成績を査閲官が実地にしらべるこ

と。

さ-える【×冴える】《下一自》濁りやよどみが少しも感じられないほど、きわだってあざやかだ。㋐光・色・音などが澄みきる。㋑頭の働きや腕前があざやかだ。㋒《打消しを伴った全体で》ぱっとしない。物足りない。「—-えない男」㋓『目が—』神経が鋭くなって、眠くなくなる。㋔しんしんと冷える。「冬の—えた夜」

さえわた-る【×冴(え)渡る】《五自》一面にさえる。「—った秋空」

さえん【茶園】茶畑。ちゃえん。

さお【×竿・×棹】㊀《名》①竹の枝や葉を取って細長い棒とし、種々の用に使うもの。「旗—」「物干し—」「釣り—」②さお㊀①に形が似ている物。㋐水底につっぱって舟を進める長い棒。㋑さおばかりの棒状の部分。㋒三味線(しゃみせん)で、糸が張ってある細長い部分。㋓たんす・長持などにさしてかつぐ棒。㊁《接尾》たんす・長持・旗・羊羹(ようかん)等の数を表す時に添える語。「たんす三(み)—」

さおいし :さを【×竿石】墓石や石灯籠の、台石(＝基礎の、全体を支える石)の上に直立する細長い部分。さお。

さおがし :さを【×竿菓子】細長い直方体の和菓子。例、羊羹(ようかん)。

さおさ-す :さを【×棹さす】《五自》さお㊀②㋐をあやつって舟を進める。「流れに—」(時流に乗る意にも。逆らうと取るのは誤解)「情に—せば流される」(夏目漱石『草枕』)

さおだけ :さを【×竿竹】物干しざおなどにする竹。竹ざお。

さおだち :さを【×棹立ち】馬などが、まえ足を上げてあと足で立ち上がること。棒立ち。

さおづり :さを【×竿釣(り)】つりざおを使って魚をつること。▽多く手釣りに対していう。

さおとめ :さをとめ【早〈乙女〉・早〈少女〉】①田植をする若い女。②転じて広く、おとめ。▽→さ=⑵

さおばかり :さを【×竿×秤・×棹×秤】てんびんばかりの一種。目もりのあるさおの一端に物をかけ、分銅(ふんどう)を動かしてはかる。

さおひめ :さほ【佐△保姫】春の女神(めがみ)。↕竜田姫(たつたひめ)。▽雅語。佐保山が平城京の東にあり、方角を四季に配すれば東は春に当たるから。

さか【坂】①傾斜している道。②比喩的に、物事の境。「五十の—を越す」

さか【茶菓】茶と菓子。ちゃか。「—を供する」

さか=【逆】《名詞・動詞の上に》さかさま。「—子」「—立つ」。普通の方向と反対。「—潮」「—のぼる」。反対に。かえって。「—恨み」「—罰(ばち)」(及ばぬことを神仏に願って反対に罰をうけること)

さが【△性】①(自分ではどうしようもない)うまれつき。性質。「かなしき—」②運命。常のならわし。「世の—」▽雅語的。

ざか【座下】(日常)座って居る所のすぐそば。身近なあたり。「平素—に置く」▽書簡であて名の左わきに書き添え、あなたのおそばまで差し上げる意を表すのにも使う。

ざが【×坐×臥】《名・ス自》すわることと寝ること。おきふし。日常の立ち居。「行住(ぎょうじゅう)—」

さかあがり【逆上(が)り】器械体操で、足を上げてしりの方から鉄棒に上がること。しりあがり。

さかい :さかひ【境・△界】①物と物とが接する所。(土地の)くぎりめ。境界。更に一般に、物事の分かれ目。「生死の—」②範囲内の地。場所。「神秘の—」

さかい《接助》……だから。……するから。「年末や—えろう忙しい」▽関西方言。

さかいめ :さかひ【境目】境となる所。

さかうらみ【逆恨み・逆△怨み】《名・ス他》①恨みに思う人から逆に恨まれること。②人の好意や意図を逆に悪くとって恨むこと。

さか-える【栄える】《下一自》人や世の勢いが盛んになる。繁栄する。「文明が—」

さかおとし【逆落(と)し】①さかさまにおとすこと。②絶壁などを激しい勢いでくだること。「鵯越(ひよどりごえ)の—」

さかがめ【酒×甕】酒を入れてたくわえる、かめ。

さかき【×榊】山林に自生する常緑小高木。深緑色の葉は厚くつやがあり、古来、枝葉を神前に供える。▽つばき科。古くは、(神域に植える)常緑樹の総称。

さがく【差額】差し引きした差の金額・数量。

ざがく【座学】教室での講義形式の授業。▽もと軍隊で実技に対して言った。近年はアクティブ ラーニングと対比される。

さかぐら【酒蔵・酒倉】酒をたくわえておく、または酒を醸す、くら。さけぐら。

さかけ【酒気】酒の気。しゅき。「—が抜けない」

さかげ【逆毛】①毛並が逆方向になっている毛。②髪の毛先から根元に向かって、さかさにくしけずった毛。ふくらませた髪型を作るときに用いる。「—を立てる」

さかご【逆子・逆△児】胎児が、通常とは異なり、頭を上にしていること。赤ん坊が、普通とは逆に、足の方から生まれてくること。そういう子。

さかさ【逆さ】「さかさま」の略。

さかさことば【逆さ言葉】①意味を反対に言うこと。「かわいい」を「にくい」と言う類。②言葉の音の順序を逆に言うこと。「これ」を「れこ」、「種(たね)」を「ねた」と言う類。

さかさま【逆様】《名・ダナ》物事の上下の位置や順序がひっくりかえっていること。さかさ。ぎゃく。

さかさまつげ【逆さ×睫】普通とは逆に、眼球に向かってはえたまつげ。さかまつげ。

さがしあ-てる【捜し当てる・探し当てる】《下一他》方々をさがして見つけだす。「金鉱を—」「持主を—」

さかし-い【△賢しい】《形》かしこい。利口だ。また、こざかしい。利口ぶってなまいきだ。小才がある。
派生 **-さ -げ***

さかしお〔:しほ〕【酒塩】魚・貝類を煮たり食べたりする時、臭みを抜き、また味つけするために使う酒と塩。

さかしげ【△賢しげ】『ダナ』いかにも利口そうなさま。

さかしま【逆しま】『名・ダナ』①さかさま。ぎゃく。②道理にかなわないこと。よこしま。

さがしもと-める【捜し求める・探し求める】『下一他』手に入れるために、さがしまわる。探索する。

さかしら【△賢しら】『名・ダナ』利口ぶること。わかったふりをして出過ぎた振舞いをすること。「—をする」

ざがしら【座頭】一座の長である人。特に、人形浄瑠璃・歌舞伎などの一座の首席役者。▽「ざとう」と読めば別の意。

さが-す【捜す・探す】『五他』どこかに在るはずのものを見つけ出そうとする行動をする。「血眼(ちまなこ)になって—」「ポケットを—」「職を—」 関連 たずねる・探る・漁(あさ)る・捜査・探査・捜索・探索・検索・模索・詮索・穿鑿(せんさく)・博捜・探訪・採訪・物色・手探り・家捜し・粗捜し・血眼・蚤(のみ)取り眼・鵜(う)の目鷹(たか)の目・暗中模索

さかずき〔さかづき〕【杯・×盃】①酒を飲むのに使う(普通は小さな)容器。②→さかずきごと。「親分子分の—をもらう」

さかずきごと〔さかづき:〕【杯事】さかずきをとりかわして約束をかためること。▽夫婦・親分子分・義兄弟などの約束に用いる。

さかぞり【逆×剃り】『名・ス他』かみそりの刃を、ひげ・毛のはえている方向と逆の向きにむけて、そること。

ざかた【座方】芝居小屋に属している使用人。出方(でかた)など。

さかだい【酒代】酒の代金。▽酒手(さかて)⑵の意にも使う。

さかだち【逆立ち】『名・ス自』両手を地につけてさかさまに立つこと。また、物の上下が反対になっていること。「—しても(=どんなに頑張っても)彼にはかなわない」

さかだ-つ【逆立つ】『五自』普通は横または下向きになっているものが上向きに立つ。「毛が—」(恐怖・怒りなどのようすにも言う)

さかだ-てる【逆立てる】『下一他』さかだつようにする。

さかだる【酒×樽】酒を入れておくための樽(たる)。

さかつぼ【酒×壺】酒を入れておくための壺(つぼ)。

さかて【酒手】①酒の代価。②人夫・車夫などに賃金以外に与える心づけのかね。「—をはずむ」▽「さかで」とも言う。

さかて【逆手】①手の使い方を普通と逆にすること。特に短刀の、刃が小指側に出るようにする握り方。②『—に取る』相手の攻撃を利用して攻め返す。「言いつのる間の失言を逆手に取って」▽→ぎゃくて

さかとうじ【酒×杜氏】酒をつくる職人。とうじ。

さかとびこみ【逆飛(び)込み】『名・ス自』頭の方から水中に飛び込むこと。さかとび。

さかとんぼ【逆〈蜻蛉〉】①「さかとんぼ返り」の略。背中側からまっさかさまにひっくりかえること。②転じて、まっさかさま。

さかな ①【魚】食べるものとしての、うお。更に一般に、うお。魚類。▽⑵の転。②【×肴】㋐酒を飲む時に添えて食べる物。㋑転じて、酒の興を添えるための歌・踊り・話題など。「新婚さんを—にする」▽「さか」は酒、「な」はおかず。

さかなで【逆×撫で】『名・ス他』相手の気にさわることを、わざとしでかすこと。「神経を—する」▽動物を、毛の生えそろった向きと逆になでると、いやがることから。

さかなみ【逆波・逆△浪】流れに逆らって打つ波。

ざがね【座金】①ボルトをしめる時、ナットと材の間に挟む、中央に穴のあいた薄い金属板。②突き出ている金物のねもとにつける金物。例、たんすの取手(とって)をつける金属の板。

さかねじ〔:ねぢ〕【逆×捩じ】①相手の非難や抗議に対して、逆に攻撃に出ること。「—をくわせる」②逆にねじること。

さかのぼ-る【遡る・×溯る】『五自』流れの方向と逆に進む。㋐川などを、その流れと反対の方に進む。川にそって上流へ進む。「川を—」㋑過去へと立ち返る。「歴史を—」「縄文時代まで—」「出会いは一九七二年に—」㋒物事の系統をたどって、源に立ち返る。

さかば【酒場】酒を飲ませる店。▽バーや居酒屋の類を指す。

さかぶとり【酒太り・酒△肥り】『名・ス自』↓さけぶとり

さかぶね【酒△槽】①酒をためておく大きな木の器。②もろみを絞って清酒と酒かすとに分けるのに使う長方形の木おけ。

さかま-く【逆巻く】『五自』波が流れに逆らって巻き上がる。また、わき上がるように、激しく波が立つ。

さかまた【逆×叉】↓しゃち⑴

さかみち【坂道】坂になっている道。

さかむけ【逆△剝け】『名・ス自』つめのはえぎわの皮膚が荒れて、指のつけ根の方に細くむけること。ささくれ。

さかもぎ【逆茂木】敵の侵入を防ぐために、とげのある木の枝をさし並べて、垣にしたもの。鹿砦(ろくさい)。

さかもり【酒盛(り)】酒をくみかわして楽しむこと。酒宴。

さかや【酒屋】酒を売る店。その職業。また、その人。▽造り酒屋を指すこともある。

さかやき【〈月代〉】江戸時代、男子がひたいから頭の中ほどにかけて頭髪をそった、その部分(の髪)。▽もと、平安時代の男子の、冠の当たるひたいぎわの頭髪が半月形になった、その部分。

さかやけ【酒焼け】『名・ス自』飲酒の習慣のために、顔

が赤く焼けたようになっていること。

さかゆめ【逆夢】 夢で見たのと反対のことが起こった時、その夢を指して言う語。また、夢とは逆のことが起こるといわれる夢。↕正夢(まさゆめ)。▽多くは吉凶に関係して使う。

さかよせ【逆寄せ】《名・ス自》攻めてくる敵に対して、逆に攻めかかること。逆襲。

さから-う【逆らう】(さからふ)《五自》①物の勢いに反対し、逆の方向に進もうとする。「風に―って進む」②反抗する。たてつく。「親に―」「忠言耳に―」

さかり【盛り】 ①その物事の、いちばん勢いのある時期・状態。「花が今を―と咲く」。《「ざかり」の形で接尾語的に》もっとも……である時・さま。「働き―」「娘―」「食べ―」「なまいき―」②獣が、一年の一定の時期に発情すること。「―がつく」▽(2)は普通、仮名で書く。

さがり【下がり】 さがること。さがったもの。㋐位置・程度・価値・値段などが低くなること。↕上がり。㋑《「昼」または時刻を表す「八つ」等の言い方に添えて》定刻を過ぎたこと。またその時。「昼―」㋒『お―』目上の者が使っていたのを譲られた衣類・品物等。㋓力士が褌(まわし)の前に下げる縄暖簾(なわのれん)状のもの。

さかりば【盛り場】 町なかの、いつも多くの人が集まってにぎやかな場所。

さがりめ【下がり目】 ①目じりが下がった目。②物価が下がり始める傾向(の時)。③ものの衰え始める傾向(の時)。おちめ。▽↕上がり目

さか-る【盛る】《五自》①勢いが盛んになる。「火が燃え―」。栄える。繁盛する。「店が―」②獣が発情する。交尾する。▽(2)は普通、仮名で書く。

さが-る【下がる】《五自》①一端を固定した物の先が低くたれる。↕上がる。「垂れ幕が―っている」「つららが―」「ぶらりとひょうたんが―」②ものが下方に移る。㋐位置・程度・価値・値段が低い方に移る。↕上がる。「頭が―」(転じて、尊敬・崇敬の気持が起こる)「位が―」「物価が―」「成績が―」㋑地位の高い人の居る所などから退く。「宿に―」「お屋敷から―」㋒勤め先や学校から帰る。また、そこをやめる。㋓京都の町で、南(すなわち、御所と反対の方角)に行く。「寺町三条下ル」㋔役所などから与えられる。おりる。「恩給が―」③後方に移る。「三歩―」。後方に位置を占める。「道ばたから少し―って建っている家」「生意気を言わず―っていろ」④時代が後になる。「時代が―」▽昔を上と見て言う。

さかん【盛ん】《ダナ》①普通より勢いがいい。また、栄えるさま。「―な拍手」「国が―になる」。しきりに行うさま。「―に合図する」②㋐積極的で元気がよい様子。「老いてますます―だ」「意気―な若者」㋑にぎやかに事を行うさま。「行(こう)を―にする」(旅立ちなどの出発を相当の人数でにぎやかに送る)▽「盛り」の転。(2)は「壮」とも書く。「と」を付けても言う。「最近そうしたことが―となる」 関連 繁栄・繁盛・隆盛・隆隆・旺盛・盛大・活発・共栄・軒昂(けんこう)・清栄・清祥・多祥・発展・繁忙・富貴・栄える・たけなわ

さかん【佐官】 軍人の階級で、大佐・中佐・少佐の総称。将官の下、尉官の上。また、自衛隊の一佐・二佐・三佐の総称。

さかん【左官】 壁ぬりの職人。しゃかん。「―屋」

さがん【左岸】 川の下流に向かって左側の岸。↕右岸

さがん【砂岩】 堆積岩の一種。水中などに堆積した石英・長石などの砂つぶが固まって岩になったもの。建築・土木用の石材、砥石(といし)にする。▽「しゃがん」とも言う。

ざかん【座棺・×坐棺】 死者をすわった姿勢で納めるように作った棺。

さき【先】 ①ものの先端の方。㋐(前方に)突き出た部分。その端。「指の―」。いちばん前。先頭。「―に立つ」「―を争う」(負けまいと争って進む、または行う)㋑《接尾語的に》それを規準にしてその前の方。「ここから三軒―の家」「玄関―の植込み」②物・作用等が向かう所。㋐進んで行く前方。↕後(あと)・後ろ。「この―は海だ」「―を払う」(先払い(3)をする)㋑行き着く目的地・目的物。「行く―」「手紙のあて―」㋒商売や交渉の相手。「旅費は―で持つ」㋓将来。前途。「―が思いやられる」「三年―に完成の予定」③順序が前であること。↕あと・のち。「運賃は―に払っておく」「夜が更けぬ―にお開きになった」。以前。過去。「―の(=前の)大会で優勝した」「―にお伝えした通りです」▽以前は「三年―にこんな事があった」のようにも使ったが、現在は言わない。↓せん〔先〕

さき【崎】 ①↓みさき。「観音―」▽単独では、普通「みさき」と言う。②山が突き出た端。ではな。▽「さき(先)」(1)の転。

さき【左記】 右起こし縦書きの文章で、左すなわち後に記した部分。「―の通り」

さぎ【×鷺】 首・足が長く、岸近くの浅い水辺に立ち魚などを捕食する鳥。形はツルに似るが、ツルよりも小さい。▽さぎ科の鳥の総称。ゴイサギ・アオサギなど。↓しらさぎ

さぎ【詐欺】 他人をだまして金や品物を奪ったり、損害を与えたりすること。▽手段を偽る意で「詐偽」の字を使った法律もあるが、紛らわしいのでこの語を廃し「偽り」と表すようになった。 **―し【―師】** 人をだまして財物を奪う人。詐欺を常習とする者。

さきいき【先行き】 ↓さきゆき

さきおくり【先送り】《名・ス他》①(その時点ですべき)判断や処理を、日時を延ばして行うことにすること。「問題の解決を―(に)する」「将来世代への負担の―」②代金支払い前に商品を配送すること。

さきおととい(‥をととひ)**【〈一昨昨日〉】** おとといの前の日。三日前の日。▽「さきおとつい」とも言う。

さきおととし(‥をととし)**【〈一昨昨年〉】** おととしの前の年。三年前の年。

さきがけ【先駆け・×魁】①まっさきに事をはじめること。「―の功名」②物事のはじめとなること。「春の―の梅が咲く」▽もと、まっさきに敵中に攻め入ること。

さきが-ける【先駆ける】《下一自》さきがけをする。「春に―けて咲く花」▽「魁る」とも書く。多く「―けて」の形で使う。

さきがた【先方】《多く副詞的に》時間的に少し前。さっき。先刻。↕のちかた。「姿を―見掛けた」▽古風。「せんぽう」と読めば別の意。

さきがり【先借り】《名・ス他》あとで受け取るはずの金を、期日の前に借りること。前借り。

さきぎり【先△限】〔取引〕①先物(さきもの)取引で、受渡し期日が最も長いもの。また、その商品。さきもの。↓中限(なかぎり)・当限(とうぎり)。②→さきもの(1)

さきくぐり【先△潜り】《名・ス自》①先回りしてひそかに事をすること。②人の言動の先を推量して早合点すること。▽多くは、悪い方に推量するのに言う。

さきこぼ-れる【咲きこぼれる】《下一自》あふれるばかり、いっぱいに咲く。

さきごめ【先込め】銃や大砲が、砲身の先から弾丸を込めるしかけであること。▽元込めより古い形式だが、迫撃砲など軽便な砲では現在も使われる。

さきごろ【先頃】現在からあまり遠くない過去。このあいだ。

さきざき【先先】①(ずっと先の)将来。㋐行く末。「―が思いやられる」㋑そのうち。「緊急事以外は―考えよう」②まえまえ。「―からの準備」「―そんな話も出た」▽(1)(2)は時の向きの捉え方の差。また共に、副詞的にも使う。③あちこち。「―に迷惑を掛けた」。いくつもの先端。「枝の―に花が咲く」

さきさま【先様】先方(せんぽう)の人・家を敬って言う語。

サキソフォン クラリネットをもとにしてベルギー人サックスが発明した、金属製の管楽器。ジャズ音楽の花形楽器。サクソフォン。サックス。▽saxophone

さきそ-める【咲(き)初める】《下一自》時節となり早くも咲き始める。「社頭に―めた白梅二輪」▽雅語的。

さきそろ-う(―そろふ)【咲(き)×揃う】《五自》花がいっせいに咲く。

さきだか【先高】《名ナノ》〔取引〕値段が将来高くなる見込みであること。↕先安

さきだ-つ【先立つ】《五自》①先頭になる。率先する。「―って進む」「人に―って働く」②順序が前になる。㋐前に行われる。「試合に―って開会式がある」㋑それより前に死ぬ。「親に―」「妻に―たれる」㋒何よりもまず必要とする。「―ものは金」

さきだ-てる【先立てる】《下一他》さきだつようにする。または、しむける。さきだたせる。「不幸にも妻を―てまして」▽「さきだつ」(1)・(2)㋐㋑の他動詞。

さぎちょう【左義長・△三×毬×杖】正月十五日に行う、正月の飾り物などを持ち寄って焼く火祭り。▽もと、宮中や公家(くげ)で、十五日朝、悪魔払いに行ったもの。↓どんど

さきづけ【先付(け)・先△附】①まだその当日にならない日付。「―小切手」②本式の料理より前に出す、ちょっとした料理。お通し。突き出し。

さきっちょ【先っちょ】〔俗〕物の先端。▽「さきっぽ」とも言う。

さきて【先手】まっさきに進む軍勢。先陣。▽「せんて」と読めば別の意。

さきどなり【先隣】隣のそのまた隣。

さきどり ㊀【先取り】《名・ス他》①他人より先に取ること。「―特権」。そうならないうちに、自分の物にしたり、(有利な)行動をとること。「時代を―する」②代金・利子などを先に受け取ること。㊁【先撮り】《名・ス他》テレビで、放送する(ずっと)先の回の分まで撮影しておくこと。 **―とっけん**【先取特権】他の債権者に先んじて債務者の弁済が受けられる権利。せんしゅ(とっ)けん。

さきに【先に】《連語》まえに。以前に。「―述べたように」▽「結論は―延ばした」のような用法とは別。↓さき(先)

さきにお-う(―にほふ)【咲(き)匂う】《五自》美しい色に照り映えて咲く。

さきのこ-る【咲(き)残る】《五自》①他の花が散ったあとまで咲いている。②他の花が咲いてもまだ咲かずにいる。

さきのばし【先延(ば)し】《名・ス他》(その時点ですべき)判断や処理を行わずに日時を遅らせること。「結論を―(に)する」「結婚の―」

さきのひ【先の日】先日。このあいだ。

さきのり【先乗り】①《名》行列の先に立つ騎馬の人。前駆。②《名・ス自》団体で旅行をする時など、みんなより先に行って準備をすること。その人。

さきばし-る【先走る】《五自》人よりも先になろうと、軽はずみな、または、でしゃばったことをする。

さきばらい(―ばらひ)【先払(い)】①《名・ス他》その物を受け取る前に代金を払うこと。前払い。②《名》運賃・郵送料等を受取人が払う、支払い法。着払い。③《名・ス他》貴人が通行する時、行く手の通行人を退かせること。また、その役目の人。

さきぶれ【先触(れ)】あらかじめ知らせること。前ぶれ。

さきぼう【先棒】①人の手先になること。「お―をかつぐ」②ふたりで物をかつぐ時、棒の前をかつぐこと。また、その人。↕後棒(あとぼう)

さきほこ-る【咲(き)誇る】《五自》誇らしげに咲く。美しく盛んに咲く。「今を盛りと―」

さきぼそり【先細り】《名・ス自》先端になるほど細くなること。また、前途がだんだん衰えて行くこと。「売行きは―だ」

さきほど【先程】先刻。少し前。さっき。関連 さき・さっき・最前・今し方・先刻・先頃・先(せん)だって・先日・先般・この間・いつぞや・過日・過般

さきまわり:まはり【先回り】『名・ス自』相手を出し抜いて先に目的地へ行っていること。また、相手を出し抜いたり、先の事を予想してそのための手を打ったりすること。「話の―をする」

さきみだ‐れる【咲(き)乱れる】『下一自』花が一面に美しく咲く。いろいろの花が一面に咲く。

さきもの【先物】①将来の一定時期に受け渡す条件で売買契約をすること。また、その商品。さきぎり。↕現物(げんぶつ)。「―取引」「―買い」(まだ定評のないものを、将来の利益を見込んで手に入れようとする、先走った態度の意にも言う) ②→さきぎり(1)

さきもり【〈防人〉】上代、東国などから派遣されて、筑紫(つくし)・壱岐(いき)・対馬(つしま)等の要地の守備に当たった兵士。▽「崎守(さきもり)」の意。

さきやす【先安】『名ナノ』〔取引〕値段が将来安くなる見込みであること。↕先高

さきやま【先山・△前山】炭鉱で、石炭を掘り出す人。↕後山(あとやま)

さきゅう【砂丘】海・大河の岸や砂漠に、風で吹き寄せられた砂でできた丘。

さきゆき【先行き】①将来。「順調な―が窺(うかが)われる」「―どうなることやら」②〔取引〕株式相場の将来の進行状態。▽「さきいき」とも言う。

さぎょう【作業】『名・ス自』仕事をすること。また、仕事。特に、製作や操作の仕事。「―場」「―員」「農―」「―療法」

ざきょう【座興】その場の興を添えるための遊芸・遊戯。また、その場の一時のたわむれ。

ざぎょう【座業・×坐業】すわっていてする仕事。例、げた屋や傘屋の仕事など。

さきよみ【先読み】『名・ス他』先を読むこと。これから何が起こるかを推測すること。「時代を―する」

さぎり【△狭霧】きり。▽→さ=(1)

さきわけ【咲(き)分け】一つの株に色や形の違う花が咲くこと。その草木。「紅白―の梅」

さきわたし【先渡し】『名・ス他』①契約後一定期間を経てから商品の引渡しが行われる取引(をすること)。②→まえわたし。「賃金―」

さきん【差金】差引きした残りの金額。残金。「―決済」▽「さしがね」と読めば別の意。

さきん【砂金】金鉱脈が浸食されて、細かく粒になった金が水に流され、砂などと共に河床や海岸に沈積したもの。▽「しゃきん」とも言う。

さきん‐じる【先んじる】『上一自』人より先に行く。人より前に行う。先手(せんて)を打つ。▽「先にす」の転。

さきん‐ずる【先んずる】『サ変自』→さきんじる。「―・ずれば人を制す」(人より先に事を行えば、こちらが有利になる)

さ‐く【咲く】『五自』花の蕾(つぼみ)が開く。「一花―・かせる」(一時期成功して栄える、また、はぶりが良く得意な時がある意にも) ▽「裂く」から出た語。

さ‐く【裂く・割く】『五他』①切り目を入れるように力を加えて二つ(以上)に離す。㋐一部をひっぱり繊維にそって離す。〔裂〕「絹を―ような叫び」(かんだかい悲鳴の形容) ㋑切り割る。〔割〕「魚を―」 ㋒無理にも分ける。「恋人の仲を―」②一部を分けて他の用にあてる。〔割〕「小づかいを―・いて本を買う」「人手を―」「昼食に―時間」「領地を―」

さく ①くわで打ち土を返した所。また、その溝。「―を切る」(くわでうね間を掘り、その土を農作物の根元によせる) ②魚類を刺身に適するよう下ごしらえしたもの。▽(2)は「作」と書く。

さく【柵】①木材などを立て並べ、貫(ぬき)を通して造った囲い。また、しがらみ。②柵(1)を結って敵に備える場所。とりで。

さく【*作】 サク サ つくる なす おこる おこす ― ①働いて結果を生む。なす。する。行う。つくる。「作成・作為・作事・作戦・作略(さくりゃく・さりゃく)・作歌・作文・作曲・作善(さぜん)・自作・合作・耕作・著作・述作」②はたらき。しわざ。「サ」と読む。「作用・作業・発作(ほっさ)・造作」③人のたちいふるまい。「サ」と読む。「作法・動作」④㋐『名・造』つくりあげられたもの。作品。「会心の作」「傑作・上作・旧作・遺作・佳作・偽作・習作」㋑こしらえ。「造作・家作」⑤『名・造』田畑をたがやして穀物や野菜を作ること。農作。また、そのみのり。収穫量。「作がよい」「作物(さくもつ)・作柄(さくがら)・小作(こさく)・自作・作男(さくおとこ)・間作・単作・満作・耕作・豊作・不作・凶作・平年作」⑥さかんにする。おこる。(新たに)おこす。はじめる。「作興・振作(しんさく・しんさ)」⑦「美作(みまさか)国」の略。「作州」

さく【*昨】 サク ― ①過ぎ去った日。前の日。また一年。「昨日・昨晩・昨年・昨春・一昨日・昨十一日」②むかし。以前。「昨今・昨非今是(さくひこんぜ)」

さく【酢】 サク す ― ①調味料の、す。「酢酸・木酢」②客がさされた杯をかえす。「酬酢」▽「醋」は異体字。

さく【削】【削】 サク けずる そぐ ― けずる。そぐ。へらす。「削除・削減・添削・筆削」▽「鑿」の書きかえ字としても用いる。「開削・掘削」

さく【人朔】 サク ついたち ― ①陰暦の月の第一日。ついたち。新月。「朔日・朔月・朔望・朔旦・元朔・正朔・八朔・告朔」②『名』中国で、古く、天子が歳末に諸侯に与えた翌年のこよみ。転じて天子の政令。「朔を奉じる」③北の方角。きた。「朔北・朔方・朔気・朔風」

さく【索】 サク なわ もとめる ― ①つな。大なわ。「索縄・索条・索道・索麵(そうめん)・繫留(けいりゅう)索」▽小さいのを「縄」というのに対する。もと、なわをなう意。②散る。ちらばる。ちらばってなくなる。ものさびしい。「索然・索漠」③さがし求める。「索引・索敵・思索・捜索・探索・模索・詮索・検索」

さく【*策】 サク ふだ はかりごと むち ― ①『名・造』はかりごと。計略。「策をたて

る」「策略・策謀・策動・策応・策源地・策士・国策・政策・上策・拙策・奇策・画策・献策・秘策・対策・金策・失策・得策・万策・方策・対抗策」▽政教に関するはかりごとを述べる漢文の一体の名としても用いる。②官吏登用試験の問題。「策問・策試」③文字を書くのに用いた竹のふだ。かきつけ。特に官位を与える時の辞令書。「策書・策命」④むち。むちうつ。「杖策(じょうさく)」⑤竹のつえ。「散策」

さく【搾】サク しぼる ― しぼる。しめる。「搾取・搾乳・圧搾」▽もと「榨」の異体字。

さく【錯】サク ソ まじる あやまる ― ①まじる。まじりあう。「錯雑・錯綜(さくそう)・錯節・交錯」②入りまじってまちがう。混乱する。みだれる。「錯誤・錯覚・錯乱・失錯」③入れちがう。たがいちがいになる。「錯簡・倒錯」④おく。「措(そ)」に通ずる。「錯辞(そじ)・挙錯(きょそ)」

さく【×鑿】サク うがつ のみ ― ①穴を掘る。深く掘る。うがつ。「鑿岩・鑿井・鑿泉・掘鑿・穿鑿(せんさく)」②木に穴をあける道具。のみ。「斧鑿(ふさく)」

ざく すき焼などの鍋物にそえて煮る、ネギなどの野菜。

さく‐い《形》形式張らず、あっさりした気質で、人づきあいがいい。きさくだ。淡白だ。「気の―人だ」▽やや古風。

さくい【作意】①たくらみ。「―があったわけではない」②芸術作品の制作の意図・趣向。

さくい【作為】《名・ス自》①ことさら手を加えること。つくりごと。こしらえごと。「―のあとが見える」②〔法律〕人の行為のうち、積極的な挙動。例、金を払う、仕事をする、人を殺すなど。↔不作為

さくいん【索引】書物の中の語句や事項の所在を捜し出す手引として一定の順序に配列し編集したもの。▽index の訳語。それの個々の見出し(相当物)を言うこともある。「―づけ」

さくおう【策応】《名・ス自》離れている双方で策略を通じ合って、しめしあわせること。

さくおとこ‥をとこ【作男】やとわれて農耕をする男。

さくがら【作柄】①農作物の生育または収穫高の程度。「―が良い」②芸術作品のできばえ。

さくがんき【×鑿岩機・削岩機】鉱山や土木工事で岩石に穴をあける機械。

さくぎょう【昨暁】きのうの夜明けがた。

ざくぎり【ざく切り】野菜の葉を大まかに切ること。そう切ったもの。「白菜の―を塩漬けする」

さくぐ【索具】(帆綱など)舟で使う綱の類。綱具(つなぐ)。

さくげん【削減】《名・ス他》(量・金額を)けずり減らすこと。「定員を―する」「予算―」

さくげん【△遡源・×溯源】《名・ス自》→そげん。▽「そげん」の慣用読み。

さくげんち【策源地】戦場の後方にある、補給物資集積地などの、作戦の根拠地。

さくご【錯誤】①あやまり。まちがい。②事実と観念とが一致しないこと。「時代―」

さくさく《副[と]・ノダ・ス自》①物がたやすく切られたり、押されて崩れたりする音。そのさま。「麦黄(きいろ)く熟れて、―と鎌の音聞(きこ)ゆ」(徳冨蘆花「不如帰」)「―と雪の上を歩く」②湿り気・粘り気が感じられないさま。「天ぷらの衣が―している」③〔俗〕物事がスムーズに進むさま。「準備が―進む」

さくさく【×嘖×嘖】《ト タル》口々に言いはやすこと。「好評―」

さくさく【索索】《ト タル》ばらばらになり独りぼっちのさま。それで、わびしいさま。「―たる初冬の湖辺」

ざくざく《副[と]》①大量の粗い粒が崩れ、こすれあう音。そのさま。「玉砂利を―(と)踏んで神殿へ」②切り方・編み方・織り方などが大雑把なさま。「キャベツを―切る」「セーターを―編む」③大粒のものが大量にあるさま。「大判小判が―(と)出てきた」

さくざつ【錯雑】《名・ス自》まとまりなく入り混じること。込み入っていること。錯綜(さくそう)。「―した民族紛争」

さくさん【×柞蚕】繭から糸を取るために中国から導入された大形の蛾(が)。幼虫は緑色で、クヌギ・ナラ等の葉に茶色の繭を作る。▽やままゆが科。

さくさん【酢酸・×醋酸】酢(す)の酸味の主成分をなす有機化合物。酒類の発酵で得られ、食用、薬品原料とする。工業原料としても重要。

さくし ①【作詞】《名・ス他》歌曲の文句を作ること。「校歌を―する」「―家」②【作詩】《名・ス自》詩を作ること。▽⑴の気取った言い方のつもりで書く人もいる。

さくし【策士】はかりごとを巧みにする人。策略を使うのが好きな人。「―が多くてかえって事が運ばない」

さくじ【作事】建築。「―奉行」▽以前、普請(ふしん)=土木)と呼び分けてこう言った。

さくじつ【昨日】→きのう(昨日)。▽「きのう」と異なり、近い過去を表す用法はない。

さくじつ【×朔日】陰暦で、月の第一日。ついたち。

さくしゃ【作者】(芸術作品の)作り手。▽特に、狂言・脚本の作者を指すことがある。「―部屋」

さくしゅ【搾取】《名・ス他》しぼり取ること。特に、資本家・地主等が、労働者・農民等の労働に対し、それに価するだけの支払いをせず、利益をわがものにすること。

さくじょ【削除】《名・ス他》文章・名簿・データなどのある部分や法律・規則のある条(時には章など)をけずり除くこと。

さくじょう【作条】種をまくために一定の幅で平行に掘った浅い溝。

さくじょう【索条】→こうさく(鋼索)

さくず【作図】《名・ス他》①図を作ること。②幾何学

で、与えられた条件を満たす図形を、許された操作だけで作ること。

さく・する【策する】《サ変他》はかりごとをめぐらす。画策する。「勢力挽回(ばんかい)を―」

さくせい ①【作成】《名・ス他》(書類・計画などを)作りあげること。②【作製】《名・ス他》物品を作ること。製作。

さくせい【×鑿井】《名・ス自》水・温泉・石油などをとるために井戸を掘ること。

さくせん ①【作戦】㋐目標を達成するための計画・手段。「販路拡張―」▽㋑の転。㋑軍または部隊が目的達成のために行う一連の軍事行動。②【策戦】敵と戦う方法の策略。「―を練る」▽概念として策戦は作戦の一部。

さくぜん【索然】《ト タル》空虚なさま。趣がないさま。ばらばらに散るさま。「興味―」

さくそう【錯×綜】《名・ス自》複雑に入りまじること。入りくむこと。「事情が―する」

さくちがい(ちがひ)【作違い】農作物のできがよくないこと。不作。凶作。

さくちょう【昨朝】きのうの朝。

さくづけ【作付(け)】《名・ス他》田畑に作物を植えつけること。さくつけ。「麦の―面積」「―が済む」

さくてい【策定】《名・ス他》方針を立て物事の処置を定めること。「政策の―」

さくてき【索敵】敵のありか(と兵力と)を探り出す(＝索)行動。

さくど【作土】耕地の表面にある土。耕土。表土。

さくとう【作陶】《名・ス自》工芸として陶(磁)器を作ること。「ガス窯(がま)で―する」

さくどう【策動】《名・ス自》ひそかに計略をめぐらして行動すること。▽計略にのっとって行動する意に使うこともある。

さくどう【索道】「架空索道」の略。空中ケーブル。ロープウエー。

さくにゅう【搾乳】《名・ス自》乳をしぼ(り取)ること。「―器」「―場」

さくねん【昨年】去年。

さくはく【削剝】けずって、はぎ取ること。「河水の―作用」

さくばく【索漠・索×莫・索×寞】《ト タル》心を慰めるものもなく、味気ない、ものさびしいさま。「―たる風景」

さくばん【昨晩】きのうの晩。ゆうべ。

さくひこんぜ【昨非今是】境遇などが一変して、きのうよくないと思ったことが、きょうはよいと思われること。▽陶淵明(とうえんめい)の帰去来辞(ききょらいのじ)による。

さくひん【作品】製作物。普通は、芸術活動によって作られた制作物。「工芸―」

さくふう【作風】作品にあらわれる芸術家の傾向・特徴。

さくふう【×朔風】北風。▽「朔」は北の意。

さくぶつ【作物】ある人が作った絵・彫刻・文章など。作品。▽→さくもつ⑵

さくぶん【作文】①《名・ス自》文章を作ること。特に、児童・生徒が課題として書くこと。また、その文章。②《名》比喩的に、表現だけはうまくて、実質の伴わないもの。「―行政」

さくほう【作法】文章や詩歌などの作り方(を説いたもの)。▽→さほう

さくほう【昨報】昨日報道したこと。また、その報道。▽新聞で使った語。

さくぼう【策謀】《名・ス他》はかりごと。策略。

さくほく【×朔北】北。北方。特に、中国の北方の辺土。▽「朔」も北の意。

さくま【作間】①農作物を植えたうねとうねとの間。②農業のひまな季節。農閑期。

さくもつ【作物】①田畑に栽培する植物。農作物。②「さくぶつ」の、やや古風な言い方。▽今日普通、⑵の意では「さくぶつ」。なお「さくもつ」のルビ付きの例「疎開児童の疎開地での生活を素材に仰いだ作物(さくもつ)が」(井上ひさし「新東海道五十三次」第八回)などがある。

さくや【昨夜】きのうの夜。

さくやく【×炸薬】砲弾・爆弾などを爆発させるために、中に詰めておく火薬。

さくゆ【搾油】《名・ス自》種子・果実などから油をしぼり取ること。

さくゆう(ゆふ)【昨夕】きのうの夕方。

さくよう【×腊葉】植物の葉・茎などを押さえつけて乾かした標本。押し葉。▽「せきよう」の慣用読み。

さくら 大道商人の仲間で、客のふりをしていて、普通の客が買う気を起こすようにしむける役の者。また、講演などで、なれあいで拍手したり賛成したりする者。▽もと芝居で、役者に声を掛けるように頼まれた無料の見物人。

さくら【桜】①薄紅・白などの美しい花を咲かせ、春の風物として親しまれる落葉高木。ヤマザクラ・ソメイヨシノ・シダレザクラなど種類が多い。花は、黄色や薄緑のもの、五弁のほか八重咲きのものもあり、秋に咲くものもある。日本の代表的な花として、平安時代以後、単に「花」と言ってこれを指すことが多い。後世、散りぎわのいさぎよさから、武士道の象徴ともされた。材は器具などに使い、花の塩づけを桜湯にする。▽ばら科。②「桜色」の略。③馬肉のこと。▽桜色をしているところからという。

さくらいろ【桜色】桜の花のような、ほんのり赤い色。

さくらえび【桜〈海老〉・桜×蝦】体が桜色を帯びた半透明の、海産の小さなエビ。体長五センチ弱。生食し、また干物(ひもの)にする。▽さくらえび科。

さくらがい(がひ)【桜貝】貝殻が桜色をした美しい二枚貝。大きさ二センチほどで、形はハマグリに似る。貝細工にする。▽にっこうがい科。

さくらがみ【桜紙】薄く柔らかな、小ぶりのはながみ。

さくらがり【桜狩(り)】桜の花をたずね歩いて観賞す

ること。花見。
さくらく【錯落】〘ト タル〙入りまじること。
さくらそう【桜草】春、桜に似た紅紫色・白色の花が咲く多年草。古くから園芸用に栽培もされ種類が多い。▽広くは、さくらそう科さくらそう属の植物の総称。
さくらづけ【桜漬(け)】①桜の花の塩づけ。熱湯を注いで、その湯を飲む。②梅酢などで桜色に染めた、大根やかぶの漬物。
さくらふぶき【桜〈吹雪〉】桜の花びらが乱れ散るさまを吹雪にたとえて言う語。花ふぶき。
さくらめし【桜飯】白米にしょうゆと酒を加えて炊いた飯。ちゃめし(2)。▽色が赤みを帯びるから。
サクラメント キリスト教で、神の恩恵を信徒に与える儀式。洗礼・聖餐(せいさん)などの重要な儀式。▽sacrament
さくらもち【桜餅】桜の葉で包んだ菓子。㋐江戸・東京では、小麦粉で作った薄い皮で餡(あん)を巻く。皮は紅白二種ある。㋑関西では、蒸した道明寺(2)の粉で餡をくるむ。
さくらゆ【桜湯】桜づけ(1)を湯に入れた飲物。
さくらん【錯乱】〘名・ス自〙(気持や考えが)いろいろと入り乱れて混乱すること。「精神―」「―状態」
さくらんぼ【桜んぼ・〈桜桃〉】桜桃(おうとう)の実。▽広くは、桜の実の総称。「さくらんぼう(桜ん坊)」とも言う。
さぐり【探り】様子・事情をさぐること。「―を入れる」
ざくり〘副[と]〙①勢いよく、切ったり刺しこんだりするさま。その音。「わらを―と切る」②大量の小粒のものが崩れ、こすれる音。また、そのさま。「―、―と砂利道を歩く」
さぐりあし【探り足】(暗い所や見えない所を)足でさぐりながら歩くこと。
さぐりあ-てる【探り当てる】〘下一他〙探って、または苦労して、見つけ出す。「埋蔵物を―」「居場所を―」
さくりつ【冊立】〘名・ス他〙勅命によって皇后・皇太子などを立てること。
さくりゃく【策略】はかりごと。計略。
さぐ-る【探る】〘五他〙①手や足を動かし触れて物のありかを知ろうとする。「ポケットを―って小銭(こぜに)をつかみ出す」②まだ(よくは)分からない様子・事情を知ろうと、調べたり推し量ったりする。「敵情を―」「相手の腹(=本心)を―」「台風の位置を―」「太陽のなぞを―」③美しい風景や趣を訪ね求める。「古都に日本の秋を―」
さくれい【作例】①詩文などの作り方の手本・実例。②辞書などで、語の用法を示す(実例の引用でなく)編者が作った例。
さくれつ【×炸裂】〘名・ス自〙砲弾・爆弾が破裂すること。
ざくろ【△石×榴・×柘×榴】黄紅色で黒斑のある球形の果実が秋に熟して裂け、透き通った紅色の果肉につつまれた種子が多数露出する落葉高木。果肉は酸味があり食用。根や皮は薬用。六月ごろ赤い花が咲く。▽みそはぎ科(旧ざくろ科)。
ざくろぐち【△石×榴口】江戸時代の銭湯の湯ぶねへの入口。湯がさめるのを防ぐために、湯ぶねの前を板戸で深くおおい、体をかがめてはいる。▽ザクロの実の酢が鏡を磨くのに使われたことから「かがみ入る」にかけた、しゃれという。
ざくろばな【△石×榴鼻】鼻の頭が赤くぶつぶつにふくれ、ザクロの実のように見えるもの。
さくわ【作話】現実ではないことを現実だと思い込んで語ること。▽認知症などの症状として現れる。
さけ【酒】アルコール分を含み、飲むと酔う飲物の総称。「―は百薬の長」(酒はどんな薬にもまさる)「―に呑(の)まれる」(酒を飲んで酔い、だらしなく本性を失う)。特に、米で作った、日本酒のこと。「白玉の歯にしみとほる秋の夜の―はしづかに飲むべかりけれ」(若山牧水)
さけ【×鮭】川で生まれ北の海で育つ、暗青色の背、銀白色の腹をした魚。秋、体長八〇センチ前後に成長したものが川をのぼり、産卵後死ぬ。肉は淡紅色で食用。卵を筋子・イクラにする。▽「しゃけ」とも言う。広くはさけ科さけ属の魚の総称で、ふつうシロザケをいう。
さげ【下げ】さげること。さげたもの。㋐落語のおち。㋑相場が安くなること。↕上げ。㋒『お―』→おさげ
さけい【左傾】〘名・ス自〙左に傾くこと。特に、共産主義や急進社会主義の立場に思想が傾くこと。左翼化。↕右傾
さげお(を)【下げ緒】刀のさやに付けて下げるひも。刀を帯に結びつけるのに使う。
さげかじ(ぢ)【下げ×舵】航空機・潜水艦を下に向けるための、かじの取り方。↕上げ舵(かじ)
さけかす【酒×粕・酒×糟】もろみから酒をしぼったあとに残ったかす。漬物などに使い、焼酎の原料にもする。
さげがみ【下げ髪】髪をたらした、女子の髪型。㋐→おさげ(1)。㋑(江戸時代に)貴婦人・官女等が、髪を後ろでたばねてたらしたもの。おすべらかし。
さけぐせ【酒癖】酒に酔ったときに出る、その人の癖。「―が悪い」▽「さけくせ」とも言う。
さけくらい(ひ)【酒食らい】酒のみ。▽ののしった言い方。
さけさかな【酒×肴】酒と、酒のさかな。▽→さかな(2)
さけじ【裂け×痔】→きれじ(切痔)
さげしお(ほ)【下げ潮】→ひきしお
さげじゅう【提(げ)重】手にさげられるようにした重箱。
さけずき【酒好き】酒が好きなこと。そういう人。
さげす-む【蔑む・×貶む】〘五他〙あなどり軽んじる。見さげる。見くだす。軽蔑する。

さげだな【下げ棚】 上からつりさげた棚。

さげどま-る【下げ止(ま)る】《五自》（経済などで）下がったり落ちたりする傾向がとまる。「株価が—気配」▽「下げ止まり」という形で使うことが多い。

さけのみ【酒飲み・酒×呑(み)】 酒が好きで、（毎日のように）よく飲む人。

さけびたり【酒浸り】 まるで酒の中につかっているかのように、始終酒を飲んでいる状態。「—の生活」

さけ-ぶ【叫ぶ】《五自他》①大声をあげる。わめく。②比喩的に、ある意見を世間に向かって強く主張する。「再軍備反対を—」

さけぶとり【酒太り・酒△肥り】《名・ス自》いつも酒を飲んで、その結果太っていること。さかぶとり。

さげまえがみ（まへがみ）【下げ前髪】 少女などの前髪をたらした髪型。

さけめ【裂け目】 物の裂けたところ。われめ。

さげもどし【下げ戻し】 民間から官庁に差し出したものを、そのまま差出人にもどすこと。却下。

さ-ける【裂ける】《下一自》切れ目が入る、また、そこから（細長く）分離した状態になる。「落雷で木が真っ二つに—・けた」「口が—・けても言うものか」

さ-ける【避ける】《下一他》好ましくない物・事から離れた位置をとる。㋐触れないようによける。「自動車を—」「人目を—」㋑同じ時にならないよう時をずらす。「ラッシュ アワーを—」㋒関係することをきらう。「いざこざを—」㋓ある言動をとらないようにする。遠慮する。「乱暴な言葉を—」▽「裂く」と同語源。

さ-げる【下げる】《下一他》①物の先を低くする。↕上げる。「剣先を—・げて構える」「目じりを—」（うれしがって、だらしない態度をとる）㋐たらす。「ぼろを—」㋑手に握ったり肩に掛けたり腰につるしたりして、物を持つ。「かばんを—」「右手に剣を—」▽㋑の意では「提」も使う。②ものを下方に移す。↕上げる。㋐位置・程度・価値・値段を低い方に移す。「頭を—」（転じて、おじぎをする、拝む、降参する、謝る意にも）「男を—」（男の面目を失う）「音量を—」㋑神仏や地位の高い人のそばから取り去る。「おみきを神前から—」「膳を—」㋒上位の者から下位の者に与える。さげ渡す。「御不用品を—・げていただく」③後方に移す。「机を少し—」「兵を—」④銀行などから金を引き出す。「貯金を—」▽(4)は、今は「おろす」が普通。

さげわた-す【下げ渡す】《五他》目上の者から目下の者に、また役所から民間に、与える。

さけん【差遣】《名・ス他》使者をさしつかわすこと。派遣。

さげん【左舷】 船尾から船首に向かって左側のふなばた。↕右舷

ざこ【〈雑魚〉】①いろいろな種類の入りまじった小ざかな。②転じて、（大物に対する）小物。「—の魚(とと)まじり」（身分不相応の交際）

ざこう【座高・×坐高】 上体を垂直にして椅子に腰掛けた時の、座面から頭までの高さ。

さこうべん【左顧右×眄】→うこさべん

さこく【鎖国】《名・ス自》政府が自国と他国との交通・貿易などを禁じること。↕開国。▽多く江戸幕府の政策を指して言うが、現在では、江戸時代にも中国・オランダとの国際交流があったとするのが通説。新井白石「折たく柴の記」にも用例がある「海禁」と呼ぶのが適当ともいう。

さこつ【鎖骨】 胸の上部に左右一本ずつあり、胸骨と肩甲骨とをつなぐ骨。

ざこつ【座骨・×坐骨】 しりの下部、骨盤の下端をなす骨。左右一対あり、腸骨・恥骨と癒合して寛骨をなす。「—神経痛」

ざこつ【挫骨】 骨をくじくこと。また、くじいた骨。

ざこね【〈雑魚〉寝】 何人も入りまじって寝ること。

さこんのさくら【左△近の桜】 紫宸殿(ししんでん)の正面階段の、向かって右に植えた桜。↕右近の橘(たちばな)。▽昔、宮中の警護に当たった左近衛府(ふえ)（左近）の官人が、儀式のときその側に並んだ。

ささ【△酒】 さけ。▽中国で酒の異称として「竹葉」と言ったのに基づく。

ささ【×笹】 クマザサ・チマキザサなど小形の竹の総称。

ささ【×些×些】《ト タル》ほんのわずかなさま。取るに足りないこと。「—たる一事象」

ざざ【×坐作】 たちい。起居。「—進退」（いちいちの振舞い）

ささい【×些細・×瑣細】《ノダ》《「—な」も使う》（取るに足りないほど）細かいまたはわずかなこと。「—の事で争う」

ささいろ【×笹色】 乾いた紅が黒ずんで、緑に光って見える、その色。

ささえ（ささへ）【支え】 支えること。支えるもの。「心の—を失う」

さざえ【〈栄螺〉】 外海の海底の岩礁にすむ巻貝。貝殻は厚く、こぶし状で、多くはとげのような突起がある。肉は食用、貝殻は貝細工用。▽さざえ科（りゅうてん科）。

ささ-える（ささへる）【支える】《下一他》①物が落ちたり倒れたりしないように、つっぱってくいとめる。②状態を維持する。力を貸す。「一家のくらしを—」「王を—」。くいとめる。防ぎとめる。「敵の攻撃を—」

ささおり（…をり）【×笹折】①ささの葉で食物を包んだもの。②経木(きょうぎ)で作った折(おり)。

ささがき【×笹×掻き】 ゴボウなどを、ささの葉のように薄く斜めにそぐこと。そのそいだもの。

ささぐり【ささ×栗】→しばぐり

ささく-れる《下一自》①木や竹の先が使い古されて細かく裂ける。また、つめの根もとの皮が細かくさかむけになる。②比喩的に、感情がとげとげしくなる。「心が—」

ささげ【〈大角豆〉】 多くの豆が入った長いさや状の実

をつける一年生の作物。豆・さやは食用。茎がつる性のものと直立するものとがある。▽まめ科。ジュウロクササゲなどの変種がある。

ささげつつ【×捧(げ)△銃】士官や、軍人でなくても国賓など貴人に対し、執銃者が小銃を両手で垂直に体の正面に上げ相手に注目する敬礼法。

ささげもの【×捧げ物】神仏や目上の人にさしあげるもの。献上品。

ささ-げる【×捧げる】《下一他》①両手で高くさしあげる。「膳を―げて進む」「頭上高く宝冠を―げ持つ」▽「さしあぐ」のつづまった文語下二段活用動詞「ささぐ」の口語形。②尊ぶべき(時には、大切に思う)対象に向けて、ものや真心を差し出す。「神前に初穂を―」「神に祈りを―」「恋人に―げた詩」「独立運動に一身を―げて悔いない」

ささたけ【×笹竹】小さい竹類の総称。

ささつ【査察】《名・ス他》情況を視察すること。「核―」

ささなき【×笹鳴き・△小鳴き】冬、うぐいすが、舌鼓(したつづみ)を打つように鳴くこと。また、その鳴き声。

さざなみ【〈細波〉〈小波〉・×漣】①こまかく立つ波。さざれなみ。②比喩的に、小さなもめごと・争いごと。「両国間に―が立ちはじめた」

ささにごり【ささ濁り】水が少し濁ること。

ささはら【×笹原】ささが一面にはえている所。▽「ささわら」とも言う。

ささぶき【×笹×葺(き)】ささで屋根をふくこと。ささでふいた屋根(の家)。

ささぶね【×笹舟】ささの葉を折って舟の形に作ったもの。流して遊ぶ。

ささべり【×笹△縁】衣服や袋物の端を、布や組みひもで細くふち取ること。また、そのふち取った物。▽ささの葉のへりに色の変わった部分があることから。

ささみ【×笹身】ニワトリの胸の奥にある、ササの葉のような形をしたやわらかい肉。

ささめ-く《五自》ひそひそ話す。ささやく。

さざめ-く《五自》にぎやかに声を立てて騒ぐ。「笑い―」

ささめごと【〈私語〉】小声でひそかにする話。ひそひそばなし。

ささめゆき【〈細雪〉】こまかく降る雪。

ささや【×笹屋】ささぶきの小屋。

ささやか《ダナ》小ぢんまりと、目立たないさま。「―な家」。わずか。「―な心づくし」。形ばかりであるさま。「―な料理」▽謙遜をあらわす場合がある。

派生 **-さ**

ささや-く【×囁く】《五自他》小声でものを言う。ひそひそと話す。「―ような葉ずれの音」「業績不振が―かれる」(=かげで、うわさになる)」

ささやぶ【×笹×藪】ささが一面に茂った所。また、竹藪(たけやぶ)。

ささら【×簓】竹の先を細かく割った、または細かく割った竹をたばねた、道具。㋐物を洗う用具。「―をかける」㋑田楽・歌祭文(うたざいもん)その他の郷土芸能に使う楽器。

ささりんどう【×笹〈竜胆〉】リンドウの別称。▽葉が笹(ささ)の葉のような形なので言う。

ささ-る【刺さる】《五自》①先のとがった物が他の物に突き立つ。「とげが―」②線状の物が鋭く当たる。「直射日光が目に―」「視線が―」③驚きや感動を強く与える。「心に―言葉」

さざれ【〈細石〉】小さな石。小石。「―いし」▽雅語的。

さざれなみ【さざれ波】→さざなみ(1)

ささわり(ささはり)【△障り】さしさわり。故障。さまたげ。▽初めの「さ」は接頭語。既に古風。

さざんか【〈山茶花〉】秋から冬、つばきに似た白または紅色の花を咲かせる常緑小高木。暖地に自生し、生垣・庭木などとして植栽される。材は細工用。種子から油がとれる。▽つばき科。

さし ㊀《名》①【差し】二人ですること。㋐「さしむかい」の略。「―で一杯やろう」㋑「さしにない」の略。「―でかつぐ」②【差し・指し・△尺】「ものさし」の略。③【差し・×緡】穴明き銭にさし通し、銭が散らばらないようにした、細い縄。普通、百文単位。④【刺し】俵の中の米を調べるため、俵にさし込んで米を取り出すのに使う道具。竹筒を斜めにそぎ、または金属でその形に作る。⑤牛肉などに細かく入った白い脂。㊁《名》《名詞に付いて》①【刺し・指し】つきさすこと。また、それに似たことをすること、する人。「鳥刺し」「将棋指し」②【差し・△注し】入れること。入れるもの。「状差し」「油―」㊂【差し】《接頭》《動詞にかぶせて》語の勢いを強めるのに使う語。「―招く」「―押さえる」「―迫る」㊃【差し】《接尾》《和語の数詞に付けて》舞の数を表すのに使う語。「どれ一―御覧に入れよう」

さし【〈蠁子〉】はえの幼虫の俗称。㋐釣りのえさとするために、人工的に繁殖させたキンバエなどの幼虫。㋑ぬかみそなどにわくショウジョウバエの幼虫。

さし【×渣×滓】液体の底に沈んだ、かす。おり。

さし【砂×嘴】湾口の一方から、鳥のくちばしのように延びた堤防状の砂の堆積。▽駿河湾の三保の松原がその一例。→さす(砂州)

=さし《動詞の連用形に付けて》途中でやめること。また、そうした状態(になっていること・もの)。「読み―の本」「食い―」「言い―」

さじ【×匙】液体や粉末をすくい取る道具。「―を投げる」(医者が見はなす。また、物事の見込みがないとあきらめる)▽「茶匙」の字音。

さじ【×瑣事・×些事】小さな事。つまらない事。小事。

ざし【座視・×坐視】《名・ス他》黙って見ているだけで、その事に関係しようとはしないこと。「―するに忍びない」▽多く、後に打消しを伴って使う。

さしあい(ひ・あ)【差(し)合(い)】さしつかえ。さしさわり。当たりさわり。

さしあ-う【差(し)合う】〘五自〙①(他の物事と重なって)さしつかえる。②出あう。でくわす。

さしあ-げる【差(し)上げる】〘下一他〙①手に持って高く上げる。②受け手が目上の人、身分の高い人である時などの、「与える」「(……して)やる」の敬語。関連 捧げる・上げる・贈る・奉る・奉じる・呈する・進ぜる・献じる・奉呈・拝呈・謹呈・贈呈・送呈・献呈・進呈・進上・呈上・献上・献金・寄付・寄贈・遺贈・贈与・寄進

さしあし【差し足】音を立てないようにつま先の方からそっと地につけて歩くこと。「ぬき足ー」

さしあたり【差(し)当(た)り】〘副ノ〙今この場合。現在のところ。目下(もっか)。当面。「ー必要な金」「ーの目的は」▽「さしあたって」とも言う。同じく「の」も付く。「差し当たっての仕事と言えば」

さしあた-る【差(し)当(た)る】〘五自〙その場にでくわす。当面する。▽普通「ー・って」(↓さしあたり)の形で使う。

さしあぶら【差(し)油・△注(し)油】機械に油をさすこと。その油。

さしいれ【差(し)入れ】〘名・ス他〙①警察に留置されるなど、ある所に閉じこめられている人に、食品・衣類・日用品等を届けること。また、その品。②慰労・激励のため飲食物を届けること。また、その物。

さしい-れる【差(し)入れる】〘下一他〙①物を隙間・窓口などから中に入れる。「ふところに手をー」②差し入れをする。「弁当をー」

さしえ【挿絵】文章の中にさし挟む、その文章に関係のある事物を描いた絵。「小説のー」「ー入りの本」

サジェスチョン 暗示。示唆。▽「サジェッション」とも言う。suggestion

サジェスト〘ス他〙暗示する。示唆する。サジェスチョンを与える。▽suggest

さしお-く【差(し)置く】〘五他〙他を優先させるために、物事をそのままにしておく。捨てておく。「仕事をー・いて外出する」。人をないがしろにして事をする。「兄をー・いて出しゃばる」

さしおさえ【差(し)押(さ)え】〘名・ス他〙財産を自由に処分することを、国家権力によって禁じること。特に、金銭債権に基づいて行われる強制行為。▽刑事訴訟上の手続きに関しては、↓りょうち(領置)

さしおさ-える【差(し)押(さ)える】〘下一他〙①おしとどめる。②差し押さえをする。

さしかえ【差(し)替え・差(し)換え】①さしかえること、さしかえるもの。②特に、別に用意しておく、予備の刀。

さしか-える【差(し)替える・差(し)換える】〘下一他〙①取り替えてさす。「かんざしをー」▽「差」を「挿」に書く場合もある。②取り替える。「番組をー」

さしかか-る【差(し)掛(か)る】〘五自〙①その場に来る。「山にー」。その時期にはいる。「雨期にー」②上からおおいかぶさる。

さしかけ ①【指(し)掛け】将棋を途中までさして、いったん休止すること。②【差(し)掛け】㋐傘などをさしかけること。㋑母屋(おもや)から突き出した片流れの屋根。

さしか-ける【差(し)掛ける】〘下一他〙他のものをおおうように、かざす。「傘をー」

さじかげん【×匙加減】①薬の調合の加減。②転じて、手加減。「しかり方のー」「上司のー一つで昇進が決まる」

さしかざ-す【差(し)×翳す】〘五他〙手に持って(頭の)上に覆うような形に上げる。

さしかた-める【差(し)固める】〘下一他〙門・戸などをかたくとじる。入口をきびしく警戒する。

さしがね【差(し)金】①㋐かげから人をそそのかして、あやつること。「だれのーだ」▽㋑の転。㋑舞台に出る鳥や蝶(ちょう)などを、客には見えないようにかげであやつる細い棒や針金。②かね尺。▽「差金」を「さきん」と読めば別の意。

さしがみ【差(し)紙】江戸時代に使った出頭命令書。特に、奉行所が庶民に発した呼出し状。

さしかわ-す【差(し)交(わ)す】〘五他〙↓かわす(交)(2)。「枝をー」▽「差(し)」は接頭語。

さしき【挿(し)木】新たな株を作るために、植物の枝・茎などを地中にさして根を出させること。

さじき【桟敷】一段と高く設けた見物席。

ざしき【座敷】①畳を敷きつめた室。特に、客間。②宴会の席。㋐接客または酒宴の時間。また、その取持ち。「ーが長い」「おーを上手に持つ」㋑芸人・芸者などが客席へ招かれること。「おーがかかる」 **ーろう**【ー×牢】厳重に仕切って人をとじこめる座敷。 **ーわらし**【ー△童】東北地方で、旧家に住むとされる、子供の姿の神。▽いたずらはするが、居なくなるとその家はさびれるという。

さしきず【刺(し)傷】先のとがったもので刺してできた傷。

さしぐし【挿(し)×櫛】女性が髪の飾りとしてさす櫛(くし)。

さしぐすり【差(し)薬】さして使う薬。㋐目にさす薬。▽「注薬」とも書く。㋑座薬。▽「挿薬」とも書く。

さしぐ-む〘五自〙涙がわいて来る。涙ぐむ。▽文語。

さしく-る【差(し)繰る】〘五他〙つごうをつける。予定をくりあわせる。

さしげ【差(し)毛】①動物の毛色などで別の色の毛が少数まじること。また、その毛。②帽子などにさした鳥の羽根。

さしこ【刺(し)子】綿布を重ね合わせて、一面に細かく刺縫いをしたもの。丈夫で、柔道着などにする。

さしこ-える【差(し)越える】〘下一他〙他人をさしおいて自分が先に出る。

さしこ-す【差(し)越す】〘五自〙越えて前に出る。また、一定の順序・手続きをふまずに行う。

さしこみ【差(し)込み】①差し込むこと。差し込む物。特に、コンセントに差し込むことにより電気の接続を行う部品。プラグ。また、一般に、コンセント

をも言う。②胸・腹などに急に起こる激しい痛み。癪(しゃく)。主に胃痙攣(けいれん)。

さしこ-む【差(し)込む】①《五自》㋐光がはいって来る。▽「射し込む」とも書く。㋑胸・腹などが、物を突っ込んだように、急に激しく痛む。②《五他》穴・隙間などに突き入れる。さし入れる。「錠に鍵を—」

さしころ-す【刺(し)殺す】《五他》人を刃物で刺して殺す。

さしさわり :さはり【差(し)障り】①さしつかえ。「—が起こって行けない」②他人に迷惑を及ぼすような、ぐあいの悪いこと。「それを言うと—がある」

さししお :しほ【差(し)潮】潮が満ちてくること。あげしお。みちしお。↕引潮

さししめ-す【指し示す】《五他》指を向けて示す。指示する。「向かう方向を—」。示す。「証拠が—事実」

さしず【指図】《名・ス他》言いつけてさせること。指揮。「皆を—して動き回る」「—に従う」「人の—は受けない」

さしずめ :づめ《副ノ》今の局面で、つまり。さしあたり。「—(は)この台を机にしよう」「—しあわせというところか」「—の仲間」▽「差(し)詰め」に由来。

さしせま-る【差(し)迫る】《五自》時期・期限などがまぢかになる。切迫する。「危険が—」

さしぞえ :ぞへ【差(し)添え】①大刀に添えてさす小刀(しょうとう)。わきざし。②つきそい。さしぞい。

さした《連体》↓さ《副》(4)(イ)

さしだしにん【差(し)出(し)人】郵便物・荷物などを送る人。

さしだ-す【差(し)出す】《五他》①前方へ出す。「手を—」②提出する。「願書を—」「財物を—・して助命を乞う」「いのちを—」(自分の命をなげうって相手方の処置にゆだねる)。手紙などを発送する。「返事を—」

さした-てる【差(し)立てる】《下一他》①立てる。②送り出す。「注文品を—」。さし向ける。「使者を—」▽(2)はすでに古風。

さしたる《連語》↓さ《副》(4)(イ)

さしちが-える :ちがへる①【刺(し)違える】《下一自》互いに相手を刀で刺して死ぬ。②【差(し)違える】《下一他》相撲(すもう)で行司(ぎょうじ)が勝負を見誤って、負けた力士に軍配を上げる。

さしちゃ【差(し)茶】↓くちぢゃ

さしつかえ :つかへ【差(し)支え】しようとする事の妨げになるような事情。都合の悪い事柄。さしさわり。「—(が)ない」(してもよいという許容の意も)

さしつか-える :つかへる【差(し)支える】《下一自》ある事に対して不都合になる。「夜更かしは仕事に—」「持ち金が少なくて勘定に—・えた」「来なくても—・えない」▽「—・えない」の形は、多くは、してもよいという許容の意で使う。

さしつかわ-す :つかはす【差(し)遣わす】《五他》命令して送る。さし向ける。派遣する。「使節を—」

さしつぎ①【刺(し)継ぎ】布地の弱っている所を同色・同質の糸で刺して丈夫にすること。②【指(し)継ぎ】将棋で、中断していた対局を再開すること。

さしつ-ける【差(し)付ける】《下一他》①物に押し当てる。②目の前にさし出す。つきつける。

さしったり《感》①心得た。合点だ。②ええ、しまった。▽(1)(2)共に、予期していた時に発する声。現在ではほとんど使わない。

さしづめ ↓さしずめ

さして【指し手】①将棋で、駒を動かす手順。「—が速くなる」②将棋を指す人。「なかなかの—だ」

さして ↓さ《副》(4)(イ)

さしでがまし-い【差(し)出がましい】《形》人のことに余計な口を出して、失礼だ。出しゃばりだ。「—口をきく」 派生 **-さ** **-げ**

さしでぐち【差(し)出口】出しゃばって言う言葉。余計な口出し。

さし-でる【差(し)出る】《下一自》①前に出る。すすみ出る。②転じて、出しゃばる。

さしとお-す :とほす【刺(し)通す】《五他》刺して突き通す。つらぬく。

さしと-める【差(し)止める】《下一他》おさえとめる。禁止する。「記事を—」「出入りを—」。停止する。「送金を—」

さしにない :になひ【差(し)担い】前後二人で物をになうこと。さし。

さしぬい :ぬひ【刺(し)縫い】①布を幾枚も重ねて一針ごとに針を抜き通して縫うこと。そのように縫ったもの。②刺繡(ししゅう)の仕方の一種。模様の外側から内側へ、模様の全体を埋めるように縫うこと。

さしぬき【指△貫】平安時代、衣冠・直衣(のうし)・狩衣(かりぎぬ)を着る時にはく、はかま。すそがひもでくくれる。▽「ゆびぬき」と読めば別の意。

さしね【指値】〔取引〕売買を委託する時に値段を指定すること。その値段。

さしの-べる【差(し)伸べる・差(し)延べる】《下一他》(手をある方向に)ずっと出す。「救いの手を—」

さしのぼ-る【差(し)上る・差(し)昇る】《五自》(太陽などが)のぼる。

さしば【差(し)歯】①欠けた歯に人工の歯をかぶせて差すこと。その人工の歯。②足駄(あしだ)の台に歯を入れること。その歯。

さしはさ-む【△挟む・差(し)挟む】《五他》間に入れる。はさみ込む。「人の話に口を—」「疑いを—」(心の中に疑いを持つ)

さしひか-える :ひかへる【差(し)控える】①《下一自》そばに居る。控える。「左右に—」②《下一他》ひかえめにする。「飲食を—」。遠慮する。「悪口は—」

さしひき【差(し)引(き)】①《名・ス自他》差し引くこと。差し引いた残高(を求めること)。「—勘定」②《名》転じて、精算。③《名》潮のみちひ。また、体温の上がり下がり。

さしひ-く【差(し)引く】《五他》ある数量から他の数

量を引き去る。「給料から税金を—」

さしひび-く【差(し)響く】『五自』関係が他に及ぶ。ある事態が他に影響する。

さしまね-く【差(し)招く・×麾く】『五他』手でまねく。▽古風な言い方。

さしまわ-す【差(し)回す】『五他』使いや乗り物をそちらへ行かせる。さし向ける。「自動車を—」

さしみ【刺身】新鮮な魚介類を生のまま薄く切り、薬味と醤油(しょうゆ)で食べる日本料理。おつくり。

さしみず【差(し)水】①『名・ス自』水を(湯の中や花びん等に)そそいで足すこと。その水。②『名』川の水かさが少し増すこと。また、井戸に外から水がしみ込むこと。そのしみ込んだ水。

さしむかい【差(し)向(か)い】ふたりが向かい合っていること。▽夫婦・恋人について言う場合が多い。

さしむき『副ノ』さしあたり。さしずめ。「—の用件」

さしむ-ける【差(し)向ける】『下一他』①ある任務を与え、そちらへ行かせる。「お迎えの車を—」。派遣する。「軍隊を—」②その方へ向ける。

さしも『副[に]ノ』→さ『副』(1)(オ)

さしもど-す【差(し)戻す】『五他』もう一度やり直すように、元に返す。「事件を第一審に—」「書類を—」

さしもの ①【指物】㋐よろいの背にさし、または従者に持たせて、戦場での目印にした小旗や飾り物。旗指物。㋑板を組み合わせて作る家具・器具。②【挿物】頭髪にさす、くし・かんざし等。 **—し**【指物師】指物(1)(イ)を作る職人。

さしゆ【差(し)湯】『名・ス自』湯をそそいで足すこと。その湯。

さしゅ【詐取】『名・ス他』(金や物品を)だまして取ること。

さしゅう【査収】『名・ス他』金額・物品・書類等をよく調べて受け取ること。

さじゅう【×叉銃】『名・ス自』兵が携行する小銃を、休憩時などに、三梃(うちょう)以上組み合わせて角錐(かくすい)状に立てること。その方法。

さじゅつ【詐術】人をだます手段。

さしょう【詐称】『名・ス他』(住所・氏名・職業などを)いつわって言うこと。「経歴—」

さしょう【×些少】『ノダ』《「—な」も使う》取り立てて言うに及ばないほど、少しの分量であること。わずか。「—ながらお納め下さい」

さしょう【査証】①『名・ス他』調査して証明すること。②『名』→ビザ

さしょう【左証】証拠。▽割符(わりふ)の左側を持っていることが証拠立ての手段になったから。証左。

さじょう【砂上】砂の上。「—の楼閣」(基礎がしっかりしていない物事。転じて、実現不可能な物事、または長続きしない物事のたとえ)

ざしょう【座礁・×坐礁】『名・ス自』船が暗礁(や浅瀬)に乗り上げること。

ざしょう【挫傷】『名・ス自他』物にぶつかった時の外力によって、皮膚の表面は傷つかず、その下の組織が傷つくこと。うちみ。

ざじょう【座乗・×坐乗】『名・ス自』海軍で、司令官などが指揮のために軍艦・航空機に乗り込むこと。

ざしょく【座職・×坐職】(動き回ることを必要とせず)すわっていてする職業。居職(いじょく)。

ざしょく【座食・×坐食】『名・ス自』働かずに暮らすこと。居食い。

さしりょう【差(し)料】自分が差すための刀。差前(さしまえ)。

さしわけ【指(し)分(け)】将棋で、勝ち負けの数が同じで引分けになること。

さしわたし【差(し)渡し】直径。また、一端から他端までの長さ。

さじん【左×衽】①『名』着物を着る時の、左まえ。②『名・ス自』(1)の着方をする異民族の風習(に従うこと)。▽中国で、衣服を左まえに着たのを夷狄(いてき)の風俗としたところから。

さじん【砂×塵】すなぼこり。

さ-す『五他』「させる」の別型。↓させる『下一他』

さ-す ㊀【差す・△射す】『五自』①光が照り込む。光が当たる。「日が—」②潮が満ちて来る。[差] ③よそからそこにはいって来るように、または内から外に現れるように、物事が起こる。[差]「赤みが—」「魔が—」「いやけが—」「気が—」(気がとがめる)
㊁【刺す・差す・挿す・△鎖す・△注す・△点す】『五他』①先の鋭い物、棒状の物等を突き込む。[刺] ㋐突き入れる。「腕に注射針を—」「短刀で人を—」 ㋑虫が針を人の肌などに入れこむ。「蚊が—・した程度の事で大騒ぎする」 ㋒針で縫う。「ぞうきんを—」 ㋓さおを水中に入れて使い、舟を動かす。さおさす。 ㋔もちざおを鳥などにつけ、捕らえる。 ㋕野球で走者をタッチアウトにする。[差]
②細長い(固い)物を他の物の間に入れこむ。㋐はめこむ、または立てる。[差・挿]「花を—」「かんざしを—」「右を—・し一気に寄り切る」 ㋑帯に通してはさむ。[差]「刀を—」
③戸・錠・栓などを閉める。[鎖]
④加え入れる。㋐液体を容器等にそそぐ。[注]「油を—」「水を—」(他人の熱意をさまさせるような事をする意にも)「目薬を—」 ㋑色をつける。[注]「口紅を—」 ㋒訓点を加える。[点]
㊂【差す・指す】『五他』①事物をそれだと示す。[指] ㋐指(またはその代わりとなる物)で物や方向を示す。「ここが大切だと、本のその箇所を—」 ㋑指で示すように何かで示して、それだと定める。「この語の—意味」。指摘する。告げ知らせる。「犯人を—」。指名する。「先生が生徒を—」 ㋒その方へ向かう。「西を—・して行く」
②物を前方へ出す。㋐『杯を—』杯に酒を入れて人にすすめる。㋑舞で手を前へ伸ばす。「—手引く手」 ㋒将棋のこまを進める。将棋をする。[指]
③物を手で持ち上げる。[差] ㋐両手で高く上げ

る。「みこしを―・したりもんだりして、ねり歩く」 ㋑かさ等をかざす。「日傘を―」 ④物さしを当てて寸法を測る。転じて(物さしを使って)机・箱などを作る。【指】

=**さ-す** 《動詞連用形に付け、五段活用の他動詞を作る》途中でやめる。「本を読み―」

さす 『助動』「させる」の別型。↓せる『助動』

さす【砂州・砂×洲】水の流れや風によって運ばれた土砂ででき、入江の一方の岸から対岸に届いているか、または届きそうに伸びている州(す)。砂嘴(さし)がさらに延びたもの。▽天橋立(あまのはしだて)がその一例。

ざ-す【座す・×坐す】『五自』↓ざする

ざす【座州・×坐×洲】『名・ス自』船が浅瀬に乗り上げること。

ざす【座主】〔仏〕一山の寺の事を統轄する首席の僧。特に天台座主すなわち延暦寺(えんりゃくじ)の長。

さすが【〈流石〉・×遉】『ダナ・副』①前後矛盾した事態であるさま。㋐《多く「―に」「―の」の形で》そうは言っても。「夏は好きだが、この暑さでは―に参る」「―の秀才にも解けない難問」 ㋑《「―に」の形で》その情況では矛盾的要素が何としても現れると見る場合に使う語。そうは言っても。「ひとり暮らしは気楽でも―に寂しい」 ②(とやかく悪評を放つ人があっても、大局では)期待どおりだと、改めて感心する気持を表す語。何と言おうと、やはり。「―(に)豪商だけあって、する事が大きい」「手並みは―(なもの)だ」「―は天才」 ▽「流石」は当て字。「遉」も字の原義にこの意味はない。

さずかりもの(さづかりもの)【授かり物】天や神仏のお恵みとして戴(いただ)いた(ものとしての)子(ども)。

さずか-る(さづかる)【授かる】『五自』上の者から下の者に与えられる。たまわる。いただく。「子は天から―ものだ」。伝え教えられる。「師から秘伝を―」

さず-ける(さづける)【授ける】『下一他』上の者から下の者に与える。たまう。「王が臣下に刀を―」。伝えて教える。伝授する。「弟子(でし)に秘伝を―」

さすて【差す手】舞で、前方へさし出す手。「―引く手」

サスペンション 自動車・バイクなどで、車輪と車体をつなぎ、路面からの衝撃や振動を吸収して車体を安定させる装置。▽suspension

サスペンス 文学・映画などで物語中の危機が読者・観客をはらはらさせる、その感情。また、そのような感情を引き起こす作品のジャンル。「―ドラマ」 ▽suspense(=不安)

サスペンダー ①ズボンつり。②靴下どめ。▽suspenders

さすまた【刺股・刺×叉】長い柄の先にU字形の金具をつけたもの。▽江戸時代捕り物に使い、今も防犯用に使う。

さすらい(さすらひ) さすらうこと。漂泊。流離。「―の旅」

さすら-う(さすらふ)『五自』当てどなくさまよい(旅して)歩く。漂泊する。流浪(るろう)する。

さす-る【△摩る】『五他』(痛み・寒さなどをやわらげるために)手のひらを軽く押し当てながら何度も動かす。「背中を―」

ざ-する【座する・×坐する】『サ変自』①すわる。②事件のかかりあいになる。連座する。まきぞえをくう。「汚職事件に―・して職を失う」

さすれば『連語』↓さ『副』(4)㋐

ざせき【座席】すわる席。席。

させつ【左折】『名・ス自』車や人が進路を左に折れ曲がること。↕右折

ざせつ【挫折】『名・ス自』目的をもって続けてきた仕事などが中途でだめになること。くじけ折れること。「資金難で―する」「―感を味わう」

さ-せる『下一他』《「せさせる」が詰まって一語化した形》他人にあることをするようにしむける、または命じる。「勉強(を)―」。することを許す。するにまかせる。「本人の好きに―」

させる『助動』《五段活用以外の動詞の未然形に付く》↓せる『助動』

させる【△然せる】『連語』さしたる。▽副詞「さ」(4)㋑+文語動詞「す」+「あり」に由来。

させん【左遷】『名・ス他』それまでの官職・地位から低い官職・地位におとすこと。↕栄転。「―人事」

ざぜん【×坐禅・座禅】すわって行う禅の修行。↓ぜん【禅】(1)㋐

さぞ【×嘸】『副』《あとに推量の言い方を伴って》さだめし。「―お疲れでしょう」「お母さんも―おつらいことだろう」「―心配したろう」「山頂は―寒かろう」 ▽多くは、人の感情・境遇に共感した時に使う。副詞「さ」+係助詞「ぞ」が一語化したもの。「―かし」「―や」はこれを強めた言い方。

さそい(さそひ)【誘い】誘うこと。勧誘。「―をかける」「―に乗る」

さそいか-ける(さそひかける)【誘い掛ける】『下一自』何かをする目的で、人を誘う。ある事をさせようとして誘う。

さそいだ-す(さそひだす)【誘い出す】『五他』①誘って、いっしょに外出させる。②転じて、……するように、うまく仕向ける。「話を―」

さそいみず(さそひみづ)【誘い水】↓よびみず

さそ-う(さそふ)【誘う】『五他』①いっしょに行くようにすすめる。「旅行に―」。ある事をするようにすすめる。②ある状態が、ある行為をするような気分にさせる。㋐そそのかす。誘惑する。「悪の道に―・われる」 ㋑うながす。「涙を―物語」 ▽↓すすめる(二)(1)。 関連↓まねく

ざぞう【座像・×坐像】すわっている姿の像。↕立像

さぞかし【×嘸かし】『副』「さぞ」を強めた言い方。↓さぞ。「―御心配でしょう」「―大きな屋敷に住んでるんだろう」 ▽「かし」は文語の強めの終助詞。

さぞや【×嘸や】『副』「さぞ」を強め(多少とも詠嘆を込め)た言い方。↓さぞ。「―愚痴を聞かされたに相違ない」「雪道を来て―寒かろう」「親御さんのお喜び

もーとしのばれる」▽「や」は間投助詞。

さそり【×蠍】はさみ状に発達した一対の足の後ろに四対の歩脚が並び、尾のように長くのびた体の後端に毒針をもつ生物。種類が多く、ふつう熱帯・亜熱帯に分布。▽くも綱さそり目の節足動物の総称。

さそん【差損】売買の決算での、収支の差額としての損失。↔差益。「ー金」「為替(かわせ)ー」

さた【沙汰】①《名・ス自他》善悪・理非を見分けて決めること。㋐判定(すること)。裁断。「ーの限りだ」(論外だ)「地獄のーも金次第」▽元来は、水ですすいで砂(＝沙)をえり分ける(＝汰)意。㋑裁断の結果を(公的に)通達すること。さしず。「追ってーする」「御ーをお待ちします」②《名》人々の口にのぼるような事件・行為。「正気(しょうき)のーでない」「裁判ー(ざた)」「刃傷(にんじょう)ー(ざた)」③《名》話題にすること。㋐知らせ。「何の音ーも無い」「無事とのーが届く」㋑評判。うわさ。「町じゅうで取りー(ざた)する」

さだいじん【左大臣】太政官(だいじょうかん)の長官で、太政大臣の次、右大臣の上。

さだか【定か】《ダナ》はっきりしているさま。明らか。「行方はーでない」「ーな記憶があるのはその時からだ」「今もーに思い出す」

ざたく【座卓】和室用の、脚が短いテーブル。(畳や床に置き)床にすわって使う。

さだま-る【定まる】《五自》物事が一定の状態に落ち着く。㋐決まる。「位置がー」「住所がー」㋑一定している。「ーった方法」㋒安定する。「天候がー」「ねらいがー」。しずまる。おさまる。鎮定される。「天下がー」㋓はっきりした結末に至る。「事がー」

さだめ【定め】①定めること。決定。評定。②定めた内容。規則。おきて。「国のー」③定められた状態。㋐(仏や神によって定められた)運命。「悲しいーに泣く」「前世のーはのがれがたい」㋑一定していて変わらないこと。「ーなき世」

さだめし【定めし】《副》《あとに推量の語を伴って》(間違いなく)きっと。「御両親もー御満足でしょう」▽「し」は、もと強めの助詞。

さだめて【定めて】→さだめし。▽動詞「定める」の連用形＋助詞「て」から。

さだ-める【定める】《下一他》物事を一定の状態に落ち着かせる。㋐決める。「居所を原宿にー」。特に、公的に決める。「法をー」「憲法に(よって)ー表現の自由」㋑揺れ動かないようにする。「ねらいをー」㋒しずめる。治める。「天下をー」㋓はっきりした結末になるようにする。「事をー」

さたやみ【沙汰△止み】計画が中止されること。おながれ。▽→さた(1)

さたん【×嗟嘆・×嗟×歎】《名・ス自他》①なげくこと。②感心してほめること。

さたん【左×袒】《名・ス自》味方すること。賛成すること。▽着物の左をかたはだぬぎにする意。前漢の周勃が、朝廷に味方する者は左袒せよ、と言った故事による。

サタン 悪魔。魔王。▽Satan

ざだん【座談】《名・ス自》(いっしょに座ったままで)形式ばらないで話し合うこと。「ー会」

さち【幸】①しあわせ。幸福。②自然界から得たうまい食物。もと、狩や漁(りょう)のえもの。「海のー、山のー」

ざちゅう【座中】①集会している一座の中。列席者の中。②演芸の一座のなかま。

ざちょう【座長】①会議や懇談会などで、進行をつかさどる長。▽chairman の訳語。②演芸の一座の長。座がしら。

さつ〔俗〕警察を指す隠語。▽普通「サツ」と書く。

さつ【*冊】【册】サツ サク ふみ ｜①書物。ふみ。「冊子・書冊・分冊・別冊・小冊・大冊」②書物を数える語。「二冊・数冊」③書きつけ。書きつける料紙。「短冊(たんざく)」④中国で、昔、天子が諸侯に封禄(ほうろく)・爵位を授ける時の書きつけ。天子の命によって官・位を授ける書きつけ。「サク」と読む。「冊立・冊封(さくほう)」

さつ【*札】サツ ふだ ｜①文字を書いてしるしとするふだ。「表札・標札・門札・高札・禁札」。乗り物の切符。「出札・改札・検札」▽もと、薄くて小さい木の板。後には紙にもいう。②㋐書きもの。てがみ。証拠となる文書。「書札・芳札・鑑札・一札」㋑いれふだ。「入札・落札」③《名・造》紙幣。「札入れ」「金札・千円札」④皮糸でとじ合わせてよろいとする、うすい板。さね。「甲札」

さつ【*刷】サツ する はく ｜①刻版に紙をのせてうつす。する。「印刷・縮刷・増刷」②こすってきれいにする。ぬぐい取る。はく。「刷新」

さつ【刹】サツ セツ ｜①寺。「巨刹・名刹・古刹・仏刹・梵刹(ぼんせつ・ぼんさつ)」②梵語(ぼんご)の音訳に用いる。「刹那(せつな)」▽「セツ」は慣用音。

さつ【*殺】【殺】サツ サイ セツ ころす そぐ ｜①命を絶つ。ころす。「殺人・殺虫・殺菌・殺害(さつがい・せつがい)・殺傷・殺戮(さつりく)・殺伐・殺気・殺意・殺生(せっしょう)・生殺・自殺・他殺・故殺・誤殺・絞殺・刺殺・撲殺・銃殺・射殺・屠殺(とさつ)・虐殺・圧殺・暗殺・惨殺」②なくす。けす。「抹殺・殺風景」③へらす。そぐ。「相殺(そうさい)」④語勢を強めるために添える助字。「殺到・笑殺(しょうさつ・しょうさい)・忙殺・悩殺・黙殺」

さつ【撒】サツ サン ちらす まく ｜手でまき散らす。「撒水(さっすい・さんすい)・撒布(さっぷ・さんぷ)」▽「サン」は慣用読み。

さつ【撮】サツ とる ｜①手の指でつまんでとり上げる。「撮要・撮土・撮壌」②写真にうつしとる。「撮影」

さつ【擦】サツ さする する こする すれる ｜こすりあわせる。さする。「擦過傷・塗擦・摩擦」

さつ【*察】サツ ①物事にくわしく通じて、あきらかになる。くわしく知る。よく見て、しらべる。「明察・考察・洞察・視察・検察・監察・査察・巡察・偵察・観察・警察・診察」②おしはかる。思いやる。「察知・推察・賢察」

ざつ【雑】《ダナ》やりかたが念入りでなく、大ざっぱなさま。「仕事が―だ」「―な考え」「―に分類する」▽→ざつ〖雑〗。派生 ―さ

ざつ〖*雑〗〖雜〗ザツ ゾウ(ザフ) まじる まじわる まじえる ①㋐いろいろなものが入りまじっている。まじりけがある。まじる。「雑種・雑食・雑居・雑炊(ぞうすい)・雑魚(ざこ・じゃこ)・複雑・夾雑物(きょうざつぶつ)」㋑多くのものが統一なく集まっている。「雑多・雑然・雑学・雑録・雑纂(ざっさん)・雑記・雑談(ざつだん・ぞうだん)・雑話・雑報・雑踏・煩雑・繁雑・混雑・乱雑」②㋐主要でない、いろいろのこと。上級の役目を持たない。「雑用(ざつよう・ぞうよう)・雑務・雑役・雑穀・雑書・雑貨・雑事・雑音・雑木(ぞうき・ざつぼく)・雑念(ざつねん・ぞうねん)・雑芸(ざつげい・ぞうげい)・雑人(ぞうにん)・雑色(ぞうしき・ざっしき)・雑兵(ぞうひょう・ざっぴょう)・雑巾(ぞうきん)・雑言(ぞうごん)」㋑《ダナ・造》行き届いていない。念入りでない。「雑に扱う」「雑な仕事」「雑駁(ざっぱく)・粗雑・蕪雑(ぶざつ)」▽→ざつ(雑)。㋒有用でない。「雑草」㋓《名・造》他の分類にはいらないもの。はっきりと区別が立てにくいもの。「雑(ぞう)の部」「雑費・雑歌(ぞうか)・雑収入」

さつい【殺意】人を殺そうとする意志。

さついれ【札入れ】紙幣を入れて持ち歩くためのもの。紙入れ。

さつえい【撮影】《名・ス他》写真や動画をとること。「映画の―所」「野外―」

ざつえい【雑詠】詩歌や俳句などで、題をきめず、いろいろの事物をよむこと。その作品。

ざつえき【雑役】こまごました雑多な労役。「―夫」

ざつえき【雑益】主な収益以外の(多くは臨時的またはこまごました)収益。

ざつおん【雑音】①一定の高さを持たず、不快な感じを起こさせる音。騒音。②俗に、まわりで言う無責任なあれこれの批評。「―を気にするな」③通信や放送の音声に入り込み、もとの音声の聴取の邪魔になる乱雑な音。また、電波の波形や電気的信号を乱す外部からの攪乱(かくらん)。

さっか【作家】芸術品、特に小説・戯曲の、制作者。

さっか【作歌】《名・ス自他》和歌を作ること。作った和歌。

さっか【擦過】かすること。すりむくこと。 **―しょう**【―傷】すりむききず。

ざっか【雑貨】種々の、こまごまとした日用品。「―商」

サッカー ①アソシエーション フットボールの別称。十一人ずつの二組にわかれ、ゴール キーパー以外はボールに手をふれないで、ボールをけって相手のゴールに入れる競技。ア式蹴球。「五人制―」(一チーム五人の、視覚障害者のためのサッカー) ▽soccer ②表面に縞(しま)状のしぼを寄せた織物。主に木綿地。夏の女性・子供服用。▽seersucker から。

さつがい【殺害】《名・ス他》人を殺すこと。▽以前は「せつがい」と言った。

さっかく【錯覚】《名・ス自他》①〔心理〕外界の事物を、その客観的性質に相応しない形で知覚すること。その知覚。「―を起こす」▽おもに視覚・聴覚について言う。→げんかく(幻覚)。②俗に、思い違い(をすること)。勘違い。「自分の家かと―した」

さっかく【錯角】一つの直線が二つの直線と交わる時、二直線の内側にできる四つの角のうち、斜めに向かい合う位置にある角。「平行線の―は相等しい」

ざつがく【雑学】広く種々の方面にわたる、系統立っていない知識・学問。雑多な事柄についての知識。

ざっかけな‐い《形》あかぬけせず粗野な感じだ。「―男」「バラック同様な―建物」▽東京下町では第二次大戦後も使った。派生 **―さ**

ざつかぶ【雑株】主要株式以外のさまざまの、人気の薄い株式。下の株。

サッカリン 砂糖の数百倍の甘みをもつ人工甘味料。白色・半透明で、無臭の結晶性粉末。▽saccharin 点の甘い教師のあだ名としてもよく使われた。

さっかん【錯簡】書籍のとじ違いで順序に狂いがあること。また、文章が前後いりまじって乱れていること。

ざっかん【雑感】さまざまの、まとまりのない感想。

さつき【〈五月〉・△早月・〈皐月〉】①陰暦五月。②「さつきつつじ」の略。 **―あめ**【―雨】さみだれ。梅雨。 **―つつじ**【―〈躑躅〉】六月ごろ紅色の花が咲く、つつじの一種。つつじの中で最も遅く咲き、花期が長い。関東以西の渓流沿いに自生。また園芸種も多い。さつき。 **―ばれ**【五月晴(れ)】①太陽暦五月の晴天。▽(2)の転。②梅雨の時期の晴れ間。つゆ晴れ。 **―やみ**【―闇】梅雨のころの夜が暗いこと。また、そのくらやみ。

さっき (その日のうちで)今より少し前。さきほど。▽「先(さき)」の促音化。

さっき【殺気】①人を殺そうとする気配。はげしい敵意に満ちた気分。「―がみなぎる」②草木を枯らす秋・冬の寒気。 **―だ‐つ**【―立つ】《五自》興奮して荒々しい気持になる。

さっき【△数奇】《ダナ》「すうき」のなまり。→すうき(数奇)

ざつき【座付(き)】芝居で、役者・作者などが一座に専属すること。その役者・作者など。

ざつぎ【雑技】いろいろの(価値がさほど高くないと見られる)技芸。

ざっき【雑記】いろいろのことを書きしるすこと。「―帳」「身辺―」

さっきゅう【△遡及】《名・ス自》→そきゅう(遡及)。▽「そきゅう」の慣用読み。

さっきゅう【早急】《ダナ》非常に急なさま。至急。そ

うきゅう。「ーに解決したい」派生 ーさ

ざっきょ【雑居】《名・ス自》種々の人がまじり合って住むこと。㋐一つの家に何家族もの人が住むこと。㋑一つの建物にいろいろな会社や店が入っていること。「ービル」㋒一つの地域にいろいろな民族がまじって住むこと。

さっきょう【作況】農作物のできぐあい。さくがら。

さっきょく【作曲】《名・ス自他》音楽作品を創作すること。また「作詞」に対し、詩歌に節をつけること。

ざっきょく【雑曲】①雅楽以外のさまざまの音曲。②はやり歌。俗曲。

さっきん【殺菌】《名・ス自他》細菌を殺すこと。▽多くは、「消毒」と同様に、当面の有害な細菌(微生物)を殺すことに言う。↓めっきん

ざっきん【雑菌】種々雑多の細菌。「ーが混入する」

サック 物を入れておく袋・さや。「めがねのー」「鉛筆のー」㋐指を保護するためにはめる、ゴム製の袋。▽sack ㋑「ルーデサック」の略。コンドーム。▽オランダ roedezak から。

ザック (登山用の)リュックサック。▽ドイツ Rucksack から。

サックス ↓サキソフォン。▽sax

ざっくばらん《ダナ》(相手に思ったことを隠さずに言うなど)さっぱりと遠慮がないさま。「ーに話す」派生 ーさ

さっくり ①《副「と」・ス自》繊維の束などが簡単に切れるさま。「長い安寿の髪が、鋭い鎌の一掻(かき)にー切れた」(森鷗外「山椒大夫」)「ー(と)した歯ごたえ」②《副「と」》器に入った食材をつぶさず、切るようにへらなどを入れるさま。「酢飯をー(と)混ぜる」

ざっくり《副「と」・ス自》①大きく断ち割るさま。切り口が大きく開いたさま。「スイカをー(と)切る」「ー(と)口を開いた刃物傷」②大まかなさま。「ー(と)分類する」③編み目・織り目などが粗いさま。「ーと編んだセーター」

ざっけん【雑件】こまごました雑多の事件・用件。

ざっけん【雑犬】純粋種でない犬。雑種の犬。

さっこう【作興】《名・ス他自》ふるいおこすこと。盛んにすること。ふるいおこること。盛んになること。「国民精神をーする」

ざっこう【雑交】《名・ス他》種類または系統の異なる個体の間に行われる受精。かけあわせること。交雑。

ざっこう【雑考】系統立っていない、さまざまの考察・考証。

ざっこく【雑穀】米・麦以外の種々の穀類。例、キビ・アワ・ヒエ。

さっこん【昨今】このごろ。近ごろ。

ざっこん【雑婚】↓らんこん

さっさ《副と》迷ったり手間取ったりしないで、すばやく動作をする様子。「ーと片付ける」

さつさつ【×颯×颯】《ト タル》↓さっさつ

さっさつ【×颯×颯】《ト タル》風が吹く音。そのさま。「寒風ーとして天にほえる」

ざっさん【雑×纂】種々雑多の文を集めること。また、その集めた本。

さっし【察し】察すること。推し量ること。「ーが早い」「ーがつく」

さっし【冊子】とじた薄い本。転じて広く、書物。

サッシ 金属製の窓わく。サッシュ。「アルミー」▽sash

ざつじ【雑事】世間的な雑多な用事。「身辺のー」

ざっし【雑誌】普通は定期的に編集し刊行する継続的な出版物。週刊・月刊・季刊等がある。「娯楽ー」「学術ー」▽不定期刊行のものもある。年一回のものは、「年報」「年鑑」と言うことが多い。また、日刊のものを含めない。↓しんぶん

ざつししゅつ【雑支出】会計上、主な支出費目のどれにも該当しない(こまごました)支出。「ーが多過ぎる」

ざっしゅ【雑種】①動植物の、異品種・異種・異属間の交配で生まれたもの。②種々のものが入り混じった種類。

ざつしゅうにゅう【雑収入】①会計上、主な収入費目のどれにも該当しない(こまごました)収入。②俗に、本来予期する収入以外に(臨時的に)生じる収入。「月給だけでなく原稿料のーがある」

ざっしょ【雑書】①どの専門部門にもはいらないような種々の本。「好んでーを買いあさる」②統一なく雑多のことを書いた(価値の乏しい)本。「あれはーだよ」

さっしょう【殺傷】《名・ス他》(人を)殺したり傷つけたりすること。「ー事件」「ー力の大きな兵器」

ざっしょく【雑色】①いりまじった、純でない色。②さまざまの色。

ざっしょく【雑食】《名・ス他》肉類・菜類などとりまぜて食べること。また、何でも食べること。「ー性動物」

さつじん【殺人】人を殺すこと。 **ーてき**【ー的】《ダナ》(人命を奪うほどに)何ともものすごいさま。「ー(な)混雑」

さつじん【殺陣】映画・演劇などで、たちまわりのこと。たて。

さっしん【刷新】《名・ス他》よくない状態を除き去って、気風を全く新しくすること。「政界のーをはかる」

さっすい【×撒水】《名・ス自》水をまくこと。「ー車」▽「さんすい」は慣用読み。

さっする【察する】《サ変他》(人の心中や物事の事情を)おしはかる。推測する。また、おもいやる。同情する。「ーところ」(思うに)「御心中をおーしします」

ざつぜい【雑税】こまごました種々の税。例、軽自動車税・広告税。

ざつぜん【雑然】《ト タル》いろいろなものがごたごたと入り混じっていて、まとまりがない様子。▽以

前は「―並べた本棚」のように副詞にもした。派生 ―さ

さっそう【×颯爽】『ト タル』人の姿・態度・行動が、さわやかで勇ましいさま。「文壇に―と登場した」

ざっそう【雑草】栽培しないのにはえる、いろいろな草。▽生命力の強さ、しぶとさにたとえることがある。

さっそく【早速】『副［に］・ノダ』ある事に応じてすぐ。「―返事をくれた」「注文を受けて―に作り上げた」「―だが」

ざっそく【雑則】いろいろのこまかい規則。▽法律中の雑則は本則の一部で、附則ではない。

さっそざい【殺×鼠剤】ねずみを殺すのに用いる薬品。

ざっそん【雑損】主な損失以外の（多くは臨時的またはこまごました）損失。「それは税務署に申告すれば―控除が受けられる」

さった【×薩×埵】〔仏〕①生命あるもの。衆生（しゅじょう）。②「菩提（ぼだい）薩埵」の略。↓ぼさつ。▽梵語（ぼんご）。

ざった【雑多】『ダナ』いろいろのものが、ごたごたとたくさんあるさま。「―な用事」「種々―」派生 ―さ

ざつだい【雑題】種々のものを含み、どれか一つの部類だけには分類できないような問題・題目。

さつたば【札束】紙幣を重ねてたばにしたもの。

ざつだん【雑談】『名・ス自』とりとめのない談話をすること。よもやま話。

さっち【察知】『名・ス他』見聞きしたことから相手の様子や出方をおしはかって知ること。

さっちゅうざい【殺虫剤】害虫を殺すのに用いる薬品。

さっと【×颯と】『副』①動作などがすばやく（きわだって）行われるさま。手早く。「―切りつける」「もやしを―炒（い）める」②雨・風・光などが急にやってくるさま。「風が青葉を―渡る」

ざっと『副』①丁寧にではなく、大まかに。「―一読する」「ドレッシングをかけて―混ぜる」②数量などをあらまし見積もって。およそ。「―十万の人が集まった」

さっとう【殺到】『名・ス自』多数が一度に一か所に押し寄せること。

ざっとう【雑踏・雑×沓・雑×閙】『名・ス自』多人数でこみあっていること。人ごみ。

ざつねん【雑念】気を散らすさまざまの思い。いろいろな、余計な考え。「―を去る」「―を払う」

ざつのう【雑×嚢】いろいろのものを入れて、肩からかけ、また腰に下げる布製のかばん。

さっぱ【×撒×播】『名・ス他』田畑全体に種をまき散らすこと。▽「さんぱ」は慣用読み。

ざっぱい【雑俳】俳諧から出た、前句付（まえくづけ）・冠付（かむりづけ）・沓付（くつづけ）・折句（おりく）・川柳などの通俗文芸の総称。

ざっぱく【雑×駁】『ダナ』知識・思想が雑然としていて、統一がないこと。「―な論文」「―な報道」派生 ―さ

さつばつ【殺伐】『名ナ・ト タル』（平気で人を殺傷するように）気風が荒々しいこと。派生 ―さ

さっぱり『副［と］・ノダ・ス自』①さわやかなさま。㋐よごれなどをとどめず、気持がよいさま。「―とふき清める」㋑しつこくないさま。あっさり。「―した味」②残るところなく、全て。「―と忘れよう」③《あとに打消しを伴って》まるで。全然。少しも。「―わからない」④《「―だ」の形で》全然いけない。駄目だ。「景気は―です」

ざっぴ【雑費】こまごました種々の費用。

さっぴく【差っ引く】『五他』差し引く。▽「さしひく」の促音便。

ざっぴつ【雑筆】雑記。雑録。

さつびら【札びら】紙幣。さつ。「―を切る」（札を惜しげもなく使う。転じて、誇らしげに大金を使う）

ざっぴん【雑品】こまごました種々の品物。

ザッピング『名・ス他』リモコン⑵でテレビのチャンネルを頻繁に変えること。▽zapping

さっぷ【×撒布】『名・ス他』ふりまくこと。まき散らすこと。▽「さんぷ」は慣用読み。

さっぷうけい【殺風景】『名・ダナ』景色などに目を楽しませるものがないこと。「その屋敷は―と言ったらない」。趣がなく、興がさめること。無風流。「―な話になった」派生 ―さ

ざつぶん【雑文】軽い気持で書き流した文章。

ざっぷん【雑粉】小麦以外の穀類のこな。

ざっぽう【雑報】種々のできごとの報道。「―欄」

ざつぼく【雑木】ぞうき。広くは、落葉広葉樹。「桜杏桃李の―は」（二葉亭四迷「浮雲」）▽雑木林は「ざつぼくばやし」と言わない。↓ぞうき（雑木）

さつま【×薩摩】「薩摩がすり」「薩摩焼」などの略。 **―あげ**【―揚（げ）】魚肉のすり身に調味料を加え、形を整えて油で揚げた食品。細切りの野菜などを混ぜたものもある。 **―いも**【―芋・〈甘藷〉】表面が紅色の塊根（芋）を食用とする作物。また、その芋。茎はつる状で地をはう。芋は焼いたりふかしたりして食べるほか、焼酎の原料などにする。中南米原産。日本へは中国から伝わり、琉球（りゅうきゅう）・薩摩を経て全国に広まった。からいも・りゅうきゅういも・かんしょ等、別名が多い。▽ひるがお科。 **―がすり**【―×絣】沖縄産の、もめんがすり。また、それに似せて作った、紺地に白のかすり模様のある綿布。▽沖縄産でも、薩摩を経て諸方に売り出されたので、この名がある。 **―げた**【―下△駄】こまげたに似た形で、台の幅がもっと広い、杉材のげた。 **―じょうふ**【―上布】上布の一つで、沖縄の、宮古・八重山地方産。 **―のかみ**【―(の)△守】〔俗〕乗物に無賃で乗ること。その人。▽平忠度（たいらのただのり）が薩摩守（さつまのかみ）だったので、「ただ乗り」をもじって言う。 **―はやと**【―×隼△人】薩摩の武士の美称。▽上代、薩摩地方に住んで勇猛・敏捷（びんしょう）で知られた隼人族に擬して言う。 **―びわ**【―×琵×琶】薩摩で発達した琵琶、お

よびそれによる歌曲。四弦でさおが長く、斜めに立ててかなでる。曲は雄壮。　**―やき【―焼】**薩摩地方に産する陶磁器の総称。

ざつみ【雑味】(酒・茶・コーヒーなどの)本来のうまさを損なう不純な味。過度の酸味・渋味・苦味など。「―が混じる」

ざつむ【雑務】こまごました種々の事務。

さつよう【撮要】要点をかいつまんで書きしるすこと。そのようにした書物。

ざつよう【雑用】①さまざまの細かい用事。「―に追われる」②いろいろのちょっとした用途。「―に供する」

さつりく【殺×戮】《名・ス他》多人数をむごたらしく殺すこと。

ざつろく【雑録】種々の事をまとまりなく書きしるすこと。そういう記録。

ざつわ【雑話】あれこれと、全体の統一を考えないで述べた話。雑談。

さて【×扠・×扨・×偖】㊀《接》そうして。ところで。▽前に述べた事を受けて話を続ける時、また別の事を話し出す時に使う。「さありて」の略。「さ」は副詞。㊁《感》①感心したり納得いかなかったりする時に発する語。②何か別の事をしようとする時に発する語。

さであみ【×叉手網】三角形に交叉(こうさ)させた木や竹にあみを張った漁具。魚をすくってとる。さで。

さてい【査定】《名・ス他》取り調べて金額・等級などを決めること。「税額の―」

サディズム 相手の心身を痛めつけて満足する性的倒錯。⇔マゾヒズム。▽フランスの作家サドの作品にちなんで起こった名称。sadism

さておく【×扠置く・×扠×措く】《五他》話を転換させるために、ある事柄・話題などを、そのままにしておく。「冗談は―・き」▽普通「―・き(まして)」「―・いて」の形で使う。

さてこそ《連語》それではやっぱり。案の定。思ったとおり。▽「さて」＋係助詞「こそ」

さてさて《感》そうかと驚きあきれた時や感心した時に発する語。なんとまあ。いやどうも。さてもさても。

さてつ【砂鉄】岩石中の鉄鉱物が、岩石の風化分解によって分離し、河床や海底に運ばれ、砂の中に粒状となって集積しているもの。▽「しゃてつ」とも言う。

さてつ【×蹉×跌】《名・ス自》事が見込みと食い違って、うまく進まない(失敗の)状態になること。「―をきたす」▽もと、つまずく意。

さては《連語》①あげくには。ついには。「飲む、歌う、―踊り出すという騒ぎ」②ある事に気づいた時に発する語。それではきっと。「―ごまかす気だな」▽「さありては」「さしては」の略。「さ」は副詞。

さてまた【×扠又・×偖又】《接》そしてまた。その上また。

さても《連語》《感動詞的に》物事に感じ入った時発する語。さてさて。「―見事なものだ」▽「さて」＋係助詞「も」

サテライト ①衛星。人工衛星。②「サテライト スタジオ」の略。テレビ・ラジオで、放送局の外に作った中継用の小スタジオ。③「サテライト局」の略。テレビで、難視聴地区に電波を中継するための施設。▽satellite

サテン 繻子(しゅす)織物。特に絹繻子。▽オランダ satijn

さと【里】①人家が、ある程度集まっている所。㋐人ざと。「―を離れた山奥」㋑いなか。在。「―のならい」㋒いろざと。遊郭。「―の風情(ふぜい)」「―言葉」▽①は古風な言い方。㋐㋑は「郷」とも書く。②ある人が育った家。㋐妻・養子・奉公人などの実家。「―に帰る」「お―が知れる」(その人の生い立ちのよしあしの、見当がつく)㋑養育料を出して子をあずけておく家。「―子に出す」

さとい【×聡い】《形》①さとることが早い。かしこい。②鋭い。敏感だ。「耳が―」「利に―」 派生 **-さ** **-げ**

さといも【里芋】肥大した地下茎(芋)を食用にする多年生の作物。親芋から生える球形の小芋を食用とすることが多く、煮物や汁物の具などにする。葉はハート形で大きく、長い葉柄も「ずいき」「いもがら」などと呼ばれ食用。▽さといも科。

さとう【左党】①急進的・革命的な政党。↓さよく⑵。②酒が好きな人。上戸(じょうご)。左利き。▽⇔右党

さとう【差等】人間や品物などに、ある標準によって差をつけること。また、その差。「―をつける」

さとう【砂糖】サトウキビ・サトウダイコン等からとる甘味料。主成分は蔗糖(しょとう)で水に良く溶ける。白い砂状のものが一般的だが、精製していない黒砂糖や、結晶化させた氷砂糖などもある。　**―かえで(かへで)【―×楓】**樹液を採ってメープル シロップにする落葉高木。▽むくろじ科(旧かえで科)。　**―きび【―×黍】**茎の汁から砂糖をとるために、熱帯・亜熱帯地域で栽培される多年生の作物。高さ三、四メートル。甘蔗(かんしゃ・かんしょ)。▽いね科。　**―だいこん【―大根】**蕪(かぶ)や大根に似た太い根から砂糖をとる越年生の作物。高さ一メートル内外。温帯の冷地で栽培される。甜菜(てんさい)。▽ひゆ科(旧あかざ科)。↓ビーツ

さどう【作動】《名・ス自》機械(の運動部分)が動くこと。その動き。「予定どおり―した」「回路の―電圧」

さどう【茶道】①茶をたてる作法。これによって精神を修養するという。千利休が大成した。ちゃどう。②茶坊主(ちゃぼうず)のこと。

ざとう【座頭】①盲人の琵琶(びわ)法師の位。勾当(こうとう)の下。②頭髪をそった盲人で、琵琶・三味線(しゃみせん)をひいて語り物を語ったり、あんま・はり等を業としたりした者。③盲人。▽「ざがしら」と読めば別の意。

さとおや【里親】里子を養っている親代わりの人。▽特に、一九四八年以降、児童福祉法に基づき、保護者の無い子供を引き取り親のように養育する人も、指

す。犬・猫などをひきとって飼う人をも言う。

さとがえり(…がへり)【里帰り】『名・ス自』①女性が結婚後はじめて実家に帰ること。②奉公人が休暇で自家へ帰ること。また、結婚している女性が実家を訪れること。③一時的に故郷に帰ること。「夏休みに―した」「広重の浮世絵がボストン美術館から―」▽⑴⑵の比喩の割合近年の用法。

さとかぐら【里〈神楽〉】宮中以外の各地の神社で行う民俗的な、かぐら。▽宮中の御神楽(みかぐら)に対して言う。

さとかた【里方】嫁・養子などの実家。また、その親類。

さどく【査読】『名・ス他』学術雑誌などで、掲載の適否を審査したり誤りの有無を指摘したりするために、投稿された論文を読むこと。▽referee の訳語。

さとご【里子】よそにあずけて育ててもらう子。▽↓さとおや

さとごころ【里心】他家または他郷に出ている者が実家や郷里を恋しく思う心。「―がつく」

さとことば【里言葉】①いなかの言葉。方言。②遊里の言葉。

さとざくら【里桜】山桜などの野生種(狭くはオオシマザクラ)から江戸時代以降に作った桜の園芸品種の総称。▽数百種もある。例、関山・松月・普賢象(ふげんぞう)。

さとし【諭し】①諭すこと。説諭。②神のおつげ。神託。

さと-す【諭す】『五他』物事の道理をよく言い聞かせてわからせる。「子供を/に―」▽「悟る」と同語源。

さとびと【里人】その里に住んでいる人。土地の人。▽雅語的。

さとやま【里山】人里に接し、人々の暮らしと密接に関係する山。「―の雑木林」

さとゆき【里雪】平地に降りつもる雪。

さとり【悟り・△覚り】さとること。㋐理解。それに気づくこと。「―が速い」「―がにぶい」㋑〔仏〕心の迷いが解けて真理を会得(えとく)すること。その会得した真理。「―を開く」「―の境地に達する」。

さとりすま-す【悟り澄ます】『五自』迷いのない澄み切った悟りの境地に達する。悟りきった様子をする。

さと-る【悟る・△覚る】『五他』①はっきりと理解する。見抜く。「言外の意を―」。感づく。「陰謀を―」②〔仏〕心の迷いを去って真理を会得(えとく)する。悟りを開く。▽形容詞「さとい」と同語源。

サドル 自転車・オートバイなどの腰掛台。▽saddle

さなえ(…なへ)【早苗】稲の苗で、苗代(なわしろ)から田に移し植えるころのもの。▽「早」は当て字。↓さ⁼⑵

さなか【△最中】動作や状態の現れが高まっている時。「暑い―にクーラーが壊れた」▽↓さいちゅう。「もなか」と読めば別の意もある。

さながら【△宛ら】『副[に]・ノダ』そっくりそのまま。まるで。「―(に)絵のようだ」「―夢を見るここち」「戦場―のすさまじさ」▽副詞「さ」+副助詞「ながら」

さなぎ【×蛹】チョウ・甲虫・ハエなど一部の昆虫が幼虫から成虫になる途中で経る中間形態。ほとんど動かず、食物もとらない。▽特に、蚕のさなぎを指すことがある。

さなきだに『連語』↓さ『副』⑶㋑

さなだ【△真田】①「真田紐(さなだひも)」の略。②真田紐のように編んだもの。そういう編み方。 **―ひも**【―×紐】平たく厚く組んだ木綿(もめん)の組紐。▽戦国時代、真田昌幸(さなだまさゆき)が刀の柄(つか)を巻くのに用いたことからの名称という。 **―むし**【―虫・〈條虫〉】さなだひもに似た帯状の体をした寄生虫。種類が多く、長いものは数メートルになる。成虫は脊椎動物の腸内に寄生するものが多い。▽裂頭条虫科などに属する一部の扁形(へんけい)動物の俗称。

サナトリウム 高原・海岸・林間などに設け、新鮮な空気と日光とを利用する、特に結核の療養所。▽sanatorium

さね【△実・△核】物の中心にある固い所、または突出部。例、木の実の心(しん)の固い所、板をはぎ合わすために片方の板に設ける細長い突起。▽「真根(さね)」から。

さね【△札】鉄または皮で作った、よろいの材料の小板。これをうろこのように重ねつづってよろいを作る。

さねかずら(…かづら)【△真△葛】秋、紅色に熟する球形の果実を丸い房状につける、つる性の常緑低木。山野に自生し、観賞用に栽培もする。葉は長楕円(だえん)形で厚く、夏、淡黄色の五弁花が咲く。果実は干して強壮剤・鎮咳(ちんがい)剤とし、茎の粘液は製紙用糊(のり)や整髪料にした。びなんかずら。▽まつぶさ科。

さのう【左脳】大脳の左半分。言語・文字などの処理(論理的・分析的処理)を行うとされる。

さのう【砂×嚢】①砂を詰めた袋。②鳥の胃の一部で、厚く丈夫な筋肉でできた袋状の器官。飲み込んだ砂粒をたくわえ、食物をくだく。すなぎも。▽砂粒を蓄えない鳥もある。

さのみ『連語』↓さ『副』⑴㋒

さは【左派】左翼の党派。急進的な党派。↕右派

さば【×鯖】①背が青緑色で、青黒い斑や縞(しま)のある海魚。腹は銀白色。食用。▽腐りやすいので「さばの生き腐れ」と言う。マサバ・ゴマサバなど、さば科さば属の魚の総称。②『―を読む』得をしようとして数量をごまかす。▽魚市では腐りやすいさばを急いで数え、よく数をごまかしたからという。

さはい【差配】『名・ス他』①所有主にかわって貸家・貸地などを管理すること。また、その人。差配人。②指図してとりさばくこと。

サバイバル きびしい条件の下で、生き残ること。「―ゲーム」▽survival

さばかり『連語』↓さ『副』⑴㋓

さばき ①【×捌き】捌(さば)くこと。「手綱(たづな)の―」「ボ

ール―」「商品の―」②【裁き】裁くこと。裁断。審判。「神の―」

さばきがみ【×捌き髪】解き散らした髪。散らし髪。

さば-く ①【×捌く】《五他》㋐混乱したものを解き分けて整理する。「交通渋滞を―」。困難な問題をたくみに処理する。「とどこおった事務を―」。(手で)物事を巧みに扱う。「手綱(たづな)を―」㋑商品をすっかり売りつくす。「手持ちの品を―」②【裁く】《五他》仲裁する。「けんかを―」。裁判する。

さばく【佐幕】幕末時代、幕府に味方してこれを助けたこと。その党派。↕勤王(きんのう)

さばく【砂漠・沙漠】雨量が乏しくて植物がほとんど生育せず、岩石や砂ばかりの荒れはてた広野。

さばぐも【×鯖雲】巻積(けんせき)雲の別称の一つ。さばの背の模様に似ることからの名。いわし雲。

さばけぐち【×捌け口】売れくち。はけぐち。

さば-ける【×捌ける】《下一自》①混乱していたものが解けて整う。理路が整然とする。②世なれてものわかりがよい。「―・けた人」③品物がよく売れていく。はける。

さばさば《副[と]・ス自》①いやな事がすんで、さっぱりとしたよい気分がするさま。「―した気分」②性格などがさっぱりしていて物事にこだわらないさま。「―した人」

さばよみ【×鯖読み】さばをよむこと。数をごまかすこと。→さば(2)

さはんじ【茶飯事】日常普通のこと。何でもないありふれたこと。「日常―」

サバンナ アフリカ・南アメリカなどの熱帯・亜熱帯の草原地帯。低木が点在し、雨季にのみ丈の高い草が茂る。サバナ。▽savanna(h)

さび〔俗〕①歌謡曲で、聞かせどころの部分。▽普通「サビ」と書く。②「わさび」の略。

さび【寂】①古びて趣があること。枯れてしぶみのあること。「―のついた茶碗(ちゃわん)」「―のある声」②特に、芭蕉(ばしょう)一門の俳諧で根本理念とする、閑雅・枯淡の美。「わび、―」▽文語動詞「荒(さ)ぶ」に由来し、「錆(さび)」と同語源。

さび【×錆・×銹】①空気や水に触れた金属の表面に生じる、酸化物などの化合物。②悪い結果。「身から出た―」▽文語動詞「荒(さ)ぶ」に由来する。

さびあゆ【×錆×鮎】秋の産卵期のアユ。雄の背が黒ずみ腹に赤みが差して錆びたような色合いになることからの称。→くだりあゆ

さびいろ【×錆色】鉄のさびのような赤茶色。

さびごえ(ゑ…ご)【寂声・×錆声】老熟した、趣のある声。

さびし-い【寂しい・×淋しい】《形》活気を失い、満ち足りない。㋐親しい人が居ないなどで、心が満たされず物悲しい。「母に死なれて―」。ほしいものが得られず、物足りない。「タバコが切れて口が―」㋑(ひっそりとして)心細く感じられるほどの状態だ。にぎやかでない。「―裏町」「ふところが―」(持ち金が乏しい)▽「寂れる」と同語源。「さみしい」とも言う。原義は、もともとの生気が失せて、荒れ果てていると感じる意。→わびしい。派生 **-さ -げ -み -がる**

関連 物寂しい・うら寂しい・侘(わび)しい・寂然・寂寂(せきせき)・粛粛・静寂・閑寂・閑静・寂寥(せきりょう)・寥寥・落莫・索莫・寂寞・荒涼・音もなく・物哀れ

さびだけ【×錆竹】立枯れして表皮にさびのようなまだらが生じた竹。また、そのような色のぐあいに、硫酸で焼いた竹。

さびつ-く【×錆(び)付く】《五自》①金物がさびる。また、さびて他の物にくっつき動かなくなる。②比喩的に、思い通りに動かなくなる。「腕が―」

さびどめ【×錆止め】金属がさびないように、その表面を塗料・油・めっきなどで被覆すること。また、それに使う塗料など。

ざひょう【座標】(直線・平面・空間における)点の位置を、規準となる点(原点)や直線(座標軸)との距離や角度など(またはその組合せ)によって示した数値。「直交―」「極―」 **-けい**【―系】座標を決めるために設定された一そろいの原点や座標軸。 **-じく**【―軸】座標を決めるための規準直線。

さ-びる【△寂びる】《上一自》古めかしい趣が出る。閑寂の趣がある。また、老熟する。「芸が―」「―・びた声」▽文語動詞「荒(さ)ぶ」に由来し、「錆(さ)びる」と同語源。

さ-びる【×錆びる】《上一自》金属の表面に錆(さび)が生じる。▽文語動詞「荒(さ)ぶ」に由来し、「寂(さ)びる」と同語源。

=**さ-びる**《名詞に付け、上一段活用動詞を作る》いかにもそれにふさわしい態度・状態だ。「神(かん)―」

さび-れる【寂れる】《下一自》(にぎやかだった所が)衰えてさびしくなる。「町が―」▽文語動詞「荒(さ)ぶ」に由来する。

さふ【左府】左大臣の別称。↕右府

サブ ①下位。補助(者)。「―ザック」「―グループ」②補欠選手。▽sub **―カルチャー** ある文化の、支配的・中心的文化ではなく、一部の人々を担い手にする文化。都市文化・地方文化・若者文化などの類。▽subculture **―タイトル** ①書籍・文章の副標題。②映画で、画面に現れない筋を説明する字幕。説明字幕。▽subtitle **―ルーチン** →ルーチン(2)。▽subroutine

サファイア 青く半透明の宝石。鉱石としては硬玉に分類される。青玉。▽sapphire

サファリ アフリカでの、狩猟・探検のための旅行。「―コート」▽safari もと、アラビア語起源のスワヒリ語。

ざぶざぶ《副[と]》水が繰り返し、軽く打ち当たる音。そのさま。「着物を洗う音が―と聞こえる」

ざぶとん【座布団・座×蒲団】すわる時に敷くふとん。

サフラン 南ヨーロッパ原産の多年生球根植物。また、その花のめしべを干した香味料。葉は線形で、秋、薄紫色の花が咲く。紅赤色のめしべは古くから薬用・

香味料・染料に使われる。「―ライス」▽オランダ saffraan あやめ科。

ざぶり《副と》水に勢いよくものを投げ込んだり、水がものに打ち当たったりする音。そのさま。ざぶん。「波が―と打ち寄せる」「―と頭から水をかぶる」

サブリミナルこうか【サブリミナル効果】〔心理〕非常に短時間の映像など、意識として知覚されない感覚刺激によって、人の意識や行動に生じるとされる効果。▽「サブリミナル」は subliminal（＝識閾(しきいき)下の）

サプリメント ①補充。雑誌の付録等。②ビタミン・カルシウム・アミノ酸など、不足しがちな栄養素を補給するための錠剤や飲料。栄養補助食品。▽supplement

サブレ 軽くさくさくとした口当たりの、バター風味のクッキー。▽フランス sablé

ざぶん《副と》水が一回打ち当たる音。そのさま。「―と音を立てて飛び込んだ」

さべつ【差別】《名・ス他》①差をつけて扱うこと。わけへだて。「―待遇」②区別すること。けじめ。「商品の―化を図る」▽「しゃべつ」とも言う。

さへん【左辺】①等式の等号や、不等式の不等号の左側。そこにある数や式。②碁盤・将棋盤で先手から見て左側。

サボ ①木靴。▽フランス sabot ②「サボタージュ」の略。

さほう【作法】①人間生活における対人的な言語動作の法式。「礼儀―」②→さくほう(作法)。「小説―」

さぼう【茶房】紅茶・コーヒーなどを飲ませる店。喫茶店。

さぼう【砂防】山地・海岸・河岸などで、土砂のくずれや移動を防ぐこと。「―工事」

サポーター ①運動の時、体を保護するためにつける、ゴムのはいった布。②支持者。後援者。特に、サッカーで特定のチームを応援する人。▽supporter

サポート《名・ス他》支えること。支援すること。また、その支援。「登頂を―する」▽support **―センター** 支援・相談のための組織。特に、企業がアフターサービスや苦情受付けのために設けている部署。▽support center

サボタージュ《名・ス自》①労働組合の争議戦術の一つ。職場にはつくが、仕事の能率を下げて経営者に損をさせ、紛争の解決を迫る方法。怠業。サボ。②俗に、なまけること。▽フランス sabotage

サボテン【〈仙人掌〉】主に南北アメリカの乾燥地に生える植物。種類が多いが、その多くは多肉植物で、表面にとげがある。茎は塊状・円柱状・ひも状など、花の色は黄・赤・白など多様。▽サボテン科の植物の総称。「シャボテン」とも言う。日本に持ち込んだ外国人がせっけん(シャボン)の代わりに使っていたのが語源という。

さほど《連語》→さ《副》(1)(ア)

サボ-る《五自他》〔俗〕サボタージュをする。また、なまける。「授業を―」

ザボン【〈朱欒〉】直径一五～二五センチほどの、果皮の厚い大きな果実をつける柑橘(かんきつ)類。南アジア原産で、樹高は三メートル以上に達する。品種が多い。果実は生食のほか砂糖漬けなどにする。▽ポルトガル zamboa みかん科みかん属。↓ぶんたん(文旦)

さま【様】㊀《名》①物事の形、あり方・しかた、趣にわたって、包括的に表す語。様子。特に、ありさま。「町の―が一変する」。姿。「―を変える」「―にならない」(しぐさ・結果の、かっこうがつかない)②そういう向き。「さか―」㊁《接尾》《名詞などに付いて》①そのものに対する敬称。「田中―」「宮―」「お犬―」▽直接には対象物を指さず、婉曲(えんきょく)にそちらの方と表した言い方から。↓㊀(2)。名詞的に、女から男を指すのにも使った。「―を帰して気にかかる」②その事を丁寧に言う語。「ごちそう―」「お待ち遠―」

ざま ㊀《名》〔俗〕様子・なりふりをあざけっていう語。「何という―だ」「―を見ろ」(それ見たか。いい気味だ)▽「様(さま)」の転。「態」とも書く。㊁【様】《接尾》《動詞連用形に付いて》①その動作のしかた・しぶり。よう。かた。「書き―が悪い」②その動作をする、ちょうどその時。「振り返り―に切りつける」▽↓さま㊁(1)

サマー 夏。「―セール」「―セーター」(夏用の薄いセーター)▽summer **―タイム** 夏季の一定期間だけ、日中をできるだけ利用するために、時刻を繰り上げる制度。夏時間。▽summer time

さまがわり【様変(わ)り】《名・ス自》様子や形勢が一変すること。

＝**さまさま【様様】**《体言に付けて》自分にとって好都合な、有難いものという意を添えるのに使う語。「商売は何と言ってもお金―だ」▽やや皮肉の感を伴っても使う。

さまざま【様様】《名・ダナ》性質の違うあれこれの種類に広くわたっていること。多様。「―な意見」「―に批評されている」「花の―を見る」

さま-す【冷ます・覚(ま)す・醒(ま)す】《五他》さめた状態にする。①熱を取り除く。【冷】㋐一度熱したものを冷たくする。「湯を―」㋑高まっていた感情・興味を衰えさせる。「興を―」②通常の意識状態を取りもどす(ようにする)。㋐眠った状態を終える、また、終わらせる。【覚・醒】「雨の音に目を―」「太平の眠りを―蒸気船」㋑酒の酔いを消す。【醒】「風にあたって酔いを―」㋒心の迷いを取り除く。【覚・醒】「この事件の衝撃が彼を惑いから―・した」

さまた-げる【妨げる】《下一他》①物事や言動を成立させないようにする。じゃまをする。妨害する。「安眠を―」②《打消しの形で》許容する。「再選を―・げない」

さまつ【×瑣末・×些末】《ノダ》《「―な」も使う》全く重要でない、ごく小さなこと。ささい。「―にかかずらわって大局を逸する」派生 **-さ**

さまで《連語》↓さ《副》(1)(イ)

さまよ-う（さまよふ）【さ迷う】《五自》あてもなく歩きまわる。流浪(るろう)する。「生死の境を—」▽「彷徨う」とも書く。

さみし-い【△寂しい・×淋しい】《形》↓さびしい。派生 **-さ** **-げ** **-がる**

さみせん【△三味線】↓しゃみせん

さみだれ【〈五月雨〉】陰暦五月ごろに降る長雨。つゆ。梅雨。「—式」(途切れがちに繰り返したり、だらだら続いたりするさまを言う)

サミット 主要国首脳会議。一九七五年フランスの提唱に始まり、日本を含む七か国とEU(欧州連合)間で年一回開催される。また一般に、首脳会談。「環境—」▽summit(＝頂上)

さみどり【さ緑】若草や若葉のみどり色。▽「さ」は接頭語。

さむ-い【寒い】《形》①気温が著しく低い。また、それが、全身的な(不快な)感じとして、肌を通して感じられる。↕暑い。「—地方」「川風はまだ—」②心細く貧弱なありさまだ。「懐が—」(所持金が乏しい。「いつもまわりが悪い)「お—設備」。つまらない。「いつも—ギャグをとばす」▽(2)は多くは「お—」の形で使う。派生 **-さ** **-げ** **-がる** 関連 肌寒い・薄ら寒い・うそ寒い・冷たい・冷やっこい・寒寒(さむざむ)・冷や冷や・冷え冷え・ひやり・ぞくぞく・凜(りん)と・身を切るよう・深深・凜凜・凜冽(りんれつ)・厳寒・余寒・小寒・大寒・耐寒・防寒・悪寒・寒冷・寒気・冷涼・清涼・爽涼

さむえ【作務△衣】(禅寺の僧が着る)上が筒袖、下がズボン状の、作業着。

さむけ【寒気】①寒い感じ。②病気のせいで、不愉快な寒さを感じること。悪寒(おかん)。「—がする」—**だ-つ**【—立つ】《五自》①さむけを感じる。②おそろしく感じて身の毛がよだつ。おじけだつ。

さむざむ【寒寒】《副「と」・ス自》①いかにも寒そうなありさま。「—(と)した風景」②陰気なさま。心が満たされず寂しいさま。「—とわびしい暮らし」

さむぞら【寒空】①さむざむとした冬の空。寒天。②冬の寒い天候。「—に町をさまよう」

サムネイル コンピュータで、ファイルを開かなくても内容がわかるように、画面上に縮小表示した画像。▽thumbnail(＝親指のつめ)

さむらい（さむらひ）【侍】①武士一般の総称。②転じて俗に、(なかなかの)人物。「大した—だ」③昔、貴人の身辺を護衛した上級武士。④武家で、家人(けにん)・家の子の称。

さむらいかたぎ（さむらひ：）【侍〈気質〉】武士としての独得の気性。格式ばった、ものがたい気性。

さむらいだいしょう（さむらひ：）【侍大将】一軍の指揮をする者。室町末期からは、さむらい一組をひきいた者。

さめ【×鮫】多く口に鋭い歯が並び、体表は小さなうろこで覆われてざらざらとした海魚。種類が多く大きさは様々。海獣などを捕食し、時に人に危害を加えるものもある。肉はかまぼこの材料など食用。ひれは「ふかひれ」と呼ばれ中華料理の高級食材。皮は刀の柄の滑り止めや、ワサビをすりおろすのに使う。▽関西・四国・九州では「ふか」、山陰地方では「わに」と呼ぶ。板鰓(さいばん)類の軟骨魚のうちエイ以外のものをいう。エイと違って鰓孔(えらあな)が体の側面に開く。

さめざめ《副「と」》涙をしきりに流して泣き続けるさま。「—(と)泣く」

さめはだ【×鮫肌】さめの皮のようにざらざらした、人の肌。

さ-める【冷める・覚める・△醒める・×褪める】《下一自》①熱が程度の高まっていた状態から、もとに戻る。①熱が去る。「湯が—」【冷】㋐一度熱くしたものがまた冷たくなる。「湯が—」㋑高まっていた感情・興味が薄れる。「百年の恋も一時に—」「いまだ興奮—・めやらず」②通常の意識状態にもどる。㋐眠った状態が終わる。【覚・醒】「目が—」(比喩的に㋒の意にも)㋑酒の酔いが消える。【醒】「酔いが—」㋒心の迷いが消える。目覚める。【覚・醒】「迷いが—」「自己の真実に—」③色が薄れる。あせる。【褪】「あさぎ系統は—めやすい色だ」

さも【△然も】《連語》↓さ《副》(2)

さもあらばあれ【〈遮莫〉】《連語》↓さ《副》(2)(ア)。▽「遮莫」の漢文訓読から広まった言い方。

さもありなん《連語》↓さ《副》(2)(ア)

さもし-い《形》心がきたなくいやしい。あさましい。「—根性」派生 **-さ** **-げ**

ざもち【座持ち】一座のとりもち。その座に興(きょう)を添えること。「—がうまい」

ざもと【座元】芝居・見世物などの興行主。また、興行場の持主。

さもないと《連語》↓さ《副》(2)(イ)

さもなくば《連語》↓さ《副》(2)(イ)

さもなければ《連語》↓さ《副》(2)(イ)

サモワール ロシアの伝統的な湯わかし器。▽ロシア samovar

さもん【査問】《名・ス他》事件などについて、その関係者を調べ問いただすこと。

さや【×莢・×鞘】①中に物が納まる、外側のおおい。㋐まめ科植物の種子がはいっている、から。【莢】㋑刀剣類の刀身の部分や、筆・鉛筆の先や、めがね等を入れて保護するための、おおい。【鞘】「もとの—におさまる」(仲たがいをした夫婦などが元通りになる)㋒陶磁器を焼く時、それを保護するための耐火粘土製の箱状のもの。②〔取引〕ある値段と他の値段との差額。【鞘】「—を取る」(売買の仲立ちとか転売とかをして、その価格差の一部を自分の利益として取る)「利—(ざや)をかせぐ」③堂・蔵などの外囲い。【鞘】「—堂」

さや【×紗×綾】卍(まんじ)を崩してつないだ模様(＝紗綾形)などを織り出した、つやのある絹織物。▽「さ(紗)あや(綾)」の転。

さやあて【×鞘当(て)】意地立てから起こったけんか。

「恋の—」▽もと、武士が道ですれ違った時、刀のさやの先が互いに当たったのを、とがめ立てしたこと。

さやいんげん【×莢隠元】種子が未熟なうちに、さやごと食べるインゲンマメ。

さやえんどう【×莢×豌豆】種子が未熟なうちに、さやごと食べるエンドウ。

さやか【△清か】『ダナ』くっきりと澄んで(明るく)見えるさま。また、声・音がさえてよく聞こえるさま。▽雅語的。派生 **-さ**

ざやく【座薬・×坐薬】肛門(こうもん)などに差し込んで使う薬。

さやさや『副と』乾燥したものが軽く触れ合ってたてる音。「笹の葉が風に—と鳴る」「—と衣(きぬ)擦れの音」

さやどう【×鞘堂】元来あった堂の保護のため、それを更に覆い囲う堂。

さやとり【×鞘取(り)】鞘(さや)(2)を儲(もう)けるための取引。さやとりひき。

さやばしる【×鞘走る】『五自』刀身が鞘(さや)から自然に抜け出る。

さやまき【×鞘巻】つばのない短刀。腰刀。

さやよせ【×鞘寄せ】〔取引〕相場の変動によって値段が近づき、鞘(さや)(2)が少なくなること。

さゆ【〈白湯〉】何もまぜない湯。▽お茶などに対して言う。

さゆう【左右】①『名』右と左。「—相称」(ある直線に関して左右が対称になっていること)。右や左。「手を—に振る」「言を—にする」(はっきりした言明をしない) ②『ス他』思うままに支配すること。「運命を—する大事件」③『名』身のまわり。そば。「—に備えておく」。そば近く仕える者。近臣。近侍。「—に命じる」

ざゆう【座右】身近な所。身辺。「—(の)銘」(常に心にとめて戒めとする格言) ▽書簡で、あて名のわきに書き添え「おんもとに」の意を表すのにも使う。「ざう」とも言う。

さゆり【△小〈百合〉】ゆり。▽↓さ=(1)

さよ【△小夜】よる。「—嵐(あらし)」「—千鳥」▽↓さ=(1)。雅語的。今は単独では使わない。 **—きょく**【—曲】↓セレナーデ

さよう【作用】『名・ス自』力を他に及ぼして影響を与えること。またその、力の働き。「脳に—する薬」「—点」

さよう【△然様・左様】『ダノ・副』そのとおり。そう。そのよう(に)。「—な事は許されぬ」「—取り計らいます」「—簡単には運ぶまい」▽肯定の返事とか、自分の思い出した事柄を話し出す時とかにも使う。「—、おっしゃる通りです」。「さ」は副詞の「さ」。 **—しからば**【—△然らば】『連語』そうであれば。▽武士などが使った、しかつめらしい表現。

さようなら『感』別れのあいさつに使う語。▽さよう(然様・左様)ならば、これでお別れしましょう、の意。→さよう(然様)

さよく【左翼】①左のつばさ。②急進的・革命的な思想傾向。また、そういう団体。▽フランス議会で、急進派の席が議長席から見て左側にあったから。③野球で、本塁から見て左側の外野。レフト。④軍隊・艦隊の左端に並んだもの。▽↕右翼

ざよく【座浴・×坐浴】(病人などが入浴できない時)腰から下だけ湯につかること。腰湯(こしゆ)。

さよなら『感』「さようなら」のくだけた言い方。「—演奏会」

さより サンマに似た細長い体形で、下あごが非常に長い海魚。腹は銀灰色。味は淡白。▽さより科。

さら 新しいこと。新しいもの。「—の靴」

さら【皿】①食物を盛る平たく浅い器。②皿(1)に似た形のもの。「油の受け—」「河童(かっぱ)の—」「ひざの—」

さら【×娑羅・沙羅】①インド原産の常緑高木。高さ三〇メートルに達し、芳香のある淡黄色の小花が咲く。仏教で聖樹とされる。しゃら。▽ふたばがき科。↓さらそうじゅ。②ナツツバキの別名。

さら【更】『ニ ナル』↓さらに(1)・さらなる

ざら ①「ざらがみ」「ざらめ」の略。②いくらでもあって珍しくないこと。「—にある品」

さらい【×浚い】①↓おさらい。②さらう道具。㋐竹製のくまで。㋑先端に粗い歯をつけ、長柄のある、土をかきならしたりする農具。

さらい【再来】現在からみて、次の次の。▽次の三つの場合に使う。「—週」「—月(げつ)」「—年」

さら-う ①【×攫う】『五他』(油断につけ込んで)不意に奪い去る。「金を—って逃げる」「子供を—」。(その場にあるものを)全部持ち去る。「人気を—」②【×浚う・×渫う】『五他』井戸・どぶ等の底にたまった土・ごみ等を、掘り上げて除く。「川底を—」③【×浚う】『五他』教えられた事を、あとで繰り返し練習する。復習する。▽多く遊芸について言う。

さらえ ↓さらい

さら-える『下一他』↓さらう

ざらがみ【ざら紙】良質でない、ざらざらした洋紙。わら半紙。

サラきん【サラ金】〔俗〕「サラリーマン金融」(消費者金融の一種)の略。主にサラリーマン・主婦・学生を相手とする、担保無しで高利の小口金融(業者)。

さらけだ-す【さらけ出す】『五他』隠すところなくすっかり現す。「恥を—」「自分を—」「全財産を—」

サラサ【更×紗】①もめん地または絹地に人物・花鳥・幾何的模様などを種々の色でプリントした布。▽インドやジャワなどから伝来。②花の色に紅白がまじってサラサ(1)に似たもの。▽ポルトガル saraça

さらさら ①『副「と」』物事がつかえないで進むさま。「水が—(と)流れる」。②『副「と」』軽いものが動いて立てる音。そのさま。「笹(ささ)の葉が—(と)鳴る」「—(と)ページを繰る」③『副「と」・ノダ・ス自』物にしめり気やねばり気がなく、べとべとしないさま。

「—した風」「—した黒髪」「—の血液」

さらさら【更更】《副[に]》《あとに打消しを伴って》少しも。全く。万々(ばんばん)。「恨みは—(に)ない」「そんな事など—聞いていない」

ざらざら ①《副[と]》粗い粒状のものがこすれ合ったり続けて動いたりする音。そのさま。「砂糖が—こぼれる」②《副[と]・ノダ・ス自》さわった感じが荒く、なめらかでないさま。「—の紙」「舌が—する」「床が砂で—している」

さらし【×晒し】①さらすこと。さらしたもの。特に、布を漂白すること。また漂白した布。特に、さらしもめん。②江戸時代の刑罰の一つ。縛った罪人を市中におき、衆人にさらしてはずかしめたもの。③「さらし首」の略。

さらしあめ【×晒(し)×飴】水あめの水分やまざり物を除いて色を白く作ったあめ。

さらしあん【×晒(し)×餡】こしあんを乾燥させて粉にしたもの。

さらしくび【×晒(し)首・×曝(し)首】江戸時代に、罪人の首を獄門にさらして民衆に見せたこと。また、その首。

さらしこ【×晒(し)粉】①漂白や殺菌に用いる白色で粉末状の薬品。消石灰に塩素を吸収させて作る。②水にさらして白くした米の粉。

さらしなそば【更△級〈蕎麦〉】うす皮をとり除いて挽(ひ)いたそば粉で作った、白っぽいそば。

さらしもの【×晒(し)者】①人前で恥をさらされる者。「—になる」▽⑵の転。②さらし⑵の刑に処された罪人。

さらしもめん【×晒(し)木綿】さらして白くした木綿。

さら-す【×晒す】《五他》①外気に当てたり水につけたりして(余分なものを取り除くために)放置する。㋐日光・外気に当ててほし、好ましい状態にする。「そうめんを—」。風雨が当たるままにする。「屍(しかばね)を山野に—」㋑布などを、水で洗い日に当て、または薬品で処理して、白くする。「もめんを—」。また料理で、材料を水にひたして、あくを抜く。②だれの目にもつく、むき出しの状態に置く。「人前に恥を—」「身を銃火に—」「危険に—される」。さらし首にする。「首を—」▽普通は、好ましくない事について言う。③『目を—』(目を見開いて)よく見る。「目をさらして捜す」「幾ら本に目をさらしても実社会は分からない」

さらそうじゅ【×娑羅双樹】〔仏〕釈迦(しゃか)が涅槃(ねはん)にはいった時、その四方に二本ずつはえていた娑羅の木。

サラダ 調味料を振りかけたり、酢・油などであえたりした野菜料理。生のものも加熱したものもある。▽salad **—オイル** 低温でも固まらない、サラダ・ドレッシングなどに用いるくせのない精製植物油。▽salad oil **—な**【—菜】緑色でまきの弱い、レタスの一種。生でサラダ、料理の付け合わせなどに使う。

さらち【さら地・更地】手を加えていないままの土地。特に、家も立木もない、あき地。▽「さら」は新の意。

ざらつ-く《五自》ざらざらする。「砂で廊下が—」「荒れて手が—」

さらっと《副・ス自》①心地よく乾いているさま。とろみがないさま。「洗濯物が—乾く」②こだわりがないさま。さらり⑶。「—受け流す」③味がしつこくないさま。「—して飲みやすい」

さらで《連語》→さり㊂⑵

さらなる【更なる】《連体》一層の。「—発展を望む」▽第二次大戦後に使われ始めた言い方。「さらに」より文章語的。

さらに【更に】《副》①その上に。重ねて。「—懇請する」「—は増援部隊も加わった」。ますます。もっと。「—上達する」②《あとに打消しを伴って》少しも。いっこうに。さらさら。「—反省の色がない」

さらぬ《連語》→さり㊂⑴

さらば《連語》→さり㊁⑴

ざらば【ざら場】取引所で時間を限らずに売買を行い、売手のつけた値段と買手のつけた値段とが合うごとに、その値で売買を成立させる取引。

さらばかり【皿×秤】①品物を載せる皿がある秤(はかり)。②品物を載せる皿とおもりを載せる皿とがある秤。てんびん。

サラブレッド ①イギリスで改良した競走馬の優良種。②比喩的に、血統・家柄のよい人。「政界の—」▽thoroughbred(=純血種)

さらまわし【皿回し・皿×廻し】皿を指や細い棒の先に載せて回す曲芸。その曲芸師。

サラミ 豚ひき肉を塩・スパイスなどで調味し、熟成・乾燥させて製したソーセージの一種。▽(イタリア) salami

ざらめ【△粗目】結晶のあらい砂糖。ざらめ糖。

さらゆ【さら湯】沸かしたままで、まだだれも入っていない湯。あらゆ。▽「さら」は新の意。

さらり《副と》①なめらかにすべるさま。「—と障子をあける」②さわった感じが軽く、しめりを帯びず、すべるようであるさま。「—とした生地」③態度などがあっさりして、こだわりがないさま。思い切りがいいさま。「—と言ってのける」

サラリー 俸給。給料。月給。▽salary **—マン** 給料生活者。月給取り。▽salaried man からか。

さ-り《ラ変自》《主に助詞を伴って)命令形以外が使われるが、「さる」の形での言い切りは無い》そう(で)ある。▽副詞「さ」+「あり」の転。

㊀《連体形の用法。今日では連体詞と見てもよい》①そうだ。もちろんだ。「この小説は筋も—ることながら文章も面白い」②知ってはいるがそれとあらわには言わない、または伏せておきたい時に使う語。ある。「—る所に」「—る大家の娘」③それ相応の。「—る人ありと聞こえた人物」「相手も—る者で、したたかな反撃に出た」

㊁《接続助詞などとの結合》①『—らば』㋐そうなら。それでは。「果たしてさらば次の結論に達する」

「さらばこれまでの縁だ」▽既に古風。㋑人などと別れるあいさつの言葉。さようなら。「いざさらば」「さらば、故郷よ」▽雅語的。ただし「お―」の形で別れの意の名詞に転化して使う時には雅語でない。②『―・れば』そうであれば。そうだから。「さればこの例外も原則をゆるがすものではない」「さればこそ人がほめるのだ」③『―・れど』そうだけれど。だが。「されど(も)なお望みは尽きない」「たかが金銭、されど金銭」④『―とも』そうであっても。それでも。「さりともと思う未練」⑤《引用の助詞「と」に続いて》㋐『―とて』そうだ(から)といって。「長所もないが、さりとて欠点もない」「さりとて黙認するわけにもいかず」㋑『―とは』そうだとは。「さりとはつらい」「さりとは知らなかった」▽⑸は文語的文脈の中でなくても割合に使われる。⑥『―ながら』そうであるものの。しかしながら。「汲(く)むべき事情はある。(さは)さりながら罪は罪だ」▽㈡は概して文語的。

㈢《助動詞「ず」との結合に由来する用法》①『―・らぬ』そうでない。「さらぬ(=それと無関係な、そ知らぬ)顔をする」「さらぬだに(=そうでなくてさえ)暗い日々に、突然母の死が知らされた」▽「さらぬ別れ」は去らぬ(=避けられない)別れつまり死別の意で、⑴とは別。②『―・らで』そうでなくて。「さらでは済むまい」「さらでだに悲しいのに」「さらでもの事(=わざわざ持ち出さなくてもいい事)を言う」▽⑵は古風な言い方。

ざり《助動》「ずあり」のつづまった文語「ざり」の名残。……ない。「内心おだやかならざるものがある」「どうしても行かざるを得ない事情」「欠くべからざる処置」「弊害の生ぜざらんことを願うものである」「自由の実現を見ざれば(=見なくては)やまぬ精神」▽今日では、上掲以外の活用形をほとんど使わない。

ざり【△砂利】→じゃり

サリー インドなどで主にヒンドゥー教徒の女性が着用する衣装。一枚の長い布を腰から肩に巻きつける。▽sari

ざりがに 淡水産のエビの一種。体表は堅く、前端の一対の足が太く、大きなはさみ状になっている。エビガニ。㋐アメリカザリガニ。アメリカ原産で昭和初期に日本に導入され全国に広がる。体は長さ一〇センチほどで赤褐色。水田でも見られ、あぜに穴を掘ってすむ。㋑ニホンザリガニ。体は㋐よりやや小さく赤味をおびた暗緑色。現在は北海道・東北の限られた地域の川にすむ。▽ざりがに上科。他に北海道にウチダザリガニが分布。

さりげ【さり気】そのような様子。「―もなく」▽「さり」の派生語。 **―ない**【―無い】《連語》そんな様子が見えない。なにげない。「―おしゃれ」▽「さりげなく」の意味で「さりげに」と言うのは誤用。

さりじょう【去り状】夫が妻に離縁を言い渡す手紙。離縁状。▽この習慣は現在無い。

サリチルさん【サリチル酸】医薬品・香料などの原料として広く使われる有機化合物。無色針状の結晶。誘導体としてアスピリンがよく知られる。▽「サリチル」はドイツ Salicyl

さりとて《連語》→さり㈡⑸㋐

さりとは《連語》→さり㈡⑸㋑

サリドマイド 薬剤の一つ。日本では睡眠薬として一九五八年から市販されたが、妊娠初期の使用による胎児の奇形が問題になり、六二年に製造・販売が禁止された。しかし、多発性骨髄腫の治療薬として二〇〇八年再認可。▽thalidomide

さりとも《連語》→さり㈡⑷

さりながら《連語》→さり㈡⑹

さりょう【茶寮】茶室がある小さい建物。数寄屋。料理屋・喫茶店などの名に添えて使うこともある。▽

さ-る【去る】㈠《五自》もと在る所または着目するものから移り動く。①そこから離れて行く。㋐出て行く。立ち退く。「故郷を―」「―者は追わず(=あえて引きとめない)」「―者は日々にうとし(=時のたつのにつれて次第に忘れられる)」「職を―」(辞職する)「世を―」(「死ぬ」の婉曲(えんきょく)表現)㋑時が過ぎてゆく。「冬が―」。《連体詞として》「過ぎたその……」の意。⇔きたる。「―五日の朝」㋒その感覚・心情や機会などが失(う)せる。なくなる。「痛みが―」②規準点から隔たっている。㋐そこから離れた位置にある。「町を―十キロの地点」㋑その時から過去にさかのぼる。「今を―百年の昔」▽「夕―・れば」「春―・れば」などその時が来る意。古くは移動を言った。座ったまま動く「いざり」に名残がある。後に⑴の意になった。㈡《五他》避ける。遠ざける。しりぞける。「悪友を―」「妻を―」(離縁する)。取り除く。「おごりの心を―」「迷いを―」

さる【猿】①形がヒトに似た獣。霊長類に属するヒト以外の動物で、類人猿以外を言うことが多い。中でも特に、日本ざるを言う。木登りがうまく、知能も発達している。「―の人まね」「―も木から落ちる」(その方面の達人も、時には失敗をする)「犬と―の仲」(→いぬ(犬)⑴)②ずるくて小才のきく者や他人のわざなどをまねるのがうまくても独創性に欠ける者を、ののしって言う語。「―まね」「―知恵」③雨戸の上下の桟にとりつけ、かもい・しきいの穴にさし込んで戸締りにするもの。④自在かぎをつるす竹にとりつけて、自在かぎをとめておくもの。

さる【△申】十二支の第九。方角では西南西、時刻では午後四時、また、午後三時から五時までの間を指した。▽→じゅうにし

さる《連体》→さり㈠

ざる《助動》→ざり《助動》

ざる【×笊】①(水気を切るのに使う)細かく裂いた竹で編んだ道具。「―に入れた野菜」▽多くは底が浅く、籠よりは目が詰んでいる。細い鉄線などのもある。②手落ちや抜け穴が多いこと。特に「笊碁」の略。▽笊⑴では水が汲めないところから。③「ざる

そば」の略。

さるおがせ【猿△麻×桛・〈松蘿〉】深山の高木の幹や枝にかかり、長い糸状となり互いにからまって群生する地衣類。干したものを松蘿(しょうら)と言い、利尿剤。▽さるおがせ属の地衣類の総称。

さるがく【猿楽・△申楽】①日本の古代・中世に行われた芸能。こっけいな動作や曲芸を主とするものだったが、後に歌舞・物まねなどを演じる、能・狂言の源となった。▽「さるごう」とも言う。②能楽の古称。

さるぐつわ【猿×轡】声を立てさせないために、口にかませて後頭部にくくりつけるもの。手ぬぐいなどを使う。

ざるご【×笊碁】へたな囲碁。▽目があらく漏れが多いという見立てによる。

サルサ ①キューバなどの音楽をもとに、一九七〇年代にニューヨークで発展したダンス音楽。そのダンス。②メキシコのチリ ソース。▽スペイン salsa

さるしばい【猿芝居】①さるを訓練して芝居をさせるみせもの。②浅はかなしわざ・たくらみ。

さるすべり【〈百日紅〉】つやがある滑らかな幹が特徴的な落葉高木。夏から秋にかけて咲く紅色や白色の小花が美しく、庭木などにする。材は細工用。ひゃくじつこう。▽猿もすべって登れないという意の名。みそはぎ科。

ざるそば【×笊〈蕎麦〉】ざる・簀(す)の子に盛ったそば。普通、細かくした焼きのりが掛けてある。

サルタン ↓スルタン

さるぢえ【猿知恵】利口なようで、まぬけな知恵。

サルチルさん【サルチル酸】↓サリチルさん

さるど【猿戸】①庭の入口に設ける簡単な木戸。②内がわに横木をとりつけ、それを柱の穴に差し込んで締めるしかけの戸。

さるとりいばら【×菝×葜】とげのある茎で他物にからみながら伸びる、つる性の落葉小低木。山野に自生。葉は円形ないし楕円(だえん)形で、葉ごとに二本の巻きひげがある。春、黄緑色の小花が群がり咲き、小球形の赤い果実をつける。▽しおで科(旧ゆり科)。

さるのこしかけ【猿の腰掛】木の幹や倒木に生える、半円形で木質の堅いきのこ。多くは褐色で、上面に年輪のような模様がある。生薬や細工物にするものもある。木材を腐らせる害がある。▽木質のきのこをつくる一群の担子菌類の総称。

サルバルサン 梅毒の特効薬として使われた合成化学療法剤の商標名。▽「六百六号」とも言った。Salvarsan

サルビア 夏から秋、濃い紅色の花を穂状に咲かせる、観賞用の一年草。品種が多い。高さは普通約五〇センチ。ブラジル原産。ひごろもそう。▽salvia しそ科あきぎり属。あきぎり属の学名で、ハーブとして知られるセージ(薬用サルビア)も同属。

さるひき【猿引(き)・猿×曳】さるまわし。

サルファざい【サルファ剤】感染症の化学療法に使われる、スルホンアミド剤とそれに似た分子構造をもつ薬剤の総称。▽「サルファ」は sulfa 抗生物質の普及後は単独で使われることは減った。

サルベージ ①海難救助。②沈没船などの引上げ作業。「―船」▽salvage

ざるほう【×笊法】規制する仕方に問題があって、抜け道が幾らも見つかる法律。「―で、高級公務員の天下(あまくだ)り人事は防げない」▽多く「ザル法」と書く。↓ざる(笊)(2)

さるまた【猿股】男が用いる、腰やまたをおおう、短い下ばき。

さるまね【猿〈真似〉】よくも考えずに、やたらに人のまねをしたり、本質をつかまず、うわべだけをまねたりすること。▽さるが人まねをするのと同じことだと、ののしって言う語。

さるまわし【猿回し・猿×廻し】さるに芸をさせ、それを見せて金銭をもらう人。また、その芸。さるひき。

ざるみみ【×笊耳】目のあらいざるに物を入れれば漏れ落ちるように、聞いた事をすぐ忘れてしまうこと。

さるめん【猿面】①さるの(ような)顔。「―冠者(かんじゃ)」(豊臣(とよとみ)秀吉のあだ名) ②さるの顔にかたどった仮面。

サルモネラきん【サルモネラ菌】腸チフス・パラチフス・食中毒などの病原菌を含む細菌の一属。▽「サルモネラ」は ラテン Salmonella

さるもの【さる者】《連語》そうだと認められる相当な者。したたかな者。「敵も―」▽↓さり㈠

ざれうた【△戯(れ)歌】たわむれる態度で作った歌。また、たわむれの内容の歌。▽古風な言い方。

されき【砂×礫】すなや小石。しゃれき。

されこうべ【〈髑髏〉】風雨にさらされ肉が落ちて白骨になった頭蓋骨(ずがいこつ)。しゃれこうべ。どくろ。▽「され(曝)こうべ(頭)」の意。

ざれごと ①【△戯(れ)言】ふざけて言う言葉。冗談。②【△戯(れ)事】ふざけてすること。いたずら。

されど 《連語》↓さり㈡(3)

されば 《連語》↓さり㈡(2)

ざれば 《連語》↓ざり《助動》

さ-れる 《下一自他》「せられる」が詰まって一語化した形。①他からその動作・作用を受ける。「攻撃(を)―」②《「……と―」の形で》一般に……と考えられる。「体操が健康に良いと―」③「する」の敬語。なさる。

ざ-れる【△戯れる】《下一自》ふざける。たわむれる。「お食事を―」

サロン ①客間。応接間。広間。②フランスなどの上流社会で行われた社交的集会。③美術展覧会。▽フランス salon

さわ【沢】山間の比較的小さく浅い谷を流れる小川。

さわ【茶話】茶を飲みながらする話。気軽にする話。ちゃわ。「―会」▽「ちゃ(飲み)ばなし」とほとんど同義だが、こちらの方が気取っている。

サワー ①ウイスキー・ラム酒・ジンなどにレモンかラ

イムの果汁を加え、炭酸水で割った酸味のあるアルコール飲料。「―ドリンク」②酸味のある食べ物。「―ブレッド」▽sour **―クリーム** 生クリームを発酵させたもの。ケーキの材料や料理の風味づけに使う。「ボルシチに―を加える」▽sour cream

ザワークラウト 塩漬けキャベツを発酵させた(ドイツの)漬物。▽(ドイツ) Sauerkraut

さわがしーい【騒がしい】《形》①物音がして、うるさい。「―教室」②事件などが起こって、平静でない。不穏だ。「世の中が―」 派生 **-さ** **-げ**

さわがーす【騒がす】《五他》→さわがせる

さわがーせる【騒がせる】《下一他》騒ぐようにする。騒ぎを起こす。「世を―」「胸を―」(心配する)

さわがに(さは)【沢×蟹】谷川などにすむ淡水性の小さなカニ。▽さわがに科。

さわぎ【騒ぎ】①騒ぐこと。特に、人々を騒がせるような事件。悶着(もんちゃく)。また、そういう事件による混雑。「―を起こす」「けんか―」「火事―」②《体言、動詞・形容詞の連体形+「どころの」を受け、打消しを伴って》そんな(なまやさしい)程度。「困るどころの―ではない」

さわーぐ【騒ぐ】《五自》①やかましい声・音を立てる。「酒を飲んで―」「美人だとみんなが―(=うるさいほど盛んに評判する)娘」「椰子(やし)の葉が、風に―」②(騒動が起こったりして)穏やかでなくなる。「辺境が―」「胸が―」(何か悪い事が起こりそうな気がして心配する。また、期待で軽い興奮を覚える) ③あわてて落ち着きを失う。「者ども―な」

さわさわ《副「と」》①木の葉や草花が風にそよぐ音。そのさま。「風に吹かれて―揺れる」②冷気を帯びた風が吹くさま。雰囲気が変化するさま。「―と秋風が立つ」③肌に、不快なもの(の動き)を感じるさま。「肌が―と泡立つような気がする」

ざわざわ《副「と」・ス自》①おおぜいの人の立てる、はっきりとはしない音や声。そのさま。「客席が―する」②気持が落ち着かないさま。「―した散漫な不安」(夏目漱石「明暗」) ③木の葉や草が風になびき音をたてるさま。「木立が―(と)揺れる」

さわーす(さはす)【×醂す】《五他》①かきの実の渋を抜く。あわす。②水にひたしてさらす。③黒うるしをつやの出ないように薄く塗る。

ざわつーく《五自》ざわざわする。ざわめく。

さわのぼり(さは)【沢登り】登山で、尾根筋や岩壁ではなく、傾斜の急な沢や滝を登ること。

ざわめーく《五自》絶えず落ち着きなく小さな音がする。ざわざわする。ざわつく。

さわやか(さはやか)【爽やか】《ダナ》①気持が晴れやかでさっぱりしているさま。すがすがしいさま。「―な朝」②いかにも明快なさま。「弁舌―だ」▽歴史的仮名遣いは「さわやか」とも。 派生 **-さ**

さわら(さはら)【×椹】ヒノキによく似た常緑高木。材はヒノキよりやや劣るが良質で、器具用。▽ひのき科。

さわら(さはら)【×鰆】マグロを細長くしたような形の海魚。体長一メートルに達する。南日本、特に瀬戸内海に多い。美味。小さいものをサゴシ・サゴチという。▽さば科。

さわらび【△早×蕨】芽をだしたばかりのわらび。▽「さ」は語調を整える接頭語。

さわり(さはり)①【触り】㋐さわった感じ。人に接した時の感じ。「―が柔らかい」㋑一曲中で眼目とする、聞かせ所。「―を聞かせる」。転じて、話の聞かせ所。▽もと、義太夫(ぎだゆう)で、他の節づけを取り入れた箇所。他流にさわる意。㋒俗に、曲などの出だし。「―だけ歌う」▽一九八〇年ごろからの誤用。近年は(イ)より(ウ)を多く使う。②【障り】じゃま。さしつかえ。「―があって行けない」「月の―」(月経)

さわーる(さはる)【触る・障る】①《五自他》㋐(体の一部、特に指や手のひらや足先などが)物に(軽く)くっつく。【触】「手が―」「何かが足に―」「―・らぬ神にたたり無し」(関係しなければ、わざわいを招かない)▽「手で―」は意図的な場合を言い、「手が―」は意図の有無にかかわらず状態を言う。「触れる」との混同から、「壁を―」「胸を―」のような他動詞的用法も増えた。㋑関係を持つ。「その問題には―・らずにおこう」▽触れる(2)とは異なり、本来、避けて済ませたい気持から言う。②《五自》動きなどがそれにさえぎられる。さしつかえる。害になる。【障・触】「健康に―」「神経に―」(いらいらさせる)「気に―」(感情を害する)「癪(しゃく)に―」▽原義は(2)。文語動詞「障(さ)ふ」(せきとめる。邪魔する)と同語源。

=**さん** →さま(ニ)。「吉田―」「奥―」「お隣―」「おつかれ―」▽「さま」より敬意の程度が低い。愛称となることがある。

さん【*三】サン　みみっつ　①《名・造》ものの個数を数える時の、二の次の、すなわち2に1を足して得る数(に等しい値や順位)。「三役・三春(=春三か月)の行楽」「三三九度(さんさんくど)」・「三辺」「天下を三分する」「一富士、二鷹(たか)、三なすび」(初夢に見てめでたいものの順序)▽この和語は「み」。数値表現の改竄(かいざん)を防ぐ目的では「参」とも書く。アラビア数字では「3」。人名の「三郎」は「さぶろう」、「健三」などは「けんぞう」などと読む。㋐三度。みたび。「三振・再三」「三顧の礼」(→さんこ)「三思して決する」。三味線で一番高い音を出す糸のこと。「三の糸」「三下がり」②「三河(みかわ)国」の略。「三州」▽→さん(参)(7)(8)

さん【*山】サン　セン　やま　①やま。また、そのようなもの。「山川・山河・山海・山岳・山塊・山脈・山間・山麓(さんろく)・山頂・山積・高山・深山・青山・大山・満山・火山・遊山(ゆさん)・名山・登山・富士山・須弥山(しゅみせん)・中山道(なかせんどう)」。特に、鉱山。「金山・閉山」②寺院の称号にそえる語。また寺院。「山号・開山・高野山」。特に、天台宗または比叡(ひえい)山のこと。「山家(さんげ)・山門」

さん〖杉〗サン すぎ ― 常緑の針葉樹、スギ。「松杉・老杉」

さん〖桟〗［棧］サン かけはし ― ①㋐〘名・造〙木を組み合わせてかけ渡したたな。また、床の下にわたす横木。ねだ。「桟を打つ」「桟橋・桟敷(さじき)」㋑〘名〙板のそりを防ぐためにわたす横木。戸・障子のほね。「ガラス戸の桟」㋒〘名〙戸じまりのために、戸にぬきさしできるようにとりつけた、木のせん。さる。「桟をおろす」②きり立ったけわしい所に、たなのように作った道。また木をかけわたして作った道。かけはし。「桟道・雲桟」

さん〖*参〗［參］サン シン まいる みつ まじわる ― ①比べあわせる。「参考・参看・参勘・参照」②まじわって、かかわりあう。加わる。あずかる。「参加・参列・参与・参政・参謀・古参・新参」③人が立ちまじり集まる。いたる。「参会・参集・参観・参禅」④尊貴の所、朝廷・寺社などにゆく。「参上・参堂・参殿・参内(さんだい)・参賀・参拝・参詣・参宮・日参」⑤目上の人に会う。まみえる。あう。「見参(げんざん)・降参・推参・持参」⑥長短あってそろわない様子。むらがり立つ様子。「参差(しんし)」⑦数値を表す時、「三」の改竄(かいざん)を防ぐ目的で代用する字。「金参万円也」⑧「参河(みかわ)国」の略。「参州・尾参」

さん〖惨〗［慘］サン ザン いたましい みじめ むごい ― ①心がいたむ。いたましい。心がひどくいたみ悲しむ。「惨として声なし」「惨然・惨憺(さんたん)・惨澹(さんたん)・悲惨・凄惨・陰惨」②むごい。むごたらしい。普通、「ザン」と読む。「惨酷・惨刻・惨虐・惨劇・惨殺・惨死」

さん〖*蚕〗［蠶］サン かいこ ― かいこ。また、かいこを飼う。「蚕業・蚕室・蚕卵紙・蚕種・蚕糸・養蚕・原蚕・柞蚕(さくさん)・蚕食」

さん〖*産〗［產］サン うむ うまれる うぶ ― ①〘名・造〙子をうむ。うまれる。「お産が軽い」「産婦・産児・産卵・出産・安産・難産・流産・助産婦・経産婦」▽→うぶ(2)。②㋐生活に必要なものをつくり出す。生活に必要なものができる。また生み出されたもの。「産業・産出・産物・産地・産額・生産・物産・水産・農産・畜産・殖産・特産・月産・量産」㋑「産業」の略。「産廃処理」③〘名・造〙出身地・原産地を言う語。「秋田の産」「アフリカ産」④〘名・造〙くらしのもとでになる財。「産を傾ける」「財産・資産・家産・動産・破産・倒産・不動産」

さん〖傘〗サン かさ からかさ ― かさ。からかさ。転じて、人の上を広くおおうもの。「傘下・鉄傘・落下傘」

さん〖*散〗サン ちる ちらす ちらかす ちらかる ― ①細かく、はなればなれになる。ちる。ちらばる。まとまっていたものがちりぢりになる。ちる。ちらばる。ちらす。「散乱・散逸・散失・散開・散在・散見・散会・散兵・散華(さんげ)・離散・四散・分散・発散・解散・退散・降散・逃散(ちょうさん)・雲散霧消・離合集散」②とりとめがない。でたらめである。「散漫・胡散(うさん)」③(とりとめがないので)役に立たない。むだである。ひまである。「閑散」④特定のきまりにあてはまらない。「散文・散位(さんい・さんに)・散職・散官」⑤自由気ままである。拘束を受けない。「散人・散索・散歩」⑥こなぐすり。「散薬・胃散・屠蘇散(とそさん)」

さん〖*算〗サン かぞえる ― ①〘名・造〙数をかぞえる。また、見当をつける。はかる。はかること。見込み。「死者算なし(＝かぞえることが出来ないほど多い)」「算術・算法・算用・算数・計算・加算・乗算・暗算・運算・清算・予算・検算・通算・概算・逆算・採算・目算・公算・勝算・成算」「宝算・聖算」②かず。年齢のかず。③数を数えるのに使う道具。中国の昔の計算器。「算盤(そろばん・さんばん)」④〘名〙和算の「算木(さんぎ)」の略。「算を置く」「算を乱す」(ばらばらに散る)⑤てだて。はかりごと。はかる。「算段・打算」⑥〘名〙うらないに使う算木。うらない。

さん〖*酸〗サン すい す ― ①すっぱい味のする液体。す。また、すっぱい味。「酸味・酸敗」②きびしいつらい思いをする。つらい。いたましい。「酸鼻・辛酸」③〔化学〕㋐「酸素」の略。「酸化」㋑〘名・造〙水に溶解させると電離してイオンとなる水素原子をもつ物質。塩基と反応して塩(えん)と水を生じる。電離する水素原子の数によって一塩基酸・二塩基酸などと呼ぶ。↕アルカリ。「酸性・硫酸・塩酸・脂肪酸」▽広くは、化学反応において水素イオンを受け取る方の物質。また、電子を奪う方の物質。↕塩基

さん〖*賛〗［贊］サン たたえる ほめる たすける ― ①他人の美徳をほめたたえる。「讃」に同じ。「賛美・賛嘆・賛辞・賞賛・自賛」②(ことばをそえて)たすける。「賛助・賛成・賛同・翼賛・協賛」③漢文の文体の一つ。人や事件を論評しほめたたえる文体。「伝賛・論賛」④画中に題する詩文。「画賛」

さん〖讃〗［讚］サン たたえる ほめる ― ①他人の美徳をほめる。たたえる。「讃称・讃仰・讃美・讃嘆・讃辞・讃美歌・賞讃・絶讃・礼讃(らいさん)」②仏徳をたたえる韻文。「梵讃(ぼんさん)・和讃」③画中に題する詩文。「自画自讃」▽(1)〜(3)は「賛」と通用。「賛」で代用する。④「讃岐(さぬき)国」の略。「讃州・西讃」

さん〖燦〗サン あきらか きらめく ― 火の光が照りかがやいてあざやか。きらびやかで美しい。「燦として輝く」「燦然」

さん〖撒〗→さつ〖撒〗

ざん〖*残〗［殘］ザン サン のこす のこる そこなう ― ①〘名・造〙必要なものを切りとったあとの小さくなったもの。あまり。余分。余分になる。あまる。のこる。時期におくれてのこる。「残が出る」「残存・残留・残余・残金・残額・残高(ざんだか)・残業・残滓(ざんし)・残雪・残念・老残・敗残」②完

全なものに傷つける。そこなう。やぶる。ほろぼす。ころす。「残害・廃残」③情け容赦もなく、むごくあたる。しいたげる。むごい。「惨」に同じ。「残忍・残虐・残酷」

ざん【斬】 ザン きる ①《名・造》罪人の首・手足などを切りはなす。切りころす。きる。「斬に処す」「斬首・斬罪・斬殺・斬奸(ざんかん)」②切りはなす。断つ。「斬髪・斬馬剣」

ざん【暫】 ザン しばらく 長くない時間。わずかの時間。しばらく。「暫時・暫定」

ざん【讒】 ザン そしる 《名・造》事実にないことを言って他人をおとしいれる。悪口をいう。そしる。かげぐち。「讒にあう」「讒言・讒訴・罵詈讒謗(ばりざんぼう)・讒者」

ざん【惨】→さん【惨】

さんあくどう【三悪道】 悪業(あくごう)によって落ちる地獄道・餓鬼道・畜生(ちくしょう)道。▽→ろくどう

さんい【三尉】 自衛官の階級の略称の一つ。→りくい・かいい(海尉)・くうい(空尉)

さんい【賛意】 賛成の気持。「—を表す」

さんいつ【散逸・散×佚】 《名・ス自》(まとまっていた書物・文献などが)散りうせること。

さんいん【参院】 「参議院」の略。

さんいん【山陰】 山のかげ。山の北側。↔山陽

さんいん【産院】 産科の医院。妊産婦の分娩(ぶんべん)を助け、分娩後の手当や新生児の世話をする医院。

さんう【山雨】 山から降ってくる雨。山中の雨。「—来たらんと欲して風(かぜ)楼に満つ」(転じて、変事が起ころる前の無気味な様子)

ざんえい【残映】 ①夕焼け。夕映え。②かつて華やかだったものの名残。「江戸文化の—」

さんえん【三猿】 三様の姿をした、さるの像。「見ざる・聞かざる・言わざる」の意を寓(ぐう)する。

さんおんとう【三温糖】 白砂糖をとったあとの汁を、さらに煮つめてつくる薄茶色の砂糖。

さんか【傘下】 中心的な人物・勢力の支配や指導を受ける立場にあること。「—の組合」

さんか【参加】 《名・ス自》なかまに加わること。「会議に—する」「自由—」

さんか【山家】 山中の家。やまが。

さんか【山×窩】 山奥や川原(かわら)などに、定住しないで漂泊生活をしていたとされる人々。竹細工などを業とする。

さんか【山河】 山や川。また、あたりの自然。「故郷の—」▽「さんが」とも言う。 **—きんたい【—襟帯】** 山が襟のように取り囲み、川が帯のように流れ、自然の要害をなすこと。

さんか【惨禍】 いたましいわざわい。▽主に火事・風水害・戦災などに言う。

さんか【産科】 出産に関する医学の部門。

さんか【賛歌・×讃歌】 賛美する気持を表した歌。

さんか【酸化】 《名・ス自》ある物質が酸素と化合すること。↔還元。▽広くは、化学反応で物質が電子を奪われること。

さんが【参賀】 《名・ス自》皇居に行き祝賀の意を表すること。「一般—の列」

ざんか【残火】 のこりび。

ざんか【残花】 他の花が散ったあとまで残っている花。

さんかい【山海】 山や海。「—の珍味」

さんかい【山塊】 山脈から離れて孤立した一群の山。「丹沢—」

さんかい【参会】 《名・ス自》会合に参加すること。

さんかい【散会】 《名・ス自》会合が終わって人々が別れ去ること。

さんかい【散開】 《名・ス自》散らばること。特に、密集した隊が戦闘の時に間隔をとって散らばること。

さんがい【三界】 ①《仏》一切の衆生(しゅじょう)が生死流転(るてん)する迷いの世界、即ち、欲界(=淫欲・食欲の二欲の強いものが住む所)・色界(しきかい=二欲を離れたが、まだ物質的存在にとらわれているものの住む所)・無色界(=物質を超えた世界)の三つの世界。「女は—に家なし(=安住の場所がない)」「子は—の首かせ」(子ゆえに愛着・苦悩におぼれて、安楽が得られない)②《接尾語的に》遠く離れた所。くんだり。「アメリカ—まで出向く」▽古風。

さんがい【惨害】 いたましい被害・損害。

ざんがい【残害】 《名・ス他》いため傷つけること。また、殺すこと。

ざんがい【残骸】 ①役に立たないほどに破壊されて残っている物。「墜落した飛行機の—」▽(2)の転。②殺されて捨て置かれた死体。

さんかいき【三回忌】 仏教で、人の死後の翌々年にあたる年忌。三周忌。三年忌。▽一周忌の翌年。

さんかく【三角】 《名ナ》かどが三つある形。そういう形であること。「—ビル」「目を—にする」(激怒するさま)「—なビスケット」。また、それを思わせる、三者の関係。「—貿易」 **—かんけい【—関係】** 三人の間のもつれた恋愛関係。 **—かんすう【—関数・—×函数】** 三角比を○〜九○度以外の角度に拡張したもの。三角比に対応して六種ある。 **—きん【—巾】** (二平方ヤールの布を)二つに折って三角にした、包帯用の布。また、料理などのとき髪をおおう三角形の布。 **—けい【—形】** 三つの直線で囲まれた(平面)図形。 **—す【—州・—×洲】** 河口の近くにできた三角の砂地。デルタ。 **—そくりょう【—測量】** 三角法を利用して行う測量法。 **—てん【—点】** 三角測量の際の基準にとった地点。目じるしの石をおく。 **—なみ【—波】** 方向が異なる二つ以上の波が重なってできた、高い波。暴風の中心などに起こる。 **—ひ【—比】** 直角三角形の二つの辺の長さの比。その値は、(直角以外の)角の大きさが同じなら、三角形の大きさによらず一定。二つの辺の選び方によって、サイン(正弦)・コサイン(余弦)・タンジェント(正接)と、そのそれぞれの逆数にあたる、コセカント・セ

カント・コタンジェントの六種がある。 **―ほう**【―法】三角関数の性質を使って、様々の(応用的な)問題を解く、数学の一部門。

さんかく【参画】『名・ス自』計画の相談に加わること。

さんがく【山岳】陸地の表面が著しく盛り上がった所。山。

さんがく【参学】『名・ス自』学問(特に仏学)にたずさわること。

さんがく【産学】産業界と大学・研究機関などの学問の世界。「―協同」

さんがく【産額】生産・産出される物の数量または金額。

さんがく【算額】和算の(多くは図形に関する)問題を解いた和算家が、その問題(と解法)を書いて社寺に奉納した絵馬(えま)。

ざんがく【残額】残りの数量または金額。

さんがつ【三月】その年の三番目の月。「―末決算」「―尽(じん)」(陰暦三月末日で、春の極みの意) ▽(陰暦の)異称は「弥生(やよい)」「花見月」。

さんがにち【三箇日】正月の一日から三日までの三日間。

さんかめいちゅう【三化×螟虫】稲の茎に入り込み、その髄を食べる淡褐色のいもむし。ずいむしの代表で害虫として知られる。成虫はサンカメイガという小さな蛾(が)で年に三回発生する。▽めいが科。

さんかん【参看】『名・ス他』照らし合わせて見ること。参照。

さんかん【参観】『名・ス他』その場所に行って観覧すること。「授業―」

さんかん【山間】山と山の間。山の中。やまあい。「―部」

さんかんしおん【三寒四温】冬季、三日間ぐらい寒い日が続き次の四日間ぐらいが暖かく、これがくりかえされること。▽中国北部・朝鮮などに顕著な現象。

ざんかんじょう【斬×奸状】悪者(=奸)をきり殺す趣意を書いた書状。

さんき【山気】山中に特有の、ひえびえした空気、さわやかな感じ。嵐気(らんき)。

さんぎ【参議】①国家の政治に関する議事に参与すること。その役目の人。②昔の太政(だいじょう)官で、大・中納言(なごん)の次の官。宰相(さいしょう)。 **―いん**【―院】日本の国会の両院の一つ。衆議院より権限は弱いが、その行き過ぎを正したり補正したりする働きをする。

さんぎ【算木】①易(えき)で、占いをする時に使う六本の四角な棒。②和算で、運算に用いた四角な短い棒。縦・横に並べて数を表した。

ざんき【×慙×愧】『名・ス自』恥じ入ること。「―に堪えない」

ざんぎく【残菊】秋の末や冬の初めまで咲き残った菊の花。

さんきゃく【三脚】①カメラ・望遠鏡・カンバスなどを支えるための、三本足の台。②「三脚いす」の略。三本足で折り畳み式の軽便な腰掛。

ざんぎゃく【残虐】『名・ダナ』人を殺したり非常に苦しめたりするような、ひどくむごいこと。「―行為」 派生 **―さ**

さんきゅう【参究】『名・ス自』参禅して真理を探究すること。

さんきゅう【産休】「出産休暇」の略。出産前後にとる休暇。

サンキュー『感』ありがとう。感謝の言葉。▽thank you

さんきょ【山居】『名・ス自』山の中のすまい。また、山の中に住むこと。

さんきょう【山峡】山と山とが近づいている狭い谷間。やまかい。

さんぎょう【三業】料理屋・待合(まちあい)・芸者屋の三種の営業。「―地」(三業の集まった町筋)

さんぎょう【産業】人間が生活に必要な諸財貨を生産する営み。 **―かくめい**【―革命】手工業から近代的工業に移る時の、産業上の大きな変化。これを経て資本主義経済が確立する。▽十八世紀末からイギリスで起こったのが典型的な例。 **―きかい**【―機械】工作機械や土木・建設用機械のように、他の産業のための設備や機械を造り出す用途の機械。 **―くみあい**【―組合】同業者の協力によって、その産業経済の発達をはかる組合。 **―こうぞう**【―構造】一国の産業活動の特徴を示す総体的な構造。 **―ざいさんけん**【―財産権】有用な発明や意匠を独占的に利用できる権利。知的財産権のうち特許権・実用新案権・商標権・意匠権の総称。旧称、工業所有権。 **―しほん**【―資本】①資本主義的生産に投じられる資本。②産業経営のために投下される資金。 **―はいきぶつ**【―廃棄物】工場などの事業活動によって生じた廃棄物。事業者が処理する責任を負う。 **―よびぐん**【―予備軍】資本主義産業で機械の採用・改良によって生じた、失業労働者群。▽好況の時に労働力を補充するための予備として待機させられるから、こう呼ぶ。

さんぎょう【蚕業】蚕を飼って、繭を取る事業。養蚕業。

さんぎょう【×鑽仰】『名・ス他』聖人・偉人の学徳を仰ぎ尊ぶこと。▽「讃仰」とも書かれるが、本来誤り。

ざんきょう【残響】室内などで、ある発音体の音が鳴りやんだあとまで残って聞こえるひびき。

ざんぎょう【残業】『名・ス自』規定時間後まで残って労働すること。また、その仕事。居残り。「―手当」

さんきょく【三曲】日本音楽で三種類の楽器で演奏する合奏。琴・三味線(しゃみせん)・尺八または胡弓(こきゅう)が普通。

さんきらい【山帰来】①中国南部・インドなどに自生する、つる性の小低木。サルトリイバラに似るが、とげがない。夏、白い小花が咲く。根を土茯苓(どぶくりょう)と言い、薬用。▽しおで科(旧ゆり科)。②サルトリイバラの別名。

ざんぎり【△散切(り)】髪を切りそろえて、そのままにした形。特に明治初年、男がちょんまげを切って刈り込んだ髪。斬髪(ざんぱつ)。

さんきん【参勤・参×覲】《名・ス自》出仕して主君に謁見すること。特に、江戸時代、諸大名が江戸に出て(＝参)将軍に謁見し(＝覲)、幕府に勤務したこと。**—こうたい**【—交代】江戸幕府が諸大名を、江戸と国元とに一定期間ずつ交代で居住させた制度。

さんきん【産金】黄金を産出すること。

ざんきん【残金】残った金額。㋐収入から支出を引いた残りの金。㋑支払わなければならない金額の未払い分。

さんく ①【惨苦】いたましい苦しみ。「—に見舞われる」②【酸苦】酸味と苦み。「その言葉には—がある」。つらくて苦しいこと。「山越えで—を味わう」

さんぐう【参宮】神宮(特に伊勢の皇大神宮)に参拝すること。

サンクチュアリ ①外敵から守られて安全な地域。特に、鳥獣の保護・禁猟区。「バード—」②中世、法律の力の及ばない、教会などの聖域。▽⑵が原義。sanctuary

サングラス 強い太陽光線などを防ぐための、色ガラスのはまっためがね。日よけめがね。▽sunglasses

さんぐん【三軍】①陸軍・海軍・空軍の総称。②大軍。▽もと、周の制度で、大国が有する三万七五〇〇名の軍隊(一軍は一万二五〇〇名)。

さんけ【産気】子供が生まれそうな気配。「—づく」

さんげ【散華】《名・ス自》①仏に供養するため花をまき散らすこと。特に、法会(ほうえ)で、読経(どきょう)しながら列を作って歩き、はすの花びらにかたどった紙をまき散らすこと。②戦死を美化して言う語。▽花と散るの意。

ざんげ【×懺△悔】《名・ス他》自分の以前の行いが悪い事だったと気づき、それを悔いて(神仏などに)告白すること。▽仏教では「さんげ」と言う。

さんけい【参詣】《名・ス自》神仏におまいりすること。

さんけい【山系】二つ以上の山脈が、互いに密接な関係で一つの系列を作っているもの。「ヒマラヤ—」

さんげき【惨劇】目も当てられない、むごたらしい出来事。

ざんげき【斬撃】《名・ス他》刀できりかかること。▽突く武器には言わない。

さんけつ【酸欠】①「酸素欠乏」の略。地下や室内などで、空気中の酸素が足りなくなること。②「酸素欠乏症」の通称。血液中の酸素濃度の低下によって現れる症状。

ざんけつ【残欠・残×闕】(歴史的遺物などの)一部が欠けて不完全なこと。またはそういう物。

ざんげつ【残月】明け方まで残っている月。ありあけの月。

さんけん【三権】国家の統治権の三種別。立法権・行政権・司法権。「—分立の原則」

さんけん【散見】《名・ス自》あちこちにちらほら見あたること。▽同じ意味で「散見される」とも言う。

さんげん【三弦・三×絃】①三味線(しゃみせん)の別名。②雅楽で使う三種の弦楽器。和琴(わごん)・琵琶(びわ)・箏(そう)。

ざんげん【×讒言】《名・ス自》他人をおとしいれるため、ありもしない事を目上の人に告げ、その人を悪く言うこと。

さんげんしょく【三原色】適当に混ぜてあらゆる色が表せる、もととなる三種の色。▽絵の具では赤・黄・青、光線では赤・緑・青。

さんこ【三顧】目上の人がある人に対し、仕事を引き受けてもらいたいと、丁寧に頼むこと。「—の礼をとる」▽蜀(しょく)の劉備(りゅうび)が諸葛孔明(しょかつこうめい)を三度訪れて軍師に迎えた故事による。

さんご【三五】①「三五夜」の略。十五夜。特に八月十五夜。②まばらなこと。ちらばってあること。三々五々。

さんご【×珊×瑚】珊瑚虫という腔腸(こうちょう)動物が群生して海底に作る石灰質の骨組。枝状・テーブル状など形はさまざまで、美しいものは加工して装飾品にする。**—じゅ**【—樹】①木の枝の形をした珊瑚。②秋、赤く熟する実をふさ状につける常緑高木。暖地の海岸に自生し、庭木などとして広く栽培。葉は厚く光沢がある。夏、白い花が密集して咲く。▽れんぷくそう科(旧すいかずら科)。**—じゅ**【—珠】珊瑚をみがいて造った玉。**—しょう**【—礁】珊瑚が積もってできた岩礁。日本では沖縄諸島に発達。

さんご【産後】出産の後。↔産前

さんこう【三后】太皇太后・皇太后・皇后の総称。三宮(さんぐう)。

さんこう【三更】五更の第三。今の午後十一時から午前一時までの間。真夜中。▽→ごこう(五更)

さんこう【三綱】儒教でいう、君臣・父子・夫婦の道。「—五常」

さんこう【参向】《名・ス自》出向くこと。参上すること。

さんこう【参考】《名・ス他》物事をするため、既に他人がおこなった方法や述べた意見、それに関係が深い事柄などをとりあげ、自分の考えのたしにすること。**—しょ**【—書】調査・研究・学習などの参考にする本。**—にん**【—人】参考情報を得る目的で呼び出される人。㋐犯罪捜査で捜査機関が取り調べる、被疑者以外の人。▽嫌疑のはっきりしない被疑者を「重要—」と言うことがある。㋑国会の委員会で意見を述べるように求められる人。

さんこう【×鑽仰・×讃仰】《名・ス他》→さんぎょう(鑽仰)。▽「さんごう」とも言う。

さんこう【×鑽孔】《名・ス自他》あなをあけること。パンチすること。「—カード」「—機」(ボール盤のことをも、また、カードにパンチを入れる機械のことをも言う)

さんこう【散光】表面が平滑でないためや、浮かんでいる微粒子のために、四方に散乱された光。

さんごう【山号】寺号の上に「○○山」とつける称号。例、比叡山(ひえいざん)延暦寺(えんりゃくじ)・金竜山(きんりゅうざん)浅草寺(せんそうじ)。

ざんこう【残光】①入り日のなごりの、弱くなった光。余光。②比喩的に、繁栄のなごり。「栄華の―」③〔物理〕蛍光灯などで、電源を切っても光が残る現象。

ざんこう【残香】①残っている、ほのかなかおり。②比喩的に、以前の物事のなごり。「江戸情緒の―をとどめる」

ざんごう【×塹×壕】敵弾から身を隠して行動するために掘った空堀(からぼり)。

さんごく【三国】①三つの国。昔、日本・中国・インドの総称。▽全世界を意味した。②中国の後漢の末に起こった魏(ぎ)・呉(ご)・蜀(しょく)の三つの国。「―志」 **―いち**【―一】三国⑴で一番すぐれていること。世界一。 **―でんらい**【―伝来】インドから中国を通って日本に伝来したこと。

ざんこく【残酷・残刻】『名・ダナ』人や動物などに苦しみを与えて平気なこと。むごいこと。派生 **―さ**

さんこつ【山骨】山の土砂が崩れて露出した岩石。

さんこつ【散骨】『名・ス自』葬礼のため、遺骨を粉状にして海や山などにまくこと。

さんこん【三献】祝儀の丁重な作法で、酒肴(しゅこう)を出し酒を三杯飲ませて膳を下げ、これを一献として三回繰り返すこと。▽婚礼の三三九度はこれが起源。

ざんこん【残痕】のこったあと。きずあと。

さんさ【三佐】自衛官の階級の略称の一つ。↓りくさ・かいさ・くうさ

さんさ【三×叉】みつまたに分かれた形または所。「―神経」 **―ろ**【三×叉路・三差路】道がみつまたに分かれているところ。Y字路。

さんざ『副ノ』〔俗〕思いのまま好き勝手に。「―遊んだあげくに」。十分で飽きるさま。「もう―のようだね」▽「さんざん」の転。

さんさい【三才】天と地と人。また、宇宙間の万物。

さんさい【三彩】三種の色のうわぐすりをかけて焼いた陶器。「唐―」

さんさい【山塞・山×砦】山の地形を利用して構えたとりで。また、山賊のすみか。

さんさい【山妻】自分の妻のへりくだった言い方。愚妻。

さんさい【山菜】山や野に自生する植物で、副食物に使えるもの。例、ワラビ・ゼンマイ。「―料理」▽「野菜」と異なり、栽培したものを指さないのが本来。

さんざい【散在】『名・ス自』広い範囲に散らばってあること。

さんざい【散剤】こなぐすり。散薬。

さんざい【散財】『名・ス自』金銭をやたらに費やすこと。「とんだ―をおかけしました」

ざんさい【残×滓】→ざんし(残滓)。▽「ざんし」の慣用読み。

ざんざい【斬罪】首切りの刑罰。

さんさがり【三下(が)り】三味線(しゃみせん)の調子の一つ。本調子の第三弦の音を下げたもの。

さんさく【散策】『名・ス自』散歩。▽「策」はつえを突く意。

さんざし【山査子】春、梅に似た五弁の白花を咲かせる落葉低木。実は薬用・食用。中国原産。▽ばら科。

ざんさつ【惨殺】『名・ス他』むごたらしい方法で殺すこと。

ざんさつ【斬殺】『名・ス他』きり殺すこと。

さんざっぱら『副』〔俗〕「さんざ」を強めて言う語。▽飽きるさまには言わない。

さんざめ-く『五自』にぎやかに(うきうきと)騒ぎ立てる。▽「さざめく」から出た語。

さんさん【×潸×潸】『ト タル』①涙をさめざめと流すさま。②雨が降るさま。

さんさん【×燦×燦】『ト タル』太陽などの光が明るく輝くさま。「光が―と降り注ぐ」

さんざん【散散】『ダナ・副』ひどく。甚だしく。「―負かした」。非常にみじめな、ひどいさま。「―な目にあう」

さんさんくど【三三九度】結婚式の献杯の礼。新郎新婦が一つの杯で酒を三度ずつ飲み、三つ組の杯で合計九度飲み合うこと。▽↓さんこん

さんさんごご【三三五五】『副』三人また五人というように、小人数がまばらに行く、または散在しているさま。「―連れ立って行く」

さんし【三士】自衛官の階級の略称の一つ。↓りくし⑴・かいし(海士)・くうし

さんし【三思】『名・ス自』何度もよく思案すること。

さんし【散史】民間で文筆に従事する人が、その雅号などに添えて称する語。▽「散士」とも書く。

さんし【蚕糸】かいこの繭からとった糸。きいと。

さんし【蚕紙】蚕卵紙。

さんじ【三時】午後の間食。おやつ。おさんじ。▽午後三時ごろ食べるから言う。

さんじ【参事】ある事務に参与する職。その職にある人。▽法律でこの職名に定めてあるのもある。

さんじ【惨事】むごたらしいできごと。いたましい事件。

さんじ【産児】子どもを産むこと。生まれるまたは生まれたばかりの子。 **―せいげん**【―制限】『名・ス自』人口増加や貧しさを防ぐために、受胎調節などを行うこと。

さんじ【蚕児】かいこ。

さんじ【賛辞・×讃辞】ほめる言葉。ほめ言葉。「―を呈する」

ざんし【惨死】『名・ス自』むごたらしい死に方をすること。

ざんし【×慙死】『名・ス自』恥じて死ぬこと。また、死ぬほど深く恥じること。

ざんし【残×滓】残ったかす。残りかす。「封建制度の

―」

ざんじ【暫時】しばらくの間。「―の猶予を乞う」

さんしき【算式】加減乗除の記号によって計算法を示した式。

さんしきすみれ【三色×菫】すみれの一種。ヨーロッパ原産の一年草。春、普通は紫・白・黄の三色をもった花が咲く。さんしょくすみれ。パンジー。

さんじげん【三次元】①空間をはかる、縦・横・高さの三つの次元。「―の世界」(立体の世界)②一般に、抽象的空間が三つの次元で規定されるものであること。3D。

さんしすいめい【山紫水明】日に照りはえて山が紫に見え、川が清らかに流れること。美しい山水の形容。「―の地」

さんした【三下】「三下奴(やっこ)」の略。ばくち打ちの仲間で、一番下っ端の者。

さんしちにち【三七日】①二十一日間。「―の参籠」②二十一日目。特に、人の死後二十一日目に行う仏事。みなのか。

さんしつ【産室】出産する部屋。うぶや。

さんしつ【蚕室】かいこを飼う部屋。

さんしのれい【三枝の礼】はとは礼節の正しい鳥で親鳥のとまっている枝から三本下の枝にとまるということ。鳥でも親を敬う礼儀を知っているというたとえ。

さんしゃ【三舎】『―を避ける』恐れはばかって相手を避ける。▽三日の行程だけ退く意。もと中国で、一舎は軍隊一日の行程で三十里。

さんしゃ【三者】三つのもの。三人のひと。「―会談」

さんしゃく【参酌】『名・ス他』他と比べ合わせて参考にすること。

さんじゃく【三尺】①一尺の三倍の長さ。約九〇センチ。「―の秋水(しゅうすい)」(長さが三尺もある、とぎすました刀剣)「―の童子」(身長が三尺ばかりの小さな子、すなわち幼児)②鯨尺で三尺ほどの、簡単な帯。へこおび。▽もとは職人がしめた。後に少し長くして子供用。

さんしゅ【三種】①三つの種類。「―の神器(じんぎ)」(皇位継承のしるしとして、歴代の天皇が受け継ぐ、鏡・玉・剣の三種の宝)②「第三種郵便物」の略。認可を受けた定期刊行物を内容とする、料金の安い郵便物。

さんしゅ【蚕種】かいこの卵。

さんじゅ【傘寿】八十歳(の祝い)。▽「傘」の俗字「仐」が「八十」に分解できることから。

ざんしゅ【斬首】『名・ス他』首をきること。その、きった首。

さんしゅう【参集】『名・ス自』集まって来ること。「ご―ください」

さんしゅうき【三周忌】→さんかいき

さんじゅうごにち【三十五日】→ごしちにち

さんじゅうさんしょ【三十三所】観世音(かんぜおん)を安置した三十三か所の霊場。特に、西国(さいごく)三十三所。

さんじゅうしょう【三重唱】声部のちがう三人で歌う重唱。

さんじゅうそう【三重奏】室内楽の一つ。三人が三種の楽器で演奏する。また、その曲。例、ピアノ・バイオリン・チェロでするピアノ三重奏。

さんじゅうにそう【三十二相】①仏が備えている三十二の身体的特徴。「―八十種好(しゅごう)」②転じて、女性の姿・形の美しい相のすべて。「―そろった美人」

さんじゅうのとう【三重(の)塔】三層に造った仏塔。

さんじゅうぼう【三十棒】①禅宗で戒めに、未熟な修行者を何回も(＝三十)痛棒で打つこと。その厳しい教戒。②比喩的に、痛い目。つらい目。「呑気(のんき)に構えて彼女から―をくらわされた」

さんじゅうろっけい【三十六計】昔の兵法にある三十六種の計略。「―逃げるにしかず」(何と言っても逃げ出すのが一番いい計略だ)

さんしゅつ【産出】『名・ス他』産物を生産すること。物資がとれること。「石油を―する」

さんしゅつ【算出】『名・ス他』計算して結果の値を出すこと。

さんじゅつ【算術】四則演算や分数・比例などを扱う、初等的な数学分野。かつて小学校の教科名にも言った。 **―きゅうすう**【―級数】→とうさきゅうすう。 **―へいきん**【―平均】幾つかの数値の和を、その加えた個数で割った値。相加平均。▽普通に「平均」というのはこれ。

さんじょ【産所】子をうむ部屋。産室。

さんじょ【賛助】『名・ス他』その事業の趣旨に賛成して力ぞえをすること。「―会員」

ざんしょ【残暑】秋まで残る暑さ。立秋後の暑さ。

さんしょう【三唱】『名・ス他』三度となえること。「万歳―」

さんしょう【参照】『名・ス他』照らし合わせて参考にすること。

さんしょう【山×椒】小球形の実から香辛料をとる落葉低木。山林に自生し、広く植栽される。幹・枝にはとげがあり、春、黄色の小花を開く。若葉・若芽は「木の芽」と呼ばれ食用。実は干してすりつぶし香辛料・薬用。材はすりこぎにする。さんしょ。「―は小粒でもぴりりと辛い」(小さくてもあなどれないことのたとえ)▽みかん科。 **―うお**【―魚】渓流や湿地にすむ、トカゲに似た形の生き物。体表は粘液で覆われる。日本産は体長一〇～二〇センチほどの種が多いが、オオサンショウウオ(→はんざき)は一・五メートルに達する。▽さんしょううお科・おおさんしょううお科などの両生類の総称。

さんじょう【山上】山のうえ。「―の寺」

さんじょう【参上】『名・ス自』(目上の人のところに)でかけること。うかがうこと。▽訪問する相手に対してへりくだった言い方。

さんじょう【惨状】目も当てられないほど痛ましく、むごたらしい有様。「―を呈する」

ざんしょう【残照】①あたりが暗くなってもなお、山頂などに照りはえて残っている夕日の光。②比喩的に、以前の物事のなごり。「先代の—がなお失せない」

さんしょく【三食】 朝・昼・晩三度の食事。また、三回分の食事。「きちんと—食べること」

さんしょく【山色】 山のいろ。また、山のけしき。

さんしょく【蚕食】《名・ス他》(蚕(かいこ)が桑の葉を食うように)片端から次第に他の領域を侵略すること。

さんじょく【産×褥】 出産の時に産婦が使う寝床。「—につく」 **—き【—期】** 出産後、母体が回復するまでの期間。 **—ねつ【—熱】** 産褥期に起こる発熱性の病気。

ざんしょく【残×燭】 夜明けまで残った灯火。消え残った灯火。

さんしょくばん【三色版】 三原色に分解した三枚の版を刷り合わせて原図の色のままに複製する製版印刷法。

さん-じる【参じる】《上一自》①「行く」「来る」のへりくだった言い方。参上する。まいる。「馳(は)せ—」②参禅する。▽「参ずる」とも言う。

さん-じる【散じる】 ①《上一他》散らす。なくする。「財を—」。(思いを)晴らす。「気を—」②《上一自》散る。散らばる。なくなる。▽「散ずる」とも言う。

さんしん【三振】《名・ス自》野球で、打者がストライクを三つ取られてアウトになること。ストライクアウト。

さんしん【三△線】 琉球(りゅうきゅう)に中国から伝わった、へびの皮を胴に張った三弦の楽器。蛇皮線(じゃびせん)。▽日本本土の三味線(しゃみせん)の祖。

さんしん【参進】《名・ス自》神前や貴人の前に進み出ること。

さんじん【山人】 世事から離れ、隠遁(いんとん)している人。▽文人などの雅号に添えても使う。「紅葉—」

さんじん【山神】 山に鎮座する神。山の神。

さんじん【散人】 ①世事を離れて自由に暮らす、ひまな人。散士。閑人。▽文人などの雅号に添えても使う。「荷風—」②役に立たない、無能な人。

ざんしん【残心】 日本の武技で、攻めわざの直後も敵に備えて保つ(=残)心の構え。㋐剣技で、相手を仆(たお)す打ち(突き)をきめてからなお執る静かな構え。㋑弓術で、矢を射放してなお見定めるのに崩さない構え。

ざんしん【斬新】《ダナ》趣向がとびぬけて新しいこと。「—なデザイン」 派生 **-さ**

ざんしん【×讒臣】 讒言(ざんげん)をする臣下。

さんしんとう【三親等】 親等の一つ。ある人とその曽祖父母・曽孫・おじ・おば・おい・めいとの関係。三等親。

ざんす《助動》〔俗〕でございます。です。「さい(=「さよう」のくずれた形)—」「そう—」▽江戸吉原(よしわら)の遊女の言葉から出た。

さんすい【山水】 ①山と川(=水)。その自然の風景。②「山水画」の略。山水(1)の美を描いた東洋画。③築山(つきやま)と池とがある庭園。

さんすい【散水・撒水】《名・ス自》水をまくこと。「—車」▽「撒水」は正しくは「さっすい」。

さんずい【三水】 漢字の偏の一つ。「池」「決」などの「氵」の称。▽「水」の字が偏になった時の形。点三つの「水」の意。

さんすう【算数】 ①初等教育で授ける初等数学。▽教科名として言う。②数量の計算。「—に暗い」

さんすくみ【三×竦み】 三者が互いに牽制(けんせい)し合って、だれも自由に行動できないこと。▽蛇はなめくじを恐れ、なめくじは蛙(かえる)を恐れ、蛙は蛇を恐れてすくむということから。

サンスクリット 古代インドの標準的な文章語。梵語(ぼんご)。▽Sanskrit

さんすけ【三助】 銭湯で、湯をわかしたり、客の体を洗ったりする、男の使用人。▽江戸時代には、広く下男。↓おさんどん

さんずのかわ【三△途の川】〔仏〕死んだ人があの世へ行く途中に渡るという川。▽「三途」は三悪道のこと。

さん-する【参する】《サ変自》参与する。加わる。

さん-する【産する】 ①《サ変他》産出する。うみだす。②《サ変自》産出される。とれる。できる。

さん-する【算する】《サ変他》ある数・量に達する。かぞえる。「カード枚数は百万を—した」

さん-ずる【参ずる】《サ変自》↓さんじる(参)

さん-ずる【散ずる】《サ変自他》↓さんじる(散)

ざん-する【×竄する】《サ変他》遠い土地に追放する。島流しにする。流罪(るざい)にする。

ざん-する【×讒する】《サ変他》他人を陥れるため、事実でない悪口を言う。讒言(ざんげん)する。

さんずん【三寸】 一寸の三倍。約九センチ。また、物の厚さ・長さに比喩的に使う語。「胸—」「舌—」

さんぜ【三世】 ①〔仏〕前世・現世・来世。「主従は—」②父・子・孫の三代。 **—そう【—相】** 仏教の因果説に五行(ごぎょう)思想を加え、人の生年月日や人相から、三世(1)の因果・吉凶などを説くこと。特に、そういうしかたの占いの結果などをしるした通俗書。

さんせい【参政】 政治に参与すること。 **—けん【—権】** 国民が国の政治に直接・間接に参与できる権利。選挙権・被選挙権・公務につく権利など。

さんせい【酸性】 ある物質が酸の性質を示すこと。青色リトマス試験紙を赤色に変える。↕アルカリ性。「—土壌」▽↓さん【酸】(3)(イ)。 **—う【—雨】** 窒素酸化物や硫黄酸化物が溶け込んだ強い酸性の雨。森林の枯死その他の被害をもたらす。 **—し【—紙】** インクのにじみ止めとして硫酸アルミニウムを用いた洋紙。退色・劣化するため、保存性に劣る。▽中性紙と対比して、従来の洋紙を呼ぶ語。

さんせい【賛成】《名・ス自》他人の意見などに同意すること。↕反対(2)。「法案に—する」「—を得る」「—に回る」「—多数」「—票」

ざんせい【残生】老年の、残り少ない人生。余生。

さんせき【山積】『名・ス自』山のようにうずたかく積もること。また、たくさんたまること。「仕事が―する」

ざんせつ【残雪】消え残った雪。また、春なお消えないでいる雪。

さんせん【参戦】『名・ス自』①戦争に参加すること。②広く、競技・選挙などに参加すること。

さんせん【山川】山や川。「―万里」(山川をはるかに隔てていること)

さんせん【散銭】神仏にあげるおかね。賽銭(さいせん)。

さんぜん【参禅】『名・ス自』(師について)禅を修学すること。

さんぜん【×潸然】『ト タル』さめざめと涙を流すさま。

さんぜん【×燦然】『ト タル』きらきらと光り輝くさま。「―と輝くダイヤ」「―たる栄誉」

さんぜん【産前】出産の前。特に、臨月。↔産後

ざんぜん【×嶄然】『ト タル』一段と目立ってぬけ出たさま。「―頭角を現す」

さんぜんせかい【三千世界】①〔仏〕「三千大千世界」の略。須弥山(しゅみせん)を中心とした一つの世界を千倍し、また千倍し、さらに千倍した大きな世界。これが一仏の教化する範囲という。②転じて、広い世界。世間。

さんせんのおしえ…をしへ【三遷の教え】「孟母(もうぼ)三遷の教え」に同じ。↓もうぼ

さんそ【酸素】元素の一つ。元素記号O。単体では二原子が結合した分子として存在し、無色・無臭の気体。空気の体積の五分の一を占める。燃焼や呼吸に必要。

ざんそ【×讒訴】『名・ス他』①(他人をおとしいれるため)目上の人や主人に、ありもしない事を告げること。讒言(ざんげん)して訴え出ること。②かげで他人の悪口を言うこと。そのかげぐち。

さ

さんそう【三曹】自衛官の階級の略称の一つ。↓りくそう(陸曹)・かいそう(海曹)・くうそう(空曹)

さんそう【山草】山や野に育ち、園芸化していない草。更に小低木・水生植物。「―栽培」(山草を野生の姿で観賞用に育てること) ▽指す範囲が「野草」より広い。

さんそう【山荘】山中にある別荘。

さんそう【山相】山のすがた・様子。「めでたい―」

さんそう【山僧】①山寺の僧。②僧が自分をへりくだって言う語。愚僧。

さんぞう【三蔵】①仏教の聖典を三種に分類した時の、聖典の総称。経(きょう)(=仏の説法の集成)・律(=仏徒の戒律の集成)・論(=経・律に対する注釈的研究成果)。②三蔵(1)に深く通じた高僧。「西遊記でも名高い玄奘(げんじょう)―」▽単に「三蔵法師」でも玄奘を指す。

ざんぞう【残像】刺激がなくなった後になお残る、または再生する感覚。▽主として視覚について言う。

さんぞく【山賊】山中に根拠をかまえる盗賊。

さんそん【山村】山間にある村。

ざんぞん【残存】『名・ス自』なくならないで残っていること。「―兵力」「―機能」▽「ざんそん」とも言う。

サンタ「サンタ クロース」の略。「―のおじさん」 **―クロース** クリスマスの前夜、眠っている子どもを訪れて贈物をしてくれるという老人。白ひげで赤い帽子・外套(がいとう)をつけ、長靴をはく。サンタ クローズ。▽Santa Claus **―マリア** イエス キリストの母マリアのこと。聖母マリア。▽(ポルトガル) Santa Maria

さんたい【山体】(地質学的な)物体としての山。山の形。「―崩壊」(火山活動・地震・風化などによって、山の一部が大きく崩れ落ちる現象)

さんだい【三代】①父・子・孫の三つの世代。三世。②三代目の世継ぎ。 **―そうおん**【―相恩】祖父以来三代つづいて主君に仕え、その恩を受けること。

さんだい【参内】『名・ス自』皇居に参上すること。参朝。

さんだい【散大】『名・ス自』〔医学〕(死が迫って)ひとみが開くこと。

さんだいばなし【三題×噺・三題×咄】客にその場で出してもらった題目三つを織り込んで、一つの落しばなしに仕立てる演じ方(の落語作品)。

ざんだか【残高】収支または貸借の差引き勘定をして残った金額。

さんだつ【×簒奪】『名・ス他』帝位を奪い取ること。

さんだゆう【三〈太夫〉】華族や富豪の家事・会計をつかさどる人の、人名めかした俗称。家令・家扶・執事の類。

サンダル 履物の一種。かけひも・バンド等で足にとめてはく。▽sandal

さんたろう【三太郎】おろかな人をあざける語。ばか。「大ばか―」

さんだわら…だはら【桟俵】米俵の上下にあてる、わら製の丸いふた。さんだらぼっち。

さんたん【三嘆・三×歎】『名・ス自』何度も感嘆すること。深く感心すること。「一読―」

さんたん【賛嘆・讃×歎】『名・ス他』深く感心してほめること。

さんたん【惨×憺・惨×澹】『ト タル』①いたましく、見るに忍びないほどであるさま。「―たる成績」②心をくだき苦心するさま。「―たる苦心」

さんだん【算段】『名・ス他』何とか方法を考えて都合をつけること。工面(くめん)。「―がつく」「やりくり―」

さんだん ①【散弾・×霰弾】多数の細かいたまが同時に発射される仕掛けの弾丸。近距離射撃に有効。②【散弾】ばらばらと飛んで来る弾丸。

さんだんとび【三段跳(び)・三段飛(び)】陸上競技の一種。駆けて来て、まず片足で跳び、次も同じ足で跳び、三度目は反対の足で跳ぶ、幅跳び。ホップ ステ

ップ ジャンプ。

さんだんろんぽう【三段論法】〔論理〕推理のしかたの一種で、三つの判断の組合せから成る形式。例、A「動物は生物だ」B「犬は動物だ」という判断から、C「犬は生物だ」が導ける。▽Aを大前提、Bを小前提、Cを結論という。この例で「生物」を大概念、「犬」を小概念、「動物」を媒概念という。

さんち【山地】 山の多い地帯。また、山である地域。↕平地

さんち【産地】 その物品が産出される土地。また、人や動物の生まれた土地。

サンチ 「サンチメートル」の略。「センチメートル」に同じ。おもに火砲の口径などに言う。「十五—砲」▽「糎」とも書いた。フランス centimètre から。

ざんち【残置】『名・ス他』(廃棄・廃止・撤退せずに)必要な要員などをあとまで残しておくこと。

サンチーム フランスやスイスなどの貨幣単位。一サンチームは一フランの百分の一。▽フランス centime

さんちゃく【参着】『名・ス自』到着すること。

さんちゅう【山中】 山の中。山間。「—暦日(れきじつ)なし」(山中に閑居する者は歳月の過ぎゆくのを忘れる)

さんちょう【山頂】 山のいただき。頂上。

さんちょう【参朝】『名・ス自』→さんだい(参内)

さんちょく【産直】「産地直送」「産地直売」「産地直結」の略。生鮮品などを、卸売りや市場を通さず、生産者や産地から直接小売店・消費者へ供給すること。「—野菜」

さんづけ【さん付け】 人の名に「さん」をつけて呼ぶこと。「先生を—にする」

さんてい【算定】『名・ス他』計算して結果を(数値ではっきりと)確定すること。

ざんてい【暫定】 決定を見合わせて、その間、仮に一時的な取決めをすること。「—的」「—(の)処置」

さんディー【3D】 →スリー ディー

サンディカリスム 十九世紀末から二十世紀初頭に西ヨーロッパで盛んであった、労働組合がゼネストなどの直接行動によって国家権力を奪い取るとする立場。政党や議会活動を認めず、労働組合が中心になって新しい社会をつくるべきだと主張した。(急進的)労働組合主義。▽フランス syndicalisme

サンデー ①日曜日。▽Sunday ②アイス クリームにチョコレートや果物をそえた食物。▽sundae

ざんてき【残敵】 討ち漏らされて逃げ遅れた敵。「—掃討」

サン デッキ ①船の上の甲板。特に、客船の日光浴ができる所。②日があたるように作った広いデッキ(4)。▽sun deck

さんてん【山×巓】 山頂部の最も高い所。

さんてん【散点】『名・ス自』あちこちに散らばること。点在。散在。「人家が—する」

さんでん【参殿】『名・ス自』御殿(ごてん)に参上すること。▽他人を敬って、その人の家に行くことにも使った。

さんど【三度】『名・副』三回。「—の食事」「—目の正直」(三回目にはなんでもうまく行くこと) **—がさ【—×笠】** 顔をおおうように深く作ったすげがさ。▽三度飛脚が使い始めたところから言う。 **—びきゃく【—飛脚】** 江戸時代に、月三度定期的に、江戸と京都・大坂との間を往来した飛脚。

さんど【酸度】 すっぱさ・酸性の度合。

ざんど【残土】 土木工事で、穴を掘ったりして生じた、不要の土。

サンドイッチ ①薄く切ったパンの間に肉・野菜などをはさんだ食品。②両側からはさまれることのたとえ。「—になる」 ▽sandwich **—マン** 広告板などを体の前後に下げて歩く広告屋。▽sandwich man

さんどう【参堂】『名・ス自』①神仏の堂にまいること。②人の家を訪問することのへりくだった言い方。

さんどう【参道】 神社や寺院に参詣するため設けられた道。

さんどう【山道】 山中を通っているみち。やまみち。

さんどう【桟道】 ①山のがけの中腹に、たなのように設けられた道。②絶壁から絶壁へ渡した橋の道。かけはし。

さんどう【産道】 胎児が生まれる時に通る径路。

さんどう【賛同】『名・ス自』賛成し同意すること。

ざんとう【残党】 ①討ち漏らされなどして残った敗者(の一味)。②比喩的に、以前の組織などにいた人々。「時代後れの昭和の—」

さんとうしん【三等親】 →さんしんとう

さんとうな【山東菜】 ハクサイの一品種。中国山東省原産。しわが多くやわらかで、漬物などにする。山東白菜。

さんとく【三徳】 ①三つの徳目。例、智(ち)・仁・勇。②口が三つ別にあって鼻紙・書付・楊枝(ようじ)を入れて懐中する袋。江戸時代に流行。③三通りに使えるもの。「—包丁」

サントニン ヨモギの類のつぼみから抽出して得られる有機化合物。また、それを成分とする回虫などの駆除薬。▽santonin →セメン シナ

サンドペーパー 紙やすり。▽sandpaper

サントメ【桟留】 江戸時代の木綿(もめん)のしま織物の一種。または、なめし皮の一種。「—縞(じま)」「—皮」「唐—」▽インドにあったポルトガル植民地サントメ(São Thomé = コロマンデル地方の異称)から渡来した。

さんない【山内】 ①寺の境内。寺内。②山の中。山間。

さんにゅう【参入】『名・ス自』①手を出していなかった分野に加わること。「金融市場に—する」②高貴の(人の)所にまいること。

さんにゅう【算入】『名・ス他』計算の中に含め入れること。

ざんにゅう【×竄入】『名・ス自』①誤ってまぎれ込むこと。②逃げ込むこと。

ざんにん【残忍】『名・ダナ』むごいことを平気ですること。そういう性質であること。「—をきわめる」

派生 -さ

さんにんしょう【三人称】↓にんしょう(人称)

ざんねん【残年】残生。余命。

ざんねん【残念】『名ナ』期待や希望のようにならず心残りなこと。「—ながら欠席いたします」。(好機を逃して)くやしいこと。「—無念」▽もとは「する」も付いた。「それは—し(=残念な思いをし)たね」 派生 -さ -げ -がる 関連 遺憾・心外・無念・未練・慮外・不本意・心残り・惜しい・口惜しい・悔しい・情けない・残り惜しい

さんねんき【三年忌】↓さんかいき

さんのぜん【三の膳】二の膳の次に、汁・刺身・茶碗(ちゃわん)をのせて出す膳部。▽↓ほんぜん(本膳)・にのぜん

さんのとり【三の×酉】十一月の第三の酉(とり)の日。その日に行われる、酉の市(いち)。↓とりのいち。▽十一月に毎年酉の日が三回あるとは限らない。俗に、三の酉まである年は火災が多いという。

さんのまる【三の丸】城の二の丸を囲む外郭の部分。▽↓ほんまる・にのまる

さんば【三△番】↓さんばそう

さんば【産婆】助産を業とする女性。取り上げばば。

—やく【—役】新しい物事の出現を励まし助ける人。「ヒット商品の—」▽男女にかかわらず言う。

サンバ ブラジルのアフリカ系住民から生まれた、四分の二拍子のテンポの速い舞踏音楽。また、そのリズム。▽ポルトガル samba

さんぱい【参拝】『名・ス自』神社・御陵・寺におまいりすること。▽寺の場合には、多くは「参詣」と言う。

さんぱい【酸敗】『名・ス自』酒類や脂肪類が酸化して種々の酸化物を生じ、すっぱくなること。

ざんぱい【惨敗】『名・ス自』さんざんに負けること。さんざんな負けかた。「—を喫する」▽「さんぱい」とも言う。

さんぱいきゅうはい【三拝九拝】『名・ス自』何回もお辞儀をすること。▽多く、人に物事を頼むときの様子を表す語として用いる。

サンバイザー ①自動車の運転席の上前方に取り付ける、可動性の日よけ板。②帽子のひさし部分のみで出来ている、日よけ。▽sun visor

さんばいず【三杯酢】合わせ酢の一種。酢にしょうゆ・塩のほか、砂糖またはみりんを適量に混ぜ合わせたもの。食品の味つけ用。

さんばがらす【三羽×烏】部下・門弟の中のすぐれた三人の人。また、ある方面ですぐれた三人。

さんぱくがん【三白眼】黒目が上方に偏り、左右と下部の三方に白目のあるまなこ。▽人相学上、凶相とされる。

さんばし【桟橋】①船を横づけにし客の乗降や荷の積みおろしを便利にするため、水中に突き出して造った設備。床面が木や鉄の柱で支えてある。②高い所の上り下りのために設け、傾斜のついた、板の足場。

さんばそう【三△番×叟】①能の翁(おきな)の後半を指す呼び名。また、その部分を舞う狂言方(かた)の役者。▽↓おきな(3)・しきさんば。②歌舞伎で、幕あけの祝儀(しゅうぎ)に舞う舞。

さんぱつ【散発】『名・ス自他』まとまらず、ばらばらに起こること。また、ばらばらと出すこと。「—的な銃声」

さんぱつ【散髪】①『名・ス自』のびた髪を刈ること。②『名』ばらばらに乱れた髪。

ざんぱつ【斬髪】①『名』↓ざんぎり。②『名・ス自』↓さんぱつ(散髪)(1)

ざんばらがみ【ざんばら髪】振り乱れた髪。また、結ってあった髪がくずれて乱れたもの。さんばらがみ。ちらしがみ。▽男女に言う。

サンパン【×舢×舨・三板】中国や東南アジアの海辺や川で使う、小形の舟。艫(とも)の櫂(かい)でこぎ、筵(むしろ)の帆と風覆いがある。▽中国語。

ざんぱん【残飯】たべ残しのめし。

さんはんきかん【三半規管】内耳にあり、平衡感覚をつかさどる器官。半円形の三つの器官(=半規管)からなる。

さんび【酸鼻】むごたらしく、いたましいこと。「—のきわみ」▽鼻がつんとして目もしみる意から出た。

さんび【賛美・×讃美】『名・ス他』ほめたたえること。

—か【—歌】キリスト教で、神・キリストの徳をほめたたえる歌。

さんぴ【賛否】賛成と不賛成。「—両論」。賛成か不賛成かということ。「—を問う」

さんびゃくだいげん【三百代言】①いい加減な弁護士をののしって言う語。▽明治前期に、(無免許の)代言人(=今の弁護士)をこう呼んだのが起こり。「三百」は三百文(もん)、つまり価値が低い意。②詭弁(きべん)をあやつること。またそういう人。

さんぴょう【散票】投票が特定の候補者などに集中せず、散らばってしまうこと。また、その散らばった票。

さんびょうし【三拍子】①強・弱・弱の三拍(はく)で一単位の拍子。②小つづみ・大つづみ・太鼓の、三種の楽器でとる拍子。③重要な三つの条件。「打つ、走る、守る、—そろった名選手」

さんピン【三△一】①身分の低いさむらい・若党を軽蔑して呼んだ語。「—ざむらい」「—やっこ」▽一年の収入がわずか三両一人扶持(いちにんぶち)であるという意から。②すごろくなどで、二つのさいころに三と一の目が出ること。▽「ピン」は、ポルトガル pinta(=点)のなまりで、一の意。

さんぴん【産品】産出する品物。生産品。「一次—」

ざんぴん【残品】売れ残りの品。

さんぷ【参府】『名・ス自』江戸時代、諸国の大名が江戸に参勤したこと。

さんぷ【散布・×撒布】『名・ス他』まき散らすこと。「農薬を—する」▽「撒布」は「さっぷ」が正しい読み。

さんぷ【産婦】出産前後の女性。

ざんぶ【残部】残りの部分。特に、出版物の売れ残ったもの。「―僅少」

さんぷく【三伏】暑い盛りの時期。▽夏至(げし)後の第三の庚(かのえ)の日を「初伏」、第四の庚の日を「中伏」、立秋後初めての庚の日を「末伏」という所から。

さんぷく【山腹】山頂とふもととの中間。山の中腹。

さんぷくつい【三幅対】三つで一組の掛け物。更に広く、三つ一組になったもの。

さんぶさく【三部作】主題が互いに連絡をもつ三つの作品群。

さんふじんか【産婦人科】医学の分科の一つ。産科と婦人科。

さんぶつ【産物】①ある土地で産する物。②比喩的に、あることの結果として得られるもの。「研究の―」

ざんぶつ【残物】残りの物。使い残り。くず。

サンプリング『名・ス他』①〔統計〕標本(サンプル)を抽出すること。②アナログ信号を一定間隔で区切ってデジタル信号にすること。「―周波数」▽sampling (1)はランダム サンプリングを指すことが多い。

サンプル ①『名』見本。標本。「―をとる」②『名・ス他』〔統計〕サンプリング(1)をすること。また、それによって得た一組の標本。▽sample

さんぶん【散文】定型や韻律を持たない普通の文章。↕韻文。 **―し**【―詩】散文の形式で書いた詩。 **―てき**【―的】『ダナ』①散文のような趣であるさま。②詩情に乏しいこと。平凡で面白みがないさま。▽↕詩的

さんぺい【散兵】兵の間隔を開き地形を利用しつつ進軍する、歩兵の隊形・戦闘法。また、この隊形にある兵士。▽火器が普及した近代戦以降に多い。 **―せん**【―線】散兵を線状に配置したその線。

ざんぺい【残兵】壊滅・敗走した部隊から一部が逃げ遅れ戦場のあちこちに残る、抵抗力の弱いもの。「―を収容しつつ退く」

さんぺき【三×碧】九星の一つ。↓きゅうせい(九星)

ざんぺん【残片】使い残りや、こわれてあとに残った、きれはし。

さんぽ【散歩】『名・ス自』気晴らしや健康のために、ぶらぶら歩くこと。「公園を―する」「―に出る」「―道」

さんぽう【三宝】仏教で、最も尊敬すべき三つのもの、すなわち仏・法・僧。 **―かん**【―×柑】果実が淡黄色で、へたの周囲がふくらんでだるまに似た形の柑橘(かんきつ)類。果皮は厚くでこぼこしている。酸味が少なく美味。 **―こうじん**【―荒神】三宝を守護する神。かまどの神としてまつる。荒神。

さんぽう【三方】神前や貴人に物を供える時などに使う、儀式的な台。四角な折敷(おしき)の下に胴がついていて、胴の前と左右に穴がある。

さんぼう【参謀】①高級指揮官の下で、作戦・用兵などの計画・指導を受け持つ将校。②転じて一般に、人を支えてあれこれ策略を立てる人。

さんぼう【山房】①山の中の家。山荘。②書斎。「漱石(そうせき)―」▽雅号などに付けて使う。

さんぽう【山砲】山地などで使えるように分解して運搬できる大砲。

さんぽう【算法】計算の方法。㋐算術。更に広く、今の「数学」に当たる江戸時代の呼び名。「―指南」㋑↓アルゴリズム

ざんぼう【×讒×謗】『名・ス他』悪口を言うこと。そしること。「罵詈(ばり)―」

サンボリスム 象徴主義。▽フランス symbolisme

さんぼん【三盆】伝統的製法で作る上質の白砂糖。白下を盆の上で何度も練って精製し白い粉状にしたもの。さんぼんじろ。↓わさんぼん

さんぼんじめ【三本締め】↓しめる(締)(二)(イ)

さんま【〈秋刀魚〉】秋の味覚として広く食される、細長い体の海産魚。背は青黒く、腹は銀白色。口がとがる。▽さんま科。

さんまい【三昧】①(仏教で)精神を集中し、雑念を捨て去ること。「―境」「念仏―」②《他の語に付けて》㋐一心不乱にその事をすること。「読書―」㋑とかくそれをしたがること。「刃物―に及ぶ」。したい放題。「ぜいたく―」▽もと、梵語(ぼんご)。他の語に付けた時は「ざんまい」と言う。

さんまい【三枚】魚を、頭を切り落とし、背骨を境に両側の身を切り離すこと。「―におろす」▽骨と合わせて三枚になるので言う。 **―にく**【―肉】↓ばらにく。 **―め**【―目】①おどけた感じで、親しみやすい性格(の人)。▽(2)の転。②演劇で、こっけいな役をする俳優。▽芝居小屋に飾られた番付の三番目に記された所から。③相撲(すもう)の番付で前頭(まえがしら)・十両などの上から三番目の地位。

さんまい【散米】神事を行う時、神前にまき散らす米。

さんまい【産米】生産された米。できた米。

さんまくどう【三悪道】↓さんあくどう

さんまん【散漫】『名・ダナ』気持や考えが集中せず、とりとめのないさま。「注意が―になる」 派生 **―さ**

さんみ【三位】①キリスト教で父(=天の神)・子(=キリスト)・聖霊の総称。②位階の第三位で、正(しょう)三位と従(じゅ)三位。また、その位を受けた人。 **―いったい**【―一体】①三位(1)はすべて神の現れで、本来一体のものだというキリスト教の教義。②三つのものが本質において一つのものであること。また、三者が(心を合わせて)一体になること。

さんみ【酸味】すっぱい味。「―が強い」

さんみゃく【山脈】顕著な脈状をなす山地。

さんみんしゅぎ【三民主義】中国の孫文が唱え出した中国国民党の指導原理である、民族主義・民生主義・民権主義。

ざんむ【残務】処理が終わり切らず、残った事務。「―整理」

ざんむ【残夢】見果てなかった夢。目ざめてなお心に

残る夢。

さんめん【三面】①三つの方面。三方。「―鏡」②新聞の第三ページ。社会面。「―記事」▽四ページだてだった時代に、第三面が社会面だった所から。**―ろっぴ**【―六×臂】①仏像が、三つの顔と六つの腕とを一身に備えた形をしていること。②転じて、ひとりで数人分もの働きがあること。「―の大活躍」▽俗に「八面六臂」とも。

さんもうさく【三毛作】一年間に三種の農作物を同じ耕地に次々に栽培すること。

さんもん【三文】①値段がびた銭三枚ほどにしか当たらずきわめて安いこと。「二束―に売り飛ばす」「―の値打もない」②《接頭語的に》値打がごく少ないこと。「―文士」「―判(ばん)」

さんもん【三門】寺の仏殿の前に建つ門。三解脱門(さんげだつもん)。▽「山門」とも書く。

さんもん【山門】①寺の門。②寺院のこと。③比叡山(ひえいざん)延暦寺(えんりゃくじ)のこと。▽(3)は寺門(=三井寺(みいでら))に対して言う。

さんや【山野】山や野原。のやま。

ざんや【残夜】夜のけはいがまだ残る明けがた。

さんやく【三役】①相撲(すもう)で、大関・関脇(せきわけ)・小結の総称。▽本来は横綱も含めた。②比喩的に、政党・団体・会社等で、重要な三つの役目(にある幹部)。

さんやく【散薬】こなぐすり。

さんゆこく【産油国】石油を産出する国。特に、石油の輸出が国の経済の中心である国。

さんよ【参与】①《名・ス自》あることにあずかり加わること。「国政に―する」②《名》学識・経験のある者を行政事務などにあずからせるための職。

ざんよ【残余】のこり。あまり。

さんよう【山容】山のかたち。山のすがた。

さんよう【山陽】山の南側。↔山陰

さんよう【算用】《名・ス他》数を計算すること。勘定(かんじょう)。「胸(むな)―」 **―すうじ**【―数字】↓アラビアすうじ

さんようちゅう【三葉虫】古生代に海に生息した節足動物。極めて多種類。▽これの化石の存在が古生代の特色。

さんらく【惨落】《名・ス自》相場が一時にひどく下落すること。暴落。

さんらん【散乱】《名・ス自》散らばり乱れること。「―光」

さんらん【×燦×爛】《ト タル》美しくきらめき輝くさま。「金色(こんじき)―たる宝冠」

さんらん【産卵】《名・ス自》卵をうむこと。「―期」

さんらんし【蚕卵紙】かいこの蛾(が)に卵を生みつけさせた紙。たねがみ。

さんり【三里】灸点(きゅうてん)の一つ。ひざがしらの下、外側の少しくぼんだ所。

さんりつ【×簒立】君位をうばって自立すること。

さんりゅう【三流】二流までも行かない、かなり低い等級。「―画家」

ざんりゅう【残留】《名・ス自》残りとどまること。「―農薬」

さんりょう【山陵】みささぎ。

さんりょう【山×稜】尾根(おね)。

ざんりょう【残量】使い残りの分量。「バッテリーの―が少ない」

さんりょうきょう【三×稜鏡】プリズム。

さんりん【山林】山にある林。

さんりんしゃ【三輪車】三つの車輪がついた車。子供用・荷物運搬用など。

さんりんぼう【三隣亡】九星の俗信の一つ。この日に建築をすれば火事を起こし、近所隣をほろぼすといって忌む日。さんりんぼ。

さんるい【酸類】酸性があるものの総称。

ざんるい【残塁】①《名・ス自》野球で、攻守交替の時、ランナーが塁に残っていること。②《名》攻め落とされないで残っている、とりで。

サンルーフ 日光を通す屋根。㋐自動車の屋根に装備する窓。㋑建物やベランダに設置する透明な屋根。▽sunroof

サンルーム 日光を通すように、ガラスばりの部屋。また、温室。▽sunroom

さんれい【山×嶺】山のみね。

さんれい【山霊】山の精。山の神。

さんれつ【参列】《名・ス自》(式などに)加わり列席すること。

さんれつ【惨烈】きわめてむごたらしいこと。「―をきわめる」

さんろう【参籠】《名・ス自》神社・仏寺などに、ある期間こもって祈願すること。おこもり。

さんろく【山麓】山のふもと。山すそ。

さんわおん【三和音】和音の一つ。ある音をもとにして、その上に三度と五度の音を重ねた三つの音からなる。ド・ミ・ソの類。

し

し【×梓】版木(はんぎ)。「―に上(のぼ)す」(出版する)▽「梓」は植物のあずさ。これで版木を作った。

し【△食】食物。「酒―(しゅし)」(さけとめし)「一箪(いったん)の―」(竹製の食器に入れた飯。貧しい生活のこと)

し【×駟】「―も舌に及ばず」言葉の伝わるのは早いから、四頭立ての馬車(=駟)で追いかけても追いつかない意で、言葉はつつしむべきだというたとえ。▽論語の一句。

し ㊀《接助》《終止形に付く》物事を言い並べる時に使う。㋐くい違う事柄を並べるのに使う。「遊びには行きたい―金はない―」▽「遊びに行きたし傘は

なし」のように、対比して使った形容詞活用の語尾「し」から出た語。㋑同時に、または共に存する事柄を述べ連ねるのに使う。「雪も降るー風も吹いた」㋒一つの事柄をあげて、他は言外にほのめかす気持を表す。「人の事ではあるまいー、まじめに考えなさいー」㋓控えめに言いさす気持を表す。「彼がそんな事をするはずはないー」▽「いつしか」「今しがた」「必ずしも」などの「し」は、文語副助詞の残ったもので、㈠とは別。㈡〘助動〙文語助動詞「き」の連体形が残ったもの。た。「幼かりー日の思い出」「わが恋せーおとめ」「得(う)べかりー利益」(逸失利益) ▽多くは雅語的用法。

し【*士】 シ ジ さむらい ——①〘名・造〙りっぱな男子。独立した成年男子。「好学の士」「士女・壮士・高士・隠士・名士・紳士・都人士・居士(こじ)・信士(しんじ)・義士・奇士・傑士・国士・多士」②官位について禄(ろく)を受けている者。官にある男子。民の上に立つ者。「士君子・士大夫・逸士・進士・処士」③軍人。武人。特に、江戸時代に四民の中で指導的な身分。「武士・士気・士卒・士分・士族・士道・士官・兵士・騎士・勇士・戦士・闘士」④ある資格をもった者。「博士(はくし・はかせ)・学士・楽士・棋士・助士・文士・弁士・代議士・会計士・栄養士」

し【*仕】 シ ジ つかえる つかまつる ——目上の人のそば近くにいて用を足す。官につく。家来になる。つかえる。みやづかえ。「仕官・仕途・仕丁(じちょう)・出仕・奉仕・勤仕(きんし・ごんし)・給仕(きゅうじ)・致仕・沖仲仕(おきなかし)」▽日本語の動詞「す」(為)の連用形「し」に当てて用いる。「仕掛・仕方・仕組・仕切・仕入れ・仕出し・仕事・仕儀」

し【*志】 シ こころざす こころざし しるす ——①心が、ある目的に向かって動く。目的をたてる。こころざす。目的。めあて。こころざし。立てた信念。「志向・志願・志望・志気・志操・志行・志士・有志・大志・立志・初志・素志・宿志・雄志・壮志・高志・同志・寸志・薄志・弱志・意志・闘志・篤志・芳志・厚志・懇志・遺志」②書きしるす。しるす。「誌」に通じる。「三国志」③「志摩国」の略。「志州」④イギリスの昔の貨幣「シリング」の音訳。

し【*思】 シ おもう おぼす ——①心を働かせて考える。おもう。おもい。「思考・思念・思案・思索・思惟(しい・しゆい)・思慮・思量・思想・意思・沈思・追思・熟思・三思・再思・所思・静思・千思万考」②他人または相手のことをおもいやる。したう。いとしくおもう。「思慕・相思」③心に感じおもうこと。感情。「秋思・詩思・客思・旅思・愁思」

し【*子】 シ ス こ ね ——①こども。親から生まれたもの。年の幼いもの。むすこ。むすめ。「子女・子弟・子息・子孫・親子・父子・母子・世子(せいし)・嫡子・養子・長子・末子(ばっし・まっし)・太子・王子(おうじ)・孝子・妻子・利子」②男子の敬称。「君子・夫子(ふうし)」㋐学問上、一家を立てた人。またその人の著述。「諸子百家・孟子・老子・韓非子(かんぴし)・荘子(そうじ・そうし)・荀子(じゅんし)・孫子」㋑〘名〙特に孔子。「子のたまわく」㋒相手を指していう。きみ。③㋐男子。ひと。「男子・遊子・読書子・編集子」㋑親しんで名に添える。日本で、特に女子の名に添える。「光明子・式子」④動物の卵、また植物の実。「卵子・種子・子葉・子房」⑤小さいもの。「眸子(ぼうし)・瞳子・原子・陽子・量子・中間子・微粒子」⑥物の名の下に添える語。「帽子・格子(こうし)・冊子・障子(しょうじ)・楊子(ようじ)・金子(きんす)・扇子(せんす)・払子(ほっす)・椅子(いす)」⑦五等の爵位の第四位。「公侯伯子男・子爵・品川子(品川弥二郎子爵)」⑧十二支の第一。「甲子(こうし・かっし・きのえね)・子午線」▽↓ね(子)

し【*支】 シ ささえる つかえる ——①ささえをする。つっかいをする。たすける。「支柱・支持・支援」②さしさわりになる。つかえる。じゃまする。「支障」③ちりぢりに分かれる。離れ離れになる。「支離滅裂」④えだわかれする。えだわかれしたもの。えだ。「枝」に同じ。「支派・支流・支脈・支線・支店・支部・気管支」⑤日・時刻・方角等の小区分。「干支・十二支」⑥わりあてる。「支配・支給」⑦金銭を渡す。「支出・収支」⑧「支那」の略。「日支・露支」

し【*枝】 シ えだ ——①木のえだ。みきから分かれ出たき。「枝葉・枝幹・枝頭・剪枝(せんし)・連理枝」②えだわかれ。分かれ出たもの。「支」に同じ。「枝流・枝族・連枝」

し【肢】 シ ——①からだのわかれ。手足。「肢体・肢幹・肢骨・四肢・上肢・下肢・義肢・前肢・後肢」②分かれた部分。えだ。「支」に同じ。「分肢・選択肢」

し【*止】 シ とまる とめる とどまる とどめる やむ やめる よす ——①ふみとどまる。一つところにいて動かない。「止住・止宿・明鏡止水・静止」②運動・変化が進まないようにする。さしとめる。やめにする。「止血・中止・停止・休止・終止・廃止・諫止(かんし)・阻止」③動きまわらない時の身のこなし。「挙止」

し【祉】【祉】 シ チ さいわい ——天のくだす福が身にとどまる。さいわい。「福祉」

し【*視】【視】 シ みる ——①気をつけてよく見る。「視覚・視野・視力・視線・視察・視聴覚・視神経・注視・正視・直視・透視・凝視・乱視・近視・可視・環視・座視・熟視・監視・警視・検視・衛視」▽「見」との違いは、↓けん〘見〙(1)。②……と見る。……と考える。……扱いする。「重大視・怪物視・敵視」

し【*氏】 シ うじ ——①同一血族の集団。うじ。いえがら。「姓氏(せいし・しょうじ)・氏族・氏名・釈氏」②日本で、人の氏名の下に添える敬称。「安井氏・某氏」③〘名・造〙人(主として男性)を指す語。「氏は京都の出身」「無名氏・両氏・同氏・彼氏(かれし)」④氏族の名の下に添える語。「源氏・藤原氏・徳川氏」⑤女性の実家の姓氏に添えて、出身を示す。「妻紀氏・室久我氏」

し【*紙】 シ かみ ―①かみ。「筆紙・紙燭(ししょく・しそく)・紙帳・紙幣・紙幅・製紙・用紙・料紙・白紙・色紙・半紙・和紙・油紙・原紙・アート紙」②文字の書いてある紙。文書・書物等。「紙背・証紙」③「新聞紙」の略。「紙面・日刊紙・英字紙・機関紙・業界紙・タイムズ紙」▽雑誌の略は「誌」。

し【*糸】【絲】 シ いと ―①きぬいと。また、一般にいと。「蚕糸・製糸・綿糸・絹糸・一糸・金糸・撚糸(ねんし)・抜糸」②いとのように細いもの。「柳糸・菌糸」③いとを張った楽器。琴・瑟(しつ)など。「糸竹」④小数の単位。一の一万分の一。毛(もう)の十分の一。またごく少ないこと。「糸毫(しごう)」▽「糸」と「絲」は本来別字。「糸」はもと音「ベキ」で、細いいとの意。「絲」の代用。

し【紫】 シ むらさき ―色の名。むらさき。「紫紺・紅紫・深紫・浅紫・紫衣(しい・しえ)・紫綬(しじゅ)・紫苑(しおん)・紫蘇(しそ)・紫煙・紫雲・紫電・紫檀(したん)・紫外線・千紫万紅」▽帝王などに関することがらにつけても用いた。「紫宸殿(ししんでん・ししいでん)」

し【*史】 シ ふみ ふびと ―①できごとを書きしるした書。時勢の変遷・発達の過程の記録。またその過程。「史家・史官・史学・史実・史伝・史料・歴史・国史・青史・外史・稗史(はいし)・哀史・逸史・詠史・古史・修史・正史・先史・前史・野史・読史・有史・興亡史・研究史・音楽史・世界史」②できごとを書きしるす役人。書き役。ふびと。文章にたずさわる人。「史生(ししょう)・侍史・散史・女史」

し【*司】 シ ス つかさ つかさどる ―①公の仕事を役目として行うところ。役所。つかさ。「写経司・菓子司・児童福祉司」②事をつかさどる役人。公の役目をもつ者。「司直・司祭・司教・司書・上司・郡司・国司・祭司・有司・保護司・行司(ぎょうじ)・宮司(ぐうじ)・殿司(でんす)＝禅宗の役僧)」③公の仕事を主となって行う。責任者としてとりしきる。つかさどる。「司令・司会・司徒・司法」

し【伺】 シ うかがう ―①訪問する。相手の様子をたずねる。「伺候・奉伺」②すきまをねらう。機を待つ。「伺隙(しげき)」

し【嗣】 シ つぐ ―あとをつぐ。うけつぐ。つぐ。家のあとつぎ。相続人。「嗣君・嗣子・後嗣・家嗣・嫡嗣・継嗣・遺嗣・法嗣・令嗣」

し【×祠】 シ ほこら ―①神を祭っておく建物。ほこら。やしろ。「祠宇・淫祠・古祠・小祠・社祠」②祖先の霊をまつる所。おたまや。「祠堂」▽昔、中国で、春のまつり。また、願いのかなったお礼のまつり。

し【*飼】【飼】 シ かう やしなう ―食物を与えてやしない育てる。えさをやる。かう。やしなう。「飼養・飼育・飼料・飼鳥」

し【*詞】 シ ジ ことば ―①言葉。文章。詩文。「辞」に通じる。「詞華・詞藻・詞章・詞賦・文詞・誓詞・賞詞・祝詞・作詞・通詞(つうじ)」②韻文の一体。楽府(がふ)の体の変わったもの。唐代に始まり、宋(そう)代に最もさかんであった。「詞曲」③㋐文法上の語類。「品詞・名詞・動詞・接続詞・助詞・冠詞」㋑《名》特に日本文法で、語を二大別した一方の類。自立語。↕辞

し【*試】 シ こころみる ためす ―《名・造》一定のきまりにかなうかどうかをみる。ためす。やってみる。こころみる。「科挙の試」「試験・試行錯誤・試練・試食・試用・試作・試筆・試写・試掘・試運転・試金石・試問・考試・入試」

し【*詩】 シ ―①《名・造》文芸の一つの形態。人間生活・自然観照から得た感動を、一種のリズムをもつ言語形式で表したもの。「詩を作る」「叙事詩・抒情(じょじょう)詩・新体詩・散文詩・英詩・訳詩・詩人・詩壇・詩論・風物詩」②《名》中国の韻文の一体。心に思うことをのべ、声を長くしてうたうことのできるもの。からうた。「詩歌(しいか)・漢詩・唐詩・律詩・詩賦・詩経・詩材・詩格・詩情・詩仙・詩聖」③《名》儒教の経典の一つ。中国古代の詩三百十一編を収める。詩経。毛詩。「詩書」(詩経と書経)

し【*誌】 シ しるす ―①心にきざみつけて覚える。書きしるす。また、書きしるしたもの。事実をしるした文章・記録。「日誌・地誌・碑誌・墓誌・書誌・雑誌・博物誌」②「雑誌」の略。「誌上・誌代・誌面・誌友・週刊誌・会誌・機関誌」▽新聞紙の略は「紙」。

し【諮】【諮】 シ はかる ―上の者が下の者に相談する。はかる。「諮問・諮詢(しじゅん)・諮議」

し【*四】 シ よ よつ よっつ よん ―《名・造》ものの個数を数える時の、三の次の、すなわち3に1を足して得る、数(に等しい値や順位)。「四季・四角・四天王(してんのう)・四書五経・四方八方」▽「死」との同音を忌んで、和語の「よ(ん)」で唱えることが多い。アラビア数字では「4」。数値表現の改竄(かいざん)を防ぐ目的では「肆」とも書く。㋐四度。よたび。「再三再四」「四球で出塁」㋑東西南北の四方面。よも。「四囲・四通八達(しつうはったつ)・四角四面」「四海、波静かな世」▽↓しのごの

し【*市】 シ いち ―①《名・造》地方公共団体の一つ。人口五万以上で、地方自治法の規定によって定められる。「市町村制・市制・市長・市民・市立・市営・市外・京都市」②人家の多いにぎやかなまち。「市街・市井・坊市・城市・都市・海市(＝しんきろう)」③人が多く集まって、物の売り買いや交易をするところ。いち。また、売り買い、あきない。「互市・市場・市況・市価」

し【*矢】 シ や ―弓で射る、や。「一矢をむくいる」「弓矢・矢石・嚆矢(こうし)」

し【旨】 シ むね うまい ―①心のうち。考えている内容。むね。「旨意・旨趣・要旨・主旨・趣旨・聖旨・勅旨・宣旨(せんじ)・令旨(りょうじ・れいし)・本旨・微旨・密旨

・宗旨・同旨」②食物の味がよい。うまい。味のよい食物。「旨酒(うまざけ)」

し【*指】シ ゆび さす ゆびさす ―①(手の)ゆび。「一指・五指・十指・屈指・拇指(ぼし)・食指・中指・無名指・小指・指頭」②ゆびでさし示す。ゆびさす。さしずする。「指示・指定・指摘・指導・指揮・指令・指名・指針」

し【脂】シ あぶら ―①動物性のあぶら。肉の間にかたまったあぶら。あぶらづいている。「脂肪・皮脂・脂膩(しじ)・凝脂・油脂・牛脂」②植物の、やに。「樹脂・脂燭(しそく・ししょく)」③化粧に使う、紅色の顔料。べに。「臙脂(えんじ)・脂粉」

し【*死】シ しぬ ―①〘名・造〙命が絶える。しぬ。なくなる。「死の商人」(兵器を売ってもうける商人)「死を賜る」(主君から死罪を言い渡される)「九死に一生を得る」「死生・死活・生死・死亡・死去・死滅・死傷・死別・死罪・死期(しき・しご)・死所・急死・枯死・戦死・惨死(ざんし)・餓死・横死・万死(ばんし)・必死・決死・半死半生・起死回生・安楽死・酔生夢死・不老不死」②生気がない。活動力がない。「死灰・死文・死角・死火山」③生死にかかわる危険。危険をおかす。「死命・死守・死地・死線」④野球で、アウト。「二死満塁」

し【屍】シ かばね しかばね ―死んで、まだ葬らないからだ。しかばね。むくろ。死骸。「死屍・屍体・検屍」▽「尸」も同字。

し【*至】シ いたる ―①ゆきつく。「到」に同じ。「必至・乃至(ないし)」②ゆきついてその先がない。いたって。いたり。「至大・至仁・至孝・至高・至尊・至純・至誠・至情・至当・至極(しごく)」③極点。ゆきつくしたところ。「四至・冬至(とうじ)・夏至(げし)」

し【*私】シ わたくし わたし ひそかに ―①国家社会に対して、個人の一身一家に関すること。わたくし。↕公。「公私・私設・私立・私学・私塾・私邸・私人・私行・私事・私文書」②公の利益・習慣に反する個人的なこと。わたくしする。↕公。「私曲・私腹・私心・私意・私情・私憤・私利私欲・公平無私・滅私奉公」③表立たせない。公には認められない。ひそか。ないしょ。「私淑・私語・私通・私生児・私刑」

し【*使】シ つかう ―①他人を用のために働かせる。つかう。用いる。「使役・使用・使令・使丁(してい・しちょう)・使途・使嗾(しそう)・行使・駆使・虐使・酷使・労使」②用たしに他人をやる。つかわす。また、つかわされる者。つかい。「使者・使徒・使臣・使節・使命・大使・公使・天使・勅使・正使・副使・急使・密使・特使・節度使・遣唐使」

し【刺】シ セキ ささる さす とげ ―①とげ、または針などでつきさす。さす。「刺激・刺繡(ししゅう)・刺殺(しさつ・せきさつ)・刺客(しかく・せっかく)・刺青・刺絡」②とげ。はり。またそうした形のもの。「棘刺(きょくし)」③相手の心をさすようなことをいう。そしる。「風刺」④〘名・造〙名ふだ。「刺を通じる」「名刺」

し【*始】シ はじめる はじまる ―①物事のはじまり。おこり。もと。↕終・末。「始祖・始終・始末・元始・年始・原始・終始」②はじめる。おこる。↕終。「始業・開始・更始・創始」

し【*姉】シ あね ―①親が同じで、先に生まれた女子。あね。↕妹。「姉妹・姉弟・令姉・義姉」②女性に対する親称また敬称。「大姉・貴姉・諸姉」

し【*姿】【姿】シ すがた ―からだつき。人の外見。すがた。「姿体・姿態・姿勢・容姿・英姿・雄姿・風姿・天姿・麗姿」

し【*資】【資】シ ―①〘名・造〙生活の材料。もとで。財産。もと。たね。「生計の資」「資本・資力・資金・資産・資源・資材・資財・資料・物資・投資・出資・学資」②〘名・造〙もとでを与えて助ける。助けを与える。「研究の資」「資助・師資」③うまれつき。身分。「資性・資質・資格・英資・天資」

し【賜】シ たまわる たまう たまもの ―貴人が物を与える。貴人から物を受ける。またその物。「下賜・賜金・賜暇・賜謁・賜衣・賞賜・恩賜・特賜」

し【施】シ セ ほどこす しく ―①めぐみ与える。ほどこす。人のためにして報いを求めない。「セ」と読む。「施主・施餓鬼(せがき)・施薬・施療・布施」②あまねく行きわたらせる。おこなう。しく。「施行(しこう・せぎょう)・施政・施設・実施」

し【*師】シ いくさ ―①〘名・造〙子弟を教える者。人の手本となる人。先生。「師の教え」「師匠・師弟・師友・師表・師範・教師・恩師・先師・旧師」②仏教やキリスト教での指導者。「法師・律師・導師・禅師・牧師・祖師」③工人の長、また技術者。後に、専門家を示す接尾語。「仏師・絵師・経師(きょうじ)・医師・薬剤師・写真師・講談師・詐欺師・山師(やまし)」④法師・講談師等の姓名に添える敬称。「神田伯山師」⑤軍隊。中国の周代の軍制では、二千五百人の一隊を師、五師を軍とする。「師団・王師・舟師・水師・出師(すいし)」⑥多くの人。もろもろ。多くの人の集まるところ。大きい。「京師(けいし)」

し【斯】人 シ これ この かく ―当面の事物を指す語。「此」に通じる。「斯道・斯界・斯学・彼斯」

し【*歯】【齒】シ は よわい ―①口の中の、は。「歯牙・歯列・歯根・歯齦(しぎん)・歯槽・歯痛・歯科・唇歯・乳歯・永久歯・義歯・犬歯・門歯・臼歯・抜歯・切歯扼腕(やくわん)・明眸皓歯(めいぼうこうし)」②歯に似た形をしたもの。また、歯に似た働きをするもの。「鋸歯(きょし)」③とし。よわい。年齢。また、年をとる。「歯次・歯徳・年歯・尚歯」

し【肆】シ ほしいまま ―①品物をならべた店。みせ。「書肆・茶肆・酒肆・薬肆」②かってきまま。ほしいままにする。「放肆」③数値を表す時、「四」の改竄(かいざん)を防ぐ目的で代用する字。「肆千参百円」

し【雌】シ め めす ―①生物の、めす。↕雄。「雌雄・雌蕊(しずい)」▽もとは鳥に言う。②よわ

し

い。よわいもの。「雌伏」

し【示】→じ【示】

じ《助動》《動詞、その他一部の活用語の未然形に付く。文語の残存形で、普通「と」を伴った引用の形で使う》①否定的な意志や禁止を表す。……てはいけない。「我劣らーと駆けつける」「これではならーとばかり対策を講じた」②否定的内容の推量を表す。……ないだろう。「冬来りなば春遠からー」

じ【地】㊀土地の表。地面。「ーならし」①(ある区域の)その土地。ところ。「ーの者」「ーの産物」「ー元」「ーまわり連」「ー場産業」「ー酒」「ー鶏(どり)」「ー卵」「ー魚(ざかな)」▽以前は「地酒」などの呼び方に、いなかの、劣ったという含みがあるのが、普通だった。②囲碁で、石を囲んで占領した所。「ーを奪い合う」㊁特に手を加えたりしない、もとのままのもの。①本来の姿(のもの)。㋐生まれつき。持ち前。「ーが出る」「ーの声」「ー髪」㋑実地。実際。「小説をーで行く生き方」▽→ち【地】(3)。㋒しろうと。「ー(の)女」②目立つ特別なところの支えであるもの。したじ。㋐きめ。肌。「ーが荒れる」㋑基礎的な能力や素養。「ーができているから上達が速い」。また、馬(や人)の並足での進行。「ー乗り」「ー道で行く」㋒織物の質(ち)。きじ。「絹ー」「木綿ー」「ー合(あい)」「ゆかたー」「ーが厚い服」㋓背景のような役目をする次のような部分。布・紙の模様や文字でない所。「白ーに赤く染め出す」「紺ーに金泥で書いた経文」「ー色」。小説・語り物などで会話でない部分。「ーの文」「ーを謡う」。舞踊の伴奏(者)。「ーの三味線(しゃみせん)」。また、「地紙」「地謡」の略。

じ【×痔】痛みや出血を伴う肛門(こうもん)の病気の総称。

=じ(ぢ)【路】①《地名、特に昔の国名に付けて》その地方を通る、またはそこに至る道。街道(かいどう)。「木曽(きそ)ーを進む」。転じて、その地方。「飛鳥(あすか)ーの春」②《日数を表す和語に付けて》その日数を要する行程。「五日ー」▽(1)(2)は「みち(道)」の「ち」と同語源。③十の倍数を表す和語に添える語。「幾十(いくそ)ー」「よわい六十(むそ)ーの坂をくだる」▽「一つ」等の「つ」と同語源。二十は「はたち」と清音。漢字「路」を当てるのは、年齢を山道にたとえたもの。

じ【*示】ジ シ しめす ―わかるように見せる。教えてさしずする。しめす。「示現・示威(じい・しい)・示唆・示教(じきょう・しきょう)・告示・明示・掲示・展示・表示・誇示・教示・訓示・黙示・暗示・指示」

じ【*字】ジ あざ あざな ―①《名・造》言語を表す記号。もじ。「字を書く」「文字・字母・字体・字画・字義・字訓・字典・一字・細字・漢字・正字・俗字・古字・写字・識字・解字・ローマ字・T字形・十文字」㋐特に、漢字。㋑字の書きざま。「字がへただ」②㋐実名のほかの呼び名。あざな。㋑市町村の中の小区画。あざ。

じ【*寺】ジ てら ―仏像を安置し僧が仏道を修行する所。精舎(しょうじゃ)。てら。「寺院・寺社・寺塔・寺格・社寺・仏寺・末寺・菩提寺(ぼだいじ)・神宮寺・国分寺・南蛮寺(=キリスト教教会の俗称)・随徳寺」

じ【侍】ジ さむらい さぶらう はべる ―①貴人・長上のそば近くにいて命令を待つ。はべる。さぶらう。「侍従・侍史・侍者・侍女・侍臣・侍読・侍講・侍医・侍立・近侍・脇侍(わきじ)」②貴人のそば近くつかえる人。

じ【*持】ジ(ヂ) もつ ―①手に握ってもつ。身につける。もつ。たもつ。もちこたえる。「持参・持続・持久・持論・持仏・持戒・持病・持薬・持国天・把持・支持・護持・加持・行持・住持・念持・維持・扶持(ふち)・所持・保持・堅持」②《名・造》歌合せ・囲碁などで勝負のないこと。ひきわけ。もち。「持碁」

じ【*時】ジ シ とき ―①月日のうつりゆき。その間の区切り。とき。「時間・時刻・時報・時日・時節・時候・時差・四時(しじ)・一時・寸時・同時・十二時・片時(へんじ・へんし)」②そのころ。代。機会。おり。「時代・時世・時局・時勢・時事・時下・時宜・時弊・時分・時流・時人・時価・時服・当時・往時・不時」③ときどき。くりかえし。「時時・時習」

じ【*次】【次】ジ シ つぐ つぎ やどる ―①二番目。つぎの位。つぎ。つぐ。「次位・次席・次子・次女・次男・次善」②順序をつける。順序。ついで。「次序・次元・日次・月次・年次・序次・順次・逐次・漸次・目次・席次・途次・路次(ろし・ろじ)・次第(しだい)・式次」③回数・度数などを数える語。「第一次・二次会・今次・両次・屢次(るじ)・高次方程式」④やどる。宿泊する。やどるところ。「宿次(しゅくじ・しゅくつぎ)・歳次甲申」⑤〔化学〕㋐中心元素を同じくするオキソ酸(酸素酸)のうち、酸化の程度の一段階低いものに冠する語。「次燐酸(じりんさん)」▽「次」より低いものには「亜」、さらに低いものには「次亜」を冠する。㋑塩基性塩に冠することがある。「次酢酸鉛」

じ【*耳】ジ ニ みみ ―みみ。また、みみのような形をしているもの。「耳目・耳朶(じだ)・耳鼻科・耳下腺炎・耳聾(じろう)・耳順・内耳・中耳・外耳・心耳・俗耳・俚耳(りじ)」「牛耳を執る」

じ【*自】ジ シ みずから おのずから より ―①おのれ。当人。↔他。「自分・自己・自身・自他・自国・自家・自邸・自費・各自・独自」②他からされるのでなく自分自身で。みずから。「自活・自殺・自炊・自習・自治・自得・自署・自伝・自動・自転・自愛・自尊・自発・自覚・自責・自慢・自序・自注・自棄(じき・やけ)・自画自賛」③ひとりでに。おのずから。「自明・自然(しぜん・じねん)」④自分の思いのまま。「自由・自在」⑤出所・理由・起点等を表す助字。より。「自今・自四月至十月」

じ【*似】ジ にる にせる ―形が同じようである。にている。にる。にせる。「類似・近似・相似・酷似・疑似」

じ【*児】【兒】ジ ニ こ ―①㋐ちのみご。みどりご。四、五歳までの幼い子供。一般に幼い子。「児女・児童・児輩・児戯・乳児・幼児・

育児・女児・男児・孤児・小児(しょうに)・園児・託児所」㋑「児童」の略。「優良児」②親に対する子供。むすこ。むすめ。「児孫・愛児・豚児」③若者。「寵児(ちょうじ)・健児・風雲児・麒麟児(きりんじ)・遊蕩(ゆうとう)児・反逆児」

じ【*事】ジ ズ こと つかえる ―①こと。ことがら。できごと。なりゆき。「事物・事実・事件・有事・事情・事態・事変・事前・大事・他事・万事・故事・無事・不祥事・関心事・好事家(こうずか)」②しわざ。人の行為。しごと。「事蹟・事業・事務・俗事・悪事・人事・執事・理事・検事・領事・知事・当事者」③つかえる。奉仕する。「事大主義・兄事・師事」

じ【*滋】ジ シ しげる ます ―①うるおう。養分になる。「滋味・滋雨・滋養」②水にめぐまれて草木がしげる。繁茂する。そだつ。ふえる。

じ【*磁】ジ ―①鉄を引きつけ、南北を指す性質のある鉱物。「磁石(じしゃく)・磁針・磁鉄鉱」②磁石の両極のひきあう力。「磁気・磁場(じば)・磁力・電磁波・耐磁性」③石の粉を固めて焼いた器。焼き物のうち、ガラス化して吸水性のないもの。「磁器・陶磁器・青磁」

じ【慈】ジ いつくしむ ―①いたわり育てる。父母が子を愛する心。なさけぶかい。いつくしむ。いつくしみ。「慈顔・慈恵・慈心・慈愛・慈善・慈父・慈母・慈雨・仁慈」②〔仏〕愛をもって苦しみを除く。「慈悲・大慈」

じ【*辞】【辭】ジ やめる ことば ことわる ―①〘名・造〙言葉。文章。「辞を低うする」(丁重な言葉づかいをする)「言辞・辞書・辞典・辞彙・美辞・祝辞・賛辞・訓辞・修辞・蕪辞(ぶじ)・世辞」②ことわりを言う。やめる。いとまごいをする。「辞退・辞職・辞任・辞表・辞令・辞世・固辞・拝辞」③〘名・造〙漢文の文体の一つ。「帰去来の辞」④〘名・造〙日本文法で、語を二大別した一方の類。助詞・助動詞のように、表現主体の立場を示す語。↕詞。「助辞」

じ【爾】ジ ニ なんじ しかり ―①それ。そのとおり。さよう。その。「爾今・爾来・爾後」②形容の助字。「然」「如」に同じ。「徒爾・莞爾(かんじ)・卒爾」③二人称の代名詞。なんじ。「爾汝(じじょ)」

じ【璽】ジ しるし ―①玉に刻んだ印形(いんぎょう)。しるし。秦(しん)の始皇帝の時から、特に天子の印にいう。「御璽・玉璽・印璽・宝璽・神璽・国璽」②神器の一つ。八尺瓊曲玉(やさかにのまがたま)を指す。「剣璽」

じ【餌】〈餌〉ジ え えさ ―①たべもの。「食餌・薬餌」②動物の飼い料。魚をつる時のえさ。「好餌」

じ〔地〕→ち〔地〕。▽→じ(地)

じ〔治〕→ち〔治〕

しあい【試合・仕合】〘名・ス自〙競技や武芸などで互いに腕を比べ、勝敗を争うこと。

じあい【地合】①布の質。おりじ。②碁で、白黒双方の石の布置のつりあい。③相場の全体の情況。

じあい【慈愛】常に慈(いつく)しみを注いでかわいがる(=愛)心。「―に満ちたまなざし」

じあい【自愛】①〘名・ス自〙病気などしないよう自分を大切にすること。「向寒の折から御―下さい」②〘名・ス自〙自分の利益を図ること。③〘名〙倫理学で、自然的な自己保存の感情。

しあがり【仕上(が)り】できあがること。できあがり具合。

しあが-る【仕上がる】〘五自〙完成する。出来上がる。「作品がいつ―か分からない」。ととのった状態になる。「試合に向けて体が―」

しあげ【仕上げ】①すっかりできあがらせること。そのできばえ。②仕事の最終段階で行う手入れ。最後の工程。

じあげ【地上げ】〘名・ス自〙①盛り土をして、地面を高くすること。②細かい土地を買い集めてまとめ上げ、広い更地(さらち)とすること。「―屋」▽⑵は居住者を無理にでも立ち退かせる行為によって、一九八〇年ごろから一般化した語。

しあ-げる【仕上げる】〘下一他〙一つの事をしおえる。なしとげる。また、一度しおえたものに更に手を加えて、いっそう完全なものにする。「論文を―」

しあさって【〈明明後日〉】あさっての翌日。▽→やのあさって

ジアスターゼ 澱粉(でんぷん)を糖化する酵素。また、この酵素を利用した消化剤。アミラーゼ。▽ドイ Diastase

シアター 劇場。映画館。▽theatre, theater

しあつ【指圧】〘名・ス他〙治療のため、手の指、手のひらなどで押したりたたいたりすること。「―療法」

じあまり【字余り】和歌・俳句などの定型詩で(五音の所を六音以上に作るなど)定めの字数より多いこと。

じあめ【地雨】何日か続きで降る、そうは弱くない雨。「―になるぞ」

しあわせ ①【仕合(わ)せ・幸せ】〘名・ダナ〙運がよいこと。幸運。幸福。「母と―に暮らす」②【仕合(わ)せ】〘名〙まわり合わせ。運。なりゆき。「―が悪い」「ありがたき―」

しあん【思案】〘名・ス自他〙いろいろと考えること。㋐考え。「―に余る」「―に暮れる」㋑物思い。心配。「―顔」 **―なげくび**【―投げ首】考えあぐみ、首をたれること。よい案がなくて困っていること。

しあん【私案】自分の個人としての考えや案。

しあん【試案】試みに立てた仮の案。↕成案

シアン ①炭素と窒素から成る化合物。無色で刺激臭がある気体で、有毒。青素。②(絵の具の三原色の一つとする)さえてやや緑がかった青。シアン ブルー。→げんしょく(原色)。▽オラ cyaan イギリス cyan **―かカリウム**【―化カリウム】シアン化水素とカリウムとの塩。白色粉末状の結晶で、水によく溶ける。俗称は「青酸カリ」で、猛毒としてよく知られる。化学工業や冶金に用いる。 **―かすいそ**【―化水素】炭素・窒素・水素それぞれ一原子からなる猛毒の物質。

水溶液は弱酸性で、「青酸」の俗称でよく知られる。沸点はセ氏二六度で、気体は「青酸ガス」と呼ばれる。殺虫剤や有機化合物の合成原料に用いる。

じあん【事案】 主に法的や政治的な問題として着目する出来事。「著作権の所在は―により異なる」「今回のはわが国に影響する重大―だ」

=しーい 《名詞などに付け、また動詞と融合して、形容詞を作る》その性質をもつ。……した様子だ。「おとな―」「つやつや―」「にくにく―」「甚だ―」「勇ま―」

しい【△椎】 暖地に自生する常緑高木。ツブラジイやスダジイの総称。葉は披針形で革質。木材は建築材・器具材のほかシイタケ栽培の原木に用いる。実は食用。樹皮は染料。▽ぶな科。

しい【四囲】 まわり。周囲。「―の情勢」

しい【思×惟】 《名・ス自》(物事の根本を)心で深く考えること。▽→しゆい

しい【恣意】 自分の思うまま。思いついたままの考え。気まかせな心。「―的な解釈」

しい【私意】 ①自分の考え・意見。②物事をする時に、自分の利益ばかりを考える心。私情にとらわれた、公平でない心。「―をさしはさむ」

しい【詩意】 詩の意味。その詩で訴えようとするところ。

しい【紫衣】 →しえ(紫衣)

しい【×緇衣】 →しえ(緇衣)

じい【爺(いぢ)】 ①男の年寄り。「―さん」「三郎―」②じいや。▽「ぢぢ」の転。

じい【次位】 つぎの位。つぎの位置。

じい【侍医】 天皇・皇族・貴人づきの医者。

じい ①【字彙】字引。字書。文字(特に漢字)を集め分類説明したもの。②【辞彙】辞書。辞典。言葉を集め分類説明したもの。③【事彙】事物の名称を集めて説明した書物。事典。▽「彙」は集める意。

じい【示威】 《名・ス自他》威力を示すこと。▽「しい」とも。 **―うんどう【―運動】** ①集団の意思を強く表明する手段として、多人数で行う行進や集会。デモ。②威力を示すために軍隊または軍艦を差し向けること。

じい【自慰】 《名・ス自》①自分で自分を慰めること。「かかる―自体が武士道にそぐわない」②→しゅいん(手淫)

じい【辞意】 辞退・辞職する意志。「―を表明する」

ジーアイ【GI】 アメリカで、兵隊。下士官と兵との総称。▽government issue の略。

シーイーオー【CEO】 (アメリカの企業に始まる、組織上の呼び名で)最高経営責任者。▽chief executive officer の略。

シーエス【CS】 通信衛星。また、それを利用した放送。▽communications satellite の略。当初、特定事業者による通信事業に使われたが、一九八九年の放送法の改正で不特定多数に向けた放送にも利用されるようになった。

ジーエヌピー【GNP】 一国で一定期間(通常一年間)に生産された、財貨およびサービスの総額。国民総生産。▽gross national product の略。第二次大戦後よく使ったが、現在は国内総生産(→ジーディーピー)の方が普通。

シーエフ【cf.】 「参照せよ」「比較せよ」の意の略号。▽ラテン confer に基づく。

シーエム【CM】 →コマーシャル(2)。「―ソング」▽commercial と message との頭字を拾った和製の略語。

しいか【詩歌】 ①詩や歌。韻文学。②漢詩と和歌。

しいき【市域】 市の区域。

しいぎゃく【×弑逆・×弑虐】 《名・ス他》主君や父などを殺すこと。

しいく【飼育】 《名・ス他》家畜などを飼って育てること。

シークレット 秘密。機密。「トップ―」▽secret **―サービス** 私服で要人の警護をする人。▽secret service

シーサー 沖縄で魔除(よ)けとする、伝説の獣の像。▽「獅子(しし)」の意。

シーザー サラダ レタスを、オリーブ オイル・にんにくなどを混ぜたドレッシングで和(あ)え、クルトンと粉チーズを散らしたサラダ。▽Caesar salad

シーシー【cc】 立方センチメートル。▽cubic centimeter の略。

シージー【CG】 →コンピュータ グラフィックス

シージーエスたんいけい【CGS単位系】 長さにはセンチメートル、重さにはグラム、時間には秒を基礎の単位として用い、体積・速度・仕事量などの他の単位をこれらの組み合せで導く、単位の体系。▽centimeter, gram, second の頭字から。

じいしき【自意識】 自分自身についての意識。自我意識。「―過剰」

シース 万年筆・鉛筆などを入れる、皮・ビニールなどのサック。▽sheath(=刀剣などのさや)

しい-する【×弑する】 《サ変他》主君や父など、目上の者を殺す。

シーズン その物事が盛んに行われる季節・時期。また、単に季節。時季。▽season **―オフ** 季節はずれ。また、物事の行われない時期。休止期間。「野球も―となった」▽season と off とによる和製英語。

ジーゼル エンジン →ディーゼル エンジン

シーソー 中央に支点のある長い板の両端に人が乗り、交互に上下させる遊び。その遊び道具。▽seesaw **―ゲーム** 追いつ追われつの大接戦となった試合。▽seesaw game

しいそさん【×尸位素×餐】 その地位にあり俸給をもらいながら、職責を尽くすに至らないこと。▽漢書(かんじょ)の表現による。

しいたけ【△椎×茸】 シイ・ナラ・クヌギなどの枯れ木に自生する代表的な食用きのこ。栽培品が広く流通する。干して乾物にもする。

しいた-げる【虐げる】《下一他》むごい扱いをする。虐待する。「捕虜を―」「人々を―」

シーツ 敷布(しきふ)。▽sheet

しいて【強いて】《副ノ》むりやりに。㋐困難をおして。「―行くには及ばぬ」「―のように急坂をのぼる老人」㋑他人の意志に逆らって。「―行かせる」▽動詞「しいる」の連用形+助詞「て」から。

シーティー【CT】 診断のために、エックス線の透過量をもとに人体の断面画像を得る手法。また、それを得る装置。▽computerized tomography の略。本来は各種測定値からコンピュータを用いて断層画像を構成する手法の総称。

シーディー【CD】 ①デジタル化した音楽・画像・文字などの情報を記録する光ディスク。コンパクトディスク。「―ROM」▽compact disc の略。②現金自動支払機。▽cash dispenser の略。

ジーディーピー【GDP】 国内総生産。GNPのうち、国内での生産分。▽gross domestic product の略。

シート ①座席。席。②野球で、選手の守備位置。「―ノック」▽(1)(2)は seat ③㋐薄板。㋑一枚の紙。「切手一―(=ひとつづり)」㋒覆いなどに使う布やビニール。▽sheet **―ベルト** 自動車・航空機などで、衝突時に投げ出されることを防ぐために体を座席に固定するベルト。安全ベルト。▽seat belt

シード《名・ス他》トーナメント式の競技試合で、初めから強者同士が組み合わないようにすること。また、強者に与えるそういう特権。▽seed(=種。種をまく)

しいな【×粃・×秕】 皮ばかりで実がない、もみ。また、よく実が入らずにしなびた果実。

ジーピーエス【GPS】 地球上の現在位置を、人工衛星からの電波で測り知る装置。全地球測位システム。▽global positioning system の略。カーナビなどで使う。

シーピーユー【CPU】 コンピュータの制御や演算や情報転送をつかさどる中枢部分。中央処理装置。▽central processing unit の略。

ジープ (軍用の)四輪駆動小型自動車の商標名。▽(アメリカ) Jeep(=アメリカのウィリス社がこの製品につけたニックネーム)

シーフード 魚介類・海藻類など水産食品の総称。「―サラダ」▽seafood

シームレス ①縫い目や継ぎ目のないこと。「―ストッキング」「―地質図」②物事に切れ目のないこと。「―な移行」▽seamless

ジーメン【Gメン】 アメリカの連邦捜査局(FBI)の捜査官。日本では、特別な任務を帯びた捜査官を指す。「麻薬―」▽G-men Gは Government の略。

じいや【×爺や】 年取った召使いの男。▽「や」は呼び掛けの間投助詞に基づく。幼君が傅育(ふいく)役の年寄りへの呼び掛けに使ったのが、本来の用法。その人を指すのは「じい」。

シーラカンス 太古からその姿を変えずに生きている海魚。約四億年前のデボン紀に現れ、絶滅したと信じられていたが、二十世紀にアフリカとインドネシアで発見。▽coelacanth

シーリング 価格・賃金、または予算請求(の増し分)の、これ以上高くしてはならないという限度。▽ceiling(=天井)

し-いる ①**【強いる】**《上一他》他人がいやがるのに、無理にさせる。強制する。「犠牲を―」「相手に不利益を―」「沈黙を―いられる」②**【×誣いる】**《上一他》事実と違うことを言う。特に、事実を曲げて人を悪く言う。

シール ①封印。また、封印などの代わりに張りつける紙。②裏に糊(のり)のついた、絵や文字が印刷してある紙片。③アザラシの皮。▽seal

シールド ①防水・絶縁などのために密封すること。「―工法」②放射線・光線・電磁波・音などを防ぐための覆い。「―付きのヘルメット」▽shield

シーレーン 国家の存立のためには他国からおびやかされてはいけないと見る、海上の交通(補給)路。「―の確保」▽sea lane

しい-れる【仕入れる】《下一他》①商人が販売のため商品を、また、製造者が加工のため原料を買い込む。「メーカーから商品を―」②比喩的に、物事を取り入れて自分のものとする。「新しい知識を―」

じいろ【地色】 布や紙の地(じ)の色。

しいん【子音】 →しおん(子音)

しいん【死因】 死亡の原因。▽肉体的なものを言う。

しいん【私印】 (職印・公印・官印に対し)私人として使う印章。個人のはんこ。

しいん【試飲】《名・ス他》(酒など飲物のよしあしを知るため)ためしに飲むこと。

シーン ①映画や芝居の場面。転じて、事件や小説の場面。「ラスト―」②光景。風景。▽scene

じいん【寺院】 寺。

じいん《副と》感動を受けたりして、からだがしびれるような感じがするさま。「胸に―と来る」

ジーンズ あや織りの、じょうぶな綿布。また、その衣服。多く、ジーパン(ジーンズ製のズボン)を言う。▽jeans

じう【慈雨】 ちょうどよい時期に、適当な量だけ降る雨。草木の生長に都合のよい雨。恵みの雨。「干天の―」

じうた【地歌・地唄】 ①その土地の俗謡。②特に、盲人音楽家が創作・伝承し、京阪地方で行われ普及した三味線(しゃみせん)と箏曲(そうきょく)とによる歌曲。

じうたい【地謡】 能で地の文の部分を、舞台の端にいてうたうこと。その人々。また、その謡。

しうち【仕打ち】 ①他人に対する扱いぶり。仕向け。「むごい―」▽多く、悪い場合に使う。②舞台でのしぐさ。

しうん【紫雲】 紫色の雲。古くから瑞祥(ずいしょう)とされ、仏がこの雲に乗って来迎(らいごう)するという。

じうん【時運】 時のまわり合わせ。「―に遇(あ)う」

しうんてん【試運転】〘名・ス他〙乗物・機械のぐあいを調べるために試験的に運転すること。

しえ【紫△衣】 紫色の僧衣。しい。▽昔は天皇の許可がなければ着られなかった。

しえ【×緇△衣】 ①黒い(=緇)衣。墨染めの衣。②転じて、僧。▽「しい」とも言う。

シェア ①〘名・ス他〙共有すること。分かち合うこと。▽share ②〘名〙「マーケット シェア」の略。市場(しじょう)占有率。▽market share から。

しえい【私営】 個人の経営。↔公営

じえい【自衛】〘名・ス自他〙他からの暴力・侵略を、自分の力で防ぐこと。

じえい【自営】〘名・ス他〙独立して自分の力で経営すること。「―業」

シェイク ①〘名・ス他〙小刻みに振り動かすこと。「―ヒップ」②〘名・ス他〙カクテルやドレッシングの材料を容器に入れて振りまぜること。③〘名〙主に乳製品と氷を振りまぜ甘みをつけた飲み物。▽「シェーク」とも言う。shake

シェイプ アップ〘名・ス自〙美容や健康のために、運動や減量によって体形を整えること。シェープアップ。▽shape up

ジェー【J】〘造〙日本(の、に関する)。「―リーグ」「―ポップ」(日本のポピュラー音楽) ▽「ジェイ」とも。Japan の頭文字から。

シェーカー カクテルを作るため、酒などを入れて振る容器。▽shaker

シェークハンド「シェークハンド グリップ」の略。卓球のラケットの、握手をするような握り方。▽shake-hands grip から。

シェード 光をさえぎるもの。㋐日よけ。日おおい。ひさし。「サン―」㋑電灯のかさ。「ランプ―」▽shade

シェーバー かみそり。特に、電気かみそり。▽shaver

シェービング クリーム ひげそりに用いるクリーム。▽shaving cream

シェーマ →ずしき②。▽ドイツ Schema

シェール 粘土が固まってできた堆積岩。板状でやわらかく、薄く剝がれやすい。石油や天然ガスを含むことがある。頁岩(けつがん)。泥板岩。「―オイル」(シェールに含まれる石油)「―ガス」(シェールに含まれる天然ガス) ▽shale

しえき【使役】〘名・ス他〙①他人を使って仕事(=役)をさせること。特に旧軍隊で、任務以外の雑用をさせること。その仕事。「炊事場に―に出す」②〔文法〕他にその事を行わせることを示す語法。「―の助動詞」(「せる」「させる」「しめる」の類)

しえき【私益】 個人的な利益。自分ひとりの利益。↔公益

シエスタ 南ヨーロッパで、昼食後の昼寝。▽スペイン siesta

ジェスチャー ①身振り。手まね。②本気でそうするつもりがない、見せかけだけの行動。▽gesture 「ゼスチャー」「ゼスチュア」とも。

ジェット ノズルから気体または液体が連続的に噴出すること。「―エンジン」▽jet **―き【―機】** ジェット式のエンジンで飛ぶ飛行機。 **―きりゅう【―気流】** 緯度三〇～四〇度の一万メートルくらいの上空を東に走る、強い空気の流れ。 **―コースター** 遊園地にある、急勾配・急カーブのあるレール上を高速で走る乗り物。▽jet と coaster とによる和製英語。

ジェネリックいやくひん【ジェネリック医薬品】 開発品の特許期間が満了した後で発売する、成分が等しく値が安い医薬品。後発医薬品。▽「ジェネリック」は generic

ジェネレーション 一時期の人々。世代。ゼネレーション。「ヤング―」「―ギャップ」▽generation

ジェノサイド その共同社会や民族を滅ぼすほどの大量殺害。集団殺戮(さつりく)。「ナチスがユダヤ人に加えた―」▽genocide

ジェノベーゼ バジルの葉、松の実、にんにく、オリーブオイルなどを混ぜてペースト状にしたソース。パスタなどに使う。▽イタリア genovese

シェパード イヌの一品種。大形で、賢く忠実。番犬・軍用犬・警察犬などに使う。セパード。▽shepherd dog (=羊飼いの犬)から。

シェフ 料理長。コック長。▽フランス chef(=頭目)

ジェラート イタリア風の氷菓。アイス クリーム。シャーベット。▽イタリア gelato

ジェラシー しっと。ねたみ。▽jealousy

シェリーしゅ【シェリー酒】 南スペイン産の、アルコール度数を高めた白ぶどう酒。▽「シェリー」は sherry 南スペインの原産地の地名 Xerez から。

ジェル ゼリー状のもの。特に、化粧品などについて言う。▽gel

シェルター 避難所。㋐災害や核攻撃に備えた設備。「核―」㋑一時緊急宿泊施設。「DV―」▽shelter

シェルパ ヒマラヤ地方で、登山隊の案内・荷役(にやく)などをする人。「―を雇う」▽Sherpa

しえん【支援】〘名・ス他〙(苦境にある人・団体に)力を添えて助けること。

しえん【私怨】 個人的なうらみ。

しえん【紫煙】 タバコの紫色の煙。「―をくゆらす」

しえん【試演】〘名・ス他〙演劇・演芸を、本格的に公演する前にためしに上演すること。

ジェンダー 社会的意味合いから見た、男女の性区別。▽gender 西洋語の文法用語「性」からの転義。

ジェントルマン 紳士。ゼントルマン。▽gentleman

しお【潮・×汐】 ①月や太陽の引力で海水が満ち引きする現象。さし引きする海水。「―がさす」「―先」「―が引くように(=一斉に)帰りだす」②海の水。「―をくむ仕事」「鯨が―を吹く」▽「塩」と同語源。漢字は「潮」が朝しお、「汐」が夕しおを指すが、日本では区別せず一般には「潮」と書く。③ある事をするのに適した時。よいころあい。潮時。「それを―に席を

立つ」

しお【塩】①主成分が塩化ナトリウムの白い結晶体。海水からとり、また岩塩としても産し、味つけのほか工業にも使う。「お清めに―を撒(ま)く」。食塩。②塩味の加減。しおけ。「―があまい」

=**しお**【△入】染物で、布を染め汁にひたす度数を表す語。「ふた―」

しおあい【潮合(い)】①物事の進行に好都合な時。「―を見て相談を持ちかける」▽⑵の転。②潮の満ち引きする間。「―をはかって舟を出す」

しおあし【潮足】潮の干満のはやさ。「―がはやい」

しおいり【潮入(り)】①海の近くの池・川などに、潮の満ち引きで海水が流れ通うこと。また、そういう所。②海水がはいって船荷が損害を受けること。

しおおし【塩△圧し】(野菜などに)塩をふりかけ、おもしをのせて漬けること。

しおお-せる〘下一他〙仕事をすっかり終わらせる。しとげる。

しおかげん【塩加減】塩でつけた味のぐあい。味付けに使う塩の量。

しおがしら【潮頭】沖からさしてくる潮の先。満ち潮の波先。しおさき。なみがしら。

しおかぜ【潮風】海から吹いて来る、しおけを含んだ風。

しおがま【塩×竈・塩釜】①海水をくみいれて塩をつくるかまど。②みじん粉に砂糖・塩・水を加えて固めた、落雁(らくがん)風の和菓子。▽宮城県の塩竈神社付近でつくり始めたという。

しおから【塩辛】①魚介類の肉・腸(はらわた)などを塩づけにした食品。②「しおからとんぼ」の略。 **―ごえ**【―声】しわがれ声。 **―とんぼ**【―〈蜻蛉〉】とんぼの一種。胴は、雄は青味を帯びた灰白色。雌のはむぎわら色なので、ムギワラトンボとも言う。晩春から夏に現れる最も普通のとんぼ。

しおから-い【塩辛い】〘形〙塩味(しおあじ)が強い。しょっぱい。「―つけもの」 派生 **-さ**

しおき【仕置(き)】①〘名・ス他〙みせしめのため罰すること。罪人を罰すること。特に、死刑。「―場(ば)」②〘名〙こらしめのための処置。「子供のお―」▽もと、処置・取締りの意。「―家老」

しおくみ【潮×汲み・×汐×汲み】塩をつくるために海水をくむこと。また、その人。

しおぐもり【潮曇(り)】さして来る潮の水気で空が曇ること。

しおくり【仕送り】〘名・ス自〙生活や勉学を助けるため、金や品物を送ってやること。また、その金品。

しおけ【塩気】塩味。塩からい味。塩分。「―が足りない」②【潮気】海上や海辺で感じる、塩分を含んだ湿り気。

しおけむり【潮煙】くだけて飛び散る海水のしぶき。

しおさい【潮△騒】(潮が満ちて来る時)波が大きい音をたてること。その響き。▽「しおざい」とも言う。

しおざかい【潮境】①(暖かいと冷たいとのように)性質の違う潮流が接触してできる境目。②一般に、物事の境目。「今が浮沈の―」

しおさき【潮先・×汐先】①満ちてくる潮の波さき。また、潮が満ちてくる時。②転じて、物事が始まる時。心が動き始める時。

しおざけ【塩×鮭】塩づけにしたサケ。塩じゃけ。あらまき。

しおさめ【仕納め】ある仕事・行動などを、これでやめにするということ。また、その最後に、一度だけ行うこと。「今年のスキーもこれで―だ」

しおじ【潮路】①潮の流れる道筋。「八重の―」②船が通るみち。海路。航路。▽⑵はやや雅語的。

しおしお〘副「と」〙気落ちがして力がぬけたさま。しおれて元気がないさま。「―(と)立ち去る」▽「しおれる」と同語源。

しおせ【潮瀬】潮水の流れ。潮流。

しおぜ【塩瀬】よこ糸を太くして織った羽二重(はぶたえ)風の絹織物。

しおだし【塩出し】〘名・ス自〙↓しおぬき

しおだち【塩断ち】〘名・ス自〙神仏に願(がん)をかけ、または病気のため、ある期間、塩気のあるものを食べないこと。

しおだまり【潮×溜(ま)り】磯のくぼみで、干潮時に潮が引き残ってたまっているところ。▽くぼみにとりのこされた小魚やイソギンチャクなどが観察できる。

しおた-れる【潮垂れる】〘下一自〙①貧相な様子になる。みじめで、しょぼしょぼした様子だ。②潮水にぬれて、しずくがたれる。③泣きぬれる。▽もと、涙で袖がぬれる意。

しおづけ【塩漬(け)】野菜や肉・魚などを、(保存や味付けのため)塩で漬けること。また、そうした食品。

しおどき【潮時】①潮の満ち引きが起こる時刻。②物事をするのに、一番よいおり。チャンス。「―を見て引き揚げる」

しおなり【潮鳴り】遠くから聞こえてくる、打ち寄せる海の波の音。

しおぬき【塩抜き】〘名・ス自〙塩漬けした食品の塩分を抜くこと。塩出し。「数の子の―」「薄い塩水で―する」

しおばな【塩花】不浄を清めるために、ふりまく塩。特に、料理屋など客商売の家の出入口に、つまんで並べて置く塩。

しおはま【塩浜】塩田(えんでん)。

しおひ【潮干】①潮水が引くこと。②「しおひがり」の略。 **―がり**【―狩(り)】引き潮の干潟(ひがた)に出て、貝などを取ること。

しおびき【塩引(き)】魚に塩をまぶしたり、塩で漬けたりすること。また、その製品。塩もの。

しおふき【潮吹(き)】①海産の二枚貝の一種。貝殻は三角形で膨らみが大きい。殻を閉じる時に水を吹き出す。食用。②鯨が海水を吹き上げること。③「潮吹き面(めん)」の略。ひょっとこ。

ジオプトリー めがねのレンズの度の単位。焦点距離をメートルで表した数の逆数。▽ドイツ Dioptrie

しおま 【潮間】 潮が引いている間。

しおまねき 【潮招き】 干潟にすむ小形のカニ。雄は片方のはさみだけが非常に大きい。▽はさみを大きく振る求愛行動を、潮を招いていると見立てた名。

しおまめ 【塩豆】 塩味をつけた、いり豆。

しおみず ①【塩水】 塩分を含む水。また、食塩をとかした水。②【潮水】 海の水。うしお。

しおめ 【潮目】 ①潮境(しおざかい)付近などの海面に見える、潮流の境目。②転じて、世間の動きの転換点。「―を見定めて株を買う」

しおもの 【塩物】 ↓しおびき

しおもみ 【塩×揉み】《名・ス他》 生野菜などに塩を振りかけ、もんで柔らかくしたり灰汁(あく)をぬいたりすること。そうした料理。▽生きたタコは、ぬめりを取ったり身を引きしめたりするために行う。

しおやき 【塩焼(き)】 なまの魚肉などに塩をふりかけて焼くこと。そうした料理。

しおやけ 【潮焼け】《名・ス自》 ①皮膚が潮風に吹かれ日に照らされて、赤黒くなること。②海上の水蒸気が太陽に照らされて赤く見えること。

しおらし-い 《形》 おとなしく従順で、かわいい。いじらしい。「―ことを言う」 ▽歴史的仮名遣いは「しをらしい」とも。 派生 **-さ -げ**

ジオラマ ①実際の情景に似せた、立体的な小型模型。博物館の展示などに使う。②長くつないだ布に描いた背景の前に物を置いて照明し、窓からのぞくと実際の光景を見る感じが起こるようにした見世物。幻視画。▽明治の中ごろに流行。diorama

しおり 芭蕉(ばしょう)俳諧の用語。句におのずから現れた繊細な余情。さび・細みと共に根本理念とする。▽「撓」とも書く。

しおり 【枝折(り)・×栞】 ①本の読みかけの所に、はさんで目印とするもの。②初めての人などにわかりよく説明した本。手引き。「修学旅行の―」 ▽もと、奥山・荒野などで、通った道の目印に、木の枝(=し)を折っておくのを言ったことから。 **―ど**【枝折(り)戸】(庭の出入口などに)木や竹の枝を折り並べ、または編んで作った、簡単な戸。

じおり 【地織(り)】 その地方でできた、主に自家用として織った織物。

しお-れる 【△萎れる】《下一自》 ①草木・花などが、水分を失って弱る。②転じて、気落ちして元気がなくなる。

しおん 【紫×苑】 秋、小さなキクに似た薄紫の花が咲く多年草。高さ約一～二メートル。根は鎮咳(ちんがい)・去痰(きょたん)薬になる。▽「しおに」とも言う。きく科。

しおん 【四恩】〔仏〕 人間が受ける四つの恩。▽多く、父母・衆生(しゅじょう)・国王・三宝(さんぼう)の恩を言う。

しおん 【師恩】 師匠・先生から受ける恩。

しおん 【子音】 発音で、呼気が発音器官のどの部分かで妨げられるもの。しいん。↕母音(ぼいん)

しおん 【歯音】 歯や歯ぐきと舌との間で発音される音。[t][d][n]の類。

じおん 【字音】 漢字の発音。特に、日本に伝わって日本化した音。↕字訓。 **―かなづかい**【―仮名遣(い)】 字音を仮名で書き表すときのきまり。特に現代仮名遣いの前のもの。

しか 【鹿】 雄が枝分かれした大きな角(つの)をもつ草食の獣。特に、ニホンジカを言い、夏は褐色の地に白いまだらの点があり、冬は灰褐色の毛なみとなる。「―を追う者は山を見ず」(一つの事に夢中になっている者は、ほかのことをかえりみない) ▽古くは「しし」または「か」と言い、特に雌を「めか」と言うのに対し、雄を「しか」と言った。しか科の哺乳(ほにゅう)類の総称。

しか 【市価】 商品が市場(しじょう)で売買される値段。また、その時々の普通の値段。

しか 【糸価】 生糸(きいと)の値段。生糸の相場。

しか 【紙価】 紙の値段。紙の相場。「洛陽(らくよう)の―を高(たか)からしめる」(ある著作物に人気が集まって、非常に多く売れる。洛陽は晋(しん)の都)

しか 【死花・紙花】 葬儀に使う(紙の)造花。しかばな。

しか 【師家】 ①先生の家。②先生。師。▽↓しけ(師家)

しか 【私家】 ①自分の家。②《「―版」「―集」などの形で》個人(としての)の意。 **―ばん**【―版】 個人が(営利を目的とせずに)自分の負担で出版する書物。自家版。私版(しはん)。

しか 【史家】 歴史家。歴史学者。

しか 【詩家】 詩を作る人。詩人。

しか 【詩歌】 ↓しいか

しか 【詞華・詞花】 表現を飾って美しくした言葉・文章。 **―しゅう**【―集】 詩文の美しいものを選び集めた本。アンソロジー。

しか 【賜暇】 官公吏が願い出て休暇をもらうこと。その休暇。▽今は正式には使わない。

しか 【歯科】 歯の病気の治療・予防などをする、医学の一部門。

しか 【△然・×爾】《副》 先に述べたことを受けその状態を指す語。そう。「―苦心を重ねたにもかかわらず」「―のみならず」(そればかりでなく)「……と―云(い)う」(漢文式の序文の末に置き、以上の通りだの意を表す言い方) ▽漢文訓読で広まった、文語的な語。「しかく」の形もある。↓しかじか・しかして・しかも・しかり

しか 《係助》《打消しに係る》 それと限る意を表す。「火の手が早く、手さげ金庫―持ち出せなかった」「週に一度―水をかえない」「逃げたと―思えない」「行きずりの人で―ない男」「安物だけ―置いていない店」「頼れる人はあなただけ―ないのです」 ▽「だけしか」は特に強い限定。なお、「いつしか」の「しか」

は、↓いつしか

しが【歯牙】歯と牙(はき)。また単に、歯。「—にもかけない」(問題にしない)

じか【△直】『名・副に』間にへだてがないこと。直接。「手で—につかむ」「—に話を聞く」「—談判」「—火」▽「直」の字音「じき」の転。近ごろ俗に「直(ちょく)に」でも使う。

じか【時下】このごろ。目下。「—ますます御清栄の段」

じか【時価】その時々の商品の値段。また、現在売買すると考えた場合の値段。「一両小判を—に換算すると」

じか【磁化】『名・ス自他』物質が磁性を持つようになること。物質に磁性を持たせること。

じか【自家】自分の家。「—用」「—版」(私家版) **—せい**【—製】自分の家で作ること。「—のベーコン」 **—ちゅうどく**【—中毒】自分の体内に発生した毒性物質のために起こる中毒。 **—どうちゃく**【—×撞着】『名・ス自』同じ人の言行が前とあとで矛盾していること。自己矛盾。 **—はつでん**【—発電】自分の所で電気を起こすこと。

じか【自火】自分の家から出した火事。

じが【自我】自己。自分。エゴ。↔非我。㋐〔哲学〕天地一切のものに対する自分。㋑〔心理〕自分自身に対する、各個人の意識・観念。 **—いしき**【—意識】自我について持っている意識。自意識。

シガー 葉巻タバコ。▽cigar

しかい【司会】『名・ス自他』会合の進行を、おもてだって受け持つこと。また、その係。「—者」

しかい【四海】①四方の海。②転じて、天下。世界。「—波静かなり」。また、四方の外国。 **—けいてい**【—兄弟】世の中の人はすべて兄弟のように仲よく、愛し合わなければならないということ。

しかい【市会】市議会の旧称。「—議員」

しかい【死灰】①火の気のなくなった冷たい灰。②転じて、生気を失ったもの。

しかい【視界】前方を見通して目で見られる範囲・区域。視野。「—が狭い」(転じて、知識・思慮の及ぶ範囲が狭い意にも)

しかい【×斯界】この(専門)社会。この分野。「—の権威」▽「斯(し)」は、「この」の意。

しがい【市街】商店や人家が立ち並んでいる所。まち。にぎやかな通り。「—地」

しがい【死骸・×屍骸】死体。なきがら。

じかい【字解】漢字の解釈。

じかい【次回】つぎの回。次のとき。

じかい【磁界】↓じば(磁場)

じかい【持戒】〔仏〕仏教でのいろいろの戒めをかたく守ること。↔破戒

じかい【耳介】哺乳(ほにゅう)動物の耳のあなの周りに突き出て、音をあなに入れる働きをする部分。耳殻(じかく)。

じかい【自戒】『名・ス自』自分で自分をいましめること。「—自粛」

じかい【自壊】『名・ス自』自然にこわれること。他からの働きかけなしに自分からこわれてしまうこと。

じがい【自害】『名・ス自』(刀剣などを用いて)自殺すること。

しがいせん【紫外線】波長が可視光線より短く、エックス線より長い不可視の電磁波。そのスペクトルは、可視光線の紫部の外側に現れる。

しかえし(かへし)【仕返し】『名・ス自』①嫌なことをしてきた相手に、嫌がることをしてかえすこと。②やりなおし(をすること)。

じがお(がほ)【地顔】素顔(すがお)。

しかく【刺客】他人をつけねらって暗殺する(役目の)者。▽「せっかく」の慣用読み。

しかく【四角】①『名・ダナ』(正方形・長方形など)四すみに角(かど)がある形。そのような形であるさま。「—を描く」「—に切る」②『ダナ』堅苦しく、きちんとしているさま。「—にかしこまる」 **—い**『形』四角の形をもっている。かどかどしく、ごつごつしている。丸みが少ない。 **—ごうま**【—号×碼】漢字検索法の一種。漢字の四すみの形によって番号(=号碼)を定め、辞書などでその漢字が速く見つかるようにしたもの。 **—しめん**【—四面】『名ナ』四角ばっていて、きわめてまじめなこと。「—な挨拶」 **—ばる**【—張る】『五自』①形が四角形に似ている。②きちんとした態度で、まじめくさっている。「—った顔」「—ったふるまい」

しかく【死角】①弾丸が届く範囲にありながら、地形や銃砲の構造上の理由で、そこは撃てないという区域。②転じて広く、その角度からでは見えない地点・範囲。

しかく【視角】①目で見ている物体の両端から、眼球の中心に引いた二本の直線が作る角。この角度が大きいと、物体は大きく見える。②比喩的に、見地。見方。「—を変えて眺める」

しかく【視覚】目で物を見る感覚の働き。 **—か**【—化】『名・ス他』見ることができないものを、見て分かるような形にして示すこと。

しかく【詩格】①詩の作り方の規則。②詩の作品がもつ風格。

しかく【資格】ある事をしてよいという身分や地位。また、それを得るのに必要な条件。「—試験」 **—にんよう**【—任用】一定の資格のある者だけを任用する制度。

しかく『副』「しか(然)」の別の言い方。そう。「原則は定まるものの、具体的運用は—簡単ではない」▽漢文訓読から出た文語的な語。↓しか(然)

しがく【史学】歴史を研究する学問。歴史学。

しがく【×斯学】この(=斯)学問。「—の大家」

しがく【私学】私立の学校。↔官学

しがく【視学】旧制で、教育の運営状況を監督管理した役。

しがく【詩学】詩に関して研究する学問。

じかく【字画】 漢字を形づくる線や点のこと。またはその数。

じかく【寺格】 寺の格式。寺院の階級。例、門跡(もんぜき)・本山・別院・末寺。

じかく【×痔核】 肛門(こうもん)と直腸の静脈(じょうみゃく)に血がたまり、いぼのようにふくれて痛む痔(じ)。いぼじ。

じかく【耳殻】 耳介(じかい)の旧称。

じかく【自覚】《名・ス他》自分自身について、はっきりと知ること。㋐自分の状態・地位・任務・価値がどんなものかを、よくわきまえること。そのわきまえ。「責任を―する」「成人としての―」㋑自分で感じ取ること。「―症状」㋒〔仏〕自分が主体となって、迷いを断ち、正しい道をさとること。

じがくじしゅう【自学自習】《名・ス自》他から教えてもらわず、自分で学習すること。

しかけ【仕掛(け)】 ①しかけること。しかけたもの。また、し始めて途中であること。②(うまく作った)仕組み・装置。からくり。「種も―もない」「釣りの―」③「仕掛け花火」の略。 **―にん**【―人】 その事を企てて仕掛ける⑴人。「いたずらの―」「ブームの―は彼だ」 **―はなび**【―花火】 ある装置をほどこして、いろいろな形が現れるようにした花火。 **―ひん**【―品】 ↓はんせいひん。▽「しかかりひん」とも言う。

しか-ける【仕掛ける】《下一他》①何かをする段取りをつける。㋐効果を狙い、他に向かって働きかける。いどむ。「けんかを―」「派手な宣伝を―」㋑装置する。「爆薬を―」㋒準備する。「御飯を―」②仕事をし始める。また、途中までする。「―・けてやめた」

しかざん【死火山】 有史時代になって一度も活動したことのない火山。▽火山の旧分類で使った語。

しかし【△然し・△併し】《接》先の話の内容を受けて、それと反対または一部違う事を述べる時使う語。けれども。だが。なのに。「勉強はした。―試験には受からなかった」「好敵手、―避けたい相手だ」▽「しかしながら」の略か。「A―B」は、AならBでないのに、この予期に反し(現に)AもBも成り立つ場合に使う。また、(感動を込めて)話題を持ち出すのにも使う。「―大きいね」

しかじか【△然△然・×云×云】《ノダ》《言葉や文章を省略して言うとき、省略した語句の代わりに使って》そういったこと。うんぬん。「彼は……―(だ)と語った」「(これこれ)―の事情で」▽副詞「しか」を重ねてできた語。

じがじさん【自画自賛】 ①自分でかいた絵に、自分で賛をすること。手前味噌(みそ)。②転じて、自分で自分のことをほめること。

しかして【△然して・×而して】《連語》《接続詞的に》そうして。▽文語的。「しこうして」とも言う。↓しか(然)

しかしながら【△併し×乍ら・△然し×乍ら】《接》そうではあるが。しかし。「―彼を単に反動的勢力と目するのは正当でない」▽「しか」は副詞、「ながら」は接尾語。「し」は「す(る)」の連用形か。↓しか(然)

しかしゅう【私家集】 個人の歌を集めた本。

じがしら【地頭】 能で、地謡(じうたい)をする人々の統率者。▽「じとう」と読めば別の意。

しかず【△如かず】《連語》及ばない。……に越したことがない。その方がいい。「三十六計逃げるに―」▽動詞「如く」の未然形＋打消しの助動詞「ず」。↓しく(如)

じかせん【耳下腺】 哺乳(ほにゅう)類の唾液腺のひとつ。耳の前下部にある。 **―えん**【―炎】 耳下腺の炎症。↓おたふくかぜ

じがぞう【自画像】 自分で描いた自分の肖像。

しかた ①【仕方】 する方法。手段。「―(が)ない」(転じて、やむをえない)。しうち。「無法な―」②【仕方・仕形】 身振り、手まね。「演技の―をして見せる」 **―ばなし**【仕方×咄】 身振り、手まねを豊富に加えた落語。また、そのような話し方。

じかた【地方】 ①日本舞踊で、立方(たちかた)に対して、音楽を受け持つ人。▽能の地謡(じうたい)方も言う。②江戸時代に、いなかのこと。↕町方。「―役人」▽「ちほう」と読めば別の意。

しかたな-い【仕方無い】《形》↓しかた⑴

じかたび【地下〈足袋〉】(労働用の)ゴム底の丈夫なたび。▽「じか」は「直」。直接土を踏む足袋(たび)の意。

じがため【地固め】《名・ス自》①建築にとりかかる前に、地面をならし固めること。②転じて一般に、基礎を固めること。「立候補のための―」

じかだんぱん【△直談判】《名・ス自他》交渉を他人に頼んだり、取り次いでもらったりせず、相手と直接にかけあうこと。

しかつ【死活】 死ぬことと生きること。死ぬか生きるかの分かれ目。「―に関わる」「―を制する」「―問題」(死ぬか生きるかに関係するような重要問題)

しがつ【四月】 その年の四番目の月。「街に新人があふれる―」▽(陰暦の)異称は「卯月(うづき)」。陰暦三月「花見月」は陽暦四月相当。今の日本では、官庁・学校等の会計年度が改まる月。 **―ばか**【―馬鹿】 ↓エープリル フール

じかつ【自活】《名・ス自》他人の援助や保護を受けず、自分の力で生活をささえていくこと。「就職して―する」

しかつめらし-い《形》①(普通と違って)態度・顔つきが、まじめくさって緊張した様子だ。「―・く控えている」②堅苦しく、形式ばっている。「―話」派生 **-さ** **-げ**

しかと《副》確かに。はっきり。「―さようか」「―した話」。しっかり。間違いなく。「―にぎる」「心の内を―見定める」

しかと-する《サ変他》〔俗〕仲間のうちで特定の個人を無視する。

しがな-い《形》①取るにたりない。つまらぬ。「しがねえ(＝「しがない」のなまり)恋の情(なさけ)が仇(あだ)」

(与話情浮名横櫛) ②貧乏だ。みすぼらしい。「—暮らし」▽「さがなし」の音転といわれる。

じがね【地金】 ①めっき・加工の土台になっている金属。②転じて、もともとの性質・性格。本性(ほんしょう)。隠れている(悪い)点。「—が出る」

しかのみならず【〈加之〉】《連語》《副詞的に》そればかりでなく。その上。▽漢文訓読から。

じかばき【△直×穿き・△直履き】 靴下などをはかず、素足に直接に靴などをはくこと。

じかばし【△直箸】 大皿などの料理を、菜箸・取り箸を使わず、自分の箸で取ること。▽正式な場ではマナー違反とされる。

じがばち【似我蜂】 はちの一種。小形で黒く、腹部が細くくびれている。あおむしを捕らえて麻痺(まひ)させ、産卵する。こしぼそばち。すがる。

しかばね【×屍・×尸】 ①死んだ人の体。死体。なきがら。②「しかばねかんむり」の略。漢字の部首の一つ。「届」「居」などの「尸」の称。▽「しかばねかんむり」と言われるが、形は垂(たれ)であり、「しかばねだれ」とも言う。

じかび【△直火】 料理で、材料に直接火を当てること。また、その火。「—で焼く」

じかまき【△直×播き】《名・ス他》↓じきまき

じがみ【地紙】 ①扇・傘などに張る紙。②金銀の箔(はく)などを張りつける下地の紙。

じがみ【地髪】 入れ髪に対して、頭にはえている髪。

しがみつ-く《五自》①強く取りすがる。組みついて離さないようにする。②比喩的に、未練がましく離れないでいる。「大臣の椅子に—」「自分の地位に—」

しかみひばち【×獅×嚙火鉢】 足や胴などに獅子(しし)の顔を鋳つけた、丸型の金属製火鉢。▽「しがみひばち」とも言う。

しかめっつら【×顰めっ面】 機嫌の悪い顔。しかめた顔。しかめづら。

しか-める【×顰める】《下一他》(不快・不機嫌などのため)顔・額の皮をちぢめて、しわを寄せる。「顔を—」

しかも【△然も・×而も】《接》そうである上になお、それに加えて。その上(さらに)。「聡明で—美人」「まっすぐ—遠くまで飛ぶ」「質がよい。—値が安い」。それにもかかわらず。それでも。「注意を受け、—一向に改めない」▽副詞「しか」+係助詞「も」が一語化した。

しからしめる【△然らしめる】《連語》↓しかり。▽「しかり」の未然形+使役の助動詞「しめる」

しからずんば【△然らずんば】《連語》↓しかり。▽「しかり」の未然形+打消しの助動詞「ず」+係助詞「は」の転。

しからば【△然らば】《接》↓しかり。▽「しかり」の未然形+助詞「ば」。文語的。

しがらみ【△柵】 ①せき止め絡むように束縛となるもの。「恋の—」「仕事の—」②水流をせき止めるため、くいを打ち並べ、それに木の枝や竹を横たえたもの。

しか-り【△然り】《ラ変自》「しかあり」の転。そうだ。その通りだ。「—か否かはっきり答えろ」「選挙(にして)も—、国民が強い関心を寄せるべきだ」「これも政治の—・らしめる(=そうさせる)ところである」「果たして—・らば(=そうなら)責任は免れまい」「生か、—・らずんば(=そうでないなら)死か」「この結果 $x=a$ となる。—・るに(=それなのに)先に $x \neq a$ と仮定したから、これは矛盾である」「—・るべき措置を要する」(↓しかるべし)

しかりつ-ける【叱り付ける】《下一他》きびしくしかる。

しかりとば-す【叱り飛ばす】《五他》ひどくしかる。

しか-る【叱る・×呵る】《五他》導き示すように(荒い声で)厳しく言い聞かせる。「子供を—」 関連 咎(とが)める・怒る・怒鳴る・責める・責め付ける・責め立てる・責め苛(さいな)む・たしなめる・吊(つる)し上げる・絞り上げる・どやす・どやしつける・とっちめる・叱咤(しった)・叱責・譴責(けんせき)・詰責・面責・問責・お目玉・大目玉・大喝・一喝

しかるに【△然るに・×而るに】《連語》《接続詞的に》それなのに。▽↓しかり

しかるべし【△然るべし】《連語》文語動詞「しかり」に助動詞「べし」が付いたもので、当然の事としてそうあるはずという意を表す。情況に相応して、適当だ。「その措置は—とも思われない」「逸品と評してしかるべきだろう」「しかるべき人を介して申し入れる」「しかるべく(=よろしく)お取り計らい下さい」▽普通は「しかるべき」「しかるべく」の形で使う。法廷での手続きに関し、裁判長の確認に「しかるべく」と答えるのは、消極的な同意を表す。積極的なら「同意します」。

シガレット 紙巻きタバコ。「—ケース」▽cigarette

しかん【士官】 将校および将校相当官の総称。「—学校」(旧陸軍の将校養成学校)▽多くは、大尉以下の将校・相当官を言った。

しかん【仕官】《名・ス自》①官職について役人となること。②江戸時代以前、浪人していた武士が主君に召しかかえられて仕えるようになること。

しかん【史官】 ①歴史編纂(へんさん)を任務とする官吏。②古代中国で、文書・記録をつかさどった役人。▽「史」はもと、文書・記録の意。

しかん【史観】 歴史に対する根本的な考え・態度。「唯物—」

しかん【止観】〔仏〕①一切の妄念を止め、正しい知恵で対象を観察すること。天台宗の中心的修行法。②天台宗の異称。

しかん【子×癇】 妊婦・産婦が、痙攣(けいれん)や失神を起こす病気。▽妊娠高血圧症候群(妊娠中毒)の一種。

しかん【×弛緩】《名・ス自》ゆるむこと。たるむこと。「精神が—する」▽「ちかん」は慣用読み。

しかん【詩巻】 詩集。

しがん【志願】『名・ス自他』あるものになることを望み、進んで申し出ること。「―兵」「―者」

しがん【×此岸】〔仏〕この世。現世(げんせ)。↕彼岸(ひがん)

しがん【詩眼】詩に関する眼識。

じかん【時間】とき。①ある時刻と他の時刻との間(の長さ)。時のへだたりの量。「この仕事は―がかかる」「―が切れる」「―の問題」(その物事の決着まで長くはかかるまいという情況にまで立ち至ったこと) ▽多くは一日より短い場合について使う。②時間(1)の長さの単位。一時間は六十分。一日は二十四時間。③空間と共に、物体界を成り立たせる基礎形式と考えられるもの。普通、過去から未来に絶えず移り流れると考えられている。▽→とき(時)(1)。④日常語で、時刻。「帰りの―がおそい」「お―(=刻限)です」「日本では昼ですが現地―では午後十時です」 関連 時・時刻・タイム・年月(ねんげつ・としつき)・歳月・月日・日月・時日・光陰・星霜・春秋・多年・積年・短時日・片時・半時・一時(いっとき・ひととき)・一刻・一瞬・瞬間・瞬時・刹那(せつな)・寸陰・寸時・つかの間・たまゆら　**―げいじゅつ**【―芸術】音響や様態を手段として、それらの動きや変化に美を表現する芸術。例、音楽・詩歌・舞踊。↕空間芸術。　**―さこうげき**【―差攻撃】バレーボールで、スパイクを打つと見せかけて、相手のブロックのタイミングをはずし、その隙にスパイクを打つ攻撃法。　**―じく**【―軸】①グラフで、経過した(する)時間を示す軸(一般に横軸)。②過去から、現在、未来と流れていく時間を直線にたとえたもの。「―に沿って説明する」　**―たい**【―帯】一日の時を区分し(て考え)た、その区分の一つの間。「交通量の多い―」　**―ひょう**【―表】↓じこくひょう。　**―わり**【―割(り)】時間帯ごとに授業を配当したり仕事の進行予定を定めたりすること。また、それを記した表。

じかん【時×艱】その時勢で当面している難問題。「―の克服」

じかん【次官】大臣の職務を助ける、大臣(・副大臣)の次の位の役人。▽長官に次ぐ者の意。

しかんブラシ【歯間ブラシ】歯と歯の間の汚れをとる、細いブラシ。▽「ブラシ」は brush

しき【敷(き)】①《接尾語的に》器物の下に敷くもの。「花瓶―」②「敷金(しききん)」「敷きぶとん」「敷地」の略。▽→=じき

しき【×鋪】鉱山で、坑内の一くぎり。

しき【四季】一年の間に移り行く春・夏・秋・冬の四つの季節。「―折々の眺め」　**―ざき**【―咲き】一年のうち、季節を限らず、何回でも花が咲くこと。そういう植物の品種または花。

しき ①【士気】㋐戦いに対する軍隊の意気込み。㋑転じて一般に、人が団結して物事を行う時の意気込み。「―を鼓舞する」②【志気】物事をするに当たっての盛んな意気。「―が阻喪する」▽(1)(2)は意味の似寄りから、しばしば混同して使われる。

しき【始期】①物事の初めの時期。②〔法律〕法律行為の効力が発生し、また債務の履行が請求できるようになる期限。▽↕終期

しき【死期】死ぬ時期。命が終わる時。また、命を捨てるべき時。▽「しご」とも言う。

しき【子規】ホトトギスの異名。

しき【指揮】『名・ス他』全体の行動の統一のため、命令して人々を動かすこと。さしず。「―をとる」「捜査を―する」「―者」「―刀」(軍刀とは区別される。↓ぐんとう(軍刀))　**―ぼう**【―棒】合唱・合奏などを指揮する人が、その道具として用いる棒。タクト。

しき【私記】個人的な記録。

しき【紙器】紙で作った器。紙の箱など。

しき『副助』《多くは代名詞「これ」「それ」を受けて》たかが……くらい。わずか……ほど。「何の、これ―の傷」▽「式」から。

しき【*式】シキ ショク のり ―①一定のかた。やり方。てほん。作法。のっとる。「形式・法式・礼式・古式・旧式・新式・本式・略式」②『名・造』一定の作法の伴う行事。「式をあげる」「式典・式日・式辞・挙式・結婚式・卒業式・出初(でぞめ)式」③形式の種類。「日本式・ヘボン式・電動式」④『名・造』数学・論理学などで、ある関係・構造を表すために、記号を連ねて書いたもの。「式を立てる」「数式・方程式・分子式・構造式・公式」⑤律令(りつりょう)の施行に関する細則。「格(きゃく)式・延喜(えんぎ)式」

しき【*識】シキ ショク シ しる しるす ―①㋐物事を見分け、知り分ける。さとる。「識別・識閾(しきいき)・認識・相識・面識・鑑識」㋑〔仏〕五蘊(ごうん)の一つ。物事を見分ける心のはたらき。「意識・眼識(げんしき)」②物事に対して考えをもつ。「識見(しきけん)・知識・常識・見識・学識」③おぼえる。記録する。「識字」④鐘や鼎(かなえ)などに陽刻した文字。↕款。また、ひろく器物・書籍などの題字。しるし。「款識(かんし・かんしき)・識語(しきご・しご)・標識」⑤はたじるし。「幟(し)」と通用。「旗識(きし)」

しき『色』↓しょく『色』

しぎ【×鷸】水辺にすむ、くちばしとあしが長い鳥。大きさはハトくらいで、背が茶色や灰色の種が多い。多くは渡り鳥で、夏から秋に日本に来る。▽しぎ科の鳥の総称。

しぎ【仕儀】事のなりゆき。次第。事情。「……の―に立ち至る」

しぎ【私儀】↓わたくしぎ。▽「しぎ」とは言わず、そう読むのは誤り。

しぎ【私議】①『名・ス他』公然とでなく、かげでそしること。②『名』自分一人の見解。個人的な意見。

じき【直】『名・副[に]』①間に何もはさまないこと。直接。じか。「―の返答を承りたい」「―取引」(ブローカーなどを通さず、または商品と代金とを引替えで行う取引)②時間・距離が近いこと。すぐ。「もう―夏休みだ」「―隣にある」「―に現れるよ」▽(2)では以前、「―と」とも言った。

じき①【時期】物事をする、時間的広がりを見込んでの、とき。おり。「刈入れの―」「―尚早」②【時季】季節。時節。シーズン。「行楽の―」「―はずれ」③【時機】物事をするのに一番よいおり。しおどき。「―をうかがう」「―をみて忠告しよう」「―到来」

じき【磁器】白く半透明で堅い、吸水性のない焼き物。有田焼・九谷(くたに)焼の類。▽→とうき(陶器)

じき【磁気】磁石の相互作用、または磁石と電流との相互作用などの現象。「金属片が―を帯びる」「―テープ」 ―あらし【―嵐】地球磁場(じば)の不規則な変化のうち、ほとんど同時に地球の全般にわたって起こる大きい変化。無線通信の妨げになる。 ―きらい【―機雷】近くを通る船舶の磁気を感知して爆発するしくみの機雷。

じき【自棄】自分なんかだめだと、自分を見捨てること。やけ。「自暴―」

じき【自記】『名・ス他』①自分で書くこと、または書いたもの。②機械が自動的に記録すること。「―装置」

=じき【敷(き)】『「….畳(じょう)―」の形で』部屋の広さなどを、そこに敷いた、または敷き得る畳の数で示す語。「百畳―」

じぎ【児戯】子供の遊び事。いたずら。「―に等しい」「―に類する」(幼稚な、馬鹿げた)

じぎ【字義】漢字の意味。「―通りの解釈」

じぎ【時宜】時機が適していること。「―にかなう」。ちょうどよい時。ほどよいころあい。「―をはかる」

じぎ【辞儀・辞宜】→おじぎ

しきい(しきゐ)【敷居】門、出入口などの開口部や、部屋と部屋との間に置いた横木。みぞがあって、戸・障子をあけたてする。↕鴨居(かもい)。「―が高い」(相手に不義理をしていて、その人の家にはいりにくい) ―ごし【―越し】敷居を隔てて何かをすること。「―に物を言う」

しきいき【識×閾】〔心理〕意識作用が生じる(消滅する)ような境。

しきいし【敷石】道路・庭などで、地面に敷いた平らな石。

しきいた【敷板】①下に敷く板。特に、根太(ねだ)板。根太の上に張る板。②厠(かわや)の踏み板。

しきいち(しきゐ:ち)【×閾値】→いきち(閾値)

しきうつし【敷(き)写し】『名・ス他』①書画などの上に薄い紙を置いて、上から写し取ること。②転じて、他のものをそっくりまねること。

しきかく【色覚】色を識別する感覚。色神。 ―いじょう【―異常】色の見え方が、他の多くの人と異なる状態。先天性のものと後天性のものとがある。

しきがく【式楽】儀式に使う音楽や芸能。「猿楽は江戸幕府の―となった」

しきがし【式菓子】儀式・式典に配る菓子。▽引き菓子とは区別して言う。

しきがわ(は:が)①【敷(き)皮】座席の敷物にする、動物の毛皮。②【敷(き)革】靴底に敷くかわ。

しきがわら(はら:が)【敷瓦・×甃】地面に敷き並べる平たい瓦。

しきかん【色感】色についての感じ。㋐色彩から受ける感じ。㋑色に対する感受能力。色彩感覚。

しききん【敷金】①家屋・部屋を借りる人が持主に預けておく保証金。②〔取引〕取引の保証のため預ける証拠金。

じきげ【直下】すぐ下。また、即座。▽既に古風。

しきけん【識見】物事に正しい判断を下す力。学識と意見。見識。しっけん。「高い―をそなえた人」

しきご【識語】写本などで、本文のあと、または前にその本の来歴や写した年月などを書き加えたもの。▽「しご」の慣用読み。

しきさい【色彩】①いろどり。色あい。「―感覚(=色の使い方に関する感覚)が豊かだ」②転じて、傾向。「野党的―」

じきさま【直様】『副』すぐさま。ただちに。

じきさん【直参】主君に直接仕える家来。特に、江戸幕府に直属した一万石未満の武士。旗本(はたもと)・御家人(ごけにん)など。↕陪臣(ばいしん)。

しきさんば【式三△番】①能楽の「翁(おきな)」。②翁・千歳(せんざい)・三番叟(さんばそう)の三人で舞う正式の舞。▽「しきさんばん」とも言う。→さんばそう

しきし【色紙】①記念に、言葉や名前などを書くための、四角で上等な厚手の紙。▽もと、和歌などを書いた。種々の色や模様がある。寸法は大小二種。②裁縫で、地(じ)の弱くなった所に裏打ちするきれ。▽「いろがみ」と読めば別の意。

しきじ【式事】儀式の行事。

しきじ【式次】儀式を進める順序。式の次第。

しきじ【式辞】儀式の席で述べる挨拶の言葉。

しきじ【識字】文字の読み書きができること。「―率」「―運動」

じきじき【直直】直接。間に人を置かないこと。「―の御返答を承りたい」

しきしだい【式次第】儀式を進める順序。式次。

しきじつ【式日】儀式を行う日。特に、宮中で儀式のある日。

しきしま【敷島】①大和国(やまとのくに)(=今の奈良県)、更に広く日本の別称。▽崇神(すじん)・欽明(きんめい)両天皇が磯城(しき)の地に都を置いたことから。②「敷島の道」の略。 ―のみち【―の道】『連語』(日本古来の)和歌の道。歌道。▽古語的。

しきしゃ【識者】物事の事情に通じ、正しい判断力のある人。見識がある人。

しきじゃく【色弱】色を感じる細胞の働きが先天的に多くの人と異なり、色の弁別が若干しにくいこと。また、その人。▽今は医学用語としては使わない。↓しきかくいじょう

じきしょ【直書】①『名・ス他』自筆。直筆(じきひつ)。または自筆の文書。②『名』直接主君から臣下にあてた書状。

しきじょう【式場】儀式を行う場所。

しきじょう【色情】 性的欲情。色欲。

しきしん【色神】 →しきかく

しきせ【仕着せ・四季施】 ①『おー』(上から)一方的に与えられた事柄。▽②の転。②主人から使用人に(その季節の)衣類を与えて着させること。その衣服。

しきそ【色素】 物体に色を与えるもととなる物質。

じきそ【直訴】『名・ス他』定められた手続きをふまずに、直接上(かみ)に訴えること。

しきそう【色相】 ①色あい。色調。▽彩度・明度とともに色の三要素の一つ。②〔仏〕肉眼で見得る一切の物の姿。

じきそう【直奏】『名・ス他』取次ぎを経ず、直接奏上すること。

しきそくぜくう【色即是空】〔仏〕感覚でとらえるこの世のいっさいのもの(色)は、実体ではない仮のもの(空(くう))であるということ。▽→くうそくぜしき

しきだい【式台】 玄関先の一段低くなった板敷き。▽客の送迎の際、礼をする所。

しきたり【仕来り】 昔からのならわし。慣例。「ーに従う」「古いーを捨てる」▽してきたこと、の意。

ジギタリス 南ヨーロッパ原産の多年草。夏、紅紫色の、鐘状の花が咲く。葉は心臓病の薬。和名、きつねのてぶくろ。▽(オランダ)digitalis 「ジキタリス」とも言う。おおばこ科(旧ごまのはぐさ科)。

じきだん【直談】『名・ス自』間に人を入れず、相手と直接話し合うこと。また、直接その人から聞いた話。

しきち【敷地】 建造物を建てる、また道路・堤防などに使う、一定区域の土地。

しきちょう【色調】(絵・衣服・器具などの)色彩の濃淡強弱の調子。色あい。

じきてい【直弟】 すぐ下の弟。

じきでし【直弟子】 その師から直接教えを受ける弟子。直接の門人。

しきてん【式典】(大がかりな)儀式。「県主催のー」

じきでん【直伝】 その道の奥義(おうぎ)・秘伝を師が弟子に直接伝えること。

しきどう【色道】 色恋に関する方面。

じきとう【直答】『名・ス自』(取次ぎを介さず)貴人に直接に答えること。▽「ちょくとう」と読めば別の意もある。

じきどう【食堂】〔仏〕寺院で、僧が食事をする堂。

じきに【直に】 →じき(直)

しきねん【式年】 祭儀をおこなうことに定められている年。「ー祭」▽「式」は定めの意。

しきのう【式能】 儀式として催される能楽。▽江戸時代には、将軍宣下(げせん)・勅使下向(げこう)などの時おこなった。

しきび【式微】『名・ス自』非常に衰えること。▽「しょくび」とも言う。

じきひ【直披】(他人に内容を知られたくないから)直接にひらいて下さいの意。親展。ちょくひ。▽手紙のあて名に添えて書く語。

じきひつ【直筆】 代筆でなく、自分自身で書くこと。また、そうして書かれたもの。「作家のーの原稿」

しきふ【敷布】 敷きぶとんの上に敷く布。シーツ。

しきぶ【式部】 ①「式部省」の略。律令(りつりょう)制の太政(だいじょう)官の八省の一つで、国家の儀式や人事などをつかさどった役所。②女官の呼び名に使う語。「紫ー」「海老茶(えびちゃ)ー」(明治後期に、女学生の異称。海老茶色のはかまをはいたのを、もじって言う)

しきふく【式服】 儀式に着用する正式の服。礼服。

しきぶとん【敷(き)布団・敷(き)×蒲団】 寝る時に体の下に敷くふとん。↔掛けぶとん

しきべつ【識別】『名・ス他』事物の種類・性質などを見分けること。「暗くて人の顔もよくーできない」「色のー」

しきほう【式法】 儀式および作法。

しきま【色魔】 多くの女を誘惑し、もてあそぶ男。女たらし。

じきまき【直×播き】『名・ス他』苗に仕立てないで、直接田畑に種をまくこと。▽「じかまき」とも言う。

しきみ【×樒】 山地に自生し、寺院などに植栽される常緑小高木。春、葉のつけねに黄白色の花が咲く。全体に香気があり、葉・樹皮から抹香・線香を作り、枝を仏前に供える。種子は猛毒。しきび。▽まつぶさ科(旧しきみ科)。

じきみや【直宮】 天皇と直接血縁の間柄にある皇族。皇太子・皇子・内親王、天皇の弟などの総称。

しきもう【色盲】 特定の色を感じる細胞が先天的になく、ある種の色の弁別がしにくいこと。また、その人。▽後天的な場合もある。今は医学用語としては使わない。→しきかくいじょう

しきもく【式目】 ①武家時代、法規・制度を箇条書にしたもの。「貞永(じょうえい)ー」②連歌・俳諧などの規則。

しきもの【敷物】 すわったり物をすえたりするために下に敷く物。座布団(ざぶとん)・円座や、絨毯(じゅうたん)・茣蓙(ござ)の類。

じきもん【直門】(先生に)直接教えを受けること、また、その人。

しぎやき【×鴫焼(き)】 ナスを油で炒(いた)め、練りみそをからめて食べる料理。

しきやく【刺客】 →しかく(刺客)

しぎゃく【×嗜虐】 残虐な事を好むこと。「ー性」

じぎゃく【自虐】 自分で自分を(必要以上に)責めさいなむこと。「ー的」

しきゅう【子宮】 雌性(しせい)生殖器の一部で、胎児を宿す所。

しきゅう【支給】『名・ス他』(役所・会社などが、それに属する者に)金品を払い渡すこと。「手当をーする」「ーされた作業衣」

しきゅう【至急】《副詞的にも使う》非常に急ぐこと。大急ぎ(で)。「ーおいで下さい」

じきゅう【持久】『名・ス自』難儀にも耐えて長く持ちこたえること。「よくーして危機を脱する」「ー力」

「—戦」 —そう【—走】体育の授業で、長い距離を走ること。

じきゅう【時給】一時間いくらと決めた給料。

じきゅう【自給】《名・ス他》自分に必要な物資を自分の力で獲得し、用立てること。「食糧を—する」 —じそく【—自足】《名・ス自他》自分や自国に必要な物資をみずからの生産だけでまかなうこと。「農業で—する国」「食糧をすべて—した人々」▽ドイツ Autarkie の訳語として、一九三〇年ごろから広まる。 —ひりょう【—肥料】農家が自分の家で作ることのできる肥料。例、糞尿(ふんにょう)・堆肥。

しきゅうしき【始球式】野球やサッカーなどで、試合開始に先だって行われる、来賓などがボールを投げたり蹴ったりする行事。

しきょ【死去】《名・ス自》人が死ぬこと。▽客観的報告として「事故で二名死亡」とは言うが、これを「死去」には代えられない。

じきょ【辞去】《名・ス自》あいさつして他人の所から去ること。

しきょう【市況】市場(しじょう)での商品・株の取引の状況。

しきょう【司教】カトリックの聖職位の一つ。大司教の下、司祭の上。

しきょう ①【示教】《名・ス他》具体的に教え示すこと。教示。②【指教】《名・ス他》実地・実物について、さし示し教えること。

しきょう【至境】最もすぐれた境遇。究極最高の境地。「芸術の—」

しきょう【詩境】詩に歌い上げられた境地。

しきょう【詩興】詩が作りたくなるような感興。詩的な感興。「—が湧く」

しぎょう【仕業】自動車・鉄道の運転や、機械の操作をすること。「—点検」

しぎょう【始業】《名・ス自》仕事や授業を始めること。↔終業。「—式」

しぎょう【×斯業】この事業・業務。

じきょう【持経】肌身(はだ)離さず持っていて、常に読誦(どくじゅ)する経文。

じきょう【自供】《名・ス自他》(犯人などが取調べに対し)自分から述べること、また、述べた事柄。▽↓じはく

じきょう【自×彊】みずから勉(つと)め励むこと。

じぎょう【事業】仕事。㋐社会的な大きな仕事。「慈善—」㋑生産・営利を目的として経営する仕事。企業または実業。「—所」

じぎょう【地形】建築を始める前に地面をならして、かためること。地がため。また、建築物の基礎工事。▽「ちけい」と読めば別の意。

しきょうひん【試供品】薬品・化粧品などで、試用に供する見本の品。

しきよく【色欲・色×慾】①性的な欲望。情欲。②性的な欲望と物的な欲望。色情と利欲。いろとよく。

しきょく【支局】本社・本局から分かれて、その区域の業務を取り扱う局。↔本局

しきょく【私曲】公正でないこと。不正。「—が多い」

じきょく【時局】時勢のなりゆき。その時の内外の関係や状態。「重大な—を迎える」

じきょく【磁極】磁石の両端の、鉄を引き付けるのに最も強い力をもつ点。

じきらん【直覧】《名・ス他》親しく見ることを敬って言う語。

しきり【仕切(り)】しきること。しきった、またはしきられたもの。㋐境。「—目」「—のカーテン」㋑区分。㋒売買の勘定をつけること。決算。「—帳」㋓相撲(すもう)で、力士が土俵上で立合いの身構えをすること。 —きん【—金】取引の決算で受渡しをする金銭。 —しょ【—書】①商品などの送り主から受取人へあてて送る、内容明細書。または勘定書。送り状。仕切状。インボイス。②売上げの計算書。 —なおし【—直し】①相撲(すもう)で立ち合いがうまくゆかず、仕切りをし直すこと。②比喩的に、(うまくゆかない物事を)初めから考え直したりやり直したりすること。「反対が強くて新事案は—となった」

しきり【△頻り】《ダナ・副と》回数が多いさま。たびたび。「—にメールが来る」「—と羨ましそうなことを言って」(国木田独歩「牛肉と馬鈴薯」)。立て続け。ひっきりなし。「—にベルが鳴る」。熱心に何回もするさま。「買ってよと—にせがむ」▽動詞「頻(しき)る」の連用形から。

しきる【△頻る】《五自》たび重なる。しきりに……する。また、間(ま)を置かずにずっと続く。「雨が降り—」▽現在では、「降り—」「鳴き—」など少数の動詞の連用形を受けてだけ使う。

しきる【仕切る】①《五他》続いていたものに区切りをつける。㋐境をつけて隔てる。幾つかの部分に分ける。「カーテンで部屋を—」㋑決算をする。「月末で—」▽㋑は自動詞として使う。㋒取りしきる。「この催しは僕に—らせてほしい」②《五自》相撲(すもう)で、力士が土俵上で立合いの身がまえをする。

じきわ【直話】《名・ス自》直接に話すこと。また、その話。

しきわら【敷(き)×藁】作物の根もとや家畜の小屋などに敷く藁。しきぐさ。

しきん【至近】非常に近いこと。「駅はここから—距離(=普通は歩いて二、三分以内で行ける距離)にある」「—弾」(命中しないもののすぐそばに届いた弾丸)

しきん【資金】事業などのもとでとする金銭。「育英—」「—繰り」(事業を運転してゆくための資金の手当・やりくり)

しきん【賜金】天皇・政府から賜る金。

しぎん【詩吟】漢詩に節をつけてうたうこと。

しぎん【歯×齦】歯ぐき。歯肉。

しきんせき【試金石】①ある物事の価値、人物の力量を見きわめる試験になるような物事。「新内閣のゆくえを占う—」▽⑵の転。②貴金属をすりつけて、

付いた色などからその金属の品位を判断するための石。黒色できめ細かく堅い石を使う。

しーく【△如く・△若く】〘五自〙及ぶ。匹敵する。「酒にーものはない」「まされる宝子にー・かめやも」(万葉集)▽打消し・反語を伴う。もと、追いつく意。

しーく【敷く】〘五他自〙①上に物がのるように、平らに広くひろげる。「ふとんをー」。上に乗って押さえつける。「盗賊を組みー」「亭主を尻にー(＝いばって支配する)」②地面に一面に散らす、または並べる。「道にじゃりをー」「庭に石をー」。地面に広く散らばる。「花が散りー」。広まる。「名声、天下にー」③配置する。「背水の陣をー」。地面や海底に鉄道・ケーブルなどの設備を施す。「レールをー」④(規則・効力などを)広く行き渡らせる。「法律をー」「首都に戒厳令をー」▽「布く」とも書く。

しく【市区】①市の区画。「ー改正」②市と区。「ー町村」

しく【詩句】詩の句。詩の文句。

じく【字句】文字と語句。「ー通りに解釈する」

じく【軸】ジク(ヂク) ―①㋐〘名・造〙車の両輪をつなぐ心棒。更に広く、丸い物や巻く物の中心にする棒。「軸を受ける」「車の軸」「軸木(じくぎ)・車軸・主軸」㋑〘名・造〙かけじく。かけもの。「軸を掛ける」「軸物(じくもの)」。また、かけじくや巻物の数を表す時に添える語。「一軸」㋒筆の柄、草の茎、マッチの棒など。「花軸・ペン軸」㋓〘名〙俳句・川柳などの選者の句。▽巻の終わりの、軸に近いところにしるすから。②〘名・造〙回転・活動の中心。「軸になる人」「枢軸・中軸・新機軸」㋐(物理)回転体の運動の中心(を貫くと考えた直線)。「地軸」㋑(数学)対称図形を形作る規準とする直線。「対称軸・軸線」③座標を定める規準とする直線。「横軸・y軸」

ジグ 加工物を工作機械に取り付け、刃物を正しく当てるために使う道具。▽jig 漢字で「治具」と当てる。

じくあし【軸足】①自分の体を支える、軸のような働きをしている方の足。「ピッチャーのー」▽スポーツ用語から。②比喩的に、活動の中心・拠点。「海外に生産のーを移す」

じくう【時空】時間と空間。「ーを超越する」

じくうけ【軸受(け)・軸△承(け)】①機械などで回転軸を支える装置。ベアリング。②とびらなどの軸を受ける部分。

じくぎ【軸木】①掛け物・巻物の、軸として使う木。②マッチなどの木の軸。

しぐさ【仕△種・仕草】①ある物事をするときの動作や態度。やり方。しうち。「かわいらしいー」「あいつのーが気に入らない」②身ぶり。俳優の動作。所作。

ジグザグ〘名ナノ〙交互に右へ左へと折れ曲がった線。Z字形。稲妻形。「ーコース」「ーに進む」▽zigzag

じくじ【×忸×怩】〘トタル〙深く恥じ入るさま。「内心ーたるものがある」

しくしく〘副[と]〙①弱々しく泣くさま。②あまり強くはないが、繰り返し刺すように痛むさま。「腹がー(と)痛む」

じくじく〘副[と]・ス自〙水気が多くてにじみ出るさま。「傷がー(と)うんでいる」

しくじーる〘五自他〙①物事に失敗する。「試験にー」②過失などがあって解雇される、または出入りを差しとめられる。「お店(たな)をー」

じくそう【軸装】〘名・ス他〙(額装に対し)書画を軸物(じくもの)に仕立てる表装。

ジグソー パズル 厚紙などに絵や写真を印刷したものを切り離してばらばらにし、その小片を組み合わせて復元する玩具。はめ絵。▽jigsaw(＝糸鋸(いとのこ)) puzzle

しぐち【仕口】(和風建築で)二本以上の木材をある角度(多くは直角)で、しっかりと組み合わせるための合わせ目(の構造)。「上がり框(かまち)のー」

じぐち【地口】ことわざ・成句と似た発音の文句を作って言うしゃれ。例、「門前の小僧」に対する「温泉の保養」。

しくつ【試掘】〘名・ス他〙鉱石や石油の採掘、遺跡の発掘に先立ち、採掘・発掘すべきか判断するため試しに掘ってみること。

シグナル 信号。合図(あいず)。また、信号機。▽signal

しくはっく【四苦八苦】〘名・ス自〙非常な苦しみ、また、あらゆる苦しみ(を受けること)。▽仏教で、生(しょう)・老・病・死の四苦に、愛別離苦・怨憎会(おんぞうえ)苦・求不得(ぐふとく)苦・五陰盛(ごおんじょう)苦の四苦を加えた言葉。

じくばり【字配り】文字を並べるときの配置。

しくみ【仕組(み)】組立て。㋐構造。機構。「年金制度のー」㋑くふう。計画。企て。㋒小説・戯曲の筋。構想。

しくーむ【仕組む】〘五他〙くふうして組み立てる。㋐ある構造をもたせる。㋑企てる。計画する。「八百長をー」㋒小説・戯曲の筋を組み立てる。「劇にー」

じぐも【地〈蜘蛛〉】くもの一種。全長約一六ミリ。頭は大きく赤黒い。木の根などの地中に、くだ状の巣を作る。つちぐも。

じくもの【軸物】床の間や壁に掛けられるように書画を表装したもの。掛け軸。

シクラメン 地中海沿岸原産の多年草。葉はハート形で厚く、冬から春に花が咲く。花は下を向くが花弁は上へと反り返る。赤・白、一重・八重など品種が多い。かがりびばな。▽cyclamen 「サイクラメン」とも。さくらそう科。

しぐれ【〈時雨〉】①秋の末から冬の初めごろに、降ったりやんだりする小雨。②「しぐれ煮」の略。

しぐれに【〈時雨〉煮】貝類のむき身にしょうがを加え、甘辛く味付けした佃煮(つくだに)。しぐれ。同様に味付けした牛肉などの煮物にも言う。

しぐーれる【〈時雨〉れる】〘下一自〙しぐれが降る。

じくろ【×舳×艫】船のへさきととも。船首と船尾。「ー相銜(あいふく)む」(前の船のともと後ろの船のへさきが

触れ合うばかりに、多くの船が次から次へ続き進む)

じくん【字訓】漢字の、日本語でのよみ。↕字音。▽「山」に対し「やま」は字訓、「さん」は字音。

しくんし【四君子】(中国の絵、日本画で)蘭(らん)・竹・梅・菊。▽高潔な感じが君子を思わせるから言う。

しくんし【士君子】学問に通じ徳の高い人。

しけ【×紲】「しけ糸」「しけ織(おり)」の略。↓しけいと・しけおり

しけ【△時化】①海が(暴風雨で)荒れること。また、海が荒れて魚類が取れないこと。不漁。②転じて、不景気。興行の不入り。

しけ【師家】一般の禅僧に対して、師としての学徳を有する禅僧。特に座禅の師を言う。▽↓しか(師家)

じげ【地下】①清涼殿に昇殿することを許されない官人、またはその家格。↕殿上(てんじょう)・堂上(どうじょう)。②「地下人(じげにん)」の略。地下の人。↕殿上人(てんじょうびと)。③宮中に奉仕する人以外の者。庶民。▽「ちか」と読めば別の意。

じげ【地毛】(かつらに対して)もとから生えている髪の毛。

しけい【死刑】犯罪人の命を絶つ重い刑罰。

しけい【私刑】法によらず、私人が勝手に加える制裁。リンチ。

しけい【紙型】印刷用の鉛版をつくるための、活字の組み版に押しつけて取った、紙の型。▽既に用いられない。

しけい【詩型・詩形】詩の形式。

しげい【至芸】非常にうまい芸当。最高の技芸。

じけい【字形】文字の形。▽↓じたい(字体)・しょたい(書体)

じけい【次兄】二番目の兄。

じけい【自警】『名・ス自』自分の力で自分の周囲を警戒すること。「―団」

しけいと【×紲糸】繭の外側から取ったくず糸。しけ。

じけいれつ【時系列】①ある現象の時間的変化を観察して得た値の系列。「物価変動を―として捉える」▽time series の訳語。②事件などの動きを年月日や日時の順を追って記したもの。▽二十一世紀になって主に新聞が広めた使い方で、chronology の訳語。

しけおり【×紲織】紲糸(しけいと)で織った織物。しけ。

しげき【刺激・刺×戟】『名・ス他』①〔生物・心理〕生物、またその感覚器官に作用してその状態を変化あるいは興奮させ、何らかの反応を起こさせること。また起こさせるもの。↕反応。「脳を―する」「最初の失敗がいい―剤になった」②精神を興奮させること。「この映画は―が強い」

しげき【史劇】歴史上の事件を脚色した劇。

しげき【詩劇】韻文で書かれた劇。例、シェークスピアの戯曲。▽「劇詩」と同義にも使われる。

しげく【△繁く】『副』↓しげしげ⑴。「足―通う」▽文語形容詞「しげし」の連用形から出た語。

しけこ-む『五自』①(遊郭・料理屋などに)入りこむ。②不景気で、(家に)こもっている。

しげしげ【△繁△繁】『副「と」』①繰り返して回数多く行うさま。ひんぱん。「―(と)足を運ぶ」②じっとよく見るさま。「―(と)顔を見る」

しけつ【止血】『名・ス自他』出血をとめること。血どめ。

じけつ【自決】『名・ス自』①(責任を感じて)自殺すること。②他からの指図(さしず)を受けず、自分の事は自分で決定処理すること。「民族―主義」

しげみ【茂み・△繁み】草木が茂っている所。

しげりあ-う【茂り合う・△繁り合う】『五自』一面に茂る。いっぱいに茂る。

し-ける【△時化る】『下一自』①風雨がひどくて海が荒れる。また、海が荒れて魚類が取れない。▽名詞「時化(しけ)」を活用させたもの。②〔俗〕不景気で思わしくない。金まわりが悪そうだ。また、気持や見た目などがぱっとしない。▽⑵は多く「―・けた」「―・けている」の形で使う。

し-ける【△湿気る】『下一自』正常なら乾いているはずの物が湿気(しっけ)を帯びる。しっける。「海苔(のり)が―」「―・けた壁のにおい」▽五段にも活用する。

しげ-る【茂る・△繁る】『五自』草木が伸びて枝葉が重なり合うほど多く出る。

しけん【私権】私人としての権利。例、財産権・親族権。↕公権

しけん【私見】個人的な見解。自分ひとりの意見。「―を述べる」

しけん【試験】『名・ス他』物の性質や力などをためすこと、または検査すること。「弾性―」。特に、人の知識・能力を調べるために、問題を出して答えさせること。「入学―」 **―かん**【―官】試験を行う役人。試験を行う人。 **―かん**【―管】化学の実験などに使う、細長いガラス管の一端を半球形にふさいだ形の容器。 **―じごく**【―地獄】志願者が多いため、入学試験になかなか合格できず、受験者が非常に苦労する状態。 **―てき**【―的】『ダナ』ためしに行うさま。試み。

しげん【始原】物事のはじめ。原始。

しげん【至言】いかにも正しいところを言いあてた言葉。

しげん【資源】生産活動のもととなる物資。「地下―」▽人間を含めても言う。「人的―」

じけん【事件】出来事。「突発―」「殺人―」▽人々の話題になるようなものを指すことが多い。

じげん【慈眼】〔仏〕仏・菩薩(ぼさつ)が衆生(しゅじょう)を見る慈悲の目。

じげん【時限】限定した時間。㋐作用が起こる時刻や効力を保つ期間に限定が設けてあること。「―爆弾」「―立法」㋑授業などの時間割の単位。「第二―」

じげん【次元】①〔数学・物理〕n個の変数で状態を記述する時、そのnを次元と言う。例、直線は一次元、平面は二次元、空間の三方向のひろがりを表す時は三次元。②物事を考える立場。着目している面。内

容の水準。「高い—に立つ」「—の低い会話」 ▽⑵は⑴の転。

じげん【示現】『名・ス自』①神仏が不思議な霊験をあらわすこと。奇跡。②〔仏〕仏・菩薩(ぼさつ)が衆生(しゅじょう)救済のため、いろいろ姿を変えてこの世に現れること。

しこ【×鯷】「しこいわし」の略。↓かたくちいわし

しこ【四股】『—を踏む』力士が(土俵上で)足を上げ下げして立合いの準備運動をする。▽「醜足(しこあし)」の略。「しこ」は強い意。

しこ【四顧】『名・ス自』あたりを見回すこと。また、あたり。▽既に古風。

しこ【指呼】『名・ス他』①指さして口でも唱える(=呼)こと。②『—の間(かん)』呼べばその声が届くほど近い隔たり。至近距離。

しご【死後】死んだあと。↕生前。「—の世界」 **—こうちょく**【—硬直】動物が死んでから一定の時間がたつと、筋肉がかたくなり、関節などが曲がらなくなる現象。▽「死後強直」とも。

しご【死期】↓しき(死期)。▽やや古風。

しご【死語】以前用いられたが、今では用いられなくなった言葉。▽単語の場合にも、また、ラテン語のように言語全体の場合にも言う。

しご【私語】『名・ス自』黙っているべき情況の中で(それにもかかわらず、小声やささやき声で)話をすること。ひそひそ話。「—を慎む」

しご【詩語】詩に使う、特別の語。

しご【△識語】↓しきご

じこ【事故】ふだんとは違った、悪い出来事。「交通—」▽もと、事柄の起こった理由の意。

じこ【自己】自分自身。おのれ。 **—あんじ**【—暗示】自分の観念だけで、その対象があるような意識を生じること。 **—けんお**【—嫌悪】この自分というものがいやになること。「—に陥る」 **—しゅちょう**【—主張】『名・ス自』自分の権利や欲求を主張すること。「—が強くてわがままな人」 **—しょうかい**【—紹介】『名・ス自』会合などで、自分で自分の経歴などを述べること。▽「紹介」は普通はそれをする他人がある場合に言うから、そうでないのをわざわざこう言う。 **—はさん**【—破産】『名・ス自』債務者自身が裁判所に自らの破産を申し立てて破産宣告を受けること。 **—むじゅん**【—矛盾】自分自身の思考や行動の中に、食い違いが生じること。「—に陥る」 **—りゅう**【—流】(他人から指導されたのではない、または世間一般とは違った)自分一己の流儀・しかた。

じご【事後】物事が起こった、または終わった後。↕事前。「—処理」 **—しょうだく**【—承諾】前もって承諾を得ておくべきことについて、何かの事情でそれが行えず、物事が終わってから承諾を求めること。

じご【×爾後】その後。それ以来。

じご【持碁】引き分けになった碁。

じご【耳語】『名・ス他』耳うちすること。ひそひそ話。

しこう【伺候・×祗候】『名・ス自』貴人のそば近くに居て仕えること。また、貴人の御機嫌伺いに行くこと。

しこう【×嗜好】『名・ス他』たしなむこと。このみ。▽「嗜」は、もと、飲食をたしなみ喜ぶこと。 **—ひん**【—品】栄養を取るためでないが、好きで、食べたり飲んだりするもの。例、酒・コーヒー・タバコ。

しこう ①【志向】『名・ス他』心がその物事を目指し、それに向かうこと。「快楽を—する態度が著しい」②【指向】『名・ス他』する事が初めからその方向を指して向かうこと。「開発を—する政策」

しこう【施工】『名・ス他』↓せこう(施工)

しこう【施行】『名・ス他』①計画を実行にうつすこと。②〔法〕公布された法令の効力を現実に発生させること。「—規則」「—期日」▽「せこう」とも言う。「せぎょう」と読めば別の意。

しこう【私行】一個人の私生活上の行為。「—をあばく」

しこう【試行】『名・ス他』ためしにやってみること。試み。 **—さくご**【—錯誤】『名・ス自他』課題が困難なとき、何回もやってみて、失敗を重ねながらも段々と目的にせまって行くこと。そういう仕方。「—を重ねる」▽trial and error の訳語。

しこう【試航】『名・ス自』航海や航空を試験的に行うこと。

しこう【思考】『名・ス他』①考えること。考え。②〔心理〕まわりの事態に応じて課題を解決して行く過程。

しこう【至孝】この上もない孝行。最上の孝行。

しこう【至高】この上なく高いこと。最高。「—の存在」

しこう【歯×垢】歯の表面に付着する、黄白色でやや粘着質のよごれ。食べかすに細菌が繁殖してできる。プラーク。

しごう【師号】高僧に天皇から賜る称号。大師・禅師・国師などの種類がある。

しごう【×諡号】貴人や高徳の人に、死後おくる名前。おくりな。

じこう【事項】ある大きな事柄の一部となっている事柄。項目。「注意—」

じこう【時候】四季の気候。暑さ寒さ。「—見舞い」

じこう【侍講】君主の読書を指導し、講義をする役の人。侍読。

じこう【時好】その時代の人々の好み。はやり。「—に投じる」(時代の好みをうまくつかんで、それに合う)「—はずれ」

じこう【時効】①長い間続いた事実状態を尊重し、その状態が法律的に正当でなくとも、これを正当な法律状態と認めること。②比喩的に、時間が経過したことで、古い過失を不問に付したり、秘密にするのをやめたりすること。「あの浮気のことはもう—だ」

じごう【寺号】寺のなまえ。例、金竜山(きんりゅうざん)浅草寺

（せんそうじ）の「浅草寺」が寺号、「金竜山」は山号。

しこうして【△然(しか)して・×而(しか)して】《接》そうして。▽文語的。副詞「しかく」+「して」の音便形が一語化した。

じごうじとく【自業自得】自分でした(悪い)事のむくいを自分の身に受けること。

しこうしへい【至公至平】しごく公平なこと。

しこうひん【紙工品】紙でつくった品物。紙を加工した物。

じごえ(ゑ)【地声】生まれつきの声。もちまえの声。自然な発声でだす声。↕裏声

しごき【△扱き】①しごくこと。②「しごき帯」の略。女の腰帯で、一幅(ひとはば)の布を適当の長さに切り、とじないでしごいて使う帯。③花嫁衣装や女児の祝い着などに飾りとして結び下げる帯。

しご-く【△扱く】《五他》①細長い物を手で握ったり指で挟んだりして、その手・指または物を(何度も)動かす。「稲穂を—」「槍(やり)を—」②〔俗〕激しい訓練を加える。

しごく【至極】《名ナノ》①この上ないこと。「迷惑—」「残念—」②《副詞的に》きわめて。「—面白い」「—ごもっとも」

じこく【△二黒】九星の一つ。→きゅうせい(九星)

じこく【時刻】①時の流れの、ある一瞬。▽時の二点間の長さを指す「時間」に対し、その一点を言う。「刻」はきざみ目の意。→じてん(時点)。②瞬間を刻みつつ流れるものとしての、とき。「—到来」(時機がやって来た) **—ひょう**【—表】定期的に運行する交通機関の、発着時刻が一覧できる形にまとめた表。

じこく【自国】自分の国。自分の生まれた国。↕他国

じごく【地獄】①仏説で、生前悪い事をした者が死後に落ちて、苦しみを受けるという所。↕極楽。「—で仏」(非常に困り苦しんでいる時に、予想外の助けに出会うこと)「—の沙汰(さた)も金(かね)次第」(転じて、何事でも金力でどうにもなるということ)②キリスト教で、「天国」に対して、救われない魂が死後におちいる所。③苦しみにあう状態のたとえ。「受験—」④火山で絶えず火煙が燃え立つ所。温泉で絶えず熱湯がわき上がる所。 **—へん**【—変】「地獄変相」の略。亡者(もうじゃ)が地獄で様々の苦しみを受ける光景を描いた図。地獄絵。 **—みみ**【—耳】①一度聞いたら忘れないこと。②他人の秘密をすばやく聞き込む耳。

じこくてん【持国天】〔仏〕四天王の一つ。東方を守る。甲冑(かっちゅう)を着け剣などを持つ姿に作る。

しこくはちじゅうはっかしょ【四国八十八箇所】四国にある八十八箇所の弘法大師の遺跡。▽これらの霊地を巡礼することを「四国遍路」「四国巡り」と言う。

じこさく【自小作】①自作を主にしているが、小作もしていること。そういう農家。②自作農と小作農。

しこしこ《副[と]・ス自》①弾力があり歯ごたえの強いさま。「—した腰の強い麺」②〔俗〕地味なことを持続的に努力して行うさま。「—(と)仕事をこなす」

しごせん【子午線】①〔地学〕→けいせん(経線)。②〔天文〕ある地点の天頂と天の北極と南極とを通過する天球上の大円。▽「子」は北、「午」は南の意。

しこたま《副[に]》〔俗〕たくさん。どっさり。「—もうけた」

しごと【仕事・△為事】①《名・ス自》職業や業務として、すること。また、職業。「—が忙しい」「—場(ば)」「—ができる」(新たに仕事が生じる意にも、仕事とするわざについて能力がすぐれている意にも言う)「そんな注文では—にならない(=引き合わない)」。「これは私がした—だ」▽特にしたわざ(の結果)。賃仕事や針仕事を指すこともある。②《名》〔物理〕力が働いて物体を動かしたとき、その力と動かした距離との積。 **—し**【—師】①土木工事の労働者。とび職。②事業を計画・経営することの上手(じょうず)な人。やりて。「なかなかの—だ」 **—りつ**【—率】〔物理〕単位時間に行われる仕事の量。

しこな【△醜名】相撲(すもう)の力士の呼び名。例、谷風・双葉山(ふたばやま)。▽「しこ」は古語で強く頑丈の意。「四股名」は当て字。

しこな-す《五他》うまくやってのける。

しこみづえ(ゑ)【仕込(み)×杖】中に刀が仕込んである杖。

しこ-む【仕込む】《五他》特定の動作をそれに加える。㋐教え込む。しつける。訓練する。「芸を—」㋑細工して中に収め入れる。「刀を杖(つえ)に—」㋒飲食店や商店で、商品・材料を買い入れて準備する。「前の晩から—んでおいた」㋓酒・醬油(しょうゆ)等の原料に麹(こうじ)・酵母などを調合して桶(おけ)などに詰める。「パン種(だね)を—」

しこめ【△醜女】容貌のみにくい女。▽もと、黄泉(よみ)の国の女鬼のたぐい。「しこ」は古語で強く頑丈の意。

しこり【×痼】①筋肉などが凝ってかたくなること。また、凝った筋肉や皮下のできものなどが、外から触れて固いかたまりとして感じられるもの。②事件がかたづいたあとまで残った気まずい気分。そういう気分を残す原因となったもの。

しころ【×錏】かぶと・ずきんの左右や後ろにたれてくびをおおうもの。

ジゴロ ①ダンスの相手などをして、女にたよって生活する男。②転じて男妾(だんしょう)。▽フランス gigolo

しこん【士魂】武士のたましい。武士の精神。

しこん【紫根】ムラサキ(2)の根をかわかしたもの。染料・薬用にする。

しこん【紫紺】紫色を帯びた紺色。濃い暗紫色。「—の優勝旗」

しこん【詩魂】詩人(・歌人・俳人)としていだく心(の働き)。▽「作者の—があふれる短編小説」のように、詩作以外にも言うことがある。

しこん【歯根】歯の、歯ぐきの中にはいっている部分。

じこん【自今】今から。以後。今後。▽「自」は、から、よ

りの意。

しさ【示唆】『名・ス他』それとなく教えること。また、暗にそのかすこと。「—に富む発言」▽「じさ」とも言う。

しさ【視差】見る場所の違いによる、天体などの見える方向の違い。写真で、ファインダーの視野と実際に写る範囲との違い。パララックス。

しざ【視座】物事を認識する時の立場。▽観点と対象とのかかわり方を含めて言う。一九六〇年ごろに社会科学で使い始めた語。

じさ【時差】①各地方での標準時が示す時刻の差。「東京とロンドンとでは九時間の—がある」②時刻をずらすこと。「—出勤」

じざ【侍×坐】『名・ス自』貴人のそばに控えていること。

しさい【司祭】キリスト教の聖職位の一つ。カトリックでは司教の下で助祭の上。教会の儀式をつかさどる。

しさい【子細・×仔細】『名・ダナ』①物事のくわしい事情。「—を語る」「—ありげな顔」「実情を—に語る」「—な報告」②《打消しの語を伴って》かれこれ言い立てるほどの事柄。さしつかえ。「—もあるまい」

しさい【詩才】詩を作る才能。

しざい【死罪】①死刑。また、死刑に処せられるほどの罪。②書簡・上表文などで、差し出がましさをわびる時に使う語。「頓首—」▽失礼の罪が死に値する意から。

しざい【私財】個人の財産。「—をなげうつ」

しざい【資財】生活や事業のもとでとなる財産。身代(しんだい)。

しざい【資材】ある物を作るもとになる材料。「建築—」

じさい【自裁】『名・ス自』自分で自分の命を絶つこと。自殺。

じざい【自在】『名・ダナ』①思いのまま。邪魔するものがなく思うとおりになること。「—な活動をゆるす」「人形を—に操る」②「自在かぎ」の略。派生 **-さ** **—が**【—画】コンパスや定規を使わず、手だけでかく図画。↔用器画。 **—かぎ**【—×鉤】炉・かまどの上からつるし、思う位置に、なべ・かまの類がつるせるようにした鉤(かぎ)。

じざかい(かひ)【地境】所属や所有者が違う、土地の境目。

じさき【地先】①居住地・所有地・耕作地に接する土地(や水面)。②私有地。▽(1)(2)とも、「ちさき」とも言う。(2)の意では今は使わない。

しさく【思索】『名・ス他』秩序立てて考えを進めること。物の道理をたどって考えていくこと。「—にふける」▽「索」は、もとめる意。

しさく【施策】(世の出来事に対し政治家や役人が)ほどこすべき対策。

しさく【試作】『名・ス他』(本格的に作る前に)ためしに作ってみること。「—品」

しさく【詩作】『名・ス自』詩を作ること。また、作ったもの。作詩。

じさく【自作】『名・ス他』①自分(の手)で作ったもの。自分で作ること。「—自演」②(人から借りた農地でなく)自分の所有地で耕作すること。また、「自作農」の略。↔小作。 **—のう**【—農】農業経営に必要な土地の全部かほとんどを自分で所有している農家。また、その営む農業。↔小作農

じざけ【地酒】その土地で出来る酒。いなか酒。

しさつ【刺殺】『名・ス他』①刃物などで刺し殺すこと。▽「せきさつ」とも言う。②野球で、フライを捕ったり走者にタッチしたりして、打者または走者を直接アウトにすること。▽味方の選手に送球するなどして、間接的にアウトにするのを補殺という。

しさつ【視察】『名・ス他』実際に(その場所に行って)状況を調べ見きわめること。「被災地を—する」「—団」「グラフの形から—すると」「敵情—」

じさつ【自殺】『名・ス自』自分で自分の命を絶つこと。↔他殺。 **—てき**【—的】『ダナ』失敗する危険が非常に高いのに、それをするさま。自滅する結果になるようなことをするさま。「—行為」

しざま【△為様】物事をする、そのしかたの様子・ぐあい。

しさる【△退る】『五自』しりぞく。うしろへさがる。ひきさがる。すさる。「—り居(お)ろう」▽「しざる」とも言う。

しさん【四散】『名・ス自』四方に散ること。ちりぢり。「一家—」

しさん【試算】『名・ス他』ためし算(をすること)。㋐見当をつけるために行う、試みの計算。「建築費の—」㋑検算。

しさん【私産】私有財産。個人の所有する財産。

しさん【資産】①土地・家屋・金銭などの財産。②法律で、資本にすることができる財産。「—家」 **—かんじょう**【—勘定】簿記で、資産についての勘定。↔負債勘定

しさん【賜×餐】天皇が臣下を招いてごちそうすること。その宴。

しざん【死産】『名・ス自』胎児が死んで生まれること。▽「しさん」とも言う。医学では、妊娠一二週以降を死産、それより前を流産と区別する。法令上は、妊娠四か月以降の場合、死産として届け出が必要。

じさん【持参】『名・ス他』(必要とする)品物・金銭を持って行くこと、持って来ること。「弁当—のこと」 **—きん**【—金】嫁(入り婿)が結婚の時、実家から持参する金。▽離縁された時には返してもらえた。

じさん【自賛・自×讃】『名・ス自』①自分で自分をほめること。自慢。▽(2)の転。②自分が描いた絵に、みずから賛を書き加えること。また、その賛。↓じがじさん

しし【△獣】けもの。野獣。特に、イノシシ・シカ。「—なべ」(イノシシの肉のなべ)「—食った報い」(うまい事を自分だけした当然のむくい)▽もと、けもの

の肉の意。

しし【×孜×孜】〘ト タル〙熱心に励むさま。せっせと。「ーとして学ぶ」

しし【刺史】国守の中国風の名。▽もと中国で、州の長官。

しし【四肢】①両手と両足。手足。②四足動物の四本の足。

しし【嗣子】親のあとをつぐ子。あととり。

しし【詩史】①詩の歴史。②詩で叙述した歴史。

しし【史詩】歴史上の事件を題材とした詩。

しし【志士】命を投げ出して国家・民族のために尽くそうという高い志をもつ人。「憂国のー」

しし【師資】師として頼むこと。師弟の間柄。「ー相承」▽「資」はたすけの意。

しし【死×屍】死体。しかばね。屍骸(しがい)。「ーに鞭(むち)打つ」(死んだ人を責め、また攻撃する。死後までその人の悪口を言う)

しし【×獅子】①ライオン。「ー身中の虫」(ししの体内に住み恩恵を受けている虫が、かえってししの肉を食って害をする意から、仏徒でありながら仏道に害をすることのたとえ。また、内部からわざわいを起こすもの)「ーの子落とし」(ししは生まれた子の強弱をためすため、子を深い谷にけ落とすという言い伝えから、自分の子を難儀な環境に置いて器量をためすこと)②「獅子舞」の略。

しじ【四時】①四季。▽「しいじ」とも言う。②〔仏〕一日の四つの時。旦(＝朝)・昼・暮(＝夕)・夜。「ーの座禅」

しじ【師事】〘名・ス自〙師として仕えること。ある人を先生として、その教えを受けること。▽「事」は仕える意。

しじ【私事】個人や一家の私生活上の事。また、人に隠したいような個人的な事。ないしょごと。「ーにわたって恐縮ですが」

しじ【指事】漢字の六書(りくしょ)の一つ。位置・数量などの抽象的な概念を線や点であらわしたもの。例、「二」「上」「下」など。また、象形文字に、線や点を加えてあらわすものもある。例、「本」「末」など。

しじ【指示】〘名・ス他〙①これがそうだと、指でさして、または指さすように示すこと。「この数字が景気の動向をーする」②こうせよと指図(さしず)すること。「重役からーが出た」▽②は、第二次大戦後「命令(する)」とあからさまに言うのを避けた言い替えから広まった。 **ーやく**【ー薬】化学反応の結果が見て取れるようにする試薬。溶液が酸性かアルカリ性かを見るためなどに用いる薬品。

しじ【支持】〘名・ス他〙①ささえること。もちこたえること。「一家をーする」②他人の意見に賛成し、そのあと押しをすること。「ーを得る」「ーする政党」「ー率」

しじ【死児】死んでしまった子供。「ーの齢(よわい)を数える」(転じて、無益に過去のぐちをこぼす)

じし【次子】二番目の子。

じし【自死】〘名・ス自〙みずから死ぬこと。自殺。

じし【自恣】①自分の思うままにすること。わがまま。きまま。②〔仏〕夏安居(げあんご)の終わりの日に、参加した僧が互いに懺悔(さんげ)・告白・訓戒しあうこと。

じし【侍史】手紙で、相手を尊敬してあて名に添えて書く語。▽もと、右筆(ゆうひつ)のこと。侍史を通してお手紙をさし上げる意。

じじ(ぢぢ)【〈祖父〉】父・母の父親。祖父。▽↓じじい

じじ【時事】その時その時の出来事。㋐昨今の社会的な出来事。「ー解説」㋑当時の出来事。

じじ【自×恃】〘名・ス自〙自分自身をたのみとすること。

じじい(ぢぢい)【×爺】男の年寄り。▽「じじ(祖父)」の転。

ししいでん【紫×宸殿】↓ししんでん

ししおう【×獅子王】ししの強さをほめて言う語。

ししおき【△肉置き】肉づき。▽「しし」は肉の古語。

ししおどし【△鹿△威し】①作物を荒らす鳥獣をおどし、田畑から追い払うための仕掛け。例、かかし・鳴子(なるこ)・添水(そうず)。②↓そうず(添水)

ししがしら【×獅子頭】ししの頭部を模した木製の仮面。獅子舞(ししまい)に使う。

しじき【司式】〘名・ス自他〙儀式の進行をうけもつこと。

ししく【×獅子×吼】〘名・ス自〙大いに雄弁を振るうこと。大演説。▽もと仏教で、獅子(しし)が吼(ほ)えて百獣を恐れさせるような威力をもって悪魔・外道(げどう)を恐れ伏させ、正しい道を明らかにする、仏の説法。

じじこっこく【時時刻刻】〘副[と]ノ〙時の経過とともに。追いかけるように次々と。「ーニュースが入る」「ーの変化を記録する」

ししそんそん【子子孫孫】子孫代々。まごこの末。子孫の続く限り。「ーまで語り継ぐ」

ししつ【私室】個人として使う部屋。↔公室

ししつ【紙質】紙の品質。

ししつ【脂質】炭水化物・蛋白(たんぱく)質とならぶ、生体の主要な構成要素で、多く、水に溶けない物質の総称。中性脂肪やコレステロールなど。栄養素としての脂肪分。 **ーいじょうしょう**【ー異常症】血液中の脂質の濃度が、基準値よりも高くまたは低くなる疾患。動脈硬化などの原因になる。代表的な生活習慣病だが、遺伝的要因や他の疾患によるものもある。旧称、高脂血症。

ししつ【資質】生まれつきの性質。生まれつき。天性。「ーに恵まれる」

しじつ【史実】歴史上の事実。「ーに基づくドラマ」

じしつ【地質】(織物の)生地(きじ)の質。▽「ちしつ」と読めば別の意。

じしつ【×痔疾】肛門(こうもん)部に起こる病気。じ。

じしつ【自失】〘名・ス自〙気がぬけてぼんやりすること。「茫然(ぼうぜん)ー」

じしつ【自室】自分の部屋。「ーにこもる」

じじつ【事実】①実際に起こった、または存在する事柄。

「予想した災害が起こったという―をどう見るか」「―と意見とを明確に区別せよ」「論じているのは権利問題でなく―問題だ」「―上不可能」②《副詞的に、「……は事実だ」との気持から》本当に。「―そういう結果になった」 **―むこん**【―無根】事実に根ざしていないこと。実際には全くそうでないこと。「―のうわさ」

じじつ【時日】①ひにちと時間。一定の時間の経過。「短―」②日どり。

ししつき【△肉付き】肉づき。▽「しし」は肉の古語。

ししとう【×獅子唐】辛みが少ない小形の甘とうがらし。獅子(し)唐辛子。▽ピーマンの一種。

ししばな【×獅子鼻】ししがしらの鼻のように、低くて先が上をむき小鼻の開いた鼻。ししっぱな。

じじぶつぶつ【事事物物】あらゆる物事。いろいろの物事のそれぞれ。

ししふんじん【×獅子奮迅】ししが荒れ狂ったように、すばらしい勢いで奮闘する様子。「―の働き」

しじま 静まり返っていること。「夜の―」▽雅語的。

ししまい【×獅子舞】ししがしらをかぶって行う舞。豊年を祈り、また悪魔祓(あくまばらい)として舞う。おしし。

しじみ【×蜆】淡水または汽水域の砂地にすむ二枚貝。形はアサリに似るがアサリより小さく、貝殻の外面は黒や茶色。食用。▽しじみがい科の貝の総称。日本には数種。

しじみばな【×蜆花】四月ごろ、若葉とともに白色八重咲きの小さな花が枝にそって数多く咲く落葉低木。中国原産。高さ約二メートル。こごめばな。▽ばら科。

じじむさい【×爺むさい】《形》男のようすや服装が(きたならしく)年寄りじみている。派生 **―さ** **―げ**

ししむら【△肉×叢】肉のかたまり。また、肉体。▽「しし」は肉の古語。

ししゃ【使者】命令を受けて使いをする人。「―を立てる」

ししゃ【死者】死んだ人。関連 死人・亡者・故人・古人・先人・枯骨・亡き人・ほとけ

ししゃ【支社】本社の分かれ。㋐会社など事業団体で、本社から分かれて事業をする所。支店。㋑神社で、本社の分社。末社。

ししゃ【試写】《名・ス他》出来上がった映画を、公開する前に一部の人に見せること。「―会」

ししゃ【試射】《名・ス他》銃や大砲をためしに撃ってみること。「―場」

じしゃ【侍者】貴人のそば近く仕えて、用を足す人。おそばづきの者。

じしゃ【寺社】寺院と神社。「―奉行(ぶぎょう)」

じしゃ【自社】自分の所有または所属している会社。「―製品」

ししゃく【子爵】爵位の第四位。男爵の上、伯爵の下。

ししゃく【士爵】ナイト(2)の訳語。

じしゃく【磁石】①鉄を吸いつける性質をもつ物体。マグネット。②「磁石盤」の略。磁針によって方位をはかるための道具。コンパス。③磁鉄鉱。

じじゃく【示寂】《名・ス自》(仏)菩薩(ぼさつ)や有徳(うとく)の僧が死ぬこと。その死。▽寂滅を示現する意。

じじゃく【自若】《ト タル》落ち着いていて、(危急の時にも)少しもあわてない様子。「泰然―」

ししゃごにゅう【四捨五入】《名・ス他》数値計算で、端数(はすう)処理法の一つ。ある桁までの値がほしい時、その下の桁が四以下なら切り捨て、五以上なら切り上げる。

シシャモ 北海道の太平洋沿岸にすむ、細長い体の魚。体長は一五センチほど。食用とし、特に子持ちの雌は美味。▽アイヌ語から。「柳葉魚」とも書く。きゅうりうお科。「シシャモ」として流通するのは、多く同科別属のカラフトシシャモ。

ししゅ【死守】《名・ス他》いのちがけで守ること。必死に守ること。「一点を―する」

ししゅ【旨趣】①事のわけ。趣旨。②心の中の思い。▽「しいしゅ」とも言う。

ししゅ【詩趣】その詩のおもむき。また、詩的な情趣。

じしゅ【自主】他からの保護や干渉はどうあれ、独自に行うこと。↕追随・追従。「―的」「―性」「―独往」▽一九七五年ごろからの俗用で、「―トレ」「―的避難」など本来は「自発」とあるべき表現にこう言うことが広まった。↓じはつ。 **―けん**【―権】①自主的に自分で自分の事をする権利。②地方自治団体が有する自治立法権。

じしゅ【自首】《名・ス自》犯罪事実が、または犯人がだれかが分からないうちに、犯人が自分から捜査機関に申し出ること。▽「首」は述べる意。

ししゅう【刺×繡】《名・ス他》布地に色の糸で絵画や模様を縫い表すこと。また、その作品。「ハンカチに―を施す」

ししゅう【詩集】詩の作品集。

しじゅう【始終】①始めから終わりまで。「末―添いとげる」。すべて。「一部―を語る」。始めと終わり。②《副詞的に》いつも。絶えず。「―遊んでいる」

じしゅう【時宗】浄土宗の一派。鎌倉時代、一遍上人(いっぺんしょうにん)によって開かれた。遊行(ゆぎょう)宗。

じしゅう【自宗】自分が属する宗派。

じしゅう ①【自習】《名・ス自他》自分で学習すること。②【自修】《名・ス他》先生につかず、自分で学問を覚え取り、身につけること。独学。

じじゅう【侍従】君主のおそばに仕えること。また、その人。特に、天皇のおそばに仕える役目の役人。「―武官」

じじゅう【自重】(付属物・積載物などを除いた)そのもの本体の重さ。「―一トン、積載量一・五トンの自動車」▽「じちょう」と読めば別の意。

しじゅうかた【四十肩】四十歳ごろになって慢性的に肩が痛むこと。四十腕。▽→ごじゅうかた

しじゅうから【四十×雀】林にすむ、スズメくらいの大

きさの鳥。頭が黒く、のどから腹にかけて黒い線があり、ほおと胸・腹は白、翼と尾は青黒い。▽「しじゅうがら」とも言う。しじゅうから科。

しじゅうくにち【四十九日】〔仏〕人の死後四十九日目。また、その日に行う法要。▽↓ちゅうう

しじゅうしょう【四重唱】四人の歌手による重唱。混声と同声とがある。カルテット。

しじゅうそう【四重奏】四個の楽器による重奏。カルテット。「弦楽―」

しじゅうはって【四十八手】①相撲(すもう)で相手を負かす手の総称。▽現在では相撲の極(き)まり手は四十八種より多い。②転じて、人をあやつる種々の手段。

ししゅうびょう【歯周病】歯茎など歯周組織に起きる病変。歯肉炎・歯周炎など。

ししゅく【止宿】《名・ス自》宿をとること。宿泊すること。また、下宿すること。

ししゅく【私淑】《名・ス自》尊敬する人に直接には教えが受けられないが、その人を模範として慕い、学ぶこと。

しじゅく【私塾】個人の家で開く塾・学校。

じしゅく【自粛】《名・ス自他》自分から進んで、行いや態度を改めて、つつしむこと。「報道を―する」

ししゅつ【支出】《名・ス他》金銭や物品を支払うこと。↔収入。「費用は予算から―する」

しじゅつ【施術】《名・ス自》医療の術、特に手術を行うこと。

しじゅん【至純】《名ナノ》この上なく純粋なこと。「―な愛」

しじゅん【諮×詢】《名・ス他》対等以下の機関の意見を参考として問い求めること。▽もと、相談の意。

じじゅん【耳順】(数え年)六十歳のこと。▽論語の「六十にして耳順(したが)う」による。

ししゅんき【思春期】身体構造・生殖生理作用が発育完成する時期。十二歳から十七歳ぐらいのころ。春機発動期。

ししょ【史書】歴史の書物。

ししょ【司書】図書館法に定められる資格を有し、図書館で図書の収集・保存・整理・閲覧の事務を取り扱う職。また、その人。

ししょ【四書】儒教の経典である、大学・中庸・論語・孟子(もうし)の四つの書物。「―五経」

ししょ【支所】官公庁・会社などで、本部から分かれて業務をする所。「―を設ける」

ししょ【詩書】①詩をあつめた本。詩集。②中国の古典の詩経と書経。

ししょ【私書】個人の手紙。私用または個人の内密の事を書いた手紙。 **―かん**【―×函】「私書箱」の旧称。 **―ばこ**【―箱】郵便局に設けておく、個人・団体・会社専用の郵便箱。

ししょ【私署】私人としての署名。

ししょ【死処・死所】①死にがいのある場所。「―を得る」②死んだ場所。

しじょ【子女】①むすこ(=子)とむすめ(=女)。子供。「帰国―」②女の子。「良家の―」

じしょ【地所】(家を建てる)地面。土地。

じしょ【辞書・字書】↓じてん(辞典)(1)(2)

じしょ【自書】《名・ス他》自分で書くこと。自分で書いたもの。

じしょ【自署】《名・ス自》本人が自分でその氏名を記すこと。その署名文字。

じじょ【侍女】貴人に仕えて身のまわりの世話をする女。小間使。腰元。

じじょ【児女】①おんな子供。②子供たち。

じじょ【次女・△二女】女の子のうち二番目に生まれた子。▽法律上では「二女」と書く。

じじょ【次序】順序。順序づけること。「―を正す」▽「次」は順序を決める意。

じじょ【自助】自分で自分の身を助けること。他人の力を借りることなく、自分の力で切り抜けること。「―努力」

じじょ【自序】その本に著者がみずから付けた序文。

じじょ【×爾×汝】『―の交わり』互いに「おまえ」「きさま」と呼び合えるほど仲のよい交わり。▽「爾」「汝」は同輩に対する二人称代名詞。

ししょう【×嗤笑】《名・ス他》あざけって笑うこと。冷笑。物笑い。

ししょう【師匠】学問・技術・遊芸を教える人。「踊りの―」▽芸人に対する敬称としても使う。「お―さん」は口頭ではオ(ッ)ショサンと言うことが多かった。

ししょう【師承】《名・ス他》師からうけ伝えること。師伝。

ししょう【支障】さしつかえ。さしさわり。「―を来す」

ししょう【死傷】《名・ス自》死亡と負傷。死亡・負傷すること。「―者」「―事故」

ししょう【私傷】(公傷に対して)公務中でない時に受けた傷。

ししょう【私×娼】官庁の許可を得ずに内密に売春を行う女。↔公娼(こうしょう)。 **―くつ**【―窟】私娼が集まり住むところ。

ししょう【私消】《名・ス他》公共的な金品を私用に使い込むこと。

ししょう【詩抄・詩×鈔】詩を抜書きにした書物。詩の選集。

ししょう【詞章】詩歌や文章の総称。また、謡曲・浄瑠璃などの文章。

しじょう【史上】歴史に現れている範囲。歴史上。「―空前の惨事」

しじょう【史乗】事実の記録。歴史。▽「乗」は記録の意。

しじょう【試乗】《名・ス自》(本格的な運転の前に)ためしに乗ること。

しじょう【市場】①いちば。「青果―」②財貨やサービスの需要・供給の関係の全般。「―が広くなる」

「国際―」「金融―」▽(1)(3)を抽象的にとらえたもの。③売手と買手とが規則的に出会って取引を行う組織。「証券―」 **―ちょうさ**【―調査】市場(3)の状態、特に商品の販路や有効需要の動向に関する情報を得るための、統計的な調査。

しじょう ①【紙上】紙の上。特に、新聞の紙面。「―討論会」②【誌上】雑誌の誌面。

しじょう【至上】この上もないこと。最上。「芸術―主義」 **―めいれい**【―命令】絶対に服従すべき命令。▽これを「至上命題」と言うのは誤用。

しじょう【至情】①誠。まごころ。②ごく自然の人情。

しじょう【私情】①個人としての感情。特に、自分の家族・親類・友人などの縁に引かれた感情。「―をまじえる」②利己的な考え。「―を捨てる」

しじょう【詩情】詩的な情趣。詩が持っているような、美しい気分。「―豊かな」

じしょう【自性】〔仏〕本来そなえている真の性質。

じしょう【自称】①『名・ス自他』自分で、自分はだれだれ(何々)だと言うこと。自分で称すること。「―天才」▽多く、自分をほめる気持がある場合に言う。②『名』文法で、第一人称。▽→にんしょう(人称)

じしょう【自証】『名・ス他自』①自分で証明すること。自分で自分を証明すること。②〔仏〕他の助けなしに自らの心で悟ること。

じしょう【自傷】『名・ス自』自分で自分のからだを傷つけること。「―行為」

じしょう【自照】自分自身を(照らし見るように)観察・反省すること。「―文学」(日記文学の類)

じしょう【事象】観察しうる形をとって現れる事柄。できごと。「自然界の―」

じじょう【事情】事の次第。物事がそうなる、またはなった、細かな様子・わけ。「―があって欠席した」「家庭の―」

じじょう【磁場】→じば(磁場)

じじょう【自乗・△二乗】『名・ス他』→にじょう。 **―こん**【―根】→へいほうこん

じじょう【自浄】①川や海、大気などが、みずからの働きだけで汚れを取り去ること。「―作用」②比喩的に、みずから考え方・行動などを正しく改めること。「政界の―力」

じじょうじばく【自縄自縛】(自分が作ったなわで自分をしばるように)自分の言行で自分の動きがとれなくなり、苦しむこと。

ししょうせつ【私小説】①→わたくししょうせつ。②作品の主人公が自身の体験・運命を語るという形で書かれた小説。▽ドイ Ich-Roman の訳語。

ししょく【試食】『名・ス他』(食品や料理の味を調べるため)ためしに食べること。

じしょく【辞色】言葉づかいと顔色。「―を和らげる」

じしょく【辞職】『名・ス他』勤めている職を自分からやめること。「内閣総―」

じじょでん【自叙伝】自分で書き記した自分の伝記。自伝。▽→じぶんし

ししん【使臣】君主の代理、国家の代表として外国に派遣される使者。

ししん【指×箴】指針となるいましめ。

ししん【指針】①時計など各種計器類につけられた針。②向かうべき方向を示す大方針。

ししん【私信】①個人としての手紙。私用の手紙。②秘密の知らせ。▽「私」は(1)では公に対する私、(2)ではひそかの意。

ししん【私心】①自分の利益だけを考える心。「―を去る」②自分一人の考え。私意。

ししん【至心】まごころ。誠実な心。

ししん【視診】目で見て診断すること。

ししん【詩心】詩を理解したり作ろうとしたりする心。

しじん【士人】①教育・地位のある人。人士。▽(2)の転。②さむらい。

しじん【私人】国家または公共的な地位を離れた一個人。↔公人。「―としての発言」

しじん【至人】きわめて高い道徳を身にそなえた人。

しじん【詩人】詩を(たくみに)つくる人。また、詩情を解する人。

じしん【侍臣】主君のそば近く奉仕する家来。近侍。

じしん【地震】地面が震動する現象。地殻内部の急激な変化によって起こる。「―、雷、火事、おやじ」

じしん【時針】時計の、時(じ)を示す針。短針。↔分針・秒針

じしん【磁針】水平に、自由に回るように、中央部をささえた小型の磁石。方位を知るために用いる。

じしん【自信】自分の価値・能力を信じること。自己を信頼する心。「―家」

じしん【自身】みずから。また、それその人、それそのもの。「彼―も知るまい」「機械―が記憶する装置」▽「……―」の形では人以外にも使うが、やや擬人的。従って擬人化が不自然な場合には「自体」を使う。→じたい(自体)。 **―ばん**【―番】江戸市中などで、町内警備のために設けた番所。

じじん【自刃】『名・ス自』刀剣を用いて自殺すること。

じじん【自尽】自分の命を尽きさせること。自殺。

じじん【自陣】自分の陣地・陣営。

じじん【時人】当時の人々。その時の人。

ししんけい【視神経】視覚をつかさどる神経。脊椎動物では大脳と眼球とを連絡し、外界の刺激を脳に伝える。

ししんでん【紫×宸殿】内裏(だいり)の正殿の名。朝賀・公事(くじ)を行う御殿。後には即位の礼も行われた。しいでん。南殿(なでん)。▽「紫」は天帝の居所、「宸」は天子の居所。

じ-す【辞す】『五自他』→じする(辞

ジス【JIS】日本産業規格。工業製品・データ・サービスの生産・利用の便を図るために制定された規格。旧称、日本工業規格。▽Japanese Industrial Standard の頭字。二〇一九年、日本語名称変更。→ジャス。

ーかんじ【ー漢字】ＪＩＳの情報交換用漢字符号で定められた漢字の俗称。 **ーマーク** ＪＩＳに従って生産された鉱工業品に標示する㊯の記号。

しすい【試×錐】《名・ス他》↓ボーリング(1)㋑

しずい【雌×蕊】↓めしべ。↕雄蕊(ゆうずい)

しずい【歯髄】歯の内部を満たす柔らかい組織。血管や神経が分布する。

じすい【自炊】《名・ス自》(毎日の)食事を自分で作ること。

しすう【指数】①規準になるもの、または規準になる時期での値を一〇〇などと定め、それに比べて他のもの、または他の時期での値を相対的に表した数値。「物価ー」▽多元的な情報を総合したものが多い。②〔数学〕その数が数aのn乗(a^n)で表される時の、nのこと。▽nが整数でない場合にまで概念が拡張されている。

じすう【次数】物事の複雑さなどの段階を、ある観点から表すように定めたもの。普通は自然数で表す。特に、多項式において、その項が何乗であるか、または最高何乗の項を持つかという、その数。

しずか【静か】《ダナ》動き・乱れがなく落ち着いたさま。静まっているさま。㋐物音がせず、ひっそりした状態。「ーな夜」㋑揺れ動いたり荒れ狂ったりしない状態。「ーな海」。おだやか。「心ーに」「自然食のーなブーム」㋒口数が少なく、おとなしいさま。「ーな人」 派生 -さ

しずく【滴・×雫】水や液体のしたたり。

しずけさ【静けさ】静かなこと。静かな度合。

しずごころ【静心】静かな、落ち着いた心。「久方のひかりのどけき春の日にーなく花のちるらむ」(古今集)

しずしず【静静】《副「と」》静か、また、しとやかなさま。「ー(と)歩く」

シスター ①女きょうだい。②カトリックで、修道女。▽sister

システマチック《ダナ》組織的。体系的。秩序整然としたさま。▽systematic

システム 多くの物事や一連の働きを秩序立てた全体的なまとまり。体系。もっと狭くは、組織や制度。「ーエンジニア」(↓エスイー) ▽system

ジステンパー 主として犬、ことに子犬がかかる急性伝染病。▽distemper

ジストマ 寄生虫の一種。いろいろな動物の肺や肝臓に寄生し、害を与える。「肺ー」「肝ー」▽distoma

じすべり【地滑り】斜面を構成している岩石や土壌が次第にすべり落ちる現象。山崩れになることもある。

しすま-す【△為済ます】《五自》うまくやってのける。まんまと、しとげる。▽多く「ー・した」の形で使う。「うまくー・したと、ほくそえむ」

しずまりかえ-る【静まり返る】《五自》すっかり静かになる。▽↓かえる(返)(3)

しずま-る【静まる・鎮まる】《五自》①静かになる。㋐騒ぎや物音がやむ。「一瞬、場内がー・って」㋑落ち着く。「心がー」㋒勢いが衰える。「嵐がー」㋓おさまる。世が平和になる。「内乱がー」「国がー」②(神が)鎮座する。【鎮】「伊勢にー二柱(ふたはしら)の大神」▽「沈む」と同語源。

しずみ【沈み】網のすそ、釣糸の先などにつけるおもり。

しずみうお【沈魚】水の底にすんでいる魚類。底魚(そこうお)。例、かれい。

しず-む【沈む】《五自》下の方に移る。㋐水面から底の方に移る、または行き着く。↕浮く・浮かぶ。「海にー」(海で水死する意にも言う)「パンチをくらってマットにー(=ノックアウトされる)」▽比喩的にも使う。「闇にー家々の影」「眠りの底にー」㋑おちいる。「不運にー」㋒活気を失う。弱まる。「ー・んだ気持」㋓悩み煩う。「病(やまい)にー」「涙にー」(ひどく泣いて悲しむ)「物思いにー」「悲しみにー」㋔日や月が地平線の下にかくれる。「日が西にー」㋕色や音がうわつかず落ち着いた感じである。「ー・んだ色の羽織」▽「静まる」と同語源。

しず-める【沈める】《下一他》沈むようにする。「船をー」「体をー」(身を低く構える)「苦界(くがい)に身をー」「カウンターでマットにー(=ノックアウトにする)」「長いパットをー(=ゴルフでボールをホールに入れる)」▽「沈む」㋐㋑に対する他動詞。「静める」と同語源。

しず-める【静める・鎮める】《下一他》①静かにさせる。【静】㋐落ち着かせる。「心をー」「埃(ほこり)をー」㋑勢いをそぐ。「波をー」㋒(世の)騒ぎ・乱れをおさめる。鎮定する。▽「鎮」でも書く。②神道で、霊をとどまらせる。鎮座させる。【鎮】▽「沈める」と同語源。

し-する【死する】《サ変自》死ぬ。

し-する【資する】《サ変自》①ある物事に対し材料を与えて助けとする。役立てる。「産業の発展にー」②資本を与える。

=し-する【視する】《漢語の名詞などに付け、サ変動詞を作る》……と見る。……と考える。……扱いする。「英雄ー」「重大ー」

じ-する【侍する】《サ変自》(身分の高い人の)そば近く仕える。はべる。

じ-する【持する】《サ変他》保つ。維持する。「名声をー」「満をー」(物事に備え、十分準備をして機会がくるのを待つ)。守り続ける。「戒をー」。つつしむ。「身をー」

じ-する【辞する】《サ変自他》①辞退する。あいさつして断る。㋐いとまごいをして帰る。「先生のお宅をー」「急病であっけなく世をー・した(=死んだ)」㋑勧められた事を断る。「勧誘をー」㋒勤めている職をやめる。「委員をー」㋓《「……をー・せず」の形で》恐れず……する、……するのは一向かまわない、などの意に使う。「決裂を(も)ー・せず」「死を(も)ー・せ

ず」②言葉をかけ、あいさつする。▽⑵は既に古風。

しせい【刺青】→ほりもの

しせい【氏姓】氏(うじ)と姓(かばね)。 **―せいど**【―制度】氏族を単位とする、大和(やまと)朝廷の政治組織。姓(かばね)は、その政治的地位の表現。

しせい【四姓】①インドのカースト。その大きく分けた、四つの階級。「―制度」▽カーストの訳語。↓カースト。②昔の日本の四つの名家。源・平・藤原・橘(たちばな)。

しせい【四声】漢字の声調の四種の区別。平声(ひょうしょう)・上声(じょうしょう)・去声(きょしょう)・入声(にっしょう)。▽「ししょう」とも言う。現代中国語の四種の声調をも言う。

しせい【四聖】四人の聖人。すなわち、釈迦(しゃか)・キリスト・孔子・ソクラテス。

しせい【姿勢】①体の構え・かっこう。「不動の―」②比喩的に、物事に対する態度。「前向きの―で処理しよう」

しせい【市井】人家が集まっている所。ちまた。「―の人」(庶民) ▽昔の中国で井戸のある所に人が集まったから。

しせい【市制】市としての自治制度。

しせい【市勢】市の(産業・経済・人口などいろいろの分野の)情勢。

しせい【市政】自治体としての市の政治。

しせい【施政】政治を行うこと。「―方針演説」。また、その政治。

しせい【死生】生き死に。生死。「―観」

しせい【私製】私人がつくること。↔官製。「―はがき」

しせい【至誠】この上なく誠実なこと。まごころ。

しせい【試製】《名・ス他》試験的につくること。試作。「―品」

しせい【詩聖】古今の大詩人。▽特に杜甫(とほ)を指すことがある。↓しせん(詩仙)

しせい【資性】生まれつき。生来の持ち前。

じせい【時世】時代。移り変わる世の中。「せちがらい御―」

じせい【時制】ヨーロッパの諸言語などにおいて、動詞の、過去・現在・未来など、時に関する言い表し方で語形が変わる文法組織。テンス。

じせい【時勢】世の移り変わる勢い。時代の成行き。「―に遅れる」

じせい【磁性】磁気を帯びた物体が示す性質。例えば磁鉄鉱が鉄片をすい寄せるような性質。「―体」

じせい【自制】《名・ス他》自分で自分の欲望・感情をおさえること。「―心」

じせい【自省】《名・ス自》自分の態度・行為などを反省すること。「―を促す」

じせい【自生】《名・ス自》自然にはえること。「―植物」

じせい【自製】《名・ス他》自分(の所)でつくること。また、そのもの。

じせい【辞世】死にぎわに詠んでこの世にのこす和歌・俳句。▽もと、この世に別れを告げること。死ぬこと。

しせいかつ【私生活】個人の、私人としての生活。

しせいし【私生子】婚姻外の男女の間に生まれた子。▽旧民法の用語。原則として母が出生届を出す。父の認知があれば、庶子(しょし)。婚姻中の女性が産んでも夫が否認すれば、その子は私生子となった。現行民法では「私生子」「庶子」の称を廃し、どちらも「嫡出でない子」と言う。

しせいじ【私生児】「私生子」の俗称。

しせいだい【始生代】地質時代の区分のうち、最初の時代。二十五億年以前。▽原生代と合わせて先カンブリア時代と言う。

しせき【史籍】歴史の書物。史書。

しせき【史跡・史×蹟】歴史上の重要事件や施設があった場所。

しせき【×咫△尺】①《名》わずかの距離。「―の間(かん)」「―を弁ぜず」▽「咫」は中国の周の制度で、八寸。②《名・ス自》貴人の前近くに出てお目にかかること。

しせき【歯石】歯の表面について固まった石灰分。

じせき【事績】なしとげた仕事。事業と功績。

じせき【事跡・事×蹟】物事が行われたあと。

じせき【次席】二番目の席次(の人)。「―検事」

じせき【自席】自分の席。

じせき【自責】《名・ス自》自分で自分のあやまちを責めること。「―の念に駆られる」

じせだい【次世代】①次の世代。②比喩的に、製品などの、現状より段違いに性能がよい、次の段階。「―のコンピュータ」

しせつ【使節】国家の代表として外国に派遣される人。「親善―」▽一軍を代表し敵軍に使いをする場合にも言う。

しせつ【施設】《名・ス他》ある目的のため、建物などの設備をすること。また、そのようにして設けたもの。「公共―」。特に、福祉関係の建物や組織。「児童養護―」▽「設備」より大規模の場合に使う。役所の用語では建物を含めて言い、しばしば center (centre) の訳語にする。

しせつ【私設】私人の設立。個人が設備すること。↔官設・公設。「―の標識」

じせつ【時節】①季節。時候。「暖かい―」「―外れの雪」②時機。チャンス。「―到来」③時勢。世の情勢。 **―がら**【―柄】《副詞的にも使う》時節にふさわしいこと。時節相応。また、ちょうどその時節。「―御自愛ください」

じせつ【持説】前々から主張している意見。持論。

じせつ【自説】自分の説。自分の意見。

しせん【視線】眼球の中心点と、見る対象とを結ぶ線。目で見る方向。「―が合う」「熱い―を感じる」「―を注ぐ」

しせん【支線】①(鉄道などの)本線から分かれた線。↔本線・幹線。②電柱などの支えのため張る線。▽

「支」は、⑴では枝の意、⑵では支える意。

しせん【死線】①生きるか死ぬかの重大な境。「―を越える」▽⑵の転。②牢獄(ろうごく)などの周囲に設けた、脱走してこれを越えると銃殺される限界線。

しせん〖名・ス他〗①【私選】私人が選ぶこと。個人の考えでえらぶこと。②【私×撰】個人が編集すること。↔勅撰。「―集」

しせん【詩仙】詩作に熱心で世事を超越した、天才詩人。詩の大家。▽特に李白(りはく)を指すことがある。↓しせい(詩聖)

しせん【詩箋】詩を書く紙。

しぜん【自然】〖名・ダナ〗①《副詞的にも使う》人手を加えない、物のありのままの状態・成行き。「―の楽な姿勢」「―に発火した」「―の民」「―そうなる」▽「自然」「に」の語義からして「―に」が普通だが、「―と」の形も、考えてみればそれが自然の成行きだがのような気持で、使われる。②この世のあらゆる物の総称。㋐人間の社会から離れた立場で考えた(ありのままの)天地万物。「―の境に遊ぶ」㋑人間をも含めて、因果的必然の世界。物体界。派生 **‐さ** **―かい**【―界】自然の世界。㋐天地万物が存在する範囲。㋑人間界以外の、人間を取り巻く世界。㋒人間界・生物界以外の世界。 **―かがく**【―科学】自然⑵㋑を研究する学問。研究対象とする事実がもつ価値関係には触れず、事実間に存する一般的法則を求めようとする経験科学。↔文化科学・社会科学・人文科学。 **―げんご**【―言語】人間の歴史のなかで自然に生まれ、生活のなかで普通に使っている(日本語や英語のような)言語。▽エスペラントのように意図的につくられた言語や形式言語と対比的に言う場合に使う。 **―しゅぎ**【―主義】自然をたっとぶ考え方・行動の原理。㋐〔哲学〕物的自然を唯一の実在として、精神現象をも含めて、自然科学の方法で説明しようという主義。㋑〔倫理〕人間の自然的素質に基づいて道徳を立てようとする立場。㋒〔文芸〕人生の現実をありのままに写し取ることを主張する立場。 **―じん**【―人】①社会や文化の影響を受けず、生まれたままの性情を保つ人。②〔法律〕(権利義務の主体である)生きている自然の人。↔法人。 **―すう**【―数】1から始め、それに1を順次足して得る範囲の数。整数から負の数を除いたもの。▽0を含める場合もある。natural number の訳語。 **―たい**【―体】①柔道で、からだの力を抜いて自然に立つ基本姿勢。②比喩的に、りきまずに物事に臨む(物事を処する)態度。 **―たいすう**【―対数】〔数学〕無理数 e(= 2.7128 ……)を底(てい)とする対数。 **―とうた**【―×淘汰】生存上の諸条件に適する生物は生き残り、適しない生物は滅びるということ。自然選択。▽進化論の用語。ダーウィンが唱えた。 **―はっせい**【―発生】①〖名・ス自〗人為的な計画・指導によらずに発生すること。②〖名〗生物が無生物からも発生しうるとした考え。 **―ぶつ**【―物】人手を加えていない、ありのままの形で存するもの。 **―ふっき**【―復帰】〖名・ス自〗働き方のおかしくなった機械が、そのままで手を加えないのに正常の働きに戻ること。 **―ほう**【―法】①〔哲学〕自然界の一切を支配すると見られる理法。②〔法律〕(人為的に定めたのでなく)自然に由来し、古今東西を問わず当てはまる法律。↔実定法

しぜん【至善】この上もない善。

じせん【自薦】〖名・ス自〗自分で自分を推薦すること。↔他薦

じせん ①【自選】〖名・ス自〗自分で自分を選挙すること。「―投票」②【自選・自×撰】〖名・ス他〗自分の作品を選ぶこと。「―歌集」。自分で自分の書き物を編集すること。

じぜん【事前】物事の起こる、または行われる前。↔事後。「―に通知する」「―運動」

じぜん【慈善】貧困・罹災(りさい)などで困っている人々を救済すること。「―事業」▽もと、あわれみたすけること。情けをかけること。 **―いち**【―市】↓バザー

じぜん【次善】最善の次。「―の策をとる」

しそ【始祖】血筋・道統・流儀など、系譜・系統が考えられる物事について、それのはじめであること。その人。「流派の―」「人類の―アダムとイブ」▽特に禅宗では達磨(だるま)を指す。↓がんそ。 **―ちょう**【―鳥】鳥類の最古の祖先と考えられた化石動物。前肢が翼となり全身が羽毛で覆われるが、歯や長い尾骨がある。

しそ【紙塑】紙の繊維に正麩(しょうふ)のり・粘土を加えて練り、それで人形や器具を作る、制作技法。「―の壺(つぼ)」

しそ【紫×蘇】芳香のある葉・実を薬味にする一年草。中国原産。高さ六〇センチほど。葉は紫色でぎざぎざのある広卵形。葉の青い変種(青じそ)もある。▽しそ科。

しそ【×緇素】僧侶と俗人。▽「緇」は黒で僧衣、「素」は白で俗人の衣服を指す。

じそ【自訴】〖名・ス自〗自分の罪を訴え出ること。自首。

しそう【使送】〖名・ス他〗使いの者に持たせて送ること。

しそう【使僧】使者として差し向けられる僧。

しそう【師僧】師である僧。

しそう【志操】堅く守っている主義。動かぬ志。「―堅固」

しそう【思想】①心に思い浮かんだこと。考え。特に、生活の中に生まれ、その生活・行動を支配する、ものの見方。「―・信条の自由」②〔心理・哲学〕思考作用の結果生じた意識内容。

しそう【死相】①人相に死の近づいた様子が現れること。そういう人相。②死に顔。

しそう【使×嗾・指×嗾】〖名・ス他〗さしずして、そそのかすこと。けしかけ。

しそう【詞宗】①詩文の大家。▽文士または学者の敬称。②【詩宗】すぐれた詩人。▽詩人の敬称。⑴⑵とも既に古風。

しそう【試走】①《名・ス他》走らせて(自動車などの)性能をためすこと。②《名・ス自》マラソンや自転車などの競技の前に、コースを走って調子をためすこと。

しそう【詩想】①詩作の着想。②詩の中にうたわれた思想・感情。

しそう【詩草】詩稿。詩の草稿。

しそう【詞藻】①㋐文章のあや。㋑転じて、詩歌や文章。②【詩藻】㋐詩の美しい語句。㋑美しい詩を生み出す心の豊かさ。

しそう【歯槽】歯の根がはまっている、あごの骨の穴。**―のうろう**【―×膿漏】歯周病の旧称。また、そのうち特に重度で、炎症・化膿(かのう)が歯槽に及ぶようなもの。

しぞう【死蔵】《名・ス他》所有物を役立てず、ただむだにしまい込んでおくこと。

しぞう【私蔵】《名・ス他》個人が所蔵すること、また所蔵する物。

じそう【事相】事柄の様子。

じそう【侍曹】そばにはべるものの意で、手紙のあて名のわきに書く語。侍史。

じそう【寺僧】寺の僧。

じそう【自走】①《名》他から牽引(けんいん)されなくても、それ自体に走る装置を備えること。「―砲」②《名・ス自》自分で動いて移動すること。「車椅子で―する」

じぞう【自蔵】《名・ス他》機械の内部におさめてあること。内蔵。「―アンテナ」

じぞう【地蔵】「地蔵菩薩(ぼさつ)」の略。釈迦(しゃか)の死後、仏がいなくなったこの世界の衆生(しゅじょう)を、弥勒(みろく)仏が出現するまでの間、教化(きょうけ)・救済する菩薩。「―の顔も三度」(「仏の顔も三度」に同じ) **―がお**(ほが)【―顔】地蔵に似てまるくやさしい顔。また、にこにこ顔。

シソーラス ①語句を意味によって分類・配列したもの。分類語彙表。②情報検索において、キーワードの範囲、関連語との関係などを記したリスト。▽thesaurus(=宝庫) イギリスのロジェの著した辞書の名から。

しそく【四則】算術の加・減・乗・除の総称。

しそく【四足】よつあし。▽特に、けものを指す。

しそく【子息】男の子供。▽多く「ご―」の形で他人の息子の敬称に使う。

しそく【紙×燭・脂×燭】こよりに油をしみ込ませた灯火。

しぞく【士族】武士の家柄。明治維新後では、武士階級の出の者に与えられた名称。「―の商法」(不向きな分野で、失敗することが明らかな仕事。武家の商法)

しぞく【支族・枝族】本家からわかれ出た血族。分家。

しぞく【氏族】同じ祖先から出た(豪族の)一門。古代日本では、多くの家族から成り、長(「氏の上(うじのかみ)」「氏の長者」という)が統率した、社会構成の単位となるまとまり。「―制度」

じそく【時速】一時間当たりの移動距離で表した速さ。

じそく【自足】①《名・ス他》自分で必要をみたすこと。「日用品まで―する村」「自給―」「―経済」②《名・ス自》みずから満足すること。「現状に―する」「境遇に―して生きる」

じぞく【持続】《名・ス自他》長く続くこと。もち続けること。「効果が―する」

しそこな-う(:そこなふ)【△為損なう・仕損なう】《五他》失敗する。しくじる。▽転成名詞は「しぞこない」。

しそこ-ねる【△為損ねる・仕損ねる】《下一他》↓しそこなう

しそつ【士卒】武士と雑兵(ぞうひょう)。また、将校・下士・兵卒の総称。

しそん【子孫】①子や孫。まご。また、子、孫、その子、孫と(家系の上で)続く人々やそれに属する個人。②比喩的に、後に続くもの。「恐竜の―は鳥だ」▽外孫以降を含まないのが以前の用法。関連 孫子(まごこ)・子子孫孫・末・末孫(ばっそん)・末末(すえずえ)・末葉・末流・末裔(ばつえい・まつえい)・後裔・苗裔(びょうえい)・後胤(こういん)・天孫

しそん【至尊】もっとも尊いこと。また、その人。特に天皇を指す。

じそん【自存】《名・ス自》自分の生存。他のものにたよらず、自分で生存すること。

じそん【自尊】①自分で自分をえらいと思いこむこと。②自分の人格を尊重し、品位をたもつこと。「―心」

じそん【自損】自分自身の過ちによって、けがをしたり、損害を被ったりすること。「―事故」

しそん-じる【△為損じる・仕損じる】《上一他》失敗する。しそこなう。しそんずる。

しそん-ずる【△為損ずる・仕損ずる】《サ変他》↓しそんじる。「急(せ)いては事を―」

した【下】㊀《名》①位置が低い、または表立っていない所。↕うえ。㋐低い場所。「がけの―」㋑隠れて見えない所。裏。底。内側。「―にシャツを着る」「―ごころ」▽㋑が原義。↓しも(下)。②低い位置にあること。程度・地位・年などが劣っていること。↕うえ。「人物は彼より―だ」「―役」「兄より三つ―だ」「―にも置かない」(下座(しもざ)につかせないよう、大事にもてなす)「―に出る」(へりくだる) ③抵当。「これを―に金を貸してくれ」。支払う代金の一部にあてるもの。「このカメラを―に取って新しいのをくれ」「―取り」 ④すぐあと。直後。「言う―からぼろを出す」 ㊁《接頭》《名詞にかぶせて》前もってする意。準備の。「―仕事」「―検分」「―げいこ」「―しらべ」

した【舌】①動物の口の中にある、運動自在の筋肉質の、味覚に関係する器官。べろ。「―を出す」(相手を

ばかにする意にも)「―を巻く」(ひどくおどろく。また、感心する)「―が肥えている」(鋭い味覚をもち、味の好みが高級だ)。人間では言語音の調節に役立つから、次のようにも使う。「―をふるう」(雄弁に述べる。また、おどろきおそれる)「―がまわる」(よどみなくしゃべる。口が回る)「―の根のかわかぬうち」(あることを言ったばかりなのに。相手が前言をひるがえすのを非難する気持で言う)「―先で丸めこむ」(うまく言いくるめてだます) ②舌(1)に形が似たもの。「蛤(はまぐり)の―」。特に、笛で、振動して音をだす舌状の薄い板。▽楽器の場合は「簧」とも書く。

しだ【〈羊歯〉・歯×朶】 陸に生え、普通の草本植物と同様に導管などの組織を備えるが、種子は作らず胞子で増える植物の総称。ワラビ・ウラジロ・ゼンマイなど。特に、ウラジロ。▽シダ植物門に分類される植物。そのうちシダ綱の植物の総称。

じた【自他】 ①自分と他人。「―共に許す(=だれもが認める)名司会者」 ②〔言語〕自動詞と他動詞。

じだ【耳×朶】 耳たぶ。また単に、耳。「―に触れる」(聞き及ぶ)

したあじ【下味】 料理の下ごしらえで、あらかじめ味をつけておくこと。また、その味。「塩・こしょうで―をつける」

したあらい【下洗い】《名・ス他》 本格的に洗う前に、ざっと水で洗うこと。

したい【四△諦】〔仏〕迷いと悟りとの因果を苦・集・滅・道の四つに分けて説明したもの。▽「諦」は真理の意。

したい【姿態】 ポーズ(1)や身のこなしが作る姿。「なまめく―」

したい ①【支隊】 大部隊の中から特別の目的で編成し、独立に行動させる、諸兵連合の一部隊。「先進―を出す」 ②【枝隊】 他の部隊に配属された部隊。

したい【死体・×屍体】 死んだからだ。死骸。

したい【肢体】 手足。また、人間の手足と身体。

したい【詩体】 詩の形式。

しだい【四大】 ①〔仏〕㋐万物生成のもとになる四つのもの。地・水・火・風。▽→ごだい(五大)。㋑人の体。▽㋐から成ると考えたから。②老子の思想で、道・天・地・王。

しだい【至大】 この上なく大きいこと。

しだい【次第】 ㊀①《名》順序。「式の―を会場に掲示する」▽もと、上下・前後の並び。②《「―に」「――に」の形で副詞的に》状態が少しずつ変わるさま。順次。段々。③《名》経過。成行き。㋐物事の事情。「こういう―だ」「事と―によっては」㋑由来。「―書(が)き」④《ス他》処理するために、物事を順序だてて、それを扱う手順を定める。「式典を―する」㊁《接尾》①《名詞に付いて》その事がなるがままにしておく。「言いなり―になる」「手当たり―」。その事によって決まる。「地獄の沙汰(さた)も金―」②《動詞連用形などに付いて》……するとすぐ。「荷が着き―送金する」

じたい【事態】 事の有様・成行き。「不測の―に直面する」「―が好転する」

じたい【字体】 文字の形。▽「体」と「體」とは、同じ字で字体が違うと言う。また、楷書・行書・草書の別、活字の明朝(みんちょう)・ゴシックの別などについても言う。↓しょたい(書体)

じたい【地体】《副》↓じたい(自体)(2)。「御前はそんな形姿(なり)で、―どこへ、行ったのぞい」(夏目漱石「草枕」八)

じたい【自体】 ①それそのもの。「操作法ではなく、装置―に欠陥がある」▽もとは、自分の体の意だが、今日では人について余り使わない。物について「……自体」と言う時も、「……自身」より客観視した感じがある。②《副詞的に》一体全体。「―どういうことになるのか」▽「地体」とも。

じたい【辞退】《名・ス他》 人の勧めを断って引き下がること。遠慮すること。「受賞を―する」

じだい【事大】 弱い者が強い者に従って言いなりになること。「―主義」(定見がなくて、ただ勢力の強いものに従うやり方)

じだい【自大】 みずから尊大にすること。「夜郎(やろう)―」

じだい【地代】 ①借地料。他人の土地を借りているものが、所有主に払う料金。②地価。ちだい。

じだい【時代】 ①(歴史上のある標準で)区切った、かなり長い年月。年代。「平安―」 ②その当時。当代。「―の先駆者」 ③時がたって古びた様子・感じ。「―がつく」 ④↓じだいもの(2)。「―狂言」 関連 時世・時節・時分・代・現代・後代・世代・前代・年代・末代・当世・来世・後世・乱世・戦時・平時・世紀・黄金時代 **―おくれ**【―遅れ・―後れ】 その時の傾向などにおくれていること。「―の考え」 **―がかる**【―掛(か)る】《五自》古風な感じを帯びる。「―った言いまわし」 **―げき**【―劇】 (主に)明治より前に題材を取った劇・映画。▽時代小説と異なり現在も明治物をあまり含まずに言う。 **―さくご**【―錯誤】 ①異なる時代のものを混同する誤り。②時代が変わったのに気づかず、または当世風が気に入らず、以前のあり方を良しと守る態度。 **―しょうせつ**【―小説】 昔の(一九七〇年ごろからは明治時代を含める)武士・庶民を題材とした(人情味のある)大衆的な小説。▽「まげもの」とも呼ばれていたが、現在では(大正期以後の)現代物に対する。なお、↓れきししょうせつ。 **―しょく**【―色】 その時代特有の風潮・傾向。 **―もの**【―物】 ①多くの時代を経て古くなった物。②昔の歴史上の事件などに取材・脚色した浄瑠璃や歌舞伎。⇔世話物

じだい【次代】 次の時代。次の世代。

したう【慕う】《五他》 ①愛着の心をいだいてあとを追う。「母を―って三千里」。恋しく思って(心の中で)追い求める。「故国を―」「彼女がひそかに―

青年」②人の徳や学問・技量を敬い、これにならおうとする。「徳を—って集まる」

したうけ【下請(け)】①「下請負(うけおい)」の略。請負をした人から、更に他の人がその仕事の全部または一部を請け負うこと。「—に出す」②「下請人」の略。下請負をする人。

したうち【舌打ち】《名・ス自》いまいましい時や飲食物を味わう時、上あごに付けた舌先を勢いよく離して音を立てること。その動作。

したえ【下絵】(ゑ) ①下書きの絵。②刺繡(ししゅう)・彫刻などで、材料の上にかく絵。

したおし【下押し】①《名・ス他》下へ押すこと。②《名・ス自》相場がだんだん下落すること。

したおび【下帯】①ふんどし。また、腰巻(1)。②昔、装束の下、小袖(こそで)の上にしめた帯。したのおび。

したが-う【従う】(したがふ)《五自》逆らわず、かけ離れないように行う。①後ろについて行く。「先達に—」。沿って進む。「川に—って山を下る」②他からの作用のままにする。㋐命じられた、または言われた通りにふるまう。「忠告に—」。服従する。「権力者に—」。また、(命じられて)その仕事をする。「駆り出されて堤防工事に—村人」「代々の家業に—っております」㋑定まっている事による。「習慣に—」「法に—」「定説に—」「省略に—」㋒なびく。「草が風に—」③《「—って」「—いまして」の形で》それに連れて起こる。㋐……に連れて。……と共に。「仕事が進むに—って興味も増した」㋑《接続詞的に》それゆえ。その結果。

したが-える【従える】(したがへる)《下一他》①従わせる。服従させる。「賊を—」「敵を—」②引き連れて行く。「供を—」

したがき【下書(き)・下描(き)】《名・ス他》①清書をする前にためしに書くこと。そのもの。②本式に描く前におよその形を描くこと。そのもの。

したかげ【下陰】枝や葉で日光がさえぎられて暗くなった、木(草)の下。

したがって【従って】《接》→したがう(3)㋑。▽「従いまして」の形でも使う。

したがり【下刈(り)】《名・ス自他》下草を刈ること。

したぎ【下着】はだ近くに着る衣服。ジュバン・シャツ・ズボン下の類。

したく【支度・仕度】《名・ス他》準備。用意。「—をととのえる」㋐外出の時、身なりを整えること。㋑食事を調えること。▽本来は見積もり測る意の漢語。「仕度」は当て字。

したく【私宅】個人の家。また、自宅。

じたく【自宅】自分の家。

したくさ【下草】木陰(こかげ)にはえている草。特に、林の中に群がりはえている雑草。下生え。

したげいこ【下稽古】《名・ス自他》前もって稽古をしておくこと。その稽古。

したけんぶん【下検分】《名・ス他》前もってその場所に行ってしらべること。下見。「会場の—」

したごころ【下心】①表に現さず、ひそかに心の中で考えている事。本心。特に、悪だくみ。②かねてからのたくらみ。③漢字の脚の一つ。「志」「忘」「恭」などの「心」「⺗」の称。

したごしらえ【下×拵え】(したごしらへ)《名・ス自他》①前々から準備をしておくこと。その準備。②本ごしらえの前に、ざっとこしらえること。

したさき【舌先】①舌の先。②転じて、口先。言葉。弁舌。「—でごまかす」「—三寸」(言葉だけで心や中身がともなっていないさま)

したざわり【舌触り】(したざはり)食べ物などが舌にさわった時の感じ。

したじ【下地】①物を作ったり仕事をしたりする前の準備や基礎。素地(そじ)。「—を作る」「芸者の—っ子」②ある状態になる前兆。きざし。③本来の性質。素質。「絵の—がある」④醬油(しょうゆ)。▽吸い物を作る下地(1)の意。⑤その上に塗ったり描いたりして仕上げる、地(じ)となるもの。「壁の—」⑥比喩的に、酒席が始まる前に飲んでいる酒。「もう—が入っている赤い顔」

しだし【仕出し】①注文によって料理を作り届けること。出前。「—屋」「—料理」②(工夫して)作り出すこと。新工夫。③芝居で、筋に関係のないきわめて軽い役。

したし-い【親しい】《形》関係が深い。①心に分けへだてがなく、仲がいい。「—友人」「—間柄」。懇意だ。「—縁者」▽原義だが、既に古風。②血筋が近い。③《連用形で副詞的に》直接。㋐みずから。「—く手に取って御覧になる」㋑まのあたり。目の前に。「—くこれを見る」派生 -さ -げ -み

したじき【下敷(き)】①物の下に敷くもの。特に、ノートなど紙の下に敷く板状のもの。②物の下に敷かれること。「車の—になる」③手本となるもの。

したしく【親しく】→したしい(3)

したしごと【下仕事】下請けの仕事。また、下ごしらえ。

したし-む【親しむ】《五自》親しくする。㋐うち解けて仲よくする。㋑常に接してなじむ。「土に—」「自然に/と—」「薬に—」(病気がちだ)「灯下—の候」

したじゅんび【下準備】《名・ス自他》前もって準備をしておくこと。その準備。「重大会議の—」

したしょく【下職】下請けの職人。下請けの職業。▽「したじょく」とも言う。

したしらべ【下調べ】《名・ス自他》前もって調べること。(特に)予習。

したず【下図】下書きの絵・図。

しだ-す【仕出す】《五他》①作って出す。特に、料理を作って配達する。②大きな事をする。しでかす。③かせいで財産を大きくする。

したそうだん【下相談】《名・ス自他》前もって相談をしておくこと。その相談。

したたい【舌代】→ぜつだい(舌代)

したたか【△強か・△健か】①『ダナ』なかなか手ごわいさま。ひとすじなわでは相手にできないさま。「―な商人」「―に構えて屈しない」▽もと、非常に強いさま。②『副［に］』強く。ひどく。「転んで腰を―打った」「酒に―に酔う」 派生 **-さ**

したたかもの【△強か者】こちらの思うようには、たやすく扱えない人。

したた-める【△認める】『下一他』①文章を書き記す。「手紙を―」②食事をする。「夕飯を―」▽「みとめる」と読めば別の意。

したたら-す【滴らす】『五他』したたるようにする。

したたらず【舌足らず】『名ノ』①十分に言葉に言いつくせていないこと。「―な文章」②(舌が自由に動かず)発音がはっきりしないこと。

したた-る【滴る】『五自』水などがしずくとなって、ぽたぽたたれ落ちる。「軒から雨水が―」「血の―ようなビフテキ」「緑―木々」「山―」(夏山の形容。↓やま(1))▽「下垂(た)る」の意。「垂る」は古く四段活用。

したたる-い【舌たるい】『形』物言いが甘えた様子だ。▽「したったるい」とも言う。 派生 **-さ**

じたつ【示達】『名・ス他』①官庁から国民に文書で知らせること。また、その知らせ。②上級の官庁から命令・通知を文書で下級の官庁に達すること。

したつづみ【舌鼓】『―を打つ』飲食物があまりにもうまくて、思わず舌を鳴らす。▽「したづつみ」とも言う。

したっぱ【下っ端】身分や地位が低いこと。「―役人」

したづみ【下積み】①他の荷物の下に積まれること。また、その荷物。②他人の下に使われて出世できないこと。また、場を得られず活躍できないこと。そういう人。「―の生活」

したつゆ【下露】木の下などの露。木からしたたり落ちる露。

したて【下手】①下の方(の物・場所)。②他より地位・能力が低いこと。したで。「―に出る」(へりくだった態度をとる)③相撲(すもう)で、組んで相手の腕の下に差した手。▽↕上手(うわて)。↓しもて。「へた」と読めば別の意。

したて【仕立(て)】①したてること。こしらえること。特に、裁縫。「洋服の―」「―屋」②支度(したく)してさし向けること。「―の舟」 **―おろし**【―下(ろ)し】新調した衣服をはじめて着ること。その衣服。 **―もの**【―物】裁縫。「―をする」。縫い上がった衣服。「―を注文先に届ける」

したで【下手】↓したて(下手)(2)

した-てる【仕立てる】『下一他』整うように手を掛けて、作り上げる。㋐こしらえる。「替え玉を―」。特に、布地を裁断し、縫って衣服をつくる。「背広を―」㋑支度(したく)してさし向ける。「臨時列車を―」㋒教えこむ。養成する。「弟子(でし)を―」「一人前に―」

したどり【下取り】『名・ス他』新品の代金の一部として割り引く目的で、売手が買手から古品を引き取ること。▽↓した(下)(一)(3)

したなが【舌長】『ダナ』身のほどをわきまえない物の言い方をするさま。広言するさま。

したなめずり(づり:なめ)【舌×舐り】『名・ス自』①(食いけが起こり、また食べたあとで)舌でくちびるの辺をなめまわすこと。くちなめずり。②期待して待ちかまえること。

したに【下煮】『名・ス他』料理の下ごしらえで、煮えにくいものや味のつきにくいものを前もって煮ておくこと。

したぬい(ひ:ぬ)【下縫い】『名・ス他』本式に縫う前に、仮に縫っておくこと。

したぬり【下塗(り)】『名・ス他』上塗(うわぬり)する前に、下地(5)に塗ること。また、その塗ったもの。

したね【下値】(今までの相場よりも)安い値段。安値。↕上値(うわね)

したばえ【下生え】↓したくさ

したばき①【下履(き)】地面の上や水仕事の場所などで履く、履物。↕上履(うわばき)。②【下×穿き】腰のあたりに(特に、肌に接して)着ける衣類。

じたばた『副［と］・ス自』①手足をばたばたさせ、もがくさま。②抵抗したり、慌てたり、焦ったりするさま。「今さら―してもはじまらない」

したばたらき【下働き】①人の手下になってはたらくこと。その人。②炊事・雑用をすること。その人。

したはら【下腹】腹の下部。「年で―が出始める」▽「したばら」「したっぱら」とも言う。

したばり【下張り・下貼り】『名・ス他』幾重にも紙を張るような時、下に張ること。また、その紙。↕上(うわ)張り

したび【下火】①火の勢いが衰えること。「火事が―になる」②転じて、盛りが過ぎ勢いが衰えること。「流行が―になる」

したびらめ【舌×鮃・舌平目】ひらめに似た、木の葉のような平たい形の海魚。体長三〇センチに達する。眼は体の左側に二つ並び、眼のある側は赤褐色、眼のない側は白色。美味。アカシタビラメ。クツゾコ。▽形が、牛の舌に似ることからの名。うしのした科。広くは同科の魚の総称。

したまえ(へ:ま)【下前】着物の前の、合わせた時下になる方。↕上前。「―さがりに着る」▽「したんまえ」とも言う。

じたまご【地卵】その土地で産する卵。

したまち【下町】都会の低地の町で、店や小工場などが多く集まっている区域。↕山の手。「―気質(かたぎ)」「―娘」▽特に江戸(東京)について言う。指す地域が時代によって異なり、段々広くなった。 **―ふう**【―風】『名・ダナ』江戸の下町の町家に見られた、渋み・いき・いなせ等の気風。また、そういう趣味。

したまわり(はり:ま)【下回り・下×廻り】①雑用などをする人。下働き。②歌舞伎役者の最下級の者。

したまわ-る(はる:ま)【下回る・下×廻る】『五自』ある数量より少なくなる。↕上回る。「売上げが前年を―」

し

したみ【下見】①〘名・ス他〙下検分(をすること)。また、下読み(をすること)。②〘名〙家の外部の壁をおおう横板張り。はしを少しずつ重ね、縦に細い木を打って押さえる。 **―いた**【―板】下見②に張る板。

したみ【×湑み・×釃み】①したむこと。②「したみ酒」の略。升(ます)などからしたたって、たまった酒。

した-む【×湑む・×釃む】〘五他〙①液体をしたたらす。しずくをたらす。②徳利や杯の酒をしたたらせて、飲みつくす。

したむき【下向き】①下を向くこと。また、下を向いていること。②転じて、衰え始めること。③相場・物価が下落しかかること。▽↔上向き

しため【下目】顔の向きは変えずに視線だけ下に向けた目つき。↔上目。「―を使う」「人を―に見る」(さげすむ)

したもえ【下×萌え】(春の初め)地中から芽がもえ出ること。また、その芽。

したもつれ【舌×縺れ】舌が自由に動かないので、すらすらと物が言えないこと。

したやく【下役】下の位の役の人。部下の役人。↔上役

したやく【下訳】〘名・ス他〙本格的な翻訳を仕上げる準備として翻訳すること。そういう草稿的な訳。

したよみ【下読み】〘名・ス他〙前もって読んでおくこと。予習。

しだら (それを良くないと見る場合の)行動や状態。だらし。「何という―か」「ふ―」「―がない」▽既に古風。

じだらく【自堕落】〘名・ダナ〙身を持ちくずして、だらしないこと。「―な生活」 派生 **-さ**

したり〘連語〙失敗した時に言う語。しまった。「これは―」▽サ変動詞「す」の連用形+助動詞「たり」。うまく事が運んだ時にも言った。→したりがお

したりがお【したり顔】してやったという顔つき。得意そうな顔。自慢そうな顔。

しだれざくら【枝垂(れ)桜】枝が長く垂れさがり、花が小さい観賞用の桜。糸桜。

しだれやなぎ【枝垂(れ)柳】ヤナギの代表的な一種。単に「やなぎ」と言うことも多い。

しだ-れる【枝垂れる】〘下一自〙枝などが長くたれさがる。▽「し」を「枝」と書くのは当て字。

したわし-い【慕わしい】〘形〙愛着・敬愛の心をいだいていて、あとを追いたい気持だ。 派生 **-さ -げ**

したん【紫×檀】銘木②として珍重される、暗紫紅色の木材。また、それの取れる熱帯アジア原産の木。材は緻密で堅く香りがよく、家具・工芸品などに用いる。▽まめ科の近縁数種の木が紫檀材とされる。

しだん【史談】歴史に関する話。

しだん【師団】陸軍編制上の単位。司令部を有し、旅団より大きく、普通は歩兵を中心に諸種の兵科から成り、独立して作戦できる。

しだん【指弾】〘名・ス他〙非難すること。つまはじき。

しだん【詩壇】詩人の社会・仲間。

じたん【事端】事件の発端。事件が起こったいとぐち。

じたん【時短】「時間短縮」の略。「―勤務」「―レシピ」

じだん【示談】話合い。特に、争いごとを表沙汰(おもてざた)にせず相互間の話合いで解決すること。「―金」

じだんだ【地団太・地団駄】地面を足で何度も強くふむこと。「―を踏む」(激しく怒ったり悔しがったりするさま)▽「地(じ)たたら(=足で踏むふいご)」の音転という。慣用的に「じたんだ」と言うことも多い。

しち【質】①質屋から金銭を借りる保証として預けておく品物。質物(しちもつ)。「カメラを―に置く」「―に入れる」②約束の保証として預けておくもの。「人―」

しち【死地】①死ぬべき場所。死所。「ここを―と定める」②危険な場所。「―におもむく」。必死の境遇。窮地。「―に追いこむ」

しち=〘形容詞などの上に〙程度がひどく、わずらわしい。「―くどい」「―面倒な事」▽「七」と書くのは当て字。

しち〖*七〗シチ シツ ななつ なな なの ―〘名・造〙ものの個数を数える時の、六の次の、すなわち6に1を足して得る数(に等しい値や順位)。「七五三・七並べ・七福神・七宝(しっぽう)・七回(しちかい・ななかい)・七堂伽藍(がらん)」▽数が多いという含みでも使う。「色の白いは七難隠す」。「いち」との聞き違いを防ぐ目的で和語「なな」で言うことが多い。アラビア数字では「7」。数値表現の改竄(かいざん)を防ぐ目的では「漆」とも書く。

じち【自治】自分(たち)の事をみずから処理すること。特に、地方公共団体や大学が、その範囲での行政・事務を自主的に行うこと。 **―たい**【―体】↓じちだんたい。 **―だんたい**【―団体】一定の土地と住民をもち、国家から委任された権能で自治行政を行う団体。都・道・府・県・市・町・村など。 **―りょう**【―領】ある国の領土で、完全な独立国に近いほどの自治を認められているもの。

しちいれ【質入れ】〘名・ス他〙質に置くこと。質屋から借金する時、保証として品物を預けること。

しちかいき【七回忌】人の死後、満六年目の回忌。↓かいき(回忌)

しちがつ【七月】その年の七番目の月。▽(陰暦の)異称は「文月(ふみづき・ふづき・ふんづき)」。

しちく【紫竹】①竹の一種。原産は中国・台湾など。高さ一五メートル程度。二年目から次第に黒紫色となり、しまいに黒色になる。細工物にする。②クロチク・カンチクの別称。⑴と同様、黒色を帯びる。

しちぐさ【質草・質〈種〉】質に置く品物。質物(しちもつ)。

しちけん【質券】↓しちふだ

しちごさん【七五三】①子供の成長の祝い。(数え年で)男は三歳・五歳、女は三歳・七歳の十一月十五日に、晴れ着姿で氏神などに参拝する。②祝い事に使うめでたい数。③本膳に七菜(=七種のおかず)、二

名実・有名無実」②草木の実(み)。「果実・結実」③『名・造』いつわり欠けるところがない。まごころ。まこと。「実を尽くす」「実意・実直・老実・誠実・忠実・質実・切実・不実」④『名・造』ほんとう。「実の親子」「実行・実例・実生活・実員・実益・実利・実情・実態・実相・実際・実否(じっぴ・じっぷ)・事実・確実・写実・現実・如実」▽↓じつに・じつは・じつもって

じつ『日』↓にち『日』

じつあく【実悪】歌舞伎で、残忍な悪人の役。↕色悪(いろあく)

しつい【失意】希望や志が実現せず、がっかりすること。失望。↕得意

じつい【実意】①本心。心底。「―をただす」②誠実な心。親切な心。「―をつくす」

じついん【実印】市区町村長に届け出て、必要の際に印鑑証明を得る印。▽一名一個に限る。↓みとめいん

じついん【実員】名目上の定員などでなく、実際の人員。

しつう【私通】ひそかに婚姻外の性的関係を結ぶこと。

しつう【止痛】痛み止め。「―薬」

しつう【歯痛】歯が痛むこと。はいた。

しつうはったつ【四通八達】『名・ス自』(大都会などで)道路・鉄道が網の目のように四方八方に通じていること。

じつえき【実益】実際の利益。「趣味と―を兼ねる」

じつえん【実演】①『名・ス他』実際にやって見せること。②『名』(映画館で、映画の間にはさんで)映画俳優などが舞台で演じて見せること。アトラクション。

しつおん【室温】①部屋の中の温度。「快適な―」②(冷却・加熱後の)常温(2)。「―で解凍」「―に戻す」「―に冷ます」

しっか【失火】『名・ス自』過失から火事を起こすこと。また、その火事。

しっか【△膝下】ひざもと。親のもとで生活している意を表す語。「父母の―を離れる」▽父母・祖父母などにあてる手紙の脇付(わきづけ)にも用いる。

しっか『副と』↓しっかり。「―とだきしめる」「―と心得よ」▽「しか(と)」の転。

じっか【実家】①(入り婿・嫁・養子から見て)自分の生まれた家。さと。②広く、生家。父母の家。▽成人した子と親との別居がごく普通になった一九七〇年ごろから使われる意味。

じっか【実科】実際的・実用的な仕事を教える科目。

しつがい【室外】部屋の外。また、家の外。屋外。↕室内

しっかい【×悉皆】『副』残らず。すべて。「―調査」「力を―出し尽くした」。まるで。「事情が―飲み込めない」「それには―(=全く)かかわっていない」▽やや古風。 **―や**【―屋】染物・洗い張りを業とする人。その店。

じつがい【実害】実際の損害。実質的な損害。

じっかい【十戒】①〔仏〕仏道修行上まもるべき十の戒め。②キリスト教で、モーセが神から受けたという十箇条の啓示。▽「じゅっかい」とも言う。

しつがいこつ【△膝蓋骨】ひざの関節の前にある、さら状の骨。

しっかく【失格】『名・ス自』資格を失うこと。「教師として―だ」

じつがく【実学】理論よりも実用に重きを置く学問。

じつかた【実方】↓じつごとし

じつかぶ【実株】取引所で受け渡しする実物の株券。株式の現物。正株(しょうかぶ)。↕空株(からかぶ)。▽↓かぶけん

しっかり【△確り・×聢り】①『副[と]』堅固で崩れないさま。「ひもを―結ぶ」②『副[と]・ス自』㋐堅実なさま。「―した人」㋑確実であるさま。十分であるさま。「身元が―している」「栄養を―とる」「中まで―火を通す」㋒心身の機能が正常であるさま。「気を―持て」「脈が―してきた」▽「―覚える」と「はっきり覚える」との差は、前者は忘れないように確実にの意、後者は他と紛れないように明瞭にの意。③『副[と]・ス自』〔取引〕市場(しじょう)に活気があり、相場に下落の傾向が見られないさま。

シッカロール あせもの予防や治療に用いる、白いさらさらした粉末。▽商標名。

しつかん【質感】材料の性質の違いから受ける感じ。材料が持っている感じ。

しっかん【失陥】『名・ス自』ある土地を攻め落とされて失うこと。

しっかん【疾患】病気。「呼吸器―」

じっかん【十干】木・火・土・金(ごん)・水の五行(ごぎょう)を兄(え)・弟(と)に分けたもの。年・日を表すのに使った。甲(きのえ)・乙(きのと)・丙(ひのえ)・丁(ひのと)・戊(つちのえ)・己(つちのと)・庚(かのえ)・辛(かのと)・壬(みずのえ)・癸(みずのと)。普通、十二支と組み合わせて使う。▽「十干」を「えと」と読んだが、十二支と組み合わせて、「干支」を「えと」と称するに至った。「じゅっかん」とも言う。

じっかん【実感】『名・ス他』物事から得る実際の感じ。また、実物に接したように、生き生きと感じること。「まだ受賞の―がわかない」「生活―」

しつぎ【質疑】『名・ス自』発表者・提案者に疑問点を問いただすこと。▽↓しつもん

しっき【湿気】空気や物が、水分を多く含んでいること。「―が高い」▽「しっけ」よりも客観的に言う。↓しっけ

しっき【漆器】うるしをぬった器物。

じつき【地付き】その土地に、(古くから)住みついていること。土着。「―の江戸っ子」。魚が、ある場所にすみつくこと。「―の鯛(たい)」

じつき【地突き・地×搗き】家を建てる前に地面をつき固めること。地がため。

じつぎ【実技】実地の技術・演技。

じっき【実記】事実そのままに書きとめた記録。

じっき【実機】（電気製品などで）試作品ではない、実際の製品。「―の展示」

しっきゃく【失脚】『名・ス自』物事に失敗し、地位を失うこと。▽もと、足をすべらし、または踏みはずしてころぶこと。

しつぎょう【失業】『名・ス自』生計のための職業を失うこと、またはその職業が得られないこと。「―者」

じつぎょう【実業】農業・水産業・工業・商業など生産的、経済的な事業。　**―か**【―家】生産・経済に直接関係ある事業をいとなむ人。　**―がっこう**【―学校】旧学制で、実務を中心に教育した中等学校。▽「工業学校」のように種類を入れて称した。今の実業高校に相当。　**―だん**【―団】「実業団体」の略。実業をいとなむ会社が寄り合った団体。「―野球からプロ入り」

じっきょう【実況】『名・ス他』実際の状況（を伝えること）。「―放送」

しっきん【失禁】『名・ス自』大小便を抑制できずにもらすこと。

しっく【疾駆】『名・ス自』車や馬に乗って速く走ること。

シック『ダナ』しゃれて気がきいたさま。あかぬけているさま。「―な装い」▽フランス chic

しっくい【漆×喰】石灰に、ふのり・粘土などをねり合わせた白色の建築材料。乾くと固くなる。瓦・石材などの接着剤や壁の表面素材として用いる。▽「石灰」の唐音。「漆喰」は当て字。

シックハウスしょうこうぐん【シックハウス症候群】建材・内装材などから屋内の空気中に発生する有機化学物質が引き起こす病気や症状の総称。頭・目・のどの痛み等の症状を伴う。▽「シックハウス」は sick-house

しっくり『副［と］・ス自』①物事が調和して、落ち着くさま。「体に―なじむスーツ」「わざとらしくて―こない」②気が合って、円満に行くさま。「親子の仲が―（と）行かない」

じっくり『副［と］』時間をかけ念を入れて行うさま。「―（と）案を練る」「―（と）耳を傾ける」「弱火で―（と）焼く」

しつけ【仕付け・×躾】①礼儀・作法を教え込むこと。「―のいい家庭」②裁縫で縫目が狂わないように、仮にざっと縫いつけておくこと。また、その糸。　**―いと**【―糸】しつけ⑵に使う糸。

しっけ【湿気】普通以上・予期以上に多い（不快な）湿り気。「―が多い」

しつげい【漆芸】うるしを使う工芸。

しっけい【失敬】①『名ナ・ス自』人に対し礼や敬意を欠くこと。そういうふるまい。「―なやり方」「昨日は―（を）した」「―して膝をくずす」▽男が、別れる時やあやまる時などの軽いあいさつにも使う。「や、―」②『名・ス他』［俗］だまって持って行くこと。盗むこと。③『名』軍隊の挙手の礼の俗称。

じっけい【実兄】同じ父母から生まれたあに。実のあに。

じっけい【実刑】〔法律〕執行猶予にならず、実際にうける体刑。「―判決」

じっけい【実景】実際のけしき・情景。

しっけつ【失血】『名・ス自』出血のために、からだから大量の血を失うこと。「―死」

じつげつ【日月】①太陽と月。②年月。

しつ-ける【仕付ける】『下一他』①しつけをする。↓しつけ⑴。▽「躾ける」とも書く。②するのに慣れている。「―けないことをする」

しっ-ける【湿気る】『下一自』↓しける（湿気）

しつげん【失言】『名・ス自』言ってはいけない事を、うっかり言ってしまうこと。また、その言葉。

しつげん【湿原】土壌が多湿の草原。

しっけん【執権】①鎌倉時代に、将軍の補佐、幕府の庶務の総監に当たった職名。その職の人。②室町時代の管領（かんりょう・かんれい）。▽政権を執る意から。

しっけん【失権】『名・ス自』権力・権利を失うこと。

しっけん【識見】↓しきけん

じつげん【実現】『名・ス自他』実際に現れること。現実化すること。「長年の夢が―する」

じっけん【実検】『名・ス他』ある事が本当か否かを検査すること。「首―」

じっけん【実権】実際の権力。真の権力。「―を握る」

じっけん【実見】『名・ス他』実際にそのものを見ること。

じっけん【実験】『名・ス他』①理論や仮説が正しいかどうかを、人為的な操作により実地に確かめてみること。②実際の体験。「自己の―に徴して」▽既に古風。　**―かがく**【―科学】実験⑴を主要な方法とする科学。　**―しき**【―式】①実験値・観測値に合うように、経験的に定めた式。②実験結果から、化合物の組成を最も簡単に示すようにつくった化学式。　**―しょうせつ**【―小説】①実験的な手法を用いる小説。②作者が科学者のように人生を観察し、実験⑴をするように構成した小説。▽ゾラが主張した。　**―だい**【―台】実験⑴をするために使う台。また、実験の材料になる物や人。

しっこ【疾呼】『名・ス他』早口であわただしく呼ぶこと。

しつご【失語】①（特に、脳の言語中枢の器質的損傷により）言葉を忘れたり、正しく言えなかったりすること。「―症」②言い違いをすること。

しつこ-い『形』①うるさくつきまとう。くどい。「―く催促する」「―質問」。執念深い。「―人」②色・味・香りなどがあっさりしていない。「―味」▽「しつっこい」とも言う。派生 **-さ**

しっこう【執行】『名・ス他』とり行うこと。実行すること。　**―かん**【―官】差押え・競売など裁判の執行や書類送達を行う裁判所職員。▽旧称、執達吏。　**―きかん**【―機関】意思実現のための執行を任務とする機関。㋐法人その他の団体の、議決など意思決定事項を執行する機関。㋑行政官庁の命を受け、その意思を実力で執行する任務を負う機関。例、警察官。㋒民事訴訟上、債権者の申立てによって強制執行を実施する職務をもつ国家機関。例、執行官。　**—ぶ【—部】**政党・労働組合などの執行機関㋐。　**—ゆうよ【—猶予】**有罪の判決をしても、情状によって一定期間だけ刑の執行を猶予し、その間を事故なく過ごせば刑の言渡しの効力を失わせる制度。

しっこう【失効】《名・ス自》効力がなくなること。

しっこう【△膝行】《名・ス自》ひざをついて進退すること。

じっこう【実効】実際の効力。実際のききめ。　**—てき【—的】**《ダナ》科学・技術の考究で、当の性質の成否を推量によらず確かめることのできる、確実な手段があるさま。▽effective の訳語。

じっこう【実行】《名・ス他》実際に行うこと。「計画を—に移す」「—力」

しっこく【×桎×梏】手かせ足かせ。自由を束縛するもの。

しっこく【漆黒】うるしをぬったように黒くて光沢があること。「—の髪」

しっこし『—がない』しっかりした所がない。いくじがない。▽「尻腰(しりこし)」の転。

じつごと【実事】歌舞伎で、分別があり、常識をわきまえた役柄。その役の演技。▽↓あらごと・わごと。なお「じつじ」と読めば別の意。　**—し【—師】**実事を(上手に)演じる役者。実方(じつかた)。

じっこん【△入魂・×昵懇】《名・ダナ》親しくつきあう間柄。懇意。「—の間柄」▽「入魂」を「にゅうこん」と読めば別の意。

じつざい【実在】《名・ス自》①実際に存在すること。「—の人物」②〔哲学〕われわれがそう思うからそこにあるように見えるというのではなく、われわれと離れて別に、客観的に存在するもの。　**—ろん【—論】**世界が、われわれの心の外部に、独立して存在するという主張。↕観念論

じっさい【実際】①単に頭の中で考えるのでなく、われわれの生活する場に臨んでのものであること。その現実(の姿)。「—の利益」「理論と—」「—に行う」「—的」②《副詞的に》頭の中で考えられるだけではなく、事実。本当に。「—そうなる」

しっさく【失策・失錯】《名・ス自》(物事を処理する上で)失敗すること。しくじり。やりそこない。

しつじ【執事】身分の高い人の家や社寺などで、家事や事務を監督し執行する職の人。▽貴人などへの書簡の脇付(わきづけ)としても使った。

しっし【嫉視】《名・ス他》ねたみ憎む気持で見ること。

じつじ【実字】①具象的意味を表す漢字。特に、名詞。②漢文で、実質的意味を表す文字。㋐虚字に対して、名詞・動詞・形容詞など。㋑虚字・助字に対して、名詞など。

じつじ【実事】実際の事柄。特に、《有無を言う表現を伴い》(夫婦でない男女の)情交。▽「じつごと」と読めば別の意。

じっし【十指】十本の指。「—に余る」(十本の指では数えきれない。十より多い)「—のさすところ」(大勢の意見の一致するところ。その意見の間違いのないこと)▽「じゅっし」とも言う。

じっし【実子】血縁上の、本当の(=実)子。生みの子。実の子。↕養子・義子。▽明治より前、実家との縁を切って家に入れ、実の子同様にした子をも言った。

じっし【実姉】同じ父母から生まれたあね。実のあね。

じっし【実施】《名・ス他》実際に施行すること。「アンケートを—する」「—の運びとなる」

しつじつ【質実】《名ナ》飾りけがなく、まじめなこと。「—剛健」 派生 **-さ**

じっしつ【実質】本当の内容。実際に内容の中心となるもの。「—上のリーダー」　**—ちんぎん【—賃金】**賃金額を物価指数で割った値。賃金の本当のねうちを表した額。↕名目賃金。　**—てき【—的】**《ダナ》(外見はともかく)本当の内容が備わっているさま。↕形式的。　**—はん【—犯】**刑法上何らかの法益侵害や危険発生で罪に問われる犯罪。↕形式犯

じっしゃ【実写】《名・ス他》実際の情景を写しとること。「—映画」

じっしゃ【実車】タクシーが客を乗せた状態にあること。↕空車

じっしゃ【実射】《名・ス他》銃砲で実弾を撃つこと。実弾射撃。「—訓練」

じっしゃかい【実社会】美化されたり観念的に考えられたりしたのではない、実際の社会。「卒業して—に出る」

じつじゅ【実需】実際の需要。

しつじゅう【執銃】小銃を携帯すること。

じっしゅう【実収】(営業経費などを除いた、または税込金額でなく手取りの)実際の収入。また、(推定高でない)実際の収穫量。

じっしゅう【実習】《名・ス他》技術を実地に就いて習うこと。「教育—」

じっしゅきょうぎ【十種競技】男子の陸上個人競技種目の一つ。百メートル競走・走り幅とび・砲丸投げなど十種の種目の競技を行い、それぞれの記録によって得た点の合計で勝負を決めるもの。▽「じゅっしゅきょうぎ」とも言う。

しつじゅん【湿潤】《名ナ》しめりけが多いこと。「—な土地」 派生 **-さ**

しっしょう【失笑】《名・ス自》笑ってはならないような場で、あまりのおかしさに、思わずふき出してしまうこと。「—を買う」▽近ごろ「笑いを失う」と取り、「笑えないほどあきれる」の意で言うことが多い。

じつじょう ①**【実情・実状】**実際の事情。実際の状態。②**【実情】**真実のこもった心。真情。

じっしょう【実正】まちがいないこと。いつわりのないこと。真実。「右—なり」▽古風な語。

じっしょう【実証】《名・ス他》事実をよりどころとし

て証明すること。また、その確実なよりどころ。確かな証拠。「無実を―する」　**―しゅぎ**【―主義】あくまでも事実を根拠とし、超越的・形而上（けいじじょう）学的な思弁によらずに、ある理論や意見の正しさを立証しようとする態度・考え方。

しっしょく【失職】《名・ス自》①職業を失うこと。失業。②法律で、職員が欠格条項に該当して職を失うこと。

しっしん【失神・失心】《名・ス自》気を失うこと。意識を失うこと。

しっしん【湿×疹】皮膚の表層の炎症。例、あせも。

じっしんほう【十進法】零・一・二……八・九の十個の数を基にし、九に一を加えたものを十（10）とし、十の十倍を百（100）とするように、十倍または十分の一ごとに桁が変わる、数値の表し方。▽「じゅっしんほう」とも言う。

じっすう【実数】①（推定によるのでなく）実際にあると確かめた数量。②〔数学〕有理数・無理数の総称。↕虚数

しっ-する【失する】①《サ変他》失う。「機会を―」「礼を―」②《サ変自》《「……に」を受けて》（手落ちと認められるほど）……であり過ぎる。「寛大に―」「遅きに―」

しっせい【叱正】《名・ス他》しかって正すこと。また、作品・論文の添削批評を乞う時に、どうぞ叱ってお直し下さいの意で言う語。「御―を賜りたく」

しっせい【叱声】しかりつける声・言葉。「―が飛ぶ」

しっせい【執政】政務をとること。その人。特に（江戸時代の）老中。家老。

しっせい【失政】①政治のしかたを誤ること。②悪政。

しっせい【湿性】しめった性質。水分の多い性質。↕乾性。「―肋膜（ろくまく）炎」

じっせい【実勢】実際の勢力。「―価格」

じっせいかつ【実生活】現実の生活。実際の日常の生活。

しっせいしょくぶつ【湿生植物】池や沼の付近など、しめりけの多い所にはえる植物の総称。例、せり。

じっせかい【実世界】実在する世界。現実の世界。▽空想や仮想の世界、サイバースペースに対して言う。

しっせき【叱責】《名・ス他》他人の失策などを、しかりとがめること。「―を受ける」

しっせき【失跡】《名・ス自》「失踪（しっそう）」の言い換え。→しっそう（失踪）

じっせき【実績】実際の功績・成果。「―をあげる」▽今までの仕事の成績の意に使うことが多い。

しつぜつ【湿舌】湿気の多い気団で、天気図に表したとき舌状に入り込んだ形になるもの。しばしば集中豪雨の原因となる。

じっせつ【実説】作り話でない本当の話。事実の話。

じっせん【実戦】（演習・練習に対し）実際の戦闘・戦い。「―の経験」

じっせん【実線】製図などで、破線・点線などに対し、切れ目なく続いた線。

じっせん【実践】《名・ス他》実際の情況のもとでそれを行うこと。　**―きゅうこう**【―×躬行】《名・ス他》自分で実際に行動すること。▽「躬」は、みずからの意。

しっそ【質素】《名・ダナ》ぜいたくをせず、簡素であること。「―な身なり」 派生 **-さ**

しっそう【執奏】《名・ス他》とりついで奏上すること。

しっそう【失踪】《名・ス自》家や本拠からどこへ行ったのか、その行方（ゆくえ）をくらますこと。失跡。出奔。▽「踪」は行方の意。

しっそう【疾走】《名・ス自》非常に速く走ること。「全力―」

じつぞう【実像】①レンズを通過し、または球面鏡で反射した光が、実際に結ぶ像。↕虚像。②比喩的に、実際の姿・状態。

じっそう【実相】①実際の有様。実際の事情。②〔仏〕すべてのものの、生滅変化する仮のすがたの奥にある真実のすがた。

じっそう【実装】《名・ス他》装置や機器の構成要素となるものを、すぐにも使えるように組み込むこと。「三七ミリ砲を―した爆撃機」「基板にICを―する」「このパソコンには大容量メモリーが―してある」

しっそく【失速】《名・ス自》①（進行方向と翼との角度が大きくなりすぎたとき）飛行機の揚力が急減し、抗力が急増して、飛行に必要な速度を失うこと。②比喩的に、急に勢いがなくなること。「景気の―」

じっそく【実測】《名・ス他》計器を使って実際に測ること。

じつぞん【実存】《名・ス自》①実際に存在すること。実在。②〔哲学〕主観とか客観とかに分けてとらえる前の、存在の状態。ここに今あるということ。　**―しゅぎ**【―主義】実存⑵は本質に先立つ、実存こそが世界の本当の姿だとする主張。▽キルケゴールに由来し、サルトルの作品で有名。

しった【叱×咤】《名・ス他》①大声をあげてしかること。②転じて、大声をあげてはげますこと。「三軍を―する」「―激励」

しったい【失態・失体】人目も恥ずかしい不面目（のていたらく）。「―を演じる」

じったい【実態】実際の有様・状態。「生活―」「―調査」

じったい【実体】①実物。本体。「―をつかむ」②哲学で、さまざまに変化してゆく物の根底にあって持続的だと考えるもの。　**―きょう**【―鏡】像を立体的に浮かび上がらせて見えるようにした装置。立体鏡。▽「じってい」と読めば別の意。

しったかぶり【知ったか振り】実は知らないのに、さも知っているかのようにふるまうこと。

しったつ【執達】《名・ス他》上官の意を受けて下の者に伝えること。　**―り**【―吏】「執行官」の旧称。

しったん【×悉△曇】①梵語(ぼんご)の字母。古くインドから中国や日本に伝えられた。②梵字・梵語の音韻学。

じつだん【実弾】実際に敵を倒すために使う本当の弾丸。実包。「ー射撃」▽金銭の威力をこれに見立て、現金を指すことがある。

しっち【失地】失った領土。奪われた土地。「ー回復」

しっち【湿地】しめりけが多くじめじめした土地。

じっち【実地】現実の場。実際の場合。現場。「ー検証」「ーに役立てる」

じっちく【実竹】マダケの地下茎が地上に出て、空中に伸びたもの。中が空でなく、印章・ステッキなどにする。

しっちゃかめっちゃか《ダナ》〔俗〕物事の混乱したさま。めちゃくちゃ。

じっちゅうはっく【十中八九】十のうち八か九までの割合。おおかた。ほとんど。「生還はーのぞめまい」▽「じゅうちゅうはっく」「じゅっちゅうはっく」とも言う。

しっちょう【失聴】病気や事故により聴力を失うこと。耳が聞こえなくなること。

しっちょう【失調】調子を失うこと。つりあいを失うこと。「栄養ー」

じっちょく【実直】《名・ダナ》誠実で正直なこと。律儀。「謹厳ー」派生 **-さ**

しっちん【七珍】〔仏〕→しっぽう(3)

しっつい【失墜】《名・ス他自》信用・権威などを失うこと。

じつづき【地続き】ある場所から他のある場所まで、海・川・堀などを隔てず、土地が続いていること。

じって【十手】江戸時代に捕吏が持っていた道具。五〇センチほどの鉄棒で、手もと近くに鉤(かぎ)がある。「朱房(しゅぶさ)のー」▽「じゅって」とも言う。この読みは一九五五年ごろに始まったもので、本来ではない。

じってい【実弟】同じ父母から生まれたおとうと。実のおとうと。

じってい【実体】《ダナ》正直でまじめなこと。実直。▽「じったい」と読めば別の意。

じっていほう【実定法】社会に現実に行われている法。人が人為的に定め、または変改・廃棄することのできるもの。↔自然法(2)

しつてき【質的】《ダナ》質に関係しているさま。↔量的。「ー変化」

しつてん【質点】物体の質量中心にその全質量が集まっていると見なして、その点の位置・運動によって物体の位置・運動を代表させる、その点。▽力学で便宜上考え出した概念。

しつでん【湿田】排水が悪く常に水気が多い田。↔乾田(1)

しってん【失点】《名・ス自》競技・勝負などで点を失うこと。その失った点数。

しってんばっとう【七転八倒・七×顛八倒】《名・ス自》苦痛のため、のた打ち回ること。しちてんばっとう。「ーの苦しみ」▽「顛」はころげる意。

しつど【湿度】空気が水蒸気を含む度合。普通、その温度で含みうる水蒸気の最大量を一〇〇とし、これに対する実際に含んでいる水蒸気の量の割合で表す。

しっと【嫉妬】《名・ス自他》やきもち。㋐他人が自分より恵まれていたり、すぐれていることに対して、うらやみねたむこと。「兄弟分の出世にーする」「ーを覚える」㋑自分の愛する者の愛情が他に向くのを恨み憎むこと。「愛人が妻にーする」「ー心」

じっと《副・ス自》体・視線を動かさないさま。「ー手を見る」。(我慢して)静かにしているさま。「ーして居られない気持」

しっとう【執刀】《名・ス自》外科手術・解剖でメスを持つこと。特に、患者に手術を施すこと。

しっとう【失当】《名ナ》(人の行為が)当を得ていないこと。「ーの措置」

じつどう ①【実動】《名・ス自》実際に行動すること。「ー部隊」車・機械などが実際に動いていること。「ー台数」②【実働】《名・ス自》実際に仕事にたずさわって働くこと。「ー時間」

じっとく【十徳】素襖(すおう)に似てわきをぬいつけた羽織のようなもの。▽僧衣の直綴(じきとつ)の転かと言う。「じゅっとく」とも言う。

しっとり《副[と]・ス自》①しめりけを帯びたさま。「髪がー(と)ぬれた」②適度に水分を含み、うるおいのあるさま。「ー(と)した食パン」「パックで肌をーさせる」③しとやかに、また、静かに落ち着いたさま。「ー(と)した女性」「夜がー(と)ふける」

じっとり《副[と]・ス自》(したたりそうなほど)しめりけをたっぷりと帯びたさま。「額にー(と)汗をかく」「長雨で畳がーしている」「ーと蒸し暑い」

しつない【室内】部屋の内。また、家の内。屋内。↔室外

じつない【△術無い】《形》しかたがない。困る。つらい。▽「じゅつない」のなまり。派生 **-さ -げ -がる**

しつないがく【室内楽】室内で演奏される音楽。小編成の合奏。

じつに【実に】《副》①実際に。「重さがー五トンもある」②全く。非常に。「ー美しい村」「ー嘆かわしい」

しつねん【失念】《名・ス他》①うっかり忘れること。どわすれ。②〔仏〕正念(しょうねん)を失うこと。

じつねん【実年】①五、六十歳代を指す語。▽一九八五年に厚生省が公募で決めた語。②実際の年齢。実年齢。

じつねんろん【実念論】普遍的なものとしての概念が実際に存在すると考える立場。個物の存在しか認めない唯名論と対立する。▽realism の訳語。

じつの【実の】《連語》《連体詞的に》本当の。実際の。「ーところ」「ー話」

じつは【実は】《連語》《副詞的に》本当は。本当のことを打ち明けて言えば。「ーぼくがやったんだ」

ジッパー →ファスナー。▽zipper もと商標名。

し

しっぱい【失敗】『名・ス自』方法がまずかったり情勢が悪かったりで、目的が達せられないこと。↕成功。「太郎が入試に―した」「人工衛星打上げが―した」「―作」関連 過失・失策・失態・粗相・大過・蹉跌(さてつ)・挫折・不成功・不首尾・不手際・手抜かり・手落ち・過ち・間違い・誤り・落度・咎(とが)・早とちり・へま・どじ・ぼか・ちょんぼ・エラー・ミス・ミステーク・千慮の一失・しくじる・し損じる・し損なう・やり損なう・間違う・間違える・誤る・過つ・とちる・躓(つまず)く・棒に振る・水泡に帰す

じっぱひとからげ【十把一からげ】『連語』どれもこれも価値がないものとして、一まとめにして扱うこと。▽「じゅっぱひとからげ」とも言う。

しっぴ【失費】何かをするのに使った費用。ものいり。「思わぬ―がかさむ」

しっぴ【×櫛比】『名・ス自』櫛(くし)の歯のように、ほとんどすきまもなく並んでいること。「商家の―する大通り」

じっぴ【実否】本当かうそか。事実か事実でないか。じっぷ。「―を確かめる」

じっぴ【実費】実際にかかる費用。取扱い者の手数料や利益を見込まない正味の費用。

しっぴつ【執筆】『名・ス他』文章を書くこと。筆をとって文字を書くこと。「原稿を―する」

しっぷ【湿布】『名・ス他』水・湯で湿らせたり薬剤を塗布したりした布で、患部を冷やし、あるいは温めて、痛みや炎症を和らげること。その治療法。また、その布。罨法(あんぽう)の手法の一つ。

じっぷ【実△否】→じっぴ(実否)

じっぷ【実父】肉親として血のつながりをもつ父。↕義父・養父

しっぷう【疾風】速く吹く風。▽気象学で、木の枝を動かし、白波の立つ程度の風を言う。　**―じんらい**【―迅雷】①疾風と激しい雷。②転じて、疾風迅雷(1)のようにすばやく激しいこと。

しっぷうもくう【×櫛風×沐雨】雨や風にさらされて苦労をし、奔走すること。▽髪を風で梳(くしけず)り、雨で洗うの意。

じつぶつ【実物】模型・見本・記号などでない、その物。実際の物。ほんもの。「―よりよくとれた写真」「―大」(実物と同じ大きさ)▽「みもの」と読めば別の意。　**―とりひき**【―取引】清算取引に対するもので、受渡し期日に必ず売買物件と代金との受渡しをしなければならない取引。転売・買いもどしを行い、差金の授受により決済することを認めない。

しっぺ　人さし指と中指とを並べて伸ばし、それで相手の手首などを打つこと。▽「しっぺい(竹箆)」の転。

しっぺい【執柄】政治の権力をにぎること。▽「柄」は権柄の意。もと、摂政・関白の異称。

しっぺい【△竹×箆】禅宗で、師家(しけ)が参禅者を指導するため打つのに使う竹の棒。

しっぺい【疾病】病気。

しっぺがえし【しっぺ返し】『名・ス自』即座にしかえしをすること。▽しっぺで打たれたのを、しっぺで打ち返すことから。

しっぽ【〈尻尾〉】①動物の尾。「犬の―」「―を巻いて逃げる」「―を振る」(愛想よくへつらう意にも)「―を出す」(ごまかしていたのが見つけられる。キツネ・タヌキのばけそこないに見立てた表現)「―をつかむ」(相手がごまかしていた弱点・証拠を押さえる)▽「しり尾」の転。②尻尾(1)に形の似た物。「大根の―」。細長いものや順番などの終わりの方。「行列の―」

じつぼ【地坪】(建坪に対して)地面の坪数。

じつぼ【実母】肉親として血のつながりをもつ母。↕義母・養母

しつぼう【失望】『名・ス自』望みを失うこと。あてがはずれてがっかりすること。「世の中に―する」

しっぽう【七宝】①「七宝焼」の略。銅・銀などの金属の下地に釉薬(うわぐすり)を載せて色彩豊かな模様・絵を描き出し、焼き付けてガラス質にした工芸品。また、その技法。②「七宝繋(つな)ぎ」の略。一つの円の四方に同じ大きさの円を四分の一ずつ重ねて繰り返した模様。③〔仏〕仏典に出ている金・銀・瑠璃・瑪瑙(めのう)など七種の宝玉。七珍。「―荘厳(しょうごん)」

じっぽう【十方】東・西・南・北・北東・北西・南東・南西・上・下の十の方向。あらゆる方角。また、あらゆる場所。「―世界」「―浄土」▽「じゅっぽう」とも言う。

じっぽう【実包】火薬を詰めた薬莢(やっきょう)に弾丸を装着したもの。↕空包

しつぼく【質朴・質×樸】『名ナ』飾りけがなく純真・素直なこと。「―な青年」派生 **-さ**

しっぽく【△卓×袱】①中国風の食卓。▽中国で、食卓をおおう布のこと。②うどんやそばにまつたけ・しいたけ・かまぼこ・野菜などを入れて煮たもの。▽唐音による読み。　**―りょうり**【―料理】日本化した中国風の料理で、卓袱(1)を囲んで会食するもの。長崎料理。

しっぽり『副[と]』①しっとりと十分にぬれるさま。「春雨に―(と)ぬれて」②しめやかにうちとけたさま。特に、(男女が)情愛こまやかにたわむれるさま。

じつまい【実妹】同じ父母から生まれたいもうと。実のいもうと。

じつみょう【実名】→じつめい

しつむ【執務】『名・ス自』事務・業務についていること。「―室」「―時間」

じつむ【実務】実際の業務。「―家」(実務に熟練した人)「―的な話合い」

しつめい【失明】『名・ス自』視力を失うこと。

じつめい【実名】(仮名・芸名・雅号などに対し)本当の名前。本名(ほんみょう)。じつみょう。「―を隠す」

しつめいし【失名氏】氏名がわからない人。

じつもって【実△以て】『連語』真実全く。「あの人には―手を焼きます」

しつもん【質問】『名・ス自他』わからない事、疑わしい事を問いただすこと。「先生に漢字の読み方を—する」「—攻めにあう」▽「質疑」より意味が広い。国会での代表質問など、自分の意見を述べることも含まれるが、質疑では許されない。

しつよう【執×拗】『ダナ』ねばり強くしつこいさま。自分の主張・態度をまげず、容易に相手に従わないさま。「—に食い下がる」 派生 **-さ**

じつよう【実用】『名・ス他』実際に用いること。実地に使って役立つものであること。「—品」 **—しゅぎ【—主義】**↓プラグマティズム。 **—しんあん【—新案】**使いよさなど使用価値が増すように、物の形や構造や組合せについて加えた考案。円柱形ではころがりやすい鉛筆を六角柱にしたのが、一例。↓はつめい(1)。 **—てき【—的】**『ダナ』実用に適するさま。実用むき。

じづら【字面】漢字などの、見た感じ。文字配列の、見た目の感じ。「—で判断する」(文章を表面だけで理解する)

しつらい(しつらひ)**【△設い】**(室内などの)かざりつけ。こしらえの様子。装置。設けること。しつらえ。

しつら-える(しつらへる)**【△設える】**『下一他』用に備えて(きちんと、または美しく)設け整える。「玄関のそばに控えの間を—」「飾り窓を—」

じつり【実利】現実の利益。実際の効用。「—主義」

じつり【実理】体験を通して得た道理・理論。

しつりょう【質料】〔哲学〕形をとって現れることにより初めて一定のものとなる、素材。▽アリストテレスは質料と形相(けいそう)とを存在の根本と考えた。例、家の構造は形相、材木は質料。

しつりょう【質量】〔物理〕物体が有する物質の量。物体の慣性の大きさ(加速のされにくさ)を表し、また、物体に働く万有引力に比例する。キログラムなどの単位で表す。▽重力による加速度はすべての物体に共通だから、質量は重さに比例する。 **—ちゅうしん【—中心】**↓じゅうしん(重心)(1)

じつりょく【実力】①実際に持っている力量。「—を発揮する」「—者」(その実力ゆえにまわりへの影響が大きい人) ②武力・腕力。「—行使」

しつれい【失礼】『名ナノ・ス自』①礼儀に反するふるまいをすること。失敬。無礼。「—な男」「—(を)いたしました」 ②軽い気持でわびる時(「あっ—」)、人と別れたり退出したりする時(「—させていただきます」)、人に物を頼んだり問うたりする時(「—ですが」)などの、あいさつの言葉。 派生 **-さ** 関連 無礼・非礼・欠礼・失敬・不敬・無作法・慮外・聊爾(りょうじ)・ぶしつけ・差し出がましい・人を食う・人を人とも思わない

じつれい【実例】実際の場で見いだされる例。実際にあった例。

じつれき【実歴】①実際に経験したこと。②実際の経歴。

しつれん【失恋】『名・ス自』相手が自分を思ってくれず、恋をあきらめなければならない状態になること。

じつろく【実録】事実をありのままに記録すること。脚色やフィクションを交えない、事実の記録。「—物」

じつわ【実話】事実の話。本当にあった話。

して『連語』①《形容詞連用形や「に」「ず」に添え》断定の意を込めて次に続けるのに使う。「労多く—利益は少ない」「それ無く—済まされようか」「人に—人でないやつ」「期せず—拍手が起こる」▽文語的。↓をして。②《接続詞的に》そうして。「—、話はどうなったのか」▽(1)(2)とも、サ変動詞「す」の連用形＋接続助詞「て」

して【仕手】①する人。「相談の—がない」 ②能・狂言で、主人公の役。また、それを演じる人。▽普通、「シテ」と片仮名で書く。③〔取引〕大口の思惑買いをする人。「—株」(思惑買いの対象となる株)。また、株の売買をする人。

しで【四手・△垂】①しめなわ・玉串などに紙(昔は木綿(ゆう))を細長く切ってさげたもの。②槍(やり)の柄につけて印(しるし)とする、払子(ほっす)のような形のもの。

しで【死出】死んであの世に行くこと。▽「死出の山」から。 **—のたび【—の旅】**死出の山に行くこと。死ぬこと。 **—のやま【—の山】**人が死後に行く冥土にある、けわしい山。

してい【使丁】雑役(ざつえき)をする人。小使。

してい【子弟】①子やおとうと。↕父兄。②年若い者。年少の者。「同郷の—」

してい【師弟】師匠と弟子。教員とその学生・生徒・児童。

してい【指定】『名・ス他』これこれだと(さし)定めること。「国宝に—する」「—席」

してい【私邸】個人のやしき。

してい【視程】大気の濁りぐあいを、適当な目標物を肉眼で確認できる距離で表したもの。距離を段階に区切った数字(視程階級)で表すこともある。▽機械的にも測定される。

じてい【自邸】自分のやしき。

してか-す【仕出かす・△為出かす】『五他』してしまう。やってのける。「えらい事を—・したな」▽多くは、その結果が悪い事、困った事の時に使う。

してき【指摘】『名・ス他』問題となる事柄をこれだと取り上げてさし示すこと。「欠点を—する」

してき【史的】『ダナ』歴史に関するさま。「—唯物論」「—な見地」

してき【私的】『ダノナ』個人に関するさま。おおやけでないさま。↕公的。「—な発言」

してき【詩的】『ダナ』詩の趣があるさま。↕散文的

じてき【自適】『名・ス自』のびのびとした気持で楽しみながら暮らすこと。「悠々—」

してつ【私鉄】(国有鉄道、今のJR線に対して)民間会社が経営する鉄道。私有鉄道。私設鉄道。

じてっこう【磁鉄鉱】鉄の原料として重要な鉱石。黒

色で金属光沢があり、もろい。結晶は普通、正八面体。磁性が強い。

してやられる《連語》《複合動詞相当》うまくやられる。だまされる。▽動詞「する」の連用形＋接続助詞「て」＋動詞「やる」の未然形＋受身の助動詞「れる」。なお、受身形でなく「してやった」のような形も使う。

してん【支店】 本店から分かれて出した店。でみせ。

してん【支点】 梃子(てこ)の回転運動の中心となる支えの点。

してん【視点】 ①物を見るために向けた視線がそそがれる点。「花から葉に―を移す」②絵画の遠近法で、無限の遠方にあると想定され、画面奥へと向かう平行線がそこで交わる点。消失点。③ある立場に立つ者の見かた。観点。「若者の―を生かす」「この―から問題を扱う」

しでん【史伝】 ①歴史と伝記。②歴史上の記録に基づいて作った伝記。

しでん【市電】 市営の電車。また、市街を走る電車。普通、路面電車を言う。▽日本の路面電車は一八九五年の京都のに始まり、市営のは一九〇三年の大阪が最初。東京市電は都制になってから「都電」と改称。

しでん【師伝】 (極意などを)師匠から伝授されること。

しでん【紫電】 紫色の電光。そのように、鋭い眼光、または、とぎすました刀の光。「―一閃(いっせん)」

じてん【時点】 時の流れの上の、ある一点。「きのうの―では不明だった」▽二つの時点の間の長さが「時間」。「時刻」(1)と同義だが、もっと一般的な言い方。「時刻」はどの日の何時何分何秒と表せるような場合について使う。

じてん【次点】 最高得点者に次ぐ、または入賞者・当選者に次ぐ者。また、その得点や得票数。

じてん【自転】《名・ス自》①自分で回転すること。②天体がその重心を通る直線を軸として回転すること。「地球は一日に一回―する」 **―しゃ【―車】** ①乗り手がペダルを踏んで、車輪を回して進む二輪車。②「自転車競技」の略。自転車(1)に乗って、速さや順位を競う。

じてん ①**【辞典】** 言葉を一定の順序に並べ、その発音・意味・用例などを説明した書物。辞書。▽広い意味では、事典・字典を含む。②**【字典】** 漢字を一定の順序に並べ、その発音・意味・用例などを説明した書物。字書。字引。▽辞典と同じ意味にも用いる。③**【事典】** 物・事柄の内容を、見出し語の字母順または内容の説明に便利な順で、説明した書物。

じでん【自伝】 →じじょでん

してんのう【四天王】 ①〔仏〕仏法を守護する持国天・増長天・広目天・多聞(たもん)天の総称。帝釈(たいしゃく)天に仕え、須弥山(しゅみせん)中腹で四方を守る。もと、古代インドの神。②(四天王(1)になぞらえて)弟子・部下などの中で特にすぐれた人物四人。「頼光の―」

しと【使徒】 ①イエス キリストが福音を伝えるために選んだ弟子十二人。ペトロ、ヨハネなど。②身命をなげうって努力する人。「平和の―」「真理探究の―」▽(1)の比喩的用法。

しと【使途】 (おかねの)使いみち。「―不明金」

しど【示度】 計器がさし示す目盛りの数値。「低気圧の中心―」

じど【磁土】 磁器の原料となる土。カオリンなど。

しとう【指頭】 指の先。

しとう【死闘】《名・ス自》決死の覚悟で戦うこと。死に物狂いの戦い。

しとう【私闘】《名・ス自》個人的な恨みによって争うこと。

しとう【私党】 私事のために組んだ徒党。↔公党

しとう【至当】《ノダ》《「―な」も使う》きわめて当然な、もっともなこと。「―な処置」

しどう【始動】《名・ス他自》動かし始めること。動き始めること。「―に要するエネルギー」

しどう【指導】《名・ス他》ある目的に向かって教え導くこと。「学生を―する」「事業形態を―する」「学習―」「―性」「―者」 **―げんり【―原理】** 行為・運動の目標または根拠となる理論。

しどう【士道】 武士としての道義。武士道。

しどう【×斯道】 この(＝斯)方面・分野。「―の権威」▽主に芸道・学問について言う。

しどう【私道】 (私有地に設けた)私設の道路。↔公道

しどう【師道】 人の師たるべき道。弟子に対する、師としての態度。「―はすたれていない」

しどう【×祠堂】 ①家の中の、祖先の霊をまつる所。また、寺内で檀家(だんか)の位牌(いはい)をまとめて収める堂。「―金」②ほこら。

じとう【地頭】 中世の荘園(しょうえん)で、租税徴収・軍役・守護に当たった管理者。後に権力を増して領主化した。「泣く子と―には勝てぬ」(赤ん坊や権力者とは争ってもかなわない) ▽「じがしら」と読めば別の意。

じどう【侍童】 近侍の少年。小姓(こしょう)。

じどう【児童】 子供。「―憲章」「―文学」。特に、小学生。「―・生徒」 **―じりつしえんしせつ【―自立支援施設】** 不良行為をする(おそれのある)児童、また家庭環境などの理由から生活指導の必要な児童を入所または通所させ、必要な指導を行い、自立を支援するための施設。▽一九九八年「教護院」から改称。 **―そうだんしょ【―相談所】** 児童の福祉のため、相談に応じたり指導したりする機関。児童福祉法に基づいて都道府県などに設置される。

じどう【自動】 機械などが(自分の中に動力をもっていて)自分で動くこと。「―ドア」「―販売機」(↓じはんき) ▽「自働」とも書いた。 **―か【―化】**《名・ス他》人手による作業を、機械の自動によるように変えること。 **―じてんしゃ【―自転車】** ↓オートバイ。 **―しゃ【―車】** 普通四つの車輪をもち、発動機の動力で、レールなしに走る車。 **―せいぎょ【―制御】**《名・ス他》温度・圧力・速度など状態の、変

化を感知し、自動的に調節すること。「―装置」 ―てき【―的】《ダナ》(他の力によらず)ひとりでに動き、または働くさま。 ―でんわ【―電話】 公衆電話の旧称。

しとうかん【四等官】 律令制で、各官職の四つの等級。長官(かみ)・次官(すけ)・判官(じょう)・主典(さかん)。大宝令(たいほう)で定められた。▽「かみ」「すけ」「じょう」「さかん」の用字は各省寮によって異なる。

しとぎ【×粢・×糈】 米の粉や糯米(もち)で作った長い卵形の餅。神前に供える。

しとく【至徳】 この上なく立派な徳。

しどく【死毒・×屍毒】 人や動物の死体に発生する有毒な物質。

じとく【自得】 ①《名・ス他》自分の努力によって理解すること。体験を通してさとること。②《名》自分自身に対して得意になること。うぬぼれ。③《名》自分に報いを受けること。「自業(じごう)―」

じどく【侍読】 →じこう(侍講)

しどけな-い《形》身なりなどが、しまりがなく乱れている。「―ねまき姿」 派生 -さ

しと-げる【△為遂げる・仕遂げる】《下一他》目ざす物事を終わりまで完全に行う。目的をはたす。

しどころ【△為所】 すべき場合。「ここが我慢の―だ」

しとしと ①《副[と]》雨が物静かに降るさま。「―(と)降る」②《副[と]》しとやかに歩く音。そのさま。「―(と)草を踏んで行く」③《副[と]・ノダ・ス自》ひどくぬれたさま。「しぶきが―とかかる」「露で―にぬれる」

じとじと《ダナ・副[と]・ス自》ひどく湿り気を帯びて不快なさま。「―(と)降る雨」「汗で―のシャツ」「―に湿ったカーテン」

しとつ【刺突】《名・ス他》槍(やり)や銃剣(2)で突きかかること。

じとつ-く《五自》じとじとする。「空気が―」

しとど《ダナ》びっしょり濡(ぬ)れたさま。「汗も―に」

しとね【×茵・×褥】 寝たりすわったりする時の敷物。ふとん。「草を―に寝る」▽雅語的。

しとみ【×蔀】 (昔の)和風建築で、格子(こう)の裏に板を張り、引き上げれば釣り金具でとめられるようにした戸。▽上下二枚に分けてあるのを「はじとみ」と言う。

しどみ 日当たりのよい山野に生える落葉小低木。枝にはとげがあり、早春、赤い五弁花が咲く。黄色に熟す丸い果実は香りがよく、果実酒などにする。クサボケ。▽ばら科。

しと-める【仕留める】《下一他》うち果たす。うちとめる。殺す。「敵を一刀のもとに―」「猪(いの)を―」

しとやか【△淑やか】《ダナ》(女性が)物静かで上品なさま。ものやわらかでたしなみがあるさま。派生 -さ

じどり【地鳥】 ①その土地に産する鳥。「―の鴨(かも)」②古くから日本各地で飼われているニワトリの在来種。▽「じとり」とも言う。(2)は「地鶏」とも書く。

じどり【自撮り】《名・ス自》手持ちのカメラで自分(の顔)を撮ること。「―棒」

しどろ《ダナ》秩序が保たれていないさま。しまりなく乱れるさま。「―の体(てい)」▽現在ではあまり使わない。

しどろもどろ《ダナ》話し方などが、筋立てられず前後が乱れるさま。「―の答弁」▽もとは「しどろ」と同義。

シトロン ①レモン汁などを炭酸水に加えて製した清涼飲料。②インド原産で、レモン・ブシュカンに近縁の柑橘(かんきつ)類。▽フランス citron

しな【品】 ①何かの用途にあてる、形がある物。品物。「所変われば―変わる」。特に(取引の対象とする)商品。「―が不足する」②ものの等級。㋐等級。品位。「上の―」㋑品質。「―が悪いペン」㋒人柄・身分・ふるまいの様子のよしあし。ひん。「―よく踊れ」

しな【△科】 ①『―を作る』(特に女が男に対し)感情をこめて、あだっぽい媚(こ)びるような様子をする。▽「しな(品)」(2)の転。②↓しなのき

=しな《動詞の連用形に付けて》そのおり。……がけ。「帰り―に寄る」「寝―に飲む」

しない【〈竹刀〉】 剣道のけいこに使う、割り竹で作った刀。▽動詞「しなう」の連用形から。

じない【地内】 一区域の土地の内。「植木屋の―にある家」「浅草の―で人を集めた大道芸」

しな-う【×撓う】《五自》(弾力があって)折れずに曲がる。「よく―竹」

しなうす【品薄】《名ナ》需要に対し商品が不足なこと。

しながき【品書(き)】 用意できる品物や料理の名前を書き並べたもの。

しなかず【品数】 品物の数。品物の種類。

しながら【品柄】 品物の質のよしあし。品質。

しながれ【品枯れ】 品物が出回らないこと。

じなき【地鳴き】 繁殖期の囀(さえず)りに対し、鳥がふだん(=地)出す(単純な)鳴き声。

しなぎれ【品切(れ)】 品物が売切れになること。

しなさだめ【品定め】《名・ス他》優劣を批評して定めること。品評。

しなしな《副[と]・ノダ・ス自》①弱々しくたわむさま。「甘えて―(と)しなだれかかる」②柔らかくて、張りがないさま。「湿気で海苔(のり)が―だ」「―した生地」

しなだま【品玉】 ①玉を空中に投げ上げたり受けとめたりしながら、いろいろの曲芸をすること。玉とり。②転じて広く、曲芸・手品。「―も種(たね)から」「大道で手品をやって居る処を……見下ろして居ると、あんまり―がよく見え過ぎて」(寺田寅彦「柿の種」)▽既に古風。

しなだ-れる《下一自》甘えて人にもたれかかるように寄りそう。なまめかしく寄りかかる。

しなちく【支那竹】↓メンマ

しなのき【△科の木】山地に自生する日本特産の落葉高木。七月ごろ葉のつけねに芳香がある黄白色の五弁花がたれ下がって咲く。材は細工用、また鉛筆材。樹皮からは丈夫な繊維が採れる。▽あおい科(旧しなのき科)。

しな-びる【△萎びる】〘上一自〙生気が衰え、または水分がなくなり、若々しさ・みずみずしさがなくなる。衰えてしわがよる。「―びた茄子(なす)」「―びた肌」

シナプス〔生理〕ニューロンと他のニューロンとの接合部分。▽synapse

しなもの【品物】↓しな(品)⑴

シナモン 肉桂(にっけい)の樹皮を乾燥させた香料。粉末と棒状があり、菓子類・飲料などに使う。▽cinnamon

しなやか〘ダナ〙①弾力に富んで、よくしなうさま。「―な枝」②動作がごつごつしていないさま。「―な身のこなし」「―に歩く」派生 **-さ**

じならし【地△均し】〘名・ス自他〙①地面の高低をなくして平らにすること。また、それに使う、ローラー等の道具。②比喩的に、ある事がうまく運ぶように事前に準備すること。「反対意見が出ないように―をしておく」

じなり【地鳴り】(地震などで)地盤が揺れて生じる低く響く音。また、その現象。

シナリオ ①(映画・劇の)場面変化の順序、せりふ・動作などを書いたもの。脚本。「―ライター」②物事の進行について(さまざまな可能性を考えに入れて)仕組んだ筋書き。「政権交替の―」▽scenario

しなわけ【品分け・品△別(け)】品物の区分。品等分け。

しなん【指南】〘名・ス他〙教え導くこと。教授。指導。「剣術―」▽「指南車」から出た語。 **―しゃ**【―車】車に木像の仙人を立て、その手が常に南を指すように装置したもの。▽昔、中国で道案内や戦争の時などに使ったという。 **―ばん**【―番】大名に仕え、武芸を指南した役。

しなん【至難】〘名ナノ〙(実現が)非常にむずかしいこと。「―の業(わざ)」「―中の―事」派生 **-さ**

じなん【次男・△二男】二番目のむすこ。「―坊」▽法律上では「二男」と書く。

しに【死(に)】①死ぬこと。「―場所」「早―(じに)」②役に立たないこと。むだなこと。「―金(がね)」「―学問」

シニア ①年輩者。高齢者。「―割引き」②上級(生)。↕ジュニア。▽senior

しにいそ-ぐ【死に急ぐ】〘五自〙寿命を縮めるようなことをする。死ぬべき時でないのに死のうとする。「人生―ことはない」

しにえ【死(に)絵】人気のある役者・作者などが死んだ時、追善・記念に出す肖像の版画。

しにおく-れる【死に遅れる・死に後れる】〘下一自〙ある人に先に死なれる。自分だけ生き残る。「娘に―」。死ぬべき時に死なずに生き残る。「―れては恥」

しにか-ける【死にかける】〘下一自〙死にそうになる。今や死のうとする。

しにがね【死(に)金】①ただため込んでおいたり、むだに使ったりして、効果のない金。本当には役に立っていない金。②自分が死んだ時の(葬式の費用などに当てる)ための用意の金。

しにがみ【死(に)神】人を死に誘う神。「―にとりつかれる」

シニカル〘ダナ〙皮肉な態度をとるさま。冷笑的。▽cynical 派生 **-さ**

しにかわ-る【死に変(わ)る】〘五自〙死んでほかのものとなって生まれて来る。生まれ変わる。

しにぎわ【死(に)際】死ぬまぎわ。臨終。

しにく【歯肉】↓はぐき。「―炎」

しにげしょう【死(に)化粧】(せめてもの思いで)死者に施す化粧。「生前の不幸を隠す―」

しにざま【死(に)様】その人に死が迫る(近づく)時の様子(・態度)。死ぬ時の様子。しによう。「見苦しい―はしたくない」▽↓いきざま

しにしょうぞく【死(に)装束】切腹などで死ぬ時の服装。また、死者に着せる服装。白装束。

しにせ【〈老舗〉】数代続いて繁盛し、有名になっている店。昔から長く続いて信用ある店。▽祖先からの業を守りつぐ「仕似せ」の意から。

しにぞこない【死に損ない】死にそこなった人。▽老人をののしって言うこともある。

しにそこな-う【死に損なう】〘五自〙①死のうとして失敗する。②もう少しで死にそうになる。ほとんど死の寸前までいく。「戦争で何回も―ったから、もう怖いものはない」

しにたい【死に体】①相撲で、重心を失って自力で立ち直ることが不可能な状態。②個人や組織が力を失って倒れそうな状態。「政権が―となる」

しにた-える【死に絶える】〘下一自〙一家一門の人、また同種の動物などが残らず死んで、血筋や種(しゅ)が絶えてしまう。

しにどき【死(に)時】死ぬ(べき)時。「男の―」

しにどころ【死(に)所・死(に)△処】死ぬ(べき)所。死に場。

しにば【死(に)場】↓しにどころ

しにばしょ【死(に)場所】↓しにどころ

しにはじ【死(に)恥】死にぎわの恥。また、死後に残る恥。

しにばな【死(に)花】「―を咲かせる」立派に死んで死後に誉れを残す。

しにみ【死(に)身】①(生き身に対して)死んだ身。死ぬべき身。②転じて、決死の覚悟を持つこと。捨て身。「―になって働く」

しにみず【死(に)水】死ぬまぎわに唇を湿してやる水。末期(まつご)の水。「―を取る」(転じて、死の最後まで世話をする意にも言う)

しにめ【死(に)目】死にぎわ。末期(まつご)。「親の―に

会えない」

しにものぐるい【死(に)物狂い】決死の覚悟で奮闘すること。必死にあばれもがくこと。「―で働く」

しにょう【×屎尿】大便と小便。排泄(はいせつ)物。

しにわか-れる【死に別れる】《下一自》その人が死んで、そのため別れる結果となる。「親に―」

しにん【死人】死んだ人。「―に口なし」(死んでしまった人は、何も語らず弁明もできない)

しにん【視認】《名・ス他》目標物を目で見て確認すること。

じにん【自任】《名・ス他》自分自身でそれが自分の任務としてふさわしい、それに相当する値うちが自分にあると思い込むこと。「彼は天才を(もって)―している」

じにん【自認】《名・ス他》(本人が)自分で認めること。

じにん【辞任】《名・ス他》今までついていた任務を辞退すること。職務を自分から申し出てやめること。「委員長を―する」

し-ぬ【死ぬ】《五自》①生物としての活動がとまる。㋐命が尽きる。↕生まれる。「交通事故で―」「細胞が―」「―んで花実(はな)がなるものか」(死んでしまっては何のよい事もない)「―んだ子の年を数える」(過ぎ去って取返しのつかないことを、あれこれと悔やむたとえ) ㋑自分で命を絶つ。自殺する。「毒をあおって―」②ものの働き・価値がなくなる。↕生きる。「そんな演奏法では名曲が―」㋐役に立たなくなる。「―んだ金」㋑囲碁で相手方の石に囲まれてとられる。㋒野球でアウトになる。㋓活気がなくなる。「風が―んでいる」 関連 終わる・こときれる・絶え入る・亡くなる・没する・みまかる・瞑(めい)する・逝(ゆ)く・薨(こう)じる・卒(しゅっ)する・殉じる・崩じる・息が絶える・息を引き取る・お隠れになる・不帰の客となる・死出(しで)の旅に出る・お陀仏(だぶつ)になる・くたばる・永眠・往生・大往生・死去・死亡・死没・終焉(しゅうえん)・昇天・成仏・絶息・絶命・他界・物故・瞑目(めいもく)・落命・横死・客死・餓死・急死・自殺・殉職・焼死・心中(しんじゅう)・水死・戦死・即死・長逝・溺死・凍死・頓死・病死・夭逝(ようせい)・安楽死・尊厳死・崩御・薨去(こうきょ)・入寂・入定(にゅうじょう)・入滅・逝去・卒去・犬死に・飢え死に・野垂れ死に

じぬし【地主】土地の所有者。

シネコン「シネマ コンプレックス」の略。一つの建物の中に複数の映画のスクリーンがあり、入場券売り場などを一か所にまとめた施設。▽cinema complexから

じねつ【地熱】地球内部の熱。「―発電」▽「ちねつ」とも言う。

シネマ 映画。キネマ。▽cinema **―スコープ** 横に広い画面と立体的な音響とを備えた、映画の一方式。▽CinemaScope 商標名。「シネスコ」と略す。

シネラマ 三台の撮影機でパノラマ式に撮影し、これを横長の画面に三台の映写機でうつす、映画の一方式。▽Cinerama 商標名。

シネラリア 北アフリカ原産で、イギリスで品種改良された園芸植物。葉はハート形で縁が波状。春から夏にかけ、紅・紫・青・白等の美しい花が咲く。サイネリア。▽cineraria きく科。

しねん【思念】《名・ス他》心に思うこと。思い考えること。

じねん【自然】人為が加わらないこと。本来そうであること。しぜん。「―石」 **―じょ**【―×薯・―△生】↓やまのいも

しの【×篠】①群がり生える小さな細い竹。「―突く雨」(勢い激しく降る雨) ②「篠笛(しのぶえ)」の略。

しのう【詩×嚢】『―を肥やす』詩想を豊かにする。▽「詩嚢」は詩の原稿を入れておく袋。

しのうこうしょう【士農工商】江戸時代の基本的な、職能などで分けられた武家・農民・職人・商人の身分。また、あらゆる階層の人民。

しのぎ【×鎬】刀・やじりなどの、刃の背に沿って小高くなっている部分。「―を削る」(激しく争う)

しのぎ【×凌ぎ】①しのぐこと。苦しい(ぐあいの悪い)事を我慢して切り抜けること。「一時―」「―がつかない」。暴力団関係の隠語的使用では、組(員)の活動・生活の資金(を得ること)。②《多く「お―」の形で》食事の正規の時刻までの間(ま)に合わせに食べるもの。「お―の五目飯」

しの-ぐ【×凌ぐ】《五他》加わって来る力・困難をはねのけ、押し伏せる。㋐我慢して切り抜ける。堪え忍ぶ。「暑さを―」「猛攻を―」㋑外力・困難を乗り越える。「飢えを―」㋒他より優位に立つ。「先輩を―」「日曜を―人出」

しのごの【四の五の】《連語》《副詞的に》(面倒なことを)あれこれと。なんのかのと。「―言わずに」

じのし【地△伸し】《名・ス他》仕上がりの狂いを防ぐため用布を裁つ前に、布目の曲がったものや、縮むものを、霧を吹いてアイロンをかけ、布目をそろえること。じなおし。

しのだけ【×篠竹】↓しの(1)

しのだずし【△信太×鮨・△信田×鮨】いなりずし。▽泉州(=今の大阪府南部)信太(しのだ)の森に白狐(びゃっこ)がすんでいたという伝説と、狐(きつね)は油揚げを好むということから。

シノニム 語形が違っていて、同じ意味をもつ語。同義語。↕アントニム。▽synonym

しののめ【〈東雲〉】夜明け。明け方。また、明け方に東の空にたなびく雲。

しのはい【死の灰】原水爆・原子炉の爆発時に飛び散って降り注ぐ、放射能をもつ塵(ちり)。

しのば-す【忍ばす】《五他》↓しのばせる

しのば-せる【忍ばせる】《下一他》人に知られないようにする。「声を―」。隠し持つ。「ふところに匕首(あいくち)を―」。隠し放つ。「物見の者を要所に―」

しのび【忍び】人目に立たないように、こっそりと物事をすること。㋐↓おしのび。㋑窃盗。「―を働く」

㋒『—の術』忍術。㋓『—の者』忍者。間者。スパイ。

しのびあし【忍び足】人に気づかれないよう、足音を忍ばせて歩くこと。「ぬき足、さし足、—」

しのびがえし〈へし〉【忍び返し】塀を越えて忍び込めないように、塀の上にとがった木・鉄などを並べて取り付けたもの。

しのびこ-む【忍び込む】《五自》人に気づかれないようにしてはいり込む。

しのびない【忍びない】《連語》(気の毒で)自分がそうすることにたえられない。「見るに—」▽「忍ぶ」の文語(上二段活用)の未然形に打消しの「ない」がついた形。「ない」の部分は、「ぬ」「ません」でもよく、それら三つの活用形でもよい。

しのびなき【忍び泣き】《名・ス自》人目をはばかり、声を立てずに泣くこと。

しのびね【忍び音】①忍び泣きの声。また、小さい声。②旧暦四月ごろのホトトギスの初音(はつね)。

しのびやか【忍びやか】《ダナ》人目・人聞きをはばかって、ひそかに行うさま。「—なささやき」

しのびよ-る【忍び寄る】《五自》そっと近づく。「背後から—」「—秋」「インフレが—」

しのびわらい〈らひ〉【忍び笑い】《名・ス自》(人に気づかれないように)声を立てずに笑うこと。

しの-ぶ ㊀【忍ぶ】《五他》①我慢する。「つらさをじっと—」「見るに—びない」(→しのびない) ②人目につかないように身を隠す。人目を避ける。「物陰に—」「世を—仮の姿」「—恋路(じ)」 ㊁【×偲ぶ】《五他》過去や遠くの人・所を恋い慕う。「戦地の兵士を—」「先人の苦労が—ばれる」▽奈良朝では「しのふ」で四段活用。平安朝以後「忍ぶ」と混同して、語尾が濁音となり、上二段活用も生じた。

しのぶ【忍】山地の樹木などに着生する羊歯(だ)植物。観賞用に栽培もされ、釣り忍にする。しのぶぐさ。▽しのぶ科。

しのぶえ【×篠笛】篠竹(しのだけ)で作った横笛。里神楽(さとかぐら)や長唄囃子(ながうたばやし)に使う。

しのぶぐさ【忍(ぶ)草】①シノブ・ノキシノブなどの羊歯(だ)植物の別称。②ワスレグサ⑴の別称。

シノプシス 映画や小説や論文の、あらすじ。▽synopsis

じのり【地乗り】馬術で、馬を足並みそろえて普通の速さで歩ませること。

しば ①【芝】土手や庭園に植えて芝生(しばふ)とする多年草。種類が多く、野原などに自生するものもある。茎はよく枝わかれして地面を這(は)い、節から根をおろす。葉は剣状で小さい。▽いね科。②【×柴】㋐雑木の小枝。そだ。㋑山野に生えている小さい雑木。

しば【死馬】死んだ馬。「—に鞭(むち)うつ」(退職した人などを責める)「—の骨」(以前はすぐれていても今は無価値なもの)

じば【地場】①地元。「—産業」②その土地の取引所に出入りする取引員および常連の客。「—筋(すじ)」

じば【磁場】磁石や電流の周囲に生じ、そこにある磁石や電流が力を受ける場。また、それを表す物理量。磁界。

ジハード イスラム教徒の、信仰のための戦い。聖戦。▽アラビア jihād

しはい【支配】《名・ス他》①自分の意志・命令で相手の行為やあり方を規定・束縛すること。②広く人以外のもので、他に強く働いてそれを左右すること。「前世紀を—した思想」「行楽は天候に—される」 **—かいきゅう**【—階級】国家・社会を支配する実権をもつ人々の階級。 **—にん**【—人】主人に代わって、(営業・人事など)一切の事を取りしきる権限を持つ者。

しはい【紙背】紙の裏。「眼光—に徹する」(→がんこう(眼光))「—文書(もんじょ)」(他の文書の紙の裏を利用して書いた文書)

しはい【賜杯】①天皇や皇族の名義で、競技の優勝者に賜るカップ。②天皇などが記念に賜るさかずき。▽⑴⑵共もと、臣下に賜るさかずき。⑵は「賜盃」とも書く。

しばい〈ゐ〉【芝居】①演劇。また、それを演じる小屋。▽中世、芝の上で舞をしたことから。多くは歌舞伎など日本固有のものを指す。②だますための作り事。「あの泣き言も彼の—だ」「一(ひと)—打つ」 **—がか-る**【—掛(か)る】《五自》芝居をするかのように大げさな口調やしぐさで振る舞う。 **—ぎ**【—気】芝居じみた筋を仕組んで、他人にあっと言わせようとする心。▽「しばいげ」「しばいっけ」とも。 **—ごや**【—小屋】芝居を興行する建物。劇場。 **—ぢゃや**【—茶屋】劇場に付属し、観客に芝居見物の案内・休息・食事の世話をする茶屋。▽今は無い。

しばいぬ【×柴犬】日本犬の一種。体毛は茶色のものが多く、耳が立ち尾が巻いている。▽「しばけん」とも。

しばえび【芝〈海老〉・芝×蝦】内湾の海底にすむ、体長一〇センチほどのエビ。淡黄色の体全体に緑の小斑点が無数にある。食用。釣りのえさにもする。▽くるまえび科。

しばかり《名・ス自》①【芝刈(り)】芝を刈ること。「—機」②【×柴刈(り)】柴(しば)を切り取ること。また、その人。「山へ—に行く」

じはく【自白】《名・ス他》①法律で「自供」と区別し、取調べなどで相手方の主張する、自分に不利な事を、真実だと認めること。②自分の秘密を白状すること。

じばく【自爆】《名・ス自》①自ら爆発を起こして、防御や攻撃をすること。㋐軍艦などを敵に取られないように、自分側で爆破すること。㋑被弾などで墜落しそうな航空機を、敵地に体当たりで爆発させること。㋒自分が乗る航空機・車や身に帯びた爆弾を、敵に体当たりで爆発させること。②比喩的に、自らの不利を招くこと。「そんな発言は—行為だぞ」

じばく【自縛】→じじょうじばく

しばぐり【×柴×栗】山や雑木林に自生するクリ。栽培品種の原種とされ、実は小さいが美味。ささぐり。

しばざくら【芝桜】北アメリカ原産の多年草。茎は地上をはって芝生(しばふ)のように広がり、四、五月に紅・白・淡青色などのサクラに似た形の花を一面に咲かせる。はなつめくさ。▽はなしのぶ科。

しばし【△暫し】『副・ノダ』少しの間。しばらく。「どうしたものかと—(の間)思案した」「—の別れ」

しばしば【×屡・×屡々】『副・ノダ』幾度も幾度も繰り返し。たびたび。「いたずらをして—しかられた」「裏をかかれたことも—である」

じはだ【地肌・地△膚】①化粧の下地の、肌。生地(きじ)のままの表面。②大地の表面。

しばた-く【△瞬く】『五他』→しばたたく

しばたた-く【△瞬く】『五他』まばたきをしきりにする。しばたく。▽「屡(しば)叩(たた)く」の意。

じばち【地蜂】クロスズメバチの別称。体長約一・五センチ。体は黒色で黄白色のしまがある。地下に穴を掘り大形の巣を作る。幼虫は「はちの子」と言って食用。▽すずめばち科。

しはつ【始発】①その日最初に発車すること。また、その電車・バスなど。↔終発。②その運転系統の起点であること。↔終着(2)。「—駅」

じはつ【自発】①他からの指示を待たず、自分から進んで行うこと。↔強制。「—による退学」「—的」②自然にそうなること。「—の助動詞」

しばづけ【×柴漬(け)】刻んだナス・キュウリなどに赤じそを加え塩漬けした、京都の伝統的な漬物。

しばふ【芝生】芝がはえている所。一面に芝が植えてある所。「—を張る」

しばぶえ【×柴笛】シイ・カシなどの若葉を唇にあてて吹き鳴らすこと。また、その吹き鳴らす葉。

しばやま ①【芝山】芝を植えた築山(つきやま)。また、芝のはえている山。②【×柴山】小さな雑木がはえている山。

じばら【自腹】『—を切る』負担せずとも済む支払いを、あえて自分の金でする。

しはらい【支払(い)】(金銭債務の履行として)金銭を払い渡すこと。▽「支」はあて字。官庁からのは「仕払」と書く習慣があった。

しはら-う(らふ:は)【支払う】『五他』金銭の払い渡しをする。「ガソリン代をカードで—」▽→しはらい

しばらく【△暫く】『副・ノダ・ス自』①長いとまでは言えないが、幾らかの時間。少しの間。「—お待ちください」「—して(=たって)また来る」「今から—は変化があるまい」「—のいこいを求める」▽名詞的にも使う。「ここ—が山だろう」②やや長い時間を隔てているさま。「やあ、—だね」「—ぶりの雨」

しばらくも【△暫くも】『連語』《あとに打消しを伴って副詞的に》少しも。「—ゆるがせにせぬ」

しばり【縛り】しば(りつけ)ること。束縛。制限。「法的—」「—をかける」

しばりあ-げる【縛り上げる】『下一他』ぐるぐると厳重に縛ってしまう。

しばりくび【縛り首】①なわで首をしめて殺すこと。また、その刑。②戦国時代、麻なわで罪人を後ろ手に縛り、首をさし出させて切った刑罰。

しばりつ-ける【縛り付ける】『下一他』①あるものを他のものに、離れないように縛る。「柱に—」②行動の自由を奪う。「義理に—けられて」

しば-る【縛る】『五他』①勝手な動きを封じるため、または離れないようにするため、なわ・ひも等を巻きつけて結ぶ。「泥棒を—」「傷口を—」②行動の自由を制限する。「時間に—られる」「規則で—られる」「存在記号で—った変項」

じばれ【地腫れ】『名・ス自』傷やできものの周囲の皮膚が広く一面にはれること。

しばれる『下一自』凍る。きびしく冷え込む。▽東北などの方言。

しはん【四半】①《接頭語的に》四分の一。「—世紀」②→しはんじき。 **—き**【—期】一年を四等分した期間(三か月ずつ)。 **—じき**【—敷】正方形の石を(玄関等に)斜めに敷きつめる敷き方。 **—せき**【—石】四半敷にした石。 **—ぶん**【—分】四分の一。

しはん【市販】『名・ス他』市中で売っている、または売ること。「—の薬」

しはん【師範】①学問・技芸を教える人。先生。「剣術の—」▽人の手本となることの意から。②「師範学校」の略。 **—がっこう**【—学校】旧制度で、小学校教員を養成した学校。▽高等師範学校は、中等学校教員を養成した。 **—だい**【—代】先生の代理で教授する人。

しはん【私版】①民間で出版すること。↔官版。②→しかばん

しはん【死斑・×屍斑】死後、皮膚に現れる紫色の斑点。▽死後数十分で現れ、十数時間で顕著。

しはん【紫斑】皮膚下に出血したため現れる紫色の斑紋。「—病」

じはん【事犯】〔法律〕刑罰に処すべき行為。「暴力—」

じばん【地盤】①建造物・施設物などの基礎となる土地。「—沈下」②転じて、土台。足場。勢力範囲。「選挙—」

ジバン【×襦×袢】→ジュバン

じはんき【自販機】「自動販売機」の略。貨幣を入れたりICカードをかざしたりして代金を支払い、ほしい品(主に飲み物や切符)のボタンを押すと、その品(と釣銭と)が出る機械。

しひ【私費】個人で出す費用。↔官費・公費。「—を投じる」

しひ【紙碑】すぐれたその人や特色あるその時代を伝えようと、活写した文章。「大岡昇平の「ながい旅」は数少ない知的武人の—だ」▽石などに刻んだ碑にたとえる。昭和初年の造語か。

しひ【詩碑】詩をほった石碑。

しび【×鮪】マグロの成魚の異名。また、キハダ・ビンナ

ガなどの地方名。

しび【×鴟尾】宮殿・仏殿などの大建築の大棟(おおむね)の両端に取りつけた鳥の尾の形の飾り。沓形(くつがた)。

じひ【慈悲】①情け。あわれみ。②〔仏〕仏・菩薩(ぼさつ)が衆生(しゅじょう)をあわれみ、苦を除き、楽を与えようとする心。

じひ【自費】自分の金でまかなう費用。「―出版」

シビア『ダナ』きびしい状態であるさま。容赦のないさま。「―な条件」▽severe 派生 **-さ**

ジビエ 狩猟で捕獲した野生動物・野鳥。また、その肉。▽フランス gibier

じびか【耳鼻科】耳や鼻の病気を扱う、医学の分科。

じびき【地引(き)・地×曳(き)】沖合に網を張りめぐらし、それを陸上に引き寄せて魚をとること。また、その網。じびき網。

じびき【字引】①字典。字書。②辞典。辞書。

じひしんちょう【慈悲心鳥】山地の林にすむ、ハトよりやや小さな鳥。形はタカにやや似る。オオルリなどの巣に托卵(たくらん)する。じゅういち。▽かっこう科。鳴き声を「じひしん」と聞きなしての名。

しひつ【史筆】歴史を書きしるす筆づかい。歴史を書く表現法や表現態度。

しひつ【試筆・始筆】かきぞめ。

じひつ【自筆】自分で書くこと。本人が書いたもの。

しびと【死人】死んだ人。死人(しにん)。 **―ばな**【―花】→ひがんばな

じひびき【地響き】①重いもの、大きなものが落ちたり通過したりして、地面が振動して音がすること。「轟(ごう)たる―を残して去る」②大地が鳴り響くこと。地鳴り。

しひゃくしびょう【四百四病】〔仏〕人間がかかる、あらゆる病気。「―の外(ほか)」(恋の悩みのこと)

しひゃくよしゅう【四百余州】中国全土を指す呼び方。

しひょう【師表】世人の模範となること。そういう人。

しひょう【指標】①めじるし。▽指数(1)の意で使うこともある。②〔数学〕10を底(てい)とする常用対数の、整数の部分。もとの数の桁数が、これによってわかる。

しひょう【死票】落選者に投じられた票。▽選挙人の意思が議席数に生かされない投票の意。

しびょう【死病】罹(かか)ると死ぬに決まっている病気。

じひょう【時評】①時事に関する評論。「社会―」②(当時の)評判。

じひょう【辞表】その職務をやめたいということを書いて差し出す文書。

じびょう【持病】①長い間根治せず、常時または時々起こって悩まされる病気。②比喩的に、なかなかなおらない悪いくせ。

しびょうし【四拍子】①〔音楽〕楽曲の一小節が四個の拍子からなるもの。よんびょうし。②能で使う囃子(はやし)の四種の楽器。笛・小鼓(こつづみ)・大鼓(おおつづみ)・太鼓(たいこ)。また、その奏者。

シビリアン コントロール →ぶんみんとうせい。▽civilian control

しびれ【×痺れ】しびれること。「手足の―がとれる」「―を切らす」(転じて、待ちきれなくなる)「―が切れる」(同上。→きれる㊂)

しびれる【×痺れる】『下一自』①体(全体または一部分)の感覚が失われ、運動の自由がきかなくなる。「足が―」②俗に、強烈な魅力に我を忘れ、うっとりする。「歌声に―」「―ほどの感動」

しびん【×溲瓶・△尿瓶】(病人などが)寝床の近くに置いて小便をする時に使う容器。▽「しゅびん」のなまり。

しふ【師×傅】(貴人の子を)養育する役。お守り役。

しふ【師父】①師と父。②父のように敬愛する師。

しふ【詩賦】詩と賦。中国の韻文。

しぶ【渋】①渋い味。「―を抜く」②→かきしぶ。③物からしみ出る赤黒い液。「茶―」

しぶ【市部】市制をしている区域。

しぶ【支部】本部から分かれて(本部の統括の下に)事務を取り扱う所。「―を設ける」

じふ【慈父】子に対し深い愛情を持つ父。

じふ【自負】『名・ス自他』自分の才能や仕事に自信をもち、誇りに思うこと。また、その心。「―心が強い」

しぶい【渋い】『形』①渋柿を食べた時などの、しびれるように舌を刺激する感じだ。②(渋い(1)ものを食べたような)にがりきった、またはよろこんではいない表情だ。「―顔をする」③派手でなく、落ち着いた深い趣がある。「好みが―」「―声」④金品を出し渋って、けちだ。「払いが―」「何事につけ―男」 派生 **-さ -み* -がる**

しぶいた【四分板】厚さ四分(一センチ余)ほどに製材した板。

しぶいろ【渋色】柿渋のような赤茶色。

しふう【士風】武士の気風または風紀。

しふう【詩風】詩の作品ににじみ出たその詩人(や派)の作風。

しぶうちわ【渋〈団扇〉】柿渋を塗ったうちわ。茶色で丈夫。▽台所などで使った。

シフォン ケーキ ごくうすい絹織物のシフォンのように、軽くふわふわしているスポンジ ケーキ。▽chiffon cake

しぶがき【渋柿】実が赤くなってもなお、渋いかき。しぶ抜きをしたり干しがきにしたりして食べる。また柿渋を取る。

しぶがみ【渋紙】はりあわせて柿渋を塗った紙。包み紙・敷物などにする。

しぶかわ【渋皮】樹幹・果実のあまかわ。「―がむける」(あかぬけした肌や顔の形容)

しぶき【〈飛沫〉】飛び散る細かい水玉。「波の―」

しふく【至福】この上ない幸福。

しふく【私服】①個人の服。②制服でなく、私服を着ている警察官。

しふく【私腹】 自分の腹すなわち財産。「—を肥やす」（公の立場を利用して不当に利益をむさぼること）

しふく【紙幅】 ①紙のはば。特に、執筆のために提供された分量。「—が尽きたので、ここでやめる」②表装した書画。「その—には迫る力がある」

しふく【雌伏】《名・ス自》将来に活躍の日を期しながら、他の下に屈従すること。↔雄飛。「—十年」

しぶ-く《五自》しぶきがあがる。また、風まじりに激しく細かい雨がふりそそぐ。

じふく【時服】 その時期に着るべき服。時候にふさわしい衣服。特に昔、天皇や将軍などから臣下に下賜されたもの。「—料」

じぶくろ【地袋】 床の間のわきに設けた違いだなの下などにある、小さい袋戸棚(ふくろとだな)。↔天袋(てんぶくろ)

ジプシー ①ヨーロッパを中心に各地に散在する少数民族。移動生活をしたが、現在は多くが定住。男は鋳掛け、女は占いなどで生活をたて、各地で差別を受けた。特有の音楽・舞踊の伝統をもつ。↓ロマ。②転じて、放浪者。▽Gypsy

しぶしぶ【渋渋】《副「と」・ノダ》いやいやながらするさま。不承不承に。「断れなくて—(と)承知した」「—の表情で」

しぶぞめ【渋染(め)】 渋色に染めること。

しぶちゃ【渋茶】 ①(出すぎて)味の濃い茶。②味が渋い下等な茶。

しぶつ【死物】 生命がない物。役に立たないもの。「—と化する」

しぶつ【私物】（官庁・会社・学校等の備え付けのものでなく）個人所有の物。「—化」

じぶつ【事物】 ものごと。▽事柄より物の方に重点を置いて言う。

じぶつ【持仏】 身近に安置し、または常に身に持って信仰する仏像。まもり本尊として信仰する仏像。念持仏。「—棚」 **—どう【—堂】** 持仏を安置する堂。▽祖先の位牌(いはい)を安置することもある。

しぶっつら【渋っ面】 にがにがしい顔つき。ふきげんな顔つき。

ジフテリア ジフテリア菌によって起こる感染症。多くはのどが冒され、神経麻痺(まひ)や心筋炎を併発することもある。子供がかかりやすい。▽ラテン diphtheria もと法定伝染病の一つで、現在も感染を確認した医師には届け出が義務付けられている。

シフト ①《名・ス自他》態勢・配置の変更(をすること)。特に、野球で、打者に応じた守備位置の移動。「バント—」②《名・ス自他》切りかえること。「ギア—」「—キー」③《名》交代制(の勤務)。「—を組む」「—制」▽shift

しぶと-い《形》強情だ。困難に負けず強い。ねばりづよい。「—やつ」「—く生きる」派生 **-さ**

じふぶき【地〈吹雪〉】 地上に降り積もった雪が、強い風に吹き上げられ乱れ飛ぶこと。

しぶみ【渋み】 渋いあじ。▽舌に感じるものにも、物事の趣にも使う。「み」を「味」と書くのは当て字。

しぶり【仕振り】（物事を）する様子。しかた。「仕事の—」

しぶりばら【渋り腹】 激しく便意を催すのに、通じがよくない下痢。「—を起こす」

しぶ-る【渋る】 ①《五自》なめらかに行かない。すらすらと事が運ばない。とどこおる。「筆が—」「売れ行きが—」「腹が—」(↓しぶりばら) ②《五他》(惜しんで、または嫌がって)事をすらすらと進めない。「承諾を—」▽動詞の連用形を受けることも多い。「金を出し—」

しぶろく【四分六】 四分(四割)と六分(六割)との割合。「もうけを—に分ける」

しふん【私憤】 個人的な事についての恨み。私事の怒り。↔公憤

しふん【脂粉】 ①べにとおしろい。②転じて、化粧。「—をこらす」

しぶん【士分】 武士という身分。「—に取り立てる」

しぶん【×斯文】 この学問。この道。特に、聖人の道。儒教。

しぶん【死文】 実際には何の効力もない法令・規則。また、内容のない文章。

しぶん【詩文】 詩と散文。文芸。

じふん【自×刎】《名・ス自》自分で自分の首を刎(は)ねて死ぬこと。

じふん【自噴】《名・ス自》(温泉や石油などが)ひとりでにふき出ること。

じぶん【時分】 ①時。ころ。当時。「その—」「今—」②ほどよいころあい。時機。「—はよし」「—をうかがう」 **—どき【—時】** 食事(多くは昼食)をする時間帯。「—だから訪問を避けろ」▽普通「時分どき」と書く。やや古風。

じぶん【時文】 ①その時代の文。当時の文。②中国で新聞の論説などに使う、実用的書き言葉体の文章。

じぶん【自分】 ①その人自身。「—のことは—でせよ」「—で言ったくせに」「太郎は弟に—の(=太郎の)荷物を持たせた」②《代名詞的に》わたくし。わたし。「—は二等兵であります」「—が行きます」▽(2)は主に男が使う。関連 己(おのれ)・みずから・私・我・余・我輩(わがはい)・自家・自我・自己・自身・当人・本人 **—かって【—勝手】**《ダナ》他人の迷惑などかまわず自分の都合だけを考えるさま(・態度)。▽「じぶんがって」とも。 **—し【—史】** 自分の歩んできた人生の記録。▽昔なら自叙伝など書かなかったような庶民が、自分の事の感想的回顧をしたものが多い。一九八五年ごろからはやった。 **—じしん【—自身】**「自分」を強めて言う語。

しぶんごれつ【四分五裂】《名・ス自》秩序なく乱れ、われること。ちりぢりばらばらになること。

しぶんしょ【私文書】 私人の文書。私人が作成した文書。↔公文書

しべ【×稭】「わらしべ」の略。

しべ【×蕊・×蕋・×蘂】 ↓ずい(蕊)。「雌(め)—」「雄(お)—」

しへい【私兵】公の機関に属さない兵隊。個人が勢力を張るために養っておく兵。

しへい【紙幣】金属貨幣の代用として流通する紙の貨幣。さつ。↕硬貨

じへい【時弊】その時代の悪習・弊害。

じへい【自閉】〔医学〕他人との接触をきらい自分だけの世界に閉じこもる病的な精神状態。統合失調症の症状の一つ。　**―しょう【―症】**〔医学〕発達障害の一つ。ことばの遅れ、特定の物などへの固着、対人関係での孤立などを示す。脳の機能障害によると考えられる。

じべた【地べた】〔俗〕土や道の面。「―にへたへたと座り込む」

しべつ【死別】《名・ス自》死にわかれること。↕生別

しへん【四辺】①あたり。近所。まわり。②四方。四方の辺境。③〔数学〕四個の辺。「―形」

しへん【紙片】かみきれ。

しへん【詩編・詩×篇】①詩を集めた書物。また、書物の中で詩を集めた部分。②一編の詩。

しべん【思弁】《名・ス他》経験によらず、頭の中で理性だけに訴えて考えること。「―的」

しべん【支弁】《名・ス他》金銭を支払うこと。▽多くは、支払いの義務や支出の財源に関して言う。

しべん【至便】《名ナノ》非常に便利なこと。「交通―」

じへん【事変】異常な出来事。非常の出来事。㋐警察力ではしずめ得ないほどに混乱、拡大した騒乱。㋑国際間の、宣戦布告なしに行われた武力行為。

じべん【自弁】《名・ス他》自分で費用を負担して払うこと。「交通費は―だ」

しほ【試補】ある官に任命されるまで、事務を実地に見習う者。「司法官―」(現在は司法修習生)

しぼ　織り糸の縒(ょ)りぐあいによって出す、織物の細かいちぢれ。「ちりめんの―」。また、革に加工したしわのようなでこぼこ。

しぼ【思慕】《名・ス他》思い慕うこと。恋しく思うこと。

じぼ【字母】①音声を書き表すのに使う、文字の一つ一つ。例、アルファベットの各字。②活字を鋳るもとにする型。母型。

じぼ【慈母】(子に対し)深い愛情をもつ母。子をいつくしむ母。

しほう【仕法】①仕方。方法。②〔取引〕証券の取引方法。

しほう【司法】国家が既定の法律を実際の事実に適用する行為。法に基づく民事・刑事上の裁判。↕立法・行政。　**―かいぼう【―解剖】**殺害や事故の死体に施す、死因と犯罪行為との関係を明らかにするための解剖。　**―かん【―官】**司法に携わる役人。裁判所の裁判官のこと。▽検事を含めていうこともある。　**―けん【―権】**司法作用を行う権能。民事・刑事の裁判を行う権能。↕立法権・行政権　**―しょし【―書士】**他人の嘱託を受けて、裁判所・検察庁・法務局などに提出する書類の作成を代行する者。　**―とりひき【―取引】**刑事裁判で、検察と被告人が取引し、被告人の協力を条件として刑の軽減をはかる制度。

しほう【私法】民法・商法等、私人としての利益や関係について規定した法律。↕公法

しほう【四方】東西南北の四つの方向。また、ぐるり。㋐居る所(着目するもの)のまわり。「―に進出する」「―を従える」(天下征服の意にも)「二キロ―にあるコンビニ」㋑一辺がその長さの正方形。「八センチ―の紙」　**―はい【―拝】**一月一日の朝、宮中で行われる儀式。天地四方などに祈りを捧(さ)げる。もと四大節の一つ。▽「しほうばい」とも言う。

しほう【至宝】非常に大切な宝。

しぼう【子房】花のめしべの下の端のふくらんでいる部分。受精して果実となる。

しぼう【志望】《名・ス他》自分がこうなりたい、こうしたいと望むこと。「獣医を―する」「地方転出を―する」「進学―者」

しぼう【死亡】《名・ス自》人が死ぬこと。「―届」▽↓しきょ

しぼう【脂肪】動植物の体中に含まれる不揮発性のあぶら。▽普通、常温で固体のものをいう。↓しぼうゆ。　**―さん【―酸】**脂肪や蠟(ろう)の構成成分として生物体内に広く存在する有機化合物。炭素原子が鎖状に結合した一塩基酸で、酢酸やリノール酸など種類が多い。　**―ぶとり【―太り】**でぶでぶした太りかた。　**―ゆ【―油】**常温で液体をなす脂肪。例、オリーブ　オイル・鯨油・魚油。

じほう【次×鋒】柔道や剣道などの団体戦で、二番目に出る選手。

じほう【時報】①(ラジオなどで)正確な時刻を知らせること。「正午の―」②その時々の報知。また、それを掲載する雑誌類。「経済―」

じぼうじき【自暴自棄】(失望などが原因で)自分の身を粗末に扱い、やけくそになること。

しほうじん【私法人】私法上の法人。会社・社団法人・財団法人など。↕公法人

しぼつ【死没・死×歿】《名・ス自》(人が)死ぬこと。死亡。「―者」

しぼ-む【×凋む・△萎む】《五自》①生気を失ってしおれる。「花が―」②ふくらんでいたものが、小さくなる。「風船が―」「希望が―」

しぼり【絞り】①↓しぼりぞめ。「―のゆかた」②花びら等で、絞り染めのように色がまだらになっているもの。③↓おしぼり。④カメラで、レンズの開口部の大きさを変えて光線の量を調節する装置。また、調節すること。

しぼりあ-げる【絞り上げる】《下一他》①かたくしぼる。「機械で豆の油を―」②非常に強く責める、しかる。③無理にたくさん出させる。「金を―」④無理に声をはりあげる。

しぼりこ-む【絞り込む】『五他』多数ある中から(一定の規準で)選んで、対象範囲を狭くする(一つに決める)。「候補を—」

しぼりぞめ【絞(り)染(め)】布地の所々を糸でかたくしばり、染料の中にひたして白い模様を染め出す方法。また、そうした染物。しぼり。

しぼりだし【搾り出し】やわらかく細長い管状の容器に絵の具やねり歯みがき等を入れ、押して中身が口から出せるようにしたもの。チューブ。

しぼ-る【絞る・搾る】『五他』①強く握り、またはねじって、水分を除き去る。「タオルを—」「袖を—」(涙で濡れた袖を絞る。ひどく泣く)。一般に、強く圧して液を出させる。「乳を—」「酒を—」「油を—」(強くしかる意にも言う) ②出ない物を無理に出させる。「知恵を—」「税を—り取る」③強くしかりとがめる。「おやじに—られた」。きびしくきたえる。「特訓で—」④ひろがっているものを小さくまとめる。「数を—」「候補者を一人に—」「贅肉(ぜいにく)を三キロ—」㋐出力を小さくする。「エンジンを—」「音量を—」㋑押して一方へ片よせる。「幕を—」「引き金を—」㋒カメラの絞りで開口部を小さくして光量を減らす。㋓問題点を整理して議論を限定し、ある方向に持ってゆく。「テーマを—」

しほん【資本】事業をするのに必要な基金。もとで。生産の三要素(=土地・資本・労働)の一つ。新たな営利のために使う、過去の労働の生産物。また、利子・利益を得るために使う貨幣類。「—を投じる」 **—か**【—家】資本金を出してその利潤を得る人。また、企業を経営して労働者を使う人。 **—しゅぎ**【—主義】生産手段を資本家・企業者の階級が所有し、自分たちの利益追求のために労働者を働かせて生産を行う経済体制。↔社会主義

しほんばしら【四本柱】相撲(すもう)の土俵の四すみに立てて屋根を支える四本の柱。▽現在は柱をやめ、房を下げる。

しま【島】①周囲が水で囲まれた陸地で、大陸以外のもの。②ある仲間内・なわ張りなど、他から区別されてまとまったもの。

しま【×縞】①織物の地の色と違った色の糸で、縦または横に筋を織り出したもの。②縞織物の筋に似た模様。

しま【〈林泉〉】↓りんせん(林泉)。▽気取った雅語的な言い方。

しま【×揣摩】『名・ス他』事情をおしはかること。「—臆測」(当て推量)

しま【死魔】死という魔物(まもの)。死神(しにがみ)。

しまい【仕舞(い)】①かたがついた終わり。㋐最後。「—に一言だけ注意する」「こうなっては(お)—だ(=もうだめだ)」㋑やめること。「もう一本飲んだら—にする」「店—」㋒尽きること。「お—になりました」(売切れのあいさつの表現にも使う)㋓《動詞に打消しの「ず」がついたものにつけて、「……ずじまい」の形で》するつもりの事、したかった事を、しないままで終えること。「外国には行かず—だった」「買わず—に帰って来てしまった」②能で、装束を付けず鳴り物もなく、謡(うたい)だけで舞う、略式の舞。

しまい【姉妹】①姉と妹。女のきょうだい。「兄弟—」②系統を同じくする二つのもの。「—品」「—会社」

じまい【地米】その土地でとれた米。

=じまい →しまい(仕舞)(1)㋓

しまいゆ【仕舞(い)湯】他の人たちがみな入り終わったあとのふろ。しまいぶろ。

しまいわす-れる【仕舞い忘れる】『下一他』①しまった場所を忘れる。「—れて見つからない」。それをしまったことさえ忘れる。「—れて何年もたってから気がついた」②片づけるべき物を、忘れてしまわずにいる。「お金を机の上に—」

しま-う㊀【仕舞う】①『五他』かたをつけ、終わりにする。㋐やめる。「きょうの仕事を—」「店を—」(その日の営業を終わりにする。または、廃業し店をたたむ)▽「終う」「了う」とも書いた。㋑使っていた物、散らかっている物をかたづける。また、かたづけて一定の場所におさめる。「道具を—」「—っておいた書付けを取り出す」②『五自』《動詞連用形+「て」や「……ずに」「……ないで」の下に付いて》㋐その動作を(不注意にも、または故意に)して、それを終了する意を表す。「落として割って—」「人の秘密を見て—」「一生見ずに—った」㋑動作や状態の強調表現に使う。ひどく……する。完全に……だ。「あきれて—」「あわてて—」▽不本意な結果に至ることを言う場合が多い。「終う」「了う」とも書いた。話し言葉では「……てしまう」の部分を「ちまう」「ちゃう」と言うこともある。↓じまう。㊁『—った』失敗など、自分の意に反する結末となった時に言う表現。↔しめた。「これはしまった、しくじった」▽「しもうた」とも言う。

じまう『連語』「てしまう」(↓しまう㊀(2))のつづまった「ちまう」に音便ンが先立つ時の形。「酒を飲ん—」▽↓ちまう

しまうま【×縞馬】アフリカの草原にすむ、全身が白と黒の縞(しま)模様のウマに似た獣。ゼブラ。▽うま科。

じまえ【自前】①全部の費用を自弁すること。「会社が—のビルをもつ」②芸者が独立して営業すること。その芸者。↔かかえ(1)㋑

しまおり【×縞織(り)】縞(しま)模様を織り出すこと。そうした織物。

しまか【×縞蚊】黒い体に白い縞(しま)のように見える白斑がある蚊。やぶ・木陰などにいる。▽やぶか属しまか亜属の蚊の総称。

しまかげ ①【島陰】島でさえぎられて見えない所。島の向こうがわ。②【島影】島の姿。「一つの—も見えない」

しまがら【×縞柄】縞(しま)模様。

じまく【字幕】映画・テレビなどで、題・配役・説明・台詞(せりふ)などを文字で映し出すもの。

しまぐに【島国】周囲が海に囲まれた国。 **―こんじょう**【―根性】外国との交渉が少ないため、視野が狭く、他人に対する許容力も乏しく、こせこせしている、島国の住民に一般に認められる傾向。

しまだ【島田】「島田髷(まげ)」の略。日本髪の一種。主に娘が結(ゆ)う。また結婚式に結う。文金島田(高島田)・つぶし島田など種類が多い。 **―くずし**【―崩し】島田まげの変型。芸者などが結う。また忌中に結う。

しまだい【島台】結婚式など祝儀(しゅうぎ)の時に飾る物。洲浜台(すはまだい)の上に松竹梅・鶴亀・尉(じょう)・姥(うば)等の形を作り、蓬萊(ほうらい)をかたどったもの。

しまつ【始末】①『名・ス他』物事の締めくくり(をすること)。▽②の転。㋐㋒の意では「始末する」と、それぞれ他動詞・自動詞にも使う。㋐跡かたづけ。処理。「―をつける」「―におえない」㋑(悪い)結末。結果としての(悪い)状態。「何しろあの―だ」「―の悪い(=手におえない)男」㋒浪費をつつしむこと。倹約。「何事につけ―(を)して暮らす」▽㋒はやや古風な言い方。連体修飾では「な」を取る。「―な暮らしぶり」②『名』物事の初めと終わり。初めから終わりまで(の事情)。「事の―を語る」 **―しょ**【―書】過失をわび、その事情を書いて差し出す文書。 **―や**【―屋】倹約家。

しまった『連語』→しまう㈡。▽「しまう」の連用形に「た」の付いた形の音便。

しまながし【島流し】①昔、罪人を島や遠い国に送る刑罰。流罪(るざい)。遠島。②比喩的に、不便な遠隔地に勤務させられること。

しまぬけ【島抜け】島流しの罪人が、その島からこっそり逃げ出すこと。また、その逃げた罪人。しまやぶり。

しまへび【×縞蛇】日本固有の、へびの一種。体は褐色で、背中に沿って四本の黒い縞(しま)がある。体長一・五メートル以上になる。無毒。

じまま【自×儘】『名・ダナ』自分の思うままにすること。わがまま。「―にふるまう」 派生 **‐さ**

しまめ【×縞目】縞(しま)の色と色との境目。

しまもの【×縞物】縞(しま)模様を織り出した布地。

しまやぶり【島破り】→しまぬけ

しまやま【島山】島にある山。また、山の形をしている島。▽雅語。

しまり【締(ま)り】①ゆるみがないこと。㋐緊張。「行動に―がない(=だらしない)」㋑監督。取締り。㋒浪費しないこと。倹約。「―がいい」②戸締り。「―をする」③締めくくり。「―をつける」

しまりや【締(ま)り屋】倹約家。また、けちな人。

しまりゆき【締(ま)り雪】積もって自分の重みで締まった雪。

しま‐る【締まる・閉まる】『五自』力が加わった結果などで、ゆるみ・あきが無くなる。①かたく締めつけられる。【締】「ひもが―」「ねじが―っていて動かない」「襟のあきが小さくて首が―」②たるんでいない。【締】㋐緊張する。「身が(引き)―」「―った顔つき」㋑浪費をしない。転じて、けちだ。「彼はなかなか―っている」㋒〔取引〕相場が堅実になる。㋓〔俗〕『―らない』締まりがなくていただけない。「何とも締まらない話さ」▽㋐の打消しの一用法。③とじられる。【締・閉】↔あく。「戸が―」「栓が―っている」「午後三時で銀行が―」▽⑴で「首が―」には「絞」を使うこともある。

じまわり【地回り・地×廻り】①近辺からものを送って来ること。「―米」②近郷近在をまわって売りあるく商人。③根城とする盛り場をぶらついている、ならず者。

じまん【自慢】『名ナ・ス他』自分のこと、自分に関係深いものを、自分でほめ人に誇ること。「腕―」「のど―」(→のど)「―ではない(=というわけではない)が」 派生 **‐げ** **―たらし‐い**『形』いかにも自慢する様子だ。

しまんろくせんにち【四万六千日】〔仏〕七月十日の観音の縁日。この日に参詣すれば四万六千日参詣したのと同じ功徳(くどく)があるという。

しみ【〈衣魚〉〈紙魚〉〈蠹魚〉】衣服や書物などについているのりを食う小さな昆虫。体形は魚に似て、銀白色の鱗(うろこ)におおわれる。体長は普通一センチ内外。▽しみ科の昆虫の総称。

しみ【△凍み】低温になり物体がこおること。「―豆腐」。零下の気温の寒さ。「―が強い」

しみ【染み】①液が染み込んでよごれること。そのよごれ。「インクの―」「―ぬき」②比喩的に、(人に知られたくない)よくない事がら。「経歴に―がつく」③皮膚にできる茶色の斑点。「―、そばかす」

じみ【地味】『名・ダナ』はなやかでなく控え目なこと。飾り立てて人目を引こうとはしない態度。↔派手。「―な柄(がら)」「―に暮らす」「―を好む」▽「ちみ」と読めば別の意。

じみ【滋味】①うまい味わい。②滋養の多い食物。 派生 **‐さ**

シミーズ →シュミーズ

しみ‐いる【染み入る】『五自』深く染みる。染み込む。「しづかさや岩に―せみの声」(松尾芭蕉)

しみ‐こむ【染み込む】『五自』①内部まで深く染みる。「味が―」②深く感じる。「心に―」

しみじみ『副[と]・ス自』①深く心に染みて感じるさま。「―(と)恩を感じる」②物静かで落ち着いているさま。しんみり。「―(と)語り合う」「―(と)した口調」

しみず【清水】地面・岩間などからわき出る、澄んだきれいな水。

じみち【地道】『名・ダナ』手堅いしかた。冒険や人目を引くような行動に出ず、着実に進む態度。「―な研究」「―に努力する」▽もと、普通の速さで歩くこと。また馬術で、馬を並足で進ませること。 派生 **‐さ**

しみつ‐く【染み付く】『五自』よごれや悪習が染みこ

んでとれなくなる。「身に―・いた貧乏性」

しみった-れる『下一自』自分の損にならないように、けちけちする。「出すべき金も―」「―・れた(＝みじめなほど情けない)ことを言うな」

しみ-でる【染み出る・×滲み出る】『下一自』水分や液が面や膜を通して少しずつ外に現れる。

しみとお-る【染み△透る・染み通る】『五自』中までよく染みる。「寒風が骨の髄まで―」

しみぬき【染み抜き】『名・ス他』衣服・布地などについた染みを除き去ること。また、それに使う薬品。

しみゃく【支脈】中心となるすじから分かれ出た山脈・葉脈など。

しみゃく【死脈】①死が近づいた時の脈搏(みゃくはく)。②このさき鉱物が掘り出せる見込みのなくなった鉱脈。

シミュレーション『名・ス他』現実の現象を模型やコンピュータのプログラムによって再現し、その振舞いから現実の振舞いを予測・確認すること。また、再現したもので運転などの訓練を行うこと。▽simulation 一九五〇年ごろから使い出した。

シミュレータ シミュレーションを行うための装置やコンピュータのプログラム。「フライト―」▽simulator

しみょう【至妙】『名ナ』きわめてたくみなこと。「―な演技」

し-みる【△凍みる】『上一自』寒さがきびしくて、ものが凍りつく。

し-みる【染みる・×滲みる】『上一自』(液体などが)他の物の中へと、にじむようにして、はいりこむ。㋐液体が物の面を通して少しずつ内にはいる(広がる)。「紙にインクが―」▽多くは、色の違いや濡(ぬ)れぐあいでそれと見分けられる場合に言う。㋑(刺激して)痛いように感じる。「薬が―」「歯に―」「身に―」(深く心に感じ渡る。「身に沁みる」とも書く)㋒影響されてそうなる。そまる。「悪習に―」

＝**じ-みる**【染みる】《名詞に付けて、上一段活用の動詞を作る》①少し染みつく。「汗―」「あか―」②……らしく見える。……のように見える。「子供―・みたまねはよせ」「年寄り―」▽多く好ましくないことに言う。

しみん【士民】士族と平民。また、武士と庶民。

しみん【市民】①市の住民。②国家への義務、政治的権利を有する国民。公民。③近代史で、前代の貴族・僧侶(そうりょ)に代わって政治的権力を得た階級。ブルジョア。「―社会」 **―うんどう**【―運動】一般の市民が行う政治社会運動。 **―けん**【―権】①市民②としての権利。②比喩的に、世間一般の承認。「―を得た言葉」

しみん【四民】①士・農・工・商の四つの身分の人。②あらゆる階層の人。「―平等」

しみん【×嗜眠】高熱や重症のため、外界の刺激に応じられなくなり眠ったような状態になること。「―性脳炎」

じむ【事務】事業経営等に必要な庶務。主として机の上で処理するような仕事。「―をとる」「―員」「―所」「財務―」 **―かん**【―官】一般行政職に属する国家公務員。 **―じかん**【―次官】国務大臣を長とする省庁で、大臣をたすけて、その機関の事務を統括監督する次官。▽事務官がなる。 **―てき**【―的】『ダナ』①事務に属するものであるさま。②感情を交えず、事務を処理するように物事を進めるさま。「―な応対」 **―や**【―屋】〔俗〕(生産会社などで)直接には生産にかかわらない、事務の面の仕事をする人。↔技術屋

じむ【寺務】寺の事務。「―所」

じむ【時務】その時その時の急務。

ジム ①室内のトレーニング施設。「フィットネス―」②ボクシングやレスリングの練習場。また、その選手を養成する組織。「名門―所属の選手」▽gym (gymnasium(＝体育館)の略)

しむけ【仕向け】①取扱い。待遇。「―がよい」②商品などを人にあてて送ること。発送。「―先」「―港」

しむ-ける【仕向ける】『下一他』①他人や動物がある行為・動作をする気持になるように、持っていく。また、それとなく働きかける。「進んで勉強するように―」②人にあてて送る。

じむし【地虫】土中にいて草木の根を食う、こがねむし・かぶとむし・くわがたむしなどの幼虫。体は円筒状で白い。ねきりむし。

しめ【△標・〈注連〉】↓しめなわ。▽古語動詞「占む」(占有のしるしとして、物に何かを結いつける意)の名詞形。

しめ【締め】①合計。▽「〆」とも書く。②終わり。しめくくり。「―の挨拶」③手紙の封じ目に書く「〆」の字。④《接尾語的に、主に和語の数を表す語に付けて》㋐半紙の枚数を表すのに使う語。ひとしめは二千枚。㋑たば。

しめあ-げる【締(め)上げる】『下一他』きつく締める。「帯を―」。きびしく責めて追及する。「部下を―」

しめい【死命】死と生命。死ぬか生きるかの急所。「―を制する」

しめい【使命】与えられた任務。「―を帯びる」「―感」

しめい【氏名】氏(うじ)と名。みょうじとなまえ。姓名。

しめい【指名】『名・ス他』(これはだれそれがせよ、と)名をあげて人を指定すること。名ざし。「―を受ける」「―解雇」 **―てはい**【―手配】『名・ス他』警察が被疑者の名前をあげて、他の警察に逮捕を依頼すること。

じめい【自明】『ノダ』《「―な」も使う》証明したり特に詳しく説明したりするまでもなく明らかなこと。「―の理」 派生 **-さ**

しめかざり【〈注連〉飾(り)】正月にしめなわを張って飾ること。その飾り物。

しめかす【△搾め×滓】魚や大豆(だいず)などの油をしぼったあとのかす。肥料・飼料などにする。

しめがね【締(め)金】帯・ひもなどを締めるため、その端につける金具。尾錠(びじょう)。

しめぎ【△搾め木】油をしぼり取るのに使う木製の道具。

しめきり【締(め)切り】①取扱いを打ち切る時日。期限。「原稿の―」▽「〆切」とも書く。②ふさがっていること。いつもしまっていること。「―の窓」

しめき-る【締(め)切る】《五他》①全部しめる。すっかりしめる。②長い間しめたままでおく。「―った部屋」③(あらかじめ期限・定員などを決めておき、そこで取扱い等を)打ち切る。「申込みを―」

しめくくり【締(め)△括り】しめくくる⑴こと。結末。

しめくく-る【締(め)△括る】《五他》①(物事を)まとめる。くくりをつけてしあげる。「話を―」②取り締まる。監督する。

しめこのうさぎ【占め子の×兎】物事がうまく運んだこと。▽うまくいった、の意味の「しめた」を「兎(うさぎ)を絞(し)める」にかけた、しゃれ。

しめこみ【締(め)込み】相撲(すもう)をとる時に腰から股に固く締める物。まわし。

しめころ-す【締(め)殺す・絞(め)殺す】《五他》首を強くしめて殺す。

しめさば【締(め)×鯖】新鮮なサバの身に砂糖・塩を振って身をしめ、それを洗い流して最後に酢でしめたもの。

しめし【示し】手本を示して、教えさとすこと。教示。さとし。「―がつかない」(手本としてのいい例にならず悪い影響を与える)

しめじ〔しめぢ〕代表的な食用きのこ。柄は長さ数センチで下部が太く、かさは灰色や褐色。多数かたまって生える。元来はホンシメジのことで、秋、山林中の湿地に生え美味。これに似たブナシメジなどのきのこが、栽培されて広く流通する。「香りマツタケ、味―」

しめしあわ-せる〔あは-せる〕【示し合(わ)せる】《下一他》①前もって相談しておく。②合図して知らせ合う。▽「示し合わす」(五段活用)とも言う。

しめしめ《感》→しめた

じめじめ《副[と]・ス自》①湿り気が多い(不快な)さま。「―(と)した土地」②からりとせず陰気なさま。「―(と)した性格」

しめ-す【湿す】《五他》湿り気を与える。湿らせる。少しぬらす。「のどを―」(少し飲む)

しめ-す【示す】《五他》他の者にわかるように、指さし、実際に出して見せ、またはあらわして見せる。「方向を―」「模範を―」(これを手本にせよと、やって見せる)「誠意を―」「話に興味を―」「年々増加の傾向を―」

しめすへん【示偏】漢字の偏の一つ。「社」「祠(し)」などの「ネ」「示」の称。▽「示」の字が偏になったもの。新字体では、筆写の形の一つによって「ネ」とする。

しめた《感》自分のものにしたという意で、思うように事が運んで喜ぶ語。しめしめ。「―、うまくいったぞ」▽「占める」の連用形＋「た」から。

しめだか【締高】合計高。総額。総量。▽「〆高」とも書く。

しめだ-す【締(め)出す】《五他》①門や戸をしっかりしめて、外の者を入れない。②比喩的に、仲間に入れない。また、仲間から追い出す。「外国製品を―動きがある」「業界から―される」▽「閉め出す」とも書く。

しめつ【死滅】《名・ス自》死に絶えること。その類がすっかり死んで滅びること。

じめつ【自滅】《名・ス自》①自分の行動が原因となって自分が滅びること。②自然に滅びること。

しめつ-ける【締(め)付ける】《下一他》①(圧迫するほど)強く締める。「両足で相手を―」「胸が―けられる思い」②監督を厳しくして、のんびりできないようにする。「金銭面で―」

しめっぽ-い【湿っぽい】《形》①湿り気を帯びている。「―畳」②陰気だ。気分が沈んでいる。「―話」派生 -さ

しめて【締めて】《連語》→しめる(締)㈡㋐

しめなわ〔なは〕【〈注連〉縄・△標縄・〈七五三〉縄】(神前など)神聖なものと不浄との境を示して張る縄。わらを左縒(よ)りにし、三筋・五筋・七筋と順次にひねりたらし、その間に紙の垂(しで)を下げる。

しめやか《ダナ》大きな音を立てず、物静かなさま。「―な雨」。人々の気分が沈んで悲しげなさま。「葬儀が―に行われた」派生 -さ

しめり【湿り】①湿ること。また、湿気。「―をくれる」(物に霧吹きなどで水分を与える)②→おしめり。③火事が消えること。また「湿り半(しめりばん)」の略。鎮火を知らせる半鐘の打ち方や音。

しめりけ【湿り気】湿気。水分。

しめ-る【湿る】《五自》①水分を吸ってしっとりする。また、(少し)ぬれる。湿気を帯びる。「汗で―っている」「―った土」▽火事の鎮火にも言った。「火事はやっと―ったぜ」②雰囲気や気分が沈む。「座が―」

し-める【占める】《下一他》それ、またはそこを自分の勢力下に入れる。㋐わがものとして得る。「勝ちを―」「漁夫の利を―」(→ぎょふ)。土地を占有する。「繁華街の一角を―銀行」㋑自分の思いどおりになって愉快だ。▽「しめしめ」「しめた」「味をしめる」(うまみを覚える。一度うまく行った事について、いい気になる)の形でだけ使う。㋒その位置や割合を取る。「座を―」「大半を―意見」

し-める【締める・閉める】《下一他》㈠力を加えて、ゆるみ・あきを無くする。①ゆるい(離れた)状態でないように圧力を加える。【締】㋐他の物を巻いて引っ張ったり、他の物で押さえつけたりして、力を加える。「帯を―」「ボルトで―」㋑首を強くしばる。締め殺す。「ひもで首を―」「鶏を―」▽「絞める」とも書く。㋒心・行動のたるみを無くする。「気を―めて掛かる」。管理・監督を厳格にする。「社員を―」「ち

と―・めてやろう」。浪費を防ぐ努力をする。「家計を―」㊁料理で、味・身などを引きしめる。塩じめ・酢じめ・昆布(こぶ)じめなどをする。「魚を塩と酢で―」②物を動かして、あき間をふさぐ。閉じる。【閉・締】↕あける。「窓を―」「カーテンを―」「栓を―」「店を―」(閉店または廃業する) ▽↓とじる㊀⑴
㊁進めて来たものに一つの切りを付ける。㋐そこまでで一段落とし、合計を出す。「帳簿を―」「―・めて(=合計して)一万二千円」㋑取引・交渉・工事等の決着を祝って手を打つ。しゃんしゃんしゃんと打つ一本締めと、これを三回繰り返す三本締めとがある。「さあ、祝って―・めましょう」「手を―」▽「閉じる」が終える方に重点があるのに対し、「しめる」は完結状態に持ち込む方に重点がある。

しめる《助動》《動詞や文語の「なり」「たり」の未然形、形容詞語尾「から」に付く》↓せる《助動》⑴。▽「国民に平穏な生活を営ま―」「主張を一層明確なら―」「顔色(がんしょく)なから―」「敵の心胆を寒から―」は「せる」⑴㋐に、「去る者は去らしめ、同志と共に残る」は同⑴㋑に相当する。「せる」⑵に当たる「しめたまう」は無いではないが、今日ほとんど使われない。「紙幣を乱発せしむるがごときは」のように文語形が現れることもある。漢文訓読の習慣では「……をして……しむ」の形を使う。「臣よく君をして勝たしむ」。「得せしめる」は「得しめる」の慣用的言い方。「せる」と同じく「しめる」を接尾語とする説もある。

しめん【四面】①四つの面。「―体」。四方の面。まわり。「―が海だ」②間口(まぐち)と奥行(おくゆき)とが同じ長さのこと。「五間(ごけん)―」「四角―」(正方形、転じて、きちょうめん) **―そか**【―×楚歌】助けがなく、まわりが敵・反対者ばかりであること。▽楚(そ)の項羽が漢軍に囲まれた時、漢軍中に楚の歌が盛んに歌われたのを聞いて、楚の民が漢に降参したかと驚いたという故事による。

しめん ①【紙面】紙の面。特に、新聞の記事を載せる面。「―をにぎわす」②【誌面】雑誌の記事を載せる面。

じめん【地面】①土地の表面。②転じて、土地。地所。

じめん【字面】↓じづら

しも【下】系列としてとらえたものの末の方。↕かみ。①一続きのものの末の方。㋐流れの源に遠い方。川下。「―の方にこぎ進む」「―つ瀬」。地形の低い方。㋑表現のあとの部分。「その事は―に述べる」▽古風な言い方。②一続きのもののしたの方。「―の句」㋐体の腰より、した。特に、陰部。「―半身」㋑転じて、大小便。「お―」(便所。大小便)「―の世話」③身分・地位・格式がしたのもの。「―万民に至るまで」㋐臣下や人民。㋑使用人。④中心の位置から遠い所。㋐皇居・都に遠い方の土地。「―野国(しもつけのくに)」㋑末座。末席。㋒奥向きに対し、台所。「―女中」

しも【霜】①空気中の水蒸気が、夜間、冷えた地面や物体に触れて、その表面に結晶したもの。また、(電気)冷蔵庫内にできる氷の結晶。▽現在、普通には霜が「おりる」と言うが、昔は「降る」「置く」と言った。「―降り」はその名残。②しらが頭のたとえ。「頭(こうべ)に―を戴(いただ)く」

しも《副助》①これが付く語の指すものを強調するのに使う。「だれ―知っている」「折―国会の会期中で」「屋敷の門を今―はいろうとするところ」「さ―栄華を誇った平家だが」「太郎には困る。次郎のいたずらなんか、まだ―だ」②例外もあることの暗示に使う。「必ず―正しくない」「そういう場合がなきに―あらずだ」▽文語副助詞「し」+係助詞「も」

しもがか-る【下掛(か)る】《五自》話が、下品、みだらな方面に及ぶ。「―・った話」

しもがこい【霜囲い】(畑の作物や植木などの)霜よけのためにわらなどで囲いをすること。また、そのための囲い。

しもがれ【霜枯れ】霜枯れること。その時期。そういう景色。 **―どき**【―時】①霜枯れたさびしい景色の時節。冬。②転じて、冬の、商売の景気の悪い時。

しもが-れる【霜枯れる】《下一自》草木が霜にあって枯れしぼむ。

しもき【下期】会計年度などの一年を半分ずつに分けた、あとの半期。下半期。↕上期

じもく【耳目】耳と目。見聞きすること。「―の欲」(見聞きすることによって起こる欲望)「―となって働く」(人の手先となって、見聞きした事を知らせる役をする)。人々の注意・注目。「―を引く」「―を驚かす」

じもく【除目】平安時代、大臣以外の諸官職を任命する儀式。

しもごえ【下肥】人の糞尿(ふんにょう)を肥料にしたもの。

しもざ【下座】下位の座席。末席。↕上座(かみざ)。▽↓げざ

しもじも【下下】身分・地位などが低い人々。特に、一般庶民。「―の事情にうとい」

しもじょちゅう【下女中】台所その他、下回(したまわ)りの雑用をする女中。↕上(かみ)女中

しもたや【しもた屋】商店街の中にあって商業を営まない住み家。↕店屋(みせや)。▽もと、商家が店じまいをしたもの。「仕舞うた屋」の転。

しもつかた【下つ方】したの方。しもの方。また、身分の低い人々。しもじも。▽「つ」は「の」の意の古い助詞。

しもつき【霜月】陰暦十一月。

しもて【下手】①しもの方。下座の方。②舞台に向かって左の方。▽↕上手(かみて)。↓したて(下手)。「へた」と読めば別の意。

しもと【×笞】(罪人を打つ刑に使った)木製のむち。▽文語的。

じもと【地元】①その事に直接関係のある土地。本拠地。②自分の居住する、また勢力範囲である地域。

しもどけ【霜解け・霜△融け】温度が上がって霜がとけ、地面が軟らかくなること。

しもねた【下ねた】〔俗〕下品で性的な話。

じもの【地物】その土地でできる産物。

しものく【下の句】短歌の第四句と第五句。五七五の次の七七の句。↕上(かみ)の句

しもばしら【霜柱】冬、地表の水分が凍って細かい柱状となったもの。多く、表土をもち上げる。

しもはんき【下半期】→しもき

しもぶくれ【下膨れ・下×脹れ】(顔の)下部がふくらんでいること。

しもふり【霜降り】霜がおりたように、白い斑点があるもの。㋐織物・染物などの、そういう柄(のもの)。「—の夏服」㋑脂肪が不規則な網の目のように入り込んでいる、上等の牛肉。㋒熱湯をかける、冷水に漬ける、焼くなどして、魚の身や肉の表面が白っぽくなること。そのようにした肉や魚。

しもべ【△僕】召使。「神の—」▽もと「下(し)部(べ)」で、身分の低い者を言い、また下級官吏の職名でもあった。

しもやけ【霜焼け】寒さのため手足の先などがはれて、痛がゆくなること。また、そうなった部分。凍瘡(とうそう)。「—ができる」▽→とうしょう(凍傷)

しもやしき【下屋敷】大名・上級武士などの別邸。↕上(かみ)屋敷

しもゆ【下湯】①(湯船に入るに先だって)下半身を洗うこと。「流しで—を使う」②腰湯。

しもよ【霜夜】霜がおりる寒い夜。

しもよけ【霜△除け】作物・草木などを霜の害から守ること。また、そのためのもの。よしずをさしかけたり、わらで巻いたりする。

しもん【指紋】人の手の指先の内側にある、多くの細い線からできている模様。また、その模様が物の面についたあと。▽万人不同で、しかも一生変わらないので、犯罪の捜査などに利用する。

しもん【試問】『名・ス他』問題を出して学力などをためすこと。「口頭—」

しもん【諮問】『名・ス他』(法令上定められた事項についての)意見を尋ね求めること。「—機関」(諮問に答える機関)

じもん【地紋】布地に織り出し、または染め出した模様。

じもん【自門】①自分の一家。一門。②自分の属する寺、または宗派。

じもん【自問】『名・ス自』自分が自分自身にたずねること。わが心に問うこと。 **—じとう**【—自答】『名・ス自』自分で問いを出して自分で答えること。みずから問題を提起し解決すること。

しや【視野】①一目で見られる範囲。また、視力が届く範囲。「—をさえぎる」②比喩的に、観察・思慮などが及ぶ範囲。「—の広い人物」

しゃ【×紗】生糸の織物の一種。織り目がきわめて粗く、軽くて薄い。夏羽織・蚊帳(かや)などにする。

しゃ【*写】【寫】シャ うつす うつる ①原本・原図のとおりに書く。まねて書く。しきうつしにする。「写本・写字・写経・写実・写生・写真・書写・筆写・謄写・手写・影写・模写・複写・伝写・縮写・描写・誤写・活写・浄写・臨写」②写真・映画をうつす。写真などにうつされ形があらわれる。うつる。「映写・接写・試写・実写・速写」

しゃ【*社】【(人)社】シャ ジャ やしろ ①土地の神。つちの神。くにのかみ。またそのまつり。「社稷(しゃしょく)・社祠(しゃし)」②国の神をまつる御殿。おみや。やしろ。ほこら。「神社・社殿・社頭・大社・村社・郷社・寺社・招魂社」③仕事のために同志が集まった団体。組合。「社団・結社・講社・商社・会社・詩社・吟社・社中・社友・社員」④よのなか。世間。「社交・社会」⑤『名・造』「会社」「新聞社」の略。「社の方針」「本社・支社・公社・貴社・社員・社長・入社・退社・出社・社説・社用・社債」

しゃ【*車】シャ くるま ①貫いた軸を中心に回転する輪。輪の回転を利用する道具。くるま。「車輪・車軸・滑車・水車・風車・紡車・拍車」②車輪を用いた運搬用具。乗物。「車両・車体・車台・車庫・車馬・車駕(しゃが)・車掌・車道・馬車・電車・汽車・列車・人力車・腕車・自動車・自転車・三輪車・停車・駐車・乗車・下車・降車口」③将棋の駒の名に用いる。「飛車・香車(きょうしゃ)」

しゃ【*舎】【舍】シャ やどる ①㋐一般に、人の住む建物。いえ。やしき。「校舎・屋舎・兵舎・営舎・官舎・寄宿舎・精舎(しょうじゃ)・茅舎(ぼうしゃ)・禽舎(きんしゃ)・牧舎・駅舎・堂舎」㋑仮にとまる建物。やどり。やど。やどや。仮の家。「客舎・旅舎」㋒行軍のときにやどる所。転じて、一日の行程三十里をいう。「三舎を避ける」(→さんしゃ(三舎))㋓星のやどり。②自分の。私の。「舎弟・舎兄」▽謙遜した言い方。③「寄宿舎」の略。「舎監・舎長」④やどにつく。やどる。「舎営」⑤梵語(ぼんご)の音訳字。「舎利・舎那(しゃな)」

しゃ【*捨】【捨】シャ すてる ①すててかえりみない。うっちゃる。↕取。「捨象(しゃしょう)・捨身・取捨・用捨」②財物を他に与える。ほどこしをする。「喜捨・浄捨」③〔仏〕平等で執着することのない心持。心の平静。「慈悲喜捨」

しゃ【*者】【(人)者】シャ もの ①行動の主体。人。もの。「使者・仁者・知者・王者・役者・医者・儒者・学者・筆者・勝者・間者(かんじゃ)・行者(ぎょうじゃ)・有力者・第三者・当事者・被害者・配偶者・芸者・達者・盛者(じょうしゃ)・数寄者(すきしゃ)」②物ごと。また場所。「前者・後者」③語勢を強める助字。「昔者(せきしゃ)」

しゃ【×奢】シャ おごる 過度に物事をりっぱにする。ぜいたくする。おごる。おごり。「奢侈(しゃし)・豪奢・驕奢(きょうしゃ)・華奢(きゃしゃ)」

しゃ【煮】【(人)煮】シャ にる にえる にやす 鍋などに汁を入れ、火を通す。にる。にえる。「煮沸」

しゃ〘×洒〙シャ サイ そそぐ あらう ―①水をかけてきれいに洗う。そそぐ。すすぐ。あらう。「洒水」②あかぬけしてさっぱりしている。「瀟洒(しょうしゃ)・洒脱・洒落(しゃらく・しゃれ)・洒洒落落」

しゃ〘*射〙シャ セキ **いる** うつ さす あたる ―①㋐弓をいる。その術。六芸(りくげい)の一つ。「礼楽射御(ぎょ)書数・射芸・射礼(しゃれい・じゃらい)・射術・騎射」㋑銃砲をうつ。「射撃・射手・射場・射界・発射・応射・試射・射殺・乱射・速射」②光線や液体・気体を一直線に勢いよく発する。「射出・射精・放射・注射・照射・投射・入射・反射・噴射・日射病」③〘名・造〙〔数学〕一つの集合から他の集合への、元(げん)の間の対応づけ。「単射・全射・全単射」④ねらってあてる。「射的・射幸・射利」▽(4)は本来は「セキ」と読む。

しゃ〘斜〙シャ **ななめ** ―〘名・造〙かたむいている。ななめ。「斜に構える」(刀を斜めにして構えをとる。転じて、ある事に対し身構える。皮肉っぽい態度をとる)「傾斜・斜面・斜辺・斜陽・斜影・斜光・斜視・斜眼・斜塔・斜線」

しゃ〘赦〙シャ ゆるす ―罪をゆるす。刑罰を免除する。「赦免・赦状・大赦・恩赦・特赦・容赦」

しゃ〘遮〙【遮】シャ **さえぎる** ―人の行くてを邪魔する。さえぎる。「遮断・遮光・遮蔽・遮莫(さもあらばあれ)」

しゃ〘*謝〙シャ **あやまる** ことわる ―①㋐お礼を言う。ありがたく思う心を言葉に表す。「感謝・謝辞・謝意・謝礼・深謝・拝謝・多謝・万謝(ばんしゃ)・鳴謝」㋑報酬。礼金。「謝金・月謝・薄謝」②わびを言う。あやまる。「謝罪・陳謝」③ことわる。拒絶する。「謝絶」④㋐別れの言葉をのべて去る。いとまごいをする。㋑わかれ去る。また、おとろえる。しぼむ。「新陳代謝(たいしゃ)」

しゃ〘×瀉〙シャ そそぐ はく ―①水が流れ落ちる。そそぐ。「瀉出・瀉血・一瀉千里」②口から食べたものを吐く。また、腹がくだる。「吐瀉・泄瀉(せっしゃ)」

しゃ〘砂〙→さ〘砂〙

しゃ〘藉〙→せき〘藉〙

じゃ(ぢゃ) ①〘連語〙「では」の転じた形。「そうーないよ」。《接続詞的に》それでは。「ー、さよなら」▽「では」に由来するにもかかわらず、現代仮名遣いではその事と切り離して、「ぢゃ」とはしていない。(2)も同様。②〘助動〙「である」の略「であ」が転じた形。断定の意を表す。「珍しいことー」「母ーびと」(母。「母者人」と書くのは当て字)▽古風な言い方。

じゃ〘邪〙【邪】ジャ ヤ よこしま ―①〘名・造〙正しくない。心がねじけている。まがっている。よくない。よこしま。「正邪・邪曲・邪悪・邪道・邪心・邪説・邪教・邪推・邪慳(じゃけん)・破邪」②有害である。「邪鬼・邪魔・邪気・風邪(ふうじゃ・かぜ)」

じゃ〘蛇〙ジャ ダ **へび** ―〘名・造〙動物のへび。また、古代中国の想像上の動物。竜の一種で手足のないもの。また、それに似た形をしているもの。「蛇(じゃ)は寸にして(=一寸ほどの小さい長さの時でも)人を呑(の)む」(才能がある者は幼時からそれが現れる)「蛇(じゃ)が蚊を呑んだよう」(物足りないことのたとえ)「蛇(じゃ)の道はへび」(同類の者がすることはよく分かる)「大蛇・蛇身・蛇性・蛇口(じゃぐち)・蛇腹(じゃばら)」。以下「ダ」とよむ。「巨蛇・長蛇・蛇蝎(だかつ)・竜蛇(りょうだ)・蛇行・蛇足」

ジャー 広口の魔法びん。▽jar(=水差し。かめ)

じゃあく【邪悪】〘名ナ〙心がねじけていて、他に危害をおよぼし人倫に反すること。派生 **-さ**

シャークスキン 毛織物・絹・化繊などで、織り目を鮫(さめ)のはだに似せた織物。▽sharkskin

ジャーゴン 専門家などの仲間うちの特殊な用語。▽jargon

ジャージー ①メリヤスのような編み目にした、やわらかな服地。多く女性服に使う。②サッカー・ラグビーなどのユニフォームのシャツ。また(ジョギングなどに着る)練習用運動着の総称。③乳牛の一品種。イギリスのジャージー島原産。▽jersey

しゃあしゃあ ①〘副[と]・ス自〙厚かましく恥知らずなさま。非難されても平気でいるさま。「ー(と)した面(つら)」「よくもーとうそがつけたものだ」②〘副[と]〙水などが流れ出る音。そのさま。「水道がーもれる」

じゃあじゃあ〘副[と]〙①水が勢いよく流れ出る音。そのさま。「ー(と)水が流れる」「水をー(と)使う」②高温で食品を炒(いた)める音。

ジャーナリスティック〘ダナ〙新聞・雑誌・放送などの方面に関係があるさま。また、時流を追うさま。▽journalistic

ジャーナリスト ジャーナリズムの仕事に携わる人。新聞・雑誌・放送などの、編集者・記者・通信員などの総称。▽journalist

ジャーナリズム 新聞・雑誌・放送などで、時事問題の報道・解説・批評などを行う活動。また、その事業。▽journalism

ジャーナル 新聞・雑誌などの定期刊行物。▽journal

シャープ ①〘ダナ〙鋭いさま。鋭敏なさま。派生 **-さ** ②〘名〙音楽で、半音高くする記号。嬰(えい)記号。♯と書く。↔フラット。▽sharp ③〘名〙→シャープ ペンシル。 **ーペンシル** 鉛筆の芯と同素材の芯を機械的に繰り出して書く筆記具。シャーペン。▽ever-sharp pencil から。

シャーベット 果汁などを凍らせたデザート。▽sherbet

シャーマニズム シャーマンと呼ばれる人物を仲立ちとして、神霊や祖先の霊などの超自然的存在と交流を行う宗教様式。シャマニズム。▽shamanism

シャーレ 検査・実験などのため、微生物の培養に用いる、ふたのついた丸く浅いガラス皿。▽ドイツ Schale(=皿)

しゃい【謝意】①感謝の気持。お礼の心。②おわびの心。

シャイ『名ナ』内気で恥ずかしがりやであること。「―な青年」▽shy

ジャイロコンパス ジャイロスコープを利用した羅針盤。磁石を使わないので外部の磁気の影響を受けない。▽gyrocompass

ジャイロスコープ こまのような回転体を、その回転軸の向きが上下左右あらゆる方向に自由に変わるように固定した装置。装置の向きを変えても、回転体の軸は最初に回転させた時の方向を指し続ける。回転儀。▽gyroscope

しゃいん【社員】①会社の従業員。会社員。②社団、特に社団法人の構成員。「―権」

じゃいん【邪淫】①不正でみだらなこと。②〔仏〕十悪の一つ。配偶者以外との性的関係。「―戒」

じゃう(ぢゃ)『連語』〔俗〕「ちゃう」に音便「ン」が先立つ時の形。「酒を飲ん―」

しゃうん【社運】会社の運命。「―を賭けたプロジェクト」

しゃえい【射影】『名・ス他』①物の影をある面にうつすこと。そのうつった影。投影。②〔数学〕平面上の図形のすべての点と、その平面外の一点とを結ぶ直線をひくことを、その一点から図形を射影すると言う。

しゃえい【斜影】ななめにうつる影。

しゃえい【舎営】『名・ス自』軍隊が兵営外で、家屋の中に宿泊すること。↕野営・露営

しゃおく【社屋】会社の建物。

しゃおん【遮音】『名・ス他』音の騒がしさを伝わらなくすること。「部屋を―する」

しゃおん【謝恩】『名・ス自』受けた恩に感謝すること。「―会」

しゃか【△釈×迦】①「釈迦牟尼(にむ)」の略。梵語(ぼん)で、シャーキヤ族に生まれたムニ(=聖者)。釈尊。仏教の開祖。世界の四聖の一人。「―に説法」(↓せっぽう) ②→おしゃか。 **―いちだい【―一代】**長い年月。また、物がしっかりしていて、長く形を保つこと。 **―さんぞん【―三尊】**仏像や仏画で、釈迦を中心にして、その左右に文殊(もんじゅ)と普賢(ふげん)の両菩薩(ぼさつ)や、梵天(ぼんてん)と帝釈天(たいしゃくてん)など、二体一組の脇侍(わきじ)を配したもの。 **―にょらい【―如来】**釈迦に対する尊称。 **―むに【―×牟尼】**↓しゃか(1)

しゃが【射△干・△著×莪・〈胡蝶花〉】山地の樹下や沢沿いの斜面などに群生するアヤメに似た多年草。剣状の細長い葉が根元から多数のびる。四、五月ごろ、黄色い点のある淡紫色の花が咲く。▽あやめ科。

ジャガー 北米南部から南米にかけてすむ、ひょうに似た斑紋のある肉食の獣。体長一～二メートルほど。泳ぎ・木登りがうまい。アメリカとら。▽jaguar ねこ科。

しゃかい【社会】①(人間が)集まって生活を営む、その集団。「地域―」「利益―」②同類のなかま。「音楽家の―では」③世の中。世間。「―に出る」 **―あく【―悪】**貧困・犯罪など、社会に内在する矛盾から生じる害悪。 **―うんどう【―運動】**社会問題に関する運動。経済組織、社会・法律制度などの欠点を改めようとする運動。 **―か【―科】**小・中学校などで、社会科学的な理解や社会的な態度・技能を授けるための教科。 **―かがく【―科学】**人間生活の諸関係や人間の所産について研究する科学の総称。▽自然科学に対し、社会学・法学・政治学・経済学・言語学・歴史学等をいう。また、科学を自然・社会・人文に三分することもある。この時には、集団法則に重点を置くものと、個性的・一回的な面に重点を置くものとで、社会科学と人文科学とを区別する。 **―がく【―学】**社会関係や社会組織の現象・法則などを対象とする学問。 **―きょういく【―教育】**学校教育以外で、社会生活に必要な事柄について施す組織的な教育(活動)。 **―げんしょう【―現象】**①人間社会に起こるさまざまな現象。↕自然現象。②特に、急に関心があつまる流行現象。ブーム。「健康志向は―だ」 **―じぎょう【―事業】**公衆の福利を増進するための、組織的活動による事業。貧困者救済・児童保護・医療保険など。 **―しゅぎ【―主義】**生産物・富を民主的に分配するため、生産手段を社会の共有とする制度、およびそういう制度の実現を目的とする社会思想・社会運動。↕資本主義。▽共産主義においては、資本主義から共産主義に発展する中間状態を指して言った。 **―じん【―人】**①実社会で活動する人。「学校を出て―となった」②社会の一員としての人。 **―せい【―性】**①広く社会に通用する(または存在価値が認められる)ような性質。②社会集団の一員であるのにふさわしい性質。▽(2)は社交性に近い意味でも使われる。 **―せいさく【―政策】**労働問題を中心とする社会問題を(現在の社会機構の範囲内で)解決しようとして採る政策。 **―てき【―的】**『ダナ』①社会に関するさま。「―な問題」②社会性を持っているさま。「人間は―動物」 **―ふくし【―福祉】**生活困窮者、身寄りのない児童・高齢者、心身に障害のある人など社会的弱者に対する社会的保護・援助。 **―ふっき【―復帰】**『名・ス自』病気や怪我などで通常の社会活動ができなくなった人が、回復して再び社会活動を始めること。刑務所から出所する場合にも言う。 **―ほけん【―保険】**国民が病気・怪我(けが)・災害・失業等によって生活に困った時、これを社会政策的に救う、強制保険制度。 **―ほしょう【―保障】**国民の生存権を確保するために国家が行う保障。その制度。 **―みんしゅしゅぎ【―民主主義】**労働者階級の生活を高めるため、政治上は議会を、経済上は労働組合を通し、合法的に社会主義制度を実現しようとする主義。 **―めん【―面】**新聞の、社会一般に関する記事を載せた面。↓さんめん(2)。

矛盾・不合理から起こるいろいろの問題。労働問題・環境問題・女性差別問題など。

じゃがいも【じゃが芋・〈馬鈴薯〉】 澱粉(でんぷん)に富む塊茎(いも)を食料とするために広く栽培される作物。南米原産。男爵・メークインなど多数の品種がある。馬鈴薯(ばれいしょ)。▽ジャガタラ(=今のジャカルタ。また、ジャワ島全体をも指した)から渡来した芋の意。なす科。

しゃかく【社格】 ①業界内での会社の格づけ。②神社の格式。

しゃかく【射角】 (照準器により)発射準備をした時の、銃砲身と水平面とが成す角。

じゃかご【蛇籠】 河川の護岸・水流制御などに使う、円筒形に編んだかごに石を詰めたもの。

じゃかじゃか 《副[と]》ギター・三味線(しゃみせん)などを激しく弾き鳴らす音。そのさま。

ジャガタラいも【ジャガタラ芋】 →じゃがいも

しゃかっこう【斜滑降】 《名・ス自》スキーで、斜面をななめに滑り降りること。↕直滑降

しゃが-む 《五自》ひざを曲げて腰を落とし、姿勢を低くする。かがむ。

しゃかりき 《ダナ》《俗》がむしゃらに事をするさま。「―になって働く」

しゃが-れる【×嗄れる】 《下一自》→しわがれる

しゃかん【△左官】 →さかん(左官)

しゃかん【舎監】 寄宿舎の監督をする人。

しゃがん【斜眼】 ①横目。②やぶにらみ。斜視。

しゃがん【砂岩】 →さがん(砂岩)

しゃがん【×赭顔】 あからがお。

じゃかん【蛇管】 ①吸熱・放熱の面積を大きくするために、らせん状になっている管。②ホース。▽(2)は今は言わない。

しゃかんきょり【車間距離】 走行する車と車との間の距離。▽略して「車間」とも言う。「適当な―をとって走る」

しゃぎ【謝儀】 感謝の気持を表す礼儀。また、そのための贈り物。謝礼。「医者への―」▽既に古風。

じゃき【邪気】 ①すなおでない、ねじけた気持・性質。わるぎ。「―のない人」②人の身に病気を起こすと信じられた悪い気。「―を払う」

しゃきしゃき 《副[と]・ノダ・ス自》①物事を手早く要領よく処理するさま。てきぱき。「―(と)立ち働く」「―した人」②歯切れよく物をかむ音。そのさま。「―のレタス」「―(と)歯ごたえのあるもやし」

しゃきっと 《副・ス自》①気持や姿がひきしまっているさま。しゃっきり。「眠気をさまして―しろ」「―背筋を伸ばす」②野菜などの歯切れがよいさま。しゃきしゃき。「―した歯ごたえ」

しゃきゅう【砂丘】 →さきゅう

しゃきょう【写経】 《名・ス自》経文(きょうもん)を書き写すこと。また、その写した経文。

じゃきょう【邪教】 正しくない(人心を惑わす)宗教。↕正教

じゃきょく【邪曲】 正しくなく、ねじけていること。

しゃきょり【射距離】 銃砲の口から弾着点までの距離。

しゃぎり 歌舞伎で、幕切れの合図に囃子(はやし)方が太鼓・大太鼓・笛で演奏する囃子。▽最後の幕にはしない。「砂切り」とも書く。

しゃきん【砂金】 →さきん(砂金)

しゃきん【謝金】 謝礼のおかね。礼金。

しやく【試薬】 物質の化学的検出や化学実験に使う純度の高い薬品。

しゃく【×勺】 ①尺貫法の単位。㋐容積で、一勺は一合の十分の一、約〇・〇一八リットル。㋑面積で、一勺は一坪の百分の一、約〇・〇三三平方メートル。②登山の路程で、一合の十分の一。

しゃく【×癪】 ①《名ナ》腹が立つこと。かんしゃく。「―にさわる」(腹立たしく感じる)「―の種」「―な話だ」▽(2)の転。②《名》俗に、腹や胸に発作性の激痛をひきおこす病気の総称。「―を起こす」

しゃく【×笏】 束帯の時、右手に持つ、細長い薄板。▽「笏」の音は「こつ」、骨(こつ)に通じるのを忌んで、長さ一尺ほどなので「尺」の音を借りた。

しゃく【*尺】 シャク セキ ｜①尺貫法の長さの基本単位。寸の十倍。曲尺(かねじゃく)の一尺は約三〇・三センチ。鯨尺(くじらじゃく)の一尺は、曲尺の一尺二寸五分(約三七・八センチ)にあたる。「三尺・尺八・尺余・尺玉(しゃくだま)・寸尺・六尺・尺貫法」②長さ。たけ。「縮尺・現尺・間尺(ましゃく)・着尺(きじゃく)」③《名・造》長さをはかるものさし。「尺を取る」(物差しで寸法を計る)「尺を打つ」(同上)「曲尺(かねじゃく)・鯨尺・尺度」④一尺ほど。ごくわずかの長さ。「セキ」と読む。「尺寸・尺地・尺土・咫尺(しせき)」⑤手紙。「尺牘(せきとく)」

しゃく【釈】【釋】 シャク セキ すてる おく とく ゆるす ｜①㋐文や語の意味をとき明かす。とく。「釈義・解釈・注釈・訓釈・評釈」㋑事情を説明する。言い開きをする。言いわけする。「釈明・釈言」②気持がとけてさっぱりする。疑いが晴れる。「釈然・氷釈」③固まりがとけほぐれる。水を加えてうすくする。「稀釈(きしゃく)」④ほどく。ぬぎすてる。すてる。「釈衣・釈甲」⑤おく。さしおく。「釈奠(しゃくてん・せきてん)」⑥とき放ってゆるす。「釈放・保釈」⑦仏教の開祖、釈迦牟尼(しゃかむに)のこと。また、仏教・仏門・仏弟子(ぶつでし)を表す。「釈尊・釈氏・釈教・釈門・釈子・釈空海」

しゃく【*借】 シャ シャク かりる ｜①一定の約束のもとに、相手の物を使用する。かりる。↕貸。「貸借・借用・借地・借家・借銭・借財・借債・借款・借覧・拝借・恩借・賃借・租借・前借・寸借・転借・内借」②貸す。ゆるす。「仮借(かしゃ・かしゃく)」③かりに。こころみに。「借問(しゃもん・しゃくもん)」

しゃく【酌】【酌】 シャク くむ ｜①《名・造》酒を杯にくむ。また、酒をついでのむ。さかもりをする。酒を杯につぐ人。「晩酌・手酌

(てじゃく)・独酌・酌婦・浅酌」②くみわける。あれこれ照らしあわせて加減する。「酌量・斟酌(しんしゃく)・参酌・媒酌」

しやく【〔錫〕】(人) シャク すず ①鉱物の、すず。「錫杖(しゃくじょう)」②《名・造》錫杖のこと。仏教の僧の持つつえ。また、僧が修道弘法(ぐほう)のために旅行すること。「錫を引く」「巡錫・留錫・挂錫(かしゃく)」

しやく【〔爵〕】【〔爵〕】シャク ①支配階級の身分上の段階。五等爵。日本では、旧憲法下の華族の、公・侯・伯・子・男の五階級。「公爵・爵位・人爵・栄爵・授爵・襲爵・叙爵」②徳のとうとさ。「天爵」

じやく【持薬】平生服用する薬。用心のためいつも持っている薬。

じやく【〔*若〕】ジャク ニャク ニャ わかい もしくは もし ①わかい。年がすくない。「若年・若輩・若冠・老若(ろうじゃく・ろうにゃく)」▽日本での用法。「弱」に通じる。②形容の語にそえる助字。「自若・瞠若(どうじゃく)」③いかん。いくらか。「若干」④梵語(ぼんご)の音訳字。「般若(はんにゃ)・蘭若(らんにゃ＝寺)」⑤「如」に通じる。ごとし。しく。「傍若無人」⑥「若狭(わかさ)国」の略。「若州」

じやく【〔*弱〕】【〔弱〕】ジャク ニャク よわい よわる よわまる よわめる ①《名・造》気力が少ない。力が足りない。他の支配を受けやすい。よわい。よわる。よわめる。よわまる。↕強。「弱よく強を制す」「強弱・軟弱・柔弱(にゅうじゃく)・懦弱(だじゃく)・貧弱・虚弱・暗弱・尩弱(おうじゃく)・衰弱・脆弱(ぜいじゃく)・繊弱・薄弱・微弱・文弱・薄志弱行・弱体・弱視・弱志・弱小・弱点・弱卒・弱肉強食」②年が少ない。わかい。「弱年・弱輩」③二十歳になった男子。また一般に年若の男子。「弱冠」④近似値の示し方の一種。ある数をある桁で切り上げた時に添える語。↕強。「三千名弱」

じやく【〔寂〕】ジャク セキ さびしい さびれる さび しずか ①《名・造》声がなくひっそりしている。しずか。さびしい。その趣。「寂(せき)として声なし」「寂然(じゃくねん・せきぜん)・寂寞(じゃくまく・せきばく)・寂寂(じゃくじゃく・せきせき)・閑寂・静寂・幽寂」②涅槃(ねはん)に入る。仏教で、僧が死ぬこと。「寂滅・帰寂・入寂・示寂」

じやく【〔雀〕】(人) ジャク すずめ 鳥の名。すずめ。「雀躍・雀羅・燕雀(えんじゃく)・孔雀(くじゃく)・連雀」

しやくい【爵位】貴族の段階別を示す称号のこと。多くの場合世襲される。日本では以前、公・侯・伯・子・男の五級があった。

しやくう(しやくふ)【×杓う】《五他》〔俗〕すくう。しゃくる。

しやくぎ【釈義】文章・語句などの意味を、解釈・説明すること。また、その内容。

しやくざい【借財】《名・ス自》借金(すること)。

じやくさん【弱酸】酸性の弱い酸。例、炭酸・硫化水素・酢酸。↕強酸

しやくし【×杓子】飯・汁などをすくう皿形の部分に、柄がつけてある道具。しゃもじ。 **―じょうぎ**【―定規】《ダナ》何でも一つの規則・標準で律しようとする、融通のきかないやり方・態度。 **―な**【―菜】漬物や炒(いた)め物として食される野菜。長く白い柄のある杓子状の葉が根元から生える。▽アブラナの一変種。チンゲン菜と近縁。

しやくし【釈氏】①釈迦(しゃか)。②仏門にはいった人。仏家(ぶっけ)。僧。

じやくし【弱志】意志が弱いこと。弱い意志。

じやくし【弱視】視力が弱いこと。▽医学では、目の疾患によらないものを言う。「先天性―」

しやくじめ【尺じめ】尺貫法での木材の体積の単位。一尺じめは、底面積一尺平方、長さ二間の角柱の体積(約〇・三三立方メートル)。または、材の形によらず、右と等量の木材の体積。▽「尺〆」とも書く。

じやくしや【弱者】弱い者。↕強者。「社会的―」

しやくしやく【×綽×綽】《ト タル・ノダ》落ち着いてゆとりがある様子。あせらない様子。「―たる余裕」「余裕―だ」

しやくじよう【×錫×杖】僧・修験者(しゅげんじゃ)が持ち歩く杖(つえ)。杖の頭に鐶(かん)が掛けてあり、杖を突くと鳴る。

じやくしよう【弱小】《名ナ》①弱くて小さいこと。↕強大。「―国家」②年が若いこと。弱年。「―のころ」 派生 **―さ**

じやくしよう【弱将】軍の、弱い指揮者。↕勇将・弱卒

じやくじよう【寂静】①ひっそりして静かなこと。②〔仏〕煩悩(ぼんのう)を離れ苦しみを絶った解脱(げだつ)の境地。涅槃(ねはん)。

じやくしん【弱震】もとの震度階級の一つ。震度三。家が揺れ、戸や障子がガタガタ鳴り、つり下げた電灯が相当揺れる程度の地震。

じやくする【寂する】《サ変自》僧が死ぬ。入寂する。

しやくすん【尺寸】ごくわずかばかりのこと。▽もと、一尺や一寸の意。「せきすん」とも言う。

しやくせん【借銭】借金。借財。

しやくぜん【×綽然】《ト タル》ゆったりとして、余裕がある態度。

しやくぜん【釈然】《ト タル》疑い・恨みなどが消えて心が晴れ晴れするさま。「―としない」「率直な説明に―たるものがあった」▽観音経の「念彼観音力(ねんぴかんのんりき)―(しゃくねん)得解脱」(かの観音の力を念じると心がすっきりと解脱を得る)などが元来の用法。

じやくそつ【弱卒】弱い兵士・部下。「勇将の下(もと)に―なし」

しやくそん【釈尊】釈迦(しゃか)を敬って言う呼び名。

じやくたい【弱体】《名ナ》弱いからだ。「―を駆って使者に立つ」。体制・組織などが、弱くてたよりないこと。「―内閣」「―化」 派生 **―さ**

しやくたく【借宅】家を借りること。また、借りて住む家。借家。

しやくち【借地】土地を借りること。また、借りた土地。

しゃくち【尺地】↓せきち

じゃぐち【蛇口】水道管などの先に取り付けた金属製の口。

じゃくてき【弱敵】よわい敵。よわい相手。↕強敵。「—と見てあなどらず」

じゃくてん【弱点】①十分でない所。欠点。短所。②後ろめたい所。弱み。「—を握る」

じゃくでん【弱電】通信・エレクトロニクスなど、比較的弱い電力を扱う電気工学の部門の俗称。↕強電

しゃくど【尺度】①長さをはかる道具。ものさし。②転じて、計算・評価などの規準・標準。「優劣をきめる—」③長さ。寸法。「—を計る」

しゃくどう【赤銅】①銅に金および少量の銀を加えた合金。②ある種の薬品で処理した赤銅のような、つやのある紫黒色。また、暗い赤茶色。「—の肌」

しゃくとりむし【尺取(り)虫】長い体を曲げたり伸ばしたりして這(は)う蛾(が)の幼虫。這うさまを、指で寸法を取るのに見立てた名。寸取り虫。▽主にしゃくが科の蛾の幼虫。

しゃくなげ【石南△花・石×楠△花】山地に自生し、つつじに似た大きな花を咲かせる常緑低木。数種あり、園芸用に栽培もされる。初夏、紅色・淡紅色、まれに白色の花が集まり咲く。▽つつじ科つつじ属。

じゃくにくきょうしょく【弱肉強食】弱い者が強い者のえじきになること。弱者の犠牲の上に強者が栄えること。

しゃくねつ ①【×灼熱】『名・ス自』焼けて熱くなること。また、焼けつくように熱いこと。「—の砂漠」②【赤熱】『名・ス他』↓せきねつ

じゃくねん【寂然】『ト タル』↓せきぜん(寂然)

じゃくねん【弱年・若年】年が若いこと。また、若者。

じゃくはい【弱輩・若輩】年が若い者。また、未熟で経験が浅い者。

しゃくはち【尺八】①竹の、根に近い部分で作った縦笛。長さ一尺八寸(約五五センチ)のものが標準。前に四つ、後ろに一つ穴がある。②書画をかく紙・絹などで、幅が一尺八寸のもの。「—絹本」

しゃくふ【酌婦】居酒屋などで酒の酌をする女。特に、場末の料理屋などで客の相手をする、いかがわしい女。

しゃくぶく【△折伏】『名・ス他』〔仏〕衆生教化(しゅじょうきょうけ)の一方法。悪人・悪法を、威力をもってくじいて仏法に従わせること。

しゃくほう【釈放】『名・ス他』捕らえられていた人間をゆるして自由にしてやること。「身柄を—する」

しゃくま【借間】部屋(へや)を借りること。間借り。また、借りた部屋。「仮—」

しゃぐま【△赤熊】①赤く染めた、白熊(はぐま)の毛。払子(ほっす)などを作るのに使う。また、それに似た赤い毛髪。②縮れ毛で作った入れ毛。また、それを使った髪型。

じゃくまく【寂×寞】『ト タル』↓せきばく

しゃく-む『五自』中央部がくぼむ。しゃくれる。「—んだ顔つき」

しゃくめい【釈明】『名・ス他』誤解・非難などを受けた時、自分の立場・事情などを説明して理解を求めること。

じゃくめつ【寂滅】『名・ス自』〔仏〕①煩悩(ぼんのう)の境地を離れること。涅槃(ねはん)。②転じて、死ぬこと。 **—いらく【—為楽】**寂滅の境地を本当の楽しみとすること。

しゃくもち【×癪持(ち)】癪(2)が持病であること。そういう人。

しゃくもん【借問】『名・ス他』↓しゃもん(借問)。▽正しくは「しゃもん」。

しゃくもん【釈門】仏門に入った人。僧。

しゃくや【借家】家賃(やちん)を払って借りて住む家。

しゃくやく【×芍薬】中国原産で観賞用に古くから栽培される多年草。初夏、紅や白の、牡丹(ぼたん)を小ぶりにしたような姿の花が咲く。根は漢方薬に使う。「立てば—すわれば牡丹」(美女の姿のたとえ)▽ぼたん科。

じゃくやく【×雀躍】『名・ス自』こおどりして喜ぶこと。「欣喜(きんき)—」

しゃくよう【借用】『名・ス他』借りて使うこと。「—証書」

じゃくら【×雀羅】『門前—を張る』(門の前にスズメが多く集まり、あみを張って捕らえることができるほど)訪れる人がなく、さびれている。▽「雀羅」はスズメをとるあみ。

しゃくらん【借覧】『名・ス他』(書物などを)借りて、見ること。

しゃくりあ-げる【しゃくり上げる】『下一自』息を急に吸い込むような声をし、肩をふるわせて泣く。

しゃくりなき【しゃくり泣き】しゃくりあげて泣くこと。

しゃくりょう【借料】物を借りることについて払う料金。借り賃。

しゃくりょう【酌量】『名・ス他』事情をくみとって、手加減すること。「情状—」

しゃく-る ①『五他』㋐水などをすくい取る。しゃくう。㋑中くぼみになるように、えぐる。▽㋑は「さくる」の転。㋒すくうように、下から上へ動かす。「あごを—」②『五自』しゃっくりをする。また、しゃくりあげる。

じゃくれい【弱齢】弱年。年が若いこと。

しゃく-れる『下一自』まん中のあたりがえぐれている。中くぼみになっている。「—れた顔」

しゃくろく【爵×禄】爵位と俸禄(ほうろく)。位と扶持(ふち)。

しゃけ【×鮭】↓さけ(鮭)

しゃけ【社家】神職を世襲とする家柄。

しゃげき【射撃】『名・ス他』銃砲にたまをこめて目標をねらいうつこと。

しゃけつ【×瀉血】『名・ス自』治療の目的で患者から血

を一定量取り除くこと。▽古くはさまざまな症状の治療に用いたが、現代では多血症の治療などに限られる。

ジャケツ 毛糸で編んだ洋風の上着。▽jacket から。

ジャケット ①たけの短い前明きの上着。②レコード・本などが傷まないように外側を包む紙・ビニールなどの覆い。▽jacket

しゃけん【車券】競輪・オート レースの勝者・勝車を予想して、その当たりによる配当を得るために買う券。勝者・勝車投票券。

しゃけん【車検】車両の保安のため、法律に基づいて受ける、自動車の検査。「—証」

じゃけん【邪見】①〔仏〕因果の道理を無視する、間違った考え方。②間違った見方。▽かなり古風。

じゃけん【邪険・邪×慳】〘ダナ〙(他の人を取り扱う方法などが)意地悪く無慈悲で荒々しいさま。「—に突き飛ばす」派生 **-さ**

しゃこ ①【×蝦×蛄】浅海の泥底に穴を掘ってすむ、形がえびに似た甲殻類。体長約一五センチ。食用。▽広くは、しゃこ科やしゃこ目の甲殻類の総称。②【×硨×磲】南海の珊瑚礁(さんごしょう)にすむ大形の二枚貝。貝殻に太い五つの放射状のひだがある。水盤や置物にする。小さいものは食用。七宝(しっぽう)の一つ。しゃこ貝。▽しゃこがい科(または亜科)の二枚貝の総称で、最大種は一メートルを超える。

しゃこ【車庫】電車・自動車などの車両を入れておく建物。

じゃこ【〈雑魚〉】→ざこ

しゃこう【社交】人々が集まって交際すること。また、社会上の交際。「—辞令」(儀礼的な言葉)　**—か**【—家】社交性(1)のある人。　**—かい**【—界】上流の人たちが集まって交際をする社会。「—の花形」　**—せい**【—性】①人とのつきあいを好む、または人とうまくつきあっていける性質。「—に富む」②社会を形作ろうとする、人間の特性。　**—ダンス**(宴会やダンス ホール等で)つきあい・親睦の目的で、男女が一組になって音楽に合わせてするダンス。ソシアル ダンス。　**—てき**【—的】〘ダナ〙社交になれていて、つきあいのじょうずなさま。

しゃこう【射幸・射×倖】偶然の利益や成功を得ようとすること。まぐれ当たり・僥倖(ぎょうこう)をねらうこと。「—心」

しゃこう【射光】光を出すこと。

しゃこう【遮光】〘名・ス自他〙光線をさえぎること。「—幕」

しゃこう【斜光】斜めに照らす光線。

しゃこう【斜交】〘名・ス自〙(直線どうしが)直角以外の角度で交わること。↔直交。「—座標」

しゃこう【斜坑】鉱山や炭坑で、地中に斜めに掘った坑道。▽立坑(たてこう)・水平坑道に対して言う。

しゃこう【×藉口】〘名・ス自〙その事にかこつけて言いわけをすること。それを口実とすること。

しゃこう【車高】車両の、普通は接地面から屋根までの高さ。

じゃこう【×麝香】古くから珍重される、ジャコウジカやジャコウネコの分泌物からつくる香料。漢方薬としても用いる。ムスク。　**—じか**【—鹿】中央アジア・中国東北部などの森林にすむ、シカに似た獣。雌雄とも角(つの)はない。雄は上あごに短い牙があり、腹部にある分泌腺から独特の臭いのある液体を出す。▽じゃこうじか科。　**—ねこ**【—猫】東南アジアにすむ、ネコくらいの大きさの獣。褐色に黒褐色の紋がある。肛門(こうもん)近くにある分泌腺から独特の臭いのある液体を出す。▽じゃこうねこ科。

しゃこく【社告】〘名・ス他〙会社・新聞社などが世間に知らせるために出す知らせ。

しゃさい【社債】株式会社が資金を得る方法の一つとして、証書を発行し、出資者に債務を負うこと。その証書。

しゃざい【×瀉剤】くだし薬。下剤(げざい)。

しゃざい【謝罪】〘名・ス自他〙罪やあやまちをわびること。

しゃさつ【射殺】〘名・ス他〙鉄砲・ピストルなどで殺すこと。

しゃし【×奢×侈】〘名ナ〙必要な程度や身分を越えたぜいたく。「—に流れる」「—品」

しゃし【斜視】目の筋肉の異常のため、一方の目がある目標を直視する時、他方の目がそれと別の方向に向かうもの。やぶにらみ。

しゃし【社司】かんぬし。もと、特に府社・県社・郷社(ごうしゃ)の神職。

しゃし【社史】(多くは「○○会社○十年史」のようなタイトルで)その会社の歴史を書いた本。

しゃじ【×匙】→さじ(匙)

しゃじ【写字】文字を書き写すこと。「—生」(経文や文書などの写字を職とする人。また、その官名)

しゃじ【社寺】神社と寺院。神社仏閣。

しゃじ【謝辞】お礼またはおわびの言葉。

しゃじく【車軸】車の軸。車の心棒。「—を流す」(大雨の形容)

しゃじつ【写実】実際のままに写すこと。　**—しゅぎ**【—主義】客観的な現実をありのままに描こうとする芸術上の立場。リアリズム。▽ロマン主義・理想主義などに対して言う。

じゃじゃうま【じゃじゃ馬】①あばれ馬。②転じて、人の制御に従わず扱いがむずかしい人、特に女性。

しゃしゃらくらく【×洒×洒落落】〘トタル〙人柄や言動がいかにもあっさりしていて、物事にこだわらない様子。

しゃしゃり-でる【しゃしゃり出る】〘下一自〙遠慮なしに、ずうずうしく前へ出る。出しゃばる。

しゃしゅ【射手】弓を射る人。鉄砲をうつ人。弾丸を発射する人。

しゃしゅ【社主】会社(結社)の持ち主。

じゃしゅう【邪宗】①不正な(人心を惑わす)宗旨・宗

教。邪教。邪宗門。②特に江戸時代、キリシタン宗のこと。

じゃしゅうもん【邪宗門】 ↓じゃしゅう

しゃしゅつ【射出】〘名・ス自他〙①矢・弾丸などを発射すること。打ち出すこと。②水などを強く噴き出させること。③一点から放射状に出ること。

しゃしょう【捨象】〘名・ス他〙(概念を抽象する作用の反面として)現象の特性・共通性以外を問題とせず、考えのうちから捨て去ること。

しゃしょう【車掌】 電車・バスなどで、車中の事務、発車の合図などを取り扱う者。

しゃじょう【射場】 弓を射る場所。また、小銃などの射撃場。

しゃじょう【写場】 写真を写す部屋。スタジオ。また、写真館。▽今は言わない。

しゃじょう【謝状】 お礼またはおわびの意を表すために出す書簡。

しゃじょう【車上】 自動車や列車の中。「—荒らし」「—の人となる」

しゃしょく【写植】「写真植字」の略。活字を用いず、文字板からレンズを使って一字ずつ感光紙またはフィルムに印字して、印刷版を作ること。

しゃしょく【社×稷】 国家。「—を憂える」▽もと中国で、最も重要な国家祭祀(さいし)。「社」は土地の神、「稷」は五穀の神の意。

しゃしん【写真】 物体から来る光線をレンズなどで集め、物理的・化学的に半永久的な影像を作り記録すること。また、その影像。 **—き【—機】** 写真をとる機械。レンズ・シャッター・ファインダー・フィルム送り機構などを備えている。カメラ。↓デジカメ。 **—そくりょう【—測量】** 空中(地上)から地形の写真をとって、それに基づいて行う測量。地形図・地籍図の作成に利用する。 **—ばん【—版】** 亜鉛・銅などの表面に写真を焼き付けて作った、印刷の版。また、それで印刷したもの。

しゃしん【捨身】〔仏〕仏を供養(くよう)するため、法を求めるため、衆生(しゅじょう)を救うために、自分の身を捨てること。「—飼虎(しこ)」 **—じょうどう【—成道】** 自分を捨てて、成仏(じょうぶつ)得道すること。

じゃしん【邪心】 悪い心。邪悪な心。「—がない」

じゃしん【邪神】 よくないことをして、人に災いを与える神。

じゃしん【蛇身】 身に、へびの本性を現した姿。「眼前に—をもって現じる」▽↓じゃたい

ジャス【JAS】 農林水産製品について、全国的に統一して定めた規格。▽Japanese Agricultural Standard(=日本農林規格)の頭字をとったもの。↓ジス

ジャズ アメリカの黒人の間から出た、独特のリズムと即興性の強い音楽。また、それに合わせて踊るダンス。▽*jazz*

じゃすい【邪推】〘名・ス他〙他の人の行為を、悪い意味に、ひがんで推量すること。

ジャスミン 花から香料をとるため、また観賞用に、古くから栽培されるアジア原産の植物。また、その香料。茉莉花(まつりか)や素馨(そけい)など数種の香料植物の総称。「—茶」▽jasmine 広くは、もくせい科そけい属の植物の総称。

しゃ-する【謝する】〘サ変他〙①そのことに対してお礼を言う。「厚意を—」②あやまる。わびる。「平素の疎遠を—」③断る。謝絶する。「客を—」

しゃぜ【社是】 会社や結社の基本的方針。

しゃせい【写生】〘名・ス他〙実物・実景を見てありのままに写し取ること。短歌・俳句・文章についても言う。スケッチ。「—文」

しゃせい【射精】〘名・ス自〙精液を出すこと。

しゃせつ【社説】 新聞・雑誌などで、その社の主張・意見としてのせる論説。

しゃぜつ【謝絶】〘名・ス他〙人の申し出などを断ること。「面会—」

じゃせつ【邪説】 害毒を流す悪い言説。

しゃせん【斜線】 ①斜めの線。②〔数学〕ある直線または平面に対して垂直でも平行でもない線。

しゃせん【社線】 民間の会社で経営する鉄道・バスなどの路線。会社線。

しゃせん【車線】 車道で、自動車一台分の幅の通行区分。「追越し—」「片側一—」「—を変更する」

しゃそう【車窓】 汽車・電車などの窓。「—のながめ」

しゃぞう【写像】 ①〘名・ス他〙集合の各元(げん)を他の集合(または同じ集合)の元にそれぞれ対応させること。「実数の対から複素数への—」▽map(ping)の訳。同一集合内で行うのは特に「変換」と言う。②〘名〙光学系(例えばレンズ)に関する、物体とその像との対応関係。

しゃたい【斜体】 (活字などで)右または左に傾けた字体。↔立体(2)

しゃたい【車体】 車両の、乗客・荷物を載せる部分。ボディー。

しゃだい【車台】 車体をささえる台。

じゃたい【蛇体】 へびの形。「—に変じた清姫(きよひめ)」▽↓じゃしん(蛇身)

しゃたく【社宅】 社員のために建てた、会社所有の住宅。

しゃだつ【×洒脱】〘名・ダナ〙さっぱりしていて俗気がないこと。「—な風格」「軽妙—」 派生 **-さ**

しゃだん【遮断】〘名・ス他〙交通・電流・光・音・熱などをさえぎり止めること。さえぎって通過させないこと。「—機」

しゃだん【社団】 人の集合体たる団体で、個々の成員をこえた、独立の単一体として存在し活動するもの。 **—ほうじん【—法人】** 社団で、法人として法律上、権利義務の主体たることを認められたもの。

しゃち【×鯱】 ①イルカに似た大形の海獣。体長五メートル以上になる。黒い背に大きな背びれがあり、腹は白い。目の後方に白い斑がある。魚・鳥・鯨などを襲って食べる。さかまた。▽生物学的にはクジラ

の仲間。②↓しゃちほこ

じゃち【邪知・邪×智】わるぢえ。

しゃちほこ【×鯱】城郭などの、大棟の両端につける飾りの一種。頭はトラに似せ、背にとげのある逆立ちした魚の形。　**―だち**【―立ち】さかだち。しゃっちょこだち。

しゃちほこば-る【しゃちほこ張る】《五自》いかめしく構える。また、緊張して体をこわばらせる。しゃっちょこばる。▽古くは「しゃちこばる」と言った。

しゃちゅう【社中】①会社などの内。社内。②邦楽の社会などで、同門の仲間。また、同じ結社などの仲間。

しゃちゅう【車中】《副詞的にも使う》列車や自動車など移動用の車の中。「書類を―に置き忘れる」「目が合ったので―あいさつを送った」　**―だん**【―談】（政界人などが）旅先の列車の中などで行う非公式な談話。「大臣の―」

しゃちょう【社長】会社を代表する最高責任者。

シャツ　上半身に着る、洋風の下着・肌着。また、ワイシャツ・Tシャツなど、上半身に上着としても着る衣服。▽shirt

しゃっか【借家】借家（しゃくや）。「借地―法」

じゃっか【弱化】《名・ス自他》力などが（だんだんと）弱まること。力などを弱めること。↕強化

しゃっかん【借款】国際間の貸借。

じゃっかん【弱冠】①男子の（数え年）二十歳のこと。②転じて、年が若いこと。▽昔、中国で、二十歳を「弱」と言い、男子が冠をかぶったことから。

じゃっかん【若干】幾らか。㋐数量を特に定めては言わないが、さほど多くないこと。「―名の委員を置く」「処分者―を出した」㋑《副詞的に》程度がはなはだしくはないが、多少その気味があること。「―その傾向がある」

しゃっかんほう【尺貫法】長さに尺、重さに貫、体積に升を基本単位とする度量衡法。古く中国から伝来した。

じゃっき【×惹起】《名・ス他》事件・問題などをひきおこすこと。

ジャッキ　油圧やねじ・歯車などを利用して、小さい力で重い物を徐々に持ち上げる、小形の起重機。▽jack

じゃっきゅう【若朽】若いくせに役に立たないこと。そういう人。▽「老朽」に似せて作った語。

しゃっきょう【釈教】釈迦（しゃか）の教え。仏教。

しゃっきり《副［と］・ス自》①しっかりしていて姿形が崩れないさま。しゃんと。「腰が―（と）立つ」②気持がはりきって力のこもるさま。しゃきっと。「シャワーを浴びて―した」

しゃっきん【借金】《名・ス自他》金銭を借りること。また、借りた金。「―がある」「銀行に／から―する」「―で首が回らない」　**―とり**【―取（り）】借金を取り立てに来る人。

しゃっく【赤口】六曜の一つ。大凶の日。正午のみ吉とされる。しゃっこう。

じゃっく【×惹句】（広告などの）客を引きつける文句。うたい文句。キャッチ フレーズ。

ジャック　①トランプの、若い従者、特に兵士にかたどった札。②（電気の）差し込み。▽jack　**―ナイフ**　大形の折りたたみ式のナイフ。海軍ナイフ。▽jack-knife

しゃっくり　横隔膜が急に収縮して声門が開かれ、妙な音を発すること。その音。「―が出る」

しゃっけ【釈家】①仏門。仏家。僧侶（そうりょ）。②経論の文義を解釈する学問僧。

しゃっけい【借景】遠くの山などのけしきを、その庭の一部であるかのように利用してあること。そういう造園法。「叡山（えいざん）を―とした庭」

じゃっこう【寂光】〔仏〕①寂静（じゃくじょう）の境地と真の智（ち）の光。②「寂光土」の略。　**―ど**【―土】宇宙の理法そのものである仏のいる浄土。▽「寂光浄土」とも言う。

じゃっこく【弱国】国力の乏しい国家。弱い国。↕強国

ジャッジ　①《名・ス他》審判（すること）。判定（すること）。「―を下す」②《名》審判員。「一塁の―」。また、ボクシング・レスリングなどの副審。▽judge

シャッター　①写真機のレンズに取り付け、光のはいる穴を開閉する装置。「―を切る」②防犯・防火用の、金属製の巻き上げ式の扉。よろい戸。「―を下ろす」▽shutter

しゃっちょこだち【しゃっちょこ立ち】《名・ス自》〔俗〕しゃちほこだち。さかだち。「―しても（＝無理して全力を尽くしても）かなわない」

しゃっちょこば-る【しゃっちょこ張る】《五自》〔俗〕↓しゃちほこばる

シャット アウト《名・ス他》①締め出すこと。②野球などで相手に一点もとらせずに負かすこと。完封。▽shut out

シャッフル《名・ス他》順番が変わるように混ぜること。「トランプを―する」「再生する曲を―する」▽shuffle

シャッポ　帽子。「―をぬぐ」（＝降参する）▽フランス chapeau

しゃてい【射程】射距離、普通は、その銃砲・ミサイルで弾丸や弾頭が届く最大距離。「敵が―にはいる」

しゃてい【舎弟】弟の形式張った言い方。また、弟分。▽今は特殊な仲間うちでしか言わない。

しゃてき【射的】①まとをねらって小銃をうつこと。②まとをねらっておもちゃの銃でうつ遊び。うまくあたると景品がもらえる。「―屋」「―場（ば）」

しゃでん【社殿】神社の、神体が祭ってある建物。

しゃど【×赭土】酸化鉄を含んだ赤茶色の土。あかつち。

しゃとう【社頭】社殿のあたり。社前。

しゃどう【車道】道路で、車両が通行する所として区分された部分。↕歩道・人道

じゃどう【邪道】①正しくないやり方。望ましくない

方法。↕正道。②邪教。

シャトル ①折り返して往復する定期交通便。「―バス」▽shuttle ②「スペース シャトル」の略。③「シャトルコック」の略。バドミントンで使う羽根つきの球。▽shuttlecock

しゃなりしゃなり《副[と]》しなやかな身のこなしで気取って歩くさま。

しゃにくさい【謝肉祭】 カトリックの国々で行われる祭り。四旬節(=復活祭前の四十日間)に肉を断つので、その直前三日ないし一週間をにぎやかに祝うもの。カーニバル。

しゃにち【社日】 春分・秋分に一番近い戊(つちのえ)の日。春のを「春社」と言って種まきをし、秋のを「秋社」と言って穀物を刈り取り、田の神を祭る。

しゃにむに【遮二無二】《副》あれこれ考えないで、その事だけを強引にするさま。がむしゃらに。「―突破する」

しゃにん【社人】 社(やしろ)に仕える人。神職。

じゃねん【邪念】 よくない思い。「―を払う」㋐横道にそれた不純な想念。㋑みだらな情念。

じゃのひげ【蛇の×髭】 ↓りゅうのひげ

じゃのめ【蛇の目】 ①太い環(わ)による◎の形。②「蛇の目傘」の略。からかさの一種。中央と周辺とを紺・赤などに塗り、中間を白などにした、蛇の目(1)の模様の傘。

しゃば【×娑婆】 ①〔仏〕苦しみに満ちた耐え忍ぶべき世界。釈迦(しゃか)が教化(きょうけ)する世界。②人間の住む世界。この世。また、俗人の世の中。俗世間。③軍隊・刑務所などから見た、一般人の自由な世界。▽梵語(ぼんご)。 **―け【―気】** 世俗的な名誉や利益から離れない心。「―が多い」▽「しゃばっけ」とも言う。 **―ふさげ【―塞げ】** ただ生き長らえているというだけで、役に立たず、他人の邪魔をするばかりであること。そういう人。ごくつぶし。

しゃば【車馬】 車や馬。乗り物。

しゃはば【車幅】 車両の幅。しゃふく。

じゃばら【蛇腹】 くねって動くへびの腹の様子に似たもの。㋐写真機の暗箱の、折りたたみ・伸縮ができる側壁。㋑左よりの糸と右よりの糸とをより合わせた糸。これを伏せ縫いにしたもの。服飾などに使う。㋒室内の壁をめぐって、水平に取り付けた、帯状の装飾的突出部。

しゃはん【×這般】《「―の」の形で》こ(れら)の。▽中国の俗語起源。

ジャパン 日本。▽Japan

しゃひ【社費】 ①会社の費用。②神社の費用。

しゃひ【舎費】 寄宿舎を維持するために、そこに寄宿している人に割り当てる、一定額の費用。

じゃびせん【蛇皮線】 ↓さんしん(三線)

しゃふ【写譜】《名・ス他》楽譜や棋譜を書き写すこと。その譜。

しゃふ【車夫】 人力車をひく職業の人。車引き。

ジャブ ①ボクシングで、腕だけでこきざみに相手をうつこと。②比喩的に、軽く当たってみること。▽jab

しゃぶしゃぶ 薄切りの牛肉や野菜を煮立った湯にくぐらせ、たれ汁をつけて食べる鍋料理。

じゃぶじゃぶ《副[と]》大量の水が揺れ動く音。そのさま。ざぶざぶ。「海の中へ―(と)入る」②湯水のように大量であるさま。「金を―(と)使う」

しゃふつ【煮沸】《名・ス他》煮えたたせること。ぐつぐつ煮ること。「―消毒」

シャフト ①機械などの動力伝達用の回転軸。②道具の柄(え)。「ラケットの―」③鉱山の立坑(たてこう)や建物内部を縦に貫く穴。「エレベーター―」▽shaft

しゃぶりつ-く《五自》口で吸いついて、離さずしゃぶる。取りついて離れない。

しゃぶ-る《五他》口の中に入れてなめたり吸ったりする。「あめを―」「指を―」

しゃへい【遮蔽】《名・ス他》覆ったり物陰に隠したりして他から見えなくすること。「―物」

しゃべりちら-す【×喋り散らす】《五他》無遠慮にあれこれしゃべる。「場所柄もわきまえず―」「好き放題を―」

しゃべ-る【×喋る】《五自他》口が軽くてぺらぺらと話す。「よく―やつだ」。口外する。「うっかり秘密を―ってしまった」。言う。話す。「オウムは人間のように―」「英語を―」▽「しゃべくる」とも言う。

シャベル ①土・砂など物を(掘って)すくうのに使う、匙(さじ)型の部分に柄がついた道具。▽「スコップ」の意でも使う。②↓ショベル。▽shovel

しゃへん【斜辺】 斜めの辺。直角三角形で、直角に対する辺。

じゃほう【邪法】 ①不正で有害な教法。邪道。②魔法。妖術。

シャボテン ↓サボテン

ジャポニカまい【ジャポニカ米】 米の二大品種の一つ。粒が丸みを帯び、粘り気がある日本型の米。↕インディカ米。▽「ジャポニカ」は japonica

ジャポニスム 十九世紀後半のフランスを中心に、日本から渡った浮世絵などの美術工芸品に強く刺激されて流行した、日本愛好・日本趣味。▽印象派の画家らに特に見られた。(フランス) japonisme

しゃほん【写本】 (刊本に対し)書き写した本。また、本を書き写すこと。

シャボン せっけん。「―玉」▽(ポルトガル) sabão (スペイン) jabón

じゃま【邪魔】 ①《名ナ・ス他》妨げること。妨げになるもの。「仕事を電話で―される」「お宅に(へ)お―する」「―が入る」「お―いたしました」「明日お―(=訪問)したいのですが」 派生 **-がる** ②《名》〔仏〕修行の妨げをする悪魔。 **―っけ【―っ気】**《名ナ》〔俗〕邪魔に感じること。「―なやつだ」

シャマニズム ↓シャーマニズム

しゃみ【三味】「三味線」の略。

しゃみ【△沙△弥】〔仏〕七歳以上二十歳未満で、比丘(びく)

の資格を得ていない男子の出家者。▽普通、二十歳で比丘になる。梵語(ぼんご)。女子は「沙弥尼(しゃみに)」と言う。

しゃみせん【三味線】 浄瑠璃や俗曲の伴奏に使う弦楽器。棹(さお)と猫などの皮を張った胴とから成り、これに三本の糸を張って、撥(ばち)で鳴らす。三絃(さんげん)。「—をひく」(転じて、適当に調子をあわせてごまかす)

しゃむ【社務】 ①神社の事務。「—所」②会社の事務。

ジャム くだものを砂糖で煮詰めた保存食。▽jam

しゃめい【社命】 会社がその社員に出す命令。「—を帯びて渡米する」

しゃめん【斜面】 ななめに傾いている面。垂直でも水平でもない面。

しゃめん【赦免】 《名・ス他》罪をゆるすこと。「—状」

シャモ アイヌがアイヌでない日本人を指して言う語。▽アイヌ語で隣人の意。

シャモ【〈軍鶏〉】 ニワトリの一品種。気性が荒く、闘鶏用。肉・卵は美味。原産地タイ。▽「シャムロ鶏(けい)」の転。「シャムロ」は、タイ国の古い呼び名。

しゃもじ【×杓文字】 ↓しゃくし(杓子)。▽もとは女房言葉。「杓子(しゃくし)」の「しゃ」に「文字」をつけた語。

しゃもん【△借問】 《名・ス他》ためしに尋ねること。きいてみること。

しゃもん【斜文】 斜線状のあや。「—織」

しゃもん【△沙門】 出家して修行する人。仏教の修行僧。桑門。▽梵語(ぼんご)。

じゃもん【蛇紋】 へびの胴の斑紋に似た模様。

しゃゆう【社友】 ①同じ会社の一員・友人。②社員以外で、社員のような待遇を受ける人。

しゃよう【斜陽】 ①西に傾いた太陽。夕日の斜めにさす光。「金州城外—に立つ」(乃木希典「金州城下作」)②時勢の変化で没落しかかること。「—族」「—産業」▽太宰治の小説「斜陽」による。

しゃよう【社用】 ①会社の用務。「—族」(社用にかこつけ、社費で遊興する者。「斜陽族」のごろ合わせ)②神社の用務。

じゃよく【邪欲】 人として持つべきでない、不正な欲望、または、みだらな欲情。

しゃら【△沙羅】 ↓さら(娑羅)

しゃらく【×洒落】 《名・ダナ》心・ふるまいなどがさっぱりしていて、深く執着しないさま。派生 **-さ**

しゃらくさ-い【×洒△落臭い】 《形》きいた風(ふう)をして生意気だ。分(ぶん)にも似ずしゃれたまねをする。「—ことを言うな」派生 **-さ -げ -がる**

じゃらじゃら 《副[と]・ス自》①色っぽくていやらしいさま。「—した男」②銭など小さく固いものが触れ合う音。そのさま。「アクセサリーを—つけた人」▽「ぢゃらぢゃら」とも書いた。

じゃら-す 《五他》じゃれるようにしむける。じゃれさせる。

しゃらのき【△沙羅の木】 ↓さら(娑羅)

しゃり【射利】 (手段を選ばず)利益を得ようとねらうこと。「—の心」

しゃり【舎利】 ①仏・聖者の遺骨。塔におさめてまつる。▽梵語(ぼんご)。②〔俗〕白い米つぶ。「銀—」▽⑴に形が似るところから。

じゃり【砂利】 ①岩石が砕けて角がとれ丸くなった小石。また、その集まり。海・浜・河床などから取る。「—を敷く」②子供の俗称。

しゃりき【車力】 荷車などをひき、荷物の運送を業とする人。

しゃりしゃり 《副[と]・ス自》①水分を含んだ粒状のものがこすれたり砕けたりする音。そのさま。「かき氷を—と食べる」②張りがあって、乾いた感じがするさま。「—した手触りの帯」

じゃりじゃり 《副[と]・ス自》①粗い粒状のものがこすれる音。そのさま。「船底に—と砂の触れる音がした」②粒状のものが不快に触るさま。「貝の砂抜きが不十分で、口の中が—する」

しゃりべつ【舎利別】 白糖の濃い溶液。シロップ。▽ラテン sirupus の中国語での音訳「舎利別」を日本語の漢字音で読んだものか。

しゃりょう【車両・車×輛】 電車・自動車など、輸送用の車。

しゃりん【車輪】 ①車の輪。②俳優が一所懸命になって演技すること。③転じて広く、一所懸命に働くこと。「大—」

しゃる 《助動》尊敬を表す。……なさる。「行かっ—」「あらっ—」▽「せらる」の転。現在は、わざと古めかしく言うのでなければ使わない。

シャルマン 《ダナ》魅力的であるさま。チャーミング。▽フランス charmant

しゃれ【〈洒落〉】 ①(言葉の同音を利用して)人を笑わせる、気の利いた文句。例、「へたな—はやめなしゃれ」の最後の部分が「なされ」とかけてある類。②洒脱(しゃだつ)で気がきいていること。「—者」③↓おしゃれ

しゃれい【謝礼】 感謝の心を表した金品または言葉。お礼。

しゃれき【砂×礫】 ↓されき

しゃれこうべ【〈髑髏〉・×曝△首】 ↓されこうべ

しゃれこ-む【〈洒落〉込む】 《五自》①気の利いたことをする。「舟で花火見物と—」②大変なおしゃれをする。めかしこむ。

しゃれぼん【〈洒落〉本】 江戸中期、主に江戸で刊行された、遊里での遊びと滑稽(こっけい)を描写した読み物。

しゃ-れる【〈洒落〉る】 《下一自》①気がきいている。あかぬけしている。「—れた家」②転じて、物事に通じているような風(ふう)をする。なまいきな様子がみえる。「—れたことをぬかすな」③しゃれ⑴を言う。④身なりを飾る。めかす。

じゃ-れる 《下一自》まつわりついて遊んだりいたずらしたりする。「猫がボールに—」▽「ざれる」の転。

じゃれん【邪恋】 道にはずれた恋愛。

じゃろん【邪論】正当でない議論。人をまどわす論説。

シャワー 管の先にある、たくさんの小孔のあいた面から水や湯が出る装置。その水や湯。「―を浴びる」▽shower bath から。

シャン〘名ナ〙美人。▽(ドイツ) schön（＝美しい）から。第二次大戦後の数年まで主に学生語として盛んに使われた。対語として「ウンシャン(＝不美人)」もある。

じゃん〘連語〙〔俗〕「じゃないか(ではないか)」の転。同意や確認を求めるのに使う。「そうポイポイ捨てることない―」「いい―」

ジャンキー〔俗〕①麻薬の常習者。②比喩的に、その事に淫するほど夢中な人。「ゴルフ―」▽junkie, junky

ジャンク【×戎△克】中国の沿海や河川で使う、独特の形状をもった帆掛け船。▽junk 中国語からか。

ジャンクション 高速道路や鉄道の接合(合流)点。▽junction

ジャンク フード 安直に買い食いできる、栄養価の低い加工食品。パッケージ入りのスナック菓子など。▽junk(＝くず) food

ジャングル 密林。主に熱帯地方の原始林。▽jungle

―ジム 子供の遊び場などにある、金属の管などを組み合わせて造った遊び道具。ジャングル。▽jungle gym

じゃんけん【じゃん拳】〘名・ス自〙片手で石(＝ぐう)・紙(＝ぱあ)・はさみ(＝ちょき)の形をまねて、それを互いに出しあって勝負をきめる遊び。いしけん。

―ぽん じゃんけんをする時の掛け声。また、じゃんけんのこと。

じゃんこ〔俗〕あばたづら。

しゃんしゃん〘副[と]・ス自〙①丈夫で、よく立ち働くさま。しゃんと。「年をとっても―している」②鈴などの鳴る音。そのさま。③事が決着したことを喜んで手を打つ音。そのさま。「―と手を締める」

じゃんじゃん〘副〙①立て続けに盛んに行うさま。どしどし。「金を―使う」▽(2)の転。②立て続けに打つ鐘の音。弾き鳴らす三味線の響き。▽「ぢゃんぢゃん」とも書いた。

ジャンそう【×雀荘】席料を取って麻雀(マージャン)をさせる店。

シャンソン フランスの大衆歌謡。▽(フランス) chanson

シャンツェ スキーのジャンプ台。▽(ドイツ) Schanze

シャンデリア 洋間の天井などからつり下げる、飾り電灯。▽chandelier

しゃんと〘副・ス自〙乱れがなく、きちんとしているさま。「―座る」「ひもを―結ぶ」「気持を―取り直す」

ジャンパー 作業・運動用の、腰までの長さでゆったりした上着。「―スカート」(ブラウスやセーターの上に着る、スカートと胴着の一緒になった服) ▽誤って「ジャンバー」とも言う。jumper

シャンパン 発泡性の白またはロゼのワイン。シャンペン。▽厳密には、フランスのシャンパーニュ地方産のものを言う。(フランス) champagne

ジャンプ〘名・ス自〙①とびはねること。跳躍すること。②陸上競技の跳躍種目やスキーのノルディック種目。▽jump

シャンプー〘名・ス他〙髪を洗うこと。洗髪。また、洗髪剤。▽shampoo

シャンペン →シャンパン

ジャンボ ①超大型のもの。②ジャンボ ジェット機。大型旅客機。▽jumbo

ジャンボリー ボーイ スカウトの大会。▽jamboree

ジャンル 種類。芸術、特に文芸作品の種別。様式。▽(フランス) genre

しゅ【[*手]】シュ て た ―①腕から先の部分。また、手首から先の部分。て。「手足・手腕・手芸・手工・手套(しゅとう)・双手・隻手・挙手・徒手・玉手・握手・拍手・入手・落手・拱手(きょうしゅ)・凶手・触手・赤手・着手・敵手・毒手・下手人」②自分の手でする。てずから。「手記・手書」③手でする。手にもつ。「手剣・手燭(しゅしょく・てしょく)」。また、手でするわざ。「手段・手法・凡手・魔手・妙手・老手」④㋐あるわざに長じている人。専門家。「名手・国手・上手(じょうず)」㋑あるしごとを持つ者。「鼓手・砲手・技手・助手・舵手(だしゅ)・選手・駅手・旗手・好敵手・運転手」⑤囲碁・将棋のさし方。「悪手・応手」

しゅ【[*主]】【主】シュ ス おも ぬし あるじ つかさどる ―①㋐中心となる人。支配する者。家のあるじ。ぬし。家長。もちぬし。↕従。「主人・戸主・主婦・祭主・喪主(もしゅ)・亭主・店主・金主・坊主(ぼうず)・管主・庵主(あんじゅ)・自主・無主」㋑かしら。団体の長。「主権・天主・君主・法主(ほうしゅ・ほっす)・盟主・謀主・主将・主領・主位・暗主・英主」㋒君として仕える相手。↕従。「主君・主従(しゅじゅう・しゅうじゅう)・主人・主家・主用・主命・主筋(しゅうすじ)」②つかさどる。中心となって仕事をする。「主宰・主査・主典・主管・主筆・主謀・主治医」③接待をする側。客を受け入れる側。あるじ。↕客。「主客・賓主・主催」④〘名・造〙キリスト教で、神またはイエス キリスト。「主よ」「天主」⑤〘名・造〙中心的な。かなめとなるような。重要な役割を持つ。また、そうした性格をもつもの。「主たる原因」「実例を主とする」「主要・主眼・主脳・主力・主旨・主意・主義・主張・主役・主題・主食・主産地・主目的」⑥はたらきをもつもの。行為をなすもの。ぬし。↕客。「主体・主観・主語」▽↓しゅう(主)・しゅたる・しゅとして

しゅ【[*守]】シュ ス まもる まもり もり かみ ―①身体・身分などを大切にする。他から侵されないようにする。まもる。「守備・守護・守衛・守勢・守成・守兵・守将・守銭奴・攻守・固守・保守・死守・墨守・監守・看守・堅守・遵守・操守・留守(るす)・天守閣」②㋐役人。行政官。日本の令(りょう)制で、国司の長官。かみ。「太守・郡守・国守」㋑官が位に相当しない高い官であることを示す語。↕行(ぎょう)。「従三位(じゅさんみ)守大納言」

しゅ【狩】シュ シュウ(シウ) かる かり ―①鳥獣をかり立ててとらえること。かる。かり。「狩猟」②命を受けてまもる所。任地。「巡狩」

しゅ【朱】シュ ス あけ あか ―①『名・造』黄ばんだあか色。しゅいろ。また、赤色の顔料。赤色硫化水銀の実用名。「朱に交われば赤くなる」(人はつきあう友により感化される。悪友と交われば悪くなる)「丹朱・朱唇・朱雀(しゅじゃく・すざく)・朱肉・朱墨」②㋐「朱肉」「朱墨」の略。「朱硯(しゅけん)・朱印」㋑『名・造』歌や俳句に点をつけたり、文章を添削したりするのに朱墨を用いること。「朱を入れる」(朱筆で訂正を加える)「加朱」③宋の儒学者「朱熹(しゅき)」の略。朱子。「程朱の学」④日本で、江戸時代の貨幣の単位。一朱は、一両の十六分の一。「一朱銀」

しゅ【*株】シュ かぶ ―①木の根もとに近いところ。きりたおした木のあとに残った根もとの部分。きりかぶ。くいぜ。「守株」②立木を数える語。「両三株」

しゅ【殊】シュ こと ―①別々になる。ことなる。ちがう。「殊別・殊異」②普通とちがって特別に。特にすぐれている。すぐれて。ことに。「殊勝・殊珍・殊功・殊勲・殊遇・殊恩・特殊」

しゅ【珠】シュ たま ―①(水中で産する)丸いたま。しんじゅ。また、美しく、立派なものを形容することば。「珠玉・珠貝(しゅばい)・珠簾(しゅれん)・真珠・宝珠・遺珠」②真珠のように丸いもの。「珠算・念珠・数珠(じゅず・ずず)・連珠(れんじゅ)」

しゅ【*取】シュ とる ―手にとる。自分のものにする。とる。↔捨。「取捨・取得・取材・攻取・奪取・進取・聴取・詐取」

しゅ【*首】シュ くび こうべ はじめ おさ ―①かしら。あたま。くび。「首尾・首足・首級・梟首(きょうしゅ)・首肯・頓首・馘首(かくしゅ)・斬首・鶴首(かくしゅ)・機首・船首・鳩首(きゅうしゅ)」②いちばん上に位するもの。最上位。第一位。いちばんはじめ。「首位・首席・首座(しゅざ・しゅそ)・首班・首相・首府・首都・首途・首唱・歳首・期首・部首・巻首・元首・党首・盟首」③おもだったところ。かしら。「首脳・首魁(しゅかい)・頭首・賊首・貫首(かんじゅ・かんず)・首領・首謀」④罪を白状する。「自首」⑤漢詩・和歌を数える語。「歌一首」

しゅ【*酒】シュ さけ さか ―こうじで作った飲み物。さけ。また、さけをのむ。さかもりする。「酒色・酒食・酒肴(しゅこう)・酒量・酒杯・酒気・酒乱・酒宴・酒席・酒仙・酒豪・葷酒(くんしゅ)・緑酒・大酒・飲酒・斗酒・冷酒・美酒・洋酒・銘酒・節酒・葡萄(ぶどう)酒」

しゅ【須】ス シュ もちいる まつ すべからく ―①もちいる。「須要(しゅよう・すよう)・必須(ひっしゅ・ひっす)」②しばらく。少しの間。仏教で、一昼夜の三十分の一の時間。「須臾(しゅゆ・すゆ)」③梵語(ぼんご)の音訳字。「須弥山(しゅみせん・すみせん)・須弥壇(しゅみだん・すみだん)」④まつ。「待」と同じ。

しゅ【腫】シュ ショウ はれる はれ はらす むくみ ―①体の一部がはれる。はらす。むくむ。はれ。はれもの。むくみ。「腫物(しゅもつ・はれもの)・水腫・浮腫・麦粒腫」②組織の病的増殖物。できもの。「腫瘍(しゅよう)・筋腫・肉腫・癌腫(がんしゅ)」

しゅ【*種】シュ たね くさ ―①草木や穀物をうえる。草木のたねをまく。「播種(はしゅ)・種痘・接種」②植物のたね。物事の大きくなる、はじめのもの。もと。「種子・種苗」③『名・造』一定の基準で分類したものの一つ。「この種の文章」「種類・種目・種別・種族・種属・人種・職種・同種・異種・多種・種種(しゅじゅ・くさぐさ)」㋐〔論理〕類に属する個々のもの。例、太郎・次郎・花子は日本人の種であり、日本人は人類の種である。また逆に人類は日本人の類であり、日本人は太郎等の類である。㋑生物分類上の基礎単位。属の下位。種は、さらに、亜種・変種・品種等に分かれる。「種名・雑種・原種」

しゅ【趣】シュ おもむく おもむき ―①心の向かうところ。わけ。すじみち。「趣向・趣意・趣旨・旨趣・意趣」②けしき。様子。感じ。「趣向・趣味・趣致・同趣・妙趣・奇趣・佳趣・情趣・野趣・雅趣・詩趣・興趣・殊趣・別趣・多趣・風趣」③〔仏〕衆生(しゅじょう)が輪廻(りんね)の間に行って住む世界。人間・餓鬼・畜生等。「六趣・三悪趣(さんまくしゅ)」▽「道(どう)」とも。④一定のところをめざしてゆく。目的に向かってゆく。おもむく。「趣時」

しゅ【衆】↓しゅう【衆】

じゅ【×頌】↓げ(偈)

じゅ＝【従】位階で、同階のもののうち、正(しょう)の下。「―三位(さんみ)」▽例えば、正三位、従三位、正四位の順となる。

じゅ【寿】【人壽】ジュ ことぶき ことほぐ とし ―①いのちが長い。長生きする。物が長くもつ。「寿福・寿楽・老寿」②『名・造』とし。いのち。「百年の寿」「寿命・天寿・長寿・延寿・聖寿・米寿・喜寿・白寿」③長命をいわう。よろこぶ。ことほぐ。ことほぎ。「賀寿・寿詞・寿筵(じゅえん)」

じゅ【*受】【受】ジュ ズ うける うかる ―①むこうからくれるものをうけとる。もらう。うける。「受理・受動・授受・受納・受賞・受容・受諾・受託・受難・受胎・受験・受戒・受禅・受像・受領(じゅりょう・ずりょう)・受話器・受刑者・拝受・伝受・感受・甘受・享受・送受・傍受・口受(こうじゅ・くじゅ)」②〔仏〕五蘊(ごうん)の一つ。六根によって外界に触れ、苦楽憂悲などを知覚する心の作用。「色(しき)受想行(ぎょう)識」

じゅ【*授】【授】ジュ さずける さずかる ―(上から)あたえる。さずける。あたえられる。さずかる。精神的、知的な内容を伝える。教える。「授受・授与・授爵・授賞・授業・授戒・授記・授乳・授産・天授・褒授・口授(こうじゅ・くじゅ)・伝授・教授」

じゅ【×綬】ジュ ―①『名・造』礼服の時、前にかけて、しるしの物を結びつけるくみひも。官職の印をつるして、官職の高下を示す帯。「首相の綬を帯びる」(首相の官職につく)「印綬」②勲章・褒章・記章などをさげるひも。また、勲章の種類。「大綬・紫綬・黄綬(おうじゅ)・藍綬・略綬」

じゅ【呪】 ジュ **のろう のろい** ｜①神に祈って他にわざわいをこうむらせる。また、他人が悪くなるように願いごとをする。のろう。「呪文(じゅもん)・呪詛(じゅそ)」②まじないをする。「呪禁・巫呪(ふじゅ)」③『名・造』[仏]「陀羅尼(だらに)」の訳語。善をたもち、悪を起こさせない秘密の言句。「呪印・神呪」▽「咒」は異体字。

じゅ【需】 ジュ もとめる もとめ ｜なくてはならない。入り用である。必要物を他からもとめる。もとめ。「需要・需給・軍需・民需・官需・必需・特需・実需・応需」

じゅ【儒】 ジュ ｜①学問を教える者。学者。孔子の教えを奉じる学派。またその学徒。「儒学・儒家・儒教・儒者・大儒・名儒・腐儒・老儒・鴻儒(こうじゅ)・俗儒」②うるおいがある。やわらかい。よわい。みじかい。「侏儒(しゅじゅ)」

じゅ【*樹】 ジュ き うえる たてる ｜①立っている木。立ち木。「樹木・樹林・果樹・緑樹・樹陰・樹脂・樹皮・樹齢・大樹・老樹・桜樹・植樹・一樹・風樹・針葉樹・常緑樹・菩提(ぼだい)樹」②うちたてる。「樹立・樹功・樹徳」③うえて、まっすぐたてる。うえる。「樹畜(じゅちく)」

しゅい【思×惟】[仏]考えること。対象を分別すること。また、浄土の荘厳(しょうごん)を明らかに見ること。▽→しい(思惟)

しゅい【首位】第一の地位。首席。↔末位。「リーグ戦で―に立つ」

しゅい【主位】主な地位。大切な位置。↔客位

しゅい【主意】①中心となる、主な意味・考え。主眼。②理知や感情よりも意志を重く見る立場であること。▽複合形で使う。「―主義」「―的」③主君の意志。

しゅい【趣意】何かをする時の考え・意見・目的。また、文章などの、あらわそうとしている意味。 **―しょ**【―書】物事を行う趣意をしるした文章。

しゅいん【主因】主な原因。

しゅいん【手淫】手などを使ってひとりで性的快感を得ること。自慰。

しゅいん【朱印】朱肉を使って押した印。「―帳」▽→ごしゅいん

じゅいん【樹陰】(葉が茂った)木の陰。こかげ。

しゆう【師友】①師と仰ぐほどの友人。②先生と友人。

しゆう【私有】『名・ス他』公共の所有でなく、個人が持っていること。↔公有。「―財産」

しゆう【雌雄】①めすとおす。「―異株(いしゅ)」②転じて、優劣。「―を決する」

しゅう【△主】主人。主君。「お―さま」「―を取る」(主人を求めて仕える) ▽「しゅ」の長音化。

しゅう【*収】【收】 シュウ(シウ) **おさめる おさまる** ｜①とりいれる。おさめる。「収拾・収穫・収蔵・収納・収入・収得・収益・収斂(しゅうれん)・収賄・収録・回収・没収・徴収・領収・増収・査収」②おさまる。ちぢまる。「収縮」③罪人をつかまえる。とらえる。「収監」

しゅう【囚】 シュウ(シウ) とらえる とらわれる ｜①罪人が監禁される。とらえる。とらえられる。「囚獄・囚役・囚縛・幽囚」②とりこ。捕虜。とらわれびと。「囚人・囚徒・囚虜・虜囚・俘囚(ふしゅう)・免囚・未決囚・死刑囚」

しゅう【*州】 シュウ(シウ) す ｜①川の中にできた島。しま。なかす。す。「三角州(さんかくす)・中州(なかす)」②㋐人の集まり住む土地。くに。「神州」㋑大陸。「洲」に通じる。「アジア州」③行政区画。㋐日本では国にあてる。「六十余州・和州・武州」㋑『名・造』連邦国家を構成する行政区画の一つ。「ネバダ州・州権・州政府」㋒昔の中国で、郡の上級。後に郡を州と改称した。「四百余州・直隷州・州俗」

しゅう【洲】 シュウ(シウ) す ｜①川の中にどろや砂が堆積してできた島。す。②水上に現れた土地。地球上の大陸。「六大洲・アジア洲・欧洲」▽「州」で代用する。

しゅう【酬】 シュウ(シウ) むくいる ｜①主人が客にさかずきを返すこと。一般にお返しをすること、またはもの。返礼する。むくいる。「献酬・酬恩・報酬・応酬」②返事。「貴酬・酬答」

しゅう【舟】 シュウ(シウ) **ふね ふな** ｜水をわたるための乗り物。こぶね。「舟行・舟運・舟艇・舟師・舟軍(しゅうぐん・ふないくさ)・片舟・軽舟・孤舟・漁舟・呑舟(どんしゅう)・呉越同舟」

しゅう【秀】 シュウ(シウ) **ひいでる** ｜他よりぬきんでてすぐれている。ひいでる。ひいでているもの。「秀逸・秀絶・秀抜・秀麗・秀作・秀歌・秀句・秀吟・秀才・俊秀・優秀・閨秀(けいしゅう)」▽評語として「優」より上を言うことがある。

しゅう【*周】【周】 シュウ(シウ) **まわり** めぐる ｜①十分にゆきとどく。ととのう。「周知・周行」②手おちがない。こまかい。「周密・周到」③㋐ぐるりと一まわりする。まわる。まわり。「周回・周忌・周年・周囲・周壁・周旋・一周・円周・外周」㋑数学で、一つの面上の一部分を囲む閉じた曲線、または折線。またその長さ。④『名』中国の王朝名。㋐前一一〇〇年ごろ殷(いん)を滅ぼしてから、前二五六年、秦(しん)に滅ぼされるまで。㋑南北朝時代の北朝の一国。北周。㋒五代の一国。後周。

しゅう【*週】【週】 シュウ(シウ) めぐる ｜①まわりをまわる。ひとまわりする。めぐる。「週期・週遊」②『名・造』七日間を一めぐりとする時間の単位。「週に一度」「週間・一週・毎週・隔週・先週・来週・今週・週刊・週報・週給・週日・

週初・週末・週番」

しゅう〘*拾〙シュウ(シフ) ジュウ(ジフ) **ひろう** ― ①落ちているものを手にとる。ひろう。「拾得・拾遺・収拾」②とり入れる。おさめる。「拾集」③数値を表す時、「十」の改竄(かいざん)を防ぐ目的で代用する字。特に金銭に関する文書で用いる。「金拾万円」

しゅう〘*秋〙シュウ(シウ) **あき** とき ― ①四季の一つ。あき。「春夏秋冬・秋分・立秋・秋季・秋風・秋雨・秋霜・秋冷・秋思・中秋・初秋・晩秋・季秋・新秋・麦秋・爽秋」②事にあたっての大事なとき。「危急存亡の秋(とき)」。また、歳月。としつき。「千秋」「春秋に富む」▽「秌」「龝」は古字。

しゅう〘愁〙シュウ(シウ) **うれい** **うれえる** ― 物さびしさを感じて心がしずむ。思いなやむ。悲しむ。うれえる。うれい。「憂愁・愁傷・愁嘆・愁思・愁色・愁訴・愁眉・旅愁・郷愁・悲愁・哀愁・春愁・幽愁・孤愁・離愁」

しゅう〘臭〙〘(人)臭〙シュウ(シウ) **におう** **におい** **くさい** ― かおり。におい。特に悪いにおい。いやなにおい。くさい。また、他人に与えるいやな感じ。「臭気・悪臭・体臭・銅臭・異臭・乳臭・俗臭・同臭・和臭・余臭・防臭・無臭・役人臭・貴族臭」

しゅう〘*修〙シュウ(シウ) シュ **おさめる** **おさまる** ― ①かざりをつける。模様をつける。「修飾・修辞」②精神をおさめととのえる。学問・技芸などを身につける。正しくととのえる。おさめる。「修身・修得・修養・修練・修道・修行(しゅぎょう)・修学・修了・修好・学修・独修・自修・専修(せんしゅう・せんしゅ)・必修・履修・研修」③なおす。つくろう。「修理(しゅうり・しゅり)・修繕・修補・修訂・修復・修正・改修・補修」④儀式を行う。「修祓(しゅうふつ・しゅうばつ)・修法(しゅほう・ずほう)」⑤書物をつくる。編纂(へんさん)する。「修史・監修・編修・撰修(せんしゅう)」⑥梵語(ぼんご)の音訳字。「修羅(しゅら)」

し

しゅう〘袖〙シュウ(シウ) **そで** ― 着物の、腕をおおう部分。そで。また、そでの中に物をいれる。「袖手傍観・袖珍・長袖・領袖・鎧袖(がいしゅう)」

しゅう〘*終〙〘終〙シュウ **おえる** **おわる** ついに ― ①物事ができあがる。あとにつづかなくなる。おわる。おえる。↕始。「終了・終止・終結・終局・終着・終末・終始・終業・終点・有終・始終(しじゅう)・臨終(りんじゅう)」②おわりまで。おわるまで。「終日・終生・終身」③いちばんあと。ついに。「最終・終車・終電・終列車」

しゅう〘*習〙〘習〙シュウ(シフ) **ならう** ならわし ― ①くりかえして身につける。ならう。なれる。「習練・習熟・習得・習作・習字・学習・練習・伝習・講習・復習・演習・温習・既習」②身についた行動の形式。社会的なならわし。しきたり。「習慣・習性・常習・習俗・風習・悪習・因習・和習・陋習(ろうしゅう)」

しゅう〘*就〙シュウ(シウ) ジュ **つく** **つける** ― ①その方へゆく。おもむく。つきしたがう。つく。「去就」②仕事にとりかかる。位置につく。「就業・就任・就職・就学・就床・就眠・就寝・就縛」③(大きな仕事を)しとげる。なす。なる。「成就(じょうじゅ)」

しゅう〘蹴〙シュウ(シウ) **ける** ― ふみつける。ける。ふむ。「蹴鞠(しゅうきく)・蹴球・一蹴」

しゅう〘*衆〙〘衆〙シュウ シュ おおい もろもろ ― ①〘名・造〙人の数が多い。数が多い。「衆をたのむ」「衆中・衆多・衆寡・衆目・衆知・衆生(しゅじょう)」②〘名・造〙多くの人。人々。もろもろ。「衆に先んじる」「衆人・衆愚・衆庶・衆議・衆望・民衆・大衆(たいしゅう)・群衆・聴衆・会衆・公衆」③〔仏〕梵語(ぼんご)「僧伽(そうぎゃ)」の訳語。仏教の修行者の集団。「大衆(だいしゅ)・衆徒(しゅと)」④〘名・造〙日本で、多くの人への敬称。親しみや丁寧な感じをあらわす。「村の衆」「皆の衆」「若い衆」「旦那衆(だんなしゅう・だんなしゅ)・男衆・女子衆(おなごしゅ)・子供衆」

しゅう〘×聚〙シュウ シュ ジュ あつまる あつめる ― ①ひとところに寄りあつまる。「聚合・聚集・聚散・雲聚・類聚(るいじゅう)」②人家のあつまったところ。むらざと。「聚落」

しゅう〘*集〙シュウ(シフ) **あつめる** **つどう** **あつまる** ― ①(木の上に鳥が多くむらがるように)あつまる。多くのものがよりあう。あつめる。つどう。「集合・集中・集会・集結・集積・集配・集計・集団・集金・集注(しゅうちゅう・しっちゅう)・集解(しゅうかい・しっかい・しゅうげ)・集散・群集・蒐集(しゅうしゅう)・採集・招集・雲集・凝集・結集・蝟集(いしゅう)・呼集・参集・収集・召集・徴集・編集・密集・来集」②〘名・造〙あつめたもの。特に文学作品をあつめた書物。「家の集」「経史子集・総集・別集・全集・選集・撰集(せんしゅう・せんじゅう)・歌集・句集・詩集・画集・随筆集・作品集・用例集」

しゅう〘(人)輯〙シュウ(シフ) あつめる あつまる ― 集める。集まる。特に書物の材料を集める。「輯録・編輯」▽「集」で代用する。

しゅう〘醜〙シュウ(シウ) **みにくい** しこ ― ①見た目がみっともない。顔だちがわるい。心や行いがきたない。みにくい。↕美。「美醜・醜悪・醜怪・醜女・醜形・醜名・醜聞・醜行・醜態」②いろいろなもの。たぐい。もろもろ。「醜類・醜虜」

しゅう〘襲〙シュウ(シフ) **おそう** かさねる ― ①不意打ちにする。おそう。「襲撃・襲来・来襲・強襲・夜襲・奇襲・空襲・逆襲・急襲」②あとをうけつぐ。おそう。「襲用・襲蔵・襲封・襲爵・襲名・世襲・因襲・踏襲」③㋐衣を重ねてきる。「襲衣」㋑重ねた着物。「衣一襲」

しゅう〘×讐〙シュウ(シウ) あだ かたき ― 対抗して互いに敵となること。その相手。あだ。かたき。あたる。「讐敵・仇讐(きゅうしゅう)・復讐・恩讐」▽「讎」は同字。

しゅう〘宗〙→そう〘宗〙

じゆう【事由】 ①物事の理由・原因。②〔法律〕直接、理由または原因となっている事実。

じゆう【自由】〘名・ダナ〙他からの束縛を受けず、自分の思うままにふるまえること。▽思うままであることが重点の場合(例、「ー放恣(ほうし)」「どうぞ御(ご)ー に」)、束縛のないことが重点の場合(例、「出版言論のー」)、他からの強制でなく自分の責任で行うことが重点の場合(例、「ー意志」)等がある。また、共産主義体制と区別して資本主義体制での自由を指すこともあった。「ー世界」 派生 **-さ** **ーがた【ー形】** 競泳の一種目。泳ぎ方に制限のないもの。▽普通はクロールで泳ぐ。 **ーぎょう【ー業】** 勤務時間に縛られるなどの制約を受けない、作家や弁護士のような専門的職業。 **ーけい【ー刑】** 犯罪者の体の自由を束縛する刑罰。懲役・禁錮・拘留の三種。 **ーけいざい【ー経済】** 国家などの統制・干渉を受けない経済活動の形態。 **ーけっこん【ー結婚】** 父母の同意なしに、相互の合意だけでする結婚。 **ーし【ー詩】** 伝統的な詩の形式や規定にとらわれず、自由な形式・発想で作る詩。↕定型詩。 **ーじざい【ー自在】**〘名・ダナ〙どのようにでも思いのままにできること。「大空をーに飛ぶ」 派生 **-さ** **ーしゅぎ【ー主義】** 個人の自由意志を尊重し、自発的活動には可能な限り他からの干渉をしないという主義・思想。 **ーせき【ー席】** 列車・劇場などで、誰でも座れる座席。↕指定席。 **ーど【ー度】** 全体として一定の拘束条件がある系で、その条件を満たしてしかも独立に動かせる変数の個数。▽物理学や統計学の用語で degree of freedom の訳語。 **ーぼうえき【ー貿易】** 国家が、外国貿易に何の制限も加えず、また保護・奨励もせず、商人の自由な活動に任せること。 **ーほうにん【ー放任】** 各自に、思いのまま勝手にさせて、少しも干渉しないこと。 **ーりつ【ー律】** 短歌・俳句で伝統的定型をやぶって作る様式。 **ーろうどうしゃ【ー労働者】** 一定の職場を持たず、その日その日の仕事に従事する労働者。日雇い労働者など。

ジュー ユダヤ人に対する蔑称。▽Jew

=**じゅう【中】** →ちゅう〘中〙(4)(エ)。▽「中(ちゅう)」の連濁。

じゅう〘*十〙 ジュウ(ジフ) ジッ とお と ― ①〘名・造〙ものの個数を数える時の、九の次の、すなわち9に1を足して得る数(に等しい値や順位)。「一を聞いて十を知る」(一つの事を知るだけで十もの多くの事を知る。賢いこと)「十月五日」「十人十色(じゅうにんといろ)」 ▽この和語は「とお」。数値表現の改竄(かいざん)を防ぐ目的では「拾」とも書く。10を普通は「一十」と言わない。このあと十一から十九までは「十二」のように「十」との和で表し、「二十」「三十」……は「十」の倍数で表す。また「十」の字音が入声(にっしょう)「じふ」だったので、「十回・十手・十把」などは本来「じっかい・じって・じっぱ」であるが、「じゅっ」とも発音する。②数が多い。「十目の見るところ十指(じっし)のさすところ」(→じゅうもく)「十人並み」③完全なさま。「十全の策」

じゅう〘汁〙 ジュウ(ジフ) しる ― 液体。しる。吸いもの。「果汁・肉汁・乳汁・墨汁・胆汁・苦汁・一汁一菜」

じゅう〘充〙 ジュウ あてる みちる ― ①中身がいっぱいある。みちる。「充実・充溢(じゅういつ)・充満・充足・充備・充血・充電・拡充・汗牛充棟」②いっぱいになる。ふさがる。ふさぐ。「充塡」③足りないところをいっぱいにする。あてる。あてはめる。「充用・充当・補充」

じゅう〘銃〙 ジュウ つつ ― 〘名・造〙(一人で持ち歩くことのできる)火器。鉄砲。「銃を構える」「銃砲・銃器・銃口・銃身・銃床・銃弾・銃丸・銃剣・銃眼・銃火・銃撃・銃声・銃殺・銃創・小銃・短銃・拳銃・猟銃・機関銃・空気銃・カービン銃」

じゅう〘*住〙〔住〕 ジュウ(ヂユウ) すむ すまう ― ①ひとところにじっとしている。とどまる。「去住・止住」②〘名・造〙人が一定の所に居ついて、日常の生活をする。すむ。すまう。またその場所。すみか。「深川の住」「衣食住・住所・住宅・住持・住職・住僧・住人・住民・居住・定住・安住・永住・常住・移住・転住・在住・行住坐臥(ぎょうじゅうざが)・先住民」③「住職」の略。「先住・後住(ごじゅう)・当住・現住・無住」

じゅう〘柔〙 ジュウ(ジウ) ニュウ(ニウ) やわらか やわらかい ― ①㋐〘名・造〙しなやかでやわらかい。やわらか。↕剛。「柔よく剛を制す」「柔軟・柔毛・外柔内剛」㋑やわら。「柔術・柔道」②心がおだやかでやさしい。「柔順・柔和(にゅうわ)・温柔」③体や心がしっかりしていないでよわい。「柔弱(にゅうじゃく)・優柔不断」④やわらかくする。うまく扱って相手の態度をやわらかくする。「懐柔」

じゅう〘*重〙 ジュウ(ヂユウ) チョウ え おもい おもんずる かさねる かさなる ― ①(目方が)おもい。おもさ。「軽重(けいじゅう・けいちょう)・重量・重力・重圧・重心・重水・重金属・過重・荷重・体重・比重・加重・鈍重」②おもおもしい。おちついている。「重厚・慎重(しんちょう)・自重(じちょう)」③大きい。大じかけなもの。「重砲・重工業」④〘名・造〙大切な。大切にする。たっとぶ。おもんじる。身分が高い。「重かつ大」「重大・重要・重点・重鎮・重視・重用(じゅうよう・ちょうよう)・重責・重任・重職・重役・重臣・重商主義・貴重(きちょう)・尊重(そんちょう)・珍重(ちんちょう)」⑤はなはだしい。はげしい。ひどい。「重税・重罪・重患・重症・重病・重態・重傷・厳重」▽(1)〜(5)は↕軽。⑥手あつい。「鄭重(ていちょう)」⑦かさねる。かさなる。また、かさなったものを数える語。「重複(じゅうふく・ちょうふく)・重重・重訳・重版・重出(じゅうしゅつ・ちょうしゅつ)・重言・重婚・重犯・重任(じゅうにん・ちょうにん)・重陽(ちょうよう)・重畳(ちょうじょう)・重囲・重箱(じゅうばこ)・重盗・重代・三重・五重」「二重にも三重にも取り囲む」▽↓かさね。⑧〘名・造〙「重箱」の略。「お重」「二の重」「組重(くみじゅう)」

じゅう〖*従〗［人從］ ジュウ ショウ ジュ したがう したがえる より ―― ①あとからついてゆく。つきしたがう。したがえる。「随従・従軍・陪従・扈従(こじゅう・こしょう)・追従(ついじゅう・ついしょう)・類従」②ついてゆく人。とも。けらい。↕主。「主従・従者・従僕・侍従」③《名》中心的でない方のもの。↕主。「それは従に考えてよい」④事にあたる。おさめる。「従事・従業・専従」⑤きき入れる。さからわない。したがう。「従順・服従・面従・屈従・盲従・臣従・適従・忍従・隷従・聴従」⑥おちつく。のびやか。「従容(しょうよう)」⑦同じ位だが一段扱いがさがるもの。そえ。↕正(しょう)。↓じゅⅡ。「従三位(じゅさんみ)」⑧親族関係を示す語。傍系の三親等。「従兄(じゅうけい・いとこ)・従妹(じゅうまい・いとこ)」⑨起点・経過点を示す助字。「従来・従前」⑩「縦」に同じ。㋐たて。南北。「合従連衡(がっしょうれんこう)」㋑ほしいまま。「放従(ほうしょう)」

じゅう〖*縦〗［人縱］ ジュウ ショウ たて ゆるす はなつ ほしいまま ―― ①たての方向。南北の方向。↕横。「縦横・縦線・縦断・縦走・縦貫・縦隊」②ゆるす。はなつ。③とりしまらないでほっておく。ほしいままにする。したいようにする。「放縦(ほうじゅう・ほうしょう)・操縦」

じゅう〖渋〗［人澁］ ジュウ(ジフ) しぶ しぶい しぶる ―― ①しぶ。しぶい。しぶい味。「苦渋」②すらすら事がはこばない。とどこおる。にがにがしい。しぶる。「渋滞・渋面・難渋・晦渋(かいじゅう)」▽「澀」が正字。

じゅう〖獣〗［人獸］ ジュウ(ジウ) けもの けだもの ―― けもの。けだもの。主として陸棲(りくせい)の哺乳(ほにゅう)類。「獣類・獣肉・獣脂・獣医・獣欲・野獣・猛獣・鳥獣・禽獣(きんじゅう)・百獣・霊獣・怪獣・肉食獣」

じゅう〖拾〗 ↓しゅう〖拾〗

しゅうあく【醜悪】《名ナ》顔かたちや心・行いがみにくくて、きわめて不快なこと。「―な争い」派生 **‐さ**

じゅうあく【十悪】仏教で、身口意(しんくい)から生じる十種の悪い行為。▽もと、中国の隋(ずい)・唐の律で、十種の大罪。

しゅうあけ【週明け】新しい週の始まり。通常は月曜日を指す。

じゅうあつ【重圧】のしかかるように押さえつける強い力。「悪税の―にあえぐ」

しゅうい【周囲】物のまわり。「地球の―を回る」。取り巻いている物・人・環境。「―がうるさい」

しゅうい【囚衣】囚人の制服。囚人服。

しゅうい【拾遺】①漏れ落ちている事柄・作品を拾い補うこと。そうしてできたもの。「―集」②侍従の唐名(とうみょう)。

じゅうい【×戎衣】戦場に出る時の服装。例、昔のよろいかぶと、今の戦闘服。▽文語的。

じゅうい【重囲】幾重(いくえ)にも取り巻いた囲み。「敵の―を破る」

じゅうい【獣医】獣類、特に家畜やペットの病気を治療する医師。獣医師。

じゅういち ↓じひしんちょう。▽鳴き声が「じゅーいち」と聞こえることからの名。俗に「十一」と書く。

じゅういちがつ【十一月】その年の十一番目の月。▽(陰暦の)異称は「霜月(しもつき)」。

しゅういつ【秀逸】《名ナ》他にぬきんでてすぐれていること。そういうもの。「―な句」

じゅういつ【充×溢】《名・ス自》満ちあふれること。「闘志が―している」

しゅういん【衆院】「衆議院」の略。

じゅういん【充員】《名・ス他》(欠けている、または不足の)人員(や物の員数)を補充すること。

しゅういんじょう【集印×帖】遍路などの参詣や旅行の記念に、寺社の印や名所のスタンプを集めて押す(普通は画帳仕立ての)帳面。▽近ごろは「集印帳(しゅういんちょう)」「朱印帳」とも言う。

しゅうう【×驟雨】急に降りだす雨。にわか雨。

しゅううん【舟運】舟で荷物を運んだり交通したりすること。「―の便がよい」

しゅうえき【囚役】囚人に課せられる労役。

しゅうえき【就役】《名・ス自》新しく役務・苦役・任務などにつくこと。▽軍艦についても言う。↕退役

しゅうえき【収益】利益を収め取ること。収め取る利益。

じゅうえき【獣疫】獣類、特に家畜の伝染病。▽↓じゅんえき

しゅうえん【周延】《名・ス自》〔論理〕ある概念を含む判断が、その概念に含まれる全てのものについて成り立つとき、その概念は周延しているという。

しゅうえん【周縁】まわり。ふち。

しゅうえん【終演】《名・ス自》芝居などで、その日の上演が終わること。また、その劇の上演期間が終わりになること。↕開演

しゅうえん【終×焉】①命の終わり。②身の落ち着く所。隠居して晩年を送ること。「―の地」

じゅうえん【重縁】親類同士の間の縁組、特に結婚。

じゅうおう【縦横】①たてよこ。また、東西と南北。②《多く「―に」の形で》心のまま自由自在にふるまうこと。「―に活躍する」 **‐むじん**【―無尽】自由自在。思うぞんぶん。「―にあばれまわる」「―の大活躍」

じゅうおん【重恩】重なる恩。厚い恩義。

しゅうか【秀歌】すぐれた和歌。「万葉―」

しゅうか【衆寡】多人数と小人数。「―敵せず」(人数に差がありすぎて勝ち目がない)

しゅうか ①【集荷・×蒐荷】《名・ス自他》(農水産物などの)荷が集まること。荷を集めること。また、その荷。②【集貨】《名・ス自他》貨物や商品が集まること。それらを集めること。また、その貨物・商品。

じゅうか【重科】重い罪。重い罰。

じゅうか【銃火】銃器で射撃する時に出る火。また、その時発射する銃弾。「―を浴びせる」「―を交える」

じゅうか【銃架】小銃を立てかけておく台。

しゅうかい【周回】《名・ス自》まわり。めぐり。そのまわりをまわること。「―五キロの湖」「―おくれのランナー」

しゅうかい【集会】《名・ス自》多くの人が共同の目的で一時的に一定の場所に集まること。また、その集まり。「―の自由」「政治―」

しゅうかい【醜怪】《名ナ》みにくくて怪物じみること。「物欲の―な発動」 派生 **-さ**

しゅうかいどう【秋海×棠】中国南部原産で古くから園芸用に栽培される多年草。茎は節の部分が赤く、高さ約六〇センチ。夏の末から秋に、カイドウに色の似た淡紅色の花が垂れて咲く。▽しゅうかいどう科。

じゅうかがくこうぎょう【重化学工業】重工業と大規模な化学工業とを合わせた言い方。▽他の化学製品の原料になる化学製品を大量に製する化学工業を指すこともある。

しゅうかく【収穫】《名・ス他》①農作物を取り入れること。また、取り入れた農産物。「トウモロコシを―する」②転じて、ある事から得た有益な結果。「旅で得た―」

しゅうかく【臭覚】においを知る感覚。嗅覚(きゅうかく)。

しゅうがく【就学】《名・ス自》学校、特に小学校にはいること。「―児童」

しゅうがく【修学】学問を修め習うこと。 **―りょこう【―旅行】**学校行事の一つ。生徒・児童が実地に見学・研究するために、旅行すること。

じゅうかぜい【従価税】対象とする物件の価格に基づいて税額を決める税。↔従量税

しゅうかつ【就活】《名・ス自》「就職活動」の略。学生などが就職のために、情報を集めたり入社試験を受けたりすること。

じゅうがつ【十月】その年の十番目の月。▽(陰暦の)異称は「神無月(かんなづき・かみなづき)」。陰暦十月に諸国の神が出雲(いずも＝今の島根県)に集まって留守なので、この名があると言い、出雲では「神あり月」と呼ぶ。また「時雨月(しぐれづき)」「小春(こはる)」。

しゅうかぶつ【臭化物】臭素と他の元素との化合物。例、臭化カリウム・臭化水素。

しゅうかん【収監】《名・ス他》人を監獄(刑事施設)に収容すること。

しゅうかん【習慣】ある事が繰り返し行われた結果、その事がしきたりになること。しきたり。ならわし。「早起きの―」「その土地の―になじむ」

しゅうかん【週刊】一週間に一度刊行すること。その刊行物。ウイークリー。「―誌」

しゅうかん【週間】一週である七日間。「―天気予報」「交通安全―」「二―」

じゅうかん【縦貫】《名・ス他》縦または南北に貫くこと。「―鉄道」

じゅうかん【重患】重い病気。重病。また、重病患者。

じゅうがん【銃丸】銃の弾丸。特に、鉄砲の玉。

じゅうがん【銃眼】敵を銃撃し、また見張るために、防壁に設けた小さなあな。

しゅうき【周期】一定時間ごとに同じ現象が繰り返される場合の、その一定時間。「―運動」 **―てき【―的】**《ダナ》(ほぼ)一定時間ごとに、同じ事が起こるさま。「痛みが―に襲う」 **―りつ【―律】**元素を原子番号順に並べると、周期的に性質の似た元素が出て来るという法則。

しゅうき【終期】終わりの時期。期限の終わり。↔始期

しゅうき【宗規】(仏教の)それぞれの宗派における規則。

しゅうき ①**【秋季】**秋の季節。「―運動会」「―皇霊祭」②**【秋期】**秋の期間。「―株主総会」

しゅうき【秋気】秋らしいけはい・感じ。

しゅうき【臭気】臭いにおい。臭み。「―を放つ」「―どめ」

しゅうき【周忌】→かいき(回忌)

しゅうぎ【宗義】仏教で、宗派の根本となる教義。

しゅうぎ【衆議】多くの人の合議・相談。また、その時の人々の意見。「―一決」 **―いん【―院】**日本の国会の両院の一つ。参議院より優位にある。衆院。▽もと、貴族院と並び帝国議会を構成した。

しゅうぎ【祝儀】①祝いの儀式。婚礼。②祝儀(1)の際に贈る金銭や物品。「ご―」③転じて、チップ。心付け。

じゅうき【×什器】日常生活用の器具。「―家具」

じゅうき【重機】①主に建設・運搬作業用の大型機械。クレーン・ブルドーザーの類。②「重機関銃」(大型機関銃)の略。↔軽機(軽機関銃)

じゅうき【銃器】個人で持ち運びする、小銃・ピストル・機関銃などの武器の総称。

しゅうきく【蹴×鞠】→けまり

しゅうきゃく【集客】《名・ス自》客が集まるようにすること。客寄せ。「はでなイベントで―する」「―力のある商品」▽一九六〇年代に言い出した。

しゅうきゅう【蹴球】フットボール。▽普通はサッカーを指す。

しゅうきゅう【週休】一週間のうちに決まった休暇があること。その休暇。「―二日制」

しゅうきゅう【週給】一週間ごとに支払われる給料。

じゅうきょ【住居】人のすみか。住まい。

しゅうきょう【宗教】神または何らかのすぐれて尊く神聖なものに関する信仰。また、その教えやそれに基づく行い。 **―か【―家】**宗教の普及をつとめとする人。 **―しん【―心】**神や仏を信じる心。「―が篤(あつ)い」

しゅうきょう【秋興】秋の風物の面白さ。

しゅうぎょう【修業】《名・ス自他》学術・技芸を習い修めること。「―証書」▽「しゅぎょう」とも言う。

しゅうぎょう【就業】《名・ス自》業務につくこと。「―時刻」「―規則」

しゅうぎょう【終業】《名・ス自》仕事や授業を終える

こと。↕始業。「本日ー」「ー式」

しゅうぎょう【襲業】《名・ス自》家業などをうけつぐこと。

しゅうぎょう【醜業】いとうべき、いやしい職業。「ー婦」(売春婦)

じゅうぎょう【従業】業務についていること。「ー員」

しゅうきょく【終局】①碁(や将棋)で終わりの局面(に達したこと)。②事の終結。▽「結局」と同様に副詞的に使うこともあった。

しゅうきょく【終曲】↓フィナーレ

しゅうきょく【終極】物事の一番終わり。最後。「ーの目的」

しゅうきょく【×褶曲】《名・ス自》平らだった地層が、地殻変動による圧力のため波状に曲がること。また、そうなったもの。「ー山脈」

しゅうぎょとう【集魚灯】夜、魚を取る時に、海上または海中にともして、魚類を誘い集める灯火。

しゅうきん【集金】《名・ス他自》金銭を集めること。また、その集めた金銭。「ー員」「新聞代をーする」

しゅうぎん【秀吟】すぐれた詩歌。

じゅうきんぞく【重金属】比重が五(または四)以上の金属。例、白金・金・銀・銅・鉄など。↕軽金属

しゅうく【秀句】①すぐれた句。また、すぐれた俳句。②かけことばをうまく利用した面白い語句。転じて、地口(じぐち)・語呂(ごろ)合わせなど。

しゅうぐ【衆愚】多数の愚者。「ー政治」(民主主義の政治をばかにして言う語)

じゅうく【重苦】重い、耐えがたい苦しみ。

ジュークボックス 自動的にレコードをかける装置。お金を入れて選曲ボタンを押すと、指定した曲が聞ける。▽(アメリカ) jukebox

シュー クリーム 焼いた薄い外皮の中にクリームを詰めた洋菓子。▽(フランス) chou à la crème から。

じゅうぐん【従軍】《名・ス自》軍隊に従って戦地に行くこと。「ー記者」

しゅうけい【修景】都市計画や造園で、自然環境と統合し、景観を美しく整えること。地形の改変や植栽、工作を含む。「ーを行う」

しゅうけい【集計】《名・ス他》数値で表せるデータを取り集めて、数値の合計(などの計算)をすること。

じゅうけい【従兄】年上の、男のいとこ。↕従弟

じゅうけい【重刑】重い刑罰。

じゅうけい【銃刑】銃殺の刑罰。

じゅうけいてい【従兄弟】男である、いとこ。↕従姉妹

しゅうげき【襲撃】《名・ス他》敵に向かって突撃すること。不意におそいかかること。「バスが武装集団にーされる」

じゅうげき【銃撃】《名・ス他》銃器で射撃すること。

しゅうけつ ①【終決】《名・ス自》物事に決まりがついて終わること。②【終結】《名・ス自》㋐物事が終わりになること。「戦争がーする」㋑〔論理〕仮定から推論によって結論を得ること。その結論。帰結。

しゅうけつ【集結】《名・ス他自》一か所に集めること、また、集まること。「艦隊をーする」

しゅうげつ【秋月】秋の夜の月。

じゅうけつ【充血】《名・ス自》体のその部分の(動脈の)血が異常に増すこと。「目がーする」▽静脈の時は正しくは「鬱血」と言う。

しゅうけん【集権】権力を一か所に集めること。↕分権。「中央ー」

しゅうげん【祝言】①祝いの言葉。②転じて、祝い。特に、婚礼。「ーを挙げる」

じゅうけん【銃剣】①銃と剣。②小銃の先につける短い剣。また、それをつけた小銃。「ー術」

じゅうげん【重言】①同じような意味の語を重ねた言い方。例、「ひにち」「むやみやたら」「電車に乗車する」。②同字を重ねた熟語。畳字。畳語。例、「悠悠」。

じゅうこ【住戸】アパート・マンションなどの集合住宅で、その住居一戸。

じゅうご【銃後】戦場の後方。直接戦闘に加わらない一般国民。「ーの守り」

しゅうこう【修好・修交】《名・ス自》国と国とが親しく交際すること。「ー条約」

しゅうこう【周航】《名・ス自》方々をめぐる航海。ふねで一巡すること。「琵琶(びわ)湖ー」

しゅうこう【就航】《名・ス自》船舶・航空機などが、はじめて航路につくこと。

しゅうこう【舟航】舟で航行すること。航海。

しゅうこう【舟行】①舟に乗って行くこと。②舟遊び。

しゅうこう【醜行】みにくい、恥ずべき行い。

しゅうこう【秋郊】秋の郊外。秋の野原。

しゅうこう【衆口】大勢の人の言うところ。「ー一致して」

しゅうごう【秋×毫】《副ノ》《「ーも」か「ーの」かの形で使い、あとに打消しを伴って》わずか。いささか。毫末。「ーも違(たが)わない」「ーの狂いも無い」▽もと、獣類の秋に抜けかわった毛の意で、それがきわめて細いことから。

しゅうごう【習合】《名・ス他》幾つかの教義などを取り合わせ折衷すること。「神仏ー」

しゅうごう【集合】①《名・ス自》一か所に集まること。「ー地」②《名》〔数学〕ある特定のはっきり識別できる条件に合うものを一まとめにして考えた、全体。「偶数のー」 **ーじゅうたく**【ー住宅】一棟内に幾つもの、それぞれ別の住まいが、並ぶ(また階を重ねる)ように集まった建物。例、アパート・マンション。

じゅうこう【獣行】けもののような行い。獣欲をほしいままにする行為。

じゅうこう【重厚】《名ノ》(性格・外見などが)どっしりと落ち着いていて厚みがあること。↕軽薄。「ーな出来ばえ」 派生 **ーさ**

じゅうこう【銃口】銃器の筒先(つつさき)。「ーを向ける」

じゅうごう【重合】《名・ス自》一種類の分子が二個以

上結合して別種の分子ができること。その化学反応。例えば、エチレンが多数結合してポリエチレンができる反応。「—体」(重合によってできる化合物)
しゅうこうき【集光器】レンズや反射鏡を使って、光線を特定の場所や方向に集める装置。
じゅうこうぎょう【重工業】製鉄業・造船業のように、重量の大きいもの、主として生産財を生産する基礎的工業部門。↔軽工業
じゅうこうぞう【柔構造】建築の耐震構造で、構造物に作用する地震の力を弱め、また吸収し得るようにしたもの。超高層建築などに効果的。↔剛構造
じゅうこく【重刻】《名・ス他》重版(すること)。
じゅうごや【十五夜】陰暦の十五日の夜。満月の夜。▽特に、陰暦八月のこの夜は古来月見をする。
じゅうこん【重婚】《名・ス自》配偶者がいるのに重ねて結婚すること。
しゅうさ【収差】レンズ・反射鏡等によって像を作る際、一点から出た光線の束が完全には一点に集まらないこと。これが起こると、像がぼけたりゆがんだりする。「球面—」「色—」
じゅうざ【銃座】射撃のために銃をすえておく所。
ジューサー 野菜やくだものを入れて、ジュースをつくる電気器具。手動式もある。▽juicer
しゅうさい【秀才】①すぐれた才能。また、その持主。学問などがすぐれてよくできる人。②律令制の官吏登用試験の一つ。また、その試験に応じる者(=文章得業生(もんじょうとくごうしょう))。③昔の中国で、科挙(=官吏登用試験)の一科目。また、その受験資格を持つ者。
じゅうざい【重罪】重い罪。「—を犯す」
しゅうさく【秀作】出来ばえがすぐれている作品。
しゅうさく【習作】絵・彫刻・音楽などで、練習のために作ること。その作品。エチュード。
しゅうさつ【愁殺】《名・ス他》ひどく悲しませること。▽「しゅうさい」とも言う。
しゅうさつ【集札】《名・ス自》乗物で、乗車券を(出口で)回収すること。
じゅうさつ【重刷】《名・ス他》増刷。
じゅうさつ【銃殺】《名・ス他》(刑罰として)銃器(特に小銃)で射殺すること。
しゅうさん【秋蚕】秋に飼う蚕。あきご。
しゅうさん【集散】《名・ス自他》集まることと散ること。また、集めることと散らすこと。「離合—」「米の—地」
しゅうさん【×蓚酸】ホウレンソウなどの植物に含まれる酸性の有機化合物。インク消し・染色などに用いる。そのカルシウム塩は結石の主成分の一つ。
じゅうさんや【十三夜】陰暦の十三日の夜。特に、月見をするならわしの陰暦九月十三日の夜。
しゅうし【修史】歴史の編集。「—事業」
しゅうし【修士】①学位の一つ。大学院に二年以上在学し、所定の課程を踏んで試験に合格した者に与えられる。マスター。▽→はくし(博士)。②キリスト教聖公会で、修道士。
しゅうし【宗旨】①その宗教・宗門の教えの中心になっているところ。②宗教の流派。宗門。③比喩的に、その人の奉じる主義主張・生き方・好みなど。「—が違う」「—替え」
しゅうし【収支】収入と支出。「—がつぐなわない」(収入より支出が多くて損になる)「—とんとん」
しゅうし【愁思】うれいに沈む物思い。
しゅうし【秋思】秋に感じるさびしい物思い。
しゅうし【終止】《名・ス自》終わること。終わり。 **—ふ**【—符】欧文などの、文の終わりに打つ符号。ピリオド。「—を打つ」(転じて、ある物事を終結させる意にも)
しゅうし【終始】《副ノ・ス自》始めから終わりまで。ずっと。「—その方針を堅持した」。態度や行動を変えないで通すこと。「その間守勢に—した」 **—いっかん**【—一貫】《副ノ・ス自》始めから終わりまで一筋に、態度・行動を変えないこと。
しゅうじ【修辞】言葉を有効に使って、うまく美しく表現すること。レトリック。「—法」「—学」
しゅうじ【習字】文字の書き方を習うこと。てならい。書き方。
じゅうし【従姉】年上の、女のいとこ。↔従妹
じゅうし【獣脂】獣類からとれる脂肪。
じゅうし【重視】《名・ス他》それを大切だとして重く見ること。↔軽視。「学力より人物を—する」
じゅうじ【住持】寺の長である僧。住職。▽もと、安住して仏法を持する意。
じゅうじ【十字】漢字の「十」の字に似た形。十字架・四つ辻(じ)など。十文字。 **—か**【—火】前と横とから交差するように飛んでくる銃砲火。十字砲火。 **—か**【—架】罪人をはりつけの刑にする、木を十字に組み合わせたもの。また、イエスがこれに掛けられた事から、キリスト教で、宗教的意味をもって尊ぶ十字の形のしるし。 **—ぐわ**(はぐ)【—×鍬】堅い地面を掘り岩を砕く、十字の鳶口(とびぐち)状の携帯工具。 **—ぐん**【—軍】中世にヨーロッパ各地のキリスト教徒が、聖都エルサレムをイスラム教徒の手から奪い返すために起こした遠征軍。 **—ほうか**【—砲火】↓じゅうじか(十字火)。 **—ろ**【—路】道が十字に交差した所。四つ辻。
じゅうじ【従事】《名・ス自》その仕事に携わること。「研究に—する」
じゅうしちもじ【十七文字】俳句のこと。
しゅうじつ【秋日】秋の日。秋の季節。
しゅうじつ【終日】一日中。朝から晩まで。
しゅうじつ【週日】一週間のうち休日でない月曜から金曜までの日。ウイークデー。▽日曜以外をも指した。
じゅうじつ【充実】《名・ス自他》内容が満ち満ちていて豊かなこと。力が豊かにそなわってしっかりしていること。「—した生活」「—感」
じゅうしまい【従姉妹】女である、いとこ。↔従兄弟

（じゅうけいてい）

じゅうしまつ【十姉△妹】古くから愛玩用に飼育される、スズメよりやや小さな鳥。体は白く、茶色または黒茶色の不定の紋がある。品種が多い。▽かえでちょう科。

しゅうしゃ【終車】その日の最後に走る電車・バスなど。

じゅうしゃ【従者】つき従う者。供の者。

しゅうしゃく【襲爵】《名・ス自》先代の爵位をうけつぐこと。

しゅうじゃく【執着】《名・ス自》→しゅうちゃく

しゅうしゅ【袖手】①手を袖(そで)の中に入れていること。ふところ手。②転じて、骨折りをいとうこと。 **—ぼうかん**【—傍観】《名・ス他》みずから手をくだすことなく、成行きを傍観すること。

しゅうじゅ【収受】《名・ス他》受け取って収めること。

しゅうしゅう【修習】《名・ス他》おさめ習うこと。「司法—生」

しゅうしゅう【×啾×啾】《ト タル》弱々しく泣くさま。すすり泣くように響く音。そのさま。「鬼哭(きこく)—たる雨夜」「—たる琴の音」

しゅうしゅう【収拾】《名・ス他》混乱した状態をおさめて、もとのように整えること。「—がつかない」「事態—」

しゅうしゅう【収集・×蒐集】《名・ス他》(趣味・研究などのために)ある種の物をいろいろ集めること。コレクション。「切手—」「—癖」「戦死者の遺骨を—する」

しゅうしゅう《副[と]》ガス・息などがふき出す音。また、そのさま。「蛇が—いう」「ガスが—もれる」

じゅうじゅう【△主従】→しゅじゅう(2)

じゅうじゅう【重重】《副ノ》重ね重ね。よくよく。「—おわびする」「—承知の上だ」

しゅうしゅく【収縮】《名・ス自他》ひきしまって縮まること、ひきしめて縮めること。「血管が—する」

じゅうじゅく【習熟】《名・ス自》ある物事に慣れて十分に会得(えとく)すること。「英語に—する」

じゅうしゅつ【重出】《名・ス自》重複して出ること。同じものが二回以上出ること。▽「ちょうしゅつ」とも言う。

じゅうじゅつ【柔術】柔(やわら)の理を応用して相手を制御する武術。今の柔道はこれを改良したもの。

じゅうじゅん【柔順・従順】《名・ダナ》おとなしくすなおなこと。すなおで、人に逆らわないこと。温順。「親に—な子」 派生 **—さ**

しゅうじょ【修女】キリスト教聖公会の修道女。

じゅうしょ【住所】生活の本拠として住んでいる場所。「—不定」▽法的には「居所」(→きょしょ)と区別する。また、一九七〇年ごろから「〇〇大学の—」のように所在地の意に使う人が現れた。address(=宛先)の訳語の濫用。 **—ろく**【—録】知人や関係者の名を見出しとして、住所(や所在地)・電話番号などを記した、帳面。▽近ごろはメール アドレスについても言う。

しゅうしょう【周章】《名・ス自》あわてふためくこと。うろたえ騒ぐこと。「—狼狽(ろうばい)」

しゅうしょう【就床】《名・ス自》とこにつくこと。寝ること。↔起床

しゅうしょう【愁傷】嘆き悲しむこと。「御—様」(人が死んだ時の悔みのあいさつの言い方)

しゅうしょう【秋宵】秋の宵(よい)。秋の晩。

しゅうじょう【醜状】みにくく恥ずべきありさま。「政界の—」

じゅうしょう【重唱】《名・ス他》一人一人がちがった声部を受け持って合唱すること。「二—」

じゅうしょう【重症】病気・けがが重いこと。重い症状。重病。↔軽症

じゅうしょう【重傷】体を動かすのにも差し支えるほどの重い傷。ひどいけが。↔軽傷。▽報道などでは全治一か月以上のを指す。

じゅうしょう【銃傷】銃弾によって受けた傷。たまきず。

じゅうしょう【銃床】小銃の銃身を支える木製の部分。

じゅうしょうしゅぎ【重商主義】(富国強兵のために)外国貿易を盛んにして国富を増そうとする経済政策とその理論。マーカンティリズム。

しゅうしょく【修飾】《名・ス他》①美しくつくろい飾ること。「—の多い話」②〔文法〕ある語句によって他の語句の意味を限定すること。「—語」

しゅうしょく【就職】《名・ス自》新しく職につくこと。働き口を得ること。「—難」

しゅうしょく【秋色】秋らしい気配・感じ。「—が深まる」。また、秋の景色。

しゅうしょく【愁色】うれいに沈んでいる顔つき・様子。「—が濃い」

しゅうじょく【就×褥】《名・ス自》寝床につくこと。また、病気で寝ること。

じゅうしょく【住職】寺の長である僧。住持。

じゅうしょく【重職】責任のある重要な職務。

しゅうしん【執心】《名・ス自》ある事・物に強く引かれ、それが心から離れないこと。「金に—が残る」「彼女に御(ご)—だ」

しゅうしん【就寝】《名・ス自》寝るため床にはいること。

しゅうしん【修身】①旧制の小・中学校の教科目の一つ。道徳教育が中心。②自分の行いを正しくするようにつとめること。

しゅうしん【終身】一生を終えるまでの間。終生。「—年金」「—刑」 **—かん**【—官】懲戒処分または刑罰によるほかは、死ぬまで免じられることのない官職。 **—こよう**【—雇用】定年まで雇うことを前提とした雇い方。

しゅうしん【終審】最後の取調べ。特に、それ以上は上訴できない、最終の裁判所の審理。

しゅうじん【囚人】法律によって刑務所に入れられている者。

しゅうじん【衆人】多くの人。大勢の人。「―環視の中で」

じゅうしん【銃身】銃器の、弾丸を発射する円筒の部分。

じゅうしん【獣身】(魔物などが)首から下が、けものの形をしていること。

じゅうしん【獣心】獣類のような心。理非をわきまえず、恩も恥も知らない心。「人面―」

じゅうしん【重心】①物体の各部に働いている重力の作用と等価な合力が作用するはずの点。質量中心。図形については、それと同等と見られる点。②転じて、つりあい。バランス。「―を失う」「体の―を低くする」③比喩的に、重点。

じゅうしん【重臣】重職にある臣。

しゅうじんき【集×塵機】空気中にただよう細かいほこりを集めて取り除く装置。

シューズ 短靴(たんぐつ)。「レーン―」▽shoes

ジュース ①果物・野菜をしぼった、汁。液。「レモン―」。それを加工した飲料。▽juice ②テニス・バレーボールなどで、一セットの勝負が決まる直前に同点になること。デュース。「―アゲーン」(ジュースをくりかえすこと) ▽deuce

しゅうすい【秋水】①秋のころの清らかに澄んだ水。②比喩的に、曇りがなく清らかなもの。特に、よくとぎすました刀。「三尺の―」

じゅうすい【重水】普通の水の水素の代わりに重水素ででき、または原子量一六の酸素の代わりにそれより原子量が大きい酸素でできている水。

じゅうすいそ【重水素】普通の水素の質量の二倍または三倍の質量をもつ水素。水素の同位元素。

しゅうすじ【△主筋】①主君または主人の血筋。②主君または主人に近い関係(の人)。

しゅう-する【修する】《サ変他》①学術・技術をおさめる。「砲術を―」②仏事をとり行う。「法会(ほうえ)を―」

しゅうせい ①【修正】《名・ス他》よくない点を改めること。「軌道を―する」「―案」「所得税の―申告」「―項」(近似計算で真の値とのずれを小さくするために入れる項) ②【修整】《名・ス他》(写真などを)手を加えて直し整えること。

しゅうせい【終生・終世】一生を終えるまでの間。一生。

しゅうせい【習性】①習慣によってできあがった性質。くせ。②動物のそれぞれの種に一般的に認められる行動様式。

しゅうせい【集成】《名・ス他》多くのものを集めて、一つの全体にまとめ上げること。また、まとめたもの。**―ざい**【―材】板材を接着剤で合成した木材。▽割れやひびなどが入りにくい。

しゅうぜい【収税】税金をとりたてること。

じゅうせい【獣性】獣類の性質。また、人間が持っている、肉体的欲望などの動物的な性質。

じゅうせい【銃声】銃の発射で出た音。▽他から聞きつけたのを言う。

じゅうぜい【重税】負担の重い税金。「―をかける」

しゅうせき【集積】《名・ス自他》集まり積み重なること。集めて積み重ねること。多量に集まる、また、集めること。**―かいろ**【―回路】↓アイシー

じゅうせき【重責】重大な責任。「―を果たす」

しゅうせん【周旋】《名・ス他》売買・雇用などで、仲に立って取り持ちをすること。「―屋」▽「斡旋(あっせん)」とほぼ同じだが、取り持つ⑴気分が強い。もと、(人々の間を)ぐるぐると回すこと。「酒杯の―」

しゅうせん【終戦】戦争を終えること。↔開戦。▽第二次大戦の場合を指すことが多い。「―後」

しゅうせん【×鞦×韆】ぶらんこ。▽文語。

しゅうぜん【修繕】《名・ス他》(建物や器物の)いたんだりこわれたりした所を直すこと。つくろい。修理。

しゅうぜん【愁然】《ト タル》うれいに沈んでいる様子。

じゅうぜん【十全】《名ナノ》少しも欠けた所がなく、すべて完全なこと。万全(ばんぜん)。「―の用意」

じゅうぜん【十善】①〔仏〕十悪を一つも犯さないこと。十戒をきびしく保つこと。②前世に十善を行った果報として、現世で王者に生まれること。また、天子の位。「―の君」

じゅうぜん【従前】以前(から今まで)。「―どおり」

しゅうそ【宗祖】宗派の開祖。

しゅうそ【愁訴】《名・ス自》苦しみ・悲しみなどを嘆いて訴えること。「不定―」

しゅうそ【臭素】ハロゲン元素の一つ。元素記号Br また、その原子二つが結合してできる分子。常温では暗赤色の不快な臭気のある重い液体。酸化剤・殺菌剤として用いるほか、感光材料・鎮静剤などの原料にする。

じゅうそ【重×祚】《名・ス自》一度位を退いた天子が再び位につくこと。▽「ちょうそ」とも言う。

しゅうそう【秋霜】秋の冷たい霜。きびしいこと、鋭く光る物、白髪(しらが)などのたとえ。「―三尺」(とぎすました刀のこと) **―れつじつ**【―烈日】秋の冷たい霜と夏の烈(はげ)しい日光。権威・刑罰などが非常にきびしいたとえ。

しゅうぞう【収蔵】《名・ス他》物を取り入れて、しまっておくこと。「美術館の―品」

しゅうぞう【修造】《名・ス他》(社寺などを)つくろい直すこと。

じゅうそう【住僧】その寺に住む僧。

じゅうそう【重奏】二つ以上の独奏楽器による、室内楽の合奏。

じゅうそう【重曹】「重炭酸曹達(ソーダ)」の略。炭酸水素ナトリウム。白色の結晶性粉末で、水にとけ、弱いアルカリ性を示す。加熱すると二酸化炭素を出す。家庭で掃除・洗濯・料理などに使うほか、医薬・ふくらし

粉などに使う。

じゅうそう【重層】いくつもの層が重なっていること。「—的な構造」「—効果」

じゅうそう【銃創】銃弾で受けた傷。「貫通—」

じゅうそう【縦走】《名・ス自》①尾根を伝って山を歩くこと。「北アルプスを—する」②縦につらぬくこと。特に、山脈などが地形の長い方向にそって連なっていること。

しゅうそく ㊀【収束】①《名・ス自他》おさまりがつくこと。おさまりをつけること。「事態を—する」②《名・ス自》〔数学〕変数の変化につれその関数値が、また、数列の項が、また、級数の途中までの和が、ある値に限りなく近づくこと。収斂(しゅうれん)。↕発散・振動。㊁【集束・収束】《名・ス自》〔物理〕光の束が一点に集まること。収斂(しゅうれん)。↕発散

しゅうそく【終息・終×熄】《名・ス自》やむこと。終わること。絶えること。「内乱が—する」▽「息」「熄」は止む意。

しゅうぞく【習俗】ある時代・社会のならわし。習慣や風俗。

じゅうそく【充塞】《名・ス自他》ある場所に一杯に詰まること、詰めること。

じゅうそく【充足】《名・ス他自》欠けた物・所を(一杯に)満たすこと。そのようになること。「条件を—する」「欲望の—」

じゅうぞく【従属】《名・ス自》他のものの下に、つき従うこと。他の支配を受ける状態にあること。↕独立・支配。「—関係」

じゅうそつ【従卒】「従兵」の旧称。

しゅうたい【醜態】みっともない恥ずべき様子。「—を演じる」

じゅうたい【渋滞】《名・ス自》すらすらとはかどらないこと。滞ること。「事務の—」「交通—」

じゅうたい【縦隊】縦方向に長く並んだ隊形。↕横隊

じゅうたい【重態・重体】病気・けがの状態が重く危険なこと。そういう病状・症状。

じゅうだい【十代】①十の世代。また、十番目の代。②㋐年齢の十から十九まで。㋑十三歳から十九歳まで。▽teen age の訳語。

じゅうだい【重代】①先祖代々。「—の家臣」②先祖から代々伝わっていること。「—の名刀」

じゅうだい【重大】《名ナ》事柄が軽々しくは扱えず、並み並みでない、大事なこと。「—事件」「—性」「—視する」派生 **-さ**

しゅうたいせい【集大成】《名・ス他》多くのものを広く集めて、一つのものにまとめ上げること、まとめ上げたもの。「多年の研究の—」

じゅうたく【住宅】人が住むための家。「—地」「—難」

しゅうだつ【収奪】《名・ス他》強制的に奪い取ること。

しゅうたん【愁嘆】《名・ス自他》うれえなげくこと。泣き悲しむこと。 **—ば**【—場】①芝居で、愁嘆の所作(しょさ)をする場面。②転じて、実生活での悲劇的な局面。

しゅうだん【集団】多くの人またはものが集まった、一かたまり、一まとまり。「—検診」 **—ほしょう**【—保障】国家の安全を、世界の大多数の国家が協力して、組織的に相互に保障すること。集団安全保障。「国連の—」

じゅうたん【×絨×毯・×絨×緞】あらい毛の厚地の織物。また、それで作った、床(ゆか)の敷物。カーペット。「—を敷く」「—爆撃」(一地域を、じゅうたんを敷き詰めるかのように集中して爆撃すること)

じゅうだん【縦断】《名・ス他自》縦(または南北)の向きに断ち切ること。↕横断。「—面の画像」「大陸を—する」

じゅうだん【銃弾】銃器の弾丸。

じゅうたんさんソーダ【重炭酸曹△達】↓じゅうそう(重曹)

しゅうち【周知】《名ナ・ス自他》広く人の間に知れ渡ること。「—の事実」「—徹底」

しゅうち【衆知・衆×智】多くの人々の知恵。「—を集める」

しゅうち【羞恥】恥ずかしく思うこと。恥じらい。(内からわき上がってくるような)恥ずかしさ。「—心」

しゅうちく【修築】《名・ス他》建造物の(新たな用途に合わせた)修繕や増築をすること。

しゅうちゃく【執着】《名・ス自》ある物・事に強くひかれ、深く思い込んでどうしても忘れ切れないこと。「金に—する」「—が強い」▽「しゅうじゃく」とも言う。

しゅうちゃく【祝着】喜び祝うこと。喜ばしいこと。慶賀。「—至極に存じます」

しゅうちゃく【終着】①最後に着くこと。↕始発(2)。「—駅」②その運転系統の終点であること。

しゅうちゅう【集中】《名・ス自他》ひとところに注ぎ集めること、注ぎ集まること。「仕事に—する」「お金が東京に—する」「精神を—する」「質問が—する」「—豪雨」「—射撃」▽特に、弾丸を一目標に集めて雨がそそぐように撃つことは「集注」と書いた。 **—ちりょうしつ**【—治療室】↓アイシーユー

じゅうちゅうはっく【十中八九】↓じっちゅうはっく

しゅうちょう【×酋長】部族などの、かしら。▽「酋」も、かしらの意。

しゅうちん【袖珍】「袖珍本」の略。ポケットにはいるくらいの小型の本。

じゅうちん【重鎮】重要な一方の押さえとなる有力者。その方面での重きをなす中心的な人物。「法曹界の—」

じゅうづめ【重詰(め)】料理などを重箱に詰めること。また、重箱に詰めた料理。

しゅうてい【舟艇】小型の舟。ボート・はしけの類。

しゅうてい【修訂】《名・ス他》書物などを、修正・校訂すること。「—版」

じゅうてい【重訂】《名・ス他》書物などの誤りを、重ねて訂正すること。

じゅうてい【従弟】年下の、男のいとこ。↕従兄

しゅうてん【終点】物事、特に道路や鉄道がそこで終わる(と定めた)所。列車やバスが最後に停車する所。↕起点

しゅうでん【終電】「終電車」の略。その日のダイヤの最終の電車。

じゅうてん【充塡】『名・ス他』いれ物・すき間に物を(一杯に)詰めること。「—剤」

じゅうてん【重点】物事の大切な所。重きをおく所。 **—しゅぎ**【—主義】特に大切だと認める所に努力や資材を集中する行き方。 **—てき**【—的】『ダナ』力・資材を分散せず、大切だと認める所に集中するさま。「予算の—な配分」「—に取り上げる」

じゅうでん【充電】『名・ス自』①蓄電池・蓄電器に、外部の電源から電流を流して、電気をたくわえること。②比喩的に、新たな仕事に備えて力をたくわえること。「新プロジェクトに向け—中」

じゅうでんき【重電機】電気機械のうちの大型のもの。家電などの軽電機に対して、発電設備、工業用の動力設備などを言う。

しゅうでんしゃ【終電車】→しゅうでん

しゅうと(しうと) ①【×舅】夫または妻の父。②【×姑】夫または妻の母。しゅうとめ。

しゅうと【囚徒】刑務所に入れられている者。囚人。

しゅうと【宗徒】その宗派に属する信者。

しゅうと【衆徒】→しゅと(衆徒)

シュート ①『名・ス自他』サッカー・バスケットボールなどで、ゴールに向けてボールを放つこと。②『名・ス自』野球で、投手のきき腕方向に曲がる変化球。そのように球すじが変化すること。▽shoot

ジュート ツナソの別名。また、特にその茎からとった繊維。伸びにくく保温性があり、南京(なんきん)袋などに製する。▽jute

じゅうど【重土】粘土が多く農耕に適しない土壌。

じゅうど【重度】『名ナ』症状などの、程度が重いこと。↕軽度

しゅうとう【周到】『ダナ』すみずみまで心(注意)が行き届いて、落ちが無いさま。至れり尽くせり。「用意—」「—な注意」「—に計画する」 派生 **-さ**

しゅうどう【修道】『名・ス自』道を修めること。宗教の修行。「—僧」「—女」 **—いん**【—院】主にキリスト教で、一定の規律を守って共同生活を営む、修道士または修道女の団体。また、その僧院。

じゅうとう【充当】『名・ス他』その事の用に当てること。

じゅうどう【柔道】武道の一つ。素手で相手と取り組み、心身の力を最も有効に使って攻撃・防御を行う。▽現在は、国際スポーツ。

しゅうとく ①【拾得】『名・ス他』落し物や捨ててある物を拾って取ること。また、落し物を拾うこと。「—物」②【収得】『名・ス他』取り込んでわが物にすること。「—罪」

しゅうとく ①【習得】『名・ス他』習って覚え込むこと。「技術の—」②【修得】『名・ス他』習いおさめて会得(えとく)すること。「哲学の単位を—する」

じゅうとく【重篤】『名ナ』病状(けがのぐあい)が非常に悪いこと。「—な患者」

しゅうとめ(しうとめ)【×姑】夫または妻の母。

しゅうどり【△主取り】新しく主人を取ること。武士などが、召し抱えられて主君に仕えること。

じゅうなん【柔軟】『ダナ』堅さ・もろさがなく、柔らかく、しなやかなさま。適応性に富むさま。「—な体」「—な考え方」「—性」 派生 **-さ** **—たいそう**【—体操】身体を柔軟にするための体操。

じゅうにがつ【十二月】その年の十二番目の月。その年が極まる最後の月。「—そう笑ッては済ぬ也(なり)」(古川柳)▽借り買いの精算などが行われた。陰暦での異称は「師走(しわす)」「極月(ごくげつ)」。

じゅうにきゅう【十二宮】黄道(こうどう)を十二等分して、その各区間につけた名称の総称。各区間は、春分点から順に、白羊宮・金牛宮・双児宮・巨蟹(きょかい)宮・獅子(しし)宮・処女宮・天秤(てんびん)宮・天蝎(てんかつ)宮・人馬宮・磨羯(まかつ)宮・宝瓶宮・双魚宮。

じゅうにく【獣肉】獣類の肉。

じゅうにし【十二支】子(し)・丑(ちゅう)・寅(いん)・卯(ぼう)・辰(しん)・巳(し)・午(ご)・未(び)・申(しん)・酉(ゆう)・戌(じゅつ)・亥(がい)の総称。時刻・方角を示すのに使い、また十干と配合して年や日を示すのに使う。例、甲子(こうし・かっし・きのえね)・丙午(へいご・ひのえうま)。▽十二支は普通、ね(ねずみ)・うし・とら・う(うさぎ)・たつ・み(へび)・うま・ひつじ・さる・とり(にわとり)・いぬ・い(いのしし)と呼ぶ。

じゅうにしちょう【十二指腸】胃につづく小腸の上部、長さ約二五センチの部分。肝臓・膵臓(すいぞう)からの消化液を受ける。

じゅうにひとえ(…ひとへ)【十二△単】昔の女官の晴れの装束。男の束帯に相当する。▽単(ひとえ)の上に同色の五衣(いつつぎぬ)さらに打衣(うちぎ)・表着(うわぎ)・唐衣(からぎぬ)を着、上になるほどゆきが短く、そでが重なって見えるから、この名がある。今も宮中儀式には使う。

じゅうにぶん【十二分】十分(じゅうぶん)以上であること。たっぷりであること。「—の成果」▽「十分」を強めた語。

しゅうにゅう【収入】はいってきて、その所有になる金銭。また、その額。↕支出。「—源」 **—いんし**【—印紙】国庫の収入となるある種の租税や手数料やその他の収納金の徴収のため、政府が発行する証票。証書などにはる。 **—やく**【—役】市町村に置かれ、会計事務をつかさどる役。その役の人。▽二〇〇七年に廃止。

しゅうにん【就任】『名・ス自』新しく、ある任務・職務につくこと。

じゅうにん【重任】①『名』責任の重い、大事な任務。②『名・ス自他』任期が満ちた後、引き続きまた(=重)その職務に任じること。

じゅうにん【住人】その土地または家に住んでいる

人。

じゅうにんといろ【十人十色】好み・考え・性格などが、人によってそれぞれ違うこと。

じゅうにんなみ【十人並(み)】容貌などが人並であること。

しゅうねん【執念】執着して離れない心。物事にとらわれた心。▽仏教語から。 **ーぶか-い**【ー深い】『形』執念の度が強い。しつこく思い込んで、あきらめが悪い。しつこく恨んで、いつまでも忘れない。 派生 **-さ**

しゅうねん【周年】①《数を表す語に付いて》その数だけの年を経たこと。「創立十ー記念」②まる一年。「既にーに及ぶ」。また、一周忌。

じゅうねん【十念】浄土宗で、「南無阿弥陀仏(なむあみだぶつ)」の名号(みょうごう)を十遍念じること。

じゅうねんいちじつ【十年一日】長い年月の間変化しないで同じ状態であること。「ーで進歩がない」

しゅうのう【収納】『名・ス他』①(物を)しまうこと。「ー場所」②(現金や品物などを)受け取っておさめること。「国庫にーする」③(農作物などを)取り入れること。

じゅうのう【十能】炭火を入れて運ぶ道具。普通は、火を盛る所が金属製で、それに木の柄がついている。▽台つきのを「台十(能)」と言う。

じゅうのうしゅぎ【重農主義】国家財政の基本を農業資本に置こうとした経済理論と、それに基づく経済政策。

しゅうは【宗派】①同一宗教の中での分派。②転じて、一般の分派。「一つのーを開く」

しゅうは【秋波】こびを表す目つき。色目。「ーを送る」▽もと、秋の澄みわたった波の意で、美人の目もとの感じを形容したことから。

しゅうはい【集配】『名・ス他』(郵便物などを)集めることと配ること。「ー人」「ー所」

しゅうばく【就縛】つかまって、縛られること。縄目を受けること。

じゅうばこ【重箱】料理を詰める箱型の容器で、二重・三重・五重に積み重ねられるようにしたもの。普通はうるし塗り。「ーの隅を楊枝(ようじ)でほじくる」(隅から隅まで、またはごく細かい事まで、干渉・せんさくする) **ーよみ**【ー読(み)】漢字二字で書き表す熟語の、上の字を音で、下の字を訓で読む読み方。例、重箱・総身(そうみ)。↕湯桶(ゆとう)読み

しゅうバス【終バス】その日のダイヤの最終のバス。

しゅうはすう【周波数】波動や振動が一秒間に波打つ回数。振動数と同義で、交流や電波などでいうことが多い。単位はヘルツ。

じゅうはちばん【十八番】その人が最も得意とする物事。おはこ。▽主に市川家で代々の当たり狂言だった十八の芝居を「歌舞伎十八番」と呼んだことから。

しゅうはつ【終発】その日の最後に発車すること。また、その電車・バスなど。↕始発

しゅうばつ【修×祓】『名・ス自』↓しゅうふつ。▽「しゅうばつ」は慣用読み。

しゅうばつ【秀抜】『名ナノ』他のものより、きわだってすぐれていること。「ーな批評眼」 派生 **-さ**

じゅうばつ【重罰】重い罰。重い刑罰。

じゅうはっぱん【十八般】昔、中国・日本で、十八種の武芸。また、武芸の全般。「武芸ーに通じる」

しゅうばん【終盤】①(碁・将棋などで)勝負が終わりに近づいた局面。「ー戦」②比喩的に、一続きの物事の終わりの情況。「小説のー」▽↕序盤・中盤

しゅうばん【週番】一週間交替の当番。その週の当番。

じゅうはん【従犯】正犯の手助けをするという犯罪。それをした者。↕正犯

じゅうはん【重犯】①重い犯罪。②度重ねてする犯罪。

じゅうはん【重版】『名・ス他』一度出版した図書を、同じ版で再び印刷し、出版すること。また、その図書。

しゅうび【愁眉】うれいを含んだまゆ。心配顔。「ーを開く」(ほっと安心する)

しゅうひょう【衆評】多くの人の批評。「ーの一致する所」

じゅうびょう【重病】重い病気。

しゅうふう【宗風】①仏教のその宗の風習。②一派の家元(いえもと)の流儀。

しゅうふく【修復】『名・ス他』壊れた物や関係をもとのとおりにすること。「文化財のー」「国交のー」

しゅうふく【×慴伏】「しょうふく」の読み誤り。

じゅうふく【重複】『名・ス自』↓ちょうふく

しゅうふつ【修×祓】『名・ス自』神道で、みそぎはらいをすること。

しゅうぶん【秋分】二十四気の一つ。昼夜の長さがほぼ等しい日が一年に春・秋二回ある、その秋の方の日。陽暦九月二十三日ごろ。秋の彼岸の中日。↕春分。▽天文学では、その日の太陽の中心が秋分点に来た時刻。 **ーてん**【ー点】黄道と赤道②との交点のうち、太陽が北から南へ赤道を横切る点。↕春分点

しゅうぶん【醜聞】ある人についての、聞き苦しいうわさ。スキャンダル。

じゅうぶん【十分・充分】『ダナ・副』物事が満ち足りて、何の不足もないさま。「ーな手当」「その失敗だけでも責め(られ)るにーである」 **ーじょうけん**【ー条件】Aという事が成り立てばそれだけで必ずBという事も成り立つ時、そのBに対するAのこと。▽逆にAに対するBを「必要条件」と言う。

じゅうぶん【重文】①主語と述語をそなえた部分を二つ以上含む文。例、「花は咲き、鳥は歌う」の類。↕単文。②「重要文化財」の略。

しゅうへい【州兵】米国各州が有する、志願制の治安維持組織。その構成員。National Guard の訳語。▽植民地時代の民兵の流れをくむ。

じゅうへい【従兵】将校に専属して身のまわりの世話をする兵。将校当番兵。

しゅうへき【周壁】まわりにめぐらした、かべ。

しゅうへき【習癖】習慣になっているくせ。

しゅうへき【×褶×襞】山脈とか舌粘膜とかの、ひだ。

しゅうへん【周辺】中心から離れた、まわりの方。「都市の―」 **―きき**【―機器】コンピュータに接続して使う各種機器の総称。キーボード・ディスプレー・プリンター・補助記憶装置などの総称。周辺装置。

じゅうべん【重弁】雄しべが花びらに変化して、花びらが幾重にもなっていること。そういう花。八重咲き。↔単弁。「―花」

しゅうほ【修補】『名・ス他』修理し、補うこと。

しゅうほ【襲歩】馬の最大速度のかけ足。騎兵の襲撃や競馬の時に用いる。

じゅうぼいん【重母音】〔言語〕一音節の中で連なっている、異なる二つの母音の結合。二重母音。

しゅうほう【宗法】宗門の法規。

しゅうほう【週報】一週間ごとの報知・報告。また、毎週出される報道的な刊行物。

しゅうぼう【衆望】多くの人々から寄せられる期待・人望。「―を担って登場する」

じゅうほう【重宝】↓ちょうほう(重宝)(2)

じゅうほう【重砲】口径が大きく、強い威力と大きい射程とを持つ大砲。

じゅうほう【銃砲】小銃と大砲。銃器。「―所持の禁止」

じゅうぼく【従僕】召使の男。

シューマイ【△焼△売】豚などのひき肉と刻んだ野菜を混ぜ、小麦粉の皮で一口大に包んだ蒸し物。中国料理の点心の一種。▽中国語。

じゅうまい【従妹】年下の、女のいとこ。↔従姉

じゅうまいめ【十枚目】力士の位の一つ。↓じゅうりょう(十両)

しゅうまく【終幕】①演劇の最後の一幕。↔序幕。②演劇が終わること。はね。↔開幕。③転じて、事件の終わり。

しゅうまつ【終末】物事の終わり。はて。「この世の―」「―期(＝回復が見込めず余命がいくらもない時)医療」

しゅうまつ【週末】一週間の末。ウイークエンド。「―旅行」▽本来は土曜から日曜にかけてを言う。

じゅうまん【充満】『名・ス自』ある空間的な範囲に、いっぱいに満ちること。「ガスが―する」「不満が―している」

じゅうまんおくど【十万億土】〔仏〕①この世から極楽までの間にある多くの仏土。②転じて、極楽。▽「十万億仏土」の略。

しゅうみ【臭味】①くさみ。臭いにおい。②比喩的に、身にしみついた、それらしいよくない感じ。「官僚の―」

しゅうみつ【周密】『ダナ』細かい点までよく注意が行き届いているさま。「―な観察」 派生 **―さ**

しゅうみん【就眠】『名・ス自』眠りにはいること。また、眠っていること。「―時間」

じゅうみん【住民】その土地に住んでいる民。 **―うんどう**【―運動】ある地域の住民が共通の問題を解決するために行う運動。 **―とうひょう**【―投票】直接民主制の方式の一つ。住民に直接可否を問うために行う投票。 **―ひょう**【―票】住民に関する、個人単位の記録。氏名、生年月日、性別、世帯主との続柄、住所、本籍などの事項を記載する。

しゅうむ【宗務】宗教上の事務。「―所」

しゅうめい【襲名】『名・ス他』親の名や師匠の芸名などをつぐこと。「菊五郎を―する」

しゅうめい【醜名】よくない、恥となるような評判。汚名。「―を残す」

じゅうめん【渋面】不愉快そうな顔つき。しかめっつら。

じゅうもう【×絨毛】小腸の内面や胎盤の表面などにある、細かい毛のような突起。表面積を増し、吸収を容易にする。

しゅうもく【衆目】多くの人の目。多くの人の観察。「―の一致する所」

じゅうもく【十目】多くの人の見る目。衆目。「―の見る所」(多くの人が等しく認める所)

しゅうもち【△主持(ち)】主人・主君に仕える身分(の者)。

じゅうもつ【×什物】①日常使う道具類。什器(じゅうき)。②秘蔵の宝物。什宝(じゅうほう)。

しゅうもん【宗門】宗旨。宗派。

じゅうもんじ【十文字】↓じゅうじ(十字)。「腹―にかっ切る」

しゅうや【終夜】夜通し。一晩中。「―運転」 **―とう**【―灯】一晩中つけ通しにしておく、ともし火・電灯。

じゅうや【十夜】浄土宗で、陰暦の十月六日から十五日まで十昼夜、念仏をする法要。十夜念仏。お十夜。

しゅうやく【集約】『名・ス他』寄せ集めて、一つにまとめること。「皆の意見を―する」 **―のうぎょう**【―農業】一定の土地面積に対して注ぐ資本・労働力を大きくし、土地を最大限に利用しようとする農業のしかた。↔粗放農業

じゅうやく【十薬】ドクダミの別称。また、その生薬名。▽薬草として効用が広いことからの称。

じゅうやく【重役】株式会社の取締役・監査役の通称。▽もと、大事な役がら(の人)。「藩の―」

じゅうやく【重訳】『名・ス他』原語から直接にではなく、それを訳した外国語の本文から更に翻訳すること。その翻訳したもの。

じゅうゆ【重油】原油の分留で分離されずに残る成分。また、それに軽油などを混ぜて製する石油製品。色は黒みを帯びる。主にディーゼル エンジンやボイラーの燃料とする。

しゅうゆう【周遊】『名・ス自』あちこちを旅行してまわること。「世界―」「―券」

しゅうよう【修養】『名・ス自』徳性をみがき、人格を高

めること。「―を積む」「精神―」

しゅうよう【収容】《名・ス他》人または物を一定の(安全な)所・施設に収め入れること。「―人員」「負傷者を病院に―する」 **―じょ【―所】** 人や物を入れる場所。特に、囚人・捕虜・難民などを収容する施設。

しゅうよう【収用】《名・ス他》(国家が公共の用にあてる目的などで)取りおさめて使うこと。「土地―法」「強制―」

しゅうよう【襲用】《名・ス他》受け継いで今までどおり使うこと。

じゅうよう【充用】《名・ス他》あるものをその事に、あてて用いること。

じゅうよう【重用】《名・ス他》重い地位に取り立てて用いること。重く用いること。「若手を―する」▽「ちょうよう」とも言う。

じゅうよう【重要】《名ナノ》価値・必要性などが大きいこと。大切。「―視する」「事の―性」 派生 **‐さ** **―ぶんかざい【―文化財】** 文部科学大臣が重要だとして指定した有形文化財。そのうち、特にすぐれたものを、国宝に指定。

じゅうよく【獣欲】 動物的な欲望。特に、性欲。

しゅうらい【襲来】《名・ス自》襲いかかって来ること。「台風の―」

じゅうらい【従来】 以前から今まで。これまで。「―の方針」▽「―から」と「から」を添える必要は無いが、この形が普通になり「前々」に近づいている。

しゅうらく【集落・×聚落】 むれ。㋐動物などが群がり住む群。㋑人間が集まって生活している所。都市や村落。また、特に農村・山村・漁村などの村落。

しゅうらん【収×攬】《名・ス他》(人々の心などを)うまくとらえること。「人心を―する」

じゅうらん【縦覧】《名・ス他》自由に見ること、また、見てまわること。「工場―を禁じる」▽「縦」は心のままの意。

しゅうり【修理】《名・ス他》(いたんだりこわれたりした物に)正常に機能するように手を加えること。修繕。「車を―する」「パソコンを―に出す」

しゅうりょ【囚虜】 とらわれていること。その人。とりこ。

しゅうりょう【修了】《名・ス他》一定の学業・課程をおさめおえること。「修士課程―」「―証書」

しゅうりょう【終了】《名・ス自他》終わること。終えること。しまい。「作業が―する」「期間が―する」「試合―」

しゅうりょう【終漁】《名・ス自》その漁期の漁が終わること。

しゅうりょう【収量】 収穫の分量。「反(たん)当たり―」

しゅうりょう【秋涼】 秋の涼しさ。秋の涼しいころ。「―の候」

じゅうりょう【十両】 相撲(すもう)の番付の二段目に、太字で書かれている者、またはその位。関取(せきとり)のうち幕内でないもの。▽昔は東西十人ずつで、給金が年に十両だった。正式には「十枚目」と言う。

じゅうりょう【重量】 ①重さ。㋐はかりにかけて測った時の重さ。目方。㋑〔物理〕物体に働く重力の大きさ。質量と重力加速度との積。②目方が重いこと。↔軽量。「―級」 **―あげ【―挙(げ)】** ↓ウエートリフティング

じゅうりょう【従量】《造》生産量や使用量に基づいて決めること。「―課金」 **―せい【―制】** 定額制と違って、利用量や利用時間に応じて料金を決める仕方。▽特に電気料金や通信料金などで言う。 **―ぜい【―税】** 商品の重量・尺度・容積・個数などを標準にして額を決める税。↔従価税

じゅうりょう【銃猟】 銃を使ってする狩猟。

しゅうりょく【衆力】 多くの人の力。

じゅうりょく【重力】 ①地球上の物体に働く、それを地球に引きつけようとする力。厳密には、地球との間に働く万有引力と、地球の自転による遠心力との合力。▽地点によって幾分か異なる値になる。②↓ばんゆういんりょく

しゅうりん【秋×霖】 初秋のころのながあめ。

じゅうりん【×蹂×躙・×蹂×躪】《名・ス他》ふみにじること。暴力的に侵すこと。「敵陣を―する」「人権―」

ジュール〔物理〕仕事量・エネルギーの単位。記号J。一ニュートンの力が働いてその方向に物体を一メートル動かす間にその力がする仕事の量。▽joule イギリスの物理学者 J. P. Joule の名から。

しゅうるい【醜類】 醜行がある連中。

じゅうるい【獣類】 哺乳(ほにゅう)動物の通称。けだもの。けもの。

シュールレアリスム 一九二〇年代から唱えられた芸術論の一つ。現実世界にとらわれず、作者の内面世界を表現しようとするもの。超現実主義。シュールリアリズム。▽(フランス) surréalisme

しゅうれい【秀麗】《名ナノ》他よりすぐれていてすっきりと美しいこと。「眉目―」「―の地」 派生 **‐さ**

しゅうれい【秋冷】 秋気がひえびえとしていること。秋のひややかさ。「―の候」

じゅうれつ【縦列】 縦に並ぶこと。縦に並んだ列。

しゅうれっしゃ【終列車】 その日のダイヤの最終列車。

しゅうれん【修練・修錬】《名・ス他》精神・技芸などを、みがききたえること。「―を積む」

しゅうれん【習練】《名・ス他》じょうずになるように、繰り返し習うこと。練習。

しゅうれん【収×斂】《名・ス自他》①縮むこと。縮めること。収縮。「血管の―」「―剤」(収斂作用を促す力のある薬剤) ②〔数学〕↓しゅうそく(収束)。③〔物理〕↓しゅうそく(収束)(一)(2)。④おさめ取ること。収穫。また、収税。

しゅうろう【就労】《名・ス自》仕事にとりかかること。また、仕事についていること。「―日数」

じゅうろうどう【重労働】 激しく体力・労力を使う労働。

しゅうろく【収録】『名・ス他』①書物・雑誌などに取り入れて載せること。採録。「全集に―された作品」②録音・録画すること。「ビデオに―する」

じゅうろくささげ【十六〈大角豆〉】ササゲの一変種。さやは時に一メートルに及ぶものもあり、十数個の種子を持つ。さやごと食べる。さんじゃくささげ。

じゅうろくミリ【十六ミリ】主に映画に使う十六ミリの幅のフィルム。また、その映画やカメラ・映写機。「―の記録映画」

じゅうろくむさし【十六六指・十六〈武蔵〉】室内の遊びの一種。一つの親石と十六の子石を盤上に並べ、親と子がそれぞれの石を動かして取り合う遊び。

しゅうろん【宗論】仏教のある宗派と他の宗派との間に行われる、宗義上の討論・論争。「―はどちら負けても釈迦(しゃか)の恥」(川柳)

しゅうろん【衆論】多くの人の議論・意見。「―が期せずして一致する」

しゅうわい【収賄】『名・ス自他』わいろを受け取ること。↔贈賄

しゅえい【守衛】①『名』建築物などの警備をし、人の出入りを監視する職務の人。②『名・ス他』まもること。警備すること。

じゅえい【樹影】こかげ。また、ものの面にうつった木の姿。

じゅえき【受益】利益を受けること。「―者」

じゅえき【樹液】①木の、根から幹を通って葉にまで流れる液。②ゴムの乳液など、樹皮などから分泌される液。

しゅえん【主演】『名・ス自』映画・演劇などで、主役となって演じること。また、その人。

しゅえん【酒宴】さかもり。

しゅおん【主恩】主人・主君から受けた恩。

しゅおん【主音】音階の中心となる、その第一音。主調音。トニカ。キーノート。

しゅか【主家】主人・主君の家。

しゅか【酒家】①大酒飲み。②酒屋。

しゅが【主我】我(の利益)を中心にすること。その態度。利己。「―主義」

しゅが【珠芽】多く葉の付け根にできる、養分を蓄えて球状になった芽。土に落ちて根を出し、生長して新しい個体となる。むかご。肉芽。

じゅか【儒家】儒者の家。また、儒者。

シュガー 砂糖。「―ポット」▽sugar **―レス** 砂糖が含まれていないこと。「―ガム」▽sugarless

しゅかい【首×魁】①悪事・謀反(むほん)などをたくらむ中心人物。首謀者。張本人。②さきがけ。

じゅかい ①【受戒】『名・ス自』信者・出家が戒を受けること。②【授戒】『名・ス自』信者・出家に戒を授けること。

じゅかい【樹海】非常に広い範囲にわたって茂っている大森林。▽高所から見ると海のように見えるところから。

しゅかく【主客】↓しゅきゃく

しゅかく【主格】文法で、主語を表す格。主語格。↔賓格

しゅかく【酒客】酒飲み。酒好きの人。

じゅがく【儒学】儒教の学問。儒教の教学的な面。また、儒教。

しゅかん【主幹】中心になって、ある仕事をする人。主任。取締り。「編集―」

しゅかん【主管】『名・ス他』中心になって管理すること。また、その役の人。「―官庁」

しゅかん【主観】①物事を認識する働き(を担うもの)。外界に対する自我(が持つ意識内容)。②俗に、自分一個の意見。↔客観。 **―せい**【―性】主観的であること。主観的であるという性質。 **―てき**【―的】『ダナ』①主観によるさま。②俗に、自分だけでそう思う態度であるさま。

しゅかん【手簡・手×翰】手紙。

しゅかん【首巻】初めの巻。第一巻。

しゅがん【主眼】物事の中心になる主要な所。かなめ。眼目。「この点に―を置く」

じゅかん【儒官】儒学によって仕官している人。

じゅかん【樹冠】樹木の上部で葉が茂っている部分。

じゅかん【樹幹】木の幹(みき)。

しゅき【手記】自分で体験・感想などを書きつづったもの。ノート。

しゅき【酒気】酒を飲んだ人の酒臭いにおい。酒に酔った気味。「―を帯びる」

しゅぎ【主義】継続的にもっている思想上の立場。常常もっている意見・主張。「―を曲げない」「民主―」「事なかれ―」 **―しゃ**【―者】一定の主義をもっている人。特に社会主義者・無政府主義者などを言った。

しゅぎ【手技】手の技術。手でするわざ。

しゅきゃく【主客】①主だった客。②主な事とつけたりの事。「―転倒」(物事の軽重などを取り違えること)③主人と客、主体と客体、主語と客語など、対になって考えられるものの双方。▽②③は「しゅかく」とも言う。

しゅきゅう【守旧】旧習を守ること。保守。墨守。

しゅきゅう【首級】討ち取った敵の首。「―をあげる」

じゅきゅう【受給】『名・ス他』給与・配給などを受けること。「年金を―する」「年金として―する権利」

じゅきゅう【需給】需要と供給。「―バランス」

しゅきょう【主教】ギリシア正教会・イギリス聖公会の高位聖職位。

しゅきょう【酒興】酒に酔ってわく感興。酒の席での楽しみ。「―を添える」

しゅぎょう【修行】『名・ス自他』①〔仏〕㋐悟りを求めて仏の教えを実践すること。㋑一切の欲望を断って心身を鍛練・浄化する宗教的行為。②技芸などを磨き練って自己をきたえること。「武者―」「―を積む」

しゅぎょう【修業】『名・ス自他』↓しゅうぎょう(修業)

業)

じゅきょう【儒教】古代中国に起こった、孔子の思想に基づく教え。四書五経を経典とする。

じゅきょう【×誦経】→ずきょう

じゅぎょう ①【授業】〘名・ス自〙学校などで学問・技術などを教え授けること。②【受業】〘名・ス自〙学芸の教えを受けること。「—生総代」 **—りょう**【授業料】授業を受けるために納める金。

しゅぎょく【珠玉】①真珠や宝石。②比喩的に、尊いもの、美しいもの、賞すべきもの。「—の名編」▽詩やあまり長くない小説などの作品に言うことが多い。

しゅきん【手巾】手ふき。ハンカチ。

しゅく〖叔〗シュク ―①父母の年下のきょうだい。「叔父(しゅくふ・おじ)・叔母(しゅくぼ・おば)」②年下のきょうだい。兄弟の順の三番目。「伯仲叔季・伯叔」

しゅく〖淑〗シュク よい ―①よい。善良である。うつくしく、やさしい。また、特に女性の徳についていう。しとやか。「淑徳・淑女・貞淑」②よいと信じてしたう。よしとする。「私淑」

しゅく〖*祝〗〔祝〕シュク シュウ(シウ) いわう ほぐ はふり ―①神の示しを喜んでいわう。行く末のためにめでたいことをよろこぶ。「祝賀・祝勝・祝宴・祝杯・祝辞・祝典・祝日・奉祝・慶祝」。以下「シュウ」と読む。「祝儀・祝言・祝着」②神をまつって願いごとをする。いのる。「祝祷(しゅくとう)・祝詞(しゅくし・のりと)」③神をまつることをつかさどる人。はふり。かんぬし。「巫祝(ふしゅく)」

しゅく〖*宿〗シュク スク やどる やどす やど とまる ―①〘名・造〙旅人のとまる所。やどり。やどや。「宿駅・旅宿・下宿・星宿・二十八宿」。日本で、宿場の意にも用いる。「品川の宿」②夜どまりする。またその所。やどる。とまる。「宿泊・宿直・宿営・投宿・止宿・寄宿・合宿・露宿(ろしゅく)・一宿一飯」③とめおく。とどめる。転じて、前々から。もとから。早くから。「宿志・宿望・宿願・宿題・宿怨(しゅくえん)・宿敵・宿弊・宿酔(しゅくすい・ふつかよい)・宿痾(しゅくあ)」④前世。「宿世(しゅくせ・すくせ)・宿業(しゅくごう)・宿命・宿縁」⑤年功を積んでいる。「宿将・宿徳・宿老・耆宿(きしゅく)」

しゅく〖粛〗〔肅〕シュク つつしむ ―①心をひきしめて、正しい形で行う。つつしむ。うやうやしい。「粛然・粛粛・粛敬・静粛・自粛」②きびしい。きびしくする。おごそか。「厳粛・粛清」

しゅく〖*縮〗シュク ちぢむ ちぢめる ちぢれる ちぢまる ちぢらす ―(しわをよせて)小さくする。小さくなる。ちぢむ。ちぢめる。ちぢまる。「縮小・縮尺・縮図・縮写・縮減・伸縮・圧縮・収縮・恐縮・畏縮・萎縮・防縮・緊縮」

じゅく〖塾〗ジュク ―①〘名・造〙子弟を教える私設の学舎。「英語の塾」「塾舎・家塾・村塾・私塾・義塾・塾生・塾頭・学習塾・算盤(そろばん)塾」▽もと、門のわきの建物。②修学する子弟の寄宿舎。

じゅく〖*熟〗ジュク つらつら うれる ―①火にかけて十分に熱を加える。にる。にえる。「半熟」②くだものが十分にみのる。十分に発育する。うれる。「熟柿(じゅくし)・成熟・完熟・黄熟・豊熟」③十分にする。よくよくなれる。つらつら。「熟練・熟達・熟知・熟読・熟考・熟慮・熟視・熟睡・習熟・未熟・早熟・円熟・爛熟(らんじゅく)・慣熟・老熟」

しゅくあ【宿×痾】長くなおらない病気。持病。

しゅくあく【宿悪】①前々から重ねた悪事。また、旧悪。②〔仏〕前世でおこなった悪い行い。↕宿善

しゅくい【宿意】①前々からの恨み事。年来の恨み。②日ごろ持ち続けてきた考え・望み。

しゅくい【祝意】喜び祝う気持。「—を表す」

しゅくう【宿雨】①ながあめ。②昨夜以来降り続いている雨。

しゅぐう【殊遇】特別の手厚い待遇。「—に感激する」

しゅくうん【宿運】前世から定まっていた運命。宿命。

しゅくえい【宿衛】〘名・ス他〙宿直して警備すること。また、その人。

しゅくえい【宿営】〘名・ス自〙軍隊が兵営外で宿泊すること。「—地」

しゅくえき【宿駅】昔、街道の要所にあり、馬・人足・かごなどを仕立てたり、宿泊することができた所。▽↓しゅくば

しゅくえん【宿怨】前々からの恨み。古くからの恨み。

しゅくえん【宿縁】前世からの因縁(いんねん)。宿世の縁。

しゅくえん ①【祝宴】めでたい事を祝って行う宴会。②【祝×筵】祝宴の座。転じて、祝宴。

しゅくがく【宿学】以前から名声が高く、人々に尊敬されている、すぐれた学者。

しゅくが【祝賀】〘名・ス他〙祝って喜ぶこと。「—会」

しゅくがく【粛学】〘名・ス自〙大学の内部を粛清すること。▽特に、第二次大戦以前、日本の大学で進歩的学者を追放し、学内粛清を図ったことを指す。

しゅくがん【宿願】①前々から持ち続けていた願い。②〔仏〕前世に起こした誓願。

じゅくぎ【熟議】〘名・ス他〙十分によく論議すること。

しゅくぐん【粛軍】〘名・ス自〙軍の内部を粛清すること。

しゅくけい【粛啓】手紙の初めに書く、あいさつ語。つつしんで申し上げますの意。

しゅくげん【縮減】〘名・ス他〙計画・予算などの規模を減らし小さくすること。

じゅくご【熟語】①二字(以上)の漢字が結合して一語をなすもの。熟字。例、「勉強」「不思議」。②二つ(以上)の単語が結合して、一語と同じ働きをするもの。例、「やまざくら」「あまのがわ」。③成句。イディオム。

しゅくごう【宿業】〔仏〕前世に行い、現世にその応報を招いた善悪の行為。

しゅくこん【宿根】①〔仏〕前世から定まっている機根。▽→きこん(機根)。②「宿根草」の略。↓しゅっこんそう

しゅくざい【宿罪】〔仏〕前世に犯した罪。

しゅくさいじつ【祝祭日】祝日と祭日。

しゅくさつ【縮刷】《名・ス他》版の大きさを最初の版より縮めて印刷すること。「—版」

しゅくし【宿志】かねてからの志。長く持ち続けてきた願い。

しゅくし【祝詞】祝いの言葉。祝辞。▽「のりと」と読めば別の意。

しゅくじ【祝辞】祝いの言葉。また、祝いのスピーチ。

じゅくし【熟思】《名・ス他》よく考えること。いろいろと考えをめぐらすこと。熟慮。

じゅくし【熟△柿】よく熟した柿(かき)。「—主義」(熟柿が落ちるのを待つように、時機到来をじっと待つ考え方) **—くさ‐い**【—臭い】《形》熟柿のようなにおいだ。▽酒に酔った人のくさい息の形容。派生 **‐さ**

じゅくし【熟視】《名・ス他》よく見つめること。

じゅくじ【熟字】↓じゅくご(1)。 **—くん**【—訓】熟字に訓をあてたもの。また、その訓。例、「五月雨」を「さみだれ」、「海苔」を「のり」と読む類。▽この辞典で、〈 〉または〈 〉でくくられた表記形に対する見出し。

しゅくじつ【祝日】お祝いをする日。特に、国で定めた祝いの日。「国民の—」▽→さいじつ

しゅくしゃ【宿舎】泊まる所。やど。また、職員等の住居用に建てた家屋。「公務員—」「共同—」

しゅくしゃ【縮写】《名・ス他》原形を小さく縮めて写すこと。また、そうしたもの。

じゅくしゃ【塾舎】塾の建物。また、塾生・学生の寄宿舎。

しゅくしゃく【縮尺】《名・ス他》実物より縮めた図を描く時、図の上での長さを、実物の長さで割った値。↕現尺。「—五万分の一の地図」。実物より寸法を縮めて製図すること。

しゅくしゅ【宿主】寄生生物に寄生される生物。やどぬし。寄主。

しゅくしゅく【粛粛】《ト タル》①ひっそりと静かな様子。「雪が—と降る」②厳かに、つつしんで行う様子。「葬列が—と進む」

しゅくしょ【宿所】泊まる所。やど。

しゅくじょ【淑女】品位のある、しとやかな女性。レディー。「紳士—」

しゅくしょう【宿将】経験に富み、熟練した力量のある大将。

しゅくしょう【祝勝・祝×捷】勝利を祝うこと。

しゅくしょう【縮小】《名・ス他自》小さく縮める、また、縮まること。小規模のものにする、また、なること。↕拡大。「軍備—」

しゅく‐す【宿す】《五自他》↓しゅくする(宿)

しゅく‐す【祝す】《五他》↓しゅくする(祝)

しゅくず【縮図】①実物より大きさを縮めて描いた図。②比喩的に、その本質をよく示す事がら。「人生の—」

じゅく‐す【熟す】《五自》①果実が十分に成長する。うれる。「柿が—」②物事が十分な状態になる。「計画が—」「機が—」③技芸などが練達する。習熟・熟練する。「業(わざ)に—」

しゅくすい【宿酔】ふつかよい。

じゅくすい【熟睡】《名・ス自》ぐっすり眠ること。熟眠。

しゅく‐する【宿する】《サ変自他》やどる。泊まる。また、やどす。

しゅく‐する【祝する】《サ変他》いわう。「前途を—」

じゅく‐する【熟する】《サ変自》↓じゅくす

しゅくせ【宿世】〔仏〕前世(からの因縁)。すくせ。

しゅくせい ①【粛清】《名・ス他》きびしく取り締まって不正な者を排除すること。独裁政党などで、内部の反対派を追放すること。「反対派の—」②【粛正】《名・ス他》きびしく取り締まって不正をなくすること。「綱紀—」

じゅくせい【熟成】《名・ス自》時間がたって(時期が来て)よい状態にやっとなること。

じゅくせい【塾生】塾に学ぶ学生・生徒。

しゅくぜん【宿善】〔仏〕前世でおこなったよい行い。現世でよい果報を受けるという。↕宿悪

しゅくぜん【粛然】《ト タル》①つつしんでかしこまる様子。「—と襟を正す」②ひっそりと静かな様子。

しゅくだい【宿題】①前もって示しておいてやらせる課題。学校などで、家でして来るように出す問題。②比喩的に、後に解決の残されている問題。

じゅくたつ【熟達】《名・ス自》熟練し上達すること。

じゅくだん【熟談】《名・ス自》十分によく相談すること。懇談。また、話合いで折りあいをつけること。

じゅくち【熟地】よく知り抜いて地理などが分かっている土地。↕生地(せいち)(2)。「—での夜間行動」

じゅくち【熟知】《名・ス他》詳細に、十分に知っていること。

しゅくちょく【宿直】《名・ス自》官庁・会社・学校などで、そこに勤務する人が交替で宿泊して夜の番をすること。また、その人。↕日直(2)

しゅくつぎ【宿継ぎ】荷物などを宿場から宿場へと、人や馬をかえて送り届けること。宿送り。つぎたて。

しゅくてき【宿敵】ずっと前からの敵。年来の敵。

しゅくてん【祝典】祝賀の儀式。「記念—」

しゅくでん【祝電】祝いの電報。

じゅくでん【熟田】よく耕作してある田。

しゅくとう【祝×祷】キリスト教で、牧師などが会衆のために行う祝福の祈り。

しゅくとう【粛党】《名・ス自》政党の内部を粛清すること。

じゅくとう【塾頭】塾のかしら。塾生の監督をする先生、または塾生の古参者。

しゅくとく【淑徳】上品でしとやかな、女性の美徳。

じゅくどく【熟読】『名・ス他』よくその内容を読み取ること。十分に読み味わうこと。「―玩味」

じゅくねん【熟年】人間として円熟した年ごろ。▽一九七〇年代に作られた語。

しゅくば【宿場】江戸時代の宿駅。宿屋・茶屋などがあり、町としてにぎわった。しゅく。▽→しゅくえき

しゅくはい【祝杯・祝×盃】祝いの酒を飲む杯。「―をあげる」

しゅくはく【宿泊】『名・ス自』宿をとること。自宅以外の家に泊まること。

じゅくばた【熟畑】よく耕作してある畑。

しゅくふ【叔父】父または母の弟。おじ。

しゅくふく【祝福】『名・ス他』①前途の幸福を祈り、いわうこと。②キリスト教で、神から賜る幸福。それを授けること。

しゅくへい【宿弊】前々からの弊害・害悪。

しゅくべん【宿便】排泄(はいせつ)されないで長い間、腸の中にたまっている便。「―がやっと出た」

しゅくぼ【叔母】父または母の妹。おば。

しゅくほう【祝砲】祝意を表してうつ空砲。

しゅくぼう【宿坊】参詣者が泊まる、社寺の宿舎。

しゅくぼう【宿望】①長い間持ち続けて来た望み。②前々からの人望。

じゅくみん【熟眠】『名・ス自』ぐっすりと眠ること。熟睡。

しゅくめい【宿命】前世から定まっている運命。避けることも変えることもできない運命的なもの。 **―ろん**【―論】一切の事はそうなるように定まっていて、人力ではどうにもならないという考え方。運命論。

しゅくもう【縮毛】①波状に縮れた、ヒツジなどの毛。「―加工」②人の縮れた髪の毛。ちぢれっけ。「―矯正」

しゅくやく【縮約】『名・ス自他』規模・分量などを縮小し簡略にまとめること。また、言葉を、縮めたり省いたりして短くすること。「―版」

しゅくゆう【祝融】①火事。「―の災い」(火事の災難。火災) ▽②の転。②中国の、火をつかさどる神。

じゅくらん【熟覧】『名・ス他』十分によく、かなりの時間をかけて見ること。

じゅくりょ【熟慮】『名・ス他』よく考えをめぐらすこと。 **―だんこう**【―断行】『名・ス他』よく考えて十分に検討した上で、思い切って実行すること。

しゅくりょう【宿料】泊まるための料金。宿泊料。

じゅくれん【熟練】『名・ス自』よく慣れていて上手(じょうず)なこと。 **―こう**【―工】熟練してすぐれた技能を持つ職工。

しゅくろう【宿老】①経験がゆたかな老人。②武家時代の高官。評定衆(ひょうじょうしゅう)・老中・家老など。③江戸時代の町内の年寄役。

しゅくわり【宿割(り)】多人数の一団が泊まる時、各人の宿所を割り当てること。

しゅくん【主君】自分の仕えている君主・殿様など。

しゅくん【殊勲】特別に他よりすぐれた、てがら。「―をたてる」

じゅくん【受勲】『名・ス自』勲章をもらうこと。「―の栄」

しゅけい【主計】会計をつかさどること。その係(の人)。「―局」

しゅげい【手芸】手先でする技芸。編物・刺繡(ししゅう)など。

じゅけい【受刑】『名・ス自』刑罰の執行を受けること。「―者」

じゅけつ【受血】『名・ス自』必要な輸血を受けること。「―者」

しゅけん【主権】その国家自身によるほか、他の意思に支配されない、国家統治の権力。 **―ざいみん**【―在民】国家の主権が人民にあること。 **―しゃ**【―者】国家の主権を有するもの。

しゅげん【修験】①修験者。②修験道。 **―じゃ**【―者】修験道を修行する人。多く有髪(うはつ)で、兜巾(ときん)をかぶり、笈(おい)を負い、金剛杖(こんごうづえ)をつき、ほらを鳴らして山野をめぐり歩いて修行する。山伏(やまぶし)。 **―どう**【―道】役小角(えんのおづの)を祖とする、密教の一派。山岳修行によって超自然的な力を得ることを目的とする。

じゅけん ①【受験】『名・ス他』試験を受けること。「大学―」「―勉強」②【受検】『名・ス他自』検査・検閲・検定などを受けること。

しゅご【主語】①文法上、述語に対し、それが表す動作・作用を持つものを表した語。例、「花が咲く」の「咲く」に対して「花」、「君がなぐられる」の「なぐられる」に対して「君」。②〔論理〕主辞。

しゅご【守護】①『名・ス他』守ること。②『名』鎌倉・室町時代の職名。各国の警備、治安維持に当たったが、後に強大となり領主化した。守護職。 **―しん**【―神】守り神。しゅごじん。

しゅこう【手工】①手先のわざを主とした工芸。②旧学科の一つ。今の、小学校の工作、中学校の技術家庭にあたる。

しゅこう【手交】『名・ス他』(公式の文書などを)手わたすこと。

しゅこう【手稿】手書きの原稿。「―本」

しゅこう【酒×肴】酒と、酒のさかな。「―料」(酒肴のためとして出す金銭)

しゅこう【趣向】物事をおこなったり作ったりする上の、おもしろい工夫(くふう)・考案。また、その結果生じる、おもむき。「―を変える」「―を凝らす」「新―を巡らす」

しゅこう【首肯】『名・ス自』うなずくこと。もっともだと納得し認めること。「―し難い説」

しゅごう【酒豪】酒に強く、たくさん飲む人。大酒飲み。

じゅこう【受講】『名・ス他自』講義・講習を受けること。

と。「―生」

しゅこうぎょう【手工業】大きな設備を持たず、ごく小規模に品物を作る工業。主として手先によって品物を作る工業。

しゅこうげい【手工芸】主として手先を使ってする工芸。

じゅごん【儒×艮】南西太平洋・インド洋・紅海産の海獣。浅海にいて海草を常食とする。体長三メートル弱。全体の形はくじらに似ているが、頸部(けいぶ)がややくびれ、乳頭が胸位にある。▽→にんぎょ

しゅこんこつ【手根骨】手のひらの付け根の、手首につながる部分の骨。八つの小骨がつながって二列に並んでいる。腕骨。

しゅさ【主査】主になって調べること。その役目(の人)。調査などの主任。「論文審査の―」

しゅざ【首座】一番上位の席。また、その席につく資格のある人。▽→しゅそ(首座)

しゅさい【主催】《名・ス他》中心になって催しを行うこと。また、その主体。「―者」

しゅさい【主宰】《名・ス自他》人々の上に立ち、中心になって物事を行うこと。また、そうする人。「会を―する」

しゅさい【主祭】キリスト教で、祭事をつかさどること。その人。

しゅさい【主菜】主食以外で、食事の最も中心的な料理。↕副菜

しゅざい【主剤】調合した薬の中で、主成分である薬。主薬。

しゅざい【取材】《名・ス自他》作品や報道の材料をある物事・人から取ること。「伝説に―した小説」「―記者」

しゅさつ【手札】①手ずから書いた書付。(自筆の)手紙。②てふだ。

しゅざん【珠算】そろばんでする計算。たまざん。

じゅさん【授産】失業者などに仕事を授けて、生活の道を得させること。「―所」

しゅし①【趣旨】ある目的で行う物事のねらいである中心的なおもむき。趣意。㋐文章・談話の、述べようとする肝心な事柄。㋑計画などで、それをする目的や理由。「―に賛同する」②【主旨】そこが言いたいのだという、趣旨の主眼点。「論文の―」▽⑴と同義に使うことも多い。

しゅし【種子】植物のたね。

しゅじ【主事】官庁・学校などで、その長の命を受けて一定の業務を主管する役目(の人)。「指導―」

しゅじ【主辞】〔論理〕判断(命題)の対象となり、陳述がそれについて行われる概念。主概念。主語。↕賓辞

じゅし【×孺子・×豎子】未熟な者をさげすんで言う語。青二才。▽もと、こども。

じゅし【樹脂】木、特に針葉樹から分泌される粘液。また、その固まったもの。やに。天然樹脂。

しゅじい【主治医】中心になって、ある患者の治療を受け持つ医者。また、かかりつけの医者。

しゅしがく【朱子学】朱子が大成した儒学。格物致知を眼目とする実践道徳を唱えた。▽「朱子」は南宋(なんそう)の学者、朱熹(しゅき)の尊称。

しゅじく【主軸】①中心の軸。「放物線の―」②機械の原動力を直接に受ける軸。③中心となって物事を動かして行くこと。また、そうする人。「チームの―」

しゅしゃ【取捨】《名・ス他》良いもの・必要なものを取ることと、悪いもの・不要なものを捨てること。用いることと用いないこと。「―選択」

しゅしゃ【手写】《名・ス他》自分の手で書き写すこと。「―本」

じゅしゃ【儒者】儒学を修め、または講じる人。儒学者。

じゅしゃく【授爵】《名・ス他》爵位を授けること。

しゅしゅ【守△株】旧習を守り、それにかかずらって、進歩のないこと。▽うさぎが切り株にぶつかって死んだのを見た男が、以後働かずに、株を見張って、またうさぎを得ようとした故事から。

しゅじゅ【×侏儒・朱儒】こびと。一寸法師。▽見識のない人をあざけっても言う。

シュシュ ドーナツ状にした薄手の布にゴムを通して縮ませた髪留め。▽フランス chouchou

しゅじゅ【種種】《名ナノ》《副詞的にも使う》いろいろ(のこと)。さまざま(のこと)。「―あります」 **―そう**【―相】さまざまな姿・ありさま。「社会の―」

じゅじゅ【授受】《名・ス他》受け渡し(をすること)。やりとり。「政権の―」

しゅじゅう【主従】①主であるものと従であるもの。②主君と家来。主人と従者。▽⑵は「しゅうじゅう」とも言う。

しゅじゅつ【手術】《名・ス他》①器具を使い患部を切る外科的な治療をすること。その治療。「開腹―」「―を施す」②比喩的に、思いきって改めること。「組織に抜本的―を加える」

じゅじゅつ【呪術】超自然的・神秘的なものの力を借りて、望む事柄を起こさせること。まじない・魔法など。

しゅしょ【手書】①《名・ス他》自分の手で書くこと。その書いたもの。②《名》自筆の手紙。

しゅしょ【朱書】《名・ス他》朱(朱墨(しゅずみ))で書くこと。そうしたもの。朱書き。

しゅしょう①【主将・首将】全軍の総大将。②【主将】スポーツで、チームのかしら。キャプテン。

しゅしょう【手抄】《名・ス他》自分で抜き書きすること。その抜き書き。

しゅしょう【殊勝】《ダナ》①心掛け・行いなどが、けなげで感心なさま。奇特。「―な心掛け」②〔仏〕最もすぐれていること。派生 **―さ**

しゅしょう①【首唱】《名・ス他》先に立ってとなえ出すこと。言い出すこと。②【主唱】《名・ス他》主とな

ってとなえること。

しゅしょう【首相】内閣総理大臣の通称。

しゅじょう【主上】天皇のこと。

しゅじょう【主情】理性や意志よりも感情・情緒を主にする態度。▽次のような複合形で使う。「―派」「―的」「―主義」

しゅじょう【衆生】〔仏〕生命のあるすべてのもの。人間をはじめすべての生物。「―済度(さいど)」

じゅしょう ①【受賞】『名・ス他自』賞・賞状・賞品・賞金等を受けること。「―者」②【授賞】『名・ス他自』賞・賞状・賞品・賞金等を与えること。「―式」▽勲章などの場合には「受章」「授章」と書く。

しゅしょく【主食】飯・パンなど、食事の中心となるもの。↔副食

しゅしょく【手×燭】→てしょく

しゅしょく【酒色】酒を飲むことと、女遊びをすること。「―に耽(ふけ)る」

しゅしょく【酒食】酒と食事。「―を供する」▽正しくは「しゅし」。

しゅしん【主審】競技の審判員の中で特に主となる人。

しゅしん【主神】①祭神が二柱以上ある神社で、主となる祭神。②神話や宗教で最高位とされる神。

しゅしん【朱唇・朱×脣】赤いくちびる。また、口紅をぬった(女の)くちびる。

しゅじん【主人】①自分の仕えている人。②一家のあるじ。③妻が夫を指して言う語。④客に対して、これをもてなす人。 **―こう**【―公】①事件・物語・劇などの中心人物。②主人(③以外、主に⑴)の敬称。

じゅしん【受信】『名・ス他』他からの通信を受け取ること。↔送信・発信

じゅしん【受診】『名・ス自他』診察を受けること。「内科で/を―する」

しゅす【×繻子】布面がなめらかで、つやがあり、縦糸または横糸を浮かした織物。

じゅず【数珠】数多くの小さい珠(たま)を糸で貫き、輪にしたもの。仏を拝む時、手にかけ、また念仏などの回数を数えるためにつまぐる。念珠(ねんじゅ)。▽「ずず」とも言う。 **―だま**【―玉】①数珠にする玉。木の実・宝石・金属などを用いる。②数珠玉⑴に似た実をつける多年草。高さ一メートルあまりになる。▽いね科。ハトムギの原種。 **―つなぎ**【―×繋ぎ】多くの人・物を数珠玉のように、つなぐこと。また、そのような状態になること。「車が―になる」

しゅすい【取水】『名・ス自』川などから、水道や農業に使う水を取り入れること。「―制限」

じゅすい【△入水】『名・ス自』水中に自ら身を沈めて、自殺すること。身投げ。

しゅずみ【朱墨】朱書きに用いる朱色の墨。朱の粉をにかわでねり固めて作る。

じゅ-する【×誦する】『サ変他』節(ふし)をつけてよむ。唱える。口ずさむ。誦(しょう)する。

しゅせい【守勢】①敵の攻撃を防ぎ守る態勢。↔攻勢。「―に立つ」②防ぎ守る兵力。

しゅせい【守成】『名・ス他』創業のあとをひきついで、事業を守りかためること。

しゅせい【酒精】アルコール。

じゅせい【儒生】儒学をおさめる者。㋐儒学者。㋑儒学の書生・学生。

じゅせい『名・ス自』①【受精】雌雄の生殖細胞、すなわち、精子と卵子とが結合すること。②【授精】人工的に雌雄の生殖細胞を結合させること。「人工―」

しゅせいぶん【主成分】ある物質の中の主な成分。

しゅせき【手跡・手×蹟】その人の書いた文字。筆跡。

しゅせき【酒席】さかもりの席。宴席。

しゅせき【主席】政府や団体の統率者。▽「首席」の意に使うことがある。

しゅせき【首席】第一の席次・地位。「―全権」「―で卒業する」

しゅせきさん【酒石酸】ブドウなどの果実に多く含まれる有機化合物。常温では無色の固体。水溶液は爽快な酸味を持つ。食品・医薬品の添加物として使う。

しゅせん【主戦】①戦争しようと主張すること。「―論」②主力となって戦うこと。「―投手」▽複合形で使う。

しゅせん【酒仙】(世の雑事を気にせず)心から酒を楽しむ人。▽本来、単に酒豪の意では使わない。

しゅぜん【×鬚×髯】あごひげと、ほおひげ。「―を蓄える」▽古風な言い方。

しゅせんど【守銭奴】金銭に対する欲が強く、ためることだけに執着する人。▽けちな人をののしって言う語。

しゅそ【首△座】禅宗の役僧。修行僧の中で首位にある者。

しゅそ【首×鼠】『―両端』穴から首を出して左右をうかがうねずみのように、迷って形勢をうかがうこと。ひよりみ。

じゅそ【呪×詛】『名・ス他』のろうこと。のろい。

しゅぞう【酒造】酒類を造ること。「―業」

じゅぞう【寿像】生きている間に作っておく、その人の肖像。

じゅぞう【寿蔵】生きているうちに建てておく墓。

じゅぞう【受像】『名・ス他』放送されたテレビ電波を受けて、それを像に変え画面とすること。また、その像。↔送像。「―がゆがむ」「―機」

じゅぞう【受贈】『名・ス自他』贈り物を受けること。

しゅそく【手足】①手と足。②比喩的に、部下。てした。

しゅそく【首足】首と足。「―所を異にする」(首を切られて首と足とが別々になる)

しゅそく【守則】行動・手続きに関し守るべき事項を決めた規則。「歩哨(ほしょう)―」

しゅぞく【種族】①同一の人種に属し、同じ文化を共有すると信じる人々の集団。②同じ部類に属するもの。たぐい。

しゅたい【主体】①行為・作用を他に及ぼすもの。↕客体。②物事や組織などで、その中心部分をなすもの。主要な部分。「青年を―としたグループ」 **―せい**【―性】主体的であること。そういう性質。「―に欠ける」 **―てき**【―的】『ダナ』活動の中心となるさま。自主的。また、主体に関するさま。「―に行動する」

しゅだい【主題】主な題目。特に、その文章・作品の中心となる内容。また、音楽で、中心となる短い旋律。テーマ。

しゅだい【首題】最初の題目。経文(きょうもん)の最初に書かれた文句。

じゅたい【受胎】『名・ス自』妊娠(すること)。「―調節」

じゅだい【△入内】『名・ス自』中宮・皇后となるべき人が正式に内裏(だいり)にはいること。

しゅたく【手沢】①長く所持しその物を扱ってきた間についた、つや。②「手沢本」の略。先人が生前愛読した本。先人の書き入れなどがある本。

じゅたく【受託】『名・ス他』委託・嘱託・寄託・信託を引き受けること。「―販売」「―収賄」

じゅだく【受諾】『名・ス他』引き受けること。承諾すること。

しゅたる【主たる】『連体』おもな。主要な。「―目的」

しゅだん【手段】目的を達するためにその途上で使う方法。てだて。「―を選ばない」▽全体的な方法の一部をなす個々の段階について言うことが多い。
関連 手立て・方法・法・術・すべ・仕方・遣(や)り方・遣り口・遣り様・手法・仕様・致し方・手・手口・手練・策・方便・便法・決め手・奥の手・切り札・秘術・四十八手・伝家の宝刀・窮余の一策

しゅち【主知】知性・思惟(しい)・理論など知的なものを中心とする態度。▽次のような複合形で使う。「―主義」「―説」「―的」

しゅち【趣致】風情(ふぜい)。おもむき。

しゅちく【種畜】たねつけのために飼う雄の家畜。たねうま・たねうしの類。

しゅちにくりん【酒池肉林】豪奢(ごうしゃ)な酒宴。▽殷(いん)の紂王(ちゅうおう)の故事による。

しゅちゅう【主柱】①建物の中心の柱。②転じて、中心となって支える人物。大黒柱。「一家の―を失う」

しゅちゅう【手中】手のなか。「―に収める」「―に帰する」▽普通は、所有に関連して言う。

じゅちゅう【受注・受×註】『名・ス他』注文を受けること。↕発注

しゅちょ【主著】その人の主な著書。

しゅちょう【主潮】主となっている思潮。

しゅちょう【主張】『名・ス他』自分の意見を強く言い張ること。また、その意見。「権利を―する」「自己―」

しゅちょう【主調】ある楽曲の全体から見て、その中心となっている主要な調子。基調。 **―おん**【―音】↓しゅおん(主音)

しゅちょう【腫×脹】腫瘍(しゅよう)・炎症などによって身体組織の一部分がはれあがること。

しゅちょう【首長】集団・団体・地方自治体などを統率する長。かしら。

シュチン【朱珍・×繻珍】↓シチン

しゅつ〖*出〗 シュツ スイ でる だす ｜①でる。だす。↕入。「出入・出発・出生(しゅっせい・しゅっしょう)・出資・出費・出馬・出師(すいし)・出納(すいとう)・派出・移出・輸出・不出・抄出・析出・導出・転出・搬出」②あらわす。あらわれる。生じる。「出現・出来(しゅったい)・現出・案出・提出・輩出・選出・露出・百出・頻出・裸出」③一定の場所に行って活動に参加する。「出勤・出場・出席・出動・退出」④『名・造』その家にうまれたこと。また、階級。身分。「源氏の出」「出自・嫡出」

じゅつ〖*述〗〖述〗 ジュツ のべる ｜事実に従って言う。書きしるす。他人の事績をうけつぐ。のべる。「述作・述懐・述語・叙述・陳述・祖述・著述・撰述(せんじゅつ)・論述・縷述(るじゅつ)・口述・供述・公述・前述」

じゅつ〖*術〗〖術〗 ジュツ わざ すべ ｜①何回も行って自分のものとなった能力。手仕事の能力。学問。わざ。「技術・学術・芸術・方術・術語」②一定の技能によって行われる仕事。その仕事のやり方。「医術・手術・秘術・妙術・剣術・柔術・忍術・魔術・兵術・算術・仁術・心術・隆鼻術」③『名・造』はかりごと。「術を弄(ろう)する」「術数・術策・術中・詐術」④『名・造』不思議なわざ。妖術・魔術。「術を使う」「奇術・幻術」

しゅつえん【出×捐】『名・ス他』金銭や品物を寄付すること。

しゅつえん【出演】『名・ス自』映画・放送・舞台などに出て、劇・芸などを演じること。「テレビに―する」「―者」

しゅつが【出芽】『名・ス自』①芽(め)を出すこと。②〔生物〕無性生殖の一種。母体表面に生じた突起が成長・分離して新しい個体となる。

しゅっか【出火】『名・ス自』火事を出すこと。火事になること。

しゅっか【出荷】『名・ス他』荷を積み出すこと。特に、商品を市場に出すこと。↕入荷。「―を停止する」

じゅっかい【述懐】『名・ス自他』考えている事や思い出を述べること。その述べた内容。

しゅつがん【出願】『名・ス自他』願い出ること。願書を出すこと。「特許を―する」

しゅっかん【出棺】『名・ス自』葬式の時に、死者の棺を(家から)送り出すこと。

しゅつぎょ【出御】『名・ス自』天皇・皇后などがおでましになること。▽転じて、幕府の将軍にも言った。

しゅつぎょ【出漁】『名・ス自』漁(りょう)に出ること。しゅつりょう。

しゅっきょう【出郷】『名・ス自』故郷を出ること。

しゅっきん【出勤】『名・ス自』勤め先へ勤めに出かけ

ること。また、勤めに出ていること。↕欠勤。「―簿」▽役者の出演にも言う。「団菊左(だんぎくさ)＝団十郎・菊五郎・左団次)の―」

しゅっきん【出金】『名・ス自他』金銭を出すこと。また、出した金銭。でせん。↕入金

しゅっけ【出家】『名・ス自』〔仏〕家を出て仏道の生活にはいること。また、その人。僧。↕在家

じゅっけい【術計】はかりごと。計略や手段。

しゅつげき【出撃】『名・ス自』味方の基地・陣地から出て敵を攻撃すること。

しゅっけつ【出欠・出×缺】出席と欠席。出勤と欠勤。「―をとる」(出欠を調べる)

しゅっけつ【出血】『名・ス自』①血液が血管外に流れ出ること。「皮下―」▽医学上は、内出血にも外出血にも言う。②比喩的に、人員・労力・金銭などに、相当の犠牲・損失があること。「―作戦」「―サービス」

しゅつげん【出現】『名・ス自』あらわれ出ること。「この世に―する」

しゅっこ【出庫】①『名・ス他』蔵や倉庫から品物を出すこと。②『名・ス自他』電車・バスなどが車庫から出ること。また、車庫から出すこと。▽↕入庫

じゅつご【述語】①文法上、主語の表すものの動作・作用・性質などを述べた語。②伝統的論理学で、賓辞。▽現代論理学で、n個の変項の間に成り立つ関係。0個の場合には述語常項となる。

じゅつご【術後】手術したあと。「―の経過はよい」

じゅつご【術語】学術上、特に定義して使う専門語。テクニカル ターム。

しゅっこう【出向】『名・ス自』でむくこと。ある組織に属する人が、(命令に従って)別の組織で勤務すること。「子会社に―する」「―を命じる」

しゅっこう【出港】『名・ス自』艦船が港を出ること。↕入港

しゅっこう【出稿】『名・ス自』①原稿を印刷所にわたすこと。入稿。②新聞・雑誌・ウェブ サイトなどに広告原稿を出すこと。

しゅっこう【出航】『名・ス自』艦船が航海に出ること。また、航空機が出発すること。

しゅっこう【出講】『名・ス自』学校へ行って講義をすること。「―日」

じゅっこう【熟考】『名・ス他』よくよく考えること。十分に思いをめぐらすこと。

しゅつごく【出獄】『名・ス自』釈放されて監獄(刑事施設)を出ること。↕入獄

しゅっこく【出国】『名・ス自』国の外へ出ること。外国へ行くためにその国を出ること。↕入国

しゅっこんそう【宿根草】生育に適しない時期には地下茎や根を残して枯れ、その時期をすぎると再び発芽・開花する多年草。ユリ・キクイモなど。▽園芸では、常緑のものも含めて言うことがある。

じゅっさく【述作】『名・ス他』著述すること。また、著述物。

じゅっさく【術策】はかりごと。たくらみ。「まんまと―にはまる」

しゅっさつ【出札】『名・ス自』(駅などで)乗車券・切符を売ること。「―口」

しゅっさん【出産】『名・ス他自』子を産むこと。母から子が生まれること。

しゅつじ【出自】でどころ。生まれ。「―を問わない」

しゅっし【出仕】『名・ス自』①民間から出て官職につくこと。②勤めの場所に出ること。▽古風な言い方。

しゅっし【出資】『名・ス自他』資金・資本を出すこと。

しゅっしゃ【出社】『名・ス自』会社に勤めに出ること。↕退社⑵

しゅっしょ ①【出所・出処】『名』㋐物事のでどころ。「―を明らかにする」㋑出生地。②【出所】『名・ス自』刑を終えて刑務所から出ること。③【出処】『名』官職につくこと(＝出)と、民間にいること(＝処)。 **―しんたい**【出処進退】その職にとどまるかやめてしまうかという、身の振りかた。「―に迷う」▽↓しんたい(進退)

しゅつじょう【出場】『名・ス自』その場所に出ること。出て行って運動競技・演技などに参加すること。↕欠場。▽「でば」と読めば別の意。

しゅっしょう【出生】『名・ス自』(人が)生まれ出ること。誕生。しゅっせい。「―届」

しゅっしょく【出色】きわだって他よりすぐれていること。「―のできばえ」

しゅつじん【出陣】『名・ス自』①戦陣に出ること。戦争に出向くこと。↕帰陣。②比喩的に、戦いの場に出ること。「就職活動の―式」

しゅっしん【出身】その土地の生まれであること。その学校の卒業であること。その身分を経て来ていること。「技術畑の―」

しゅっすい【出水】『名・ス自』大雨などで河川の水があふれ出ること。でみず。「―箇所」

しゅっすい【出穂】稲・麦などの穂(ほ)が出ること。でほ。「―期」

じゅっすう【術数】はかりごと。策略。「権謀―」

しゅっ-する【△卒する】『サ変自』(四位・五位の人が)死ぬ。▽現在では使わない。

しゅっせ【出世】『名・ス自』①世間に出て、人に知られるよい地位・身分になること。②俗世間から出て仏門に入ること。出世間。③この世に生まれ出ること。出生。 **―うお**(うを)【―魚】成長するにつれて違う名で呼ぶ魚。ぶり、ぼら、すずきなど。 **―がしら**【―頭】一族・同級生などのうち、最も出世⑴した人。また出世⑴が最も速い人。 **―さく**【―作】それを発表したことで、その人が世間から認められた作品。 **―ばらい**(ばらひ)【―払い】将来、出世⑴したときに返済するという約束の債務。

しゅっせい【出征】『名・ス自』軍隊の一員として戦地へ行くこと。「―兵士」

しゅっせい【出生】『名・ス自』→しゅっしょう

しゅっせい【出精】《名・ス自》精を出して物事を行うこと。「―値引き」(精一杯の奉仕として値引きする意で、見積り書の値引き額の所に記す言い方)

しゅっせき【出席】《名・ス自》授業や会合などに出ること。↔欠席。「会議に―する」「―をとる」

しゅっせけん【出世間】〔仏〕世間の悩みから離れ、あらゆる迷いのきずなから脱すること。俗世間を出て僧になること。

しゅっそう【出走】《名・ス自》競馬など、競走に出ること。「―馬」▽もと、そこを出て走り去ること。出奔。

しゅつだい【出題】《名・ス自他》①試験などの問題を出すこと。②詩歌の題を出すこと。

しゅったい【出△来】《名・ス自》事件が持ち上がること。「大事件―」。物ができ上がること。「新年号―」▽「しゅつらい」の転。「でき」と読めば別の意。

しゅったつ【出立】《名・ス自》旅立ち。出発すること。

しゅったん【出炭】《名・ス自》①石炭を炭坑から掘り出すこと。②木炭を生産すること。

じゅっちゅう【術中】はかりごとの罠(わな)の中。「敵の―に陥る」

しゅっちょう【出張】《名・ス自》公務など職務で、自分の勤務先でない所に臨時に出向くこと。「今―中です」▽和語「でばる」を表した「出張」の音読みから。**―じょ**【―所】役所や会社などの出先の事務所。

しゅっちょう【出超】「輸出超過」の略。↔入超

しゅっちん【出陳】《名・ス他》展示会や展覧会などに出品して陳列すること。

しゅってい【出廷】《名・ス自》裁判のため関係者が法廷に出ること。

しゅってん【出典】故事・成語・引用文などの出所である書物。

しゅってん【出展】《名・ス他》展示会などに出品すること。

しゅってん【出店】《名・ス自他》店を出すこと。「フリーマーケットに―する」「大手スーパーが地方に―する」▽→でみせ

しゅつど【出土】《名・ス自》古い時代の遺物(や遺構)が土中から出て来ること。

しゅつどう【出動】《名・ス自》任務の行動をするために隊が出て行くこと。「消防隊の―」

しゅっとう【出頭】《名・ス自》①本人自ら役所などに出向くこと。「―を命じる」「警察に―する」②他のものより立ち勝る(出世する)こと。「近ごろの―が著しい」▽②は既に古風。

じゅつない【術無い】《形》①施す手だてがない。困りはてる。②悩みなどがあって、非常につらい。[派生] **-さ -げ -がる**

しゅつにゅう【出入】《名・ス自》出ることとはいること。でいり。

しゅつば【出馬】《名・ス自》①みずから進んでその場に出向くこと。「社長が―して交渉に当たる」「選挙に―する」「―を請う」「―宣言」▽貴人や将軍が馬で出向く意の比喩から。②競馬に出走する馬。出走馬。

しゅっぱつ【出発】《名・ス自》①目的地に向かって出掛けること。「外国旅行に―する」「東京を/から―する」②比喩的に、何かを目指して進み始めること。「人生の―」「具体的な事実から―する」「ゼロから―する」[関連] 出立(しゅったつ)・門出・首途(かどで・しゅと)・立つ・出掛ける・旅立つ・巣立つ・飛び出す・飛び立つ・巣立ち・出港・出動・出帆・出漁・出船・船出　**―てん**【―点】①出発の地点。②比喩的に、物事を始める最初の時。「―から間違った計画だった」

しゅっぱん【出帆】《名・ス自》船が港を出ること。ふなで。出港。

しゅっぱん【出版】《名・ス他》書物・図画などを印刷して、売り出し、または配布すること。「本を―する」▽電子出版も含む。　**―ぶつ**【―物】販売・配布の目的で印刷した書物・図画などの総称。▽電子媒体によるものも含む。

しゅっぴ【出費】《名・ス自》かかった費用。また、費用を出すこと。「―がかさむ」

しゅっぴん【出品】《名・ス自他》陳列場・展覧会場などに品物・作品を出すこと。

しゅっぷ【出府】《名・ス自》江戸時代、幕府のある江戸へ行くこと。

しゅっぺい【出兵】《名・ス自》軍隊を差し向けること。↔撤兵。「シベリア―」▽近代軍では、国外派兵を指し、国内の場合には「出動」と言う。

じゅっぺい【×恤兵】金銭や品物を贈って戦地にいる兵士を慰めること。「―金」

しゅつぼつ【出没】《名・ス自》姿が見えたり隠れたりすること。「強盗が―する」

しゅっぽん【出奔】《名・ス自》逃げ出してあとをくらますこと。

しゅつらい【出来】《名・ス自》→しゅったい

しゅつらん【出藍】「―の誉れ」弟子が先生よりもすぐれているという、評判・名誉。▽「青は藍(あい)より出(い)でて藍より青し」という「荀子(じゅんし)」の句による。

しゅつり【出離】《名・ス他》〔仏〕煩悩(ぼんのう)の束縛を離れること。迷いの多いわずらわしい世間を離れること。

しゅつりょう ①【出猟】《名・ス自》鳥やけものを狩りに出かけること。②【出漁】《名・ス自》魚をとりに出かけること。

しゅつりょく【出力】①《名・ス他》入力を受けた機械・機構が、結果として外部へ仕事②や信号・情報を出すこと。その仕事や信号・情報。アウトプット。↔入力。②《名》発電機・原動機などが出し得る最高の能力。▽output の訳語。

しゅつろ【出×廬】《名・ス自》隠遁(いんとん)していた人が、再び世間に出て活躍すること。▽「廬」はいおり。ここでは自分の家の意。

しゅでい【朱泥】鉄分の多い土を使って作った、赤褐

色の無釉(むゆう)の陶器。急須などが多い。

しゅてん【主点】大切な箇所。要点。

じゅでん【受電】『名・ス自』①電気の供給を受けること。↕送電。②電信・電報などを受けること。↕打電

しゅと【酒徒】酒飲みの仲間。酒好きの人々。

しゅと【衆徒】多くの僧。特に、僧兵。しゅうと。

しゅと【首途】旅立ち。かどで。出立(しゅったつ)。

しゅと【首都】その国の中央政府のある都市。首府。

しゅとう【手×套】てぶくろ。

しゅとう【種痘】天然痘の予防のために、痘苗を人体に接種すること。うえぼうそう。

しゅとう【酒盗】カツオの内臓で作った塩辛(しおから)。▽日本酒によく合って、知らぬ間に沢山飲んでしまう味を、酒を盗み取ると見立てて言う。

しゅどう ①【主動】『名』主になって行動すること。「―的」②【主導】『名・ス他』主となって指導すること。「―性」 **―けん**【主導権】物事を動かし(導い)てゆく優位に立った力。「―を握る」

しゅどう【手動】機械などを、手で動かしたり操作したりすること。マニュアル。「―式ポンプ」「―ブレーキ」

しゅどう【衆道】「若衆(わかしゅ)道」の略。男色の道。

じゅどう【儒道】①儒教。▽仏道・神道(しんとう)に対して言う。②儒教と道教。

じゅどう【受動】他から動作・作用を及ぼされること。受け身。↕能動。「―的」 **―きつえん**【―喫煙】(非喫煙者が)喫煙者の吸うタバコの煙を吸わされてしまうこと。間接喫煙。

しゅとく【取得】『名・ス他』自分の所有とすること。手に入れること。「資格を―する」

しゅとして【主として】『連語』幾つもの事・物が関係する中で、特に中心になる(大切な)ものとして。

じゅなん【受難】『名・ス自』苦しみやわざわいを受けること。「―者」▽キリストの受難を指すことが多い。

ジュニア ①年少者。下級(生)。↕シニア。②〔俗〕息子のこと。▽junior 元来は、父と同名の息子。

しゅにく【朱肉】朱色の印肉。

しゅにく【酒肉】酒と肉。さけさかな。

じゅにゅう【授乳】『名・ス自』乳児に乳を飲ませること。

しゅにん【主任】主になって任務を受け持つこと。また、その人。「―の大臣」「現場―」

じゅにん【受任】『名・ス自』①任命・任務を受けること。②委任を受けること。

じゅにん【受忍】迷惑や損害をこうむっても、耐え忍んで我慢すること。「―限度」

しゅのう【首脳】政府・会社などの団体の中心になって活動する人。「―会談」▽主な者の意。 **―ぶ**【―部】首脳の人たち。幹部。

じゅのう【受納】『名・ス他』受けて納めること。受け入れること。

シュノーケル ①顔を水につけたまま呼吸できるようにする用具。J字型の管の一端を口にくわえ、他端を水面上に出す。②潜水艦が水中航行中に海面に出す吸排気装置。▽(1)(2)はドイツ Schnorchel ③「シュノーケル車」の略。途中から左右に折り曲げられるはしごを備えた消防車。屈折式はしご車。▽snorkel

しゅはい【酒杯・酒×盃】さかずき。「―を傾ける」

じゅはい【受配】『名・ス他』配給・配布・配当をうけること。

じゅばく【呪縛】『名・ス他』まじないをかけて動けないようにすること。また、心理的に人の自由を奪うこと。「―を解く」

しゅはん【主犯】↓せいはん(正犯)

しゅはん【首班】第一の席次・地位。特に、内閣の首長である総理大臣。「―指名」

ジュバン【×襦×袢】和服の下に着る肌着。ジバン。▽ポルトガル gibão, jubão から。江戸時代に「襦袢」と当てられるようになった。

しゅひ【守秘】(公務員などが、仕事上知った)秘密を守ること。「―義務」

しゅひ【種皮】種子の(外側を包んでいる)皮。

しゅび【守備】『名・ス他』敵・相手の攻撃を防いで味方を守ること。守り。↕攻撃。「―を固める」「―範囲」

しゅび【首尾】①首(くび)と尾(お)。物事の初めと終わり。終始。「―一貫している」②転じて、物事の経過や結果。てんまつ。「―は上々」「―よく」(都合よく。うまいぐあいに)

じゅひ【樹皮】樹木の幹の外側の(裂けた)皮。

ジュピター ①ローマ神話の最高神。ユピテル。ギリシア神話のゼウスに当たる。②木星。▽Jupiter

しゅひつ【主筆】新聞社や雑誌社で、記者の首席として重要な論説や記事を書く人。

しゅひつ【朱筆】朱墨(しゅずみ)をふくませた筆。また、朱の書入れ。「―を入れる」(訂正を加える)

しゅびょう【種苗】植物のたねと、なえ。

じゅひょう【樹氷】霧氷の一種。氷点以下に冷却した濃霧が樹枝などに凍りついて白く美しく見えるもの。

しゅひん【主賓】①来客中の一番主な人。正客(しょうきゃく)。②主人と賓客。

しゅびん【×溲瓶】↓しびん

じゅひん【需品】ある事に入り用な品物。需要品。「―倉庫」

しゅふ【主婦】一家の主人の妻で、家事をきりもりする人。▽例えば高齢の妻に代わってその娘が家政を受け持っている場合などにも、言うようになった。

しゅふ【首府】↓しゅと(首都)

しゅぶ【主部】おもな部分。

じゅふ【呪符】災厄を避けるために身につけるメダル・宝石・札(ふだ)の類。まじないのふだ。

シュプール スキーですべった跡。▽ドイツ Spur

じゅぶつ【儒仏】儒教と仏教。

じゅぶつ【呪物】神聖なもの、呪力のあるものとして

崇拝される品物。

シュプレヒコール ①詩や台詞(せりふ)を合唱の形式で朗誦(ろうしょう)する方法。②転じて、集団デモなどでスローガンを一斉に叫ぶこと。その唱和。▽ドイツ Sprechchor

しゅぶん【主文】①文章の中の主な部分。②〔法律〕判決文のうち、結論を示す部分。判決主文。▽判決の言渡しにはこの朗読が必要。

じゅふん ①【受粉】『名・ス自』めしべにおしべの花粉がつくこと。②【授粉】『名・ス自』めしべに花粉をつけること。

しゅへい【守兵】守備の兵士。

しゅへい【手兵】手もとに率いている部下の将兵。

しゅへき【酒癖】酒に酔った時の(悪い)くせ。さけぐせ。

しゅべつ【種別】『名・ス他』種類による区分(をすること)。

しゅほ【酒保】兵営内・艦内にある兵士相手の日用品・飲食物などの売店。▽もと、酒屋につかわれている人の意。

しゅほう【主峰】その連山の中で最も高い山。

しゅほう【主砲】①その軍艦や陣地に備えた砲のうち、最も口径の大きい威力のある砲。②比喩的に、野球でチームの中心強打者。

しゅほう【修法】密教で、壇を設けて行う加持祈祷(かじきとう)の法。▽「すほう」「ずほう」とも言う。

しゅほう【手法】物事のやり方、特に芸術表現の方法・技巧。

しゅぼう【首謀・主謀】悪事・陰謀などを中心になってたくらむこと。また、その人。首謀者。張本人。

じゅほう【呪法】①呪文(じゅもん)をとなえる法式。②呪術。

じゅぼくどう【△入木道】書道のこと。▽王羲之(おうぎし)が字を書いた木に、墨が三分の深さまでしみ通っていたという故事から。

しゅぼば【種×牡馬】→たねうま

しゅみ【趣味】①専門としてでなく、楽しみとして愛好する事柄。「—は音楽だ」▽⑵の転。②物事から感じ取られるおもむき。味わい。情趣。「—のある絵」。物事の味わいを感じ取る能力。(それに基づく)好み。「—がいい人」

シュミーズ 女性の下着の一種。胸から腰までを覆う。シミーズ。▽フランス chemise

しゅみせん【△須△弥△山】仏教の宇宙観で、世界の中心にそびえ立つという巨大な山。しゅみ。▽「しゅみ」は梵語(ぼんご)で、妙高の意。「すみせん」とも言う。

しゅみだん【△須△弥△壇】寺院の仏殿や諸堂に設けられた、本尊などの仏像を安置する台座。▽須弥山(しゅみせん)をかたどったものという。

しゅみゃく【主脈】山脈・鉱脈・葉脈などの、中心となる主要なすじ。

じゅみょう【寿命】①命がある間の長さ。「—が尽きる」②転じて、物がこわれずに働く期間。また、その限界。「電球の—」「この洗濯機はもう—だ」

しゅむ【主務】その(行政)事務を主管していること。「—官庁」「—大臣」

しゅめい【主命】主人や主君の命令。▽「しゅうめい」とも言う。

じゅめい【受命】『名・ス自』①命令を受けること。②天命を受けて天子となること。▽古代中国の思想。

しゅもく【×撞木】鐘・半鐘などを打ち鳴らす丁字形の棒。かねたたき。 **—づえ**【—×杖】頭部が丁字形になった杖。

しゅもく【種目】種類別の項目。また、種類の名前。

じゅもく【樹木】木の総称。特に、立ち木。「—図鑑」「—医」

しゅもつ【腫物】できもの。はれもの。

じゅもん【呪文】まじない・のろいの文句。「—を唱える」

しゅやく【主役】①劇中の主要人物の役(をする役者)。②比喩的に、主な役割(の人)。

しゅやく【主薬】→しゅざい(主剤)

しゅゆ【△須×臾】しばらくの間。わずかの間。「—にして消え去る」

じゅよ【授与】『名・ス他』さずけあたえること。「卒業証書—」

しゅよう【主要】『名ナ』物事の中心になる、非常に大事なこと。「—な議題」

しゅよう【腫瘍】異常増殖をする細胞の集まり。悪性のものに癌(がん)・肉腫などがある。

しゅよう【△須要】『名ナ』欠くことができないこと。必須(ひっす)。

じゅよう【受容】『名・ス他』受け入れて取り込むこと。「—器官」(外界からの刺激を受け取る働きをする器官。目・耳など)「—性」(感受性)

じゅよう【需要】商品に対する(購買力の裏づけのある)欲求。⇔供給

しゅよく【主翼】飛行機に揚力を与える、胴体から両側に張り出した大きな翼。

しゅら【修羅】①「あしゅら」の略。インドの鬼神。「—の巷(ちまた)」(戦場)「—の妄執(もうしゅう)」(執着の念が強いこと) ②巨石など重い物を載せて引く、そりの形の運搬具。 **—じょう**【—場】戦乱・闘争の、悲惨をきわめた場所。 **—どう**【—道】①「阿修羅道」の略。阿修羅のすむ、争いの絶えない世界。→ろくどう。②→しゅらじょう。 **—ば**【—場】①芝居・講談で、悲壮な戦いの場面。②→しゅらじょう。「—を踏む」「—をくぐり抜ける」

じゅらい【△入来】『名・ス自』はいってくること。特に「御—」の形で、他人の来訪を敬って言う語。▽「にゅうらい」とも言う。

じゅらく【△入×洛】『名・ス自』都である京都にはいること。▽「洛」は、古代中国で都も置かれた、洛陽(らくよう)のこと。

シュラフ「シュラーフザック」の略。登山やキャンプで使う寝具。布地の間に羽毛や綿をつめ、それを袋

状に作ったもの。寝袋。▽ドィツ Schlafsack から。

ジュラルミン アルミニウムに銅・マグネシウム・マンガンなどを混ぜた強い軽合金。航空機などの材料にする。▽duralumin

しゅらん【酒乱】酒に酔ってあばれること。酒に酔うとあばれる癖。

しゅらん【種卵】ひなをかえすために使う卵。たねたまご。

じゅり【受理】『名・ス他』書類・投稿論文などを受けつけること。「辞表を―する」

しゅりけん【手裏剣】手の中にもって敵に投げつけるのに使う、小さい剣。

じゅりつ【樹立】『名・ス他』物事をうち立てること。しっかりと立てること。「政権を―する」「世界記録の―」▽「―する」は自動詞にも使った。

しゅりゅう【主流】①川の主な流れ。本流。↔支流。②中心となる流派。思想などの主な傾向。

しゅりゅうだん【手×榴弾】→てりゅうだん

しゅりょう【酒量】飲んだ酒の量。飲める酒の量。「―が多い」「―があがる」

しゅりょう【狩猟】『名・ス自』鉄砲・網などを使って、鳥獣を捕らえること。狩り。「―家」

しゅりょう【首領】一団をなす仲間の長。かしら。「盗賊の―」▽くびの意から。

じゅりょう【受領】『名・ス他』(正式に)金品を受け取ること。「―証」▽「ずりょう」と読めば別の意。

しゅりょく【主力】①おもな力・努力。「復習に―を注ぐ」②(戦力の)中心になる勢力。「敵の―」「チームの―選手」 **―かん**【―艦】軍艦の中で最大の威力をもっているもの。▽普通、戦艦や航空母艦を指す。

じゅりょく【呪力】超自然的で、まじないの基盤となる(威)力。

じゅりん【樹林】樹木の群がり生えているもの。はやし。

しゅるい【種類】何らかの観点から共通の性質をもつもの毎(ごと)に組み分けした、その個々の組。また、そういう組み分けによる別。「―が多い」

じゅれい【樹齢】樹木の年齢。「―の若い杉」

シュレッダー 機密保持のために、不要の書類を細かく切りきざむ機械。▽shredder

しゅれん【手練】熟練したあざやかな手ぎわ。「―の早わざ」▽「てれん」と読めば別の意。「てだれ」も、意味は近いが別義。

しゅろ【×棕×櫚】枝分かれしない円柱状の幹の頂部に、細かく裂けたうちわ状の葉をつける常緑高木。高さ一〇メートルほどになる。葉柄の基部を包む皮(しゅろ皮)から繊維をとり、ブラシ・縄・ほうきなどにする。▽やし科。

しゅろう【酒楼】客に遊興・飲食をさせる店。料理屋。

しゅろう【△鐘楼】→しょうろう(鐘楼)

じゅろう【△入×牢】『名・ス自』→にゅうろう。▽こちらが本来の言い方。

じゅろうじん【寿老人】七福神の一つ。頭の長い、短身の老人。つえを持ち、鹿を連れている。長寿を授ける神という。

しゅわ【手話】(耳や口の不自由な人が)手を用いて意味を伝える言語。「―法」

じゅわき【受話器】電話機で、相手の話を受けて聞き、話す装置。送受話器。

しゅわん【手腕】物事を行う腕前・実力。「―家」「―を発揮する」

しゅん【旬】①魚・貝・野菜・果実などが出盛って、味が最もよい時。「サンマの―になった」②転じて、脂がのって盛りである時期(や状態)。▽(2)では「―な」の形が多い。「―な俳優」

しゅん〖俊〗シュン すぐれる ｜才知がすぐれた者。すぐれている。さとい。「俊秀・俊才・俊敏・英俊」

しゅん〖[人]峻〗シュン けわしい ｜①山が高くてけわしい。「峻嶺(しゅんれい)・嶮峻(けんしゅん)・急峻」②きびしい。「峻拒・峻烈・峻厳・峻別」

しゅん〖*春〗シュン はる ｜①四季の一つ。はる。「春分・春夏秋冬・春季・春日・春眠・春宵・春暖・春夢・立春・孟春(もうしゅん)・季春・陽春・暮春・早春・浅春・惜春」②年のはじめ。正月。「新春・賀春・迎春」③恋愛や性欲にひかれるこころ。「春情・春機・思春期・春画」④血気さかんな年ごろ。「青春」⑤年月の流れ。よわい。「春秋に富む」「幾十春」

しゅん〖瞬〗〖瞬〗シュン またたく まばたく ｜①まばたく。またたく。②またたきするひま。ごく短い時間。「瞬時・瞬間・一瞬」

じゅん〖巡〗〖巡〗ジュン めぐる まわる ｜①まわって見る。見てまわる。「巡回・巡行・巡幸・巡検・巡査・巡視・巡邏(じゅんら)・巡察」②各地をへめぐる。一めぐりする。「巡業・巡拝・巡歴・巡礼・一巡・逡巡(しゅんじゅん)」

じゅん〖遵〗〖遵〗ジュン したがう ｜物によりそってすすむ。法則にしたがって行動する。「遵法・遵守・遵奉・遵用」

じゅん〖旬〗ジュン シュン ｜①十日一めぐり。一か月を三分したもの。「旬日・旬余・旬刊・旬間・上旬・中旬・下旬・初旬・三旬」②十か月。「旬月」③十年。「齢(よわい)七旬に余る」(七十余歳)④いっぱいになる。みちる。「旬歳」⑤↓しゅん(旬)

じゅん〖殉〗ジュン したがう ｜①死者に従って死ぬ。「殉死」②事を守るために命をすてる。「殉職・殉国・殉教・殉難」

じゅん〖盾〗ジュン たて ｜矢などを防ぐための、たて。「矛盾」

じゅん〖循〗ジュン したがう めぐる ｜①物によりそってゆく。したがう。よる。「因循」②ぐるぐるまわってあるく。めぐる。まわる。「循行・循環」③なでる。なでさすって安んじる。「撫循(ぶじゅん)」

じゅん【准】 ジュン なぞらえる ならう ― じゅんじる。なぞらえる。また、ゆるす。「准尉・准教授・准后(じゅごう)・准三后(じゅさんごう)・批准」▽「準」の俗字。

じゅん【*準】 ジュン なぞらえる ― ①水平か否かをしらべる道具。みずもり。一般にめあてとなるもの。のり。「規矩(きく)準縄・準則・標準・規準・基準・水準・平準」②めあてとしてしたがう。のっとる。「準拠・依準」③そなえる。「準備」④なぞらえる。そのものではないが、その次ぐらいにおく。「準社員・準会員・準決勝」

じゅん【*純】 ジュン ― 《名・造》まじりけがない。ありのままで、いつわりや飾りがない。「純を装う」「純な男」「純然・純一・純正・純良・純真・純潔・純情・純金・純綿・純毛・純白・純度・純粋・純益・純利・純文学・純理論・不純・清純・至純・単純」▽まじりけのない絹糸の意から。

じゅん【淳】(人) ジュン あつい ― ①物事がたっぷりしている。情があつい。「淳厚・淳美・淳良・深淳」②まじりけがない。ありのままでかざりがない。すなお。「淳朴・淳化・至淳」

じゅん【醇】(人) ジュン ― ①まじりけがなく味のこい、うまい酒。うまさけ。「醇酒・醇醸・芳醇・清醇」②うすめていない。まじりけない。もっぱら。「醇粋・醇美・醇朴」③うすくない。こい。人情があつい。「醇醇・醇乎(じゅんこ)・醇化・醇厚」

じゅん【閏】(人) ジュン うるう ― ①暦法上、平年より日数また月数を多くさし入れること。うるう。「閏年(じゅんねん・うるうどし)・閏月(じゅんげつ・うるうづき)・閏日(じゅんじつ・うるうび)」②本来あるもののほかにあるもの。正統でないあまりもの。「閏位・正閏」

じゅん【潤】 ジュン うるおう うるおす うるむ ― ①水がしみこむ。水けをふくむ。しめす。うるおう。うるおす。「潤筆・浸潤・湿潤・利潤・豊潤」②物が水けをふくむように、つやがある。かざりがある。つやをつける。りっぱにする。「潤色・潤飾・潤沢」

じゅん【*順】 ジュン したがう ― ①さからわない。他の物の力にしたがう。すなおである。おとなしい。「順逆・順応(じゅんのう)・耳順・忠順・柔順・恭順・従順・帰順・温順・随順」②《名・造》次第。秩序のある道すじ。「順をつける」「順に」「順序・順次・順延・順路・順位・いろは順・番号順・打順・手順・順順」③思うとおりである。都合がいい。抵抗がない。「順境・順風・順調・不順」▽↔逆

じゅん【馴】(人) ジュン なれる ならす ― (鳥獣が)少しずつ人になつきなれる。なつく。従順である。また、ならす。「馴化・馴致・雅馴」

じゅんあい【純愛】 純粋な愛。いちずな愛情。

じゅんい【准尉】 旧陸軍で、曹長の上、少尉の下の階級。特務曹長の改称。自衛官の准陸尉・准海尉・准空尉の総称。

じゅんい【順位】 順序を追ってつけた位置・地位。

じゅんいつ【純一】《名ナノ》①まじりけがないこと。「―無雑」②偽りや飾りけがないこと。「―な気持」

しゅんえい【俊英】 すぐれひいでていること。そういう人。

じゅんえき【純益】 収益全体から、あらゆる経費を引き去った残りである、純粋の利益。

じゅんえつ【巡閲】《名・ス他》視察・査察してまわること。

じゅんえん【巡演】《名・ス自》方々を上演してまわること。

じゅんえん【順延】《名・ス他》予定した期日を順繰りに延ばしてゆくこと。「雨天―」

じゅんえん【順縁】〔仏〕①老いたものから順に死んでゆくこと。親が子にさきだつなど。②善事が仏道に入る因縁(いんねん)となること。▽↔逆縁

じゅんおう【順応】《名・ス自》→じゅんのう

じゅんおくり【順送り】 次へ次へと順に送ること。

しゅんが【春画】 性交のさまを描いた(興味本位の)絵。まくら絵。笑い絵。

じゅんか【×馴化・順化】《名・ス自》その土地の気候・風土などになれて、その環境に適するように体質が変化すること。

じゅんか【純化・×醇化】《名・ス他自》まじりけのない、純粋なものにする、または、なること。

じゅんかい【巡回】《名・ス自》ある目的のため各地をまわり歩くこと。見てまわること。「地域を―する」「―図書館」

じゅんかつ【潤滑】 ①《ダナ》(うるおいがあって)なめらかなさま。「―な表面」「―な運営」②《名・ス他》機械部品の接触面の摩擦を減らし、なめらかに動くようにすること。「―油」(摩擦を少なくするため機械にさす油。比喩的に、物事を円滑にはこぶもの)

しゅんかん【春寒】 立春後になお残る寒さ。はるさむ。

しゅんかん【瞬間】 またたく間。きわめて短い時間。せつな。「決定的―」「―的な出来事」[関連] 一瞬・瞬時・咄嗟(とっさ)・刹那(せつな)・須臾(しゅゆ)・少時・暫時・瞬く間・束の間・時の間・敢(あ)え無い・儚(はかな)い・暫(しば)し・暫(しばら)く・ちょっと

じゅんかん【循環】《名・ス自》ひとまわりして元にかえり、それを繰り返すこと。「血液が体内を―する」「水の―」「悪―」 **―がた【―型】** リサイクルに努める、暮らし方の型。「江戸は―(の)社会だった」 **―き【―器】** 摂取した栄養素・酸素などを体内の各部に運び、老廃物を体内の各部から集めて運ぶ器官。脊椎動物では、心臓・血管・リンパ管など。 **―しょうすう【―小数】**〔数学〕無限小数の一種。小数部分のある桁からあと、いくつかの数字が同じ順に限りなく繰り返して現れる小数。 **―ろんぽう【―論法】** 証明の中に証明すべき事柄を論拠として使った、堂々めぐりの論法。

じゅんかん【旬刊】 十日ごとに刊行すること。そういう

う刊行のしかたの雑誌・新聞。

じゅんかん【旬間】十日間。「交通安全―」

しゅんき ①【春季】春の季節。「―修学旅行」「―皇霊祭」(もと国家の祭日。春分の日に宮中で皇霊を祭る儀式) ②【春期】春の期間。「―株主総会」

しゅんぎく【春菊】キクに似た葉・茎を食用にする一年生または二年生の植物。芳香があり、鍋物の具やテンプラにする。菊菜(きくな)。▽きく科。

じゅんぎゃく【順逆】①従うこととそむくこと。特に、道理にかなっているか否かということ。「―をわきまえる」②順境と逆境。「―に動じない人物」

しゅんきはつどうき【春機発動期】→ししゅんき

じゅんきゅう【準急】「準急行列車」の略。急行列車に準じるもの。

しゅんきょ【×峻拒】《名・ス他》きびしく拒絶すること。

じゅんきょ【準拠】《名・ス自》それをよりどころとすること。その、よりどころとなった標準。「法令に―する」

じゅんきょう【殉教】《名・ス自》自分の信じる宗教のために命を捨てること。「―者」

じゅんきょう【順境】万事がぐあいよく運んでいるような境遇。↔逆境

じゅんぎょう【巡業】《名・ス自》方々を興行してまわること。「地方―」「―サーカス」

じゅんきょうじゅ【准教授】大学・高等専門学校で教授に準じる教員。▽associate professor の訳語として「準教授」は以前にも使うことがあったが、二〇〇七年から「助教授」を改称。

じゅんぐり【順繰り】《多く「に」を付けて副詞的に》次から次へ順を追ってゆくこと。「―に見ていく」

しゅんけい【春慶】「春慶塗」「春慶焼」の略。 **―ぬり**【―塗】漆塗りの一種。ひのき・もみ等の木地(きじ)に、下塗りをし、上に透明な漆をかけて、木目が見えるように仕上げる。またこの方法による漆器。▽堺の漆工春慶がじょうずだったので、こう呼ぶ。 **―やき**【―焼】茶色の表面に黄色の釉(うわぐすり)を飛び飛びにかけた陶器。▽瀬戸の陶工春慶の創始。

しゅんけい【春景】春のけしき。

じゅんけい【純系】純粋の系統(をうけついでいるもの)。

しゅんけつ【俊傑】普通より飛び抜けてすぐれた人物。

じゅんけつ【純潔】《名ナ》心身にけがれがなく、清らかなこと。「―な心」「処女の―」 派生 **-さ**

じゅんけつ【純血】異種の血が混じらない純粋の血統。↔混血

じゅんげつ【旬月】十日間や一か月というような短い日数。「―では解決を見ぬ」▽古くは十か月の意にも。

じゅんげつ【×閏月】うるうづき。→うるう

しゅんけん【×峻険・×峻×嶮】《名ナ》山などが高くけわしいこと。「アルプスの―にいどむ」

しゅんげん【×峻厳】《名・ダナ》非常にきびしいこと。「―な態度」 派生 **-さ**

じゅんけん ①【巡見】《名・ス他自》あちこち巡って見てまわること。②【巡検】《名・ス他》部下の配置場所を巡って、秩序が保たれているかなどを検査すること。

じゅんけん【純絹】→しょうけん(正絹)

じゅんこ【×醇×乎・純×乎】《ト タル》まじりけがないさま。「―たる詩精神」▽多く抽象的・精神的な面に言う。

しゅんこう【春光】①春の光景。春のけしき。②春の日ざし。

しゅんこう【春耕】春に土を耕すこと。

しゅんこう【×竣功・×竣工】《名・ス自》工事が完了して(建造物が)できあがること。竣成。「―式」

しゅんごう【俊豪】衆にすぐれた人物。俊傑。

じゅんこう【巡航】《名・ス自》艦船・航空機などが方々をまわること。 **―そくど**【―速度】艦船・航空機などが、最も燃料を節約して航行できる速度。経済速力。

じゅんこう【巡行】《名・ス自》方々をめぐり歩くこと。

じゅんこう【巡幸】《名・ス自》天皇が巡行すること。

じゅんこう【順行】《名・ス自》順序どおりに進んで行くこと。↔逆行。 **―うんどう**【―運動】太陽系で、地球の公転と同じ方向に起こる天体の軌道運動。また、地球から見て、天球を西から東に移行するように見える天体運動。↔逆行運動

じゅんこうこく【準抗告】裁判官の一定の裁判や、検察官などの一定の処分に不服で、その取消しや変更を求める申立て。

じゅんこく【殉国】国のために命を捨てること。

じゅんさ【巡査】警察官の階級の最下位。主に交番勤務・パトロールなどの現場的な仕事をする。

しゅんさい【俊才・×駿才】すぐれた才能の人。また、その才能。

じゅんさい【×蓴菜】池・沼に自生する多年生の水草。若芽・若葉は、寒天のような粘液につつまれ食用。▽はごろもも科(旧すいれん科)。

じゅんさつ【巡察】《名・ス他自》任務を帯びて各地にある部下の勤務状態を調べにまわること。

しゅんさん【春蚕】春、孵化(ふか)して育てられる蚕(かいこ)。はるご。

しゅんじ【瞬時】またたきをするくらいのわずかの時間。瞬間。「―もゆるがせにできない」

じゅんし【殉死】《名・ス自》死んだ主君・主人のあとを追って自殺すること。

じゅんし【巡視】《名・ス他自》(部下のいる所を)巡って状況を視察すること。

じゅんじ【順次】《副「に」》次から次へ順を追ってすること。順繰り。順々。「わかり次第―(に)発表して行く」

じゅんしかん【准士官】将校と下士官との間に位する

武官。旧陸軍では准尉、旧海軍では兵曹長のこと。▽将校に準じた待遇を受ける。

しゅんじつ【春日】春の日。春の日ざし。「—遅々」(春の日がうららかで、のどかだ)

じゅんじつ【旬日】十日間。十日ほど。

じゅんしゃく【巡×錫】《名・ス自》僧が教化(きょうげ)などのため各地をめぐり歩くこと。▽錫杖(しゃくじょう)を携えていたから。

じゅんしゅ【順守・遵守】《名・ス他》言いつけ・きまり・法律などにそむかず、それをよく守ること。

しゅんしゅう【俊秀】才知がすぐれひいでていること。また、そういう人。

しゅんしゅう【春愁】春の日の、何となく悩ましく感じる、物思い。「—を抱く」

しゅんじゅう【春秋】①春と秋。②年。㋐一年。年月。星霜。「幾—を経たことぞ」㋑年齢。「—高し」(老人だ)㋒将来(の年月)。「—に富む」③『—の筆法』孔子が編纂(へんさん)した「春秋」に見るような、間接の原因を直接の原因のように言う表し方。また、態度厳正な批判。

しゅんじゅん【×逡巡】《名・ス自》決心がつかず、ためらうこと。しりごみすること。「遅疑—」

じゅんじゅん【×諄×諄】《ト タル》よくわかるように繰り返して説き聞かせる様子。「—と諭す」「—たる説明」

じゅんじゅん【順順】《副〔に〕》次から次へ(順序を追って)行うさま。「—に仕事を片づける」

じゅんじょ【順序】①前後・大小の観点で、ある定まった並び方(が成す系列)。「入場する—」「—が若い」「—が狂う」(②の意でも使う)「半—集合」「—対(つい)」(要素を並べる順まで考慮に入れた対)「—づける」▽数値に立って順序を決めた時、小から大に向かうのを「昇順」、大から小に向かうのを「降順」と言う。②事を行う際の決まった手順。仕事などの段取り。「—を踏んだ請願」「—立った手際のよいさばき」「—を追って説明しろ」 **—ふどう**【—不同】氏名などを列記したものの順序が一定規準に拠るものでないという但書(ただしがき)の表現。順不同。

しゅんしょう【春宵】春の夕方。春のよい。「—一刻直(あたい)千金」(蘇軾(そしょく)の詩句)

しゅんじょう【春情】①色情。いろけ。▽②の転。②春らしい様子。「—相催し候」▽古風な言い方。

じゅんしょう【准将】アメリカなどの軍隊の階級の一つ。少将の下、大佐の上。▽「代将」とも言う。

じゅんじょう【準縄】おきてとなるもの。規則。「規矩(きく)—」▽「準」は水準器、「縄」はすみなわ。

じゅんじょう【純情】《名ナ》すなおで邪心のない心。利益・策略を離れて、いちずに寄せる人情・愛情。「—可憐(かれん)」 派生 **-さ**

しゅんしょく【春色】①春のけしき。春景。②なまめかしい様子。

じゅんしょく【殉職】《名・ス自》職務のために死ぬこと。

じゅんしょく【潤色】《名・ス他》うわべや表現を(面白く)つくろい飾ること。▽もと、色を塗ってうるおいを添えること。

じゅん-じる【殉じる】《上一自》何かに尽くすために自分の命を捨てる。「国に—」。殉職・殉死をする。▽「殉ずる」とも言う。

じゅん-じる【準じる】《上一自》①なぞらえる。「正会員に—じた扱い」②根拠を仰ぐ。のっとる。「先例に—」▽「準ずる」とも言う。

じゅんしん【純真】《名ナ》不純なもの、特に邪念や私欲がないこと。「—無垢(むく)」 派生 **-さ** 関連 純粋・純情・純朴・純潔・清純・無心・無垢・無欲・無邪気・天真爛漫(らんまん)・清い・あどけない・うぶ・ナイーブ

じゅんすい【純粋】《名・ダナ》まじりけがないこと。「—の水」。邪念が全くないこと。「—な若者」。ひたすら行うさま。「—に真理を追求する」▽学問の名に冠して使う時には、その分野以外の要因によらず、理論を押し通す態度を指す。「—数学」「—経済学」 派生 **-さ**

じゅん-ずる【殉ずる】《サ変自》→じゅんじる(殉)

じゅん-ずる【準ずる】《サ変自》→じゅんじる(準)

しゅんせい【×竣成】《名・ス自》建造物などができあがること。竣工。

じゅんせい【純正】《名ナ》①純粋で正しいこと。まじりけがないこと。本物であること。「—品」(ある製品を製造しているメーカーが販売する、その部品)②理論を専一にして、応用に及ばないこと。純粋。「—数学」 派生 **-さ**

しゅんせつ【春節】旧暦の元旦。▽中国での言い方。

しゅんせつ【春雪】春になってから降る雪(あわ雪)。

しゅんせつ【×浚×渫】《名・ス他》水底をさらって土砂などを取り除くこと。「—船」

じゅんせつ【順接】《名・ス自》〔文法〕甲乙二つの文または句の接続のしかたで、甲と乙とが両立し得る意を示すもの。「雨降って地固まる」の「て」、「来てくればうれしい」の「ば」の類の語で表されるような関係。↔逆接

じゅんぜん【純然】《ト タル》まじりけが無いさま。特に、まさしくそのものに違いないこと。「—たる理論問題」

じゅんぞう【純増】重複した分や経費等を差し引いた残りである純粋の増加。「所得の—」

しゅんそく【俊足・×駿足】①足が速いこと。そういう馬や人。②秀才。「門下随一の—」

じゅんそく【準則】のっとるべき規則。また、規則にのっとること。「—主義」

じゅんたく【潤沢】《名・ダナ》うるおい。ゆとり。もうけ。また、豊かにあるさま。「品物が—に出回る」▽「潤」は、しめり、「沢」は、つやの意。 派生 **-さ**

しゅんだん【春暖】寒い冬を経た後の、春のあたたかさ。

じゅんち【×馴致】《名・ス他》①なれさせること。なじ

ませること。②次第にある状態になるようにしむけること。

じゅんちょう【順調】『名・ダナ』物事が期待・予定の通りすらすらと調子よくゆく様子。「経過は―だ」「―に運ぶ」派生 **-さ**

じゅんちょう【順潮】①都合のよい潮流。②順調。

じゅんて【順手】鉄棒などで、手の甲を上にした普通の握り方。↔逆手(ぎゃくて)

しゅんでい【春泥】春にありがちな(雪どけなどによる)ぬかるみ。

しゅんと『副・ス自』しょげ込んで気分がめいったさま。「皆―なってしまった」「叱られて―する」

じゅんど【純度】純粋さの度合。純良な程度。「―が高い」

しゅんとう【春闘】「春季闘争」の略。労働組合が毎年春に行う、賃上げ要求を中心とする全国規模の闘争。

しゅんどう【×蠢動】『名・ス自』①虫などがうごめくこと。②転じて、取るに足りない者が策動すること。

じゅんとう【順当】『ダナ』そうなるのが当然であるさま。「―に勝ち進む」「―な結果」派生 **-さ**

じゅんなん【殉難】(国家・宗教などの)難をうけて死ぬこと。「―者」

じゅんに【順に】『連語』『副詞的に』順々に。順を追って。

じゅんねん【×閏年】→うるうどし

じゅんのう【順応】『名・ス自』環境・境遇・刺激などに従って、自分の行動のしかたを変えること。適応。「環境に―する」「―性」

じゅんぱい【巡拝】『名・ス他』神社・仏閣を参拝してまわること。

じゅんぱく【純白】『名ナノ』まっ白。まじりけのない白色。「―のドレス」派生 **-さ**

しゅんぱつりょく【瞬発力】瞬間的にはねかえす、ばねのような力。瞬間に出せる、人間の肉体的能力。

じゅんばん【順番】ある順序の中でそれが占める位置。順序を追ってその番になること。「―がまわってくる」「―に見て行く」

じゅんび【純美・×醇美】『名ノ』まじりけなく美しいこと。かざりけなく美しいこと。「厚朴―」

じゅんび【準備】『名・ス他』ある事にすぐ取りかかれる状態にすること。用意。したく。「―が整う」「―不足がたたる」関連 支度・備え・用意・用心・覚悟・気構え・心構え・手配・手筈(てはず)・手回し・下ごしらえ・下準備・前処理・お膳立て・地ならし・足固め・足慣らし・助走・ウォーミング アップ・スタン バイ

じゅんぴつ【潤筆】書や絵を書くこと。「―料」▽筆をうるおす意から。

しゅんびん【俊敏】『名・ダナ』頭が鋭く働き、行動がすばやいこと。「―をもって鳴る名監督」派生 **-さ**

しゅんぷう【春風】春に吹くおだやかな風。「―駘蕩(たいとう)」(春のけしきののどかな様子)

じゅんぷう【順風】(船の)進む方向に吹く風。追い風。↔逆風。「―満帆(まんぱん)」(物事が非常に順調であることの形容)「―に帆をあげる」(物事が好都合に調子よく進むたとえ)

じゅんぷう【×醇風・×淳風】人情の厚い風俗。「―美俗」

じゅんふどう【順不同】→じゅんじょふどう

しゅんぶん【春分】二十四気の一つ。昼夜の長さがほぼ等しい日が一年に春・秋二回ある、その春の方の日。陽暦三月二十一日ごろ。春の彼岸の中日。↔秋分。▽天文学では、その日の太陽の中心が春分点に来た時刻。 **―てん【―点】**黄道と赤道(2)との交点のうち、太陽が南から北へ赤道を横切る点。↔秋分点

じゅんぶん【純分】地金に含まれる純金または純銀の分量。鉱石などに含まれる有用成分(の分量)。

じゅんぶんがく【純文学】(大衆文学・通俗文学に対して)純粋な芸術性を目的として創作される文芸作品。

しゅんべつ【×峻別】『名・ス他』きびしく区別を立てること。その区別。「公私を―する」

しゅんぽう【×峻峰】けわしくそびえる峰。

じゅんぽう【旬報】十日目ごとに出す報告・報道。その刊行物。

じゅんぽう【遵奉】『名・ス他』(道徳・法律などに)従い、それを守ること。

じゅんぽう【順法・遵法】法律に従って、そむかないこと。

じゅんぼく【純朴・×淳朴・×醇朴】『名ナ』すなおで飾りけがないこと。人情が自然のままで偽りがないこと。派生 **-さ**

しゅんぽん【春本】性交のさまを、興味本位にえがいた本。

じゅんまいしゅ【純米酒】米・麹(こうじ)・水だけで造った日本酒。

しゅんみん【春眠】『―暁を覚えず』春の夜は短く、かつ眠りは心地よいので、明け方になっても目がさめない。▽孟浩然(もうこうねん)の詩から。

しゅんめ【×駿△馬】足の速い馬。すぐれた馬。

じゅんめん【純綿】化学繊維などの混ぜ物がない木綿地(もめんじ)。

じゅんもう【純毛】化学繊維・木綿(もめん)などの混ぜ物がない毛織物・毛糸。

じゅんゆう【巡遊】『名・ス自』方々を旅行してまわること。

じゅんよ【旬余】十日あまり。

じゅんよう【準用】『名・ス他』適用対象として明文化されていないが類似するものに対して、(法律などを必要な修正を加えて)類推適用すること。

じゅんようかん【巡洋艦】戦艦より小形で速く、駆逐艦より大形で航続力がある軍艦。

じゅんようし【順養子】江戸時代の養子の取り方の一種。例、弟が兄の養子となり、あとをつぐこと。その人。

じゅんら【巡×邏】①『名・ス自』みまわって歩くこと。

パトロール。②『名』幕末、江戸市中を巡回警護する役。邏卒。

しゅんらい【春雷】 春に鳴る、かみなり。「遠くに—を聞く」

しゅんらん【春×蘭】①蘭(らん)の一種。早春、紅紫色のまだらのある淡黄緑色の花が咲く。山地に自生し、古くから観賞用に栽培もされる。花の塩づけは茶に浮かべる。ホクロ。▽らん科。②春に花が咲く蘭の総称。

じゅんらん【巡覧】『名・ス自』方々を見て歩くこと。

じゅんり【純理】 純粋の理論・学理。

じゅんり【純利】 純益。

じゅんりゅう【順流】①水が順路に沿って流れること。↕逆流。②水の流れに従って下ること。

じゅんりょう【×淳良】『名ナ』飾りけがなく、すなおで善良なこと。▽既に古風。

じゅんりょう【順良】『名ナ』性質がおとなしくて善良なこと。派生 -さ

じゅんりょう【純良】『名ナ』品質が純粋で優良なこと。「—バター」派生 -さ

じゅんりょう【純量】 正味(しょうみ)の目方。

しゅんれい【×峻×嶺】 けわしく高い峰・山。

じゅんれい【巡礼・順礼】『名・ス自』諸方の聖地や霊場を参拝してまわること。また、その人。「—宿(やど)」

じゅんれき【巡歴】『名・ス自』諸国、またはいろいろな所をめぐり歩くこと。

しゅんれつ【×峻烈】『名・ダナ』態度・行為がきびしく激しいこと。「—な批判」派生 -さ

じゅんれつ【順列】①順序。序列。②〔数学〕幾つかのものを順序づけて並べること。▽↓くみあわせ(2)

じゅんろ【順路】 順序よく進んで行ける道筋。

じゅんわくせい【準惑星】 太陽の周りを回り、球状をなすほど重力・質量があり、その軌道の近くに衛星でない他の天体がある小天体。▽二〇〇六年に国際天文学連合総会で定めた概念。冥王星がその例。

しょ【*処】【處】ショ ソ おく ところ おる ―①取り捌(さば)く。きりもりする。おさめる。あてる。おく。「処置・処罰・処刑・処断・処理・処務・処決・処分・処方・区処・善処・対処」②一定のところにとどまっている。住んでいる。地位につかないでいる。おる。「処世・出処進退」③官につかずに家にいる。まだ結婚しないで家にいる。「処士・処女」④㋐場所。「処処・各処・居処」㋑一定の仕事をする所。「弁事処」

しょ【*初】ショ ソ はつ うい はじめ そめる はじめて ―①物事のはじまり。もと。早い時期。「初冬・初春・初日(しょにち)・初旬・初期・初更・太初・最初・当初・国初・劫初(ごうしょ)」②はじめて。第一着手の。「初心・初学(しょがく・ういまなび)・初段」

しょ【*所】【所】ショ ソ ところ ―①ありか。ところ。地点。「住所・居所・地所・場所・近所・名所・余所(よそ)・在所・急所・局所・極所・所所・短所・要所・大所高所」②特定の仕事のために設けた場所。機関。「役所・屯所・便所・行在所(あんざいしょ)・駐在所・入所」③動作・作用の内容・事柄を指す語。こと。もの。「所存・所見・所感・所思・所管・所領・所労・所要・所用・所得・所為(しょい・せい)」④受身を表す語。「所化(しょけ)・所載」

しょ【*書】ショ かく ふみ ―①筆でかきしるす。かく。しるす。「書記・書写・書体・書式・書法・書風・大書・清書・浄書・血書・墨書・謹書・細書・直書(じきしょ)・手書・朱書・頭書・能書・壁書」②『名・造』かいたもの。文字。筆跡。「見事な書」「書画・書家・書道・楷書・草書・臨書」③『名・造』かきもの。かきつけ。てがみ。「書を送る」「書類・書状・書信・書面・書簡・雁書(がんしょ)・寄書・懇書・上書・寸書・密書・来書・落書・信書・返書・封書・文書(ぶんしょ・もんじょ)・遺書・報告書・申告書・請求書」④『名・造』かいて一つにまとめたもの。ほん。「書を読む」「書物(しょもつ)・書籍・書架・書庫・書院・読書・蔵書・司書・著書・図書・辞書・聖書・末書・俗書・曝書(ばくしょ)・焚書(ふんしょ)・愛読書・参考書」⑤『名』中国の五経の一つである「書経」の略。

しょ【庶】ショ もろもろ ―①数多くあるもの。人民。大衆。「衆庶・庶民・庶人」②数多い。もろもろの。いろいろの。「庶政・庶務」③正妻でない女が生んだ子。めかけばら。↕嫡(ちゃく)。「庶子・庶出」④ちかい。ほとんど。また、こいねがう。「庶幾」

しょ【*暑】【(人)暑】ショ あつい ―①日が照りつけて気温が高い。あつい。あつさ。「暑気・寒暑・炎暑・酷暑・盛暑・残暑・避暑・向暑・防暑」②夏の季節。「大暑・小暑」。特に、夏の土用十八日間の称。「暑中」

しょ【*署】【(人)署】ショ ―①㋐手分けする。役のわりふり。「部署」㋑分担の定まった役所。「分署・本署・警察署・税務署・消防署・署長」②かきしるす。「署名・連署・自署・親署・代署」③事務をとりあつかう。

しょ【緒】【(人)緒】ショ チョ お いとぐち ―『名・造』糸のはし。物事のはじまり。動きはじめ。いとぐち。はし。「緒(しょ)に就く」「端緒・緒言・緒戦・緒論・心緒・由緒(ゆいしょ)・情緒(じょうしょ・じょうちょ)」▽「チョ」は慣用音。↓ちょ(緒)

しょ【*諸】【(人)諸】ショ もろ もろもろ ―①物が多くある。もろもろ。おおくの。たくさんの。「諸人・諸子・諸君・諸侯・諸国・諸所・諸般・諸種・諸事万端」②疑問の助字、また、語調を整える助字。「忽諸(こっしょ)」

じよ【時余】 一時間あまり。

じよ【自余・×爾余】 このほか。それ以外。

じょ【*女】ジョ(ヂョ) ニョ ニョウ おんな め むすめ めあわす ―①おんな。「男女(だんじょ・なんにょ)・女子・女性(じょせい・にょしょう)・女流・女権・女史・女王・女傑・女工・女人(にょにん)・女官(にょかん・じょかん)・女院(にょういん・にょいん)・女体(にょたい・じょたい)・女身(にょしん)・女房(にょうぼう)・女丈夫・女神(じょしん)・

(めがみ)・侍女・妻女・遊女・貞女・天女(てんにょ)・信女(しんにょ)」②嫁入り前のむすめ。おとめ。おんなの子。「女子・女婿・婦女・少女・処女・長女・養女・子女」③人の妻とする。めあわす。④女の名や号に添える語。「千代女(ちよじょ)・秋色女(しゅうしきじょ)」

じょ〖如〗ジョ ニョ ごとし しく——①同じようである。そのとおりである。そのまま。ごとし。ごとく。「如上(じょじょう・にょじょう)・如露(じょろ・にょろ)・如実(にょじつ)・如意(にょい)・如法(にょほう)・如来(にょらい)・真如(しんにょ)・一如(いちにょ)・如是我聞(にょぜがもん)・如説修行(にょせつしゅぎょう)」②状態を表す字につけて、語調をととのえる。「欠如・突如・晏如(あんじょ)・躍如・鞠躬如(きっきゅうじょ)」③まけ劣りがない。おいつく。しく。およぶ。④ゆく。「行」と通用。

じょ〖*助〗ジョ たすける たすかる すけ——①力をかす。力をそえて人をたすける。たすけ。「助力・助勢・助長・助命・助産・助言・救助・扶助・援助・補助・賛助・自助・内助・神助・天助・一助・共助・互助・幇助(ほうじょ)・佑助(ゆうじょ)」②主となるものをたすけてはたらく。そえの位。「助手・助役・助教授・助監督・助辞」

じょ〖*序〗ジョ ついで——①〘名・造〙㋐はし。はじめ。いとぐち。特に、書物のはじめに書きそえる文章。まえがき。本論に入る前の部分。↔跋(ばつ)。「序の口」「序を書く」「序文・序跋・序論・自序・序幕・大序・序破急・序曲」㋑はしがきを書く。「序する」②〘名・造〙次第・順序をつける。次第。順。「長幼序あり」「序次・序列・順序・秩序・花序・公序良俗」

じょ〖叙〗〖敍〗ジョ のべる——①順序次第をつける。順序をたててのべる。物事の次第。順。ついで。「叙述・叙説・叙論・叙景・叙事・自叙・列叙・倒叙・詳叙・直叙・平叙」②物事のはじまり。いとぐち。はしがき。「序」に同じ。「自叙・叙跋(じょばつ)」③位など序列に組み込む。「叙位・叙任・叙爵・叙勲・昇叙」

じょ〖徐〗ジョ おもむろ——のんびりとしてゆとりがある。急でない。おもむろ。しずか。ゆっくりと。「徐徐・徐行・緩徐」

じょ〖*除〗ジョ(ヂヨ) ジ(ヂ) のぞく はらう——①㋐とりのける。すてさる。のぞく。はらう。「除去・除外・除草・除籍・除名・除幕式・除虫菊・掃除(そうじ)・解除・駆除・控除・加除・削除・切除・排除」㋑古いものを去って新しいものにつく。「除夜」②旧官をとりのぞいて新官を授ける。新たに官を授ける。「除目(じもく)」③わり算をする。わる。「除法・乗除・除数・被除数」

しょあく【諸悪】多くの悪行や悪事。「—の根元」

しょい【所為】①なすところ。しわざ。おこない。②せい。

じょい【女医】女性の医者。

じょい【叙位】位階に叙すること。

しょいあげ【〈背負〉い上げ】女性が帯の結び目を高くするために、帯の下に締める、しんのはいったひも。おびあげ。

しょいこ【〈背負〉子】荷物を負う時、背中に当てて用いる長方形のわく。

しょいこ・む【〈背負〉い込む】〘五他〙能力以上の事、厄介な事を引き受けて負担する。「負債を—」

しょいちねん【初一念】最初に思い立った一念。「—を貫く」

しょいなげ【〈背負〉い投げ】↓せおいなげ。「—を食う」(転じて、思い掛けないひどい目にあわせられる意にも)

しょいん【書淫】読書にふけること。書物を非常に愛好すること。また、その人。

しょいん【書院】①書斎。②寺院の学問所。③表座敷。客間。 **—づくり**【—造(り)】室町時代に起こり桃山時代に発達した住宅建築様式。床・棚・あかり障子などを設ける。現在の和風住宅はほとんど、この様式の流れをくむ。

ジョイント ①〘名〙つなぎめ。継ぎ手。②〘名・ス自〙合同。共同。連携。「—コンサート」「—ベンチャー」(合弁事業) ▽joint

しよう【仕様】①しかた。する方法。「—が悪い」「ほかに—も無い(=てだても無い)」「楽しくて—が無い(=どうにも抑えようが無い)」②特に、作るものに関し要求する、特定の形状・構造・寸法・成分・精度・性能・製造法・試験方法などの規定。「—を厳しく定める」「—変更」「—書(がき)」

しよう【使用】〘名・ス他〙使うこと。もちいること。「がんの治療に—される薬」「コークスが燃料に—される」「部品として—する」「長時間の—に耐える」 **—しゃ**【—者】その物、または人を使う人。 **—にん**【—人】他人に使われている人。

しよう【私用】個人的な用事。また、個人のために用いること。↔公用

しよう【試用】〘名・ス他〙ためしに用いること。「—期間」

しよう【止揚】〘名・ス他〙↓アウフヘーベン

しよう【子葉】種子から芽を出した植物の、初めに出る葉。

しよう【枝葉】①枝(えだ)と葉(は)。②転じて、主要でないものや事柄。「—末節」

しよう【姿容】すがた。かたち。みめかたち。

しよう【至要】〘名ナ〙この上もなく大切なこと。

しよう【飼養】〘名・ス他〙動物を飼い養うこと。

しょ・う【〈背負〉う】〘五他〙①背に載せて、ささえ持つ。「赤ん坊を—」②(やっかいな物事を)引き受ける。「借金を—」③自負する。自分をえらいと思っている。「少し—・っている」▽「せおう」の転。(3)は自動詞的。

しょう【升】尺貫法の容積の基本単位。一升は一斗の十分の一、一合の十倍で、約一・八リットル。「土一—に金(かね)一—」(その地所の値が非常に高いこと)

しょう【性】①たち。性質。品質。根性。「—に合う」

(その人の気質や好みに合う)「—が合う」(気が合う。↓⑵)「—が悪い」②陰陽道(おんようどう)で、木・火・土・金(ごん)・水の五行(ごぎょう)を人の生年月日に配当したもの。▽「—が合う」は、本来は⑵の意味で使った。③〔仏〕万物の本体。変わらない本質。

しょう【省】 ①内閣の下での国家行政組織のために設ける行政機関の一種。「法務—」②律令(りつりょう)制下の中央官庁。「兵部(ひょうぶ)—」③中国の、最上級の地方行政区画。「四川—」

しょう【生】 生きていること。いのち。生命。せい。「—あるもの」

しょう【△荘】 荘園(しょうえん)。また、もと荘園だった所の、地名につける呼び名。「新田(にったの)—」▽後者の意では「庄」とも書く。

しょう【×笙】 雅楽用の管楽器。十七本の竹の管を使って奏する。笙の笛。▽「簫(しょう)」は中国の管楽器で、「笙」とは別。

しょう【×鉦】 ①芝居の囃子(はやし)などに使う金属の打楽器。平たく丸い盞(たふ)形のかね。②↓しょうこ(鉦鼓)。③たたきがね。ふせておいてたたき鳴らす。

しょう＝**【正】** ①ただしい。まちがいない。「—味」「—札」②ちょうど。きっかり。「—一時に出発」③位階で、同階のもののうち従(じゅ)の上。▽例えば、正三位、従三位、正四位の順。

しょう〖*小〗ショウ(セウ) ちいさい こ お さ ①㋐〘名・造〙形・内容・力量・年齢等がおとっている。大きくない。わかい。おさない。↕大。「大は小を兼ねる」「大小・小人・小児・小才・小心・小成・小事・小康・小異・弱小・狭小・短小・矮小(わいしょう)・群小・軽小・微小・最小・極小・縮小・小人物」㋑似ていて規模の小さいもの。「小宇宙・小京都」②自分側の謙称。「小官・小生・小店・小社」③〘名・造〙対のうち小さい方。㋐「小の月」の略。陰暦でひとつきの日数が二十九日、陽暦では三十日または二十八日(うるう年には二十九日)の月。㋑刀に対するわきざし、また、大鼓に対する小鼓など。「大小」④「小学校」の略。「市立一小」

しょう〖*少〗ショウ(セウ) すくない すこし わかい ①㋐かずが多くない。わずか。すくない。すこし。↕多。「多少・少数・少量・少額・少時・少憩・些少(さしょう)・希少・軽少・過少・僅少・鮮少・少少」㋑しばらく。短い間。「少時・少頃(しょうけい)」②年齢がすくない。わかい。「少年・少女(しょうじょ・おとめ)・幼少・年少・老少」③へらす。すくなくする。「減少」④補佐役。同じ役向きでの第二また第三等の官職。「少傅(しょうふ)・少尉・少納言」

しょう〖抄〗ショウ(セウ) ①多くの中から少しばかりぬきとる。かすめとる。「抄略・抄掠(しょうりゃく)」②㋐ぬきがきする。「抄出・抄写・抄録・抄訳・抄本・文抄・詩抄・雑抄・源氏物語抄」㋑むずかしい言葉を書きぬいて注釈をつける。また注釈書。「抄物(しょうもの)・史記抄・春曙抄(しゅんしょしょう)」㋒文書を書きうつす。「手抄・抄書」▽⑴⑵は「鈔」とも書く。③紙をすく。「抄紙・抄造」④容積の単位。一勺(しゃく)の十分の一。

しょう〖召〗ショウ(セウ) めす 地位の高いものが低いものを口でよびよせる。めす。長上からのまねき。「召還・召集・召募・召喚・召致・応召」

しょう〖*昭〗ショウ(セウ) あきらか ①てりかがやいて明らかなこと。はっきりと目立つこと。「昭昭」②あきらかに。あきらかにする。「明昭・顕昭」③政治がよくて国がおさまる。「昭代」

しょう〖*照〗ショウ(セウ) てる てらす てれる ①太陽や火が、燃えて明らかなこと。てりかがやく。てる。明るい光をあてる。てらし出す。「照照・照明・照射・照覧・残照・夕照・晩照・多照・日照・反照・返照・遍照(へんじょう)」②互いに光をあてて見くらべる。てらしあわせる。「照応・照会・照準・査照・対照・参照・観照・自照」③写真。「照影・小照」

しょう〖*招〗ショウ(セウ) まねく 手をあげて人をよびよせる。まねく。めす。「招来・招致・招待・招聘(しょうへい)・招集・招請・招撫(しょうぶ)」

しょう〖紹〗ショウ(セウ) つぐ ①ひきあわせる。「紹介」②前代の事業・国家・家などをうけつぐ。つぐ。「継紹」

しょう〖詔〗ショウ(セウ) みことのり 召して、文書をもって命じる。上から下に告げしらせる。秦(しん)・漢以後、天子の命令にのみいう。みことのりする。みことのり。「詔命・詔勅・詔書・詔諭・詔旨・優詔・恩詔・拝詔」

しょう〖沼〗ショウ(セウ) ぬま 自然に水をたたえたところ。ぬま。「沼沢・沼池・沼気・池沼・湖沼」

しょう〖渉〗[渉] ショウ(セフ) わたる ①水の中を歩いてわたる。わたる。「跋渉(ばっしょう)・徒渉・渉禽(しょうきん)類」②ひろく見聞する。経過する。へる。「渉猟」③関係する。かかわる。「渉外・干渉・交渉」

しょう〖*消〗[消] ショウ(セウ) きえる けす ①あとかたもなくなる。ほろびる。少なくなる。火がきえる。「消滅・消尽・消失・消散・消長・消耗(しょうこう・しょうもう)・解消・雲散霧消」②使いつくす。ちらす。火をけす。「消費・消却・消灯・消火・消防・消化・消毒・抹消・費消・私消」③ひかえめである。「消極」

しょう〖肖〗[肖] ショウ(セウ) にる ①(形が)似ている。「肖似・不肖」②にせる。かたどる。「肖像」

しょう〖宵〗[宵] ショウ(セウ) よい 日が落ちてくらくなった時。よい。よる。「春宵・秋宵・徹宵・終宵」

しょう〖硝〗〖硝〗ショウ(セウ)――鉱物の一種。硝石。火薬・ガラス・肥料の原料。「硝石・硝酸・硝薬・硝煙・硝酸銀・芒硝(ぼうしょう＝天然の硫酸ナトリウム)」

しょう〖(人)哨〗ショウ(セウ)――物見。みはり。「哨兵・哨船・哨戒・哨舎・歩哨」

しょう〖(*)唱〗ショウ(シャウ) となえる うたう――①㋐はじめに声に出してよみあげる。ある文言を声高に言う。となえる。「唱名(しょうみょう)・唱和・唱道・吟唱・低唱・高唱・提唱・主唱・暗唱・復唱・三唱・首唱・朗唱」㋑節をつけて最初にうたう。うた。「唱歌・合唱・独唱・斉唱・二重唱・愛唱・詠唱・歌唱」②古詩から出た漢詩の一体。また、詩歌。「絶唱」

しょう〖(人)昌〗ショウ(シャウ) さかん――さかんである。さかえる。「昌乎(しょうこ)・昌平・昌運・繁昌・隆昌」

しょう〖晶〗ショウ(シャウ) あきらか――①単純鉱物の特色とされる一定の形。「結晶・六方晶系」②鉱物の名。「水晶」③光がするどくきらめく。そのようにあきらかである。「晶晶・晶耀」

しょう〖昇〗ショウ のぼる――上にあがる。すすみのぼる。↕降。「昇降・昇進・昇天・昇殿・昇級・昇給・昇段・昇格・昇叙・上昇」

しょう〖匠〗ショウ(シャウ) たくみ――①木工。木工の職人。また一般に、職人。技術にすぐれた人。たくみ。「匠人・工匠・番匠・師匠・宗匠・鵜匠(うしょう)・鷹匠(たかじょう)」②学術・芸術上のすぐれた人。「巨匠・画匠・名匠」③考えをめぐらし技術をこらして物を作り出すこと。さいく。たくみ。「意匠」

しょう〖(人)庄〗ショウ(シャウ) ソウ(サウ)――〘名・造〙むらざと。「荘」に通じる。「新田(にったの)庄」「庄屋・庄司」

しょう〖粧〗ショウ(シャウ) ソウ(サウ) よそおう――おしろいをぬって、顔かたちをよく見せる。顔をつくる。よそおう。かざる。「化粧・新粧(しんそう)・盛粧(せいそう)・美粧」

しょう〖床〗ショウ(シャウ) とこ ゆか――①寝台。また、それを数える語。「ベッド五十床」「臥床(がしょう)・起床・臨床・病床・温床・苗床」②腰をかけるもの。「床几(しょうぎ)」③とこ。ささえるところ。㋐銃身をささえる木製の部分。「銃床・床尾」㋑地盤。地層。「河床・鉱床・道床」▽↓とこ(床)

しょう〖(×)廠〗ショウ(シャウ)――屋根だけで壁のない家。人の集まっている所。役所。仕事場。「工廠・兵器廠・被服廠」

しょう〖尚〗〖尙〗ショウ(シャウ) なお とうとぶ ひさしい――①その上に、くわえて。なお。まだ。「尚早」②たいせつにする。重んじる。とうとぶ。「尚古・尚歯・尚武・好尚」③たかくする。たかい。「高尚」④ひさしい。ふるい。

しょう〖(×)妾〗ショウ(セフ) めかけ わらわ――①めかけ。側室。「妾婦・妾腹・妾宅・妻妾・愛妾・寵妾(ちょうしょう)・蓄妾」②給仕の女。腰元。めしつかい。「婢妾(ひしょう)」③女性の自称として用い、「わらわ」と読む。

しょう〖(*)承〗ショウ うけたまわる うける――①うけたまわる。他人の意図をうけ入れる。「承知・承服・承諾・承引・拝承・不承・了承」②上から下に手渡される。うける。うけつぐ。「承接・承前・継承・伝承・相承・口承・起承転結」

しょう〖(*)松〗ショウ まつ――木の、まつ。「松柏(しょうはく)・松籟(しょうらい)・松韻・松明(しょうめい・たいまつ)・松竹梅・老松・古松・青松・落葉松(らくようしょう・からまつ)」

しょう〖(*)将〗〖(人)將〗ショウ(シャウ) ひきいる もつ――①〘名・造〙軍隊をひきい指揮する。また、その人。「将に将たる器(うつわ)」(大将を部下としてその大将となるほどの、すぐれた人物)「将を射んと欲すればまず馬を射よ」「将軍・将帥(しょうすい)・将校・将士・将卒・将棋・大将・王将・主将・武将・名将・宿将・女将」②中古の近衛(このえ)府の官名。また、旧陸海軍、自衛隊の最上位の階級。「将官・大将・中将・少将・陸将」③まさに。「将来」

しょう〖奨〗〖(人)奬〗ショウ(シャウ) すすめる――ほめて力づける。はげます。すすめる。「奨励・奨学・推奨・勧奨・報奨」

しょう〖症〗ショウ(シャウ)――病気の性質。病気のようす。「症状・炎症・重症・急症・既往症・狭心症・不妊症・蓄膿(ちくのう)症・恐怖症」

しょう〖称〗〖稱〗ショウ たたえる となえる――①〘名・造〙となえる。名づける。よびな。となえ。「獅子王の称」「称呼・称号・称名(しょうみょう)・名称・通称・俗称・自称・仮称・総称・美称・尊称・敬称・愛称・僭称(せんしょう)・賤称(せんしょう)・詐称・併称・略称・蔑称・近称・一人称(いちにんしょう)」②〘名・造〙言葉に出してほめあげる。言いたてる。ほまれ。「古今独歩の称がある」「称揚・称賛・称嘆・称美・過称」③(はかりにかけて)はかる。つりあう。かなう。「称量・対称・相称」

しょう〖祥〗〖(人)祥〗ショウ(シャウ) ジョウ(ジャウ)――①めでたいこと。喜ぶべきこと。さいわい。「嘉祥(かしょう)・吉祥(きちじょう)・多祥・不祥」②めでたいことのさきぶれ、きざし。「祥瑞(しょうずい)・祥気・兆祥・発祥」▽凶事に言う場合もある。③服喪中の祭り。「祥月(しょうつき)」

しょう〖詳〗ショウ(シャウ) くわしい つまびらか――①事細かにくわしい。つまびらか。「詳細・詳密・詳略・精詳」②事細かに明らかにする。つまびらかにする。くわしく。「詳察・詳報・詳記・詳伝・詳論・未詳・不詳」③ことごとく。「詳悉(しょうしつ)」

しょう〖訟〗ショウ うったえる――裁判で理非曲直を争う。うったえる。うったえ。「訴訟・争訟」

しょう〔×誦〕ショウ・ジュ・ズ　そらんずる・となえる ― ①声を出して、節をつけてよむ。となえる。「愛誦・口誦・朗誦・誦経（じゅきょう・ずきょう）・読誦（どくしょう・どくじゅ）・念誦（ねんじゅ）・諷誦（ふうしょう・ふじゅ）」②書いてあるものを見ないで、おぼえていて言う。そらんじる。そらんじよむ。「暗誦」

しょう〔*証〕〔證〕ショウ　あかし ― ①《名・造》事実に現れたしるしによってあきらかにする。あかしを立てる。あかす。あかし。「確たる証がある」「証拠・証言・証書・証明・証憑（しょうひょう）・証徴・証文・証券・証紙・証人・明証・考証・引証・反証・保証・偽証・立証・確証・実証・挙証・査証・自証」②証明の書類。「学生証・免許証・保険証・受領証」③〔仏〕真理をさとること。さとり。「頓証菩提（とんしょうぼだい）」

しょう〔*笑〕ショウ（セウ）　わらう・えむ ― ①よろこんで顔をほころばせる。おかしくて声を発する。わらう。えむ。「笑声・笑殺・笑話・大笑・哄笑（こうしょう）・微笑・一笑・失笑・苦笑・冷笑・嘲笑・談笑・嬌笑（きょうしょう）・微苦笑」②他人の処理を希望する時のけんそんの語。「笑納・笑覧・笑柄」

しょう〔*商〕ショウ（シャウ）　あきなう・はかる ― ①㋐あきなう。あきない。「商売・商業・商品・商標・商店・商家・商人・商況・商魂・通商・行商」㋑商人。あきんど。「政商・巨商・豪商・紳商・隊商・画商・貿易商・雑貨商・露天商」②物事のよしあしを明らかにする。はかる。「商量・商議・会商・協商」③《名》中国の音階である五音（ごいん）の一つ。④《名》〔数学〕ある数（式）を他の数（式）で割って得た値。

しょう〔人捷〕ショウ（セフ）　はやい・かつ ― ①すばやい。はやい。「敏捷・簡捷・軽捷」②近い。時間がかからない。「捷径・捷路」③いくさに勝つ。かちいくさ。「捷報・戦捷・大捷」

しょう〔*章〕ショウ（シャウ）　あや・しるし ― ①つづった文。文書。ふみ。「文章・詞章・玉章・回章・条章・断章・典章」②《名・造》詩・文などのひとくぎり。一段落。「全体をいくつかの章に分ける」「章句・章節・章法・第一章・序章・楽章・編章」③㋐あやもようのあるしるし。「印章・帽章・勲章・旗章・徽章（きしょう）・記章・褒章・受章・授章」㋑あやもよう。あやもようがあって明らかで美しい。㋒あやをなして形に現れる。表す。明らかにする。「表章・憲章」

しょう〔彰〕ショウ（シャウ）　あらわす・あきらか・あらわれる ― ①㋐りっぱな文様が外に現れる。表す。あきらかにする。「彰徳・表彰・顕彰」㋑あやもようがある。美しいかざりがある。かざり。②あきらかである。「彰炳（しょうへい）」

しょう〔*障〕ショウ（シャウ）・ソウ（サウ）　さわる ― ①間に立ちふさがってじゃまになる、じゃまをする。ふさぐ。へだてる。さまたげをする。「障壁・障碍（しょうがい・しょうげ）・障害・罪障・五障・故障・万障」②防ぎ、また隔てにするもの。つつみ・あぜ・とりで・ついたて等。「堡障（ほうしょう）・辺障・障子」

しょう〔*勝〕〔勝〕ショウ　かつ・まさる・たえる ― ①相手をまかす。勢いがすぐれている。かつ。↔敗・負。「勝敗・勝負・勝利・勝機・勝算・大勝・圧勝・快勝・完勝・全勝・常勝・優勝・連勝・不戦勝」②㋐すぐれている。まさる。「殊勝・健勝・清勝」㋑地勢またはけしきがすぐれている。「勝地・名勝・奇勝・形勝・景勝・絶勝・探勝」③相手の力にうちかってこらえる。たえる。もちこたえる。

しょう〔掌〕ショウ（シャウ）　てのひら・たなごころ・つかさどる ― ①てのひら。たなごころ。「掌中・掌握・合掌・落掌」②つかさどる。また、つかさどるところ。「職掌・分掌・車掌・掌侍・管掌・典掌」③になう。「鞅掌（おうしょう）」

しょう〔焦〕ショウ（セウ）　こげる・こがす・こがれる・あせる・じらす ― ①こげる。こがす。やく。「焦熱・焦眉・焦土」②火にあぶられるように心がいらいらする。いらだつ。あせる。「焦慮・焦躁（しょうそう）・焦心」③はなはだしくかわく。「焦渇」

しょう〔礁〕ショウ（セウ） ― 水面にあらわれていない岩。かくれいわ。「岩礁・暗礁・漁礁・座礁・離礁・珊瑚礁（さんごしょう）」

しょう〔*焼〕〔人燒〕ショウ（セウ）　やく・やける・たく ― 物を火の中に入れる。もやす。やく。やける。「焼香・焼却・焼棄・焼失・焼死・燃焼・全焼・半焼・延焼・類焼」

しょう〔*象〕ショウ（シャウ）・ゾウ（ザウ）　かたち・かたどる ― ①目に見えるすがた。あらわれた物のかたち。「形象・天象・気象・万象・対象・印象・具象・現象・抽象」②目で見られない物を何かの形によって示す。似せた形を作る。かたどる。「象形文字・象徴」③《名・造》動物の、ぞう。「ゾウ」とよむ。↓ぞう（象）。「象牙（ぞうげ）・象眼・象嵌（ぞうがん）・巨象・インド象」

しょう〔*傷〕ショウ（シャウ）　きず・いたむ・いためる・きずつける・きずつく ― ①きず。けが。「傷痍（しょうい）・傷病者・死傷・負傷・重傷・軽傷・凍傷・打撲傷・擦過傷」②やぶれる。そこなう。きずつける。「傷害・殺傷・損傷・中傷」③心をいためる。悲しく苦しい思いをする。いたむ。「傷心・感傷・悲傷・哀傷・愁傷」

しょう〔人頌〕ショウ・ジュ　ほめる ― ①人の美徳をほめたたえて詩歌にする。功徳をほめる。ほめことば。「頌歌・頌辞・頌徳・頌美」。たたえて祝う。「頌春」②《名》詩経にいう詩のスタイルのうち、人君の盛徳をほめて神に告げる祭りの詩。「風雅頌・周頌・商頌」③仏の功徳をほめたたえる詩。じゅ。↓げ（偈）。「偈頌（げじゅ）」

しょう〔衝〕ショウ　つく ― ①つく。つきあたる。「衝突・衝撃・衝動」②《名・造》大事なところ。大事なこと。中心。かなめ。「衝に当たる」（大事な点を受け持つ）「要衝・折衝・緩衝」

しょう〖*賞〗ショウ(シヤウ) ほめる めでる ——①功のあった者に金品を与えてほめる。一般に、すぐれた点をのべてほめる。「賞賛・賞揚・賞嘆・賞罰・賞賜・賞辞・激賞・嘉賞(かしょう)・過賞・感賞・勧賞・推賞・嘆賞・行賞・恩賞・重賞」②功に対して与えられる金品。ほうび。「賞を受ける」「賞与・賞金・賞品・賞杯・賞牌(しょうはい)・懸賞・入賞・受賞・授賞・文部科学大臣賞」③すぐれた点をほめ、愛してたのしむ。めでる。「賞美・賞味・賞玩・鑑賞・観賞」

しょう〖償〗ショウ(シヤウ) つぐなう ——つぐなう。「償金・償却(しょうきゃく)・償還・弁償・賠償・代償・補償・無償・有償」▽もと、借りた金をかえす意。

しょう〖人醤〗(醬) ショウ(シヤウ) ひしお ——①塩漬けして発酵させた肉。しおから。「肉醤」②麦・米・豆などを発酵させて塩をまぜて作った調味料。「醤油」③魚を塩漬けにして発酵させ、染み出た汁で作る調味料。「魚醤」

しょう〖鐘〗ショウ シュ かね ——①つきがね。つりがね。「鐘銘・鐘楼(しょうろう・しゅろう)・梵鐘(ぼんしょう)・半鐘・晩鐘・時鐘・自鳴鐘」②中国の古楽器。つるしてたたき鳴らす。深いわんをさかさまにした形で、銅製。「鐘鼓・鐘鼎(しょうてい)」

しょう【正】→せい【正】

しょう【生】→せい【生】

しょう【相】→そう【相】

しょう【省】→せい【省】

しょう【装】→そう【装】

じよう【時様】その時代の流行。

じよう【滋養】体の栄養となること。そういう働きのあるもの。栄養。「卵には—がある」「—に富む」「—灌腸(かんちょう)」(栄養分補給のための灌腸)

じょう【定】①そうと決まった事。その通り。「案の—」「知らぬが—か」(知らないということが本当か) ②〔仏〕心を一つの対象に集中して安定させること。禅定。「—に入(い)る」

じょう【判官】太政(だいじょう)官制の第三等の官。▽役所により「丞」「掾」「尉」等と書き分ける。

じょう【△尉】①能における老人。その能面。②炭火の、燃え終わって白くなったもの。▽翁の面のしらがに見立てる。③衛門(えもん)府・兵衛(ひょうえ)府・検非違使(けびいし)の第三等官。▽→じょう(判官)

じょう【×掾】①浄瑠璃の太夫(たゆう)の芸名に、国名と共に用いる語。「竹本播磨—(はりまのじょう)」②国司の第三等官。▽→じょう(判官)

じょう〖丈〗ジョウ(ヂヤウ) たけ ——①尺貫法の長さの単位。一丈は一尺の十倍。約三メートル。「丈余・丈六仏・一丈・方丈・函丈(かんじょう)・白髪三千丈」②㋐たけ。長さ。「丈尺」㋑男子の身長。「丈夫」③強い。しっかりしている。「頑丈・気丈・丈夫」④長老、妻の父、老人等、尊敬の意をもってよぶのに用いる。「丈人・岳丈」⑤歌舞伎俳優の芸名の下につける敬称。「羽左衛門(うざえもん)丈」

じょう〖*上〗ジョウ(ジヤウ) ショウ(シヤウ) うえ うわ かみ あげる あがる のぼる のぼせる のぼす ——①一層高い方。天地の間では、天に近い方。うえ。かみ。⇔下。「上下(じょうげ・しょうか)・上層・上方・上人(しょうにん)・頭上・天上・楼上・山上・頂上・無上・向上・直上・形而上(けいじじょう)」②おもて。そとがわ。「上衣(じょうい・うわぎ)・紙上・図上・水上・海上」③〘名・造〙すぐれている。ねうちがある。よい。上の部。「上品(じょうひん・じょうぼん)・上田・上策・上等・上上・上米(じょうまい)・上菓子」④順序で、早く現れる方。二つまたは三つあるうちの第一。「巻上・上巻・上編・上述・上記・上略・以上・如上・同上・上流・上代・上旬」⑤㋐等級で、とうとい方。ねうちのある方。「上位・上官・上司・上座・上流・極上・至上・最上」㋑地位の高い人。「主上・和上・今上・僭上(せんじょう)」。めうえ。「長上」⑥㋐場所。ほとり。あたり。ちかく。「河上・江上・途上・市上・席上・道路上」㋑問題の範囲。……に関して。「世上・物上・史上・一身上・学術上・政治上・教育上」㋒……のうえで。……の点で。「都合上」⑦あがる。あげる。⇔下。「上昇・上騰・逆上・炎上・凍上・浮上・口上・計上」⑧高いところにのる。のせる。たてまつる。⇔下。「上船・上告・上訴・上演・上映・上書・進上・呈上・参上・返上・謹上・言上・一筆啓上」⑨中央の地、または北の方へゆく。「上洛(じょうらく)・上京・北上」⑩漢字音の四声の一つ。「平(ひょう)上去入・上声(じょうしょう)」⑪「上野(こうずけ)国」の略。「上州」

じょう〖冗〗ジョウ むだ ——①不必要。よぶん。むだ。「冗費・冗員・冗談」②わずらわしい。くだくだしい。「冗漫・冗長・冗話」

じょう〖人丞〗ジョウ たすける ——①たすける。補佐する。また、補佐役。「丞史・丞相(じょうしょう)」②大宝令(りょう)の制度で、各省の第三等官。「大蔵大丞」▽→じょう(判官)

じょう〖*条〗〖人條〗ジョウ(デウ) ——①〘名・造〙一くだりずつに書き分けた文。「箇条・条款・条項・条約・条文・逐条・科条・条条・別条・信条・金科玉条」②すじ。すじみち。また、細長いものを数える語。「一条の光」「条痕・条理・一条・数条・作条」③市街の区画。東西の町すじ。「条坊・条里・九条」④もとから分かれた細い幹。小枝。えだ。「枝条・柳条」⑤のびる。のびのびする。「条達」⑥候文(そうろうぶん)に用いる接続の語。よって。ゆえに。とはいえ。「……に候条」

じょう〖*状〗〖人狀〗ジョウ(ジヤウ) かたち ——①㋐すがた。かたち。外面に見える様子。ありさま。「状態・形状・奇状」㋑形や性質を表す語。「球状・連鎖状・にかわ状」②事のなりゆき。実情。様子。「状況・実状・情状・異状・別状・暴状・名状・行状(ぎょうじょう)・罪状・白状」③書付。手紙。「状差(じょうさし)・状袋(じょうぶくろ)・書状・免状・賞状・信任状・告訴状・連判状」

じょう〖[人]帖〗ジョウ(デフ) チョウ(テフ) ―①《名・造》石刷りの書。転じて習字の手本。普通、折り本にしたててある。「帖に仕立てる」「法帖・墨帖」②書きつけ用の冊子。帳面。「手帖(てちょう)・画帖(がじょう)」③紙・海苔(のり)などを数える語。美濃紙(みのがみ)は四十八枚、半紙は二十枚、海苔は十枚を一帖とする。④屏風(びょうぶ)・楯(たて)などを数える語。また、「畳」に転用。「四帖半」

じょう〖*乗〗〖[人]乘〗ジョウ のる のせる ―①人が物の上にまたがる。物の上にのる。車・船などにのりこむ。のせる。「乗馬・乗船・乗車・乗用車・乗客・乗員・陪乗・搭乗・騎乗・警乗・同乗・便乗」②㋐車・馬などののりもの。「乗馬・下乗(げじょう)」㋑車の数をかぞえる語。「万乗(ばんじょう)・千乗」③衆生(しゅじょう)を悟りの世界に至らせるのりもの。仏の教え。「大乗・小乗」④歴史の書物。記録。「史乗・野乗」⑤《名》機会をうまく利用する。「機に乗じる」⑥〔数学〕ある数をある数にかける。「乗法・乗除・乗数・被乗数・自乗・三乗・相乗」

じょう〖剰〗〖[人]剩〗ジョウ あまる あまり あまっさえ ―余分にある。あまる。多すぎる。「剰員・剰余・余剰・過剰」

じょう〖*城〗〖城〗ジョウ(ジヤウ) セイ しろ き きずく ―①防備のためにきずいた、とりでの一区画。防備の建造物。しろ。き。また、城をきずく。「城主・城兵・城址(じょうし)・本城・築城・籠城・落城・宮城・牙城・干城・金城・法城・下城・登城・江戸城・城下町」②侵入者を防ぐためにめぐらした高い壁。(壁に囲まれた)人の多く集まっているまち。天子または国王の居所。みやこ。「城郭・城内・城中・城門・城楼・長城・王城・帝城・不夜城」③「山城国」の略。「城州」

じょう〖*場〗ジョウ(ヂヤウ) ば ―①ある事の行われるところ。ばしょ。ば。「賞賛の声が場に満ちる」「場裡(じょうり)・場内・劇場・工場・市場・農場・道場・会場・教場・霊場・登場・退場・休場・欠場・満場・上場・独擅場(どくせんじょう)・検査場」②土地を平らに開いて神をまつるところ。まつりのにわ。「祭場・斎場・壇場」③時期。ひとしきり。「一場の夢」④演劇の一場面。「第一幕第一場(ば)」

じょう〖壌〗〖壤〗ジョウ(ジヤウ) つち ―①耕作に適したやわらかい土。「土壌」②大地。「天壌・霄壌(しょうじょう)・雲壌」

じょう〖譲〗〖[人]讓〗ジョウ(ジヤウ) ゆずる ―①すぐれた人を推して、自らへりくだる。他人に対して権利の主張を控え目にする。ゆずる。「譲歩・礼譲・謙譲・互譲・敬譲」②自己の権利を他人にあたえる。ゆずる。「譲位・禅譲・譲与・譲渡・委譲・割譲・分譲」

じょう〖醸〗〖[人]釀〗ジョウ(ヂヤウ) かもす ―①発酵作用を応用して酒などをつくる。時をかけて自然に作りあげる。かもす。「醸造・醸成・醸母・吟醸・醞醸(うんじょう)」②かもされたもの。酒。「新醸」

じょう〖嬢〗〖[人]孃〗ジョウ(ヂヤウ) むすめ ―①未婚のおとめ。むすめ。少女。息女。「令嬢・愛嬢・老嬢・交換嬢」②《名》未婚の女性や小さい女の子を敬ってよぶ語。「お嬢さん」③未婚の女性、また、女芸人の名の下につける敬称。「加藤嬢・春子嬢」▽もと、母の意。

じょう〖娘〗ジョウ(ヂヤウ) むすめ ―未婚の女。おとめ。少女。「娘子軍・村娘」▽「嬢」に通じる。

じょう〖浄〗〖[人]淨〗ジョウ(ジヤウ) きよい ―水が静かにおさまってにごりがない。物事にけがれがない。きよい。きよらか。きよめる。「清浄(せいじょう・しょうじょう)・浄地・浄土・浄財・浄書・浄衣・浄机・浄化・不浄」

じょう〖*常〗ジョウ(ジヤウ) つね とこ とこしえ ―①㋐いつも同じで変わりがない。ひごろ。いつも。つね。つねに。「常住・常緑・常食・常服・常温・常例・常設・常置・常備・常務・常習・常用・日常・平常・居常・経常・定常・非常・恒常・無常・家常茶飯」㋑あたりまえ。普通。一般と違っていない。「常人・常態・常識・通常・尋常・正常・異常」②時によって変わることのない道徳。「常軌・常道・五常・綱常」③「常陸(ひたち)国」の略。「常州」

じょう〖*情〗〖情〗ジョウ(ジヤウ) セイ なさけ こころ ―①《名・造》人間の心のはたらき。こころ。きもち。意地。「憂国の情」「旧懐の情」「情が強(こわ)い」(意地っぱりだ)「情意・情理・情熱・性情・人情・心情・有情(うじょう)・非情・私情」②《名・造》快・不快を主とする意識の主観的側面。「情に感じる」「知情意・感情・情緒・情操・表情・主情」③《名・造》㋐他人を思いやる心。まごころ。なさけ。「情にもろい」「情にほだされる」「親子の情」「情誼(じょうぎ)・情熱・同情・恩情・厚情・至情・真情・愛情・薄情・無情」㋑性的にひかれる心もち。人を(性的に)思うなさけ。「情が深い」「情を通じる」「情事・情交・情欲・情火・情痴・情人・情婦・情夫・情死・色情・春情・恋情・扇情」④ほんとうのありさま。事実。様子。「情況・情状・情報・情景・情勢・情態・世情・事情・実情・下情・苦情・陳情」⑤おもむき。おもしろみ。「情趣・詩情・余情・風情(ふぜい)」⑥個人的な気持。えこひいき。「情実」

じょう〖畳〗〖[人]疊〗ジョウ(デフ) たたむ たたみ ―①重ねる。つみあげる。たたむ。かさなる。「畳語・重畳(ちょうじょう)」②日本で、ゆかなどの上にしくもの。たたみ。また、たたみの数を数える語。「六畳・千畳敷」

じょう〖*蒸〗ジョウ むす むれる むらす ―①水が気体になってたち上る。むす。むらす。「蒸気・蒸発・蒸留」②湯気をあてて熱を通す。

「燻蒸(くんじょう)」③多くの人民。たみくさ。もろもろ。「蒸民・蒸庶」

じょう【*縄】【繩】ジョウ なわ ｜①麻・糸などをより合わせて作ったひも。なわ。「縄索・縄文・縄縛・捕縄・結縄・自縄自縛」②大工が直線を引くのに用いる道具。すみなわ。「縄墨・準縄」

じょう【錠】ジョウ(チャウ) ｜①『名・造』かぎを用いて戸などを容易に開かなくする道具。じょうまえ。「錠をおろす」「手錠(てじょう)・施錠(せじょう)・鉄錠・南京錠(なんきんじょう)」②薬物を球状または円盤状にかためたもの。丸薬。また、その粒を数える語。「錠剤・糖衣錠・一錠」

じょう【×擾】ジョウ(ゼウ) みだれる みだす ｜物事が入りみだれる。ごたごたになる。みだれる。みだす。「擾乱・紛擾・騒擾」

しょうあい【性合(い)】①たち。性質。②性質がよく合うこと。

しょうあい【×鍾愛】『名・ス他』あつく寵愛(ちょうあい)すること。▽「鍾」は集める意。

じょうあい【情合(い)】互いに通じ合う人情のぐあい。深い思いやりの気持。

じょうあい【情愛】なさけ。いつくしみ。愛情。「こまやかな―」「―のこもった態度」

しょうあく【掌握】『名・ス他』手の中に握り持つこと。自分の意のままに使いこなせる状態にしておくこと。「部下を―する」

しょうい【傷×痍】(戦いで受けた)きず。「―軍人」▽「痍」は切り傷の意。

しょうい【小異】わずかばかりの違い。「大同―」

しょうい【少尉】陸海軍の尉官の最下位。

じょうい【上位】上のくらい。また、立ちまさった地位・席次。↔下位。「―を占める」

じょうい【上意】主君のおぼしめし・命令。「―討ち」。上位の者や政府の意向・命令。「―下達(かたつ)」

じょうい【情意】感情と意志。心持。「―投合」

じょうい【×攘×夷】外敵を撃ちはらうこと。「勤王(きんのう)―」

じょうい【譲位】『名・ス自』君主が位を譲ること。

じょういき【浄域】神社・仏閣の境内。

しょういだん【焼×夷弾】建造物を焼き払う目的で使う、強い炎を発する薬剤・物質を入れた投下爆弾や砲弾。

しょういん【小引】短いはしがき。

しょういん【承引】『名・ス他』よろしいと言って引き受けること。承諾。

しょういん【松韻】松風の音。▽雅語的。

しょういん【勝因】勝利の原因。↔敗因

しょういん【証印】『名・ス自』証明のための印(をおすこと)。

じょういん【上院】二院制の議会の、下院に対する方の議院。▽日本では、以前の貴族院。

じょういん【乗員】艦船・列車・航空機などに乗って勤務している者。

じょういん ①【冗員】むだで、ありあまっている人員。②【剰員】余分にいる人員。過剰の人員。

じょういん【畳韻】漢字の熟語で同じ韻を重ねたもの。例、「艱難(かんなん)」。

じょううち【常打(ち)】一定の場所でいつも一定の物を興行すること。「講談の―館」

しょううちゅう【小宇宙】①大宇宙の中にありながら、それを小規模に代表したものとしての、人間。ミクロコスモス。↔大宇宙。②銀河(2)の、以前の呼び名。

しょううん【商運】商売の上での運。

しょううん【勝運】勝つべき運。勝負に強い運勢。「―に見放される」

しょうえい【照影】うつった姿。肖像画。肖像写真。

じょうえい【上映】『名・ス他』映画を映写して観客に見せること。

しょうえき【×漿液】①細胞または毛細血管から、自然に、また炎症の際に滲出(しんしゅつ)する液。②分泌腺から分泌される粘性の低い液体。例、唾液。▽もと、「しる」「つゆ」の意。

しょうエネ【省エネ】「省エネルギー」の略。石油・ガスなど無尽蔵でないエネルギー資源を大切に使う(それに伴う経費節約も図る)こと。▽原油の値段の暴騰があった一九七三年以降使われるようになった語。

しょうえん【招宴】宴会に招くこと。また、人を招いて開く宴会。

しょうえん【消炎】炎症をとりさること。「―剤」

しょうえん【硝煙】火薬を発火させたことによって出る煙。 **―だんう**【―弾雨】火薬の煙がたちこめ、弾丸が雨のように飛ぶさま。戦場の光景を言う。

しょうえん【△荘園・×庄園】①奈良時代から室町時代にかけて全国にみられた貴族や社寺の私有地。②古代中国で、大地主が農民に耕作させ、その税課をとり、職員をおいて管理した田地。③ヨーロッパ中世に国王・貴族・教会等の大土地所有経営方式として発達した制度に基づく領地。▽私有地の意。

じょうえん【上演】『名・ス他』劇を公開の舞台で演じること。「オペラを―する」「―作品」

じょうえん【情炎】ほのおのように燃え上がる情欲。

しょうおう【照応】『名・ス自』一つのものと他のものとが、うまく相応じること。文章などの前後別々の部分が互いに対応し合って整った関係にあること。

しょうおく【小屋】小さな家。こや。▽自分の家をへりくだって言うのにも使う。文語的。

しょうおん【消音】①爆音や雑音を消すこと。「―装置」②音を外に出さないこと。「テレビを―にする」▽(1)は音を減らすこと、(2)は音をなくすことを言う。

じょうおん【常温】①常に一定した温度。②平常の温度。▽概ねセ氏二〇度前後を言うが、分野により異

なる。気象学では、その地の年間平均気温。

しょうか【上下】①『名』かみとしも。為政者と人民。「―心を一(つい)にして」②『名・ス他』『―する』あげたりさげたりする。「価値を上下する」。(意見などを)やりとりする。「議論を上下する」

しょうか【唱歌】①旧制小学校の教科の一つ。そのための歌曲。②歌を歌うこと。▽古くは「しょうが」と言った。

しょうか【証歌】その歌に使ったことばや用語法の根拠・証拠として挙げる歌。

しょうか【×頌歌】神の栄光、君主の徳、英雄の功績などをほめたたえる歌。

しょうか【商家】商人の家。店屋(みせや)。

しょうか【×娼家】娼婦(しょうふ)を抱え、客を遊ばせるのを業とする家。遊女屋。女郎屋。

しょうか【将家】武将の家柄。武家(ぶけ)。「勝敗は―の常」

しょうか【昇華】『名・ス自』①固体が液体になることなしに、直接気体になること。▽その逆の過程を含めても言う。②ある状態から、更に高度な状態へ飛躍すること。

しょうか【消化】①『名・ス自他』体内にとり込んだ食物を吸収可能な液体状にし、細胞が利用できる形態にすること。その生理的な働き。こなれること。こなすこと。「―不良」②『名・ス他』十分よく理解して自分のものにすること。するべきことを十分に処理すること。「日程を―する」 **―き**【―器】食物を消化・吸収する器官。 **―せん**【―腺】口から肛門(こうもん)までの消化管に付属して、摂取した食物の消化・吸収に必要な物質を分泌する腺の総称。

しょうか【消夏・×銷夏】夏の暑さをしのぐこと。あつさよけ。「―読物」

しょうか【消火】『名・ス自』火を消すこと。また、火事を消すこと。「―器」 **―せん**【―栓】火事を消すために、ふだんから設備してある水道栓。

しょうか【×漿果】肉が多く水分に富んだ果実。例、ブドウ・トマト。液果。↕乾果

しょうが【小我】①〔仏〕我見・我執(がしゅう)にとらわれた我(が)。②〔哲学〕宇宙に満ちわたる絶対的な我と区別した、自己。▽↕大我

しょうが【生×薑・生×姜】辛味のある淡黄色の根茎を食用にする多年草。春に植えて夏の末から秋に収穫する。収穫したてのもの(=新しょうが)は漬物などにし、貯蔵して辛味が増したもの(=ひねしょうが)はすりおろして薬味などにする。香辛料・生薬にもする。▽しょうが科。 **―やき**【―焼(き)】豚肉を焼き、おろししょうが入りのたれで味をつけた料理。

じょうか【城下】①城下町。②城壁のもと。「―の盟(ちかい)」(敵に首都まで攻め込まれてしかたなく結ぶ降伏の誓い) **―まち**【―町】日本で、諸侯の居城を中心として、まわりに発達した町。「企業―」(ある特定の企業にその産業の多くを依拠している都市)

じょうか【情歌】①恋情をのべたうた。こいうた。②都々逸(どどいつ)。▽情歌(1)が多いから。

じょうか【情火】火のように燃え上がる情欲。

じょうか【浄火】(神にささげる)きよめた火。神聖な火。

じょうか【浄化】『名・ス他』よごれや悪を取り除いて、清浄・清潔にすること。「政界を―する」「―槽」

じょうが【×嫦×娥】月の異称。▽西王母の不死の薬を盗んで月に逃げたという女の名から。

しょうかい【×哨戒】『名・ス自他』敵襲に対して見張りをして警戒すること。「―機」「―艇」

しょうかい【商会】商社。▽「○○商会」の形で、商店名につけることが多い。

しょうかい【照会】『名・ス他』問合せ(をすること)。「―状」

しょうかい【紹介】『名・ス他』人と人との間に立ってなかだちをすること。「友人に―する」「―の労をとる」(ある人を他の人にひきあわせること)「講師を御―申します」「―状」

しょうかい【詳解】『名・ス他』くわしく解釈すること。また、その解釈。

しょうがい【傷害】『名・ス他』きずをつけること。特に、人にけがをさせること。「―を加える」「―罪」 **―ほけん**【―保険】外部の原因によって肉体に傷害を受けた時、一定金額がもらえる保険。

しょうがい【生害】『名・ス自』自殺すること。自害。▽古風な言い方。

しょうがい【生涯】①生きている間。死ぬまで。一生。「―の思い出」「―の仕事」②《「公(こう)―」「私(し)―」の形で》一生のうちの、ある時期。「公―」(公人としての一時期) **―がくしゅう**【―学習】生涯にわたって主体的に続ける学習。「―振興法」

しょうがい【渉外】外部(外国)と連絡・交渉すること。「―係」

しょうがい【障害・障×碍・障×礙】①進行や活動の妨げとなるもの。妨げること。「―を除く」「―を乗り越える」「―物」「機能―」②心身の機能が十全でないこと。③「障害競走」「障害走」の略。▽「障害」は他の両表記の、第二次大戦後に採った代用表記。↓しょうげ。 **―きょうそう**【―競走】㋐競馬で、走路上に設けた障害物を跳び越して行う競走。障害レース。㋑コース上の障害物を所定時間内に次々と跳び越す馬術競技。障害飛越。 **―そう**【―走】コース上のハードル・水濠(すいごう)などを次々に越えて競走する陸上競技。

じょうかい【上界】①〔仏〕天上界。↕下界(げかい)。②〔数学〕ある集合に属する数のいずれよりも小さくない数。それ自身は着目する集合に属する必要はない。↕下界(かかい)。▽上界のうち最小のものを「上限」という。

じょうかい【常会】定例の会議。定期的な会議。

じょうがい【場外】ある場所の外。「―ホーム ラン」「―乱闘」「―馬券売り場」

しょうかく【昇格】《名・ス自他》格式・地位などが上がること。また、それを上げること。↕降格

しょうがく【商学】商業取引について研究する学問。

しょうがく【奨学】学問を奨励すること。「—金」

しょうがく【小学】①「小学校」の略。②漢学で、訓詁(くんこ)・字書・韻書に関する方面の研究。

しょうがく ①【小額】《名》単位としてちいさい金額。↕高額。「—紙幣」②【少額】《ノダ》《「—な」も使う》すくない金額。↕多額。「予想より—だ」

しょうがく【正覚】〔仏〕一切の真相を知る無上の知恵。仏教における最高の悟り。

じょうかく【城郭・城×廓】①城(または町)を敵の攻撃から守るための施設。城の囲い。くるわ。「—を構える」(比喩的に、人を寄せつけないような態度を執る意にも言う) ②広く、城。「—建築」

しょうがくぼう【正覚坊】①アオウミガメの別称。熱帯・亜熱帯にすむ大形のうみがめ。甲はべっこうの代用とした。②大酒飲み。

しょうかち【消△渇】①のどがかわいて小便が出ない病気。今でいう糖尿病にあたる。②淋菌(りんきん)による、女性の急性尿道炎症。

しょうがつ【正月】年が始まる標準(=正)の月だと見た一月のこと。特に、新年を祝う年頭。「盆と—がいっしょに来たよう」(非常にあわただしいさま。まれに、うれしい事が重なる意)「—休み」「寝—」「小—」(→こしょうがつ) ▽これらの語は「一月」とは言い替えられない。

しょうがっこう【小学校】初等学校。義務教育の(初めの)六年の課程を授ける。▽旧制では六年(もと四年)の義務教育の尋常小学校と、その上の二年の課程の高等小学校(高等科)とがあったが、普通には前者を指した。

しょうかどうべんとう【松花堂弁当】ふたの付いた方形の容器に十文字の仕切りがあり、それぞれに飯・刺身・焼き物・煮物などの料理を分けて盛り付けた弁当。▽器を考案した松花堂昭乗(しょうじょう)にちなむ。

しょうがない《連語》「しょう(仕様)が無い」に同じ。↓しよう(仕様)(1)

しょうかぶ【正株】↓じつかぶ

しょうかん【傷寒】漢方医学で、急性の熱病。今のインフルエンザやチフスの類。

しょうかん ①【召喚】《名・ス他》裁判で、被告人・証人・弁護士・補佐人に対し、一定の日時に、指定した場所に来るよう命じること。「—状」②【招喚】《名・ス他》招き、呼び寄せること。

しょうかん【召還】《名・ス他》(派遣した者を)呼びもどすこと。「大使を本国に—する」

しょうかん【償還】《名・ス他》返却すること。特に、債務を返済すること。

しょうかん【商館】(外国商人が)商業を営む建物。

しょうかん【将官】軍人の階級で、大将・中将・少将(准将を含む)の総称。また、自衛隊の幕僚長および陸将(補)・海将(補)・空将(補)の総称。

しょうかん【小官】身分の低い官吏。↕大官。▽官吏が自分をへりくだっても言うが、かなり古風。

しょうかん【小寒】二十四気の一つ。冬至から十五日目で、陽暦一月六日ごろ。寒気がようやく強くなる。寒の入り。▽その日から大寒(だいかん)までの十五日間をも言う。

しょうかん【小閑・少閑】すこしのひま。「—を得て静養する」

しょうかん【消閑】ひまつぶし。「—の余技」

しょうがん【賞×翫・賞玩】《名・ス他》(良い)物を珍重し、もてはやすこと。物の美を愛し味わうこと。物の味をほめて味わうこと。

じょうかん【上官】その人から見て上級(特に直属上級)の官吏・軍人。

じょうかん【上×浣・上×澣】月の初めの十日間。上旬。▽「浣」「澣」は共に、洗う意。唐の制度で官吏が十日ごとに沐浴(もくよく)したことから。

じょうかん【乗艦】《名・ス自》軍艦に乗ること。また、乗っている軍艦。

じょうかん【冗官】置いてあっても役に立たない、むだな官職。

じょうかん【情感】①人の心に訴えて来るような感じ。②感情。「喜怒哀楽の—」

しょうかんのん【△聖観音】〔仏〕六観音の一つ。一面二臂(いちめんにひ)の変化(へんげ)しない基本身としての観音。▽諸観音の根本なので、特に聖観音とよぶ。「正観音」とも書く。

しょうき【小器】小さい器量。小人物。↕大器。▽もと、小型の器物の意。

しょうき【将器】大将になり得るほど立派な器量・人物。

しょうき【匠気】役者・芸術家などが巧みなわざを見せびらかして好評を得ようとする気持。

しょうき【正気】《名ナ》(本人の)いつもの精神状態。「—の沙汰(さた)ではない」「—を失う」「—に返る」

しょうき【沼気】よどんだ沼地などから発生する気体。主成分はメタン ガス。

しょうき【×瘴気】熱病を起こさせる山川の毒気。

しょうき【笑気】一酸化二窒素の俗称。全身麻酔に用いる気体。▽吸うと筋肉が弛緩(しかん)して、笑ったような表情になることからいう。亜酸化窒素。

しょうき【商機】商取引をする(好)機会。「—を逸する」

しょうき【勝機】その時積極的に行動すれば勝てるという機会。「—をつかむ」

しょうき【詳記】《名・ス他》詳しく書きしるすこと。また、詳しい記録。

しょうき【×鍾×馗】中国で疫病神(やくびょうがみ)を追い払うという神。目が大きくあごひげが濃い。黒い衣冠に長ぐつを着け、剣を持っている。日本では、その像を、端午の節句に飾る。

しょうぎ【商議】《名・ス他》相談。評議。▽「商」は意見

をはかる意。 **―いん【―員】** 団体の重要事項の諮問機関の構成員。

しょうぎ【省議】 内閣各省で、その省の意見をまとめるために開く会議。また、その省としての議決。「―一決」

しょうぎ【×娼×妓】 特定の地域(遊郭)内で売春を許された女。公娼(こうしょう)。遊女。女郎。

しょうぎ【将棋】 戦陣になぞらえ八十一個の区画を設けた盤に駒を並べ、互いに一手ずつ駒を動かしてするゲーム。▽起源はインド。 **―だおし【―倒し】** 一端から他端へ折れ重なって倒れること。▽将棋の駒を少しずつ間を置いて立て、一端の駒を倒すと他の駒も次々に倒れることから。

しょうぎ【床机・床×几】 腰掛。▽もとは、陣中・狩り場などで使った、折り畳み式の腰掛。

しょうぎ【勝義】 ①その言葉の本質的な意味。「自由主義は―において自律を重んじる」②仏教で、最高である真実。

じょうき【上気】《名・ス自》のぼせること。逆上。

じょうき【上記】《名・ス自》上(または前)に記してあること。また、その文句。↔下記(かき)

じょうき【条規】 条文の規定。法令の規定。

じょうき【常軌】 ①常におこなうべき道。②普通の(人の)やり方。「―を逸する」(常識からひどくはずれる)

じょうき【浄机・浄×几】 塵(ちり)などが無く、拭われた机。「明窓―」

じょうき【蒸気】 ①液体が蒸発(または固体が昇華)してできる気体。特に水蒸気。②「川蒸気船」の略。川や湖で使う小型蒸気船。▽(2)は「蒸汽」とも。また「蒸気船」の略としても使った。 **―きかん【―機関】** ボイラーで発生させた水蒸気の膨張・凝縮を利用して動力を得る機関。 **―せん【―船】** 汽船。 **―ポンプ** ①蒸気機関で動かすポンプ。②蒸気ポンプ(1)を備えた消防自動車の俗称。

じょうぎ【定規】 ①線や角を描いたり物を裁ったりする時、あてる道具。「三角―」「雲形―」▽「定木」とも書く。②模範。手本。「杓子(しゃくし)―」

じょうぎ【情義】 人情と義理。「―を欠く」

じょうぎ【情宜・情×誼】 友人や師弟などの間の情合い。交遊のまごころ。「―に厚い」

じょうきげん【上機嫌】《名・ダナ》たいそうよい機嫌。「―の酔漢」

しょうきち【小吉】 おみくじで、どちらかと言えば吉の運勢。

しょうきゃく【正客】 何人かの客の中で一番主な客。

しょうきゃく【消却・×銷却】《名・ス他》消し去ること。(使ったり返したりして)なくすこと。(借金などを)返却すること。

しょうきゃく【償却】《名・ス他》①借りた金、投資などのつぐないとして返すこと。②「減価償却」の略。

しょうきゃく【焼却】《名・ス他》焼き捨てること。「―炉」

じょうきゃく【上客】 ①上座にすわる客。②(高額の品を買ってくれるような)大切な客。

じょうきゃく【乗客】 乗り物に乗る(乗っている)客。

じょうきゃく【常客・定客】 いつも来る客。常連。商店の得意客。

しょうきゅう【昇級】《名・ス自》等級・階級があがること。↔降級

しょうきゅう【昇給】《名・ス自》給料があがること。↔降給

じょうきゅう【上級】 上の等級・学級。等級や段階が高いこと。↔下級。「―官庁」

しょうきゅうし【小休止】《名・ス自》少しの間休むこと。(行軍の途中での)短い休み時間。

しょうきょ【消去】《名・ス他自》消し去ること。消え去ること。「ファイルの記録を―する」 **―ほう【―法】** ①〔数学〕複数の未知数を含む、複数の方程式(連立方程式)から順次未知数を減らし、一つの未知数のみの方程式にして解く方法。②多様な選択肢のある場合、可能性の低いものから順次消していき、最後に残ったものを選ぶ方法。

しょうきょう【商況】 商売の景気。行われている取引の情況。

しょうぎょう【商業】 商品を売って利益を得ることを目的とする事業。卸業・小売業・仲立ち業などの営業。あきない。 **―しゅぎ【―主義】** 営利を第一に考える立場。営利主義。コマーシャリズム。

しょうぎょう【△聖教】 →せいきょう(聖教)(3)

じょうきょう【上京】《名・ス自》都に上ること。首都に行くこと。

じょうきょう【情況・状況】 その場のありさま。あることの動きとの関連においてながめられた、ある場面のありさま。▽普通、単にありさまを言うには「状況」、また動静を含めて言うには「情況」と書く。 **―しょうこ【―証拠】** アリバイ・物証・証言はないが、事実であることを推測させる間接的な証拠。 **―はんだん【―判断】** 状況・動静を見、自分の立場(任務)と併せ考えて、直ちに今どうするのがよいかを決める判断。

しょうきょく【小曲】 短い(楽)曲・詩。

しょうきょく【消極】 物事に対し、はっきりした作用を表さず、進んで働きかける面に欠けること。↔積極。▽動に対し静、活発に対し沈滞、陽に対し陰など。「―性」「―的」「―策」のように、普通は複合して使う。negative の訳語。

じょうきょく【浄曲】 浄瑠璃の別名。

しょうきん【小×禽】 小鳥。

しょうきん【正金】 ①正貨(せいか)。▽紙幣に対して言う。金本位制では金貨。②現金。「―販売」

しょうきん【償金】 損害の賠償として支払う金。

しょうきん【賞金】 賞としての金銭。

しょうきん【奨金】 奨励のために出す金銭。奨励金。

じょうきん【常勤】《名・ス自》一定の勤務時間中、常時

その職務に従事すること。常時の勤務。また、それを本務として専任であること。↔非常勤。「―職員」

しょうきんるい【渉×禽類】つる・しぎなどのように、足とくちばしが長く、水中を歩きまわってえさを捜すのに適した鳥類。

しょうく【章句】文章の章と句。また、文章の段落。

じょうく【冗句】①むだな句。②おどけた文句。冗談の文句。▽②は joke の当て字として行われたもの。

じょうぐ【乗具】乗馬の用具。鞍(くら)・手綱(たづな)の類。

じょうくう【上空】そら。そらの上の方。また、ある地点の上方の空。「東京―」

しょうくうとう【照空灯】夜飛んで来る航空機を照らし出すためのサーチライト。

しょうぐん【将軍】①一軍を統率・指揮する役の人。また、将官の俗称。→ていとく。②「征夷(せい)大将軍」の略。 **―け**【―家】①将軍の家柄。公家(くげ)に対して幕府をいう。②国政をつかさどった征夷(せい)大将軍の称。

しょうげ【障×碍・障×礙】仏教で、さまたげとなるもの。「往生の―」▽→しょうがい(障害)

じょうげ【上下】①『名』うえとした。かみとしも。「―に揺れる」「―のへだてなく扱う」。また、(特に、衣服の)上と下との対(つい)。「背広の―」▽→じょうか(上下)。②『名・ス自』あがりさがり(すること)。「相場が―する」。のぼりくだり(すること)。「大川を―する舟」「―線とも不通」 **―どう**【―動】上下に(ゆれ)動くこと。

しょうけい【×捷径】①近道。②転じて、ある物事に通達する、手速い方法。はやみち。

しょうけい【小径・小×逕】(二人以上並んでは通れないほどの)こみち。

しょうけい【小計】『名・ス他』一部分の合計(を出すこと)。↔総計

しょうけい【少憩・小憩】『名・ス自』わずかの間休憩すること。小休み。

しょうけい【憧憬】『名・ス自』あこがれること。▽ドイツ Sehnsucht の訳語として明治時代に広まる。「どうけい」とも言う。

しょうけい【承継】『名・ス他』うけつぐこと。継承。

しょうけい【象形】①物の形にかたどること。「―文字」②漢字の六書(りくしょ)の一つ。「山」「日」のように有形物の形にかたどったもの。

じょうけい【場景】ある場面でのありさま。一場の光景。

じょうけい【情景】人間の心の働きを通して味わわれる、景色や場面。

しょうげき【笑劇】見物人を笑わせることを目的とする卑俗な喜劇。

しょうげき【衝撃】突き当たって激しく打つこと。㋐突然の激しい打撃。「追突の―」㋑激しい動揺を与える激しい刺激。ショック。「社会に―を与える事件」「―的な事実」㋒〔物理〕物体に急激・瞬間的に加えられる力。撃力。 **―は**【―波】爆発に伴う圧縮波のように、音速よりも速く伝わる強烈な圧力変化。「ジェット機の―」

しょうけつ【×猖×獗】『名・ス自』悪い事がはびこること。「―をきわめる」▽悪病などに言う。

しょうけん【商権】商業(取引)上の権利。

しょうけん【正絹】まじりもののない絹地・絹織物。本絹。純絹。

しょうけん【証券】株券・債券など、財産法上の権利・義務について記載をした紙片。

しょうげん【証言】『名・ス他』事実を証明する言葉(を述べること)。特に、証人の供述。「法廷で―する」

しょうげん【詳言】『名・ス他』詳しく言うこと。

しょうげん【象限】〔数学〕平面上で直交する二直線によって仕切られた、平面の四つの部分のおのおの。また、円の四分の一。

じょうけん【条件】①ある物事が成り立つ、または起こるもととなる事柄のうち、その直接の原因ではないが、しかしそれを制約するもの。「―によっては承諾する」「―付き」▽論理学上は、原因か否かを問わない。→ひつようじょうけん・じゅうぶんじょうけん。②〔法律〕法律行為の効力が発生するか消滅するかは、不確定な将来の事実によって制限されることを述べた事項。 **―はんしゃ**【―反射】〔心理〕ある刺激に対し一定の反応が起こる時、その刺激と同時に別の新たな刺激を繰り返し与えること(=条件づけ)によって、やがてその別の刺激(=条件)だけでも初めのと同じ反応が起こること。

じょうげん【上弦】新月ののち次の満月の前までの間の月(の形)。月の右半分側が、弓のつるに当たる方を上にして見える。↔下弦

じょうげん【上限】上の方の限界。↔下限。▽→じょうかい(上界)

しょうこ【商×賈】①商人。あきんど。②商売。

しょうこ【小鼓】打楽器の一種。こつづみ。

しょうこ【×鉦鼓】①念仏の時にたたく円盤状で青銅製のかね。たたきがね。②雅楽の打楽器の一つ。皿に似た丸い青銅製のかねで、つるしてたたく。③昔の陣中での合図用の、たたきがね(=鉦)とたいこ(=鼓)。

しょうこ【鐘鼓】かねとたいこ。かねやたいこ。

しょうこ【尚古】昔の文物・制度をとうとぶこと。昔は良い時代だったとしてあこがれること。「―思想」

しょうこ【称呼】『名・ス他』となえ。呼び名。呼び方。なまえを呼ぶこと。

しょうこ【証拠】事実・真実を証明するよりどころ。あかし。「論より―」「動かぬ―」「―を示す」 **―だてる**【―立てる】『下一他』証拠をあげて証明する。

しょうご【正午】太陽が子午線を通過する時刻。午前十二時、すなわち午後零時。▽午(うま)の刻(とき)の中央(=正)の意。

じょうこ【上古】おおむかし。歴史区分の上では、文献の記述する限りで最も古い時代。

じょうご【上戸】 酒がたくさん飲めること。また、そういう人。酒好き。↕下戸(げこ)。「笑い―」
じょうご【冗語・剰語】 むだで余計な言葉。
じょうご【畳語】 同一の単語を重ねて一語としたもの。「やまやま」「ひとびと」の類。
じょうご【〈漏斗〉】 口の小さな容器に液体などをそそぎ入れるのに使う道具。大きくひらいた上端が、下端に向けて円錐(えんすい)状にすぼまり、下端は細い管状になっている。ろうと。
しょうこう【商工】 商業と工業。商人と職人。
しょうこう【商港】 商船が出入りして、旅客の乗り降り、貨物の積みおろしをする(設備をもった)港。
しょうこう【将校】 少尉以上の武官。士官。▽准尉を含めても言う。
しょうこう【小康】 どうにか穏やかなこと。その状態。㋐世の中がしばらくの間無事なこと。㋑健康な状態、または病気の重態に陥らない状態が、何とか保てていること。「―を保つ」▽悪い状態が続いた後の場合について使うことが多い。「一時―を得る」
しょうこう【昇×汞】 塩化第二水銀の俗称。結晶は無色または白色の針状。染色剤に利用し、また昇汞水として消毒に用いた。猛毒。 **―すい【―水】** 昇汞を水で約千倍に薄めた溶液。手指の消毒などに用いたが、毒性が強く現在は使わない。
しょうこう【昇降】 ①『名・ス自』あがりおり(すること)。「―口」②『名』盛衰。「世に―あり」 **―き【―機】** エレベーター。 **―だ【―×舵】** 飛行機の昇降のため、尾翼に設けたかじ。
しょうこう【消光】 『名・ス自』月日を費やす、すなわち暮らすこと。▽自分の側に関して使う。
しょうこう【消耗】 『名・ス他自』↓しょうもう
しょうこう【焼香】 『名・ス自』香をたくこと。特に、仏前・霊前で香をたいて拝むこと。
しょうこう【症候】 心身にあらわれた病的変化。症状。 **―ぐん【―群】** はっきりした原因は不明だが、いつも必ず幾つかの症状が伴ってあらわれる時、病名に準じて使う医学用語。シンドローム。
しょうごう【商号】 商人が営業上自分を表すのに使う名称。屋号の類。
しょうごう【称号】 (すぐれたものとしての)呼び名。「弥陀(みだ)の―」「学士の―」
しょうごう【承合】 『名・ス他』調べのため問い合わせて知ること。
しょうごう【照合】 『名・ス他』双方を照らし合わせて、正しいか否かを確かめること。「原簿と―する」
じょうこう【上皇】 天皇の譲位後の尊称。太上(だいじょう)天皇。▽古くは「しょうこう」と言った。
じょうこう【乗降】 『名・ス自』のりおり(をすること)。「―客」「―口」
じょうこう【常項】 〔論理〕変項に対し、その議論を通じて、ただ一とおりのあり方で存在すると言える対象(の呼び名)。▽数学上の定数の考えを一般化したもの。「定項」とも言う。なお常項と変項とをあわせて「項」と言う。→へんこう(変項)
じょうこう【条項】 (法律などの)箇条。
じょうこう【情交】 (男女の)色情の交わり。▽もと、情の通う交際。「師弟の細やかな―」
しょうこうねつ【×猩紅熱】 連鎖球菌によって起こる感染症。多くは子供がかかり、高熱を発し、全身に赤い発疹(ほっしん)ができる。▽もと法定伝染病の一つ。
しょうこく【小国】 国際的に勢力が弱い(国土も狭い)国。↕大国(たいこく)
しょうこく【相国】 昔、日本の大臣を中国風に呼んだ言い方。▽中国では宰相のこと。
しょうごく【生国】 生まれた国。出生地。
じょうこく【上告】 『名・ス自』①上に対して申し立てること。②法律で、上訴の一種で、原則として、第二審の判決に対し終審の裁判所に不服を申し立てること。 **―しん【―審】** 上告された事件の審理(をする裁判所)。
じょうこく【上刻】 一刻(=今の二時間)を三分した最初の部分。↕中刻・下刻(げこく)。「辰(たつ)の―」
しょうこくみん【少国民】 次の時代を担う年少の国民、すなわち児童のこと。▽「小国民」とも書いた。第二次大戦中の語。
しょうことなしに(せうこと…) 『連語』『副詞的に』ほかにどうする事もなく。しかたがなくて。▽「しょうこと」は「せ(為)んこと」の転。
じょうごや【定小屋】 常設の興行場。また、ある特定の芸人などが、毎月きまって出演する興行場。
しょうこり【性懲り】 心の奥から本当に懲りること。「損をしても―もなく競馬に出かける」
じょうごわ(…こは) **【情△強】** 『ダナ』強情(ごうじょう)なさま。片意地。 派生 **-さ**
しょうこん【傷痕】 きずあと。
しょうこん【商魂】 商売をますます繁盛させようとする気構え。「たくましい―」
しょうこん【性根】 根気。「―尽き果てる」▽「しょうね」と読めば別の意。
しょうこん【招魂】 死者の霊を招いて祭ること。「―祭」
しょうごん【△荘厳】 ①『名ナ』→そうごん。 派生 **-さ** ②『名・ス他』〔仏〕天蓋・瓔珞(ようらく)などで仏像・仏堂を飾ること。
じょうこん【上根】 ①〔仏〕仏道修行の能力・素質がすぐれている者。↕下根(げこん)。②転じて、根気のいいこと。
しょうさ【小差】 わずかなちがい。僅差。↕大差。「―で勝つ」
しょうさ【少佐】 陸海軍の佐官の最下位。大尉の上で中佐の下。
しょうさ【証左】 証拠。また、証人。▽「左」も証拠の意。
じょうざ【上座】 かみざ。上席。また、そこに位する人。↕下座

しょうさい【商才】 商売をする上での才能。「―にたける」

しょうさい【詳細】『名・ダナ』詳しくて細かなこと。「―をきわめた説明」

じょうさい【城塞】 しろ。とりで。しろと、とりで。

じょうさい【定斎】 夏の諸病にきくという薬。じょさい。▽→じょさいや

じょうざい【浄罪】〔宗教〕罪をきよめること。

じょうざい【浄財】 寺院・慈善などのため(個人の利益を離れて)寄付する金銭。「―を募る」

じょうざい【錠剤】 粒状に圧縮した薬剤。タブレット。

じょうざいきん【常在菌】 人の体に普通にいる細菌。腸内、皮膚の表面、鼻腔(びこう)内などに多くの種類が存在する。通常は病気を引き起こすことはないが、免疫力が低下した際などに日和見(ひよりみ)感染を起こすことがある。

しょうさく【小策】 小手先のつまらない策略。

じょうさく【上作】 ①すぐれたできばえ。↕下作(げさく)。②豊作。

じょうさく【上策】 すぐれたはかりごと。↕下策(げさく)

じょうさし【状差(し)】(柱などに掛けて)手紙・はがきを差しておく入れもの。

しょうさつ【小冊】 小さな、または薄い書物。↕大冊

しょうさつ【笑殺】 ①『名・ス他』笑って、まるで問題としないこと。②『名・ス他自』大いに笑わせる、または笑うこと。

しょうさっし【小冊子】 小型の薄い書物。パンフレット。

じょうさま【上様】(勘定書・領収書などに)あて名の代わりに書く敬称。うえさま。

しょうさん【消散】『名・ス自他』消え散ること。広がり消えてなくなること。消し散らすこと。

しょうさん【硝酸】 窒素・酸素・水素からなる強酸。無色の液体で、刺激臭がある。湿気を含む空気中では煙を立てる。強い酸化作用をもち、セルロイド・爆薬などの製造に使う。　**―アンモニウム** 硝酸塩の一種。硝酸をアンモニアで中和してできる。白色・針状の結晶。窒素肥料・寒剤・火薬原料など用途が広い。硝安。　**―えん【―塩】** 硝酸中の水素原子を金属やそれに類する原子団で置きかえた化合物(塩(えん))。天然にはナトリウム塩(チリ硝石)が最も多く存在。　**―カリウム** 硝酸塩の一種。透明または半透明の結晶。天然には硝石として産出し、火薬・肥料の原料。　**―ぎん【―銀】** 硝酸塩の一種。銀を硝酸で融解して得る。無色透明で板状の結晶。医薬・分析試薬や写真用感光材・銀メッキなどに利用。

しょうさん【称賛・称×讃・賞賛・賞×讃】『名・ス他』ほめたたえること。「―を浴びる」「―を博する」「―に価する」

しょうさん【勝算】 勝てそうな見込み。勝ちみ。勝ち目。

じょうさん【蒸散】『名・ス自』植物体内の水分が(主に気孔から)水蒸気になって外に発散すること。▽一般の液体の蒸発と区別して使う。

じょうざん【乗算】 かけざん。乗法。↕除算

しょうし【将士】 一軍の将と士卒。将校と兵士。

しょうし【小史】 ①簡単な歴史。略史。②自分の雅号などの下につける語。「鏡花―」

しょうし【小×祠】 小さなほこら。

しょうし【尚歯】 老人をうやまうこと。敬老。▽「尚」はとうとぶ、「歯」は年齢の意。

しょうし【焼死】『名・ス自』焼け死ぬこと。

しょうし【笑止】『名ナノ』笑うべきこと。ばかばかしくておかしいこと。▽すぐれた事の意の「勝事」が、大事件の意から、困った事の意になり、やがて「笑止」と書かれるようになった。　**―せんばん【―千万】**『名ナノ』たいそう笑止なこと。

しょうし【証紙】 金を払ったこととか品質・数量とかの保証のために、書類・品物等にはる紙。

しょうし【賞詞】 ほめことば。賞辞。

しょうし ①【×頌詞】(人徳・功績などを)ほめたたえる文章。頌辞。②【×頌詩】(人徳・功績などを)ほめたたえる詩。

しょうじ【商事】 商法によって律せられるべき事柄。　**―がいしゃ【―会社】** 商法の適用を受ける営利的行為を目的とする社団法人。

しょうじ【小事】 さほど重要でない事柄。ちょっとした事。↕大事。「大事の前の―」

しょうじ【少時】 ①幼少のとき。②しばらくの間。

しょうじ【尚侍】 明治から昭和初年にかけての宮中の最上級の女官。▽「しょうし」とも言う。もと、内侍司(ないしのつかさ)の長官。ないしのかみ。

しょうじ【正時】(一時零分零秒などの)きっかりの時刻。「毎―に発車」

しょうじ【生死】〔仏〕①生あるもののこの世における存在の初めと終わり。生と死。②迷いの世界で生まれ変わり死に変わりすること。輪廻(りんね)。▽→せいし(生死)

しょうじ【粧次】(男から)女に出す書簡で、相手の名の敬称の下に添えて敬意を表す語。「片山広子様―」(芥川龍之介書簡)▽男への書簡での「机下」に当たる。既に古風。

しょうじ【障子】 家の建具の一つ。大きな木の枠に、縦横に多くの細い桟をつけ、紙をはったもの。あかり障子。▽もと、和室の境、窓などに立てる建具の総称で、ふすまの類も含めて言った。

しょうじ【賞辞】 →しょうし(賞詞)

しょうじ【×頌辞】 →しょうし(頌詞)

じょうし【上司】 その人より上級の役人。(その官庁の)上級の官庁。また、会社などでその人より役職が上の人。

じょうし【上士】 ①江戸時代の(各藩の)上級武士。↕下士。②身分が高くてすぐれた男子。③仏教で、菩薩(ぼさつ)。

じょうし【上×巳】 五節句の一つ。陰暦三月三日の桃の

節句。じょうみ。

じょうし【上市】『名・ス他』初めて市場に出すこと。発売すること。「新製品を―する」

じょうし【上×梓】『名・ス他』図書を出版すること。▽昔は、梓(あずさ)の版木に刻んで図書を印刷したからという。

じょうし【上肢】人の四肢のうち、上の一対、すなわち腕。↕下肢。▽四足動物の前肢にあたる。

じょうし【城×址】しろあと。

じょうし【城市】①城がある町。城下町。②中国で、(城壁で囲まれた)都市。

じょうし【情死】『名・ス自』恋愛関係にある二人が、いっしょに自殺すること。心中(しんじゅう)。

じょうじ【情事】(男女間の)情愛に関する事柄。いろごと。

じょうじ【常時】《多く副詞的に》ふだん。つね。いつも。「―携帯している」

じょうじ【畳字】→おどりじ

しょうじい‐れる【△請じ入れる・招じ入れる】『下一他』招き入れる。家の中へ案内して通す。

しょうしか【少子化】出生率の低下により、子供の数が少なくなること。▽一九九二年度の国民生活白書で使われた造語。「少子」は、もと末子や幼児の意で使った。

しょうじき【正直】『名・ダナ』正しく素直で、偽り・ごまかしをしない性質・態度。「―の頭(こうべ)に神宿る」(正直な人は神が守ってくれる)「―(な所)、困っている」▽「―言って」の形もよく使うが、「―を言って」の「を」の省略と考えられる。「―に言って」の形もある。派生 **‐さ**

じょうしき【常識】健全な一般人が共通に持っている、または持つべき、普通の知識や思慮分別。「―的」「―のない人」「―の線に落ちつく」「―を働かせる」

じょうしきまく【定式幕】縦に右から、多くは萌黄(もえぎ)・柿色・黒の縞(しま)が入った、歌舞伎の引き幕。

じょうしぐん【△娘子軍】①昔、中国で、女だけで編成する部隊。②比喩的に、(十九世紀後半から、日本の業者が集めてアジアなどに送った)風俗営業の女の群れ。

しょうしげん【省資源】無尽蔵でない地球の資源を、無駄を省いて大切に使うこと。

しょうしつ【消失】『名・ス自』消えうせること。なくなること。「権利が―する」

しょうしつ【焼失】『名・ス自他』焼けうせること。焼けたために失うこと。「宝物を―する」

じょうしつ【上質】『名・ダナ』質が上等なこと。「―紙」「―の品」「―な素材」「―を求める」

じょうじつ【情実】私情がからんで、公平な(または、強い)処置がしにくい事柄。また、そういう状態。「―にとらわれない人事」「―を排して処理する」

しょうしみん【小市民】①↓プチブル。②俗に、つましく暮らす一般の人。

しょうしゃ【商社】商業上の目的のために、組織される法人。「―員」▽company を訳した語。現在では貿易商社を指す場合が多い。

しょうしゃ【小社】自分の属する会社の謙称。

しょうしゃ【×哨舎】見張り小屋。

しょうしゃ【×廠舎】軍隊が演習先などでとまるための、簡単な造りの屋舎。

しょうしゃ【照射】『名・ス自他』光が照りつけること。(光・放射線などを)照らしあてること。「レントゲン―」

しょうしゃ【×瀟×洒】『ダナ・トタル』すっきりとしゃれているさま。俗っぽさがなく、あかぬけしているさま。「背広を―に着こなす」「―な建物」

しょうしゃ【傷者】けがをした人。負傷者。

しょうしゃ【勝者】勝った人。↕敗者

しょうじゃ【生者】『―必滅、会者(えしゃ)定離(じょうり)』世は無常だから、生ある者は必ず死に、会った人は必ず離れ離れになるものだ。

しょうじゃ【精舎】〔仏〕出家修行者の住居。僧房。寺。「祇園(ぎおん)―の鐘の声」(平家物語)▽梵語(ぼんご)の漢訳語。

しょうじゃ【△聖者】〔仏〕煩悩(ぼんのう)を払い捨て、正しい道理を悟った人。▽「せいじゃ」と読めば別の意。

じょうしゃ【乗車】①『名・ス自』車に乗ること。↕下車・降車。②『名』乗っている車。「暴漢が―を襲う」
―けん【―券】鉄道・バスなどに乗るための切符。

じょうしゃ【浄写】『名・ス他』きれいに書き写すこと。清書。浄書。

じょうしゃ【盛者】『―必衰』世は無常だから、勢いの盛んな者も、ついには必ず衰え滅びる。

しょうしゃく【小酌】①小人数の宴会。②ちょっと酒を飲むこと。軽く一杯やること。

しょうしゃく【照尺】小銃のねらいを定めるために銃身の手前の方につけた装置。視線上で照星に合わせて用いる。

しょうしゃく【焼×灼】『名・ス他』病組織を焼いて破壊すること。その外科的治療法。粘膜等の止血にも使う。

しょうじゅ【△聖衆】〔仏〕極楽浄土に往生を願う人の臨終に、阿弥陀仏(あみだぶつ)と共に来迎(らいごう)する諸菩薩(ぼさつ)。▽聖者衆の意。

じょうしゅ【城主】一城のあるじ。城の主将。また、江戸時代、国持ちではないが城を持っている大名の格式。

じょうしゅ【情趣】おもむき。しみじみとした味わい。「―に富む」「―を解さない」

じょうじゅ【成就】『名・ス自他』願いがかなうこと。望みや計画どおりになしとげること。「画業が―する」「大願を―した」

しょうしゅう【召集】『名・ス他』召し集めること。㋐国会議員に対し一定の期日に各議院に集会することを、天皇が内閣の助言・承認によって命じること。㋑戦時その他の必要によって、在郷(ざいごう)軍人を軍隊に

召し集めること。▽現在の法律では「招集」と同義と見てよいが、国会に関しては「召集」を使う。 **―れい【―令】** 在郷軍人を召集する命令。 **―れいじょう【―令状】** 在郷軍人を召集する命令書。

しょうしゅう【招集】《名・ス他》招き集めること。招いて、集まるように促すこと。「―をかける」▽→しょうしゅう(召集)。 **―けん【―権】** 会議・総会などを開くために、メンバーを呼び集めることができる権利。

しょうしゅう【消臭】《名・ス他》いやなにおいを消すこと。「―剤」

しょうじゅう【小銃】 携帯用の銃。鉄砲。

じょうしゅう【常習】《名・ス他》いつもある(悪い)行いをすること。いつもの行いやならわし。「―的」 **―はん【―犯】** 同種の犯罪を常習とすること。また、その人。

じょうじゅう【常住】《名・ス自》①いつもそこに住んでいること。②《副詞的に》ふだん。いつも。「―考えている事」③〔仏〕生滅・変化がなく常に存在すること。↔無常。 **―ざが【―×坐×臥】** すわるにもねるにも。ふだん。 **―ふだん【―不断】** 常にたえることなく続いていること。へいぜい。ふだん。

しょうしゅつ【×妾出】 →しょうふく(妾腹)

しょうしゅつ【抄出】《名・ス他》他の書物から部分的に抜書きをすること。

しょうじゅつ【詳述】《名・ス他》詳しく述べること。

じょうじゅつ【上述】《名・ス他》前に述べたこと。前述。

じょうしゅび【上首尾】 物事がうまいぐあいに運ぶこと。▽→しゅび(首尾)

しょうしゅん【×頌春】 新年をほめたたえること。賀春。▽年賀状などに使う語。

しょうじゅん【照準】《名・ス自》弾丸が目標に命中するようにねらいを定める操作。また、ねらいをつけること。「―を合わせる」「―器」

しょうじゅん【昇順】 数の小さいものから大きいものへ進む順序。上昇順。↔降順

じょうじゅん【上旬】 月の初めの十日間。↔中旬・下旬

しょうしょ【小暑】 二十四気の一つ。夏至(げし)から十五日目、陽暦七月七日ごろ。暑さが本格的になる。

しょうしょ【消暑・×銷暑】 →しょうか(消夏)

しょうしょ【尚書】 イギリスの、国王の文書をつかさどる大臣。「王璽―」▽もと中国の官名の一つ。初めは小官だったが、明(みん)では中央政府の長官。

しょうしょ【証書】 事実を証明する文書。「卒業―」

しょうしょ【詔書】 国の機関としての天皇の意思表示の公文書で、一般に公示されるもの。

しょうじょ【少女】 年が若い女。年少の女子。おとめ。

しょうじょ【昇叙・×陞叙】《名・ス自》上級の官位に叙せられること。

じょうしょ【上書】《名・ス自》意見を述べるため官・主君・貴人に書面を差し出すこと。また、その書面。

じょうしょ【浄書】《名・ス他》清書(をすること)。

じょうしょ【情緒】 →じょうちょ

じょうじょ【乗除】《名・ス他》掛け算(をすること)と割り算(をすること)。「加減―」

しょうしょう【小照】 小さな絵すがた・写真。

しょうしょう【少少】 数量や程度がわずかなこと。すこしばかり。「―お待ちください」「塩―を加えます」「―のことでは参らない」

しょうしょう【少将】 陸海軍の将官の最下位。中将の下。▽昔、近衛(このえ)府で、中将の次位のもの。

しょうしょう【×悄×悄】《ト タル》元気がなく、うちしおれた様子。しおしお。「うなだれて―と現れる」

しょうしょう【商相】(以前の)商工大臣の略称。

しょうしょう【×蕭×蕭】《ト タル》物寂しいさま。「雨が―と降る」

しょうじょう【生生】 ①生まれては死に、死んでは生まれ、生死を繰り返すこと。「―流転(るてん)」。その長い間。「御恩は―忘れまい」▽仏教の生死観による。②生きているさまざまの人。衆生(しゅじょう)。 **―せぜ【―世世】** ①人が生き変わり死に変わりして経る多くの世。②《副詞的に》現世も後世も。いつまでも。

しょうじょう【商状】 取引の状態・情況。

しょうじょう【症状】 病気・きずの状態。「自覚―」

しょうじょう【賞状】 成績・功労などについてほめことばを書いて与える文書。

しょうじょう【小乗】〔仏〕人々を悟りに導き救済するのでなく、自己の解脱(げだつ)を重視する仏教の流派。↔大乗。▽劣った乗り物の意。大乗の立場から批判的に名づけた。

しょうじょう【清浄】 少しもけがれがなく清らかなこと。「―潔白」。特に仏教で、煩悩(ぼんのう)や罪のないこと。「六根―」

しょうじょう【×猩×猩】 ①→オランウータン。②中国の伝説上の獣。形は人に似、人語を解し、酒好きという。③大酒飲みの人。 **―ばえ【―×蠅】** 体長二〜三ミリほどの小さなハエ。種類が多く人家にも普通。酒など発酵したものによく集まる。世代交代が速い、染色体の数が少ないなどの理由で、遺伝の実験動物に使われる。▽しょうじょうばえ科のハエの総称。 **―ひ【―×緋】** やや黒みを帯びたあざやかな紅色。また、その色の舶来の毛織物。「―の陣羽織」

しょうじょう【×蕭条】《ト タル》まわりの風景が、目を楽しませるものもなく物寂しいさま。「満目―たる冬景色」

しょうじょう【×霄壌】『―の差』天と地ほどの大きな隔たり。雲泥の差。

じょうしょう【上昇】《名・ス自》(空間を上へと)のぼること。あがること。また、程度が高まること。↔下降・低下。「―気流」「物価が―する」「急―」

じょうしょう【上声】 漢字の四声の一つ。現代中国語では、発音の終わりがしり上がりになるもの。じょうせい。

じょうしょう【×丞相】①昔中国で、天子をたすけて政務を執行した大臣。②昔日本で、大臣の異称。▽「しょうじょう」とも言う。「丞」も「相」も助ける意。

じょうしょう【条章】箇条書きにした文章。

じょうしょう【常勝】《名・ス自》戦えばいつも勝つこと。負け知らずに勝ち続けること。

じょうじょう ①【上上】《ノダ》《「―な」も使う》これより上が望めないばかりに、よいさま。「―の天気」「首尾は―だ」▽②との区別が一般に失せた。②【上乗】《名》最もまさること。「―のできばえ」▽↓⑴。もと仏教で、最上の教え。大乗。　**―きち**【上上吉】①この上もなく吉であること。②元禄(げんろく)時代の芸事・役者の位づけで、評判が最上のもの。

じょうじょう【上場】《名・ス他》①ある株券・商品を、取引所が、売買の対象として定めること。「―株」②上演。

じょうじょう【条条】①《名》いちいちの箇条。「―審議する」「疑問の―」②《副と》細長く伸びるさま。

じょうじょう【×嫋×嫋】《ト タル》①風がそよそよと吹くさま。「―たる微風」②なよなよとしたさま。しなやかなさま。「―として覇気に乏しい」「―となびく秋草」③音声が長くかぼそく続くさま。「余韻―」

じょうじょう【情状】（ある結果に至った）実際の事情。　**―しゃくりょう**【―酌量】《名・ス他》裁判官が、判決に当たって、犯罪に至った事情のあわれむべき点をくんで、刑罰を軽くすること。

しょうしょく【小職】官職についている人が自分を指して言う語。「―はこう判断します」

しょうしょく【少食・小食】《名ナ》食べる分量が少ないたちであること。

じょうしょく【常食】《名・ス他》日常の事としてとる食事・食物。「米を―にする」

しょう-じる【生じる】①《上一自》（草木が）生える。②《上一自》転じて、物事が起こる。「難問が―」「加齢に伴って―じた心身の変化」③《上一他》生やす。④《上一他》転じて、現れ出るようにする。「産業構造に歪(ゆが)みを―」▽「しょうずる」とも言う。

しょう-じる【△請じる・招じる】《上一他》招く。招待する。しょうずる。

じょう-じる【乗じる】①《上一自》ある情況をうまく利用しながら何かを行う。つけいる。「すきに―」「夜陰に―」②《上一他》掛け算をする。掛ける。▽「じょうずる」とも言う。

しょうしん ①【傷心・傷神】《名・ス自》悲しく思うこと。心を痛めること。心痛。②【傷心】《名》痛められ傷ついた心。「―をいやす」

しょうしん【焦心】《名・ス自》思い煩うこと。また、あせること。

しょうしん【衝心】《名・ス自》脚気(かっけ)の病状が進んで現れる急性の心不全。その症状が現れること。時に死に至る。脚気衝心。

しょうしん【小心】《名ナ》気が小さくて、臆病なこと。小胆なこと。▽もと、慎み深い、注意深い意。派生 -さ　**―よくよく**【―翼翼】《ト タル》気が小さくてびくびくしているさま。▽もと、慎み深くて、細事にまで注意し、おろそかなことのないようにするさま。

しょうしん【小身】身分が低いこと。俸禄(ほうろく)が少ないこと。また、そういう人。↕大身(たいしん)

しょうしん【昇進・×陞進】《名・ス自》官位・地位があがって行くこと。

しょうしん【正真】まこと。偽りでないこと。「―正銘」

しょうしん【焼身】自分の身体に火をつけること。「―自殺」

しょうじん【小人】①器量が小さい人。「―閑居して不善をなす」（小人物はひまでいるとろくな事をしない）②子供。▽⑴⑵は↕大人(たいじん)。③身分が低い人。こもの。

しょうじん【消尽】《名・ス他》使いきること。

しょうじん【焼尽】《名・ス自他》焼けつくすこと。焼きつくすこと。

しょうじん【精進】《名・ス自》①〔仏〕雑念を去り一心に仏道修行すること。②身をきよめ行いを慎むこと。③肉類を食べず菜食すること。④その事に打ち込んで努力を続けること。　**―あけ**【―明け】↓しょうじんおち。　**―あげ**【―揚(げ)】野菜のてんぷら。　**―おち**【―落(ち)】精進⑶の期間が終わって、肉食ができるようになること。精進明け。　**―けっさい**【―潔斎】《名・ス自》飲食を慎み身体をきよめ、けがれを避けること。　**―もの**【―物】肉類を用いない食物。　**―りょうり**【―料理】精進のため、魚・肉類を避けた料理。

じょうしん【上申】《名・ス他》意見・情況などを、上官・上役などに申し上げること。「―書」

じょうじん【常人】特に変わったところのない、普通の人。

じょうじん【情人】恋人。愛人。いろ。じょうにん。

じょうしんこ【上×糝粉・上新粉】精白したうるち米を細かく挽(ひ)いた粉。和菓子の材料。

しょうず【詳図】くわしい図面。特に、一部分を取り上げ詳しく示した図。詳細図。

じょうず【上手】《名・ダナ》①ある物事をする技術がすぐれていること。巧みなこと。そういう人。「名人―」「―の手から水が漏る」（じょうずな人も時に失敗することがある）。また一般に、てぎわがよいこと。うまいこと。「―に立ち回る」▽↕下手(へた)。②《多く「お―」の形で》世辞。世辞を言うこと。▽「うわて」「かみて」と読めば別の意。派生 -さ 関連 うまい・すぐれる・ひいでる・巧み・得手・器用・巧緻・巧妙・熟練・絶妙・達者・堪能・得意・優秀・老巧・老練　**―もの**【―者】口先巧みにうまく立ち回る人。

しょうすい【将帥】大軍をひきいて敵と対戦する（最高位の）将軍。

しょうすい【小水】小便。

しょうすい【×憔×悴】『名・ス自』(心痛や病気のため)やつれること。

しょうずい【祥×瑞】めでたいまえぶれ。瑞祥。吉兆。

じょうすい【上水】①上水道で供する飲用になる水。②「上水道」の略。▽↕下水(げすい)。 ―どう【―道】飲料その他の給水の目的で、水を導くために作った施設。↕下水道

じょうすい【浄水】汚れのないきれいな水。㋐衛生上無害にした水。「―場」㋑社寺で参拝の前に手を洗い清める水。

しょうすう【小数】①小さい数。また、数が少ないこと。②〔数学〕絶対値が一以下の桁をもつ数。一未満のものを純小数、一以上のものを帯小数と呼び、特に純小数を言うことがある。 ―てん【―点】小数を表す時、一の桁の右側に打つ点。この点の右は一〇分の一、その右は一〇〇分の一の桁を表す。

しょうすう【少数】数が少ないこと。↕多数。「―民族」「―意見」

じょうすう【乗数】掛け算で、掛ける方の数。

じょうすう【常数】→ていすう(1)㋑

しょうずかのばば【△三△途河の△婆・△葬頭河の△婆】三途(さんず)の川のほとりに居て亡者の衣類を奪い取る鬼婆(おにばば)。奪衣婆(だつえば)。▽サンズカ←ソウズカと転じて出来た語。

しょう-する【称する】『サ変他』①(名前や名目として)……と言う。名づけて呼ぶ。「みずから名人と―」「出張と―して旅行する」②ほめる。「その徳を―」

しょう-する【証する】『サ変他』①証拠だてる。証明する。②うけあう。保証する。

しょう-する【×誦する】『サ変他』節(ふし)をつけてよむ。唱える。

しょう-する【賞する】『サ変他』①ほめる。たたえる。②めでる。楽しむ。「花を―」

しょう-する【×頌する】『サ変他』功績を文章につづってほめたたえる。

しょう-ずる【生ずる】『サ変自他』↓しょうじる(生)

しょう-ずる【△請ずる・招ずる】『サ変他』↓しょうじる(請)

しょうせい【勝勢】勝ちそうな勢い。勝ちめのあること。

しょうせい【将星】①名声に輝く大将や将軍。▽ほめ言葉。②昔、中国で大将になぞらえた星。

しょうせい【照星】ねらいを定めるため銃身の先につけた三角形の小突起。▽↓しょうしゃく(照尺)

しょうせい【小生】自分をへりくだって言う語。▽男が主に書簡に使う。もと、後輩の意。文語的。

しょうせい【小成】わずかばかりの成功。「―に安んじる」

しょうせい【招請】『名・ス他』頼んで来てもらうこと。(人を)招き呼ぶこと。「―状」

しょうせい【焼成】『名・ス自他』原料を分解する、硬度を増す、色調を整えるなどの目的で、原料や半製品を加熱すること。

しょうせい【笑声】わらいごえ。

しょうせい【鐘声】かねの鳴りひびく音。

じょうせい【上声】↓じょうしょう(上声)

じょうせい【上世】おおむかし。上代。上古。

じょうせい【上製】上等に作ったもの。↕並製(なみせい)

じょうせい【情勢・状勢】物事の事情やなりゆき。形勢。「国際―」「客観的―」

じょうせい【醸成】『名・ス他』①酒などをかもすこと。②転じて、ある機運・情勢をつくり出すこと。「不安を―する」

しょうせき【硝石】硝酸カリウムを主成分とする鉱石。また、硝酸カリウムの別称。▽もと「消石」と書いた。

しょうせき【証跡】証拠となる痕跡。

じょうせき【上席】①その場所で上位とされる席。上座(かみざ)。②その人より上の席次または等級。「―の検事」

じょうせき【定席】①決まった座席・場所。②常設の寄席(よせ)。

じょうせき ①【定石】㋐囲碁で、最善とされる決まった打ち方。㋑転じて、物事を処理する時の、決まった仕方。「―を踏む」②【定跡】将棋で、最善とされる決まったさし方。

しょうせつ【小雪】①少しの降雪。②二十四気の一つ。陽暦十一月二十三日ごろ。冬と言っても雪がまだそれほどでない時季。

しょうせつ【小節】①大したことでない節操。「―にこだわる」②〔音楽〕楽譜で、縦線で句切られた区間のそれぞれ。

しょうせつ【小説】文学の一形態。作者の構想を通じて、人物や事件、人間社会を描き出そうとする、話の筋をもった散文体の作品。「長編―」「―家」

しょうせつ【章節】長い文章の章や節の句切り。

しょうせつ【詳説】『名・ス他』詳しく説明すること。また、その説明。

じょうせつ【常設】『名・ス他』常に設けてあること。「―展」 ―かん【―館】映画を毎日上映する建物。

じょうぜつ【×饒舌】『名・ダナ』口数多く(くどく)しゃべること。おしゃべり。「―をふるう」「―家」▽「饒」はあり余る意。「冗舌」は代用表記。派生 -さ

しょうせっかい【消石灰】生石灰に水をかけるとできる白色の粉末。水酸化カルシウム。肥料・消毒用、また、モルタルの原料。

しょうせっこう【焼石×膏】石膏(せっこう)を熱して得られる白色の粉末。水を加えると固まる性質がある。チョーク、かべの原料、彫刻材料にする。やきせっこう。

しょうせん【商戦】商業上の競争。商売合戦(がっせん)。「中元―」

しょうせん【商船】営業の目的で人・貨物を輸送する船。

しょうせん【省線】鉄道省やその後身の運輸通信省・運輸省が管理した鉄道。そのうち特に、「省線電車」と呼ばれた大都市近郊の路線。▽→こくでん

しょうぜん【小善】ちょっとした善行。

しょうぜん【承前】前文をうけつぐこと。

しょうぜん【×悄然】『ト タル』元気がない様子。しょげているさま。憂いに沈んでいるさま。

しょうぜん【×悚然・×竦然】『ト タル』恐れる様子。びくびくするさま。ぞっとするさま。

しょうぜん【×蕭然】『ト タル』ひっそりとして物寂しい様子。蕭条(しょうじょう)。

じょうせん①【乗船・上船】『名・ス自』船に乗ること。↕下船(げせん)。②【乗船】『名』乗っている船。

しょうせんせかい【小千世界】〔仏〕須弥山(しゅみせん)を中心とする千の世界。→さんぜんせかい

しょうぜんてい【小前提】三段論法で、二個の前提のうち小概念を含む方の前提。▽→さんだんろんぽう

しょうそ【勝訴】『名・ス自』訴訟で勝つこと。↕敗訴

じょうそ【上訴】『名・ス自』①上の者、特にお上(かみ)に訴えること。②〔法律〕上級の裁判所に対して不服の申立てをすること。控訴・上告・抗告の総称。

しょうそう【尚早】まだその条件がととのっていないこと。まだ早すぎること。「時期—」

しょうそう【少壮】『ノダ』若くて元気一杯なさま。「—気鋭」

しょうそう【焦燥・焦×躁】『名・ス自』あせっていらだつこと。「—感に駆られる」

しょうぞう【抄造】『名・ス他』原料をすいて(＝抄)紙をつくること。そのうち特に、原料をすく工程。

しょうぞう【肖像】ある人の顔・姿をうつしとった、絵・写真・彫刻の像。「—画」

じょうそう【上奏】『名・ス他』大臣・議院・官庁等が天皇に意見を申し述べること。「—文」

じょうそう【上層】重なった上の方の層。↕下層。「—の雲」「—階級」

じょうそう【情操】(道徳的・芸術的・宗教的など)社会的価値をもった感情で、複雑なもの。「—教育」

じょうぞう【醸造】『名・ス他』発酵作用を応用して酒類・味噌(みそ)・薬品などを製造すること。「—酒」

しょうそく【消息】①たより。手紙。知らせ。「—を絶つ」②人や物事の動静。なりゆきについての事情。「財界人の—に通じている」「—不明」▽「息」は生き長らえる意で、もと、消えることと生じること。移り変わり。 **—し**【—子】↓ゾンデ(1)。 **—すじ**【—筋】その方面の情報をつかんでいる人。 **—つう**【—通】その方面の事情をよく知っている人。

しょうぞく【装束】特別の目的に備えた衣装。「—を正して居並ぶ」「死に—」「火事—」「白—」「能—」

じょうぞく【上×蔟】『名・ス自他』十分成熟した蚕を、繭を作らせるために蔟(まぶし)に入れること。また、蚕が蔟に入ること。

しょうそつ【将卒】将校と兵卒。将兵。

しょうそん【焼損】『名・ス自他』焼けてこわれること。焼いていためること。

しょうたい【小隊】軍隊編成上の小単位。分隊より大きく中隊より小さい。

しょうたい【正体】①そのもののほんとうの姿。「—を現す」②正気(しょうき)の時の心身の姿。本心。正気。「—もなく酔う」▽「せいたい」と読めば別の意。

しょうたい【招待】『名・ス他』客を招くこと。客を招いてもてなすこと。「友人を結婚式に—する」「ご—にあずかる」「—状」▽「しょうだい」とも言う。

しょうだい【昭代】太平の世。安らかで栄えている世。

じょうたい【上体】人体の腰から上の部分。

じょうたい【上×腿】下肢の、ひざから上の部分。

じょうたい【常態】日常普通の状態。

じょうたい【常体】文末に「です」「ます」などの丁寧語を用いない、普通の口語の文体。↕敬体

じょうたい①【状態】事物が、その時にそうなっている、ありさま。特に、外面からでもそれとわかる様子。「仮死—」②【情態】心のありさま。また、心理的な状態と外面的な状態との総称。

じょうだい【上代】おおむかし。上古。上世。歴史区分では、奈良時代ごろを指す。

じょうだい【城代】城主に代わって、城を守る者。江戸時代、城持ち大名の留守(るす)の間、一切の政治をつかさどった家老。城代家老。

しょうたく【小宅】小さい家。「貧乏儒生の—」「ちと—(＝拙宅)にもお越し下さい」

しょうたく【×妾宅】めかけを住まわせる家。

しょうたく【沼沢】ぬまとさわ。「—地」(池や沼が多い低湿地)

しょうだく【承諾】『名・ス他』(願い・要求を)聞き入れること。引き受けること。承引。「出演を—する」

じょうたつ【上達】①『名・ス自』技能が進んで、うまくなること。「—が早い」②『名・ス他』上の方に達し通じること。「下意—」「—を求める」「—を得る」

しょうだて【章立て】文章を構成する章の立て方や並べ方。「論文の—」

じょうだま【上玉】①上等の品物。②花柳界などで、美人。

しょうたん【小胆】『名ナノ』気が小さく、勇気がないこと。度胸がないこと。小心。

しょうたん【称嘆・称×歎】『名・ス他』感心してほめそやすこと。▽「称嘆」は代用表記。

しょうだん【商談】商売上の用談。取引の相談。「—がまとまる」

しょうだん【昇段】『名・ス自』(柔道・剣道・碁・将棋など段位がある技芸で)段位があがること。

じょうだん【上段】①上の段。㋐棚などの高い方の段。↕下段(げだん)・中段。㋑刀を頭上にかざし構えること。↕下段・中段。㋒一室の中で床(ゆか)が一段高くなっている所。②かみざ。▽上位の人を上段(1)㋒に招じるから。

じょうだん【冗談】①ふざけて言う話。「―を飛ばす」②転じて、ふざけてする事。「―がすぎる」「―半分に」▽もと、むだぐちの意。　**―ぐち【―口】**ふざけて言う言葉・話。「―をたたく」

じょうだん【常談】日常普通の話。

しょうち①**【召致】**《名・ス他》召し寄せること。②**【招致】**《名・ス他》招いて来てもらうこと。「オリンピックを―する」

しょうち【小知・小×智】うわべだけにしか触れていない浅はかな知恵。↔大知(たいち)

しょうち【承知】《名・ス他》①旨を承って知ること。「その話なら―しています」②(願い・要求を)聞いて引き受けること。「今度やったら―しない(＝許さない)」　**―のすけ【―×之助】**(俗)承知したということを人名めかしていう語。「おっと合点、―」

しょうち【勝地】景色のよい所。景勝の地。「―に富む」

じょうち【上地】①上等の土地。②土地を政府機関に納めること。また、その土地。

じょうち①**【城地】**城と領地。②**【城池】**城の守りにめぐらした堀。また、城とその堀。

じょうち【常置】《名・ス他》いつも設けて置くこと。「―委員会」「―信号機」

じょうち【情痴】理性を失うほど色情に迷うこと。

しょうちくばい【松竹梅】(めでたい植物としての)松と竹と梅。

しょうちゅう【掌中】てのひらの中。「―に帰する」(自分のものになる)「―の珠(たま)」(最愛の子。また、大事なもの)

しょうちゅう【焼酎】蒸留酒の一種。酒かすや米・麦・さつまいもなどから作る。アルコール分が多い。

じょうちゅう【×絛虫・条虫】脊椎動物の腸内に寄生する生物。体は扁平(へんぺい)で細長い。消化器官は退化し、体表から栄養を吸収する。裂頭条虫・瓜実(うりざね)条虫・エキノコックスなど種類が多い。俗に「さなだむし」と呼ばれる。▽条虫綱の扁形動物の総称。「絛」は「とう」が本来の読み方。

じょうちゅう【常駐】《名・ス自》①いつも駐在していること。②コンピュータで、ソフトウェアなどが常に動作していること。

じょうちょ【情緒】①きっかけとなる何かがあって心の動きが誘われる、その気分やその場の雰囲気。「下町―」「―纏綿(てんめん)」②↓じょうどう(情動)。「―不安定」▽「じょうしょ」が正しく、「じょうちょ」は慣用読み。

しょうちょう【小腸】腸の一部。胃と大腸とをつなぐ曲がりくねった管状の器官。食物を消化・吸収する。十二指腸・空腸・回腸に分けられる。

しょうちょう【消長】《名・ス自》物事が衰えて消えるか伸びて盛んになるか、というなりゆき。物事が衰えたり盛んになったりすること。「勢力の―」

しょうちょう【象徴】《名・ス他》主に抽象的なものを表すのに役立つ、それと関係が深いまたはそれを連想させやすい、具体的なもの。抽象的な物事を具体的な形として表すこと。▽赤が情熱や革命を、ハトが平和を象徴する類。　**―し【―詩】**(叙述的表現によって直接にアイデアを歌うことをせず)象徴を手法として暗示的に表現する詩。　**―しゅぎ【―主義】**自然主義・写実主義に反抗し、最も内面的な深い観念・情趣を象徴によって表現しようとする芸術上の主張。

じょうちょう【上長】①めうえ。また、としうえ。②上司(である長)。

じょうちょう【冗長】《名・ダナ》述べ方が長たらしく、むだのあること。「―をきらって簡潔に書く」「―に流れる」 派生 **‐さ**

じょうちょう【情調】①いかにも、その時代らしさ、その場所らしさを湛(たた)えている、趣(おもむき)。「江戸―」「大川端(おおかわばた)―」②感覚に伴う快・不快などの感情。

しょうちょく【詔勅】天皇が公に意思を表示する文書。詔書と勅書と勅語と。

じょうちょく【常直】《名・ス自》毎日宿直すること。

しょうちん【消沈・×銷沈】《名・ス自》衰えてしまうこと。消えうせること。「意気―」

しょうつき【祥月】一周忌以後において、故人の死んだ当月。　**―めいにち【―命日】**故人が死んだ月日に当たる月日。

じょうっぱり【情っ張り】《名ナ》意地を張り通すこと。そういう人。いじっぱり。

じょうづめ【定詰(め)・常詰(め)】①勤めとして始終詰めていること。②いつもきまった場所に詰めていること。

しょうてい【少弟・小弟】①幼い弟。▽自分の弟をへりくだっても言う。②自分をへりくだって言う語。↔大兄(たいけい)。▽(1)(2)とも今はほとんど使わない。

しょうてい【章程】①おきて。②事務執行上の細則。

じょうてい【上帝】天の神。㋐天帝。㋑造物主。

じょうてい【上程】《名・ス他》議案を会議にかけること。

しょうてき①**【小敵】**弱い敵。↔大敵。②**【少敵・小敵】**少数の敵。

じょうでき【上出来】《名ナ》できばえ・品質などがすぐれていること。↔不出来。「―のメロン」

じょうてもの【上手物】人手がかかった高価な工芸品。↔下手物(げてもの)

しょうてん【商店】商品を売る店。「―街」

しょうてん【小×篆】漢字の書体の一つ。大篆(だいてん)より簡略で字形はやや長く、現在でも印鑑などに使う。▽↓てんしょ(篆書)

しょうてん【召天】《名・ス自》キリスト教で、信者が死ぬこと。▽天に召される意。

しょうてん【昇天】《名・ス自》①天高くのぼること。「旭日(きょくじつ)―」②キリスト教で、キリストが復活後、天にのぼったこと。③一般に、人が死ぬこと。

しょうてん【衝天】天をつくこと。天をつくばかりに勢いが盛んなこと。「意気―」

しょうてん【焦点】①〔物理〕反射鏡・レンズに平行に入射し、反射・屈折した光線が集まる点。②（人々の）関心・注意が集まる点。「話題の―」③〔数学〕楕円(だえん)・双曲線・放物線を作る基本になる点。 **―きょり**【―距離】反射鏡・レンズの中心と焦点との間の距離。

しょうでん ①【召電】人を召し寄せるために打つ電報。②【招電】人を招き寄せるために打つ電報。

しょうでん【小伝】簡単な伝記。

しょうでん【詳伝】詳しくしるした伝記。

しょうでん【昇殿】《名・ス自》①許されて神社の社殿の奥まではいること。「―参拝」②中古、宮中の清涼殿の殿上間(てんじょうのま)にのぼること。▽五位以上と六位の蔵人(くろうど)とが、人によって許された。

じょうてん【上天】①そら。天。②上帝。③昇天③。

じょうでん【上田】土地が肥えて作物がよく実る田。↕下田(げでん)

じょうてんき【上天気】晴れたよい天気。

しょうてんち【小天地】狭苦しい社会。小さな世界。▽宇宙の大に比べて人間界を指すことが多い。

しょうど【照度】光に照らされた面の、明るさの度合。ルクスを単位として表す。

しょうど【焦土】焼けて黒くなった土。草木・家などが焼けてしまった土地。「空襲で―と化す」

じょうと【譲渡】《名・ス他》（財産・権利などを）ゆずりわたすこと。「株の―」

じょうど【壌土】砂・粘土など大きさの異なる成分がほどよく混ざった、作物栽培に適する土。

じょうど【浄土】〔仏〕①仏が住する清らかな国。↕穢土(えど)。「西方(さいほう)―」▽極楽も浄土の一つ。②「浄土宗」の略。 **―しゅう**【―宗】阿弥陀仏(あみだぶつ)にすがり念仏によって極楽往生することを目的とする、仏教の一派。法然(ほうねん)が宗祖。 **―しんしゅう**【―真宗】親鸞(しんらん)を開祖とする仏教の一派。阿弥陀仏(あみだぶつ)の他力本願の信心によって成仏(じょうぶつ)することを宗旨とする。門徒宗。一向宗。▽略して「真宗」とも言い、また、その一派である本願寺派を「浄土真宗」、その他の派を「真宗」と区別しても言う。 **―へんそう**【―変相】浄土の、諸仏の姿や美しいありさまを描いた絵。

しょうとう【小刀】小さなかたな。また、（大刀に対して）わきざし。▽「こがたな」と読めば別の意。

しょうとう【小党】党員が少ない政党。議会での勢力が弱い党派。「―分立」

しょうとう【消灯】《名・ス自》（就寝のために）あかりを消すこと。「―ラッパ」

しょうとう【×檣頭】帆柱のさき。

しょうとう【松×濤】波のように聞こえる松風の音。

しょうどう【唱道】《名・ス他》自分から先に立って言うこと。▽「道」は言うの意。

しょうどう【唱導】《名・ス他》〔仏〕先立ちとなって他を導くこと。法を説いて他人を仏道に引き入れること。

しょうどう【×聳動】《名・ス自他》恐れおののくこと。恐れおののかせること。「全世界の耳目を―させる」▽本来は他動詞。

しょうどう【衝動】①目的を意識せず、ただ何らかの行動をしようとする心の動き。「―的」「―にかられる」②つき動かすこと。

じょうとう【上棟】→むねあげ。「―式」

じょうとう【上等】《名ナ》高い等級。「―・中等・下等」。品質がすぐれてよいこと。「―舶来」 **―へい**【―兵】旧陸軍の兵の等級の一つ。兵長の下、一等兵の上。

じょうとう【城頭】城のあたり。また、城の上。

じょうとう【常×套】《ノダ》ありふれた仕方。「―（の）手段」「―語」

じょうどう【常道】①常に行わなければならない道。一定で変わらないやり方。「憲政の―」②普通の仕方。

じょうどう【情動】〔心理〕身体的表出を伴うような、一時的で急激な感情の動き。情緒。▽emotion の訳語。

じょうどう【成道】《名・ス自》〔仏〕悟りを開くこと。「―会(え)」

しょうとく【生得】《副詞的にも使う》うまれながらにして備えていること。うまれつき。「―の歌人」「―好きではない」

しょうとく【×頌徳】徳をほめたたえること。「―碑」

しょうどく【消毒】《名・ス他》物についている病原菌を殺すこと。「傷口を―する」「熱湯で―する」▽↓めっきん

じょうとくい ①【上得意】たくさん買ってくれて、商売のためになる客。②【常得意】いつもその店で買ってくれる客。

しょうとつ【衝突】《名・ス自》（移動中に）他の物とぶつかること。また、ぶつかりあうこと。「船が岩に―する」「自動車の―事故」「この丘で両軍が―した（＝戦闘にはいった）」「意見の―」▽物に限らない。

しょうとりひき【商取引】商業上のとりひき行為。

しょうどん【焼鈍】《名・ス他》→やきなまし

しょうなごん【少納言】太政官(だいじょうかん)の判官。参議の下にいて小事を奏し、侍従をかねるのが例だった。

しょうなん【小難】ちょっとした災難。↕大難(だいなん)

しょうに【小児】小さなこども。おさなご。 **―か**【―科】子供の病気の治療を専門にする、医学の一分野。 **―びょう**【―病】①子供に特有の病気の総称。②比喩的に、考えの足りない、おとなげない性向。「左翼―」 **―まひ**【―麻×痺】→ポリオ。▽子供に多いが、成人もかかる。

しょうにく【正肉】骨や余分な脂肪をとり、部分ごとに切り分けた食用肉。

しょうにゅうせき【×鍾乳石】地下の空洞の天井から

たれさがった、つらら状・乳房状の石。滴下する地下水中の炭酸カルシウムが沈殿して成長したもの。

しょうにゅうどう【×鍾乳洞】水の浸食によって石灰岩地帯にできた地下の空洞。内部に鍾乳石や石筍(せきじゅん)が見られ、多く地下水が流れる川がある。石灰洞。

しょうにん【上人】①徳をそなえて仏道に精進(しょうじん)する高僧。また、僧侶の位の一つ。②僧侶(そうりょ)の敬称。

しょうにん【△聖人】〔仏〕①知恵が広く慈悲心の深い人。②徳の高い僧。▽「せいじん」と読めば別の意。

しょうにん【商人】商業を営む人。あきんど。

しょうにん【小人】こども。↕大人(だいにん)・中人(ちゅうにん)。▽運賃・入場料などについては小学生以下を指す。「こびと」や「しょうじん」と読めば別の意。

しょうにん【証人】①事実を証明する人。②〔法律〕過去に経験した事実について述べるよう、裁判所から命じられた第三者。③身もとを保証する人。保証人。

しょうにん【昇任・×陞任】《名・ス自他》役が上になること。また、上の官にのぼせること。↕降任

しょうにん【承認】《名・ス他》①その事柄が正当だと認めること。もっともだと認めること。「国会の―を得る」②〔法律〕国家・政府などに対して、外国がその国際法上の地位を認めること。「相手国を―する」

じょうにん【常任】①《名・ス自》いつもその任務についていること。「―委員」②《名・ス他》いつもその任務をまかせること。

じょうにん【情人】↓じょうじん(情人)

しょうにんずう【少人数】小人数(こにんずう)。↕多人数

しょうね【性根】根本的な心の持ち方。心構え。根性(こんじょう)。「―がすわっている」(しっかりした人物だ)▽「しょうこん」と読めば別の意。

しょうねつ【焦熱】①こげるような熱さ。②「焦熱地獄」の略。　**―じごく**【―地獄】〔仏〕この世で五戒を犯すなど悪い事をした亡者(もうじゃ)が、猛火の中に投げ入れられ苦しめられる所。八熱地獄の一つ。

じょうねつ【情熱】その物事に対して激しく燃え上がる感情。熱した感情。「―を傾ける」「―家」「―的」

しょうねん【少年】①年が若い人、特に男子。▽青年より若く幼年より大きい。ただし少年法では二十歳未満の男女。②年が若い時。「―老いやすく学成り難し」　**―だん**【―団】精神・身体の訓練を目的とし、少年を団員とする団体組織。

しょうねん【生年】生まれてから経て来た年数。年齢。

しょうねん【正念】①〔仏〕正しいおもい。正法(しょうぼう)を思い続けること。じゃまをするものによって乱されない信心。②本心。本気。　**―ば**【―場】①歌舞伎などで、主人公がその役の性根(しょうね)、役柄を発揮する、最も重要な場面。②転じて、ここぞという大事な場面・局面。「―を迎える」▽「性根場(しょうねば)」とも言う。

じょうねん【情念】心にわき、つきまとう感じと思い。

しょうのう【小農】所有する田畑が少なく、家族だけで営む小規模の農業。また、その農民。

しょうのう【小脳】脳髄の一部。大脳と脊髄との中間部にある。身体各部の運動調節などに関係する。

しょうのう【×樟脳】クスノキから採れる、特異な芳香のある有機化合物。結晶は白色半透明。防虫剤・防腐剤・医薬品のほか、セルロイド・無煙火薬などの原料として利用。↓カンフル

しょうのう【笑納】《名・ス他》笑って受け取ること。「御―下さい」▽贈物をする時、つまらないものですが笑って受け取って下さいという気持で使う語。

じょうのう【上納】①《名・ス他》政府機関にものを納めること。②《名》年貢(ねんぐ)。

しょうは【小破】《名・ス自他》少し破損すること。損壊の程度が小さいこと。↕大破・中破

しょうは【×翔破】《名・ス自》鳥や航空機などが、長い距離(全行程)を飛びきること。

じょうは【条×播】《名・ス他》畑地に平行にうねをつくり種をまくこと。すじまき。

じょうば【乗馬】①《名・ス自》馬に乗ること。また、乗っている馬。②《名》駄馬・輓馬(ばんば)に対し、乗用の馬。

しょうはい【勝敗】かちまけ。「―を決する」

しょうはい【賞杯・賞×盃】賞としてのさかずき。カップ。

しょうはい【賞×牌】賞としての記章。メダル。

しょうばい【商売】①《名・ス他》売り買いの営業をすること。あきない。「手広く―する」②《名》俗に、職業。仕事。「物を書くのが―」　**―がたき**【―敵・―×仇】商売上での競争者。　**―かたぎ**【―〈気質〉】商人特有の気質。金銭上の利害に敏感な性質。　**―がら**【―柄】①商売の種類。②《多く副詞的に》商売によって養われた習性。「―、目のつけ所が違う」　**―ぎ**【―気】商売上の利益中心に物を考える態度。また、職業意識。　**―にん**【―人】①商売に従事する人。あきんど。②そのことを職業・専門にする人。くろうと。③芸者・遊女など接客商売の女。「―上がりの細君」　**―や**【―屋】職人や勤め人の家に対し、商人の店屋。「―が並ぶ町筋」

しょうはく【松×柏】①松と柏(かしわ)(ヒノキ・サワラ・コノテガシワなどの常緑樹の総称)。②一年中緑を付けている、常磐木(ときわぎ)。③操を守って変えないことのたとえ。「―の操」

しょうはく【衝迫】①《名》心を突きゆすって迫る強い欲求。「どんな―から書いたものか」②《名・ス自》外から強い力・刺激が加わること。その力・刺激。「―して電車が止まった」

じょうはく【上白】①ぬかを標準より多く取り除いた白米。②白砂糖。

じょうはく【上×膊】うでの、ひじから上の部分。上腕。

じょうばこ【状箱】手紙を入れておく箱。また、むかし

手紙を入れて使いに持たせてやった箱。ふばこ。

しょうばつ【賞罰】賞と罰。ほめることと罰すること。

じょうはつ【蒸発】《名・ス自》①液体がその表面で気化すること。②比喩的に、ある人が不意にいなくなり所在不明となること。

じょうはり【浄×玻璃】曇りのないガラス・水晶。「―の鏡」(閻魔(えんま)王庁にあり亡者(もうじゃ)の生前の行いを映し出すという鏡。転じて、相手にごまかされない見識)

しょうばん【相伴】①《名・ス自》正客(しょうきゃく)の相手となって、いっしょに接待を受けること。また、その人。「お―にあずかる」②《名・ス自》比喩的に、他とのつり合いで利益を受けること。③《名・ス他》連れて歩くこと。その連れられた人。

じょうばん【上番】(交代して)見張り・当直などの勤務につくこと。↕下番(かばん)

じょうはんしん【上半身】人体の腰から上の部分。↕下半身

しょうひ【消費】《名・ス他》(金・物・労力などを)使ってなくすこと。↕生産。「電力を―する」「―者」「―期限」(なまの食品などの、安全に食べられる期限) **―ざい**【―財】〔経済〕個人的欲望を満たすために直接消費する財。↕生産財。 **―ぜい**【―税】すべての商品やサービスに対して取引の段階で課税される間接税。▽税負担者が最終的には消費者であることから、この名がある。日本では一九八九年に導入された。 **―とし**【―都市】これといって取り立てた生産が行われず、その都市の経済が消費による収入に依存している都市。

しょうび【焦眉】まゆげを焦(こ)がすばかりに火が迫るように、危難が迫ること。「―の急」(切迫した難儀・急務)

しょうび【称美・賞美】《名・ス他》ほめたたえること。

しょうび【×薔×薇】植物のバラのこと。そうび。

じょうひ【上皮】動物の体表および体腔(たいこう)・消化管内側などの表面を覆う細胞層。

じょうひ【冗費】むだな費用。また、むだづかい。

じょうび【常備】《名・ス他》いつも備えておくこと。「―薬」「―軍」

しょうひつ【省筆】《名・ス自》①文章の中の語句を省略すること。②字の点画(てんかく)を省略すること。▽「せいひつ」とも言う。

しょうひょう【商標】自己の生産・販売・取扱い等であることを表すために、商品につける、その営業者独得の標識。トレード マーク。「登録―」

しょうひょう【証×憑】事実を証明するよりどころ。

しょうひょう【証票】証明のための伝票・札など。

しょうびょう【傷病】けがと病気。「―兵」

じょうひょう【上表】《名・ス自他》君主に文書を奉ること。上書。「―文」

しょうひん【商品】商売の品物。㋐〔経済〕交換に供する目的で生産した財物。㋑〔法律〕売買の目的物としての財貨(原則として動産)。 **―きって**【―切手】↓しょうひんけん。 **―けん**【―券】表面に書いてある価格だけの商品と引き換えるという約束で、デパート・商店が発行する無記名有価証券。

しょうひん【小品】ちょっとした作品。 **―ぶん**【―文】日常のちょっとした事柄を、写生風に書いた文章。

しょうひん【賞品】賞として与える品物。

じょうひん【上品】《名・ダナ》品(ひん)がよいこと。いやしさがなく、気品が高いこと。↕下品(げひん)。▽「じょうぼん」と読めば別の意。 派生 **-さ**

しょうふ【正×麩】小麦粉で麩(ふ)を作る時に底によどんだ粉をかわかしたもの。煮て糊(のり)にする。

しょうふ【×娼婦】売春を職業とする女。売春婦。

しょうぶ【尚武】武事・軍事を尊ぶこと。「勤倹―」

しょうぶ【勝負】①《名》勝ち負け。「―がつく」「―無し」(勝ち負けが決まらないこと。あいこ) ②《名・ス自》勝ち負けを決めようと争うこと。「中身で―する」「ライバルと―する」。また、そういうわざ。「―の世界」。ここ(これ)で決めてしまおうという態度をとること。「一番、―に出る」「―服を選ぶ」 **―ごと**【―事】(碁・将棋・トランプ等の)勝負を争うわざ。特に、ばくち。 **―し**【―師】①ばくちうち。②転じて、いちかばちか、成否をかけて大胆に事を行う人。 **―どころ**【―所】勝利が決まる大事な局面。「対局中盤の―を迎える」「ゴール間近の上り坂が―」「―に強い」

しょうぶ【×菖×蒲】①水辺に生え、初夏に黄緑色の小花が穂状に咲く常緑多年草。葉や根には芳香があり、古くから邪気を払うものとされる。「―の節句」(端午の節句) ▽しょうぶ科(旧さといも科)。②ハナショウブの俗称。▽↓あやめ。 **―ざけ**【―酒】ショウブの根を細かく刻んで入れた酒。邪気を払い万病をなおすと言われ、端午の節句の祝いに飲む。あやめざけ。 **―ゆ**【―湯】ショウブの葉や根を入れてわかした風呂(ふろ)。邪気を払うと言われ、端午の節句に浴する。

じょうふ【上布】麻布の高級品。細い麻糸を用いて、しま・かすりなど、平織に織ったもの。

じょうふ【丈夫】男子の美称。一人前の男子。心身ともにすぐれた男。ますらお。じょうぶ。「偉―」

じょうふ【城府】①都市。②都市の外がこい。くるわ。「―を設けず」(人に対して、分け隔てをしないたとえ)

じょうふ【定府】江戸時代に参勤交代をせず、江戸に常住した大名。また、諸大名の藩士が職務上、江戸藩邸に常住すること。

じょうふ【情夫】(みだらな関係として見た場合の)愛人である男。いろ男。

じょうふ【情婦】(みだらな関係として見た場合の)愛人である女。いろ女。

じょうぶ【上部】一つのもののうちの、上の部分。↕下

部。「塔の―」「―機関」▽→じょうほう(上方)

じょうぶ【丈夫】①『ダナ』しっかりしているさま。頑丈で、壊れにくいさま。「―な造り」。健康な状態。「老いても足は―だ」派生 **-さ** ②『名』→じょうふ(丈夫)

しょうふく【×妾腹】妾(めかけ)から生まれること。その人。妾出。

しょうふく【×懾伏・×慴伏】『名・ス自』恐れてひれふすこと。

しょうふく【承服】『名・ス自他』主張・説得の旨を承って、もっともだと思いそれに従うこと。「御意見には―いたしかねます」▽「承伏」とも書く。否定的構文で使うことが多い。

じょうふく【浄福】清らかな幸福。特に、信仰によって得られる幸福。

じょうぶくろ【状袋】手紙・書類などを入れて送る紙袋。封筒。

しょうふだ【正札】掛け値なしの値段を書いて品物につけた札。 **―つき**【―付(き)】①正札がついていること。その品物。②比喩的に、世の中に定評のあること。そのもの、また人。

じょうぶつ【成仏】『名・ス自』①煩悩(ぼんのう)を脱して無上の悟りをひらくこと。②転じて、死んで仏になること。また単に、死ぬこと。

しょうぶん【性分】うまれつきの性質。たち。「損な―」

じょうぶん【上聞】申し上げて、君主の耳にはいること。「―に達する」

じょうぶん【条文】箇条書の文章。「憲法の―にうたってある」

じょうぶん【冗文】むだな文。また、やたらに長たらしい文章。

じょうふんべつ【上分別】すぐれた考え。一番よい考え。

しょうへい【傷兵】戦闘でけがをした兵士。負傷兵。

しょうへい【×哨兵】見張りの兵士。

しょうへい【将兵】将校と兵士。

しょうへい【招×聘】『名・ス他』人を丁重な態度で招くこと。「教授として―する」

しょうへき【×牆壁】垣と壁。囲い。

しょうへき【障壁】①仕切りにする壁。「―画」②転じて、妨げ。じゃま。「言葉の―を乗りこえる」

じょうへき【城壁】城(または町)のめぐりの壁。また単に、城。

しょうべつ【小別】『名・ス他』小部分ずつに分けること。こわけ。

しょうへん【小片】小さなかけら・切れはし。

しょうへん【小変】ちょっとした事変または変化。

しょうへん【小編・小×篇】短い文芸作品。

しょうへん【掌編・掌×篇】きわめて短い作品。→コント

しょうべん【小便】『名・ス自』①老廃物として膀胱(ぼうこう)にたまり、尿道を通って排出される液体。尿素を含み、アンモニア臭がする。また、それを排出すること。おしっこ。しょんべん。「―くさい」(転じて、未熟だ)②〔俗〕売買契約後に、売手か買手かが不当にその契約を破ること。

しょうほ【将補】自衛官で、旧軍の少将に相当する階級。陸将補・海将補・空将補の総称。

しょうぼ【召募】『名・ス他』呼び寄せ集めること。特に、新兵を呼び集め、志願兵を募ること。

じょうほ【譲歩】『名・ス自』自分の意見や主張を押し通さず(引っ込めて)、他人の考えと折り合いをつける(他人の考えに従う)こと。「一歩も―しない」「―を重ねる」▽もと、道を譲って他人を先に行かせること。

しょうほう【商法】①商売の仕方。また単に、商売。「士族の―」(不慣れな事はうまく行かないことのたとえ)②〔法律〕商事について規定した特別法。

しょうほう【勝報・×捷報】勝ったというしらせ。↔敗報

しょうほう【詳報】詳しいしらせ・報告(書)。

しょうぼう【正法】〔仏〕①正しい教え、すなわち仏法。②釈迦(しゃか)の死後を三時期に分けた、はじめの五百年または千年間。正しい仏法が行われていたとされる時期。↔像法(ぞうぼう)・末法(まっぽう)

しょうぼう【消防】①火事を消し、燃え広がるのを防ぐこと。また、消火・人命救助・防災などにあたる組織。「―署」②消防職員・消防団員のこと。

しょうぼう【焼亡】『名・ス自』焼けうせること。焼失。

じょうほう【上方】ものの、それより上の方。↔下方。▽そのものに含まれる場合は主として「上部」を使う。「かみがた」と読めば別の意。

じょうほう【乗法】掛け算。↔除法

じょうほう ①【定法】決まっているおきて。また、お定まりの仕方。②【常法】一定で変わらない法・規則。「―に照らして裁く」。また、常に使う仕方。

じょうほう【情報】①ある物事の事情についての知らせ。「海外―」「―を流す」②それを通して何らかの知識が得られるようなもの。▽informationの訳語。「データ」が表現の形の面を言うのに対し、内容面を言うことが多い。 **―か**【―化】『名・ス他』情報としての価値を重視し、処理用の機器にうまく乗るようにデータを整えること。「―社会」(情報が物質やエネルギーと同等以上に有力な資源とみなされ、情報の価値の生産を中心として発展する社会) **―かがく**【―科学】情報⑵の構造や情報処理のあり方に関する原理的な面を追究する科学。▽コンピュータの発達に伴って発展したので、コンピュータと関連して言うのが普通。 **―がく**【―学】情報科学の諸分野を統括して、広く総合的に研究する学問分野。 **―かくさ**【―格差】→デジタル デバイド。 **―かんり**【―管理】関係分野の文献などによる情報を、必要な時に得られるように、組織的に管理運用すること。▽ドキュメンテーションや情報検索を総合発

展させた考え方。人・組織。ニュース ソースなど。「彼は議員の中にも━をもっている」 **━げん**【━源】情報を提供する人・組織。ニュース ソースなど。

━けんさく【━検索】蓄積された各種の情報を必要に応じて取り出すこと。アイ アール。▽information retrieval の訳語。 **━しょり**【━処理】データを一定の手順で(自動的に)処理し、必要情報を整える作業。▽data processing の訳語。 **━もう**【━網】情報をとらえるために網の目状に張りめぐらした組織。情報のネットワーク。 **━りろん**【━理論】広義には情報⑵に関する理論。普通は、アメリカ人シャノンの通信工学的理論に発し、数学的方法による、情報とその伝送とに関する形式的研究を指す。

じょうぼく【上木】《名・ス他》書物を出版すること。上梓(じょうし)。▽昔、書物を印刷するために版木をほったことから。

しょうほん【正本】①(写本・副本に対して)原本。②芝居の脚本。③(浄瑠璃などの)省略のない完全な本。丸本。▽「せいほん」と読めば別の意。

しょうほん①【抄本・×鈔本】抜書きにした本。②【抄本】原本である書類の一部を抜書きにしたもの。↕謄本。「戸籍━」

しょうほん【証本】証拠になる書物。

じょうぼん【上△品】①〔仏〕浄土に往生する仕方を上中下の三つにわけたときの、上位の往生。②転じて、上等の階級。上等なこと。最高級。▽「じょうひん」と読めば別の意。

しょうま【消磨】《名・ス他自》①すりへらすこと。すりへること。②こすって消すこと。こすれて消えること。

じょうまい【上米】粒の大きな米。上等の米。

じょうまえ【錠前】↓じょう〔錠〕⑴

しょうまきょう【照魔鏡】①魔の隠れた本性を映し出す力があるというかがみ。②比喩的に、社会・人物の隠れた悪い面をあばくもの。

じょうまわり【定×廻(り)】江戸時代、町奉行に属し江戸市中を巡回する同心⑵。

しょうまん【小満】二十四気の一つ。立夏から十五日目で、陽暦五月二十一日ごろ。▽物が育って天地に満ち始める意。

じょうまん【冗漫】《名ナノ》表現がくどくて長たらしいこと。「━な文章」派生 **━さ**

しょうみ【正味】付属しまたは覆っている部分を取り除いた中身。㋐中身だけの目方。「━一〇〇グラム」㋑「正味値段」の略。掛け値なしの値段。㋒実質。

しょうみ【笑味】《名・ス他》笑って味わうこと。「御━下さい」▽食べ物を贈る際に、味わってもらうことを謙遜して言う語。

しょうみ【賞味】《名・ス他》食べ物をほめながら味わうこと。おいしさを味わうこと。「賞味」の代わりに使う。「━期限」(加工食品の、おいしく食べられる期限)

じょうみ【上×巳】↓じょうし(上巳)

じょうみ【情味】①人間らしいあたたかみ。人情味。②あじわい。おもむき。

しょうみつ【詳密】《名・ダナ》こと細かで詳しいこと。「━な知識」「━に解説する」派生 **━さ**

じょうみゃく【静脈】心臓にもどる血液を運ぶ血管。↕動脈。「━血」

しょうみょう【小名】武家時代に、領地が大名よりも少なかった領主。

しょうみょう【称名・唱名】〔仏〕仏の名号(みょうごう)をとなえること。特に、「南無阿弥陀仏(なむあみだぶつ)」ととなえること。念仏。

しょうみょう【声明】〔仏〕①三宝(さんぼう)の功徳(くどく)をたたえるため、梵語(ぼんご)または漢文の経文や偈(げ)を、節をつけてとなえること。梵唄(ぼんばい)。▽「せいめい」と読めば別の意。②古代インドの音韻・文法・注釈の学問。

じょうみょう【定命】〔仏〕前世の因縁(いんねん)で定まっているという寿命。

じょうみょう【常命】人間の普通の寿命。

じょうみん【常民】普通の人民。一般の民。庶民。

しょうむ【商務】商業上の用務。

じょうむ【乗務】《名・ス自》交通機関に乗って運転そのほかの必要な仕事をすること。「━員」

じょうむ【常務】①日常の業務。②会社・団体の「常務取締役」「常務理事」などの略。 **━とりしまりやく**【━取締役】社長および専務取締役を補佐して日常の会社業務を処理する取締役。

しょうめ【正目】入れ物の目方を差し引いた中身だけの目方。正味(しょうみ)。

しょうめい【正銘】(にせものでなく)本当にその名で呼ばれるものであること。「正真(しょうしん)━」

しょうめい【照明】《名・ス他》光で照らして明るくすること。その光や、そのための装置。「舞台━」▽普通、太陽光線による採光に対し、人工的な光について言う。

しょうめい【証明】《名・ス他》①ある事柄・命題が真である(事実と違わない)ことを明らかにすること。また、その手続き。「身の潔白を━する」「━書」②〔法律〕訴訟法上、確実な証拠をあげて、裁判官に確信を抱かせる程度に事実を明らかにすること。▽↓そめい

しょうめつ【消滅】《名・ス自他》消えてあとかたもなくなる(=滅)こと。また、消してなくすこと。「権利が━する」

しょうめつ【生滅】《名・ス自》生まれることと死ぬこと。生じることと消滅すること。

しょうめん【正面】①おもて㈠⑴㋐。↕背面・側面。「━玄関」▽その物として正式の、という意がこめる。②前方のうち、まっすぐ前のところ。「━を見詰める」「━を切る」(正面を向く、特に人に面と向かう)「━切って(=遠まわしでなく、まともに)非難を浴びせる」▽↓せいめん(正面)

しょうもう【消耗】《名・ス他自》使って減らすこと。使

って減ること。「体力を―する」「電池が―する」▽「しょうこう」の慣用読み。　―せん【―戦】①人命・兵器・物資をどしどし投入する戦争・戦闘。②持てるものをすべて出し尽くすやり方。「値下げ競争の勝者なき―」　―ひん【―品】使うにつれて減る物品。(備品・原料に対し)それを消耗することによって役立てるもの。例、紙・インク・石鹸(せっけん)。

じょうもく【条目】箇条書にした文書。

しょうもの【抄物】①和歌・漢詩文・仏書などの抜書き本。②本文を注釈したもの。特に室町時代に、京都五山の禅僧らが、漢詩文・仏書などの字義・文意を注解したもの。

じょうもの【上物】上等の品物。

しょうもん【声聞】仏の説法をじかに聞くか死後にのこした教えを学ぶかして、四諦(したい)を理解し、阿羅漢(あらかん)になることをめざす修行者。

しょうもん【証文】証拠にするための文書。証書。「借金の―を入れる」「―を巻く」(借金証文を返す。特に、借金を棒引きにする)

じょうもん【定紋】家によって決まっている紋章。もんどころ。「―を付ける」

じょうもん【縄文】先史時代の土器に付けられた、縄をころがしたような模様。「―土器」「―時代」

しょうや【×庄屋】江戸時代、代官の指揮のもとで村の事務を統轄する者。名主(なぬし)。

しょうやく【抄訳】《名・ス他》原文の一部を抜き出して翻訳すること。その翻訳。

しょうやく【生薬】動植物・鉱物などの天然の原料にあまり手を加えずに製した医薬。きぐすり。

じょうやく【条約】〔法律〕文書に書き記した、国家間または国際機関との間での合意。「―を締結する」

じょうやど【定宿・常宿】いつも泊まりつけの宿。

じょうやとい(やとひ)【常雇(い)・常×傭(い)】臨時雇い・季節雇いに対して、長期にわたってやとうこと。また、やとわれた人。

じょうやとう【常夜灯】一晩中ともしておく灯火・灯明(とうみょう)。

しょうゆ【×醤油】大豆・小麦を原料に麹(こうじ)・塩水を混ぜて醸造した日本の調味料。むらさき。したじ。

しょうゆう【小勇】つまらない勇気。血気にはやった勇気。

しょうゆうせい【小遊星】→しょうわくせい

しょうよ【賞与】賞として金品を与えること。また、その金品。特に、官庁・会社等で、六月・十二月などに給料とは別に支給する金銭。ボーナス。

じょうよ【丈余】一丈(約三メートル)あまり。

じょうよ【剰余】余り。残り。「―金」「整除した―」

じょうよ【譲与】《名・ス他》物をゆずり与えること。

しょうよう【商用】①商売上の用事。②商業につかうこと。

しょうよう【小用】→こよう(小用)

しょうよう【×慫×慂】《名・ス他》そばから誘いかけ勧めること。

しょうよう【奨揚】《名・ス他》ほめて他人にすすめること。

しょうよう【賞揚・称揚】《名・ス他》その価値を認めて、ほめたたえること。

しょうよう【賞用】《名・ス他》(これはいい品だと)ほめながら使うこと。

しょうよう【×逍×遥】《名・ス自》あちこちをぶらぶら歩くこと。散歩。そぞろ歩き。

しょうよう【従容】《ト タル》(危急の時にも)おちついた、ゆとりのある様子。「―として死につく」

じょうよう【乗用】乗るために使うこと。「―車」

じょうよう【常用】《名・ス他》①一般で普通に使うこと。「―対数」(10を底(てい)にした対数)②続けていつも使うこと。「薬を―する」　―かんじ【―漢字】一般の社会生活における漢字使用の目安として定められた、二千百三十六種の漢字。当用漢字に代わるものとして、一九八一年に内閣告示、二〇一〇年に改定。

じょうよう【常×傭・常用】《名・ス他》続けてやとっておくこと。じょうやとい。

しょうようじゅりん【照葉樹林】葉が厚くつややかで濃い緑色をしたシイ・カシ・クスノキなどの常緑広葉樹を主とする樹林。亜熱帯から温帯の雨が多い所に見られる。

しょうよく【少欲・小欲・少×慾・小×慾】《名ナ》欲が少ないこと。↔大欲

じょうよく【情欲・情×慾】①(異性の)肉体に対する欲望。色情。②〔仏〕物をむさぼりそれに執着する心。

しょうらい【生来・性来】→せいらい

しょうらい【将来】①《名》これからやって来ようとしている時。近い未来。前途。「日本の―」「―有望な若者」②《名・ス他》持って来ること。「唐から―した宝物」　―せい【―性】将来に期待が持てるという見込み。「―がある会社」

しょうらい【△請来】《名・ス他》仏像・経などを請(こ)い受けて、外国から持って来ること。

しょうらい【招来】《名・ス他》まねきよせること。

しょうらい【松×籟】松に吹く風。それが立てる音。また、これに見立てて、茶釜の湯が煮える音。

じょうらく【上×洛】《名・ス自》京都に行くこと。

しょうらん【照覧】《名・ス他》明らかに見ること。神仏が御覧になること。「神々も―あれ」

しょうらん【笑覧】《名・ス他》笑って見てもらうこと。「御―に供します」▽他人に自分の物を見てもらう時、こんなつまらないものですが、笑いながら見て下さいという気持で使う語。

じょうらん【上覧】《名・ス他》将軍などの貴人が御覧になること。「―相撲(ずもう)」▽↓てんらん(天覧)

じょうらん【×擾乱】《名・ス自他》①(多人数が)入り乱れ騒ぐこと。乱し騒がすこと。②物理・気象などで、安定した状態が乱れること。その乱れ。

しょうり【小吏】低い地位の官吏。小役人。

しょうり【小利】小さな利益。↕大利。「―大損(だいそん)」(少しの利益を得ようとして大損(おおぞん)してしまうこと)

しょうり【掌理】《名・ス他》機関の長や幹部がその事務を担当してとりまとめること。

しょうり【勝利・×捷利】《名・ス自》勝つこと。相手を負かすこと。↕敗北。「―を得る」「―を収める」「ライバルに―する」「大―」

じょうり【条理】物事のそうなければならないわけがら。筋道。「―が立たない言い分」

じょうり【情理】①人情と道理。「―を尽くして説く」②ことのすじみち。

じょうり【場裏・場×裡】その場所のうち。また、その事の行われる範囲。「国際―」

じょうりく【上陸】《名・ス自》(船・航空機をおりて)陸にあがること。「旅客の―にはまだ時間がかかる」「台風が―する」

しょうりつ【×聳立】《名・ス自》そびえたつこと。

しょうりつ【勝率】試合などに勝った割合。

しょうりゃく【商略】商売の策略。商売上のかけひき。

しょうりゃく【省略】《名・ス他》簡単にするため、文章や手続きの一部を省くこと。「説明を―する」「以下―」

じょうりゃく【上略】《名・ス自》文章・語句などで、前を略すこと。↕下略・中略

じょうりゅう【上流】①みなもと近くの川の流れ。かわかみ。②社会的また経済的に社会の上位にある階層。「―階級」▽↕下流・中流

じょうりゅう【蒸留・蒸×溜】《名・ス他》複数の成分を含む溶液を熱して、出来た蒸気を冷却して液体に戻すことで、蒸発しやすい成分としにくい成分とを分離・精製すること。▽「留」を使うのは「溜」の代用。 **―しゅ**【―酒】発酵によってつくった酒を更に蒸留して、アルコール含有の割合を増したもの。例、焼酎・ウイスキー。 **―すい**【―水】普通の水を蒸留して無機塩類・有機物などを取り除いた、純粋に近い水。薬剤の調合、化学実験などに使う。

しょうりょ【焦慮】《名・ス自》いらだちあせること。「―に駆られる」

しょうりょう【商量】《名・ス他》考えはかること。「比較―」(あれこれ比べ合わせてよく考えること)

しょうりょう ①【少量】わずかの数量。↕大量・多量。②【小量】せまい度量。狭量。↕大量

しょうりょう【将領】軍隊をひきいている人。将軍。

しょうりょう【渉猟】《名・ス他》①あちらこちらと広くあさって歩くこと。②転じて、多くの書物を読みあさること。「文献を―する」

しょうりょう【精霊】(仏)死者の霊魂。 **―え**【―会】↓うらぼん。 **―だな**【―棚】盂蘭盆(うらぼん)に供え物をして精霊をまつる棚。 **―ながし**【―流し】盂蘭盆の行事の一つ。七月(八月)の十五ないし十六日に、精霊舟に供え物や灯籠をのせ、川や海に流す行事。灯籠流し。 **―ぶね**【―舟】精霊流しに使う、わらなどで作る舟。盆舟。

しょうりょく【省力】《名・ス自他》機械化などによって人手をはぶくこと。「―化」「―栽培」

じょうりょく【常緑】植物の葉が一年中枯れたり落葉したりせず緑であること。 **―じゅ**【―樹】マツ・スギなどのように、秋になっても落葉しないで、一年中緑色をしている樹木。ときわぎ。↕落葉樹

しょうるい【生類】動物。いきもの。「―憐(あわ)れみの令」

じょうるり【浄瑠璃】①平曲や謡曲に発した、琵琶(びわ)・扇拍子による音曲(おんぎょく)の語り物と、それを承(う)け三味線を使って発展した諸派の音楽との、総称。また特に義太夫(ぎだゆう)節。室町時代末の演目「浄瑠璃物語」の流行で、この名が付いた。②(仏)清く澄みきった瑠璃。「―世界」(薬師如来の浄土)

しょうれい【奨励】《名・ス他》よい事だとして、それを行うように勧めること。「貯蓄の―」

しょうれい【症例】病気の症状の実例。「豊富な―」

しょうれい【×瘴×癘】マラリアのような、ある気候・風土に特有の伝染性の熱病。「―の地」

しょうれい【省令】各省大臣がその行政事務について、法律や政令を施行するため、または法律や政令の委任に基づいて発する命令。

じょうれい【条令】箇条書の法令。

じょうれい【条例】地方公共団体がその議会の議決に基づき、所管事項について制定する法。「都の公安―」

じょうれい【常例】いつものならわし。「―になる」

じょうれん【常連】(仲間として)決まり切った顔ぶれ。特に、その飲食店や興行場にいつも来る客(仲間)。

しょうろ【×捷路】ちかみち。

しょうろ【松露】①きのこの一種。球形で、春・秋に海べの松林に多く土に埋もれて生える。特有の香りがあり食用。②松の葉に置く露。

じょうろ【△女△郎】↓じょろ(女郎)

じょうろ【如雨露】植木などに水をかける道具。缶(かん)状の部分に水を入れ、長く出た管状の先の面にあるたくさんの小穴から水を出す。▽「じょろ」とも言う。

しょうろう【×檣楼】艦船のマストの上部にある、物見の場所。

しょうろう【鐘楼】鐘(かね)つき堂。しゅろう。

じょうろう【上×﨟】①修行の年数(＝﨟(ろう))を積んだ、地位の高い僧。また、一般に高貴な人。↕下﨟(げろう)。②「上﨟女房」の略。二位・三位の典侍など、身分の高い女官。③江戸幕府の大奥の職名。御殿女中の上位の者。

しょうろく【抄録】《名・ス他》原文から要点を書きぬくこと。ぬきがき。特に、学術文献などの内容の要点をぬき出して、短くまとめた文章。

しょうろく【詳録】《名・ス他》詳しく記録すること。また、その記録。

じょうろく【丈六】立像のたけが一丈六尺(＝約五メートル)ある仏像。座像では、その半分の高さの仏像。▽立てば丈六の意。

しょうろん【詳論】《名・ス他》詳しい議論・論説。詳しく論じること。

ショウロンポウ【小△籠△包】一口ほどで食べられる、スープ入りの中華肉まんじゅう。▽中国語から。

しょうわ【唱和】《名・ス自》ひとりがまず唱え、ほかの大勢の者がこれに和すること。

しょうわ【小話】ちょっとした話。こばなし。

しょうわ【笑話】こっけいな話。笑い話。

じょうわ【情話】①(男女の)情愛の物語。「佐渡―」②(寝室での男女の)むつまじい語らい。「夜ごと―を交わす」③真情を語る、また情のこもった、話。「一夕の―に我から隔(へだ)の関を取除(とりの)け、乙な眼遣(めづかい)をし」(二葉亭四迷「浮雲」二篇八) ▽(2)(3)は既に古風。(1)も今は標題の中でしか使わない。

しょうわくせい【小惑星】太陽のまわりを公転する小天体。主に火星と木星の間に多数存在する。小遊星。

しょうわる【性悪】《名ナノ》根性(こんじょう)が悪いこと。そういう人。派生 **―さ・―げ**

じょうわん【上腕】腕の、ひじから上の部分。上膊(じょうはく)。二の腕。

しょえん【所縁】ゆかり。

しょえん【初演】《名・ス他》最初の上演・演奏(をすること)。「本邦―」

しょえん【諸縁】種々の因縁(いんねん)。

じょえん【助演】《名・ス自》脇役として出演すること。その俳優。

ショー 人に見せるための催し。㋐軽演劇。寸劇。㋑展示会。展覧会。「ビジネス―」▽show **―ウインドー**(商品の)陳列窓。店先を窓わく形に仕切り、その中に商品を並べ、人目を引くようにした場所。ウインドー。▽show window **―ケース** 陳列だな。▽showcase **―ルーム** 陳列室。展示室。▽showroom

しょおう【諸王】①多くの王。諸国の王。②親王の宣下(せんげ)のない皇族の男子。

じょおう【女王】①女性の王。また、王の后(きさき)。クイーン。②比喩的に、女性の花形・第一人者。「銀盤の―」③内親王の宣下(せんげ)のない皇族の女子。▽「じょうおう」とも言う。 **―ばち**【―蜂】はちの集団の中で、産卵能力のある雌ばち。▽↔はたらきばち

ジョーカー トランプで、切り札や、他の全ての札の代用にもなる、特殊な札。ばば。▽joker(＝道化師)

しょおく【書屋】書斎。

ジョーク 冗談。しゃれ。「―を飛ばす」▽joke ↓じょうく

ジョーゼット 強くよった絹糸を用いた、薄く透明な縮みの布地。▽georgette

ショーツ はいて下腹部を覆う、女性用の肌着。▽shorts

ショート ①《名》短いこと。↔ロング。「―パンツ」▽short ②《名・ス自他》↓たんらく。「―による停電」▽short-circuit から。③《名》野球の遊撃手。▽shortstop から。 **―カット** ①《名》女性の髪型の一つ。髪を短く切ったもの。▽short と cut とによる和製英語。②《名・ス自》㋐近道。㋑パソコンで、よく使う操作を簡単に行えるようにわりつけた、キーボード操作やデスクトップのアイコン。▽shortcut **―ケーキ** スポンジ ケーキを台にしてクリーム・チョコレート・くだものなどをあしらった洋菓子。▽shortcake **―ショート** 短編よりもっと短い小説。▽short-short (story) **―トラック** 一周一一一・一二メートルの屋内リンクを使って順位を競うスケート競技。▽short track

ショートニング 動植物の油脂を加工して作った、純度の高い油脂。無味・無臭で安価。主に製菓・調理用。▽shortening

ショービニズム 極端で排外的な愛国主義。▽chauvinism

ショール 女性用の肩掛け。▽shawl

しょか【諸家】①多くの、一派を立てている人々。②家々。多くの家。

しょか【書家】文字をたくみにかく人。特に、書道の専門家。

しょか【書架】書物をおくたな。ほんだな。

しょか【初夏】夏の初め。五月から六月はじめにかけてのころ。

しょが【書画】書と絵画。「―骨董(こっとう)」

じょか【序歌】①序詞(2)を使った歌。②序言としての歌。

しょかい【所懐】心に思うところ。心にもっている考え。

しょかい【初会】①初めての会合。②初めて会うこと。特に、遊女が、ある客にはじめて相手をすること。③↓はっかい(2)

じょがい【除外】《名・ス他》ある範囲や規定の外におくこと。取り除くこと。「対象から―する」「独占禁止法の適用を―する」「―例」(例外)

しょがかり【諸掛(か)り】何かをするについて必要な諸種の費用。

しょがく【初学】初めて学ぶこと。学び始めであること。「―者」

じょがくせい【女学生】女子の生徒。特に、旧制度の女学校の生徒。

しょかつ【所轄】《名・ス他》管轄すること。また、その範囲。「―の警察署」

じょがっこう【女学校】女子に各種の学芸を教育する学校。特に、旧制度で中等教育を授けた学校。高等女学校。

しょかん【所感】心に感じた事。感想。「年頭―」

しょかん【所管】《名・ス他》ある事務を管轄していること。その管轄に属していること。「―の行政」「―

大臣」 **―ちょう【―庁】** その行政事務をつかさどっている官庁。

しょかん【書巻】 書物。

しょかん【書簡・書×翰】 てがみ。書状。消息。「―文」 **―せん【―箋】** てがみを書くための紙。びんせん。

しょかん【初刊】 初めての刊行。その刊行物。

しょがん【所願】 ねがう事柄。ねがい。

じょかん【女官】 宮中に仕える女の官吏。にょかん。▽「にょうかん」とも。

しょかんせん【初感染】 病原体に初めて感染すること。特に、結核菌についていう。▽発病の有無は問わない。

しょき【庶幾】『名・ス他』こいねがうこと。▽「庶」も「幾」も願う意。

しょき【所期】『名・ス他』《「―の」の形で》期待している事柄。期待すること。「―の目的を達する」

しょき【初期】 初めの時期。▽多くは、始まって間もないころを指すが、開始時を指すこともある。「―条件を与える」 **―か【―化】**『名・ス他』①ハードディスクなどの記憶装置を使用可能な状態にする処理をすること。フォーマット。②コンピュータなどのメモリーの内容を初期の状態に戻すこと。各種機器の設定を使い始めの状態に戻すこと。リセット。

しょき【暑気】 夏のあつさ。「―払い」 **―あたり【―△中り】** 暑気のために、体が弱ること。

しょき【書記】 ①記録を書きとどめる役。②転じて、上役の指揮を受けて庶務や会計に従事する者。③文字を書きしるすこと。「―能力」

しょきゅう【初級】 最初・初歩の段階。最低の等級。

じょきゅう【女給】 カフエー・バー・キャバレーなどで、客を接待する女の給仕。▽今は「ホステス」と言う。

じょきょ【除去】『名・ス他』(邪魔なもの・余計なものを)除き去ること。

しょぎょう【所行・所業】 おこない。しわざ。ふるまい。

しょぎょう【諸行】〔仏〕有為(うい=移り変わり)の一切の現象。宇宙の万物。▽「行」は形成されたものの意。 **―むじょう【―無常】**〔仏〕万物はいつも流転(るてん)し、変化・消滅がたえないこと。▽仏教の根本思想。人生のはかなさを言うのにも使う。

じょきょう【助教】 ①大学などで、教授・准教授に次ぐ教員。▽二〇〇七年から「助手」を改めた称。↓じょしゅ。②教育・教練の担当者を助ける役目の(助手より上の)者。「藩校で―を勤める」「対空射撃演習の―」

じょきょうじゅ【助教授】 大学等で、教授の下にある教員。「准教授」の旧称。▽二〇〇七年改称。

じょきょうゆ【助教諭】 高等学校以下の教員のうち、教諭より下の教員。

じょきょく【序曲】 ①オペラやオラトリオなどの主要部分が始まる前に奏する器楽曲。②楽曲形式の一つ。多くはソナタ形式で単楽章。③比喩的に、事のはじまりや前触れ。「事件の―」

じょきん【除菌】『名・ス他』薬品などで細菌(微生物)を取り除くこと。「まな板の―」「―クリーナー」

ジョギング『名・ス自』力を抜いてゆっくり走ること。▽陸上競技の準備運動や健康維持のための運動として行う。jogging

しよく【私欲・私×慾】 自分の利益だけをむさぼる心。「―をはかる」「―を捨てる」「私利―」

しょく【初句】 最初の句。起句。▽多くは韻文について言う。

しょく〖*色〗 ショク シキ いろ ①いろ。「原色・間色・暖色・変色・血色・月色・雑色・退色・天然色・保護色」。以下「シキ」と読む。「色彩・色盲・色紙・色調・彩色・五色」②人の顔の表情。顔だち。「顔色・容色・気色(きしょく)・(けしき)・怨色・喜色・慶色・辞色・愁色・神色・声色・生色・憂色・巧言令色・才色兼備」③(男女間の)愛欲の情。「好色・漁色・女色・酒色」。以下「シキ」と読む。「色欲・色情・色魔」④物のかたち。様子。「景色(けしき)・風色・春色・秋色・暮色・潤色・脚色・出色・遜色・難色・敗色・特色・異色・古色・物色・郷土色・時代色・地方色」⑤〔仏〕五蘊(ごうん)の一つ。かたちあるもの。この世の中の、感覚的に意識される一切のもの。「シキ」と読む。「色界・色即是空」

しょく〖*食〗 ショク ジキ くう くらう たべる シ はむ ①『名・造』くう。くらう。たべる。また、たべるもの。「食が細い」(少食だ)「食欲・食事・食用・食物・食料・食糧・食肉・食道・食傷・食通・食費・飲食(いんしょく・おんじき)・衣食住・主食・副食・間食・中食(ちゅうじき)・少食・絶食・飽食・会食・肉食・断食(だんじき)・乞食(こつじき)・火食・寄食・座食・生食・伴食・陪食・無為徒食・牛飲馬食」。食事の回数・量を数える語。「一泊二食」「弁当十食」②生活の基礎としての食を得る。禄(ろく)をはむ。「食封(しょくほう・じきふ)・食俸・食禄」③やしなう。「食客」④「蝕」の代用。「腐食・月食・水食・風食」

しょく〖*植〗 ショク うえる うわる ①木をまっすぐに立てる。草木を、うえる。「植樹・植林・移植・扶植・定植・仮植」②地にうわっているもの。「植物・腐植」③人民を移住させて、土地を開発する。開拓のために移住する。「植民・入植」④活字を版に組む。「植字・誤植」

しょく〖殖〗 ショク ふえる ふやす ①生物の子孫がふえる。ふやす。ふえて多くなる。「生殖・繁殖・利殖・殖産・貨殖・養殖」②ふえて多くあること。たくわえ。「学殖」③人を移住させて土地を開発する。「殖民・拓殖」▽(3)は「植」に同じ。

しょく〖触〗〖觸〗 ショク ソク ふれる さわる ①角(つの)が物に突き当たる。ぶつかる。接する。さわる。ふれる。「触角・触手・触発・抵触・接触・感触・筆触・一触即発」②物にふれて活動する。心が感じる。「触媒・触感・触覚」③〔仏〕「ソク」と読む。㋐身体で触れて知覚されるもの。「触境(そっきょう)」㋑感官と対象が接触すること。

しょく【飾】〔飾〕ショク　シキ　かざる　①外側の見かけをよくする。見えをとりつくろう。美しくするために物をとりつける。かざる。かざり。「装飾・文飾・扮飾(ふんしょく)・修飾・服飾・満艦飾」②髪のかざり。「首飾」。頭髪。「落飾」

しょく【×蝕】ショク　むしばむ　①虫が食う。少しずつ端からおかしてゆく。くいこむ。むしばむ。「侵蝕・蚕蝕・腐蝕・海蝕・耐蝕」②日食・月食の現象。一つの天体が背面に他の天体をかくす現象。「日蝕・月蝕・皆既蝕・金環蝕・蝕甚・部分蝕」▽「食」で代用する。

しょく【嘱】〔囑〕ショク　①言葉をそえてたのむ。ゆだねる。「嘱託・嘱言・委嘱」②つける。かける。「嘱目」

しょく【人燭】ショク　ソク　ともしび　①照明用にともす火。あかり。ともし火。「燭台・明燭・華燭・銀燭・紙燭(しそく)・手燭(てしょく)・蠟燭(ろうそく)・残燭」②光度の単位。「燭光」「百燭(光)の電灯」▽一九六一年廃止。現在は「カンデラ」を使う。

しょく【*織】ショク　シキ　おる　①機(はた)で布をおる。おる。「織機・織女・紡織・染織・機織・交織・混織・製織」②物を組み合せて作る。くみたてる。「組織(そしき)」

しょく【*職】ショク　シキ　①〘名・造〙つとめとする。つかさどる。役目から担当する仕事。つとめ。つかさ。「職がない」「職務・職掌・職業・職責・職権・職分・職能・職場(しょくば)・職域・職種・職員・職制・職階・公職・官職・天職・本職・内職・奉職・就職・在職・閑職・退職・辞職・免職・殉職・汚職・無職・曠職(こうしょく)・瀆職(とくしょく)・非職・名誉職・一般職」②〘名・造〙生計のための仕事。また、そのために身につけた技能。「手に職をもつ」「職人・職工・鳶職(とびしょく)・居職(いじょく)・手職(てしょく)」③律令制下における役所の名称。「シキ」と読む。「中宮職・春宮(とうぐう)職・大膳職」④もととする。もとより。「職由(しょくゆう)」

じょく【辱】ジョク　ニク　はずかしめる　かたじけない　①はずかしい。外聞がわるい。名誉をきずつける。はずかしめる。はずかしめられる。「恥辱・栄辱・侮辱・屈辱・雪辱・忍辱(にんにく)・陵辱」②相手の好意をありがたく受けていることを表す語。かたじけなくする。「辱知・辱友」

しょくあきんど【職△商△人】櫛(くし)・組紐(くみひも)・包丁などをその場所で作り、並べて売る店(の商売法)。「扇子の—」

しょくあたり【食△中り】食物の中毒。

しょくいき【職域】①各職業の範囲。②職業に従事している場所。職場。

しょくいく【食育】食事や食物に関する知識と選択力を身につけ、健全な食生活が送れるようにするための教育。「—基本法」▽「体育」などにまねた言い方。明治期の造語だが、広まったのは二〇〇〇年ごろ。

しょくいん【職印】公的な職務にある者が(私人としてでなく)職務上使う、職名を記した印。

しょくいん【職員】職務を担当する人。「—録」(職員名簿)

しょぐう【処遇】〘名・ス他〙(処置して)待遇すること。その、きめた待遇。あつかい。「コーチとして—する」

しょくえん【食塩】食用の細かな、しお。主成分は塩化ナトリウム。味は塩からい。調味料や防腐剤にする。しお。

しょくがい【食害・×蝕害】〘名・ス他〙動物・虫・鳥などが植物を食い荒らすこと。

しょくかた【職方】大工(だいく)・左官など、ある特定の技術を要する工事作業を受け持つ者。「—がそろわない」

しょくぎょう【職業】生計を立てるために日常従事する仕事。　**—いしき**【—意識】その職業に従事する者に特有の、物事の見方・とらえ方・感じ方。　**—てき**【—的】〘ダナ〙職業として行うさま。職業に関するさま。　**—びょう**【—病】職業の特殊な環境や勤務形式によって起こりやすい病気。例、暑い場所で働くことによる熱中症。　**—ふじん**【—婦人】多少とも知的なまたはモダンな職業についている女性。▽女性が社会に出て働くことの少なかった、大正から昭和初期に多く使われた。「キャリア ウーマン」の指すものよりは広い。

しょくげん【食言】〘名・ス自〙前に言った事(約束など)と違った事を言うこと。うそをつくこと。▽一度口から出した言葉をまた口に入れる意。

しょくご【食後】食事の後。↕食前・食間。「—の休息」▽薬の服用では普通、食事の後から約三十分後まで。

しょくさい【植栽】〘名・ス他〙草木を植えて栽培すること。また、その植物。「—林」。また、特に、植え込み(1)。

しょくざい【食材】料理に用いる魚介・肉・野菜などの材料。

しょくざい【×贖罪】〘名・ス自〙犠牲や代償を捧(ささ)げて罪をあがなうこと。特にキリスト教で、キリストが十字架上の死によって、全人類を神に対する罪の状態からあがなった行為。

しょくさん【殖産】①生産物をふやすこと。「—興業」②産業を盛んにすること。「—銀行」③財産をふやすこと。「貯蓄は—の早道」

しょくし【食指】ひとさしゆび。「—を動かす」(食いけが出る。一般に、ある事を求めようとする気が起こる)

しょくじ【植字】〘名・ス自〙活版印刷の工程で、活字を原稿どおりにならべること。その作業。組み。▽現場では「ちょくじ」とも言った。

しょくじ【食事】〘名・ス自〙①(生存に必要な栄養を取るために)毎日習慣的に物を食うこと。また、その盛りつけた食品。「—をとる」②↓しょくじ(食餌)

しょくじ【食餌】〔医学〕（病気を治す材料として見た）たべもの。「—療法」（「食事療法」とも書く）

しょくしゅ【職種】職業・職務の種類。

しょくしゅ【触手】①無脊椎動物の口の近くにある、自由に伸縮・屈曲する細長い突起。触覚をつかさどり食物をとらえる。②転じて、野心を持ち、他に働きかけようとすること。「—をのばす」「—が動く」③手で触ること。「—点検」「—確認」

しょくじゅ【植樹】《名・ス自》樹木をうえること。「記念—」

しょくしゅうかん【食習慣】食事についての習慣。

しょくじょ【織女】①はたおりの女。②たなばた伝説の女主人公。③織女星。⑵に擬せられる、琴座で最も明るい星、ベガ。いとおりひめ。

しょくしょう【職掌】役目。担当の職務。「彼は—柄(がら)そんな事には慣れている」

しょくしょう【食傷】《名・ス自》①食べあきること。また、同じ事の繰り返しで、または変わりばえしないので、いやになること。「—気味だ」②しょくあたり。

しょくしん【触診】《名・ス他》（腹部内臓疾患や乳癌(にゅうがん)の診察の時などに）手・指で患者の体にさわって診断する方法。

しょくじん【食尽・×蝕甚】日食または月食の過程で、太陽または月が最も多く欠けた状態。

しょくじんしゅ【食人種】人肉を食う習慣があるといわれる人々。ひとくいじんしゅ。

しょくず【食酢】食用の酢。

しょく-する【嘱する・△属する】《サ変他》たよりにする。頼む。まかせる。望みをかける。

しょく-する ①【食する】《サ変他》食う。食べる。②【食する・×蝕する】《サ変自》一つの天体の一部または全体が他の天体に隠れて見えなくなる。

じょくせ【△濁世】〔仏〕濁りけがれた世。末世。現世。

しょくせい【植生】ある地域に集まって生育している植物の集団。「外来種の侵入により—が変わった」▽vegetation の訳語。

しょくせい【職制】①職員の身分や指揮監督の系列など、職務上の事柄に関する制度。②〔俗〕（工場・会社などで）役づきの職員。係長・課長以上の管理職。また、その職にいる人。

しょくせい【食性】動物の、食物の種類や食べ方についての習性。肉食性・草食性・雑食性など。

しょくせき【職責】職務上の責任。「—を果たす」

しょくせつ【触接】《名・ス自》①→せっしょく(接触)。②敵の近くに(ひそんで)いて、敵状をとらえ続けること。

しょくぜん【食前】食事の前。↔食後・食間。「—酒」▽薬の服用では普通、一時間から三十分前。

しょくぜん【食膳】膳に載せて出す食物。料理。また、料理を載せる膳。「—に供する」「—に着く」(食事をする)

じょくそう【×蓐×瘡・×褥×瘡】→とこずれ

しょくだい【×燭台】室内照明の道具で、ろうそくを立てるのに使う台。多くは持ち運びできる。

しょくたく【嘱託・△属託】《名・ス他》(一定の行為をすることを)頼んで任せること。特に、正式職員に任用しないまま、ある業務をするように頼むこと。その頼まれた人。「—医」▽→いたく(委託)。定年後に再雇用された契約社員を指すことがふえてきた。

しょくたく【食卓】食事用の卓。テーブル。「—を囲む」「—につく」 —えん【—塩】食卓で使う(小瓶入りの)食塩。

しょくち【諸口】いろいろの項目・口座。特に簿記で、仕訳(しわけ)の時に相手方勘定が二つ以上の勘定科目にわたっていること。

じょくち【辱知】自分がその人と知合いであることをへりくだって言う語。「—の間柄」▽知をかたじけなくする意。

しょくちゅうしょくぶつ【食虫植物】昆虫を捕らえ、消化吸収して養分の一部にする植物。ウツボカズラ・ハエトリグサ・モウセンゴケなど。食肉植物。

しょくちょう【職長】職工の長。一つの職場の長。

しょくつう【食通】料理の味に通じていること。そういう人。グルメ。

しょくど【×埴土】粘土質を多く含んだ土。▽耕作には向かない。

しょくどう【食堂】①食事をする部屋。②転じて、いろいろの料理を提供する店。「大衆—」「—車」▽→じきどう

しょくどう【食道】のどから胃までの、食物が通る管。

しょくどうらく【食道楽】→くいどうらく

しょくにく【食肉】①鳥獣の肉を食べること。「—類」②食用にする肉。 —しょくぶつ【—植物】→しょくちゅうしょくぶつ

しょくにん【職人】主に手先の技術で物を作る職業の人。例、大工・左官・建具師(たてぐし)。 —かたぎ【—〈気質〉】職人(の社会)に特有の、自分の腕に自信を持ち頑固だが実直といった気質(きしつ)。 —げい【—芸】すぐれた職人のみが持つ技芸。

しょくのう【職能】そのもののはたらき。「司法の—」。特に、㋐職業・職務上の能力。㋑その職業に固有の機能。「—代表」(職業別代表)

しょくば【職場】工場などでの各人受持ちのしごとば。作業場。また、勤めて働いている場所。「—結婚」

しょくばい【触媒】化学反応の際に、それ自身は変化せず、他の物質の反応速度に影響する働きをする物質。

しょくはつ【触発】①《名・ス自》ものに触れて爆発・発動すること。「—水雷」②《名・ス他》(それがきっかけとなって)急に衝動・感情などを誘発すること。「情勢の急変に—されて」▽⑴の比喩的用法から。

しょくパン【食パン】箱型の型を使って焼いたパン。

しょくひ【植皮】《名・ス自他》〔医学〕外傷などで皮膚の損傷した部分に、ほかから皮膚片を切って移しつ

けること。

しょくひ【食費】食事の費用。「―がかさむ」▽生計費の一部として、または下宿・寮などで部屋代とは別に払うものとして、言う。

しょくひん【食品】食べ物にする品。広くは、飲食物の総称。「―衛生法」

しょくぶつ【植物】多く一か所に固定して動かず、土から水と養分を吸い上げ日光を受けて生長する生物。樹木・草木・藻などの総称。▽古くは、また一般には、動物と並ぶ、生物の二大区分。 **―えん**【―園】各種の植物を集めて植え、栽培し、一般に見せる施設。庭園ふうにしてあるものが多い。「薬用―」「万葉―」(万葉集に詠まれた植物を対象とする植物園) **―しつ**【―質】植物を形づくっている物質。「―肥料」 **―せい**【―性】①植物がもっている(ような)性質。「―神経」(自律神経) ②植物から得られるものであること。「―染料」「―蛋白(たんぱく)」 **―ゆ**【―油】植物の種子や果実からとった油。

しょくぶん【職分】職務上なすべきつとめ。役目。「―を全うする」

しょくぶん【食分・×蝕分】日食や月食の際の、太陽や月が欠ける程度。

しょくべに【食紅】食品に赤い色をつけるための色素。

しょくへん【食偏】漢字の偏の一つ。「飯」「飲」「餡(あん)」などの「食」「飠」の称。

しょくほう【触法】刑罰法令に触れる行為をすること。▽刑事責任を問えない場合に言う。

しょくぼう【嘱望・△属望】『名・ス自他』前途・将来に望みをかけること。「将来を―される」

しょくみ【食味】(味わう対象としての)食品のうまみ。

しょくみん【植民・殖民】『名・ス自』本国以外の土地に移住・定着して経済的に開発すること。また、その移住民。 **―ち**【―地】ある国(本土)からの移住者によって、新たに経済的に開発された土地。特に、新領土となって本国に従属する地域。

しょくむ【職務】担当の仕事である任務。務め。役目。「―を果たす」 **―しつもん**【―質問】警察官が路上などで、不審な挙動をとる者を、職務上呼びとめて行う質問。▽しばしば「職質」と略して使う。

しょくめい【職名】それぞれの職・職務に対してつけた名前。

しょくもう【植毛】『名・ス自他』毛を植えつけること。「ブラシの―工程」

しょくもく【嘱目・△属目】『名・ス自』①気をつけて見ること。注目。「―に値する新人」②目に触れること。「―吟」(俳諧で、即興的に目にふれたものを吟じること)

しょくもたれ【食×靠れ】食物がよく消化しないで胃にとどこおること。

しょくもつ【食物】たべもの。食品。▽広くは飲物も含む。 **―れんさ**【―連鎖】生物界の、捕食・寄生など、食べ物とする、されるという関係に認められる系列。

しょくやすみ【食休み】『名・ス自』食後の休息(を取ること)。

しょくよう【食用】食物として使うこと。食物にできること。 **―がえる**【―×蛙】↓うしがえる

しょくよく【食欲・食×慾】それを食べたいと思う欲望。飲食についての欲望。「―をそそる」「―が起こる」(比喩的に、そうしたいという気がわく意にも)

しょくらい【触雷】『名・ス自』艦船が機雷に触れること。

しょくりょう【食糧】食物。▽主として主食物を指す。

しょくりょう【食料】①食物(の材料)。②食事の代金。▽②は古風。 **―ひん**【―品】(主食物を除いたほかの)食品。肉類・野菜・かんづめ食品など。「―店」

しょくりん【植林】『名・ス自』苗木を植えて、山や平野に林を育てあげること。

しょくれき【職歴】職業・職務の面からみた経歴。

しょくろく【食×禄】俸禄(ほうろく)。

しょくん【諸君】『代』あなたがた。みなさん。きみたち。「紳士淑女―」

じょくん【叙勲】『名・ス他』勲等に叙し勲章を授けること。

しょけ【所化】〔仏〕僧の弟子(でし)。寺で修行中の僧。↔能化(のうけ)。▽教化(きょうけ)された者の意。

しょけい【書契】書きつけ。文字で書かれたもの。また、文字。「―以前」(文字が発明される前の大昔)

しょけい【書×痙】字を書き続けている人に起こる神経症。字を書く時、けいれん・痛みなどが起こって書けなくなる。

しょけい【初経】初めて月経があること。初潮。

しょけい【処刑】『名・ス他』刑、特に死刑に処すること。

しょけい【諸兄】何人かの男性に対し、尊敬の気持を込めて呼ぶ語。

じょけい【女系】母方でたどる血統。女から女へと続いてゆく家系。 **―かぞく**【―家族】①何代も続いて入り婿で保ってきた家系の、家族。②比喩的に、女が多くて優位に立つ家族。

じょけい【叙景】自然の風景を詩文に書き表すこと。

しょげかえ-る【×悄気返る】『五自』ひどくしょげる。

しょげこ-む【×悄気込む】『五自』ひどくしょげる。

しょけつ【処決】『名・ス他』①情況に応じ(自己の進退の)処置を決めること。②心構えを決めること。

じょけつ【女傑】女性で特に知勇にすぐれたもの。男まさりの女性。

しょげ-る【×悄気る】『下一自』失望し、または予期に反する事に出会って、元気がなくなる。「叱られて―」

しょけん【所見】見たところ。㋐見た結果。「医師の

―」㋑考えているところ。意見。「―の一端を述べる」

しょけん【書見】《名・ス自》書物を読むこと。「―台」

しょけん【初見】初めて見ること。初めて会うこと。特に、初めて楽譜を見ること。「―で演奏する」

しょけん【諸賢】多くの賢人。▽皆様の意にも使う。

しょげん【諸×彦】男の書簡などで、多くのすぐれた男子諸君の気持で、ほぼ対等の相手に呼び掛けるのに使う語。「有志―に告げん」▽既に古風。

しょげん【諸元】機械のいろいろな性能・機能を数値で表したもの。「―リスト」

しょげん【緒言】①論じ出すいとぐちの部分。②転じて、まえがき。はしがき。▽慣用読みで「ちょげん」とも言う。

じょけん【女権】女性の、社会上(主に政治上・法律上)の権利。「―拡張」

じょげん【助言】《名・ス自》こうするのがよかろうと、わきから言葉を添えて、助けを出すこと。「この機種にしたらと―する」「内閣の―と承認」▽「じょごん」とも言う。

じょげん【序言】序として述べる文章。まえがき。

しょこ【書庫】書物をしまっておく場所。

しょこう【×曙光】①夜明けにさしてくる太陽の光。②比喩的に、暗黒の中から現れはじめる明るいきざし。「平和の―」

しょこう【初更】五更の第一。今の午後七時から九時まで。

しょこう【初校】最初の校正。また、そのためのゲラ刷り。▽以降は「再校」「三校」……と続く。

しょこう【初稿】①最初の作品集。②最初の原稿。「―のままにて、ただちに活字に付せむ」(大槻文彦「言海」おくがき)▽(2)は、以降「再稿」「三稿」……と続く。

しょこう【諸公】多くの人々に対して呼びかける敬称。諸君。

しょこう【諸侯】江戸時代の大名(だいみょう)。▽一人を指すのにも言う。もと中国で、天子から封土(ほうど)を受け、そこを治めた人。また、封建時代ヨーロッパの領主階級をも言う。

しょごう【初号】①新聞・雑誌などの第一号。創刊号。②日本の活字で、一番大形のものの号数。▽次が一号、以下八号までで、数がふえるにつれて小形になる。

じょこう【女工】女性の工場労働者。女子工員。

じょこう【徐行】《名・ス自》(車などが)速力をゆるめて進むこと。

じょことば【序△詞】→じょし(序詞)(2)

しょこん【初婚】その人にとって初めての結婚。

じょごん【助言】《名・ス自》→じょげん(助言)

しょさ【所作】①しわざ。ふるまい。身のこなし。②踊り。③「しょさごと」の略。 **―ごと**【―事】歌舞伎の、おもに長唄を伴奏とする踊り・舞踊劇。振り事。

しょさい【所載】印刷物に記載されていること。「五月号―の論文」

しょさい【書斎】読書・執筆などをするための部屋。

しょざい【所在】《名・ス自》在る場所。居どころ。(そこに)在ること。「―が知れない」「―不明」「責任の―を明らかにする」 **―な-い**【―無い】《形》することがなく退屈だ。手持ち無沙汰(ぶさた)だ。▽この「所在」は、しわざの意。 派生 **-さ** **-げ**

じょさい【助祭】カトリックの聖職位。司祭の次。

じょさい【如才】手抜かり。疎略。「そこに―があるものか」「―がない」(→じょさいない) **―な-い**【―無い】《形》気がきく。あいそがいい。手抜かりがない。「―く振舞う」 派生 **-さ** **-げ**

じょさいや【△定斎屋】夏、町中を売り歩く、暑さよけの薬の行商人。一対の大きな薬箱をにない、かたかたと箱の引き手の音をたてて歩く。じょうさいや。

しょさつ【書冊】書物。本。

しょさつ【書札】書きつけ。また、手紙。

しょさん【所産】作り出されたもの。うまれたもの。「永年の努力の―」

しょさん【初産】はじめてのお産。ういざん。はつざん。「―婦」

しょざん【諸山】①あちこちの山。②あちこちの寺。

じょさん【助産】出産を助け、産婦・新生児の世話をすること。「―所」 **―し**【―師】助産を業とする人。法定の資格を要する。 **―ぷ**【―婦】助産師である女性の旧称。

じょざん【除算】割り算。除法。↔乗算

しょし【庶子】本妻以外の女性から生まれた子。旧民法では、父が認知した私生子。▽父の戸籍に入る。↓しせいし

しょし【所司】鎌倉幕府の侍所(さむらいどころ)の次官。また、室町幕府の侍所の長官。 **―だい**【―代】①室町時代に、所司の代理として事務を取り扱ったもの。②江戸時代に、京都に在勤して、朝廷関係・近畿地方の諸事を取り扱ったもの。

しょし【所思】心に考えていること。

しょし【書×肆】書店。本屋。

しょし【書誌】①書物。図書。②書物の材料・体裁、成立の事情などについての記述。「―学」③特定の項目に関する書物の目録。

しょし【初志】初めに思い立った望み。もとからの志。「―を貫徹する」

しょし【処士】民間にいて仕官しない人。

しょし【諸子】①《代》君たち。「生徒―はよく勉強せよ」▽主に目下に対して使う。②《名》中国で(特に春秋時代に)一派の学説を立てた思想家。「―百家」

しょし【諸氏】多くの人々に対する敬称。みなさん。「中村・鈴木・山田の―が相談して決めた」▽相手を敬って指す語としても使う。「―におかれては」

しょし【諸姉】何人かの女性に対し、尊敬の気持を込めて呼ぶ語。「世の婦人記者―は」▽今使えば、からかいと取られやすい。

しょじ【所持】『名・ス他』(身につけて)現に持っていること。「―品」「大枚の金銭を―する」
しょじ【諸事】 いろいろの事。さまざまの用。「―万端」
じょし【女史】 社会的地位・名声のある女性(の名に添える敬語)。
じょし【助士】(交通機関などで)業務の正式の担当者を補助する役目。助手。「機関―」
じょし【女子】 ①おんなのこ。娘。「―が出生した」②女性。女。「―学生」▽↕男子
じょし【序詞】 ①序としての文章。㋐前書き。序文。㋑プロローグ。②和歌などで、ある語句を導くための前置きとする言葉。枕詞(まくらことば)と同じ働きをするが、五音(四音)とは限らず、二句以上にわたる。例、「ほととぎす鳴くや五月(さつき)のあやめ草あやめも知らぬ恋もするかな」(古今集)の「あやめ」に対して「ほととぎす……あやめ草」の部分。じょことば。
じょし【序詩】 前置きとして添えた詩。
じょじ【助字】 ↓じょじ(助辞)
じょじ【助辞】 ①前置詞・後置詞・助動詞等文法上の形式的意味を表す語。助字。②漢文法で、他の語に付属してその働きを助ける語。例、「乎」「也」「焉」。助字。
じょじ【女児】 おんなのこ。↕男児
じょじ【序次】 順序。
じょじ【叙事】 事柄をありのままに述べつづること。
―し【―詩】(多くは民族など社会集団の)歴史的事件、特に英雄の事跡を叙事の態度でうたい上げた詩。
しょしき【書式】 公式の文書の、定まった書き方。
しょしき【諸式・諸色】 ①いろいろの品。「―万端」②転じて、物価。「―があがる」
じょしつ【除湿】『名・ス自』空気中の湿気を取り除くこと。「―器」
しょしゃ【書写】 ①『名・ス他』かきうつすこと。②『名』毛筆・硬筆による習字。▽小・中学校の国語科の内容の一つ。
じょしゃく【叙爵】 ①爵位を授けられること。②昔、初めて従五位下(じゅごいげ)に叙せられること。
しょしゅ【諸種】 いろいろの種類。
じょしゅ【助手】 ①仕事の手助けをする人。「―席」②大学などで、授業・研究の円滑な実施のため、補助的な業務をする人。「実験―」▽二〇〇七年から、従来の助手(大学で、教授・助教授・講師の下の者)は助教と助手とに分かれた。
しょしゅう【初秋】 秋の初めのころ。はつあき。
しょしゅう【所収】 一つの書物またはシリーズの中に収められていること。「全集第一巻―」
しょしゅう【諸宗】 主に仏教で、いろいろの宗派。
じょしゅう【女囚】 女の囚人。
しょしゅつ【庶出】 本妻以外の女から生まれたこと。めかけばら。↕嫡出
しょしゅつ【所出】 ①出生。うまれ。②でどころ。出所。
しょしゅつ【初出】『名・ス自』初めて出てくること。初めて現れること。「原稿の―の漢字にルビをふる」
じょじゅつ【叙述】『名・ス他』(物事の有様を)順を追って(書き)述べること。また、その述べたもの。
しょしゅん【初春】 ①春の初め。②正月。▽旧暦では一月から春。
しょじゅん【初旬】 月の初めの十日間。上旬。
しょしょ【処処・所所】 ところどころ。あちこち。方方。
しょしょ【処暑】 二十四気の一つ。陽暦八月二十三日ごろ。▽暑さがやみ、涼しくなりはじめる意。
しょじょ【処女】 ①性交の経験のない女性。きむすめ。「初めは―のごとく終わりは脱兎(だっと)のごとし」(初めはおとなしくしていて、終わりごろにはすさまじい勢いを示すたとえ)▽家に処(い)る女の意。②『他の漢語に付いて』㋐人が一度も手をつけたり踏み込んだりしていないこと。「―地」「―林」「―峰」㋑初めてすること。「―航海」「―作」
じょじょ【徐徐】『副に』①ゆっくり。「―に歩を進める」②少しずつ。段々。「―に回復する」▽以前は「―と」も使った。
しょしょう【所掌】『名・ス他』ある事務を特定の行政機関がつかさどること。所管。「これは本省の―する事項だ」
しょしょう【書証】 裁判で、書面に述べてある事柄を証拠とすること。↕人証(じんしょう)・物証
しょじょう【書状】 手紙。書簡。
じょしょう【女将】 旅館・待合・料亭などの女主人。おかみ。
じょしょう【序章】 序にあたる章。本論にはいる前に置く章。
じょじょう【如上】 上(前)に述べた通り(のこと)。上述。「―の前提に立てば」
じょじょう【叙情・×抒情】 感情をのべあらわすこと。
―し【―詩】(叙事詩・劇詩に対し)自己の純粋な感動や情緒を主観的に述べた詩。
じょじょうふ【女丈夫】 気丈でしっかりしている女性。
じょしょく【女色】 ①女性の魅力。女の色香(いろか)。「―に迷う」②情事。いろごと。「―にふける」
しょしん【所信】 こうだと自分で信じること。信じるところ。「―を述べる」
しょしん【書信】 手紙でのたより。手紙。
しょしん【初審】 第一回目の審判。第一審。始審。
しょしん【初心】 ①まだ十分に慣れていないこと。㋐うぶ。㋑物事の習い始めで未熟なこと。「―者」②最初に思い立った考え。最初の決心。「―を貫く」
しょしん【初診】 はじめての診察。
じょしん【女神】 女性である神。めがみ。
じょすう【除数】 割り算で、割る方の数。
じょすうし【助数詞】 数を表す語に添えて、どんな種

類のものの値かを示す接尾語。「一個」「五組」「何枚」「〇・三メートル」の「個」「組」「枚」「メートル」の類。

じょすうし【序数詞】順序を表す数詞。「一番目」「第二」の類。

しょ-する【書する】《サ変他》書く。

しょ-する【署する】《サ変他》自分のなまえを書く。署名する。

しょ-する【処する】①《サ変自》その場に身をおく。対処する。「難局に—」「世に—道」②《サ変他》とりさばく。㋐処理する。「事を—」㋑刑罰を与える。「厳罰に—」

じょ-する【序する】《サ変自》作品や書物に序(文)を書いて付ける。「友人の句集に—」

じょ-する【叙する】《サ変他》爵・位・勲等・官等などを授ける。「勲一等に—」

じょ-する【除する】《サ変他》割り算をする。割る。

しょ-せい【庶政・諸政】いろいろの方面の政務。「—一新」

しょせい【所生】①うみの親。②うみの子。③うまれたところ。出生地。

しょせい【初生】初めて生まれること。また、初めて生じること。 **—じ**【—児】〔医学〕→しんせいじ

しょせい【書生】①勉学期にある若者。㋐学生や旧制高等学校生徒、また旧制中学校の高学年の生徒。「—さん」「—気質(かたぎ)」㋑他人の家の世話になり、家事を手伝いながら勉学する者。「—を置く」▽一九五〇年頃まではこの用法が生きていた。②書物を読むばかりで世間知らずの学者。「一介の老—」▽古風。 **—しばい**【—芝居】→そうししばい。 **—べや**【—部屋】来客の取次ぎをするため、邸宅の玄関に接して設けた書生(1)㋑の部屋。 **—ろん**【—論】理論に走りすぎて現実を忘れている議論。

しょせい【書聖】書道の名人。

しょせい【処世】世間で暮らしてゆくこと。世渡り。「—術」

じょせい【助勢】《名・ス自》手助けし力を添えてやること。また、その人。

じょせい【助成】《名・ス他》事業・研究の完成を助けること。「—金」

じょせい【女婿】娘の夫。むすめむこ。「彼は社長の—だ」▽娘の親との関係で言う。「女」は、むすめの意。

じょせい【女性】おんな。女子。婦人。↔男性。▽主に成年の女を指す。 **—てき**【—的】《ダナ》女のようであるさま。「—な青年」。いかにも女を思わせるさま。「—な字」

じょせい【女声】声楽で、女の声。「—合唱」

しょせき【書籍】本。書物。図書。

じょせき【除籍】《名・ス他》名簿・原簿または戸籍からその名を取り除くこと。「—本」

しょせつ【所説】説くところ。説。

じょせつ【序説】本論にはいる準備としての説明・論説。序論。

じょせつ【叙説】《名・ス他》述べ説明すること。

じょせつ【×絮説】《名・ス他》くどくどしく説明すること。

じょせつ【除雪】《名・ス自》積もった雪を取り除くこと。「—車」

しょせん【緒戦】①戦争が始まったばかりのころの戦闘。また、試合や勝負のはじめの段階。「—の大勝利」▽慣用読みで「ちょせん」とも言う。②最初の戦いや試合。「完封で—を飾る」▽(2)は多く「初戦」と書く。

しょせん【所詮】《副》《多く否定的な語を伴って》結果として行き着くところは。結局は。「—(は)だめだろう」「—かなわぬ恋だった」

じょせん【除染】《名・ス他》放射性物質や有害化学物質によって汚染された土壌・施設や機器・着衣から、汚染を除去すること。「—作業」「—技術」

しょそう【諸相】いろいろのすがた・様子。

しょぞう【所蔵】《名・ス他》しまっておくこと。所有物としていること。また、その物。「美術館—の作品」

じょそう【女装】《名・ス自》男が女の姿をすること。↔男装

じょそう【助走】《名・ス自》陸上・体操競技で、勢いをつけるために、跳躍・投擲(とうてき)する所まで走ること。

じょそう【助奏】《名・ス自》伴奏以外に加える装飾的な補助の演奏(をすること)。オブリガート。

じょそう【序奏】曲の主要部分を導く準備としての部分。また、そのような演奏。

じょそう【除草】《名・ス自》雑草を取り除くこと。

じょそう【除霜】電気冷蔵庫内の、冷凍室周辺にできる氷や霜様の水分の結晶を取り除くこと。「—装置」

しょそく【初速】物体の運動における、初めの速度。

しょぞく【所属】《名・ス自》ある事物・個人等が他の事物や団体や命令系統等に属していること。「政党に—する」

しょぞん【所存】考え。意見。「いかなる—か聞きたい」

じょそんだんぴ【女尊男卑】女性の社会的地位が男性のそれよりも高いこと。女がとうとばれ男がいやしまれること。↔男尊女卑

しょた【諸多】たくさんいろいろとあるもの。

しょたい【所帯・△世帯】①→せたい(世帯)。「—のやりくり」②その生計を共にする生活体。多くは夫婦とその家族で形作っている。「—主(ぬし)」「ひとり—」「女—」▽「所帯」は、もと、一身に帯びるものの意で、官職・身代(しんだい)等を指した。 **—くずし**【—崩し】一家離散すること。 **—じみる**【—染みる】《上一自》いつも所帯の事を中心に物を考える態度になる。また、生計の苦労が身にしみて、ふけ込む。 **—どうぐ**【—道具】簞笥(たんす)や台所用具など家庭生活に必要な道具。 **—もち**【—持(ち)】①一戸を構えて生活を営む人。また、既婚者。②暮らしの立て方。「—がいい」(家計がじょうずだ) **—やつれ**

【―×窶れ】『名・ス自』苦しい生活のやりくりのため、顔つき・身なりの感じがみすぼらしくなること。

しょたい【書体】①同じ字の書き方の種類。▽漢字の楷(かい)・行(ぎょう)・草(そう)、活字の清朝(せいちょう)・明朝(みんちょう)・宋朝(そうちょう)や、イタリック・ローマン等の別をいう。②(個人の特色としての)字の書きぶり。書風。

しょだい【初代】ある系統の最初の代。また、その人。一代目。「―大統領」

じょたい【女体】↓にょたい

じょたい【除隊】『名・ス自』現役兵が満期となって、軍隊から帰ること。↕入営・入隊

しょたいめん【初対面】今まで一度も会わなかった人と初めて顔を合わせること。初めての面会。

しょだち【初〈太刀〉】最初に切りつけるたち。「―で切り伏せた」

しょだな【書棚】本を幾冊も載せておくための棚。本棚。

しょだん【初段】一番初めの段。特に、武道・碁・将棋などの最低の段位。

しょだん【処断】『名・ス他』その時の有様に適当する処置を決めること。

じょたん【助炭】枠に紙を張り、火鉢の上をおおって火持ちをよくする道具。

しょち【処置】『名・ス他』①物事を取り計らって、かたをつけること。「寛大な―」「―なし」(どうすることもできない) ②病気・けがなどの手当てをすること。「応急―をほどこす」

しょちゅう【暑中】夏(特にその土用十八日間)の暑さが盛りの時期。「―見舞」「―休暇」

しょちゅう【書中】手紙の文中。文書のなか。

じょちゅう【女中】①家事の雑用をする召使の女。下女。旅館などで働く女。▽⑶の転。②『お―(方)』『―衆』一人前の女性。婦人。▽一九三〇年近くまでこの用法が生きていた。③仕官(奉公)している女。「御殿―」

じょちゅうぎく【除虫菊】花を乾して除虫・殺虫剤とする多年草。シロバナムショケギク。▽きく科。日本には明治初期に導入され、かつては蚊取り線香の原料として盛んに栽培された。

しょちょう【初潮】最初の月経(があること)。初経。

じょちょう【助長】『名・ス他』能力を伸ばすように助けること。また、傾向などが著しくなるように力を及ぼすこと。「弊害を―する」

しょっかい【職階】職種と職級(=職務の複雑さ・責任の度合による格づけ)とに応じて定めた等級。「―制」

しょっかく【食客】居候(いそうろう)。▽もと、一家に客の待遇で養われている人。

しょっかく【触覚】外の物に触れることによって生物体に起こる感覚。

しょっかく【触角】昆虫等の頭部に対をなしてあり、嗅覚・触覚等をつかさどる器官。形はさまざま。

しょっかん【触感】触覚。また、手ざわり・肌ざわり等、さわった時の感じ。

しょっかん【食感】口にした食品の歯ごたえや舌触りの感じ。

しょっかん【食間】食事と食事とのあいだ。↕食前・食後。「この薬は―に服用のこと」▽薬の服用では普通、直前の食事の約二時間後。

しょっき【織機】布を織る機械。はた。

しょっき【食器】食事に使う器具・容器。ちゃわん・さら・はし・スプーンなど。

ジョッキ ビールを入れて飲む、取っ手がついた大型のコップ。▽jug から。

ジョッキー 競馬の騎手。▽jockey

しょっきゃく【食客】↓しょっかく(食客)

しょっきり【初(っ)切(り)】花相撲(はなずもう)で行う滑稽な動作のショー的な取組。

しょっきん【×蜀錦】色彩が美しい、錦(にしき)の一種。蜀江(しょっこう)の錦。▽中国の蜀(しょく)地方の錦江(きんこう)の水で糸をさらして織った。

ショッキング『ダナ』精神的に強い衝撃を与えるさま。驚くべきさま。「―な映像」▽shocking 派生 -さ

ショック 急に加わる強い打撃。衝撃。「―を受ける」「―による振動」「余りの―に失神する」「―死」▽shock 物理的にも心理的にも使う。 **―りょうほう**【―療法】①電流を流すなどの強い刺激を与えることで病状の改善を図る治療法。②比喩的に、(経済などの)問題を解決する大胆な方法。

しょづくえ【書机】ふづくえ。

しょっけん【職権】職務上もっている権限。 **―らんよう**【―濫用】公務員が、用いてはならない所まで自分の権限を用いて不法な行いをすること。また、職権を不当に振り回すこと。

しょっけん【食券】食堂などで飲食物と引き換える札。

しょっこう【×燭光】①ともしびのあかり。②もと、光度の単位。「燭」に同じ。

しょっこう【職工】工場の労働者。工員。▽もと、職人の意。古くは男子を言い、女子は「女工」と言って区別した。

しょっこうのにしき【×蜀江の錦】↓しょっきん

しょっちゅう『副・ノダ』常に。いつも。たえず。「―忘れものをする」「失敗は―のことだ」▽「初中後」の略。

しょってる【〈背負〉ってる】『連語』〔俗〕うぬぼれている。「あいつ、ずいぶん―なあ」▽「せおっている」から。

ショット ①テニス・ゴルフで、球を打つこと。また、その打球。「ナイス―」②バスケットボールで、球をゴールに投げこむこと。シュート。③映画・テレビで、切れ目なしに撮影された一場面。「ロング―」④ウイスキーなど強い酒の一杯分。「―グラス」▽shot

しょっぱ-い《形》〔俗〕①塩からい。②声がしわがれている。「―声を張り上げて」③勘定高い。けちだ。④困ったりいやだったりして顔をしかめている。「―顔をする」▽「塩(しお)栄(は)ゆし」の転。派生 **-さ** **-がる**

しょっぱな【初(っ)△端】〔俗〕最初の所。発端(ほったん)。

しょっぴ-く《五他》〔俗〕無理に連れて来る、または連れて行く。しょびく。「犯人を警察に―」

ショッピング《名・ス自》買物をすること。「―バッグ」▽shopping **―センター** 商業・サービス施設の集まり。▽shopping center **―モール** ↓モール(3)。▽shopping mall

ショップ 商店。みせ。「コーヒー―」▽shop

しょて【初手】最初。「―から強く出る」▽もと碁・将棋で最初に打つ手。

しょてい【所定】《「―の」の形で》定まっていること。「―の様式」

じょてい【女帝】女性の天皇・皇帝。にょてい。

しょてん【書店】本を売る、または出版する店。本屋。

しょでん【所伝】以前から(口づたえ、または文書で)伝えられてきたこと。伝え来たところ。「―によれば」

しょでん【初伝】最初の段階の伝授。↔奥伝

しょど【初度】一回目。最初。

しょとう【初冬】冬の初め。

しょとう【初等】最初の等級。初歩。↔高等。 **―きょういく**【―教育】初歩の基本的、一般的段階の教育。小学校の教育。

しょとう【初頭】初めのころ。「二十一世紀―」

しょとう【×蔗糖】植物中に広く存在する糖。砂糖の主成分。結晶は白色で水によく溶ける。ショ糖。スクロース。▽「しゃとう」の慣用読み。

しょとう【諸島】多くの島々。複数の島の集まり。「ハワイ―」

しょどう【書道】文字を筆と墨とで書く芸道。

しょどう【初動】①起こし始めの行動。「―捜査」②地震のゆれが伝わって、各地で観測される最初の地面の動き(の方向と大きさ)。

しょどう【諸道】①いろいろの芸道。「―に通じている」②すべての方面。万事。「貧は―の妨げ」

しょとく【所得】①収入。②〔経済〕㋐一定期間の勤労・事業・資産等によって生じる収入から、これを得るのに必要な経費を差し引いた残高。㋑一定期間の財産増加分からその期間の減少分を差し引いた残高。「国民―」③その身に得たもの。▽(3)は既に古風。 **―ぜい**【―税】一か年の(個人の)所得に対し、一定の割合で課せられる直接税。

しょとく【書×牘】手紙。▽「牘」は字を書くための木札。

しょなのか【初七日】人の死後七日目にあたる日(に行う法事)。▽「しょなぬか」とも言う。

じょなん【女難】男が、女に関する事で災難を受けること。「―の相」

しょにち【初日】(特に芝居・相撲(すもう)の興行の)最初の日。「―を出す」(転じて、負け続けていた力士が初めて勝つ)

しょにん【初任】初めて官(・職)に任じられること。 **―きゅう**【―給】初めて任官・就職したときの給料。

じょにん【叙任】《名・ス他》位を授け官に任じること。

しょねつ【暑熱】夏の日の暑さ。

しょねん【初年】①最初の年。②初めの数年(の間)。「昭和―」 **―へい**【―兵】入営してから一年未満の兵士。

じょのくち【序の口】①物事が始まったばかりのところ。発端(ほったん)。「まだほんの―だ」▽(2)の転義。②相撲(すもう)の番付(ばんづけ)で、最下段に名がのる地位(の力士)。

しょば〔俗〕場所。「―代」▽「場所」の字を逆順にした隠語。普通「ショバ」と書く。

じょはきゅう【序破急】①雅楽などの構成形式。全曲を序・破・急の三部分に分ける。②転じて、曲や舞の進行の速さの変化。また、物事の展開の様子。

しょはつ【初発】《名・ス自》初め。初めて発すること。「―電車」「―患者」

しょばつ【処罰】《名・ス他》罰する処置をすること。

しょはん【初犯】初めて罪を犯すこと。初めての犯罪。

しょはん【初版】図書の最初の版。第一版。

しょはん【諸般】《「―の」の形で》いろいろ。さまざま。「―の事情」

じょばん【序盤】①碁・将棋で勝負を始めた初期の局面。②比喩的に、一続きの物事の初期の情況。▽↔中盤・終盤

しょひ【諸費】いろいろの費用・経費。

しょぴ-く《五他》↓しょっぴく。▽「引っ張る」の俗な言い方。

しょひつ【初筆】最初に書くこと。

しょひょう【書評】新刊書などにつき、書物の内容を紹介しながら批評をした文章。「―欄」▽新刊書の批評という意で「新刊書評」と呼んだのが起こり。

ジョブ 仕事。作業。特にコンピュータで、処理作業の一まとまり。▽job

しょふう【書風】(個人・流派の特色としての)字の書きぶり。書道の流儀。

しょふく【書幅】文字を書いた掛け物。

じょふく【除服】いみあけ。きあけ。▽既に古風。

しょぶつ【諸物・庶物】いろいろの物。

しょぶん【処分】《名・ス他》かたをつけること。㋐物事を始末するために取り計らうこと。「余ったものを―する」「財産の―」㋑罰すること。「主謀者を―する」「停学―」

じょぶん【序文】↓はしがき(1)

しょへき【書癖】①本を読みたがるくせ。②本を集めたがるくせ。③字の書きぐせ。

ショベル シャベル。▽shovel 土木機械が備える大形のものに言うことが多い。 **―カー** ショベルをそ

なえた自動車。パワー ショベル。▽shovel と car とによる和製英語。
しょほ【初歩】 学問・技術の習い始め。初学。初心。「—的な誤り」
しょほう【書法】 ①字の書き方。筆法。②文章の書き方。
しょほう【処方】《名・ス他》物事を処置する方法。特に、病気に応じた薬の調合法(を指示すること)。 **—せん【—箋】** ①医師が処方を書きしるした文書。②比喩的に、効果的な対策。「景気回復への—」
しょぼう【書房】 ①書斎。②書店。▽「〇〇書房」のように書店の屋号にも使う。
じょほう【叙法】 表現のしかた。述べ方。
じょほう【除法】 割り算。↕乗法
しょぼくれる《下一自》元気がなくみじめな様子になる。
しょぼしょぼ ①《副[と]・ス自》目をはっきり開けていられず、力なくまばたきするさま。「目が—する」②《副[と]》弱々しく勢いがないさま。「雨が—(と)降る」③《副[と]・ス自》気落ちして、しょんぼりしているさま。「—した哀れな姿」
しょぼたれる《下一自》力が抜けて元気のない様子になる。貧相でみじめな様子になる。▽古くは、びしょぬれになる意の「しょぼぬれる」と同じ意に使った。
しょぼつく《五自》しょぼしょぼした状態になる。「目を—かせる」「雨が—」
しょぼぬれる【しょぼ×濡れる】《下一自》雨などに相当に濡れる。
しょぼん《副と》気力をなくして、弱々しく、寂しそうなさま。「叱られて—となる」
じょぼん【序△品】〔仏〕①経典の前書きの部分。②法華経(ほけきょう)二十八品(ほん)のうちの第一品。
じょまく【序幕】 ①芝居の最初の幕。②比喩的に、物事の初めの段階。▽↕終幕
じょまく【除幕】《名・ス自》銅像や記念碑ができて、おおいかぶせてある幕を取り除くこと。「—式」
しょみん【庶民】 世間一般の民衆。大衆。「—的」
しょむ【庶務】 いろいろの事務。「—課」
しょめい【署名】《名・ス自》本人であることや責任を明らかにするために(書類・書簡などに)自分が氏名を記すこと。そのようにして書かれた氏名。自署。「—を集める」「無—」▽「記名」は単に名を記すこと。
じょめい【助命】《名・ス他》命を助けること。「—嘆願書」
じょめい【除名】《名・ス他》名簿から名前を除き去ること。特に、団体から脱退させること。「—処分」
しょめん【書面】 ①文書のおもて。文書・手紙などに書かれていること。文面。②文書。手紙。
しょもう【所望】《名・ス他》望みとするもの。望む事柄。望むこと。「御—の品」
しょもく【書目】 ①図書の目録。②書物の題名。
しょもつ【書物】 文章(や集めた表・図の類)を、手で書き記したり印刷したりして、一冊に綴じたもの。本。書籍。▽雑誌を含まず、電子化したのも今はまだ含まない。
しょや【初夜】 ①最初の(特に、新婚夫婦として迎える初めての)夜。②夜の、初めの方の部分。初更(しょこう)。今の午後七時〜九時ごろまで。また、その時に行う読経(どきょう)。▽古くは夜中から夜明けまで。 **—けん【—権】** 庶民の結婚の際、酋長(しゅうちょう)・領主・祭司などが新郎より先に新婦と初夜⑴を送る、習慣として認められた権利。
じょや【除夜】 おおみそかの夜。「—の鐘」
じょやく【助役】 主任者を助ける役(の人)。㋐市町村長を助ける最上級の吏員や特別職の旧称。▽現在は「副市長」等と言う。㋑駅長を助け、その代理をする役の駅員。
しょゆう【所由】 基づくところ。ゆえん。
しょゆう【所有】《名・ス他》(自分のものとして)持つこと。「—地」 **—けん【—権】** 物を自分の欲するままに使用・収益・処分することのできる権利。
じょゆう【女優】 女の俳優。↕男優
しょよ【所与】 他から与えられること。与えられたもの。特に、解決すべき問題の前提として与えられたもの。「—の条件のもとに」
しょよう【所用】 ①使われること。入用。「当人—の品」②用事。「—で外出する」
しょよう【所要】 必要とすること。「—の条件」
しょり【処理】《名・ス他》事件・事務をさばいて始末すること。「会務の—」「ごみ—工場」。製造工程で材料に特定の作業を施すこと。「熱—」
じょりゅう【女流】 女性の芸術家・技術家などであることを表す語。「—飛行家」「—作家」「—棋士」
しょりょう【所領】 領有している土地。
じょりょく【助力】《名・ス他》てだすけ。また、てだすけすること。力を貸すこと。加勢。「—を惜しまない」
しょりん【書林】 多くの書物がある場所。▽「〇〇書林」のように書店の屋号にも使う。
じょりんもく【如×鱗木】 うろこのような木目(もくめ)。
しょるい【書類】 目的があって記録する文書の類。「事務上の—」「証拠—」
ショルダー バッグ 長めの吊(つ)りひもを肩に掛けて持ち運ぶかばん。▽shoulder bag
じょれつ【序列】 官位・成績・隊形など一定規準に従って並べた、順序。「年功—」「—をつける」「行軍—」
じょれん【如×簾】 食器のおおいにする、小さなすだれのようなもの。
じょれん【×鋤×簾】 土砂・ごみなどをかき寄せる道具で、長い竹の先に箕(み)がついたもの。
じょろ【女△郎】 遊女。おいらん。▽「じょうろう(上﨟)」の転か。「じょろう」とも言うが、口頭語では「じ

ょ(う)ろ」が普通だった。 **ーかい**【ー買(ひか)(い)】 遊里で遊女を呼んで遊興すること。

じょろ【如露】 ↓じょうろ(如雨露)

しょろう【所労】 疲れ。病気。▽身体を労した結果の状態の意。

しょろう【初老】 老人の域にはいりかけた年ごろ。▽もと、四十歳の異称。

じょろう【女郎】 ①↓じょろ(女郎)。②女のこと。「京ー」▽元来は、男まさりの女の意。 **ーぐも**【ー〈蜘蛛〉】 くもの一種。あしが細長い。雌は三センチ弱で、足と腹部背面は黒と黄色の縞(しま)模様で、腹面に赤い斑がある。雄は一センチ弱で、全体に褐色。▽じょろうぐも科。別科で姿の似るコガネグモを含めて言う地方がある。

しょろん【所論】 論じる事柄。意見。

しょろん【緒論】 本論にはいる準備のための、一般的な説明・議論。序論。▽慣用読みで「ちょろん」とも言う。

じょろん【序論】 ↓しょろん(緒論)

しょわけ【諸訳】 いろいろのこみいった事情・事柄。こまごまとした事柄。「恋のーを知る」▽既に古風。

しょんぼり 『副「と」・ス自』元気がなく、しおれているさま。「ー(と)肩を落とす」

しら【白】 ①《他の語の前につけて》特別の色が付いていないこと。㋐白いこと。「ー菊」▽「しろ」と同語源。㋑(染めたり塗ったり、味をつけたりしない)生地(じき)のままなこと。「ー木」「魚のー焼き」㋒純粋であること。「ーきちょうめん」②酒に酔っていない、ふだんのままのこと。しらふ。「ーでは話しにくい」③『ーを切る』知らないふりをする。しらばくれる。▽(3)は「白」ではなく「知ら」であるとも言う。

しらあえへ:ぁ【白△和え】 とうふと白ごまなどをすりまぜ味をつけたもので野菜などをあえた料理。

じらい【地雷】 地中に埋め、その上を人・戦車などが通ると爆発する仕掛けの兵器。地雷火。「ーを踏む」(触れてはいけない点に言及し不快にさせる意も)

じらい【×爾来】 『副』その後。それ以来。「ー音沙汰(おと)(さた)なし」

しらいと【白糸】 ①染めていない糸。白い糸。「ーの滝」②生糸(きいと)。

しらうおを:う【白魚】 ①半透明で細長い体をした小魚。死ぬと白くなる。体長一〇センチ弱。春に沿岸近くで漁獲され、佃煮(つくだに)などにするほか寿司のねたとして生食。▽しらうお科。広くは同科の魚の総称。②↓しろうお

しらが【白髪】 色素がなくなって白くなった髪。「ーが出る」「ー頭」「若ー」▽一本だけの髪の毛にも髪全体(のありさま)にも言う。↓はくはつ・はくとう(白頭)。 **ーこぶ**【ー昆布】 かみの毛のように細くけずった白い昆布。 **ーぞめ**【ー染(め)】 白髪を(黒く)染めること。また、それに使う薬剤。 **ーねぎ**【ー×葱】 長ネギの白い部分の千切りを水にさらしたもの。

しらかし【白×樫】 かしの一種。暖地に自生する常緑高木。いけがき・風よけ等に植える。材は白色で、器具用・たきぎ用。

しらかば【白×樺】 高原や寒冷地に自生する落葉高木。樹皮は白く、紙のように薄くはがれる。内皮は薄茶色。建築材・細工物・たきぎにする。しらかんば。かんば。▽かばのき科。

しらかべ【白壁】 白いしっくいで上塗りした壁。「ーの家」

しらかゆ【白×粥】 ほかのものをまぜない、白米だけのかゆ。▽雑炊(ぞうすい)に対して言う。

しらかわよふねは:か【白川夜船・白河夜船】 熟睡していて何が起こっても気づかないこと。また、知らないのに知っているふりをすること。▽京都を見たと偽った者が、京都の白川のことをきかれ、川だと思って、船で夜通ったから知らないと答えたという話から。

しらかんば【白×樺】 ↓しらかば

しらき【白木】 塗料をぬらない白地(しらじ)のままの木材。

しらきちょうめん【白×几帳面(きちょうめん)】 『名・ダナ』極端に几帳面なこと。きまじめ。▽既に古風。

しらくび【白首】 ↓しろくび

しらくも【白雲】 ①白い雲。②糸状菌の寄生で起こる皮膚病の一つ。頭皮に、灰白色の鱗屑(りんせつ)に覆われた円形斑ができ、毛髪が脱落する。頭部白癬(はくせん)。▽小児に多かったが今は少ない。

しら-ける【白ける】 『下一自』①もとの色が薄れて白っぽくなる。あせる。②興がさめる。その場の雰囲気がまずくなる。「座がー」③何事にも興味や関心を持たなくなる。「ー・けた世代」

しら-げる【△精げる】 『下一他』①玄米をついて白米にする。②板を削って白くする。(細工物などを)みがいて仕上げをする。

しらこ【白子】 ①魚の精巣。白い塊状。フグやタラのものは美味。②人や動物で、突然変異によってメラニン色素が欠乏し、皮膚や毛が白くなった個体。しろこ。アルビノ。▽「しらす」と読めば別の意。

しらさぎ【白×鷺】 サギの中で、全身純白の種の総称。主にコサギ・チュウサギ・ダイサギの三種をいい、繁殖期には蓑毛(みのげ)がある。

しらさや【白×鞘】 白木で作って塗っていない(刀の)さや。

しらじ【白地】 まだ手が加えてない、生地(きじ)のままのもの。㋐陶器・かわら等の、まだ焼かないうちのもの。㋑染めていない布。㋒白紙のままの紙面。▽↓しろじ

しらしら【白白】 『副「と」・ス自』夜が次第に明けてゆくさま。しらじら。「夜がー(と)明ける」 **ーあけ**【ー明け】 夜のあけ始めるころ。薄明のあかつき。

しらじら【白白】 『副と』①いかにも白い感じであるさ

ま。「ーと砕けしは人の骨か何」(冬の日) ②→しらしら。③ひっそりと淡い感じであるさま。「はかなくーと胸に浮かぶ」④興が覚めて味けないさま。「酔いも去りーとした心持になる」

しらじらしい【白白しい】《形》本心から出ていないことが見えすいている。「ーおせじ」。見えすいているのに、平気でしらばくれる。「ー態度で押し通す」。興ざめだ。「ー気持になる」▽もと、白く見える意。派生 **-さ**

しらす【知らす】《五他》知らせる。

しらす【白子】いわし・にしん・あゆなどの幼魚。体長二〜三センチで細長く、半透明。いわしの幼魚を干した白子乾(しらすぼし)は食用。▽「しらこ」と読めば別の意。

しらす【白州・白×洲】①昔、訴訟を裁き、罪人の取調べをした所。奉行所(ぶぎょうしょ)。糾問所。▽(2)の意から。②玄関先・庭先・舞台前などの、白い砂・小石が敷いてある所。

じらす【△焦らす】《五他》その人をからかって、またはその人が待ち望んでいる事を意識的に遅らせて、いらだたせる。じれったがらせる。

しらずがお【知らず顔】→しらんかお

しらずしらず【知らず知らず・〈不知不識〉】《連語》《副詞的に》自分では、そうなると知らないで。知らないうちに。意識しないで。「やり方をー(のうちに)覚えてしまった」

しらせ【知らせ・△報せ】告げ知らせること。その内容。「合格のーが届く」。また、ある事が起こるきざし。「虫のー」

しらせる【知らせる・△報せる】《下一他》(それを)知るように、事柄を伝え、または教える。「病院に自分の連絡先をー」「検査結果をー」「虫がー」(→むし(虫)(2)(ア)) 関連 告げる・伝える・通じる・広める・ふれる・ふれこむ・ふれまわる・報じる・快報・確報・吉報・急報・虚報・誤報・詳報・情報・諜報(ちょうほう)・通報・内報・悲報・訃報・報知・報道・予報・朗報・急告・公開・広告・公表・告知・周知・宣伝・通告・通信・通達・通知・通牒(つうちょう)・内通・発表・披露・吹聴(ふいちょう)・放送・報告・予告・前触れ・アナウンス・インフォメーション・ニュース

しらた【白太】①材木の外周部の色のうすい所。辺材。↔赤身。②材の色が白いスギ。▽普通のスギは赤い。

しらたき【白滝】①白布をたれたように見える滝。②すき焼などに使う、糸こんにゃくの細いもの。▽(1)に見立てて言う。

しらたま【白玉】①白色の宝石。また、真珠の古称。②白玉粉をねって作った、きめが細かく白いだんご。③「白玉つばき」の略。 **ーこ**【ー粉】もち米を(寒中に)水でさらし、細かく砕いた、純白の粉。 **ーつばき**【ー×椿】白い花が咲くツバキ。

しらちゃ【白茶】白みがかった茶色。うすい茶色。 **ーける**《下一自》色があせて白っぽくなる。

しらつち【白土】①白色の土。しろつち。②陶器の原料になる、白い粘土。陶土。③しっくい。

しらつゆ【白露】露。▽草木に置いた露が白く見えるから。「はくろ」と読めば別義もある。

しらとり【白鳥】①白い羽の鳥。②はくちょう。

しらなみ【白波・白△浪】①あわ立って白く見える波。②盗賊。▽昔の中国の「白波(はくは)賊」の名にちなんで言う。

しらぬい【〈不知〉△火】九州八代(やつしろ)の沖に、陰暦七月末ごろの夜、無数に見える火影。▽蜃気楼(しんきろう)と同様の現象で、漁火(いさりび)が変形して見えるものとされる。

しらぬかお【知らぬ顔】《連語》→しらんかお

しらぬひ【〈不知〉火】→しらぬい

しらね【白根】根・茎の地中にある白い部分。▽「しろね」とも言う。

しらは【白×歯】鉄漿(おはぐろ)をつけていない白い歯。「ーの娘」▽昔、女は結婚すると鉄漿で歯を染めたから、この語で女の未婚も指した。

しらは【白刃】さやから抜き放った刀。はくじん。ぬきみ。

しらは【白羽】白い矢羽(やばね)。「ーの矢(が立つ)」(多くの人の中から、これぞと思う人が選ばれる。また、犠牲者になる。人身御供(ひとみごくう)を求める神が、望む少女の家に、人知れず白羽の矢を立てるという言伝えから)

しらはえ【白〈南風〉】梅雨(つゆ)があけるころ吹く南風。

しらばくれる《下一自》知っているのに、さも知らないようなふりをする。そうではないのに、いかにもそうであるかのようなふりをする。「どこまでもー」▽「しらっぱくれる」「しらばっくれる」とも言う。

シラバス 講義などの内容や進め方を示す計画書。▽syllabus

しらはた【白旗】白い旗。はっき。しろはた。「ーを掲げる」▽降服を表す旗、軍使のしるしの旗、源氏の旗など。

しらはり【白張(り)】「白張提灯(ちょうちん)」の略。白紙をはった、葬式用のちょうちん。

しらびょうし【白拍子】①平安朝末期に起こった歌舞。また、それを舞う遊女。②雅楽や梵唄(ぼんばい)の拍子の一種。素(す)拍子。

しらふ【〈素面〉〈白面〉】酒に酔っていない時(の状態・態度)。「ーに戻る」

ジラフ →きりん(麒麟)(1)。▽giraffe(=もとアラビア語で、早く歩くものの意)

シラブル 音節。▽syllable

しらべ【調べ】しらべること。㋐調査・捜索・尋問など。「ーがつく」「下ー」㋑音律の調子を合わせ整えること。㋒音楽・詩歌の調子。「妙(たえ)なるー」

しらべおび【調(べ)帯】二つの調べ車に掛けて、一方の調べ車から他方へと動力を伝える帯状の部品。ベルト。

しらべがわ【調(べ)革】革製の調べ帯。

しらべぐるま【調(べ)車】調べ帯をかけるために、機械の回転軸に取り付ける円板形の部品。プーリー。

しらべのお【調(べ)の緒】鼓の両面の縁にかけ、胴にまといつけ、鼓を打つ時に締めたりゆるめたりして調子を整える、ひも。

しらべもの【調べ物】物をしらべること。「—をする」

しら-べる【調べる】〘下一他〙①わからない事や不確かな事、また罪などを、あれこれと捜したり問いただしたり見比べたりして、考える。「原因を—」「容疑者を—」▽②の転。②音律を合わせ整える。③音楽を奏する。

しらほ【白帆】白い帆。

しらまゆみ【白真弓】①白木のマユミで作った弓。②黒塗りの弓に白い籐(とう)を巻いたもの。やぶさめに使う。

しらみ【×虱・×蝨】人や獣の皮膚に寄生して血を吸う小昆虫。体は扁平(へんぺい)で羽がない。吸われるとかゆい。▽しらみ亜目の昆虫の総称。

しらみつぶし【×虱潰し】物事を残らず片はしから一つ一つ処理してゆくこと。

しら-む【白む】〘五自〙白くなる。特に、夜明けになって、空が明るさを増す。「東の空が—」

しらやき【白焼(き)】魚の身などを、何もつけずに焼くこと。また、そうしたもの。すやき。

しらゆり【白〈百合〉】①花の白いゆり。②清らかなもののたとえ。「—のように清楚(せいそ)な美人」

しらん【紫×蘭・〈白及〉】庭園などで栽培され、五月頃紅紫色の花が咲く多年草。関東以西の山地に自生。葉は披針形で、茎の下部に五、六枚互生する。花は長さ約五〇センチの花茎の先に数個咲き、白色や斑のある品種もある。塊茎は薬用。▽らん科。

しらんかお【知らん顔】(知っていても)そんな事は知らないという顔つき。知らぬ顔。知らず顔(がお)。「—でとぼける」「—の半兵衛」(人名めかした表現)

しらんぷり【知らん振り】〘名・ス自〙知っているが知らないような様子をすること。「声をかけたのに—をされた」

しり【尻・×臀・△後】①腰のうしろ下の部分。けつ。【尻・臀】「夫を—に敷く」(妻が自分の思うままにふるまう)「—が暖まる」(同じ所に長く勤めるなどして居心地(いごこち)がよくなっている)「—が重い」(なかなか物事をしようとしない)「—が軽い」(女がうわきだ。また、動作が軽々しい)「—がすわる」(一つ所に長く落ち着いている)「—が長い」(長居する)「—に火がつく」(物事が切迫する)「—をぬぐう」(人の失敗の跡始末をする。→③㋒)「—に帆を掛ける」(急いで逃げる)「—を食らえ」(人をばかにして言う言葉)「—が割れる」(隠している悪事が露見する。ばれる)

②うしろの方。【後・尻】「—につく」(人の配下になる。また、人まねをする)

③ものの終わりの方。【尻】㋐底面。「徳利の—」㋑末。しまい。最後の所。「—から二番の成績」「—切れぞうり」「帳—」「—をからげる」(着物のすそをからげる)㋒物事の結末となる事柄。「—を持ち込む」「—がまわって来る」(関係者としての跡始末を持ち込まれる)

しり【私利】自分のための利益。個人的な利益。「—私欲」

じり【自利】自分だけの利益。

じり【事理】①ものごとの道理。「—明白」②〔仏〕相対的なさまざまの現象(=事)と、唯一絶対の真理(=理)。

しりあい【知(り)合(い)】面識・交際のあること。そういう人。

しりあ-う【知り合う】〘五自〙互いに知る。知り合いとなる。「友人の紹介で—」

しりあがり【尻上(が)り】①後ろの方が上がっていること。↔しりさがり。「—の発音」「—に調子が出る」②→さかあがり

しりあし【△後足・尻足】あとあし。うしろあし。「—を踏む」(しりごみする。ためらう)

シリアス〘ダナ〙事柄が厳粛で重大なさま。「—ドラマ」▽serious 派生 -さ

しりあて【尻当(て)】ズボンなどのしりにあたる所に、補強のため、布をあてること。その布。

シリアル コーン フレークなど、そのまま食べられるように加工した穀物。「—と卵の朝食」▽cereal

シリーズ 一続きのもの。㋐図書・映画・テレビ ドラマなどで、関連のある一続きのまとまり。㋑野球試合などの、特別の組合せの一続き。「日本—」▽series

しりうま【尻馬】人が乗った馬のうしろに乗ること。「—に乗る」(転じて、他人のあとについて、無批判的に物事をする)

しりえ【△後△方】後ろの方。うしろ。↔前(え)。▽「後(しり)方(へ)」の意。文語的。

しりおし【尻押し】後ろから押してやること。特に、後ろだてとなって助けること。後援者。

じりおし【じり押し】〘名・ス他〙じりじりと少しずつ押すこと。粘り強く進めること。

しりおも【尻重】〘名ナ〙ちょっとの事では動こうともせず、動作がにぶいさま。

しりがい【×鞦】馬の尻から鞍(くら)にかける組み緒。▽「おもがい」「むながい」も含む総称としても言う。

しりかくし【尻隠し】①自分の失敗や悪事を隠すこと。②ズボンの尻にあるポケット。

しりからげ【尻からげ】着物のすそをはしょって帯の間にはさむこと。

しりがる【尻軽】〘名・ダナ〙①(女が)浮気なこと。②軽はずみなこと。軽薄なこと。③動作が活発なこと。派生 -さ

じりき【地力】そのものに備わっている、本来の力。実力。「—を発揮する」▽「ちりょく」と読めば別の意。

じりき【自力】①自分ひとりの力。独力。「—で立ち上がる」「—更生」②〔仏〕(悟りをめざして)自分の

力によって修行すること。↕他力(たりき)。 ―もん【―門】〔仏〕自力により悟りを開こうとする行き方。

しりきり【尻切り】 ↓しりきれ。 **―ばんてん**【―半×纏】 しりの上までの、たけの短いはんてん。

しりきれ【尻切れ】 ①後ろの方が切れていること。特に、中途でちぎれていること。②「尻切れぞうり」の略。 **―ぞうり**【―草履】 ①はき古して、かかとに当たる所がちぎれている草履。②(かかとに当たる部分を欠き)後ろの方が切れたように見える短い草履。あしなか。 **―とんぼ**【―〈蜻蛉〉】 物事が完結せず、中途であとが続かないこと。

しりくせ【尻癖】『―が悪い』 ①大小便をよく漏らし、しまりがない。②いつも情事を起こし、みだらだ。

しりくらいかんのん【尻暗い観音】〔俗〕①闇夜(やみよ)。▽観音の縁日は陰暦十八日から二十三日までで、その後は闇夜になることから。②あとの事はどうなってもかまわないこと。▽⑵の時はしばしば「尻食(くら)え観音」と書かれる。

しりげ【尻毛】 しりにはえている毛。「―を抜く」(他人の油断につけ込んで、急に事をしでかしておどかす)

シリコーン 珪素(けいそ)原子と酸素原子とが交互につながった構造をもつ高分子化合物。珪素原子に結合する原子団の種類によって液状・樹脂状・ゴム状などの性状を示す。耐熱性・絶縁性にすぐれ水をよくはじくので、用途が広い。シリコン。▽silicone

しりこそば-い【尻こそばい】《形》変なほめ方をされたりして、しりをくすぐられるようで、何となくいたたまれない。▽「しりこそばゆい」から。

しりこだま【尻子玉】 人の肛門(こうもん)にあり、河童(かっぱ)に抜き取られると腑抜(ふぬ)けになると伝える、玉。

しりごみ【△後込み・尻込み】《名・ス自》 ためらうこと。あとずさりすること。ちゅうちょ。

シリコン ①珪素(けいそ)。▽silicon ②↓シリコーン

しりさがり【尻下(が)り】 ①後ろの方が下がっていること。↕しりあがり。「―に発音する」②あとずさり。

じりじり(ぢりぢり) ①《副[と]》少しずつ時間・物事が進行するさま。「―(と)敵に迫る」「―(と)下落する」②《副[と]》太陽が強く照りつけるさま。強い熱でこげるさま。「―(と)身をこがす恋」③《副[と]・ス自》心が次第にいらだって来るさま。「―しながら待つ」④《副[と]》ベルなどの鳴る音。

しりすぼまり【尻×窄まり】《名ノ》 後ろまたは下になるにつれて細くなっていること。また、初めは勢いがよかったのに、あとでは衰えること。しりつぼみ。しりすぼみ。「―の成績」

しりぞ-く【退く】《五自》 ①後ろへさがる。↕進む。「勢いに押されて―」「一歩―・いて(=進めていた行動や考えを、一時中止して)よく考えよ」「完敗して予選で―・いた」②ある地位から身を引く。「官を―」

しりぞ-ける【退ける・△斥ける】《下一他》 ①後ろへさがらせる。㋐遠ざける。「人を―・けて密談する」㋑追い返す。追い払う。「敵の攻撃を―」㋒競技・選挙などで、負かす。②それに対して否定的な態度をとる。㋐拒む。採用しない。「彼の意見を―」㋑ある地位をやめさせる。また、地位を落とす。「要職から―」

じりだか(ぢり)【じり高】〔取引〕相場が少しずつ上がる状態。↕じり安

しりだこ【尻〈胼胝〉】 猿のしりの、毛が無く皮が厚い部分。

しりつ ①【市立】 市が設立・経営すること。また、そのもの。②【私立】 私人が設立・維持すること。「―探偵」。特に、(国立や市立・県立等の公立に対し)私立学校。▽⑴⑵は紛れやすい同音異義語なので、俗に⑴を「いちりつ」、⑵を「わたくしりつ」と呼び分けることがある。

じりつ【侍立】《名・ス自》 身分の高い人のそばに(つき従って)立つこと。

じりつ【×而立】(数え年)三十歳のこと。▽論語の「三十而立(=三十にして立つ)」による。

じりつ【自立】《名・ス自》 自分以外のものの助けなしで、または支配を受けずに、自分の力で物事をやって行くこと。「―心が強い」

じりつ【自律】《名・ス自》 自分の気ままを押さえ、または自分で立てた規範に従って、自分の事は自分でやって行くこと。↕他律。 **―しんけい**【―神経】 不随意筋や分泌腺などの働きを調節する神経。交感神経と副交感神経とがあり、その二つが拮抗(きっこう)して働く。

しりつき【尻つき】 しりの格好。

しりっぱしょり【尻っぱしょり】(動きいいように)和服のすそを外に折って、帯にはさむこと。しりからげ。▽→はしょる

しりつぼみ【尻×窄み】《名ノ》 ↓しりすぼまり

しりとり【尻取り】 言葉遊びの一つ。前の人の言った語の最後の音をとって、それで始まる新しい語を言い、順々に続けて行く。

しりぬ-く【知り抜く】《五他》 その事については、何から何まですべて知る。

しりぬぐい(ぬぐひ)【尻拭い】《名・ス自》 他人の失敗・不始末の跡始末をすること。▽もと、用便後にしりをふくこと。

しりぬけ【尻抜け】 ①聞くはしから忘れてゆくこと。そういう人。②しまりのないこと。しめくくりがつかないこと。手ぬかりがあること。「―の規則」

じりひん(ぢり)【じり貧】 ①じりじりと少しずつ貧乏または欠乏の状態になること。「―状態」②〔取引〕相場がじりじりと少しずつ安くなること。じり安。

しりめ【尻目・△後目】 ひとみを動かすだけで後ろを見やること。目尻で見るような見方。「―にかける」(さげすむ意にも言う)。《「……を―に」の形で》……

をちょっと見やるだけで、構わずに事を行うさま。「文句を言う親を—に出かける」

しりめつれつ【支離滅裂】〘名ナ〙統一もなく、ばらばらに乱れている状態。筋道が立たず、めちゃめちゃなこと。「—に敗走した」「話が—だ」

しりもち【尻餅】重心を失ったり膝の力が抜けたりしてしりを地に打ちつけること。「—をつく」

じりやす【じり安】〔取引〕相場が少しずつ下がる状態。↔じり高

しりゅう【支流】①本流に流れ込む、または本流から分かれて流れる川。②本家から分かれ出た家系。また、分派。

じりゅう【時流】その時代の風潮・傾向。「—に染まらない」「—に乗る」

じりゅう【自流】自分の流儀。自己流。

しりょ【思慮】(注意深く)いろいろと思いめぐらした考え。「—分別(ふんべつ)」「—が浅い」「—に富む」

しりょう【思量・思料】〘名・ス他〙(あれこれ)考えること。

しりょう ①**【資料】**それを使って何事かをする、もとになるもの。「生活の—」。特に、研究・判断の基礎にする材料。データ。「参考—」②**【史料】**歴史の研究・編纂(へんさん)に使う、文献・遺物。歴史学に役立つ資料。③**【試料】**分析・試験・検査の対象として使う物質や生物。サンプル。▽生物のときは「検体」とも言う。

しりょう【飼料】家畜に与える食物。えさ。

しりょう【死霊】①死人の怨霊(おんりょう)。↔生霊(いきりょう)。②単に、死人のたましい。

じりょう【寺領】寺院に(領地として)付属する土地。

しりょく【死力】必死の力。ありったけの力。「—をつくす」

しりょく【視力】目の、ものを見る力。「—が衰える」

しりょく【資力】資本を出し得る力。財力。「—に物を言わせる」

じりょく【磁力】磁石が作用し合う力。また、磁場中の物体や電流が受ける力。

しりん【四隣】①となり近所。②四方の国々。

シリング ①イギリスの昔の通貨補助単位。二十シリングで一ポンド。また、ケニアなどアフリカ諸国の通貨基本単位。▽shilling イギリスでは一九七一年、十進法移行によって廃止。↓ペニー。②以前のオーストリアの通貨基本単位。▽ドイツ Schilling

シリンダー 蒸気機関や内燃機関で、ピストンが往復する円筒。気筒。▽cylinder

し-る【知る】〘五他〙心でとらえる。㋐(他と区別して)その存在を認め、またはその情況や内容、意味・価値を、こうだとつかむ。「この苦労を—人がない」「倦(う)むことも—・らず働く」「野球の事なら何でも—・っている」「所詮、忠告してもむだだと—・った」「あすの安否も—・らぬ(=分からない)旅」「—・らぬが仏」(知らないため平気でいるさま)「—・った事か」(自分に関係・責任のある事ではない)▽古語の「しる(=占有・支配する)」からの転。従って、「どうなろうと—・ったことじゃない」などは、わが支配の及ぶところでない意をとどめ、自分が関知しないことを言う。また、「あす君も行くか」に対し、決めかねていれば「分からない」と答えるが、「知らない」の答えは、お前に無関係だというニュアンスを生じる。「その事件は知っているがよく分からない」という言い方もできる。↓わかる㋐。㋑記憶にとめる。「—・っている人(=知人)に出会う」「昔を—人に問え」㋒体験する。「酒の味を—」「苦労を—・らないお嬢様育ち」「妥協を—・らない」。習い覚えて身につける。「ロシア語を—・っている」 関連 ↓わかる

しる【汁】①物の中にある液。物からにじみ出、または絞り出した液。②吸い物。つゆ。みそしる。③『うまい—を吸う』他人の労力・犠牲で利益を得る。

シルエット ①かげぼうし。もと、輪郭内を黒く塗りつぶした、横顔などの絵。影絵。②洋裁で、ドレスなどの輪郭。▽フランス silhouette

シルク 生糸。絹糸。絹布。▽silk **—ハット** 洋式の礼装用の、円筒形の高い帽子。▽silk hat

しるこ【汁粉】あずきあんを水で溶いたしるに、餅や白玉(しらたま)を入れた、甘い食べ物。

ジルコニウム 金属元素の一つ。記号 Zr 耐火性・耐食性にすぐれ、酸化物や合金として各種用途に用いられる。中性子を吸収しにくく、原子炉用の合金材として特に知られる。▽zirconium

しるし ①**【印・△標・△徴】**他との見分けをつける手段としての、かた。㋐符号・紋・記章・合図(あいず)の類。目印。記号。「ほんの—ばかり」(ごくわずかの意)㋑証拠となるもの。形となってあらわれるもの。「夫婦の愛の—」「改心の—も見えない」㋒きざし。前兆。「雪は豊年の—」㋓その人を討ち取った証拠として切り取る首。首級。「—をあげる」「み—頂戴(ちょうだい)」▽「首」と書く。②**【△験】**それがきいたと認められるような効果。ききめ。「忠告してやった—もない」。甲斐(かい)。「生ける—あり」(万葉集)

=じるし【印】そのしるし(を持つもの)。「三角—」「丸—」(金銭の意にも言う)

しるしばんてん【印半×纏】背・えりなどに家号・氏名など(の標識)を染め抜いた、はんてん。はっぴ。

しる-す ①**【記す】**〘五他〙文字を書きつける。「帳面に名を—」「心に—」(記憶する) ②**【△印す・△標す】**〘五他〙(心覚えとして)しるしをつける。「丸印を—・して他と区別する」。あとかたを残す。「芭蕉(ばしょう)が足跡を—・した地」

ジルバ 社交ダンスの一種。テンポが速い。▽アメリカ jitter-bug から。

シルバー ①銀。また、銀色。「—フォックス」(銀ぎつね) ▽silver ②老人(層)。「—人材派遣センター」「—産業」▽②は一九七〇年ごろから広がった日本での用法。

しるべ ①**【知るべ】**知合い。「—をたよって就職する」②**【△導(べ)・△標】**手引き。道案内。「地図を—

に進む」▽「知る」+「へ」(方・あたり)が一語化したもの。

しるもの【汁物】 しるを主とした料理。吸い物・みそしる・スープなど。

しれい【使令】《名・ス他》さしずして人を使うこと。

しれい【司令】《名・ス他》軍隊・艦船などを指揮・監督すること。また、その人。「―長官」「―塔」「―部」(司令官が事務を執る所)

しれい【指令】《名・ス他》さしず(すること)。命令。「―が下る」

じれい【辞令】 ①官職・役職任免に際しその旨をしるして本人に渡す文書。「―が出る」「新聞―」(↓しんぶんじれい) ②応対の言葉。「外交―」

じれい【事例】 ①前例となる事実。②個々の場合についてのそれぞれの事実。「―研究」

ジレー チョッキ。ベスト。また、女性の胸を飾るチョッキのようなもの。▽フランス gilet

じれこ-む【△焦れ込む】〔俗〕すっかりじれる。

しれつ【×熾烈】《名・ダナ》燃え立つように盛んで激しいさま。「―な競争」「闘争は―を極めた」派生 **-さ**

しれつ【歯列】 歯並び。「―矯正」

じれった-い【△焦れったい】《形》物事が思うように進まず、気持がじりじりする。いらだたしく、もどかしい。派生 **-さ -げ -がる**

ジレッタント ↓ディレッタント

しれっと《副・ス自》何事もなかったように、平気を装うさま。「―した顔」「―言い逃れをする」

しれもの【△痴れ者】 常軌を逸した愚か者、乱暴者。また、その事にのめり込んで心を奪われている人。「風流の―となる」

し-れる【知れる】《下一自》自然に、または容易にわかる。「気心が―」「高(かた)が―」「―・れた(=わかりきった)事さ」「……かも―・れない」。広く人が知っている。「名の―・れた人」。人が知るようになる。「世間に―」▽↓わかる㋐。「世間に―」に対し「世間にわかる」は隠れていた事が発覚するような場合に言って、区別がある。

し-れる【△痴れる】《下一自》すっかり心を奪われる。魂が抜けたようになる。「酒に酔い―」。頭がぼける。ばかになる。▽現在、単独ではほとんど使われない。

じ-れる【△焦れる】《下一自》物事が思うようにならず、いらだつ。

しれわた-る【知れ渡る】《五自》広い範囲の人に(口から口へと伝えられるような仕方で)知れる。「うわさは町じゅうに―・った」▽「知られ渡る」とは言わない。

しれん【試練・試×煉】 実力・決心・信仰の程度をきびしくためすこと。また、その時の苦難。「―にたえる」

ジレンマ ①〔俗〕相反する二つの事の板ばさみになって、どちらとも決めかねる状態。「―に陥る」②〔論理〕三段論法の一つ。二つの仮言的命題を大前提とし、いずれかを選ばざるを得ない小前提を示して結論を導く形式のもの。例えば「菓子がまずいなら食ってもつまらないからぼくにくれ」「うまいなら、一人で食うのは友情に欠けるからぼくにくれ」という二つの大前提と「君の菓子は、まずいかうまいかのどちらかだ」という小前提とから「ぼくに菓子をくれるべきだ」という結論を導く類。この論法は詭弁(きべん)に使われることが多い。両刀論法。▽dilemma

しろ【代】 ①田。田地。「苗―」「―かき」②その代用となるもの。「かた―」。特に、代金。「身の―金」③ある用途のための部分・余地。「糊(のり)―」

しろ【城】 ①敵を防ぐために築いた、かなり大規模な構造物。②《「……の―」の形で比喩的に》……がそこの主人として気ままにふるまえる一郭。「この離れは女の―です」

しろ【白】 ①雪のような色。光を一様に反射し、見る人に明るく感じられる色。②白色と関係のある次のようなもの。㋐碁石の白い方。↕黒。㋑紅白試合で、白⑴を印にする方の側。↕赤。㋒毛並みの白い犬・猫等。③〔俗〕㋐犯罪容疑が晴れること。その晴れた人。㋑転じて、無罪。潔白。▽↕黒

しろあり【白×蟻】 木材の内部に巣をつくり集団ですむ小昆虫。時に木造家屋に大害を与える。形はアリに似るが、暗所を好み色が白い。▽しろあり目、または、ごきぶり目しろあり科の昆虫の総称。

しろあん【白×餡】 白いんげん・白ささげ等で作った、白いあん。

しろ-い【白い】《形》白⑴の色をしている。「―もの」(特に雪・白髪を指すことがある)「―歯を見せぬ」(にこりともしない)「―目で見る」(冷淡な、または憎しみのある態度をする)「頭が―・くなる」(白髪になる)「頭の中が―・くなる」(↓まっしろ) 派生 **-さ -み**

しろう【×屍×蠟】 蠟(ろう)のようになった死体。▽長時間水中または湿地中にあった時などになる。

じろう【×痔×瘻】 肛門(こうもん)のそばに穴があき、うみが出る、悪性の痔(じ)。あなじ。

じろう【耳漏】 みみだれ。

しろうお【△素魚】 沿岸近くの海にすむ、やや褐色を帯びる透明な体の小魚。体長五センチほどで細長い。死ぬと白くなる。春の産卵期に川に集まるのを漁獲して食用。▽はぜ科。シラウオ⑴とよく似るが別科。

しろうと【素人】 ①ある事に経験のない、専門的でない人。「―には分からない」。特に、職業としてでなくその事を行う人。「―くさい手つき」「―芝居」②芸妓(げいこ)・遊女など客商売ではない、一般の女性。▽↕玄人(くろうと)。 **―ばなれ【―離れ】**《名・ス自》とても素人とは思えないほど上手なこと。「梅を描かせたら―(を)している」▽↓くろうとはだし・はなれ⑵。 **―め【―目】** 専門家でない者の見る目(見分ける力など)。

しろうま【白馬】 ①白い毛の馬。②にごり酒。どぶろ

く。

しろうり【白×瓜】うりの一種。果実は二〇～三〇センチの円柱形で、緑白色。漬物などにする。

しろかき【代×搔き】田植え前の田に水を満たし、土のかたまりを砕いて、ならす作業。

しろかげ【白鹿毛】馬の毛色の一つ。全体が薄茶で、足が白みを帯びる。しらかげ。

しろがすり【白×絣・白〈飛白〉】白地に黒または紺のかすりをあらわした布。

しろがね【白金・△銀・白△銀】①銀(ぎん)。「—も金(くがね)も玉も」(万葉集) ▽古くは「しろかね」と清音。②銀色。▽雅語的。

しろく【四緑】九星の一つ。→きゅうせい(九星)

しろくじちゅう【四六時中】一日中。始終。▽二十四時間の意。→にろくじちゅう

しろくばん【四六判】書物や紙の寸法の、規格の一つ。書籍ではほぼ縦一九センチ、横一三センチ。

しろくび【白首】遊女。売春婦。▽えりおしろいを濃くつけたことから。

しろくぶん【四六文】漢文の一体。四字および六字から成る句を基本とし、対句(ついく)を多く使う、はなやかな文体をもつ。▽「四六駢儷(べんれい)文」「四六駢儷体」などとも言う。

しろくま【白熊】→ほっきょくぐま

しろくろ【白黒】①白色と黒色。「目を—させる」(驚いて、または苦しんで目をぱちくりする) ②写真・映画・テレビなどで、画面がカラーでなく白と黒からなっているもの。モノクロ。③是か非か。無罪か有罪か。「—を決めよう」「—をつける」▽(3)は漢語の「黒白(こくびゃく)」から出た言い方。

しろこ【白子】→しらこ(2)

しろざけ【白酒】ひな祭りに使う、白くて濃く、特有の香気がある、甘い酒。米麴(こめこうじ)と酒をまぜて作る。

しろざとう【白砂糖】精製した白色の砂糖。↕赤砂糖

しろじ【白地】地色(じいろ)が白いこと。そういうもの。「—に赤い日の丸」「—のゆかた」▽→しらじ

しろした【白下】白砂糖に精製する前の、黄褐色の半流動体の糖。さとうきびを絞って得た汁からあくを抜いたもの。

しろしょうぞく【白装束】まっ白な和風の服装(をしていること)。古くは産室で着用し、後には凶事(例、切腹の時)に用いた。

しろじろ【白白】『副と』目立って白いさま。「花が—と咲いている」

じろじろ『副[と]』遠慮なく人の顔などを見つめるさま。

しろずみ【白炭】①木炭の一種。かたずみ。▽表面が白く灰をかぶっているから。②石灰や胡粉(ごふん)で白く染めた、茶の湯用の枝炭(えだずみ)。

しろたえ(へた) ①【白△妙】(美しく)白い色。▽(2)の転。②【白×栲】カジノキの皮の繊維で織った、白い布。「—ごろも」

しろたばいばい【白田売買】まだ雪のあるころに、その年の産米の売買契約を結ぶこと。▽→あおたがい

シロップ 濃い砂糖水。また、果汁に砂糖を加えた飲料。果汁シロップ。▽オランダ siroop 「シラップ」とも言う。

しろっぽ-い【白っぽい】『形』①(色がかすかで)全体として白に近い感じだ。「乾いて—道」②素人(しろうと)じみている。「—ことを言う」▽(2)はやや古風。派生 **-さ**

しろつめくさ【白詰草】→クローバー

しろなまず(まづ)【白×癜】色素が欠乏して白い斑紋ができる皮膚病。白斑。

しろナンバー【白ナンバー】自家用として登録された自動車につける白地のナンバー プレート。また、その車両。▽ナンバーは number 事業用車両と区別して言う。

しろねずみ【白×鼠】①→ラット。②コマネズミなど、ハツカネズミの毛色の白い飼養変種。③忠実で、主家の繁栄をはかる番頭・雇人。↕黒ねずみ。▽白いねずみは福の神の使いの動物だからとも、鳴き声が「ちゅう」だからともいう。④うすねずみ色。▽染め色に言う。

しろバイ【白バイ】警察で使う、白塗りのオートバイ。

しろはた【白旗】→しらはた

シロフォン 木琴。▽xylophone

しろぶさ【白房】白い色の房。相撲では、土俵の吊(つ)り屋根の南西の隅に垂らす白色の房。取組の西方力士は、その下に通じる花道から出入りする。

しろへび【白蛇】突然変異で生じた、体が白いヘビ。ヘビの白子(しらこ)。▽山口県岩国市では白い体色が遺伝するアオダイショウが生息し天然記念物。

しろぼし【白星】①中が白い(塗りつぶしていない)星または丸形。特に相撲(すもう)で、勝ったことを表す「○」の印。↕黒星。「—をあげる」②成功。手柄。

しろみ【白身】①鳥の卵の中の白い部分。卵白。↕黄身。▽「白味」とも書く。「味」は当て字。②魚などの白い肉。↕赤身。③材木の白い部分。しらた。↕赤身

しろみそ【白味×噌】色が黄色っぽいみそ。西京みそなど。

しろむく【白無×垢】上着・下着ともに白無地の服装。また、染めていない白い反物。「—の花嫁姿」

しろめ【白目・白△眼】眼球の白い部分。また、その部分が多い目玉。「人を—で見る」(冷淡な態度で接する)

しろもの【代物】それによって、ある行為をし、その対象となるもの。㋐売買する品。商品。更に広く、物。㋑評価の対象となる物や人。「なかなかの—だ」「やっかいな—だ」▽㋑は良い評価にも、皮肉を込めた悪い評価にも言う。「だいぶつ」「だいもつ」と読めば別の意。

しろもの【白物】色つきの物に対して、白い物。「—家電」(洗濯機・冷蔵庫・エアコンなどの生活家電。色が

白いものが多いことから)「―と色物を別洗いする」

じろり『副と』目を動かしてにらむように見るさま。

しろワイン【白ワイン】ブドウの果皮と種を除いて、果汁を発酵させて作る、透明に近い色のワイン。↕赤ワイン

しろん【史論】歴史についての論説・評論・理論。

しろん【至論】至極(しごく)もっともな議論。だれもそうだと思うような論。

しろん【詩論】詩についての評論。また、詩の理論。

しろん【試論】①ある事柄について論じた、文学的な(短い)文章。②試みに述べた論(論文)。▽essay の訳語。

じろん【時論】①時事についての議論。②その時代・時期の世論。

じろん【持論】その人がいつも主張する説・議論。持説。「―を展開する」

しわ【×皺・×皴】(皮膚がたるんだり、紙や布などをもんだりして)表面にできた細かい筋目。「―が寄る」「額に―を寄せる」「ハンカチの―を伸ばす」

しわ【史話】歴史上の事実・逸話などについての話。

しわ【詩話】詩についての話。

しわ-い【×吝い】『形』けちだ。しみったれだ。派生 -さ

しわが-れる（しはがれる）【×嗄れる】『下一自』声がかれる。▽「しゃがれる」とも言う。

しわくちゃ【×皺くちゃ】『ダナ』しわが寄ってくしゃくしゃになっているさま。「―な紙幣」「―の顔」

しわけ①【仕分(け)・仕訳】『名・ス他』区分すること。分類。②【仕訳】『名・ス他』簿記上の取引を借方(かりかた)・貸方(かしかた)に分け、それぞれに適当な勘定科目を定めて、ふるい分けること。

しわざ【仕業】(人が)する行い。ふるまい。また、実際にした行為。「ひどい―だ」

しわしわ【×皺×皺】『ダナ』細かいしわが一面に寄っているさま。「―のハンカチ」「―の顔」

じわじわ『副[と]』物事の進行・出現が、ゆっくりと、わずかずつであるさま。「―(と)攻める」「―(と)利く」

しわす（しはす）【師走】(陰暦の)十二月。▽太陽暦になっても、その十二月を指して、よく使われる。

じわっと『副』→じわり

しわのばし【×皺伸ばし】老人の気晴らし。▽しわをのばすのに役立つものの意。

しわばら【×皺腹】しわが寄った腹。老人の腹。「―を切る」

しわぶき（しはぶき）【×咳】せき。せきばらい。▽せきをする意の文語動詞「しはぶく」の連用形から。

しわほう【指話法】指をある形にするとある文字を表すという取決めによって、互いに伝達する方法。

しわほう【視話法】発音の際の口の動き方を図に表し発音法を習わせる方法。正確な発音の習得のために行う。

しわ-む【×皺む】『五自』しわが寄る。

しわ-める【×皺める】『下一他』しわを寄せる。

しわよせ【×皺寄せ】『名・ス他』物事のうまく行かない点を他の部面に押しつけて、やり繰りすること。「営業不振を従業員の低賃金に―する」「―を受ける」。その悪影響。「赤字財政の―」

じわり【地割(り)】土地の割り振り。地所の区画。

じわり『副と』一呼吸おいて事が成立するさま。「うれしさが―とこみあげる」

じわりじわり『副[と]』そろそろと進行・圧迫するさま。「―(と)詰め寄る」

しわ-る【×撓る】『五自』圧力がかかって、しなう。たわむ。

じわれ【地割れ】(日照りや地震のため)地面にわれ目が出来ること。

しわんぼう【×吝ん坊】『名ナノ』ひどく物惜しみする人を悪く言う語。けちんぼう。

しん【心・芯】中央の部分。㋐物の中心(にある部分)。「柱の―」「体が―まで冷える」「ろうそくの―を切る」。特に、中心部の堅い所。「鉛筆の―」「―がある飯」「帯―」㋑ものの根本。本性。本心。【心】「弱そうに見えて―は強い」「―が疲れる」「―はやさしい人だ」「―から好き」▽↓しん〔心〕

しん〔*心〕シン こころ ―①五臓の一つ。心臓。「心悸(しんき)・悪心(おしん)・衝心・強心剤」②『名・造』知情意の働きの総体。意識。精神。こころ。「心が強い」「心が疲れる」「心身・心血・心魂・心眼・心髄・心力・心霊・心理・心境・心情・心酔・心痛・人心・本心・一心・小心・発心(ほっしん)・変心・放心・仏心・信心(しんじん)・道心・感心・安心・会心・歓心・甘心・寒心・関心・疑心・帰心・逆心・恒心・獣心・焦心・成心・赤心・専心・痛心・二心・腐心・腹心・愛国心・公徳心」③『名・造』物事の大切なところ。中央。「芯」に通じる。「中心・心棒・遠心・花心・核心・求心・重心・鉄心・天心・灯心」▽↓しん(心)

しん〔*申〕シン もうす さる ―①述べる。上に向かって言う。もうす。「申告・申請・申達・上申・具申・追申・内申・回申」▽長く伸びる意から転じた。②十二支の第九。「庚申(こうしん)・壬申(じんしん)」▽↓さる(申)

しん〔紳〕シン ―身分ある人の礼服に用いた幅の広いおび。転じて、地位・教養等の高いりっぱな人。「紳士・紳商・貴紳・搢紳(しんしん)」

しん〔伸〕シン のびる のばす のべる ―①かがんでいるのをのばす。ちぢんでいるのを引きのばす。のびる。のべる。↕屈。「伸長・伸張・伸縮・屈伸・急伸」②述べる。「追伸・二伸」

しん〔*信〕シン まこと ―①『名・造』(言葉で)うそをいわない。まこと。「信を示す」「信義・忠信・威信・背信」②『名・造』相手の言葉をまことうけとって疑わない。「信を置く」「信に背く」「信用・信頼・信服・信任・信託・信憑(しんぴょう)」③思いこんで疑わない。疑心をさって宗教に帰依する。「信条・

自信・確信・迷信・過信・信心・信教・信仰・信念・信女(にょ)・信者・信徒・篤信・狂信・軽信・誤信・所信・不信」④伝達の手段。たより。手紙。「信書・信号・電信・発信・受信・通信・交信・混信・音信(いんしん)・書信・来信・平信・花信・芳信・頼信紙」⑤「信濃(しなの)」の略。「信州・信越・北信」

しん【侵】【侵】 シン おかす ―次第にすすむ。次第に他の領土に入りこむ。おかす。他の主権を害する。「侵入・侵略・侵犯・侵攻・侵食・侵害・不可侵」

しん【浸】【浸】 シン ひたす ひたる つける ―①水につかる。水につける。ひたす。ひたる。「浸水・浸出液」②水がしみこむ。しむ。「浸透・浸潤・浸食・浸染」。また、水がしみこむように次第に度をすすめる。

しん【津】 シン つ ―①人体からしみ出る液。また、その液がしみ出る。あふれる。「津液・興味津津」②船着き場。渡し場。「入津」

しん【＊深】 シン ふかい ふかまる ふかめる み ―①水面から下への距離が長い。底まで、また奥まで距離がある。おくふかい。↕浅。「深浅・深海・深淵(しんえん)・水深」②人目を離れている。浅はかでない。内容がある。「深奥・深山(しんざん・みやま)・深林・深窓・深意・深深」③特色が十分にこい。程度が大きい。「深紅・深夜・深更」

しん【＊臣】 シン ジン おみ ―①主君に仕える者。統治をうける者。けらい。「君臣・臣下・臣民・臣服・臣籍・人臣・家臣・大臣(だいじん)・忠臣・功臣・老臣・旧臣・乱臣・近臣」②『名』臣下が君主に対していう自称。「臣が平生の志」

しん【＊身】 シン み ―①肉体。からだ。「身体(しんたい・からだ)・身心・身命(しんめい・しんみょう)・身長・全身・満身・渾身(こんしん)・八頭身・病身・裸身」▽みごもったからだの意から。②社会的地位や境遇を中心とした自分。「身上(しんじょう・しんしょう)・身代・一身・単身・前身・後身・保身・立身・献身的・変身・分身・化身(けしん)・捨身・出身・挺身(ていしん)」③物のなかみ。「刀身・銃身」

しん【辛】 シン からい つらい かのと ―①五味の一つ。からい。からい食物。「甘酸辛苦鹹(かん)・香辛料」②心がいたみうずく。つらい。くるしい。「辛苦・辛酸・辛辣・辛労・辛抱」③十干の第八。「辛亥(しんがい)」▽↓かのと

しん【[人]辰】 シン とき たつ ―①時節。とき。日。日がら。「吉辰・良辰・嘉辰(かしん)・佳辰・生辰・忌辰」②天体。日・月・星の三種。「三辰・北辰・星辰・辰宿」③十二支の第五。「戊辰(ぼしん)」▽↓たつ(辰)

しん【唇】 シン くちびる ―くちびる。「口唇・唇辺・唇歯・朱唇・紅唇・丹唇」▽正字は「脣」。

しん【[×]宸】 シン ―天子・帝王のすむ所。また、天子・帝王に関係あることにつける語。「宸襟・宸慮・宸念・宸翰(しんかん)・宸筆」

しん【振】 シン ふる ふるう ふれる ―①㋐手に持って勢いよく動かす。往復運動をさせる。ふるう。ふるわせる。ふれる。「振動・振幅・振子・振鈴」㋑野球でバットをふる。「強振・三振」②盛んになる。活気づく。ふるいたつ。「振起・振興・振張・不振」

しん【[人]賑】 シン にぎわう にぎやか にぎわす ―①富み栄えて繁盛する。にぎわう。また、にぎわい。「殷賑(いんしん)」②貧しいものに金品を与えて救いめぐむ。にぎわす。「賑救・賑恤(しんじゅつ)・賑給(しんきゅう・しんごう)」

しん【震】 シン ふるう ふるえる ―①㋐雷が鳴りひびいて万物がゆれ動く。ふるう。㋑地殻の動揺。地震。「強震・弱震・微震・激震・余震・震源・震災・耐震」②身をふるわしておどろき、おそれる。「震駭(しんがい)・震撼(しんかん)」③天子に関係あることにつける語。「宸」に同じ。「震怒」④『名』易の八卦(はっけ)の一つ。

しん【＊神】【[人]神】 シン ジン かみ かん こう ―①天地を支配する不思議な力をもつもの。人間を超越した宗教的な存在。日本神話のかみ。「神祇(じんぎ)・神仏・神体・神威・神代(じんだい)・神話・神道(しんとう)・神宮(じんぐう)・神社(じんじゃ)・神罰・神霊・神官・明神(みょうじん)・鬼神・水神(すいじん)・海神・見神」②『名・造』人間の知恵で測り知れない不思議な力がある。「神に入(い)る」「神聖・神妙・入神・神速・神変(しんぺん・じんべん)・神謀・神略・神通力(じんつうりき)・神出鬼没」③肉体にやどる心のはたらき。こころ。「精神・神気・神経・放神・休神・心神」④「神戸」の略。「阪神」

しん【[人]晋】【晉】 シン すすむ ―①『名』中国古代の国名。春秋時代の諸侯の一つ。②『名』中国の王朝名。㋐三国時代、司馬炎が魏(ぎ)に代わって建てた王朝。西晋・東晋。㋑五代の時、石敬瑭(せきけいとう)が後唐を滅ぼして建てた王朝。後晋。▽すすむ意。

しん【[×]疹】 シン ―皮膚にあわ粒ほどのふきでものができる病気。また、そのふきでもの。「発疹(ほっしん・はっしん)・麻疹(ましん・はしか)・湿疹・痒疹(ようしん)・蕁麻疹(じんましん)・水泡疹」

しん【診】 シン みる ―脈をみる。病気の様子をしらべる。みる。「診察・診療・診断・打診・聴診・初診・往診・回診・宅診・誤診・検診」

しん【＊真】【[人]眞】 シン ま まこと ―①『名・造』うそ・いつわり・かざりけがない。本当のところ。まこと。「真の学者」「真にせまる」「真偽・真贋(しんがん)・真実・真理・真相・真性・真価・真情・真摯(しんし)・真空・正真(しょうしん)・迫真・写真」▽偽に対して言うときには「真な」の形を使うこともある。「真な命題」②生まれたまま。まじりけがない。「天真・純真」③『名・造』楷書。「真で書く」「真行(ぎょう)草」▽↓ま(真)

しん【慎】【[人]愼】 シン つつしむ つつましい ―物事をおろそかにしない。身の

振舞いに気をつける。気をつけて失敗のないようにする。つつしむ。つつしんで。「慎重(しんちょう)・謹慎・戒慎」

しん【秦】(人) シン はた ―《名》中国古代の国名。㋐春秋時代の諸侯の一つ。今の甘粛・陝西(せんせい)省の地方。㋑秦王の政(始皇帝)が周および六国を滅ぼして天下を統一した王朝。㋒五胡(ご)十六国時代の国名。

しん【*針】 シン はり ―①糸を通して物を縫う道具。ぬいばり。「針小棒大・運針」②はりのように細長くさきのとがったもの。「磁針・方針・長針・短針・秒針・指針・検針・避雷針・針葉樹」③医療用のはり。「針灸(しんきゅう)」▽⑶は「鍼」も使う。

しん【*進】【進】 シン すすむ すすめる ―①前の方へ出てゆく。すすむ。↔退。「進退・進行・進出・進入・進展・進取・進路・進軍・行進・前進・先進・後進・直進・西進・急進・漸進・推進・突進・亢進(こうしん)・発進・驀進(ばくしん)・猪突猛進(ちょとつもうしん)・並進・参進・新進・増進・促進・邁進(まいしん)」②のぼる。下から上へゆく。階級があがる。「進級・進学・昇進・栄進・特進・累進」③向上する。よくなる。「進歩・進化・日進月歩・精進(しょうじん)」④㋐すすめて用いさせる。「進言・注進・進士・勧進(かんじん)」㋑さしあげる。「進上・進呈・進物(しんもつ)・詠進・寄進・調進・献進」⑤中宮職(ちゅうぐうしき)・大膳職(だいぜんしき)・東宮坊等の判官(じょう)。「中宮大進」

しん【*森】 シン もり ―①樹木が生い茂っている。また、物がたくさんならんでいる。「森林・森羅・森森」②おごそか。しずか。「森厳・森閑」

しん【寝】【寢】(人) シン ねる ねかす ―①《名・造》からだを横たえてねる。病気でやすむ。眠るためにねる。「寝につく」(寝床にはいる。ねむる)「寝具・寝室・寝所・寝台・寝食・就寝」②しずかに休息するへや。奥座敷。居室。「寝殿・正寝(=おもて御殿)」

しん【審】 シン つまびらか ―①㋐正・不正をはっきりと見分ける。あきらかに、こまかにしらべる。「審判・審査・審理・審問・審議・審美眼・不審」㋑審理裁判。「第一審・予審・結審・前審」㋒審判員。「球審・塁審・主審」②事こまかにくわしい。「審正・詳審」

しん【*新】 シン あたらしい あらた にい ―①従来のものと変わっている。変わってから久しくない。出来てまもない。あたらしくする。あたらしいもの。あらたに。↔旧・古。「新旧・新陳代謝(たいしゃ)・新古・新年・新月・新暦・新体・新法・新式・新米・新規・新設・新造(しんぞ)・新人・新聞・新道・一新・日新・革新・斬新・生新・清新・維新・新発明・新発意(しんぼち)」②《名・造》新暦。↔旧。「新の正月」

しん【薪】 シン たきぎ まき ―たきぎ。まき。「薪水・薪炭・臥薪嘗胆(がしんしょうたん)」

しん【*親】 シン おや したしい したしむ みずから ―①㋐父母。おや。「親子・親父・両親・養親・親権者」㋑《名・造》血つづき。縁つづき。「大義、親を滅(めっ)す」「親は泣き寄り、他人は食い寄り」(家に不幸があった時、みうちのものは同情と哀悼の気持で集まるが、他人は食物にありつくために集まる)「親族・親類・親戚・親等・近親・肉親」②心をゆるして交わる。したしい。したしむ。近しい。近づける。「親疎・親睦・親愛・親密・親交・親友・和親・懇親」③なつかしんで近づける。近づく。「親近・親炙(しんしゃ)」④㋐みずからする。自身でする。みずから。自分で。「親展」㋑特に天皇がみずからするのに言う。「親政・親任・親征・親裁・親署」

ジン とうもろこし・大麦・ライ麦でつくり、セイヨウネズ(=ひのき科の常緑樹)の実で香りをつけた、蒸留酒。▽gin

じん【*人】 ジン ニン ひと ―①ひと。社会的行為の主体。「天地人・人道・人格・人心・人物・人員・人口・人品・人為・人権・人語・人工・成人・小人・散人・万人・無人・法人」。以下「ニン」と読む。「人情・人間・人足・人数(にんずう)・人非人・天人・仙人・商人・芸人・病人・悪人・上人(しょうにん)・他人・保証人・面会人・案内人」②ひとのからだ。「人形(にんぎょう)・人魚(にんぎょ)」③《名・造》ひとがら。「人(にん)を見て法を説く」「人体(にんてい)・人相(にんそう)」④ひとを職業・国籍等で分類して呼ぶときの接尾語。「新聞人・経済人・土佐人・英人・ギリシア人・現代人」⑤ひとを数える語。「ニン」と読む。「三人・五人組」▽↓にん(人)=たり

じん【刃】【刄】 ジン ニン は やいば ―①刀の、焼きを入れてよく切れるようにした部分。やいば。また、やいばのついた兵器。はもの。「白刃・兵刃・利刃・氷刃・凶刃」②はもので切る。きりころす。「自刃・刃傷(にんじょう)」

じん【*仁】 ジン ニ ニン ひと ―①《名・造》おもいやり。いつくしみ。特に、儒教の根本理念として、自他のへだてをおかず、一切のものに対して、親しみ、いつくしみ、なさけぶかくある、思いやりの心。「宋襄(そうじょう)の仁」「仁徳(じんとく・にんとく)・仁義・智(ち)仁勇・仁慈・仁術・仁政・仁君・仁侠(にんきょう)・不仁・寛仁」②《名・造》ひと。「奇特な御仁(ごじん)」「朴念仁(ぼくねんじん)」③《名・造》モモ・ウメなどの果実のうち、堅い核の中につつまれている柔らかい部分。胚(はい)・胚乳の総称。「杏仁(きょうにん)」

じん【尽】【盡】(人) ジン つくす つきる つかす ことごとく ―①すべて出しきる。最後までゆく。つくす。「尽忠報国・尽瘁(じんすい)・焼尽・不尽・食尽」②すっかりなくなる。つきる。「尽日・三月尽(さんがつじん)・無尽蔵・蕩尽(とうじん)・自尽・消尽」③全部。すべて。ことごとく。「一網打尽」

じん【迅】【迅】 ジン はやい ―進み方がはやい。速度がはやい。「迅速・疾風迅雷・獅子(し)奮迅」

じん【甚】 ジン はなはだ はなはだしい ―①普通の度合をこえている。はなはだし

い。はなはだ。「甚大・幸甚・劇甚・深甚」②なに。なんの。「甚麼(いかん)」

じん【陣】 ジン(チン) ―①『名・造』軍隊をならべて、備えを立てる。また、軍隊の配置。「背水の陣」「陣立て・陣備え・陣頭・戦陣・円陣・堅陣・報道陣・第一陣」②戦時の軍隊のいるところ。「陣地・陣営・先陣・退陣・敵陣・筆陣・布陣・方陣・論陣」③『名・造』いくさ。たたかい。「大坂夏の陣」「戦陣・出陣・初陣(ういじん)・殺陣」④ひとしきり。にわか。「一陣の風」「陣痛」⑤㋐『名』禁中警護の役の詰所。「近衛(このえ)の陣」㋑『名』朝廷で神事・節会(せちえ)・任官・叙位などの公事(くじ)に、公卿(くぎょう)が列座して事を行った席。「陣の座」㋒社寺で人々がすわって拝むところ。「外陣(げじん・がいじん)・内陣」▽(5)は日本での用法。

じん【尋】【尋】 ジン ひろ たずねる ついで ―①㋐たずね求める。さがし求める。ききただす。「尋問」㋑おとずれる。訪問する。②いつも変わらない。つね。他と変わらない。なみ。「尋常」③長さの単位。人が両手をひろげた長さ。ひろ。中国で八尺、日本で六尺(約一・八メートル)。「千尋」④まもなく。

じん【腎】 ジン ―①五臓の一つ。腎臓。「腎虚・副腎・腎盂(じんう)炎」②たいせつなところ。かなめ。「肝腎」

じん【×塵】 ジン(チン) ちり ―①土ぼこり。ごみ。ちり。「塵土・塵埃(じんあい)・塵芥(じんかい)・黄塵(こうじん)・砂塵・後塵・都塵・微塵(みじん)」②わずらわしい。うるさい。「塵界・塵外・俗塵」③〔仏〕とうてい数えきれない。多数。また、非常に長い時間。「塵劫(じんこう)」④〔仏〕浄心をけがすもの。欲望の原因となる外界。「六塵」

しんあい【信愛】①『名・ス他』信用してかわいがること。②『名』信仰と愛。

しんあい【親愛】『名ナノ』その人を愛し、親しみを感じていること。「―の情がわく」「―なる諸君」「―感」

じんあい【仁愛】めぐみいつくしむこと。慈愛。

じんあい【×塵×埃】ちり。ほこり。「―(=俗界)を逃れる」

しんあん【新案】新しい思いつき(によって作られたもの)。新しい考案。「―特許」

しんい【心意】こころ。

しんい【深意】内にひめられた深い意味。

しんい【真意】本当の気持または意味。「―を悟る」「―をただす」

しんい【神意】神の気持、特に意志。「―に従う」

しんい【神位】①神々に宮中から奉る位階。神階。②神霊の座としてしつらえた場所。「―を祀(まつ)る」

しんい【神威】神の威光・威力。「―を恐れる」

しんい【×瞋×恚】①怒り。②〔仏〕十悪の一つ。自分の心に逆らうものを憎み怒ること。▽「しんに」とも言う。

じんい【人為】自然の成行きのままでなく、人手が加わること。人のしわざ。 **―てき**【―的】『ダナ』自然の成行きでなく、人間がたくらんでそうするさま。

しんいき【神域】神社の境内(けいだい)。

しんいり【新入り】新しく仲間にはいること。また、そのはいった人。

しんいん【心因】精神的な原因。「―性疾患」

しんいん【新院】既に上皇がある時、更に新たに上皇になった人。

しんいん【真因】(事件の)本当の原因。

しんいん【神韻】何とも言いようがない、すぐれたおもむき。「―縹渺(ひょうびょう)たる詩」

じんいん【人員】人数。「―点呼」▽→いん〔員〕(1)

じんう【腎×盂】腎臓の中のふくろ状の部分。腎臓から出た尿を集めて、膀胱(ぼうこう)へ送る。「―炎」

しんうち【真打(ち)】寄席(よせ)で最後に演じる、技量が一番すぐれた出演者。また、それに相当する資格。「―登場」

しんうん【進運】進歩・向上の方向にある成行き。

しんえい【新鋭】『名ナノ』その分野に新しく現れてきて、勢いが鋭いこと。そういう人、または、もの。「―の武器」「スポーツ界の―」「最―の設備」

しんえい【真影】実物そのままに表した、その人の絵姿、特に写真。「陛下の御―」

しんえい【親衛】天子や国家元首などの身辺の護衛。「―隊」

じんえい【陣営】野戦の軍隊が、守りの兵を立て、他の者は宿り休む態勢にある所。「霜は―に満ちて」。また、対立する勢力の、それぞれの側(の結束)。「野党―」「―を張る」

しんえつ【親閲】『名・ス他』最高上官が直接検閲または閲兵すること。

しんえん【深×淵】深いふち。「―に臨む」「越え難い―が横たわる」

しんえん【深遠】『名ナノ』内容・意味が奥深く、はかりしれないさま。「―な思想」 派生 **-さ**

しんえん【神×苑】神社の境内(けいだい)(にある庭園)。

じんえん【人煙】①人家のかまどの煙。②転じて、人家の存在。「―まれな山中」

じんえん【腎炎】腎臓に起こる炎症。むくみ・蛋白(たんぱく)尿・血尿・高血圧などの症状が現れる。腎臓炎。

しんおう【深奥】感じ入るほど、おくが深いさま。深遠。また、おくそこ。「芸の―に達する」

しんおう【震央】地震の震源の真上の地点。

じんおく【人屋】人家。

しんおん【心音】心臓が脈打つ音。「―不整」

しんおん【震音】〔音楽〕→トレモロ

しんか【深化】『名・ス自他』(物事が)深くなること。深刻になること。また、(理解などを)深めること。

しんか【進化】『名・ス自』①生物が、単純微小な原始生命から、段階的に、複雑多様なものへと変化して来たこと。▽現代の生物学では、退化も含めて遺伝的変化によって形質が変化していくことを言う。②広く、事物が一層すぐれたものに発展すること。▽↕

退化。　**―ろん【―論】**①動植物は造物主によって現在の形のまま創造されたのではなく、単純な原始形態から次第に変化発達して来たものであるという考え方。②進化の原因・過程を論じる生物学の一分野。

しんか【神化】①《名》ふしぎな変化。②《名》神のような偉大な徳化。③《名・ス自他》神となること。神とすること。

しんか【神歌】神の徳をたたえる和歌。また、神に関する内容の歌。かみうた。

しんか【神火】①けがれのない神聖な火。②人の手によらないふしぎな火。▽→ごじんか

しんか【心火】①怒り・嫉妬などで燃え立つ感情。②歌舞伎で人魂(ひとだま)が漂うように見せる道具。

しんか【真価】本当のねうち。「―を発揮する」

しんか【臣下】君主に仕える者。

じんか【人家】人が住む家。

じんが【人我】他人と自分。にんが。「―一体」

シンガー 歌手。声楽家。「ジャズ―」▽singer　**―ソングライター** ポピュラー音楽で、自分で作詞・作曲して歌う歌手。▽singer-songwriter

しんかい【新開】人手を加えて(土地を)新たに開くこと。　**―ち【―地】**新開の土地。㋐新たに開墾した土地。㋑(場末・郊外などで)新たに開けて市街となった所。

しんかい【深海】深い海。海の深いところ。「―魚」▽地理学、また一般には二〇〇メートル以深を言うことが多い。

しんかい【神階】→しんい(神位)⑴

しんがい【侵害】《名・ス他》他人の所有・権利をおかすこと。「プライバシーの―」「人権―」

しんがい【心外】《ノダ》《「―な」も使う》思いどおりでなく不本意なこと。予期に反して、残念なこと。「君の態度は―だ」「事の―な成り行き」

しんがい【震×駭】《名・ス自》恐れ驚いてふるえること。「世間を―させた事件」

じんかい【人界】人が住んでいる所。人間の世界。

じんかい【×塵界】ちりの世の中。俗界。「―を脱する」

じんかい【×塵×芥】ちりあくた。ごみ。

じんがい【人外】人間の住む世界のそと。▽「にんがい」と読めば別の意。　**―きょう【―境】**人が住んでいない所。浮世を離れた土地。

じんがい【×塵外】俗世間(の煩わしさ)から離れた所。

じんかいせんじゅつ【人海戦術】大勢の人を次から次へとくり出すやりかた。

しんがお【新顔】①新たに加わった人。↔古顔(ふるがお)。②比喩的に、新たに登場した物事。「―の雑誌」

しんかき【真書(き)】楷書の細字を書くための、穂先が細い筆。

しんかく【神格】神としての資格。㋐神であるという存在。「―化」㋑神の格式。

しんがく【心学】江戸時代に、神儒仏の三教を融合し、やさしい言い方で説いた、一種の庶民教育。石田梅岩(ばいがん)が祖。心を知ることが大事と説いた。

しんがく【神学】宗教、特にキリスト教の教理や信仰生活を、その教理の立場から研究する学問。

しんがく【進学】《名・ス自》①上級学校に進むこと。「―指導」②(ある人の)学問が進むこと。▽⑵は古風な用法。

じんかく【人格】①人がら。「―高潔」「―者」(すぐれた人がらの人)②個人として独立しうる資格。「―を認める」▽倫理学では道徳行為の主体。心理学では行動の主体。社会学では共同生活の主体。法律上は法律行為の主体。　**―か【―化】**《名・ス他》人間でないものを人間とみなすこと。　**―しゅぎ【―主義】**自覚的・自律的な人格に絶対の価値を認め、これとの関連で他のものの価値を見る、倫理的立場。

じんがさ【陣×笠】①昔、下級の兵が戦場でかぶとの代わりにかぶった笠(かさ)。▽江戸時代には出火や非常の場合にかぶり、将校格の武士も使った。②陣笠をかぶった足軽・雑兵(ぞうひょう)など。③転じて、勢力者に対し、下っぱの者。「―議員」

しんがた【新型・新形】今まであるものと違って、新しく考案された型。「―の自動車」

しんがっこう【神学校】キリスト教の神学を教え、伝道者を養成する学校。

じんがね【陣鐘】昔、陣中で種々の合図に鳴らした半鐘・どらなど。

しんかぶ【新株】増資するために新しく発行する株式。↔旧株

しんから【心から】《連語》《副詞的に》心の底から。「―うれしい」

しんがら【新柄】今までにない新しい柄。「―のゆかた」

しんがり【〈殿〉】一番後ろ。最後。「―に控える」▽本来は、軍が退く時、最後尾にあって、追って来る敵を防ぐこと。またその部隊。「しりがり(後駆)」の音便。

しんかん【信管】弾頭などに取りつけて、砲弾・爆弾内の炸薬(さくやく)を起爆させる装置。

しんかん【×宸×翰】天子の直筆(じきひつ)の文書。

しんかん【心肝】こころ(の底)。「―に徹して」▽心臓と肝臓の意。

しんかん【新刊】新しく刊行すること。新しく刊行した書物。「―書」

しんかん【神官】俗に、神職。▽以前の制度で、国の役人だったかんぬし。

しんかん【震×撼】《名・ス自他》強いショックで震え動くこと。また、震え動かすこと。「世界を―させた事件」

しんかん【深閑・森閑】《ト タル》物音もせず静まり返っているさま。

しんがん【心眼】物事の大事な点を見通す、鋭い心の働き。「―を開いて」

しんがん【心願】神仏などに、心の中でかける願。「―

を立てる」
しんがん【真×贋】本物とにせ物。「―を見分ける」
じんかん【人間】→にんげん(2)
しんかんせん【新幹線】在来線と別に、主要都市間を短時間で結ぶ高速の鉄道幹線。また、その列車。▽一九六四年営業開始の東海道新幹線が最初。
しんき【心×悸】心臓の鼓動。「―亢進(こうしん)」(興奮・過労などによって心悸が激しくなること)
しんき【心機】心の動き・働き。「―一転」
しんき【心気】心持。気持。「―を静める」
しんき【神気】①万物のもとである気。「―発動」②精神。
しんき【辛気】『名ナノ』心がくさくさして晴れやかでないこと。 **―くさ・い**【―臭い】『形』思うにまかせず、じれったい。「―仕事」派生 **-さ**
しんき【新奇】『名ナノ』目新しく、普通とちがっていること。「―を追う」派生 **-さ**
しんき【新×禧】新年の喜び。「恭賀―」
しんき【新規】①『名・ダナ』(今までの状態から離れて)新たに事をすること。「商売を―に始める」「―まき直し」(改めてやり直すこと)▽もと、新しいきまりの意。②飲食店で、新たに来た客。「御―お二人さん」▽帳場などに知らせるのに使う。
しんき【振起】『名・ス他』ふるいおこすこと。盛んにすること。
しんぎ【真偽】本当かうそか、または論理的に正しいか誤りかということ。「―を確かめる」
しんぎ【真義】本当の意義。
しんぎ【信義】約束を守り務めを果たすこと。「―を重んじる」
しんぎ【審議】『名・ス他』物事をよく検討して、その可否を相談すること。「―を重ねる」「中央教育―会」
しんぎ【心木】心棒。
しんぎ【△清規】禅宗で、修行僧が守るべき生活規則。
じんき【人気】その地域・地区の人々の気風。「この一帯は―が悪い」▽「にんき」とも言った。「ひとけ」「ひとげ」と読めば別の意。
じんぎ【仁義】①儒教で道徳の根本とする、仁と義。人が踏み行うべき道。②転じて、義理。「―だてをする」③やくざ仲間などで、初対面の時に行う特殊な形のあいさつ。「―を切る」▽(3)は「辞儀」から転じた語形か。
じんぎ【神器】神からうけ伝えた宝器。特に、皇位の象徴である、鏡・玉・剣の三種の神器。
じんぎ【神×祇】天の神と地の神。神々。天神地祇(ちぎ)。▽「祇」は地神の意。
しんきげん【新紀元】新しい時代の始め。「―をひらく」
しんきじく【新機軸】今までのものとは全く違った、新しいくふう。「―を出す」
ジンギスカンなべ【ジンギスカン鍋】羊肉などを、鉄の鍋・くし・金あみなどで、焼いてたべる料理。また、それに使う鍋。▽「ジンギスカン料理」とも言う。モンゴル帝国の成吉思汗(ジンギスカン)の名をとってつけた名称。
しんぎたい【心技体】武道や相撲(すもう)で重んじる、精神・技術・体格の三要素(の組)。▽生まれつきに恵まれたのも言うが、鍛錬で得た結果を言うことが多い。
しんきゅう【新旧】新しいものと以前のもの。「―勢力の交替」。新暦と旧暦。「―の正月」
しんきゅう【進級】『名・ス自』等級・学年が上位へと進むこと。
しんきゅう【×鍼×灸】鍼(はり)と灸(きゅう)。▽「針灸」は代用表記。
しんきょ【新居】新しい住まい。新宅。「―を構える」
じんきょ【腎虚】漢方の病名。心労・房事過多などによる強度の心身衰弱症。
しんきょう【信教】宗教を信じること。「―の自由」
しんきょう【新教】プロテスタント。↔旧教。「―徒」
しんきょう【神橋】神社の境内(けいだい)にかけてある橋。
しんきょう【神鏡】神体として祭る鏡。特に、三種の神器(じんぎ)の一つである八咫鏡(やたのかがみ)。
しんきょう【心境】心の状態。(そのときの)気持。「―の変化」
しんきょう【進境】進歩して達した境地。上達した様子。「著しい―を示す」
しんぎょうそう【真行草】漢字の書体である真書すなわち楷書と行書と草書の総称。▽転じて、生花(いけばな)・庭園・絵画などの表現法にも言う。「真」は正格、「草」はくずれた風雅の体、「行」は両者の中間。
しんぎり【新切り】甘塩で軽く干した魚肉。「鯵(あじ)の―」
しんきろう【×蜃気楼】熱気・冷気による光の異常な屈折のため、空中や地平線近くに遠方の風物などが見える現象。▽昔、蜃(=大はまぐり、または、みずち)が、気を吐いて楼閣の姿を現したと考えた。日本では富山湾のが有名。
しんきん【×宸襟】天子の心。「―を悩ます」
しんきん【心筋】心臓の筋肉。「―炎」「―梗塞」
しんきん【親近】①親しみ近づくこと。身近なものとして親しんでいること。「―感」▽以前は「―する」とサ変でも使った。②親しい関係にある者。㋐側近。㋑身寄りの者。
しんぎん【×呻吟】『名・ス自』苦しみうめくこと。「圧制下に―する国民」「論文の書出しに―する」
しんく【辛苦】『名・ス自』つらく苦しいこと。苦労すること。難儀。「艱難(かんなん)―」
しんく【真紅・深紅】濃いべにいろ。まっか。
シンク (台所などで)水道などのそばに設置された、底に排水口のある水槽形の設備。食器などを洗う場所。流し。▽sink
しんぐ【寝具】(ふとん・ねまき等の)夜具。
じんく【甚句】主に七七七五形式で、江戸時代後期から各地で歌った、民謡の一体。節はいろいろ。「米山(よねやま)―」「相撲(すもう)―」

しんくい【身口意】〔仏〕身体的活動(＝身)と言語活動(＝口)と精神活動(＝意)。人間の一切の活動。

しんくいむし ひ∵く【心食(い)虫】果実・野菜・樹木などの心(しん)を食べる虫。多くは蛾(が)の幼虫。

しんくう【真空】①〔物理〕空気などの物質がそこに全く無い(技術上は圧力が著しく低い)状態。「完全―」「―パック」②比喩的に、実質のない状態・場所。「管理が―状態に陥る」③〔仏〕一切の実相は空(くう)だということ。 **―かん**【―管】電極を封入し内部を真空に近くしたガラス管。特に、複数の電極にかける電圧の違いによって、整流・増幅などの作用をもつものをいう。▽トランジスタなどの半導体素子が普及した現在では特殊な用途以外は用いない。

しんぐう【新宮】ある神社から神霊を分けて建てた神社。わかみや。▽もとの神社を「本宮」と言う。

じんぐう【神宮】神社の名称の一つで、多くは祭神が皇祖・天皇であるもの。 **―じ**【―寺】神宮など大きな神社の、別当寺。

ジンクス 縁起をかつぐ対象となるもの。例、「平幕優勝者は横綱になれない」「カツレツを食うと試合に勝つ」などという類。▽(アメリカ) jinx 原語では縁起の悪いことに使う。

シンク タンク 各分野の専門家を集め、技術開発・企業戦略・政策決定などの高度な問題を研究する機関。頭脳集団。▽think tank

シングル ①ひとつ。ひとり用。「―ベッド」②(ホテルで)シングル ベッドを置いた客室。シングル ルーム。③ウイスキーなどを飲む時の量の単位。約三〇ミリリットル。④独身(者)。⑤「シングル幅」の略。洋服地で、(普通は)二八インチ(七一センチ)幅のもの。⑥「シングル ヒット」の略。野球の単打。⑦(ゴルフのハンデが)ひとけたの数。▽(1)～(7)は single ⑧野球の片手取り。▽single-handed catching から。⑨「シングル ブレスト」の略。片前の洋服。▽single-breasted から。⑩レコードのシングル盤の略。表裏一曲ずつ入ったレコード。⑪カフスやズボンの裾の折り返しがないこと。▽(1)(2)(3)(5)(9)(11)は、↕ダブル。 **―マザー** 自分一人の手で子を育てる、離婚した母や未婚・非婚の母。▽single mother 同様の状態の父は「シングル ファーザー」。 **―モルト** 一つの蒸留所で製したモルト(麦芽)の原酒だけで作ったウイスキー。▽single malt

シングルス テニス・卓球などで、ひとり対ひとりで行う試合。単試合。↕ダブルス。▽singles

シンクロ《名・ス自他》「シンクロナイズ」また「シンクロナイズド スイミング」の略。

シンクロトロン〔物理〕電子・イオンなど、電荷を帯びた粒子を加速する装置。磁場中の粒子にその速度にあわせて調整した電場を掛けることで、一定の円軌道を回転させながら加速する。高エネルギー原子核実験に使われる。▽synchrotron

シンクロナイズ《名・ス自他》同時に起こる、または起こすこと。特に映画で、画面と音とを合わせること。写真で、フラッシュやストロボの発光とシャッターとを連動させること。シンクロ。▽synchronize

シンクロナイズド スイミング アーティスティック スイミングの旧称。▽synchronized swimming

しんくん【神君】功績が偉大な君主に対する尊称。▽江戸時代には徳川家康を指すことがあった。

しんぐん【進軍】《名・ス自》軍を進めること。軍隊が進むこと。「―らっぱ」

じんくん【人君】君主。▽人の君たる者の意。

じんくん【仁君】仁徳の高い君主。恵み深い君主。

しんけ【新家】①分家。別家。▽「しんや」とも言う。②慶長(一五九六～一六一五)以後あらたに立てられた、公家(くげ)の家柄。

しんけい【×晨鶏】夜明けに鳴く鶏。朝(＝晨)が来たと告げ知らせる鶏。

しんけい【神経】①脳・脊髄と末端の器官とをつなぎ、末端が受けた刺激を中枢に、または中枢に起こった興奮を末端に伝える働きをする、繊維状の組織。「―細胞」②物を感受する働き。「―がにぶい」「―が細い」「―を尖(とが)らせる」(細かい所までとらえる構えをする。過敏になる)。気。「君の病気は―のせいだ」 **―かびん**【―過敏】《名ナ》ちょっとした刺激にもたやすく感じる、神経系統の不安定な状態。 **―しつ**【―質】《名・ダナ》細かいことまで気に病むたち。そのようなさま。「―な人」「―に笑う」 **―しょう**【―症】精神的な原因で生じる、心身の機能不全を言った語。現在では、より厳密な様々な障害に分類される。いずれも器質的な病変はない。ノイローゼ。 **―すいじゃく**【―衰弱】①神経過敏になり、集中力・思考力が低下し感情が不安定になる状態の、以前の診断名。疲労感・頭痛・肩こり・不眠などの症状を訴える。②トランプ遊びの一つ。カードを裏返して広げ、二枚ずつめくって数字が一致すれば取り、一致しなければ元に戻すことを繰り返し、取ったカードの多い人を勝ちとする。 **―せん**【―戦】敵・相手の神経を疲労させる戦法・方法。 **―つう**【―痛】圧迫や炎症によって末梢(まっしょう)神経が刺激されて起こる痛み。多く発作的で激しい痛みが反復して起こる。 **―ないか**【―内科】神経系の病気を内科的に扱う医学の分野。

じんけい【仁恵】めぐみ。いつくしみ。なさけ。

じんけい【陣形】①(戦いの際の)部隊配置の形。「―を整える」②球技などの、フォーメーション。

しんげき【新劇】日本でヨーロッパの近代劇に影響されて生まれた、現代人の生活感覚にのっとった新しい演劇。↕旧劇

しんげき【進撃】《名・ス自》進んで攻撃すること。攻めかかること。「―を開始する」

しんけつ【心血】精神と肉体すべて。出せる限りの精神力。最善の努力。「―を注ぐ」

しんげつ【心月】仏教の悟道、また、広く心が澄みきっていることを、澄んだ月にたとえて言う語。

しんげつ【新月】①月が、太陽に照らされる面が地球の反対側にあって、輝かない夜(の日)。すなわち、朔(さく)。②新月(1)が終わって、輝き出した細い月。三日月。③日が沈み、東の空に輝き出した月。特に十五夜の満月にいう。

じんけつ【人傑】知識・才能が目立ってすぐれた人。

しんけん【真剣】①『名』木刀・しないに対し、本物の刀。「—で立ち向かう」「—(の)勝負」②『名・ダナ』いい加減や遊び半分でなく本気なこと。「—を通り越し狂気を帯びた眼光」「—に立ち向かう」「—な勝負だぞ」「あいつが—になったらこわい」▽(1)と(2)で、用例のように、「で」対「に」や「の」対「な」のような使い分けがある。派生 **-さ -み**

しんけん【神剣】神から授かった、または神に供える、とうといすぐれた剣。特に、三種の神器の一つである草薙剣(くさなぎのつるぎ)。

しんけん【神権】①神の権威。②神から授かった(委任された)権力。

しんけん【親権】親が(未成年の)子に対してもつ、身分上・財産上の保護監督、教育に関する権利・義務。「—者」

しんけん【新券】発行後、初めて使用される紙幣。新札。

しんげん【森厳】『名ナ』身が引きしまるようにおごそかなさま。「—な静寂」

しんげん【×箴言】教訓の意をもつ短い句。戒めとなる言葉。

しんげん【進言】『名・ス他』上の者に意見を申し述べること。

しんげん【震源】①地震の起点となった地下の場所。「—地」②比喩的に、ある出来事の起点(となった人)。「この事件の—はあの男だ」

じんけん【人件】人事についての事項。↕物件。 **—ひ**【—費】給料や手当などの経費。

じんけん【人権】人間が人として本来もっている権利。「—を尊重する」 **—じゅうりん**【—×蹂×躙】官憲が基本的人権をおかすこと。また、雇い主・顔役・新聞などが弱い立場の人の人権を無視して不当な取扱いをすること。 **—しんがい**【—侵害】人権蹂躙(じゅうりん)。

じんけん【人絹】「人造絹糸」の略。レーヨン。また、それで織った織物。

しんげんぶくろ【信玄袋】(長方形の)底板があり、口がひもで括(くく)れる、布製の大ぶりの手提げ袋。▽色々な物がいれられるので「合財袋(がっさいぶくろ)」とも言った。明治中期から流行した。

しんこ【新△香】新しい香(こう)の物・つけもの。おしんこ。▽「しんこう」の転。

しんこ【真個】『—の』まことの。全くの。

しんこ【×糝粉】①かわかした白米をひいた粉。②「しんこもち」の略。糝粉を水でこね、蒸してから搗(つ)いたもの。「—細工」(白や着色したしんこで動物・花などの形を客の前で作って見せる、細工菓子)▽「新粉」と書くことがふえている。

しんご【新語】新しく作った、または外国語から取り入れた語。

じんご【人後】他人の後ろ。「—に落ちない」(他人に劣らない。他人にひけを取らない)

じんご【人語】(鳥獣や虫などの鳴き声に対し)人間の言語。「—を解せず」。人の話し声。「山中—を聞かず」

しんこう【信仰】『名・ス他』神・仏など、ある神聖なものを(またはあるものを絶対視して)信じとうとぶこと。そのかたく信じる心。「—があつい」

しんこう ①【侵攻】『名・ス他』他国、他の領土を攻めおかすこと。②【侵×寇】『名・ス他』攻め入ってその国に害をすること。

しんこう【神幸】神のお出まし。特に、遷宮や祭礼で、みこしなどに移した神体の、新宮や旅所(たびしょ)への渡御(とぎょ)。「みこしの—を見物する」「—祭」

しんこう【振興】『名・ス他自』物事を盛んにすること。物事が盛んになること。「貿易—策」「—を図る」

しんこう【進行】①『名・ス自』動いて進んで行くこと。「病気の—をくいとめる」②『名・ス自他』物事がはかどること。物事をはかどらせること。「議事—」

しんこう【進攻】『名・ス他』(遠くまで)進んで行って攻めること。攻めこむこと。

しんこう【進航】『名・ス自』船が進んで行くこと。

しんこう【進貢】『名・ス自』みつぎものを差し上げること。

しんこう【進講】『名・ス他』貴人に対しその前で講義をすること。

しんこう【深更】夜ふけ。夜中。深夜。「—に及ぶ」

しんこう【深厚】『名ナ』情け・気持などが、心の底から発したものであること。「—な同情」

しんこう【深耕】『名・ス他』土を深く耕すこと。

しんこう【新香】↓しんこ(新香)

しんこう【新興】既成のものに対し新しく起こり、勢いが盛んになること。「—宗教」「—財閥」

しんこう ①【親交】したしい付き合い。「—を重ねる」②【深交】心を許し合った深い交わり。「—を結ぶ」

しんごう【信号】色・音・光・形などの一定の符号によって、意思を伝え通じる方法。また、それに使う符号。「—を送る」。特に、交通信号。シグナル。「—機」

じんこう【人口】①一国または一定地域内の人の総数。「昼間—」「—密度」②世人の口。世人のうわさ。「—に膾炙(かいしゃ)する」(広く人々の口にのってもてはやされる)

じんこう【人工】人手を加えること。また、人手を加えて作ること。↕天然。「—の美」「—頭脳」(コンピュータのこと)▽人為、人造の両方の意味を含む。 **—えいせい**【—衛星】地球のまわりを飛び続けるような軌道に乗せた人工の物体。 **—えいよう**【—

栄養】①皮下・静脈内や直腸などに注入して与える栄養。生理的食塩水・葡萄(ぶどう)糖液など。②母乳でなく、粉乳・牛乳・果汁等で乳児を育てること。 **ーご**【ー語】既成の諸言語に対し、国際的なものとして一層合理的な言語であることを目ざして作った言語体系。国際語。▽エスペラントなどを言う。「人工(的)言語」の形では、記号論理式や数式などを一種の言語と見なして言うことが多い。 **ーこきゅう**【ー呼吸】「人工呼吸法」の略。仮死または人事不省におちいった者をよみがえらせるため、呼吸を誘導して空気を肺に流通させる方法。 **ーじゅせい**【ー授精】人為的に卵子と精子を合体させること。 **ーちのう**【ー知能】コンピュータを使って、学習・推論・判断など人間の知能のはたらきを人工的に実現したもの。▽artificial intelligence の訳語。略して「AI」とも言う。 **ーてき**【ー的】『ダナ』自然のままでなく、人手を加えたさま。

じんこう【△沈香】①高さ一〇メートルほどの熱帯産高木。▽じんちょうげ科。②香料の一種。(1)の材を土中に埋め、腐らせて作る。この優良品が伽羅(きゃら)。「ーも焚(た)かず屁(へ)もひらず」(すぐれた事もしないが害もしない、平々凡々なことのたとえ)

しんこきゅう【深呼吸】『名・ス自』肺の中の空気をできるだけ多く出入させる深い呼吸。それをすること。

しんこく【新穀】その年にとれた穀物、特に米。

しんこく【神国】神が基を開き神が守護するという国。

しんこく【申告】『名・ス他』告げ申すこと。特に、義務として行政官庁に告げること。「税のー」▽旧軍で、人事異動があった者がそれを直属上官などに告げることも言った。

しんこく【親告】『名・ス他』(他人を通さず)本人が告げること。 **ーざい**【ー罪】検察官が公訴を起こす時に被害者(被害者側の、法定の範囲の者)の告訴があることを必要とする種類の犯罪。例、名誉毀損罪。

しんこく【深刻】『ダナ』①重大で深く心に刻みつけられるさま。「問題はーだ」「ーな表情」②非常にむごたらしいさま。 派生 **ーさ**

じんこくき【人国記】国別または都道府県別の、その地方から出た人物の評論記。じんこっき。「政界ー」

じんこつ【人骨】人間のほね。

じんこっき【人国記】→じんこくき

しんこっちょう【真骨頂】それの真価である姿。真面目(しんめんぼく)。「ーを発揮する」

シンコペーション 音楽で、強い拍と弱い拍の位置を通常と変えて、リズムに変化を与えること。また、その技法。切分法。切分音。▽syncopation

しんこん ①【心根】→こころね。②【心魂・神魂】たましい。精神。「ーを傾ける」③【身魂】身も心も。全身全霊。④【身根】〔仏〕触覚を生じる器官。五根の一つ。

しんこん【新婚】結婚したてであること。「ー旅行」

しんごん【真言】①真実の言説。仏の言葉。②密教で、真理を表す秘密の言葉。呪(じゅ)。▽一般に短いものを真言、長いものを陀羅尼(だらに)と言う。③「真言宗」の略。 **ーしゅう**【ー宗】大日如来を教主、大日経・金剛頂経を根本経典として、即身成仏(そくしんじょうぶつ)を説く仏教。▽日本には空海が伝えた。→みっきょう。 **ーひみつ**【ー秘密】真言(2)が人の思慮では計り知れない(仏の知恵に通じている)こと。

しんさ【審査】『名・ス他』詳しく調べて、採否・適否・優劣などを決めること。「適法性をーする」「入国ー」「書類ー」

しんさい【神祭】神道にのっとって行う祭り。

しんさい【親祭】『名・ス自』天皇・貴人がみずから祭りの式を執り行うこと。

しんさい【親裁】『名・ス他』天子・貴人がみずから裁断をくだすこと。

しんさい【震災】地震による災害。「ーに備える」▽関東大震災など特定の震災を指して言うことも多い。「ー前の風俗」→だいしんさい

しんざい【心材】木の幹の内部の年輪が年を経て堅くなった紅・黒茶色等の部分。

しんざい【浸剤】細かく切った薬草に熱湯を注ぎ、かきまわして薬用成分を浸出させたもの。▽煎剤ほど長く煮出さないものを言う。

じんさい【人災】人間の不注意や無為がもとで起こる災害。↕天災。「洪水も、半ば以上はーだ」▽自然の災害でも天災としては片付けられないような場合に使う。

じんざい【人材】才能のある、役に立つ人。人物。「ーを登用する」

しんさく【新作】『名・ス他』新たに作品を作ること。その作品。「ー舞踊」

しんさく【振作】『名・ス他自』勢いをふるい起こすこと。盛んにすること。盛んになること。

しんさつ【新札】①新規に発行された紙幣。②→しんけん(新券)

しんさつ【診察】『名・ス他』病状・病因等を判断するため医者が患者の体を調べること。「ーを受ける」

しんさん【辛酸】苦しくつらいこと。にがい経験。「ーをなめる」(苦しくてつらい経験をする)

しんさん【心算】心の中の計画。胸算用(むなざんよう)。心づもり。

しんさん【神算】非常にすぐれたはかりごと。「ー鬼謀」

しんざん【新参】①新たに仲間に加わること。その人。↕古参。「ー者(もの)」②新たにその主君に仕える人。

しんざん【深山】幾つもの山の奥にある山。奥山。「ー幽谷」▽→みやま

しんし【伸子】洗い張りや染色の時に、布をぴんと張って縮まないようにする道具。両端に針のついた竹製の細い棒。 **ーばり**【ー張り】伸子を使って張物

をすること。

しんし【振子】→ふりこ

しんし【△参△差】『ト タル』高さ・長さなどの違うものが入り混じって、ふぞろいなさま。

しんし【真摯】『ダナ』まじめで、ひたむきなさま。「—な愛」派生 **—さ**

しんし【紳士】①品格があって礼儀正しい男子。また、男子の尊称。↔淑女。②成人男性。↔婦人。「—服」▽もと、上流社会の男子。 **—きょうてい**【—協定】(相手国を信頼して)公式手続きによらず結んだ(国際)協定。紳士協約。 **—てき**【—的】『ダナ』紳士らしく、上品で礼儀正しいさま。また、相手との相互信頼を前提にして行為すること。 **—ろく**【—録】社会的地位のある人の姓名・職業・住所等をしるした名簿。

しんし【進士】①昔の中国で、科挙(=官吏登用試験)の科目。また、その合格者。▽これに合格することは無上の名誉だった。②日本の大宝令(りょう)制で、式部省の一定の試験の及第者。後の文章生(もんじょうしょう)。

しんし【臣子】家来や子の身分である者。また、家来。

しんじ【信士】①在俗のまま受戒した男子。②仏式で葬った男子の戒名(かいみょう)に添える語。

しんじ【心地・芯地】帯・襟・洋服などの心(しん)にする、織り目があらく厚い、きれ地。

しんじ【心耳】心で聞き取ること。心を耳にすること。「—で聞く」

しんじ【心事】心の中で思っている事柄。

しんじ【臣事】『名・ス自』臣下として仕えること。

しんじ【神事】(日本の)神を祭ること。祭り。

しんじ【神璽】三種の神器の一つである八尺瓊勾玉(やさかにのまがたま)。▽三種の神器を指すこともある。

しんじ【新字】①新しく作り出した文字。②国語の教科書などで、はじめて習うことになる漢字。新出字。

じんし【人士】地位や教育がある人。

じんじ【人事】①自然現象や超自然の事柄に対して、人間に関する事柄。㋐人間社会の出来事。特に俳句の分類では、天文・地理・動植物以外の題材。㋑人がなしうる事柄。人のしわざ。「—を尽くして天命を待つ」②(特に組織体において、その成員の)個人の身分や能力に関する事柄。「—課」「—異動」 **—ふせい**【—不省】大病や重傷で全く意識を失うこと。昏睡(こんすい)状態に陥ること。

じんじ【仁慈】いつくしみ。恵み。

しんじいけ【心字池】草書の「心」の字形に作ってある日本庭園の池。

しんしき【新式】『名ナ』新しい様式・しかた。↔旧式。「—のエアコン」

しんしき【神式】神道による儀式(の法式)。

シンジケート ①共同販売を行う企業連合。また、その中央機関。②公社債や株式の発行を引き受けるために連合した銀行など金融業者団。「—銀行団」③大がかりな犯罪組織。「麻薬—」▽syndicate

しんじたい【新字体】当用漢字字体表や常用漢字表で示された字体。特に、旧来の正字体と異なるもの。例、「圓」に対する「円」、「實」に対する「実」。↔旧字体

しんしつ【心室】心臓の下半部にあって血液を動脈に送り出す、袋状の部分。鳥類や哺乳(ほにゅう)類では左右二つある。

しんしつ【寝室】寝るために使う部屋。ねま。

しんじつ【信実】まじめで偽りがないこと。

しんじつ【真実】『名・ダナ』①うそや飾りのない、本当のこと。まこと。「—を語る」「—味(み)が乏しい話」▽本当㋑の意でも使う。②『副詞的に』本当に。まったく。「—困った話だ」③〔仏〕絶対の真理。派生 **—さ**

しんじつ【親×昵】『名・ス自』したしみなじむこと。

じんじつ【人日】→ななくさ⑶

じんじつ【尽日】①一日中。終日。②月または年の末日。みそか。おおみそか。

しんしほしゃ【唇歯×輔車】くちびると歯との関係のように互いの利害が密接で一方が滅びれば他方も立ちゆかないこと。▽「輔」はほお骨、「車」は歯ぐきの意。

しんしゃ【深謝】『名・ス自他』①深く感謝すること。「—の意を表す」②ひたすらわびること。「失礼を—します」

しんしゃ【親×炙】『名・ス自』その人に近づき親しんで感化を受けること。

しんじゃ【信者】①その宗教を信仰する人。信徒。②比喩的に、ある人物・団体や主義・思想を熱烈に信奉・愛好する人。

じんしゃ【仁者】仁の道に達した、道徳的に完全な人。また単に、情け深い人。

じんじゃ【神社】日本の神が祭ってある所。やしろ。

ジンジャー ①インド・マレー原産の多年草。葉の間から花茎を生じ、強い芳香のある白色などの花を開く。▽しょうが科。②ほししょうがの粉。香辛料・生薬用。▽ginger **—エール** ジンジャーなどの香料を入れた炭酸飲料。▽ginger ale

しんしゃく【×斟酌】『名・ス他』あれこれ見計らって手加減すること。㋐先方の事情をくんでやること。「この点を—して今度だけは許す」㋑条件などを考え合わせて適当に処置する。「双方の言い分を—する」㋒控えめにすること。遠慮。「何の—もあるものか」

じんしゃく【人爵】生まれついての美徳に対し、人間が定めた栄誉。↔天爵

しんしゅ【新種】新たに発見された、あるいは品種改良でできた、生物の種(しゅ)。

しんしゅ【新酒】新米で造ったことしの酒。

しんしゅ【神酒】神に供える酒。みき。

しんしゅ【進取】自分から進んで物事をすること。↔退嬰(たいえい)。「—の気性」「—性に富む」

しんじゅ【新樹】新緑のころの樹木。

しんじゅ【真珠】貝の体内に生じる、虹色に輝く独特

の光沢をもった球状のかたまり。装飾に用いる。貝殻を作る分泌物が、体内の異物を包んで生じる。 **ーがい**【ー貝】真珠を生じやすい貝。体内に異物を埋め込んで真珠を取るために養殖される。アコヤガイなど。

しんじゅ【神授】神からさずかること。「王権ー説」

しんじゅ【親授】〘名・ス他〙貴人、特に天皇が、みずから授けること。

じんしゅ【人種】①皮膚の色・骨格等の見た目により人類を分けたもの。②地位・職業・経済状態などのちがいによって人を分けたもの。「利にさといー」

じんじゅ【人寿】人間の寿命。

しんしゅう【新秋】秋の初め。陰暦では七月。

しんしゅう【真宗】〔仏〕究極の真理を説く教え。▽→じょうどしんしゅう

しんしゅう【神州】①神国。▽日本・中国で自国を誇って言った。②神仙が住む所。

しんじゅう【心中】〘名・ス自〙①(男女が)互いの愛情の変わらないことを示すため、いっしょに自殺すること。情死。「ーをとげる」。また、深い関係にある、または同情している者が、いっしょに死ぬこと。「一家ー」②比喩的に、我が身をかえりみず、深く関わっている物事と最後まで共にあること。「仕事とーする」▽もと、他人に義理を立てることの意。「しんちゅう」と読めば別の意。 **ーだて**【ー立て】人との約束を守り通すこと。

しんじゅう【臣従】〘名・ス自〙臣下として従うこと。

しんしゅく【伸縮】〘名・ス自他〙のびたりちぢんだりすること。「ー自在」「ー性のある布」。のばしたりちぢめたりすること。「期間を適宜にーする」

しんしゅく【×辰宿】星の宿り。星座。

しんしゅつ【侵出】〘名・ス自〙他の勢力範囲をおかして、そこに乗り出していくこと。

しんしゅつ【浸出】〘名・ス自他〙液体にひたしてしみ出させること。また、しみ出ること。 **ーえき**【ー液】薬などを水やアルコールなどで浸出したもの。

しんしゅつ【×滲出】〘名・ス自〙にじみでること。「ー性」 **ーせいたいしつ**【ー性体質】乳児の皮膚・粘膜が過敏で、湿疹(しっしん)などの炎症を起こしやすい体質。

しんしゅつ【進出】〘名・ス自〙(勢力を張ったり新方面を開いたりするため)進み出ること。その方面にまで広がり出ること。「企業の海外ー」

しんじゅつ【心術】①こころの持ち方。こころばえ。きだて。②〔哲学〕動機・行為を生じるもととなる、心構え、持続的意志のあり方。

しんじゅつ【×鍼術】金属性の細い針を患部にさして病気をなおす療法。古く中国から伝わる。はり。▽「針術」は代用表記。↓はり(針)(ウ)

しんじゅつ【×賑×恤】貧乏な人や被災者を救うために、金銭や物を与えること。「ー金」

じんじゅつ【仁術】(儒教の最高道徳たる)仁を行う方法。「医はー」

しんしゅつきぼつ【神出鬼没】鬼神のようにたちまち現れたり隠れたりして、所在が容易には計り知れないこと。

しんしゅん【新春】新年。はつはる。

しんじゅん【浸潤】〘名・ス自〙①(液体が)しみ込んでぬれること。②次第におかして広がること。「肺ー」。また、(思想・勢力などが)次第にしみ込んで広がること。

しんしょ【心緒】↓しんちょ

しんしょ【信書】てがみ。書状。「ーの秘密」

しんしょ【新書】①新刊の書物。②出版物の形式の一つ。B6判より少し小型の叢書(そうしょ)で、多く教養ものやノンフィクションなどを収める。「ー判」

しんしょ【親書】①みずから書くこと。②自筆の手紙。③天皇・元首の手紙。

しんしょ【親署】天皇や貴人が、みずから署名すること。

しんじょ【寝所】寝るところ。寝室。

しんじょ【神助】神のたすけ。「天佑(てんゆう)ー」

しんじょ【×糝×薯】魚肉や鶏肉のすり身に、すりおろしたやまいもや卵白を加えて蒸したりゆでたりした料理。

じんしょ【陣所】軍勢がたむろする営所。陣屋。陣営。

じんじょ【仁×恕】あわれみ深く思いやりがあること。▽「恕」は思いやり、ゆるすの意。

しんしょう【真症】確実な検査によって疑う余地がないと診断された病気。

しんしょう【心証】①心に受ける印象。「ーを害する」②〔法律〕裁判官が訴訟事件の審理において、事実認定について心の中に得た確信または認識。

しんしょう【心象】感覚(的要素)が心の中に再生したもの。イメージ。「ーのパリ」「ー風景」

しんしょう【紳商】紳士の品位を備えた一流の商人。

しんしょう【身上】身代。財産。「一(ひと)ー作る」▽「しんじょう」と読めば別の意。 **ーもち**【ー持(ち)】①金持。資産家。②家計のきりもり。「ーがいい」

しんしょう【辛勝】〘名・ス自〙競技などで、やっとのことで勝つこと。

しんじょう【信条】信仰の箇条。また、堅く信じて守る事柄。

しんじょう【心情】心の中の思い。「遺族のーを察する」 **ーてき**【ー的】〘ダナ〙理性的判断によるよりも心情に動かされるさま。「ーには同感できる」

しんじょう【真情】①まごころ。「ーを吐露する」「ーあふれる手紙」②真実の状態。実情。

しんじょう【身上】①みのうえ。一身に関する事柄。「ー調査」②からだ。また、命。③とりえ。ねうち。「彼は勤勉がーだ」▽「しんしょう」と読めば別の意。

しんじょう【進上】〘名・ス他〙さしあげること。㋐献上。㋑進呈。▽かなり古風。

じんしょう【人証】裁判で、証人の申し立てた内容を

証拠とすること。↕物証・書証

じんじょう【尋常】〘ダナ〙①格別な(特に、異なるような)ところもなく、ごく普通なさま。「—の手段では解決しない」「—小学校」(今の小学校に当たる旧制の初等学校。その上に高等小学校があった) ②すなおなさま。おとなしく、乱れていないさま。「—な顔立ち」。殊勝。悪びれず、取り乱さないさま。「いざ—に勝負しろ」 **—いちよう**【—一様】〘ダナ〙別に他と異なるところはないさま。並一通り。「—でない振舞い」

しんしょうしゃ【身障者】「身体障害者」の略。

しんしょうひつばつ【信賞必罰】功績ある者は必ず賞し、罪過ある者は必ず罰すること。賞罰を厳格にすること。

しんしょうぼうだい【針小棒大】針ほどの小さいことを棒ほどに大きく言うこと。物事をおおげさに言うこと。

しんしょく ①【侵食・侵×蝕】〘名・ス他〙次第におかして行って、くい込むこと。「領土を—される」 ②【浸食・浸×蝕】〘名・ス他〙(雨水・流水などの)水がしみ込んで物をそこなうこと。「—作用」

しんしょく【寝食】寝ることと食べること。日常生活で欠かせない事柄。「—を忘れて仕事に励む」

しんしょく【神色】心と顔色。また単に、顔色。「—自若」

しんしょく【神職】神社に仕えて神事に従う者。かんぬし。

しん-じる【信じる】〘上一他〙①それを本当だと思い込む。正しいとして疑わない。「あなたの言葉を—じます」「人を—」「勝利を—」 ②信仰する。「宗教を—」▽「信ずる」とも言う。

しん-じる【進じる】〘上一他〙→しんぜる

しんしん【心心・真真】建築で、部材間の距離の測定法の一つ。二つの部材の中心線から中心線までの長さ。「柱—で三間(さんげん)」

しんしん【心神】こころ。精神。魂。 **—こうじゃく**【—耗弱】心神喪失ほどではないが、心神の正常な働きがいちじるしく困難な状態。 **—そうしつ**【—喪失】精神上の障害のため是非善悪を弁別できないか、また弁別してもそれによって行動することができない状態。

しんしん【心身】こころとからだ。「—をきたえる」▽「身心」とも書く。 **—しょう**【—症】精神的・心理的な原因によって起こる身体の症状。

しんしん【新進】新たに現れ出たこと。「—気鋭」「—作家」。そういう人。

しんしん【×搢紳】官位・身分が高い人。▽笏(しゃく)を紳(おおおび)に搢(さ)む者の意。

しんしん【津津】〘トタル〙絶えずあふれ出て尽きないさま。「興味—」

しんしん【深深】〘トタル〙奥深いさま。①ひっそりと静まりかえっているさま。「夜が—と更ける」「雪が—と降る」 ②身に深くしみるさま。「—と冷えこむ」

しんしん【森森】〘トタル〙木が並んで茂っている、または高くそびえ立つさま。「—とそびえる杉木立」。また、人物に威厳があって重みが感じられるさま。

しんしん【×駸×駸】〘トタル〙物事が速くはかどるさま。「—たる進歩」。時が速く過ぎるさま。「—として過ぎる」▽もと、馬が速く走る形容。

しんじん【信心】〘名・ス他〙信仰心。また、信仰して祈ること。「—深い」

しんじん【審尋・審×訊】〘名・ス他〙詳しく問いただすこと。特に、民事裁判で口頭弁論をせずに、当事者・利害関係者に個別的に、裁判所が書面や口頭で陳述する機会を与えること。「口頭弁論をしない場合には、裁判所は、当事者を—することができる」(民事訴訟法八七条二項)▽行政機関が同様の事を行うのにも言う。→しんもん(審問)

しんじん【新人】①新たに現れた人。㋐新しく加入した人。㋑新たにその社会に現れた人。②新思想をいだいて、時流に先立って活動する人。▽↕旧人。③現人類進化の過程で最も新しい時代に現れた人類。現在の人類もこれに属するが、旧石器時代後期に現れたクロマニョン人など、先史時代の人類に言うことが多い。ホモ サピエンス。[関連] 新参・新入り・新顔・新米(しんまい)・新前(しんまえ)・新任・ニューフェース・ルーキー・フレッシュマン・後輩・後学・後進・後生(こうせい)

しんじん【真人】①まことの道に達した人。完全な道徳を身につけた人。②仙人の別称。

しんじん【神人】①神と人。②神通力(じんつうりき)を得た人。仙人。③神のようにけだかい人。④かんぬし。

しんじん【深甚】〘ノダ〙〘「—な」も使う〙意味・気持が非常に深いこと。「—なる敬意を表する」

じんしん【人心】人間として持つ心。人々の心。民心。「時の政府から—が離反する」「—一新を図る」▽「ひとごころ」と読めば別の意。

じんしん【人身】①人のからだ。人体。②個人の身分。 **—こうげき**【—攻撃】私行などをあばいてその人を非難すること。 **—じこ**【—事故】人がけがをしたり死んだりする事故。 **—ばいばい**【—売買】人間を(人格を認めず)物と同じように売買すること。

じんしん【人臣】臣下。「位(くらい)—を極める」

じんじん〘副[と]・ス自〙痛み・冷たさ・温かさなどを脈打つように感じるさま。「冷たくてつま先が—する」「顳顬(こめかみ)が—と痛み出して」(有島武郎「或る女」)

じんじんばしょり(ぢんぢん-) 着物の背縫いのすそから二〇センチほど上をつまんで帯の結び目の下に折り込むこと。▽「爺(ぢぢ)端折り」の転という。

しんすい【心酔】〘名・ス自〙心から慕って感心すること。また、夢中になってそれにふけること。「モーツァルトに—する」

しんすい【深×邃】奥深い様子。「—の境に遊ぶ」

しんすい【薪水】(まきと水との意から)炊事。「—の労」

しんすい【親水】①水に親しむこと。「―公園」②水に溶解したり混ざったりしやすい性質。↕疎水(2)。「―性物質」

しんすい【浸水】《名・ス自》ものが水にひたること。水が物にはいり込むこと。その水。「―家屋」

しんすい【進水】《名・ス自》新しく造られた船舶が造船台からおろされて水上に浮かぶこと。「―式」

しんずい【心髄】①まんなかにある髄。②中心。中枢。③心の底。

しんずい【真髄・神髄】物事の中心・精神ともいうべきもの。また、その道の奥義(おうぎ)。「文学の―」

じんすい【尽×瘁】《名・ス自》力を尽くして、くたくたになるほど苦労すること。▽「瘁」は病み疲れる意。

しんすう【真数】〔数学〕xの対数がyである時、そのyに対してもとの数xのこと。

じんすけ【甚助】〔俗〕多情な、嫉妬深い性質。そういう性質の男。「―を起こす」(やきもちを焼く)

しん-ずる【信ずる】《サ変他》→しんじる

しん-ずる【進ずる】《サ変他》→しんぜる

しんせい【申請】《名・ス他》(国や公共団体の機関に)許可・認可等を求めること。「ビザを―する」

しんせい【×辰星】①古く時刻の測定の基準とした明るい恒星。シリウスの類。②水星の中国名。

しんせい【新星】①突然はっきりした輝きを現して、後、次第に薄れて行く星。恒星表面で起こる爆発現象と考えられる。②ある社会、特に芸能・スポーツ界に現れて急に人気を得た人。新しいスター。

しんせい【新生】①新しく生まれ出ること。②生まれ変わった気持で人生に再出発すること。特に、信仰によって心が一変した状態。 **―じ**【―児】〔医学〕生後二十八日未満の子。初生児。

しんせい【新制】新しい制度・体制。

しんせい【新政】新しい政治体制。政治・政令を一新した状態。

しんせい【親政】天子みずから政治を行うこと。その政治。

しんせい【神政】神意によって宗教の首長が国を治める政治。

しんせい【神聖】《名ナ》尊くて、おかしがたいこと。清らかでけがれがないこと。「―視する」 派生 **-さ**

しんせい【神性】①神の性格。神の属性。②心。精神。 **―かぞく**【―家族】→せいかぞく

しんせい【心性】①こころ。精神のありかた。②うまれつき。天性。

しんせい【真性】①真にそうだと認めうる病状。↕仮性。「―コレラ」②うまれつきの性質。天性。また、うまれた時のままの純真な心。③万物の本体。

しんせい【真正】《名ナ》いつわりがなく、本物で正しいこと。

じんせい【人世】世間。うきよ。

じんせい【人性】人の本来・自然の性質。

じんせい【人生】①人がこの世に生きて行くということ。人間の生活。「―意気に感ず、功名またたれか論ぜん」(人は人の意気に感じて仕事をするのだ。名誉や金銭のためではない)「―朝露のごとし(=はかない)」②人がこの世に生きている期間。生涯。「―わずか五十年」「―七十古来稀(まれ)なり」 **―かん**【―観】人生の目的・価値・手段等についての考え方。

じんせい【仁政】民衆に恵み深い政治。「―をしく」

じんぜい【人税】人や法人の居住または勤労所得、その他、物に基づかない所得に課する租税。↕物税

しんせいがん【深成岩】火成岩の一種で、マグマが地下の深い所でゆっくりと固まってできたもの。完全に結晶し、粒状の組織をなす。例、花崗(かこう)岩・閃緑(せんりょく)岩。

しんせいしゅ【新清酒】合成酒のこと。

しんせいだい【新生代】地質時代の分類のうち最新の時代。約六千六百万年前から現在まで。古い方から、古第三紀・新第三紀・第四紀の三つに分けられる。▽第四紀(約二六〇万年前から現在まで)に人類が進化した。

しんせいめん【新生面】新しい方面・分野。「―を開く」

しんせかい【新世界】新しく発見された地域。特に、(ヨーロッパ人に新たに知られた)南北アメリカおよびオーストラリアの称。

しんせき【真跡・真×蹟】本当にその人が書いたもの。真筆。

しんせき【臣籍】明治憲法のもとで、皇族以外の、臣民たる身分。「―降下」

しんせき【親戚】親類。みうち。

じんせき【人跡】人が通った跡。「―未踏の地」「―まれな奥山」

シンセサイザー 電子回路を用いてさまざまな音やリズムを合成・加工する装置。電子楽器として用いる。▽synthesizer

しんせつ【新設】《名・ス他》新しく設けること。「―高校」

しんせつ【新説】今までになかった新しい意見・学説。「―を立てる」「―を唱える」

しんせつ【新雪】新しく降り積もったばかりの雪。「―にシュプールを描く」

しんせつ【深雪】深く積もった雪。▽→みゆき(深雪)

しんせつ【臣節】臣下としての節操。

しんせつ【親切・深切】《名・ダナ》思いやりが深く、ねんごろなこと。好意をもって人のためにあれこれと計ってやること。「―を尽くす」 派生 **-さ** 関連 懇切・懇篤・懇志・懇情・厚志・篤志・芳志・芳情・芳心・老婆心・やさしい・情け深い・手厚い・うやうやしい・ねんごろ・こまやか・心づくし・丁重・丁寧・慇懃(いんぎん)・念入り **―ぎ**【―気】親切にしようとする気持。

しん-ぜる【進ぜる】《下一他》①(人に物を)差し上げる。②《動詞連用形+「て」を受けて》……してあげる。「書いて―」▽古風な言い方。「進ずる」「進じ

る」とも言う。

しんせん ①【新×撰】新たにえりすぐる、特に、編纂(へんさん)すること。②【新選】新たに選ぶこと。

しんせん【深浅】深いことと浅いこと。深さ。▽色については濃さ、薄さを言う。

しんせん【神仙】①神や仙人。②神通力を得た仙人。

しんせん【神×饌】神に供える酒食。

しんせん【新鮮】《名ナ》魚・肉・野菜などが、新しくて、生きがいいこと。また、よごれていないで新しいこと。「―な空気」「―な感覚」 派生 **‐さ ‐み**

しんせん【震×顫・振×顫】《名・ス自》①ふるえること。②〔医〕手・指など身体の一部に意識とは無関係に起こる、規則的で細かな運動。そのような状態になること。▽②は「振戦」とも表記。

しんぜん【浸染】①《名・ス自》液体がしみ込んで染まること。また、そのように次第に感化されること。②《名・ス他》液体の中にひたして染めること。

しんぜん【神前】(祭ってある)神霊の前。「―結婚」

しんぜん【親善】親しんで仲よくすること。「―外交」

じんせん【人選】《名・ス自》多くの中から適当な人を選ぶこと。

じんぜん【×荏×苒】《副[と]》なすこともなく、段々に月日がたつさま。物事がはかどらず、のびのびになるさま。「―(として)今日に至る」

しんぜんび【真善美】人間の最高の価値としての、真と善と美。「―の調和」

しんそ【神祖】①皇祖。②偉大な功績をあげた祖先に対する尊称。▽江戸時代には、特に徳川家康を指すことがあった。

しんそ【親疎】関係が親しいか、疎(うと)いかということ。また、その度合。「―の別なく対する」

しんぞ【新△造】①町家の若い妻。転じて、妻。時には、娘。身分の低い武士の妻にも言った。▽他人から言う。「ご―さん」②江戸時代、遊里で客をとるようになったばかりの若い遊女。

しんそう【新△粧】新しいよそおい。新しい化粧(けしょう)。「―を凝らす」

しんそう【新装】新しいよそおい。「―成った駅ビル」

しんそう【深窓】屋敷内の奥の建物のへや。「―の佳人」(深窓に育ち世のけがれに染まらない美人)

しんそう【深層】深い層。奥深く隠れた部分(が形づくっている層)。↔表層。「心の―では」「―心理」「海洋―水」

しんそう【真相】事件などの本当のありさま・事情。「―究明」

しんそう【真×槍】(稽古用のでない)本物のやり。

しんそう【真草】楷書と草書。

しんそう【神葬】神道(しんとう)の儀式による葬儀。

しんぞう【心像】知覚によってその場で生じるものではなく、意識に現れる像。記憶像・直観像など。

しんぞう【心臓】①血液循環系の中枢器官。胸の左側前下部にあり、静脈からもどって来た血を動脈に押し出す働きをする。「―が強い」(転じて、あつかましいこと。悪びれないこと)「組織の―部(=中枢)」②〔俗〕《「―な」「―だ」の形で使う》あつかましいこと。▽「心臓が強い」から。

しんぞう【新造】①《名・ス他》新しく造ること。「―船」②《名》→しんぞ

じんぞう【人造】自然にできるのでなく、人手を加えて造り出すこと。「―人間」。自然物を材料とする従来の製法とは別に、類似物を人工によって製すること。「―バター」(マーガリン) **―けんし**【―絹糸】天然絹糸に似せて、化学的に造った糸。植物性の繊維をいったん溶かして、再び繊維状に凝固させて製造する繊維。人絹。レーヨン。 **―せんい**【―繊維】→かがくせんい

じんぞう【腎臓】脊椎動物で、尿の排泄(はいせつ)をつかさどる器官。人では、腹腔(ふくこう)の後壁の上部で背骨の両側に一対ある。「―炎」

しんそく【神速】《名・ダナ》人間わざとは思えないほど速いこと。 派生 **‐さ**

しんぞく【真俗】〔仏〕①僧と俗人。また、出世間(しゅっせけん)(=世間の一切を離れること)と世間。②真諦(しんたい)と俗諦(ぞくたい)。

しんぞく【親族】血縁および姻戚関係にある人々。みうち。

じんそく【迅速】《名・ダナ》物事の進行がきわめて速いこと。すみやか。「無常―」(人の世の移り変りがはやいこと)「行動の―を誇る」 派生 **‐さ**

しんそこ ①【心底・真底】《副詞的にも使う》心のおくそこ。「―(から)嫌う」「―うれしい」②【真底】いちばんの底。最下部。

しんそつ【新卒】その年に学校を新しく卒業すること。また、その者。「来春大学―者」

しんそつ【真率】《ダナ》正直で飾りけがないさま。まじめで率直なさま。 派生 **‐さ**

じんた サーカス・売出し等に使う、小人数の楽隊。▽普通「ジンタ」または「ヂンタ」と書く。「ジンタカタッタ」と聞こえる演奏音に基づくか。大正初期から言われる。

しんたい【新体】新しい体裁。新風。 **―し**【―詩】明治になってから西洋の詩の形式を取り入れて作った、新風の詩。▽現在普通に言う詩は、新体詩の系統を引くもの。

しんたい【神体】神霊が宿るものとしての礼拝の対象物。みたましろ。「御―」

しんたい【身体】→からだ(1)(2)。 **―けんさ**【―検査】①身体の発育状態、異常の有無の、検査。②不審な物や危険物や禁制品を、身につけたり携えたりしていないかの、検査。 **―しょうがいしゃ**【―障害者】体の一部の働きや言語機能に障害のある人。 **―はっぷ**【―髪膚】(髪の毛や皮膚に至るまで)体のすべて。「―これを父母に受く」

しんたい【真△諦】①〔仏〕仏教の最高真理。絶対・究極の真理。↔俗諦(ぞくたい)。②物事・思想の根本義。▽「し

んてい」は俗の読み。

しんたい【進退】 ①『名・ス自』進むことと退くこと。㋐動き。「―きわまる」「―両難」(進みも退きもならない困難な状態) ㋑立居振舞い。「挙措―」 ②『名』職をやめるか否か、またはどう行動するかという、身の処置。「―を決する」 **―うかがい**(うかがひ)**【―伺(い)】** (役人などが)職務上の過失をした時、責任をとって辞職すべきかどうかを上司に伺うこと。そのために差し出す文書。

しんだい【寝台】 寝るために使う台。ベッド。「―車」

しんだい【身代】 (一身に属する)財産。身上(しんしょう)。「―を傾ける」 **―かぎり【―限(り)】** 破産。

じんたい【人体】 人のからだ。▽「にんてい」と読めば別の意。

じんたい【×靱帯】 〔生理〕関節を強固にし、その運動を抑制する、弾力のある繊維性の組織。

じんだい【人台】 衣服のデザイン・製作、または陳列に用いる、人体の模型。ボディー。

じんだい【神代】 かみよ。日本で神武天皇より前の時代の称。 **―すぎ【―杉】** 水中につかったり土中にうずまったりして長年たった杉材。工芸品や高級建築の装飾に使う。 **―もじ【―文字】** 漢字伝来より前に日本にあり神代から伝わっていると言われる文字。▽実は、偽作。

じんだい【甚大】 『ノダ』程度がきわめて大きいこと。「被害―」 派生 **-さ**

じんだいこ【陣太鼓】 陣中で進退の合図に打ち鳴らす太鼓。

しんたいそう【新体操】 音楽に合わせ、ボール・縄・リボン・棍棒(こんぼう)・輪を使って演技する体操競技。その芸術性などを競う。▽女子種目として始まり、いまは男子の種目もある。

じんだいめいし【人代名詞】 代名詞のうち、人を指示するもの。「わたくし」「なんじ」「かれ」「どなた」など。

しんたいりく【新大陸】 (ヨーロッパ人に)もとから知られていた大陸(＝旧大陸)に対して、新しく発見された大陸。特に、南北アメリカおよびオーストラリア。

しんたく【信託】 『名・ス他』信用して委託すること。特に、他人に一定の目的で財産の管理や処分をさせること。「―銀行」 **―とうち【―統治】** 国際連合の信託を受け、ある国が一定の領土の統治を行うこと。▽信託統治地域は一九九四年までにすべて独立。

しんたく【神託】 神のおつげ。託宣。「―を下す」

しんたく【新宅】 ①新しく建てた家。新居。②分家。

しんたつ【申達】 『名・ス他』上級の役所から下級の役所に文書で指令を出すこと。

しんたつ【進達】 『名・ス他』官庁への上申などを取り次ぐこと。

シンタックス ①〔言語〕語を組み合わせて、文など更に大きいまとまりを作るときのきまり。文法(論)の一部。統辞法。統語論。▽以前は、その研究を「文章論」とも言った。②〔論理〕記号を意味と関係づけずに、命題などを表現する際の記号の結合法の面を研究する部門。また、その結合の規則。▽(1)も(2)の一種と見られる。syntax

じんだて【陣立(て)】 軍勢の配置・編制。

しんたん【心胆】 こころ。きもったま。「―を寒からしめる」(ぞっとさせる)「―をくだく」(心を使う)

しんたん【深×潭】 深い淵(ふち)。

しんたん【浸炭・×滲炭】 『名・ス他』鋼を硬くするために、その表面層に炭素を添加すること。

しんたん【薪炭】 たきぎとすみ。たきもの。燃料。

しんだん【診断】 『名・ス他』①医者が患者を診察して病状を判断すること。②転じて、物事に欠陥があるかどうかを調べて判断すること。「―を下す」「企業―」

しんち【新地】 ①新たに居住地となり、人家ができた土地。新開地。②新開地にできた遊里。「曽根崎(そねざき)―」③新たに得た領地。

しんち【神知・神×智】 霊妙なちえ。神秘的なちえ。

じんち【人知・人×智】 人間のちえ。「―の及ばない所」

じんち【陣地】 ①交戦の目的で軍隊を配置した場所。陣どった場所。陣。「―を構える」②球技などで、競技場のそれぞれのチームの(ゴールのある)側。陣。エンド。サイド。

しんちく【新築】 『名・ス他』新たに家を建てること。

じんちく【人畜】 ①人間と家畜。「―無害」②人情味がない人をののしって言う語。

しんちゃ【新茶】 その年最初に出た芽で作った茶。

しんちゃく【新着】 (品物などが)届いたばかりのこと。また、その品物。「―の洋書」

しんちゅう【心中】 こころのなか。「―ひそかに期する」▽「しんじゅう」と読めば別の意。

しんちゅう【真×鍮】 銅と亜鉛との合金。黄色で、展性・延性に富み、用途が広い。黄銅。「―製」

しんちゅう【進駐】 『名・ス自』他国の領土に進軍し、そこにとどまること。「―軍」

じんちゅう【尽忠】 忠義をつくすこと。「―報国」

じんちゅう【陣中】 陣屋の中。また、いくさのさなか。「―見舞」(忙しい職場などの慰問の意にも)

しんちょ【心緒】 心が動くいとぐち。思いのはしばし。▽「しんしょ」の慣用読み。

しんちょう【慎重】 『名・ダナ』大事をとって、軽々しくは行動・断定しないこと。「―を期する」▽もと、つつしみ深く重々しい意。 派生 **-さ**

しんちょう【新調】 ①『名・ス他』新しくこしらえること。新しく買いととのえること。また、そうした物。特に衣服。「スーツを―する」②『名』(音楽・詩歌などの)新しい調子。

しんちょう ①**【伸長】** 『名・ス自他』長さ・力がのびること。また、のばすこと。「学力の―」②**【伸張】** 『名・ス自他』物や勢力がのび広がること。また、広げ張ること。「行政圏の―」③**【伸張】** 『名・ス他』圧縮㋒

したデータを利用可能な状態に復元すること。解凍。

しんちょう【身長】 背の高さ。せたけ。

しんちょう【深長】〘ダナ〙意味などに深み・含みがあって複雑なさま。「意味—に語り掛ける」

じんちょうげ【△沈丁△花】 早春、内が白く外が赤紫(または全体が白)の、香気の強い花が咲く常緑低木。木ぶりは丸い。じんちょう。ちんちょうげ。▽かおりが沈香(じんこう)と丁子(ちょうじ)を兼ねるというので、この名がある。じんちょうげ科。

しんちょく【進捗】〘名・ス自〙物事がはかどること。「—状況」

しんちん【深沈】〘トタル〙①人柄に深みと落ち着きとがあること。「—と座する」▽明治時代には「—なる」も使った。②また、深く静かな趣。「この詩の—たる余情」。夜が静かに更けるさま。

しんちんたいしゃ【新陳代謝】〘名・ス自〙①新しいものが古い(=陳)ものと次第に入れ替わること。②〔生理〕生物体が生存に必要な物質を体内に取り入れ、用済みとなった古い物質を体外に出すこと。その現象。物質代謝。

しんつう【心痛】〘名・ス自〙心が痛むこと。心配して心を悩ますこと。

じんつう【神通】〔仏〕霊妙ではかり知れず、自由自在に何事もなしうる働き。 **—りき【—力】** 何事も自由自在になしうる力。通力。▽「じんずうりき」とも言う。

じんつう【陣痛】 出産の時、周期的に起こる腹部の痛み。

しんて【新手】 新しいやりかた。▽「あらて」と読めば別義もある。

しんてい【新帝】 新たに位についた天子。

しんてい【心底】 こころのおくそこ。「—見届けた」

しんてい【真諦】 →しんたい(真諦)

しんてい【進呈】〘名・ス他〙(人に物を)さしあげること。

じんてい【人定】 ①〔法律〕当の本人に違いないか否かを確かめること。「—尋問」②(自然にそうなのでなく)人が制定すること。「—法」「—権」

じんてい【人体】 →にんてい(人体)⑵。「—いやしからぬ人物」

しんていし【心停止】〘名・ス自〙血液を送り出す心臓の機能が停止すること。▽→エーイーディー

ジンテーゼ〔哲学〕新たな高次の概念による、矛盾の解決。総合。▽ドイツ Synthese →べんしょうほう

しんてき【心的】〘ダナ〙こころに関するさま。↔物的。「—(な)活動」

じんてき【人的】〘ダナ〙ひとに関するさま。↔物的。「—(な)交流」

シンデレラ ①西洋の民話の主人公。継母に虐待される少女が、ガラスの靴が縁で王子と結婚して幸運を得る。②若くして突然の幸運を得た人。「歌謡界の—」「—ガール」「—ボーイ」▽Cinderella

しんてん【神典】 ①神の事跡をしるした書物。②神道(しんとう)の聖典。

しんてん【親展】 その手紙・電報を名宛人(なあてにん)自身が開封するよう要求するのに使う語。▽「親」はみずから、「展」はひろげる意。

しんてん ①**【伸展】**〘名・ス自他〙勢いやその及ぶ範囲が、のび広がること。また、それをのばし広げること。「事業を—させる」▽ある方向での伸びに重点を置いて言う。「進展」「発展」は広がる方に重点を置くことが多い。②**【進展】**〘名・ス自〙勢いが進んで、その力が広がること。「めざましい—」▽「進展」は方向、「発展」は段階の観点で言う。

しんでん【寝殿】 主人が起き伏しする正殿。㋐昔、天皇が日常寝起きした宮殿。南殿(なでん)。㋑寝殿造りで一番おもな建物。中央にあり、主人が居住し、客に応接した所。 **—づくり【—造(り)】** 平安朝の貴族の住宅の形式。寝殿の東・西・北に対屋(たいのや)があり、廊下でつなぎ、南の庭には池があり、これに臨んで釣殿(つりどの)などを設けた。

しんでん【神殿】 ①神社の本殿。また、宮中三殿の一つで、天神地祇(ぎ)を祭る殿舎。②一般に、神を祭る建物。

しんでん【神田】 その収穫を祭事・造営などの費用に当てるため、神社に付属している田。

しんでん【新田】 新たに開墾した田。↔本田(ほんでん)

しんでん【親電】 国家の元首が自分の名で打つ電報。

しんでんず【心電図】 心臓がその活動に合わせて発する電流を、胸や手につけた電極でとらえて記録した図。心臓病の診断に使う。

しんてんどうち【震天動地】 天をふるわせ地を動かすこと。驚天動地。「—の大事件」

しんと【信徒】 ある宗教の信奉者。信者。

しんと【新渡】 中世以後、あらたに外国から渡来したこと。その物。↔古(こ)渡り

しんと【新都】 新たに定めた首都。↔旧都

しんと〘副・ス自〙①物音一つなく静まりかえっているさま。「—した部屋」②沈んだ気持でだまりこむさま。しゅんと。③寒さ・厳しさなどが感じられるさま。「—張りつめた空気」

しんど【深度】 深さの程度。

しんど【進度】 物事の進み方の程度。「学習の—」

しんど【震度】 地震の強さの程度。▽震度計の計測値を基準にして、〇から七までを十階級に分ける。

しんど【心土】 表土の下層で、耕した時に攪拌(かくはん)されない部分の土。

じんと〘副・ス自〙痛み・感動などをしみるように感じるさま。「懐かしさに胸が—する」「酸っぱいものを食べた後のやうに、歯が—浮いてきた」(林芙美子「放浪記」)

じんど【×塵土】 ちりや土。

しんどい〘形〙①骨が折れる。難儀だ。「この仕事は—」②(何もしたくないほど)くたびれている。「お

お、―」▽関西方言。「しんど」は「心労」のなまり。[派生]―さ

しんとう【浸透・×滲透】《名・ス自》①（液体・気体が）しみとおること。しみこむこと。②（思想・生活習慣・雰囲気などが）広く深く行きわたること。「憲法の精神が―する」③〔化学〕濃度の異なる溶液が半透膜（＝小さい分子は通し、大きい分子を通さない膜）で仕切られた時、それを通して一方の溶媒が他方の溶液の中にまじって行くこと。その現象。「―圧」

しんとう【新刀】新しく作った刀。特に、慶長（一五九六～一六一五）より後の作の日本刀。↔古刀

しんとう【新党】新たに結成した政党または党派。

しんとう【心頭】こころ（の先）。念頭。「―を滅却すれば火もまた涼し」（どんな苦難に出会っても、これを超越して心にとめなければ、苦しさを感じない）「怒り―に発する」（はげしく怒る）

しんとう【振×盪・震×盪】《名・ス他自》振り動かすこと。ゆれ動くこと。「脳―」（頭に強い打撃を受けた時、一時的に起こる脳障害）

しんとう【神灯】神に供える灯火。みあかし。▽↓ごしんとう

しんとう【神道】日本で発生した宗教。祖先神・自然神を祭る民間信仰に発し、仏教・儒教などの影響を受けて発展。天照大神（あまてらすおおみかみ）を始め民族的な基礎を持つ神々を祭り、その教えを尊ぶ。かんながらの道。 **―きょうは**【―教派】十九世紀以後起こった、宗教的色彩の強い神道。教派神道。▽天理教など十三派ある。

しんとう【親等】親族関係の近さを表す度合。▽親子関係を一親等として測る。兄弟関係は二親等になる。

しんどう【新道】新しくひらいた道。↔旧道。▽「しんみち」と読めば別義もある。

しんどう【神童】非常にすぐれた才能をもつ子ども。

しんどう【振動】《名・ス自》①揺れ動くこと。振り動かすこと。また、その揺れ。②〔数学〕数列・関数列が収束もせず、無限大にもならないこと。③〔物理〕（物体の位置や電流の強さなど）ある物理的な量が、ある一定値を中心に周期的に値を変えること。「―数」

しんどう【震動】《名・ス自》ふるえ動くこと。ふるわせ動かすこと。

じんとう【人頭】人のかず。人口。 **―ぜい**【―税】人民ひとりひとりに同額ずつかける税。にんとうぜい。

じんとう【陣頭】①戦闘部隊の先頭。②転じて、活動の第一線。「―指揮」

じんどう【人道】①人として踏み行うべき道。②（市街道路で）人が通るように決められた部分。歩道。↔車道。 **―しゅぎ**【―主義】人間の福祉を第一とする考え方や社会的運動。博愛主義・平和主義・無抵抗主義などを含む称。▽humanitarianism の訳語。同じ源から発するが、ヒューマニズムとは別語。この混同は日本での俗用。 **―てき**【―的】《ダナ》人道主義の立場にかなったさま。どんな人間をも人間として尊重する情味のある態度。

しんとく【神徳】神の恩徳。

しんどく【真読】《名・ス他》〔仏〕経文の全文を、省略することなく読むこと。↔転読

じんとく【人徳】その人に備わっている徳。にんとく。「―がある」

じんとく【仁徳】仁愛の徳。にんとく。「―が高い」

じんとり【陣取り】こどもの遊び。二組に分かれ、互いに相手の陣地を取りっこする。「―合戦」

じんど‐る【陣取る】《五自》①ある場所に陣を構える。②ある場所を占める。「最前列に―」

シンドローム ↓しょうこうぐん。▽syndrome

シンナー 溶剤の一種。ラッカーを薄めたり、衣服のしみをとったりするのに使う。▽thinner

しんない【新内】「新内節（ぶし）」の略。浄瑠璃の一種。鶴賀（つるが）新内が語り始めたもの。心中（しんじゅう）物などを題材とし、哀調の中に花やかさがあるのが特色。「―流し」

しんなり《副〔と〕・ス自》①しなやかなさま。「葉子は―と立ち上がってその写真の前に行った」（有島武郎「或る女」）②繊維が張りを失って柔らかいさま。「たまねぎが―（と）するまで炒（いた）める」

しんに【×瞋×恚】↓しんい（瞋恚）

しんに【真に】《連語》《副詞的に》いつわりでなく、本当に。非常に。「―心の清い人」「―ありがたい忠告」

しんにち【親日】（他国または他国人が）日本と親しくすること。日本に好意を持つこと。↔反日。「―家」「―政策」

しんにゅう【侵入】《名・ス自》（他国の領土、他人の家など）立ち入るべきでない所に、無理にはいり込むこと。「不法―罪」

しんにゅう【浸入】《名・ス自》（建物や土地に）水がはいること。「津波のため海水が―する」

しんにゅう【進入】《名・ス自》進んで来てはいること。「大型車―禁止」

しんにゅう【新入】新たにはいったこと。「―生」

しんにゅう【×之×繞】漢字の繞（にょう）の一つ。「速」「遠」「逍（しょう）」などの「辶」「辶」の称。しんにょう。「―をかける」（事を一層大げさにする。わをかける）▽形が「之（し）」の字に似た繞の意。

しんにょ【信女】①在俗のまま受戒した女子。②仏式で葬った女子の戒名（かいみょう）に添える語。

しんにょ【真如】〔仏〕ものの真実の姿。普遍的な真理。如実。「―の月」（真如の理が衆生（しゅじょう）の迷いを破ることは、明月が夜のやみを照らすようだという意）

しんにょう【×之×繞】↓しんにゅう（之繞）

しんにん【信認】《名・ス他》信用し実力などを認めること。「上司の―が厚い」

しんにん【信任】《名・ス他》その人を信用して物事を任せること。「―を得る」「不―」 **―じょう**【―状】

その人物が正当な使節であることを証明する文書。▽本来は外交使節についての用語。

しんにん【新任】『名・ス他』新たに任命されること。また、新たに任じられた人。↕旧任

しんにん【親任】『名・ス他』天皇がみずから、官に任じること。「―官」(天皇がみずから任命した官職。国務大臣など) ▽現在はこの任官法はない。

しんねこ〔俗〕(男女が)人目を避けて(差し向かいで)しんみりと語り合うこと。「―をきめ込む」

しんねりむっつり『副[と]ノ・ス自』思う事も口に出してはきはき言わず、性質が陰性なさま。「―(と)嫌がらせをする」「―(と)した男」「―の人」

しんねん【信念】それが正しいと堅く信じ込んでいる心。「―を貫く」「政治的―」

しんねん【新年】新しい年(の始め)。関連 年頭・新春・初春・三箇日・松の内・来る年・今年・本年・本年度・当年

しんの【真の】『連語』《連体詞的に》本当の。本物の。「―幸福」

しんのう【親王】嫡出の皇子・皇孫男子の称号。▽女子は内親王。

じんのう【人皇】→にんのう

しんぱ【新派】①新たに起こした流派。②「新派劇」の略。歌舞伎(=旧劇)に対抗して壮士芝居がもとになって発達した一派。現代劇を主とする。▽↕旧派

シンパ(共産主義などの、実践運動には加わらないが、陰で援助はする)共鳴者。▽sympathizer(=同情者)から。

じんば【人馬】人と馬。「―一体」「―が進む」

しんぱい【心肺】心臓と肺。「―停止」

しんぱい【心配】①『名ナ・ス自他』思いわずらうこと。気がかり。「雨が―だ」「―事(ごと)」「―性(しょう)」②『名・ス自他』うまく運ぶように気を使って手配すること。「特急券の購入を―する」関連 不安・憂慮・焦慮・憂患・杞憂(きゆう)・憂い・危惧・懸念(けねん)・恐れ・気掛かり・心掛かり・胸騒ぎ・心労・心痛・痛心・寒心・気苦労・取り越し苦労・気骨(きぼね)・気遣い・心遣い・屈託・心細い・心もとない・案じる

しんぱい【親拝】『名・ス自』天皇が自身で参拝すること。

じんぱい【×塵肺】粉塵(ふんじん)が肺に沈着しておこる病。日々粉塵を吸入する人に見られる職業病で、咳(せき)・呼吸困難・動悸(どうき)などの症状が現れる。肺塵症。▽↓けいはい(珪肺)・たんはい

じんばおり【陣羽織】陣中で鎧(よろい)・具足の上に着た、そでなしの羽織。

しんぱく【心拍・心×搏】心臓の拍動。「―数」

しんぱく【真×柏・×槙×柏】→みやまびゃくしん

シンパシー 共感。同情。「―を覚える」▽sympathy

しんばつ【神罰】神がくだす罰。「―が下る」

しんぱつ【進発】『名・ス自』(軍隊などが)出発すること。

しんばり【心張り】「心張り棒」の略。戸や窓があかないように、押さえに使う、つっかい棒。「―を支(か)う」

シンバル 打楽器の一つ。(一対の)金属製で皿型の円盤。▽cymbal(s)

しんばん【新盤】新しく発売されたレコードやCDなど。

しんぱん【侵犯】『名・ス他』他の領土や権利などをおかすこと。「領空―」

しんぱん【信販】「信用販売」の略。

しんぱん【審判】『名・ス他』(第三者的な立場から)その事を調べ裁決すること。㋐事件を審理し判決・判断すること。その判決・判断。㋑競技で、優劣・勝敗や行為の適否を判定すること。また、その役の人。「―員」㋒キリスト教で、神がこの世をさばくこと。「最後の―」▽「しんばん」とも言う。 **―かん【―官】**行政機関に属する官吏で、裁判官に似た職務をする人。

しんぱん【新版】①図書の内容・体裁を新しくした版。②新しい出版。新刊。

しんぱん【親藩】江戸時代、尾張(おわり)・紀伊(きい)・水戸(みと)の御三家を始め、徳川家の近親の封(ほう)じられた藩。

しんび【審美】美醜を見分けること。「―眼」「―学」(美学の旧称)

しんぴ【真否】真実かそうでないかということ。「―を確かめる」

しんぴ【真皮】皮膚の、表皮の内側にある層。

しんぴ【神秘】『名ナ』人知では推し測れないような(神や天地の)秘密。「湖面が―に(=神秘を思わせる様子で)静まっている」「―な世界」。普通の理論的認識を越えたとしか言い様のない事柄。「―の扉を開こうとする」▽「―な」は様子を言うが、「―の」は神秘そのものについて言うことが多い。派生 -さ **―てき【―的】**『ダナ』不思議で測り知れないさま。「―な微笑」

じんぴ【×靭皮】植物の外皮の下にある柔らかな内皮。

しんぴつ【×宸筆】天子の筆跡。天皇の直筆(じきひつ)。

しんぴつ【真筆】本当にその人自身が書いた筆跡。

しんぴつ【親筆】(高貴の人が)みずから書いた筆跡。

しんぴょう【信×憑】『名・ス自』信頼してよりどころにすること。「この証拠には―性がある」

シンビン ラグビーで、危険な行為や反則を繰り返した選手を、十分間退場させること。▽sin(=罪) bin(=箱)

しんぴん【新品】新しい品物・製品。

しんぴん【神品】人間のものとは思えないほどすぐれた作品・品位。

じんぴん【人品】ひとがら。人格。また、なりふり。「―骨柄(こつがら)」

しんぶ【深部】表面から深くの部分・部位。

しんぷ【新付・新附】新たにつき従うこと。「―の民」

しんぷ【新婦】→はなよめ。「新郎―」

しんぷ【神父】主にカトリック教会で、司祭の尊称。

しんぷ【親父】ちちおや。「御―様」

しんぷ【新譜】新しく作られた曲譜。その楽曲(のレコードやCDなど)。

しんぷう【新風】(さわやかさを感じさせるような)新しいやりかた・行き方・風潮。「文学界に―を吹き込む」

シンフォニー →こうきょうきょく。▽symphony

しんぷく【信服・信伏】『名・ス自』信頼して服従すること。

しんぷく【臣服】『名・ス自』家来として主君に服従すること。

しんぷく【心服】『名・ス自』心から服従すること。心から尊敬して従うこと。

しんぷく【心腹】①胸と腹。「―の疾(やまい)」(除きにくい敵のたとえ) ②心の底。「―に落ちる」(合点が行く)「―の友」(信頼し切った友人)

しんぷく【振幅】振動の、中心の値と最大値との差。▽たとえば振り子の、振動の中心から端までの距離。

しんぷく【震幅】(地震計にあらわれた)地震の振幅。

しんふぜん【心不全】心臓が血液を送るポンプとしての機能を十分には果たせない状態。

じんふぜん【腎不全】腎臓の機能が低下した状態。

しんぶつ【神仏】神と仏。また、神道(しんとう)と仏教。

じんぶつ【人物】①ひと。「登場―」「―画」②人柄。才能がある有用な人。「―を集める」「―が立派だ」。すぐれた人柄。「なかなかの―だ」。

シンプル『ダナ』簡素。単純。「―なデザイン」▽simple 派生 **-さ**

しんぶん【新聞】社会の出来事の報道・批判を、すばやく伝えるための、定期刊行物。多くは日刊。▽newsの訳語に由来する。 **―し**【―紙】①新聞。②新聞として印刷された紙。新聞がみ。 **―じれい**【―辞令】実際には辞令が発令されていないのに、新聞が先走って(誤って)そう報道したもの。 **―だね**【―種】新聞記事(ことに三面記事)の材料。

じんぶん【人文】人間が作り上げた文化。文物制度。「―地理学」▽多く「自然」に対して使う。「じんもん」とも言う。 **―かがく**【―科学】広く人類文化についての学問の総称。文化科学。↔自然科学。▽自然科学と社会科学に対し、文学・歴史学等を指すこともある。 **―しゅぎ**【―主義】→ヒューマニズム

じんぷん【人×糞】人間の大便。

しんぺい【新兵】新しく入営した兵。

しんぺい【親兵】君主や一国の最高司令官などが手近に備えてもつ兵。「―隊」▽日本では近衛(このえ)兵の別名として使ったこともある。

じんべい【甚平】羽織とくらべて、たけが短く、たもとがなく、前で合わせてひもで結ぶ、夏の衣服。▽「甚兵衛」とも書く。

しんぺん【新編】新しい編集・編成。新しく編集・編成したもの。

しんぺん【神変】人間では推し測れない不思議な変化。「―自在」

しんぺん【身辺】身のまわり。「―多忙」「要人の―を護衛する」「―を整理する」(特に、自分がいなくなることに備えて言う)

しんぽ【進歩】『名・ス自』次第によい方、望ましい方へ進み変わって行くこと。↔退歩。関連 進展・進化・進捗・日進月歩・向上・興隆・発達・発展・展開・飛躍 **―しゅぎ**【―主義】現在の社会の矛盾を、社会の制度を変えて解決しようとする主義。↔保守主義。 **―てき**【―的】『ダナ』進歩の方向にあるさま。特に、進歩主義の立場に立つさま。

しんぼう【信望】信用と人望。「―が厚い」

しんぼう【心房】心臓の上半部にあって静脈とつながっている二つの袋状の部分。▽魚類では一つ。

しんぼう【心棒】①物の中心に入れる棒。特に、回転軸。②比喩的に、活動の中心となるもの。

しんぼう ①【深謀】深く考えて立てた計略。「―遠慮」②【神謀】神わざかと思うほどすぐれた計略。

しんぼう【辛抱】『名・ス自他』つらさを(かなり長期間)じっと我慢する、また、つらい仕事をじっと耐えて勤めること。「酒を三年間―して励んだ」「根気が無くて―できない」 **―づよい**【―強い】『形』よく辛抱する。派生 **-さ** **―にん**【―人】辛抱してよく働く人。辛抱強い人。

しんぽう【信奉】『名・ス他』(ある宗教・思想・教え等を)信じてとうとぶこと。信じてあがめ従うこと。

しんぽう【新法】①新しく定めた法令。②新しい方法。▽↔旧法

しんぽう【神宝】①神社の宝物。②神聖なたから。

じんぼう【人望】その人に対して多くの人が寄せる尊敬・信頼・期待の心。「―を集める」

しんぼく【神木】①神社の境内にあって、その神社にゆかりの深い木。②広く、神域にはえる木や神聖とされる木。

しんぼく【親睦】『名・ス自』互いに親しみ合うこと。仲よくすること。「―会」「―団体」

シンポジウム 一つの問題について何人かが異なる面から意見を述べ合い、質疑応答をくりかえす形の討論会。シンポ。▽symposium

しんぼち【新△発△意】〔仏〕出家してまもない人。▽新たに発心を起こす意。

じんぼつ【陣没・陣×歿】『名・ス自』戦地に出向いて、そこで死ぬこと。▽→せんぼつ(戦没)

しんぼとけ【新仏】①仏式で埋葬して間もない死者。②盆にはじめて迎えられる仏。▽「あらぼとけ」とも。

シンボリズム 象徴主義。▽symbolism

シンボル 象徴。表象。記号。「―マーク」▽symbol

しんぽん【新本】①新刊書。②新品の本。↔古本(ふるほん)

じんぽんしゅぎ【人本主義】→ヒューマニズム

しんまい【神米】洗い清めて神に供える米。

しんまい【新米】①その年に取れた米。↔古米。②新

たに仲間入りして、まだ慣れていない者。新参。また、習い始めたばかりで、へたなこと。そういう者。しんまえ。

しんまえへ…ま【新前】→しんまい(新米)(2)

じんましん【×蕁麻×疹】焼けつくようなかゆみを伴って、急に皮膚の一部がはれたり、ぶつぶつが出たりして、数時間で消える皮膚病。日光の刺激、蕁麻(じんま)(=イラクサ)・漆のかぶれ、魚肉・薬の中毒などが原因で起こる。

しんみ【新味】今までにない新しい感じ・趣。新しみ。「—を出す」「—に乏しい」

しんみ【親身】①『ダナ』肉親に対するような深い心づかいをするさま。「—に世話をする」「—な意見」 派生 **-さ** ②『名』血縁が非常に近い人。肉親。「—も及ばぬ面倒をみる」

しんみせ【新店】新たに店開きした店。

しんみち【新道】①新たにつけた道。②町家の間の細い道。小路(こうじ)。▽多く固有名詞として「……新道(じんみち)」の形で使う。単独でも、江戸では「じんみち」と言った。

しんみつ【親密】『名・ダナ』親しくて深い関係(にあること)。「彼と—の度を深めた」「—(な関係)を保つ」「嫌いだった数学に今は—だ」 派生 **-さ**

じんみゃく【人脈】集団・組織などの中の人々のつながり。「彼は広い—をもっている」

しんみょう【神妙】①『ダナ』殊勝。特に、(いつもとは変わって)おとなしくかしこまったさま。「平素の心掛け、—であるぞ」「—な態度で控える」 派生 **-さ** ②『名』人の知力では律せられない現象。不思議。

しんみょう【身命】→しんめい(身命)

じんみらい【尽未来】《副詞的にも使う》時間の続く限り。未来永劫(えいごう)。永久。▽仏教語「尽未来際」から。

しんみり『副[と]・ス自』①心静かに落ち着いているさま。深く心に感じるさま。しみじみ。「—(と)話す」②心が沈んでしめやかなさま。「悲しい知らせに一座は—した」

しんみん【臣民】君主国(特に旧憲法下の日本)の国民。

じんみん【人民】社会を形作っている人。特に、国家の元首以外の人。 **—せんせん**【—戦線】ファシズム・戦争に反対のあらゆる政党・団体が共同して結んだ、幅の広い同盟。一九三五年フランスで、同三六年スペインで成立したものが有名。

しんめ【新芽】新しく出て来た芽。「—の季節」「—を摘む」

じんめ【神△馬】神の乗る物として、神社に奉納する馬。しんめ。

しんめい【×晨明】①夜明け。②明けの明星(みょうじょう)。

しんめい【神明】神。「—に誓う」

しんめい【身命】からだといのち。しんみょう。「—を擲(なげう)って国事に奔走する」「—を賭(と)する」

じんめい【人命】ひとのいのち。「—救助」

じんめい【人名】ひとの名。「—録」 **—ようかんじ**【—用漢字】常用漢字以外に、戸籍法施行規則により人名に使用が認められている漢字。

シンメトリー 対称。左右のつり合いが取れていること。▽symmetry

じんめん【人面】人間の顔(をしていること)。「—獣心」(→にんめんじゅうしん) **—そう**【—×瘡】ひとの顔に似た形の悪性のはれもの。▽架空の奇病。

しんめんぼく【真面目】①『名』本来の姿・ありさま。②『名』転じて、真価。「—を発揮する」③『名ナ』まじめであること。▽「しんめんもく」とも言う。(3)の意では今は使わない。

しんモス【新モス】綿織物の一種。カナキンを捺染(なっせん)または無地染めにした、モスリン代用品。

しんもつ【進物】人にさしあげる品物。贈物。

しんもん【審問】『名・ス他』詳しく問いただすこと。特に、裁判所(行政機関)が当事者・利害関係人に、書面・口頭の陳述の機会を与えてきくこと。▽「聴聞」(イ)の意に使うこともある。また、→しんじん(審尋)

しんもん【神文】神に誓いを立ててしるした文。誓文(せいもん)。

じんもん【人文】→じんぶん

じんもん【尋問・×訊問】『名・ス他』(取調べなどのため納得できるほど詳しく)口頭で問いただすこと。「不審—」「人定—」「反対—」▽返答をある程度強要する含みがある。

しんや【新家】①新しく建築した家。②本家から新たに分かれて出た家。分家。

しんや【深夜】よふけ。

じんや【陣屋】①軍兵が宿営する所。また、衛兵の詰所(つめしょ)。②㋐地頭(じとう)などの役所。㋑郡代・代官の居所。㋒江戸時代に、城持ちでない小藩主の居所。

しんやく【新約】①新しく結んだ約束。②「新約聖書」の略。↕旧約。 **—せいしょ**【—聖書】キリスト教典の一つ。▽キリストを通しての、神と人との新しい契約をしるした聖典の意。

しんやく【新薬】新たに開発されたくすり。

しんやく【新訳】新しい翻訳。↕旧訳

しんやま【新山】新たに開拓された山林・鉱山。

しんゆう【深憂】深いうれい。並み並みでない心配・悩み。

しんゆう【神×佑】神の助け。「—天助」

しんゆう ①【親友】仲がいい友人。うちとけてつき合っている友だち。②【心友】心から理解し合っている友人。

しんよ【神×輿】みこし。

しんよう【信用】①『名・ス他』信じて用いること。㋐確かだとして受け入れること。「君の言葉を—しよう」㋑今まで(現在)の行為からして将来も間違いを起こさないと、信頼すること。「社長に—される」「店の—にかかわる」「—を失う」②『名』(取引)給付と反対給付との間に時間的な隔たりがある取引。つまり信用(1)㋑によって成り立つ取引。 関連

信頼・信託・信任・信憑(しんぴょう)・確信・軽信・過信・誤信・妄信・迷信・自信・信望・人望・衆望・信じる　**―がし**【―貸(し)】《名・ス自》借主を信用して、担保なしで貸し付けること。その貸付。　**―きかん**【―機関】信用を利用して金銭の融通(ゆうずう)をする機関。質屋・銀行・信用組合の類。　**―きんこ**【―金庫】一定地域の中小商工業者・勤労者のための金融機関。一九五一年に、信用金庫法によって、従前の信用組合が改組されたもの。　**―くみあい**【―組合】↓しんようきんこ。　**―じょう**【―状】輸入者(旅行者)の依頼に応じて銀行が他の銀行に対し、一定条件で金銭の支払いを依頼する書面。　**―ちょうさ**【―調査】金銭の貸付等をする時、相手方の信用(1)(イ)、つまり財産や支払能力について行う調査。　**―とりひき**【―取引】↓しんよう(信用)(2)。　**―はんばい**【―販売】買い手を信用して、代金後払いで商品を先に渡す販売方法。信販。クレジット。

じんよう【陣容】①部隊配置の形。陣立て。②比喩的に、人員配置のありさま。

しんようじゅ【針葉樹】針のような形をした葉を持った木。裸子植物の一群で普通は常緑。例、マツ・スギ。↕広葉樹

しんらい【信頼】《名・ス他》信じてたよること。たよりにできるとして信じること。「相手を―する」「諸国民の公正と信義に―して」(日本国憲法前文)「全幅の―を置く」「―にこたえる」「上司の―を得る」　**―ど**【―度】判断・性能・行動について、信頼できる程度。「報道の―」。統計学で、推定・検定の確率的精度を示す値。「仮説の―は九十五パーセント」

しんらい【新来】《「―の」の形で》新しく来たこと。その物。

じんらい【迅雷】激しい雷鳴。「疾風―の勢い」

しんらつ【辛辣】《名・ダナ》表現や見方が非常に手きびしいこと。「―な批評」▽もと、味が非常に辛い意。派生 **-さ**

しんらばんしょう【森羅万象】宇宙に存在する一切のもの。▽「森羅」は限りなく並び連なる意、「象」は有形物の意。

しんり【審理】《名・ス他》裁判官等が取調べを行って、事実関係・法律関係等を明らかにすること。その行為。

しんり【真理】①本当の事。間違いでない道理。正当な知識内容。②〔哲学〕㋐判断内容がもつ客観妥当性。意味のある命題が事実に合うこと。㋑論理の法則にかなっているという、形式的な正しさ。

しんり【心理】①心の働き。意識の状態・変化。「―描写」②「心理学」の略。　**―がく**【―学】生物体の意識とその表出としての行動とを研究する科学。　**―しょうせつ**【―小説】人間の心理の解剖・分析を基調とする、近代に盛んな傾向の小説。　**―せん**【―戦】外交・軍事などで自国が有利になるように、相手国の国民の心理に働きかけること。そういう戦い方。▽競技や交渉事などでも言う。

しんり【心裏】心のなか。▽「心裡」とも書く。「裡」は「裏」の異体字。

じんりき【人力】①人間のちから。じんりょく。②「人力車」の略。　**―しゃ**【―車】人を乗せ、車夫が引っぱって走る二輪車。▽明治から大正にかけて、単に「くるま」とも言い、「俥」(くるま＝人が引く車)の字が明治初期に造られた。

しんりゃく【侵略・侵×掠】《名・ス他》他国の支配下の土地等を、侵入して奪い取ること。「―戦争」

しんりゅう【新柳】新芽をふいた春のやなぎ。

しんりょ【心慮】考え。

しんりょ【深慮】深くめぐらした考え。「―遠謀」

しんりょ【神慮】神の考え・意向。「―にかなう」

しんりょう【神領】神社に(領地として)付属する土地。

しんりょう【新涼】秋の初めごろのすずしさ。

しんりょう【診療】《名・ス他》診察と治療をすること。　**―じょ**【―所】患者を診療する、病院より規模の小さい施設。▽設備上受け入れ可能な入院患者数が十九人以下のものを言う。

しんりょうないか【心療内科】内科的症状を伴う心身症などを治療する医学の分野。内科的治療とともに心理療法を用いる。

しんりょく【心力】心の働き。精神力。

しんりょく【新緑】晩春や初夏の若葉の、みずみずしいみどり。「―の候」

しんりょく【深緑】こいみどり。「―の山」

じんりょく【人力】人間のちから。人間の能力。▽↓じんりき

じんりょく【尽力】《名・ス自》力をつくすこと。ほねおり。「町の復興に―する」「先生の―で就職できた」▽自分のことにも他人のことにも言う。

しんりん【森林】高木が広い範囲に群がって生えている所。もり。　**―よく**【―浴】森林を散策して樹木の香気を浴び、安らぎや爽快感を得ること。▽「海水浴」「日光浴」になぞらえた語。

しんりん【親臨】《名・ス自》天皇等がみずからその場にのぞむこと。

じんりん【人倫】①人間の秩序関係。②転じて、人間の実践すべき道義。「―に反する」③人間。▽「倫」は仲間の意。

しんるい【親類】①血縁や婚姻などによる、つながりの関係がある人。身内(みうち)。血族・姻族の総称。「あの人はぼくの―筋に当たる」②比喩的に、同類と見たもの。「梅の―の桜」　**―がき**【―書(き)】親類の関係・氏名などを書き連ねた一覧表。　**―づきあい**【―付(き)合い】①親類どうしのつき合い。②親類同様の態度で他人とつき合うこと。

じんるい【人類】人間をほかの動物と区別して言うときの語。▽人の全体を一括して言う。個人を指さない。　**―あい**【―愛】特定の人でなく、だれでも愛すること。人類への愛。

しんれい【心霊】①肉体を離れても存在すると考えた場合の、心の本体。魂。②現代の科学では説明できないとされる、神秘的な精神現象。「—術」

しんれい【神霊】①神のみたま。「—をまつる」②霊妙な徳。

しんれい【振鈴】すずを振って鳴らすこと。その音。

しんれい【新令】新たに出された法令。

しんれい【浸礼】キリスト教で、全身を水にひたして行う洗礼。

しんれき【新暦】現在使っている太陽暦のこと。↔旧暦。▽明治六年(一八七三)一月一日から新暦となる。

じんれつ【陣列】陣の排列。軍勢を並べた列。

しんろ【進路】進んで行くみちすじ。ゆくて。↔退路。「—を見いだす」「—指導」

しんろ【針路】①羅針盤の針の向きから決めた、船や航空機が進むべき方向。②比喩的に、行動を向けるべき方向。

しんろう【新郎】→はなむこ。「—新婦」

しんろう【心労】《名・ス自》あれこれと心配すること。精神上の苦労。心づかい。「—のあまり寝込む」

しんろう【辛労】《名・ス自》苦労すること。ほねおり。「—辛苦」

じんろう【×塵労】①俗世間のわずらわしいかかわりあい。②《仏》煩悩の異称。

じんろく【甚六】おひとよし。ばかもの。「総領の—」(長男をののしって言う語)

しんわ【神話】①その氏族・部族・民族の神を中心にして、往古の事実として伝えられた説話。②比喩的に、根拠無しで皆が信じている事柄。「現代の—」「安全—」▽⑴が史実でなくてもよいところから。

しんわ【親和】《名・ス自》親しみ合って仲のよい気分になること。 **—りょく**【—力】《化学》各種の元素が、ある元素とは結合しやすく、他の元素とは結合しにくいというような、結合しやすさの傾向。

じんわり《副「と」》時間をかけて事が成立するさま。「汗が—(と)にじみ出てくる」

す

す《助動》①「せる」の別型。「生徒に読ませる」を「生徒に読ま—」と言うたぐい。▽五段活用に転じている。また、「させる」も「さす」になる。②《俗》「です」の崩れた形。「だめなん—よ」「なかなか面白い(っ)—ね」「おれなら行かない(っ)—」▽終止形に付けて「ます」相当に使うこともある。「すぐ行くっ—」→んす

す【州・×洲】土砂がたまって、川・湖・海の水面に現れ出た所。

す【巣】①鳥・獣・虫のすみか。「くもの—」「鳥の—箱」②㋐人が住みつく所。「二人の愛の—」㋑世間のあぶれ者などが集まって本拠とする所。「与太者が—をくう」

す【×簀・×簾】①竹やアシをあらく編んだむしろ。すのこ。②すだれ。

す【素】①《名》地(じ)のまま、他の物やしぐさが加わっていないこと。「—のままの自分」「何とお染(そめ)久松(ひさまつ)を—で行ったやつだ」「—足」「—(=化粧していない)顔」「—焼き」(うわぐすりを掛けずに焼いた陶器)「—通りする」「—揚げ」②《接頭》㋐全くそのもの、の意を添える。「—ばやい」「—(っ)とんきょう」㋑地位や財産など無いただの(取るに足らない)、の意を添える。「—町人」「—浪人」「—寒貧(かんぴん)」

す【酢・×醋】酸味をつけるのに使う、液体の調味料。普通は醸造。「—の蒟蒻(こんにゃく)の(=何のかんの)と文句を言う」

す【×鬆】①ダイコン・ゴボウなどの、時期がすぎて心(しん)に多数の細い穴ができた所。また、豆腐などを煮すぎたためできる多くの泡のような穴。「—が入る」②鋳物にできた空洞部分。

す【〈馬尾〉】馬の尾の毛。▽細工物に使う時の呼び名。

す【須】→しゅ〔須〕

ず《助動》①否定の助動詞「ぬ」の連用形。「京都には寄ら—、広島へ直行した」「飲ま—食わ—で、一気にかたづける」「相も変わら—元気だね」「内輪ではいざ知ら—、世間では通用しない」「心なら—も任地を去る」。状態を言って連用修飾とする場合には「—に」の形も使う。「涙を隠さ—に窮状を訴える」「五時間も眠ら—にバスに揺られて」「何はおいても言わ—にはいられなかった」②文語助動詞「ず」の連用形・未然形・終止形の名残。特に、㋐『—して』《中止法・連用修飾法で》…ないで。「これを英雄と言わずしてだれを英雄と言おう」「グループの支持を得られずして選挙に勝てようか」㋑『—ば』…ないなら。「今立たずばいつ決起の折があろう」「分相応ということも考えずばなるまい」▽古くは連用形による「ずは」で、ここから「知ら**ざあ**言って聞かせやしょう」「行か**ざ**なるまい」「顔見せに」のような形が出た。㋒『—と(も)』…なくとも。…ないでも。「心配せずと、わしにまかせておけ」「言わずと知れた大物だ」「愛好家ならずとも欲しがる逸品」

ず【頭】あたま。「—が高い」(横柄だ)

ず【〔*図〕】【圖】**はかる** ズ(ツ) ト ①(紙面に)あらわした、ものの姿・形。㋐《名・造》物の形状をえがいたもの。え。えがく。また、面・線・点から成る形。「美人納涼の図」「構造を図に示す」「図面・図画・図形・図表・図式・図案・図解・図説・図録・図工・絵図(えず)・作図・地図・海図・縮図・構図・読図・設計図・天気図」㋑中国で、伏羲(ふっき)氏の時に黄河(こうが)から現れた八卦(はっけ)の絵。「河図洛書

(かとらくしょ)」㋒書物。「図書(としょ・ずしょ)」㋓《名》情況の中で姿として捉えた全体的な有様。「見られた図でない」「くやしい図をさらけ出してしまった」②はかる。㋐《名・造》計算して考えめぐらす。くふうする。はかりごと。「図(ず)に当たる」(計略通りとなる)。熟語中では「ト」と読む。「企図・雄図・壮図・図南鵬翼(となんほうよく)＝大事業を企てるたとえ」㋑《名》たくらみ。思うつぼ。「図に乗る」(→ずにのる)③普通以上であることを示す接頭語。「図抜ける」「図太い」▽③は当て字。

ず【豆】→とう【豆】

ず【頭】→とう【頭】

すあえ‥あへ【酢△和え】素材をごま酢・甘酢などであえること。それであえた料理。

すあげ【素揚(げ)】《名・ス他》衣や粉をつけずに野菜・小魚などを揚げたもの。「笹(ささ)がれいの―」「なすの―」

すあし【素足】①くつした(たび)をはいていない足。②はき物をはいていない足。▽「はだし」との違いは、↓はだし

すあま【素甘】→すはま(3)

すあわせ‥あはせ【素×袷】あわせを、ジュバンなしで、すはだに着ること。

ずあん【図案】(工芸品などを作る時、その品物にふさわしく考えた)形・色などの組合せ。デザイン。

す-い【酸い】《形》酢のような味だ。酸味がある。すっぱい。「―も甘いも知っている」(世間・人情に通じている) 派生 **-さ -み***

すい【*水】スイ みず ①㋐みず。雨・海・川・泉などをなす液体。「水素・水分・水圧・水道・水位・冷水・温水・雨水・河水・海水・上水・下水・流水・排水・断水・散水・防水・薪水(しんすい)・重水・建水・入水(じゅすい)・秋水・覆水・蒸留水・飲料水・地下水・我田引水」㋑水分の多いもの。水のような形状のもの。液。「化粧水・水銀・水晶・水薬」②河川・湖沼など、自然に水のあるところ。「背水の陣」「水辺・水陸・山水・湖水・治水・一衣帯水・行雲流水・水害・水脈(すいみゃく・みお)」③「水素」の略。「炭水化物・水爆」④《名・造》㋐五行(ごぎょう)の一つ。㋑七曜の一つ。また「水曜日」の略。

すい【吹】スイ ふく ①口をすぼめて大きく息をはく。風が動く。ふく。「吹毛」②管楽器をふき鳴らす。ふく。「吹奏・吹管・吹鳴・吹笛・鼓吹・濫吹」

すい【炊】スイ たく かしぐ 食事の煮たきをする。めしをたく。かしぐ。「炊爨(すいさん)・炊事・炊飯・炊婦・炊煙・一炊・自炊・雑炊(ぞうすい)」

すい【*垂】スイ たれる たらす ①ぶらさがる。上から下へおろす。たれる。「垂下・垂直・垂線・垂範・垂示・垂迹(すいじゃく)・垂涎(すいぜん・すいえん)・懸垂・胃下垂・口蓋垂」②国のはて。へんぴな土地。「辺垂」③もう少しで、ある状態になろうとする状態。なんなんとする。「垂死」

すい【睡】スイ ねむる ねむい いねむりする。また、ねむる。「睡眠・睡魔・午睡・昏睡(こんすい)・熟睡・仮睡・睡蓮(すいれん)」

すい【人錘】スイ つむ おもり ㋐紡績に使う道具。つむ。「鉛錘・紡錘」㋑紡錘をかぞえる単位。「五万錘」▽本来は、秤(はかり)のおもりの意。

すい【帥】スイ ソツ ひきいる ①軍隊をひきいる。軍をひきいるかしら。将軍。「元帥・将帥・統帥・総帥・帥先(そっせん)」②大宰府(だざいふ)の長官。そつ。そち。「大宰帥(だざいのそち・だざいのそつ)・権帥(ごんのそち・ごんのそつ)」

すい【粋】【人粹】スイ いき ①《名・造》まじりけがない。「粋を集める」「純粋・精粋・生粋(きっすい)・抜粋」②《名・ダナ・造》人情・趣味に通じ、あか抜けがしていること。「粋なしぐさ」。↔やぼ。「粋が利いた計らい」「粋を通す」。特に、花柳界や芸人社会の事情に通じていて、振舞いがさばけている。「粋人」「不粋(ぶすい)」▽「好き」や「推」の転かとされる。「いき」との差は、↓いき(粋)。なお、「いきが利く」とは言わず「小すいな姿」とも言わない。

すい【衰】【衰】スイ おとろえる 物事がくだり坂になる。おとろえる。「盛衰・衰微・衰弱・衰乱・衰亡・衰運・衰勢・老衰・五衰・盛者必衰」

すい【*推】スイ おす ①後ろから力を加え、前方へやる。おす。あとおし。「推進・推敲(すいこう)・推参・推移」②おしてみて考える。おしはかる。「推量・推測・推計・推察・推考・推究・推理・推論・推定・推知・類推・邪推」③おしあげる。上にすすめる。「推薦・推挙・推輓(すいばん)・推奨・推賞・推戴」

すい【誰】スイ だれ たれ た だれ。「誰何」

すい【人錐】スイ きり ①小さい穴をあける大工道具。きり。また、きりのようにするどく、とがったもの。「立錐」②〔数学〕幾何学で、平らな底面の周上の各点と底面外の一点とを結んでできる立体。「円錐・角錐」

すい【酔】【人醉】スイ よう ①酒によう。心理的・生理的に平常と異なった状態になる。「酔漢・酔客・酔眼・酔狂・酔臥(すいが)・酔態・泥酔・乱酔・沈酔・宿酔(しゅくすい・ふつかよい)・微酔・麻酔・酔生夢死」②物事に熱中して心をうばわれる。「心酔・陶酔」

すい【遂】【遂】スイ とげる ついに ①なしおおせる。なしとげる。「遂行・未遂・完遂・既遂」②ついに。とうとう。その結果。

すい【穂】【人穗】スイ ほ 穀物の茎の先に花実の出来たもの。ほ。また、ほの形をしたもの。「穂状・花穂・禾穂(かすい)・出穂期」

ずい【×蕊】おしべ・めしべの総称。しべ。

ずい【随】【隨】ズイ したがう したがって まにまに ①進むもののあとから

ついてゆく。したがう。ともをする。「随行・随身(ずいじん)・随伴・随従・随員・付随・追随」②成り行きにまかせる。条件にさからわずに動く。「随意・随処・随時・随筆・随喜・気随・夫唱婦随」

ずい〖髄〗[髓] ズイ ―①《名・造》動物の骨の内部につまっているやわらかい組織。「骨の髄まで」「骨髄」②高等動物の中枢神経。「髄膜・脳髄・脊髄」③《名》植物の茎の中心部にある柔組織の部分。「葦(よし)の髄から天井のぞく」(見識のせまいことのたとえ)④すべて物事の中心部。欠くことのできない重要な部分。要点。妙所。「髄脳・心髄・神髄・精髄」

ずい〖×隋〗 ズイ ―《名》中国の王朝名。楊堅(ようけん)が建国し、南北に分かれていた全土を統一したが、三代で終わる。「隋書・隋唐時代」

ずい〖瑞〗 ズイ みず ―①天が善政に感じてくだす、めでたいしるし。めでたい。「瑞兆・瑞祥・瑞相・瑞光・瑞気・瑞雨・瑞雲・瑞夢・瑞鳥・瑞鳳(ずいほう)・吉瑞・奇瑞・祥瑞・慶瑞」②「瑞典(スウェーデン)」「瑞西(スイス)」の略。

すいあつ【水圧】水の圧力。「―機」(水圧を利用して仕事をする機械)

すいい【推移】《名・ス自》時が移りゆくこと。「時間の―をさかのぼる」。時につれて状態などが変化すること。「時代の―」「同じ傾向で―する」

すいい【水位】川・海・ダム・水槽などの水面を、一定の基準の面から測った高さ。「―が上がる」

ずいい【随意】《名・ダナ》自分の思うまま。任意。「―に外出してよい」。強制がなく、自由であること。「―科目」 **―きん**【―筋】手足の筋肉など、意識的に動かすことができる筋肉。↔不随意筋

すいいき【水域】ある目的に即して海・湖などの水面で定める(水中を含む)区域。「危険―」

ずいいち【随一】その範囲で最もきわだっていること。第一等。「文壇―の酒豪」「当代―」

スイーツ ケーキやプリンなどの甘い菓子。▽sweets 主に洋菓子を指す。和菓子を「和スイーツ」と言うこともある。

スイート ①《名・ダナ》甘いこと。甘口。「―チョコレート」「―なワイン」②《名・ダナ》甘美なこと。うっとりと快いさま。「―な気分」「―な装い」▽(1)(2)は sweet ③《名》ホテルで、居間と寝室の続いた部屋。「―ルーム」▽suite **―ピー** 蝶(ちょう)形で白・赤・紫などの花が咲く一年草。葉はエンドウに似て、先端に巻きひげがある。日本には江戸時代に渡来し、多く温室栽培される。▽sweet pea まめ科。 **―ホーム** 愛情こまやかな、たのしい家庭。▽sweet home **―ポテト** サツマイモで作った洋菓子。▽sweet potato(＝サツマイモ)

ずいいん【随員】高官につき従って行く人。「大使の―」

すいうん【水運】水路による運送。「―の便」

すいうん【衰運】衰えてゆく運命・傾向。

ずいうん【×瑞雲】めでたい時にかかる紫色の雲。「―たなびく大内山」▽神・皇室を尊敬して言う場合に、多く使う。

すいえい【水泳】《名・ス自》およぐこと。水およぎ。

すいえん【垂×涎】《名・ス自》→すいぜん。▽「すいぜん」が正しい読み。

すいえん【水鉛】→モリブデン

すいえん【水煙】①みずけむり。②《仏》塔の九輪の上部にある火焔(かえん)の形の飾り。▽「火焔」は火事を連想するから、避けて「水煙」と言う。③水ギセル。中国人が水タバコをのむ時に使った道具。

すいえん【炊煙】炊事の煙。

すいか【垂下】《名・ス自他》たれさがること。たらして下げること。

すいか【水火】①水と火。②水におぼれ火に焼かれるような苦しみ。「―も辞せず」③非常に仲が悪いことのたとえ。「―の仲」▽→ひょうたん(氷炭)

すいか【水禍】洪水による災難。水害。

すいか【△西×瓜】夏を代表する大きな球形の果物。また、それをつける一年生つる草。普通、果実表面は緑色で黒い縞(しま)があり、中身は赤く水分に富んで甘い。▽かつては秋にならないと実が取れなかったので、俳句の季としては秋ともする。うり科。

すいか【△誰何】《名・ス他》「だれか」と人に声をかけて、呼びとめて調べること。「歩哨(ほしょう)が―する」

すいがい【水害】洪水・高潮・豪雨などの水による被害。特に洪水によるものを言う。

すいかずら【〈忍冬〉】山野に自生する、つる性の常緑低木。夏、白から黄色に変わる芳香のある花を、葉のつけ根に二個ずつつける。干した茎・葉は漢方薬。ニンドウ。▽すいかずら科。

すいがら【吸殻】タバコを吸った残りかす。

すいかん【吹管】化学物質や鉱物などの試料に炎を吹き付けるのに用いる金属製の管。吹き加減で酸素の供給量を調節し、試料から上がる炎の様子で物質の性質を推定する。

すいかん【水干】狩衣(かりぎぬ)の一種。菊とじ(＝縫い目につける菊花形の飾り)・胸ひもがある。古くは民間のふだん着。後に公家(くげ)の私服、少年の晴れ着。▽糊(のり)を使わず、水にひたして張った絹で作ったことから。「すいひ」と読めば別の意。

すいかん【酔漢】酒によっぱらった男。よいどれ。

すいがん【酔眼】酒に酔った時の、ぼんやりした目つき。「―朦朧(もうろう)」

すいがん【酔顔】酒に酔った顔。

ずいかん【随感】折りにふれて得た感想。「―録」

すいき【水気】①みずけ。しめりけ。②水蒸気。③水腫。

ずいき【〈芋茎〉】サトイモの葉柄(ようへい)。黒みを帯びた赤紫色で、多くは干して食用にする。いもがら。

ずいき【×瑞気】めでたい雲のわき出るたたずまい。めでたく神々(こうごう)しい雰囲気。「―がこめる神域」

ずいき【随喜】『名・ス自』①心からありがたく感じること。「―の涙」②もと、仏教で、他人の善行を見て心に歓喜を生じること。

すいきゃく【酔客】酒に酔った人。▽硬い文体に使ったのは「すいかく」と読む。

すいきゅう【水球】水中で行う球技。二組にわかれてボールを相手のゴールに入れあう。ウォーター ポロ。

すいぎゅう【水牛】水辺に生息するうし。普通、熱帯・亜熱帯アジアにすみ、横に突き出た大きな角(つの)をもつアジアスイギュウをいう。家畜として耕作・運搬に使役し、肉・乳は食用、角・皮は加工用。

すいきょ【推挙】『名・ス他』ある官職・仕事に適当な人だとして、その人をその地位につけるように勧めること。▽「吹挙」と書くこともある。

すいぎょ【水魚】『―の交わり』水と魚とが離れがたいように、非常に親密な交際・友情。

すいきょう【水郷】→すいごう

すいきょう【酔狂・粋狂】『名ナノ』普通は人のしないようなことを、好んですること。ものずき。「―にも程がある」▽もと、酒に酔って狂ったようになる意。 派生 **―さ**

すいギョーザ【水×餃△子】熱湯でゆで、たれをつけて食べるギョーザ。

すいぎょく【×翠玉】→エメラルド

すいきん【水×禽】水辺に生息する鳥。水鳥。普通、あしに水かきがあり、水上を泳ぐオシドリ・カモなどを言う。

すいぎん【水銀】常温で液体状をなしている唯一の金属元素。元素記号Hg 多くの金属と合金(=アマルガム)を作ることが容易。銀白色で、温度計などに使う。 **―ちゅう**【―柱】水銀気圧計や温度計の、ガラス管の部分に封入され、水銀が柱状になっている部分。その高低で気圧や温度を読み取る。

すいきんくつ【水琴窟】日本庭園で、地中に伏せた瓶(かめ)に注ぎ落とす水が、琴の音を思わせてかすかに響くようにした仕掛け。

すいくち(すひ)【吸口】①口で吸う部分。特に、キセルのを言う。②巻きタバコの端につけて口にくわえる、厚紙のパイプ。▽一九四〇年ごろまであった。③吸物に香味を添えるもの。木の芽、柚子(ゆず)の皮など。「―にしょうが汁をしぼる」▽西洋料理では「浮き実」と言う。

すいくん【垂訓】教訓を垂れること。「山上の―」

すいぐん【水軍】海上で戦うように訓練した(昔の)軍隊。「村上(むらかみ)―」

すいけい【推計】『名・ス他』計算によって推定すること。推論。「五十年後の人口の―」 **―がく**【―学】確率論を基礎にして、全体から標本をえらびとり、それによって母集団の状態を推測する、統計理論。推測統計学。▽一九四〇年代後半に stochastics の訳語として作られたが、今はほとんど言わない。

すいけい【水系】地表の水の流れの系統。川の本流と支流・分流、時に湖沼を合わせたもの。「信濃(しなの)川―」

すいげつ【水月】①水と月。②水にうつる月影。③双方が接近して(水と月とが対するように)にらみ合う陣立て。

すいけん【水圏】地球の表面の、水で覆われている部分。

すいげん【水源】川・水道などの流れ出てくるもと。みなもと。「―地」

すいこう【水行】『名・ス自』海や川など水上を進んで行くこと。↔陸行。「―七日」

すいこう【遂行】『名・ス他』(仕事・務めなどを初めの計画どおり)なしとげること。▽「ついこう」と読むのは誤り。

すいこう【推考】『名・ス他』推測して考えること。

すいこう【推×敲】『名・ス他』詩や文章をよくしようと何度も考え、作り直して、苦心すること。▽唐の賈島(かとう)が「僧は推す月下の門」の句を得たが、「推」を「敲(=たたく)」に改めた方がいいかどうかと苦心した故事による。

すいごう【水郷】水辺の里・村。特に、川や湖の景色がよいので有名な土地。すいきょう。

ずいこう【×瑞光】めでたい事のきざしである光。

ずいこう【随行】『名・ス自』目上の人のともをし、つき従って行くこと。また、そのともの者。「―員」

すいこうほう【水耕法】植物を土に植えず、養分を溶かした水を与えて育てる方法。水栽培(みずさいばい)。

すいこ-む(すひ)【吸(い)込む】『五他』吸って(引きこむように)ずっと中に入れる。「煙を―」「観客が場内に―まれていった」

すいさい【水彩】「水彩画」の略。西洋画の一種。水に溶ける絵の具で描いた絵。みずえ。

すいさつ【推察】『名・ス他』おしはかること。

すいさん【推参】①『名・ス自』自分の方から押しかけて参上すること。▽突然訪れることのへりくだった言い方にも使った。②『名ナ』さしでがましい振舞い(であるさま)。「―もの」(無礼者)▽(1)(2)とも古風。

すいさん【推算】『名・ス他』①おしおよぼして考えること。②推定によって数量を算出すること。

すいさん【水産】海・川・湖など水中から産すること。また、その産物。 **―ぎょう**【―業】水産動植物の捕獲・養殖・加工などを営む職業・事業。

すいさん【炊×爨】『名・ス自』飯をたくこと。「飯盒(はんごう)―」

すいざん【衰残】衰えて弱りはてていること。

すいさんか【水酸化】水酸基を有する無機化合物に冠する語。「―物」「―カリウム」

すいさんき【水酸基】水素・酸素各一原子が結合した原子団。ヒドロキシ基。

すいし【水死】『名・ス自』水におぼれて死ぬこと。溺死。

すいし【水師】水上で戦うための兵団(＝師)。水軍。▽「海軍」の別称にも使った。

すいし【出師】軍隊を出すこと。出兵。

すいし【垂示】《名・ス他》教えしめすこと。▽「すいじ」とも言う。

すいし【垂死】死にかけていること。今にも死にそうな状態。▽→すい【垂】⑶

すいじ【炊事】《名・ス自》食物の煮たきをすること。「―場(ば)」

ずいじ【随時】《多くは副詞的に使う》①(好きな時に)いつでも。「この図書館は―閲覧できる」②(気の向いた時に)おりおり。ときどき。「―に書く日記」

すいしつ【水質】飲料などに用いる、また河川・地下水など環境中の、水の質。溶けている不純物や酸素の濃度などを指標とする。「―の悪化」

ずいしつ【髄質】充実している器官の内部を占める組織。例、脳の白質。↔皮質。「副腎―」

すいしゃ【水×瀉】水がそそぐように、激しく下痢すること。「―便」

すいしゃ【水車】①水の力で車を回し、仕事をさせるもの。㋐みずぐるま。「―小屋」㋑羽根車(はねぐるま)に流水・落水をあてて起こす回転により、水の位置エネルギーを機械的エネルギーに変える原動機。水力タービン。②足で踏んで車を回すことによって水を送り込む装置。また、その車。農村で灌漑(かんがい)用。

すいじゃく【垂×迹】仏・菩薩(ぼさつ)が民衆を救うため、仮の姿をとって現れること。「本地(ほんじ)―」

すいじゃく【衰弱】《名・ス自》(体の働きや物の勢いなどが)おとろえて弱ること。「神経―」

すいしゅ【水腫】体の組織や体腔(たいこう)の中にリンパ液・漿液(しょうえき)が多量にたまっている状態。腹水や浮腫など。

ずいじゅう【随従】《名・ス自》①(身分の高い人に)つきしたがうこと。また、その人。供(とも)。②人の言うことを聞いて、それに従うこと。

すいじゅん【水準】①標準の高さ。㋐物事の価値や働きなどを調べる時の基準となる程度。㋑世間で通用している標準。「生活―が高くなる」②高さに関する位置。③「水準器」の略。　―き【―器】水面が常に水平となることを利用して、物の面が水平かどうかを測定する道具。　―ぎ【―儀】水準器をつけた望遠鏡。高低差の測量に使う。

ずいじゅん【随順】《名・ス自》おとなしく従うこと。従ってさからわないこと。

すいしょ【水書】《名・ス自他》泳ぎながら扇などに字や絵をかくこと。

ずいしょ【随所・随処】いたる所。「―に見られる」

すいしょう【推奨】《名・ス他》(ある品・人・事柄などがすぐれていることを述べて)人にすすめること。

すいしょう【推賞・推称】《名・ス他》ある品・人・事柄などがすぐれているのを人に向かってほめること。

すいしょう【水晶】石英の大きな結晶。六角柱状で、普通は無色透明。不純物が混じると、紫・黒・あわ入りなどになる。印材・光学器械などに使う。　―たい【―体】眼球の前面、角膜の後ろにある凸レンズ形の透明体。光を屈折させて網膜に像を結ばせる。　―どけい【―〈時計〉】→クオーツ

すいじょう【水上】水の上。水の面。「―競技」　―けいさつ【―警察】川・湖・港湾に関する取締りをする警察。　―せいかつしゃ【―生活者】荷舟・はしけなどに生活の本拠をおく人。

すいじょう【穂状】穂(ほ)のような形。「―花序」

ずいしょう【×瑞祥・×瑞象】めでたい事のきざしとなるしるし。吉兆。

すいじょうき【水蒸気】水が蒸発して気体となったもの。気体状態の水。

すいしょく【水食・水×蝕】《名・ス他》流水・波浪・雨水などが地表を破壊・浸食すること。「―作用」

すいしょく【水色】①水の色。そのような淡青色。みずいろ。「―状」②川や湖や海などのけしき。

すいしょく【×翠色】みどりいろ。

すいしん【垂心】三角形の各頂点から対辺におろした垂線の交点。

すいしん【推進】《名・ス他》前におしすすめること。物事がはかどるようにすること。「研究開発を―する」「―を図る」「―力」　―き【―器】スクリューやプロペラなど船舶・航空機をおしすすめる装置。

すいしん【水深】水面から底または水中の目的物までの深さ。

すいじん【水神】水をつかさどる神。

すいじん【粋人】粋な人。㋐風流を好む人。㋑世間・人情に通じ、さばけた人。通人。特に、色恋のことや花柳界・芸人社会に通じた人。

ずいじん【随身】《名・ス自》つき従って行くこと。また、その人。お供。▽中古、上皇・摂関・大臣など貴人の外出の際、護衛した武官。

すいすい《副[と]》支障なく、気持よく進むさま。「とんぼが―(と)飛ぶ」「仕事が―はかどる」

すい-する【推する】《サ変他》おしはかる。おもいやる。「之(これ)を―に」▽漢文訓読的な言い方。

すいせい【×彗星】太陽系の天体の一種。核と呼ばれる本体からガス体の尾を引いて、ほうきの形に見える。軌道は太陽を焦点とする楕円(だえん)・放物線・双曲線。ほうき星。「―のごとく現れる」(突然はなやかに登場する)▽昔は、これが出ると不吉(ふきつ)な事が起こるとして、おそれた。

すいせい【水星】太陽に一番近く、一番小さい惑星。

すいせい【水性】水のような、または水で溶ける、性質。↔油性。▽「みずしょう」と読めば別の意。　―とりょう【―塗料】水に溶かして使う塗料。

すいせい【水生】①【水生】水中に生じること。②【水生・水×棲】(動植物が)水中で生活すること。↔陸生。「―動物」「―昆虫」「―植物」

すいせい【水声】水(・川)が流れる音。

すいせい【水勢】水(・川)が流れる勢い。

すいせい【衰勢】おとろえた勢い。勢いがおとろえた状態。「—に向かう」

すいせいがん【水成岩】堆積岩のうち、砂・粘土などが水中に沈殿・堆積してできたもの。

すいせいむし【酔生夢死】何も価値のある事をせず、ただ生きていたというだけの一生を終えること。くだらない一生。

すいせん①【推薦】『名・ス他』自分がよいと思う人・物事を、他人にすすめること。「候補者を取締役会に—する」「後任に彼を—する」「—状」②【推選】『名・ス他』えらびすすめること。▽(1)の表記の代用としても使う。

すいせん【水仙】早春、白や黄の六弁の花が咲く多年草。古く中国から渡来、観賞用に球根で栽培し、暖地の海岸などに自生もする。八重咲きもある。▽ひがんばな科。広くは同科すいせん属の植物の総称。

すいせん【水洗】『名・ス他』水で洗い流すこと。「—便所」

すいせん【水線】→きっすいせん

すいせん【垂線】ある直線・平面に直角に交わる直線。

すいぜん【垂×涎】『名・ス自』《「—の」の形で》(食物をほしがって)よだれをたらすこと。一般に、非常に強くその物をほしがること。「—の的(まと)」

すいそ【水素】最も軽い元素。元素記号H。単体では原子が二つ結合した分子として存在し、無色・無臭の気体。燃焼して水を生じる。酸化物の還元や燃料電池の燃料などに利用。 **—ばくだん**【—爆弾】水素(重水素)の核融合で生じる莫大(ばくだい)なエネルギーを利用した爆弾。高熱と放射能を発し、破壊力は原子爆弾をはるかに上回る。水爆。

すいそう【吹奏】『名・ス他』吹きかなでること。管楽器で演奏すること。 **—がく**【—楽】管楽器と打楽器の編成で演奏される音楽。

すいそう【水槽】水をためておく大きな入れ物。

すいそう①【水草】㋐水中・水辺の草。㋑水や草。「—を追って移動する」②【水藻】水中に生える藻類。

すいそう【水葬】『名・ス他』死体を水(海や川)にほうむること。

すいぞう【×膵臓】脊椎動物の消化腺の一つ。胃・肝臓の近くにある。膵液(すいえき)を分泌して十二指腸に送る。

ずいそう【×瑞相】めでたい事が起こるしるし。吉兆。

ずいそう【随想】あれこれと心に浮かぶままに思うこと。それを書きとめた文章。随感。

すいそく【水速】水の流れるはやさ。

すいそく【推測】『名・ス他』物事の状態・性質や将来を、部分的・間接的に知り得た事柄や数値から、おしはかること。「その意味を—する」「データから—する」「—の域を出ない」「—統計学」(↓すいけいがく)

すいぞくかん【水族館】水中にすむ動物を収集・飼育し、それを人に見せ、また、調査・研究も行う施設。

すいたい【推戴】『名・ス他』(ある人を)おしいただくこと。特に、団体などの長として、あおぐこと。

すいたい【×翠×黛】緑にかすんで見える山。▽緑色のまゆずみの意。

すいたい【衰退】『名・ス自』力や勢いがおとろえ退歩すること。

すいたい【衰×頽】『名・ス自』おとろえ、くずれること。

すいたい【酔態】酒に酔った姿・有様。

すいたく【水沢】水がたまった沢。「—植物」

すいだし:すひ【吸出し】①吸って外に出すこと。②「吸出し膏薬(こうやく)」の略。はれものの膿(うみ)を吸い出すために、はる膏薬。

すいだま:すひ【吸(い)玉】膿(うみ)などを吸いだす用具。鐘状のガラス器具にゴム球をつけたもの。すいふくべ。

すいたらし-い【好いたらしい】『形』人の様子・しぐさ・心遣いなど感じがよく、好きだ。「本当に—人だよ」▽異性について言う。動詞「好く」に助動詞「た」(↓た『助動』②)が付き、更に形容詞化する接尾語「らしい」が付いた語。

すいだん【推断】『名・ス他』物事の道理を思いきわめて断定すること。また推測によって断定すること。

すいち【推知】『名・ス他』推察によって知ること。

すいちゅう【水中】水のなか。「—カメラ」「—めがね」 **—か**【—花】水の中に入れると、開いて草花などの形になる玩具。

すいちゅう【水柱】みずばしら。

すいちょう【推重】『名・ス他』おしいただき重んじること。

すいちょう【水鳥】①みずとり。水禽(すいきん)。②酒の異名。▽酒の字が「氵(さんずい)」と「酉(とり)」とで成るから。

ずいちょう【×瑞兆】めでたいきざし。吉兆。

すいちょうこうけい【×翠帳紅×閨】高貴な女性の寝室。▽緑のとばり(=帳)と赤いねや(=閨)の意。

すいちょく【垂直】『名・ダナ』①まっすぐにたれていること。また、重力の方向。物体を糸でつった時、糸が示す線の方向。鉛直。↔水平。「—に立てる」「—跳び」②(数学)㋐二直線または二平面の成す角が直角であること。㋑ある直線がある平面上の、その直線との交点を通るすべての直線と直角を成すこと。

すいつ-く:すひ【吸(い)付く】『五自』①吸って、ぴったりとつく。「ヒルが—」②物を吸ったように、ぴったりとつく。「静電気でほこりが—」

すいつけタバコ:すひつ【吸付け〈煙草〉】(人をもてなすため)タバコに火を吸いつけて差し出す、そのタバコ。

すいつけ-る:すひ【吸(い)付ける】『下一他』①物を吸うように引きつける。「磁石が鉄を—」②タバコを火に近づけ、吸って火をつける。

スイッチ ①『名』電流をとめたり流したりする装置。「—を入れる」「—を切る」②『名』鉄道の転轍(てんてつ)

機。ポイント。③『名・ス他』ほかのものに切り替えること。「左投手に―する」 ▽switch **―バック** 列車が急な斜面を、前後の向きを交互に変えてZ字形に上り下りすること。▽switchback

すいっちょ →うまおい(3)

すいてい【推定】『名・ス他』①おしはかって定めること。「―年齢」②法律で、ある事実・法律関係について、反証が成り立つまでは、それを正当と仮定すること。

すいてき【水滴】①水のしたたり。しずく。②すずりにさす水を入れておく容器。水さし。

すいてん【水天】①水と天。「―一碧(いっぺき)」②水にうつる天。 **―ほうふつ**【―×彷×彿】海の遠い沖と空とが続いて見分けがつかないこと。

すいでん【水田】水稲をつくるための、水を入れた田。みずた。

ずいと『副』何の気がねもせずにいきなり移動するさま。「―通る」「―膝を進める」

すいとう【出納】『名・ス他』(金銭・物品を)出し入れすること。支出と収入。「―簿」

すいとう【水痘】子供に多い急性感染症の一種。熱が出て、全身に大小の赤い発疹(ほっしん)ができ、中に水のような液がたまる。水ぼうそう。風痘。

すいとう【水稲】水田で栽培するイネ。↔陸稲

すいとう【水筒】飲料水などを入れて持ち歩けるようにした容器。

すいどう【水道】①水源から都市に水を導く道。また導いて飲用などに供する設備。上水道。②上水道・下水道(げすいどう)の総称。③海の、両側から陸地が迫っている所。「紀伊(きい)―」④船が通る道。ふなじ。

すいどう【×隧道】→トンネル(1)。▽「ずいどう」とも言う。

ずいとくじ【随徳寺】〔俗〕あとの事などかまわず、姿をくらますこと。「―をきめる」「一目山(いちもくさん)―」▽一目散にずいと跡をくらます意を寺の名めかして言う。

すいと-る：すひ【吸(い)取る】『五他』①(液体のものなどを)吸い出し、または他の物に吸い込ませて、取る。「―り紙」②集め取る。特に、他人の金銭・利益を、自分は労せずにうまくたかり取る。

すいとん【水△団】小麦粉のだんごを実にした汁。

すいなん【水難】大水・水死・難破など、水によって受ける災難。

すいにん【推認】『名・ス他』すでに分かっていることをもとに推測し、ある物事が事実であるらしいと認めること。「状況証拠から事実を―する」

すいねん【衰年】(体力が衰える)老年。

すいのう【水×嚢】①帆布製の携帯用バケツ。②食品をすくって水を切るための、ふるい。みずこし。▽(2)は今は言わない。

すいのみ：すひ【吸(い)飲み・吸×呑】長い口がついた、きゅうす型のガラス容器。病人に寝たまま液体を飲ませるのに使う。

すいば【酸葉・〈酸模〉】山野に自生し、春さきに赤い茎をのばす多年草。雌雄異株。茎・葉に酸味がある。初夏、薄緑の小花をつける。根は疥癬(かいせん)等の薬になる。すかんぽ。▽たで科。

すいば【水馬】騎手が馬で水流を泳ぎ渡るわざ。▽「みずすまし」と読めば別の意。

すいばく【水爆】「水素爆弾」の略。

すいはん【垂範】『名・ス自』範をたれること。模範を示すこと。「率先―」

すいはん【炊飯】めしをたくこと。「電気―器」

すいばん【推×輓】『名・ス他』推挙すること。▽もと、車を押したり(=推)引いたり(=輓)すること。

すいばん【水盤】陶器製・鉄製の浅く広い容器。いけ花などに使う。

ずいはん【随伴】『名・ス自』①お伴としてつき従って行くこと。②ある事柄に伴って起こること。「―現象」▽「ずいばん」とも言う。

すいひ【水肥】液状の肥料。みずごえ。

すいび ①【衰微】『名・ス自』衰えて勢いが弱ること。②【衰×靡】『名・ス自』衰えて、もっと強いものの勢いに屈服する(=靡)こと。

すいひえのぐ：ゑ【水干絵(の)具】日本画の絵の具の材料である岩石粉を水簸(すいひ)(=流水でふるい分ける作業)によって作った粒状の絵の具。▽「干」は当て字。

すいひつ【水筆】穂に心(しん)を入れず、根もとまで墨を含ませて書く筆。

ずいひつ【随筆】心に浮かんだ事、見聞きした事などを筆にまかせて書いた文章。そういう文体の作品。

すいふ【水夫】ふなのり。特に、船内の雑役をする下級船員。

すいふ ①【炊夫】やとわれて炊事をする男。炊事夫。②【炊婦】やとわれて炊事をする女。炊事婦。

すいふく【推服】『名・ス自』ある人をうやまって、その人に服従すること。

すいふくべ：すひ【吸×瓢】→すいだま

すいふろ【水風呂】蒸風呂(むしぶろ)に対し、普通の水をわかすふろ。▽「据風呂(すえふろ)」のなまりともいう。

すいぶん【水分】成分・含有物としての水。みずけ。

ずいぶん【随分】『ダナ・副〔と・に〕』①程度が(それ相応に)著しいさま。かなり。相当。「―(と)待たされた」「―な努力」▽もと、身分相応の意。②《「―だ」「―な」の形で》ひどいさま。「―な仕打ち」「まあ、―ね」

すいへい【水兵】海軍の兵士。 **―ふく**【―服】水兵が着る軍服。

すいへい【水平】『名・ダナ』①静かな水面のように平らなこと。あがりさがりがないこと。「―を保つ」②地球の重力の方向と直角に交わる方向。↔鉛直・垂直。 **―せん**【―線】①海と空との境として見える線。②水平(2)な線。③遠近画法で、目の高さを表す、仮定の線。 **―めん**【―面】①静止した水の平らな表面。②水平(2)な面。

すいへん【水辺】川・池などに近い所。みずぎわ。みず

べ。

すいほ【酔歩】酔って歩く足取り。「―蹣跚(まんさん)」「―運動」(→ブラウンうんどう)

すいほう【水泡】水のあわ。「―に帰する」(水のあわが消えやすいように、努力のかいもなく、効果が残らない)

すいほう【水×疱】虫さされ・やけどなどによる皮膚の水ぶくれ。また、とびひ・水痘など内部に漿液(しょうえき)をもつ発疹(ほっしん)。

すいぼう【水防】水害の警戒・防止。「―団」

すいぼう【衰亡】《名・ス自》おとろえ、ほろびること。

すいぼくが【水墨画】→すみえ

すいぼつ【水没】《名・ス自》水中に没して、姿が見えなくなること。「ダム建設で―した村」「地殻変動で島が―する」

すいま【睡魔】ねむけ。「―におそわれる」「―とたたかう」▽ねむりに誘う魔物にたとえた言葉。

すいま【水魔】水による災害を魔物にたとえて言う語。

スイマー 水泳の選手。▽swimmer

ずいまくえん【髄膜炎】脳と脊髄を覆う膜(髄膜)が炎症を起こす病気。主にウイルスや細菌の感染で生じ、頭痛・嘔吐(おうと)・意識障害などの症状がある。脳脊髄膜炎。

すいまつ【水×沫】水のあわ、または、しぶき。

すいみつ【水密】水槽・管などにある装置の部分が水を全く漏らさず、水の圧力に耐える状態。「―隔壁」「―扉」

すいみつ【水蜜】「水蜜桃」の略。モモの一品種。中国原産。水分が多く、甘い。

すいみゃく【水脈】①地中を自然に水が流れているみち。②舟が通るみち。ふなみち。

すいみん【睡眠】①《名・ス自》ねむること。ねむり。「―時間」②《名》比喩的に、活動の停止状態。「―口座」

スイミング 水泳。「―プール」▽swimming

ずいむし【〈螟虫〉】草木のずいに食い入る昆虫の幼虫の総称。特にニカメイガ・サンカメイガの幼虫。めいちゅう。

すいめい【吹鳴】《名・ス他》吹き鳴らすこと。

すいめい【水明】清らかな水が日光に照らされて、はっきり見えること。「山紫―の地」

すいめつ【衰滅】《名・ス自》おとろえて滅びること。

すいめん【水面】(かなりの広がりがある)水の表面。水上。「―下(=人目につかず隠れたところ)で取引をする」

すいめん【×錐面】平面上の閉じた曲線の各点と、その平面外の一点とを結ぶ直線とによって、作られる曲面。

すいもの:すひ**【吸(い)物】**調味しただし汁に野菜・魚肉などの実を入れた料理。多く、すましじるを言う。「お―」

すいもん【水門】貯水池・水路などで、必要に応じて開閉し、水の流れる量を調節するために設けた門。

すいやく【水薬】水にとかした薬。液状の薬。みずぐすり。

すいよ【睡余】ねむりがさめたあと。ねおき。

すいよ【酔余】酒に酔ってのうえ・あげく。「―の一興(いっきょう)」

すいよう【水曜】曜日の一つ。火曜のつぎ。「―日」

すいよう【衰容】やせ衰えた姿。

すいようえき【水様液】水のような状態の液体。

すいようえき【水溶液】(ある物質を)水にとかした液体。「食塩の―」

すいよく【水浴】《名・ス自》水をあびること。みずあび。

すいよ-せる:すひ**【吸(い)寄せる】**《下一他》吸って近くに引き寄せる。「―・せられるようにふらふらと近づいた」

すいらい【水雷】多量の爆薬を詰め、水中で爆発させて艦船を破壊する装置。魚形水雷(魚雷)・機械水雷(機雷)など。「―艇」

すいらん【×翠×巒】みどり色の峰。みどり色の連山。

すいり【推理】《名・ス他》既にわかっている事柄をもとにし、考えの筋道をたどって、まだわかっていない事柄をおしはかること。 **―しょうせつ【―小説】**犯罪捜査の推理過程を骨組みとした小説。▽一九四六年、木々高太郎が従前の探偵小説に対し、文学性を有する作品を目指して提唱した名前。後に探偵小説を含めた総称として定着。

すいり【水利】①水上運送の便利。②水の利用。水を灌漑(かんがい)・飲料などに使うこと。「―権」

すいりく【水陸】水と陸。水上と陸上。「―両用車」

すいりゅう【水流】水の流れ。

すいりゅう【垂柳】しだれやなぎ。

すいりゅう【×翠柳】青々としたやなぎ。

すいりょう【水量】水の量。みずかさ。また、水の流れる量。

すいりょう【推量】《名・ス他》物事の事情や人の心などをおしはかること。「当て―」

すいりょく【水力】水の力。水の勢い。特に、水の流れ・落下などによって生じるエネルギー。「―発電」

すいりょく【推力】物体をその運動すべき方向へおし進める力。推進力。「ロケットの―」

すいりょく【×翠緑】みどりいろ。▽「翠」も「緑」も、みどりの意。 **―ぎょく【―玉】**→エメラルド

すいれい【水冷】水で冷やすこと。↕空冷。「―式」

すいれん【水練】およぎ。水泳術。「畳の上の―」(役に立たないことのたとえ)

すいれん【睡×蓮】池・沼などの水底に張った根から長い葉柄が伸び、水面に浮かぶ葉をつける多年草。夏、赤・白・黄色の花が咲く。葉は円形や楕円(だえん)形で、深い切れ込みが一つある。▽名は、ハス(=蓮)に似るが夜に花が閉じる(=睡)ことから。未(ひつじ)の刻(=午後二時ごろ)開花すると信じられたところから

「ひつじぐさ」とも言うが、実際には正午ごろから夕方まで咲く。すいれん科。広くは同科すいれん属の植物の総称。

すいろ【水路】①水を送るために造ったみち。送水路。また、水が流れる通路。②船が航行する水面。また、それを利用する交通。③水上競技で、各泳者がそこを泳ぐように定められたプールの部分。コース。「長ー」

すいろん【推論】〘名・ス他〙①(確かには)分かっていない事を推し量って論じること。②学問上の用法では、何らかの論理規則に基づいて既知の事柄から未知の事柄を明らかにすること。

スイング ①〘名・ス他〙野球でバットを、ゴルフでクラブを振ること。また、ボクシングで、半円を描くような横なぐりの攻撃。②〘名・ス自〙〔音楽〕ジャズのゆれるようなリズム感。そのリズムにのること。また、ジャズの一形式。▽swing

すーう【吸う】(ふす)〘五他〙①口や鼻から(液体・気体を)体の中に引き入れる。「すまし汁をー」「空気をー」「タバコをー」「生血(ちいき)をー」「うまい汁をー」(転じて、骨を折らずに自分だけいい目をみる)「ハチが花の蜜をー」「赤ん坊が指をー(=母乳を吸う口つきでしゃぶる)」②吸う(1)に似たことをする。㋐(吸うように)引き寄せる、または、しみこませる。「ごみをよくー・い取る掃除機」「水をー・って生き返った草花」「スポンジが水をー」㋑『口をー』接吻(せっぷん)する。

スー フランスの昔の貨幣単位。一スーは五サンチーム。▽フランス sou

すう〖枢〗〖樞〗 スウ くるる とぼそ ｜①物事を動かす大切なしかけのところ。かなめ。「枢機・枢要・枢軸・枢奥・枢密・中枢・要枢」②ひらき戸を開閉する軸となる所。とぼそ。くるる。「枢轄」

すう〖崇〗 スウ ス シュウ たっとい たっとぶ あがめる ｜①気高くとうとい。「崇高」②とうとぶ。あがめる。「崇敬・崇拝・崇仏・尊崇」▽高い山の意から。

すう〖*数〗〖數〗 スウ ス シュ かず かぞえる しばしば ｜〘名・造〙㊀物事の多少に関する程度。「数量・少数・無数・トン数」▽字義は「さく」の音で髪の毛の乱れを言ったが、その数が多いので「すう」の音義を生じた。①かず(1)や量(1)から抽象した、整数・分数(・小数)・無理数・複素数の総称。「度数・逆数・定数・偶数・級数・対数・フィボナッチ数・数列・数理」▽「数論」や「約数」の「数」は自然数を指す習慣。②かず(1)を計ること。「数に長(た)ける」「数詞」③繰り返す状態にある意。▽普通は単独用法が無い。㋐しばしば。「あの地方は数巡している」㋑四から六(または七)程度の範囲。「数軒・数百・三十数人・数リットル」▽近ごろは三か四かを言う人がふえた。㋒多い意。「数珠(じゅず・ずず)」㊁はかりごと。「権謀術数」㊂世のさまの動き。運命。「これも必然の数だ」「数奇・命数」▽計数には法則があって働くから。

すう〖×趨〗 スウ はしる おもむく ｜①小走りにゆく。はしる。貴人の前で小走りに歩く礼儀。「拝趨」②目的をめがけてゆく。はせむかう。おもむく。「趨勢・帰趨」

すう〖人雛〗 スウ ひな ｜㋐にわとり、またひろく鳥類のひな。「雛禽(すうきん)・鳳雛(ほうすう)」㋑おさないもの。一人前でないもの。「雛妓(すうぎ)・雛僧」

スウェーター ↓セーター

スウェット スーツ 汗取り・保温のために着る、運動着の上下。▽sweat(=汗) suit

すうがく【数学】数・量・空間などの形式的性質・関係について、その抽象的構造を研究する学問。▽教科名でも使う。

すうき【数奇】〘名ナノ〙ふしあわせ。不遇。境遇の変化の激しいこと。「ーな運命」▽「さっき」とも言う。「数」は運命、「奇」はくいちがう意。↓すき(数奇)

すうき【枢機】①肝心かなめの大切な所。②大切な政務。 **ーかん**【ー官】↓すうききょう。 **ーきょう**【ー×卿】ローマ カトリック教会で、教皇(=法王)の選挙・補佐に任じる聖職位。教皇の最高顧問。すうきけい。

すうけい【崇敬】〘名・ス他〙あがめ、うやまうこと。「ーの念」

すうこう【崇高】〘名ナノ〙気高く偉大なこと。「ーな理想」 派生 **-さ**

すうこう【数行】五、六すじ。「ーの涙(だなん)」▽この意では「すうぎょう」とは言わない。

すうこう【×趨向】物事のなりゆきが、ある方向に傾き向かうこと。

すうこく【数刻】数時間。

すうし【数詞】〔文法〕数量・順序を表す語。例、五・二つ・七本・第六・九番目・幾人・何百。

すうじ【数字】①数を表す文字。「アラビアー」②転じて、数字で表されるような事柄。数量的な扱い。「ーに明るい」③数個の文字。いくつかの文字。「ー分の脱落がある」

すうじ【数次】数回。数度。

すうしき【数式】数・量を表す数字また文字を演算記号や等号などで結びつけたもの。「ー化」

すうじく【枢軸】活動の中心となる大切な所。特に、政治機関・権力の中心。 **ーこく**【ー国】第二次大戦のすぐ前から戦争中にかけ、日本・ドイツ・イタリアの三国同盟の側に属した国。↕連合国

すうすう〘副[と]・ス自〙①空気などが狭いところを通り抜ける音。そのさま。「隙間から風がー入ってくる」②風が吹き抜けるような冷たさを感じるさま。「背中がーする」

ずうずうしーい【△図△図しい】(づうづうしい)〘形〙人に迷惑をかけながら恥とも思わず平気でいる。ずぶとく、厚かましい。 派生 **-さ -げ**

ずうずうべん【ずうずう弁】 東北地方南部の人に特有の、ジューをズーと発音するようなしかた。また広く、東北弁。

すうせい【×趨勢】 物事がこれからどうなってゆくかという、ありさま。なりゆき。

すうた【数多】 数が多いこと。たくさん。あまた。

すうたい【素謡】 囃子(はやし)・舞を伴わず、謡曲だけをうたうこと。「—会」

ずうたい【△図体】 体。なり。▽多くは大きい体を指す。「胴体」のなまりという。

すうだん【数段】 ①段の数が数個であること。②《副詞的に》段違い(に)。かなりの程度(に)。「実力は—劣る」「—すぐれた性能」▽→すう【数】(3)(イ)

すうち【数値】 値(あたい)。㋐文字を使って表された式で、その文字にあてはまる数。㋑計算・測定によって得られる数。

ずうち【頭打(ち)】〔取引〕→あたまうち

スーツ 同じ生地でつくった衣服の上下一そろい。紳士服の背広の上下(とチョッキ)のそろいや、女性用の上着とスカートのそろい。「ダーク—」▽suit **—ケース** 着替えなどを入れて持ち歩く旅行かばん。▽suitcase

すうっと ①《副》空気などが狭いところを通るさま。「—息を吸って、吐いて」②《副》滞ることも音もなくことが成立するさま。「電気が—消えた」「挨拶もせず、—通り過ぎる」「汗が—引く」「竹串が—通ればでき上がり」③《副・ス自》一瞬、冷たく感じるさま。「歯に—しみる」「胸が—する」▽→すっと(2)

すうとう【数等】 ①数段階。②《副詞的に》かなり。ずっと。「彼より—劣る」

スーパー ㊀「超」「上の」の意の接頭語。「—マン」▽super- ㊁①「スーパーインポーズ」の略。「字幕—」②「スーパーマーケット」の略。 **—インポーズ** 映画・テレビなどの映像に文字や他の画像を重ね合わせること。スーパー。▽superimpose **—コンピュータ** 大規模で高度な科学技術計算を高速で行うことのできるコンピュータ。スパコン。▽supercomputer **—ボール** ゴム製でよく弾む(小さな)ボール。▽Super Ball 商標名。 **—マーケット** 食料・雑貨などを扱い、客が自分で商品をえらんでレジに持って行き、代金をまとめて支払う仕組みの大規模店。▽supermarket **—マン** 超人。特別な能力のある人。▽superman

スーパーバイザー 管理者。監督者。「工事現場の—」▽supervisor

すうはい【崇拝】《名・ス他》①偉い人だとして、あがめること。「英雄—」。あがめて信仰すること。「偶像—」②無批判にあこがれたり、理想化したりすること。「欧米—」

スープ 西洋料理で、肉・野菜などを煮込んだ汁。ソップ。「中華—」▽soup ストック(1)(イ)を言うこともある。

スーブニール 思い出。記念品。みやげ。スーベニア。▽フランス souvenir

スーベニア →スーブニール。「—ショップ」▽souvenir

すうみつ【枢密】 枢要の機密。政治の機密。 **—いん【—院】** 旧憲法で、国家の大事に関して天皇の諮問にこたえることを主な任務とした合議組織。 **—こもんかん【—顧問官】** 枢密院の構成員であった顧問官。定員二十四名。

ズーム《名・ス自他》ズーム レンズを用いて被写体の像を拡大したり縮小したりすること。「—イン」「—アウト」「—アップ」▽zoom **—レンズ** 組み合わせた複数のレンズの一部を動かすことによって、焦点距離を変えられるようにしたカメラのレンズ。像の一部を拡大したり、縮小して広い範囲を写したりできる。▽zoom lens

すうよう【枢要】《名ナ》物事を動かす中心になる一番大切な所。かなめ。「—な位置を占める」

すうり【数理】 ①数学の理論。「—経済学」②俗に、計算の方面。「彼は—に明るい」

すうりょう【数量】 個数と分量。また単に、量。

すうれつ【数列】 ①〔数学〕正の整数1,2,3,……のおのおのに $a_1, a_2, a_3, \ldots$ のように数を一つずつ対応させて得られる系列。②幾つかの列。「—後ろに並んでいた」

すえ【末】 本(もと)と反対の方。①本体であるものの、先や端の所。「木の—」「野—(のずえ)の地蔵」「俳句の—五文字」。転じて、重要でない事柄。「そんな事は—の—だ」②順序が立つものの終わり。㋐ある期間の終わり。「年の—」「—の春」(季春。晩春)「苦心の—にやっとできた」㋑将来。「—が楽しみだ」「—長くお付き合い下さい」㋒子孫。「源氏の—」㋓兄弟姉妹の間で一番年下。「—っ子」「—娘」(姉はいるが妹のいない娘。末っ子とは限らない)③《「—の世」「世も—」の形で》くずれ衰えた状態。▽仏教の末法思想から。

ずえ ①【図会】ある主題で図画を集め(て解説し)た本。「江戸名所—」②【図絵】→ずが。「惨状は一枚の地獄—だった」

スエーター →セーター

スエード 子やぎ・子牛の皮の裏をけば立てた、やわらかい革。それに模した布。靴・手袋などに用いる。▽フランス suède

すえおき【据(え)置(き)】 ①すえおくこと。②特に、貯金・年金・債券などを、一定期間払いもどしや償還をしないでおくこと。

すえお-く【据(え)置く】《五他》①そのまま(の状態)にしておく。「料金を—」「判断を—」②人(の身分)や(重い)物をそこにしっかりとおく。

すえおそろし-い【末恐ろしい】《形》将来どうなることかと思いやられて、恐ろしい。派生 **-さ**

すえきち【末吉】 おみくじで、目下は好運でなくても後(=末)に吉となる運勢。

すえしじゅう【末始終】《副》将来(まで)ずっと。「―添いとげたい」

すえずえ【末末】①《副詞的にも使う》のちのち。ゆくすえ。②子孫。③しもじも。庶民。

すえぜん【据(え)膳】すぐ食べられるように食膳を整え、人の前に出すこと。また、その膳。「―食わぬは男の恥」(女から仕掛けられた恋に、しりごみするのは、男として恥だ)

すえたのもし-い【末頼もしい】《形》その人の将来の成長・発展が期待される。将来有望だ。派生 **-さ** **-げ**

すえつかた【末つ方】末のころ。「睦月(むつき)―」(一月下旬) ▽雅語的。「つ」は「の」に当たる古代の助詞。

すえつ-ける【据(え)付ける】《下一他》(大きな道具・機械などを)ある場所に(どっしりと)すえる。

すえっこ【末っ子】きょうだいのうち一番あとに生まれた子。

すえながく【末長く・末永く】《連語》《副詞的に》いつまでもながく。幾久しく。「―お付き合い下さい」

すえのよ【末の世】①後の世。後世。②人心が乱れ道徳がすたれた世。末世(まっせ)。

すえひろ【末広】①次第に末の方が広がって行くこと。②扇子(せんす)の異称。③→ちゅうけい(中啓)

すえひろがり【末広(が)り】①次第に末の方が広がること。また、次第に繁栄・繁盛(はんじょう)すること。②扇子(せんす)を、祝って言う語。

すえふろ【据(え)風呂】ふろおけにかまどをすえつけた風呂。

す-える【据える】《下一他》動かないように置く。㋐物を(しっかりと)置く、または置き並べる。「膳を―」「灸(きゅう)を―」(もぐさを置いて灸をする。いましめのため強くしかる意にも)「判を―」(判をおす) ▽→おく(置)㈠⑴。㋑落ち着ける。「腰を―」「目を―」(じっと目玉を動かさない)「心を―・えてよく見ろ」「腹に―・えかねる」(我慢できない) ㋒ある地位につかせる。「会長に―」 ㋓鷹狩(たかがり)などで、鳥をとまり居させる。「こぶしに鷹を―」 ▽もと「すわる」の他動詞。

す-える【×饐える】《下一自》飲食物がくさって、すっぱくなる。「―・えたにおいがする」

すおう【素×襖・素×袍】麻地で、定紋(じょうもん)をつけた衣服。ひたたれ。初め庶民の常服だったが、武士の常服となり、江戸時代には武士の礼服となった。

すおう【×蘇△芳・×蘇△方・×蘇×枋】①材や実のさやから染料を取る、インド・マレー原産の小高木。枝にとげがあり黄色の花をつける。材は楊弓(ようきゅう)にもした。▽マレ sapang から。まめ科。→はなずおう。②(スオウ⑴の心材の煎汁(せんじゅう)で染めた)黒みを帯びた紅色。

すおどり【素踊(り)】(舞踊のための)衣装・かつらをつけないで踊ること。その踊り。

ずおも【頭重】①あたまが重いこと。②他人に頭をなかなか下げない態度。③〔取引〕相場が上がり気味でありながら、なかなか上がらずにいる状態。

すか〔俗〕「―を食う」あてがはずれる。

すが【×菅】→すげ

ずが【図画】図と絵。また単に、絵。▽旧制の小学校の美術教育の一部。

スカート 女性の、腰から下の部分に着ける筒状の衣服。▽skirt

スカーフ マフラーやネッカチーフなどに使う、絹布などで作った、きれ。▽scarf

スカール →スカル⑴

すがい【酢貝】貝、特にあわびの、酢の物。

ずかい【図解】《名・ス他》図で説明すること。また、図を使って説明を補うこと。

ずがい【頭蓋】脊椎動物の頭の骨格。 **―こつ**【―骨】頭蓋を形成する骨の総称。頭骨(とうこつ)。

スカイダイビング 飛行機から飛び降りて空中遊泳したのち、パラシュートを開いて着地するスポーツ。▽skydiving

スカイライン 空を背にして山や建造物の連なりで見える輪郭の線。「八ヶ岳の―」「新宿ビル群の―」▽skyline 日本では山の尾根などを通る自動車道の名称の一部にもする。「磐梯吾妻(ばんだいあづま)―」

スカウト ①《名・ス他》有望な人材をさがし出したり、引き抜いたりすること。また、そのことを担当している人。②《名》ボーイ スカウトとガール スカウトのこと。▽scout

すがお【素顔】ふだんの顔。㋐化粧していない顔。地顔(じがお)。㋑転じて、ありのままの状態。「東京の―」㋒酒に酔っていない時の顔。しらふ。

すががき【△清×搔(き)・×菅垣】①琴で、歌のない曲。②三味線(しゃみせん)で、歌がなく単に弦を早く賑(にぎ)やかにかき鳴らす手。③三味線の第二・第三弦を同時にひく音と第三弦をすくう音とを交互にした、ひき方。▽吉原の遊女が毎夕店先の格子内でひくのを「見せ―」と言った。

すがき【素描(き)】絵を彩色せずに、かくこと。その絵。デッサン。そびょう。

すかさず【透かさず】《連語》《副詞的に》間を置かず。機会をのがさず。「―切り返す」

すかし【透かし】①すきまを作ること。彫るなどしてすきまを作った所。②紙をあかりにすかす時見える模様・文字。▽紙幣などに入れてある。

すかしおり【透かし織(り)】絽(ろ)・紗(しゃ)のような、薄い絹布。

すかしぼり【透かし彫(り)】装飾のため、金属・板・石などを表から裏まで彫りぬいて模様を出すこと。また、その細工。

すか-す《五自》〔俗〕きどる。すまし込む。「―・してる」▽多くは「スカす」と書く。

すか-す【×賺す】《五他》①機嫌をとり、なぐさめる。「なだめたり―・したり」②だます。「―・して金を取る」▽⑵は既に古風。

すか-す【透かす・△空かす】《五他》透くようにする。①すきまを作る。(入り組んだものを)まばらにする。【透】「庭木の枝を―」②すきまを通す。透き通らせる。【透】「木の間を―して見る」「卵を電灯に―して見る」③『腹を―』『おなかを―』腹をへらす。【空】④〔俗〕音を立てずに屁(へ)をする。

すかすか ①《副[と]》何の抵抗もなく進むさま。「多くの関門を―(と)通り過ぎる」「ペダルを踏んでも―(と)反応がない」②《ダナ・副[と]・ス自》すき間が多いさま。「―の西瓜(すいか)」「骨が―になる」

ずかずか(づかづか)《副[と]》無遠慮に勢いよく進み出るさま。「土足で―(と)上がりこむ」▽「つかつか」の転。

すがすがし-い【△清△清しい】《形》清くて気持がよい。「―朝の空気」派生 **-さ** **-げ**

すがた【姿】ものの全体としての形。㋐体の格好。(外見としての)体。「―がいい」「アユの美しい―」「―を現す」▽一九五〇年ごろまでは「恰好(かっこう)がいい」とは言わなかった。㋑人の(整った)身なり。「あでやかな―」㋒(具体物・抽象物いずれにせよ)全体的な様子。「町の―が一変する」「移り行く世の―」▽全体的にとらえる場合に限る点で「かたち」と異なる。「すがた」の「がた」は「かた」(型・形)と同語源。

すがたみ【姿見】全身を映して見るための、大型の鏡。

すがたり【素語り】三味線(しゃみせん)の伴奏なしに、浄瑠璃を語ること。

すかたん〔俗〕①あてがはずれること。▽↓すか。②まぬけなことをする人をののしって言う語。

スカッシュ ①くだものの汁をソーダ水にまぜ、砂糖を加えた飲物。「レモン―」▽「スカッシ」とも言った。②壁からはねかえるボールを打ち返す、テニスに似たスポーツ。▽squash

すかっと《副・ス自》①抵抗なく、あざやかに事が成立するさま。「―切れる」②ひきしまって、さっぱりしているさま。胸のすくように気持よいさま。「―した服装」「胸が―する」「―さわやかな天気」

すがめ【×眇】①やぶにらみ。斜視。②片目がわるいこと。③ひとみを片方へ寄せてものを見ること。横目。流し目。

すが-める【×眇める】《下一他》すがめのようにする。㋐片目を細くする。㋑片目を細くし、またはつぶり、物のねらいをつける。

=**すがら** 《多く、名詞に付け、副詞的に使う》①初めから終わりまで、ずっと。……じゅう。「日―」「夜も―」②ついでに。……の途中で。「道―」「旅―」③そのまま。「身―」

=**ずから**(づから)《名詞に付け、副詞を作る》……から。その人自身の……によって。「口―」「手―」▽「ず」は古語の格助詞「つ」。

ずがら【図柄】図案の、がら。模様。

スカラー〔物理・数学〕大きさのみで表され、方向をもたない量。↓ベクトル⑴。▽scalar

すがりつ-く【×縋り付く】《五自》(大きなものに)しっかりとつかまって離れまいとする。すっかりたよりとする。「母親に―」

スカル ①二本のオールで左右の手でこぐ、細くて軽い競技用ボート。その競技。▽scull ②頭蓋骨(ずがいこつ)。▽skull

すが-る【×縋る】《五自》①つかまって寄り掛かる。「杖(つえ)に―」。とりつく。「袖に―」②転じて、たよりとする。「人の情に―」「藁(わら)にも―思い」

すが-れる【△末枯れる】《下一自》①花や葉や梢(こずえ)が、時期が過ぎて、枯れ始める。「―れたダリア」②転じて、人の盛りが過ぎて衰える。「―れてかなしこの年を今は酒場の杜若(かきつばた)」(野口雨情『草の花』後姿)

ずかん【図鑑】事物の分類・異同などを系統的に理解するのに便利なように、図や写真を用いて説明した書物。「植物―」

スカンク 敵に襲われると、肛門(こうもん)の脇にある分泌腺から激しい悪臭の液体を放つ獣。南北アメリカに十種余りが分布。大きさは猫くらいで、黒と白の長毛が生える種が多い。▽skunk スカンク科の哺乳(ほにゅう)類の総称。

ずかんそくねつ【頭寒足熱】頭を冷やし、足を暖めること。よく眠れ、健康によいという。

すかんぴん【素寒貧】《名ナノ》〔俗〕非常に貧乏で何も無いこと。その人。▽「素寒貧」は当て字。

すかんぽ 酸葉(すいば)、または、いたどりの俗称。

すき【×鋤】(手の力で)土を(浅く)掘り起こす農具。▽牛や馬や耕耘機(こううんき)に曳(ひ)かせて使う仕方の農具の方は「犂」と書くことが多い。

すき【数奇・数寄】風流の道(特に茶の湯)を好むこと。風流。「―を凝らす」▽「好き」の当て字。

すき【好き】《名ナノ》①好くこと。㋐気に入って、心がそちらに向かうこと。そういう気持。↕きらい。「―な娘がいる」「酒が大―だ」「絵が―になる」「―こそ物の上手(じょうず)なれ」(好きだからこそ上達するのだ)㋑ものずき。また、好色。「あいつも―だなあ」「―も度が過ぎる」②気まま。「―な事を言う」。勝手放題。「他人の財産を―にする」「―にしやがれ」「―に暮らす」

すき【透き・隙】①互いの間に生じるあき。㋐物と物との間の、あいている部分。すきま。「割り込む―も無い」「丸めた紙を―に押し込む」「蟻(あり)の這(は)い出る―も無い」㋑引き続く物事の間に起こる絶え間。ひま。【隙】「仕事の―を見て伺います」②心身の充実を欠く(かに見える)たるみ。【隙】「―に付け入る」「警戒の―をねらう」「―を見せて誘い込む」。㋐ふと緊張がゆるんだ時などの、心の状態。油断。「目を離した―に万引きされた」㋑技の未熟などで生じる、身の構え・備えの至らないところ。「―だらけの姿勢」「わざと―を見せて誘い込む」

すぎ【杉】幹がまっすぐに高く立つ、日本特産の常緑針葉樹。春、細かい花粉を大量に飛散する。材は柔らかで、ぬれても腐りにくいので、建築材・器具材・船材等に使う。▽ひのき科(旧すぎ科)。

=**すぎ**【過ぎ】①時や年齢が過ぎていること。「正午―」「はたち―」②《動詞の連用形、形容詞の語幹やダナ型の語に付く》適当な度合を超えているさま。「言い―」「飲み―」「美し―」「静か―」

すきあぶら【×梳(き)油】髪の毛をすく時に使う、ねり油。

すぎあや【杉×綾】「杉綾織り」の略。スギの葉のような縞(しま)を織り出した服地。

スキー 雪の上をすべって進むために使う道具。細長い板状をし、足にはく。また、それをはいて行う運動競技。「アルペン―」▽ski

スキーム 計画。枠組み。▽scheme 図式(2)の意にも使う。

スキーヤー スキーをする人。▽skier

すきいれ【×漉き入れ】紙をすくとき、文字・模様などを入れこむこと。そうしてある紙。

すきうつし【透き写し】《名・ス他》↓しきうつし

すきおこ-す【×鋤き起(こ)す】《五他》すきで土を掘り起こす。

すきおり【透き織(り)】絽(ろ)・紗(しゃ)のように、織り目を広くすかして織ること。また、その布地。

すぎおり(‥をり)【杉折】スギの薄い板で作った箱。すし・菓子などを入れる。

すきかえし(‥かへし)【×漉(き)返し】古紙などから再製した紙。宿紙(しゅくし)。

すきかえ-す(‥かへす)【×漉(き)返す】《五他》紙を水にひたしてとかし、すいてもう一度紙に作る。

すきかえ-す(‥かへす)【×鋤(き)返す】《五他》すきで土を掘り返す。

すきかって【好き勝手】《名・ダナ》(他人の事など考えず)自分が好きなようにふるまうこと。「―な事ばかり言う」

すききらい(‥きらひ)【好き嫌い】好きであることと嫌いであること。転じて、えりごのみ。「―が激しい」

すきぐし【×梳(き)×櫛】髪の毛をすく、歯が細かいくし。

すぎごけ【杉×蘚】湿地に生えるこけの一種。高さ数センチの直立した茎がたくさん並んで出る。葉はスギの葉に似て線形で、中央から先の方にぎざぎざがある。雌雄異株。▽広くは、すぎごけ科のコケの総称。

すきごころ【好き心】①好色な心。②風流な心。③物好きな心。

すきごと【好き事】①好色なおこない。②物好きなふるまい。

すきこの-む【好き好む】《五他》「好く」を強めて言う語。▽「―・んで」の形で、後に打消しの語を伴って使うことが多い。「何も―・んでそんなことをしなくても」

すぎさ-る【過(ぎ)去る】《五自》①通り越してしまう。②終わってしまう。「春が―」

すきしゃ ①【数奇者・数寄者】茶道を好む者。▽↓すき(数奇)。②【好き者】↓すきもの

すぎじゅう【杉重】スギの薄い板で作った重箱。

すきずき【好き好き】《名ノ》人によって好みがまちまちだということ。「それは―だ」「各人―を言う」

ずきずき(づきづき)《副「と」・ス自》傷などが脈うつように続けて痛むさま。「傷が―(と)痛む」「こめかみが―する」

すぎだま【杉玉】杉の葉を束ねて丸くし軒につるした、造り酒屋の看板。酒林(さかばやし)。▽これを青々とした新しいのに掛け替えると、新酒が出来た合図となる。

スキット ちょっとした芝居。寸劇。▽skit

スキップ ①《名・ス自》かわるがわる片足で、かるく飛びはねながら行くこと。②《名・ス他》順番や途中をとばして進むこと。▽skip

すきとお-る(‥とほる)【透き通る】《五自》①物を通して、その物の中または向こうが見える。透明だ。②声が澄んでいる。

すぎな【杉菜】道ばた・荒れ地に普通の多年草。全体が緑色で針金状の茎の節ごとに棒状の葉を輪状に出す。▽とくさ科。「つくし」は、これの胞子茎。

すぎない【過ぎない】《連語》↓すぎる(4)

すきなべ【すき鍋】すきやき用のなべ。また、すきやき。

すぎなり【杉△形】杉の立ち木のように、上がとがり下が広がった形。

すきばら【△空き腹】腹がへっていること。くうふく。「―をかかえて」▽「すきはら」「すきっぱら」とも言う。

すぎはら【杉原】「杉原紙」の略。コウゾを原料とした、奉書に似ていて薄く柔らかな和紙。

すきま【透き間・△空き間・隙間】↓すき(透)(1)(ア)。「壁の―に紙を貼る」 **―かぜ**【―風】戸などのすき間から吹き込む(冷たい)風。「―が吹く」(感情の隔たりのたとえにも言う)

すきみ【透き見】のぞきみ。

スキミング《名・ス他》クレジット カードなどの磁気情報を盗み取ること。▽skimming(=すくい取る)

スキム ミルク 脱脂粉乳。▽skim milk(=脱脂乳)

すきめ【透き目】すきま。

すきもの【好き者】①好色な人。②物好きな人。好事(こうず)家。

すぎもの【過ぎ者】それに比べると立派過ぎる者。「君には―の奥さんだ」▽大正ごろまでは「のら着に過ぎ物だが」のように物にも使った。

すきや【透×綾】非常に薄い絹織物。▽「すきあや」がつづまった形。

すきや【数奇屋・数寄屋】①茶席・勝手・水屋などが一棟にそなわった、茶の湯を行う建物。②すきやづくり。 **―づくり**【―造(り)】書院造りに茶室風の装飾をほどこした建築様式。 **―ぼうず**【―坊主】江戸幕府の茶礼・茶器をつかさどった、身分の低い役

人。「お―の宗俊」

すきやき【すき焼(き)】 牛・鳥肉などに、とうふ・ねぎなどを加え、たれで味をつけて煮ながら食べる鍋料理。▽鋤(すき)の上に乗せて焼いたからともいう。関西風の言い方が広まったもので、関東では「牛鍋(ぎゅうなべ)」と言った。

スキャット (ジャズなどで)「ダバダバ……」「ラララ……」などの意味のない言葉で歌うこと。▽scat

スキャップ ストライキ破り。▽scab

スキャナ ①走査装置。②写真・図形・文字などを光学的に読み取り、デジタル情報としてコンピュータなどに入力する装置。イメージ スキャナ。▽scanner

スキャン 《名・ス他》走査すること。「CT―」「ウイルス―」。スキャナで画像などを読み取ること。▽scan

スキャンダル よくない噂(うわさ)。醜聞。また、みにくい事件。▽scandal

スキューバ 潜水時に背負うボンベ式の呼吸器具。例、アクアラング。「―ダイビング」▽scuba

ずきょう【×誦経】〔仏〕経文を声に出して(そらんじ)読むこと。じゅきょう。

す-ぎる【過ぎる】《上一自》①規準とするものに対し、物・事柄が一方から他方に移る。㋐通って行って去る。「台風が―・ぎた」。ある地点を越える。「郵便局の前を―と橋に出る」㋑ある時を越える。「約束の時間を―」②盛りを越して終わりになる。時が移って終わる。「夏休みが―・ぎた」③物事がある程度・水準を越す。「いたずらの度が―」㋐度を越す。「わがままが―」「遅きに―・ぎた就職」▽動詞連用形、形容詞語幹などにも付ける。「食い―」「美し―」㋑分を越す。もったいないくらいだ。「分に―」「お前には―・ぎた良い女房」④『……に―・ぎない』断定を強める言い方。……であるだけのことだ。「ちょっと言ってみたに過ぎない」「一介の浪人に過ぎない」

すぎわい(すぎはひ) 生活をたてるための職業。生業。なりわい。▽文語動詞「すぎはふ」から出た名詞。

すぎわら(ら:は)【杉原】①スギの木が(何本も)生えている原。②→すぎはら

スキン ①皮。皮革。「シープ―」(羊皮) ②皮膚。肌。▽skin ―**ケア** 《名・ス自》肌の手入れ(をすること)。▽skin care ―**シップ** 肌の触れ合いによって親近感をはぐくむこと。特に、育児の時などにいう。▽skin に接尾語 ship を付けた和製英語。

ずきん【頭巾】頭にかぶる、袋形の布。顔を覆うようになったのもある。

ずきんずきん(づきんづきん)《副「と」・ス自》脈打つように連続して痛むさま。「傷が―(と)痛む」「こめかみが―する」

す-く 《五他》そのものの中で間をあかせるような動作を加える。▽下記(1)(2)、更に「透く」は同語源。①【×梳く】櫛(くし)の歯で(軽く)しごいて髪を解かす。「乱れ髪を―・いて整える」。毛量を少なくするために切り整える。②【×鋤く】(鋤(すき)で)土を浅く掘り起こす。「畑の土を―」

す-く【好く】《五他》気に入って、そちらに心が向かう。すきだ。「―・かない(=いやな)やつ」「―・いて―・かれて相惚(あいぼ)れて」▽→このむ

す-く【×漉く・△抄く】《五他》水に溶けた原料を掬(すく)って簀(す)の上に平らに敷き、干してそれを作る。「和紙を―」「海苔(のり)を―」▽「すくう」と同語源。

す-く【透く・△空く】《五自》①物の間があく。▽「梳く」「鋤く」と同語源。特に、㋐すきまができる。【透】「戸と柱の間が―・いた」「胸が―」(胸のつかえが消えてなくなる) ㋑中のものが、まばらに(少なく)なる。【空】「電車が―」「腹が―」(腹がへる) ㋒ひまになる。【空】「手が―」②→すける(透)。「裏の色が―・いて見える」

すぐ【△直ぐ】《副「に」・ノダ》時・距離などの間がなく。「私の―の弟」㋐時を置かず、ただちに。「―(に)行くよ」「生まれると―(に)養子に出された」「母をなくしたのは高校に入って―だ」㋑ちょっとした事にも簡単に。「―文句を言われるのがいやだ」㋒ごく近く。「―そこにある」「会社の―脇の通り」「ここから―の所に学校がある」▽名詞的にも使う。「出会った―から仲よしになった」。もと、まっすぐの意。今も「気性の―な人」のようにも言うことがある。以前は、「―(と)おこる人」のようにも言った。関連 直(じき)・直ぐさま・直ち・取り敢(あ)えず・いち早く・早速・早早・忽(たちま)ち・俄(にわか)・たちどころ・あっという間・透かさず・間髪を入れず・間一髪・即座・即時・即刻・言下・至近・目前・身近・手近・間近・程近い・目と鼻の先・指呼の間

ずく【×銑】→ずくてつ

ずく(づく)【〈木菟〉】→みみずく

=**ずく**(づく)《「腕」「金」「力」「相談」「相対(あいたい)」などに付けて》……という手段(だけ)による。……に物を言わせる。「腕―で向かって来る」「相対―の面談」「面白―で済む(=面白さにつられるだけで済ませられる)ことではない」▽「尽くし」から出た語。

スクイズ 「スクイズ プレー」の略。野球で、三塁走者が打者と示し合わせてバントによって生還する攻撃法。▽squeeze play から。

すくいぬし(すくひ:)【救い主】①すくってくれた人。②〔宗教〕救世主(きゅうせいしゅ)。

すく-う(すくふ)【×掬う】《五他》①液状のもの、粉末状のもの、ごく小さいものなどを、手・さじ等で汲(く)み取る。「粉薬を―」「金魚を―」②(掬う(1)に似たしかたで)下から上へ急に持ち上げる。「足を―」「―・い投げ」

すく-う(すくふ)【救う】《五他》あぶない状態、苦しい状態、悪い環境、貧しい境遇などにある者に力を貸し、そこからのがれさせる。助ける。「国を―・った英雄」「悩みを―」「―・い難い愚か者」「―・いようがない」「美しい景色によって旅の単調さが―・われる」関連 →たすける

すく-う(ふ:く)【巣くう】《五自》①鳥などが巣を作ってす

みつく。②比喩的に、(好ましくない)ものが集まって居着く。「胸に—った病」「よこしまな考えが心に—」

スクーター ①足をそろえて乗る形式の小型オートバイ。②ハンドル・車輪付きの細長い板に片足を乗せ、蹴って走らせる(遊び)道具。キック スケーター。▽scooter

スクーナー 帆船の形式の一つ。二本以上のマストを備え、帆を船体の前後方向に張る形式のもの。▽schooner

スクープ《名・ス他》他の報道機関を出しぬいて、大きなニュースをつかみ、報道すること。その記事。特種(とくだね)。「大—」▽scoop

スクーリング 通信教育の学生・生徒が受ける、短期間の教室での講義・授業。▽schooling(＝学校教育)

スクール 学校。「—カラー」「インターナショナル—」▽school

スクエア ダンス 八人が二人ずつの組で四角をつくって踊るダンス。もと、アメリカの郷土舞踊。▽square dance

すぐき【酸茎】 スグキナ(カブの変種)を塩で漬けて、乳酸発酵させた漬物。京都特産。

すぐさま《副》ただちに。↓すぐ(ア)

すくすく《副[と]》勢いよく伸びるさま。元気よく成長するさま。「—(と)伸びる」「—(と)育つ」▽「すくよか」と同語源。

すくせ【△宿世】 ↓しゅくせ。▽口頭語では「すくせ」が普通だったか。

ずくてつ【×銑鉄】 銑鉄(せんてつ)の俗称。ずく。

すくな-い【少ない】《形》数量的に小さい。少ししかない。↔多い。「—からず」(多く。転じて、はなはだ)▽「すこし」がある方に重点を置くのに対し、ない(十分でなく欠けている)方に重点を置いた表現。同種のもののまとまりについて言うから、一人に一つしかない鼻を「鼻が小さい」とは言えても「鼻が—」とは言えない。数の決まっているものについても使わない。語幹は「言葉すくなに語る」「人ずくなの家」など、接尾語的にも使える。派生 -さ

すくなくとも【少なくとも】《副》①少なく見積もっても。内輪に見ても。「—三日はかかる」②転じて、せめて。「—考慮はしてほしい」▽「少ない」の連用形に助詞「とも」がついてできた語。

すくなくも【少なくも】《副》↓すくなくとも

ずくにゅう【〈木菟〉入】 にくにくしい僧をののしって言う語。

ずくぬれ【ずく×濡れ】 ずぶぬれ。▽「づくぬれ」とも書いた。「電車へ行くまでに自分は—になつた」(志賀直哉「和解」四)

すくね【△宿×祢】 天武天皇の代に定めた八色姓(やくさのかばね)の第三。もと、臣下を親しんで言った呼び名。▽「少兄(すくなえ)」がつづまった形。

すくみあが-る【×竦み上がる】《五自》恐れて、縮み上がる。おじけづいて小さくなる。

すく-む【×竦む】《五自》緊張や恐怖などで筋肉がちぢんで体が動かなくなる。「身の—思い」

=ずくめ《名詞に付けて》全体がそのものばかりであることを表す。「黒—の服装」「つらい事—で一年たった」

すく-める【×竦める】《下一他》①すくむようにする。ちぢめる。「首を—」「肩を—」②押さえつける。「だき—」

すくよか《ダナ》すくすくと成長し、強いさま。すこやか。派生 -さ

スクラッチ ①《名・ス他》ひっかくこと。「—カード」②《名》(ゴルフやボーリングで)ハンデなしのこと。「—プレーヤー」③《名》レコード盤を手でこすったり回したりしてノイズを出す演奏法。▽scratch

スクラップ ①《名・ス他》新聞・雑誌記事などを切り抜くこと。その切抜き。②《名》金属の廃棄物。特に、くず鉄。▽scrap(＝破片) **—アンド ビルド** ①採算や効率の悪い部門を整理し、新たに設けること。②組織の新設に際して同等の既存組織を廃し、規模の膨張を抑制すること。「—方式」③作り直しながら完成度を高めていくこと。▽scrap and build **—ブック** スクラップ(1)をはりつけておく帳面。切抜帳。▽scrapbook

スクラム ①ラグビーで、両チームのフォワードの選手が肩を組み押し合うこと。「—を組む」②一般に、大勢かたまって、横の者と腕を組んで並ぶこと。▽scrum

スクランブル ①侵攻してきた敵機などをむかえうつための緊急発進。②映像や電波を攪乱(かくらん)すること。「—をかける」▽(1)(2)は scramble ③「スクランブル エッグ」の略。 **—エッグ** ほぐした全卵をかき混ぜて炒(いた)めた料理。スクランブル。▽scrambled eggs から。 **—こうさてん【—交差点】** 歩行者用信号が青の時、車を全て止めて、歩行者が自由な方向に進める交差点。

すぐり 初夏に、赤く熟す甘ずっぱい小さな実を房状につける落葉低木。また、その実。山地に自生。また、それと同属の植物の総称。欧米産の数種は「グーズベリー」と呼ばれ栽培される。▽すぐり科(旧ゆきのした科)すぐり属。

スクリーニング《名・ス他》ふるいわけること。特に、特定の病気が疑われる人を選び出すこと。「膵(すい)疾患の—検査」▽screening

スクリーン ①映画を映す幕。銀幕。転じて、映画・映画界。②写真製版に使う、黒色・網目状の線を引いたガラス板。③ついたて。間仕切り。④テレビ・レーダーなどの画面。▽screen **—セーバー** パソコンで同一画面が長時間表示されないように、自動的に他の画像などを表示する機能。▽screen saver かつてはブラウン管ディスプレーの劣化を防ぐために使われた。

スクリプター 映画撮影の記録係。各場面のこまかい

内容を控えておくのが役目。▽scripter

スクリプト 放送用の原稿。台本。「―ライター」(台本作家) ▽script

スクリュー 船の推進器。回転軸の周りに湾曲した数枚の羽根を取り付け、水中で回転させて推進力を得る。▽screw

すぐ・る 《五他》多くのものの中から、すぐれたものを選び抜く。「精鋭を―」 ▽「すぐれる」と同語源。

すぐれて【優れて・△勝れて】《連語》《副詞的に》他のあり様にまさって取り分け。「ゲームの理論は―実践的な科学だ」

すぐれもの【優れ者・優れ物】普通よりぬきんでて優れた人・物。▽最近は商品の宣伝で言うことが多い。

すぐ・れる【優れる・△勝れる】《下一自》①力・価値などが一般よりまさる、また立派だ。「師より―れた業績」「なかんずく草書に―」②《打消しの形で》良い状態にない。「顔色が―れない」▽「すぐる」と同語源。他よりぬきんでているのでおのずから選ばれる意。→まさる(1)。また、→すぐれて

スクロール 《名・ス他》コンピュータの表示画面上の文字や図表を、巻物を読むように上下または左右に動かしながら表示すること。▽scroll(=巻物。巻く)

スクワット ①上半身を立てたまま行う、ひざの屈伸運動。②パワーリフティング競技の種目の一つ。バーベルを肩にかついで立ち、しゃがんだ後に再び立ち上がるもの。▽squat(=しゃがむ)

すけ【助】①《名》㋐たすけ。助力。加勢。「―っと」。演劇・演芸で、応援出演。「―に出る」㋑大宝令(りょう)で定められた官位の一つ。次官。長官の補佐・代理をする。▽役所により、「輔・弼・亮・佐・介」等と書き分けた。㋒上級の女官。▽㋒は「典侍」と書く。②《接尾》他の語に付け人名めかして言う語。「飲み―」「おっと承知之(の)―」

すげ【×菅】多く湿った土地に生える、細長く先のとがった葉をもつ多年草。種類が非常に多い。カサスゲ・カンスゲなど特に葉の長くのびるもので笠(かさ)・蓑(みの)・むしろ等を作る。▽「すが」とも言う。かやつりぐさ科すげ属の植物の総称。

ずけ(づけ) →づけ(2)

ずけい【図形】①図のかたち・模様。②〔数学〕三角形・立方体など、面・線・点などの集合からなり、空間における物体の形状・位置関係を抽象化したもの。③図式。

スケート ①氷の上をすべって進むための用具。鉄製の刃型のものを靴に取りつける。また、それを使って行う運動競技。アイス スケート。②→ローラー スケート。▽skate **―ボード** 車輪を付けた細長い板。また、それに乗って滑走し、回転などのわざや速さを競う競技。▽skateboard **―リンク** スケート場。▽skating rink から。

スケープゴート 集団内の不平や憎悪を他にそらすため、罪や責任をかぶせられ身代わりにされる人。▽scapegoat(=贖罪(しょくざい)のヤギ)

スケール ①物事の大きさの程度。規模。「―が大きい」②物さし。その目盛り。寸法。また、縮尺。▽scale

すげか・える(へる)【すげ替える】《下一他》とりかえてすげる。つけかえる。「鼻緒を―」「首を―」(ある役職についている人をやめさせて、他の人にかえる)

すげがさ【×菅×笠】スゲの葉で編んだかさ。すがかさ。

スケジュール 日程(表)。予定(表)。▽(アメリカ)schedule

すけすけ【透け透け】《ダナ》中身や向こうがすけて見えるさま。

ずけずけ(づけづけ)《副[と]》遠慮なく発言したり、他人の領域に踏みこんだりするさま。「―(と)ものを言う」

すけそうだら【助×惣×鱈】→すけとうだら

すけだち【助△太刀】《名・ス自》①加勢・助力をすること。また、その人。▽(2)から。②はたしあい・あだうちで、助力をすること。また、その人。

スケッチ ①《名・ス他》写生をすること。また、その絵。②《名》概略・印象を写しとった図。そのような態度で書かれた断片的な小品文・小曲のたぐい。▽sketch **―ブック** 写生帳。▽sketchbook

すけっと【助っ△人】加勢し、手助けする人。特に、プロ スポーツで、チーム力強化のための外国人選手。▽「すけびと」の音便。

すけとうだら【△介党×鱈】タラと呼ばれる魚の一つ。マダラより少し小さい。日本海・オホーツク海でよくとれる。食用。卵巣をたらこにする。すけそうだら。

すげな・い 《形》相手に対して思いやりのない、無愛想な態度だ。そっけない。「―・く断る」派生 **―さ** **―げ**

すけべえ【助平・助△兵△衛】《名ナ》〔俗〕好色なこと。好色家。すけべ。▽「すき兵衛」の転という。派生 **―さ** **―こんじょう**【―根性】①好色な欲気。②転じて、色々な物事に手を出したがること。欲張って得をしようとすること。「つい―を起こして失敗した」

す・ける【△助ける】《下一他》たすける。

す・ける【透ける】《下一自》すきまや間を光が通り下地がのぞいたりと、中や向こうが見える。「すだれから―庭の木々」「裏が―けた印刷物」「年で髪が―けてきた」▽「透く」(2)の別活用だが、時には「歯並びが―けた」など(1)の意にも使う。

す・げる 《下一他》穴などにさし通して結ぶ。「げたの緒(お)を―」。さし込んで付ける。「人形の首を―」

スケルツォ 〔音楽〕テンポの速い器楽曲。▽(イタリア)scherzo(=冗談・戯れ)

スケルトン ①建物・船などの骨組み。②筐体(きょうたい)が透明であること。そのようなもの。③台座と刃からなる簡素なそり。また、それにうつぶせに乗ってコースを滑走する競技。▽skeleton(=骸骨)

スコア ①競技の得点。②〔音楽〕総譜。▽score **―ブック** スポーツのスコアを記録するノートブック。得点表。試合経過記録簿。▽scorebook **―ボード**

得点を表示する掲示板。スコアボールド。▽score-board

すご-い【△凄い】《形》①ぞっとするほど恐ろしい。「―ことになった」「―目つきでにらむ」「―ような美人」②(ぞっとして)恐ろしくなるほどすぐれている。③程度がはなはだしい。「―売行き」「―けちだ」「けさは―・く寒い」▽俗用ながら口頭語では「けさは―寒い」など連体形を使うのが普通になった。 派生 **-さ** **-み***

ずこう【図工】①教科の「図画・工作」の略。②図をかく職人。

すごうで【△凄腕】技がすごいこと。

スコール 熱帯特有の、にわか雨(をともなった疾風)。▽squall

スコーン ベーキング パウダーを使用した、丸い小形のパン。▽scone イギリスのお茶の時間にジャムなどをつけて食べる。

すこし【少し】《副・ノダ》少々。ちょっと。「―だけで間に合う」「もう―ほしい」「―は涼しくなった」「―でも変なまねをすれば、ただではおかない」▽「すくない」が、十分になく欠けている方に重点を置くのに対し、不十分ながらあるという方に重点を置く。↓すこしも。 関連 僅か・これっぽっち・ちょっと・ちょっぴり・ちと・ちょいと・ちびちび・ただ・たった・たったの・せいぜい・高高・そこそこ・たかが・ほんの・いささか・少少・やや・僅僅・幾分・多少・心持ち・一片・一抹・一縷(いちる)・一掬(いっきく)・一毫(いちごう)・寸毫・寸分・微塵(みじん)・微微・微少・寥寥(りょうりょう)・些少(さしょう)・軽少・僅少・最少・極少・心ばかり・形ばかり・なけなし・あるかなし・数えるほど・雀の涙・爪の垢(あか)・九牛の一毛

すこしく【少しく】《副》「すこし」を形容詞連用形に似せた語形。「―私意を加えて言ってみれば」

すこしも【少しも】《副ダ》《打消しを伴って》少しばかりであろうと。ちっとも。全然。「―こわくない」「知らなかったのか?」「ああ、―だ」

すご-す【過(ご)す】《五他》①時間をついやす。「時を―」。転じて、暮らす。また、生活する。「その日その日を何とか―」②適度を越す。「酒を―」▽「お―・し下さい」の形で、(十分に)召し上がれと酒を人に勧めるのにも使う。③《動詞連用形を受けて》そのままにしておく意を表す。「やり―・して切りつける」「失敗を見―」

すごすご《副「と」》仕方なく(意に反して)、退くさま。「―(と)ひきさがる」

スコッチ ①「スコッチ ウイスキー」の略。スコットランド産のウイスキー。▽Scotch whisky から。②「スコッチ ツイード」の略。毛織物の一種。繊維が長くて太く、光沢のある羊毛からつむいだスコッチ糸で織ったもの。洋服・オーバー地など。▽初めはスコットランド地方原産のホームスパンを言った。Scotch tweed から。

スコップ ①土砂を掘ったりするのに使う、皿型の部分に柄がついた道具。▽「シャベル」(1)の意でも使う。②園芸で移植などに使う、片手で作業できる、小型のシャベル(1)。▽(オランダ) schop

すこぶる【×頗る】《副ノ》たいそう。大いに。「―満足した」「―頼りない」「―の仲よし」

すこぶるつき【×頗る付き】「すこぶる」という言葉をつけて言うほど、ずばぬけていること。「―の美人」

すごみ【△凄み・△凄味】ぞっとするほどの恐ろしさ、気味悪さ。すごい様子。すごい言葉。「―を利かせる」▽動詞「すごむ」の連用形から出た名詞。「味」は当て字。

すご-む【△凄む】《五自》相手をこわがらせるような態度を見せて、おどす。

すごも-る【巣籠(も)る】《五自》(鳥・虫などが)巣の中にはいりこんだままでいる。すごもりをする。

すこやか【健やか】《ダナ》病気をせず、丈夫なさま。健康。すくよか。▽心についても言う。「―な精神」 派生 **-さ**

スコラてつがく【スコラ哲学】ヨーロッパ中世の哲学。キリスト教義を絶対の真理とし、それをアリストテレス哲学によって組織だてようとした。概念を細かく区別し、形式的な論法をもちいた。▽「スコラ」は(ラテン) schola(=学校)

すごろく【△双六】室内での遊びの一種。さいころを振って、出た目によって区画を先に進み、早く上がりの区画にはいった者を勝ちにする。

スコンク 競技(や選挙)で相手を零敗(や大敗)させること。▽(アメリカ) skunk (原語は他動詞) 日本では、多く、零敗を指す。

すさ【×莇・△寸×莎】壁土にまぜて(壁に割れができないよう)つなぎとする、わら・麻・紙などを細かく切ったもの。つた。

すさび【△遊び】心のおもむくままにすること。「筆の―」▽「すさぶ」の連用形で、もと、いよいよ進む意。

すさ-ぶ【△荒ぶ】《五自》勢いが激しくつのる。「風が(吹き)―」

すさまじ-い【△凄まじい】《形》ものすごい。㋐恐ろしい様子だ。「―形相(ぎょうそう)」㋑勢い・程度が恐ろしいほど激しい。「―人気」㋒あきれかえるほどひどい。「これが名作だとは―(話だ)」▽動詞「すさむ」(勢いが激しく進む)から出た語。 派生 **-さ** **-がる**

すさ-む【△荒む】《五自》やけを起こして荒れる。「生活が―」。粗雑になる。「芸が―」▽もと「すさぶ」に同じ。

すさ-る【△退る】《五自》↓しさる

ずさん【×杜×撰】《名・ダナ》(著作などに)誤りが多く、いい加減なこと。粗雑。「―な仕事」▽「ずざん」とも言った。杜黙(とも)の詩が多く律に合わなかった故事によるという。 派生 **-さ**

すし【△寿司・×鮨・×鮓】酢・塩で味をつけた飯に、魚肉・野菜などをまぜたもの。また、酢をした飯をにぎって、その上に魚・貝の肉などの具をのせたもの。種類が多い。「―屋」▽↓なれずし

すじ【筋】㊀《名》①筋肉の繊維。「肩の―がこる」②一般に、細長く一続きになっているもの。線。「毛の―」㋐血管。「額(ひたい)に青―を立てて怒る」㋑しま。「赤い―がはいった織物」③一続きになっている関係。㋐血統。血縁。「源氏の―を引く家柄」㋑素質。「芸の―がいい」㋒物事の道理。「―が立った話」「―を通す」㋓物語・小説・劇などの、話のしくみ。「―を立てる」④具体的な名をあげず、多少ともぼかして、その事柄のより所を示す時使う語。「確かな―からの情報」「その―からのお達し」㊁《接尾》①《数を表す語に付けて》細長い物を数える時添える語。「帯一―」②《地名に付けて》……に沿ったあたり。……の辺。「大川―の某所」③《名詞に付けて》……に関係がある人。「側近―の意向」「粋(きい)―」

ずし【図示】《名・ス他》図にかいて示すこと。図で示すこと。

ずし【×厨子】二枚とびらの開き戸がついた物入れ。▽仏像・経巻または書物・食器などを入れる。

すじあい【筋合(い)】(物事に対し)きちんと立てた理由・根拠・道理。わけあい。「とやかくいうべき―ではない」

すじかい【筋交い】①斜め(に交わること)。「ほととぎす平安城を―に」(与謝蕪村)②建物を強くするために、柱の間などにななめに交差させてとりつけた木材。

すじがき【筋書(き)】①小説・劇または実際の出来事の、大体の内容、話の筋道を書いたもの。②前もってしくんだ計画。もくろみ。「―通り運ぶ」

すじがね【筋金】①(支えとして)物の内部に入れたり物にはめたり張ったりした、鉄・銅などの線や棒。②考え・行動を支える、しっかりしたもの。「―入り」

ずしき【図式】①物の関係を示すために描いた図。②概念の関係を説明するための型。シェーマ。スキーム。

すじぐも【筋雲】巻雲(けんうん)の俗称。

すじこ【筋子】産卵直前の鮭(さけ)の、卵巣に入ったままの卵。その塩蔵品。

ずしずし《副「と」》①いかにも重そうに(足音を響かせて)歩くさま。「力士が―(と)やってくる」②心に重く響くさま。「気持が―と伝わる」

すじだて【筋立(て)】物語・劇などの話の筋の立て方。

すじちがい【筋違い】①《名・ダナ》(普通の)筋からはずれたこと。㋐道理にはずれたこと。手続きを取り違えていること。㋑見当違い。②《名》斜めに交差していること。すじかい。③《名》関節などの筋肉を、不自然な動作をしたり急に動いたりして、いためること。

すしづめ【×鮨詰(め)】狭い所にたくさんの人や物がぎゅうぎゅうに詰めて入れられること。「―の電車」▽もと、すしを折箱(おりばこ)に詰めたもの。

すじば-る【筋張る】《五自》①筋がたくさん張り出る。「―った手」②話や態度が堅苦しくなる。

すじぼね【筋骨】①すじとほね。きんこつ。②軟骨。

すしまい【×鮨米】→すしめし

すじまき【筋×播き】定めたすじに沿い、種をまくこと。条播(じょうは)。

すじみち【筋道】物事を行う時に踏む順序(に現れる理)。「―が立った措置」「内容より―を大切がる役人根性」「それでは―が違うぞ」

すじむかい【筋向(か)い】斜めに向かい合っていること。「―の家」

すじむこう【筋向(こ)う】→すじむかい。▽「すぢむかひ」の音便形。

すじめ【筋目】①面と面とが交わった線。折り目。「―の立ったはかま」②家柄。血統。由緒(ゆいしょ)。「―が正しい」③すじみち。

すしめし【×鮨飯】酢・塩で味つけした、すし用の飯。すしまい。

すじもみ【筋×揉み】筋肉に沿って、体をもみやわらげること。

すじょう【素性・素姓・素生・△種姓】①血筋。家柄。また、生まれ。育ち。②伝わった由緒(ゆいしょ)。「―正しい名器」③生まれつきの性質。

ずじょう【頭上】頭の上方。「青空が―に広がる」「―注意」

すじょうゆ【酢×醬油】酢としょうゆとを合わせた、たれ。和(あ)え物・鍋物に使う。

ずしり《副と》①重いものが落ちる音。そのさま。「足の間には、―と重さうな袋が置いてあつた」(津村信夫「猟人」)②→ずっしり

すじ-る【×捩る】《五自》体をねじり、まげる。

すじろん【筋論】実際条件や実現法を考えに入れず、建て前(2)を述べ立てる議論。

ずしん《副と》重いものが落ちて響く音。そのさま。「―と地響きが伝わる」

すす【×煤】①煙・炎に含まれる、炭素の黒い粉末。「―だらけの顔」②「すすいろ」の略。

すず【鈴】振って鳴らす球形のもの。中は空で、小さな玉や石が入れてある。「―の緒」(鈴につけたひも、特に社の拝殿正面の鈴を振って鳴らす綱・布)

すず【×錫】金属元素の一つ。元素記号 Sn 銀白色でつやがあり、さびにくく、やわらかで、延性・展性に富む。食器・チューブ等の材料。箔(はく)にして包装用。鉄板にめっきしてブリキを作り、活字・はんだ、また種々の合金に使う。

すすいろ【×煤色】すすのような色。黄みを帯びた薄黒い色。

すずかけ【×篠懸・鈴掛】①スズカケノキ。②山伏(やまぶし)が衣服の上に着る、麻のころも。 **―のき**【―の木】カエデに似た縁に深い切れ込みがある大きな葉をつける落葉高木。秋、まるい実が、鈴をかけたように三

つ四つ垂れさがる。街路樹・庭園樹として植える。プラタナス。▽すずかけのき科。

すずかぜ【涼風】すずしい風。▽初秋を思わせる風を指すことがある。「ーが立ちそめる」

すすき【△薄・×芒】山野に群生し、秋、細長い茎の上に白い花穂を出す多年草。高さは二メートルに達するのもある。風に揺れる姿に趣があり、秋の七草に数えられる。穂を「尾花(おばな)」と言い、転じて、この植物の別名ともなった。▽いね科。

すすぎ【△濯ぎ】①すすぐこと。「ーは三回します」②足を洗うための湯・水。「ーを持って来い」

すずき【×鱸】タイを前後に細長くしたような体形で口が大きく、背は暗青色、腹は銀白色の海魚。全長一メートルに達する。沿岸部にすみ、春夏に川にもさかのぼる。身は白く夏から秋に美味。▽成長に従い、こっぱ・せいご・ふっこ・すずき、と名称が変わる。すずき科。

すす-ぐ【△濯ぐ・△雪ぐ・×漱ぐ】《五他》洗い清める。㋐よごれ・洗剤などを洗い流す。「髪をー」【濯】㋑恥・不名誉などを除き去る。【雪】「汚名をー」▽㋐の転。㋒口をゆすぐ。うがいをする。【漱】

すす-ける【×煤ける】《下一自》①煤(すす)がかかって黒くよごれる。②古くなって煤色になる。

すずこ →すじこ

すずし【〈生絹〉】練らない生糸で織った絹織物。また、薄くて軽い絹織物。

すずし-い【涼しい】《形》①気温が暑くなくて、体温が快い程度に奪われる感じだ。「ー風」「ー顔」(自分は関係がないかのような、すましこんだそぶり)②澄んでいてすがすがしい。さわやかだ。「風鈴の音がー」「ーひとみ」 派生 **-さ** **-げ** 関連 涼感・涼気・涼風・涼味・秋涼・新涼・清涼・爽涼・冷涼・納涼・朝涼(あさすず)・夕涼(ゆうすず)・夕涼み

すずしろ【△清白】春の七草の一つ。だいこんの別称。

すすたけ【×煤竹】①すすけて赤黒くなった竹。「ー色」②すす払いで、天井のすすを取るのに使う竹。

すすど-い《形》敏捷(びんしょう)で抜け目がない。するどい。▽古風な語。派生 **-さ**

すずな【×菘】春の七草の一つ。あおな、または、かぶらの異名。

すずなり【鈴△生り】くだものなど、多くのものが群がって一か所にぶらさがっていること。「野次馬がーになる」▽鈴がたくさん付いている神楽鈴(かぐらすず)に見立てて言う。

すすはき【×煤掃き】→すすはらい

すすば-む【×煤ばむ】《五自》すすける。

すすはらい【×煤払い】ふだんは手の届かないような天井のすす、床下のごみまで取り払って、家の中をすっかり清める大掃除(おおそうじ)。多くは年末に行う。すすはき。

すすほこり【×煤×埃】すすのかかったほこり。また、すすやほこり。

すすみ【進み】進むこと。またその度合。進度。

すずみ【涼み】涼むこと。納涼。「夕ー」

すずみだい【涼み台】縁台の、主な用途からの呼び名。

すす-む【進む】《五自》(勢いに乗って)前へ出る。①自分が向かっている方向に動く。㋐前方へ行く。↕退く・引く。「三歩ー」「転じて東へー」㋑目標に向かって乗り出す。「芸能界にー」「理科系学科にー」㋒《「ー・んで……する」の形で》自分から積極的に……する。乗り気になって……する。「ー・んで勉強する」㋓仕事がはかどる。「工事が着々とー(=完成に向かう)」②標準・普通の動き方よりはやい。↕遅れる。「時計が二分ー」③度合が高まる。㋐物事の程度や内容がよくなる。↕遅れる。「ー・んだ技術」㋑地位・階級があがる。「官位がー」㋒勢いが増す。↕衰える。「食がー」(食欲が盛んになる)「病勢がー」(病気が悪化する) 関連 突き進む・押し進む・勝ち進む・捗(はか)どる・伸びる・前進・急進・突進・盲進・邁進(まいしん)・驀進(ばくしん)・猪突(ちょとつ)猛進・ダッシュ・直進・並進・徐行・緩行・跛行(はこう)・進歩・進展・日進月歩・先進・後進・進行・進捗・推進・昇進・栄進・累進・特進・一足飛び・直(ひた)押し・平押し・まっしぐら・すいすい・すらすら・ずんずん・とんとん

すず-む【涼む】《五自》涼しい風や空気にあたって暑さをしのぐ。涼しさを味わう。

すずむし【鈴虫】秋の夜に、雄が羽をすり合わせて、りいんりいんと美しい声で鳴く昆虫。体は黒褐色で体長約二センチ。細長い触角がある。草むらにすみ、鳴き声を観賞するために飼育もされる。▽すずむし科(または亜科)。

すすめ【勧め・△奨め】すすめる㈡こと。その言葉や動作。「学問のー」

すずめ【×雀】人家近くで普通に見られる小鳥。全長一四センチほど。背は茶色に黒い斑点があり、腹が白い。ちゅんちゅんとさえずる。雑食で、草の種子や虫などを食べる。梅に鶯(うぐいす)と同様に、竹との取り合わせで親しまれる。「ーの涙」(ごくわずかな量のたとえ)「ー百まで踊り忘れず」(幼い時に覚えたことは年をとっても忘れない)▽すずめ科。やかましくさえずるので、おしゃべりな人のたとえにも使う。また、家の軒をのぞくようにして飛び回るので、よく出入りして事情に詳しい人のたとえにも使う。「楽屋ー」

すずめいろ【×雀色】すずめの羽のような茶褐色。

すずめおどり(…をどり)【×雀踊(り)】すずめの形をまね、編みがさをかぶってする踊り。

すずめずし【×雀×鮨】背開きの小鯛(こだい)を酢でしめ、中に酢めしをつめたすし。大阪名物。▽形がすずめのようにふくらんでいる。もと江鮒(えぶな)を使った。

すずめばち【×雀蜂】大形で猛毒をもつハチ。日本には十数種が分布し、樹木の空洞、軒下などに釣鐘のような大きな巣をつくる。特にオオスズメバチを言い、体長は三センチ以上、腹部は黄褐色で黒い縞(しま)がある。熊蜂。▽すずめばち亜科のハチの総称。

すずめやき【×雀焼(き)】①すずめをひらいて頭ごと照り焼きにしたもの。②フナや小魚を頭を取らず背開きにし、串に刺して付け焼きにしたもの。▽形がふくらすずめに似ているので言う。

すす-める【進める・勧める・薦める・△奨める】《下一他》㊀進むようにする。↕戻す・返す。【進】①前へ動かす。㋐前方へ行かせる。「兵を―」「時計の針を―」㋑はかどらせる。「工事を―」「話を―」②度合を高める。㋐物事の程度や内容を(今までより)よくする。↕遅らせる。「文化を―」㋑地位・階級をあげる。「官位を―」㊁その事物を受け入れて行うように、ほかの人に差し向ける。①自分がよいと思う事を他人もするように、その人に言う。【勧】「入会を―」「新機種にしてはどうかと―」。また、自分のよいと思う事を述べ、それによって他人を励ましたり忠告したりする。【奨】「学生の自発的研究を―」②ある人・物・事を採用するように、他人に進言する。【薦】「彼は役に立つ男だと―」③もてなしとして供する。「ざぶとんを―」「酒を―」▽㊁は、差し出して献じる意。関連 促す・推す・励ます・誘う・勧業・勧告・勧奨・勧誘・奨励・慫慂(しょうよう)・推挙・推奨・推薦・推輓(すいばん)・選奨・激励・報奨・誘惑・扇動・挑発

すずやか【涼やか】《ダナ》涼しいさま。すがすがしい感じがするさま。「―な目」派生 **-さ**

すずらん【鈴×蘭】①晩春に、白いつぼ形の小花をふさのようにつける多年草。北海道など寒地に自生。有毒だが、強心剤や香水の原料にもする。▽くさすぎかずら科(旧ゆり科)。②夏、柿の実のような色の鐘状の小花が、下から順に十個ほど咲く多年草。山の谷すじなどに生える。カキラン。▽らん科。 **―とう**【―灯】すずらん(1)の花の形をまねた、装飾用電灯。街灯に多い。

すずり【×硯】墨を水で磨(す)るために使う、石・かわらで作った文房具。▽「すみすり」がつづまった語。

すすりあ-げる【×啜り上げる】《下一自他》息を吸ってたれた鼻じるをまた鼻に入れる。特に、そのような動作をして泣く。すすり泣く。

すすりな-く【×啜り泣く】《五自》息を小刻みに吸い、すするようにして泣く。

すずりばこ【×硯箱】すずりや筆・墨などを入れておく箱。

すずりぶた【×硯蓋】①すずり箱のふた。▽昔は花・くだもの等をのせるのにも使った。②祝いの席で口取りざかな等を盛るひろぶた。また、そのさかな。▽形がすずりぶた(1)に似ることから言う。

すす-る【×啜る】《五他》①液体・麺などを、口で小刻みに吸いながら口に入れる。「茶を―」②たれた鼻じるを息といっしょに吸う。

すすんで【進んで】《連語》→すすむ(1)㋒

ずせつ【図説】《名・ス他》図を入れて説明すること。図による説明。

すそ【裾】①衣服の下部のふち。②一般に、物の下方の部分。㋐山のふもと。「―野」㋑川しも。「川(の)―」㋒髪の毛のえり首に近い所。

すそがり【裾刈(り)】頭髪のえりくびに近い所を刈ること。

すそご【裾濃】下になるにつれ色が次第に濃くなる染め方。

すそさばき【裾×捌き】和服のすそが乱れたりからんだりしないように歩く、足の使い方。「―がきれいだ」

すそとり【裾取り】→すそまわし

すその【裾野】①山のふもとが、ゆるやかに広がった野原。②比喩的に、物事が広い範囲にわたること。「自動車産業は―が広い」

すそまわし【裾回し・裾×廻し】着物のすその裏につける布。すそとり。

すそもの【裾物】(取引)下等品。

すそもよう【裾模様】女性の和装礼服などのすそにつけた模様。また、すそに模様のある着物。

すそよけ【裾△除け】和服の下着の一つ。けだし。

ずだ【頭×陀】(仏)衣食住に関する貪欲を払いのけて仏道修行にはげむこと。その修行のため、食を乞いながら野宿などして旅を続けること、またはその僧。▽梵語(ぼんご)。

スター (空に輝く星のような)花形。「―プレーヤー」▽star **―システム** スターの人気で客を集めようとする興行のやりかた。▽star system **―ダム** 映画やロックのスターの座。「―にのし上がる」▽stardom

スタート 《名・ス自》出発(すること)。開始(すること)。また、出発点。「―を切る」「―ライン」▽start **―ダッシュ** ①スタート直後に速く走ること。「百メートル走で素晴らしい―を見せる」②物事を勢いよくはじめること。「年明けの販売に―をかける」▽start と dash とによる和製英語。

スターリング イギリスのポンド貨幣の別称。▽元来、イギリスの正貨の純度の標準を指す。sterling

スタイリスト ①スタイル・身なりによく気を配る人。②俳優やモデルなどの服飾の指導・演出を業とする人。③文章にこる人。美文家。▽stylist (1)は日本での用法。

スタイリッシュ 《ダナ》格好がよいさま。センスがよいさま。「―なデザイン」「―に着こなす」▽stylish

スタイリング デザインの様式・型。また、より魅力的に整えること。「個性的な―」▽styling

スタイル ①姿。かっこう。②様式。型。文体。▽style **―ブック** 流行服の型を図示した本。▽stylebook

スタウト 黒ビールの一種。濃厚で苦味がつよい。▽stout

すだ-く 《五自》虫などが鳴く。▽もと、集まる、むらがる意。

スタグフレーション 不況時に、普通なら生産物や労働力が余って騰(あ)がらないはずの物価が騰がるという現象。▽stagflation (stagnation (＝不況) と inflation とからできた語)

すだこ【酢×蛸】 ゆでダコのそぎ切りの酢の物。

すたこら 『副［と］』急ぎ足で移動するさま。「―(と)逃げる」「―さっさ」

スタジアム 観覧席のある競技場。特に、野球場。▽stadium

スタジオ ①写真家・芸術家などの仕事場。②映画の撮影所。③放送・録音の設備のある室。▽studio

すたすた 『副［と］』歩調を乱すことなく、足裏を完全につけて歩くさま。「―(と)歩く」

ずたずた(づたづた) 『ダノ』①細かく切れ切れになったさま。「服が―に裂けた」②ひどく傷ついたさま。「プライドが―だ」

すだち 独特の香りと酸味のある実を緑色のうちに収穫して、その果汁を香味料として利用する柑橘(かんきつ)類。常緑低木で実はユズよりも小さい。徳島県の名産。▽酢橘(たちばな)の意。

すだち【巣立ち】 ①ひなが大きくなって巣を離れること。②比喩的に、子が大きくなって独立すること。

すだ-つ【巣立つ】『五自』巣立ちをする。「学窓を―」

スタッカート 〔音楽〕一音一音を切り離して短く(演奏すること)。↕レガート。▽(イタリア) staccato

スタッドレス スパイク(1)を埋め込んでいない、制動力の強い雪道用のタイヤ。▽studless (＝鋲(びょう)のない) tire から。

スタッフ ①一つの仕事のため、それぞれの部門を担当している者。その顔ぶれ。陣容。また、部員。「編集―」②企画・調査など、経営の中枢部門。↕ライン。③映画・演劇・放送などで、俳優や歌手以外の制作陣。▽staff

スタティック 『ダナ』静的。↕ダイナミック。▽static

ずだぶくろ【頭×陀袋】 ①頭陀の僧が経文・布施(ふせ)などを入れて首にかける袋。②死人を葬る時、その首にかける袋。③何でも入れられるような、だぶだぶの袋。

すだま【×魑△魅】 山林・木石の精といわれる怪物。

スタミナ ねばり。持久力。精力。「―の配分」「―がない」▽stamina

スタメン 「スターティング メンバー」の略。(野球などで)試合開始時の出場選手(の顔ぶれ)。▽starting member から。

すたり【廃り】 すたれること。「はやり―」「―のない柄(がら)」

すた-る【廃る】『五自』↓すたれる。「男が―」(男子の面目が立たない)

すだれ【×簾】 細い割り竹やアシなどを何本も並べ、糸で編みつないだもの。部屋の仕切りや日よけなどに使う。

すたれもの【廃れ物】 不用となった物。また、流行遅れになった物。▽「すたりもの」とも言う。

すた-れる【廃れる】『下一自』使われなくなる。㋐利用されなくなる。㋑はやらなくなる。流行に遅れる。㋒衰える。「道義が―」

スタン ガン 先端を相手に接して衝撃を与える、護身用の電気銃。▽stun gun

スタンザ 詩の一節。普通、四行以上から成る一まとまり。▽stanza

スタンス ①野球・ゴルフなどで、球を打つときの足の構え方。②ある行動をとる際の、姿勢や立場。▽stance

スタンダード 『名・ダナ』標準(的)。▽standard

スタンディング オベーション (観客が)立ち上がって拍手喝采すること。▽standing ovation

スタンド ①階段式の見物席。「メイン―」②バーテンとさしむかいになる形の酒場。③台。「インク―」。また、自転車・オートバイを倒れないように支えて止める部品。④「電気スタンド」の略。⑤駅などの売店。また、席のない飲食店。⑥「ガソリン スタンド」の略。▽stand **―プレー** 競技者などが見物人の喝采をねらって、はでに振舞う動作。▽英語では grandstand play と言う。

スタント マン 映画で、危険な場面で俳優の代役をする離れ業専門の人。▽stunt man

スタン バイ 『名・ス自』準備をととのえて待機すること。準備完了。▽stand by「用意せよ」の意で船長などが発する号令から。

スタンプ 刻印。印章。特に、ゴム印。㋐郵便物の消印。㋑名所・旧跡などで記念におすはんこ。▽stamp

スチーム ①蒸気。「―アイロン」②蒸気による暖房装置。「寒いのに―が利かない」▽steam

スチール ①鋼鉄。はがね。「ステンレス―」「―ギター」▽steel ②映画の一場面を、普通の写真として焼きつけたもの。映画の宣伝に使う。▽still ③野球で、盗塁。「ホーム―」▽steal

スチュワーデス ↓アテンダント。▽stewardess

スチュワード ↓アテンダント。▽steward

スチル ↓スチール(2)

スチロール 合成樹脂・合成ゴムの原料となる有機化合物。無色の液体で刺激臭がある。これを重合したポリスチレンは各種容器などに広く使われる。スチレン。「発泡―」(気泡を含ませたポリスチレン)▽(ドイツ) Styrol

すっ＝**【素っ】** ↓す(素)(2)。「―ぱだか」「―とんきょう」

ずつ(づつ) **【△宛】** 《数や量を表す語に付けて》等しい分量がそれぞれに及ぶこと。「十人―が一組になる」。(ほぼ)等しい分量が繰り返されること。「少し―食べる」

ずつう【頭痛】 ①頭の内部に感じる痛み。種々の病気の症状として現れる。②転じて、心配。心痛。「―の種」

スツール 背もたれの無い、一人用のいす。腰掛け。▽stool

すっからかん 〔俗〕全くからっぽなさま。何一つ残らないこと。「―の空財布(からさいふ)」

すっかり ①《副ダ》残らずすべて。「―忘れ(てい)た」「―秋らしくなった」「―満足する」「―仕上げた」「上げるものはこれで―だ」▽最後までし通す意がある点で「全く」とは異なる。②《副[と] ダ》今ははや(驚くほど変わって)。「―大きくなったね」「―見違えてしまった」

すっきり《副[と]・ス自》余計な物やはっきりしない物がなく、気持よくさっぱりしているさま。「―(と)した服装」「頭が―する」「まだ病気が―しない」

すっく《副と》勢いよく立ち上がるさま。また、まっすぐ立っているさま。

ズック ①麻の繊維を太よりにし、平織りにした布。帆布・テント・かばん・靴等にする。②ズック(1)で作った靴。▽オランダ doek

ずっこ-ける《下一自》〔俗〕はめをはずす。まぬけなことをする。▽もと「ずりこける」。昭和初年までは、ゆるんでずり落ちる意。

ずっしり《副[と]・ス自》重い手ごたえが感じられるさま。ずしり。「―重い財布」「―(と)した文鎮」「責任が―(と)のしかかる」

すったもんだ【擦った×揉んだ】《連語》《「―する」の形でも使う》議論などが、さんざんにもめること。ごたつくこと。「―のあげくに」

すってんころり《副と》人が勢いよくころぶさま。

すってんてん〔俗〕金や物を(なくしてしまい)まるっきり持ち合わせない状態。一文無し。「ばくちで―になる」

すっと ①《副》あまり目立たない感じで速く移動(変化)するさま。「手を―差し出す」「音もなく―現れる」「気持が―冷める」「汗が―引く」②《副・ス自》今までの不快さがなくなってさっぱりするさま。「頭痛が去って―する」

ずっと《副・ノダ》①はなはだしい開きがあるさま。段違いに。はるかに。「彼の方が―えらい」「―昔」②初めから、または長い間続けて。「―立ち通しだ」「渡米後―連絡がない」③ためらわずに通るさま。ずかと。ずいと。「奥へ―入る」

すっとば-す【素っ飛ばす】《五他》〔俗〕①勢いよく飛ばす。車などを速く走らせる。「ライトバンで峠道を―」②途中を抜かす。「国内大会を―・して、オリンピックに行くようなものだ」▽「すっ」は接頭語。→す(素)(2)

すっと-ぶ【素っ飛ぶ】《五自》〔俗〕①勢いよく飛ぶ。「サンダルが―」。大急ぎで行く。「―・んで帰る」②消えてなくなる。「記憶が―」▽「すっ」は接頭語。→す(素)(2)

すっとんきょう【素っ頓狂】《ダナ》非常にまのぬけたさま。「―な声を出す」▽「頓狂」を強めた語。「すとんきょう」とも言う。→す(素)(2)。派生 **-さ**

すっぱ-い【酸っぱい】《形》酸(す)い。「口が―・くなるほど言う」(同じ事を、いやになるほど何度も何度も言う)▽「酸栄(は)ゆし」の転。派生 **-さ -み -がる**

すっぱだか【素っ裸】衣服を何もつけないでいること。まるはだか。すはだか。▽→す(素)(2)

すっぱぬ-く【素っ破抜く】《五他》〔俗〕秘密や他人の隠し事などを突然あばいて明るみに出す。

すっぱり《副[と]》①あざやかに断ち切るさま。「青竹を―(と)切る」②思い切りのよいさま。「タバコを―(と)やめる」「―あきらめる」

すっぴん【素っぴん】〔俗〕①化粧をしていない顔。素顔のままであるさま。②しらふの顔。

ずっぷり《副[と]》①人や物が水や湯にすっかりつかるさま。②雨などに全身がぬれるさま。「―(と)汗をかく」

すっぽか-す《五他》〔俗〕(約束・仕事など自分が行うべき事をせずに)ほうっておく。

すっぽぬ-ける【すっぽ抜ける】《下一自》①すっぽり抜ける。②野球で、コントロールが利かず、投球が思わぬ方向へそれる。

すっぽり《副[と]》①すっかりおおうさま。「ふとんを―(と)かぶる」「計画区域に―(と)はいる」②物がはずれたり、ちょうどよくはまったりするさま。「人形の首が―ぬける」「重要な部分を―(と)落とす」

すっぽん【×鼈】①川・池・沼にすむ、かめの一種。甲は円形でやわらかな皮膚で覆われる。口先はとがり、物にかみつくと、なかなか離さない。肉はうまく、滋養がある。どろがめ。「月と―」(比べものにならないほど違うことのたとえ)▽すっぽん科。広くは同科のカメの総称。②歌舞伎などの舞台の花道に設け、ふたを開けると登場人物がそこからせり上がれるようにした所。「七三(しちさん)の―から艶麗な姿を現した」

すで【素手】何も持っていない手。「―で敵に立ち向かう」

すていし【捨(て)石】①すぐ役立つとは言えなくても先々の効果をねらって行う、投資や予備的行為(に当たらせる人)。▽(2)㋒の比喩用法の固定化。同様の固定化は、程度の差があっても「いしずえ」「基礎」「人柱」などに見られる。②捨ててあるようでも役に立つ石。▽歌舞伎舞台上の屋外に置く作り物の石にも言う。(2)は(3)の転。㋐日本式庭園で、何げなくそこにあるかに見えながら、庭の趣を増すように(通例は一つ)置く、小さくはない石。捨て岩。㋑土木で、水底に基礎を設けるとか水勢を弱めるとか崖の強度を補うとかの目的で投げ入れる石。㋒囲碁で、相手が取ればかえって自分に有利だとたくらみ、そう仕向けて置く石。「碁で言へば、まあ―だ。俺が身内を助けるのは、―を打ってるんだ」(島崎藤村「家」)③(特に鉱山や炭坑で)無用物として捨てる石。▽鉱石を採る時に出るのを「ずり」、(北九州の)炭坑でのを「ぼた」とも言う。

スティック ①棒。棒状のもの。「―タイプのシナモン」「野菜―」②ホッケーなどで使う打棒。③打楽器を鳴らすための木製の棒。撥(ばち)。▽stick

すていん【捨(て)印】 契約書・委任状などを作る際、その時には予想しなかった小さな変更に備えて前もって欄外に押しておく印。

すてうり【捨(て)売(り)】〘名・ス他〙捨て値で売ること。投売り。

ステーキ 厚切りの肉や魚を焼いたりあぶったりした料理。特にビーフステーキ。「—肉」「サーモン—」▽steak

ステージ 舞台。演壇。「—に立つ」▽stage

ステーショナリー（比較的高級な）文房具。▽stationery

ステーション ①駅。停車場。「—ビル」「宇宙—」②ある仕事を受け持つ拠点。「サービス—」「ナース—」③放送局。「キー—」▽station

ステータス 社会的地位。身分。▽status **—シンボル** それを持つ人の社会的地位の高さの象徴となるもの。▽status symbol

ステートメント 声明。声明書。▽statement

すてお-く【捨(て)置く】〘五他〙そのままに放置して顧みない。「進言を—」

すておぶね(をぶね)【捨(て)小舟】 乗り捨てた小舟。▽たよりのない身の上のたとえにも使う。

すてがな【捨(て)仮名】 ①漢文を訓読みする時、漢字の読み方を誤らないようにするために、漢字に添えた仮名。②促音・拗(よう)音などを表す「っ」「ゃ」「ゅ」「ょ」「ィ」などの小さい文字。

すてがね【捨(て)金】 ①使ったかいがなく、捨てたも同様な金銭。㋐むだな出費・投資。死に金。㋑返してもらうことを期待せず貸してやる金。②奉公人に支度金(したくきん)のような意味でやる前渡し金。また、身請(みう)けなどのための内金(うちきん)。

すてがね【捨(て)鐘】 時刻を知らせる鐘をつく時、注意をひくため、前に鳴らす鐘の音。

すてき【素的・素敵】〘ダナ〙非常にすぐれていて、印象がいいさま。すばらしいさま。▽「すばらしい」の「す」に「的」をつけた語という。「素敵」は当て字。派生 **-さ**

すてご【捨(て)子・△棄(て)△児】 幼児を親などが捨てること。また、その子。

すてぜりふ【捨(て)〈台詞〉】 ①立ち去る時に言い放って、相手をおどしたり、軽蔑したりする言葉。また、相手の返答などを求めない言葉。「—を吐く」②役者が、雰囲気により、とっさにその場でいう、脚本にないせりふ。

ステッカー のりではりつけるようにした、印刷などしてある、小紙片。▽アメリカ sticker

ステッキ つえ。▽stick **—ガール** ステッキ代わりといった気持で、連れて歩く女性。▽stick と girl とにより、昭和初年に造った語。第二次大戦後も風俗的な流行語となった。

ステッチ 刺繡(ししゅう)・編物などの針目。▽stitch

ステップ ①列車・バスなどの乗降口にある踏み段。②ダンスで、足取り。③三段とびの二歩目の跳躍。「ホップ—ジャンプ」④物事をおしすすめる際の段階。「軍縮への—」⑤登山で、雪山や氷河の急斜面をのぼるための足場。「—を切る」⑥野球で、打者や投手の足の踏み出し。▽(1)～(6)は step ⑦温帯の内陸部に発達し、乾季は枯れ野、雨季には緑野に変化する草原地帯。▽steppe **—アップ**〘名・ス自〙(成績・地位などが)次の段階に上がること。▽step up

すててこ ①男子の下ばきの一種。さるまたより長く、膝までである。②「すててこおどり」の略。明治時代、寄席(よせ)などで演じる、こっけいな踊り。

すてどころ【捨(て)所】 捨てるのにちょうどよい所、また時期。「ここが命の—」。また単に、捨てる所。「行水の—なし虫の声」(上島鬼貫)

すでに【既に・×已に】〘副〙①以前に起こっている、または済んでいる意を表す語。それに先立って。「—述べた通り」。以前から。「—知っている」②そうでないと疑う余地がないほどの状態である意。㋐今となってはもう。もはや。「—手遅れだ」「—十二月だ」▽㋑が原義。㋑全く。「この一事で彼の罪状は—明白である」▽(イ)が原義。

すてね【捨(て)値】 損を覚悟でつけた、捨てるも同然の安いねだん。「—で売る」

すてばち【捨(て)鉢】〘名・ダナ〙希望を失って、どうにでもなれという気持になること。やけくそ。

すてぶち【捨扶△持】 特に役立つとは期待せず捨てるつもりで与える給与。▽武家時代、由緒(ゆいしょ)ある家の老幼・婦女などの救済に与えたわずかな扶持米(ふちまい)の意から。

すてみ【捨(て)身】 生命を捨てるほどの覚悟で、全力をふるってすること。「強敵に—であたる」

す-てる【捨てる・△棄てる】〘下一他〙不要になって見放す。㋐いらない、または価値がないものとして投げ出す。「ごみを—」「命を—」(自分から命を投げ出す)「身を—ててこそ浮ぶ瀬あるものでして」(太宰治「二十世紀旗手」)「望みを—」「もうだめだと勝負を—」「世を—」(世俗の栄達を願わず、出家・隠遁(いんとん)をする)「—神あれば拾う神あり」「—てたものではない」(まだ使い道がある。少しは役に立つ)「盗んだ自転車を乗り—」「タクシーを乗り—」㋑かまうことなく、そのままにする。ほったらかす。「家業を—てて遊び歩く」「床に服を脱ぎ—」㋒それまで愛情をかけていた相手を見限る。「家族を—」「恋人に—てられる」㋓除き去る。「悪心を—」

ステルス〘造〙航空機・ミサイルが敵のレーダーで早期発見されないようにすること。「—技術」「—爆撃機」(ステルス技術で強化した爆撃機)▽stealth

ステレオ 複数の地点にあるマイクで捉えた音声を、複数のスピーカーで再生することで、再生音に臨場感や広がりをもたせる方式。また、その装置。↔モノラル。「—放送」「—レコード」▽stereo **—タイプ**〘名ナ〙典型。画一的なイメージ・先入観。▽stereotype

ステロイド ステロイド核と称する構造をもつ有機化合物の総称。胆汁酸・性ホルモン・副腎皮質ホルモンなど、体内で生合成される生理的に重要な物質が多い。▽steroid　**―ざい【―剤】** ステロイドを成分に含む医薬品。普通、副腎皮質ホルモンやそれに類似した化合物を人工合成したもの。塗り薬・内服薬があり、炎症を抑える作用がある。

ステンド グラス 色ガラスを使い、または色を塗って、模様や絵にした板ガラス。教会の窓などに用いる。▽stained glass

ステンレス クロムまたはニッケルを添加して、さびにくくした鋼鉄。▽stainless(＝さびない) steel から。

スト 「ストライキ」の略。「―破り」「ゼネ―」「ハン―」

ストア 商店。販売店。「チェーン―」「十銭(じっせん)―」(昭和初年に十銭均一で品を売った雑貨屋。今の百円ショップのような店) ▽(アメリカ) store

ストアがくは【ストア学派】 ギリシア哲学の一派。理性以外のものは徳に達する妨げとし、禁欲を理想とした。ゼノンが唱え出し、ローマ時代のセネカ、キケロらにも受け継がれた。▽「ストア」は(ギリシア) stoa

ストイック 『ダナ』禁欲的で、厳格に身を持するさま。「―な生活」▽stoic

すどうふ【酢豆腐】 知ったかぶりをする人。きいたふう。半可通。▽半可通が、くさって酸い豆腐を「これは酢豆腐という料理だ」と言った笑話による。

ストーカー 特定の人に異常なほど関心を持ち、しつこくつきまとう人。「―規制法」▽stalker

ストーキング 『名・ス他』関心を持つ相手に、しつこくつきまとうこと。ストーカー行為。▽stalking

すどおし(ほし)【素通し】 ①さえぎる物がなく、前の方がずっと見通せること。「―のガラス」②度のついていない、普通のガラスをはめた、めがね。③電球に、特別の細工をしないガラスが使ってあること。

ストーブ 石炭・ガス・電熱などを用いて室内を暖める器具。▽stove

ストーマ 手術によって腹部に設けた、便や尿の排泄口(はいせつこう)。人工肛門(こうもん)、人工膀胱(ぼうこう)とも言う。▽stoma →オストメイト

ストーム (旧制高校などで)学生が、夜、寄宿寮内などを騒いでねり歩くこと。▽storm(＝嵐。強襲)

すどおり(ほり)【素通り】 『名・ス自』立ち寄らずにそのまま通り過ぎること。「問題の箇所を―してしまう(＝気づかずにすごす)」

ストーリー 物語。小説・脚本などの筋。▽story

ストール スーツやドレスの上にかける、女性用の肩かけ。▽stole

ストッキング 女性用またはスポーツ用の長靴下。▽stockings

ストック ①㋐『名・ス他』在庫品。手持ち品。たくわえ。たくわえること。㋑『名』スープのもとにする、肉や骨の煮出し汁。スープ ストック。㋒『名』株。株券。㋓『名』経済で、ある時点に存在する金・商品などの総量。↔フロー。▽stock ②『名』スキーづえ。シュトック。▽(ドイツ) Stock ③『名』→あらせいとう。▽stock

ストッパー ①機械・扉などの動きや回転を止める装置。②スポーツ競技で、相手の攻撃を防ぎ止める選手。特に、野球で終盤に登板する抑えの投手。▽stopper

ストップ 『名・ス自他』止まること。止めること。「送金が―する」「連勝を―する」。止まれ。停止信号。「ゴー―」▽stop　**―ウォッチ** 運動競技などで時間を測るために用いる小型の時計。任意の時点で計測を開始・終了でき、その間の時間を秒以下の単位で測る。▽stopwatch

ストマイ 「ストレプトマイシン」の略。

すどまり【素泊(ま)り】 食事をせず寝るだけの宿泊。

ストライキ ①労働者がその要求を貫徹するために、集団的に仕事を放棄すること。同盟罷業。「―を打つ」②学生が集団的に授業を受けないこと。同盟休校。▽strike

ストライク ①野球で、打者が打つに適すると決められたコースを通る、投手の投球。↔ボール。②ボウリングで、第一投でピンを全部倒すこと。▽strike

ストライド 走るときなどの歩幅。「大きな―」。また、大きな歩幅で走る走り方。「―走法」▽stride

ストライプ 縞(しま)。「ピン―のユニフォーム」▽stripe

ストラップ (布や革などの)ひも状の(幅が狭い)バンド。「ケータイの―」▽strap

ずどり【図取り】 物の形を図面に写し取ること。

ストリート 街路。通り。「―チルドレン」「―ミュージシャン」▽street

ストリーミング 音や動画のネット配信において、端末装置には音や動画を保存せず、随時送信されてくる情報を再生する方式。▽streaming

ストリキニーネ アルカロイドの一種。白色の結晶で強い苦みがあり猛毒。かつて殺鼠(さっそ)剤に利用。ごく少量を健胃剤や神経刺激剤として用いる。ストリキニン。▽(オランダ) strychnine

ストリップ ①踊りながら着衣を脱ぎはだかを見せる扇情的な演芸。ストリップ ショー。②転じて、はだか。▽striptease から。

ストレージ コンピュータの情報記憶装置。特に、大量の情報を長期にわたり蓄積・格納しておくもの。▽storage

ストレート ①続けざま。「―で勝つ」②ウイスキーなどを水・氷で薄めず、生(き)のまま飲むこと。③まっすぐなこと。まわり道をしないこと。「―で合格する」㋐野球で、直球。㋑ボクシングで、腕をまっすぐのばして相手を打つ攻め方。▽straight

ストレス ①生体に、外傷・中毒・寒冷・感染症・精神的緊張などの刺激が加わったとき、生体の示す反応。②俗に、精神的緊張。「―がたまる」「―を発散する」▽「プレッシャー」の対語。なお、→おうりょく。③〔言語〕発音の強勢。↔ピッチ(3)。▽stress

ストレッチ ①競技場などで、直線コース。「ホームー」②伸縮性のある布地・素材。「ーパンツ」③筋肉や関節を伸ばす柔軟体操。ストレッチ体操。▽stretch

ストレッチャー 患者などを運ぶ車輪付きのベッド。▽stretcher

ストレプトマイシン 抗生物質の一種。結核の治療に用いられた初めての抗生物質で、さまざまな細菌性疾患に有効。▽streptomycin

ストロー 飲物を吸うための、麦わら・プラスチック製などの細い管。▽straw **ーハット** 麦わら帽。かんかん帽。▽straw hat

ストローク ①ボートで、オールの一こぎ。②水泳で、手の一かき。③ゴルフ・テニスで、ボールをうつこと。④タイプライターのキーの一うち。⑤→こうてい(行程)⑶。▽stroke

ストロフルス 小児に特有の皮膚疾患。手足に、強いかゆみを伴う、じんましんに似た発疹(ほっしん)ができる。▽ラテン strophulus

ストロボ ①写真撮影の時に用いる、強い光を瞬間的に発する装置。▽strobo もと商標名。②「ストロボスコープ」の略。高速で点滅する光をあてて、運動する物体をこま送りのように映し出す装置。レコードの回転数の測定などにも利用する。▽stroboscope から。

ストロンチウム 金属元素の一つ。元素記号 Sr 銀白色で軟らかく、化学反応を起こしやすい。塩素などとの塩(えん)は花火に利用。同位元素のストロンチウム九〇は放射性物質。▽strontium

すとん 『副と』①物が落ちて当たる音。そのさま。「落下傘で降下して、草原にーと着く」(太宰治「鉄面皮」)②急に落ち込んだり、納得したりするさま。「今になって母の言葉がーと腑(ふ)に落ちた」

すな【砂・△沙】 非常に粒の細かい石(の集まり)。「ー粒」▽一粒よりもその集まりを言うことが多い。

すなあそび【砂遊び】 砂浜・砂場などで子供が砂をいじってする遊び。

すなあらし【砂嵐】 砂漠などで起こる、激しく砂を吹き飛ばす強風。

スナイドル 明治初年、イギリスから日本に輸入された元込め式ライフル銃。▽弾を込める部分の機構を考案したアメリカ人スナイダー(Snider)の名から。

すなえ(ゑ)**【砂絵】** 砂を使ってかいた絵。

すなお(ほ・な)**【素直】** 『ダナ』考え・態度・動作がまっすぐなさま。㋐ひがんだ所がなく、人に逆らわないさま。心が純真さを失っていないさま。「ーな子」「忠告をーに聞く」㋑技芸などに癖がないさま。「ーな字を書く」 派生 **ーさ**

すなかぶり【砂△被り】 相撲(すもう)の土俵のすぐそばの見物席。▽土俵の砂を頭から浴びるほど近い所の意。

すなかべ【砂壁】 色砂(いろずな=緑・黒・黄土色などの、きれいな色のある砂)を使って仕上げをした壁。

すなぎも【砂肝】 食用にする、鶏などの砂嚢(さのう)。焼き鳥などにする。

すなけむり【砂煙】 砂が舞い上って煙のように見えるもの。「ーをあげて走る」

すなご【砂子】 ①すな。②まきえ・色紙(しきし)・ふすまなどにふきつける金銀箔(はく)の粉。

すなち【砂地】 砂ばかりの土地。地面が砂で覆われた所。また、砂が多く混じった土地。▽「すなじ」とも言う。

スナック ①手軽な食事もできる酒場。▽snack bar から。②じゃがいも・とうもろこしなどを揚げた軽い菓子。例、ポテト チップ。「ー菓子」▽snack

スナップ ①『名』衣服などの合わせ目をとめる凸形と凹形の対の小さい留め金。ホック。②『名』野球で球を投げたり、ゴルフで球を打ったりする時に、手首の力をきかすこと。▽⑴⑵は snap ③『名・ス他』「スナップショット」の略。手早く写真をとること。その写真。▽snapshot から。 **ーえんどう【ー×豌豆】** 肉厚で甘いさやに入ったえんどう豆。さやごと食べる。▽snap pea から。

すなどけい【砂〈時計〉】 時計の一種。小さい穴から砂を少しずつ落として、落ちた砂の量で、時をはかる。

すなぬき【砂抜き】 『名・ス他』調理前に、あさりなどの貝類を真水や薄い塩水に浸して、砂を吐かせること。

すなば【砂場】 ①砂を入れた場所。㋐子供の砂遊び用。㋑跳躍競技の着地用。②すなち。

すなはま【砂浜】 砂地の浜辺。

すなぶくろ【砂袋】 →さのう(砂嚢)

すなぶね【砂舟・砂船】 川砂を掘り取り、運ぶ舟。

すなぶろ【砂風呂】 (温泉の蒸気などで)熱した砂に体を埋めて、あたたまる設備。

すなぼこり【砂×埃】 砂がほこりのように舞い上がること。ほこりのように物の上をおおう砂。「ーが立つ」「車がーをあげる」「ーをぬぐう」

すなやま【砂山】 砂が山のように小高くなった所。砂丘(さきゅう)。

すなわち(すなはち)① **【△即ち】** 『接』言いかえれば。とりもなおさず。「東京ー日本の首都」▽上の言葉の内容を別の言い方で説明する。もと、まさにその時、即時の意。② **【△則ち・△即ち】** 『接』《「……すれば」の形の句を受けて》その時は。「戦えばー勝つ」▽下の内容が上の条件の当然の帰結であることを示す。③ **【×乃ち】** 『接』そこで。そして。

スニーカー ゴム底の運動靴。▽sneaker

ずにのる【図に乗る】 『連語』いいぐあいだと調子に乗る。▽→ず【図】⑵㋑

ずぬける(づ)**【図抜ける・頭抜ける】** 『下一自』普通のものよりかけはなれている。並はずれる。「ーけて背の高い人」「ーけた頭脳」

すね【×臑・×脛】 膝から踝(くるぶし)までの部分。はぎ。「親のーをかじる」(→すねかじり)「ーに傷を持つ」(公になると困るような隠し事がある)

すねあて【×臑当(て)】①スポーツ選手がすねに着ける防具。②すねに当てる鎧(よろい)。

スネークウッド 南アメリカ原産の高木。材は蛇の皮のようなまだら模様があり、堅く丈夫なのでステッキ材や装飾材として珍重する。▽snakewood

すねかじり【×臑×齧り】親などから生活費や学費をもらっていること。そういう人。

すねもの【×拗ね者】①世をすねた人。ひねくれもの。②よくすねる人。

す-ねる【×拗ねる】『下一自他』(不平・不満があって)すなおな態度をせず、ひねくれたようなしかたで我(が)を張る。「-ねて泣く子」「世を—」

ずのう【図×嚢】地図などを入れ、腰に下げる、小型の皮製かばん。

ずのう【頭脳】①脳。あたま。②判断力。知力。「—プレー」 **—ろうどう**【—労働】主に知識・知力を使ってする仕事。精神労働。↔肉体労働

スノーケル →シュノーケル

スノー タイヤ 雪道や凍結した道で使用する、滑りにくいタイヤ。▽snow tire

スノードロップ 早春に白い花を下向きにつける観賞用植物。地中海西岸域を中心に約二〇種が分布。日本では秋植えの球根として流通する。▽snowdrop ひがんばな科まつゆきそう属の植物の総称。

スノー ボート (荷物や傷病者を運ぶ)ボート型のそり。▽snow boat

スノーボード 幅が広い一枚板に横向きに乗って足を固定し、ストックを使わずに雪上を滑るスポーツ。その板。スノボ。▽snowboard

スノーモービル エンジンで駆動する、キャタピラ付きの小型雪上車。▽snowmobile

すのこ【×簀(の)子】①竹を並べて編んだもの。また、板でそのようにしたもの。②「簀の子縁(えん)」の略。竹または板を、少しずつすきまをあけて張った縁。

スノッブ 上品ぶったり教養ありげに振舞ったりする、鼻持ちならない人。▽snob

スノビズム スノッブである生活態度。▽snobbism

すのもの【酢の物】魚肉・野菜などを、酢を主とした調味料で和(あ)えた料理。

スパ ①温泉や鉱泉。それを利用した保養・美容施設。②マッサージ。「ヘッド—」「フット(=足)—」▽spa (2)は日本での用法。

スパーク『名・ス自』放電などのとき火花が飛ぶこと。その火花。▽spark

スパート『名・ス自』競走などで、ゴール間近で全速力を出すこと。「ラスト—」▽spurt

スパイ『名・ス他』間諜(かんちょう)。間者。密偵。「産業—」▽spy **—ウエア** 利用者の個人情報を盗み出して送信するソフトウエア。▽spyware

スパイク ①『名・ス他』靴の底につける、とがったくぎ。また、競技中にそのくぎで相手の選手を傷つけてしまうこと。▽spike ②『名』スパイク(1)の打ちつけてある靴。▽spiked shoes, spikes から。③『名・ス他』バレーボールで、ボールを強く相手コートに打ちこむこと。▽spike

スパイシー『ダナ』香辛料がよく利いているさま。「—なカレー」▽spicy

スパイス ①香辛料。香味料。②転じて、物事の刺激となるもの。「人生の—」▽spice

スパイラル 螺旋(らせん)(1)。また、そういう形や状態。「—階段」。特に、㋐(フィギュア スケートで)片足を上げて氷の面に曲線を描くすべり方。㋑物価と所得とが作用し合って連続して動く(悪)循環。「デフレ—」▽spiral

スパゲッティ 細長い麺状のパスタ。▽(イタリア) spaghetti

すばこ【巣箱】鳥・蜜蜂の巣として作った箱。

すばしこ-い『形』→はしこい。▽「すばしっこい」とも言う。↓す(素)(2)。派生 **-さ**

すぱすぱ『副「と」』①タバコを続けざまに吸うさま。②惜しげもなく簡単に切ったり捨てたりするさま。

ずばずば『副「と」』遠慮なくどんどん言ったりやってのけたりするさま。「—(と)言ってのける」

すはだ【素肌・素×膚】おしろい等をつけていない肌。また、衣服をつけないむき出しの肌。「—を出す」

スパッツ 腰から膝や足首までの下半身をぴったりと覆う衣服。スポーツ用またはファッション用。▽spats(=短靴用のゲートル)

すぱっと『副』勢いよく、一気に行うさま。「—タバコを止めた」

スパナ ボルトやナットを回して締めたり外したりする工具。レンチの一種。▽spanner

すばなし【素話】①酒食などは出さず、ただ、話だけをすること。②鳴り物をそえない落語。

すばなれ【巣離れ】『名・ス自』巣立つこと。

ずばぬ-ける【ずば抜ける】『下一自』〔俗〕普通よりずっとすぐれる。「彼は—けて頭がよい」「—けた歌唱力」「運動能力が—けている」

すはま【州浜・×洲浜】①曲線を描く州(す)がいくつも入り組んでいる浜。②州浜(1)をかたどった輪郭の台。これに岩木・鶴亀などの飾りをつけたもの。すはまだい。▽昔、酒宴の飾り物とし、後には正月や婚礼に飾った。③糝粉(しんこ)を蒸して作る、切り口の輪郭が州浜(1)に似た和菓子。▽「すわま」とも「すあま」とも言う。別に京都に、きなこに水あめなどを合わせて作り、(2)の形にしたのもある。 **—だい**【—台】→すはま(2)

スパム メール 宣伝などのために不特定多数に送られる電子メール。迷惑メール。▽spam mail

すばや-い【素早い】『形』動作が速い。敏捷(びんしょう)だ。「—処置」「—く身をかわす」▽↓す(素)(2)。派生 **-さ** **-げ**

すばらし-い【素晴らしい】『形』①すぐれていて、無条件にほめたたえられる有様だ。「—絵」②《連用形で》非常に。「—く高い建物」派生 **-さ**

ずばり『副「と」ダ』①小気味よく切り落とすさま。

「ーと切る」②急所や核心を勢いよく正確に突くさま。「痛い事をー(と)言ってのける」「そのものー」

すばる【×昴】牡牛(おうし)座にある、肉眼では六つ見える星。プレアデス星団。二十八宿の一つ。六連星(むつらぼし)。すまる。すばる星。

スパルタしき【スパルタ式】厳格な訓練・教育のしかた。▽勤倹・尚武の気風をとうとんだ古代ギリシアの都市国家スパルタ(Sparta)の教育法にちなんで言う。

スパン ①時間的な幅。期間。「長いーで考える」②建築で、支柱間の距離。③(飛行機の)翼幅。▽span

ずはん【図版】印刷して書物にのせられた図。

スパンコール ドレス・バッグなどに縫いつける装飾用のごく小さな金属片やプラスチック片。光を受けると、材質によってさまざまな色に輝く。「ーをあしらった衣装」▽spangle から。

スピーカー ①話し手。講演者。▽speaker ②マイクを通したり録音されたりした音声の電気信号を、音に変換して再生する装置。ラウドスピーカー。拡声器。▽loudspeaker から。

スピーチ 演説。「テーブルー」▽speech

スピーディー『ダナ』物事をさっさと取り運ぶさま。▽speedy

スピード 速さ。速力。速度。▽speed **ーアップ**『名・ス自』速力を増すこと。能率を増すこと。「裁判のー」▽speed-up **ースケート** 速さを競うスケート競技。▽speed skating **ーダウン**『名・ス自』速度を落とすこと。「改革がーする」▽speed と down とによる和製英語。

すびき【巣引(き)】『名・ス自』飼い鳥が巣を作ってひなを育てること。

すびき【素引(き)】『名・ス自』矢をつがえず、弓のつるだけを引いてみること。

ずひき【図引(き)】図面をかくこと。また、その人。

スピッツ イヌの一品種。小形でとがった顔をし、毛は白くて長い。愛玩用。日本スピッツ。▽ドイツ Spitz

ずひょう【図表】図および表。また単に、図。グラフ。

スピリチュアル ①『ダナ』精神的。霊的。宗教的。「ーな世界」②『名』ゴスペルなどの霊歌。▽spiritual

スピリット ①精神。「フロンティアー」②アルコール分の多い蒸留酒。ウイスキー・ウォッカ・ジンなど。スピリッツ。▽spirit

スピロヘータ 細長い螺旋(らせん)状の形をした細菌。鞭毛(べんもう)があり活発に運動する。梅毒の病原体であるトレポネーマ属、ワイル病を引き起こすレプトスピラ属など種類が多い。▽ラテン spirochaeta

スピン『名・ス自』回転すること。旋回。㋐自動車の横滑りによる回転。また、航空機の錐揉(きりも)み降下。㋑スケートなどで、競技者がする回転。また、球技で、球にかける回転。▽spin **ーオフ** ①会社や組織から分離・独立すること。②映画や小説などの作品の登場人物を転用して別作品を作ること。その作品。「大ヒット映画のー」▽GPSなどの、軍事技術の民間転用を言うこともある。spin-off

スピンドル ①機械類の主軸。②「スピンドル油」の略。機械にさす油の一種。▽spindle

スフ「ステープル ファイバー」の略。木材などを原料とした、人造繊維。また、それで織った布。▽今はスパン レーヨンと言う。staple fiber から。

ずふ【図譜】(説明のための)絵を集めたもの。「鳥類ー」

ずぶ〔俗〕《多く「ーの」の形で》全く。「ーのしろうと」「ーぬれ」

スフィンクス ①古代エジプト・アッシリアで、王宮・神殿などの入口に作られた、人面獣身の巨大な石像。②ギリシア神話の怪物。通行人に謎をかけ、答えられない者を殺した。転じて、なぞ。また、なぞの人物。▽sphinx

スプーン (洋食用の)さじ。スプン。「ティーー」▽spoon **ーレース** スプーン(形のもの)の上に球をのせて落とさないように走る競技。▽egg-and-spoon race から。

ずぶずぶ『副[と]ダ』①多量の水分を含んだところにものが潜るさま。「落ちた車は沼にーと吸い込まれた」②押すとにじみ出るほど水分が多いさま。「ぬかみそがかなりーだ」

すぶた【酢豚】下味をつけた豚肉に片栗(かたくり)粉をまぶして揚げ、野菜を合わせて、甘酢あんをからませた中国料理。

ずぶとい【図太い】『形』少々の事では、びくびくしない。また、横着(おうちゃく)だ。派生 **-さ**

ずぶぬれ【ずぶ×濡れ】全身がすっかりぬれること。びしょぬれ。

スプラウト 野菜・豆類などの食用の新芽。「ブロッコリーー」▽sprout

すぶり【素振り】刀や木刀、また野球のバット、ゴルフのクラブなどを振って、練習する、または調子をみること。「真剣に一振りーをくれて」▽「そぶり」と読めば別の意。

ずぶり『副と』水ややわらかい物の中に、物が一気にはいり込むさま。「針をーと刺す」

スプリット 分かれていること。分割。分裂。「ータイム」(マラソンなどの一定距離ごとの所要時間)。また、ボウリングでピン同士が離れた状態になること。▽split

スプリング ①ばね。▽spring ②「スプリング コート」の略。**ーコート** 春着の外套(がいとう)。合(あい)オーバー。▽spring と coat とによる和製英語。

スプリンクラー ①畑や庭などの散水装置。②天井に設置し、火災時に自動的に散水する装置。▽sprinkler

スプリンター 短距離走者。短距離泳者。▽sprinter

スプリント ①陸上・水泳・スピード スケートなどで、短距離の速さを競う種目。また、全速力で走ったり泳いだりすること。「ー練習」②自転車競技で、二

人の選手がトラックを周回し着順を競う種目。▽sprint

スフレ 泡立てた卵白を加えて、ふんわりと焼き上げた料理や菓子。「―型」「焼き立ての―」▽(フランス) soufflé

スプレー 噴霧器。霧吹き。「―缶」▽spray

スプロールげんしょう【スプロール現象】 都市の郊外に家や工場が、全体の計画性も無く(自然を壊して)乱雑に広がる現象。▽「スプロール」は sprawl（＝だらしなく寝そべる）

スプン →スプーン

すべ【△術】 方法。手段。てだて。「―無し」「なす―を知らない」(どうしてよいかわからない)

ずべ 〔俗〕不良少女。↔よた。「―公」▽「ずべら」から。「ずべる」と動詞化(ラ行五段)しても使った。

スペア ①予備としてとってあるもの。予備品。補充用の品。「―キー」②ボウリングで、一投目で倒れなかったピンを二投目で全て倒すこと。▽spare

スペア リブ 豚・牛・羊などの骨付きばら肉。「―の煮込み」▽spare ribs

スペース ①あいている所。空間。余白。場所。②宇宙。▽space **―シャトル** 地球から宇宙空間に往復できる有人連絡船。▽space shuttle 一九八一年から二〇一一年までアメリカが百回以上の往復飛行を行った。

スペード トランプの札の印。黒の♠の形。▽spade

すべからく【△須らく】〘副〙当然。なすべきこととして。「学生は―勉強すべきだ」▽漢文訓読から出た言い方。すべくあることの意。本来は下を「べし」で結ぶ。近ごろは語義を誤り、「すべて」と混同する用法が多い。「そもそも」に紛れる用法もある。以前の文章での「須(ら)く」には「しばらく」と読んで仮の意の場合もあることに、注意。

スペキュレーション ①投機。思わく。②トランプで、スペードのエース。▽speculation

すべくくる【統べ△括る】〘五他〙まとめるため全体をしめくくる。

スペクタクル 壮観。壮大な光景。みもの。みせもの。「―映画」(規模が大きく、はでな場面が多い映画)▽spectacle

スペクトル 物理学で、光をプリズムなど分光器を通した時(光の成分の波長によって屈折率が違うため)できる、虹のような色の帯。波長の順に並ぶ。広く一般に、ある組成のものを分解した成分を、一定量の大小によって並べたもの。▽(フランス) spectre

スペシャリスト 特定分野の専門家。「科学技術の―」「―の育成」▽specialist 「ゼネラリスト」と対比しても言う。

スペシャル 特別。「―サービス」「―番組」。特製。「―ランチ」▽special 番組名などでは「SP」と略して書くことがある。

すべすべ〘副[と]・ノダ・ス自〙なめらかなさま。「―(と)した羽二重(はぶたえ)」「流れに洗われて―の石」「肌が―になる」

すべた 顔がみにくいこと。女性に対する悪口にも使う。▽もとカルタ用語で(ポルトガル・スペイン) espada（＝スペードの札）からという。

スペック 仕様(書)。「カタログ―」「ハイ―」▽工業製品の性能の意味で使うことが多い。spec (specification の略語)

すべっこい〘形〙すべすべとなめらかだ。派生 **-さ**

すべて【全て・△凡て・△総て】〘名・副〙ひっくるめて(どれもこれも)。みな全部。「これで―(が)済んだ」「三人を除けば―老人だった」「―(を)見通す眼力」「地区の―が最近まで畑だった」「―は明日になっての事さ」▽文語下二段活用動詞「統(す)ぶ」の連用形＋助詞「て」が副詞化し、更に名詞にも転じた語。→あらゆる

ずべら〘名・ダナ〙「ずぼら」の転。→ずぼら

すべらす【滑らす・×辷らす】〘五他〙すべるようにする。すべらせる。「足を―」「口を―」(うっかり言ってしまう)▽「すべる」の他動詞。→すべる(滑)

すべりこむ【滑り込む・×辷り込む】〘五自〙①走っていた勢いのまま、すべってはいる。「ベースに―」②比喩的に、やっと間にあう。「閉店まぎわに―」

すべりだい【滑り台】 子供が上からすべりおりて遊ぶための設備。おすべり。

すべりだし【滑り出し】 ①すべり始め。②転じて、物事が進行し始めること、また、その時期。でだし。「―はよかったが」

すべりどめ【滑り止め】 ①滑らないようにすること。そのための装置・器具。②入学試験で、目的の学校に落ちた時に備えて、別の学校を受けること。その別の学校。

すべりひゆ【滑×莧・〈馬歯〉×莧】 畑や道ばたに雑草として普通に見られる一年草。茎は地面を這(は)い、葉は多肉、楕円(だえん)形でつやがある。夏、黄色の小花が咲く。▽すべりひゆ科。

スペリング (ヨーロッパ語などの)つづり字。つづり。単語を書き表す表音文字の並べかた。スペル。▽spelling

すべる【滑る・×辷る】〘五自〙①物の面をなめらかに動いて行く。「そりで野を―って行く」「スケートで―」「土手を段ボールで―り降りる」「戸がよく―」「―り寄る」(にじり寄る) ②しっかり支えとめられずに、物が動き去る。㋐なめらかな物を踏んだりして、ころびそうになる。「坂道で―」「足が―ってけがをした」「―ったころんだ」(あれこれと文句を言うさま) ㋑つかもうとした物が手をすり抜ける。「手が―って花瓶を落とす」㋒試験に落第する。「大学を―」「試験に―」㋓「口が―」しゃべっていて、言ってはいけない事まで、うっかり言う。

すべる【統べる・△総べる】〘下一他〙全体を一つにくくる。まとめる。転じて、(多くのものや広範囲のものを)統率・支配する。

スペル →スペリング。▽spell

スポイト インク・薬液などを吸い上げて、他に移し入れるのに使う、ゴム袋のついたガラス管。プラスチックでできたものもある。▽オランダ spuit

スポイル『名・ス他』台無しにすること。(人間を甘やかして)だめにすること。▽spoil

ずほう【図法】図形の描き方。特に、地球の表面を平面の地図に描く方式。「メルカトル―」

スポーク 自転車などの車輪で、軸と枠を放射状につなぐ細い棒。輻(や)。▽spoke

スポークスマン 政府や団体の意見発表の担当者、また、代弁者。▽spokesman

スポーツ 諸種の運動競技や登山などの総称。「ウインター―」▽sports　**―カー** 運転することを楽しむための自動車。一般に、実用車より運動性能がすぐれている。▽sports car　**―クライミング** 壁に設定されたコースをよじ登る競技。リード・ボルダリング・スピードの種目がある。▽sport climbing

スポーツマン 運動競技の選手。また、スポーツを得意とする人。▽sportsman　**―シップ** スポーツをする人が備えているべき、明るく正々堂々とした態度・精神。▽sportsmanship

スポーティー『ダナ』服装や物の形などが、軽快なスポーツ向きのさま。▽sporty

すぼし【素干(し)・素△乾(し)】『名・ス他』①日光や火にあてないでほすこと。かげぼし。②塩などで味付けせず干物にすること。また、その干物。

ずぼし【図星】目当ての所。急所。「―をさされる」(物事を推測し、大事な点をずばりとつかれる)「―をつく」▽もと、的の中心の黒い所。

スポット ①場所。(拠)点。「デート―」②「スポットライト」の略。「―を当てる」③ラジオ・テレビの番組の間の短い時間を利用した放送。「―ニュース」「―コマーシャル」④空港の駐機場。▽spot　**―アナウンス** ラジオ・テレビの、番組と番組との間に入れる短いアナウンス。▽spot announcement から。　**―ライト** 舞台のある部分を特に明るく映し出すためにあてる光線。「―をあびる」(転じて、世人の注目をうける) ▽spotlight

すぼま-る【×窄まる】『五自』すぼむようになる。すぼむ。

すぼ-む【×窄む】『五自』ちぢんで狭くなる。㋐中空のもの(の先)が小さくなる、または細まる。「歯が抜けて口もとが―」㋑活気・元気を失う。「しかられて―・んでしまう」

すぼ-める【×窄める】『下一他』すぼむ㋐ようにする。「梅干が酸っぱくて口を―」「肩を―・めてうなだれた」「強風に傘を―」

ずぼら『名・ダナ』〔俗〕無精(ぶしょう)でだらしがないこと。約束などを守らず、仕事もきちんとしない性格・態度。ずべら。派生 **-さ**

すぽん『副と』勢いよく(音を立てて)入ったり抜けたりするさま。「コルク栓を―と抜く」

ズボン 洋服で、下半身にはくもの。股のある筒形をしている。「半―」▽フランス jupon　**―した**【―下】ズボンの内側にはく下着。　**―つり**【―×吊(り)】ズボンが落ちないように、肩にかけてズボンをつっておくもの。サスペンダー。

スポンサー ①ラジオ・テレビの、商業放送番組の提供者。広告主。②転じて、資金を出してくれる人。▽sponsor

スポンジ 海綿(2)。また、それを模して合成樹脂などで作ったもの。化粧用具・洗浄用具やクッションの詰め物などに使う。▽sponge　**―ケーキ** 小麦粉・砂糖・卵をまぜて、スポンジ状に焼いた洋菓子。▽sponge cake　**―ボール** 野球用のボールの一種。ゴムで、表面にすべり止めの凹凸がある。軟球。▽sponge ball

スマート『ダナ』①こざっぱりして、しゃれているさま。粋(いき)。また、体つきがすらりとしているさま。態度が洗練されているさま。②装置や機器などが情報処理の機能を備えていること。▽smart(＝賢い)　派生 **-さ**　**―フォン** パソコンに準じるOS機能を持ち、主にタッチ パネルで操作する携帯電話。スマートホン。スマホ。▽smart phone

すまい(すまひ)【住(ま)い】住んでいる場所。住所。また、住むこと。▽文語動詞「すまふ」の連用形から出た語。「住居」と書くのは当て字。

すまい(すまひ)【〈相撲〉】すもうの雅語的表現。「見事な―ぶり」

スマイル 微笑。ほほえみ。「―マーク」「アルカイック―」▽smile

すま-う(すまふ)【住まう】『五自』住んでいる。住む。▽「住む」の未然形に継続を表す接尾語「ふ」が付いてできた語。

すまき【×簀巻(き)】①簀(す)で巻き包むこと。②昔の私刑の一種。体を簀巻き(1)にして水中に投げ込んだ。

すまし【澄(ま)し・△清まし】①↓おすまし。②杯洗の水。③↓すましじる。　**―じる**【澄(ま)し汁・△清汁】だし・塩・しょうゆで薄味(うすあじ)をつけた吸い物。おすまし。　**―や**【―屋】いつも気取っている人。

すま-す【澄ます・△清ます】『五他』①清らかにする。㋐液体の濁りを除き、澄んだ状態にする。「そうじをして池の水を―」㋑曇りを取り去り、さえた状態にする。「刀をとぎ―」。清らかな音を響き渡らせる。「尺八を吹き―」。心を落ち着ける。邪念を払って心を静める。「心を―」㋒『耳(目)を―』注意を集中して聞く(見る)。②『五自』まじめそうな顔つきをする。また、平気な様子をする。気取る。「おつに―」「我関せずと―」③『五自』《他の動詞の連用形を受けて》すっかり……する。……しおおせる。「巡査になり―」▽(3)は「済ます」とも書く。

すま-す【済ます】『五他』①しとげる。し終える。完了する。「借金を―」(借金を全部返す) ▽「澄ます」の転。②それでよいとしておく。それで間に合わせる。「これで―・そう」③《他の動詞の連用形を受け

る》→すます(澄)(3)

すま-せる【済ませる】《下一他》→すます(済)

スマッシュ《名・ス自》テニス・卓球などで、ボールを急角度に強く打ちおろすこと。打込み。▽smash

すまない【済まない】《連語》→すみません

スマホ「スマート フォン」の略。「歩き—」

すみ【墨】①なたねなどの油や松根を燃やしてできたすすを、にかわで固めた文房具。また、それをすずりですった汁。書画をかくのに使う。②墨(1)のように、すって書画をかくのに使うもの。「朱—」③→すみいろ。「—が薄い」④燃えた時にできる黒いすす。「なべの—」⑤いか・たこの体内の黒いしる。⑥「すみなわ」の略。▽「炭」と同語源。

すみ【炭】①木が焼けて黒くなったもの。②木材をむし焼きにして作った燃料。木炭(もくたん)。▽「墨」と同語源。

すみ【△角・隅】①囲まれた面・空間のかど。「四—」②場所の中央でない所。すみっこ。「—におけない」(転じて、思ったよりすぐれていて、ばかにできない)「—から—まで」(残る所なく)

すみ【済(み)】《多く名詞に付き》「もう済んだ」ということを表す語。「決裁—」「用—」▽「……ずみ」と言う。

すみ【酸味】酸(す)あじ。すっぱみ。さんみ。▽「味」は当て字。→=み

すみあら-す【住(み)荒らす】《五他》(家・部屋等を)住んで使い荒らす。

すみいか【墨〈烏賊〉】いかの一種コウイカの異称。▽こういか科。

すみいれ【墨入れ】①下書きを終えた図面やイラストを仕上げようと、墨や黒インクで整えて描くこと。②墨壺(つぼ)(2)。

すみいろ【墨色】書いたり染めたりした墨の、濃淡の色あい、つやの具合。

すみえ【墨絵】他の色を使わず墨だけでかいた(山水)画。水墨画。

すみか【住み△処・×棲み△処】住んでいる所。「悪魔の—」▽「か」は所の意。「住家」と書くのは当て字。

すみか-える【住(み)替える】《下一他》①住む家をかえる。②奉公人・芸妓(げいぎ)などが、主家を取り替える。

すみかき【炭×掻き】炭をかきよせる道具。鉄製で先がかぎ状。

すみがき【墨書(き)】《名・ス他》墨だけで絵をかくこと。その絵。

すみがね【墨金・墨〈曲尺〉】→かねじゃく(1)

すみがま【炭窯・炭×竈】木炭製造用のかまど。

すみかわ-る【住(み)替(わ)る】《五自》①その家に住む人がかわる。「草の戸も—代ぞひなの家」(松尾芭蕉)②住み替えをする。「先だって柳家から—って来た芸者」

すみき-る【澄(み)切る】《五自》非常によく澄む。「—った秋空」

すみこみ【住(み)込み】やとわれて、通勤でなく主人の家(または仕事場)に住むこと。「—で働く」

すみじ【墨字】点字に対して、普通に書いたり印刷したりしてある文字。

すみずみ【隅隅】方々のすみ。また、あらゆる方面。「名が全国—まで(=至る所に)響いている」

すみそ【酢味×噌】酢を混ぜてすったみそ。「—あえ」

すみぞめ【墨染(め)】①墨で染めたような黒い色。②黒い僧衣。「—のころも」

すみつき【墨付(き)】①墨のつき具合。また、筆跡。②→おすみつき

すみつぎ【墨継ぎ】①筆に含ませた墨が足りなくなった時、更に墨を含ませて書き続けること。②墨をする時に手をよごさないために墨をはさむもの。墨柄(すみづか)。

すみつ-く【住(み)着く】《五自》居所をそこと定め、落ち着いて住む。

すみっこ【隅っこ】〔俗〕隅。▽「こ」は接尾語。

すみつぼ【墨×壺】①大工・石工などが直線を引くのに使う道具。一方に墨を含ませたもの(=墨池(ぼくち))を入れ、他方に糸(=墨糸・墨縄)を巻きつけた車をつけ、糸が墨池をくぐるようにして、糸の先にある小さな錐(きり)を加工材の一端に刺し、糸をぴんと張って、上に引いて放すと直線が引ける。②墨汁を入れるつぼ。すみいれ。

すみつぼ【炭×壺】ひけしつぼ。

すみてまえ【炭手前】茶道で、炉に炭をついだり、かきたてたりして火加減をよくすること。その作法。

すみとり【炭取(り)】炭を小出しにしておく入れ物。

すみながし【墨流し】水面に落とした墨汁や顔料を吹き散らし、これに紙や布を当てて模様を染めつけること。そうしてできる模様。

すみな-す【住(み)成す】《五自》すみかとする。住まう。

すみな-れる【住(み)慣れる・住(み)×馴れる】《下一自》その土地や家に住んで久しくなる。長年(ながねん)住んで居心地がよくなる。

すみなわ【墨縄】墨つぼにつけた糸。→すみつぼ(墨壺)(1)

すみび【炭火】木炭でおこした火。

すみぶくろ【墨袋】いかのはらわたの、墨(5)がはいっている部分。

すみません【済みません】《連語》骨を折らせたり世話を掛けたりする(した)時その労をねぎらい、迷惑を掛けた時わびる言い方。▽「すまない」の丁寧表現。それでは私の気が済まないの意。目上の者に対しては使わないのが、本来。

すみやか【速やか】《ダナ》手間どらず(ぐずつかず)、速い(早い)さま。「—な回復」「—に退去せよ」▽法令文では、「直ちに」で規定してある場合より即時性が弱く、できるだけ早くという意。派生 **-さ**

すみやき【炭焼(き)】①木材をむし焼きにして炭を作

ること。それを仕事とする人。②(肉などを)炭火で焼いた料理。

すみれ【×菫】①山野・路傍に生え、春に濃い紫の小さい花を開く多年草。「―程な小さき人に生れたし」(夏目漱石) ▽すみれ科。広くは同科すみれ属の植物の総称で、パンジー・ツボスミレなどがある。②「すみれ色」の略。スミレ(1)の花のような濃い紫色。

すみわけ【住(み)分け・×棲(み)分け】①〔生物〕生活様式の似た二種以上の生物が、生活の場を空間的・時間的に分け合う現象。②似た役割や用途を持つものが、それぞれの性質などによって、分かれて機能すること。「電車とバスの―」

すみわた-る【澄(み)渡る】《五自》一面に澄む。「―・った大空」

す-む【住む・×棲む】《五自》①居所を定めて、そこで生活する。「東京に―」「マンションに―」「―・めば都」(どんな所でも住み慣れると、楽しい所になる) ②動物が巣を作って、そこをすみかとする。［棲］

す-む【澄む・△清む】①《五自》不純なものを含まず清くなる。また、清くある。㋐液体や気体がすき通る。液体などの中の不純物が下にたまって、上方が清くなる。「今日は川の水が―・んでいる」㋑曇らずはっきりする。「月が―」。色や音がさえる。「―・んだ声」。心配・邪念などがなく、心が清らかにさえる。「―・んだ頭で考える」②《五自他》清音になる。清音で発音する。▽↕濁る

す-む【済む】《五自》物事が完了する。▽「澄む」(1)の転。㋐終わる。「試験が―」「―・んだ事をとやかくは言うまい」㋑物事が十分に行われる。それで間に合う。解決する。「上着なしでも―」「金では―・まない問題」㋒《多く否定・反語の言い方を伴って》他人に対し言いわけが立つ。「これで―と思うか」㋓気持がおさまる。納得がいく。「気が―」▽↓すみません

スムージー 果物・野菜などをミキサーでつぶした、果肉・繊維を含む飲料。▽smoothie

スムーズ《ダナ》物事が滞らず、すらすらと進むさま。なめらか。スムース。▽smooth

すめら=【△皇】天皇に関する事柄を表す語にかぶせて、尊敬・賛美を表す。「―みくに」「―みこと」(天皇) ▽雅語的。

すめらぎ【△皇】天下を統治したまう天皇。▽古くは「すめろき」。皇祖の天皇、または皇統を指した。

すめん【素面】①(剣道などで)面をかぶらないこと。②酒に酔っていない時の顔。しらふ。

ずめん【図面】土木工事・建築・機械などの構造や設計を示した図。「―を引く」

すもう(すまふ)【〈相撲〉〈角力〉】①土俵の内で二人が取り組み、相手を倒すか土俵の外に出すかすれば勝ちとなる競技。日本で昔から行われ、国技とされている。「―を取る」(すもうをする)「―にならない」(あまり差があって勝負にならない)「―に勝って勝負に負け」(激しいまたはうまく相撲を取って勝利寸前だったのに、思わぬ逆転を食う。転じて、成功が九分九厘(くぶくりん)期待できる状態だったのに、意外な不成功を見る) ▽動詞「争(すま)ふ」の連体形「すまふ」からか、あるいは連用形「すまひ」の音便の形か。②「すもうとり」の略。「お―さん」 **―とり**【―取】すもうを取ることを職業とする人。力士。 **―べや**【―部屋】→へや(5)

スモーク ①《名》煙。②《名》煙や霞(かすみ)に似て、視界をさえぎるもの。「―ガラス」③《名・ス他》燻製(くんせい)。燻製にすること。「―チーズ」「―用チップ」▽smoke

すもぐり【素潜り】潜水を助ける道具を使わずに、水に潜ること。「―でウニを採る」

スモック 主に汚れを防ぐために着用する、長袖で長めの丈のゆったりした上っ張り。▽子供用のほか、家事や美術などの作業用もある。 smock

スモッグ 大都会などで、工場や冬の暖房から出す煙が空に立ちこめ、雲・霧のようになったもの。煙霧。▽smog(=smoke+fog)

すもどり【素戻り】用事を果たさず帰ること。

すもも【×李】桃に似るが、桃よりも小さな甘酸っぱい実をつける落葉小高木。また、その実。中国から渡来し果樹として栽培される。▽ばら科さくら属。中国では、桃と共に春の代表的な花とされた。

すやき【素焼(き)】《名・ス他》①陶器を本焼きにする前に、うわぐすりを掛けないで低熱で焼くこと。そうして焼いた陶器。「―の植木鉢」②魚などを何もつけずに直火で焼くこと。白(しら)焼き。

すやすや《副[と]》気持よさそうに静かに眠るさま。「―(と)寝息を立てる」

ずよう【図様】図がら。もよう。

すよみ【素読み】《名・ス他》①文章の意味を考えずに音読すること。そどく。「論語を―する」②原稿と照合せずに、校正刷りだけを読んで校正すること。

すら《副助》一つの事柄を例として取り立てて述べ、それによって他をきわ立たせるのに使う。(で)さえ。「大学生―できない問題を中学生が解いた」「彼の生き方は哲学で―ある」「裏町の奥で―も庶民には手が届かぬ地価」▽文語的。

スラー〔音楽〕楽譜で、(違う高さの)二つ以上の音符を結ぶ弧線。この間の音をなめらかに続けて演奏することを示す。▽slur

スライス《名・ス他》①薄く切ること。また、薄く切ったもの。「―ハム」②ゴルフで、右(左)打者の打球が右(左)の方向に曲がって飛ぶこと。↕フック。③テニス・卓球で、ボールを切るように打ち、打球に逆回転を与えること。▽slice

スライダー ①野球で、投手が水平に滑るように投げる変化球で、打者の近くで向きを変えるもの。②すべり台。「ウォーター―」③ファスナー(チャック)を開け閉めするために動かす部品。「―が外れる」▽slider

スライディング《名・ス自》①すべること。滑走。②野球などで、すべりこむこと。▽sliding **―システム** 物価の上がり下がりに応じて賃金も上げ下げする制度。▽sliding system **―スケール** ①計算尺。▽本来は slide rule ②→スライディング システム。▽sliding scale

スライド ①《名》幻灯機。また、それを用いて映写する透明の陽画。②《名・ス自》スライディング システムを採ること。「―制」③《名・ス自他》すべること。すべらせること。▽slide

ずらか‐る《五自》〔俗〕逃げ出す。高飛びをする。「授業を―」「外国へ―」

ずら‐す《五他》①少しすべらせて動かす。ずれるようにする。「いすを―」「マスクを下に―」②重ならないように動かす。「一週間―」

すらすら《副［と］》途中で引っかかったり行き詰まったりせず、なめらかに進むさま。「―(と)読む」「事が―(と)運ぶ」

ずらずら《副［と］》同じようなものが際限なく並び連なるさま。「当選者の名を―(と)読み上げる」

スラックス（もと女性用の）ズボン。▽今は主に男性用のをいう。slacks

スラッシュ ①言葉の区切りなどを示す斜線。「／」②衣服の装飾用の切れ込み。▽slash

すらっと《副・ス自》→すらり

ずらっと《副》数多く並び連なるさま。「壁に写真を―飾る」

スラム 都市で貧しい人々が多数集まり住む区域。貧民窟。「―街」(よくこの形で言うが、本来「スラム」だけで地区を指す) ▽slum

すらり《副［と］》①すらすら。また、刀などをすべるように一気に抜くさま。「―(と)大刀を抜き放つ」②ほっそりして、形がいいさま。「―と伸びた足」「―とした美人」

ずらり《副［と］》たくさんの人や物が列になって並ぶさま。「名札が―と掛かっている」「お歴々が―(と)並ぶ」

スラローム スキーなどの回転競技。多数の旗門の間を通り抜けて時間を競う。▽ノルウェー slalom

スラング ある階層・社会だけで用いる言葉。卑語。俗語。▽slang

スランプ 一時的に、調子が出ない、または取引が不景気な状態。不振。不調。「―に陥る」▽slump

すり【〈掏摸〉〈掏児〉】(人ごみの中などで)他人の財布などをこっそり手ばやく盗み取ること。また、その人。

すり【刷(り)】刷ること。印刷(のできばえ)。「―がきれいだ」

ずり ①掘りくずして坑外に運び出す土。また、捨ててある鉱滓(こうさい)。②山から材木・たきぎを投げ落とす所。

ずりあが‐る【ずり上がる】《五自》ずってあがる。転じて、少しずつ(高い地位に)あがる。

すりあし【×摺(り)足】足で地をするようにして静かに歩くこと。

すりあわ‐せる(あはせる)【擦り合(わ)せる・×摺り合(わ)せる】《下一他》①二つのものをこすりあわせる。「羽根を―」「部品の表面を―」②双方の意見や案を出し合って調整し、一つのものにまとめていく。「与野党の主張を―」

スリー《名・造》三(の)。「ワンツー―」(掛け声の、一二三)「―ディメンション」▽three **―シーズン**《多く造語成分的に》服飾で、秋・冬・春の三季節(に使えること)。「―コート」▽three-season **―ディー【3D】** 三次元。特に、映像などが立体的なこと。「―CG」▽three dimensions からの略語。 **―ピース** →みつぞろい。▽three-piece

スリーブ ①袖。「ノー―」(袖なし) ②レコード ジャケット。転じて、DVDやスマホなどの入れ物。③建物の配管を通すための金属管。▽sleeve

すりいも【×擂(り)芋】山芋をすりおろしたもの。とろろ。

すりうす【△磨(り)臼】すって、もみがらを取ったり、粉をひいたりするためのうす。ひきうす。とううす。

すりえ(ゑ)【×擂(り)餌】小鳥にやるための、ぬか・魚・草などをすりつぶしたえさ。

ずりお‐ちる【ずり落ちる】《上一自》ずって落ちる、または、さがる。

すりか‐える(かへる)【擦(り)替える・△摩(り)替える】《下一他》人に気付かれずに取り替える。▽多くは、にせ物に替える場合に言う。

すりがね【×摺(り)×鉦】左手に持ち、右手のばちでですって鳴らす小型の鉦(かね)。歌舞伎や祭ばやしに使う。ちゃんぎり。

すりガラス【△磨(り)ガラス】表面を金剛砂(こんごうしゃ)などですって、不透明にしたガラス。つやけしガラス。くもりガラス。

すりかわ‐る(かはる)【擦(り)替(わ)る・△摩(り)替(わ)る】《五自》いつのまにか他のものにかわる。「宝物がにせ物に―」

すりきず【擦(り)傷・擦(り)×疵】物にこすれ、皮膚がすりむけた傷。「腕に―をつくる」

すりきり【×摺(り)切り】粉状・粒状のものを、さじや入れ物のふちまで、平らにならして、ちょうど一杯にすること。「砂糖、大さじ―三杯」

すりき‐る【擦(り)切る】《五他》①こすって切る。②金銭などを使い果たす。

すりき‐れる【擦(り)切れる】《下一自》摩擦によって切れる、または減る。「ズボンのすそが―」

すりこぎ【×擂(り)粉木】①すりばちで物をすりつぶす、木の棒。れんぎ。②〔俗〕少しも進歩せず、かえってだめになる人。▽(1)は使うほど減って行くから。

すりこみ【刷(り)込み】①〔生物〕一部の動物、特に鳥類に顕著に認められる特殊な学習で、生後ごく早い時期に目にした対象に対して一生特定の行動を示す現象。刻印づけ。②刷り込む③㋑こと。「イメージの—」▽imprinting の訳語。

すりこ-む ①【擦(り)込む】『五他』(薬などを)こすって、しみ込ませる。②【×擂(り)込む】『五他』すって混ぜ込む。③【刷(り)込む】『五他』㋐ある紙面に印刷する。他のものに添えて共に刷って入れる。「グラフを—」㋑いつのまにかそういうものだと、思い込ませる。「脳裏に—」

すりつ-ける【擦(り)付ける】『下一他』物に触れさせてこする。こすりつける。「犬が鼻を—」

スリット 衣服のすそに入れた切れ込み。「—スカート」▽slit

スリッパ 西洋風の上(うわ)ばき。▽slippers

スリップ ①『名・ス自』すべること。特に、自動車のタイヤが水や氷のため路面ですべること。②『名』女性の洋装の下着の一種。肩から細ひもでつり、膝のあたりまでをおおうもの。③『名』新刊書に挟む短冊形の伝票。▽slip

すりつぶ-す【△磨(り)潰す・×擂(り)潰す】『五他』①すって細かくくだく。「ごまを—」②(財産などの)使い方が悪くて、つぶす。

すりぬ-ける【×摺(り)抜ける・擦(り)抜ける】『下一自』①狭い空間や群衆の間を、身をかわして通りぬける。②ごまかしなどしてうまく免れる。

すりばち【×擂(り)鉢】みそ・ごま等を入れ、すりこぎですり砕くのに使う鉢。

すりばん【擦(り)半】「擦(り)半鐘」の略。近火を知らせるため半鐘を続けざまに鳴らすこと。その音。

すりひざ【△磨(り)膝】ひざがしらを床にすりつけて進むこと。

すりへら-す【擦(り)減らす・△磨(り)減らす】『五他』①こするようにして形を小さくする。「靴を—して探しまわる」②仕事や活動で、心身の働きを弱める。「仕事で神経を—」

すりへ-る【擦(り)減る・△磨(り)減る】『五自』①こすれて、形が小さくなる。「かかとが—った靴」②心身を労して機能が鈍る(弱る)。「神経が—」

すりほん【刷(り)本・×摺(り)本】①版で刷った本。版本。②印刷用語で、刷り上がって、まだ製本していない印刷物。

すりみ【×擂(り)身】魚肉をたたき、すりばちですりつぶしたもの。つくね・かまぼこ・ちくわなどの材料にする。

スリム『ダナ』①(体つきが)ほっそりしているさま。「—な体型」②組織などが、無駄がなくまとまっているさま。「—な予算」▽slim

すりむ-く【擦(り)△剝く】『五他』物に強くこすって、外皮をむく。「ひざを—」

すりむ-ける【擦(り)△剝ける】『下一自』ものに強くこすれて、外皮がむける。

すりもの【刷(り)物・×摺(り)物】印刷物。

ずりょう【△受領】中古、遥任(ようにん)(＝名目上の任命で、実務を執らなくてよい)と区別して、実際に任国におもむく、諸国の長官。▽前任者から事務引継ぎを受ける人の意。「じゅりょう」と読めば別の意。

すりよ-る【擦(り)寄る】『五自』①すれあうほど近寄る。「実力者に—(＝取り入ろうとする)」②すりひざで近寄る。

スリラー 人にスリルを感じさせるように作った劇・映画・小説。▽thriller

スリリング『ダナ』スリルを感じさせるさま。ぞっとする感じを与えるさま。「—な場面」▽thrilling 派生 **-さ**

スリル ぞっと身ぶるいが起こるような感じ。楽しみを感じるような戦慄(せんりつ)。「—満点」▽thrill

す-る ①【擦る・△摩る・×摺る】『五他』物を他の物の面に合わせ、力をこめて一度動かす。こする。「マッチを—」②【△磨る・×擂る】『五他』こすって細かく砕く。㋐とぐようにして、接触部分をくずす。[磨]「墨を—」㋑すりばち・石うす等で細かく砕く。[擂]「とろろを—」「籾(もみ)を—」▽→㋓。㋒所持金・財産などを(無益な事に)使い果たす。「競馬で三十万円—ってしまった」㋓『ごまを—』『みそを—』へつらう。③【刷る・×摺る】『五他』擦る(1)の動作で形にあらわす。㋐版木や活版などで印刷する。「お札を—」㋑形木(かたぎ)に当て、こすって布に模様をつける。④【×掏る】『五他』すれ違いざまに、人の財布などを盗み取る。

す-る【×剃る】『五他』「そる」のなまり。「ひげを—」

する【△為る】『サ変自他』①㋐『単独で、また「……(を)—」「……を……—」の形で』物事を行う。行動を進める。また、作用が現れる。「—ことは何もない」「研究(を)—」「数学を勉強—」㋑『役や職の名に「を」を付けた形を受けて』その役目や業務を行う。勤める。「役員を—」「人足を**し**て暮らす」▽「学生**し**てます」のような使い方は俗用。②㋐『「……に—」の形で、また形容詞連用形を受けて』……の状態・役目にならせる。「すっかりだめに—」「顔を赤く—」「課長に—」「本を枕に**し**て寝る」㋑『「……(と)—」の形で』その状態になる。「びっくり—」「愕然(がくぜん)と—」㋒『「……(を)した」「……とした」「……(を)している」「……としている」の形で』その状態である。「青い目を**し**た女の子」「堂々と**し**た態度」「三日月の形を**し**ている」③『「……が—」の形で』物事が起こる。「音が—」「いやな予感が—」④『金額を指す語を受けて』その値段だ。「この絵は百万円—」⑤『時を指す語を受けて』時がたつ。「もう一月**すれ**ば」⑥『「に」「と」を受けて』㋐感じる。思う。見なす。「人をばかに—」「お会いする日を楽しみに—」「清潔をむねと—」「ひとのせいに**し**てごまかす」㋑……(の用に)すえる。位置づける。「相手に—」「それを目的に—」㋒……をえらびとる。……(することに)決める。「私はパンにします」「回答は保留することにした」㋓……にとりかかる。……を行う。「これから食事にします」

⑦《体に関連のある特定の語を伴って、その部分の働きを表す》「目に—」(見る)「耳に—」(聞く)「口に—」(話す、食べる、飲む、など)「気に—」

⑧形式的用法。㋐《「お……—」の形で、動詞連用形をはさんで》目上の人などに対しての行為を表すのに使う。「品物をお届け—」㋑『……む(ん)と—』『……う(よう)と—』その事を行おう、その事が起ころうという状態だ。「風吹かむとす」㋒《「……と—」「……と(に)して(は)」「……と(に)すれば」等の形で》……の立場・水準を取って考える意を表す。「xが奇数だと—」「私としては反対だ」「花子の作品としては、できが悪い」「太郎にすれば文句もあろう」㋓《人を表す名詞・代名詞Aによる「Aとしたこと」の形で》という人・者の意。「おや、わたしとしたことが、うかつでした」「用意周到な先生としたことが手抜かりをなさったものだ」

ず-る《五自》①すべって動く。また、すわりながら動く。②ずれる。③ゆるんで下がる。

ずる ずるいこと。怠けること。そういう人。「—をきめ込む」「—休み」

ずる-い【×狡い】《形》人をだしぬいて自分が得をするような、正しくないやりかただ。わるがしこい。こすい。派生 **-さ**

スルー ①《造》通り抜けて。「シー—」(透けて見えること。そのような服)「—パス」②《名・ス他》聞き流すこと。読み飛ばすこと。「以下の説明は—してかまいません」。相手にしないこと。無視すること。「質問されても—する」「既読—」▽through ⑵は日本での用法。

ずるがしこ-い【×狡賢い】《形》ずるく悪知恵をはたらかせる。「—く立ち回るやつだ」派生 **-さ**

ずる-ける《下一自他》〔俗〕なまける。横着をする。

するする《副[と]》滑るようになめらかに動いたり進んだりするさま。「猿が—木に登る」「—帯をとく」「人込みを—と抜け出た」

ずるずる《副[と]》①ひきずったり、滑ったりするさま。「—(と)すそを引きずる」「泥道で—(と)滑った」②きまりがつかず、そのままの状態を続けるさま。「—(と)期限がのびる」③音をたてて汁などをすするさま。「味噌(みそ)汁を—すする」 **—べったり**《名・ダナ》はっきりと決まらないままに、その状態が続くこと。「届けを—に遅らせる」

スルタン イスラム教国の君主。特に、オスマン帝国の皇帝。サルタン。▽sultan

ズルチン 尿素とフェネチジンを原料とする人工甘味料。▽人体に有害なことがわかり、現在は使用されない。▽ドイ Dulzin

ずるっと《副》一気に滑ったり剝(む)けたりするさま。「やけどで皮膚が—むけた」

すると《接》そうすると。では⑶㋐。

するど-い【鋭い】《形》①(刃物などの)先がとがっている。また刃先がとがっていて、よく切れる。②勢いが激しく、きびしい感じだ。「出足—く攻める」「—目つき」③感覚・頭脳などがすばやく働き、すぐれている。「—考察」派生 **-さ**

スルホンアミドざい【スルホンアミド剤】化膿(かのう)性・細菌性の疾患に有効な薬剤。スルホンアミドと呼ばれる化学構造をもつ薬剤の総称で種類が多い。▽「スルホンアミド」はドイ Sulfonamid

するめ【×鯣】いかを割き開き内臓を出して干した食品。▽「する」を忌んで「あたりめ」とも言う。

するめいか【×鯣〈烏賊〉】いかの一種。暖流にすむ。するめの材料にする。▽あかいか科。

するり《副[と]》すべるようになめらかに、動いたり抜けたりするさま。「手から—と抜け落ちる」「—と身をかわす」「部屋を—と抜け出す」

ずれ ずれること。ずれた状態・程度。特に、くいちがい。「時間の—」「考え方に—がある」

すれあ-う【擦れ合う】《五自》①物と物とが互いにこすれる。②仲が悪く、いがみあう。▽⑵は既に古風。

スレート 屋根を葺(ふ)く板状の材料の一種。天然のは粘板岩、人造のものもある。▽slate

ずれこ-む【ずれ込む】《五自》〔俗〕予定が遅れて、あとの時期にまで食い込む。「完成が来月に—」

すれすれ【擦れ擦れ】《名・ダナ》ほとんどふれそうになること。きわどいさま。「路肩(ろかた)—のところ」「地表—を飛ぶ」「合格点—だった」

すれちが-う【擦れ違う】《五自》①互いに触れあうほど近くを通り過ぎる。「急行列車と—」。ちょっとの差で行きちがう。②論点がかみ合わない。「議論が—」

すれっからし【擦れっ枯らし】さまざまな境遇を経て、人がらが悪くなっていること。そういう人。

す-れる ①【擦れる・△摩れる】《下一自》他の物の面に合わせた物が力強く一度動く。また、くりかえし触れ合う。こすれる。「靴が—れてまめができた」②【△磨れる・×擂れる】《下一自》こすられて物が細かく砕ける。「墨が—れた」③【擦れる】《下一自》㋐こすれて減ったり切れたりする。「服のひじが—」㋑多くの人に接し、もまれて人がらが悪くなる。「子どもの時からの苦労で—れている」④【刷れる・×摺れる】《下一自》印刷が仕上がる。「あの版画はもう—れたか」「新刊書が—れて来た」

ず-れる《下一自》①正しい位置から動いてはずれる。「ピントが—」②基準・標準からはずれてくいちがう。「論点が—」

スレンダー《ダナ》ほっそりとしたさま。すらりとしたさま。「—美人」「—なボディー」▽slender

ずろう【×杜漏】《名・ダナ》粗雑で、抜け落ち・手抜かりが多いこと。

スロー《ダナ》速度が遅いさま。動作がゆるやかなさま。「―ボール」「―テンポ」▽slow ―ダウン《名・ス自》速度を落とすこと。速度が落ちること。「景気の―」▽slow-down ―フード 地域の伝統食や調理法を守り、食事をゆっくり味わうこと。↔ファースト フード。▽食物の同質化・画一化に対抗してイタリアに生まれた、食文化を守る運動のスローガン。slow food ―モーション ①動作がのろのろしていること。スローモー。②映画で、高速度で撮影し、普通の速度で映すと、動作がゆっくりして見えるもの。▽slow motion

スローガン ある団体の主義・主張を、短い文句で表したもの。標語。▽slogan

ズロース 女性(女児)用のゆったりした下穿(ば)き。ドロワーズ。▽drawers から。

スロープ 傾斜。斜面。▽slope

スローモー →スロー モーション⑴

ずろく【図録】 絵や図を主とした書物。「展覧会の―」

スロット (自動販売機などの、硬貨を入れる)細長いあな。▽slot **―マシン** 硬貨またはその代用品を入れて遊ぶ、賭博用の機械。▽slot machine

スロットル 内燃機関や蒸気機関の出力調整のため、燃料・空気・蒸気などの流量を制御する装置。絞り弁。「―を絞る」「フル―」▽throttle, throttle valve

すわ(すは)《感》突然の重大事に驚いて出す声。それっ。「―、行け」「―一大事」

スワイプ《名・ス他》スマホ・タブレットなどで画面に触れた指をそのまま滑らせること。その操作。画面をスクロールする際などに行う。▽swipe

すわえ(すはえ)**【×楚】** 細く長くのびた枝。

すわこそ(すは)《感》「すわ」の強め。さてこそ。「―敵将を討ち取れ」

すわや(すは)《感》「すわ」の強め。「―衝突という時」

すわり【座り・×坐り】 ①すわること。「ポチ、お―しなさい」②安定。「―が悪い」▽⑵は「据わり」とも書く。

すわりこみ【座り込み・×坐り込み】 その場にすわって動かないこと。特に、労働争議などで、(目的を達するまで)ある場所にすわり続けて気勢をあげること。

すわりこ-む【座り込む・×坐り込む】《五自》はいり込んですわる。また、すわって動こうとしない。「どっかと―」▽示威運動のを指すことがある。

すわりだこ【座り〈胼胝〉・×坐り〈胼胝〉】 いつもひざを折る座り方をするので、足の甲またはくるぶしにできた、たこ。▽第二次大戦後に生活用式が洋風になって、これのある人が激減した。

すわりびな【座り×雛・×坐り×雛】 座った姿の雛人形。↔立ち雛。▽本来の雛人形は立ち雛だが、のちに座り雛が主流となる。

すわ-る【座る・×坐る】《五自》①ひざを折り曲げて、または腰を掛けて、席につく。「椅子に―」▽⑵の転。②物がしっかりとある位置を占める。「赤ん坊の首が―」㋐動かずに場所を占める。「舟が―」(舟底がついて動かない)「判が―」(判がおされる)㋑落ち着く。どっしりしている。「腹が―」「肝が―!った人」。じっとして動かない。「目が―」㋒ある地位をおそう。「あとがまに―」▽もと「据(す)う(=すえる)」の自動詞。⑵は「据わる」とも書く。

スワン 白鳥(はくちょう)。▽swan

すん【*寸】 スン ①ごくわずかのこと。「寸分・寸毫(すんごう)・寸寸・寸土・寸時・寸秒・寸刻・寸陰・寸暇・寸志・寸鉄・寸断・寸劇・寸借・寸善尺魔」②《名・造》長さ。「寸がつまる」「寸が足りない」「原寸」③はかる。「寸法」④尺貫法の長さの単位。一寸は一尺の十分の一。かね尺の一寸は、約三・〇三センチ。「寸尺・一寸・方寸」

すんいん【寸陰】 わずかの時間。「―を惜しむ」

すんか【寸暇】 わずかのひま。「―を盗む」「―を惜しんで働く」「忙中に―を得る」

すんかん【寸感】 ちょっとした感想。

ずんぎり【△寸切り】 →ずんどぎり

ずんぐり《副[と]・ス自》全体が丸みを帯びているさま。「―(と)した体軀(たいく)」

ずんぐりむっくり《ノダ》「ずんぐり」を強めて言う語。

すんけい【寸景】 ちょっとした風景。日常的な景色を写した写真・絵画。

すんげき【寸劇】 ちょっとした短い演劇。

すんげき【寸隙】 わずかのひま。

すんけん【寸見】《名・ス他》ちょっとのぞいてみること。

すんげん【寸言】 短いけれども意味の深い言葉。

すんごう【寸×毫】《副ノ》《あとに打消しを伴って》ほんのわずか。ごく少し。「―もたゆまず努力を重ねる」「―の疑いもない」▽「毫」は、細い毛。

すんこく【寸刻】 わずかな時間。寸時。

すんし【寸志】 ①いささかの志。寸心。②心ばかりの贈り物。▽自分の志や贈り物をへりくだって言う。

すんじ【寸時】 わずかな時間。「―も忘れない」

すんしゃく【寸借】《名・ス他》わずかな金を借りること。また、少しの間だけ借りること。「―詐欺」

すんしゃく【寸尺】 ①寸と尺。わずかの長さ。②長さ。寸法。

すんしょ【寸書】 短い手紙。寸楮(すんちょ)。▽自分の手紙をへりくだって言う場合が多い。

すんしん【寸心】 →すんし⑴

すんずん【寸寸】 きれぎれ。ずたずた。

ずんずん《副[と]》勢いよく、速く進行・変化するさま。どんどん。「仕事が―進む」「坂道を―(と)のぼる」「―背が伸びる」

すんぜん【寸前】 ほとんど同時といってよいほどわずか(=寸)の前。直前。「電車のドアが閉まる―(に)飛び乗った」「ゴール―で抜かれた」「絶滅―の鳥」

すんぜんしゃくま【寸善尺魔】 世の中にはよい事が少なく悪い事が多いということ。

すんたらず【寸足らず】《名ナ》①必要な長さに足りな

いこと。②比喩的に、普通よりいくらか劣っていること。

すんだん【寸断】『名・ス他』ずたずたに断ち切ること。「台風で道路が―される」

すんちょ【寸×楮】→すんしょ

すんづまり【寸詰(ま)り】『名ナノ』寸法が十分にはないこと。長さが足りないこと。「―の服」

すんで【△既】『副にノ』①『―に』全くもう少しで。あやうく。「大病ですんでに死ぬ所を助かった」②『―の事』『―の所』もう少しでそうなってしまいそうだったことを表す語。▽「既(すで)(=古くは、全くの意)」の転。

すんてつ【寸鉄】①小さい刃物。「身に―もおびず」(全然武器を持たない)②短くて人の心に食い入る言葉。警句。「―人をさす」

すんど【寸土】少しばかりの土地。寸地。「国境の―を争う」

ずんと『副』「ずっと」の古風な言い方。

ずんどう ①『名』→ずんどぎり⑴。②『名ナノ』〔俗〕上から下まで同様に太くて、ぶかっこうなこと。

ずんどぎり【△寸△胴切(り)】①竹製の花筒。節が一つあり、長さは一尺(約三〇センチ)。②輪切り。③古い大木の幹を切って下だけ残し、茶室の庭のながめとするもの。

すんなり『副[と]・ス自』①→すらり⑵。「―(と)した細い指」②おだやかで、抵抗感がないさま。「―解決した」

すんびょう【寸秒】ごくわずかの時間。「―を争う」

すんびょう【寸描】短い描写。スケッチ。

すんぴょう【寸評】『名・ス他』短い批評をすること。短評。

すんぶん【寸分】ごくわずかなこと。「―の狂いもない」

ずんべらぼう〔俗〕①行いが投げやりで、しまりのない者。②のっぺらぼう。▽「ずべら坊」の転。

すんぽう【寸法】①物の長さ。尺度。「服の―をとる」②段どり。計画の手順。「近いうちに行ってみようという―だ」③ありさま。「商売も今のところまあまあといった―です」

すんれつ【寸裂】『名・ス自他』ずたずたに裂ける、または、裂くこと。きれぎれになること。

すんわ【寸話】短いはなし。

せ

せ【瀬】①川の、歩いて渡れる程度に浅い所。あさせ。↔淵(ふち)。「―を踏む」(→せぶみ)▽海の沖で浅い部分をも言う。②川の、急な流れ。はやせ。▽潮流を指す事もある。「黒―川」(日本海流。黒潮)③場所。立場。「立つ―がない」。人が置かれる境遇。「生きてゆく―もなくなる」④場合。機会。「身を捨ててこそ浮かぶ―もあれ」(→うかぶせ⑴)「逢(おう)―」

せ【背】①人や動物の胸・腹の反対側、すなわち首から尻までの部分。背中。「―に腹はかえられない」(さしせまった不都合を避けるには、ほかの不都合はやむを得ない)「―を向ける」(後ろ向きになる。転じて、知らん顔をする。そむく)「山を―(=背面、後ろ)にして立つ」「敵に―を見せる(=かなわず逃げる)」②身長。せい。「―が高い」③背⑴に似た所。㋐山の尾根(おね)。㋑波のいただきの連なり。「波の―にゆられる」㋒本の綴(と)じてある部分(の外側)。「本の―が割れる」「―文字」 関連 背(せい)・背中・背面・背部・背後・後背・腹背・背丈・丈・身の丈・身長・背格好・上背(うわぜい)・中背・背骨・背筋(せすじ)・背伸び・猫背

せ【△畝】土地の面積の単位。一畝は一反(たん)の十分の一。三十歩(ぶ)。約一アール。

せ〔施〕→し〔施〕

ぜ『終助』《終止形に付く》念を押すのに使う。「早く出かけよう―」「大将、そんな話はここでは通用しません―」▽「ぞえ」のつづまった形。男性語。ぞんざいな表現。

ぜ〔是〕 ゼ この これ ｜ ①『名・造』道理にかなっている。正しい。↔非。「是が非でも」「是非善悪・是是非非・今是昨非」②㋐一般が正しいと認める。「是認・是正」㋑正しいと認めてきめたこと。「国是・社是・校是」③これ。この。ここ。「如是我聞(にょぜがもん)」

せい【背】身長。せたけ。「―くらべ」▽「せ」から転じたもの。古くから、似た字の「脊」でも書かれた。

せい(せゐ)【△所為】ある人の行為から生じる結果。ある原因の結果。ゆえ。「彼がいた―で悪い事を覚えた」「彼が同級だった―で大いに啓発された」「失敗を他人の―にする」「気の―かふさいでいるように見えた」「稼業の―もあって派手好きだ」▽「所為」の音読「そゐ」の転。

せい〔*井〕 セイ ショウ(シャウ) い ｜ ①地下水などをくみ上げるところ。い。いど。また、そのまわりに木で組んだけた。いげた。「井泉・鑿井(さくせい)・油井」②いげたの形。いげたのように、境やかどがととのっている。「井然・井田・天井(てんじょう)」③人家の集まった所。まち。「市井」▽井戸のある所に市を作ったところから。

せい〔*世〕 セイ セ よ ｜ ①よのなか。よ。「人世・世局・処世・厭世(えんせい)・蓋世・隔世・挙世・絶世」。以下「セ」と読む。「世界・世間・世上・世才・世事・世人・世俗・世故・世態・世相・世道・世評・出世・俗世・在世」②とき。㋐時間のくぎり。「セ」と読む。「来世・末世・現世・三世(さんぜ)」㋑人の一生。一代。生まれてから死ぬまで。「宿世(すくせ)・後世(ごせ)・早世」㋒比較的長い時間の単位。中国では三十年。西洋の百年間にもあてる。

「世紀」㊁歴史的に区切った年代。「上世・中世・近世・季世」㊂地質学で、「紀」の下位区分。「更新世」③㋐家督・統治権などを相続して一人が当主たる期間。「世子・万世一系」㋑相続の間の一代。また、その代にあたる人。「二世・世代(せだい)」㋒代々の相続。「世襲(せしゅう)」

せい【*正】 セイ ショウ(シャウ) ただしい ただす まさ かみ ―― ①『名・造』まちがいない。ただしい。うそでない。「正邪・正道・正理・正義・正論・中正・方正・公正・真正・純正・厳正・正正堂堂」。以下「ショウ」と読む。「正法(しょうぼう)・正念・正覚・正因・正真・正銘・正気・正直・正面・正体・正札(しょうふだ)・正金・顕正・実正」②ただしくする。ただす。「正誤・改正・規正・矯正・粛正・是正・補正・訂正・修正・匡正(きょうせい)・校正・叱正・批正・斧正(ふせい)・弾正(だんじょう)」③まちがいなくちょうど。ただしく。まさしく。まさに。「正当・正反対・正三角形」。ただし以下「ショウ」と読む。「正午・正十二時・正味(しょうみ)・正目(しょうめ)」④本来あるもの。もとからあるべきもの。本すじのもの。「正閏(せいじゅん)・正妻・正室・正統・正系・正史・正体(しょうたい)」⑤『名・造』おもなもの。おもてむきのもの。「正と副を置く」「正式・正客(せいかく・しょうきゃく)・正賓・正殿・正寝・正攻法」⑥同じ位階の中で、上にあるもの。↕従(じゅ)。「正三位(しょうさんみ)」⑦おさ。かみ。長。「検事正」⑧中国の暦学で、歳首の標準となるもの。「正朔(しょうさく)・賀正(がしょう)・正月」⑨『名・造』数学で、実数の値が零より大きいこと。また、電気のもつ二つの性質の一方。プラス。↕負。「正の整数」⑩『名』〔哲学〕弁証法の定立。措定。テーゼ。「正反合」

せい【征】 セイ ゆく うつ ―― 討伐に向かう。せめてこらしめる。ゆく。「征途・征路・征旅・征馬・遠征・征衣・征討・征伐・征戦・征服・征夷(せいい)大将軍・出征・親征」

せい【*政】 セイ ショウ(シャウ) まつりごと ―― ①民を導いて正道につかせる。国家をおさめる。まつりごと。「政治・政事・政道・政権・政体・政策・政略・政府・政令・政党・政見・政界・国政・大政・王政・仁政・行政・市政・善政・悪政・徳政・庶政・摂政(せっしょう)・太政(だじょう・だいじょう)大臣」②すべて物事を筋道を立ててよくととのえる。「財政・郵政・農政・家政」

せい【*整】 セイ ととのえる ととのう ―― 荷物を束ねてまとめる。形を正しくそろえる。乱れないようにきちんとそろえる。「整然・整頓・整理・整備・整列・整形・調整・規整・修整・均整・端整・不整・補整」

せい【*生】 セイ ショウ(シャウ) いきる いかす いける うまれる うむ おう はえる はやす き なま ―― ①いきる。いのちをたもつ。いきてゆく。いきている。いかす。「生命・生物・生霊・生体・生還・生死(せいし・しょうじ)・生存・生息・生長・生育・生活・生業・生気・生理・生化学・長生・永生・回生」。以下「ショウ」と読む。「生涯・生者・生生世世(しょうじょうぜぜ)・後生・一生・一蓮托生(いちれんたくしょう)・今生(こんじょう)」②㋐『名・造』いのちのある間。いのち。「この世に生をうける」「平生(へいぜい)・余生・終生・衛生・厚生・畢生(ひっせい)」。以下「ショウ」と読む。「生類・衆生(しゅじょう)・畜生・利生・殺生(せっしょう)・養生」㋑『名』人生。「生を楽しむ」③『名・造』いのちをもってこの世に出てくる。物をつくり出す。うむ。うまれる。「生ある者は死す」「生殖・生産・生家・生母・再生・派生・更生・胎生・卵生」。以下「ショウ」と読む。「生滅・生老病死・生得・誕生(たんじょう)・化生(けしょう)・七生・出生・多生・他生・未生・往生(おうじょう)」④草木の芽が出る。芽が出てのびる。はえる。「発生・対生・互生・輪生・密生・叢生(そうせい)・野生・自生・寄生・実生(みしょう)・半夏生(はんげしょう)・自然生(じねんじょう・じねんじょ)」⑤世に現れる。できる。おこる。「生起・発生」⑥生長すること。「十年生のスギ」⑦生まれつき。「生来」⑧㋐まだ熟し切っていない。いきいきしている。新鮮である。なま。「生硬・生熟」㋑活動力がある。「生石灰」⑨㋐読書・学習する人にいう。「先生・書生・筆生・学生(がくせい・がくしょう)・留学生・研究生・文章生(もんじょうしょう)」㋑生徒。「一年生・高校生・女学生・塾生」⑩『名・造』男子が自分のことをへりくだっていう語。「生らが光栄」「小生・老生・愚生・迂生(うせい)・鈴木生(＝書簡の署名などに使う)」 ▽→しょう(生)

せい【*性】 セイ ショウ(シャウ) さが ―― ①『名・造』天から与えられた本質。人の生まれつき。「性、温和なり」「性質・性格・性行・性情・性癖・性善・性分(しょうぶん)・性根(しょうね)・性懲(しょうこ)り・心性・本性(ほんせい・ほんしょう)・品性・習性・理性・資性・天性・個性・知性・根性(こんじょう)・癇性(かんしょう)・荒れ性(しょう)・気性(きしょう)・魔性(ましょう)・悪性(あくせい・あくしょう)・苦労性(くろうしょう)・性善説」。「ショウ」とよみ、仏教で、万物の本体。「見性・自性・仏性」②物事の性質・傾向。素質。「性能・属性・定性・酸性・急性・慢性・人間性・安全性・公共性・生産性・可能性・主体性・動物性・アルカリ性」③『名・造』男女・雌雄の別。その違いから起こる本能の働き。セックス。「性の問題」「男性・女性(じょせい・にょしょう)・中性・同性・性別・性欲・性教育」 ▽→ジェンダー。④陰陽道(おんようどう)で、人の生年月日などを、木火土金(ごん)水の五行(ごぎょう)にふりあてて、その相性(あいしょう)・相剋(そうこく)の理によって禍福・吉凶などをうらなうもの。「性(しょう)が合う」「相性・水性(みずしょう)」⑤『名・造』インド ヨーロッパ語などで、名詞・代名詞などに見られる、男性・中性・女性などの文法上の区別。 ▽→しょう(性)

せい【牲】 セイ いけにえ ―― 神を祭るとき供える生きた動物。いけにえ。「犠牲」

せい【姓】 セイ ショウ(シャウ) かばね ―― ①一族。血族の集団。家すじ。やから。「四姓・百姓(ひゃくせい・ひゃくしょう)・同姓・他姓・異姓」②『名・造』氏族または家の固有名。かばね。「姓を冒す」「姓氏(せいし・しょうじ)・姓名・姓系・同姓同名・旧姓・改姓」③日本で古く、氏族に与えられた称号。「連姓(むらじせい)・宿祢姓(すくねせい)・八姓(はっしょう)」

せい〖婿〗［壻］ セイ むこ　むすめの夫。むこ。「女婿・令婿」▽「聟」は異体字。

せい〖＊成〗［成］ セイ なる　ジョウ(ジャウ) なす　㋐物事をなしとげる。なる。なす。「成否・成就(じょうじゅ)・成功・達成・期成・小成」㋑できあがる。なりたつ。そだつ。「成案・成因・成果・成人・成年・成長・成立・成熟・成績・成仏(じょうぶつ)・落成・完成・大成・集大成・結成・天成・老成・晩成・速成・養成・混成・作成・編成」

せい〖＊誠〗［誠］ セイ まこと　真実の心。まごころ。まこと。「誠実・誠意・誠心・忠誠・至誠・赤誠・丹誠・熱誠・純誠」

せい〖請〗［請］ セイ こう　シン うける　ショウ(シャウ)　①願い求める。こう。「請求・請暇・申請・奏請・強請(きょうせい・ごうせい)・要請・稟請(ひんせい)・普請(ふしん)・勧請(かんじょう)」②たのむ。「請託・請願・懇請・起請(きしょう)」

せい〖誓〗 セイ ちかう　約束を必ず実行しようとする意志を表明する。また、神仏に対して約束する。ちかう。ちかい。「誓約・誓言(せいごん)・誓文(せいもん)・誓詞・誓紙・誓願・宣誓・祈誓・弘誓(ぐぜい)」

せい〖逝〗［逝］ セイ ゆく　いく　遠く去って帰らない。ゆく。人が死ぬ。「逝水・逝去・流逝・長逝・永逝・急逝・夭逝(ようせい)」

せい〖＊西〗 セイ にし　サイ　①にし。にしの方にゆく。↕東。「西方(せいほう・さいほう)・西洋・西征・西郊・西走・西漸・西戎(せいじゅう)・西域(せいいき・さいいき)・北西・南西・鎮西(ちんぜい)」。以下「サイ」と読む。「西国・西海・西京・東西(とうざい)・関西」②西洋をいう。「西諺(せいげん)・西暦・西紀・泰西」③「西班牙(スペイン)」の略。「日西協会」

せい〖＊声〗［聲］ セイ こえ　ショウ(シャウ) こわ　①鳥獣・人間の発するこえ。おと。ひびき。「声音(せいおん・こわね)・声楽・声調・声量・声帯・音声(おんせい・おんじょう)・発声・大声・奇声・美声・肉声・笑声・鐘声・諧声・形声・雨声・水声・風声・鳳声(ほうせい)・秋声」②言葉を出す。「声明・声涙・声援・声優」③音曲のふし。調子。音階。「五声・声曲」④世間の評判。きこえ。ほまれ。「声名・声誉・声威・声望・声価・名声・悪声」⑤中国語のアクセント。声調。「四声・上声(じょうしょう)・去声(きょしょう)」

せい〖＊制〗 セイ　①とりきめる。さだめる。とりきめられた行為の型。さだめ。きまり。おきて。「制定・制令・制度・法制・規制・統制・体制・旧制・官制・専制・帝制・立憲制・共和制・自治制・六三制」②おしとどめる。おさえる。やめさせる。「制限・制裁・制止・制御・制札・節制・抑制・自制・禁制(きんせい・きんぜい)・圧制・管制・強制・牽制(けんせい)・先制」③おさえつける。おさめる。「制覇・制海権・制空権」④〘名・造〙天子の命令。天子の言葉。「制に応ず」「制書・応制」⑤ほどよく裁ち切る。切ってしたてる。つくる。「製」に同じ。「制作」

せい〖＊製〗 セイ　布をたって衣服をしたてる。一般に、物品をつくる。こしらえる。つくり。こしらえ。「製法・製造・製作・製産・製糸・製糖・製粉・製本・製紙・製鉄・調製・作製・官製・私製・自製・新製・精製・謹製・粗製・和製・フランス製」

せい〖＊青〗［靑］ セイ あお　ショウ(シャウ) あおい　①晴れた空のような色。あい色や緑色などの類。あお。あおい。「青天・青山・青松・青嵐(せいらん)・青磁・青銅・青竜刀・丹青・刺青・群青(ぐんじょう)・紺青(こんじょう)・緑青(ろくしょう)」②草木の葉がさかんに生長する。しげる。「青青」③五行(ごぎょう)説で、東方の色。したがって、東、春、年若いなどの意に用いる。「青陽・青竜・青年・青春」④あお竹の皮。「青史」

せい〖＊清〗［淸］ セイ きよい　ショウ(シャウ) きよまる　シン きよめる　すがし　①㋐水が濁っていない。すんできれいである。きよい。きよらか。↕濁。「清濁・清水(せいすい・しみず)・清流・清泉・清洌(せいれつ)・河清」㋑物事にけがれがない。「清潔・清浄・清節・清明・清新・清澄・清遊・清興(せいきょう)・清栄・清貧・清談」②さっぱりして気分がいい。「清涼・清冷・清爽・清適・清清」③さっぱりとしてあとに余分なものを残さない。きれいにする。「清算・廓清(かくせい)・粛清」④〘名〙中国の王朝の名。明の滅亡に乗じて満州族が中国に進出、建てた。一九一二年、辛亥(しんがい)革命によって滅びた。「シン」と読む。「日清戦争・清朝・清国・清朝(せいちょう)活字」⑤「清音」の略。↕濁

せい〖＊晴〗［晴］ セイ はれる　はらす　はれ　雨がやんで青空が出る。雲が散って太陽が照りかがやく。はれる。はれ。「晴天・晴雨・晴曇・晴朗・晴嵐(せいらん)・晴耕雨読・快晴・陰晴」

せい〖＊精〗［精］ セイ くわしい　ショウ(シャウ)　①念入りに手を加える。こまやかに、くわしくする。くわしい。「精疎・精細・精密・精緻・精巧・精製・精選・精錬・精読・精通・精算・不精(ぶしょう)」②まじりけのないもの。純粋なもの。すぐれたもの。「精華・精神・精髄・精粋・精鋭・精兵・精良・酒精」③〘名・造〙人の生命の根本の力。また、それを十分にはたらかすこと。「精を出す」「精も根も尽き果てる」「精力・精気・精液・精虫・受精・精励・精勤・精根・精進(しょうじん)・丹精・出精・精精(せいぜい)」④〘名・造〙物のはたらきの核心をなす力。たましい。人間以外の、ふしぎな力をもつもの。「森の精」「精霊(せいれい・しょうりょう)・精魂・木精・妖精」⑤米をついてぬかを取り去り、白くする。しらげる。しろい。「精白・精米」

せい〖＊静〗［靜］(人) セイ しずか　ジョウ(ジャウ) しずまる　しず　しずめる　①〘名・造〙じっとして動かない。しずか。しずまる。しずめる。活動的でない。↕動。「静と動」「静中、動あり」「静止・静物・静座・静養・安静・平静・冷静・動静・沈静・鎮静・静電気・静脈(じょうみゃく)」②音がなくてひっそりしている。さわぎたてない。しずかにする。「静

粛・静寂・静穏・静思・静観・静聴・静夜・静謐(せいひつ・じょうひつ)・閑静」

せい【斉】【齊】セイ ひとしい ―①大小・長短がなく、そろう。でこぼこがない。平らか。ひとしい。均一にする。「斉一・斉整・斉唱・一斉・均斉」②でこぼこがないように、ととのえる。おさめる。「斉民・修身斉家」③礼儀作法を正しくしてつつしむ。おごそか。うやうやしい。「斉斉」④『名』中国の国名。㋐周代、春秋時代、戦国時代の諸侯の一つ。秦(しん)に滅ぼされた。「斉東野人」(斉の東の方の人がおろかで、その言うことが信じられないことから、事理をわきまえない田舎者(いなかもの)をいう)㋑中国の南北朝時代の国。

せい【星】セイ ショウ(シャウ) ほし ―①ほし。夜空に光る天体。「日月星辰(せいしん)・星団・星雲・星座・星宿・遊星・惑星・恒星・火星・金星・流星・彗星(すいせい)・衛星・新星・巨星・北斗七星・織女星」②時の流れ。つきひ。「星霜」③重要な人物。「将星・諸星」

せい【省】セイ ショウ(シャウ) かえりみる はぶく ―①㋐自己の内心をよくみる。かえりみる。「反省・猛省・自省・内省・三省」㋑注意してみる。心してみる。「省察」②安否をたずねる。「帰省」③やめにする。とりのぞく。はぶく。「省略(しょうりゃく・せいりゃく)・省文・省筆(せいひつ・しょうひつ)・省字・省減」④『名・造』役所。「ショウ」と読む。㋐日本で、律令(りつりょう)制の中央官庁。「八省百官・式部省・民部省」。今、国家行政組織法で、国の行政機関。「省令・省議・各省・文部科学省」㋑中国の昔の中央政府、すなわち中書省。⑤中国で、地方の行政上の区画。もと、中書省の管轄区域。「ショウ」と読む。「河北省・四川省・省都」▽↓しょう(省)

せい【凄】セイ すさまじい すごい ―①ぞっとして寒さを感じる。寒い。涼しい。「凄凄・凄然」②いたましい。物さびしくてぞっとする。すさまじい。すごい。「凄惨・凄絶・凄風」▽「淒」は同字。

せい【棲】セイ すむ ―①鳥のすみか。すむ。す。「棲息」②一般に、人が住む。住む家。また特に、山住み。「幽棲・隠棲・同棲・群棲」▽「栖」は異体字。

せい【盛】【盛】セイ ジョウ(ジャウ) もる さかる さかん ―①物事が勢いよく栄えている。さかん。さかり。さかんに。「盛大・盛衰・盛時・盛況・盛業・盛年・盛名・盛事・盛典・盛儀・盛装・盛会・盛挙・盛暑・隆盛・全盛・殷盛(いんせい)・旺盛(おうせい)・最盛期・繁盛(はんじょう)・盛者(じょうしゃ)必衰」②物を容器の中にいっぱいに積みあげる。「粢盛(しせい)」

せい【勢】セイ セ いきおい ―①他に影響を及ぼす力。いきおい。「勢力・勢望・勢威・勢家・威勢・権勢・水勢・火勢・気勢・虚勢・優勢・劣勢・豪勢・擬勢・筆勢・余勢」②物事のおもむき。様子。なりゆき。おり。機会。「大勢(たいせい)・情勢・形勢・地勢・姿勢・時勢・運勢・趨勢(すうせい)・県勢・退勢」③『名・造』人数。軍隊。兵力。「その勢十万余騎」「敵の勢(せい・ぜい)」「軍勢(ぐんぜい)・手勢(てぜい)・多勢(たぜい)・無勢(ぶぜい)・加勢」④睾丸(こうがん)。「去勢」⑤「伊勢(いせ)国」の略。「勢州・勢陽」

せい【聖】【聖】セイ ショウ(シャウ) ひじり ―①知徳にすぐれ、尊敬される人。ひじり。㋐儒教で道理をきわめた人。知徳をみがいて最上の地位にある人。「聖賢・聖人・聖哲・聖教・賢聖・大聖・四聖」㋑仏教で、正道をさとり得た人。迷いの境地を去った人。高徳の僧。「ショウ」と読む。「聖人(しょうにん)・聖僧・聖衆(しょうじゅ)」㋒天子。また、天子や天皇に関する語にそえて敬語として用いる。「聖上・聖天子・聖徳・聖業・聖勅・聖詔・聖旨・聖体・聖寿・聖恩・聖代・列聖」㋓それぞれの道において最高の評価をうけている人。「詩聖・画聖・書聖・歌聖・楽聖・俳聖」②『名』濁酒を「賢」と言うのに対し、清酒。③神のようにすぐれ、清くとうとい。「神聖・聖なる山」。けがれが無い。「聖火・聖土・聖地・聖壇」④㋐宗教、特にキリスト教で、とうとい。「聖像・聖母・聖書・聖夜・聖家族・聖戦」㋑聖者の名に冠する語。「聖アグネス」▽Saint の訳。

ぜい【税】【稅】ゼイ ―『名・造』治者が被治者からとり立てる米、また布や金銭。年貢(ねんぐ)。現今では国費・公費にあてるため、国家または地方公共団体が、国民から強制的に取り立てる金銭。「税が重い」「税金・税制・税収・税率・税額・税関・税吏・税務署・租税・国税・地方税・課税・徴税・減税・増税・免税・脱税・悪税・血税・担税・関税・所得税・自動車税」

ぜい【贅】ゼイ ―①よけいなものをつけ加える。役に立たないよけいなもの。「贅言・贅語」②元来あるものでない、よけいなもの。こぶ・いぼなど。「贅瘤(ぜいりゅう)・贅疣(ぜいゆう)・贅肉」③『名・造』おごり。きまま。みえ。「贅をつくす」「贅をきそう」「贅沢」

せいあい【性愛】(男女間の)本能的な愛欲。

せいあく【性悪】人が持って生まれた性質は悪だとすること。↔性善。「―説」

せいあつ【制圧】『名・ス他』威力を加えて相手の勢力を押さえつけること。▽征服を伴う気持で「征圧」の表記も現れた。

せいあん【成案】できあがった考案・文案。↔草案・試案

せいい【勢威】人をおそれ従わせる勢い。権勢と威力。

せいい【征衣】①戦争に出る時の服装。軍服。②旅をする時の服装。旅ごろも。▽「征」は行く意。

せいい【誠意】私欲を離れて正直にまじめに物事に対する気持。まごころ。

せいいき【聖域】①(侵してはならない)神聖な場所・区域。▽sanctuary の訳語。②比喩的に、手出しできない領域・分野。

せいいき【声域】ある人が出せる、声の高低の範囲。

せいいく ①【生育】『名・ス自他』生まれて育つこと。また、生まれたものを育てること。「作物の―」②【成育】『名・ス自』育つこと。育ち大きくなること。

せいいたいしょうぐん【征×夷大将軍】①源頼朝(よりとも)から後、徳川慶喜(よしのぶ)まで、幕府の長である者。▽朝廷から任じられたが、武力を握り、政治の実権を持っていた。②奈良・平安時代、蝦夷(えぞ)征討のためにつかわされた軍隊の、総大将。

せいいつ【斉一】『名ナノ』それぞれがみな一様なこと。ひとつにそろっているさま。「条件を―にする」▽「斉」は、ひとしい意。

せいいっぱい【精一杯】『ダナ・副』力のある限りを出すさま。可能なぎりぎりのところ。「―働く」「―の譲歩」

せいいん【成因】物事ができあがる原因。

せいいん【成員】団体を構成している人。メンバー。

せいいん【正員】(客員や補欠などに対して)正式な資格がある人員。

せいう【晴雨】晴と雨。晴か雨か。「―にかかわらず」「―兼用」 **―けい**【―計】気象観測用の気圧計。

セイウチ〈海象〉北氷洋に群れをなしてすむ大きな海獣。長大な二本の牙と、太くてあらいあごひげがあり、四肢はひれ状。▽ロシア sivuch(=トド)から。セイウチ科。

せいうん【星雲】輝いた雲のように見える天体。大部分がガス状の物質からできているものと、無数の星が集まっているものとがある。

せいうん【青雲】『―の志』立身出世して高い地位につこうとする功名心。▽「青雲」は高い空を指す。

せいうん【盛運】栄える運命。

せいえい【清栄】書簡で、相手の生活・健康・繁栄などをいわう、あいさつの言葉。「貴家ますます御―の段」

せいえい【精鋭】『名ナノ』勢いが強くて鋭い力を持っていること。そういう人、特に兵士。「―をえりすぐる」「少数―主義」

せいえき【精液】雄性の生殖器から分泌する、無数の精子を含む液。▽もと、まじりけのない液の意にも使った。

せいえん【凄艶】『名ナノ』ぞっとするほどなまめかしく美しい様子。

せいえん【清×婉・清艶】『名ナノ』品(ひん)がよくてあでやかな様子。しとやかでなまめかしいこと。

せいえん【清宴】世俗的な事を離れた、風雅な宴会。

せいえん【盛宴】盛んな宴会。

せいえん【声援】『名・ス他』声をかけて励ますこと。言葉によって応援すること。「―をおくる」

せいえん【製塩】食塩を作ること。

せいおう【聖王】すぐれた徳をもち、立派な政治をする君主。

せいおう【西欧】①西洋。②西部ヨーロッパ。

せいおうぼ【西王母】中国の伝説上の仙女。長命を与えると信じられ、漢の武帝のために三千年に一度みのる桃の実を奉ったという。

せいおん【清音】日本語で(特に濁音・半濁音に対し)濁音符・半濁音符をつけない仮名が表す音。例、「バ・パ」に対し「ハ」が、「ズ」に対し「ス」が、清音。

せいおん【声音】こえ。音声。▽「こわね」と読めば別の意。

せいおん【聖恩】天皇のありがたい恵み。

せいおん【静穏】『名・ダナ』何事も起こらず、おだやかなこと。「―な晩年を送る」▽気象での、無風状態にも言う。 派生 **-さ**

せいか【成果】しとげて得る結果。「少しも―が見えない」

せいか【青果】『造』青物(=野菜)と果物。「―商」 **―しじょう**【―市場】産地から送って来た青果物を(仲買人・小売人の間で)競(せ)り売りする市場。▽「青物市場(あおものいちば)」とも言う。 **―ぶつ**【―物】青果。

せいか【声価】人や事物に対する世間の評判。「―が高まる」

せいか【正価】かけ値なしの値段。「―販売」

せいか【正貨】それ自身、額面と同じ実質上のねうちをもつおかね。金貨または銀貨。 **―じゅんび**【―準備】銀行券を発行する時、それを引き換えるために、正貨を積み立てて準備すること。

せいか【正課】学校などで、正式に時間をわりあてた必修の学科。

せいか【生花】①いけばな。また、いけばなの一様式。②造花に対し自然の、いきた花。「霊前に―を供える」

せいか【生家】その人が生まれた家。

せいか【盛夏】夏の、一番暑い時期。まなつ。

せいか【精華】そのものの真価を成す、立派な点。「日本文化の―」

せいか【聖火】神にささげる神聖な火。オリンピックなどの間じゅう絶やさないように燃やす火。「―リレー」

せいか【聖歌】宗教歌。特に、キリスト教の賛美歌。「―隊」

せいか【製菓】(専門の仕事として)菓子を作ること。「―会社」

せいか【製靴】くつを作ること。「―業」

せいか【請暇】休暇を願い出ること。その、もらった休暇。▽既に古風。

せいが【清華】公卿(くぎょう)の家の格式を表す名。摂家(せっけ)に次ぐもの。大臣家の上。

せいが【清雅】『名ナノ』清らかで上品な趣があること。

せいが【静×臥】『名・ス自』静かに横たわる状態でいること。「病室に―させる」

せいかい【政界】政治に関係する人々の社会。

せいかい【正解】①『名・ス自他』正しく解答または解釈すること。正しい解答・解釈。②『名』《主に「―だ」の形で》結果として適切であること。「やっぱり行かなくてーだった」

せいかい【盛会】盛んでにぎやかな会合。

せいかいけん【制海権】(国が)軍事・通商・航海などについて、主として海軍力によって、一定範囲の海上を支配する権力。

せいがいは【青海波】扇形を隙間なく並べて海の波を表した模様。▽舞楽の「青海波」で、この模様の衣装をまとう。

せいかがく【生化学】生物体の構成物質やその作用・反応を化学的に研究し、生命現象を化学的方法によって究明しようとする学問。生物化学。

せいかく ①【正確】『名・ダナ』正しくて確実なこと。「ーな計算」「ーに伝える」 派生 **-さ** ②【精確】『名・ダナ』精密で正確なこと。「ーな測量」 派生 **-さ**

せいかく【正格】規則に当てはまって正しいこと。↕変格。「動詞のー活用」

せいかく【性格】先天的な気質と後天的な影響とによる、その人の感情・意志などの傾向。「ーの不一致」。更に広く、そのもの特有の傾向・性質。「ーの異なる団体」

せいかく【政客】政治に携わる人。政治家。また、政治運動に身を挺(てい)する人。▽「せいきゃく」とも。

せいかく【製革】『名・ス自他』生皮(なまかわ)をなめし皮にすること。

せいがく【声楽】人の声による音楽。↕器楽。「ー家」

せいかぞく【聖家族】キリスト教で、幼児イエス・聖母マリア・聖ヨセフの三人から成る家族。神聖家族。▽絵や彫像の題材とされる。

せいかたんでん【×臍下丹田】→たんでん(丹田)

せいかつ【生活】『名・ス自』生きて生体として活動すること。「野鳥のー」「芸術ー」。世の中でくらしてゆくこと。また、そのてだて。くらし。「ーが立たない」 **ーか**【ー科】小学校の低学年で、身近な自然や社会との関わりを学ぶ教科。▽社会科と理科を統合して一九九二年度から実施。 **ーきゅう**【ー給】最低限度の生活の保障を建前として支払われる賃金。 **ーく**【ー苦】くらしてゆくのに生活費が足りないために起こる苦しみ。貧乏の苦しみ。 **ーしゅうかんびょう**【ー習慣病】不適切な食事や喫煙・飲酒などの生活習慣に起因すると考えられる病気の総称。▽一九九六年ごろに厚生省(当時)が導入した語。以前「成人病」と呼んでいた高血圧症(若くてもなる)などを含め、もっと広い概念。 **ーなん**【ー難】物価が高くなったり収入が減ったりして、くらしが立ちにくいこと。 **ーねんれい**【ー年齢】(精神年齢に対し)誕生後の、暦に基づく年齢。暦年齢。▽数え年と満年齢とがある。 **ーはんのう**【ー反応】①死に瀕している者の生死を確認するための、からだの反応。瞳孔反射・脈搏(みゃくはく)など。②生存中でなければ起こらない、からだの反応。皮下出血・炎症など。生体反応。▽②は法医学で、死体の傷が生前のものか否かの判定に利用。 **ーひ**【ー費】くらしてゆくために必要な費用。生計費。 **ーほご**【ー保護】困窮する世帯に対し、国が健康で文化的な最低限度の生活を保障し、その自立を助けること。「ーを受ける」

せいかっこう【背格好】→せかっこう

せいかん【生還】『名・ス自』①(危険をきりぬけて)生きて帰ること。②野球で、走者が本塁にかえって得点すること。

せいかん【性感】性的な感覚・快感。

せいかん【清閑】『名ナ』世の中のごたごたを離れて静かなこと。また、その様子・心境。▽他人の閑暇を敬って言うのにも使う。

せいかん【清鑑】正しくはっきり見分けること。「御ーを乞う」▽自分の作品を人に見てもらう時などに使う。

せいかん【盛観】(にぎやかで)立派な様子。そういう見もの。

せいかん【静観】『名・ス他』(自分は行動しないで)成行きを静かに見守ること。「事態をーする」

せいかん【精×悍】『ダナ』(動作や顔だちが)荒々しく鋭いさま。「ーなつらがまえ」 派生 **-さ**

せいがん【正眼】剣道で、刀の切先(きっさき)を相手の目に向ける構え方。青眼。晴眼。

せいがん【青眼】①正眼。②歓迎する心をあらわした目つき。↕白眼

せいがん【晴眼】①はっきり見える目。「ー者」▽盲目に対して言う。②正眼。

せいがん【誓願】①誓いを立てて神仏に祈願すること。がんかけ。②仏・菩薩(ぼさつ)が修行の目的を定め、一切の生物の苦しみを救おうとの願望達成を誓うこと。「弥陀(みだ)のー」

せいがん【請願】『名・ス他』自分の希望が許してもらえるように目上の人や役所に(文書で)願い出ること。またその願い。「ー権」「ー巡査」(請願によって警衛に当たる巡査。一九三八年廃止)「ー書」

ぜいかん【税関】国境・港・空港など外国と交通する所に置き、貨物・携帯品・船・航空機の取締り、関税の取立てなどの事務をする役所。

せいかんせんしょう【性感染症】性交やそれに類した行為によって感染する病気。梅毒・淋病(りんびょう)・エイズなど。性病。花柳病。

せいき【世紀】西暦で、紀元元年を起点に百年ずつを一期として数える時代区画。「ーの英雄」 **ーまつ**【ー末】①病的・退廃的な風潮が現れた欧州、特にフランスの十九世紀の終わり。②そういう傾向の起こる、ある社会の没落期。

せいき【西紀】西洋の紀元。西暦。

せいき【性器】生殖器。

せいき【清規】①(仏)→しんぎ(清規)。②規則の美称。「〇〇会ー」

せいき【正規】①正式に決められていること。また、その決まり。「学校教育によるーの課程」「ー軍」②何らかの観点からして規準となるようなものであること。「ー分布曲線」

せいき【正気】天地の間にあると考えられる、おおらかで正しい、公明な気力。また、人間の正しい意気・気風。

せいき【精気】①ものの大本となる働き。㋐万物が生じ発展する根本の気。㋑人などの魂。㋒活動を続ける、心身の根気。「―が切れる」②ものの純粋な気。

せいき【生気】いきいきとした気力。活気。「―が失(う)せる」「―を取りもどす」「―を吹きこむ」「―潑剌(はつらつ)」

せいき【生起】《名・ス自》(ある現象が)おこること。

せいき【×旌旗】色あざやかな、はた。▽多くは軍勢が立てる旗を言う。

せいぎ【正義】①正しい道理。人間行為の正しさ。②正しい解釈。▽多くは書名に用いる。「宮沢賢治についての―の観賞法」

せいぎ【盛儀】立派で盛大な儀式。

せいきゃく【政客】→せいかく(政客)

せいきゅう【性急】《ダナ》落着きがなく、気短なさま。せっかち。「―に解決を図る」「―な結論」派生 **-さ**

せいきゅう【請求】《名・ス他》(正当な権利として)求めること。「治療費を加害者に―する」 **―しょ**【―書】代金の支払いなどを求める書面。

せいきょ【盛挙】盛んな企て。盛大な事業。「宇宙開発の進展は二十世紀の―だ」

せいきょ【逝去】《名・ス自》「死ぬ」の敬語。なくなること。▽→こうきょ(薨去)・ほうぎょ

せいぎょ【制御・制×禦・制×馭】《名・ス他》①自由勝手にふるまわせず、おさえつけて自分の思うように支配すること。「欲望を―する」②(機械・装置などを)望むとおりの運転状態にすること。「自動―装置」

せいぎょ【成魚】生殖が営めるまでに十分に成長したさかな。↕稚魚(ちぎょ)

せいぎょ【生魚】①(新鮮な)なまの魚。鮮魚。②生きているうお。

せいきょう【政教】政治と宗教。「―分離」

せいきょう【正教】正しいおしえ・宗教。↕邪教

せいきょう【聖教】①聖人の教え。特に、儒教。②神聖な教え。キリスト教のこと。③釈迦(しゃか)の教え。仏教。また、仏典。▽仏教では「しょうぎょう」とも言う。

せいきょう【清興】上品で風流な楽しみ。▽他人の楽しみを敬って言うのにも使う。

せいきょう【生協】「(消費)生活協同組合」の略。一定の地域や職域の組合員で組織し、組合員の生活に必要な物資の供給、生活の改善などを目的とする団体。

せいきょう【盛況】にぎやかで盛んなありさま。

せいきょう【精強】《名ナ》すぐれていて強いこと。「―を誇るチーム」

せいぎょう【成業】学業・事業をなしとげること。

せいぎょう【正業】まじめな(まともな)職業。かたぎの仕事。「―につく」

せいぎょう【生業】くらしを立てるための仕事。なりわい。

せいぎょう【盛業】事業や商売の盛んなこと。盛んな事業や商売。

せいぎょう【聖業】神聖な事業。また、天子の事業。

せいきょうと【清教徒】十六世紀後半、イギリス国教会に反抗して起こったプロテスタントの一派。清浄に生活することを主張した。ピューリタン。

せいぎょき【盛漁期】盛んに魚が取れる時期。

せいきょく【政局】①政界のなりゆき。さしあたっての政治の情勢。「混沌(こんとん)とした―」②政権担当者・政党などに関する動き。

せいぎょく【青玉】→サファイア

せいきん【精勤】《名ナ・ス自》熱心に職務に励むこと。休まずに出勤・出席すること。

ぜいきん【税金】租税として納める金銭。「―を課する」

せいく【成句】①習慣的に使われる、二語以上から成るきまり文句やことわざ。例、「いちかばちか」。②昔から言われて広く世に知られている文句。例、「ものの言わぬは腹ふくるるわざ」「文は人なり」。

せいくうけん【制空権】(国が)領土・国家の権益を守るため、主として空軍力により、一定範囲の空中を支配する権力。

せいくらべ【背比べ】《名・ス自》背の高さを比べ合うこと。「どんぐりの―」(→どんぐり)

せいくん【正訓】(漢字本来の用法に即した)正しいよみかた。

せいくん【請訓】《名・ス自》政府に訓令を要求すること。おもに外国に派遣された使節が本国政府に命令・指示を求めること。↕回訓

せいけい【成形】《名・ス他》①一つのまとまりに形づくること。形成。②素材を一定の形に加工すること。▽「成型」と書くこともある。

せいけい【整形】《名・ス他》形を整えて正常にすること。 **―げか**【―外科】運動器官系統、主に骨と関節の働きの故障や、形状の変化を研究し、予防・治療する臨床医学の一分野。

せいけい【政経】政治と経済。▽大学の政治経済学部を指すこともある。

せいけい【正系】正しい血筋・系統。正統。↕傍系

せいけい【生計】くらしを立ててゆくための方法・手段。「文筆で―を立てる」「独立の―を営む」 **―ひ**【―費】くらしてゆくのに必要な費用。生活費。

せいけい【西経】イギリスの旧グリニッジ天文台を通る子午線を零度として、その西方一八〇度の間の経度。↕東経

せいけつ【清潔】《名・ダナ》よごれが無くきれいなこと。↕不潔。㋐汚物・病原菌などが(ほとんど)無く、衛生的なこと。「―なガーゼ」㋑行い・身持ちに疑いをはさむ余地が無く、清らかなこと。「―な人柄」派生 **-さ**

せいけん【政権】国の統治機構を動かす権力。「―交

替」「―をにぎる」

せいけん【政見】政治に関する意見。「―発表」▽多くは政治を行う者の立場で言う。

せいけん【生検】〔医学〕「生体検査」の略。病気の診断のために生体の組織片を切り取って顕微鏡などで調べる検査。バイオプシー。

せいけん【生繭】蚕のまゆで、まだ煮たり乾燥したりしていないもの。↔乾繭

せいけん【聖賢】①聖人と賢人。徳がすぐれ、かしこい人。「―の道」②清酒と濁酒。▽清酒を聖人、濁酒を賢人と言うところから。

せいげん【制限】《名・ス他》ここまでは許せる(したがって、そのほかは許さない)という限界を決めること。その限界。「接見時間を五分に―する」「―速度」「年齢―」「―を加える」「―行為能力者」(民法で、単独では完全な法律行為をすることが許されない者)

せいげん【正弦】三角比・三角関数の一つ。直角三角形の直角以外のある角に対して、その角の対辺の長さを斜辺の長さで割った値。サイン。

せいげん【西×諺】西洋のことわざ。

せいげん【誓言】《名・ス自》→せいごん

ぜいげん【×贅言】《名・ス自》よけいな言葉。また、それを使うこと。贅語(ぜい)。「―を要しない」

ぜいげん【税源】税金をかけるもとになる収入や財産。

せいご スズキの幼魚。体長二〇センチ前後の一歳魚・二歳魚を言う。

せいご【正誤】①誤りを直して正しくすること。「―表」②正しいことと誤り。

せいご【生後】生まれてから後。特に、生まれてから現在までの期間。「―五か月」▽多く、一年未満の乳児に言う。

せいご【成語】①古くから言われ、後人によく引用される語句。成句。「故事―」②熟語。

ぜいご【×贅語】→ぜいげん(贅言)

せいこう【性行】人間の性質と行い。「―に問題がある」

せいこう【性向】性質の傾向。特に、人の気立て。「温厚な―」

せいこう【性交】《名・ス自》(男女が)性的に交わること。その行動。

せいこう【成功】《名・ス自》①普通には困難な目的がしとげられること。↔失敗。「難工事が―した」「君の―を祈る」②富や社会的地位を得ること。「貧困に生まれながら目覚しい―者だ」[関連]当たり・大当たり・ヒット・白星・出世・合格・完成・大成・達成・結実・当たる・実る・実を結ぶ・物になる・うまくいく・やってのける・酔いしれる・世に出る・のるかそるか **―ほうしゅう**【―報酬】引き受けた仕事が成功した場合に受け取ると取り決めてある金品など。

せいこう【政綱】(政府や政党の)政治上の重要方針。

せいこう【正×鵠】→せいこく。▽「せいこく」の慣用読み。

せいこう【生硬】《名・ダナ》(態度や作品などが)未熟で、ぎこちないこと。「―な文章」[派生]**-さ**

せいこう【盛行】《名・ス自》世に盛んに行われること。

せいこう【精巧】《名・ダナ》細工が細かく、よくできていること。手なれてうまいさま。「―をきわめた作品」[派生]**-さ**

せいこう【精鋼】精錬した鋼鉄。

せいこう【製鋼】《名・ス自》原料から鋼鉄をつくること。

せいごう【正号】〔数学〕正(せ)であることを示す記号。プラス記号。「+」のこと。↔負号

せいごう【整合】《名・ス自他》不具合や、筋のつじつまに狂いが無く合う、または合わせること。特に規則などの内部が矛盾しないこと。「会則は―している」▽無矛盾の意の連体修飾には「―な」も使う。

せいこううどく【晴耕雨読】《名・ス自》晴れた日は畑に出て耕作し、雨の日は家にいて読書すること。田園に閑居する文人の生活などに言う。

せいこうほう【正攻法】正面から堂々とした、相手をだますような計略を用いない、定石(じょうせき)通りの方法。

せいこく【正×鵠】物事の急所。一番大切なねらい所。「―を射る」「―を得る」「―を期する」「―を失する」▽「鵠」は弓の的の真中にある黒点。「せいこう」は慣用読み。

せいこつ【整骨】折れた骨や、はずれた関節の治療。骨つぎ。「―院」

ぜいこみ【税込(み)】給料などで、差し引かれる税金の分も含めること。また、消費税を含む表示金額であること。

せいこん【成婚】結婚が成立すること。

せいこん ①【精根】(物事をする)心身の力と根気。「―が尽きる」②【精魂】たましい。「―を込めた仕事」

せいごん【誓言】《名・ス自》必ずこうしますと(神仏にかけて)約束する言葉。それを口に出して言うこと。せいげん。

せいさ【性差】男女・雌雄の別による特性の差。

せいさ【精査】《名・ス他》詳しく細かにしらべること。

せいざ【星座】天球上の恒星群の位置を示すための区分け。恒星の並びを神・英雄の姿や動物・器物の形に見立てて命名してある。

せいざ【正座・正×坐】《名・ス自》姿勢正しく、足を崩さずにすわること。

せいざ【静座・静×坐】《名・ス自》心を落ち着けて静かにすわること。

せいさい【制裁】《名・ス他》法律・道徳、また一般が認めた習慣や、仲間のとりきめなどにそむいた者に、こらしめのため刑罰を加えること。その刑罰。「―を加える」「経済―」

せいさい【正妻】(法律で認められた)正式の妻。また、

一夫多妻制で、一番おも立った妻。

せいさい【精細】《名・ダナ》念入りでこまかなこと。「—に記述する」派生 **-さ**

せいさい【精彩・生彩】生き生きと元気な様子。力にあふれてあざやかな様子。「—を放つ」「—を欠く」▽輝かしい光の意。

せいさい【聖祭】カトリックで行う祭儀。

せいざい【製材】《名・ス自他》丸木から角材や板などを作ること。「—所」

せいざい【製剤】薬品を調合して作ること。製薬。

せいさく【政策】(国家や政党の)政治上の方針や手段。「外交—」

せいさく ①【製作】《名・ス他》物や設備をつくること。②【制作】《名・ス他》芸術作品をつくること。映画・放送番組などをつくること。「卒業—」

せいさつ【制札】禁止事項や布告などを書きしるして、道ばたなどに立てる札(ふだ)。

せいさつ【省察】《名・ス他》自分のことをかえりみて考えめぐらすこと。

せいさつ【精察】《名・ス他》くわしく調べ考えること。

せいさつよだつ【生殺与奪】生かしたり殺したり、与えたり奪ったり、すなわち、どうしようと自分の思うままであること。「—の権をにぎる」

せいさん【凄惨】《名ナノ》目をそむけたいような、むごたらしい様子。「—な光景」「—をきわめる」派生 **-さ**

せいさん【成算】物事をするに当たっての、成功する見込み。「—がある」

せいさん【清算】《名・ス他》①(互いの)貸し借りを整理・差引きして、跡始末をつけること。②比喩的に、過去の関係に結末をつけること。 **—とりひき**【—取引】実物取引に対して、現物の受渡しのほか転売・買いもどしを行い差金(さきん)決済もできる取引。

せいさん【精算】《名・ス他》金額などを細かに計算して、過不足のないようにすること。「乗越し料金を—する」

せいさん【正×餐】正式の献立(こんだて)による料理。洋食ではディナー、和食では本膳料理。

せいさん【聖×餐】聖餐式の食事。 **—しき**【—式】キリストがはりつけにされる前夜の、最後の食事を記念する儀式。パンとぶどう酒を、キリストの肉・血になぞらえて、式に参加した人々に分ける。

せいさん【生産】《名・ス他》自然物を加工して、生活に必要なものを作り出したり、効用を増したりすること。↔消費。「米を—する」「国内—」「大量—」 **—かんり**【—管理】①企業の経営で、生産活動全体を見通し、生産を適正に行うこと。②従業員が仕事場を占拠し、経営者の意志にかかわりなく事業を続けること。労働争議の手段の一つ。 **—ざい**【—財】生産のために使われる財。原料・労働・機械など。直接に個人的欲望の充足に役立つものではない。↔消費財。 **—せい**【—性】生産力の度合。「—向上運動」。また、生産力があるという性質。「抜群の—」 **—てき**【—的】《ダナ》生産に役立つさま。また、自分から新しく(盛んに)作り出すさま。「—な議論」 **—りょく**【—力】①物質的な財を生産しうる力。②広く、新しい物事を作り出しうる力。

せいさん【青酸】無色で揮発しやすい、酸性の液体。青酸カリに硫酸を加え、蒸留して作る。有毒。殺菌・殺虫用。シアン化水素酸。 **—カリ** シアン化カリウム。猛毒がある、結晶物。化学工業や冶金に使う。

せいざん【青山】①木があおあおと茂った山。「—白雲」②骨を埋める所。墓場。「人間(じんかん)到る処(ところ)—あり」(月性「将東遊題壁」)

せいし【世子】諸侯・大名のあとつぎの子。▽「世嗣」とも書く。

せいし【姓氏】→みょうじ

せいし【正史】国家事業として編修した歴史書。また、最も正統と認められた歴史書。

せいし【青史】歴史。▽紙のない昔、史書を青竹の札に書いたから。

せいし【正使】正式の使者の中心人物。▽次席が、副使。

せいし【正視】《名・ス他》まともにみること。正面から見すえること。「気の毒で—できない」

せいし【生死】(人の)生きるか死ぬか。「—を共にする」「それは—の問題だ」。生きているか死んでしまったかということ。「—不明」▽→しょうじ(生死)

せいし【精子】成熟した雄性の生殖細胞。運動性をもち、卵子と結合して個体が形成されるもととなる。精虫。

せいし【聖旨】天皇のおぼしめし。

せいし【製糸】糸をつくること。特に、まゆから生糸(きいと)をとること。

せいし【製紙】(植物の繊維・木材などから)紙をつくること。

せいし【誓紙】誓いの文句を書いた紙。起請文(きしょうもん)。

せいし【誓詞】誓いの言葉。

せいし【制止】《名・ス他》させないように押さえとめること。人の行動をとめて、させないこと。

せいし【静止】《名・ス自》じっと動かないこと。位置を変えないこと。とまって動かなくなること。「—画」 **—えいせい**【—衛星】赤道上を地球の自転と同じ角速度で動き、地上からは静止しているように見える人工衛星。

せいし【静思】《名・ス自》落ち着いて静かに思うこと。

せいし【整枝】《名・ス他》樹木の不要な枝を刈り込んで形を整えること。

せいじ【正字】①正しく使われた文字。↔誤字。②点画(てんかく)をはぶいたり変えたりしない、正しい漢字。↔俗字・略字。 **—ほう**【—法】→せいしょほう

せいじ【政治】国を治める活動。権力を使って集団を動かしたり、権力を得たり、保ったりすることに関係ある、現象。▽国家以外の集団について言うこともある。 **—か**【—家】①国家の政治にたずさわるこ

とを仕事とする人。政客(せいかく)。②〔俗〕政治的手腕があり、かけひきのうまい人。やり手。 **—けっしゃ**【—結社】政治的権力を獲得し、保ち、広げる目的で結成された団体。例、政党。 **—てき**【—的】『ダナ』①政治に関するさま。②理論だけできめずに、実際にかなったかけひきをするさま。「—解決」③かけひきがじょうずなさま。 **—はん**【—犯】国の政治の秩序をおかす種類の犯罪。その犯人。

せいじ【政事】政治に関する事柄。また、政治上の事務。

せいじ【盛事】規模が大きくて盛んな事業・催し。

せいじ【盛時】①若くて元気があふれている時。②国などの勢力が強く盛んな時。

せいじ【青磁】鉄分を含む青緑色のうわぐすりをかけて焼いた磁器。

せいしき【正式】『名・ダナ』正当な方法・手続(に従って行われること)。「—の決定を見た」。簡略でなく、本式と認められた方式・形式であること。「—礼法」▽↕略式

せいしき【制式】きまり。また、きめられた様式。

せいしき【整式】〔数学〕ある幾つかの文字を含む式を加法・減法・乗法を行って整理し、分母や根号の中に文字を含まないようにした代数式。多項式。

せいしき【清△拭】『名・ス他』きれいにふき清めること。特に、寝たままの病人などの体をふき清めること。

せいしつ【性質】①生まれつきの、たち。「やさしい—」②その事物にそなわった(固有のまたは着目時における)特徴。「水と油とは—が異なる」 関連 質(たち)・性(しょう)・性(さが)・性状・特性・特質・属性・性格・資性・通性・気質・性分・気心・気立て・資質・素質・本性・性情・天性・個性・稟性(ひんせい)・天質・性向・気性・パーソナリティ

せいしつ【正室】身分ある人の正妻。↕側室

せいじつ【誠実】『名・ダナ』まじめで、真心があること。「—な人柄」「—に生きる」 派生 -さ -み

せいしぼさつ【勢至×菩×薩】阿弥陀如来(あみだにょらい)の像の右わき(=向かって左)にいる菩薩(ぼさつ)。知恵の象徴。

せいしゃ【斉射】『名・ス他』一斉に射撃すること。

せいじゃ【正邪】正しいことと不正なこと。善と悪。

せいじゃ【聖者】①聖人。②その宗教で、すぐれてえらい信仰者。特にキリスト教で尊敬されている、偉大な殉教者・信徒。▽↓しょうじゃ(聖者)

せいじゃく【静寂】『名ナ』物音もせず静かなこと。しんとしてものさびしいこと。「—の境(きょう)にひたる」 派生 -さ

ぜいじゃく【×脆弱】『名ナ』身体・組織・器物などがもろくて弱いこと。 派生 -さ

せいしゅ【清酒】漉(こ)して透明にした日本酒。↕濁酒

せいじゅ【聖寿】天子の寿命または年齢。

せいじゅう【製×絨】毛織物をつくること。

せいじゅう【西×戎】西方の異民族。▽もと中国で、チベットやトルコ系の諸民族を指した。↓とうい(東夷)

ぜいしゅう【税収】租税を取り立てて得た収入。

せいしゅく【星宿】昔、中国で定めた星座。ほぼ黄道に沿って二十八の星座を立て、これを二十八宿と言う。

せいしゅく【静粛】『名・ダナ』静かにし、つつしんでいる様子・状態。「ご—に願います」 派生 -さ

せいじゅく【成熟】『名・ス自』①(くだものや穀物の実が)十分に実ること。(人間の体や心が)十分に成長すること。②(情勢や機運が)熟して適当な時期に達すること。

せいしゅつ【正出】→ちゃくしゅつ

せいしゅん【青春】若い時代。人生の春にたとえられる時期。希望をもち、理想にあこがれ、恋をはじめる時期。▽五行説で「青」が春を表す色だから言う。

せいじゅん【正×閏】平年とうるう年。また、正統のものと正統でないもの。

せいじゅん【清純】『名ナ』清らかでまじりけがないこと。純情で、世俗にけがされていないこと。 派生 -さ

せいしょ【清書】『名・ス他』(下書きしたものを)新たにきれいに書くこと。浄書。

せいしょ【青書】イギリスの議会や枢密院が出す報告書。▽青い表紙をつけるから。blue book の訳語。

せいしょ【聖書】キリスト教の聖典。バイブル。旧約聖書と新約聖書の二つから成る。

せいしょ【誓書】必ず守るという誓いを書いた文書。誓紙。

せいしょ【盛暑】夏の一番暑いさかり。

せいじょ【整序】『名・ス他』秩序を立てて整えること。

せいじょ【整除】『名・ス他』整数 x が整数 y を余りがでないように割り切ること。この時 y は x で「整除される」と言う。

せいじょ【聖女】けだかい女性。特に、女性の聖者。

せいしょう【制勝】『名・ス自』相手を圧して勝つこと。

せいしょう【政商】政治家と結びついてもうける商人。

せいしょう【星章】(軍帽などにつけてある)星の形のしるし。

せいしょう【清勝】書簡文で、相手が健康で元気なことをよろこぶ、あいさつ語。

せいしょう【清祥】書簡文で、相手が健康でしあわせに暮らしていることをよろこぶ、あいさつ語。「貴下ますます御—の段」

せいしょう【斉唱】『名・ス他』おおぜいが声をそろえて同じ旋律を歌うこと。「国歌—」▽もと、声をそろえて唱えること。

せいじょう【政情】政界の様子。政治のなりゆき。「—不安」

せいじょう【性情】①性質と心情。▽「情」の方に重点を置いて使う。②生まれつき。「気楽な—」

せいじょう【性状】（人の）性質と行状(ぎょうじょう)。（物の）性質と状態。

せいじょう【正常】《名・ダナ》普通であり、変わったところがないこと。↔異常。「―値」 派生 **-さ**

せいじょう【清浄】《名ノ》清らかでけがれがないこと。「―無垢(むく)」 派生 **-さ** **―やさい【―野菜】**糞尿(ふんにょう)を使わず化学肥料で栽培した野菜。▽下肥の利用が普通だった頃の語。

せいじょう【聖上】天子を敬って言う語。「―陛下」

せいじょううえ【正条植え】作物の苗の列を整え、株が等間隔になるようにまっすぐに植える、植えつけ方。

せいじょうき【星条旗】アメリカ合衆国の国旗。独立当時の十三州を表す十三本の赤・白の横線と、左肩の長方形の青地に州の数を表す白い星を描く。

せいしょうねん【青少年】青年と少年。子どもとおとなの中間の人たち。

せいしょく【生殖】《名・ス自他》生物が自分と同種類の生物を新しく作ること。 **―き【―器】**生物が有性生殖を営むための働きをする器官。

せいしょく【生食】《名・ス他》煮たり焼いたりしないで、なまのままで食べること。なましょく。

せいしょく【生色】いきいきした元気な顔色・様子。「―を失う」

せいしょく【声色】①声と顔色。「―を動かさず」②音曲のたのしみと女色。「―にふける」▽②は古風。「こわいろ」と読めば別の意。

せいしょく【聖職】神聖な役目。特にキリスト教で、司祭・宣教師など宗教上の職務。

せいしょく【製織】糸から織物をつくること。「―機械」

せいしょほう【正書法】語の、正しい書き表し方。また、一言語を書き表す、正しい仕方の体系。正字法。▽orthography の訳語。

せいしん【成心】あらかじめ、こうだろうと思い定めている心。先入観。「―をもって人に臨む」

せいしん【星×辰】星。▽「辰」も天体の意。

せいしん【生×辰】生まれた日。誕生日。

せいしん【清新・生新】《ダナ》さわやかな感じを与えるほど新しみがあるさま。「文壇に―の気を吹き込む」 派生 **-さ**

せいしん【精神】①人間の心。非物質的・知的な働きをすると見た場合の心。↔肉体。「―現象」「―力」「―一到何事か成らざらん」(精神を集中すれば、出来ない事はない) ▽「心」に比べると、多くは持続的な面に重点がある。②生命や宇宙の根源と考えられる、形而上(けいじじょう)の存在。③一般に、物事の根本の意義。「立法の―」 **―えいせい【―衛生】**①精神的健康を保たせ、神経症・精神病等を予防し、それらの病気の早期発見・治療をしようとするもの。②俗に、精神の(やすらかな)状態。「心配事が多くて―に悪い」 **―か【―家】**精神の働きや力を特に重んじる人。 **―か【―科】**精神疾患を扱う医学の分野。 **―かがく【―科学】**人間精神の現れとしての学問・芸術・宗教・政治・経済等の文化現象を研究することを目的とする科学。内容上は文化科学とほぼ同じ。 **―しゅぎ【―主義】**精神的なものが物質的な力よりすぐれ、物質を支配するという考え方。 **―せいかつ【―生活】**①精神に関する面から見た生活。②生活の意義・価値を精神面に認める生き方。 **―ちたい【―遅滞】**精神の発達が遅れていること。↓ちてきしょうがい。 **―ねんれい【―年齢】**①〔心理〕知能検査で、個人の知能の発達程度を、普通の人の何歳に相当するかという形で示したもの。知能年齢。②俗に、実際の年齢にかかわらず、物の考え方や行動が何歳程度かというほどのこと。 **―はくじゃく【―薄弱】**精神の発達が弱いこと。↓ちてきしょうがい。 **―びょう【―病】**精神の働きに内因的あるいは器質的な障害のあること。 **―ぶんせき【―分析】**精神の深層を理解する方法。フロイト派では、異常な心理や行動は、押さえつけられた本能的欲望が意識の底でしこり(=コンプレックス)を生じることによって起こると考え、話合い・夢判断などを通してそのコンプレックスを見いだし、取り除こうとした。▽神経症の治療のほか、神話・宗教・芸術の理解にも応用される。 **―ぶんれつびょう【―分裂病】**↓とうごうしっちょうしょう。 **―りょうほう【―療法】**精神的影響によって病気を直す方法。例、精神分析・催眠療法。 **―ろうどう【―労働】**事務・技術・教育など、主に知的な働きによる労働。↔肉体労働

せいじん【成人】《名・ス自》心身が十分に成長した人。おとな。現在の法律では満二十歳以上を指す。「―式」。また、立派におとなになること。 **―きょういく【―教育】**既に世間で働いているおとなに対して行う社会教育。 **―びょう【―病】**「生活習慣病」の旧称。

せいじん【聖人】①知徳がすぐれている理想的な人物。②清酒。▽↓けんじん(賢人)

せいじん【西人】①西洋人のこと。②スペイン人のこと。▽スペインに「西班牙」と当てて書いたことから。

せいしんせいい【誠心誠意】《副詞的に》真心こめて。「―説得する」▽尽くす真心を漢語風に強調した言い方。

せい-す【制す】《五他》↓せいする(制)

せいず【星図】恒星の位置や明るさを、平面にしるした図。

せいず【製図】《名・ス他》定規・コンパスなどを使って図面をかくこと。

せいすい【盛衰】物事が盛んになることと衰えること。「栄枯―」

せいすい【清水】きれいな水。しみず。

せいすい【静水】ゆれたり流れたりせず、静止している水。「―圧」

せいすい【精粋】まじりけがなく最もよいところ。

せいずい【精髄】物事の一番すぐれた大切なところ。

せいすう ㊀【整数】０、および０に次々に１を足したり、０から次々に１を引いたりして得られる、範囲の数、つまり集合{0, 1, −1, 2, −2, 3, −3, ……}の元。▽integer の訳語。㊁【正数】零より大きい数。↔負数。▽positive number の訳語。「整数」と聞き分けられるように「正の数」とも言う。

せい-する【制する】《サ変他》①おさえとどめる。禁じる。「騒ぐのを—」②支配する。制覇する。「全国を—」「世界大会を—」③決める。制定する。

せい-する【征する】《サ変他》服従しないものを平らげようとして攻める。

せい-する【製する】《サ変他》(物品を)つくる。製造する。

せいせい【清清】《副［と］・ス自》(不快なことが去って)気分が晴れやかであるさま。「肩の荷がおりて—した」「風通しがよくて—(と)する」

せいせい【生生】①《ト タル》おい立ち伸び育ってゆく様子。「—発展」「—の気」②《名》↓しょうじょう(生生)。▽「—流転」は、正しくは「しょうじょうるてん」と読む。

せいせい【生成】《名・ス自他》ものが生じて形を現すこと。また、ものを(まとまった形に)生じること。「—物」

せいせい【精製】《名・ス他》①粗製品に手を加えて、一層品質のよいものにすること。②念を入れて作ること。

せいぜい【精精】《副・ノダ》最大限。①多く見積もっても。たかだか。「もうけは—(のところ)百円ぐらいか」「あとで泣きつくのが—だろう」「—が仲間うちだけの議論にとどまる」②一心に努力して。力の及ぶ限り。できるだけ。「—勉強しなさい」

ぜいせい【×噬×臍】後悔しても間に合わないこと。▽へそをかもうとしても口が届かないという意。

ぜいせい【税制】税金のかけ方や取立て方に関する制度。「—改革」

ぜいせい【税政】税金の割当て・取立てなどに関する行政。

ぜいぜい《副［と］》苦しそうに音を出して呼吸するさま。また、その音。「—(と)あえぐ」「のどが—いう」

せいせいどうどう【正正堂堂】《副・ト タル・ノダ》①ひきょうなやり方をせず、態度が立派なこと。「—ときそいあう」②(軍勢などの)勢いが盛んなさま。「—の陣」

せいせき【成績】①仕事や学業のできばえに対する評価内容。「営業—が上がる」②その事をして得られた結果。「血液検査—」

せいせき【聖跡・聖×蹟】神聖な、または天皇に関係のある遺跡・史跡。

せいせつ【正接】三角比・三角関数の一つ。直角三角形の直角以外のある角に対して、その角の対辺の長さを、斜辺でないもう一つの辺の長さで割った値。タンジェント。

せいぜつ【凄絶】《名ナ》息をのむほど、すさまじい様子。「—、目をおおわせるものがある」「—な戦争体験」 派生 **-さ**

せいせっかい【生石灰】石灰石を焼いてできる白いかたまり。酸化カルシウムの俗称。きせっかい。きいしばい。

せいせん【征戦】出かけて行って(=征)敵を攻め、戦うこと。

せいせん【聖戦】目的が神聖な戦争。

せいせん【生鮮】《名ナ》(魚肉・野菜などの食品が)新しくて、いきのよいこと。「—食料品」

せいせん【精選】《名・ス他》細かに注意して特によいものを選ぶこと。

せいぜん【性善】人が持って生まれた性質は善だとすること。↔性悪(せいあく)。「—説」

せいぜん ①【整然】《ト タル》整って秩序だったさま。「—と並ぶ」②【井然】《ト タル》区画がきちんと整ったさま。「—たる町並み」

せいぜん【生前】故人が生きていた時。↔死後。「—の温顔」

せいぜん【西漸】《名・ス自》だんだん西方へ移ること。↔東漸

せいそ【清×楚】《ダナ》(飾りけもなくて)すっきりと清らかなさま。 派生 **-さ**

せいそ【精粗】細かいことと粗(あら)いこと。詳しいことと大まかなこと。

せいそう【×悽×愴】《名ナ》肌が寒くなるほど物すごい(悲惨な)様子。「—を極める」

せいそう【成層】積み重なって段をなすこと。「—岩」

-けん【—圏】対流圏の上に位置する大気層。▽対流圏とちがい、気温は上部ほど上昇する。

せいそう【政争】政治上の主義・主張などに関する争い。または、政権の奪い合い。「—の具となる」

せいそう【星霜】年月。「—を経る」▽「星」は一年で天を一周し、「霜」は年ごとに降るから。

せいそう【清掃】《名・ス他》きれいにそうじすること。

せいそう【清爽】さわやかなこと。「—の気」

せいそう【正装】《名・ス自》儀式や形式ばった訪問に着る、正式の服装。また、それを着ること。↔略装

せいそう ①【盛装】《名・ス自》華やかに美しく着飾ること。また、その服装。②【盛△粧】《名》(人目を引くような)厚化粧。「—をこらす」

せいそう【精巣】動物の、精子を作り雄のホルモンを分泌する器官。▽哺乳(ほにゅう)類では睾丸(こうがん)。

せいぞう【製造】《名・ス他》原料を加工して商品となる物品や機械をつくること。「火薬を—する」「—業」

せいそく【正則】《名ナ》正しいきまり、または法則。また、規準どおりであること。㋐正式。↔変則。「—の訓練を受ける」㋑ある観点で普通に期待されるような(好都合な)性質をもっていること。「—な関数」

「—行列」

せいそく①【生息】《名・ス自》(生物が)生きつづけること。生存。また、繁殖すること。②【×棲息・×栖息】《名・ス自》(ある所に生物が)すんでいること。

せいぞく【聖俗】聖人と俗人。また、宗教的なことと世間日常のこと。

せいぞろい(ぞろひ)【勢×揃い】《名・ス自》ある目的のもとに多くの人が一か所に集まりそろうこと。▽もと、軍勢がそろうこと。

せいぞん【生存】《名・ス自》生きて生命を維持すること。生きていること。▽「せいそん」とも言う。 **—きょうそう**【—競争】自分が長く生きのびようとして、他の生物をおしのけるために起こる争い。強いもの、環境にかなったものが生き残ることになる。

せいたい【正体】俗字や略字の字体に対し、本来的で規準とされる字体。▽必ずしも現在の標準字体ではない。例、「体」の正体は「體」。なお「しょうたい」と読めば別の意。

せいたい【正対】《名・ス自》相手に対して真正面に向き合うこと。

せいたい【生体】生きているままの体。なまみ。「—解剖」。死体に対し、生きている体。「—反応」 **—にんしょう**【—認証】指紋・声紋や手のひらの静脈のパターンなどの身体的特徴により本人確認をすること。バイオメトリックス認証。

せいたい【生態】(生物が自然界に)生活しているありさま。「植物の—」 **—がく**【—学】生物学の一部門で、生物の個体、集団の生活、他の生物や環境とのかかわり合いを研究する一分野。▽ecology の訳語。 **—けい**【—系】生物が(その地域で)集団として生き、ヒトを含む生物や環境と関係し合っている在り方を捉えた、全体系。▽ecosystem の訳語。この意で「エコロジー」と言うのは俗用。

せいたい【成体】生殖できるほど十分に発育した生物。

せいたい【声帯】のどの中央部にある、声を出す器官。弾力ある左右一対の喉頭粘膜のひだから成る。 **—もしゃ**【—模写】有名な役者・芸人などの声や鳥獣の鳴き声のものまね。こわいろ。

せいたい【青×黛】(青い)まゆずみ。また、それでかいた美しいまゆ。

せいたい【政体】国家の統治権を運用する仕方に関する形式。例、立憲政体・専制政体。

せいたい【聖体】①天子のからだ。②キリストの神聖なからだ。「—拝受」

せいたい【静態】ものが静止し、またはつり合いを保って動かない状態。また、動いているものを仮にある時点で止めたと考えた時の状態。↔動態。「—社会学」

せいたい【整体】指圧・マッサージなどで背骨の矯正や筋肉疲労の回復をはかること。「—療法」

せいたい【×臍帯】→さいたい(臍帯)

せいだい【正大】《ダナ》かたよらず、正しく堂々としているさま。「公明—なやりかた」「天地—の気」

せいだい【盛大】《ダナ》集会・事業などが非常に盛んで大仕掛けなさま。「—に祝う」「—な拍手」 派生 **-さ**

せいだい【盛代】国力が盛んで文物が開け進む時代。

せいだい【聖代】徳のすぐれた君主が治めるめでたい御代(みよ)。

せいたく【請託】《名・ス他》特別の計らいを頼み込む、情実的な依頼をすること。「—を受ける」

せいだく【清濁】①(澄んで)清いのと(よごれて)濁ったのと。「—あわせのむ」(度量が大きく、なんでも受け入れる) ②清音と濁音。「—の差で意味が異なる」

ぜいたく【×贅沢】《名・ダナ》①実際の生活が必要とする以上の、分に過ぎた消費。「—が身を滅ぼす」「—に暮らす」 ②費用がひどくかかるさま。「—な屋敷を造る」 ③惜しまずに使うさま。「ひのきを—に使った家具」 ④この上なく豊かな気持になるさま。「人生で最高の—」 派生 **-さ**

せいたん【生誕】《名・ス自》(人が)うまれること。たんじょう。「—祭」▽多く、偉人などについて言う。

せいたん【西端】(土地などの)西の端。

せいだん【政談】①その時の政治についての談論。「—演説」 ②政治上や裁判上の実際にあった事件を題材にした物語。「大岡—」

せいだん【清談】(政治・商売・くらしむきなどの話に対して)世俗的ではない、趣味・芸術・学問などの話。

せいだん【星団】天球の一部に密集した、恒星の集団。「プレアデス—」

せいだん【聖断】天皇がくだす裁断。

せいたんきょく【聖×譚曲】普通、宗教的、または聖書の主題による台本を、独唱・コーラス・オーケストラのために作曲したもの。オラトリオ。

せいたんさい【聖誕祭】→クリスマス

せいち【整地】《名・ス他》建築のため、または作物の種まき・植えつけのために、地ならしをすること。

せいち【生地】①その人が生まれた土地。②過去に行ったことがないなど、そこの地理や事情に暗い土地。↔熟地。「—の進軍に難渋する」▽「きじ」と読めば別の意。

せいち【聖地】神・仏・聖人などに関係がある神聖な土地。「—パレスチナ」

せいち【精緻】《名・ダナ》非常に細かい点にまで注意が行き届いて、整っていること。「—な観察」 派生 **-さ**

ぜいちく【×筮竹】易(えき)の占いに使う、五十本の竹製の棒。めどぎ。

せいちゃ【製茶】なまの茶の葉を、飲料用に加工すること。その加工したもの。

せいちゃく【正嫡】本妻から生まれた子。▽もと本妻、正妻の意。

せいちゅう【成虫】昆虫・くも類などで生殖が営める

までに十分に発育したもの。成体である昆虫。↕幼虫

せいちゅう【精虫】↓せいし(精子)

せいちゅう【×掣△肘】《名・ス他》そばから、あれこれと干渉して、自由に行動させないこと。「—を加える」

せいちゅう【正中】①物を二等分するまんなかの所。「—線」②〔天文〕天体が真南または真北に来ること。

せいちゅう【誠忠】まごころからの忠義。

せいちょう【性徴】男女・雌雄の判別の基準となる身体上の特徴。

せいちょう【成鳥】生殖が営めるまでに十分に発育した鳥。

せいちょう【政庁】政治をつかさどる(中央)官庁。

せいちょう【声調】①声の調子。ふしまわし。②中国語などで、意味を区別するための音節ごとの音の高低・上がり下がり。

せいちょう【正調】正しい調子。↕変調(1)㋐。「—追分節」

せいちょう【整調】①《名》ボートで、コックスに向かいあい、他のこぎ手の調子を指導するこぎ手。②《名・ス他》整った調子。「—の美」。調子を整えること。

せいちょう【静聴】《名・ス他》静かによく聞くこと。

せいちょう【清聴】《名・ス他》相手が自分の話をきいてくれることの丁寧な言い方。「御—をたまわる」

せいちょう【清澄】《名ナ》澄みわたって清らかなさま。「—な月」派生 **-さ**

せいちょう ①【生長】《名・ス自》伸び育つこと。「植物の—」②【成長】《名・ス自》育って成熟すること。「子供の—」「わが社は今や大企業に—した」 **—かぶ**【成長株】①将来が期待できる、企業の株式。②比喩的に、将来が期待できる人材。

せいちょうざい【整腸剤】腸の働きをよくする薬。

せいちょうたい【清朝体】(漢字の)活字の一体。筆で書いた楷書体に似たもの。清朝活字。

せいつう【精通】《名・ス自》その物事について詳しくよく知っていること。

せいてい【制定】《名・ス他》おきて・規則として取り決めること。

せいてい【聖帝】徳のすぐれたえらい天子。聖天子。

せいてき【政敵】政治上で互いに争っている相手。

せいてき【清適】心身がすがすがしく安らかなこと。「御—」▽多く書簡文で、相手の無事・健康を言う。

せいてき【静的】《ダナ》動かないさま。また、物事を静態として見るさま。↕動的。「—な描写」「—に分析すれば」

せいてき【性的】《ダナ》①(男女の)性に関するさま。「—な体力差」②性欲に関するさま。「—な乱れ」

せいてつ【聖哲】知徳がすぐれ、すべての道理がよくわかる人。

せいてつ【西哲】西洋のすぐれた哲学者・賢人。

せいてつ【製鉄】鉄鉱をとかして銑鉄(せんてつ)を作ること。また広く、原料の鉄鉱から最終の鉄製品を製造すること。「—業」

せいてん【青天】晴れ渡った空。「—の霹靂(へきれき)」(青天に突然に起こる雷の意から転じて、突然に起こる変動) **—はくじつ**【—白日】心にやましい所が全くないこと。また、無罪だと明らかになること。「—の身となる」▽すっかり晴れた明るい日和(ひより)の意。

せいてん【晴天】晴れた空。また、天気のよいこと。

せいてん【盛典】盛大な儀式。

せいてん【正典】教団・教会が正式に認めた、教義・信仰生活の基準となる文書。↕外典(げてん)

せいてん【聖典】神聖な書物。特に、ある宗教での教え・きまりを説いた書物。例、イスラム教でのコーラン(クルアーン)。

せいでん【正殿】①宮殿の中心となる表御殿。特に、紫宸殿(ししんでん)。②神社の本殿。

せいでんき【静電気】電荷の分布が時間とともに変化しない時の電気現象。▽摩擦によって生じるものの類で、電流に対して言う。

せいと【征途】旅の道。特に、戦争や試合などにいで立つ(=征)道。「—にのぼる」

せいと【生徒】学校(特に、中学校・高等学校)で教えを受ける者。

せいと【聖徒】キリスト教徒。特に、キリストの弟子(でし)。

せいど【制度】①団体などを運営して行くために定めた仕組み・きまり。「議会—」②持続的で社会的に認められているきまり。「財産の世襲—」

せいど【精度】(作業・測定などの)精密さの度合。

せいど【西土】西の方の国。㋐西洋。㋑インド。

せいとう【征討】《名・ス他》服従しないものを、攻め込んで討つこと。

せいとう【政党】ある政治上の理想・目的を実現するために、政治権力への参与をめざして結ばれた政治的団体。 **—せいじ**【—政治】政党内閣によって行われる政治。 **—ないかく**【—内閣】立憲制のもとで、首相が政党の首班で、閣僚の全部または大半が政党員であるような内閣。

せいとう【正当】《名・ダナ》正しくて道理にかなっていること。↕不当。「—な権利」「—化」派生 **-さ** **—ぼうえい**【—防衛】急に不正な暴行を受けたとき、自分を守るためにやむを得ず相手に害を加える行為。法律上の責任を問われない。

せいとう【正答】《名・ス自》(テストなどで)正しく答えること。その答え。↕誤答

せいとう【正統】①正しい系統・血筋。「—の天子」②始祖の教え(学説)を忠実に受け伝えていること。「—的」「—派」

せいとう【青×鞜】女流の文学者。また、女性解放を主張する女性知識人。▽blue-stocking の訳語。十八世紀、ロンドンのある女流文士の会合に集まる人たちが青い靴下をはいたことに因むという。

せいとう【精到】《名・ダナ》細かい所まで行き届くこと。そのさま。「―の論」「踏査が―を極める」▽かなり古風。

せいとう【精糖】粗糖を精製した、上質の白砂糖。↕粗糖

せいとう【製糖】砂糖きび・砂糖だいこん等から砂糖を作ること。

せいどう【制動】《名・ス他》運動体、特に車輪の運動力を急激におさえて止め、また速力を落とすこと。ブレーキ。「―機」「―力」

せいどう【生動】《名・ス自》いきいきと動くこと。そうしそうな感じ。「気韻―」▽書画などに言う。

せいどう【政道】政治の行われぐあい。治め方。政治。

せいどう【正道】人としての正しい生き方。物事の正しい仕方。↕邪道

せいどう【聖堂】①孔子をまつった建物。②キリスト教で、教会堂のこと。

せいどう【精銅】精錬した銅。また、銅を精錬すること。「―所」

せいどう【青銅】銅と錫(すず)との合金。からかね。ブロンズ。 **―き**【―器】青銅で鋳造した器具。「―時代」

せいどういつせいしょうがい【性同一性障害】生物学的性と性自認とが一致せず、違和感があって生活上困難のある状態。

せいとく【生得】生まれつき。しょうとく。「―の権利」

せいとく【盛徳】盛んな徳。立派な徳。

せいとく【聖徳】①非常にすぐれた知徳。②天子の徳。

せいどく【精読】《名・ス他》細かい所までよく注意して読むこと。熟読。

せいとん【整頓】《名・ス他自》散らかり乱れている物を、きちんとかたづけること。また、そうして整った状態になること。

せいにく【生肉】なまの食用肉。

せいにく【精肉】よくえらんだ上等の肉。▽食肉店が美称として使う。

ぜいにく【×贅肉】①余分な肉。「―がつく」▽こぶ、太り過ぎに言う。②比喩的に、余分なもの。「企業が―をそぎ落とす」

せいにゅう【生乳】しぼったままで、殺菌などの処理がしていない牛や山羊(やぎ)の乳。

せいねん【成年】人の心身が十分に発達し、一人前と認められる年齢。今の法律では満二十歳以上。↕未成年。 **―こうけんせいど**【―後見制度】認知症や精神障害・知的障害などにより判断能力が十分でない成人に代わり、代理人が後見人としてその生活と財産を保護する制度。「法定後見」と「任意後見」とがある。▽二〇〇〇年に禁治産(きんちさん)制度に代わり導入。これにより「禁治産者」は「成年被後見人」、「準禁治産者」は「被保佐人」に呼称が改められた。

せいねん【生年】生まれた年。また、生まれて以来の年月。「―十歳」 **―がっぴ**【―月日】生まれた年月日。

せいねん【盛年】わかいさかりの元気あふれる年ごろ。

せいねん【青年】青春期の人、特に男性。▽「青」は五行説で春の色。人生の春に当たる年の意。

せいのう【性能】機械などが仕事をする上で認められる性質と能力。「―のいいカメラ」「高―」

せいのう【精農】よく働き、農事にくわしい農民。

せいは【制覇】《名・ス自他》①競争者を負かして権力・主導権をにぎること。「世界―」「市場を―する」②比喩的に、優勝すること。

せいは【政派】一政党の内部にできるグループ。「政党―」

せいば【征馬】戦場に乗って進み行く(＝征)軍馬。「―前(すす)まず人語らず」(乃木希典「金州城下作」)

せいはい【×儕輩】なかま。さいはい。▽「儕」は等しい意。既に古風。

せいはい【成敗】成功か失敗か。「―を期せず」▽「せいばい」と読めば別の意。

せいばい【成敗】《名・ス他》①処罰すること。こらしめること。「けんか両―」。特に、打ち首にすること。②裁くこと。裁断。▽「せいはい」と読めば別の意。

せいはく【精白】《名・ス他》精製して白くすること。特に、穀物をついて皮をとり、白くすること。「―米」「―糖」

せいばく【精麦】《名・ス自》麦をついて白くすること。その麦。

せいはつ【整髪】《名・ス自》髪を刈って形を整えること。理髪。 **―りょう**【―料】①整髪用の化粧品。整髪剤。②整髪の料金。

せいばつ【征伐】《名・ス他》悪者や服従しない者(の拠る地域)を攻め平らげること。

せいはん【正犯】犯罪の実行者として刑事上の責任を帰せられる者。主犯。↕従犯。「共同―」

せいはん【製版】《名・ス自他》印刷をするための版を作ること。「写真―」

せいはんごう【正反合】弁証法の中心となる概念。↓べんしょうほう

せいはんたい【正反対】《名・ダナ》全く反対であること。まるっきり相反していること。

せいひ【成否】成功するかしないかということ。「事の―を問わない」

せいひ【正否】正しいことと不正なこと。「事の―を見定める」「数が―を決する」

せいひ【正妃】帝王などの正妻。

せいび【精微】《名ナ》ごく細かい所までよく整っていること。「―を尽くす」

せいび【精美】《名ナ》巧みに作られていて、または純粋で、美しいこと。

せいび【整備】《名・ス他》すぐ役立てられるように準備を整えること。また、準備が整っていること。「ジ

ェット機の―員」「―士」

せいひつ【静×謐】『名ナ』静かで安らかなこと。世の中が穏やかに治まること。太平。派生 ―さ

せいひょう【製氷】『名・ス自』氷を作ること。

せいひょう【製表】『名・ス自他』調査や研究の結果(である数値)を、表にまとめ上げること。

せいひょう【青票】(国会などで)採決の時、反対の意思表示に使う青い票。↔白票

せいびょう【性病】→せいかんせんしょう

せいびょう【聖×廟】①孔子をまつってあるところ。②菅原道真(すがわらのみちざね)をまつってあるところ。

せいひれい【正比例】二つの変数の一方が二倍、三倍、……になるにつれて、他方も二倍、三倍、……になるような、二変数の関係。↔反比例。▽単に「比例」とも言う。

せいひん【清貧】無理に富を求めようとはせず、行いが清らかで貧しい生活に安んじていること。

せいひん【製品】製造した品物。「新―」

せいふ【政府】国家を統治する機関。内閣・中央官庁。

せいふう【清風】①さわやかな風。「一陣の―」②比喩的に、さわやかな気持(をもたらすもの)。「財界に―を吹き入れる」

せいふく【制服】ある集団に属する人が着る、色や型の定められた服装。ユニフォーム。

せいふく【征服】『名・ス他』①征伐して服従させること。②転じて、困難に打ち勝って自分の支配下におくこと。「冬山を―した」

せいふく【清福】精神的な幸福。また、手紙などで他人の幸福を指す丁寧な言い方。

せいふく【整復】『名・ス他』骨折やはずれた関節などを、もとの正常状態になおすこと。

せいぶげき【西部劇】アメリカ西部の開拓時代を題材とした映画や演劇。

せいぶつ【生物】生きて活動し繁殖するもの。動物・植物の総称。↔無生物。▽「なまもの」と読めば別の意。↓いきもの。 **―がく**【―学】生物や生命現象を研究する、自然科学の一分野。

せいぶつ【静物】静止したままで、活動しないもの。 **―が**【―画】花・果物(くだもの)・器物など静物を題材にした絵画。

ぜいぶつ【×贅物】余計な、むだなもの。

せいふん【製粉】『名・ス他』穀物をひいて、こなにすること。

せいぶん【成分】全体の構成にあずかる要素的なもの。㋐化合物・混合物を構成する純物質。「有効―」㋑〔数学〕一つのベクトルを各方向に分解した時の、それぞれの要素。㋒〔文法〕その文の構成要素としての部分。「修飾―」

せいぶん【成文】(既に決まっている事、決められた事を)文章に書き表すこと。その文章。「―化を急ぐ」 **―ほう**【―法】文章の形をとっている法律。↔不文法

せいぶん【正文】①付随した理由書や説明書に対して、文書の本文。②国際条約などで、よりどころとなる正式の(特定の)言語による文書。

せいへい【精兵】よりぬきの強い兵士・軍勢。

せいへき【性癖】(悪い)ならわし・くせ。

せいべつ【性別】性(男と女、雄と雌)の区別。

せいべつ【生別】『名・ス自』いきわかれること。↔死別。「夫と―する」

せいへん【政変】政権の突発的な移動。▽合法・非合法どちらにも言える。

せいへん【正編・正×篇】①主要な部分として編集された書物。②続編に対して、最初に編集された書物。

せいぼ【生母】生みの母。実母。

せいぼ【聖母】イエスの母、マリアのこと。「―像」

せいぼ【歳暮】①としのくれ。年末。②この一年世話になった礼の意味で、年末に贈物をすること。その贈物。「お―」▽→ちゅうげん(中元)

せいほう【製法】製造する方法。

せいぼう【制帽】ある集団に属する人がかぶる、定められた帽子。

せいぼう【声望】世間の(よい)評判と人望。「―が高い」

ぜいほう【税法】租税の割当て・取立てに関する法律。

せいほうけい【正方形】四つの辺の長さが等しく、内角が全部直角の図形。

せいぼく【清×穆】書簡文で、相手の幸福・健康を指す言い方。「御―の段」▽清らかでやわらぐ意。

せいほん【正本】①公文書の謄本の一種。原本の内容を完全に記載し、原本と同じ効力をもつ。▽「しょうほん」と読めば別の意。②書き写し本の、もとになった本。

せいほん【製本】『名・ス他』印刷した紙や、原稿・白紙などをとじあわせて表紙をつけ、書物の形に作ること。▽→ぞうほん(造本)

せいまい【精米】『名・ス自他』玄米をついてぬかを取り去り、白くすること。そうした米。精白米。白米。

せいみつ【精密】『名・ダナ』議論・判断、また仕事などが非常に細かい点にまで注意深く及んでいること。「―に調べる」「―機械」派生 ―さ

せいみょう【精妙】『名・ダナ』不思議なほどすぐれて巧みなこと。わざが細かくすぐれているさま。派生 ―さ

せいむ【政務】政治を行うに当たって起こる事務。行政事務。「―をとる」 **―じかん**【―次官】各省や国務大臣が長である各庁で、大臣をたすけて、政策企画・政務にあずかり、国会との連絡に当たる次官。▽中央省庁改編の中で、二〇〇一年に廃止、代わって副大臣・大臣政務官を置く。

ぜいむ【税務】租税の割当て・取立てに関する事務。「―対策」 **―しょ**【―署】国税局の事務を分け持つ地方出先機関。

せいめい【生命】①生きて活動する生物が生き続ける、根源の力。「強い―力」。いのちの長さ。寿命。比

喩的に、…の活動すること・期間。「彼の政治―は尽きた」②物事を成り立たせ発展させる原動力。また、一番大切な中心・内容。「事業を―とする男」「この詩の―は幻想の美しさにある」 **―せん【―線】**①生き抜くためには、そこを絶対に守らなければならない、大切な所。②手相で、寿命に関するとされている筋。 **―ほけん【―保険】**人の死亡または一定の年齢まで生きたことを条件にして、一定の金を支払うことを約束する保険。

せいめい【清明】①清く明らかなこと。②二十四気の一つ。春分から十五日目、陽暦四月五日ごろ。万物に清新の気がみなぎる時節。▽沖縄ではこの日に墓参をする。

せいめい【声明】《名・ス自他》自分の立場・考えをはっきりと人々に告げること。特に政治・外交上の意見の発表。「―書」▽「しょうみょう」と読めば別の意。

せいめい【声名】評判。名声。「―が上がる」

せいめい【盛名】盛んなよい評判。「―を馳(は)せる」

せいめい【姓名】みょうじと名。氏名。 **―はんだん【―判断】**姓名の文字の音や字画の組合せによって、運命や吉凶を占うこと。

せいめん【正面】《名・ス自》真正面(ましょうめん)に位置すること。正対すること。▽→しょうめん

せいめん【生面】①初めて会うこと。「―の人」②新しい境地。新生面。「―を開く」▽⑴⑵とも今はほとんど言わない。

せいめん【製麺】《名・ス自》麺類を製造すること。「自家―のうどん」

せいもく【井目・星目・聖目】①碁盤の目の所にしるした九つの黒点。②囲碁で、対局者の力の差を調節するため、初めに弱い方が九つの黒点に一つずつ石を置くこと。

ぜいもく【税目】租税の種目。所得税・法人税・相続税などの種類のこと。

せいもん【正門】正面の門。表門(おもてもん)。

せいもん【声紋】声を周波数分析装置で縞(しま)模様の図にしたもの。犯罪捜査にも使う。▽voice print の訳語。「指紋」にならって言う。

せいもん【声門】左右の声帯の間にある、息の通る狭いすきま。

せいもん【誓文】誓いを書きしるしたもの。 **―ばらい【―払(い)】**関西地方で商家が年末に行う格安の売出し。▽もと、京都の商人・遊女らが、商売の駆引(かけひき)上でうそをついた罪をはらうため、陰暦十月二十日に四条の冠者殿(かんじゃでん)にお参りした行事。この時呉服屋が安売りをした。

せいや【聖夜】→クリスマス イブ

せいや【征野】戦場。

せいやく【制約】《名・ス他》ある条件を課して、自由にはさせないこと。その物事のために必要な条件。「無言の―を受ける」

せいやく【成約】《名・ス自》(私法上有効な)約束が成り立つこと。

せいやく【誓約】《名・ス他》必ず守ると約束すること。またその約束。「―書」

せいやく【製薬】薬品を作ること。作った薬品。

せいゆ ①**【精油】**《名・ス自》石油を精製すること。そうした上等の石油。また、ある種の植物から採って精製した芳香油・揮発油。②**【製油】**《名・ス他》原油から石油を、または原料の動植物から食用油・香油などを、作ること。

せいゆ【聖油】カトリックで洗礼などの儀式に使う、神聖な香油。

せいゆ【声喩】人の声、動物の鳴き声、一般に音を、言葉にしたもの。それを用いた修辞法。→オノマトペ

せいゆう【政友】政治上、意見を同じくする友だち。

せいゆう【清遊】《名・ス自》風流な遊びをすること。▽他人の旅行・遊びを敬って言うのにも使う。

せいゆう【西遊】《名・ス自》西方の地、特に西洋に旅行すること。さいゆう。「―の途につく」

せいゆう【声優】ラジオ ドラマ、テレビ・映画の吹替え、アニメ・ゲームなどに、もっぱら声だけで出演する俳優。

せいよ【声誉】よい評判。ほまれ。名望。

せいよう【整容】姿勢を正すこと。

せいよう【西洋】ヨーロッパ・アメリカ諸国の称。⇔東洋

せいよう【静養】《名・ス自》心身を静かに休めて健康の回復をはかること。

せいよく【制欲・制×慾】《名・ス自》欲情を押さえること。欲望に流されないように我慢すること。禁欲。

せいよく【性欲・性×慾】性的・肉体的な交渉を求める欲望。

せいらい【生来】《名・副》①生まれつき。「私の―が世間と折り合わない」「―の怠け者」▽「性来」とも書く。②生まれてからずっと。「―書物など見向きもしない」▽「しょうらい」とも言う。

せいらん【清覧】手紙などで、相手が見ることを敬って言う語。「御―」

せいらん ①**【青△嵐】**→あおあらし。②**【晴△嵐】**晴れた日に山に立つ気。晴れた日の霞(かすみ)。

せいり【整理】《名・ス他》①乱れた状態にあるものをかたづけて、秩序を整えること。「紛糾した議論を―する」「場内―」②不必要なものを取り除くこと。「人員―」

せいり【生理】①生きて活動するという観点からの、生物体の諸現象。また、その原理。「あくびは―現象だ」②特に、月経の婉曲(えんきょく)表現。「―日」 **―がく【―学】**生物体の諸器官の働きを研究する、生物学の一部門。 **―てき【―的】**《ダナ》(人の)体の働きの面に関する事であるさま。▽多く「心理的」の対語として使われる。また、理屈ではなく本能的だという意にも言う。「―嫌悪(けんお)」

ぜいり【税吏】租税を取り立てる役人。税務署や税務事務所の役人。

ぜいりし【税理士】税務の代理、納税書類の作成、税務相談などの仕事を行う職業の人。資格が必要。

せいりつ【成立】《名・ス自》なりたつこと。できあがること。(取決めなどが)まとまること。

ぜいりつ【税率】税金をかける割合・比率。

せいりゃく【政略】①政治上または政権を取るための策略。②転じて単に、かけひき。 **ーけっこん**【ー結婚】①政略のために、当事者の意思を無視して、自分の子・弟妹などを結婚させること。②自分の出世・利益を求めて有利な人と行う結婚。

せいりゅう【清流】川などの、清らかに澄んだ流れ。

せいりゅう【整流】《名・ス他》電気の交流を直流に変えること。「ー器」

せいりゅうとう【青竜刀】中国人が使った、幅が広くて湾曲し、柄(つか)に青い竜の飾りがある刀。

せいりょ【征旅】①遠征軍。征伐の軍。▽「旅」は行動する軍隊の意。②戦争しながら進む(遠い)行程。いくさのたび。

せいりょう【清涼】《名ナ》さわやかですずしいこと。 **ーいんりょうすい**【ー飲料水】飲むとさわやかな感じがするアルコールを含まない飲料の総称。 **ーざい**【ー剤】気分をさわやかにするためにのむ薬。口の中をすっとさせ、頭痛などをまぎらわす。

せいりょう【精良】《名ナ》すぐれて良いこと。

せいりょう【声量】(ある人が出すことのできる)声の大きさ・強さの量。「ーが豊かだ」

せいりょく【勢力】他を押さえ、自分が支配的に行動できる力。いきおい。威勢。また、そうした力をもつ集団・組織。「武装ー」

せいりょく【精力】(仕事をなしとげてゆく)心身の活動力。「ー絶倫」(精力が群を抜いてすぐれていること)「ー的に活動する」

せいるい【声涙】こえとなみだ。「ー共に下る」(感きわまって、泣きながら話す)

せいれい【制令】制度と法令。▽軍事用語では、地域・時間を制限する命令の意にも。

せいれい【政令】憲法および法律の規定を実施するために内閣が制定する命令。

せいれい【精励】《名・ス自》精力を出してつとめ励むこと。

せいれい【精霊】①山川・草木など種々の物に宿ると考えられる魂。原始宗教の崇拝の対象となる。②死者のたましい。▽→しょうりょう(精霊)

せいれい【聖霊】イエス キリストを信じて洗礼を受けた人に宿る、神聖な魂。創造主である神の意志を示し、精神活動を起こさせるもので、三位(さんみ)の一つ。 **ーこうりんさい**【ー降臨祭】イエス キリスト復活後五十日めに、聖霊が天から下ったことを記念する祝日。ペンテコステ。

せいれき【西暦】イエス キリストの誕生の年(実は生後四年め頃)を元年として数える、年代の数え方。

せいれつ【整列】①《名・ス自》列を作って、きちんと並ぶこと。②《名・ス他》キー項目の形や値に基づいてデータを一定の順序に並べ直すこと。▽sort の訳語。「分類」とも言った。

せいれつ【清×冽】《名・ダナ》水が清く澄んで冷たいこと。「ーな泉」 派生 **-さ**

せいれん【清廉】《名ナ》心が清らかで私欲がないこと。「ー潔白」 派生 **-さ**

せいれん《名・ス他》手をよく加えて質を高めること。①【精錬・精×煉】製錬した金属から不純物を取り除いて純度を高めること。「ー所」▽「製錬」とも書いた。②【精練】①(漂白や染色の準備作業として)動植物の繊維から混じり物を取り除くこと。②兵をよく訓練した状態。

せいれん【製錬】《名・ス他》鉱石などから目的とする金属を取り出すこと。

せいろ【△蒸△籠】①木の枠の底に張った簀(す)に食品をのせ、下から湯気を通す蒸し器。せいろう。②盛りそばを盛る、底が簀になった、箱形の木の器。

せいろう【晴朗】《名ナ》天気が晴れわたって明るく気持よいさま。「天気ー」 派生 **-さ**

せいろう【青楼】女郎屋。遊郭。

ぜいろく【×贅六】(江戸っ子が)上方(かみがた)の人をあざけって言う語。才六(さいろく)。

せいろん【世論】世間一般での風説や議論。▽→せろん

せいろん【政論】その時の政治に対する議論。

せいろん【正論】道理の正しい議論。「ーを吐く」

せいわ【清和】①晴れて暖かい、春の時節。また、陰暦四月一日の別称。②世の中がよく治まって穏やかなこと。▽②は漢文的。

せいわ【清話】世俗を離れた高尚な談話。清談。

ゼウス ギリシア神話の最高神。ローマ神話のジュピターに当たる。▽ギリシア Zeus

セーター 毛糸で編んだ(頭からかぶって着る)上着。スェーター。スウェーター。▽sweater

セーフ ①野球で、走者が塁に生きること。②テニス・卓球などで、球が規定線内にはいること。イン。③かろうじて助かること。かろうじて間に合うこと。「すべりこみーで終電に間に合った」▽↕アウト。safe(=安全)

セーブ《名・ス他》①抑制すること。節約。「力をーする」②野球で、リリーフした投手がリードを守りきること。「ーポイント」③(データなどを)保存すること。▽save

セーフティー《ダナ》安全なさま。「ーボックス」「段差のないーな通路」▽safety **ーネット** 万一の事態に備えて整えておく、最低限の生活保障や社会保険などの仕組み。▽もと、サーカスで落下に備えて張る安全網の意。safety net

セーラー ①「セーラー服」の略。水兵の服装に似せて作った、児童・女学生用の通学服。四角な大きな襟が後ろにたれ、ネクタイやリボンを結ぶ。②船乗り。㋐水夫。㋑水兵。▽sailor

セーリング《名・ス自》帆走すること。また、ヨットで帆走する速さを競う競技。▽sailing

セール 売出し。「クリスマス―」「バーゲン―」「歳末―」▽sale

セールス《名・ス他》販売すること。特に、外交販売。「自動車の―」▽sales **―ポイント** ①商品を売り込む際、特に強調する特色・長所。②広く、人や物事の長所。▽sales と point とによる和製英語。 **―マン** 外回りの販売員。▽salesman

せおいなげ【背負(い)投(げ)】柔道など格闘技で、相手の襟、または片腕を取り、自分の肩を相手のわき下に入れて投げるわざ。しょいなげ。「―を掛ける」「―を食う」(→しょいなげ)

せおう【背負う】《五他》①せなかにのせて負う。しょう。②転じて、苦しい仕事や条件などを身にひきうけて責任をもつ。「一家を―」「日本の将来を―若者たち」

せおよぎ【背泳(ぎ)】水面にあおむけになり、両足を交互に上下に動かして水を打ち、手をかいて泳ぐ泳ぎかた。はいえい。バック(ストローク)。

セオリー 理論。学説。▽theory

せかい【世界】存在する事物・現象の総体。「現実―ばかりでなく可能―も考えて」「立場によって―の見え方が異なる」㋐宇宙。▽「世」は過去・現在・未来、「界」は上下四方の意。㋑地球全体。そこにある人間社会。万国。㋒同類のものの集まり。その範囲。「歌舞伎の―」 **―いさん**【―遺産】ユネスコ(国連教育科学文化機関)で採択した世界遺産条約に基づいて、人類の貴重な財産として保護すべきものとして登録された遺跡・建築物や自然景勝地など。 **―かん**【―観】世界とはこういうものだ、その中で人はこう生きるものだという、世界・人生に対する見方。 **―こっか**【―国家】全世界の人で構成する、ただ一つの国家。 **―ぞう**【―像】ある人の世界観の反映としての、世界の姿。

せがき【施餓鬼】〔仏〕法会(ほうえ)の一つ。飢え苦しむ生類(しょうるい)や弔う者のない死者の霊に、飲食物を供えて経を読む供養(くよう)。

せかす【△急かす】《五他》→せかせる

せかせか《副[と]・ス自》気ぜわしくて、動作などが落ち着かないさま。「―(と)歩く」「―した気忙(きぜわ)しい一日」▽動詞「急(せ)く」と同語源。

せかせる【△急かせる】《下一他》せくようにする。急がせる。

せかっこう【背格好】身長と体つき。せいかっこう。「―がそっくり」

ぜがひでも【是が非でも】《連語》→ぜひ(3)

せがむ《五他》希望をかなえるようしつこく頼む。「子供が抱っこを―」

せがれ【×倅・×伜・×悴】①自分のむすこを指す、へりくだった言い方。②転じて、他人のむすこ、年少の男を、いやしめて表す語。

せがわ【背皮・背革】洋とじの書物の背中にはる、なめし皮。そのしかたの製本法。

セカンド ①二番目。また、野球の二塁(手)。②秒。「ミリ―」③自動車の変速機で、前進第二段のギア。▽second **―オピニオン** はじめの医師の診断の後に、別の医師にも求める意見。▽second opinion **―ハウス** 二番目の家、つまり別荘。▽second と house とによる和製英語。 **―バッグ** 大形バッグの中に入れる、小形のバッグ。また、ちょっと持ち歩ける程度の小型バッグ。▽second と bag とによる和製英語。 **―ライフ** (特に定年退職後の)第二の人生。▽second と life とによる和製英語。

せき『―が無い』余地が無い。「もう手を施すせきが無い」▽「せき」は席か。「が」を「も」「は」に替えても言う。

せき【×咳】呼吸をせきとめて短くはき出す強い息。のどや気管の粘膜が刺激されると、反射的に起こる。「―がやむ」▽「堰(せ)く」と同語源。

せき【×堰】水流をせきとめたり調節したりするために、川の途中や湖・池などの水の出口に作るしきり。「―を切る」(それまで抑えられていた物事が一時に激しい状態になる)▽「関」と書くこともある。

せき【関】①関所。「箱根の―」。さえぎりとどめるもの。「人目の―」▽「堰(せ)く」と同語源。動詞「せく(塞)」の連用形から。②しこ名に付ける語。「双葉山―」▽連濁して「ぜき」と言う。

せき〖*夕〗セキ ゆう ゆうべ | 日のくれがた。ひぐれ。ゆう。↔朝(ちょう)。「朝夕・一朝一夕・夕日・夕陽・日夕・旦夕」

せき〖斥〗セキ しりぞける | ①おしのける。しりぞける。「斥逐・排斥・擯斥(ひんせき)」②ゆびさす。さす。「指斥」③様子をさぐる。うかがう。ものみ。「斥候」

せき〖*石〗セキ シャク コク いし いわ | ①㋐岩のかけら。いし。いわ。「石材・石造・石塊・石器・石碑・石塔・石仏・石像・石版・石筆・石工・岩石・鉱石・金石・宝石・化石・薬石・隕石(いんせき)・巨石・珪石(けいせき)・一石・懐石・玉石・結石・歯石・泉石・礎石・試金石・金剛石・磁石(じしゃく)・温石(おんじゃく)」㋑囲碁で使ういし。また、その打ち方。「布石・定石(じょうせき)」㋒時計の軸受けなどに使う宝石を数える語。「二十一石」㋓電気製品で、トランジスタ、ダイオードなどを数える語。「八石ツー バンドラジオ」②かたくて役に立たないもの。多くてねうちのないもの。「瓦石・玉石混交」③単位の名。「コク」と読む。㋐容積をはかる単位の名。一石は一〇斗。約〇・一八キロリットル。「斛(こく)」の代用。㋑船の容積や材木の容積をはかる単位の名。一石は一〇立方尺。約〇・二八立方メートル。「三十石船」▽日本での用法。↓こく(石)。④「石見(いわみ)国」の略。「石州」

せき〖*赤〗セキ シャク あか あかい あからむ あからめる | ①火のような色。あか。あかい。あかみをおびる。あかくする。「赤血・赤面・

赤飯・赤痢・赤十字・赤紫色・赤光（しゃっこう）・赤銅（しゃくどう）・発赤」②まごころ。真実。「赤心・赤誠」③ありのまま。むきだし。何一つ余分のものがない。「赤裸裸・赤手・赤子・赤貧」④俗に、社会主義、共産主義。「赤化」

せき〔*昔〕 セキ シャク **むかし** ｜①遠く過ぎ去った時代。以前。いにしえ。むかし。↕今。「昔時・昔日・昔年・昔者・昔人・古昔・往昔・今昔（こんじゃく）」②きのう。また、去年。「昔歳」

せき〔惜〕 セキ シャク **おしい おしむ** ｜①昔のことを思い出して残念がる。「惜敗・惜別・痛惜」②物事を愛し大切にする。失われることを残念がる。「惜春・愛惜（あいせき・あいじゃく）・哀惜」

せき〔析〕 セキ さく ｜ばらばらに切りはなす。とく。さく。わかつ。「析出・分析・解析」▽木を割る意から。

せき〔*席〕 セキ むしろ ｜①『名・造』敷物をしいてすわる所。きめられたすわりどころ。「席の暖まる暇もない」「席を占める」「席を蹴る」「座席・席次・席順・上席・末席・出席・欠席・着席・陪席・臨席・即席・指定席」②『名・造』㋐多くの人のすわり場所をしつらえた広間。会場。「席を用意する」「会席・客席・宴席・酒席・貸席・一席・寄席（よせ）・席料」㋑寄席（よせ）。「講談の席」「席亭」③草や竹などで編んだ敷物。むしろ。「席巻（せっけん）・枕席（ちんせき）」

せき〔脊〕 セキ せ せい ｜せ。せなか。せぼね。「脊柱・脊椎・脊梁（せきりょう）・脊髄・山脊」▽「背」は別字。

せき〔隻〕 セキ ｜①組になったもののかたわれ。「隻手・隻眼・隻腕・隻脚」②㋐ただ一つ。組み合わせる相手がない。「隻影」㋑ほんの少し。「片言隻語・隻句」③艦船・矢・鳥などを数える語。「一隻・隻数」

せき〔戚〕 セキ いたむ ｜①したしむ。ちかい。たよりになる。みうち。「親戚・姻戚・外戚・縁戚」②㋐心配してかなしむ。いたむ。「哀戚・休戚」㋑心配する。心配をかける。おそれる。うれえる。「憂戚」

せき〔*責〕 セキ シャク **せめる** ｜①せめる。とがめる。また、もとめる。「叱責・詰責・面責・問責・譴責（けんせき）・自責・呵責（かしゃく）」②しなければならないつとめ。義務。「責任・責務・重責・職責・引責・言責・文責」▽「その責を負う」の「責」は「せめ」と読む。

せき〔*積〕 セキ シャク **つむ つもる** ｜①㋐ひとところへ集めて重ねる。あつめる。つむ。つもる。「積財・積雪・積雲・積善・積悪・山積・累積・滞積・堆積・鬱積・蓄積」㋑つもりつもった。たくさん重なった。「積怨・積年・積弊」②土地のひろさ。坪数。大きさ。かさ。「地積・面積・体積・容積」③『名』数学で、二個以上の数を掛けて得た数値。「積を求める」「相乗積」

せき〔*績〕 セキ つむぐ うむ ｜①まゆ・綿・麻などから糸を引き出す。うむ。つむぐ。「紡績」②物をつくりあげるわざ。しごと。しあげた結果。いさおし。「実績・事績・成績・治績・業績・功績・敗績」

せき〔人蹟〕 セキ ｜ものごとのあったあとかた。「古蹟・旧蹟・史蹟・奇蹟・筆蹟・書蹟・墨蹟・手蹟・事蹟」▽「跡」で代用する。

せき〔跡〕 セキ シャク **あと** ｜①あと。あしあと。「足跡・人跡・鳥跡・航跡・踪跡（そうせき）・失跡・追跡・垂跡（すいじゃく）」②ものごとの行われたあとかた。「古跡・旧跡・遺跡・痕跡・形跡・証跡・犯跡・筆跡・書跡・墨跡・手跡・行跡・事跡・軌跡・門跡（もんぜき）・名跡（みょうせき）」▽「迹」「蹟」は同字。

せき〔×藉〕 セキ シャ かりる ｜①ふみにじる。ふみしだく。乱雑になる。「狼藉（ろうぜき）」②かこつける。かりる。「藉口（しゃこう）」③いたわり。なぐさめる。「慰藉（いしゃ）」

せき〔籍〕〔籍〕 セキ ジャク ふみ ｜①書きもの。文書。書物。「書籍（しょせき・しょじゃく）・典籍・経籍・史籍・漢籍・珍籍」②『名・造』人別・戸別・地別等を書きしるした公式文書。ある団体の一員として名を連ねること。「籍を入れる」「大学に籍をおく」「戸籍・本籍・地籍・名籍・入籍・除籍・離籍・復籍・落籍・軍籍・僧籍・鬼籍」

せきあえぬ…あへぬ【△塞き△敢えぬ】『連語』流れ出るのが抑えられない。「—涙」▽文語動詞「塞く」＋「敢ふ」＋助動詞「ず」に由来。「塞き(も)あえず流れる涙」のような形でも使う。

せきあく【積悪】その時その時にして来た、たくさんの悪事。↕積善。「—の余殃（よおう）」（悪事のむくいとして子孫にわざわいが及ぶこと）

せきあ-げる【×咳き上げる】『下一自』①しきりに咳（せき）をする。せきこむ。②しゃくりあげて泣く。

せきあ-げる【△塞き上げる】『下一自』流水をせきとめて、水かさを増す。せきとめて逆流させる。

せきいり【席入(り)】茶会の席にはいること。また、その作法。

せきい-る【×咳き入る】『五自』激しく続けてせきをする。せきこむ。

せきいん【石印】①石にほった印（いん）。②石に文字をほって印刷すること。その印刷。「—本」

せきうん【積雲】上部がまるい塊状で底が平らな雲。晴れた夏の午後に多く出る。

せきえい【石英】二酸化珪素（けいそ）を成分とし、ガラスのようなつやがある鉱物。陶器・ガラスの原料にする。▽→すいしょう(水晶)

せきえい【隻影】ただ一つの、ものの姿。孤影。「—すら認めない」

せきえん【積怨】積もり重なった恨み。

せきが【席画】会合の席で注文に応じ即座に絵をかくこと。その絵。

せきがいせん【赤外線】スペクトルで赤く見える光線

の波長よりも長い波長範囲の、人の目に見えない電磁波。大気を通る力、熱作用が大きい。赤外線写真・医療・乾燥などに利用。

せきがき【席書(き)】集会の席で書画を書いて見せること。その書いたもの。

せきがく【×碩学】学問が広く深いこと。そういう人。大学者。碩儒(せきじゅ)。▽「碩」は大の意。

せきがし【席貸し】《名・ス自他》料金を取り、時間・期間をきめて、座敷や会場を貸すこと。その商売。

せきがはら【関が原】運命をかけて戦う、この一番という戦い。運命が決まる大事な場所・場合。▽岐阜県の地名。ここで慶長五年(一六〇〇)に天下分け目の合戦(かっせん)があった。

せきがん【隻眼】①片目(しかないこと)。「―の英雄」②『一(いっ)―』ひとかどの見識。

せきぐん【赤軍】ソ連の正規の陸軍。

せきご【隻語】ちょっとした言葉。短い言葉。「片言―」

せきこ-む【×咳き込む】《五自》せきが続けざまにひどく出る。

せきこ-む【△急き込む】《五自》急いでいらだつ。あせる。「―んで話す」

せきさい【積載】《名・ス他》(船や車などに)荷物を積むこと。「―量」

せきざい【石材】土木・建築・彫刻などの材料にする石。

せきさく【脊索】原始的な脊髄をもつ動物にある、脊髄を支持する棒状の器官。▽脊椎動物では脊椎骨におきかわる。

せきさん【積算】《名・ス他》①よせあつめて計算すること。合計した数量・金額。累計。「―電力計」②(工事などの費用を)見積もること。

せきし【赤子】君主に対し、人民をその子にたとえて言う語。▽「あかご」と読めば別の意。

せきじ【席次】(会合の場所で)座席の順序。また、成績などの順位。「―を決める」

せきじ【昔時】むかし。往時。

せきしつ【石室】石を積んで作った部屋。特に考古学で、古墳の石造りの室。▽→いしむろ

せきじつ【昔日】むかし。「―のおもかげを失う」

せきしゅ【赤手】手に何も持っていないこと。徒手。すで。「―空拳」(転じて、何の助けも受けず全く独力であること)

せきしゅ【隻手】片手(しかないこと)。

せきじゅ【×碩儒】→せきがく

せきじゅうじ【赤十字】戦争における傷病者・捕虜の救護活動を目的に設立された国際組織。白地に赤の十字形を徽章(きしょう)とする。また、その徽章のこと。

せきしゅつ【析出】①《名・ス自》溶液から固体が分離して出てくること。「結晶の―」②《名・ス他》いくつかの事象の中から、ある要素を取り出すこと。

せきしゅん【惜春】春の過ぎて行くのを惜しむこと。「―賦(ふ)」

せきじゅん【石×筍】鍾乳洞(しょうにゅうどう)の床に、石灰質を含んだ水がしたたり落ちて固まり積もって、たけのこ状になったもの。

せきしょ【関所】①昔、重要な道路や国境などに設けて、旅人の出入りや荷物をしらべた役所。せき。②転じて、容易には通り抜けられない所。難関。 **―やぶり**【―破り】通行手形を持たず、役人をあざむいたり抜け道をしたりして関所を越えること。また、その罪。そうする人。

せきしょう【石×菖】水辺に自生し、また庭に栽培もされる常緑多年草。種類が多い。葉は根茎の端から生じ、剣状で長さ二〇～五〇センチ。四、五月ごろ淡黄色の細長い花穂をつける。根茎は芳香があり、薬用。▽しょうぶ科(旧さといも科)。

せきじょう【席上】ある会合の場。「委員会の―で発表する」

せきしょく【赤色】①あかい色。「―灯」②社会主義・共産主義を表す語。「―革命」▽赤旗を用いることから。

せきしん【赤心】飾りのない、まごころ。丹心。

せきずい【脊髄】背骨の中を通って脳の延髄に続く、灰白色の綱のような器官。脳とからだの各部とを連絡し、知覚・運動の刺激伝達や反射機能をつかさどる中枢神経。

せきすん【△尺寸】わずかの長さ、または広さ。「―の地」

せきせい【赤誠】少しもうわべを飾らない、まごころ。赤心。

せきせいいんこ【背黄青×鸚×哥】愛玩用に飼われる、スズメほどの大きさで尾が長い小鳥。さまざまな色の品種があるが、野生種では頭・背は黄色、胸・腹は緑色。▽いんこ科。

せきせき【寂寂】《ト タル》物音がせず、ひっそりした(さびしい)さま。

せきせつ【積雪】降り積もった雪。「―量」

せきぜん【寂然】《ト タル》ひっそりとして静かなさま。じゃくねん。

せきぜん【積善】その時その時にして来た、たくさんの善行。↔積悪。「―の余慶」(善行のむくいとして子孫に幸福がおとずれること)

せきぞく【石×鏃】先史時代に、石で作った矢じり。

せきだ【席駄】→せった

せきだい【席代】席料。

せきだい【席題】(俳句や歌の会で)その場で出す題。↔兼題

せきた-てる【△急き立てる】《下一他》早く早くと催促して急がせる。

せきたん【石炭】太古の植物が地下にうずもれ、地熱と圧力とのために分解して炭化したもの。重要な燃料。 **―ガス** 石炭を空気に触れさせず熱したときにできるガス。よく燃えて熱を出し、有毒。燃料にする。 **―がら**【―殻】石炭のたきがら。 **―さん**

【ー酸】→フェノール

せきち【△尺地】わずかの土地。寸土。

せきちく【石竹】中国原産の多年草。五月ごろ、五弁で縁が浅く裂けた、薄紅・赤・白・しぼりなどの花が咲く。カラナデシコ。▽なでしこ科。 **ーいろ**【ー色】セキチクの花のような薄い紅色。ピンク。

せきちゅう【脊柱】脊椎動物で、頭骨に続き、中軸となって体を支える骨組み。人では三十二〜三十四の椎骨が連結したもの。せぼね。

せきちん【赤沈】「赤血球沈降速度」の略。→けっちん

せきつい【脊椎】①脊柱。②脊柱を作っている骨。脊椎骨。▽→ついこつ。 **ーどうぶつ**【ー動物】魚類・鳥類・哺乳(ほにゅう)類など、脊椎を体の中心の軸とする動物。↔無脊椎動物

せきてい【席亭】「席の亭主」の略、すなわち寄席(よせ)の主人。また単に、寄席。

せきてい【石庭】石や岩で形作った和風の庭。いしにわ。

せきど【積土】(掘った)土をしっかりと積み上げる作業。

せきとう【石塔】①石造りの塔。②墓石(はかいし)。

せきどう【赤道】①地球の中心を通り、自転する軸に垂直な平面が、地表と交わる線。②〔天文〕地球の赤道面を無限に延ばして天球と交わった大円。天の南北極を結ぶ線に直角。 **ーさい**【ー祭】航海中、船が赤道を過ぎる時に行う祭。

せきとく【△尺×牘】書簡。手紙。

せきとく【×碩徳】徳の高い人。特に、高徳の僧。

せきとして【寂として】『連語』《副詞的に》ひっそりとしずまりかえっているさま。「ー声なし」

せきと-める【△塞き止める】『下一他』(流れなどを)さえぎって止める。

せきとり【関取】相撲(すもう)で、十両以上の力士。

せきにん【責任】人や団体が、なすべき務めとして、自身に引き受けなければならないもの。責め(2)。「それは彼のーだ」「ーを取る」「ーを果たす」 **ーかん**【ー感】自分の仕事・行為についての責任を重んじる気持。

せきねつ【赤熱】『名・ス自他』真っ赤になるまで物体を熱すること。また、熱せられて真っ赤になること。しゃくねつ。

せきねん【昔年】むかし。ずっと以前。

せきねん【積年】つもる年月。多年。「ーの願い」

せきのやま【関の山】これ以上はできないという限度。多く見積もってもそこまでだということ。「二万円貸してくれるのがーだ」▽今の三重県亀山市関町の山車(だし)が立派だったから。→やま(4)

せきはい【惜敗】『名・ス自』(勝負・試合に)少しの差で負けること。おしい負け。

せきばく【寂×寞】『名・トタル』ものさびしく静まっていること。じゃくまく。

せきばらい【×咳払い】『名・ス自』ここに居ると気づかせるなど何かの合図に、わざとせきをすること。

せきはん【赤飯】糯米(もちごめ)にあずきまたはささげを加えてむした強飯(こわめし)。祝いに食べる。▽あずきを入れてたいた飯にも言う。

せきばん【石版】平版印刷に使う原版の一種。また、石版で印刷すること。「ー画」(石版で刷った絵)

せきばん【石盤・石板】①粘板岩の薄い板にわくをつけ、石筆で絵や字を書くもの。学童などの筆記用に使った。②スレート。

せきひ【石碑】石製の碑。㋐ある事を記念して、石に文を彫って建てたもの。㋑墓石。

せきひつ【石筆】①滑石・蠟石(ろうせき)を棒状にしたもの。石盤に物を書くのに使う。②黒や赤の粘土を固めて筆の穂の形にし、管にはさんだもの。書画用。

せきひん【赤貧】何一つ所有物がないほどの、ひどい貧乏。「ー洗うがごとし」

せきふ【石×斧】斧(おの)の形をした石器。先史時代、武器・農耕用具とした。

せきぶつ【石仏】石材で製作し、また広義では岩の面に彫りつけた、仏像。▽→いしぼとけ(1)

せきぶん【積分】『名・ス他』微分の逆演算で、与えられた関数$f(x)$を導関数とする関数、すなわち原始関数$F(x)$を求めること。▽これが「不定積分」で、他に$f(x)$の$f(a)$から$f(b)$までの(面積に当たる)値である$F(b)-F(a)$を算定するのを「定積分」と言う。

せきへい【積弊】長い間つもり重なった害悪。

せきべつ【惜別】別れを惜しむこと。「ーの情を述べる」

せきぼく【石墨】純粋な炭素から成る鉱物。黒くて柔らかい。るつぼ・炭素棒・鉛筆の心(しん)の原料などとする。黒鉛。グラファイト。

せきまつ【席末】末席。末座。「ーにつらなる」

せきむ【責務】責任と義務。義務を果たすべき責任。

せきめん【石綿】→アスベスト。「ースレート」

せきめん【赤面】『名・ス自』恥ずかしくて顔を赤くすること。また、その顔。「ーの至り」

せきゆ【石油】地中にある、炭化水素の混合物である液体。特有の臭みがあり、よく燃える。動力用の燃料や化学工業原料にする。▽天然のままのを特に「原油」とも言う。 **ーかがくこうぎょう**【ー化学工業】石油や天然ガスを原料として化学製品を製造する工業。 **ーにゅうざい**【ー乳剤】せっけん水を石油に混ぜて乳状にしたもの。農作物の害虫駆除や下水の消毒などに使う。

セキュリティ ①安全保障。防犯。「コンピューターー」②担保。③有価証券。▽security

せぎょう【施行】『名・ス他』〔仏〕僧や貧しい人々の救済のため、物を施し与えること。▽「しこう」と読めば別の意。

せきらら【赤裸裸】『ダナ』①まるはだか。②転じて、包み隠さずに、あるがままをさらけだすさま。むきだし。「ーな告白」派生 **-さ**

せきらんうん【積乱雲】積雲が発達し山のように盛り

上がった、(一般に)雨や雷を伴う雲。夏に多く出る。入道雲。雷雲。

せきり【赤痢】急性の感染症で、赤痢菌が飲食物について大腸にはいり、腸粘膜をおかして激しい下痢を起こし血便を出す病気。▽もと法定伝染病の一つ。

せぎり【背切り】せびらき。

せきりょう【席料】座敷・会場の借り賃。席代。

せきりょう【寂×寥】『名・トタル』ものさびしい様子・感じ。「—感」

せきりょう【脊×梁】①背すじ。②分水嶺(ぶんすいれい)となる、山の連なり。「—山脈」

せきりょう【責了】「責任校了」の略。印刷所側が責任をもって(そのページなどを)校了にすること。

せきりょく【斥力】二つの物体が互いにはねかえそうとする力。同種の電気・磁気を持つものの間などに認められる。↔引力

せきりん【赤×燐】赤茶色で粉状の燐(りん)。黄燐(おうりん)を空気に触れさせずに熱して作る。空気中では自然発火せず、無毒。安全マッチ製造用。

せぎ-る【瀬切る】『五他』せきとめる。▽既に古風。

せきれい【×鶺×鴒】多く水辺にすむ、スズメより少し大きく尾が長い小鳥。背は黒や灰色で腹は白い。尾をよく上下に動かす。いしたたき。▽せきれい科の鳥の総称。

せきろう【石×蠟】パラフィン。

せきわけ【関△脇】相撲(すもう)で、力士の位の一つ。大関の下、小結(こむすび)の上の位。▽大関の脇の意で、「せきわき」の転。

せきわん【隻腕】かたうで(しかないこと)。

せ-く【×咳く】『五自』せきをする。▽「塞(せ)く」と同語源。

せ-く【△塞く・×堰く】『五他』①流れをさえぎり止める。②人の間を隔て遠ざける。

せ-く【△急く】『五自』①心がはやる。あせる。「気が—」②急になる。激しくなる。「息が—」

せぐくま-る【×跼る】『五自』体を前にかがめ、背をまるくする。▽「背(せ)屈(くぐ)まる」の意。

セクシー『ダナ』性的な魅力のあるさま。「—な声の女性」▽sexy 派生 **-さ**

セクシャル『名ナ』性に訴えるものがあるさま。性的。「—な魅力」▽sexual **—ハラスメント** 性的ないやがらせ。特に、女性が職場などで男性から受ける、性的なことばや行為。セクハラ。▽sexual harassment

セクショナリズム 一つの部門にとじこもって他を排斥する傾向。なわばり根性。▽sectionalism

セクション 分割された部分。部門。科。節(せつ)。項。(新聞・雑誌の)欄。▽section **—ペーパー** 方眼紙。▽section paper

セクター ↓だいさんセクター。▽sector

セクト 一つの組織内で、主張を同じくする者の分派。宗派。党派。学派。「—主義」▽sect

セクハラ ↓セクシャル ハラスメント

せぐりあ-げる『下一自』しゃくりあげて泣く。せきあげる。

せけん【世間】①世の中。社会。「—が許さない」「—(=世の人々)がうるさい」②自分の活動・交際の範囲。「—が広い」③〔仏〕いっさいの人や動物が生活する境界。▽ここから⑴の意が出た。 **—ぎ**【—気】世間の体裁を気にする心。みえ。 **—さわがせ**【—騒がせ】『名ナ』事件を起こして世の人々を驚かせ騒がせること。また、その人。 **—し**【—師】世慣れて悪がしこい人。 **—しらず**【—知らず】『名ナ』経験が少なくて世間の事情や世渡りの道を知らないこと。また、そういう人。 **—ずれ**【—擦れ】『名・ス自』実社会で苦労を重ねたため、世間の裏を知っていて悪がしこいこと。 **—てい**【—体】世間の人に対する体面・体裁。「—が悪い」 **—ばなし**【—話】世間の色々な事柄についての(気が置けない種類の)話。雑談。 **—ばなれ**【—離れ】『名・ス自』↓うきよばなれ

ぜげん【△女×衒】女を遊女屋に売る周旋を職業とする者。

せこ【△勢子】狩猟で、声をあげ鳴り物を鳴らして鳥獣を狩り出し、またよそへ逃げるのを防ぐ役の人夫。

せこ【世故】世間のさまざまなならわし。「—にたける」(世間の事情によく通じている)

せこ-い『形』〔俗〕①みみっちい。「—話」②へただ。見苦しい。「—三味線(しゃみせん)」▽役者・芸人仲間の言葉。派生 **-さ**

セコイア 北アメリカ太平洋岸の山地の一部に自生する常緑高木。高さ一〇〇メートルにも達し、世界一高い木として知られる。材は建築用。▽sequoia ひのき科(旧すぎ科)。

せこう【施工】『名・ス他』工事を行うこと。

せこう【施行】『名・ス他』↓しこう(施行)

セコハン 古物。中古。▽secondhand から。

セコンド ①秒。時計の秒針。「—を刻む」②ボクシングなどで、競技者の介添人。▽second

せさい【世才】世間の事情に関する知識。世渡りの知恵。俗才。「—にたけた」

せさく【施策】↓しさく(施策)

セし【セ氏】一気圧のもとでの水の氷点を零度、沸点を百度とし、その間を百に等分する、温度の計り方。記号C。↔カ氏。▽もと「摂氏(せっし)」と言い、発明者Celsius の中国表記「摂爾修斯」から。

せじ【世事】①世間の事。俗事。「—にうとい」②世辞。

せじ【世辞】他人の機嫌をとる愛想がいい言葉。「—で丸め込む」「見事だとはお—にも言えない」

セシウム アルカリ金属元素の一つ。元素記号Cs 銀白色。核分裂により生じるセシウム一三七には強い放射能がある。▽cesium

せし-める『下一他』横取りして、またはうまく立ち回って、自分の物にする。「まんまと—」「大金を—」

せしゅ【施主】①法事・供養(くよう)をする主人役の人。また、寺や僧などに物をほどこす人。②物事、特に建築や造園の資金を出す注文主。「若い—で資金が不足した」

せしゅう【世襲】《名・ス他》その家に属した格式・仕事・財産などを、子々孫々うけついでゆくこと。「—制」

せじゅつ【施術】《名・ス自》手術・指圧などの治療を行うこと。しじゅつ。「鍼灸(しんきゅう)師による—」

せじょう【世上】世の中。世間。「—の風説」

せじょう【世情】①世間の事情。世間一般の動きの様子。「—騒然」「—にうとい」②世間の人情。「—に通じている」

せじょう【施錠】《名・ス自他》錠にかぎをかけること。また錠をおろしてとざすこと。

せじん【世人】世の中の人。世間の人。

せすじ(すぢ)【背筋】①せぼねの通っているたての筋。「—をのばす」「—が寒くなる」(恐ろしくてぞっとする)②裁縫で、せなかの中心にあたる縫いめ。

ゼスチャー →ジェスチャー

ゼスチュア →ジェスチャー

せぜ【世世】それぞれの時代(を経てきていること)。よよ。だいだい。「—の跡」

ぜせい【是正】《名・ス他》悪い点を改めて正しくすること。

せせくる《五他》〔俗〕→せせる

せせこましい《形》①場所が狭くてひどく窮屈な感じだ。②(性質が)こせこせして、ゆとりがない。派生 **-さ** **-げ**

ぜぜひひ【是是非非】公平無私に、良いことは良いとして賛成し、悪いことは悪いとして反対すること。「—主義」

せせらぎ 浅瀬に水が流れている所。小さな流れ。その音。「小川の—」

せせらわらう(らふ)【せせら笑う】《五他》ばかにして冷ややかに笑う。あざける。

せせる《五他》①つつく。つついて中身をほり出す。「—り箸」②いじる。もてあそぶ。

せそう【世相】世の中のありさま・風潮。

せぞく【世俗】世の中。世の人。世間のならわし。世間普通のこと。「—的」「—化」

せそん【世尊】釈迦(しゃか)の尊称。

せたい【世帯】一戸を構えて営む独立の生計。「—主(ぬし)」「この市の—数」▽→しょたい(所帯)

せたい【世態】世の中のありさま。「—人情」

せだい【世代】①大体同じ時代に生まれた人々。ある年齢層。ジェネレーション。②親・子・孫と続いていくおのおのの代。 **—こうたい**【—交代】①ある種の動植物で、生殖法の異なる世代が周期的または不規則に交代すること。世代交番。②世代が変わること。年齢層が若返ること。「役員の—」

せたけ【背丈】①身長。せい。②着物の丈の長さ。

セダン 前向き二列の座席を持つ箱型の乗用車。四〜六人乗り。▽sedan

せち【世知・世×智】世渡りのちえ。世才。「—にたける」

せちがらい《形》①世渡りがしにくい。暮らしにくい。「—世の中」②損得についての考え方にゆとりがない。ずるくて抜け目がない。「—ことを言うな」▽「世智(ちせ)辛い」の意。「せちっからい」とも。派生 **-さ**

せつ【×癤】皮膚組織の中に化膿(かのう)菌がはいり、うみをもつ腫れもの。疔(ちょう)・癰(よう)の類。

せつ【切】《ニ ナル・ダナ》心に強く願うさま。ひたすら。「御快癒を—に祈る」「—なる勧めがあった」「求めること—だ」

せつ〔[*切]〕きる きれる セツ サイ ①刃物で、きる。きれる。「切断・切開・切除・切腹・半切・切磋琢磨(せっさたくま)」②㋐さしせまる。せまる。せく。「切迫」㋑→せつ(切)。「切論・切言・切諫(せっかん)・切実・切愛・切切・切願・切望・親切・大切・懇切・痛切・哀切・緊切」③たしか。「適切・剴切(がいせつ)」④すべて。「一切(いっさい)・合切袋(がっさいぶくろ)」⑤ある漢字の音を、他の漢字二字の音を用いて示す法。かえし。「反切」

せつ〔[*折]〕おる おり おれる セツ ①おる。おれる。まげる。まがる。「曲折・屈折・九折・回折」▽→おり(折)。②わける。「折半・折衷」③くじく。「挫折・折伏(しゃくぶく)・折衝」④なじる。あやまちを責める。「面折・折檻(せっかん)」⑤死ぬ。「夭折(ようせつ)」

せつ〔拙〕つたない まずい セツ ①《名・造》つたない。まずい。へた。↕巧。「拙の拙なるもの」「巧拙・拙劣・拙策・拙速・古拙・稚拙」②《代・造》自分のことを謙遜して言う語。「拙におまかせ下され」「拙者・拙僧・拙妻・拙宅・拙作・拙著・拙詠・拙論・拙稿・愚拙」

せつ〔[*接]〕つぐ まじわる はぐ セツ ショウ(セフ) ①まじわる。まじえる。つづく。つぐ。つなぐ。はぐ。「接合・接触・接吻(せっぷん)・接続・接骨・接種・接頭語・接尾語・連接・交接・密接・溶接」②ちかづく。ちかよる。「近接・直接・間接・接近・接戦・接収・隣接」③あう。招いてもてなす。「接見・接待・接客・接伴・引接(いんせつ・いんじょう)・面接・迎接」

せつ〔摂〕〔攝〕とる セツ ショウ(セフ) ①とる。とりおこなう。「摂取・摂受(せつじゅ・しょうじゅ)・摂理・包摂」②かねる。兼務する。かわる。「摂政(せっしょう)・摂関・摂家(せっけ)・摂行・兼摂」③おさめる。やしなう。「摂生・摂養」④「摂津国」の略。「摂州・摂河泉」

せつ〔窃〕〔竊〕ぬすむ ひそか セツ ひそかに取って自分のものとする。ぬすむ。「窃盗・窃取・剽窃(ひょうせつ)」

せつ〔[*設]〕もうける セツ そなえつける。もうける。しつらえる。こしらえる。「設立・設置・設定・設備・設計・建設・開設・施設・敷設・仮設・常設・公設・私設・架設・急設・既設・未設」

せつ〖*説〗[說] セツ ゼイ とく ―①とく。人に物事のすじみちを話して自分の意見に従わせる。ときすすめる。「説明・説得・説破・説話・説諭・説法・説教・解説・講説・詳説・演説・力説・口説(くぜつ)・絮説(じょせつ)・言説・道聴塗説・遊説(ゆうぜい)」②〖名・造〗とかれた考え方。話された内容。また、それを書いた文章。「説をなす」「一説・新説・異説・学説・定説・俗説・論説・高説・臆説・仮説・巷説(こうせつ)・風説・浮説・伝説・小説・地動説」

せつ〖*雪〗[雪] セツ ゆき すすぐ ―①ゆき。ゆきがふる。「白雪・新雪・降雪・氷雪・風雪・残雪・積雪・蛍雪・雪原・雪渓・雪線・雪中・雪景・雪害・雪月花」②白い色のたとえ。「雪白」③すすぐ。ぬぐう。あらいきよめる。「雪冤(せつえん)・雪辱・雪隠(せっちん)」

せつ〖*節〗[節] セツ セチ ふし ―①㋐竹の、ふし。㋑ものの結びついているところ。「関節・末節・結節」㋒くぎり。詩歌・文章のひとくぎり。「章節・分節・楽節・第一節」㋓音楽の調子。ふし。「音節・曲節」②㋐〖名・造〗ある考えをもって志や行いをかえないこと。「節をまもる」「節操・節義・節士・節婦・貞節・高節・名節・忠節・苦節・晩節・変節」㋑ほどあい。適度。ほどよくする。ひかえめにする。「節制・節度・節約・節倹・礼節・節減・節用・節水・節食・節米・節酒・節煙・節電・調節」③㋐気候のかわりめ。「季節・節季・気節・二十四節」㋑〖名・造〗とき。時期。「その節はよろしく」「時節・当節」㋒祝日。「節日・節句・節供(せっく)・節会(せちえ)・佳節・端午節・双十節」▽(1)〜(3)は、いずれも、ひとくぎり、切れ目、けじめの意。④しるし。特に、昔、君の命をうけて他国に使いする者が帯びた、しるし。「符節・使節・節刀・節度使」⑤船の速度を表す語。ノット。一時間に一八五二メートル(一海里)進む速さ。

せつ〖×截〗 セツ たつ きる ―たつ。きる。たちきる。「截断・截然・断截・直截」▽「サイ」は慣用読み。

せつ〖刹〗↓さつ〖刹〗

ぜつ〖*舌〗 ゼツ した ―①した。「舌端・舌頭・舌癌(ぜつがん)・舌状・湿舌」②言葉。「口舌(こうぜつ・くぜつ)・弁舌・筆舌・饒舌(じょうぜつ)・毒舌・長広舌・悪舌・舌鋒(ぜっぽう)・舌戦・舌禍・舌代」

ぜつ〖*絶〗[絶] ゼツ たえる たやす たつ ―①たえる。なくなる。「絶後・絶望・絶無・絶家・絶体絶命・絶息・絶滅・絶縁・廃絶・気絶・悶絶(もんぜつ)・途絶」②㋐糸をきる。中途でたちきる。たつ。「断絶・中絶・根絶・禁絶」㋑やめる。とめる。「絶食・絶交・絶筆・絶版・杜絶(とぜつ)・義絶」③ことわる。こばむ。「拒絶・謝絶」④へだたる。「隔絶・懸絶・絶海・絶境」⑤㋐すぐれる。まさる。「絶対・絶品・絶世・絶佳・絶景・絶勝・絶倫・冠絶・卓絶・超絶」㋑非常に。はなはだ。「絶妙・絶好・絶大・絶頂・絶叫・絶賛・絶壁・凄絶(せいぜつ)・壮絶・抱腹絶倒」⑥漢詩体の一つ。「絶句」の略。「五絶」

せつあく【拙悪】〖名ナノ〗仕方がへたで、でき・結果が悪いこと。「―な文章」

ぜついき【絶域】遠く隔たった土地。辺地や外国。

せつえい【拙詠】自作の詩歌をへりくだって言う語。▽へたな詩作の意。

せつえい【設営】〖名・ス他〗①ある仕事をするための施設・建物を、前もって造り設けること。「―隊」「観測基地の―」②会合や集まりなどの準備をすること。「宴会の―」

せつえん【節煙】〖名・ス自〗タバコを吸う量をへらすこと。

せつえん【雪×冤】〖名・ス自〗罪の無実を明らかにして、身の潔白を示すこと。▽「雪」はすすぎ清める意。

ぜつえん【絶縁】〖名・ス自他〗①関係を断ち切ること。縁切り。「―状態になる」②(絶縁体により)電流が伝わるのを断ち切ること。 **―たい**【―体】電気を伝えない物体。不導体。例、ゴム、エボナイト。

ぜつえん【絶遠】きわめて遠く隔たっていること。

せっか【石火】火打ち石で発する火が一瞬に消えるように、すばやいこと。「―の早わざ」「電光―」

せっか【赤化】〖名・ス自他〗①赤くなること。赤くすること。②共産主義化すること。

せっか【赤禍】(資本主義社会から見て)共産主義が起こすわざわい。

ぜっか【絶佳】(風景が)すぐれて美しいこと。「風光―の地」

ぜっか【舌禍】言葉を発したことに基づくわざわい。㋐自分の言論が法律にふれたり他人を怒らせたりして受けるわざわい。「―を招く」㋑他人が言った悪口・中傷によって、言われた人が受けるわざわい。

せつがい【殺害】〖名・ス他〗↓さつがい

せつがい【雪害】(農作物・交通機関などが)雪・なだれによって受ける損害。

せっかい【切開】〖名・ス他〗(治療の目的で体のある部分を)きりひらくこと。「患部を―する」

せっかい【石灰】生(せい)石灰(=酸化カルシウム)の通称、また消(しょう)石灰(=水酸化カルシウム)をも含めた総称。▽石灰岩を含めて言うこともある。 **―がん**【―岩】炭酸カルシウムから成る水成岩。水中動物の骨などが水底に積もって出来たもの。石材やセメント製造の原料。石灰石。 **―せき**【―石】↓せっかいがん。 **―ちっそ**【―窒素】カーバイドを高温で窒素と化合させて出来る、黒灰色の粉。火薬・肥料用。 **―どう**【―洞】↓しょうにゅうどう。 **―にゅう**【―乳】消石灰と水とを一対十の割合で溶かした、乳白色の液。中和剤・消毒剤に用いる。

ぜっかい【絶海】陸地から遠く離れた海。「―の孤島」

せっかく【石×槨】古墳などで、棺を納める石造りの室。

せっかく【△刺客】↓しかく(刺客)。▽「しかく」は慣用読み。

せっかく【折角】〖副[に]・ノダ〗①努力して動作をす

る様子。㋐自分が骨を折ること。「―の努力が無になった」「―用意したんだから食べて行ってくれ」㋑相手の努力を謝する気持で使う。骨を折らせて。「―の厚意」「―来てくれたのに留守にして」㋒十分気をつけて。せいぜい。「―勉強したまえ」「―ごきげんよう」「―御身お大切に」▽㋒は古風。②努力・好意等による効果がうせるのを残念がるさま。㋐《「―の」の形で》(やっとの思いで得た)自分にとって大切なこと。「―の休日を雨に降られた」㋑《「―だが」「―ながら」等の形で》他人の申し出を断る時に、好意を無にするおわびにはさむ語。「―だが断る」

せっかち《名・ダナ》先へ先へと急いで、少しも落ち着かないこと。性急。また、そういう性質(の人)。派生 **-さ**

せつがん【切願】《名・ス他》熱心に願うこと。

せつがん【接岸】《名・ス自他》船舶が岸壁または陸地に横づけになること。また、横づけにすること。↔離岸

せっかん【折×檻】《名・ス他》きびしく叱ること。肉体を苦しめてこらすこと。

せっかん【切×諫】《名・ス他》強くいさめること。

せっかん【摂関】摂政(せっしょう)と関白(かんぱく)。

せっかん【石棺】石造りの棺おけ。特に古墳時代のもの。

せつがんレンズ【接眼レンズ】顕微鏡・望遠鏡などで物を見る時、目に接する方のレンズ。対物レンズで作られた像を更に拡大して見せるもの。

せつぎ【節義】志を変えず、人としての正しい道をかたく守ること。「―にもとる」

せっき【石器】石で作った道具。主に先史時代に使われた(食器・武器などの)遺物。例、石鏃(せきぞく)・石斧(せきふ)。「―時代」

せっき【節季】①盆・暮や節句前に商店が、仕入れ・売上げ・貸借関係の総勘定・清算を行う時期。▽「季」は末の意。もと、季節の終わりを指した。②特に、年末。「―大売出し」

せっき【節気】陰暦でいう、季節の区分。また、その変わり目を示す日。立春から大寒まで二十四ある。二十四気。

ぜつぎ【絶技】非常にすぐれた演技・技術。

せっきゃく【接客】《名・ス自》客を接待すること。「―態度が悪い」 **―ぎょう【―業】**飲食店や旅館・ホテルなどで客をもてなす仕事。▽特に、芸者や女給の業を指すことが多かった。

せっきゃく【隻脚】かたあし(しかないこと)。

せっきょう【説教】《名・ス自》①宗教の教えを人々に説き聞かせて導くこと。②比喩的に、堅苦しい教訓・忠告をすること。「おやじの―」「またお―が始まった」

せっきょう【説経】①《名・ス自他》〔仏〕経文(きょうもん)の内容・意味をわかりやすく説き聞かせること。②《名》→せっきょうぶし。 **―ぶし【―節】**中世に起こった語り物の一種。▽説経を面白く聞かせるために身振りや節づけを加えたものに発する。

ぜっきょう【絶境】遠く(人里)はなれた土地。

ぜっきょう【絶叫】《名・ス自》ありったけの声を出して叫ぶこと。

せっきょく【積極】物事に対し、はっきりした作用を及ぼし、進んで働きかける面を表すこと。↔消極。▽静に対し動、沈滞に対し活発、陰に対し陽など。「―性」「―的」「―策」のように、普通は複合して使う。positive の訳語。

せっきん【接近】《名・ス自》①(触れるばかりに)距離が近くなること。「―戦」「台風が日本に―する」②つながりが強くなること。親しくなること。「両国の―を図る」③差があまりないこと。「両者の実力は―している」

せっく【隻句】ちょっとした文句。隻語。「片言―」

せっく【節句・節供】五節句の式日。また、そのうちの一日。それぞれ行事をし、特別な食物を食べる風習がある。▽→ごせっく。 **―ばたらき【―働き】**『怠け者の―』一般の人が節句の日には休むのに、ふだん怠けている者はわざと忙しそうに働くこと。

ぜっく【絶句】①《名》漢詩の形式の一つ。起・承・転・結の四句から成る。一句五字の五言絶句と、七字の七言絶句とがある。②《名・ス自》途中で言葉に詰まること。また、役者がせりふを忘れてつかえること。

せつぐう【接遇】《名・ス他》(公務員や会社員・医者などの)業務上の客(患者)に対するサービスをすること。態度・言葉遣い・もてなしを含む、広い意味の待遇。「皇室は鴨場(かもば)で賓客を―する」「旅客への―向上をはかる」「病院における患者の―が問題だ」

セックス《名・ス自》①性。②転じて、性欲。性交。▽sex

せっくつ【石窟】岩のほらあな。岩をくりぬいた住みか。いわや。

せっけ【摂家】摂政・関白に任命されうる、公卿(くぎょう)の最高の家がら。

ぜっけ【絶家】《名・ス自》相続者がなく家が絶えること。また、その絶えた家。

せっけい【設計】《名・ス他》ある目的を具体化するためのもくろみ。特に、土木・建築工事や機器などの製作の計画を図面や計算書などで具体化すること。「建物を―する」「―図」「人生―」

せっけい【雪渓】夏も雪でうずまっている、高山の谷。

ぜっけい【絶景】よそでは見られない(=絶)すばらしい景色。

せっけいもじ【×楔形文字】→くさびがたもじ

せつげつか【雪月花】雪と月と花。四季おりおりに楽しむ、よいながめ。

せっけっきゅう【赤血球】血球の一種。脊椎動物の血液で血球の大多数を占める。肺で酸素と結びつくヘモグロビン(=血色素)を含み、酸素を体の各部に送る。

せつげん【切言】『名・ス他』心をこめ言葉をつくして相手を説得すること。痛切な忠言。

せつげん【節減】『名・ス他』使う量をきりつめて減らすこと。「経費を―する」「電力―」

せつげん【雪原】①高山地方・極地方で、積もった雪がいつもとけずに残っている地域。②見渡す限り雪が積もっている野原。

せっけん【席△巻・席×捲】『名・ス他』①むしろ(＝席)を巻くように、かたはしから領土を攻め取ること。②転じて、他を圧倒して勢力を広げること。「新製品が市場を―する」

せっけん【接見】『名・ス自』面と向かって会うこと。対面。「弁護士の―」

せっけん【石×鹸】脂肪酸と苛性(かせい)ソーダとの化合物である製品。水に溶けやすく、物のよごれを落とすのに使う。シャボン。「粉―」「洗濯―」

せっけん【節倹】『名ナ』費用をはぶいて質素にすること。節約。「―に努める」

ゼッケン スポーツ選手や競馬の馬などがつける、番号を書いた布。また、その番号。▽語源未詳。

ぜつご【絶後】①『ノダ』大変な出来事で、将来二度とこんな例はあるまいと思われるさま。「空前(にして)―」②『名』息が絶えたあと。「―によみがえる」

せつごう【接合】『名・ス他自』つぎあわせること。くっつくこと。「―剤」

せっこう【拙稿】自分の書いた原稿をへりくだって言う語。▽へたな原稿の意。

せっこう【斥候】敵軍の動静・地形などをひそかに探り監視するために、部隊から差し向ける(少数の)兵。

せっこう【石工】石を細工(さいく)する職人。石屋。いしく。

せっこう【石×膏】天然に産する硫酸石灰(＝カルシウムの硫酸塩)の鉱物名。白または無色で柔らかく、チョーク・セメント・彫刻材料などに使う。▽↓しょうせっこう

ぜっこう【絶交】『名・ス自』仲たがいをしてつきあいをやめること。

ぜっこう【絶好】この上もなくよいこと。「―の日和(ひより)」

せっこく【石刻】石にきざむこと。また、石にきざんだものによる印刷。「―本」

せっこく【石×斛】暖地の山中の老樹・岩上に着生する多年草。トクサに似た節のある茎をもち、葉は互生。夏、葉の落ちた茎の節に白または薄紅の芳香ある花をつける。薬用・観賞用として、古くから愛好された。長生蘭。▽らん科。

せつごせん【摂護腺】↓ぜんりつせん

せっこつ【接骨】折れたりした骨をつぎ合わせて治すこと。ほねつぎ。

ぜっこん【舌根】①舌のつけ根。②〔仏〕六根の一つ。味覚をつかさどる器官。舌。↓ろっこん

せっさ【切×磋】『名・ス自』学問・道徳をねりみがくこと。▽もと、骨・角や玉を刻んだりといだりして細工する意。 **―たくま**【―×琢磨】『名・ス自』学問・道徳に、励みに励むこと。また、仲間同士互いに励まし合って向上すること。

せっさく【切削】『名・ス他』金属を切り削ること。「―工具」

せっさく【拙作】へたな作品。▽自分の作品をへりくだって言うことが多い。

せっさく【拙策】へたなはかりごと・方法。▽自分がたてたはかりごとを、へりくだっても言う。

ぜっさん【絶賛・絶×讃】『名・ス他』この上もなくほめること。「―を博する」

せつじ【接辞】接頭語・接尾語の総称。

せつじ【説示】『名・ス他』わかるように話して示すこと。

せっし【切歯】①『名』口の最前部に並ぶ歯。人では上下とも犬歯の間に四本ある。門歯。▽多く、「切歯」は人で、「門歯」は動物で言う。②『名・ス自』歯ぎしりをして、くやしがること。 **―やくわん**【―×扼腕】『名・ス自』歯をくいしばり、自分の腕を握りしめて、ひどくくやしがったり怒ったりすること。

せっし【摂氏】↓セし

せつじつ【切実】『ダナ』①わが身に直接さし迫って来るさま。「―な問題」。痛切なさま。「―な感情」②この上なく適切なさま。「―に言い得ている」派生 **-さ**

せっしゃ【接写】『名・ス他』写真で、ごく近くのものを写すこと。レンズを物に近づけて写すこと。「―装置」

せっしゃ【拙者】『代』自分をへりくだって言う語。わたくし。▽武士が使った。もと、目上に対して用いたが、のちには目下や同輩に対しても使った。

せっしゃ【摂社】本社に付属し、その祭神と縁の深い神を祭った社(やしろ)。

せつじゅ【接受】『名・ス他』受け取ること。外交使節などを受け入れること。

せっしゅ【接種】『名・ス他』人や動物の体に、実験的に病原菌・毒素を移し植えること。また、病気の予防・治療・診断のために、ワクチン・血清・ツベルクリンなどを移し植えること。

せっしゅ【摂取】『名・ス他』①おさめ取ること。取り入れて自分のものとすること。「栄養の―」「外国文化の―」②〔仏〕仏の慈悲の光が、迷い苦しんでいる人々を救いとること。▽(2)は「しょうしゅ」とも言う。

せっしゅ【窃取】『名・ス他』こっそり盗み取ること。

せっしゅ【節酒】『名・ス自』(健康保持などのため)酒を飲む量を減らすこと。

せっしゅう【接収】『名・ス他』①国家などが所有物を取り上げること。「―解除」②受けて収めること。「公電を―した」▽(2)は古風。

せつじょ【切除】『名・ス他』悪い所を切って取り除くこと。「肺―」

せっしょ【切所】 山みちなどの難所。

せっしょう【折衝】《名・ス自》折合いをつけるために相手側とさまざまに交渉すること。「—を重ねる」「外交—」▽相手が衝(つ)いて来る鋒先(ほこさき)を折る意。

せっしょう【摂政】 幼帝・女帝に代わってすべての政務をとった職。現在の法律では、天皇が十八歳未満または長期の故障がある時、天皇の名で国事を行う憲法上の機関。皇族が就任する。

せっしょう【殺生】 ①《名・ス他》生き物を殺すこと。▽仏教で、十悪の一つ。「—戒」②《名ナ》残酷なこと。むごいこと。かわいそうなこと。「—な仕打ち」

ぜっしょう【絶唱】 ①《名》この上もなくすぐれた詩歌。②《名・ス他》俗に、感情をこめて歌い上げること。

ぜっしょう【絶勝】 景色が非常によいこと。その土地。

せつじょく【雪辱】《名・ス自》(相手にうち勝って)前に受けた恥をそそぐこと。「—戦」「—を果たす」

せっしょく【接触】《名・ス自》近づいて触れること。㋐触れ合うこと。「人と—する」「車に—する」「キーの—不良」㋑他人と交渉を持つこと。「外部との—を断つ」㋒見つけた敵など目標の動きを捉え続けること。「敵空母に—した偵察(ていさつ)機からの報告」

せっしょく【摂食】 食物を体内にとりいれること。「—行動」「—障害」

せっしょく【節食】《名・ス自》食事の量を(適当に)へらすこと。

ぜっしょく【絶食】《名・ス自》食事を取らないこと。食を断つこと。「—療法」

セッション ①《名》会合や授業を行う期間(時間)的な一続き。「この—で解決しよう」②《名・ス自》ジャズなどで、演奏者が集まって演奏すること。▽session

せっしん【接心・摂心】〔仏〕①心を集中させ乱さないこと。②禅宗で、一定期間ひたすら座禅に専念すること。

せっすい【節水】《名・ス自》水をむだにしないように、使用量をへらすこと。

せっ‐する【接する】 ①《サ変自》ふれる。㋐触れあう。㋑一続きになっている。「庭に—土地」㋒〔数学〕曲線または直線、曲面または平面が他の曲線・曲面と、交わらずにただ一点だけを共有する。㋓出くわす。「急報に—」㋔交際・応対する。「人に—」②《サ変他》ふれるようにする。㋐くっつける。近寄せる。「ほおを—して語る」「踵(きびす)を—して」(→きびす)㋑つなぐ。「境を—」

せっ‐する【摂する】《サ変他》①代行する。「政事を—」②兼務する。③収める。取り入れる。

せっ‐する【節する】《サ変他》制限する。ひかえめにする。また、ほどよくする。適度にする。「食を—」

ぜっ‐する【絶する】《サ変自》①通常の範囲をはるかに越える。「言語に—」(言い表しようもない)「古今に—」(類例のないほどとびぬけている)「想像を—(=とても想像できないほどの)苦心」②絶える。つきる。

せっせ《副と》たゆまず一所懸命にするさま。「—と働く」「—と貯金をする」

せつぜい【節税】《名・ス自》非課税制度・控除制度等を活用して適法に税金額を軽減すること。

せっせい【摂生】《名・ス自》健康に注意し、病気にかからず丈夫になるようにすること。養生(ようじょう)。

せっせい【節制】《名・ス自》欲望におぼれて度を越すことがないように、適度につつしむこと。

ぜっせい【絶世】《「—の」の形で》世にまたと無いほどであること。「—の美人」「—の英雄」

せつせつ【切切】《ト タル》思いが強く迫るさま。非常に熱心なさま。「帰心—」「—たる願い」「—と訴える」

せっせっせ《感・名》二人向かい合い、互いの手のひらをリズミカルに打ち合わせ歌を歌う、子供の遊び。その(開始の)掛け声。▽歌は唱歌「茶摘み」などいろいろ。

せつぜん【×截然】《ト タル》区別がはっきりしていること。「—たる差」▽「さいぜん」は慣用読み。

せっせん【折線】 それぞれ方向が異なる幾つかの線分が、つぎつぎにつながっている線。おれせん。

せっせん【接線・切線】 曲線または曲面と、交わらずに一点を共有する直線。「円に—を引く」

せっせん【雪線】 高山や極地方などで、一年中、雪がとけないで残っている所とそうでない所との境界の線。

せっせん【拙戦】 へたな戦いをすること、その戦い・試合。

せっせん【接戦】《名・ス自》①互いの力が同程度で勝負がなかなかきまらない戦い。勝つか負けるか、せりあいの戦い。②近寄って戦うこと。接近戦。

ぜっせん【舌×尖】 ①舌の先。②転じて、ものの言い方。口先。

ぜっせん【舌戦】 言い争い。口論。「—を戦わす」

せっそう【拙僧】《代》僧が自分をへりくだって言う語。愚僧。

せっそう【節奏】 音楽で、リズム。▽もと、ふし・しらべのこと。

せっそう【節操】 正しいと信じる主義・意見を堅く守って変えないこと。「—を守る」「無—な政治家」

せつぞく【接続】《名・ス自他》続くこと。続けること。つながること。つなぐこと。「支線への—」

せっそく【拙速】《名ナ》できあがりがへたでも仕事は速いこと。↔巧遅。「—をとうとぶ」

ぜっそく【絶息】《名・ス自》息が絶えること。絶命。

せっそくどうぶつ【節足動物】 外皮がかたく、体と足に多数の環節をもつ動物。多くは、小形で左右相称。例、昆虫やクモ・カニ。

せっそん【折損】《名・ス自他》おれて破損すること。「レールの—」

せった【雪△駄・雪△踏】底に皮をはったぞうり。後部に鉄片を打ったものもある。席駄(せきだ)。「ーをちゃらちゃら鳴らして歩く」▽千利休(せんのりきゅう)の創案という。

セッター ①猟犬の一種。イギリス原産の長毛の中形種。泳ぎがうまく、湿地帯で鳥をとるのに適する。②バレーボールで、トスを上げる役の選手。▽setter

せつだい【設題】(考えさせ、解決させるように)問題・題目を前もって設けること。その設けた問題・題目。

せったい【接待】《名・ス他》客をもてなすこと。湯茶・食事などを出してふるまうこと。

ぜつだい【舌代】口上の代わりに書いた簡単なあいさつ文。しただい。▽飲食店の値段表の初めに書きもする。

ぜつだい【絶大】《ノダ》《「ーな」も使う》きわめて大きいこと。「ーの信頼」

ぜったい【舌×苔】舌の表面をこけのようにおおうもの。熱病・胃腸病の時などに見られる。

ぜったい【絶対】①他との比較対立を越えていること。↕相対。㋐制限されないこと。条件をつけられないこと。「これこそーの名作である」「ー不等式」㋑それ自体として他と関係なくても存在すること。相対的・比較的でないこと。「この場合にはー度数より相対度数で見るべきだ」(↓そうたいどすう) ㋒完全なこと。「ーの存在」②《副詞的に》決して。「ーそうじゃない」「ーに許すな」。断じて。「ー行く」▽「絶待」とも書いた。　**ーおんど**【ー温度】物理的に考えられる最低の温度であるセ氏零下二七三・一五度を零度とし、セ氏の目盛間隔で測った温度。単位はケルビンで表し、記号K。　**ーか**【ー化】《名・ス他》他の(同類の)ものと比べてみないで、それを絶対(1)の存在と考えること。↕相対化。　**ーけん**【ー権】〔法律〕すべての人を拘束する権利。何人もこれを尊重して犯さない義務を負う。　**ーし**【ー視】《名・ス他》それを絶対化して見ること。　**ーしや**【ー者】何物にも制約されずに存在し、一切の根本とされるもの。例、神。　**ーしゅぎ**【ー主義】①(近世初期ヨーロッパ諸国の)君主に無制限の権力を認める説。また、その政治形態。②〔哲学〕絶対者や真理・価値などの客観的な規準の存在を認める立場。　**ーたすう**【ー多数】議決などで、圧倒的多数を占めること。↕比較多数。　**ーち**【ー値】ある数・量を、その正・負の性質や方向などに関係なく考えた時の値(あたい)。▽－3の絶対値は3。複素数 $a+bi$ のは $\sqrt{a^2+b^2}$ 　**ーてき**【ー的】《ダナ》絶対(1)であるさま。↕相対的。　**ーりょう**【ー量】①どうしても必要な量。「食糧のー」②差引き勘定をしない量。「収入のー」

ぜったいぜつめい【絶体絶命】《名ノ》どうしても逃れられない困難な場合・立場にあること。追い詰められた状態。

せったく【拙宅】自分の家をへりくだって言う語。

せつだん【切断・×截断】《名・ス他》物をたちきること。

ぜったん【舌端】①舌の先。②転じて、ものの言い方、論じ方。舌頭。「ー火を吐く」

せっち【接地】①《名・ス自他》地に接触すること。「タイヤのー面積が大きい」②《名》↓アース

せっち【設置】《名・ス他》ある目的に役立てるため機関・設備などを(適切な場所に)こしらえること。「図書館のー」

せっちゃく【接着】《名・ス自他》二つの物がぴったりくっつくこと。くっついて離れないこと。くっつけること。「ー剤」

せっちゅう【折衷・折中】《名・ス他》①両方の極端を捨て、ほどよいところをとること。「ー案」②いろいろな物からいいところをとり、一つにあわせること。「和洋ー」

せっちょ【拙著】自分の書いた書物をへりくだって言う語。↕高著

ぜっちょう【絶頂】①上りつめた一番高い所。「山のー」②最高の程度。「人気のー」「ー期」

せっちん【雪△隠】便所。▽禅宗の用語から広まった。　**ーだいく**【ー大工】へたな大工。▽雪隠の工事以外には役に立たないと、ばかにした言い方。　**ーづめ**【ー詰(め)】①将棋で、王将をすみに追い込んで詰めること。また、逃げ道のない所へ追いつめること。②転じて、ひどい窮地に追い詰められること。「借金だらけでーになった」「寄ってたかってーにする」

せっつ-く《五他》〔俗〕しきりに急がせる。やかましく催促する。▽「急(せ)きつく」の音便。「せつく」とも。

せってい【設定】《名・ス他》物事を作り設けること。「問題ー」「規則をーする」「ーした抵当権」。仮定・条件や場を設けること。「姉を主人公にーする」「記者会見のー」

セッティング《名・ス他》①適切な位置に配置すること。「テーブルー」②物事の段取りを整えて設定すること。「会議をーする」▽setting

せってき【接敵】当面の敵軍のありかを初めて突きとめ、接すること。▽↓かいてき(会敵)

せつでん【節電】《名・ス自》電気を使う量を節約すること。

せってん①【接点・切点】ある曲線または曲面とその接線または接平面とが共有する点。②【接点】人や物事が出あう点。また、一致するところ。「昔ーがあった」「考え方にーはない」③【接点】二つの回路間に電流を流し、またはその電流を遮断する接触部分。

せつど【節度】度を越さない、適当なほどあい。「ーある行動」「ーを欠く」

セット①《名》㋐道具などの一そろい。「紅茶ー」㋑舞台装置。映画の撮影のための装置。「オープン(＝屋外)ー」㋒ラジオの受信器。㋓テニスなどで、一試合中の勝負の一区切り。「このーを取る」。②《名・ス他》ものを、目的に応じて整えたり取りそろえたりすること。仕掛けること。「紙をーしてからボタ

ンを押します」。特に、㋐部品から組み立てること。㋑スイッチを、望む値・状態にすること。「ONに―する」㋒(パーマをかけた)髪の形を整えること。▽set

―プレー サッカー・ラグビーなどで、反則で一時中断したあと、試合を再開するときの所定のプレー。▽set play

せつどう【摂動】小さな攪乱(かくらん)・ずれ。特に、太陽系の諸天体が他の惑星の引力で楕円(だえん)軌道からずれること。▽perturbation の訳語。

せつどう【雪洞】積雪期の登山で、露営のために雪を掘って作った横穴。

せっとう【窃盗】『名・ス他』他人の金銭・品物をこっそり盗むこと。またその盗人。「―罪」

ぜっとう【舌頭】舌の先。舌端。

ゼットき【Z旗】『―を掲げる』緊急の事態に処するために大いなる努力を要求する。▽一九〇五年、日露戦争の日本海海戦の時に掲げた信号旗から。

せっとく【説得】『名・ス他』よく話して、わからせること。説き伏せること。「相手を―する」「―力がある」

せつな【刹那】きわめて短い時間。瞬間。↔劫(ごう)。▽もと仏教語。

―しゅぎ【―主義】過去も将来も考えず、現在の瞬間の感情のままに生きようとする考え方。

せつな-い【切ない】『形』悲しさ・寂しさなどで、胸が締めつけられるような気持だ。「―思い」▽↓=ない。派生 **-さ -げ -がる**

せつなる【切なる】『連体』↓せつ(切)

せつに【切に】『副』↓せつ(切)

せっぱ【切羽】①刀のつばの両面、つかに接する所とさやに接する所とに添える、薄い金物。楕円(だえん)形で、刀身を通す穴がある。②『―詰(ま)る』抜き差しならなくなる。どたん場まで追い詰められる。▽「きりは」と読めば別の意。

せっぱ【説破】『名・ス他』相手の説を言い負かすこと。論破。

せっぱく【切迫】『名・ス自』非常に差し迫ること。㋐今にも事件が起こりそうになること。「―した情勢」。時がひどく近づくこと。「期限が―する」㋑小刻みに速くなること。「呼吸―」

せっぱく【雪白】雪のように白いこと。純白。

せっぱん【折半】『名・ス他』(金品を)半分に分けること。二等分。「費用を―する」

せっぱん【接伴】『名・ス自』客をもてなすこと。また、そのもてなしをする人。

ぜっぱん【絶版】一度出版した本を重ねて出版するのを、やめること。「世相が変わって―になった」

せつび【設備】『名・ス他』その目的に必要な器具・装置・部屋などを設けること。そのために設け備えたもの。「空気浄化装置を―したビル」「―投資」▽建物にも使えるが、建物の方は多くは「施設」と言う。

せっぴ【雪×庇】山の尾根の風下がわに、庇(ひさし)のようにせり出した積雪。

ぜつび【絶美】『名ナノ』この上なく美しいこと。「風光―」

せっぴつ【拙筆】まずい字。▽多く自分の筆跡をへりくだって言う。

ぜっぴつ【絶筆】生涯の最後に書いた筆跡や作品。▽もと、筆をとめてその後ろを書かない意。

ぜっぴん【絶品】この上ないほどすぐれた品物や作品。

せっぷ【節婦】操(みさお)をかたく守る女性。

せっぷく【切腹】『名・ス自』自分で腹を切って死ぬこと。▽自殺法のほか、武士に対する(武士の体面を考慮した)刑罰としてのもある。方法としては「屠腹(とふく)」「割腹」も同じだが、それらは自殺の場合に限る。

せっぷく【説伏】『名・ス他』相手を説き伏せて自分の意見に従わせること。

せつぶん【拙文】まずい文章。▽自分の書いた文章をへりくだって言うことが多い。

せつぶん【節分】立春の前日。陽暦二月三日ごろ。豆まきなど悪鬼を払う行事をする。▽もと、立春・立夏・立秋・立冬の前日。

せっぷん【接×吻】『名・ス自』キス。くちづけ(をすること)。

ぜっぺき【絶壁】けわしく切り立ったがけ。

せっぺん【切片】①切れ端。「ガラスの―」②〔数学〕平面上に描いた直線が、座標軸と交わる点。また、その交点の、原点からの距離。▽もと「截片」と書いた。

せっぺん【雪片】降る雪の一ひら一ひら。

せつぼう【切望】『名・ス他』熱心に望むこと。

せっぽう【説法】『名・ス自』①仏教の教えを説き聞かせること。「釈迦(しゃか)に―」(相手が熟知していて言う必要がないというたとえ) ②転じて、物事の理屈を説き意見をすること。

ぜつぼう【絶望】『名・ス自』希望を全く失うこと。望みが絶えること。「人生に―する」「回復は―的だ」

ぜっぽう【舌×鋒】言葉のほこ先。鋭い弁舌。「―するどく」

せつまい【節米】『名・ス自』米の使用量を節約すること。

ぜつみょう【絶妙】『名ナノ』この上なく巧みなこと。「―な演技」派生 **-さ**

ぜつむ【絶無】『名ナノ』それと同類の事が全くないこと。皆無。「事故の―を期する」「こんな秀才はわが校には―であった」

せつめい【説明】『名・ス他』ときあかすこと。特に、物事がなぜこうなのかの根拠・理由を明らかにすること。「―を加える」「―がつく」「使い方を―する」

ぜつめい【絶命】『名・ス自』命が絶えること。死ぬこと。

ぜつめつ【絶滅】『名・ス自他』絶え滅びること。「―危惧種」「害虫が―する」。絶やし滅ぼすこと。「迷信を―する」

せつもう【雪盲】積雪の反射などによる紫外線の刺激

で、目の結膜・角膜に起こる炎症。雪目(ゆきめ)。

せつもん【設問】『名・ス自』問題・質問を設けること。また、その問題・質問。

せつやく【節約】『名・ス他』むだを省いて切り詰めること。「電気代を―する」「時間を―する」

せつゆ【説諭】『名・ス他』悪い事を改めるように教えさとすこと。

せつよう【切要】『名ナノ』きわめて大切なこと。かんじん。

せつよう【節用】①費用などを節約すること。②主に室町・江戸時代の、簡単で実用向きな辞書の一類。節用集。

せつり【摂理】①(キリスト教で)世界のすべてを導き治める神の意志・恩恵。②『自然の―』自然界すべてに当てはまる道理。

せつり【節理】①すじみち。②物の表面のあや。きめ。③岩石中にできている、その岩石特有の割れ目。

せつりつ【設立】『名・ス他』(会社・学校など)公共的な機関を新たに作ること。「会社を―する」

せつりゃく【節略】『名・ス他』適当に省き減らすこと。

ぜつりん【絶倫】『名ナノ』同じ人間仲間(＝倫)から飛び抜けて(＝絶)すぐれていること。抜群。

セツルメント 貧しい人が多く住む区域に定住し、住民と親しく触れ合ってその生活の向上に努める社会運動。また、そのための宿泊所・授産所・託児所などの設備。セツル。▽settlement

せつれつ【拙劣】『名・ダナ』(技術や出来具合が)へたなこと。つたないこと。「―な文章」派生 **-さ**

せつろく【節録】『名・ス他』事柄を、適当に省いて書きしるすこと。また、その記録。抄録。

せつろん【切論】『名・ス他』しきりに(熱心に)論じること。

せつろん【拙論】まずい議論。▽自分の議論をへりくだっても言う。

せつわ【説話】話。物語。特に、語り伝えられた神話・伝説・民話など。「―体」

せと【瀬戸】①両側から陸地が迫った小さな海峡。潮の干満の差により激しい流れが生じる。▽「狭(せ)門(と)」の意。②→せとぎわ。「生死の―に立つ」③→せともの。 **―ぎわ【―際】**勝つか負けるか、成功か失敗か、生きるか死ぬかなど、運命のわかれめ。▽海から瀬戸⑴にさしかかる境の意。 **―びき【―引(き)】**→ほうろう(琺瑯)。 **―もの【―物】**瀬戸焼。転じて、陶磁器一般の通称。 **―やき【―焼】**愛知県瀬戸市とその近辺で作られる陶磁器。

せど【背戸】家の裏口。更に広く、家の後ろの辺。

せどう【世道】世の中で人が守るべき正しい道。「―人心の退廃」

せどうか【△旋頭歌】和歌の一体。五・七・七、五・七・七の六句から成る。

せどり【背取り】古本屋仲間の店頭から本を、転売目的で抜いて買うこと。それをする仲買人。▽「背」は競(せり)の「せ」の当て字か。

せどり【瀬取(り)】『名・ス他』(荷揚げのために)船の積荷を水上で別の(小)船に積みかえること。

せなか【背中】→せ(背)⑴。 **―あわせ【―合(わ)せ】**①ふたり、または二つのものが互いに後ろ向きになっていること。②比喩的に、仲の悪いこと。また、裏表の関係にあること。「生と死が―の宇宙飛行」

ぜに【銭】金属製の小額の貨幣。おかね。▽字音「せん」の転。古くは円形で中央に穴があるものが多かった。

ぜにがた【銭形】①銭のかたち。②銭のかたちに切った紙。神前に供える。紙銭。

ぜにがめ【銭亀】イシガメの子ども。

ぜにごけ【銭×苔】庭・みぞの縁など水気の多い日陰に生えるこけ。葉状体で、表は濃緑色、裏は白っぽく、仮根が多く出る。雌雄異株。

ぜにさし【銭差(し)】銭のあなに通し、幾つもの銭をたばねる細いなわ。さし。

ぜにん【是認】『名・ス他』よいと、または、そうだとして、認めること。↔否認

せぬい【背縫い】衣服を背筋のところで縫い合わせること。また、その縫い目。

せぬき【背抜き】洋服で、前身頃(みごろ)は全部、後ろ身頃は肩の辺りだけ裏地をつける仕立て方。また、そのようにした上着。

ゼネコン 土木工事・建築工事を総合的に請け負う総合建設業者・会社。▽general contractor から。

ゼネスト 全国・全産業または一地方・一産業全体にわたって、いっせいに行われるストライキ。総同盟罷業。▽general strike から。

ゼネラリスト 広い範囲の知識や能力を持つ人。「事業全体を見渡す―」「―を目指す」▽generalist 「スペシャリスト」と対比しても言う。

ゼネレーション →ジェネレーション

せのきみ【△兄の君・背の君】夫のこと。▽雅語的。もと、「せ」(兄・夫)の敬称。

せのび【背伸び】『名・ス自』①背を伸ばし(かかとを上げ)て体を高くすること。②比喩的に、自分の実力以上のことをしようとすること。

セパード →シェパード

せばまる【狭まる】『五自』せまくなる。隔たりや範囲が詰まる。

せば-める【狭める】『下一他』せまくする。隔たりや範囲を詰める。

セパレーツ ①一組の道具を自由に組み合わせて使えるように造ったもの。②上下に分かれた女性用の水着。▽separates →セパレート

セパレート ①別々に分かれていること。「―の浴室とトイレ」「―コース」(走者ごとに区分された走路) ②特に、上下分かれている衣服。それぞれに他と組み合わせて着るもの。「―のベビー服」▽separate

せばんごう【背番号】スポーツ選手がユニフォームの

背中につける番号。

せひ【施肥】『名・ス自』栽培する植物に肥料を与えること。

ぜひ【是非】①『名』良い(＝是)ことと悪い(＝非)こと。道理のありなし。「—(も)ない」(しかたがない)「—に及ばぬ」(やむを得ない) ②『名・ス他』よしあしを判断する。批評する。③『副［に］』実現を強く望むさま。是が非でも。どうしても。「—お会いしたい」「—とも」(「是非」を強めた言い方)「—にも」▽あとに願望・命令などの表現を伴う。関連 可否・正否・当否・理非・正邪・黒白・曲直・順逆・白黒・清濁・正誤・是が非でも・どうしても・必ず・きっと・どうか・くれぐれも・願わくは・何とぞ・特別に・希(こいねが)わくは

セピア 黒茶色。また、その色の絵の具。「—色の写真」▽sepia(＝イカの墨) もとイカの墨でその顔料を作ったことから。

せひょう【世評】世間の評判。「—が高い」

せびょうし【背表紙】書物の表紙の、背にあたる部分。

せびらき【背開き】魚の背から刃を入れて割り、腹側の皮を残して開くこと。そうしたさかな。ひらき。

せび-る『五他』(金銭をくれるよう)無理に頼む。「小遣いを—」

せびれ【背×鰭】魚の背の中央に沿って縦にある、ひれ。

せびろ【背広】男子用の、折り襟の上着とズボンを共布で作った服。チョッキもある三揃(みつぞろ)いを原則としたが、今はチョッキを省くことが多い。▽語源については、civil clothes からなど諸説ある。

せぶし【背節】背の肉で作った、かつおぶし。雄節(おぶし)。▽↓ほんぶし

せぶみ【瀬踏み】『名・ス自他』物事をする前にまず、ちょっとためすこと。▽もと、川など渡る前に瀬を踏んで水の深さを見ること。

ゼブラ しまうま。「—ゾーン」(道路にしまうまの体の模様のように表示した部分。導流帯など) ▽zebra

せぼね【背骨】↓せきちゅう

せま-い【狭い】『形』間隔・範囲が十分にはない。↔広い。㋐幅や面積や収容力が小さい。「—庭」「空港が—くなった」「—帯」「肩身が—」(ひけめを感じている)「—き門」(キリスト教で、天国に入ることのむずかしさのたとえ。また、入学・就職などの競争が激しいさま) ㋑働きの及ぶ範囲が著しく不足だ。「見識が—」。働き・態度にゆとりがない。「心が—」「度量が—」▽「迫る」「せめる」と同語源。派生 **-さ -げ -がる**

せまい【施米】『名・ス自』(僧や貧しい人などに)米をほどこし与えること。また、その米。

せまくるし-い【狭苦しい】『形』狭くて不自由だ。きゅうくつだ。派生 **-さ -げ -がる**

せま-る【迫る・×逼る】①『五自』間が狭くなる。㋐(強い勢いで)目標に近づいて行く(来る)。「敵が—って来る」「乗車時刻が—」「首席に—成績」「真に—」(まねた動作などがまるで本物のようだ) ㋑せばまる。「距離が—」「—った眉」 ㋒つまる。「息が—」(呼吸の間隔が短くなる)「貧に—」(貧苦に陥る) ②『五他』押しつけるようにして相手に求める。「早急の解決を—」「復縁を—」

せみ【×蟬】①雄は腹に発音器官があり、夏、木などにとまってよく鳴く昆虫。幼虫は地中にはいって数年を経て、成虫となる。▽せみ科の昆虫の総称。俳句の季語では夏。ただし、ひぐらし、つくつくぼうしは秋とする。②高い所に物を上げるのに使う、綱を掛けて引く小さな滑車。

セミ＝ 半……。半ばその性質があること。「—プロ」▽semi-

ゼミ 「ゼミナール」の略。

セミコロン 欧文の句読(くとう)点の一種。「;」。関係の深い二文をつなぐ時などに用いる。▽semicolon

せみしぐれ【×蟬〈時雨〉】あちこちで盛んに鳴くせみの声。▽時雨の音にたとえて言う。

セミダブル 「セミダブル ベッド」の略。シングルより広く、ダブルより狭いベッド。▽semi-double bed から。

セミ ドキュメンタリー (放送・映画などで)劇と事実とをからませた、半ば記録的な作品。▽semi-documentary

セミナー ①大学の教育方法の一つ。先生の指導のもとに学生が集まってする共同研究。演習。②一般に、研究講習会。「経営—」▽「ゼミナール」とも言う。seminar

ゼミナール ↓セミナー。▽ドイ Seminar

セミプロ ①アマチュアでありながら、プロ並みの腕前であること。「—級のわざ」②アマチュアでありながら、半ば職業化していること。そういう人。▽semi-professional から。

せむし【〈傴僂〉】背骨がかがまって弓なりに曲がる病気。背が後方に盛りあがっている状態。その人。▽昔、背に虫が居てこうなると思って名づけた。

せめ【攻め】攻めること。攻撃。「激しい—が続く」「後—(あとぜめ)」

せめ【責め】①(咎(とが)めて)苦しめること。せっかん。②その人がわが身に引き受けなければならないこと。責任。「重い—を負う」「—を果たす」「—に任じる」(責任があると認める)

せめあぐ-む【攻(め)×倦む】『五他自』(戦闘やゲームで)いくら攻めても効果がなく困り果てる。「山城を—」「ディフェンスが固くて—んでいる」

せめい-る【攻(め)入る】『五自』攻めてそこにはいる。「京に—った木曽義仲(きそよしなか)」

せめうま【責(め)馬】馬を乗りならすこと。その馬。

せめおと-す【攻(め)落(と)す】『五他』敵の城・陣などを攻めて奪い取る。

せめおと-す【責(め)落(と)す】『五他』①しつこくせがんで承知させる。口説き落とす。②きびしくせめて白状させる。

せめか-ける【攻(め)懸ける】《下一自》攻めて戦いをしかける。攻めかかる。

せめく【責苦】責めさいなまれる苦しみ。「地獄の—」

せめ-ぐ【×鬩ぐ】①《五自》互いに恨んで争う。「兄弟(けいてい)牆(かき)に—」(内輪げんかをする) ②《五他》責め恨む。「わが身を—」▽文語的。

せめぐち【攻め口】①敵を攻めにかかって向かう場所。②攻め方。▽「せめくち」とも言う。

せめこ-む【攻(め)込む】《五自》攻撃をかけて敵中に入り込む。「なだれを打って敵陣に—」「ゴール寸前に—」

せめさいな-む【責(め)△苛む】《五他》しきりにひどく苦しめる。むごくせめる。「良心に—まれる」

セメスター 年間二学期制の一つの学期。▽semester

せめだいこ【攻め太鼓】昔の戦いで、攻撃のあいずに打ち鳴らす太鼓。

せめた-てる【攻(め)立てる】《下一他》激しく攻撃する。

せめた-てる【責(め)立てる】《下一他》しきりに責める。㋐しきりに非難する。㋑しきりに督促する。

せめつ-ける【責(め)付ける】《下一他》きびしくとがめる。

せめて《副ノ》無理な希望または不満足ながら、それだけでも。十分でないながら。「—片親でも生きていてくれたらよかったのに」「—徹夜だけは避けなさい」「—もう一度会いたい」「—もの事」(不本意ながら、わずかにそれで慰められること) ▽「—も」「—は」の形は強調。動詞「責む」の連用形＋助詞「て」から。

せめどうぐ【責め道具】拷問に使う道具。

せめのぼ-る【攻(め)上る】《五自》都の方へ攻めて行く。

せめよ-せる【攻(め)寄せる】《下一自》近くまで(大勢で)攻めて押し寄せる。

せめよ-る【攻(め)寄る】《五自》攻めて間近まで近づく。

せ-める【攻める】《下一他》①戦いをしかける。進んで敵をうつ。また、競技で点をとったりわざをしかけたりしようとする。攻撃する。↔守る。②大胆に思い切り良く仕掛ける。「—めてるファッション」▽「責める」と同語源。間を狭くする意の文語動詞「せむ」(迫)の転。

せ-める【責める】《下一他》①あやまちなどを相手の責任として非難する。なじる。「失政を—」「夫の浮気を—」②苦しめる。悩ます。「—めさいなむ」「拷問で—」③せがむ。「子に—められて買う」④馬を乗りならす。「悍馬(かんば)を—」▽「攻める」と同語源。

セメン ①→セメント。②→セメン シナ

セメン シナ トルキスタン原産の、ヨモギに似た植物。また、そのつぼみを干して精製した、回虫駆除薬サントニンの原料。セメン円。▽ラテ semen cinae きく科。

セメント 土木・建築等で水でねって使う接合剤。粘土を含む石灰石や石膏(せっこう)を焼いて作った粉末。かわいた後は非常に固くなる。セメン。▽cement

せもじ【背文字】書物の背の部分に、書名・著者名などをしるした文字。

せもたれ【背もたれ】椅子などの、背中をもたせ掛ける部分。「助手席の—を倒す」

せもつ【施物】僧や貧しい人にほどこし与える品物。

せやく【施薬】貧しい人に、薬を恵み与えること。その薬。

せよ【施与】《名・ス他》(僧や貧しい人などに)物を恵み与えること。

ゼラチン 動物の皮や骨から採ったにかわを精製した蛋白(たんぱく)質の一種。無色か薄黄色。熱湯にとけ、冷えれば固まる。製菓・止血・写真フィルムなどに使う。▽gelatin(e)

ゼラニウム ふうろそう科テンジクアオイの類の、多年生の園芸植物の総称。白・赤・紫などの五弁花が茎の頭に群がって咲く。▽geranium

セラピー 現代医学で行う治療法。特に、手術や投薬を伴わない、心理療法・物理療法。「アロマ—」▽therapy 「テラピー」とも言う。

セラピスト 治療士。特に、心理療法士。▽therapist

セラミックス ①陶磁器類。②非金属無機材料を熱加工して得られるものの総称。耐熱性・耐食性にすぐれ、多くは高い絶縁性を示すが半導体特性を有するものもある。情報通信・精密機械・医療などの諸分野で利用される。▽「セラミック」とも言う。ceramics

せり【×芹】暖地の湿地に自生する多年草。かおりがよく、若い葉・茎・根とも食べられる。春の七草の一つ。▽せり科。

せり ①【競(り)・×糶(り)】㋐せりあうこと。㋑せり売り。「—にかける」②【×糶(り)】行商。「—呉服屋」

せり【△迫り】芝居で、舞台や花道に切り穴を作り、役者や大道具を下から舞台の上へ押し上げて出すこと。そのしかけ。せりだし。

せりあい(ひ:あ)【競(り)合い】せりあうこと。激しい競争。

せりあ-う(ふ:あ)【競(り)合う】《五他》互いに負けまいとして、わずかの差を激しく競う。「選手権を—」

せりあが-る ①【△迫(り)上がる】《五自》迫り上げるように姿(姿勢)を高くする。また、下方から上方へ少しずつ押し上がる。「舞台が—」②【競(り)上がる】《五自》競った結果として値が高くなる。

せりあ-げる ①【△迫(り)上げる】《下一他》下から次第に押し上げる。「舞台で大道具を—」。だんだんと大きくする。「声を—」②【競(り)上げる】《下一他》互いに競争してつけ値を高くしていく。

ゼリー ①ゼラチンを溶かし、砂糖・香料を加え、型に流し込んで固めた菓子。②くだものの汁に砂糖を加えて煮詰めた食品。③→にこごり。▽jelly

せりいち【競市・×糶市】多人数がそこに集まってせり、売り買いをする場所。そこでの売買。

セリウム 希土類に属する金属元素。元素記号Ce 展性・延性に富む。鉄との合金はこすると火花を発し、ライターなどに用いる。▽cerium

せりうり ①【競(り)売(り)・×糶(り)売(り)】㋐売り主が多くの買手に競争で値をつけさせ、最高の値をつけた人に売る、売り方。オークション。㋑売り主が初め高値をつけ、買手が出るまで次第に下げて行く、売り方。②【×糶(り)売(り)】行商。

せりおと-す【競(り)落(と)す】《五他》競り買い⑵で、買手の中で最高の値をつけ、品物を手に入れる。

せりがい【競(り)買(い)】①売手たちに値下げを競争させ、一番やすく売る者から買う、買い方。②多数の買手が競争して高値をつけ合い、品物を手に入れること。

せりだし【△迫(り)出し】→せり(迫)

せりだ-す【△迫(り)出す】《五自他》押し上げるようにして、上や前へ出る、また出す。「腹が―」

せりふ【〈台詞〉〈科白〉】①俳優が劇中の人物として言う言葉。②転じて、言い分。言いぐさ。「そんな―は聞きたくもない」「またその―(=決まり文句)か」 **―まわし**【―回し】芝居で、せりふの言い回し。

せりもち【△迫持】窓・入口などの両端の柱の上に石・れんがを少しずつせり出してのせ、曲線形にきずいた構造。アーチ。

せりょう【施療】《名・ス自》(貧しい人のために)無料で病気の治療をすること。「―院」「―患者」

せ-る ①【競る・×糶る】《五他》㋐互いに勝とうとして争う。㋑せり売りで、買手が争ってより高い値をつけあう。また、買手がつくように次第に値をつけかえて下げる。②【×糶る】《五他》行商をする。「いなかを―って歩く」

せる 《助動》《動詞の未然形に付く。ただし上一・下一・カ変・サ変には「させる」の形を使い、サ変(清音)の場合「せさせる」の形よりも全体を「させる」とする方が普通。ごくまれに助動詞「(ら)れる」にも付く》①使役を表す。▽一般に「AがBにCをDさせる」と表すが、原則。ただし「姉が弟を学校に行か―」と「姉が弟に学校に行か―」とでは、前者が就学させる意になりやすく、後者は学校という場所に赴かせる意になりやすい。また、「せる(させる)」を使った使役形は他動詞によって表せる場合がある。二十世紀末から五段活用動詞に付く場合にも「させる」を使う傾向が生じた。

㋐AがBに、「せる」が付いた動詞で表す動作・作用Dを起こすように(強制的に)仕向ける意。「年寄りは面白がって子供に片言をしゃべらせたがる」「女房子どもにまで苦労(を)させる」「あいつのことは二度とおれに聞かせないでくれ」「娘を踊りの稽古に通わ―」「栄養分の多い物を食べさせる」「年齢を感じさせない身の軽さ」▽「ちぇっ、笑わ―ぜ」「彼に言わ―と、ぼくは偽善者だそうだ」は一種の見立てに基づく㋐の用法。「電子産業が経済を発展させた」など、生物以外の主語を用いる言い方は日本語本来ではないが、翻訳を通して、また比喩として広まった。「バナナの皮で足をすべら―」のように身体部位の動作を起こさせる場合に使うのは前からの用法。

㋑「せる」が付いた動詞で表す動作・作用DをBが起こすのを、Aが容認する意。希望をかなえてやる場合と、放任するまたは心ならずもそのままにする場合と、どちらにも使う。「それほど聞きたければ聞かせてやろう」「来月からは一般の人にもこの施設を利用させる」「勝手なまねはさせないぞ」「言いたい者には言わせておけ」「手遅れで母を死なせてしまった」「弟をなぐられさせておいたのが悔やまれる」▽「勝手ながら今月末で閉店させていただきます」など、「……いたす」で済むところに「……させていただく」を使うことが多くなり、一種の敬語かに思われているが、本来は浄土真宗を信仰する者が仏のお恵みにすがりお許しをいただくという気持で使った言い回しが広まったもの。その気持も無く乱用するのは(相手の了解を取ったことを前提とする表現になるから)押しつけがましい。

②《「(さ)せられる」の形で》程度のきわめて高い尊敬を表す。「御手(みて)に取らせられた」

セル ①コンピュータの表計算ソフトウェアで、格子状に区切られた一区画。▽cell ②梳毛(そもう)糸で織った、和服用の毛織物。▽オランダ serge から。③「セルモーター」の略。エンジンを始動させる、電池で動かす電動機。▽cell と motor とによる和製英語から。

セルフ コントロール ①《名・ス自他》自ら感情や身体、行動を制御すること。自制。「心身を―する」②《名》自動制御。「―システム」▽self-control

セルフ サービス 注文した飲食物を客が自分で席へ運び、食後にきめられた場所にうつわを返すなど、給仕や店員がすることを客が自分ですること。▽self-service

セルフ タイマー (写真をとる人自身もうつるように)一定時間の後、写真機のシャッターが自動的に切れるしかけ。▽self-timer

セルロイド 硝酸セルロースに樟脳(しょうのう)を混ぜて熱し圧縮したプラスチック。燃えやすい。おもちゃ・文房具などに用いられた。▽celluloid

セルロース 植物性繊維の主な成分をなす白い炭水化物。繊維素。▽「セルローズ」とも言う。cellulose

セレクション ①《名・ス他》選抜すること。選択。「―(=選抜試験)を受ける」②《名》選ばれた品々。精選品。選集。「お土産―」▽selection

セレクト 《名・ス他》よりわけること。選択。▽select

セレナーデ 夜曲。小夜曲(さよきょく)。㋐十八世紀に始まった、交響曲より小規模な器楽形式。オペラ風の軽い楽曲。▽㋑の転。㋑(恋人の部屋の窓下でかなでる)恋愛の歌曲。▽「セレナード」とも言う。ドイツ Serenade

フランス sérénade

セレブ《名ナ》〔俗〕①有名人。また、裕福な人。②転じて、高級そうなこと。「―な服」▽celebrity から。

セレモニー 儀式。式典。▽ceremony

せろ【世路】 人の世の生き方。世渡りの道。

セロ ↓チェロ。▽cello

ゼロ ①それに当たる量が全く無いと見られる数。↓れい『零』(2)。②比喩的に、ある性質や価値が全く無いこと。「―からの出発」▽フランス zéro

ゼロさい【ゼロ歳】 生後一年の誕生日の前日までの年齢。　**―じ【―児】** 生後一年未満の乳児。

セロハン ビスコースから作った無色透明の紙状のもの。包み紙などにする。セロファン。▽cellophane

セロリ 強い香気がある一、二年生の葉菜。オランダミツバ。セルリー。▽celery　せり科。

せろん【世論】 世間一般の人々の議論・意見。世間の大勢を制している意見。▽「輿論(よろん)」の代わりの語として使われ、文字面から「せろん」と読まれるようになった。↓せいろん(世論)

せわ【世話】 ①《名・ス他》あれこれと面倒をみること。「―になる」「―を焼く」「幼い兄弟の―をする姉」「就職先を―する」「いらぬ―さ」②《名》手数がかかって面倒なこと。「―が焼ける」「―をかける」「簡単にできりゃ―はない」「ほめたのに恨まれては―がない(=どうしようもない)」▽(3)の転。③《名》世間一般の事柄。㋐世間で言うこと。ことわざやうわさ。「―にも言う通り」「下(げ)―で耳にした」。また、俗な言い方。「―にやわらげて説けば」㋑日常生活あれこれの様子。▽(3)は古風。関連 肝煎(きもいり)・介添え・口添え・口利き・周旋・斡旋(あっせん)・仲介・紹介・引き回し・お節介・後見・看護・保護・介護・介抱・ケア　**―きょうげん【―狂言】** 世話物の歌舞伎狂言。**―ずき【―好き】** 人の面倒をよくみてやること。そういう人。　**―にょうぼう【―女房】** まめまめしく家事の面倒をみる所帯なれた妻。　**―にん【―人】** 団体などの事務を処理し、その運営をする人。　**―ば【―場】** 歌舞伎などで、庶民の日常生活を演じる場面。　**―もの【―物】** 浄瑠璃・歌舞伎などで、その時代の生活・人情・風俗にもとづき、おもに町人社会から取材したもの。↕時代物。　**―やき【―焼(き)】** ①人のために、好んで骨を折ること。また、人の世話をするのが好きな人。②世話人。　**―やく【―役】** 世話人。

せわし-い【△忙しい】(せはしい)《形》①せかせかする気持だ。いそがしい。「―日常」②せかせかしたふるまいだ。「―く催促される」「何とも―人だ」派生 **-さ -げ -がる**

せわしな-い【△忙しない】(せはしない)《形》↓せわしい。▽↓=ない。派生 **-さ -げ -がる**

せわた【背△腸】 エビ類の腸。背中側にある。「竹串で―を抜く」

せわり【背割り】 ①魚の背筋を切り開くこと。②羽織・背広の背縫いの下の方を縫い合わせないで、開けておくこと。③木材が乾燥して割れないように、縦に長く入れてある切れ目。

せん【×塼】 (黒)灰色に焼いた中国式の煉瓦(れんが)。床や壁の仕上げ材として用いる。

せん【詮】 ①『―ずる所』結局。所詮。②ききめ。効。「―(も)ない」(やっても効がない。しかたがない)③なすべき手だて。手段。「―尽きて」▽(2)(3)は「せむ」(文語動詞「す」の未然形＋助動詞)の当て字。↓せん〖詮〗

せん〖詮〗 セン ｜①詳しく調べる。「詮索・詮議」②真理を明らかにする。「名詮(みょうせん)自性・所詮」▽↓せん(詮)

せん〖栓〗〖栓〗 セン ｜①《名・造》穴や管状のものの口につけ、中身がこぼれ出ないようにするもの。「穴に栓をさす」「密栓・コルク栓・栓抜き・脳血栓」②《名・造》水道管などの末端の開閉装置。「栓をしめる」「給水栓・消火栓・共用栓・ガス栓」③木くぎ。「鼻(はな)栓(継ぎ手を動かないようにする木片)」

せん〖＊千〗 セン ち ｜《名・造》百を十倍して得る数(に等しい値や順位)。転じて、数の量の多いこと。「千古」「一日千秋の思い」「千秋万歳(ばんぜい)・千載一遇・後宮三千(人)」「一騎当千のつわもの」▽この語の和語は「ち」。一千の事を単に「千」と言う場合が多い。数値表現の改竄(かいざん)を防ぐ目的では「仟・阡」とも書く。

せん〖＊川〗 セン かわ ｜流水。かわ。「河川・山川・大川・巨川・百川・支川」

せん〖仙〗 セン ｜①山にはいって不老不死の術を得た人。「仙人・仙女・仙術・仙薬・仙宮・仙郷・仙境・仙骨・仙洞(せんとう)・神仙・登仙」②㋐凡俗を超越した人。「酒中仙」㋑歌や詩などがじょうずな人。「歌仙・詩仙」③仏教で、行者。修道者。▽「僊」は同字。

せん〖占〗 セン しめる うらなう ｜①自分のものにする。ひとりじめにして持つ。しめる。「占有・占領・占守・占拠・独占・先占」②兆候を見て吉凶を判断する。うらなう。「占術・占書・占星・占筮(せんぜい)・卜占(ぼくせん)」

せん〖＊先〗 セン さき ｜①《名・造》進んでいく方向。さき。空間的に先立つ。「先を越す(さきんじる)」「先頭・先登・先遣・先行・先進・先見・先陣・先鋒(せんぽう)・先駆・先導・先達(せんだつ・せんだち)・機先」②時間的に先立つ。㋐二つあるうち早い方。「先妻・先客・先生・先輩・先任・先発・先着・先住民・先約・先攻・先番・先手(せんて)・先取」㋑現在のものの一つ前のもの。「先王・先考・先妣(せんぴ)・先代・先君・先師・先便(せんびん)」㋒《名・造》それより前。先立つ。「先から知っていた」「先天・先史・先入」▽↕後。過去になったもの。「先刻・先日・先夜・先月・先年・先先月・先般・先達(せんだって)・先例・先蹤(せんしょう)」㋓最初。いちばん早いもの。「先務・先議・先唱・先鞭(せんべん)・先覚・祖先・率先・優先」

せん【銑】(人) セン ずく ― 鉄鉱石からとり出された鋳物原料。また製鋼原料。ずく。ずくてつ。「銑鉄・高炉銑・白銑・熔銑(ようせん)」

せん【*洗】セン あらう ― 足をすすぐ。物を水できれいにする。「洗足・洗濯・洗面・洗滌(せんでき・せんじょう)・洗練・洗剤・洗礼・洗心・洗脳・水洗・杯洗・筆洗」

せん【*染】セン ゼン そめる しみる そまる しみ ― ①物を色水にひたして色をつける。そめる。そめもの。「染色・染織・染料・染筆・捺染(なっせん)・汚染」②色がつく。影響をうける。そまる。「感染・薫染・伝染・愛染(あいぜん)」

せん【潜】【潛】セン ひそむ もぐる くぐる ― ①水の中にもぐる。かくれる。外に現れない。「潜水・潜入・潜行・潜航・潜伏・潜在・潜勢力」②心を一つに落ちつける。心をひそめる。「潜心・沈潜」③「潜水艦」の略。「原潜」

せん【*浅】【淺】セン あさい ― ①水面と底とが近い。水中で水面に近い。↕深。「深浅・浅海・浅水」②奥行がない。深みがない。あさはか。「浅近・浅学・浅見・浅才」③色がうすい。「浅紅・浅緑」④深みにおちない。しつこくない。「浅酌」

せん【践】【踐】セン ふむ ― ①足でふむ。ふみつける。道をゆく。ふみ行う。「実践・履践」②位置につく。のぼる。「践祚(せんそ)」

せん【*銭】【錢】セン ぜに かね ― ①貨幣。特に金属貨幣。「金銭・鋳銭・銅銭・悪銭・古銭・賽銭(さいせん)・口銭・借銭・天保銭・一文銭・追い銭・木戸銭・工銭・湯銭・銭湯・鐚銭(びたせん)」②通貨の補助単位。㋐一銭は一円の百分の一。「五銭玉」㋑昔、一貫の千分の一。一文(いちもん)。

せん【箋】セン ― ①ふだ。書付け用の細長い紙片。手紙。「箋紙・付箋・用箋・詩箋・便箋・信箋・書簡箋」②注釈をつける。「箋注・箋釈・毛詩鄭箋(ていせん)」

せん【×賤】セン いやしい しず ― ①《名・造》身分が低い。いやしい人。↕貴。「貴もなく賤もなし」「貴賤・賤民・賤奴(せんど)・卑賤・微賤・下賤」②いやしむ。見下げた。いやしむべき。「賤劣」

せん【尖】(人) セン とがる ― ①物の先が細く鋭い。とがっている。「尖鋭・尖端・尖頭・尖角」②とがったところ。先。はし。「尖兵・尖塔・舌尖」

せん【*宣】セン のる のたまう ― ①㋐広く知らせる。ひろめる。「宣布・宣伝・宣撫(せんぶ)・宣化・宣揚・宣教」㋑はっきり述べる。言い立てる。「宣言・宣告・宣誓・宣明・宣戦」㋒述べつくす。「草草不宣」②天子や神の言葉を下す。みことのり。「宣旨(せんじ)・宣下(せんげ)・宣命(せんみょう)・宣託・口宣(こうせん・くぜん)・託宣」

せん【*専】【專】(人) セン もっぱら ― ①他のものをまじえない。一つに集中する。いちずに。もっぱら。もっぱらにする。「専一・専任・専攻・専修・専念・専心・専門・専科・専属・専業」②ひとりじめにする。勝手気ままにする。「専行・専有・専用・専決・専売・専制・専横・専断・専権・独専」③「専門学校」の略。「経専・医専・女専・工専」

せん【*泉】セン いずみ ― ①㋐いずみ。水源。「泉水・泉石・九泉・甘泉・温泉・冷泉・鉱泉・源泉・林泉(りんせん・りんまし)・清泉・飛泉」㋑「温泉」の略。「塩類泉・アルカリ泉」②貨幣。「銭」に通じる。「泉貨・古泉」③人が死んだ後に行くところ。めいど。「黄泉(こうせん・よみ)・泉下」④「和泉(いずみ)国」の略。「泉州・摂河泉」

せん【腺】セン ― 生命を保つのに必要な物質を分泌したり、不要な物を排泄(はいせつ)したりする働きをする器官。「腺病質・内分泌腺・前立腺・甲状腺・リンパ腺・唾腺・乳腺・毒腺」▽国字。

せん【*線】セン ― ①《名・造》(糸の)すじ。糸のように細長いもの・形。「地面に棒で線を引く」「線条・線画・実線・白線・点線・破線・波線・傍線・横線・線香・線路・鉄線・電線・ピアノ線・導火線・断線・脱線・混線」②⑴の形を抽象化して考えたもの。㋐数学で、点の移動などによって生じる図形。「直線・曲線・垂線」㋑相接する二つの面のさかい目。「水平線・前線・不連続線・境界線・最低線・非常線・戦線・火線・一線」③まっすぐに進み、または一続きになっていると、考えたもの。道すじ。「光線・紫外線・視線・伏線」㋐定期交通機関や道路の経路。「路線・本線・支線・沿線・社線・上越線・新幹線・在来線・営業線・幹線道路・横浜羽田線」。鉄道の線路。「単線・複複線・貨物線・二番線ホーム」㋑《名》決まりの筋道。方針。「この線で行こう」「国策の線に沿う」。水準。「いい線に達した」④《名・造》物の輪郭。「身体の線」「脚線」⑤《名》精神的な力の強弱。「線の細い人」

せん【繊】【纖】(人) セン ― ①㋐細い。こまかい。かぼそい。「繊毛・繊細・繊弱・繊維」㋑「繊維」の略。「化繊・合繊」②ほっそりとして美しい。細くしなやか。「繊繊・繊妍(せんけん)・繊手・繊指」▽「纖」は異体字。

せん【扇】【扇】セン おうぎ あおぐ ― ①風を起こす道具。うちわ。おうぎ。「扇子(せんす)・扇面・白扇・軍扇・金扇・鉄扇・団扇(だんせん・うちわ)・扇状地・夏炉冬扇」②あおいで風を起こす。「扇風機」③人の気持をあおる。おだてる。「煽」に同じ。「扇情・扇動」▽もと、門のとびらの意。

せん【閃】(人) セン ひらめく ― ぴかりとする。瞬間的に光る。ちらっと見る。「閃閃・閃光・電閃・電光一閃」

せん【旋】セン めぐる かえる ― ①ぐるぐるまわる。「旋回・旋風・旋盤・周旋・斡旋(あっせん)・螺旋(らせん)」②もとにかえる。もどる。「旋頭歌(せどうか)・凱旋(がいせん)」③ゆきつもどりつする。ゆきめぐる。

「旋律」

せん〖*船〗 セン ふね ふな ― ふね。「船舶・船体・船室・船倉・船齢・船長・船員・船医・造船・乗船・下船・客船・商船・漁船・貨物船・連絡船・汽船・機帆船・和船・艦船・難破船・沈船・八幡船(ばはんせん)＝中世、中国・朝鮮の沿海を荒らしまわった日本の海賊船)・飛行船」

せん〖*戦〗[戰] セン いくさ たたかう おののく ― ①㋐たたかう。たたかい。いくさをする。「戦争・戦役・戦闘・戦乱・戦勝・戦死・戦力・戦地・戦場・戦機・戦略・戦術・戦士・戦友・戦車・戦艦・戦功・戦果・戦備・戦史・交戦・会戦・合戦(かっせん)・奮戦・激戦・苦戦・接戦・決戦・挑戦・作戦・冷戦・論戦・海戦・観戦・一戦・厭戦(えんせん)・血戦・主戦・舌戦・筆戦・百戦・市街戦・白兵戦・思想戦」㋑「戦闘機」の略。「戦爆連合・重戦・ゼロ戦」②勝負をする。競争をする。試合。競技。「早慶戦・名人戦・経済戦・定期戦・リーグ戦・商戦」③恐ろしさにふるえおののく。「戦慄(せんりつ)・戦戦兢兢(きょうきょう)」

せん〖煎〗 セン いる ― ①水から煮出す。煎じる。「煎薬・煎茶・煎汁・湯煎(ゆせん)・香煎」。茶を入れる。「一煎」②熱して水分を飛ばす。「煎餅」▽もと、いって煮詰める意。

せん〖羨〗 セン エン うらやましい うらやむ ― ①うらやむ。うらやましがる。「羨望」②心にしたう。「欽羨(きんせん)」③あふれる。あまりもの。「羨財・羨溢(せんいつ)」④墓道。横穴式古墳で、玄室に通じる通路。「羨道(えんどう・せんどう)」

せん〖撰〗 セン えらぶ ― ①詩や文章を作る。「撰文・撰碑」②《名・造》編集・著述する。「定家の撰」「撰著・撰集・撰述・撰進・撰者・勅撰・私撰・自撰・精撰・新撰・改撰・杜撰(ずさん)」③えらぶ。「選」に同じ。

せん〖*選〗[選] セン えらぶ える ― 《名・造》多くの中からよりとる。えらび出す。よりわける。「選に入る」「選出・選択・選抜・選別・選考・選定・選任・選挙・選手・選良・選科・選鉱・選歌・選者・公選・互選・自選・予選・決選・改選・精選・入選・当選・落選」

せん〖遷〗[遷] セン うつる ― ①場所をかえる。よそへ移っていく。「遷都・遷宮(せんぐう)・遷座・遷幸・遷化(せんげ)・東遷・奉遷」「孟母(もうぼ)三遷」(孟子の母が子どもの教育のために住居を三度変えたという故事)②島流しにする。地位の低い役目に移す。「左遷」③移り変わる。時を移す。「変遷・遷延」

せん〖薦〗 セン すすめる こも ― ①人をある地位におしあげる。「推薦・自薦・他薦」②しきもの。むしろ。「薦席」

せん〖鮮〗 セン あざやか すくない ― ①あたらしい。魚がとれてから時がたっていない。なまなましい。「鮮魚・鮮血・鮮度・新鮮・生鮮」②はっきりと美しい。あざやか。「鮮明・鮮紅・鮮麗・鮮衣」③すくない。「鮮少」

ぜん〖*全〗[全] ゼン すべて まったく まっとうする ― ①みな。すべて。すっかり。まるまる。「全部・全体・全般・全然・全景・全貌・全数・全力・全勝・全焼・全集」②ある範囲で一つの例外もなく。一まとめにして。「全世界・全国・全土・全市・全軍・全校・全学連・全文・全長・全訳」▽(1)は同類のものをすべて集めて考え、(2)は一つのものの内をすっかり見渡す立場でいう。③欠点やきずがない。「全美・全人・完全・十全・両全・万全・保全・安全・健全・不全」④まっとうする。欠けずに保つ。「全性・全乳」

ぜん〖*前〗[前] ゼン まえ ― ①㋐進む方向。まえ。「前後左右・前面・前方・前門・前庭・前路・前途・前車・前衛・前進・面前・門前・庭前・馬前・霊前・現前・最前・風前」㋑中ほどより正面によったところ。「前部・前半・前輪・前方後円墳」②時間的に先立つ。㋐《名・造》ある時点より早い時。「前(ぜん)から」「前日・前夜・前文・前菜・以前・直前・寸前・事前・午前・食前・生前・戦前・開会前・紀元前・前近代」㋑あらかじめ。期日に至らぬうち。「前借・前兆」㋒二つあるうち早い方。中ほどより早い時期。「前者・前妻・前期・前半生」㋓現在のものの一つまえのもの。「前代・前世・前世紀・前身・前回・前条・前項・前説・前掲・前記・前便(ぜんびん)・前住・前任・前大臣」㋔過去。「前約・前科・前歴・前例・空前・従前」▽↕後

ぜん〖*善〗 ゼン よい ― ①《名・造》正しい。道徳にかなった。徳行。↕悪。「善は急げ」「善悪・善人・善男善女(ぜんなんぜんにょ)・善行・善政・善意・善良・善導・十善・慈善・積善・勧善・偽善・独善・不善・最善・次善・真善美」②立派な。すぐれた。「善農」③じょうず。うまい。十分。「善用・善処・善感・善戦」④仲よくする。「善隣・親善」

ぜん〖膳〗 ゼン ― ①ととのえられた飲食物。できた料理。「膳部・膳夫・大膳職・御膳」②㋐《名・造》料理をのせて供する台。その台にのせた料理。「膳に向かう」「本膳・食膳・配膳・据膳(すえぜん)・饗膳(きょうぜん)・銘銘膳」㋑茶碗(ちゃわん)に盛った飯を数える語。「一膳めし」㋒はしを一組ずつ数える語。

ぜん〖繕〗 ゼン つくろう ― 修理する。悪くなったところをなおす。「繕写・修繕・営繕」

ぜん〖*然〗 ゼン ネン しか しかり ― ①そのとおり。そのまま。「当然・必然・偶然・未然・已然(いぜん)・本然(ほんねん)・自然(しぜん・じねん)・天然(てんねん)」②形容の語をつくり、状態を表す語をつくる助字。「公然・隠然・断然・全然・果然・同然・依然・平然・泰然・猛然・陶然・憤然・冷然・粛然・超然・毅然(きぜん)・卒然・寂然(せきぜん・じゃくねん)・巍然(ぎぜん)・沛然(はいぜん)・徒然・欣然(きんぜん)・浩然(こうぜん)・漠然・茫然(ぼうぜん)・黙然(もくぜん・もくねん)・忽然(こつぜん)・悠然・学者然・若奥様然」③そうだ。「然諾」

ぜん〖禅〗[禪] ゼン ― ①㋐《名・造》梵語(ぼんご)の音訳で「禅那(ぜんな)」の略。

静慮。精神を統一して真理を見とおす。「禅の修行」「禅定(ぜんじょう)」・禅機・座禅」㋑座禅を宗とする仏教の教派。禅宗。禅宗の修行。「禅門・禅堂・禅刹(ぜんさつ)・禅林・禅語・禅味・参禅・禅問答・野狐(やこ)禅」㋒「座禅」の略。「禅杖」②天子の位をゆずる。「禅譲・受禅」

ぜん【漸】 ゼン ようやく ①水が徐々にしみこむ。だんだんに進む。少しずつ及ぶ。「東漸」②《名・造》しだいに。変化がゆるやか。「漸を以(もっ)て進む」「漸次・漸進・漸減・漸増・漸落」

ぜんあく【善悪】 善と悪。善人と悪人。▽古くは「ぜんなく」とも。

せんい【占位】 《名・ス自》位置を占めること。

せんい【戦意】 戦おうとする気持。「—喪失」「—高揚」

せんい【繊維】 細い糸のような物質。特に、動植物の細胞や原形質が分化して糸状になったもの。▽医学では「線維」とも書く。 **—そ【—素】** →セルロース

せんい【船医】 航海中の船に乗り込んで、船員・船客の傷病の治療、船員の健康診断をする役目の医師。

ぜんい【善意】 ①他人や物事に対して持つ、よい感情・見方。好意。㋐人の幸福を願う、または人の良心を信じる心。㋑人や物のよい面に目をつけた見方。②〔法律〕法律関係の発生・消滅・効力に影響するようなある事実を知らないこと。▽↔悪意

せんいき【戦域】 戦闘など軍の行動が行われる地域(や水域・空域)。「漸次—を拡大し」「—にある病院船」▽作戦地帯と後方(2)地帯とに分かれる。

ぜんいき【全域】 ある地域・分野・領域の全体。↔局所

せんいつ【専一】 その事を第一にし、それにだけ気をつけること。「御自愛—に」

ぜんいつ【全一】 《名ナ》まとまりのある完全なものであること。「—な神」

せんいん【船員】 船舶の乗組員。

ぜんいん【全員】 その集団に属するすべての人(の数)。「—集合」▽→そういん(総員)

せんうん【戦雲】 戦争が始まりそうな険悪な成行き・空気。「—低く垂れこめる」

せんえい【先鋭・×尖鋭】 《名ナ》①先がとがって鋭いこと。②転じて、意気が盛んで急進的なこと。「—分子」「—的」 **—か【—化】** 《名・ス自》思想や行動が急進的になること。

せんえい【船影】 船の姿。また、その影。「—が消える」

ぜんえい【前衛】 ①警戒・護衛・攻撃のために前方に置く人員・選手。②階級闘争・芸術運動で、時流のさきがけとなって活動するもの。「—派」(アバン ギャルド)

せんえき【戦役】 戦争。「クリミア—」▽開戦のための動員から終戦での復員までの間を言う。

せんえつ【×僭越】 《名ナ》自分の身分・地位を越えて、出過ぎた事をすること。そういう態度。「—ながら申し上げます」派生 **-さ**

せんえん【遷延】 《名・ス自》のびのびになること。はかどらず長引くこと。「事態は—を許さない」

せんおう【先王】 →せんのう(先王)

せんおう【専横】 《名ナ》わがままで横暴な振舞い・態度。「—な役人」「—をきわめる」派生 **-さ**

せんおく【千億】 一億の千倍。また、無数に多いこと。

せんおん【×顫音】 →トリル

ぜんおん【全音】 〔音楽〕半音を二つ含む音程。長二度に相当する。▽→はんおん

ぜんおんかい【全音階】 〔音楽〕一オクターブの中に五つの全音と二つの半音とを含む音階。長音階と短音階とがある。

ぜんおんぷ【全音符】 〔音楽〕音の長さを決める基準とする音符。▽四分の四拍子では四拍に数える。

せんか【戦火】 ①戦いによって起こる火事。「—をこうむる」②(火器による)戦争。「—を交える」

せんか【戦渦】 戦争の混乱の中。「—にまきこまれる」

せんか【戦禍】 戦争によるわざわい・被害。「—をこうむる」「—を避ける」

せんか【戦果】 戦争・戦闘によって得た成果。「—をあげる」

せんか【泉下】 死人が行くという地下の世界。「—の人となる」▽黄泉(こうせん)のほとりの意。

せんか ①**【専科】** 本科に対し、ある限られた方面だけ特に学ぶための課程。▽本科の卒業生を更に教育するのもある。②**【選科】** 本科に準じ学科目の一部だけ選んで学ぶ課程。「英文学科の—生」

せんか【選歌】 《名・ス自》よい短歌を選び出すこと。その選ばれた短歌。

せんが【線画】 線ばかりで描いた絵。

ぜんか【前科】 以前に法律をおかして刑罰を受けていること。「—者(もの)」「—五犯」

ぜんか【善果】 〔仏〕(良い行いの結果である)良い報い。「善因—」

ぜんか【禅家】 →ぜんけ

せんかい【仙界】 →せんきょう(仙境)

せんかい【旋回】 《名・ス自他》円形の進路で(くるくる)回る、また回すこと。「飛行機が—する」「腰を—する」▽別方面への移動にも言う。「—作戦」

せんかい【先回】 ①前回。②過去の(何度かあった)そのとき。

せんがい【選外】 選に入らないこと。「—佳作」

ぜんかい【全会】 その会全体(の人々)。「—一致」

ぜんかい【全壊・全潰】 《名・ス自》めちゃめちゃにこわれること。特に、建物などが(天災や爆撃によって)こわれてしまうこと。↔半壊

ぜんかい【全快】 《名・ス自》病気や傷が完全に直ること。▽→ぜんち(全治)

ぜんかい【全開】 《名・ス自他》全部ひらくこと。一杯にあけること。「エンジン—」(全ての力を出すこと)

ぜんかい【前回】 《副詞的にも使う》話題の事が、今(=今回)から一番近い過去にあった、その時。「—の失敗を繰り返すな」「—伺いましてから三年になります」

せんがき【線描き】 物の形を線でかき表すこと。

せんかく【仙客】仙人。転じて、鶴のこと。
せんかく【先覚】①世人に先んじて、物事の道理や移り変わって行く先を見抜いた人。「―者」②学問・見識のある先輩。
せんがく【先学】その事について先輩である学究者。↕後学
せんがく【浅学】学問・知識を十分には身につけていないこと。そういう人。▽自分のことをへりくだっても言う。「―菲才(ひさい)の身」
ぜんかく【全角】活字やパソコンの文字で、漢字や普通の仮名の一字分が占める正方形の規準的な大きさ。↕半角・倍角。▽ローマ字やアラビア数字などでも、漢字一字分相当の大きさにする時には言う。
ぜんがく【全学】その大学全体。「―学生大会」
ぜんがく【全額】金額の全部。「―払いもどす」
ぜんがく【禅学】禅宗に関する学問。
ぜんがく【前額】ひたい。「―を傷つける」
せんかし【仙花紙・泉貨紙】①コウゾを使って荒く厚くすいた和紙。包み紙・合羽(かっぱ)などにする。②すき返しの粗末な洋紙。
せんかた【せん方・詮方】なすべき方法や手段。仕方。「―(も)ない」▽→せん(詮)(3)
せんがた【線型】↓せんけい(線形)(2)。▽こちらが本来の形。
せんかん【専管】〘名・ス他〙一手に管理すること。「―水域」
せんかん【戦艦】戦闘が本務で攻撃力・防御力とも大きな、大形軍艦。戦闘艦。
せんかん【潜×函】土木・建築の基礎工事で、わき出る地下水を圧縮空気を送って防ぎながら、そこで作業ができるようにした、鉄筋コンクリートの箱。ケーソン。「―工法」
せんがん【洗眼】〘名・ス自〙水や薬液で目を洗うこと。
せんがん【洗顔】〘名・ス自〙顔を洗うこと。「―クリーム」

ぜんかん【全巻】①幾巻かで一まとまりを成す書物や映画フィルムの全部。②その巻・書物の全体。
ぜんかん【前官】退官する時までついていた官職。**―れいぐう**【―礼遇】もと、国務大臣・枢密院議長・宮内大臣・内大臣だった時の功績が著しい者に、退官後も在官当時の礼遇を与えたこと。
ぜんかん【善感】〘名・ス自〙よい状態に感染すること。▽種痘などに言う。
せんカンブリアじだい【先カンブリア時代】地質時代の区分の一つ。最も古い時代で、始生代と原生代に分けられる。▽カンブリア紀(古生代の初期)に先立つ時代の意。「カンブリア」は Cambria
せんき【戦旗】戦争の時、軍隊が立てる旗。
せんき【戦機】戦いが起こりそうな機運。「―が熟す」。戦況が移り動こうとする時機。「攻撃に転じる―をうかがう」
せんき【戦記】戦争・戦闘の記録・物語。「―文学」
せんき【×疝気】漢方で、腰や下腹の内臓が痛む病気。「他人の―を頭痛に病む」(心配する必要のない他人の事を、やたらに気にする) **―すじ**(すぢ)【―筋】①疝気が起こる筋肉。②筋道を取り違えること。見当違い。「他人の―を拭い去る」
せんぎ【先議】〘名・ス他〙二院制の議会で、他より先に審議すること。「―権」
せんぎ【詮議】〘名・ス他〙評議して物事を明らかにすること。また、罪人の取調べ・捜査。「―立て」
せんぎ【戦技】戦闘行為に直ちに必要になる技(わざ)。例、射撃。
ぜんき【全期】すべての期間じゅう。また、ある期間全体。
ぜんき【前期】①ある期間を幾つかに分けた場合の、初めの時期。「平安朝―」②今の期間の直前の期間。「―繰越金」
ぜんき【前記】〘名・ス他〙前の部分に既に記したということ。その事柄。↕後記(こうき)。「―の通り」「―を参照」「疑問点は―した」

ぜんき【禅機】〔仏〕禅を修行することによって得たはたらき。主に、禅僧の意表をつく鋭い言動によって瞬間的・直観的に修行者に与えられる。
せんきゃく【先客】さきに来ている客。
せんきゃく【船客】船の乗客。
せんきゃくばんらい【千客万来】たくさんの客が次から次へと来ること。
せんきゅう【仙宮】仙人が住む宮殿。
せんきゅう【船級】船が航海に耐えうる程度を検査して格づけした等級。▽船級協会が認定し、海上保険や売買の標準となる。
せんきょ【占居】〘名・ス自〙ある場所を占(し)めていること。
せんきょ【占拠】〘名・ス他〙①ある場所を占有して、そこにたてこもること。「不法―」②占領。▽(2)は古風。
せんきょ【船×渠】ドック。
せんきょ【選挙】〘名・ス他〙組織・団体で、その構成員が代表者や役員を投票などによって選出すること。**―けん**【―権】団体の代表者・議員、公職につく者などを選挙する権利。↕被選挙権。**―にん**【―人】選挙権を有する者。「―名簿」
せんぎょ【鮮魚】食用にする新しい魚。生きのよい魚。
せんきょう【仙境・仙郷】仙人が住む(かと思われるほどの)俗界を離れた所。
せんきょう【宣教】〘名・ス自〙宗教で、その教えを広めること。**―し**【―師】ある宗教(特にキリスト教)を外国に伝え広める仕事をする人。伝道師。
せんきょう【船橋】↓ブリッジ(2)
せんきょう【戦況】戦争・戦闘の情況。「―報告」
せんぎょう【専業】〘名・ス自〙①その職業・事業を専門として、もっぱらそれに従事すること。その職業。↕兼業。「―農家」②国家が一定の法人や個人だけに経営を許し、利益を独占させる業。独占業。

せんぎょう【×賤業】いやしい職業。「—婦」(売春婦)

せんきょく【戦局】戦いの局面・なりゆき。「—悪化」

せんきょく【選曲】〘名・ス自他〙多くの楽曲の中から幾つかを選び出すこと。

せんぎり【千切り・繊切り】料理で、主に野菜を細長く切ること。そう切ったもの。「ユズの皮の—」「—大根と人参(にんじん)の紅白膾(なます)」

せんきん【千金】千両。多額の金。「一刻—」

せんきん【千×鈞】非常に重いこと。「—の重み」▽「鈞」は重さの単位。

ぜんきん【前金】→まえきん

せんく【先駆】〘名・ス自〙①人に先立って物事をすること。その人。「—者」「—的業績」▽(2)の転。②前駆(すること)。

せんく【選句】〘名・ス自〙よい俳句を選び出すこと。その選ばれた俳句。

せんぐ【船具】船の用具。ふなぐ。例、帆・錨(いかり)。

ぜんく【前駆】〘名・ス自〙行列などの前方を騎馬で進み、先導をすること。その人。 **—しょうじょう**【—症状】ある病気の前触れとして現れる症状。

せんぐう【遷宮】神殿を建て替える時、神霊を移すこと。遷座。「—式」

せんくち【先口】(申込みなどの)順番が先であるもの。↔後口(あとくち)。「もう—がある」「こちらが—を掛けたんだ」

せんくつ【仙窟】①仙人の住むほらあな・家。②転じて、俗界を離れたすみか。

ぜんくつ【前屈】〘名・ス自他〙前に曲げること。「—姿勢」。(身体の器官などが)前に曲がっていること。「子宮—」。↔後屈

せんくん【先君】①先代の君主。②死亡した父。▽(2)は漢文風の言い方。

せんくん【戦訓】戦争・戦闘の実例から汲(く)み取り、今後の軍事行動の教訓にする内容。「—の活用」▽比喩的にも使う。「他社の失敗を—にする」

せんぐんばんば【千軍万馬】①多くの軍兵(ぐんぴょう)と軍馬。大軍。「—の間(かん)」(戦場)②何回も戦場に出て戦いの経験が豊かなこと。「—の古強者(ふるつわもの)」。一般に、経験の豊かなこと。

せんげ【宣下】〘名・ス他〙宣旨(せんじ)をくだすこと。▽→せんじ(宣旨)

せんげ【遷化】〘名・ス自〙高僧が死ぬこと。▽この世から他の世に遷(うつ)る意。

ぜんけ【禅家】禅宗。禅寺。禅僧。

せんけい【扇形】おうぎを開いたような形。一つの円弧とその両端に引いた半径とで囲まれた図形。おうぎがた。

せんけい ①【線形】線のように細長い形。線状。②【線形・線型】〔数学〕一次式で表せるような関係。「—写像」▽linear の訳語。本来は「線型」を使い「せんがた」と言う。

せんけい【船型】船の形。それを表すための模型。

ぜんけい【全形】全体の形。完全な形。

ぜんけい【全景】見渡す限りの全体の景色・ながめ。

ぜんけい【前景】絵や写真で、手前の景色・様子。また、手前の方に置く舞台装置。↔背景

ぜんけい【前傾】〘名・ス自〙(スキーのジャンプ競技などで)身体全体が前方に傾くこと。「着地寸前まで—姿勢を保つ」

ぜんけい【前掲】〘名・ス他〙文章で、前に出すこと。前に述べたこと。

せんけつ【先決】〘ノダ〙先に決める(べき)こと。「対策の可否で言い合うより実地調査が—だ」 **—もんだい**【—問題】他の問題に先立って決めるべき問題。

せんけつ【専決】〘名・ス他〙(決定権を持つ)その人だけの考えで決めること。「部長の—事項」

せんけつ【潜血】〔医学〕肉眼に見えず化学的検査でわかる、(主に消化管内や尿中の)微量の出血。「—反応」

せんけつ【鮮血】流れ出たばかりの、なまなましい血。

せんげつ【先月】今月のすぐ前の月。

ぜんげつ【前月】①先月。②その月から見て、以前の月。

せんけん【浅見】浅はかな意見・考え。▽自分の意見・考えをへりくだっても言う。

せんけん【先見】進路・趨勢(すうせい)の赴く先を見抜くこと。ある物事について、それがはっきり現れないうちに、前もって見通すこと。「—の明」

せんけん【先遣】〘名・ス他〙全員が移動するのに先立って(少数の者を)派遣すること。「—部隊」

せんけん【先賢】昔の賢人。前賢。先哲。

せんけん【×嬋×娟】〘トタル〙女性の姿があでやかに美しいさま。

せんけん【専権】思うままに権力をふりまわすこと。

せんげん【千言】多くの言葉。「—万語を費やす」

せんげん【宣言】〘名・ス他〙(個人や団体が)意志・方針を他にも分かるように表明すること。その内容。「大会—」「独立—」「プログラムで変数型を—する」

せんげん【選言】〔論理・数学〕AかBか(……Nか)のどれか少なくとも一つが成り立つという立言。▽disjunction の訳語。→れんげん

ぜんけん【全権】①委任された事柄に関する一切の権限。②完全な権力。 **—いいん**【—委員】全権委任状をもって、国際会議などの外交交渉に国家から派遣される委員。 **—たいし**【—大使】→とくめいぜんけんたいし

ぜんけん【前件】①前記の箇条。前述した事項・物件。「—のうち三番目の箇条は」②もしAならBだというような形の判断で、Aの部分に述べられる事柄。仮設部分の内容。与件。↔後件(こうけん)

ぜんけん【前賢】→せんけん(先賢)

ぜんげん【前言】①前に言った言葉。「—取消し」「—をひるがえす」②前人の言葉。「—往行」(前人の言葉とその行い)

ぜんげん【善言】立派な内容または戒めを述べた言葉。

ぜんげん【漸減】《名・ス自》次第に減ること。⇔漸増

せんけんてき【先験的】《ダナ》本質上経験に先立つさま。経験と共にあるが、初めから理性に由来する普遍妥当性を持つさま。「—意識」。そういう哲学的立場であるさま。「—観念論」▽ラテン a priori の訳語。

せんこ【千古】①おおむかし。▽千年も昔の意。②永遠。永久。「—不易(ふえき)」

せんご【先後】①《名》さきとあと。前後。②《ス自》→ぜんご(前後)(2)(3)

せんご【戦後】(話題として着目する)戦争が終わったあと(その戦争の影響が強く残っている時期)。「—処理」▽特に第二次世界大戦に関連して言う。 **—は**【—派】→アプレ ゲール

ぜんこ【全戸】①全部の家。「—配布」②一家全部。うちじゅう。▽(2)は既に古風。

ぜんこ【前古】『—未曽有(みぞう)』昔からまだ一度もないこと。全く先例がないこと。

ぜんご【前後】①《名》規準とするものの、まえとうしろ。㋐空間上のまえとうしろ。「—左右」。あたり。付近。「—を見回す」㋑時間上のさきとあと。「休日の—」。ころ。「七時—」㋒《接尾的に》順序・年齢、一般的に数量の、その規準値を含めそれに近い程度。「百位—にランクされる」「三十—の人」「温度は七度—で保存します」②《ス自》(あとさきが見分けられないほど)あいだをおかずに続くこと。「—して到着」。《「相(あい)—する」の場合》時がほぼ同じである(接近する)こと。「渇水と地震とが相—して訪れた」③《ス自》順序が逆になること。「話が—する」 **—ふかく**【—不覚】《ダナ》前後の区別もつかないほど正体(しょうたい)がなくなるさま。「—になる」

ぜんご【善後】事件などの跡始末をすること。「—処置」「離散する一家の—を考えろ」 **—さく**【—策】うまく跡始末をつけるための方策。「—を講じる」

せんこう【×穿孔】《名・ス自》①穴をあけること。また、あくこと。その穴。「—機械」②体に穴が生じること。

せんこう【専攻】《名・ス他》ある学問分野を専門に研究すること。

せんこう【専行】《名・ス他》自分だけの判断で行うこと。「独断—」

せんこう【戦功】戦争であげた功績。戦いの手柄。

せんこう【浅紅】うすくれない。ピンク。

せんこう【鮮紅】あざやかな赤色。

せんこう【繊巧】《名ナ》技術が細かで、たくみに行われていること。繊細で巧緻なさま。

せんこう【先考】死んだ父。亡父。▽古風な言い方。

せんこう【先行】《名・ス自》①さきに行くこと。「本隊より—する」②さきに行われること。「—法規」「—投資」③スポーツで、さきに得点し、リードすること。「二点—」

せんこう【潜行】《名・ス自》①水中をもぐって進むこと。「—時間」②隠れて動き回ること。「犯人は都内に—中」「地下に—して政治運動を続ける」

せんこう【潜航】《名・ス自》①(潜水艦などが)水中をもぐって航行すること。②ひそかに航行すること。「—中」

せんこう【潜幸】《名・ス自》おしのびの行幸。

せんこう【遷幸】《名・ス自》天皇が他の場所に移ること。「後醍醐(ごだい)帝の隠岐(おき)—」

せんこう【線香】①香料を線状に固めたもの。立てて火をつけ、仏前に供える。②蚊取り線香。▽「せんこ」とも言う。 **—はなび**【—花火】①こよりの先に火薬をひねり込んだ、小さい花火。②最初は花々しくてもすぐ勢いがなくなるたとえ。

せんこう【選考・×銓衡】《名・ス他》能力・人柄・優劣などをよくしらべて、適任者やすぐれたものを選び出すこと。「書類—」

せんこう【選鉱】《名・ス自》採掘した鉱石を有用なものと無用なものとにより分けること。

せんこう【×閃光】瞬間的に明るくきらめく光。 **—でんきゅう**【—電球】閃光を発する、写真撮影用の電球。フラッシュ。

ぜんこう【全校】①学校じゅう。「—生徒」②全部の学校。「県下の—で」

ぜんこう【全高】地上から、ある物の最も高い所までの高さ。

ぜんこう【善行】(道徳的に)よい行い。「—章」「—を積む」

せんこく【先刻】①さきほど。「—に比べると」「—帰ったばかりだ」②《副詞的に》既に。とうに。「—承知」

せんこく【宣告】《名・ス他》①公に告げ知らせること。②裁判の言い渡し。「死刑の—」

せんごく【戦国】国が乱れて、国々(多数の勢力者)が互いに戦っている状態。戦争で乱れた世の中。「—時代」

ぜんこく【全国】国じゅう(にわたること)。「—大会」 **—く**【—区】①(地方区に対し)全国が選挙区であるその選挙区。②比喩的に、全国に名が通っていること。「この著者は—の評論家だ」

せんごくどおし(ど・ほし)【千石×簁】ふるいを斜めにかけて、皮を除いた穀粒を通し、ぬかをふるい分けあるいは良否を選別する農具。まんごくどおし。

せんごくぶね【千石船】江戸時代の大型の和船。千石積み。▽米が千石積める意。

せんこつ【仙骨】仙人のように、世俗を超越した骨相。凡俗でない風采。

せんこつ【薦骨・仙骨】脊柱の下部の骨。二等辺三角形で、骨盤の後壁の一部となる。

ぜんこん【善根】〔仏〕よい報いを生み出す原因としての善行。諸善のもとになるもの。「—を積む」

せんざ【遷座】《名・ス他》天皇または神体・仏像の座を他の場所にうつすこと。

ぜんざ【前座】演芸場で、本格的な番組の前に出る者。特に、落語家の資格の最下級。「—をつとめる」(比喩的に偉い人が話をする前に話す意にも) ▽講談などの前段や枕を言うこともあった。

センサー 音・光・温度・圧力などの物理量を検出して信号に変える装置。検知器。感知器。センサ。▽sensor

せんさい【先妻】現在の妻より前に妻としていて死別・離婚した、別の女性。以前の妻。前妻。↕後妻(ごさい)

せんさい【戦災】戦争による災害。「—者」

せんさい【浅才】浅はかな才。あさぢえ。「非学—の身」▽主に自分についてけんそんして言う。

せんさい【繊細】『名ナ』①かぼそく優美なさま。「—な指」②微妙で感じやすいこと。「—な感情」「—な神経」派生 -さ

せんざい【千載・千歳】一千年。また、長い年月。 **—いちぐう**【千載一遇】(千年に一度しか出会えないような)めったにないよい機会であること。

せんざい【△前栽】①庭先に植え込んだ草木。また、花木や草花を植え込んだ庭。②「前栽もの」の略。青物。野菜。

せんざい【洗剤】衣類・食器・野菜などを洗うのに湯・水に溶かして使うもの。「合成—」

せんざい【煎剤】植物質のものを煎じ出した薬液。

せんざい【潜在】『名・ス自』外にあらわれず、内にひそんで存在すること。↕顕在。「—意識」「—的な脅威」

ぜんさい【前菜】→オードブル

ぜんさい【前妻】→せんさい(先妻)

ぜんざい【善×哉】①『名』「善哉もち」の略。関西では、つぶしあんの汁粉。関東では、粟餅(あわもち)・白玉餅(しらたまもち)などに濃いあんをかけたもの。②『感』「よきかな」の意。ほめ喜んで発する語。▽(2)は既に古風。

せんさく【×穿×鑿】『名・ス他』(穴のない所に穴をあけるように)手を尽くして、たずね求めること。細かい点まで根ほり葉ほり知ろうとすること。

せんさく【詮索】『名・ス他』細かい所までさぐり求めること。「過去を—する」「—好き」

センサス ①人口調査。国勢調査。②実態調査。一斉調査。「農業—」▽census

ぜんさつ【禅刹】禅宗の寺。ぜんでら。

せんさばんべつ【千差万別】差異・種別が非常に多いこと。

せんし【専恣】わがまま。きまま。ほしいまま。

せんし【×穿刺】『名・ス他』細い針を体に刺すこと。体内の液体を吸い取るなどの目的で行う。

せんし【先師】既になくなった師匠・先生。

せんし【先史】有史以前。文献が残っていない昔。「—時代」

せんし【戦史】戦争の経過を書いた歴史。

せんし【戦死】『名・ス自』軍人が戦闘によって死ぬこと。

せんし【戦士】①戦いに参加する将兵。②比喩的に、最前線で活躍する人。「企業—」

せんじ【宣旨】昔、天皇のお言葉を下に伝えること。それを書いた文書。それを伝える役目の人。「—を下す」▽詔勅が表向きなのに対して、略式のもの。

せんじ【戦時】戦争をしている時。↕平時。「—体制」

ぜんし【全姿】全体の姿。

ぜんし【全紙】①→ぜんばん。②すべての新聞。③(新聞の)紙面全体。

ぜんし【前史】①当面の問題となっている時代の歴史に対し、(それに深い関係をもつ)それ以前の歴史。「資本主義発達—」②先史。

ぜんし【前肢】まえあし。↕後肢

ぜんし【前×翅】昆虫の四枚の翅(はね)のうち、前の一対。↕後翅

ぜんじ【善事】①よい行い。②めでたい事柄。

ぜんじ【×漸次】『副「に」』次第に。だんだん。「—(に)進歩しつつある」

ぜんじ【禅師】①禅に通じた師。②高徳の僧、特に禅僧に、朝廷から賜る称号。

せんじぐすり【煎じ薬】煮出して服用する薬。

せんしつ【船室】船で乗客の使用にあてる部屋。キャビン。

せんじつ【先日】近い過去のある日。このあいだ。

ぜんしつ【禅室】①座禅をする部屋。②住持の居室。転じて、住持。③仏門にはいった貴人。

ぜんじつ【前日】①ある日の、その前の日。「出国の—となって」②先日。「今日だけでなく—にも起こった事」

せんじつ-める【煎じ詰める】『下一他』成分が出つくすところまで煎じる。転じて、究極のところまで考えを進める。「—めれば数量の問題だ」

せんしばんこう【千思万考】『名・ス自』いろいろと考えをめぐらすこと。また、その考え。

せんしばんこう【千紫万紅】色とりどりの花が咲き乱れる情景。また、さまざまの色彩。

せんしばんたい【千姿万態】いろいろさまざまの姿・形。種々の姿態。

せんしゃ【戦車】装甲・武装した車体に無限軌道(=キャタピラ)をつけた攻撃用の兵器。タンク。

せんしゃ【洗車】『名・ス他自』自動車や鉄道車両などの車体の汚れを洗い落とすこと。

せんじゃ【×撰者】詩歌・文章・書物等の作者。また、作品をえらび集めて一つの書物にまとめる人。「古今集の—」

せんじゃ【選者】多くの作品からすぐれたものを選ぶ人。

ぜんしゃ【前者】前に述べた二つのもののうち、初めの方のもの。↕後者

ぜんしゃ【前車】前を進む車。「—の轍(てつ)を踏む」(前の人がしたのと同じ失敗をすることのたとえ)「—の覆(くつがえ)るは後車の戒め」(前人の失敗は後人の戒めとなる)

せんしゃく【浅酌】『名・ス他』酒を軽くあっさり飲むこと。「—低唱」

せんじゃく『名・ダナ』①【繊弱】たおやか(なこと)。「―の美形」②【繊弱・×孱弱】弱々しいこと。そのさま。「―な肉体」

ぜんしゃく【前借】『名・ス他』まえがり。

せんじゃふだ【千社札】(千社参りの人が)記念に社寺の建物にはる、参詣者の名などを図案化して刷った紙の札。

せんじゃまいり【千社参り】(ある地方の)神社およそ千社にお参りすること。千社詣で。

せんしゅ【先取】『名・ス他』他より先に取ること。▽↓さきどり(一)(1)。 **―けん**【―権】↓さきどりとっけん

せんしゅ【船首】船体の先端の部分。へさき。↕船尾

せんしゅ【船主】船の持主。ふなぬし。

せんしゅ【×僭主】①力で奪って君位についた者。君主の名を僭称(せんしょう)する者。②古代ギリシア都市国家で、政権を独占した支配者。タイラント。

せんしゅ【繊手】女性の、かぼそい、しなやかな手。▽漢文的表現。

せんしゅ【選手】選ばれ(代表とし)て試合に出る人。 **―けん**【―権】競技の最高位を決める試合に優勝した選手・団体に与える資格。「日本―」

せんしゅう【千秋】千年。長い年月。「一日―の思い」(待ち遠しい思い) **―ばんぜい**【―万歳】千年万年。永遠。人の寿命を祝う語。 **―らく**【―楽】相撲(すもう)・演劇などの興行(こうぎょう)の最後の日。らく。▽法会(ほうえ)の時の雅楽で、最後に「千秋楽」という曲を奏したことから。

せんしゅう【専修】『名・ス他』もっぱらその事ばかりを勉強すること。 **―がっこう**【―学校】職業や実生活に必要な能力の養成または教養向上を目的とする学校。▽修業年限は一年以上。

せんしゅう【×撰修】『名・ス他』著述すること。また、編集すること。

せんしゅう【×撰集】詩歌や文章を、多くの人の作から抜いて集めた書物。▽「せんじゅう」とも言った。

せんしゅう【選集】ひとりの人または多くの人の著作から、ある意図で選び集めて作った書物。

せんじゅう【先住】①(現在住んでいる者より)先にそこに住んでいること。「―権」②(現在の住職に対し)前の住職。↕後住(ごじゅう)。 **―みん**【―民】現在住んでいる人々に先だってその土地に住んでいる(いた)人々。先住民族。「世界―会議」

せんじゅう【専従】『名・ス自』その仕事だけにもっぱら従事すること。「組合―者」

ぜんしゅう【全集】ある人の著作をすべて(に近く)集めた書物。「漱石(そうせき)―」。ある方面の著作を多く集めた書物。「謡曲―」

ぜんしゅう【禅宗】禅の修行によって人間としての真の生き方を悟ろうとする、仏教の一派。

せんじゅかんのん【千手観音】観音菩薩(ぼさつ)が、一切衆生(しゅじょう)を救うために千の手と千の目とを具(そな)えることを願って、得た姿。

せんしゅつ【選出】『名・ス他』(投票や話合い・指名などで)選び出すこと。「代議員の―」

せんじゅつ【仙術】仙人が行う術。

せんじゅつ【先述】『名・ス他』さきに述べたこと。▽「先に述べた通り」のような言い方から作られた語か。本来は「前述」。「前」も「さき」と訓じた。

せんじゅつ【戦術】①戦闘を行う上の方策。②転じて、ある目標を達するための方策。「牛歩―」▽↓せんりゃく

せんじゅつ【×撰述】『名・ス他』書物を著すこと。述作。

ぜんじゅつ【前述】『名・ス他』まえに述べたこと。↕後述

せんしゅぼうえい【専守防衛】先制攻撃を行わず、相手国の攻撃を受けてから自国領土またはその周辺で、必要な軍事力を行使して守備と防衛に徹すること。▽日本国憲法のもとにおける基本的軍事戦略。

せんしゅん【浅春】春の初めごろ。

せんしょ【選書】①『名・ス他』多くの書物の中から目的にかなうものを選び出すこと。「学校図書室の―」②『名』多くの著作から、ある目的にかなったものを選んで作った書物(のシリーズ)。

せんじょ【仙女】↓せんにょ

ぜんしょ【全書】ある方面に関するすべての著作を集めた書物。「六法―」

ぜんしょ【前書】①前にしるした書物・文章。②前に出した手紙。

ぜんしょ①【善処】『名・ス他』適切に処置すること。うまく、かたをつけること。②【善所・善処】『名』〔仏〕(来世に生まれてゆく場所としての)よいところ。「後生(ごしょう)―」

せんしょう【×僭称】『名・ス他』身分を越えて勝手に称号をとなえること。また、その称号。「王を―する」

せんしょう【先×蹤】今までにあった実例。先例。「―を踏む」

せんしょう【先勝】①『名・ス自』何回か続く試合で、先に勝つこと。②『名』六曜の一つ。「先勝日」の略。急用・訴訟などに幸運だとされる日。↕先負(せんぶ)

せんしょう【戦勝・戦×捷】『名・ス自』戦いに勝つこと。かちいくさ。「―記念日」

せんしょう【戦傷】軍人が戦闘によって受けた傷。 **―し**【―死】戦傷が原因の死没。▽戦闘間の「戦死」と区別。

せんしょう【船×檣】帆柱。マスト。

せんしょう【選奨】『名・ス他』よいものを選んで人にすすめること。

せんしょう【鮮少・×尠少】『名ナ』きわめて少ないこと。

せんじょう【×僭上】『名ナ』身分を越えて、差し出たふるまいをすること。僭越(せんえつ)。▽「せんしょう」とも言う。

せんじょう【戦場】戦闘を行っている(行った)場所。▽↓せんち

せんじょう【洗浄・洗×滌】『名・ス他』(よごれを)洗い

去ること。「胃を━する」 ▽「洗滌」は、正しくは「せんでき」。

せんじょう【扇情・×煽情】《名・ス自》情欲をあおり立てること。「━的」

せんじょう【線条】線。すじ。

ぜんしょう【全勝】《名・ス自》(競技などで、何回かの)すべての勝負に勝つこと。「━優勝」

ぜんしょう【全焼】《名・ス自》火事で、建物がすっかり焼けてしまうこと。まるやけ。

ぜんしょう【前生】〔仏〕前の世。前世(ぜんせ)。

ぜんしょう【前×哨】休止する部隊が、敵情探索、奇襲防止などのため、その前面に配置する部隊。 **━せん**【━戦】①本隊同士の戦いではなく、前哨の兵隊間で行われる戦闘。②比喩的に、本格的な活動をする前に行われる、手はじめの行動。

ぜんじょう【禅定】①〔仏〕心を静めて一つの対象に集中する宗教的瞑想(めいそう)。また、その心の状態。「━に入る」②霊山に登って修験道(しゅげんどう)の行者がする修行。転じて、霊山の頂上。▽「禅」は梵語(ぼんご)の音訳、「定」はその漢訳。

ぜんじょう【禅譲】《名・ス自他》帝王がその位を世襲せず、有徳者に譲ること。▽「放伐」と共に、中国人の易姓(えきせい)革命思想による考え方。

せんじょうち【扇状地】川が山地から平地に流れ出た所に土砂を堆積して作った扇形の地形。

せんしょく【染色】《名・ス他》(布・糸などを)染料で色つけすること。また、染めた色。 **━たい**【━体】細胞の核分裂のとき現れる糸状の構造。数・形は生物により一定。遺伝に重要な意味を持つ。▽塩基性色素に染まりやすいので言う。

せんしょく【染織】布を染めることと織ること。

せん-じる【煎じる】《上一他》薬草・茶などを煮、その成分をにじみ出させる。煮出す。煎ずる。

せんしん【先進】進歩の段階が先に進んでいること。先に立つこと。↕後進。「━国」「━的な技術」

せんしん【専心】《名・ス自》《副詞的にも使う》その事に心を集中して行うこと。専念。「鋭意━研究している」「一意━」

せんしん【潜心】《名・ス自》心をある事にひそめること。一心に考えること。

せんしん【線審】球技で、ボールが規定の線から出たかどうかを判定する審判。ラインズマン。

せんじん【千尋・千×仞】きわめて深い、または高いさま。「━の谷」▽→ひろ(尋)

せんじん【先人】①過去の人。以前の人。↕後人。「━未発の見」②祖先。亡父。▽(2)は古風。

せんじん【先陣】①一番乗り。さきがけ。「━を切る」「━争い」②陣立てで、本陣の前にある軍陣。さきて。「━を承る」

せんじん【戦陣】いくさの陣立て。その陣。また、戦場。

せんじん【戦×塵】戦場に立つ、ちりほこり。転じて、いくさの騒ぎ。「━を洗い落とす」「━を避ける」

ぜんしん【全身】からだ全体。からだじゅう。 **━ぜんれい**【━全霊】体も魂も全部。「━をささげる」

ぜんしん【前身】①以前の身分。また、団体・組織などの今のように変わった以前の形。②〔仏〕前世(ぜんせ)における身の上。

ぜんしん【前審】(裁判で)今審理している、その前の審理。「━をくつがえす」

ぜんしん【前進】《名・ス自》前へ進むこと。また、進歩すること。↕後退

ぜんしん【漸進】《名・ス自》(急がないで)段階を追って少しずつ進んで行くこと。↕急進。「━主義」

ぜんしん【善心】①善良な心。②〔仏〕菩提(ぼだい)心。

ぜんじん【前人】今より前の人。過去の人。「━未到」

せんしんばんく【千辛万苦】《名・ス自》いろいろな、つらいことや苦しいこと。多くの苦労をすること。「━を重ねる」

せんす【扇子】おうぎ。

センス 物事の微妙な感じをさとる心の動き。微妙な感覚。「━がある」「ユーモアの━」▽sense

せんすい【泉水】①庭にある池。②わき水。いずみ。

せんすい【潜水】《名・ス自》水中に潜ること。「━夫」 **━かん**【━艦】軍艦の一種。海中に潜ったままで航行でき、魚雷やミサイルによる攻撃、遠距離偵察などを行う。

ぜんすう【全数】全部の数(量)。「━調査」

せんすじ【千筋】(ちすじ) 細いたてじまの模様(の織物)。

せんすべな-い《形》やりようがない。しかたがない。せんかたない。▽「為(せ)む術(すべ)無し」から。派生 **-さ** **-げ**

せん-する【×僭する】《サ変他》身分を越えて目上の人のまねをする。僭越なふるまいをする。

せん-する【宣する】《サ変他》広く公に告げ知らせる。「開会を━」

せん-する【×撰する】《サ変他》述べ作る。書物を書き著す。

せんずるところ【詮ずる所】《連語》↓せん(詮)(1)

ぜんせ【前世】〔仏〕三世(さんぜ)の一つ。この世に生まれ出る前の世。過去世。「━の報い」▽「ぜんぜ」とも。

せんせい【先生】教師・医者など、学識のある、指導的立場にある人。また、そういう人、自分が師事する人に対する敬称。▽親しみやさげすみを含んだ呼びかけにも使う。「━と言われるほどの馬鹿でなし」(川柳)

せんせい【先制】《名・ス他》先手をとること。機先を制すること。「━攻撃」

せんせい【宣誓】《名・ス他》自分の誠意を示すための誓いの言葉(を述べること)。「選手━」「━式」

せんせい【専制】物事、特に政治を、独断で思うとおり処理すること。「━君主」 **━せいたい**【━政体】政体の一つ。支配者が国家権力を集中的に持ち、それを意のままに行使する。↕立憲政体

せんせい【戦勢】戦いの進みぐあいが有利か不利かと

いう、その局面のありさま。「振るわぬ―の打開策」

せんぜい【占×筮】『名・ス他』易(えき)の理により、筮竹(ぜいちく)を使ってうらなうこと。

せんぜい【×蟬×蛻】①『名』せみのぬけがら。②『名・ス自』超然と世俗を抜け出ること。

ぜんせい【全盛】一番盛んであること。「―期」

ぜんせい【前世】①昔。②→ぜんせ

ぜんせい【善政】(人民のためを考えた)よい政治。↕悪政

せんせいじゅつ【占星術】天体(特に星)の現象に基づいて、人間の運命や将来をうらなう術。「―師」

せんせいりょく【潜勢力】内部にひそんで、外に現れてはいない勢力。

センセーショナル『ダナ』人の感情・感覚を強くゆさぶる性格をもつさま。「―な画面」▽sensational

センセーション 人々の感情に強く訴え、耳目をそばだたせること。大評判。「―を起こす」▽sensation

せんせき【戦跡】戦いがあった跡。

せんせき【戦績】戦いの成績。㋐武功。㋑試合の勝負の成績。

せんせき【泉石】庭にある池と庭石(にわいし)。

せんせき【船籍】船舶原簿に登録された、その船舶の所属地を示す籍。

ぜんせつ【前説】①以前に述べた説。②前人の説。▽「まえせつ」と読めば別の意。

せんせん【先占】『名・ス他』他人より先に占有すること。

せんせん【宣戦】『名・ス自』国が他国との戦争に入る意志を内外に向けて宣言すること。「―布告」

せんせん【戦線】①戦闘の最前線。横方向に見た交戦区域。②政治運動や社会運動で、闘争の形態を⑴にたとえて言う語。「労働―」

せんせん=【先先】まえのまえ。「―代」「―週」

せんぜん【戦前】(話題として着目する)戦争が始まる前(の、割に穏やかだった時期)。▽特に第二次世界大戦に関連して言う。 **―は**【―派】→アバンゲール

ぜんせん【全線】①(鉄道などの)線の全部。「―不通」②戦線のすべて。

ぜんせん【前線】①戦場の最前列の、敵と直接に接触する線。第一線部隊とその予備隊。↕後方。②気象で、寒・暖二つの気団の境界面が地表面と交わる線。温暖前線・寒冷前線・停滞前線などがある。▽→ふれんぞくせん。③特定の日時にある現象があらわれた地点を、地図上で線で結んだもの。「桜―」

ぜんせん【善戦】『名・ス自』(強敵に対して)力をつくしてよく戦うこと。「―空(むな)しく敗れた」

ぜんぜん【全然】『副』全く。㋐《後に打消しの言い方や否定的な意味の表現を伴って》まるっきり。「―読めない」「―だめだ」▽この意で「「痛まないか」「―」」のような省略表現がよく使われる。㋑すっかり。全面的に。「心は―そこに集中していた」「―同感だ」㋒俗に、非常に。断然。「都会への憧れが―強かった」「―かわいい」

ぜんぜん=【前前】まえのまえ。「―列」「―月」「―年」

せんせんきょうきょう【戦戦恐恐・戦戦×兢×兢】『トタル』大変なことが今にも起こりそうで、恐れおののく様子。

せんそ【践×祚】『名・ス自』皇嗣(こうし)が天皇の地位をうけつぐこと。▽→そくい(即位)

せんぞ【先祖】①当家の現存の人が(家系の上で)出て来たもとになった人や人々。「―代々」㋐先代以前で既に生存者のいない代から前の人々。「―の中にそういう方もあったかも知れない」「母方の―」▽以前の用法では普通、父方のを指す。㋑その家の初代の主(あるじ)。始祖。「―以来の家宝」②遠いみなもと。「両生類の―」「ナスの―」▽「祖先」より日常語的。 **―がえり**【―返り】親に現れていない、先祖(特に祖父母)の(遺伝上の)特徴が、子に現れること。

せんそう【戦争】『名・ス自』①いくさ。特に国家間で、互いに自国の意志を相手国に強制するために、武力を用いて争うこと。「他国と―する」②比喩的に、生きるか死ぬかの状況。「受験―」 **―はんざいにん**【―犯罪人】捕虜虐待など、戦争法規違反の罪をおかした者。また、戦争を起こした責任者としてその罪を問われるべき者。戦犯。

せんそう【船倉・船×艙】船の上甲板(じょうかんぱん)の下にある、貨物を積み込んでおく所。ふなぐら。

ぜんそう【前奏】歌曲などの一番初めにある伴奏の部分。イントロ。 **―きょく**【―曲】歌劇・組曲などの最初におかれる器楽曲の形式の名。プレリュード。

ぜんそう【禅僧】禅宗の僧。

ぜんぞう【漸増】『名・ス自』次第にふえること。↕漸減

ぜんそうほう【漸層法】修辞法の一つ。語句を重ねて次第にその表現や内容を強めて行って最大の効果をねらう方法。

せんそく【栓塞】血管がふさがること。「動脈―」

せんそく【洗足】よごれた足を湯水で洗うこと。それに使う湯水。

せんそく【船側】①船の左右の側面。②船のそば。

せんぞく【専属】『名・ス自』ある一つの会社などとだけ契約し、他社の仕事には関係しないこと。「―歌手」「―カメラマン」

ぜんそく【×喘息】発作(ほっさ)性の呼吸困難を起こす病気。

ぜんそくりょく【全速力】出せるだけ一杯の速力を出すこと。そうした状態。全速。フルスピード。

センター ①中央。中心。中心地。中心となる機関。「―に立つ」「技術―」「スポーツ―」②野球などで、外野の中央。そこを守る選手。また、バスケットボール・サッカーなどで、中央を定位置とする選手。▽(イギリス)centre (アメリカ)center **―ライン** ①道路で、対向車線どうしを分ける線。「―を越える不注意」②競技場⑴

を中央で二分する線。▽center line

せんたい【戦隊】艦隊を区分けした部隊。「第二—」

せんたい【船隊】二隻以上の船によって構成された隊。船団。

せんたい【船体】船の胴体ともいうべき部分。付属物や積荷を除いた、船の全体。

せんたい【×蘚×苔】(植物の)こけ。

せんだい【先代】①前の代の当主。②前の代。「—菊五郎」③現代より前の時代。

せんだい【船台】造船所で船を建造・修理するとき船体をのせる台。

ぜんたい【全体】①着目する事物をすべて一つにまとめて考えたもの。また、まとまりがあるもの(と考えて)の全範囲。「—を見渡す」▽「全部」より一まとめにする見方が強い。②《副詞的に》事情を見渡したところ。そもそも。「—、わたしが悪かった」「あれは—何者か」▽疑問文では、強い疑いを表す。 **—しゅぎ【—主義】**全体の利益を第一とし、個人の価値は全体に奉仕する点でだけ認める(政治上の)主義。

ぜんだい【前代】前の時代。 **—みもん【—未聞】**今までに聞いたこともないような珍しい(大変な、または、あきれた)こと。

せんだいひら【仙台平】はかま地にする絹織物の一つ。良質で有名。▽初め仙台地方で産したことから。

せんたく【洗濯】《名・ス他》よごれた衣服などを洗ってきれいにすること。せんだく。「タオルを—する」「—に出す」「—がきく帽子」「—物」「命の—」(苦労などを忘れ、思う存分楽しむたとえ) **—いた【—板】**①衣類をこすりつけて洗うための、横方向に浅い溝をつけた、薄い板。②比喩的に、やせてあばら骨の浮き出た胸のこと。 **—ソーダ** 炭酸ソーダが水と化合して結晶したもの。▽洗濯に使うので言う。 **—ばさみ【—挟み】**洗濯物を干すとき、それが落ちないようにはさんで留める道具。

せんたく【選択】《名・ス他》よいもの、適当なものを選び取ること。「多数の中から—する」「職業を—する」「—を迫られる」「—肢」「—科目」

ぜんだく【然諾】引き受けること。承諾。「—を重んじる」(一度引き受けた事は必ずしとげる) ▽やや古風。

せんだつ【先達】《名・ス他》①先にその道に通達して、他を導くこと。その人。先輩。②先に立って案内すること。その人。

せんだつ【×蟬脱】《名・ス自他》古い因習や束縛から抜け出すこと。「旧套(きゅうとう)を—する」。世俗から抜け出ていること。▽せみのぬけがらを指す「蟬蛻(せんぜい)」の誤りから出た語。

せんだって【先達て】さきごろ。このあいだ。「—お申し越しの件は」

ぜんだて【膳立て】①膳を並べて食事の用意をすること。②転じて、下準備を整えること。「お—が出来あがる」

ぜんだま【善玉】①善人。↔悪玉(あくだま)。▽江戸時代の草双紙(くさぞうし)などの絵で、善人の顔を○の中に「善」の字を書いて表したから。②よい影響を及ぼすもの。「—コレステロール」

センタリング《名・ス他》①ワープロ ソフト上などで、一行に満たない文字の列を行の中央に寄せること。②サッカー・ホッケーなどで、中央のゴール前へ向かってサイドからパスを送ること。▽centering

せんたん【仙丹】飲めば不老不死の仙人になるという霊薬。仙薬。

せんたん ①**【先端】**物の一番先の部分。はし。②**【先端・×尖端】**物の、とがっている先の部分。転じて、時代・流行の先頭。「時代の—を行く」「—的な行動」「最—」

せんたん【戦端】戦いの糸口・初め。「—を開く」

せんたん【選炭】《名・ス自》掘り出した石炭を質や大きさでより分けること。

せんだん【専断・×擅断】《名・ス他》自分だけの考えで勝手に物事を処理すること。

せんだん【×栴×檀】①日本の暖地に自生する落葉高木。根・樹皮・実は薬用。おうち。▽せんだん科。②ビャクダンのこと。材に香気がある。「—は双葉(ふたば)より芳(かんば)し」(大成する人は子供の時からすぐれていることのたとえ)

せんだん【船団】船の集団。「—を組んで出港する」

ぜんだん【前段】文章などの、前の方の段。↔後段

せんち【戦地】戦場となる可能性がある土地。特に、軍隊が出征している地。

センチ ①《名》基準となる単位名に冠し、その百分の一に当たる意を表す語。記号c。特に、「センチメートル」の略。▽centi- ②《ダナ》↓センチメンタル。「お—」「—な人」

ぜんち【全知・全×智】完全無欠の知恵。「—全能の神」

ぜんち【全治】《名・ス自》(完治に対し)治療がもう要らないまでに直ること。「—したから退院できる」

ぜんちし【前置詞】ヨーロッパ語の文法で、品詞の一つ。名詞や代名詞の前に置かれて、それの、他の語に対する関係を示す。

ぜんちしき【善×智識】〔仏〕仏教の正しい道理を教え、真実の世界に導いてくれる人。また、高徳の僧。

センチメンタリスト センチメンタルな人。▽sentimentalist

センチメンタリズム ↓かんしょうしゅぎ。▽sentimentalism

センチメンタル《ダナ》弱々しい感情に走りやすいさま。情にもろいさま。感傷的。センチ。▽sentimental

せんちゃ【煎茶】①緑茶の一種。玉露と番茶の中間とされる。②茶葉を湯に浸して成分を抽出した茶。煎じ茶。

せんちゃく【先着】《名・ス自》他よりも先に着くこと。「—順」

せんちゅうは【戦中派】戦争(第二次世界大戦)の最中に青年時代を送った世代。▽戦前派・戦後派に対し

て出来た語。

せんちょう【×尖頂】とがった頂(いただき)。

せんちょう【船長】①船の乗組員の長。船員を監督して、航行を指揮する。②船の長さ。▽船幅などに対して言う。

ぜんちょう【全長】ある物の、全体の長さ。

ぜんちょう【前兆】ある物事が起ころうとする、きざし。前ぶれ。「嵐の―」「景気好転の―が見られる」

せんつう【×疝痛】内臓疾患に伴って発作(ほっさ)的に起こるはげしい腹痛。

ぜんつう【全通】『名・ス自』鉄道などの全線が開通すること。

せんて【先手】①碁・将棋で、後手(ごて)に対し、先にうち、またはさす方。②転じて、機先を制して攻撃の地位(優位)に立つこと。「―を争う」「―を取る」「―を打つ」▽「さきて」と読めば別の意。

せんてい【先帝】先代の天子。

せんてい【×剪定】『名・ス他』(果樹・茶・桑などの)枝の一部を切ること。庭木などのかり込み。▽生育や実りをよくしたり、植木などの全体の形を整えるために行う。

せんてい【選定】『名・ス他』(多くのものの中から)選んで、それにきめること。「教科書を―する」

ぜんてい【前庭】家の正面の庭。また、前方の平らな所。

ぜんてい【前提】①推論の際、結論を導く基(もと)となる命題。②転じて、ある事が成り立つための前置きとなる条件。「就職には修士号を―とする」

せんでき【洗×滌】『名・ス他』→せんじょう(洗浄)

ぜんてき【全摘】『名・ス他』(悪いところの)器官あるいはその組織全体を摘出すること。全摘出。

ぜんてき【全的】『ダナ』全体に及ぶさま。個々別々にではないさま。

せんてつ【先哲】昔のすぐれた思想家や賢者。

せんてつ【×銑鉄】鉄鉱を溶鉱炉でとかして還元した炭素を含む鉄。鋳物にし、また製鋼原料とする。

ぜんてつ【前×轍】前を進む車のわだち。「―を踏む」(前人の失敗と同じような失敗をする)

せんてん【先天】①生まれ出る前から身につけていること。「―性」「―毒」②〔哲学〕認識論上、経験に先行し、しかも経験の基礎となる意。↔後天。 **―てき**【―的】『ダナ』生まれながらにして持っているさま。「―性質」▽「比較的」同様、副詞的に使うこともあった。「吾輩は―鼠(ねずみ)を捕る能力がないのか知らん」(夏目漱石「吾輩は猫である」)

せんてん【旋転】『名・ス自』くるくる回ること。

せんでん【宣伝】『名・ス他』①主義主張・商品などについて、大衆に説明し、理解・共鳴させて広めていくこと。その活動。「一般消費者に―する」「―効果」②転じて、事実以上に大げさに言いふらすこと。

ぜんてんこう【全天候】どんな気象条件にも耐える(使用できる)こと。「―グラウンド」▽all weather の訳語。

センテンス →ぶん『文』(1)(ウ)。▽sentence

せんと【遷都】『名・ス自』都を他の地に移すこと。

セント ①基本単位がドルやユーロなどである通貨の補助単位。一〇〇セントで一ドルの国・地域(例、アメリカ・カナダ・オーストラリア等)と、一ユーロの欧州諸国とがある。▽アメリカのは「仙」とも書いた。cent ②聖者。聖徒。また、聖者の名に冠する語。「―パトリック」▽「聖」とも書く。saint

せんど【先途】①行き着く先。最後の成り行き。「ここを―と(して)戦う」▽普通は例と同じ型で使う。(2)の転義が固定化した表現。②家柄の先例でそれ以上にはなれない最高の官。「幾ら英才でも―は破れない」▽昔の用法。

せんど【先度】さきごろ。せんだって。先日。「―はお世話様でした」▽古風な語。

せんど【繊度】繊維や糸の太さ(をデニール・番手(ばんて)などの単位で表したもの)。

せんど【鮮度】野菜・魚・肉などの新鮮さの度合。「―が落ちる」「―を保つ」

ぜんと【前途】ゆくて。ゆくさき。将来。「―有望」「―多難」▽空間的にも時間的にも使う。

ぜんど【全土】広い地域、特に国土の全体。「日本―」

せんとう【仙△洞】上皇の御所。転じて、上皇のこと。▽仙人のすみかの意から。

せんとう ①【先頭】いちばんさき。「―を切る」「―に立つ」②【先登】まっさきに行うこと。まっさきに到着すること。▽もと、まっさきに敵城に攻め入ること。一番乗り。

せんとう【×尖塔】頂上がとがって高く突き出た建物。

せんとう【戦闘】『名・ス自』作戦間の個々の場面の、兵器で戦う行動(をすること)。「―員」「―隊形」 **―き**【―機】敵機と空中戦をする目的で造った、高速の軍用航空機。 **―ぼう**【―帽】旧日本軍が戦闘用に定めた略帽の俗称。▽国民服とともに着用した、形をそれに似せた、カーキ色の帽子も言う。

せんとう【銭湯・洗湯】湯銭(ゆせん)を取って入浴させる浴場。ふろや。ゆや。公衆浴場。

せんどう【仙洞】→せんとう(仙洞)。▽「せんとう」が正しい。

せんどう【先導】『名・ス他』先に立ってみちびき案内すること。「パトカーが―する」

せんどう【扇動・×煽動】『名・ス他』人の気持をあおり(=煽)立てて、ある行動を起こすようにしむけること。「―者」

せんどう【×羨道】→えんどう(羨道)

せんどう【船頭】船をこぐ職業の人。もと、和船の長。「―多くして舟、山に登る」(指図(さしず)する人が多くて、統一がとれず、とんでもない方に物事が進んで行くことのたとえ)

せんどう【×顫動】『名・ス自』こまかくふるえ動くこと。

ぜんとう【前頭】頭の前面。額。「―部」▽「まえがしら」と読めば別の意。

ぜんとう【漸騰】『名・ス自』ねだんが、次第に高くなること。↕漸落

ぜんどう【善導】『名・ス他』教えさとして、よい方へ導くこと。「思想―」

ぜんどう【禅堂】禅の修行をする堂。

ぜんどう【×蠕動】『名・ス自』①うごめくこと。②〔生物〕筋肉の収縮が徐々に移行する型の運動。例、ミミズなどの移動、高等動物の消化管が食物を下へ送る運動。

ゼントルマン →ジェントルマン

せんな-い【詮無い】『形』やる甲斐(かい)がない。無益だ。「言うも―事だ」▽→せん(詮)(2)(3)。派生 **-さ**

せんなり【千△生り】たくさん群がって実がなること。「―びょうたん」

ぜんなん【善男】仏法に帰依(えき)した男。善男子(ぜんなんし)。「―善女」

ぜんに【禅尼】仏門にはいった女性。↕禅門

せんにく【鮮肉】食用にする新鮮な肉。

せんにちこう【千日紅】熱帯アメリカ原産の一年草。高さ四〇センチ内外。夏から秋にかけて、長い花茎を出し、紅色などの球状の頭状花をつける。千日草。▽花期が長く続くのでこの名がある。ひゆ科。

ぜんにちせい【全日制】学校教育において、昼間に教えることを原則とする課程。ぜんじつせい。↕定時制

せんにちそう【千日草】→せんにちこう

せんにちて【千日手】将棋で、双方とも他の手をさすと不利になるので、同じ手順を繰り返してさすほか、仕方がなくなること。

せんにちまいり(まゐり)【千日参り】①千日の間、社寺に参詣すること。②一日の参詣が千日参詣した功徳(くどく)に当たるという日。陰暦七月十日の観音の縁日など。

せんにゅう【潜入】『名・ス自』見つけられないように、ひそかに入り込むこと。

ぜんにゅう【全入】(数の上では)志願者が全員入学できること。「大学―時代が到来した」

せんにゅうかん【先入観】初めに知った事に基づいて作られた固定的な観念。▽それによって自由な思考が妨げられる場合に言う。「先入主」「先入見」とも言う。

せんにょ【仙女】女の仙人。せんじょ。

ぜんにょ【善女】仏法に帰依(えき)した女。「善男(ぜんなん)―」

せんにん【仙人】①山にはいって不老不死の術を得、神通力(じんつうりき)を持つとされる人。道教における理想の人間。②〔仏〕外道(げどう)(1)の修行者で、神変自在の術を有するという人。

せんにん【先任】自分より先にその任務または同格の地位についていたこと。また、その人。↕後任

せんにん【専任】『名・ス他』かけもちでなく、その仕事だけを担当すること。↕兼任。▽身分上その機関や組織に属する意にも使う。

せんにん【選任】『名・ス他』ある人を選んでその任につかせること。

ぜんにん【前任】前にその任務についていたこと。その人。↕後任

ぜんにん【善人】善良な人。↕悪人

せんにんばり【千人針】出征兵士の無事を祈るために、千人の女が一針ずつ、赤い糸で布きれに縫いだまを作って贈ったもの。

せんにんりき【千人力】千人分の力があること。非常な力持ち。また、千人の助力を得たほど心強いこと。「君が味方してくれれば―だ」

せんねつ【潜熱】①内部にひそんで外へは現れない体熱。②〔物理〕物体が融解・気化のときに吸収し、凝結のときに出す熱。

せんねん【先年】過ぎ去った年。以前の年。▽「前年」(＝去年)より前を指す。

せんねん【専念】『名・ス自』心をその事に集中すること。心を他にそらさないで、もっぱらそれを行うこと。専心。

せんねんき【千年紀】→ミレニアム

せんのう ①【先王】㋐先代の王。㋑昔の、徳のすぐれた王。▽「せんおう」とも。②【先皇】先代の天皇・皇帝。

せんのう【洗脳】『名・ス他』思想改造すること。▽第二次大戦後の一時期、中国のそれを、揶揄(やゆ)的に表現した brainwashing の訳語からか。

ぜんのう【全能】完全な能力。何でもできること。「全知―」

ぜんのう【全納】『名・ス他』納めるべき金銭や物をすっかり納めきること。完納。

ぜんのう【前納】『名・ス他』(主に税金や会費を)納入期間期限より前に納めること。

ぜんば【前場】取引所で、午前中の立会(たちあい)。↕後場(ごば)

ぜんぱ【全波】電波の、すべての波長にわたること。オールウエーブ。「―受信機」

せんばい【専売】『名・ス他』その人(その会社)だけが独占的に売ること。また、国家が、行政上の目的で、特定の商品の生産や販売を独占すること。 **―とっきょ**【―特許】①「特許」の古い言い方。②比喩的に、その人の特技。

せんぱい【先輩】学問・年齢・地位などが自分より上の人。また、同じ学校・勤務先などで、さきにはいった人。↕後輩。「―格の選手」

せんぱい【戦敗】戦いに負けること。「―国」

ぜんぱい【全敗】『名・ス自』(競技などで、何回かの)すべての勝負に負けること。

ぜんぱい【全廃】『名・ス他』すべて(完全に)廃止すること。

せんぱく【浅薄】『名・ダナ』知識や考えが、浅く薄っぺらなこと。浅はかなこと。派生 **-さ**

せんぱく【船舶】（大型の）ふね。

ぜんはく【前×膊】腕のひじから手首までの部分。下膊（かはく）。 **―こつ**【―骨】前膊を形成する骨。尺骨と橈骨（とうこつ）から成る。

せんばつ【選抜】《名・ス他》多くの中からよいもの・人を選びぬくこと。選ばれた人。「―試験」「―メンバー」

せんぱつ【先発】《名・ス自》①他の者よりも先に出発すること。↕後発。「―隊」②試合に最初から出場すること。「―投手」

せんぱつ【洗髪】《名・ス自》髪の毛を洗うこと。

せんぱつ【染髪】《名・ス自》しらがなど、髪の毛を染めること。「―剤」

せんばづる【千羽鶴】折り鶴をたくさんつないだもの。また、たくさんの鶴を描き出した模様。

せんぱばんぱ【千波万波】つぎからつぎへと押し寄せてくる波。多くの波。

せんばん【千万】①《接尾語的に》この上もないこと。はなはだしいこと。「卑怯（ひきょう）―」「迷惑―」「失礼―」②《副詞的に》さまざまに。いろいろに。「―心を砕く」▽⑵はかなり古風。

せんばん【先番】先に行う番（に当たること）。

せんばん【旋盤】工作機械の一つ。加工すべき物を回転させ、刃物を当てて所要の形に切り削るのに使う。レース。ダライ盤。「―工」

せんぱん【先般】さきごろ。このあいだ。

せんぱん【戦犯】「戦争犯罪人」の略。

ぜんはん【前半】前の半分。↕後半。▽「ぜんぱん」とも言う。

ぜんぱん【全判】製紙工場で出来上がったままの紙の大きさ。JIS規格で最大の寸法。全紙。▽A全判、B全判などがある。

ぜんぱん【全般】ある物事や同類の事柄にひとわたり及んでいるさまであること。「日本人―に見られる傾向」「―的によい」

せんび【戦備】戦闘（戦争）の準備。「―を整える」

せんび【船尾】船体の一番後ろの部分。↕船首。「―灯」

せんぴ【先非】過去に犯したあやまち。前非。「―を悔いる」

せんぴ【戦費】戦争の費用。

ぜんび【全備】十分に備わっていること。完全な装備。

ぜんび【善美】《名ナノ》善と美。善（よ）いことと美しいこと。「―をつくした殿堂」

ぜんぴ【前非】過去に犯したあやまち。「―を悔いる」

せんびき【線引き】《名・ス他》線を引くこと。線を引いて区分けすること。「できること、できないことを―する」 **―こぎって**【―小切手】表面左肩に二本の平行線を引いた小切手。いったん銀行口座に入れないと現金化できないので、事故防止のため行う。横線（おうせん）小切手。

せんぴつ【染筆】《名・ス自》筆の穂に墨などを含ませて書画をかくこと。揮毫（きごう）。

せんびょう【戦病】軍人が従軍して勤務中にかかった病気。「―で後送される」 **―し**【―死】《名・ス自》戦病が原因の死没。▽戦闘間の「戦死」と区別。

せんびょう【線描】線だけで物をえがくこと。線書き。「―画」

せんぴょう【選評】《名・ス他》多くの作品からよいものを選んで批評すること。その批評。

ぜんぴょう【全×豹】物事の全体の様子。「一斑（いっぱん）を見て―を卜（ぼく）す」（→いっぱん（一斑））▽豹（ひょう）の皮の全体の意。

せんびょうしつ【腺病質】《名ナノ》体格が貧弱でリンパ節などの腫脹（しゅちょう）を起こしやすい、小児の虚弱体質。そのような様子。「―な印象を与える」「―の気味がある」

せんびん【先便】↓ぜんびん

せんびん【船便】↓ふなびん

ぜんびん【前便】この前に出した手紙。先便。

せんぶ【先負】六曜の一つ。「先負日」の略。急用や公事（くじ）に悪いとされる日。↕先勝

せんぶ【宣×撫】《名・ス他》占領地域などで、政府の方針を知らせるなどして、人心を安んじること。「―工作」

せんぷ【宣布】《名・ス他》公式に広く一般に告げること。また、広く全体にゆきわたらせること。「国威の―」

せんぷ【先夫】現在の夫より前に夫としていて死別・離婚した、別の男。以前の夫。前夫。

ぜんぶ【全部】①《副詞的にも使う》残らず集め（て考え）た範囲（のもののすべて）。「有り金はこれで―だ」「―が―名作とは限らない」「―で五つ残った」「宿題は―済んだ」②本来一揃（ぞろ）いになるもの、特に書物の、すべて。▽⑵はやや古風。

ぜんぶ【前部】正面や進む向きから見て前の部分。↕後部。「―の窓」

ぜんぶ【膳部】ぜんにのせて供する食物。料理。

ぜんぷ【前夫】↓せんぷ（先夫）

せんぷう【旋風】①地表が熱せられて上昇気流が生じ、周囲から渦巻（うずまき）状に吹いて来る激しい風。つむじかぜ。②比喩的に、突発的に起きた、周囲（社会）を揺り動かす事件。「一大―をまきおこす」

せんぷうき【扇風機】小型のモーターで、数枚の羽根を回転させて風を起こす機械。

せんぷく【潜伏】《名・ス自》①人に見つからないように隠れひそんで、出て来ないこと。②病気に感染はしているが、まだ症状が現れていないこと。「―期」

せんぷく【船幅】（最も広い所で測った）船のはば。

せんぷく【船腹】①船の胴の部分。②その船で運べる荷の積載量。③船の隻数を言う時に使う語。「―が不足している」

せんぷく【先腹】前の本妻から生まれたこと。その人。↕当腹。▽既に古風。

ぜんぷく【全幅】《「―の」の形で》あらん限りすべて。

「ーの信頼を寄せる」▽もと、紙・布などの、はばいっぱいの意。
せんぶり【千振】秋、紫の筋がある白くて深く五裂した花の咲く二年草。茎・葉を煎じて健胃剤にする。▽千度振り出してもなお苦い意。りんどう科。
せんぶん【×撰文】『名・ス自』文章を作ること。また、その文章。
せんぶん【線分】直線上の二点間の、限られた部分。
ぜんぶん【全文】文章の全体。「ー削除」
ぜんぶん【前文】①手紙の本文の前に書くあいさつ的な部分。②綱領・規約などの前書き。③前に書いた文章。
せんぶんひ【千分比】→せんぶんりつ
せんぶんりつ【千分率】千分の一を単位として表した比率。千分比。パーミル。記号‰
せんべい【煎餅】小麦粉や米の粉などをねり、薄く延ばして鉄板などで焼いた菓子。▽東京地方では、特に塩煎餅(=醤油(しょうゆ)をつけて焼いた煎餅)を指す。
ーぶとん【ー布団】綿が使ううちに固まって、または初めから少なくて、薄い粗末なふとん。
せんぺい【×尖兵・先兵】①前進部隊の前方、退却部隊の最後尾または前方を移動し、敵状を探り、敵の攻撃を警戒する小部隊。その役目の兵。②比喩的に、先頭に立って行動する人や組織。「企業のーとして活躍する」
せんべつ【選別】『名・ス他』選びわけること。
せんべつ【×餞別】遠くへ引越し・転任・旅行などをする人に別れのしるしに贈る金品。はなむけ。
せんべん【先×鞭】『ーをつける』他に先んじて着手する。▽もと、ほかの人よりも先に馬にむち打って、さきがけの功名をする意。
せんぺんいちりつ【千×篇一律】どれもこれも代わりばえがせず、面白みがないこと。▽多くの詩篇(しへん)がみな同じ調子(=律)で作られている意から。
せんぺんばんか【千変万化】『名・ス自』いろいろさまざまに変化すること。
せんぼう【戦帽】「戦闘帽」の略。
せんぼう【羨望】『名・ス他』うらやましく思うこと。「ーの的」「ーの念を抱く」
せんぽう【先方】①相手の人。相手方。②前のほう。▽「さきがた」と読めば別の意。
せんぽう【先×鋒】①部隊・行動・主張などの先頭を切って進むもの。②柔道や剣道などの団体戦で、最初に出る選手。
せんぽう【戦法】戦闘・競技などの、やりかた。
ぜんぼう【全貌】その物や事の、全体の形・ありさま。全容。
ぜんぽう【前方】①前の方向・方面。②前が四角であること。「ー後円墳」▽「まえかた」と読めば別の意。
せんぼうきょう【潜望鏡】潜航中の潜水艦などから、垂直につき出して外界を見るために使う、一種の望遠鏡。
せんぼつ【戦没・戦×歿】『名・ス自』軍人が戦場で死ぬこと。陣没。「ー者慰霊」▽戦死・戦傷死・戦病死を併せて言う。
せんぼつ【潜没】『名・ス自』(水中に)もぐり込むこと。特に、潜水艦が潜航すること。
ぜんぽん【善本】内容・形態のよい本。特に書誌学で、保存がよくて本文の系統のよい本。
せんぼんしめじ【千本しめじ】シメジのこと。▽多数かたまって生えるから。
せんまい【洗米】精米を水できれいに洗ったもの。▽多く、神に供えるのを言う。
せんまい【×饌米】神に供える洗米。
ぜんまい ①【×薇】若葉がうずまき状に曲がった羊歯(しだ)植物。綿毛をかぶって根株から群出する。若芽を食用。▽ぜんまい科。②鋼を曲げて、うずまき状にしたもの。弾力性が強く、時計・おもちゃなどの動力に使う。ばね。「ー秤(ばかり)」「ー仕掛け」▽(2)は普通「発条」「撥条」と書く。
せんまいづけ【千枚漬(け)】京都名産の漬物の一種。聖護院蕪(しょうごいんかぶら)の薄切りを塩と昆布で漬け、重しをかけて乳酸発酵させたもの。
せんまいどおし【千枚通し】たくさん重ねた紙を綴(と)じる時などに、さし通して穴をあけるのに使う、錐(きり)に似た道具。めうち。
せんまいばり【千枚張り】何枚も重ねて張り、厚くなっていること。そのように張ったもの。「つらの皮がーだ」
せんまんむりょう【千万無量】はかり知れないほど多いこと。「ーの思いにとらわれる」
ぜんみ【禅味】禅から出てきた、とらわれない洒脱(しゃだつ)な風格・味わい。
せんみつ【千三つ】①大うそつき。ほらふき。▽本当の事は千に三つぐらいしか言わない意。②土地の売買や貸金の仲介をする人。「ー屋」▽成立する商談は千に三つぐらいしかない意で言う。
せんみょう【宣命】和文で宣命書きにした詔。▽漢文に対して言う。 **ーがき**【ー書(き)】万葉仮名を使い、活用語尾や助詞・助動詞は小さく書く表記法。宣命や祝詞(のりと)に使う。宣命体。
せんみん【×賤民】制度上、最下層の身分に定められた人民。特に、売買された一種の奴隷。
せんみん【選民】神から選ばれて、他民族を神に導く使命を持つとされた民族。「ー思想」▽ユダヤ民族が古来みずからをそう考えた。
せんむ【専務】①もっぱら行うべき務め。もっぱらその務めに当たること。②「専務取締役」の略。 **ーとりしまりやく**【ー取締役】社長を補佐して会社業務を執行する取締役。
せんめい【鮮明】『名・ダナ』はっきりしていて(他とまぎれず)、あざやかなさま。「立場をーにする」[派生] **ーさ**
せんめい【×闡明】『名・ス他』それまではっきりしなかった事を明らかにすること。

ぜんめい【×喘鳴】呼吸する空気が気管を通る時、ぜいぜいと雑音を発すること。また、その音。

せんめつ【×殲滅】《名・ス他》残らず滅ぼすこと。皆殺しにすること。

ぜんめつ【全滅】《名・ス自他》残らず滅びること、また滅ぼすこと。▽軍事用語では、少々の生き残りがいても、隊としての組織的戦闘力を失えば「全滅」と言う。

せんめん【扇面】おうぎの表面・地紙(じがみ)。また、おうぎ。

せんめん【洗面】《名・ス自》顔を洗うこと。「一所」(便所をも指す)

ぜんめん【全面】すべての面・方面。 **ーてき**【一的】《ダナ》全面にわたるさま。「一に改正する」「一協力」

ぜんめん【前面】前の面。前のほう。「一に押し出す」

せんもう【旋毛】うずまきになった毛。

せんもう【繊毛】①ごく細い毛。②細胞の表面に突出している細毛状の構造。「一運動」

せんもう【×譫妄】高熱状態や老齢やアルコール中毒などで起こる、錯覚・幻覚が多い、軽度の意識障害。

ぜんもう【全盲】両眼ともまったく見えないこと。また、そのような人。

せんもん【専門】限られたある範囲を集中的に研究・担当などすること。また、その学問や事柄。「一語」「一的な解説」 **ーか**【一家】その学問分野や事柄を専門とし、それに通じている人。エキスパート。 **ーがっこう**【一学校】①専修学校のうち、高等学校卒業者を対象とした専門課程を置いている学校。②中等学校卒業者に専門教育を授けた旧制の学校。

ぜんもん【前門】前の門。おもて門。「一の虎、後門の狼(おおかみ)」(前後から、また次々と災難を受けること。一難去ってまた一難)

ぜんもん【禅門】①禅宗(の宗門)。②仏門にはいった男子。↕禅尼(ぜんに)

ぜんもんどう【禅問答】①禅宗の修行法の一つ。修行者が疑問を問い、師家(しけ)がこれに答えるもの。②転じて、何を言っているのか、はたからは分からない問答。

せんや【戦野】戦場。また、野原の戦場。

ぜんや【前夜】①前の晩。また、特別な日の前の晩。②比喩的に、大事件発生などの直前。「革命の一」 **ーさい**【一祭】記念日などの前夜に行う催し。▽一日を夜から始まるとした時代より後の言い方。日本の祭りでは「宵宮(よいみや)」などと呼ぶ。↓よみや

せんやく【先約】①別の人とそれより先にした約束。「一があるので断る」②(その時より)前にしておいた約束。「一を早く実行せよ」

せんやく【仙薬】飲むと不老不死の仙人になるという薬。転じて、ききめが著しい霊薬。仙丹。

せんやく【煎薬】せんじぐすり。

ぜんやく【前約】↓せんやく(先約)

ぜんやく【全訳】《名・ス他》原文全部を(翻)訳すること。その(翻)訳。↕抄訳

ぜんゆ【全癒】《名・ス自》病気や怪我(けが)がすっかりよくなること。全快。

せんゆう ①【占有】《名・ス他》そこを自分の支配下に入れ(て有す)ること。「市場一率」②【専有】《名・ス他》自分ひとりだけで所有すること。ひとりじめ。↕共有。「一物」

せんゆう【戦友】軍隊で起き臥(ふ)しや戦闘を共にする仲間。

せんゆうこうらく【先憂後楽】(為政者が、天下の事を)人よりも先に憂え、人よりも後れて楽しむこと。

せんよう【宣揚】《名・ス他》はっきりと世に示してそれを盛んにすること。「国威の一」

せんよう【専用】《名・ス他》①特定の者だけが使うこと。「一車」②特定のものだけを使うこと。▽道路・土地の場合など「占用」と書くことがある。

ぜんよう【全容】全体の内容・姿。「一を現す」「一解明」

ぜんよう【前葉】①時代を大きく区切った場合の、初めの一区切り。「唐代の一に」▽「葉」は時期の意。②部位を分ける臓器で、前に位置する部分。「脳下垂体一」

ぜんよう【善用】《名・ス他》よい方にうまく使うこと。↕悪用

ぜんら【全裸】まるはだか。

ぜんらく【漸落】《名・ス自》値段が次第に下がること。↕漸騰

せんらん【戦乱】戦いが起こって国が乱れること。また単に、戦争。

ぜんらん【全卵】卵の白身と黄身の全て。

せんり【戦利】①戦いに勝つこと。戦勝。②戦いで分捕(ぶんど)ること。「一品」

せんりがん【千里眼】遠い所のできごとや人の心などを、直覚的に感知する能力(を持つ人)。

せんりつ【戦慄】《名・ス自》恐ろしくて、ふるえること。「一を覚える」「身に一が走る」

せんりつ【旋律】音の高低・長短の変化の連続した流れ。音楽の最も中心的な要素。メロディー。ふし。

ぜんりつせん【前立腺】男性生殖器で、後部尿道をとりまく栗の実大の器官。その分泌液は精子の運動を促進する。▽もと「摂護腺」と言った。

せんりゃく【戦略】戦争・闘争のはかりごと。広く、総合的な準備・計画・運用の方策。「一を立てる」「企業一」▽戦術より大局的なものを言う。

ぜんりゃく【前略】①手紙で、あいさつを省いて用件を述べるのを、あしからずと断る語。②文章引用の際に前の部分を省略すること。↕後略・中略

せんりゅう【川柳】前句付(まえくづけ)から独立した、五・七・五の十七音の短詩。風刺・こっけいが特色。▽柄井(からい)川柳の評点が有名だったから言う。「かわやなぎ」と読めば別のものを指す。

せんりょ【千慮】あれこれと十分に考えること。「一

の一失」(賢者でも多くの考えの中には失策もあるということ。思わぬ失敗、考えちがい)

せんりょ【浅慮】思慮が浅いこと。また、浅はかな考え。

せんりょう【千両】①一両の千倍。転じて、非常な大金。また、きわめて価値があること。「彼女のえくぼは━ものだ」②冬、球形の赤い実が美しい常緑小低木。花は穂状につき黄緑色。庭木、また、名がめでたいので、よく正月の生け花にされる。花・実が黄色い園芸種(キミノセンリョウ)もある。▽せんりょう科。見掛けがマンリョウに似ているのでこの名が付いたが、植物学的には全く別種。 **━ばこ**【━箱】一分判金(いちぶばんきん)または小判で一千両を入れる、ひのき製の箱。 **━やくしゃ**【━役者】演技がすぐれ、格式も高い立派な役者。

せんりょう【占領】『名・ス他』①一定の場所を取り押さえて占めること。「棚を本が━している」②他国の領土を武力で自国の支配下に置くこと。「━地」

せんりょう【染料】布・糸・皮などに色を染めつける材料。

せんりょう【選良】選び出された立派な人物。特に、代議士の美称。

せんりょう【線量】放射線の量。目的に応じていくつかの尺度で数値化され、環境基準には人体への影響を尺度としたシーベルトを単位に用いる。放射線量。「被曝(ひばく)━」「━計」

ぜんりょう【善良】『名ナ』すなおで性質がいいこと。 派生 **━さ**

ぜんりょう【全量】全体の重量または容量。

せんりょく【戦力】①戦争が遂行できる力。▽武力だけでなく、兵器などの生産力や物資輸送力などを含めて言う。②物事を遂行するために必要な働き手(の力)。「新卒を━に加える」▽⑴の比喩的用法。 ↓そくせんりょく

ぜんりょく【全力】出せる限りの力。「━をつくす」

ぜんりん【前輪】自動車・自転車などの、前の車輪。↔後輪

ぜんりん【善隣】隣国または隣家と仲よくすること。「━友好」

ぜんりん【禅林】禅宗の寺院。

せんれい【先例】以前にあった同類の例。後の同類の事の判断規準・手本となる例。「━がある」「━をひらく」

せんれい【洗礼】①キリスト教で、信者となる時の儀式。宗派により、体を水にひたし、あるいは頭上に水を注ぐ。「━を施す」「━式」②転じて、あることについての(影響の大きな)経験を持つこと。「日本は原爆の━を受けた唯一の国である」

せんれい【船齢】船が進水してから経た年数。

せんれい【鮮麗】『ダナ』あざやかで、うるわしいさま。「━な衣装」 派生 **━さ**

ぜんれい【全霊】たましいの全体。「全身━」

ぜんれい【前例】①先例。②前にあげた例。

せんれき【戦歴】戦いに参加した経歴。

ぜんれき【前歴】これまでの経歴。

せんれつ【戦列】戦闘に参加する部隊の列。「━に加わる」(転じて、闘争や競技のための組織の一員となる意にも)

せんれつ【鮮烈】『ダナ』印象などが強烈ではっきりしているさま。「━な色彩」 派生 **━さ**

せんれん【洗練・洗×煉】『名・ス他』優雅・高尚なものにすること。あかぬけした、みがきのかかったものにすること。「━された紳士」 派生 **━さ**

せんろ【線路】電車などが通る道、特に、レール。

せんろっぽん【千六本】大根などを細長くきざんだもの。せんぎり。▽繊蘿蔔(=細く切った大根)の唐音「せんろうぽ」の転と言う。

ぜんわ【禅話】禅の講話。

ぜんわん【前腕】腕の、ひじから手首までの部分。

そ

そ【阻】ソ はばむ けわしい ①邪魔をする。へだてる。はばむ。さえぎる。「阻止・阻隔・阻塞・阻害」②けわしい。けわしい所。「険阻」

そ【狙】ソ ねらう ねらい 隠れて人のすきをうかがう。ねらう。「狙撃」▽元来は「さる(猿)」の意。

そ【*祖】【祖】(人) ソ おや ①親の親。「祖父・祖母・外祖・曽祖父」②親の親以前の直系の血縁者。家系の最初の人。「祖先・祖宗・祖国・祖廟(そびょう)・父祖・始祖・皇祖・神祖・先祖・遠祖・鼻祖・太祖・高祖」③㋐『名・造』物事を初めて行った人。「医学の祖」「開祖・元祖・教祖・宗祖・仏祖・祖師」㋑大もとをうけつぐ。「祖述」④道中の安全を守る神。道の祖をまつる。旅に出る人を見送る。「道祖神」

そ【租】ソ ①『名』税。年貢。中国・日本の律令制で、田地からの収穫の一部(に代わる布帛(ふはく)や金銭)の納入。「租庸調・租税・租賦・租課・田租・公租・地租・市租・免租・税租」②借用する。「租借・租界」

そ【粗】ソ あらい ほぼ ①あらい。大ざっぱ。がさつ。念入りでない。「精粗・粗雑・粗略・粗末・粗製・粗漏・粗忽(そこつ)・粗暴・粗野・粗密・粗朶(そだ)」②他人への贈物などをへりくだって言うのに使う語。「粗品(そしな)・粗飯・粗餐(そさん)・粗茶・粗菓・粗景」

そ【*組】ソ くむ くみ ①㋐物事をくみ立て成り立たす。また、そのくみたて。「組成

・組織・組閣・改組」㋑「組合(くみあい)」の略。「職組・労組・日教組」②㋐糸をくんだ平たいひも。くみひも。冠・印などのひも。「組纓(そえい)・組綬(そじゅ)・解組」㋑ひもを編む。

そ【*素】 ソ ス もと ―①㋐生地のまま。手を加えていない本質。「素地・素材・素質・素養・質素・簡素・素肌(すはだ)・素面(すめん)・素顔(すがお)・素足(すあし)・素手(すで)・素謡(すうたい)・素性(すじょう)」㋑簡単なままで、ざっとしたもの。「素本・素読・素描・素焼(すやき)」㋒ただの。むなしい。ひどい。「素町人(すちょうにん)・素浪人(すろうにん)・素寒貧(すかんぴん)」▽㋒は日本での用法。②物のおおもと。㋐本来のもの。「素因・元素・素数・素粒子・要素・色素・栄養素」㋑〔化学〕元素の名につける語。「酸素・水素・窒素・炭素・塩素・臭素・沃素(ようそ)」㋒《名ナノ》〔数学〕二つの数・式の一方が、それぞれ他で整除できないような関係にあること。「互いに素な二数の組」▽数や式より拡張した対象の性質についても言う。③従来平生の。つね。つねづね。「素行・素志・素意・素懐・平素」④㋐彩色を施していない生地。しろぎぬ。「素衣・素絹・緇素(しそ)」㋑しろい。「素服」

そ【措】 ソ おく ―①物をおく。そのままにしておく。さしおく。「措置・措辞」②ふるまい。動作。「挙措」

そ【人疏】 ソ ショ とおる とおす ―①ふさがったものを切り開いて通す。通る。「疏水・疏通」▽「疎」で代用することがある。②箇条書きにする。上奏の文章。「疏状・上疏」③書物の注をさらに注釈する。注の注。「注疏・義疏(ぎそ・ぎしょ)・弁疏」▽「疎」と慣用による使い分けがある。

そ【疎】 ソ まばら おろそか うとい うとむ うとましい ―①間がすいている。あらい。まばら。↔密。「疎密・疎開・空疎・過疎」②親しくない。精神的に間をへだてる。うとむ。うとんじる。「疎遠・疎外・疎隔・疎略・疎意・親疎」③大ざっぱ。ぬかりがある。「疎漏」④世事にうとい。「疎懐」▽「疏」の俗字。

そ【人楚】 ソ ―①ほっそりとした様子。あざやかな様子。「清楚・楚楚」②《名》中国の昔の国の名。㋐春秋時代・戦国時代の諸侯の一つ。「楚人・楚囚・四面楚歌・楚辞・呉楚七国」㋑五代の十国の一つ。▽元来は、木の下に生え茂っている雑木、いばらの意。転じて、人を罰するために使うむち、しもと。

そ【礎】 ソ いしずえ ―柱の下にすえる土台石。いしずえ。物事の土台。「礎石・礎材・基礎・国礎・定礎式」

そ【訴】 ソ うったえる ―①上に申し出て判決を願う。うったえる。うったえ。「訴訟・訴願・訴因・訴状・訴追・訴人(そにん)・上訴・告訴・直訴(じきそ)・控訴・密訴・公訴・越訴(えっそ・おっそ)・強訴(ごうそ)」②不満を申し立てて解決を求める。「哀訴・泣訴・愁訴」

そ【塑】 ソ ―土をこねて物の形を作る。土人形。「塑像・彫塑・可塑」

そ【遡】〈遡〉 ソ さかのぼる ―水流にさからって上の方へゆく。さかのぼる。もとの方向へもどる。「遡行・遡流・遡源・遡及」▽「溯」は同字。「サク」と読むのは誤り。

そ【×鼠】 ソ ねずみ ―①動物の、ねずみ。「田鼠・窮鼠・捕鼠・殺鼠剤・首鼠両端」②人にかくれてよからぬことをするもの。こそこそと害をするもの。小人物。小賊。「鼠賊・鼠盗・鼠輩」

そ【人蘇】 ソ ス よみがえる ―①植物の、しそ。また、すおう。「紫蘇・蘇芳(すおう)」②一度死んだものが生きかえる。よみがえる。「蘇生」③「蘇維埃(ソビエト)」の略。「蘇聯(ソれん)」

ぞ ①《終助》《終止形に付く》強く言い切るのに使う。「そら投げる―」「ぼくの番だ―」「それをどうして期待できよう―」▽「ここ―とばかり(に)押し寄せる」もこの用法。文語の係助詞に由来し、その文末に使う用法が固定したもの。口語にも「知る人―知る」のように、文中に置いた強めの文語用法が現れることがある。「よく―たずねて来てくれた」「つい―知らずに失礼しました」「さ―困ったろう」の「ぞ」も、文語用法の名残。②《副助》《不定の言い方に付く》不定の物事を示す。「たれ―に頼もう」「どこ―を捜せば手に入れられるかも知れない」「なん―の足しにはなる」▽→いつぞや。近ごろはあまり使わず、「か」に移って来ている。

そあく【粗悪】《名ナノ》品物のできが粗末で質が悪いこと。派生 ‐さ

そあん【素案】 検討のための素材として作られた案、考え。

そい【粗衣】 粗末な衣服。「―粗食」

そい【素意】 かねてからの願い。「―を達する」

そい【疎意】 うとんじる心。へだてる心。

そいつ《代》「それ」の乱暴な言い方。そのやつ。▽「そやつ」の転。人にも事物にも使う。

そいとげる〔そひ〕**【添(い)遂げる】**《下一自》①一生、夫婦として暮らす。②困難な事情を乗り越えて夫婦になる。

そいね〔そひ〕**【添い寝】**《名・ス自》寝る人のそばに寄り添って寝ること。「乳を飲ませながら―をする」

そいん【疎音】 長い間、たよりをしないこと。▽古風。

そいん【素因】 ある結果を生じるもと。㋐原因。㋑〔医学〕その病気にかかりやすい素質。

そいん【訴因】 その訴訟を起こした原因。

そう〔そふ〕**【沿う・添う・△副う】**《五自》①規準物から離れずに行う。㋐もとにする(もとにして考える)ものに従って、進むまたは続く。**【沿】**「川に―って下る」「道に―って家が並ぶ」「交渉は既定方針に―っている」㋑期待・目的にかなう。**【副】**「御希望に―」②もとになるものに付く。**【添】**㋐そばに離れずに居る、または、ある。「付き―」「影が形に―ように」夫婦としていっしょに暮らす。「連れ―相手」㋑外

から(増し加わって)付く。「身に―憂い」

そう(さう) ①《副ダ》そのように。「―して下さい」「―いう(=そのような)人物」「値段は―は(=それほど)高くない」▽→そうだ《連語》。②《感動詞的に》思い出したり思いついたり相手の問いに応じて答えを切り出したりするのに使う。「―(だ)。あそこで落としたんだ」「―ですね。がんばりました」▽「然(さ)」の転。

そう【×箏】 弦楽器の一つ。細長い桐(きり)の板を張り合わせた中空の胴の上に弦を張ったもの。柱(じ)で音の高さを調節し、琴爪(ことづめ)でひく。中国から伝来。現在はふつう十三弦。「―曲」▽いま「こと」と言えば、箏を言い、「琴」と書くことが多い。古く「きんのこと」(琴)に対して「そうのこと」と言った。→きん〘琴〙

そう(さう) ㈠【相】 ものの外見、特に、人相。「―を見る」▽→そう〘相〙⑴⑧。㈡《「―だ」「―な」「―に」等の形で》①《動詞や助動詞「(さ)せる」「(ら)れる」の連用形、形容詞・形容動詞の語幹、また助動詞「たい」「ない」の「た」「な」を受け》外に現れた情況から判断して……だ、もうじき……すると見受けられるという意を表す。「訳があり―な顔」「呼べば話ができ―な近さ」「怒られ―だ」「これでよさ―ね」「申し訳なさ―に身をすくめる」「何か言いた―な口つき」▽独立して使う形容詞「無い」また断定の助動詞に付く「でない」等の「ない」、形容詞「よい」では、「なさ―」「よさ―」となる。⑴の打消しには「……―でない」のほか「……―もない」「……―にない」も使う。②《用言やある範囲の助動詞の終止形を受ける。活用形は連用・終止しか使わない》……と聞き及んでいるという意を表す。「気が強い―です」「外国に行く―よ」「午後には雨が降る―だ」「あれでも秀才だ―だ」▽以前は連体形を受けた。㈡は⑴⑵とも「―な」で言い切ることがあった。「一人のおじいさんが住んでおった―な」。また「相」とも書いたが、「さま」の音便ともいう。

そう〘*相〙 ソウ(サウ) ショウ(シャウ) あい たすける みる ― ①《名・造》外にあらわれたかたち。ありさま。すがた。内面の本質を示す外面のしるし。「万物流転(るてん)の相」「貴人の相」「相好(そうごう)・相貌・様相・真相・皮相・実相・異相・人相(にんそう)・面相・骨相・手相(てそう)・家相・福相・貧相・死相・形相(ぎょうそう・けいそう)・世相・種種相」②よく調べて念入りに見る。よく見てさだめる。人相・骨相・家相等を見る。「相術・相法」③《名・造》〔化学〕はっきりした物理的境界で他と区別できる、物質の均一な部分。「相の界面」「相転移・固相・液相・気相」▽phase の訳語。④互いにはたらく。互いに。あい。「相互・相当・相似・相対・相応・相違・相異・相談・相識・相思・相愛・相殺(そうさい)・相剋(そうこく)」⑤次々にうけついではたらく。「相続・相承・相伝」⑥たすける。補佐する。君主をたすけて政治を行う職。大臣。「ショウ」と読む。「相国・相公・宰相・丞相(じょうしょう)・卿相(けいしょう)・首相・外相・良相」⑦まじわる。あう。「相伴(しょうばん)」⑧《名・造》文法範疇(はんちゅう)の一つ。㋐→たい〘態〙⑵。「能相・所相・使役相」㋑動詞によって表される、時間的な様相。「起動相・結果相」▽aspect の訳語。⑨「相模(さがみ)国」の略。「相州・武相」▽→そう(相)

そう〘霜〙 ソウ(サウ) しも ― ①地表または地中の水分が冷えて凍ったもの。しも。「霜夜・霜天・霜雪・霜害・風霜・晩霜・秋霜・除霜」②しものようにきびしい。「霜気・厳霜」③しものように白い。「霜髪」④年の一めぐり。「幾星霜」

そう〘双〙〔雙〕 ソウ(サウ) ふた ― 同じようなものが二つならぶ。㋐相対するものが二つそろっている。そろい。ふたつ。「双手・双肩・双眸(そうぼう)・双翅(そうし)・双翼・双方・双発・双眼鏡・双六(すごろく)」㋑対(つい)になっている。「双生」㋒ならぶ。ならび。匹敵する。「双璧・無双(ぶそう・むそう)」㋓一対のものを数える語。「屛風(びょうぶ)一双」

そう〘壮〙〔壯〕 ソウ(サウ) さかん ― ①《名・造》血気さかん。おとこらしい。つよい。「その意気を壮とする」「壮大・壮快・壮図・壮烈・壮絶・壮観・壮挙・壮行・壮麗・壮志・大言壮語・勇壮・悲壮・剛壮・雄壮・豪壮・宏壮(こうそう)」②体力がある。達者。「壮健・強壮」③《名・造》元気さかんな若者。「壮にして一家をなす」「壮丁・壮年・壮者・少壮・青壮年」

そう〘荘〙〔莊〕 ソウ(サウ) ショウ(シャウ) ― ①さかんで重々しい。行儀作法が厳重。おごそか。「荘荘・荘厳(そうごん)・荘重(そうちょう)」②立派に飾る。「荘厳(しょうごん)」③㋐しもやしき。ひかえやしき。「別荘・山荘・村荘」㋑人を宿泊させる設備に言う語。「旅荘・富士荘」④みせ。「茶荘・銭荘」⑤「ショウ」と読む。㋐租税を出さない田地。「荘園・荘司」㋑荘園の地域。「五箇荘」▽「庄」と書くのは俗字。⑥《名》中国、戦国時代の思想家、荘周。「荘子・老荘」

そう〘*草〙 ソウ(サウ) ゾウ(ザウ) くさ ― ①くさ。「草木・草根木皮・草本・草莽(そうもう)・草原・草露・草履(ぞうり)・本草(ほんぞう)・水草・香草・芳草・毒草・除草・雑草・薬草・牧草・野草・風知草」②粗末。簡単。「草屋・草堂・草庵(そうあん)」③いやしい。いなかじみている。「草野」④詩歌・文章の下書きをする。その下書き。「草稿・草案・起草」⑤《名・造》書体の一種。篆隷(てんれい)を簡略にしたもの。「草に書く」「草書・草体・真行草」⑥物のはじまり。「草創」▽「艸」は古字。

そう〘葬〙 ソウ(サウ) ほうむる ― 草の中に死者をうめる。ほうむる。「葬儀・葬式・葬祭・葬礼・葬列・葬具・葬送・埋葬・土葬・火葬・水葬・風葬・合葬・密葬・会葬・改葬・仮葬・本葬・合同葬・国葬・党葬・大学葬・副葬品」

そう〘藻〙 ソウ(サウ) も ― ①水草。みずも。もぐさ。も。「藻類・海藻」②㋐美しい模様のあること。あや。あやもよう。「藻飾」㋑詩歌・文章の美しい言葉。立派な作品。「文藻・才藻・辞藻・詞藻・懐風藻」③品定めする。「品藻」

そう【蒼】(人) ソウ(サウ) あおい ―①草のあおい色。深青色。あお。「蒼天・蒼穹(そうきゅう)・蒼海・蒼蒼・蒼白・蒼然・蒼茫(そうぼう)」②草木の茂っているさま。「鬱蒼」③慌てるさま。「倉」に通じる。「蒼卒・蒼惶(そうこう)」

そう【倉】(*) ソウ(サウ) **くら** ―①穀物を蓄えておく所。こめぐら。一般に、物を納める建物。「倉庫・倉廩(そうりん)・穀倉・正倉・営倉」②にわか。あわてる。「倉卒・倉皇」

そう【創】(*) ソウ(サウ) きず はじめる **つくる** ―①きずができる。刃物でうけたきず。「創痍(そうい)・創傷・金創・刀創・絆創膏(ばんそうこう)」②物事をはじめる。はじめてつくる。「草創・創始・創造・創作・創建・創設・創立・創業・創案・創意・創見・独創」

そう【槍】(人) ソウ(サウ) やり ―木の先をとがらせた武器。「槍術・槍手・刀槍・長槍・短槍・鉄槍・真槍」▽「鎗」は同字。

そう【瘡】(×) ソウ(サウ) きず かさ ―①きりきず。刀きず。きず。「瘡痍(そうい)・瘡瘢(そうはん)・刀瘡・金瘡」②はれもの。できもの。かさ。「瘡瘍(そうよう)・瘡腫(そうしょう)・痘瘡・疱瘡(ほうそう)・面瘡・凍瘡・鵞口瘡(がこうそう)」

そう【痩】【瘦】(人) ソウ **やせる** ―病人で老人のように骨と皮ばかりになる。やせる。やせほそる。ほそい。「痩身・痩軀(そうく)・老痩・肥痩・羸痩(るいそう)」

そう【艘】(×) ソウ(サウ) ―①舟を数える語。「一艘・数艘」②舟の総称。「戦艘」

そう【争】(*)【爭】(人) ソウ(サウ) **あらそう** ―①物をとりあって互いにゆずらない。優劣をきそう。うばいあう。あらそう。「争奪・争議・争論・争覇・争闘・争乱・競争・闘争・紛争・内争・戦争・力争・抗争・訌争(こうそう)・係争・党争・政争・論争」②直言する。「諍」に同じ。「争臣」

そう【早】(*) ソウ(サウ) サッ **はやい はやまる はやめる** ―①一日の内のはやい時刻。朝まだき。「早朝・早旦・早暁・早発」②時節としてははやい。「早晩・早春」③適当な時期より前。はやすぎる。わかい。「早熟・早婚・早世・時機尚早」④速度がはやい。急である。「早急(さっきゅう・そうきゅう)・早速(さっそく)・早早」▽↓さ(2)

そう【宋】(人) ソウ ―《名》①中国古代の国名。春秋時代の諸侯の一つ。「宋襄(そうじょう)の仁」②中国の王朝名。㋐南北朝時代の一国。劉宋(りゅうそう)という。㋑趙匡胤(ちょうきょういん)が建てた国。元に滅ぼされた。「宋音・宋学・宋版・宋本・北宋・南宋・宋朝体」

そう【宗】(*) **ソウ シュウ** むね ―①おおもと。もと。本家。いえもと。また、祖先。「宗国・宗家(そうけ)・宗室・宗社・宗廟(そうびょう)・宗族・宗主権・大宗(たいそう)」②かしらだつ者。首位の者。「宗匠・詞宗・儒宗・詩宗・皇宗」③祖について有徳の人。「祖宗・文宗」④むねとしてとうとぶ。「宗祀(そうし)・宗主」⑤とうとんで主張する教理。教理を立てて組織した団体。「シュウ」と読む。「宗教・宗旨・宗派・宗門・宗論・宗乗・改宗・邪宗・八宗兼学・律宗・禅宗・真宗・法華(ほっけ)宗」

そう【綜】(人) ソウ すべる ―物を多くよせ集めて一つにすべくくる。すべる。「綜合・綜括・綜理・綜攬(そうらん)・綜務・綜管・錯綜」▽「総」で代用することがある。

そう【総】(*)【總】 **ソウ** ふさ すべる すべて ―①集め合わせる。ひっくくる。たばねる。ひとまとめにする。「総括・総合・総計」②すべおさめる。支配する。とりしまる。「総理・総裁・総統・総督・総監・総長・総務・総轄・総攬(そうらん)」③すべての。全体の。「総意・総体・総会・総勢・総数・総員・総称・総代・総則・総論・総額・総動員・総選挙・総攻撃・総本家・総本山・総大将・総目録・総支配人・総司令官」④糸を集めて一ところでしめくくったもの。ふさ。「総状花序・総髪」⑤「上総(かずさ)国」「下総(しもうさ)国」の略。「総州・総武・房総」

そう【聡】(人)【聰】 ソウ さとい ―よくさとる。賢い。さとい。「聡明・聡敏・聡慧(そうけい)・聡穎(そうえい)」▽耳がよく聞こえる、聞いてよくわかる意から。

そう【走】(*) **ソウ はしる** ―①足早にゆく。かけてゆく。はしる。「走路・競走・滑走・帆走・疾走・奔走・暴走・馳走(ちそう)・助走・縦走・独走・走馬灯(そうまとう)」②にげる。にげ出す。「逃走・敗走・遁走(とんそう)・潰走」③はしらせる。早く動かす。「走筆」④はしり使いに使われる者。しもべ。「走卒・走狗(そうく)」

そう【奏】(*) **ソウ かなでる** もうす ―①音楽をかなでる。「奏楽・奏鳴曲・弾奏・独奏・伴奏・合奏・演奏・間奏・序奏・節奏・吹奏・二重奏」②上にさしだす。すすめる。君主に申しあげる。また、その書。「奏上・奏聞(そうもん)・奏者・奏請・奏議・上奏・執奏・伝奏・直奏(じきそう)」③なしとげる。「奏功」

そう【桑】(*) ソウ(サウ) **くわ** ―①落葉高木の、くわ。「桑田・桑園・桑樹・農桑・蚕桑・扶桑(=日本)」②梵語(ぼんご)の音写。僧侶。「桑門」

そう【槽】 ソウ(サウ) おけ ―①家畜に飼料を与えるための食器。かいばおけ。また一般に、液体を入れる(木製の)容器。おけ。「馬槽・浴槽・水槽・油槽船」②おけの形をしたもの。「歯槽」

そう【曹】 **ソウ**(サウ) ―①裁判事務をつかさどる役人。つかさ。「法曹」。転じて、広く属官。「軍曹・兵曹」②《名・造》ともがら。なかま。「我(わ)が曹」「吾曹・児曹」③つぼね。役所。「曹司(ぞうし)・東曹・西曹・侍曹」

そう【漕】(人) ソウ(サウ) こぐ ―舟をこぎ進める。また舟で品物をはこぶ。「漕運・漕船・漕艇・漕手・海漕・回漕・運漕・競漕・力漕」

そう〔遭〕〔遭〕 ソウ(サウ) **あう** ―めぐりあう。(ばったり)でくわす。不幸な目にあう。「遭遇・遭難」

そう〔*送〕〔送〕 ソウ **おくる** ―①付き添っておくる。見おくる。「送迎・送別・送行・送葬・送辞・送還・目送・奉送・歓送・護送・葬送」②物などを他所へおくりとどける。つかわす。やる。「送達・送付・送致・送金・送料・送電・送風・送検・回送・放送・運送・後送・別送・転送・輸送・逓送・郵送・電送・搬送・移送・発送・託送・陸送」

そう〔捜〕〔搜〕(人搜) ソウ(サウ) **さがす** ―さがしもとめる。さがす。さぐる。「捜索・捜査・捜討・博捜」

そう〔挿〕〔插〕 ソウ(サフ) **さす** さしはさむ ―あいだに入れる。さしこむ。さし挟む。「挿入・挿花・挿画・挿頭(そうとう・かざし)」▽「挿」は俗字。

そう〔掃〕〔掃〕 ソウ(サウ) **はく** はらう ―①ほうきで地上のちりをはく。「掃除(そうじ)・掃拭・清掃」②はいたように、物事をすっかりとり除く。はらう。「掃蕩(そうとう)・掃滅・掃海・掃射・一掃」

そう〔×噪〕 ソウ(サウ) さわぐ さわがしい ―ざわざわ騒ぐ。そのようにやかましい。「噪急・噪音・噪噪・噪蟬(そうせん)・蟬噪・喧噪(けんそう)・叫噪」

そう〔*操〕 ソウ(サウ) **あやつる** とる **みさお** ―①手にとってうまく扱う。あやつる。「操縦・操作(そうさ)・操車・操舵(そうだ)・操船・操業・体操・情操」②手にとりもつ。とる。「操觚(そうこ)・操筆・操刀」③身心を堅く守ること。みさお。「操行・操守・徳操・士操・志操・貞操・節操」

そう〔燥〕 ソウ(サウ) かわく ―火をたいて物をかわかす。かわく。湿気がなくなる。「高燥・乾燥・枯燥・焦燥」

そう〔×躁〕 ソウ(サウ) さわぐ ―せかせかとさわがしい。あわただしい。さわぎまわる。「躁急・躁然・躁擾(そうじょう)・躁鬱病・狂躁」

そう〔*巣〕〔人巢〕 ソウ(サウ) **す** すくう ―①鳥のすみか。す。また、すをつくる。すくう。「蜂巣・燕巣(えんそう)・卵巣・営巣・病巣」②悪者などがかくれて集まっている所。「巣窟・賊巣」

そう〔爽〕 ソウ(サウ) **さわやか** ―①さっぱりして気持がよい。さわやか。「爽然・爽快・爽気・爽涼・清爽・颯爽(さっそう)・凄爽」②夜があけて明るい。広々して明るい。「昧爽」

そう〔*窓〕 ソウ(サウ) **まど** ―①家の壁のあかりとり。まど。「窓前・窓下・窓外・窓辺・車窓・舷窓・獄窓・明窓浄机・蛍窓」②窓のあるへや。室。また勉強所。「学窓・同窓・深窓」▽「窗」は本字。

そう〔喪〕 ソウ(サウ) **も** うしなう ―①縁者の死後、一定の期間、家にこもってつつしむ礼。死者を哀悼する礼。もにこもる。「喪中(もちゅう)・喪服(もふく)・喪章(もしょう)・喪家・服喪(ふくも)・除喪」②死者をほうむる儀式。とむらい。「喪礼・喪主(もしゅ)・国喪・大喪」③㋐うしなう。なくする。「喪失・喪心・喪神・得喪・阻喪」㋑なくなる。死ぬ。「喪亡」㋒ほろびる。ほろぼす。「敗喪」

そう〔曽〕〔人曾〕 **ソウ ゾ** かつて ―①㋐かさなる。ますますのびる。「層」に同じ。「曽雲」㋑直系の三親等。「曽孫・曽祖・曽祖父・曽祖母」②過去にあったこと。今までに。かつて。「曽遊・未曽有(みぞう)」③すなわち。「乃」と同じ。

そう〔僧〕〔人僧〕 **ソウ** ―《名・造》仏教に帰依(きえ)して修行する、正規の出家者。沙門(しゃもん)。広く、宗教教団の聖職者にもいう。「僧になる」「仏法僧・僧侶(そうりょ)・僧尼・僧徒・僧俗・僧兵・僧衣・僧坊・僧房・僧院・僧庵(そうあん)・僧正(そうじょう)・老僧・高僧・名僧・聖僧・悪僧・俗僧・伴僧・禅僧・山僧・尼僧・拙僧・愚僧・貴僧・学問僧・虚無僧(こむそう)・破戒僧・放下僧」▽梵語(ぼんご)の音訳「僧伽(そうぎゃ)」の略。もと、四人以上の集団。関連 坊主・坊さん・出家・法師・お寺さん・住職・住持・方丈・門跡・釈門・沙門(しゃもん)・桑門・禅門・雲水・小坊主・導師・和尚・長老・聖(ひじり)・聖人・上人(しょうにん)・善知識・生臭坊主・青(あお)道心・新発意(しんぼち)

そう〔*層〕〔人層〕 **ソウ** ―①《名・造》上下に次第にかさなる。「層をなす」「層層」②建物の階がかさなる。「層楼・層閣・高層」③㋐幾重にも上下に重なったもの。また、その一重。「層雲・一層・基層・深層・成層・階層・地層・上層・下層・電離層」㋑特に地層。「断層・石炭層・洪積層」④《名・造》社会や人々の階級。「層が厚い」「上層階級・中間層・中堅層・商人層」

そう〔*装〕〔人裝〕 ソウ(サウ) ショウ(シヤウ) **よそおう** ―①《名・造》衣服をつけて身ごしらえをする。よそおう。「装をこらす」「装束(しょうぞく・そうぞく)・衣装(いしょう)・服装・旅装・盛装・軽装・軍装・武装・変装・仮装・扮装(ふんそう)・擬装・男装・女装」②とりつける。かざる。「装飾・装備・装置・装甲・装身具・装幀(そうてい)・装釘(そうてい)・装薬・装塡・表装・新装・包装」③書物の体裁。「クロス装・革装(かわそう)・和装本」

そう〔*想〕 **ソウ**(サウ) **ソ** おもう おもい ―①物事の形やありさまを心の中に思いさだめる。おもいやる。おもいはかる。「想像・想念・想起・想到・回想・追想・思想・感想・着想・予想・夢想・空想・妄想・連想・瞑想(めいそう)・意想外・無念無想」②《名・造》絵画・音楽・小説などの組み立てについての計画。「想を練る」「楽想(がくそう)・構想・詩想」③《名》〔仏〕五蘊(ごうん)の一つ。対象を心に思い浮かべること。

そう〔人叢〕 ソウ くさむら ―①草がむらがっている所。くさむら。むらがる。「叢生・叢雲・叢茂・淵叢(えんそう)」②物がひと所にあつまる。むらがりあつまる。集めたもの。「叢書・叢話・談叢・論叢」

そう〖騒〗［騷］ ソウ(サウ) さわぐ さわがしい ―①そうぞうしく動く。秩序なく暴れる。みだれさわぐ。「騒動・騒乱・騒擾(そうじょう)・騒然・騒音・狂騒・物騒」②詩賦。また詩賦等を作る人。「騒人・騒客」

ぞう【象】体が巨大で、自由に動く長い鼻と、大きな耳のある草食の獣。上あごに二本の牙がある。その一種アフリカゾウは陸上で最大の哺乳(ほにゅう)類。別の一種インドゾウは飼い慣らして労役に利用する。▽ぞう科。

ぞう【雑】和歌・俳諧の分類の一つ。はっきりした部類のどれにもはいらないものをまとめた部類。

ぞう〖*造〗［造］ ゾウ(ザウ) つくる いたる ―①(手間をかけて)物事をしあげる。こしらえる。つくる。「造化・造物・造作・造本・造林・造営・造幣局・造船・造花・造兵廠(しょう)・造語・製造・構造・建造・築造・営造・醸造・改造・人造・模造・捏造(でつぞう・ねつぞう)・偽造・贋造(がんぞう)・鋳造・密造・濫造・新造・創造・銅造・コンクリート造」②ゆきつく。いたりきわめる。いたる。だんだんと進んでくる。「造詣」③とき。時代。「造次顚沛(てんぱい)」

ぞう〖*像〗 ゾウ(ザウ) ショウ(シャウ) かた かたち かたどる ―①〘名・造〙物のかたち。かたどる。似せてつくる。また、そのかたち。「像を結ぶ」「像を写す」「肖像・画像・影像・偶像・木像・銅像・塑像・仏像・座像・立像・現像・虚像・想像・絵像・映像・胸像・残像・実像」②人・物事に対して、自分なりに考えている(理想の)姿やあり方。「理想像・教師像・未来像」

ぞう〖*増〗［增］ ゾウ ます ふえる ふやす ―①〘名・造〙数がふえる。多くなる。ます。多くする。加える。↕減。「五万人の増」「増減・増加・増益・増大・増強・増進・増補・増産・増収・増額・増税・増設・倍増・激増・急増・漸増・累増・自然増」②おごりたかぶる。「増長・増上慢」

ぞう〖憎〗［憎］ ゾウ にくむ にくい にくらしい にくしみ ―根深くにくむ。心の底にねたんできらう。「愛憎・憎悪(ぞうお)」

ぞう〖贈〗［贈］ ゾウ ソウ おくる ―①物をおくり与える。「贈与・贈呈・贈答・贈賄・贈遺・寄贈・恵贈・分贈・遺贈」②死後に朝廷から官位をおくること。「贈位・追贈」。その官位の上につけて言う。「贈正二位・贈太上天皇」

ぞう〖*蔵〗［藏］ ゾウ(ザウ) くら おさめる かくす ―①㋐物をしまっておく建物。くら。「宝蔵・土蔵・経蔵(きょうぞう)」㋑すべてを包みこんでいるもの。「三蔵・大蔵・地蔵・虚空蔵(こくうぞう)」②〘名・造〙物を中に入れておく。おさめる。おさめ持っていること。「個人の蔵となる」「蔵本・蔵書・蔵版・貯蔵・塩蔵・家蔵・私蔵・死蔵・腹蔵・冷蔵・秘蔵・収蔵・包蔵・所蔵・珍蔵・無尽蔵・国立博物館蔵」③かくす。「蔵匿・退蔵・埋蔵」

ぞう〖*臓〗［臟］ ゾウ(ザウ) ―胴体の中の諸器官。はらわた。「五臓六腑(ろっぷ)・内臓・心臓・肺臓・肝臓・腎臓・臓物(ぞうもつ)・臓腑(ぞうふ)」

ぞう〖象〗↓しょう〖象〗

そうあい【相愛】〘名・ス自〙互いに愛し合うこと。「相思―」

ぞうあく【増悪】〘名・ス自〙(特に、病気が)ますます悪くなること。

そうあげ【総揚げ】そこの芸者または遊女を全部呼んで、遊興すること。

そうあたり【総当(た)り】①参加した選手・チームが(グループ内の)他のすべての選手・チームと対戦すること。その方式。②くじ引きで、空くじのないこと。

そうあん【僧×庵】出家が住む粗末な家。

そうあん【草×庵】わら・かやなどで屋根をふいた粗末な家。草ぶきの小さな家。

そうあん【草案】文章の下書き。草稿。↕成案

そうあん【創案】〘名・ス他〙今までだれも考えつかなかったことを最初に考え出すこと。そういう考え・くふう。

そうい【僧位】律令(りつりょう)の官制になぞらえて制定した僧の位階。法橋(ほっきょう)・法眼(ほうげん)・法印など。

そうい【僧衣】↓そうえ

そうい【総意】すべてのものの意向。全員の考え。「国民の―によって」

そうい【創意】それまでの考え方・しきたりなどにとらわれず、物事を新しい見方でつくり出す、心の働き。「―に富む」「―工夫」

そうい【創×痍】①刃物によって受けた傷。「満身―」。更に広く銃創なども含め、武器で受けたきず。②手ひどく受けた損害。

そうい【相違・相異】〘名・ス自〙同じでないこと。それと一致しないこと。ちがい。「意見の―」「太郎が食べたに―ない」「案に―して」(予想とはちがって)

ぞうい【贈位】〘名・ス自〙死者に位階を贈ること。その位階。

そういっそう【層一層】〘副〙「いっそう」を強めて言う語。さらに一段と。もっともっと。

そういん【僧院】①僧が居る場所。寺。②キリスト教の修道僧が居る場所。修道院。

そういん【総員】全員。「―起こし」「―百一名」▽旧海軍では「全員」と言わず、こう言った。

ぞういん【増員】〘名・ス他自〙人員・定員をふやすこと。人員・定員がふえること。↕減員

そううつびょう【×躁鬱病】↓そうきょくせいしょうがい

そううん【層雲】低い空にできる、頂が平らな層状をした雲。霧雨を降らせる。

そうえ【僧△衣】僧が身にまとう衣服。ころも。法服。

そうい。

ぞうえい【造営】《名・ス他》神社・寺院・宮殿などを建てること。

ぞうえい【造影】《名・ス他》レントゲンやCTなど、体内の画像を撮る診断で、画像の写りをよくする薬品(造影剤)を飲んだり注入したりして、内臓や血管がはっきり写るようにすること。「—検査」「血管を—する」

ぞうえき【増益】《名・ス自》利益がふえること。↕減益。「増収—」

そうえん【桑園】くわの木を植えた畑。くわばたけ。

そうえん【×蒼鉛】↓ビスマス。 **—ざい**【—剤】ビスマスで製した薬剤。傷や粘膜に対し、分泌をおさえ防腐の作用をする。

ぞうえん【増援】《名・ス他》手助けの人数をふやして援助すること。「—部隊」

ぞうえん【造園】《名・ス自》庭・公園・遊園地などを造ること。「—業」

ぞうお【憎悪】《名・ス他》憎みきらうこと。「—の念を抱く」「—に満ちたまなざし」

そうおう【相応】《ダナ・ス自》程度がちょうどつり合っているさま。ふさわしいさま。「能力に—な仕事につく」「身分—に振舞う」

そうおく【草屋】①屋根を草で葺(ふ)いた家。わらや。②転じて、粗末な家。▽自分の家をへりくだっても言う。

そうおん【×宋音】漢字音の一種。宋(そう)に留学した僧や、宋から渡来した僧が伝えたという。いわゆる唐音と同じ。例、「行火(あんか)」「風鈴(ふうりん)」「椅子(いす)」の「アン」「リン」「ス」の類。

そうおん【相恩】(主君の家などから)親子代々、恵みを受けていること。「重代の—」

そうおん【騒音・×噪音】耳にうるさく感じる音。㋐振動数が不規則で、不愉快な感じがする音。↕楽音。㋑やかましい音。「—を立てる」「—防止」

そうか【僧家】①僧が住む所。寺。②僧。出家。

そうか【喪家】①喪中(もちゅう)の家。「—の狗(いぬ)」(元気がなく、やせ衰えている人のたとえ)②家を失うこと。

そうが【挿画】さしえ。

そうが【草画】大まかな筆づかいで書いた墨画。水墨の略画。

そうが【装画】書物の装丁の絵。

そうが【△爪牙】①つめと、きば。「—にかかる」(比喩的に、魔手の犠牲になる意にも)▽動物が他を攻撃する時に使う武器の代表的なもの。②手先となって働く者。

ぞうか【増加】《名・ス自他》数量がふえること。また、数量をふやすこと。↕減少。「人口が—する」「—の一途をたどる」

ぞうか【増価】①《名・ス他》値段を高くすること。②《名・ス自》土地その他の財産の価値が、時と共に増してくること。

ぞうか【造化】①天地万物を作ったと考えられる造物主。天地万物の主宰者。「—の妙」②天地。宇宙。「—万物」

ぞうか【造花】紙・布・プラスチックなどを使って、本物の花に似せて作った、人工の花。

ぞうか【雑歌】春・夏・秋・冬とか相聞(そうもん)・挽歌(ばんか)などの部類にはいらない和歌。また、そういう歌を集めた部類。

そうかい【僧階】僧の位階。↓そうい(僧位)

そうかい ①【壮快】《名・ダナ》元気にあふれた感じで気持がよいこと。派生 **-さ** ②【爽快】《名・ダナ》さわやかで気持がよいこと。派生 **-さ**

そうかい【掃海】《名・ス他》海面や海中に敷設された機雷を除去して、安全にすること。「—作業」「—艇」

そうかい【×滄海・×蒼海】青々した海。大海。「—変じて桑田となる」(↓そうでん(桑田))

そうかい【総会】ある団体の全員が参加する建前の会合。特に、団体の全構成員によって組織される、その団体の最高議決機関。「株主—」 **—や**【—屋】(いくつかの)会社の株を少し(ずつ)持っていて、その会社の株主総会に出席して議事妨害をし、時には会社側に協力して総会が無事に済むようにして、金をせしめるもの。

そうがい【霜害】霜(しも)が降り農作物をいためることによって起こる損害。

そうがかり ①【総掛(か)り・総懸(か)り】全員がいっしょになって事にあたること。②【総掛(か)り】ある事をするのに必要な費用の全部。

そうかく【総画】一つの漢字の画数の合計。「—索引」

そうかく【騒客】↓そうじん

そうがく【奏楽】《名・ス自他》音楽を演奏すること。また、演奏する音楽。「国歌の—」

そうがく【総額】全体の分量。特に、金額の合計。

ぞうがく【増額】《名・ス他自》金額をふやすこと。金額がふえること。↕減額

そうかつ ①【総括】《名・ス他》個々のものを一つにまとめること。全体を見渡して、まとめをすること。「—的」「最高裁判所長官がこれを—する」②【総轄】《名・ス他》全体をとりまとめ、とりしまること。「事務を—する」「国有財産の—」▽第二例は⑴と同義と見てよいが、一般には⑴より支配関係が割合に強い場合について使う。

そうがな【草仮名】万葉仮名を草体化した(平仮名の前段階の)もの。また、平仮名と変体仮名との総称。

そうかへいきん【相加平均】二個以上の数量の和を、その個数で割って得る数値。算術平均。↕相乗平均

そうがら【総柄】布地などの全体に模様があること。また、その布地。「—のワンピース」

そうかん【創刊】《名・ス他》新たに定期刊行物を刊行すること。「—号」

そうかん【壮観】《名ナ》規模が大きくすばらしいながめ・ありさま。偉観。派生 **-さ**

そうかん【操艦】《名・ス自他》航行や戦闘に適するように軍艦を操ること。「魚雷を巧みなーでかわした」

そうかん【相×姦】《名・ス自》肉体関係をもつことが世間一般で禁じられている、特に血のつながりのある者が通じあうこと。「近親ー」

そうかん【相関】《名・ス自》二つ以上の事物の、一方が変われば他方もそれに連れて変わるとか、あるものの影響を受けてかかわり合っているとかいうように、互いに関係を持つこと。また、そういう関係。「ー関係にある」「登場人物ー」 **ーず**【ー図】①複数の事物の関係を表す図。②〔数〕数学で、二つの変量のそれぞれを座標として平面上に点で示したもの。

そうかん【総監】すべての仕事またはそれに従う人を統率・監督すること。また、その役の人。「警視ー」

そうかん【送還】《名・ス他》(人を本国へ)送り返すこと。もどしてよこすこと。「強制ー」

そうがん【双眼】二つの目。両眼。 **ーきょう**【ー鏡】遠方の物を拡大して両眼で見る、携帯用の望遠鏡。

ぞうかん【増刊】《名・ス他》雑誌などで、きまって刊行する時期・号以外に、刊行すること。また、その号。「臨時ー」「ー号」

ぞうかん【贈官】《名・ス自》生前の功績を賞する意味で、死後に朝廷から官をおくること。その官。

ぞうかん【造艦】《名・ス自》軍艦を造ること。

ぞうがん【象眼・象×嵌】《名・ス他》①金属・陶磁器・牙・木材などに、模様などを刻み込んで、そこに金・銀その他の材料をはめ込むこと。また、そのはめ込んだもの。②活版印刷で、鉛版などの修正したい部分を切り取り、そのあとに修正したものをはめ込むこと。

そうき【想起】《名・ス他》思い出すこと。前にあった事を、あとになって思い起こすこと。

そうき【早期】時期が早いこと。早いうち。はじめのうち。「肺癌(はいがん)をーに発見した」「目標のー達成」

そうき【総記】①全体を総括する記述。②図書分類法での分類目の一つ。一つの特定分野には分類できない百科辞典・新聞・雑誌などが、ここに分類される。▽general description の訳語。

そうぎ【争議】互いに自分の意見を主張し合って争うこと。特に「労働争議」の略。「ー中」

そうぎ【葬儀】死者をとむらい、ほうむる際の儀式。葬式。「ー社」(葬儀の一切のことを引き受けてする会社)

ぞうき【雑木】主立たない(＝雑)木。㋐材木に使えず、薪(まき)にするような木。㋑日本風造園で、コナラなど落葉広葉樹。「ー仕立て」。盆栽で、松・真柏(しんぱく)＝ミヤマビャクシン)でない木。▽例、ケヤキは㋑では雑木だが㋐ではそうでない。 **ーばやし**【ー林】木材用でも鑑賞用でもないような広葉落葉樹が(いろいろと)生えている林。「武蔵野(むさしの)独得のーの景観」▽中に松が少々混じっても言う。里山(近く)に多く、用途が広い。

ぞうき【臓器】内臓器官。「ー移植」

ぞうき【造機】機械・機関の設計・製造。

そうきゃく【騒客】→そうじん。▽正しくは「そうかく」。

そうきゅう【早急】《ダナ》→さっきゅう(早急)。派生 **ーさ**

そうきゅう【×躁急】《ダナ》気がみじかくて、いらだつさま。せっかち。

そうきゅう【×蒼×穹】青空。大空。▽「穹」は弓形になっている意。

そうきゅう【送球】①《名・ス自》スポーツで、球を投げわたすこと。②《名》ハンドボール。

ぞうきゅう【増給】《名・ス自他》給料が多くなること。給料を多くすること。↔減給

そうきゅうきん【双球菌】球菌の一種。細長い球状の細菌が二つずつ並んでいるもの。淋菌(りんきん)・肺炎双球菌など。

そうきょ【壮挙】りっぱな仕事をしようとする勇ましい企て・ふるまい。

そうぎょ【草魚】中国原産の淡水魚。体長一メートル余り。食用などの目的で導入され、一部地域に定着。水草などを食べる。特定外来生物。ソーヒイ。▽こい科。

そうきょう【×躁狂】狂おしく騒ぐこと。

そうぎょう【僧形】袈裟(けさ)・衣を身につけ頭髪をそった、僧の姿。坊さんの身なり。

そうぎょう【創業】《名・ス自他》事業を新しく起こすこと。「平成以降にーした企業」「当社をーした人物」「ー資金」「ー五十周年記念」

そうぎょう【操業】《名・ス自》機械などを操作して、仕事をすること。「近海でーする漁船」 **ーたんしゅく**【ー短縮】過剰生産対策として、機械を一部運転休止したり作業時間を短縮したりすること。操短。

そうぎょう【早暁】夜が明けるころ。

ぞうきょう【増強】《名・ス他》人員・設備などをふやし、働きを強めること。ますます強くすること。「生産設備のー」「体力のー」

そうきょういく【早教育】子供を、普通に教育を始める時期よりも早くから教育すること。

そうきょく【×箏曲】箏(こと)をひいて演奏する音楽。主楽器や主な伴奏楽器が箏である器楽曲や声楽曲。

そうきょくせいしょうがい【双極性障害】気分が過度に高揚した状態(躁(そう)病相)と、落ちこんだ状態(鬱病相)とが交互に現れる気分障害。躁鬱病。

そうきょくせん【双曲線】二つの定点からの距離の差が一定であるような点を、つらねた線。各定点に対応した二つの曲線になる。

そうぎり【総×桐】他の材木を使わずに、全体が桐(きり)で作ってあること。「ーのたんす」

そうきん【走×禽】飛ぶことはできないが、走ることにすぐれている鳥。例、ダチョウ。「ー類」

そうきん【送金】《名・ス自他》金銭を送ること。その金銭。

ぞうきん【雑巾】ふきそうじに使うきれ。「—がけ」

そうく【痩×軀】やせ細った身体。

そうく【走×狗】人の手先になって働く者をいやしんで言う語。▽もと、狩猟などで、走り回って主人の用を足す犬の意。

そうぐ【葬具・喪具】葬式用の、いろいろな道具。

そうぐ【装具】①戦闘や登山のため、身につける武器・道具・用具の類。②けがや障害のある四肢や体幹に装着し、機能の回復や不自由さの軽減をはかる用具。義手・義足・コルセット(2)など。「義肢—士」

そうくう【×蒼空】青空。

そうぐう【遭遇】『名・ス自』思いがけず、めぐり合うこと。予期せずに出会うこと。「敵と—する」「事故に—する」

そうくずれ【総崩れ】(陣形)全体がめちゃめちゃに崩れること。全く負けてしまうこと。

そうくつ【巣窟】盗賊・悪党などが住んでいる場所。かくれが。ねじろ。

そうぐるみ【総ぐるみ】全員が一体となって事に当たること。「家族—の付き合い」

そうけ【僧家】→そうか(僧家)

そうけ【宗家】本家。中心になる家。「観世(かんぜ)流—」

ぞうげ【象牙】象のきば。堅く、きめが細かく、美しいので、古来、細工物の材料として珍重した。「—の塔」(俗世間からのがれ静かに芸術を愛する態度や、現実ばなれのした学究態度を、皮肉に言ったたとえ)

そうけい【早計】早まった考え。軽率な考え。「そう断定するのは—だろう」

そうけい【総計】『名・ス他』全体の合計。また、それを計算すること。↔小計。「—を出す」

そうげい【送迎】『名・ス他』人を送ったり迎えたりすること。「自動車で—する」「—バス」

ぞうけい【造形・造型】『名・ス自』形をつくり上げること。形のあるものをつくること。 **—びじゅつ**【造形美術】形のある材料によって造られ、空間的なひろがりを持つ、視覚に訴える芸術。彫刻・建築・絵画・装飾品などの総称。

ぞうけい【造詣】学問や芸術(のある分野)について、知識が広く理解が深く、すぐれていること。「—が深い」 関連 嗜(たしな)み・蘊蓄(うんちく)・知識・学識・識見・有識・博雅・該博・明達(めいたつ)・物知り・通

そうけだ-つ『五自』寒けを覚えるほどぞっとする。恐ろしくて身の毛がよだつ。▽「寒けだつ」の音便か。「総毛立つ」とも書く。

ぞうけつ【増結】『名・ス他』列車にさらに車両を連結して車両数を多くすること。

ぞうけつ【造血】『名・ス自』(生理的な働きで)新たに血液を造り出すこと。「—機能」「—剤」

そうけっさん【総決算】①一定の期間内における収入・支出の全部について行う決算。②転じて、物事の最終的な締めくくり。「クラブ活動一年間の—」

そうけん【創建】『名・ス他』初めてうち建てること。初めて建物や機関をつくること。

そうけん【創見】今までにない、新しい見解。初めて考え出した意見。

そうけん【想見】『名・ス他』想像してみること。「容易に—できるとおり」

そうけん【総見】『名・ス他』「総見物」の略。団体が(後援のために)芝居・相撲(すもう)等の興行を見物すること。

そうけん【双肩】①両方のかた。②責任・任務を負う所のたとえ。「日本の将来は諸君の—にかかっている」▽肩は、物をになう場所であることから。

そうけん【壮健】『名・ダナ』丈夫で元気さかんなこと。達者。 派生 **—さ**

そうけん【送検】『名・ス他』警察が事件を検察庁へ送り届けること。「身柄—」(被疑者を検察庁に送ること)▽事件の書類だけを検察庁へ送ることもある。「書類—」

そうげん【草原】草の生えている広々とした地帯。

ぞうげん【増減】『名・ス自他』増えることと減ること。増やすことと減らすこと。

ぞうげん【造言】つくりごと。うそ。「—蜚語(ひご)」

そうこ【倉庫】①貨物などをたくわえ、また保管する建物。②他から委託された物を保管する設備。「—業」

そうこ【操×觚】詩や文章を作ること。作文すること。文学に従事すること。「—界」(新聞・雑誌の社会。言論の世界)▽「觚」は中国古代に文字を記すのに使った木の札。

そうこ【×蒼古・×蒼枯】古色を帯びて、さびた趣があること。

そうご【相互】どちらの側からも働き掛けがあること。互い。「—作用」「—扶助」 **—ぎんこう**【—銀行】中小企業を対象に、主に各企業の掛金(1)(相互掛金)をもとに出資を行う銀行。▽第二次大戦後、法律に基づき無尽会社がこれに転換。一九八九年より普通銀行(第二地方銀行)に転換。

そうご【壮語】『名・ス自』元気のよいことや、えらそうなことを言うこと。「大言—」

ぞうご【造語】『名・ス自』既成の語の組み合わせや、他の語からの類推によって、ある意味を表す語を新しく作ること。複合語などを作ること。「—法」「—力」 **—せいぶん**【—成分】一つの単語が二つ以上の意味の単位に分けられる場合、その一つ一つの意味の単位。複合語の構成要素。

そうこう(さうかう)『副・ス自』何やかやと。とやかく。「—話している所へ」「—するうちに夜になった」

そうこう【倉皇・×蒼×惶】『多く「—として」の形で副詞的に』あわてふためくこと。にわかで、どうしたらよいかわからなくなること。

そうこう【壮行】旅などの出発に当たって、にぎやかに激励すること。「—会」

そうこう【走行】『名・ス自』自動車などが走ること。「—距離」

そうこう ①【奏功】『名・ス自』従事していることが首尾よくできて、功をおさめること。「奇襲が—した」②【奏効】『名・ス自』物事の効果があらわれること。「手術が—した」

そうこう【操行】平素の行い。品行。素行。身もち。「学業はいつも高点だつた。が、所謂(いわゆる)—点だけは一度も六点を上らなかつた」(芥川龍之介「大導寺信輔の半生」)

そうこう【×糟×糠】酒のかす(=糟)・あらぬか(=糠)のような、粗末な食物。「—の妻」(貧苦の時代から苦労を共にして来た妻)

そうこう【×艙口】艦船の貨物倉に貨物を出し入れするため、上甲板に設けた四角な口。ハッチ。

そうこう【草△冠】→くさかんむり

そうこう【草稿】下書き。草案。原稿。

そうこう【送稿】『名・ス自』原稿を編集者や印刷所などへ送ること。

そうこう【装甲】『名・ス自他』車体・船体などの外面をなす、弾丸を防ぐ分厚い鋼鉄板。また、それで覆うこと。「—車」▽もと、よろい・かぶとに身をかためること。

そうこう【霜降】二十四気の一つ。陽暦十月二十四日ごろ。▽霜がおり始めるころの意。「しもふり」と読めば別の意。

そうごう【相好】かおつき。表情。「—をくずす」(喜んでにこにこする)▽仏が備えるすぐれた特徴を「三十二相八十種好」というのによる。

そうごう【総合・×綜合】『名・ス他』さまざまのものを一つに合わせて、まとめ上げること。↕分析。「種々の情報を—する」「—病院」 **—ざっし**【—雑誌】政治・経済・社会・諸科学など広く文化についての評論や創作などを、合わせて載せる雑誌。 **—だいがく**【—大学】いくつかの学部をもった大学。↕単科大学。 **—てき**【—的】『ダナ』総合しているさま。総合する態度であるさま。↕分析的。「事態を—に見渡す」

ぞうごう【贈号】『名・ス自』死後に名前をおくること。また、その名前。おくりな。

そうこうげき【総攻撃】『名・ス他』①戦場にある部隊が総がかりで敵を攻め立てること。②比喩的に、一斉に非難などを集中すること。「野党が内閣を—する」

そうこく【相克・相×剋】『名・ス自』対立するものが互いに相手に勝とうと争うこと。▽もと五行(ごぎょう)説で、木は土に、土は水に、水は火に、火は金に、金は木に勝つこと。↕相生(そうしょう)

そうこん【×瘡痕】切りきずのあと。刃物のきずあと。

そうこん【△爪痕】つめのあと。

そうこん【早婚】『名・ス自』若い年齢で結婚すること。↕晩婚

そうごん【荘厳】『名・ダナ』(宗教的な)重々しさがあって立派なこと。見事でおごそかなこと。「—を加える」「—な儀式」▽→しょうごん(2)。派生 **—さ**

ぞうごん【雑言】『名・ス自』いろいろの悪口。悪口を言うこと。その悪口。「悪口(あっこう)—」「罵詈(ばり)—」▽「ぞうげん」とも言う。

そうこんもくひ【草根木皮】(漢方で薬剤として用いる)草の根や木の皮。

そうさ【捜査】『名・ス他』①調べて捜すこと。②公訴提起や公判維持のために犯人・証拠を捜索・確保などすること。その一連の活動。「強制—」「—令状」▽捜査機関以外がするのは「税関職員の調査」のように「調査」と言う。

そうさ【走査】『名・ス他』画像を端から順に読みとって、電気信号に変えること。また、その電気信号をもとに端から順に画像を再現すること。「—線」▽そのように、順に調べて行くことにも言う。scan の訳語。

そうさ【操作】『名・ス他』①機械・数式など、道具や仲立ちになるものを役立て働かせること。手段・方法となる手続きを進めること。「機械を—する」「遺伝子を—する」「—が簡単だ」「—方法」②帳簿・資金などを、(不正に)処理すること。「帳簿を—して裏金(うらがね)を作る」「株価—の疑い」 **—しゅぎ**【—主義】概念は測定や実験などの具体的操作によって意味づけられる、とする科学方法論の立場。 **—たく**【—卓】工場の製造ラインやコンピュータなどのシステムで、システム各部の情報が集約され、動作の確認・制御を行える机型の装置。▽console の訳語。「操作盤」は、主要機器の表面に付いたパネル状のもので、別。

ぞうさ【造作・雑作】手のかかること。面倒。骨折り。「ご—をかけました」「何の—もなく」(簡単に)「ご—に預かる」(ご馳走になる) ▽「造作」を「ぞうさく」と読めば別の意。

そうさい【相殺】『名・ス他』差引きして帳消しにすること。「貸し借りを—する」「今までの成果も、この失策で—されてしまった」

そうさい【総裁】『名・ス他』ある機関・団体の長として組織全体をまとめ、とりさばくこと(人)。その職務。

そうさい【葬祭】葬式と祭り。「冠婚—」

そうざい【総菜・×惣菜】ふだんのおかず。「お—」

そうさく【創作】『名・ス他』①最初に作り出すこと。「—料理」②文芸・絵画・音楽などの作品を作ること。また、その作品。特に小説。「—意欲」「—活動」「童話劇を—する」③比喩的に、作り事をすること。うそ。「さまざまな奇瑞(きずい)を—する」「そりゃ事実じゃなくて彼の—さ」

そうさく【捜索】『名・ス他』人のゆくえや、隠してある(隠れている)ものを求めてさがすこと。「家宅—」「敵の所在を—する」

ぞうさく【造作】①『名・ス他』家を建てること。「—をする」②『名』建物の内部の仕上げ材や取付け物。床板・階段・陳列棚・畳・建具の類。③『名』比喩的に、顔の作り、顔つき。▽「ぞうさ」と読めば別の意。

そうさつ【相殺】『名・ス他』→そうさい(相殺)。▽「そうさつ」は誤読。

ぞうさつ【増刷】『名・ス他』一定の部数を印刷した後に、さらに印刷すること。ましずり。「好評につき―」

そうざらい【総×浚い】『名・ス他』①関係する(しそうな)事柄を残さず取り上げること。「問題点を―にする」②公演の直前に、出演者全員がそろって稽古の総仕上げをすること。総稽古。③それまで習ったことを、全部復習すること。

そうざん【早産】『名・ス他』月足らずで赤ん坊を産むこと。

ぞうさん【増産】『名・ス他』生産を多くすること。産出量をふやすこと。↔減産

そうし【壮士】①壮年の男。血気盛んな男。②㋐明治新政府に反し自由民権論の立場から(力に訴えてもという態度で)政治運動に携わった、書生などの若者。その流れをくむ者。㋑転じて、定職がなく、人に頼まれると暴力を用いて相手と紛争の落着をつけるような、一種のごろつき。「一見―風の男」 ―しばい【―芝居】明治二十年代の知識階級の青年が、自由民権思想を民衆に訴える目的で始めた、素人芝居。書生芝居。▽現在の新派劇の起こり。

そうし【創始】『名・ス他』物事を初めて起こすこと。また、物事の起こり。

そうし【△繰糸】『名・ス自』繭から糸をとって生糸にする作業。

そうし【相思】互いに恋しく思い合うこと。愛し合うこと。「―相愛の仲」 ―じゅ【―樹】フィリピン原産の常緑高木。熱帯地方で並木・生垣(いけがき)に植える。五月ごろ黄色の花が小球状に集まり咲く。タイワンアカシア。▽まめ科。

そうし【草紙・草子・双紙・△冊子】①とじた本。冊子本(さっしぼん)。②絵を多く入れた大衆的な読物の本。③かな書きの物語・日記・随筆の類。

そうじ【掃除】『名・ス他』①ごみやよごれ・ほこりを、掃いたり払ったりなどして取り除き、きれいにすること。「ふき―」「―機」②比喩的に、余計なもの、いらないものを取り除くこと。「暴力団を追放して町を―した」 ―や【―屋】糞尿(ふんにょう)を汲(く)み取るのを業とする者。こえとり。おわい屋。▽現在は使わない語。

そうじ【相似】『名・ス自』①一方の形・性質が他方のそれの丸写しのように、互いに似ていること。②〔数学〕一つの図形を均等に拡大または縮小して他の図形と完全に重ね合わせられること。そのとき、もとの図形とあとの図形との間にある関係。

そうじ【送辞】送別の言葉。特に、卒業式で、在校生が卒業生を送る言葉。↔答辞

ぞうし【増資】『名・ス自』資本金をふやすこと。↔減資

ぞうじ【造次】わずかのひま。ごく短い時間。「―もこれをおろそかにしない」「―顛沛(てんぱい)」(とっさの場合。わずかのま。「顛沛」はつまずいて倒れる時間)

そうしき【相識】互いに知り合っていること。そういう人。知人。

そうしき【葬式】死者をほうむるための儀式。とむらい。「友人の―を送る」「―を出す」 関連 葬礼・葬儀・葬送・弔い・野辺(のべ)の送り・火葬・仮葬・改葬・国葬・神葬・水葬・大葬・土葬・風葬・散骨・仏葬・本葬・密葬・埋葬・会葬・葬る

そうじしょく【総辞職】『名・ス自』(役付きの)全員が辞職すること。特に、首相を含めた全大臣の、辞職。

そうしつ【喪失】『名・ス他』なくすこと。失うこと。「自信―」「記憶―」「楽園―」 ▽おもに抽象的・精神的事柄に言う。

そうしつ【宗室】一族の宗とする家。宗家(そうけ)。本家。

そうして ①『接』前を受けて次につなぐ語。そして。㋐それに続いて。㋑それと共に。▽(2)の転。㋑では時間の前後を問題にしなくてよい。②『連語』そのようにして。「―下さい」

そうじて【総じて・×惣じて】『副』全体から言うと。全般的に。概して。「―今の政治というものは」

そうじまい【総仕舞(い)】『名・ス他』全部をすますこと。残らず売って、または買って、しまいにすること。

そうじめ【総締め】全体をまとめて計算すること。総計。

そうしゃ【掃射】『名・ス他』機関銃などで、物を掃くように、左右に連続的に射撃すること。「機銃―」

そうしゃ【操車】『名・ス自』車両を並べ替えたりつないだりすること。「―係」「―場」

そうしゃ【壮者】働き盛りの者。壮年者。

そうしゃ【奏者】①楽器の演奏者。「フルート―」②天皇に事を奏上する人。また、将軍・大名などに取次ぎをする役。「―番」(江戸幕府の職名)

そうしゃ【相者】人相を見てその人の運命を判断する人。人相見。▽古風な言い方。

そうしゃ【走者】競技で、走り手。ランナー。㋐走る人。「リレーの第一―」㋑野球で塁に出ている人。

ぞうしゃ【増車】『名・ス自』車両の数や運転本数を増すこと。

そうしゅ【双手】両方の手。もろて。「―をあげて賛成」(大賛成)

そうしゅ【宗主】大本として仰ぎ尊ぶ首長。 ―けん【―権】ある国が他国の内政・外交を管理する特殊の権力。 ―こく【―国】従属国に対して宗主権をもっている国家。

そうしゅ【操守】信念を貫き、心変わりがしないこと。節操を持すること。

そうしゅ【×漕手】舟をこぐ人。ボートのこぎ手。

そうじゅ【送受】『名・ス他』送ることと受け取ること。送ったり受け取ったりすること。

ぞうしゅ【造酒】酒の醸造。

そうしゅう【早秋】秋の初めごろ。

そうしゅう【爽秋】さわやかな秋。

そうじゅう【操縦】《名・ス他》①自分の思いのままにあやつること。「陰で人を巧みに―する」②航空機をあやつって動かすこと。「―士」 **―かん**【―×桿】航空機を操縦するためのレバー。▽昇降舵(しょうこうだ)などを操作する。

ぞうしゅう【増収】《名・ス自》収入や収穫がふえること。↔減収。「―をはかる」

そうしゅうへん【総集編】発表した本文をすべて集めた決定版。また、放映した長編ドラマなどの筋がつかめるように短く編集したもの。▽NHKが日曜夜の年間ドラマに対して造語したのが始めか。

そうじゅく【早熟】《名ナ》①肉体や精神の成熟が普通より早いこと。ませていること。▽⑵から。②果物などの熟し方が早いこと。↔晩熟。派生 **―さ**

そうしゅつ【創出】《名・ス他》物事を新しくつくり出すこと。「文化の―」「雇用―」

そうしゅつ【早出】《名・ス自》①朝早く家を出ること。②定刻よりも早く出勤すること。はやで。

そうじゅつ【×槍術】槍(やり)を使う武術。

そうしゅん【早春】春の初めごろ。

そうしょ【×叢書】種々の書物を集めまとめたもの。種々の書物を、一定の形式によって順次刊行してゆくもの。シリーズ。▽「双書」とも書くのは漢字制限の結果の書き替え。ただし「双」は二つの意。

そうしょ【草書】漢字の書体の一つ。書体をくずし、最も簡単で早く書けるようにしたもの。くずし字。

ぞうしょ【蔵書】書物を自分のものとして持っていること。また、その書物。「―家」(たくさん書物を持っている人)「―印」(その書物の所有者を示すためにおす印章)

そうしょう【創傷】身体の外側から、刃物などによって加えられた傷。

そうしょう【宗匠】文芸・技芸に熟達して人に教えることのできる人。特に、和歌・連歌・俳諧・茶道などの先生。

そうしょう【争訟】訴訟を起こし、それを通して争うこと。▽文語的。

そうしょう【相生・相性】五行(ごぎょう)説で、木から火、火から土、土から金、金から水、水から木が生じるということ。↔相剋(そうこく)。▽「相生」を「あいおい」と読めば別の意。

そうしょう【相承】《名・ス他》つぎつぎに、うけつぐこと。「師資(=先生と門人)―」▽仏家では「そうじょう」と言う。

そうしょう【相称】左右または上下が均等に配分されて互いに照応していること。対称。「左右―」

そうしょう【総称】《名・ス他》ある共通点を持つ個々のものを何種かまとめて、全体として一つの呼び名でいうこと。また、その名前。

そうじょう【僧正】朝廷が僧に与えた最上級の官職。大僧正・僧正・権(ごん)僧正に細分される。▽現在、各宗派で僧階の一つ。

そうじょう【奏上】《名・ス他》天子・国王などに申し上げること。奏聞(そうもん)。上奏。

そうじょう【層状】幾重にも重なって層になった状態。

そうじょう【総状】ふさのような形。「―花序」

そうじょう【相乗】《名・ス他》二つ以上の数を掛け合わせて、その積を求めること。また、その積。 **―さよう**【―作用】いくつかの薬品・原因等が寄り合うと、個々に働く時の作用の和よりも多くの効力を発揮する、そういう作用。 **―へいきん**【―平均】平均の一種。n個の数値を相乗して、そのn乗根を求めること。また、その求めた値。幾何平均。↔相加平均。→るいじょうこん

そうじょう【葬場】葬式をする場所。葬儀場。

そうじょう【騒×擾】《名・ス自》騒いで秩序を乱すこと。騒動。「―罪」

ぞうしょう【増床】《名・ス自他》①(病院などの)ベッド数をふやすこと。②(売場などの)床面積をふやすこと。

ぞうしょう【蔵相】(以前の)大蔵大臣の略称。

そうじょうのじん【×宋×襄の仁】無用のあわれみ。▽中国の宋(そう)の襄公(じょうこう)が、敵の楚(そ)が困っている時に苦しめてはならぬと言って討たなかったため、機を失って、かえって楚に負けたことから。

ぞうじょうまん【増上慢】①十分な力が無いのに、自信の強いこと。▽⑵の転。②仏教で、まだ悟らないのに、悟ったと思って、おごり高ぶること。

そうしょく【僧職】僧侶(そうりょ)の職務。

そうしょく【装飾】《名・ス他》(物の外面を)美しく、よそおい飾ること。また、そのよそおい・飾り。「―を施す」「室内―」「―品」 **―おん**【―音】メロディーをはなやかにしたり、ゆたかにしたりするために加える、飾りの音。▽楽譜には小さい音符で書く。

そうしょく【草食】《名・ス自》(動物が、主として)草を食物とすること。植物食。↔肉食。「―動物」

ぞうしょく【増殖】《名・ス自他》①ふえて多くなること。ふやして多くすること。②《生物》分裂によって細胞が、または生殖によって生物が、ふえること。 **―ろ**【―炉】消費した以上の核燃料物質が生み出される原子炉。

そうしん【喪心・喪神】《名・ス自》①体から心が抜けたような状態になること。正気を失うこと。②気絶すること。

そうしん【痩身】やせている身体。

そうしん【総身】からだじゅう。全身。そうみ。

そうしん【送信】《名・ス他》他に通信を送ること。↔受信

そうじん【騒人】詩文を作る人。風流の士。騒客(そうかく)。

ぞうしん【増進】《名・ス他自》活動力や能力などを、増し進めること。また、増し進むこと。↔減退。「食欲が―する」「友好関係を―する」「健康の―を図る」

そうしんぐ【装身具】体に装飾のためにつける工芸品。アクセサリー。

そう-す【奏す】《五他》→そうする(奏)

そうず【〈添水〉】節を残して切った太い竹筒が支点でうまく支えてあり、斜めにそいだ一端に筧(かけひ)などから落とした水がたまると水の重みでそこが下がり、水をこぼすと反転して他端が石や金属板を叩いて音を出す(日本庭園用の)仕掛け。▽今日普通には「ししおどし」と呼んで庭の風物としてのを指す。

そうず【僧都】僧階の一つ。僧正(そうじょう)の次の位。

そうず【挿図】さしえ。

そうすい【総帥】全軍を指揮する人。総大将。「企業グループの一」

そうすい【送水】《名・ス自》水を他の場所へ流し送ること。「一管」「一路」

ぞうすい【増水】《名・ス自》水量が多くなること。↔減水。「川が一する」

ぞうすい【雑炊】細かく切った野菜・鶏肉(とりにく)などを煮て粥(かゆ)や飯に加え、味つけした汁をたっぷり入れて煮たもの。おじや。「鶏一」▽「雑水」は当て字。

そうすう【総数】全部をかぞえたかず。全数。

そうすかん【総好かん】《連語》皆から嫌われること。「一を食う」▽「ん」は「ぬ」の転。

そう-する【奏する】《サ変他》①天皇に申しあげる。奏上する。②演奏する。かなでる。「舞楽を一」③うまく、しとげる。成す。「功を一」

そう-する【相する】《サ変他》物事の様子・姿などをよく見て、その吉凶などを判断する。占う。

そう-する【草する】《サ変他》草稿を書く。下書きを作る。

ぞう-する【蔵する】《サ変他》内におさめ、たくわえる。なかに含みもつ。自分の物として有する。「問題を一」

そうせい【早世】《名・ス自》若くて死ぬこと。若死に。▽「早逝」は俗な書き方。

そうせい【創世】世界を最初に作ること。また、世界ができた初め。「一記」

そうせい ①【創成】《名・ス他》初めて具体的に形を成すこと。「制度を一する」②【創製】《名・ス他》(商品などを)最初に作り出すこと。

そうせい【×叢生・×簇生】《名・ス自》草木などが、群がってはえること。

そうせい【×蒼生】人民。▽草木がたくさんはえていることにたとえた語。

そうせい【奏請】《名・ス他》天子に、許しを下さるようにお願いすること。

そうぜい【総勢】軍勢や一団の、全部の人の数。

ぞうせい【造成】《名・ス他》(自然に人工を加えて)あらたに作りあげること。「宅地一」「一地」

ぞうぜい【増税】《名・ス自他》租税の額を増すこと。↔減税

そうせいじ【双生児】ふたご。「一卵性一」

そうせいじ【早生児】早産の子。

そうせき【僧籍】僧・尼としての籍。所属宗派に登録された籍。「一に入る」(出家する)

そうせき【送籍】《名・ス自》婚姻や養子縁組などにより、その人の籍を相手方の戸籍に送り移すこと。

そうせき【踪跡】足あと。あとかた。「一をくらます」(行くえをわからなくする)

そうせつ【創設】《名・ス他》それまでは無い制度・組織などをつくり出すこと。「この年、警察予備隊を一した」「新たな経済圏の一を企てる」

そうせつ【総説・×綜説】《名・ス他》全体を一まとめにして説きあかすこと。また、概観的に述べること。

そうせつ【霜雪】①しもとゆき。②白い物のたとえ。「頭(かしら)に一を置く」

そうぜつ【壮絶】《名ナ》他に似たものがないほど勇ましく激しいこと。「一な攻撃」派生 **-さ**

ぞうせつ【増設】《名・ス他》今まであるのに加えて、更に設備・設立すること。

そうせん【操船】《名・ス自》船を操縦すること。「一技術」「一を誤り、浅瀬に乗り上げる」

そうぜん【×蒼然】《ト タル》①色が青いさま。「顔色一」②薄暗いさま。「暮色一」③古びているさま。「古色一」

そうぜん【騒然】《ト タル》大勢の人が、がやがやとして、騒がしいさま。「議場が一とした」「物情一」

ぞうせん【造船】《名・ス自》船を造ること。「一所」

そうせんきょ【総選挙】議員などを、一時に、全員選び出すこと。特に、衆議院議員の選挙。

そうそ【曽祖】祖父または祖母の父親。ひいじじ。

そうそう【葬送】《名・ス他》死者をほうむり見送ること。野辺の送り。▽「送葬」とも書く。

そうそう【草創】①事業などの初め。草分け。「一期」②その寺や神社などを初めて建てること。

そうそう【草草・×匆×匆】①簡略なさま。特に《「お一(さま)」の形で》にわかの事で十分には待遇できないさま。「先日はお一さまでした」②忙しいさま。「一の間(かん)に処理した」③書簡の末に記し、とり急ぎ走り書きをした意を表す、あいさつの語。

そうそう ①【早早・×匆×匆】急いでするさま。「一に退散した」②【早早】《新しい情況を示す語を受け》その情況が始まってすぐ、または間もない時。「入学一で忙しい」「入社(して)一に失態をした」「夜が明ける一から出掛ける」▽↓はやばや

そうそう【×怱×怱】《副に》あわただしいさま。「一に席を立つ」

そうそう【×淙×淙】《ト タル》水が流れる音の形容。

そうそう【×蒼×蒼】《ト タル》あおあおとしたさま。草木が茂っているさま。▽↓あおあお

そうそう【×錚×錚】《ト タル》①世に鳴り渡るように、人物が特にすぐれていること。「一たる学者」②さえた音が響くさま。

そうそう(さうさう)《副》《あとに打消し・反語を伴って》それほど長く。そんなにたびたび。「一いい顔ばかりしては居られない」「一貸してやれるものか」「一は世話しきれない」▽「そう」を重ねた語。

そうぞう【創造】《名・ス他》最初に作り出すこと。㋐神が宇宙を作ること。「天地―」「―主(しゅ)」 ㋑人まねでなく、新しいものを自分から作り出すこと。「―的能力」「―性」

そうぞう【想像】《名・ス他》実際に知覚に与えられていない物事を、心の中に思い浮かべること。「父親になった自分を―する」「―がつく」「―に難(かた)くない」「―を絶する」(想像の範囲をはるかに越える)「―上の動物」「―を逞(たく)しゅうする」(ああだろうこうだろうと、いろいろと思いめぐらす)「―力豊かな人」

そうぞう【送像】《名・ス自他》テレビの画面を電波で送ること。↕受像

そうぞうしい【騒騒しい】《形》音や事件で落ち着きが破られ、さわがしい。「―教室内」 派生 **-さ**

そうそく【相即】《名・ス自》二つが区別出来ないほど一つにくっつくこと。「彼我(ひが)―する」「―不離」

そうそく【総則】全体を通じて適用するきまり。「民法―」

そうぞく【僧俗】僧侶(そうりょ)と俗人。

そうぞく【宗族】本家と分家との全体。一門。一族。

そうぞく【相続】《名・ス他》うけつぐこと。特に跡目や遺産をうけつぐこと。「―税」

そうそつ【倉卒・草卒・×忽卒】①あわただしいこと。用事のために、ひまがないこと。「―の間(かん)」 ②にわかなこと。「―の客」

そうそふ【曽祖父】祖父または祖母の父。ひいじじ。

そうそぼ【曽祖母】祖父または祖母の母。ひいばば。

そうそん【曽孫】孫の子。ひまご。

そうだ《助動》→そう(相)㈡

そうだ《連語》そういう事・わけ・様子だ。「それも―」(他人の言ったことを道理だとして受け入れる時などの言い方) ㋐是認・肯定の意を表すのに使う。「―、そのとおり」 ㋑《感動詞的に》思い出したり思いついたりした時に使う。「―、こうすれば解けるぞ」▽指示副詞「そう」+断定の助動詞「だ」。丁寧に言うには「そうです」等を使う。→そう《副》⑵

そうだ【操×舵】《名・ス自》舟のかじをあやつって、舟を思う方向に進ませること。「―手」

そうたい【早退】《名・ス自》勤務先や学校を、決まった時刻よりも早く退出すること。早引け。「―届」

そうたい【相対】それ単独にでなく、他と関係づけて捉えること。↕絶対。「年齢と―に体力も衰える」「価値の―性」▽「相待」とも書いた。「あいたい」と読めば別の意。 **―か**【―化】《名・ス他》他の(同類の)ものと比べてそれを位置づけること。↕絶対化。 **―せいげんり**【―性原理】一定範囲の観測者にとって、個々の観測は相対的なものであっても、自然法則の形は不変だとする原理。 **―せいりろん**【―性理論】アインシュタインがはじめて唱えた、相対性原理に基づく現代物理学の重要な理論。等速度運動をする観測者のいずれに対しても、光の速度は不変であり、またすべての物理法則は同じ形で表されなければならないという、二つの原理に基づく理論(＝特殊相対性理論)。更にこれを発展させ、加速度運動を論じた一般相対性理論。 **―てき**【―的】《ダナ》他との比較において、そうであるさま。↕絶対的。「―な価値」 **―どすう**【―度数】その事柄の起こった度数(＝絶対度数)を、すべての事柄の起こった度数で割って表したもの。▽「相対頻度」とも言う。

そうたい【総体】①取りまとめて考えた全体。「―をとらえる」 ②《副詞的に》全体⑵。「―無理な話だ」▽疑問文には使わないのが普通。

そうたい【草体】漢字の最もくずした字体。草書体。

そうたい【僧体】→そうぎょう(僧形)。↕俗体

そうだい【壮大】《ダナ》さかんで(大きくて)立派なさま。「―な意図」 派生 **-さ**

そうだい【総代】仲間や関係者全体にかわる代表者。「卒業生―」

ぞうだい【増大】《名・ス自他》ふえて大きくなること。ふやして大きくすること。「不安が―する」

そうだか【総高】すべてを合わせた金額または分量。

そうだがつお【宗太×鰹・×惣太×鰹】カツオに似た海魚。ヒラソウダとマルソウダの二種がある。いずれもカツオより小形で、青緑色の背に虎斑(とらふ)模様がある。削り節にする。▽さば科。

そうだち【総立ち】集まって席についている人々が(興奮や好奇心などで)全員立ち上がること。「満場―になる」

そうたつ【送達】《名・ス他》相手(特に、訴訟上の書類を当事者・関係人)に送り届けること。「書類―」

そうだつ【争奪】《名・ス他》争って、また競争で、奪い合うこと。「選手権の―戦」

そうたん【操短】「操業短縮」の略。

そうだん【僧団】信仰のため、特別の修行に従う僧の集まり。教団。

そうだん【相談】《名・ス他》どうすればよいかなどについて、意見を述べ合ったり、意見を述べてもらったりして考えること。「担当医に―する」「課長と―して決める」「それはできない―(＝相談がまとまらないこと、つまり無理)だ」「―に乗る」「―相手」

そうだん【装弾】《名・ス自》大砲や鉄砲などに、たまをこめること。

ぞうたん【増反】《名・ス自他》農作物の作付(さくづけ)面積を多くすること。↕減反

ぞうたん【増炭】石炭の産出量をふやすこと。

そうち【装置】《名・ス他》ある目的のため、機械・道具・設備などをこしらえ取りつけること。その仕掛け・設備。「動力の―された温泉」「舞台―」

そうち【送致】《名・ス他》送り届けること。送りつけること。特に、刑事関係の事件において、関係書類や被疑者などを捜査機関から他の担当の機関へ送ること。▽後者の場合、同種の機関に移すのは「移送」。

ぞうち【増置】《名・ス他》(今まであるより)ふやして設置すること。

ぞうちく【増築】『名・ス他』今までの建物に更に新たに建て加えること。建て増し。

そうちゃく【早着】『名・ス自』列車などが、定まった時刻よりも早くつくこと。

そうちゃく【装着】『名・ス他』①衣類などを身にまとうこと。②付属品類を本体に取りつけること。

そうちょう【早朝】朝の早いうち。

そうちょう【曹長】旧陸軍下士官の階級の一つ。軍曹の上、准尉の下。また、自衛官の階級で、陸曹長・海曹長・空曹長の通称。

そうちょう【総長】仕事の全体をまとめて管理する役(の人)。「検事—」「参謀—」「大学—」

そうちょう【荘重】『名・ダナ』おごそかで重々しいこと。「式を—に執り行う」派生 **-さ**

ぞうちょう【増長】『名・ス自』①つけ上がって高慢になること。②次第に増して程度が著しくなること。

—てん【—天】四天王の一つ。須弥山(しゅみせん)の中腹で南方を守る。赤身に甲冑(かっちゅう)をつけ剣などを持った姿に作る。▽正しくは「ぞうじょうてん」。

ぞうちょう【増徴】『名・ス他』税金などをさらに多く取り立てること。

そうちょうたい【×宋朝体】活字・書体の一種。楷書体で縦長。▽中国の宋(そう)の時代にできた。

そうづ【僧都】→そうず(僧都)

そうつい【双対】『名ノ』〔論理・数学〕組にできる関係・演算に関し、一方で成り立つ主張と並行的な主張が他方でも成り立つこと。この時、両者は双対だと言い、他方を一方の双対と言う。例、順序関係の対(つい)「aより前」「aより後」、また、論理演算としての「かつ(∧)」と「または(∨)」との対。第二例では、否定演算「¬」を介して、「$\neg(A\wedge B)\equiv(\neg A)\vee(\neg B)$」に対し「$\neg(A\vee B)\equiv(\neg A)\wedge(\neg B)$」という並行性がある。▽dual の訳語。

そうで【総出】全部の者が出る、または出掛けること。「村は—の大祭(おおまつり)」(文部省唱歌「村祭」)

そうてい【壮丁】①成年に達した男。②労役や軍役に服せられる者。

そうてい【送呈】『名・ス他』ひとに品物を送って、さしあげること。進呈。

そうてい【装丁・装×釘・装×幀】『名・ス他』書物を綴(と)じ、表紙をつけ、外形を整えること。また、書物の意匠。▽「幀」を「てい」と読むのは慣用読み。

そうてい【装×蹄】『名・ス自』馬や牛に蹄鉄(ていてつ)を装着すること。「—師」

そうてい【想定】『名・ス他』こういう情況・条件だったらと、仮に考えてみること。「この—のもとに見通しを立てれば」

そうてい【×漕艇】(特に競技用の)ボートをこぐこと。

ぞうてい【贈呈】『名・ス他』ひとに物をさしあげること。「記念品—」「—本」

そうてん【装塡】『名・ス他』すぐ役立つように所定部位に、こめること。「弾丸を—する」「フィルムを—する」

そうてん【操典】旧陸軍で、戦闘の原則・法則などを規定した教則の書物。「歩兵—」

そうてん【争点】訴訟・論争など争いの的となっている、重要な点。

そうてん【総点】点数の合計。総得点。

そうてん【早天】早朝。あけがた。

そうてん【×蒼天】①あおぞら。②春のそら。

そうてん【霜天】霜が置く冬の日(夜)の、きびしい寒さを感じさせる空。

そうでん【相伝】『名・ス他』つぎつぎと、うけ伝えること。「一子—」

そうでん【桑田】くわばたけ。桑園。「—変じて滄海(そうかい)となる」(変遷が激しいことのたとえ)

そうでん【送電】『名・ス自』(電線で)電気を送ること。「—線」

そうてんい【相転移】例えば常温では液体の水が、セ氏零度以下では氷(すなわち固体)となり、百度を越えると水蒸気(すなわち気体)となるように、物質が物理的境界によって状態を一変すること。

そうと【僧徒】僧のともがら。僧。

そうと【壮図】壮大な企て。

そうと【壮途】前途が期待される盛んな首途(かどで)。「—を祝う」「—につく」

そうとう【双頭】頭が二つあること。「—の鷲(わし)」

そうとう【争闘】『名・ス自』争いたたかうこと。闘争。

そうとう【想到】『名・ス自』考えがそこまで及ぶこと。

そうとう【掃討・掃×蕩】『名・ス他』(残っている)敵などをすっかり撃ち払うこと。「—戦」

そうとう【相当】①『名ノ・ス自』その程度・地位などに応じていること。あてはまること。「重役に—する待遇」「佐官および—官」「それ—の処置」「彼の罪は死に—する」▽法曹界では「本条に—である」のようにも使う。「—(に)苦しい」②『ダナ・副』かなりの程度であるさま。「—な人出」「—のできばえ」「—数の反対票」

そうとう【相等】二つのものが互いに他に等しいこと。「—性」▽→ひとしい(1)

そうとう【総統】全体を一つにまとめて、管理する役目(の人)。特に、もとナチス ドイツや中華民国の最高官の職名。

そうどう【僧堂】僧が座禅し、また常に住む堂。

そうどう【草堂】草ぶきの家。草庵(そうあん)。いおり。▽自分の家をへりくだっても言う。

そうどう【双胴】船や航空機の、胴体が二つ並ぶ構造(のもの)。「—フェリー」「—戦闘機」

そうどう【騒動】『名・ス自』人々が騒ぎ立て秩序が乱れること。「お家—」「学校—」

ぞうとう【贈答】『名・ス他』物を人に贈ることと、お返しをすること。

そうどういん【総動員】『名・ス他』全員をかり出すこと。

そうとうしゅう【曹△洞宗】禅宗の一派。鎌倉時代に道元が、宋(そう)から日本に伝えた。▽「そうどうしゅう」とも。

そうとく【総督】統(す)べひきいること。その役目(の人)。特に、植民地の政治・軍事をつかさどる官。「—府」

そうどく【×瘡毒】ばいどく。かさ。

ぞうとく【蔵匿】《名・ス他》人に知られないように隠しておくこと。

そうトンすう【総トン数】船舶のトン数の測り方の一種。船体の全容積から算出した値。▽gross tonnageの訳語。軍艦には排水トンを使う。

そうなめ【総×嘗め】《名・ス他》全部をなめること。㋐「火が村を—にした」㋑全部を負かすこと。「強豪たちを—にする」

そうなん【遭難】《名・ス自》(特に登山・航海などで、命を失うような)災難にであうこと。「冬山で—する」「—事故」「—者」

そうに【僧尼】男の出家と女の出家。僧とあま。

ぞうに【雑煮】もちを野菜その他といっしょに煮た汁もの。多く、正月に食べる。「—を祝う」(雑煮を食べて正月を祝う)

そうにゅう【挿入】《名・ス他》中にさし込むこと。はさみ込み。「—句」

そうにょう【走×繞】漢字の繞(にょう)の一つ。「起」「越」などの「走」の称。

そうにん【奏任】奏上を経て、官職に任命すること。

—かん【—官】もとの官吏任命法で奏任による官。三等から九等の高等官。

そうねん【壮年】血気盛んな年ごろ。働き盛りの年齢の者。

そうねん【早年】まだ年が若い時。↕晩年。「—にして名をあげた」▽多くは、普通のあり方に比べて言う。

そうねん【想念】心の中に思い浮かべる考え。

そうは【×掻×爬】《名・ス他》体内の不用な、または病的組織をかきとること。「歯根の—」。狭義には、堕胎(だたい)のため胎児を守るため子宮内面をかきとること。「母体を守るため胎児を—する」

そうは【争覇】《名・ス自》①覇者となろうとして、争うこと。②転じて、優勝をきそうこと。「—戦」

そうは【走破】《名・ス自》予定した道のりを、(困難にうち勝って)全部走り通すこと。

そうば【相場】①商品が取引される、その時その時の値段。市価。時価。②比喩的に、ねうち。「—が決まっている」(いつも……だと、決まりきっている)③現物をやりとりせず、相場(1)の変動に応じて株券などを売買して利益を得る、投機的取引。「—師」「—に手を出す」

ぞうは【増派】《名・ス他》さらに多く派遣すること。

そうばい【層倍】《名・副》《多くは数を表す漢語に付けて》倍。「人の—も働く」「三—(さんぞうばい)」「薬九—」(薬価は原価の九倍になる。転じて、ぼろもうけの比喩)「数—も大きい」

ぞうはい【増配】《名・ス他》株式の配当、または配給量をふやすこと。↕減配

そうはく【×蒼白】《名ナノ》あおじろいこと。血の気がなく青ざめていること。「顔面—」

そうはく【×糟×粕】酒のしぼりかす。酒かす。「古人の—をなめる」(昔の人の作ったものの精神をくみとらず、形だけをまねるに過ぎない)

そうはつ【双発】発動機が二つあること。「—の旅客機」

そうはつ【総髪】男の髪型の一つ。髪の毛全体をのばし、後頭部でたばねて後ろに垂らすもの。また、たばねないで後ろになでつけるもの。昔、医師や山伏(やまぶし)などがした。

ぞうはつ【増発】《名・ス他》交通機関の出発本数、また、紙幣・国債の発行を、増やすこと。「臨時電車を—します」「赤字国債の—」

そうはつせいちほうしょう【早発性痴×呆症】↓とうごうしっちょうしょう

そうばな【総花】花柳界などで、客が一同の者に与える祝儀(しゅうぎ)。「—式」(貢献度などで差は付けず、関係のある者全部に、恩恵・利益を与えるような、しかた)

そうばん【早晩】《副・ノダ》おそかれはやかれ。いずれいつかは。「—行き詰まる」

ぞうはん【蔵版】版を所蔵していること。その版・版木。

ぞうはん【造反】《名・ス自》身内や仲間をうらぎること。また、たてついたり、反乱を起こしたりすること。▽中国の文化大革命(一九六六年に始まる)で広まった語。

そうび【壮美】壮大な美しさ。

そうび【装備】《名・ス他》①備品をとりつけること。その備品。②軍隊や軍艦などが、武器・備品を備えつけること。その武器・備品。

そうび【×薔×薇】↓しょうび(薔薇)

ぞうひびょう【象皮病】皮膚が増殖・肥大して固くなり、象の皮のようになる病気。フィラリアがリンパ節に寄生して起こるものがよく知られる。

そうひょう【総評】全体についての批評。概評。

そうびょう【宗×廟】帝王の祖先の霊をまつったやしろ。

ぞうひょう【雑兵】指揮者や役づきでない、身分の低い兵隊。陣がさ(2)。

ぞうひん【×贓品】↓ぞうぶつ(贓物)

ぞうびん【増便】《名・ス他》船・航空機やバスの運行回数をふやすこと。↕減便

そうふ【総譜】①合奏や合唱などの全部のパートの楽譜を一まとめに記した楽譜。②碁・将棋で、第一手から終局までの手順が分かるように記した棋譜。

そうふ【送付・送附】《名・ス他》書類などを送ること。

ぞうふ【臓×腑】内臓のこと。五臓六腑(ろっぷ)。はらわた。

そうふう【送風】『名・ス自』風や空気を吹き送ること。「―機」「―管」

そうふく【僧服】 僧が着る定めになっている衣服。ころも。

そうふく【双幅】 二つで一組の軸物。対幅(ついふく)。

ぞうふく【増幅】『名・ス他』(電波の)振幅を大きくすること。「―作用」「―器」「不安を―する」

ぞうぶつ【×贓物】 犯罪行為によって手に入れた物品。贓品(ぞうひん)。

ぞうぶつ【造物】 ①造物主が造った物、つまり天地の万物。②「造物主」の略。 **―しゅ【―主】** 天地の万物を造った者。

そうへい【僧兵】(なぎなたなどの武器を持ち)仏法保護の名のもとに戦闘に従事した僧。特に、平安時代末ごろから延暦寺(えんりゃくじ)・興福寺などで勢力をふるったものを言う。

ぞうへい【増兵】『名・ス自』兵員をふやすこと。派遣する兵隊の数を多くすること。

ぞうへい【造兵】 兵器を製造すること。「―廠(しょう)」(旧軍隊の兵器工場)

ぞうへい【造幣】 貨幣を製造すること。「―局」

そうへき【双璧】 どちらがすぐれているとも定めかねる、二つのすぐれたもの。▽「璧」は宝玉の意。

そうべつ【送別】『名・ス他』別れてゆく人を送ること。「―会」

そうべつ【層別】『名・ス他』統計処理において、特定の集団や複数の物事を、特徴によって分類すること。「顧客を―する」

ぞうほ【増補】『名・ス他』補ってふやすこと。「―版」

そうほう【双方】 あちらとこちらと両方。

そうほう【走法】 走り方。特に陸上競技に言う。「ピッチ―」

そうほう【相法】 人相・地相・家相などをみて、吉凶を占う方法。観相法。

そうほう【奏法】 楽器をあやつって、音楽を演じる方法。演奏のしかた。「ピアノの―」

そうほう【操法】 取り扱い方。「ピストルの―」

そうぼう【僧坊・僧房】 寺院に付属した、僧侶(そうりょ)の住む建物。

そうぼう【双×眸】 左右両方のひとみ。両眼。

そうぼう【×怱忙】 忙しくて落ち着かないこと。「―の間(かん)」

そうぼう【相貌】 顔のありさま。人相。容貌。また、物事のありさま・様子。

そうぼう【想望】『名・ス他』①思い慕うこと。思慕。②待ちのぞむこと。期待。

そうぼう【×蒼×氓】 人民。蒼生(そうせい)。▽「氓」は民の意。

そうぼう【×蒼×茫】『ト タル』あおあおとして、はてしなく広いこと。「―たる大海」

ぞうほう【増俸】『名・ス自』俸給を増すこと。↔減俸

ぞうぼう【像法】 釈迦(しゃか)の死後を三時期に分ける中の一つ。正法(しょうぼう)の後の五百年または一千年間で、教法はまだ存するが、信仰が次第に形式に流れるとされた時期。この後が末法(まっぽう)。

そうほうこう【双方向】 伝達が一方向ではなく、受け手も送り手になることができること。また、その方式。「―テレビ」「―授業」

そうほん【草本】 植物の地上に出ている部分が、軟らかで、木質になっていないものの総称。くさ。↔木本(もくほん)。「―類」

ぞうほん【蔵本】 所蔵する書物。蔵書。

ぞうほん【造本】 書物の印刷・製本・装丁などの、製造技術面の作業。本のつくり。

そうほんざん【総本山】 ①本山の上にあって、一つの宗または一つの派を統轄する寺。②比喩的に、ある組織・流派などの大本(おおもと)。

そうまい【草昧】 世の中がまだ開けず、人知も発達していないこと。「―の世」

そうまくり【総×捲り】『名・ス他』同類の対象を取り上げて、片っ端から暴き立てること。「有名会社(の弱点)を―にする」▽覆っているすべてを捲り上げる意の転。

そうまとう【走馬灯】 まわりどうろう。「学生時代の思い出が―のように浮かぶ」

そうみ【総身】 全身。からだ全体。「―の汗が一度に吹き出す」「大男―に知恵がまわりかね」

そうむ【双務】 契約の当事者の双方が義務を負うこと。↔片務。「―契約」

そうむ【総務】 全体の事務を処理する職・人。「―部」

ぞうむし【象虫】 象の鼻のように長くとがった口吻(こうふん)をもつ甲虫。体長は二センチ以内のものが多い。米を食うコクゾウムシなどもこれ。▽ぞうむし科とその近縁の昆虫の総称。

そうめい【×滄×溟】 あおうなばら。大海。

そうめい【×聡明】『名ナ』頭がさえ、理解力があって(人格にすぐれ)かしこいこと。▽「聡」は耳がさとく「明」は目がさといこと。 派生 **―さ**

そうめいきょく【奏鳴曲】 →ソナタ

そうめつ【掃滅・×剿滅】『名・ス他』(敵や害をなすものを)すっかり滅ぼしてしまうこと。「―作戦」

そうめん【△素麺・△索麺】 小麦粉をこねて細く引きのばして作った乾麺。▽JAS(日本農林規格)では長径一・三ミリ未満のもの。→ひやむぎ・うどん

そうもう【草×莽】 民間。在野。「―の臣」▽「莽」は草・草原の意。

そうもく【草木】 草や木などの植物。「―が茂る」

ぞうもつ【臓物】 内臓。特に、牛・豚・鳥・魚などのはらわた。もつ。「―料理」

そうもん【僧門】 僧。出家。僧の社会。仏門。「―に入る」

そうもん【桑門】 僧侶(そうりょ)のこと。出家。▽沙門(しゃもん)と同じ梵語(ぼんご)の音訳から。

そうもん【総門】 屋敷の一番外側にある大門。また、禅宗の寺で、表門。

そうもん【奏聞】『名・ス他』天子に申し上げること。奏

上。

そうもん【相聞】万葉集の部立ての一つ。唱和・贈答の歌を集めたもの。「―歌」▽恋歌が多く、後世の部立ての「恋」に当たる。

そうゆう【曽遊】今までに、訪れたことがあること。「―の地」

そうゆう【総有】〔法律〕各自の持ち分は定めないが、共同で所有すること。▽↓きょうゆう(共有)

ぞうよ【贈与】『名・ス他』金銭や物品をおくり与えること。

ぞうよう【雑用】①ざつよう。②雑費。

そうよく【双翼】左右二つのつばさ。また、左翼と右翼との両方の部隊。

そうらん【奏覧】『名・ス他』天子にお目にかけること。

そうらん【総覧・×綜覧】①『名・ス他』全部見ること。②『名』ある事物に関係のあるものを一つにまとめた書物。

そうらん【総×攬】『名・ス他』一手ににぎって統(す)べおさめること。

そうらん【争乱】力の争いが引き起こす世の乱れ。「―の時代」

そうらん【騒乱】世の中に騒ぎが起こって秩序が乱れること。騒動。

そうり【総理】①『名・ス他』統一管理すること。「総裁は日本銀行を代表し、業務を―する」②『名』「内閣総理大臣」の略。▽本人に呼び掛けるには「首相」よりこちらを使う。

ぞうり【草履】はなおがあり、歯がなく、底の平らな履物。「わら―」「尻切れ―」 **―とり**【―取(り)】室町時代以後、武家に仕え、主人の草履を持って供をする、身分の低い召使。ぞうりもち。 **―むし**【―虫】池やたまり水などにすむ単細胞生物。体長約〇・三ミリ。草履のような形で無色または淡褐色。繊毛を使って泳ぐ。▽ぞうりむし属の生物の総称。

そうりつ【創立】『名・ス他』はじめて設立すること。創設。創建。「―記念日」

ぞうりゅう【造立】『名・ス他』↓こんりゅう(建立)

そうりょ【僧侶】出家して仏門にはいった人。僧。▽本来は、仏教の修行者の集団を言う。

そうりょう【爽涼】夏の早朝とか初秋とかの、さわやかな涼しさ。「―の気」

そうりょう【総量】全体の分量。全体の重量。

そうりょう【総領】①家の名跡(みょうせき)をつぐ者。あと取り。②転じて、最初に生まれた子供。「―の甚六」(長男を皮肉って言う語)「―娘」

そうりょう【送料】物品を送るのに必要な料金。送り賃。

ぞうりょう【増量】『名・ス自他』量がふえること。量をふやすこと。↕減量

そうりょうじ【総領事】外国に勤務する外交官で、最上級の領事。

そうりょく【総力】すべての力。あらんかぎりの力。あらゆる方面の力。 **―せん**【―戦】①国家(国家群)の軍事・政治・経済・社会心理など、すべての分野の力を出して行う戦争。▽total war の訳語。②転じて、その集団のすべての力を使って事に当たること。「点の取り合いに―で勝つ」

そうりん【僧林】僧侶(そうりょ)が集まっている所。大きな寺。

そうりん【×叢林】①木が群がって生えている林。②僧林。

そうりん【相輪】〔仏〕塔の最上部の、露盤・九輪(くりん)・水煙(すいえん)・宝珠(ほうじゅ)等で成る装飾物。▽「九輪」とも言う。

ぞうりん【造林】『名・ス自』木を植え、または育てて森林を造ること。

ソウル「ソウル ミュージック」の略。リズム アンド ブルースにゴスペルの要素を取り入れた、アメリカ黒人音楽。▽soul(=魂) music から。

そうるい【藻類】水中や湿地などに生育し、葉緑素など光合成のための色素をもつ植物の総称。種類が多い。藻(も)。

そうれい【壮齢】血気盛んな年ごろ。壮年。

そうれい【壮麗】『名・ダナ』規模が大きく、整って美しいこと。「―にそびえる富士山」 派生 **-さ**

そうれい【葬礼】とむらい。葬儀。葬式。

そうれつ【壮烈】『名・ダナ』勇壮で勢いが激しい(はなばなしく立派な)こと。「―な戦死を遂げる」 派生 **-さ**

そうれつ【葬列】葬送の行列。

そうれん【操練】『名・ス他』部隊をまとめ(=操)て、前進・退却などの密集運動の訓練をすること。

そうろ【走路】競技者が走るように定めたみち。コース。

そうろ-う(さうらふ)【候(う)】『四自』《候文(そうろうぶん)、特に書簡文で、助動詞的に》㋐《「に(て)」「で」に付いて、または形容詞型活用語などの連用形に付いて》ございます。「急の事に(て)―間(あいだ)」「なつかしう―」「いかが取計らうべく―や」㋑《動詞型活用語の連用形に付いて》ます。「承り**そうら**えば」「以前より存じ上げ―」▽文語動詞「さぶらふ(=貴人のそばに仕える)」の転じた形。

そうろう【早老】年のわりにふけていること。

そうろう【×蹌×踉】『ト タル』足もとが定まらず、ふらふらとよろけるさま。「―として、さまよう」

そうろうぶん(さうらふ…)【候文】「候」という言葉を使って書く文語文の一種。▽手紙に多く使った。

そうろん【争論】『名・ス自』言いあらそうこと。また、議論をたたかわすこと。論争。

そうろん【総論】全体をまとめて述べた論。↕各論。「―賛成、各論反対」

そうわ【挿話】文章や談話の中途にはさみこまれる、本筋と直接関係がない短い話。エピソード。

そうわ【送話】『名・ス自』電話・ラジオなどで、話を向こうに送ること。↕受話。「―器」

そうわ【総和】〘名・ス他〙幾つかの数・量の全部を加えた合計。総計。

ぞうわい【贈賄】〘名・ス自〙わいろをおくること。↕収賄。「―罪」

そえうま【△副え馬】馬車などで、中心となって車をひく馬のわきに、控えとしてつける馬。

そえがき【添(え)書(き)】〘名・ス自他〙①書画などに、その由来などを書いて、添えておくこと。その文書。②手紙の終わりに、更に書きたすこと。追って書き。

そえぎ【添え木・△副え木】①支えとして木をあてがうこと。その木(棒・板)。②→ふくぼく

そえじょう【添(え)状】用向き・事情の説明などを記し、物や人に添えて送る手紙。

そえぢ【添え乳】そばに寝て、乳児に乳を飲ませること。

そえもの【添え物】①つけ足しのもの。特に、景品やおかず。②つけ加えにすぎないもの。「あの重役は―さ」

そ-える【添える・△副える】〘下一他〙そばにつける。そばにおく。いっしょにつける。㋐補助・ささえとする。「使い方を書いた手紙を―・えて渡す」「看護師を―・えて散歩させる」「手を―・えてやる」「口を―」㋑付加する。「おかずを―・えて食べる」「景品を―」「酒席に色を―」「興(きょう)を―」「手紙に―・えて口上を述べさせる」

そえん【疎遠】〘名ナノ〙行き来や文通が絶えて、親密さに欠けること。「平生は―な親戚」 派生 **-さ**

ソーシャリズム →ソシアリズム

ソーシャル ダンス →ソシアル ダンス

ソーシャル ネットワーキング サービス →エスエヌエス。▽social networking service

ソーシャル メディア インターネット上で、利用者同士が情報交換できるサービスの総称。▽social media

ソーシャル ワーカー 職業として社会福祉活動に従事する専門家の総称。▽social worker

ソース ①西洋料理で、料理にかけたり混ぜこんだりする液体調味料。「ホワイト―」「ウスター―」▽sauce ②出どころ。源泉。「ニュース―」▽source

ソーセージ 洗った牛・豚・羊などの腸に、香辛料で味つけしたひき肉や血を詰め、蒸したり乾燥させたりした食品。腸詰め。▽sausage

ソーダ【曹△達】①ナトリウム塩(えん)の俗称。特に、炭酸ソーダ(＝炭酸ナトリウム)を言う。▽オランダ soda ②「ソーダ水」の略。 **―すい【―水】**清涼飲料水の一種。水に無機塩類・炭酸ガスを入れたもの。炭酸水。▽普通はシロップを加える。加えないものは「プレーン ソーダ」と言う。

ソート〘名・ス他〙データを一定の基準に従って並べかえること。「ABC順に―する」▽sort(＝分類する)

ソープレス ソープ 石鹸(せっけん)分を含まない洗剤。水にとかして中性で、硬水にも使える。▽soapless soap

ソーホー【SOHO】パソコンやインターネットを活用して、自宅など小規模のオフィスで仕事をする形態。▽small office home office から。

ソーラー 太陽の。太陽エネルギーを利用した。「―カー」「―パネル」(大きな板状の太陽電池)▽solar

ゾーン 地域。地帯。区域。「スクール―」「グレー―」▽zone

そか【粗菓】粗末な菓子。▽他人に贈ったり勧めたりする時の、へりくだった言い方。

そかい【租界】もと中国の開港都市で、外国人が警察・行政を管理する一定の地域。

そかい【疎開】〘名・ス自他〙敵襲・火災などによる損害を少なくするため、集中している人や物を分散すること。▽第二次大戦中の学童疎開もこの一種。

そかい【素懐】平素からいだいている思い・願い。

そがい【疎外】〘名・ス他〙よそよそしくして、近づけない状態にすること。「職場で―されている」

そがい【阻害・阻×碍】〘名・ス他〙じゃますること。妨げること。

そかく【疎隔】〘名・ス自他〙うとくなって隔たりが生じること。また、うとんで隔てること。「意思の―が生じた」

そかく【阻隔】〘名・ス自他〙はばまれ隔たること。はばみ隔てること。

そかく【組閣】〘名・ス自〙内閣を組織すること。

そがん【訴願】〘名・ス他〙訴え出て、願うこと。

そぎいた【△殺ぎ板】木を薄くそいで作った、小さな板。屋根をふくのに使う。

そぎぎり【△削ぎ切り】食材の切り方の一種。包丁を斜めにねかせて、ごく薄くそいで切ること。

そぎだけ【△殺ぎ竹】先をそいで、するどくとがらせた竹。

そきゅう【訴求】〘名・ス自〙宣伝・広告などで、消費者が買う気を起こすよう訴えかけること。「―効果」

そきゅう【遡及・×溯及】〘名・ス自〙さかのぼって、過去の事まで効力を及ぼすこと。過去にさかのぼること。「―効果」▽慣用読みでは「さっきゅう」。

そぎょう【祖業】祖先が手をつけ、今までうけ継いで来た仕事・事業。

そく【即】【卽】 ソク すなわち つく ―①ぴったりとつく。「即位・不即不離・即応・即事・即物的」②〘副・造〙時をうつさず。ただちに。すぐ。「準備が出来たら即実行だ」「即座・即席・即今・即夜・即刻・即時・即金・即決・即断・即効・即吟・即答・即妙・即興・即題・即死」③接続の助字。すなわち。とりもなおさず。「色即是空」

そく【*束】 ソク たば つかねる つか ―①たばにする。一まとめにしたもの。「束脩(そくしゅう)・束髪・束縛・束帯・羈束(きそく)・拘束・検束・結束・収束・約束」②㋐稲十把(ぱ)。また、紙十帖(じょう)。また、百を単位にして言う数詞。

「二束三文(もん)」「束釣り」㋑指を四本並べた幅。「十三束三つ伏せの矢」㋒蟇目(ひきめ)の矢(＝大型のかぶら矢)二十本の称。

そく〖*速〗［速］ ソク はやい はやめる はやまる すみやか ―①はやい。すみやかである。すみやかに。↕遅。「遅速・速度・速力・速写・速記・速断・速答・速報・速達・速成・速射・速球・早速(さっそく)・迅速・拙速・急速・敏速・失速・神速」②はやさ。「秒速・時速・等速・風速・音速」

そく〖*足〗 ソク あし たりる たる たす ―①㋐下肢。くるぶしから先の部分。また、股から下。あし。「足跡・足下・手足・頭足・首足・義足・四足・蛇足(だそく)・土足・一挙手一投足」㋑動物のあしの形に似て、物をささえるもの。「鼎足(ていそく)」㋒物の下部。②足でゆく。あるく。あゆみ。「遠足・長足・駿足(しゅんそく)・鈍足・禁足・発足(ほっそく)・御足労」③㋐十分にある。欠けたところがない。たりる。「満足・自足・不足・具足」㋑たりないのを補う。加える。たす。「補足・充足」④門弟・弟子(でし)のこと。「高足・逸足・俊足」⑤㋐両足につけて一組になるものを数えるのに用いる語。「たび五足」「靴一足」㋑両足をそろえて飛ぶ動作を数える語。「一足飛び」

そく〖促〗 ソク うながす せまる ―①せきたてる。うながす。「促成・促進・催促・督促」②間をつめる。つまる。早くする。すみやか。「促音・促歩」

そく〖*則〗 ソク のり のっとる すなわち ―①きまり。規定。常に変わらない法。のり。「法則・規則・原則・定則・通則・本則・付則・準則・変則・鉄則・校則・会則・社則・党則・犯則・教則・禁則・総則・細則・罰則・反則」②列挙した事柄を数える語。条。「十規七則」③手本としてならう。のっとる。「則天去私」(天を手本として私心を去る)④接続の助字。すなわち。とりもなおさず。すぐに。

そく〖*側〗 ソク かわ がわ そば ―①近い所。そば。かたわら。わき。「側近・君側・側室・両側」②㋐対立する一方のがわ。「左側通行」㋑正面または背面でないがわ。「側面・側背・側壁・側圧・舷側」③そばだつ。そばだてる。かたよる。「側目(そくもく・そばめ)」④いやしい。「側陋(そくろう)」⑤ほのか。「側聞」

そく〖*測〗 ソク はかる ―①水の深さをはかる。すべて物事の広狭・深浅等の量をはかる。「測量・測地・測天・測候・測定・測深・測距・目測・観測」②おしはかる。「推測・予測・臆測・不測」

そく〖*息〗 ソク いき いきづく やすむ やむ むすこ ―①呼吸。呼吸する。いき。いきづく。「長息・大息・喘息(ぜんそく)・嘆息・気息・絶息」②生きながらえる。生存する。「生息・消息・棲息(せいそく)」③やすむ。やすらぐ。いこう。「安息・休息・姑息(こそく)」④やむ。やめる。「終息・息災」⑤生む。生んだもの。子供。むすこ。「息男・息女・子息・令息・愚息」⑥ふえる。ふやす。ふえたもの。利子。「利息」

そ-ぐ【△殺ぐ・△削ぐ】《五他》薄く切り離す。㋐物の先をとがるように切る。「竹を―」「ゴボウを―」。髪の先を切る。「鬢(びん)を―」㋑(刃物などで)切り落とす。「耳を―」㋒減らす。「感興を―」「気勢を―」

ぞく〖俗〗 ゾク ―①《名・造》ならい。ならわし。「太古の俗」「風俗・習俗・世俗・民俗・良風美俗・土俗・通俗」▽上からの感化を「風」、下でのならわしを「俗」と言う。②《名・造》ありふれた。世間普通の。高雅でない。「俗にいう狐雨(きつねあめ)さ」「俗化・俗謡・俗説・俗諺(ぞくげん)・俗語・俗字・俗悪・俗称・雅俗・凡俗・低俗・脱俗・卑俗」③《名ナノ・造》利害得失にあくせくしている、また、品(ひん)・みやびさに欠けること。「俗な人間」「俗物・俗人・俗臭・俗論・超俗」④出家した僧に対して、出家していない世俗の人。聖職者でない人。「僧俗・俗名(ぞくみょう)・在俗・還俗(げんぞく)」

ぞく〖*族〗 ゾク やから ―①㋐同じ祖先から分かれた血統の者。みうち。やから。うから。一門。「一族・血族・部族・同族・家族・氏族・豪族・名族・宗族・親族・九族・遺族・民族・族姓・族称」㋑血統上の身分。「皇族・華族・貴族」㋒同類のなかま。「種族・語族・水族館・斜陽族・ゴルフ族・防衛族・族議員(↓ぞくぎいん)」②《ス自・造》罪を父母・妻子等の一族に及ぼす刑罰。「族する・族滅」③あつまる。むらがる。「族生(ぞくせい・そうせい)」④〔数学〕その元が集合であるなど、「集合」と呼ぶと混乱する場合に「集合」に代えて用いる語。「集合族・関数族」▽⑷は family の訳語。

ぞく〖*属〗［屬］ ゾク ショク つく ―①つきしたがう。つく。つける。「属性・属兵・属吏・属僚・属国・属島・属領・属目(しょくもく)・付属・従属・隷属・帰属・服属・臣属・所属・専属・軍属・無所属」②よせる。まかせる。たのむ。「ショク」と読む。「属望・属託」③㋐なかま。たぐい。みうち。「親属・眷属(けんぞく)・尊属・家属・九属・金属・貴金属」㋑生物分類上の単位。科の下、種の上。「いぬ科いぬ属」④つづく。つらなる。つらねる。つづる。「属文(しょくぶん)」⑤令(りょう)制で、四等官の第四。さかん。明治の官制で、判任文官。「文部属」

ぞく〖*続〗［續］ ゾク ショク つぐ つづく つづける ―《名・造》糸が切れないようにつなぐ。つぐ。つづける。つづく。「正続二巻からなる」「連続・接続・継続・相続・持続・存続・陸続・断続・後続・続続・続行・続開・続編・続生・続発・続日本紀(しょくにほんぎ)」

ぞく〖賊〗［賊］ ゾク そこなう ―①《名・造》他人の財物をぬすみとる。ぬすみ。また、ぬす人。わる者。「賊を捕らえる」「賊盗・賊徒・盗賊・山賊・大賊・女賊・馬賊・義賊」②人を武器できずつける。そこなう。やぶる。「賊害・残賊」③国家を乱す者。不忠不孝の者。謀反人。「賊臣・賊軍・賊将・賊兵・逆賊・国賊・姦賊(かんぞく)・乱臣賊子」

ぞくあく【俗悪】《名ナノ》通俗的で下品なこと。「―な

音楽」[派生]-さ
そくあつ【側圧】 流体が容器や物体の側面に及ぼす圧力。
そくい【△続△飯】 飯粒をつぶし、練って作った、ねばりけの強いのり。▽「そっくい」とも言う。
そくい【即位】《名・ス自》帝王の位につくこと。また天皇が践祚(せんそ)の後、位についた大礼を行うこと。「—式」▽↓せんそ
そくいん【×惻隠】 あわれみ、いたむこと。同情すること。「—の情」
そぐ-う《五自》《打消しを伴って使う》↓そぐわない
ぞくうけ【俗受け】《名・ス自》大衆の気にいること。俗世間の評判を得ること。「—をねらう」
そくえい【即詠】《名・ス他》(題を出されて)その場ですぐに吟詠すること。また、その詩歌。即吟。
ぞくえい【続映】《名・ス他》①その映画が好評のため、予定より日延べして上映すること。②続いて上映すること。「後編は次週—」
そくえん【測鉛】 水中に投げ入れて水の深さを測る器具。縄の端に鉛のおもりをつけたもの。
ぞくえん【俗縁】 俗人としての縁。僧が出家する前の親類・縁者。「—につながる」
ぞくえん【続演】《名・ス他》①その興行が好評のため、予定より日延べして上演すること。②前のに引き続いて上演すること。
そくおう【即応】《名・ス自》①ある状態にぴったり当てはまること。「時勢に—して」②ただちに対応すること。
そくおん【促音】「きって(切手)」「いっしん(一心)」「けっか(結果)」「ラッパ」などの、仮名「つ」「ツ」を小さく書いたもので表される部分の音。つまる音。
そくおんびん【促音便】「ち」「り」「ひ」等が促音に変わる音便。「立ちて」が「立って」、「をひと(夫)」が「をっと」となる類。

そくが【側×臥】《名・ス自》脇を下にして、横に寝ること。
ぞくが【俗画】 卑俗な絵。俗っぽい絵。
ぞくがく【俗学】 世間に行われているだけで、浅薄な学問。
ぞくがく【俗楽】 ①民衆の音楽。三味線(しゃみせん)・箏(そう)などの曲や俗謡などの総称。②卑俗な音楽・音曲。
ぞくがら【続柄】〔俗〕↓つづきがら
ぞくがん【俗眼】 世間一般の人の見る目。俗人の見るところ。
ぞくき【俗気】 ↓ぞくけ
ぞくぎいん【族議員】〔俗〕個々には「道路族」「防衛族」などと呼ばれる、関係省庁や関係業界などの便宜・利益を図って働き掛ける国会議員の総称。
そくぎん【即吟】《名・ス他》↓そくえい
ぞくぐん【賊軍】 支配者、特に朝廷に敵対する軍勢。↕官軍
ぞくけ【俗気】 俗人くさい気持・気風。ぞくき。ぞっき。ぞっけ。「—が強い」
そくげん【塞源】《名・ス自》(弊害などの生じる)みなもとをふさぐこと。「抜本—」
ぞくげん【俗言】 ①世俗に用いられる言葉。みやびやかでない言葉。俗語。↕雅言。②世間のとりざた。世の中のうわさ。▽(2)は古風。
ぞくげん【俗×諺】 世間で言われる、ことわざ。俗間のことわざ。俚諺(りげん)。
ぞくご【俗語】(標準的な言葉に対して)卑俗で、格調の高い文章には使わない方がよいとされる言葉。また、(雅語に対して)世間で普通に使われる言葉。▽「俗称」(1)は正式でないという事にとどまるが、「俗語」は正式な言い方の有無にかかわらず、品詞も名詞に限らない。
そくざ【即座】 すぐ、その場。「—に答える」「—の応答」
そくさい【息災】《名ナ》健康なこと。達者。無事。「無病—」▽仏力で災難を消滅する(=息)意から。**—えんめい【—延命】** わざわいを取り去り、命をのばすこと。▽「延命息災」とも言う。
ぞくさい【俗才】 俗事を巧みにやってのける才能。世才。
ぞくさい【続載】《名・ス他》続けて掲載・記載すること。
そくさん【速算】《名・ス他》てばやく計算すること。「—表」
そくし【即死】《名・ス自》(事故などが起こった)その場ですぐ死ぬこと。
そくじ【即事】 その場で目にする事柄。「春景—と題する漢詩」
そくじ【即時】 すぐその時。すぐさま。「—通話」「—に到着」
ぞくし【賊子】 ①むほん人。「乱臣—」②不孝の子。▽漢文的表現。
ぞくじ【俗字】 世間で用いる、正体でない字。↕正字
ぞくじ【俗事】 世間的な、つまらない煩わしい事。
ぞくじ【俗耳】 世間の人々の耳。一般の人々の耳。「—に入りやすい」
そくしつ【側室】 貴人のめかけ。そばめ。↕正室
そくじつ【即日】 すぐその日。当日。「—開票」
そくしゃ【速写】《名・ス他》(写真などを)すばやく写すこと。
そくしゃ【速射】《名・ス他》すばやく、つづけざまに、発射すること。「—砲」
ぞくじゅ【俗儒】 見識が狭い、くだらない儒学者。また、平凡な学者。
そくしゅう【束×脩】 入門の時、先生に持参する礼の贈り物。▽もと、たばにした、ほし肉のこと。中国古代、これを入門のとき持参した。
ぞくしゅう【俗臭】 いかにも俗世間のものだという感じ。俗っぽさ。「—芬々(ふんぷん)」
ぞくしゅう【俗習】 世間一般の習慣。

ぞくしゅつ【続出】『名・ス自』同じような物事が続いて数多く出たり起こったりすること。「異論―」

そくじょ【息女】身分ある人のむすめ。また、人のむすめを敬って言う語。

ぞくしょ【俗書】①通俗的な本。くだらない本。②気品のない筆跡。俗筆。

ぞくしょう【俗称】『名・ス他』①普通に使っている、正式でない呼び名。▽→ぞくご。②出家する前の名前。▽→ぞくみょう

ぞくしょう【族称】旧制で、国民の階級上の称。華族・士族・平民の別があった。

ぞくしょう【賊将】賊の大将。賊軍の将軍。

そくしん【促進】『名・ス他』関係者をうながして物事が速く運ぶようにすること。「社会参加を―する」「―を図る」「販売―」

そくしん【測深】『名・ス自他』(水底・海底までの)深さを測ること。

ぞくしん【俗信】世間で信じられてきたこと・もの。うらない・まじない・妖怪など。

ぞくしん【続伸】『名・ス自』相場が(連日)引き続いて上がること。続騰。↔続落

ぞくしん【賊臣】主君にそむく臣下。

ぞくじん【俗人】世間一般の人。㋐利益や評判しか考えないような、くだらない人物。㋑風雅の心がわからない人。㋒僧でない人。

ぞくじん【俗×塵】浮世のちり。俗世間の煩わしい事柄のたとえ。「―にまみれた」「―を避ける」

ぞくじん【属人】〔法律〕人をもととして考えること。↔属地。「―主義」(人が現在どこに居るかに関せず、本国の法の適用を受けるべきだという主義)

そくしんじょうぶつ【即身成仏】〔仏〕生きているままで、究極の悟りを開き仏になること。▽真言密教の教義。

ぞく-す【属す】『五自』→ぞくする(属)

そく-する ㊀【則する】『サ変自』それを規準として、従う。のっとる。「法に―して」㊁【即する】『サ変自』ぴったりつく。「事実に―して」

ぞく-する【属する】『サ変自』ある範囲の中に、はいる。また、はいっている。㋐従う。従属する。㋑区分・種類・集団等の系統につながる。

ぞく-する【賊する】『サ変他』人を武器で傷つけたり、殺したりする。そこなう。▽既に古風。

ぞくせ【俗世】世の中。俗世間。▽「ぞくせい」とも言う。

そくせい ①【即製】『名・ス他』その場ですぐつくること。「―の品」②【速成】『名・ス他自』短期間で仕上げること、仕上がること。「―教育」③【促成】『名・ス他』人工を加えて、早く成長させること。「―栽培」

ぞくせい【俗姓】僧が出家する前の、俗人としての苗字(みょうじ)。ぞくしょう。

ぞくせい【属性】その事物が持っている性質。▽哲学では普通、それに固有の性質を言うが、情報科学などでは、一時的にそなえる場合も含めて対象の特性を言う。多くは関係と区別して使う。

ぞくせい【族制】家族・氏族・部族などのように、血縁関係に基づいて集団を形作る、その制度。

ぞくせい【族生・×簇生】『名・ス自』→そうせい(叢生)

ぞくせい【続生】『名・ス自』引き続いて生まれること。つぎつぎに起こること。

そくせき【即席】その場で、すぐにすること。㋐即座に作ること。「―のスピーチ」㋑手間をかけないで、その場の間に合うこと。インスタント。「―ラーメン」

そくせき【足跡】①あしあと。「―を印する」②比喩的に、業績。「輝かしい―を残す」

ぞくせけん【俗世間】俗人たちが住むこの世の中。

ぞくせつ【俗説】世間に言い伝えられる(根拠のない)説。

そくせん【側線】①列車の運転に常用する線路以外の、操車用の線路や工場への引込み線など。②魚類や両生類の、体の両わきに一列に並んでいる感覚器。

そくせんそっけつ【速戦即決】長く戦い続けることなく、一気に勝敗を決してしまうこと。

そくせんりょく【即戦力】訓練を受けなくてもすぐに(=即)、物事を遂行するために必要な働き手になること。そういう人。「甲子園経験者は―になる」▽「即(=ただちに)、戦力になる」と言った「即戦力」部分の誤認で出来た語。

ぞくそう【俗僧】俗っぽくて、出家らしくない僧。

そくそく【側側・×惻×惻】『ト タル』(いたましさ・同情などを)身にしみて感じるさま。「―として人を動かす」

ぞくぞく『副[と]・ス自』①寒気(さむけ)を感じるさま。「熱があるのか、背中が―する」②恐怖・不快・うれしさ・感動などで身内がふるえるように感じるさま。「―するほど面白い」

ぞくぞく【続続】『副[と]』あとからあとからと、続けざまに。「―(と)入荷する」

そくたい【束帯】平安時代以降、天皇および文武百官が朝廷の公事(くじ)の際に着る、正式の服装。「衣冠―」▽今も宮中儀式には使う。

そくだい【即題】①即座に出され、その場でそれに答えて作るように求められる、詩歌等の題。②自分で作曲しながら、それを即座に演奏すること。「―曲」

ぞくたい【俗体】①僧でない、普通の世間の人の姿。俗人の風体(ふうてい)。↔僧体・法体。②不風流な様子。また(詩歌等の)卑俗な様式。③世間で行われる正しくない字体。

ぞくたい【俗△諦】〔仏〕世間の実際に即して平易に説いた道理。相対的・世俗的な真理。世諦(せたい)。↔真諦(しんたい)

そくだく【即諾】『名・ス他』その場ですぐ承諾すること。

そくたつ【速達】「速達郵便」の略。一般の郵便物より

も早く送達する制度。その郵便物。「―便」

そくだん【即断】〘名・ス他〙その場ですぐ決断すること。

そくだん【速断】〘名・ス他〙①すばやく判断・決断すること。「―を要する」②早まって判断すること。軽率に決断すること。「―に過ぎた」

ぞくだん【俗談】俗事に関する話。世間話。

そくち【測地】〘名・ス自〙土地を測量すること。「―学」 **―せん**【―線】曲面上の二点を最短距離で結ぶ曲線。

ぞくち【属地】①付属した土地。②〔法律〕その土地をもととして考えること。↔属人。「―主義」

ぞくちょう【族長】一族の長。

ぞくちょう【続×貂】すぐれた者のあとに劣った者が続くこと。▽多くは、他人の仕事をつぐ時のへりくだった言い方。冠の飾りにする貂(てん)の皮が不足して、犬の尾をついだという、中国の故事から。

ぞくっと〘副〙一瞬、寒気を感じるさま。ぞくりと。「事故を見て、―寒気が走った」「背中が―する」

ぞくっぽ-い【俗っぽい】〘形〙通俗的だ。俗臭を感じさせる。「―趣味」 派生 **-さ**

そくてい【測定】〘名・ス他〙あるものについて、量がどれほどかを測(はか)って値を得ること。「血圧を―する」「―値」

ぞくでん【俗伝】世間の言い伝え。「―に過ぎない」

そくど【測度】ある事柄を測るのに用いる数値。特に数学で、長さ・面積・体積などの概念を拡張した、一定の数学的条件を満たすように定義された実数値。▽measure の訳語。

そくど【速度】①はやさ⑴㋑。「仕事が急―で進む」「光―」「反応―」②〔物理〕(単位)時間に対して、動くものが位置を変えてゆく割合。▽⑵は動く方向を合わせて考える。移動距離にだけ着目する時には、普通「速さ」と言う。

ぞくと【賊徒】①ぬすびとの仲間。②朝敵のやから。

そくとう【即答】〘名・ス自〙聞かれて、その場ですぐ答えること。「―を避ける」

そくとう【速答】〘名・ス自〙さっさと答えること。

そくどう【側道】高速道路などに沿うように設けた道。

ぞくとう【属島】大陸または本島に属する島。

ぞくとう【続投】〘名・ス自〙①野球で、投手が交代せずに投げ続けること。②転じて、任期の区切りになっても役職を退かずそのまま続けること。

ぞくとう【続騰】〘名・ス自〙相場が(連日)引き続いて上がること。続伸。↔続落

ぞくとう【賊党】→ぞくと

そくどく【速読】〘名・ス他〙本などを速く読むこと。「―術」

そくねつ【足熱】足の部分を温めること。「頭寒(ずかん)―」

ぞくねん【俗念】世俗的な考え。名誉や利益を得たいと思う心。「―を去る」

そくのう【即納】〘名・ス他〙その場ですぐ納めること。

そくばい【即売】〘名・ス他〙展示会などで、売買の契約が成立するのと同時に、展示品である現物を売ること。「―会」

ぞくはい【俗輩】俗人ども。

そくばく【束縛】〘名・ス他〙動き・働きの自由に制限を加えること。↔自由。「―された生活」「時間に―される」「―を解く」▽もと、固くしばる意。

そくはつ【束髪】髪を一まとめにして束ねること。特に、明治時代以後、流行した女性の洋髪の一つ。

ぞくはつ【続発】〘名・ス自〙引き続いてつぎつぎと起こること。(事件・事故などが)続けざまに発生すること。

ぞくばなれ【俗離れ】〘名・ス自〙考えや行動などが俗世間からかけ離れていること。

そくび【素首】首をいやしめていう言葉。そっくび。

そくひつ【速筆】ものを書くのが、はやいこと。↔遅筆

ぞくひつ【俗筆】俗悪・下品な筆跡。

ぞくぶつ【俗物】いかにも俗人らしい人物。名利にばかりとらわれている、くだらない人物。

そくぶつてき【即物的】〘ダナ〙①(主観や理想を交えないで)現実に即してものを見たり考えたりするさま。「―文体」②物質的なことをおもにするさま。「―すぎる」

そくぶん【側聞・×仄聞】〘名・ス他〙(人づて等によって)うすうす聞くこと。▽「側」も「仄」も、ほのかの意。

ぞくぶん【俗文】①俗語を使って書いた文。通俗体の文。②くだらない文章。

ぞくへい【続柄】「つづきがら」(続柄)を音読みにした語。

ぞくへい【賊兵】賊軍の兵隊。

そくへき【側壁】わきを隔て仕切る壁。側面の仕切り。

ぞくへん【続編・続×篇】論文・書物・映画などで、前の編に続くもの。↔正編

そくほ【速歩】(健康のため)かなりの速さで歩くこと。▽→はやあし

そくほう【速報】〘名・ス他〙ある事が起こると、さっそく知らせること。その知らせ。「開票―」「―が流れる」

そくほう【側方】左右の方向。左右の側面。

ぞくほう【続報】〘名・ス他〙続いて知らせること。その知らせ。

ぞくほん【俗本】世間に広まっている通俗的(卑俗)な本。俗書。

そくみょう【即妙】即座の機知。頓才。「当意―」

ぞくみょう【俗名】①〔仏〕世間に身を置いていた時の名。㋐出家する前の名。㋑(在家信者が)生きていた時の名。②俗称⑴。▽「ぞくめい」とも言う。

ぞくむ【俗務】世俗のつとめ。世の中のつまらない仕事。

ぞくめい【俗名】①→ぞくみょう。②つまらない名

声。

そくめい【賊名】賊という名。「―を着せられる」

そくめん【側面】①横の面。↔正面。㋐物体の左右の面。「―図」㋑立体の上面・底面でない面。「角柱の―」㋒わき。「敵軍の―を突く」「―から援助する」②さまざまの性質をもった存在の、それぞれの面。「彼にそんな―もあったとは」「―的な見方に過ぎない」「―観」(全体を押さえず、一面だけを見る見方)

―じゅうたい【―縦隊】前後数列の横隊の各員が横を向き、縦隊のように進行方向に長くつらなる列とした隊形。

そくや【即夜】《普通、副詞的に》すぐ、その夜。

ぞくよう【俗用】①世俗にかかわる、つまらない用事。②(正式ではない)世間一般の使い方・用法。

ぞくよう【俗謡】民間にはやる通俗的なうたいもの。多くは、小唄(こうた)・民謡などを指す。

ぞくらく【続落】《名・ス自》相場が(連日)引き続いて下がること。↔続騰・続伸。▽「ぞくおち」とも言う。

ぞくり【俗吏】凡俗な官吏。俗物である役人。

ぞくりゅう【俗流】俗物の仲間。物事の本質を理解しない連中。

ぞくりゅう【×粟粒】粟(あわ)の実ぐらいの、非常に小さいつぶ。「―結核」

そくりょう【測量】《名・ス他》地表の一部分の位置・形・面積などを精密に測定すること。その作業。「―士」

ぞくりょう【属僚】下役の仲間。下級役人。

ぞくりょう【属領】本国に付属した領土。

そくりょく【速力】運動体(主に乗り物)の、はやさ。

そくろう【足労】足を使って移動する労力・疲れ。「御―を煩わす」(わざわざ出向いていただく)

ぞくろん【俗論】世俗の議論。卑俗な論。

そぐわない(そぐはない)《連語》似合わしくない。つり合わない。「顔つきに―やさしい声だ」▽「そぐわぬ」とも言う。

そけい【粗景】粗末な景品。▽商店などが客に出す景品を、へりくだっていう言い方。

そけい【素×馨】インド・ペルシア原産の常緑小低木。夏、芳香のある白色の花が咲く。ジャスミンの一種で、観賞用に栽培するほか、花から香料を製する。▽もくせい科。

そけい【×鼠径・×鼠×蹊】足が胴につながる所の内側。鼠径部。「―腺」▽「径」は代用字。

そげき【狙撃】《名・ス他》人をねらいうちにすること。「―兵」

ソケット 電線の先にとりつけ、そこに電球(や蛍光灯)をねじ(または差し)こむための器具。▽socket

そ-げる【△殺げる・△削げる】《下一自》そがれた状態になる。削られて薄くなる。削り取られる。

そけん【訴件】〔法律〕訴訟の事件。

そけん【訴権】〔法律〕国家に対して個人の権利の保護を要求する権利。裁判所に訴訟する権利。

そげん【遡源・×溯源】《名・ス自》みなもとにさかのぼること。もとをきわめること。▽慣用読みでは「さくげん」。

そこ【底】①周りより低い地形や容器の一番下の所。「川の―」「高い山より谷―見れば」「―の厚いなべ」「二重―」。物体の下面。底面。「舟の―が岩にふれる」②表面から離れた深い(はずの)所。㋐ずっと下方の所。「地の―」「思ったより―が浅い(＝深みが足りない)人物だ」㋑下に向かって行ってたどりつく所。際限。限界。「―をつく」「景気が―を打つ」「―知れぬ力」「その前途も―が知れている」「―がない」㋒一番奥にある本当のもの。「―力」「心の―」「―を割って話す」(本当の気持をかくさず話す)「―が割れる」(隠していた本当のことが知られる)

そこ【×其△処】《代》そのところ。①その場所。㋐聞き手が居たり見たり行動したりしている所。「―に居たのか」「ここかい」「うん、―だ」㋑聞き手に居たり見たり行動したりさせたい所。「―を読んでごらん」㋒それについて今までに述べた、ある場所。「十字路がある。―を右に曲がる」②その場面。今述べた事柄の、述べ終わった時における事態。「―へじゃまがはいった」「―で幕がおりた」③その点。今述べた(従って聞き手も知っている)事柄。「―が大切だ」「―にはねらいがある」「―が知りたい」。また特に、聞き手に注意を向けさせたい事柄を注釈的に指す。「―は親子だけあってよく似ている」▽↓そこで

そご【祖語】比較言語学で、同じ系統に属する幾つかの言語が、分岐・発展する前にあったと想定される、共通の祖先に当たる言語。「ゲルマン―」

そご【×齟×齬】《名・ス自》意見や事柄が、くいちがって、合わないこと。くいちがい。「―をきたす」

そこあげ【底上げ】《名・ス他》最低の水準を引き上げること。「賃金の―」

そこい【底意】心の底。したごころ。「―をはかる」「―が見えすいている」

そこいじ【底意地】心の奥底に隠して持っている意地。「―が悪い」

そこいら【×其△処いら】《代》↓そこら。「―でよしておけ」「七つや―の子」▽第二例は「ここいら」等には無い用法。

そこいれ【底入れ】《名・ス自》↓そこうち

そこう【素行】平素の行い。ふだんの品行。「―不良」

そこう【粗鋼】鋼材や製品に加工する前の鋼。「―生産高」

そこう【遡江・×溯江】《名・ス自》川をさかのぼること。▽特に、長江について言うことがある。

そこう【遡行・×溯行】《名・ス自》流れをさかのぼって行くこと。

そこうお(を…う)【底魚】海底に近い所、または海底の砂泥中にすむ魚。例、カレイ・タラ・アナゴ。

そこうしょう【×鼠×咬症】ねずみにかまれて起こる病気。細菌の感染による。鼠毒症。

そこうち【底打ち】《名・ス自》大いに下落した相場(悪化した景気)が、もうそれより悪くなる見込みがない状態にまで達すること。下げどまり。底入れ。

そこかしこ【×其△処△彼△処】そこやあそこ。あちこち。「―に花が咲いている」

そこがた-い【底堅い】《形》下げてきた相場が、もっと下がりそうで案外下がらない。

そこきみ【底気味】『―が悪い』何となく気味が悪い。派生 **-さ**

そこく【祖国】①先祖代々、住んで来た国。②民族が分かれた、もとの国。本国。自分が生まれた国。

そここ【×其△処×此△処】そこやここ。そちらこちら。あちこち。

そこそこ ①《多くは接尾語的に》その数量に達するか達しないかという程度。大体そのくらい。「千円―の品」②《副詞的にも使う》どうやら認めてよい程度(に)。まあまあ。「予防に―の効きめがある」「彼の絵は―見られる」③急いで(いい加減に、手を抜いて)済ますさま。「朝飯も―に(して)出掛けた」

そこぢから【底力】底にひそんでいて、いざという時に出る力。「―を発揮する」

そこつ【粗×忽】《名・ダナ》軽率で不注意なこと。そそっかしいこと。それによるあやまち。粗相。「―者(もの)」派生 **-さ**

そこつち【底土】表土よりも下にある土。下層の土。

そこづみ【底積み】荷物を積む時に、一番下に積むこと。その荷物。下積み。

そこで《接》①そういうわけで。そういう事態になったので。「わからなくて困った。―先生に尋ねた」②さて。今まで述べた事は、そうしておいて。「―これから本論にはいる」▽代名詞「そこ」+助詞「で」

そこな-う【損なう】(そこなふ)《五他》①完全なものを不完全にする。㋐こわす。「器物を―」㋑健康や人の気持などを悪くする。害する。「機嫌を―」㋒傷つけて命をなくす。▽㋑には「害」も、㋒には「害」「傷」も使う。②《動詞の連用形に付いて》意図どおりにできない。㋐その行為に失敗する。「ボールを受け―」㋑その行為をする機会を失う。「展覧会を見―」

そこなし【底無し】①底がないこと。どこまで行っても底に届かないこと。「―の沼」②きりがないこと。「―に食う」

そこぬけ【底抜け】①《名》底がとれて、ないこと。「―のおけ」②《名》〔俗〕しまりがなく、だらしないばか者だと、ののしる語。「この―め」③《ダナ》きりがなく、極端に度はずれであるさま。「―に騒ぐ」「―のお人よし」

そこね【底値】(相場で)一番低い時の値段。

そこ-ねる【損ねる】《下一他》→そこなう(1)㋐㋑・(2)

そこのけ《多くは体言に付いて》その事、その人よりもすぐれていることを表す言葉。「本職(も)―の腕前」▽そこをのけ、あっちへ行け、の意から。

そこはかと《連語》『―なく』『―ない』はっきりそれとは見定めがたい状態を言う表現。何とは知れず。「花の香がそこはかとなく漂う」。とりとめては言えない。「そこはかとない甘い思い出」▽「其処(そこ)は、彼(か)と」からで、対象とする事柄や状態を、これこれだと指定する意。

そこばく《副ノ》幾らか。幾つか。「―の金」

そこばなれ【底離れ】《名・ス自》〔取引〕低迷し続けた相場に、やっと上向きの様子が見えること。

そこひ【底×翳】俗に、眼球の中の病気の総称。白そこひ(白内障)・青そこひ(緑内障)・黒そこひ(黒内障)など。

そこびえ【底冷え】《名・ス自》体のしんそこまで冷えること。そういう感じ(の寒さ)。「日本経済全体が―しそうになってきた」

そこびかり【底光り】《名・ス自》うわべでなく奥に光を宿していること。「―のする作品」

そこびきあみ【底引(き)網・底×曳(き)網】ひき網の一種。海底をひきずるようにして袋網を引き、魚類をとる。

そこまめ【底豆】足の裏にできる肉刺(まめ)。

そこもと【×其△許】《代》ほぼ対等の相手を指す語。そなた。▽武士が使った。目上には「―様」と言う。これらは書簡に明治以降も使った。既に古風。

そこら【×其△処ら】《代》そのあたり。そこいら。㋐その辺の場所。「―にあるだろう」▽「そこ」より漠然とした言い方。㋑その程度。「まあ―が適当だ」「十や―の子供にわかるはずがない」▽「十や―」のように数詞と合する用法は「そこ(い)ら」特有で、「ここ(い)ら」等には無い。

そこわれ【底割れ】《名・ス自》〔取引〕これ以上は悪くならないと思われた相場が更に下がること。

そさい【×蔬菜】野菜。青もの。

そざい【礎材】土台となる材料。いしずえとなる材料。

そざい【素材】もとになる材料。特に、芸術作品の表現のたねになるもの。

そざつ【粗雑】《ダナ》細かい点までは行き届かず、あらっぽくて、いい加減なさま。「―な計画」派生 **-さ**

そさん【粗×餐】粗末な食事。▽人にふるまう食事のへりくだった言い方。

そし【祖師】最初に教えを垂れた人。宗派の開祖。特に、禅宗で達磨(だるま)、日蓮(にちれん)宗で日蓮のこと。「お―様」

そし【素子】電気回路などの構成要素で、それ自体の働きが全体の働きに対し重要な意味をもつもの。「半導体―」

そし【素志】平素からのこころざし。「―を貫く」

そし【阻止・×沮止】《名・ス他》さまたげて、やめさせること。「実力で―する」

そじ【措辞】言葉のつかい方。文章や詩歌の言葉づかい。言いまわし。「―が巧みだ」

そじ【素地】もととなるもの。下地(したじ)(1)。「陶土の―」「既に―ができている」

ソシアリズム 社会主義。ソーシャリズム。▽socialism

ソシアル ダンス 社交ダンス。ソーシャル ダンス。▽

social dance

そしき【組織】①《名・ス他》ある目的を目指し、幾つかの物とか何人かの人とかで形作られる、秩序のある全体。そういう全体としてのまとまりを作ること。また、そのまとまり方。②《名》〔生物〕特定の働きを担う、類似した細胞の集団。さらに集まって器官をなす。「結合―」 **―てき**【―的】《ダナ》個々の物事がばらばらでなく、有機的な統一を持っているさま。「―に活動する」。一定の規則立った性質が認められるさま。「―な変化」 **―ろうどうしゃ**【―労働者】労働組合に入っている労働者。

そしつ【素質】生まれつき持っていて、性格や能力などのもとになるもの。「―はいいが経験が足りない」

そして《接》「そうして」(1)のつづまった形。

そしな【粗品】粗末な品物。▽人に物を贈る時の、へりくだった言い方。

そしゃく【×咀×嚼】《名・ス他》①食物を細かくなるまでよく噛(か)むこと。②比喩的に、物事や文章の意味を考えつつ味わうこと。

そしゃく【租借】《名・ス他》ある国が外国の領土の中のある地域を借りて、一定の期間、統治すること。「―地」「―権」

そしゅ【粗酒】粗末な酒。▽人に酒をすすめる時の、へりくだった言い方。

そしゅうにゅう【粗収入】売上高(総収入)から、それを得るために使った費用を差し引いたもの。

そじゅつ【祖述】《名・ス他》師や先人の説を受けつぎ、それにもとづいて学問を進め、述べること。

そしょう【訴訟】《名・ス自》裁判所に訴えて、権利・義務の法律的確定を求めること。その手続き。「刑事―」「―を起こす」

そじょう【×俎上】まないたの上。「―にのぼす」(批評するために取り上げる)「―に載せる」(同上)「―の魚」(相手の思い通りになるより仕方がない運命にあること)

そじょう【訴状】訴訟を願い出る文書。

そじょう【遡上・×溯上】《名・ス自》流れをさかのぼって行くこと。「サケが―する」

そしょく【粗食】《名・ス自》粗末な食物しかとらないこと。そういう食事。

そしらぬ【そ知らぬ】《連語》《連体詞的に》知っているのに、何も知らぬようなふりをすること。「―顔で通す」「―ふり」

そしり【×謗り・×誹り・×譏り】そしること。非難。「無責任の―を免れない」「―を受ける」

そし-る【×謗る・×誹る・×譏る】《五他》人のことを悪く言う。誹謗(ひぼう)する。けなす。

そしん【祖神】神として祭る祖先。祖先である神。

そすい①【疎水・×疏水】運送・給水・灌漑(かんがい)・発電などの目的で、土地を切り開いて作った水路。②【疎水】水になじみにくいこと。「―性物質」

そすう【素数】一とその数自身との外には約数がない正の整数。▽普通、一は除く。

そせい【塑性】↓かそせい

そせい【粗製】つくり方が粗雑なこと。↕精製。「―濫造」「―品」

そせい【組成】《名・ス他》幾つかの要素・成分から作り上げること。また、その組立て。「化合物の―」

そせい【×蘇生】《名・ス自》生き返ること。よみがえること。また、生き返ったように元気になること。

そぜい【租税】国家や都道府県・市町村などが、その経費にあてるために、強制的に人民から徴収する収入。

そせき【礎石】①建造物の基礎となる石。いしずえ。「新館の―をすえる」②転じて、物事の基礎・土台。「民族独立の―となる」

そせん【祖先】①「先祖」のやや硬い言い方。「慣習に従って―の祭祀(さいし)を主宰すべき者」(民法八九七条)②遠いみなもと。「ヒトの―はサルか」「そろばんは計算機の―だ」

そそ【×楚×楚】《トタル》清らかで美しく、可憐(かれん)なさま。「―とした娘」

そそう【阻喪・×沮喪】《名・ス自》意気がくじけて元気がなくなること。「意気―」

そそう【粗相】《名・ス自》①不注意・そそっかしさから、あやまちをおかすこと。そのあやまち。②大小便をもらすこと。

そそう【祖宗】先祖代々の君主。

そぞう【塑像】粘土や石膏(せっこう)を材料として作った像。▽青銅像などの原型としても作る。

そそ-ぐ【注ぐ・×灌ぐ】㊀《五自》①流れ込む。「川が海に―」②雨・雪などが降りかかる。㊁《五他》①流し込む。「田に水を―」②液体をかける。「植木に水を―」「火に油を―」「野の花に涙を―(＝盛んにこぼす)」③もっぱらその方向に向ける。集中する。「注意を―」「力を―」▽↓つぐ(注)

そそ-ぐ《五他》けがれ・よごれを除き去る。㋐【△雪ぐ】不名誉や汚名を、名誉・功績によって消し去る。「恥を―」㋑【△濯ぐ】よごれを洗い落とす。すすぐ。

そぞく【×鼠賊】こそどろ。小賊。

そそくさ《副「と」・ス自》落ち着かず、せわしくふるまうさま。「―(と)出掛ける」「―(と)席を立つ」

そそ-ける《下一自》ほつれて乱れる。「―・けた髪」

そそっかし-い《形》落ち着きがなく不注意で、早合点(はやがてん)や失敗が多い。派生 **-さ**

そそのか-す【唆す】《五他》相手が、ある行動、特に、よくない行動をするように、すすめたりおだてたりする。

そそりた-つ【そそり立つ】《五自》高くそびえたつ。

そそ-る《五他》ある感情、または感情の現れである行動を起こすように誘う。「興味を―・られる」「食欲を―」「涙を―」▽もと、ゆり動かす意。

そぞろ【△漫ろ】《ダナ・副「に」》何ということもなく、心がそちらに動いてゆくさま。気の落ち着かないさま。「―(に)恋しく思われる」「気も―だ」▽やや雅語的。

そぞろあるき【△漫ろ歩き】〘名・ス自〙何をしにというあてもなく、そこらをのんびり歩くこと。▽雅語的。

そぞろごころ【△漫ろ心】とりとめのない心。そぞろな心。▽雅語的。

そぞろごと【△漫ろ言】何ということもなく言う言葉。▽雅語的。

そだ【粗×朶】木の枝を切り取ったもの。たきぎその他に使う。

そだい【粗大】〘名ナ〙普通のよりあらくて大きいこと。「―ごみ」。あらっぽく大まかなさま。「論法の―を嫌う」「―な言葉を吐く」▽「粗」を含むので悪い含みで使う。派生 -さ

そだち【育ち】①成育の状態。「―がおそい」②育てられ方。成長期の環境や教育など。「―がよい」「氏(うじ)より―」③《接尾語的に》……で、または……として、育つこと、育てられた人。「温室―」「お嬢様―」

そだ-つ【育つ】〘五自〙生まれてから一人前になるまでの過程を進む。成長する。発展する。「寝る子は―」「若木が―って大木になった」関連 生い育つ・長じる・たける・ませる・大人びる・成長・成育・成熟・早熟・発育・温室育ち・坊ちゃん育ち・お嬢様育ち・山家育ち・野育ち・肥立ち・すくすく・のびのび

そだて【育て】育てること。「生みの親より―の親」

そだてあ-げる【育て上げる】〘下一他〙立派になるまで、育てる、または教育する。

そだ-てる【育てる】〘下一他〙一人前になるまでの過程をうまく進むように、世話をやき助け導く。成長させる。発展させる。「後継者を―」

そち【措置】〘名・ス他〙解決をつけるために取り計らうこと。処置。その手順。「交渉に必要な―を取る」

そち【素地】→そじ(素地)

そち【〈其方〉】〘代〙①そちら。そっち。②目下の相手を指す語。おまえ。そのほう。なんじ。▽既に古風。

そちこち【〈其方此方〉】あちらこちら。ほうぼう。

そちゃ【粗茶】粗末な茶。上等でない茶。▽茶を客にすすめる時に、へりくだって言うのにも使う。

そちら〘代〙①その方向。㋐聞き手が居る、または向いている方向。㋑聞き手に関心を向けさせたい方向。㋒今話題にしている方向。②そちら(1)に当たる方の物。「―を買いましょう」▽(1)(2)は「そっち」より丁寧。③そちら(1)に当たる場所。▽「そこ」「そっち」より丁寧。④聞き手や聞き手の側の人を指す語。「―はどうお考えですか」「―さん」▽「そっち」より丁寧。

そつ(物事をする上での)手抜かり、手落ち。また、むだなこと。「仕事に―がない」

そつ【*卒】ソツ シュツ おわる おえる ついに ―①〘名・造〙おわる。おえる。また、卒業の略。「卒業・平成元年卒・中卒」②にわかに。あわてる。「倉卒・卒然・卒爾(そつじ)・卒中・卒倒」③死ぬ。死。日本で、四位・五位の人が死ぬこと。しゅっす。「生卒年・卒去(そっきょ・しゅっきょ)」④しもべ。特に、下級軍人。兵。「兵卒・従卒・輜重輸卒(しちょうゆそつ)・邏卒(らそつ)・獄卒」⑤ついに。結局。「終」「竟」に同じ。

そつ【*率】【率】ソツ リツ ひきいる おおむね ―①〘名・造〙一定の標準に対する割合。「リツ」と読む。「比率・倍率・確率・利率・高率・低率・能率・百分率・円周率・成長率」▽→りつ(率)。②みちびく。ひきつれてゆく。ひきいる。「引率・統率・率先」③したがう。物によりそってゆく。「率土(そっと)」④あわただしい。だしぬけ。「率然・率爾(そつじ)・軽率」⑤とりつくろわない。「率直」⑥おおむね。すべて。

そつい【訴追】〘名・ス他〙①検察官が公訴を提起すること。「―条件」▽刑事訴訟法上の用語。②弾劾の申し立てをして、裁判官の罷免を求めること。

そつう【疎通・×疏通】〘名・ス自〙(意見などが)途中で妨げられず、よく通じること。「意思の―をはかる」

そつえん【卒園】〘名・ス他〙幼稚園・保育園をおえること。↕入園

そっか【足下】①〘名〙足の下。「―に踏まえる」。あしもと。「―を見よ」▽書簡の脇付けとして、あなたの足もとまで差し上げる意でも使う。②〘代〙対等の相手を敬って指す語。貴殿。▽今は使わない。

ぞっか【俗化】〘名・ス自〙世俗の風にそまること。卑俗になること。

ぞっか【俗歌】世俗のはやりうた。俗謡。

ぞっかい【俗界】俗人の住んでいる世の中。

ぞっかい【俗解】通俗的な解釈。「語源―」

ぞっかく【俗客】俗人である客。風流の道のわからない人。

そっかん【速乾】すぐにかわくこと。「―性」

ぞっかん【俗間】俗人の住む世の中。世間。

ぞっかん【属官】つき従う役人。下級の役人。特に、旧制で各省に置かれた判任官の文官の別称。

ぞっかん【続刊】〘名・ス他〙すでに刊行している書籍・雑誌に続けて、刊行すること。また、その刊行物。

そっき【速記】①〘名・ス他〙すばやく書きしるすこと。特に、速記②を使って、人の話す言葉を写し取ること。「国会の―録」②〘名〙「速記術」の略。特定の符号を使って、演説や談話をすばやく書き取る技術。

ぞっき【俗気】→ぞくけ

ぞっきぼん【ぞっき本】〔俗〕ぞっき屋(＝見切り品を、ごく安い値で扱う問屋)の手を通して出される見切り本。▽「ぞっき」は、全部ひっくるめての意の方言に由来するか。

そっきゅう〘ダナ〙①【速急】時間を置かないさま。すみやか。②【即急】(急を要するので)即座に行動を起こすさま。「―の返事に窮する」

そっきょ【卒去】〘名・ス自〙①律令(りつりょう)制で、四位・五位の人が死ぬこと。②死去。▽「しゅっきょ」の慣用読み。

そつぎょう【卒業】〘名・ス他〙①その学校の全課程を学び終えること。「―証書」「―生」②比喩的に、あ

る程度や段階を通りこして離れること。「パソコンゲームはそろそろ—しろ」

そっきょう【即興】①その場で生じる興味。座興。②興に乗って、即座に詩歌などを作ること。即吟・即詠など。「—曲」「—詩」「—詩人」

ぞっきょく【俗曲】世間に行われる歌曲。端唄(はうた)・都々逸(どどいつ)などの俗謡。

そっきん【即金】物を買う時、その場で金を支払うこと。

そっきん【側近】貴人・権力者などのそば近く仕えること。その人。

ソックス 短い靴下。半靴下。「ハイ—」▽socks

そっくび【素っ首】→そくび

そっくり ①《副》全部。まるまる。「資産を—引き継ぐ」「—もらおう」「—そのまま」②《ダナ》非常によく似ているさま。まる写し。「父親(に)—だ」▽「—さん」の形は名詞。

そっくりかえ-る【反っくり返る】《五自》〔俗〕「そりくりかえる」の促音化した形。→そりかえる

そっけ ①『—(が)ない』相手に思いやりや愛情がなく、冷淡だ。「態度がそっけなかった」「そっけない返事をする」「そっけなく別れる」▽「すげなし」を「素気無し」と書いたその「素気」を「そっけ」と読んで出来た語。全体で形容詞的。②『—もない』面白みや潤いに乏しい。「何のそっけもない」「味もそっけもない」▽「も」を付けず「そっけ(の)ない表紙デザイン」のようにも使う。

ぞっけ【俗気】→ぞくけ

そっけつ【即決】《名・ス他》その場できめること。即座に裁定すること。

そっけつ【速決】《名・ス他》すみやかに決めること。

そっけつのかん【則×闕の官】太政(だいじょう)大臣の異称。▽適任者がなければ、則(すなわ)ち闕(か)くと規定してあった事から。

そっこう【側溝】排水のために道路や鉄道にそって設けたみぞ。

そっこう ①【即効】すぐにききめがあること。②【速効】すみやかにききめがあること。↕遅効。「—性肥料」

そっこう【即行】《名・ス他》すぐに行うこと。直ちに実行すること。

そっこう【速攻】《名・ス他》すばやく攻めたてること。

ぞっこう【続行】①《名・ス他》途中でやめないで、前にひき続いて行うこと。「試合—」②《名・ス自》前を行くものに(ある程度の間隔を取り、)続いて行くこと。「—する集団がある」

そっこうじょ【測候所】その地方の気象を観測して予報・警報などを発し、また地震・火山(の噴火)の観測をする所。

そっこく【即刻】すぐその時。「—の処置」。《副詞的に》ただちに。即座に。「—辞職した」

ぞっこく【属国】他の国に従属している国家。他の国の支配を受けている国。独立していない国。

ぞっこつ【俗骨】凡俗であること。そういう性質。

そっこん【即今】ただいま。いま。目下(もっか)。

ぞっこん〔俗〕①《副》心の底から。しんそこから。「—ほれ込む」②《ダナ》《「……に—」の形で》しんそこからほれているさま。「彼女に—だ」

そつじ【率×爾・卒×爾】《副に・ノダ》突然なさま。にわかなさま。急なさま。「—ながら」▽今使えば大げさ。

そつじゅ【卒寿】九十歳(の祝い)。▽「卒」の俗字「卆」が「九十」に分解できることから。

そっ-する【卒する】《サ変自》→しゅっする。▽正しくは「しゅっする」と言う。

そつぜん【率然・卒然】《ト タル》にわかに起こるさま。突然。「—と(して)去る」

そっせん【率先】《副・ス自》皆の先に立って物事をすること。「—垂範」

そっち《代》「そちら」のくだけた言い方。▽「そっち」の促音化。

そっちのけ 問題にしないこと。構いつけないこと。「宿題は—で遊ぶ」「玄人(くろうと)も—の腕前」▽「のけ」は「のける」の連用形。

そっちゅう【卒中】→のうそっちゅう

そっちょく【率直】《ダナ》自分の気持などを飾ったり隠したりすることなく、ありのままであるさま。「—に言う」「—な意見」派生 **-さ**

そっと【率土】国土の果て。辺地。「—の浜(ひん)」▽「そつど」とも言う。

そっと ①《副》音をたてず静かに。ひそかに。やさしく。「—歩く」「—のぞく」「—忍び寄る」②『—しておく』何もせず、そのままにする。「落ち着くまでそっとしておいてやろう」

ぞっと《副・ス自》①寒さ・恐怖などのために、ふるえあがるような感じがするさま。「その話を聞いて—した」②『—しない』あまり感心しない。

そっとう【卒倒】《名・ス自》脳貧血・脳出血などのために、突然意識を失って倒れること。

そつどく【卒読】《名・ス他》急いで(ざっと)読み終えること。

そっぱ【反っ歯】上の前歯が普通より前の方に突き出ていること。出っ歯。▽「そりは」の音便。

ソップ スープ。▽オランダ sop **—がた**【—形】相撲(すもう)で、やせ形の力士。↕鮟鱇(あんこう)形。▽スープに使う鶏のがらを思わせることから。

そっぽ よその方。別の方。「—を向く」(比喩的に、服従しない意にも)「—を見る」▽「そっぽう」とも。

そで【袖】①衣服の、腕を覆う部分。また、たもと。「—を通す」(衣服、特に新調のを、着る)「—を引いて注意する」「無い—は振れぬ」(無いものはどうしようもない)「—をしぼる」(涙で袖がびしょびしょになるほど泣く)「—触れ合うも多生(たしょう)の縁」(この世で、道を歩いて袖を触れあうほどのちょっとした関係も前世の因縁があるからだ)「—にする」(な

いがしろにして、顧みない）▽「衣手(そで)」の意。②(机のわきの引出し、門のわきの垣根、舞台わきの客席から見えない部分など)わきについているもの。

そてい【措定】『名・ス他』ある命題を、自明なものあるいは任意の仮定として、推理によらないで直接的に肯定し主張すること。▽ドイ Setzen の訳語。

ソテー『名・ス他』肉・魚・野菜などを油やバターで焼く西洋料理の調理法。また、その料理。「ポークー」▽フラ sauter, sauté

そでがき【袖垣】門などに添えて、低く連ねた垣根。

そでがらみ【袖×搦み】(江戸時代に使った)犯人を捕らえるための道具の一つ。長い柄の先に、とげのついた鉤(かぎ)を多数とりつけ、それを袖にからませて引き倒す。

そでぐち【袖口】袖の先。手首の出る部分。

そでぐり【袖×刳り】洋服の前後の身ごろの、肩から脇に至る、袖を縫いつけるためにくった部分。

そでごい(…ごひ)【袖乞い】こじき(をすること)。

そでしょう【袖章】袖につける記章。

そでたけ【袖丈】衣服の袖の長さ。

そでだたみ【袖畳み】和服の略式のたたみ方。背が内になるように二つに折り返し両袖をあわせて畳む。

そてつ【×蘇鉄】暖地に生える常緑小高木。幹は円柱形で表面がうろこ状。頂に鳥の羽のような形の大きな葉をつける。観賞用。種子・葉は薬用。▽そてつ科。

そでつけ【袖付(け)】衣服の袖が身ごろにつく部分。

そでなし【袖無(し)】袖のない衣服。特に、袖なしばおり。

そでのした【袖の下】わいろ。「ーを使う」▽相手の和服の袖の下からそっと贈る意。

そてん【素点】試験や測定の結果得る、数値変換や操作を加えない、そのままの点数や数値。

そと【外】①囲い・仕切り等で囲まれていない方の部分。また、そちらに向いた側。②家や屋敷の外部。↕うち。「ーで遊ぶ」「ー歩き」(外出)「福は内、鬼はー」「ーづら」③表側に出る部分。↕うち。「うちの怒りをーに表さない」▽↓ほか

そとう【粗糖】精製していない砂糖。↕精糖

そとうば【△卒塔婆】→そとば

そとうみ【外海】湾などでなく、陸地に囲まれていない海。↕内海(うちうみ)

そとがこい(…がこひ)【外囲い】建造物・構築物を外側から囲っているもの。外郭をなす囲い。

そとがま【外釜】①二重釜の炊飯器で、外側の方の釜。②屋外に設置した、風呂用の給湯器。▽↕内釜

そとがまえ(…がまへ)【外構え】門・垣・塀など、外側の構造や配置の様子。

そどく【素読】『名・ス他』意味の解釈を加えず、本の文字を声を出して読み上げること。「論語のー」

そどくしょう【×鼠毒症】→そこうしょう

そとぜい【外税】消費税の価格表示で、税抜き価格を基準とした表示のこと。税は支払い時に価格に加算される。↕内税(うちぜい)。「ー方式」

そとづけ【外付け】『名・ス他』部品を本体に内蔵させるのでなく、機械の外側からつないで使う仕方・状態。「ディスク装置を本体にー(に)する」

そとづら【外面】①外側の面(めん)。外面(がいめん)。「ーだけは立派だ」②他人との応対の時に見せる顔つき・態度。↕内面(うちづら)。「ーはいいが内面(うちづら)の悪い人だ」

そとのり【外△法】容器やますなどの、縦・横・高さ・直径などを、容器の厚みを加えて測った長さ。↕内法(うちのり)

そとば【△卒△塔婆】(仏)①古代インドで仏舎利などを安置し、供養・報恩のために作った、土饅頭(どまんじゅう)形の建造物。塔婆(とうば)。塔。②死者の供養・追善のために墓地に立てる、細長い木の板。▽梵語(ぼんご)の音訳。「そとうば」とも言う。

そとぶろ【外風呂】①露天風呂など、母屋とは別に設けた風呂。「温泉のーに入る」②銭湯など、自宅以外の風呂。外湯。↕内風呂

そとぼり【外堀・外×濠】城の外郭にある堀。また、二重にある堀の外側のもの。↕内堀。「ーを埋める」(ある目的を達成するために、まず遠まわしに相手の急所をおさえる。徳川家康の大坂城攻めの故事から)

そとまご【外孫】嫁にやった娘の子である孫。↕内孫(うちまご)。▽祖父母の側から言う。以前の家制度のもとでは自分の家に属さない。

そとまた【外股】→そとわ

そとまわり(…まはり)【外回り】①外側の周囲。「家のーをかたづける」②会社などで、あちこちと取引先などを回り歩いてする仕事。外勤。③(二重になった)円状の径路の外側の方を回ること。そういうもの。↕内回り。「山手線のーの電車」

そとみ【外見】外から見える様子。外観。

そとゆ【外湯】①温泉地で、旅館の外にある(公共)浴場。②→そとぶろ

そとわ【外輪】足のつま先を外に向けて歩く歩き方。そとまた。↕内輪(うちわ)

そとわに【外×鰐】つま先が外に向いた鰐足(わにあし)。↕内鰐(うちわに)

そなえ(そなへ)①【備え】攻撃や非常事態に備えること。その姿勢。「ーを固める」「ーあれば憂えなし」②【供え】→おそなえ

そなえつける(そなへ…)【備え付ける】『下一他』(いつでも)使えるように設備をする。

そなえもち(そなへ…)【供(え)餅】神仏に供える鏡餅。おそなえ。

そなえもの(そなへ…)【供(え)物】神や仏の前にささげ供える物。くもつ。

そなえる(そなへる)【備える・△具える・供える】『下一自他』①物事が起こった時それに応じて行動ができるように準備する。㋐攻撃や非常事態に立ち向かえる用意をする。【備】「台風にー」「試験にーえて勉強する」㋑不足がないように、そろえ整える。【備・具】「教室に辞書をー」②自分のものとして有する。【具】「徳

を身に—」③神仏や貴人の前に、物をととのえて差し上げる。【供】「赤飯を神だなに—」「墓に花輪を—」

ソナタ〔音楽〕器楽曲の一形式。普通は三つまたは四つの楽章から成り、第一楽章はソナタ形式(=主題提示部・主題展開部・主題再現部からなる)をもつ。奏鳴曲。▽イタリア sonata

そなた【〈其方〉】《代》①そちらのほう。そちら側の所。▽今は使わない。②目下の相手を指す語。おまえ。おぬし。▽同輩を指すこともある。古風な言い方。

そなれまつ【×磯×馴れ松】海風のために枝や幹が曲がって低く垂れている、海辺の松。

そなわ-る【備わる・△具わる】《五自》①不足なく、そろえ整えられている。【備・具】「条件が—」「工場には最新設備が—っている」②自分のものとして身につく。【具】「人徳が—」

そにん【訴人】①《名》訴え出た人。告訴人。②《名・ス自》訴え出ること。

ソネット 十四行でできている短い詩。十四行詩。▽sonnet

そね-む【△嫉む】《五他》自分よりすぐれている人をうらやみ、かなわない(しゃくだ)という気持から憎む。ねたむ。

その【園・×苑】特に区画を定めてしつらえた、かなり広い地所。▽もと、花・果樹・野菜などの栽培用に仕切った土地の意。㋐庭園。「川辺にある桃の—」㋑他から区別された一定の場所。「学びの—」「女の—」▽㋐は特に)雅語的。

その【×其の】㊀《連体》「それ」と指し示せるような関係に立つ意を表す語。①話し手の手には触れず、相手から遠くではない位置にあることを表す語。「—本は先生のだ」「—花を御覧」②その(1)に述べた位置を占める物・人・事に関係する意を表す語。それの。「—右側だ」③既に述べた(次にすぐ述べる)事柄に関係する意を表す語。「—事は皆が知っている」㊁《感》すらすら言えない時などのつなぎの言葉として使う語。▽もと、代名詞「そ」と助詞「の」との連語。

そのう【園△生】植物を栽培する、囲いのある地面。▽雅語的。

そのうえ【×其の上】《連語》《接続詞的に》さらに。それに加えて。「勉強ができる。—スポーツ万能だ」「日は暮れて、—雨が降ってきた」

そのうち【×其の内】《連語》《副詞的に》今から先、そう長くは時がたたない間(に)。㋐おっつけ。「—彼も現れるだろう」㋑近日中。「いずれ—(に)うかがいます」㋒やがて。「今は無理でも—(に)わかるさ」

そのかみ【×其の上】《副詞的にも使う》今は以前になってしまった、その時。㋐当時。㋑昔。

そのかわり【×其の代(わ)り】《連語》①もともとそれと思ったもの(が得られないなどで、それ)に代えて。「せがまれたおもちゃは売っていなかったので、—(に)絵本をおみやげにした」②すでに述べた事、了解されている事を認めた上で、それと対比して他の物事を持ち出すのに使う。「何とか手に入れてあげるが、—値は張りますよ」「夏らしい夏だった。—夕立も多かった」

そのくせ【×其の癖】《連語》《接続詞的に》それなのに。それでいて。「にこやかで腰の低い、—頑固な人物」▽前後に述べる事柄が普通には両立しないことに言う。

そのじつ【×其の実】《連語》《副詞的に》実際のところは。本当は。「もっともらしい事が書いてあるが、—宣伝にすぎない」

そのすじ【×其の筋】《連語》①その方面のこと。その道。「—の大家(たいか)」②その事を扱う役所・団体。特に、警察。「—のお達し」「—がうるさいから自粛しよう」「—(=暴力団)のこわいお兄さん」

そのせつ【×其の節】《連語》そのおり。「—はお世話になりました」

そのた【×其の他】《連語》それ以外のもの・こと。そのほか。「—大勢」▽法令文では原則として「Aその他のB」と「Aその他B」とに使い分けがある。前者は「道路、河川その他の営造物」のようにBがAすなわち道路や河川を含む上位概念を表し、後者は「通勤手当その他条例で定める手当」のようにAとBとが別個のもの(この例では手当の種類)を表す。

そのて【×其の手】《連語》①そういう手段・計略。「—は食わない」②そのような種類。「—の品」

そのでん【×其の伝】《連語》その仕方・考え方。「いつも—で行く」

そのば【×其の場】《連語》①ある事件のあった場所。②即座。「—で断る」 **—かぎり**【—限り】《連語》その場だけであって、そのあとに続かないこと。「—の約束」 **—のがれ**【—逃れ】《連語》その場さえきりぬけられたらよいという態度。「—の答弁」

そのはず【×其の×筈】《連語》『それも—』そうあって当然なこと。

そのはちぶし【×薗八節】「薗八」とも略する、浄瑠璃の一つ。十八世紀初期に宮古路(みやこじ)薗八が京都で起こし、その哀切な趣がしばらく後に江戸にも伝わって受けた。▽→こきょく

そのひぐらし【×其の日暮(ら)し】《連語》(さきざきの見通しなど立てるゆとりもなく)その日にかせいだ金で、その日を送る貧しい暮らし。

そのふ【園△生】→そのう

そのぶん【×其の分】《連語》①そのままの状態。「無礼を申すと—ではおかぬぞ」②それに見合うだけ。「年季がはいっていて—芸に渋い味がある」

そのほう【×其の方】《代》目下の相手を指す語。おまえ。そなた。そち。↕此(こ)の方。▽既に古風。

そのみち【×其の道】《連語》その方面。「—の達人」。特に、色ごと・遊びごとの方面。「—にかけては手が速い」

そのもの【×其の物】《連語》①ほかのではなく、当のもの。「―ずばり」②《体言または漢語の形容動詞語幹に付け、接尾語的に》まさにそれ自身。「この帽子―はよい品だが、彼には似合わない」。他と紛れるおそれがなく、まさにそれ自身と言えるほどであること。「真剣―の態度」

そは【粗葉】粗末なタバコ。▽(刻み)タバコを相手にすすめる時に、へりくだって言った語。

そば【側・傍】①近く。かたわら。ほとり。②時間の隔たりがないこと。「教わる―から忘れる」

そば【×稜】袴(はかま)の股立(ももだち)や折り目。「袴の―を取る」(→ももだち)▽もと、とがった角(かど)の意。

そば【〈蕎麦〉】①ソバ②から取った粉を水でこねて、薄く伸ばし細長く切った食品。ゆでて、つゆをかけたり、つゆにひたしたりして食べる。▽「そば切り」の略。引越し先の隣近所に「おそばに参りました」という挨拶の意で⑴や「そば切手」(商品券)を配る習慣があった。また、他の麺類にも言う。「中華―」「沖縄―」②実を食用とするために栽培される一年草。茎は高さ五〇センチほどで紅色。白い小花が総状に咲き、小さな実をつける。荒地でもよく育ち、二、三か月で成熟する。実は、黒褐色の殻(そば殻)を取ってひいてそば粉にし、そば⑴を作る。▽たで科。

そはい【×鼠輩】(ねずみのように)とるにたりない、つまらない人間。また、人をいやしめて言う語。

そばがき【〈蕎麦〉×掻き】そば粉に熱湯を注ぎ、練って餅状にした食品。醤油(しょうゆ)などをつけて食べる。そばねり。

そばかす ①【〈蕎麦〉×滓】そばがら。②【〈雀斑〉】主に顔の皮膚にできる、そばかす⑴に似た茶褐色の小さい斑点。

そばがら【〈蕎麦〉殻】ソバの実を粉にする時に取り除く殻。まくらに入れたりする。

そばだ‐つ【×峙つ】《五自》他のものに比べ、ひときわ険しく高くそびえ立つ。

そばだ‐てる【×欹てる】《下一他》①物の一端を高く持ち上げる。②転じて、注意力を集中する。「耳を―」(物音や話し声のする方に耳を向けて、よく聞き取ろうとする)

そばづえ【△側×杖・△傍×杖】自分に直接関係のない事によって受ける災難。まきぞえ。とばっちり。「―をくう」▽けんか等のそばに居たため、なぐり合いの杖(つえ)で打たれるという意から。

そばづかえ【△側仕え】そば近くに奉仕すること。主君の身近に仕えること。その人。そばづとめ。

そばどころ【〈蕎麦〉△処】①そばの本場。「信州は―」②そば屋。▽看板などに記す。

そばねり【〈蕎麦〉練り】→そばがき

そばみち【×岨道】石がごつごつした山道。そわみち。

そばめ【△側△妻・△妾】正妻でない妻。めかけ。

そばめ【△側目】近くにいて、わきから見ること。また、その見える様子。

そば‐める【△側める】《下一他》(見かねて)視線をそらす。そむける。「目を―」

そばやく【△側役】そば近く仕える役目。そばづかえ。

そばゆ【〈蕎麦〉湯】①そば粉を湯でとかしたもの。②そば⑴をゆでた湯。

そばようにん【△側用人】江戸幕府で将軍のそばに仕え、将軍と老中との間をとりつぐ役。また、大名などのそばに仕え、その家の雑務をとりしきる役。

そはん【粗飯】粗末な食事。▽人に飯をすすめる時に、へりくだって言う。

ソビエト 労働者の代表によって構成する評議会。「最高―」(ソビエト連邦の国会)▽ソビエト連邦を指して言うことが多い。ロシア sovet(＝会議)

そび‐える【×聳える】《下一自》(山・建物などが)きわだって高く立つ。そばだつ。「北に―え立つ山」

そびやか‐す【×聳やかす】《五他》(その部分を)ことさら高くあげる。「肩を―」(威張って肩をことさらに高くあげる)

そびょう【祖×廟】祖先の霊を祭るおたまや。

そびょう ①【素描】《名・ス他》→デッサン。②【粗描】《名・ス他》あらく描写すること。

＝**そび‐れる**《動詞連用形に付け、下一段活用の動詞を作る》それをする折やきっかけをのがす。「言い―」「寝―」(眠りに落ちない)

そふ【祖父】父や母の父親。おじいさん。

そふ【粗布】①織り目があらい布。②きめがあらい粗末な布。転じて、粗服。

ソファー くつろいで腰かけることのできる、クッションのきいた長い椅子。ソファ。▽sofa

ソフィスト 詭弁(きべん)を使う人。詭弁家。詭弁学派。▽sophist

そふく【粗服】粗末な衣服。

ソフト ①《ダナ》やわらかいさま。「―な物腰」▽soft の略。派生 **‐さ** ②《名》「ソフト帽」「ソフトウェア」などの略。 **―ウェア** コンピュータを働かせるためのプログラム(に関する事柄)の総称。また広く、DVDに記録された映画などの、内容物。↕ハードウェア。「―の開発」▽software **―クリーム** 空気を入れながら攪拌(かくはん)して凍らせる、やわらかいアイスクリーム。▽soft ice-cream から。 **―ドリンク** アルコール分を含まない飲料。▽アメリカ soft drink **―フォーカス**〔写真〕レンズの焦点がはずれて、像がややぼけた感じであること。▽画面をやわらげる技巧として、そうすることがある。soft focus **―ぼう**【―帽】フェルトなどで作った、やわらかい中折(なかおれ)帽子。 **―ボール** (野球の硬球より)大型のやわらかいボール。それを使う、野球に似た競技。▽アメリカ softball **―ランディング**《名・ス自》軟着陸すること。↕ハード ランディング。▽soft landing

ソプラノ〔音楽〕(女性の)最も高い声域。また、その歌手。▽イタリア soprano

そぶり【素振り】顔つきや身のこなしに現れた様子。

「あやしいーをする」▽「すぶり」と読めば別の意。

そぼ【祖母】父や母の母親。おばあさん。

そほう【粗放・疎放】《名・ダナ》やりかたが綿密でなく、あらっぽいこと。大ざっぱで、しまりのないこと。派生 **-さ** **ーのうぎょう**【粗放農業】自然物・自然力の作用を主とし、資本・労働力をあまりかけない農業のしかた。↔集約農業

そぼう【粗暴】《名ナ》性質・動作などがあらあらしいこと。「ーなふるまい」派生 **-さ**

そほうか【素封家】民間の大金持。財産家。▽「素」は身分がない、「封」は封土(ほうど)の意。王侯に匹敵する民間の富者を指した。

そぼく【素朴・素×樸】《名ナ》①性質などが飾りけなく、自然のままであること。「ーな人がら」②考え方などが単純で、深い検討を経ていないこと。「ー実在論」派生 **-さ**

そぼ-つ《五自》①(細かい雨などに)ぬれて、全体がびしょびしょになる。②雨などがしめやかに降る。

そぼぬ-れる【そぼ×濡れる】《下一自》しょぼしょぼとぬれる。

そぼふ-る【そぼ降る】《五自》雨が、しとしとと降る。

そぼろ ①細かくほぐした魚肉や鶏肉(とりにく)を炒(い)って調味した食品。溶き卵を炒って細かくしたものにも言う。「鯛(たい)のー」②乱れからまるさま。やつれてみすぼらしいさま。「ー髪」

そほん【粗×笨】《名ナ》やりかたがあらっぽく雑なこと。細かく行き届いてはいないこと。粗雑。「言説がーに流れない」

そま【×杣】①木を植え付け育て、材木をとる山。杣山(そまやま)。「ー入り」②「そまぎ」の略。そま⑴から切り出した木。また、そまに生えている木。

そまごや【×杣小屋】きこりが住む小さな家。

そまつ【粗末】《名ナ》①品物、物事の仕方が、上等でないこと。「ーな着物」「まことに行き届かず、おー(様)でございました」▽他を評して「おー」と言う時には、手抜きがしてあるとか内容が貧弱だとかいう気持を強調することになる。「政策とも言えないおーな政策」②《多くは「……をーにする」の形で》大事にすべきものを、おろそかに扱うこと。粗略にすること。「親をーにする」派生 **-さ**

そまやま【×杣山】→そま⑴

そま-る【染まる】《五自》(しみ込んで)色がつく。㋐色がしみる。「手が黒くー」「あけにーって(=血だらけになって)倒れる」㋑影響を受けて感化される。「悪にー」

そまん【粗慢・疎慢】《名・ダナ》やりかたが大まかで、しまりがないこと。「諸事をーに打ち過ごす」

そみつ【粗密・疎密】あらいことと細かいこと。「ー波」

そみんしょうらい【×蘇民将来】①疫病(やくびょう)よけのお守りとして書く、神の名。②福徳を祈る、六角柱状の護符。長野県上田市の信濃(しなの)国分寺のが有名。

そ-む【染む】《五自》色がしみ込む。㋐→そまる。㋑強く心を引かれる。「気にーまない」(心がそれになじまない)。強い印象が残る。「肝(きも)にー」▽現代語では多く打消の表現を伴う。

そむ-く【背く】《五自》ある人・物・事にせなかを向ける姿勢・態度をとる。「親の教えにー」。謀反する。㋐逆らって従わない。反抗する。「主君にー」。違反する。「法律にー」「約束にー」「期待にーかない出来栄え」㋑そっぽを向く。離れる。「恋人にーかれる」「世をー」(出家する)▽「そ」は背(せ)の意。「おも(面)むく」の対。関連 逆らう・手向かう・刃向かう・背を向ける・楯(たて)突く・抗する・反旗を翻す・背反・造反・謀反・反逆・大逆・不軌・反抗・反発・敵対・抵抗・挑戦・蟷螂(とうろう)の斧(おの)・窮鼠(きゅうそ)猫を噛(か)む

そむ-ける【背ける】《下一他》ある人・物・事にせなかを向ける姿勢にする。反対の方へ向ける。「顔をー」「目をー」(恐れや遠慮などのため、まともには見られず視線をそらす)

ソムリエ レストランで、専門知識をもって客にワインを選定・提供する給仕人。▽フランス sommelier 「野菜ー」のように、専門的な知識で買い物客などに応対する人にも言う。

そめ【染(め)】染めること。染めた色。「ーがあざやかだ」

=ぞめ【初め】《動詞連用形に付け、名詞を作る》はじめて……すること。「逢(あ)いー」。特に、年が改まってからはじめての事。「書きー」「買いー」。また、生まれてから、または出来てから、はじめての事。「食いー」「橋の渡りー」▽語によっては清音の場合もある。「なれそめ」

そめあがり【染(め)上(が)り】染めて仕上がること。染めて仕上がったもの。染めた結果の、できぐあい。

そめあ-げる【染(め)上げる】《下一他》物をある色に染めて仕上げる。

そめい【疎明・×疏明】《名・ス他》①言いわけ。釈明すること。②〔法律〕訴訟法上、裁判官に確信とまではいかないが一応確からしいという推測を得させる程度の証拠をあげること。▽↓しょうめい(証明)

そめいよしの【染井△吉野】桜の一品種。春、葉に先立って一重で淡紅白色の花が咲く。公園・堤防などに盛んに植栽され、今日では最も代表的な桜。▽江戸時代末に江戸染井村(今の駒込駅北西)の植木屋が「吉野桜」の名で発売。紛らわしい称なので一九〇〇年に改名。エドヒガンとオオシマザクラの雑種とされる。

そめいろ【染め色】染めあげた色。

そめかえ【染(め)替え・染(め)△更え】一度染めたものを別の色に染めること。そめかえし。

そめかえ-す【染(め)返す】《五他》色がさめたのを改めてもとの色、または別の色に染める。そめなおす。

そめがた【染め型】①染める場合の模様の型紙。②染め出した模様。

ぞめ-く《五自》浮かれて、騒ぐ(また、遊びまわる)。▽普通は転成名詞形で「阿波踊(あわおどり)のぞめき」のように言う。
そめこ【染め粉】粉末にした染料。
そめだ-す【染(め)出す】《五他》染めて、色や模様をつける。「花模様を―」
そめつけ【染(め)付け】染めて、色や模様をつけること。そうした物。特に、模様を、あい色でつけた布、また、焼きつけた磁器。
そめなお-す【染(め)直す】《五他》→そめかえす
そめぬきもん【染抜(き)紋】染抜きにした紋。↕縫い紋・書き紋。▽→そめぬく(1)
そめぬ-く【染(め)抜く】《五他》①模様を地の色のまま残し、他の部分を染める。②十分に染める。
そめもの【染(め)物】布を染める作業。また、染めた織物。
そめもよう【染め模様】染め出した模様。▽描いたり織ったりして作った模様に対して言う。
そ-める【染める】《下一他》(しみ込ませて)色をつける。「布を―」「筆を―」(筆に絵具や墨を含ませる、つまり彩色をする、またはものを書く)「ほおを―」(ほおを赤らめる)「心を―」(深く心を寄せる)「朱に―」「血に―」
=**そ-める**【初める】《動詞連用形に付け、下一段活用の動詞を作る》……し始める。また、はじめて……する。「思い―」
そめわけ【染(め)分け】①染め分けること。染め分けたもの。「―紙」「―手綱(たづな)」②花びらが、染め分けたように違った色になっている花。
そめわ-ける【染(め)分ける】《下一他》二色以上に分けて染める。
そもう【×梳毛】羊毛などから長い繊維をより分け、これをすいて、ちぢれをのばし、平行に並べる作業。また、そのようにした毛。「―機」「―糸」
そもさん【△作×麼△生】《副》いかに。さあどうだ。▽中国の宋(そう)代の俗語から出、禅宗で使う。
そもそも【△抑】①《接》説き起こす時に使う語。「―人間というものは……」②《副》元来。㋐最初から。「それが―いけない」㋑《名詞的に》物事の初め・起こり。「―の始まりから」。生来。「―がなまけ者だ」▽「そも」(代名詞「そ」+係助詞「も」)を重ねてできた語。
そや【△征矢】戦場で使う矢。▽雅語的。
そや【粗野】《名ナ》あらあらしく野性的で、洗練されていないこと。
そや-す《五他》おだてる。そそのかす。はやす。
そやつ【×其△奴】《代》人を見下げて言う語。そいつ。
そよう【素養】平素の修養によって身につけた教養や技術。
そよが-す【△戦がす】《五他》そよぐようにする。「草木を―風」「心を―」(外から作用を受けて心を動かす)
そよかぜ【〈微風〉】そよそよと吹く風。
そよ-ぐ【△戦ぐ】《五自》(風に吹かれて)そよそよと音を立てる。わずかに揺れ動く。「風に―葦(あし)」
そよそよ《副[と]》①風が静かに心地よく吹くさま。「風が―(と)吹く」②やさしく揺れるさま。「葦(あし)が―(と)なびく」▽「そよぐ」と同語源。
そよとも《連語》《あとに打消しを伴って副詞的に》少しの音も、動きもないさま。「天地の間に―音せぬ午夜の静けさ」(高山樗牛「滝口入道」)
そら【空】㊀《名》①地面の上方の空間。㋐地に対して天。「―を飛ぶ」。天地の中間。「笠が―に舞う」▽古くは、「天(あめ)」と区別し、天・地間の何もないと考える所を指した。㋑空(1)㋐の様子。天候。「―があやしい」(雨や雪が降りそうだ)「女心と秋の―」(→あき(秋))②途中の空間に身を置いている状態。「ねぐら定めぬ旅の―」「若い身―で」③(空(1)㋐のように)確かなものがそこにない状態。㋐心が抜け出て足が地についていないような状態。放心。「うわの―」「心も―に」㋑うそ。偽り。「―を言う」「―を使う」(そらとぼける)④覚えていて、書いた物にたよらないこと。宙。「全文を―で唱える」「―で言う」㊁《接頭》《動詞連用形や形容詞などに付いて》(空(1)㋐のように)むなしい状態にある意を表す。㋐はっきりした根拠もなく。「―恐ろしい」「―がない」㋑しても効果がない。「―だのみ」㋒偽りの。見せかけだけの。「―ごと」「―寝」「―泣き」「―とぼける」。真実の関係がない。「他人の―似」「―耳」
そら《感》それと指し示して、注意や緊張をうながす時に発する語。「―これをご覧」「―言った通りだろう」「―来た」▽「それは」の転か。
そらあい【空合(い)】①空の様子。天候。②比喩的に、事のなりゆき。
そらい【×徂来】《名・ス自》行き来すること。
そらいろ【空色】①うすい青色。②空模様。空のけはい。「―があやしい」▽(2)は古風。
そらうそぶ-く【空×嘯く】《五自》①天をあおいでうそぶく。「言葉をかけてもつんと―」▽人をばかにした態度を指す。②何気ないふりをする。そらとぼける。
そらおそろし-い【空恐ろしい】《形》理由は、はっきりわからないが、こわくて不安だ。派生 **-さ -げ**
そらごと【空言・空事】うそ。いつわりごと。
そら-す【反らす・△逸らす】《五他》①反対の方に弓なりに曲げる。【反】「指を―」「胸を―・していばる」「曲がった火ばしを―・してのばす」②外からの力、心の動きなどを、わきにそれるようにする。ねらい・視線などを、(意図的・失敗どちらにせよ)はずす。【逸】「ボールを受けそこなって―」「目を―」「気を―」(注意を本来の事から他に向け移す)「客を―・さない」(客の気分を害せず、うまくきげんを取る)「話を―」「非難を巧みに―(=はぐらかす)」

そらぞらし-い【空空しい】《形》そらとぼけた様子だ。「―態度で通り過ぎる」。すぐ見抜けるのに知らん顔でする様子だ。見えすいている。「―お世辞を言う」派生 **-さ -げ -がる**

そらだのみ【空頼み】《名・ス自他》あてにならないのに頼みにすること。

そらで【空手】老人などが、腕に何となく感じる痛み。▽「からて」と読めば別の意。

そらどけ【空解け】帯やひもなどが、自然にゆるんで解けること。

そらとぼ-ける【空×惚ける】《下一自》知っているのに知らないふりをよそおう。そらっとぼける。

そらなき【空泣き】《名・ス自》↓うそなき。▽古風。

そらなみだ【空涙】悲しくもないのに悲しそうに見せかけて流す涙。「―を流す」

そらに【空似】血がつながっていないのに、顔つきなどが、何となく似ていること。「他人の―」

そらね【空寝】たぬき寝入り。

そらね【空音】うその言葉。「―を吐く」▽もと、鳴き声をまねて本当と思わせ、人をだますこと。「夜をこめて鳥の―ははかるとも」(百人一首)

そらねんぶつ【空念仏】仏を信じる心もなく、ただ口先だけで唱える念仏。

そらはずかし-い〔…はづかしい〕【空恥(ずか)しい】《形》何ということもなく、恥ずかしい。うら恥ずかしい。派生 **-さ**

そらへんじ【空返事】《名・ス自》相手の言葉を身を入れて聞かず、いいかげんな態度でする返事。なまへんじ。からへんじ。

そらまめ【空豆・〈蚕豆〉】おたふくの顔の輪郭に似た大きな豆のとれる一年生または越年生の作物。また、その豆。長さ二〇センチ前後のさやが空を向いてつき、中に三、四個の豆ができる。▽まめ科。

そらみみ【空耳】①声や音がしないのに、聞こえたような気がすること。②聞いても聞かないふりをすること。③俗に、別の言葉に聞こえること。「日本語が英語に聞こえる―英語」

そらめ【空目】①見えないのに、見えたような気がすること。②見ても見ないふりをすること。③うわめをつかうこと。「―づかい」

そらもよう【空模様】①天候の様子。②比喩的に、事のなりゆき。「政界の―が険悪になる」

そらゆめ【空夢】①見もしないのに、見たようにこしらえて語る夢。②夢に見ても実際にはそうはならなかったとき、その夢を言う語。↕正夢(まさゆめ)

そらよろこび【空喜び】《名・ス自》喜ぶかいのない事で喜ぶこと。ぬかよろこび。「―に終わった」

そらわらい〔…わらひ〕【空笑い】《名・ス自》おかしくもないのに、作り笑いをすること。

そらん-じる【×諳んじる】《上一他》そらでおぼえる。暗記する。そらんずる。

そらん-ずる【×諳んずる】《サ変他》↓そらんじる

そり【×橇】雪や氷などの上を、すべり走るようにした乗り物。馬・犬・トナカイなどがひく。

そり【反り】そること。そった様子。「―が強い」。刀剣の弓なりになっている状態・程度。「―が合わない」(刀のそりがさやと合わない。転じて、仲がしっくりしない)

そりかえ-る〔…かへる〕【反(り)返る】《五自》①そって後ろに曲がる。また、はなはだしく反る。②いばって、上体を後ろに曲げ、胸を張る。ふんぞりかえる。▽「そりくりかえる」とも言う。

そりくりかえ-る〔…かへる〕【反りくり返る】《五自》↓そりかえる。▽「そっくりかえる」とも。

ソリスト ①独唱者。独奏者。②バレエで、一人で踊る人。主役級の踊り手。▽フランス soliste

そりはし【反り橋】中央が高く、弓なりになった橋。

そりみ【反り身】体を後ろの方へ、反り返らせること。「―になる」▽多くは、得意の時、いばる時の様子を言う。

そりゃく【粗略・疎略】《名・ダナ》その物事に対して、おろそかなこと。ぞんざい。いい加減。派生 **-さ**

そりゅうし【素粒子】物質の構成要素、物理現象の担い手となる小さな粒子。特に、それ以上分解できないものをいう。クオーク・電子など。「―論」

そりん【疎林】木がまばらにはえた林。

そ-る【×剃る】《五他》髪やひげなどを、かみそりなどで根元から切りとる。する。

そ-る【反る】《五自》物・体が(後ろの方に)弓なりに曲がる。「日に当たって板が―」「土俵際で―ってこらえる」

ゾルレン〔哲学〕当然すべきこと。そのようにあるべきであること。当為(とうい)。↕ザイン。▽ドイツ Sollen

それ 一【×其(れ)】《代》①(心理的または空間的・時間的に)自分から少し離れたものを指し示す語。㋐自分が(自分より相手に近いものとして)指さすもの。「―だよ」㋑相手の働き掛けの範囲内にあるもの。「君が持っている―をくれ」㋒その者。「―が申しますには」㋓そこ。「―に控えろ」▽㋓は既に古風。㋒もやや古風。②今、話題になった事・物を指す語。「―をいつ聞いたの」「―につけても」「―にしても(=事情はどうあれ)遅い」「―からというもの(=その時から後は)すっかり老いこんでしまった」「―以来(=その事があった時から後)会っていない」「―かあらぬか」(そうなのか、そうでないのか)▽相づちにも使う。「―な」の形は近年の若者言葉。③《接続詞的に》発語として口調を整える語。そもそも。「もし―自由あらずんば」▽漢文の「夫」の訓読。
二《感》注意を促したり気合いを掛けたりする時、発する語。「―行け」▽一(1)の転。また、「―は―は」の形で感動を表す。

それがし【△某】《代》①名前を出さないで人を指す語。なにがし。②わたくし。▽武士が使った。

それから《連語》①その時から。「―というもの、すっかりふさぎこんでいる」▽↓から《格助》(1)(ア)。②《接続詞的に》すぐ前に述べた事に追加して言うのに使う。それに加えて。そして。「コーヒーを二つ―紅茶を一つ」「京都を見て―奈良に行った」

それこそ《連語》話題の核心になる所を示す言い方。(ア)間違いなく。「手を出したら―お前の負けだ」(イ)何と言っても、そうあるのが。それでこそ。「―男というものだ」

それしき《連語》その程度(の、ちょっとしたこと)。それくらい。「―の事ができないでどうする」▽↓しき《副助》

それしゃ【×其者】その道に通じた者。特に、芸者、遊女。「―あがり」

それぞれ おのおの。めいめい。「荷物は決められた―の場所に置け」「A、Bを―始点、終点とする」「身支度して―に家を出る」▽代名詞「それ」を重ねた語。「夫(れ)夫(れ)」「其れ其れ」とも書く。関連 各(おのおの)・銘銘・個個・一一・別別・別れ別れ・面面・各個・個別・戸別

それだま【△逸れ弾】↓ながれだま

それで《接》①そういうわけで。「―こうなったのだ」②前の話を受けて、次の話をうながす語。「うん、―?」

それでいて《連語》そうなのに(一方)。「恐ろしい、―興味をそそられた事件」

それでこそ《連語》↓それこそ(イ)

それでも《連語》そうであっても。「―地球は回る」▽「しかし」と異なり、話題の事実の存在を認めた上で述べる言い方。

それとなく【×其(れ)と無く】《連語》《副詞的に》そうだと直接にではなく。(ア)何となく。「不幸の到来を―感じていた」(イ)遠まわしに。「―注意を与える」

それとも《接》あるいは。それでいけなければ。「コーヒーにしますか、―紅茶がいいですか」

それなり《連語》①そうしたまま。それきり。「―に済んでしまった」「別れて―だ」②それはそれとして認められるさま。「―の努力はしたつもりだ」

それなりけり《連語》後まで続いたり後で処理されたりすることなく、そのまま打ち捨てられてしまうこと。「一度連絡はあったが―で、何の音さたもない」▽代名詞「それ」+古語助動詞「なり」+古語助動詞「けり」から。古風。

それに《連語》《時には接続詞的に》すでに述べた物事につけ加えて言うのに使う。「うなぎ・なまず・川えび、―しじみ等の魚介類」「気づかれないように注意しろ。―この事は他言無用だぞ」

それは《連語》何しろこの事・物・人はという気持で、次に来る述語部分を(感動的に)強調する表現。「―痛み入ります」「お前のおじいさんは―りっぱな人だった」 **―そうと**《連語》(今話題になった)その事はそのまま脇に置いてという気持で、話題を変える時や、ふと思い出した時に使う表現。「―、彼は最近どうしている」

それも《連語》そのうえ。「かばんを、―とびきり大きいのを持たされた」▽さらに上の条件を添えて述べる語。

それや【△逸れ矢】ながれ矢。

そ-れる【△逸れる】《下一自》ねらった方向・道筋・目標から(反るような進み方で)はずれる。「矢が―」「てまりの手が―」「話がわき道へ―」「本筋から―」▽「反る」と同語源。

そろ《助動》文語動詞「さうらふ」がつづまった形。「一筆申し上げ―」「よう―」▽文の終止の場合だけに使う。「またぞろ」の「ぞろ」も、これの連濁形。

ソロ ①独奏。独唱。独奏曲。独唱曲。「ピアノ―」②一人で行うこと。単独。「―ホーマー」(走者のいない時のホーム ラン) ▽イタリア solo

そろい【×揃い】①同じ(さま)にそろうこと。「お―でお出掛け」②衣服の色や模様、道具の作りなどが全部同じであること。また、そのそろったもの。「―のゆかた」「―のネクタイとハンカチ」「―の茶碗(ちゃわん)」▽↓=ぞろい

=ぞろい【×揃い】《名詞に付けて》同様のものがそろうこと。皆……であること。「三つ―」「傑作―」「美人―の姉妹」

そろいぶみ【×揃い踏み】①相撲(すもう)で、複数の力士がそろって四股を踏むこと。「三役の―」②有名人などが一堂に会すること。「総選挙を目前にして党首の―」

そろ-う【×揃う】《五自》①まちまちでなく(乱れがなく)皆よく合った状態になる。一致する。「足並みが―」「調子が―」②全部が一か所に集まる。不足なく集まる。「顔ぶれが―」「道具立てが―」「役者が―」(それをするのに十分なだけ人物が集まる意にも言う)

そろう【疎漏】《名ナ》いい加減で、ぬけ落ちたところがあること。また、そういう手抜かり。「―な案」 派生 -さ

そろ-える【×揃える】《下一他》①全体にまちまちなのを、手を加えて一様にする。「長さを―」。「声を―・えて歌う」くい違いがないように(ある規準に)合わせる。「役者(の顔ぶれ)を―」②不足がないように準備する。「商品を豊富に―」

そろそろ ①《副[と]》静かにゆっくりと歩いたり進めたりするさま。「―(と)歩く」②《副》その時になりかかったさま。まもなく。「―出掛けよう」「もう―晩飯だ」

ぞろぞろ《副[と]》①多くのものが一続きになって動くさま。「子供が―(と)ついてくる」②長くひきずるさま。「帯を―(と)ひきずる」

ぞろっぺえ〔俗〕しまりのない様子。その人。▽「ぞろっぺ」とも言う。

そろばん【〈算盤〉・△十露盤】①日本や中国で電卓普及以前は日常使った計算道具。横長の薄い箱形で、く

しざしのたまが並ぶ。「―を置く」(そろばんに数値を入れ、計算する)「―をはじく」(損益の計算をする)「―が合わない」(計算が合わない。また、採算がとれない) ②日常の計算技術。「読み書き―」 **―かんじょう【―勘定】** 損得を計算すること。「―抜きの付き合い」 **―ずく**(ずく) すべて損得を計算して、損にならないようにする態度。「初めから―でかかる」 **―だか-い【―高い】**《形》↓かんじょうだかい。 派生 **-さ**

ぞろめ【ぞろ目】〔俗〕①二つのさいころに同じ目が出ること。②(競馬の連勝式などで)同じ数字が並ぶこと。

そろり《副と》静かに、ゆっくり。「彼は蛇のように―と短剣の柄を握った」(宮本百合子「古き小画」)

ぞろり《副と》①一つながりになっているさま。「チームには強打者が―とそろっている」②ぜいたくな着物を着飾ったさま。「お召を―と着流す」

そわ-せる(そはせる)**【添わせる】**《下一他》添うようにさせる。特に、結婚させる。

そわそわ(そはそは)《副[と]・ス自》気持や態度が落ち着かないさま。「―(と)した様子」「―(と)歩き回る」▽古語の、代名詞「そ」に助詞「は」の付いた形「そは、そは」から。

そわつ-く(そはつく)《五自》そわそわして、落ち着かない。▽「そは」に「つく」が付いて出来たもの。↓そわそわ

そわ-る(そはる)**【添わる】**《五自》外から(増し加わって)付く。「顔に寂しい影が―」

そん【〔*存〕】 ソン ゾン ながらえる ―①ある。いる。生きている。↕亡。「存立・存在・存否・存亡・存廃・存置・存続・現存・生存(せいぞん・せいそん)・共存(きょうぞん・きょうそん)・遺存・既存・依存(いぞん)」②持っている。あらしめる。「ゾン」と読む。「存意・存命・存生(ぞんじょう)・保存・温存・実存」③思う。考える。心にもつ。「ゾン」と読む。「存知・存念・存外・存分・一存・所存・異存」④安否をたずねる。見舞う。かえりみる。ねぎらう。「存問・存恤(そんじゅつ)」

そん【〔*村〕】 ソン むら ―《名・造》人の集まり住んでいる所。むらざと。いなか。また、今の日本の地方公共団体として一番小さいもの。「村落・村民・村童・村翁・村夫子(そんぷうし)・村長・村有・村道・村費・村議会・山村・農村・漁村・僻村(へきそん)・寒村・全村・離村」▽「邨」は同字。

そん【〔*孫〕】 ソン まご ―子の子。まご。血統で子より後のもの。「子孫・子子孫孫・児孫・嫡孫・玄孫・外孫・曽孫・末孫(まっそん・ばっそん)・天孫・皇孫・王孫」

そん【〔遜〕】〈遜〉 ソン へりくだる ゆずる おとる ―①へりくだる。自分をさしおいて人をたてる。「謙遜・不遜」②人にゆずる。「遜位」③従う。すなお。「遜弟」④おとる。ひけをとる。「遜色」

そん【〔*尊〕】【尊】 ソン たっとい たっとぶ とうとい とうとぶ みこと ―①貴重である。品物や身分がとうとい。とうとぶ。↕卑。「尊属・尊敬・尊重(そんちょう)・尊崇・尊称・尊皇(そんのう)・尊大・自尊・唯我独尊」②とうとぶべき人。「至尊・世尊・三尊・釈尊・不動尊」③身分の高い人、目上の人、また相手などに関することにつけて敬意を表す語。「尊顔・尊容・尊体・尊名・尊父・尊台・尊堂・尊命・尊像・尊影・尊慮・尊意」

そん【〔*損〕】 ソン そこなう そこねる ―①少なくする。少なくなる。減る。減らす。「損耗(そんもう・そんこう)・減損」②こわす。きずつける。そこなう。「損傷・損害・損壊・汚損・破損・毀損(きそん)」③《名・造》利益を失う。不得策。↕得。「損が大きい」「損益・損得・損失・欠損・骨折り損」

ぞん《存》↓そん〔存〕

ぞんい【存意】 思うところ。考え。見込み。

そんえい【尊影】 相手の写真や肖像などを敬って言う語。

そんえき【損益】 損失と利益。費用と収入。「―勘定」 **―けいさんしょ【―計算書】** 企業や団体の、一定期間における費目別の収益と費用とを対照表示し、当期純損益がわかるようにまとめた表。

そんか【尊家】 相手の家を敬って言う語。貴家。

そんかい【村会】 村議会の旧称。「―議員」

そんかい【損壊】《名・ス自他》こわれてくずれること。こわすこと。「器物―」

そんがい【損害】 ①《名》事故などによって受ける不利益。失われた利益。「―をこうむる」「―賠償」②《名・ス他》そこない傷つけること。「台風で死者三名と二十億円の―が出た」「人命を―する」 **―ほけん【―保険】** 偶然の事故によって生じた損害をうめるための保険。火災保険・運送保険など。

ぞんがい【存外】《ダナ・副》予想していた以上に。思いのほか。案外。「―手ごわい相手だ」

そんかん【尊簡・尊×翰】 相手の書簡を敬って言う語。お手紙。尊書。

そんがん【尊顔】 相手の顔を敬って言う語。「―を拝する」(お目にかかる)

そんき【尊貴】《名ナノ》身分がとうといこと。

そんき【損気】 ↓たんき(短気)。「短気は―」

そんぎ【存疑】 十分に解明できず、なお疑問が残っていること。

そんきょ【×蹲×踞】《名・ス自》①相撲(すもう)や剣道で、膝を開いて深く曲げ、かかとを上げた形で上体をまっすぐにすること。その姿勢。②貴人の通行に際し、両膝をつき叩頭(こうとう)する敬礼(をすること)。

そんきん【損金】 損をして失った金銭。「―袋」(宴席などで祝儀(しゅうぎ)を入れて出す袋)

ソング 歌。「テーマー」「ポピュラー―」▽song

そんけい【尊兄】 ①ほぼ同等の男子間で、相手を敬って言う語。貴兄。大兄。▽兄とも仰ぐ立派な方の意。②他人の兄を敬って言う語。令兄。

そんけい【尊敬】《名・ス他》他人の人格や行為を高いものと認め、頭を下げるような、また、ついて行きた

いような気持になること。うやまうこと。「親を━する」「━を払う」「━に値する」「━の念を抱く」 ━ご【━語】敬語の一分類で、話題の人物(広くは対象)、その存在・行為・状態、またその人の所有に係る対象に関して、話し手が敬意を託する形をした語。例、「貴兄」「神様」「いらっしゃる」「下さる」「お美しい」「お声」「御家族方(がた)」。▽甲が乙に丙を与えることを例にすれば、「先生が私にお手紙を下さった」が尊敬語中心の表現で、これに対し「私が先生にお手紙を差し上げた」は謙譲語中心の表現。他方「おれ様によくもそんな口が利けたな」の「おれ様」は尊敬語では説けず、敬語から除いて尊大語とも言われる。↓けんじょうご

そんげん【尊厳】『名ナ』尊く、おごそかで、犯してはならないこと。気高く威厳があること。「個人の━」 派生 **━さ** **━し**【━死】一個の人格としての尊厳を保って死を迎える、または迎えさせること。▽生命維持装置などの現代医学の延命技術が、死に臨む人の人間性を無視しがちであることへの反省として、認識されるようになった。

そんご【孫呉】兵法家の孫子と呉子。「━の兵法」

そんこう【尊公】『代』男が男の相手を敬って指す語。貴公。▽今使えばからかっている感じを与える。

そんこう【損耗】『名・ス自他』↓そんもう(損耗)

そんごう【尊号】尊んで言う呼び名。特に、天皇・太上天皇・皇后などの称号。

そんざい【存在】『名・ス自』事物がある㈠(1)こと。人物が居ること。また、その、ある(居る)もの。「自然環境に━する放射能」「偉大な━」「━意義」「━感」▽思考の対象となるものの意にも使う。「一切の━に言及する」 **━ろん**【━論】(哲学)存在とは何かという根本問題を研究する学問。哲学の根本の問題を、存在を追究することによって解こうとするもの。

ぞんざい『ダナ』取扱い等が丁寧でなく、なげやりで乱暴なさま。「━な話しぶり」「━に書く」 派生 **━さ**

ぞんじ【存じ】知っていること。承知。「御━ですか」▽「存ずる」の連用形。「存知」とも当てて書く。なおこれを「ぞんち」と読めば心得ている意の漢語。

そんしつ【損失】『名・ス他』利益を失うこと。損をすること。損をした程度または額。

そんしゃ【村社】もと、神社の社格の一つ。村の氏神をまつる神社に相当。

そんじゃ【尊者】①目上の人。②高徳の僧。

そんじゅく【村塾】村・郷党の人の子弟を教育するために個人が経営する塾。「松下(しょうか)━」

そんしょ【尊書】↓そんかん

そんしょ【損所】破損した箇所。こわれたところ。

そんしょう【尊称】尊び敬う気持を表すために使う呼び名。敬称。

そんしょう【損傷】『名・ス自他』そこなわれ傷つくこと。また、そこない傷つけること。「━を受ける」

そんじょう【尊×攘】「尊皇攘夷(じょうい)」の略。天皇を中心と仰ぎ尊び、外国人を打ち払って日本に寄せつけないことを説く、政治思想。

ぞんじょう【存生】生き長らえていること。生きていること。存命。「あの方が御━とは知らなかった」

そんしょく【遜色】劣っている様子。ひけめ。「━がない」(十分に対抗できる)

そんじょそこら(そんちょ・)『代』「そこら」を強めて言う語。「━にいくらでもある」▽「そんじょ」は「その定(じょう)」の転。

ぞんじより【存じ寄り】「思い寄り」のへりくだった言い方。①意見。思いつき。②知っている所。

そん-じる【損じる】①『上一他』そこなう。㋐こわす。「器物を━」。傷つけたりして悪くする。「父の機嫌を━」㋑少なくする。「価値を━」㋒《動詞連用形に付けて》……しそこなう。失敗する。失敗してだめにする。「書き━」「事をし━」②『上一自』こわれる。いたむ。少なくなる。▽「損ずる」とも言う。

ぞん-じる【存じる】『上一他』↓ぞんずる

そんしん【尊信】『名・ス他』①尊敬して信頼すること。②あがめて信仰すること。

そんすう【尊崇】『名・ス他』尊びあがめること。心から敬うこと。

ぞん-する【存する】①『サ変自』ある。㋐存在する。「男児の意気、ここに━」㋑生き長らえている。「親が━あいだは」②『サ変他』保っている。とどめている。「家宝は今なお若干を━が」「母親の面影を━」▽↓ぞんずる

そん-する【損する】『サ変他』利益を失う。むだにする。損をする。↕得する。「━・して得取れ」(目先の少しの損にこだわらず大局で得をつかめ)

そん-ずる【損ずる】『サ変自他』↓そんじる

ぞん-ずる【存ずる】『サ変他』①知っている。承知する。「それは━・じませんでした」②(……しよう、……したいと)思う。考える。「ぜひ伺いたく━・じます」▽へりくだった言い方。↓そんする(存)

そんせい【村勢】村の人口や産業・財政・施設などの総合的状態。

そんぜん【尊前】神前や高貴な方の前を、敬って言う語。

そんそ【×樽×俎】酒や料理が並ぶ宴会の席。▽「樽」は酒だる、「俎」は牲(いけ)にえを載せる台。 **━せっしょう**【━折衝】外交上の談判でのかけひき。

そんそう【村荘】村里にある別荘。

そんぞう【尊像】仏や高貴の人の姿を写した像。▽他人の像の敬語にも使う。

そんぞく【存続】『名・ス自他』(事物が)引き続いて存在すること。存在し続けること。なくならずに残っていること。また、続けて残しておくこと。「会の━をはかる」

そんぞく【尊属】親等の上で父母と同列か、それより目上かの血族。↕卑属

そんだい【尊大】『名・ダナ』(思いあがって)ひどく偉そうに人を見下した態度であること。「━にかまえ

る」派生 -さ

そんだい【尊台】《代》男が自分よりやや目上の相手を敬って指す語。貴台。

そんたく【×忖度】《名・ス他》他人の気持をおしはかること。「わたしのーが許されれば」

そんち【存置】《名・ス他》今ある機関・制度などを、今後も残しておくこと。

そんちょう【村長】地方公共団体である村の長。

そんちょう【尊重】《名・ス他》尊いものとして重んじること。「少数意見をーする」「人権ー」「個性のー」

ゾンデ ①尿道・食道などから体内に挿入して診断・治療に用いる、細い管状の医療器具。消息子。②→ラジオゾンデ。▽ドイ Sonde

そんどう【尊堂】①相手の家を敬って言う語。お宅。②転じて、あなた様。

そんどう【村童】農村・漁村の子供。

そんとく【損得】損失と利益。損益。「ー勘定をする」

そんな《連体・副》そういう(様子だというさま)。「ー時にはどうする」「ーって困るよな」「ーに(=それほどまでに)面白いか」「ーこんなで(=あれやこれやで)大騒ぎ」▽「そう」+「な」に由来。連体形にナ語尾のない特殊形容動詞となったとも見られる。なお、「に」を付けず「ー年なのによく働く」から進んだ副詞法で「勝手を言ってー困るよ」のようにも使う。この用法は「あんな」「こんな」にもあるが、「どんな」にはない。

ぞんねん【存念】①いつも心の中に思っていること。念頭にあって忘れないこと。②思慮。所存。

そんのう【尊皇・尊王】天皇を尊び、天皇中心に考えること。「ー攘夷(じょうい)」

そんぱい【存廃】保存することと、廃止すること。残しておくか、やめるかということ。

そんぴ【存否】存在するか存在しないかということ。または、健在か否かということ。

そんぴ【尊卑】身分の高いものと低いもの。

そんぷ【尊父】相手の父を敬って言う語。▽普通「御ー」の形で使う。

そんぷうし【村夫子】村での物知り。いなかの学者。「ー然として」

ソンブレロ メキシコなどで用いる、つばが広く中央が高い帽子。▽スペイン sombrero

ぞんぶん【存分】《名・ダナ》思うまま。思い通り。満足が行くほど。「ーにこらしめた」「思うーの働き」

そんぼう【存亡】ながらえ続くか滅び去るかということ。「危急ーの秋(とき)」▽「ぞんぼう」とも言う。

そんみん【村民】むらの住民。

そんめい【尊名】相手の氏名を敬って言う語。芳名。お名前。「御ーはかねがね伺っておりました」

そんめい【尊命】相手の命令を敬って言う語。御命令。

ぞんめい【存命】《名・ス自》生き長らえること。生きていること。「父のー中は生活に困らなかった」

そんもう【損亡】損失。「武士の慣れぬ商売でーばかり」▽今は言わない。

そんもう【損耗】《名・ス自他》使って減ること。使い減らすこと。「ーをきたす」▽「そんこう」の慣用読み。

そんよう【尊容】①仏像や高貴な人の、尊いお顔・お姿。②他人の容貌を敬って言う語。

そんらい【尊来】相手の訪問を敬って言う語。御来訪。

そんらく【村落】むらざと。むら。↔都会。「ー共同体」

そんらん【尊覧】相手が見ることを敬って言う語。

そんりつ【存立】《名・ス自》存在し、成り立つこと。滅びたりつぶれたりせず立ちゆくこと。

そんりょ【尊慮】相手の考えを敬って言う語。お考え。

そんりょう【損料】衣服や器物などを借りた場合の借り賃。「ー貸し」▽損じたつぐないとして支払う代金の意。

そんれい【尊霊】霊魂を尊んで言う語。みたま。

た

た《助動》《用言および用言と同じ型に活用する助動詞の連用形に付く。撥(はつ)音便、ガ行五段のイ音便に連なる場合は「だ」となる》①述べている事に関し、話し手・書き手の確認の気持を表すのに使う。▽「よろしかったでしょうか」は、→よろしい

㋐それが生起する、確かにそうだという気持を表す。「見つけーぞ」「勝負あっー」「あすは君の誕生日だっーね」「山分けせずに一人占めしー」「他の方法を使っーほうがよい」「雨が降っ**たら**延期する」「うまく飛ん**だら**いいね」「仮に妨害に出て来ーとしても」▽「たら」は「たれば→たりゃ→たら」と移って出来た語形なので「ば」を添える必要はないが、「たらば」の形も使わないではない。「たりゃ」もまれには現れる。

㋑《終止形で》命令表現と同様、その実現を求めるのに使う。「さあ、そこをどいー」「その試合、待っー」

㋒その事の完了を認めるのに使う。「父もすっかり老いー」「望みは捨てー」「勉強し**たら**遊びに行っていいよ」

㋓《「AたらA」やそれに準じる形で》Aを強調するのに使う。「待ってっ**たら**待て」「話さないといっ**たら**話しません」「直し**たら**直したでまたけなされる」▽AならAだという自明の事をわざわざ持ち出したのが強調になる。

㋔《「Aといったら」「Aと来たら」の形で》Aを話題に取り立てるのに使う。「お姉さんといっ**たら**おしゃれなんだから」「その美しさといっ**たら**この上ない」「そのときの静まりようと来**たら**」▽→たら《係

助』

㋕《「たら」で省略的に文を閉じて》そうしてはどうかという提案に使う。「あの方を夕飯にお招きしたら」

②動作・作用やその結果が、ある状態として存続する意を表す。「さびーナイフ」「とがっー山」「東に向かっー間口四間の建物」「川をはさんだ向こうの町」「聞きかじりの知っーふり」「お前の知っーこっちゃねえ」「一か所に立つより歩いていー方がよい」▽この用法は連体形に限るように説かれるが、終止形にもなる。また、一般に「…ている」に当たるが、「た」が「ている」に代えられない「ていー」の形もある。

③着目言及時より前、つまり過去に属する(そしてそれを経験している)という意を表す。「若いころはさぞ美人だったろう」「そんな話も出ー」「海辺に住んだことがある」「昔は川で泳いだものだ」▽文語の確認の助動詞「つ」の連用形+「あり」がつづまった「たり」に由来する。(1)(2)がこの系統。(3)は文語の「き」「けり」が滅びたあと、その意(の一部)を引き継いだもの。ただし回想の意は薄れた。

た【田】稲などを植え育てる(水がたたえられる)耕地。「ーのあぜ」「わがーに水を引く」(↓がでんいんすい)「蓮ー(はすだ)」▽農耕地でなくとも似ていれば言う。「しょうぶー」

た【他】ある特定の事物と別であること。その別のもの。ほか。「ーの例」。ほかの事。また、ほかの人。他人。「顧みてーを言う」「おのれを責め、ーを責めない」「そのー大勢(おおぜい)」。ほかの所。よそ。「居をーに移す」▽↓た〖他〗

た=《動詞・形容詞の上に》語調を強める。「あられーばしる」「ーばかる」「ーやすい」

た〖*他〗タ ほか ―《名・造》自分以外、また自分と相手以外のもの。これではない別のもの。ほか。↕自。「他に例を見ない」「自他・他所・他日・他生(たしょう)・他界・他国・他郷・他事・他力(たりき)・他聞・他殺・利他・愛他・排他」▽↓た(他)

た〖*多〗タ おおい ―①数がいくつもある。たくさん。おおい。↕少。「多少・多寡・多数・多大・多量・多種・多様・多言・多勢・多義・多謝・多方面・繁多・幾多(いくた)・雑多・過多」②《名》功のあることをほめる。「労を多とする」

た〖太〗↓たい〖太〗

だ《助動》㈠《体言(相当の表現)に付く》話し手・書き手がその事柄を(肯定的に)認めて述べるという態度を表明する。「これはあやめであれがかきつばたー」「私が田中ー」「すっかり春ーなあ」「蝙蝠(こうもり)は哺乳(ほにゅう)類である」「うわさの店はここーよ」「父も若いころはおしゃれだった」「太郎は四人兄弟ー」「その美しさは(まるで)天使ー」「あなたは何にする?」「ぼくはおすしー」「ここが立入禁止であることは承知ーな」「何事も経験してみよ、ー」「何、警戒線を突破されたーと!」「それももっともー」「約束、きっとーよ」「形はこんなだったか」「昔もそうーから今はなおさらー」「これでせいぜいー」「相変わらずーな」「花子が描いたんー。たった五分でーよ」▽「ぢゃ(=じゃ)」の転。「Bだ」の形が常に主語Aを要するとは限らない。出火を発見して叫ぶ「火事ー!」が典型例。また、「AはBだ」のような主語述語関係が等号「=」に当たるのは、AがBでかつBがAだという特別の場合だけ。「ぼくはおすしー」のような例からもうかがえるとおり、論理的にはAとBとのさまざまの関係を表しうる。なお、形容動詞の語尾とされるものは、本来この「だ」と同じ。連体形「な」は、限られた語または文脈でのみ使う。「場所が場所なだけに困った」「大きさが半分ほどな模型」。また、「だろう」「なら」の形では用言にも付く。↓だろう・なら《助動》㈠・だって

㋐《仮定形「なら」》↓なら《助動》㈠

㋑『だろうではないか』↓う《助動》㈠(1)㋑・(2)㋓

㋒『ーか』不確かな事を、いぶかる気持で言うのに使う。「煮えたかどうだか食べてみな」「おとといだかに出張しました」「その後どうしたんだか」▽普通は「だか」で言いきりにする。↓か《終助》㋐

㋓『ーもの』《ほとんどは文末で》感動的表現に使う。「だっていや(なん)だもの」「ここは別世界だもんね」「私が強情だもんだから」▽この用法では「な」にしない。

㋔『ーが』しかし。それにしても。「彼の考えにも一理ある。だが今は採用できない」

㋕『ーのに』『なのに』それにもかかわらず。「さわやかな季節だのに気分がすぐれない」「十分説明したはずだ。なのに少しも分かっていない」

㋖『ーから』ゆえに。「だから言ったじゃないの」

㋗間投助詞的に、強調する時や間を置く時に用いる。「これはー(な)、ちょっとはー、厄介な話にならざるを得ないぞ」

㈡「た」が撥(はつ)音便、ガ行五段のイ音便に連なる場合の形。「飛んー」「漕(こ)いー」。↓た《助動》

だ〖*打〗ダ チョウ(チャウ) うつ ―①㋐たたく。うつ。「打撃・打撲・打診・打電・打破・打開・打倒・打擲(ちょうちゃく)・殴打・乱打」㋑野球などで、ボールをうつ。「安打・好打・本塁打・打者・長打力」②軽い接頭語のように動詞の上に添える。「打算」

だ〖妥〗〖妥〗ダ ―①安らかにする。安んじる。穏やか。「妥当」②互いにおれあう。「妥結・妥協」

だ〖堕〗〖墮〗ダ おちる ―こわれておちくずれる。おちる。おちいる。「堕落・堕胎」

だ〖惰〗ダ おこたる ―気がゆるんで、精を出さない。なまける。おこたる。「勤惰・惰気・惰弱・惰眠・惰性・怠惰・怯惰(きょうだ)・遊惰・懶惰(らんだ)・驕惰(きょうだ)」

た

た

だ【駄】 タダ ①㋐馬の背に物を背負わせる。のせる。「駄馬・駄賃」㋑馬にのせた荷物。「荷駄(だに)」㋒馬一頭に背負わせるだけの重量。三六貫(約一三五キロ)。「木六駄」㋓荷役に使う馬。乗馬にならない馬。「駄馬」②ねうちのない物。「駄菓子・駄作・駄句・駄本・駄洒落(だじゃれ)・駄目」③酒三斗五升(約六三リットル)入りのたる二個。④はきもの。「下駄(げた)・足駄(あしだ)・雪駄(せった)」

たあい →たわい

たあい【他愛】 自分の利益より、まず他人の幸福を願うこと。愛他。「―主義」

ダーウィニズム イギリスの生物学者ダーウィンが立てた、生存競争と自然淘汰(とうた)とを生物進化の要因とする説。▽Darwinism

ダーク チェンジ 劇・映画の、暗転。▽dark change

ダーク ホース ①競馬で、実力不明の馬。②転じて、人物・手腕はわからないが有力と思われる競争相手。▽dark horse

ターゲット 目標。まと。特に、商品の販売活動でねらった購入層。▽target

ダース 品物十二個の一組。▽dozen から。「打」を当てて書くことがある。

たあそび【田遊】 稲の豊作を前もって祝う、神事の芸能。主に正月に行う。

ダーツ ①洋裁で、体型に合わせて立体化させるために布の一部を細く三角形に縫いつまんだ部分。「―をとる」②円型のまとに矢を投げて得点を競うゲーム。その矢。▽darts

タートルネック セーターなどの、首すじに沿って折り返す高いえり。とっくり。▽turtleneck(＝海亀の首)

ターニング ポイント ①進路(針路)の向きを転じる位置。②比喩的に、転機。「この事件が彼の一生の―となった」▽turning point

ターバン 頭に巻く帯状の布。㋐イスラム教徒やインドのシク教徒などが頭に巻く布。㋑㋐に似せた女性用の帽子。▽turban

ダービー ①ロンドンで毎年行われる大競馬。一七八〇年、貴族ダービーが創始した、明け四歳馬の特別レース。また、それにならった各地での競馬の催し。▽Derby ②転じて、競争。首位争い。「ホーム ラン―」。(同じ地域のチームの)対抗試合。「―マッチ」▽derby

タービン 水力または蒸気力を翼に受け、その力で軸を回転させる原動機。▽turbine

ターボ 排気の圧力によって回転するタービンで燃焼室へ多量の吸気を送り込み出力を高める装置。「―エンジン」「―ジェット」▽turbo-charger の略。

ターミナル ①交通機関が多く集まり、人の乗り降りが多い所。鉄道の終点。「バス―」「―ビル」②空港で、種々の事務のための施設が集まっている場所。③電池などの、電流の出入口に取り付けた金具。端子(たんし)。④コンピュータの端末(機)。⑤《造》(命の)終末。「―ケア」▽terminal(＝端)

ダーリン いとしい人。最愛の人。▽darling 夫婦や恋人同士で呼びかける語。

タール 木材・石炭を乾留して製する、黒いねばねばした液体。防腐剤・塗料にする。▽tar

ターン 《名・ス自》回ること。方向が変わること。㋐旋回。「―テーブル」㋑進路を変えること。「U―」㋒水泳の折返し。▽turn **―パイク** (有料の)自動車専用高速道路。▽(アメリカ) turnpike

たい【△度い】 《助動》《動詞と助動詞「(さ)せる」「(ら)れる」との連用形に付く。形容詞型活用》希望を表す。▽他の助動詞に対しては付かない「がる」が付くとか、助動詞相互の結合順における位置とかの特徴で、「たい」を、動詞から形容詞を作る接尾語とする説がある。表記「度い」は「度」の音「タク」を連用形に当てたことに由来する。

①動詞の主語に当たるものがそれを希望している意。「今日はじっくり話し―」「今は誰にも会い**たく**ない」「大学に行き―」「泣き**たかっ**た」「お前も早く大人になり**たかろ**う」「ぜひお話が願い**とう**ございます」▽終止形または「たくない」で言い切る文は(主語が現れていなくとも)第一人称の文である。近ごろは、「望む」など意味上「たい」を付けるに及ばない場合にも「将来の発展を望み―(と思う)」のように言うことが多くなった。なお、「酒を飲みたい」「酒が飲みたい」は、どちらも使う。前者は「(酒ヲ飲み)タイ」で何をしたいのかを、後者は「酒ガ(飲みタイ)」で飲みたい対象は何かを表し、区別される。

②《「(ら)れ」「あり」や「くだされ」「なされ」などに付く場合》相手に……してほしいと希望する意。「諸君は明日また来られ―」「御海容あり―」「至急御一報くだされ**たく**」「訂正をなされ―」▽第一文の「諸君」はこの文の主語ではなく、諸君については、の意で、希望内容を満たす行為者として期待を寄せる相手(第二人称)を指す。 派生 **た-さ た-げ た-がる**

たい【×鯛】 美しい薄紅色の体で、味がよく、縁起物として珍重される海魚。日本各地の近海にすみ、養殖もされる。多く体長数十センチのものが流通する。マダイ。広くは、クロダイ・キダイなど近縁な魚の総称。▽たい科。同科以外にもイシダイ・キンメダイなど似た魚で「タイ」の名が付くものがある。

たい【他意】 ほかの考え。特に、隠している考え。異心。「―をいだかない」

タイ ①ネクタイ。②記録・得点が同等なこと。「―スコア」「―ブレーク」(テニス・ソフトボールなどで、結着をはやくつけるための方式)③楽譜で、同じ高さの二つの音符を結ぶ弧線。その二音は一つの音として連続して奏する。▽tie **―アップ** 《名・ス自》協同。提携すること。▽tie-up **―きろく【―記録】** 競技で、今までに出ている最高記録と対等な記録。▽「対記録」とも書くが、「タイ」は tie

たい【*太】 タイ タ ふとい ふとる はなはだ ①ひじょうに大きい。「太陽・太陰・太虚・太鼓」②はなはだ。はなはだしく。「太古・太平」③物のはじめ。大もと。「太極・太初」④尊いものの中で最も尊いもの。「太子・太后・太守」。立派なもの。「太夫(たいふ・だいぶ・たゆう)」

たい〖*体〗［體］タイ テイ **からだ** ―①〘名・造〙からだ。「体軀(たいく)・体格・体質・体力・体温・体験・体得・体育・体刑・体罰・身体・人体・上体・五体・肉体・死体」▽単独で「体をかわす」のように使う場合には、何かをする(のに有利な)からだの構えの意。②〘名・造〙㋐きまったかたちをとるもの。かた。かたち。「体を成さない」「気体・固体・液体・流体・物体・体積・体系・体制・体面・国体・政体・字体・文体」㋑様子。外観。「テイ」と読む。「体よく断る」「風体・人体(にんてい)・体裁」③〘名・造〙物事がはたらきをする、もとをなす存在。「名は体をあらわす」「体用・体言・本体・主体・実体・弱体」④〔数学〕任意の二つの元の間で、加減乗除に相当する四つの演算が定義された集合。▽環(かん)(3)にさらに除法が定義されたもの。ドイツ Körper の訳語。⑤神仏の像などを数える語。「地蔵尊一体」▽「体」と「體」とはもと別字。「躰」は「體」の俗字。↓てい(体)

たい〖*対〗［對］タイ ツイ こたえる ―①〘名・造〙むかいあう。相手になる。「赤組対白組」「対立・対峙(たいじ)・対坐(たいざ)・対生・対陣・対抗・対比・対等・対照・対屋(たいのや)・対蹠(たいしょ・たいせき)・対校試合・対空射撃・敵対・相対・絶対・反対」②返事をする。こたえる。「応対」③㋐〘名・造〙二つそろって一組となるもの。「ツイ」と読む。「対になる」「対句」㋑二つ一組のものを数える語。「ツイ」と読む。「花瓶一対」▽↓つい(対)。④「対馬(つしま)国」の略。「対州(たいしゅう)」

たい〖[人]苔〗タイ こけ ―植物の、こけ。こけ状のもの。「蘚苔(せんたい)・苔衣・青苔・緑苔・碧苔(へきたい)・舌苔」

たい〖胎〗タイ ―①みごもる。はらむ。はらご。「胎生・胎児・胎動・受胎・懐胎・堕胎」②母体の中で、子のやどる所。子宮。「胎内・胎中・胎盤・胎毒・胎教・母胎・換骨奪胎」③物のはじめ。きざし。きざす。「胚胎(はいたい)」

たい〖怠〗タイ **おこたる なまける** ―心がたるむ。進んで仕事をしない。おこたる。「勤怠・怠惰・怠慢・怠業・怠納・懈怠(けたい)・倦怠(けんたい)・緩怠・過怠金」

たい〖*態〗タイ テイ わざ ―①物の形や姿。様子。ふるまい。「態勢・態度・形態・状態・姿態・俗態・世態・容態(ようだい)・生態・常態・変態・醜態・様態・擬態・悪態・失態・媚態(びたい)」②〘名・造〙文法範疇(はんちゅう)の一つ。能動態・受動態など。▽voice の訳語。「相」とも訳す。

たい〖*待〗タイ **まつ** ―①来るものをまちうける。まつ。「待命・待機・期待」②まちうけてもてなす。あつかう。「待遇・接待・歓待・招待・優待・虐待」

たい〖耐〗タイ **たえる** こらえる ―①外からの変化に対してもちこたえる。「耐久・耐性・耐水・耐湿・耐火・耐震・耐熱・耐磁性・耐酸合金」②我慢しおおせる。こらえる。「耐寒・耐乏・忍耐」

たい〖*退〗［退］タイ **しりぞく しりぞける** のく すさる しさる しざる ひく ―①あとへひきさがる。しりぞく。地位を去る。↕進。「進退・退歩・退化・退却・退出・退庁・退陣・退散・退職・退場・退避・引退・勇退・脱退・敗退・後退・撤退・不退転・一進一退」②消極的になる。「退嬰(たいえい)・退屈・減退・衰退」③譲る。へりくだる。「辞退」④遠ざける。身をひかせる。「撃退」

たい〖逮〗［逮］タイ およぶ ―追いつく。とどく。およぶ。「逮捕・逮夜」

たい〖*帯〗［[人]帶］タイ **おびる おび** ―①㋐身につける。おびる。「帯剣・帯刀・帯用・帯出・携帯・拐帯」㋑従属させて持つ。「妻帯・所帯・世帯(せたい・しょたい)・帯分数・帯紅色・帯電体」②㋐衣服の腰をしめる、おび。「衣帯・玉帯・着帯・紐帯(ちゅうたい)」㋑おび状のもの。物にまきつける細い布。「包帯・丁字帯・貞操帯」㋒手をとりあって同じ行動をとる。「帯同・連帯」③おび状の地域。㋐あたり。地域。「一帯・地帯・火山帯」㋑気候の差による地球上の区分。「熱帯・寒帯・温帯」㋒植物の分布による地域の区分。「地衣帯・森林帯」㋓地層。「化石帯」

たい〖滞〗［[人]滯］タイ **とどこおる** ―水がとどまって流れない。一つのところにとどまって次へゆかない。物事がはかどらない。とどこおる。「滞留・滞在・滞空・滞積・滞納・滞貨・滞欧・沈滞・停滞・渋滞・凝滞・遅滞」

たい〖泰〗タイ やすい ―①おちついている。ゆとりがある。やすらか。「泰然・泰安・泰平・安泰」②甚だしい。「泰初・泰西・泰東」③中国の山の名。「泰山・泰斗」

たい〖堆〗タイ ツイ うずたかい ―①高くつみあげてある。うずたかい。うずたかくなっているもの。「堆積・堆土・堆肥・堆朱(ついしゅ)」②〘名・造〙海面下で山状また丘状をなすところ。「大和(やまと)堆・武蔵(むさし)堆」

たい〖袋〗タイ **ふくろ** ―布・皮・紙などで作った入れもの。ふくろ。ふくろのようになっているもの。「布袋(ほてい)・風袋・魚袋・郵袋」

たい〖替〗タイ **かえる かわる** ―①互いにいれかわる。かわる。かえる。「交替・代替」②他にとって代わられる。すたれる。「隆替・衰替・廃替」

たい〖*貸〗タイ **かす** ―①あとで返してもらう約束で金品等を用立てる。かす。↕借。「貸借・貸与・貸費・賃貸」②大目に見る。ゆるす。「貸宥(たいゆう)」

たい【*隊】【隊】タイ ―①二人以上の集まっている組織。特に兵士の組。「軍隊・連隊・本隊・支隊・部隊・隊長・兵隊・騎兵隊・探検隊・自衛隊」②《名・造》多人数がならんで一団にまとまっているもの。「隊を組む」「縦隊・編隊・隊商・隊伍(たいご)・隊列」

たい【×頽】タイ くずれる ―こわれ落ちる。くずれる。おとろえる。おちる。「頽然・頽廃・頽勢・頽齢・衰頽・廃頽・敗頽」

たい【戴】タイ いただく ―①物の上にさらに物をのせる。頭の上に物をのせる。「頂戴(ちょうだい)・戴冠式」②首長として敬う。「推戴・奉戴」

たい【大】→だい【大】

だい【乃】ダイ ナイ すなわち なんじ ―①上をうけて下を起こす語。すなわち。そこで。ようやく。かえって。「乃至(ないし)」②なんじ。おまえ。「乃公・乃父」

だい【*大】ダイ タイ おおきい おお おおいに ―①《名・造》規模がおおきい。形がおおきい。↕小。「大の男」「声を大にする」「大は小を兼ねる」(大きいものは小さいものの代わりにも用いることが出来る)「大なり小なり」(大小にかかわらず)「大小・大刀・大地・大兵(だいひょう)・大脳・大海(たいかい)・大会(たいかい)・大輪(たいりん)・巨大・肥大・長大・最大・絶大・雄大・壮大・遠大・拡大・細大・大工事・大爆発」▽「大爆発」「大修正」の類は大規模な場合に言うが、そうした程度にかかわりなく「大正解」「大公開」「大激白」など勢いをあおるだけの用法が、二十世紀末から主にテレビ・週刊誌に現れた。→⑹。②程度・数量がおおきい。「寛大・甚大・莫大(ばくだい)」。以下「タイ」と読む。「大衆・大軍・大兵(たいへい)・大部・大金・大差」③㋐すぐれている。重要。立派。「大王・大臣・大師・大徳・大胆・正大」。以下「タイ」と読む。「大身・大官・大役・大義・大任・大人(たいじん・しう)・大変・大道・大器・大悟・大成」㋑最高位を示す。「大将(たいしょう・だいしょう)・大老(たいろう)・大納言(だいなごん)・大宮司(だいぐうじ)・大僧正・大仏師・大経師(だいきょうじ)・大審院」④細部を捨てた全体。「タイ」と読む。「大局・大抵(たいてい)・大略・大勢・大綱・大観」⑤㋐美称として冠する語。「タイ」と読む。「大日本・大英帝国」㋑他人を尊敬して言う語。「大人・大兄」⑥《名・造》おおいに。さかんに。はなはだ。「大の仲よし」「大繁盛(はんじょう)」⑦(仏)万物を構成する元素。「地水火風の四大」⑧《接尾》大きさ。「等身大・実物大・鶏卵大・あずき大」⑨《名》陽暦で三十一日、陰暦で三十日ある月。「大の月」⑩「大学(校)」の略。「東大・早大・私大・短大・女子大・防衛大」

だい【*代】ダイ タイ かわる かえる よ しろ ―①かわりになる。他にかわって仕事をする。「代理・代用・代作・代官・代診・代役・代弁・代数・代議士・代言人・名代(みょうだい)・城代・所司代」②《名・造》かわりになるもの。商品や労力などを得たかわりに与えるもの。「お代を払う」「代価・代金・代償・地代・間代(まだい)・足代」③《名・造》家督または統治権を相続して当主である間。「代がかわる」「先祖代代・譜代・歴代・末代・初代・聖代・累代・世代」④㋐歴史上の長い時間の区分。「時代・上代・古代・近代・現代・当代」㋑地質時代の最も大きい区分。「古生代・新生代」⑤年齢の範囲を示す語。「台」に同じ。「十代の少年」

だい【*台】【臺】ダイ タイ うてな ―①㋐あたりが見渡せるように高くした所・建物。うてな。「台閣(たいかく)・高台・楼台・灯台・露台・舞台(ぶたい)・天文台・気象台」㋑高くてたいらな土地。「台地・国府台(こうのだい)」②㋐《名・造》物(足・腰)をのせる、平たいもの。「台の上におく」「台座・台子(だいす)・飯台・鏡台・燭台(しょくだい)・縁台・番台・実験台」㋑物事の基礎となるもの。「土台・台紙・台本・台帳」③中央政府の役所(の高官)。「弾正台(だんじょうだい)」④車や機械を数える語。「自転車数台」。数量の大体の範囲を示す語。「五千台・六十歳台・二百円台・十番台・大台(おおだい)」⑤㋐相手に対する尊称。「貴台・尊台・老台」㋑皇族についての敬語。「台臨(たいりん)・台覧(たいらん)・台命(たいめい)」⑥「天台宗」の略。「台嶺(たいれい＝比叡山)」▽本来「台」と「臺」とは別字で、⑷⑸⑹はもともと「台」。⑦㋐「擡」の代わりに用いる。もたげる。「台頭(たいとう)」㋑「颱(たい)」の代わりに用いる。「台風(たいふう)」⑧「台湾」の略。「日台(にったい)関係」

だい【*第】ダイ テイ ―①物の順序。ついで。「次第(しだい)」②物の順序を表す数字の上につける語。「第一義・第三次・第二回・第五巻・第三者」③やしき。立派な家。「邸」に通じる。「第宅(ていたく)・聚楽第(じゅらくだい)」④中国の昔の官吏登用試験。転じて一般に、試験。「科第・及第・落第」

だい【*題】ダイ ―①《名・造》書物・文章・詩歌等の内容の手がかりとなる短い言葉。書物の名。「題をつける」「題詠・題名・題目・題材・内題・外題(げだい)・標題・兼題」②解決を求められている事柄。問いの言葉。思考の中心におかれている事柄。「主題・命題・本題・問題・難題・議題・宿題・課題・例題」③試験問題の数を数える語。④文章や文字を書きしるす。「題詩」⑤ひたい。あたま。また、物のはじめに書く言葉。「題辞・題跋(だいばつ)」⑥品定めをする。「品題」

たいあたり【体当(た)り】《名・ス自》自分の体を相手にぶつけて衝撃を与えること。また、捨て身で物事をすること。

たいあつ【耐圧】圧力に耐えること。

だいあみ【台網】規模が一番大きい建網(たてあみ)。マグロ・ブリなどの漁に使う。

ダイアル →ダイヤル

ダイアローグ 二人以上の人の取りかわす問答。対話。会話。↕モノローグ。▽dialogue

たいあん【大安】六曜の一つ。「大安日(にち)」の略。旅行・結婚など万事によい日。「―吉日」▽本来は「だいあん」。

たいあん【対案】 相手の案に対して持ち出す別の案。

だいあん【代案】 かわりの案。

たいい【大尉】 陸海軍の尉官の最上級。少佐の下。▽旧海軍では「だいい」と言った。

たいい【大意】（文章の）大体の意味。あらましの意味。

たいい【退位】《名・ス自》帝王が位を退くこと。

たいい【体位】 ①体格・健康・運動能力などを基準にした、身体の強さ。「―の向上」②体が占める位置。姿勢。「―が傾いている」

だいい【代位】《名・ス自》他のものに代わってその地位につくこと。

だいい【題意】 題の意味。また、問題の意味。

たいいき【大域】《主に「―的」の形で、または複合語の成分として》その部分を越えた広い範囲（にかかわること）。↕局所。「―（的）制御」「―変数名」▽global（＝全体的な）の訳語。

たいいき【帯域】 ①ある広がりをもった範囲。②通信で利用する、電波や高周波電流の周波数の範囲。これが広いほど多くの情報を送れる。「広―の通信網」▽→ブロードバンド

たいいく【体育】 体を成長・発達させるための教育。それに関する技術・知識を習得させる教科。▽知育・徳育と並ぶ。 **―かん【―館】** 体育の授業や運動・スポーツをするための建物。たいいっかん。 **―ずわり【―座り】** 腰をおろして、立てた膝を腕で抱え込む座り方。体操座り。三角座り。▽体育の授業で指導されることからの名。

だいいち【第一】 ①順序の一番初め。最初。「―の事件」。一番大切なこと。「健康が―だ」。一番すぐれていること。「世界―の詩人」②《副詞的に》何よりも。そもそも。「そうしたくても―金がない」 **―いんしょう【―印象】** 物事に接して最初に得た印象。 **―ぎ【―義】** ①最も大事な根本的な意義。②仏教で、この上なく深い妙理。 **―じん【―陣】**（送り込まれる）最初の人・もの。「選手団の―が出発する」「救援物資の―が届く」▽もと、最初に攻め込む陣容。 **―にんしゃ【―人者】** その分野で一番すぐれた人。 **―にんしょう【―人称】** →にんしょう（人称）。 **―りゅう【―流】** 第一級。一流。

だいいちじ【第一次】（順序として）最初。「―選抜」「―産業」（農林水産業）

だいいっせい【第一声】 ある活動・状態で、最初に発する言葉・演説。「立候補の―」「復帰―」

だいいっせん【第一線】 ①戦場で敵と接触する最前線。②比喩的に、最も重要で花々しい位置。一番先頭。「―で活躍する」「―に立つ」「―を退く」

だいいっぽ【第一歩】 ①最初にふみだす一足。「帰国―」②物事を始める一番初めの段階。手始め。「整理の―」

たいいほう【対位法】〔音楽〕独立に進行する二つ以上の旋律を同時に結合させる作曲技術。

たいいん【太陰】 月のこと。 **―れき【―暦】** 月の満ち欠けに基づいて一か月を定める仕組みの暦。陰暦。普通は、一年を太陽の運行と併せ考えて十九年に七回の閏月（うるうづき）を置くもの（＝太陰太陽暦、日本が太陽暦に切り替える前に使っていた）を含めて言う。↕太陽暦。▽太陰太陽暦の閏年は十三月あり、例えば四月の後に入れるのを「閏四月」と呼ぶ。明治六年（一八七三）一月以降太陽暦が公式に施行されても、民間では太陰太陽暦を併用し、これを「旧暦」と呼ぶ。

たいいん【退院】《名・ス自》①入院していた患者が病院から出ること。↕入院。②議員が議院から退出すること。↕登院。③住持が寺を去って隠居すること。

だいいん【代印】 他人の印の代わりに自分の印をおすこと。代理の印。

だいうちゅう【大宇宙】 人間を小規模な宇宙と考えるのに対して、本来の宇宙。マクロコスモス。↕小宇宙

だいえ【大会】〔仏〕大規模な法会。▽「たいかい」と読めば別の意。

たいえい【退×嬰】 進んで新しい事をする意気ごみがないこと。しりごみ。↕進取。「―的」

だいえい【題詠】 前もって題を決め、それについて詩歌を作ること。その作った詩歌。

たいえき【退役】《名・ス自》①兵役期限に達した、または傷病で兵役に耐える見込みがない将校・准士官が、軍を退くこと。その退いた身分。「―将校」②転じて、軍用のものが使われなくなること。「この戦艦は来月―する」「―した軍用犬」

たいえき【体液】 体内にあるすべての液体。血液・リンパ液・脳脊髄液など。

ダイエット《名・ス自》体調維持のための食事制限。規定食。また、太りすぎを防ぎ、痩せるために、食事を控えること。▽diet

だいえん【大円】 ①大きな円。②〔数学〕球の中心を通る平面と球面とが交わってできる円。▽球を平面で切って得られる円の中で一番大きい。

たいおう【対応】《名・ス自》互いに向き合うこと。㋐二つの物事の一方にあるものに対するものが、他方にもあること。「一対一に―する」▽「―づける」はこの意味での対応関係を定める意で、「―させる」と同じこと。㋑相手の出方に応じた態度をと（り、事を処す）ること。「こちらの要求にまともに―した回答でない」「―策」▽一九七〇年頃から「応対」「対処」に代わって普通に使われ出した。

たいおう【滞欧】 ヨーロッパに滞在すること。

だいおう【大王】 王の敬称。

だいおう【大黄】 中国西北部に自生する多年草。漢方で、黄色い地下茎の皮をむき乾燥し、健胃剤・くだし薬とする。▽たで科。

だいおうじょう【大往生】《名・ス自》安らかに死ぬこと。また、立派な死にかた。「―を遂げる」

ダイオード 電流を一方向にしか流さない素子。電子工学で広く用いられ、整流などに利用。▽diode

ダイオキシン 除草剤の製造やごみ焼却時の化学反応

などから生じる人工的化合物。発癌(はつがん)性や催奇形性が強い。2、3、7、8 テトラクロロ ジベンゾパラ ダイオキシン(TCDD)の通称。▽dioxin

だいおしょう【大和尚】才徳すぐれた立派な和尚。名僧。また、たくましい体つきの和尚。

たいおん【体温】生物の体の温度。 **―けい**【―計】体温をはかる器具。検温器。

だいおん【大恩】大きな恩。受けた深い恵み。

だいおんじょう【大音声】遠くまで響き渡る大きな声。「―を上げる」

たいか【大家】①学芸のその分野で特にすぐれ、ある年輩に達している人。「画壇の―」②大きな家。↓たいけ。▽「おおや」と読めば別の意。

たいか【大×廈】大きな建物。「―高楼」

たいか【大過】大きなあやまち。目立った失敗。「役目を―なく果たす」

たいか【大火】家が多数焼ける大きな火事。

たいか【耐火】火の高い熱に耐えて、燃えにくいこと。「―金庫」 **―れんが**【―×煉瓦】耐火粘土を主な原料とする高熱に強い煉瓦。

たいか【対価】財産・労力などを人に与えまたは利用させる報酬として、受け取るもの。

たいか【滞貨】運べないためにとどこおりたまった貨物。また、売れないためにたまっている商品。「―一掃」

たいか【退化】《名・ス自》①進歩がとまって、以前の状態にもどること。あともどり。「文明の―」②〔生物〕生物体のある器官・組織が発生や進化の過程で、形が単純になったり、小さくなったり、機能が減退したりすること。▽↕進化

たいが【大我】↓だいが(大我)

たいが【大河】幅も広く水量も豊かな大きな河(かわ)。「洋々と流れる―」「―小説」(登場人物が多く、長い年月にわたる内容を持った、長編小説)

だいか【代価】①品物のねだん。②比喩的に、ある事をするために避けられない犠牲・損害。「―を払う」

だいか【台下】①台の下。②貴人の敬称。また、書簡で相手の名の敬称の脇に添える語。▽「台」は御殿の意。

だいが【大我】①〔仏〕個人のとらわれた見地を離れた自由自在の境地。②〔哲学〕宇宙の本体としての、唯一絶対の精神。▽↕小我

だいが【題画】絵に詩や文を書き添えること。また、その絵。

たいかい【大会】多くの人々が集まる盛んな会合。㋐ある組織の会合として最も大規模のもの。㋑競技大会・コンクールのこと。「―に出る」▽「だいえ」と読めば別の意。

たいかい【退会】《名・ス自》会から退き、会員でなくなること。↕入会

たいがい【大概】①大体。あらまし。㋐概略。「―の説明」㋑《副詞的にも使う》十中八九。たいてい。「―の家庭」「仕事も―かたづいた」②適度。ほどほど。「ふざけるのも―にしろ」③《副詞的に》必ずというほどではないが、多分。「あすは―晴れると思う」

たいがい【対外】外部・外国に対すること。↕対内。「―的」「―交渉」「―援助」

たいがい【体外】からだの外。↕体内。「―に排出する」「―培養」「―受精」

だいがえ【代替(え)】《名・ス他》↓だいたい(代替)

たいかく【体格】体の組立て。体つき。筋肉・骨格・栄養状態などに現れる体の外観的状況の全体。

たいかく【台閣】①たかどの。②内閣。「―につらなる」

たいがく【怠学】勉学を怠けて、学校に行かないこと。

たいがく【退学】《名・ス自》学生・生徒が学校を中途でやめる、また、やめさせられること。退校。

だいがく【大学】①高等学校よりも上の(以前は大学令で、今は学校教育法で規定された)学校。↓だいがくこう。②律令(りつりょう)制で、官吏養成のために中央に設けた機関。大学寮。↕国学。 **―いん**【―院】大学の一部で、学部卒業者がはいって更に深い研究をする所。「―生」 **―こう**【―校】①各種学校の一種で、大学程度の教育を行う学校。例、気象大学校・防衛大学校。②旧制大学の俗称。「本郷の―を卒業した」▽発音は「だいがっこう」。

たいかくせん【対角線】多角形の隣り合わない二つの角の頂点を結ぶ線分。また、多面体では、同一平面上にない二つの頂点を結ぶ線分。

だいかぐら【△太〈神楽〉】①皇大神宮で行う神楽。だいだいかぐら。②雑芸の一種で、獅子舞(ししまい)・皿回しなどの曲芸をするもの。▽(1)に由来する。

ダイ カスト 溶融合金を、圧力を加えて型に注入し、精密な鋳物を作る方法。ダイ キャスト。▽die casting から。

だいかつ【大喝】《名・ス自》大声でしかりつけること。「―一声(いっせい)」▽「たいかつ」とも。

だいがわり【代替(わ)り】《名・ス自》帝王・戸主・経営主等がかわること。

たいかん【退官】《名・ス自》官職をしりぞくこと。

たいかん【大官】身分の高い官吏。高官。↕小官

たいかん【大患】①重い病気。大病。重病。②大きな心配事。

たいかん【大×旱】ひどいひでり。大ひでり。「―の雲霓(うんげい)を望む」(大ひでりの時に、雨の前兆である雲・虹を待ちこがれるように、熱心に物事の到来を待ち望むこと)

たいかん【大観】①《名・ス他》広く全体を見渡すこと。また、よく見通して大局を判断すること。②《名》㋐広大なながめ。㋑ある分野の事柄が一度に見渡せるようにまとめた書物。▽㋑は「大鑑」とも書く。

たいかん【戴冠】《名・ス自》帝王が即位後初めて王冠を頭にのせること。「―式」▽ヨーロッパの国王・帝王が行う。

たいかん【耐寒】 寒さに耐えること。「—訓練」

たいかん【体感】 ①《名・ス他》身体に受ける感じ。体で感じること。「—温度」「自然を—する」②《名》内臓諸器官に加えられた刺激による感覚。飢渇・嘔吐(おうと)・性欲など。

たいかん【体幹】 動物・人体の主要な(=幹)部分。胴。

たいがん【大願】 ①大きな願い。「—成就(じょうじゅ)」②〔仏〕仏・菩薩(ぼさつ)が衆生(しゅじょう)を救おうとする願い。▽「だいがん」とも言う。

たいがん【対岸】 むこうぎし。「—の火事」(他人には大変な事でも自分にとっては何の関係もない事のたとえ)

たいがん【対顔】 《名・ス自》顔をあわせること。対面。

だいかん【代官】 ①江戸時代、幕府直轄の地を支配して、その地の民政をつかさどった地方官。②ある官職の代理。

だいかん【大寒】 二十四気の一つ。陽暦一月二十一日ごろ。▽その日から節分までの十五日間をも言う。

だいがん【大願】 →たいがん(大願)

だいがん【代願】 《名・ス他》本人に代わって祈願すること。また、その人。

たいき【大器】 人並すぐれた、人物・才能の大きさ。また、大人物。▽もと、大きな入れ物。↔小器。 **—ばんせい【—晩成】** 本当の大人物は、若いころは目立たず、徐々に実力を養っていって後に大成するということ。

たいき【大気】 ①《名》地球を取り巻く空気(の全体)。「—圏」「—汚染」。天体を取り巻く気体。②《ダナ》気が大きいこと。「—な人」▽②は既に古風。

たいき【待機】 《名・ス自》準備を整えて、機会が来るのを待つこと。「自宅—」 **—じどう【—児童】** 施設の不足など受け入れ側の事情で、保育所・学童保育施設に入所できないでいる子。 **—でんりょく【—電力】** 電気製品で、使用者の操作を待っている状態で消費する電力。予熱のため、センサー感知のため等に使う電力。

たいぎ【大儀】 《ダナ》骨が折れるさま。苦労。また、面倒で、おっくうなさま。「行くのも—だ」▽骨折りを慰労する時にも言った。もと、重大な儀式の意。派生 **—さ —げ**

たいぎ【大義】 人がふみ行うべき最高の道義。特に、国家・君主に対してつくすべき道。「—親(しん)を滅(めっ)す」(大事のためには子など肉親もかえりみない) **—めいぶん【—名分】** ①行動のよりどころとなる正当な理由。「—が立つ」②人として(臣民として)守るべき節義と分限。

たいぎ【体技】 柔道・相撲(すもう)・レスリング・ボクシングなど、肉体を直接ぶつけあう競技の総称。

だいぎ【代議】 《名・ス他》他人に代わって議すること。 **—し【—士】** 国民から公選され、国民を代表して国政を議する人。衆議院議員の俗称。▽参議院議員を含めないのが本来。参議院議員も国民の選出だが、貴族院に代えて設置された歴史的事情による。 **—せいど【—制度】** 議会を設け、代議士が国民の意思を代表して政治を行う制度。議会制度。

だいぎ【台木】 ①つぎ木をされるもと(根のある方)の木。②物の台にする木。

たいぎご【対義語】 「おとこ・おんな」「広い・狭い」のように、意味上の対(つい)をなす語。▽どの観点で言うかに依存する。「兄」に対して「姉」か「弟」か、それとも「妹」か、定説は無い。

だいきち【大吉】 ①この上なく縁起・運勢がいいこと。↔大凶。②「大吉日(にち)」の略。この上なく運勢に恵まれる日。

だいきぼ【大規模】 《名・ダナ》物事の仕組み・組織などが大きいこと。「—な改革」「—校」▽「おおきぼ」とも言った。

たいきゃく【退却】 《名・ス自》戦いで敵に圧せられて後方にしりぞくこと。▽「敗走」「敗退」とは異なり、秩序を失わないのを言う。

だいぎゃく【大逆】 人の道義にそむく最悪の行い。「—無道(ぶどう)」▽君主や親を殺すことを指す。「たいぎゃく」とも。

たいきゅう【耐久】 長く持ちこたえること。「—力」「—消費財」「—性がある」

たいきゅう【退休】 《名・ス自》勤め(本来は官職)をやめて余生を送ること。

だいきゅう【代休】 休日に勤めた代わりに取る休暇。

だいきゅう【大弓】 本式の弓のこと。↔半弓

たいきょ【大挙】 《副・ス自》多数がそろって立ち向かうこと。「—して押しかける」「—来襲する」

たいきょ【太虚】 ①おおぞら。虚空(こくう)。②限界も形もなく、感覚を越えた、宇宙の根元。

たいきょ【退去】 《名・ス自》(当人の意志に反して)立ちのくこと。「国外へ—させる」「—命令」

たいきょう【退京】 《名・ス自》みやこ(東京)を立ち去ること。

たいきょう【滞京】 《名・ス自》みやこ(東京)に滞在すること。

たいきょう【胎教】 胎児によい影響を与えるように心がけて、妊婦が過ごすこと。

たいぎょう【大業】 ①大きな事業。偉大な事業。②天下を統治する帝王のしごと。

たいぎょう【怠業】 《名・ス自》→サボタージュ⑴

だいきょう ①**【大凶】** 運勢や縁起がこの上なく悪いこと。↔大吉。②**【大凶・大×兇】** この上もない罪悪。また、大悪人。▽②の「大凶」は「大兇」の書き替え。

たいきょく【大局】 物事の、部分的な有利・不利などの有様は別として、全体を見渡した場合の情況。「—を見よ」「—(で)は成功に向かっている」

たいきょく【対局】 《名・ス自》盤に向かい合って碁・将棋をすること。「名人と—する」

たいきょく【対極】 対立する極。「—の立場からの発言」「両者は—的関係にある」

たいきょく【太極】 (易学など中国哲学で)万物の生じ

る、宇宙の根元。

だいきらい〔‥きらひ〕【大嫌い】《名ナノ》非常に嫌いであること。

たいきん【大金】多額の金銭。

たいきん【退勤】《名・ス自》勤務時間が終わって、勤め先を出ること。

だいきん【代金】品物の買手が売手に払う金銭。 **―ひきかえ**〔‥ひきかへ〕【―引換】品物を渡すのに、代金支払いと同時にすること。

たいく【体×軀】人のからだ。からだつき。「堂々たる―」

たいぐ【大愚】おおばか。▽へりくだって自分を指すのにも使う。「―良寛」

だいく【大工】(主に木造の和風の)建物を建てたり修理したりする職人。その仕事。「日曜―」

たいくう【対空】空からの攻撃に対すること。「―射撃」「―ミサイル」

たいくう【滞空】《名・ス自》(航空機などが)空を飛び続けること。「―記録」「―時間の長いジャンプ」

たいくう【体×腔】〔医〕→たいこう(体腔)

たいぐう【対偶】二つそろったもの。㋐対(つい)。㋑夫婦。㋒〔論理・数学〕命題「AならBだ」に対し、「BでなければAでない」の形の命題。▽この二命題の真偽は一致する。

たいぐう【待遇】《名・ス他》(相手に応じて)もてなしあつかうこと。㋐客などをもてなすこと。「―が悪い」㋑職場での地位・給与など、勤める者に対する取扱い。「―改善」「課長―」 **―ひょうげん**【―表現】「敬語」の概念を(尊大表現・ののしり表現などまで含めて)同じ原理で統一的に説こうとする、一般化した呼び方。

たいくつ【退屈】《名・ダナ・ス自》相変らずの状態が続くので心が晴れず、あきること。そのさま。㋐……に興味がもてず、あきあきすること。「この劇には―した」「刺激の無い生活で―に日を送る」「単調で―な仕事」「話をしても―な男だ」㋑取り立ててする事も無く、暇をもて余す状態。「―が高じる」「―なんかする暇は無い」「引退後の毎日に―している」▽元来は、仏教修行の厳しさに屈し、続ける気力が失せる意。派生 -さ -げ -がる

たいくん【大君】①君主の尊称。②江戸幕府の将軍のこと。▽⑵は外国に対して言う時に使った。「おおきみ」と読めば別の意。

たいぐん【大軍】多数の将兵(と装備と)で成る軍隊・軍勢。

たいぐん【大群】(動物などが)非常に多く集まって形づくった大きなむれ。

たいけ【大家】金持の、または高い社会的地位の、家。「―のお坊ちゃん」▽「たいか」とも言った。「おおや」と読めば別の意。

たいけい【大兄】男どうしで、同輩か少し年長の相手に使う敬称。↔小弟。▽主に書簡文に使う。

たいけい【大系】作品・論文などを、一つの主題のもとに系統立ててまとめた叢書(そうしょ)。「古典文学―」

たいけい【大計】雄大な計画。「百年の―を立てる」

たいけい【大慶】大きなよろこび。非常にめでたいこと。「―の至り」

たいけい【体刑】①身体に直接加える刑罰。昔行われた、むちで打つ刑、焼印を押す刑など。②体の自由を束縛する刑、すなわち自由刑の俗称。

たいけい【体形】①かたち。形態。②体の形。

たいけい【体型】体格の型。やせ型・肥満型など。

たいけい【体系】秩序の認められるような全体。システム。㋐要素がそれぞれに他と関係し合ってまとまっている、そのまとまり。「言語―」▽「系」とも言う。㋑一定の原理で統一的に組織された知識の全体。「学問―」

たいけい【隊形】①縦隊・横隊・散開など、隊がとる形。「―変換」②球技やダンスなどの陣形や配置。フォーメーション。

だいけい【台形】対辺のうちの一対(いっつい)が平行な四辺形。▽旧称は「梯形(ていけい)」。

だいげいこ【代稽古】師匠・師範に代わって、弟子に稽古をつけること。そうする人。

たいけつ【対決】《名・ス自》①相手と対抗して決着をつけようとすること。「軍事―」②困難に正面から立ち向かうこと。「社会悪と―する」

だいけつ【代決】《名・ス他》決定権を有する人の不在などの際、事務処理の便宜から他の人が代わって決定を行うこと。▽「代理」と異なり、権限の授与を伴わない。

たいけん【大圏】地球の表面における大円⑵。 **―コース** 大圏に沿った航路。▽地球上の二つの地点間の最短距離である。「コース」は course

たいけん【大権】旧憲法時代に、天皇が(特に、帝国議会の参与によらず)行う統治権。「―命令」

たいけん【大賢】非常にかしこい人。

たいけん【帯剣】《名・ス自》腰に剣を吊(つ)ること。その、吊っている剣。

たいけん【体験】《名・ス他》身(=体)をもって経験すること。その(個々の)経験内容。「―を重ねる」「―学習」「戦争―」▽経験に「積む」と言えても、体験には言いがたい。「体験」も経験に違いないが、「経験」よりもその都度の内容が問題になる。

たいげん【大言】《名・ス自》いばって大げさな事を言うこと。高慢な言葉。「―を吐く」 **―そうご**【―壮語】《名・ス自》実力以上に大きな事を言うこと。その言葉。

たいげん【体現】《名・ス他》理念など形のない精神的な事柄を、具体的な姿に表すこと。

たいげん【体言】国文法で、概念を表し、活用がない語。名詞・代名詞・数詞の類。↔用言

だいけん【大検】「大学入学資格検定」の略。合格者に大学入学資格を授ける制度。

だいげん【代言】①《名・ス他》本人に代わって、その

言い分を述べること。②『名』「代言人」の略。弁護士の旧称。「三百―」(↓さんびゃくだいげん)

だいげん【題言】 書物・雑誌などの巻頭の言葉。また、碑や画幅の上部にしるす言葉。

だいげんすい【大元帥】 全軍をひきいる総大将。特に陸海軍全体をひきいる元首。

たいこ【大呼】『名・ス自』大声で呼びかけること。

たいこ【太古】 おおむかし。▽普通、有史以前を指す。

たいこ【太鼓】 ①木製・金属製の胴の両面に皮を張り、ばちでたたいて鳴らす楽器。「―をたたく」(転じて、人の言う事に調子を合わせて、へつらうことのたとえ)②↓たいこもち。③↓おたいこ(1)。 **―いしゃ【―医者】** 太鼓持ちのようにお世辞ばかりじょうずな医者。 **―ばし【―橋】** 太鼓のように、丸く(半円形に近く)かかった、そり橋。 **―ばら【―腹】** 太鼓のようにふくらんだ腹。 **―ばん【―判】** 確実な保証。「―を押す」▽もと、大形の判。 **―もち【―持ち】** ①酒宴の席に出て、客の機嫌を取り、座をにぎわすのを業とする男。幇間(ほうかん)。②勢力者にこびへつらう者をあざけって言う語。▽「幇間」とも書く。 **―やき【―焼(き)】** 今川焼き。とくに表面に巴(ともえ)形の焼き印のあるもの。

たいご【大悟】『名・ス自』深く大きな悟りをひらくこと。 **―てってい【―徹底】**『名・ス自』すっかり悟って、少しの疑点もないようになること。

たいご【対語】 ①『名』対(つい)をなす語。㋐(形が似ていて)意味が反対の語。「貸す・借りる」「多量・少量」の類。㋑漢語の熟語で、相対する事物を指す部分を並べたもの。「東西」「花鳥」の類。②『名・ス自』向かい合って話をすること。

たいご【隊×伍】 隊を組んできちんと並んだ、その組・列。

だいご【×醍×醐】〔仏〕牛乳・羊乳から作った濃厚な液体。 **―み【―味】** ①「醍醐」に同じ。また、そのような非常にうまい味。②深い味わい。本当の楽しさ。

「読書の―」▽仏教では、仏の最上の教えにたとえる。

たいこう【大公】 ヨーロッパで、小国の君主の称。また、君主の一門の男子の称。「トスカーナ―」「―殿下」

たいこう【大功】 大きな手柄・功績。

たいこう【大綱】 事柄の根本となる骨組み(を述べたもの)。

たいこう【太×閤】 関白(かんぱく)を子に譲った人のこと。もと、摂政(せっしょう)や太政(だいじょう)大臣の敬称。▽特に豊臣秀吉(とよとみひでよし)を指すことが多い。

たいこう【体×腔】 動物の体壁と内臓との間の空所。▽医学では「たいくう」と言う。

たいこう【対向】『名・ス自』向かい合わせ(になること)。「―車」(反対方向から走ってくる自動車)

たいこう【対抗】 ①『名・ス自』相対してせり合うこと。「独占的支配に―する」「―意識」②『名』競馬・競輪などで、本命が一着にならなければ、これがなるだろうと予想される馬・選手。「―馬」(優勝候補と決勝を争う馬。転じて、相対してせり合う人物)

たいこう【対校】 ①『名』学校間の対抗。「―試合」②『名・ス自』㋐書写の系統が異なる本を比べ合わせて校合(きょうごう)すること。㋑原稿と比べ合わせて校正すること。

たいこう【退行】『名・ス自』①あとにさがること。また、退化。②惑星が天球を西に向かって運行すること。逆行。

たいこう【退紅・×褪紅】 ももいろ。

たいこう【退校】『名・ス自』①生徒が学校を中途でやめること。また、やめさせられること。「―処分」②その日の授業が済んで学校を出ること。「―時刻」

たいごう【大剛】 すぐれて強いこと。そういう人。

だいこう【代行】『名・ス他』本人に代わって職務・物事を行うこと。また、その人。「学長―」「職務を―する」「運転―」

だいこう【代香】『名・ス自』本人に代わって焼香すること。また、その人。

だいこう【代講】『名・ス自』本人に代わって講義や講演をすること。また、その人。

だいこう【×乃公】『代』おれさま。わがはい。「―出(い)でずんば」(このおれさまが出ないで、他の者に何ができるものかの意)▽以前の文章語。すでに古風。

だいごう【題号】 書物などの題目。表題。

たいこうたいごう【太皇太后】 先々代の天皇の皇后。

たいこうてんのう【大行天皇】 崩御(ほうぎょ)して、まだ、諡(おくりな)が決められていない間の、先代の天皇。

たいこうぼう【太公望】 釣りをする人のこと。▽周の太公望の故事による。文王に見いだされるまで、毎日釣りをしていた。

たいこく【大国】 大きな国。㋐国力が強い国。㋑比喩的に、それが著しい国。「汚職―」▽一九六五年ごろに言い出された「経済―」からの転。㋒国土が広い国。㋓大宝令(たいほうりょう)で、日本の諸国を大国・上国・中国・下国の四等級に分けた、第一級の国。

たいごく【大獄】 重大な犯罪事件で多数の者が捕らえられること。「安政の―」

だいこく【大黒】 ①「大黒天」の略。㋐仏教の神の名。三宝(さんぼう)(＝仏・法・僧)を守護し、飲食を豊かにする神。㋑七福神の一つ。米俵の上に乗り、大黒頭巾(ずきん)をかぶり、打出(うちで)の小づちと大きな袋を持った、福の神。▽「大黒」が「大国」に通じることから大国主神(おおくにぬしのかみ)と結びついた。②〔俗〕僧の妻。 **―ずきん【―頭巾】**(大黒(1)㋑がかぶっているような)円形で、まわりがふくれて、たけの低い頭巾。 **―てん【―天】** ↓だいこく(1)。 **―ばしら【―柱】** ①家の中央にある、特別に太い柱。②転じて、一家・一国・団体の支えとなっている人。

だいごれつ【第五列】 敵の中に紛れ込んで、味方の軍事行動を助ける部隊や人。スパイ。第五部隊。▽スペイン内乱の時、四個部隊を率いたフランコ将軍の部下のモラ将軍が、敵中に、味方に呼応するもう一部隊が居ると言った事から。

たいこん【大婚】『御ー』天皇の御結婚。

だいこん【大根】①白く大きな根を食用とする一年生または越年生の根菜。葉も食用。春の七草の一つ。すずしろ。おおね。▽あぶらな科。②芸がへたな役者などをあざけって言う語。「ー役者」▽大根⑴では食中毒が起こらないので、当たらないというしゃれ。 **ーおろし**【ー卸】大根の根をすりおろしたもの。また、それを作るための器具。おろしがね。

たいさ【大佐】陸海軍の佐官の最上位。▽旧海軍では「だいさ」と言った。

たいさ【大差】大きな違い。非常にひらいた差。「どちらにしてもーない」「ーで勝つ」「ーをつける」

たいざ【対座・対×坐】『名・ス自』向かい合ってすわること。

たいざ【退座】『名・ス自』①座席を立って帰ること。退席。②劇の団体としての座から身をひくこと。退団。

だいざ【台座】物をのせておく台。また、像を安置する台。

たいさい【大祭】①大規模に行う祭り。②天皇みずから行う皇室の祭り。

たいざい【大罪】重大なつみ。だいざい。

たいざい【滞在】『名・ス自』よそに行って、そこにある期間とどまること。「三年間日本にーする」「ー費」

だいざい【題材】作品・論文などの主題となる内容を支える材料。

たいさいぼう【体細胞】生殖細胞(精子・卵子やそのもととなる細胞)以外の、多細胞生物の体を構成する細胞。

たいさく【大作】大規模な作品。また、すぐれた作品。

たいさく【対策】相手の態度や事件の情況に応じてとる手段・策略。「ーを講じる」

だいさく【代作】『名・ス他』芸術作品や論文などを本人に代わって作ること。また、その作品。

たいさつ【大冊】大きな、または厚い本。↔小冊

たいさん【耐酸】酸におかされにくいこと。「ー性」

たいさん【退散】『名・ス自』①集まっている人がちりぢりに去ること。②逃げ去ること。

たいざん ①【大山・太山】大きな山。「ー鳴動して鼠(ねずみ)一匹」(前触れの騒ぎばかり大きくて、結果が出てみると小さいこと)▽「泰山鳴動して……」と書くこともある。②【泰山】㋐高く大きな山。㋑中国の山東省にある名山。「ーの安きに置く」(泰山のように揺るぎなくしっかりした状態にする)

だいさん【代参】『名・ス自』本人に代わって神仏に参拝すること。また、その人。

だいさんかいきゅう【第三階級】フランス革命の時、支配階級に対抗した平民の階級。▽第一は聖職者、第二は貴族。

だいさんごく【第三国】関係国以外の国。

だいさんじ【第三次】(順序として)三番目。「ー産業」(商業やサービス業)

だいさんしゃ【第三者】関係者以外の人。「ーの手に渡る」

だいさんセクター【第三セクター】国や地方自治体(=第一セクター)と民間企業(=第二セクター)との共同出資の事業体。民間の活力を使って公共的な事業を営むもの。▽「セクター」は sector

だいさんにんしょう【第三人称】→にんしょう(人称)

たいさんぼく【泰山木・大山木】初夏、大形で白く芳香のある花が咲く常緑高木。観賞用。▽花の形をさかずきに見立て、「大盞(たいさん)木」の意ともいう。もくれん科。

たいし【大使】「特命全権大使」の略。最高級の外交使節。 **ーかん**【ー館】特命全権大使が駐在国で事務をとる公館。

たいし【大志】遠大な志望。「ーをいだく」

たいし【大死】『ー一番』↓だいしいちばん

たいし【太子】皇位をつぐべき皇子。皇太子。▽聖徳(しょうとく)太子を指すことが多い。

たいじ【対×峙】『名・ス自』じっとにらみ合って対立すること。▽もと、高くそびえるものが向き合って立つこと。

たいじ【胎児】母の腹の中にいて、まだ生まれ出ていない子。

たいじ【帯磁】『名・ス自』物体が磁気をおびること。

たいじ【退治】『名・ス他』害をするものをうち平らげること。「ゴキブリをーする」▽↓たいじる

だいし【大姉】(仏)女性の戒名(かいみょう)の下に添える号の一つ。↔居士(こじ)

だいし【大師】①仏または菩薩(ぼさつ)の尊称。②朝廷から高僧に賜る号。▽弘法(こうぼう)大師を指すことが多い。

だいし【台紙】写真・図画などをはりつける厚紙。

だいし【台詞】せりふ。台辞。

だいし【題詞】↓だいじ(題辞)

だいし【題詩】①ある題によって詩を作ること。また、その詩。②書物の巻頭に記す詩。

だいじ【大事】①『名』重大な事件。容易でない事。大変な事。↔小事。「ーの前の小事」「ーを取る」(軽々しく行動しない。自重する)②『ダナ』大切(なもの)として扱うさま)。「ーな点を聞きのがすな」「ーに保存しておく」 派生 **-さ -げ -がる** **ーない**【ー無い】『形』さしつかえない。かまわない。心配ない。▽古風な言い方。

だいじ【大慈】仏の大きな慈悲。 **ーだいひ**【ー大悲】(仏)広大無辺の慈悲。

だいじ【大字】①大きな字。②漢数字の「一・二・三」などの代わりに使う「壱・弐・参」などの字。

だいじ ①【題字】書物の巻頭とか絵や碑の上部とかに書き記す文字。②【題辞】書物の巻頭とか絵や碑の上部とかに書き記す言葉。題詞。

だいじ【台辞】せりふ。台詞。

だいしいちばん【大死一番】〔仏〕今までの自己をなげうち、死んだつもりで奮起すること。

ダイジェスト〘名・ス他〙内容を要約すること。また、要約したもの。「—版」▽digest(＝消化する)

だいしかいきゅう【第四階級】無産階級。プロレタリアート。だいよんかいきゅう。▽平民のなかをブルジョアジーと区別した名称。→だいさんかいきゅう

だいしきょう【大司教】カトリックで、教会を支配する最高位の聖職。

だいじしん【大地震】マグニチュード七以上の地震。▽気象庁では、単に大きいことを言う時には使い分けて「おおじしん」と言う。

だいしぜん【大自然】小さな人間を取り巻く、偉大な自然。「—の懐に抱かれる」

たいした【大した】〘連体〙①物事の程度がはなはだしい。非常な。「—腕だ」②《あとに打消しを伴って》取り立てて言うほどの。「—男ではない」

たいしつ【対質】〘名・ス自〙証拠調べの一方法。刑事訴訟で、被告人・証人などをつき合わせて尋問すること。

たいしつ【体質】①体のたち。「虚弱—」②比喩的に、物事の本来の性質。「組織の—」

たいしつ【耐湿】湿気におかされにくいこと。「—性」

たいしつ【退室】〘名・ス自〙用が済んだりして、部屋の中から出ること。↔入室

だいしっこう【代執行】〘名・ス他〙〔法律〕命じられた行為(例えば建物の除去)を、義務者がしないとき、行政官庁がみずから行うか、第三者に行わせてその費用を義務者から取ること。その強制執行。

たいして【大して】〘副〙《あとに打消しを伴って》取り立てて言うほどに。それほどには。「—勉強もしない」

たいして【対して】〘連語〙→たいする(対)

たいしゃ【代謝】〘名・ス自〙→しんちんたいしゃ。「—機能が働く」

たいしゃ【代×赭】粉末にした、赤鉄鉱の顔料。(その)茶色がかっただいだい色。

たいしゃ【大社】名高い神社。また、もと官・国幣社のうち一番格式の高い神社。▽出雲(いずも)大社を指すことが多い。

たいしゃ【大赦】恩赦の一種。皇室・国家にめでたい事があった時、ある範囲の罪に対し刑を許すこと。

たいしゃ【退社】〘名・ス自〙①今まで勤めていた会社をやめること。↔入社。②勤務時間が終わって会社から出ること。↔出社

だいしゃ【代車】自分のが使えない時に利用する代わりの車。

だいしゃ【台車】①(近い所まで)物を運ぶための、低い台に小さい車輪を付け、押して行けるようにしたもの。②鉄道車両などの、車体を支え車輪につながる鉄枠。

だいじゃ【大蛇】大きな蛇。

たいしゃく【貸借】〘名・ス他〙かしかり。かしかりをすること。簿記で、貸方(かしかた)と借方(かりかた)。 **—たいしょうひょう**【—対照表】企業や団体の、ある時点(普通は会計上の期末)の財務状態を、資産の部を左側に、負債及び資本(基金)の部を右側に記し、総合的な損益額も明らかになるようにまとめた表。バランスシート。

たいしゃくてん【△帝釈天】梵天(ぼんてん)と共に仏法を守護する神。

だいしゃりん【大車輪】①器械体操の一種。鉄棒を握り体をまっすぐにした姿勢で回転するもの。②馬力をかけて一所懸命にすること。「—で仕上げる」

たいしゅ【太守】①(親王の任国と定められていた)上総(かずさ)・常陸(ひたち)・上野(こうずけ)の三国の守(かみ)。②一国以上を領有した大名。国主大名。③昔の中国で、郡の長官。

たいじゅ【大儒】すぐれた儒者。また、大学者。

たいじゅ【大樹】①大きな木。大木。「寄らば—の陰」(同じ頼るならしっかりした所に頼るのがよいの意)②征夷(せいい)大将軍のこと。

だいしゅ【大衆】〔仏〕多くの僧。▽「だいしゅう」とも言う。

たいしゅう【大衆】多くの人。民衆。特に、労働者・農民など、一般の勤労階級。▽→だいしゅ。 **—か**【—化】〘名・ス自他〙一般民衆に親しみのあるものになる、またはそういうものとすること。 **—かぜい**【—課税】収入が少ない人々にも広く課される、大衆の負担になるような税(をかけること)。例、消費税。 **—ぎょ**【—魚】値段が安く大衆的な魚。イワシ・サンマ・サバ・アジの類。 **—せい**【—性】一般民衆が親しみを覚えるような性質。 **—てき**【—的】〘ダナ〙一般庶民に親しまれ共感される性質をそなえているさま。「—な娯楽」 **—ぶんがく**【—文学】大衆性がある通俗文学。大衆文芸。

たいしゅう【体臭】体から立つにおい。「海の男の—」

たいじゅう【体重】体の重さ。

たいしゅつ【帯出】〘名・ス他〙備え付けの図書などを、その場所から持ち出すこと。「—禁止」

たいしゅつ【退出】〘名・ス自〙(貴人の前から、また、役所などから)引き下がって帰ること。

たいしょ【大所】『—高所から』個々の事や小さな事に拘泥せず、大きな視野で。

たいしょ【大暑】①きびしい暑さ。酷暑。②二十四気の一つ。陽暦七月二十四日ごろに当たり、一年中で一番暑い時。

たいしょ【太初】天地が開けた初めの時。

たいしょ【対処】〘名・ス自〙ある事柄・情勢に対して適当な処置をとること。「状況の変化に—する」「—法」

たいしょ【対×蹠】向かい合わせた足の裏(＝蹠)のように、正反対の位置関係であること。「—的」「—点」▽「たいせき」の慣用読み。

だいしょ【代書】①〘名・ス他〙本人に代わって文書を

書くこと。②『名』「代書人」の略。代書を職業とする人。

だいしょ【代署】『名・ス自』本人に代わって署名すること。また、その署名。

だいじょ【大序】歌舞伎芝居の最初に演じる狂言。また、浄瑠璃の第一段。

たいしょう【大勝・大×捷】『名・ス自』圧倒的に勝つこと。

たいしょう【大将】①軍勢を指揮統率する武士。「総―」「侍―」。また、陸海軍の最高位の将官。▽→だいしょう(大将)。②一群の者や団体のかしら。(料理屋などの)店主。「お山の―」「餓鬼―(がきだいしょう)」。また、柔道や剣道などの団体戦で、最後に出る選手。③他人をからかい、または親しんで言う語。「おい―、元気がないな」「このごろ―はどうしている」

たいしょう【大詔】天皇が国民に告げる言葉。みことのり。

たいしょう【対照】①『名・ス他』ある物・事を他と照らし合わせ、つき比べること。「レントゲン写真と―する」「比較―」「―物」②『名』反対もしくは著しく異なる二つの物・事を並べる時、違いや特徴が一層はっきりすること。「―をなす」「―的」。そういう取り合わせ。「―の妙」「好―」

たいしょう【対称】①物と物との間に対応があり、つり合っていること。「左右―」②〔論理・数学〕AがBとある関係にある時、BもAと同じ関係にあること。特に幾何学で、二つの点・線・図形などが、ある点・直線に関して向き合う位置にあること。シンメトリー。③〔文法〕第二人称。↓にんしょう(人称)

たいしょう【対象】①精神活動が向けられるもの。「研究の―」「主体と―とのかかわり方」②目標。相手。「子供を―とした放送」「読者―」

たいしょう【隊商】↓キャラバン

たいじょう【退場】『名・ス自』会場・式場・議場・競技場・舞台などから立ち去ること。↕入場・登場

だいしょう【代償】①他人に与えた損害のつぐないとして、それに相当する金品や労力を差し出すこと。②他人に代わって損害のつぐないをすること。③ある行為を成し遂げるために払う犠牲や損害。「勝利の―は高かった」

だいしょう【大将】①旧海軍での、将官の最高位大将(たいしょう)の言い方。②近衛(このえ)府の長官。▽左大将・右大将があった。

だいしょう【大小】大きいのと小さいのと。「―さまざまの道具」。大きいか小さいか。「事の―を問わず」。特に、大刀と脇差(わきざし)。また、大鼓(おおつづみ)と小鼓(こつづみ)。

だいじょう【大乗】〔仏〕多くの人々を悟りに導き救済するため、自己を捨てて修行し仏の境地に達すると する教え。↕小乗。▽衆生(しゅじょう)を乗せて涅槃(ねはん)に到達させる大きな乗り物の意。 **―てき**【―的】『ダナ』①大乗の精神にかなうさま。②比喩的に、私情や眼前のことにとらわれないさま。大局的。「―な見地に立つ」▽古風。

だいじょうかん【△太政官】大宝令(たいほうりょう)で定められた役所。中央・地方の諸官庁を総管し、大政を統理する。▽後世「だじょうかん」とも読んだ。

たいしょうごと【大正琴】二本(以上)の金属の糸を張り、簡単な鍵盤を備えた弦楽器。▽大正初期の発明。

だいじょうさい【大×嘗祭】その天皇が即位後に初めて行う新嘗(にいなめ)祭。

だいじょうだいじん【△太政大臣】太政官(だいじょうかん)の最高の長官。だじょうだいじん。

だいじょうだん【大上段】①刀を頭の上に振りかぶり敵を圧倒する構え。▽上段の構えを強めた言い方。②比喩的に、居丈高な態度。「―にふりかざす」

だいじょうてんのう【△太上天皇】↓じょうこう(上皇)

だいじょうぶ【大丈夫】①『名ナノ』㋐安心していられる(任せられる)ほどに危なげない(確かな)こと。㋑《副詞的にも使う》安心して。「あの人には―任せておける」▽(2)の転。「だいじょぶ」とも言う。近年、応答に用いることが増えている。「「おかわり―(=不要)ですか」「―(=不要)です」」「「かゆいところありますか」「―(=問題ない)です」」②『名』立派な男子。ますらお。▽(2)は本来は「だいじょうふ」。

たいしょうりょうほう【対症療法】①(病気の原因に対する治療ができない場合)とりあえず患者の症状に対応して処置をする治療法。②比喩的に、根本的な解決ではなく、現れた情況に即して行う処置のしかた。「経済格差への―」

たいしょく【大食】『名・ス自』たくさん食べること。おおぐい。↕小食。「―漢」「無芸―」

たいしょく【耐食・耐×蝕】腐食しにくいこと。「―性」

たいしょく【退職】『名・ス自』今まで勤めていた職をやめること。↕就職

たいしょく【退色・×褪色】『名・ス自』色がさめること。褪(あ)せること。

だいじり【台尻】小銃の銃床の下部の幅の広い所。

たい-じる【退治る】『上一他』退治する。▽名詞「退治」の動詞化。

たいしん【大身】身分が高い人。身分が高く俸禄(ほうろく)も多い人。↕小身

たいしん【大震】大地震。

たいしん【耐震】地震が起こってもなかなか壊れないようにしてあること。「―建築」「―性」

たいしん【対審】『名・ス他』訴訟で、当事者を法廷に立ち合わせ、審理を行うこと。

たいじん【大人】①体が普通より大きい人。巨人。「―国」②おとな。成人。③徳の高い、立派な人。また、官位の高い人。▽(2)(3)は↕小人。④父や他人を尊敬した言い方。▽(4)は古風。↓うし(大人)

たいじん【対人】他人に対してのこと。「―関係」

たいじん【対陣】『名・ス自』敵と向かい合わせに陣取ること。

たいじん【滞陣】『名・ス自』同じ所に長く陣取ること。

たいじん【退陣】《名・ス自》①軍隊が今まで陣取っていた位置から後方へ退くこと。②人が陣営を立ち去ること。③ある職務や地位から身を引くこと。

だいしん【代診】《名・ス他》主たる医者に代わって診察をすること。また、その人。

だいじん【大尽】①大金持。富豪。「お―」「―風(かぜ)を吹かす」②遊里で大金を使う客。

だいじん【大臣】政治を執る高官。㋐各省の大臣または国務大臣。㋑太政官(だいじょうかん)の上官。太政大臣・左大臣・右大臣・内大臣。おとど。

だいしんいん【大審院】旧憲法下で、最高の司法裁判所。

だいじんぐう【大神宮】伊勢(いせ)の神宮。▽内宮(ないくう)・外宮(げくう)をあわせて言う。

だいしんさい【大震災】大地震の災害。▽一九二三年九月一日の関東大震災、一九九五年一月十七日の阪神・淡路大震災、二〇一一年三月十一日の東日本大震災を指すことが多い。

だいじんぶつ【大人物】度量の大きい人。↕小人物

たい-す【対す】《五自》→たいする(対)

だい-す【台子】正式の茶の湯で、茶の道具をのせる四本柱または二本柱のたな。

ダイス ①さいころ。また、さいころ遊び。▽dice ②雌ねじの一部を刃として雄ねじを切る工具。▽dies

だいず【大豆】実を食用、また豆腐・味噌(みそ)等の材料とする重要な一年生作物。実からは油もとる。▽まめ科。

たいすい【大酔】《名・ス自》酒にひどく酔うこと。

たいすい【耐水】水に耐えること。「―性」㋐水にぬれても水分が裏までしみ通らないこと。㋑水につかっても変質しないこと。

たいすう【大数】①大きな数。多数。「―の法則」②おおよその数。概数。

たいすう【対数】(数学)1でない正数aと正数Nとの間に$N=a^b$の関係がある時、そのbのこと。bを、aを底(てい)とするNの「対数」と言い、$\log_a N$で表す。10を底とする常用対数や、eを底とする自然対数を、単に「対数」で指す場合が多い。

だいすう【代数】①世代の数。②「代数学」の略。また、代数学的な手法で形作られた抽象的システム。「情報―」 **―がく**【―学】数の性質や、数またはそれ以外のものの関係を、演算法を定めて、形式の面から研究する数学の一分野。▽algebra の訳語。具体的な数の表示に代えた記号として文字を使うことからこう訳した。

だいすき【大好き】《名ナ》非常に好きであること。

たい-する【対する】《サ変自》①二つのものが向き立つ。㋐向かい合う。「役場と公民館が道をはさんで―」㋑対(つい)になる。「白に―黒」②一方が他方を相手とする。㋐向かう。相手になって接する。「親切な態度で客に―」㋑敵として当たる。「全力をあげて強敵に―」㋒《多く、連体形か「……に―・し(まして)」の形で》……を対象とする。……を対象にし、それに関して、また、それに向けて。「彼に―資金の援助」「質問に―・しましてお答えします」

たい-する【帯する】《サ変他》腰につける。また、身につける。所持する。

たい-する【体する】《サ変他》心にとめて守る。「師の教えを―」「社長の意を―・して訪問する」

だい-する【題する】①《サ変他》(書物・文章・詩歌などに)題をつける。②《サ変自》表題や題字・題辞を書く。▽②は文語的。

たいせい【大成】①《名・ス他》㋐りっぱにしとげること。㋑多くのものを集めて、一つの組織にまとめ上げること。集大成。②《名・ス自》学問などが、りっぱにできあがること。また、すぐれた人物になること。

たいせい【大政】天下の政治。「―奉還」(江戸幕府が大政を明治天皇に返還したこと)

たいせい【大聖】すぐれて徳の高い聖人。

たいせい【大声】おおごえ。「―を発する」「―疾呼」(おおごえであわただしく呼ぶこと)

たいせい【大勢】物事の大筋(おおすじ)となる形勢。特に、世の成行き。「―を制する」▽「たいぜい」「おおぜい」と読めば別の意。

たいせい【退勢・×頽勢】衰えてゆく形勢。▽「頽」はくずれる意。

たいせい【体勢】体のかまえ。姿勢。「―がくずれる」

たいせい ①【体制】ものの組み立てられた状態。㋐生物体の各部分がそれぞれの働きをしながら、全体の統一を保っている、その関係。㋑(社会を一つの生物体のように見て)社会が組織されている様式。「資本主義―」㋒ある勢力が支配する状態。「ベルサイユ―」「―側(がわ)」②【態勢】物事に対する身がまえや状態。「準備―を整える」「防御―をとる」

たいせい【泰西】西洋。「―名画」▽「泰」は極で、はるか西の意。

たいせい【対生】《名・ス自》葉が向かい合って二枚出ること。その生え方。↕互生

たいせい【胎生】動物の子が母の胎内で、母体から栄養の補給を受けながらある程度発育した後に、生まれること。↕卵生

たいせい【耐性】病原菌などが、環境条件や一定の薬物に耐えて生きる性質。「―菌」

たいぜい【大勢】人数が多いこと。おおぜい。▽既に古風で、「おおぜい」が普通。「たいせい」と読めば別の意。

たいせき【堆石】①高く積まれた石。②氷河の動きによって運ばれ、重なり積まれた石・土砂。モレーン。

たいせき【堆積】《名・ス自他》物が幾重にも高く積み重なること。また、そのように積むこと、あるいは積まれたもの。「落葉の―」「―平野」 **―がん**【―岩】地表にある岩石が風化して水や風などに運ばれ、水中または陸上に沈殿・堆積して出来た岩石。

たいせき【滞積】《名・ス自》(貨物輸送や問題が)うまくはかどらず、たまること。

たいせき【体積】立体の嵩(かさ)。

たいせき【退席】『名・ス自』席を立って(会合などから)帰ること。

たいせつ【大雪】①二十四気の一つ。陽暦十二月八日ごろ。▽雪が多く降る意。②→おおゆき。▽(2)の意では余り使わない。

たいせつ【大切】『ダナ』①値うちが大きいさま。「私にとって―な人」「命を―にする」「ここが―な点だから注意しろ」②丁寧に扱うさま。粗末にしないさま。「―に使用する」▽以前は「大事」と同様、名詞的に「―を取る」のようにも使った。派生 **-さ** **-がる** 関連 大事・貴重・珍重・重大・肝心・要(かなめ)・重要・肝要・緊要・枢要・主要・必要

たいせん【大戦】大きな戦争。▽特に、第一次・第二次世界大戦を言う。

たいせん【対戦】『名・ス自』相(あい)対して戦うこと。試合をすること。

たいぜん【大全】その物事に関する事柄をすべて集めた書物。「釣魚(ちょうぎょ)―」

たいぜん【泰然】『ト タル』落ち着き払っていて物に少しも動じないさま。「―自若」

だいせん【題×簽】書物の名を書いて表紙にはる紙・布。

だいせんせかい【大千世界】〔仏〕三千大千世界。↓さんぜんせかい

だいぜんてい【大前提】①三段論法で、二個の前提のうち大概念を含む方の前提。▽↓さんだんろんぽう。②比喩的に、根本的な前提。

たいそう【大層】『ダナ・副』程度が著しいさま。「―(に)暑い日」「―の出世」「―な御馳走(ごちそう)」「その羽振りというものは―でございました」▽↓ごたいそう。 **-らしい**『形』おおげさだ。派生 **-さ**

たいそう ①【大喪】天皇が大行(たいこう)天皇・太皇太后・皇太后・皇后の喪に服すること。その期間。②【大喪・大葬】天皇・太皇太后・皇太后・皇后の葬式。▽以前「大葬」とも書いた。昭和天皇死去の時には、戦後の法律に大喪(1)の包括的規定しかないので、こちらも「大喪の礼」で通した。

たいそう【大宗】物事のおおもと。特に、芸術方面で権威ある大家。「日本画壇の―」

たいそう【体操】①『名・ス自』(健康増進・維持のため)手足などを合理的に規則正しく動かして行う運動(をすること)。「器械―」。また、「体操競技」の略。②『名』教科としての「体育」の旧称。 **-きょうぎ**【―競技】体操の演技を競う競技。その総称。男子は六種目(鉄棒・平行棒・吊輪(つりわ)・鞍馬(あんば)・跳馬・床(ゆか)運動)、女子は四種目(段違い平行棒・平均台・跳馬・床運動)の演技を行う。

たいぞう【退蔵】『名・ス他』物資を(使用することなく)、しまい隠して持っていること。

だいそう【代走】『名・ス自』野球で、塁に出た選手に代わって走塁を行うこと。その代わった選手。ピンチランナー。

だいぞうきょう【大蔵経】仏教の経典を網羅した叢書(そうしょ)。一切経(いっさいきょう)。蔵経。

だいそうじょう【大僧正】僧の最高の位。僧正の上。

たいそく【大息】『名・ス自』ため息をつくこと。

たいそく【体側】身体の側面。

たいぞく【大賊】大悪事をする賊。大どろぼう。大盗。

だいそつ【大卒】「大学卒業」の略。「―社員」

だいそれた【大それた】『連体』全く道理からはずれた。とんでもない。「―野心」▽「大」+「それる」の連用形+助動詞「た」。「おおそれた」とも言うが、「だいそれた」が普通。

たいだ【怠惰】『名ナ』すべきことをなまけて、だらしない性質・様子。「―な学生」

だいだ【代打】①野球で、その番になった打者を退け、他の選手に打たせること。その代わった選手。ピンチ ヒッター。②比喩的に、(急場の)代役。

だいたい【代替】『名・ス他』他のものでかえること。たいがえ。「列車運休時の―バス」

だいたい【大×腿】ふともも。腰とひざとの間の部分。「―部」「―骨」

だいたい【大隊】連隊より小さく、本部と三ないし四の中隊とで編成された部隊。

だいたい【大体】①『名・副』ほとんど全部。大部分。また、おおよそ。あらまし。「仕事は―片づいた」②『副』もともと。もとはと言えば。「―お前が悪いのだ」

だいだい【×橙】①実を正月の飾りなどに使う常緑小高木。実は冬、熟して黄色になるが、翌年の夏にはまた緑色になる。皮は薬用。▽みかん科。②「だいだい色」の略。赤みを帯びた黄色。

だいだい【代代】何代も続いていること。「先祖―の墓所」「―が宿屋を営む」「この地に―住む」

だいだいかぐら【△太△太〈神楽〉】伊勢(いせ)神宮で参拝者が奉納する神楽。

だいだいてき【大大的】『ダナ』(人目に立つように)大規模なさま。「―に報道される」

だいだいり【大内裏】平城京・平安京の皇居区域。▽中央に内裏があり、その周囲に諸殿・諸官省があった。

だいたすう【大多数】ほとんど全部と言ってよいほど多い数。

たいだん【対談】『名・ス自』向かい合って談話や相談をすること。

たいだん【退団】『名・ス自』「団」と名の付く団体からぬけること。↔入団

だいたん【大胆】『ダナ』ものを恐れない度胸があること。「―不敵」。普通と違った思い切ったことをするさま。「―なデザイン」▽胆っ玉が大きい意。派生 **-さ**

だいだんえん【大団円】小説・芝居・事件が、めでたくおさまる最後の局面。大尾(たいび)。

たいち【大知・大×智】すぐれた知恵。↔小知。「―は愚のごとし」

たいち【対地】空中から地上に対してすること。「—攻撃」

たいち【対置】《名・ス他》ある物・事と対照するように、すえること。対照的な位置に置くこと。

だいち【代置】《名・ス他》あるものの代わりとして置くこと。

だいち【代地】かわりの土地。かえ地。

だいち【台地】平野や盆地の中で、まわりよりも一段と高い台状の地域。

だいち【大地】天に対して、広く大きい地。地球の表面。

たいちょ【大著】分量が多く内容もすぐれた著述。

たいちょう【体長】動物などの体の長さ。

たいちょう【体調】体の調子。「—を崩す」

たいちょう【退庁】《名・ス自》役所から退出すること。↔登庁

たいちょう【退潮】①潮が引くこと。引き潮。②比喩的に、勢いが衰えること。「景気—」

たいちょう【隊長】隊を統率(・指揮)する人。「越冬—」▽旧陸軍では中隊長・大隊長・連隊長を言った。

だいちょう【台帳】①売買や事務上の記録の土台となる帳簿。原簿。元帳(もとちょう)。「土地—」②芝居の台本。脚本。

だいちょう【大腸】消化器官の一つ。小腸に続き肛門(こうもん)に至り、消化された食物から水分を吸収する。「—カタル」 **—きん**【—菌】人類その他の温血動物の腸内にいる細菌の一種。膀胱(ぼうこう)炎・腎盂(じんう)炎などの原因となるほか、病原性の大腸菌は下痢などの症状を引き起こす。

たいちょうかく【対頂角】二直線が交わってできる四つの角のうち、向かい合いの二つの角。

タイツ 体に密着するようにつくられた衣服。特に、バレエや体操などで着用する、腰・脚部全体をつつむもの。▽tights

だいつう【大通】人情・世事、特に遊興の道に、よく通じていること。そういう人。

たいてい【大帝】天子・皇帝の美称。「アレクサンドロス—」

たいてい【退廷】《名・ス自》法廷または朝廷から引き下がること。↔入廷

たいてい【大抵】《名ナ・副》おおかた。大概。㋐あらまし。大部分または大多数。「—(の事)は知っている」「もう—にしろ」(いい加減に、よせ) ㋑《あとに打消しを伴って》ひととおり。なみなみ。「気苦労が—ではない」㋒多分。恐らく。「—大丈夫だろう」

たいてき【大敵】強くて恐ろしい敵。手ごわい相手。強敵。↔小敵。「油断—」

たいてき【対敵】①《名・ス自》敵に向き合うこと、また、敵に向けて何かをすること。「—謀略」②《名》相手とする敵。

たいてん【大典】①重大な儀式。「御—」(天皇即位の儀式) ②重大な法律。

たいてん【退転】《名・ス自》移り変わって前より悪くなること。また、落ちぶれてよそに移ること。▽もと、仏教で、修行によって得た境地を失って、低い境地に転落すること。

たいでん【帯電】《名・ス自》物体が電気を帯びること。「—粒子」

だいてん【大×篆】漢字の書体の一種。↓てんしょ(篆書)

たいと【泰斗】(泰山や北斗のように)世間から重んじられる権威者。その道の大家。

タイト 《名・ダナ》①ぴったりしたさま。「—スカート」②密なさま。きついさま。「—なスケジュール」▽tight

たいど【大度】広くて大きい度量。

たいど【堆土】①うずたかく(=堆)積み重なった土。「噴火でできた—」②土を高く積み上げ(堤をつく)る作業。

たいど【態度】(その時その時の)情況の中で人がとり、まわりの人にも見えるまたは感じられるそぶり、また考え方の現れ。「堂々たる—」「—を改める」「—が大きい」(おうへいである)「生活—」

たいとう【台頭・×擡頭】《名・ス自》頭を持ち上げること。勢力を得てくること。「新人の—」

たいとう【対当】《名・ス自》①相(あい)対すること。②つり合うこと。相当。

たいとう【大盗】大どろぼう。大賊。

たいとう【対等】《ダナ》地位・力量などが相手と優劣がなく、同じ程度であるさま。「—につきあう」

たいとう【帯刀】《名・ス自》腰に刀をつけること。その、つけている刀。▽差すのにも吊(つ)るのにも言う。 **—ごめん**【—御免】江戸時代、農民・町人に対し、家柄や功労により特に帯刀を許したこと。

たいとう【×頽唐】健全な気風がくずれ衰えたこと。退廃。

たいとう【×駘×蕩】《トタル》のびのびした様子。また、(春の)のどかな様子。「春風—」

たいどう【大道】↓だいどう(大道)②

たいどう【帯同】《名・ス他》いっしょに連れて行くこと。「秘書を—する」「家族—」

たいどう【胎動】《名・ス自》①母の胎内にある子が動くこと。②比喩的に、ある情勢のもとで動きが表面に現れようとしていること。芽ばえ。

だいとう【大刀】大きな刀。特に脇差(わきざし)・小刀(しょうとう)に対し、長い方の刀。▽↓たち(太刀・大刀)

だいどう【大同】①《名》大体同じであること。②《名・ス自》おおぜいが合同すること。 **—しょうい**【—小異】大体同じで細かい点(だけ)が異なること。 **—だんけつ**【—団結】《名・ス自》多くの団体・政党などが、主張の細かい違いには目をつぶって、団結すること。

だいどう【大道】①幅の広い大きな道。「—演説」「—商人」(露店商) ②人として行うべき正しい道義。根本の道徳。たいどう。

だいどうみゃく【大動脈】 ①心臓の左心室から出る、動脈の大もと。②比喩的に、交通の重要な幹線。「東北自動車道は北へ向かう—だ」

だいとうりょう【大統領】 ①共和国の元首。国民から選挙されて一定任期間その地位に任じる。②〔俗〕親しみをこめて呼びかける掛け声。「よう、—」

たいとく【体得】《名・ス他》完全に会得(えとく)して身につけること。

たいどく【胎毒】 赤ん坊の頭や顔などにできる皮膚病。くさ。▽母胎内で受けた毒から起こるという俗説による名。

だいとく【大徳】 徳の高い僧。▽金持をも指した。

だいどく【代読】《名・ス他》本人に代わって読み上げること。

だいどころ【台所】 ①食物を調理する場所。炊事場。キッチン。▽「—を手伝う」は「店を手伝う」の類と同じくそこでの仕事を指す。②家計。やりくり。「—を預かる」「—が苦しい」

タイトル ①標題。㋐書名。㋑映画の字幕。「—バック」②肩書。称号。③選手権。「—マッチ」「—を取る」▽title

たいない【対内】 内部・国内に対すること。↔対外。「—問題」

たいない【胎内】 胎児が育つ母の腹の中。 **—くぐり【—△潜り】** ①人がやっとくぐり抜けられるほどの狭い穴。②大仏などの胎内(=像の内部)にくぐり入ること。

たいない【体内】 からだのなか。↔体外。「—に取り込む」「—時計」(生物のからだ自体が時間をはかるしくみ)

だいなごん【大納言】 ①アズキの一品種。大粒で色が濃く味もよい。②太政官(だいじょうかん)の次官。右大臣の次位。

だいなし【台無し】 物事がすっかりだめになること。

ダイナマイト ニトログリセリンをもとにして作った爆薬。▽dynamite

ダイナミック《ダナ》動的。力強いさま。また、力学的。↔スタティック。▽dynamic 派生 **-さ**

ダイナモ 発電機。▽dynamo

だいなん【大難】 大きな災難。「—をのがれる」。非常な困難。「—を突破する」

だいにぎ【第二義】 根本的ではないこと。↔第一義

だいにじ【第二次】(順序として)二番目。「—産業」(工業・鉱業)

たいにち【対日】 日本(国)に対すること。「—感情」

だいにちにょらい【大日如来】 宇宙の真理そのものを現す、密教の教主である仏。▽「大日」は宇宙をあまねく照らす太陽の意で、「遍照」とも言う。↓びるしゃなぶつ

だいににんしょう【第二人称】 ↓にんしょう(人称)

だいにゅう【代入】《名・ス他》計算のために、式中の文字に、ある特定の値を与えること。▽論理式などでは数値以外にも使う。

たいにん【大任】 重大な任務。重い責務。「—を果たす」

たいにん【退任】《名・ス自》今までの任務をやめること。

たいにん【体認】《名・ス他》体験してしっかりと会得(えとく)すること。

だいにん【代任】《名・ス自他》本人に代わってその任務につくこと。また、その人。

だいにん【代人】 本人の代わりの人。名代(みょうだい)。

だいにん【大人】 おとな。↔小人(しょうにん)。▽↓たいじん(大人)

ダイニング 食事。また、「ダイニング ルーム」の略。食堂。「—キッチン」(食堂をかねた調理室) ▽dining

たいねつ【耐熱】 高熱を加えてもその質を変えないこと。「—ガラス」

たいねん【△諦念】 ↓ていねん(諦念)

だいの【大の】《連語》《連体詞的に》①大きな。「—男」②非常な。「—好物」

たいのう【滞納・怠納】《名・ス他》(税金・会費などを)定められた期限までに納めないこと。「—金」

だいのう【代納】《名・ス他》①本人に代わって納めること。②金銭の代わりに物で納めること。

だいのう【大脳】 脳の最前端部。人では脳髄の大部分を占め、精神作用を営む。 **—ひしつ【—皮質】** 大脳の表面の灰白質の部分。主として神経細胞から成る。

だいのう【大農】 ①機械を使って大規模に行う農業。②大きな農家。豪農。

だいのじ【大の字】 漢字の「大」という字。「—なり」。そういう形。特に、手足を広げて上向きになる様子。「—に寝る」

たいは【大破】《名・ス自他》ひどく壊れること、または壊すこと。修理がむずかしいほど損壊すること。↔小破・中破

だいば【台場】 江戸時代の末、海防のために作った砲台。「品川のお—」

ダイバー ①潜水して作業をする人。潜水士。潜水夫。②ダイビングをする人。▽diver

ダイバーシティ ①多様性。特に、労働において人材や働き方の多様性を認めて生かすことを指す。「—への取り組み」②複数のアンテナで受信した同一の信号を、取捨選択したり合成したりすることで、通信品質の向上を図る技術。▽diversity

たいはい【大敗】《名・ス自》徹底的に(大差で)負けること。「—を喫する」

たいはい【大×旆】 ①天子や将軍のしるしとする大きな旗。②堂々たる旗印。「正義の—」

たいはい【退廃・×頽廃】《名・ス自》①道徳や健全な気風が崩れること。その結果の病的な気風。また、デカダンス。「—的」▽(2)から。②(構築物が)いたんで崩れること。

だいばかり【台×秤】 はかりの一種。上部などに台があ

り、測ろうとする物をここにのせる。

たいはく【大白】 大きなさかずき。▽「白」は酒の色を指す。

たいはく【太白】 ①金星。太白星。②精製した真白な砂糖。

だいはちぐるま【大八車・代八車】 二、三人で引くような、大形の荷車。▽八人分の仕事の代わりをする意。

たいばつ【体罰】 体に苦痛を与える罰。「—を加える」

だいばつ【題×跋】 題字と跋文(ばつぶん)。

だいはっかい【大発会】 取引所の、新年初の立会(たちあい)。

だいばらい【代払(い)】『名・ス他』本来の支払人に代わって払うこと。

たいはん【大半】 半分以上。過半。転じて、大部分。あらまし。

たいはん【大藩】 領地が広い藩。

たいばん【胎盤】 妊娠中、胎児とへそのおでつながり、これを通して、胎児への栄養供給などを行う器官。

だいばんじゃく【大盤石・大×磐石】 物事の基礎が固まってゆるぎないこと。「—の備え」▽もと、大きな岩の意。

たいひ【堆肥】 わら・草・大小便など、廃物を積み重ね、腐らせて作った肥料。つみごえ。

たいひ【対比】『名・ス他』二つのものをつき比べること。対照。 **—てき【—的】**『ダナ』二つの物事の一方にある性質が他方にはないというように、比べてみるとよくわかる、きわ立った違いがあるさま。対照的。

たいひ ①【待避】『名・ス他』他の物が通り過ぎるのを、よけて待つこと。「普通列車が特急を—する」「—所」②【退避】『名・ス自』(隠れ)しりぞいて危険をさけること。「—命令」

たいひ【貸費】 (学費などの)費用を貸すこと。「—生」

たいび【大尾】 終局。結末。終わり。

だいひ【大悲】(仏) 衆生(しゅじょう)の苦を救う、仏・菩薩(ぼさつ)の大きな慈悲。「大慈—の観世音」

だいびき【代引(き)】「代金引き換え」の略。通信販売などで、代金と引き換えに品物を引き渡すこと。「本を—で買う」▽語構成から、本来は「だいひき」。

タイピスト タイプライターを打って印字する職業の人。▽typist

だいひつ【代筆】『名・ス他』本人に代わって手紙・文書等を書くこと。また、その書いたもの。

たいびょう【大病】『名・ス自』ひどい病気にかかること。重病。「—をわずらう」

だいひょう【代表】『名・ス他』一部分によって、それの属する全体を表し示すこと。㋐団体や多数の者に代わって、その意思を表すこと。また、その人。「—者」㋑全体を示す代わりとなるような、一つのもの、または一部分。「アジアを—する企業」「—的な作品」「電話の—番号」「特産品の—格」㋒(スポーツなどで)能力や技術の高さによって選ばれた人・団体。「県—に選ばれる」

だいひょう【大兵】 体が大きく、たくましいこと。そういう男。↕小兵(こひょう)。「—肥満」▽「たいへい」と読めば別の意。

だいひん【代品】 ある品の代わりとして使う品。

ダイビング『名・ス自』①水上競技で、飛込みのこと。また、装備をつけ、水にもぐって泳ぐスポーツ。「スキン—」②飛行機の急降下。③飛び込むように宙に身をおどらせること。「—キャッチ」。パラシュート降下。「スカイ—」▽diving

たいふ【大夫】 ①五位を授けられた者。②大名の家老。③昔中国で、士の上、卿(けい)の下の職。転じて、立派な男子。▽↓たゆう・だいぶ(大夫)

たいぶ【大部】 ①『名ナノ』一まとまりになっている書物の分量が多いこと。「—の辞書」②『名』大部分。「国の—を失った」

たいぶ【退部】『名・ス自』「部」と名のつく団体をやめること。↕入部

タイプ ①『名』型。「新しい—の機械」「変わった—の人間」▽type ②『名・ス他』「タイプライター」の略。また、タイプライターで打つこと。

だいふ【×乃父】 ①父がわが子に対して自分を指す語。▽なんじ(=乃)の父の意。②一般に、父。▽(1)(2)とも既に古風。

だいぶ【大夫】 令(りょう)の制度で職(しき)と呼ばれる役所の長官。▽↓たいふ・たゆう

だいぶ【大分】『副[に]』極度ではないが相当の程度であること。かなり。だいぶん。「—元気になった」「—前から知っている」「—といい陽気になってまいりましたね」

たいふう【台風・×颱風】 南洋上に発生し、日本列島やアジア大陸東部を襲う強い熱帯低気圧。夏から秋にかけて多く、風・豪雨によって、大被害を起こすことがある。「—の目」(台風の中心部の静穏な区域。転じて、激しく動く物事の中心となる勢力や人物)▽二十世紀初頭 typhoon に合わせて、気象台長岡田武松が「颱風」と呼んだのが始め。それ以前は「大風(おおかぜ)」「野分(のわけ)」などと呼んでいた。

だいふうし【大風子】 タイ・カンボジア原産の落葉高木。高さ二〇メートルぐらい。葉は披針形で、互生。果実の種子から、ハンセン病の特効薬になるという大風子油をとった。▽やなぎ科。

だいふきん【台布巾】 食卓などをふくのに使うふきん。▽「だいぶきん」とも言う。

だいふく【大福】 ①大きな福運。また、大金持で運がよいこと。「—長者」②「大福餅」の略。 **—ちょう【—帳】** 商家で、売買の勘定を記す元帳(もとちょう)。表紙に「大福帳」と書いた横長の帳面。勘定科目を分けず、取引順に書き流したものが多い。▽近代簿記法の普及以後は、「—式会計」でどんぶり勘定に近いような組織立たない(いい加減な)会計を指す。 **—もち【—餅】** 餡(あん)(1)をもちで包んだ菓子。

たいぶつ【対物】 (人にでなく)物に対すること。「—信用」(質権・抵当権の場合のように、担保物に対する

信用) ―レンズ 顕微鏡や望遠鏡の、筒先の方にあるレンズ。↕接眼レンズ

だいぶつ【代物】 かわりの品。代品。▽「しろもの」「だいもつ」と読めば別の意。

だいぶつ【大仏】 巨大な仏像。「奈良の―」

だいぶぶん【大部分】『名・副』半分より多くの部分。大半。おおかた。「住民の―」。相当の程度。「―でき上がった」

タイプライター 指先でキーをたたいて文字を紙面にしるす器械。▽typewriter

だいぶん【大分】『副[と][に]』→だいぶ(大分)

たいへい【大兵】 多くの軍勢。「―をひきいて」▽「だいひょう」と読めば別の意。

たいへい【太平・泰平】『名ナ』世の中がよく治まって平和なこと。「天下―」 **―らく【太平楽】** 勝手なことを好き放題に言っていること。「―を並べる」▽天下太平を祝う、雅楽の曲名から。

たいへき【体壁】 動物の内臓を取り囲み体腔(たいこう)を形作る、骨・筋肉・皮膚などでできた壁。胸壁と腹壁とに分けられる。

たいべつ【大別】『名・ス他』おおまかに分類すること。大分類。

たいへん【対辺】〔数学〕ある角や辺に対している辺。

たいへん【大変】 ①『ダナ・副』程度がはなはだしいさま。「―(に)暑い」「―勉強している」。特に、苦労が並々ではないさま。「―な仕事だった」▽②の転。②『名ナ』一大事。大事件。一大事とも言うべき、重大な様子であること。「この―を何と見るか」派生 **-さ-がる**

たいべん【胎便】 胎児の大腸にたまる便。生後二、三日に排泄(はいせつ)される。かにばば。

だいへん【代返】『名・ス自』〔俗〕授業の欠席者に代わって、出席者が出席の返事をすること。

だいべん【代弁】『名・ス他』①本人に代わって意見を述べること。▽旧字体では「代辯」。②本人に代わって弁償する、または事務を執ること。▽旧字体では「代辨」。

だいべん【大便】 肛門(こうもん)から排泄(はいせつ)する、食物のかす。くそ。

たいほ【退歩】『名・ス自』以前より能力・発展などの程度が低くなること。現状よりかえって水準的に下がること。↕進歩

たいほ【逮捕】『名・ス他』捜査機関が、被疑者の身柄を拘束すること。「―状」

たいほう【大方】 ①度量が大きいこと。そういう人。②学問・見識が高い人。③世間一般の人。おおかた②(イ)。▽どの意でも既に古風。

たいほう【大法】 重大な法規。「天下の―」

たいほう【大砲】 大きな弾丸を発射する兵器。▽口径がどの程度以上のを言うかは、国や時代による。

たいほう【大邦】(国力が盛んな)大きな国。大国。

たいぼう【大望】 →たいもう

たいぼう【待望】『名・ス他』それが起こることを待ち望むこと。早く起これと待つこと。「―久しい全国制覇」

たいぼう【耐乏】 物が少なくて不自由なのを耐え忍ぶこと。「―生活」

たいぼう【体貌】 容姿。容貌。すがた。

だいぼうあみ【大謀網】 数隻の漁船で繰り広げる、大形の楕円(だえん)形で、口が小さい網。ブリ・マグロなどの捕獲に使う。

たいぼく【大木】 大きい立木。「松の―」

たいほん【大本】 基本になる根本的なもの。おおもと。

だいほん【台本】 せりふ・ト書などが書いてある本。脚本。

だいほんえい【大本営】 戦時(や事変の際)に元首のもとに置かれる、最高の統帥部。▽多くは大日本帝国のを指す。第二次大戦で過大な戦果発表で敗勢を覆い続けたので、「―発表」は戦後(誇張した)うその意の俗語となった。

だいほんざん【大本山】 仏教の一宗派の、末寺を統轄する寺。または総本山の次位の寺。

たいま【大麻】 ①麻(あさ)②の漢名。「―油」②麻②から製した麻薬。③伊勢(いせ)神宮や他の神社から授ける、おふだ。また、幣(ぬさ)を尊んでいう語。

タイマー ①ストップ ウォッチ。②競技の時間を測定する係。計時員。③タイム スイッチ。▽timer →セルフ タイマー

たいまい【大枚】 金額の大きいこと。「装身具に―五百万円を投じる」

たいまい【×玳×瑁・×瑇×瑁】 海がめの一種。体長一メートルに及ぶ。熱帯産。甲羅をべっこう細工にする。

たいまつ【(松明)】 松のやにの多い所や竹やアシなどを束ね、火をつけて照明とするもの。「―をともす」▽「焚松(たきまつ)」の転。

たいまん【怠慢】『名ナ』なまけて、仕事や義務をおこたること。「―な学生」「職務―」派生 **-さ**

だいみゃく【代脈】 →だいしん。▽代わって脈を取る意。今は使わない。

だいみょう【大名】 広い領地を持っている武士。特に、江戸時代、知行(ちぎょう)一万石以上の武家。 **―ぎょうれつ【―行列】** ①江戸時代に大名の公式の外出の際、規定の人数を整えた長い行列。②比喩的に、大勢の人を従えて出向くこと。 **―げい【―芸】** 本人がうぬぼれているだけで、大したこともない芸。 **―りょこう【―旅行】** 大名の遊山(ゆさん)のように、豪勢な旅行。

タイミング 時を見計らうこと。よい折に動作を合わせること。間(ま)。「―をはずす」「―がいい」▽timing

タイム ①時刻。時間。「百メートル競走の―をはかる」②試合の一時中止。「―がかかる」▽time **―アウト** ①スポーツで、試合中にとられる短い中断時間。試合時間には算入しない。②コンピュータ処理において、時間切れによって応答がなくなること。

▽time out　ーアップ 規定の時間が切れること。▽time is up から。　ーカード タイム レコーダーで出退勤時刻を記録するカード。▽time card　ーカプセル 後に掘り出される予想(予定)の下に、時代を記録するような品をいろいろ納めて地中に埋める(記念の)容器。▽time capsule　ーキーパー 計時係。▽timekeeper　ースイッチ 一定の時間がたつと、自動的に電流が流れたり切れたりするようにした装置。▽time switch　ースパン 時間の幅。期間。「五年、十年のーで考える」▽time span　ースリップ『名・ス自』現実の時間・空間を超越して、瞬時に過去や未来へ移動すること。▽time slip　ーテーブル (交通機関の)時刻表。時間割。予定表。▽timetable　ーマシン 過去や未来の世界に旅行することのできる、空想上の機械。▽time machine イギリスの作家ウェルズの小説名から。　ーラグ 関連する二つの事の間に生じる時間的なずれ。「申請から認可までのーの解消」▽time lag　ーリミット 制限期間(時間)。「法案提出は来週がーだ」「ーを過ぎた書類は受け付けない」▽time limit　ーレコーダー 工場や会社で、出勤・退出の時刻を正確に記録するための器械。▽time recorder

だいむ【代務】 他人に代わって事務を処置すること。

タイムリー 『ダナ』ちょうどよい折に行われるさま。時機を得ているさま。「ーな企画」「ーヒット」(野球で、走者を生還させた安打。適時打) ▽timely

たいめい【大命】 君主や天皇の命令。「ー降下」

たいめい【待命】 『名・ス自』①命令が出るのを待つこと。②官吏・軍人が本官にありながら、一定の職務についていないこと。「ー大使」「ー休職」

だいめい【題名】 書物・作品・法律など表現物の、標題とする名。

だいめいし【代名詞】 ①(名の代わりに)人・事物・場所などを指示するのに使う語。②転じた俗用で、代表的・典型的なもの。そのものをよく表している例。「エジソンは発明家のーだ」

たいめん【対面】 『名・ス自』①顔を向き合わせて会うこと。「別れていた親子がーする」②互いに向き合うこと。「ー交通」

たいめん【体面】 世間に対する体裁(ていさい)。面目(めんぼく)。「ーを傷つける」

たいもう【大望】 大きな望み。また、野望。たいぼう。「ーを抱く」

だいもく【題目】 ①書物・文章などの題。研究の主題。②日蓮(にちれん)宗で唱える「南無妙法蓮華経(なむみょうほうれんげきょう)」の七字のこと。「おーを唱える」▽→おだいもく

だいもつ【代物】 代金。転じて、銭(ぜに)のこと。▽「しろもの」「だいぶつ」と読めば別の意。

だいもん【大紋】 ①大形の紋。②大形の家紋を五か所に染めた直垂(ひたたれ)。

だいもん【大門】 大きな門。寺などの外構えの正門。

だいもんじ【大文字】 ①大きな文字。②「大」という漢字。③八月十六日、京都の大文字山などで、「大」の字形にたく、かがり火。④すぐれた文章。

たいや【逮夜】 〔仏〕葬儀または忌日の前夜。

タイヤ 車輪の外側にはめるゴムの輪。▽tire

ダイヤ ①「ダイヤモンド」(1)の略。②トランプ札で、ひし形の模様のあるもの。赤の◆の形。▽「ダイヤモンド」(1)の略。③「ダイヤグラム」の略。「大雪でーが乱れる」

たいやき【×鯛(たい)焼(き)】 水に溶いた小麦粉を鯛の形をした型に流し込み、あんを入れて焼いた菓子。

たいやく【大厄】 ①大変な災難。②厄年の中で、最も重い年。男は数え年四十二、女は数え年三十三。

たいやく【大役】 重大な役目・役柄。「ーをおおせつかる」

たいやく【大約】 おおよそ。大略。ほぼ。

たいやく【対訳】 『名・ス他』①原文に並べて訳文を示すこと。その訳文。②その語句に対して訳語だけ示すこと。「ー辞書」

だいやく【代役】 ①劇などで、ある役の人が都合で出られなくなった時、代わりにその役をすること。その代わった役者。「ーを立てる」②ある人の代わりをすること。その代わった人。「社長のーはつとまらない」

ダイヤグラム ①図表。②列車の運行表。また、その表によって行う列車の運行組織。ダイヤ。▽diagram

ダイヤモンド ①硬度が最も高く、光沢がきわめて美しい、炭素の等軸結晶系の鉱物。宝石として珍重される。金剛石。ダイヤ。②野球のグラウンドで内野のこと。▽diamond　ーダスト 寒冷地で、空中にある極めて小さな氷晶が太陽の光を受けきらきら輝いて見える現象。▽diamond dust 気象学では「細氷」と言う。

ダイヤル ①『名・ス自他』電話の(円形)数字盤。それを回して電話をかけること。「ーを回す」②『名』ラジオ受信器の目盛。「ーを合わせる」。また、時計・メーターなどの(円形)指針盤。▽dial　ーイン 多数の電話を持つ事務所などで、交換設備を通さずに外部から直接個々の電話につながる方式。▽dial と in とによる和製英語。

たいゆう【大勇】 大事件に当たって奮い起こす、真の勇気。⇔小勇。「ーは怯(きょ)なるがごとし」(ほんとうに勇気のある人は、みかけは臆病者のようである)

たいよ【貸与】 『名・ス他』貸しあたえること。「制服がーされる」▽所有権は移さない。

たいよう【大要】 大体の要点。また、あらまし。「ー次の通りだ」

たいよう【大洋】 おおうみ。大海。

たいよう【太陽】 太陽系の中心をなす恒星。地球に光・熱を与え、万物をはぐくむものと、昔から見られてきた。天体としての日。「ー光線が強い」「ー族」(既成の秩序など無視して行動する若者ら。石原慎太郎の小説「太陽の季節」による) 関連 日輪・天道・お日様・御天道様・日(ひ)・朝日・夕日・入り日・初日(はつひ)・天日

（てんじつ）・白日（はくじつ）・烈日・旭日（きょくじつ）・落日・落陽・斜陽・夕陽　ーけい【ー系】太陽、およびそれを中心として運行している天体の集団。水星・金星・地球・火星・木星・土星・天王星・海王星の八個の惑星、準惑星、それに属する衛星、小惑星・彗星（すいせい）等をあわせたもの。　ーでんち【ー電池】太陽の光エネルギーを電気エネルギーに変換する装置。光電池の一種。　ーとう【ー灯】太陽光線に似た光を発する電灯。医療・滅菌などに使う。　ーねん【ー年】太陽が春分点を通過してから、また春分点に来るまでの時間。三六五・二四日余。　ーれき【ー暦】地球が太陽のまわりを一周する時間（約三六五・二四日）に近い三六五日を一年とし、日数による区分と太陽運行とのずれを閏日（うるうび）で調節する仕組みの暦。陽暦。↕太陰暦。▽日本では明治六年（一八七三）から施行（旧暦十二月三日を一月一日に切りかえた）。当分は「新暦」とも呼んだ。

たいよう【態様・体様】ありさま。ようす。

たいよう【耐用】（時間・重量などに耐えて）役に立っていること。「ー年数」「ー性」

だいよう【代用】《名・ス他》ある物・事の代わりとして使うこと。「ー品」「ー教員」「市販の固形スープでーする」

たいよく【大欲・大×慾】①遠大な望み。「ーは無欲に似たり」（大欲を持つ者は、かえって欲がないように見える。また、あまり欲を深くすると損をする）②非常に欲深いこと。「ー非道」

たいら【平ら】①《ダナ》高低・でこぼこがないさま。「ーに削る」②《名》山間の平地。「善光寺ー」③《「（お）ーに」の形で》足をくずし楽なすわり方をすること。

たいらか【平らか】《ダナ》①→たいら⑴。②世の中がおさまって、平穏無事なさま。「ーな世の中」。心が満足・安定して、穏やかなさま。「心中がーでない」

たいら-ぐ【平らぐ】《五自》乱や戦争がおさまって、平和になる。「世がー」

たいら-げる【平らげる】《下一他》①敵や反抗する者を全部負かして、乱をしずめる。平定する。「反乱軍をー」②（出された）飲食物を全部食べてしまう。「ぺろりとー」

たいらん【大乱】革命・内乱などで世の中が乱れること。

たいらん【台覧】貴人が御覧になること。「ーの栄に浴する」

たいり【大利】大きな利益。↕小利。「ーを博す（＝得る）」▽「だいり」とも言う。

だいり【代理】《名・ス他》他人に代わって事（特に職務）を処理すること。また、その人。「ーをつとめる」「校長ー」「ー人」　ーてん【ー店】特定の会社と契約を結び、商取引の代理や仲介をする商店。「広告ー」

だいり【内裏】①天皇の住む御殿。皇居のこと。②「内裏びな」の略。「ーさま」　ーびな【ー×雛】天皇・皇后の姿に似せて作った男女一対のひな人形。

だいりき【大力】《名ナ》非常に強い力。力が非常に強いこと。そういう人。「ー無双」

たいりく【大陸】①地球上の、広大な陸地。「ユーラシアー」②日本から中国を、イギリスからヨーロッパを指して言う語。　ーだな【ー棚】大陸周縁にあって、海底の傾斜がなだらかで、浅い海となっている所。　ーてき【ー的】《ダナ》①大陸特有であるさま。「ー気候」（雨量が少なく、昼夜・夏冬の気温の差が激しい気候）②細かい事にこだわらず、のんびりした性質であるさま。↕島国（しまぐに）的。　ーほう【ー×棚】→たいりくだな

だいりせき【大理石】石灰岩が変質して結晶した岩石。普通は白色で、美しい斑紋がある。建築・彫刻・装飾などに使う。マーブル。▽中国での産地、雲南省大理にちなむ。

たいりつ【対立】《名・ス自》二つのものが、互いに張り合うこと。「意見が激しくーする」「ー候補者」

たいりゃく【大略】《副詞的にも使う》おおよそ。大体。あらまし。「ーこう語った」「ー次の通りです」

たいりゅう【対流】流体の流れによって熱が伝えられる現象。「ーが起こる」　ーけん【ー圏】地球の大気の最低層を形成する部分。極地方では地表から約八キロ、赤道地方では約一八キロ以下の大気。成層圏の下に位する。▽この層では上部に行くほど温度が下がるので、上下方向の空気の対流が常に行われている。

たいりゅう【滞留】《名・ス自》①旅先で長くとどまっていること。②物事がとどこおること。

たいりょう【大漁・大猟】（漁業や狩猟で）獲物がたくさん取れること。▽魚を取る時「漁」、鳥獣を取る時「猟」を使う。　ーびんぼう【大漁貧乏】漁獲物が多すぎて値段が低落し、かえって収入が少なくなること。

たいりょう【大量】①量が多いこと。多量。②大きな度量。心が広く、こせつかず、人を受けいれる態度。　ーせいさん【ー生産】《名・ス他》（生産単価を下げる、または特別な需要量に応じるため、近代工業的な生産手段で）同種の生産物を同時にたくさん作ること。量産。▽mass production の訳語。

たいりょく【体力】ある仕事が行えるか否か、または病気に耐えるか否かという、身体の強さ。「ーをつける」

たいりん【大輪】花の輪郭が（普通の大きさより）大きいこと。「ー朝顔」。その大きな花。

タイル　粘土を板状にして焼いて作ったもの。ふろ場などの壁や床にはる。「ーを張る」▽tile

たいれい【大礼】朝廷の重大な儀式。「ー服」。特に、即位礼。大典。「御ー」

たいれい【×頽齢】おいぼれの年齢。老齢。▽「頽」はくずれる意。

ダイレクト《ダナ》直接。直接的。「ーな要望」「ボー

ルが観客に―に当たる」▽direct ―メール 見込み客をねらって直接郵送する広告。あて名広告。DM。▽direct mail

たいれつ【隊列】 隊を組んで作った列。「―を乱す」

たいろ【退路】 逃げ道。↔進路。「―を断つ」

たいろう【大老】 豊臣(とよとみ)以後の武家政治で、執権者を補佐した職の最上位。▽もと、世間から尊敬される老人の意。

だいろっかん【第六感】 勘・インスピレーションなど、理屈で説明はつかないが、鋭く物事の本質をつかむ心の働き。「―にたよる」▽五感を越えるものの意。

たいろん【対論】《名・ス自》向かい合って、あるいは対抗して議論すること。また、その議論。

たいわ【対話】《名・ス自》①向かい合って話すこと。また、その話。「複数のユーザーと―する」「―体の文章」②比喩的に、それと向き合うこと。「未来との―」

たいわんぼうず【台湾坊主】 冬の終わりに、台湾付近に発生し、本州南岸沿いに北東に進む東シナ海低気圧の俗称。

たいん【多淫】《名ナノ》性的欲望が盛んで淫事の度が過ぎること。

ダイン 力の単位。記号dyn 一ダインは質量一グラムの物体に作用して毎秒毎秒一センチの加速度を生じさせる力。▽dyne

たう【多雨】 雨の日が多く、雨量も多いこと。「高温―」

たうえ【田植(え)】 苗代(なわしろ)で育てた稲の苗を、(初夏のころ)水田に移し植えること。「―歌」

たうち【田打(ち)】 春の初めに、耕作しやすいように田の土を打ち返すこと。

ダウへいきん【ダウ平均】 アメリカ人ダウ(Dow)およびジョーンズ(Jones)の考案した計算法による、株価の平均値。

だうま【駄馬】 ↓だば(1)

タウリン アミノ酸の一種。魚介類の肉エキス等に含まれる。血圧・コレステロール値の降下に有効とされる。▽taurine

タウン《造》町。都市。「―情報(誌)」「千里ニュー―」「ベッド―」。街(まち)に出る時に使う(おしゃれな)。「―シューズ」▽town ―ウエア 外出着。街着(まちぎ)。▽town wear

ダウン ①《名・ス自》下がること。下げること。↔アップ。「イメージ―」「スピード―」②《名・ス自》(ボクシングで打たれて)倒れること。病気や過労で寝込むこと。「風邪で―する」。また、(コンピュータなどが)故障・事故で働かなくなること。▽(1)(2)は、down(=下に)から。③《名》水鳥の羽毛。ふとんや防寒衣料に用いる。「―ジャケット」▽down ―サイジング 機器を小型化すること。組織を小型化すること。「コンピュータの―」「オフィスの―」▽downsizing ―タウン 都市や大きな町で、銀行や会社が集まり、商店も並ぶ、中心地域。▽東京などで山手(やまのて)に対して言う下町(したまち)とは大分違う。downtown ―ロード《名・ス他》ネットワーク上のサーバーから手元のコンピュータにデータを転送すること。↔アップロード。▽download

たえ【妙】《ニナル》言いようもなくすぐれているさま。「―なる楽の音」▽雅語的。

たえ【栲】 カジノキ等の繊維で織った布。

たえい-る【絶え入る】《五自》息が絶えてしまう。死ぬ。「―ばかりに泣く」

たえがた-い【堪え難い・耐え難い】《形》苦しくて、我慢ができない。「―屈辱」派生 -さ

だえき【唾液】 口内の唾腺から出て、口をうるおし、消化を助ける液。つば。

たえしの-ぶ【堪え忍ぶ・耐え忍ぶ】《五他》つらさ・苦しさを、じっと我慢する。

たえず【絶えず】《連語》《副詞的に》少しもとぎれず。いつも。「―水がわき出ている」▽動作・作用・状態の継続していることを言う。

たえだえ【絶え絶え】《ダナ》①今にも絶えそうなさま。「息も―に選手がゴールインする」②時々絶えるさま。とぎれとぎれ。「虫の音が―に聞こえる」

たえて【絶えて】《連語》《あとに打消しを伴って》(それで絶え)その後は一度も。「あの時から―音信がない」

たえは-てる【絶え果てる】《下一自》①すっかり絶える。全くやんでしまう。「音信が―」②息がすっかり絶える。死ぬ。

たえま【絶え間】 絶えている間。やんでいる間。切れ間。「―なく降る雨」

た-える【堪える・耐える】《下一自》①持ちこたえる。㋐つらさ・苦しさに屈しない。じっと我慢する。「痛みに―」㋑他からの力・作用に負けない。持ちこたえる。「高温に―壁」「弾圧に―」②……することができる。……に値する。【堪】「聞くに―えない」「感に―えた立派な行為」▽「感にたえる」と同義で「感にたえない」とも言う。

た-える【絶える】《下一自》続いてきた動作・作用・状態・物が切れる。㋐とぎれる。「送金が―」㋑尽きる。「食糧が―」「子孫が―」「息が―」(死ぬ)㋒続かなくなって離れる。「仲が―」▽↓たえず・たえて

だえん【楕円・橢円】 円を押しつぶしたような形の図形。数学的には、一平面上の二定点からの距離の和が一定である点の軌跡。

たおこし【田起(こ)し】 乾いた田の土を掘り起こす作業。

たお-す【倒す】《五他》①立っている物に力を加えて傾け、横にする。「足払いをかけて―」「立ち木を―」②今までの状態をこわして、ないものにする。㋐殺す。「一刀のもとに―」▽「殪す」「仆す」とも書く。㋑負かす。「強敵を―」㋒ある地位・状態に居られなくする。「政府を―」㋓借りを返さないで済まし、相手に損をさせる。踏み倒す。「始めから―気で

借金する」

たおやか(たをやか)『ダナ』姿・動作などが美しくしなやかなさま。しなやかでやさしいさま。▽雅語的。派生 **-さ**

たおやめ(たをやめ)【〈手弱女〉】たおやかな女。やさしい女。▽雅語的。

たお-る(たをる)【手折る】『五他』①花や枝などを、手で折り取る。②比喩的に、女を自分のものにする。

タオル タオル地で作った、西洋風の手ぬぐい。また、タオル地。「―のパジャマ」▽towel **―じ**【―地】布面に輪奈(わな=輪の形にした糸)を出した綿織物。

=だおれ(だふれ)【倒れ】①《動詞連用形に付けて》財産をつぶすほどそのことにぜいたくをすること。「食い―」「着(き)―」②それだけに終わって役立たないこと。実効のないこと。「看板―」「計画―」

たお-れる(たふれる)【倒れる】『下一自』①立っていた物が(急に)傾いて横になる。「大風で立看板が―」②加えられた力に負けて、今までの状態を失う。㋐対立者に負けてくずれる。「政府が―」「優勝候補が―」㋑商店・会社等が、損が多くて、やってゆけなくなる。「不景気で―」㋒病気などで健康を損ね、寝込む。「過労で―」㋓死ぬ。また、殺される。「凶弾に―」「―れて後やむ」(物事を死ぬまでやり通す)▽㋓には「仆」「斃」「殪」も使う。

たか【高】①分量。㋐収穫・収入・知行(ちぎょう)・生産物等の量・金額。「売上げ―」㋑程度。「―が知れる」「―を括(くく)る」(大した事がないと見くびる)㋒《「が」を伴い》程度と言っても精々(せいぜい)のところ。たかだか。「―が課長ぐらいで」▽みくびる気持で使う。②《接頭語的、接尾語的に》高いこと。「―下駄(げた)」「中(なか)―」「三円―」

たか【×鷹】たか目・はやぶさ目の鳥のうち、小・中形の一群の総称。肉食の猛鳥で、くちばしは鋭く曲がり、脚にかぎづめがある。▽↓わし(鷲)

たか【多寡】多いか少ないかということ。

たが【×箍】桶(おけ)の周りにはめる、竹や金属で作った輪。「―がゆるむ」(年をとって能力が衰える、また、緊張がゆるむ)

=だか【高】↓たか(高)⑴㋐・⑵

だが『接』しかし。▽助動詞「だ」+助詞「が」

たかあがり【高上(が)り】①費用・出費が予想より多くかかること。②㋐高い所に登ること。㋑上座につくこと。

ダ カーポ〔音楽〕楽譜で、曲の冒頭に戻って演奏するよう指示する記号。▽イタリア da capo

たか-い【高い】『形』①規準とする面から上への距離が大きい。↕低い。㋐(ずっと)上方の位置にある。「―・く飛ぶ」㋑上端までの隔たりが大きい。「背が―」「鼻が―」(自慢するさまにも言う)▽↓ふかい(深)⑴。②他より著しい。㋐地位・格式・能力等がすぐれている。↕低い。「格調が―」「目が―」(物事の本質・価値を見抜く力がすぐれている)㋑程度がはなはだしい。↕低い。「評判が―」「気位が―」「緯度が―」「年齢が―」㋒買うのに多くの金がいる値段だ。↕安い。㋓声・音の振動数が多い。「ソプラノの―声」。俗に、声・音が大きい。「声が―・くてやかましいよ」。↕低い。派生 **-さ* -み***

たかい【他界】『名・ス自』(人が)死ぬこと。▽人間界から他の世界へ行く意。

たがい(たがひ)【互い】双方。更に広く一団(として見る範囲)のものの、それぞれ二つ。「―が―の心を知る」「お―に合格を喜び合う」「これからはお―忙しくなるね」㋐《「―に」の形で副詞的に》それぞれ他方に。「―に知らせる」㋑《「お―(さま)だ」等の形で》一方だけでなく双方が同様であること。「困るのはお―さまさ」▽古語動詞「たがふ」の連用形から出た語。もとは、入れ違いの意。

だかい【打開】『名・ス他』行き詰まった状態を打ち破って、解決に導くこと。「危機を―する」

たがいせん(たがひ)【互(い)先】囲碁で、かわるがわる先手になること。▽同等の強さの者の場合に行う。

たがいちがい(たがひちがひ)【互い違い】『ダナ』異なる二つのものの関係が代わりばんこであるさま。また、両方から交互に入り混じるさま。「髪を―に編んでお下げにする」

たかいびき【高×鼾】大きないびき。また、いびきをかいてよく寝入ること。

たが-う(たがふ)【△違う】『五自』それとこれとの間にくいちがいがある。㋐意向や予定と合わない。「事、志と―」「予想に―結末」㋑規準にはずれる。「法に―」㋒一致しない。「寸分―・わぬ」(全く同じだ)

たが-える(たがへる)【△違える】『下一他』たがう結果を招く。特に、意向や約束にそむく。反する。「日を―・えずに納品する」

たかが【高が】《連語》《副詞的に》↓たか(高)⑴㋒

たかがい(たかがひ)【×鷹飼(い)】①鷹(たか)を飼うこと。②鷹匠(たかじょう)。

たかがり【×鷹狩(り)】飼いならした鷹(たか)を放って鳥・うさぎなどを捕らえさせる狩猟。鷹野。

たかきび【高×黍】↓もろこし(唐黍)

たかく【多角】①角が多いこと。②物事の扱い方に関して取るいろいろの角度(見方や仕方)。「―的に検討する」「―経営」 **―けい**【―形】↓たへんけい。▽「たかっけい」と言う。

たがく【多額】『ノダ』《「―な」も使う》(金)額が多いこと。↕少額。「―納税者」

たかぐもり【高曇(り)】雲が高くかかって曇っていること。

たかげた【高下△駄】歯の高い下駄。あしだ。

たかさ【高さ】高いこと。「山の―に驚く」。また、高いか低いかという程度。「背の―二メートル」「音の―」

だがし【駄菓子】安価な雑穀や水飴(みずあめ)などで作った大衆向きの菓子類。現在は、主に子ども向けの安価な飴・スナック・干菓子類。「―屋」

たかしおほ:し【高潮】強風や気圧低下によって海水面が異常に高まり、高波を伴って陸地に押し上げてくること。

たかしまだ【高島田】根を高く結いあげた島田まげ。娘が結う髪型。たかまげ。文金島田。

たかじょう【×鷹匠】江戸時代、主君の鷹(たか)を飼い、鷹狩りに従事した役。

たかせ【高瀬】①川の浅い瀬。②「高瀬舟」の略。**―ぶね**【―舟】浅瀬でもこげるように底を浅く平たくした川舟。

たかだい【高台】周囲より小高くて平らな土地。▽「こうだい」と読めば別の意もある。

たかだか【高高】①〘副ダ〙どう多く見積もっても。せいぜい。「出席者は―(のところ)百人だ」▽②の転。②〘副(と)〙目立って高いさま。「旗を―(と)掲げる」「鼻―と反り返る」(→はなたかだか)

たかたかゆび【高高指】なかゆび。

たかだすき【高×襷】たすきでそでを高くからげること。

たかちょうし【高調子】声などの調子が(うわずって)高いこと。「―でしゃべりまくる」

だかつ【蛇×蝎】へびとさそり。人が非常に忌み嫌うもののたとえ。「―のごとく嫌う」

たかつき【高×坏】食物を盛る、脚(あし)つきの器。

だがっき【打楽器】打って音を出す楽器。例、たいこ。↕弦楽器・管楽器

たかてこて【高手小手】『―にしば(りあげ)る』人を後ろ手にして、ひじを曲げ厳重にしばる。▽「高手」はひじから肩までの部分、「小手」はひじと手首との間。

たかどの【高殿】高く造った建物。

たかとび【高跳(び)・高飛(び)】〘名・ス自〙①高くとぶこと。特に、高いバーをとび越える競技。②犯人が遠い所へ逃げること。

たかどま【高土間】旧式歌舞伎劇場の客席の一種。平土間(ひらどま)の左右、さじきの前の、やや高い所。

たかどまり【高止(ま)り】上がった物価や相場が高い状態を保っていること。

たかな【高菜】カラシナの変種。葉・茎は食用。

たかなみ【高波】高い波。おおなみ。「―にさらわれる」▽「高浪」とも書く。

たかな-る【高鳴る】〘五自〙①喜びや希望で胸がどきどきする。「―胸」「―血潮」②大きな音を出して鳴る。

たかね【高値】値段が高いこと。高い値段。取引では、その日の立会(たちあい)の中で、その株の一番高い値。↕安値

たかね【高×嶺・高根】高い峰。「富士の―」「―の花」(見ているばかりで手に取ることのできないもののたとえ) **―おろし**【―×颪】高い峰から吹きおろす(強い)風。

たかね【高音】①鳥の声や音楽の、高い音。②三味線(しゃみせん)を高低二音で合奏する時、その高いほうの音。

たがね【×鏨・×鑽】鋼鉄で作った、金工用ののみ。

たが-ねる【×綰ねる】〘下一他〙集めてひとまとめにくくる。つかねる。

たかの【×鷹野】→たかがり

たかのぞみ【高望み】〘名・ス自〙自分の身分や能力を越えた事を願うこと。その望み。「―しすぎる」

たかのつめ【×鷹の爪】実が赤くて辛い、トウガラシの一品種。

たかは【×鷹派】強硬意見を主張する一派。硬派。↕鳩(はと)派

たかばなし【高話】大きい声で話すこと。▽「こうわ」と読めば別の意。

たかはり【高張(り)】「高張提灯(ちょうちん)」の略。長い竿(さお)の先につけて高く掲げるようにした、大形の提灯。

たかひく【高低】高い所と低い所とがある状態(であること)。

たかびしゃ【高飛車】〘ダナ〙相手を、頭から威圧するような態度をするさま。「―に出る」「―な叱りかた」▽将棋の、飛車を自分の陣の前に出して攻める戦法の名から。

たかふだ【高札】→こうさつ(高札)

たかぶ-る【高ぶる・×昂る】〘五自〙①(精神や感覚が)高まる。亢進(こうしん)する。「神経が―」②【高ぶる】自分は偉いという様子を見せる。「おごり―」

たかまがはら【高△天(が)原】日本の古伝承で、空の上にあり神々が住む国。▽「たかまのはら」とも言う。

たかまきえま:きゑ【高×蒔絵】模様の部分を盛り上げるようにした蒔絵(まきえ)。

たかまくら【高枕】①枕を高くして(=安心して)寝ること。警戒をといて寝ること。②(日本髪を結った時にする)高く作った枕。

たかまげ【高×髷】→たかしまだ

たかまち【高△市】祭礼や縁日などで露店が並び、にぎわう所。▽香具師(やし)の隠語の一般化。

たかま-る【高まる・×昂る】〘五自〙高くなる。強まる。「士気が―」

たかみ【高み】高い所。「―から見おろす」「―の見物」(第三者の位置に立って気楽にながめること。「高見」と書くのは当て字)

たかみくら【高△御△座】天皇の位。皇位。「―につかせたまう」▽もと、特別な形にしつらえた天皇の玉座。現在では即位礼の時にだけ使う。

たかむら【竹×叢・×篁】竹の林。竹やぶ。

たかめ【高め】どちらかといえば高いこと。↕低め・安め。「―の球(たま)」「―で取引する」

たがめ【田亀】体長六センチほどの水生の昆虫。成虫・幼虫ともに田や池沼にすみ、小魚や他の昆虫を捕らえ、くちばしでさして体液を吸う。養魚上有害。どんがめ。こうやひじり。かっぱむし。▽こおいむし科。

たか-める【高める】〘下一他〙高くする。「公徳心を―」

たかもも【高△股】ももの上部。

タガヤサン インド・マレー諸島などに自生する高木。材がかたく美しく、器具・建築・細工用。▽語源未詳。まめ科。

たがや-す【耕す】『五他』土を掘り返して柔らかくしたり、石や雑草を除いたりして、土地を農作に都合がよいようにする。「畑を―」▽「田返す」の意という。

たかようじ【高×楊枝】食後にゆうゆうとつまようじを使うこと。「武士は食わねど―」

たから【宝・△財】①貴重なもの。大切な尊い品。「―の持ち腐(ぐさ)れ」②比喩的に、かけがえのない人。「彼は国の―だ」▽→おたから。関連 財宝・宝物・什宝(じゅうほう)・什物・国宝・家宝・珍宝・至宝・財物・財貨・重宝・名宝・七宝・宝玉・珠玉・玉

だから『接』前に言った事柄が、後から言う事柄の原因・理由になる意を表す。それであるから。それゆえ。「たいへん疲れた。―早く寝た」「―言ったではないか」

たからか【高らか】『ダナ』高々としているさま。特に声・音を大きく発するさま。「―に読み上げる」

たからくじ【宝×籤】都道府県、政令指定都市などが発売するくじ。「一等五千万円の―」

たからづくし【宝尽(く)し】宝をいろいろ並べ立てたもの、特に、そういう文句や柄。

たからぶね【宝船】宝を積み七福神が乗っている帆かけ船(の絵)。

たからもの【宝物】宝とするもの。ほうもつ。また、宝のように大事にするもの。

たかり たかること。「―にあう」▽→たかる③

たか-る『五自』①一か所に集まる。②虫などが寄りつく。とまる。「はえが食物に―」③〔俗〕おどしたりねだったりして金品をまきあげる、また、おごらせる。

=**たが-る**《動詞や助動詞「(さ)せる」「(ら)れる」の連用形に付け、五段活用動詞を作る》(自分以外の者が)その事柄を望んでいる(様子を外に表す)。「行き―」「食べ―」▽「たい」+「がる」

たかわらい【高笑い】『名・ス自』(得意になって)大声(高い声)で笑うこと。

たかん【多感】『名ノ』ちょっとした事にも感じやすい性質であること。感傷的で敏感なこと。「―な青年」

だかん【×兌換】『名・ス他』(紙幣を本位貨幣と)引き換えること。 **―けん**【―券】「兌換銀行券」の略。その所有者からの要求があり次第、発行銀行がその額面金額の本位貨幣と引き換えることに決められている銀行券。兌換紙幣。 **―しへい**【―紙幣】→だかんけん。↔不換紙幣

だかん【蛇管】→じゃかん

たかんしょう【多汗症】普通以上に汗をかく症状・体質。

たき【滝】川などの水ががけを落ちる、垂直に近い流れ。その場所。「―に打たれる」(滝の落水の中に立って祈願や修行をする)「―の糸」(滝で筋のように落ちる水の姿)

たき【多岐】『名ナ』物事が多方面に分かれていること。「問題が―にわたる」▽もと、道が幾筋にも分かれている意。 **―ぼうよう**【―亡羊】方針がいろいろあって、どうしていいかに迷うこと。「―の感」▽もと、道があまりに分かれていて、逃げた羊を見失う意から、学問の道が多方面にわかれて、真理に至りがたいことのたとえ。

たぎ【多義】(一つの言葉が)多くの意味を持っていること。「―にわたる」「―的」

だき【唾棄】『名・ス他』つばを吐きかけたくなるほど、忌みきらい軽蔑すること。「―すべき行為」

だき【惰気】なまけごころ。「―満々」

だき【×舵機】船のかじ。

たきあわせ【炊(き)合(わ)せ】別々に煮た複数の食材を同じ器に盛りあわせた和食料理。最近は、同じ鍋に時間をおいて入れ、一緒に煮たものも言う。

だきあわせ【抱(き)合(わ)せ】①「抱き合わせ販売」の略。売行きの悪い品を、客のほしがる品に添え合わせて、買わせること。②組み合わせ。「減税と―で福祉予算を削減する」▽第二次大戦中の統制経済によって広まった語。

たきおとし【×焚(き)落(と)し】たきぎをたいたあとに残った火。おき。

だきかご【抱(き)籠】夏涼しく寝るために抱きかかえる、竹を円筒形に編んだかご。竹夫人(ちくふじん)。▽ふとんを掛けても、体に密着せず、風がはいる。

たきぎ【薪】燃料にする木。まき。▽「焚(た)き木」の意。

たきぎのう【薪能】夜間、たきぎをたいて、野外で行う能。▽本来は、興福寺で行われた神事能。

たきぐち【滝口】①滝の流れ落ちはじめの所。滝の落ち口。②蔵人所(くろうどどころ)に属し宮中の警備を任務とした武士。▽清涼殿の東北の御溝水(みかわみず)の落ち口(これを「滝口」と呼んだ)を詰所(つめしょ)にしたから。

たきぐち【×焚(き)口】火をたきつけるための口。

たきこ-む【炊(き)込む】『五他』(米に)他のものを加えていっしょに炊く。「くりを―」

だきこ-む【抱(き)込む】『五他』①腕で巻き込むようにしてだく。かかえこむ。②うまく味方に引き入れる。

タキシード 男子の夜間用略式礼服。燕尾(えんび)服の代用とする。▽tuxedo

たきし-める【△薫(き)△染める・×焚(き)△染める】『下一他』香をたいて、かおりを衣服などにしみこませる。「香を服に―」

だきし-める【抱(き)締める】『下一他』締めつけるように強くだく。「わが子を―」

だきすく-める【抱(き)×竦める】『下一他』だきしめて相手が身動きできないようにする。「後ろから―」

たきだし【炊(き)出し・×焚(き)出し】非常の際などに、被災者や現場の人たちに、飯をたいて出すこと。

たきたて【炊(き)立て】 炊き上がったばかりであること。「—のごはん」

だきつ-く【抱(き)着く・抱(き)付く】『五自』離れないように、両腕でだくように相手にとりつく。「おびえて母親に—」

たきつけ【×焚(き)付(け)】 まき等を燃やす時、最初に火をつける燃えやすい材料。

たきつ-ける【×焚(き)付ける】『下一他』①火をつけて燃えるようにする。②そそのかす。扇動する。

たきつせ【滝つ瀬】 急斜面の勢いよい流れ。▽雅語的。もと「たぎつせ」。「たぎる」と同語源。

たきつぼ【滝×壺】 滝の水が落ち込む淵(ふち)。

だきと-める【抱(き)留める】『下一他』だきかかえるようにして受けとめ、押さえる。

だきと-る【抱(き)取る】『五他』①だいて自分の方に受け取る。②だきとめ押さえる。

だきね【抱き寝】『名・ス他』抱いて寝ること。また、抱くようにして、身から離さずに寝ること。

たきのぼり【滝登り】 滝をのぼること。「鯉(こい)の—」

たきび【×焚(き)火】『名・ス自』戸外で、木片・落ち葉・枯れ草などを寄せ集めて焚くこと。

たきもの ①【×焚(き)物】 燃料としてたく物。②【△薫物・×炷物】 種々の香を合わせて作った煉香(ねりこう)。それをたくこと。「—をする」

たきょう【他郷】 故郷を離れた土地。「—で苦労する」

たぎょう【他行】『名・ス自』よそへ出掛けること。他出。外出。▽「たこう」と読めば「他の銀行」の意。

だきょう【妥協】『名・ス自』主張が対立している場合、互いの主張を幾分かずつ譲り合って、一つの結論・取決めを導き出すこと。「現状と—する」「—を排する」「—の産物」「—案」「—的」

たきょくか【多極化】『名・ス自』中心的な勢力のもとにまとまっていた諸勢力が、中心をはなれて、それぞれ対立的な均衡を保つようになる傾向。

たぎ-る【×滾る】『五自』沸き立つ。㋐湯などが勢いよくわきあがる。「煮え—」㋑急流となって逆巻く。激しく波立つ。「—り落ちる水」「血が—」(興奮して心が騒ぐ)「情熱を—らせる」

た-く【×焚く・炊く・×炷く】『五他』ある目的で火を使う。㋐燃料を燃やす。【焚】「石炭を—」「火を—」「ふろを—」㋑米と水とを加熱して飯を作る。【炊】「御飯(ごはん)を—」▽方言で、一般に煮ることをいう場合もある。㋒香をくゆらせる。【炷】「香を—」

たく〘*宅〙 タク おる ｜ ①身を寄せる所。住居。すまい。「邸宅・居宅・社宅・私宅・自宅・新宅・旧宅・本宅・妾宅(しょうたく)・弊宅・拙宅・帰宅・宅地・火宅」。すまう。おる。②『名』自宅。「おついでの節には宅にもお寄り下さい」。また、他人に対して妻が夫を指して言う語。③『代』→おたく(1)(2)

たく〘×謫〙 タク テキ せめる ｜ ①とがめる。せめる。「謫発(てきはつ)」②官吏がとがめを受け、位をおとされ遠方へ流される。「謫居・謫所・流謫(るたく)」

たく〘託〙 タク かこつける ｜ ①たよりにして物事をまかせる。あずける。「託送・依託・付託・寄託・委託・信託・供託・嘱託・結託」②他の物事を利用して物を言う。かこつける。「託宣・神託・仮託」

たく〘人托〙 タク ｜ ①手のひらの上に物をのせる。物をのせる台。「茶托・托子・托鉢」②よりかかる。よせかける。身をよせる。「一蓮托生(いちれんたくしょう)」③「託」に通じ用いる。まかせる。「委托・托送」

たく〘拓〙 タク ひらく ｜ ①原野を開いて土地利用ができるようにする。「拓地・拓殖・開拓」②『名・造』石碑の文字などを摺(す)る。石ずりを作る。「拓を採る」「拓本・拓影・手拓・魚拓」

たく〘択〙[擇] タク えらぶ ｜ 区別する。よいものをより出す。えらぶ。「択抜・択地・選択・採択・簡択・二者択一」▽テレビのクイズなどに一九八〇年ごろから「四択(＝四者択一)」で答えてください」のような俗用がある。

たく〘沢〙[澤] タク さわ ｜ ①水がたまって水草のはえている所。さわ。「山沢・沼沢」②水けを帯びる。うるおう。うるおす。たくさんある。「潤沢・贅沢(ぜいたく)・余沢・沢山」③うるおいを与える。めぐむ。「恩沢・恵沢・徳沢・仁沢・聖沢」④つや。「色沢・光沢・手沢」

たく〘卓〙 タク ｜ ①他をぬいて、すぐれている。「卓抜・卓絶・卓越・卓見・卓説・卓論・卓識」②他よりたかい。高く立つさま。「卓立・卓然」③『名・造』物を置く台。机。テーブル。「卓をたたいて」「卓子・卓上・卓球・食卓・円卓」④仏前に置いて香華(こうげ)を供える机。「ショク」と読む。「上卓・脇卓」

たく〘人琢〙[人琢] タク みがく ｜ 玉を磨く。美しさを磨き出す。「琢磨・彫琢」

タグ ①ふだ。荷札。②商品の値段・材質・製造会社名などをしるした札。③情報処理で、データやプログラムの一部分に付ける目印。▽「タッグ」とも言う。tag

だ-く【抱く】『五他』①腕をまわして人や物を包み取るように、自分の体に接して保つ。「赤ん坊を—き上げる」「人形を—いて寝る」「—き合って喜ぶ」「—き抱える」②同衾(どうきん)する意の婉曲(えんきょく)表現。▽「いだく」の「い」が落ちてできた語。

だく【駄句】 へたな俳句。くだらない俳句。

だく〘諾〙 ダク うべなう ｜ ①依頼をひきうける。うけあう。うべなう。「諾否・承諾・許諾・快諾・内諾」②応答する。呼ばれて返事をする。「唯唯(いい)諾諾・応諾」③「諾威(ノルウェー)」の略。

だく〘濁〙 ダク ジョク(ヂョク) にごる にごす ｜ ①水がすんでいない。にごる。にごす。↕清。「清濁・濁水・濁流・濁浪・濁酒・濁声・濁音・濁点」②乱れけがれている。「濁世(だくせい・じょくせ)・溷濁

(こんだく)・汚濁」③「濁音」の略。↕清。「連濁・本濁・鼻濁」

だくあし【×跑足】（馬術で）馬が前脚を高く上げてやや速くかけること。

たくあつかい【宅扱(い)】鉄道の荷物・貨物運送の扱い方で、送り主の家からあて先まで配達するもの。▽既に廃止。

たくあん【沢×庵】「沢庵漬」の略。生干しの大根を塩・ぬかでつけ、重石(おもし)で押した漬物。たくわん。▽沢庵和尚が始めたからともいう。

たぐい【類(い)】①同じ種類。「この―の品」②同じ程度の物の集まり、仲間。「―まれな人物」「―ない名品」▽文語動詞「たぐふ」の連用形から出た名詞。

だくい【諾意】承諾の意志・意向。

たくいつ【択一】（二つ以上の中から）一つだけを選ぶこと。「二者―」

たくえつ【卓越】『名・ス自』他より、はるかにすぐれていること。

たぐ-える【類える・△比える】『下一他』①並ばせる。添わせる。並べて比べる。②なぞらえる。

だくおん【濁音】かなで表す時、濁点をつけて書く音。例、「タ」の音に対して「ダ」の音。↕清音。 **―ぷ**【―符】→だくてん

たくさい【卓才】すぐれた才能。

たくさん【沢山】『ダナ・副』①数や分量が多いさま。「―食べる」「子―(だくさん)」②十分なさま。これ以上は、いらないさま。「もう―だ」▽語源未詳。

たくし【卓子】→テーブル(1)

たくじ【託児】子供を預けて、世話などをしてもらうこと。「―所」「―施設」「―室」

たくしあ-げる『下一他』袖や裾などを手でまくりあげる。

タクシー まちなかなどで、客の求めに応じて乗せる営業用自動車。料金計器がついている。「―を拾う」▽taxi

たくしき【卓識】すぐれた見識。卓見。

たくしこ-む『五他』たぐって手もとに入れる。㋐はしょった着物を帯の下にはさみ込む。シャツの裾をズボン(スカート)の中へ押し込む。㋑金銭を自分の手もとに集める。

だくしゅ【濁酒】白く濁っている日本酒。発酵後、かすを漉(こ)していないもの。どぶろく。↕清酒

たくしょ【×謫所】流罪(るざい)に処せられて移された所。配所。

たくじょう【卓上】①机・テーブルなどの上。②《物の名の上に付けて》机の上に置ける、または置いておく意。「―日記」「―コンロ」

たくしょく【拓殖】『名・ス自』（人の住んでいなかった）土地を切り開いて人が住みつくこと。開拓し殖民すること。

たくしん【宅診】医者が自宅で診察すること。↕往診

たく-す【託す・×托す】『五他』→たくする

だくすい【濁水】にごった水。

たく-する【託する・×托する】『サ変他』①あずける。頼む。ことづける。「後事(こうじ)を―」②思いや考えを、ある事物と結びつけたり、その形を用いたりして表す。「旅情を詩に―」③別の事柄を口実にする。かこつける。「酔いに―して宴を辞する」

だく-する【諾する】『サ変他』承諾する。ひきうける。

だくせい【濁世】けがれの多い世の中。▽→じょくせ

だくせい【濁声】澄んだ感じを与えない、にごった声。だみごえ。

たくせつ【卓説】すぐれた説。「名論―」

たくぜつ【卓絶】『名・ス自』他に比べものがないほど、すぐれること。ひときわ目立ってすぐれていること。

たくせん【託宣】神が人にのり移ったり夢に現れたりして意思を告げること。そのお告げ。神託。

たくぜん【卓然】『ト タル』ひときわ目立つさま。きわだってすぐれているさま。

たくそう【宅送】『名・ス他』家まで荷物を送ること。「旅行先からみやげ物を―する」

たくそう【託送】『名・ス他』運送業者などに依頼して物を送ること。

だくだく【諾諾】《多く「―と(して)」の形で》逆らわず、何でもはいはいと言ってきくこと。「命令に―と従う」「―として受け入れる」「唯々(いい)―の体」

だくだく『副[と]・ノダ』汗・血などが盛んに流れ出るさま。「汗―の農作業」「血が―(と)出る」

たくち【宅地】住宅用の土地。建物の敷地である土地。

だくてん【濁点】清音の仮名の右肩に打って、濁音であることを示す符号。にごり。濁音符。「―を打つ」

タクト〔音楽〕①拍子。「―を取る」▽ドイツ Takt ②指揮棒。「―を振る」(音楽の指揮をする) ▽ドイツ Taktstock から。

ダクト 建物の冷暖房・換気などのための、空気の通路となる管。また、ガス管や水道管をまとめて配する管。▽duct

たくはい【宅配】『名・ス他』商品・荷物などを、個々の家まで配達すること。「―業者」「―サービス」

たくはつ【×托鉢】『名・ス自』僧が修行のため、鉢(はち)を持って、家の前に立ち、経文を唱えて米や金銭の施しを受けて回ること。

たくばつ【卓抜】『名ナ・ス自』他のものよりもはるかにすぐれること。卓絶。「―な着想」派生 **-さ**

だくひ【諾否】承諾するかしないか。「―を問う」

タグボート 港内などで他の船を引く強力な小型船。引船(ひきふね)。▽tugboat

たくぼく【×啄木】→きつつき

たくほん【拓本】木・石・石碑・金属器等に紙をあて、墨を使って、そこに刻んである文字・模様をうつし取ったもの。石ずり。「―を取る」

たくま【×琢磨】『名・ス他』学問・技芸に励んで、その向上につとめること。「切磋(せっさ)―」▽玉をすりみが

く意から。

たくましーい【×逞しい】〘形〙体ががっしりしていて力強い。「筋骨ー若者」。意気・勢いが力強く盛んだ。「ー食欲」「想像をーくする」 派生 -さ -げ

たくましゅうーする【×逞しゅうする】〘サ変他〙思う存分にする。「想像をー」。勢いを盛んにする。「猛威をー」 ▽「逞しくする」の転。

たくみ ①【巧み】〘名・ダナ〙あれこれの手を使って、または手ぎわよく、物事を上手にしとげること。「わざのーを競う」「ーに売り込む」「ーな手綱(たづな)さばき」「話術にーな人」 派生 -さ ②【△匠・△工】〘名〙手先の仕事により、(木で)物を作る職人。特に大工・彫刻師。③【巧み・△工み】〘名〙たくらみ。計略。▽「巧む」の連用形から。なお芸術や技術の雅語的表現にも使う。

たくーむ【△巧む】〘五他〙①工夫(くふう)する。技巧をこらす。「ーまない美しさ」「ーまざる筆致」 ▽多く打消しの形で用いる。②たくらむ。

たくらーむ【△企む】〘五他〙計画する。特に、悪事をくわだてる。「ひともうけをー」 関連 くわだてる・目論(もく)ろむ・巧(たく)む・仕組む・仕掛ける・謀る・悪巧み・一物・細工・小細工・からくり・仕掛け・罠(わな)・落とし穴・トリック・陥穽(かんせい)・詭計(きけい)・奸計(かんけい)・術計・術策・奸策・策略・計略・政略・謀叛(ぼうはん・むほん)・謀計・謀略・陰謀・共謀・知謀・策謀・詐謀・深謀・遠謀・権謀術数

たくらん【×托卵】〘名・ス自〙鳥が他種の鳥の巣に産卵して、仮親に卵を抱かせひなを育てさせる習性。日本ではカッコウ・ホトトギスなどに見られる。

たくりつ【卓立】〘名・ス自〙他よりひときわ高く立つこと。目立ってすぐれていること。▽→プロミネンス(2)

だくりゅう【濁流】にごった(川の)流れ。

たくーる〘五他〙《多くは接尾語的に》①引き寄せて奪い取る。「引っー」②(よせばいいのに)続ける。「塗りー」③引き寄せるようにしてまくる。「そでをーり上げる」

たぐーる【手繰る】〘五他〙①両手を交互に動かして、手もとに引き寄せる。「綱をー」②たぐる(1)ように(細長いものを)動かす。㋐たどって導き出す。「記憶をーってみて分かった」「筋をーればそういう事だ」㋑相撲で、突っ張って来る相手の腕を引いて相手の体勢を崩す。「ーっておいて突き落とす」㋒麺類を箸で口に運ぶ。「そばをー」

たくーれる〘下一自〙まくれてしわがよる。

たくろん【卓論】すぐれた議論。卓説。

たくわえ【蓄え・△貯え】たくわえること。たくわえた物・金。「老後のー」

たくわーえる【蓄える・△貯える】〘下一他〙①物・金銭・精力等を、後に役立てるため、ためておく。「知識をー」②ひげ・髪を切ってしまわず、はやしておく。「鼻下にひげをー」

たくわん【沢×庵】→たくあん

たけ【丈】①人の身長や、衣類、立っている物の縦方向の長さ。「背のーが伸びる」「上着のー」「ー比べ」▽「高い」と同語源。→だけ。②限度までの量。これ以上は無いという上限量。「心のーをつくす」「ありっー」

たけ【岳】高くそびえる山、そのいただき。▽「高い」と同語源。八ヶ岳・北岳と富士山・阿蘇山となど、独立しているのを「山」、連峰の個々の峰を「岳」と言う傾向はあるが、九州には「岳」を付けた名が多く、低いのもある一方、開聞(かいもん)岳は独立した山。

たけ【竹】①幹(茎)の中がからで、節があり、弾力に富み、まっすぐ伸びる常緑植物。主にアジアに産し、種類が多い。松・梅と共に、めでたい植物とされ、風雅の友ともされる。建築・器具・細工物の材料にする。芽はたけのこ。「ーを割ったような(=陰険・邪悪な所が無く、からっとした)気性(きしょう)」「ーにすずめ」▽「高い」と同語源。いね科。②笛など、タケで作った管楽器。▽→いとたけ

たけ【×茸】きのこ。

たけ【他家】よその家。「ーへ嫁にやる」

=たげ《動詞連用形に付け、形容動詞語幹を作る》……したそうな様子。「行きーな顔つき」▽助動詞「たい」+接尾語「げ」の転。

だけ【△丈】〘副助〙①程度や範囲の限界を示すのに使う。▽名詞「丈(たけ)」の転。「なるたけ」「ありったけ」の「たけ」も、この「だけ」と同じ。その限界を積極的方向でとらえる㋑、消極的方向でとらえる㋒、中立的な㋐がある。

㋐ちょうどその数量・程度・範囲である意の表現に添える。「三つー残っている」「参加者の数ー椅子を用意する」「宇宙は今からどれー前に生じたのか」

㋑その限界に向けて、または限界一杯の意。「できるー手を尽くします」「枝を四方へ伸ばせるー伸ばしたけやき」「逃げられるーは逃げるつもり」「好きなものを好きなー買う」「あれー言っても分からないとは困った奴(やつ)だ」「文句は、するーのことをしてから言え」

㋒限度や可能な範囲を越えないことに着目して、ただそれに限る意。「まじめなーが取り柄」「先生にー打ち明けた」「私ー(が)知っている事実」「来たか来ないかー分かればいい」「私はただはたから見ていたーです」「これーは間違いない」「身の回りのものーしか持ち出せなかった」「聞くーは聞いてやってください」「嫌いだという(ただそれ)ーで口もきかない」「蔵書ーでも十万冊」「ろくな働きもせず、年ーむだに重ねている」▽最後の例は「だけ」の前後の文脈全体にかかって限定する用法で、「年をむだに重ねているーだ」と同じ意味。

②《「ーに」の形で》㋐《更に「ーの」「ー(の……が)ある」「AすればAするー」などの形でも》それを考慮するだけで他を持ち出すまでもなくというとらえ方で、その事物や身分に相応する意。……に応じて、やはりその分。「さすが名工の茶碗(ちゃわん)ーに趣があ

る」「苦労したーに人間ができている」「ものがものーに大事に扱え」「努力したーのことはあってよくなった」「ここの花は山桜ーあって散りが遅い」「泣けば泣くーよけい悲しくなる」(→②㋑) ㋑それにつけてなおさら。「遺稿であるーに哀感がただよう」「期待が大きかったーに、とまどいも大きい」▽②㋐の特殊化。「に」を欠くと①㋐の意になってしまう。②の用法は、意味の似ている「のみ」には無い。

たげい【多芸】『名ナ』いろいろな方面の技能・技芸を身につけていること。「ー多才」「ーの(ある)士」「ーな人」[派生]ーさ

たけうま【竹馬】子供が戸外で乗って遊ぶ竹製のもの。㋐二本の竹に足がかりをつけそこに乗り、上部を持って歩くもの。たかあし。㋑馬になぞらえ、またがって走り回る竹ざお。

たけえん【竹縁】竹を並べて張った縁側。

たけがき【竹垣】竹で作った垣。たかがき。「ーをめぐらす」

たけがり【×茸狩(り)】山や林に行って、食用のきのこを捜して取ること。きのことり。

たけかんむり【竹冠】漢字の冠の一つ。「答」「算」などの「竹」の称。

だげき【打撃】激しく打つこと。㋐物を強く打ちたたくこと。㋑相手に攻撃的に働きかけること。また、それによって相手が受ける損害・痛手。「心にーを受ける」「急激な円高で大ーを受ける」㋒野球で打者が、相手チームの投手のボールを打つこと。バッティング。

たけくらべ【丈比べ】せいくらべ。

たけす【竹×簀】竹で作ったすのこ。

たけだけし-い【△猛△猛しい】『形』①勇ましく強い。「ー顔つき」②悪い事をしていながら平気で、ずうずうしい。「盗人(ぬすっと)ーー」[派生]ーさ

たけつ【多血】体内に血液の量が多いこと。また、血の気が多いこと。感情的で、感激・激昂(げっこう)しやすいこと。「ー漢」 **ーしつ**【ー質】『名ナ』気質の型の一つ。感激しやすく、さめやすい気質。▽→きしつ(気質)

だけつ【妥結】『名・ス自』意見の対立している両者が、互いに歩み寄って交渉をまとめ、約束を取り結ぶこと。

たけづつ【竹筒】竹の幹の一部を切り取り、節のあたりを底とした筒。

だけど『接』「だけれど」のつづまった語。→けれど②

たけとんぼ【竹〈蜻蛉〉】割った竹をプロペラ型に薄くそぎ、中央に軸をさしたおもちゃ。回して飛ばす。

たけなわ(たけなは)【×酣・×闌】『名ナ』①物事の一番の盛り。まっさいちゅう。「宴ーの時」②転じて、盛りを少し過ぎた時。「齢(よわい)ーとなる」

たけにぐさ【竹似草】荒地や野山に自生する多年草。夏、白い小さな花を多数つける。中空の茎や葉を切ると出る、だいだい色の汁は有毒だが、煮て毒虫にさされた時に塗ったりする。▽けし科。

たけのあき【竹の秋】『連語』竹の古い葉が四月ごろ黄ばむこと。▽他の植物の黄葉が秋に起こるのに見立てて、主に俳句で言う。

たけのこ【竹の子・×筍】初夏に竹の地下茎から出る若芽。幾重にも皮におおわれ、皮をぬぎながら数日で伸び育つ。柔らかいうちは食用になる。「雨後のー」(続々と現れ出ることのたとえ) **ーいしゃ**【ー医者】若くて、経験が浅くへたな医者。▽まだ、やぶ医者とも言えないの意。 **ーせいかつ**【ー生活】竹の子の皮をはぐように、衣類その他の持物を売って生活費にあてる暮らし。売食いの生活。▽第二次大戦直後の流行語。

たけべら【竹×篦】竹を削って作ったへら。

たけみつ【竹△光】削った竹を刀身に見せかけて作った、形ばかりの刀。▽切れ味の鈍い刀をあざけっても言う。

たけやぶ【竹×藪】竹がたくさん集まってはえている所。竹の林。やぶ。

たけやらい【竹矢来】竹をあらく組んで作った囲い。

たけやり【竹×槍】竹の先をとがらせて、槍(やり)の代わりにしたもの。

たけりた-つ ①【△猛り立つ】『五自』ひどく興奮する。②【×哮り立つ】『五自』興奮して大声で盛んにわめく。

たけ-る ①【△猛る】『五自』勢いに乗ってあばれる。荒れ狂う。「海がー」②【×哮る】『五自』(猛獣などが)すごい声でほえる。

た-ける ①【△長ける】『下一自』(ある方面に)すぐれている。長じる。「才ーけた美女」「世故(せこ)にーけている」②【×闌ける】『下一自』㋐まっ盛りになる。「年がーけている」㋑盛りを幾らか過ぎる。「春がーけた」

たけん【他見】他の人が見ること。他の人に見せること。「ーを許さない」

たげん【多元】①根源となる要素が多くあること。②〔数学〕方程式の未知数が多くあること。↔一元。「ー方程式」 **ーてき**【ー的】『ダナ』考えや事物の基づく根源が多くあるさま。 **ーほうそう**【ー放送】多くの放送局を結びつけて一つのまとまった放送をすること。 **ーろん**【ー論】多くの独立した根源的実在または原理を認め、これらによって世界を説明しようとする立場。

たげん【多言】『名・ス自』あれやこれやと口数が多いこと。やたらにしゃべること。「ーを要しない」「ーを弄する」

だけん【駄犬】(純粋種でない、雑種の)つまらない犬。雑犬。

たこ【×凧・〈紙鳶〉】竹・木などの骨組みに紙・ビニールなどをはって糸をつけ、風を利用して空にあげるおもちゃ。いか。いかのぼり。

たこ【〈胼胝〉】手足などの絶えずすれる部分の皮が、堅くなって少し盛り上がったもの。「耳にーができ

る」(聞きあきる)

たこ【×蛸・〈章魚〉】八本足(腕)の海産軟体動物の総称。種類が多い。逃げる時すみを吹く。茶または灰色で、煮ると赤くなる。足に吸盤がある。食用。▽形が変わっているので、種々の言伝えがある。

たご【〈担桶〉】水や下肥(しもごえ)を入れ、天びん棒などでかつぐ桶(おけ)。「こえー」

たこあし【×蛸足】たこの足のように、いくつにも分かれていること。「ー配線」

たこう【多幸】幸福が多いこと。「御ーを祈る」

だこう【蛇行】『名・ス自』へびのようにくねくね曲がって進むこと。「ーする石狩川」

たこうしき【多項式】「＋」または「－」の記号によって二つ以上の項を結びつけた整式。

たこうしつ【多孔質】表面に小さい穴がたくさんあいている性質。「ーの岩石」

たこく【他国】よその国。㋐外国。㋑他郷。

だこく【打刻】『名・ス他』①金属など硬いものに字や記号を刻みつけること。②タイム レコーダーなどで時刻を記録すること。

たこくせき【多国籍】複数の国が関係すること。「ー料理」「ー企業」「ー軍」

たごさく【田×吾作】百姓・いなか者をあざけった言い方。▽「こえたご」の「たご」に、人名によく使う「作」を付けたもの。

たこつぼ【×蛸×壺】①海中に沈め、中にはいった蛸を引き上げて捕らえる、素焼きのつぼ。②主として対戦車戦に用いた、縦に深く掘った一人用の壕(ごう)の俗称。③狭い、自分の関心のあることだけに目を向けること。

たこにゅうどう【×蛸入道】①たこの異称。▽その胴の形が坊主頭に似るから言う。②坊主頭の人をあざけって言う語。▽「たこぼうず」とも言う。

たこのき【×蛸の木】小笠原(おがさわら)諸島などの暖地に産する常緑高木。雌雄異株。幹の下部から多数の気根を出す。葉は線形で長く、帽子・むしろ・かご等を作る。観賞用。▽たこのき科。

たこはいとう【×蛸配当】株式会社が株主に配当するだけの利益があがらなかったのに、(会社の信用を保つため)配当を行うこと。▽たこが自分の足を食うように、自分の資本を食う意。

たこべや【×蛸部屋】まるで蛸壺(たこつぼ)に入った蛸がもがいても逃げられないように、労働者を過酷な扱いでしばる飯場(はんば)。

たこぼうず【×蛸坊主】→たこにゅうどう

タコメーター エンジンなどの単位時間あたりの回転数を測定し、表示する計器。回転速度計。▽tachometer

たこやき【×蛸焼(き)】水に溶いた小麦粉を型に流しこみ、刻んだタコの小片・ねぎなどを加えて球形に焼き上げた食べ物。紅しょうが・青のり・削り節などを加え、ソースをかけて食べる。▽大阪が本場とされる。

たこん【多恨】恨みや悲しみの気持が多いこと。「多情ー」

たごん【他言】『名・ス他』(漏らしてはいけない事などを)他人に話すこと。「ー無用」

たさい【多妻】二人以上の妻を持つこと。「一夫ー」

たさい【多彩】『名・ダナ』①色とりどりで、美しいこと。②種類が多く花やかなこと。「ーな催し」[派生] **-さ**

たさい【多才】『名ナノ』多方面に才能があること。

たざい【多罪】書簡文などで、無礼をわびるのに使う語。「妄言(もうげん)ー」「乱筆ー」▽相手に対して罪を多く犯したの意。

ださ-い『形』あかぬけず、洗練されていない。やぼったい。「ー格好」▽多く「ダサい」と書く。

だざいふ【△大宰府】令(りょう)の制度で九州に置いた役所。九州・壱岐(いき)・対馬(つしま)を管轄し、外敵を防ぎ、外交にも関係した。長官を大宰帥(だざいのそち)と言う。

たさく【多作】『名・ス他』(芸術家などが、作品を)多く作ること。↔寡作。「ー家」

ださく【駄作】できが悪く価値が乏しい作品。

たさつ【他殺】人手にかかって殺されること。↔自殺

たさん【多産】子供や卵をたくさん生むこと。

ださん【打算】『名・ス自』(特に、損得を)勘定すること。「ーがはたらく」 **ーてき**【ー的】『ダナ』物事をするに当たって、何よりもまず自分の損得を考える態度をとるさま。

たざんのいし【他山の石】よそのできごとや自分に対する批評が、自分の知徳をみがく助けとなるということ。▽詩経の「ー以(もっ)て玉を攻(おさ)むべし」による。よその山から出た粗悪な石でも、自分の宝石をみがくことができる意。

たし【△度し】『助動』「たい」の文語終止形。「至急御返事下されー」▽文語連体形「たき」も、時には使われる。→たい『助動』

たし【足し】足りない所を補って、役に立つもの。「腹のーにする」「なんのーにもならない」

たじ【他事】関係がないほかの事。よそごと。

たじ【多事】①仕事が多いこと。忙しいこと。「ー多端」②事件が多いこと。騒がしいこと。「ー多難」

だし ①【出し】出すこと。出したもの。「蔵ーの酒」②【出し・〈出汁〉】㋐「出し汁」の略。かつおぶし・こんぶ等を煮出して、料理のうまさを増すのに使う汁。「ーをとる」㋑転じて、自分の利益のために利用する物事・人。手段。方便。「ーにする」「ーに使う」③【〈山車〉】祭礼の時、飾り物をしたり大太鼓(おおだいこ)を積んだりして引き出す車。だんじり。▽表記のいわれは、→やま(4)

だしいれ【出し入れ】『名・ス他』出すことと入れること。特に、金銭・物品の出納(すいとう)。

だしおき【出し置き】物を容器から長い間出しておくこと。そうしてある物。「ーのたくあん」

だしおし-む(:をしむ)【出し惜しむ】『五他』力や金品などを

出すことをもったいないと思う。また、そう思って出さずに済ませようとする。「出し惜しみ(を)する」の形で言うことが多い。「寄付を―」 ▽近ごろは「出し惜しみ(を)する」の形で言うことが多い。

たしか【確か・×慥か】①《ダナ》しっかりしているさま。㋐間違いなく明らか。「―にそれを見た」㋑信用できるさま。「腕が―だ」「―な筋からの情報」▽相づちにも使う。「―に」 派生 **-さ** ②《副》自分の記憶や判断では多分間違いない事に。「去年の―四月に会ったきりだ」「―横浜に行くはずだ」▽確信度が「確かに」より低い。

たしか-める【確かめる・×慥かめる】《下一他》間違いないか、大丈夫かなどを、念を押したり調べたりして、はっきりさせる。「時刻を―」

だしがら【出し殻】①出し(2)をとったあとのかす。②茶を煎じ出したあとの茶の葉。茶殻。

たしざん【足(し)算】《名・ス他》二つ以上の数や式を加えて和を出す計算。加算。↕引き算

だしじる【出し汁】↓だし(2)㋐

たしせいせい【多士△済△済】すぐれた人材が多くいること。▽「たしさいさい」とも言う。

たじたじ《副「と」・ス自・ノダ》相手に圧倒されて、ひるむさま。たじろぐさま。「反撃に―のありさま」「相手の気魄(きはく)に―となる」

たしつ【多湿】《名ナノ》湿気が多いこと。湿度が高いこと。「高温―」

たじつ【他日】《副詞的にも使う》(将来の)いつか別の日。「―を期す」「―また会おう」

たしなみ【×嗜み】①好み。特に、芸事などに関する心得。②慎み。「―がない」。ふだんの心がけ。「―がよい」

たしな-む【×嗜む】《五他》①芸事などを好み、その技芸を身につけている。「茶道を―」②何かを好んで親しむ。特に、酒・タバコを適度に楽しむ。「酒は―程度だ」③悪い結果にならないように自分の行いに気をつける。「身を―」▽(3)はかなり古風。

たしな-める【×窘める】《下一他》反省をうながす。「無作法を―」▽↓たしなむ(3)

だしぬ-く【出し抜く】《五他》他人のすきに乗じ、また、だまして、自分が先に事を行う。「まんまと―」

だしぬけ【出し抜け】《ダナ》思いもかけず突然なさま。不意。「―の来客にあわてた」「―に歌い出す」

たしまえ【足し前】不足を補うのにいる分量・金額。

だしもの【出し物・△演(し)物】芝居の興行などで、上演する作品。「今月の―」

たしゃ【他者】ほかの人。別のもの。

たしゃ【多謝】①《名・ス自他》厚く礼を述べること。②《名》深くわびること。「妄言―」▽(2)の例は、わが妄言に自分で感謝することになる。正しくは「多罪」。

だじゃく【惰弱・×懦弱】《名ナノ》①いくじがないこと。②体をきたえないで、弱々しいこと。派生 **-さ**

だじゃれ【駄〈洒落〉】つまらないしゃれ。へたなしゃれ。「―を飛ばす」

たしゅ【多種】種類が多いこと。「―多様」「―多彩な人」▽第二例は一九九五年ごろからの言い方。

だしゅ【×舵手】船のかじをとる人。

たしゅう【他宗】ほかの宗旨。

たじゅう【多重】いくつも重なり合うこと。「―放送」「―債務」 **-じんかく**【―人格】一人の人の中に複数の人格が存在し、それらが別々の時に現れること。▽医学的には「解離性同一性障害」と呼ばれる。

たしゅつ【他出】《名・ス自》そとへ出掛けること。外出。

たしょ【他所】ほかの土地。よそ。

たしょう【他称】第三人称。↓にんしょう(人称)

たしょう【他生】〔仏〕今生(こんじょう)に対し、現在の自分がその生まれ変わりである過去の生、および生まれ変わって行く未来の生。前世および来世。▽↓たしょう(多生)

たしょう【多生】①〔仏〕何回も生まれ変わること。「袖触れ合うも―の縁」(現世で道を歩いて袖を触れ合うほどのちょっとした関係も、前世から定まった因縁(いんねん)である) ▽この例では「他生」とも書く。誤解して「多少」とも書いた。↓たしょう(他生)。②多数を生かすこと。「一殺―の剣」(ひとりを殺すことによって多人数を救うような、正義のために振るう剣)

たしょう【多少】①多いか少ないか。「―を問わず」②すこし。幾らか。「―感じる程度」「―の誤り」

たしょう【多照】日の照る時間が多いこと。「高温―」

たしょう【多祥】しあわせな事が多いこと。「ますます御―の段およろこび申します」

たじょう【多情】①(異性に対する)愛情が移りやすいこと。移り気。うわき。「―仏心」(移り気だが薄情ではないこと) ②愛情が豊かで何事にも感じやすいこと。「―多恨」(多感なため恨みも多いこと)

だじょうかん【△太政官】①↓だいじょうかん。②明治前期の最高官庁。明治十八年(一八八五)内閣設置と同時に廃止。

だじょうだいじん【△太政大臣】↓だいじょうだいじん

だじょうてんのう【△太上天皇】↓じょうこう(上皇)。▽「だいじょうてんのう」とも言う。

たしょく【多食】《名・ス他》たくさん食うこと。おおぐい。

たじろ-ぐ《五自》相手に圧倒されて、ひるむ。しりごみする。「困難に―」

だしん【打診】《名・ス他》①指先や打診器で胸・背などをたたき、その音で内臓の診察をすること。②比喩的に、相手に少し働きかけ、その反応で相手の意向などを判断すること。「先方の意向を―する」

たしんきょう【多神教】宗教の一形態。多数の神々や霊魂を信仰するもの。↕一神教

た-す【足す】《五他》①足りるようにする。㋐(不足を補って)増し加える。「焦げつかないように水を―」

㋑『用を—』その目的に役立てる。また単に、用事をする。「大小便をする」の婉曲(えんきょく)表現。▽㋑は「達す」とも書く。②足し算する。加える。

だ-す【出す】㊀《五他》①内から外に移す。㋐移して外部に置く。また、外方への動きを起こす。↕入れる。「机を廊下に—」「ポケットから手を—」㋑出発・発車・出帆させる。「舟を—」㋒身近(みぢか)な所から離して、よそに行かせる。「奉公に—」㋓送る。「手紙を—」「使いを—」㋔支払う。「千円—・して買う」。提供・提出・出品する。「客に昼食を—」「資金を—して援助する」「むずかしい宿題を—された」「願書を—」「展覧会に絵を—」㋕伸ばす。「手を—」(転じて、新たに物事を始める)「舌を—」(陰で相手をばかにする意にも)㋖限界を越す。「足を—」(↓あし(足))

②他から姿が、または形として見えるようにする。㋐現す。「喜びを顔に—」「会場に顔を—(=短時間出席する)」「候補者の名を書き—」㋑物事に取り掛かり、新たに開く。「店を—」。出席・出勤・出場・出演・立候補させる。「代表を—」㋒新たに加える。「速力を—」「新記録を—」㋓公に知らせる。「禁止令を—」。出版する。「本を—」。出版物に載せる。「新聞に広告を—」㋔そういう結果とする。「余りを三つ—」「長い議論を経て結論を—」㋕はっきり示す。「証拠を—」

③源から生じる。㋐それを起こす。「火事を—」㋑そこから産出する。「この山は鉄を—」㋒与える。「暇を—」(解雇する。離縁する)

㊁《接尾》《動詞連用形を受けて》……し始める。「歩き—」

だ-す【堕す】《五自》↓だする

たすう【多数】物の数や人数が多いこと。↕少数。「—派」　**—けつ【—決】**会議で、多数の者の意見によって議案を採決すること。

たすか-る【助かる】《五自》①危険や死を免れる。「弾丸がそれて—った」②負担・労力・苦痛・費用などが少なくて済み、ありがたい。「よく働いてくれるので—」

たすき【×襷】①和服のそでをたくしあげるために両肩から両脇へ斜め(また、左肩から右袖へ斜め)に掛けて結ぶひも。「—を掛ける」「姉さんかぶりに紅—」②ひも・線などが斜めに交わったさま。「箱に飾りひもを—に掛ける」③一方の肩から他方の腰へ斜めに掛ける、目印の布。「赤—のデモ隊」「駅伝の—リレー」　**—がけ【—掛け】**①襷を掛けて、またそういう気持で、きびきび働くこと。「—でかたづけろ」②ひも・線などが斜めに交わった状態。「線を—に引く」▽二〇一〇年頃から防犯用語として「ショルダー バッグは—にすること」と言い出された。

たずき(たづき)↓たつき

タスク ①課された仕事。課題。②コンピュータで処理される作業の最小単位。↓ジョブ。▽task

たすけ【助け】たすけること。「有難や、天の—だ」「—を借りる」(他の人に助力・加勢してもらう)。たすける物や人。「大いに—になる」「—を呼ぶ」

たすけあ-う(ふ:あ)**【助け合う】**《五自》互いが互いを助ける。「—って難路を行く」

たすけぶね【助け船】①困っている時に力を貸してくれるもの。助力。「—を出す」▽②の転。②水上遭難者を救う船。

たすけ-る【助ける・△救ける】《下一他》①危険や死からのがれさせる。救う。「子どもにいじめられている亀を—」「遭難者を—け出す」②苦しみ困っている者や忙しい者に対して、また仕事・働きに対して、力を貸し、不足を補って、うまく行くようにする。「貧者を—」「課長を—けて、事務を処理する」「父の仕事を—」「消化を—」「地の利に—けられる」▽②の意は「救う」には無い。[関連]救う・救援・救護・救済・救助・救出・救命・救急・救難・救国・救世・人助け・手助け・手伝う・力添え・助力・協力・補佐・補助・扶助・内助・幇助(ほうじょ)・助勢・助長・互助・援助・賛助・尻押し・後ろ楯(だて)・応援・後援・支援・増援・加護・庇護(ひご)・援護・扶養・高配・鞭撻(べんたつ)

たずさ-える(たづさへる)**【携える】**《下一他》①手に下げて持つ。身につけて持つ。「菓子折を—」。取り合う。「手を—えて歩く」②いっしょに行動する。「あい—えて出発する」「いがみ合っていた二人が強敵の出現に手を—」

たずさわ-る(たづさはる)**【携わる】**《五自》ある事に関係する。従事する。「新企画に—」

ダスター ①はたき。ぞうきん。②ほこりよけに着る軽いコート。ダスター コート。③薬剤などを散布する装置。▽duster

ダスト ①塵(ちり)や埃(ほこり)。「ハウス—」②塵のように細かいもの。「スター—」▽dust　**—シュート** 中高層建築の縦穴式ごみ集積装置。各階の同じ位置に投入口があり、ごみは一つの場所に落ちる。▽dust と chute とによる和製英語。

たずねあわ-せる(たづねあはせる)**【尋ね合(わ)せる】**《下一他》あちこちに尋ね聞く。問い合わせる。

たずねびと(たづ)**【尋ね人】**(行方不明などで)尋ね捜し求められている人。

たずねもの(たづね:)**【尋ね物】**①(紛失した等のため)尋ね捜し求められている物。「—をする」(捜す)②**【尋ね者】**『お—』警察などが捜している、逃亡中の犯人・容疑者。

たず-ねる(たづねる)**【尋ねる・×訊ねる・訪ねる】**《下一他》①たどって捜し求める。㋐不明な事を人に問う。[尋・訊]「道を—」「何万円するかと—」㋑所在の不明なものを、または先に行ったものの跡を追って、捜し求める。[尋]「母を—ねて旅に出る」㋒物事の先例・道理を探って明らかにする。[尋]「前例を歴史に—」「原理を—」②人や何かのある場所を目指して、そこに行く。「先生のお宅を—」「花の吉野を—」。目指す所に行って目指すものを見る、または聞く。「吉

野に花を—」「虫の音を—・ねて野を歩く」［尋・訪］

関連 伺う・聞く・聞き出す・聞き返す・聞き合わせる・尋ね合わせる・問う・問い返す・問い詰める・問い合わせる・質(ただ)す・問いただす・聞きただす・喚問・詰問・糾問・検問・拷問・査問・諮問・試問・自問・質問・借問(しゃもん)・審問・尋問・設問・発問・反問・不問・質疑・照会・難詰・面詰・請訓・引き合い・アンケート

だ-する【堕する】『サ変自』よくない状態・傾向におちいる。おちる。「マンネリに—」

たせい【他姓】他人の姓。「—をおかす」(他人の姓を名のる)

たぜい【多勢】多くの人。おおぜい。「—に無勢(ぶぜい)」

だせい【惰性】①今までの勢い・習慣。「—で日を送る」「—的」②→かんせい(慣性)

だせつ【打設】『名・ス他』(建設工事で)打ち込み、または打ち固めて、何かを造り設けること。「杭(くい)を—する」「コンクリート—用の木枠」

たせん【他薦】『名・ス他』他人が推薦すること。↕自薦

たせん【多選】『名・ス他』選挙で、同じ人を何度も選出すること。また、同じ人が何度も選出されること。「知事の—」

だせん【唾腺】つばを出す腺。唾液腺。

たそがれ【〈黄昏〉】①薄暗くなった夕方。夕ぐれ。②比喩的に、盛りを過ぎ、勢いが衰えるころ。「人生の—」▽「誰(た)そ彼は」と、人の見分けがつきにくい意。

だそく【蛇足】余計なつけたし。無用なもの。▽へびの絵に足を描き添える意。

たた【多多】『副』数が多いさま。「—ある」 **—ますますべんず**【—△益〻弁ず】『連語』多ければ多いほど好都合だ。▽もと、することが多ければ多いほど立派にやりとげる意で、才能ある者のはたらきを言った言葉。

ただ【△唯・×只】㊀『名』何ということもないこと。①取り立てて言うほどの価値・意味がないこと。▽「徒」とも書く。㋐平凡。「—の人」。普通。「—でさえ寒いのに」「—のお月見じゃつまらない」㋑取り立てて言うほどの事もないこと。「—では済まない」▽→ただならぬ。②無料。［只］「入場料を—にする」㊁『副ノ』《多くは、「だけ」「ばかり」「のみ」と共に、または「しか」に打消しを伴って》①何ということなく。むなしく。「冬野に—月が照るばかりだ」②それ以外は言うに値しない意を表す語。㋐……にほかならない。……以外はしない。「—命令に従うのみ」㋑ひたすら。「—君の成功を祈る」▽「ただただ」と重ねることもある。③数量・程度がわずかなさま。ほんの。たった。「—の一本しか残らない」「—これくらいの事」「—一つ誇るに足るものは」㊂『接』前に述べた事の例外を示す時使う。ただし。「そりゃ面白いよ。—少々危険だがね」

だだ【駄駄】子供が甘えて、言うことをきかないこと。「—をこねる」「—っこ」

ダダ →ダダイズム。▽Dada

ただい【多大】『ダナ』きわめて多いさま。「—の成果を得た」「—な損害を被る」

だたい【堕胎】『名・ス自』胎児を人工的に流産させること。

ダダイスト ダダイズムを奉じる人。▽Dadaist

ダダイズム 第一次大戦の終わりごろスイスから起こった芸術上の一主義。伝統的な形式を否定した。ダダ。▽Dadaism

ただいま【△唯今・×只今】①今。㋐目下(もっか)。「—のところでは」㋑たった今。ほんの少し前。「—出掛けました」㋒今すぐ。「—出掛けます」②帰宅の際のあいさつの語。▽「ただいま帰りました」の略された形。

関連 現在・目下・今時・今日日(きょうび)・近頃(ちかごろ)・此(こ)の節・今日此の頃・昨日今日・今日(こんにち)・昨今・当今・当節・現今・近時・現時・現下・時下・ついさっき・たったいま・ちょうど・すぐ・すぐさま・じき・直ちに・早速・即時・即刻・即座

たた-える【×湛える】(たたへる)『下一他』液体などをいっぱいにする。あふれるほど内に含む。「満々と水を—・えた湖」「満面に笑みを—」

たた-える【△称える・×讃える】(たたへる)『下一他』(優れたこととして)心からほめる。「功績を—」

たたかい(たたかひ)【戦い・闘い】たたかうこと。「自分との—」

たたか-う(たたかふ)【戦う・闘う】『五自』相手を負かそうとして争う。㋐武器を使って相手に勝とうと争う。また、戦争する。「同じ民族どうしが—・った」㋑互いに力・わざをふるって優劣を争う。「強いチームと—」㋒障害を打ち破ろうと努力する。「困難と—」▽「たたく」と同語源。

たたき【×叩き・×敲き】①たたくこと。人をたたくこと。転じて、非難すること。「ふくろ—(だたき)にする」▽江戸時代には、背中・尻などを棒などで打つ刑罰があった。②たたく人。たたく物。「太鼓—」「はえ—」③たたいたもの。㋐食材を包丁などでたたいて作る料理。「ごぼうの—」「あじの—」「かつおの—」㋑コンクリート・土などで固めた土間。▽(3)㋑は「三和土」とも書く。

たたきあ-げる【×叩き上げる】『下一自』苦労を重ねて一人前までになる。「職工から—・げた社長」

たたきうり【×叩き売り】①大道商人が品物をのせた台などを棒でたたいたりしながら、次第に値を下げて安く売ること。「バナナの—」②投げ売り。大安売り。「その手の品は—に出すほかない」

たたきおこ-す【×叩き起(こ)す】『五他』①戸をたたいたりして寝ている家人を起こす。②眠っている者をむりに起こす。

たたきこ-む【×叩き込む】『五他』①打って中に入れる。「くぎを—」②乱暴に投げ入れる。放り込む。「火の中にすべてを—」③いやおうなしに覚え込ませる。「頭に—」「社員意識を—」▽口頭語では「たたっこむ」とも言う。

たたきこわ-す【×叩き壊す】《五他》①強く打って壊す。②転じて、「壊す」を強めた言い方。たたっ壊す。

たたきだい【×叩き台】①今後、審議・検討する原案となるもの。「これを審議の—とする」▽⑵の転。②(バナナなどの)たたき売りの際に使う台。

たたきだいく【×叩き大工】技術がさほどいらない仕事ばかりする、へたな大工。

たたきだ-す【×叩き出す】《五他》①たたいて(力ずくで)出す。「家から—」②細工物の金属を槌(ちつ)でたたいて模様が浮き出るようにする。③「出す」を強めた言い方。「世界記録を—」

たたきつ-ける【×叩き付ける】《下一他》①つよく投げつける。「地面に—」②荒々しい態度で差し出す。「辞表を—」

たたきつぶ-す【×叩き潰す】《五他》①たたいて(強い外力を加えて)つぶす。②転じて、すっかりつぶす。③比喩的に、他の計画・見解などを強く攻撃して、つぶし去る。

たたきなお-す【×叩き直す】《五他》①もう一度(改めて)たたく。②反っている物をたたいて直す。③転じて、腐った性根などを、激しく鍛えて直す。「負け犬根性を—」

たたきのめ-す【×叩きのめす】《五他》徹底的にたたく。立ち上がれないくらいに打撃を与える。

たた-く【×叩く・×敲く】《五他》①手のひら・棒などで打つ。㋐物の面を(続けざまに)打つ。「手を—」(てのひらを何度も打ち合わせて音を立てる)「肩を—!いて振り向かせる」「梅干しを—!いたのと大葉を入れる」「門を—」(教えを求めて訪ねる意にも)▽繰り返しのあるのが本義。㋑攻撃する。比喩的に、激しく非難する。「醜行を新聞が—」「マスコミに—!かれる」。攻めて打撃を与える。「先鋒(せんぽう)を—」②たたく⑴㋐かのように何かをする。㋐考えを引き出そうとして問う。「専門家の意見を—」㋑むやみに述べ立てる。「減らず口を—」㋒安値の取引をする。特に、値切る。「弱みにつけ込んで—!いて買う」「買い—」▽古くは戸をたたくような音でクイナが鳴くことにも言った。

ただごと【△徒事・△唯事・×只事】『—で(は)ない』普通の事ではない。容易ならぬ事だ。

ただし【但し】《接》先に述べた事に補足的な説明・条件・例外をつける時に使う語。「これはすぐれた説だ。—疑えば疑える点もある」

ただし-い【正しい】《形》①道理や法にかなって、誤りが無い。「—行い」「—答え」②きちんとしている。整っている。「—姿勢」▽「まさしい」と読めば別の意。派生 **-さ** 関連 正当・正常・正道・正格・正式・正規・正則・本道・本筋・本式・合法・真・真実・方正・公正・真正・中正・至当・順当・妥当・当然・まとも・真っ当・当たり前・ノーマル・理にかなった

ただしがき【但(し)書(き)】文章で「但し」という語を書き出しに使って、その前文の説明・条件・例外を示す部分。

ただ-す【正す・△質す・×糺す】《五他》①正しくないものを正しく変える。正しく直す。[正]「誤りを—」「行いを—」「姿勢を—」②正しいか否かをはっきりさせる。㋐理にかなうか否かを明らかにする。[正]「理非を—」「大義名分を—」㋑質問する。[質]「先輩に疑問を—」「身元を—」㋒きびしく問い尋ねる。[糺]「罪を—」

たたずまい【×佇まい】①立っている様子。②転じて、ものの姿。ありさま。「庭の—」▽「佇む」と同語源。「ただずまい」とも言う。

たたず-む【×佇む】《五自》しばらく一か所に立ちどまる。▽「ただずむ」とも言う。

ただただ【△唯△唯・×只×只】《副》「ただ」㈡を強めて言う語。「—あきれるばかり」

ただち【直ち】《副に》①時間を少しも置かずに。すぐ。「—に出発」▽法令文では、「遅滞なく」「すみやかに」にくらべて即時性が最も強い。②直接に。じかに。「この事から—に証明される」

たたっ【×叩っ】《動詞の上に付け》動作を荒々しく行う意の、強めの表現。「—切る」「—殺す」▽「叩く」⑴の連用形から。

だだっぴろ-い【だだっ広い】《形》〔俗〕ただやたらに広い。度外れて広い。「—家に、ひとりぽつねんと居る」派生 **-さ**

ただでさえ【△唯でさえ】《連語》→ただ㈠⑴㋐

ただなか【△直中】①まんなか。「敵の—」②さいちゅう。「取り込みの—」

ただならぬ【△徒ならぬ・×啻ならぬ】《連語》《連体詞的に》それだけの事としては見過ごせない。㋐大変な。「—顔色」㋑《「……も—」の形で》……以上に程度が高い。[啻]「犬猿も—仲」(非常に悪い仲)▽「顔色がただならない」「その様子もただなりません」のような形でも使う。

ただに【×啻に】《副》《多く、あとに「のみならず」を伴って》単に。「—健康を害するのみならず、精神をもむしばむ」

ただのり【×只乗り】《名・ス自》①料金を支払わないで電車などに乗ること。無賃乗車。②比喩的に、自分では何もせず他人の努力などを利用すること。

ただばたらき【×只働き・△徒働き】《名・ス自》無報酬で働くこと。また、働いたがその効果があらわれないこと。

たたみ【畳】藁(わら)をしんにした床(とこ)を畳表で覆い、和室に敷き詰める敷物。「—の上で往生する」(天寿を全うして自宅で死ぬ)

たたみいわし【畳(み)×鰯】かたくちいわしの稚魚を広げて天日で干した、薄い板状の食品。▽並んだいわしがたたみの目のように見えることから言う。

たたみおもて【畳表】イグサの茎で織ったござ。畳の表につける。

たたみがえ【畳替(え)】《名・ス自》畳を取り替える

こと。畳を新しくするため、畳表を取り替えること。
たたみか-ける【畳み掛ける】《下一自》相手に余裕を与えず、次から次へと続けて質問などをしかける。
たたみこ-む【畳み込む】《五他》①折り畳んで中へ入れこむ。②心の奥へよく入れておく。十分に了解する。「胸に―」③畳み掛ける。
たたみすいれん【畳水練】方法を知っているだけで、実際の練習はしていないこと。また、理屈は知っていても実地に役立てられないこと。▽畳の上で水泳の練習をする意。
たた-む【畳む】《五他》①折り返して重ねる。広がっているものを折って小さくする。「洗濯物を―」②まとめてかたづける。㋐開いているものを閉じる。「かさを―」㋑店などをやめて閉じる。「所帯を―」㋒心におさめる。「つらい事も胸一つに―」㋓〔俗〕殺す。③石などを敷きつめ、また積み上げる。「石を―」▽やや古風。
ただもの【△徒者・×只者】『―で(は)ない』世間にざらにいる並みの者ではない。
ただよ-う【漂う】《五自》①空中や水にふわふわ浮いている。浮いて運ばれる。「くらげが―」「風に―」②さまよう。「―・い歩く」③あたりにたちこめる。「花の香が―」④ある雰囲気が満ちる。「なごやかさが―」
ただよわ-す【漂わす】《五他》ただようようにする。ただよわせる。「妖気を―」
たたら【△踏鞴】足で踏んで空気を吹き込む、大型のふいご。「―を踏む」(ふいごを踏んで空気を送る。転じて、勢い余って、から足を踏む)
たたり【×祟り】神仏・怨霊(おんりょう)などから受ける罰。悪いむくい。
たたりめ【×祟り目】→よわりめ
たた-る【×祟る】《五自》①神仏・怨霊(おんりょう)などから悪いむくいがある。②比喩的に、ある行為が害となって悪い結果が起こる。「徹夜が―・って頭が痛い」

ただれ【×爛れ】ただれること。ただれた状態。「―目」
ただ-れる【×爛れる】《下一自》①生体の皮膚や肉が腐ってくずれる。②物事におぼれ込む。耽溺(たんでき)する。「酒に―・れた生活」
たたん【他端】他のはし。もう一方のはし。
たたん【多端】《名ナ》あれこれと事件・問題が多いこと。また、仕事が多く忙しいこと。「多事―」
たち【△質】人の性質・体質。物の性質・品質。「涙もろい―」「―の悪いできもの」
たち 諸刃(もろは)の剣(つるぎ)に対し、片刃の刀でかなり長いもの。①【〈太刀〉】(普通は反りがあり)刃を上にして腰に差す刀。②【〈大刀〉】刃を下に向け、腰に横たえてつるす刀。▽断ちの意。⑵を「だいとう」と読めば、小刀や脇差(わきざし)に対する⑴を言う。
たち=【立ち】《動詞の上に》表現を強める語。「―騒ぐ」「―まさる」「―至る」
=**たち**【△達】《人・生物を指す語に付けて》複数を表す語。▽連濁で「だち」ともなる。「友―」。人・生物以外に使うこともある。「思い出をさそう古い机―」。古語では、「ら」「ども」に対し、尊敬の気持を含む。「神―」「公―(きんだち)」
たちあい【立(ち)会(い)・立(ち)合(い)】立ちあうこと。㋐検証・確認のためその場に臨むこと。「第三者―のもとで」。その証人。㋑その場に集まっていること。「お―の衆」㋒〔取引〕取引所で売買を行うこと。これで相場が決まる。㋓相撲(すもう)で、仕切りの機が熟するのを待ち、勢いよく立って闘技に入ること。▽「立合い」と書く。 **―えんぜつ**【立会演説】意見の違う人が同じ場所でかわるがわる立って演説し、公衆に是非を問うこと。 **―にん**【立会人】ある事柄について証人としてその場に居合わせてもらう人。
たちあ-う【立(ち)会う・立(ち)合う】《五自》①証人としてその場に出る。②互いに勝負を争う、また、格闘する。「正々堂々と―・え」

たちあおい【立×葵】小アジア原産の越年草。初夏、葉のもとに白・紅・紫・淡紅等の花がつき、下の方から順次咲く。八重咲きもある。▽「はなあおい」とも言う。あおい科。
たちあがり【立(ち)上(が)り】①立ち上がること。一般に、動作の起こし始め。「交渉の―からもつれた」②配管などの、面から垂直に立つ部分(の寸法)。
たちあがり【裁(ち)上(が)り】衣服や紙を裁ち終えること。また、裁ち終えた状態。「―寸法」
たちあが-る【立(ち)上がる】《五自》①身を起こして立つ。㋐座ったり寝たりしていた者が腰を上げて立つ。㋑打ちのめされたような状態だった者が、勢いを取りもどす。「不況の打撃から―」㋒相撲(すもう)で、仕切りから戦いを始める。②活動する態勢に入る。㋐《「……に―」の形で》行動を始める。「水害救済に―」㋑立ち上げた状態になる。「ダウンしていたコンピュータが―」
たちあ-げる【立(ち)上げる】《下一他》①機械システムに運転開始のための所要操作をして、稼働できる状態にする。②広く、組織を機能し始める状態にする。「特別対策班を―」「新会社を―」
たちい【立(ち)居】立ったりすわったり(＝居)すること。つまり、ふだんの動作。「―が不自由だ」▽「起ち居」とも書く。 **―ふるまい**【―振舞(い)】起居の動作。体のこなし。たちふるまい。「優雅な―」
たちいた【裁(ち)板】裁ち物をする時、台にする板。
たちいた-る【立(ち)至る】《五自》事態が重大・深刻な情況になる。「大事に―」「事ここに―・っては」
たちいち【立ち位置】①立っている場所。立つべき位置。「舞台上の―を指示する」②〔俗〕人間関係や社会の中で、ある人がとろうとする立場や観点。「きみとは―が違う」
たちい-る【立(ち)入る】《五自》①その場所にはいる。「―・り禁止」②ある他人の関係の中にはいりこむ。

かかわる。関係・干渉する。「この問題に—らないでくれ」③事柄が深いところまではいる。「—って話し合う」

たちうお（：うを）【〈太刀〉魚】細長く太刀のような形の、銀白色の海魚。体長は一・五メートルに達する。尾びれ・腹びれがない。食用。たちのうお。▽たちうお科。

たちうち【立(ち)打ち・立(ち)△射ち】↓りっしゃ

たちうち【〈太刀〉打ち】《名・ス自》①太刀で打ち合って戦うこと。②転じて、実力で張り合うこと。まともに勝負すること。「とても—できない」

たちうり【立(ち)売(り)】《名・ス他》駅の構内や路上などで、立って物を売ること。

たちおうじょう【立(ち)往生】《名・ス自》立ったままで（行き詰まって）動きがとれないこと。「大雪で列車が—する」▽もと、立ったまま死ぬ意。「弁慶の—」

たちおく-れる【立(ち)遅れる・立(ち)後れる】《下一自》遅れて立つ。立ち上がりが遅れる。また、その結果として他より劣った状態となる。「受験勉強に—」

たちおとし【裁(ち)落(と)し】裁縫・製本などで、余分な部分を切り落とすこと。また、その切れ端。

たちおよぎ【立(ち)泳ぎ】《名・ス自》体を立てたまま泳ぐこと。その泳ぎ方。

たちかえ-る（：かへる）【立(ち)返る】《五自》もとの所や前の状態にかえる。「原点に—」

たちかぜ【〈太刀〉風】太刀を振った勢いで起こる風。▽激しく太刀を振る勢いのよさ、勇ましさを表現することが多い。

たちかた【立方】舞踊で、地方(じかた)(1)に対し、舞い踊る方の人。

たちがれ【立(ち)枯れ】《名・ス自》草木が立ったまま枯れること。その草木。

たちかわりいりかわり（たちかはりいりかはり）【立ち替(わ)り入り替(わ)り】《連語》↓いれかわりたちかわり。▽「たちかわりいれかわり」とも言う。

たちかわ-る（：かはる）【立(ち)代(わ)る】《五自》あるものが他のものとかわる。交替する。

たちき【立(ち)木】生えて立っている木。

たちぎえ【立(ち)消え】①火が十分に燃え上がらず消えてしまうこと。②転じて、仕事・計画等がいつのまにか途中でやめになること。「—になる」

たちぎき【立(ち)聞き】《名・ス他》（立ちどまって）盗み聞くこと。

たちき-る【断(ち)切る・裁(ち)切る】《五他》①紙・布などを二つ以上に切り離す。②つながりを切って関係をなくする。「親子の縁を—」「未練を—」▽(2)の意では「裁」は使わない。

たちぎれ【裁(ち)切れ・裁(ち)△布】（洋服などを）仕立てるために裁った、きれ。

たちぐい（ひ：ぐ）【立(ち)食い】《名・ス他》立ったままで食べること。「—そば」

たちぐされ【立(ち)腐れ】《名・ス自》①立ち木が害虫などのために立ったまま腐ること。②建物などが荒れはてて使えなくなること。

たちくらみ【立(ち)×眩み・立(ち)暗み】《名・ス自》立ち上がった時に目まいがすること。▽「たちぐらみ」とも言う。

たちげ【立(ち)毛】田畑に生育中の農作物。

たちげいこ【立(ち)稽古】演劇で、俳優が本読みを終えた後、立って動きをつけながら練習すること。「—に入る」

たちこ-める【立(ち)込める・立(ち)籠める】《下一自》霧・煙・雲などが、あたり一面をおおう。

たちさき【〈太刀〉先】①刀の刃先。きっさき。②敵に切りかかる勢い。「—が鋭い」

たちさばき【〈太刀〉×捌き】刀を使う手ぎわ。「見事な—」

たちさ-る【立(ち)去る】《五自》去る。たちのく。

たちさわ-ぐ【立(ち)騒ぐ】《五自》①人がさわぎたてる。「—群衆」②風や波などが立って大きな音をたてる。「—波頭」。動揺する。「—心を静める」

たちしごと【立(ち)仕事】長時間立ったままでする仕事。「—は腰にくる」

たちしょうべん【立(ち)小便】《名・ス自》屋外の、便所以外の所で立って小便をすること。「—禁止」

たちすがた【立(ち)姿】①立っている姿。②舞の姿。

たちすく-む【立(ち)×竦む】《五自》（恐ろしさに）立ったまま動けなくなる。

たちすじ（ぢ：す）【〈太刀〉筋】刀の使い方の質。「—がよい」

たちせき【立(ち)席】①席に座らず立つこと。特に、全て座席指定の列車などの満席時に立って乗車する場合を言う。「—特急券」②立ち見用の席。

たちそ-う（ふ：そ）【立(ち)添う】《五自》（立った姿で）寄り添う。付き添う。

たちつく-す【立(ち)尽(く)す】《五自》最後まで立ち続ける。長い間じっと立ったままでいる。「呆然(ぼうぜん)と—」

たちづめ【立(ち)詰め】立ち続けること。立ち通し。

たちどおし（ほし：ど）【立(ち)通し】↓たちづめ

たちどころ【立(ち)所】《副に》たちまち著しい変化が起こるさま。すぐその場で。「—に痛みが消えた」

たちどま-る【立(ち)止(ま)る】《五自》歩くのをやめて止まる。

たちとり【〈太刀〉取(り)】↓たちもち(1)。▽もと、切腹の介錯(かいしゃく)をする人。また、打ち首の首を切る人。

たちなお-る（ほる：な）【立(ち)直る】《五自》傾いたものが、もとの状態にもどる。悪い状態になっていたのが、もとにもどる。「打撃から—」「業績が—」

たちながし【立(ち)流し】立った姿勢で使える、（足つきの）流し台。

たちなら-ぶ【立(ち)並ぶ】《五自》いくつも並んで立つ。「人家が—」。また、肩を並べて立つ。「—(=匹敵する)ものがない」▽建物の場合には「建(ち)並ぶ」とも書く。

たちぬい（ひ：ぬ）【裁(ち)縫い】さいほう。針仕事。

たちの-く【立(ち)退く】『五自』今いる場所、今まで住んでいた所をあけて、よそへ移り去る。

たちのぼ-る【立(ち)上る】『五自』煙などが高く上がる。

たちのみ【立(ち)飲み】『名・ス自』立ったまま飲むこと。特に、屋台や酒屋の店先などで、立って酒を飲むこと。「―屋」「焼き鳥屋で―する」▽「立(ち)呑み」とも書く。

たちば【立場】①その人が置かれている地位・境遇・条件など。「―上、やむを得ない」「―がない」(面目が立たない) ②物の見方・考え方のより所。観点。「民主主義の―では」

たちばさみ【裁(ち)×鋏】布地の裁断に用いる、やや大きめのはさみ。「新しい浴衣地(ゆかたじ)に―を入れる」

たちはだか-る【立ちはだかる】『五自』立ちふさがって邪魔する。「前途に―困難」

たちはたら-く【立(ち)働く】『五自』体を動かしていろいろとよく働く。「かいがいしく―」

たちばな【×橘】①コウジ・コミカンなど食用柑橘(かんきつ)類の古名。「右近(うこん)の―」②葉・花に芳香がある常緑高木。ニホンタチバナ。▽みかん科。

たちばなし【立(ち)話】立ったままでする会話。

たちばん【立(ち)番】立って見張りをすること。その人。

たちびな【立ち×雛】立ち姿の雛人形。↕座り雛。▽雛人形は、紙で作った「ひとかた」(↓かたしろ⑵)から生まれた。本来の雛人形は立ち雛で、のちに座り雛が主流となる。

たちふさが-る【立(ち)塞がる】『五自』前に立って道をさえぎる。

たちふるまい(:ふる まひ)【立ち振舞(い)】↓たちいふるまい

たちぶるまい(:ぶる まひ)【立ち振舞(い)】旅に立つときの供応。

たちまじ-る【立(ち)交じる・立(ち)混じる】『五自』仲間にはいって一緒になる。「大勢の中に―・って働く」

たちまち【×忽ち】『副[に]・ノダ』非常に短い時間で。「―(のうちに)品切れになった」。にわかに。「―(のうちに)空が曇った」

たちまちのつき【立(ち)待(ち)の月】陰暦十七日の夜の月。たちまちづき。▽立って待つ間に出る月の意。↓いまちのつき・ねまちのつき

たちまわり(:まはり)【立(ち)回り】①芝居・映画で乱闘をする場面。殺陣(たて)。②転じて一般に、けんか。つかみあい。「大―となる」

たちまわ-る(:まはる)【立(ち)回る】『五自』①あちこちを歩き回る。「金策に―」②人々の間をうまく行き来して、自分が有利になるようにする。「うまく―」③(逃走中に)ある場所に立ち寄る。「犯人が知人の宅に―」

たちみ【立(ち)見】『名・ス他』立ったまま見ること。「―席」

たちむか-う(:むかふ)【立(ち)向かう】『五自』①事物に面と向かって立つ。②(敵や困難に)正面から向かって行く。対抗する。「難局に―」

たちもち【〈太刀〉持(ち)】①相撲(すもう)で、横綱の土俵入りの時、太刀を持って後ろに従う力士。たちとり。②主君の太刀を持ってそばに控えている小姓。

たちもど-る【立(ち)戻る】『五自』もとの所や前の状態にかえる。「現場に―」「本来の姿に―」

たちもの【断ち物】神仏に願をかけ、ある期間、ある飲食物をとらないこと。例、茶断ち・塩断ち。また、その飲食物。

たちもの【裁(ち)物】衣服の生地(きじ)や型紙などを裁つこと。

たちやく【立役】歌舞伎の役柄の一つ。㋐女形(おやま)以外の男役の総称。㋑一般に、老役(ふけやく)と敵役(かたきやく)とを除く、善人の男の役(を演じる幹部役者)。

たちゆ-く【立(ち)行く】『五自』成り立ってゆく。特に、暮らしてゆける。「事業が―」

だちょう【×駝鳥】アフリカの草原・砂漠にすむ、現生鳥類の中で最も大きな鳥。足が強く速く走るが、飛べない。▽だちょう科。

たちよみ【立(ち)読み】『名・ス自他』立って読むこと。特に、本屋などで本を買わずに立って読むこと。

たちよ-る【立(ち)寄る】『五自』①そばに近づく。近よる。②目的地以外の所に寄る。

たちわざ【立(ち)技・立(ち)業】柔道・レスリングなどで、立っていて仕掛けるわざ。↕寝技(ねわざ)

だちん【駄賃】①使いなどの労力に対して与える礼。特に、使いなどをした子供へのほうび。▽⑵の転。②駄馬で荷を運ぶ運賃。

たちんぼう【立ちん坊】①立ち続けること。②道ばたに立っていて、人力車のあと押しなどをして金をもらう者。▽「たちんぼ」とも言う。

た-つ【絶つ・断つ・裁つ・×截つ】『五他』つながりを失わせる。①続いてきた物事を絶やす。【絶・断】㋐つながりをなくする。「望みを―」「酒を―」。断ち物をする。「願を掛けて茶を―」㋑さえぎる。「退路を―」㋒終わりにする。「命を―」「あとを―」②物を幾つかに切り放す。【断・截】「紙を―」「腸(はらわた)を―」(↓だんちょう)。布を衣服に仕立てるために切る。【裁】

た-つ【立つ・建つ・△発つ】『五自』①ある場所から(まっすぐ)起きる、のぼる。▽普通「立」を使う。㋐座ったり伏したりしているものが起き上がる。「いすから―」「毛が―」「正義のために―」(=勇気を出して行動を起こす)」。低い所から高くのぼる。「煙が―」。高くかかる。「にじが―」「月―・ち渡る」(万葉集) ㋑身を起こしてそこから去る。「席を―」「―鳥は跡を濁さず」㋒新しい年・季節になる。「春―日」㋓出掛ける。出発する。「旅に―」▽㋓には「発」も使う。②ある場所にまっすぐになって、ある。▽普通「立」を使う。㋐(足で身を)まっすぐにささえている。

「山上に―」「ポストが―・っている」。草木などがまっすぐに生えている。「茎が―」。高い物がそびえる。「山が―・ち並ぶ」㋑突きささった状態になる。「とげが―」「矢が―」「歯が―・たない」(かむことができない。転じて、かなわない意にも)㋒ある状態に身を置く。「矢面に―」「使者に―」「教壇に―」(転じて、教職につく意にも)「法廷に―」「知事選に―」。ある地位を占める。「優位に―」「人の上に―」㋓戸・障子が締められている。「戸が―・っている」㋔ある場所に建物ができる。▽㋔には「建」を使う。③物事やその作用が(はっきり、または激しく)現れる。〔立〕「思い―・ったが吉日」「心が浮き―」㋐風・霧・泡などが出る。㋑激しくなる。「波が―」「気が―」「腹が―」㋒高く響く。よく通る。「声が―」㋓はっきり示される。「値(ね)が―」㋔人々に注目される。「目に―」。世に広がる。「うわさが―」㋕設けられる。開かれる。「市(ちい)が―」㋖割り算で、その数が整商として出てくる。「十七を五で割れば三が―・って二余る」④物事が立派に成り立つ。〔立〕㋐用をする。「役に―」。すぐれる。「筆が―」「弁が―」㋑立派にやっていく。「学問で世に―」㋒そこなわれず、またはすたれずに保たれる。「男が―・たない」「店が―・ってゆく」。筋道が通る。「理屈が―」「大義名分が―」「計画が―」「目算が―」㋓確かなものになる。はっきりとした姿をとる。㋔『せ(い)が―』水中などに直立して、顔が没しない(深さだ)。⑤保たれた末に、変わってゆく。時が移る。〔立〕「年月が―」▽「経つ」とも書く。⑥《接尾語的に、動詞連用形に付いて》その動作・状態が、はげしく強いことを表す。「湯がわき―」「いきり―」「たぎり―」

たつ【×辰】十二支の第五。方角では東南東、時刻では午前八時、また、午前七時から九時までの間を指した。▽→じゅうにし

たつ【竜】→りゅう〖竜〗

たつ〖*達〗〔達〕 タツ ダチ さとる ―①㋐道が通じる。どこまでも行き得る。とおる。「四通八達・通達・闊達(かったつ)」㋑ゆきつく。届く。「達意・伝達・送達・速達・通達・到達・配達・発達」㋒命令を伝える。告げ知らせる。「役場の達(したっ)し」「下達・進達・中達・執達吏」②思うとおりに目的がかなう。「達成・栄達・調達」③識見や技能が十分になる。さとる。いたる。「練達・上達・熟達・先達(せんだつ)・達人・達観・達見・達識・達文」

だつ〖脱〗〔脱〕 ダツ ぬぐ ぬげる のがれる ―①身につけたものをとり去る。ぬぐ。↕着。「脱衣・脱帽・脱皮・脱穀」②㋐束縛からぬけ出す。のがれる。「脱化・脱出・脱退・脱却・脱走・脱俗・脱兎(だっと)・脱藩・脱会・脱党・脱税・離脱・虚脱・蟬脱(せんだつ)」㋑自由になる。さっぱりする。「解脱(げだつ)・洒脱(しゃだつ)」③ぬく。とりのぞく。「脱毛・脱色・脱脂・脱臭・脱糞(だっぷん)」④ぬけ落ちる。手ぬかりでとり落とす。「脱落・脱漏・脱字・誤脱・剝脱」⑤はずれる。「脱線・脱臼・逸脱」

だつ〖奪〗 ダツ うばう ―①他人のものをひったくりとる。うばう。「奪取・奪還・奪回・奪掠(だつりゃく)・争奪・強奪(ごうだつ)・略奪・簒奪(さんだつ)・収奪・剝奪・生殺与奪・換骨奪胎」②官位などをとりあげる。「褫奪(ちだつ)」

たつい【達意】言おうとする事を、よくわかるように表していること。「―の文」

だつい【脱衣】『名・ス自』衣服をぬぐこと。「―場」

だつう【打通】『名・ス他』抵抗を排して目的地まで通す。「大陸―作戦」▽今は言わない。

だつえい【脱営】『名・ス自』(兵士などが)営舎を逃げてぬけ出すこと。

だつえば【奪△衣婆】→しょうずかのばば

だっか【脱化】『名・ス自』もとの状態からぬけ出して新しい形式(状態)に変わること。

だっかい【奪回】『名・ス他』奪いかえすこと。

だっかい【脱会】『名・ス自』今まで属していた会からぬけること。

たっかん【達観】『名・ス他』①全体の情勢や将来をよく見通すこと。②細かい事に迷わされず、道理・真理を見きわめること。また、物事にこだわらず、どうなろうとも動じない心境になること。

だっかん【奪還】『名・ス他』奪いかえすこと。

たつき ①てがかり。手段。特に、生活をささえる手段。②たより。よるべ。▽「たずき」とも言う。

だっきゃく【脱却】『名・ス自他』今まで取りつかれていたもの、悪いこと、危険など、好ましくない状態から、のがれ出ること。

たっきゅう【卓球】中央に網を張った卓上で、プラスチック製の小球を互いに打ち合う室内競技。ピンポン。

だっきゅう【脱臼】『名・ス自』骨の関節がはずれること。

たっきょ【×謫居】『名・ス自』流罪(るざい)になって、その地に住むこと。

だっきょ【脱去】『名・ス自』抜け出ること。のがれ去ること。

タック 洋裁で、一定の間隔をおいて布をつまんで縫ったひだ。▽tuck

タッグ ①『―を組む』組みになる。協力する。▽プロレスで、二人または三人一組で交替しながら対戦する、タッグ マッチから。②→タグ。▽tag

ダッグアウト 野球で、選手の控え席。ダグアウト。▽(アメリカ) dugout 本来、地面よりも低くつくったものを言う。

たづくり【田作(り)】①田を耕作すること。②干したイワシを甘辛く煮つけた、お節料理の一品。▽イワシは田の肥料であったことから、五穀豊穣(ほうじょう)を願う。「たつくり」とも言う。

タックル 『名・ス自』ラグビー・レスリングなどで、敵

に組みつき倒すこと。「—をかける」「—を外す」▽tackle

たっけ《連語》→け《終助》

だっけ《連語》→け《終助》

たっけい【×磔刑】はりつけ(の刑)。

たっけん【卓見】すぐれた意見・見識。「—に富む」

たっけん【達見】広く物事を見通したすぐれた見識。

だっこ【抱っこ】《名・ス他》抱くこと、抱かれることの幼児語。

たっこう【卓効】(薬剤などの)すぐれたききめ。

だっこう【脱稿】《名・ス他》原稿を書き終えること。

だっこう【脱×肛】《名・ス自》腸の粘膜が肛門(こうもん)の外に押し出されること。

だつごく【脱獄】《名・ス自》囚人が監獄(刑事施設)からぬけ出して逃げること。

だっこく【脱穀】《名・ス自他》穀物の粒を穂から取り離すこと。「—機」。また、もみがらを粒から取り去ること。

だっさく【脱柵】《名・ス自》①牧場のさくを馬などがぬけ出すこと。②脱営(すること)。

だつサラ【脱サラ】《名・ス自》サラリーマン暮らしをやめ、自分(たち)で事業・生業を営む生活に移ること。

たっし【達(し)・達示】官庁から人民に、また上官から下級の官に通知すること。その通知。▽「達示」は当て字。

だつじ【脱字】書き落とした字。印刷物で抜け落ちた字。

だっし【脱脂】《名・ス自》脂肪分を取り去ること。 **—ふんにゅう**【—粉乳】牛乳から脂肪分と水分をとり除いて粉末にしたもの。スキム ミルク。 **—めん**【—綿】脱脂して消毒した綿。

たっしき【達識】広く物事に通じた識見。達見。

たっしゃ【達者】《ダナ》働きの点ですぐれているさま。㋐健康なさま。「—に暮らす」「—でいろよ」。体のその部分の働きにすぐれるさま。「足が—だ」㋑それに熟達して、上手なさま。「—な英語を話す」「芸—」▽もと、一道に達した者の意。 派生 **-さ**

だっしゅ【奪取】《名・ス他》うばいとること。「政権—」

ダッシュ ①《名》㋐文章に使う「—」の記号。ダーシ。㋑数学などで、ローマ字の右肩につける「′」の記号。プライム。②《名・ス自》全力疾走すること。「スタート—」。ボクシングで突進すること。▽dash **—ボード** 自動車の運転席とエンジン室の間の仕切り板。計器類・小物入れなどを備える。▽dashboard

だっしゅう【脱臭】《名・ス自他》においをぬき去ること。「—剤」

だっしゅつ【脱出】《名・ス自》危険な場所や状態からぬけ出ること。「魔所を—した」「逮捕を避けて国外に—」「—路」

だっしょく【脱色】《名・ス自他》ついている色、または染めてある色をぬき去ること。色抜き。「—剤」

たつじん【達人】①学問や技芸の、ある方面に非常にすぐれた人。「剣術の—」②人生を達観した人。

だっすい【脱水】《名・ス自》①水分を取り去ること。「遠心分離式—機」②結晶した物質や化合物から、組成上、水に相当する分子を取り除くこと。③体内の水分が欠乏すること。「—症状」

たっ-する【達する】①《サ変自》㋐ある場所・位・程度に至る。行きつく。「目的地に—」。及ぶ。「人口が三百万に—」㋑最高の所まで行きつく。深く通じる。「その道に—した人」②《サ変他》㋐しとげる。「目的を—」㋑達しをする。告げ知らせる。「この旨を—しおく」

だっ-する【脱する】《サ変自他》①束縛しているものから抜け出す。免れる。また、何かから、ある物を取り除く。②抜け落ちる。また、漏らす。

たつせ【立つ瀬】立場⑴。「—がない」▽普通、打消しの形で使う。

たっせい【達成】《名・ス他》目的の物事をし遂げること。「目標を—する」「—感」

だつぜい【脱税】《名・ス自》納めなくてはならない税金を、ごまかして納めないこと。

だっせん【脱線】《名・ス自》①列車や電車の車輪がレールからはずれること。②転じて、話や行動が横道にそれること。

だっせん【脱船】《名・ス自》船の乗組員が、船から逃げ去ること。

だっそ【脱×疽】体の組織の一部が、生活力を失って脱落する病気。壊疽(えそ)。

だっそう【脱走】《名・ス自》抜け出して逃げること。「—兵」

だつぞく【脱俗】《名・ス自》俗気(ぞくけ)から離れること。世俗的な気風をぬぐい捨てること。

たった《副》数量がわずかであるさま。「満点は—一人だけ」「—今来たところだ」「会費は—の千円で飲み放題」▽「ただ」の促音化。→ただ㈡⑶

たつたあげ【竜田揚げ】鶏肉(とりにく)・サケなどの切り身を醤油(しょうゆ)入りのたれに漬け、片栗粉(かたくりこ)をまぶして揚げた料理。▽色濃く揚がることから紅葉で有名な竜田川と連想して名づけたという。

だったい【脱退】《名・ス自》属している組織から抜けること。「組合を—する」

たつたひめ【竜田姫・立田姫】秋の女神(めがみ)。↔佐保姫(さおひめ)。▽竜田山が平城京の西にあり、方角を四季に配すれば西が秋に当たるから。雅語。もと(明治前期でも)「たつたびめ」。

タッチ ①《名・ス自》触れること。㋐決勝点に触れること。「—の差」㋑ピアノ・タイプライターのキーに触れること。「軽い—で動く」②《名・ス自》ある物事に関与すること。「その件には一切—していない」③《名》指や筆の触れ方の勢い・感じ。「神経質な—」▽touch **—アウト** 野球で、野手が走者の体にボールを触れてアウトにすること。▽touch と

outとによる和製英語。 **ータイピング** パソコンなどで、キーボードを見ないで入力すること。▽touch-typing **ーパネル** 画面に指先やペンで触れてコンピュータなどを操作する盤。▽touch panel **ーライン** サッカー・ラグビーの競技場で、ゴールラインと直角の長い方の線。▽touch-line

たっちゅう【△塔△頭】①禅宗で、高僧の塔(とう)がある所。②本寺の境内(けいだい)にある小寺。わきでら。▽高僧の死後、師徳を慕って弟子(でし)が塔の頭(ほとり)に坊を構えたことから。

だっちょう【脱腸】『名・ス自』腹壁にすきまが出来て、腸などがそこから出ていること。その症状。ヘルニア。

たっつけ【裁(っ)着け】すそをひもでひざにくくりつけ、下部を脚絆(きゃはん)のようにした、はかま。たっつけばかま。

たって『副ノ』どうあってもと無理に望むさま。また、しいて。「ー言おうなら」「ーのお願い」▽動詞「断つ」の連用形+助詞「て」から。「達て」とも書いた。

たって『連語』①たとしても。ても。「笑われーいいよ」「私でなくっーできるはずだ」②といっても。としても。「逃げようー逃がさないぞ」▽⑴⑵は「たとて」から出た語。↓って⑴。③……たということだ。「知らなかっー本当?」「もう行っー」▽助動詞「た」に接続助詞「と」を続けた形の話し言葉。

だって ㊀『連語』①だとしても。でも。もはや……までも。「横綱ー負けることはあるさ」▽助動詞「だ」に「とて」がついたものの転。②「たって」がイ音便・撥(はつ)音便のあとについた時の形。「騒いーだめだ」。↓たって『連語』⑴・って⑴。③……ということだ。「あの人は先生ー」「本当ー」▽助動詞「だ」に接続助詞「と」を続けた形の話し言葉。㊁『接』相手に抗弁して、それはそうだがこんな事情があると言い返すのに使う。それでも。でも。「『なぜがつがつ食うんだ』「ー腹が減って目がまわりそうなんだもの」」「ーいやよ」▽㊀⑴の独立用法。

だっと【脱×兎】逃げ走るうさぎ。「ーのごとく」「ーの勢い」▽非常に速いことのたとえ。

たっとーい【尊い・貴い】『形』↓とうとい。▽「とうとい」の文語「たふとし」の音便。

だっとう【脱党】『名・ス自』党からぬけること。党員であるのをやめること。

たっとーぶ【尊ぶ・貴ぶ】『五他』↓とうとぶ

たづな【手綱】馬を御(ぎょ)するために、くつわにつけた綱または革製のひも。「ーをとる」「ーを(引き)締める」(馬を御する。転じて、他の者を制御する) **ーさばき**【ー×捌き】①馬を御する手ぎわ。「みごとなー」②一般に、個人や組織を管理する手ぎわ。

たつのおとしご【竜の落(と)し子】竜のような形で直立して泳ぐ海魚。体長約七センチ。▽顔が馬に似ているので「海馬」とも言う。ようじうお科。

タッパーウェア 食品などを保存するためのポリエチレン製密閉容器。▽Tupperware「タッパー」も「タッパーウェア」も商標名。

だっぱん【脱藩】『名・ス自』藩をぬけ出て浪人となること。

だっぴ【脱皮】『名・ス自』①動物が古い表皮を脱ぎ去ること。「蛇のー」②今までいだいていた古い考えや習慣を捨て去ること。「近代国家にーする」

たっぴつ【達筆】『名ナノ』書く字に勢いがあり、上手なこと。そういう字。

タップ ①『名』めねじを切る工具。②『名』水道の蛇口。③『名』電気を分けてとるための、電源と電気器具との中間のさしこみ。④『名・ス他』スマートフォンなどで、表示された対象を指で軽くたたくこと。その操作。▽⑴〜⑷はtap ⑤『名』「タップ ダンス」の略。 **ーダンス** 靴で床を踏み鳴らしながら踊るダンス。▽tap dance

たっぷり『副[と]・ノダ・ス自』①あふれるほど、たくさん。「筆にー(と)墨を含ませる」「色気ー」。十分でゆとりがあるさま。「通勤にー一時間はかかる」②十分すぎるほど、多く。「ーした服」②よく

たつぶん【達文】①上手な文章。達者な文章。②よく筋の通る文章。達意の文章。

だつぶん【脱文】抜け落ちた文句。

だっぷん【脱×糞】『名・ス自』大便をすること。

たつべん【達弁】弁舌が達者なこと。弁が立つこと。よどみのない弁舌。

だつぼう【脱帽】『名・ス自』①(敬意を表するために)帽子を脱ぐこと。②比喩的に、相手に参りましたという気持をいだくこと。「彼の熱意にーする」

だっぽう【脱法】法律に触れないようにして悪事を働くこと。うまく法律の網をくぐること。

たつまき【竜巻】局所的な猛烈な旋風。海水や船・砂・家・人畜などを空中に巻き上げることがある。▽竜が旋回しながら昇天する姿に見たてて言ったもの。

たつみ【×巽・×辰×巳】①東南。▽東南の方角を十二支で表せば辰(たつ)と巳(み)との中間になる。②江戸(東京)深川を指す語。「ー芸者」▽江戸城の東南にあたるから。

だつもう【脱毛】『名・ス自他』①毛が抜けること。「ー症」②毛を取り去ること。「ー剤」

だつらく【脱落】『名・ス自』①抜け落ちること。「文章が一行ーしている」②仲間について行けなくて、その仲間からとり残され抜け落ちること。落伍(らくご)。「競争からーする」「ー者」

だつりゃく【奪略・奪×掠】『名・ス他』↓りゃくだつ

だつりょく【脱力】『名・ス自』体の力が抜けること。「ー感」

だつりん【脱輪】『名・ス自』①走行中の自動車・航空機などの車輪がはずれること。②走行中の自動車などが車輪を道路から踏みはずすこと。

だつろう【脱×牢】『名・ス自』牢屋からぬけ出て逃げること。

だつろう【脱漏】『名・ス自』あるべきものが漏れ落ち

ること。その、落ち。

たて【盾・×楯】立てて、また、手に持って、敵の矢や槍(やり)などから身を守る板状のもの。「―にする」(何かの防ぎに利用する)「松の木を―に取って応戦」「先例が無いことを―に取って(=口実にして)拒む」「―をつく」(反抗する。たてつく)「―の半面」(物事の、不注意では見えない、裏の面)

たて【縦】①横と直交する方向。「―の物を横にもしない」(大変な不精のたとえ) ▽「立てる」と同語源だから、㋐が原義で㋑が転。「横」とは事情が違う。㋐上下の向き(の長さ)。「―に書いた看板」「材木を―に引き切る」「―社会」(上下関係に基づく社会)「―四センチ」 ㋑前後の向き(の長さ)。「―に並ぶ」「―から見ても横から見ても」(どう見ても) ▽㋑の意では「竪」とも書く。㋒動物の体の中心線に平行な向き。「―に縞(しま)がある」 ②「縦糸」の略。▽↕横

たて【〈殺陣〉】芝居や映画で、ちゃんばら(や格闘)の演技。たちまわり。また、その場面。▽普通は純和風のに言う。↓ぎとう

たて【立(て)】①《接頭》《役目などを表す名詞の上に》席次が最高級である意を表す。「―女形(おやま)」「―行司」「―三味線(じゃみせん)」(三味線合奏で首席のひき手) ②《接尾》㋐《動詞連用形を受けて体言を作る》……したばかり。……して間もないこと。「生み―の卵」「ペンキ塗り―」 ㋑《数詞に付けて》つづけざまの負け。連敗。「三―を食う」 ▽㋑は多く「タテ」と書く。近ごろ、連勝にも言う。

たで【×蓼】イヌタデ・オニタデ・サクラタデ等の通称。道ばた・湿地に生え、夏・秋に、紅や白の穂状の花が垂れ咲く。葉・茎には辛みがある。「―食う虫もすきずき」(辛いたでを食う虫もあるように、人の好みはさまざまだ)

だて【〈伊達〉】《名ナノ》侠気(きょうき)からの、派手なふるまい・態度。おしゃれのために外見を飾ったり、見えを張ったりすること。「―や粋狂じゃできない」「―の薄着」「―めがね」「―に年は取らない」

=**だて**【立(て)・建(て)】①《動詞連用形に付け、名詞を作る》特別に(必要以上に)……する意を表す。【立】「とがめ―をする」「隠し―をする」 ②《ものの数を表す語を受けて名詞を作る》㋐家などの建て方を表す。【建】「一戸―」「二階―」 ㋑車に牛馬を何頭つける仕組か、また舟に櫓(ろ)を何挺(ちょう)つける仕組かを表す。【立】「二頭―の馬車」「八挺―」 ㋒一回の興行に何本上演・上映するか、転じて、方針・項目などを幾つ立てるかを表す。【立・建】「二本―」 ③《通貨名に付けて》その通貨で表示した取引であることを表す。【建】「ドル―」「円―」

たてあな【縦穴・×竪穴】(地面から)下向きに掘った穴。↕横穴

たてあみ【立(て)網・建(て)網】魚群の通り道に張っておいて魚を捕らえる網。

たていた【立(て)板】立てかけた板。「―に水」(すらすら話すことのたとえ)

たていと【縦糸・△経糸】織物の縦の方向に通っている糸。↕横糸・緯糸(ぬきいと)

たてうり【建(て)売(り)】家を建てて、それを売って商売をすること。また、その家。「―住宅」「―を買う」

たておやま【立〈女形〉】一座の女形(おやま)の最高位の者。▽歴史的仮名遣いは「たてをやま」とも。

たてか-える【立て替える】《下一他》一時、他人の代わりに代金を払っておく。

たてか-える【建て替える】《下一他》既にある(古い)建物を壊して、そこに代わりとなる新しい建物を建てる。「平屋を二階建てに―」「住人の賛同を得てマンションを―」

たてがき【縦書き】文字を(上から下へ)縦の方向に書き連ねること。▽縦書きは縦に読み、横書きは横に読むことを前提にするが、見掛けと一致しない場合がある。↓よこがき

たてか-ける【立て掛ける】《下一他》寄せ掛けて立てる。

たてがみ【×鬣】馬や雄ライオンの、うなじから肩近くまで生えている長い毛。

たてかんばん【立(て)看板】壁・電柱などに立てかけてある看板。▽略して「立て看」とも言う。

たてぎょく【建玉】取引所で売買約定(やくじょう)をした物。

たてき-る【立て切る・△閉て切る】①《五他》戸や障子などをすっかりしめる。②《五自》㋐きっぱりした態度で押し通す。㋑そのことにかかりっきりになる。

たてぐ【建具】戸・障子・ふすまなど、開閉して部屋をしきるもの。「―屋」

たてぐみ【縦組(み)】組版で、各行の文字を上から縦に読むようにする組み方。↕横組み

たてこう【立坑・縦坑・×竪坑】垂直に掘りさげた坑道。

たてごと【×竪琴】ハープ・リラなど、たてに構えて手で奏する弦楽器。

たてこ-む【立て込む】《五自》①ある場所に人や建造物がたくさんたっていて、込みあう。「家が―路地裏」 ▽家などの場合には「建て込む」とも書く。②一時に用事がたくさん重なる。「朝から―・んで、目が回るほど忙しい」

たてこ-める【立て込める】《下一他》障子などをしめきる。

たてこ-もる【立て籠(も)る】《五自》まわりをとざした中に、こもる。特に、城や陣地に閉じこもって、敵に対抗する。

たてざん【×竪桟】戸の縦のかまちに平行な桟。

たてし【〈殺陣〉師】殺陣(たて)の型を俳優に教える人。

たてしお【立(て)塩】海水程度のからさの塩水。魚類を洗ったり、材料に塩味をしみわたらせたりするために使う。▽「たてじお」とも言う。

たてじま【縦×縞】縦すじになった縞。↕横縞。「―のユニフォーム」「―の魚」

だてじめ【〈伊達〉締め】→だてまき(1)

だてしゃ【〈伊達〉者】だてな身なりを好む人。ダンディー。

たてつ-く【×楯突く・盾突く】『五自』強い相手や目上の者に口答えなどをして逆らう。反抗する。たてをつく。

たてつけ【立て付け・建て付け】建具と、かもい・敷居・柱などとの合いぐあい。「戸の―が悪い」

たてつづけ【立て続け】続けざま。「―に三杯飲む」

たてつぼ【立坪】(土・砂利などの)六尺(約一・八メートル)立方の体積。りゅうつぼ。

たてつぼ【建坪】①建物が占めている土地の坪数(広さ)。「敷地百坪、―三十坪」②延べ建坪。↓のべつぼ

たてとお-す【立て通す】『五他』ある態度や立場を最後までとり続ける。「自説を―」「後家(ご)を―」

たてなお-す【立て直す】『五他』今までのを改めてもう一度きちんと立てる。「旗を―」「計画を―」「形勢を―」▽家の場合は「建て直す」と書く。

たてなが【縦長】『名ナノ』縦方向に長いこと。

たてぬき【△経△緯】縦糸とぬき糸(=横糸)。また、たてよこの方向。

たてね【建値】「たてねだん」の略。売買の基準とすべき値段。

たてば【立(て)場・建(て)場】①くず屋からくずを買い取る仕切店・問屋。②大工の仕事場としての建築現場。「―の雑役(ざつえき)」③江戸時代、街道で人足が駕籠(かご)をとめて休息した所。「―茶屋」

たてひき【立(て)引(き)・△達引】①意地を張りあうこと。②気前を見せて、物や金を出してやること。―ずく(づく) 互いに意地を張って争うこと。「こうなっては―だ」

たてひざ【立(て)膝】片ひざを立ててすわること。その姿勢。

たてぶえ【縦笛・×竪笛】たてに持って吹く笛の総称。リコーダー・尺八など。

たてふだ【立(て)札】人に知らせるための文句を書いて、棒をつけ地面にさして立てた(木の)札。

たてまえ【建(て)前】①むねあげ。②(表向きの)方針。原則。「本音(ほんね)と―を使い分ける」

たてまえ【△点前】茶道で、抹茶を点(た)てる作法。手前。

だてまき【〈伊達〉巻】①女性が着くずれを防ぐため帯の下に締める細帯。だてじめ。②溶き卵と白身魚のすり身とを混ぜ、調味して厚焼きにし、簀(す)で渦巻き状に巻いた食品。正月・祝い事などに用いる。

たてまし【建(て)増し】『名・ス他』今まである建物に、新しい部分を建て加えること。増築。そうした部分。

たてまつ-る【奉る】『五他』①下の者から上の者に与える、または行動を及ぼす意を表す語。㋐差し上げる。献上する。㋑《動詞の連用形に付いて》……して差し上げる。②便宜上ある高い地位にすえる。「会長に―」

たてむすび【縦結び】小間(こま)結び・蝶(ちょう)結びの結び目が縦になる結び方。▽普通下手な結び方とされる。

たてもの【建物】人が住んだり仕事をしたり、物を入れたりするために建てたもの。建築物。建造物。

たてや【建屋】設備や作業場を中に入れる建物。「原子炉の―」

たてやくしゃ【立(て)役者】①一座の中心となる重要な役者。②転じて、物事の中心になって活躍する重要人物。

たてゆれ【縦揺れ】『名・ス自』①地震で、縦に揺れること。上下動。②船などが上下に揺れること。ピッチング。▽↕横揺れ

=**だてら**《身分・資格などを表す名詞に付けて》……に不相応。……にも似つかわしくない。「子ども―に大人の話に首をつっこむ」▽非難・軽蔑の気持で使う。

た-てる【立てる・建てる】㊀『下一他』①ある場所から(まっすぐ)起こす、のぼらせる。【立】㋐横になっているものを起こす。「ひざを―」。低い所から高くあげる。「砂煙を―」「人を―・て交渉する」㋑出向かせる。差し向ける。「使者を―」②ある場所に物をまっすぐにして置く。【立】㋐まっすぐにすえる、または差す。「都大路にわが旗を―」「びんを―」「花を―」㋑突きさした状態にする。「とげを―」「爪を―・て引っかく」㋒ある地位につかせる。「証人を―」「彼を次期首相候補に―」㋓戸・障子を締める。「ふすまを―」㋔ある場所に建物を作る。▽㋓は「閉てる」とも書く。㋔は「建」を使う。③物事やその作用が(はっきり、または激しく)現れるようにする。【立】㋐湯・風呂(ふろ)をわかす。㋑激しくする。「波を―」「腹を―」㋒音や声を生じさせる。「うなりを―・て飛ぶ」「大声を―」㋓はっきり示す。「誓いを―」「願を―」「証拠―」㋔人々に知れるようにする。「名を―」㋕開く。「市(いち)を―」㋖液体をかき回す。転じて、茶の湯をする。▽茶の湯では「点てる」とも書く。④物事を立派に成り立たせる。【立】「一家(流派)を―」「新記録を―」㋐用に使う。「役に―」㋑立派にやっていくようにする。「身を―」㋒そこなわれず、またすたれずに保つ。「顔を―」「生計を―」㋓一段高いものとして待遇する。「先輩を―」㋔筋道を通す。「操を―」㋕はっきりした姿を与える。「計画を―」「法を―」㊁『接尾』《動詞連用形を受けて、下一段活用の複合動詞を作る》表現を強めるために添える語。「せめ―」「わめき―」

た-でる『下一他』①薬湯のゆげで、できものなどを蒸す。「これで―・でればあせもが直る」②船底をあぶって湿気をとる。

たてわり【縦割り】①縦に割ること。②組織が上下関係を中心に運営され、横の連絡をもたないこと。「―

行政」▽↕横割り

だてん【打点】①野球で、打者がヒットを打つなどして得た点。得点打。②テニスなどで、ボールを打つ位置。「―が高い」

だでん【打電】〘名・ス自〙電報を打つこと。

たとい【〈仮令〉〈縦令〉】〘副〙→たとえ

たとう【△畳】「たとうがみ」の略。

たどう【多動】落ち着きなく動き回る状態。発達障害や認知症の症状として現れることがある。「―性障害」

だとう【妥当】〘名ナ・ス自〙その判断(や処置)が、その場合だけでなく、他の同様の場合にも当てはまる正しいものであること。「―な決着を見た」「―性の証明」

だとう【打倒】〘名・ス他〙うちたおすこと。負かすこと。「宿敵の―をめざす」

タトゥー（西洋風の）刺青(ほりもの)。また、それを模して肌に張るシール。▽tattoo

たとうがみ【△畳紙】①和服などを畳んでしまっておくための、渋やうるしを塗り折り目をつけた厚い包み紙。②衣冠・束帯の時に、畳んでふところに入れ、鼻紙や詩歌の詠草に使った紙。▽「たたみ紙」の音便。

たどうてき【他動的】〘ダナ〙他からの働きかけで動くさま。↕自動的

たとえ【×譬え・△喩え・例え】①たとえること。たとえたもの。【譬・喩】「―に引きずられて推論を誤った」「―話」▽「例え」は代用表記。②同じような例。【例】「世間一般の―に漏れない」

たとえ【〈仮令〉〈縦令〉】〘副〙《あとに「とも」「ても」「にせよ」などを伴って》もし……(だとしても)。仮に。よしんば。「―恨まれても言う」▽「たとい」がもとの形。

たとえば【例えば】〘副ノ〙例をあげると。「―信託銀行では」「これは―の話だが」▽用言よりむしろ体言にかかるのが普通。また、文相当の表現にかかる。

たとえる【×譬える・△喩える】〘下一他〙ある事柄・物をわかりやすく説明するため、また、事物を生き生きと形容するために、それに似かよった物事を引き合いに出す。「美人を花に―」▽「例える」は代用表記。

たどく【多読】〘名・ス他〙本をたくさん読むこと。

たとする【多とする】〘連語〙→た〘多〙⑵

たどたどしい〘形〙たどりたどり進むようで危なげだ。おぼつかない。「歩き方が―」「―読み方」派生 -さ

たどりつく【×辿り着く】〘五自〙①道を尋ねたり難路にあえいで苦しんだりして、やっと行き着く。「宿泊できる人里に―」②物事を苦労して進め、決着にいたる。「あれこれ努力して結論に―」

たどる【×辿る】〘五自〙①探り求めて行く。㋐捜しながら知らない道を進む。「地図を―」㋑見通しが立っていない筋道を尋ね求めて行く。「記憶を―」「話の筋を―」②㋐道や川などに沿って進む。「旧街道を歩いて―」㋑物事があるみちすじを経て進んで行く。「家路を―」「数奇(すうき)な運命を―」「議論は平行線を―」

たどん【△炭△団】①炭の粉を丸めかためた燃料。火もちがよい。②〔俗〕相撲(すもう)の黒星。「初日から―が並ぶ」

たな【△店】①みせ。商家。「お―のだんな」②貸家。借家。長屋。「―賃」「裏―」▽「見せ棚(だな)」の略。

たな【棚】①板を横に渡し、その上に物を載せる所。「―からぼたもち」(→たなぼた)「―にあげる」(転じて、わざと知らぬ顔をして問題にしない)②棚状のもの。㋐つる性の植物をはわせるため、竹などを水平に編んで立てたもの。「ふじ―」㋑山の傾斜がゆるくなった所。また、陸地のゆるい傾斜が海中に延びている所。「大陸―」㋒「ふなだな」の略。㋓魚の切り身の平らな所。「刺身に下ろした残りの―」

たなあげ【棚上げ】〘名・ス他〙①問題を一時保留して、解決・処置をあとにのばすこと。②需要の調節のため、商品を市場に出さずに一時蓄えておくこと。

たなうけ【△店請(け)】借家人の身もとの保証(を引き受ける人)。

たなおろし【△店卸(し)・棚卸(し)】〘名・ス自他〙①決算や整理のため、手持ち商品・原料・製品等を帳簿と引き合わせて、その数量を調べ、その金額を評価すること。②他人の欠点を一つ一つあげて、悪口を言うこと。

たなぐも【棚雲】たなびく雲。

たなこ【△店子】借家人。↕大家(おおや)・家主(やぬし)

たなご①フナに似た淡水魚。▽こい科。地方によって「ぼて」「にがふな」などと呼ぶ。②クロダイのような形で、普通青黒い海魚。硬骨魚だが、胎生。磯魚として賞味される。ウミタナゴ。▽うみたなご科。

たなごころ【△掌】てのひら。「―を返す」(物事が簡単に出来ることのたとえ。また、うって変わったさまのたとえ)「―を指す」(物事が極めて明らかなことのたとえ)▽た(＝手)な(＝の)ごころ(＝心)の意。

たなざらえ【棚×浚え】〘名・ス自他〙整理のため、店の品を全部出して安い値段で売ること。▽「たなざらい」とも言う。

たなざらし【△店×晒し】①商品が売れないで、店先にいつまでも置いたままになっていること。そういう商品。②比喩的に、手をつけないままにしていること。「―の案件」

たなだ【棚田】傾斜地に、階段状に作った田。

たなだて【△店立て】家主が借家人に借家の明け渡しを迫り、追い立てること。「―を食う」

たなちん【△店賃】家賃。

タナトス ギリシア神話の死神。また、フロイトの精神分析用語では、死への誘惑。▽ギリシア Thanatos

たなばた【〈七夕〉・棚機】①「たなばた祭り」の略。五

節句の一つ。天(あま)の川に隔てられた彦星(ひこぼし)と織姫(おりひめ)とが七月七日の夜、年に一度だけ会うという中国の伝説にちなむ年中行事。日本在来の祭と合した。葉竹を立て、女子が裁縫の上達などを祈った。星祭り。しちせき。▽「棚機」はもと、織物を織る機のこと。②「たなばたつめ」の略。 **―つめ**【棚機津女】織女星。おりひめ。琴座のアルファ星ベガのこと。▽もと、はたを織る女の意。「つ」は「の」に当たる古代の助詞。

たなび‐く【棚引く】『五自』雲や霞(かすみ)が横に長くかかる。▽接頭語「た」+動詞「なびく」

たなぼた【棚ぼた】たなからぼたもちが落ちて来るように偶然の幸運がやってくること。「―式」

たなん【多難】『名ナ』困難や災難が多いこと。「前途―」

たに【谷】①山の間の、細長くくぼんだ所。「―間」②一般に、それに似た形になっている所。「気圧の―」

だに【〈壁蝨〉】①だに目の節足動物の総称。人畜に寄生して血を吸うマダニ・イエダニのほか、食料品につくコナダニ、農作物の葉につくハダニなど種類が多い。②人にたかって嫌がられる者のたとえ。「町の―」

だに『副助』《多くは打消しを伴って》程度・重要さ・可能性が少ないもの、または全体のうちの一部を例としてあげ、他は言外に悟らせようとする気持を表す。さえ。「微動―しない」「ノーヒット ノーランなんて夢想―しなかった」「日本語がただの一言―通じない」「犬―恩を知る」▽文語的だが、案外使われている。

たにあい【谷△間】谷の中。たにま。

たにおり【谷折(り)】紙などを折るとき、表にする方から見て折り目が内側になるように折ること。↕山折り

たにかぜ【谷風】昼、山腹が熱せられ、空気の密度が小さくなり、谷から山頂に向かって吹き上げる風。↕山風

たにく【多肉】植物で、葉などが肉厚なこと。「―果」「―葉」 **―しょくぶつ**【―植物】肥厚した葉や茎に多量の水をたくわえている植物。

たにし【田×螺】水田や池・沼にすむ黒い巻貝。食用。養魚の飼料用。▽たにし科の巻貝の総称。

たにぶところ【谷懐】山に囲まれた谷あい。

たにま【谷間】谷の中。「―の百合(ゆり)」

たにわたり【谷渡り】①谷から谷へ渡って行くこと。②うぐいすなどが、谷から谷へと渡って鳴くこと。その鳴き声。

たにん【他人】①つながりのない人。㋐親族・親類でない人。「―のそら似」「赤の―」㋑何の関係もない人。「―の出る幕じゃない」②ほかの人。自分以外の人。「―の事ばかり気にする」 **―ぎょうぎ**【―行儀】『名・ダナ』他人に接する時のように、よそよそしくふるまうさま。 **―ごと**【―事】「ひとごと」と読むべきを誤ってできた語。

たにんずう【多人数】おおぜい。多数の人。

たぬき【×狸】①山地や草原に穴居する、尾が太く口がとがっている獣。冬眠する。ばけて人をだまし、また腹つづみを打つといわれる。皮は防寒用、毛は筆にする。「とらぬ―の皮算用(かわざんよう)」(→かわざんよう)「狐(きつね)と―のばかし合い」(→きつね)▽いぬ科。②悪がしこい者。「あいつは相当な―だから気をつけろ」「―おやじ」▽たぬき⑴が人をばかすということから。③「たぬきうどん」「たぬきそば」の略。揚げ玉を種として入れた、かけうどん・そば。

たぬきねいり【×狸寝入り】『名・ス自』眠っていないのに眠ったふりをすること。そら寝。▽たぬきがそら寝をするということから。

たぬきばやし【×狸×囃子】たぬきが腹つづみを打ってはやすという、はやし。

たぬきぼり【×狸掘り】鉱山や炭坑で、無計画に坑道を掘ること。また、品位のよい石が出そうな部分だけ掘ること。

たね【種】①果実の中にあって、植物が芽を出し、繁殖するもとになるもの。「―をまく」「まかぬ―は生えぬ」(何もせずにいて良い結果を期待しても無理だ)②(父の)血統を伝えるもとになるもの。「―馬」。血統を伝えるものとしての子。「夫の―を宿す」「一粒―」▽子を指す時には「胤」とも書く。③物事が生じる原因。「けんかの―」。物事を生じさせる材料。「話の―」「―も仕掛けもありません」④汁の実。また、料理の材料。「おでん―」

たねあかし【種明(か)し】『名・ス自』手品などの仕掛けを見せて説明すること。「裏の事情の―をする」

たねあぶら【種油】菜種からしぼった油。食用・灯火用。

たねいた【種板】写真の原板。乾板。

たねいも【種芋】土に埋めて発芽させるための、いも。

たねうし【種牛】たねつけ用の雄牛。

たねうま【種馬】たねつけ用の雄馬。しゅぼば。

たねおろし【種下(ろ)し】『名・ス自』たねまきをすること。

たねがしま【〈種子〉島】天文(一五三二〜五五)年間にポルトガル人から伝えられた、火縄式の小銃。▽はじめてその小銃がもたらされた九州南方の島の名から。

たねがみ【種紙】①→さんらんし。②写真の印画紙。

たねがわり【種変(わ)り】①→たねちがい。②遺伝法則によって植物の変種を出すこと。

たねぎれ【種切れ】『名・ス自』材料がなくなること。

たねちがい【種違い】母は同じで父が異なる兄弟姉妹。種変わり。

たねつけ【種付け】『名・ス自』優良種を繁殖させるために、優良種の雄を雌に交配させること。

たねとり【種取り】①種⑴を採取すること。②新聞・雑誌などの記事の材料を取りに行くこと。③子を生ませるために養っておくもの。種馬・種牛の類。

たねび【種火】火をおこすために用意しておく、小さな火。ひだね。「ガス湯沸かし器の—」

たねほん【種本】ある著作・レポート・講義のもとになった、他人の著作。

たねまき【種×蒔(き)】『名・ス自』①種(1)を畑などにまくこと。②稲のもみを八十八夜前後に苗代(なわしろ)にまくこと。

たねもの【種物】①草木のたね。「—商」②掛けそばやうどんに、天ぷら・かまぼこ・海苔(のり)などの具をのせたもの。

たねもみ【種×籾】種としてまく目的で、選んで取っておく、もみ。

たねん【他年】将来のいつかの年。後年。

たねん【多年】多くの年。長い年月。「—の恨み」 **—そう**【—草】二年以上にわたり個体が生育する植物。▽木本も含めて多年生植物とも言う。

たねんせいしょくぶつ【多年生植物】↓たねんそう

だの『連語』《体言、形容動詞語幹、その他の活用語の言い切りの形に付いて》物事を並べてあげるのに使う。「山—海—に出掛ける」「出て行け—死ね—と、つらくあたる」▽助動詞「だ」+助詞「の」(5)

たのう【多能】『名ナ』①多方面にわたって能力・才能があること。多才。②多方面に使える多くの機能を備えていること。「—工作機械」

たのし-い【楽しい】『形』気持よく明るい気分だ。のびのびと満ち足りた気持だ。「—旅行」「—・く暮らす」 派生 **-さ** **-げ** **-がる** 関連 ↓うれしい

たのしみ【楽しみ】『名ナ』楽しむこと。「成功の日を—にしている」「将来が—な人物」。楽しむ内容や対象物。「都会には—が多い」。特に、趣味や娯楽。「私の—は釣りだ」

たのし-む【楽しむ】『五他』①好きな事をして、心のかてや慰安とする。「ピアノを—」②楽しいと感じる事をして喜ぶ。「人生を—」③期待をかけ、そうなることを喜ぶ。「上達を—」「子の成長を—」

たのし-める【楽しめる】『下一自』楽しむことができる。楽しみを与えてくれる。「この映画はだれにも—」

たのみ【頼み】①頼む(1)こと。その内容。「—を聞き入れる」②《多く「……を—に」の形で》あて。たより。「地図を—に進む」「まぐれ当たりを—にして試験を受ける」「君こそが—の綱(=すがる、あて)だ」

たのみい-る【頼み入る】『五他』たのみこむ。

たのみこ-む【頼み込む】『五他』ぜひしてくれと、心から頼む。

たのみすくな-い【頼み少ない】『形』頼りになりそうにない。おぼつかない。心細い。派生 **-げ**

たの-む【頼む・×恃む】『五他』①希望通りの物事をしてくれるよう、他人に願い求める。【頼】「借金を—」「家庭教師を—」「話さないでくれと—」「手伝いに—」▽(2)の転。②それを力として、たよる。助けとして期待する。あてにする。「権力を—・んで暴行を働く」「君に—ところが大だ」 関連 請う・求める・願う・訴える・縋(すが)る・頼る・頼み込む・泣きつく・願い出る・人頼み・空頼み・神頼み・願い下げ・泣き落とし・ねじ込む・せがむ・せびる・ねだる・依存・依頼・委託・付託・委任・懇願

たのも【田の△面】田の表面。田づら。▽雅語的。

たのもう(たのまう)【頼もう】『感』以前、よその家を訪問して案内を乞う時に使った言葉。▽「頼む」の未然形+助動詞「う」から。

たのもし【頼△母子】「たのもし講」の略。掛け金を出し合って、一定期日にくじ・入札により順次に金を融通する組合。無尽。

たのもし-い【頼もしい】『形』たよりになりそうだ。また、その人の将来に期待できる状態だ。派生 **-さ** **-げ** **-がる**

たば【束】ひとまとめにくくったもの。「花—」「一—」「—になってかかってこい」

だは【打破】『名・ス他』うちやぶること。負かすこと。「敵を—する」「悪習を—する」

だば【駄馬】①荷を背につけ(=駄)運ばせる馬。②並(以下)の馬。↕名馬。

たばい【多売】『名・ス他』たくさん売ること。「薄利—」

たばか-る『五他』計略をもちいてだます。▽「た」は接頭語。

タバコ【〈煙草〉〈烟草〉・×莨】①タバコ(2)の葉をほして作った嗜好(しこう)品。巻きタバコ・刻みタバコ・葉巻・嗅ぎタバコなどがある。「—を吸う」「—にする」(転じて、一休みする意にも)「くわえ—」▽今は「—を吸う」と言うが、明治末から昭和初期にかけては「—を喫(の)む」が普通だった。②タバコ(1)を作るために栽培する大形一年草。南アメリカ原産。▽なす科。ポルトガル tabaco **—せん**【—銭】タバコを買う金。また、タバコ一包みが買えるくらいのわずかな金。「少しですが—の足しにでもどうぞ」 **—ぼん**【—盆】火入れ(3)や灰吹きを収めるなど(木製箱型)の喫煙用具。「—出せ」(旧海軍で喫煙を許す時に掛けた号令)▽初め形が円や楕円(だえん)だったから「盆」と言う。

たばさ-む【手挟む】『五他』手や指や脇に挟んで持つ。▽やや雅語的。

たばし-る【×迸る】『五自』勢い激しく走りとぶ。ほとばしる。「あられ—那須のしの原」(金槐集)▽「た」は接頭語。

タバスコ トウガラシを発酵させて作った赤くて辛いソース。▽Tabasco 商標名。

たはた【田畑】田や畑(はたけ)。でんぱた。

たはつ【多発】①『名・ス自』多く発生すること。「事故—地域」②『名』発動機がたくさんあること。↕単発。「—式」

たばね【束ね】①束にすること。束にしたもの。②取り締まること。まとめること。その役。

たば-ねる【束ねる】『下一他』ばらばらにならないようにまとめる。㋐(細長いものや薄いものを)そろえ

て一つにまとめる。「髪を―ねてゴムひもでくくる」㋑人々の中心になって(さしずをし)一団を率いまとめる。

たび【度】①時。折。際。「この―は」②時ごと。たんび。「見る―に思い出す」③《接尾語としても使う》回数。回。「―重なる不幸」「ひと―」「いく―か」

たび【旅】《名・ス自》自宅を離れてよその土地へ行くこと。旅行。「―の恥はかき捨て」(旅先では長く居るのではないから、恥ずかしいような行いも平気だ)「―は道づれ、世は情け」(故郷を離れた旅先では道づれが頼もしいし、世渡りには人情が大切だ)「日本じゅう―して歩く」関連 旅行・羇旅(きりょ)・船旅・股旅(またたび)・旅回り・行脚(あんぎゃ)・帰省・洋行・壮途・遊歴・遊覧・遊山(ゆさん)・外遊・周遊・回遊・漫遊・清遊・観光・行楽・探勝・ツアー・ハネムーン・旅立つ・立つ

たび【〈足袋〉】布・革で作り、足首から下にはく物。親指とその他の指とに分かれる。防寒用・儀礼用。

だび【×荼×毘】〔仏〕火葬。「―に付する」▽梵語(ぼんご)。

たびあきない:あきなひ**【旅商い】**店は持たず商品をもって他郷に旅して商売をすること。行商。

たびあきんど【旅△商△人】旅あきないをする人。▽「たびあきゅうど」とも言う。

たびかさな-る【度重なる】《五自》何度も続けて起こる。「―事故」

たびかせぎ【旅稼ぎ】他郷に行って稼ぐこと。出稼ぎ。

たびがらす【旅×烏】①定住する所がなく、旅から旅へと渡り歩いている者。②その土地に昔から居たのでないよそ者を、いやしめて言う言い方。

たびげいにん【旅芸人】地方を回って、かせいで歩く芸人。

たびこうぎょう【旅興行】地方を回ってする興行。

たびごころ【旅心】①旅する時に感じる気持。旅情。②旅に出たいと思う気持。「―がわく」

たびごろも【旅衣】旅する時に着る衣服。▽雅語的。

たびさき【旅先】旅している土地・場所。

たびじ:ぢ**【旅路】**旅行の道筋。旅行の途中。また単に、旅。「―につく」▽やや雅語的。

たびじたく【旅支度】①《名・ス自》旅行の準備をすること。「―をととのえる」②《名》旅行中の服装。

たびしょ【旅所】祭礼の時、かつぎ出したみこしを、しばらく泊めておく所。「お―」

たびずまい:ずまひ**【旅住(ま)い】**旅先でしばらく宿っている所。

たびそう【旅僧】行脚(あんぎゃ)している僧。

たびだ-つ【旅立つ】《五自》①旅に出かける。旅行に出発する。②死ぬことの婉曲(えんきょく)表現。「天国へ―」(昇天する)

たびたび【度度】《副・ノダ》さほど長い間をおかずに繰り返して行われるさま。何度も。「―会った人」「―の訪問」

たびな-れる【旅慣れる】《下一自》よく旅をして、旅のあれこれに慣れる。

たびにん【旅人】各地を渡り歩いているばくち打ち・香具師(やし)。▽「たびびと」と読めば別の意。

たびね【旅寝】《名・ス自》旅先で寝ること。旅先で宿ること。

たびのそら【旅の空】《連語》①旅先でながめる空。②転じて、旅先の土地。「どこの―をさ迷うやら」

たびはだし【〈足袋〉×跣】げた・ぞうり等をはかず、たびのままで地面に立つ、または外を歩くこと。「―で飛び出す」

たびびと【旅人】旅行している人。▽「たびにん」と読めば別の意。

たびまくら【旅枕】たびね。「―を重ねる」▽雅語的。

たびまわり:まはり**【旅回り】**芸人・商人などが、方々の土地を回り歩くこと。そのような人。

たびもの【旅物】遠方から送られて来た野菜や魚類。▽古風な言い方。

たびやくしゃ【旅役者】旅から旅へと巡業する役者。旅回りの役者。

たびょう【多病】《名ナノ》よく病気をすること。病気がち。「才子―」

たびらこ →ほとけのざ(1)

ダビング《名・ス他》①放送・映画で、別々に録音した音声を合成し、一つにまとめること。②録音・録画されているものの内容を複製して記憶媒体に移すこと。▽dubbing

タフ《ダナ》がんじょうで、たくましいさま。「―ガイ」「―な神経」。骨が折れ手強いさま。「―な試合」▽tough 派生 -さ

タブ①つまみ。「プル―」「手帳のインデックス―」。また、パソコンなどで、ウィンドー内の表示項目を切り替える見出し。▽tab ②ワープロ ソフトやタイプライターで、カーソルや用紙をあらかじめ設定した位置に移動する機能。▽tabulator の略。

だふ【×懦夫】おくびょうな男。いくじなし。

タブー ふれたり口に出したりしてはならないとされているもの。禁忌。おかすことが禁じられている、神聖または不浄な事物・場所・行為・人・言葉の類。「すべるは受験生に―の言葉」▽taboo(=禁じられた、の意のポリネシア語から出た英語)

たぶさ【×髻】もとどり。

タフタ つやのある薄い絹織物。女性服・リボンなどにする。▽(フランス) taffetas

だぶだぶ《ダナ・副[と]・ス自》①衣服などが大きすぎて体に合わないさま。「―のオーバー」②体の一部がしまりなくたるんでいるさま。「―(と)たるんだ頬」③大量の液体が揺れ動いたり狭いところを通り抜けたりする音。そのさま。「ビールでおなかが―する」「ソースを―(と)かける」

たぶつ【他物】他の物。また、他人の所有物。

だぶつ-く《五自》①たくさんはいっている液体が入れ物の中などで揺れ動く。「水を飲み過ぎて腹が―」②着る物が大き過ぎて、体に合わない。③金銭・商品・求職者等が多くて余る。「金が―と見えて浪費が多

い」

だふや【だふ屋】〔俗〕入場券や乗車券を買い込んで、高く売り付ける(ことを商売にしている)者。▽「だふ」は「札」の倒語。

たぶらか-す【×誑かす】《五他》だましまどわす。あざむく。「男を—」

ダブリューシー【WC】便所。手洗い。▽water closetの略。

ダブリューダブリューダブリュー【WWW】↓ワールドワイド ウェブ。▽worldwide webの略。

ダブ-る《五自》〔俗〕重複する。二重になる。また、落第する。▽doubleから作った動詞。

ダブル ①二重。二倍。「—ヘッダー」(同じチームどうしで一日に二試合すること)「—ベッド」(二人用の寝台) ②(ホテルで)ダブル ベッドを置いた二人用の客室。③ウイスキーなどを飲むときの量の単位。約六〇ミリリットル。④「ダブル幅」の略。洋服地で、シングル幅の二倍の幅(一・四二メートル)があるもの。⑤カフスやズボンの裾が折り返しになっていること。▽⑴〜⑸はdouble ⑥「ダブル ブレスト」の略。洋服で、前が深く重なり、ボタンが二列についた上衣・外套(がいとう)。▽double breastedから。⑴〜⑹は↕シングル。 **—スクール** 大学と各種専門学校等、二つの学校に同時に通うこと。▽doubleとschoolとによる和製英語。 **—スタンダード** 同じ事柄を、二つの異なる基準で評価すること。二重基準。▽double standard(s) **—パンチ** ①ボクシングで、同じ手で連続して二回打つこと。「—を受ける」②転じて、二重の打撃・被害を受けること。「安月給と物価高の—」▽double-punch

ダブルス テニス・卓球などで、二人ずつ組んでする試合。複試合。↕シングルス。▽doubles

タブレット ①錠剤。②薄い板状で、タッチパネル式の液晶画面をそなえた情報端末。③コンピュータで、ペン型の器具と平面板からなる、図形などを入力する装置。④単線鉄道で、駅長が機関士に渡す通行票。▽tablet

タブロイドばん【タブロイド判】普通の新聞紙一ページの半分の大きさの判。▽「タブロイド」はtabloid

たぶん【他聞】他人(当事者以外)が聞き取ること。「—をはばかる」

たぶん【多分】①《名ナ・副に》量・程度が大きいこと。たくさん。かなり。「—の出資が得られた」「—に軽率だ」②《副》おそらく。たいてい。「—大丈夫だろう」▽→ごたぶん

だぶん【駄文】くだらない文章。▽自分の文章をへりくだって言うのにも使う。

たべあるき【食べ歩き】あちこちへ出かけて、その土地の名物やうまいものを食べること。「趣味は買い物と—」▽俗に、歩きながら食べる意でも使う。

たべあわせ【食べ合(わ)せ】↓くいあわせ⑴

たべかす【食べ×滓】食品の食べ残した部分や、食べられないため残した骨など。

たべごたえ【食べ応え】↓くいで

たべごろ【食べ頃】食べるのに一番よいころあい・時節。

たべざかり【食べ盛り】成長期で、たくさん食べる年ごろ。「—の高校生」

たべずぎらい【食べず嫌い】↓くわずぎらい

タペストリー 風景・人物などの絵模様を織り出した綴織(つづれおり)。その壁掛け。タピストリー。タピスリー。▽tapestry

たべで【食べで】↓くいで

たべもの【食べ物】食用にするものの総称。しょくもつ。

たべよごし【食べ汚し】食べ方が乱暴で、あとをきたなくすること。そのきたなくしたもの。

たべ-る【食べる】《下一他》食う。「野菜を—」「ガイドの仕事で—べてゆく」▽古語動詞「賜(た)ぶ」から出た語で、飲食物をいただく意であった。今でもまれに「酒を—べ酔いまして」のように使う。「食う」よりは丁寧。ただし「食うや食わず」「何食わぬ顔」のような慣用的表現は「食べる」に言い替えられない。 関連 →くう(食)

だべ-る《五自》〔俗〕くだらないおしゃべりをする。▽「駄弁」から。

たべん【多弁】《名ナ》口数が多いこと。よくしゃべること。

だべん【駄弁】くだらないおしゃべり。「—を弄(ろう)する」

たへんけい【多辺形】三つ以上の直線で囲まれた平面図形。三角形・四辺形・五辺形等の総称。多角形。

たぼ【×髱】①日本髪の後方にはり出た部分。②〔俗〕若い女。「酌は—」

だほ【×拿捕】《名・ス他》(特に、外国・敵国の船を)とらえること。▽「拿」もとらえる意。

たほう【他方】二つ(以上)のものの、まだ言及していない、他の側・方面。「当事者の—の言い分では」▽「—、こうも見られる」など、接続詞的にも使う。

たぼう【多忙】《名ナ》非常にいそがしいこと。「日ごろ—をきわめる」 派生 **-さ**

たぼう【多望】《名ナ》将来性があって有望なこと。「前途—の青年」

たほうとう【多宝塔】初層が方形、二層が円形で、相輪のある方形屋根を有する塔。▽多宝如来(にょらい)を安置する塔に由来。

たほうめん【多方面】《名ナ》多くの方面。いろいろの分野。「—にわたる学識」

だぼく【打撲】《名・ス他》体に固い物が当たって(当てられて)、打ちたたかれたと同様にいためること。「—傷」▽傷が外面に現れないのを言う。傷口もできた時には「—裂傷」と言う。

だぼだぼ《ノダ》〔俗〕↓だぶだぶ⑴

だぼはぜ【だぼ×鯊】淡水産の小形の、はぜの一種。

だぼら【駄△法×螺】つまらぬ誇大なうそ。「—を吹く」

だほん【駄本】 内容に価値がない、くだらない本。

たま【玉・△珠・球】 ①(球形などにみがいた)宝石や真珠。珠玉(しゅぎょく)。【玉・珠】「―にきず」(ほとんど完全だが、ある点だけが欠点だ)「―とあざむく」(玉のように見せかける。露などの形容)「―をころがすよう」(声のきれいなことのたとえ)。転じて、美しいもの、大切なものを指す語。【玉】「―の杯」(ただし本当に玉(ぎょく)を材として作ったものもある)「―垣」「抜けば―散る(=光りきらめく)氷の刃(やいば)」 ②球形またはそれに似た形のもの。㋐ボール。まり。ビリヤードの球。【玉・球】㋑電球。【玉・球】㋒弾丸。【玉】▽「弾」とも書く。㋓そろばんの、計算の時に動かすもの。【玉・珠】㋔うどん等の一かたまり。【玉】㋕レンズ。【玉】㋖きんたま。【玉】③芸妓(げいぎ)など客商売の(美しい)女。【玉】「上(じょう)―」④計略などの手段に使うもの。【玉】「いい―にされる」「娘を―にして悪事を働く」「あいつは使いものになる―じゃない」。転じて《「相当の―」などの形で》したたかな人物。

たま【霊・△魂】 たましい⑴。霊魂。

たま 《副に・ノダ》物事がまれに起こるさま。めったにないこと。「―に会う」「―にしか来ない」「―の機会」「時―」

だま 小麦粉などを水に溶いた時、うまく溶けずにできる固まり。ままこ。

たまあし【球足】 球技で、ボールの進むはやさ。

たまいし【玉石】 石垣や庭などに使う、川や海岸から産するまるい石。▽「ぎょくせき」と読めば別の意。

たまいと【玉糸】 玉まゆからとった節(ふし)の多い糸。節織・銘仙などにする。節糸。

たまいれ ①【玉入れ】布で作った玉を、高くかかげた籠に入れ合って、その数をきそう競技。「運動会の―」②【弾入(れ)・玉入れ】銃用の弾丸の入れ物。特に、軍で革帯に付けた弾薬盒(ごう)の平易化した呼称。

たま-う(たまふ)【△賜う・△給う】《五他》①《動詞連用形に付いて》お……になる。……なさる。▽口語では普通、「帰り―・え」のように、命令形しか使わない。男性語。⑵の転。②目上の者が目下の者に与える。お授けになる。▽文語的。

たまおくり【△魂送り・霊送り】《名・ス自》盂蘭盆(うらぼん)の終わりに精霊(しょうりょう)を送り返すこと。↕霊迎え

たまか 《ダナ》手堅い。誠実。また、質素。「―な人」「―に暮らす」▽昭和初年まで東京下町で普通に使った語。

たまがき【玉垣】 神社の周りにめぐらした垣。みずがき。

だまか-す【×騙かす】《五他》だます。

たまき【△環】 古代の腕飾りの一種。玉・貝などにひもを通して、ひじのあたりに巻いた。▽手巻(たまき)の意。

たまぐし【玉串】 ①榊(さかき)の枝に木綿(ゆう=こうぞの皮から作った糸)または紙をつけたもの。神前に供える。②榊の美称。

たま-げる【△魂△消る】《下一自》非常に驚く。びっくりする。▽魂が消える意。

たまご【卵・玉子】 ①鳥・魚・虫などの雌が産む、殻または膜に包まれた胚(はい)。かえれば子になる。②鶏の卵⑴。しりすぼまりの楕円(だえん)体で、食用になる。「―焼」「―形」「―に目鼻」(卵に目鼻がついているような、色白のかわいい顔のこと) ③まだ一人前になっていない人。「医者の―」。まだ本格的になっていないもの。「台風の―」

たまごいろ【卵色・玉子色】 ①鶏の卵のからの色。白茶色。②鶏の卵の黄身の(ような)色。

たまござけ【卵酒・玉子酒】 溶いた全卵に砂糖と温めた日本酒を混ぜた飲み物。風邪(かぜ)にきくと言われる。

たまごどうふ【卵豆腐・玉子豆腐】 鶏卵を出し汁で溶き、型に入れて蒸して絹ごし豆腐状に柔らかく固めたもの。

たまごとじ(ぢ)【卵×綴じ・玉子×綴じ】 汁の実の上に、溶いた鶏卵をかぶせるように入れて煮た料理。

たまごやき【卵焼(き)・玉子焼(き)】 溶いた鶏卵に調味料を加えて焼いた料理。

たまさか 《副[に]・ノダ》①まれ。たま。めったにないこと。「―起こる事件だ」「―の来客」②思いがけないさま。「―(に)出会った」

たまざん【玉算・△珠算】 そろばんを使ってする計算。しゅざん。▽既に古風な言い方。

たましい(たましひ)【魂・△霊】 ①身体に宿って心の働きをつかさどるとされるもの。古来、肉体から独立したものと考えられた。②精神。気力。「―をこめる」

だましうち【×騙し討(ち)】《名・ス他》①だまして油断を誘っておいて討つこと。「―にあう」②比喩的に、だまして、ひどい目に遭わせること。

だましえ(ゑ)【×騙し絵】 見る人の錯覚を利用していろいろに見える絵。特に、部分的には自然に見えても、全体では無理な空間的配置に描いた絵。例、溝を流れ下る水を追って行くと、いつしか元の所に注ぎ落ちる絵。

だましこ-む【×騙し込む】《五他》うまくだます。

たまじゃり【玉砂利】 つぶの大きな砂利。

だま-す【×騙す】《五他》①うそを言ったり、にせ物を使ったりして、それを本当と思わせる。あざむく。ごまかしてそれを信用させる。「人を―」「金を―・し取る」②黙らせる。なだめる。「泣く子を―」「ぽんこつ車を―・し―・し走らせる」▽「だまる」の他動詞。
関連 欺く・偽る・騙(かた)る・賺(すか)す・騙(だま)かす・騙くらかす・ごまかす・まやかす・くらます・掠(かす)める・ちょろまかす・引っ掛ける・釣る・してやる・はめる・陥れる・乗せる・担ぐ・謀る・惑わす・化かす・見せ掛ける・誑(たぶら)かす・誑(たら)し込む・はぐらかす・言いくるめる・言い繕う・お茶を濁す・一杯食わせる・芝居を打つ・詐欺・欺瞞(ぎまん)・瞞着・糊塗・詐術・いんちき・ぺてん・トリック

たまずさ(づさ)【玉△章】 手紙。消息。▽雅語的。

たますだれ【玉×簾】①玉で飾った美しいすだれ。また、すだれの美称。②竹の棒がずれるように作ってある、小さなすだれ。また、それで演じる大道芸。南京(なんきん)玉すだれ。③夏の終わりに白色の花が咲く多年草。▽ひがんばな科(旧ゆり科)。

たまたま『副・ノダ』①時おり。「ー出会う人」「ーの外出が楽しみ」▽「たまに」よりは少し度合が多い。②ちょうどその時、思いがけずに。偶然に。「ー席が空いていた」「ー事件を目撃した」▽「偶」「適」などとも書く。

たまだれ【玉垂れ】①玉で飾ったすだれ。②すだれの美称。

たまつき【玉突き】『名・ス自』①→ビリヤード。②比喩的に、追突された自動車が前の車に次々と衝突すること。「ー事故」

たまてばこ【玉手箱】①浦島太郎が竜宮の乙姫(おとひめ)にもらったという箱。②容易に開いて見せない大切な箱。

たまとり【玉取り】数個の玉を空中に上げては受けとめる芸。

たまな【玉菜】→キャベツ

たまなし【玉無し】だいなし。「ーにする」「ーだ」▽既に古風。

たまに『副』→たま『副』

たまねぎ【玉×葱】球形の鱗茎(りんけい)を食用とする多年生作物。▽ひがんばな科(旧ゆり科)。

たまのあせ【玉の汗】『連語』大粒の汗。

たまのお(を)【玉の緒】『連語』①玉を通した緒。②いのち。▽⑵は「魂(たま)の緒」の意。⑴⑵とも雅語的。

たまのこし【玉の×輿】『連語』『ーに乗る』女が結婚などによって、富貴の身分になる。▽もと、貴人の乗る美しく立派な輿(こし)。

たまのり【玉乗り・球乗り】『名・ス自』大きな玉の上に乗って、それをころがしながら曲芸をすること。その芸をする人。

たまはばき【玉×箒】①正月の初子(はつね)の日の、玉⑴を飾った儀礼用のほうき。また、初子の日に蚕室をはくほうき。②酒の異名。「憂いを払うー」

たまぶさ【玉房・玉△総】先を玉のように丸くしたふさ。

たまへん【玉偏】漢字の偏の一つ。「球」「理」などの「王」の称。

たままつり【△魂祭(り)・霊祭(り)】先祖の霊を迎える祭り。▽古くは大晦日(おおみそか)におこなったが、後には中元(ちゅうげん)におこなって、「うらぼん」とも呼び、仏事となった。

たままゆ【玉繭】①二匹の蚕がいっしょに作った大形の繭。②繭の美称。

たまむかえ(かへ)【△魂迎え・霊迎え】盂蘭盆(うらぼん)のはじめに、精霊(しょうりょう)を迎えること。その儀式。↔霊送り

たまむし【玉虫】①紡錘(ぼうすい)形で金属光沢のある美しい甲虫。硬い前翅(ぜんし)を装飾に使うことがある。▽たまむし科の昆虫の総称。②「玉虫色」の略。 **ーいろ**【ー色】①玉虫の羽のように光線のぐあいで違って見える染め色。また、縦糸と横糸の色を違えた織物の色。②俗に、文章などで、どうとでも受け取れるように意識的にぼかした表現。「この協定はーだ」

たまもく【玉目】(ケヤキなどに見られる)渦巻きの細かく美しい木目(もくめ)。

たまもの【△賜・△賜物】①賜ったもの。いただき物。②結果として生じた、よい事・物。「苦心のー」

たまや【霊屋】霊魂が祭ってある建物。「おー」

たまゆら『副ノ』しばらくの間。「ーの命」▽雅語的。

たまよけ【玉△除け・弾△除け】弾丸に当たらないように防ぐこと。そのために使うもの。

たまらない『連語』我慢できない。どうにも押さえようがない。「これはー」「痛くてー」「おもしろくてー」。→たまる⑵。▽「ない」の部分は、「ぬ」「(たまり)ません」でもよく、それら三つの活用形でもよい。

たまり【×溜(ま)り】①たまること。たまったところ。「人ー」「水ー」「マグマー」②人・乗り物などが集まって控えている所。③たまったもの。㋐「たまりじょうゆ」の略。麦を使わず大豆から作った濃厚なしょうゆ。㋑味噌(みそ)からしたたった液。

たまりかねる【△堪り兼ねる】『下一自』辛抱できなくなる。我慢ならなくなる。「ー・ねて逃げ出す」

だまりこくる【黙りこくる】『五自』いつまでも、一言も口をきかずにいる。

だまりこむ【黙り込む】『五自』(問いなどに応じず)だまったままの状態になる。沈黙する。

たまりば【×溜(ま)り場】①人が集まって控えている場所。たまり。②仲間がいつも集まってくる場所。

たまる【×溜(ま)る・△堪る】『五自』①物・人・事が、はいって来るだけで出て行かず、または、出るよりは、いる方が多くて、そこに集まりとどまる。[溜]「水がー」「金がー」「仕事がー」「ストレスがー」「有機水銀が体内にー」②《打消し・反語を伴って》辛抱できる。我慢できる。[堪]「ー・りません」「ー・ったものか」▽⑵は、一杯にたまって持ちこたえる意。

だまる【黙る】『五自』①ものを言うのをやめて口を閉じる。また、ものを言わない。②働きかけることなく、そのままにする。「ー・っていてもよく売れる」

たまわりもの(たまはり)【賜り物】たまわった物。いただき物。

たまわる(たまはる)【賜る・△給わる】『五他』①目上の人からもらう。いただく。②目上の人が目下の者に与える。下賜する。▽「賜る」の送り仮名は「賜わる」とも。

たみ【民】国家・社会を形づくる人々(のひとりひとり)。人民。

ダミー 本物の見掛けをしたもの。㋐等身大の人体形のもの。例、マネキンや射撃の標的人形やフットボールの練習用人形。㋑目的物の特徴を分からせる見本。例、割付見本のページ、模擬作品。㋒替え玉。例、取引の便宜で設ける幽霊会社や計算機プログラムの都合で挟む擬似命令。▽dummy

たみくさ【民草】人民。▽人民を草にたとえた語。「たみぐさ」とも言う。

だみごえ(ゑ…ご)【△濁声】にごった感じの声。▽悪い声にも、なまりのある発音にも言う。

だみん【惰眠】なまけて眠っている状態。「太平の―を破る」「―をむさぼる」(働かず無為に暮らす意も)

ダム 発電・貯水・水量調節などのために川などの水をせきとめる大規模な堤防。堰堤(えんてい)。▽dam　**―サイト** ダム用地。ダム建設の敷地。▽damsite

たむけ【手向け】①神仏や死者の霊にささげ物をすること。そのささげ物。「―の花一輪」②はなむけ。「卒業生に贈る―のことば」　**―ぐさ**【―草】神仏にたむける物。　**―のかみ**【―の神】道祖神(どうそじん)。▽旅人が手向けをしたから。

たむ-ける【手向ける】『下一他』①神仏・死者の霊にささげ物をする。②旅立つ人などに、はなむけをする。

たむし【田虫】糸状菌の寄生によって股などに出来るかゆい皮膚病。

ダムダムだん【ダムダム弾】弾頭にあなをあけたり鉛を入れたりした銃弾。▽人体に残酷な被害を与えるので一八九九年に使用禁止。イギリスがインドのコルカタ(カルカッタ)付近のダムダム(Dum Dum)兵器廠(うしょう)で最初に作ったことからの名。

たむろ【△屯】人が集まること。その場所。▽もと陣営の意。

たむろ-する【△屯する】『サ変自』人が群れ集まる。

ため〔俗〕相手と対等なこと。「年が―だ」「先生に―口(ぐち)をきく(=友達どうしの言葉で話す)」

ため【△為】①利益となること。有利なこと。役に立つこと。「子の―を思う」「―になる本」「それは―にする(=自分の利益を期して わざとする)議論だ」②《体言+「の」「が」、または用言(主に動詞やそれに助動詞がついたもの)の連体形、またはそれに「が」がついた形に続いて》その事柄が次に述べる事の目的である意を表す。「公益の―に尽力した」「失敗しない―には十分の注意を要する」③《体言+「の」「が」、または用言、特に過去・完了の助動詞がついたものの連体形やそれに「が」がついた形に続いて》その事柄が次に述べる事の根拠(原因・理由)である意を表す。「君の―に損をした」「美しいが―の災難」「父が死んだ―貧乏になった」④《体言+「の」「が」に続いて》その身に関係すること。……にとって。「私の―にはおじに当たる人だ」▽↓ために

ため【×溜(め)】ためておくこと。その場所。特に、こえだめ。

だめ【駄目】①『名』囲碁で、どちらの所有ともならないところ。目にならないところ。「―を押す」(だめ押しをする。↓だめおし)「―を出す」(念に念を入れる。注意する。↓だめだし)▽普通「ダメ」と書く。②『名ナノ』効果がないこと。㋐むだ。「幾らやっても―だ」「―でもともと」㋑悪いまたは劣った状態にあること。「―なやつ」㋒不可能。「速くやれと言われても、とても―だ」㋓……してはいけない、の意。「来ては―だよ」 派生 **-さ**

ためいき【×溜(め)息】心配したり失望したり大いに感心したりする時、思わず出る大きな息。「―をつく」

ためいけ【×溜(め)池】用水をためておく池。

ダメージ 損害。被害。痛手。「―を与える」▽damage

だめおし【駄目押し】『名・ス自』(大丈夫だとわかっていても)念のために確かめてみること。▽囲碁で、だめ(1)に石を入れてふさぐことから。

ためがき【△為書(き)】書画に筆者が、だれ(何)のために書いたものかを添え書きすること。その書いたもの。▽普通、「為山田君」などと書く。

ためぐち【ため口】〔俗〕『―をきく』↓ため〔俗〕

ためこ-む【×溜(め)込む】『五他』(特に、金銭を)ためて貯(たくわ)えておく。盛んにためる。

ためし①【試し・△験し】ためしてみること。こころみ。「―にやってみる」②【△例】㋐以前ためした事柄。先例。「―がない出来事」㋑例に引く事柄。手本。

ためしぎり【試し切り・試し斬り】『名・ス他』刀剣の切れ味を試すため、犬・猫や人を切ってみること。

ため-す【試す・△験す】『五他』本当かどうか、それでよいかどうかなどを知ろう(確かめよう)と、実際にやってみる。「いろいろな方法を―」

だめだし【駄目出し】『名・ス自』駄目だと言って注文をつけること。▽演劇界の用語で、元来は、演出家などが俳優の演技に不満で、注文を出すことを言う。

ためつすがめつ【矯めつ×眇めつ】『連語』《副詞的に》あちこちの向きから、よくながめる様子。▽「つ」は文語の助動詞。

ために【△為に】『連語』そのために。ゆえに。それで。「彼が断った―計画がつぶれた」▽接続詞的にも使う。

ためにする【△為にする】『連語』↓ため(為)(1)

ためぬり【×溜(め)塗(り)】朱などを下塗りして木炭などでつや出しをしたあと、透明な漆または梨子地(なしじ)漆で仕上げる、漆の塗り方。

だめもと【駄目元】〔俗〕うまくいかないことは分かっているが、とりあえず試みること。「―で受験する」▽「駄目でもともと」から。

ためら-う(ためらふ)【〈躊躇〉う】『五自他』心が迷ってなかなか決心がつかない。「受診するのを―」

た-める【×溜める】『下一他』たまるようにする。集めて貯(たくわ)える。「目に涙を―」

た-める【矯める】『下一他』①悪いものをよくする。㋐曲がっているものを、まっすぐに直す。また、まっすぐで形の悪いものを、曲げてよい形にする。「角(つの)を―・めて牛を殺す」(↓つの)㋑悪い性質などを直す。②じっとねらいをつける。「よく―・めて弓を射る」

ためん【他面】着目しているのとはほかの面。《多くは、副詞的に》別の面を言えば。一方。「誠実の聞こ

えが高い。―融通のきく人物ではない」

ためん【多面】多くの平面。「―体」(平面が四つ以上ある立体)。いろいろの方面。 ―てき【―的】『ダナ』もののあり方・見方がいろいろの方面にわたっているさま。「―考察」

たも →たもあみ

だも『係助』でさえも。「この至当の要求に対して一顧―与えない」▽「だにも」の転。文語的で、今はほとんど使われない。

たもあみ【たも網】魚類をすくい上げる、小形のすくい網。たも。

たもう【多毛】体に毛が多いこと。「―症」

たもうさく【多毛作】同じ田畑で、時期をずらして年に三回以上作物を作ること。

たもくてき【多目的】『名ノ』一つの物が幾つもの目的を持つこと。「―ダム」

たも-つ【保つ】『五他』その状態や事物を変わらない状態で、持ちこたえる。「安定を―」「室温を二十度に―」「風紀を厳正に―」「身代(しんだい)を―」「社長の体面を―」

たもと【×袂】①和服のそでの下の袋状の所。「―を分かつ」(別れる)▽「た」は手、「もと」は「木のもと」などの「もと」と同義。②㋐ふもと。「山の―」㋑そば。きわ。「橋の―」

たもとくそ【×袂×糞】たもと⑴の底にたまる、ごみ。

だもの【駄物】何の価値もない(価値が低い)物。「―ばかり売る店」

たもん【他門】ほかの宗門または一門。

たもんてん【多聞天】〔仏〕→びしゃもんてん

たや-す【絶やす】『五他』①絶えるようにする。絶つ。「家系を―」「害虫を―」②《多く打消しの形で》なくなってまだ補給しない。切らす。「花を―さない」

たやす-い『形』わけなく楽にできる。やさしい。「それは―ことだ」▽接頭語「た」+形容詞「易(やす)い」。派生 -さ -げ

たゆう(たいふ)【〈太夫〉〈大夫〉】①猿楽・歌舞伎・浄瑠璃等の、上級の芸人。格式がりっぱな芸人。②最上位の遊女。▽もと、五位の通称。→たいふ(大夫)。大石内蔵助(くらのすけ)を藩士が呼んだなど、単に上級者も言う。 ―もと【―元】演芸の興行主。

たゆた-う(たゆたふ)『五自』物がゆらゆら揺れる。「―小舟」。また、心が決まらずに迷う。▽雅語的。

たゆ-む【×弛む】『五自』心がゆるむ。油断する。また、なまける。「―ことなく努力する」「うまず―まず」

たよう【他用】①ほかの使いみち。「―に供する」②ほかの用事。「―で外出していた」

たよう【多用】①『名』用事が多くて忙しいこと。「御―中」②『名・ス他』多く用いること。「句読点を―する文体」

たよう【多様】『名・ダナ』いろいろの違った様子(をしたものがあること)。さまざま。「―な目的」「―性」派生 -さ

たよく【多欲】欲が多いこと。よくばり。

たより【頼り・便り】①たよること。たのみにする人または物。「―にならない」「杖(つえ)を―に歩く」▽普通「頼」の方を使う。②ある事と関係がたどれる、好都合なものやこと。【便】㋐つて。てづる。「知人の―を求めて面会する」㋑便宜。便利。「―がいい土地」③(つてを得て)こちらの様子・出来事をしらせたり情報が届いたりすること。その手紙など。【便】「―がとだえる」「風の―」(どこからともなく伝わって来たしらせ)「花の―が届く」「学校―」

たよりない【頼り無い】『連語』①たより⑴にならない。しっかりしていない。「―人間」。あてにならない。「―話だ」▽「頼りが無い」とも言う。②手ごたえがない。感覚にあまり訴えない。「―たたき方」「―味」

たよ-る【頼る・△便る】『五他』①助けてくれるものとして力をかりる。たのみにする。「兄に―」②つながりを求める。てづるとする。「知人を―って渡米する」

たら【×鱈】北日本から北の深海にすむ、一二〇センチぐらいの魚。肉・卵は食用。肝臓から肝油を採る。▽たら科の魚の総称。

たら ㊀①『係助』(軽い非難や親しみの気持をこめて)人を話題として提示する。てば。「おねえさん―、急に旅行するなんて言い出して」「あの人っ―何を考えてるんだろう」▽「と言ったら」の形から「てったら」を介し「ったら」、更に「たら」となった。②『間助』(じれったい気持をこめて)呼び掛けるのに使う。てば。「これ買って。ねえ。おとうさん―」▽⑴の転。㊁『助動』①「た」の仮定形。→た『助動』。②《多くは「―(しめ)ん」の形で》文語の断定の助動詞「たり」の未然形。「斯界(しかい)の王者―んと志した」「総本山―しめんという勢い」「何も有名人―ずともいいではないか」

ダラー →ドル。「オイル―」

たらい(たらひ)【×盥】湯水を入れて、洗濯や行水(ぎょうずい)をする、丸く平たい容器。▽「手洗い」がつづまった形。

たらいまわし(たらひまはし)【×盥回し】①『名・ス他』一つの物・事を、持ち込まれた所で処理しようとせず、ぐるぐる他の人・場所に回すこと。「政権の―」▽⑵の転。②『名』足でたらいを回す曲芸。

だらかん【だら幹】〔俗〕(労働組合などで)節操がなく堕落した幹部。

だらく【堕落】『名・ス自』まともな道が歩めなくなって悪の道に落ちること。身を持ちくずすこと。健全さを失って低劣になること。「政治の―」

=だらけ『接尾』《名詞に付けて》そのものがやたらにあること。または、そのものにまみれていること。「借金―」「傷―」「血―」「どろ―」

だら-ける『下一自』締まりがなくなってゆるむ。㋐だらしなくなる。「試合が―」㋑なまける。「―けた生活」

たらこ【×鱈子】タラの腹子。特に、スケトウダラの腹

子の塩づけ。食用になる。▽「たらのこ」とも言う。

だらし 「しだら」を転倒した語。物事のけじめの状態。「―(が)ないやつだ」

=**たらしーい** 《悪い状態を表す名詞や形容動詞語幹に付け、形容詞を作る》…な感じがする。「貧乏―」「嫌味(いや)―」▽「ったらしい」とも言う。

たらしこみ【垂(ら)し込み】日本画で、下地の絵の具が乾かないうちに別の(色の)絵の具を垂らすように加え、にじみ等の面白さを狙う技法。

たらしこーむ【×誑し込む】《五他》〔俗〕うまくだましこむ。

だらしなーい 《形》しまりがない。ぐうたらだ。「―・く酔っ払う」▽↓だらし。派生 **-さ**

たらーす【垂らす】《五他》垂れるようにする。「ひもを―」「鼻水を―」

たらーす【×誑す】《五他》①うまいことを言って誘い込んでだます。「女を―」②すかしなだめる。「子供を―」

=**たらず**【足らず】《名詞に付け、状態を表す名詞を作る》①それ(の働き)が十分でないこと。「舌―な話し方」「月―で生まれた」②その数量にまで至らないこと。「あと十人―で番が来る」「三分―立ち話をして別れた」▽(2)には第二例のように副詞的用法もある。

たらたら 《副[と]・ノダ》①しずくが連なってたれ落ちるさま。「―(と)汗を流す」②聞く側には好ましくないことを長々と述べ立てるさま。「不平―だ」

だらだら ①《副[と]》液体が続いてたれ流れるさま。「血を―(と)流す」②《副[と]・ス自》なだらかな傾斜が長く続くさま。「―坂」③《副[と]・ス自》物事が長々と続いてしまりのないさま。「―(と)した演説」

たらちね【垂乳根】①母親。②親。▽雅語的。

タラップ 船または飛行機の乗り降りに使う移動式の階段。舷梯(げんてい)。▽オランダ trap

だらに【×陀羅尼】〔仏〕梵語(ぼん)の発音のまま唱える長い句。(経文の中の)その呪文(じゅもん)。呪。▽梵語で、善法を保ち悪法をさえぎる意。

たらのき【×楤の木】葉・茎にとげがある落葉小高木。材は小細工用、若芽は食用。干した樹皮は薬用。▽うこぎ科。

たらのこ【×鱈の子】→たらこ

たらのめ【×楤の芽】タラノキの若芽。食用。

たらばがに【×鱈場×蟹】北の海に産する、甲の長さが二〇センチほどの甲殻類。肉は美味。▽タラの漁場でとれることからの名。たらばがに科。動物学上では、かに類よりもやどかり類に近い。

たらふく 《副》〔俗〕腹一杯になるさま。「―食う」▽「鱈腹」と書くのは当て字。

たらり 《副と》①粘りのある液体が一滴垂れるさま。たらっと。「よだれが―と落ちる」「冷や汗が―と流れる」②物が力なく垂れ下がったさま。だらり。「口髭(くちひげ)が―と生えてゐた」(太宰治「ロマネスク」)

だらり 《副と》①力なく垂れさがるさま。「犬が暑そうに舌を―と出している」「―の帯」(だらりと結び下げる、女の帯の結び方の一種。京都の舞妓(まいこ)のが有名)②力が抜けたさま。▽→だらん

だらん 《副と》①しまりがなく、だらしがないさま。だらり。だらっと。「浴衣を―と着る」②力が抜けたさま。だらり。だらっと。「疲れて腕が―となった」

タランテラ イタリア南部のタラント地方から起こったという、テンポの速い舞踏曲。また、それにあわせて踊るダンス。▽イタリア tarantella

=**たり** 《二以上の和語の数詞に付けて》人の数を表す。「ふ―・よっ―」「幾―」

たり ㊀《副助》《動詞の連用形・形容詞の連用形(「…かっ」の形)・形容動詞の連用形(「…だっ」の形)・一部の助動詞の連用形に付く。撥(はつ)音便形に付く時は「だり」となる》①同類の動作や状態が並行・継起することを表す。あるいは……、あるいは……。「飲んだり食っ―」「見―聞い―ためし―する」▽近年は最後の「たり」を略しても言うが、本来は並列させる表現のすべてに添える。②一例として挙げ、他にも同様の事があるのを暗示する時使う。「そんなにあばれ―して悪い子だね」▽俗に、可能性を示すためや発言をぼかすために文末に「―して」と言う。「宝くじが当たっ―して」「昨日は映画を見―して」㊁《終助》勧誘・命令の意味を表す。「さあ、どい―、どい―」㊂《助動》「た」に当たる、または「だ」「である」に当たる、文語。今も「老い―(=た)といえども盛んだ」や「社長―(=だ)ともそんな暴挙は見過ごせない」などに残る。↓たる《助動》。▽助詞「て」または「と」㊀(3)に「あり」が結合したものの、つづまった形。㊀㊁とも、㊂の転。

ダリア 夏・秋に花が咲く、メキシコ原産の多年草。観賞用に広く栽培され、品種が多い。花の色は白・赤・紫・黄等、大きさも種々ある。根はいも状。テンジクボタン。ダリヤ。▽dahlia きく科。

タリウム 希有(けう)金属元素の一つ。青みを帯びた白色。元素記号 Tl 有毒。各種の合金に用いる。▽ドイツ Thallium

たりき【他力】①他人の助力。↔自力(じりき)。②「他力本願」の略。 **―しゅう**【―宗】〔仏〕他力本願を宗旨とする宗門。浄土宗・真宗など。 **―ほんがん**【―本願】①弥陀(みだ)の本願(=阿弥陀(あみだ)が一切の人を救おうとして立てた願い)によって成仏(じょうぶつ)すること。②俗に、他人にたよって物事をしようとすること。

たりつ【他律】自分の意志によるのでなく、他からの命令や束縛によって行動すること。↔自律

たりほ【垂り穂】稲などの、みのって垂れている穂。▽雅語的。

たりゅう【他流】ほかの流儀。他門の流儀。「―試合」(ほかの流儀のものと試合をすること)

たりょう【多量】《名・ダナ》分量が多いこと。「出血—」

だりょく【惰力】惰性の力。

た-りる【足りる】《上一自》不足しない。十分ある。十分だ。㋐要求が楽に満たされる状態だ。「お金は千円もあれば—」。間に合う。「事—りている」「用が—」㋑《動詞連体形に「に」の付いたものと結合して》値打がある。「相手にするに—」「取るに—りない」(問題にするほどの値打がない) ㋒『—りない』欠点となっている。特に、頭のはたらきが十分でない▽→たる(足)

た-る【足る】《五自》①十分である。「信頼するに—」「論じるに—らぬ」②満足する。満ち足りる。「—ことを知る」▽今は多く西日本で使う。

たる《助動》文語助動詞「たり」の連体形が口語に残ったもの。である。「教師—者は」

たる【×樽】酒・しょうゆ等を入れておく、ふたのある丸い(大形の)木製の容器。

ダル《多く「—な」の形で》だらけたさま。退屈。「—ゲーム」「—な生活」「毎日を—に送る」▽dull

だる-い《形》疲れたような、体を動かす気になれない感じだ。「足が—」 派生 **-さ -げ -み -がる**

たるがき【×樽柿】あいた酒樽(さかだる)に詰め、その酒精分で渋をぬいて甘くした柿の実。今は、アルコールを吹きつけて密閉容器に入れておく。

たるき【△垂木・×棰】屋根板を支えるため、棟から軒に渡した木。

タルク 滑石。▽talc

タルタル ソース 刻んだゆで卵・ピクルス・オリーブ・パセリなどをまぜ込んだ、魚介料理用のマヨネーズソース。▽tartar(e) sauce

タルト 果物などをのせた円形の焼き菓子。▽フランス tarte

たるひろい【×樽拾い】得意先のあきだるを集めて歩く者。酒屋のでっち。▽今は居ない。

だるま【△達磨】①禅宗の始祖の達磨大師が座禅した姿に作ったおもちゃ・縁起物(えんぎもの)。普通、張子(はりこ)製で赤く塗り、底を重くし、倒してもすぐ起きる。②だるま⑴のように、手足がないもの、丸いもの。赤いもの。「—ストーブ」③〔俗〕売春婦。「—屋」

たる-む【×弛む】《五自》張りつめていたものが、垂れたようにゆるむ。「目の皮が—」(ねむくなる)「—んだ気分」▽物についても精神についても言う。

たれ【垂れ】①垂れること。「はな—」。垂れているもの。剣道の胴の下につける防具など。「—幕」「ろうそくの—」②醤油(しょうゆ)・酒・砂糖などの調味料を合わせ、とろみをつけたもの。③漢字で上部から左側に垂れる部首。「座」のまだれ、「疲」のやまいだれなど。

たれ【△誰】《代》→だれ。▽文語的。

だれ【誰】《代》名を知らない人や不定の人を言い表すのに使う語。「おまえは—だ」「—か来たぞ」「—も彼も」(どんな人でも皆)「—知らぬ者はない」(それを知らない人はひとりもない)「—ひとり」(だれといってひとりも)「この不正を—あって(=どんな人が)指弾するか」

だれかれ【誰彼】《代》不特定の複数の人を表す語。誰と彼。あの人この人。「—なしに」(だれでも無差別に)

だれぎみ【だれ気味】《名・ダナ》だれているような感じであること。

たれこ-む【垂れ込む】《五他》〔俗〕密告する。

たれこ-める【垂れ籠める・垂れ込める】《下一自》①カーテンや雲などが(低く)一面にひろがる。「—めて雨になりそうな天気」「厚い窓掛けが—めている」②たてきった部屋にとじこもる。「只一間にのみ垂れ籠めてゐる」(二葉亭四迷「浮雲」)

だれしも【誰しも】《連語》どんな人でも。▽「だれも」を強めた言い方だが、「だれも」は「だれも信じない」のように否定に、「だれしも」は「だれしもそう信じていた」のように肯定に使うのが普通。「し」は文語の副助詞。「たれしも」とも言うが、文語的。

だれそれ【誰それ】《代》何々と名前を示さずに人を指す語。だれか、ある人。なにがし。「—のお母さんと呼ばれる」

だれだれ【誰誰】《代》①不特定の複数の人を指す語。だれとだれ。「—が来たか」②何々と名前を示さずに人を指す語。だれそれ。「芸能人の—に似ている」

たれながし【垂れ流し】《名・ス他》①(体のしまりがなくなって)大小便を無意識にしてしまうこと。②転じて、工場などで害毒になる物質をそのまま水と共に流してしまうこと。

たれまく【垂(れ)幕】垂れ下げた幕。

たれめ【垂れ目】目じりが下がっている目。下がり目。

た-れる【垂れる】①《下一自》先端がさがった状態になる。㋐しずくになって落ちる。㋑一続きのものの端がだらりと下がる。「額に—れた前髪」②《下一他》㋐垂れる⑴ようにする。㋑目下の者に与え示す。「教えを—」「模範を—」「恵みを—」㋒後の世に残しとどめる。「名を後世に—」㋓大小便や屁(へ)をする。▽㋓は「放れる」とも書く。

だ-れる《下一自》(気持などの)緊張がゆるんで締まりがなくなる。「試合が—」「話が—」

タレント ①才能。②テレビ・ラジオ等に出演する、芸能人。▽talent

タロいも【タロ芋】サトイモの一品種。太平洋の島々では主食物ともする。▽「タロ」はポリネシア taro

たろう【太郎】①長男につける名。また、長男のこと。「一姫二—」②第一のもの。㋐最初の物事。「—月」(正月)㋑最大のもの。「坂東(ばんどう)—」(利根(とね)川のこと)㋒最古参の者。「—冠者(かじゃ)」(一番古くからいる召使)

だろう《連語》《体言およびこれに準じるもの、更に動詞・形容詞とその型に活用する助動詞との連体形に付く》㋐話し手(書き手)の推量によってその事柄を述べている意を表す。「雪が降る—」▽相づちにも使う。「—ね」「だろ」④《多く「……から……の—」の形で》述べている事柄での因果関係や理由となるものを推量するのに使う。「甘い物を食べすぎたから、虫歯が出来たの—」▽「だ」の未然形＋助動詞「う」

タワー 細くて高い建造物。塔。「東京—」▽tower 一九八〇年ごろから、高層の居住用などの建物(の名)にも使うようになった。「—(型)マンション」

たわい 《「—がない」「—もありません」等の形で》①正体(しょうたい)。「—なく眠る」②思慮分別。とりとめ。「—のないことを言う」③てごたえ。「—もない試合だった」▽「他愛」と書くのは当て字。

たわけ【△戯け】①たわけること。たわけた言動。「—をつくす」②ばかもの。「この—め」▽「白痴」とも書く。

たわ-ける【△戯ける】《下一自》ふざける。たわむれる。特に、みだらな言動をする。「この—け者め」「—けたことを言うな」

たわごと【△戯言】たわけた言いぐさ。ばかな言葉。世迷(ま)いごと。また、うわごと。▽「たわこと」とも言う。

たわし【△束子】わらやシュロの毛などを束ねて作った、器物などを洗うもの。

たわ-む【×撓む】《五自》棒・枝などに力が加えられて、そり曲がった状態になる。しなう。「雪の重みで枝が—」

たわむ-れる【戯れる】《下一自》遊び心からふざける。⑦滑稽な事をする。また、面白がって遊ぶ。④いたずらをする。また、ふまじめな事をする。

たわ-める【×撓める】《下一他》棒・枝などに力を加えて、そり曲がった状態にする。しなわせる。

たわら【俵】米や炭を入れるため、わらなどを編んで作った円筒状の袋。

たわわ《ダナ》枝などが重みを受けてたわむさま。「枝も—に実る」

たん ①【反】布類の長さの単位。現在は普通、鯨尺で長さ二丈六尺(約一〇メートル)以上、幅九寸五分(約三六センチ)以上を一反の規格とする。これで成人一人分の着物が作れる。②【反・△段】田畑・山林の面積の単位。一反は三〇〇歩(ぶ)、一町の十分の一(約一〇アール)。「—当りの収穫高」▽もとは三六〇歩。

たん【×痰】のどや気管から出る粘液性の分泌物。

たん【単】《ニナル》ただ……というばかりのもの・ことだという気持を表す。⑦《あとが実質的に肯定判断の表現の時》取り立てては言うほどでないの意。「ばかにしたのではなく、—に笑って見せただけさ」「—なる好奇心から聞いてみた」「—なるいたずらにしては悪質だ」④《あとが打消し・反語・疑問の意の表現の時》簡単にそう言っては済まされないの意。「—に彼のみの問題でない」「—なる不注意で起こったばかりだと言い逃れるのか」▽⑦④とも、「だけ・ばかり・のみ」等、限定の表現を伴うことが多い。▽↓たん〔単〕

タン 料理で、(牛などの)舌の肉。「—シチュー」▽tongue から。

たん〖丹〗タン あか に ―①⑦硫黄(いおう)と水銀とが化合した赤土。また、その色。あかい色。に。「丹砂・丹朱・丹頂・丹青」④鉛粉に硫黄などを加えて焼いて作ったオレンジ色の顔料。「鉛丹・黄丹」②ありのまま。かざりがない。まごころ。「丹心・丹誠・丹精・丹念」③⑦(精練して作った)不老不死の薬。「仙丹・練丹」④ねり薬の名にそえる語。「万金丹・反魂(はんごん)丹」④「丹波国」「丹後国」の略。「丹州」

たん〖旦〗タン ダン あした ―①太陽が地平線上に現れる時。よあけ。あさ。早朝。「旦朝・旦明・旦夕・旦日・元旦・歳旦・平旦・早旦」②梵語(ぼんご)の音訳字。「旦那(だんな)」

たん〖胆〗〔膽〕タン きも ―①胆嚢(たんのう)。「胆臓・胆汁・胆石・臥薪嘗胆(がしんしょうたん)」②きもだま。《名・造》決断力や勇気の生まれ出るもと。きもだま。「胆、斗のごとし」(きもだまの大きいことのたとえ)「胆が据わる」(恐れたり驚き慌てたりしない。きもがすわる)「胆力・大胆・豪胆・胆勇・放胆・落胆・胆大心小」③いつわらないきもち。本心。こころのそこ。「心胆・肝胆・魂胆」

たん〖*担〗〔擔〕タン になう かつぐ ―①肩にかつぐ。になう。「担架・担夫」②自分の責任においてひきうける。「負担・分担・担当・担任・荷担」

たん〖*探〗タン さぐる さがす たずねる ―手さぐりに求める。心をつくしてさがし求める。さぐる。おとずれる。見物する。「探索・探求・探究・探訪・探検・探険・探査・探春・探花・探勝・探偵・探知・探聞・探歴・探照灯・内探」

たん〖*単〗〔單〕タン ―①⑦ただ一つ。つれがない。↕複。「単一・単数・単身・単体・単独・単線・単記・単騎・単行本・単子葉・単刀直入」④一まとまり。一つと数えられるもの。「単位・単元・単語」②一様で変化が少ない。複雑でない。「単純・単調・簡単」③裏がついていない着物。ひとえ。「単衣」▽↓たん(単)

たん〖*炭〗〔炭〗タン すみ ―①すみ。「木炭・薪炭・炭団(たどん)・活性炭」②石炭。「炭鉱・炭層・炭坑・炭田・炭車・骸炭・泥炭・黒炭・褐炭・亜炭・粉炭・無煙炭・炭疽(たんそ)」③元素の一つ、「炭素」の略。「炭化・炭酸・炭水化物」

たん〖耽〗タン ふける ―度をすごしてたのしむ。夢中になる。ふける。「耽溺・耽読・耽美」

たん〖淡〗タン あわい ―①あっさりしている。かざりけがない。色や味わいなどがうすい。あわい。↕濃。「濃淡・淡味・淡彩・淡墨・淡紅・淡緑・淡粧」②気持がさっぱりして執着がない。「淡として水の如(ごと)し」「淡淡・淡泊・淡交・冷淡・枯淡・恬淡(てんたん)」③塩分を含まない。「淡水」④「淡路(あわじ)国」の略。「淡州」

たん【*短】 タン みじかい ——①長さが足りない。みじかい。「長短・短小・短身・短針・短刀・短剣・短兵・短軀(たんく)・短冊(たんざく)・短尺(たんざく)・短文・短編・短歌・短衣・短銃・短期・短命・短波・短縮・最短距離」②《名・造》足りない。劣っている。よくない。「短を捨て長をとる」「短才・短見・短慮・短所」

たん【嘆】【[人]嘆】 タン なげく なげかわしい ——①《名・造》なげく。ため息をつく。「髀肉(ひにく)の嘆」「風樹の嘆」「嘆息・嘆願・嘆傷・悲嘆・愁嘆・慨嘆・嗟嘆(さたん)・痛嘆」②物に感じて長くため息をつく。ほめる。「嘆声・嘆賞・嘆称・嘆美・詠嘆・感嘆・長嘆・驚嘆・三嘆」

たん【[人]歎】 タン なげく ——①ため息をつく。(うれえて)なげく。「詠歎・愁歎・感歎・歎願・歎息」②ほめたたえる。「三歎」▽「嘆」に通じる。

たん【端】 タン はし はた ——①まっすぐでかたよらない。きちんとしてただしい。ただす。「端正・端厳・端座・端然・端麗」②物のはし。「末端・両端・先端・一端・突端・異端・極端・筆端・舌端」③ことがら。「万端・多端」④《名・造》物のはじまり。いとぐち。きっかけ。「端を発する」「端緒・戦端・発端(ほったん)・途端」⑤布の長さの単位。「反」「段」に同じ。

たん【*誕】 タン ——①子をうむ。うまれる。「誕生・誕辰(たんしん)・降誕・生誕・聖誕祭」②でたらめを言う。でたらめ。また、でたらめを言ってあざむく。「虚誕・妄誕・荒誕」③しまりがない。わがまま。ほしいまま。「放誕」

たん【鍛】 タン きたえる ——金属を打ちたたいて質をよくする。きたえる。「鍛練・鍛冶(たんや・かじ)・鍛鉄・鍛金・鍛工・鍛甲」

だん【*団】【[人]團】 ダン トン ——①たまのようにまるい。まどか。「団子(だんご)・団団・団扇(だんせん・うちわ)・団欒(だんらん)・大団円・蒲団(ふとん)・炭団(たどん)」②㋐一かたまりに集まる。「団隊・団結・団地」㋑組織をもった人の集まり。「団体・団員・一団・集団・軍団・師団・旅団・兵団・楽団・劇団・公団・青年団・院外団・視察団」

だん【*男】 ダン ナン おとこ お ——①おとこ。「男女(だんじょ・なんにょ)・男子(だんし・なんし)・男性・男児・男装・男優・男尊女卑・下男(げなん)・美男(びなん)・好男子・善男善女(ぜんなんぜんにょ)」②《名・造》息子。「山野氏の男(だん)」。以下「ナン」と読む。「長男・嫡男・次男・三男」③五等の爵位(公・侯・伯・子・男)の第五位。「男爵」

だん【*段】 ダン タン ——①㋐《名・造》台を重ねて次第に高く登れるようにしたもの。「石の段」「段階・階段・段段・石段(いしだん)・雛段(ひなだん)」㋑きざはしの一つの平面。他より高い平面をもったところ。「段丘」②㋐たち切ったそれぞれのきれはし。こわけ。種類・等級分け。わかち。「格段・分段・別段」㋑《名・造》文章の一くぎり。一節。「前の段に述べた通り」「段落・十二段草子」㋒物事をくぎって数える語。「段物(だんもの)」③てだて。やりかた。「手段」④《名・造》柔剣道・囲碁・将棋などの技量に与えられる等級。「段を取る」「段位・初段・三段・有段者・昇段」⑤《名》㋐局面・場合の意。「書く段になると」「勘弁するどころの段ではない」㋑こと・次第などの意。「この段御届(おんとどけ)申し上げ候(そうろう)」「御無礼の段お許し下さい」⑥「反」に同じ。「タン」と読む。「三段五畝(せ)」

だん【*断】【斷】 ダン たつ ことわる ——①きりはなす。たつ。絶える。「断絶・断続・断片・断簡・断食(だんじき)・断種・断水・断線・断腸・断頭台・切断・中断・横断・縦断・間断・禁断・遮断・寸断・不断・一刀両断・言語道断」②《名・造》決定する。きめる。「断を下す」「断定・断行・決断・判断・英断・臆断・即断・予断・裁断・処断・専断・独断・勅断・武断・果断・速断・診断・優柔不断」③きまって。必ず。きっと。「断然・断乎(だんこ)」④ことわる。「無断」

だん【弾】【[人]彈】 ダン ひく はずむ たま はじく ——①石をはじいてうつ弓。その、たま。また、砲にこめてうつ、たま。「弾丸・弾道・弾片・弾薬・弾雨・砲弾・飛弾・爆弾・巨弾・不発弾・曳光(えいこう)弾・焼夷(しょうい)弾」②はじく。㋐はねかえす。はずむ。「弾力・弾性」㋑弦楽器の弦をはじく。弦楽器をひきならす。「弾琴・弾奏・連弾」③うつ。たたく。罪をただす。「弾劾・弾圧・糾弾・指弾」

だん【*暖】【煖】 ダン あたたか あたたかい あたたまる あたためる ——①《名・造》寒くない。あたたか。あたたまる。↕冷。「暖をとる」「暖気・暖地・暖国・暖流・暖衣・温暖・春暖・寒暖」②あたためる。「煖(だん)」の代用。「暖房・暖炉」

だん【*談】 ダン かたる ——《名・造》物語をする。話す。話。物語。「同日の談ではない」「談話・談論・談判・談合・談笑・談余・相談・対談・鼎談(ていだん)・面談・漫談・雑談・閑談・清談・政談・史談・軍談・講談・奇談・冗談・美談・懇談・破談・余談・用談・怪談・車中談・首相談」▽「譚」は同字。

だん【壇】 ダン タン ——①《名・造》祭祀(さいし)その他の儀式を行うため、一段高くしつらえた場所。「壇に上る」「壇場・壇上・祭壇・戒壇・教壇・演壇・仏壇・石壇・花壇・土壇場(どたんば)」②専門家仲間の世界。「歌壇・文壇・詩壇・俳壇・論壇・画壇・楽壇・劇壇」

だん【[人]檀】 ダン タン まゆみ ——①木の名。まゆみ。また、香木の類。「檀紙・紫檀(したん)・黒檀(こくたん)・白檀(びゃくだん)・栴檀(せんだん)」②梵語(ぼんご)の音訳字。布施。「檀那(だんな)・檀越(だんおち)・檀徒・檀家」

だんあつ【弾圧】 《名・ス他》権力をふるって押さえつけること。「キリシタンを―する」「―を受ける」

だんあん【断案】①ある事柄についての案を決裁すること。また、そういう断定を受けて採られた案。②〔論理〕結論。▽以前の言い方。

たんい【単位】①ものの性質を値に表す場合の基準に採る量・形式。普通は定義を有する。㋐着目する性質を数値化して測るのに使う基準量。例、長さを測るメートル・尺、面積を測るアール・坪、質量を測るグラム・貫。「補助―」㋑高等学校以上で、学習の基準量。「卒業するには八―足りない」②その組織を形作る要素としての一まとまり。「防火―」「クラス―で集合」

だんい【暖衣】十分に衣服を着て体をあたたかくすること。「―飽食」

だんい【段位】段④のくらい。初段・五段のたぐい。

たんいつ【単一】『名ナ』それ一つであること。また、それ一種だけで、他に混じり物がないこと。「―組合」 派生 **-さ**

だんう【弾雨】雨のように激しく飛んで来る弾丸。「砲煙―」

だんうん【断雲】ちぎれぐも。

だんおち【×檀△越】〔仏〕施主(せしゅ)。だんな。▽「だんおつ」とも。

たんおん【単音】①〔言語〕音声を分析して得られる最小の単位。▽「キ」は[k]と[i]との二つの単音から成る。②ハーモニカで、音を出す穴が一列に並んでいるもの。↔複音

たんおん【短音】短くひびく音。↔長音

たんおんかい【短音階】〔音楽〕主音と第三音との間が短三度をなす音階。ラから始まり、一般に悲哀・感傷的な感じを表すのに使う。↔長音階

たんか【丹花】紅色の花。「―の唇」(美人の赤い唇)

たんか【×啖×呵】鋭くて歯切れのよい言葉。「―を切る」(きびきびとまくし立てる。鋭く相手をやっつける言葉をはく)

たんか【担架】傷病者をのせ、手でになって運ぶ道具。▽昭和初年まで「たんが」と言った。

たんか【単価】商品などの一個、または売買の単位とする一単位あたりの値段。

たんか【炭価】石炭の値段。

たんか【炭化】『名・ス自』①炭素と化合すること。「―カルシウム」(カーバイド)②有機物が熱などの作用によって炭素に富んだ物質に変化すること。「―化石」

たんか【短歌】和歌の一つの形式。五七五七七の五句、三十一音を基準とする。↔長歌(ちょうか)。▽「和歌」も、普通は短歌を指す。

たんか【×譚歌】物語によって作詞した歌曲。また、物語を歌い上げた歌。

だんか【×檀家】その寺に属し、布施をして寺の財政を助ける家。

タンカー 油運送船。油槽船。▽tanker

だんかい【団塊】かたまり。「―の世代」(一九四七～四九年のベビー ブームに生まれた、人数の多い世代。堺屋太一の小説に由来する語)

だんかい【段階】物事の状態が進む過程のひとくぎり。「最悪の―に達した」。等級。「五―評価」

だんがい【弾劾】『名・ス他』罪や不正を調べ上げて公開し、責任を問うこと。「―演説」▽「劾」は、罪をあばいてとりしらべる意。 **―さいばんしょ【―裁判所】**不正を行ったり職務の品位を傷つけたりした裁判官を裁くため、国会が設けた裁判所。

だんがい【断崖】きりたったがけ。きりぎし。「―絶壁」

たんかいとう【探海灯】海上で使用する探照灯。サーチライト。

だんかざり【段飾り】①節句の人形をいくつかの段に乗せて飾ったもの。②段のあるスカートの各段につけた縁飾り。

たんかだいがく【単科大学】学部が一つだけの大学。↔総合大学

たんがら【炭殻】石炭を燃やした残りがら。石炭がら。

たんかん【単簡】『名・ダナ』→かんたん(簡単)。▽既に古風。

たんがん【単眼】①片方の目。②多足類・くも類・昆虫類に見られる単純な構造の目。↔複眼

たんがん【単願】『名・ス他』受験の際に、一つの学校だけを志願すること。↔併願

たんがん【嘆願・×歎願】『名・ス他』事情を述べて、願うこと。「―書」

だんかん【断簡】きれぎれになった書き物。「―零墨」

だんがん【弾丸】銃砲で打ち出すたま。「―列車」(弾丸のように高速で走る列車)「―ツアー」(ごく短時日で行って帰ってくる旅行)▽古代中国では、小鳥などを捕らえるため弾(はじ)き飛ばした小さな丸いもの。「―黒子(こくし)の地」(弾丸やほくろのように、きわめて小さな狭い土地)

たんき【単機】飛行機が一機だけで飛ぶこと。「―敵地を行く」

たんき【単記】『名・ス他』一枚の紙に一人だけの名前を記入すること。↔連記。「―投票」

たんき【単騎】ただ一騎だけであること。「―で行く」

たんき【短期】短い期間。↔長期。「―決戦」 **―だいがく【―大学】**修業年限が二年または三年の大学。

たんき【短気】『名・ダナ』辛抱ができず、すぐいらだったりおこったりすること。また、そういう性質。気みじか。「―を起こす」「―は損気」(短気を起こすと結局自分の損になる) 派生 **-さ**

だんき【暖気】暖かい空気。また、暖かみ。

だんぎ【談義】『名・ス自』物事の道理を説き聞かせること。また、その話。説教。「長(なが)―」(長くて退屈な話)

たんきゅう【単級】全校の児童または生徒を単一学級にまとめたもの。

たんきゅう【探求】『名・ス他』①【探求】ある物事をあくまで捜して得ようと努めること。「人生の意義を―する」

②【探究】『名・ス他』ある物事の真の姿・あり方をさぐって見きわめること。「美の本質を―する」

だんきゅう【段丘】川・湖・海の沿岸にできた階段状の地形。

だんきょう【断橋】中途で折れて落ちた橋。こわれた橋。

たんきょり【短距離】①短い距離。「―打者」「―ミサイル」▽バスや電車などの輸送には普通「短距離」ではなく「近距離」を使う。②一般に陸上競技で四〇〇メートル以下の競走種目、水泳競技で二〇〇メートル以下の競泳種目のこと。

だんきん【弾琴】琴をひくこと。

だんきん【断金】『―の交わり』金をも切断するほど強固に結ばれた友情。▽「易経」の語句から。

たんく【短×軀】身長が低い体。↕長軀(ちょうく)

タンク ①気体や液体を入れておく大きな容器。「ガス―」②戦車。▽tank **―トップ** ランニング シャツに似た、袖のない服。紐(ひも)で吊(つ)るタイプのものもある。▽tank top **―ローリー** 水・油などを運搬する、タンクを備えた自動車。タンク トラック。▽tank lorry

タングステン 金属元素の一つ。元素記号W。きわめて硬く、タングステン鋼や電球のフィラメントなどに使う。▽tungsten **―こう**【―鋼】タングステンを含む鋼。鋼よりも硬さ・強さ・寿命でまさる。切削工具用。

たんぐつ【短靴】足くびの下までの浅い靴。

たんけい【短径】楕円(だえん)の径のうち、短い方。↕長径

たんけい【短×檠】高さが低い灯火具。その灯火。

たんけい【端渓】「端渓硯(たんけいけん)」の略。中国の端渓(広東省(カントンしょう)肇慶(ちょうけい)市)で採れる石(=端渓石)で作ったすずり。

たんげい【端×倪】『名・ス他』《多くは「―すべからざる」の形で》物事の在り方・成り行きを見通すこと。「―すべからざる(=推し量れないほどの)したたか者」「世情は評論家の―を許さない」▽「端」は山頂、「倪」は水辺で、物事の端から端までの意。

だんけい【男系】家系で、男の方をたどった血筋。

だんけつ【団結】『名・ス自』人々が力を合わせ、強く結びつくこと。「一致―」

たんけん【探検・探険】『名・ス他』未知の地域に(危険をおかして)踏み込んで、そこを調べること。「南極―隊」「―小説」

たんけん【短剣】①短い剣。②時計の短針。

たんけん【短見】あさはかな意見。浅見。

たんげん【単元】ある主題を中心に行う学習活動の一まとまり。▽日本では第二次大戦後に普及。

たんげん【端厳】『名ナノ』姿が整っていて威厳があること。

だんげん【断言】『名・ス他』はっきり言い切ること。

たんこ【淡湖】淡水のみずうみ。

たんこ【炭庫】石炭を入れておく倉庫。

たんご【丹後】「丹後ちりめん」「丹後縞(じま)」の略。共に丹後地方(=京都府北部)から産する織物。

たんご【単語】意味の一まとまりを表し、構文上の働きをもつものとしての、極小とされる単位。▽単に「語」とも言う。

たんご【端午】五節句の一つ。五月五日の節句。邪気を払うためショウブやヨモギを軒にさし(これによって「菖蒲(しょうぶ)の節句」とも呼ぶ)、柏餅(かしわもち)・粽(ちまき)を食べる。三月三日を女子の節句とするのに対し、これを男子の節句とし、男の子のある家では武者人形を飾ったり幟(のぼり)を立てたりする。▽「端」は初めの意で、「午」は「五」に通じる。五月初めの五の日の意。

タンゴ アルゼンチンから起こった四分の二拍子のダンス曲。また、それにあわせて踊るダンス。▽tango

だんこ【断固・断×乎】『副・ト タル』どんなことがあっても必ずするという強い態度であるさま。「―として拒む」「―反対する」▽「乎」は漢語で副詞を作る助字。「固」はその代用。

だんご【団子】米の粉などをねって丸め、蒸したりゆでたりした食品。「花より―」(実質的なものの方がよい)。そのように丸めたもの。そのような丸い形。「どろ―」「―鼻」(だんごのように丸い鼻)「―になって走る」 **―むし**【―虫】触れると団子状に丸くなる節足動物。体長約一センチメートル。灰黒色の背に節があり、枯れ葉や石の下にすむ。▽わらじむし目。

たんこう【単行】①『名』単独で行うこと。「―犯」▽普通、他の語と合して使う。②『名・ス自』ひとりで行くこと。ひとり旅。 **―ほう**【―法】特殊な、割合狭い範囲の事項について、特に制定された法律。例、少年法・借家法。 **―ぼん**【―本】全集・叢書(そうしょ)等に対し、それだけ単独に出版する本。

たんこう【探鉱】鉱床・石炭層・石油層などを捜すこと。

たんこう【炭鉱・炭×礦】石炭を掘り出す鉱山。

たんこう【炭坑】①石炭を掘り出すために掘ったあな。②石炭を掘り出す鉱山。炭鉱。

たんこう【鍛工】金属をきたえること。その職人。かじ。「―場(ば)」

だんこう【団交】「団体交渉」の略。

だんこう【断交】『名・ス自』(特に国家間の)今までの交際を断つこと。

だんこう【断行】『名・ス他』どんなことがあっても行うこと。断じて行うこと。

だんこう【男工】男子の工員。

だんごう【談合】『名・ス自』①話合いをすること。相談。②競争入札の参加者どうしが、前もって落札者と価額とを決める不公正な話合いをすること。その話合い。「―が露見する」

だんごく【断獄】①罪をさばくこと。②打ち首。

だんこく【暖国】気候が暖かい国または地方。↕寒国

たんこぶ【たん×瘤】〔俗〕こぶ。「目の上の―」(転じて、じゃまになるもの) ▽「こぶたん」とも言う。

だんこん【男根】「陰茎」の古風な言い方。

だんこん【弾痕】大砲や銃のたまがあたったきずあと。

たんさ【探査】《名・ス他》探りを入れて調べること。「鉱脈を―する」「月面―」

たんざ【単座】座席が一つであること。「―戦闘機」

たんざ【端座・端×坐】《名・ス自》姿勢を正してすわること。正座。

だんさ【段差】①道路・通路などで、段のようになっている所(の高低差)。「この先―あり」②囲碁・将棋などで、段位による力の差。「―を見せつける」

ダンサー ①舞踊家。ダンスをする人。②ダンス ホールで客の相手をして踊る職業の女性。▽dancer

たんさい【淡彩】うすい、あっさりした彩色。「―画」

たんさい【短才】才能がないこと。▽自分の才能をへりくだって言う語。

だんさい【断裁】《名・ス他》紙をたちきること。「不要書類を―する」「―機」

だんざい【断罪】《名・ス自他》①罪があると判断を下すこと。有罪の判決を下すこと。②打ち首にすること。「―に処する」

たんさいぼう【単細胞】①《名》生物の個体をただ一つ(=単)の細胞だけで形作る場合の、そういう組織。細菌、藻類・菌類の一部、アメーバ、ゾウリムシなどに見られる。②《名ナ》〔俗〕比喩的に、考え方が単純極まること。「頭が―な男」

たんさく【単作】《名・ス他》一つの耕地に一種類の作物だけを作ること。「米の―地帯」

たんさく【探索】《名・ス他》知ろうとするものの有様やありかを捜し求めること。「宇宙―」

たんざく【短冊・短△尺】①字を書いたり、物に結びつけたりするための細長い紙。そのような形。「大根を―に切る」②短歌・俳句などを書く厚紙。普通縦一尺二寸(約三六センチ)横二寸(約六センチ)。▽「たんじゃく」とも言う。

たんさつ【探察】《名・ス他》探索。偵察。

たんさん【炭酸】二酸化炭素の水溶液中に存在する弱酸。 **―ガス** 気体状の二酸化炭素の慣用名。 **―カルシウム** 天然には、方解石・石灰石・大理石などとして産出する白色の固体。水に溶けにくく、加熱すると酸化カルシウムと炭酸ガスに分解する。工業用、また薬品・化粧品などの原料。 **―し**【―紙】→カーボン(2)。▽carbon paper の誤訳。 **―すい**【―水】炭酸ガスの水溶液。化学試験、清涼飲料に使う。 **―せん**【―泉】炭酸を多量にふくむ温泉・鉱泉。▽今は二酸化炭素泉という。 **―ソーダ** 炭酸の水素原子がナトリウム原子と置換してできた化合物。ガラス・せっけんの原料等、広く化学工業に使う。ソーダ。

たんざん【炭山】石炭が採れる山。

たんし【短資】短期貸付の資金。コール。

たんし【端子】電気機械・電気器具の電流の出入口や、他の電気器具につなぐ箇所に、取りつける金具。ターミナル。

たんし【×譚詩】自由な形式の小叙事詩。バラード。

だんし【×檀紙】和紙の一種。厚手で、ちりめんのようなしわがある。包装・表具・文書用。▽もと檀(まゆみ)の樹皮で作った。

だんし【男子】①男である子ども。おとこのこ。「―が出生した」②男性。男。「―の本分」▽↔女子

だんじ【男児】→だんし(男子)。↔女児。「日本―」

タンジェント →せいせつ。▽tangent

たんしき【単式】単純・簡単な方式・形式。↔複式。「―簿記」

だんじき【断食】《名・ス自》一定の期間、食物を食べないこと。「―の行(ぎょう)」「―療法」

だんじこ‐む【談じ込む】《五自》(おしかけて)強く相手に談判する。

たんじつ【短日】(冬の)昼間の短いこと。「―に向かう」

たんしつ【炭質】石炭や木炭の品質。

たんじつ【短時日】わずかの日数。短い期間。

たんじつげつ【短日月】わずかの月日。短い期間。

だんじて【断じて】《副》どうあろうと必ず。㋐断固として。「とめられても―行くぞ」㋑《後に打消しの語を伴って》決して。「そこには―二度と行かない」「―まねをするな」「―そうはならない」▽動詞連用形「断じ」+助詞「て」の一語化だが、原義通り「現状を―堕落と評する」のようにも使う。

たんしゃ【単車】エンジン付きの二輪車。例、オートバイ、スクーター。

たんしゃ【炭車】石炭を運ぶ車。

たんしゃく【短尺・短△冊】→たんざく

だんしゃく【男爵】爵位の第五位。子爵の下。

だんしゅ【断酒】《名・ス自》酒を飲むのをやめること。酒断ち。

だんしゅ【断種】《名・ス他》手術によって生殖能力を失わせること。

たんしゅう【反収・△段収】一反(約一〇アール)あたりの収穫高。

たんじゅう【短銃】銃身が短い銃。例、ピストル・騎兵銃。

たんじゅう【胆汁】肝臓から分泌される消化液。脂肪の消化を助ける。 **―しつ**【―質】気質の型の一つ。感情的で怒りやすく、敏捷(びんしょう)に行動するが永続性がない気質。▽→きしつ(気質)

だんしゅう【男囚】男の囚人。

たんしゅく【短縮】《名・ス他》時間・距離・規模などを短く縮めること。↔延長(1)㋐。「―授業」「操業―」

たんじゅん【単純】《名・ダナ》構造・働き等がこみいっていないこと。また、他の要素がまじっていないこと。↔複雑。「―な考え」「体系を―化する」「―な組成」 派生 ‐さ

たんしょ【短所】劣っているところ。欠点。↕長所

たんしょ【端緒】物事が始まる、または解決するいとぐち。手がかり。「—を開く」

だんじょ【男女】男と女。「—共学」「—同権」(男と女と、法律上の権利が同等であること)

たんしょう【嘆賞・嘆称・×歎賞・×歎称】《名・ス他》感心してほめること。

たんしょう【探勝】《名・ス自》名勝の地を見に行くこと。よい景色を捜して見て歩くこと。

たんしょう【短小】《名ナ》短くて小さいこと。↕長大

たんしょう【短章】短い詩歌や文章。

たんじょう【誕生】《名・ス自》①うまれること。「—日」②比喩的に、物事が成立すること。「地球—」

だんしょう【断章】①文章の断片。②「断章取義」の略。他人の文章の一部を、そこの文脈にかかわらずに取って使うこと。

だんしょう【男×妾】男めかけ。

だんしょう【男×娼】男色を売る男。かげま。

だんしょう【談笑】《名・ス自》うちとけて、笑いなど交えて話しあうこと。

たんしょうしき【単勝式】競馬・競輪などで、一着を当てる方式。

たんしょうとう【探照灯】↓サーチライト

たんしょく【単色】①一色だけで混りけがないこと。②太陽光線をプリズムで分光した一つ一つの色。

たんしょく【淡色】あわい色。↕濃色。「—野菜」(うすい色の野菜。大根・白菜・葱(ねぎ)など)

だんしょく【暖色】赤や黄など、見る人に暖かい感じを与える色。↕寒色

だんしょく【男色】男の同性愛。▽「なんしょく」とも言う。

だんじり ↓だし(3)

たん-じる【嘆じる・×歎じる】《上一他》①なげく。また、なげかわしく思い、いきどおる。②感心する。ほめる。▽「たんずる」とも言う。

だん-じる【弾じる】《上一他》①弦楽器をひく。「琴を—」②罪を責めただす。指弾する。▽「弾ずる」とも言う。

だん-じる【断じる】《上一他》①判断をくだす。②さばく。「罪を—」▽「断ずる」とも言う。

だん-じる【談じる】《上一自》①話す。説く。②談判する。かけあう。▽「談ずる」とも言う。

たんしん【丹心】まごころ。赤心。

たんしん【単身】だれもいっしょでなく、ただひとりだけであること。「—(で)死地に乗り込む」「—赴任」

たんしん【短信】短い手紙。また、短いニュース。「スポーツ—」

たんしん【短針】時計の短い方の針。時針。↕長針

たんしん【誕×辰】誕生日。▽「辰」は日の意。

たんじん【炭×塵】炭坑内の空気中に浮かぶ、石炭の細かい粉。引火爆発のおそれがある。

たんす【×簞×笥】ひきだしや戸のある、箱状の家具。衣類や小道具などの整理保管に使う。「桐の—」「洋服—」

ダンス (西洋ふうの)踊り。「ジャズ—」「—を踊る」「—パーティー」▽dance 以前は特に社交ダンスを言った。 **—ホール** ダンスをするための部屋。特に、社交ダンスを踊るための、有料のダンス場。▽アメリカ dance hall

たんすい【淡水】塩分を含まない水。「—魚」「—湖」

だんすい【断水】《名・ス自他》(工事や水不足、災害による設備の故障などのため)水道の送水や水流がとまること。それをとめること。

たんすいかぶつ【炭水化物】炭素・水素・酸素の化合物で、水素と酸素の比が二対一となるもの。澱粉(でんぷん)・糖類・セルロースとなって存在し、衣食の原料として重要。含水炭素。

たんすいしゃ【炭水車】蒸気機関車の後部にある、石炭と水とを積んだ付属車。

たんすう【単数】①数が一つであること。一つのこと。②事物や人の数が一つであることを表す文法形式。▽↕複数

たん-ずる【嘆ずる・×歎ずる】《サ変他》↓たんじる

だん-ずる【弾ずる】《サ変他》↓だんじる(弾)

だん-ずる【断ずる】《サ変他》↓だんじる(断)

だん-ずる【談ずる】《サ変自》↓だんじる(談)

たんせい ①【丹精】《名・ス他》真心を込めて行うこと。熱を入れること。「父が—した庭」②【丹誠】《名》真心。「—をこめる」

たんせい【丹青】①色彩。「—の妙」②転じて、絵画。▽「丹」は赤い色、「青」は青い色の意。

たんせい【嘆声・×歎声】嘆いたり感心したりして出す、ため息や声。「—を上げる」

たんせい ①【端正】《名・ダナ》行儀や姿などが整っていて立派なこと。乱れた所がなく見事なこと。派生 **-さ** ②【端整】《名ナ》顔かたちなどが整っていて美しいこと。派生 **-さ**

たんぜい【担税】租税を負担すること。「—者」「—力」

だんせい【弾性】外力によって変形した物体が、その外力が除かれた時、もとの形にもどろうとする性質。「—に富む」「—を失う」 **—たい**【—体】(ゴム等のように)弾性を示す限界が大きい物体。

だんせい【男性】おとこ。男子。↕女性。▽主に成人男子を指す。 **—てき**【—的】《ダナ》男のようであるさま。いかにも男を思わせるさま。「—スポーツ」「—な山の姿」

だんせい【男声】男の声。「—合唱」

たんせき【旦夕】①㋐あけくれ。朝晩。㋑転じて、いつも。平生。②時期が、この朝か晩かというように迫っていること。「命(めい)—に迫る」

たんせき【胆石】胆汁の成分が結晶化または沈殿して、胆嚢(たんのう)や胆管に生じる石。「—症」

だんぜつ【断絶】《名・ス自他》系統や交際などが切れて絶えること。また、それを断ち切ること。「家は

ー、身は切腹」「国交ー」。全くつながりのないこと。また、考え方に差がありすぎて、精神的つながりが切れ絶えること。「親子のー」

たんせん【単線】①一本の線。②一つの軌道を上下列車が共用するもの。▽↕複線

たんぜん【丹前】どてら。

たんぜん【端然】〘ト タル〙姿などが乱れを見せず整っているさま。「ーと(して)座す」

だんせん【断線】〘名・ス自〙線、特に電線が切れること。

だんぜん【断然】①〘副・ト タル〙不利・誘惑などの悪条件があっても、これを押し切って物事を行うさま。断じて。きっぱり。「ー(として)禁酒する」「ーなまけない」「ーたる態度で臨む」②〘副〙程度が他から非常にかけ離れているさま。だれが見ても、はっきり段違いに。「彼がー優秀だ」

たんそ【炭×疽】土中にいる炭疽菌によって起こる、急性の敗血症。牛・馬・羊などに多い。

たんそ【炭素】元素の一つ。元素記号C。無味・無臭の固体。遊離状態では石炭・石墨・ダイヤモンド等として存在する。さまざまの化合物を作る。

たんそう【炭層】地層中の石炭の層。

たんぞう【鍛造】〘名・ス他〙金属を熱し、つちで打って必要な形にすること。また、その作業。

だんそう【弾奏】〘名・ス他〙弦楽器をひき鳴らして、曲を演奏すること。

だんそう【弾倉】連発銃で、補充用の弾丸を込めておく部分。

だんそう【断層】①地殻が割れたりずれたりして起こる地盤の食い違い。「ー地震」②比喩的に、考え方などのずれ、食い違い。「新旧両世代の考え方にーがある」 **ーさつえい**【ー撮影】物体(特に人体)のある断面を、X線などを使って撮影すること。幾つかの方法があり、CTもその一つ。 **ーしゃしん**【ー写真】断層撮影でとった写真。

だんそう【断想】断片的な、短い感想。

だんそう【男装】〘名・ス自〙女が男の姿をすること。↕女装。「ーの麗人」

たんそく【嘆息・×歎息】〘名・ス自〙なげいて、ため息をつくこと。非常になげくこと。

たんそく【探測】〘名・ス他〙天体・気象その他の現象を、装置を使って探り、測定すること。「ー気球」

だんぞく【断続】〘名・ス自〙きれたり続いたりすること。しばらく続いては、ときどきやむこと。「ー的に続く」

だんそんじょひ【男尊女卑】男を重んじ女を見くだす態度・思想。↕女尊男卑

たんたい【単体】ただ一種の元素だけから成る物質。金・銀・ダイヤモンドなど。

たんだい【探題】①詩歌の会で、幾つかの題の中からくじ引きのようにして取った題で詩歌を作ること。②鎌倉・室町時代に、幕府が地方の要地に置いた職。

だんたい【団体】何人もの人が共通の目的で集まって作った集団。「ーで入場する」「ー競技」「宗教ー」 **ーこうしょう**【ー交渉】労働組合が、団体として使用者と労働条件などについて交渉すること。

だんたい【暖帯】熱帯と温帯との中間地帯。暖温帯。「ー林」

だんだら【段だら】横じまが幾つも重なったような図柄。「ー縞(じま)」

たんたん【×坦×坦】〘ト タル〙①土地や道路が平らなさま。②転じて、変わったことがなく平凡に過ぎるさま。「ーたる生活」

たんたん【淡淡】〘ト タル〙①味わいや感じがあっさりしているさま。②さっぱりして物事にこだわらないさま。「心境をーと語る」

たんたん【×眈×眈】〘ト タル〙①鋭い目つきでねらうさま。②転じて、野心をいだいてうかがうさま。「虎視ー」

だんだん【団団】〘ト タル〙①丸いさま。「ーたる月」②露などが多く集まっているさま。「露ー」

だんだん【段段】①〘名〙段になったものの重なり。㋐階段。「石のー」㋑各箇条。条々。②〘副[と]〙少しずつ順を追って。次第に。「ー(に)寒くなる」 **ーばたけ**【ー畑】山腹などの傾斜地に、階段のような形に作った畑。

だんだんこ【断断×乎】〘ト タル〙「断乎(だんこ)」を強めた言い方。→だんこ

たんち【探知】〘名・ス他〙さぐって知ること。「電波ー機」(レーダー)

だんち【団地】住宅(や工場)を計画的に一か所に集めて建設した地区。「ー族」(団地の住民)「工業ー」▽「日本住宅公団地」から広まったが、「一ーの住宅経営」という表現がすでに一九一九年の都市計画法にはある。

だんち【暖地】気候が暖かな土地・地方。↕寒地

だんち【段ち】〔俗〕「段違い」②の略。

だんちがい(がひ)【段違い】①〘名〙階段のように、高さに違いがあること。②〘名・ダナ〙程度・能力が非常に違うこと。格段の差があること。「ーに上手だ」 **ーへいこうぼう**【ー平行棒】器械体操用具で、高さの違う二本の平行棒。それを使う女子の競技種目。

だんちゃくてん【弾着点】発射した弾丸が落ちる地点。

たんちょ【端緒】「たんしょ」の読み誤り。

たんちょう【丹頂】頭上に赤い所があり、羽毛が純白で、首と風切り羽の端が黒い、美しいつる。東洋の特産。日本では特別天然記念物。タンチョウヅル。▽日本で普通に「つる」というのは、これ。

たんちょう【単調】〘名・ダナ〙調子が単純で、変化に乏しいこと。一本調子。「ーに朗読する」「ーな生活」 派生 **ーさ**

たんちょう【探鳥】野外で野鳥をさがし、観察・観賞すること。バード ウォッチング。「ー会」

たんちょう【短調】音楽で、短音階による調子。↕長調

だんちょう【断腸】 はらわたがちぎれるほど、非常に悲しくつらいこと。「―の思い」

だんつう【段通・×緞通】 種々の模様を織り込んだ厚い敷物用織物。中国・インド・ペルシアから渡来した。▽「段通」「緞通」は中国語「毯子(タンツ)」の当て字。

だんつく〔俗〕旦那(だんな)をあなどって言う語。

たんてい【探偵】『名・ス他』こっそり事情をさぐること。特に、(ある人の)罪状・行動などをこっそり調べること。それを(業と)する人。「―小説」「名―」

たんてい【短艇・端艇】 ボート。

だんてい【断定】『名・ス他』これこれだと、はっきり判断を下すこと。また、その判断。「犯人と―した」「―的」

ダンディー『名ナノ』あか抜けしてしゃれた服装や身のこなしの男。そういうさま。▽dandy 派生 **-さ**

ダンディズム 男性のおしゃれ精神。だて気質。▽十九世紀イギリスから流行した、禁欲的な美意識から。dandyism

たんてき【端的】『ダナ』①明白なさま。「そこに―に現れている」「―な事実」②てっとりばやく核心にふれるさま。「―に言うと」

たんでき【×耽溺】『名・ス自』(よくない事に)夢中になって、それ以外の事を顧みないこと。「酒色に―する」

たんてつ【鍛鉄】 ①打ちきたえた鉄。②→れんてつ

たんでん【丹田】 へその下の辺の所。「臍下(せいか)―」▽ここに力を入れると元気や勇気が出るといわれる。

たんでん【炭田】 炭層がたくさんあり、石炭を採掘している地域。

たんと『副』〔俗〕たくさん。「―お飲み」

だんと【×檀徒】 檀家(だんか)の人々。

たんとう【担当】『名・ス他』ある事柄を受け持つこと。受持ち。「政権を―する」

たんとう【短刀】 短い刀。特に、太刀(たち)と違って、断ち切るのでなく刺すのに使うもの。

たんどう【×坦道】 平らな道。「栄進の―を進む」

だんとう【断頭】 刑罰として首を切ること。「―の刑」 **―だい【―台】** →ギロチン

だんとう【暖冬】 平年より暖かい冬。「―異変」

だんとう【弾頭】 砲弾などの先の、爆発する部分。「核―」

だんどう【弾道】 発射された弾丸が空中を飛んで行く時に描く曲線。 **―だん【―弾】** →だんどうミサイル。 **―ミサイル** ロケットで打ち上げ、一度大気圏外に出たのち目標に命中させるミサイル。弾道を描いて飛ぶ。▽「ミサイル」は missile

たんとうちょくにゅう【単刀直入】 前置きや遠回りな事をせず、直接に要点にはいること。▽ただひとり敵陣に切り入る意から。「単刀」は一振りの刀。

たんどく【丹毒】 連鎖球菌が傷口からはいって起こる急性・化膿(かのう)性の炎症。患部の皮膚が赤くはれ、激痛を伴う。

たんどく【単独】『名ナノ』ただ一つだけであること。ただひとり、またはただ一つの機関だけであること。「―行動」「―講和」「―に現れる」

たんどく【×耽読】『名・ス他』夢中になって読みふけること。「―家」

だんトツ【断トツ】〔俗〕他を大きく引き離して(先頭に)いること。「―の味だ」▽「断然トップ」の略。

だんどり【段取り】 事を運ぶ順序・仕方。手順。「―をつける」

だんな【旦那・×檀那】 ①成人男性に対する(軽い)敬称。▽(2)の転。㋐(一家を取りしきる)主人。「大家(たいけ)の―衆」㋑夫。㋒めかけの主人。㋓商人・芸人などが男の客を指して言う称。㋔目上の男の人に使う称。②〔仏〕僧から見て、財物を布施する信者。施主。檀家(だんか)。▽梵語(ぼんご)。 **―げい【―芸】** 大きな商家などの主人が趣味で修めた芸事。 **―でら【×檀那寺】** その家が帰依(きえ)し、墓を置いたりしている寺。菩提寺(ぼだいじ)。

たんなる【単なる】『連体』→たん(単)

たんに【単に】『副』→たん(単)

たんにん【担任】『名・ス他』任務として受け持つこと。受持ち。「学級―」

タンニン 五倍子など植物から製する黄色の粉。インク・染料などの原料。また、医薬用。▽オランダ tannin 「単寧」と書いたことがある。

だんねつ【断熱】『名・ス自』熱が伝わらないようにすること。「―材」

たんねん【丹念】『ダナ』心をこめて念入りにするさま。細かい所まで念を入れるさま。「―に調べる」 派生 **-さ**

だんねん【断念】『名・ス他』思い切ること。あきらめること。

たんのう【堪能】 ①『名ナノ』その道にすぐれていること。「書に―だ」 派生 **-さ** ②『名・ス自』満ち足りて十分なこと。「もう―した」▽(1)は「かんのう」、(2)は「足(た)んぬ(=満ち足りた)」の転といわれる。

たんのう【胆×嚢】 肝臓の下にある、胆汁(たんじゅう)を貯蔵・濃縮する袋状の内臓。

たんぱ【短波】 周波数三～三〇メガヘルツ、波長一〇～一〇〇メートルの電波。遠距離通信に使う。

だんぱ【暖波】 温暖な空気が移動してきて気温が上がる現象。また、その気流。↔寒波

たんはい【炭肺】 炭坑夫などが、いつも炭素の粉を吸いこむためにかかる呼吸器病。

たんばい【探梅】『名・ス自』梅林で梅の花を観賞して歩くこと。梅見。

たんはき【×痰吐き】 たんをはき入れるための器。たんつぼ。

たんぱく【淡白・淡泊】『名・ダナ』物事の感じや味や色があっさりしていること。また、物事にこだわらず、さっぱりした人柄であること。 派生 **-さ**

たんぱく【×蛋白】(卵の白身のように)蛋白(たんぱく)質か

ら成る物。また、「蛋白質」の略。▽「蛋」は卵のこと。「タンパク」とも書く。　**ーしつ【ー質】** 動植物体の主成分の一つをなす、窒素を含む高分子化合物の総称。生命現象に密接な関係をもち、栄養上・工業上重要な物質。　**ーせき【ー石】** →オパール

だんばしご【段×梯子】 幅の広い段をつけ、階段のようにした、はしご。また単に、はしごのこと。

たんぱつ【単発】 ①発動機が一つだけであること。↕多発。「ー戦闘機」②一発ずつ発射すること。↕連発。「ー銃」③連続しないで一回だけで終わること。

だんぱつ【断髪】 ①《名・ス自》髪を短く切ること。「引退力士のー式」②《名》短く切った女性の髪型。「ーの麗人」▽今のショート カットに当たる。

だんばな【段鼻】 鼻筋に高低があって段があるように見える鼻。

タンバリン 打楽器の一種。丸いわくの片側に皮をはり、周囲に小鈴、小さいシンバルをつけたもの。▽tambourine

たんパン【短パン】 丈の短いズボン。半ズボン。▽「パン」は「パンツ」の略。

だんぱん【談判】 《名・ス自》物事の始末をつけたり取り決めをしたりするため、相手方と論じ合い交渉すること。かけあい。「直(じか)ー」

たんび →たび(度)(2)

たんび【嘆美・×歎美】 《名・ス他》感動または感心してほめそやすこと。

たんび【×耽美】 美を最高の価値と考え、美にひたりふけること。「ー主義」

だんぴ【団×匪】 集団となった匪賊(ひぞく)。

だんぴ【断碑】 こわれて折れた石碑。割れた石碑。「宇治橋ー」

だんぴつ【断筆】 《名・ス自》文筆家が文章を書いて発表することをやめること。

たんぴょう【短評】 短い批評。寸評。

だんびら【段平】 〔俗〕幅の広い刀。また単に、刀。「ーを振り回す」

たんぴん【単品】 一個または一種だけの品。「ー生産」。特にセットを成す中の一品。また、セット売りせずそれ一つ(を単位にして)買える品。「ーでは売らない」「ーでお添えしましょうか」

ダンピング 《名・ス他》採算を無視して商品を安売りすること。投売り。▽dumping

たんぶ【反歩・△段歩】 《数を表す漢語等に付いて》田畑の広さを、反を単位として測って示す時に添える語。→たん(反)(2)

ダンプ カー 荷物を乗せる台を機械力で傾斜させ、積み荷をおろせるようにしたトラック。ダンプ。▽dump(＝どっと投げ捨てる)と car とによる和製英語。

たんぷく【単複】 単一と複雑。単数と複数。シングルスとダブルス。

だんぶくろ【だん袋】 ①布製の大袋。②洋服の太いズボン。▽「駄荷(だに)袋」の音便という。

タンブラー 底の方まで割合にすぼまっていない、大形のコップ。▽tumbler

タンブリング 大勢の者が手を組んだり肩に乗ったりして種々の形を作る運動。また、マットで行う跳躍・回転などの運動。▽tumbling

たんぶん【単文】 主語と述語との一組だけで出来ている(日本語では、述語要素が一つだけの)文。↕複文・重文

たんぶん【短文】 短い文。短い文章。↕長文

たんぶん【探聞】 《名・ス他》さぐって聞き出すこと。

たんぺいきゅう【短兵急】 《ダナ》にわかに行動を起こすさま。だしぬけ。「ーな提案」▽「短兵」は長さの短い武器。刀剣の類。それで急に襲いかかる意から。

だんぺいぶね【団平船】 和船の一種。河川で肥料や荷物を運ぶ、つくりの丈夫な船。

たんべつ【反別・△段別】 町・反・畝(せ)・歩(ぶ)で表した田畑の広さ。　**ーわり【ー割(り)】** 所有する田畑の反別を標準にして課する税・労役(ろうえき)。

ダンベル 鉄や木の短い棒の両端におもりをつけた体操用具。亜鈴(あれい)。▽dumbbell

たんべん【単弁】 花びらが一重であること。ひとえ。↕重弁。「ー花」

たんぺん【短編・短×篇】 詩や文章や映画などで、長さが短い作品。「ー小説」「ー集」

だんぺん【断片】 きれぎれになった一部分。切れはし。「ー的」

だんぺん【断編・断×篇】 一まとまりの文章の、切れ切れになった部分。

たんぼ【田×圃】 田になっている土地。「ー道」▽「田んぼ」とも書く。

たんぼ【旦暮】 あさゆう。

たんぽ ①(拓本を作るとき墨を含ませたり、けいこ用のやりの頭につけたりする)綿を丸めて布や皮で包んだもの。②→ゆたんぽ

たんぽ【担保】 《名・ス他》①債務を果たす保証として、債務者が債権者に物品を差し出す約束をすること。その物品。抵当。かた。「家をーに入れる」②広く、行為関係で起こるかも知れない危険に対する保証を与えること。「銀行の社会的信用は行員の質がーする」「報告書の正しさを何でーするか」

たんぼう【探訪】 《名・ス他》(報道関係者が)社会の出来事や真相を探りに出向くこと。「ー記事」

だんぼう【暖房・×煖房】 《名・ス他》室内を暖めること。その装置。↕冷房

だんボール【段ボール】 波状にした板紙の片面または両面に他の板紙をはりつけたもの。「ー箱」

たんぽぽ【〈蒲公英〉】 春、キクに似た黄色い花が咲く多年草。道ばたや野原に自生する。葉にはぎざぎざがある。実には白い冠毛があり、風で飛び散る。▽きく科。

タンポン 脱脂綿やガーゼを円筒状や球状にしたもの。

綿球。また、止血栓。▽ドイツ Tampon

たんほんい【単本位】金・銀の一方だけを本位貨幣とすること。↔複本位

だんまく【弾幕】敵の攻撃を防ぐため、たくさんの弾丸を飛ばすのを幕にたとえた言い方。「—を張る」

だんまく【段幕】紅白など色違いの布を横方向に幾段にも縫い合わせた幕。

たんまつ【端末】ものの、はし。「われら—の(=組織の末端の)兵卒にすぎない」。特に、㋐電路における電流の出入口。㋑電話やコンピュータなどで、情報の入出力を受けもつ部分。→たんまつき。 **—き**【—機】大型コンピュータの本体と交信するための入出力装置。普通、本体と離れた所に置く。▽単に「端末」とも言う。terminal の訳語。独立して小規模の仕事ができるものもある。

だんまつま【断末魔】〔仏〕死にぎわの苦痛。また単に、死にぎわ。「—の叫び」▽「末魔」は梵語(ぼんご)の音訳。体内にある特殊な小部分で、触れると劇痛を起こして死ぬという。

たんまり『副[と]ダ』〔俗〕十分多量に(手に入れるさま)。どっさり。「金を—もうける」「頂戴(ちょうだい)物は望外に—だった」

だんまり ①だまったままでいること。また、だまっていて、めったに口をきかない人。「—をきめこむ」②歌舞伎で、登場人物がせりふ無しで、暗中にさぐりあう動作を誇張して表現する演出法。「—の場」

たんみ【淡味】あっさりした味わい・趣味。

たんめい【短命】寿命が短いこと。若いうちに死ぬこと。↔長命。「—政権」

だんめつ【断滅】『名・ス自他』たえて滅びてしまうこと。たやし滅ぼすこと。

タンメン【▵湯麺】スープが塩味のラーメン。多く、炒(いた)めた肉や野菜をのせる。▽中国語から。

だんめん【断面】①切り口の面。「—図」②比喩的に、物事をある観点から見た時、そこに現れている状態。「社会の—」

たんもの【反物】①一反ずつになっている織物。おとな物の和服一着分として売る。②転じて、一般に呉服。

だんもの【段物】能・浄瑠璃・舞踊の分類、また、構成上の性格をあらわす名称。多くは節回しの面白い聞かせ所や見せ所の部分。㋐箏曲(そうきょく)で、数段で一曲を構成する器楽曲。例、六段の調(しらべ)。㋑長唄(ながうた)・常磐津(ときわず)などの長く続く語り物・踊り。↔端物(はもの)

たんや【短夜】夏の短い夜。

たんや【鍛冶】『名・ス他』金属を熱して打ちきたえること。かじ。

だんやく【弾薬】弾丸と、それを発射させるための火薬。弾丸・火薬の総称。「—庫」

だんゆう【男優】男の俳優。↔女優

たんよう【単葉】①一枚の葉片から成る葉。②飛行機で、主翼が一枚であること。▽↔複葉

たんらく【短絡】『名・ス自他』①電気回路の二点間を小さい抵抗でつなぐこと。また、絶縁が破れたりして、抵抗のごく小さい回路ができること。電線やヒューズが焼け切れたりする。ショート。②複雑な関係にある二つの物事を、直接・簡単に結びつけて論じたり行動したりすること。「—的思考」▽⑴の比喩的用法。

だんらく【段落】①長い文章を幾つかのまとまった部分に分けた、その一くぎり。②転じて、物事の切れ目。「これで事件も一(いち)—」

だんらん【団×欒】『名・ス自』集まってなごやかに楽しむこと。親しみある楽しい集まり。「一家—」▽もと、集まって車座にすわること。

たんり【単利】元金だけに対する利子。↔複利。 **—ほう**【—法】利子計算法の一種。前期の利子を元金に加えずに、元金に対してだけ次期の利子を計算する方法。↔複利法

たんりゃく【胆略】大胆で計略に富んでいること。

だんりゅう【暖流】熱帯や亜熱帯から温帯・寒帯に向かって流れる比較的高温の海流。例、黒潮。↔寒流

たんりょ【短慮】『名ナ』①考えがあさはかなこと。浅い思慮。「—な行動」②気みじか。「—を起こす」 派生 **—さ**

たんりょく【胆力】物事を恐れたり気おくれしたりしない気力。度胸。

だんりょく【弾力】①弾性体がもっている、ひずみを与える外力をはね返そうとする力。「—性」②比喩的に、その場に応じ、また問題によって、自由に変化できる能力。「—に富む考え方」「—的に運用する」

たんれい ①【端麗】『名ナ』顔かたちが整っていて美しいこと。「容姿—」②【淡麗】『名ナ』酒の味が、滑らかでみずみずしい感じであること。 派生 **—さ**

たんれん【鍛練・鍛錬】『名・ス他』金属を打ちきたえるように、修養・訓練を積んで心身・技能をりっぱにすること。

だんろ【暖炉・×煖炉】火をたいて室内を暖める炉。特に、洋間の壁に作りつけたもの。

だんろん【談論】『名・ス自』談話や議論(をすること)。「—風発」(盛んに話し合い論じ合うこと)

だんわ【談話】『名・ス自』はなし(をすること)。特に、ある事柄についての意見などを(非公式に)述べたはなし。「首相の—」

ち

ち【乳】①ちち。乳汁。「—飲み子」。ちぶさ。「—首」②旗・幕・のぼり・羽織・わらじなどのへりにつけて、竹やひもなどを通す小さな輪。③釣鐘の表面に並んでいる、いぼ状の突起。▽↓ちびょう

ち【血】 ①人など動物の体内を流れる(赤い)体液。血液。「―が上る」(逆上する)「―がわく」(感情が高まる)「―が騒ぐ」(気持が高ぶり、じっとしていられなくなる)「―を見る」(死傷者が出る)「―が通う」(事務的でなく、人間味がある)「―も涙も無い」(人間味を欠き冷酷だ)「―の出るような」(非常に苦心するさま) ②血筋⑴。血統。「―を引く」「―を分けた子」(実子)「―で―を洗う」(肉親どうしが争う。また、悪事を処置するため、さらに悪事を重ねる)「―は水よりも濃い」(どうしても他人よりは血縁の方が親しいことのたとえ)

ち〔*地〕 チ ジ(ヂ) つち ―①㋐〘名・造〙天の下にあり、天に対する所。つち。大地。くに。↕天。「天と地ほどの差」「地に堕(お)ちる」(衰えすたれる)「地の果て」「地に塗(まみ)れる」(徹底的に負ける)「地を掃(はら)う」(残るものが一つもなくなる)「天地・大地・陸地・土地・地球・地理・地図・地形・地質・地層・地熱・地峡・地味」。以下「ジ」と読む。「地面・地盤・地震・地獄・地雷・地辷(じすべり)・田地(でんじ・でんち)」 ㋑〘名〙(書物などの)下。下の方。「天地の寸法」 ②㋐〘名・造〙かぎられた場所。「安住の地」「地(=位置)の利を占める」「地(=領土)を割(さ)く」「地点・地区・寸地・尺地(せきち)・余地・宅地・墓地・内地・現地・産地・失地」。以下「ジ」と読む。「地所・地代・地主(じぬし)・露地」 ㋑〘名〙土地。↓じ(地)㈠⑴。▽「地産地消」の「地」もこの意味だが、「チ」と読む。 ㋒〘名〙囲碁の用語。↓じ(地)㈠②。 ③人のよって立つところ。身分。境遇。位置。「地位・地歩・門地・境地・閑地・危地・窮地・実地」。心の存するところ。「心地(ここち)・意地(いじ)・意気地(いきじ・いくじ)・依怙地(えこじ・いこじ)」。また仏教で、修行の段階。「十地(じゅうじ)」▽↓じ(地)㈡⑴㋑。 ④〘名・造〙もとのままのもの。↓じ(地)㈡

ち〔*池〕 チ いけ ―丸い、水をたたえたところ。いけ。城のまわりのほり。「池沼(ちしょう)・池亭・池魚・池辺・池畔・城池・金城湯池・臨池・墨池・電池・貯水池・用水池・濾過池(ろかち)・養魚池」

ち〔*知〕 チ しる ―①心に感じとる。物事の道理がわかる。しる。しらせる。おぼえる。「知識・知者・知覚・知見・知情意・知命・上知・覚知・通知・予知・周知・承知・報知・察知・関知・感知・告知・熟知・探知・認知・未知」 ②しりあい。ちかづき。「知友・知人・旧知」 ③人の性質をみとめる。十分知りつくす。「知音(ちいん)・知己(ちき)・知遇」 ④つかさどる。おさめる。「知政・知事・知行(ちぎょう)」 ⑤ちえ。さとる心。「知恵・故知・英知・才知」▽「智」に代えて用いる。

ち〔智〕人 チ さとい さとり ―①物事をよく知り、わきまえている。ものしり。かしこい。「智者・智将・智識」 ②〘名・造〙頭のはたらき。理解し判断する力。ちえ。「智をみがく」「智能・智慧(ちえ)・智勇・智力・才智・多智・智略・智謀・明智・機智・叡智(えいち)・世智・故智・奸智(かんち)・奇智」▽「知」で代用する。

ち〔痴〕〔癡〕 チ おろか しれる ―①頭の働きがにぶい。思慮分別が足りない。ぬけている。おろか。「痴愚・痴鈍・痴呆(ちほう)・痴者・痴人・愚痴・白痴・音痴」。特に色情についていう。「痴漢・痴情・痴態・痴話・情痴」 ②物事に執着して夢中になる。「書痴」 ③〘名〙〔仏〕煩悩(ぼんのう)の一つ。「貪(とん=むさぼり)・瞋(しん=いかり)・痴(ち=おろか)」

ち〔*治〕 チ ジ(ヂ) おさまる おさめる なおす なおる ―①〘名・造〙乱れをなおす。物事を筋道どおりに整える。政をしいて国をおさめる。「治に居て乱を忘れず」「治世・治国・治者・治下・治乱・治安・治績・自治・法治・文治・統治・徳治・政治(せいじ)」 ②とりしきる。管理する。「治産」 ③病気をなおす。「治療・治癒・全治・不治・難治・療治(りょうじ)・根治(こんじ)・主治医(しゅじい)・湯治(とうじ)」 ④地方庁の所在地。「県治・省治」

ち〔*値〕 チ ね あたい ―①㋐ねうち。あたい。ね。「価値」 ㋑数の大きさ。「数値・絶対値」▽↓あたい(値)。 ②であう。あう。「値遇」

ち〔恥〕 チ はじる はじ はじらう はずかしい ―①きまりわるく思う。はじる。はじ。「恥辱・羞恥・廉恥・無恥・破廉恥」 ②かくしどころ。陰部。「恥毛・恥部・恥骨」▽「耻」は異体字。

ち〔致〕〔致〕 チ いたす ―①㋐招く。こさせる。いたす。「致福・致災・招致・引致・拉致(らち・らっち)・誘致」 ㋑最後までゆきつかせる。きわめる。つくす。「致知・致命傷・傷害致死・一致・合致・極致・馴致(じゅんち)」 ㋒ゆきつかせる。おくる。つたえる。「送致」 ②おもむき。ありさま。「雅致・風致・筆致」 ③官職等を辞する。「致仕」

ち〔緻〕 チ ―きめがこまかい。物事に念を入れてある。「緻密・精緻・巧緻・細緻」

ち〔遅〕〔遲〕 チ おくれる おくらす おそい ―①すすみ方がゆるい。のろい。ぐずぐずしている。おそい。↕速。「遅速・遅遅・遅緩・遅日・遅鈍・遅疑・遅滞・巧遅」 ②時機にまにあわない。おくれる。「遅参・遅刻・遅延」

ち〔稚〕 チ わかい おさない ―まだ十分成長していない。年わかい。いとけない。おさない。「稚子(ちし)・稚魚・稚心・稚気・稚拙・稚児(ちご)・幼稚・丁稚(でっち)」

ち〔*置〕 チ おく ―きちんとすえる。居場所を与える。おく。「置換・布置・位置・安置・放置・拘置・留置・設置・措置・配置・処置・装置・存置・対置・定置網(ていちあみ)・倒置法」

ちあい【血合】 (カツオ・ブリ等に見られる)魚の肉の黒ずんで血が多い部分。

チア ガール ↓チアリーダー。▽cheer と girl とによる和製英語。

チアノーゼ 血液の中の酸素が欠乏して、皮膚や粘膜が青黒くなること。▽ドイ Zyanose

チアリーダー スポーツの応援団員。はなやかに、そろいの衣装でポンポン(＝テープでつくる玉房)を振ったり、音楽に合わせて踊ったりする。チア ガール。▽cheerleader

ちあん【治安】 国家・社会に異変がなく、秩序が保たれていること。「―維持」

ちい【地位】 くらい。身分。「高い―の人」。果たす役割から見た位置。「重要な―を占める」

ちい【地異】 (地震・つなみ等)地上に起こる異変。「天変―」

ちいき【地域】 ある観点から見た一帯の、かなり広い土地(の範囲)。「―の住民」。広くは更に、その地域が含みまたは接する水域や上空の空域も含む。「戦闘―」　**―しゃかい【―社会】** (村などのように)一定の土地の範囲に成立している生活共同体。▽community の訳語。

ちいく【知育】 知能を高め、知識を豊かにするための教育。▽徳育・体育と並ぶ。

チーク ①インド・ミャンマー・タイなどに産する落葉高木。材は軽くて堅く腐りにくいので、建築・家具・船舶・車両用材とする。「―材」▽teak　しそ科(旧くまつづら科)。②ほお。ほおべに。▽cheek　**―ダンス** 互いに頰をすりよせ、からだをくっつけたまま踊るダンス。▽cheek と dance とによる和製英語。

ちいさ-い【小さい】『形』物の形・量、事柄の度合が、同類の(平均的な)ものを下まわっている。↔大きい。㋐体積・面積などが、わずかの場所を占める。「―池」「―くなる」(恐れたり遠慮したりしてちぢこまる意にも言う)「背が―」㋑数・量がほかよりしたまわっている。「三は五より―」。程度・作用などがわずかだ。「―声」「―過失」「影響が―」㋒年がゆかない。子供だ。「―かったころ」。(子供どうしを比べて)年下だ。「妹よりもまだ―子」㋓規模が劣る。取り立てて問題にするまでもない。「―事にこだわるな」「人物が―」 派生 **-さ -げ***

ちいさげ【小さげ】『ダナ』(いかにも)小さい、または小さそうなさま。

ちいさな【小さな】『連体』小さい。↔大きな

チーズ 牛乳などを発酵・凝固・熟成させた食品。「ナチュラル―」「プロセス―」▽cheese

チータ アフリカに生息する、哺乳(ほにゅう)類の中で走るのが最もはやい獣。チーター。▽cheetah ねこ科。

チーフ 組織や団体の首席・首領など、長の位置にある人。「―プロデューサー」▽chief　**―メート** 船舶の一等航海士。▽chief mate

チーム 共同で物事、特にスポーツの試合をする一団。▽team　**―プレー** 団体競技や仕事などで、個人の成績や名誉を超えてチーム全体の好結果のために各人が協力しあう行動。↔個人プレー。「―に徹する」▽team play　**―メート** 同じチームの仲間。▽teammate　**―ワーク** チームの共同動作。チームの連帯。▽teamwork

ちいるい【地衣類】 菌類と藻類とが共生して一体となっている植物。サルオガセ・ウメノキゴケなど。地衣。

ちいん【知音】 ①心をよく知っている友。親友。▽琴の名人が、親友の死後、自分の琴の音を知る者が居ないと嘆いた、中国の故事による。②知りあい。知人。「―の間柄」

ちうみ【血×膿】 血が混じったうみ。

ちえ【知恵・×智×慧】 物事の筋道がわかり、うまく処理して行ける能力。「―を借りる」「―をつける」(入れ知恵をする)「―が回る」(よく考えが働く)「―をしぼる」(ありったけの知恵を出す)「―の持ちぐされ」(知恵を持っていながら実際に活用しえないこと)▽単なる知識以上のものとして言う。「生活の―」。もと仏教で、惑いを去って菩提(ぼだい)に至る力。本来は「智慧」と書く。　**―しゃ【―者】** 知恵がすぐれている人。　**―づく**『五自』子供が生長につれて知恵が備わって来る。　**―ねつ【―熱】** 子供が知恵づいて来るころ、すなわち乳歯の生えるころ出て、一日ぐらいですぐ引く熱。　**―のわ【―の輪】** 色々の形をした輪で、知恵を働かしてつなぎ合わせたり抜き放したりして遊ぶもの。　**―ば【―歯】** 成人してから最後に生える、一番奥の奥歯。親知らず。　**―ぶくろ【―袋】** ①知恵が入っている袋。頭脳。知恵の全部。②仲間のうちで一番知恵がある人。　**―まけ【―負け】** 知恵があるため、あれこれと考え過ぎて、かえって失敗すること。

チェア (家具である)一人用のいす。「アーム―」▽chair　**―パーソン** 会議の議長や委員長。▽chairperson 性差別を避けた、chairman の一九七〇年代頃からの言い換え語。　**―マン** →チェアパーソン。▽chairman

チェーン ①鎖(くさり)。「自転車の―」▽chain ②「チェーン ストア」の略。　**―ストア** 一つの商店・会社の統制のもとに各地にちらばって、同種あるいは類似の商品を販売する小売店。連鎖店。チェーン店(てん)。▽同一資本によるものと組合的なものとがある。chain store

ちえき【地役】 他人の土地を自分の便益に供すること。また、その権利。「―権」

チェス 西洋将棋。▽chess

チェスト ①胸。胸部。「―パス」②貴重品などを入れる、ふたの付いた収納箱。また、整理だんす。▽chest

ちぇすと『感』敵に斬り込む時、演説が高潮した時など、激して発する掛け声。▽江戸末期に薩摩藩(さつまはん)で使い始め、明治時代に広まった。外来語らしいが語源不明。

チェッカー ①赤・黒十二個ずつのこまで、チェス盤を使ってするゲーム。②格子じま。市松模様。「―フラッグ」▽(1)の盤面に似るから。③スーパーマーケットなどのレジ係。▽checker

チェック ①『名』小切手。「トラベラーズ―」②『名』格子じまの模様。「―のハンカチ」③『名・ス他』阻止すること。抑制すること。検査して不適当なもの

を取り除くこと。「行き過ぎを―する」④『名・ス自他』目印をつけること。「帳簿に―する」。また、引き合わせて検査すること。「帳簿を―する」▽check　**―アウト**『名・ス自』ホテルなどで、料金を精算して引き払うこと。また、その刻限。↕チェック イン。▽check-out　**―イン**『名・ス自』①ホテルなどで、宿泊するための手続きをすること。また、その刻限。↕チェック アウト。②空港で、乗客が搭乗手続きをすること。▽check-in　**―ポイント**①点検や調査の際に、特に注意すべき点。②マラソンなどで、コースの途中に設けた点検地点。③検問所。▽check-point

チェリー さくらんぼ。桜桃(おうとう)。▽cherry

チェロ バイオリンを大型にしたような形の低音弦楽器。独奏・室内楽・管弦楽に使う。セロ。▽(イタリア) violoncello から。

ちえん【地縁】住んでいる土地に基づく縁故関係。↕血縁

ちえん【遅延】『名・ス自』遅れること。長びくこと。

チェンジ『名・ス自他』①交換すること。「席を―する」②変更すること。「ギアー」「イメージ―」③交替すること。特にスポーツで、攻守交替・コート交替などを指す。▽change

チェンバロ 十六〜十八世紀ごろ用いられた鍵盤弦楽器。後に発達してピアノになった。クラブサン。ハープシコード。▽(イタリア) cembalo

ちおん【地温】土地の温度。▽表面についても、地中についても言う。

ちおん【知音】「ちいん」の読み誤り。

ちか【地下】①地面の下。土の中。「―資源」。転じて、冥土。②政治運動・社会運動での非合法面。「―にもぐる」(姿を隠して秘密に運動する)「―組織」「―運動」▽「じげ」と読めば別の意。　**―けい**【―茎】植物の地中にある茎。ハス・ジャガイモ・サトイモ等にある。　**―しつ**【―室】地面より下に造った室。　**―すい**【―水】地中の砂・石・岩などのすきまや割れ目にある水。　**―てつ**【―鉄】「地下鉄道」の略。(全線)地下のトンネルを電車が走る鉄道。▽日本最初のは一九二七年、東京の浅草〜上野間に開通。　**―どう**【―道】地下にトンネル状に設けた通路。

ちか【地価】土地の売買価格。また、公示されて課税標準となる土地の価格。

ちか【治下】ある政権の支配のもと。統治下。

ちか-い【近い】『形』①そこと余り離れていない。↕遠い。㋐距離が短い。「わが家は海に―」「学校から―所」▽この意では連用形が体言にもなる。「―くを見る」「遠くの親戚より―くの他人」㋑時の距(へだ)たりが小さい。まもない。「試験に―」「完成が―」「―うちに行く」㋒人間関係で密だ。「彼は米政権に―」「党首に―筋の男」「遠くて―きは男女の仲」▽第一例のような用法では多くは権力者との関係。㋓《連体形で》血縁が離れていない。「―親類」㋔中身が似ている。大差無い。「英雄に―人物」「その態度は責任を取らないに―」②『目が―』近眼だ。派生 -さ

ちかい(ちかひ)【誓(い)】誓うこと。また、その言葉。「―を立てる」「―を破る」「―を交わす」

ちかい【地階】地下に作られた階。高層建築の、地下の階。

ちがい(ちがひ)【違い】①違うこと。違っている度合。相違。差。「味の―が分かる」「二つ―の妹」②『……に―ない』『……に―あるまい』確かな推定を表す言い方。「それでは失敗するにちがいない」「その男は一郎にちがいあるまい」

ちがい(ちがひ)【稚貝】貝類で、幼生から貝になって間もないもの。幼い小さな貝。

ちかいごと(ちかひ)【誓い言】誓いの言葉。▽雅語的。

ちがいだな(ちがひ)【違(い)棚】二枚の棚板を左右から上下くいちがいにつった棚。床の間の脇などに作る。

ちがいどころ(ちがひ)【違い所】他のと違う、特色的な所。「―に目をとめる」

ちがいない(ちがひ)【違いない】『連語』→ちがい(違)②

ちがいほうけん【治外法権】ある国の領土に居ながらその国の法律・統治権の支配を受けない特権。

ちがいめ(ちがひ)【違い目】①違った所。②筋かいに組んだ所。

ちか-う(ちかふ)【誓う】『五他』神仏や他人や自分自身に対して、この事は必ず守ると、固く約束する。「神にかけて―」「ふたりの将来を―」「心に―」

ちが-う(ちがふ)【違う】『五自』①他のもの、または正常の状態と異なる。㋐物・事が他のと一致しない。「意見が―」。予想した事柄と合わない。「いや、―」「約束が―」㋑正しいものからそれる。「道が―」。誤る。「君の答は―っている」。正常の状態・位置を失う。「気が―」「足の筋が―った」▽(2)の意の転。②《複合動詞の後の部分として》異なる向きに動く。「行き―って会えない」。交差して動く。「落花が飛び―」

ちが-える(ちがへる)【違える】『下一他』違う状態にする。㋐同じでなくする。一致させない。「表と裏で色を―」㋑まちがえる。誤る。「うっかり道を―えた」「字を読み―」。正常の位置からはずす。「首の筋を―」

ちかく【近く】①近い所。近所。「その―で会う」②……に近いころ。「夕方―になって」③《副詞的に》近いうち。「―発売する予定だ」④《接尾語的に》もう少しでその数量に達すること。「二メートル―もある大男」▽形容詞「近い」の連用形から。

ちかく【地核】地球の中心。地球の中心を占める高熱・高圧部。地心。コア。

ちかく【地殻】地球の外表の部分。

ちかく【知覚】『名・ス他』感覚器官を通じて、外界の事物を見分け、とらえること。その働き。視覚・聴覚・嗅覚・味覚・触覚など。「―神経」

ちがく【地学】地球やそれを形成する物質についての学問。地質学・鉱物学・地震学などの総称。

ちかごろ【近頃】近い過去から現在までを漠然と指す語。このごろ。近来。「―の若い者」

ちかし‐い【近しい】《形》親しい。親密だ。「―間柄」「山田さんには―くしていただいている」派生 **‐さ**

ちがたな【血刀】人などを切って、まだ血がついている刀。

ちかちか《副［と］・ス自》①あまり強くない光が繰り返して光るさま。「星が―(と)またたく」②目に断続的な痛みやまぶしさを感じるさま。「目が―する」

ちかぢか【近近】①《名・副［に］》近いうち(に)。近日中。「おめでたも―だ」「また―(に)お目にかかりましょう」▽→きんきん(近近)。②《副と》くっつきそうなほど、近い距離に。「―と顔を寄せる」

ちかづき【近付き】親しくなること。知合いになること。その相手。知合い。「お―のしるしまでに」

ちかづ‐く【近付く】《五自》①間近になる。近くなる。「舟が―」「夏が―」▽空間的にも時間的にも言う。②親しくなる。親しむようになる。「あの男には―かない方がよい」③似る。差がなくなる。「だいぶ本物に―いてきた」

ちかづ‐ける【近付ける】《下一他》①近くへよせる。近よせる。「舟を岸に―」②近よせて親しくする。「佞臣(ねいしん)を―」③似せる。差をなくす。「完成に―」

ちかって【誓って】《副》①必ず。「―真実だ」②《あとに打消しを伴って》決して。「―嘘(うそ)はつきません」▽「神に誓って」の意。

ちかば【近場】近い所。近くの場所。「―で遊ぶ」

ちかま【近間】そうは隔たらない近い所。「―に来たので寄った」▽「近場(ちかば)」はこれの転か。

ちかまわり:まはり【近回り・近×廻り】①《名・ス自》近道を通って行くこと。②《名》近所。近辺。近い所。▽(2)はやや古風。

ちかみち【近道】①《名・ス自》距離の近い道(を行くこと)。また、ぬけ道。間道。↔遠道。②《名》速成の手段・方法。はやみち。「上達の―」

ちかめ【近目】①近視眼。②比喩的に、物事の、あさはかな見方。③基準に採るのより少し近い有様。「バス停へは駅に行くより―だ」

ちがや【×茅】野原や道ばたに生える多年草。茎・葉は屋根をふくのに使う。春、葉が出る前に白絹のような穂になって咲く花を「つばな」と言い、昔はこれで火口(ほくち)を作った。根茎は薬用。▽いね科。

ちかよ‐せる【近寄せる】《下一他》①近くへよせる。近よらせる。②親しくなるようにし向ける。

ちかよ‐る【近寄る】《五自》①(人や生き物が)近くへよる。そばによる。近づく。「そばに―」②親しくなるようにする。「―りがたい存在」

ちから【力】①外に現れる働きのもと(として考えるもの)。㋐人・動物(または物)が動いたり他を動かしたりする作用をするもの。「大石をさし上げるほど―が強い」「―を入れる」(重点的に行う意にも)「―になる」(人の支えとなって助ける)「―を貸す」(手助けをする)㋑身につけた能力・実力。「数学の―がある」㋒事を行う意気込み。気力。「―を落とす」「―のこもった演技」②ものを動かす作用。㋐力(1)㋐の現れである腕力・暴力・勢力。「―ずく」「―関係」㋑《物理》物体の運動状態を変化させる作用。「風の―で車を回す」㋒他に強く影響する働き。「音楽の―が感動を呼び起こす」

ちからあし【力足】力を入れた足。また、相撲(すもう)の四股(しこ)。「―を踏む」

ちからいっぱい【力一杯】《ダナ・副》できるだけの力を出すさま。「―舟をこいだ」

ちからおとし【力落(と)し】落胆して気力が抜けること。▽多く「お―」の形で、相手へのくやみの言葉に使う。

ちからがみ【力紙】①相撲(すもう)で、力士が体をふき清めるのに使う紙。化粧紙。②とじた所などを補強するためにはる紙。③力が強くなるように祈って、寺の山門の仁王(におう)に、口でかんで投げつける紙つぶて。

ちからこぶ【力×瘤】こぶしに力を入れてひじを曲げた時、二の腕にこぶのように盛り上がる筋肉。「―を入れる」(重要視して熱心に行う、援助する)

ちからしごと【力仕事】強い力が必要な、肉体労働。

ちからしょうぶ【力勝負】わざよりも力によって決める勝負。「これは―になる」

ちからずく:づく【力ずく】①ありったけの力を出して行うこと。②道理を考えず、暴力・権力で無理にも行うこと。

ちからぞえ:ぞへ【力添え】《名・ス自》助力。援助。「お―を願います」

ちからだのみ【力頼み】援助をしてくれるものと考えて、たよりにすること。

ちからだめし【力試し】体力や能力をためすこと。

ちからづ‐く【力付く】《五自》元気になる。また、勇気が出る。「声援に―」

ちからづ‐ける【力付ける】《下一他》精神的に自信が持てるように励ます、または慰める。「病人を―」

ちからづよ‐い【力強い】《形》①頼みがいがあって心配せずに済む。気強い。「彼が居るので―」②力があふれているようで頼もしい。「―行進」派生 **‐さ**

ちからなげ【力無げ】《ダナ》元気・自信のなさそうな弱々しいさま。「―に肩を落とす」

ちからぬけ【力抜け・力△脱け】《名・ス自》気力がゆるみ、力が抜けること。落胆すること。

ちからぬの【力布】生地(きじ)が切れたりほつれたりしないように、裏側から当てる布。

ちからぶそく【力不足】《名ナノ》その役目を果たすには能力・実力が足りないこと。

ちからまかせ【力任せ】《ダナ》力(が強いの)にまかせて(乱暴に)するさま。「―に引っぱる」

ちからまけ【力負け】《名・ス自》①力を入れ過ぎて、はずみで負ける(失敗する)こと。「勝てる相撲(すもう)を

―で失った」②力不足で負ける(失敗する)こと。「海千山千が相手では―もしようがない」

ちからみずづ:み【力水】相撲(すもう)で、土俵下のすみに備えた水桶(けお)の水。力士が含んで口をすすぎ力をつける。「―をつける」

ちからもち【力持(ち)】力が強いこと。またその人。

ちからわざ【力業】強い力にたよって行うわざ。特に、力仕事。肉体労働。

ちかん【×弛緩】〘名・ス自〙↓しかん(弛緩)。▽「しかん」の慣用読み。

ちかん【痴漢】〘名・ス自〙電車内や夜道で、みだらな行為をしかける男。また、その行為(をすること)。▽もと、「ばか者」の意。

ちかん【置換】〘名・ス他〙あるものを他のものに置き換えること。

ちき【地気】①地中の空気。普通の空気より炭酸ガスが多く、酸素が少ない。②大地の精気。

ちき【知己】自分の心をよく知ってくれる人。また、単に知合い。知人。「百年の―」

ちき【稚気】子供っぽい様子・気分。「―愛すべし」

ちぎ【千木】屋根のむねの両側に交差させた長い木材。「神殿の―」

ちぎ【地×祇】地の神。国土の神。「天神―」

ちぎ【遅疑】〘名・ス自〙疑い迷って、ためらうこと。決心できず、ぐずぐずすること。「―逡巡(しゅんじゅん)」

ちぎばかり【〈扛秤〉】一貫目以上の物をはかるのに使う大きなさおばかり。ちぎり。

ちきゅう【地球】われわれ人類が住んでいる天体。太陽をまわる惑星の一つ。　**―おんだんか**【―温暖化】人類が排出する二酸化炭素などの温室効果によって、地球の平均気温が上昇する現象。気候の変動や海水位の上昇などをひき起こす。　**―ぎ**【―儀】地球の模型。球面に地球の地図を描き回転するようにしたもの。

ちきゅうせつ【地久節】皇后の誕生日の旧称。▽「天長地久」から名づけた。↓てんちょうせつ

ちぎょ【稚魚】卵からかえったばかりの魚。↕成魚

ちきょう【地峡】二つの広い陸地をつなぐ、陸地の狭まった部分。「パナマ―」

ちぎょう【知行】①封建時代に、武士に支給した土地、また後には俸禄(ほうろく)。②↓ちこう(知行)。　**―とり**【―取(り)】封建時代に、禄(ろく)を知行(1)でもらうこと。その人。また、俸禄を受けて生活する人。

ちきょうだい【乳兄弟】肉親ではないが、同じ人の乳で育てられた者どうし。

ちぎり【×扛】↓ちぎばかり。▽「ちきり」とも。

ちぎり【乳切・千切】「ちぎり木」の略。両端をやや太く、中央を少し細く削った棒。▽もと、物をになうためのもの。護身にも使う。

ちぎり【契り】①ちぎること。約束。特に、夫婦約束をすること。(男女が)交わること。「―を結ぶ」②前の世からの因縁。

ちぎりえゑ:【ちぎり絵】色紙を細かくちぎって台紙に貼って描いた絵。

ちぎ-る【契る】〘五他〙①将来のことを固く約束する。心変わりしないと互いに言いかためる。「二世(にせ)を―」②(男女の)まじわりをする。

ちぎ-る〘五他〙①(道具を使わずに)手で切って離す。㋐手先で細かく切り取る。細かく裂く。「紙を―」㋑(無理に)引いたりねじったりして取る。「ボタンを―・り取る」▽「千切る」とも書く。②《動詞の連用形に付いて接尾語的に》その動作を強める語。「ほめ―」

ちぎれぐも【ちぎれ雲】ちぎれて浮かぶ(小さい方の)雲。

ちぎれちぎれ　いくつにもちぎれた状態。

ちぎ-れる〘下一自〙切れて離れる。㋐いくつにも裂ける。「―・れて流れる雲」㋑もぎ取ったような状態になる。「ひもが―」「ボタンが―・れて落ちる」「犬が尾を―ほどに振る」▽「千切れる」とも書く。

チキン　ひなどりの肉。また、鶏肉。▽chicken　**―ライス**　飯に鶏肉・玉ねぎ・グリンピース等を加えて油でいため、トマトケチャップなどで味をつけたもの。▽chicken と rice とによる和製英語。

ちぎん【地銀】「地方銀行」の略。

ちく【地区】ある観点でくぎって考えた、やや広い土地。「この―の住民」「文教―」▽↓ちたい(地帯)

ちく【×馳駆】①〘名・ス自〙(馬を駆って)走りまわること。「世界を―する」②〘名・ス他〙駆使すること。「難語も巧みに―して」

ちく〖*竹〗チク たけ　①たけ。「竹林・竹木・竹馬・新竹・爆竹・斑竹・孟宗竹(もうそうちく)・筮竹(ぜいちく)」②管楽器。ふえ。「糸竹管絃(かんげん)」③文字を書きつけるための竹片。「竹帛(ちくはく)」

ちく〖*築〗〖築〗チク きずく つく　土をつきかためて、基礎をつくる。建造物をたてる。つく。きずく。「築城・築港・築邸・築造・築七年・造築・構築・建築・新築・移築・修築・改築・増築」

ちく〖畜〗チク　①人間に養われる動物。「畜生(ちくしょう)・畜類・畜産・家畜・役畜(えきちく)・人畜無害・有畜農業」②牛馬犬鶏などを飼う。「牧畜・飼畜」▽本来、たくわえる意。

ちく〖蓄〗チク たくわえる ためる　①少しずつ寄せ集めてとっておく。ためる。たくわえ。「蓄積・蓄財・蓄髪・蓄力・蓄電池・蓄音器・蓄膿(ちくのう)症・貯蓄・備蓄・蘊蓄(うんちく)・含蓄」②やしなう。かう。「蓄妾(ちくしょう)」

ちく〖逐〗〖逐〗チク おう　①おいはらう。おいかける。「逐鹿(ちくろく)・逐電・駆逐・放逐」②順にしたがう。順々にする。「逐一・逐日・逐次・逐語訳・逐条審議」③きそいあらそう。「角逐」

ちぐ【痴愚】おろかなこと。

ちくいち【逐一】〘名・副〙一つ一つ順を追って。もらさずに全部。「―報告する」「今までの―を聞いた」

ち

ちぐう【知遇】人格・識見などを見抜いた上での厚い待遇。「―を得る」「―を受ける」

ちくおんき【蓄音器】音を吹き込んだレコードを回し、音波に再生して聞くための装置。

ちくご【逐語】解釈・翻訳などで、原文の一語一語に忠実に合わせて行くこと。逐字。「―訳」「―的」

ちぐさ【千草】①いろいろの草。「庭の―」②「千草いろ」の略。もえぎ色。▽「ちくさ」とも言う。

ちくざい【蓄財】《名・ス自》財産(金銭)をためること。また、その財産。

ちくさん【畜産】家畜を飼って、人間の生活に利用する産業。「―学」

ちくし【竹紙】①若竹の繊維で作った、書画用の紙。▽もとは中国から輸入。↓とうし(唐紙)。②薄い鳥の子紙。

ちくじ【逐次】《副「に」》順序を追って次々に。順次。「―刊行する」

ちくじ【逐字】↓ちくご

ちくじつ【逐日】《副》日がたつのに従って。日ましに。

ちくしゃ【畜舎】家畜を飼い養うための建物。家畜小屋。

ちくしょう【畜生】①けだもの。また、鳥獣虫魚の総称。▽人に養われて生きているものの意。②人をののしって、人に価しないものの意で使う語。③《感動詞的に》広く、ののしりの言葉として使う。「―、またしくじった」 **―どう**【―道】①《仏》生前の悪行のむくいで死後に落ちる畜生の世界・境遇。三悪道・六道の一つ。②人倫上許せないような間がらでの色情。 **―ばら**【―腹】女が一回に二人以上の子供を産むことをいやしめて言った語。

ちくじょう【築城】《名・ス自他》城、拠点となる陣地を築くこと。▽軍事用語として広くは、防御を強化する工事を陣地に施すことも含む。

ちくじょう【逐条】《名・副》箇条を追って。順に従って一条一条。「―審議」「―列挙する」

ちくせき【蓄積】《名・ス他自》たくわえていくこと。たくわえたもの。また、たまること。「資本の―」「―された知識」「疲労が―する」

ちくぜんに【×筑前煮】鶏肉(とりにく)・蓮根(れんこん)・ごぼう・にんじん・干し椎茸(しいたけ)などを油で炒(いた)め、しょうゆ・砂糖で甘辛く煮た料理。▽福岡県筑前地方の郷土料理。「いり鶏」とも言う。

ちくぞう【築造】《名・ス他》(城・ダム・堤防などを)築きつくること。

ちくぞう【蓄蔵】《名・ス他》たくわえしまっておくこと。たくわえて、外には出さないこと。「―貨幣」

ちくちく ①《副「と」》針・刺(とげ)など先のとがった物で繰り返し刺すさま。「バラの刺が―(と)刺す」「―(と)縫う」②《副「と」・ス自》心身に感じる、針で刺したような連続的な痛みのさま。「腹が―(と)痛む」「髭(ひげ)の剃(そ)りあとが―する」「―(と)いやみを言う」

ちくてい【築庭】《名・ス自他》庭園を構築すること。造園。

ちくてい【築堤】《名・ス自他》つつみを築くこと。また、築いたつつみ。

ちくっと《副・ス自》一瞬、針で刺されたような痛みを感じるさま。ちくりと。「時々胸が―する」

ちくでん【蓄電】《名・ス自》(電池などに)電気を蓄積すること。 **―き**【―器】①電気をたくわえるための装置。②↓コンデンサー(1)。 **―ち**【―池】電気を、化学エネルギーの形で蓄積する装置。バッテリー。

ちくでん【逐電】《名・ス自》逃げて行方(ゆくえ)をくらますこと。▽稲妻を追うように急ぐ意。

ちくと《副》①ちょっと(ばかり)。「―思い知らせよう」「おでんで―一杯」②↓ちくっと

ちくにく【畜肉】家畜の肉。牛肉・豚肉など。

ちくねん【逐年】《名・副》物事が年ごとに進行するさま。年々。「―の増設」「―物価が上がる」

ちくのうしょう【蓄×膿症】副鼻腔(ふくびこう)などに、うみがたまる病気。

ちくば【竹馬】たけうま。「―の友」(共に竹馬で遊んだというような幼い時の友)

ちくはく【竹×帛】書物。歴史書。「―に名をとどめる」▽紙が発明される前の中国で、文字を竹の札や帛(きぬ)に書き記したことから。

ちぐはぐ《ダナ・ス自》(組になった)二つ以上のものがくいちがってそろわないさま。「―な対応」「―の手袋」「話が―する」 派生 **―さ**

ちくはつ【蓄髪】《名・ス自》いったん、そり落とした髪の毛を再びのばすこと。

ちくび【乳首】①乳房の先の突き出たところ。ちちくび。②ちくび(1)の形に似せて作った乳児用品。

ちくふじん【竹夫人】↓だきかご

ちくよう【畜養】《名・ス他》①家畜を飼い、養うこと。②魚介類を出荷する前に一時いけすなどで飼育すること。「―まぐろ」▽(2)は「蓄養」とも書く。

ちくり《副と》①針などで(一回)突いたり刺したりするさま。「はちに―と刺される」②心身に一瞬感じる、針で刺したような痛みのさま。「―と皮肉を言う」

ちくりょく【畜力】車や耕具を引く家畜の力。家畜の労働力。

ちく-る《五自他》《俗》告げ口をする。「先生に―」

ちくるい【畜類】けだもの。また、家畜。

チクロ 砂糖の三〇倍も甘い人工甘味料の一つ。シクロヘキシルスルファミン酸ナトリウムの俗称。▽有害のおそれが強く、日本では一九六九年に使用禁止。

ちくろく【逐△鹿】政権や地位を得ようとして争うこと。▽↓ちゅうげん(中原)

ちくわ【竹輪】すりつぶした魚肉を、竹のくしの周りにぬりつけて、焼き、またはむした食品。▽切り口が竹の輪に似ているから言う。

チゲ 肉・魚介・豆腐・野菜などを味噌(みそ)や唐辛子風味

の調味料で煮込んだ朝鮮の鍋料理。「キムチー」▽朝鮮語。

ちけい【地形】地表の高低・起伏のありさま、海・湖との境界線、川の形などを総括した、土地の形態。▽「じぎょう」と読めば別の意。

ちげき【地隙】地表がひび割れたように、かなりの幅・深さで落ち込んで走る筋。「ーで行軍が渋滞する」

チケット 入場券・乗車券・回数券など、切符。▽ticket

ちけむり【血煙】血がほとばしり飛び散る様子を煙にたとえた言い方。「ーをあげる」

ちけん【知見】見て知ること。見、観察、考察して知り得た内容(と見解)。「外国旅行で大いにーを広くする」「最近の研究で得たーを示す」

ちけん【地検】「地方検察庁」の略。→けんさつちょう

ちけん【地権】土地の所有・利用や居住についての権利。「多人数のーが入り組んでいて収用が困難だ」 **ーしゃ**【ー者】土地を所有・利用する権利者。

ちけん【治験】薬の効き目(を臨床的に確かめる検定)。「ーが著しい」「ー薬」(検定される薬)

ちご【稚児】①社寺で、祭礼・法事の行列に着かざって参加する子供。②男色の相手方となる少年。 **ーわ**【ー輪】頭上に二つの輪を作った昔の子供の髪の結いかた。はじめ、堂上家(どうじょうけ)の公達(きんだち)が元服前に結ったが、のち童女の髪となり、大正ごろまでは行われた。

ちこう【地溝】断層にはさまれて生じた、細長く、くぼんだ土地。

ちこう【治効】治療の効果。

ちこう【知行】知識と行為。「ー合一」▽「ちぎょう」と読めば別の意。

ちこう【遅効】おくれて、ききめが現れること。↔速効。「ー性肥料」

ちこく【治国】国を治めること。 **ーへいてんか**【ー平天下】一国を治めて、更に進んで天下を安んじること。

ちこく【遅刻】《名・ス自》(人が)きめられた時刻に遅れること。

ちこつ【恥骨】外部生殖器のすぐ上にある、下腹の骨。

ちさ【〈萵苣〉】→レタス

ちさい【地裁】「地方裁判所」の略。

ちざい【知財】「知的財産」の略。「ー戦略」(所有する特許などの差を売り込む戦略)

ちさき【地先】「じさき」(1)とほぼ同じ。「二丁目五番ーの道路で交通事故」「ー水面」(ある地区に続く前面の水面)

ちさん【治山】木を植え造林するなどして、山をととのえること。「ー治水」

ちさん【遅参】《名・ス自》遅刻して来ること。

ちさんちしょう【地産地消】地元で産した物を地元で消費すること。→ち【地】(2)(イ)

ちし【地誌】ある地方の地理のことを書いた書物。

ちし【知歯・×智歯】ちえば。

ちし【致仕】①《名・ス自》官職を辞して隠居すること。②《名》七十歳。▽昔、中国の官吏の停年が七十歳だったところから。

ちし【致死】他人を死に至らせること。「過失ー」 **ーいでんし**【ー遺伝子】正常の寿命より早い時期に死をひきおこす遺伝子。 **ーりょう**【ー量】薬物や放射能などで、人の生命を奪うに足る最少量。

ちじ【知事】都道府県の長。現在は、任期四年で住民により直接公選される。▽事をつかさどる人の意。

ちしお【血潮・血×汐】①(流れ出る)血。「ーに染まる」②比喩的に、熱血。熱情。「若いー」

ちしき ①【知識】ある事柄について、いろいろと知ること。その知りえた内容。「電気のーがある」「ー欲に燃える」②【×智識】[仏]㋐物事の正邪を判別する智慧(ちえ)と見識。㋑知徳のすぐれた僧。善智識。 **ーかいきゅう**【知識階級】知的労働に従事する社会層。インテリゲンチア。 **ーじん**【知識人】知識・教養がある人。

ちじき【地磁気】地球自身が持っている磁気。

ちじく【地軸】①地球の自転の中心軸。南北両極を結び、公転軌道面に対して約六六・五度に傾斜している。②大地の中心を貫き、大地を支えるものと見る軸。「ーを揺るがす響き」

ちしつ【地質】地殻を形作っている岩石や地層の性質・状態。「ー学」▽「じしつ」と読めば別の意。 **ーじだい**【ー時代】地球の表面に岩石や地層が出来てから歴史時代に至る時代。生物の進化に関連して、先カンブリア時代・古生代(その初めがカンブリア紀)・中生代・新生代に区分、更に紀・世・期に細分する。

ちしつ【知×悉】《名・ス他》《名詞用法は「ーの」の形で》知りつくすこと。細かい点まで知っていること。「内情をーしている」▽「悉」は全部の意。

ちじつ【遅日】なかなか暮れない日。日なが。▽春の日について言う。

ちしゃ【〈萵苣〉】→レタス

ちしゃ【治者】国を治める人。統治者。

ちしゃ【知者・×智者】①道理をわきまえた、かしこい人。「ーは水を楽しみ、仁者は山を楽しむ」②ちえがある人。③智識(ちしき)が高い僧。▽(2)(3)を「知者」と書くのは代用表記。

ちしょう【地象】土地に起こる現象。地震・山くずれなど。↔天象

ちしょう【致傷】《名・ス他》傷を負わせること。けがをさせること。

ちしょう【知将・×智将】知恵があって作戦がじょうずな将軍。

ちじょう【地上】①地面の上。土地の上。↔地下・空中。▽→りくじょう。②この世。↔天上。「ーの楽園」 **ーけん**【ー権】物権の一つ。他人の所有する土地で、家を建てたり木を植えたりしてその土地を使う権利。

ちじょう【痴情】(異性への)愛情のために理性を失った感情。色情に迷う心。

ちじょうい【知情意】人間の精神活動の根本である、知性と感情と意志。

ちじょく【恥辱】はじ。はずかしめ。「―を受ける」

ちしん【池心】池の中心の所。

ちじん【地神】地の神。くにつかみ。地祇(ちぎ)。

ちじん【痴人】ばかな人。おろか者。

ちじん【知人】互いに知っている人。知合い。「古い―」

ちしんじ【遅進児】学業の進み方がおそい児童。学業遅進児。

ちず【地図】一定の地域の状態を縮尺して平面に描いた図。「―帳」「勢力―」

ちすい【治水】〘名・ス他〙川などに工事し、運輸・灌漑(かんがい)の便をはかったり、洪水にならないようにすること。また、それに関する行政。「治山―」

ちすいかふう【地水火風】〔仏〕一切の物を構成する元素。四大。▽「空(くう)」を加えて「五大」と言う。

ちすじ【血筋】①親・子・孫等の血のつながり。血統。「―を引く」「―は争われない」②血液が体内を流れめぐる筋道。

ちせい【地勢】地形の起伏、海面との位置関係など、土地のありさま。

ちせい【治世】①よく治まった世の中。太平の世。②君主として世の中を治めること。その期間。「―二十年」

ちせい【知性】物事を知り、考えたり判断したりする能力。「―が低い」「―的」

ちせいがく【地政学】政治的な現象とそれが生じた地理的条件との関係を研究する学問。▽ドイツ Geopolitik の訳語。「地政治学」とも言う。

ちせき【地積】土地の面積。

ちせき【地籍】その土地がだれのものかという、土地の所属。「―台帳」

ちせき【治績】国・民をよく治めたという功績。「―があがる」

ちせつ【稚拙】〘名・ダナ〙技術や作品が子供っぽくへたなこと。「―な絵」 派生 ―さ

ちそ【地租】旧法で土地に対して課した収益税。

ちそう【地層】泥・砂・火山灰などが層状に堆積(たいせき)したもの。化石などを含む。

ちそう【地相】①土地のありさま。地形。②土地のありさまから判断される吉凶。

ちそう【×馳走】〘名・ス他〙①客への供応。②転じて、りっぱな料理。▽現在では、多く「ご―」の形を使う。もと、走り回る意。

ちそく【遅速】速いか遅いかということ。「開花に―がある」

ちぞめ【血染め】血をつけて真赤にすること。血が多量について赤くなること。「―のハンカチ」

ちたい【地帯】(帯状に)ある程度の広がりを持つ一定の地域・場所。「工業―」「安全―」▽地域に言う時には「地区」より広いのを指す。

ちたい【痴態】ばかげたふるまい等の様子。「―を演じる」

ちたい【遅滞】〘名・ス自〙期日に遅れること。物事の運びが悪く、はかどらないこと。「―なく届けよ」▽法令文としての「―なく」は、「ただちに」より即効性が弱く、しかるべき理由があれば遅延が認められるが、「すみやかに」よりは強い。

ちだい【地代】→じだい(地代)

ちたつ【遅達】普通よりも遅れた配達・通達。

ちだつ【×褫奪】〘名・ス他〙はぎとること。とりあげること。「官位を―する」

チタニウム →チタン。▽titanium

ちだるま【血△達磨】全身に血を浴びて、赤いだるまのようになること。

チタン 金属元素の一つ。元素記号 Ti 岩石、土の中に化合物として存在する。強い耐食性・弾力性を持ち、航空機などの金属材料に、また反応容器・電極などにも利用する。▽ドイツ Titan

ちち【父】①親である男。②比喩的に、新しいものの開祖。先駆となった偉大な男性。「現代統計学の―」▽配偶者の男親を言うこともある。関連 父親・父君・お父さん・パパ・おやじ・家父・厳父・父上・尊父・愚父・慈父・実父・継父・養父・義父・舅(しゅうと)・岳父

ちち【乳】①乳腺から分泌される白い液。②ちぶさ。▽→ち(乳)

ちち【遅遅】〘ト タル〙物事の進み方が遅くのろのろしているさま。「審議は―として進まない」「春日(しゅんじつ)―」

ちぢ【千千】数が非常に多いこと。さまざま。細かくたくさん。「心が―に乱れる」

ちちおや【父親】男親。ちち。↔母親

ちちかた【父方】父の血統に属していること。「―の伯母(おば)」

ちぢか‐む【縮かむ】〘五自〙(身体が)ちぢんで動作が不活発になる。「寒くて指先が―」

ちちくさ‐い【乳臭い】〘形〙①乳のにおいがする。②比喩的に、幼稚だ。未熟だ。「まだ―少年」 派生 ―さ

ちちくび【乳首】ちくび。

ちちく‐る【乳繰る】〘五自〙(男女が)人目をしのんでたわむれる。密会する。▽「乳繰」は当て字。

ちぢく‐れる【縮くれる】〘下一自〙〔俗〕縮れる。

ちぢこま‐る【縮こまる】〘五自〙恐ろしかったり寒かったりして、体をまるめ小さくなる。

ちちぶ【△秩父】「秩父絹」の略。丈夫で、衣服の裏地などに多く使う。▽埼玉県秩父地方から産する。

ちぢま‐る【縮まる】〘五自〙縮んだ状態になる。特に、長さが短くなる。間隔が狭くなる。「両者の差が―」

ちぢみ【縮(み)】①ちぢむこと。②「縮織り」の略。

チヂミ 水で溶いた小麦粉に刻んだ具を混ぜ、鉄板に流し入れて平たく焼いた、朝鮮の料理。「海鮮―」▽朝鮮語。

ちぢみあが‐る【縮み上がる】〘五自〙非常な恐ろしさや寒さに身をすくめ小さくなる。「肝(きも)が―」

ちぢみおり【縮(み)織(り)】横糸にやや強いより糸を使って織り、練ってしわを寄せた織り方。また、その織物。ちぢみ。

ちぢ-む【縮む】《五自》長さ・大きさ・間隔が詰まって(しわが寄り)小さくなる。「洗ったらシャツが—んだ」「無駄を削れば文章が三分の二に—はず」「あまりの恐ろしさに命が—」「身の—思い」

ちぢ-める【縮める】《下一他》ちぢむようにする。「無理を重ねて寿命を—」「首を—」(首を引っ込める)「少し削って寸法を—」「半分に—めた(=縮尺した)図」

ちちゅう【地中】地の中。土の中。地下。地面の下。

ちちょう【×弛張】《名・ス自》→しちょう(弛張)。▽「しちょう」の慣用読み。

ちぢら-す【縮らす】《五他》縮れるようにする。

ちぢれげ【縮れ毛】ちぢれた毛。ちぢれっけ。

ちぢ-れる【縮れる】《下一自》しわが寄ったり、細かくうねったり巻いたりして、縮まる。「—れた髪」

ちちんぷいぷい《名・感》幼児が頭をぶつけたり転んですりむいたりした時、(他の人または自分が)その痛くした所をなでながら唱える語。「—をしたから、もう大丈夫」

ちつ【×帙】書物を保護するために包むおおい。厚紙に布などをはって作る。和本に使う場合が多い。

ちつ【×膣】哺乳(ほにゅう)類の雌性生殖器の一部。子宮から体外に通じる管。

ちつ〖秩〗チツ チチ ①物事に順序次第をつける。また、その順序次第。ついで。「秩序・品秩」②つかさ。くらい。官職地位。「官秩・宗秩寮」③家臣が君主から受ける給与。「秩米・秩禄(ちつろく)」

ちつ〖窒〗チツ ①物がいっぱいになって通らない。ふさぐ。ふさがる。「窒息」②「窒素」の略。「窒化物」

チッキ 鉄道旅客がその乗車券を使って送る手荷物。また、その引換証。合符(あいふ)。「—で送る」▽今は制度廃止。check から。

ちっきょ【×蟄居】《名・ス自》家の中にとじこもって外出しないこと。▽「蟄」は虫が地中にこもる意。

チック ①《接尾》…的。「おとめ—」▽「ティック」とも。英語の接尾語 -tic から。②《名》顔や首などの筋が不随意の収縮をリズミカルにくりかえす症状。▽tic ③《名》「コスメチック」の略。

ちっこう【竹工】竹を使って工芸品を作る細工。それを業とする人。

ちっこう【築港】《名・ス自》船舶が停泊するのに便利なように、港湾に必要な工事を施すこと。また、そうしてできた港。

ちっし【窒死】《名・ス自》窒息して死ぬこと。

ちつじょ【秩序】物事の正しい順序・筋道。「—立てて話す」。社会などが整った状態にあるための条理。「安寧—」「無—」

ちっそ【窒素】気体元素の一つ。元素記号N。無色・無臭・無味で、空気の体積の五分の四を占める。化合物は、肥料・火薬など用途が広い。 —ひりょう【—肥料】窒素を多く含む肥料の総称。油粕(あぶらかす)・硫安・尿素・堆肥・石灰窒素など。

ちっそく【窒息】《名・ス自》息がつまったり、酸素が欠乏したりして、呼吸がとまること。

ちつづき【血続き】同じ血筋(1)に属すること。親類であること。

ちっと《副・ノダ》〔俗〕ちょっと。少し。「仕上がりまでもう—だ」「—は勉強しろ」「あと—の辛抱だ」「—ばかり待ってくれ」▽「ちと」の促音化した形。 —やそっと《連語》〔俗〕《多くは打消しを伴って》わずかばかりのこと。「—では動じない」「—の助力をしてもだめだ」「—稼いでも焼け石に水だ」

ちっとも《副》《打消しを伴って》少しも。全然。「—知らなかった」。少しの間も。「—じっとしていない」

チップ ①《名》こころづけ。祝儀(しゅうぎ)。茶代。「—をはずむ」②《名・ス自》野球で、ボールがバットをかすること。「ファウル—」▽(1)(2)は tip ③《名》薄く細かく切ったもの。「ポテト—」。特に、パルプの原料にする木材の小片。④《名》コンピュータの集積回路の基板。▽(3)(4)は chip

ちっぽけ《名ナ》〔俗〕いかにも小ぶりなこと。「—な魚」。小規模。「—だが活気のある会社」

ちてい【地底】大地のそこ。非常に深い地下。

ちてい【池亭】池のほとりに設けた建物。

ちてき【知的】《ダナ》知識・知性に富んでいるさま。「—な所がない」。知識に関係があるさま。「—理解だけではだめだ」 —ざいさん【—財産】一定の価値が認められる知的創作活動の成果。著作、特許技術など。「—権」 —しょうがい【—障害】知的な発達が遅れ、社会生活において困難を伴う状態であること。▽精神遅滞、精神薄弱に代わる名称。 —しょゆうけん【—所有権】知的創作活動の結果得られた成果を使用する権利の総称。特許権・商標権などの産業財産権と、著作権などから成る。知的財産権。▽intellectual property rights の訳語。

ちデジ【地デジ】「地上デジタル テレビ放送」の略。地上アンテナからデジタル信号で送信するテレビ放送。

ちてん【地点】土地の、ある一点(と見てよいほどの狭い範囲)。「折り返し—」

ちと《副ノ》少し。ちょっと。「—おこりっぽい」「—(=あまり)見掛けない顔だ」「—お遊びにおいでなさい」▽古風。

ちとう【池×塘】池のつつみ。また、池。

ちどうせつ【地動説】太陽が地球を回るのでなく、地球が太陽のまわりを回るという説。コペルニクスが唱えた。↕天動説

ちとく【知得】《名・ス他》理解し自分のものとすること。知ること。

ちとく【知徳・×智徳】知識と道徳。「―を磨く」

ちとせ【千△歳】千年。また、長い年数。 **―あめ**【―×飴】七五三の祝いに売られるあめ。さらし水あめを煮つめて棒状にし、紅白に染めたもの。

ちどめ【血止め】傷から血の流れ出るのを止めること。そのための薬。 **―ぐさ**【―草】葉をもんで汁を血止めに使う多年草。冬も枯れず、夏から秋にかけて、白または紫を帯びた小花が十個ほど集まって咲く。▽うこぎ科。

ちどり【千鳥】水辺に群れとなってすむ鳥。哀調を帯びた声で鳴く。背は暗褐色、腹・ほおは白い。あしはゆびが三本。▽ちどり科。 **―あし**【―足】酒に酔った人が左右によろめいて歩くこと。また、その歩き方。▽敵が巣に近づいたときの千鳥の歩き方から。 **―がけ**【―掛(け)】斜めに交差させること。特に、糸を互いに斜めに交差させてかがること。 **―ごうし**【―格子】格子柄の名。模様の形が千鳥が群れ飛んでいるように見えるところから言う。

ちどん【遅鈍】『名ナ』動作がおそく頭の働きがにぶいこと。気転がきかないこと。派生 **-さ**

ちない【地内】→じない。▽「鉄道会社の付属地内」など、…の内の意の時は「地」を「ち」と読む。

ちなまぐさ-い【血×腥い】『形』血のにおいがする、また、流血を見るような残酷なさまだ。「―事件」派生 **-さ**

ちなみ【△因(み)】①ゆかり。縁。②《「―に」の形で接続詞的に》今述べた事との縁で次の事を持ち出すとの気持を表す。それにつけて。「庭には梅が多い。―に(言えば)梅は故人が愛した花である」

ちな-む【△因む】『五自』ある事のゆかりによって結びつく。「生まれた土地に―んで名をつける」

ちにく【血肉】→けつにく

ちにちか【知日家】外国人で、日本の事情に通じている人。

ちぬ クロダイの別称。▽関西で言う。

ちぬき【血抜き】食用の魚や鶏などから血を出すこと。また、臭みを取るため、調理前のレバー・鶏がらなどの血を洗い流すこと。

ちぬ-る【血塗る】『五自』刀などに血をぬる結果になる行為をする。戦ったり、人を殺したりする。「―られた日曜日」「刃(やいば)に―」(刀で人を殺す)

ちねつ【地熱】→じねつ

ちのあせ【血の汗】『連語』『―を流す』事をなしとげるために、非常に努力する。「血の汗を流して翻訳を完成させる」

ちのあめ【血の雨】『連語』非常な流血事件。▽「―が降る」「―を降らす」の形で使う。

ちのいけ【血の池】地獄にあって、生前悪い事をした者が落ちるという、血をたたえた池。

ちのう【知能・×智能】頭の働き。頭のよさ。「―が低い」 **―けんさ**【―検査】心理学的に定義された知能がどの程度であるかを一定の方法で調べる検査。 **―しすう**【―指数】知能検査による、知能の程度を表す指数。IQ。 **―はん**【―犯】知能を使ってする犯罪。詐欺・背任・横領・偽造行使など。その犯人。↔強力犯(ごうりきはん)

ちのう【×智×嚢】ちえぶくろ。

ちのうみ【血の海】『連語』一面に流れ広がった血。「―の中をのたうち回る」

ちのけ【血の気】①血のかよっている様子。血色。「―が引く」(怒りや恐れなどのため顔色が青白くなる)「―のない顔」②激しやすい気性。血気。「―の多い青年」

ちのなみだ【血の涙】『連語』非常に悲しんで目を赤く泣きはらした状態のたとえ。涙がかれて血が出るほどの悲しみ。▽漢語「血涙」を訓読みにした語。

ちのみご【乳飲み子・乳×呑(み)子】まだ乳を飲んでいるような幼児。赤ん坊。乳児。

ちのみち【血の道】①血脈。②婦人病。血の病。

ちのめぐり【血の巡り】『連語』①血の循環。②転じて、頭への血行、つまり頭のはたらき。「―がいい」

ちのり【血×糊】①血がねばるのを糊(のり)にたとえて言う語。また、物にねばりついた血。②演劇などで使う、ちのり(1)に似せて作ったもの。

ちのり【地の利】『連語』土地の形勢、または占めている土地の位置が有利なこと。「―を得る」「―、人の和」

ちのわ【×茅の輪】夏越祓(なごしのはらえ)の時、神社の参道に設ける、チガヤで作った輪。これをくぐれば病気が避けられるという。▽→なごし

ちはい【遅配】『名・ス自他』配給・配達・支給が正規の期日より遅れること。▽→はいきゅう(配給)。今は主に、月給などの支払いや郵便物の配達が遅れることに言う。

ちばし-る【血走る】『五自』眼球が充血する。「―った目」▽熱中・興奮したときの目について言うことが多い。

ちはつ【×薙髪】『名・ス自』→ていはつ

ちばなれ【乳離れ】『名・ス自』①乳児が成長し(普通の食事に近い)食物がとれるようになり、乳を飲まなくなること。その時期。離乳(期)。②比喩的に、子供が自立すること。「いくつになっても―できない」

ちはらい【遅払(い)】給与や代金の支払いが遅れること。

ちはん【池畔】池のほとり。

ちばん【地番】土地登記簿に登録するために土地に付けた番号。「―整理」

ちび『名ナ』①背が低いこと。そういう人。②年の幼い者、また、大きさの小さいもの。▽親しんで、また、からかって言う。

ちびちび『副[と]』わずかずつ、時間をかけて物事をするさま。「―(と)酒を飲む」「金を―(と)貯(た)める」

ちひつ【遅筆】文章・手紙などを書くのが、おそいこと。↔速筆

ちびっこ【ちびっ子】幼い子供を親しんで言う語。「―広場」

ちびふで【×禿筆】毛の先がすり切れた筆。とくひつ。

ちひょう【地表】地球、または土地の表面。

ちびょう【乳×鋲】（城門など）門の扉や蔵の壁に付ける、乳首に似た形の金具。「―を打った大扉」

ちびりちびり〘副［と］〙→ちびちび

ち-びる【×禿びる】〘上一自〙先がすり切れる。先がすれてへる。「―びた筆」「―びた下駄(げた)」

ちひろ【千△尋】一ひろの千倍。また、はかりしれない深さ。

ちぶ【恥部】①陰部。②物事について人に知られては恥ずかしい部分。「都会の―」

ちぶさ【乳房】ヒトなど哺乳(ほにゅう)動物の雌の胸・腹部にあり、乳汁を出すための隆起した器官。

チフス 感染症である腸チフス・パラチフス・発疹(ほっしん)チフスの総称。特に、腸チフス。→ちょうチフス。▽ドイツ Typhus「チブス」とも言う。もと、「窒扶斯」と当てた。

ちぶつ【地物】地上にある、自然・人工のすべての物。軍隊では特に「地形」に対し、地上にあって敵の目または砲火から身をかくす物。「地形―の利用」

ちぶん【地文】→ちもん

ちへい【地平】①大地の平らな面。②地平線。③(物事を考察していく際の)視界。俗に、領域。「新たな―を開く」▽③は、もと、現象論の用語。ドイツ Horizont の訳語。 ―せん【―線】大地の果てと天とが接するように見える線。

チベットぶっきょう【チベット仏教】チベット・ネパール・モンゴルなどで行われる仏教の一派。大乗仏教と密教の混合したもの。俗称、ラマ教。▽「チベット」は、Tibet

ちへど【血△反吐】口からはく血。

ちへん【地変】地上の変異。土地の陥没・隆起や、噴火・地震など。地異。「天災―」

ちほ【地歩】自分がいる地位・立場。「着々と―を固める」▽もと、自分の勢力が及んで自由に歩きまわれる土地の意。

ちほう【地方】①(国内の)ある一定の地域。②首都以外の地域。↕中央。「―機関」③旧軍隊で、軍以外の一般社会。「―人の考え方が抜けない」▽「じかた」と読めば別の意。 ―ぎんこう【―銀行】地方にあって一定の区域内で営業する、普通銀行。地方産業への融資が主要業務。地銀。 ―こうきょうだんたい【―公共団体】ある一定の土地を基礎とする公共団体。都道府県、市区町村など。 ―さいばんしょ【―裁判所】下級裁判所の一つ。原則として第一審を行う。地裁。 ―じちたい【―自治体】→ちほうこうきょうだんたい。 ―しょく【―色】ある地方の自然・風俗・人情から受ける独特の感じ。ローカル カラー。 ―ぜい【―税】地方公共団体が徴収する租税。都道府県税と市町村税がある。↕国税。 ―だんたい【―団体】→ちほうこうきょうだんたい。 ―ちょう【―庁】ある行政区画内の行政事務を行う機関。都道府県庁などの総称。 ―ちょうかん【―長官】都道府県知事の旧称。 ―ぶんけん【―分権】統治の権能が地方公共団体(地方の勢力)に分け与えられていること。↕中央集権

ちほう【痴×呆】認知症の以前の呼び名。

ちぼう【知謀・×智謀】知恵にあふれる、うまい計略。

ちまう〘連語〙〔俗〕……てしまう。→しまう㈠(2)

ちまき【×粽】茅(ち)や笹(ささ)の葉で巻いて蒸した餅。端午の節句に食べる。

ちまた【×巷】①道が分かれる所。②転じて、にぎやかな通り。街中(まちなか)。「歓楽の―」「―の声」③場所。「戦いの―」▽「道(ち)股(また)」の意。

ちまちま〘副［と］・ス自〙(ゆとりがなく)小さくまとまっているさま。「―(と)した家」「小銭を―(と)使う」

ちまつり【血祭(り)】①出陣の際、敵方のスパイなどを殺して、士気をふるい立たせること。②転じて、何かの発端に人を切ること。「―に上げる」▽昔、中国で、出陣の際、いけにえを殺してその血で軍神を祭ったことから。

ちまなこ【血眼】血走った目。「―になって捜す」(夢中で走り回って捜す)

ちまみれ【血△塗れ】〘ダけ〙一面に流血で染まること。血だらけになること。「―の包帯」

ちまめ【血豆】血がまじった肉刺(まめ)。

ちまよ-う【血迷う】〘五自〙逆上して理性を失う。「何を―ったか」

ちみ【地味】作物栽培についての、土地の生産力。「―が肥えている」▽「じみ」と読めば別の意。

ちみ【×魑魅】山の中のばけもの。すだま。転じて、一般にばけもの。 ―もうりょう【―×魍×魎】種々の妖怪変化(へんげ)。さまざまのばけもの。→もうりょう

ちみち【血道】〘―を上げる〙色恋・道楽などに、すっかり熱中する。▽「血道」はもと、血が体内をめぐる道。血脈。

ちみつ【緻密】〘ダナ〙①きめ・細工が細かいさま。②細かい所まで行きとどいているさま。「―な神経」 派生 ―さ

ちみどろ【血みどろ】〘ダけ〙血まみれ。また、苦闘するさまのたとえ。「―の生活を続ける」

ちめ【血目・血△眼】(病気や逆上のため)充血した目。

ちめい【地名】土地の呼び名。

ちめい【知名】〘名ナ〙世間に名がよく知られていること。著名。「―の士」「―度が高い」

ちめい【知命】(数え年)五十歳のこと。▽論語の「五十にして天命を知る」による。

ちめいしょう【致命傷】①死ぬ原因となる傷。②転じて、再起できないようになった原因。「汚職が内閣の―となった」

ちめいてき【致命的】〘ダナ〙死・失脚・滅亡・失敗の原因となるほど重大であるさま。いのちとり。「―な

打撃」

ちもく【地目】 土地の現状・使用目的などによってその種類を示す分類名。▽田・畑・宅地・鉱泉地・山林・墓地・公衆用道路など多くの区分がある。

ちもん【地文】 ①大地のありさま。山地・河川・湖沼など。▽「ちぶん」とも言う。②「地文学」の略。 **―がく【―学】** 地球と他の天体との関係、地球を包む気圏や地球上に起こるいろいろの現象について研究する学問。地学・気象学などを総合して言う。

ちゃ 『連語』「ては」の転じた形。「議論しなくーいけない」「なんとも思っーいない」

ちゃ【*茶】 チャ サ ①『名・造』中国原産の暖地性常緑低木。茶の木。「茶畑」▽つばき科。②『名・造』茶⑴の若葉をむして乾燥し、飲料用品としたもの。また、それに湯をさして飲物としたもの。「(お)茶を挽(ひ)く」(茶の葉を粉にして抹茶を作る。転じて、芸妓(げいぎ)・娼妓(しょうぎ)等が、客が取れないでいる。昔、遊里で手があいている女に茶を挽かせたところから)「(お)茶をいれる」「さあ、お茶にしよう」「茶にする」(ばかにする。ちゃかす)「お茶をにごす」(その場をとりつくろう。ごまかす)「煎茶・抹茶・番茶・紅茶・緑茶・粗茶・新茶・喫茶(きっさ)・点茶・茶房(さぼう)・茶亭・茶店(ちゃみせ)・茶代・茶菓(さか)・茶話(さわ・ちゃばなし)・茶園」▽「麦茶」「そば茶」「菊花茶」など茶の葉を使用しない飲料にも、「茶」と呼ぶものがある。③茶をたててのむ作法。「茶道(さどう)・茶の湯・茶室・茶巾(ちゃきん)・茶筌(ちゃせん)・茶会・茶人」④『名・造』茶を煮出した色。黒みを帯びた赤黄色。「茶の地(じ)」「茶色・茶褐色・こげ茶・海老茶(えびちゃ)・鶯茶(うぐいすちゃ)」⑤ちゃかすこと。いいかげん。おどけ。「茶番」

チャージ ①『名・ス自他』充電すること。②『名・ス自他』自動車などに燃料を入れること。③『名・ス自他』ICカードなどに入金すること。④『名』料金。「テーブルー」⑤『名・ス自他』ラグビー・サッカーなどで、身を投げ出して相手の攻撃をはばむこと。⑥『名』一気に攻め立てる(追い上げる)こと。「猛ーをかける」▽charge

チャーシュー【×叉△焼】 ↓やきぶた。▽中国語。

チャーター 『名・ス他』船・飛行機・車などを雇い入れること。雇った乗り物。▽charter

チャート ①地図。海図。②図表。グラフ。「治療のフローー」「月間ヒットー」「株価ー」▽⑴⑵は chart ③水中生物の死骸などが堆積してできた固い岩石。「深海ー」「ー製の石器」▽chert

チャーハン【×炒飯】 ↓やきめし。▽中国語。

チャーミング 『ダナ』魅力があるさま。人の心を引きつけるさま。魅惑的。▽charming 派生 -さ

チャーム 人の心をひきつけること。魅力。「ーポイント」▽charm 以前はサ変動詞にも使った。

チャイム ①音階に音を合わせた一組の鐘(の音)。また、それによる音楽。②玄関などにつける、呼び出し・連絡・合図の音の仕掛け。▽chime

チャイルド シート 自動車の座席に固定する幼児用の椅子。幼児を衝突時の衝撃などから守るためのもの。▽child と seat とによる和製英語。

ちゃいれ【茶入(れ)】 茶の葉を入れておく容器。

ちゃいろ【茶色】 『名ナ』黒味を帯びた赤黄色。▽形容詞化して「茶色い」とも言う。

ちゃう 『連語』〔俗〕……てしまう。↓しまう㈠⑵

チャウ【茶宇】 「茶宇じま」の略。はかま地にする薄地の絹織物。▽もと、インドのチャウル(Chaul)産で、ポルトガル人がもたらしたもの。

ちゃうけ【茶請け】 茶を飲むときに食べる菓子・つけ物など。茶菓子。▽普通「おー」の形で言う。

ちゃうす【茶臼】 茶の葉をひいて抹茶とするのに使う石臼。

チャウダー 魚介類・野菜などを煮こんだ濃厚なスープ。「クラムー」▽chowder

ちゃえん【茶園】 茶の木を栽培している園。茶畑。さえん。

ちゃか【茶菓】 ↓さか(茶菓)

ちゃかい【茶会】 客を招いて、茶を供する集会。茶の湯の会。

ちゃがかる【茶掛(か)る】 『五自』①茶色みを帯びる。「ーったコート」②茶室風で、風雅だ。「ーった離れ」

ちゃがけ【茶掛(け)】 茶席にかける掛け物。

ちゃがし【茶菓子】 お茶に添える菓子。

ちゃかす【茶化す】 『五他』冗談のようにしてしまう。からかう。また、冗談のようにしてごまかす。▽「茶化」は当て字。

ちゃかちゃか 『副[と]・ス自』①性格・振舞いなどが、にぎやかで軽率なさま。「ーした人」②スイッチなどを幾度も押す音。そのさま。「チャンネルをー(と)変える」

ちゃがま【茶釜】 湯をわかすのに使うかま。茶の湯などで用い、口が狭く、鐶(かん)がつけられるもの。

ちゃがゆ【茶×粥】 煎じた茶で、または茶袋を入れて、炊いたかゆ。

ちゃがら【茶殻】 茶を煎じ出した残りかす。

ちゃき【茶器】 ①抹茶や煎茶に使う道具。茶道具。②抹茶を入れておく器。

ちゃき【茶気】 ①茶道の気。茶道の心得。②風雅の気味。浮世ばなれした気質。③ちゃめけ。いたずら気分。

ちゃきちゃき ①嫡流。正統。生粋(きっすい)。「ーの江戸っ子」②その仲間の中で、はぶりがよく幅がきく者。「鈴木は新入生中のーだ」▽「嫡々」の転。

ちゃきん【茶巾】 茶の湯で、茶碗(ちゃわん)をぬぐうのに使う麻のふきん。 **―しぼり【―絞り】** さつま芋・あずきなどを、ゆでたり蒸したりしてすりつぶし、茶巾でしぼった和菓子。

ちゃく【*着】 チャク ジャク(ヂャク) きる きせる つく つける ①衣服などを身につける。きる。↕脱。「着用・着衣・着帽」②身につけ

る。みだりに自分のものにする。「着服」③つく。ぴったりとついて離れない。「土着・執着・粘着・恋着・密着・愛着・膠着(こうちゃく)・着席・活着・接着・定着」④ゆきつく。とどく。↔発。「東京着三時」「着岸・着信・到着・発着・先着・帰着・終着」⑤おちついている。「着実・落着・沈着・横着」⑥つける。かかわりをもつ。「着手・着眼」⑦衣服を数えるのに言う。「背広一着」⑧囲碁で、石をうつこと。「第一着をおろす」「敗着」⑨到着の順序をいう。「第一着・三着・着順」⑩助字として用いる。「瞞着(まんちゃく)・悶着(もんちゃく)・逢着(ほうちゃく)」▽もと「著」の略字。

ちゃく〖嫡〗チャク テキ ①正妻。本妻。↔妾。「嫡妻・嫡出・嫡女・正嫡」②本妻の生んだ子。本妻の生んだあとつぎの子。よつぎ。↔庶。「嫡子・嫡男(ちゃくなん)・嫡出子・嫡嗣・嫡孫」③正しいあととりの血すじ。本流。正統。「嫡流」

ちゃくい【着意】《名・ス自》気をつけること。「―して道を求めた」

ちゃくい【着衣】《名・ス自》着ている着物。また、着物を着(てい)ること。「―(水)泳」

ちゃくえき【着駅】到着先の駅。「―払い」

ちゃくがん【着岸】《名・ス自》(船・浮遊物などが)岸に着くこと。

ちゃくがん【着眼】《名・ス自》大事な所だと、目をつけること。目のつけかた。「―がいい」 **―てん**【―点】目のつけどころ。

ちゃくざ【着座】《名・ス自》座席につくこと。席にすわること。

ちゃくし【嫡子】家の跡つぎをする(はずの)子。普通は、嫡出の長男。

ちゃくじつ【着実】《名・ダナ》うわついた所がなく、確実に物事を行うこと。「―な進歩」「―に業績を伸ばす」 派生 **―さ**

ちゃくしゅ【着手】《名・ス自》仕事に手をつけること。とりかかること。「新しい研究に―する」

ちゃくしゅつ【嫡出】正妻が生むこと。法律上の婚姻関係にある夫婦間に生まれること。正出。「―子」

ちゃくじゅん【着順】競走などで到着した順序。「―判定」

ちゃくしょう【着床】《名・ス自》細胞分裂の始まった受精卵が、子宮内膜に定着すること。その後、胎盤が形成されて妊娠が始まる。

ちゃくしょく【着色】《名・ス自他》色をつけること。いろどり。彩色。「―料」(着色用材料)

ちゃくしん【着信】《名・ス自》電子メール・(携帯)電話・郵便・電報などの通信が到着すること。

ちゃくじん【着陣】《名・ス自》①陣地に到着すること。②公卿(くぎょう)が役所の列座につくこと。

ちゃくすい【着水】《名・ス自》空から水面に降りて着くこと。↔離水。「水上飛行機が―する」

ちゃく-する【着する・△著する】①《サ変自》㋐(ある場所に)つく。とどく。㋑くっつく。②《サ変他》身につける。きる。

ちゃくせい【着生】《名・ス自》(植物が)他の物に付着して生育すること。▽ノキシノブなどの生育法。付着している物から養分を摂取しない点が、「寄生」と異なる。

ちゃくせき【着席】《名・ス自》座席に着くこと。着座。

ちゃくせつ【着雪】《名・ス自》雪が電線などに付着すること。また、その付着した雪。「―注意報」

ちゃくせん【着船】《名・ス自》船が港に着くこと。また、その着いた船。

ちゃくそう【着想】《名・ス自他》(構想上の)工夫・考え。アイデア。それを思いつくこと。「数年前に―した技術」

ちゃくそん【嫡孫】嫡子の、その嫡子。

ちゃくたい【着帯】《名・ス自》妊娠して五か月目に腹帯(岩田帯)をしめること。また、それを祝うこと。

ちゃくたい【着隊】《名・ス自》人員や資材が、部隊など隊と名の付くものに到着すること。

ちゃくだつ【着脱】《名・ス他》付属品などを本体に着けることと取りはずすこと。身につけたり脱いだりすること。「―しやすい靴」

ちゃくだん【着弾】《名・ス自》撃った弾丸が目標(付近)に落ちること。「―距離」

ちゃくち【着地】《名・ス自》空中から地表(地面・床)におり立つこと。「宇宙船が無事―した」「車輪が滑走路に―する瞬間の事故」「体操で―がきまる」▽航空機には普通「着陸」というが、宇宙船やヘリコプターにはどちらも使える。航空機でも部分に着目した時には「着地」が使える。

ちゃくちゃく【嫡嫡】嫡子から嫡子へと家をついで行くこと。そのようにして、ついで来た家筋。正統の血脈。嫡流。「源家の―」

ちゃくちゃく【着着】《副「と」》物事が次々に、確実にはかどるさま。「―(と)準備を進める」「―と経験を積む」

ちゃくでん【着電】《名・ス自》電信が到着すること。また、その到着した電信。

ちゃくなん【嫡男】嫡出の(最初の)男子。

ちゃくにん【着任】《名・ス自》任地に到着すること。また、新しい任務につくこと。

ちゃくはつ【着発】①到着と出発。発着。②〔軍事〕何か物体に当たった瞬間に爆発すること。「―信管」

ちゃくばらい(―ばらひ)【着払い】荷物などの代金・送料を、受取人が支払うこと。

ちゃくひつ【着筆】《名・ス自》①文章を書きはじめること。②字を書く筆を紙面などにつけること。筆のつけかた。

ちゃくふく【着服】《名・ス他》人に知れないように盗んで(不正な手段を使って)、自分の物にすること。「公金の―」

ちゃくぼ【嫡母】父の正妻。▽特に、庶子から言う言葉。

ちゃくメロ【着メロ】携帯電話に着信があった合図に

鳴るメロディー。「―を選ぶ」▽商標名。

ちゃくもく【着目】『名・ス自』(重要だとして)気をつけて見ること。目のつけかた。着眼。「特異な才能に―する」

ちゃくよう【着用】『名・ス他』服装・装具類を身につけること。「シート ベルトの―」

ちゃくりく【着陸】『名・ス自』(飛行機などが)空中から陸上に着くこと。↔離陸。▽→ちゃくち

ちゃくりゅう【嫡流】①総本家の系統。本家の家筋。「源氏の―」②正統の流派。嫡々。

チャコ 裁縫で、衣服の生地を裁つ時、目印をつけるのに使うチョーク。種々の色がある。▽chalk から。

チャコール グレー 黒に近い灰色。消し炭色。▽charcoal(=木炭) grey

ちゃこし【茶×漉(し)】煎茶のかすをこす道具。小さな網に柄をつけたもの。

ちゃさじ【茶×匙】①→ちゃしゃく(1)。②紅茶などに添えるさじ。ティー スプーン。

ちゃじ【茶事】茶の湯に関する事柄、特に、茶会。

ちゃしつ【茶室】茶会をする部屋。茶席。

ちゃしぶ【茶渋】茶を煎じたしるのあか。茶碗(ちゃわん)や急須などに付着する。

ちゃしゃく【茶×杓】①抹茶をすくいとる、細長く小さなさじ。多く竹製。茶さじ。②→ちゃびしゃく

ちゃじん【茶人】①茶の湯を好む人。茶道に通じた人。②転じて、風流な人。更に、一風変わった人。「犯人は相当に粋(いき)好みの―だから」(坂口安吾「不連続殺人事件」二十四)

ちゃせき【茶席】茶をたてる座席。茶室。

ちゃせん【茶×筅】①抹茶をたてる時、茶をかき回すための道具。小さな竹筒の下半分を細く割り、その先を内側に曲げたもの。②「茶筅髪」の略。 **―がみ**【―髪】髪の結い方の名。㋐女が髪を後ろで束ね、短く切ってひもで結び、垂らしたもの。▽もと、未亡人が結った。㋑男が髪を後ろで束ね、もとどりを組緒で巻き、先を茶筅のような形にしたもの。

ちゃだい【茶代】①茶店に休んだとき、茶の代として支払う代金。②旅館・飲食店などで、普通の代金以外に与える心づけ。チップ。

ちゃたく【茶×托】茶わんをのせる、小さい皿形の台。

ちゃだち【茶断ち】『名・ス自』ある事の成就(じょうじゅ)を願って、自分の心にきめた一定期間、茶を飲まないこと。

ちゃだな【茶棚】茶道具を載せておく、棚。

ちゃだんす【茶×簞×笥】茶道具・飲食器などを入れておく、たなのある箱型の家具。

ちゃち『ダナ』〔俗〕安っぽいさま。本格的でなく、つまらないさま。「―な造作」「―に見える」

ちゃちゃ【茶茶】『―を入れる』人が話す脇からひやかし、じゃまをする。

ちゃっか【着火】『名・ス自他』火が着くこと。火を着けること。 **―てん**【―点】発火点。

ちゃっか【着荷】『名・ス自』荷物が到着すること。また、到着した荷物。▽「ちゃくに」とも言う。

ちゃっかり『副[と]・ス自』自分の得になるように、抜け目なく振舞うさま。要領のよいさま。「―(と)便乗する」「―(と)手を回して品物を確保する」「―した人」

ちゃっきん【着金】『名・ス自』送金が到着すること。

チャック ①→ファスナー。▽日本で作られた商標名。②工具・加工物を固くつかむ、一種の回転万力(まんりき)。▽chuck

ちゃづけ【茶漬(け)】飯に熱い茶をかけること。その、茶をかけた飯。

ちゃっけん【着剣】『名・ス自』銃剣を銃の先に取りつけること。

ちゃっこう【着工】『名・ス自』工事にとりかかること。工事を始めること。

ちゃづつ【茶筒】茶の葉を入れておく円筒形の容器。

チャット『名・ス自』コンピュータ ネットワーク上で、リアル タイムに複数の人が文字を入力するなどして会話を交わすこと。▽chat(=雑談)

ちゃつみ【茶摘(み)】晩春・初夏に茶の木の芽や葉を、飲料品の原料にするために摘み取ること。「紅だすきを掛けた―のおとめ」「―唄」

ちゃてい【茶亭】掛け茶屋。茶店。

ちゃてい【茶庭】茶室に付属する、つくばい・灯籠・飛び石等を配置した庭。露地(ろじ)。

ちゃどう【茶道】①→さどう(茶道)(1)。▽江戸時代までは「ちゃどう」が普通。②茶坊主のこと。

ちゃどうぐ【茶道具】→ちゃき(茶器)(1)

ちゃどころ【茶所】茶を多く産する土地。「静岡は―だ」

チャネル →チャンネル

ちゃのこ【茶の子】①茶請け。②彼岸会(ひがんえ)の供養(くよう)。また、仏事の供え物・配り物。③農家などで、朝食前に仕事をする時などにとる、簡単な食事。④腹にたまらないこと。転じて、物事がたやすいこと。「お―さいさい」

ちゃのま【茶の間】①家族が食事をする部屋。多くは台所の隣にある。②茶室。

ちゃのみともだち【茶飲み友達】茶飲み話を楽しむような間がらの友人。▽年を取ってからの、同じ年ごろの恋人や結ばれた老配偶者を指すことがある。

ちゃのみばなし【茶飲み話】いっしょに茶を飲みながら気軽にする世間話。ちゃばなし。

ちゃのゆ【茶の湯】客を招いて、茶をたててすすめること。茶会。また、その作法。茶道。

ちゃば【茶葉】①飲料としての茶の原料となる、茶の木の葉。「―を摘む」②蒸す・発酵させるなどの加工後、乾燥させた茶の葉。「紅茶の―」

ちゃばおり【茶羽織】①茶人が着る短い羽織。②女性が着る、丈が腰のあたりまでの短い羽織。▽一九五〇年ごろ大塚末子が考案。茶羽織(1)とは全く別。

ちゃばこ【茶箱】緑茶を詰め、保管・運搬に用いる木製

の箱。湿気を防ぐため内側に錫(ず)を張るなどする。

ちゃばしら【茶柱】 茶を茶碗(ちゃわん)についだとき、中に縦に浮かぶ茶の茎。▽俗に、吉事の前兆とする。「—が立ったから、よいことがあるぞ」

ちゃばな【茶花】 茶席用に、投入れに生ける、その季節の花。「—の黒椿(=花が暗紅紫色の珍しいツバキ)」

ちゃばなし【茶話】 →ちゃのみばなし

ちゃばら【茶腹】 一時にたくさん茶を飲んで、茶でいっぱいになった腹(ぐあい)。「—も一時(いっとき)」(茶を飲んだだけでも、しばらくは空腹がしのげる意で、わずかばかりのものでも一時しのぎになることを言う)

ちゃばん【茶番】 ①客のために茶をたてる役。②㋐「茶番狂言」の略。ありふれたものを材料として、しぐさで、こっけいな事を演じる座興。㋑比喩的に、ばからしい、底の見えすいた物事。「とんだ—を演じる」

ちゃびしゃく【茶△柄×杓】 茶の湯その他で、湯を釜からくみ取るのに使う小さいひしゃく。ちゃしゃく。

ちゃびん【茶瓶】 ①茶を煎じる釜または土瓶。②はげ頭をからかって言う語。「はげ—」

ちゃぶくろ【茶袋】 ①茶を詰めて湯の中に入れ、煎じ出すための小さい袋。②茶を入れて保存しておくための袋。

ちゃぶだい【△卓×袱台】 折りたためる足の付いた、低い食卓。▽「ちゃぶ」は、中国音の転。

ちゃぶね【茶船】 →かわぶね。▽用途や構造による、それぞれの名がある。

ちゃぶや【△卓×袱屋】 開港場で、外国人や下級船員などを客とする居酒屋。▽幕末・明治初期の語。

チャペル (学校・病院等の構内に設けた)キリスト教の礼拝堂。▽chapel

ちゃほ【茶舗】 →ちゃや(1)

チャボ【〈矮鶏〉】 ニワトリの一品種。小形で、足が短く、尾は長く直立している。主として愛玩用。▽インドシナの占城(チャンパ)から渡来した。

ちゃほうじ【茶×焙じ】 番茶を火にかけてあぶる道具。

ちゃぼうず【茶坊主】 ①武家で茶道の事をつかさどった役。▽頭をそっていたので「坊主」と言う。②権力者におもねり、その威を借りていばる者を、ののしって言う語。▽茶坊主(1)にこの傾向が強かったから。

ちやほや 『副[と]・ス自他』おだてたり機嫌をとったりするさま。「子供を—(と)甘やかす」「取り巻きが—する」

ちゃぼん【茶盆】 茶器をのせる盆。

ちゃみ【茶味】 ①茶道の趣味・あじわい。②転じて、風雅の趣。

ちゃみせ【茶店】 道端や行楽地などに、よしずなどを掛け渡して、腰かけて休めるようにした小さな店。掛け茶屋。休み茶屋。

ちゃめ【茶目】 『名・ダナ』子供っぽい、こっけいないたずらをすること。そういうことをする性質・人。「—っ気(け)を出す」▽→おちゃめ

ちゃめし【茶飯】 ①煎茶やほうじ茶と、塩少々で炊いた飯。②だしとしょうゆで炊いた飯。▽炊き上がりが茶色いことから。

ちゃや【茶屋】 ①製した茶を売る店。茶舗。▽(2)と区別して「葉茶屋(はぢゃや)」とも言う。②客を休ませる(のが本来の)次のような店。㋐茶店。掛け茶屋。休み茶屋。水茶屋。▽→ちゃみせ。㋑客に飲食・遊興をさせる店。▽道端や社寺の境内にあった㋐に近いものから、料理茶屋(今の料理屋)や待合(まちあい)まで含まれる。関西で「お—」と言うのはこの待合のこと。㋒相撲(すもう)・芝居の小屋に付属し、また遊郭で登楼する前に使った、客を休ませたり案内したりする店。▽それぞれ「相撲茶屋」「芝居茶屋」「引手(ひきて)茶屋」とも言う。現在、芝居茶屋・引手茶屋は無い。なお「出合茶屋」は、→であい(1)㋑。③茶室(の建物)。 **—こや【—小屋】** →ちゃや(2)㋑。 **—ざけ【—酒】** 茶屋(2)㋑で飲む酒。

ちゃら 〔俗〕差し引きゼロであること。無いこと。「円高で儲(もう)けは—だ」「この話は—にしよう」

ちゃらちゃら 『副[と]・ス自』①小さな金属性のものが連続してふれ合う音。「ブレスレットが—(と)揺れる」「鍵を—させる」②外見が派手で、安っぽいさま。「—した服装」③軽率で、落着きがないさま。「—(と)遊び歩く」「—した人」

ちゃらつかす 『五他』ちゃらちゃら音を立てることで、ある意向を示す。見せびらかす。「金を—せて承諾を迫る」

ちゃらっぽこ 〔俗〕でたらめ。でまかせ。「—を抜かすな」。また、それを言う人。

ちゃらんぽらん 『名・ダナ』〔俗〕しっかりした考えがなく、その場かぎりでいい加減なこと。そういう言葉。「—に暮らす」「—を言う」「—な男」 派生 **-さ**

ちゃり【茶利】 こっけいな文句または動作。また、浄瑠璃で、こっけいな語り物。

チャリティー 慈善。「—ショー」(慈善基金集めを目的とする催し)「—コンサート」▽charity

ちゃりょう【茶寮】 →さりょう

チャルメラ らっぱに似た木管楽器。屋台の中華そば屋などが吹いて歩く。▽(ポルトガル) charamela

チャレンジ 『名・ス自他』①試合・戦いや困難なことにいどむこと。挑戦。②テニスなどで、判定に異議を申し立てること。▽challenge

チャレンジャー 『名・ダナ』挑戦者。挑戦的な人。「—な人を応援」。狭くは、選手権保持者に挑戦する資格を得た者。▽challenger

ちゃわ【茶話】 ちゃのみばなし。さわ。 **—かい【—会】** 茶を飲みながら少人数で話し合う会。さわかい。

ちゃわん【茶×碗】 茶を飲んだり、飯を食べたりする陶磁器。 **—むし【—蒸(し)】** ゆり根・かまぼこ・ぎんなんなどを入れた器に、出し汁で味付けした溶き卵を注いでふたをし、蒸した日本料理。

ちゃん〔俗〕父。↕おっかあ⑴。▽庶民でも最下層でしか使わなかった語。

=ちゃん《人を表す名詞に付けて》親しみを伴う呼び方。「一郎―」「おばあ―」▽「さん」の転。苗字(みょうじ)には付けないのが普通。

ちゃんぎり →すりがね

ちゃんこなべ【ちゃんこ鍋】 相撲(すもう)部屋で料理番が調理し、力士たちが食べる具沢山の鍋料理。▽料理屋や家庭で作る同じような鍋料理にも言う。

チャンス 機会。好機。「絶好の―」▽chance

ちゃんちゃらおかし-い(…をかしい)《形》〔俗〕問題にならないほどばからしい。笑止千万だ。

ちゃんちゃん ①《名・副［と］》鉦(かね)をたたく音。えたい知れぬ音。「狸(たぬき)ばやしとでも言はうか、えたい知れぬ―の音添えて」(太宰治「創世記」) ②《副［と］》手際よく。決まりよく。きちんと。「月々のものも―と送って来たから好かつたが」(夏目漱石「三四郎」)「何でも―(と)やる」③→ちゃんちゃんこ

ちゃんちゃんこ 袖なしの羽織。多くは綿入れで、長めのチョッキ風。

ちゃんと ①《副・ス自》すべきことをきちんと行うさま。「仕事を―する」。規準にかなって整っているさま。「ゆがめず―並べた」。《連体修飾の「―した」の形で》まともな。「―した人物」「―した会社に勤める」②《副》ぬかりなく。まさしく。「―知ってるぞ」

チャンネル ①テレビで、各放送局に割り当てられた電波の周波数(につけた番号)。②(有線・無線やコンピュータなどの通信で)それを通して情報が送られる通信路。▽channel

ちゃんばら〔俗〕刀できりあうこと。ちゃんちゃんばらばら。「―映画」

チャンピオン 選手権保持者。優勝者。第一人者。「世界―」「―ベルト」▽champion

ちゃんぽん ①かわりばんこ。また、二種以上のものを併用すること。「酒とビールを―に飲む」②肉・野菜・かまぼこなどを炒(いた)め合わせ、スープと麺を加えて煮た料理。長崎名物の一つ。

ちゆ【治癒】《名・ス自》病気・けがなどが直ること。

ちゆう【知勇・×智勇】 知恵と勇気。「―兼備」

ちゆう【知友】 互いに深く心を知り合っている友。

ちゅう ふち《連語》……という。……って。「なん―か」▽「という」の転。促音「っ」が前に入ることもある。「どうっ―ことはない」「やるっ―話だ」。「(っ)つう」とも言う。↓って・てえ

ちゅう【*中】 チュウ ジュウ なか うち あたる ―①まんなか。「中心・中央・中点・中分・中日(ちゅうにち)・中核・中枢・中堅・中軸・中天・正中」②物と物との間。「中継・中傷・中間」③なかほど。㋐過不足のない程度。かたよらない。「中正・中立・中和・中庸・中道」㋑《名・造》平均のところ。上下・大小などのなかほど。「中ぐらいの成績」「中旬・中秋・中年・中流・中腹・中学校・中小企業」㋒平凡な。なみの。「中人」④うちがわ。㋐ある範囲のうち。「中外・中庭・心中・胸中・意中・眼中・掌中・懐中・夢中・渦中・嚢中(のうちゅう)・市中・車中・船中・集中・熱中・空気中・十中八九」㋑なかまうち。「連中・講中(こうじゅう)・女中」㋒ある時期の間。うち。「中途・中座・中断・中退・最中・寒中・忌中・道中・途中・今週中」。ある事をしている途中。「授業中・お話し中・相談中・進行中」㋓ある範囲の全体。「四六時中・二六時中」。以下「ジュウ」と読む。「世界中・家内中・一年中」⑤あたる。投げたものが目的にあたる。予想と事実が一致する。毒にあたる。「中毒・卒中・必中・命中・的中・適中」⑥「中国」の略。「訪中・日中」⑦「中学校」の略。「一中・付属中・中三」⑧取引で、「中限(ちゅうぎり)(なかぎり)」の略。

ちゅう【*仲】 チュウ なか ―①人と人とのあいだ。なか。「仲人・仲介・仲裁」②二番目。つぎ。兄弟の二番目。まんなか。↕孟・季。「仲兄・仲秋・伯仲」

ちゅう【*忠】 チュウ ―①心の中にいつわりがない。まこと。まごころ。まめやか。「忠信・忠誠・忠実」②主君に専心つくそうとするまごころ。臣下としてまごころをつくす。「忠義・忠臣・忠僕・忠犬・忠勤・忠節・忠君愛国・忠勇・誠忠・尽忠・不忠」

ちゅう【*沖】 チュウ おき ―①深い。「沖積」②なんにもないうつろな状態。「沖虚」③とぶ。高くとびあがる。「沖天」

ちゅう【*注】【注】 チュウ そそぐ つぐ さす ―①川が流れそそぐ。水を流し入れる。水をかける。そそぐ。「注水・注入・注射」②一点に向けてあつめる。「注意・注目・傾注」③書きしるす。「注文(ちゅうもん)・注進」④《名・造》本文の間に書き入れて、意味をあきらかにする。ときあかす。「注を参照する」「注釈・注解・注疏(ちゅうそ)・校注・補注・頭注・脚注・訓注・割注(わりちゅう)・集注」▽「註」も同じ。

ちゅう【*柱】【柱】 チュウ はしら ―①はしら。物のささえとなるもの。垂直に立てたもの。「柱礎・柱石・支柱・円柱・石柱・鉄柱・氷柱・火柱・電柱・門柱」②琴や琵琶(びわ)などの弦をささえるもの。じ。ことじ。

ちゅう【駐】【駐】 チュウ とどまる とどめる ―車馬がとまる。とめる。行列などが一定の所にとまる。派遣された軍隊などがある期間住む。「駐車・駐軍・駐輦(ちゅうれん)・駐歩・駐在・駐屯・駐箚(ちゅうさつ)・駐留・進駐」

ちゅう【人註】 チュウ チュ ―《名・造》本文にことばをつけ加えて、意味をときあかす。その説明。「註を加える」「註疏(ちゅうそ)・註解・註釈」▽「注」より生じたもの。現在は、「注」を用いる。↓ちゅう〔注〕④

ちゅう【×誅】 チュウ ―①《名・造》罪ある者をせめる。とがめる。つみする。「誅に伏する」「誅罰・筆誅」②罪ある者をせめころす。

「誅伐・誅戮(ちゅうりく)・族誅・天誅」

ちゅう【*虫】【蟲】チュウ むし ―むし。特に昆虫。「鳥虫・回虫・幼虫・成虫・益虫・害虫・寄生虫・虫媒花・虫様突起」▽本来「虫」は音「キ」で、「蟲(チュウ)」とは別字。

ちゅう【*宙】チュウ(チウ) ―①おおぞら。天。「宇宙」②《名・造》地面から離れた所。「宙に迷う」「足が宙に浮く」。覚えていて、書いた物にたよらない。「宙で言う」

ちゅう【抽】チュウ(チウ) ぬく ぬきんでる ―①はまっているものをひきぬく。ぬきとる。「抽斗(ちゅうと・ひきだし)」②多くの中からぬき出す。「抽出・抽籤(ちゅうせん)・抽象」

ちゅう【*昼】【晝】チュウ(チウ) ひる ―①日の出から日の入りまで。ひるま。↔夜。「昼夜・昼日・昼間・白昼」②正午を中心とした時間。「昼食・昼飯」

ちゅう【衷】チュウ ―①まんなか。かたよらない。「衷正・折衷」②心の中。まごころ。「衷心・衷情・和衷・苦衷・微衷」

ちゅう【厨】チュウ ズ(ヅ) くりや ―①台所。調理するところ。「厨房・厨芥(ちゅうかい)・厨人・庖厨(ほうちゅう)」②はこ。ひつ。「厨子(ずし)」▽正字は「廚」。

ちゅう【鋳】【鑄】チュウ(チウ) シュ いる ―とかした金属を型に流しこんで器物を作る。「鋳造・鋳金・鋳鉄・改鋳・新鋳」

ちゅうい【中位】①中程度のくらい。②まんなかの位置。

ちゅうい【中尉】陸海軍の尉官の第二位。大尉の下、少尉の上。

ちゅうい【注意】《名・ス自他》①気をつけること。気をくばること。「細心の―を払う」。用心すること。警戒。「車に―する」②そばから気をつけるように言うこと。忠告。「先生から―される」「よその子を―したら逆切れされた」 **―じんぶつ**【―人物】行動を常に注意されている、危険(不良)人物。

ちゅういん【中陰】〔仏〕→ちゅうう

チューインガム 口中に含んで、かみながら味わう菓子。ガム。▽chewing gum

ちゅうう【中有】〔仏〕人が死んでから、次の生を受けるまでの間。死後の四十九日間とすることが多い。中陰。「―に迷う」

ちゅうおう【中央】①空間的にまんなかの位置。「―アメリカ」②働きの上で中心となっている位置。また、その位置にあるものや場所。「―政府」「―郵便局」▽「地方」に対し政権のある所を指す場合がある。 **―しゅうけん**【―集権】政治上の権能が中央政府に統一集中されること。↔地方分権

ちゅうおし【中押し】囲碁で、途中で勝負が明らかになったとき、最後まで争わず勝負を決めてやめること。

ちゅうおん【中音】高くも低くもない音。音楽で、アルトまたはテノール。

ちゅうか【中華】①中国で、漢民族が、周囲の国・民族よりすぐれているという信念から自国を呼んだ称。「―思想」②《接頭語的に》「中国の」の意。「―鍋」 **―りょうり**【―料理】中国で発達した料理。また、中国風の料理。中国料理。

ちゅうか【仲夏】夏半ばの一か月。陰暦では五月。

ちゅうかい【仲介】《名・ス他》両者の間にはいって、とりついだり、まとめたりすること。なかだち。あっせん。「―の労をとる」

ちゅうかい【×厨×芥】炊事場から出る食物のくず。

ちゅうかい【注解・×註解】《名・ス他》→ちゅうしゃく

ちゅうがい【中外】うちとそと。国内と国外。

ちゅうがい【虫害】農業・園芸で、虫のために受ける損害。

ちゅうがえり【宙返り】《名・ス自》①(手をつかず)空中で縦方向に体を回転すること。②航空機が垂直方向に空中で回転すること。

ちゅうかく【中核】核心。中心(2)。「組織の―となる人物」

ちゅうがく【中学】「中学校」の略。

ちゅうがくねん【中学年】低学年と高学年の中間のもの。小学校では三・四年。

ちゅうがた【中形・中型】①大形と小形の中間。②中ぐらいの大きさの型紙で模様の部分を白く残して染めたもの。そういうゆかた。

ちゅうがっこう【中学校】小学校を終えた者に、普通教育を行う学校。▽現在は三年制の義務教育、旧制のは五年制で義務教育ではない。

ちゅうかん【中×浣・中×澣】月半ばの十日間。中旬。▽→じょうかん(上浣)

ちゅうかん【中間】①二つのものの間、特に、まんなかのあたり。「―点で引き返した」。二つの事物の間にあること。「―搾取」②程度や性質などが、両極端または対立するものの一方に、片寄ってはいないこと。「―を採って意見を調整する」「―小説」(娯楽性に富むが大衆小説ほど娯楽一点張りではない小説。第二次大戦後しばらくの称)③終わるまでの途中であること。「―報告」▽「ちゅうげん」と読めば別の意。 **―し**【―子】素粒子の一種。質量が電子と陽子との中間にあることから言う。 **―しょく**【―色】→かんしょく(間色)

ちゅうかん【忠×諫】《名・ス自》まごころをつくしていさめること。忠義の諫言(かんげん)。

ちゅうかん【昼間】昼の間。ひる。ひるま。↔夜間

ちゅうき【中期】①(初期・前期、または終期・後期に対し)中ごろの時期。②→なかぎり

ちゅうき【中気】→ちゅうぶ(中風)

ちゅうき【注記・×註記】《名・ス他》文章の本体に注や補足をつけること。その注や補足。「―事項」

ちゅうぎ【忠義】『名ナノ』主君や国家に対し、まごころを尽くして仕えること。忠節。忠誠。 **―だて【―立て】** 忠義を押し通すこと。また、忠義らしく振舞うこと。

ちゅうきゅう【中級】（初級・上級に対し）中ぐらいの段階・等級。

ちゅうきゅう【×誅求】『名・ス他』（税金などを）手きびしくせめつけて取り立てること。「苛斂(かれん)―」

ちゅうきょり【中距離】①長距離・短距離に対し、中くらいの距離。「―バス」「―ミサイル」②一般に陸上競技で八〇〇メートルと一五〇〇メートルの競走種目、水泳競技で四〇〇メートルと八〇〇メートルの競泳種目のこと。

ちゅうぎり【中△限】→なかぎり

ちゅうきん【忠勤】 忠誠（忠節心）をこめて勤めること。「―を励む」

ちゅうきん【鋳金】 金属を溶かし鋳型(いがた)に流し込んで器物を作ること。

ちゅうくう【中空】①空の中ほど。中天。「―の一角をさす」②中が空虚のこと。がらんどう。「―溶岩」

ちゅうぐう【中宮】①皇后の御所。転じて、皇后。また三后(さんこう)。②皇后と同じ資格の后(きさき)。▽今は、無い。

ちゅうくん【忠君】 主君・天皇に忠義を尽くすこと。「―愛国」

ちゅうけい【中啓】 親骨の上端をそらし、たたんでも半ば開いているように見える扇。末広。▽「啓」はひらく意。

ちゅうけい【中継】『名・ス他』①中間で受け継ぐこと。なかつぎ。「―プレー」「―(地)点」②「中継放送」の略。他の局や現場からの放送をなかつぎして放送すること。「高校野球を―する」「生(なま)―」「現場―」

ちゅうけい【仲兄】 二番目の兄。

ちゅうけん【中堅】①（地位は上位でないが）中心となるしっかりしたもの。団体の中核となって働く人。「―幹部」②野球で、センター。「―手」③柔道や剣道の団体戦で、出場順が中央に当たる選手。

ちゅうげん【中元】 七月十五日。そのころに行う贈物。「お―」

ちゅうげん【中原】 広い野原の中央。「―に鹿を逐(お)う」（多くの猟師が一頭の鹿を射止めようと中原をはせ回るように、群がる英雄が帝位を争う。転じて、互いに競争して一つの目的物を得ようとする）

ちゅうげん【中間】 武家の召使の男。▽身分が侍と小者(こもの)との間だった。「仲間」とも書く。「中間」を「ちゅうかん」と読めば別の意。

ちゅうげん【忠言】 いさめる言葉。忠告。「―耳に逆らう」（忠言は、とかく耳に痛いので、すなおには聞き入れにくいものだ）

ちゅうこ【中古】①上古と近古との間の時代。▽日本では平安時代。②少し古いもの。使ってはあるが、まだ使えるもの。そういう状態。「―品」「―車」▽②は「ちゅうぶる」を読み替えたもの。

ちゅうこう【中耕】『名・ス他』作物の生育中に、浅く耕すこと。

ちゅうこう【中興】『名・ス他』衰えていたのを、ふたたび繁栄させること。「―の祖」

ちゅうこう【鋳鋼】 鋼鉄の鋳物(いもの)。

ちゅうこうしょく【昼光色】 昼の太陽光線に似せた、光線の色。

ちゅうこく【中刻】 一刻（＝今の二時間）を三分した中間の時刻。「辰(たつ)の―」

ちゅうこく【忠告】『名・ス他』真心（＝忠）をもって、相手の悪い所を指摘して直すように勧めること。相手のためを思って、すべきことなどを伝えること。その言葉。忠言。「友達に―する」「―に従う」「医師が職場を禁煙にするよう―した」▽しかたの公的・私的や相手の上下・同輩の別にかかわらない。↓かんこく・かんげん(諫言)

ちゅうごし【中腰】 腰を半分あげて立ちかかった姿勢。

ちゅうこん【忠魂】 忠義を尽くして死んだ人の魂。「―碑」。また、忠義の精神。「―義胆」（人の手本となるほどの忠義の精神）

ちゅうさ【中佐】 陸海軍の佐官の第二位。大佐の下、少佐の上。

ちゅうざ【中座】『名・ス自』談話・用事・集会などの途中で座をはずして立ち去ること。

ちゅうさい【仲裁】『名・ス他』①争っている人々の間にはいり、双方を和解させること。また、その人。②法律で、争いのある当事者が選んで任せた第三者が、その問題について解決をはかること。その行為。「―に入る」「紛争を―する」「―裁定」▽その第三者の判断したところが当事者双方を拘束する。

ちゅうざい【駐在】『名・ス自』①派遣された人が任地に長期間とどまっていること。駐箚(ちゅうさつ)。「―員」②「駐在所」の略。また、駐在所の警察官の俗称。「―さん」 **―しょ【―所】** 警察官や消防吏員などが受持区域内に駐在する所。

ちゅうさつ【×誅殺】『名・ス他』罪ある者を、その罪を理由として殺すこと。

ちゅうさつ【駐×箚】『名・ス自』→ちゅうざい(1)

ちゅうさん【昼×餐】（ごちそうの出る）昼食。「―会」

ちゅうさんかいきゅう【中産階級】 資本主義社会で、資本家階級でもなく労働者階級でもない、さまざまな社会層。中小商工業者・自営農民・医師・弁護士・上級官吏など。

ちゅうし【中止】『名・ス自他』計画または進行していた事を途中で（一時）やめること。「雨天のため運動会を―する」 **―ほう【―法】**〔文法〕次にまだ続けるための、述語の言いさし用法。▽日本語では連用形で行う。

ちゅうし【忠士】 忠義な武士。また、忠誠心に富む男。

ちゅうし【注視】『名・ス他』じっと見詰めること。注目。

ちゅうじ【中耳】鼓膜と内耳との中間の部分。「—炎」

ちゅうじき【中食・昼食】ひるめし。ちゅうしょく。▽かなり古風。

ちゅうじく【中軸】①物の中央を貫く軸。②転じて、物事の中心。「チームの—選手」

ちゅうじつ【忠実】『名・ダナ』①まごころをもってよくつとめること。「職務に—だ」②少しの違いもなく、その通りにすること。「事実を—に写し取る」「原文に—な翻訳」派生 **-さ**

ちゅうしゃ【注射】『名・ス他』針をさし、その針の中から薬液などを生物の体内にそそぎ込むこと。「—器」「予防—」

ちゅうしゃ【駐車】『名・ス自他』自動車などを(かなりの時間)とめておくこと。「—場」

ちゅうしゃく【注釈・×註釈】『名・ス他』①本文の語句や文章をとりあげてその意味を解説すること。その解説したもの。注。注解。「—をつける」②話に補足的に付け加えること。「—ぬきで話す」

ちゅうしゅう ①【中秋】陰暦の八月十五日。「—の名月」②【仲秋】秋半ばの一か月。陰暦では八月。

ちゅうしゅつ【抽出】『名・ス他』(物や要素を)抜き出すこと。「任意—」

ちゅうしゅん【仲春】春半ばの一か月。陰暦では二月。

ちゅうじゅん【中旬】月の十一日から二十日までの十日間。↕上旬・下旬

ちゅうしょう【中小】①規模が中くらい以下であること。「—企業」②中くらいのものと小さいもの。「—の河川」

ちゅうしょう【中傷】『名・ス他』根拠のないことを言い、他人の名誉を傷つけること。「いわれなき—」

ちゅうしょう【中称】自分から少し離れた所にある物事・方向・場所を指すのに用いる指示代名詞のよび名。「それ」「そこ」「そっち」「そちら」などの類。↕近称・遠称

ちゅうしょう【抽象】『名・ス他』多くの物や事柄や具体的な概念から、それらの範囲の全部に共通な属性を抜き出し、これを一般的な概念としてとらえること。「事物の差異や共通点を—する能力」 **—てき**【—的】『ダナ』①抽象してとらえるさま。「子供は—な考え方ができない」②具体性を欠くさま。物に即して考えたり述べたりしないさま。「—な事ばかり言っても実際はわからない」▽↕具体的

ちゅうじょう【中将】①陸海軍の将官の第二位。大将の下、少将の上。②令(りょう)の制度での近衛(このえ)府の次官。

ちゅうじょう【衷情】まごころ。誠をもった心の中。「—を訴える」

ちゅうしょく【昼食】ひるめし。ちゅうじき。

ちゅうしん【中心】①まんなか。㋐周囲または両端から等距離にある位置。「円の—」「地球の—」「—に線を引く」㋑回転軸。「ここを—にして回す」②すべてがそこに集まり、また、そこから出るという働きをする物。そういう位置。「文化の—」「—地」「自己—主義」。最も重要な所・物。「—議題」「—人物」▽↓なかご(2)

ちゅうしん【中震】もとの震度階級の一つ。震度四。家屋が激しくゆれ、すわりの悪い器物が倒れ、多くの人々が戸外に飛び出す程度の地震。

ちゅうしん【忠臣】忠義な臣下。忠義な家来。

ちゅうしん【忠信】まごころを尽くし、いつわりがないこと。忠義と信実。

ちゅうしん【注進】『名・ス他』事件が起こった時、それを急いで報告すること。「ご—に及ぶ」

ちゅうしん【衷心】まごころの奥底。衷情。「—より感謝する」「—からお詫(わ)びいたします」

ちゅうすい【中水】飲用には適さないが洗浄などには使用できる水。水洗便所や散水用などの水。 **—どう**【—道】中水を供給するための水道。

ちゅうすい【注水】『名・ス自』水を注ぎ入れる、または注ぎ掛けること。

ちゅうすい【虫垂】盲腸の下部にある、細い管状の小突起。虫様突起。「—炎」

ちゅうすう【中枢】最も大事なもの、ところ。「社会の—」「—神経」▽「枢」は、戸を開閉する「くるる」。

ちゅう-する【沖する・×冲する】『サ変自』高く上がる。「天に—黒煙」

ちゅう-する【注する・×註する】『サ変他』①本文の語句や文章について解説・説明をほどこす。注釈する。②単に、説明をする。

ちゅう-する【×誅する】『サ変他』悪人を攻め討ち、殺す。「逆賊を—」

ちゅうせい【中世】古代と近代(または近世)との間の時代。日本では普通、平安時代末から室町時代までを言う。

ちゅうせい【中性】①(例えば酸性とアルカリ性とのような)相(あい)対するもののどちらでもない、中間的な性質。「—土壌」(酸性でもアルカリ性でもない土壌)。②性的な特徴が顕著でない様子。「—的魅力」③(文法)性の区別がある言語で、男性・女性と並ぶ文法的範疇(はんちゅう)。 **—し**【—子】電気を帯びていない素粒子。陽子と共に原子核を構成する。ニュートロン。 **—し**【—紙】炭酸カルシウムなどを用いた中性(あるいは弱アルカリ性)の紙質の紙。劣化しにくく長期保存に耐える。▽↓さんせいし。 **—しぼう**【—脂肪】グリセリンと脂肪酸とが結合した脂質。動物の皮下脂肪の大部分を占め、活動のエネルギー源となるが、その血中濃度が高すぎると動脈硬化などの原因となる。

ちゅうせい【中正】『名・ダナ』立場が一方に偏らず、正しいこと。「—な処置」「—を欠く」派生 **-さ**

ちゅうせい【忠誠】君主・主君・主人に仕える、また、属する国・団体に対する、いちずな真心。「—を誓う」

ちゅうぜい【中背】背の高さが、高すぎも低すぎもしないこと。「中肉—」

ちゅうせいだい【中生代】地質時代の区分の一つ。古

生代と新生代との中間の時代。約二億五千万年前から六千六百万年前まで。▽爬虫(はちゅう)類が盛え、松・杉の森林や原始的な哺乳(ほにゅう)類も現れた。

ちゅうせき【沖積】流水が運んだ土砂などが(沈んで)積み重なること。「―土」「―平野」 **―せい【―世】**完新世の旧称。

ちゅうせき【柱石】頼みになる大切な人。「国家の―」▽柱と土台石の意から。

ちゅうせつ【忠節】忠義を尽くすこと。君に尽くす節義。

ちゅうぜつ【中絶】『名・ス自他』①続くはずの物事が中途で絶えること。また、途中でやめること。▽「中断」に近いが、再開の可能性が残る場合には「中絶」と言わない。②「人工妊娠中絶」の略。母体外で生きることのできない時期の胎児を手術によって母体外に出すこと。▽母体保護法の一定の条件により是認。

ちゅうせん【中線】三角形の頂点から対辺の中点に引いた線分。

ちゅうせん【抽選・抽×籤】『名・ス自』くじびき。くじびきをすること。「―を行う」▽「籤」は、くじ。

ちゅうそ【注×疏・×註×疏】①注と疏(そ＝注に更に注を加えたもの)②転じて、詳しい説明。

ちゅうそう【中層】①上層と下層の中ほど。②建物が高くも低くもなく中程度のこと。「―住宅」▽一般に三〜五階建てを言う。

ちゅうぞう【鋳造】『名・ス他』金属を熱でとかし鋳型(いがた)に流し込んで器物を作ること。「仏像を―する」

ちゅうそつ【中卒】「中学校卒業」の略。「―者」

チューター ①個人指導の教師。②講習会・研修会の講師。▽tutor

ちゅうたい【中退】『名・ス自』「中途退学」の略。「大学を―する」

ちゅうたい【中隊】軍隊編成の単位。旧日本陸軍では最小戦闘単位で、普通、三ないし四小隊から成り、更に四中隊で一大隊となる。

ちゅうたい【×紐帯】(ひもや帯のように)二つのものを結びつけて、つながりを持たせる、大切なもの。

ちゅうだん【中断】『名・ス自他』進行中の物事が途中でとぎれること。また、そういう物事をさえぎって断つこと。▽「時効の―」は、状態や手続の進行中に、ある事由でそれを断ち切ることで、その事由がなくなれば振り出しに戻ってその進行が始まる。一方「時効の停止」なら、停止事由がなくなれば以前の継続として進行を再開する。

ちゅうだん【中段】なかほどの段。上段と下段(げだん)の間の高さ。「太刀(たち)を―に構える」

ちゅうちょ【×躊×躇】『名・ス自他』決心が定まらず(揺れて)、ぐずぐずすること。ためらうこと。「プログラムの実施を―する」「―なく答える」

ちゅうっぱら【中っ腹】心に、怒りがわいていること。むかむかしていること。「―になる」

ちゅうづり【宙×吊り】空中にぶら下がること。「―になる」

ちゅうてつ【鋳鉄】二パーセント以上の炭素を含む鉄合金。鋳造に適する。▽→こうてつ(鋼鉄)

ちゅうてん【中点】〔数学〕線分または有限曲線を二等分する点。

ちゅうてん【中天】天の中心。なかぞら。「月―にかかる」

ちゅうてん【沖天・×冲天】高く天に上ること。「―の勢い」

ちゅうと【中途】途中。㋐行く道のなかほど。「登校の―」㋑事の進行のなかほど。「仕事の―」「―退学」(卒業しないで退学すること) **―はんぱ【―半端】**『名・ダナ』物事が完成にまでは達していないこと。また、どっちつかずで徹底しないこと。「―な態度」 派生 **―さ**

ちゅうとう【中等】中ぐらいの程度。上等と下等、または初等と高等の中間。「―教育」

ちゅうとう【仲冬】冬半ばの一か月。陰暦では十一月。

ちゅうとう【×偸盗】ぬすみ。ぬすびと。▽「とうとう」の慣用読み。

ちゅうとう【柱頭】①柱の上部。(特にギリシア・西洋の建築で)柱の上の特殊な彫刻の部分。②めしべの頂部。花粉の付くところ。

ちゅうどう【中道】①道のなかば。中途。「―にして倒れる」②極端に走らず、穏当なこと。「―政治」

ちゅうどく【中毒】『名・ス自』①ある種の物質を体内に摂取することにより機能障害をひき起こすこと。毒あたり。「ガス―」②比喩的に、それをしないではいられなくなること。「仕事―」

ちゅうどしま【中年△増】やや年をとった女。▽もとは二十代半ばの女を言った。

ちゅうとん【駐屯】『名・ス自』→ちゅうりゅう(駐留)(1)

チューナー ラジオ・テレビの受信器に取りつける同調装置。▽tuner

ちゅうなごん【中納言】太政官(だいじょうかん)で、大納言(だいなごん)に次ぐ地位の、令外(りょうげ)の官。

ちゅうにかい【中二階】普通の二階よりは少し低くこしらえた二階。また、一階と二階との間にこしらえた階。

ちゅうにく【中肉】①太り過ぎでもやせ過ぎでもないこと。ほどよい肉付き。「―中背(ちゅうぜい)」②中ぐらいの質の食肉。

ちゅうにち【中日】彼岸の七日間の真中の日。春分・秋分の日に当たる。▽「なかび」と読めば別の意。

ちゅうにち【駐日】日本に駐在すること。「―大使」

ちゅうにゅう【注入】『名・ス他』注ぎ入れること。つぎこむこと。「薬液の―」「全力を―する」「無理に―した知識」

ちゅうにん【中人】成人と幼児との間の年齢層。年齢によって料金などを変える場合に、小・中学生などを指す。▽大人(だいにん)・小人(しょうにん)に対する語。

ちゅうにん【仲人】①仲裁人。②なこうど。媒酌人。
チューニング『名・ス他』①ラジオ・テレビの受信器で、周波数を同調させること。②楽器を調律して音程を正しくすること。③エンジンなどを整備すること。▽tuning
ちゅうねん【中年】青年と老年の中間。四十歳から五十歳前後。▽以前は若い適齢を過ぎた意にも使った。「十八という―で芸を始めても」
ちゅうのう【中農】ある程度の土地を有し、農夫を使いながら、自分も耕作して営む、農家。
ちゅうのり【宙乗り】芝居や曲芸などで、人体を宙につりあげての演技。
ちゅうは【中波】周波数三〇〇〜三〇〇〇キロヘルツ、波長一〇〇〇〜一〇〇メートルの電波。
ちゅうは【中破】『名・ス自』中程度の破損。修理をすれば再び使用できる程度の破損。↔小破・大破
チューバ 管弦楽・吹奏楽などに用いる金管楽器の一種。大型のらっぱで、荘重な低音を出す。テューバ。▽tuba
ちゅうハイ【酎ハイ】焼酎を炭酸水で割った飲み物。▽「焼酎ハイボール」から。
ちゅうばいか【虫媒花】昆虫が媒介して受粉が行われる花。さくら、ゆりの類。↔風媒花
ちゅうばつ【×誅伐】『名・ス他』罪のある者を攻めて討つこと。
ちゅうはば【中幅】中ぐらいの幅。反物の幅の、大幅と小幅の中間(約四五センチ)のもの。
ちゅうはん【昼飯】ひるめし。
ちゅうばん【中盤】①(囲碁・将棋などで)勝負の中ほどの局面。↔序盤・終盤。「―戦」②比喩的に、一続きの物事の中ほどの情況。③サッカーで、フィールドの中央。また、中央に位置する選手。
ちゅうび【中火】料理で、とろ火と強火の中間程度の勢いの火。
ちゅうひしゅ【中皮腫】胸膜などを覆う中皮細胞から生じる腫瘍(しゅよう)。▽アスベストの吸入が原因の一つとされる。
ちゅうぶ【中部】(特に地理的位置が)中央の部分。「―地方」
ちゅうぶ【中風】脳出血などによって起こる、半身不随、手足のまひなどの症状。中気。▽「ちゅうぶう」「ちゅうふう」とも言う。
チューブ ①くだ。筒(つつ)。②筒袋状の容器。「―入りの歯みがき」③タイヤの内側にはめて空気を入れる、ドーナツ形のゴム製の管。▽tube
ちゅうふく【中腹】山頂とふもとの中間。山腹。
ちゅうぶらりん【中ぶらりん・宙ぶらりん】『名・ダナ』①空中にぶら下がった状態。②転じて、どっちつかずで中途半端な状態。
ちゅうぶる【中古】→ちゅうこ(2)
ちゅうへい【駐兵】『名・ス自』ある地点に兵をとどめておくこと。また、その兵。
ちゅうへん【中編・中×篇】①長編と短編の中間の分量のもの。「―小説」②三編あるものの第二編。前編と後編の間の一編。
ちゅうぼう【×厨房】だいどころ。調理室。
ちゅうぼく【忠僕】忠実な下僕。
ちゅうぼそ【中細】毛糸やペン先などで、細いもののうちの、中くらいの太さのもの。▽ごくぼそ
ちゅうみつ【×稠密】『名ナ』そこに、すき間もろくに無いほど多く集まっていること。こみあっていること。「人口―」(人口密度がきわめて高い)「―に建ち並ぶ」▽「ちょうみつ」は慣用読み。派生 **-さ**
ちゅうめつ【×誅滅】『名・ス他』罪ある者を討ち滅ぼすこと。
ちゅうもく【注目】『名・ス自他』注意して目をその方に向けること。「―の的」「―を浴びる」「彼の行動に―する」▽敬礼法としての、相手への注目もある。
ちゅうもん【中門】①社寺で、楼門と拝殿の間の門。②寝殿造で、表門と寝殿との間の門。
ちゅうもん【注文・×註文】『名・ス他』①品質・数量・形・寸法等を指定して、作らせたり送らせたりすること。「―を取る」「ラーメンを―する」②こうしてほしいと指図(さしず)をし、希望すること。「―をつける」 **―ながれ**【―流れ】注文を受けて整えた品が、注文主の手に受け取られず、そのままになっていること。また、その品。
ちゅうや【昼夜】①昼と夜。「一―」②『副詞的に』昼も夜も。四六時中。絶えず。「―仕事にはげむ」 **―おび**【―帯】表と裏を別の布地で仕立てた女帯。 **―ぎんこう**【―銀行】忙しい客の便宜のため、昼間のほか夜間も営業する銀行。 **―けんこう**【―兼行】昼も夜も、休まず続けて行うこと。
ちゅうゆ【注油】『名・ス自』機械などに油をさすこと。
ちゅうゆう【忠勇】忠誠に富んで勇敢なこと。「―無双」
ちゅうよう【中庸】極端な行き方をせず穏当なこと。片寄らず中正なこと。
ちゅうよう【中葉】①時代を大きく区切った場合の、中ごろの一区切り。「十八世紀―」▽「葉」は時期の意。②前後を分ける臓器で、中に位置する部分。「脳下垂体―」
ちゅうようとっき【虫様突起】→ちゅうすい(虫垂)
ちゅうりきこ【中力粉】粘り気が薄力(はくりき)粉と強力(きょうりき)粉の中間の小麦粉。▽うどんやそうめんはこれで作る。
ちゅうりく【×誅×戮】『名・ス他』罪ある者を殺すこと。
ちゅうりつ【中立】相(あい)対して争う者のどちらにも味方せず、敵対もしないこと。「永世―国」
チューリップ 春、二〇〜四〇センチの花茎の先に卵大の美しい花を一個つける多年草。色はいろいろあり、観賞用。小アジア原産。鬱金香(うっこんこう)。▽tulip ゆり科。
ちゅうりゃく【中略】『名・ス他』文章引用の際に(関係の薄い)途中を省略すること。↔前略・後略

ちゅうりゅう【中流】 ①源と川口との中間のあたりの、川の流れ。また、流れの真中。②生活程度が中ぐらいの社会階層。「―意識」

ちゅうりゅう【駐留】 〘名・ス自〙①その地に派遣されて軍隊が長く滞在すること。▽「駐屯」の戦後の書き替え。②運動中の軍隊が戦闘上などの目的でその運動を中止した所に滞在すること。▽停止時間が短いのは「駐止」と言う。

ちゅうりょう【忠良】 忠誠心があって善良なこと。

ちゅうりょく【注力】 〘名・ス自〙(その部門に)力を注ぐこと。「電子製品に―する」▽一九九〇年代に産業界から広まった語。

ちゅうりん【駐輪】 〘名・ス自〙自転車やバイクを止めておくこと。「―場」「―禁止区域」

ちゅうれい【忠霊】 忠義のために死んだ人の霊魂。「―塔」

ちゅうれつ【忠烈】 〘名ナ〙忠義の心で困難にうちかつこと。「―武勇の兵」

ちゅうれん【柱×聯】 柱に掛ける聯(れん)(2)。

ちゅうろう【中老】 ①中くらいの老人。初老の次の段階。②武家の重臣で、家老の次の人。③武家の奥女中で、老女の次の人。

ちゅうろう【中×﨟】 ①女官で、上﨟(じょうろう)の下、下﨟(げろう)の上のもの。②江戸幕府または大名の奥女中(の中位者)。

ちゅうろう【柱廊】 柱を並べただけで壁のない廊下。

ちゅうわ【中和】 ①〘名・ス自他〙酸性物質とアルカリ性物質とか正負の電荷のイオンとかのように、性質の反するものが触れて、それぞれの特性を失うこと。また、そうなるように処理すること。「―剤」②〘名〙中正で温和なこと。

チューン アップ 〘名・ス他〙①機械がうまく動くように調整すること。「エンジンを―する」②自動車やバイクを改造して性能を高めること。▽「チューンナップ」とも言う。tune up

チュラ 〘造〙美しい。立派な。清潔な。「―海」▽沖縄語。「チュラサン」は形容詞終止形。

ちよ【千代】 千年もの長い年代。「―に八千代に」▽やや雅語的。

ちょ【緒】 はじめ。いとぐち。「工事はその―についたばかりだ」▽「ショ」の慣用読み。

ちょ〔*著〕〔人著〕 チョ チャク いちじるしい あらわす きる つく ― ①はっきりと知られる。名高くなる。明らかになる。あらわれる。いちじるしい。「著名・著大・著聞・顕著」②〘名・造〙書物に書きあらわす。また、その書。「新井白石の著」「著作・著書・著者・共著・合著(ごうちょ・がっちょ)・編著・旧著・遺著・名著」▽「きる・つく」の意の「チャク」と読むときは、多く「著」の略字「着」を用いる。→ちゃく〔着〕

ちょ〔人猪〕〔人猪〕 チョ いのしし い ― ①獣の名。いのしし。「猪突猛進・猪勇・野猪」②「チョ」の音にあてて用いる。「猪口(ちょこ・ちょく)・猪牙(ちょき)」

ちょ〔*貯〕 チョ たくわえる ― 後の入用のためにとっておく。たくわえる。たくわえ。「貯蓄・貯蔵・貯金・貯米・貯炭所・貯水池・貯水槽」

ちょい 〘副〙①ちょっと。「―右」「もう―」②〘接頭語的に〙ほんのちょっとした。「―待ち」「―役(やく)」

ちょいちょい 〘副「と」・ノダ〙①たびたび。しばしば。ちょくちょく。「―学校を休む」「―顔を出す」「―着(ぎ)」(ちょっとした外出のときなどに着る衣服)②手早く、簡単に。「―と白粉(おしろい)をはたく」

ちょいと 〘副〙〔俗〕↓ちょっと。▽女性が親しい人に呼び掛けるのにも使う。「ねえ、―」

ちょう【丁】 ①〘名〙(ばくちなどで)さいころの目の偶数。「―か、半か」②〘接尾〙《数を表す語に付けて》㋐街区を表す言葉。「銀座八―」。▽↓=ちょうめ。㋑(和とじの)書物の紙の枚数を数える言葉。裏表二ページで一丁。㋒とうふを数える言葉。㋓料理などを数える言葉。「一―あがり」

ちょう【×疔】 顔などの皮膚や皮下にできる、急性で悪性のはれもの。

ちょう【×蝶】 二対の美しい羽で、花から花へと蜜を吸って飛ぶ昆虫。種類が多い。幼虫は青虫・毛虫。ちょうちょう。「―よ花よと育てる」(子を大事にして育てる)▽ちょう目の蛾(が)以外の昆虫の総称。

=ちょう【×梃・×挺】 《漢語の数詞に付けて》銃・すき・くわ・墨・ろうそくなどの細長い器具や、駕籠(かご)・人力車などの乗物の数を表す時に添える語。▽「ちょう」は慣用音。

ちょう〔弔〕 チョウ(テウ) とむらう ― 死者の霊をたずねてなぐさめる。死者をいたみ、くやみをのべる。とむらう。「慶弔・弔問・弔慰・弔客・弔意・弔辞・弔砲・弔旗・弔電・哀弔・追弔」

ちょう〔*庁〕〔人廳〕 チョウ(チヤウ) ― ①〘名・造〙官の事務を取り扱う所。役所。「閻魔(えんま)の庁」「官庁・府庁・県庁・道庁・支庁・登庁・退庁・庁舎・庁費・庁務」②国家行政組織法による外局の一種。「水産庁・文化庁・気象庁」③平安時代、「検非違使庁(けびいしのちょう)」の略称。

ちょう〔*兆〕 チョウ(テウ) きざし きざす ― ①〘名・造〙起ころうとする物事に関するきざし。「病気の兆が現れた」「兆候・前兆・吉兆」▽字義はもと、占いで亀の甲を焼いて生じる割れ目。「徴」に同じく、しるしを言う。②〘名・造〙一億を一万倍して得る数(に等しい値)。「五兆円予算」。転じて、数・量が極めて多い。「兆民・億兆」▽順位を表すのに使えない事はないが、事実としてあるまい。

ちょう〔挑〕 チョウ(テウ) トウ(タウ) いどむ ― ①㋐いどむ。「挑戦・挑発」㋑かかげる。「挑灯(ちょうちん・とうちん)」②とびあがる。はねまわる。「トウ」と読む。「挑達」▽もと、物を二つに分離させる意。

ちょう【眺】 チョウ(テウ) ながめる ―とおくをながめ見る。見わたした景色。「眺望・眺覧・眺目・遠眺・臨眺」

ちょう【跳】 チョウ(テウ) はねる とぶ おどる ―①足で地をけって、とび上がる。はねる。「跳躍・跳梁(ちょうりょう)」②こおどりする。「跳舞」

ちょう【*町】 チョウ(チヤウ) まち ―①市街のくぎり。また、市街地。「町会・町人・町家」▽田をくぎるあぜ道の意から。②〘名・造〙地方公共団体の一つ。「市町村・町長」③面積の単位。一町は一〇反(約九九・二アール)。④距離の単位。一町は六〇間(約一〇九メートル)。

ちょう【*長】 チョウ(チヤウ) ながい たける おさ ―①期間が長い。ながい間。とこしえに。「長久・長遠・長逝・長期・長命・長寿・悠長」②距離・寸法が長い。遠い。「長大・長途・長征・長歌・長距離・身長・狭長」③のびる。のばす。「延長・助長・消長・冗長・伸長・徒長」④〘名・造〙まさる。すぐれる。「一日の長」「長を採り短を捨てる」「長所・一長一短」⑤〘名・造〙かしら。首領。おさ。団体・機関などの最高責任者。「一家の長」「人に長たる器(うつわ)」「長官・市長・町長・社長・校長・駅長・家長・教育長」⑥年が多い。年が多くなる。「長幼・年長・生長・成長」⑦㋐めうえ。年うえ。「長上・長老・長者(ちょうじゃ)」㋑最年長。「長子・長女・長兄」⑧「長門(ながと)国」の略。「長州・防長・薩長(さっちょう)」

ちょう【*帳】 チョウ(チヤウ) とばり ―①張りめぐらす幕。とばり。「帳幕・帳台・几帳(きちょう)・錦帳(きんちょう)・開帳・紙帳・蚊帳(かちょう・かや)」②書きこみ用に紙をとじたもの。ちょうめん。「帳面・帳簿・帳尻(ちょうじり)・帳場(ちょうば)・台帳・記帳・通帳・手帳(てちょう)・日記帳・筆記帳・練習帳・大福帳・出納帳(すいとうちょう)・奉加帳」

ちょう【*張】 チョウ(チヤウ) はる ―①弓に弦をはる。弓をひきしぼる。たるみなく、のべひろげる。ひろくする。はる。「伸張・膨張・拡張・増張・緊張・出張」②おおげさにする。実際よりも大きくする。「誇張」③言いはる。「主張」④琴・弓など、また幕などを数える語。⑤「尾張(おわり)国」の略。「張州」

ちょう【(人)脹】 チョウ(チヤウ) ふくれる ―腹が張ってふくれる。ふくれて大きくなる。ふくらむ。「脹満・膨脹」

ちょう【彫】【彫】 チョウ(テウ) ほる きざむ ―①ほりきざんでかざりをつける。「彫琢(ちょうたく)・彫鏤(ちょうる)・彫刻・彫塑・彫金・彫像・木彫」②あやもようをつけてかざる。「彫飾・彫玉」

ちょう【*頂】 チョウ(チヤウ) いただき いただく ―①㋐頭の一番高いところ。あたま。「頂門の一針(いっしん)」「頂光・骨頂・灌頂(かんちょう)」㋑物の一番高いところ。てっぺん。「山頂・登頂・絶頂・天頂・頂上・頂点」②頭上にのせる。いただく。「頂戴(ちょうだい)・帰命頂礼(きみょうちょうらい)」▽⑴㋐の意から。

ちょう【*鳥】 チョウ(テウ) とり ―動物の、とり。「鳥類・鳥獣・鳥声・鳥目・鳥人・鳴鳥・野鳥・飛鳥・益鳥・候鳥・怪鳥・愛鳥・駝鳥(だちょう)・九官鳥・保護鳥・一石二鳥・鳥瞰図(ちょうかんず)」

ちょう【*朝】【朝】 チョウ(テウ) あさ あした ―①夜とまひるとの間。太陽の上ってゆく間。あさ。あした。↕夕(せき)。「朝夕・朝暮・朝食・朝陽・朝来・朝露・今朝・明朝・元朝・早朝・晨朝(じんちょう)・朝令暮改」②一日・一時などの短い時間。たちまちのうち。「一朝の夢」③天子が政治をみるところ。みかど。↕野(や)。「朝廷・朝政・朝見・朝賀・朝臣(ちょうしん・あそん)・朝権・朝威・朝恩・朝敵・朝務・朝野・朝議・参朝・廃朝」④㋐天子。「天朝・朝家」㋑一天子の治世。「聖朝・亀山朝」㋒天子のおさめる国。「本朝・入朝・来朝・帰朝」⑤諸侯または外国人が、臣礼をとって朝廷にあつまる。「朝貢・来朝・朝賀」⑥一系統の帝王が、あいついで統御する期間。「皇朝・唐朝・南朝・清朝(しんちょう)・王朝」⑦日本の天皇政治の時代区分。「奈良朝・平安朝・南北朝」⑧「朝鮮」の略。「日朝」

ちょう【嘲】 チョウ(テウ) あざける ―けなす。そしる。あざける。「嘲笑・嘲弄・嘲罵・自嘲」

ちょう【*潮】【潮】 チョウ(テウ) しお うしお ―①しおのさしひき。特に、あさのしお。「潮汐(ちょうせき)・潮候・満潮・干潮・紅潮」②海水。「潮水・潮流」③世の中の情勢や考え方の動き。移り変わり。「風潮・思潮」

ちょう【澄】 チョウ すむ すます ―にごった水がすき通って清らかになる。すむ。すます。「清澄・明澄」

ちょう【貼】 チョウ(テフ) テン はる ―①紙などをはりつける。はる。「貼付(ちょうふ・てんぷ)・貼用・貼示」②紙に包んだ散薬を数える語。「薬三貼」▽もと、抵当に入れる意で、音は「チョウ」。慣用的に「テン」とも読む。

ちょう【超】 チョウ(テウ) こす こえる ―①おどりこえる。とびこす。とびあがる。ある限度を過ぎる。「超越・超過・出超・入超」②㋐他とかけ離れてすぐれる。まさる。「超然・超俗・超凡・超脱・超絶・超人的」㋑とびきりの。「超満員・超高速・超弩級(ちょうどきゅう)・超短波・超国家主義」▽一九八〇年ごろ若い世代から副詞的な「超面白い」のような用法が広まったが、俗用。

ちょう【(人)牒】 チョウ(テフ) ふだ ―①㋐文書をかきしるした、うすい木のふだ。かきつけ。訴訟などに関する文書。「牒状・度牒・通牒・移牒・符牒」㋑特に奈良・平安時代、官府の間の往復文書。②回状をまわす。他の官府へ文書を送る。

ちょう【〔×諜〕】チョウ(テフ) ―①敵の様子をさぐって味方に知らせるまわし者。スパイ。「諜報・諜者・間諜」②文字をしるしたふだ。「牒」に同じ。

ちょう【〔*調〕】【調】チョウ(テウ) しらべる ととのう ととのえる ―①物事のつりあいがよくとれる。ほどよくかなう。ととのう。ととのえる。「調和・調合・調節・調停・調印・調教・調練・調馬」②物事の進み方。つりあいがとれた状態。「順調・好調・高調・低調・不調・正調・同調・協調・快調・強調・単調」③㋐音声・文章などについて、一貫して感じられる特徴的傾向。おもむき。しらべ。「調子・音調・曲調・口調(くちょう)・格調・哀調・基調・論調・歩調・万葉調・浪花節(なにわぶし)調・翻訳調」㋑言葉の音数による調子。「七五調」㋒音楽で、楽曲またはフレーズの基づく音階の種類。「長調・短調・へ調・ハ調・変調・転調」④㋐くわしくみる。とりしらべる。「調査・調書」㋑作る。こしらえる。ととのえる。「調達・調製」⑤《名》中国・日本の律令制の税で、土地の産物類をみつぎ物として納めること。みつぎ。「租庸調」

ちょう【〔*腸〕】チョウ(チャウ) はらわた ―《名・造》胃の幽門から肛門(こうもん)までの、曲折した細長い管状の内臓。はらわた。「大腸・小腸・盲腸・十二指腸・直腸・脱腸・灌腸(かんちょう)・羊腸・腸カタル・断腸」

ちょう【〔人暢〕】チョウ(チャウ) のべる のびる ―①さわりなく長くのびる。のびる。「暢茂」②のびのびする。のどかになる。「暢達」③のべる。のばす。「暢叙」④文章などの意味がよく通る。すらすらととどこおりがない。「流暢」

ちょう【〔徴〕】【〔人徵〕】チョウ チ しるし めす ―①《名・造》呼び求める。とり立てる。「徴に応じる」「徴集・徴用・徴兵・徴税・徴発・徴募・徴収・追徴・増徴」②《名・造》証拠。事実のおこる前ぶれ。物の存在を証明するしるし。めじるし。「台風発生の徴」「徴候・明徴・特徴・符徴・象徴・瑞徴(ずいちょう)・変徴・性徴」③《名》中国の音階である五音(ごいん)の一つ。「チ」と読む。

ちょう【〔懲〕】【〔人懲〕】チョウ こらす こりる こらしめる ―あやまちしないような痛い目にあう。こらす。「勧善懲悪・懲罰・懲戒・懲役・膺懲(ようちょう)」

ちょう【〔聴〕】【〔人聽〕】チョウ(チャウ) きく ゆるす ―①よく聞いて判断する。正しくきく。「聴覚・聴聞(ちょうもん)・聴取・聴講・聴衆・視聴・拝聴・謹聴・傍聴・傾聴・静聴・盗聴・難聴」▽(自然に)耳に入る、すなわち聞こえるのが「聞」なのに対し、注意して耳を傾けることを言う。②(相手のいうことを)ききいれる。ゆるす。「聴許」

ちょう【〔人寵〕】チョウ めぐむ ―《名・造》家来を愛する。かわいがる。気に入る。かわいがられる。運命にめぐまれる。「主君の寵をうける」「寵愛・寵幸・寵臣・寵姫(ちょうき)・寵妾(ちょうしょう)・寵児・君寵・恩寵」▽尊貴の人の家の意から。

ちょうあい【×寵愛】《名・ス他》(上の立場の者が)特別にかわいがること。

ちょうあい【帳合(い)】①現金や商品と帳簿とを照合して、勘定を確かめること。②帳面に記入して収支を計算すること。

ちょうい【弔意】人の死をいたみとむらう心。哀悼の気持。「―を表す」

ちょうい【弔慰】《名・ス他》死者をとむらい、遺族を慰めること。「―金」

ちょうい【潮位】潮の干満によって変化する、海面の高さ。

ちょういん【調印】《名・ス自》条約の文書などに双方の代表が署名して印を押すこと。

ちょうえき【懲役】罪人を刑務所内に拘置し、労役に服させること。「無期―」

ちょうえつ【超越】《名・ス自他》①普通の程度を、はるかに越えること。「人知を―する」②そのことを気にしないこと。「利害を―する」

ちょうおん【朝恩】朝廷から受ける恩恵。天子の恩。

ちょうおん【聴音】音を聴(き)き取り、聴き分けること。「―機」

ちょうおん【調音】①《名・ス自》音声を発するために、発音器官が必要な位置を取り、または運動をすること。▽articulation の訳語。②《名・ス他》調律(すること)。

ちょうおん【長音】長い音。長く引き延ばした音。↔短音。 **―ぷ**【―符】長音であることを示す符号。「ノート」の「ー」など。音引き。

ちょうおんかい【長音階】〔音楽〕主音と第三音との間が長三度をなす音階。一般に、明快な感じを表すのに使う。↔短音階

ちょうおんそく【超音速】音速より速い速さ。「―旅客機」

ちょうおんぱ【超音波】振動数が毎秒約二万ヘルツ以上の音波。音として人間の耳には聞こえない。宝石・ガラスの切断や医療等の検査、魚群探知などに利用される。

ちょうか【朝家】帝室。皇室。

ちょうか【町家】①(武家などと区別し)町人(特に商人)の家。②→まちや

ちょうか【超過】《名・ス自》数量や時間などが、定まったわくを越えること。「予定を―する」「―料金」「―勤務」(定められた時間帯を越えた勤務)

ちょうか【弔花】葬儀などで、死者に供える生花や花輪。

ちょうか【弔歌】死をとむらう歌。

ちょうか【長歌】和歌の一つの型。五七、五七を繰り返し、最後に更に七音の句を添えるような形式のもの。↔短歌。「万葉集の―」

ちょうか【長靴】(かわ製の)ながぐつ。

ちょうか【釣果】釣りでの獲物の取れぐあい。「抜群

の―を挙げた」

ちょうが【朝賀】『名・ス自』元日に、諸臣が朝廷に参集して天皇に新年のおよろこびを申し上げること。

ちょうかい【懲戒】『名・ス他』不正・不当な行為に対して、戒めの制裁を加えること。「―処分」「―免職」▽国会議員に対する懲戒は「懲罰」と言う。

ちょうかい【潮解】『名・ス自』固体が湿気を吸って溶解すること。

ちょうかい【町会】①町議会の旧称。②町民で組織され、町内のことを協議・実行する会。町内会。

ちょうかく【弔客】とむらいに来る客。ちょうきゃく。

ちょうかく【聴覚】音を感受する感覚。音を聞き分ける知覚。「―器官」

ちょうかん【朝刊】日刊新聞で、朝、発行するもの。↕夕刊

ちょうかん【長官】官庁(特に外局)の長である高級公務員。「文化庁―」「最高裁―」

ちょうかん【鳥×瞰】『名・ス他』①高い所から見おろし眺めること。「―図」②転じて、全体を大きく眺め渡すこと。「古代から現代までを―する美術史」▽「瞰」は見おろす意。

ちょうき【×寵△姫】寵愛(ちょうあい)を受けている侍女。気に入りの女性。また、愛妾(あいしょう)。

ちょうき【弔旗】とむらう気持を表して掲げる旗。▽黒布をつけたり、半旗にしたりする。

ちょうき【長期】長い期間。↕短期。「―計画」「―戦」

ちょうぎ【朝議】朝廷の会議。「―一決」

ちょうきゃく【弔客】↓ちょうかく(弔客)

ちょうきゅう【長久】長く久しいこと。「武運―を祈る」

ちょうきょ【聴許】『名・ス他』ききいれること。許すこと。

ちょうぎょ【釣魚】魚つり。また、つれた魚。

ちょうきょう【調教】『名・ス他』馬・犬、また猛獣などを訓練すること。「―師」

ちょうきょり【長距離】①長い距離。「―バス」「―打者」「―ミサイル」②一般に陸上競技で五〇〇〇メートル(以上)の競走種目、水泳競技で一五〇〇メートル(以上)の競泳種目のこと。

ちょうきん【彫金】『名・ス自』たがねを使って金属に彫刻すること。「―師」

ちょうきん【超勤】「超過勤務」の略。「―手当」

ちょうく【長×軀】身長が高い体。長身。↕短軀(たんく)

ちょうく【長駆】『名・ス自』①馬・車などで遠くまで馳(は)せ行くこと。②転じて、軍を率いて遠くまで攻撃をかけること。「―(して)北京に迫る」▽「駆」は馬を走らせる意。

ちょうけい【長兄】一番上の兄。

ちょうけい【長径】①楕円(だえん)の径のうち、長い方のもの。↕短径。②長いものについての、長い方向の長さ。「行軍―」

ちょうけし【帳消し】①勘定が済んだので帳面の記事を消すこと。「借金を―にする」②差し引いて功罪・損得や負い目がなくなること。「折角の名声も今回の愚行で―になった」

ちょうけつ【長欠・長×缺】『名・ス自』「長期欠席」「長期欠勤」の略。

ちょうけん【朝憲】朝廷で立てた法規。「―紊乱(ぶんらん)」

ちょうけん【朝権】朝廷の権力・権威。

ちょうけん【朝見】『名・ス自』天子にお目にかかること。天子に拝謁すること。

ちょうけん【長剣】①長い剣。②時計の長針。分針(ふんしん)。

ちょうげんじつしゅぎ【超現実主義】↓シュールレアリスム

ちょうこう【兆候・徴候】何かが起こる前ぶれ。きざし。「肺炎の―がある」

ちょうこう【彫工】彫刻を職業とする人。彫り物師。

ちょうこう【朝貢】『名・ス自』(外国人が来朝して)朝廷にみつぎものを差し上げること。

ちょうこう【聴講】『名・ス他』講義を聴(き)くこと。「―生」

ちょうこう【長講】長い時間、講演・講談をすること。「―一席」

ちょうこう【長考】『名・ス自』長い時間、考えること。

ちょうこう【調香】『名・ス他』香水を作る場合などに、何種類かの香料を調合すること。「―師」

ちょうごう【調合】『名・ス他』薬などをきまった分量通りに盛り合わせること。

ちょうこうぜつ【長広舌】長々としゃべりたてること。また、熱意のあふれた雄弁。「―をふるう」

ちょうこく【彫刻】『名・ス他』木・石・金属などを彫り刻んで像を形づくること。また、模様などを彫り刻むこと。その刻んだもの。「―を施す」「―家」

ちょうこく【×肇国】その国を始めて(＝肇)建てること。

ちょうこく【超克】『名・ス他』困難を乗り越え、それにうちかつこと。

ちょうこっかしゅぎ【超国家主義】極端な国家主義。

ちょうこん【長恨】忘れようにも長く忘れられない恨み。終生の恨み。

ちょうさ【調査】『名・ス他』ある事柄を明らかにするために調べること。「市場―」「遺跡を―する」

ちょうざ【長座】『名・ス自』他家を訪問して長時間そこに居ること。長居(ながい)。

ちょうざい【聴罪】カトリックで、罪の告白を聞くこと。「―師」

ちょうざい【調剤】『名・ス自』薬剤を調合すること。調薬。

ちょうざめ【×蝶×鮫】形がさめに似る硬骨魚。背と腹と側面に、骨のように堅い大きなうろこがある。卵の塩漬けを「キャビア」と言い、珍重。▽ちょうざめ科。

ちょうさんぼし【朝三暮四】①目前の差にこだわり、結局は同じ結果なのに気がつかないこと。②言葉の

上でだけうまく話して他人をごまかすこと。▽⑴⑵とも、猿にトチの実を、朝三つ夕方四つ与えようとしたら怒ったので、朝四つ夕方三つ与えたら喜んだという、中国の故事による。

ちょうさんりし【張三×李四】張家の三男とか李家の四男とかのように、そこらに幾らもいて、身分が低く有名でもない連中。▽張も李も中国に多い姓。

ちょうし【弔詞】→ちょうじ(弔辞)

ちょうし【弔詩】死者をとむらう詩。

ちょうし【聴視】テレビを見て聞くこと。「—料」

ちょうし【調子】①音楽の節回しや、話し声の、音の高低のぐあい。②物事が進んでゆく時の、進行のぐあい、または勢い。「機械の—」「体の—」「その—でやれ」「—の高い文章」「—がいい」「—に乗る」「—をつける」「—を合わせる」 **—づ-く**【—付く】《五自》①うまく進み、勢いがつく。②転じて、得意になってうわつく。 **—はずれ**【—外れ】《名ナノ》①調子⑴が合わないこと。②表現・行動がまわりと調和せず、奇妙なこと。▽「ちょうしっぱずれ」とも言う。 **—もの**【—者】①調子⑵にのって軽はずみなことをする(言う)者。②いい加減に調子⑵を合わせる者。▽多く「お—」の形で言う。

ちょうし【×銚子】酒器の一種。㋐徳利。「お—」「—をつける」(徳利の酒に燗(かん)をする) ㋑酒を注ぐための、長い柄のついた器。

ちょうし【長子】①最初の子。②男の子のうち最初の者。長男。

ちょうし【長姉】一番上の姉。

ちょうじ【丁子】①南洋産の常緑高木。花は白または淡紅の四弁花で芳香がある。花・枝・実から油を取る。▽ふともも科。つぼみを乾燥したものを丁香(ちょうこう)(=クローブ)と言い、生薬・香辛料。②「丁子油」の略。丁子⑴からとる油。香料・薬料。 **—がしら**【—頭】灯心が燃えて先頭にできた固まり。▽俗に、これを油に入れると財貨を得ると言った。

ちょうじ【弔辞】死者をとむらう言葉。弔詞。

ちょうじ【△停止】「ていし」の別の言い方。▽現在は「音曲(おんぎょく)—」のような特別の場合でなければ使わない。

ちょうじ【×寵児】①親の愛を一身に受けている子。②比喩的に、時流に乗って、もてはやされる人。「時代の—」

ちょうしぜん【超自然】自然の理法を超越して神秘的なこと。「—的現象」

ちょうしゃ【庁舎】官公庁の建物。役所の建物。

ちょうしゃ【×諜者】敵方の中(近く)にいて(忍び込んで)、その様子や秘密を(探り出し)味方に通報する者。スパイ。▽味方側が送りこんだ者に限らずその地の人間でもよい。

ちょうじゃ【長者】富豪。金持。物持。「大—になる」「—風を吹かす」▽もと、首長・長老の意。

ちょうしゅ【聴取】《名・ス他》聞き取ること。「—者」「事情—」

ちょうじゅ【長寿】《名ナノ》人間などの寿命が長いこと。長生き。「—を保つ」「不老—」「—番組」

ちょうしゅう【徴収】《名・ス他》法規・規約に基づいて、国家・団体などが、税金・手数料・会費などを取り立てること。

ちょうしゅう【徴集】《名・ス他》国家などが強制的に(人や物を)集めること。

ちょうしゅう【聴衆】演説・音楽などを聞く人々。

ちょうしゅう【長袖】①そでの長い着物。「—よく舞い、多銭よく賈(あきな)う」(何事でも素質や条件にめぐまれたものが成功する) ②長袖(ながそで)を着る人。特に僧や公家(くげ)など。「—者流」(僧・公家のなかま)

ちょうじゅう【聴従】《名・ス自》ききいれてその言う事に従うこと。

ちょうじゅう【鳥獣】とりやけだもの。

ちょうじゅう【弔銃】軍人などの死をとむらうために小銃を一斉にうつこと。▽→ちょうほう(弔砲)

ちょうしょ【調書】問いただし調べあげた事柄を書いた文書。「被疑者から—を取る」

ちょうしょ【長所】すぐれているところ。美点。↕短所

ちょうじょ【長女】最初に生まれた女の子。

ちょうしょう【嘲笑】《名・ス他》あざけって笑いものにすること。「世間の—を買う」「—を浴びせかける」

ちょうしょう【×寵×妾】気に入りのめかけ。愛妾(あいしょう)。

ちょうしょう【弔鐘】死者をいたみ、冥福を祈って鳴らす鐘。

ちょうしょう【徴証】ある結論を引き出す証拠。しるし。

ちょうしょう【長×嘯】《名・ス自》声を長くひいて、詩や歌を吟じること。

ちょうじょう【重畳】①《名・ス自》幾重にも重なること。「山岳—」②《名ナノ》この上なく満足なこと。「御無事で何より—」▽古風。

ちょうじょう【長上】年上または上位の人。目上。

ちょうじょう【頂上】それより上には行きようのない、最高の所。いただき。てっぺん。

ちょうしょく【朝食】あさめし。

ちょうじり【帳尻】①帳簿の記載の終わりの所。②転じて、決算の結果。また、話などのつじつま。「—が合わない」

ちょう-じる【長じる】《上一自》①成長する。育つ。「—じて実業に就(つ)く」②まさっている。すぐれている。「技芸に—」③年が上である。「十歳—じている」▽「長ずる」とも言う。

ちょうしん【×寵臣】寵愛(ちょうあい)を受けている家来。気に入りの臣下。

ちょうしん【朝臣】朝廷の臣。▽「あそん」と読めば別の意。

ちょうしん【聴診】《名・ス他》医者が人体内の音を外

から聴取して診断すること。「―器」

ちょうしん【調進】『名・ス他』注文の品をととのえて納めること。調達。

ちょうしん【長身】背が高いこと。

ちょうしん【長針】時計の長い針。分針(ふんしん)。↔短針

ちょうじん【超人】普通の人とはかけ離れた、すぐれた能力を持つ人。スーパーマン。「―的」

ちょうじん【釣人】魚つりをする人。

ちょうじん【鳥人】(操縦が巧みな)飛行家。

ちょうしんるこつ【彫心×鏤骨】(詩文などの芸術作品を)非常に苦心して作りあげること。▽「鏤」はちりばめる意。心に刻みつけ、骨にちりばめる意。

ちょうず【△手△水】(てうづ) ①手や顔を洗い清めるのに使う水。「―鉢」「―を使う」(手や顔を洗う) ▽「てみづ」の転。②便所・用便などを指す語。「―に行く」「―場(ば)」▽直接に言うのを避けて使う。

ちょうすう【丁数】(主に和風の)書物の紙の枚数。▽→ちょう(丁)(2)(イ)

ちょう-する【×寵する】『サ変他』かわいがる。

ちょう-する【弔する】『サ変他』人の死を悲しみいたむ。とむらう。

ちょう-する【徴する】『サ変他』(隠れているものを表に)呼び出す。㋐得ようと求める。「有識者に意見を―」。取り立てる。「税を―」㋑潜むものを引き出して証拠とする。「これを歴史に―して明らかだ」

ちょう-する【朝する】『サ変自』朝廷に参る。参内(さんだい)する。また、朝貢する。

ちょう-ずる【長ずる】『サ変自』→ちょうじる

ちょうせい【朝政】朝廷の政治。

ちょうせい【町制】地方公共団体としての町(ちょう・まち)の構成を取る制度。「―を布(し)く」

ちょうせい【調整】『名・ス他』調子や過不足などを整えて、規準に合わせたり折り合いをつけたりすること。「意見の―を図る」

ちょうせい【調製】『名・ス他』注文に応じて必要なものを作ること。「選挙人名簿を―する」

ちょうせい【長生】『名・ス自』ながいき。ながいきをすること。

ちょうせい【長逝】『名・ス自』死ぬこと。永眠。▽「逝」は行く意。

ちょうぜい【徴税】『名・ス自』租税を取り立てること。

ちょうせき【朝夕】→あさゆう

ちょうせき【長石】アルミノ珪酸(けいさん)塩の鉱物の一種。火成岩の主要成分で、陶磁器の原料となるほか、肥料・ガラス・マッチなどの製造にも使う。

ちょうせき【潮×汐】海水の干満。▽「潮」はあさしお、「汐」はゆうしお。

ちょうせつ【調節】『名・ス他』ぐあいよく整えること。「温度―」

ちょうぜつ【超絶】『名・ス自』とびぬけてすぐれていること。「―した技巧」「―的な演技」

ちょうせん【挑戦】『名・ス自』戦いをいどむこと。㋐相手に戦いをしかけること。「―状」「チャンピオンに―する」㋑積極的に困難な物事を行おうとすること。「北極探検に―する」

ちょうせん【腸線】豚・羊などの腸で作った糸。外科手術用。

ちょうぜん【×悵然】『ト タル』失意の状態で嘆くさま。

ちょうぜん【超然】『ト タル』(世俗的な)物事にこだわらず、そこから抜け出ているさま。「流行に―としている」

ちょうせんにんじん【朝鮮人△参】ふたまたに分かれた白い根を強壮薬にする多年草。朝鮮・中国では自生、日本では栽培する。▽うこぎ科。

ちょうそ【彫塑】①彫刻と塑像。②彫刻の原型である塑像(を作ること)。

ちょうそう【鳥葬】遺体を野に置いて、肉食の鳥に食わせて死者を葬る方法。チベット・インドの一部に行われる。

ちょうぞう【彫像】(画像に対し)彫刻した像。

ちょうそく【長足】『副に・ノダ』物事が非常に早く進むこと。「―の進歩」

ちょうぞく【超俗】俗界を超越していること。世俗的な事柄にかかわらないで超然としていること。

ちょうそん【町村】まちとむら。(地方公共団体としての)町(ちょう・まち)と村(そん・むら)。「―合併」 **―くみあい**(あ:ひ)**【―組合】**その事柄(例、水利工事)のために、幾つかの町村が協議して設ける組合。

ちょうだ【長蛇】①長い大きなへび。②転じて、長く大きなことの形容。「―の列」「―の陣」「―を逸する」(惜しい人物や物を得そこなう。上杉謙信が武田信玄を討ちもらしたことを詠んだ、頼山陽の詩句に基づく)

ちょうだい【長大】『名ナ』長く大きいこと。高くて大きいこと。↔短小。「―な論文」派生 **-さ**

ちょうだい【頂戴】『名・ス他』①他人、ことに目上の人からいただくこと。また「もらう」のへりくだった言い方。「―物のお菓子」「お目玉を―する」「お涙―」(同情して泣いてくださいと言わんばかりの態度)「お流れ―」(宴会などで長上から杯をいただく時に言う語)▽もと、感謝の気持で頭上にささげ持つこと。②《文末で》ください。「おやつを―」「はやく来て―な」▽(2)はサ変動詞にしない。

ちょうたいそく【長大息】『名・ス自』長いためいきをつくこと。

ちょうたく【彫×琢】『名・ス他』①宝石などを、きざみ磨くこと。②比喩的に、文章を磨くこと。

ちょうたつ【×暢達】『名ナ・ス自』のびのびしていること。「―な筆跡」「気分が―する」▽もと、伸び育つ意。

ちょうたつ【調達】『名・ス他』必要となる物資(金銭)を取りそろえ(て要求者に届け)ること。「資金の―」

ちょうだつ【超脱】『名・ス自』世俗的な物事から、更に高い境地にぬけ出ること。「俗事を―する」

ちょうたん【長嘆・長×歎】《名・ス自》長いためいきをついてなげくこと。

ちょうたん【長短】長いのと短いのと。また、余った所と足りない所と。「―相補う」。長所と短所。

ちょうだん【跳弾】地表などに達した弾丸で、はねて再び若干の距離を進むもの。「―で負傷した」▽落ちる角度の小さい時などにこの現象が起こる。

ちょうたんぱ【超短波】周波数三〇〜三〇〇メガヘルツ、波長一〇〜一メートルの電波。近距離通信・レーダーなどに利用する。

ちょうチフス【腸チフス】チフス菌が腸を冒すことによって起こる感染症。▽もと法定伝染病の一つ。

ちょうちゃく【△打×擲】《名・ス他》(人を)ぶつこと。なぐること。▽文章語的。

ちょうちょう【丁丁・△打△打】物を続けて打つ音。「鉈(なた)の音が―とする」 **―はっし**【―発止】《名・副〔と〕》盛んにやりあうさま。▽もと、刀などで打ち合う音を表す語。

ちょうちょう【×喋×喋】しきりにしゃべるさま。「―と自分の腕前を述べる」「―喃喃(なんなん)」(男女がうちとけて楽しそうに語り合うさま)

ちょうちょう【×蝶×蝶】→ちょう(蝶)。▽「ちょうちょ」とも言う。

ちょうちょう【町長】地方公共団体である町の長。

ちょうちょう【長調】音楽で、長音階による調子。↕短調

ちょうちん【△提△灯】照明具の一種。割り竹を骨とし、それに紙や絹をはって風を防ぎ、中にろうそくをともすようにしたもの。しまう時にはたためる。種類が多い。「―行列」「―に釣鐘」(形は似ていても、比べものにならない。また、つり合わないこと) **―もち**【―持(ち)】①提灯を持って人々の前に立ち、足もとを照らして行くこと。その役の人。②他人の手先に使われて、その人の長所などを宣伝すること。そういう人。 **―や**【―屋】①提灯を作り、売る人。その業の家。②字をなぞって形を整えること。▽(1)がよくそうすることから。

ちょうつがい(‥つがひ)【×蝶△番】①開き戸や開きぶたなどが開閉できるようにとりつける金具。②比喩的に、関節のつなぎ目。「ひざの―」

ちょうつけ【帳付(け)】①帳面に書き付けること。その役の人。②買った品を帳面に付けさせておいて、支払いは月末や節季などにすること。▽「ちょうづけ」とも言う。

ちょうづけ【丁付(け)】丁数・ページ数を記入すること。

ちょうづめ【腸詰(め)】→ソーセージ

ちょうづら【帳面】帳面(ちょうめん)に記載された表面上のこと。ちょうめんづら。「―を合わせる」▽「ちょうめん」と読めば別の意。

ちょうてい【朝廷】天子が政治をとる所。

ちょうてい【調停】《名・ス他》対立する両者の間にはいって、両者の妥協点を見いだし、争いがやむようにすること。「労働委員会の―」▽調停案を当事者が受諾すれば公的拘束力が生じる。「仲裁」との違いは、→ちゅうさい

ちょうてい【長堤】長く続く堤(つつみ)。「十里の―はことごとく花の雲」

ちょうてい【長×汀】長く続く波打ちぎわ。 **―きょくほ**【―曲△浦】長汀と曲がりくねった浦(うら)、すなわち海岸線が長い浜べ。

ちょうてき【朝敵】朝廷の敵。天子に反逆する賊。

ちょうてん【頂点】①〔数学〕角をなす二つの半直線(線分)が交わる点。「三角形の―」「三角錐(すい)の―」多面体の、三面以上が交わる点。②物事の最も盛んな状態。絶頂。「不満が―に達する」

ちょうでん【弔電】くやみの電報。

ちょうでんどう【超伝導・超電導】ある種の金属や合金をきわめて低い温度に下げると、電気抵抗がなくなる現象。MRIやリニア モーター カーその他に利用される。▽super-conductivity の訳語。

ちょうと【長途】長いみちのり。「―の旅」

ちょうと(ちやう‥)【丁と】《副》物を打つ音を表す語。「―打つ」

ちょうど【調度】日常使う、身のまわりの道具類。「家具―」

ちょうど(ちやうど)【丁度・〈恰度〉】《副》それが着目するものについて過不足ないさま。㋐それより多く(大きく、遅く)も少なく(小さく、早く)もないこと。きっちり。ぴったり。「―千円になる」「―よいぐあい」「―十時だ」「―できたところだ」▽「―になる」のように体言化しても使う。㋑《多くは、あとに「……(の)ようだ」を伴って》まるで。あたかも。「富士山は―すりばちを伏せたような形だ」▽「ちゃんと」と同語源。

ちょうとう【長刀】長い刀。太刀(たち)。▽→なぎなた

ちょうどうけん【聴導犬】聴覚障害者を介助するための訓練を受けた犬。

ちょうとうは【超党派】複数の党派がそれぞれの主張をこえて協力し合う態勢。

ちょうどきゅう【超×弩級】同類のものより、けた違いに大きいこと。▽もと、イギリスの戦艦ドレッドノート号型より更に大きいものを指した語。↓どきゅうかん

ちょうトン【長トン】→えいトン。▽long ton の訳語。

ちょうな(てうな)【△手×斧】大工(だいく)道具の一種。くわ型のおの。木材をあらけずりするのに使う。▽「ておの」の転。

ちょうない【町内】その町のなか。特に、市街地の中の小さな区域のうち。「―会」

ちょうなん【長男】最初に生まれた男の子。

ちょうにゅう【調乳】《名・ス自》粉ミルクを湯で溶いて飲める状態にすること。「―の適温」

ちょうにん【町人】近世の社会階層の一つ。町に住む商人・職人の身分の者。

ちょうネクタイ【×蝶ネクタイ】蝶結びにしてつける

ネクタイ。▽「ボー タイ」とも言う。

ちょうねんてん【腸捻転】腸がねじれ、激痛を伴う急性の病気。

ちょうのう【聴納】《名・ス他》進言・訴え・願い等を聞き入れること。

ちょうは【長波】周波数三〇～三〇〇キロヘルツ以下、波長一〇～一キロメートル以上の電波。

ちょうば【嘲罵】《名・ス他》あざけりののしること。

ちょうば【帳場】商店や宿屋などで、帳付けや勘定をする所。

ちょうば【町場・丁場】①宿駅と宿駅との距離。「長(なが)ー」②(運送や道ぶしんなどの)受持ち区域。

ちょうば【跳馬】馬の背を短くした形の器械体操用具。それに手を着いて飛び越える競技種目。

ちょうはつ【徴発】《名・ス他》(戦時などに軍が人民から物資・人力を)強制的に取り立てること。

ちょうはつ【挑発・挑×撥】《名・ス他》相手を刺激して、事件や欲情などを起こすようにしむけること。「戦争ー者」「ー的な態度をとる」「ーに乗る」

ちょうはつ【調髪】《名・ス自》髪を刈ったり結ったりして形を整えること。理髪。「ー師」

ちょうはつ【長髪】長く伸ばした髪。▽男性について言うことが多い。

ちょうばつ【懲罰】《名・ス他》不正や不当な行為に対して、こらしめの制裁を加えること。▽↓ちょうかい(懲戒)

ちょうはん【丁半】さいころの目の丁(＝偶数)と半(＝奇数)。それによって勝負をきめるばくち。

ちょうび【×掉尾】↓とうび

ちょうび【長尾】尾が長いこと。長い尾。「ー鶏」(おながどり)「ー類」(えびの類)

ちょうひょう【徴×憑】事実を証明する材料となる物。徴証。▽「徴」はしるし、「憑」はより所の意。

ちょうふ【貼付・貼附】↓てんぷ(貼付)

＝**ちょうぶ**【町歩】田畑や山林の面積を町(ちょう)単位で計算するのに使う語。「二百ーの田」

ちょうふく【重複】《名・ス自》同じ物事が二つ(二度)以上重なること。じゅうふく。「ーを整理する」「話がーする」

ちょうぶく【調伏】《名・ス他》①〔仏〕㋐心と身との調和につとめ、悪行にうちかつこと。㋑密教で、五大明王などを本尊として法を修し、魔障を打ち破ること。②人をのろい殺すこと。

ちょうぶつ【長物】↓むようのちょうぶつ

ちょうぶん【弔文】とむらう気持を述べた文。

ちょうぶん【長文】長い文や文章。↔短文

ちょうへい【徴兵】《名・ス自他》国家が国民に兵役の義務を課し、一定期間、強制的に兵役につかせること。「ー猶予」「ー制」 **ーけんさ**【ー検査】徴兵のための、壮丁に対する兵役適否の検査。

ちょうへいそく【腸閉塞】腸の一部がふさがり、または極端に詰まる、急性の病気。

ちょうへん【長編・長×篇】詩歌・小説・映画などの、長い作品。

ちょうぼ【帳簿】会計・事務その他のために必要な事を書き入れる帳面。「ーをつける」

ちょうぼ【徴募】《名・ス他》つのり集めること。召しつのること。「義勇兵をーする」

ちょうぼ【朝暮】あさゆう。あけくれ。

ちょうほう【弔砲】弔意を表してうつ礼砲。

ちょうほう【×諜報】相手の情勢などを秘密に探って知らせる活動。それで伝えられた報告。「ー機関」「ー活動」

ちょうほう【調法】《ダナ・ス自他》使って便利なこと。重宝(ちょうほう)(1)㋐。派生 **-さ -がる**

ちょうほう【重宝】①《名・ダナ・ス自他》㋐使って便利なこと。便利だと思って利用すること。調法。「皆にーがられる人物」㋑大事だとして扱うこと。大切にすること。▽(2)の転。派生 **-さ -がる** ②《名》大事な宝物。珍重すべき宝。じゅうほう。

ちょうぼう【眺望】《名・ス他》ながめ。見晴らし。広く遠くまで見晴らすこと。「ーが利く」

ちょうほうけい【長方形】①正方形でない矩形(くけい)。②「矩形」の言い換え。この場合には正方形も含む。

ちょうぼん【超凡】《名ナ》普通の人より、はるかに抜け出てすぐれていること。派生 **-さ**

ちょうほんにん【張本人】事件を起こす一番もとになった者。張本。

ちょうまい【超×邁】《名ナ》とびぬけてすぐれていること。

ちょうまん【腸満・×脹満】病気で腹がふくれあがる症状。

ちょうみ【調味】《名・ス自》飲食物をよい味にととのえること。うまい味をつけること。 **ーりょう**【ー料】調味に使う材料。みそ・しょうゆ・砂糖・塩など。「うま味ー」

ちょうみつ【×稠密】《名ナ》↓ちゅうみつ

ちょうみん【町民】町の住民。

ちょうむすび【×蝶結び】ひも・リボンなどの、蝶の形になる結び方。↔こま結び

＝**ちょうめ**【丁目】一つの町を(番地よりは大きく)区分して番号がつけてある時、その番号に添える語。「一ッ橋二ー五番五号」▽用例の「一ッ橋二ー」までが町名。名詞的にも使う。「ーの変わる道」

ちょうめい【澄明】《名ナ》(水・空気などが)澄みきって明るいこと。「ーな秋空」派生 **-さ**

ちょうめい【朝命】朝廷の命令。

ちょうめい【長命】《名ナ》人間・動物の命が長いこと。長生き。↔短命。「ーな一族」

ちょうめん【帳面】物を書くために、何枚かの紙をとじて作ったもの。ノート。▽「ちょうづら」と読めば別の意。 **ーづら**【ー面】↓ちょうづら

ちょうもく【鳥目】銭。金銭。もと、穴のあいた銭。▽その穴のあいているのが鳥の目に似ているから。

ちょうもと【帳元】興行などで、一切の勘定の取締り

をする所。その人。

ちょうもん【弔問】『名・ス他』死者の家を訪問して、くやみを言うこと。「—客」

ちょうもん【聴聞】『名・ス他』人の話を聞くこと。㋐説教や演説などを聞くこと。㋑行政機関が特定の行政行為をする場合に利害関係者の意見を聞くこと。「—会」㋒信者のざんげを聞くこと。「—僧」

ちょうもん【頂門】『—の一針(いっしん)』頭の上に一本の針をさすように、痛い所をつく教訓。

ちょうや【朝野】朝廷と在野。政府と民間。「—をあげて」(全国一致して)

ちょうや【長夜】①(秋または冬の)長い夜。よなが。「—の眠りにつく」(死ぬ。いつまでもさめないことから) ②夜通し。「—の宴」「—の飲(いん)」(夜が明けても戸をしめたまま、夜のような気分で酒を飲み続けること)

ちょうやく【調薬】『名・ス自』薬を調合すること。調剤。

ちょうやく【跳躍】『名・ス自』地面をけって飛びはねること。また、飛びはねて越えること。「—競技」(高とび・幅とびの類)「—力」

ちょうよう【徴用】『名・ス他』国家が国民を呼び出して強制的に一定の仕事につかせること。

ちょうよう【貼用】『名・ス他』(薬を)はって使うこと。

ちょうよう【重用】『名・ス他』人を重く用いること。▽「じゅうよう」とも言う。

ちょうよう【重陽】陰暦九月九日の節句。↓きくのせっく。▽陽の数九を二つ重ねた日付だから。

ちょうよう【長幼】年上の者と年下の者。「—序あり」(物事をするのに当たって、年長者と年少者との間に、一定の順序がある)

ちょうらい【朝来】『副』朝から引き続いていること。「—の雪」

ちょうらく【×凋落】『名・ス自』しぼんで落ちること。また、衰えること。落ちぶれること。「—の運命をたどる」

ちょうり【調理】『名・ス他』料理をつくること。「—場」「—師」▽もと、物事を取りさばき、整えることの意。

ちょうりつ【調律】『名・ス他』楽器の音を調べ、音の高さや調子を整えること。「—師」

ちょうりゅう【潮流】①潮の満ち干によって周期的に起こる海水の流れ。②比喩的に、時勢の動き。「時代の—に乗る」

ちょうりゅう【長流】長い川の流れ。「黄河の—」

ちょうりょう【跳×梁】『名・ス自』自由にはねまわること。はびこって自由に動きまわること。「スパイが—する」「—跋扈(ばっこ)」

ちょうりょく【張力】①張る力。張りのびる力。②物理学で、物体内に考えた任意の面の両側の部分が、この面に垂直に引き合う力。「表面—」

ちょうりょく【聴力】耳で音を聞き取る能力。

ちょうるい【鳥類】とりの類。脊椎動物の一綱。哺乳(ほにゅう)類と同様に温血。爬虫(はちゅう)類と同様に卵生。前肢が翼となる。

ちょうれい【朝礼】学校や職場で、始業前に全員が集まってあいさつすること。

ちょうれいぼかい【朝令暮改】朝に命令を出して夕方それを変えること。法令が出てもすぐあとから改められて、あてにならないこと。

ちょうれん【調練】『名・ス他』兵士を訓練すること。

ちょうろう【嘲弄】『名・ス他』あざけってばかにすること。「—的な言辞」

ちょうろう【長老】①ある方面で経験を積んだ、頭(かしら)立った人。「学界の—」②学識があり悟りも深い僧。また、キリスト教の聖職の一階級。

ちょうわ【調和】『名・ス自』全体(または両方)が、具合よくつりあい、整っていること。そのつりあい・整い。「環境と—したライフ スタイル」「色がよく—する」「—の美しさ」「—がとれる」

チョーク ①白墨。②石灰岩の一種。白亜。チョーク(1)の原料になる。▽(1)(2)は chalk ③自動車の気化器の空気調節弁。▽choke

ちよがみ【千代紙】麻の葉や花などの模様を色ずりした、手工用の和紙。

ちょき じゃんけんで、はさみ㋐。▽はさみで物を切る音から。

ちょき【×猪△牙】「ちょきぶね」の略。江戸で作られた細長い、先のとがった舟。▽舟足が速く、隅田川を上下したのが有名。

ちょきちょき『副[と]』はさみで切る音。そのさま。「植木を—(と)剪定(せんてい)する」

ちょきん【貯金】『名・ス自他』金銭をためておくこと。また、その金。「—箱」「小遣いを—する」。特に、郵便局に金銭を預けること。

ちょく【×猪口】①陶磁器製の小さな杯。ちょこ。②刺身(さしみ)・酢の物などを入れる小さい皿。

ちょく【直】①『副[に]』直接。じか。じき。「—に渡す」「—帰る」②『ダナ』性格が気軽・気楽・きさくなさま。「こまめな、—な人」「—で、気が置けない人柄」▽↓ちょく〖直〗

ちょく〖*直〗 チョク ジキ(ヂキ) なおす なおる ただちに すぐ あたい

①まっすぐ。まがっていないで正しい。⇔曲。「曲直・直立・直進・直行・直射・直系・直球・直線・垂直・硬直・鉛直線」②心がよこしまでない。一本気。「正と義と—」「直情・正直(しょうじき)・剛直・廉直・愚直・実直・率直・朴直」③ねうち。あたい。「安直・高直(こうじき)・下直(げじき)」④間をおかない。すぐに。ただちに。じかに。じきに。「直接・直前・直轄・直属・直観・直面・直入・直通・直航・直行・直帰・直輸入」。以下「ジキ」と読む。「直筆・直直・直訴・直談・直伝・直弟子・直参・直播(じきまき)」▽↓じか(直)・じき(直)。⑤番をきめてする、つとめ。「当直・宿直・日直」▽↓ちょく(直)

ちょく【勅】【敕】 チョク みことのり ―《名・造》天子の命令。天子のおおせ。みことのり。「勅を承る」「勅命・勅令・勅宣・勅旨・勅書・勅語・勅諭・勅裁・勅許・勅撰(ちょくせん)・勅勘・勅願・勅使・勅題・詔勅・奉勅・密勅・神勅・違勅」▽いましめる、たしなめるの意から。

ちょくえい【直営】《名・ス他》直接の経営。「ビール会社―のビアホール」

ちょくおうまいしん【直往×邁進】《名・ス自》ためらわず、まっすぐにつき進んで行くこと。

ちょくおん【直音】 拗音(ようおん)・促音以外の音。

ちょくがく【勅額】 天子直筆(じきひつ)の額。

ちょくがん【勅願】 勅命による祈願。天皇の祈願。

ちょくげき【直撃】《名・ス他》①爆弾などが直接にあたること。「―を受ける」「―弾」②直接おそうこと。「台風が本土を―する」

ちょくげん【直言】《名・ス他》①自分の信じる所を遠慮なく言うこと。「あえて―する」②(論理学などで)絶対無条件の言葉。「―命令」

ちょくご【勅語】 天皇が国民に対して発する意思表示の言葉。「教育―」「―奉読」▽この制度は今は無い。

ちょくご【直後】(時間的・距離的に)すぐあと。⇔直前

ちょくごう【勅号】 朝廷から高僧にたまわる称号。

ちょくさい【直×截】《ダナ》→ちょくせつ(直截)(2)。派生 **―さ**

ちょくさい【直裁】《名・ス他》①ただちに裁決すること。②当人が直接裁決すること。

ちょくし【勅使】 勅旨を伝えるために天子が派遣する使者。

ちょくし【勅旨】 天子の意思。また、詔勅の趣旨。

ちょくし【直視】《名・ス他》目をそむけないで、まともに見詰めること。「現実を―する」

ちょくしゃ【直射】《名・ス自他》①まともに射ること。直接に照らしつけること。「―日光」②低く直線に近い弾道をなすように弾丸を発射すること。⇔曲射

ちょくしょ【勅書】 勅旨を書き記した公文書。▽この制度は今は無い。

ちょくじょ【直叙】《名・ス他》感想などをまじえず、ありのままを述べること。

ちょくじょう【勅×諚】 天皇の仰せ。▽古くは「勅定」と書いた。

ちょくじょう【直上】 ①《名》すぐ上。②《名・ス自》まっすぐ上方。また、まっすぐにのぼること。

ちょくじょう【直情】 偽りや飾りのない、ありのままの感情。 **―けいこう【―径行】** 相手の思わくなど考えず自分の思う通り言ったり行動したりすること。「―型の人」▽「直」も「径」も、まっすぐの意。

ちょくしん【直進】《名・ス自》まっすぐ進むこと。「光は―する」

ちょくせつ【直×截】《ダナ》①ためらうことなく、すぐ決裁すること。②まわりくどくなく、ずばりと表現すること。「―簡明」「―的」▽「ちょくさい」は慣用読み。派生 **―さ**

ちょくせつ【直接】 ①《名・ス自》間に何もはさまずに接すること。「電源に―したコード」②《名・ダナ》《副詞的にも使う》他のものを通さず、じかなこと。⇔間接。「―の原因」「家に帰らず学校から―映画館に行く」「―行動」(目的を貫くための暴力的な行動) **―かんせん【―感染】** 病原体に感染した人に直接接触したり、感染した動物にかまれたりして、病原体に感染すること。直接伝染。⇔間接感染。 **―ぜい【―税】** 税金の負担者から直接徴収する税。所得税・固定資産税などの類。⇔間接税。 **―せんきょ【―選挙】** 選挙人が直接に被選挙人を選挙する方法。⇔間接選挙。 **―てき【―的】**《ダナ》直接であるさま。⇔間接的。「―論証」

ちょくせん【勅×撰】《名・ス他》勅命によって詩歌や文章などをえらんで書物を作ること。⇔私撰(しせん)。「―集」

ちょくせん【直線】 平面上の二点間を最短距離で結ぶ線。まっすぐな線。⇔曲線。「―を引く」「―距離」

ちょくぜん【直前】(時間的・距離的に)すぐ前。⇔直後

ちょくそう【直送】《名・ス他》相手に直接送ること。「産地―」

ちょくぞく【直属】《名・ス自》直接に属していること。「内閣―の機関」。指揮・監督を受ける上下の系統に属していること。「―上官」

ちょくだい【勅題】 ①天皇が出す詩歌の題。特に、新年の歌御会始(うたごかいはじめ)の題。②天皇親筆の額。

ちょくちょう【直腸】 大腸の最終部分。下端が肛門(こうもん)。

ちょくちょく《副・ノダ》〔俗〕→ちょいちょい(1)

ちょくつう【直通】《名・ス自》乗換えや中継ぎなしに、目的地や相手に通じること。「―列車」「―電話」

ちょくとう【勅答】《名・ス自》天子が臣下に答えること。「―使」

ちょくとう【直答】《名・ス自》①その場ですぐ答えること。即答。「―を避ける」②人づてでなく直接返答すること。じきとう。

ちょくどく【直読】《名・ス他》漢文などを、(返り点によって訓読するのでなく)上から下へまっすぐ音読すること。

ちょくにん【勅任】 勅命で官職に任命すること。 **―かん【―官】** もとの官吏任命法で勅任による官。一等・二等の高等官。広義では親任官も含む。▽→そうにん

ちょくばい【直売】《名・ス他》生産者が商人などの手を経ず直接消費者に売ること。直販。「産地―」

ちょくはん【直販】 →ちょくばい

ちょくひ【直披】 →じきひ

ちょくひつ【直筆】 ①《名・ス他》事柄をありのままに書くこと。⇔曲筆。②《名》筆をまっすぐに立てて持って、字を書くこと。▽「じきひつ」と読めば別の意。

ちょくふう【勅封】 天皇の命令で封印すること。「―

の蔵」

ちょくほうたい【直方体】 矩形(くけい)の面ばかりから成る六面体。直六面体。

ちょくめい【勅命】 天子の命令。▽→ちょくれい

ちょくめん【直面】《ス自》ある事柄に直接に対すること。「困難に—する」

ちょくやく【直訳】《名・ス他》原文の一語一語をたどるようにして訳すこと。その訳文。↔意訳。「生硬な—」

ちょくゆ【勅諭】 天子からの諭(さと)し。▽普通、一八八二年の軍人勅諭を指す。

ちょくゆ【直喩】 修辞法の一つ。「たとえば」「ような」などの語を使ってたとえる仕方。例、「馬のように長い顔」。↔隠喩

ちょくゆしゅつ【直輸出】《名・ス他》国内で生産した物を、他国の仲介商人の手を経ずに直接輸出すること。

ちょくゆにゅう【直輸入】《名・ス他》外国で生産した物を、他国の仲介商人の手を経ずに直接輸入すること。

ちょくりつ【直立】《名・ス自》まっすぐに立つこと。「—不動の姿勢」

ちょくりゅう【直流】 ①《名・ス自》まっすぐな流れ。まっすぐ流れること。②《名》常に一定の方向に流れる電流。↔交流

ちょくれい【勅令】 天子の命令。▽明治憲法下では以前の勅命と違って、法律行為であった。

ちょくれつ【直列】 ①一つの線になるように並ぶこと、また並べること。②電池などの陽極と陰極とを交互につなぐこと。↔並列。「電池を—につなぐ」

ちょくろ【直路】 まっすぐのみち。また、寄り道をしない道筋(で)。「—日本を訪う」

ちょげん【緒言】 →しょげん(緒言)。▽「しょげん」の慣用読み。

ちょこ【×猪△口】 →ちょく(猪口)⑴。 **—ざい【—才】**《名ナ》小才があって、なまいきなこと。「—なやつ」 派生 **-さ**

チョコ 「チョコレート」の略。「板—」「ミルク—」

ちょこちょこ ①《副[と]・ス自》㋐(小さいものが)狭い歩幅で歩き(走り)まわるさま。「駒下駄の—あるき」(泉鏡花「みさごの鮨」) ㋑振舞いが、せせこましく落ち着かないさま。「—した人」②《副[と]》㋐頻度が多いさま。たびたび。「—休む」「法律が—改正される」。→ちょいちょい。㋑少しずつ。「—野菜を作る」

ちょこっと《副》〔俗〕→ちょっと

ちょこなん《副と》小さくかしこまって見えるさま。ちょこん。「石油コンロが—と二つ並んでいる」(宮本百合子「道標」)

ちょこまか《副[と]・ス自》動作・振舞いが落ち着かなくて、こうるさい感じがするさま。「—(と)動き回る」

チョコレート カカオの種子を煎って砕いた粉末。また、それをそのまま、あるいは砂糖・ミルクなどと混ぜて固めた菓子。「—色」(こげ茶色) ▽chocolate →ココア

ちょこん《副と》①小さくこぢんまりと在るさま。「—と腰かけた子供」「—と芽が出る」②軽く、ちょっと動く(動かす)さま。「—と頭を下げる」

ちょさく【著作】《名・ス自他》①本を書き著すこと。また、その書き著した物。著述。②法律で、著作物を創作すること。その行為。 **—か【—家】** 著作を職業とする人。 **—けん【—権】** 著作者が、自己の著作物の複製・翻訳・放送・上演などを独占する権利。知的所有権の一つ。 **—しゃ【—者】** その著作をした人。著作物の作者・編者。 **—ぶつ【—物】** 文芸・学術・美術・音楽・建築などに関して思想・感情を創作的に表現したもの。

ちょしゃ【著者】 その書物を書き著した人。

ちょじゅつ【著述】《名・ス他》書物を書き著すこと。また、その書き著した物。「—業」

ちょしょ【著書】 その人が書き著した書物。

ちょすい【貯水】《名・ス自》水をためておくこと。「—量」 **—ち【—池】** 用水をためておく池。

ちょせん【緒戦】 →しょせん(緒戦)。▽「しょせん」の慣用読み。

ちょぞう【貯蔵】《名・ス他》物をたくわえておくこと。

ちょだい【著大】《名ナ》いちじるしく大きいこと。

ちょたん【貯炭】《名・ス自他》石炭をたくわえておくこと。その石炭。「—場(ば)」「—量」

ちょちく【貯蓄】《名・ス他》金銭などの財貨をたくわえること。また、その財貨。

ちょっか【直下】 ①《名》まっすぐ下。ました。「赤道—」「—型地震」②《名・ス自》まっすぐおりる、または落ちること。「急転—」

ちょっかい 〔俗〕『—を出す』①猫などが、物をかき寄せるように、前足をちょっと出す。②転じて、横合いから、(じゃれて)よけいな手出しをする。

ちょっかく【直覚】《名・ス他》直観的にわかる(知る)こと。「—的」

ちょっかく【直角】《名ナ》二直線の交わる角度が九十度であること。その角。「—三角形」(内角の一つが直角である三角形)

ちょっかつ【直轄】《名・ス他》直接に管轄すること。「—研究所」「幕府の—地」

ちょっかっこう【直滑降】 スキーで、斜面をまっすぐすべりおりること。

ちょっかん【勅勘】 天子から受けるとがめ。勅命による勘当。「—をこうむる」▽今は言わない。

ちょっかん ①【直観】《名・ス他》推理によらず、直接的・瞬間的に、物事の本質をとらえること。「—的」「真理を—する」②【直感】《名・ス他》理性を働かすというより、感覚的にただちにとらえること。「—を働かす」「駄目だと—した」

ちょっかん【直×諫】《名・ス他》下位の者が相手の地位

・権力などに遠慮することなく、率直にいさめること。

ちょっき【直帰】《名・ス自》出先から勤め先に戻らずにそのまま帰宅すること。「訪問先から―する」

チョッキ 上着の下、シャツの上に着る、そでなしの胴着。ベスト。▽ポルトガル jaque から。

ちょっきゅう【直球】①野球で、投手が投げる変化しない球。ストレート。まっすぐ。②比喩的に、率直ではっきりしていること。「―で言う」

ちょっきょ【勅許】天子のゆるし。勅命の免許。

ちょっきり《副・ノダ》〔俗〕過不足なくちょうど。「午後三時―に出発」「―千円の品」

ちょっくら《副》〔俗〕気軽にちょっと。「では―行ってくるか」

ちょっけい【直径】円または球の中心を通り、円周または球面上に両端がある線分。また、その長さ。さしわたし。

ちょっけい【直系】ある人から親子・師弟等の関係で続いている系統。直接の系統。↔傍系。「―の弟子（でし）」

ちょっけつ【直結】《名・ス自》他のものを仲立ちとせず、直接に結びつくこと。「産地と―した仕入れ」

ちょっこう【直交】《名・ス自》(直線どうしが)直角に交わること。↔斜交。「横軸と―する縦軸」

ちょっこう【直行】①《名・ス自》途中でとまったり寄り道したりせずに、目的地まで行くこと。「現場に―する」②《名・ス自》気がねなどせず思った通り行うこと。「直言―」③《名》まがった所のない正しい行い。「―の士」

ちょっこう【直航】《名・ス自》直接、目的地へ航行すること。「―便」

ちょっと【〈一寸〉・△鳥渡】①《副・ノダ》㋐数量・程度が著しくないこと。少し。「もう―右」「―の事でも騒ぎ立てる」「―待て」「到着まであと―だ」㋑大量・重大ではないが、わずかとは言えない程度。「―は金がかかる」「―重い病気」「―した財産」②《副》㋐言い方を和らげるための表現。「―話題を変えますが」「―行ってくる」㋑《打消しを伴って》少々のことでは。簡単には。「―見当がつかない」▽「ちと」の促音化した「ちっと」の転。③《感》呼びかけの言葉。「―、あなた」

ちょっとみ【〈一寸〉見】ちょっと見た様子。「どんな人柄か―にはわからない」

ちょっぴり《副〔と〕・ノダ》〔俗〕ちょっとばかり。「―塩を加える」「ほんの―おすそ分け」

チョップ ①《名》(豚・羊などの、普通はあばら骨つきの)厚切りの肉。「ポーク―」②《名・ス他》(テニスでボールを、プロレスで相手を)たたき切るように強く鋭く打つこと。▽chop(＝切断。切断した肉)

ちょとつ【×猪突】《名・ス自》猪（いのしし）がまっすぐ突っ走るように向こう見ずに進むこと。「―猛進」

ちょびひげ【ちょび×髭】鼻の下にちょっぴりはやしたひげ。

ちょぶん【著聞】世間によく知られていること。▽「ちょもん」とも言う。

ちょぼ ①しるしに打つ点。ぽち。②歌舞伎で、地の文を浄瑠璃で語ること。その地の文。▽文章の中のその部分に点が打ってあることから言う。

ちょぼく【貯木】《名・ス自他》材木(にするため伐（き）った木)を貯（たくわ）えておくこと。「―場」

ちょぼくれ「ちょぼくれちょんがれ」の略。江戸時代の俗謡の一つ。そのはやし詞（ことば）。また、その、あほだら経などを歌って、裂いた竹に一文銭数枚を仕掛けたのを、または小さい木魚二つを打ち鳴らして歩いた乞食（こじき）僧。▽上方では「ちょんがれ」と略した。浪曲の元祖。

ちょぼちょぼ ①《副〔と〕》わずかであるさま。「草が―(と)生えた空き地」「家賃が―(と)入る」②《名ノ》〔俗〕双方とも大した違いがないこと。「二人の成績は―だ」▽同じことを重ねて記す時の符号「〃」の見立て。

ちょま【×苧麻】↓からむし

ちょめい【著名】《名ノ》名前がよく知れ渡っていること。有名。「―の士」「―人」派生 **-さ**

ちょりつ【×佇立】《名・ス自》たたずむこと。しばらくの間立ちどまること。

ちょりゅう【貯留・×瀦×溜】《名・ス自他》(水などが)たまること。(水などを)ためること。

ちょろ-い《形》〔俗〕扱うのに苦労がない。御（ぎょ）しやすい。「―相手」「こんな試験なんか―」派生 **-さ**

ちょろぎ【〈草石蚕〉】地下にできる白い数珠状の塊茎を食用にする多年草。江戸時代に中国から伝来。塊茎は(赤く染めて)正月料理として用いる。▽「ちょうろぎ」とも言う。しそ科。

ちょろく【著録】《名・ス他》帳簿に記録すること。また、あらわしてしるすこと。

ちょろちょろ《副〔と〕・ス自》①液体がほそぼそと流れる、または出るさま。「水が―(と)流れ出る」②小さな炎を出しているさま。「―(と)燃える」③小さいものがす早く動き回るさま。「ねずみが―する」

ちょろまか-す《五他》〔俗〕人の目を避けて盗む。また、ごまかす。「売り上げを―」

ちょろり《副と》①もれ出るようにちょっと。「―と舌を出す」「―と秘密を漏らす」②わずかの間に(人目をかすめて)手早くするさま。「―とごまかす」「―と逃げられた」

ちょろん【緒論】↓しょろん(緒論)。▽「しょろん」の慣用読み。

ちょん ①《名》拍子木（ひょうしぎ）などを打つ音。「―になる」(物事が終了する。芝居の幕切れに拍子木を打つ事から言う)②《副と》物をたやすく切るさま。「へたを―と切り落とす」③《名》わずか。「―の間（ま）」④《名》知恵が少し足りないこと。そういう人。「(亭主にむかって)ばかだの―だの野呂間（のろま）だのと」(仮名垣魯文「西洋道中膝栗毛」)⑤《名》しるしなどに、ぽつんと打った点。「—を打つ」

チョンガー〔俗〕独身の男を言う語。▽「総角(=もと、独身者の髪型)」の朝鮮音による。

ちょんがれ →ちょぼくれ

ちょんぎ-る【ちょん切る】《五他》無造作に切り落とす。

ちょんぼ《名・ス自》〔俗〕しそこなうこと。失敗。

ちょんまげ【△丁×髷】男のまげの一つ。額を広く剃(そ)り上げ、もとどりを小さく結う。また、広く、男まげのこと。

ちらか-す【散らかす】《五他》物を乱雑に散らす。散らかった状態にする。「ごみを—してはいけない」

ちらか-る【散らかる】《五自》物が整頓されていない状態に散り広がる。「足の踏み場もないほど—った部屋」

ちらし【散らし】①散らすこと。「模様を—にする」②広告のために配る印刷物。びら。③「ちらしずし」の略。④「ちらしがき」の略。

ちらしがき【散らし書き】色紙(しきし)・短冊(たんざく)・手紙などに、和歌や文章の一、二句ずつをとびとびに散らして書く書き方。そう書いたもの。

ちらしがみ【散らし髪】くずれ、乱れた髪。ざんばらがみ。

ちらしずし【散らし×鮨・散らし△寿司】すし飯の上に、魚介・玉子焼や味をつけた野菜等の具をのせたもの。また、具をまぜたもの。

ちら-す【散らす】《五他》①散るようにする。「ごみを—」「気を—」「注射で痛みを—」②《動詞の連用形に付いて》動作の荒々しいさま、またやたらにするさまを表す。「悪口を言い—」「読み—」

ちらちら ①《副[と]・ス自》㋐細かいものが繰り返しひらめくさま。また、小さいものがあちこちに見えるさま。「雪が—(と)降る」「星が—(と)またたく」「家々のあかりが—見える」㋑目の前に何かが現れたり消えたりするように感じられるさま。「目が—する」②《副[と]》時おり、見えたり聞こえたりするさま。「—うわさを耳にする」「最近—と見かける」

ちらつ-く《五自》①ちらちら降る。「小雪が—」②ちらちら光る。ちらちら見える。「目の前に恋人の姿が—」「武器を—かせる」

ちらっと《副》瞬間的に(ちょっと)、動き・現象・思考などを見る(認める)さま。ちらり。「—姿を見せる」「うわさを—耳にする」

ちらば-る【散らばる】《五自》一か所にあったものがあちこちに離れ離れになる。「会場を出て人が—」「落ち葉が道に—」。また、散在する。「支店が全国に—」

ちらほら《副[と]》①あちこちに散らばって少しずつある(見かけられる)さま。ちらりほらり。「桜が—(と)咲き始めた」②時間をおいて何度かあるさま。「桜の噂(うわさ)が—私の耳に聞こえ出した」(夏目漱石「こころ」)

ちらり《副と》①一瞬、ちょっと見るさま。「—と一瞥(いちべつ)をくれる」②うわさなどがちょっと聞こえてくるさま。「—と耳にする」③わずかに動いたり変化したりするさま。「微笑を—と浮かべる」

ちらりほらり《副[と]》→ちらほら

ちらん【治乱】世の中が治まることと乱れること。「—興亡」

ちり 鍋料理の一種。白身魚・葉物野菜・豆腐などを鍋で煮ながら、ポン酢などをつけて食べる。ちりなべ。「ふぐ—」

ちり【×塵】①土ぼこり・ごみ・紙くずなど。「—も積もれば山となる」。《「—ほど(の……)も」の形で打消しを伴って。「……」は体言》少しもそうでない意。「—ほどの私心もない」②俗世間や都会のけがれ。「うき世の—をのがれる」▽「散る」の連用形の転。

ちり【地理】①山川・水陸・気候・人口・都市・産業・交通など、土地の状態。②その土地の事情。様子。「あの辺の—に明るい」

ちりあくた【×塵×芥】ちりやごみ。▽値打のないもののたとえに使うことが多い。

ちりいそ-ぐ【散(り)急ぐ】《五自》(桜の)花が、急いで散らなくてはいけないかのように、惜しくもはらはらと散る。

ちりがみ【×塵紙】鼻紙・落とし紙に使う(粗末な)紙。

ちりけ【〈身柱〉】①灸穴(きゅうけつ)の名。うなじの下、両肩の中央の部分。②頭に血の逆上する、子供の病気。癇(かん)。

ちりけもと【〈身柱〉元】くびすじ。えりくびのあたり。

ちりし-く【散(り)敷く】《五自》散って、一面に敷いたようになる。「黄金色に—いちょうの葉」

チリしょうせき【チリ硝石】硝酸ナトリウムから成る鉱物。硝酸を造り、また肥料などに使う。▽南アメリカのチリ(Chile)に多く産する。

チリ ソース トウガラシなど香辛料入りの、ぴりっと辛いトマト ソース。▽chili sauce

ちりちり ①《副[と]・ノダ・ス自》毛髪などが焼ける音。また、(熱などの)強い刺激で肌や心が痛むさま。「強い日差しで肌が—する」「焼きごてを当てられたように胸が—(と)痛む」②《ノダ》縮れているさま。「霜で—に縮れた木の葉」「—の天然パーマ」③《副[と]》小鳥の鳴き声、置時計のベルの音など。「目覚し時計が—(と)鳴る」

ちりぢり【散り散り】一か所にあった物が方々に分かれ分かれになるさま。「一家が—に離散する」「—ばらばら」

ちりづか【×塵塚】(積もった)ごみ捨て場。

ちりとり【×塵取(り)】はき寄せたごみをすくい取る掃除道具。ごみとり。

ちりなべ【ちり鍋】→ちり

ちりのこ-る【散(り)残る】《五自》まだ散らずに残る。「枝に—った花」

ちりば-める【×鏤める】《下一他》①刻んではめこむ。「宝石を—」②比喩的に、そこここに置く。「美辞麗句を―めた文章」

ちりはらい【×塵払い】はたき。

ちりめん【△縮×緬】①絹織物の一種。縒(よ)りの強い生糸を横糸に使い、ソーダを入れた石けん液で煮沸して縮ませたもの。②「ちりめんじゃこ」の略。「―山椒(ざんしょう)」 **―じゃこ**【―〈雑魚〉】いわしなどの稚魚を食塩水でゆでて、ほしたもの。 **―じわ**【―×皺】縮緬のように細かく寄った、しわ。

ちりゃく【治略】世を治める方略。治世の策。

ちりゃく【知略・×智略】才知を働かせた、はかりごと。

ちりょ【知慮・×智慮】先の事、細かい事まで見通す知恵。

ちりょう【治療】『名・ス他』手当てなどをして病気・怪我(けが)を直すこと。「病気を―する」「患者を―する」「―をほどこす」

ちりょく【地力】その土地が農作物を育てる生産力。「―が衰える」「―を養う」▽「じりき」と読めば別の意。

ちりょく【知力・×智力】才知・知恵の働き。「―と体力」

ちりれんげ【散(り)×蓮華】柄(え)の短い、陶器などで作ったさじ。れんげ。▽散った蓮(はす)の花びらのような形による命名。

ち-る【散る】『五自』①㋐(花びら・雪・しぶきなどが)落ち飛ぶ。離れ離れになって落ちる。「桜が―」「波が―」 ㋑比喩的に、人がいさぎよく死ぬ。「花と―」▽多く、戦死に言う。②あちこちに分かれ分かれになる。「人が―って行く」「それぞれ持ち場へ―」㋐散らばる。「道に紙くずが―」㋑広く知れ渡る。「うわさが町中に―」㋒まとまらない。「気が―」㋓墨・インクなどがにじんで広がる。③薄れて消える。「霧が―」「痛みが―」「腫れが―」

チルド セ氏〇度程度での冷蔵。「―食品」▽chilled

ちれい【地霊】大地に宿る霊。

ちろちろ『副「と」』①小さな炎がゆらめくさま。また、水が揺らめくようにわき出るさま。ちょろちょろ。「残り火が―(と)燃える」「泉が―(と)湧く」②小さなものが小刻みに素早く出入りするさま。「―(と)舌を出す」

ちろり【〈銚釐〉】酒を温めるのに使う、銅や真鍮(しんちゅう)で作った筒型の容器。

チロリアン ハット チロル地方が起源の、つばの狭いフェルト製の帽子。羽根飾りとひもが特徴。▽Tirolean hat

ちわ【痴話】情人の間でたわむれてかわす話。転じて、(男女の)情事。「―喧嘩(げんか)」

ちん【△亭】中国風のあずまや。

ちん【×狆】①体が小さく、額(ひたい)が飛び出た、毛の長い愛玩用の犬。②犬の子。

ちん【朕】『代』天子が自分を指して言った語。

ちん【沈】チン ジン(ヂン) しずむ しずめる ①㋐水の底の方へおちてゆく。しずむ。しずめる。↕浮。「浮沈・沈没・沈溺・沈船・沈殿・沈滞・自沈・撃沈・轟沈(ごうちん)・沈魚落雁(ちんぎょらくがん)」㋑おちぶれる。「沈淪(ちんりん)」②うき立たないで元気をなくす。しずむ。「沈鬱・沈痛・消沈」③おちついている。軽々しくない。「沈黙・沈重(ちんちょう)・沈着・沈潜・沈勇・沈思黙考」④しずかでさびしい。「清夜沈沈」⑤久しい。長い間の。「沈痾(ちんあ)」

ちん【枕】チン まくら まくら。「枕頭・枕席」

ちん【珍】チン めずらしい うず ①『名・造』貴重。たやすく得がたい。めずらしい。また、そういうもの。「山海の珍」「珍とするに足る」「珍品・珍味・七珍八宝・珍客・珍重(ちんちょう)・珍蔵・珍本・袖珍」▽欠けたところのない立派な玉の意から。②『ダナ・造』普通と変わっている。おもしろい。「珍な話」「珍説・珍芸・珍談・珍奇」③思いがけない。大変。「珍事」

ちん【陳】チン ならべる のべる ①列をなしてならべる。ならぶ。「陳列・出陳」②申し立てる。言葉でのべる。「陳述・陳情・陳弁・陳謝・具陳・開陳」③長くたって古くなる。ふるくさい。「陳腐・新陳代謝(たいしゃ)」④『名』中国、春秋時代の国。また南北朝時代、南朝の一国。

ちん【*賃】チン ①報酬を払って人をやとう。「賃金・賃銀・賃銭」②報酬として払う金。「賃借・賃貸・家賃・運賃・駄賃・渡し賃・船賃(ふなちん)・汽車賃・案内賃・賃餅(ちんもち)」

ちん【鎮】【人鎭】チン しずめる しずまる ①重いもので上からおさえる。動かないようにおさめる。しずめる。しずめ。「鎮圧・鎮火・鎮定・鎮護・鎮静・鎮撫(ちんぶ)・鎮痛・鎮魂・鎮守・鎮台」②おさえとなるもの。しずめ。「鎮子・重鎮・文鎮・風鎮」③しずまる。おちついている。「鎮座」

ちんあげ【賃上げ】『名・ス自』賃金(ちんぎん)を引き上げること。↕賃下げ。「―の交渉」

ちんあつ【鎮圧】『名・ス他』①乱や騒ぎを力で押さえしずめること。「デモ隊を―する」②耕地をすき起こし地面を押さえつけること。「―器」

ちんうつ【沈鬱】『名・ダナ』気分が沈んでふさぎこんでいること。派生 **-さ**

ちんか【沈下】『名・ス自他』(重みで)沈み下がること。「地盤が―する」。物を沈めること。 **―ばし**【―橋】わざと低くし、欄干も設けず、増水時に水面から沈んで見える橋。潜水橋。ちんかきょう。▽増水の際にその上を水や流木が流れ過ぎて、橋が損害を受けにくくしたもの。

ちんか【鎮火】『名・ス自他』火事が消えること。火事を消しとめること。

ちんか【珍貨】手に入れがたい珍しい品物。

ちんがいざい【鎮×咳剤】せきをしずめる薬剤。

ちんかく【珍客】→ちんきゃく

ちんがし【賃貸し】『名・ス他』貸し賃をとって物を貸

すこと。

ちんがり【賃借り】『名・ス他』借り賃を出して物を借りること。

ちんき【沈×毅】『名・ダナ』落ち着いて物に動じないこと。沈着剛毅(ごうき)。

ちんき【珍奇】『名ノ』めったにないほど、普通と変わっていること。「―を好む」「―な事件」派生 **―さ**

チンキ【△丁幾】ある薬品をアルコールで薄めた液体。「ヨード―」▽オランダ tinctuur から。

ちんきゃく【珍客】めったには会えない珍しい客。ちんかく。

ちんぎょらくがん【沈魚落×雁】美人の形容。▽「荘子」の句に基づく。本来は、人間の目には美人に見える者も、魚や鳥はこれを見て恐れて逃げる意。転じて、魚も雁(がん)も恥じらって姿を隠すほどの美人の意。

ちんきん【沈金】模様を毛彫りにした中に金粉や金箔(きんぱく)を埋め込む、漆器の蒔絵(まきえ)の手法。

ちんきん【賃金】①賃貸借で借り手が貸し手に払う金銭。②(臨時的な)役務に対して払う手間賃など。賃銭。③→ちんぎん(賃金・賃銀)

ちんぎん【沈吟】①『名・ス自』じっと考え込むこと。②『名・ス他』静かにつぶやくように吟じること。

ちんぎん【賃金・賃銀】労働したことに対し日給・月給等の形で労働者が受ける報酬。労銀。「低―」▽「ちんきん」(1)(2)とは別の概念。もと多くは「賃銀」と書いたが、一九五〇年ごろから「賃金」と書くことが多くなった。

ちんくしゃ【×狆くしゃ】〔俗〕狆(ちん)がくしゃみをしたような顔。▽丸顔の不美人を言う語。

ちんけ『ダナ』〔俗〕①取るにも足りないさま。②変わった様子。「―でけったいな動物」▽「ちん」は、さいころばくちで最低の、一の目のこと。

ちんげい【珍芸】一風変わって(ふだんは見られない)面白い芸。

ちんけいざい【鎮×痙剤】痙攣(けいれん)をしずめる薬剤。

ちんご【珍語】普通には使わない珍奇な言葉。「―奇語」

ちんご【鎮護】『名・ス他』乱をしずめて外敵・災難からまもること。

ちんこう【沈降】『名・ス自』沈みさがること。「赤血球―速度」「―海岸」

ちんころ【×狆ころ】→ちん(狆)

ちんこん【鎮魂】①神道で、生き身の体から魂が抜け出さないように、体に落ち着かせる(=鎮)こと。たましずめ。「―祭」②死者の霊を慰めしずめること。「―ミサ曲」

ちんざ【鎮座】『名・ス自』①神霊がそこにしずまりいること。「この宮に―まします二柱(ふたはしら)の神」②比喩的に、どっかりすわっていること。「顔の中央に―する鼻」

ちんさげ【賃下げ】『名・ス自』賃金(ちんぎん)を引き下げること。↕賃上げ。「不景気で―が行われた」

ちんし【鎮子】室内の敷物をおさえたり、軸物にさげたりする、おもし。▽「ちんす」とも言う。

ちんし【沈子】魚をとる網のすそや、つり針につけるおもり。

ちんし【沈思】『名・ス自』(物事の本質などを)静かにじっと深く考えること。「―黙考」▽もと、思いに沈む意。

ちんじ ①【珍事・×椿事】珍しい、変わった出来事。②【×椿事】思いがけない大変な出来事。

ちんしごと【賃仕事】これだけすればこれだけの賃銭がもらえるという手内職。

ちんしゃ【陳謝】『名・ス他』わけを言ってあやまること。▽「陳」は述べる意。

ちんしゃく【賃借】『名・ス他』ちんがり(をすること)。

ちんしゅ【珍種】動植物で、珍しい種類。

ちんじゅ【鎮守】その土地や寺・氏などを鎮護する神(をまつる社)。「―の森」 **―ふ**【―府】①軍港の防備を司(つかさど)る高等司令部。②昔、兵士を駐在させ、その地方を守った役所。

ちんじゅう【珍獣】珍しいけもの。

ちんじゅつ【陳述】『名・ス他』①意見や考えを口で述べること。また、その述べた内容。「―書」▽特に、裁判所に対して述べること。その内容。②〔文法〕文としてのまとまりを与えること。その作用。例えば、「雨が降る」という文は、降雨という事柄を表すと共に、その事柄が成り立つという主張も示している。後者の作用が陳述である。

ちんしょ【珍書】容易なことでは入手できない珍しい書物。

ちんしょう【沈鐘】沼などの水の底に沈んでいる(という伝説の)鐘。

ちんじょう【陳情】『名・ス他』実情を述べて、善処してくれと願うこと。「国会に―する」

ちん-じる【陳じる】『上一他』意見などを述べる。主張する。ちんずる。

ちんすい【沈酔】『名・ス自』酒によいつぶれること。

ちん-する ①『サ変他』電子レンジで調理する。②『サ変自他』仏を拝む鉦(かね)を鳴らす。「仏壇に―・しなさい」▽普通「チンする」と書く。「チン」は擬音語。

ちん-ずる【陳ずる】『サ変他』→ちんじる

ちんせい【沈静】『名・ダナ・ス自』落ち着いて静かなこと。また、そうなること。「インフレが―する」

ちんせい【鎮静】『名・ス自他』気持・騒ぎなどが静まり落ち着くこと。また、静め落ち着かせること。「―剤」

ちんせき【△枕席】ねどこ。「―に侍(はべ)る」(=共寝する)▽まくらと敷物の意。

ちんせき【珍籍】珍書。

ちんせつ【珍説】①珍しい話。②風変わりな意見。ばかばかしい意見。「―を吐く」

ちんせん【沈潜】『名・ス自』①水底深く沈むこと。②深く没頭すること。「研究に―する」

ちんせん【賃銭】→ちんきん(賃金)(2)

ちんそう【賃送】《名・ス自他》タクシーが客を乗せ、運賃メーターを作動させて走行すること。「—中」

ちんぞう【珍蔵】《名・ス他》珍しがって大事にしまっておくこと。

ちんたい【沈滞】《名・ス自》(地位などが)いつまでも底のほうにとどまっていること。活気がなく、進歩・発展のきざしが見られないこと。「景気が—する」「—期」

ちんたい【賃貸】《名・ス他》ちんがし(をすること)。「—価格」

ちんだい【鎮台】明治初期、一地方を守るために駐留する軍隊。後に師団になる。また、それに属する兵。

ちんたいしゃく【賃貸借】相手に自分の物の使用とそれによる収益を認め、かわりに相手から賃金(ちんきん)(1)を支払ってもらう契約。

ちんたら《副・ス自》〔俗〕物事をだらだらするさま。「—しかやらない」

ちんだん【珍談】①珍しい話。②こっけいな話。

ちんちくりん《名ナノ》①背が非常に低いことやそういう人を、おかしがって言う語。②着物などが背丈に足りないこと。つんつるてん。

ちんちゃく【沈着】①《名・ダナ》落ち着いていて大事にも動じないこと。「—な判断」派生 **-さ** ②《名・ス自》物質がたまり、付着すること。「色素—」

ちんちょう【珍重】《名・ス他》珍しいものとして大切にすること。

ちんちょうげ【沈丁△花】→じんちょうげ

ちんちん ①《名・ス自》犬が、前あしを上げ、後あしで体を支える芸。それをすること。「菓子がほしくて—(を)する」②《名》幼児語で、陰茎。「お—」③《副[と]》㋐湯がわきたって音を立てるさま。「鉄瓶が—(と)たぎる」㋑鐘やベルが何度か鳴る音。そのさま。「仏壇の鉦(かね)を—たたく」「—電車」

ちんちん【沈沈】《ト タル》(特に、夜がふけて)ひっそりと静まっているさま。「夜は—とふける」「雲海—として、青天(せいてん)既にくれなんとす」(平家物語)

ちんちんかもかも〔俗〕①(男女の)仲がきわめてよいこと。②→ちんちんもがもが

ちんちんもがもが〔俗〕子供の遊びの一種。片足でとび歩くもの。けんけん。ちんちん。

ちんつう【沈痛】《名ナノ》悲しみや心配事に沈んで、胸を痛めるさま。「—な面持(おももち)」

ちんつう【鎮痛】痛みをしずめること。「—作用」「—剤」

ちんづき【賃×搗(き)】米・もちなどを、賃銭をとってつくこと。

ちんてい【鎮定】《名・ス他自》乱をしずめおさめること。乱が静まって世間が穏やかになること。

ちんでん【沈殿・沈×澱】《名・ス自》液中の混じり物が底に沈んでたまること。

ちんと《副》落ち着いてすまして動かないでいるさま。「座敷に老婆が—座っている」

ちんとう【△枕頭】まくらもと。「—の書」

ちんとう【珍答】とっぴな答え。

ちんどんや【ちんどん屋】人目を引く仮装をし、鉦(かね)・太鼓・ラッパ・三味線(しゃみせん)などの楽器をちんちんどんどんと鳴らして、宣伝・広告をして歩く人。ひろめや。

ちんにゅう【×闖入】《名・ス自》突然、無断ではいり込むこと。「—者」

ちんば【×跛】①《名》片足が不自由で、歩行に困難があること。また、その人。かたちんば。②《名ナノ》物事の両方がきちんとそろっていないこと。また全体のつり合いが取れていないこと。

チンパンジー アフリカ産の類人猿。毛は黒茶色。知能がすぐれている。クロショウジョウ。▽chimpanzee

ちんぴ【陳皮】ミカンの皮を乾かした生薬。健胃剤・香料などにする。

ちんぴら〔俗〕小物でありながら、えらそうに振舞う者、特に、不良少年少女。

ちんぴん【珍品】そう多くは見当たらない珍しい品物。

ちんぶ【鎮×撫】《名・ス他》反乱・暴動などをしずめて穏やかにすること。しずめなだめること。

ちんぷ【陳腐】《名ナノ》ありふれていて、古くさくつまらないこと。「—な表現」「—をきらう」派生 **-さ**

ちんぶつ【珍物】世にそうはない珍しい物。▽人物について言うこともある。

ちんぶん【珍聞】珍しい内容のうわさ。珍しい話。

ちんぷんかんぷん《名ナノ》わけがわからないこと。そういう言葉。「—を言う」▽「ちんぷんかん」とも言う。

ちんべん【陳弁】《名・ス他》事情を述べて弁解すること。

ちんぽう【珍宝】他にはほとんど無い珍しい宝物。

ちんぼつ【沈没】《名・ス自》①船の中に水がはいって、船が沈むこと。「海中に—した」▽もと、物が水中に沈むこと。②酔いつぶれるさまの比喩。「あんなに飲んで—寸前だな」

ちんまり《副[と]・ス自》小さくいい具合にまとまっているさま。「—した家」「—(と)座る」

ちんみ【珍味】珍しい味。そうそうは味わえないような、うまい飲食物。「山海の—」

ちんみょう【珍妙】《ダナ》普通には見当たらない、こっけいなものであるさま。「—な顔をする」派生 **-さ**

ちんむるい【珍無類】《名・ダナ》格別に変わっていておかしく、ほかに例のないほどであること。「—な話」派生 **-さ**

ちんめん【沈×湎】《名・ス自》やたらに酒を飲んで(悩み・不平などをまぎらし)すさんだ生活をすること。

ちんもく【沈黙】《名・ス自》口をきかないでいること。だまりこむこと。「—を守る」「—は金(きん)」(沈黙は金のように値うちがある)「五年間の—の後に発表された作品」

ちんもち【賃餅】賃搗(ちんづき)のもち。
ちんもん【珍問】とっぴな質問・問題。
ちんゆう【沈勇】落ち着いていて勇気のあること。
ちんゆう【珍優】かわった演技を見せる俳優。
ちんりょう【賃料】家・事務所など不動産の賃貸料金。「―収入で生活する」
ちんりん【沈×淪】『名・ス自』おちぶれること。▽「淪」も、しずむ意。
ちんれつ【陳列】『名・ス他』人々に見せるために、物を並べて置くこと。「―窓」「―棚」「―台」

つ

つ㊀『助動』《文語。動詞やある範囲の助動詞の連用形に付く。限られた用法で口語にも残存形を使う》①《「…つ…つ」の形で》…たり、…たり。「点を入れ―入れられ―の接戦になった」「追い―追われ―」「持ち―持たれ―」「行き―もどり―」「浮き―沈み―」「ため―すがめ―」「と(=取り)―置い―」②『―べし』当然そうに違いない、との確認を表す。「これをしも英雄と謂(い)いつべし」▽もと、(作為的・意志的な)動作・作用の完了を表すのに使った。㊁『格助』連体修飾の「の」に当たる古代語の残存形。「上(う)―方(が)」「滝―瀬」
つ【津】ふなつきば。わたしば。▽古語的。
つ【△唾】つばき。「―を返す」(目上の者に言い返す。口答えをする)▽古風な言い方。
=**つ**《和語の数詞「ひと」から「ここの」までに付けて》数値そのもの、また個数や年齢を表す。
ツアー①回遊旅行。観光旅行。「ヨーロッパ周遊―」②小旅行。「スキー―」「サイクリング―」③巡回方式の試合や興行。「全国―」▽tour
つい【△終】(つひ)①終わり。最後。「―のたのみ所」「―のすみか」②命の終わり。死ぬこと。臨終。「―の別れ」「―の煙」(火葬の煙)▽⑴⑵は雅語的。③『―に』→ついに。▽→ついぞ
つい【対】①二つそろって一組になっているもの。そろい。ペア。「―の屛風(びょうぶ)」「一―の燭台(しょくだい)」②対句。
つい【副】①ほんのちょっと。㋐時間がわずかに以前であること。「―今しがた」「―さっき」㋑距離がわずかに離れていること。「―そこまで」②気がつかぬ間に。うっかり。思わず。「話しこんでいて、―時間がたった」「―どなってしまう」「―した(=気にもとめない小さな)事から不幸が始まる」
つい【墜】【墜】ツイ おちる おとす ①土がくずれおちる。おちる。おとす。「墜落・墜死・撃墜」②なくす。失う。「名誉失墜」
つい【椎】ツイ しい スイ つち ①せぼね。「椎骨・脊椎・腰椎・椎間板」「胸椎・頸椎(けいつい)・椎間板」②物を打つための木の道具。つち。「槌」に同じ。「鉄椎」
つい【*追】【追】ツイ おう ①あとをおう。人を後ろからおいかける。おいはらう。おう。「追跡・追及・追撃・追究・追捕(ついぶ)(ついほ)・追随・追尾・追放・急追・訴追」②以前の事がらについてする。「追悼・追弔・追慕・追想・追懐・追徴・追贈・追善・追認・追福」③あとをつづける。あとからもう一度つけ加える。「追加・追訴・追試験・追体験」
ツイード 目のあらい斜文(しゃもん)または平織りの毛織物。スコッチ。▽tweed
ついえ【費え】(つひえ)①費用。ものいり。②むだな消費。むだづかい。「時間の―」
ついえる【費える】(つひえる)『下一自』①(むだに)消費される。「貯えが―」②むだに過ぎる。「時間が―」
ついえる【△潰える】(つひえる)『下一自』(計画・希望・勢いなどが)くずれてだめになる。戦いに負けて総くずれになる。「将来への夢は―えた」「敵はもろくも―え去った」
ついおく【追憶】『名・ス他』過去のことを思い出してしのぶこと。「亡夫は私の―の中に生きている」
ついか【追加】『名・ス他』あとで更に加えること。「注文を―する」「―料金をとられる」「―点を入れる」
ついかい【追懐】『名・ス他』過去のことを思い出してなつかしむこと。「―の情にたえない」
ついかんばん【椎間板】椎骨と椎骨との間にある円板状の組織。ゼリー状の中心部を軟骨がとりまいた構造をしている。「―ヘルニア」(椎間板の軟骨が損傷して中心部が飛び出した状態。神経を圧迫して痛みを生じる)
ついき【追記】『名・ス他』あとから付け足して書くこと。その部分。
ついきそ【追起訴】『名・ス他』検察官が、被告人の既に起訴されている刑事事件との合併審理を求めて他の事件を追加して起訴すること。
ついきゅう【追給】『名・ス他』あとから(不足分または増加分を)支給すること。また、その給与。
ついきゅう①【追求】『名・ス他』それを得ようとどこまでも追い詰めること。「利潤の―」②【追究・追窮】『名・ス他』どこまでも深く追って、明らかにしようとすること。「真理の―」▽「追窮」は⑶㋑も見よ。③【追及】『名・ス他』追いかけること。㋐前方を行く(はずの見えなくなった)ものを、追いつくまで追いかけること。「急いで本隊を―する」「逃げる敵を―する」㋑逃げ場のないまでに追いせめること。「責任を―する」▽㋑は「追窮」とも書く。例えば「敵を追窮殲滅(せんめつ)する」
ついく【対句】語格や意味の相対する二つ以上の句を対照的に並べて表現する修辞的技巧。例、「山紫に、水清し」

ついけい【追啓】→ついしん

ついげき【追撃】《名・ス他》逃げる敵を後ろから追いかけて攻撃すること。おいうち。

ついご【対語】→たいご(対語)(1)

ついこう【追孝】《名・ス自》親の霊に供養(くよう)を怠らず、孝の道をつくすこと。▽「ついきょう」とも言う。

ついこう【追考】《名・ス他》あとから、以前のことをよく考えること。

ついごう【追号】人の死後におくる称号。おくり名。

ついこつ【椎骨】脊柱を構成する一つ一つの骨。位置によって、頸椎(けいつい)・胸椎・腰椎・仙椎・尾椎に分類される。脊椎骨。

ついし【墜死】《名・ス自》高い所から落ちて死ぬこと。

ついし【追試】《名・ス他》①前に他人が行った実験を、もう一度その通りにやって確かめてみること。②「追試験」の略。

ついじ(ついぢ)【△築地】泥で塗り固め、かわらで屋根をふいた塀。▽「ついひじ(築泥)」がつづまった形。「つきじ」と読めば別の意。

ついしけん【追試験】定期の試験が、病気その他の事故で受けられなかったり、不合格であったりした学生・生徒に対して、あとで行う試験。追試。

ついしゅ【△堆朱】朱漆(しゅうるし)を何度も塗り重ねて厚くし、それに模様を彫刻したもの。

ついじゅう【追従】《名・ス自》ついて行くこと。また、他人などの言う事なす事に(そのまま)従うこと。「本隊に—する」「—外交」▽「ついしょう」と読めば別の意。

ついじゅく【追熟】《名・ス自他》果実を早めに収穫し、そのあとで熟させること。▽完熟して果実が落ちるのを防ぐなどの目的で行う。

ついしょう【追従】《名・ス自》おべっかを使うこと。「—を言う」「お—笑い」▽「ついじゅう」と読めば別の意。

ついじょう【追×躡】《名・ス他》あとを追いかけること。「先遣隊を—する」▽「躡」は一歩一歩踏みしめる意。今は余り使わない語。

ついしん【追伸】手紙の文を一応書き終えたあとでまた書き加える場合、そのはじめにしるす言葉。また、その書き加えた文。おってがき。なおなおがき。二伸。追啓。

ついずい【追随】《名・ス自》①つき従ってそれをまねること。「—を許さない独自の論」②前を行く者に従って後を追うこと。「本隊に—する」

ツイスト ①《名・ス他》複数のひもなどを撚(よ)りあわせること。また、ひねること。「上半身を—する」②《名》球技・ビリヤードでボールにひねりを加えること。「—で不意をつく」③《名》一九六〇年代にアメリカで流行した、下半身をはげしくひねりながらステップを踏むダンス。▽twist

ついせき【追跡】《名・ス他》(逃げてゆくものの)あとを追いかけること。「犯人を—する」「—調査」

ついぜん【追善】《名・ス他》死者の冥福を祈って、仏事を行い、またはその人にちなんだ行事をすること。追福。「—供養」「—興行」

ついそ【追訴】《名・ス他》はじめ訴えた事柄に、さらにつけ加えて訴えること。▽昔の法令語。↓ついきそ

ついぞ:つひ《副》《あとに打消しの語を伴って》今(その時)までに一度も。「—見たことがない」▽名詞「つい」(終)+助詞「ぞ」

ついそう【追走】《名・ス他》走って追いかけること。「犯人を車で—する」

ついそう【追送】《名・ス他》あとから(追加して)送ること。

ついそう【追想】《名・ス他》過去のことを思い起こすこと。

ついぞう【追贈】《名・ス他》死後に官位を贈ること。

ついたいけん【追体験】《名・ス他》他人の体験を、作品などを通じて自分の体験のようにとらえなおすこと。

ついたけ 着物のたけをそのまま着てちょうどよい寸法に仕立てること。▽おはしょりや、あげの分だけ長く仕立てるのに対して言う。

ついたち【〈一日〉・×朔】その月の最初(=朔)の日。「二月—」▽陰暦で各月のこの日には、欠けていた月が姿を現しはじめるので「月立ち」と呼んだ。その音便形。↓みそか

ついたて【△衝立】部屋の中などに立てて、仕切り・目隠しにする家具。「小上がりを仕切る—」

ついちょう【追弔】《名・ス他》死者の生前をしのんでとむらうこと。

ついちょう【追徴】《名・ス他》あとから不足額を取り立てること。「—金」

ついて【就いて】《連語》①《「…に—」の形で》㋐…に関して。…を対象として。「日本の風俗に—研究する」㋑…ごとに。「ひとりに—千円」②《「—は」の形で》それゆえ。そこで。「近く発行します。—は御推薦の辞をいただきたく」▽共に「付く」の形式的用法。「つきまして」も使う。

ついで【△序(で)】①その事に利用できるよい機会。「—にやってしまう」「お—の節(せつ)」②順序。次第。「仕事の—が悪い」▽「次(っ)ぎて」の転。

ついで【次いで】《連語》①《副詞的に》そのあとに引き続いて。②《接続詞的に》次に。それから。▽動詞「つぐ」の音便形+助詞「て」

ついてまわ-る(はる)【付いて回る】《連語》《複合動詞相当》何をしようと、または、どうあろうと、必ず(と言えるほど)それが添い伴う。「悪評が—」「お天道(てんとう)様と米の飯は—」(その気になれば何とでも生活が立つ)

ついてゆ-く【付いて行く】《連語》①↓つく(付)(一)(1)(ウ)。②《「—けない」等の形で》いっしょに進むことができない。「この論法には—けない」「数学の授業に—けません」

ついと《副》突然に動作を起こすさま。いきなり。「—

席を立つ」。すばやく動作をするさま。つっと。「―通り過ぎる」

ついとう【追悼】《名・ス他》死者の生前をしのび、その死を悲しむこと。

ついとう【追討】《名・ス他》賊徒などを追いかけて討ちとること。

ついとつ【追突】《名・ス自》(乗物どうしで)後ろから衝突すること。

ついな【追×儺】→まめまき。▽古語的。

ついに(つひに)【△終に・△遂に・×竟に】《副》①長いいきさつ・時間の後に。とうとう。「―完成を見た」▽「ついの」の形もある。「ついの住みか」②《あとに打消しの言い方を伴って》最後まで(一度も)。「―口をきかなかった」

ついにん【追認】《名・ス他》過去にさかのぼってその事実をみとめること。また、事後承諾すること。

ついのう【追納】《名・ス他》不足分をあとから追加して納めること。

ついば-む【×啄む】《五他》鳥がくちばしでつついて食べる。▽「つきはむ」の転。

ついひ【追肥】おいごえ。補肥。

ついび【追尾】《名・ス他》あとを追うこと。追跡。「―電報」(受信人が指定の場所にいなかった時、その居所を追って届けるように指定した電報。すでに廃止)

ついふく【追福】→ついぜん

ついほ【追補】《名・ス他》既にできている書類・図書などに漏れた事柄を補うこと。その目的で別に補った部分。

ついぼ【追慕】《名・ス他》死んだ人、遠く去った人を思い出して慕うこと。

ついほう【追放】《名・ス他》追いはらうこと。(好ましくないとして)追い出すこと。「悪書―」「国外―」「公職から/を―される」(一定の理由によって政府が不適当と認めた者が公職からしりぞけられる)

ついや-す(つひやす)【費やす】《五他》①金や物や時を(多く)使う。「事業に全財産を―」「二年の歳月を―して完成した」「言葉を―」②むだに使う。浪費する。「いくら努力しても時間を―だけだ」

ついらく【墜落】《名・ス自》(飛行機・人などが)高い所から落ちること。

ついろく【追録】《名・ス他》あとから書き加えること。その書き加えた部分。

ツイン ①対(つい)になっていること。対になったもの。②(ホテルで)シングル ベッド二台を置いた二人用の客室。ツイン ルーム。▽twin(＝ふたご) →シングル・ダブル

つう〖*通〗〖通〗ツウ ツ とおる とおす かよう ――①道が出来る。つきぬける。とどく。物事がとどこおりなくゆく。「通行・通路・通過・通関・通風・通気・流通・貫通・開通・便通・融通(ゆうずう)・不通・疎通」②自在にとどこおりなくゆくはたらき。「通力・弘通(ぐずう)・神通力(じんつうりき)」③ゆききがある。往復する。かよう。「交通・文通・通帳・通学・通勤・通信・通運・通商・通好」④届かせる。かよわせる。知らせる。「通告・通知・通達・通報・内通・直通」⑤性的に交わる。「姦通(かんつう)・私通・密通」⑥すべての、また多くの場合にわたる。「通用・通例・通有・通常・通俗・通称・通説・通弊・普通・共通」⑦ある範囲を経過しつくす。「通夜(つや)・通読・通算」⑧㋐《名・造》一つの道について知りつくす。くわしく知る。「その道の通」「精通・半可通・情報通・演劇通」㋑《ダナ・造》人情に通じ、さばけて粋(いき)な人。「あの人は通だ」「通人・大通」⑨書類を数える語。「一通の手紙」「診断書二通」

つう〖*痛〗ツウ いたい いたむ いためる ――①からだに故障が起きていたむ。いたい。「痛覚・痛痒(つうよう)・苦痛・疼痛(とうつう)・鈍痛・頭痛・腹痛・陣痛・神経痛・鎮痛剤」②心にいたみを覚える。いたみかなしむ。悼(いた)む。「心痛・沈痛・悲痛・痛恨・痛憤・痛惜・痛嘆」③心ゆくばかり。非常に。いたく。「痛快・痛飲・痛罵・痛論」

ツー《名・造》二(の)。「ワン―スリー」(掛け声の、一二三)「―バイ フォー」(断面が2×4インチの角材。また、それで枠組みをして家を造る工法)▽two **―ショット** (多くは男女の)二人の場面をとった写真。また、そういう場面。▽two と shot とによる和製英語。 **―トン**《造》二種の(または濃淡の)色調。ツー トーン。「―カラーの電車」▽two-tone **―ピース** 上着とスカートのように、上下に分かれて一組となっている服。↕ワン ピース。▽two-piece dress から。

つういん【痛飲】《名・ス他》大いに酒を飲むこと。

つういん【通院】《名・ス自》病院などに、入院はせず、通って治療を受けること。

つううん【通運】貨物を運ぶこと。運送。「―会社」

つうか【通貨】法律の定めによって一国内に流通する貨幣。「―膨張」(インフレーション)「―収縮」(デフレーション)

つうか【通過】《名・ス自》通り過ぎること。㋐止まらずにある場所を通り過ぎること。「急行列車―駅」㋑さわりなく審議・審査などを通ること。パスすること。「検査を―する」「法案が衆議院を―する」

つうかあ〔俗〕互いに気心を知りつくしていて、一言いえばすぐ通じること。そういう間柄。「―の仲」▽「つうと言えばかあ」をつづめた形。

つうかい【痛快】《名・ダナ》胸がすくほど気持がいいこと。小気味よく愉快なこと。派生 **-さ -み -がる**

つうかく【痛覚】痛いと感じる感覚。▽皮膚面に密に分布する痛点および身体内部の刺激によって感じる。

つうがく【通学】《名・ス自》学校に通うこと。「―定期券」

つうが-る【通がる】《五自》①さもその道に通じているようにふるまう。②さも人情に通じ、さばけたよ

うにふるまう。

つうかん【痛感】《名・ス他》強く心に感じること。身にしみて感じること。「力不足を―した」

つうかん【通巻】雑誌・新聞や叢書(そうしょ)の、発刊以来の通し番号・巻数。「―百号」

つうかん【通観】《名・ス他》全体を通して眺めること。全体を見渡すこと。

つうかん【通関】《名・ス自》荷物の検査を受け、輸出入の許可を得て、税関を通過すること。「―手続き」

つうき【通気】内部と外部の空気を互いに通わせること。通風。「―孔」「テトロンはナイロンより―性がある」

つうぎょう【通暁】①《名・ス自》すみずみまで非常にくわしく知ること。「業界の事情に―している」▽「暁」は明るい意。②《名》《副詞的にも使う》夜どおし。

つうきん【通勤】《名・ス自》勤め先に通うこと。「―電車」

つうく【痛苦】非常な苦しみ。

つうけい【通計】《名・ス他》(その期間の)全体を通して計算すること。そうして求めた合計。

つうげき【痛撃】《名・ス他》手ひどい攻撃・打撃。

つうげん【痛言】《名・ス他》手きびしい言葉。手ひどく言うこと。

つうげん【通言】①世間一般に行われている言葉。通り言葉。②通人が使う粋(いき)な言葉。▽「通語」とも言う。

つうご【通語】→つうげん(通言)

つうこう【通交】《名・ス自》国どうしが親しく交際すること。「―条約」

つうこう【通行】《名・ス自》①道路・廊下などを通ること。「右側―」「―止め」「―不能」「―人」②世間一般に行われること。「―の字体」

つうこう【通航】《名・ス自》船舶が通ること。

つうこく【痛×哭】《名・ス自》ひどく泣き悲しむこと。

つうこく【通告】《名・ス他》(決めた事柄などを、改まった態度で)相手方に告げ知らせること。「最後―」

つうこん【痛恨】とり返しがつかないと、非常にくやみ残念がること。「あの事件は一大―事だ」「―の極み」

つうさん【通産】省の名としての「通商産業」の略。「―省」(経済産業省の前身)「―の考え方では」「―相(しょう)」「―族」

つうさん【通算】《名・ス他》(その期間)全体を通して計算すること。その計算の結果。通計。「―成績」「―して五年の海外生活」

つうし【通史】古代から現代まで通して叙述した歴史(書)。

つうじ【通じ】通じること。㋐→おつうじ。㋑他人の意思をさとること。理解。わかり。「―が早い」

つうじ【通辞・通事・通詞】「通訳」の、以前の言い方。

つうじつ【通日】一月一日から通して数えた日数。

つうしょ【通所】《名・ス自》介護・療育・就労などの支援を受けるため、施設に通うこと。「―リハビリ」

つうしょう【通商】《名・ス自》外国と商業取引をすること。「―条約」

つうしょう【通称】《名・ス他》一般に通用している名前。とおり名。

つうじょう【通常】《単独で副詞的にも使う》身のまわりにいつも幾らも例が見られるようなさまであること。普通。「―の勤務は五時までとする」

つうじる【通じる】㊀《上一自》①道筋がつながって、ある所まで行ける。㋐つながる。連絡する。「駅に―道」「電話が―」㋑相手にわかる。「話が―じない」㋒連関があって、一方が他方の代わりになる。「勇猛は時として暴虐に―」「この二つの字の意味は―じて使われる」「すりばちの『すり』は身代をするに―ので、商家ではこれを忌んで『あたりばち』と言った」㋓《普通「……と」を伴って》してはならないはずの関係をする。「内儀と―じ(＝密通し)ていた番頭」「敵方と―(＝内通する)」②ある道筋をたどって動いて行く。「電流が―じている」「大便が―」③広く行き渡る。㋐通用する。「一般に―法則」「英語が―地域」㋑詳しい知識がある。「内部事情に―じた人」㊁《上一他》①道筋がつくようにする。㋐そこまでつながる道筋をつける。「その湖まで新道を―」㋑相手にわかるようにする。「意思を―」㋒そこに届くようにする。「よしみを―」㋓ある道筋を通す。「兄を―じてお願いしました事」「電流を―」②《多く「……を―じて」の形で》広く……全体にわたって。「日本全国を―じて認められる特色」▽「通ずる」とも言う。

つうしん【痛心】《名・ス自》心配すること。心苦しく思うこと。

つうしん【通信】《名・ス自》様子を知らせること。情報を送ること。㋐たより③。「最新パリ事情―」㋑通信機関や機器によって連絡すること。「ユーザーと―する」 **―いん**【―員】新聞社・雑誌社などから派遣されてその地の事件や情況を本社に知らせる係の社員。 **―えいせい**【―衛星】マイクロ波による通信を中継する人工衛星。▽放送にも使われる。↓シーエス。 **―きかん**【―機関】郵便・電信・電話など通信に使われるいろいろの機関。 **―きょういく**【―教育】自宅で学習しようとする者のために、主として通信によって施す教育。 **―はんばい**【―販売】広告やカタログによって消費者から注文をとり、商品を発送する販売形態。通販。 **―ぼ**【―簿】学校が、生徒・児童の学業成績、身体状況、出欠席等を保護者に知らせる書類。通知簿。通知表。 **―もう**【―網】(例えば新聞社がニュースを集めるために、など)ある目的で、必要な各地に張りめぐらす通信組織。

つうじん【通人】①人情に通じ、さばけた、粋(いき)な人。▽②の転。②その方面の事をよく知っている人。「この道の―だ」

つうずる【通ずる】《サ変自他》→つうじる
つうせい【通性】一般に持っている性質。共通の性質。「鳥類の―」
つうせき【痛惜】《名・ス他》非常に(残念だと)惜しむこと。
つうせつ【痛切】《名・ダナ》ひしひしと身にしみて感じること。つらさが強いこと。「―に感じる」「―のきわみ」 派生 **-さ**
つうせつ【通説】世間一般に広まっている説。「―をくつがえす」
つうそく【通則】いろいろな場合に通じて適用される規則。
つうぞく【通俗】《名ノ》世俗的であること。だれにもわかりやすいこと。「―(的)な見方」 **―しょうせつ**【―小説】芸術的価値よりも一般大衆の娯楽・慰安を主眼とする小説。
つうだ【痛打】《名・ス他》①体をひどく打ちつけること。「転んで腰を―する」②精神的に強い打撃を与えること。「相棒の事故死が―となる」③野球で、強烈な一打を打つこと。「―を浴びる」「―される」
つうたつ【通達】①《名・ス他》(上位機関から指示事項を)知らせること。通知。「次官―」「内部―」②《名・ス自》深くその道に達すること。「古曲に―した造詣の深さ」▽明治時代までは「つうだつ」。
つうたん【痛嘆・痛×歎】《名・ス自他》ひどく悲しみ嘆くこと。
つうち【通知】《名・ス他》連絡のために、事実・意思を表立って知らせること。しらせ。「合格の―」 **―ぼ**【―簿】→つうしんぼ
つうちょう【通帳】配給・掛売り・掛買い・預金などをする時の帳面。かよいちょう。「貯金―」「米穀―」(米を配給するために交付する通帳。一九八二年廃止)
つうちょう【通×牒】《名・ス他》書面(主に公文書)による通知・通告。その書面。「最後―を手渡す」
つうつう ①《ノダ》何の妨げもなく通ること。気脈を通じているさま。「あいつと社長は―だ」②《副〔と〕》話し中を示す(固定)電話の音。「何度かけても―と話し中」▽(2)は「ツーツー」とも書く。
つうてい【通底】《ス自》二つ以上の事柄や考え方が、基礎の部分で互いに共通性をもつこと。
つうてん【痛点】皮膚面に分布する痛みを感じる点。皮膚の全面にたくさんある。
つうどく【通読】《名・ス他》初めから終わりまで読み通すこと。
つうねん【通年】一年を通じてのこと。「―営業」「台風は―三十個発生する」
つうねん【通念】一般に共通した考え。「社会―」
つうば【痛罵】《名・ス他》手ひどくののしること。「―を浴びる」
つうはん【通販】「通信販売」の略。
つうふう【痛風】血液中の尿酸が、尿酸塩として関節内で結晶化し、周囲に炎症を起こして激しく痛む病気。足指で多くおこる。
つうふう【通風】風を通すこと。空気を通わすこと。風通し。「―孔」
つうぶる【通ぶる】《五自》→つうがる
つうふん【痛憤】《名・ス他》大いに憤慨すること。
つうぶん【通分】《名・ス他》二つ以上の分数の、値を変えないで分母を等しくすること。
つうへい【通弊】全般に共通して見られる弊害。「―を打破する」
つうべん【通弁】《名・ス他》通訳(者)。通訳すること。▽以前の言い方。
つうほう【通報】《名・ス他》情報を告げ知らせること。しらせ。「気象―」「火災の発生を―する」
つうほう【通宝】昔、貨幣の表面に天下に通用する宝の意で鋳た言葉。「寛永―」
つうぼう【痛棒】座禅の時、心の定まらない者を打つ棒。「―をくらわす」(転じて、手ひどくしかる。ひどく非難する)
つうぼう【通謀】《名・ス他》二人以上のものが示し合わせて事をたくらむこと。共謀。
つうやく【通約】《名・ス他》→やくぶん(約分)。▽今は言わない。
つうやく【通訳】《名・ス他》互いに言語が異なって話が通じない人々の間に立って、双方の言うことを翻訳して話を通じさせること。その役目の人。
つうゆう【通有】《名・ス自他》一類のものがどれも共通に、その性質を有すること。「論理に―の冷たさ」「そういう礼儀を以前は―していた」
つうよう【痛×痒】いたみとかゆみ。「―を感じない」(何の影響も受けない。平気だ)
つうよう【通用】①《名・ス自》正式なもの、役に立つものとして広く用いられること。「切符の―期間」「勝手な事を言っても世間には―しない」「世界に/で―する」「まだ若々しく、四十そこそこといっても―する」②《名》往来すること。出入りすること。通行。「生徒―門」「―口」
つうらん【通覧】《名・ス他》全体に一通り目を通すこと。
つうりき【通力】→じんつうりき
ツーリスト 旅行者。観光客。▽tourist
ツーリング オートバイ・自動車・自転車などで遠出すること。遠乗り。▽touring
つうれい【通例】《副詞的にも使う》一般のならわし。「―こうなる」
つうれつ【痛烈】《名・ダナ》攻撃・批判などが非常にはげしく行われること。「―な皮肉」「―に批判する」 派生 **-さ**
つうろ【通路】→とおりみち(ア)
つうろん【痛論】《名・ス他》手きびしく論じること。
つうろん【通論】①一般に認められている議論。「天下の―」②全般にわたって論じたもの。「法学―」
つうわ【通話】《名・ス自》電話で話をすること。「―

料」 ▽もと、電話で話す時の一定時間の区切り。「一ー」

つえ【×杖】 ①歩行の助けとして手に持つ細い棒。「ーをついて歩く」「ーをひく」(歩きまわる)「ーとも柱とも頼む」(たよりにする) ②昔、罪人を打っためのの刑具。

ツェツェばえ【ツェツェ×蠅】 アフリカの赤道地帯に分布するハエ。人畜の血を吸い、睡眠病などを引き起こす原生動物を媒介する。▽ツェツェばえ科のハエの総称。「ツェツェ」は tsetse

つか【塚】 ①土を小高く盛りあげたもの。「一里ー」 ②土を小高く盛った墓。「ーも動けわが泣く声は秋の風」(松尾芭蕉)

つか【△束】 ①わずか。ちょっと。「ーの間」 ▽もと、指四本分の幅を言った。②「束柱」の略。梁(はり)と棟木(むなぎ)との間に立てる短い柱。③(製本した時の)書物の厚み。▽「つかむ」と同語源。

つか【△柄】 刀剣や弓の、手で握る所。▽「つかむ」と同語源。

つが【×栂】 関東以西のやや高い山地に自生する常緑針葉樹。幹は直立し、三〇メートル以上に達する。材は建築・家具・パルプに用い、樹皮からタンニンをとる。とが。つがまつ。▽まつ科。

つかあな【塚穴】 死体を葬るための穴。墓穴。

つかい【使い・遣い】 ①言いつけられて用事をたしに行く人。使者。「ーを立てる」(使者を差し向ける)。使われている人など。「キツネは稲荷(いなり)のーと信じられていた」 ②(買物などの)用事をたすこと。「おーに行く」 ③《名詞に付いて》それをつかうこと。つかい方。つかう人。「金ーが荒い」「仮名ー」「人ーがうまい」「手品ー」

つがい【△番】 ①二つ組み合わせて一組となるもの。対(つい)。特に、雌と雄。「ーの鳥」 ②「つがいめ(番目)」の略。組み合った所。関節。

つかいがって【使い勝手】 主に道具・機器の、使い手(操作者)から見た具合のよしあしの感じ。「ーの悪い複写機」「この台所はーがよい」

つかいこな-す【使いこなす】《五他》思いのままに十分に役立たせて使う。自由自在に使う。「パソコンをー」

つかいこ-む【使い込む・遣い込む】《五他》①使うべきでない金を使う。「会社の金をー」「予定以上にー・んでしまった」 ②長いこと使い慣れて重宝し、ぐあいよく感じるまでにする。「ー・んだ万年筆」

つかいさき【使い先・遣い先】 ①使いに行った目的地。②金の使いみち。

つかいすて【使い捨て】 一度使ってそのまま捨てること。また、まだ使えるのに捨ててしまうこと。「ーのコップ」「ー時代」

つかいだて【使い立て】《名・ス他》《普通「おー」の形で》(目上の)人に頼んで何かをしてもらうこと。「つまらない事におー(を)して恐れ入ります」

つかいて【使い手・遣い手】 ①物や技をつかう人。特に、上手につかう人。「柳生(やぎゅう)流のー」 ②金をよくつかう人。

つかいで【使いで】 十分に使う量があること。「ーがある」 ▽「で」は→で(出)(1)㋒

つかいはしり【使い走り】《名・ス自》目上の人から言いつけられて、あちこち走り回って使いをすること。その人。▽「つかいばしり」とも言う。

つかいはた-す【使い果(た)す】《五他》残らず使う。「金をー」「気力をー」

つかいばん【使番】 ①使い走りをする者。②江戸幕府の職名。若年寄の支配に属し、将軍が替わるごとに諸国を巡回して諸大名の監督をなし、要地に目付(めつけ)として出張。

つかいふる-す【使い古す】《五他》使えなくなる前の状態まで長く使い続ける。「ー・してから新しく買う」「ー・され(=新鮮みに欠け)た表現」

つかいまわし【使い回し・使い×廻し】《名・ス他》①工夫してさまざまに使うこと。「この服はーができて重宝だ」 ▽以前はうまい利用法を言ったが、二十一世紀になって「注射針のー」「売れ残った品のあんを出してーをする」など悪用を言うことが多い。②さんざんに使うこと。酷使すること。

つかいまわ-す【使い回す】《五他》使い回しをする。「部下をー・して営業成績を上げる」

つかいみず【使い水】 雑用に使う水。

つかいみち【使い道・使い△途】 何に使うかという、使い方。用途。「金のーを誤る」「ーが無い人物」

つかいもの【使い物・遣い物】 ①使って役に立つ物。「ーにならない」(役に立たない) ②おくりもの。進物(しんもつ)。「おーにする」

つかいりょう【使い料】 ①使うためのもの。「半分は自分のーに確保する」 ②使用料。

つかいわ-ける【使い分ける】《下一他》(同類の)二つ(以上)のものを、特性や目的・用途・条件に応じて区別し、その場合その場合にうまく使う。「手紙に手書きとパソコンとをー」「似た言葉を文体によってー」

つか-う【使う・遣う】《五他》それを、ある物・事のために働かせる。㋐言いつけて用をさせる。「人をー」 ㋑材料・手段として、役に立てる。「鉄をー・って作る」「マイクをー・って話す」「キャビネットを、アルバムなどを入れるのにー」「居留守(いるす)をー」「袖の下(=賄賂)をー」。費やす。「金銭をむだにー」「もっと頭をー・え」「気をー」 ㋒それを利用して、ある動作をする。「扇をー」「弁当をー」「湯をー」(入浴する) ㋓術・法などをあやつる。「英語をー」「手品をー」「横目をー」 関連 操る・扱う・用いる・働かす・使いこなす・使い分ける・使い込む・使い果たす・追い使う・こき使う・使い捨て・使い立て・使い回し・使いで・人使い・使用・使役・駆使・酷使・行使・利用・運用・活用

つが-う【△番う】《五自》①二つのものが組み合う。対(つい)になる。②交尾する。つるむ。

つかえ【△支え・×閊え】『胸の―』心を占めている不安や不満。「胸のつかえがおりる」▽「つかえる」の連用形から。「痞え」とも書く。

つか-える【仕える・△事える】《下一自》目上の人のそばに居て、その用をする。その人を主君・主人・長上として、その人のために働く。「親に―」「神に―」▽「使う」と同語源。

つか-える【△支える・×閊える】《下一自》突き当たったりふさがったりして、それ以上先へは進めない状態になる。「頭が天井に―」「どぶが―」「仕事が―」「―・え―・え物を言う」「胸が―」

つが-える【△番える】《下一他》二つのものを組み合わせる。特に、弓を射るために、つるに矢をあてがう。

つかがしら【△柄頭】刀の柄(つか)の先の所(につけてある金具)。

つかさ【△司・△官】①役所。官庁。「―づかさで仕来たりが違う」②役目。官職。務め。また、役人。官吏。▽②は古風な語。

つかさど-る【△司る】《五他》①職務として取り扱う。担当する。「議事進行を―」②管理する。支配する。「言語を―部位」

つか-す【尽かす】《五他》『あいそを―』余りの事に、(それまでは持っていた)好意・期待をすっかり失う。▽「あいそが尽きる」の他動詞的表現。

つかずはなれず【付かず離れず】《連語》二つの物事が密着もせず、また切り離れもしない、中間の状態にあること。不即不離。「―の関係」「あいつとは―でつきあっている」

つかつか『副[(と)]』ためらったり遠慮したりせずに勢いよく進み出るさま。「―(と)入ってくる」

つかぬこと【付かぬ事】《連語》前の話と関係のないこと。だしぬけなこと。「―をお尋ねしますが」

つか-ねる【△束ねる】《下一他》集めて一つにくくる。たばねる。「手を―」(腕組みする。転じて、傍観する態度の形容)

つかのま【△束の間】わずかの時間。ちょっとの間。▽↓つか(束)⑴

つかま-える【捕まえる・×摑まえる】《下一他》動くもの、逃げようとするものを、押さえて、とどめる。㋐しっかり押さえる。「袖を―・えて離さない」㋑その場にとどめる。「タクシーを―」「犯人を―」㋒《「……を―・えて」の形で》向かって。「親を―・えて馬鹿(かば)とは何だ」▽「つかむ」と同語源。

つかま-せる【×摑ませる】《下一他》①賄賂を贈る。②粗悪な品をだまして買わせる。

つかまつ-る【△仕る】《五他》①「する」のへりくだった言い方。いたす。「失礼―・りました」▽現在ではほとんど単独では使わず、「……仕ります」の形で使う。②「してあげる」等のへりくだった言い方。「どう―・りまして」(相手から、わびや礼を言われた時の返事に、何もしてあげられませんでしたのにの意で言う)

つかま-る【捕まる・×摑まる】《五自》①つかまえられる。「犯人が―」②しっかりととりつく。とりすがる。〔摑〕「枝に―・ってぶらさがる」「吊革(つりかわ)に―」

つかみあ-う【×摑み合う】《五自》互いにつかむ。また、取っ組み合いのけんかをする。

つかみかか-る【×摑み掛(か)る】《五自》①相手のどこかをつかむ、または、つかもうとする行動を起こす。②転じて、激しい態度で、手向かう。

つかみがね【×摑み金】大ざっぱに見積もった金額。▽「つかみきん」とも言う。

つかみどころ【×摑み所】『―がない』①とりつく所がない。②漠然としている。「つかみどころのない意見」

つかみどり【×摑み取り】《名・ス他》手で一度に摑(つか)んだだけの物を取ること。「濡(ぬ)れ手で粟(あわ)の―」(苦労もしないで大金をもうけること)

つか-む【×摑む・×攫む】《五他》①手の指を曲げ、手のひらとの間に、物をしっかり(動かないように)とらえる。「胸ぐらを―」「おぼれる者はわらをも―」「雲を―ような(=とりとめのない)話」②つかむ⑴の動作をするかのように、確実にとらえる。「人の弱点を―」「機会を―」「幸運を―」「問題の核心を―」▽↓にぎる

つから-す【疲らす】《五他》つかれさせる。

つから-せる【疲らせる】《下一他》つかれさせる。

つか-る【漬かる・△浸かる】《五自》①液体の中にはいる、または液面の下に沈む。ひたる。「海水に―」「ふろに―」②つけものが熟して味がよくなる。〔漬〕

つか-れる【×憑かれる】《下一自》霊魂などにのりうつられた状態になる。「きつねに―」「―・れたように読みふける」

つか-れる【疲れる】《下一自》①精力を消費し、体力が弱り、神経がにぶる。くたびれる。「生活に―」②長く使用したために弱ったり質が低下したりする。「―・れた油」[関連]くたびれる・弱る・鈍る・へばる・へたばる・へこたれる・ばてる・伸びる・へとへと・くたくた・ぐったり・ふらふら・げんなり・グロッキー・だるい・疲労・苦労・所労・屈託・過労・困憊(こんぱい)・尽瘁(じんすい)・倦怠(けんたい)・心労・気疲れ・湯疲れ・気骨が折れる・脚が棒になる・くたびれ儲(もう)け

つかわしめ【使わしめ】神仏の使いであると言われる動物。例、稲荷(いなり)のキツネ、春日(かすが)大社のシカ。

つかわ-す【遣わす】《五他》①行かせる。さしむける。「使者を―」▽文語動詞「使ふ」に敬語の「す」が付いてできた語。②《動詞の連用形+「て」の下に付けて》……してやる。「許して―」▽⑶の転。今は普通使わない。③家来など目下の者に与える。「褒美にこの小刀を―・そう」

つき【月】①地球の衛星である天体。満ち欠けし、柔らかい光(太陽の反射光)を投げかける。「―とすっぽん」(差が非常に激しいことのたとえ。両者とも円い点では似ているところから)。その天体の光。「―

がさし込む」②一年を十二に分けた区分。「―が変わる」「―払い」。また、それに似たもの。「―のもの」▽もと、(1)が全く見えない状態の夜から、満月になって、また全く見えなくなる夜までの、期間の称。約三十日。旧暦のうるう年は一年を十三か月とする。③約十か月の妊娠期間。「―が満ちて生まれた」関連 満月・半月・弦月・上弦・下弦・三日月・残月・有明月(ありあけづき)・新月・月齢・月食・月世界・月輪・月光・月明・月色・月桂(げっけい)・月下・月暈(げつうん)・月明かり・月影・月夜・星月夜・明月・名月・夕月・水月・寒月・春月・秋月・月見・観月・望月(もちづき)・弓張り月・朧(おぼろ)月・居待ちの月・立待ちの月・寝待ちの月・名残の月・芋名月・栗名月・豆名月・雪月花・花鳥風月

つき【×槻】ケヤキの古名。▽ケヤキの別種とする説もあった。

つき【突き】①《名》突くこと。剣道・相撲(すもう)・空手などで、突く(ような)わざ。②《接頭》《動詞に冠して》その動作の勢いを強調して使う。「まっしぐらに―進む」▽「突く」の原義が弱まり形式化してできた語。→つっ=・つん=

つき【尽き】尽きること。はて。終わり。「運の―」

つき【付(き)】①㋐付くこと。付き方。付きぐあい。「おしろいの―」「―の悪いマッチ」「二食―の宿賃」「保証―」「条件―で承諾する」㋑人づき。親しみぐあい。㋒幸運。「―が回ってくる」②《体に関する名詞に付けて》様子。かっこう。「顔―が悪い」「しなやかな腰―」

つぎ【次】①すぐあとに続くこと。順序・順位がすぐあと(のもの)。「―の日」「―から―へ(と)」「―の間」「部長の―にえらい」②馬や駕籠(かご)を乗りつぐところ。宿駅。宿場。「東海道五十三―」▽「継ぐ」と同語源。

つぎ【継ぎ】衣服・布の破れに小布をあててつくろうこと。そのための小布。「―をする」「―を当てる」「―だらけ」▽継ぐこと・所の意。

=づき【付(き)】《地位や役職・勤務場所を表す名詞に付けて》……に配属されること。その人。「社長―の秘書」「総務部―」

つきあい【付(き)合い】つきあうこと。「―の悪い奴(やつ)だ」「古くからの―」「近所―」

つきあ-う【付(き)合う】《五自》①その人とあいさつしたり行き来したりと、互いの関係を作ってよく保つ。「長年(にわたって)―」「結婚を前提に―って下さい」「悪い友達と―」②義理や社交上の必要から他人と行動を共にする。「お茶を―」「長話に―」

つきあかり【月明(か)り】明るい月光。げつめい。

つきあ-げる【突(き)上げる】《下一他》①下から突いて、上へあげる。②下位の者が上位の者に、ある行動をとるように圧力をかける。「党員が幹部を―」

つきあたり【突(き)当(た)り】道や廊下がそれ以上はまっすぐに進んで行けない所。「―のタバコ屋」

つきあた-る【突(き)当(た)る】《五自》①ぶつかる。衝突する。「自転車が塀に―」②進んで行く方向の道を行き尽くして、それ以上は進めない所まで来る。「―って左に曲がる」③比喩的に、物事や問題がゆきづまる。「壁に―」(障害に出会う)

つきあわ-す【突(き)合(わ)す】《五他》→つきあわせる

つきあわ-せる【突(き)合(わ)せる】《下一他》①ちかぢかと向かい合わせる。「ひざを―」②両方をならべてくらべる。照合する。「帳簿を―」「原文と―」

つぎあわ-せる【継(ぎ)合(わ)せる・接(ぎ)合(わ)せる】《下一他》別々の物をついで一つにする。

つきうごか-す【突き動かす・△衝き動かす】《五他》ついて動かす。また、刺激を与えてその気にさせる。「衝動に―・される」

つきうま【付(き)馬】→つけうま

つきおくれ【月遅れ・月後れ】①月刊雑誌などの、発売中のものより前の号。「―の雑誌」②旧暦のある月日に行って来た行事を、新暦のその月日に行わず、一か月おくらせて行うこと。「―のお盆」▽結果的には旧暦の月日に近いころとなる。

つきかえ-す【突(き)返す】《五他》→つっかえす

つきかげ【月影】①月の光。「―さやかな夜」②月の光にてらし出された人や物の陰影。

つきがけ【月掛(け)】月々に掛金(かけきん)(1)をすること。その掛金。「―貯金」

つきがわり【月代(わ)り】①次の月になること。②一か月ごとに交替すること。「―の出し物」

つぎき【接(ぎ)木】《名・ス他》若い木の芽や枝を切り取り、近縁関係にある他の木の幹につぎ合わせること。

つききず【突(き)傷】何かで突かれてできた傷。

つきぎめ【月△極(め)】一月間で幾らという契約をすること。「―駐車場」

つきぎょうじ【月行事】①その月の行事。②月々交替で組合などの事務を取る役。▽今は言わない。

つきくさ【月草・〈鴨頭〉草】つゆくさの雅名。つきぐさ。▽搗(つ)き草の意。古くからこの草を布の摺(す)り染めに使った。

つきげ【月毛・×鴾毛】馬の毛色の一種。葦毛(あしげ)の赤みがかったもの。その色の馬。

つぎこ-む【△注(ぎ)込む】《五他》①器の中に液体をそそぎ入れる。②何かのために多くの費用を出す。「全財産を社会事業に―」

つきごろ【月頃】この数か月の間。何か月か以前から。

つぎざお ①【継(ぎ)×竿】継ぎ合わせて使う釣竿(つりざお)。②【継(ぎ)×棹】棹(さお)が短く分かれ継ぎ合わせて使う三味線(しゃみせん)。

つきさ-す【突(き)刺す】《五他》先の鋭いものをつき入れる。「胸を―言葉」

つきじ【△築地】埋め立てた土地。▽「ついじ」と読めば別の意。

つきしたが-う【付(き)従う・付(き)△随う】《五自》

①あとについてゆく。お供をする。②他人の下に属する。部下となる。服従する。

つきしろ【月白】月が出ようとする時、空が明るくしらんで見えること。

つきすす-む【突(き)進む】《五自》(さえぎる力をおしのけて)勢いよく進む。

つきせぬ【尽きせぬ】《連語》《連体詞的に》尽きない。「—涙」

つきそい【付(き)添い】つきそうこと。「—の父母」。つきそう人。

つきそ-う【付(き)添う】《五自》そばに付いてその人の世話をする。「病人に—」

つきそで【突(き)袖】手をたもとの中に入れて突っぱり、そでの先を前の方に突き出すこと。▽気取ったり落ち着いたりした様子に言った。

つぎだい【継(ぎ)台・接(ぎ)台】①つぎ木の台にする木。台木。②ふみ台。足つぎ。

つきだし【突(き)出し】①突き出すこと。特に相撲(すもう)で、相手を突いて土俵から出すこと。②お通し。

つきだ-す【突(き)出す】《五他》突いて、または突いたように、(勢いよく)外や前へ出す。「ところてんを—」「げんこつを—」「つかまえた犯人を警察に—」「看板が道路に—」▽最後の例は自動詞のように思われても、「突き出る」が単なる状態を言うのに対し、だれかがしてそうなっているという積極的なとらえ方。また、何かがみずからを突き出すという気持で言う。

つぎた-す【継(ぎ)足す】《五他》あとから増し加える。継いで長くする。「話を—」「竿(さお)を—」

つきた-てる【突(き)立てる】《下一他》①↓つったてる。②激しく突く。「猛烈に—てて土俵際に追い詰める」

つきたらず【月足らず】胎児が妊娠十か月に満たないのに生まれること。▽↓つき(月)(3)

つきづき【月月】《名・副》毎つき。月ごと。「—に月見る月は多けれど」「—の生活費」「—支払う基本料金」

つぎつぎ【次次】一つの物・事に、次の物・事が、更にまたそれにも次の物・事がというふうに続くさま。「—と事件が起こる」「—に現れる」「施設が—作られる」

つきっきり【付きっ切り】たえずそばに付き添っていること。「—で看病する」

つきつ-ける【突(き)付ける】《下一他》荒っぽく(目の前に)差し出す。「ピストルを—」「証拠を—」「要求を—」

つきつ-める【突(き)詰める】《下一他》①中途半端にせずとことんまで追究する。「—めて質問する」②その事ばかりいちずに思い込む。「あまり—と体に悪い」

つぎて【継(ぎ)手】①物と物とをつぎ合わせる部分。つぎめ。▽「接(ぎ)手」とも書く。②家業または家督の相続者。更に広く、後継者。「この店も—がいない」

つきで-る【突(き)出る】《下一自》外側に目立って出る。出っ張る。▽↓つきだす

つきとお-す ①【突(き)通す】《五他》物の反対側まで突いて通す。「錐(きり)を畳に—」②【△吐(き)通す】《五他》「うそを—」最後までうそを言い張り続ける。

つきとお-る【突(き)通る】《五自》突いた物がむこう側まで抜ける。

つきとば-す【突(き)飛ばす】《五他》手荒く突いたり激しくぶつかったりしてはねとばす。

つきと-める【突(き)止める】《下一他》よく調べて不明な点をはっきりさせる。さがし当てる。「原因を—」「住所を—」

つきなみ【月並(み)・月△次】①《名ナノ》清新さがなく、平凡であること。俗っぽく陳腐なこと。「—な文句」「—調」▽②の転。派生 **-さ** ②《名》毎月決まってあること。月例。「—会」

つきぬ-く【突(き)抜く】《五他》突いてむこう側まで貫く。

つきぬ-ける【突(き)抜ける】《下一自》①何かを貫いてむこう側へ出る。通りぬける。「天井を—」「林を—けて行く」②《多く「—けた」「—けている」の形で》(限界をこえて)別の境地・状態になる。「—けた演技」

つきの-ける【突(き)△除ける】《下一他》手荒くおしのける。

つきのかつら【月の×桂】中国の伝説で、月にあるかつらの木。げっけい。

つきのさわり【月の障(り)】月経。

つぎのま【次の間】①主な座敷の隣についている小部屋。控えの間。②主君のいる部屋の次の部屋。

つきのめ-す【突きのめす】《五他》後ろから突いて前へ倒す。押しころばす。

つきのもの【月の物】月経。

つきのわ【月の輪】①月。げつりん。また、満月のような丸い形。②ツキノワグマののどにある半月形の白い部分。 **—ぐま**【—熊】クマの一種。全身黒色で、のどに半月形の白毛がある。日本では本州・四国の山林にすむ。

つぎは【継(ぎ)端】話などを言い続ける機会。つぎほ。

つぎは【継(ぎ)歯】①悪くなった歯を削り、人工の歯を継ぎ足すこと。その人工の歯。②こまげたなどの歯が減った時、にかわで継ぎ足すこと。そうした部分。▽「つぎば」とも言う。

つぎはぎ【継(ぎ)△接ぎ】《名・ス他》①つぎをあてたり、はぎ合わせたりすること。「—だらけのシャツ」②比喩的に、あちこちから(文章を)集めてきて一つに作ること。「—の論文」

つきはな-す【突(き)放す】《五他》①突きまたは押して向こうへ行かせる。つきとばす。②押し返すように冷たくあしらう。「だめだねと—」「—した見方をすれば」▽「つっぱなす」とも言う。

つきばらい【月払(い)】月々に支払いをすること。

つきばん【月番】一月ずつ交替でする当番。

つきひ【月日】①時日。歳月。「—がたつ」「楽しい—を送る」②月と太陽。

つきびと【付(き)人】芸能界での付け人⑴。

つきふ‐せる【突(き)伏せる】《下一他》槍(やり)や銃剣で突いて、相手を倒す。

つきべり【×搗(き)減り】米などを搗(つ)いたために分量が減ること。

つきへん【月偏】漢字の偏の一つ。「朦(もう)」「朧(ろう)」などの「月」の称。▽旧来「月」と書いたが、新字体では「肉月(にくづき)」とも、また「月」であった「舟月(ふなづき)」とも同じ形になった。

つぎほ【接(ぎ)穂】①接木(つぎき)する時、台木につぐ苗木。②話を続ける機会。話のてがかり。「話の—がない」

つきまいり【月参り】《名・ス自》毎月一回決まって、神社や寺に参詣すること。月もうで。

つきまして【就きまして】《連語》→ついて(就)

つきまと‐う【付(き)×纏う】《五自》いつもついてまわる。いつまでも離れない。「変な男に—われる」「最初の失敗が最後まで—」「疑惑が—」

つきみ【月見】①(陰暦八月十五日の)月をながめて賞すること。「—の宴」②卵黄を月にみたてた料理。「—そば」 **—そう**【—草】①マツヨイグサの類の俗称。②江戸時代、観賞用に渡来した二年草。夕方白い花が咲き、翌朝しぼんで淡紅色に変色する。今はほとんど見られない。▽⑴⑵とも、あかばな科まつよいぐさ属。元来は先に渡来した⑵を言った。

つぎめ【継(ぎ)目】①物と物とを継ぎ合わせた所。つなぎめ。②あとつぎ。あとめ。

つきもうで【月詣(で)】《名・ス自》→つきまいり

つきもど‐す【突(き)戻す】《五他》荒っぽくもとへもどす。つきかえす。

つきもの ①【付(き)物】《ノダ》それがあれば必ず付属的に存在するというもの。いつもついてまわるもの。「学者に貧乏は—だ」②【×憑(き)物】《名》人に乗り移った物の霊。もののけ。「—がおちる」

つぎもの【継(ぎ)物】衣服の破れにつぎをあててつくろうこと。「—をする」。継ぎをしなければならないもの。「—がたまる」

つきやく【月役】月経。▽今は言わない。

つきやぶ‐る【突(き)破る】《五他》突いて破る。強い力で押し破る。

つきやま【築山】(日本式)庭園に設け(てあ)る人工の小山。

つきゆび【突(き)指】《名・ス自》指先に強く物が当ったり、指先を強く物にぶつけたりして、指の関節を痛めること。

つきよ【月夜】月の照っている夜。月の美しい夜。「—に釜を抜かれる」(はなはだしい油断のたとえ)「—に提灯(ちょうちん)」(不必要なことのたとえ) **—がらす**【—×烏】月夜に浮かれて鳴くからす。浮かれがらす。

つ‐きる【尽きる】《上一自》終わり・限度にまで達し、残らない。果てにまで達する。きわまる。「運が—」「少し歩いたら林が—きた」「なごりが—きない」「要点は今言った事に—」「冥加(みょうが)に—」(→みょうが(冥加))

つきわり【月割(り)】①月の数に分けること。また、月当たり平均。②月賦(げっぷ)。

つ‐く【漬く・△浸く】《五自》①水がものをひたす。「大雨で水が—」②→つかる⑵。[漬]「このシロウリはよく—いている」

つ‐く【突く・△衝く・×撞く・×搗く・△吐く】《五他》①とがったものを勢いよく当てるように出す。㋐先の鋭いもので刺す。[突・衝]「やりで—き殺す」「意気、天を—」(意気が盛んだ)「雲—大男」▽比喩的にも多く使う。「鼻を—におい」「風雨を—いて進む」「虚を—」「弱点を—」「矛盾を—」「胸を—急坂」「底を—」(尽きる) ㋑細長い物の先で打つ。「鐘を—」「まりを—」「米を—」「もちを—」。先を打ち当てるようにして押す。「判を—」▽一般に「突」、鐘には「撞」、米・もちには「搗」を使う。㋒細長い所を通して強く出す。「ところてんを—」「口を—いて出る」(言葉が次から次へと自然に出る。口をつく)「ため息を—」「うそを—」「悪態を—」▽一般に「突」、激しい勢いをともなう場合は「衝」、また、口から息、悪い言葉、汚物を出す場合は「吐」も使う。②細長い物の先を他の物にあてて支えとする。[突]「机にひじを—」「つえを—」「手を—いてあやまる」

つ‐く ㊀【付く・△附く】《五自》①ある物・人と触れる、または離れない状態になる。㋐表面に密着して取れない状態になる。表面にぴったり触れる。「泥がズボンに—」「しみが—」「指にいやなにおいが—」「雪の上に—いた足跡」「箔(はく)が—」(→はく(箔))「板に—」(役者がその役をすっかり自分のものにして好演する意から転じ、広くある人がその役・職業などにぴったりして、うまくこなしている意。「板」は、舞台の板)「仕事が手に—かない」(心が乱れたりして仕事に没入できない) ㋑しっかりと位置を占め、そこから離れない状態になる。「さし木が—」「根が—」「知識が身に—」「彼は近ごろ—いている(=よい運・勝ち運がついて、好調だ)」「きつねが—(=乗りうつる)」▽物の怪(け)などが人に「つく」場合、特に「憑く」と書く。↓つかずはなれず ㋒いっしょに、またはそばに居る。「首相に護衛が—」。伴われ、または後ろに従う。「父に—いて行く」。味方になる。「寝返って敵方に—」▽→ついてまわる・つかぬこと ㋓感覚器官にはいり込む。「目に—」「耳に—」「鼻に—」(転じて、あきあきする意にも)「気が—」②新たに要素が加わる。㋐添え加わる。「景品が—」「条件が—」「役が—」(役が割り振られる)「はずみが—」「あだ名が—」「謝礼のほかに夕食まで—家庭教師」。それに属して負い持つようになる。「会に名がー・いた」「新規予算がー」㋑新しい状態が生じる。「肉がー」「知恵がー」「利子がー」「色がー」㋒「あかりがー」▽㋒の火やあかりでは「点く」とも書く。③物事が定まる。㋐そう決まって、それ以前に不定だった事態が終わりとなる。「決心がー」「どちらともー・かない」「かたがー」「けりがー」(決着がつく)「話に落ちがー」「値がー」(幾らで買おうという値段が示される)「買い手がー」「答案に点がー」㋑ある値段になる。相当する。「一個百円にー」「高くー・いた買物」④《「……にー・き」の形で》……という理由で。……により。「日曜にー・き休業」▽→㊂(3)

㊁【着く】《五自》動いて行って、ある所・物に達する。①移動してある場所に至る。到着する。「目的地にー」「荷物がー」②触れ届く。「頭がかもいにー」

㊂【着く・就く・△即く】《五自》①ある位置に身を置く。「床(とこ)にー」「食卓にー」「席にー」「社長の任にー」「位にー」「職にー」「帰途にー」▽一般に「就」、位、特に帝位の場合には「即」、席や行程の場合には「着」を使う。

②従う。[就]「ピアノを先生にー・いて習う」「へいにー・いて曲がる」▽後者のような場合には「付」も使う。

③《「……にー・き」「……にー・いて」の形で》……に関して。[就]「教育にー・いての話」。……に対して。……ごとに。「荷物一個にー・き二百円の手数料」

関連 至る・届く・達する・及ぶ・行き着く・立ち至る・到着・到達・到来・安着・延着・帰着・終着・先着・必着・漂着・未着・来着

つ-く【△築く】《五他》土石を積んで突き固め、築山や垣などをきずく。築造する。「石垣をー」

つ-ぐ【次ぐ】《五自》そのあとにすぐ続く。㋐引き続く。「地震にー・いで津波が起こった」㋑すぐ下位にある。その下に位する。「大関は横綱にー・ぐ地位だ」▽「継ぐ」と同語源。

つ-ぐ【告ぐ】《下二他》「つげる」の文語形。「兵にー」「我は汝(なんじ)らにー」▽一九四五年ごろまで上位の者が下位の者に一方的に伝達する時の用語。

つ-ぐ【△注ぐ】《五他》(飲み物などを)器の中にそそぎ入れる。「酒をー」

つ-ぐ【継ぐ】《五他》①あとを受けて続ける。継承・相続する。「王位をー」「志をー」「家業をー」②つなぎ合わせて一続きにする。「夜を日にー・いで励む」「骨をー」「木に竹をー」(=前後の筋が通らない)ような話をする」。特に、布地の破れや穴に他の布を補ってつくろう。▽骨やつぎ木には「接」を使うのが普通。③絶えないようにたし加える。「炭をー」

=づ-く【付く】《名詞に付けて、五段の動詞を作る》その状態が強まる。「活気ー」「おじけー」。しばらくの間、それを盛んにする。「このごろ旅行ー・いている」

つくえ【机】書物を読んだり、物を書いたりするための台。デスク。▽歴史的仮名遣いは「つくゑ」説もある。

つくし【〈土筆〉】春、土手などに生える筆のような形の植物。スギナの地下茎から出る胞子茎(種子植物の花茎にあたるもの)。佃煮(つくだに)などにする。

=づくし【尽(く)し】《名詞に付けて》①その類のものを残らず挙(あ)げること。それを列記したもの。「世界国(くに)ー」「宝ー」②ある限りすっかりすること。「心ー」

つく-す【尽(く)す】《五他》①尽きるまでする。㋐なくなるまで、ある限り使う。残りがなくなるまで精一杯行う。「力をー」「手段をー」「親切をー」「筆舌にー・しがたい」㋑《動詞連用形に付いて》その動作・作用を、これ以上は進められない状態までする。すっかり……する。「まんじゅうを食べー」「猛火が町を焼きー」②他のもののために、精一杯働く。尽力する。「国にー」「主君にー」「よくー・してくれた」▽(2)は自動詞的な用法。

つくだ【×佃】荘園(しょうえん)制度の下で領主が直接経営する田。▽「作り田」の転。

つくだに【×佃煮】魚・貝・海藻などを、しょうゆ・みりん・砂糖などで味濃く煮つめたもの。▽江戸の佃島(つくだじま)で製したことからの名。

つくづく【△熟】《副[と]》思いにふける様子。①じっくり思いを込めて。「ー(と)見入る」「ー(と)思案する」②ものに深く感じ、身にしみて。「世の中がー(と)いやになった」▽力が尽きはてるさまを言う古語「尽く尽く」から出た。

つくつくぼうし【つくつく法師】セミの一種。体長三センチ前後。羽は透明で先端に黒茶色の斑文がある。鳴き声が「つくつくほーし」と聞こえる。▽鳴き声は「おーしーつくつく」とも聞きなされる。

つぐな-う(つぐなふ)【償う】《五他》①金品を出して、相手に与えた損失を補う。埋め合わせをする。②金品や労力を提供し、または何かの方法で罪やあやまちの埋め合わせをする。「出家して罪をー」関連 補う・あがなう・埋め合わせる・弁償・弁済・償却・補償・賠償・報償・有償・無償・代償・代弁・贖罪(しょくざい)・罪滅ぼし

つくね【×捏】①つくねること。「手ーの泥細工」②魚のすり身やひき肉などに卵や調味料を加え、よくこねたもの。おでん種(だね)、吸物、串焼きなどに用いる。「とりのー」

つくねいも【×捏ね芋・〈仏掌〉×薯】根茎が拳(こぶし)のような塊状になるナガイモの品種。多く西日本で栽培。粘りが強く、とろろ等として食用。▽コブシイモ・ヤマトイモなどと呼ばれることもあり、また、それらとは別の一品種を言うこともある。

つく-ねる【×捏ねる】《下一他》①幾つかのものを一つに合わせる、まとめる、束ねる。②手でこねて形を作る。手でこねてまるくする。「どろをー・ねてだんごにする」

つくねん《副と》何もせず、ひとりでぼんやりしてい

るさま。「―とすわっている」

つくばい(つくばひ)【×蹲】縁側近くの庭に備えてある手水鉢(ちょうずばち)。▽水を使うためにつくばうので言う。

つくば-う(つくばふ)【×蹲う】《五自》うずくまる。しゃがむ。

つくぼう【突棒】江戸時代の、罪人を捕らえる道具。丁字形の頭部が鉄製で、木の長い柄がある。そでなどにからみつける。

つぐみ【×鶫】秋、大群をなして飛来する小鳥。大きさはムクドリほどで、背は茶色、顔は黄白色。シベリアなどで繁殖する。▽ひたき科。

つぐ-む【×噤む】《五他》口をとじて物を言わない。黙る。「口を―」

つくもがみ ①【付喪神】古い道具に精霊が宿り変化(へんげ)＝妖怪)となったもの。人をたぶらかすという。②【〈九十九〉髪・〈江浦草〉髪】老女の白髪のこと。▽「江浦草(つくも)」は植物のフトイの異名。白髪がフトイに似るからともいう。伊勢物語六十三段の歌が有名。

つくり【×旁】漢字で右側を構成する部首。「改」のぼくづくり、「顔」のおおがいなど。また、左右に分けられる漢字で右側の部分。「紀」の「己」、「作」の「乍」など。↕偏(へん)

つくり【作り・造り】①つくること。つくる人。また、つくられた物。その物のできばえ・様子。「菊―の名人」「黄金(こがね)―の太刀(たち)」「―がしっかりしている」「料理屋風の―」「小―の人」②よそおい。化粧。「お―にひまがかかる」「若―」③わざとそうすること。「―笑い」「―ごと」④さしみ。「鯉(こい)の生け―」▽複合語の後半に使う時には普通「づくり」と連濁になる。

つくりあ-げる【作り上げる・造り上げる】《下一他》①すっかりつくり終える。完成させる。「短期間に―」②事実ではない事を事実のように見せかける。捏造(ねつぞう)する。「話を―」

つくりおき【作り置き】《名・ス他》料理をあらかじめ作っておくこと。また、その料理。

つくりか-える(…かへる)【作り替える】《下一他》①新しく作って前のものと取り替える。②既にあるものに手を加えて、別のものにする。「小説を戯曲に―」

つくりごえ(…ごゑ)【作り声】わざとこしらえた、地声(じごえ)でない声。

つくりごと【作り事】ないことをあるように言いなした事柄。事実をまげた事柄。

つくりざかや【造り酒屋】酒を醸造して売る店。醸造元。▽小売の酒屋と区別した時の言い方。

つくりじ【作り字】①↓こくじ(国字)⑶。②勝手に作った字。うそ字。

つくりだ-す【作り出す・造り出す・創り出す】《五他》①つくりはじめる。②つくりあげる。製造する。生産する。③新しいものを生み出す。新しい事物を考え出す。創作する。創造する。発明する。

つくりた-てる【作り立てる】《下一他》外見をよくしようと工夫し飾る。派手によそおう。

つくりつけ【作り付け】取りはずしの出来ないように取り付けること。そのように作った物。「―の本棚」

つくりな-す【作り成す】《五他》つくりあげる。それらしく作る。

つくりにわ(…には)【造(り)庭】庭師などの手でおもむき深く造った庭。

つくりばなし【作り話】実際にはない事をあった事のように作りなした話。

つくりまゆ【作り眉】結婚した女性が眉をそり墨で描くこと。その眉。▽昔の習俗。

つくりもの【作り物】①本物に似せて作った物。「―の真珠」「―の涙」②農作物。③能楽の舞台装置。象徴的でごく簡単にできている。

つくりものがたり【作り物語】事実に基づかないで作った物語。竹取物語・源氏物語など。

つくりわらい(…わらひ)【作り笑い】《名・ス自》おかしくもないのにわざと笑うこと。また、うれしくもないのに笑顔(えがお)を作ること。

つく-る【作る・造る・創る】《五他》①手を加えて、もとと違ったものに仕上げる。㋐材料・素材などに手を加えて、価値あるものに仕立てる。「麦からビールを―」「鯛(たい)をさしみに―」「顔を―」(化粧する)「年よりも若く―」「庭を―」。手をかけて育て上げる。「稲を―」「菊を―」「苦労は人間を―」▽「造」の字は概して、大規模なものをつくる場合に使う。㋑新しく生み出す。「規則を―」「詩を―」「財産を―」「子供を―」「頭にこぶを―」「暇を―」「男を―」(情夫を新たに持つ)▽「創」の字は概して、何もないところから有意義なものをつくり出す場合に使う。㋒(わざと)仕組んでそうする。「列を―」「笑い顔を―」「話を―」(面白いように、またはごまかすために、事実と違った事を話す)②『時を―』雄鶏(おんどり)が(ほぼ定まった時刻に)声高く鳴く。

つくろいもの(つくろひ…)【繕い物】衣類の破れたり切れたりしたところに当て布などをして直す仕事。また、その直すべき衣類。

つくろ-う(つくろふ)【繕う】《五他》整えてかっこうをつける。㋐破れたり、壊れたりしたところを直す。「着物のかぎ裂きを―」㋑整えてよくする。「身を―」「声を―」㋒体裁よくまとめる。「その場を―って言いのがれる」「世間体(せけんてい)を―」▽「作る」と同語源。

つけ【付け】①付けること。㋐書きつけ。勘定書き。㋑帳面につけておいて、あとでまとめて代金を払うこと。帳面買い。「―にする」「―で買う」「―が回って来る」(後で報いがあらわれる)②「付拍子(つけびょうし)」の略。芝居で、役者が見得を切る時などに、その動作をきわだたせるため、その足拍子に合わせて、道具方が拍子木で床(ゆか)をたたくこと。「―を打つ」③《接尾》《動詞の連用形に付けて》習慣的にそうする意を表す。いつも……している。「行き―の店」「かかり―の医者」▽↓つける(付)㈠⑸

つげ【〈黄楊〉〈柘植〉】暖地に自生し、庭木や生垣(いけがき)

にする常緑小高木。高さ三メートルほどになり、葉は小楕円(だえ)形。春、薄黄色の小さい花が咲く。材は緻密で、櫛(くし)・版木(はんぎ)などにする。アサマツゲ。▽つげ科。

つげ【告げ】→おつげ

づけ ①【漬(け)】〘造〙野菜・魚肉などを糠(ぬか)や味噌(みそ)に漬けたもの。「糠—」「奈良—」「一夜—」(→いちやづけ)。広くは、(どっぷり)漬けること。「塩—」「氷—」「アルコール—の内臓標本」「患者を薬—にする」②〘名〙醤油(しょうゆ)とみりんなどで味付けしたマグロの赤身。また、すしの種としてのマグロの赤身や、それで握ったすし。▽以前、腐敗防止で醤油に漬けたのを使ったから言う。

=**づけ**【付け】①〘名詞に付けて〙それで(物を)ぴったり付けること。「はんだ—」「餌(え)—」②〘敬意を表す接尾語に付けて〙それをつけて呼ぶこと。「さん—」③〘年月日に付けて〙発行・差し出しの日付を示す語。「四月一日—の辞令」

つけあい(‥ひ)(‥あ)【付合】連歌(れんが)・俳諧で、前の句の中の言葉や趣を承(う)けて後の句を付ける、その二句(の関係)。

つけあが-る【付け上がる】〘五自〙相手の寛大さに乗じて増長する。「黙っているとすぐ—」

つけあわせ(‥はせ)(‥あ)【付け合(わ)せ】主な料理にそえる野菜・海藻など。

つけいた【付け板】→つけだい

つけい-る【付け入る】〘五自〙機会をうまくとらえて利用する。つけこむ。「弱点に—」「—すきを与えない」

つけうま【付(け)馬】遊里などで、不足や不払いの遊興費を取るため、客の家までついていく人。「—を引いて帰る」

つけおち【付け落ち】書きつけておくべき事柄が落ちていること。つけおとし。

つけおとし【付け落(と)し】→つけおち

つけおび【付け帯】結び目の部分と体に巻きつける部分とが別々に作ってある帯。文化帯。軽装帯。▽もと、武家の女性の礼装用のものもあった。

つけがろう【△附家老】江戸時代、幕府から親藩に対し、また大名の本家から分家に対し、監督のためつけておく家老。

つけぎ【付け木】火を付けて他に移すのに使う、端に硫黄を塗った薄い木片。

つけく【付句・△附句】連歌(れんが)や俳諧の付合(つけあい)で、前句につける句。

つげぐち【告げ口】〘名・ス自他〙他人の秘密や過失・悪行などをそっと他に告げること。密告。「先生に—する」

つけくわ-える(‥くは)(へる)【付け加える】〘下一他〙すでにあるものの上に更に加える。「一言—」

つけくわわ-る(‥くは)(はる)【付け加わる】〘五自〙すでにあるものに更にあとから加わる。

つけげいき【付け景気】景気がよいように見せかけること。から景気。

つけげんき【付け元気】うわべだけ元気そうにふるまうこと。から元気。

つけこ-む【付け込む】〘五自〙①機会に乗じてうまくやる。つけいる。「弱みに—」②帳面に記入する。

つけこ-む【漬け込む】〘五他〙つけものを仕込む。よくつける。「きゅうりを—」「酒に—」

つけさげ【付け下げ】女性用和服の、模様の置き方の一種。また、その模様の和服。仕立てた時、模様が上向きになるように反物のまま染めたもの。「—模様」▽訪問着より格が下がる。太平洋戦争中、華麗な訪問着の着用が禁止されたため、作り出された。

つけざし【付け差し】自分が口をつけた杯やキセルなどを人にやること。▽これで親密さを表した。

つけだい【付け台】すし屋・小料理屋で、客が飲食するカウンターと調理場との境をなす、一段高くなった平らな部分。その上に客に出す料理やすしを置く。付け板。▽すしや刺身を盛り付ける、脚のついた木の板をいうこともある。

つけだし【付け出し】①相撲(すもう)で、実力を認められて、前相撲(=番付外でとる相撲)を経ずに番付面での資格を与えられること。「幕下—でデビュー」②売掛け金(=つけ)の請求書。

つけた-す【付け足す】〘五他〙すでにあるものの上に更にあとから増し加える。

つけだ-す【付け出す】〘五他〙①付け出し(1)として扱う。「幕下に—」②売掛け金の請求書を書いて出す。

つけたり【△附・△付】付け加える部分。特に、文章本体に添え参考として付け加える部分。▽文語の連語「附けたり」に由来。現在は「付けたり」とも書く。

つけつけ〘副[と]〙遠慮や手加減をしないで物を言うさま。ずけずけ。「相手構わず—(と)言う」

つけどころ【付け所】つけるべき所。「目の—」

つけとどけ【付け届け】〘名・ス自他〙謝礼・依頼のためや義理で、贈物をすること。その贈物。「盆暮れの—」

つけな【漬け菜】①漬物用の菜。②漬物にした菜。

つけね【付け値】買手が商品に付けた値段。↔言い値

つけね【付け根】物のくっついている根もとの所。「足の—」

つけねら-う(‥ね)(らふ)【付け狙う】〘五他〙絶えずあとをつけて、機会をうかがう。「かたきと—」

つけば【付け場】すし屋で、職人がすしを握るところ。「—に立つ」

つけび【付け火】放火。

つけひげ【付け×髭】人工的に作って付けるひげ。

つけびと【付け人】①付き従って身の回りの世話をする人。▽相撲(すもう)界では、幕下以下の力士を関取に付ける。なお、→つきびと。②ある人を監視または保護するために、その人に付ける人。▽(2)は既に古風。

つけひも【付け×紐】和服の胴などに縫いつけてあるひも。着崩れをふせぐためのもの。

つけぶみ【付け文】《名・ス自》恋文を手渡す(送る)こと。「―をする」。その恋文。▽既に古風。

つけまげ【付け×髷】別に作っておいて髪に付ける、まげ。

つけまつげ【付け×睫】人工的に作って付ける、まつげ。

つけまわ-す(まはす)【付け回す・付け×廻す】《五他》どこまでもしつこくあとをつける。

つけめ【付け目】目をつけるべき所。㋐つけこむ所。「そこが彼らの―だ」㋑めあて。ねらい。「金が―で結婚する」

つけもの【漬物】野菜を塩・ぬか・酒粕(さけかす)などに漬けたもの。こうのもの。

つけやき【付け焼(き)】醤油(しょうゆ)やたれをつけて焼くこと。そうした料理。

つけやきば【付け焼(き)刃】それだけの地力(じりき)のない者が、その場を何とかしのぐために、にわか仕込みの勉強をしたり、ある態度を装ったりすること。その知識・態度・動作等。「―をする」「―はすぐはがれる」▽もと、いい出来でない刀の、刃だけを鋼で付けたもの。

つ-ける【△浸ける・漬ける】《下一他》①液体の中に入れる、または液面の下に沈める。ひたす。「水に―」②調味料などの中に長時間入れて、食材に味を染みこませる。つけものにする。【漬】「菜を―」「味噌(みそ)に―」

つ-ける ㊀【付ける・△附ける・着ける】《下一他》①ある物・人と触れあう、または離れない状態にする。㋐表面にぴったり触れさせる。表面に密着させて取れない状態にする。「手に墨を―」「船を岸壁に―」「自動車で乗り―」㋑身またはそれになぞらえられるものに、装う。着る。取り付ける。「服を身に―」「胸にブローチを―」▽㋑には多く「着」を使う。㋒しっかりと位置を占めさせ、そこから離れないようにする。「手に職を―」(職業上の技術を習得する)「出納を家計簿に―」(=記入する)「幅広い教養を身に―」(=しっかり自分のものにする)」㋓いっしょに、またはそばに居させる。「首相に護衛を―」「家庭教師を―」㋔見失わないように、そっと追い歩く。尾行する。「あとを―」㋕感覚器官を働かせて捕らえる。「彼に目を―・けている」「気を―」▽↓=づける②新たに要素を加える。㋐添え加える。「景品を―」「条件を―」「役を―」(役を割り当てる)。それに属するものとして負わせる(与える)。「子供に名前を―」「幾らか予算を―」㋑新しい状態を生じさせる。「知恵を―」「利子を―」㋒今の状態の中で新たな現象を起こす。「火を―」「電灯を―」「ラジオを―」▽㋒の火・灯では「点ける」とも書く。③そう決めて、それ以前に不定だった状態を終わらせる。「紛糾に結末を―」「かたを―」「けりを―」「けじめを―」「値を―」「テストの点を―」④《「……に―・け」の形で》……に関連して。……につれて。……があると、それに伴って。「雨風に―・けて子を思い出す」「暑いに―・け寒いに―・け、病気が起こる」「何に―・け(=何事にも)手の掛かるやつだ」「それに―・けても金のほしさよ」⑤《動詞、または動詞に「(さ)せる」「(ら)れる」が接したものの連用形に付けて》㋐いつもそれをする。し慣れる。「行き―・けた場所」「おやじにはどなられ―・けている」㋑語勢を強めるのに使う語。「しかり―」「なぐり―」㊁【着ける・就ける・△即ける】《下一他》①ある位置にすえる。「席に―」「社長の地位に―」「位に―」「職に―」▽一般に「就」、位、特に帝位の場合には「即」、席の場合には「着」を使う。②指導を受けさせる。【就】「先生に―・けて習わせる」

つ-げる【告げる】《下一他》述べしらせる。しらせ伝える。「相手に名前を―」「別れを―」「暁を―鐘の音」「新時代を―事件」「風雲急を―」

=**づ-ける**《漢語名詞に付け、下一段活用動詞を作る》……の働きをするようにする。……を与える。「基礎―」「理論―」「位置―」▽「付ける」から。本来、サ変動詞とならない語の他動詞化、また、何かが「位置する」に対して何かを位置させる意で「位置づける」というように区別の必要がある場合(「関係―」「対応―」もこの類)に使う。「結論―」「定義―」など、「する」で他動詞になる語に付けるのは、この区別に気づかないことによる用法。

=**っこ**《動詞連用形に付け、名詞を作る》①(競って、互いに)……すること。「弁当の取りかえ―」「なぐり―を始める」「原典とにらめ―して考えた」▽「事」の転。↓=っこ。②『―ない』『―ありません』……することは決してない(ありません)。「親の言うことなんか聞きっこない」「どう転んでも売れっこありませんよ」

=**っこ-い**《名詞などに付け、形容詞を作る》……の気(け)を強く帯びている。「あぶら―」「やに―」「ひやー」「ねば―」

つごう【都合】①《名》(あれこれ考え合わせた上での)他の事との関係。ぐあい。事情。「―が悪い」「その時の―で」「万事―よく行く」「自分の―ばかり考える」②《名・ス他》やりくりすること。くりあわせ。「―をつける」「何とか―する」「お金を―する」③《名》総計。合計。「―五百人」▽「都」はすべて、の意。

=**っこな-い**《動詞連用形に付け、形容詞化する》↓=っこ(2)

つごもり【×晦】(陰暦で)月末。みそか。▽「月隠(きつごもり)」のつづまったもの。雅語的。

つじ【×辻】①㋐道が十字形に交差している所。十字路。四つ辻(じっ)。㋑転じて、道ばた。路傍。街頭。「―商人」②和服の縦横の縫い目が直交するところ。

つじうら【×辻△占】①吉凶のうらないにするため、小紙片にいろいろのことを書いたもの。②吉凶の前ぶれ。「それはいい—だ」▽昔、四つ辻(つじ)に立って、通行人の偶然の言葉などから吉凶をうらなったことから。

つじかご【×辻×駕籠】昔、辻(つじ)に待っていて、客を乗せるかご。

つじぎみ【×辻君】夜、往来に立って客をとり売春する女。夜鷹(よたか)。

つじぎり【×辻斬(り)】昔、武士が刀の切れ味をためし、また腕をみがくため、夜、辻(つじ)に出て通行人を斬ること。それをする人。

つじぐるま【×辻車】路傍で客を待つ人力車。

つじごうとう【×辻強盗】道ばたで人をおそう強盗。

つじせっぽう【×辻説法】道ばたで往来の人に対してする説法。

つじだち【×辻立ち】『名・ス自』(見物や物売り・演説のため)町角に立つこと。

つじつま【×辻×褄】合うべき所がきちんと合うはずの、物事の道理。筋道。「話の—が合わない」▽もと、和服の辻(つじ)②と褄㋓。

つじどう【×辻堂】路傍にある小さい仏堂。

つじばん【×辻番】①江戸時代、江戸市中の武家の屋敷町の辻(つじ)ごとに作って、付近を警戒させる番所。辻番所。また、そこに詰める人。②「辻番火鉢」の略。行火(あんか)の一種。

つじふだ【×辻札】辻(つじ)に立てた制札(せいさつ)。

つじまち【×辻待ち】『名・ス自』道ばたで客を待つこと。「—車夫」

っす『助動』〔俗〕→す『助動』②

つた【×蔦】①ツタ②やキヅタなど、木本(もくほん)のつる性植物の総称。②吸盤のついた巻きひげがあり、木や岩などをつたって伸びる、木本のつる性落葉植物。夏、薄黄緑の花をつけ、秋、葉が紅葉する。植栽して壁や塀などにはわせる。ナツヅタ。▽ぶどう科。

つた-う【伝う】『五自』それを経路とし、それに沿って移り動く。「尾根を—って進む」「ひもを—ってしずくが落ちる」

つたえ【伝え】言葉で伝えたもの。特に、言い伝え。伝説。「昔の—を聞く」

つたえき-く【伝え聞く】『五他』人から聞く。うわさで知る。「—ところによると」

つた-える【伝える】『下一他』物・作用などを、あるものを経て、そこに届かせる。㋐媒介物を経て作用を及ぼす。「振動を—」㋑人を介して言葉で知らせる。「奥様によろしくお—え下さい」「用件を電話で—」㋒元(もと)になる所から他の所に、譲りまたは教えて移す。あとの者に譲りまたは教えて残す。「海外から—えられた製法」「財産を子孫に—」「弟子(でし)に技術を—」関連 知らせる・言い伝え・口伝え・聞き伝え・つて・人づて・言づて・言付け・取り次ぎ・伝言・伝授・伝承・伝達・伝聞・伝令・口承

つたかずら【×蔦△葛・×蔦×蔓】つるくさの総称。かずら。

つたな-い【拙い】『形』①へただ。巧みでない。「—絵」②(天性)劣っている。おろかだ。「—者ではございますが」(多く、へりくだって言う) ③運が悪い。「武運—く」派生 -さ

つたもみじ【×蔦〈紅葉〉】紅葉したツタの葉。

つたら『助』→たら『助』㊀

つたわ-る【伝わる】『五自』①物・作用などが、あるものを経て、そこに届く。㋐媒介物を経て作用が及ぶ。「銅線を熱が—」「震動が—」㋑人を介して言葉が伝えられる。「うわさが片いなかにまで—」㋒元(もと)になる所から移って、そこに至る。先の者が譲り渡しまたは教えて、あとの者に残る。「漢字が—って来たころ」「祖先から—名器」②→つたう

つち【土】岩石が分解して地表にたまったもの。土壌。㋐位置的に見て、地球の表面をおおう陸地。「異国の—を踏む」㋑物質的に見て、岩石の分解によって粉末状になったものの集まり。「—から芽を出す」「よく肥えた—」「文化が江戸の—に育つ」「異国の—になる」(外国で死に、そこに葬られる)「—一升金一升」(都会などの土地の値が非常に高いことのたとえ)「横綱に—が付く」(相撲(すもう)で横綱が負ける) 関連 土壌・土地・土塊・土砂・土石・耕土・凍土・壌土・礫土(れきど)・埴土(しょくど)・軽鬆土(けいしょうど)・腐植土・黒土・黄土・赤土・赭土(しゃど)・紅土・粘土・陶土・泥土・埴(はに)・ローム

つち【×槌】物をたたく道具。柄の先に円筒状の鉄・木などがついている。ハンマー。

つちいじり【土△弄り】『名・ス自』①子どもが土をこねて物を作ったりして遊ぶこと。②趣味で園芸や畑作りなどをすること。

つちいろ【土色】土のような色。黒味を帯びた青色。▽→つちけいろ

つちおと【×槌音】(建築のため)材木を槌でたたく音。「復興の—が響く」(復興・再建が進む)

つちか-う【培う】『五他』土を根にかけて草木を育てる。広く、力や性質などを養い育てる。「克己心(こっきしん)を—」▽「土養(か)う」の意。本来は「……に—」と助詞「に」をとり、自動詞。

つちくさ-い【土臭い】『形』①土のにおいがする。②転じて、いなかじみている。どろくさい。やぼくさい。派生 -さ

つちぐも【土〈蜘蛛〉】→じぐも

つちくれ【土△塊】土のかたまり。

つちけ【土気】「土気色」の略。「—を帯びた顔色」 **—いろ**【—色】土のような色。つちいろ。▽生気のない顔色などに言う。

つちけむり【土煙】舞い上がって煙のように見える土砂。

つちつかず【土付かず】①相撲(すもう)で、その時の場所③にまだ一度も負けていないこと。「—の十連勝」②比喩的に、損や不利益をこうむらない状態。

つちのえ【×戊】十干の第五。五行(ごぎょう)で土に配する。

↓じっかん(十干)。▽「土の兄(え)」の意。

つちのと【△己】十干の第六。五行(ごぎょう)で土に配する。↓じっかん(十干)。▽「土の弟(と)」の意。

つちふまず【土踏まず】足の裏中央のくぼんだ所。▽↓へんぺいそく

つちへん【土偏】漢字の偏の一つ。「地」「場」などの「土」の称。

つちぼこり【土×埃】風で飛び散った細かい土。

つちやき【土焼(き)】素焼きの土器。

つちよせ【土寄せ】《名・ス自他》植物が少し育ってから、根元に土をかけてやること。

つちろう【土×牢】地を掘ったりくりぬいたりして造った牢。

つつ【筒】①円く長くて、中がからのもの。②銃身。砲身。また、小銃、大砲。「―音」③井戸側(いどがわ)。いづつ。

つつ《接助》《動詞や動詞型活用の助動詞の連用形に付く》その動詞の指す動作・作用が(ある時間にわたって)継続する意を表す。㋐動作が繰り返されることを表す。「失敗を重ね―進歩してゆく」㋑一方の動作と共に他の動作も行われていることを表す。「音楽を聞き―本を読む」㋒ながら。にもかかわらず。「危険を知り―(も)乗り込んで行った」㋓《「―ある」の形で》動作・作用の進行中であることを表す。「目下検討し―ある」▽「降りつ降りつ」を「降りつつ」と略した類で、文語の助動詞「つ」を重ねたものという。

つっ＝【突っ】〔俗〕「つき(突)」⑵の音便形。「―つく」「―ぱしる」▽次に来る動詞がカ行・タ行・ハ行の音で始まる時の形。

つづ ①十。とお。②誤って、十九の意。「―やはたち」雅語的。

つつい(ゐ)【筒井】筒のように丸く掘り下げた井戸。▽雅語的。　**―づつ**【―筒】丸く掘った井戸の井戸側(いどがわ)。▽雅語的。

つつうらうら【津津浦浦】あらゆる津や浦、すなわち全国いたる所。▽「つづうらうら」とも言う。

つつおと【筒音】小銃や大砲をうつ音。▽今では雅語的。

つっかい(ひ)物に当てて支えること。そうするもの。つっぱり⑴。支柱。「―をかう」「―棒」

つっかえ-す(へす)【突っ返す】《五他》①強い力で急に押して返す。②受け取らないで冷淡に返す。「贈物を―」▽「つきかえす」とも言う。

つっかえ-る(つつかへる)《下一自》〔俗〕「つかえる」の転。すらすら運ばず、ひっかかる。「餅がのどに―」「―・えながら話す」

つっかか-る【突っ掛(か)る】《五自》①めがけて突いて行く。「牛が―・ってきた」②つき当たる。㋐ひっかかる。「足が段差に―」。㋑くってかかる。言いがかりをつけて争いを仕掛ける。「―ような態度」

つっかけ【突っ掛け】足の(指)先にちょっと引っかけてはくこと。そうしたはきもの。「―ぞうり」「―下駄(たげ)」

つっか-ける【突っ掛ける】①《下一他》履物をきちんとでなく、無造作にはく。「ぞうりを―」②《下一自》(動くものが)勢い激しくぶつかる。「大雨で川の水が―・けて堤が切れた」。相撲(すもう)で、立ち合いの呼吸があわず、一方が早く立って相手に当たる。

つつがな-い【×恙無い】《形》無事だ。身に異状がない。息災だ。「―旅路を祈る」「―・く帰郷した」「工事が―・く進む」(故障なく進む) ▽つつがむしの害にあわないでいる意からという。

つつがむし【×恙虫】つつがむし病を媒介するダニ。幼虫は野生動物に寄生。リケッチアの一種を保菌しているものが人に寄生すると、つつがむし病を発症し、発熱・発疹(ほっしん)などの症状を起こして重篤な場合死に至る。▽つつがむし科のダニの総称。

つづき【続き】①続いていく具合。つながり方。「文章の―が悪い」②あとに続く部分。「話の―を聞こう」③《名詞と合し接尾語的に》間があかないで存在すること。「雨―の天気」「軒―の家」「不幸―」

つづきあい(ひ)【続き合い・続き△間】↓つづきがら

つづきがら【続(き)柄】親族の関係。血族関係。続き合い。「所帯主との―」▽俗に「ぞくがら」とも言う。

つづきもの【続(き)物】何回か回を重ねて完結する、小説・映画・講談など。

つつぎり【筒切り】《名・ス他》円く長いものを横に切ること。輪切り。

つっき-る【突っ切る】《五他》まっすぐに通り抜ける。勢いよく横切る。「踏切を―」「横丁を―」

つつ-く《五他》①軽く突く。「よそみしている人の背中を―」②軽く何度も突く。また、そのようにして食べる。「魚がえさを―」「鍋を―」③(欠点などを)ほじくり出す。あらだてる。④けしかける。そそのかす。「だれかが後ろで―・いているに違いない」▽「つっつく」とも言う。

つづ-く【続く】《五自》一つの物・事、一まとまりと考えられる物・事が、きれずにつながる。「雨が五日も―」「道が向こうまで―」「松並木が―」。とぎれずに、すぐあとにつながる。「金が―・かなくて事業中止だ」「あとに―者」

つつぐち【筒口】↓つつさき

つづけざま【続け様】同じ事が続けて起こるさま。

つづ-ける【続ける】《下一他》続くようにする。「冷水摩擦を十年―・けた」

つっけんどん【突(っ)×慳貪】《ダナ》態度や言葉がとげとげしていて不親切なさま。「―な返事」「―に答える」 派生 **-さ**

つっこみ【突っ込み】①突っ込むこと。鋭く追究すること。「―が足りない」②漫才などで、ぼけを指摘して話を進める役の者。また、その言動。「あの―はうまい」③区別せず全部をいっしょに均(なら)すこと。「いいも悪いも―で」「―値段」

つっこ-む【突っ込む】①《五自》㋐はげしい勢いではいる。「敵中に―」㋑深くはいりこむ。「―・んだ話」

「―んで考える」㋒漫才などで、ぼけを指摘して話を進める。②『五他』㋐勢いよく、また無造作に、入れる。「水たまりに足を―」「何でもひきだしに―」「首を―」(関与する) ㋑鋭くつく。はげしく追及する。「―まれるような不正はしていない」

つっころば-す【突っ転ばす】『五他』強く突いて倒す。

つつさき【筒先】筒形のものの先。つつぐち。㋐ホースの先。また、それを受け持つ消防士。㋑銃身・砲身の先。「―をそろえる」

つつざき【筒咲き】花が筒を思わせる形に咲く性質(の、その花)。

つつじ【〈躑躅〉】春から初夏にかけて紅・白などの花を咲かせ、野山や庭を彩る低木。葉は長楕円(だえん)形で両端がとがり、あらい毛がはえる。野生種も園芸種も多い。▽つつじ科つつじ属の植物の総称だが、シャクナゲやサツキ以外を言うことが多い。古代から親しまれ、江戸時代から観賞用栽培が盛んになる。

つつしみ【慎み・謹み】つつしむこと。特に、つつましさ。「―のない振舞い」▽つつましさの意では、普通「慎」を使う。

つつしみぶか-い【慎み深い】『形』ひかえめである。派生 **-さ**

つつし-む【慎む・謹む】『五他』①振舞いの上の過ちをしないように気をつける。「言葉を―」。乱れないように控えめにする。「酒を―」②うやうやしくかしこまる。【謹】「―んでお祝いを申し上げます」▽「包む」と同語源。関連 憚(はばか)る・畏(かしこ)まる・畏(おそ)れる・恐れ入る・控える・手控える・畏敬・恭敬・恭倹・恐縮・恐懼(きょうく)・遠慮・辞儀・自粛・自重・自制・節制・節度

つつそで【筒袖】筒のような形の袖(が付いた着物)。

つった-つ【突っ立つ】『五自』まっすぐに立つ。「煙突が四本―っている」。何もしないで、ただ立つ。「茫然(ぼうぜん)と―」

つった-てる【突っ立てる】『下一他』①先の鋭いものを突き刺して立てる。「短刀を床に―ておどす」②勢いよく(まっすぐに)立てる。▽「つきたてる」とも言う。

つっつ-く【突っ突く】『五他』→つつく

つっと『副』急に短い動作を起こしたり止めたりするさま。つと。「―立ち止まる」

つつどり【筒鳥】初夏、日本に飛来し、山地や平地の林にすむ鳥。「ぽぽっぽぽっ」と筒を叩(たた)くような声で鳴く。大きさはハトくらいで、姿はホトトギス・カッコウに似る。冬は南方へ渡る。▽かっこう科。

つつぬけ【筒抜け】①秘密の話がすぐ他に漏れること。(隣の)話し声が漏れ聞こえること。「―に耳にはいる」「内情が―になる」②通りぬけること。「忠告したって右から左へ―だ」▽筒の底がなくて入れたものが素通りする意から。

つっぱし-る【突っ走る】『五自』①勢いよく走る。②慎重に考えることなく行動を進める。

つっぱな-す【突っ放す】『五他』→つきはなす

つっぱ-ねる【突っ×撥ねる】『下一他』手きびしくはねつける。拒否する。「人の願いを―」

つっぱり【突っ張り】①つっぱる(1)こと。「―棒」②つっぱる②㋑若者。▽多く「ツッパリ」と書く。

つっぱ-る【突っ張る】『五他』①突きあててささえる。「壁に足を―」。筋肉がつよく張ってかたくなる。つる。「横腹が―った」「欲の皮が―」(強欲だ) ②㋐相手に対抗し、自分の意見をあくまで通す。意地を張る。「最後まで―」㋑俗に、若者が不良になっていきがって見せる。③相撲(すもう)で、腕を伸ばし、てのひらで勢いよく相手を突いて出る。

つっぷ-す【突っ伏す】『五自』急にうつぶせになる。「―して泣く」

つつまし-い【△慎ましい】『形』①遠慮深くて動作・態度が控え目だ。②倹約だ。つづまやかだ。つましい。▽「包む」(=表面に出ないようにする)の形容詞化に由来。「―生活」は(1)の控え目にして目立たない生活の意で使う場合と、(2)の節倹につとめたつましい生活の意に使う場合とがある。派生 **-さ-げ**

つつましやか【△慎ましやか】『ダナ』いかにもつつましい(1)さま。遠慮深くしとやかなさま。「―な令嬢」▽近ごろ、「つつましい」(2)の意で用いることが増えている。「―に暮らす」

つづまやか【△約やか】『ダナ』①てみじか。「―な表現」②倹約なこと。質素。「―に暮らす」「―な住まい」

つづま-る【△約まる】『五自』短くなる。ちぢまる。簡略になる。

つつみ【堤】①川や池などの水があふれ出ないように、岸に土を高く築き上げたもの。土手。「―が切れる」「千丈の―も蟻(あり)の穴から」(ちょっとの事から大事が起こる) ②水をためた池。貯水池。▽(2)は古語的。

つつみ【包(み)】(まとめて)外側を紙・ふろしき等で覆ったもの。

つづみ【鼓】中央部のくびれた胴の両端に革を張り、手で打ち鳴らす和楽器。

つつみかく-す【包み隠す】『五他』①包んで見えなくする。②秘密にして人に知られないようにする。「―さず話す」

つつみがね【包(み)金】紙に包んで差し出す金。額を幾らと決めずにあてがう金。「―で済ます」▽「つつみきん」とも言う。

つつみがまえ【×勹構(え)・包構(え)】漢字の構えの一つ。「包」「勺」などの「勹」の称。▽「勹」は「包」の本来の形。

つつ-む【包む】『五他』外側からおおう。「会場は熱気に―まれた」㋐物全体を別の(薄い)物の中に入れる。「本をふろしきで―」「お祝いに一万円―」㋑かくす。「うれしさを―みきれずに顔に出す」

つづ-める【△約める】『下一他』①短くする。縮める。簡略にする。「―めて言えば」②節約する。「―め

た生活」

つつもたせ【〈美人局〉】夫(や情夫)としめし合わせた女が、他の男と通じるかに振る舞い、それを言い掛かりとして夫(や情夫)がその男をおどし、金銭などを巻き上げる、ゆすり。

つづら ①【△葛】→つづらふじ。②【〈葛籠〉】衣服を入れる編みかご。ツヅラフジで編む。竹やひのきの薄板を編み、紙をはったのもある。

つづらおり…を【△葛折・〈九十九〉折】(ツヅラフジのつるのように)幾つにも折れ曲がっている山路。

つづらふじ…ぢ…ふ【△葛藤】西日本の暖地に自生する、木本で落葉性のつる性植物。雌雄異株。つるは非常に強く、籠などを編む。根は薬用。つづら。▽つづらふじ科。

つづり【×綴り】①書類などを一つにとじ合わせること。そうしたもの。②つづること。つづったもの。「一ーの詩」③→スペリング。「単語のー」

つづりあわ-す…あはす【×綴り合(わ)す】《五他》→つづりあわせる

つづりあわ-せる…あはせる【×綴り合(わ)せる】《下一他》ばらばらの物をつづって一つにする。

つづりかた【×綴(り)方】①文章作成の方法。作文。▽もと、小学校の教科名。②つづる方法。スペリング。

つづ-る【×綴る】《五他》①つなぎあわせる。とじあわせる。「書類をー」「やぶれをー」②言葉を連ねて、文章・詩歌をつくる。「文章をー」③アルファベットの文字を連ねて語を書く。

つづれ【×綴れ】①破れをつづった衣。つづれ衣。②→つづれおり

つづれおり【×綴(れ)織(り)】綴錦(つづれにしき)にまねて数種の糸で模様を織り出したもの。つづれ。

つづれさせ コオロギの鳴き声。▽コオロギの鳴き声を「綴(つづ)れ刺せ」(冬の用意に衣を作れ)と聞き取ったことから。「つづりさせ」とも言う。

つづれにしき【×綴(れ)錦】花鳥・人物などを織り出した錦。京都西陣の特産。

つて【△伝・〈伝手〉】①手づる。たより。手がかり。「ーを求める」②人づて。ことづて。「ーに聞く」

って〔俗〕①《接助》《「AたーB」「AだーB」の形で》Aを考慮に入れても、AがBには利いて来ない、という気持でAとBとをつなぐのに使う。とて。としても。ても。でも。「なまけるのはいい加減にやめようと思ったーそう簡単には改まらない」「臨時の仕事だったーするべきことをしなけりゃあ」「仮通夜にしたー無いよりはましだ」「飢饉(ききん)になれば雑草だー食う」▽「とて」の転。「たって」「だって」の結び付きがむしろ強く意識され、「名選手にならなくったーいいんですよ」「そんなことは彼でなくたー私だーします」のようにも使い、⑵の用法に接近した。→たって《連語》・だって。また「走ろうにも息が苦しくー走れない」はこれとは別で、「苦しくて」の促音化。②《係助》幾分か引用的に言及対象を持ち出すのに使う。「銀座ーいいところだね」「あなたーひどい人だわ」「うちの御先祖ー、山形なんでしょ」「本当のことーいいにくいものさ」▽「とて」の転用がくずれた形で固定化したもの。→⑴・⑷㋐ ③《格助》「と《格助》」㈠⑵㋑に当たる。「どうのこうのー言ってるけど」「あたしをじゃまだー考えているんでしょう」「あんな小さいのに、よく気がつくー、皆さんが感心していらしたのよ」「合格したんだーね」「なんだー? 今なんと言ったんだ?」▽⑷㋐からか。④《連語》㋐「と言って」の転。「ぜひとも見せろー聞かないのよ」㋑「と言う」に当たる。「この犬、ポチー名前なんだ」「木ーのはいつも木目に直角に縮むものさ」「お母さんがいつまでもきれいだーことは、子供にとって嬉(うれ)しいことでしょう」「人がみんなやるからーんで、やるやつが多いそうだ」▽㋑は「ってえ」「てえ」とも言う。→ってば。㋒《文末で終助詞のように使う》……とも。「いいー、いいー。気にするな」「お前にそんなことができるか?ー」「できますー」㋓……ということは。……ということだ。「明日は雨が降るー」「一緒に映画を見に行こうー」「早くしろー」「新米がおいしいー」「明日は雪ー、本当?」▽名詞、動詞の活用形、形容詞の終止形などに接続助詞を続けた話し言葉。

ってば《連語》〔俗〕「と言えば」の転。㋐話題を提示するのに使う。「海ー、きのうは随分荒れたね」「彼ー夢が多いのよ」㋑《文末に》じれったい気持で強く言うのに使う。「早く起きなさいー」「だめだー」「お母さん、お母さんー」▽「てば」とも言う。

つと【×苞】①わらなどで包んだもの。わらづと。「納豆(なっとう)のー」②みやげ。▽⑵は雅語的。

つと《副》→つっと

つど【都度】たび。たびごと(に)。「そのーけんかする」「旅行のー申請が必要」▽「ー」だけで副詞的に「その都度」の意に使うこともある。「料金をー確認する」

つどい…ひ【集い】集まり。会合。「音楽のー」「若人(わこうど)のー」▽気取った言い方。

つど-う…ふ【集う】《五自》人々が(ある目的で)あつまる。「有志がー」

つとに【×夙に】《副》早く。㋐早くから。大分以前から。「ーこのことあるを知る」㋑幼少の時から。「ー志を立ててはげむ」㋒朝早く。「ー起きる」

つとま-る【勤まる・務まる】《五自》役目や勤務を十分に行える。つとめおおせる。「この役はあの男にはーらない」

つとめ【勤め・務め】①つとめなければならないこと。任務。義務。責務。【務】「法を守ることは国民のーだ」「ーを果たす」②(雇われて、役所・会社などに通い)仕事をすること。その仕事。勤務。【勤】「ーに出る」③僧の日課としての修行。勤行(ごんぎょう)。おつとめ。【勤】④遊女としての稼業。【勤】「ー上がり」

つとめあ-げる【勤め上げる】《下一自》職務をやりとげ

げる。また、やりとげて任期を終える。「停年まで無事ー」

つとめぐち【勤め口】勤務して給料をもらう所。

つとめさき【勤め先】勤務している所。勤務先。

つとめて【努めて・△勉めて】《副》努力して。できるだけ。「ー事を荒だてない」▽文語動詞「つとむ」の連用形＋助詞「て」から。

つとめにん【勤め人】官庁・会社などに勤めている人。サラリーマン。

つとめむき【勤め向き】勤務に関する面。

つと-める【努める・務める・勤める・△勉める・△力める】《下一他》①力を尽くす。努力する。【努・勉・力】「完成にー」「泣くまいとー」「弁明にこれー」②役目を受け持つ。役目をする。【務】「案内役をー」③(役所・会社などに通って)仕事につく。勤務する。【勤】「会社にー」④仏道修行をする。【勤】関連 励む・いそしむ・尽くす・がんばる・ふんばる・骨折る・努力・尽力・精励・勉励・奮励・精進(しょうじん)・奮闘・勤勉・尽瘁(じんすい)・粉骨砕身・蛍雪の功を積む

つな【綱】①植物繊維や針金などをより合わせて長くしたもの。縄より太い。物をしばったりつないだりするのに使う。「ーを打つ(＝掛けて縛る)」「ーを締める」(相撲(すもう)で、横綱になる)「ー取り」(横綱の地位をねらうこと。司馬遼太郎の小説「国盗り物語」の「国とり」にちなむ造語) ②比喩的に、それにすがって、たよりにするもの。「命のー」「頼みのー」

ツナ まぐろの身。オイル漬け・水煮などのまぐろ。「ー缶」「ーサンド」▽(アメリカ) tuna

つながり【×繫がり】つながること。関係。「血のー」

つなが-る【×繫がる】《五自》①離れ離れの物、または切れていた物がくっつき結ばれる。切れずに連なり続く。「地下道で向こう側にー」「首がー」(首が切られないでいる。転じて、引き続きその職にいる) ②関係がある。「縁にー人」「事件にー」▽「綱」と同語源。

つなぎ【×繫ぎ】①複数の物がつないだ(ような)状態にあること。②つなぐこと。つなぐもの。㋐ある事が終わって次に移るまでの間を埋める物事・行為。「ーに余興を入れる」㋑料理で、粘り気のない素材をまとめるために混ぜるもの。「ハンバーグのー」③上着とズボンがつながった服。つなぎ服。

つなぎと-める【×繫ぎ止める】《下一他》離れ去らないように(しっかり)とめる。「船をー」「関心をー」

つな-ぐ【×繫ぐ】《五他》①ひも・綱などで物を結びとめて離れないようにする。結びとめる。「犬をー」「船をー」「獄にー」(牢屋(ろうや)にいれる) ②離れているものを一つに結ぶ。「糸をー」「手をー」「電話をー」「顔をー」③長く続けて絶やさないようにする。もちこたえる。「命をー」「一縷(いちる)の望みをー」「食いー」▽「綱」と同語源。↓つなげる

つなぐ【綱具】船その他で用いる、綱やその付属品(の滑車など)。

つな-げる【×繫げる】《下一他》一つながりに結び合わせて長くする。つなぐ。「糸をー」「輪をー」▽一九八〇年ごろから繫ぐ⑴の意でこちらを使う人が次第にふえ、更に本来の語「繫ぐ」の意味全般に及ぶ勢いにある。

つなそ【〈黄麻〉】インド原産の繊維作物。高さ一メートル内外で、八、九月に黄色の小花を開く。茎の繊維をジュートと称し、穀物袋などを作る。おうま。▽あおい科(旧しなのき科)。

つなひき【綱引(き)・綱×曳(き)】《名・ス自》①二組に分かれ一本の綱を多人数で引き合う競技・行事。②比喩的に、それを得ようとする者の間で取り合って争うこと。「会長のいすのーが激しい」③人力車などで急ぎの場合、綱をつけて更にもう一人加わって引くこと。「紳士がーで飛んで行く」(夏目漱石「野分」)

つなみ【津波・津△浪・〈海嘯〉】海底の地震・噴火などが原因で押し寄せる海水の波動。入江の陸を襲うとき、波高が急に高まる。▽「津」は港。港に襲ってくる波の意。

つなわたり【綱渡り】《名・ス自》①空中に張った綱の上を渡り歩く軽業(かるわざ)。②比喩的に、危険を冒してすること。「そんなーはやめたほうがいい」

つね【常】①いつもそのままで変わらないこと。「ーに元気な人」「ーならぬ人の命」。また、不変のきまり・ことわり。「世のー、人のー」▽「ーそう思ってきた」のように、常日頃の意で副詞的に使うこともある。②ありふれたさま。㋐日々のならわし。ふだん。「朝早く散歩するのをーとした」「ーの服」「その朝もーと変わらない顔をしていた」「ー日ごろから」㋑世間にいくらでもあること。「江戸の女のーで浅黒い」。平凡。「世のーの人」

つねづね【常常】↓つねひごろ。「ー(から)考えていた事」「ーのならわし」「ーにない事」

つねひごろ【常日頃】《副詞的にも使う》ふだんの毎日毎日。いつも。つねづね。「ーの心がけ」

つね-る【×抓る】《五他》つめや指の先で肌を強くつまみ、ねじる。つめる。「夢ではないかと頬をー」「わが身をー・って人の痛さを知れ」

つの【角】①動物の頭部にある突き出たもの。「牛のー」「かたつむりのー」「鬼のー」「ーを出す」(女が嫉妬する。能で女の生き霊(りょう)が嫉妬して鬼形となることから)「ーを折る」(言い張ったりしていた強い態度を、引っ込める)「ーを矯(た)めて牛を殺す」(欠点などを直そうとして執った手段の度が過ぎて、かえってそのものをだめにする) ②角⑴に形が似たもの。「コンペイトーのー」

つのがき【角書(き)】浄瑠璃その他のものの題名や書名などの上に、二行に分けて書いた部分。冠称。

つのかくし【角隠し】和装の花嫁が頭に巻く白い布。▽昔、寺参りの時、女性が用いた。

つのぐ-む【角ぐむ】《五自》草木の芽が角のように萌(も)え立つ。芽ぐむ。「葦(あし)がー」

つのざいく【角細工】獣の角を材料として細工するこ

と。細工したもの。

つのだ‐つ【角立つ】《五自》①かどだつ。②きわだつ。

つのだる【角×樽】二つの大きな柄(え)を立て、それに取っ手となる横木を付けた樽。朱または黒塗りにして、祝儀贈答用の酒樽(さかだる)にする。

つのつきあい【角突(き)合い】仲が悪くていがみあうこと。「あの二人はいつも―をしている」

つのぶえ【角笛】動物の角でつくった笛。▽古くより狩猟などで用いる。

つのまた【角×叉】波の荒い海岸の岩に群れて生える紅紫色の海藻。長さ一五センチほどで、シカの角(つの)のように枝分かれする。煮出してとった糊(のり)を漆喰(しっくい)に使う。

つのめだ‐つ【角目立つ】《五自》①かどだつ。②互いに感情を害して興奮し、衝突する。▽既に古風。

つの‐る【募る】①《五自》ますますはげしくなる。激化する。「風が吹き―」「恋しさが―」「不安が―」②《五他》広く招き集める。募集する。「同志を―」「寄付を―」▽「募」は本来⑵の意で、⑴は当て字。

つば【唾】口の中に分泌される無色透明の液体。唾液(だえき)。「―をつける」(転じて、他人に渡さないために前もって関わりをつけておく)▽「つばき(唾)」から。→つばする

つば【×鍔・×鐔】①刀剣の柄(つか)と刀身との間に差し込みこぶしを守る平たい鉄板。②帽子の周囲にひさしのように差し出た部分。③釜の胴回りに差し出た部分。

つばき【唾】つば。「天を仰いで―する」(人をおとし入れようとしてかえって自分が損をするたとえ)▽動詞「唾(つ)吐(は)く」の連用形から。

つばき【×椿】春、美しい赤や白の大きな花が咲く常緑樹。長円形の葉は、厚く革質で光沢がある。ヤブツバキ・ユキツバキなど数種が自生する。また観賞用に栽培される品種には一重・八重があり、花色もさまざま。普通、散る時は花一輪全体が落ちる。種子から椿油を取る。「落ちざまに水こぼしけり花―」(作者未詳)▽つばき科つばき属数種の総称。狭くはヤブツバキを言う。

つばきあぶら【×椿油】ツバキの種子から採った油。▽古くから髪油用、食用。

つばぎわ【×鍔際】①刀身とつばの接している所。つばもと。「―から折れる」②瀬戸際。いよいよという大事なところ。「―で失敗する」

つばくら【×燕】ツバメの別称。つばくろ。▽古語「つばくらめ」の略。

つばくろ【×燕】「つばくら」の転。→つばくら

つばさ【翼】①鳥類の(本来は)空中を飛ぶための器官。はね。「―を休める」。《「……の―」の形で比喩的に》高く飛ぶ手だて・もの。「想像の―をひろげる」「自由の―」②航空機の翼(よく)。

つば‐する【唾する】《サ変自》つばをはきかける。「天に―」(他に害をしようとして、かえって禍(わざわい)が自分に降りかかる)

つばぜりあい【×鍔△迫(り)合い】《名・ス自》①激しくきそいあうこと。「―を演じる」▽⑵の転。②互いに打ち込んだ刀をつばで受けとめ合ったまま押し合うこと。

つばな【×茅花】チガヤ。また、その花。

=っぱなし →=ぱなし

つばめ【×燕】①春に飛来し、人家の軒先などに泥でできた巣をつくってひなを育てる鳥。スズメより少し大きく、長い尾羽は左右に分かれる。翼・背は黒色で腹は白い。速く飛び、空中で昆虫を捕食。秋、南方へ去る。▽つばめ科。②「若い燕」の略。年上の女にかわいがられる若い男。

つばめがえし【×燕返し】①つばめのように、素早く身を反転させること。②剣術の手の一つ。ある方向に打ち込んだ刀の刃先をすぐに反転させて斬る技。

つばもと【×鍔元】→つばぎわ

つぶ【粒】①丸まって余り大きくないもの。「丸薬一―」「大―の雨」「米―」「豆―」。集まっているものの一つ一つの大きさや質。「―がそろったみかん」「―をそろえる」(えりぬきの、すぐれたものをそろえる)②土蔵の、壁面に打った折れ釘(くぎ)の基部を固める、漆喰(しっくい)の半球。▽⑵は貝の螺(にし)の古い総称「つぶ」から出た語か。普通仮名書きにする。

つぶさ【△具・△備】《副に》①こまかにくわしく。つまびらかに。「―にその由を告げる」②いろいろな方面にわたって、あれもこれもと。「―に辛酸をなめつくす」

つぶし【潰し】つぶすこと。つぶしたもの。「ひま―」「―餡(あん)」「―がきく」(本職がだめになっても、他の仕事に使える)「―値段」(その物としての値段ではなく、つぶした、原料としての値段)

つぶ‐す【潰す】《五他》①力を加えて形をくずす。押さえつけてこわす。「箱を踏んで―」②機能を失わせる。役に立たないようにする。たちゆかなくさせる。「声を―」「貴重な時間を―」「家を―」(破産する)「面目を―」(面目を失う)「胆(きも)を―」(びっくりする。たまげる)「顔を―」(その人の面目を失わせる)「酔い―」(動けなくなるまで酔わせる)③別の事に使うため、本来の形を失わせる。「金貨を―」「畑を―」④家畜などを、食べるために殺す。「鶏を―」⑤あいた所をうめて、ふさぐ。「穴を―」「塗り―」「暇を―」

つぶぞろい【粒×揃い】一つ一つのものが、それぞれ優秀なこと。すぐれたものがそろっていること。

つぶだ‐つ【粒立つ】《五自》多くの粒が表面に出来る。

つぶつぶ【粒粒】《名ナ・副[と]・ス自》数多くの細かい粒や泡(があるさま)。そのように見えるさま。「―の残る味噌(みそ)」「汗が―(と)吹き出す」

つぶて【×飛礫・×礫】投げる小石。「―を打つ」(小石を投げる)「闇夜の―」(→やみよ)「なしの―」(→なし(梨))

つぶや-く【×呟く】《五自》小声でひとりごとを言う。

つぶより【粒△選り】多くの中からすぐれたものが選んであること。また、その選ばれたもの。「―のみかん」「―の選手」

つぶら【△円(ら)】《名・ダナ》小さくまるいこと。まるくてかわいいこと。「―なひとみ」

つぶり【△頭】→つむり

つぶ-る【×瞑る】《五他》目を閉じる。つむる。「目を―」(死ぬ。また、見て見ないふりをする)

つぶ-れる【潰れる】《下一自》①力を加えられて、または重みに耐えかねて、形がくずれる。「卵が―」「胆(きも)が―」(びっくりする。たまげる)「酔い―」(酒に酔って動けなくなる) ②役に立たなくなる。それが本来もつべき働きを失う。「目が―」「刀の刃が―」「会社が―」「面目が―」 ③時間をついやされる。「電話対応で一日―れた」

つべこべ《副[と]》あれこれとうるさく文句や理屈を言うさま。「―言うな」「―(と)文句を並べる」

ツベルクリン 皮下に接種して結核感染の有無を判定するのに用いる医薬品。結核菌由来の蛋白(たん)質を精製してつくる。接種部位に生じる発赤・腫脹(しゅちょう)などの反応(ツベルクリン反応)を見て感染を判断する。▽ドイ Tuberkulin

つぼ【坪】①土地の面積の単位。六尺平方(約三・三平方メートル)。歩(ぶ)。②土砂などの体積の単位。六尺立方(約六立方メートル)。立坪(たてつぼ)。③印刷製版・皮革などの面積の単位。曲尺(かねじゃく)一寸平方(約九・二平方センチ)。

つぼ【×壺】①口がせまく胴がふくらんだ形の容器。「水を―に入れておく」②つぼ(1)に似た形のもの。つぼざらなど。丸くくぼんで、かなりの深さがある所。「墨―」「滝―」③ここと見込んだ所。㋐ずぼし。「計画が―にはまる(=予想通りになる)」「思う―」㋑急所。「―を押さえる」㋒灸(きゅう)・鍼(はり)・指圧などで、施して効果があがる所。㋓かんどころ(1)。

=**っぽ-い**《名詞・動詞連用形・形容詞語幹に付け、形容詞を作る》…の傾向が強い。「俗―」「赤―」「おこり―」「水―」(水気が多い)「色―」(色気が多い)「安―」

つぼがり【坪刈(り)】田畑全体の収穫高を推定するために、その田畑の中の一坪(約三・三平方メートル)の稲や麦を刈り取ること。

つぼざら【×壺皿】①壺(つぼ)型の食器。②ばくちの賽(さい)を伏せかくすのに使うもの。

つぼすみれ【坪×菫・×壺×菫】スミレの一種。葉はハート形。春、白色で、内面に紫色のすじがある花が咲く。ニョイスミレ。

つぼにわ(:には)【坪庭】屋敷内で、建物や垣根に囲まれた小さな庭。中庭。

つぼね【△局】宮中等の御殿の中で、仕切りをして設けた部屋。また、自分用の部屋が与えられている、身分の高い女官・御殿女中。「お―様」

つぼま-る【×窄まる】《五自》つぼむようになる。すぼまる。

つぼみ【×蕾・×莟】①花のまだ開かないうちのもの。「桜の―」②比喩的に、前途が望まれるが、まだ一人前でないもの。「あたら―の花を散らした」(惜しいことに成人しないうちに死なせた)

つぼ-む ①【×蕾む】《五自》つぼみを持つ。②【×窄む】《五自》せまく、小さくなる。「夕方になると、開いていた花が―」

つぼ-める【×窄める】《下一他》つぼむ(2)ようにする。「口を―めて黙り込む」。開いていたものを閉じる。「雨が上がって傘を―」

つぼやき【×壺焼(き)】①サザエなどの巻貝を、殻ごと焼いた料理。身を刻んで殻に詰めて焼く場合もある。▽「壺煎(いり)」とも言う。②壺状の容器に食材を入れ、蒸焼きにすること。

つま【妻】①配偶者である女。↕夫。「―をめとる」▽元来は男女にかかわらず配偶者を指した。男の場合には「夫」と書いた。萩(はぎ)と秋風とのように関係が深い組の、一方から見て他方を「萩のつま」など言った。(2)はこの用法の転。②さしみなどのあしらいに添えるもの。関連 妻(さい)・新妻・人妻・糟糠(そうこう)の妻・愛妻・悪妻・愚妻・荊妻(けいさい)・後妻・正妻・先妻・内妻・本妻・良妻・女房・姉さん女房・押しかけ女房・恋女房・世話女房・糠味噌(ぬかみそ)女房・夫人・賢夫人・令夫人・新婦・貞婦・奥様・奥さん・奥方・家内・内儀・細君・令閨(けい)・未亡人・後家・寡婦・かみさん・かかあ・山の神・ワイフ・フラウ

つま【△端・×褄】物のはしの部分。㋐へり。ふち。はし。【端】㋑きっかけとなるもの。いとぐち。【端】㋒切妻(きりづま)屋根・入母屋(いりもや)屋根の両端の、三角になった壁面。▽㋒は「妻」と書く。㋓和服の衽(おくみ)の、腰から下のへりの部分。【褄】「―を取る」(すその長い着物の褄を、手で引き上げて歩く。また、芸者となる)▽→ひだりづま

つまいた【妻板】建物の側面の板。

つまおと【爪音】琴づめの音、すなわち琴の音。「澄んだ―」

つまがけ【爪掛(け)】→つまかわ

つまかわ(:かは)【爪皮】げたの先に掛けて、どろ・雨水などを防ぐもの。つまがけ。

つまぐ-る【爪繰る】《五他》指先で繰り動かす。「じゅずを―」

つまくれない(:くれなゐ)【爪紅】→ほうせんか

つまぐろよこばい(:よこばひ)【×褄黒横×這】体長約六ミリの昆虫。ヨコバイの一種。黄緑色で羽の端が雄は黒、雌は灰褐色。イネやサトウキビなどの汁を吸う。イネの病原体となるウィルスを媒介する。

つまご【妻子】妻と子。さいし。

つまさき【爪先】足の指の先。足先。 **―あがり**【―上(が)り】少しずつ登りになっていること。そういう道。 **―だ-つ**【―立つ】《五自》→つまだつ

つまさき【×褄先】和服の褄(つま)の先。

つまさ-れる《下一自》哀れみや愛情に心が動かされる。「話に—・れて涙が出た」「身に—」(他人の不幸などが人ごとでなく思われて、気の毒に感じられる)

つまし-い《形》倹約だ。質素だ。「—家計」「—・く暮らす」▽→つつましい。派生 **-さ -げ**

つまず-く【×躓く】《五自》①(歩く時)足先を物に打ち当てて、前へよろける。けつまずく。「石に—・いてころぶ」②中途で障害にあって、失敗する。挫折する。「事業に—」「足し算は順調に進んだが、引き算で—」▽「爪(つま)突く」の意。

つまだ-つ【爪立つ】《五自》足の爪先(つまさき)で立って伸び上がるようにする。つまさきだつ。つまだてる。

つまだ-てる【爪立てる】《下一自》→つまだつ

つまど【妻戸】家のはしにある両開きの戸。

つまど-る【×褄取る】《五他》衣服のつまを手で持ち上げる。

つまはじき【爪△弾き】《名・ス他》嫌悪・排斥すること。非難すること。「世間の—にあう」「みんなから—される」▽嫌悪・排斥する時に、手のつめの先を指の腹にかけてはじく動作をしたことから。

つまびき【爪弾き】《名・ス他》三味線(しゃみせん)などを(ばちを使わず)指先でひくこと。つめびき。

つまび-く【爪弾く】《五他》爪弾(び)きをする。「ギターを—」

つまびらか【△詳らか・△審らか】《ダナ》くわしいさま。事こまかなさま。「—に調べる」「—でない」(くわしいことはわからない。はっきりしない)

つまみ【△摘み・△撮み・×抓み】①つまむこと。つまんだ量。「ひと—」②器具などの、つまみ持つために取り付けてある部分。とって。③『お—』↓つまみもの

つまみあらい【△摘み洗い】《名・ス他》衣服などのよごれた部分だけをつまんで洗うこと。

つまみぐい【△摘み食い】《名・ス他》①箸を使わないで、指先でつまんで食べること。②こっそりと盗み食いをすること。「—の味は格別」

つまみだ-す【△撮み出す】《五他》①つまんで外にだす。「米の中からごみを—」②人を手荒に引きずり出す。「言うことをきかないやつは—ぞ」

つまみな【△摘み菜】間引くためにつみ取った菜。

つまみもの【△摘み物】酒のさかなとして添えて出す食品。おつまみ。

つま-む【△摘む・△撮む・×抓む】《五他》①指先や細長い物ではさみもつ。「鼻を—」(悪臭を避ける、また鼻つまみにする場合にも言う)「ピンセットで—」。(指先で)取って食べる。「お気に召したら、もっとお—・み下さい」「すしを—」②要約する。かいつまむ。「要点を—・んで説明する」③《「—・まれる」の形で》ばかされる。「きつねに—・まれたような話」▽「爪(つめ)」を動詞化した語。

つまようじ【爪×楊枝】歯の間にはさまったものを取るための、小さい楊枝(ようじ)。こようじ。

つまらない《連語》①値打がない。くだらない。「—品ですが」。取るに足りない。ばかばかしい。「—事を気にする」②かいがない。張合いがない。「あくせく働いても—」③興味がわかない。面白くない。「あの小説は—」▽動詞「詰まる」の未然形+打消しの「ない」。意に満たない、不満だ、不足だ、の意から。「ない」の部分は、「ぬ」「(つまり)ません」でもよく、それら三つの活用形でもよい。派生 **-さ -げ -がる**

つまらぬ《連語》↓つまらない。▽「つまらん」とも言う。

つまり【詰(ま)り】①《名》詰まる所。特に、行き着く最後の所。「身の—」「—(は)だますってことか」「とどの—」(↓とどのつまり)②《副》要するに。結局。「—こうだ」「—何が言いたいのか」「施策の究極責任者—所管大臣に答えてもらいたい」▽特殊な副詞で、体言そのほか種々の表現に付く。

つま-る【詰(ま)る】《五自》①あき間に物がはいって一杯になる。「札(さつ)のぎっしり—・った財布(さいふ)」「仕事が—・っていて手が離せない」②ふさがる。㋐つかえるものがあって、(よく)通じない。「鼻が—」「息が—」(窮屈な気分の意にも)「パイプが—」「排水管にごみが—」。促音で発音される。「—音(おん)」㋑ふさがって他にしようがなくなる。逃げ道がなくなる。「行き—」「金に—」「言葉に—」。ゆとりがなくなる。「値上りで生活が—・って来た」③行きつく。最後の段階に達する。「—ところ(=結局)君が悪いのだ」「煮—」④短く(狭く)縮まる。「丈が—」「日が—」(昼間が短くなる意にも、期日が迫る意にも)「行間が—・りすぎて読みづらい」「点差が—」

つみ【罪】①人間がしてはならない行い。「彼には—も咎(とが)もない」▽尊いものをけがしたり世(共同体)の秩序を乱したりする行為を指す。㋐法律・おきてにそむく行い。「—を犯す」㋑道徳や宗教の教えにそむく行い。「人は—が深いものだ」「—の無い(=無邪気な)顔」㋒むごいこと。「—なことをする」▽㋒だけ「—な」の形が使える。②正しくない行いをした結果として、問題にされるもの。㋐罪(1)㋐に対する処罰。「—に問う」(裁判にかける、または、罰する)「—に服する」「—を減じる」「—無くして配所の月を見る」(流罪になったのでなく自由の身で、閑寂の地の月をながめるのは、願ってもないよいことだ)㋑正しくない事をした責任。「—を他人にかぶせる」「—を問う」

つみ【詰(み)】将棋で、王将の逃げ道がなくなること。

つみあ-げる【積(み)上げる】《下一他》物を高く重ねる。また、事柄を重ねてゆく。「一つ一つ着実に—・げて行く」

つみいれ【摘(み)入れ】↓つみれ

つみかえ【積(み)替え・積(み)換え】①積んである物を別の所に移し積むこと。②積んである物をおろしてもう一度積み直すこと。

つみかさな-る【積(み)重なる】《五自》上へ上へ物が重なって高くなる。いくえにも重なる。「—・った落

葉」「偶然がー」

つみかさーねる【積(み)重ねる】『下一他』高く積んで重ねる。いくえにも重ねる。「努力をー」

つみき【積(み)木】①木片を積み重ねて、いろいろの物の形を作る遊び。それに使う木片のおもちゃ。②材木を積むこと。その積んだ材木。

つみくさ【摘(み)草】野原などで若草や草花を摘むこと。

つみごえ【積(み)肥・〈堆肥〉】→たいひ(堆肥)

つみこーむ【積(み)込む】『五他』船や車などに荷物を積んで入れる。

つみーする【罪する】『サ変他』罪を責めて罰を与える。処罰する。

つみだーす【積(み)出す】『五他』船や車などに荷物を積んで送り出す。

つみたーてる【積(み)立てる】『下一他』何かの目的で、または何回かにわたって、金を貯(たくわ)える。「修学旅行の費用をー」

つみつくり【罪作り】『名ナノ』罪(1)(イ)(ウ)になるような行い。そういう行いをすること。㋐まともに受け取る人をだまし苦しめる(結果になる)、罪深いまたは思いやりの無いふるまい。「思わせぶりがー」㋑人や生き物を殺したり苦しめたりすること。「粗暴でーな一生」

つみとが【罪△科】罪とが。罪悪。

つみとーる【摘(み)取る】『五他』①植物の芽・実などを指でつまんで取る。②比喩的に、(大きくならないうちに)取り除く。「悪の芽をー」

つみに【積(み)荷】船や車などに積んで運ぶ荷物。

つみのこーす【積(み)残す】『五他』①荷物や客を積みきれずに残す。②比喩的に、解決できずに次期に残す。「案件をー」

つみびと【罪人】罪のある人。ざいにん。

つみぶかーい【罪深い】『形』罪(1)(イ)(ウ)の度合がひどい。「ー行い」派生 ーさ

つみほろぼし【罪滅ぼし】『名・ス自』犯した罪をつぐなうこと。よい事をして過去の罪のうめあわせをすること。

つみれ 魚肉のすり身につなぎを入れ、少しずつ摘み取って丸め、ゆでたもの。汁の実や煮物にする。▽「摘み入れ」の略。

つーむ【摘む】『五他』①物を挟むようにして切り離す。㋐指先でつまんでちぎり取る、または抜き取る。「草花をー」「茶をー」(→ちゃつみ)「芹(せり)をー」㋑はさみなどで先を切りとる。「枝をー」「羊の毛をー」▽(イ)は「抓む」とも書く。②爪を立てるようにして指先で引っ張り上げる。つねる。「わが身をーんで人の痛さを知れ」▽「抓む」と書き、(2)が原義だが、既に古風。「爪」からの派生動詞。

つーむ【積む】①『五他』上に重ね置く。㋐物の上に物を重ねる。「石を三つー」「巨万の富をー」。その事を更に増し加える。「経験をー」「善根をー」㋑運ぶため、船・車などに荷を載せる。「トラックに鉄材をー」②『五自』→つもる(1)。「降りー雪」

つーむ【詰む】『五自』①細かく入り組んでいる。つまる。「目のーんだ生地」「理にー」(理屈一点張りだ)②将棋で、王将の逃げ場がなくなる。

つむ【×錘・〈紡錘〉】糸を紡ぎながら巻き取る装置。

つむぎ【×紬】紬糸(つむぎいと)で織った絹布。

つむぎいと【×紬糸】くず繭や真綿を紡いで作った絹糸。

つむーぐ【紡ぐ】『五他』①綿・繭を錘(つむ)にかけて、繊維を引き出し、糸にする。②物事を生み出してつなげる。作り上げる。「新しいイメージをーぎ出す」

つむじ【〈旋毛〉】①髪の毛がうずまきのような状態に生えている所。「ーがまがる」(すなおでない。ひねくれている)「ーをまげる」(わざとさからって意地悪に出る)②つむじかぜ。

つむじかぜ【〈旋風〉】激しくうずまき状に吹き起こる風。せんぷう。

つむじまがり【〈旋毛〉曲(が)り】『名ナノ』性質がひねくれていること。普通と違っていて素直でないこと。そういう人。

つむり【△頭】あたま。つぶり。

つむーる【×瞑る】『五他』→つぶる

つめ【爪】①脊椎動物の指の先にある、角質の形成物。「ーを研ぐ」(獲物を捕らえようと準備して待ちかまえる)「ーで拾って箕(み)でこぼす」(辛苦してためたものを無造作に使ってしまうことのたとえ)「ーに火をともす」(ろうそくの代わりに爪に火をつけるほどのけちであること)「ーの垢(あか)ほど」(ごく少量であること)「ーの垢を煎じて飲む」(すぐれた人にあやかるようにする)「能ある鷹(たか)はーを隠す」(才能のある者は、それを隠していて容易にはひけらかさない)②琴のつめ。ことづめ。③引っかけて留めるしかけのもの。こはぜの類。

つめ【詰(め)】①詰めること。詰めた物。「箱ー」「一ダースー」②すき間やびんの口などに詰めるもの。③端(はし)。際(きわ)。たもと。「橋のー」▽主に関西で言う。「両国橋西詰(にしづめ)」のような形では東日本でも使う。④将棋で、相手の王将をつめていく段階・手順。また、物事の決着が近い段階。「ーがあまい」⑤番に当たって勤めること。「本部ー」⑥もっぱらそれで通すこと。「理ー」⑦《動詞の連用形に付き、接尾語的に》ずっとその状態が続くこと。「立ちー」「働きー」▽複合語の下の部分として使われる時は多く「づめ」となる。

つめあと【爪痕】①爪でひっかいたあと。爪を立てたあと。②比喩的に、災害などの影響。「台風のー」

つめあわせ(あはせ)【詰(め)合(わ)せ】一つの箱や籠などに、いろいろの物をいっしょに入れこむこと。そうしたもの。「くだもののー」

つめいん【爪印】指先に、墨・印肉をつけておすこと。その印。つめばん。拇印(ぼいん)。

つめえり【詰(め)襟】洋服のえりの、折らずに立って

いるもの。「—の学生服」

つめか‐ける【詰(め)掛ける】《下一自》大勢でいっせいにおしかける。「現場に新聞記者が‐けた」

つめき‐る【詰(め)切る】《五自》ある目的で、その場を離れずずっといる。「病人のへやに‐っている」

つめご【詰(め)碁】囲碁の部分的局面を示して石の生き死にをつきとめさせる問題。つめもの。

つめこみしゅぎ【詰(め)込(み)主義】知識の注入・暗記を重視する教育のしかた。

つめこ‐む【詰(め)込む】《五他》できるだけたくさん押し入れる。「乗客を—」「知識を—」「ごちそうを—」

つめしょ【詰(め)所】勤務のために出向き、集まっている場所。「夜警の—」

つめしょうぎ【詰(め)将棋】将棋の部分的局面と持ち駒を示して、王手を続けて詰める問題。つめもの。

つめた‐い【冷たい】《形》①物の温度が低い。↔熱い。「—飲み物」「‐くなる」(死ぬ意にも)「—戦争」(戦闘行為はないが、にらみあっている状態) ▽それが体(の一部)に触れた時に起こる感じを言う。②冷淡だ。温情がない。「—人」「—目で見る」「必要以上に彼に—」 派生 ‐さ ‐げ ‐がる 関連 冷やっこい・冷や冷や・冷ややか・冷え冷え・ひやり・寒冷・冷涼・清涼・爽涼・清冽(せいれつ)・冷暗・冷雨・冷水・冷夏・冷菓・冷製・冷淡・冷然・冷眼・白眼視・薄情・血も涙もない

つめばら【詰(め)腹】強いられた切腹。「—を切らされる」(責任を負わされ無理に辞職させられる意にも)

つめばん【爪判】↓つめいん

つめびき【爪弾き】《名・ス他》↓つまびき

つめもの【詰(め)物】①鳥・魚などの内臓を取り除いた部分、また、野菜の空洞部分などに詰める、調味した食材。②穴や歯の欠損部をうずめてふさぐ物。インレー。「歯に—をする」③形を整えたり、柔らかくふっくらさせたりするために詰める物。④中の品物が動いたり傷んだりしないように入れる物。パッキング。⑤↓つめあわせ。⑥↓つめしょうぎ・つめご

つめよ‐る【詰(め)寄る】《五自》(強い勢いで)寄りせまる。「返答しろと‐られた」「一点差に—」

つ‐める【詰める】①《下一他自》あき間を満たすように(一杯に)押し込む。「箱に商品を—」「奥に‐めて下さい」。すき間なく、またゆるみなく続ける。「根(こん)を—」「一日中‐めて働く」「気が張り—」②《下一他》ふさぐ。㋐通じないようにする。「息を—」㋑逃げ道がないようにする。行き詰まらせる。「追い—」「問い—」「思い—」。議論や考えに、あいまいさが残らないように追究する。につめる。「話をもう少し‐めておこう」。将棋で、つむ状態にする。③《下一他》縮める。短くする。「着物の丈を—」「植木の枝を—」「指を—」(約束・誓いのしるしに指を切り落とす)「暮らしを—」(倹約する)「字間を—」(字並びのあきを狭くする) ④《下一自》ある場所に行き、そこに役目のために控え続ける。「本部に—」

つめ‐る【×抓る】《五他》↓つねる

つもり【積(も)り】①意とするところ。㋐意図。考え。心組み。「そんな—で言ったのではない」㋑実際はそうでないのに、そうしたような気持。「映画を見た—で貯金する」「いつまでも若い—でいる」㋒予定的な期待。胸算用。「ぼくの—がはずれた」▽⑴は「心算」とも書く。②『お—』酒宴で、その酌で終わりにすること。▽⑵は限度の意。

つも‐る【積(も)る】①《五自》高く重なる。たくさん重なって高くなる。たくさんたまる。「ちりも‐れば山となる」「—思いを打ち明ける」「月日が—」「借金が—」②《五他》見当をつける。㋐(金額・数量などの)予想を立てる。見積もる。「安く‐っても五千円の品」㋑おしはかる。推測する。「人の心を—」

つや【艶】①物の、なめらかな面に、(美しく)静かな感じで浮かぶ、光の反射。光沢。「磨いて—を出す」▽本来は、美しくみずみずしいものを言う。②若々しく、張り・弾力のある感じの美しさ。「声に—がある」「肌に—がなくなる」③味わい。面白み。「—のない話」④《複合語の中で》(男女の)情事に関したこと。「—種」「—事」

つや【通夜】①死者を葬る前に遺体を守って一夜を明かす(ような気持ちで弔う)こと。②仏堂で終夜祈願すること。▽もと、夜通しの意。

つやけし【艶消し】①《名》光沢をなくすこと。「—レンズ」「—ガラス」②《名ナ》面白みや趣がそがれること。いろけし。また特に、やぼ。「—な事を言うな」

つやごと【艶事】(男女の)情事に関した事柄。ぬれごと。

つやだね【艶種】(男女間の)情事に関した話題。

つやつや《副[と]・ノダ・ス自》一面に美しいつやがあるさま。「—の肌」「—(と)光る真っ赤なリンゴ」「靴を—に磨く」「髪が—している」

つやぶきん【艶布巾】木製の物のつやを出すために使う布巾。▽昔はいぼたろうをしみ込ませた。

つやめ‐く【艶めく】《五自》①つややかに見える。光沢が美しく見える。②色っぽく見える。あだめく。

つやもの【艶物】浄瑠璃などで、艶事を題材としたもの。

つややか【艶やか】《ダナ》つやがあって美しいさま。「黒髪が—に輝く」派生 ‐さ

つゆ【△汁】①吸い物。すましじる。②だしに醤油(しょうゆ)などを加えて味をつけたもの。「そばの—」▽しるを露に見たてた言い方から。

つゆ【露】㊀《名》①大気中の水蒸気が冷えて、物の面に水滴になってついたもの。「—が降りる」「草に—が置く」②露⑴に似た次の状態(のもの)。㋐わずか。「—ほども知らない」「—いささかも」(少しも)㋑はかなく、消えやすいさま。「—の命」㋒涙。「袖の—」㊁《副》《あとに打消しを伴って》ほんの少しも(……ない)。「そんな事とは—知らず」▽㊀⑵㋐の

転。

つゆ【〈梅雨〉】↓ばいう

つゆあけ【〈梅雨〉明け】『名・ス自』梅雨の季節が終わること。

つゆいり【〈梅雨〉入り】『名・ス自』梅雨の季節になること。入梅。

つゆくさ【露草】路傍などに生え、夏から初秋に藍色の可憐(かれん)な花が咲く一年草。高さ三〇センチほど。ホタルグサ。▽つゆくさ科。→つきくさ

つゆざむ【〈梅雨〉寒】梅雨の期間中に時々ある、季節はずれの寒さ。▽「つゆさむ」とも言う。

つゆじも【露霜】露が凍って霜のようになったもの。みずじも。

つゆはらい【露払(い)】①『名・ス自』先に立って道を開き、貴人などを導くこと。その役の人。②『名』相撲(すもう)の横綱土俵入りの時、先に立って土俵に上る力士。

つゆばれ【〈梅雨〉晴(れ)】梅雨の期間中に時々ある晴れ間。

つゆびえ【〈梅雨〉冷え】梅雨の季節の冷え込み。

つよ-い【強い】『形』(しんがしっかりしていて)力が豊かだ。↕弱い。①積極的に働く力にあふれている。㋐しとげる腕力・能力が十分にある。「けんかに—」「—チーム」「気が—」(気性が激しく、容易にはへこたれない)「計算に—」「機械に—」㋑勢い・作用が激しい。「—口調(くちょう)で責める」「—雨」「—薬」「—訛(なまり)がある」「うぬぼれが—」「物事を悲観的に見る傾向が—」②抵抗力に富み、簡単には壊れたりくずれたりしない。「—体を作る」「—糸」「不況に—会社」 派生 -さ -げ -み* -がる* 関連 力強い・手強い・たくましい・きつい・気強い・激しい・しぶとい・かたい・きびしい・しっかりした・したたか・がっしり・強力・最強・強大・頑強・頑丈・頑健・矍鑠(かくしゃく)・壮健・強壮・強固・強靱(きょうじん)・牢固(ろうこ)・屈強・勝ち気・気丈・気骨・強情・忍耐・丈夫・タフ

つよが-る【強がる】『五自』強そうなふりをする。

つよき【強気】『名ナ』①成功する(勝つ)と見越して積極的な態度に出ること。よくそういう態度をとる傾向。②〔取引〕相場が上がるだろうと見ること。そう見る人が多い情況。▽↕弱気

つよごし【強腰】態度が強硬で、相手にゆずらないこと。↕弱腰。「—に出る」

つよび【強火】火力が強い(煮たき用の)火。↕弱火

つよふくみ【強含み】『名・ダナ』〔取引〕相場が上がり気味の状態。↕弱含み

つよま-る【強まる】『五自』勢い・作用の程度がしだいに強くなる。↕弱まる。「風が—」「非難(の声)が—」

つよみ【強み】①強い程度。強さ。「—を増す」②強い点。頼みにできる点。↕弱み。「金があるのが—だ」

つよ-める【強める】『下一他』勢い・作用の程度を強くする。↕弱める。「語気を—」「自信を—」

つら【面】①顔の、乱暴なまたはののしった言い方。「どの—下げて」(恥ずかしげもなく、よくも平気で)「—の皮が厚い」(→つらのかわ)「—つき」「しかめっ—」▽もと、「顔」が正面を指したのに対し、側面を言う。古語では必ずしも乱暴な言葉ではない。②物の表面。「上(うわ)—」

=**づら**【面】《名詞に付けて》……の(ような)顔、……のような様子などの、さげすみをこめた言い方。「ばか—」「四十—下げて」「紳士—」

つらあかり【面明(か)り】(照明の不十分だったころの)歌舞伎で、役者の顔がよく見えるように、後見(こうけん)が差し出す長い柄(え)の燭台(しょくだい)(の明かり)。「—に照らされながら花道にせり上がる」

つらあて【面当て】憎く思う人の前でわざと意地悪なことをして困らせること。その言動。あてつけ。

つら-い【△辛い】『形』①苦痛に感じて耐え難い。「生きるのが—」「—修行」。相手の仕方や態度が、無情・冷酷だ。「継子(ままこ)に—く当たる」「—仕打ち」②《動詞連用形に付いて「づらい」の形で》その動作をするのに苦痛や抵抗や困難を覚えて、やすやすとは……できない。「聞き—悪口」「書き—万年筆」 派生 -さ -げ -がる

つらがまえ【面構え】その者の性格がうかがえるような、つらつき。「大胆不敵な—」

つらだましい【面魂】強い気性が、顔に現れている様子。「不敵な—」

つらつき【面つき】顔の様子。顔つき。

つらつら『副』つくづく。よくよく。「—おもんみるに」

つらな-る【連なる・△列なる】『五自』列になって並び続く。「山脈が南北に—」。参列する。「結婚式に—」「末席に—」

つらにく-い【面憎い】『形』顔を見るだけでも憎々しい。「—ほど落ち着きはらっている」 派生 -さ -げ

つらぬ-く【貫く】『五他』①つき通す。貫通する。「町を—いて流れる川」②終わりまで考えなどを変えることなくやり通す。貫徹する。「初志を—」

つらね【連ね】歌舞伎のせりふの一つ。主に荒事の主役が述べる長ぜりふで、掛詞(かけことば)による音楽的なせりふ。

つら-ねる【連ねる・△列ねる】『下一他』列になるように位置させる。一列に並べ、または、つなぐ。「家が軒を—ねている」「百万言を—ねて論じる」「袖を—」(何人もが威儀を正して居並ぶ)「袖を—ねて(=皆がいっしょに)辞職する」「設立趣意書に発起人として名を—」

つらのかわ【面の皮】『連語』顔の皮。次のような表現で使う。「—が厚い」(厚かましい。ずうずうしい)「いい—だ」(憎い相手が失敗したり不運にあったりした時、また、自分が思わぬ迷惑を受けてさらし者になった時に使う言葉)「—をはぐ」(偽りでごまかし、恥知らずでいる者を、やっつける)「—をひんむく」(同上)

つらよごし【面汚し】名誉を傷つけること。面目を失わせること。「家のーだ」

つらら【〈氷柱〉】屋根などから滴る水が凍って、棒状に垂れ下がったもの。

つり【釣(り)】①魚を釣ること。②「釣銭(つりせん)」の略。「(お)ーがない」

つりあい【釣(り)合(い)】釣り合うこと。均衡。平衡。調和。均整。「ーを保つ」「ーの取れた体つき」

つりあ-う【釣(り)合う】『五自』互い(または幾つも)の力・重み・性質などがうまく合って、一方に傾いたりしない。平均がとれている。調和する。「てんびんがー」「圧力と応力がー」。また、ふさわしく、似合う。

つりあが-る【×吊(り)上がる・釣(り)上がる】『五自』①つられて高い位置を占める。㋐つられて持ち上がる。㋑相場・物価が高くなる。②ひきつって上にあがる。「目じりがー」

つりあ-げる【×吊(り)上げる・釣(り)上げる】『下一他』①つって高い位置を占めさせる。㋐つって持ち上げる。㋑釣りで魚を捕らえる。【釣】「大物をー」㋒相場・物価を人為的にわざと高くする。②目などをひきつったように上へあげる。「眉をー・げて怒る」

ツリー 木。特に限定して、㋐クリスマス ツリー。㋑ツリー構造。→き(木)⑷。▽tree

つりいと【釣糸】魚釣りに使う糸。「ーを垂れる」

つりがき【釣(り)書(き)・×吊(り)書(き)】縁談で(互いに取り交わす)身上書。▽もと、系図の意。親子関係を線で上下につないだのを、吊(つ)るすのに見立てて言った。

つりかご【×吊籠】つるすように作ったかご。また、つるしたかご。

つりかご【釣籠】釣った魚を入れるかご。びく。

つりがね【釣鐘】寺院の鐘楼などにつるしてある鐘。つきがね。 **ーそう**【ー草】ツリガネニンジン・クサボタン・ホタルブクロのような、つりがね形の花の咲く草の通称。

つりかわ【×吊革】電車やバスで、立っている客が体を支えるためにつかまる、つり下げた輪。▽もと革製のひもに下げた。

つりこ-む【釣(り)込む】『五他』興味を起こさせ、または、だましてひきいれる。「話にー・まれる」

つりざお【釣×竿】魚釣りに使う竹などのさお。

つりしのぶ【釣(り)忍】涼感を味わうため、シノブを色々な形に束ね軒などに吊(つ)るしたもの。夏の風物。▽風鈴付きのもある。

つりせん【釣銭】代価より多い金で支払った時、代価を引き去って返す残りの金銭。おつり。

つりだい【釣台】物をのせ、二人でかついで運んで行く台。

つりだ-す ①【釣(り)出す】『五他』だまして誘い出す。おびき出す。「甘言でー・そうとする」②【×吊(り)出す】『五他』相撲(すもう)で、相手の体を持ち上げて土俵の外に出す。

つりだな【釣棚・×吊棚】①天井からつり下げた棚。②床の間のわきに設ける棚。

つりて ①【×吊手・釣手】蚊帳(かや)などについている、吊(つ)るためのひもや金具。②【釣手】魚釣りをする人。

つりてんぐ【釣天×狗】魚釣りが上手だと自慢する人。▽→てんぐ⑵

つりてんじょう【釣天井・×吊天井】①上階の床の音が下に響かないよう、床に直接張らずに、つり木やつり金具などでつってある天井。②固定せずにつり下げておき、落として、下にいる人を殺すしかけの天井。

つりどこ【×吊床・釣床】①ハンモック。②上部だけ床の間のように作った、簡単な床。

つりばし【×吊橋・釣橋】①橋脚を作ることができないような時、両岸から張り渡したケーブル(・綱)に通路をつり下げた橋。②城の堀などで、必要のある時はかけ、用のない時はつりあげておく橋。

つりばり【釣針・釣×鉤】魚釣りに使う、先の曲がったはり。

つりひも【×吊×紐】物をつり下げるためのひも。

つりぶね【釣船・釣舟】①魚を釣るために出す小舟。②上からつるして使う、船形の花いけ。

つりぼり【釣堀】池に魚を飼っておき、入場料を取って魚を釣らせる所。

つりめ【×吊目・×吊△眼】目じりのつりあがった目。

つりわ【×吊(り)輪】二つの輪をつり下げた器械体操用具。それを使って行う、男子の競技種目。

つ-る【×吊る・釣る・×攣る】㊀『五他』①物を、落ちないように(引っ掛けて下げ)支え、望みの位置に保つ。【吊】「腰に剣をー」「蚊帳(かや)をー」「棚をー」「首をー」(垂らしたひも等で首をくくって死ぬ)▽「つるす」に比べると、ある位置を保たせる場合に多く使う。②垂らした針に引っ掛けて魚を捕らえる。【釣】「えびでたいをー」(→えび)。魚釣りに似た仕方で捕らえる。「とんぼをー」「狐(きつね)をー」。転じて、心を引くものを見せたり与えたりして、(だまして)自分の欲する行動を起こすように仕向ける。「甘言でー」㊁『五自』①筋肉が急に収縮する。ひきつる。【吊・攣】「足(の筋)がー」②引っ張られたように(端が)あがる。【吊】「目のー・った人」

つる ㊀【×蔓】①直立せず他の物にからんだり地をはったりする植物の、茎や巻きひげの部分。「藤のー」「朝顔のー」②てがかり。てづる。つて。「ーをたどる」「金のー」③めがねの耳にかける部分。㊁【弦】①弓に張り渡す糸。ゆみづる。「ーを離れた矢」②なべ・どびんなどに弓形に掛け渡した、取っ手。▽㊁⑵は「鉉」とも書く。

つる【鶴】細長い首と足、長くとがったくちばしをもつ大形の鳥。水辺にすみ、体長一メートル前後の種が普通。日本には、まれに飛来する種を除けば、タンチョウ・ナベヅル・マナヅルの三種が見られる。そのうち特にタンチョウを言うことが多く、古来その姿の優美を賞し、また、長寿の霊鳥とした。「―は千年、亀は万年」「―の一声(ひとこえ)」(みんながいやおうなしにそれに従う、有力者・権威者の一言) ▽つる科の鳥の総称。

つるおと【弦音】矢を放った時、弓の弦の鳴る音。

つるかめ【鶴亀】①長寿の動物なのでめでたいとされる、つるとかめ。②縁起を祝い、または縁起直しに言う言葉。「ああ―、―」

つるぎ【剣】片刃の太刀(たち)・刀に対し諸刃(もろは)の刃物。「―太刀(たち)」▽古くは「つるき」とも言い、刀剣の総称。

つるくさ【×蔓草】茎がつるになって、他の物にからみつく草の総称。

つるし【×吊(る)し】つるすこと。つるしたもの。㋐店につるして売っている、既製品や古着の、洋服。㋑つるしがき。

つるしあげ【×吊(る)し上げ】①しばって上の方へつりあげること。「―の刑」②多人数の者が特定の人を問いつめ、責めつけて苦しめること。

つるしがき【×吊(る)し柿】渋柿の皮をむき、つるして甘くなるまで干したもの。ほしがき。

つるしょくぶつ【×蔓植物】ほかの物にまきついたり、付着したりしながら、成長していく植物。木本(もくほん)と草本とがある。▽→とうほん(藤本)

つる-す【×吊(る)す】《五他》(たばねて)引っ掛けて、ぶらさげる。「渋柿を―」▽→つる(吊)㈠⑴

つるだち【×蔓立・×蔓△質】草の茎がつるとなる性質のもの。

つるっと《副》→つるり

つるつる《副[と]・ノダ・ス自》①表面が非常になめらかなさま。「―(と)した顔」「―になるまで磨く」「―の頭」②よくすべるさま。「凍って―(と)すべる道」「そばを―(と)する」

つるな【×蔓菜】海浜の砂地に生える多年草。茎は枝分かれして地をはい、葉は肉質で厚い。夏、黄色の小花が咲く。新芽・葉は食用で、栽培もする。ハマヂシャ。▽つるな科。

つるはし【鶴×嘴】堅い土地をほりおこすのに使う道具。長い柄(え)の先に、両端または一端がとがった鉄製の刃を柄と直角に付けたもの。▽鶴のくちばしのようであるところから言う。

つるべ【釣△瓶】井戸の水をくみ上げるために、縄またはさおを付けたおけ。▽「つる(釣)」と「へ(瓶)」との合したもの。→つるべおとし

つるべうち【つるべ打ち・つるべ撃ち】鉄砲の打ち手が並んで、たて続けに行う射撃。▽「釣瓶打」とも書いたが、その「釣瓶」は当て字。古語「連(つる)ぶ」の連用形から。

つるべおとし【釣△瓶落(と)し】急速に落ちること。「秋の日は―」(一日ごとに日没が相当早まるのを、落日の勢いが速いと感じて、落とすつるべの動きの速さに見立てた言い方)

つる-む《五自》①交尾する。つがう。②(決まった仲間と)連れ立ってする。「夜の歓楽街を―・んで歩く」「業者と―」(=結託する)

つるり《副と》①勢いよくすべるさま。「凍った雪道で―とすべる」②すべるように移動するさま。「そうめんを―とすする」「桃の皮を―とむく」③物の表面がすべるように滑らかなさま。「―としたのどごし」「―とはげた頭」

つるれいし【×蔓×茘枝】→ゴーヤー

つるん《副と》→つるり

つれ【連れ】①(伴われて)その人と行動を共にする人。㋐その場に仲間としている人。特に、同伴者。「旅で―となる」「お―様がお待ちです」㋑連れ合い⑴。「―の病気の介護」▽二十一世紀になってからの言い方。㋒能で、シテ・ワキにともなって助演する人。シテツレ。ワキツレ。▽㋒は普通「ツレ」と書く。②いっしょに動作すること。「―弾き」

=**づれ** ①【連れ】伴うこと。「子供―」。連れ立つこと。「親子―」②《名詞・代名詞に付けて》……程度の、つまらぬ者。……風情(ふぜい)。「町人―に何がわかる」▽伴うの意の「つれ」と同語源。

つれあい(ひ‥あ)【連(れ)合い】①つれそう相手。夫婦の一方。配偶者。「―を亡くす」②連れ⑴㋐になった者。

つれあ-う(ふ‥あ)【連(れ)合う】《五自》①行動を共にする。相(あい)伴う。同伴する。連れ立つ。②夫婦になる。つれそう。

つれこ【連れ子】再婚する人が、前の配偶者との間の子供を伴って来ること。「―をする」。その連れられた子。つれっこ。

つれこ-む【連(れ)込む】《五他》連れ立って入り込む。また引っ張り込む。

つれしょうべん【連れ小便】ひとりが小便をし始めると、他の人もつられて、いっしょに小便をすること。

つれそ-う(ふ‥そ)【連(れ)添う】《五自》夫婦になる。夫婦としていっしょに暮らす。「長年―・った妻」

つれだ-す【連(れ)出す】《五他》外へつれて出る。「散歩に―」

つれだ-つ【連(れ)立つ】《五自》いっしょに行く。「―・って映画に行く」

つれっこ【連れっ子】→つれこ

つれづれ【〈徒然〉】変化のない環境で感じる退屈。手持ち無沙汰(ぶさた)。「―を慰める」「―の余り」▽「連れ連れ」から出た語で、もとは、物事が単調または不本意に長々と続く時の(外界や心の)状態を言った。

つれな-い《形》①何の心も動かさない(反応も見せない)ほど、無情・冷淡だ。思いやりが無くてつめたい。「―ことを言う」②そ知らぬ顔でいる。何げない。「―・く通り過ぎる」▽「連れ無し」、すなわちつながりが無い意。派生 -さ -げ

つれびき【連(れ)弾(き)】琴・三味線(しゃみせん)などを、二人以上でいっしょにひくこと。合奏。

つれまい(ひ‥ま)【連(れ)舞】他の人といっしょに舞う舞。

つれまわ-す(はす‥ま)【連れ回す・連れ×廻す】《五他》その人

を、当人の意思にかかわらず、連れてあちこちに行く。「容疑者を―して犯行現場をたどる」▽↓つれまわる

つれまわ-る【連れ回る・連れ×廻る(まはる)】《五他》その人(やペット)を(得意げに)連れてあちこちに行く。「自慢げに娘を方々―」▽↓つれまわす

つれもど-す【連れ戻す】《五他》もといた場所に連れて帰る。「弟を家に―」「逃げた鶏を小屋に―」。その人をしかるべき状態に引き戻す。「正しい道に―」

つ-れる【×吊れる・×攣れる・釣れる】《下一自》①ひきつった状態になる。【吊・攣】「首の筋が―」②一方に引かれてちぢまる。「縫い目が―」「袖が―」③つりあがる。【吊】「怒るとすぐ目が―」④釣りで、魚が取れる。【釣】「ここではフナが―」

つ-れる【連れる】①《下一他》同行者として伴う。「娘を―れて出掛ける」②《下一自》《「……に―れ(て)」の形で》そうなるに従って。それと共に。「年がたつに―れて悲しみが薄らぐ」

つわぶき(つは)【〈石蕗〉〈橐吾〉】暖地の海辺に自生し、観賞用に栽培もされる常緑多年草。形はフキによく似るが、葉は厚くつやがある。秋から初冬にかけて花茎を出し、黄色の頭状花を房状につける。葉柄は食用、また漢方薬用。▽きく科つわぶき属。

つわもの(つはもの)【〈兵〉】①その方面で腕をふるう人。もさ。「ふる―」「彼はその道ではなかなかの―だ」▽⑵の比喩用法から。②武士。兵士。特に、非常に強い武士。▽もと、武器の意。

つわり(つはり)【〈悪阻〉】妊娠二、三か月ごろ、吐き気があり食欲不振を起こす状態。おそ。

つん=〔俗〕「つき(突)」⑵の音便形。「―出す」「―のめる」

つんけん《副[と]・ス自》不機嫌・不親切でとげとげしく応対するさま。「―(と)した受けこたえ」

つんざ-く【×劈く】《五他》はげしい勢いでさく。「耳を―砲声」▽「突き裂く」から。

つんつるてん《名ナ》①衣服の丈が短くて、手足が出ているさま。②頭が完全にはげているさま。

つんつん ①《副[と]・ス自》澄ましていたり不機嫌だったりして、無愛想なさま。「―(と)した女」②《副[と]・ス自》においが強く鼻をつくさま。「酢が―(と)におう」③《副[と]》繰り返しつっついたり引っ張ったりするさま。「魚が釣糸を―(と)引っ張る」④《副[とに]・ノダ・ス自》細長いものがいくつも伸びているさま。「―(と)伸びた枝」「―(に)立てた髪」

つんと《副・ス自》①とがったものが上に伸びているさま。「―上を向いた鼻」②つんつん⑴。「―澄ました顔」③つんつん⑵。「―鼻をつく悪臭」

つんどく〔俗〕書物を買って、積んでおくだけで、読まないこと。「―主義」▽「つんでおく」から転じた「つんどく」の「どく」を、「精読」「多読」の「読」にかけたもの。

ツンドラ 一年中ほとんど凍結し、夏だけわずかにその表面がとけて、湿地となるような土地。凍原。▽ロシア tundra

つんの-める《五自》〔俗〕「のめる」を強めた語。勢いよく前の方へ倒れかかる。→つん=

つんぼ【×聾】耳が聞こえないこと。そういう人。「―の早耳(はやみみ)」(聞こえないはずなのに、聞こえたように早合点すること。また、用談の時にはよく聞こえないが、不必要な時や悪口を言われる時などにはよく聞こえるということ)

つんぼさじき【×聾桟敷】①舞台から遠くて、せりふのよく聞こえない座席。②いろいろの重要な事情を知らせてもらえない地位。「―に置かれる」

て

て【手】㊀《名》①人体の、肩から先にある部分。㋐人(擬人的に動物)の両肩から出た部分の全体。獣の前あしに当たるが、労働の道具として使えるのが特色。「袖に―を通す」「―に―を取ってかけ落ちをする」「―を広げる」(扱って来なかった方面に進出する意にも使う)「後ろに―が回る」(悪事をして捕らえられることの形容)「競馬に―を出す」(=新たに物事を始める)「その交渉から―を引く」(=関係を絶つ)「汚職追及の―を緩めるな」

㋑手㋐の先。手首・手のひら・指の部分。「―をたたく」「―でいじる」「―を締める」(物事の決着・落着を祝って一同が手を打つ)「―をぬらさずに」(自分では何の努力もせずにうまい結果になることの形容)「五十に―が届く」(五十歳近くになる)「―取り足取り(=懇切丁寧に)教える」「―に取るようにわかる」「―に汗を握る」(危ない物事や激しい争いを見てはらはらする)

㋒仕事をする手㋐㋑。「―が離せない」「―に余る」「―がつけられない」「そこまでは―が回らない」。特に、労働力や手数(てかず)を指す。「―があく」「―が足りない」「猫の―も借りたい」「―を入れる」(多くは、修正する意)「―が掛かる仕事」「建築の―を抜く」「―のこんだ細工」「―もなく(=簡単に)だまされる」「―を焼く」(もてあます。↓やく(焼く))「敵の―に掛かって(=殺されて)果てる」「―をくだす」(着手する、また、みずから行う)▽↓⑵㋐

㋓書くまたは作る手㋐㋑。「彼の―になる作品」「―に職を付ける」(主に手を使う仕事に関し、その仕事

の技能を習得する） ▽→(2)(イ)
㋔物を持つ手(イ)。「ーにする」（持つ）「ーに入れる」（所有物とする）「ーに落ちる」（所有に帰する）
②手(1)に関係する次のもの。㋐方法。手段や策略。「ーを尽くす」「そのーは食わない」「ーに負えない」「ーを替え品を替え」。実行方法の上手下手(じょうずへた)。腕前。「ーが上がる」「ーが落ちる」「ーに入(い)る」（熟練する） ▽(1)(ウ)の転。㋑筆跡。「枯れたーだ」㋒手もとに持っている、将棋のこまやトランプの札。「おーは銀と歩ですか」
③手(1)(ア)のように突き出たもの。「火のーが上がる」。特に、握ったりぶら下げたりつかまったりするもの。とって・つりて・横木、植物のつるをからませる支柱の類。
④手(1)の働きに関係するもの。㋐つながり。「ーを切る」（縁を切る。関係を絶つ）「ーを結ぶ」「ーを組む」㋑方向や方面。「行くー」「山のー」▽手で物を指すから。㋒種類。「このーの品」▽(ウ)は(イ)の転。㋓指揮下にある部隊や配下の者。「ーを繰り出す」「わがーの者」「二ーに分けて守らせる」㋔戦闘で受けたきず。「ーを負う」
㈡〘接頭〙《状態を指す語にかぶせて》語調を強めるのに使う。「ーぬるい」「ーごわい」

㈢〘接尾〙①《動詞の連用形に付いて》その動詞が指す動作をする者を表す。「書きー」「踊りー」▽「相手」の「あい」も、もとは動詞「あう」の連用形。②《体言に付いて》品質・種類等を表す。「奥ー」「三番ー」

関連 手首・手のひら・手の甲・両手・諸手(もろて)・双手・片手・右手・馬手(めて)・左手・弓手・利き手・義手・素手・空手・平手・順手・逆手(ぎゃくて・さかて)・先手・後手・下手・懐手(ふところで)・揉(も)み手・挙手・拱手(きょうしゅ)・袖手・手間・手数・手つき・手並み・手筋・手掛かり・手の内・手の物・小手先・小手調べ・手出し・手助け・手心・手加減・手探り・手捌(さば)き・手触り・手答え・手際・手配り・手回し・手順・手透き・手ぶら・手遊(すさ)び・手遅れ・手違い・手付かず・手詰まり・手抜かり・手落ち・手打ち・手切れ・手段・手だて・手口・手癖・奥の手・決め手・好手・巧手・妙手・四十八手・お手上げ・お手盛り・お手付き・眼高手低

て ㈠〘接助〙《活用語の連用形に付く。撥(はつ)音便・ガ行イ音便の後では「で」になり、形容詞型活用の後には「って」も使う》前の語句を後の語句につなぐのに使う。時の観点から見れば、前の語句と後の語句とが同時的な場合と、前の語句が後の語句に先立つ場合とがある。「面白くーためになる」「山が高くー登れない」「描写し尽くしー余すところがない」「絵に向かっーじっと座っーいた」「屋根からとん**で**おりる」「雨降っー地固まる」「富士を仰い**で**深呼吸する」「噂(うわさ)になっー(から)久しい」「君に代わっーぼくが話そう」「寒くっ**て**がまんできない」▽「て」自体は「AてB」と繋(つな)いだAもBも成り立つことを言う。順接・逆接とか因果関係の表明とかと無縁で、また連用修飾のしるしともならない。「てから」「てより」は、それだけで「てから以後」「てよりのち」の意になる。「卒業しーのち」のように、普通には連用修飾語と言われるものが体言と結合することはあり、「向かっー右」「角を曲がっー三軒目」などその例。↓ての・ては・ても・とて。㈠は文語助動詞「つ」の連用形の転という。㈡〘終助〙①依頼や要求を婉曲(えんきょく)に言うのに使う。「急い**で**」「食べてみー」「よく聞いーね」②質問に使う。「よく見えー?」▽女性の言い方。(1)(2)は㈠から。→てよ。③《動詞・助動詞「じゃ」「だ」「た」「ぬ」等の終止形に付いて》軽くおさえて言うのに使う。「それはわしじゃー」「油断がならぬー」▽古風な言い方。㈢→って

で【出】 ①出ること。㋐ある場所に出ること。外出。「人のーが多い」。登場。「ーを待つ」。市場への出回り。㋑出る状態・度合。「ガスのーが細い」「茶のーが悪い」㋒《「ある」「ない」を伴って》分量。かさ。また、物事を終えるまでに費やす時間・労力。▽多くは動詞連用形を受ける。「使いーがある」「読みーのある本」㋓支出。↕入り。「何やかやーがかさむ」㋔日・月が出ること。その時刻。↕入り。「月のー」②出どころ。㋐産地。㋑出身。「農村のー」「大学ーの新人」

で ㈠〘格助〙動作・作用・状態が現れる場に伴う事物や情況を示すのに使う。①その動作・作用・状態が基づく具体的なものを示す。㋐手段と認めるものを示す。「機械ー作る」「金槌(かなづち)ーたたいて延ばす」「定義ー明らかなとおり」㋑材料と認めるものを示す。「日本酒は米ー造る」「花ーいっぱいの野原」「広場は人ーうずまった」▽(ア)(イ)は常にはっきりと分けられるのではなく、例えば「液を水ー薄める」が手段の表現か材料の表現かはとらえ方による。②それが基づくと考える事柄を示す。㋐原因・動機・根拠を示す。「ひどい熱ー欠勤する」「台風ー道がくずれる」「思わぬ失敗ーかえって奮起した」「頑固ーよくけんかをする」「勉強より遊ぶことー忙しい」㋑《「AばAーB」などの、条件表現を含む形で》Bの実現に先立ち、そのきっかけとしてAという状態がある意。Aなのに応じてB。「言えば言ったーうるさがられる」▽→(4)(イ)
③その事が現れる(行われる)場所や時を示す。「ドイツの大学ー学んだ」「報告書ーも指摘しておいた」「ここー(＝この場で。または、今)新しい説を紹介しましょう」「あとーぼくがかたづける」「今ーはまじめに暮らしている」「一週間ー直せる」▽場所や時を示すには「に」も使えるが、「銀座ー会う」「銀座に在る」を比べて分かるとおり、「に」は存在(に関連すること)の場所、「で」は(活動的な)物事の起こる場所を言う。「いなかー暮らす」「いなかに住む」も、「住む」が「暮らす」より静的な意味の表現である点で言い分ける。ただし近ごろ「北関東ー地震がありました」のような言い方が増えているが、この「ある」は表現者の気持では存在より発生。「店は七時ー閉めま

す」と「店は七時に閉めます」との意味の違いは、前者は営業を終わらせる行為を積極的に背景とした言い方で営業時間の限度が七時だという含みが伴いやすく、後者はその日の営業をやめ閉店状態になるのが七時だということ。

④述語の表す事柄に伴う(時には対比する)状態やそういう状態にあるものを示すのに使う。㋐その在り方・有様である意。「無名の詩人―終わる」「花嫁姿―立つ」「霧のような細かさ―雨が降る」「立ったまま―飯を食う」「ただ―(さえ)も苦しいところへ」㋑《「AばA―」のたぐいの形で》Aする(Aである)ということが起これぱそのAの情況で。「雨が降れば降った―一向に困らない」「毎日が楽しいなら楽しい―また別の問題もある」㋒その事柄に関し取り立て注目するものを示す。「警察―やかましく言うから気をつけろ」「父と母と―相談した結果、養子に出すことになった」「私―よければ参ります」「ランニング―しか人に勝てない」▽「で」の付く語が意味上は主体や対象の場合にも、文法的には主格とは言えない。㈠は「にありて」「にして」「によりて」等の略の「にて」から出た。↓では《連語》・でも《連語》

㈡《助動》「だ」の連用形。「吾輩(わがはい)は猫―ある」「あれが梅―こちらが杏子(あんず)だ」「理屈―(は)なしに感動する」「あれ―なかなか風流心がある」「それ―結構だ」「ばかなことをお言い―ないよ」「それがきっかけ―交際が始まった」▽㈠⑷㋐との境目は微妙。そもそも「だ」が「で」㈠+「ある」の転。

㈢《接助》①接続助詞「て」がイ音便・撥(はつ)音便に続く時の形。「船をこい―行く」「飛ん―火に入(い)る夏の虫」②㋐《連体形に付く》……ので。「よく稼いでくれる―助かる」▽江戸時代に多く、明治になっても使われた。㋑《文頭や句頭に接続詞的に》それで。「―、それからどうしたの」「―はこれで失礼します」③『……なら―は』……でなくては。「かつて平家ならでは人でない時代があった」「第一人者ならではの、印象に残る一言」▽⑴〜⑶はそれぞれ別起源。⑶は、文語で打消しの助動詞「ず」+接続助詞「て」のつづまった形「で」に由来する慣用表現。「恨みを晴らさ―(=ずに)おくべきか」など文語の形そのままを使いもする。

てあい【手合(い)】①(やや軽んじた言い方で)連中。仲間。転じて、種類。「ろくな―ではない」②勝負をすること。手あわせ。対局。「大(おお)―」

であい【出合(い)・出会(い)】①出合うこと。㋐めぐりあい。㋑密会。あいびき。「―茶屋」②川や沢が落ち合う所。合流点。 **―がしら**【―頭】出合ったとたん。また、出たとたんに人・物に会うこと。

であ-う【出合う・出会う】《五自》①外出していて、あう。㋐(偶然、または初めての)人・物・事件などに、あう。「運命の人に―」㋑ある場所に行って、いっしょになる。落ち合う。また、(男女が)密会する。▽㋑は古風。②出て来て争いの相手となる。「者ども―・え」▽⑵を今は普通には使わない。

てあか【手×垢】手のあか。㋐手についたあか。㋑人が手を触れて扱ったため、物についたよごれ。「―で曇った鏡」「―のついた(=言い古されて新鮮味の無い)表現」

てあき【手明き・手空き】仕事がなくひまな者。そうである状態。手すき。

てあし【手足】①手と足。②比喩的に、ある人の思い通りに動くこと。「―となって働く」

であし【出足】①催し・行楽などに人が出かける、その数の程度。「投票所への―が悪い」②出て行く時または出発の時の速さ。「この車は―が速い」③相撲(すもう)で、相手の方へ踏み出す足。「―鋭く攻める」

てあそび【手遊び】①手に持って遊ぶこと。その物。おもちゃ。②退屈しのぎにすること。特に、ばくち。

てあたり【手当(た)り】①手にさわること。その時の感じ。「ざらざらした―」②てがかり。「何の―もない」 **―しだい**【―次第】《副[に]》手にさわるものの、自分のぶつかるものは差別せず、何でもかでも。「―文句をつける」

てあつ-い【手厚い】《形》もてなしや扱いが、行き届いて丁寧だ。「―看病」派生 **-さ**

てあて ①【手当】《名》労働の報酬として与える金。また、本俸以外に諸費用として支給する金。「家族―」②【手当(て)】《名・ス他》病気・怪我(けが)などに対する処置。「応急―」③【手当(て)】《名・ス他》前もってする用意。準備。「人員の―」「必要な経費を―する」④【手当】《名》(犯人・罪人の)召し取り。「お―」▽⑷は既に古風。

テアトル 劇場。映画館。▽フランス théâtre

てあぶり【手×焙(り)】手を暖めるのに使う小さい火鉢。

てあみ【手編(み)】《名・ス他》機械でなく手で編むこと。その編物。

てあら【手荒】《ダナ》扱い方が乱暴なさま。

てあら-い【手荒い】《形》処置が荒々しい。㋐腕力などに訴えて乱暴だ。「―まねをするな」。容赦なく激しい。「―稽古」㋑物の扱い方が乱暴だ。「―始末を付ける」「荷を―・く扱う」派生 **-さ**

てあらい【手洗(い)】①《名》手を洗うこと。それに使う器または湯水。②《名》便所のこと。③《名・ス他》衣類を手で洗うこと。「ワイシャツを―する」 **―ばち**【―鉢】手を洗う水を入れておく鉢。手水(ちょうず)鉢。

である《連語》断定の意を表す。↓だ《助動》。▽助動詞「だ」の連用形+「ある」。一語化してはいるが、「でさえあれば」のように係助詞などが割って入ることがある。打消しは「でない」。↓でない

である-く【出歩く】《五自》家をあけて、よそへ出かける。また、留守にして、よくあちこちと外出する。

てあわせ【手合(わ)せ】《名・ス自》①相手となって勝負をすること。②〔取引〕売買契約をすること。

てい【体・態】(外から見た)ようす。「ほうほうの―」「職人―の男」。態度。「さあらぬ―」。見せかけのよ

うす。体裁。「—のいい言葉」

てい〖*丁〗テイ チョウ(チヤウ) よぼろ ひのと ―①町すじの区分。「チョウ」と読む。また、「町」と同じに用いる。「二丁目五番五号」▽距離の単位としても「町」と同じに用いる。「一丁ばかり歩いた」②㋐十干の第四。「丁亥(ていがい)」▽↓ひのと。㋑第四の順位。「甲乙丙丁」③成年に達した男子。働きざかりの男子。「丁年・壮丁」④召し使われる男。「使丁・馬丁・園丁・白丁(はくちょう)・丁稚(でっち)」⑤律令制で、朝廷の課役に徴集された二十一歳から六十歳までの男子。よぼろ。「正丁(せいてい・しょうちょう)・仕丁(しちょう)」⑥〘名〙偶数。「チョウ」と読む。↔半。「丁半」⑦書物の紙(表裏二ページ分)。「チョウ」と読む。「丁数・丁付(ちょうづけ)・落丁・乱丁」⑧豆腐を数える語。また、注文の飲食物などを数える語。「チョウ」と読む。「天井一丁」「一丁あがり」▽↓ちょう(丁)

てい〖*低〗テイ ひくい ひくめる ひくまる ―高くない。程度がさがる。ひくい。↔高。「高低・最低・低地・低所・低空・低声・低唱・低調・低額・低廉・低下・低温・低劣・平身低頭・低能・低級・低俗・低迷・低姿勢・低気圧」

てい〖抵〗テイ あたる ―①向こうからくる力にさからう。おしかえす。ふせぐ。「抵抗」②ふれる。「觝」に通用。「抵触」③あたる。相当する。「抵当」④おおよそ。「大抵」

てい〖邸〗テイ やしき ―①大きくてりっぱな家。地位の高い人の家。やしき。「邸宅・邸内・私邸・別邸・某氏邸」②国立の官舎。来朝した諸侯の宿舎。また、高位高官の人の住居。「官邸・公邸」③(高級な)宿屋。「旅邸」

てい〖*底〗テイ そこ ―①㋐物の一番下の部分。入れ物の最も奥の部分。そこ。「底流・水底・海底・徹底・到底・払底・基底・心底・胸底・眼底・耳底・船底・筐底(きょうてい)」㋑〘名〙〔数学〕底辺・底面のこと。▽↓⑶㋑。②ゆきとどまる。いたる。「底止」③土台になるもの。㋐書物の下書き。また、校合(きょうごう)の時もとにする本。「底本」㋑〘名〙〔数学〕対数の、もとする数。▽常用対数では10、自然対数では無理数e、また情報関係では2を採用することが多い。↓たいすう(対数)。④〘名〙程度。種類。「この底の品」

てい〖*庭〗[庭] テイ にわ ―①屋敷内の空地。堂の階段の前の広場。にわ。「庭前・庭上・庭園・前庭・後庭・校庭・石庭」▽一つの建物の中にかこわれた空地、なかにわの意から。②一家の中。「家庭・庭訓(ていきん)」

てい〖廷〗[廷] テイ ―①政事を行う場所。「朝廷・宮廷・廷臣」②裁判を行う場所。「法廷・出廷・退廷・開廷・閉廷・廷吏」

てい〖人挺〗テイ チョウ(チヤウ) ぬきんでる ―①先にぬけ出て進む。「挺進・挺身・挺争・空挺」②群れからぬけ出てすぐれている。「挺出・挺然」③銃・刃物・駕籠(かご)などを数える語。「チョウ」と読む。

てい〖艇〗[艇] テイ ―細長い小舟。はしけ。「艦艇・舟艇・短艇・競艇・魚雷艇・潜航艇・内火艇・艇身・艇庫・艇長」

てい〖呈〗[呈] テイ あらわす あらわれる ―①すすめる。さしだす。さしあげる。「呈出・呈上・進呈・献呈・贈呈・謹呈・奉呈・捧呈(ほうてい)」②正直でかくさない。むきだし。あらわす。あらわれる。しめす。「呈示・露呈」

てい〖*程〗[程] テイ ほど ―①きまり。規則。制限。「程式・規程・教程・上程」②一定の量。ある範囲内でのきまり。「日程・課程」③ほどあい。「程度・程量・音程」④経過する長さ。みちのり。「道程・旅程・行程・過程・里程・射程」

てい〖*弟〗テイ ダイ デ おとうと おと ―①〘名・造〙親が同じで、あとから生まれた男子。おとうと。↔兄。「兄(けい)たり難く弟たり難し」(優劣がみられない)「兄弟(けいてい・きょうだい)・弟妹・舎弟・義弟・従弟・異母弟・幼弟・愚弟」②師について習う者。「師弟・子弟・門弟・徒弟・高弟・弟子(ていし・でし)」③話し手自身の謙称。「小弟」

てい〖*定〗テイ ジョウ(ヂヤウ) さだめる さだまる さだか ―①ある一つの形・位置・内容等がきまっていて変わらない。変わらないようにきめる。さだまる。さだめる。きめる。きまり。さだめ。「定住・定価・定例(ていれい・じょうれい)・定員・定時・定刻・定期・定款・定義・定論・定点・平定・安定・改定・決定・確定・一定・協定・既定・限定・不定・仮定・推定・想定・断定・認定・判定・評定(ひょうてい・ひょうじょう)・予定・肯定・否定・指定」。以下「ジョウ」と読む。「定命(じょうみょう)・定業(じょうごう)・定石・定紋・治定(じじょう)」②〘名・造〙結果としてたしか。思ったとおりでまちがいない。「ジョウ」と読む。「案の定」「死ぬるが定」「決定・必定・一定」③〔仏〕心を一つの対象に集中し安定させる。三昧。「ジョウ」と読む。「禅定・入定」▽↓じょう(定)

てい〖亭〗テイ チン ―①旅館・料理屋・茶屋・寄席(よせ)など、人の集まる建物の名につける語。「楽楽亭」②宿駅。はたごや。「亭長・亭主」▽中国で、昔、一〇里ごとに建てた宿場の高い建物。③㋐庭の中の建物。「芸亭(うんてい)・池亭」㋑〘名〙あずまや。↓ちん(亭)。④文人・芸人などの号につける語。「二葉亭・三遊亭」⑤まっすぐのびる。「亭亭」

てい〖*停〗テイ チョウ(チヤウ) とまる とめる とどまる とどめる ―①途中で一時動かなくなる。とまる。とどまる。「停止(ていし・ちょうじ)・停車・停泊・停電・停留・停滞・停頓」②途中でやめさせる。「停年・停職・停学・調停」

てい〖偵〗テイ うかがう ―相手の様子をさぐる。うかがう。また、その人。「偵察・探偵・密偵・内偵」

てい〖貞〗テイ ジョウ(ヂヤウ) ただしい ―①心が正しく安定して迷わない。正しい。「貞固・貞実・貞純・貞廉・忠貞」②君主・夫や仏に対する心持を変えない。みさおが正しい。「貞潔・貞淑・貞順・貞女・貞婦・貞操・貞心・貞節・貞烈・不貞」③異性に接しない。「童貞」

てい【帝】テイ タイ みかど ―①天下の最高の支配者。みかど。天子。「帝王・帝位・帝都・帝京・帝室・帝国・大帝・聖帝・皇帝・女帝・先帝・煬帝(ようだい)・聖武(しょうむ)帝」②天上の神。造物主。「天帝・上帝」

てい【締】テイ しまる しめる ―しっかりとむすぶ。しめくくる。とりきめをする。約束をむすぶ。「締結・締盟・締約」

てい【蹄】人 テイ ひづめ ―牛馬などのひづめ。「蹄鉄・馬蹄・有蹄類」

てい【諦】テイ タイ あきらめる あきらか ―①あきらかに。ものの真実をよく見る。あきらめる。断念する。「諦念(ていねん・たいねん)・諦観(ていかん・たいかん)」②〔仏〕見きわめられた道理。真理。真実。「タイ」と読む。「真諦・俗諦」

てい【訂】テイ ただす ―①文字や文章の誤りを正しくする。まちがいをただす。「訂正・校訂・改訂・修訂・増訂・補訂」②約束をとりきめる。さだめる。むすぶ。「訂盟」

てい【逓】【遞】テイ たがいに ―①物を宿(しゅく)つぎして伝え送る。また、宿場・宿次(つぎ)。「逓送・逓信・逓夫・郵逓・駅逓」②たがいにかわりあう。かわるがわる。つぎつぎに。次第に。「逓次・逓減」

てい【堤】テイ つつみ ―水をせきとめる土手。つつみ。「堤防・堰堤(えんてい)・長堤・突堤・石堤・防波堤」

てい【*提】テイ ダイ さげる ―①手にさげて持つ。さげる。もつ。「提示・提出・提供・提起・提琴・提灯(ちょうちん)」②もち出す。とり出す。「提議・提案・前提・提唱」③もちあう。たすけあう。「提携」④ひきつれてすべくくる。「提督」⑤梵語(ぼんご)の音訳。「菩提(ぼだい)・招提(しょうだい)(=寺)」

てい【鼎】人 テイ かなえ ―①三者が向かいあった形。「鼎立・鼎坐(ていざ)・鼎談」②金属製の一種のなべ。三本足で両わきに耳がある。「鼎俎(ていそ)・鼎鐘・鼎銘」③帝王の宝器。「鼎祚(ていそ)・鼎業・九鼎大呂(きゅうていたいりょ)」④三公(=大臣)。「鼎臣・鼎位」

てい〔灯〕→とう〔灯〕

でい【泥】デイ どろ なずむ ―①どろ。ぬかるみ。「泥土・泥水・泥砂・泥濘(でいねい)・春泥・雲泥・泥中」②㋐どろに似たもの。「泥炭」㋑金・銀などの細粉をにかわの液でねったもの。「金泥・銀泥・朱泥」③にごる。けがれる。「汚泥」④いつまでもかかずらって進まない。なずむ。「拘泥」⑤骨がなく、水を失えば酔ってどろのようになるという虫。ひどく酔うたとえに用いる。「泥酔」

ていあつ【低圧】低い圧力・電圧。↔高圧

ていあつ【定圧】一定の圧力。

ティアラ (女性がつける)宝石をちりばめた王冠形の髪飾り。▽tiara

ていあん【提案】〘名・ス他〙議案・考えを提出すること。提出されたその案。「改正案を国会に―する」

ていい【低位】地位・等級が低いこと。低い位。↔高位

ていい【定位】〘名・ス自〙(体の)一定の位置・姿勢。(体を)一定の位置・姿勢にすること。

ていい【帝位】帝王の位。

ティー ①お茶。おもに紅茶。「レモン―」▽tea ②ゴルフの球を置く小さな台。「―グラウンド」▽tee **―スプーン** 茶さじ。▽teaspoon **―パーティー** お茶と菓子で催す社交のための会合。▽tea party **―バッグ** 紅茶・緑茶などの細かい葉を小袋に入れたもの。そのまま茶碗(ちゃわん)に入れ、湯を注いで飲む。▽tea bag **―ルーム** 喫茶室。喫茶店。▽tearoom

ディーエヌエー【DNA】デオキシリボースと呼ぶ糖を含む核酸。染色体の重要成分で、遺伝子の本体となる。デオキシリボ核酸。「―鑑定をする」▽deoxyribonucleic acid の略語。

ディージェー【DJ】→ディスク ジョッキー。▽disk jockey の略。

ティーシャツ【Tシャツ】えりなし(で本来は下着である半そでの)メリヤス シャツ。▽T-shirt 全体がT字形に見えるところから。

ティーじろ【T字路】→ていじろ

ディーゼル エンジン ドイツ人ディーゼルが発明したエンジン。圧縮した空気に燃料を噴射し、爆発させて動力化する内燃機関。▽Diesel engine

ディーディーティー【DDT】強力な殺虫剤の一種。無色・無臭の結晶。▽第二次大戦後アメリカから持ち込まれ、広く使われた。現在は製造が禁止されている。dichloro-diphenyl-trichloroethane の略。

ティーピーオー【TPO】時と所と場合(に応じて服装などを選ぶこと)。「社交には―への配慮がいる」▽time, place, occasion の頭字を拾った和製の略語。

ディープ〘ダナ〙深いさま。濃いさま。「―な話」▽deep 派生 **―さ** **―ラーニング** 機械学習の手法の一つ。ニューラル ネットと呼ばれる、脳の神経のつながりを模した数理モデルでデータ間の関連を表現し、これを多段階に用いることでデータがもつ法則性を自動で導き出す。深層学習。▽deep learning

ディーブイ【DV】①配偶者や恋人、親子など親しい関係の人から加えられる暴力。家庭内暴力。ドメスティック バイオレンス。▽domestic violence の略。②ビデオテープ レコーダーの規格の一つ。テープに映像をデジタル情報として記録する。▽digital video の略。

ディーブイディー【DVD】デジタル化したデータの記録媒体である光ディスクの一種。CDと同じ直径一二センチで、映像・音声情報などを大量に記録できる。▽digital versatile disc から。

ディーラー ①取扱業者。特約店。「自動車の―」。ま

た、有価証券の自己売買業者。②トランプの親。札の配り手。▽dealer

ていいん【定員】 さだめてある人数。㋐組織に関し規則で決まっている人数(の枠)。「入学―」㋑乗物・会場などの収容人数の、安全限度としての上限。「エレベーターの―をオーバーしている」

ティーン エージャー 十代の少年少女。十三、四歳から十八、九歳まで。▽アメリカ teen-ager

ていえん【庭園】 計画して造った広い庭⑴。

ていおう【帝王】 ①皇帝・王など一国の国土・人民を統治する君主。②比喩的に、ある世界で強い力をもつ者。「マスコミの―」 **―がく【―学】** 帝王や帝王のように人の上に立つ者が、その地位にふさわしい素養や見識などを学ぶ修養。「―を授かる」 **―しんけんせつ【―神権説】** 帝王の統治権は国民の同意によって成立するのではなく、神意に基づくという説。王権神授説。絶対主義のもとをなす。 **―せっかい【―切開】** 難産などの時、妊婦の腹壁・子宮壁を切り開いて胎児を取り出す手術。

ていおん【低音】 低い音や声。バス。↔高音

ていおん【低温】 低い温度。↔高温。 **―やけど【―(火傷)】** 割合に低い温度の暖房器具などに長時間あたっていて起こるやけど。

ていおん【定温】 一定の温度。 **―どうぶつ【―動物】** 外界の温度に関係なく、一定の体温を保つ動物。鳥類と哺乳(ほにゅう)類がこれに属する。恒温動物。温血動物。↔変温動物

ていか【低下】『名・ス自』①(度合が)低まること。↔上昇。「圧力の―」②程度が悪くなること。↔向上。「質が―する」「学力の―」

ていか【定価】 ある品物にきめてある売値。

ていかい【低回・×低×徊】『名・ス自』思いにふけりながら、ゆっくり歩きまわること。「―趣味」(世俗を忘れて、のんびりと自然や芸術に親しむ趣味)▽「低徊」とも書いた。

ていかい【停会】『名・ス自他』会議を一時休止すること。

ていがく【停学】 学生・生徒に罰として行う、一定期間の登校禁止。

ていがく【低額】 少ない金高(かねだか)。↔高額。「―所得層」

ていがく【定額】 一定に取り決めた額。「―貯金」

ていがくねん【低学年】 学校で下級の学年。小学校では一・二年、時には三年も含む。

でいかざん【泥火山】 ガスの発生によって地中から泥を噴出してできた丘。火山に似た形をする。油田地方に多い。

ていかん【停刊】『名・ス他』刊行物の刊行を停止すること。

ていかん【諦観】『名・ス他』①本質を明らかに見て取ること。②〔仏〕悟りの境地にあって物事をみること。▽⑵の本来の読みは「たいかん」。

ていかん【定款】 個々の私法人の組織・活動について定めた根本規則(を記した書面)。▽財団法人の定款は特に「寄付行為」と言う。

でいがん【泥岩】 堆積岩の一種。泥が堆積して固まってできたもの。

ていき【定期】 ①期限・期間が一定にきめてあること。「―刊行物」②「定期乗車券」「定期預金」などの略。 **―けん【―券】**「定期乗車券」の略。 **―じょうしゃけん【―乗車券】** 一定の期間有効な(通勤・通学用の)一定区間の乗車券。 **―せん【―船】** 一定の航路を決まった時刻に出航して人や物を運ぶ船。 **―びん【―便】** ある定まった場所の間で定期的に行う連絡・輸送(の便宜)。 **―よきん【―預金】** 銀行などが、一定の期間を定めて期限が来るまでは引き出せない契約で預かる金。

ていき【提起】『名・ス他』訴訟や問題を持ち出すこと。「問題―」。もと、持ち上げること。

ていぎ【提議】『名・ス他』公的な事柄に関し相談のために当方の意向を伝え、また、論議や議案を提出すること。その内容。「A国がB国に撤兵を内々で―した」「この―を受けて議事を進めよう」

ていぎ【定義】『名・ス他』ある概念内容・語義や処理手続をはっきりと定めること。それを述べたもの。「―づける」(→=づける)

ていきあつ【低気圧】 ①大気中で、周囲にくらべて相対的に気圧の低い所。風がそこへ吹き込む。↔高気圧。②人のきげんなどが悪いことや、変動が起こる前の無気味な形勢のたとえ。▽⑴が風雨をともなうことから。

ていきゅう【低級】『名ナ』低い等級。また、程度が低く俗悪なこと。↔高級。派生 **-さ**

ていきゅう【定休】 商店・会社などで、日を決めて業務を休むこと。「―日」

ていきゅう【庭球】 テニス。

ていきゅう【×涕泣】『名・ス自』涙を流して泣くこと。

ていきょう【提供】『名・ス他』相手に役立つように、差し出すこと。「情報の―」「テレビ番組を―する」

ていきん【庭△訓】 家庭の教訓。しつけ。

ていきん【提琴】 ①バイオリン。②中国の弦楽器の一種。胡弓(こきゅう)の大型で低音のもの。

ていぎん【低吟】『名・ス他』低い声で吟じること。

ていくう【低空】 空の低い所。地上に近い空中。「―飛行」

ディクテーション 書取り。特に、外国語の書取り試験。▽dictation

ていけ【手△活け】(他人に頼まず)自分の手で花などをいけること。「―の花」▽芸者などを落籍して自分の妻妾(さいしょう)にすることにも言った。

デイ ケア 高齢者・障害者を昼間だけ医師や専門職の常駐する施設で預かり、リハビリテーションや機能訓練、入浴・食事の世話などを行うこと。通所リハビリテーション。▽day care

ていけい ①**【定型】** 一定のかた。型について決まりが

あること。「―詩」②【定形】 一定のかたち。「―郵便物」

ていけい【×梯形】↓だいけい

ていけい【提携】《名・ス自》協力して事を行うため互いに力を合わせること。タイ アップ。「技術―」▽もと、手にさげて持つ意。

ていけつ【貞潔】《名ナノ》操(みさお)が堅く、行いが潔白なこと。派生 **―さ**

ていけつ【締結】《名・ス他》条約・約束などを取り結ぶこと。「労働協約を―する」

ていけつあつ【低血圧】 血圧が基準より低いこと。↔高血圧

ていけん【定見】(その人なりに)しっかり定まっている意見。「―のない人」

ていげん【低減】《名・ス自他》へること。へらすこと。「騒音の―をはかる」

ていげん【逓減】《名・ス自他》次第に減ること、減らすこと。↔逓増。「収穫―の法則」

ていげん【提言】《名・ス他》考え・意見を提出すること。その内容。

ていげんてき【定言的】《ダナ》〔論理〕「AはBである」という形の、無条件で当てはまるような立言であること。▽ドイ kategorisch の訳語。

ていこ【艇庫】ボートを入れておく倉庫。

ていこう【抵抗】①《名・ス自》㋐外からの力に対し負けまいと努めること。手向かい。「思わぬ―にあう」㋑権力のあるものや旧道徳に反抗すること。②《名》㋐〔物理〕作用する力に対して反対の方向に作用する力。また、導体が電気の通過をある程度拒む働き。㋑比喩的に、何となくそのままには承認できない気持。「そう言い切るには―がある」「―感」「刀には心理的―を感じる」 **―うんどう**【―運動】占領軍や自国の反動政権に抵抗する、人民の解放運動。 **―き**【―器】 回路に入れて電流の強さを調節する、抵抗②㋐をもつ物体を使った器具。 **―りょく**【―力】 抵抗⑴するちから。特に、病気に耐える身体の強さ。

ていこく【定刻】 きめられた時刻。「―出勤」

ていこく【帝国】 皇帝が元首である国家。「ローマ―」。特に、「大日本帝国」の略。「―海軍」 **―しゅぎ**【―主義】 飽くことなく自国の領土・勢力範囲を広げようとする侵略的傾向。▽マルクス主義の立場からは、経済上、国際市場を独占しようとする、資本主義の最終的段階を言う。

ていざ【×鼎×坐】《名・ス自》鼎(かなえ)の足のように三者が互いに向かい合ってすわること。

でいさ【泥砂・泥沙】 どろと砂。また単に、どろ。

デイ サービス 高齢者・障害者を昼間だけ施設で預かり、食事・入浴・レクリエーションなどのサービスを行うこと。通所介護。「デー サービス」とも。▽day と service とによる和製英語。

ていさい【体裁】外から見える、物の形・様子。外見。特に、他人に対するみえ。世間の人から見られた時の、自分の状態についての感じ。「―が悪い」「―を繕う」 **―ぶる**【―振る】《五自》もったいぶる。みえをつくる。

でいざい【泥剤】 脂肪や蠟(ろう)を基礎として、こねてどろどろにした塗布薬。

ていさつ【偵察】《名・ス他》相手(敵)の様子・動きをこっそり観察・観測し、その情報を得ること。

ていし【停止】《名・ス自他》移動・進行中のものが、動きをやめてとどまること、そういうものをとどめること。また、続行するものを(一時)差し止めること。「信号で―する」「特権の―」「雑誌発行を―する」▽→ちょうじ(停止)・ちゅうだん(中断)

ていし【底止】《名・ス自》行きづまりまで行きついてやむこと。「―する所を知らず」「―なく書き進む」

ていし【弟子】 でし。門弟。

ていじ【丁字】 漢字「丁」の字(のような形)。丁字形。 **―じょうぎ**【―定規】 丁字の形をした、製図用の定規。丁定規。 **―たい**【―帯】(頭や陰部などを包むための)丁字の形をした包帯。 **―ろ**【―路】 丁字の形のように交わった道路。▽その形から、「T字路」(テーじろ・ティーじろ)とも。

ていじ【×綴字】 言語の音韻を表音文字に書きつづること。つづり字。てつじ。

ていじ【定時】①一定の時刻。定刻。「―退庁」②一定の時期。定期。「―刊行」 **―せい**【―制】 学校教育において、夜間その他、特別の時間・時期に行われる学習の課程。↔全日制(ぜんにちせい)

ていじ【呈示】《名・ス他》出して示す(見せる)こと。提示⑴。「身分証明書を―する」▽次第に「提示」と書くようになっている。

ていじ【提示】《名・ス他》①その場に出して示す(見せる)こと。「警察手帳を―して聞き込みに入る」▽相手に渡さなくてよい点で「提出」とは異なる。②広く知らせる(=示)ための提出。それをすること。「これを書面で人事院に―しなければならない」

ていじ【逓次】《副詞的にも使う》順序を追うこと。順次。

ていしき【定式】 一定の方式・儀式。「―化する」

ていじげん【低次元】《名ナノ》①〔数学・物理〕次元⑴が低いこと。②内容の水準が低いこと。「―の話」「―な論争」▽②は⑴の転。↔高次元

ていしせい【低姿勢】 相手に対し低く構えた姿勢。下手(したて)に出る態度。↔高姿勢。「―に出る」

ていしつ【低湿】《名ナノ》土地が低く湿気が多いこと。

ていしつ【低質】《名ナノ》品質が悪いこと。「―な住宅」

ていしつ【帝室】 帝王の一家。

ていじつ【定日】 前もって定めてある日。期日。

ていしゃ【停車】《名・ス自》車をとめること。(汽車・電車などが)とまること。「各駅―」 **―じょう**【―場】 客の乗り降り、貨物の着送のため、汽車・電車がとまる場所。駅。 **―ば**【―場】↓ていしゃじょう。「ふるさとの訛(なまり)なつかし―の人ごみの中にそを

聴きにゆく」(石川啄木) ▽「ていしゃじょう」と呼ばれるものより小規模のを指すのが普通。

ていしゃ【×薙射】『名・ス他』敵の散兵など横に広がるものに対し、草をなぎ払う(＝薙)ように銃口を水平に動かしながら撃つ、機関銃の射撃法。

ていしゅ【亭主】①家の主人。あるじ。②おっと。「―を尻に敷く」③茶の湯で、客に茶をたてて接待する人。主人。　**―かんぱく**【―関白】亭主が家庭の支配者としていばっていること。↕かかあ天下

ていじゅ【庭樹】庭に植えてある木。にわき。

ていしゅう【定収】↓ていしゅうにゅう

ていじゅう【定住】『名・ス自』ある場所に住いを定めて居つくこと。

ていしゅうにゅう【定収入】(定職があって)一定期間ごとに決まってはいる収入。定収。

ていしゅうは【低周波】周波数が比較的少ない電波・電流。↕高周波

ていしゅく【貞淑】『名・ダナ』女性の操(みさお)がかたく、しとやかなこと。派生 **-さ**

ていしゅつ【呈出】『名・ス他』①見せるために人の眼前に差し出すこと。呈示または提出すること。「証拠を―する」②ある現象や情況を現すこと。「過敏な反応を―する」▽(2)は意図的でなくてもよい。

ていしゅつ【提出】『名・ス他』(相手が受け取ることを期して)その場に持ち出すこと。「疑問を―する」。人に差し出して渡すこと。「報告書を―する」▽↓ていじ(提示)

ていじょ【貞女】操(みさお)がかたい女性。

ていしょう【低床】(昇り降りしやすくするために)床(ゆか)が低いこと。「―バス」「―ベッド」

ていしょう【低唱】『名・ス他』低い声で歌うこと。

ていしょう【提唱】『名・ス他』①ある主張を掲げて人に説くこと。「核廃絶を―する」②物事の意義を人々に示して説き示すこと。禅宗で、教えの大綱を人々に示して説法すること。

ていしょう【逓相】(以前の)逓信大臣の略称。▽逓信大臣は、後の郵政省(現、総務省)に当たる逓信省の大臣。

ていじょう【呈上】『名・ス他』(進物などとして)差し上げること。

ていじょう【定常】『名ナノ』一定の状態を保っていて変わらないこと。「―状態」　**―は**【―波】〔物理〕①波形を変えずに一定速度で伝わる波。②一定の場所で振動する波。定在波。

ていじょうぎ【丁定規】丁字定規。▽「T定規」とも。

ていしょく【停職】公務員などの懲戒処分の一種。職員の身分は保つが、(一年以内の一定期間)職務にはつけず、給与も受けられない。

ていしょく【定植】『名・ス他』植物を苗床から畑に移して本式に植えること。↕仮植

ていしょく【定職】(臨時的なものでなく)きまった職業。

ていしょく【定食】料理店などで、一定の献立(こんだて)による料理。

ていしょく【抵触・×牴触・×觝触】『名・ス自』①それに対し、さしさわる(矛盾する)こと。②法律や規則にふれること。

ていしん【廷臣】宮廷に仕え、官に任じられた臣。

ていしん【×挺進・×挺身】『名・ス自』①多数の者の中から、先んじて進んで行くこと。②自分から進んで身を投げ出して物事をすること。「―隊」

ていしん【艇身】ボートの長さ。「一―ひき離す」

でいすい【泥水】どろが混じった濁り水。どろ水。

でいすい【泥酔】『名・ス自』何もわからなくなるほど、ひどく酒に酔うこと。「―状態」

ディスインフレーション 急激にデフレーションにならないようにしながら、徐々にインフレーションをおさめていく政策。▽disinflation

ていすう【定数】①一定の数。㋐ある定まった数値・数量・員数。㋑〔数学〕ある問題を考える間、常に一定の値を取る(と見てよい)数。常数。↕変数。②定まった運命。▽(2)の意では現在ほとんど使わない。

ディスカウント『名・ス他自』割引き(すること)。値引き。格安。「―セール」「―ショップ」▽discount

ディスカッション『名・ス自他』討論。討議。▽discussion

ディスク 薄い円盤状のもの。㋐レコードやCD。㋑コンピュータの、円盤状の記憶装置。「ハード―」㋒円盤状の機械部品。「―ブレーキ」▽disk　**―ジョッキー** 音楽(のレコード)をかけ、その合間に解説や感想を述べること(・放送)。また、それをする人。DJ。▽disk jockey

ディスコ (バンドの演奏ではなく)レコードなどの音楽でリズミカルなダンスを楽しむ店。▽フランス discothèque から。

テイスト ↓テースト

ディスプレー ①陳列。展示。表示。②コンピュータなどの出力結果を表示する装置。モニター。「液晶―」▽「ディスプレイ」とも。display

てい-する【呈する】『サ変他』①差し出す。差し上げる。贈る。「自著を―」②現す。示す。「媚(こび)を―」「活気を―」

てい-する【×挺する】『サ変他』他より先んじて進む。なげだす。「身を―」

ていせい【定性】物質の成分・種類を調べて定めること。　**―てき**【―的】『ダナ』①定性に関するさま。②比喩的に、質的。属性的。↕定量的。　**―ぶんせき**【―分析】化学分析の一つの方法。検査される物質がどんな成分から成るかを確かめる分析。

ていせい【帝政】帝王が統治する政治・政体。

ていせい【訂正】『名・ス他』誤りを正しくなおすこと。「誤植を―する」「―を加える」

ていせつ【定説】ある事柄について、広く受け入れられている説・学説。定論。「―をくつがえす」

ていせつ【貞節】『名ナノ』(妻が夫に対して)操(みさお)を正

しく守ること。「―を尽くす」

ていせん【停戦】《名・ス自》ある目的で互いに戦闘を一時やめること。

ていせん【停船】《名・ス自》進行する船を止める、すなわち、船が止まること。

ていせん【×汀線】海面または湖面と陸地との境の線。

ていぜん【庭前】にわさき。「―の梅の古木」

ていそ【定礎】土台石をすえること。建物の工事を始めること。「―式」

ていそ【提訴】《名・ス他》訴え出ること。訴訟の提起。

ていそう【貞操】①(女・妻として)正しい操(みさお)。操を守ること。②性的関係の純潔を保つこと。

ていそう【逓送】《名・ス他》通信・荷物等を人の手から手へと、または宿場(しゅくば)から宿場へと順々に送ること。

ていぞう【逓増】《名・ス自他》次第に増すこと。↕逓減。「人口が―する」

ていそく【低速】普通より遅い速度。↕高速。「―ギア」

ていそく【定則】一定の規則。また、前からの定まった形式に従う事柄。「これが―だよ」

ていぞく【低俗】《名ナ》下品で俗っぽいこと。「―な番組」派生 **-さ**

ていそくすう【定足数】会議で議事を進め議決するのに必要な最小限の出席者数。

てい-たい【手痛い】《形》(相手から受ける打撃が)手きびしく、ひどい。「―損害」派生 **-さ**

ていたい【停滞】《名・ス自》物事がある所に留まって、とどこおること。「―前線」。調子よく進行しないこと。また、不活発で進歩しないこと。「景気が―する」

ていたく【邸宅】やしき。大きなすまい。

ていたらく【体たらく】様子・姿。「何という―だ」▽好ましくない場合に非難の意をこめて使う。「為体」とも書いた。「態」＋断定の文語助動詞「たり」を体言化したもの。

ていだん【×梯団】大部隊の移動などにあたり、便宜上、幾群かに分けた、その各群。

ていだん【×鼎談】《名・ス自》三人が向かい合いで話をすること。その談話。

でいたん【泥炭】枯死した湿地植物などが炭化した石炭。水分を多く含む。炭化の程度が最も低く、暗褐色で、燃焼のカロリーが少ない。「―地」

ていち【低地】低い土地。↕高地

ていち【定置】《名・ス他》一定の場所におくこと。 **―あみ**【―網】一定の場所にしかけておいて魚をとる、あみ。 **―ぎょぎょう**【―漁業】漁具を一定の水面に敷設して行う漁業。

ていちゃく【定着】①《名・ス自》ある物・所にしっかりついて離れないこと。あるあらたな情況がしっかり根をおろすこと。「―した外来語」②《名・ス他》写真で、現像したフィルム等の未感光部分の感光性を除く処置をすること。「―液」

でいちゅう【泥中】どろの中。「―の蓮(はちす)」(泥中に生えながら清らかに咲く蓮(はす)の花。きたない環境にそまらず清らかさを保つたとえ)

ていちょう【丁重・×鄭重】《名・ダナ》礼儀正しく、注意も行き届いて、態度が丁寧な様子。「客を―にもてなす」派生 **-さ** **―ご**【丁重語】敬語の一分類で、形は謙譲語に似ているが、働きとしては(へりくだりと言うより)自分の動作など自分側の事物を丁重に表す語。例、「海岸近くまで参りますと潮の香がいたしました」の「参る」「いたす」、「お近くにおいでの折は是非拙宅にお寄り下さい」の「拙宅」。▽謙譲語としてうまくは説けない一類を分離したもの。ただし区別の規準がまだ客観化されていない。→けんじょうご

ていちょう【低調】《名ナ》調子が低いこと。㋐程度が低く内容に乏しいこと。「―な応募作」㋑十分に調子が出ず、ふるわないこと。「―な出足」派生 **-さ**

ティッシュ ペーパー 薄くて柔らかいちり紙。ティッシュ。▽tissue paper

ていっぱい【手一杯】①その仕事だけでそれ以上余裕がないこと。②力の限り。できる限り。「―値引きをした」

ディップ ①《名》生野菜などにつけて食する、とろみのあるソース。マヨネーズなどに、香辛料・チーズなどを混ぜこんだもの。ディップ ソース。「アボカドの―」②《名・ス他》ソースにちょっと浸すこと。「旬の食材を―して食べる」▽dip

ていてい【廷丁】「廷吏」の旧称。

ていてい【亭亭】《ト タル》木などが高くまっすぐに伸びている様子。「―とそびえ立つ松の木」

ディテール 詳細。細部。細目。デテール。▽detail

ていてつ【×蹄鉄】馬のひづめの底に打ちつけ、ひづめの摩滅を防ぐための(鉄の)金具。鉄蹄(てってい)。

ていてん【定点】定まった位置の点。「―観測」

ていでん【停電】《名・ス自》送電が一時的にとまること。そのため電灯が消えること。

ていでん【逓伝】《名・ス他》人から人へ、また宿場(しゅくば)から宿場へと、順々に伝え送ること。また、その宿場人足(にんそく)や車馬。

ていと【帝都】帝国の都。

ていど【程度】物事の性質や価値を量的に考えたときの、その大きさ。ほど。㋐高低・強弱・多少・優劣などがどれほどかということ。「二メートル―の高さ」「どのくらい財産があるか―が知れない」「生活―が低い」「この場合はある―許せる」▽水準を言う「生活―」や「ある―(まで)大きくなれば」のような用法は、「ほど」にはない。㋑それに適した度合。「高校生の―を越える難問」「幾ら正直がいいと言っても―がある」 **―もんだい**【―問題】①根本にかかわるものではなく、程度㋐がどうかということに関する問題。「両者の意見の相異は―にすぎない」②程度㋐の大きさなどが物事の適否にかかわるような問題。「いくら倹約するといっても―だ」

でいど【泥土】①水にとけた土。どろ。②比喩的に、全く価値のないもの。

ていとう【低頭】『名・ス自』(相手に敬意の気持などを表すため)頭を低くさげること。「平身—」(平謝りに謝ること)

ていとう【抵当】借金の際、金が返せなくなったら貸手が自由に処分してよいと約束する、借手側の品物。担保。かた。「土地を—に入れる」 **—けん**【—権】債務不履行の場合、担保について、他の債権者に優先して弁済を受けうる権利。 **—ながれ**【—流れ】債務不履行のため、担保の所有権が債権者に移ること。

ていとく【提督】艦隊の司令官。更に広く、海軍の将官。

ていとん【停頓】『名・ス自』途中で行きづまること。進展しないこと。▽もと、急にとまること。

ディナー(西洋料理で)一日のうち、正式の食事、特に晩餐(ばんさん)。また、晩餐会。▽dinner

ていねい【丁寧・叮×嚀】『名・ダナ』①動作・態度などがぞんざいでなく礼儀正しいこと。「—な言葉づかい」「—におじぎする」②仕事のやりかたが雑でなく、念入りなこと。「字を—に書く」 派生 **—さ** 関連 念入り・入念・細心・丹念・克明・密・綿密・厳密・緻密・細密・周密・篤(とく)と・じっくり・とっくり・みっちり・みっしり・心して・細細・事細か・事を分けて・つくづく・よくよく・くれぐれ・一一・一つ一つ・逐一・微に入り細にわたり・手間隙(ひま)掛けて **—ご**【—語】敬語の一分類で、助動詞「ます」「です」「でございます」など、判断作用の表明に丁寧さを添える語。広くは、「お酒」「お召物」のような、物の言い方に上品さを添える美化語を含める。▽美化語は品詞の上でも狭義の丁寧語と異なる。広義のは異質の語を一類にしたもので、理論上は間に合わせの扱いに過ぎない。

でいねい【泥×濘】ぬかるみ。

ていねん【丁年】一人前に成長した年齢。また、一人前の男子。▽古風。

ていねん ①【停年・定年】退官・退職する決まりになっている一定の年齢。▽「定年」は、字面が「停年」では分かりにくかろうと考えたところからの、第二次大戦後の書き替え。②【停年】旧陸海軍で、現役の武官が同一階級で服務すべき年限(の新旧の順)。「—の己より古い者」

ていねん【諦念】①(仏教の)道理を悟る心。②あきらめの気持。▽本来の読みは「たいねん」。

ていのう【低能】『名ナ』知能の発達が普通より遅れて低いこと。 派生 **—さ**

ていはく【停泊・×碇泊】『名・ス自』船が碇(いかり)をおろしてとまること。

ていはつ【×剃髪】『名・ス自』(仏門にはいり)髪をそりおとすこと。また、仏門にはいること。薙髪(ちはつ)。

ていばん【定番】「定番商品」の略。㋐流行にかかわりなく、安定した売上げが期待できる商品。▽商品台帳の品番が固定して定められていることから。㋑転じて、代表的なもの。お決まりのもの。「このレストランの—はオムライスだ」

でいばんがん【泥板岩】→けつがん

ティピカル『ダナ』典型的。▽typical

ていひょう【定評】多くの人がそう認めていて、動かせない評判・評価。「歌のうまさには—がある」

ていびょう【帝×廟】天子の霊をまつった所。

ていふ【貞婦】貞操がかたい女性。貞女。

ディフェンス(競技で)防御。守備。また、その選手。↔オフェンス。「—が固い」▽defense

ディベート『名・ス自他』①討論すること。「与野党党首の—」②学校教育で、提示した主題につき肯定側・否定側に分かれて討議すること。そういう活動。▽debate

ていへん【底辺】①三角形で、頂点に対する辺。また台形で、平行な二つの辺。②比喩的に、社会や集団の下層。

ていぼう【堤防】水を防ぐために設けた、つつみ。土手。「—が切れる」

ていぼく【低木】高さがほぼ人間の身長以下で、幹はあまり太くならず、下部から枝分かれしている木。例、ツツジ・ウツギ・アオキ。▽旧称は「灌木(かんぼく)」。

ていほん ①【定本】(古典などの)異本を校合(きょうごう)して、写し誤りなどを正した、標準となる本。②【底本】翻訳・校訂などのもとにした本。▽(1)と聞き分けられるように「そこほん」とも言う。

ていまい【弟妹】おとうととといもうと。

ていめい【低迷】『名・ス自』①雲が低くさまようこと。②悪い状態を抜け出せずに迷うこと。「下位に—する」

ていめい【締盟】同盟・条約を結ぶこと。「—国」

ていめん【底面】立体の底になっている面。

ディメンション →じげん(次元)。▽dimension

ていやく【定訳】評価の定まった翻訳。標準訳。

ていやく【締約】『名・ス自』条約を結ぶこと。

ていよう【提要】ある事柄の要点をかいつまんで述べたもの。「論理学—」

ていよく【体よく】『連語』《副詞的に》体裁よく。さしさわりを生じないような巧みなやり方で。「—追いはらう」

ていらく【低落】『名・ス自』(相場・人気など変動しやすいものが)下がること。特に、物価や株価が下がること。

ていらず【手入らず】①手数・世話がかからないこと。②まだ一度も使っていないこと。そういうもの。▽生娘(きむすめ)を指すことがあった。③手入れがしてないこと。

ていり【低利】やすい利息。↔高利

ていり【廷吏】裁判所で法廷の雑務をする職員。

ていり【定理】公理・定義だけから論理的に導き出せる(一般的)命題。▽公理自体を含めても言う。

でいり【出入り】①『名・ス自』㋐出たりはいったりすること。「人の—が多い」「—口」㋑その家を得意先

としてよく出はいりし、仕事(商売)をさせてもらっていること。「—の大工」②『名』金銭の出納(すいとう)。収支。「年末は金の—が多い」▽→ではいり。③『名』分量が多かったり少なかったり一様でないこと。また、平らでなく、でこぼこなこと。「—の多い海岸線」④『名』もめごと。悶着(もんちゃく)。けんか。「女—」(女に関してのもめごと)　**—さき【—先】**(仕事師・職人などが)目を掛けてもらってよく出はいりする得意先。「—のお嬢様」

デイリー 毎日の。「—ケア」。特に、日刊の刊行物を言い、新聞の名称に多く使う。▽daily「デーリー」とも書く。

ていりつ【低率】『名ナノ』割合が小さいこと。低い比率・利率。↔高率

ていりつ【定率】 あるものに対する一定の割合。

ていりつ【定律】 ある事柄に対して定まっている規則・法則。

ていりつ【定立】『名・ス他』具体的な全体の中からその特定の面や一定の内容を取り出して立て定めること。また、そう立て定めた主張。命題。▽ドイツ These の訳語。→テーゼ

ていりつ【×鼎立】『名・ス自』三人(三つの勢力)が互いに張り合って対立すること。▽鼎(かなえ)の脚が三本あることから。

ていりゅう【停留】『名・ス自』ある所に一時とどまること。　**—じょ【—所】** 客の乗り降りのため、バスなどがとまる一定の場所。　**—じょう【—場】** 客の乗り降りのため、路面電車などがとまる一定の場所。▽「ていりゅうば」とも言った。

ていりゅう【底流】 ①『名』川や海などの、表面には現れていない底の方の流れ。②『名・ス自』比喩的に、物事の表面に現れていないが、その根底に動いている勢い・感情。そういう動きをすること。「欧化の対抗として—する国粋主義」

でいりゅう【泥流】 火山の爆発や山崩れによって発生する、泥土の奔流。

ていりょう【定量】 一定の分量。きめられた(きまった)分量。　**—か【—化】**『名・ス他』普通には質的と見られている事柄を、その特性に即した数量として表す(表せるようにする)こと。「酒の味の—を試みる」　**—てき【—的】**『ダナ』①分量の測定に関するさま。②比喩的に、量的。計量的。↔定性的。　**—ぶんせき【—分析】** 化学分析の一つの方法。検査される物質中の成分の量を測る分析。

ているい【×涕涙】 なみだ。

ていれ【手入れ】『名・ス他』①直すこと。「文章の—」②よい状態で保存するための、つくろいや世話をすること。「庭の—」③犯罪の捜査や犯人の検挙のため、現場に踏み込むこと。「警察の—がある」

ていれい【定例】 ①いつもどおりのしきたり・決まり。「—閣議」②一定の事例。

ディレクター ①演出家。監督。また、(放送番組の)制作責任者。②支配人。▽director

ディレクトリ コンピュータの磁気記憶媒体に記録された、その媒体上のすべてのファイルの管理情報(名前・大きさ・記録場所など)。また、その情報の記録部分。「ルート—」「サブ—」▽directory(＝住所録)

ていれつ【低劣】『名ナノ』程度・品性などが低く劣っていること。「—な趣味」 派生 **-さ**

ディレッタント 専門家ではないが、文学・芸術を愛好し、趣味生活にあこがれる人。好事(こうず)家。▽dilettante

ていれん【低廉】『名ナノ』値段がやすいこと。金額が少ないこと。「—な賃金」

ていろん【定論】 →ていせつ(定説)。▽この言い方を最近は余りしない。

ディンクス【DINKs】 夫婦共働きで、子どもを持たないこと。▽double income no kids から。

ティンパニ オーケストラに使う、半球形の大きな太鼓。ティンパニー。▽イタリア timpani

てうえ【手植(え)】 その人がみずからの手で植えること。その植えた草木。「天皇陛下お—の松」

てうす【手薄】『名ナノ』①人手が少ないこと。「—に乗じて」②手もとに物・金などが少ないこと。「在庫が—になる」 派生 **-さ**

デウス 神。天帝。▽キリシタン用語。ポルトガル Deus

てうち【手打(ち)】 ①取引・和解が成立したしるしに、両手のてのひらを打ち鳴らすこと。手をしめること。「—式」②うどん・そばなどを機械でなく手で作ること。「—そば」③昔、武士が家来や町人を自分の手で斬ったこと。「お—にする」▽③は「手討」とも書く。

てえ〔俗〕「という」の意。「大変な騒ぎだ—ことだ」「遠山の金さん—お方」

デー 特にその日に限った催しのある日。「サービス—」「虫歯予防—」▽day(＝日)　**—サービス** →デイ サービス。　**—パック** 日帰り用のリュックサック。小型の背負い袋。▽「デイ パック」とも。day pack

テークアウト『名・ス他』(ファースト フード店などから)他の場所で食べるためにそのまま料理を持ち帰ること。持ち帰り。▽アメリカ takeout

テークオフ『名・ス自』飛ぼうと地を離れること。㋐航空機の離陸(離水)。㋑スキーのジャンプでの踏み切り。▽takeoff

デージー →ひなぎく。▽daisy

テースト ①風味。味わい。②趣味。このみ。▽「テイスト」とも。taste

テーゼ ①定立。(初めに)立てられた命題。正・反・合の「正」。②綱領。▽ドイツ These

データ それをもとにして、推理し結論を導き出す、または行動を決定するための事実。資料。▽data　**—サイエンス** 情報科学・統計学などを応用し、各種のデータに内在する法則性を探り出したり、そのための手法を研究したりする学問分野。▽data science

ーベース（コンピュータによる情報処理で）蓄積・検索・更新などに便利なように有機的に整理された情報の集まり。「自分用のーを構築する」▽「データバンク」とも言った。database　**ーほうそう【ー放送】**主にテレビ・ラジオ放送用の電波を利用した、文字などのデータの放送。

デート『名・ス自』（親しい男女が）日時を決めて会うこと。その約束。▽アメリカ date（＝日付。年代）

テーピング『名・ス他』けがの予防や応急処置のために、関節や筋肉に布製テープなどを巻いたり貼ったりすること。▽taping

テープ 細長い帯状の紙・布など。㋐さまざまな色の、紙製で、部屋の飾りなどに使うもの。「船からーを投げて別れを惜しむ」㋑競技の決勝点に張るもの。「一着でーを切る」㋒音声や画像を記録するためのもの。磁器テープ。「ーに吹き込む」「ビデオー」㋓裏面（または両面）に粘着剤をつけたもの。セロテープやガムテープなど。▽tape　**ーおこし【ー起こし】**テープなどに録音してある音声を聞いて、文字化する作業。　**ーカット**『名・ス自』開設・開場・開通などの記念に、関係者・来賓が紅白のテープにはさみを入れること。その祝賀行事。▽tape と cut とによる和製英語。　**ーデッキ** →デッキ⑶。　**ーレコーダー** 音をテープに録音し、また再生して聞くための装置。▽tape recorder

テーブル ①卓。食卓。「交渉のーにつく」②表（ひょう）。「タイムー」（時刻表）▽table　**ークロス** 食卓・卓・机にかける布。テーブルかけ。テーブルクロース。▽tablecloth　**ースピーチ** 祝賀会・結婚披露宴などで、食卓の席から立ち上がってする、演説式のあいさつ。▽table と speech とによる和製英語。　**ーセンター** テーブルの中央に敷く装飾的な小布。▽table と center とによる和製英語。　**ーチャージ** レストランなどで支払う席料。▽table と charge とによる和製英語。　**ーマナー** 西洋式の食事の作法。「ー教室」▽table manners

テーマ 主題。「論文のー」「ーソング」▽ドイツ Thema　**ーパーク** 特定のテーマに基づいて構成されたレジャー施設。▽ドイツ Thema と park とによる和製語。

テーラー 紳士服の仕立屋。▽tailor

テール ①㋐尾。しっぽ。「ーシチュー」㋑後尾。「スキーのー」「ーランプ」▽tail ②中国の旧式銀貨・重量の単位である「両」の（外国人の）呼び名。▽tael　**ーライト** 自動車などの後ろにつける明かり。尾灯。テールランプ。↔ヘッドライト。▽taillight

ておい【手負（い）】（戦って）傷を負わされること。そうされたもの。「ーの熊」

ておくれ【手遅れ・手後れ】（病気の手当てや事件の処置など）しなくてはならない時機をのがしたこと。

でおく-れる【出遅れる】『下一自』他におくれて出る。「スタート地点で選手が一人ーれた」。他におくれて物事に取りかかる。「海外進出にーれた企業」

ておけ【手×桶】取っ手つきの桶。

ておし【手押し】機械や牛馬の力などではなく、人間の手で押すこと。「ー車」

ておち【手落ち】手続き・仕方などに、過失・欠点があること。その不完全な所や過失。

ておどり【手踊（り）】①すわったまま手だけ動かしてする簡単な踊り。②三味線（しゃみせん）に合わせてする踊り。③所作事（しょさごと）のうち、手に何も持たないでする踊り。④盆踊りなどの、大勢そろって同じ手振りでする踊り。⑤表情に重きを置かない、ちょっとした踊り。

ておの【手×斧】→ちょうな

ておもい【手重い】『形』①たやすくは出来ない。↔手軽い。②手厚い。「ーもてなし」▽⑴も⑵も既に古風。

ており【手織（り）】近代的な機械によらず、簡単な機（はた）を使い、手で織ること。その織物。

てか【手下】→てした

でか〔俗〕刑事。▽普通「デカ」と書く。「角袖（かくそで）」を逆にしたソデカクの略か。→かくそで⑵

デカ 基準となる単位名に冠し、その単位の十倍に当たる意を表す語。記号 da または D。「ーリットル」▽フランス déca-

てがい【手飼（い）】自分・自宅で飼うこと。また、手なずけていること。その者。

でか-い『形』〔俗〕（非常に）大きい。でっかい。「ー家」「ー面（つら）をする」▽接頭語「ど」＋「いかい」の転。[派生] -さ

でがいちょう【出開帳】本尊などの仏像や寺宝をよそに運んで開帳すること。↔居開帳

でがえり【出帰り】主家から暇をもらった者が、またそこに仕えること。帰り新参。

てかがみ ①**【手鏡】**（柄がついていて）手に持って使う小さな鏡。②**【手△鑑】**名家の筆跡（＝手）を集めて筆跡鑑定の見本としたもの。

てがかり【手掛（か）り・手懸（か）り】①物によじのぼったりする時、体を支えるため手をかける所。②転じて、捜索や調査を進めるいとぐち。「犯人のーをつかむ」

てかき【手書（き）】上手に字を書く人。▽「てがき」と読めば別の意。

てかぎ【手×鉤】①棒の先にかぎをつけたもの。荷物や大きな魚などを引っ掛けて持ち上げるのに使う。②樫（かし）の棒の中ほどにかぎをつけた鳶口（とびぐち）。

てがき【手書き】『名・ス他』印刷やワープロなどによらず、手で字などを書くこと。「ーの年賀状」▽「てかき」と読めば別の意。

てかけ【手懸（け）】①めかけ。▽「妾」とも書く。関西風の言い方。②手をかけること。手をかける（のに便利なようにした）箇所。

でがけ【出掛け】出かけようとする時。出しな。「ーに客があった」。また、出かけてすぐ。「ーに立ち寄る」

てが-ける【手掛ける・手懸ける】『下一他』直接自分で

行ったり扱ったりする。手をくだす。「設計から施工までー」

でかーける【出掛ける】《下一自》①出ようとする状態にある。出かかる。「プラットホームを電車がーけている」②外出する。「散歩にー」「芝居を見にーところだ」「散歩にーけている」(散歩に出て今るすだ)

てかげん【手加減】《名・ス自他》①物事を、都合よく調節すること。特に、物事をきびしく扱わず、その場に応じて適宜に計らうこと。手ごころ。「ーせずに殴る」②手に握ったぐあいや手に感じる重さなど。また、そうして分量・程度を測ること。

てかご【手籠】手に下げて持ち運びできる程度のかご。

てかず【手数】→てすう

でかーす【出来す】《五他》できるようにする。㋐うまく(よく)しとげる。「よくぞ、ーした」㋑つくる。つくってしまう。「はれものをー」▽「できる」を他動詞化した語。

てかせ【手枷・手械】(囚人などの)手にはめて、自由に行動させなくするための道具。

でかせぎ【出稼(ぎ)】故郷からよその土地・国に出かけて稼ぐこと。その人。

てがた【手形】①証拠の文書。㋐(取引)ある金額をある時期に、ある場所で支払うことを示した有価証券。為替(かわせ)手形・約束手形の総称。㋑証文。▽(2)から。②てのひらに墨などを塗っておした、手の形。特に、後日の証拠として、それをおしたもの。 **ーわりびき**【ー割引】銀行などが、手形に記載された支払期日までの利子に相当する金額を引き去って残金を支払い、その手形を買い取ること。

でかた【出方】①出る方法。(ある事に対する)態度。でよう。「相手のーを待つ」②芝居小屋・相撲(すもう)茶屋などで、客の案内を職業とする男。

てがたーい【手堅い】《形》①やりかたが確実で(大当たりはしないが)危険がない。堅実だ。「ー商売」②(取引)相場に下落の気配がない。派生 **ーさ**

てがたな【手刀】①手の小指がわの側面で(刀を使うように)打つこと。②『ーを切る』相撲(すもう)で、勝ち力士が懸賞などをうける時、作法として手刀の動作をする。

でがたり【出語り】浄瑠璃語りが、舞台に設けられた席に現れて、浄瑠璃を語ること。

デカダン《名ナ》デカダンス的(な人)。「ーな生活」▽(フランス) décadent

デカダンス ①十九世紀末に起こった、芸術の一派。フランス象徴派の、極端に洗練された技巧を尊んだ芸術家の一派。転じて、病的な感受性を重んじ、唯美的で背徳的な傾向。②非社会的で、倦怠(けんたい)におぼれた生活をすること。▽(フランス) décadence

てかてか《ダナ・副[と]・ス自》つやがあって、光っているさま。「酒焼けでーした赤ら顔」「ポマードをーにつけた髪」「ーに光るズボンの尻」

でかでか《副[と]》[俗]並はずれて大きいさま。「新聞にーと載る」「ーと結いあげた丸髷(まるまげ)」▽「でかい」の語幹を重ねた語。

てがみ【手紙】用事などを書いて他人に送る文書。書簡。▽普通は封書のを指す。「手」は筆跡の意。関連 書簡・手簡・書状・封書・葉書・ふみ・便り・信書・音信・消息・音沙汰(おとさた)・貴簡・尊簡・貴書・貴札・芳信・芳書・芳墨・懇書・鳳声(ほうせい)・私信・恋文・矢文・絵手紙・置手紙・詫状・親書・弔文・賀状・礼状・返事・返書・幸便・後便・メッセージ・ダイレクト メール・電子メール・追伸・二伸・追って書き・追記・文通

てがら【手柄】人にほめられるような、立派な働き・仕事。功績。いさお。「ーを立てる」 **ーがお**【ー顔】手柄を自慢する顔つき。

てがら【手絡】女性が丸まげの根もとなどに掛けて飾る、染めた、きれ。

でがらし【出涸らし】何度も煎じ出して、味・かおりが薄くなったこと。そうなったもの。「ーの茶」

てがる【手軽】《ダナ》簡単でたやすいさま。面倒な手数がかからないさま。「ーな料理」派生 **ーさ**

てがるーい【手軽い】《形》手軽だ。派生 **ーさ**

デカンタ ワインやシェリー酒を入れる卓上用ガラスびん。▽「デキャンタ」とも。decanter

てき【*的】[的] テキ まと ①弓を射るときのめあて。まと。「射的・標的・目的・金的」②よくあたる。「的中・的例」③あざやか。はっきりしている。あきらか。「的然」④はっきりしてまちがいがない。たしか。「的確・的当」⑤名詞に添えて「……のような」「……の性質を帯びた」「……の状態をなす」などの意を表す。また英語の -tic の音訳にも用いる。「私的・知的・美的・詩的・端的・病的・劇的・人的・物的・精神的・現実的・科学的・宗教的・浪漫的」⑥人名・職業名などの一部に添えて親しみ・さげすみを表す。「取的(とりてき)・泥的(どろてき=泥棒の俗称)」

てき【*笛】 テキ ふえ ―竹にあなをあけてこしらえた楽器。管楽器。「笛声・明笛(みんてき)・胡笛(こてき)・鼓笛・牧笛・銀笛・汽笛・号笛・霧笛・警笛」

てき【滴】 テキ しずく したたる ①水が小さなつぶとなって落ちるもの。しずく。したたり。しずくが落ちる。しずくとなって落ちる。したたる。「滴下・余滴・点滴・水滴・雨滴・硯滴(けんてき)」②したたる回数を数える語。「一滴・数滴」

てき【*適】[適] テキ ゆく かなう たまたま ①ふさわしい。よくあてはまる。かなう。「適否・適度・適切・適当・適宜・適合・適用・適任・適応・適中・適者・適例・適法・適温・適役・適薬・適量・適齢・適地・適材適所・好適・最適」②心にかなう。「快適・清適・自適」③目的に向かってまっすぐにゆく。ゆく。「適従・適往」④たまたま。偶然に。「適然」

てき【*敵】 テキ かたき ①《名・造》いくさの相手方。「敵地・敵陣・敵軍・敵兵・敵国・敵情・敵勢・敵襲・対敵・仮想敵・敵味方(てきみかた)・利敵行為」

「敵は本能寺にあり」(→てきほんしゅぎ) ②うらみをもって立ち向かう相手。あだかたき。「敵意・敵視・敵愾心(てきがいしん)・仇敵(きゅうてき)・宿敵・怨敵・朝敵・天敵」③相手になる。互いに五分である。当面する相手。「匹敵・敵対・敵応・敵手・不敵・無敵・政敵・論敵」

てき〖摘〗テキ つむ ①(よいものを)選んで取り出す。つまみ出す。つむ。「摘出・摘録・摘記・摘要・指摘」②他人の悪をあらわす。あばき出す。「摘発」

てき〖擲〗テキ チャク なげうつ なげつける。なげやる。なぐりつける。「擲弾筒・投擲・放擲・抛擲(ほうてき)・打擲(ちょうちゃく)・乾坤(けんこん)一擲」

てき〖嫡〗→ちゃく〖嫡〗

でき【出来】①出来る、または出来上がること。「仕事の—が早い」。出来(上がり)ぐあいや、物事の成績。「良い—だ」「今年は麦の—(=作柄)が思わしくない」「学校の—が悪い」②〔取引〕売買(の成立)。▽「しゅったい」と読めば別の意。

でき〖溺〗デキ ニョウ(ネウ) おぼれる ①水の中におちこんでうかび上がれない。おぼれる。「溺死・沈溺」②物事に深入りして、ぬけ出られない。おぼれる。「溺愛・耽溺(たんでき)・惑溺」③小便。小便をする。放尿。「溺孔」

できあい【出来合(い)】作っておいて、売るために備えてあること。その品。既製(品)。↔あつらえ

できあい【溺愛】『名・ス他』むやみにかわいがること。盲目的に愛すること。

できあ-う【出来合う】『五自』①(男女が)いい仲になる。密通する。くっつく。②間に合うようにできる。▽古風。

できあがり【出来上(が)り】すっかりつくり終わること。完成。また、その結果。できばえ。

できあが-る【出来上がる】『五自』①すっかりできる。完成する。②俗に、酒を飲んで、よいきげんに酔った状態になる。「皆さんもう—っていますよ」

できあき【出来秋】秋、稲がよく実ったころ。

てきい【敵意】相手を敵と感じる気持。敵対する心。「—を抱く」

テキーラ 竜舌蘭(りゅうぜつらん)の株の汁で作る強い蒸留酒。メキシコ特産。▽スペイン tequila

てきえい【敵営】敵の陣営。

てきえい【敵影】敵の兵力がそこに現れていると察知できるような、ものの姿(=影)。「あたりに—を見ない」

てきおう【適応】『名・ス自』①その情況によくかなうこと。「彼はどんな環境にも—性がある」②生物の形態や機能などが、その生活環境に適合すること。「都市に—したネズミやカラス」 **—しょう**【—症】その薬や手術などの治療を施せば(著しい)効果があがるような、病気・症状。

てきおん【適温】ちょうどよい温度。

てきか【摘果】『名・ス自』果実の間引きをすること。▽「てっか」とも言う。

てきか【滴下】『名・ス自他』しずくとなって落ちること。しずく状にしてしたたらすこと。

てきか【敵火】敵軍から向かってくる、砲銃その他の武器の火力。「—を浴びる」▽「てっか」とも言う。

てきが【摘芽】『名・ス自』植物のむだな芽をつむこと。

てきがいしん【敵×愾心】敵に対して怒りを燃やし、これを倒そうとする闘志。「—を燃やす」▽もと、君主の恨みを晴らそうとする心。

てきかく【的確】『ダナ』的(まと)をはずれず確かなさま。真相を突いていて正確なさま。てっかく。「—な判断」▽「適確」は当て字。派生 **-さ**

てきかく【適格】『名ナ』法律などで定められた資格にかなっていること。てっかく。↔欠格。「—性」

てきかん【敵艦】敵の軍艦。「—見ゆとの警報に接し」

てきき【手利き】手腕があること。そういう人。腕きき。

てきき【敵機】敵軍に属する航空機。てっき。

てきぎ【適宜】『ダナ・副』①その時その場にぐあいよく適するように行うさま。適当。「—の処置」②各自がよいと思うようにするさま。随意。「その辺へ—腰掛けてくれ」

てきぎょう【適業】その人の才能・性格などに適した職業。

てきぐん【敵軍】対抗する相手の軍。▽主に、敵の大兵団について言う。

てきげん【適言】その場合によく当てはまった言葉。

てきごう【適合】『名・ス自』(ある条件や事情に)よく当てはまること。

てきこく【敵国】①敵対する、または敵とする、国。国際法普及後は、国交を断絶し互いに宣戦を布告した後の(講和に至るまでの)相手国。②比喩的に、ある強力な対抗勢力。「一大—」

できごころ【出来心】ついふらふらと起こった好ましくない、心の揺らぎ。「ほんの—で盗んでしまった」

できごと【出来事】世間で起こる(いろいろの)事。「今日一日の—を話す」▽日常普通の事までを含み、「事件」より指す範囲が広い。

てきさい【適才】その事に適した才能。

てきざい【適材】その事に適した才能の人。 **—てきしょ**【—適所】適材を、適した地位・任務につけること。

てきさく【適作】その土地の地味(ちみ)・気候に適した作物。

てきし【敵視】『名・ス他』相手を敵だと見ること。敵と見て憎むこと。

てきじ【適時】ちょうど適当な時。

できし【溺死】『名・ス自』水におぼれて死ぬこと。水死。

てきしゃ【適者】環境に適応している者。また、ある事柄に適当な者。 **—せいぞん**【—生存】生物進化論の用語で、生存競争において環境に最も適したものが生き残る機会を保障されること。

てきしゅ【敵手】①敵の手。「城が―に落ちる」「―に仆(おた)れる」②敵。(競争)相手。「好―」

てきしゅう【敵襲】敵がおそって来ること。

てきじゅう【適従】《名・ス自》たよって従うこと。

てきしゅつ①【摘出】《名・ス他》つまみ出すこと。「弾丸の―手術」。ぬき出すこと。「誤謬(ごびゅう)を―する」②【×剔出】《名・ス他》えぐり出すこと。

てきしょ【適所】適した地位・任務。「適材―」

てきじょ【摘除】《名・ス他》摘出して取り除くこと。「がんの―」「生育促進のために花房を―する」

てきしょう【敵将】敵軍を指揮する総大将・将軍。

てきじょう【敵情・敵状】敵(敵軍)の様子。

てきしょく【適職】その人に適した職。

てきしん【摘心】《名・ス自》実や花を大きくするために、新しく伸びてくる茎・枝を途中でつみ取ること。

てきじん【敵陣】兵力を配して対抗する敵の陣立て。「―を分断する」▽「敵(の)陣地」と言うのと違い、戦闘に応じ位置移動を伴う場合のも含む。

てき-す【敵す】《五自》→てきする(敵)

てき-す【適す】《五自》→てきする(適)

てきず【手傷・手△創・手×疵】闘って受けるきず。「―を負う」

テキスト ①教科書。特に、副読本・講座用教材などに使うもの。②原文。本文。▽「テクスト」とも言う。③コンピュータで、文字データ。▽text

てき-する【敵する】《サ変自》①手向かう。敵対する。「衆寡―・せず」(→しゅうか(衆寡)) ②匹敵する。

てき-する【適する】《サ変自》①あるものが他のものによく合う。ある事がその場合によく当てはまる。「病人に―・した食事」②ある事柄をするにふさわしい資格・能力がある。「自分に―・した職業」

てきせい【敵性】敵としての行為と見なせる性質。

てきせい【敵勢】敵のいきおい。▽「てきぜい」と読めば別の意。

てきせい【適性】性質・性格が、その事に適していること。そういう性質・性格。「―検査」

てきせい【適正】《名・ダナ》適当で正当なこと。「―価格」 派生 -さ

てきぜい【敵勢】敵の軍勢。▽「てきせい」と読めば別の意。

てきせつ【適切】《名・ダナ》その場合によく当てはまって、ふさわしいこと。「―な助言」 派生 -さ

てきぜん【敵前】陣を張っている敵軍の前面(の、危険な地帯)。「―上陸を敢行」「―逃亡」(比喩的に、責務に反して逃げ隠れる意にも)

できそこない【出来損(そこな)い】①でき上がりがまずいこと。ふでき。また、そういうもの。②能力などが十分でない不完全な人間だとののしって言う語。

てきたい【敵対】《名・ス自》敵として、相手に対すること。「―する派閥」

できだか【出来高】でき上がった総量。㋐生産高。㋑農作物の収穫高。㋒売買が成立した取引の総量。

できたて【出来立(て)】できたばかりであること。「―のほやほや」▽→たて(立)(2)㋐

てきだん【敵弾】敵の撃った銃砲のたま。

てきだんとう【×擲弾筒】手榴(てりゅう)弾などを遠くまで飛ばすための、小型で携帯用の筒形の火器。

てきち【適地】それに適した(環境の)土地。「―栽培」

てきち【敵地】敵が占め、その支配下にある土地。広義では、敵兵が出没するなど、味方の勢力が及ばない所を含む。

てきちゅう【的中】《名・ス自》①射または撃った矢または弾丸がまと(=的)にあたる(=中)こと。命中。②転じて、予想通りぴたりと当たること。▽「適中」とも書くが、こちらは本来、まさに適する意。

てきてき【滴滴】《ト タル》しずくがしたたり落ちるさま。ぽたぽた。「涙―」「―としたたり落ちる岩清水」。色・光などが満ちるさま。「垣をおおう―たる花」

てきど【適度】《ダナ》ちょうどよい程度。「―の酒」「―に湿る」 派生 -さ

てきとう【適当】①《ダナ・ス自》ある性質・状態・要求などに、ちょうどよく合うこと。ふさわしいこと。「―な訳がない」「―の措置を講じる」「土地に―した作物」②《ダナ・ス自》分量・度合などがちょうどよいこと。「―な温度」「個々に―した作業」③《ダナ》要領がよいさま。いい加減なさま。「―な仕事ぶり」「―にあしらう」 派生 -さ

てきにん【適任】《名ナ》その任務によく適していること。「―者」

てきはい【敵背】敵の背後。「―をつく」

できばえ【出来映え・出来栄え】でき上がりの様子(が見事なこと)。

てきぱき《副「と」・ス自》物事を手ぎわよく次から次へと処置するさま。「―(と)片付ける」「―(と)指示する」「―(と)した動作」

てきはつ【摘発】《名・ス他》悪事をみつけ出して、社会的に公表すること。「汚職を―する」

てきひ【適否】適しているかそうでないかということ。適不適。

てきびし-い【手厳しい】《形》批判・交渉などに手心(てごころ)を加えず、非常にきびしい。↔手ぬるい。「―・く反問する」 派生 -さ

てきひょう【適評】適切な批評。

できぶつ【出来物】人柄がすぐれている人。「なかなかの―だ」

てきへい【敵兵】敵軍に属する者の総称。「―侮るべからず」「―が出没する」▽個々の兵士に限らない。

てきほう【適法】法にかなっていること。↔違法

できぼし【出来星】急に出世したり金持になったりすること。そういう人。成り上がりや成り金。「―の政商」▽新たに生まれた星の意の転。古風。

できぼつ【溺没】《名・ス自》おぼれて沈む、または死ぬこと。

てきほんしゅぎ【敵本主義】目的がそこでないように

見せかけて、途中で急に本来の目的に向かって行動する、しかた。▽明智光秀(あけちみつひで)の故事による「敵は本能寺にあり」から。

てきめん【×覿面】『ダナ』ある事の効果・報いが(目の前で)すぐにはっきり現れるさま。「この薬は―にきく」「天罰―」

できもの【出来物】体(主に皮膚)にできた腫れ物。

てきや【的屋】→やし(香具師)。▽→てき〔的〕⑹

てきやく【適役】その役に適していること。また、その人に適した役。

てきやく【適薬】その病気によく適したくすり。

てきやく【適訳】ぴったり当てはまった訳語・訳文。

てきよう【摘要】『名・ス他』要点を抜書きすること。その抜書き。

てきよう【適用】『名・ス他』法律・規則・方法などを物事に当てはめて使うこと。「大学設置基準の改正がすべての大学に―された」「労災保険の―」

できょうじゅ【出教授】(芸事などを)先方へ出かけて教えること。「琴の―で暮らしを立てた」

てきらい【摘×蕾】花や果実の生育をよくするために、余分なつぼみを間引いて摘み取ること。

てきりょう【適量】適度の分量。

でき-る【出切る】『五自』全部出る。出つくす。

でき-る【出来る】『上一自』①今まで存しなかった事物が現れ生じる。▽文語カ変動詞「いでく」が転じた形。⑵や⑶の意は⑴から。㋐起こる。「用事が―」。(表面に)現れる。「にきびが―」「敷物にしわが―」㋑生まれる。「子が―」㋒作られる。「店が何軒も―・きた」「何とも―・き過ぎた(=うまく都合よく仕立てられた)話だね」㋓(男女が)ひそかに結ばれる。「ふたりは―・きたらしい」②まとまった形に作られる。㋐仕上がる。完成・完了する。「宿題が―・きた」㋑人柄や才能がすぐれている。「よく―・きた人」「英語が―」▽「英語を―」のように「を」を使うのは他動詞化した俗用。③…する能力、または権利がある。可能だ。「入学―」「この手続きによって請求することが―」「―だけ(=可能な限り)速く走る」「―限り詳しく話す」「―・きれば(=許されれば)早く帰りたい」。許容される。「今回も割引券が利用―」▽法令文でこの打消しの形「…ことができない」を使うときは、普通、法的権利がないことを表し、禁止の意は「…てはならない」と表す。

てきるい【敵塁】敵のとりで。

てぎれ【手切れ】それまでの互いの関係を断つこと。絶縁。そのため相手に与える金銭。「―金」

でぎれ【出切れ】裁ち余りのきれ。たちくず。

てきれい【適例】適切な例。いい例。

てきれい【適齢】その規定・条件にあてはまる年齢。「―期」(特に結婚に適した年齢・時期)

てぎれい【手奇麗・手×綺麗】『ダナ』手仕事などを、てぎわよく、きれいに仕上げるさま。

できレース【出来レース】①前もって示し合わせて、勝者を決めて形だけ行うレース。八百長。②比喩的に、結果が決まっていて行う競争・選考など。▽「レース」は race

てきろく【摘録】『名・ス他』要点を記録すること。摘要。

てぎわ(は:ぎ)【手際】物事を処理する方法や腕前。「―よく事を運ぶ」

てきん【手金】→てつけきん。「―を打つ」

てく『連語』…て行く。「寄っ**てか**ない?」「今日見―」「食べ**てって**」▽→ゆく⑵㋒

でく『連語』「てく」が、撥音(はつおん)便・ガ行イ音便に続くときの形。…で行く。「すっとん―よ」「ここで休ん―?」▽→ゆく⑵㋒

でく【〈木偶〉】木ぼりの人形。また単に、人形。でくのぼう。

てぐさり【手鎖】「てじょう」の読み誤り。

てぐし【手×櫛】くしの代わりに、手の指を使って髪を整えること。

テクシー〔俗〕自動車でなく、足でてくてく歩いて行くこと。▽「タクシー」をもじった語。既に古風。

てぐす【〈天蚕糸〉】「てぐすいと」の略。釣に使う白色透明の、ナイロン製などの、糸。▽もと、楓蚕(ふうさん)(一名「てぐすさん」)の幼虫の体内から絹糸腺を取り、酸で処理したもの。

てぐすね【手ぐすね】『―(を)引く』十分に用意し待ちかまえる。▽矢が続けざまに射られるように、左の手のひらに、くすね(=松やにを油で練ったすべり止め)を塗ったことから。

てくせ【手癖】手の癖。「茶碗(ちゃわん)の形や―に作者がしのばれる」。特に、盗みを働く悪い癖。「―が悪い」

でぐせ【出癖】(やたらに)外出する(外出したがる)習慣。

てくだ【手管】人をだまして、うまくあやつる手ぎわ。「手練(てれん)―」

てぐち【手口】①犯罪・悪事の方法(の類型)。「巧妙な―」②〔取引〕売買の相手の種類。

でぐち【出口】外へ出るための口。↔入口。「―のない悩み」 **―ちょうさ**【―調査】投票所の出口を出て来た選挙人に、だれに投票したかなどを問う、動向予測の速報のための調査。

てくてく『副[と]』(乗物を使わず、遠くまで)歩き続けるさま。「森林鉄道の軌道を―歩いた」(太宰治「津軽」)

テクニカラー カラー映画製作法の商標名。また、広く天然色。▽Technicolor

テクニカル ターム 術語。専門語。▽technical terms

テクニシャン 高度な技能・技巧を持つ人。▽technician

テクニック 技巧。技術。技法。▽technique

テクノクラート 科学者・技術者出身の、政治家・高級官僚。技術官僚。▽technocrat

でくのぼう【〈木偶〉の坊】「でく」に同じ。また、でくのように役に立たない(気が利かない)やつだと、人をののしる語。

テクノポリス 先端技術産業を中心として形成された都市。高度技術集積都市。▽technopolis

テクノロジー 科学技術。工業技術。「ハイ—」▽technology

てくばり【手配り】《名・ス自》それぞれの方面に人を配して準備すること。てはい。

てくび【手首】 腕と手のひらとがつながっている所。うでくび。

てくらがり【手暗がり】 光が自分の手にさえぎられ、その影で手もとが暗くなること。そういう位置。

てぐり【手繰り】 ①手で繰ること。また、順々に手渡しすること。②仕事の繰り合わせ。都合。③「手繰り網」の略。引き網の一種で、海底を引いて魚を捕るもの。

てく-る《五自》〔俗〕てくてくと歩く。▽古風。

てぐるま【手車】 ①ふたりが両手を差し違えに組んで、その上に子供などをまたがらせて運ぶこと。②人の手で動かす車。㋐土砂などを運ぶための、柄(え)を持って押して行く一輪車。㋑牛をつけず手でひく二輪車。

デクレッシェンド〔音楽〕しだいに弱く(演奏すること)。ディミヌエンド。↔クレッシェンド。▽イタリア decrescendo

でくわ-す[…くはす]《五自》偶然に出会う。ばったりと行き合う。「熊に—」「障害に—」▽「でっくわす」とも言う。

でげいこ【出稽古】《名・ス自》出向いて稽古をつけること。

てこ【×梃子・×梃】 支点の周りに回転し得る棒。その一端に力を加えて大きな力に変えることができるので、重い物を動かす道具に利用する。「—でも動かない」(どういう手段でも動かせない。また、決心・信念などを変えない)「外圧を—にして市場を開放する」

てこいれ【×梃入れ】《名・ス自》①〔取引〕相場の上がり下がり(特に下落の傾向)を、人為的な手段で防ぎ止めること。②転じて、不調のものに手助けすること。「景気の—」▽ある点に力を加えて全体が順調に行くようにする意。

てごころ【手心】 情況や相手によって、適当に取り扱うこと。便宜をはかること。手加減。「—を加える」

でございます《連語》「です」よりさらに丁寧な言い方。→です

でこさく【出小作】 他村に出向いてする小作。それをする人。↔入り小作

でこすけ【△凸助】 額(ひたい)が出っ張っていること。そういう人。おでこ。▽人をののしっても言う。

てこず-る《五自》うまく処置できないで困る。扱い切れずもてあます。「解決に—」▽「手古摺る」「梃子摺る」とも書いた。

てごたえ[…ごたへ]**【手答え・手応え】** ①打ったり突いたりした時、手(もと)に受ける感じ。「確かな—があった」②物・事・人に働きかけた結果を確かに得たと感じること。また、そのように感じさせるもの。反応(2)。張り合い(1)。「—のある仕事」

てごと【手事】 箏曲(そうきょく)や地唄(じうた)で、(歌と歌との間の)器楽によるまとまった長さの演奏の部分。▽→あいので

でこぼう【△凸坊】(おでこの大きな)子供。特に、腕白盛りの子をたわむれて言う語。▽→おでこ

でこぼこ【凸凹】《名・ダナ・ス自》①表面に起伏があって平らでないこと。そういう状態。「道路が—している」②物事に不均衡なところがあること。「給料に—がある」

てごま【手駒】 ①将棋で、もちごま。②転じて、手下・部下。

てこまい[…まひ]**【手古舞】** 芸者が祭礼に男装で金棒(かなぼう)をひき、みこしの先駆をすること。江戸時代から行われた。▽「梃前(てこまえ)」の当て字という。

てごめ【手込め・手籠(め)】 てひどい仕打ち。㋐暴力で人に害を加えること。㋑強姦(ごうかん)。

デコラ 特殊な紙に合成樹脂などで加工して光沢を出し、家具の表面などに張る薄い板。▽Decola 日本で開発。商標名。

デコレーション 飾り。装飾。「—ケーキ」▽decoration

てごろ【手頃】《名ナ》①手で握るのにちょうどいい太さ・大きさであること。「—の石を拾う」②過大でなく、自分(の力)にちょうど適していること。「—な値段」 派生 **-さ**

てごわ-い[…ごはい]**【手△強い】**《形》相手としてなかなか打ち勝てないほど強い。「—相手」。対処し難いほど困難だ。「これは—問題だ」 派生 **-さ -げ**

テコンドー【×跆△拳△道】 韓国で生まれた格技。防具をつけて行い、蹴り技を特徴とする。▽朝鮮語。

デザート 西洋料理で、コースの最後に出る菓子・果物(くだもの)など。単に食後の茶菓にも言う。「—コース」▽dessert

てざいく【手細工】 手先でする細工。

デザイナー 衣服・建築・図案などの意匠を立案する(職業の)人。「服飾—」「グラフィック—」▽designer

デザイン《名・ス他》設計。図案。意匠。それらを考えること。また、製品の機能や美的造形を考慮した意匠計画。▽design

でさか-る【出盛る】《五自》(人や産物が)さかんに出る。「潮干狩りに—行楽の群れ」「桃が—」

てさき【手先】 ①手の先の部分。「—がふるえる」。指先の働き。「—が器用だ」②人に使われる者。てした。「敵の—」

でさき【出先】 ①出かけている先。出されている先。「—から電話をかける」②「出先機関」の略。 **—きかん【—機関】** 中央官庁が地方または国外に設けた支部の機関。

てさぎょう【手作業】 ①手先で行う作業。②機械処理に対して、人間が行う作業。

てさぐり【手探り】《名・ス自他》(見えない所を)手先の感じにたよって探ること。勘などをたよりに、あれこれと捜し求めること。「研究はまだ―の状態だ」

てさげ【手提(げ)】手に下げて持つこと。そうできるようにした袋・かばんの類。「―バッグ」

てさばき【手×捌き】手でさばくこと。手での扱い方。「あざやかな―」

てざわり【手触り】手でさわった時の感じ。手に触れる感じ。「粗い―の布」

でし【弟子】先生から教えを受ける人。門人。門弟。また、職人の親方や技芸の師匠について修業する者。「内―」 **―いり**【―入り】《名・ス自》弟子になること。

デシ 基準となる単位名に冠し、その単位の十分の一に当たる意を表す語。記号d。特に、「デシリットル」の略。▽フランス déci-

てしお【手塩】①『―に掛ける』自分でいろいろ面倒を見て育てる。②㋐昔、食べる人が自由に取るように、膳に添えた塩。㋑「手塩皿」の略。 **―ざら**【―皿】こざら。▽もと、手塩②㋐を盛るのに使ったから。「おてしょ」とも言う。

でしお【出潮】月の出と同時に満ちてくる潮。さしお。↔入り潮

デジカメ「デジタル カメラ」の略。画像をデジタル信号に変換して、フィルムの代わりにメモリー カードなどに記録するカメラ。▽「デジカメ」は商標名。

てしごと【手仕事】手先でする仕事。

てした【手下】配下にあること。その人。部下。

デジタル《名ナ》情報を有限桁の数字列(例えば0と1)にして表すこと。そういう仕方の情報処理方式。ディジタル。↔アナログ。▽digital →けいすうがた。 **―カメラ** →デジカメ。▽digital camera **―デバイド** 情報通信技術を利用して恩恵を受ける者と、利用できずに恩恵を受けられない者との間に生じる、知識・機会・貧富などの格差。情報格差。「先進国と途上国間の―の問題」「世代間の―を解消させる」▽digital divide **―どけい**【―〈時計〉】時刻を時・分・秒などの整数で表示する方式の時計。 **―ほうそう**【―放送】音声や映像をデジタル化した符号として伝送する方式の放送。文字などのデータも送ることができる。

てじな【手品】①さまざまに人の目をくらまして不思議な事をして見せる芸。マジック。「―師」②比喩的に、人を巧みにだます手段。

デシベル 音の強さや電力の減衰などを表すときの単位。記号dB。基準値との比の常用対数の十倍(または二十倍)で表す。▽decibel

てじまい【手仕舞】《名・ス自他》清算取引で、買いもどし・転売を終えて取引関係を完了すること。

てじめ【手締(め)】物事の成就や成立を祝って、その場の人々が掛け声と共に拍子を合わせて手を打つこと。

てじゃく【手酌】自分でつぎながら酒を飲むこと。

でしゃばり【出しゃばり】《名ナ》でしゃばること。そういう人。

でしゃば-る【出しゃばる】《五自》出るべきでない所・時に、差し出がましく出る。

デジャビュ →きしかん。▽フランス déjà vu

てじゅん【手順】物事をする時の順序。段取り。「―を踏む」「作業―」

てしょう【手性】手先でする仕事の、うまい・へたのたち。「―が悪い」

てじょう【手錠・手△鎖】①犯人などの手首にはめ錠をかけて自由を奪い、自損行為や逃亡を防ぐための腕輪。②手錠(1)を一定期間かける、江戸時代の刑。「―をかける」▽「手鎖」を「てぐさり」と読むのは誤り。「鎖」はかける錠を指す。

でしょう《連語》「だろう」の丁寧な言い方。↓です・だろう。▽「です」の未然形+助動詞「う」から。相づちにも使う。「でしょ」とも。「―ね」

てしょく【手×燭】持ち歩くための柄がついた小さな燭台(しょくだい)。しゅしょく。

てじょく【手職】手先の働きでする、手工業的な職業。また、その技術。「―がある男」▽「てしょく」とも言う。

でしょく【出職】左官・庭師など、外に出掛けて仕事をする職業。↔居職(いじょく)

でじろ【出城】根城(ねじろ)から出して要地に設けた小規模の城。

デシン「クレープ デシン」の略。女性用服地の一種。たて糸もよこ糸も生糸の、ちりめん風のもの。▽フランス crêpe de Chine から。

です《助動》《体言およびそれに準じるものに付く》助動詞「だ」の丁寧な言い方。「苦労の毎日―」「まあいいでしょう」「あなたはそのころ四十五、六でしたろう」「お早いお着きでしたね」「昔から慕っていたん―」▽「でございます」よりは丁寧さが低い。「でしたろう」は次第に使われなくなり、代わりに「でしたでしょう」と言う。以前は「慕っていました」のように言ったのを「慕っていたん―」のように言う傾向が強まった。また、「ます」で済むところに「ます―」を使うことも、一部に見られる。相づちにも使う。「―ね」「―よね」。「です」の語形は「でござります↓でござんす↓であんす↓でんす↓でえす↓です」という経路で生じたといわれる。↓だ《助動》・でしょう

でずいらず【出ず入らず】出入り・増減・過不足がないこと。「―の状態」

てすう【手数】てかず。①《名》施す手段の数。②《名ナ》手間がかかること。面倒なこと。「お―をかけて済みません」 **―りょう**【―料】他人の求めに応じてした特定の行為の報酬として受け取る金銭。口銭(こうせん)。コミッション。

てずから【手ずから】《副ノ》みずから手を下して。自分で。「―植樹する」「お―のお料理」

てすき【手×漉き】機械でなく手で紙を漉(す)くこと。

てすき【手透き・手隙】仕事がなくて、暇なこと。手があいていること。

でずき【出好き】『名ナ』外出が好きなこと。そういう人。

ですぎる【出過ぎる】『上一自』①適当な、または所定の程度以上に、出る。「茶が―」②分を越えたふるまいをする。さしでがましい行動をする。「―ぎたまねをするな」

デスク ①(どっしりした)机。「―ワーク」「―プラン」(机の上だけの計画) ②新聞社などの編集・整理の責任者。「社会部の―」▽desk **―トップ** ①機器について、卓上型。▽↓ラップトップ。②コンピュータのOSを立ち上げた時、最初に出る操作画面。▽desktop **―トップ パブリッシング** 卓上型のコンピュータを使って(図表や挿絵も含め)原稿作成・編集・組版を行い、図書を出版すること。▽desktop publishing 略して「DTP」とも言う。

てすさび【手△遊び】てあそび。てなぐさみ。▽「てすさみ」とも言う。

てすじ【手筋】①てのひらの筋。②書画・芸事の、天分・素質。③手段。④〔取引〕売り手・買い手の種類。「大(おお)―」

テスター 二本の端子を電気回路の任意の二点にあて、その間の電流・電圧などを測る小型の計器。マルチメーター。▽tester

でずっぱり →でづっぱり

テスト『名・ス他』検査。試験すること。「期末―」「新車の性能を―する」▽test **―ケース** 後の出来事の先例となるような試み。▽test case **―パイロット** 新造の航空機の試験操縦士。▽test pilot **―パターン** テレビの映像試験用の図形。▽test pattern

デス マスク 死者の顔を型に取ってつくる像。死面。▽death mask

デス マッチ 生死をかけるほどのたたかい。死力を尽くしての試合。死闘。▽death と match とによる和製英語。

てすり【手×摺】階段・橋・廊下・窓などのふちに設けた、腰ぐらいの高さの横木。また、転倒を予防したり体を支えたりするためにつかまる、浴室・トイレなどに設置する棒。

てずり【手刷(り)】①木版などを手で印刷すること。その刷ったもの。②印刷機を手で動かして刷ること。

てずれ【手擦れ】『名・ス自』何度も手で触りすれること。また、そのすれた所。「―した本」

てせい【手製】(商品を買ったり他から譲り受けたりするのでなく)自分が手をくだして作ること。「母のお―のワン ピース」▽(簡単な)機械を使って作る場合も含む。自分の所で、に意味の重点がある。↓てづくり

てぜい【手勢】手下の兵。配下の軍勢。

てぜま【手狭】『名ナ』家・部屋等が使用するのに狭いこと。派生 **-さ**

てせん【手銭】自分の金銭。みぜに。「―で酒を飲む」

でせん【出銭】支出される金。出費。

てそう【手相】(運勢判断の資料としての)手の筋や手の肉づきなどの様子。「―見」

でぞめ【出初(め)】(新年に)初めて出ること。特に、新年に消防士(消防組のとび)が出そろって消防の初演習をする儀式。「―式」

でそろう【出×揃う】『五自』残らず、全部がその場に出てくる。「選手が―」「季節の果物が―」

てだい【手代】①商店で、番頭と小僧との中間の使用人。②頭(かしら)に立つ人の代理人。㋐主人(支配人)の委任した範囲の代理権を持つ商業使用人。㋑江戸時代、郡代・代官の監督をうけ雑務をする役人。

てだし【手出し】『名・ス自』①相手に争いをしかけること。「先に―した方が悪い」②余計な世話をやくこと。「いらぬ―はするな」

でだし【出出し】出はじめ。また、物事のしはじめ。

てだすけ【手助け】『名・ス他』てつだい(をすること)。また、その人。「運搬の―をする」

てだて【手立て】それを行って目的を達しようとする(個々の)手段。「―を講じる」

でたとこしょうぶ【出たとこ勝負】一貫した計画・見通しを持たず、その場その場の成行き次第で行い、結果を運に任せること。

てだま【手玉】→おてだま。「―に取る」(自由にあやつる。翻弄する)

でたらめ【出×鱈目】『名・ダナ』筋が通らない、勝手気ままな、またはいい加減なこと。また、そういう言行。「―な話」▽「出鱈目」は当て字。派生 **-さ**

てだれ【手△足れ】〔手練〕腕前がすぐれていること。▽「手練」を、「てれん」と読めば別の意。「しゅれん」も、意味は近いが別義。

デタント 緊張した国際政治関係の緩和。▽détente もと、フランス語。特に一九六〇～七〇年代の米ソ関係に言う。

てぢか【手近】『名ナ』手がすぐ届くほど近くにあること。「―な物で間に合わせよう」。特別に捜すまでもなく身近なこと。「―に幾らもある例だ」

てちがい【手違い】物事の段取りを間違える過失。手順の取違い。

てちょう【手帳・手×帖】心覚えを書き入れるための、小さな帳面。

てつ【×轍】①車の輪が通った跡。わだち。②転じて、先例。「―を踏む」(先例に従う。また、先人の誤りと同じ誤りをする)

てつ〖哲〗テツ ①道理に明らか。才知がすぐれている。さとい。また、その人。「哲人・十哲・賢哲・聖哲・先哲・明哲」②「哲学」の略。「哲理・印哲(＝インド哲学)」

てつ〖迭〗〖迭〗テツ いれかわる。かわりあう。「更迭・迭立」

てつ【*鉄】【鐵】テツ くろがね ①《名・造》金属元素の一つ。元素記号 Fe 延性・展性に富む。実用の鉄は、炭素の含量により、いろいろな性質を示し、さまざまの方面に使われる。くろがね。「鉄は熱いうちに打て」「鉄鉱・鉄器・鉄材・鉄製・鉄板・鉄骨・鉄筋・鉄索・鉄道・鉄路・鉄窓・鉄砲・砂鉄・銑鉄(せんてつ)・鋼鉄・精鉄・製鉄・磁鉄」②刃物。武器。「寸鉄」③《名・造》堅くて強いもの。「鉄の規律」「鉄拳・鉄面皮・金城鉄壁」④「鉄いろ」の略。⑤「鉄道」の略。「私鉄・電鉄・地下鉄」

てつ〔徹〕テツ とおる とおす ①ゆきとおる。つらぬきとおす。「徹底・徹頭徹尾・貫徹・透徹・一徹・冷徹」②通じて終わりまでする。「徹宵・徹夜」③とりはらう。「撤」に通用。「徹饌(てっせん)・徹回・徹兵」

てつ〔撤〕テツ すてる とり除く。とりさる。また、ひきあげる。「撤去・撤回・撤収・撤退・撤廃」

てついで【手△序(で)】仕事のついで。

てついろ【鉄色】鉄に似た色。緑または赤みを帯びた黒。

てつおなんど【鉄△御納戸】鉄色を帯びたお納戸色。紺色がかった黒。

てっか【鉄火】①《名》刀剣・槍(やり)から銃砲・弾丸まで、鉄製の武器。「—の下(もと)に見(まみ)える」(交戦する) ▽赤く焼いた鉄が原義。(2)以降の転義も、ここから。②《名・ダナ》気性が荒く勇み肌で侠気(きょうき)もあること。そういう者に見られる風(ふう)。伝法(でんぽう)(2)。「—が売り物」「—な姐御(あねご)」③《名》「—場(ば)」(ばくち場)「—打ち」(ばくちうち)の略。また、ばくち。④《名》生のまぐろの切り身を使い、わさびを利かせた食べもの。鉄火巻き・鉄火丼(どんぶり)の略。

—みそ【—味×噌】唐辛子を利かせた、なめ味噌の一種。赤味噌に煎り豆や刻んだごぼう等をまぜ、ごま油で炒(たい)めて調味したもの。

てっかい【撤回】《名・ス他》①一度提出・公示などしたものの効果を、当の人や機関が将来に向けて消滅させること。②広く、取り消すこと。「前言を—する」「—を求める」「白紙—」▽↓とりけし

でっか-い《形》〔俗〕↓でかい。派生 **-さ**

てつがく【哲学】人生・世界、事物の根源のあり方・原理を、理性によって求めようとする学問。また、経験からつくりあげた人生観。▽ギリシア philosophia(=知への愛)の訳語。「哲」は叡智(えいち)の意。

てっかく【的確】《ダナ》↓てきかく(的確)。派生 **-さ**

てっかく【適格】《名ノ》↓てきかく(適格)

てつかず【手付かず】《ノダ》まだ手をつけていないこと。「宿題は—のままだ」。まだ使わないこと。「—の貯金」

てつかぶと【鉄×兜】弾丸や落下物から頭を守るための、鉄製の半球形のかぶりもの。鉄のヘルメット。鉄帽。

てづかみ【手×摑み】道具を使わず、手で直接につかむこと。「—で食う」

てっかん【鉄管】鉄製の管。「—ビール」(水道の水の、たわむれの表現)

てつき【手つき】手を使ってする時の、手のかっこう、動かし方。「慣れた—」

てっき【摘記】《名・ス他》概要・要点を、かいつまんでしるすこと。また、その記事。▽「てきき」とも言う。

てっき【適期】適した時期。

てっき【適帰】《名・ス自》そこに行って身を寄せること。頼ること。▽「てきき」とも。「適」はゆく、「帰」は寄る意。

てっき【鉄器】鉄製の道具・器具。「—時代」

てっき【鉄騎】①鉄のよろい・かぶとで身を固めた、騎馬武者。②勇猛な騎兵。

デッキ ①船の甲板(かんぱん)。②客車の端にある出入口の床(ゆか)。③「テープ デッキ」の略。テープ式録音再生装置の、記録・再生をする部分。▽↓ビデオ デッキ。④空港・桟橋などの、送迎・展望用の見晴らし台。また、部屋の床と同じ高さの、外に張り出した台。「ウッドー」▽deck

てっきゃく【鉄脚】いくら歩いて(走って)もへこたれない、丈夫な足。

てっきょ【撤去】《名・ス他》建物・設備などを取り去ること。

てっきょう【鉄橋】鉄で造った橋。

てっきり《副》間違いなく。まさに。「—あの人だと思ったら、人違いだった」「—あいつのしわざだろう」▽多くは、こうだと思い込んだのが思い違いだった場合に使う。

てっきん【鉄琴】金属の板を鍵盤のように並べ、ばちでたたいて演奏する打楽器。

てっきん【鉄筋】①コンクリート建築の心(しん)に入れる鉄棒。②「鉄筋コンクリート建築」の略。「—の住宅」 **—コンクリート** 鉄棒を中に入れて固めたコンクリート(づくりの建築)。

テックス パルプのかす等を圧搾して作った板。天井・壁などに張る。▽textile から。

てづくり【手作り】《名・ス他》他人の労力や機械の働きによらず、自分の手・力で作ること。そういう作り方をしたもの。「—の味」▽「手製(てせい)」には無い、丹念とか趣をこめたとかの語感で使うのは、一九八〇年代から。

てつけ【手付(け)】①売買・請負(うけおい)などの契約を結ぶ時、その実行の保証として相手に金額の一部を渡すこと。その金。「—を打つ」②↓おてつき。 **—きん**【—金】手付(1)として渡す金(かね)。てきん。

てっけつ【×剔×抉】《名・ス他》えぐってほりだすこと。また、つっこんであばき出すこと。「不正を—する」

てっけつ【鉄血】鉄(=兵器)と血(=兵隊)。軍備。「—宰相」(軍備を最重視したドイツ帝国首相ビスマルクの異称)

てっけん【鉄拳】鉄のように堅いこぶし。げんこつ。

「―制裁」(罰するため、げんこつで殴ること)

てっこう【手(っ)甲】 布や革で作り、手の甲を覆うようにしたもの。武具・労働用。てこう。「―脚絆(きゃはん)のいでたち」

てっこう【鉄鋼】 銑鉄(せんてつ)と鋼との総称。「―業」

てっこう【鉄鉱】 鉄の鉱石。

てつごうし【鉄格子】 鉄の格子。また、牢獄(ろうごく)や檻(おり)の異称。

てっこうじょ【鉄工所】 鉄材を加工して機械・器具を作る事業所。▽普通、中小企業のを言う。

てっこつ【鉄骨】 建造物の骨組みにする鉄材。

てっさ ふぐの刺身。▽「鉄砲の刺身」の略。→てっぽう(2)(エ)

てっさ【鉄鎖】 ①鉄製のくさり。②比喩的に、きびしい束縛。

てつざい【鉄剤】 鉄を主成分とする薬。増血剤にする。

てつざい【鉄材】 (建築・土木工事などの)材料としての鉄。

てっさく【鉄柵】 鉄製のさく。

てっさく【鉄索】 ①鉄の太い針金をより合わせた綱。②ケーブル カー、また、ロープウエーのこと。

てつざん【鉄山】 鉄鉱を採掘する山。

デッサン 絵画・彫刻の着想の大体をかき表す下絵。素描。▽(フランス) dessin

てつじ【×綴字】 →ていじ(綴字)

てっしゅう【撤収】『名・ス他』①ひろげていたものをしまって、その場から引き上げること。取り去ってしまい込むこと。②軍隊で、部隊をまとめてその場所から去らせること。

てつじょう【鉄条】 鉄製の太い針金。 **―もう【―網】** 敵の前進を妨げるためなどに、有刺鉄線を幾重にも張りめぐらした柵。

てっしょう【鉄相】 (以前の)鉄道大臣の略称。

てっしょう【徹宵】 夜どおし(起きていること)。「―、友と語る」

てつじん【哲人】 識見が高く、真理を悟っている人。また、思想家。哲学者。

てつじん【鉄人】 鉄のように力や体が強い人。「―レース」(トライアスロン)

てっしん【鉄心】 ①物の心(しん)に鉄を入れたもの。その鉄。また、コイルの中に入れた鉄。②鉄のような堅固な心。「―石腸」(鉄や石のように堅固な精神)

てっ-する【徹する】『サ変自他』つらぬく。㋐しみとおる。「骨身に―・した」㋑徹底する。「善に―」㋒その全部を通す。「夜を―・して」

てっ-する【撤する】『サ変他』取り払う。取り去る。ひきあげる。「陣を―」

てっせき【鉄石】 ①鉄と石。②転じて、非常に堅固なこと。「―心」

てっせん【撤×饌】 神前の供え物をさげること。

てっせん【鉄扇】 骨が鉄製の扇子。▽武士が用いた。

てっせん【鉄泉】 炭酸鉄・硫酸鉄を多く含む、温泉・鉱泉。含鉄泉。

てっせん【鉄線】 ①鉄の針金。②茎が針金のように丈夫な落葉つる草。葉柄(ようへい)で物に巻きついて伸び、五、六月に青紫・白の六弁花が咲く。中国原産。観賞用。▽クレマチスの一種。きんぽうげ科。

てっそく【鉄則】 ゆるぎのない、きびしい規則。

てったい【撤退】『名・ス自』①部隊が、陣地・根拠地を捨ててしりぞくこと。②広く、今まで行っていた分野、営業していた地域から手を引くこと。「会社が半導体製造から―した」「イギリス市場からの―」

てつだ-う【手伝う】 ①『五他』他の人の行う物事がうまく行くように力を添える。「家事を―」「兄を―・って家業に励む」②『五自』ある原因の上にそれも加わって結果に影響する。「若さが―・って無謀な行いに走った」「酒の酔いも―・ってか、むしょうに腹が立った」

でっち【△丁稚】 職人・商人の家に年季奉公をする少年。小僧。▽「弟子(でし)」の転か。

でっちあ-げる【でっち上げる】『下一他』『俗』(事実でない事を)いかにも事実であるかのようにこしらえる。「事件を―」。いいかげんなものを間に合わせに作り上げる。「レポートを一日で―」

てっちり【鉄ちり】 ふぐのちり鍋。▽→てっぽう(2)(エ)

でっちり【出っ△尻】『俗』しりが(大きくて)突き出ていること。そのしり。

てっつい【鉄×槌】 ①大形のかなづち。②比喩的に、きびしい訓戒・命令・制裁。「―をくだす」

てつづき【手続(き)】『名・ス自他』事を行う順序だった方法。そのような方法で行うこと。「入学の―をとる」「正式の―を踏む」「法的―」「計算―」

でづっぱり ①芝居で、同じ役者がどの幕にも出演すること。②転じて、ある期間中、続けざまに出席または外出していること。▽「出突っ張り」と書いた。

てってい【徹底】『名・ス自他』底までつらぬき通ること。㋐行動・態度・思想が中途半端でないこと。「大悟―」「平和主義に―する」㋑すみずみまで行きわたること。「通知が―しない」「指導を―する」 **―てき【―的】**『ダナ』徹底して行うさま。とことんまで。「―に調査する」

てってい【鉄×蹄】 ①蹄鉄(ていてつ)。②駿馬(しゅんめ)のひづめ。

てつどう【鉄道】 レールを敷いて車両を走らせ、人や物を運ぶ運輸機関の総称。 **―ばしゃ【―馬車】** レールの上を走る乗合馬車。馬車鉄道。▽東京で新橋・日本橋間に一八八二年開設、一九〇三年に路面電車に置きかわった。 **―もう【―網】** 多くの地点の間に、網の目のように敷きめぐらされた鉄道。

てっとう【鉄塔】 鉄筋・鉄骨で組み立てた塔(または塔のようなもの)。

てっとう【鉄×桶】 鉄製のおけのように、堅固ですきまがないこと。「―の陣」

てっとうてつび【徹頭徹尾】『副』最初から最後まで(押し通して)。どこまでも。あくまで。「―反対だ」

デッド スペース 家の中などで、うまく利用できずに

残る空間。▽dead space

デッド ヒート ①競馬や競走などで二者以上が同着になること。②転じて、(優劣が決めにくいほどの)激しいせりあい。▽dead heat

デッド ボール ①野球で、打者に当たった(触れた)、投手の投球。死球。▽dead(=試合中断)とballとによる和製英語。②サッカーなどで、試合の一時中止。▽dead ball ③「ドッジ ボール」の俗称。

デッドライン (原稿の締切りなどの)最終的な一線。最後の限界。死線。▽deadline

てっとりばや-い【手っ取り早い】『形』手間がかからず、すぐ、そうできる(わかる)さまだ。「一・く言えば」。情況に応じて動作が速い。「一処置を講じた」派生 **-さ**

デッドロック ゆきづまり。停頓。「会談が一に乗り上げる」▽deadlock 上の用例のような言い方はlock(=錠)をrock(=暗礁)と誤って解釈したもの。

てつのカーテン【鉄のカーテン】『連語』第二次大戦後、ソ連・東欧圏が社会主義防衛のため西欧の資本主義圏に門戸を閉ざしたこと。▽一九四六年にイギリスのチャーチルが皮肉って言ったiron curtainに由来。情勢の変化で一九九〇年ごろ消滅。「竹のカーテン」「菊のカーテン」など、これのもじり。

てつのはい【鉄の肺】進行性小児麻痺(しょうにまひ)などの患者のための人工呼吸器。鉄製円筒形の気密室になっている。▽現在ではほとんど使われない。

でっぱ【出っ歯】反(そ)って前に出た前歯。でば。

てっぱい【撤廃】『名・ス他』今まで行われて来た制度・法規などを取りやめること。「軍備一」「差別を一する」

でっぱな【出っ△端・出っ鼻】①↓ではな。②↓でばな(出鼻)(1)

でっぱら【出っ腹】ふとっていて突き出た腹。

でっぱ-る【出っ張る】『五自』突き出た状態になる。「腹が一」

てっぱん【鉄板】①『名』鋼鉄製の、薄く平たい板。「工事中の道路に一を敷く」②『名』熱して肉などを焼く鋼鉄製の平たい調理道具。「一焼き」③『名ノ』〔俗〕(見込み・ねらい通りで)かたい(2)㋒こと。

てっぴ【鉄扉】鉄のとびら。

てっぴつ【鉄筆】①複写や謄写版原紙切りに使う、軸の先にとがった鉄がついた文房具。②印刻に使う小刀。また、印刻。「一家」③力強く勢いがいい文章・筆力。

てつびん【鉄瓶】飲用の湯をわかす鋳鉄製の容器。つぎ口とつるがついている。

てっぷ【×轍×鮒】危難が差しせまっていることのたとえ。「一の急」▽車の轍(わだち)のあとの水たまりにいる鮒(ふな)の意。「荘子」にある語。

でっぷり『副「と」・ス自』肉が付いてどっしりと太っているさま。「一した腹」

てつぶん【鉄分】成分としての鉄。

てっぺい【撤兵】『名・ス自』派遣した軍隊を引き揚げること。↕出兵

てっぺき【鉄壁】①鉄で造った壁(のように堅固な城)。②比喩的に、固い守りの態勢。「金城一」「一の守備」

てっぺん【△天辺】いただき。頂上。「頭の一から足の爪先(つまさき)まで」

てっぺん【鉄片】鉄の破片。鉄の小片。

てつぼう【鉄棒】①鉄製の棒。②二本の柱の間に鉄の棒を水平に渡した器械体操用具。それを使って行う競技種目。

てつぼう【鉄帽】↓てつかぶと

てっぽう【鉄砲】①火薬の爆発力で弾丸を飛ばす武器、特に、小銃。▽昔は「鉄炮」(大砲は「大炮」)とも書いた。②鉄砲(1)に形または働きが似ている次のようなもの。㋐据風呂桶(すえふろおけ)に取り付け、中で火をたく金属製の筒。㋑細巻きののりまき。㋒相撲(すもう)で、両手をのばして相手の胸を突っ張ること。㋓魚のフグのこと。▽あたれば死ぬから。③狐拳(きつねけん)で、かりゅうどが鉄砲(1)を構える形の、手。 **―だま**【―玉】①鉄砲の弾丸。②行ったきり帰ってこないこと。「一の使い」③あめをかためて玉のようにした駄菓子。 **―みず**【―水】豪雨の際、山崩れなどによってせき止められた水が、堰(せき)を切って激しい勢いで流れ落ちるもの。 **―むし**【―虫】カミキリムシの幼虫。木を食い荒らして穴をあける。疳(かん)の薬とした。 **―ゆり**【―〈百合〉】ゆりの一種。花は純白・清楚(せいそ)で美しく、芳香があり、筒部が長い。花粉は黄色。

てづま【手妻】昔からの日本式のてじな。▽もと、手先の仕事の意。「つま」は端の方。

てづまり【手詰(ま)り】打つ手(手段)がなくなること。特に、金銭的に動きがとれなくなること。

てつむじ【鉄無地】模様のない、鉄色の織物。

てつめんぴ【鉄面皮】『名ナノ』面(つら)の皮がまるで鉄でできているように、恥知らずで厚かましいこと。厚顔無恥。

てつや【徹夜】『名・ス自』(何かをして)夜どおし寝ないこと。よあかし。「一で看病する」

てづよ-い【手強い】『形』態度がきつい。てごわい。派生 **-さ**

でづら【出面】日雇い労働者の日給。でめん。

てつり【哲理】人生・世界の本質にわたる深い道理。哲学上の道理。

てづり【手釣(り)】さおを使わず、釣糸をじかに手に持って釣ること。

てつりん【鉄輪】①鉄のわ。かなわ。②鉄道の車輪。

てづる【手×蔓】すがって、たよりにするもの。㋐たよりにすることができる縁故。㋑手がかり。糸口。

てつろ【鉄路】鉄道線路。

てつわん【鉄腕】鉄のように強い腕力。「一投手」

てて【△父】ちち。「一おや」

デテール ↓ディテール

てなしご【△父無し子】 ①父親が不明な子。②父親に死なれた幼子(おさなご)。

てどうぐ【手道具】 手まわりの道具。調度。

でどこ →でどころ

でどころ【出所・出△処】 ①その物事がここから出て来たという、もと(の所)。「うわさの―」「秋田や越後(えちご)は美人の―だ」「米の―(＝有名な産地)」 ②現れ出るべき所・時。「この辺が―だ」 ▽「でどこ」とも言う。

デトックス 体内の毒素や老廃物を排出すること。▽健康法などで言う。detox

テトラ パック 牛乳やジュースを入れる四面体の紙製品。▽Tetra Pak 商標名。

テトラポッド 四脚の波消しブロック。▽Tetrapod 商標名。

てとり【手取り】 ①『名』相撲(すもう)で、技が(多彩で)巧みなこと。そういう力士。②『名』広く、人を操る技巧がうまいこと。そういう人。③『連語』『―足取り』事細かに何から何まで面倒を見るさま。「手取り足取り(して)教える」 ▽「てどり」と読めば別の意。

てどり【手取り】 ①収入のうち、税金その他諸費用を引いた残りの、実際に手にはいる金額。②素手(すで)でつかまえること。「魚を―にする」 ▽(2)は「手捕り」とも書く。③糸を、機械にかけず手で繰り取ること。▽「てとり」と読めば別の意。

テトロン ポリエステル系の合成繊維。▽Tetoron 日本での商標名。

てな 『連語』〔俗〕……というような。「だめだ―こと言って大丈夫ですかね」 ▽「ってな」とも言う。また、相手の言ったことを引き取って「―わけにはいかないなあ」のように、文頭にも使う。

テナー 〔音楽〕①男声の最高音域。また、その歌手。テノール。②多声音楽で下から二番目の声部。また、その音域をもつ楽器。「―サックス」 ▽tenor

でない 『連語』助動詞「だ」の連用形＋「ない」。「である」の打消し。↓である。▽「ではない」は、特に口頭語では、しばしば「じゃない」の形になる。また「でなし」の形も使われる。「銀行員でもなし教師でもなしの風体」

てないしょく【手内職】 手先でする内職。

てなおし【手直し】 『名・ス他』具合の悪いところや不完全なところを(作り)直すこと。「予算案の―」

でなお-す【出直す】 『五自』いったんもどって、改めて出かける。「お留守なら後日―・します」。また、最初からもう一度やりなおす。「一から―」

てなが【手長】 ①手が長いこと。「―猿」 ②盗癖。また、その人。

てなぐさみ【手慰み】 手すさび。特に、ばくち。

てなげだん【手投(げ)弾】 ↓てりゅうだん

てなし【手無し】 ①手・腕がないこと。そういう人。②袖無し。③取るべき手段・方法がないこと。④植物で、つるがない品種。「―いんげん」

てなず-ける【手△懐ける】 『下一他』よく手をかけて、なつくようにする。うまく扱って、言うことをきくようにさせる。「部下を―」

てなべ【手鍋】 つるがついた鍋。「―さげても」(好きな男と一緒になれるなら、どんな貧乏暮らしもいとわない意)

てなみ【手並(み)】 うでまえ。「お―拝見」

てならい【手習い】 『名・ス自』習字(をすること)。更に広く、けいこ。修行。「六十の―」(通常の習得期を過ぎてから、決心してけいこを始めること)

てならし【手×馴(ら)し】 その事がうまくできるように、ためしに(何回も)してみること。練習。

てな-れる【手慣れる・手×馴れる】 『下一自』扱いなれる。また、仕事などをしなれて、上手にやれる。

テナント ビルの部屋などの賃借人。「―募集中」 ▽tenant(＝借地人。住人)

テニス コートの中央をネットで仕切り、その両側からラケットでボールをうちあう競技。庭球。「硬式―」「軟式―」 ▽tennis **―コート** テニスのための競技場。▽tennis court

デニッシュ デンマーク発祥の、パイ生地を用いた菓子パン。デニッシュ ペーストリー。▽Danish

てにてに【手に手に】 『連語』皆がそれぞれの手に。「―花を持って集まる」 ▽↓てんでに

デニム 厚地で丈夫なあや織りの綿布。作業服・子供服・ズボンなどに用いる。▽denim

てにもつ【手荷物】 手まわりの荷物。旅行の時、客が機内・車内に持ち込む荷物。また、到着する駅や空港まで輸送を委託する荷物。

てにをは【×弖×爾×乎波】 ①日本語の助詞・助動詞類の総称。▽漢文訓読の際に、日本語の助詞・助動詞・活用語尾などを示すためにつけた点に由来する。四すみの点が「て」「に」「を」「は」を示すところから、この名称が起こった。てには。↓をことてん。②比喩的に、話のつじつま。「―が合わない」

てぬい【手縫い】 ①ミシンなど使わず手で縫う(縫ってある)こと。②その人みずからが縫うこと。そうした物。「お―を戴(いただ)く」

てぬかり【手抜かり】 注意が行き届かなかった点。手落ち。

てぬき【手抜き】 『名・ス自他』しなければならない手続き・手数を省くこと。「―の工事」

てぬぐい【手拭(い)】 手・顔・体などをふきぬぐうための、木綿(もめん)製の布。 **―じ【―地】** 切って手拭いにするための木綿の布地。

てぬる-い【手△緩い】 『形』①扱い方が寛大すぎる。「―処置」 ②物事の運び方がてきぱきしていない。派生 -さ -がる

ての 『連語』《「A―B」の形で、A(末)が動詞または「れる」「せる」、Bが体言の場合》助詞「て」と「の」との結合で、普通「A―B」全体が次のような意味を表す。▽なお、「て」に連なる動詞では「での」の形となる。

①㋐《Bが動詞に由来する名詞またはサ変動詞となり得る漢語の場合》AしてBするそのこと・もの。「スキーをかついでの登りはきつかった」「美術館で絵を見―帰り(道)」「お代は見―お帰り(=見物を済ませて帰る時、出口でどうぞ)」「皆にかわいがられ―しあわせな生い立ち」「駄菓子を並べ―小商い」▽Bの一部分だけが動詞性表現の場合もある。また、この形でも「二人にとっ―遊び場所」は㋑。㋑《Bが㋐以外の体言の場合》(一般にAの他に意味上Cを補って)AしてCしたB、またはAしてCであるB。単に、AしたBと解しても意味の通るものが多いが、その場合にも、Aした上で導かれたのがBである、という気持で言う。「知っ―とおり病弱だ」「許すのも厳しく注意し―上だ」「これと関連し―事ですが」「深酒をし―(=して、さて迎えた)翌朝」「重い荷をかついでの山道十キロ」「都より一月遅れ―花の春」▽近世から明治ごろまでに使った「そんな女と思うてか(=思っておいでか)」のような言い回しにつながる表現。

②《特にAが「ある」の場合。普通Bの次には断定の助動詞が来る》それがあることによって(初めて)Bにも価値が認められる、そういうB。「AてこそのB」とも言える。「キングあっ―クイーンだ」「命あっ―物種」(↓ものだね)

てのうち【手の内】 ①これから施そうと思って狙う策。「―を見透かされる」。手なみ。腕前。「おれの―を見せてやる」②勢力の及ぶ範囲。「―にある」▽もと、てのひらの意。「―を指す」

てのうら【手の裏】 てのひら。「―を返すように」(↓てのひら)

テノール ↓テナー。▽ドイツ Tenor

てのこう【手の甲】 てのひらの反対側の、指のつけ根から手首までの部分。

てのすじ【手の筋】 ①掌(てのひら)についている筋。②人の身の上について言い当てること。更に広く、見通しをつけること。「お―だ」▽⑴の形で人の運を占うことから。③文字を書く巧拙の性分(しょうぶん)。「―がいい」▽⑶の「手」は筆跡を指す。

てのひら【△掌】 手首から先の、指が折れ曲がる側の面。「―を返すように」(露骨に、また極端に態度を変える様子)▽「手の平」の意。

デノミネーション 通貨の単位名を変更すること。たとえばインフレーションが極端になると、始終大きな数値の金額を計算・記録しなければならず、不便だから、新たに貨幣の計算単位を作って、それまでの単位と切り替える。デノミ。▽ロシア denominatsiya(=貨幣称呼の変更)を日本で英語形 denomination(=命名)に当てたもの。この意味の正式な英語は redenomination

てのもの ①【手の者】てした。配下。②【手の物】㋐手にはいった(自分が所有する)物。㋑転じて、得意とするもの。「お―だ」

ては 《連語》接続助詞「て」+係助詞「は」。▽「て」に連なる時「で」となる動詞では「では」。

①あとに打消しなどを使うことのいわば予告として「て」に「は」を付ける。「行っ―みたが留守だった」「彼にし―(=してみれば)困った事態だ」「彼女にし―(=平生の彼女と比べれば)出来が悪い」

②しきりに行われる、また繰り返し起こる意を表す。「故郷を思い出し―懐かしんでいる」「しきりに冗談を言っ―皆を笑わせた」「寄せ―返す波」「歌っ―飲み、飲んでは歌う」「友の顔が入れ替わり立ち替わり現れ―消えた」▽「は」を省くと、繰り返しての意味にはならない。

③《接続助詞的に》前に述べることを、後に述べることが成り立つ前提や背景と認める意を表す。前提が既定の場合も仮定の場合もあるが、後段には否定的・消極的内容が来る事が多く、仮定ならほとんどがそうである。「重病だと聞い―見舞いに行かなければなるまい」「よほどの人物でなく―平気でいられるものでない」「職員でなく―入れない場所」「そうおだてられ―困る」「先生ににらまれ―大変」「海外にでも出かけ―いかがですか」。特に「ならない」「いけない」で結ぶと禁止の意となる。「私語をし―なりません」

てば 《連語》〔俗〕↓ってば

てば【手羽】 鶏の翼の、付け根から先までの食用にする部分。「―先(さき)」「―元(もと)」

では【出端】 ①出ようとした時。②歌舞伎などで、役者の登場の時の囃子(はやし)・唄。

では 《連語》①格助詞「で」+係助詞「は」。「普通の手段―成功しない」「新聞―こう報じている」

②助動詞「だ」の連用形+係助詞「は」。「それはおもちゃ―ない」「現在―宇宙旅行も夢でない」「これぐらいで音(ね)を上げるよう―とても一人前にはなれない」「ハードウェアだけ―コンピュータはただの箱だ」▽「今ごろはけっこう楽しんでるん―」など「ではないか」を略した言い方が口頭語から広まった。

③《文頭・句頭に使って接続詞的に》それでは。㋐相手の言い分や出方を受け、その条件・状態のもとではという気持で、新たな(別の)事を持ち出すのに使う語。「―こういう事になりますね」㋑場面を切り替え次の事に移るための合図に使う語。「―次の問いに答えなさい」「―そろそろ出掛けようか」▽⑵の転。

でば【出刃】 ↓でばぼうちょう

でば【出場】 ↓でどころ⑵。▽「しゅつじょう」と読めば別の意。

デパート 普通は何階もの建物に、いろいろな品を部門別に陳列し、催し物も行い、食堂もある、大型小売店。百貨店。▽department store から。

てはい【手配】 《名・ス他》仕事などの段取りをつけること。手くばり。㋐準備。「車の―」「切符を―する」㋑犯人逮捕のため、必要な指令・処置をすること。

「指名ー」「反徒として全国にーされていた」

デバイス ①素子。②コンピュータに接続する機器。CPUなどの素子やプリンターなどの周辺機器まで幅広く言う。▽device

ではいり【出入り】《名・ス自》①出ることとはいること。②数量の過不足。「二、三名のーがある」▽「でいり」と読めば別の意も。

でばかめ【出歯亀】女ぶろをのぞくなど、変態的なことをする男をののしって言う語。▽明治時代の池田亀太郎という出っ歯の変態性欲者の名から。

てばこ【手箱】手まわりの小道具などを入れる箱。

てばさき【手羽先】手羽の、先の部分。

てばしこ-い【手ばしこい】《形》手ばやい。素ばやい。派生 **-さ**

てはじめ【手始め・手初め】物事に取りかかる第一歩。しはじめ。「英語をーにさまざまな外国語を学ぶ」

でばしょ【出場所】→でどころ⑵

てはず【手×筈】物事をするため前もって行う準備(の順序)。「ーを整える」「ーが狂う」

ではず-れる【出外れる】《下一自》町はずれに出る。

てばた【手旗】手に持つ小さな旗。「ー信号」(紅白の小旗を両手に持ち、振り動かして通信する信号)

デパちか【デパ地下】〔俗〕デパートの地下の階にある食料品売場。

デバッグ《名・ス他》コンピュータのプログラムの誤りを見つけ、手直しをすること。デバッギング。虫取り。▽debug(=虫を取る)

てばな【手鼻】指先で鼻(の片側)を押さえ、強く息を出して鼻汁を吹き飛ばす、鼻のかみ方。

ではな【出△端】出ようとする途端。し始めようとする途端。「ーをくじく」▽「でばな」とも言う。

でばな【出鼻】①山の端や岬などの突き出た所。②→ではな

でばな【出花】湯をついで出したばかりの、かおりのよい茶。「鬼も十八、番茶もー」(どんな器量の女も、娘盛りには美しく見える)

てばなし【手放し】①手を放すこと。②遠慮や気兼ねをしないこと。「ーでのろける」「ーで喜ぶ」

てばな-す【手放す】《五他》持っているものから手を放す。持っているものを他人に渡す。「株をー」「一人娘をー」

てはならない《連語》→なる(成)⑴㋔

てばなれ【手離れ】《名・ス自》①幼児が母親の手から離れるほど大きく育ったこと。②加工品などができあがって、もう手を加えなくてもよいこと。

でばぼうちょう【出刃包丁】魚の料理などに使う、刃が厚く幅が広く先がとがった包丁。でば。

てばや-い【手早い・手速い】《形》手でする動作がはやい。更に広く、すばやい。「ーく着がえる」。てっとりばやい。「ーくわかる」派生 **-さ**

でばやし【出×囃子】①歌舞伎で、舞台上に出て演奏すること。②寄席で、演者が高座に上がる時に演奏する、下座(げざ)のはやし。▽⑵は演者ごとに定まったものを使う。

ではら-う【出払う】《五自》残らず出てだれも、または何も残らなくなる。「人がー」「在庫品がー」

でば-る【出張る】《五自》①仕事をしに、よそに出掛ける。▽「しゅっちょう」はこれの音読み。②→でっぱる

でばん【出番】出る番。㋐勤め・仕事などに出る番。転じて、活躍の機会。「親のーはなかった」㋑舞台などで出る順番。「いよいよーだ」

てびかえ【手控(え)】①忘れないように手もとの帳面などに書いておくこと。その帳面や記録。「ーを取る」②予備として手もとに残しておくこと。その物。③行動を控え目にすること。

てびか-える【手控える】《下一他》①行動を控え目にする。「仕入れをー」②心おぼえに書きとめておく。「手帳にー」

てびき【手引(き)】みちびき。㋐《名・ス他》人の手を引いて連れて行くこと。㋑《名》案内(人)。㋒《名》物事の手ほどき(をする書物)。㋓《名》手づる。つて。

てひど-い【手△酷い】《形》手加減などせず激しい。㋐遠慮会釈(えしゃく)もない。「ー批判」「ーく痛めつける」㋑立ち直れないほどひどい。「ー打撃をこうむる」派生 **-さ**

デビュー《名・ス自》初舞台。初登場すること。「ー作」「楽壇にーする」▽フランス début

てびょうし【手拍子】手を打ち鳴らして拍子をとること。その拍子。「ーを取る」

てびろ-い【手広い】《形》場所・規模が広く大きい。また、関係範囲が広い。「ーく商売をする」派生 **-さ**

でぶ《名ナ》〔俗〕太っていること。太っている人。

デファクト 事実上。「ースタンダード」(市場の実勢で標準化した規格)▽ラテン de facto

てふうきん【手風琴】→アコーディオン

デフォルト ①債務不履行。▽特に、発展途上国の累積債務返済危機を指す。②コンピュータで、あらかじめ設定されている標準の状態・動作条件。初期設定。初期値。▽default

デフォルメ《名・ス他》造形美術などで、対象・素材の形態を意識的に変形すること。▽フランス déformer

てふき【手拭き】手などをふく布。

てぶくろ【手袋】手にはめる袋のようなもの。㋐防寒・装飾や作業のため、はめるもの。㋑弓を引く時、手を傷つけないようにはめるもの。弓懸(ゆがけ)。

でぶしょう【出無精・出不精】外出を面倒くさがって、始終家に居ること。そういう性質の人。

てぶそく【手不足】《名ナ》人手が足りないこと。

てふだ【手札】①トランプ遊びなどで、手に持っている札。②名ふだ。名刺。▽今は言わない。③「手札型」の略。 **ーがた**【ー型】写真のフィルム・印画の型の一種。名刺判の倍、キャビネ型の半分の大きさ。

手札判。

でふね【出船】船が出帆すること。その船。↕入船(いりふね)。「こよいーか、お名残り惜しや」

てぶら【手ぶら】『名ノ』手に何も持たないこと。土産などを持参しないこと。から身。「ーで行く」「ーでは気がひける」

てぶり【手振り】手を動かしてする格好。手の動きで感情・意思などをあらわそうとすること。「ーを混ぜて話す」

てぶれ【手ぶれ】カメラでの撮影時に手が動いて、画像が不鮮明になること。「ー補正」

デフレ「デフレーション」の略。

デフレーション 物価が持続的に下落すること。普通、不況をともなう。デフレ。↕インフレーション。▽deflation

テフロン 熱や薬品に強く、焦げ付きが防げるプラスチック。▽Teflon 商標名。

てぶんこ【手文庫】手箱として使う箱。

デベロッパー 土地開発業者。ディベロッパー。▽developer

てへん【手偏】漢字の偏の一つ。「折」「拾」などの「扌」の称。

てべんとう【手弁当】①自分で弁当を持って働きに出ること。②転じて、報酬などを当てにせず、自分の負担で、ある人・事のために働くこと。「候補者をーで応援する」

でほ【出穂】↓しゅっすい(出穂)

てぼうき【手×箒】片手で持って使う、柄が短いほうき。

でほうだい【出放題】『名・ダナ』口から言葉が出るにまかせて、勝手なこと、でたらめを言うこと。「ーな大うそ」

デポジット 保証金。「ー制度」(容器などの使い捨てを防止する預り金支払い方式。発売元に容器などを返却すると先に支払った預かり金額が払い戻される)▽deposit

てほどき【手△解き】『名・ス他』学問・技芸の初歩を教えること。「油絵のーを受ける」

てほん【手本】①書画の練習の模範とする書画がかいてある本。②模範。また、標準となる様式。「ーを示す」「人のおーになる」 関連 見本・下敷き・先例・範・法(のり)・鑑(かがみ)・規範・模範・典範・亀鑑・規準・標準・師表・モデル・サンプル

てま【手間】①仕事を仕上げるのにいる労力・時間。「ーがかかる」「ーを省く」②「手間賃」の略。③(手間賃をもらってする)職人の仕事。 **ーしごと**【ー仕事】①↓てま③。②手間(1)がかかる仕事。 **ーぞん**【ー損】手間(1)ばかりかかって効果があがらないこと。 **ーだい**【ー代】手間賃。 **ーちん**【ー賃】(職人の)手間(1)に対して支払われる賃金(ちんきん)。 **ーつぶし**【ー潰し】↓てまぞん。 **ーとり**【ー取(り)】手間賃でやとわれること。その人。 **ーひま**【ー△隙・ー暇】手間(1)とひま。「ーいらず」(簡単に、またはたやすく事が運ぶこと)

デマ ①事実に反する扇動的で謀略的な宣伝。②いいかげんな噂話(うわさばなし)。流言。「ーを飛ばす」▽「デマゴギー(ドイツ Demagogie)」の、日本での略。

てまえ【手前】(一)【手前】規準とするもの(自分)の前に近い側。①着目する物よりこちら側。「駅よりーの道」「駅のーで左折」「ーに見えるのが」②《多くは連体修飾を受けて副詞的に》他人の目にとまるものとしての体裁・面目。「世間のーがあって勝手を許さない」「親のーおとなしくしている」「強い事を言ったー引っ込みがつかない」③『代』㋐わたくし。「ーどもの店では」▽へりくだった言い方。㋑おまえ。そちら。「おーがたの言うとおりだ」▽目下に言う。「おー」は同輩に言った。(二)【手前・△点前】茶の湯の所作・作法・様式。「おーを拝見する」 **ーがって**【手前勝手】『名・ダナ』自分に都合がいいようにばかり、ふるまうこと。自分勝手。 **ーみそ**【手前味×噌】自慢。「ーを並べる」

でまえ【出前】料理を、注文した家に届けること。その料理。仕出し。「ー持ち」(出前を運ぶ人)

でまかせ【出任せ】『名・ダナ』口から言葉が出るにまかせて、でたらめを言うこと。「口からーにほらを吹く」

てまき【手巻(き)】①「手巻きずし」の略。巻き簀(す)を使わず掌(てのひら)の上で巻く、のり巻き。②使うために自分の手で巻くこと。「ー時計」「紙タバコをーにする」

てまくら【手枕】腕を曲げて頭の下に置き、枕にすること。

デマゴーグ 人々をうまく扇動する政治家。▽ドイツ Demagog

デマゴギー ↓デマ。▽ドイツ Demagogie

てまさぐる【手まさぐる】『五他』↓まさぐる。「少女はかたわらの野の花をーった」

でまど【出窓】建物の壁から外に突き出してつくった窓。張出し窓。

てまどる【手間取る】『五自』するのに、労力・時間が予想以上にかかる。ひまがかかる。「支度にー」「かなりー計算」

てまね【手〈真似〉】手の動作で物ごとのまねをすること。「ーで合図する」

てまねき【手招き】『名・ス他』手先を振って、こちらへ来いと招くこと。

てまめ【手まめ】①『ダナ』(手先を休めず)仕事をきちんきちんとするさま。②『名ノ』手先の仕事がうまいこと。器用なこと。▽「まめ」は忠実・達者の意。 派生 ーさ

てまり【手×鞠・手×毬】手でついて遊ぶための、まり。それをつく遊び。「ーうた」 **ーばな**【ー花】初夏、白色小形の花がたくさん球状に咲く落葉低木。オオデマリ。▽れんぷくそう科(旧すいかずら科)。

でまる【出丸】本城から張り出して設けた郭(くるわ)(イ)。

てまわし【手回し・手×廻し】①手で回すこと。「—の充電器」②用意・手配。「—がいい」

てまわり【手回り・手×廻り】手もと。身のまわり。また、身ぢかに置く品物。「—品」

でまわ-る【出回る・出×廻る】《五自》その品物が市場や世間に(かなり多く)現れる。「はまぐりが—」「北斎のにせ物は早くから—った」

てみじか【手短】《ダナ》話の進め方などが手っとりばやく簡略なさま。「—に述べる」派生 **-さ**

てみず【手水】①ちょうず。②手についた水。③餅をつく時、捏取(こねどり)が手に水をつけて餅をしめらすこと。その水。

でみず【出水】(降雨により)河川などの水が大いにふえて、あふれだすこと。洪水。

でみせ【出店】①本店から分かれて、よそに出た店。分店。支店。②路上に出した店。露店。「縁日に—が並ぶ」▽→しゅってん

デミタス 食後用の小型コーヒー カップ。また、それで(ミルクや砂糖を入れずに)飲む濃いコーヒー。▽フランス demi-tasse

てみやげ【手〈土産〉】自分で手にさげて持って行くみやげ。

てむか-う【手向かう】《五自》逆らって(腕力・武力で)立ち向かう。反抗する。「強敵に—」

でむか-える【出迎える】《下一他》待ち人の来る所まで行って迎える。「客を駅に—」

でむ-く【出向く】《五自》そこに自分の方から出かけて行く。「現場に—」

でめ【出目】普通より眼球が外に突き出ていること。そういう目。 **—きん**【—金】金魚の一品種。眼球がなみはずれて突き出ているもの。

てめえ【手△前】《代》〔俗〕①自分。「—のことは—で決めろ」②相手を乱暴に指す語。おまえ。「—ふざけるな」▽「てまえ」のなまり。

デメリット 短所。欠点。↔メリット。▽demerit

でめん【出面】→でづら

ても《感》さても。いかにも。「—よいながめじゃ」▽「さても」の転。古風。

ても ①《連語》接続助詞「て」+係助詞「も」。「この技術は未来に向け—使える」「学識から言っ—彼が適任だ」「水で溶い—よい」「よくあることだと言っ—よろしい」「右側通行と定め—さしつかえない」「願っ—無いしあわせ」「彼にし—困っているだろう」

②《接助》㋐後に述べる事柄が前に述べる(既に実現した、または仮定する)条件に縛られないという関係で、二つの句をつなぐのに使う。「いくら注意し—改めない」「雨が降っ—決行する」「仮に勤め人であっ(たとし)—休暇は取れるはずだ」「小さく—大きく—悪は悪だ」「歩い—歩い—目的地はまだ遠い」㋑《特に動詞を受けてその行動が不可能であることを言う表現の場合》願ってもそうは行かない意を表す。「断っ—断り切れない」「切っ—切れない関係」「死ん**でも**死にきれない」▽⑵は⑴の結合が強くなって一語化したもの。「も」を省くか「ては」に代えるかすると不自然になることで⑴と区別される。「て」に連なる時「で」となる動詞では「でも」。

デモ「デモンストレーション」の略。①示威運動⑴。「—隊」②宣伝のための実演。「—テープ」「—フライト」▽demonstration から。

でも〔俗〕未熟。えせ。「—医者」「—紳士」▽「あれでも……か」の気持で言う。

でも ㊀《連語》①格助詞「で」+係助詞「も」。時・場所・手段など情況について、同類中の一つを示すのに使う。「名古屋—人気を呼んでいる商品」「紙—木—竹—作れる」「意外な発見が多い中—一番注目すべきこと」「あの辺—古い旅館」

②「だ」の連用形「で」+係助詞「も」。「であっても」と同じ意を表し、接続助詞的に使う。「子供が相手—手加減しない」「今は貧乏—昔は豊かだった」「これ—いいか」▽「では」に対比される用法。なお、「AはA—」の形は、→は《係助》⑴㋒

③《活用語の連体形+「—ない」の形で》ことさら……というのではない。「誘いはしたが、別に返事を待つ—ない」「見る—なく見ない—ないそぶり」「金は無い—ない(=わけでもない)が」「そんな気がしない—ない」▽体言に続く場合には、「友人—知り合い—何—ない」のように否定表現を列挙。

㊁《副助》①許容範囲にあるものの中からえらんで、きびしくは限定せず大体の目安を挙げるのに使う。「一休みしてお茶—飲もうや」「集まって思い出話—したいものだ」「自由業と—言っておくか」「じかに告げにくいのなら私に—話してください」「元気がないが、体のぐあい—悪いのか」▽意志や勧誘や希望の表現の中で使うことが多い。

②《多くは比況表現を伴って》具体例として描くのに使う。「鉛—入っているように重い」「こう—(=このようにでも)しなければ納まりがつかない」

③《並べ立てるか不定の言い方と組むかして》㋐特別に限ることをしない意を添える。「冗談に—本音に—(どっちに—)取れる発言」「なんと—言うがいい」「こういう話はいくら—ある」㋑例外無くすべてという意を表す。「どこの店—置いてある品」「だれ—が知っていること」「あの店の品は何—安い」「どんな整数—成り立つ命題」▽不定表現と組めば、当の範囲のすべてにわたっての意。→も㊁《副助》⑴㋐。㋒『何—』→なんでも

④㋐(可能な範囲に含まれる)はっきりした場合または極端な例として挙げる意を添える。「今—なお昔の面影を残す町並」「自首すると—言うのか」「彼ほどの男—これには参った」「寝ていて勤まるなら、なまけ者のおれに—できる」「病(やま)—おもむく覚悟」㋑《「だけ—」の形で》一部を挙げ他の部分を暗示するのに使う。「この仕事だけ—早く済ませたい」「お前一人だけ—手に余る」

⑤《(量的な)下限を表す言い方に付いて》㋐肯定表

現では、せめてそのくらいの意。否定表現では、そのくらいだっての意を、添える。「書けたところから一枚ー二枚ー渡せ」「短時間ー休んだほうがいい」「少しー分けてはやれない」㋑これくらいのところで我慢する意。「出がらしのお茶ーいい」 ㊂《接助》①「ても」が音便で「でも」となったもの。↓ても《接助》。②《特に「ない」に続く場合》「なくても」に同じ。「わざわざ買わないー間に合うはずだ」 ㊃《接》《文頭・句頭に使って》そうであっても。そうしても。「ーやっぱり困るんです」▽㊁の転。

デモーニッシュ『ダナ』鬼神・魔に取りつかれたようなさま。超自然的。▽ドイツ dämonisch

デモクラシー 民主的であること。民主主義。民主政治。民主政体。▽democracy

デモクラティック『ダナ』民主(主義)的。▽democratic

てもち【手持(ち)】 手に持っていること。特に、現在所有していること。その商品・材料など。「ーの金(かね)」 **ーぶさた【ー無沙汰】**『名ナノ』することがなく、間(ま)をもてあますこと。

てもと【手元・手△許】 ①手が届く範囲。自分のまわり。②物の、手で握る所。③物の手さばき。「ーが狂う」④「手元金」の略。「ー不如意」⑤箸のこと。「おー」 **ーきん【ー金】** 手元(1)に置いて、持っている金銭。▽略して「てもと」とも言う。

でもどり【出戻り】 女が離縁になって実家に帰っていること。その女。

てもなく【手も無く】《連語》《副詞的に》少しの手もわずらわさず。簡単に。やすやすと。「ーやられる」

でもの【出物】 ①不動産・古物などの、売りに出されたもの。「いいーがある」②体内から現れ出るもの。㋐できもの。はれもの。㋑屁(へ)。「ーはれもの所きらわず」

てもり【手盛り】 ①自分で食物を(好きなだけ)食器によそうこと。②↓おてもり。③『ーをくう』自分で自分の計略にはまる。

デモンストレーション ↓デモ。▽demonstration

てやり【手×槍】 柄(え)が細く短いやり。

デュエット 二重唱。二重奏。また、その曲。▽duet

てよ《連語》《文末に使う》終助詞「て」+間投助詞「よ」。①依頼・要求を表す。「あれ買っー」「ちょっと待っー」②詠嘆や事実を表す。「それはそれはお美しくっー」「聞こえー」▽(2)は明治期に女学生が使い始めた。

でよう【出様】 ①出る様子。②しかた。しうち。態度。でかた。「ーによっては」

でようじょう【出養生】『名・ス自』自宅でなく、養生にもっと都合のよい所に移って療養すること。「弱い奥様でーをしておいでだ」▽別邸に移ることや転地を含むが入院は言わない。近頃ほとんど言わない語。

てら【寺】 ①仏道修行・仏事を行うため仏像を安置し、僧が住んでいる建物(を含んだ一定区域)。▽特に(延暦寺(えんりゃくじ)を「山」というのに対し)三井寺(みいでら)を指すことがある。②「寺銭(てらせん)」の略。

テラ= 基準となる単位名に冠し、その一兆倍に当たる意を表す語。記号T。「ーバイト」▽tera-

てら-う【×衒う】『五他』自分にすぐれた知識・才能があるかのように、わざと見せかける。また、知識・才能を見せびらかして誇らしげにふるまう。「奇をー」

てらおとこ【寺男】 寺で働く下男。

てらこ【寺子】 寺子屋に入門した子ども。 **ーや【ー屋】** 江戸時代に普及した、庶民の子どもに読み書きの初等教育を施した所。▽鎌倉時代に寺でおこなったのが初めという。「寺小屋」は当て字。

てらこしょう【寺小姓】 寺に住んで、住持のそば近く仕えた少年。▽今は言わない。

テラコッタ 粘土で作った細工(さいく)物の、また建築材料としての装飾用の、素焼き陶器。▽イタリア terracotta

てらざむらい【寺侍】 室町時代以降、格式の高い寺院に仕え、寺務に従事する侍。

てらしあわ-せる【照らし合(わ)せる】『下一他』①二つ以上のものの間の異同を調べたり、参考にしたりするために、比較する。見比べる。「伝票と帳簿をー」②両方から光をあてる。

てらしだ-す【照らし出す】『五他』光を当て(るようにし)て、ものの姿を浮かび出させる。「夜の五重塔をー」「真相をーした記事」

てら-す【照らす】 ①『五他』四方または特定方向に光をあてる。光をあてて明るくする。「月が夜道をー」「舞台をー」「肝胆相(あい)ー」(互いの心をはっきりと知り合う) ②『五自』基準となるものと比べ合わせて確かめる。参照する。「……にーして明らかだ」「法律にーして処罰する」

テラス 洋風の建物で、庭や道に張り出した、台のようになったところ。いすを持ち出して食事などをする。▽terrace

てらせん【寺銭】 ばくち等の場所の借り賃として、やりとりした金額の中から払う金。てら。

デラックス『ダナ』高級であるさま。豪華なさま。「ーなホテル」▽フランス de luxe の英語読みから。「DX」と略して書くこともある。派生 -さ

てらてら『ダナ・副[と]・ス自』あぶらぎったりして光っているさま。「ー(と)した火傷(やけど)の痕」「ポマードをー塗りたくった髪」

テラマイシン 抗生物質の一種。黄色い結晶性でにおいのない物質。▽Terramycin 商標名。

てらまいり【寺参り】 寺に行って、仏像・位牌(いはい)・墓をおがむこと。寺もうで。

てらまち【寺町】 その区域に寺が多い町。

てらもうで【寺詣(で)】 ↓てらまいり

てり【照り】 照ること。特に、つや。光沢。「ーを出す」。また、晴天。「ーが続く」

テリア イギリス原産の、小形のイヌの一品種。愛玩用

・狩猟用。▽terrier

てりかえ-す【照(り)返す】《五自他》光線を反射する。「白壁を—川面」。光線が反射する。「西日が—」

てりかがや-く【照(り)輝く】《五自》光り輝く。美しく光る。

デリカシー　繊細さ。優美さ。「—に欠ける」▽delicacy

デリケート《ダナ》繊細であるさま。「—な神経」。微妙なさま。「—な問題」▽delicate 派生 **-さ**

てりつ-ける【照(り)付ける】《下一自》太陽などが、きびしく照る。

テリトリー　領分。領域。(動物の)なわばり。▽territory

てりは-える【照(り)映える】《下一自》光をうけて美しく輝く、または美しく見える。「日に—紅葉」

デリバティブ　株式・金利・為替(かわせ)などの原証券や通貨売買の在来の取引法から派生した、新しい金融商品。金融派生商品。▽derivative(＝派生物)短期に巨利がねらえるが、危険も大きいと言われる。

デリバリー　配達。配送。出前。「—サービス」「ピザの—」▽delivery

てりふり【照(り)降り】①晴天と雨天。②「照り降り傘」の略。晴雨兼用の傘。　**—あめ【—雨】**照ったり降ったりして定まらない空模様。

てりやき【照(り)焼(き)】魚の切身などを、みりん・しょうゆを混ぜた汁につけて、つやがでるように焼くこと。そのように焼いた料理。

てりゅうだん【手×榴弾】手投げ用の小形の爆弾。てなげだん。しゅりゅうだん。

てりょうり【手料理】専門の料理人に頼まず、自分で作った料理。家庭料理。

デリンジャーげんしょう【デリンジャー現象】昼間、十分から数十分にわたって急激に起こる短波通信の障害。▽アメリカの物理学者 Dellinger が発見。

て-る【照る】《五自》(四方にわたって)一面に光る。光が四方に届く。「—日もあれば曇る日もある」(順調・好調な時もあれば逆境の時もある)

てる《連語》……ている。「いつも行っ—」「痩せてないよ」▽↓いる(居)(2)

でる【出る】《下一自》①内から外に移る。▽㋐㋑㋒は↕はいる・いる(入)。㋐外部に行く。「庭に—」「旅に—」。去る。「家を—」。見える所に移る。「日が—」▽「庭に—」と「庭を—」との違いは助詞「に」「を」の違いによる事で、前者は例えば座敷から庭への移動、後者は庭から屋敷外への移動。㋑出発・発車・出帆する。「汽車がでて行く」㋒卒業する。「大学を—」㋓売れる。「よく—品」㋔規準または普通の状態よりはみ出す。限界を越える。「足が—」(↓あし(足)(5))「三日をでないうちに」「中年になって腹が—」㋕行きつく。「右に行けば駅に—」「森をぬけて湖のほとりにでた」

②姿を見せる。また、見える形になる。㋐現れる。「いつもの癖が—」「えくぼが—」「真相が明るみに—」。見つかる。「落し物がでた」「シャツが短くておなかが—」㋑ある仕事に乗り出す。「実業界に—」。出席・出勤・出場・出演・立候補する。「授業に—」「会議に—」「電話に—」「選挙に—」「芸者としてまた柳橋からでている」「仲裁を買って—」㋒新しく加わる。「速力が—」「調子が—」㋓公に知らされる。「強風注意報が—」。出版される。「五月号が—」。出版物に載る。「新聞に—」㋔そういう結果になる。「余りが三つ—」「裏目に—」㋕(あえて)そういう態度をとる。「強くでて迫る」「思いあがった態度に—」「強硬措置に—」

③源から生じる。㋐起こる。「火が—」「芽が—」「風が—」(吹き始める)㋑あふれて流れる。「水が—」「涙が—」「温泉が—」㋒産する。「この地方から茶が—」㋓十分に味が現れる。「よく—茶」㋔与えられる。「給料が—」「お暇が—」(解雇される、離縁される意にも)㋕系統を引く。「この語は中国語からでている」

でる《連語》「てる」が、撥音(はつおん)便・ガ行イ音便に続くときの形。……でいる。「しゃがん—のは誰」「誰も泳いでない」▽↓いる(居)(2)

デルタ　三角形のもの。特に、三角州(す)。「—地帯」▽ギリシア字母第四の大文字Δの形による。delta

てるてるぼうず【照る照る坊主】雨模様の時に、晴れるように祈って軒につるす、紙製の人形

てれかくし【照れ隠し】人前で、恥ずかしさ・気まずさをごまかすため、人の気を他にそらそうとする動作・態度。

てれくさ-い【照れ臭い】《形》(人前で注目を浴びたりして)きまりが悪い。気はずかしい。派生 **-さ -げ -がる**

デレゲーション　代表団。例、オリンピックの選手・役員の一団。▽delegation

テレコム　電信・電話・テレビ、更に電話回線にパソコンやファクシミリをつないだ、遠距離通信。▽telecommunication の略。

でれすけ【でれ助】〔俗〕でれでれしてだらしない男。

テレタイプ　タイプライター式の電信機。▽teletype テレプリンターの商標名。

テレックス　電話回線で送信相手を呼び出し、テレタイプで通信する方法。また、その機械。加入(者)電信。▽telex(teleprinter exchange の略)

でれっと《副・ス自》〔俗〕①だらしなく、もたれかかるようなさま。「椅子に—座る」②しまりのないさま。「目じりが—下がる」「一日中—している」

でれでれ《副[と]・ス自》〔俗〕しまりのない振舞いをするさま。「初孫に—する」「—(と)目じりを下げる」

テレパシー　相手の心情などを五官によらないで感じとること。精神感応。▽telepathy

テレビ　「テレビジョン」の略。映像を電波で遠くに送って、映写する装置。「—ゲーム」(テレビの画面を使

ってするゲーム）▽television から。略して「TV」とも書く。

テレビンゆ【テレビン油】まつ科植物の樹脂を蒸留して得る揮発性の油。さわやかな香気をもつ。溶剤、塗料用。テレピン油。▽「テレビン」はポルトガル terebinthina から。

テレフォン 電話。電話機。テレホン。「―サービス」「―カード」▽telephone

て-れる【照れる】〘下一自〙きまり悪がる。はにかむ。「ほめられて―」

てれん【手練】人をだまして操る手段。てくだ。「―手管(てくだ)」▽「てだれ」「しゅれん」と読めばそれぞれ別の意。

テロ →テロリスト・テロリズム

テロップ テレビ画面に、テレビカメラを通さず文字を写し出す装置。また、そこに写し出された文字。▽telop(television opaque projector の略)

テロリスト 政治上の暴力主義者。テロリズムを奉じる人。テロ。▽terrorist

テロリズム 反対者(特に政府の要人)を暗殺するとか、国民を強権でおどすとか、暴力や恐怖によって政治上の主張を押し通そうとする態度。テロ。▽terrorism

でろれん 「でろれん祭文(さいもん)」の略。ほら貝を吹き、錫杖(しゃくじょう)を鳴らしながら語る、門付(かどづけ)の説経祭文。▽合(あい)の手に「でろれんでろれん」と言うから。

てわけ【手分け】〘名・ス自他〙何人かがそれぞれに分けて受け持って行うこと。「―して捜す」

てわざ【手業】手仕事。

てわたし【手渡し】〘名・ス他〙①他人を通さず、自分でじかに相手に渡すこと。②手から手へと渡すこと。

てん【*貂】胴と尾が細長い小形の獣。夜、小動物を捕らえて食う。毛皮は珍重される。▽いたち科。

てん【*天】テン あま あめ そら ―の。①〘名・造〙世界をおおうも遠く高いところ。おおぞら。↕地。「天高く馬肥ゆる秋」「天地・天壌・天上・天下・天心・天空・天気・天体・天象(てんしょう)・天漢(てんかん・あまのがわ)・天変地異・九天・上天・青天・晴天・雨天・曇天・仰天・東天・中天・満天」②〘名・造〙造化の神。万物を支配する神。「天の与え」「天に口なし」「天命・天子・天佑(てんゆう)・天罰・天誅(てんちゅう)・所天」③大自然の力。「天然(てんねん)・天災・天理」④自然の。うまれつき。「天性・天才・天資・天賦・天職・天真爛漫(てんしんらんまん)・先天的・後天的・楽天的」⑤〘名・造〙時のめぐり。時勢。世の中。「天の時、地の利」「回天・振天」⑥〘名・造〙宗教上、人間以上のものの存在する所。㋐キリスト教で、神、聖霊、神の使い、死んで神のもとに行った霊魂などのいる所。「天にまします神」「在天の霊」「天国・天帝・天使・昇天」㋑仏教で、六道のうち人間界より上級の世界。ヒンドゥー教の神々の居所。また、その神。「天部・天人・有頂天(うちょうてん)・弁才天・吉祥天・四天王」⑦㋐物の上部。「天辺(てっぺん)・脳天・天地無用」。書物などの上端。「天金」㋑〘名〙→てんから。⑧天子に関する事柄を表す。「天顔・天機奉伺・天恩・天覧・天聴」

てん【*典】テン ふみ のり つかさどる ―①人のふみ行うべき道をしるした書物。たいせつな書物。「典籍・教典・経典・聖典・仏典・内典・外典(げてん)・文典・国典・楽典・辞典・宝典・原典・古典」②よりどころがある。ただしい。「典拠・典故・典雅・出典」③不変の規則。のり。行為。基準。「典例・典範・典型」④〘名・造〙きめられた型。儀式。「華燭(かしょく)の典」「典礼・大典・祭典・式典・恩典・特典」⑤質を入れて金を借りる。しちいれ。しち。「典物」⑥つかさどる。「典薬・典侍」

てん【*店】テン みせ たな ―①みせ。たな。「店舗・店主・店員・店頭・商店・売店・露店・開店・本店・支店・分店・弊店・代理店・書店・薬店・喫茶店」②貸家。「店子(たなこ)」。はたごや。

てん【*点】【點】テン ともす たてる ―㊀それ以上細かく分けては考えない小さいもの。①〘名・造〙小さいしるし。ぽち。そういう形(のもの)。「点を打つ」「目が点になる」(驚いて呆然(ぼうぜん)とする。漫画の表情から出た表現)「点点・点線・点字・点滴・点在・斑点・黒点・圏点・汚点・灸点(きゅうてん)」。漢字の構成要素で、「、」の形のもの。「点画」②それ以上は細かく分けて扱わない、一つのもの。㋐ある事柄で着目する一つの箇所。「地点・拠点・終点・盲点・観点・力点・中心点・分岐点・沸点・春分点・氷点下」㋑〘名・造〙一つの事項。こと。「この点が不満だ」「要点・難点・論点・欠点・問題点・弱点・利点」㋒要素となり、それ以上は分析しない、思考の対象物。「二点を通る直線」「中点・点集合」③〘名・造〙点⑴の形を(主として)使ったもの。また、それを使うこと。㋐筆の穂先などで点⑴を打つ。しるしを付けて示す。「画竜点睛(がりょうてんせい)・点描」㋑句読(くとう)・清濁・訓法などを示す(補助的な)符号。「点を加える」「句読点・訓点・半濁点・返り点・声点(しょうてん)」。また、それを付けて読みやすく(読み誤らないように)するしるし。「点本・加点」㋒詩文の原稿に書き入れる評価のしるし。「点の打ちどころも無い」(非難に価するどんなきずも無い)「批点・点者(てんじゃ)・合点(がってん)」㊁㋐〘名・造〙成績等の評価の結果。「点を付ける」「よい点を取る」「点数・採点・評点・得点・満点・高点・次点・平均点・合格点・落第点」㋑評価結果を数値で表すとき添える語。「九十点」㊂㋐引き合わせる(ようにして)しらべる。「点検・点呼」▽一つ一つしるしを付ける意。㋑物品の数を表すとき添える語。「三点セットの家具」「出品点数」㋒昔、水時計で時刻を示すのに使った語。「辰(たつ)の一点」「三点鐘」▽ちょんとたたいて知らせたことから。

四まだ無い所に現す。①火(多くは、明かり)をつける。「点じる」「点火(てんか・とぼし・ともし)・点灯・点滅」②入れる。㋐たてる。つぐ。「点茶」㋑さす。「点眼」㋒しるす。さす。「点景」

てん【*展】 テン のべる ひろげる ―①ならべる。「展観・展示・展覧」。また、「展覧会」の略。「個展・国宝展・写真展」②ころがる。「展転」▽「輾」に同じ。③巻物をくりひろげるようにひろげる。のびる。のべる。「展性・展開」④(巻いたものを)ひらいて読む。「展巻・親展・開展」⑤丁寧に見る。ひろく見る。「展望」⑥ひろがる。物事がさかんになる。範囲がひろくなる。「発展・進展・伸展」

てん【添】【添】 テン そえる そう ―(少しずつ)つけ加える。そえる。そえものとしてつける。「添加・添付・添削・添書・添菜・加添」

てん【*転】【(人)轉】 テン ころがる ころげる ころがす ころぶ ―①まわる。ころがる。めぐる。「転転・回転・運転・反転・流転(るてん)・自転・空転・輪転機」②ひっくりかえる。ころぶ。「転倒・転落・動転・逆転・横転」③方向をかえて移る。「転換・転向・転地・転居・転任・転入・転嫁・転校・転業・転売・移転・栄転・一転」④移り変わる。「有為(うい)転変・転訛(てんか)・転義・転注・変転・機転・陽転・好転」。また、言葉の音(おん)がもとの形から転じること。「音転」の略。⑤漢詩の絶句の第三句。「転句・起承転結」▽第三句で詩想を転じ、展開を図るから言う。

でん【*田】 デン た ―①区画を立てて稲その他の穀類をつくる土地。た。たはた。日本では特に、水田のこと。「田地・田野・田園・田夫野人・田租・水田・良田・美田・公田・班田収授」②田畑のように何かを生む土地。「塩田・油田・票田」③田をつくる。「田耕」④田の稲をかりとる。鳥獣をとる。狩り。「田猟」

でん【*伝】【(人)傳】 デン テン つたわる つたえる つたう ―①人から人へとりつぐ。つたえる。つたわる。つたえ。「伝令・伝言(でんごん)・伝染・伝習・伝来・伝授・伝達・伝統・伝法・伝灯・伝票・口伝(くでん)・秘伝・奥伝・家伝・虚伝・直伝(じきでん)・遺伝・別伝・一子相伝・免許皆伝」②世間にひろめる。「伝道・宣伝・喧伝(けんでん)・伝播(でんぱ)」③言いつたえ。人の一代記。ものがたり。「伝記・伝説・伝奇・列伝・自伝・自叙伝・義民伝」④経書など古典の注釈。「経伝・春秋左氏伝・古事記伝」⑤宿場。宿(しゅく)つぎ。「駅伝・伝馬(てんま)」⑥〘名〙しかた。やりかた。「いつもの伝でやろう」

でん【殿】 デン テン との どの しんがり ―①㋐大きくてりっぱな建物。との。また、建物の名称につける。「殿堂・殿上(てんじょう)・殿中・昇殿・宮殿・神殿・拝殿・仏殿・御殿(ごてん)・正殿・便殿・神楽(かぐら)殿・伏魔殿」㋑人の敬称。「貴殿」㋒戒名の院号の下につける称。「大猷院(だいゆういん)殿」②最後尾にあって敵の追いうちを防ぐ軍勢。あとぞなえ。しんがり。「殿軍・殿騎」

でん【×澱】 デン よどむ よどみ おり ―水の流れがよどむ。よどんで水底にかすがたまる。よどみ。おり。かす。「澱粉・沈澱」▽「殿」で代用する。

でん【*電】 デン いなずま ―①電気。「電力・電解・電動機・電子・電極・電池・電話・電信・電蓄・電化・発電・送電・放電・停電・感電・帯電・充電・漏電」②いなずま。いなびかり。「雷電・電光・紫電」③明らかに照らす。また、他人の見ることに関する敬語。「電覧」④㋐「電信」「電報」「電話」の略。「打電・入電・来電・返電・祝電・弔電・飛電・外電・公電・訓電・親電」㋑「電気鉄道」「電車」の略。「市電・終電」

でんあつ【電圧】 電場または導体内の二点の間の電位の差。単位はボルト。▽物理学では「電位差」と言う。

てんい【天意】 天(造化の神)の意思、すなわち正しい道理。「―に叶(かな)う」

てんい【転位】〘名・ス自他〙今までの所から位置が変わること。位置・あり方を変えること。「倉庫内で―する」「内面の苦悩を詩に―する」

てんい【転移】〘名・ス自他〙場所や状態が移り変わること。それを移し変えること。「癌(がん)が胃に―する」「相―」(物理学で、物質が液体から気体へというように状態を変えること)「激動の時代を経た思想の―」

でんい【電位】〔物理〕電場に関し水位になぞらえた概念で、一点Aから他の点Bに電気が流れる時、「AはBより電位が高い」「BはAより電位が低い」と言う。 **―さ【―差】** →でんあつ

てんいむほう【天衣無縫】 ①詩歌などが、技巧をこらしたあともなく、いかにも自然で、しかも完全で美しいこと。▽天人の着物には、縫い目のような人工のあとがない意。②天真爛漫(らんまん)。

てんいん【店員】 店の従業員。

てんいん【転院】〘名・ス自〙患者が、現在入院している病院から他の病院へ移ること。

でんう【殿宇】 御殿(ごてん)。▽「宇」は家屋の意。

てんうん【天運】 ①天から授かった運命。天命。「―が尽きる」②天体の運行。「―めぐる十七載」▽(2)は既に古風。

てんえん【展延】〘名・ス他自〙(薄く)広げのばすこと。広がりのびること。

でんえん【田園】 田畑(のある所)。いなか。郊外。「―地帯」 **―しじん【―詩人】** 農村の風物や自然の美を作品に取り上げる詩人。 **―とし【―都市】** 田園の趣を計画的に取り入れて造った都市。

でんおう【田翁】 年寄りの農夫。

てんおうせい【天王星】 太陽系で内側から七番目の惑星。てんのうせい。

てんおん【天恩】 ①造化の恵み。自然の恩。②天子の

恩。

てんか【天下】①天が覆っている下の所。㋐全世界。全国。「—晴れて」(世間をはばかる必要なく、公然と) ㋑全国。「—をねらう」(全国の統治権を得ようとする) ②実権をにぎって思うままにふるまうこと。「—の横綱」「かかあ—」 **—いち【—一】**天下に並ぶものがないほど、すぐれていること。全世界で第一等。 **—いっぴん【—一品】**天下一の物。天下一であること。 **—とり【—取(り)】**天下の政権を自分の手におさめること。また、おさめた人。 **—わけめ【—分け目】**天下を自分が取るか、敵に取られるかの分かれ目。勝敗が決まる重要な分かれ目。「—の関が原」

てんか【天火】落雷で起こる天災。▽「てんぴ」と読めば別の意。

てんか【点火】《名・ス自》火をつけること。また、火をともすこと。「—装置」

てんか【添加】《名・ス他自》ある物に何かをつけ加えること。添えること。また、添わること。「食品—物」

てんか【転化】《名・ス自》他の状態・物に変化すること。転じて行くこと。「収支が赤字に—する」

てんか【転科】《名・ス自》所属の学科などから、他の科に移ること。

てんか【転×訛】《名・ス自》言葉のもともとの音が、なまって変わること。「てまえ(手前)」が「てめえ」になる類。

てんか【転嫁】《名・ス他》罪・責任などを他人になすりつけること。▽もと、再度の嫁入りの意。

てんが【典雅】《名・ダナ》整っていて上品に美しいさま。「—な音楽」 派生 **—さ**

でんか【伝家】①代々その家に伝わること。家伝。②『—の宝刀』㋐代々その家の宝として伝わっている名刀。㋑比喩的に、すばらしい威力があるが、よくよくの場合以外には秘めて置いて、めったに使わないもの・手段。

でんか【殿下】①(「陛下」と呼ばれる以外の)皇族・王族に対する敬称。▽昔は、摂政・関白・将軍にも使った。古くは「てんが」とも言った。②御殿の階(きざはし)の前の所。

でんか【電化】《名・ス他自》動力・熱・光などを、電力を利用して得るようにすること。「鉄道の—」「家庭—製品」

でんか【電荷】《名・ス自》物体が帯びている電気の量。すべての電気現象の根本となるもの。正・負の二種がある。また、電気を帯びること。

てんかい【天界】天上の世界。空。

てんかい【展開】《名・ス他自》①一つにかたまっていたものを延べ広げること。そういうものが広がった形になること。㋐開いて(発展させて)繰り広げること。また、そうなること。「新たな観点から議論を—する」「行き詰まった局面が—する」「式$(a+b)^3$を—する」㋑密集部隊が散兵となること。「右岸に—した部隊」。そのように、広げること。「支店群を西日本に—する」㋒立体を切断によって平面上に広げること。「—図」②広々とひろがること。「眼下に大草原が—する」

てんかい【転回】《名・ス自他》くるりと回って、方向を変えること、また、方向が変わること。「百八十度—」(正反対の立場に変わること)

てんがい【天外】天のそと。はるかな空の一角。また、きわめて遠い(高い)所。「奇想—」(思いも寄らないこと)

てんがい【天涯】空のはて。また、故郷を遠く離れた土地。「—孤独」(広い世界に身寄りが一人もいないこと)

てんがい【天蓋】①〔仏〕仏像・導師・棺などにさしかけてつるす、笠(かさ)状の装飾。②祭壇や寝台などの上に設けた装飾的な覆い。▽イタリア baldacchino の訳語。③虚無僧(こむそう)がかぶる、藺草(いぐさ)で編んだ笠。④笠の裏のような丸みのある大きなもの。㋐大空。「雲に覆われた—」㋑大きな建物の天井。「—の無い停車場」⑤蛸(たこ)のこと。▽僧が使う隠語。形が天蓋(1)に似るから。

でんかい【電界】→でんば

でんかい【電解】《名・ス他》「電気分解」の略。「—質」

てんかく【点画】漢字を構成する点と画(かく)。

てんがく【転学】《名・ス自》学生(生徒)が所属の大学(学校)・学部から、他の大学(学校)・学部に変わること。

でんがく【田楽】①煮たり焼いたりした串刺しの豆腐・こんにゃくなどに、調味した味噌(みそ)を塗って食べる料理。②平安朝から行われた、舞踊の一種。もと、田植の時に行ったが、遊芸化して鎌倉・室町時代に盛んであった。 **—ざし【—刺(し)】**田楽豆腐のように、真ん中を串・刀などで刺し貫くこと。いもざし。 **—どうふ【—豆腐】**豆腐を直方体に切って串にさし、みそをつけて火であぶった料理。▽田楽(2)を舞う法師の所作(しょさ)と形が似ているところから。 **—やき【—焼(き)】**野菜・魚などを串に刺して焼き、みそをぬった料理。

てんかふん【天花粉・天×瓜粉】カラスウリの根からとった白色の粉。あせもの治療・予防用など。

てんから《副》①はじめから。あたまから。「—間違っている」②《あとに打消しを伴って》全く。まるで。「—相手にしない」▽「天から」の意。

てんかん【天漢】あまのがわ。銀河。

てんかん【展観】《名・ス他》広く一般に見せること。展覧。

てんかん【×癲×癇】発作的に痙攣(けいれん)や意識障害などを起こす脳の病気。原因・症状は多様。

てんかん【転換】《名・ス他自》物ごとの方針・傾向などが、今までと別な向きに変わること。また、変えること。「方向—」「気分—」「話題が—する」「歴史の—点」

てんがん【天顔】天子のお顔。竜顔。

てんがん【天眼】肉眼では見えない事でも自在に見と

おせる、神通力(じんつうりき)のある目。千里眼。　ーきょう【ー鏡】人相見(にんそうみ)が使う、やや大形の凸レンズ。　ーつう【ー通】一切の事物が見通せる神通力。

てんがん【点眼】『名・ス他自』目薬を目に注ぎ入れること。「ー薬」　**ーすい**【ー水】目薬。

てんき【天気】①空の様子。㋐晴雨・気温・風のぐあいなどの気象状態。㋑気象状態が良いこと。好天気。「やっとーになった」②天子の御気色(みけしき)。天機。　**ーあめ**【ー雨】日光がさしているのに降る雨。日照り雨。きつねのよめいり。　**ーず**【ー図】広域にわたり一定時刻の各地の天気の状態を記した図。

てんき【天機】①天(宇宙)の秘密。「ーを泄(も)らす」(重大な秘密を漏らすことのたとえ)②天から授かった生まれつきの才能。「ーを現す」③天子の機嫌。

てんき【転機】別の状態・情況に移るきっかけ。「人生のー」

てんき【転帰】病気が経過して他の状態になること。「死のーをとる」

てんき【転記】『名・ス他』記載事項を他の帳簿などに書きうつすこと。「ー漏れ」

てんぎ【転義】語の、もとの意味から転じて生じた意味。↔本義

でんき【伝奇】逸話・奇談の総称。そういうスタイルで空想的な内容の小説。「ー的な小説」

でんき【伝記】ある(実在の)個人の生涯の事績を書きつづったもの。

でんき【電気】①広く電荷の関連する現象、およびその現象の実体。例えば絹で摩擦したガラス棒が紙片を引きつけるような現象を起こさせる原因となるもの。エネルギーの一つの形態。②俗に、電灯・電力のこと。「ーを消す」「ー代がかかる」　**ーかいろ**【ー回路】電流を通す時の、電気の流れるみち。　**ーがま**【ー釜】電熱を利用してごはんを炊く器具。電気炊飯器。　**ーきかんしゃ**【ー機関車】電動機によって運転する機関車。　**ーけいき**【ー計器】電気に関する測定に使うメーター類の総称。　**ースタンド**　机の上などに置いて割合狭い範囲を照らすように作った照明器具。　**ーていこう**【ー抵抗】電流の通りにくさの度合を表す値。単位はオーム。　**ーどう**【ー銅】電気分解で得た銅。　**ーどけい**【ー〈時計〉】電気で動かす時計の総称。交流の周波数が一定なことを利用したものなど。　**ーぶんかい**【ー分解】『名・ス他』液体または溶液に電極を入れて、電流を流すことで物質を分解すること。苛性(かせい)ソーダなどの製造、鍍金(めっき)、冶金などに応用。電解。　**ーようせつ**【ー溶接・ー×熔接】電気が発する熱を利用した、金属の溶接法。　**ーろ**【ー炉】電気エネルギーを熱源とする炉。製銑(せいせん)・製鋼用など。

でんき【電器】電力で動く器具。電気器具。「家庭ー」

でんき【電機】電力を使って運転する機械。電気機械。

テン キー　数字・四則演算記号などを入力するためのキーボード(1)。また、その中のキー。▽ten key　和製英語。

てんきぼ【点鬼簿】過去帳。

てんきゅう【天球】(天体観測の便宜上)空を、地球上の観測者を中心として描いた球面として言う呼びかた。すべての天体がこの球面上にあると見なす。　**ーぎ**【ー儀】天球を表す球面上に、天体・星座の位置、その軌道などをしるしたもの。

でんきゅう【電球】電灯の発光体をおさめたガラス球。

てんきょ【典拠】話・小説・論文などのよりどころとなる確かな文献。出典。「ーを示す」

てんきょ【転居】『名・ス自』ひっこし(をすること)。「ー通知」

てんぎょう【転業】『名・ス自』職業(商売)を変えること。

でんきょく【電極】電流を通す時の、電気が流れ出る方(=陽極)と流れ込む方(=陰極)との両端につけた導体。

てんきん【天金】洋とじの書物の上部に、金箔(きんぱく)をつけたもの。

てんきん【転勤】『名・ス自』勤務場所が変わること。

てんぐ【天×狗】①顔が赤く鼻が高くて、神通力(じんつうりき)を持ち、自由に空を飛び、深山に住む怪物。「ーの高笑い」「ー倒(だお)し」(深山などで、天狗の仕業かのように、大木が倒れるすさまじい音がすること。その辺に行ってみると何事もない時もある)②自慢する人。また、高慢なこと。「ーになる」「釣ー」▽自慢をすることを「鼻が高い」と言うところから。

てんくう【天空】(はてしなく広がっている)空。　**ーかいかつ**【ー海×闊】天や海がはてしないように、度量の広いこと。

てんぐさ【天草】ところてん・寒天の原料となる紅藻。まくさ。ところてんぐさ。▽てんぐさ科。

デングねつ【デング熱】蚊によってうつるウイルス性の熱帯感染症。一日置きぐらいに高熱が出、関節・筋肉が痛み、発疹(ほっしん)する。▽ドイツ Denguefieber から。

でんぐりがえし(…がへし)【でんぐり返し】『名・ス自』地面に手をついて前または後ろに転回して立つこと。その動作。

でんぐりがえ-る(…がへる)【でんぐり返る】『五自』でんぐり返しをする。

でんぐん【殿軍】大部隊が移動する時、その最後部(=殿)に位置する軍勢。特に、退却軍の後部で、敵の追い討ちを防ぐ軍勢。しんがり。後衛。

てんけい【典型】同類のものの中で、その特徴を最もよく表しているもの。模範・代表例となるようなもの。「美のー」「ー的な紳士」

てんけい【天刑】天帝がくだす刑罰。天罰。

てんけい【天啓】天の神が真理を人間に示すこと。天の啓示。

てんけい【天恵】天の神が人間に与える恵み。

てんけい【点景・添景】風景画や写真の、風景の中に取り入れて趣を出すようにした人物・動物など。

でんげき【電撃】①稲妻(=電)のようにすさまじい勢

いで敵を攻撃すること。「—戦」▽「電撃戦」は第二次大戦中に(ドイ) Blitzkrieg の訳語として使い出された。②比喩的に、人の意表をついたすばやい行動。「—結婚」③電流を受けた時に感じる衝撃。「—殺虫器」

てんけつ【転結】→きしょうてんけつ

てんけん【天×譴】天の神がふらちな者にくだす、とがめ。天罰。

てんけん【天険・天×嶮】山地などの、非常にけわしい所。

てんけん【点検】『名・ス他』誤りや不良箇所など悪い所がないかと、一か所一か所、検査すること。「ガス器具の—」

てんげん【天元】①万物生育の根本。②碁の盤面の中央にある、縦横の線の交点。碁盤の中央にある星。

でんけん【電鍵】電信機で、押して電気を通じる、ばね仕掛けのキー。

でんげん【電源】電力を得る源。㋐機械などに電流が来る源。「—を切る」㋑発電所など、電力を供給する源。「—開発」

てんこ【典故】典拠となる故事。

てんこ【点呼】『名・ス他』人員がそろっているかどうか、ひとりひとりの名を呼び、返事をさせて確かめること。「—を取る」

てんこう【天候】ある期間内の天気の状態。空模様。「不順な—」

てんこう【天工】天(自然)がなした、しわざ。「—の奇峰」

てんこう【転向】『名・ス自』①立場・方向を変えること。「アマチュアからプロに—する」②共産主義者・社会主義者などが、その思想を捨てること。

てんこう【転校】『名・ス自』生徒が、他の学校に移ること。「—生」

でんこう【電光】①いなずま。いなびかり。②電灯の光。 **—けいじばん**【—掲示板】液晶・LED・電球などで文字を表示する掲示板。 **—せっか**【—石火】①電光⑴や火打石の火のひらめきのように、非常に短い時間。②転じて、行動が非常にすばやいさま。「—の早業」 **—ニュース** 電光掲示板でニュースを伝える装置。

てんこく【×篆刻】『名・ス他』木・石などに印をほること。印刻。▽その文字に多くは篆書(てんしょ)体を使うので言う。

てんごく【典獄】刑務所長の旧称。

てんごく【天国】天上の理想的な世界。㋐キリスト教で神・天使が居て、信者の死後の霊が祝福されるとするところ。㋑比喩的に、苦難のない楽園。心配などのない環境。「歩行者—」

てんこつ【天骨】生まれつきの気骨。天性。また、生まれつきの才能。

てんこもり【てんこ盛り】〔俗〕飯(・食べ物)を椀(わん)に山盛りに盛ること。

でんごん【伝言】『名・ス他』人に頼んで先方に用件を伝えること。また、そのことば。ことづけ。ことづて。「—板」

てんさ【点差】点数の差。「—が広がる」

てんさい【天才】生まれつき備わったすぐれた才能。そういう才能をもっている人。「—的」

てんさい【天災】地震・台風など、自然界の変動によって受ける災難。↔人災。「—地変」

てんさい【天際】空のはて。

てんさい【×甜菜】→さとうだいこん。「—糖」

てんさい【転載】『名・ス他』既に発行されている書物・新聞・雑誌・電子メディアなどに載った文章や写真を、他の印刷物や電子著作物上に載せること。「無断—禁止」

てんざい【点在】『名・ス自』あちこちに点々とあること。「—する農家」

てんさく【添削】『名・ス他』他人の文章・答案などをけずったり書き加えたりして直し、いっそう良くすること。

てんさく【転作】『名・ス自』ある耕地で、栽培する作物を別種類のものにかえること。「水田—」「大豆への—」

てんさん【天蚕】山繭(やままゆ)。「—糸(し)」

てんさん【天産】天然に産すること。また、天産物。 **—ぶつ**【—物】天然に産する物。

でんさんき【電算機】「電子計算機」の略。

てんし【天使】①キリスト教で、天の使いとして人間界に遣わされ、神の心を人間に、人間の願いを神に伝えるもの。エンゼル。②比喩的に、やさしくいたわりぶかい人。きよらかな人。「白衣(びゃくえ・はくい)の—」(女性看護師の美称)

てんし【天子】一国の帝王。特に、天皇。▽天帝の子、天に代わって民を治める人の意。

てんし【天資】うまれつき。天性。「—英明」

てんし【展×翅】『名・ス他』標本にするため、昆虫などの羽をひろげること。「—板」

てんじ【典侍】女官の位。㋐昔、内侍司(ないしのつかさ)の次官。ないしのすけ。㋑明治時代以降、宮中の女官の最高位のもの。

てんじ【展示】『名・ス他』数多く並べて一般に見せること。「—会」「—品」

てんじ【×篆字】篆書(てんしょ)の文字。

てんじ【点字】視覚障害者が指でさわって読むようにした、一種の文字。突起した六つの点を、一定の方式で組み合わせてある。 **—ブロック** 視覚障害者のために歩道やプラットホームに敷く、突起の付いた板。突起の形状で、注意すべき位置や進行方向を知らせる。

でんし【電子】①素粒子の一種。負の電気量を持つ、原子の構成要素の一つ。電気・電流の実体をなす。エレクトロン。②電子工学(=エレクトロニクス)や電子計算機での情報処理技術を用いることを表す語。 **—おん**【—音】電気的につくった音。 **—がっき**

【ー楽器】シンセサイザーなど電子音を利用する楽器。　**ーけいさんき**【ー計算機】制御装置・演算装置・記憶装置・入出力装置から成り、プログラムにより複雑なデータ処理が電子的に高速で行える計算機。コンピュータ。　**ーけんびきょう**【ー顕微鏡】電子線に光線の役目をさせ、非常に小さい物を拡大する顕微鏡。　**ーじしょ**【ー辞書】辞書の内容を収録して検索できる、携帯用電子機器やソフトウェア。**ーしゅっぱん**【ー出版】編集・印刷の過程をコンピュータによって管理した出版。また、印刷物ではなく電子媒体や情報通信を利用する出版。　**ーしょせき**【ー書籍】電子化された書籍。専用の端末やスマートフォンのディスプレーなどで読む。　**ーメール**　コンピュータ通信ネットワーク上で、文書・画像などの情報を伝達するための通信システム。Eメール。　**ーレンジ**　高周波の電磁波を当てて食品を加熱・調理する電気器具。

でんじ【田地】田になっている土地。でんち。

でんじ【電磁】電気・磁気が共に作用すること。「ー作用」「ー感応」　**ーき**【ー気】①電気と磁気。②電流によって生じる磁気。　**ーは**【ー波】電磁場(ば)の周期的な変化で起こる波動。例、ラジオの電波、光。**ーば**【ー場】電場(でんば)と磁場(じば)。　**ーゆうどう**【ー誘導】磁場の中で導体が運動する、または導体の周囲で磁場が変化すると、導体に電流が流れる現象。▽その電流を「誘導電流」という。

てんじく【天×竺】①日本・中国で、インドを呼ぶ古い言い方。▽もと、空、高い所の意。②「天竺もめん」の略。③《ヨーロッパ人の日本渡来後、接頭語的に使い》遠い所、外国、舶来の意。④食品が辛すぎること。「ーみそ」▽「唐(から)(=中国)過ぎる」のしゃれ。**ーあおい**(あふひ)【ー×葵】半低木性の多年生植物。強壮で、ほとんど一年中、赤・白・桃色等の花が咲く。観賞用。ペラルゴニウム。▽ふうろそう科。園芸上、ゼラニウムと称する。　**ーねずみ**【ー×鼠】モルモット。**ーぼたん**【ー×牡丹】ダリアの古称。　**ーもめん**【ー木綿】木綿織物の一種。地は、やや厚手。シーツ・裏地などに使う。　**ーろうにん**【ー浪人】住所不定の浪人。▽「逐電浪人」の「ちくでん」をひっくり返した語という。

でんじしゃく【電磁石】コイルに軟鉄の心(しん)を入れ、電流を通すと磁石の働きをするもの。

てんしつ【天質】うまれつき。天性。天資。

てんじつ【天日】太陽。▽「てんぴ」と読めば別の意。**ーえん**【ー塩】太陽の熱で海水を蒸発させて作った塩。

てんしゃ【転写】《名・ス他》文章・図などを他に写し取る(書き写す)こと。

てんじゃ【点者】連歌・俳諧などで、優劣を判じて評点をつける人。判者。

でんしゃ【伝写】《名・ス他》書物を写し取って伝えること。

でんしゃ【殿舎】ごてん。殿堂。

でんしゃ【電車】電力によってレール上を走る乗り物。

てんしゃく【天爵】(官位はないが)自然と備わった立派な人格・気品・人望。↔人爵(じんしゃく)

てんしゃく【転借】《名・ス他》人の借り物をまた借りること。またがり。↔転貸

てんしゅ【天主】キリスト教で、天国にいる神。天帝。**ーきょう**【ー教】カトリック。キリシタン宗。

てんしゅ【天守】城の本丸(ほんまる)に、ひときわ高くきずいた構築物。天守閣。▽「天主」とも書いた。　**ーかく**【ー閣】天守のこと。

てんしゅ【店主】店の主人。

てんじゅ【天寿】天から授かった寿命(じゅみょう)。「ーを全うする」

てんじゅ【天授】天から授かること、また、授かったもの。特に、生まれつき。

でんじゅ【伝授】《名・ス他》秘伝などを教え授けること。

てんじゅう【転住】《名・ス自》他の土地に移り住むこと。

でんしゅう【伝習】《名・ス他》先生から教え伝えられて学ぶこと。

てんしゅく【転宿】《名・ス自》宿所をかえて他に移ること。

てんしゅつ【転出】《名・ス自》①他の土地に住むため、今までの住居地を去ること。↔転入。「ー証明」②他に転任して行くこと。「子会社へーする」

てんしょ【添書】《名・ス自》①添え状。㋐使いの者や贈り物に添えて、その旨を書き送る手紙。㋑紹介状。②書類などに目を通した者が、気づいた事柄を書きつけ、その書類などに添えてやること。その書いた物。

てんしょ【×篆書】漢字の書体の一種。楷書・隷書のもととなった形で、大篆と小篆とがある。実印や碑文の題字などに使う。

てんじょ【天助】神が与える助け。天の助け。「神佑(しんゆう)ー」

でんしょ【伝書】①秘伝を書いた書物。②代々伝わった書物。③書類・手紙を届け伝えること。「ー使」**ーばと**【ー×鳩】帰巣性を利用して、離れた土地から通信文を運ぶように訓練したハト。

てんしょう【天象】天体の現象。空の様子。↔地象

てんじょう【天上】空(の上)。↔地上。▽神や仏の住む世界と見ることが多い。　**ーてんげ**【ー天下】天地の間。宇宙のなか。「ー唯我独尊」(宇宙の中に自分より尊い者はない。人格の尊さを示して、釈迦(しゃか)が誕生の時に言ったという言葉)

てんじょう【天井】①屋根裏を隠し、また保温のため、部屋の上部に張った板。▽洋室では、上部の壁。②物の内部の一番高い所。また、相場の最高値。「ー知らずに物価が上がる」　**ーがわ**(かは)【ー川】川の流れが運ぶ土砂(どしゃ)が堤防内にたまって、川底が周囲の

地面よりも高くなってしまった川。　―さじき【―桟敷】舞台から遠く、最上階に設けた(安い)見物席。

てんじょう【天壌】天地。あめつち。　**―むきゅう【―無窮】**天地と同じように永遠に続くこと。

てんじょう【殿上】①御殿の中。特に、清涼殿にある、殿上人(とび)の詰所。殿上の間(ま)。②清涼殿・紫宸殿(ししんでん)にのぼることを許されること。↔地下(げじ)。③「殿上人」の略。④蔵人所(くろうどどころ)の異称。▽殿上の事をつかさどるから。　**―びと【―人】**五位以上の人および六位の蔵人(くろうど)で殿上にのぼることを許された人。↔地下(げじ)

てんじょう【添乗】『名・ス自』(世話をするため)つきそって乗り物にのること。特に、旅行業者の職員が団体旅行などに付き添って行くこと。「―員」

てんじょう【×纏×繞】『名・ス自』(つる草などが)他の物にまといつくこと。「―茎」

でんしょう【伝承】『名・ス他』古くからの(制度・風習・信仰・言い伝えなどの)しきたりを、受けついで伝えて行くこと。また、その伝えられた事柄。「民間―」

でんじょう【電場】→でんば

てんしょく【天職】天から授かったつとめ。㋐神聖な職務。㋑自分の生まれつきの性質に合った職業。㋒天子が国を治める、その職務。

てんしょく【転職】『名・ス自』職業を変えること。勤め先を変えること。▽職務が変わるのを言ったこともある。

でんしょく【電食】金属が電気化学作用により、解け出し腐食すること。

でんしょく【電飾】電球などを連ねて灯(とも)した装飾。イルミネーション。

テンション 心の緊張。気持の高揚。「―が高まる」「―が上がる」▽tension

てん-じる【転じる】『上一自他』移る。移す。㋐変わる。移り変わる。変える。「話題を―」「攻勢に―」「禍(わざ)を―じて福となす」㋑回る。回す。㋒ころぶ。ころがす。▽「転ずる」とも言う。

てん-じる【点じる】『上一他』①火(灯火)をともす。②茶をたてる。③(しずくを)たらす。「目薬を―」④点を打つ。特に、漢文の訓点をつける。▽「点ずる」とも言う。

てんしん【天心】空のまんなか。「月―にあり」

てんしん【天真】生まれたときの純真さを失わず、偽りや飾りけがない様子。　**―らんまん【―×爛漫】**『名・ダナ』純真そのもので、思う通りにふるまうこと。無邪気で明るいさま。「―ぶり」「―な少年」

てんしん【天神】→てんじん(天神)⑴

てんしん【転身】『名・ス自』①身をかわすこと。②主義や生活方針、職業をがらりと変えること。「実業家から政治家に―をはかる」

てんしん【転進】『名・ス自』針路を転じること。また、軍隊が今まで居た地を去って、他の方面に移ること。▽旧軍隊で、退却をこう呼んだこともある。

てんしん【点心】餃子(ギョーザ)・焼売(シューマイ)・春巻きなど中国料理で軽食にするものや菓子類。▽禅寺で昼食を指す場合には「てんじん」と言う。

てんじん【天人】天と人。「―ともに許さず」▽「てんにん」と読めば別の意。

てんじん【天神】①天の神。あまつかみ。「―地祇(ちぎ)」②菅原道真(すがわらのみちざね)の霊を祭った神社。天満宮。③直衣(のうし)などを着た公家(くげ)風の人。④遊女で、太夫(たゆう)の次の地位の者。▽揚代(あげだい)が二十五匁(もんめ)だったから、⑵の縁日の二十五日にかけて言う。

でんしん【田紳】「田舎(いなか)紳士」の略。服装だけ紳士ぶった者。▽死語に近い。

でんしん【電信】電気の作用を利用して隔たった所の間で行う(モールス符号・テレタイプなどによる)通信。　**―ばしら【―柱】**空中に張った電線の支えとする柱。電柱。

てんすい【天水】雨の水。「―桶(おけ)」

てんすう【点数】①得点・評点の値。「―をかせぐ」(相手の気に入るように努める意にも)②品物の数。「展示会の出品―」

でんすけ【伝助】〔俗〕①街頭とばくの一種。円盤の中央に水平に支えた棒を回し、とまった場所にかけていた者を勝ちとする。でんすけとばく。②携帯用の録音機。▽一九五〇年前後のもので、携帯用であることが珍重された。商標名。

てん-ずる【転ずる】『サ変自他』→てんじる(転)

てん-ずる【点ずる】『サ変他』→てんじる(点)

てんせい【展性】金属の物理的性質の一つ。弾性の限度を越えた圧力・打撃によって、破壊されずに箔(はく)に広げられる性質。金・銀・銅・錫(すず)に特に著しい。

てんせい【天性】天から授かった性質。うまれつき。

てんせい【天成】①『「―の」の形で』人力によらず、天然にできあがること。②うまれつき。天性。「―の楽天家」

てんせい【天声】①天(の神)がその意志を人間に伝える声。自然に人に示された天の言葉。②天にもとどろく大きな音や声。雷鳴・大音声(だいおんじょう)など。③転じて、世に響いた名声。

てんせい【転成】『名・ス自』性質の違った他のものに変わること。「―名詞」

てんせい【転生】『名・ス自』生まれ変わること。

でんせい【電請】『名・ス他』(外交官などが本国政府に)電信で訓令を求めること。

でんせいかん【伝声管】管の一方の端に口を当てて話した声が、他方の端で聞き取れるようにした装置。

てんせき【典籍】書籍。書物。「和漢の―」

てんせき【転石】大きな岩から離れて、流水などに押し流された石。

てんせき【転籍】『名・ス自』本籍や学籍を他に移すこと。

でんせつ【伝説】(その地に根づいて)事実として人々が言い伝える話。「浦島―」「―的な名演奏」▽↓むかしばなしてんせん【転戦】〘名・ス自〙(あちこちと)場所を転じて戦うこと。

てんせん【点線】幾つもの点を線に見えるように並べたもの。「―の所で切って下さい」

てんぜん【×恬然】〘ト タル〙(何事にも動じず)平気でいるさま。「―として恥じない」

でんせん【伝染】〘名・ス自〙①他から体内に侵入した病原体で病気を起こすこと。「チフスの―」「ウイルスが他の個体に―する」▽↓かんせん(感染)⑴。②性質や習慣やちょっとした動作が他のものにうつること。「悪癖の―」「あくびが―した」▽比喩的用法。良い影響には使わない。 **―びょう【―病】**伝染性の病気。「急性―の疑い」▽普通はもと法定伝染病の範囲の病気を指す。

でんせん【伝線】〘名・ス自〙〔俗〕女性のストッキングなどのほころびが縦の織り目にそって広がること。▽「伝染」のもじり。

でんせん【電線】電流を通して送るための金属線。

でんせん【電×閃】①いなずまが光ること。②比喩的に、刀がきらりと光ること。その光。

てんぞ【典△座】禅宗で、主に僧侶の食事をつかさどる役目の僧。

でんそ【田租】律令制で、田地に課した税。

てんそう【△伝奏】〘名・ス他〙取り次いで貴人(特に天皇・上皇)に申し上げること。また、その職。「武家―」▽「でんそう」は俗の読み方。

てんそう【転送】〘名・ス他〙送って来た物を、更に他にあてて送ること。「データの―」「手紙を転居先に―する」

でんそう【伝送】〘名・ス他〙①順々につたえおくること。「命令を―する」▽昔は、宿継(しゅくつぎ)で送ることをも言った。②電気信号などを送り伝えること。

でんそう【電送】〘名・ス他〙電流や電波を利用して、遠く離れた土地に写真などの像を送ること。「―写真」

てんそく【天測】経緯度を知るために天体を観測すること。「―器械」

てんそく【×纏足】昔、中国で、女の足に子供の時から布を堅く巻きつけ、大きくしないようにする風習。▽足が小さいのを(高い身分の)美女である条件と見た。

てんぞく【転属】〘名・ス他自〙所属を変えること。また、籍や所属が変わること。

てんそん【天孫】天の神の子孫。また、天照大神(あまてらすおおみかみ)の孫である瓊瓊杵尊(ににぎのみこと)のこと。

てんたい【天体】宇宙空間にある物体(の総称)。▽人工衛星などを「人工―」と言うこともある。

てんたい【転貸】〘名・ス他〙ひとから借りた物をさらに他人に貸すこと。またがし。↕転借

てんだい【天台】「天台宗」の略。 **―ざす【―座主】**天台宗の首長。比叡山(ひえいざん)延暦寺(えんりゃくじ)の最高位の僧。 **―しゅう【―宗】**仏教の一派。法華経(ほけきょう)を根本の教義とし、日本には鑑真(がんじん)が伝え、最澄が広めた。

てんたいしゃく【転貸借】〘名・ス他〙賃借りしている人が、それを他人に貸すこと。「家屋の―」

てんたく【転宅】〘名・ス自〙ひっこし(をすること)。転居。

でんたく【電卓】電子の特性を応用した小型の計算機。▽「電子式卓上計算機」の略。

でんたつ【伝達】〘名・ス他〙意思・命令・指示・連絡事項等を伝える(伝え届ける)こと。

てんたん【×恬×澹・×恬淡】〘ト タル〙あっさりとしていて、名誉・利益などに執着しないさま。「無欲―」▽「―な」の形も使う。 派生 ‐さ

でんたん【伝単】宣伝びら。▽現代中国語から。

てんち【天地】①天と地。「俯仰(ふぎょう)―に愧(は)じず」(自分に少しもやましさがない)「―ほどの差がある」②宇宙。世界。「新―を求める」③(本や荷物などの)うえした。「―無用」(↓てんちむよう) **―かいびゃく【―開×闢】**世界の初め。 **―げんこう【―玄黄】**天と地との色。▽「易経」の「天玄而地黄」(天は黒く、地は黄色だ)による。 **―しんめい【―神明】**天地の数多くの神々。「―に誓う」 **―むよう【―無用】**上下をさかさまにしてはならないという意で、荷物などの包装の外側にしるす語。

てんち【転地】〘名・ス自〙(療養などのため)住み場所を他の土地に移すこと。

でんち【田地】→でんじ(田地)

でんち【電池】化学的な反応などによって電流を発生させる装置。

てんちじん【天地人】天と地と人。▽三つのものの順序・席次を示すのにも使う。

てんちゃ【点茶】抹茶をたてること。

てんちゅう【天×誅】天に代わって(または、天が)罰を加えること。

てんちゅう【転注】漢字の六書(りくしょ)の一つ。ある漢字の意味を他の意味に転用すること。▽意味転用につれて、音の変わる場合もある。「アク(＝わるい)」(例、悪人)を表す「悪」の字を「ヲ(＝にくむ)」(例、嫌悪)を表すのに転用する類。

でんちゅう【殿中】ごてんの中。特に江戸時代、将軍の居る所。

でんちゅう【電柱】空中に張った電線の支えとする柱。電信柱。

てんちょう【天朝】朝廷。「―様」(天皇陛下)

てんちょう【天聴】天皇が聞くこと。「―に達する」

てんちょう【天頂】①てっぺん。いただき。②観測者のまっすぐ上になる天球上の点。

てんちょう【店長】店の責任者。

てんちょう【転調】〘名・ス自〙楽曲の途中で他の調に変えること。

てんちょうせつ【天長節】現在の天皇誕生日にあたる祝日。▽「天長地久」から名づけたもの。↓ちきゅうせつ

てんちょうちきゅう【天長地久】天地が永遠に変わら

ないように、物事がいつまでも続くこと。天地長久。

てんつゆ【天△汁】天ぷらを食べる時につける汁。

てんで ①《副》㋐《あとに否定的な表現を伴って》初めから。てんから。まるきり。「―話にならない」「―だめだ」㋑《俗に、打消しを伴わずに》非常に。「―いいぞ」②《連語》〔俗〕……というので。「もうけが大きい―みんな喜んでるぞ」▽⑵は「ってんで」とも言う。

てんてい【天帝】天に居て万物を支配する神。造物主。

てんてい【点×綴】《名・ス他》①一つ一つをつづり合わせて結び付けること。②あれこれを取り合わせること。

てんてき【天敵】食物連鎖で、捕食や寄生で殺される側から見て、殺す方の動物(まれに植物)。

てんてき【点滴】①しずく。したたり。特に、雨だれ。「―石を穿(うが)つ」②静脈注射の一種。高所から血液・薬液を少量ずつ静脈内に注入すること。

てんてこまい【天手古舞】《名・ス自》あわて騒ぐこと。忙しくて落ち着かないこと。「―の忙しさ」▽「天手古」は当て字。

てんてつ【点×綴】《名・ス他》→てんてい(点綴)。▽「てんてい」の俗な読み方。

でんてつ【電鉄】「電気鉄道」の略。電車を走らせている鉄道。

てんてつき【転×轍機】ポイント⑵。

てんでに《副》めいめいに。思い思いに。てんでんに。「―勝手なことを言う」。各人の手に。「―小旗を振る」▽「手に手に」の転。

てんてん【転転】《副[と]・ス自》①それからそれへと移って行くこと。「―と職を変える」「各地を―とする」②ころがること。「―悶々(もんもん)」「痛みで畳の上を―(と)する」

てんてん【×輾転】《名・ス自》①ころがること。②寝返りを打つこと。 **―はんそく**【―反側】《名・ス自》(思い悩んで)眠れず、寝返りばかり打つこと。

てんてん【点点】①《名》散(らば)った、または並んだ、点。「体側に赤い―がある」「―を打ってつなぐ」②《ト タル》点を幾つも打ったように、あちこちにあるさま。「―たる星」「枝に―とついた花」「―としたたる血」

でんでんだいこ【でんでん太鼓】柄(え)のついた小さい太鼓の両側にひもで鈴をつけ、柄を振れば鈴が太鼓を打って鳴るようにした、おもちゃ。▽「でんでん」は太鼓の音。

てんでんばらばら《ダナ》各人が思い思いの方角に散るさま。めいめいが自分勝手に行動するさま。

でんでんむし【でんでん虫】→かたつむり

てんと【×奠都】《名・ス自》都を、ある地に定めること。

テント 雨・日光などをさえぎるため(地上に)張る、化学繊維などの幕。天幕。「キャンプの―」「―席」▽tent

でんと【電×鍍】《名・ス他》電気鍍金(めっき)をすること。

でんと《副》〔俗〕どっしりと腰を落ち着けているさま。「―かまえる」「―置かれた壺(つぼ)」

てんとう【天道】①天地を支配する神。②太陽。「お―さま」③天体が運行する道。▽→てんどう(天道)

てんとう【店頭】みせさき。「―に並んだ品」「―販売」

てんとう【転倒・×顛倒】《名・ス自他》ひっくり返ること。㋐本来の上下(順序)が逆になる、また、それを逆にすること。「主客が―する」「本末を―する」㋑転び倒れること。「雪道で―した」㋒平静さを失い、うろたえ騒ぐこと。「気も―して」

てんとう【点灯】《名・ス自》灯火・電灯をつけること。

てんとう【点頭】《名・ス自》うなずくこと。

てんどう【天堂】天上にある神や仏の居る殿堂。また、天上界。天国。

てんどう【天道】①天地自然の法則。②天体の運行。▽→てんとう(天道)

でんとう【電灯】電気によって光を出す灯火。特に、白熱電球によるもの。

でんとう【伝灯】仏の教えをうけ伝えること。師から弟子へとうけ伝えて絶やさないこと。▽仏の教えが衆生(しゅじょう)の心の闇を照らす灯火であることから。

でんとう【伝統】昔からうけ伝えて来た、有形・無形の風習・しきたり・傾向・様式。特に、その精神的な面。「―を守る」「―的」

でんどう【殿堂】①広壮な建物。また、ある分野の中枢となる施設。「白亜の―」「芸術の―」②神仏が祭ってある建物。③ある分野のすぐれた人々の業績をたたえる施設。「野球の―」

でんどう【伝導】①《名・ス他》導いて伝えて行くこと。②《名》〔物理〕熱・電気が物体を伝わって行く現象。

でんどう【伝道】《名・ス自》(おもにキリスト教で)信者を増やそうと教義を説き広めること。「―師」

でんどう【伝動】《名・ス他》機械装置で、動力を他の部分に伝えること。

でんどう【電動】動力源として電気を利用すること。「―式ドア」「―工具」 **―き**【―機】モーター。

てんどうせつ【天動説】地球は宇宙の中央で動かずにいて、諸天体がその周りを動いているとする説。↔地動説

てんとうむし【天道虫】背が半球形で斑点・つやがある甲虫。多くは害虫の天敵。種類が多い。▽てんとうむし科。 **―だまし** てんとうむしに似た甲虫。また、ニジュウヤホシテントウの俗称。▽てんとうむしだまし科の虫の総称。

てんどく【転読】《名・ス他》〔仏〕長い経文(きょうもん)を読む場合、経題と経の一部だけを読んで全体を読むのに代えること。↔真読

てんとして【×恬として】《連語》《副詞的に》平気でいるさま。平然として。「―恥じない」

てんとり【点取り】得点を争うこと。 **―むし**【―虫】成績を気にし試験でいい点を取ることにこせこせしている学生・生徒を、あざけって言う語。

てんどん【天丼】「てんぷらどんぶり」の略。てんぷら

を米飯に載せてたれをかけた、どんぶり料理。

てんなんしょう【天南星】山かげに自生する多年草。有毒植物とされているが、球茎は食用・薬用。▽さといも科。

てんにゅう【転入】〘名・ス自〙①その土地に他から移り住むこと。↔転出。②転校してくること。

てんにょ【天女】女の天人。また女神(めがみ)。

てんにん【天人】天上界に住む、人間よりすぐれた者。▽普通には、羽衣(はごろも)を着て空中を飛び、下界とも行き来し、舞楽が巧みな女の天人を指す。「てんじん」と読めば別の意。

てんにん【転任】〘名・ス自〙他の任地や勤務に変わること。国家公務員については、身分を中断せず、昇任・降任・配置換えでもなく、他の職務に任じること。▽国家公務員では勤務場所だけの移動は「転勤」と言う。

でんねつ【電熱】電流が電気抵抗にあって起こる熱。「━器」

てんねん【天然】①人力が加わっていない自然のままの状態。↔人工。「━物」「━果汁」②〔俗〕まわりとはずれて間の抜けたことをしたり言ったりすること。また、そのような人。　**━ガス** 地面や水面などの下からふき出てくる、もえる気体。　**━きねんぶつ**【━記念物】(珍しいもの、滅びそうなものなどで)保護するねうちがあるとして法律で指定した自然物。　**━しょく**【━色】物が自然に備えているままの色。「━写真」　**━とう**【━痘】ウイルスによって起こる感染症。皮膚に膿(うみ)をもった円形のできものを生じる。疱瘡(ほうそう)。痘瘡(とうそう)。▽もと法定伝染病の一つ。

てんのう【天王】〔仏〕欲界にいる下級の神。特に牛頭(ごず)天王。　**━ざん**【━山】勝敗のわかれめとなる大事な機会。▽豊臣秀吉(とよとみひでよし)と明智光秀(あけちみつひで)とが天王山(=京都と大阪の境にある山)の占領を争い、秀吉が占領したことによって両軍の勝敗が決した故事による。　**━せい**【━星】↓てんおうせい

てんのう【天皇】日本の天子。▽旧憲法では大日本帝国の元首。現在の憲法では日本国民の統合の象徴。　**━せい**【━制】天皇が君主である統治体制。特に、天皇に権力が集中していた、近代日本の絶対主義的な政治機構。

でんのう【電脳】コンピュータ。▽中国語から。

てんば【天馬】①天帝の乗馬。「━空(くう)を行く」②↓ペガサス。▽「てんま」とも読む。

でんば【電場】電気の作用の働いている場。電界。

でんぱ【伝×播】〘名・ス自〙①伝わり広がって行くこと。広い範囲に伝わること。「稲作の━」②波動が広がって行くこと。「地震波が━する」▽↓でんぱん

でんぱ【電波】赤外線より波長が長い電磁波。普通は、ラジオ・テレビ放送など電気通信に使うものを言う。　**━てんもんがく**【━天文学】天体から放射される電波を受信して研究する、天文学の一部門。　**━ぼうえんきょう**【━望遠鏡】地球の外から来る宇宙電波・太陽電波などを受信する装置。

てんばい【転売】〘名・ス他〙一方から買った物を、更に他に売り渡すこと。

てんぱい【×顚×沛】↓ぞうじ

でんぱた【田畑】たはた。「田地━」

てんばつ【天罰】天のくだす刑罰。悪事に対し自然にくだされるむくい。「━てきめん」

てんばん【天板】棚などの最上部の板。

てんぱん【典範】手本となる正しい事柄。それを定めた法律。「皇室━」

でんぱん【伝搬】〘名・ス自〙(電磁波の)波動が伝わり広がって行くこと。「電波が━する」▽もとは「伝播(でんぱ、俗にでんぱん)」を使ったが、「電波」と紛れるなどの理由で替えられた。

てんぴ【天日】太陽の光または熱。「━に干す」▽「てんじつ」と読めば別の意。

てんぴ【天火】↓オーブン。▽「てんか」と読めば別の意。

てんびき【天引(き)】〘名・ス他〙貸金・給料などの中から、前もって一定額を引き去ること。「━貯金」

てんびょう【点描】〘名・ス他〙①線を使わず、点の集まりで絵を描くこと。その技法。「━画」②人物・物事の特徴的な面だけを取り上げて簡単に描写すること。

でんぴょう【伝票】銀行・会社・商店などで、金銭・物品の出納(すいとう)や取引の内容などを簡単に記し、関係者の間の連絡や責任を明らかにする紙片。「━を切る」

てんびん【天×秤】①秤(はかり)の一種。中央を支えた梃子(てこ)の両端に皿をつるし、一方に測る物を、他方に分銅(ふんどう)を載せ、梃子が水平になるかどうかを見て重さを決める。「━にかける」(二つのうちからどちらかを選ばなければならない時、優劣・損得を比べてみる)②「天秤棒」の略。　**━ぼう**【━棒】両端に荷物をかけ、肩にになうための棒。

てんぴん【天×稟】うまれつきの性質・才能。「━に恵まれる」▽天からうけたものの意。

てんぷ【天賦】うまれつき。「━の才」▽天から分け与えられたものの意。

てんぷ【添付・添附】〘名・ス他〙書類などに、あるものをつけ添えること。「領収証を━する」。電子メールにファイルをつけ添えること。「━ファイル」

てんぷ【貼付・貼附】〘名・ス他〙(紙・写真を書類などに)はりつけること。▽「ちょうふ」の慣用読み。

でんぶ【田×麩】細かくほぐした魚肉や畜肉を甘辛く味付けし、ぼろぼろに煎りつけた食品。▽「でんぷ」とも言う。

でんぶ【×臀部】身体のしりの部分。

でんぷ【田夫】農夫。いなか者。「━野人」

てんぷく【転覆・×顚覆】〘名・ス自他〙①船・車両などがひっくり返ること。ひっくり返すこと。「脱線━」②政府その他の組織体を倒すこと、倒れること。「政

権の—をはかる」

てんぶくろ【天袋】床(とこ)の間(ま)の脇、または押入れの上部にある、戸棚。↕地袋(じぶくろ)

てんぶつ【天物】天から授かった物。天然にできた物。

テンプラ【天×麩羅・天婦羅】①魚介類または野菜に、小麦粉を水でといたころもをつけ、油で揚げた料理。▽九州ではさつまあげを指す。室町時代に入って来て、語源はポルトガル語ともいうが、未確定。②〔俗〕うわべだけ本物に見せかけたもの。㋐金や銀のめっきをした物。「—の時計」㋑にせ。「—学生」▽衣をかぶせる意か。明治から昭和初期の語。

テンプレート ①図形がくりぬいてある定規板。②コンピュータのソフトウェアの定型書式。「—を作成する」「—ファイル」▽template

てんぶん【天分】天から与えられた性質・才能・職分。

でんぶん【伝聞】『名・ス他』(直接に見聞きしたのでなく)人から伝え聞くこと。「—証拠」

でんぶん【電文】電報の文章。

でんぷん【×澱粉】葉緑素をもつ植物の体内でつくられ、糖類に変わって運ばれ、いろいろな部分に貯(たくわ)えられる炭水化物。▽米・麦・いも等に多い。動物に重要な栄養素。

テンペラ 顔料を、にかわ・のりで練った絵の具。また、それで描いた西洋画。▽tempera

てんぺん【天変】天に起こる異変。暴風や日食・月食の類。 **—ちい**【—地異】天と地、つまり自然界に起こる異変。

てんぺん【転変】『名・ス自』(万物が)うつりかわること。「有為(うい)—」

てんぼ【展墓】『名・ス自』墓参りをすること。「久しぶりに—のため帰省した」

てんぽ【店舗】営業を行うための建物。みせ。「—を構える」

てんぽ【塡補】『名・ス他』不足・欠損を補うこと。

てんぽ【転補】『名・ス他』他の官職につけること。

テンポ (楽曲進行の)速度。「—がおそい」▽イタリア tempo

てんぼう【展望】『名・ス他』遠くの方まで見渡すこと。ながめ。見晴らし。「—台」。広く社会の出来事を見渡すこと。「長期的な—を欠く」「将来を—する」 **—しゃ**【—車】進行中、沿線の風景を展望しやすいように作った客車。

てんぽう【転封】『名・ス他』江戸時代、大名の領地を幕命で替えること。国替え。

でんぽう【伝法】①『名・ス自』〔仏〕仏法を師から弟子に伝えること。②『名・ダナ』言行が乱暴なさま。㋐無頼(ぶらい)漢。㋑転じて(女の)勇み肌の態度。「—な口をきく」▽江戸浅草の伝法院の下男が寺の威光をかさに着て、興行場に無銭入場したりしたことから。なお、「でんぼう」とも言う。 **—はだ**【—肌】勇み肌。

でんぽう【電報】電信によって文字・符号を送ること。「—を打つ」「—局」

てんぽうせん【天△保銭】①江戸幕府が天保年間に作った楕円(だえん)形の銅銭。▽明治時代になって、二十年までは八厘に通用。②時勢遅れや、ばか者を、あざけって言う語。▽⑴が一銭に満たなくなったから。③主に軍人の間で、旧陸軍大学校の出身者。▽⑴に似た形の記章をつけたから。「—だから昇進が早い」

でんぽん【伝本】現在まで伝わっている写本や版本。

てんま【天魔】仏法を妨げ、知恵・善根を失わせる悪魔。

てんま【伝馬】①「伝馬船」の略。②王朝時代に(駅馬とは別に)官用に置く馬。また、鎌倉時代以後、宿駅で公用にする馬。 **—せん**【—船】荷物などを運ぶ、はしけぶね。甲板(かんぱん)がなく、木製・小型。

てんまく【天幕】①テント。②天井にかける飾り幕。

てんまつ【×顚末】物事の初めから終わりまでのありさま。一部始終。「事の—を話す」▽「顚」は、いただきの意。

てんまど【天窓】採光、煙の排出のため、屋根にあけた窓。

てんめい【天命】①身に備わって、変えようにも変えられない運命。「人事を尽くして—を待つ」②天から与えられた寿命。天寿。「—を得て生き長らえる」

てんめい【天明】夜明け。明け方。

てんめつ【点滅】『名・ス自他』灯火がついたり消えたりすること。灯火をつけたり消したりすること。

てんめん【×纏綿】『ト タル』まといついて離れにくいさま。特に、愛情が深くこまやかなさま。「情緒—」

てんもう【天網】天がはりめぐらした網。是非曲直を正す天道を指す。「—恢恢(かいかい)疎にして漏らさず」(天網の目はあらいが、悪人が必ずひっかかる意で、天道は厳正で悪事には必ず悪報があること)▽「老子」にある語。

てんもく【天目】茶の湯で使う、すりばち形の抹茶茶碗(ちゃわん)。「曜変—」▽もと、中国の天目山の仏寺で用いたからという。

てんもくざん【天目山】最後の分かれ目。どたんば。▽山梨県東部にある山の名。武田勝頼(たけだかつより)が織田(おだ)勢に攻められてここで自刃したところから。

てんもん【天文】天体に起こる現象。 **—がく**【—学】天体の運行・大きさ・距離、天体相互の影響、天体とその間の空間の諸現象などを研究する科学。「—的数字」(天文学でしか扱わないような、桁数の大きい現実離れした数字) **—だい**【—台】天文学上の観測・研究をする機関。

でんや【田野】野良(のら)。

てんやく【典薬】昔の朝廷・幕府で、医薬を取り扱う職。

てんやく【点訳】『名・ス他』言葉や普通の文字を点字に直すこと。

てんやく【点薬】『名・ス自』目に薬をさすこと。また、目薬。

てんやもの【店屋物】飲食店から取り寄せる料理。

てんやわんや 『名・ス自』〔俗〕各人が勝手にふるまっ

て騒ぎ立てるさま。「—の大騒ぎ」

てんゆう【天×佑・天×祐】天のたすけ。天助。「—神助」

てんよ【天与】天のたまもの。

てんよう【転用】『名・ス他』(金銭や物を)本来の目的と違った他の用途に使うこと。「農地を宅地に—する」

てんらい【天来】《「—の」の形で》天から来たかのように、優れていること。「—の妙音」「—の名案」

てんらい【天×籟】①風の音。②転じて、自然の調子にかなった、巧妙な詩文。

でんらい【伝来】『名・ス自』(祖先から代々、または外国から)伝わって来ること。「先祖—の名刀」「仏教の—」

てんらく【転落・×顚落】『名・ス自』ころがり落ちること。また、人が悪い状態に落ちぶれること。身を落とすこと。

てんらん【天覧】天皇が御覧になること。「—試合」

てんらん【展覧】『名・ス他』芸術品などを並べひろげて見せる(見る)こと。「—会」

でんらん【電×纜】(地中・水中に設ける)絶縁体で覆った電線の束。ケーブル。

てんり【天理】万物に通じる、自然の道理。 **—きょう**【—教】教派神道(しんとう)の一派。開祖は中山みき。

でんり【電離】『名・ス自』「電気解離」の略。㋐液体・気体の分子や原子が、荷電した原子(団)となること。㋑酸・塩基・塩類が水にとける時、分子の一部がイオンに分解すること。イオン化。 **—そう**【—層】非常に電離していて電波を反射する、大気の上層。

でんりゃく【電略】「電信略号」の略。例、「至急」を「ウナ」、「局待ち」を「ヤム」とするなど。

でんりゅう【電流】導体を伝わる電気の流れ。単位はアンペア。

てんりょう【天領】①天皇直轄の領地。②江戸時代、幕府直接の支配地。

でんりょく【電力】①電気によるエネルギー。②電流による単位時間あたりの仕事。単位はワット。

てんれい【典例】典拠となる先例。

てんれい【典礼】①のっとって行う格式が定まっている儀式や祭礼。②儀式をつかさどる役。

てんれい【典麗】『名ナ』よく整っていて美しいこと。

でんれい【伝令】①高校野球で、守備側の監督の指示を選手に伝える係。②軍隊の部隊間で、命令を伝達すること。その兵士。

でんれい【電鈴】電磁石を応用したベル。

でんろ【電路】電流が通じる回路。

でんわ【電話】①『名・ス自』電話機による通話(をすること)。「—をかける」「—を切る」「サポート センターに—する」②『名』「電話機」の略。「—ボックス」 **—き**【—機】話す音波を、電流・電波などに変えて離れた所に送り伝え、また送られて来たそれを再び音波に還元する通信装置。 **—ぐち**【—口】通話中の電話機のところ。「—に呼び出す」

と

と【戸】①建物・室の出入口や窓に取り付け、開閉できるようにした建具。「人の口に—は立たぬ」(人のうわさを止めることはできない) ②出入口になるような狭いあき間。「—口」「天(あま)の岩—」。水流の出入りする所。「音戸(おんど)の瀬—」「明石(あかし)の—」 ▽⑵は現代語では複合語の成分としてだけ残る。もと、両側から迫って狭くあいた所の意。「門」と書くことがある。

と【×砥】といし。

と【十】『造』「十(じゅう)」の和語。「—文半(ともんはん)」(足袋(たび)の寸法の一つ)「—月十日(とつきとおか)の日が満ちて玉のような女児誕生」「十人—色」 ▽「とお」「とたり」の違いは「ひとつ」「ひとり」と同様。

と【×堵】『—に安んずる』安心して暮らす。安堵(あんど)する。▽「堵」は垣根。

と『副』①《特に「かく」と対にして》あのように。そのように。「—にもかくにも結果は出た」「—やかくと小うるさい」「—見こう見するうちに」「何は—もあれ(=事態がどうあれ)まず飯だ」「—もすると(=ともかく)安逸に走る」②『—ある』ある環境・情況を伏せたまま切り出すのに使う。「とある村に一人の老人が住んでいた」 ▽助詞「と」㈠⑶㋐の転か。「—見渡した所が下戸(げこ)はおれ一人」(川柳)の「と」もこのたぐい。

と ㈠『格助』①ある事柄について共存するものを示すのに使う。㋐動作の相手、比較の規準であるものを示す。「花子—(いっしょに)散歩する」「強豪—戦う」「これ—深い関係がある」「彼の証言—も一致する」「招待状—引き替えに記念品を差し上げます」「父—の仲がしっくりしない」「彼—なら組みたい」「日本—は比べ物にならない」「原簿—照合する」▽「と」の後が名詞でも、異同に関する意味の語の場合には使える。「田中—同級生の山田が」「同じデータからこれ—反対の結論も出せる」「前例—同様、これもうまくは運ぶまい」。次のような言い方では「と」の前が活用語でもよい。「それでは死んだ—同然だ」「会社に彼が必要である—等しく、彼にも会社の背景が必要だった」「家を出る—ほとんど同時に交通事故に遭った」「そこに移り住む—共に職業を変えた」「栓をひねる—ひとしく(=同時に)水が流れ込む」。異同に関する表現では「と」に代えて「に」が使えるものもあるが、意味の区別は、↓⑵㋐ ㋑事物を並べ立てて言うのに使う。「兄—妹を連れて」「ライオン—虎—の間の混血」「聞く—見る—(で)は大違い」「好む—好まざる—にかかわらず」▽「AとBと……Nと」のようにすべてに「と」を付けるのが、本来の言い方。「A—B—のC」は、AのCおよびBのC(A・Bに共通のCであってもよい)の意だが、「A—BのC」は、この意のほか、AにBのCを並べて言う場合もあり、意味が紛れやすい。後者の意なら以前は「A—B—のC—」の形で言った。この点では近ごろの傾向は論理的にあいまいになっている。(イ)は(ア)の転。他と区別して並立助詞とする説もある。

②次に来る述語が表す動作・作用の状態や内容・名称を示すのに使う。㋐動作・作用が加わって転化した結果を示す。「戦禍をこうむって流民—なる」「日取りを来月三日—決定した」「これ—限った話ではない」「石—化す」「人間—生まれた以上は」「だらしない人間—は見えないが」▽(2)(ア)は一般に「に」でも表せるが、「に」がその帰結を全く自然だととらえた表現なのに対して、「と」は多少とも意外またはあえて言うという気持を伴う。

㋑言葉・内容を引用したり名称を示したりするのに使う。「これが他人のめし—いうものか—思った」「幸子—やらいう娘」「新造船を平和丸—命名する」「先は暗くて野—も里—もわからない」「あとで改めてなど—大げさなことはよしましょうよ」「四十歳を越えている—は見えない」「動こう—(も)しない」「それっ火事だ—(叫んで)駆け出した」「うわさでは五年前に結婚した—か」「土地を売るんだ—さ」▽前文(相手の言葉でもよい)を受けて接続詞的に使うこともある。「それは確かな事実だ。—すると、難しい問題になりそうだ」「—、どうなるんだい」

㋒《(イ)から転じて終助詞的に》聞き知った事などを、念を押すように言って閉じる時に使う。「何、まだ家にもどらぬ—?」「さあ、できた。これでよし、—」

③㋐着目するのがこのもの・状態だという意を表す。「文学・美術—、志した道はそれぞれ異なっても」「小さなわりに定員は五十人—多い」「家計は豊か—までいかなくても」「私—しては賛成しかねる」「彼—したことが何たる失態」「希望がむなしい夢—消え去る」「雨—降り来る弾丸」「一国の首相—(も)あろうものが」「必要—あれば何でもしよう」「われ—わが身の不幸を嘆く」 ㋑《動詞連用形+「—(し)」+同じ動詞の形で》その動詞の表すことを強調した言い方。「あり—ある(=あらゆる)人」「生き—し生けるもの」▽(3)を断定の文語助動詞「たり」の連用形とする説もある。

④述語の表すことが行われる様子を表す語に添える。「にこにこ—笑う」「次々—作り出される」「花から花へ—舞い遊ぶ」「一週間—たたない金曜日の夜」「また—(は)ない幸運」▽副詞語末の「と」と言われるものは、これ。「曲のリズムに合わせて自然—体が動く」などは「に」を使うのが自然だが、近ごろは「と」も多い。両者の意味の差は、→(2)(ア)。文語の断定の助動詞「たり」は、この「と」に「あり」が結合して一語化したもの。

㊁《接助》《終止形に付く》①ある事柄に引き続いて他の事柄が認められる意を表すのに使う。㋐仮定とその帰結、時間の経過による叙述、習慣的な事など、ごく自然にそれらが組になるような事柄を関係づける。「君が行く—喜ばれる」「日が落ちる—虫が鳴き出した」「その角(かど)を曲がる—ポストがある」「酒を過ごす—すぐけんかを始める」「細い—支えきれずに折れるぞ」「初めての子が男だ—育てにくい」「君の試みは、はっきり言う—失敗だった」

㋑《「……という—」を疑問の形で受けて》相手の言葉を受けて、問い確かめる。「課長という—田中さんのことですか」「腕白小僧という—あいつ?」▽「この課長という—田中さんでしたね」は文法上の疑問文でないが、働きは同じ。

㋒《接続詞的に》すると。「そんな事がたび重なった。—、世間の評判も自然悪くなる」▽(ア)の転。

②《助動詞「う」に続けて》ある事柄を仮定してもそれにかかわらず他の事柄が成り立つ意を表すのに使う。……とも。……ても。「どこに引っ越そう—住みにくい」「何と言おう—悪いものは悪い」「立とう—座ろう—勝手だ」「弁解しよう—しまい—事態は変わらない」▽形は㊀(1)(イ)に類するものも、「……すること」の意ではない点や「う」が先立つ点で異なる。こちらは句をつなぐ。

と【斗】 ト トウ ます ― ①穀物や酒などをはかる単位。一斗は一升の十倍、一石(こく)の十分の一、一八・〇三九リットル。「四斗樽(しとだる)・斗量・斗酒」②量をはかる容器。ます。「斗筲(としょう・とそう)」③酒をくむ、柄のついた器。ひしゃく。また、そうした形をしたもの。「漏斗(ろうと・じょうご)」④ひしゃく形にならんだ星座の名。特に、大熊座。「北斗七星・泰斗」▽俗に、「鬪」の略字として用いることがある。「斗争(とうそう)」

と【吐】 ト はく ぬかす ― ①口から物を出す。はく。はき出す。「吐血・吐瀉(としゃ)・吐露・呑吐(どんと)・嘔吐(おうと)・反吐(へど)」②口から出したもの。「音吐朗朗」

と【兎】(人) ト うさぎ ― ①うさぎ。「兎唇(としん・いぐち・みつくち)・脱兎・狡兎(こうと)・二兎・白兎」②月。太陰の異名。「烏兎怱怱(うとそうそう)」▽「兔」が正字。

と【妬】 ト ねたむ やく ― (女が夫と他の女との間を)ねたむ。ねたみ妨げる。やきもちをやく。「妬心・嫉妬」

と【*徒】 ト ズ(ヅ) かち いたずら ― ①㋐乗物によらずに歩く。かち。「徒歩・徒渉・徒競走」㋑手に物を持たない。素手(すで)。「徒手」㋒何もしない。役に立たない。むだな。いたずらに。「徒然(とぜん・つれづれ)・徒爾(とじ)・徒労・徒費・徒死・徒食」②㋐ともまわりの兵隊。歩卒。「徒士(とし・かち)・衆徒(しゅと・しゅうと)」㋑つき従うもの。従者。でし。「徒弟・門徒・生徒・使徒・信徒・仏教徒」㋒《名・造》なかま。「哲学の徒」「徒党・学徒・暴徒・逆徒・兇徒(きょうと)・博徒(ばくと)・酒徒」③労役につかせる罪人。懲役人。「徒刑・囚徒」

と【途】[途] ト ズ(ヅ) みち ―《名・造》みちすじ。みち。「帰宅の途につく」「一途(いっと)・途上・途中・途次・中途・前途・道途・帰途・三途(さんず)・別途・方途・目途・用途」

と【*都】[都] ト ツ みやこ すべて ―①天子の居所のあるまち。みやこ。「都城・都鄙(とひ)・故都・旧都・皇都・奠都(てんと)・首都・遷都」②《名・造》㋐人口の多い町。「都市・都会・都心・都塵(とじん)」㋑地方公共団体の一つ。また、その地域。「東京都・都民・都議・都下・都内・都電」③みやびやか。「都雅」④すべて。あわせて。「都合(つごう)」⑤一切にわたって統べる。「都督・都統」

と【×屠】ト ほふる ―①家畜を殺してその肉をとる。ほふる。「屠殺・屠所」②切る。「屠腹」

と【賭】ト かける かけ ―かけをする。ばくちを打つ。かけ。かけごと。ばくち。「賭博(とばく)・賭場(とば)」▽→とする

と【渡】ト わたる わたす ―①流れを横ぎる。川や海を向こう岸にわたる。わたす。舟でゆく。移動する。「渡海・渡河・渡航・渡船・渡御(とぎょ)・渡世・渡来・渡米・過渡期」②わたし場。「渡津(としん)」③物を他人の手に移す。わたす。「譲渡」

と【塗】ト ぬる まみれる みち ―①どろなどをべったりとなすりつける。ぬる。「塗布・塗装・塗抹・塗料・糊塗(こと)」②どろにまみれる。けがれる。「塗炭の苦しみ」③みち。通りみち。「途」に同じ。「道聴塗説」

と【図】→ず【図】

ド【音楽】①長音階の第一音。②音名で、ハ(C)の音。▽イタリア do

ど《名詞・形容詞の上に》……である程度が強い。まさにそうである。「―えらい」「―ぎつい」「―まんなか」「―根性」「―性骨(しょうぼね)」

ど《接助》《仮定形に付く》実際に起こった事柄を挙げ、それにもかかわらずという気持で、次に述べる事につなぐのに使う。「待て―暮らせ―来なかった」▽口語では余り使われない。「けれど」の「ど」はこれ。

ど【*土】ド ト つち ―①草木が根をおろして生育するところ。地。「土地(とち)」②人が住みついているところ。くに。「国土・郷土・王土・本土・辺土・領土・風土・楽土・焦土・荒土・寸土・穢土(えど)・冥土・浄土・十万億土・土俗・土民・土人・土着」③つち。どろつち。「土石・土壌・土質・土蔵・土塀・土間(どま)・土俵・土足・土木・土器・土壇場(どたんば)・客土(かくど)・作土・出土・糞土(ふんど)・粘土・泥土・沃土(よくど)・腐葉土」④《名・造》㋐五行(ごぎょう)の一つ。㋑七曜の一つ。また「土曜日」の略。「土休」⑤「土佐(とさ)国」の略。「土州」⑥「土耳古(トルコ)」の略。「露土戦争」

ど【奴】ド ヌ やっこ やつ ―①自由のない下層の使用人。しもべ。やっこ。「奴隷・奴僕(どぼく・ぬぼく)・奴婢(どひ・ぬひ)・農奴」②人をいやしめて言う語。「守銭奴・売国奴」

ど【*努】ド つとめる ゆめ ―力をつくしてはたらく。つとめる。はげむ。「努力」

ど【怒】ド ヌ いかる おこる ―①腹を立てる。いきどおる。おこる。「喜怒哀楽・怒気・怒号・怒髪・忿怒(ふんぬ・ふんど)・激怒・赫怒(かくど)」②勢いが強い。荒々しい。「怒張・怒濤(どとう)」

ど【*度】ド ト タク たび はかる わたる たい ―①《名・造》数ではかられるもの。また、それを表す目盛り。「度を読む」「近眼の度が進む」「温度・湿度・緯度・経度・光度・角度・高度・精度・鮮度・密度・硬度・濃度・感度・確度・強度・重度・純度・震度・歩度・民度・透明度・緊張度」。それらの単位を表す。「三十八度」②回数。たび。とき。「二度あることは三度ある」「度数・今度・初度・毎度・両度・年度・頻度」③《名・造》物事の標準を表すもの。適正な量。ほどあい。「度はずれ」「度を越す」「度を失う」(非常に驚いたりして落着きを失う)「程度・尺度・過度・極度・限度」④人間としての大きさ。器量。また、ようす。「度量・度胸・襟度・態度」⑤必要なもの。道具。「調度・用度係」⑥基準とすべきもの。規則。「法度(はっと)・制度・度外」⑦㋐長さをはかる器具。ものさし。「度量衡」㋑ものさしをあててはかる。心の中ではかってみる。みつもる。「タク」と読む。「忖度(そんたく)」⑧わたる。わたす。「渡」と同じ。⑨【仏】㋐迷いの世界(=此岸(しがん))からさとりの世界(=彼岸)にわたす。すくう。「済度」㋑髪をそり戒を授けて僧とする。「得度・度僧・度牒(どちょう)」

ドア 洋風の戸・扉。▽door ―ツー ドア door-to-door ①戸口から戸口へ。「家から会社まで―で一時間」「自宅から介護施設へ―の送迎」②戸別訪問による販売。▽ ―マン ホテルなどの戸口に立ちドアの開閉や客の送迎を行う人。▽doorman

どあい(どあひ)【度合(い)】そのくらいだという程度。「加熱の―がむずかしい」▽抽象的な場合に使う。

とあみ【投網】漁網の一種。円錐(えんすい)形で上部に手綱(たづな)、下部におもりのついたもの。水中に投げ広げ、引き寄せてつぼめ、魚を捕らえる。

とある《連体》或(あ)る。さる。「―家」「―所」▽引用(断定)の「と」+「あり」の連体形から。

とい(とひ)【×樋】①屋根に流れる雨水を集めて、地上に流すしかけ。「雨(あま)―」②水や湯をはなれたところへ送るしかけ。

とい(とひ)【問(い)】問うこと。質問。また、答えさせるために出す問題。↕答え

どい(どゐ)【土居】①集落や城・館(やかた)の周囲に、外敵から守る備えとして設ける土の垣。「名古屋城のお―下」②転じて、(城ではないが)土塁など防備の整った館。

といあわ‐せる(とひあはせる)【問(い)合(わ)せる】《下一他》わからない点などをはっきりさせるため、手紙・電話などで、聞いて確かめる。聞き合わせる。照会する。

といえども【と×雖も】《連語》でも。ても。けれども。「皇帝も―この禁を破ることはできない」▽「雖」の訓として漢文訓読から出た語。助詞「と」+「言ふ」の已然(いぜん)形+助詞「ども」

といかえ-す【問(い)返す】《五他》①もう一度聞きなおす。②逆にこちらから問う。反問する。

といか-ける【問(い)掛ける】《下一他》①相手に向かって質問をする。尋ねる。「隣の人に―けられた」②尋ね始める。「―けたが急にだまってしまった」

といき【吐息】がっかりしたり、ほっとしたりして、つく息。ためいき。「青息―」

といし【×砥石】刃物などを、とぎみがくための石。

といた【戸板】雨戸の板。▽特に、はずして人・物を運ぶのに使う時に言う。

といただ-す【問(い)△質す】《五他》わからない点を尋ねてはっきりさせる。また、真実の事を言わせるためにきびしく追及する。「金の出所を―」

どいつ《代》「だれ」「どれ」の乱暴な言い方。どのやつ。「―もこいつも」(だれもかれも)「どこの―だ」

といつ-める【問(い)詰める】《下一他》あくまで問いただす。詰問する。

といや【問屋】①生産者から商品を買い入れて小売商におろす業。卸売商。とんや。②鎌倉・室町時代、主に港湾で貨物の保管・輸送・仲介売買をする業者。問丸(といまる)。 **―ば**【―場】江戸時代に、街道(かいどう)の宿駅で、人馬のつぎ立てなどの事務をとった所。

トイレ 化粧室。手洗所。便所。トイレット。▽toiletから。

と-う 〔一〕【問う】《五他》①わからない事、はっきりしない事を、知らせ(教え)てくれるように求める。「安否を―」「広く世に―」。問題として出す。「解決策を―」「年齢を―・わず(=問題とせず。それで差別しないで)出願できる」②物事の原因、責任の所在、罪を犯した事実などを取り立てて、明らかにするためにただす。「事故の原因を―」「責任を―」「殺人罪に―・われる」。問題として調べ、明らかにしようとする。「力量が―・われる」〔二〕【△訪う】《五他》他人の家や特定の場所を訪問する。おとずれる。たずねる。「恩師を―」「名所旧跡を―」 関連→たずねる

とう【△疾う】ずっと以前。とっく。「―に帰った」「―から知っている」「―の昔」▽文語形容詞「疾し」の連用形「とく」の音便の形。

とう【×籐】アジアの熱帯地方に自生する、つる性の木本植物。茎は非常に長く、つやと弾力があるので、乾かして細工物に使う。ラタン。「―いす」「―細工」▽やし科とう属などの植物の総称。

とう【×薹】菜・ふきなどの花軸。「ふきの―」「―が立つ」(花軸を伸ばしてかたくなり、食べ頃を過ぎる。転じて、人が若い盛りの時期を過ぎる)

とう【*刀】 トウ(タウ) かたな ①人や物を切る刃物。かたな。「刀剣・刀槍(とうそう)・刀身・刀匠・刀圭(とうけい)・刀痕・刀創・刀法・執刀・大刀・小刀・短刀・快刀・牛刀・帯刀・佩刀(はいとう)・抜刀・名刀・宝刀・鈍刀・木刀・軍刀・陣刀・日本刀・青竜刀・解剖刀・彫刻刀」②かたなの形をした古銭。「刀貨」

とう【*冬】【冬】 トウ ふゆ ①四季の一つ。ふゆ。「冬季・冬至・冬日・冬眠・初冬・立冬・厳冬・仲冬・越冬」②正月を春として、前年の暮れ。「旧冬」

とう【*灯】【人燈】 トウ ひ ともしび ①明るくするための火。光を出させる装置。「灯火・灯台・灯明(とうみょう)・灯籠・灯心・灯油・万灯(まんどう)・紅灯・軒灯・街灯・神灯・献灯・電灯・ガス灯・走馬灯・常夜灯・幻灯・点灯・消灯・外灯・行灯(あんどん)・提灯(ちょうちん)」。また、その装置を数える語。②世を照らすもの。「法灯・仏灯」▽本来、「灯」は音「テイ」で、「燈」とは別字。

とう【*当】【當】 トウ(タウ) あたる あてる ①㋐出くわす。つきあたる。「当惑・当面」㋑あてはまる。あてはめる。かなう。「当否・当選・当籤(とうせん)・見当・一騎当千」㋒わりあてる。仕事をうけもつ。「当直・当局・当路・当番・当事者・担当・充当・抵当・日当・配当・勘当(かんどう)」②《名・造》あたりまえ。まさにあるべき。しかるべき。「当を失する」「当然・当為・順当・正当・相当・妥当・穏当・適当・不当・失当・至当・過当競争」③問題になっている。㋐《名・造》この。その。こちらの。「当の相手」「当年・当時・当夜・当方・当地・当所・当村・当人・当該・当劇場・該当者」▽連体詞的用法について、↓ほん【本】⑹。㋑現在の。目下(もっか)のところの。さしあたっての。「当今・当代・当世・当主・当用・当座」

とう【*投】 トウ なげる ①㋐物をほうりなげる。なげいれる。なげおろす。なげおとす。必要なところへ送りこむ。「投石・投錨(とうびょう)・投入・投下・投擲(とうてき)・投身・投函(とうかん)・投稿・投資・投薬・投獄・投手・好投・高投・暴投・三投目」㋑「投手」の略。「投飛」②なげだす。なげうつ。やめにする。「投降・投筆」③かなう。あう。「投機・意気投合」④とどまる。「逗」に同じ。「投宿・帰投」

とう【*豆】 トウ ズ(ヅ) まめ ①五穀の一つ。まめ。「大豆(だいず)・豆芽・豆腐・豌豆(えんどう)・納豆(なっとう)」▽もと、祭りの時に食物などを盛る器の一種。高坏(たかつき)に似てふたがある。②「伊豆(いず)国」の略。「豆州(ずしゅう)・南豆(なんず)」

とう【痘】 トウ もがさ 皮膚に豆粒ほどの水ぶくれのできる病気。その水ぶくれ。「痘瘡(とうそう)・痘苗・痘痕(とうこん・あばた)・水痘・種痘・天然痘」

とう【*東】 トウ ひがし あずま ①日の出る方角。ひがし。ひがしの方にゆく。↔西。「東西南北・東北・東方・東天・東国・東経・東上・東征・東夷(とうい)・東都・東風(とうふう・こち)・江東・濹東(ぼくとう)・極東・関東・東奔西走」②「東京」の略。「東大・東名」③五行(ごぎょう)の説で、春。「東宮(=春宮)」

とう【凍】 トウ こおる こごえる いてる ①こおる。「凍結・凍肉・凍原・凍土・冷凍・解凍・

不凍港」②寒さのためにからだを痛める。こごえる。「凍傷・凍瘡(とうそう)・凍死」

とう【棟】**トウ むね むな**―①屋根の一番高い、むね。また、そこに横たえる木。むなぎ。「棟宇・棟梁(とうりょう)・上棟・汗牛充棟」②長い棟を持った建物。また、それを数える語。「病棟・第一棟」

とう【桐】(人) トウ ドウ きり―落葉高木の、きり。「桐油・桐葉(どうよう)章・梧桐(ごどう)」▽「どう」は慣用音で、多くの熟語中ではそう読む。

とう【桃】**トウ**(タウ) **もも**―もも。「桃李(とうり)・桃源・桃葉・白桃・桜桃」

とう【逃】【逃】**トウ**(タウ) **にげる にがす のがす のがれる**―にげる。にげさる。難をさけて立ちのく。のがれる。「逃避・逃亡・逃走」

とう【透】【透】**トウ すく すける すかす** とおる―物のあいだを通りぬける。光が通りぬけて向こうが見える。すく。すかす。「透明・透視・透徹・透写・浸透」

とう【到】**トウ**(タウ) いたる―①㋐目的の場所にゆきつく。いたる。「到来・到着・到達・殺到・着到・想到・前人未到」㋑至りつくす。「到底・到頭・味到・精神一到」②心配りがゆきとどく。ゆきわたる。「周到・精到・懇到」

とう【倒】**トウ**(タウ) **たおれる たおす** さかさま―①立っていたものが地にふす。ひっくりかえる。立ちゆかないでつぶれる。たおれる。たおす。「倒潰・倒壊・倒閣・倒幕・既倒・昏倒(こんとう)・打倒・卒倒・七転八倒」②上下・位置が反対になる。さかさま。「倒立・倒置・転倒」③動作の激しいことを表す。「圧倒・驚倒・絶倒・傾倒・罵倒・一辺倒」

とう【*党】【黨】**トウ**(タウ)―①㋐なかま。ためにするところがあって結ばれた集団。「党類・党派・党人・徒党・悪党・私党・政党・一党・残党・左党・不偏不党」㋑〘名・造〙特に、政党。「党を結成する」「党の方針」「立党・解党・公党・野党・与党・党首・党人・党閥・党籍・入党・離党・脱党」②〘名・造〙生れ故郷。生れ故郷のなかま。「渡辺(わたなべ)の党」「郷党」

とう【唐】【唐】**トウ**(タウ) **から** もろこし―①広い。むなしい。大うそ。おおげさに言う。「荒唐・唐突・頽唐(たいとう)」②中国、また外国の意に使う。から。「唐人・唐土(とうど)・唐音・唐本・唐紙・唐墨・唐物・唐鍬(とうぐわ)・唐黍(とうもろこし)・毛唐(けとう)」③〘名〙中国の王朝。㋐隋(ずい)を滅ぼして李淵(りえん)が建てた国。都は長安。「唐詩・唐書・入唐(にっとう)」㋑五代の一国。「後唐」

とう【*糖】【糖】**トウ**(タウ)―①あめ。また、さとうきびなどから製した甘い食品・調味料。「精糖・粗糖・砂糖・蔗糖(しょとう)・糖蜜・製糖・有平(アルヘイ)糖」②〘名・造〙炭水化物のうち、水にとけ、一般に甘味のあるもの。「尿に糖が出る」「糖類・糖分・果糖・血糖・葡萄(ぶどう)糖・乳糖・麦芽糖」

とう【套】(人) トウ(タウ)―①他の上におおいかぶさるもの。おおい。「外套・手套」②かさね。かさなる。「衣一套」③他人がすでに使った物をかさねて用いる。ふるくさい。「旧套・常套手段」

とう【*島】(嶋)(人) **トウ**(タウ) **しま**―広い水面にかこまれた陸地。しま。「島嶼(とうしょ)・島民・列島・諸島・群島・孤島・離島・半島・遠島・無人島」

とう【*討】**トウ**(タウ) **うつ**―①㋐問いただす。くわしくしらべる。「討究・討論・討議・検討」㋑さがし求める。きわめる。「探討」②兵力をもってせめる。うつ。「討伐・討滅・討幕・討賊・征討・追討」

とう【*悼】**トウ**(タウ) **いたむ**―①悲しんで心をいためる。いたむ。「痛悼」②死んだ人を惜しみあわれむ。いたむ。「悼辞・追悼・哀悼」

とう【盗】【盜】(人) **トウ**(タウ) **ぬすむ**―ひそかに他人の財物をとる。ぬすむ。ぬすみをする人。「盗癖・盗用・盗伐・盗品・盗賊・盗難・盗塁・窃盗・強盗・群盗・偸盗(ちゅうとう)・夜盗」

とう【陶】**トウ**(タウ) **すえ**―①土をこねて焼いて器を作る。その器の質。やきもの。「陶製・陶土・陶芸・陶工・陶匠・陶器・陶磁器・製陶」②人をみちびき教えて、人間性を形づくる。「陶冶・薫陶(くんとう)」③心の中でよろこぶ。「陶然・陶酔」④心がむすぼれる。「鬱陶しい」

とう【塔】**トウ**(タフ)―①〘名・造〙仏舎利などを安置し、供養・報恩のため寺院などに建てた多層の建物。また、死者の供養・追善のために立てるしるし。「三重の塔」「堂塔伽藍(がらん)・石塔・卵塔・五輪塔・多宝塔」▽梵語(ぼんご)の音訳「卒塔婆(そとば)」の略。②〘名・造〙高くそびえ立つ建造物。「高い塔が建つ」「管制塔・金字塔・テレビ塔・エッフェル塔・尖塔(せんとう)」

とう【搭】**トウ**(タフ)―乗物にのる、また、のせる。積みこむ。「搭乗・搭船・搭載」▽もと、「付く」「掛ける」の意。

とう【×濤】トウ(タウ) なみ―海中に高くうねって起こるなみ。大なみ。「濤声・波濤・怒濤・奔濤・松濤」

とう【*湯】**トウ**(タウ) **ゆ**―熱を加えた水。あたたかい水。ゆ。温泉。ふろ。また、せんじぐすり。「金城湯池・湯治・温湯・銭湯・熱湯・浴湯・薬湯・般若湯(はんにゃとう)・微温湯(びおんとう・ぬるまゆ)・引湯権」

とう【×蕩】トウ(タウ) うごく はらう―①落ち着かないで、ゆれうごく。ゆらぐ。うごかす。「蕩心・漂蕩」②しまりがなく、わがまま。ほしいまま。特に、酒色におぼれる。「放蕩・遊蕩・蕩児」③すっかりなくす。はらい除く。「蕩尽・掃蕩」④ゆたか。さかん。やすらか。おだやか。「蕩蕩・駘蕩(たいとう)」

とう【藤】【藤】トウ ふじ ―①つるをのばす植物の総称。かずら。「葛藤」②つる性落葉低木の、ふじ。「紫藤」③「藤原氏」の略称。また、藤原氏の流れであること。「源平藤橘(げんぺいとうきつ)・藤氏・佐藤・近藤(こんどう)」

とう【*登】トウ ト のぼる ―①高い所にあがる。物の上にあがる。のぼる。「登山(とざん)・登高・登頂・登攀(とうはん)・登壇・登場・登楼・登坂・羽化登仙・先登」②毎日のつとめとして、公の場所へゆく。「登庁・登院・登校・登城(とじょう)」③(高い)地位につく。人をあげ用いる。「登極・登第・登用・登竜門」④書類にする。記載する。「登記・登録・登載」⑤「能登(のと)国」の略。「越登賀」

とう【*答】トウ(タフ) こたえる こたえ ―問いかけに対してこたえる。返事する。こたえ。↔問。「答弁・答申・答案・答辞・答礼・答問・応答・返答・回答・問答(もんどう)・解答・正答・即答・明答・名答・確答・筆答・勅答・口答・贈答品」

とう【*等】トウ ひとしい ら など ―①質・大きさ・形・数量などにおいて差がない。条件が同じ。ひとしい。「等比数列・等分・等式・等辺・等身・等間隔・等圧線・等高線・等時性・均等・対等・同等・不等・平等(びょうどう)」▽「等量」「等価」「等間隔」「均等」「対等」などは「これと等量の塩」「正社員と均等の扱い」のように格助詞「と」と合し得る。②なかま。同輩。ともがら。「等類・等輩」③階級。順位。「等級・下等・高等・初等・優等・劣等・特等・上等・勲一等・親等」④列挙の際、他を省略するのに用いる語。「牛馬等の家畜」▽法律で「銃剣等」のように言うときは、省略したものの範囲が定まっている。

とう【筒】トウ つつ ―竹のくだ。細長い中空のもの。「円筒・封筒・水筒・発煙筒」

とう【*統】トウ すべる ―①一つづきになっているもの。すじ。「血統・正統・皇統・伝統・系統・道統・法統・御一統様」②一すじにまとめる。まとめおさめる。すべる。「統一・統合・統治・統帥・統領・統率・統括・統轄・統監・統制・統御・統計・総統・大統領」

とう【稲】【稲】トウ(タウ) いね いな ―五穀の一つで、いね。「稲苗・晩稲(ばんとう・おくて)・水稲・陸稲(りくとう・おかぼ)」

とう【踏】トウ(タフ) ふむ ふまえる ―足を小きざみに上げおろしする。足ぶみする。ふむ。ふみつける。「踏歌・踏査・踏襲・踏破・雑踏・舞踏・高踏的・前人未踏」

とう【*頭】トウ ズ(ヅ) ト かしら こうべ かみ あたま ―①〘名・造〙人間や動物の、あたま。また、髪の毛。「頭部・頭髪・白頭・頭骨・頭角・前頭部・長頭・禿頭(とくとう)・低頭・叩頭(こうとう)・出頭・没頭・擡頭(たいとう)・頭状花」。以下「ズ」と読む。「頭が高い」「頭脳・頭上・頭痛・頭巾(ずきん・ときん)」②物の上端。上の方。いただき。「頭書・頭注・露頭・核弾頭」③物のはじめ。最も先だつもの。「年頭・初頭・先頭・冒頭・陣頭・徹頭徹尾・竜頭蛇尾(りゅうとうだび)」④多人数を統率する者。かしら。かみ。「頭首・頭目・頭領・頭取(とうどり)・巨頭・地頭・番頭・船頭(せんどう)・座頭・蔵人頭(くろうどのとう)・音頭(おんど)」⑤ほとり。あたり。さき。「口頭・枕頭(ちんとう)・社頭・店頭・街頭・路頭・駅頭・関頭」⑥はし。いとぐち。「心頭・念頭」⑦牛・馬などの動物、また人を数える語。「牛五頭・頭数・人頭税」▽→ず(頭)

とう【謄】【謄】トウ うつす ―原本を写して書く。「謄本・謄録・謄写」

とう【騰】【騰】トウ あがる のぼる ―馬がおどりあがる。物が高いところへあがる。高くなる。「騰貴・高騰・急騰・上騰・反騰・沸騰・奔騰・暴騰」

とう【闘】【鬭】トウ たたかう ―①武器を持って相たたかう。打ちあう。たたかう。「闘争・闘魂・闘志・闘士・戦闘・争闘・格闘・苦闘・力闘・奮闘・敢闘・健闘・暗闘・悪戦苦闘・死闘・私闘・決闘・拳闘」②たたかわせて勝敗優劣をあらそう。「闘技・闘鶏・闘牛・闘犬」▽俗に「斗」で代用することがある。

どう【胴・△筒】①すごろく・ばくちで、さいころを入れて振る筒(つつ)。②ばくちの、どうおや。▽→どう〔胴〕

どう〘副ダ〙どのように。「―作ればいいの」「―やってもうまくいかない」「―しようもない(=救いがたい)奴」「―こう言ってもしかたがない」「―いう(=どのような)わけで」「―いたしまして」(相手の感謝の言葉などを丁寧に打ち消すあいさつ)「―したんだ」(どんな事が起こったのか、の意にも)▽「―(です)か」の形で勧めたり、「―だ」の形で現状をたずねる(または思い知らせ)たりするのにも使う。「早く行ったら―か」「近ごろお宅は―です(か)」「―だ。参ったか」。なお、→どういたしまして・どうか・どうして・どうせ・どうぞ・どうだ・どうで・どうやら

どう【胴】ドウ ―①〘名・造〙体の、手足・頭をのぞいた部分。「胴が長い」「胴中(どうなか)・胴体・胴衣(どうぎ・どうい)・胴着・胴巻(どうまき)」▽もと、大腸の意。②〘名〙物の中心になる太い部分。三味線(しゃみせん)・太鼓などの共鳴部、船や飛行機の中央部、よろいの部分で胴⑴をおおう所など。③〘名・造〙剣道で、相手の胴の部分を打つこと。「逆胴」▽→どう(胴)

どう【*同】ドウ おなじ ―①別のものでない。ひとつのものである。おなじ。↔異。「同異・同一・同日・同時・同断・同様・同然・同上・同窓・同級・同胞(どうほう・はらから)・同族・同類・同数・異同・不同・大同小異」▽「同」を前要素とする語の多くは「君と同様に」「花子と同級生の雪子」「先例と同列にはならぬ」など、格助詞「と」と合し得る。②おなじ気持になる。事を共にする。「同情・同志・同意・同感・同慶・同病・同盟・同乗・同棲(どうせい)・混同・協同・共同」③あつまる。「合同・大同団結・付和雷同」④なかま。「一同」⑤前にあげたものと同じものを繰り返し言う場合に用いる。その。「同氏・同年・同社・同校」

どう〖洞〗 ドウ トウ ほら ｜①大木や岩などの、うつろになったところ。ほら。ほらあな。「洞穴・洞窟・洞門・空洞・鍾乳(しょうにゅう)洞・玄武洞」②通りぬける。つき通す。見識によって見通す。さきまで見る。「洞察・洞徹(とうてつ)」

どう〖*銅〗 ドウ あかがね ｜『名・造』①金属元素の一つ。元素記号 Cu 暗赤色。湿気によって緑青(ろくしょう)を生じる。展性・延性に富み、熱・電気の良導体。合金としても用途が広い。あかがね。「銅を使う」「銅山・銅製・銅線・銅貨・銅器・銅像・銅壺(どうこ)・銅鐸(どうたく)・銅鑼(どら)・精銅・赤銅(しゃくどう)・青銅・金銅(こんどう)・白銅・分銅・黄銅鉱」②成績などを、金・銀・銅に分けたときの第三位。「銅賞・銅メダル」

どう〖*動〗 ドウ うごく うごかす ｜①『名・造』じっとしていない。位置・姿勢を変える。うごく。↕静。「静中動あり」「動静・動揺・動産・動物・動脈・動機・動向・作動(さどう)・異動・感動・顫動(せんどう)・発動・移動・活動・反動・自動・流動・微動・激動・運動・震動・浮動・鳴動・蠢動(しゅんどう)・不動・上下動・地動説・一挙一動」②人のふるまい。「行動・挙動・言動・動作(どうさ)」③はたらく。うごかす。「動力・動員・動議・他動・手動・能動的」④おどろく。乱れる。「動乱・動転・変動・暴動・騒動」

どう〖*働〗 ドウ はたらく ｜仕事をする。はたらく。「労働・稼働・実働」▽国字。

どう〖*堂〗 ドウ(ダウ) ｜①『名・造』多くの人を入れる建物。「聴衆、堂にあふれる」「講堂・食堂・公会堂・礼拝堂・議事堂」②『名・造』神仏をまつる建物。「お堂の中」「堂宇・堂塔・金堂(こんどう)・経堂・聖堂・地蔵堂」③㋐『名・造』土台の上に高く作った建物。客をもてなし、礼式を行う建物。正殿。「堂に入る」(学問・技芸などが深奥に達する。すっかり慣れている)「殿堂」㋑朝廷。「廟堂(びょうどう)・堂上(どうじょう・とうしょう)」④住居。居室。「草堂・堂舎」⑤屋号・雅号などにつける語。「大雅堂」⑥他人の母の敬称。「母堂」⑦威儀がととのって立派。「堂堂」

どう〖*童〗 ドウ わらべ わらわ ｜元服前の男女児。小さい子供。わらべ。わらわ。「童子・童幼・童男童女(どうなんどうにょ)・童顔・童心・童貞・童蒙(どうもう)・童話・童謡・童画・小童・幼童・児童・学童・村童・牧童・神童・悪童」

どう〖瞳〗 ドウ ひとみ ｜ひとみ。「瞳孔・瞳子」

どう〖*道〗〔道〕 ドウ(ダウ) トウ(タウ) みち いう ｜①人の通行するところ。経過する間。通りみち。「道路・道途・道程・道中・道標・道祖神・道聴塗説・大道・国道・街道(かいどう)・間道・水道・食道・糧道・赤道・軌道・鉄道・歩道・隧道(すいどう)」②人の守るべき義理。宇宙の原理。教え。「道徳・道心・道理・道義・正道・邪道・外道(げどう)・常道・王道・仏道・八道・極道(ごくどう)・得道・没義道(もぎどう)・武士道」③道教。黄帝・老子を祖とする宗教。「道術・道学」④方法。やりかた。専門の学問・技芸。「道楽・道場・芸道・武道・柔道・茶道・斯道(しどう)」⑤言う。「道破・報道・唱道・言語(ごんご)道断」⑥手びき。みちびく。「道化(どうか)」⑦『名・造』行政上の区画。日本ではもと、畿内のほかに八道あった。「東海道・山陽道」。今は、地方公共団体の一つ北海道だけ。「道庁・道産・道立」▽唐では十道(今の省にあたる)。清(しん)では省を数道に分けた。

どう〖*導〗〔導〕 ドウ(ダウ) みちびく ｜①さきに立って手引きする。案内する。みちびく。おしえる。「導引・導入・導師・先導・嚮導(きょうどう)・指導・補導・教導・引導・訓導・唱導・誘導」②火や電気をつたえる。「導体・半導体・導火線・伝導」

どうあく【×獰悪】『名ナ』性質が凶悪で強いこと。

どうあげ【胴上げ】『名・ス他』大ぜいで、人の体を横にして何回も投げ上げること。「監督を—する」▽その人を祝福するためにする。

とうあつせん【等圧線】天気図で、気圧の等しい地点を結んで描いた線。

とうあん【×偸安】安楽をむさぼり、将来を考えないこと。▽安きを偸(ぬす)む意。

とうあん【答案】出された問題に対して書いた答え。「—用紙」

とうい【東×夷】東方の異民族。「—、西戎(せいじゅう)、南蛮、北狄(ほくてき)」▽もと中国で、満州・朝鮮・日本などの民族を指した。また昔の日本で、京都中心の考えから、関東・東北地方の武士などを指した。↓あずまえびす

とうい【当為】哲学で、あること、あらざるを得ないことに対して、あるべきこと、なすべきことの意。▽ドイツ Sollen の訳語。

とうい【等位】①くらい。等級。②等しい等級・位置など。

どうい【同位】おなじ位置。同一の地位。 **—げんそ**【—元素】↓アイソトープ

どうい【同意】①『名・ス自』意見・求めなどに対して賛成・承諾すること。「提案に—する」「—を得る」。また、同じ意見。②『名』同じ意味。同義。「—語」

どうい【胴衣】①ある目的で人体の胴にまとうもの。「防弾—」「救命—」②↓どうぎ(胴着)

とういじょう【糖衣錠】飲みやすくするために、甘い被膜で包んだ錠剤。

とういす【×籐椅子】籐(とう)の茎などを使って作ったいす。

とういそくみょう【当意即妙】『ダナ』その場にうまく適応した即座の機転をきかすさま。「—に答える」

どういたしまして【どう致しまして】『連語』人から礼やわびを言われた時に、丁寧に打ち消すあいさつ語。

とういつ【統一】『名・ス他』それぞれである(多くの)ものを一つにまとめあげること。そうまとめた状態。「乱れた天下を—する」「精神の—をはかる」「—が取れる」「—戦線」「規格を—する」 **—てき**【—的】『ダナ』全体を統一する立場・観点であるさま。

と

どういつ【同一】『名ナ』別物でなく、全く同じなこと。「―(の)人物」「―種の植物」。差が無いこと。「実子と―な扱い」▽厳密に論じれば、それと同一なのはそれ自身だけで他に無いが、普通はもう少し緩く使う。 **―し**【―視】『名・ス他』差があると考えず、おなじと見なして取り扱うこと。

とういん【唐音】→とうおん(唐音)

とういん【登院】『名・ス自』議員が議院に出席すること。

とういん【頭韻】押韻法の一つ。語句の頭、語の頭に韻をふむもの。例、「ひさかたの光のどけき……」の中の二つの「ひ」。↔脚韻

どういん【動因】直接の原因。動機。

どういん【動員】『名・ス他』①目的遂行のため人・物を集め動かすこと。▽②から。②(軍事)㋐戦争目的のため国力を組織的に使える態勢にすること。▽㋑の意の拡張。㋑予備兵力を集めて戦時編制にすること。俗に、そのための、将兵の召集。↔復員。「学徒―」

どういん【同韻】韻がおなじであること。その韻。

どういん【導因】ある事態を導き起こした原因。

どうう【堂宇】殿堂。▽もと、堂の軒(のき)。

とううす【唐臼】すりうすの一種。粘土を固めて、摩擦面に木製の歯を植え付けたもの。▽↓からうす

とううちわ【唐〈団扇〉】①中国風のうちわ。②軍配うちわ。

どううら【胴裏】あわせ・綿入れなどの、胴の部分に用いる裏地。

とうえい【冬営】『名・ス自』①陣営を張って冬を越すこと。その陣営。②転じて、冬を越す用意。

とうえい【倒影】(水面などに)逆さにうつったかげ。

とうえい【投影】『名・ス他』①物の姿(＝影)を何かの面にうつすこと。その像。「堀に―する老松の列」▽自然にでも人為的にでもよい。スライドなどで映し出す場合「投映」と書くこともある。②ある物事に他の影響があらわれること。「時代精神の―」③ある特定の方法で物体の形を平面上に描き出すこと。その描いた図形。「―図」

とうえい【灯影・×燈影】ともしび。ほかげ。

どうおう【堂奥】①堂内の奥まった所。②転じて、秘奥。奥義。

どうおや【胴親・△筒親】ばくちの場所を貸して、できた高の歩合をとる人。胴元。

とうおん【唐音】漢字音の一種。中国の唐末から、宋(そう)・元・清(しん)までの間に日本に伝えられた。宋音。とういん。例、「行脚(あんぎゃ)」「鈴(りん)」。

どうおん【同音】①発音が同じもの。「―異義語」。同じ高さの音・声。②声をそろえて言うこと。「異口(いく)―」

とうおんせん【等温線】地図などに、温度の等しい地点を結んで描いた線。

とうか【投下】『名・ス他』①投げおろすこと。落とすこと。「爆弾―」②事業を起こすために、資本を投入すること。「資本―」

とうか【灯下・×燈下】ともしびのした。「―に書をひもとく」

とうか【灯火・×燈火】ともしび。あかり。「―親しむべき候」 **―かんせい**【―管制】敵の空襲に備えて、屋外から灯火が見えないようにすること。「―を敷く」

とうか【登×遐】天子の崩御。▽遠い天に登るの意。

とうか【等価】①価値または価格が等しいこと。「土地の―交換」②広く、ある観点から見て同等なこと。「結果において―である」

とうか【糖化】『名・ス自他』でんぷんなど高分子の炭水化物が、酵素や酸の作用で分子量が小さい糖類に変化すること。また、そのように変化させること。

とうか【踏歌】①足を踏み鳴らして歌い舞うこと。②平安時代、正月十五日前後に行う宮中行事。歌の上手な男女を集め、年始の祝詞を歌い舞わせる。「―の節会(せちえ)」

とうか【透過】『名・ス自』①透き通ること。②物の内部を光や放射線などが通り抜けること。「―性」

とうが【冬×瓜】とうがん。

とうが【冬芽】晩夏から秋にかけて生じ、冬を越して春になって生長する芽。

とうが【陶画】陶器にかいた絵。

とうが【唐画】①唐時代の絵画。②中国(風)の絵画。からえ。

とうが【唐×鍬】「とうぐわ」の転。

とうが【灯×蛾】灯火に集まる蛾(が)。火取り虫。

どうか『連語』①人に丁寧に頼む気持を表す語。なにとぞ。どうぞ。「―お願いします」「―許してやって下さい」②どうにか。なんとか。「―なるだろう」「彼のことは―してやりたい」③普通でないさま。「―している」「―と思う先走った意見」▽副詞「どう」+助詞「か」。 **―こうか**『連語』なんとかして、やっと。「―やり終えた」

どうか【同化】『名・ス自他』同様のものになること。自分と一体のものにすること。㋐外から得た知識などを完全に自分のものにすること。㋑他を感化して、自分と同じようにすること。㋒生物が外から物質を取り入れて、自分のからだを構成する成分と同じものに変えること。↔異化。「炭素―作用」

どうか【道家】①諸子百家の一つ。老子・荘子の学説を奉じる学派。②道教を奉じる人。道士。

どうか【道歌】仏教や心学の精神をよんだ教訓の歌。

どうか【導火】火薬に点火し爆発させるための火。くちび。みちび。 **―せん**【―線】①しかけた火薬を離れた所から、あるいは一定時間後に爆発させるのに使う線。一端に火をつけると少しずつ燃え、火を火薬へ導く。②比喩的に、事件の起こるきっかけとなるもの。

どうか【銅貨】銅でつくった貨幣。銅銭。

どうが【動画】①↓アニメーション。②動きのある映

像。↔静止画

どうが【童画】子供のかいた絵。また、子供むきの絵。

とうかい【倒壊・倒潰】〘名・ス自〙たおれてつぶれること。「—家屋」

とうかい【東海】①東の方の海。「—の君子国」(日本のこと) ②中部地方の太平洋岸。普通、静岡県・愛知県・三重県と岐阜県の一部を指す。東海地方。

とうかい【×韜×晦】〘名・ス自〙自分の才能・地位などを隠し、くらますこと。また、姿を隠すこと。行くえをくらますこと。

とうがい【凍害】寒さによって受ける作物の被害。

とうがい【当該】〘連体〙それに当たる。その。それを受け持つ。「—(の)地所を検分する」「—官庁」

とうがい【等外】定めの等級の中に入らないこと。

とうがい【頭蓋】ずがい。「—骨」▽医学で言う。

どうかい【道会】(北海)道議会の旧称。道議会。「—議員」

とうかく【当確】「当選確実」の略。選挙の開票が終わらないうちに、中間集計や出口調査などから、当選が確かだと判断できること。

とうかく【倒閣】〘名・ス自〙内閣を倒すこと。「—運動」

とうかく【等角】(対応する)角の大きさが等しいこと。「—三角形」

とうかく【頭角】あたまのさき。「—をあらわす」(才能・技能が目立って人よりすぐれるようになる)

とうかく【統覚】対象に関して起こる個々の知覚を総合統一した、まとまった意識内容。また、それを成り立たせる、人間の精神作用。

とうがく【唐楽】①唐から日本に伝来した音楽。②雅楽で、唐の楽(がく)に基づくもの。▽三韓の楽に基づく高麗(こま)楽に対して言う。

どうかく【同格】同じ資格・格式。「太郎と—の次郎」

どうがく【同額】同じ金額。

どうがく【同学】同じ学校・先生に学ぶこと。同じ学問を学ぶこと。「—の士」「—のよしみ」

どうがく【道学】①道徳を説く学。「—先生」②儒学。特に宋(そう)学。③心学。④道家の学問。道教。

とうかつ ①【統括】〘名・ス他〙幾つか別々になっているものを、調整して一つにまとめること。「事務を—する」②【統轄】〘名・ス他〙(上位者・上位機関が)包括的にまとめて統べること。「内閣の—のもとに行政各機関の連絡を図る」

どうかつ【×恫喝】〘名・ス他〙おどして、恐れさせること。

どうがめ【胴亀】スッポンの別名。

とうから【△疾うから】〘連語〙→とう(疾)

とうがらし【唐辛子・唐×芥子】刺激的な辛味のある実をつける、南アメリカ原産の一年生作物。実は細長く、初めは緑色、秋に熟して赤くなる。また、その実を乾燥して作った香辛料。南蛮。▽なす科。

とうかん【投×函】〘名・ス他〙定められた箱の中へ(差し出す)用紙を入れること。特に、郵便物をポストへ入れること。

とうかん【等閑】ものごとをいい加減に見過ごすこと。なおざり。「—視する」「—に付する」

とうかん【盗汗】寝汗(ねあせ)。

とうかん【統監】〘名・ス他〙(政治・軍事などを)統轄し監督すること。その官職。

とうがん【冬×瓜】球形や長球形で表面が緑色の大きな実を食用とする一年生作物。また、その実。茎はつる状で、夏、黄色の花が咲く。とうが。かもうり。▽うり科。

どうかん【同感】〘名・ス他〙(その人と)同じように感じる、または考えること。「君の意見に—だ」

どうかん ①【導管】水などをみちびく管。②【道管・導管】被子植物の木部の主要素で、根から吸い取った水分・養分を上へ送る管。細長い細胞が一列に連なり、仕切りが取れて長い管になったもの。

どうかん【道観】中国の道教の寺院。▽「観」は見晴らし台。

どうがん【童顔】こどもの顔。また、こどものような顔つき。

どうかんすう【導関数・導×函数】その関数を微分して得る関数。▽普通には $f'(x)=g(x)$ である $g(x)$ を $f(x)$ に対して言うが、更に $f''(x)=g'(x)$ であるもの(第二次導関数)など、もとの関数 $f(x)$ に対する第 n 次導関数が順々に定義される。

とうき ①【冬季】冬の季節。「—大会」②【冬期】冬の期間。「—練習」

とうき ①【当季】この季節。②【当期】この期間。

とうき【党紀】党の規律・風紀。「—を乱す」

とうき【党規】党の規則。党則。

とうき【投棄】〘名・ス他〙なげすてること。また、すてて処分すること。「不法—」

とうき【投機】①不確実だが当たれば利益の大きい事をねらってする行為。「—的」②市価の短期間の変動の差益だけをねらって行う売買取引。「—市場」

とうき【登記】〘名・ス他〙一定の事項を広く公に示すため、公開された帳簿に記載すること。「不動産—」▽取引の安全、権利の保護のための制度。 **—しょ**【—所】登記事務を扱う役所。 **—ぼ**【—簿】登記のために登記所に備えつけた公式の帳簿。

とうき【騰貴】〘名・ス自〙値段があがること。「物価—」

とうき【陶器】①陶土その他で器(うつわ)の形を作り、うわぐすりをぬって焼いたもの。土器より堅いが磁器ほどには焼き締まらず、不透明。例、信楽(しがらき)焼・薩摩(さつま)焼。▽→じき(磁器)。②陶器(1)・磁器の総称。焼き物。

とうぎ【党議】党内での討議。またそれによってきまった意見。

とうぎ【討議】〘名・ス自他〙その問題について結論を出すため、互いに意見を出して是非を検討しあうこと。「—を重ねる」

とうぎ【闘技】 力・わざの優劣を競って戦わせること。「―場」

どうき【動機】 出来事が起こるはずみ。人間がある状況のもとでその行動を決定する意識的・無意識的な原因。「犯行の―」 **―ろん【―論】** 行為の道徳的評価を、結果でなく動機によって行う倫理学説。動機説。

どうき【動×悸】 平生より強い、または早い、乱れた心臓の鼓動。「―がする」

どうき【同気】 気のあった仲間。「―相求める」

どうき【同期】 ①《名》同じ時期。「ほぼ―の作品」。入学・入社または卒業などの時が同じであること。「―生」「―の桜」②《名・ス自他》二つ以上の信号や処理のタイミングが合うこと。「―を取る」。本来同一の二つのデータの内容を、更新された方に合わせて一致させること。「更新されたファイルを―する」

どうき【銅器】 銅(の合金)でつくった器具。

どうぎ【胴着・胴△衣】 上着と肌着との間に着る、腰までの、防寒用の下着。▽→どうい(胴衣)

どうぎ【道着】 武道(の稽古)をする時の着衣。道衣。

どうぎ【動議】 会議中に出席者から予定議案以外の議題を出すこと。その議題。「緊急―」

どうぎ【同義】 同じ意味。「―語」

どうぎ【道義】 人のふみ行うべき道徳上の筋道。「―にかなった行為」「―的責任」

とうきび【唐×黍】 ①トウモロコシ。②モロコシ。

とうきゅう【投球】 《名・ス自》野球などでボールを投げること。また、そのボール。

とうきゅう【等級】 上下・優劣を示す段階。くらい。

とうきゅう【討究】 《名・ス他》①深くつっこんで研究すること。②討議して研究すること。

とうぎゅう【闘牛】 ①人と牛との闘技。「―士」②牛と牛とを戦わせる遊び。牛合わせ。

どうきゅう【同級】 同じ学級や等級に属すること。「―生」「中学で田中と―だった山口が」「この機械と―のが欲しい」

どうきゅう【×撞球】 ビリヤード。たまつき。

とうぎょ【統御】 《名・ス他》全体をまとめ、支配すること。

とうぎょ【闘魚】 タイ原産の淡水魚。体長五〜一〇センチぐらい。雄は自分の縄張りに入った他個体を攻撃する習性があり、原産地では闘わせて楽しむ。色彩が美しい品種は観賞用に飼育する。ベタ。

どうきょ【同居】 《名・ス自》①(夫婦・家族が)同じ家にいっしょに住むこと。↔別居。②家族でない人がある家族の家にいっしょに住むこと。「―人」③比喩的に、性質などの異なるものが同じ所にあること。「賛否両論が―している記事」

どうきょう【同郷】 郷里が同じであること。「―の人」

どうきょう【道教】 中国古代の民間信仰や神仙説に道家(1)の思想などが加わった、中国の宗教。

どうぎょう【同行】 ①いっしょに神仏に参詣する人。「―二人(ににん)」(四国巡礼者などが、いつも弘法大師と共にある意で笠(かさ)などに書きつける言葉)②いっしょに修行する人。③その同じ行。「―中にもこれに言及している」▽→どうこう(同行)

どうぎょう【同業】 職業・業種が同じであること。そういう人。「―者」「―組合」

どうぎょう【童形】 昔、元服する前の少年の姿。

とうきょく【当局】 そのことを処理する任務を持つこと。その機関。「大学―」「関係―」「―者」

とうきょく【登極】 《名・ス自》即位すること。

とうぎり【当△限】 先物(さきもの)取引で、受渡し期日が当月末であること。当月限(ぎり)。↓先限(さきぎり)・中限(なかぎり)

どうぎり【胴切り】 胴部を横に切ること。輪切り。筒切り。

とうぎん【当今】 当代の天皇。今上(きんじょう)天皇。▽「とうこん」と読めば別の意。

どうきん【同×衾】 《名・ス自》一つの夜具でいっしょにねること。特に、(男女の)ともね。

どうぐ【道具】 ①物を作ったり、仕事をはかどらせたりするのに使う器具の総称。㋐家財道具。㋑大工道具。㋒武家で、槍(やり)その他の武具。㋓仏具。▽㋓が原義。②他の目的に利用されるもの。方便。「出世の―に使われる」 **―かた【―方】** 演劇で、舞台の道具(特に大道具)を扱う係。 **―だて【―立(て)】** 必要な道具(を整えること)。もろもろの準備。「―がうまくいく」 **―ばこ【―箱】** (大工)道具を入れておく箱。

とうぐう【東宮】 皇太子。▽もと、皇太子の御所の意。「春宮」とも書く。

とうくつ【盗掘】 《名・ス他》他人所有の土地で許可を得ず、埋蔵物を掘り起こして取ること。「古墳の―」

どうくつ【洞窟】 地中にできた大きな空洞。洞穴。ほらあな。

とうぐわ【唐×鍬】 くわの一つ。頭部全体が鉄で、柄(え)は木。頭部を地面に打ちこんで根切り・開墾などに使う。

とうけ【当家】 この家。「―のだんな」▽この「家」は建物でなく、抽象的な意味。

とうげ【峠】 ①尾根越えの山道を登りつめて、これから下りになるという境の所。▽「手向(たむ)け」の転。昔、旅の安全を祈ってここで神に手向けをした。②ものごとの最高の時期。絶頂期。「病気も―を越した」

どうけ【道化】 ①人を笑わせるような、おどけた言葉や動作。また、それをする人。「―者(もの)」②「道化方(がた)」の略。歌舞伎で道化をする役。 **―し【―師】** 道化を業とする人。また、道化のうまい人。ピエロ。

とうけい【刀×圭】 医術。▽もと、薬をもるさじの意。 **―か【―家】** 医者。

とうけい【東経】 イギリスの旧グリニッジ天文台を通る子午線を零度として、その東方一八〇度の間の経度。↕西経

とうけい【統計】 《名・ス他》(人・物・出来事の)ある集

団の特性や性質を、そこに属する個々の要素の調査や測定をもとに、数量的に明らかにすること。また、その数量。「―をとる」 **―がく**【―学】統計の作り方、それによる判断・推論の方法を研究する学問。**―てき**【―的】『ダナ』統計上の。統計によっているさま。統計を取って知り得るような。

とうけい【闘鶏】ニワトリを戦わせる遊び。けあい。とり合わせ。また、それに使うニワトリ。

とうげい【陶芸】陶磁器の工芸。「―家」

どうけい【同慶】自分にとっても同じように喜ばしいこと。「御―の至り」

どうけい【同系】同じ系統・系列。

どうけい【憧憬】『名・ス自』→しょうけい(憧憬)。▽「しょうけい」が正しい読み方。

とうけつ【凍結】『名・ス自他』①凍りつくこと。氷結。「路面が―する」②資産などの使用や移動を禁じること。また、その禁じられた状態。現状のままにすること。「在外資産の―」「賃金を―する」

どうけつ【洞穴】ほらあな。

どう-ける【道化る】『下一自』(意識的に)こっけいなことをする。おどける。▽「道化」の動詞化。

とうけん【刀剣】かたな・つるぎの類の総称。

とうけん【闘犬】犬を戦わせる遊び。また、それに使う犬。

とうげん【凍原】→ツンドラ

とうげん【桃源】俗世を離れた別世界。「―郷」▽陶淵明(とうえんめい)の「桃花源記」に書かれた理想郷から。

どうけん【同権】同じ権利をもつこと。「男女―」

とうげんしつ【糖原質】→グリコーゲン

とうげんれい【登舷礼】乗組員が甲板の手すりの線に全員整列して、受礼者の乗る軍艦に向かって敬意を表する、海軍礼式。▽観艦式などに行う。

とうご【倒語】当事者の間でだけ通じるように約束し、音の配置を逆にしたり(例、種を「ねた」と言う)、内容の逆を言ったりする表現。

どうこ【銅×壺】(長火鉢の中におく)銅製・鉄製のかまど型の湯沸し器。

とうこう【刀工】刀剣を作る人。かたなかじ。

とうこう【投稿】『名・ス自他』①新聞・雑誌などに(自発的に)原稿を送ること。また、その原稿。「俳句を―する」②文章や画像をウェブ サイトやSNSに掲載するために送信すること。

とうこう【投降】『名・ス自』敵に降参すること。

とうこう【登降】『名・ス自』のぼることとくだること。のぼりおり。昇降。

とうこう【登高】高い所に登ること。「―記」▽もと、中国で重陽(ちょうよう)の節句に、(小)高い丘(や高い建物)に登る行事。

とうこう【登校】『名・ス自』(生徒が)その日の課業のために学校へ行くこと。↔下校(げこう)

とうこう【灯光】ともしびの光。

とうこう【陶工】陶磁器を作る人。焼物師。

とうごう【投合】『名・ス自』(気持などが)互いにぴったり合うこと。「意気―する」

とうごう【統合】『名・ス他』二つ以上のものを合併して一つにまとめること。「通信網を一つに―する」 **―しっちょうしょう**【―失調症】精神病の一つ。妄想が生じるとか周囲に関心を持たなくなるとか病気の型はさまざまだが、現実との接触がうまく運ばなくなる。▽若くて発病する人が多い。「早発性痴呆(ちほう)」から「精神分裂病」と改称し、二〇〇二年に再び改称したもの。

とうごう【等号】二つの式や数の間にはさんで、両者が等しいことを示す記号。イコール記号。「=」

どうこう【動向】個人・集団の心理や行動の、動きや傾向。「景気の―をさぐる」「市場―」

どうこう【同工】細工・手ぎわが同じであること。 **―いきょく**【―異曲】(詩歌・文章・音曲などで)手ぎわは同じであるが、とらえ方・趣が違うこと。また、違っているようで実は大体同じようなこと。

どうこう【同好】趣味や興味の対象が同じであること。「―の士」「―会」

どうこう【同行】①『名・ス自』いっしょに行くこと。また、その人。「―取材」「―者」▽→どうぎょう(同行)。②『名』その同じ銀行。「なお―の頭取は語る」

どうこう【瞳孔】眼球の前面で虹彩(こうさい)のまん中にある小さなあな。光線が眼球の中へはいる入口。ひとみ。

どうこう【銅鉱】銅をとる鉱石。黄銅鉱・輝銅鉱など。

とうこうき【投光器】光を集めてある方向を照らす装置。

とうこうせん【等高線】地図で、同じ高さの地点を連ねて描いた線。

とうごく【投獄】『名・ス他』監獄(刑事施設)にほうりこむこと。

とうごく【東国】東の方の国。特に、関東地方。▽畿内から見て言う。

どうこく【×慟×哭】『名・ス自』声をあげて激しく嘆き泣くこと。

とうこつ【頭骨】頭の骨。頭蓋骨(ずがいこつ)。

とうごま【唐×胡麻】種子からひまし油をとる一年草。高さ二〜三メートル。秋、黄色の花が穂になって咲く。ひま。▽とうだいぐさ科。アフリカ原産で、熱帯では低木状になる。

とうごろん【統語論】文やその要素となる構造についての研究。▽syntax の訳語。「構文論」「統辞法」とも言う。

とうこん【当今】このごろ。この節。▽「とうぎん」と読めば別の意。

とうこん【刀痕】刀で切ったきずのあと。かたなきず。

とうこん【痘痕】痘瘡(とうそう)のあと。あばた。

とうこん【闘魂】戦おうとする激しい意気込み。「―をみなぎらせる」

どうこん【同根】根(ね)が同じであること。根元が同じであること。

とうさ【等差】隣り合う二つのものどうしの差が等しい、すなわち一定であること。「―を保って並ぶ」 **―きゅうすう**【―級数】等差数列の各項の和。▽「算術級数」とも言う。俗に等差数列をも指す。 **―すうれつ**【―数列】相続く二項が等差である数列。

とうさ【踏査】『名・ス他』出かけて行って調べること。「実地―」

とうざ【当座】①その場限り。さしあたり。当分。しばらくの間。「―をしのぐ」「―(は)これで間に合う」「―の必要品」▽(3)の転。②「当座預金」の略。③その座。その席上。また、その席上で出す歌・俳句の題。 **―しのぎ**【―×凌ぎ】一時しのぎ。しばらくの間のまにあわせ。 **―よきん**【―預金】銀行預金の一種。預金者の請求があれば、小切手と引き替えに払い戻しするもの。無利子。

どうさ【動作】『名・ス自』あることをするために体を動かす(働かす)こと。▽コンピュータなどにも言うことがあるが、機械は「作動」が一般的。

どうさ【△陶砂・〈礬水〉】水に明礬(みょうばん)とにかわを溶かした液。インク・墨・絵の具などのにじみ止めのため、その液を紙にひく。「―びき」「―紙」

どうざ【動座】『名・ス自』みこし・貴人などが居所をうつすこと。

どうざ【同座】『名・ス自』①同じ席または場所に居合わせること。②まきぞえを食うこと。連座。

とうさい【搭載】『名・ス他』①艦船・飛行機・貨車などに、人員・資材を積み込むこと。「―機」(軍艦にのせてある飛行機) ②転じて、機械本体にその部品として組み込むこと。「専用高性能チップを―した新機種」

とうさい【登載】『名・ス他』文章に書きしるして新聞・雑誌などにのせること。掲載。

とうさい【当歳】その年に生まれたこと。「―児」「―馬」

とうさい【統裁】『名・ス他』責任者として物事を統率し、判断・処理すること。

とうざい【東西】①東と西。「―を見失う」(方角がわからなくなる)。東と西にのびる方向。「―に長い」②東の地方と西の地方。東洋と西洋。「―文化」 **―とうざい**【―東西】興行物などで、東西四方の客をしずめ、または口上を述べる時などに言う語。▽普通「とざいとーざーい」と発音する。 **―や**【―屋】街頭・店頭で広告の口上を述べる人。ひろめや。ちんどんや。▽口上の初めに「東西東西」と言ったことから。

どうざい【同罪】同じ罪(つみ)。また、同一の責任。

とうさく【倒錯】『名・ス自他』①逆になる、または逆にすること。ひっくり返ること。ひっくり返すこと。②行動や感性が社会的規範に反する形で表れること。「性的―」

とうさく【盗作】『名・ス他』人の作品の全部または一部をそのまま自分のものとして使うこと。

とうさつ【盗撮】『名・ス他』こっそり撮影すること。ぬすみどり。

どうさつ【洞察】『名・ス他』(物事の本質を)見通すこと。見抜くこと。「―力」▽「とうさつ」の慣用読み。

とうさん【父さん】子が父を親しみを込めて呼ぶ語。↕かあさん。▽「お―」の形が多い。

とうさん【倒産】『名・ス自』財産を使い尽くして企業がつぶれること。

とうざん【唐桟】綿織物の一つ。桟留縞(サントメじま)。▽もと、和製の桟留縞に対して舶来のものを言った。

とうざん【当山】①この山。②この寺。当寺。

どうさん【動産】不動産以外のすべての財産。現金・商品など。↕不動産

どうさん【道産】北海道の産。北海道の生まれ。▽「どさん」と言うことが多い。→どさんこ

どうざん【銅山】銅の鉱石を埋蔵・産出する山。

とうし【凍死】『名・ス自』こごえて死ぬこと。こごえじに。

とうし【唐紙】中国で作られ、日本に輸入された紙。墨汁の吸収がよいため、書画用にする。▽日本でまねて作った和唐紙(わとうし)をも言う。「からかみ」と読めば別の意。

とうし【唐詩】唐時代に作られた漢詩。「―選」。更に広く、漢詩。

とうし【投資】『名・ス自他』①利益を得る目的で事業などに資金を出すこと。②比喩的に、将来の利益のために多額の金銭を投入すること。「息子に―する」

とうし【盗視】『名・ス他』見ないふりをして見ること。盗み見。

とうし【透視】『名・ス他』すかして、見ること。「レントゲン―」 **―がほう**【―画法】立体物の各点から紙面を透過してある定点に向かう線を想定し、この線と紙面とが交わる点を描くことで、目に見えるのと似た状態に立体物を描き出す画法。

とうし【闘士】①闘志に満ちた人。主義のために戦う人。「―型」②戦闘・闘争に従事する人。戦士。

とうし【闘志】戦おうとする意志。「―満々」「―を失う」

とうじ【冬至】二十四気の一つ。一年中で太陽が最も南に寄り、北半球では昼が最も短い日。陽暦十二月二十二日ごろ。↕夏至(げし)

とうじ【悼辞】死去を悲しんで述べる言葉。弔辞。

とうじ【答辞】式場で祝辞・送辞などに対して述べる答えの言葉。

とうじ【×杜氏】酒をつくる職人。その長。さかとうじ。とじ。

とうじ【湯治】『名・ス自』温泉にはいって療養すること。「―場(ば)」

とうじ【当時】①そのころ。その時。「―(の)日本の人口は」②現今。当節。「人間が―ずるくなっていて暮らしにくい」▽(2)は古風。

とうじ【統治】『名・ス他』→とうち(統治)

とうじ【×蕩児】放蕩(ほうとう)むすこ。「一代の―」

どうし ①【同志】志を同じくする者。「―をつのる」②【同士・同志】《接尾語的に》同じ仲間。互いに同じ種類のもの。「弱い者―」▽「どち」の転か。 **―うち**【同士討(ち)・同士打(ち)】味方どうしの討ち合い・戦い。味方への攻撃。

どうし【同旨】同じ趣旨であること。

どうし【同視】《名・ス他》同じに見なすこと。同一視。

どうし【導師】〔仏〕法会(ほうえ)・葬儀を主になって行う僧。▽もと、衆生(しゅじょう)を仏道に導く人。仏・菩薩(ぼさつ)など。

どうし【瞳子】ひとみ。瞳孔。▽今は言わない。

どうし【童詩】子供が作った、または子供のための、詩。

どうし【道士】①道教を修めた人。②仙人。③仏道を修めた人。

どうじ【同時】二つ以上の事が同じ時に行われる(起こる、成り立つ)こと。「三人が―に出発する」「―立法」「―通訳」 **―に**《連語》㋐《接続詞的に》それと共に。㋑《「(……と)―」の形で》……であると共に。「有益であると―面白い」。……とすぐ。……やいなや。「床に入ると―眠った」

どうじ【童子】こども。わらべ。「三歳の―」

とうしき【等式】二つの式や数を等号で結びつけたもの。

とうじき【陶磁器】陶器や磁器。また、その総称。

とうじしゃ【当事者】その事に直接関係を持つ人。↕第三者・局外者

とうしつ【等質】《ダナ》(どの部分も)質が同じであるさま。「―に分割する」「西欧と―な自由」▽他とでも同じものとでもよい。↓きんしつ(均質)

とうしつ【糖質】炭水化物とその誘導体の総称。でんぷん質。「―五〇パーセント オフ」

とうじつ【当日】その日。「―券」

どうしつ【同室】《名・ス自》同じへや。同じへやにいること。

どうしつ【同質】《名・ダナ》二つ以上のものの質が同じであること。そのさま。↕異質。「―を期待する」「―な社会」

どうじつ【同日】①その日。②同じ日。「―の談でない」(全く違っていて比べられない)

どうして《連語》①どのようにして。「―暮らしを立てていくか」②《副詞的に》どのようなわけで。なぜ。「―来ないのか」③それどころではなく。㋐予期・予想とは違って。「やさしそうに見えても、―なかなか気が強い」㋑《多くは重ねて、感動詞的に》相手に、とんでもないという気持で応じる言い方。「―、―、からきしだめですよ」㋒いやはや予想外に。「―大変な人気ですよ」▽⑶は「どういたしまして」の形にもなる。 **―も**《連語》①どんなやりかたをしても。「―完成は来年になる」②どうあっても、ぜひとも。「―試験に通らなければならない」

とうしみとんぼ【灯△心〈蜻蛉〉】↓とうすみとんぼ

どうじめ【胴締(め)】①胴を締めること。特に、柔道・レスリングのわざの一つ。②胴部を締めるもの。特に、女の腰紐(こしひも)。

とうしゃ【投射】《名・ス他》(かげなどを)投げかけること。投影。「―図法」

とうしゃ【謄写】《名・ス他》①書きうつすこと。②謄写版で印刷すること。 **―ばん**【―版】蠟紙(ろうがみ)に鉄筆で書いたりタイプライターで打ったりして原版とし、印刷インクで刷る、簡便な印刷(機)。ガリ版。孔版。

とうしゃ【透写】《名・ス他》すきうつしにすること。トレース⑴。「―紙」

どうしゃ【同車】《名・ス自》いっしょに同じ車に乗ること。

どうしゃ【堂舎】大きな家や小さな家。また、社寺の建物。

どうしゃ【道者】①巡礼。②↓どうし(道士)⑴⑶

どうじゃく【×瞠若】《ト タル》人のすばらしい業績などに、驚いて目を見張るさま。「世人を―たらしむ」

とうしゅ【党首】党の代表者(首領)。

とうしゅ【頭首】かしら。親分(おやぶん)。

とうしゅ【投手】野球で、打者にボールを投げる人。ピッチャー。

とうしゅ【当主】その家の現在の主人。

どうしゅ【同種】種類が同じであること。↕異種。 **―どうぶん**【―同文】人種も使用文字も同じであること。同文同種。「―の国」

とうしゅう【踏襲・×蹈襲】《名・ス他》それまでのやり方を受け継いで、その通りにやること。「先例を―する」

とうじゅう【当住】現在の住職。

どうしゅう【同臭】同じ仲間。▽同じくさみのあるものの意から。

どうしゅう【同舟】同じ舟に乗り合わせること。その人。「呉越(ごえつ)―」

どうしゅう【銅臭】財貨を誇る者、財貨で官位を得た者などをののしる語。▽銅貨の悪臭の意。

とうしゅく【投宿】《名・ス自》やどを取ること。旅館に泊まること。

どうしゅく【同宿】《名・ス自》同じ宿屋に泊まること。同じ下宿に居ること。またその人。

とうしゅつ【投出】《名・ス他》〔心理〕自分の中にある気持・傾向・性質を(無意識に)行動にあらわすこと。「―法」▽project の訳語。

どうしゅつ【導出】《名・ス他》導き出すこと。特に、ある前提・理論から結論を論理的に出すこと。↕導入

どうじゅつ【道術】①道教で行う術。符呪(ふじゅ)の術、神仙の術、養生術など。②聖人の教えた道に基づく政治の術。

とうしょ【島×嶼】島。島々。▽「嶼」は小さい島。

とうしょ【投書】《名・ス自他》①意見・希望・苦情などを書いた手紙を送りつけること。その書状。②投稿⑴。「―マニア」

とうしょ【頭書】①《名・ス他》本文の上欄に書き加えること。そうしたもの。②《名》本文の書き出しの所に述べたこと。「―の通り」

とうしょ【当初】そのことの初め。最初。「―(の形)はこうでない」「―から願っていた事」

とうじょ【倒叙】《名・ス他》①物事の時間的な流れと逆の順序で叙述すること。②推理小説の手法で、犯人の側から叙述すること。

どうじょ【童女】女のこども。どうにょ。

とうしょう【凍傷】強い寒気が人体に作用して、全身または局所に起こる傷害。「―にかかる」▽局部的な軽いものが霜焼け。

とうしょう【刀匠】かたなかじ。刀工。

とうしょう【闘将】①㋐闘志の盛んな、スポーツの監督・主将・主力選手。㋑闘志の盛んな武士・将軍。②闘争で、有力に活動する首脳者。

とうじょう【党情】党の中の事情・情勢。

とうじょう【凍上】《名・ス自》きびしい寒さの時、地下の水分が凍って霜柱に似た現象が起こり、地面が持ち上げられること。

とうじょう【東上】《名・ス自》西の地方から首都へ行くこと。↔西下(さいか)

とうじょう【搭乗】《名・ス自》航空機・艦船などに乗り込むこと。「―員」「―券」

とうじょう【登場】《名・ス自》舞台・場面などに現れ出ること。「―人物」「新製品が―する」

とうじょう【闘×諍】たたかい争うこと。闘争。

どうしょう【道床】鉄道などの軌道で、枕木の下に入れる砂利・砕石などの層。

どうじょう【同上】上またはすぐ前に示した事柄と同じであること。

どうじょう【同乗】《名・ス自》いっしょに乗ること。同じ車などに乗り合わせること。

どうじょう【同情】《名・ス自》他人の気持、特に苦悩を、自分のことのように親身(しんみ)になって共に感じること。かわいそうに思うこと。あわれみ。おもいやり。「惨めな境遇に―する」「―を寄せる」

どうじょう【堂上】①堂の上。②昔、昇殿を許された四位以上の公卿(くぎょう)・殿上人(てんじょうびと)。↔地下(じげ)

どうじょう【道場】①〔仏〕仏道を修行する所。また、寺院。「根本―」②武芸を教授・練習する所。 ―やぶり【―破り】道場⑵に出かけて他流試合をし、打ち負かして来ること。

どうしょういむ【同床異夢】同じ仲間うちでありながら、異なった考えを持つこと。

とうじょうか【頭状花】花軸の先端に二個以上の花が集まったもの。キクやタンポポでは、花軸の先が盤状になり、その上に多くの花が集まってつき、一つの花のように見える。頭花。

どうしょく【同職】職が同じであること。

どうしょくぶつ【動植物】動物と植物。

とう-じる【投じる】①《上一他》㋐投げる。「筆を―」(書くことをやめる意も)「一石を―」(↓いっせき(一石)) ㋑(投げ込むように)入れる。「戦いに身を―」「獄に―」「一票を―」 ㋒つぎこむ。投入する。「資本を―」 ②《上一自》㋐その中にはいる。「前回と同じホテルに―(=泊まる)」 ㋑つけいる。乗じる。「機に―」 ㋒投降する。降参する。「敵軍に―」 ㋓身投げする。「水に―」 ㋔一致する。あう。「時流に―」▽「投ずる」とも言う。

どう-じる【動じる】《上一自》どうしてよいかわからず、落ちつきを失う。動揺する。どうずる。「物に―じない」▽多く、下に打消しの語がくる。

どう-じる【同じる】《上一自》同意する。賛成する。くみする。どうずる。

とうしろう【藤四郎】「しろうと」をひっくりかえして、人名めかした語。▽「とうしろ」とも言う。

とうしん【刀心】刀身の、つかに差し込んである部分。なかご。

とうしん【刀身】刀の鍔(つば)より先の部分。刀の鞘(さや)におさまる部分。

とうしん【投身】《名・ス自》身を水中などに投げて自殺すること。みなげ。「―自殺」

とうしん【灯心】あんどん・ランプなどの芯。灯油にひたして火をともす。 ―ぐさ【―草】↓い(藺)。 ―とんぼ【―〈蜻蛉〉】↓とうすみとんぼ

とうしん【盗心】盗もうとする心。盗み心。

とうしん【×蕩心】①心をとろけさせること。②とろけた心。だらしない心。特に、遊蕩(ゆうとう)にふける心。

とうしん【答申】《名・ス他》上司の諮問に対して意見を申し述べること。「審議会の―」「―案」

とうしん【等親】家族の階級的序列を定めたもの。▽現在では「親等」と混同している。↓しんとう(親等)

とうしん【等身】人の身長と(ほぼ)等しい高さ。「―の立像(りゅうぞう)」▽元来は仏像について言う。 ―だい【―大】①等身の大きさ。「肖像を―に描く」②比喩的に、それの(特別に気張って背伸びなどしない)ありのままであること。「昇進にあくせくせず―の生活でいい」

とうじん【党人】党派・政党に属する人。

とうじん【唐人】唐の人。中国人。転じて広く、外国人。異国人。 ―まげ【―×髷】日本髪の一つ。江戸末期から少女の間に流行。桃割れと銀杏(いちょう)返しをいっしょにしたような形で、中央の元結(もとゆい)をかけるところに髪の毛を十文字にかける。

とうじん【×蕩尽】《名・ス他》財産を湯水のように使いはたすこと。

どうしん【同心】①心・意見などを同じくすること。心を合わせること。「―協力」②江戸時代、与力(よりき)の配下の下級役人。③中心が同一であること。 ―えん【―円】〔数学〕中心が同じ位置にある二つ以上の円。

どうしん【童心】こどもの(ような)純真な心。「―に返る」

どうしん【道心】〔仏〕㋐菩提(ぼだい)を求める心。仏道を

信奉する心。㋑十三歳または十五歳以上で仏門に入った人。「今(まい)―」

どうじん【同人】①同じ志の人。同好の人。なかま。②その人。▽「どうにん」とも言う。 **―し**【―誌】主義・傾向・趣味などを同じくする人たちが共同で編集発行する雑誌。同人雑誌。

どうじん【道人】①仏門にはいって得道した人。②道教を修めた人。道士。③俗事を捨てた人。世捨て人。

とうしんせん【等深線】地図で、水面からの深さの等しい点を連ねて描いた線。

とうすい【統帥】《名・ス他》大兵団、特に国軍全体を指揮・統率すること。「―権」(軍隊の最高指揮権)

とうすい【陶酔】《名・ス自》その境地にうっとりと浸ること。「美に―する」▽もと、気持よく酔う意。

とうすい【透水】水がしみとおること。「―性」

どうすい【導水】水をみちびくこと。「―管」

どうすう【同数】かずが等しいこと。「賛否―」

とうすみとんぼ【灯△心〈蜻蛉〉】↓いととんぼ。▽「とうしみとんぼ」「とうしんとんぼ」とも言う。

とう-ずる【投ずる】《サ変自他》↓とうじる

どう-ずる【動ずる】《サ変自》↓どうじる(動)

どう-ずる【同ずる】《サ変自》↓どうじる(同)

とうすん【等寸】《多く「……と―」の形で》……と等しい寸法。「原本と―の写真」

とうぜ【党是】党がよしとした基本方針。

どうせ《副》どんなにしたところで。いずれにしても。どっちみち。「―行くなら早い方がいい」▽なげやりな気持を伴って使うことも多い。「―私はばかですよ」

とうせい【党勢】党の勢力。

とうせい【東征】《名・ス自》東方へ征伐に行くこと。

とうせい【×濤声】なみの音。

とうせい【当世】①今の世。今時。「―はやりのスタイル」②↓とうせいふう。 **―ふう**【―風】《名・ダナ》今の世の(流行的な)風習・風俗。いまふう。いまよう。

とうせい【統制】《名・ス他》まとめること。「―のとれたグループ」。一定の計画・意図に従ってとりしまること。「言論―」「無―」 **―けいざい**【―経済】①資本主義のまま、国家がある目的(たとえば戦争)を遂行するため、個々の経済主体の経済行為を組織的に、しかも直接的・強制的に規制していく経済。②広く、直接・間接に、国家の統制が加えられている経済。

とうせい【騰勢】値段が上がる勢い・傾向。

とうせい【陶製】やきもので作ってあること。

どうせい【動静】①物事の動き。様子。消息。「―を探る」②動くこと(騒がしいこと)と静かなこと。

どうせい【同姓】おなじ姓。「―同名」

どうせい【同性】①性が同じであること。例、男と男。↕異性。②性質が同じであること。 **―あい**【―愛】性愛の対象として同性(1)を選ぶこと。そういう愛情。

どうせい【同×棲】《名・ス自》いっしょに住むこと。▽特に、結婚していない男女について言う。

どうぜい【同勢】一行(いっこう)の人々。

とうせき【党籍】党員として登録されている籍。「―離脱」

とうせき【悼惜】《名・ス他》死者をいたみ惜しむこと。

とうせき【投石】《名・ス自》石をなげつけること。「―事件」

とうせき【透析】《名・ス他》①高分子化合物やコロイドの溶液から、浸透(3)を利用して、分子量の小さな不純物を取り除くこと。②透析(1)の原理を使って、血液中の有害物質を取り除くこと。その治療。腎臓障害のため有害物質を排出できない患者などに行う。透析療法。人工透析。

どうせき【同席】①《名・ス自》同じ席に居合わせること。同じ会に出席すること。②《名》同じ席次や地位。「―の検事」

とうせつ【当節】このごろ。当今。「―珍しい人柄」

とうせん【灯船】ある箇所に常に浮かんでいて灯火をかかげ、航路を示す船。灯台船。

とうせん【当選】《名・ス自》選に当たること。選挙で、選ばれること。↕落選。「議員に―する」

とうせん【当×籤】《名・ス自》くじに当たること。

とうせん【登仙】《名・ス自》仙人になって天にのぼること。「羽化―」

とうせん【東遷】《名・ス自》東の方へ移る(=遷)こと。

とうぜん【東漸】《名・ス自》だんだん東へ進み移ること。↕西漸。「仏教―」

とうぜん【陶然】《ト タル》(酒に酔って)うっとりした気分でいるさま。

とうぜん【当然】《ダナ・副》だれが考えてもそうであるはずだということ。あたりまえ。「―そうなるさ」「謝るのが―だ」「―の権利」

どうせん【同船】《名・ス自》同じ船に乗ること。

どうせん【動線】日常の生活や仕事で、(建物内を)人が移動する経路を表した線。「―を考えた間取り」

どうせん【導線】電流を通すための線。

どうせん【銅銭】銅貨。

どうぜん【同前】前に記した内容と同じであること。

どうぜん【同然】《副に・ノダ》同じであるさま。同様。「ただ(も)―の値段」「物置(と)―の建物」「実の親―に慕う」「死んだと―だ」「勝ったも―」

どうぞ《連語》①人に丁寧に願い、すすめる気持を表す語。なにとぞ。どうか。「―よろしく」「―お大事に」「―お召し上がりください」②許諾の意を表す、丁寧な言い方。「はい、―」③《多く「―して」「―した」の形で》どうにか。「―して助けてやりたい」▽(3)は古風な言い方。副詞「どう」+助詞「ぞ」

とうそう【闘争】《名・ス自》たたかうこと。あらそい。「―本能」「賃上げ―」

とうそう【党争】党派の争い。

とうそう【凍×瘡】↓しもやけ

とうそう【痘×瘡】天然痘。

とうそう【逃走】《名・ス自》(走って)逃げ去ること。

どうそう【同窓】同じ学校または同じ先生に学んだこと。「—会」「—生」

どうぞう【銅像】銅で作った(記念)像。

とうぞく【盗賊】どろぼう。ぬすびと。

どうぞく【同属】同じ種属。同じ種類に属すること。

どうぞく【同族】同じ家族・親族、また民(部)族などに属すること。その一族。「—会社」

どうぞく【道俗】道人と俗人。僧侶(そうりょ)と俗人。

どうそじん【道祖神】(村境や峠の)道端に石像でよく祭られ、外から来る魔・災いを遮り防いで安全を守る神。▽「どうろくじん」「たむけの神」「さえの(=遮る)神」とも言う。

どうそたい【同素体】同じ一種類の元素から成りながら、原子の配列や結合が異なるために性質が異なる物質。例、ダイヤモンドと石墨。

とうそつ【統率】《名・ス他》一団の人をよくまとめてひきいること。「—力」

とうた【×淘汰】《名・ス他》①不用・不適のものを排除すること。「—法」「人為—」②生存競争によって環境に適応しない個体が死滅し適応するものだけが残るということ。「自然—」

どうだ《連語》どういう事・わけ・様子だ。「それが—からいけないのか」。特に、他人に同意を求めたり見せつけたり、何かをするようにすすめたりするのに使う。「—、いい絵だろう」「—、降参か」「—、お前も読まないか」「一つ食べたら—」▽副詞「どう」+助動詞「だ」。丁寧に言うには「どうです」等を使う。

とうだい【灯台・×燈台】①島・岬・港口などに設けて、夜は灯光を放ち、船舶に対して航行の安全を図る施設。②昔の室内照明具。㋐灯明(とうみょう)台。「—もと暗し」(灯明台の直下が暗いように、手近のことがかえって分かりにくい) ㋑燭台(しょくだい)。 **—もり【—守】**灯台⑴の番人。

とうだい【当代】①今の時代。現代。「—随一」②現在の天皇。当帝(とうだい)。③現在の主人。当主。④その時代。

どうたい【動態】活動している状態。時間と共に変動している姿。↔静態。「—調査」

どうたい【動体】①動いている物体。②気体・液体の異称。流動体。

どうたい【導体】熱・電気を伝えやすい物体。伝導体。良導体。例えば金属など。↔不導体・絶縁体

どうたい【童体】こどもの姿。

どうたい【胴体】胴。「—着陸」

どうたい【同体】①同じ体。一体。「一心—」②相撲(すもう)で、同時に倒れること。「今のは—だ」

どうだい【同大】大きさが同じであること。

どうたく【銅×鐸】弥生(やよい)時代に作られた、釣鐘形の青銅器。祭りに用いたといわれる。

とうたつ【到達】《名・ス自》人・物、している事が、ある(目的の)所に達すること。いたり着くこと。「月面に—」「書類がやっと—した」「結論に—する」

とうたん【東端】(土地などの)東の端。

とうだん【登壇】《名・ス自》(演説などするために)壇上にあがること。↔降壇

どうだん【同断】同じであること。前のとおりであること。「以下—」

どうだんつつじ【〈満天星〉】暖地の岩山などに自生し、庭木や植え込みとして栽培される落葉低木。春、白色でつぼ状の小花が下向きに垂れるように咲く。どうだん。▽つつじ科。

とうち【倒置】《名・ス他》さかさまにおくこと。特に、語順を普通と反対にすること。「—法」

とうち【当地】(自分が今いる)この土地。こちら。当所。「ご—の皆さん」

とうち【統治】《名・ス他》主権者が国土・人民を支配すること。「—権」

どうち【同値】①あたいが同じであること。②《論理・数学》(表現の異なる)二つの命題が、論理的にまったく同一の内容を表していること。命題Aが成り立つならば必ず命題Bが成り立ち、その逆も成り立つ関係。

とうぢさ【唐〈萵苣〉】→ふだんそう

とうちゃく【到着】《名・ス自》人・物などが、ある(目的の)場所に着く(至る)こと。「三時—の便」「京都に—する」「電車—が遅れて」

どうちゃく【同着】(同じ着順で)同時に着くこと。

どうちゃく【×撞着】《名・ス自》前後が矛盾すること。つじつまが合わないこと。「自家—」▽撞木(しゅもく)が鐘をつくように前にある物につきあたる意から。

とうちゅう【頭注】本文の上方に注を記すこと。その注。↔脚注

どうちゅう【道中】①旅行の途中。旅路。旅行。②遊女が盛装して遊郭の中をねり歩くこと。「おいらん—」 **—き【—記】**①旅行中の日記。旅日記。②旅行の案内記。 **—ざし【—差】**旅行時にさす刀。やや短く、袋をかけたものが多かった。 **—すごろく【—△双六】**東海道五十三次などの絵をかいた、まわり双六。

とうちょう【盗聴】《名・ス他》ぬすみ聞きをすること。「電話を—する」「—器」。広く、音声に限らず、通信内容を傍受すること。「暗号化して—を防ぐ」

とうちょう【登庁】《名・ス自》役人が官庁に出勤すること。↔退庁

とうちょう【登頂】《名・ス自》山の頂上にのぼること。▽「とちょう」とも言う。

とうちょう【頭頂】(あたまの)いただき。てっぺん。

どうちょう【同調】①《名・ス自》他のあるものに調子をあわせること。他と同じ意見・態度になること。「—者」②《名・ス他》電気的振動回路を外部からの振動に共鳴するように調節すること。

どうちょうとせつ【道聴塗説】①道で聞いたことをすぐ話すこと。善言を聞いても心にとどめておかないこと。②すぐ受売りすること。転じて、いい加減な

世間の受売り話。

とうちょく【当直】〘名・ス自〙日直・宿直などにあたること。また、その人。「―を勧める」「―医師」

とうちりめん【唐△縮×緬】メリンス。

とうちん【陶△枕】陶磁製のまくら。

とうつう【凍痛】凍傷にかかった初期に感じる痛み。▽この段階で手当てしないと重傷になる。

とうつう【×疼痛】ずきずきとうずくように痛むこと。その痛み。

どうづき【胴突き】①土木建築の際の操作の一つ。地盤を固くするために人力でつき固めること。地形(じぎょう)。地固め。土突き。②胴突き(1)で、くい打ちに用いる道具。組んだやぐらの真ん中で、立てた丸太を上下させるもの。

どうで〘連語〙どうであろうと。どっちにしろ。どうせ。「―獄門は免れない」▽今日普通には使わない。

とうてい【到底】〘副〙《あとに否定的表現を伴って》どんなにしても。とても。「―かなわない」「私の手には―負えない」「―だめだ」

どうてい【同定】〘名・ス他〙①同一であることを見きわめること。②自然科学で、分類上の所属を決定すること。

どうてい【童貞】①性交の経験がないこと。そういう人。▽主に男について言う。②カトリックの修道女。「―さん」

どうてい【道程】①その地に至る道のり。②ある所・状態まで達する途中。過程。

とうてき【投×擲】〘名・ス他〙①投げること。なげうつこと。②「投擲競技」の略。円盤投げ・砲丸投げなど。

どうてき【動的】〘ダナ〙(内なる力の現れとして)動いてゆくさま。また、そういうものとして見るさま。↕静的。「社会を―にとらえる」

とうてつ【透徹】〘名・ス自〙すきとおること。澄んで濁りのないこと。筋が通っていてすみずみまではっきりしていること。「―した論理」

どうでも〘連語〙どうであっても。「それは―よい」。どのようにでも。どうしようと。「今度は、―許さない」。是非とも。「―見たいものだ」

とうてん【東天】東の空。特に、夜明けの東の空。 **―こう**【―紅】①あかつきに鳴く鶏の声。▽鳴き声の、東天が紅になる意の当て字。②ニワトリの一品種。長く美しい声で鳴く。高知県の原産。天然記念物。

とうてん【読点】日本語の文中の切れ目に打つ記号。普通には「、」を使う。てん。「句―」▽↓くてん

とうでん【盗電】〘名・ス自〙正規の契約をしないで電力をこっそり使うこと。

とうでん【答電】〘名・ス自〙返事の電報。その電報を打つこと。

どうてん【同点】得点が同じであること。

どうてん【動転】〘名・ス自〙びっくりして度を失うこと。仰天。「気が―する」▽「動顛」とも書く。

とうと【東都】東方の都。特に、江戸または東京のこと。

とうど【凍土】こおった土。

とうど【唐土】(唐の国だけでなく)中国を指す昔の呼び名。

とうど【陶土】陶磁器の原料になる白色の粘土。白土。

とうと-い(たふとい)【尊い・貴い】〘形〙①価値が高い。大切だ。貴重だ。「―体験」「―犠牲を払う」②身分が高い。敬うべきだ。「―お方」▽「たっとい」とも言う。 派生 **-さ** **-げ**

とうとう【×蕩×蕩】〘ト タル〙①おだやかなさま。「―たる気分」②広くて大きいさま。

とうとう【×滔×滔】〘ト タル〙①水が盛んに流れるさま。「―と流れる大河」②話し方がよどみないさま。「―とまくしたてる」③世の風潮が激しい勢いで一方に向かうさま。「―たる世論」

とうとう【到頭】〘副〙いろいろの事があった挙句に。「―成功した」。最後まで。ついに。「―来なかった」

とうどう【東道】〘名・ス自〙①ご馳走(ちそう)すること。「喜んで―する」(久米正雄「学生時代」)。酒代。②客の案内・世話をすること。「―役」▽古代中国の故事から。

どうとう【同等】〘名・ダナ〙①等級・程度や資格や実質が等しいこと。「博士号を有するのと―の実力」「貸与の場合と―な扱い」「細部はともかく趣旨は―だ」②〔論理・数学〕→どうち(2)

どうとう【道統】(儒教の)道を伝える系統。

どうとう【堂塔】(寺院の)堂と塔。「―伽藍(がらん)」

どうどう【同道】〘名・ス自他〙付き従って、または、引き連れて、行程を共にすること。「首相に―する」「秘書を―する」

どうどう【堂堂】〘副ノ・ト タル〙①貫禄(かんろく)があり力強くりっぱに見えるさま。「威風―の出陣」「―とした門構え」②こそこそしないさま。「正々―」「―と要求する」「―と戦う」

とうどうばつい【党同伐異】理非にかかわらず同じ仲間に味方して他の者を攻撃すること。

どうどうめぐり【堂堂巡り・堂堂△回り】〘名・ス自〙①議論などが同じところをから回りして発展しないこと。▽(3)が原義。②俗に、議会で国会議員が議席から順次に立って行って投票すること。③祈願のため仏や仏堂の周りを何度も回ること。

どうとく【道徳】社会生活を営む上で、ひとりひとりが守るべき行為の規準(の総体)。自分の良心によって、善を行い悪を行わないこと。▽二〇一八年度以降、「道徳科」として小・中学校での一教科。 **―てき**【―的】〘ダナ〙①道徳に関するさま。「―判断」②道徳にかなっているさま。「―な人」

とうとつ【唐突】〘ダナ〙だしぬけで、その場にそぐわないさま。「―な発言」 派生 **-さ**

とうと-ぶ(たふとぶ)【尊ぶ・貴ぶ】〘五他〙うやまって大切にする。尊重する。たっとぶ。「神仏を―」「名誉を―」

とうどり【頭取】かしらとなる人。㋐銀行の代表者。

取締役の主席。㋑楽屋の取締りをする人。

どうとり【胴取(り)・△筒取(り)】ばくちの場所を貸して、収入の歩合(ぶぁい)をとること。それをする人。

とうな【唐菜】コマツナに似た、一年生または二年生の作物。薄緑色の葉は香味があり、つけものなどにする。▽アブラナの一変種。

どうなか【胴中】身体や物の胴の中ほど。

とうなす【唐×茄子】かぼちゃ。

とうなん【盗難】金品を盗まれる災難。「—にあう」

とうに【△疾うに】《連語》→とう(疾)

どうにか《連語》何とか。まがりなりに。「—ならないか」「—間に合います」「—難(なん)を免れた」 **—こうにか**(かう)《連語》「どうにか」を強めた言い方。 **—して**《連語》何とかして。いろいろ努力してみて。

どうにも《連語》①(他人は何と見ようと、そういう事は)どうであれ。「—ここは居心地が悪い」「—寂しい限りだ」「—珍妙な格好だ」②《後に打消しを伴って》ほかのどんな状態にも。「いくら頑張っても—ならない」。どうしようにも。どうしても。「—打開策が無い」「—うまくできない」 **—こうにも**(かう)《連語》「どうにも」を強めた言い方。

とうにゅう【投入】《名・ス他》なげ入れること。つぎこむこと。「人材を—する」「資金の—」。入れる(2)㋓こと。「電流を—する」

とうにゅう【豆乳】水に浸した大豆をすりつぶし、加熱して漉(こ)した白い汁。飲料、また豆腐の原料とする。

どうにゅう【導入】《名・ス他》①導き入れること。「外資—」②問題を解決する手段として、ある条件・理論を考察の中に入れ込むこと。↔導出

とうにょうびょう【糖尿病】インスリンが欠乏したり、その働きが阻害されたりして、血糖値が恒常的に高くなる病気。動脈硬化を併発しやすく、毛細血管が破壊され、神経障害・視力障害・腎不全などを起こす。▽尿中にも糖が多く含まれることからの称。

とうにん【当人】その事に直接かかわる、当の人。

どうにん【同人】①同じ人。その人。②同じ志の人。同好の人。なかま。▽「どうじん」とも言う。 **—ざっし**【—雑誌】どうじんざっし。▽→どうじんし

どうぬき【胴抜き】①和服の下着の胴だけ別の布で仕立てること。その衣服。②和服の袷(あわせ)で、胴の部分に裏地を付けない仕立て。▽→せぬき

とうねつびょう【稲熱病】→いもちびょう

とうねん【当年】話題に関連して着目している年。㋐ことし。「—とって六十歳」㋑話題のその年。「—は寒波がひどかった」

どうねん【同年】①同じ年。その年。②同じ年齢。

どうねん【道念】①道義心。②求道心。③僧侶(そうりょ)の妻。

とうの【△疾うの】《連語》→とう(疾)

とうの【当の】《連語》《連体詞的に》今ちょうど問題(話題)になっている。「—本人に聞く」

どうのま【胴の間】和船の中央の船室。

とうは【党派】一つに結びついた仲間。団体。また、党内の分派。「超—」「—をこえて協力する」 **—しん**【—心】自分の仲間だけに偏する心。

とうは【踏破】《名・ス自》(困難な道、または長い道のりを)歩きぬくこと。

とうば【塔婆】→そとば

どうは【道破】《名・ス他》はっきりと言いきること。

どうはい【同輩】年齢・経歴などに上下先後の別のない者。

どうはい【銅×牌】銅のメダル。

とうばく【倒幕】《名・ス自》幕府を倒すこと。「—の気運」

とうばく【討幕】《名・ス自》幕府を攻め討つこと。「—軍」

どうはち【銅鉢】①勤行(ごんぎょう)の時に鳴らす銅製の鈴(りん)。②金銅(こんどう)で作った鉢。

どうばち【銅×鈸】銅製の二個の円盤を打ち合わせる打楽器。にょうばち。

とうはちけん【藤八拳】→きつねけん

とうはつ【頭髪】あたまの毛。かみのけ。

とうばつ【党閥】同じ党派の者が互いの利益を図ってつくる排他的勢力。

とうばつ【盗伐】《名・ス他》他人などの所有する山林からこっそり木や竹などを切って盗むこと。

とうばつ【討伐】《名・ス他》兵を出して、反抗する者や従わない者を攻めうつこと。

とうはん【登×攀】《名・ス自》山または高所によじのぼること。

とうはん【盗犯】窃盗・強盗の犯罪。

とうばん【当番】(順に受け持つ仕事の)番にあたること。その人。「—制をしく」「電話—」

とうばん【登板】《名・ス自》①野球で、投手が投手板に立つ、つまり投手として出場すること。②比喩的に、責任を負って役職に就くこと。「企画本部長に—した」▽↔降板

どうはん【同伴】《名・ス他自》いっしょに連れて(連れ立って)行くこと。「夫人—」 **—しゃ**【—者】同伴される(または、する)人。

どうばん【銅板】銅のいた。

どうばん【銅版】彫刻して、または腐食させて作る、銅の印刷版。絵・写真などの印刷用。「—画」

どうばん【銅盤】銅製のたらい。

とうひ【当否】当を得ているかいないか(ということ)。「事の—を問う」

とうひ【討×匪】匪賊(ひぞく)を討伐すること。

とうひ【逃避】《名・ス自》取り組むべき事から逃げて避けること。「現実から—する」「—行」

とうひ【等比】隣り合う二つのものどうしの比が等しい、すなわち一定であること。「—でふえる」 **—きゅうすう**【—級数】等比数列の各項の和。▽「幾何級数」とも言う。俗に等比数列をも指す。 **—すうれつ**【—数列】相続く二項が等比である数列。

とうひ【頭皮】頭部の皮膚。スカルプ。

とうび【×掉尾】物事や文章の終わりに勢いをふるうこと。転じて、最後。「―の勇」「―を飾る」▽尾をふるう意から。「ちょうび」の慣用読み。

どうひつ【同筆】同一人の筆跡。↕異筆

とうひょう【投票】〘名・ス自〙選挙や採決の際に、一定の様式にしたがって、選出したい人の名や賛否を示す(紙・札などをさし出す)こと。「―用紙」「不在者―」「―所」

とうひょう【灯標・×燈標】航路標識の一つで、暗礁や浅洲(あさす)の位置を示す灯火。

とうびょう【投×錨】〘名・ス自〙いかりをおろして艦船をとどめること。停泊。↕抜錨(ばつびょう)。「―地」

とうびょう【痘苗】天然痘の予防に用いる接種材料。病原体を子牛の腹部に接種して得た。

とうびょう【闘病】〘名・ス自〙病気と戦うこと。くじけず積極的に療養すること。「―生活」「―記」

どうひょう【道標】↓みちしるべ⑴。「―を立てる」

どうびょう【同病】同じ病気(にかかっている人)。「―相あわれむ」(同じ境遇の者が理解・同情し合う意にも)

とうひん【盗品】盗んだ品物。

とうふ【豆腐】水にひたした大豆を砕いて煮た汁を絞って、にがりで固めた白く柔らかい食品。「―にかすがい」(意見をしても少しも利きめが無いことのたとえ)「―の角に頭をぶつけて死ね」▽「玉子―」「杏仁(あんにん)―」など、製法が別でも製品の見た目が似たものをも呼ぶ。 **―がら**【―殻】豆腐をつくる時、絞ったあとにできるかす。おから。うのはな。

とうぶ【頭部】頭の部分。

どうふ【同父】異父のきょうだいもある中で、父が同じであること。↕異父

とうふう【唐風】中国の風俗や制度に似ていること。からふう。からよう。

とうふう【東風】(春によく吹く)東からの風。こち。

どうふう【同封】〘名・ス他〙封書の中にいっしょにいれること。

とうふく【倒伏】〘名・ス自〙稲・麦などがたおれること。

とうふく【当腹】今の本妻から生まれたこと。その人。↕先腹。▽既に古風。

どうふく【同腹】①同じ母から生まれたこと。その兄弟姉妹。↕異腹。②心を合わせること。そうする人。

どうふく【道服】①道士の着る服。②道中で着た、ちりよけの衣服。▽今の羽織のもと。③略式の黒い法衣(ほうえ)。

とうぶつ【唐物】舶来品。「―屋」(洋品屋)

どうぶつ【動物】①多く自ら動くことができ、有機物を栄養としてとり、葉緑素をもたない生物。人や鳥獣虫魚などの総称。▽古くは、また一般には、植物と並ぶ生物の二大区分の一つ。②人間以外の動物⑴。特にけものや鳥など。 **―えん**【―園】各地から各種の動物⑵を集め、できるだけ自然の状態で飼っておく施設。観覧者を入れる公園ふうのものが多い。 **―かい**【―界】①自然界のうち動物のしめている範囲または世界。②生物を分類する範疇(はんちゅう)の一つ。古くは植物界とともに生物を大きく二分。 **―しつ**【―質】動物の体を組み立てている物質。脂肪・蛋白(たんぱく)質が多い。 **―せい**【―性】①動物がもっている性質。「―器官」②動物から得られるものであること。「―蛋白(たんぱく)」 **―てき**【―的】〘ダナ〙①動物に関するさま。②人間らしさを欠き、本能のままに行動するさま。「―なたくましさ」

どうぶるい(ぶるひ)【胴震い】〘名・ス自〙寒けや恐ろしさで全身がふるえること。

とうぶん【等分】〘名・ス他〙等しい分量に、いくつかに分けること。「三―」。また、等しい分量。

とうぶん【糖分】①成分としての糖類。②俗に、甘み。砂糖け。

とうぶん【当分】〘副ノ〙近い将来までの、ある程度の期間。しばらく。「―(の間)留守だ」

どうぶん【同文】①同一の文章。「―電報」「以下―」②(異なる国で)使う文字が同じであること。「―同種の国」(文字も人種も同じである国。以前よく、日本と中国について言った)

とうへき【盗癖】衝動的に盗みをする病的な性癖。

とうへん【等辺】多角形の辺の長さが等しいこと。「二―三角形」

とうべん【答弁】〘名・ス自〙質問に答えて言い開きをすること。またその答え。「国会―」

とうへんぼく【唐変木】気が利かず偏屈なこと。そういう人。

どうぼ【同母】同じ母からの生まれであること。↕異母。「―兄」

とうほう【当方】自分の方。こちら。「―の手落ちです」

とうほう【答訪】他から受けた訪問に対する答礼の訪問。

とうぼう【逃亡】〘名・ス自〙義務・束縛・逮捕をきらって逃げ(うせ)ること。

どうほう【同胞】①兄弟姉妹。はらから。②同じ国民・民族。▽「どうぼう」とも言う。

どうぼう【同房】同じ室、特に監房にいること。「―者」

とうぼく【倒木】倒れた木。「台風で―が多く出た」

とうぼく【唐木】↓からき

とうぼく【唐墨】中国製または中国風の墨。からずみ。

どうぼく【童僕】子供である下男(げなん)。

とうほん【唐本】(昔の)中国から渡来した本。漢籍。

とうほん【謄本】原本の内容を全部書き写した(または複写した)文書。特に、戸籍謄本。↕抄本

とうほん【藤本】多年生の木質の茎をもつ、つる性植物。↓つるしょくぶつ

とうほんせいそう【東奔西走】〘名・ス自〙あちこち忙しくかけまわること。「資金集めに―する」

どうまき【胴巻(き)】旅行などの時、おかねを入れて腹に巻くもの。

どうまごえ…ごゑ【胴間声】調子のはずれた(男の)太い声。

とうまる【唐丸】①ニワトリの一品種。羽毛は黒く、よく鳴く。愛玩用。新潟県原産で、天然記念物。②「唐丸籠」の略。 **―かご**【―籠】①唐丸(1)を飼うためのつりがね型の竹かご。②江戸時代に、罪人を運ぶためのかご。形が唐丸かご(1)に似る。

どうまる【胴丸】胴を丸く囲む、軽便なよろい。

どうまわり…まはり【胴回り・胴×廻り】胴のまわりの長さ。

とうみ【唐×箕】穀物に混じる秕(しいな)・籾(もみ)などを、羽車を回して風で吹き分ける農具。

とうみつ【糖蜜】①砂糖を水に溶かした液。蜜状の砂糖。②砂糖製造の際に残る蜜。発酵原料・肥料などに使う。

どうみゃく【動脈】①血液を心臓から体の各部へ運ぶ血管。↔静脈(じょうみゃく)。「―硬化」(考えに柔軟性がない比喩にも言う)②比喩的に、重要な交通路。「日本列島の大―」 **―けつ**【―血】肺で浄化され、心臓を通って体の各部に送られる血液。▽肺から心臓までは静脈を通る。

とうみょう【唐名】唐土・唐制での名前。とうめい。▽多く、令制(りょう)の官職名について言う。

とうみょう【灯明・×燈明】神仏に供える灯火。みあかし。「お―をあげる」

とうみょう【豆△苗】発芽して間もない、えんどう豆の若芽。中国料理に使う。

どうみょう【同△苗】①同じみょうじ。同姓。②同族。

どうみょうじ【道明寺】①和菓子の一種。道明寺(2)の粉を蒸し粗くつぶして餡(あん)をくるんだもの。②「道明寺糒(ほしい)」の略。もち米をふかして干したもの。兵糧(ひょうろう)・携行食として用いられた。▽道明寺(=大阪府にある真言宗の尼寺)で作り始めたことから。

とうみん【冬眠】『名・ス自』①ある種の動物が、冬期、土や穴の中にはいって活動をやめ、食物をとらないで、冬を越すこと。↔夏眠。②比喩的に、人や組織が活動しないでいること。

とうみん【島民】島の住民。

とうめい【唐名】→とうみょう(唐名)

とうめい【透明】『名ノ』①光がその物質をよく通り、すきとおって見えること。「―なガラス」「無色―」「半―」②比喩的に、物事(が隠されず、その)見通しが明らかに分かること。「政局が―でない」 派生 **―さ**

どうめい【同盟】『名・ス自』国家・団体・個人などが同じ目的のために同じ行動をとるように約束すること。その約束によって生じた関係。「―を結ぶ」 **―じょうやく**【―条約】同盟のために結んだ条約。 **―ひぎょう**【―罷業】ストライキ(1)。

どうめいいじん【同名異人】その人と名前が同じ別人(であること)。

とうめん【当面】『名・ス自』《副詞的にも使う》現在直面していること。さしあたり。「―の目標」「―、問題は起こらないだろう」

どうも『副』①どうしても。「―覚えられない」②はっきり指摘はできないものの。どことなく。「―怪しい」③いかにも。全く。「―御苦労さま」▽「―有難う」などの略として、あいさつにも使う。

どうもう【×獰猛】『名・ダナ』攻撃的で強く荒々しいこと。 派生 **―さ**

どうもう【童×蒙】幼くて道理に暗い者。こども。

とうもく【頭目】かしら。首領。「山賊の―」

どうもく【×瞠目】『名・ス自』(感心して)目をみはること。

どうもと【胴元・△筒元】①ばくちなどの親もと。②転じて、しめくくりをする人。もとじめ。

どうもり【堂守】寺などの堂の番をすること。その役目の人。

とうもろこし【〈玉蜀黍〉】つと状の苞(ほう)に包まれ、種子がぎっしり並ぶ実をつける一年生の作物。中南米原産とされ、世界各地で栽培。茎は高さ一~三メートル。葉は長大。種子は食料やアルコール原料、茎・葉は飼料にする。とうきび。▽いね科。

どうもん【同門】同じ先生の門下であること。また、そういう門下生。あいでし。

どうもん【洞門】ほらあなや隧道(ずいどう)の入口。

とうや【塔屋】ビルなどの屋上に突き出して設けた小屋。

とうや【陶冶】『名・ス他』才能・性質などをねって作り上げること。「人格―」▽もと、陶器を作ることと鋳物を鋳ることの意。

とうやく【投薬】『名・ス自』適当な薬を調剤して与えること。

どうやく【同役】着目する人と同じ役目(の人)。「高松様と御―の方々」▽既に古風。

どうやら『連語』①何とか。どうにか。「―出来た」②何となく。どことなく。「―雪になりそうだ」 **―こうやら**…かう『連語』どうにかこうにか。ようやくのことで。「―合格した」

とうゆ【×桐油】①アブラギリの種からとった乾性油。塗料・印肉用。きり油。▽アブラギリは、とうだいぐさ科の落葉高木。②「とうゆ紙」の略。桐油(1)をひいた厚手の和紙。合羽(カッパ)などにする。

とうゆ【灯油・×燈油】①灯火用の油。②原油を分留する時、ガソリンに次いでセ氏一五〇~二八〇度程度で出る油。ランプ・石油発動機・ストーブ・こんろなどに用い、また石油乳剤の製造に使う。

どうゆう【同友】志・考え・気持を同じくする友。「―会」

どうゆう【同憂】時流などに対し同じ心配をすること。その人。「―をいだく」「―の士」「―と事をはかる」

とうよ【投与】『名・ス他』薬をあたえること。

とうよう【東洋】アジア。また、アジアの東の方。日本

・中国・インド・フィリピンなど。↕西洋

とうよう【灯用・×燈用】灯火用。「―アルコール」

とうよう【当用】さしあたって用いること、そうするもの。「―日記」 **―かんじ**【―漢字】現代国語を書き表すのに日常使用する漢字の範囲として一九四六年に政府が告示した、千八百五十種の漢字。▽↓じょうようかんじ

とうよう【登用・登庸】『名・ス他』人材を引きあげ用いること。「新人を―する」「―試験」

とうよう【盗用】『名・ス他』ぬすんで使うこと。他人のものをこっそり使うこと。「デザイン―」

どうよう【動揺】『名・ス自』①他からの作用で、動き揺れること。②転じて、気持などが不安定になること。不安。さわぎ。「心の―を隠す」「―を与える」「無責任な言葉に―する」

どうよう【童謡】①童心を表現した、子供のための歌や詩。②民間に伝えられてきた、子供のうたう歌。わらべうた。③子供が作った歌や詩。

どうよう【同様】『ダナ』主な点では同じ様子・種類・しかたであるさま。「母も父(と)―(に)きびしい」「―の方法で証明できる」「命があるのは人も獣も―だ」「あいつの行動は獣も―(＝同然)だ」

どうよく【胴欲・胴×慾】『名・ダナ』欲が深くて非道なこと。どんよく。派生 **―さ**

とうらい【到来】『名・ス自』①時機がやってくること。「好機―」②おくりものがとどくこと。「―の品」 **―もの**【―物】よそから贈物としてもらった物。いただき物。

とうらい【当来】〔仏〕まさに来るべき世。未来。来世。

とうらく【当落】当選と落選。「―の境目」

とうらく【騰落】騰貴と下落。値段の上がり下がり。

どうらく【道楽】『名・ス自』①(本業でない)好きな事にふけること。そういう好み。「食い―」②ばくち・酒色などにふけること。放蕩(ほうとう)。「―者」▽元来は、道を解した楽しみの意。

どうらん【動乱】世の中が騒がしく乱れること。

どうらん【胴乱】①野外で採集した昆虫や植物の類を破損させず持ち歩くための、肩からさげる容器。▽(2)の転。②薬・印などを入れて腰にさげる四角の革や布の袋。

とうらんけい【倒卵形】鶏卵をさかさまにしたような形。

とうり【党利】自分の政党・党派のための利益。「―党略」

とうり【桃×李】『―もの言わず、下おのずから蹊(けい)を成す』桃やすももは花や実(み)が美しいので、招かなくても人が集まって下に自然に道(＝蹊)ができる。徳のある人には自然に人が来集・帰服するたとえ。

どうり【道理】物事の筋道。「―にかなう」「―を説き聞かせる」「泣いたのも―だ(＝もっともだ)」 **―で**『連語』その事がそうであるのはこの原因・理由からだったのか、とわかった時に使う語。なるほど。「彼は病気だったのか。―元気がなかった」

とうりつ【倒立】『名・ス自』(両手を地につけて)さかさまに立つこと。さかだち。

とうりゃく【党略】党のためのはかりごと。「党利―」

とうりゅう【当流】①この流派。▽自分の流派を指す語。②当代・当世の流儀。▽(2)はかなり古風。

とうりゅう【×逗留】『名・ス自』旅先で、ある期間とどまること。滞在。

どうりゅう【同流】①『名』同じ流儀。「彼と―を汲(く)む」②『名・ス自』合して同じ流れとなること。「利根川と―する」▽(2)は既に古風。

とうりゅうもん【登竜門】立身出世・入学などの(狭い)関門。▽竜門の急流を登ることが出来た鯉(こい)は竜になるという中国の故事から。

とうりょう【投了】『名・ス自』碁や将棋で、片方が負けたことを認めて、勝負が終わること。

とうりょう【棟×梁】①かしら。特に、大工の親方。②国や一族の支えとなる重要な人。「源氏の―」▽本来は屋根のむね・はりの意。

とうりょう【等量】量が等しいこと。また、等しい量。「塩と―の砂糖」

とうりょう【頭領】かしら。頭目。

どうりょう【同僚】職場または役目・地位が同じであること。そういう人。

とうりょく【投力】物を投げる力。投擲(とうてき)の能力。

どうりょく【動力】機械を動かす力。原動力。

どうりん【動輪】機関車などで、走行用動力を直接うけて車を走らせる車輪。

とうるい【党類】同じなかま。

とうるい【盗塁】『名・ス自』野球で、走者が守備のすきをついて、次の塁に進むこと。スチール。

とうるい【糖類】甘味のある炭水化物の総称。

どうるい【同類】着目するのと同じ部類(に属するもの)。「これと―を捜せ」「―が集まって何かたくらんでいる」 **―こう**【―項】①代数式で、同一の文字と次数からなる項。②比喩的に、同じたぐい。なかま。

とうれい【答礼】『名・ス自』相手の礼にこたえて礼をすること。またその礼。▽下級者に対するのを言うことが多い。

どうれつ【同列】①同じ列(に位置を占めること)。「―の五人右の人物」②広く、物事が同じ程度・地位である、または同じような扱いを受けること。「先例と―には論じがたい」

とうろ【当路】重要な地位にあること。そういう人。▽もと、要路にあたる意。

どうろ【道路】一般の人々や車が往来するために土地に設けた通り路。

とうろう【灯籠】石・金属などで作った宗教的または装飾用の灯火用具。石灯籠・釣灯籠など。中に灯火を入れる。 **―ながし**【―流し】お盆の末日に竹で作った小さな灯籠に火をともして川や海に流すこと。

とうろう【登楼】《名・ス自》①高殿に登ること。②妓楼(ぎろう)にあがって遊興すること。

とうろう【×蟷×螂】かまきりの漢名。「―の斧(おの)」(自分の力の弱さをかえりみず敵にはむかうことのたとえ)

とうろく【登録】《名・ス他》帳簿などに正式に記載すること。「データ ベースに―する」「商標―」「住民―」

どうろくじん【道△陸神】→どうそじん

とうろん【討論】《名・ス自他》その問題について是非を議論すること。「活発な―が行われた」「―会」

どうわ【同和】人を身分・階層によって差別せず、仲よくすること。「―問題」「―対策」「―地区」▽被差別部落の解放に関して、第二次大戦中に出来た語。主に行政関係で使用する。

どうわ【童話】子供のためのお話。

どうわ【道話】人の行うべき道を説いた話。▽多くは心学の講話を指す。

とうわく【当惑】《名・ス自》事に当たってどうしてよいかわからず、とまどうこと。「突然の話に―する」 派生 **-げ**

どうわすれ【胴忘れ】《名・ス自他》→どわすれ

とえはたえ(とへ)【十重<二十重>】幾重にも多くかさなること。「―に取り囲む」

とお(とを)【十】個数を言う場合の、数の十(じゅう)。また、十歳。

とおあさ(とほ)【遠浅】海・湖などで、岸から遠く沖の方まで水が浅いこと。そういう所。

とお-い(とほ)【遠い】《形》①そこと大きく離れている。↕近い。㋐距離が長い。「都に―田舎」「駅から―」▽この意では連用形が体言にもなる。「―くに投げる」「―くの親戚より近くの他人」㋑時の距(へだ)たりが大きい。「―未来」。まだなかなかそうならない。「完成には―」㋒人間関係で距てがある。親密さを欠く。「近ごろ社長とは―」「軍首脳と―存在」「―くて近きは男女の仲」▽第一例のような用法では多くは権力者との関係。㋓《連体形で》血縁が離れて薄い。「―親類」㋔中身が似つかない。「秀才(と評する)には―」②はっきりせず働きが鈍い。「気が―くなる」「目が―」(老眼になっている)「―目(＝焦点を定めないような物思いの目つき)をする」「耳が―」 派生 **-さ**

とおえん(とほ)【遠縁】遠い血縁。遠い続がら。そういう人。「私とは―に当たる」

とおか(とを)【十日】日数で十になる時間。また、その月の十番目の日。「―の菊」(重陽(ちょうよう)九月九日の翌日の菊、つまり時に遅れたことのたとえ)▽「か」は日の意。

とおからず(とほから)【遠からず】《連語》《副詞的に》時間的にさほど離れていない先に。まもなく。「この政策は―破綻する」▽文語的に使う時には「殷鑑―」(↓いんかん)のように過去に向けても言う。

とおからぬ(とほから)【遠からぬ】《連語》空間的または時間的にさほど離れていない。「海岸から(ほど)―小島に」「―以前ここに家があったはずだ」「―うちに停年を迎える」

トーキー 無声映画に対して、画面に応じたせりふ・音楽などを伴う映画。発声映画。↕サイレント。▽talkie

とおく(とほ)【遠く】①遠い所。遠方。「―まで見渡せる」「―の親類より近くの他人」②《副詞的に》ずっと向こう。ずっと昔。はるかに。「―異邦に見る習俗」「―石器時代にさかのぼる」▽形容詞「遠い」の連用形から。

トーク《名・ス自》話すこと。出演者の談話・おしゃべり。「―番組」「―ショー」▽talk

とおざか-る(とほ)【遠ざかる】《五自》①遠くへ離れる。「足音が―」②疎遠になる。「政界から―」

とおざ-ける(とほ)【遠ざける】《下一他》①近寄らせないで向こうへやる。②接触・交渉しないようにする。「敬して―」

とおし(とほ)　大形のふるい。ぬかをふるうもの。

とおし(とほ)【通し】①途中で打ち切らずに、終わりまで続けること。「―の乗車券」②→とおしきょうげん。③→おとおし

＝**どおし**(どほ)【通し】《動詞型活用の連用形に付けて》その動作・状態がある期間ずっと続くこと。「立ち―だったので疲れた」「なぐられ―になぐられた」▽→よどおし

とおしきょうげん(とほし)【通し狂言】一つの芝居(特に、歌舞伎)を、序幕から大切(おおぎり)まで続けて上演すること。また、その芝居。通し。

とおしや(とほし)【通し矢】遠くの的を射ること。その矢。「三十三間堂の―」

トー シューズ バレエなどの時にはいて踊る、つま先が平らになっている靴。▽toe-shoes

とお-す(とほ)【通す・△徹す・△透す】《五他》一方から他方に、中間物を突き抜けて進める。①先方に行き着かせる。【通】㋐他端に至る道筋などをつける。「A市からB市に国道を―」「一本太い芯を―」「筋を―して話せ」「あいさつを―」▽(2)㋐の転。㋑導いてあるいは許して、ある座に行き着かせる。「客を応接間に―」㋒料理店で客の注文を帳場に伝える。「ビールを三本―」②中間にあるものを貫いて向こう側に進める。▽一般には「通」で、㋐は「徹」「透」でも書く。㋐表から裏まで貫く。「着物を―して肌までぬれる」「岩をも―弓勢(ゆんぜい)」「すだれを―して中をうかがう」。光などがそれを越すのを許す(性質だ)。「ガラスは光を―」「電気をよく―金属」㋑狭い所を抜けるようにする。「針に糸を―」㋒抵抗に逆らって進める。「意地を―」「無理を―」㋓資格や価値を認め、そこから先に進むことを許す。「関所を―」「衆議院が予算を―」「卒業論文を―」㋔《「……を―」の形で》……を仲立ちとする。「入試を―して見た若い人の傾向」「そ

の交渉は彼を―のがよい」③途中で打ち切らず終わりまで続ける。【通・徹】「生涯を独身で―」「夜を―して語り合う」「バレエを―して練習する」「書類にざっと目を―」「大冊を読み―」

トースター ①トーストにするため食パンを焼く器具。②「オーブン トースター」の略。オーブンの機能もそなえたトースター①。▽toaster

トースト《名・ス他》薄く切った食パンをきつね色に焼くこと。その焼いたパン。▽toast

とおせんぼ（とほせんぼ）【通せんぼ】《名・ス他》①両手をひろげて通行をとめる遊び。②転じて、行く先がさえぎられていること。通行止め。▽「とおせんぼう(通せん坊)」とも言う。

トータル ①《名・ス他》合計(すること)。総額。②《ダナ》全体的。▽total

トー ダンス つま先で立って踊る踊り。▽toe dance

トーチ ①先端に火をともし、手に持って照明として使う棒状のもの。たいまつ。「ギリシアから聖火を―でリレーする」「自由の女神は右手に―を持つ」▽torch 西洋では世を照らす象徴であった。②建設現場などで使う小型の手持ち式バーナー。トーチランプ。

トーチカ 戦線に点在させて設ける、コンクリートなどでできた堅固な建造物。内部に火砲や機関銃を備え、銃眼から撃つ。▽(ロシア) tochka(=点)

とおっぱしり（とほっぱしり）【遠っ走り】《名・ス自》遠くまで外出すること。

とおで（とほで）【遠出】《名・ス自》①遠くへ出かけること。②芸者が自分の属する検番の地域以外の客席に出ること。

トーテム その部族・氏族などと特別の関係にあると信じられる動植物・自然物。また、それを造形化した記号。「―ポール」(トーテムを彫刻した柱) ▽totem

トート バッグ 開口部の大きい四角い手提げ袋。▽tote bag

ドーナツ 小麦粉にベーキング パウダー・砂糖・牛乳などを入れてこね、小さな輪形に揚げて砂糖をまぶした菓子。チョコレートを塗ったもの、球形で餡(あん)やクリーム入りのものなどもある。ドーナッツ。「―現象」(都心の人口が減り、周辺部の人口が増える現象。人口配置がドーナツ状になる) ▽doughnut ―**ばん**【―盤】中心にドーナツのような大きい穴のあいたレコード。EP盤。

トーナメント 勝ったものどうしが順次対戦して(優)勝者を決める方式。↔リーグ戦。▽tournament

とおなり（とほなり）【遠鳴り】(雷などが)遠くから鳴り響くこと。その音。

とおね（とほね）【遠音】遠くに聞こえる音。「―のうぐいす」

とおのく（とほのく）【遠△退く】《五自》①遠く離れていく。「足音が―」「危険が―」②疎遠になる。「足が―」「得意先に―かれる」。間遠になる。「砲声が―」

とおのける（とほのける）【遠△退ける】《下一他》遠のくようにする。

とおのり（とほのり）【遠乗り】《名・ス自》馬や車に乗って、遠い所まで出かけること。

ドーパミン 神経の刺激伝達に関わる物質の一つ。意欲や動機付けといった精神活動に重要と考えられている。ドパミン。▽(ドイツ) Dopamin

とおび（とほび）【遠火】①遠方に見掛ける火。②(調理などで)火に近づけすぎないこと。「―で焼く」

ドーピング (スポーツ選手が)運動能力を高めるために薬物を使うこと。不正行為として禁止されている。▽doping

とおぼえ（とほぼえ）【遠×吠え】《名・ス自》①犬・おおかみなどが遠くまで聞こえるように声を長く引いてほえること。その声。②弱者が相手に直接向かわず、遠くからののしること。「負け犬の―」

とおまき（とほまき）【遠巻き】十分距離をおいて周りを取り巻くこと。「野次馬が―にする」

とおまわし（とほまはし）【遠回し・遠×廻し】直接でなく間接的にすること。「―に言う」

とおまわり（とほまはり）【遠回り・遠×廻り】《名・ス自》①何かの必要で普通の道筋をそれた距離の長い道を行くこと。回り道。②比喩的に、普通に考えるよりも時間などがかかること。「結婚まで―をしてしまった」

とおみ（とほみ）【遠見】①遠くを見渡すこと。「―がきく屋上」。高い所から遠くを偵察すること。その役。②とおめ②。

とおみち（とほみち）【遠道】①長い道のりを歩くこと。②遠回り(の道)。「―をして帰る」▽↔近道

ドーム 丸い屋根や天井(で覆った建物)。「バチカンの―」「―球場」▽dome

とおめ（とほめ）【遠目】①普通の人より遠くまで見える視力。「―が利く」。また、遠視眼。②遠くから(距離を置いて)見ること。「―には立派そうだ」「自分の属する組織を―から省みる」③普通より少し遠い有様。「護衛を―に配する」「―の直球を投げる」

とおめがね（とほめがね）【遠〈眼鏡〉】遠くを見るための、筒状の眼鏡。望遠鏡。

とおや（とほや）【遠矢】矢を遠くに射ること。その矢。「―を掛ける」(安全圏から人身攻撃などをする比喩にも)

とおやま（とほやま）【遠山】遠くにある山。遠くに見える山。

ドーラン 油性おしろい。俳優が化粧に使う。▽(ドイツ) Dohran

とおり（とほり）【通り】㊀《名》①人や車が通るための町中の道。「広い―に出る」「表―」②通ること。㋐通行。通過。「風の―が悪い」「人―が多い」㋑声・音が伝わること。「―のいい声」。世間によく知られていること。「名前の―がいい」③それと同じ道筋をたどる、または同じ状態であること。「教えられた―に作る」「定跡(じょうせき)―の打ち方」▽相づちにも使う。「その―」㊁《接尾》種類。「五―の方法」「幾―に区別されるか」。程度。「九分―書き上がった」

とおりあめ〔とほり〕【通り雨】さっと降ってきて上がってゆく、短時間の雨。

とおりいっぺん〔とほり〕【通り一遍】うわべの形だけであること。皮相。「―の解釈」「―のあいさつ」

とおりかか-る〔とほり〕【通り掛(か)る】《五自》他へ行く途中、ちょうどそこを通る。

とおりがけ〔とほり〕【通り掛け】（他の目的で）そこ（の近く）を通るついで。他へ行く途中。「―に立ち寄る」

とおりこ-す〔とほり〕【通り越す】《五他》①とまらず通り過ぎ（飛ばし）て先へ行く。「店の前を―」「意見されたら頭をお下げ、下げりゃ意見が―」②普通に考える程度を越す。「有難いのを―・して泣きたいくらいだ」

とおりことば〔とほり〕【通り言葉・通り△詞】一般に世間で、または特別な仲間の範囲で、通用する言葉。

とおりすがり〔とほり〕【通りすがり】①たまたまそこを通ること。「―の人に道をきく」②通りがけ。「―に古本屋をのぞく」

とおりす-ぎる〔とほり〕【通り過ぎる】《上一自》そこを通って更に先へ進む。「もう大井川の鉄橋は―・ぎた」「夕立が―」

とおりそうば〔とほり〕【通り相場】一般に通用する相場。世間普通の値段・値打。また、一般的な評価や評判。

とおりな〔とほり〕【通り名】普通にそれで通っている名前。通称。

とおりぬ-ける〔とほり〕【通り抜ける】《下一自》中（である場所）を通って向こう側に出る。「路地を―」「トンネルを―」「沈滞を―・けて希望が見えてきた」

とおりま〔とほり〕【通り魔】通りすがりに縁も無い人を害する悪人。▽もと、出会った人に一瞬に害を加える魔物。

とおりみち〔とほり〕【通り道・通り△路】行き来のために通るみち。㋐人や車が通るみち。▽既設のでなくてもよい。「草原を―にしている」。水路にも言う。「船の―」㋑ある所に行く道筋にあたる所。「学校への―にある郵便局」

とお-る〔とほる〕【通る・△徹る・△透る】《五自》一方から他方に、中間物を突き抜け、または何かに沿って至る。①何かをたどって先方に至る。【通】㋐そこを経て、または過ぎて進む。「横町を―」「学校の前を―」「避けて―・れない課題」。まっすぐに通じる。「鼻筋が―」㋑他端に至る道筋などがつく。「近日中に駅までバスが―」「詰まっていた鼻が―」。なるほどと理解できる（状態にある）。首尾一貫する。「筋の―話だ」「この文はそう解しても―」▽㋐㋑は(2)㋐の転。㋒導かれて入るなど、ある座に進み着く。「客間に―」「勝手に正面席に―」㋓料理店で、客の注文が帳場に届く。「追加のビール、まだ―・ってないの」②中間にあるものを貫いて向こうに行く。▽一般には「通」で、㋐は「徹」「透」でも書く。㋐表から裏まで、または外側から中心部まで達する。「厚い外套（がいとう）を―寒さ」「柄（かつ）まで―・れと突き刺す」。透いて見える。「ガラス戸を―・って人影を認めた」㋑妨げられず、狭い所を抜けて向こう側に出る。「糸が針穴に―」㋒抵抗を乗り切る。「無理が―」㋓価値や資格が認められ、そこから先に進んでよい状態に至る。「入試に―（＝合格する）」「法案が国会を―（＝審議を経て成立する）」㋔皆に、もっともだと認められる。通用する。「そんな事は―・らないぞ」「にせ物が―世の中」「あの人は若々しいから、娘と姉妹だと言っても―」③広く伝わり届く状態にある。㋐伝わりやすい声の質だ。【通・透】「よく―声」㋑よく知られる。【通】「世間に名の―・った人」「仲間にだけ―言葉」「家庭外ではよい子で―・っている」

トーン 音・色などの、（微妙な）味わい・調子。▽tone

―ダウン《名・ス自他》勢いや調子が下がること、また、下げること。▽tone down

とおんきごう【ト音記号】五線譜の高音部を示す、G字を装飾化した記号。下から第二線目がト（G・ソ）音であることを示す。↓へおんきごう

とか【渡河】《名・ス自》かわを渡ること。▽どの仕方（舟で、橋を通って、かわ底を歩いて、泳いで等）でもよい。

とか【都下】①みやこの内。「―の子女」②東京都全域。また、東京都区部以外の地域。

とか ①《副助》例をあげて並べるのに使う。「A―B―の記号」「食べる―飲む―しなさい」▽(2)の転。②《連語》《普通は下に「言う」「聞く」などを伴って》内容が不確かであることを表す。「橋沢―いう人」「御不幸があった―で、取り込んでいる」▽格助詞「と」＋副助詞「か」。一九八〇年ごろから特に、「とか」で言いさして、更には付けるまでもない文末に添えて、（自分の発言の責任を内容と共に）ぼかす用法が若い世代で広まった。

とが【×咎・△科】他人が非難するのももっともな、欠点・過ち、けしからぬ行い。▽「罪」(1)㋐・(2)㋑に近い意にも使う。

とが【都雅】《名ナノ》上品で優美なさま。みやびやかなこと。

とかい【渡海】《名・ス自》船で海を渡ること。

とかい【都会】人が多数住み、商工業が盛んでいろいろな文化的設備がある土地。都市。↕村落。「―的なイメージ」

どかい【土塊】土のかたまり。つちくれ。

どがい【度外】《名・ス他》（考え・計算などの）範囲の外。気にとめないこと。「それを―に置いて考えれば」 **―し**【―視】《名・ス他》かまわず無視すること。問題にしないこと。「採算を―する」

とかき【斗×掻】ますに盛った穀物をならして平らにする棒。ますかき。

とがき【ト書】脚本で、俳優のしぐさなどを指示した部分。▽歌舞伎脚本で、せりふのあとに「ト無念の思い入れ」のように書いたことから。

とかく【×兎角】《副「に」ノ・ス自》①あれやこれや。

「―するうちに」「―のうわさ」②ともすると。ややもすれば。「―失敗しがちだ」③とにかく。いずれにせよ。「―浮世はままならぬ」「―に人の世は住みにくい」(夏目漱石「草枕」) ▽「兎角」と書くのは当て字。文語の副詞「と」と「かく」とが複合してできた語。(1)は音便で「とこう」とも言う。

とかげ【〈蜥蜴〉】ややヘビに似た長い胴と尾に、短い四肢がある爬虫(はちゅう)類。素早く走り、虫などを食う。尾は切れても再生する。▽広くはとかげ亜目の爬虫類の総称。

とか-す【溶かす・解かす・△融かす・×梳かす】《五他》①固まっているものなどを、熱によって、または液体の中に入れ、または液体を加えて、液状にする。[溶・解・融]「氷を―」「絵の具を油で―」「炉で鉄を―」▽金属を液状にする場合には「熔」「鎔」とも書く。②もつれた髪を、くしで分けはなつ。[解・梳]

どか-す【△退かす】《五他》人や物を、そこから他方へ移す。移してそこをあける。のかせる。「邪魔なものは―・せ」

どかた【土方】土木工事で働く人。土工。

どかっと《副》①数量・変化が大きいさま。「仕事が―回ってくる」「相場が―下がる」②重い物を勢いよくおろすさま。「―腰をおろす」

どかどか《副[と]》①足音を立てて、騒々しく行き来するさま。「階段を―上る」②物事が続けざまに起こるさま。「荷物が―(と)届く」

とがにん【×咎人】罪を犯した人。

どかひん【どか貧】一度に貧乏になること。↕じり貧

とがま【△利鎌】よく切れる鎌。「―のような月」(寒夜の三日月などの形容)

どがま ①【土釜】土製のめしがま。②【土窯・土×竈】炭焼がまの一種。口のほかは全部を土できずき、木材が炭化すると密閉して火を消す。

とがめ【×咎め】過ちや罪を責めること。非難または処罰。

とがめだて【×咎め立て】《名・ス他》必要以上に強くとがめること。

とが-める【×咎める】《下一他自》①あやまちや罪を指摘し、非難する。なじる。「不審者を―」「約束違反を―」②あやしんで問いただす。「交番で―・められた」③はれものなどをつついて悪くする。④心に痛みを感じる。「気が―」▽(1)(2)は他動詞として、(3)(4)は自動詞として使う。

どかゆき【どか雪】〔俗〕一時にたくさん降り積もる雪。

とがら-す【×尖らす】《五他》先端を鋭くする。とがらせる。「口を―」(不平不満を言う、また、不満そうな顔をする)「神経を―」(=過敏にする)」

とがりがお【×尖り顔】口先をとがらせた、おこった顔つき。▽「とんがりがお」とも言う。

とがりごえ【×尖り声】おこった時などに出す、とげとげしく角(かど)だった声。▽「とんがりごえ」とも言う。

とが-る【×尖る】《五自》①固い物の先の所が細く鋭くなる。また、そういう状態を呈する。「―・った針」「鉛筆を―・らせる」「口を―・らせる」(口をとがらす)②(言葉や態度などが)物を刺すような鋭さや荒々しさをともなう。とげとげしくなる。「―・った声で答えた」「すぐ―(=怒る、または不機嫌になる)やつ」③「神経が―」心の働きが過敏になる。▽俗に「とんがる」とも。近年、突出した個性を持つ意で「―・った意見」「―・った人材」などとも言う。

どかん【土管】赤土を焼いてつくった円管。下水管などに使う。コンクリート製のものにも言う。

どかん《副[と]》①銃砲の発射音や大きな爆発音。「―と一発、大砲を撃つ」。重いものがぶつかったり落ちたりする音。そのさま。「座敷に―と座る」②物が大量であるさま。事が大きいさま。「大きなことを―とやる」

とき【時】①過去から現在へ、更に未来へと、とどまることなく移り流れて行くと考えられる現象。具体的には月日の移り行きの形で感じられる。時間(1)と時刻(1)との総称、すなわち時間(3)。「―は金(かね)なり」(時というものは金のように貴重であるから、浪費してはならない)「―をかせぐ」(用意する時間の余裕をつくる)「―の流れ」(時代の流れの意にも言う)「―の間(ま)」(刻一刻過ぎて行くその短いあいだ、つまり瞬間)「―を移さず」(すぐに) ②一昼夜の区分。㋐現在では一昼夜を二十四等分したもの。㋑昔、一昼夜に対し(日の出・日の入りを基準とし)昼・夜をそれぞれに六等分したもの。㋒時刻を知らせるもの。「―の鐘」。(朝を告げる)おんどりの鳴き声。「鶏が―を作る」▽㋑㋒は「刻」とも書く。③時(1)の流れの、ある部分。㋐《連体修飾語をうけて》ある事が行われた、またはある状態にあった時間的位置を指す。「戸をあけた―大声がした」「ぼくがまだ生まれていなかった―に」㋑季節・時代・時期など、ある程度長い間。「若葉の―」「―が―だから大変だ」「若い―は二度来ない」㋒大事な時期。「国家存亡の―」▽「秋」とも書く。㋓それをするのによい折り。その人にとって好ましい時期。「―を見て話をつけよう」「―を待つ」「―を得る」「―にあう」(=全盛期を迎える)「―の氏神」(よい時に現れて仲裁などをしてくれるありがたい人)。時代・人心の移り行き。「―を見る目がある」㋔《「の」を伴って》話題にする時。その時。この時。「―の首相、伊藤博文は」「―の人として、もてはやす」▽(3)の慣用的用法として、↓ときとして・ときに ④《連体修飾語をうけ、接続助詞的に》(先行する)条件を示すのに使う。……の場合。もし……なら。「非常の―にはこの限りでない」「この方程式の根(こん)が正数か零かである―、それは求める解である」▽(4)は、法律文では「とき」と書く。↓ばあい(2)

とき【×鬨・〈鯨波〉】昔、戦陣で士気の鼓舞、戦闘開始の合図のために皆で発した声。「―の声」

とき【×鴇・〈朱鷺〉】①さぎに似た、羽が淡い紅色（とき色）で美しい鳥。東アジア特産。くちばしは長くて下方に湾曲する。顔面は毛がなく赤色。特別天然記念物に指定されたが、日本の野生種は絶滅。国際保護鳥。▽とき科。②ときいろ。

とき【△斎】〔仏〕①仏家で、午前中にとる食事。↕非時（ひじ）。▽戒律で午後には食事をしないと定めている。②法要・仏事に出す食事。食すべき時の意からいう。

とき【十△寸】馬の体高が五尺（約一・五メートル）あること。▽標準の体高を四尺とし、それを一寸（約三センチ）越すごとの刻みで体高を言った。五尺一寸のものは「ときいっすん」と言う。

とぎ【×伽】①退屈をなぐさめる話相手（の人）。②寝床にはべること。その人。「夜―」

どき【土器】素焼きの焼き物。かわらけ。特に、原始時代の土製の遺物。「弥生（やよ）式―」

どき【怒気】怒りの気持（が現れた顔つき）。「―を含む」

ときあか-す【解（き）明かす・説（き）明かす】《五他》意味を明らかにする。また、その明らかにしたところを他人に示す。▽重点を解明・説明のどちらに置くかで「解」字か「説」字かを使い分ける。

ときあらい【解（き）洗い】《名・ス他》仕立物の縫い糸をほどいてばらばらの切れ地にして洗うこと。↕丸洗い

ときいろ【×鴇色】淡い紅色。▽→とき（鴇）

ときおこ-す【説（き）起（こ）す】《五自》その事から説明を始める。「現状から―して原因に及ぶ」

ときおよ-ぶ【説（き）及ぶ】《五自》説明が進んでその事に達する。「人類の未来に―」

ときおり【時折】《副ノ》ときどき。「―（の）たよりを受ける」「―は人恋しさを覚えるが」

ときがし【時貸し】一時的に金などを貸すこと。当座の貸し。

ときがり【時借り】当座の用として、一時的に金などを借りること。

とぎし【研師】刃物や金属製の鏡を研ぐ職業の人。

とぎすま-す【研（ぎ）澄ます・研（ぎ）△清ます】《五他》①刀・鏡などを少しの曇りもないようによく研ぐ。②比喩的に、心の働きを鋭くする。「―・された神経」

とぎだし【研（ぎ）出し】石などの表面を研ぎみがいて、光沢や中の模様を出すこと。そうした物。 **―まきえ**【―×蒔絵】金銀で模様をつけた上に漆を塗り、その漆を研ぎみがいて下の金銀をおぼろに出した蒔絵。

ときたま【時たま】《副ノ》たまに。「―顔を見せる」

どぎつ-い《形》人に不快感を与えるほど、ひどくきつい。並はずれて、いやらしく激しい。「―化粧」「―言葉」▽「ど」は強めの接頭語。派生 **-さ**

ときつ-ける【説（き）付ける】《下一他》よく話し聞かせて相手をこちらの考えに従うようにさせる。

どきっと《副》→どきり

ときどき【時時】①《副》いつもではないが、何回かは。ときおり。「―思い出す」②《名》その時その時。「―の花をめでる」関連 時折・時たま・時に・時として・折折・よりより・折節・往往・間間

どきどき《副〔と〕・ス自》期待・恐れやきつい運動などで心臓が激しく波打つさま。「―しながら発表を見に行く」「期待に胸が―（と）高鳴る」

ときとして【時として】《連語》《副詞的に》場合によっては。ある時には。たまに。

ときなし【時無し】①この時というふうに定まった時がないこと。「―の雪」「―草」②「時無し大根」の略。 **―だいこん**【―大根】ダイコンの一品種。根は細長く柔らかで、漬物などにする。▽早春から晩秋まで時を選ばず収穫できることからの称。

ときならぬ【時ならぬ】《連語》《連体詞的に》時節はずれの。思いがけない。「―嵐」「―訪問」

ときに【時に】《連語》①《副詞的に》時々。また、たまに。何かのはずみに。どうかすると。「―顔を見せに来る」②その時。時あたかも。「―弘安四年夏、蒙古（もうこ）の大軍が九州に来襲した」③《接続詞的に》話題を転じるのに使う。「それは大変でしたね。―あの件はどうなっていますか」

ときには【時には】《連語》《副詞的に》ある時には。たまには。場合によると。「―春になってから雪が降ることもある」

ときの【時の】《連語》《連体詞的に》→とき（時）(3)(オ)

ときのこえ【×鬨の声・〈鯨波〉の声】鬨（とき）をつくる声。

ときのま【時の間】わずかの時間。「―も忘れない」

ときはな-す【解き放す・解き離す】《五他》解いて離れ離れにする。束縛を解いて自由にさせる。ときはなつ。「人質を―」「悪風から―」

ときはな-つ【解き放つ】《五他》→ときはなす

ときふ-せる【説（き）伏せる】《下一他》よく説明して相手の考えを変えさせ、こちらの意見に従わせる。「手術を受けるよう―」

ときほぐ-す【解きほぐす】《五他》①もつれたり固まったりしたものを、解いてばらばらにする。もつれたり固くなったりした状態を解きやわらげる。「絡まったネックレスを―」「緊張を―」「心を―」②入りくんだ状況を解きあかす。解明する。「事件の謎を―」「事の経緯をはじめから―」

ときまい【△斎米】斎（とき）として寺や僧に施す米。

どぎまぎ《副〔と〕・ス自》不意をつかれたり圧倒されたりして、うろたえるさま。「突然声をかけられて、―と辺りを見回す」「質問を受けて―する」

ときめか-す《五他》喜び・期待などで胸をわくわくさせる。心を躍らせる。

ときめ-く《五自》喜び・期待などで胸がわくわくする。「心が―」

ときめ-く【時めく】《五自》よい時機にめぐり合って栄える。「今を―人気者」

どぎも【度肝・度△胆】『―を抜く』ひどくびっくりさ

せる。▽「ど」は強めの接頭語。「度」と書くのは当て字。

ときもの【解き物】縫ってある着物を、洗い張りなどのために、ほどくこと。そのほどくべき着物。

とぎもの【研ぎ物】刃物などを研ぎみがくこと。その研ぐべき刃物。

とぎゃく【吐逆】『名・ス他』物を胃からはき出すこと。もどすこと。

とぎゅう【×屠牛】食用の肉をとるために牛を殺すこと。「―場」

どきゅうかん【×弩級艦】(イギリスの戦艦ドレッドノート号に匹敵する)大きな戦艦。▽ドレッドノートは排水量約二万トンで、三〇センチ砲十門を備えていた。「弩」はその頭字に当てた字。→ちょうどきゅう

ドキュメンタリー 虚構を用いず実際のままを記録した性質を持つこと。「―小説」▽documentary

ドキュメンテーション 図書・文書類に盛られている情報を、必要に応じて取り出せるように、あらかじめ整理する作業。ドクメンテーション。▽documentation

ドキュメント ①記録物。文書。②ドキュメンタリー。「―番組」▽document

ときよ【時世】時代。時勢。「―時節」

とぎょ【渡御】『名・ス自』天皇・みこしなどが出かけて行くこと。おでまし。

ときょう【斗×栱・×枓×栱】寺・神社の建築で、柱の上に組んで軒を支える、四角な斗(ます)と肘木(ひじき)とから成る部分。装飾になるので、柱と柱との間に設ける様式もある。▽「ますがた」「ますぐみ」「組物」とも言う。

どきょう【度胸】物事に動じない心。きもったま。「まだ若いが―がすわっている」

どきょう【読経】『名・ス自』声を出してお経を読むこと。↔看経(かんきん)

ときょうそう【徒競走】競走。特に、運動会の競技としての、かけっこ。

どきり『副と』驚き・恐怖で、心臓が一回大きく波打つさま。どきっと。どきん。「図星(ずぼし)をさされて―とする」

とぎれとぎれ『ダナ』途中のあちこちでとぎれるさま。また、とぎれながら続くさま。「―に話す」

とぎ‐れる『下一自』続いているものの途中で切れ目ができる。また、途中で切れてあとが続かなくなる。「行列が―」「話が―」▽もと、往来のとだえること。「跡切れる」「途切れる」とも書く。

ときわ(ときは)【△常×磐】①常に変わらぬ岩のように、永久不変であること。②転じて、木の葉が一年中緑色であること。 **―ぎ**【―木】年中、葉が緑色の木。常緑樹。例、まつ・すぎ。

ときわず(ときはづ)【△常×磐津】浄瑠璃節の一派。常磐津文字太夫(もじだゆう)の創始。語りと唄が半ばし、広く庶民にゆきわたった。舞踊・歌舞伎とも縁が深い。

ときん【と金】将棋で、歩(ふ)が成ったもの。金将の働きをする。▽駒の裏に書かれた「金」の略字が「と」に似ることから。

ときん【×鍍金】『名・ス他』→めっき

ときん【頭巾・×兜巾】修験者(しゅげんじゃ)のかぶる、小さな布のずきん。

どきん『副と』→どきり。「胸が―とする」

と‐く【解く・溶く・△融く・説く】『五他』①結ばれたり固まったりしたものを、別れた状態にする。元の状態にする。【解】㋐結ばれたり縛られたりしたものを、元の状態にする。「ひもを―」「おとがい(=あご)を―」(笑う)。編まれたり縫われたりした物を、元の状態にする。「着物を―」㋑束縛・任務などを取り除いて自由にする。「禁を―」「任を―」「警戒を―」。約束などを取りやめにする。「契約を―」㋒もつれたものを分け離す。みだれた髪をくしで直す。▽髪をとく場合には「梳」も使う。㋓結ぼれた感情を消し去る。「怒りを―」㋔分からなかった筋道を明らかにして、問題・疑問に答えを出す。「なぞを―」②液体の中に入れ、または液体を加え、混ぜ合わせて均一な液状にする。【溶・解・融】「小麦粉を水に―」「絵の具を油で―」③物事の筋道を述べる。㋐解釈する。【解】「この語の意味を―」㋑説明する。【説】「意味とは何かについて―」㋒相手に承知させようとして、道理・筋道はこうだと述べる。【説】「道を―」「情勢を―いて出馬を勧める」

とく『連語』…ておく。「ちゃんと言っ―」「席取っといて」▽↓おく(置)(4)

とく【△疾く】『副』はやく。「わが子よ―育て」▽文語形容詞「疾し」の連用形から。雅語的。

とく【匿】かくれる かくす トク ｜ 人目をさけて逃げかくれる。かくす。かくまう。「匿名・秘匿・隠匿・蔵匿」

とく【*特】トク ドク ｜ 一つだけ他からとびぬけている。すぐれぬきんでる。他を排してとりあげられる。とりわけ。「特殊・特別・特異・特有・特効・特権・特許・特赦・特技・特賞・特約・特典・特例・特派・特産・特等・奇特(きとく・きどく)・独特」▽大きく立っている雄牛の意から、「ただひとつ」の意を生じた。↓とくに

とく【*得】える うる トク ｜ ①求めて手に入れる。自分のものにする。↔失。「得意・得点・得票・得度・取得・拾得・獲得・所得・生得(しょうとく)・既得権」②理解して自分のものとする。なしうる。「得心・得道・修得・習得・感得・説得・納得(なっとく)・会得(えとく)・自得・独得」③『名・ダナ・造』もうけをとる。利を得る。有利なこと。↔損。「得をした」「得な性分」「得策・得失・得分・損得・利得・役得・余得・欲得・一挙両得」

とく【*徳】【人徳】トク ｜ ①『名・造』㋐身についた品性。社会的に価値のある性質。善や正義にしたがう人格的能力。「徳を仰ぐ」「徳を以て怨(うら)みに報ゆ」「徳は孤ならず、必ず

隣あり」(論語)「徳行・徳性・徳義・徳望・徳育・道徳・威徳・有徳(うとく)・高徳・仁徳・陰徳・婦徳・福徳・不徳・悪徳・人徳・功徳(くどく)・余徳」④広く他に影響を及ぼす望ましい態度。のり。おしえる。めぐむ。「好意を徳とする」(ありがたいと思う)「徳風・徳化・恩徳・聖徳・美徳」②徳ある人。すぐれた求道者。「大徳」③《名・造》利益。もうけ。「得」に通用。「朝起きは三文の徳」「徳用・有徳人(うとくじん)・五徳」

とく〚督〛トク ―①みる。みはりする。とりしまる。「監督・家督・提督・総督」②見はっていてうながす。せきたてる。「督促・督励・督戦」

とく〚篤〛トク あつい ―①ゆきとどく。真心がこもって念入りである。てあつい。「篤実・篤厚・篤行・篤志・篤性・篤信・篤学・篤農・懇篤」②病気が重い。「篤疾・危篤・重篤」

とく〚×瀆〛トク けがす けがれる ―悪事によって名誉などをけがす。よごす。「瀆職・冒瀆」

と-ぐ【研ぐ・△磨ぐ】《五他》①砥石(といし)などを用いて刃物を切れるように鋭くする。「ナイフを―」②表面をこすり、光やつやを出させる。「鏡を―」③米などを水中でこすり合わせて洗う。

ど-く【△退く】《五自》身を動かしてそこをあける。▽「のく」の転。

どく《連語》「とく」が、撥音(はつおん)便・ガ行イ音便に続くときの形。……でおく。「彼に頼ん―」「休んどかないと体が持たないよ」▽→おく(置)(4)

どく〚*毒〛ドク ―①《名・造》健康や生命を害するもの。特に、毒薬。「毒にも薬にもならぬ」(害にもならないが役にも立たない)「毒を食らわば皿まで」(一度悪事をやり出したからは、とことんまでやり通す)「毒を以(もっ)て毒を制す」(悪事を押さえるのに悪事をもってするの意にも)「毒素・毒物・毒薬・毒矢・毒酒・毒殺・毒害・毒気・毒牙・毒草・毒蛇・有毒・無毒・解毒(げどく)・中毒・鉛毒・鉱毒・害毒・病毒・消毒・服毒」②《名・造》毒がからだを害するように、人の心や生活を、きずつけること。「毒のある言い方」「毒舌・毒筆・毒婦」

どく〚*独〛〚獨〛ドク ひとり ―①㋐つれがない。相手がない。ひとり。「独居・独立・独歩・独力・独占・独学・独修・独裁・独特・独唱・独奏・独演・単独」④他をかえりみない。自分だけ。「独断・独善」㋒対(つい)にならない。ただ一つ。「独眼竜」②ひとり者。老いて子のない者。「鰥寡孤独(かんかこどく)・独身」③「独逸(ドイツ)」の略。「独語・日独・和独」

どく〚*読〛〚讀〛ドク トク トウ よむ ―①書いてある文字を、耳に聞こえる言葉にする。よむ。「読書・読者・読誦(どくしょう・どくじゅ)・読経(どきょう)・読破・読了・読本(とくほん)・精読・熟読・通読・乱読・味読・一読・再読・愛読・購読・朗読・音読・黙読・代読・解読・訓読・講読・素読・判読・必読」②文章中のくぎり。「トウ」と読む。「読点・句読」

どくあたり【毒△中り】《名・ス自》飲食物の毒または毒薬で健康を害すること。中毒。

とくい【得意】①《名》志し(たもの)を得て満足感にあふれること。↔失意。「―の絶頂」「―を隠そうともせぬ」②《名ナ》㋐いかにも誇らしげなこと。「―になる」「―な顔」④(他より)熟達し(自分の特色とし)ていること。「―のわざ」「経理を―とする」③《名》自分をひいきにしてくれる客(筋)。「お―(様)が減る」「―まわり」 派生 -さ -げ -がる **―がお**【―顔】いかにも誇らしげな顔つき。 **―さき**【―先】日常よく取引のある相手方。いつもよく買ってくれる客。 **―まんめん**【―満面】誇らしげな様子が顔全体に現れること。

とくい【特異】《ノダ》普通と異なり特別なこと。「―体質」。特にすぐれていること。「―な才能」▽「―な」も使う。 派生 -さ **―び**【―日】ある天気が現れやすいとされる特定の日付。「一一月三日は晴れの―だ」

とくいく【徳育】道徳面の教育。▽知育・体育と並ぶ。

とくいんがい【特飲街】接客婦をおく特殊飲食店が立ち並ぶ町。▽「特殊飲食店」は、一九五七年の売春防止法施行まで使われた語。

どぐう【土偶】(縄文時代の)土製の人形(にんぎょう)。

どくえき【毒液】毒を含んだ、しる。

どくえん【独演】《名・ス自他》ひとりだけで演じること。「―会」(一人でしゃべり続ける意にも)

どくおう【独往】《名・ス自》他にたよらず自主的に歩を進める(=往)こと。

どくが【毒牙】①かみついて毒液を出す、きば。特に、毒蛇のきば。②転じて、邪悪なたくらみ。「―にかかる」

どくが【毒×蛾】蛾(が)の一種。幼虫・成虫とも毒のある毛があり、これに触れると赤く腫れて激しいかゆみが続く。幼虫は樹木の葉を食う。成虫は体長約三センチで黄褐色。夏、灯火に飛んで来る。ナミドクガ。▽どくが科。広くは同科の蛾の総称。

とくがく【篤学】学問に熱心なこと。「―の士」

どくがく【独学】《名・ス自他》先生につかず、ひとりで勉強すること。「―で資格を取る」

どくガス【毒ガス】毒性を有する気体。特に、敵を殺傷するために戦場で使用する有毒気体の総称。

どくがん【独眼】片目。 **―りゅう**【―竜】片目の英雄。▽特に伊達政宗(だてまさむね)を指す。

とくぎ【徳義】道徳上の義務・義理。「―を守る」 **―しん**【―心】徳義を重んじる心。「―に富む」

とくぎ【特技】(その人が自信をもつ)特別の技能。

どくぎょ【毒魚】毒をもつ魚。例、ふぐ。

とくぎょう【得業】学業・技芸などの、一定の課程を学び終えること。「―士」(bachelor の訳語)

どくぎん【独吟】《名・ス自他》①ひとりで吟じること。②俳諧・連歌(れんが)などで付合(つけあい)をせずにひとりで作ること。片吟(かたぎん)。

どくけ【毒気】①毒の成分。「—に当てられる」(相手の独特な言動に圧倒される意にも言う)②いやらしい感じ。また、悪意。「全く—のない人」「—を含んだ物言い」▽「どっけ」とも。「どっき」と読めば別の意。

どくけし【毒消し】中毒を消すこと。その薬。解毒(げどく)剤。

どくご【独語】①『名・ス自』ひとりごと(を言うこと)。②『名』ドイツ語。

どくご【読後】(本を)読んだあと。「—の印象」「—感」

とくさ【〈木賊〉・×砥草】細長い濃緑色の茎が直立して生える、常緑のシダ。高さ約五〇センチ。葉は目立たず、茎にある節をとりまく。表面は珪酸(けいさん)塩が蓄積して堅く、物をみがくのに使う。観賞用にも栽培。▽とくさ科。

どくざ【独座・独×坐】『名・ス自』ただひとりすわっていること。

どくさい【独裁】『名・ス自』①自分一人の考えで物事をきめること。②特に、特定の個人または階級が全権力を握って支配すること。「—者」「—国家」「一党—」 **—せいじ**【—政治】人民の合意によらず、個人またはある階級・身分のものの支配のもとに行う政治。

とくさく【得策】有利な策略。うまい方法。

とくさつ【特撮】「特殊撮影」の略。模型やコンピュータ映像を用いて、通常の撮影では得られない映像をつくり出すこと。「—映画」

どくさつ【毒殺】『名・ス他』毒薬を使って殺すこと。

とくさん【特産】特にその地方で産すること。「沖縄の—」「—物」。そういう産物。

とくし【特使】特別の任務をゆだねて遣わす使者。

とくし【特旨】(天皇の)特別のおぼしめし。「—をもって二階級進められる」▽「特志」とは別。

とくし ①【特志】みずから進んで示す特別の志。「従軍—看護婦」「—家」(普通の人はいだかないような奇特の志でふるまう、人格の高い人)②【篤志】他人への特別の思いやりなど、志が篤(あつ)いこと。「—の援助」「—家が寄付した」。また、親切な志。「—を頂戴(ちょうだい)する」

どくし【毒死】『名・ス自』毒によって死ぬこと。

どくし【読史】歴史の本を読むこと。

どくじ【独自】『ダナ』他と違い、それだけに特有であること。「—の見解」「—に開発する」 派生 **-さ**

とくしつ【得失】利得と損失。「利害—」

とくしつ【特質】独得の性質。特性。

とくじつ【篤実】『名ナ』情があつく誠実なこと。「—な人柄」 派生 **-さ**

とくしゃ【特赦】『名・ス他』恩赦の一種。特定の者に対して行われる刑の免除。▽→たいしゃ(大赦)

とくしゃ【特車】「特殊車両」の略。公道の通行が規制される車両。特に、装甲の施された警察車両や自衛隊の戦車に言う。

どくしゃ【読者】その書物・新聞・雑誌などを読む人。読み手。「—からの投書」「—層」

どくじゃ【毒蛇】牙に、毒液分泌腺を持つへびの総称。毒へび。例、ハブ・マムシ・コブラなど。

どくしゃく【独酌】『名・ス自』ひとりで酒をついで飲むこと。

とくしゅ【特殊】①『名ナ』普通とは質的に違うこと。性質が特別であること。↔一般。「—性」 派生 **-さ** ②『名』〔哲学〕普遍に対し、その個々の場合・事物になるもの。

とくしゅ【特種】特別な種類。▽「とくだね」と読めば別の意。

とくじゅ【特需】特別な需要。「オリンピック—」▽特に朝鮮戦争の際の、在日米軍が日本で調達したものを言う。

どくしゅ【毒手】(殺害しようという)悪辣・邪悪なたくらみをもった人の仕打ち。「—にかかる」

どくじゅ【読×誦】『名・ス他』声を出してお経を読むこと。

とくしゅう【特集・特×輯】『名・ス他』雑誌・新聞・放送番組などで、ある特定の問題をめぐって編集すること。「—を組む」

どくしゅう【独習・独修】『名・ス他』先生につかず、ひとりで学習または習得すること。

とくしゅつ【特出】『名・ス自』特別にすぐれていること。

どくしょ【読書】『名・ス自』本を読むこと。▽「とくしょ」とも言う。

とくしょう【特称】①特別のよび方。②論理学で、ある特定のものについてだけいうこと。「—肯定判断」(「あるSはPである」などという形の判断)

どくしょう【独唱】『名・ス他』(演奏会などで)ひとりでうたうこと。ソロ。↔合唱

どくしょう【読×誦】『名・ス他』声に出して読むこと。▽→どくじゅ

とくしょく【×瀆職】『名・ス自』私欲のために職責をけがすこと。汚職。

とくしょく【特色】他と異なったところ。▽評価と関係づけて使い、他よりすぐれた点を言うのが普通。

とくしん【得心】『名・ス自』納得すること。十分に承知すること。「—が行く」 **—ずく**(づく) 両方が得心の上ですること。

とくしん【×瀆神】神の神聖を傷つけること。

とくしん【特進】『名・ス自』特別に昇進すること。「二階級—」

とくしん【篤信】信仰のあついこと。

どくしん【独身】配偶者がないこと。そういう人。ひとりもの。「—者」

どくじん【毒刃】人を害するためのやいば。凶刃。「—に倒れる」▽「毒」は害する意。毒薬が塗ってなくてよい。

どくしんじゅつ【読唇術】聾者(ろうしゃ)が、相手のくちびるなどの動きを見て、言葉を読み取る技術。

どくしんじゅつ【読心術】顔面の表情などを通じて、直観によって相手の心の中を読み取る術。

どくじんとう【独△参湯】①歌舞伎で、いつ出してもあたる狂言、特に「忠臣蔵」。▽気つけの妙薬だという煎じ薬の名から。②必ず成功すると思われる手段。

どくず【読図】『名・ス自』地図・図面を見てその内容を見とること。

とく-する【得する】『サ変自』利益を得る。とくをする。↕損する

とく-する【督する】『サ変他』①とりしまる。監督する。②統率する。③うながす。督促する。

どく-する【毒する】『サ変他』よくない影響を与えて性格・気風などを悪くする。「世を―」

とくせい【徳政】①仁愛のある政治。仁政。②鎌倉時代末、武士の窮乏を救うために、売却・質入れした土地などを無償で持主に返させること。また、室町時代以後、武士以外にも売却地の取戻し、債権・債務関係の破棄を認めること。

とくせい【徳性】徳義をそなえた品性。道徳心。道徳意識。「―を養う」

とくせい【特性】特有の性質。特質。

とくせい【特製】特別につくること。特別につくったもの。特別製。

どくせい【毒性】生体に有毒な作用をする性質。

とくせつ【特設】『名・ス他』特別に設備・設置すること。「―売場」

どくぜつ【毒舌】しんらつで皮肉な悪口(を言うこと)。「―をふるう」「―家」

とくせん【特薦】『名・ス他』特別に推薦すること。

とくせん【特選】『名・ス他』特別に選抜されたもの。特別に選抜すること。㋐美術展などで特に優秀と認められたもの。㋑念を入れて選び出したもの。「―のお召(めし)」▽㋑は「特撰」と書くことが多い。

とくせん【督戦】『名・ス自』部下を激励・監視して戦わせること。「―隊」(後方に陣して前線の友軍を監視する部隊)

どくせん【独占】『名・ス他』①ひとりじめにすること。「―欲が強い」②経済で、特定の資本が生産と市場を支配すること。その状態。「―資本」「―禁止法」 **―てき**【―的】『ダナ』独占する傾向があるさま。「―な人気」

どくせん【毒腺】へびなどの、毒を分泌する腺。

どくぜん【独善】自分だけが正しいと信じ込んで行動する態度。ひとりよがり。「―に陥る」「―的」

どくせんじょう【独×擅場】その人独りが思いのままに(=擅)活躍できる場・局面。ひとり舞台。▽↓どくだんじょう

とくそ【×砥×糞】砥石(といし)を使った時にできる、どろのようなもの。

どくそ【毒素】細菌その他の動物・植物によってつくられ、動物に有毒な作用をする物質。

とくそう【得喪】得ることと失うこと。得失。

とくそう【徳操】かたく守って変わらない立派な節操。

どくそう【独創】『名・ス他』独自の新しい考え・思いつきで、ものごとをつくり出すこと。「―性に富む」「―力」 **―てき**【―的】『ダナ』独創する力があるさま。独創されたものであるさま。「―な研究」

どくそう【独奏】『名・ス他』ひとりで演奏すること。ソロ。↕合奏。「ピアノ―」▽伴奏がつく場合にも言う。

どくそう【独走】『名・ス自』①(競走・競技などで)ただひとりで走ること。特に、他をひき離して走ること。「首位を―する」②他と関係なくひとりだけ勝手に活動すること。「君だけ―しては困る」

どくそう【毒草】有毒な草。例、トリカブト。

とくそく【督促】『名・ス他』約束や義務を果たすように催促(催告)すること。「―状」

ドクター ①博士。②医者。▽doctor **―ストップ** ①ボクシングの試合中、選手が負傷して、医師が試合の続行を不可能と判断し、レフェリーに勧告すること。②医師が患者の特定の行動を制限すること。「酒には―がかかってしまった」▽doctor と stop とによる和製英語。 **―ヘリ** 医療具・薬品をそなえ、医師が同乗して負傷者や病人を速急に医療機関に搬送するヘリコプター。▽doctor と helicopter から。

とくたい【特待】『名・ス他』特別の待遇をすること。「―生」

とくだい【特大】特別に大きなこと。そういうもの。「―のズボン」

どくたけ【毒×茸】有毒なきのこ。

とくだね【特種】新聞などで、その社だけが手に入れた記事の材料。スクープ。▽「とくしゅ」と読めば別の意。

どくだみ 日陰の湿った地に生える、独特の強い臭気がある多年草。葉はハート形で、初夏、白い十字の苞(ほう)の中に、薄黄の穂状の花が咲く。葉・花・茎を漢方生薬や民間薬に用いる。▽どくだみ科。↓じゅうやく(十薬)

とくだわら【徳俵】相撲(すもう)の土俵で、東西南北の中央に、俵の幅だけ外側にずらして置いてある俵。「―に足がかかる」

とくだん【特段】特別。格段。「―のお計らい」

どくだん【独断】『名・ス他』(指図を受けず)自分だけで判断すること。特に、正しい根拠に立つのではなく、自分勝手なひとりぎめの考えで決めること。またその判断。「―的」 **―せんこう**【―専行】『名・ス自』自分の判断だけによって行うこと。 **―ろん**【―論】ひとりぎめの仮定の上に立って、安易に積極的・肯定的な結論をみちびくやり方。特にカント哲学では、認識の可能性に対する批判検討を経ずに、認識の完全な妥当性を信じる立場を言う。▽ドイツ Dogmatismus の訳語。

どくだんじょう【独壇場】→どくせんじょう。▽「独擅場」を「どくだんじょう」と誤読し、それで「独壇場」と

書いたもの。

とぐち【戸口】 建物の出入口。「—に立つ」▽「ここう」と読めば別の意。

とくちゅう【特注】《名・ス自他》「特別注文」の略。一般のでない特別の作り方をするように指示した注文。そのような注文をすること。

とくちょう ①【特徴】他と比べて特に目立ったり、他との区別に役立ったりする点。「—のある顔立ち」▽価値と無関係にも使える。②【特長】すぐれた(=長)特徴。

どくづ-く【毒づく】《五他》ひどくののしる。ひどく悪く言う。

とくてい【特定】《名・ス他》特にそれと指定すること。「—の者」。不定・不明のものの間から該当するものを割り出すこと。「妨害電波発信源を—する」 **—きょく【—局】** もとの「特定郵便局」の略。集配をしない小規模な郵便局。

とくてん【得点】《名・ス自》点数を得ること。得た点数。「大量—」

とくてん【特典】 特別の扱いや恩典。「—に浴する」「予約の—」

とくでん【特電】「特別電報」の略。ある新聞社に特に送って来る電報通信。▽特に海外特派員の報道するものを言う。

とくと【篤と】《副》念を入れて考えたり見聞きしたりするさま。「—考える」

とくど【得度】《名・ス自》①仏陀(ぶつだ)の悟りの世界にわたる(=度)こと。②出家して受戒すること。

とくとう【特等】 特別の等級。普通は、一等の更に上位。「—賞」「—席」

とくとう【×禿頭】 はげあたま。「—病」

とくどう【得道】《名・ス自》〔仏〕悟りをひらくこと。道理をさとること。

とくとく【得得】《ト タル》ひどく得意そうな様子。「—として語る」

どくとく【独特・独得】《ノダ》《「—な」も使う》そのものだけが有しているさま。「—の風格」「一種—のしゃべり方」▽本来は、そのものだけが会得(えとく)しているという意味で、「独得」と書くのが正しい。 派生 -さ

どくどく《副[と]》液体が狭いところを脈打つようによく通り抜ける音。そのさま。「胸の動悸(どうき)が—と聞こえる」「血が—(と)出る」

どくどくし-い【毒毒しい】《形》①色がどぎつくて、毒を含んでいるまたは含んでいそうな見掛けだ。「—色の花」「口紅を—く塗る」②悪意を含んでいると思われる、憎々しいまたはどぎつい様子・しかただ。「—言葉を投げつける」 派生 **-さ -げ**

ドクトリン ①教義。学説。「経済学の—」②政治・外交上の原則。主義。「モンロー—」▽doctrine

ドクトル →ドクター。▽ドイツ Doktor

とくに【特に】《副》他に比べて、著しく目立つこと、または取り立てて述べる態度を強調するのに使う語。とりわけ。格別。「吉野は桜の名所として—有名だ」「この点を—注意しておく」▽「ことに」が相違の強調なのに対し、「特に」は多く(幾つか)の中からこれと取り出して言う。

とくにん【特任】 特別にその職に任命すること。その任務。「—教授」「—大使」

とくにん【特認】《名・ス他》特例として承認すること。

とくのう【篤農】 熱心で、研究心に富んだ農業家。篤農家。

とくは【特派】《名・ス他》特別に派遣すること。「—員」

どくは【読破】《名・ス他》大部な、または難解な書物を終わりまで読み通すこと。読みきること。

とくはい【特配】《名・ス他》①品物の特別配給(をすること)。②株の特別配当(をすること)。

とくばい【特売】《名・ス他》①特別に安く売ること。「—品」「—場」②入札をしないで特定の人に売り渡すこと。

どくはく【独白】《名・ス自他》①舞台で、相手なしに、ひとりでせりふを言うこと。また、そのせりふ。モノローグ。「ハムレットの—」②単に、独り言。

とくはつ【特発】《名・ス他自》①予定以外に、特別に出すこと。「—電車」②病気が、不明な原因により、突然に起こること。「—性疾患」

とくばん【特番】 テレビやラジオの「特別番組」の略称。

とくひつ【特筆】《名・ス他》特にとりあげて書きしるすこと。「—に値する」 **—たいしょ【—大書】**《名・ス他》特にめだつように書きしるすこと。「—する」

とくひつ【×禿筆】 ①さきのすり切れた筆。ちびた筆。②転じて、自分の文章や筆力を、へりくだって言う語。

どくひつ【毒筆】 他人を中傷するため、悪意や皮肉をこめて書くこと。その書いた文章。

とくひょう【得票】《名・ス自》選挙で票を獲得すること。得た票。「法定—数」

どくふ【毒婦】 悪心があって、悪事を働く女。

どくふ【読譜】《名・ス他》楽譜や棋譜を見て理解すること。

どくぶつ【毒物】 毒を含んでいる物。毒である薬物。

とくぶん【徳分】 徳としてその人に備わるもの。▽かなり古風。

とくべつ【特別】《ダナ・副》普通一般のものとは別扱いにするのがよい(ほど違う)こと。「—(に)安くする」「—の処理をする」▽質的・量的どちらの違いでもよい。 **—かいけい【—会計】** 特別の事情・必要に基づいて、一般会計から切り離して、その収入・支出を経理する会計。⇔一般会計。 **—しえんきょういく【—支援教育】** 障害のある幼児・児童・生徒に、それぞれに見合った能力を高める目的で行う教育。障害児教育。▽二〇〇七年「特殊教育」から改称。 **—ほう【—法】** 特定の地域・人または事項に適用さ

れる法律。↕一般法

どくへび【毒蛇】どくじゃ。

とくほう【特報】《名・ス他》特別の方法での報道・報告。「選挙―」

とくぼう【徳望】徳が高く、人々に尊敬・信頼されること。その尊敬・信頼。「―が高い」

どくぼう【独房】一人用の監房。独居房。

とくほん【読本】①読み物の本。特に、もと学校でよみ方を教えるのに使った国語教科書。②広く、教科書・入門書。「文章―」▽今は「どくほん」とも言う。「よみほん」と読めば別の意。

ドグマ ①宗教上の教義。②独断的な説。▽dogma

どくみ【毒味・毒見】《名・ス自他》①飲食物を人にすすめる前に、まず食べて毒のないことを確かめること。②転じて、料理の味かげんを見ること。「―をする」

とくむ【特務】特別の任務。「―機関」▽諜報(ちょうほう)関係の仕事を言うことが多い。

どくむし【毒虫】毒があって、人を刺すなど害を与える虫。例、はち・さそり。

とくめい【匿名】自分の名前をかくして知らせないこと。また、本名をかくして別の名前にすること。「―の手紙」「―批評」「―希望」

とくめい【特命】特別の命令・任命。 **―ぜんけんたいし**【―全権大使】外国に駐在してその国との外交に当たる任務の、最上級の外交使節。▽「全権大使」または「大使」と略称。

とくめん【特免】《名・ス他》(罪・課税などを)特に免除すること。「―品」

とくもく【徳目】仁・義・孝など、徳を分類してつけた名。

どくや【毒矢】矢じりに毒を塗った矢。

とくやく【特約】《名・ス自》特別の条件(特に便宜や利益)のある契約や約束をすること。その契約・約束。「―店」

どくやく【毒薬】少量で激しく作用し、生命の危険を招く薬物。例、青酸・昇汞(しょうこう)。

とくゆう【特有】《ノダ》《「―な」も使う》それ、またはその一類のものが、特に持っているさま。「日本―の風習」

とくよう【徳用・得用】《名ノ》用いて利益の多いこと。ねだんの安い割に役に立つこと。「―品」

とくよう【特養】「特別養護老人ホーム」の略。常時の介護を必要とし、また家での介護が困難な、六十五歳以上の老人を受け入れる、福祉施設の一種。

とくようさくもつ【特用作物】タバコ・茶・麻など、食用以外の特別の用途に供する農作物。

どくよけ【毒△除け】中毒を予防すること。そのために使うもの。

とくり【徳利】→とっくり

とくりつ【特立】①《名・ス自》㋐他にたよらないで自立していること。㋑他よりぬきん出ていること。②《名・ス他》他と区別して特に立てること。

どくりつ【独立】《名ノ・ス自》他と離れて別個に存在すること。そういう状態になること。↕従属。㋐他の束縛・支配を受けないこと。「―国」「経済的に―する」「―の生計」㋑同類である他と無関係であること。「―な区画」「―した研究分野」「新星をそれぞれ―に発見した」「―変数」 **―ぎょうせいほうじん**【―行政法人】公共上必要とされる事業を効率的かつ効果的に遂行するために設けられた法人。 **―ご**【―語】感動詞・接続詞のように、文の中における他の語との関係から見て、やや孤立しているもの。 **―さいさんせい**【―採算制】同一企業内の一部門などが、他の部門と独立に収支調節をはかる経営法。 **―どっぽ**【―独歩】①他にたよらず、自分の信じるとおりに実行すること。②はっきりした特色を持ち、他と同じには扱えないさまであること。

どくりょう【読了】《名・ス他》すべて読み終えること。

どくりょく【独力】自分ひとりだけの力。「―でなしとげる」

とぐるま【戸車】引き戸につけて、あけたてをなめらかにする小さな車輪。

とくれい【特例】特別な例。特に設けた例外。

とくれい【督励】《名・ス他》仕事・任務を進めるため、監督して激励すること。「部下を―する」

とぐろ へびなどが体をうず巻き状にぐるぐる巻くこと。その巻いた状態。「―を巻く」(ある場所にどっしりと腰を落ち着けて動こうとしないことのたとえにも)

どくろ【×髑×髏】されこうべ。

どくわ【独話】ひとりごと(を言うこと)。

とげ【△刺・×棘】触ると痛いような、堅くて先のとがった突起物。㋐植物の茎・葉などの、針状の突起。「バラの―」㋑木・竹などのとがった細片。「指に―がささる」「―が立つ」㋒比喩的に、人の心を刺すような感じのもの。「―のある言葉」「―を含んだ批評」

とけあう【解け合う・溶け合う】《五自》①とけて完全にまざる。②互いにへだたりがなくなり、うちとける。③話し合いで取引契約を解消する。

とけい【徒刑】①懲役(ちょうえき)。②旧刑法で、重罪に科する刑の一つで、島に送って労役させるもの。「―囚」

とけい【〈時計〉】時刻を示す、または時間をはかる、器械・しかけ。▽古く「土圭」「斗鶏」と書いたことがある。 **―まわり**【―回り】時計の針と同じ方向に回ること。右回り。

とげうお【×棘魚】アジを小形にしたような、背びれがとげになっている川魚。小柄なトミヨと、やや大きいイトヨとの総称。雄が作った巣に雌が産卵する。▽とげうお科。

とけこむ【解け込む・溶け込む】《五自》①とけて、液体・気体の中に入って一体となる。②組織や環境の中に入って一つになる。「会の雰囲気に―」

どげざ【土下座】《名・ス自》ひれ伏して、地面に頭を着けて行う礼。▽昔、貴人の通行時に行い、今も重大過失をわびる時などにこの形をとることがある。

とげだ‐つ【△刺立つ】《五自》とげとげしくなる。かどだつ。

とけつ【吐血】《名・ス自》(胃や食道の出血により)血をはくこと。▽↓かっけつ

とげっぽう【吐月峰】タバコ盆の灰吹き。▽静岡市にある山「吐月峰」から産出する竹が灰吹きに適したから。

とげとげし‐い【△刺△刺しい】《形》言葉・表情・態度などに親切さ・柔らかさがなく、角立っている。「―声」「応対が―・くなる」派生 **‐さ**

と‐ける【解ける・溶ける・△融ける】《下一自》①結ばれていたものが、別れた状態になる。[解] ㋐結ばれたり縛られたりしたものが、元の状態になる。「帯が―」㋑束縛などが取り除かれて自由になる。「捕獲禁止令が―」「勘当(かんどう)が―」㋒たまっていた負の感情が消え去る。「怒りが―」「不和が―」㋓分からなかった筋道が明らかになって、問題・疑問に答えが見つかる。「なぞが―」「多年の懸案が―」②固まっていたものなどが、熱によって、または液体にひたされて、液状になる。[溶・融・解]「氷が―」「炉の中で鉄が―」▽金属などが液状になる場合には「熔」「鎔」とも書く。

と‐げる【遂げる】《下一他》あることをして、一つの目的・終局に達する。「志を―」「功成り名を―・げて天寿をまっとうする」「あわれな最期(さいご)を―」

ど‐ける【△退ける】《下一他》そこにあるものを、他に移す。移してそこをあける。▽「のける」の転。

とけん【×杜×鵑】↓ほととぎす

どけん【土建】土木と建築。「―屋」「―業」

とこ【床】①一段高くした台。㋐寝るために設ける場所。ねどこ。「―を取る」「―につく」(寝る。また、病気で寝こむ) ㋑特に、畳のしん。「古(ふる)―」▽畳の意からの転。㋒苗を育てる場所。なえどこ。②ゆかを張り、常時は人の住まない簡単な店。③かわどこ。④「床の間」の略。「―の置物」

とこ【△所】「ところ」のくずれた言い方。㋐ところ。「そこん―がわからない」㋑およその程度。ぐらい。「百円が―ください」

どこ【〈何処〉】《代》はっきりとは定めずに、または分からないままに、場所・位置を言い表す語。どの場所・点。「―から来たんだろう」「―までお出掛けですか」「―をねぐらの旅の鳥」「―まで続く悪路か」「―もかしこも花盛り」「―にでもある品」「君は―まで(=果て知らずに)お人よしなんだ」▽文語「いづこ」の転。↓どこまで

どご【土語】その地方の土着の住民が使う言葉。その地に特有の言葉。

とこあげ【床上げ】《名・ス自》長い病気または産後の疲労などから回復して、寝床を片付けること。その祝い。床払い。

どこいら【〈何処〉いら】《代》↓どこら。「もう―まで行ったかな」

とこいり【床入り】《名・ス自》寝床にはいること。特に、(男女が)初めて共寝をすること。

とこう【渡航】《名・ス自》海外へ渡ること。「―手続」

とこう(とかう)《副》↓とかく(1)

どこう【土工】土木工事で土を掘ったり運んだりする基礎的な作業。それに従事する労働者。

どこう【土侯】土着の諸侯。その土地の昔からの領主。**‐こく**【―国】(かつてのイギリス保護下のアラブやインドで)土侯の支配する国。

どごう【土豪】その土地の豪族。**‐れっしん**【―劣紳】中国で、官僚や軍閥と結んで農民を搾取した大地主たちを、さげすんで言う語。

どごう【怒号】《名・ス自》怒ってどなること。また、その声。

どこか【〈何処〉か】《連語》①どこなのか分からない(決めかねる)ある場所。「―で休憩しよう」「―この辺に」②《副詞的に》どことなく。なんとなく。「―しっくりこない」

とこかざり【床飾り】床の間の飾り。掛け物・置物など。

とこがまち【床×框】床の間の前端にわたした化粧横木。

とこさかずき(…さかづき)【床杯・床×盃】婚礼を終えた夜、新夫婦が寝所で杯をとりかわす儀式。

とこしえ(とこしへ) ながく変わらないこと。いつまでも続くこと。永久。とこしなえ。「―に眠る」

とこしなえ(とこしなへ) ↓とこしえ

とこずれ【床擦れ】《名・ス自》長く床に寝ている病人の背中や腰などが、体重の圧迫のために赤くただれて痛むこと。褥瘡(じょくそう)。

どこそこ【〈何処〉×其△処】特にどこと限定せずに場所を言う言い方。「郊外の―には、こんな川が流れていて」

とこだたみ【床畳】床の間に敷く畳。

とことこ《副[−と]》小またで足の運びが速いさま。「子供が―(と)歩く」

とことん《副》《俗》最後の最後に及ぶこと。徹底的に。「―(まで)追求する」「―利用する」

とこなつ【常夏】①いつも夏のようであること。「―の国」②野生のナデシコの異名。③セキチクの一変種。時を選ばずに花が咲くのでこの名がある。

とこのま【床の間】日本建築で座敷の上座の、ゆかを一段と高くした所。壁に掛け物をかけ、床に花・置物などを飾る。

とこばしら【床柱】床の間の片方の、装飾的な柱。

とこばなれ【床離れ】《名・ス自》①朝、目ざめて寝床から起き出ること。「―がいい」②病気が直って床から離れること。

とこばらい(…ばらひ)【床払い】《名・ス自》とこあげ。

とこはる【常春】いつも春のようであること。「―の国」

とこぶし【常節】アワビに似るが、より小形の巻貝。食用。

どこまで【〈何処〉まで】『連語』①どこに至るまで。「―続くぬかるみぞ」「―もついて行きます」「―読んだかね」。いつに至るまで。「この不況は―続くのやら」②《多く「―も」の形で》どんな局面・状態まで。あくまで。とことん。「―もしらを切る」「―(も)おめでたい人さ」

とこみせ【床店】①商品を売るだけで人が寝泊まりしない簡単な店。②移動の出来る小さい店。屋台店。

とこや【床屋】(男性の)髪を刈ったり手入れをしたりする店または職業。理髪店。理髪師。理髪業。▽床は、江戸時代、男の髪結(かみゆい)が床店(とこみせ)で仕事をしたところから。

とこやま【床山】力士の髪を結う人。また、俳優のかつらを扱う専門職。

とこやみ【常闇】①永遠にまっくらなこと。永久のやみ。②比喩的に、見通せない悪い状態。▽雅語的。

とこよ【常世】①永遠に変わらないこと。②「常世の国」の略。(古代日本人が思い描く)海のはるかかなたにある(住人が不老不死の)理想郷。

どこら【〈何処〉ら】『代』どこのあたり。どこいら。「―を切り花にしましょうか」

ところ【所・△処】①物や事が在る(起こる、行われる)、ある広さをもった位置。本来は空間的。転じて時間的・抽象的な位置にも使う。㋐場所。「明るい―」。ふさわしい位置。「―を得る」(その人によく当てはまった地位につく)

㋑土地。地方。地域。「―の(=その地の)古老に聞く」「―変われば品変わる」(土地が違うと、言語・風俗・習慣が違う)

㋒住みか。住所。家庭。「君の―に遊びに行くよ」「―書き」「兄の―にとまる」

㋓部分。「この小説は初めの―が特に面白い」

㋔場合。おり。「きょうの―は許してやる」「すんでに殺される―だった」

㋕《「―だ」の形で。また「―に」「―へ」の形で句頭に用いて》ちょうどその時。「今読んでいる―だ」「―へ父親が現れた」

㋖物事の問題になる、ある点・こと。「恨む―がある」「君の関与する―ではない」▽漢文で次にくる用言をうけて体言化する「所」を直訳的に訓読したことから生じた。多くは「Aの……する―となる」の形で、Aに……される意になる。

㋗《数量的表現+「が」+「とこ(ろ)」の形で》そのくらいの数・分量・値段。「十人が―集まる」「千円が―損をした」

②《「A―のB」の形で。Aの末尾は連体形、Bは体言》AがBの連体修飾語であることを明示するのに使う。「その規定が及ぶ―の対象」▽西洋語の関係代名詞の翻訳法から広まった。

③《接続助詞的に》下に言い連ねるのに使う。㋐《口語では「た―(が)」の形で》後述の事柄のきっかけになる事柄を示すのに使う。「彼に話した―(が)喜んで引き受けた」「拝見仕(つかまつ)り候(そうろう)―、お見事なる御作品にて」

㋑《「……た―が」「……た―で」の形で》……たとしても。「あやまった―で許してはくれまい」▽↓ところで

④《「どころか」「どころの」「どころで」の形で》多くは打消しや消極的な内容の言い方を伴ってある事や物をあげ、強くそれを否定する、あるいは更にこれと対照させて他の事や物に言い及ぶのに使う。「筆―か鉛筆もない」「困る―の騒ぎではない」「子供―か大人だって夢中だ」「この忙しいのに、遊ぶ―ではないよ」

ところ【〈野老〉】山野に生える多年生つる草。根は苦味をぬいて食用にする。▽やまのいも科。

どころ ①《「―か」「―で」「―の」の形で》↓ところ(所)④。②《複合名詞の後部として》㋐《動詞連用形に付いて》……する値打ちがある(……するのによい)ところ。「見―」「心の憂さの捨て―」▽↓ところ(所)⑴㋖。㋑《産物名に付けて》中心的な生産地。「米―」㋒それに相当するものの意で、ものを(ぼかして)指すのに使う。「三役―の力量」「きれい―(芸者)」「二流―」

ところえがお【所得顔】その場所・地位などに満足して得意そうな顔つき・様子。

ところが『接』通例・予想・期待に反する意で、句(文)をつなぐのに使う語。それでも。それなのに。▽↓ところ(所)⑶

ところがき【所書(き)】住所を書き記したもの。転じて、住所のこと。

ところがら【所柄】場所の性質。場所が場所であること。場所柄。「―をわきまえる」「―それはだめだ」

ところきらわず【所嫌わず】『連語』《副詞的に》場所を問題にしないこと。どこでもかまわず。所構わず。

ところせまし【所狭し】『連語』《「―と」の形で》場所が狭い。その場がいっぱいになっている。「商品が―と並べられている」▽「せまし」は文語形容詞の終止形。

ところで『接』別の話題を持ち出す切り替えに使う語。「―あの件はどうなりましたか」▽↓ところ(所)⑶

ところてん【〈心太〉】テングサをさらし、その煮汁を型に流しこんで固めた食品。ところてん突きで突き出して筋状にし、酢醤油(すじょうゆ)などで食べる。**―しき**【―式】後から次々に押し出されて、先に進むこと。「高校まで―に進める学校」

ところどころ【所所】あちこち。ここかしこ。

ところばらい【所払い】江戸時代、その居住地から追放する刑罰。

ところばんち【所番地】住所(所在地)の地名と番地。

とさ『連語』という話さ。「もう売り切れた―」

とざい【吐剤】胃の中の物をはき出させるための薬物。

とさいぬ【土佐犬】犬の一種。現在のものは、土佐(＝高知県)原産の在来種とマスチフなどの西洋種との交配による、大形の闘犬。土佐闘犬。

とさえ【土佐絵】大和(やまと)絵の中心的家系である土佐派の人たちの描いた絵画。▽特に室町時代に、中国の絵の影響を受けたものを言う。

どざえもん【土左△衛門】おぼれて死んだ人のふくれた死体。水死人。▽水死人の姿が、成瀬川土左衛門という力士の太り方に似ていたから。

とさか【〈鶏冠〉】ニワトリなどの頭の上にある、羽毛の無い柔らかな肉質の突起。雄鶏(おんどり)のが美しくて、代表的。

どさくさ〔俗〕事件や用事でごった返している状態。「引越しの―の最中に」 **―まぎれ**【―紛れ】混乱している状態に乗じること。

とざ-す【閉(ざ)す・△鎖す】《五他》出口・通路などをふさぐ。㋐(戸や門を)しめる。「口を―」(沈黙する。口を閉じる)㋑とじこめる。「氷に―・される」「悲しみに―・された心」㋒通れなくする。「道を―」▽「と」は戸、「ざす」はかぎをかける意の「さす」の連濁で、「とじる(閉じる)」とは別語源。

とさつ【塗擦】《名・ス他》薬物を塗ってすりこむこと。「―剤」

とさつ【×屠殺】《名・ス他》家畜などの獣類を、肉・皮などを取るために殺すこと。

どさっと《副》①大量のものがひとまとまりになって落ちる音。そのさま。「資料を―投げ出す」「―倒れる」②どっさり。「特売で食料品を―買い込む」

とさに【土佐煮】かつお節のうまみをきかせた煮物。▽出し汁で煮て、仕上げに削り節をまぶすこともある。

とさぶし【土佐節】土佐国(＝高知県)でできる鰹節(かつおぶし)。品質が優良。

とざま【△外様】①その組織体で傍系であること。そういう人。▽②の転。②武家時代、将軍の一門や譜代以外の大名・武士。

どさまわり【どさ回り】〔俗〕①劇団などが地方回りをすること。また、もっぱら地方回りだけをしている劇団。②盛り場などを歩きまわる、よたもの。

とざん【登山】《名・ス自》山にのぼること。山登り。↕下山。「富士―」

どさん【土産】①その土地の産物。②みやげ物。

どさんこ【△道産子】①北海道産の日本馬。小形で強健。②北海道生まれの人。

とし【年・△歳】①時の単位。地球が太陽のまわりをひとまわりする時間を(少々のずれを除いて)一年とする。「―の始め」「―の暮れ」「―の市(いち)」「―を経る」「―が改まる」(新年になる)「―が変わる」(同上)「―が明ける」(同上)「―を越す」(旧年が去って新年を迎える)②年齢。「―を取る」「―が寄る」「―の割に若い」「―には勝てぬ」(老年になると、気力はあっても体の自由がきかない)「―は争えない」(同上)「―に不足はない」(十分に長生きして、その点で不満はない)「―を食っている」(年齢が多い)「―の功」(→としのこう) 関連 年度・年次・平年・永年・積年・例年・暦年・新年・一年・一周年・元年・往年・近年・旧年・先年・去年・昨年・本年・当年・明年・来年・後年・他年・学年・豊年・毎年・ことし・おととし・こぞ・翌年・当たり年・閏年(うるうどし)・半年

とし【徒死】《名・ス自》むだに死ぬこと。いぬじに。

とし【都市】人が多く集まり、政治・経済・文化の中心になっている所。都会。「―部」「―化」 **―ぎんこう**【―銀行】東京・大阪などの大都市に本店があり、全国に支店網を持つ特定の大銀行。市中銀行。↕地方銀行。 **―けいかく**【―計画】都市の交通・区画・衛生・住宅など社会的・文化的環境に関する、恒久的・統制的な改良計画。

とじ【×綴じ】とじること。とじたもの。「仮―」。とじる方法。「和―」

とじ【△刀自】中年以上の女性を尊敬して呼ぶ語。▽もと、家事をつかさどる女性の意。かなり古風。

とじ【×杜氏】→とうじ(杜氏)

とじ【徒事】むだなこと。「―ではなかった」

とじ【徒×爾】むだなさま。無意味なさま。「―に終わる」

とじ【途次】途中。みちすがら。「帰国の―」

どじ《名・ダナ》〔俗〕まのぬけた失敗。へま。「―をふむ」(まぬけなことをする。失敗をする)。まぬけ。「―なやつだ」▽「どち」とも言う。

としあけ【年明け】新年になること。また、年が明けたはじめのころ。「―早々の仕事」

としおとこ【年男・△歳男】①㋐節分の豆まきをする役の男。その年の干支(えと)の生まれから選ばれる。㋑広く、その年の干支の生まれの男。▽女については「年女」と言う。②新年の飾付けをし若水をくむ役の男。

としがい【年△甲×斐】年齢にふさわしいだけの思慮分別。「―もない」

としかさ【年×嵩】①(他の人より)年齢が上なこと。その人。年上。②高齢。

としがしら【年頭】仲間の中で年齢が最も上であること。その人。

どしがた-い【度し難い】《形》言い聞かせて、わからせようがない。救いようがない。「縁なき衆生(しゅじょう)は―・し」▽「度す」は→どする。派生 **-さ**

としかっこう【年格好・年×恰好】見て推し量った年齢。年齢のほどあい。

としきみ【戸×閾】しきみ。しきい。

としご【年子】続いた年に同じ母から生まれた子。(数え年で)一つ違いのきょうだい。

としごいのまつり【〈祈年祭〉】→きねんさい

としこし【年越し】《名・ス自》その年を送って、新しい年を迎えること。「―蕎麦(そば)」▽大晦日(おおみそか)または節分の夜(の行事)を言う。

とじこみ：【×綴(じ)込み】とじこむこと。とじこんだもの。「新聞の―」

とじこ-む：【×綴じ込む】《五他》一つにとじあわせる。重ねたものの、あとにそえていっしょにとじる。「ファイルに―」

とじこ-める：【閉(じ)込める】《下一他》出入口をふさいで中から出られないようにする。

とじこも-る：【閉(じ)籠(も)る】《五自》中にこもって外へ出ないでいる。「家に―」

としごろ【年頃】①《名》年齢のぐあい。年かっこう。「―は四十前後と見受ける」。それに相応する年齢。「遊びたい―」。特に女性の、結婚に適した年齢。適齢期。「―になる」②《副》ながねん。久しい以前から。「―親しくしている」

とじしろ：【×綴(じ)代】とじるために少しあけておく、紙などの端の部分。

としたことが《連語》→する(為)⑧㋓

どしつ【土質】(そこの)土壌の性質。

としつき【年月】①年や月。特に、時の流れのかなり長い期間。ねんげつ。歳月。「別れてから―がたった」②今に至るまでの長い間。年来。「―の望み」「―、その事を思い続けている」

としづよ【年強】数え年で年齢を言う場合、その年の六月以前に生まれたこと。↔年弱(としよわ)

として《連語》①…の立場で。「政策―(は)未熟だ」。…であるものと見て。「商人―偉いが、人望に欠ける」②《多く指示語と共に》そうではあるが。「それはそれ―、今緊急なのは」「まあ、話―聞いておこう」▽「は」「も」を伴って丁寧に言うには「としましては」「と致しましても」などを使う。↓する(為)⑧㋒。③《「一つ」「ひとり」などに付き、あとに打消しや反語「ものか」を伴って》わずか一つ(ひとり)でも。全く。「一つ―決まったことは無い」

としとく【△歳徳】①恵方(えほう)。②「歳徳神」の略。 **―じん**【―神】陰陽(おんよう)家が正月にまつる神。この神のある方角を恵方と言い、縁起がいいとする。

としどし【年年】毎年。としごと。ねんねん。

どしどし《副[と]》①重量のあるものが勢いよく落ちたり進んだりするさま。「急ぎ足で―(と)通り抜ける」「―梯子(はしご)段を上る」②次から次へと間もおかず続くさま。「―(と)ことを運ぶ」「新手(あらて)が―やってくる」

としとり【年取り】①大晦日(おおみそか)または節分の夜に行う儀式。②年齢が多くなること。

としと-る【年取る】《五自》年齢が多くなる。年が寄る。

としなみ【年波】『寄る―』年が寄ることを波にたとえた表現。

としのいち【年の市・△歳の市】年末に行う(新年の必要品の)売出し・市。

としのうち【年の内】ことしのうち。年内(ねんない)。▽年末に言う。

としのくれ【年の暮(れ)】(その)年の終わり。年末。

としのこう【年の功・年の×劫】《連語》年をとって経験をつむこと。また、その経験の力。「亀の甲より―」

としのせ【年の瀬】あわただしい年の暮れ。▽年越しをするのを川の瀬に見立てて言う。

としは【年端】年齢の程度。「―も行かぬ娘」▽普通、幼い年齢について言う。

とじぶた：【×綴(じ)蓋】(こわれたのを)修繕して直したふた。「破(わ)れ鍋に―」(↓われなべ)

としま【年△増】娘盛りを過ぎた年のころの女性。「中(ちゅう)―」「大(おお)―」▽江戸時代では二十歳前後を指す。

とじまり【戸締(ま)り】《名・ス自他》家の戸や門をしめ、錠などをかけること。

としまわり【年回り・年×廻り】まわりくる年齢によって吉凶があるということ。「―がいい」▽男の四十二、女の三十三は最も凶といわれる。

とじめ：【×綴(じ)目】とじ合わせたところ。「本の―」

としゃ【吐×瀉】《名・ス自》はくこととくだすこと。嘔吐(おうと)と下痢。はきくだし。▽「―物」は嘔吐物のみを指すことが多い。

どしゃ【土砂】土と砂。「―崩れ」 **―ぶり**【―降り】雨がざあざあと激しく降ること。

としゅ【徒手】①(何かをするのに)手に何も持っていないこと。「―体操」②徒手空拳。 **―くうけん**【―空拳】①すで。からて。「―で敵にむかう」②比喩的に、それをするのに必要なもの(資金など)を持たないで立ち向かうさま。「―で南米に渡る」

としゅ【斗酒】一斗(約一八リットル)もの多量の酒。「―なお辞せず」

としょ【図書】書籍。書物。本。 **―かん**【―館】図書・記録などの資料を集め、整理・保管して閲覧させる文化施設。

としょ【×屠所】(食肉などをとるため)家畜を殺して切りわける所。屠場(とじょう)。「―の羊」(刻々、死に近づいて行く者のたとえ。うちしおれた様子にも言う)

としょう ①【徒渉】《名・ス自》川を歩いてわたること。かち渡り。②【渡渉】《名・ス自》川をわたること。

とじょう【×屠場】↓としょ(屠所)

とじょう【登城】《名・ス自》武士が城に参上・出勤すること。↔下城(げじょう)

とじょう【途上】①目的地に近づきつつある過程。途中。「上京の―にある」。目的に向かって進む途中の状態。「発展―にある」②みちのうえ。路上。「―に人影を見ない」

どじょう【〈泥鰌〉】小川や沼や田の泥の中にすむ淡水魚。体はウナギに似て筒形で、約一五センチ。背は暗緑色で腹は白色。口のまわりに十本のひげがある。食用として、柳川鍋(やながわなべ)やどじょう汁などにする。▽どじょう科。仮名では、しばしば「どぜう」と書く。 **―いんげん**【―隠元】インゲンマメの一品種。つる性。さやが柔らかいので、さやいんげんとして作られる。 **ーひげ**【ー×髭】(ドジョウのひげのように)まばらな薄い口ひげ。

どじょう【土壌】①地表の岩石がくずれ、分解変化したもの。作物を育てる土地。土(つち)。②比喩的に、そのような結果を生じる環境・条件。「悪のー」

としょうじ【戸障子】戸や障子。

どしょうぼね【土性骨】生まれつきの性質。「ーをたたきなおす」「ーがすわっている」▽「ど」は接頭語。

としょく【徒食】『名・ス自』仕事を何もしないで、暮らすこと。座食。居食い。「無為ー」

としより【年寄(り)】①年を取った人。老人。②武家時代、政務に参与する重臣。③江戸時代、町村で、住民の長としての役をする者。④相撲(すもう)で、関取(せきとり)(や関取格の行司)が引退して、興行、力士などの取締り、弟子(でし)の養成をする者。

としよわ【年弱】①年齢のわかいこと。年下の人。としわか。②数え年で年齢を言う場合、その年の七月以降に生まれたこと。↕年強(としづよ)

と-じる(とぢる) ㊀【閉じる・×綴じる】『上一他』ひらいているもの、あき間・すき間のあるもの、ばらばらなものを、一つにまとめ合わせる。①そのものを操作して内部が見えないようにする。【閉】「ふたをー」「本をー」「口をー」(物を言おうとしない意にも)「目をー」(死ぬ意にも)「店をー」(一日の営業を終えて、戸をしめる。(2)の意にも)「うどんを卵でー」(普通「綴」で書く。↓たまごとじ)「カーテンをー」▽「しめる」とほぼ言い替えられるが、「とじる」にはたるみをなくする意が無い点で「しめる」と異なる。②行われていたものを終わりにする。【閉】「今日の会をー」「店をー」(廃業する。(1)の意にも)「山をー」(登山を許す期間を終える。また、鉱山の操業を廃止する)「ここで話をー」▽↓しめる(締)㊁。③離れ離れの物をつづり合わせる。【綴】「新聞をー・じて保存する」「こよりでー」

㊁【閉じる】『上一自』①あいていたものがふさがる。「水門がー」②開いていたものが終わる。「会がー・じたあとで」「ー・じられたシステム」③外部から独立してひとまとまりとなる。「ー・じられたシステム」▽とじる㊀(1)(2)の意に当たる自動詞。

としわすれ【年忘れ】その年の苦労を忘れること。そのための、年末の集会。忘年会。

としん【×兎唇】みつくち。

としん【妬心】他人をねたむ気持。ねたみごころ。

としん【都心】大都市の中心部。また、首都の中心部。

とじん【都×塵】都会のごたごたした騒々しさ。「ーを避けて」▽ちりにたとえて言う。

どしん『副と』①↓どすん。②振動が身に響くさま。ずしん。「ーと突き上げるような揺れ」

どじん【土人】①土着の住民。土民。②原始的生活をする、土着の人。▽多く、軽侮の意を含む。

とじんし【都人士】みやこの人。みやこびと。

と-す【賭す】『五他』↓とする

トス『名・ス他』①野球などで、近くの味方へ、軽く下から送球すること。②バレーボールで、相手の方へ打ち込めるようにボールを高く上げること。③テニスで、サーブをするためにボールを投げ上げること。④コインなどを投げて、それが落ちたときの出た面によって物事をきめること。▽toss

どす 短刀・匕首(あいくち)等、ふところに隠して持つ刀。「ーを呑(の)む」(ふところにどすを隠し持つ)「ーの利いた声」(すごみのある声)

どすう【度数】①その事が起こる(起こった)その数。回数。②温度・角度などの数値。「ーの高い酒」

ドスキン 鹿皮に似せた、光沢のある厚いラシャの布地。男の礼服用。▽doeskin

どすぐろ-い【どす黒い】『形』濁ったように(気味悪く)黒ずんでいる。「ー血」 派生 **-さ**

と-する【賭する】『サ変他』大切なものを、ある事にうちこむ。かける。「生命をー」

ど-する【度する】『サ変他』①済度(さいど)する。度す。「縁なき衆生といえども、ーだけはーの慈悲」(中里介山「大菩薩峠」)②言い聞かせて、分からせる。

どすん『副と』重いものが地響きを立てて落ちるさま。どしん。「馬の背からーと重いものを地面に卸す音がした」(有島武郎「カインの末裔」)

=**とせ**【△年・△歳】年数を表す。「ふたー」「いくー」▽今では雅語的。

とせい【渡世】暮らして行くための職業。世渡り。生業。▽特にばくち打ちの社会を指すこともある。 **ーにん**【ー人】ばくち打ち。

どせい【土星】太陽系で内側から六番目の惑星。大きさは木星の次。周囲に環(わ)があり、数十個の衛星を持つ。

どせい【土製】土でつくってあること。

どせい【怒声】おこってどなる声。「ーを浴びる」

どせきりゅう【土石流】山崩れなどの時に起こる、土や石の泥水状の激しい流れ。山津波。

とぜつ【×杜絶・途絶】『名・ス自』ふさがって絶えること。とだえること。「通信ー」▽「杜」はとざす意。

とせん【渡船】渡しぶね。 **ーば**【ー場】渡しぶねの発着する所。とせんじょう。

とぜん【徒然】することがなくて退屈なこと。つれづれ。「ーを慰める」

とそ【×屠×蘇】屠蘇散をひたした味醂(みりん)。独得の香気があり、不老長寿の効があるとして、正月の祝い酒にする。「ー気分」(正月の祝いに浮かれた気分)▽邪気を屠(ほふ)り生気を蘇(よみがえ)らせる意。 **ーさん**【ー散】山椒(さんしょう)・肉桂(にっけい)・桔梗(ききょう)・防風などの薬草を砕いて調合したもの。袋に入れ、味醂(みりん)にひたして使う。

とそう【塗装】『名・ス他』塗料をぬる、または吹き付けること。

どそう【土葬】『名・ス他』死体を、焼かずに土の中に埋葬すること。

どぞう【土蔵】周りを泥と漆喰(しっくい)で塗ったくら。「ー破り」

どそく【土足】①外用の履物をはいたままの足。「―にかける」「―厳禁」②土でよごれたままの足。どろあし。「―の跡をつける」

どぞく【土俗】土地の風俗。「―信仰」

どだい【土台】①《名》もとい。㋐建築物を建てるための基礎。「―石」。特に、木造建築物の最下部にある横木。いしずえの上に横たえて、上部の重みを支える。㋑物事の基礎。「考え方の―」②《副》根本(こんぽん)から。もともと。元来。「―無理な話だ」▽⑵は多く、下に打消しや否定的な表現がくる。

とだ-える【△跡絶える】《下一自》続いている(続くはずの)ものが、その時に、またはそこで、尽きる(なくなる)。「それっきり連絡が―・えた」「人の往来が一瞬―」「家並みが橋のかなり手前で―」▽「途絶える」とも書く。

どたキャン《名・ス自》〔俗〕その事の直前という土壇場(どたんば)になって(はた迷惑も構わず)キャンセルすること。

どたぐつ【どた靴】〔俗〕歩くとドタドタと音を立てるような、不格好な靴。

どたどた《副[と]》足音が騒がしいさま。「階段を―(と)駆け降りる」

とだな【戸棚】三方を囲った前面に戸をつけ、中にたなを設けて、物を入れる家具。

どたばた《副[と]・ス自》①足音を大きく立てたり、あばれたりするさま。「泥靴で廊下を―(と)走る」②慌てたり、取り込んでいたりするさま。「先日は―していて失礼しました」「―と片付ける」

とたん【塗炭】泥にまみれ火に焼かれるような苦しい境遇。「―の苦しみ」

とたん【途端】ちょうどその瞬間。「家を出た―(に)雨が降り出した」

トタン 亜鉛でめっきしたもの、特に、薄い鉄板。「―屋根」▽ポルトガル tutanaga から。

どたんば【土壇場】①物事が決定しようとする最後の瞬間・場面。「―での逆転勝ち」▽⑵の転。②首を切る刑場。▽「土壇」は斬首のための台状の盛り土。

とち【栃・×橡】→とちのき

とち【土地】①土。大地。㋐耕作などに利用する土。土壌。「―改良」㋑人が利用する地面。耕地・宅地など。「―収用」㋒領土。「―割譲」②その所。その地方。「―の人」 **―がら**【―柄】その土地の風習・状態。ところがら。 **―かん**【―鑑・―勘】その土地の地理・地形などについての知識。「―がはたらく」▽もと、警察用語か。 **―っこ**【―っ子】その土地で生まれ、育った人。

とちくる-う【とち狂う】《五自》①ふざける。②血迷う。「何を―・ったのか」▽古くは「どちくるう」とも。

とちのき【栃の木・×橡の木】山に自生する落葉高木。葉は大形で掌状。初夏、白色に紅の斑点のある花が咲く。実は球形。街路樹・庭木にし、材は器具用、種子は食用。とち。▽むくろじ科(旧とちのき科)。

とちめんぼう【栃麺棒】うろたえあわてること。あわてもの。▽本来は栃麺(=とちの実を原料とする麺)をつくるための棒。その使い方がすこぶる急を要することから。

どちゃく【土着】《名・ス自》人が、その土地に、(古くから)住みついていること。また、完全に住みつくこと。「―民族」

とちゅう【途中】出発してから到着するまでの間(のある所)。「行く―ずっと思案した」「―下車」。し始めてからし終わるまでの間のある段階。中途。「―でやめる」

どちゅう【土中】つちのなか。

とちょう【徒長】《名・ス自》(栽培植物の)むだな生長。作物や茎・葉や植木の枝がむだに伸びること。「麦の―が心配だ」「―枝を剪定(せんてい)する」

とちょう【登頂】《名・ス自》→とうちょう(登頂)

どちょう【怒張】《名・ス自》①血管などが、はちきれるようにふくれあがること。②肩などを、いからして張ること。

どちら《代》①どの方向。「―に向いていますか」②二つ以上のものの中から、どれかを選ばせる、または選ぶ時に使う語。「―になさいますか」「―でも結構です」▽⑴⑵は「どっち」より丁寧。③どの場所。どこ。「お国は―ですか」▽「どこ」「どっち」より丁寧。④どなた。「―様ですか」▽「だれ」より丁寧。

とち-る《五自》〔俗〕①俳優がせりふ・しぐさをまちがえる。②転じて、ものごとをやりそこねる。

とつ【×咄】《感》驚き怪しんだり、強く呼びかけたりする時に発する語。「―、何の怪事ぞや」▽文章語。

とつ〖凸〗トツ｜《ダナ・造》両端が低く、中が出ばっている。なかだか。↕凹。「凸角・凸版・凸面・凸起・凹凸」。張り出した形である。「下方に凸な曲線」

とつ〖突〗〖突〗トツ つく｜①(だしぬけに)勢いよく出る。つき出る。ぬきんでる。つき出たもの。「突出・突進・突入・突破・突撃・突貫・突角・突起・突堤・突端・猪突(ちょとつ)・煙突」②だしぬけにぶつかる。つきあたる。つく。「衝突・激突・追突」③だしぬけに。急に。「突如・突然・唐突・突発・突風」

とつおいつ《副》あれこれと迷って決心のつかないさま。▽「取りつ置きつ(=取ったり置いたり)」の転。

とっか【徳化】《名・ス他》人徳をもって感化すること。

とっか【特化】《名・ス他》他とちがった特別なものとすること。「商品の―を図る」

とっか【特価】特別の安いねだん。「―品」

とっか【特科】特別な科(目)。陸上自衛隊では、旧陸軍の砲兵に当たるもの。

どっか【読過】《名・ス他》①よみおえること。②よみすごすこと。

どっか《副と》①いかにも重そうに腰を下ろすさま。

「―と胡坐(あぐら)をかく」②重々しくその位置を占めるさま。「―と居座る」「香炉を―と据える」

どっかい【読会】 旧憲法時代の議会で、議案の審議を慎重にする目的で設けた制度。全体審議、各条審議を重ねるもの。「第三―」

どっかい【読解】〘名・ス他〙文章を読んでその意味を理解すること。文章の意味を読みとること。「―力」

とっかえひっかえ…かへ…かへ**【取っ替え引っ替え】**〘副・ス他〙次々にとりかえるさま。「―試着する」

とっかかり【取っ掛(か)り】 とりつく手がかりになるもの・場所。とっつき。▽「とりかかり」の音便。

とっかく【突角】 敷地などの(外方に)鋭角に突き出たかど。

どっかり〘副[と]〙→どっか

とっかん ①【×吶×喊】〘名・ス自〙突撃に移る前に、士気を高めるために、指揮者の合図に応じて声を大きく張り上げること。その叫び声。②【突×喊】〘名・ス自〙突撃号令に応じて一斉にワーッという叫び声をあげること。

とっかん【突貫】 ①〘名・ス自他〙突き通すこと。突き通ること。②〘名〙転じて、(無理をしてでも)一気にしとげること。「―工事」③〘名・ス自〙敵の戦線を突き破る猛攻撃をすること。また、突撃。▽「突喊」の俗な書き方と見られる例もある。

とっき【突起】〘名・ス自〙①部分的に突き出ること。また、突き出たもの。「虫様(ちゅうよう)―」②突然に起こり出ること。

とっき【特記】〘名・ス他〙(重要なこととして)特に書きとめること。特筆。「―事項」

どっき【毒気】 ①毒性のある気体。②人に害を与えるような感情。どっけ。「―を抜かれる」(相手の予想外の態度に気がそがれて呆然(ぼうぜん)となる) ▽「どくけ」と読めば別の意。

どづき【土突き】 →どうづき

とつきとおか…を…と**【十月十日】** 十か月と十日。胎児が母の胎内にいる期間を言う。

とっきゅう【特急】 ①「特別急行」の略。急行⑵より も、更に速く停車数も少ない列車・バス。「―券」②特に急いで行うこと。「―でやる」

とっきゅう【特級】 一級の上の等級。「―品」

とっきょ【特許】 ①新規性のある高度の技術的発明をした者またはその権利を継ぐ者の出願に基づいて、政府がその権利を一定期間保護すること。「―権」②政府が特定の会社・銀行などに対して特別の権利を与えること。「―会社」

どっきょ【独居】〘名・ス自〙ひとりきりで住むこと。ひとりでいること。ひとりずまい。

どっきょう【読経】〘名・ス自〙→どきょう(読経)

ドッキング〘名・ス自〙宇宙空間で人工衛星や宇宙船が結合すること。また広く、二つのものが結合して一つになること。▽docking

とつ-ぐ【嫁ぐ】〘五自〙よめに行く。

とっく【特区】 よそでは公に許さない事を特別に(試行的に)許す地区。「経済―の成果が上がった」▽二十世紀末近くから広まった語。中国語起源。

とっく【△疾っく】 →とう(疾)。「―の昔に」

ドック ①船舶の建造・修理などをするための築造施設。船舶をその中に入れて作業を行う。船渠(せんきょ)。②「人間ドック」の略。▽dock

とつくに【△外国】 日本以外の国。外国(がいこく)。▽雅語的。

ドッグ フード 犬用に加工した市販の餌。▽dog food

とっくみあい…ひ…あ**【取っ組(み)合い】** 互いに相手をつかんでもみあうこと。「―のけんか」

ドッグ ラン 飼い犬を、リード⑶を外して自由に遊ばせる場所。▽dog run

とっくり【△徳利】 ①首が細くなった酒の容器。銚子(ちょうし)。②泳げない人をあざける語。▽徳利⑴は水にはいるとすぐ沈むから。⑴⑵とも「とくり」とも言う。③徳利⑴の形に似た襟。タートルネック。「―のセーター」

とっくり〘副[と]〙念を入れて十分に。とくと。「―(と)考える」「話を―(と)聞かせてもらおう」

とっくん【特訓】〘名・ス他〙「特別訓練」の略。特別にきびしく訓練すること。「新入社員の―」

どっけ【毒気】 →どくけ

とっけい【特恵】 特別の恩恵。特別の待遇。「―関税」

とつげき【突撃】〘名・ス自〙敵陣に突入する攻撃をし掛けること。「―らっぱ」

とっけん【特権】 特定の人・身分・階級に与えられている、他に優越した権利。「―階級」

とっこ【△独×鈷】 密教で使う仏具の一種。金属製の、両端がとがった短い棒。手で持って煩悩を打ち砕く意を表す。「―にとる」(それを持ち出しさえすれば相手が聞き入れるというところから、口実にする) ▽「どっこ」とも言う。

どっこい〘感〙①力を入れる時の掛け声。どっこいしょ。「うんとこ―」②相手の行動などを受けてさえぎり止める時に発する語。「―そうはさせない」

どっこいどっこい〘ノダ〙両方の力や勢いがおよそ互角なこと。「成績は―だ」

とっこう【特攻】「特別攻撃」の略。㋐第二次大戦末期に日本軍が採用した、爆弾を積んだ航空機などで体当たりする攻撃。「―機」㋑特攻㋐のための部隊。「―に編入」

とっこう【特効】 特に顕著な効能。 **―やく【―薬】** ①その病気・傷・症状に特別によく利く薬。②比喩的に、ある物事に特に効果があること・もの。「赤字解消の―」

とっこう【特高】「特別高等警察」の略。旧警察制度で、政治思想関係を担当する課(の警察官)。

とっこう【徳行】 道義にかなったよい行い。

とっこう【篤行】 ①人情にあつい行い。②まじめに努力する行い。

どっこう【独行】〘名・ス自〙①仲間なしで、一人で行くこと。単独行。②自分の力だけで行うこと。「独立—」

どっこう【独航】《名・ス自》船団や艦隊に属さず、一隻だけで航海すること。「—船」

とっさ【×咄×嗟】ごく短い時間。瞬間的な時間。「—の間」「—に身をかわす」▽思慮する時間を置かず、反射的に行為するような場合に使う。

とっさき【突先】〔俗〕突き出た先端。とがった端(はし)。

どっさり《副［と］》①数量が多いさま。どさっと⑵。「金を—貯める」「仕事は—(と)ある」②重いものが落ちるさま。どさっと⑴。「疲れた体を—(と)投げ出す」

ドッジ ボール 球技の一つ。二組にわかれて一つの大形のボールを投げあって、相手に当てる。ドッチボール。▽dodge ball

とっしゅつ【突出】《名・ス自》①高く、長く、または鋭くつき出ること。「—した部分」②つきやぶって出ること。「ガス—事故」③きわだつこと。「軍事費が—する」

とつじょ【突如】《副・トタル》とつぜん。「—(として)起こった大事件」「—たる攻撃の口調に驚いた」

どっしり《副［と］・ス自》①十分な重みが感じられるさま。「—(と)重い袋」「—とした帯」②落ち着いて重々しいさま。「—(と)した構造の家」「—した人」③その位置を占めて動かないさま。「古い考えが—(と)根をおろしている」

とっしん【突進】《名・ス自》まっしぐらに突き進むこと。目標にすごい勢いで突っ込むこと。「ゴール目がけて—する」

とつぜん【突然】《副ノ・ダナ》物事が不意に起こるさま。だしぬけ。「—立ち上がる」「—に死ぬ」「—で驚くだろうが」 関連 急・いきなり・不意・出し抜け・やにわ・時ならず・頓(とん)・にわか・突如・唐突・俄然(がぜん)・忽然(こつぜん)・勃然(ぼつぜん)・豁然(かつぜん)・翻然・卒然・忽焉(こつえん)・率爾(そつじ)・ばったり・ぱったり・ひょっと・ひょいと・ひょっこり・はたと・がたっと・ぽっくり・ころり・がらり・がらっと・藪(やぶ)から棒・寝耳に水 **—へんい**【—変異】親の系統になかった新しい形質が、突然、生物体に出現し、それが遺伝すること。

とったん【突端】突き出た端(はし)。「半島の—」

どっち《代》→どちら。「—も—」(どちらも同じ程度で大した違いがない)▽「どち」の促音化。

どっちつかず【どっち付かず】《連語》どちらとも決まらずに、はっきりしないこと。「—の返事」

どっちみち【どっち道】《副》→どのみち

とっちめる【取っちめる】《下一他》〔俗〕きびしくしかりつける。やっつける。やりこめる。▽「取って絞(し)める」に由来。

とっちゃんぼうや【△父っちゃん坊や】おとなでいながら、姿・行動に幼稚さを感じさせる男。

とっつき【取っ付き】①初めて接して、親しめそうかどうかという、その人や物の感じ。「—のよくない人」「—やすい曲」「—にくい文章」②一番手前。「—の部屋」③物事の取りかかり。一番初め。▽「とりつき」の音便。

とって【取(っ)手・△把(っ)手】器物の(手に持つための)突き出た箇所。「ドアの—」

とってい【突堤】岸から水面に突き出た堤防。

とっておき【取って置き】出すべき時のために、大事にしまっておくこと。またそのもの。「—のワイン」「—の方法」▽「とっとき」とも言う。

とってかえ‐す(かへす)【取って返す】《連語》途中から急いで引き返す。

とってかわ‐る(かはる)【取って代(わ)る】《連語》(先行のあるいは優位にある)人・物に代わってその地位を占める。いれかわる。「CDがレコードに—」

とってく‐う(くふ)【取って食う】《連語》①手に入れて食べる。「兄のものを—」②捕まえて食い殺す。転じて、凶暴なことをする。「—・いはしない」

とってつけたよう(やう)【取って付けたよう】《連語》あとからつけ加えたように不自然な言動のたとえ。「—なお世辞」「—に言う」

とっても《副》「とても」を強めた語。

とっと《副［と］》さっさとはやく。「—と出て行け」▽文語形容詞「疾(と)し」の連用形を重ねた「とくとく」から。

ドット (表現の要素とする)点。水玉模様。電子メールアドレスの「.co.jp」の「.」の称など。▽dot **—プリンター** 文字・図形などを小さい点の集合で表す印刷機。▽dot printer **—マップ** 人口・生産高などの数量を点の大小・粗密によって表した地図。点描図。点地図。▽dot map

どっと《副》①大ぜいが一斉に声をあげるさま。「みんなが—笑う」「—歓声が起こる」②一斉または一時に大量の人や物が移動・出現するさま。「波が—押し寄せる」「注文が—来た」「汗が—噴き出す」③瞬時に、重い物が倒れたり大量の物が落ちたりする音。そのさま。「裏山が—崩れる」④急に悪い方へ変化するさま。「—病の床につく」

とっとして【突として】《連語》《副詞的に》①突き立って。「—そびえる峰」②だしぬけに。突然。「—現れる」▽文章語的。

とつとつ【×訥×訥・×吶×吶】《トタル》口ごもりながら話すさま。また、書き方が稚拙で、なめらかでないさま。「思いを—と語る」「—たる弁舌」「—とした文章」

とつにゅう【突入】《名・ス自》つきすすんで、はいりこむこと。「敵陣に—する」。ある状態に勢いよくはいりこむこと。「ストに—する」

とっぱ【突破】《名・ス他》(すごい勢いで)突き破ること。「敵陣を—する」「難関を—する」。数量が着目値を越えること。「人口が一千万を—した」 **—こう**【—口】①敵陣の一角を突破して作った攻め口。②転じて、解決の糸口。「—を開く」

トッパー たけが短くて、ゆったりした、女性用のコー

ト。▽topper

とっぱず‐す《五自》〔俗〕不覚にも失態を演じる。「思わず―してしまった」（多くは放屁（ほうひ）を指す）▽「取り外す」⑵の転。

とっぱずれ〔俗〕「はずれ」（外）⑴の強調。「町の―」

とっぱつ【突発】《名・ス自》（事件などが）突然に起こること。「―事故」「―的な症状」

とっぱな【突△端】 突き出た端（は）。また、一番先。最初。「―にやらされる」

とっぱん【凸版】 インクのつく面が他の部分より出っ張っている印刷版の総称。↕凹版

とっぴ【突飛】 ①《「―だ」「―な」の形で》常識からひどく外れていて、人々があっと驚くようなさま。「―な服装」②とびだすこと。突出。派生 **-さ**

とっぴょうし【突拍子】『―もない』度はずれな。調子はずれな。とてつもない。

トッピング 調理した食品の上に飾りとして、また味付けのために、のせるもの。「ピザの―」▽topping

トップ ①一番目。先頭。先端。首席。「―に躍り出る」「―クラス」「―バッター」▽top ②「トップ ニュース」の略。「社会面の―」③「トップ マネージメント」の略。「―が交代する」④「トップ ギア」の略。自動車の変速機で、最高速度が出るギア。↕ロー。▽top gear から。 **―コート** 普通、春、秋に着られる合コートのこと。オーバーコートに比べて薄手の布地で作られる。▽topcoat **―シークレット** 最高機密。「国家の―」「―を暴露する」▽top secret **―ダウン** システムや理論を作る時、その目的を達するには何を解決しなければならないかを考え、この新たな目標を達するには更に何を解決すべきかというように、順次具体的な事に近づいてゆく仕方で問題解決を図る方式・態度。↕ボトム アップ。「―社会」（上のものの意向を下部に指示する行き方の社会）▽top-down **―ニュース** 新聞紙面で、最上段に掲載する最も重要な記事。▽top news **―マネージメント** 企業の経営管理において、全体を統括し、その最高方針決定を担当する部門。経営管理組織の最高幹部。▽top management

とっぷう【突風】 突然吹きおこる風。急に強くなってすぐやむ風。「―にあおられる」

ドップラーこうか【ドップラー効果】 救急車のサイレンの音が近づく時は高く、遠ざかる時は低く聞こえる例のように、波動の源と観測者との少なくとも一方が動いている時に、観測者のとらえる振動数が源の発するのと異なる現象。▽発見者 Doppler の名にちなむ。

とっぷり《副［と］》①日がすっかり暮れるさま。「―（と）日が暮れる」②湯などに十分に深くつかるさま。「思い出に―（と）ひたる」

どっぷり《副［と］》①液体の中に物が十分ひたっているさま。「筆を墨壺（つぼ）に―（と）浸す」②ある環境にすっかりはまりこむさま。「悪の道に―（と）はまる」

とつべん【×訥弁】《名ノ》つかえつかえしゃべる話し方。↕能弁

どっぽ【独歩】 ①同伴者なしに、一人で歩くこと。「ドル、―安（やす）」②自分一人の力で行うこと。「独立―」③たぐいなくすぐれていること。無比。「古今―」

とっぽ‐い《形》〔俗〕①きざで不良じみている。「―奴」②どことなく間の抜けた感じだ。「―顔」

とつめん【凸面】 中央部がふくれあがっている面。 **―きょう【―鏡】** 反射面が凸面である鏡。平行光線をひろげて反射させる作用を持つ。↕凹面鏡

とつレンズ【凸レンズ】 中央部が厚くなっているレンズ。平行光線を通して一点に集める作用を持つ。↕凹レンズ

とて《連語》①㋐……といって。「京都へ―旅立った」㋑……と思って。「だれのため―あくせく稼ごうか」㋒……（しよう）として。「鬼が島をば討たむ―勇みて家を出かけたり」②《終止形に付き、後ろに打消し・反語を伴って》……としても。……といっても。「泣いた―同情はされない」「強い―偉いものか」③《体言、特に「こと」に付いて》……ゆえに。「休日のこと―どこも人出が多い」「慣れぬわざ―不手際（ふてぎわ）だ」④《普通は体言に付いて》それが例外ではなく他と同様だという意を表す。……もやはり。……にしても。「君―そう思うはずだ」「今日も今日―」「これは国家において―変わらない」▽格助詞「と」+接続助詞「て」

どて【土手】 ①水・風などを防ぐために土を小高く積み上げた長い堤。②〔俗〕マグロの赤身のさく⑵で、握りずしに用いる部分。 **―なべ【―鍋】** 鍋料理の一種。土鍋の縁に味噌（みそ）を塗りつけ、牡蠣（かき）などを煮ながら食べる。

とてい【徒弟】 弟子（でし）。特に、仕事の見習いのために、親方のもとで働く少年。丁稚（でっち）・小僧など。「―制度」

とてシャン〔俗〕たいそう別嬪（べっぴん）であること。その人。「あの娘（こ）良い娘だ、―だ」▽「とてもシャン」の略。旧制高校の学生語から広まった。→シャン

とてつ【途×轍】『―もない』途方もない。なみはずれた。「途轍もない大きさ」「途轍もなく広い」▽「途轍」は、すじみち・道理の意。

どてっぱら【土手っ腹】〔俗〕はら。腹部。▽乱暴にののしって言う語。

とても《副》①どんなにしても。とうてい。「―出来ない」「―だめだ」②程度が大きいこと。たいへん。とっても。「―いい」「―きれいだ」「―喜ぶ」▽「迚も」と書いた。「とてもかくても」の略で、本来は、下に必ず直接的・間接的に打消しを伴った。 **―のことに【―の事に】**《連語》《副詞的に》いっそのこと。「―死んだらよかった」

どてら【×縕×袍】 普通の着物より少し長く、ゆったり仕立てて、綿を入れた広袖の和服。防寒用・寝巻用。

丹前。

とと【△父】ちち。「—さま」▽既に古風。

とど ①《名》ボラの成長したもの。②《副》「とどの詰まり」の略。「いろいろ試みて—あの始末だ」「—こんなおもてなししかできませんが」

とど【×椴】→とどまつ

とど【〈胡獱〉】大形の海獣。アシカに似てはるかに大きく、体は赤褐色。北太平洋に生息。▽あしか科。

どど【×呶×呶】《名・ス自》くどくど言うこと。「—を要しない」▽「どうどう」の慣用読み。

どど【度度】①たびたび。しばしば。②そのたびごと。その都度。

どどいつ【△都△都逸】江戸時代後期から江戸を中心に広まった代表的な俗曲。歌詞の標準型は七七七五。▽都々逸坊(どどいつぼう)扇歌が広めた。

ととう【徒党】何やらよからぬ事をたくらんで寄り集まった仲間・集団。「—を組む」

ととう【渡島】《名・ス自》船で島に渡ること。

どとう【怒×濤】激しく荒れ狂う大波。「逆(さか)巻く—」「群衆が—のごとく押し寄せる」

とどうふけん【都道府県】都と道と府と県。市町村と特別区を包括する最上級の普通地方公共団体(行政区画)の総称。

とど-く【届く】《五自》差し出したものが向こうに着く。㋐至る。達する。「いちばん下の枝に手が—」「もうじき五十に手が—」「声が—」「願いが—」(願っている気持が受けいれられて、かなう)㋑(送った)品物・郵便などが、相手方に着く。「田舎の父から手紙が—」「佃煮(つくだに)が宅配便で—・いた」㋒四方に(すみずみまで)行き渡る。「注意がよく—」「目が—」

とどけ【届(け)】役所・上役などに届け出ること。その書類。とどけ書。「婚姻—」「欠勤(の)—を出す」

とどけいで【届△出】役所・上役などに、書類または口頭で申し出ること。とどけで。

とどけさき【届け先】届けて渡すべき先方。

とどけで【届け出】→とどけいで

とどけ-でる【届け出る】《下一他》役所などに(出かけて行って)書類または口頭で申し出る。

とど-ける【届ける】《下一他》届くようにする。㋐運んで相手方に着くようにする。「荷物を—」㋑役所などに申し出る。とどけを出す。「出生(しゅっしょう)を市役所に—」

とどこお-る(とどこほる)【滞る】《五自》物事が順調に進まないで、つかえたり、たまったりする。「仕事が—」「家賃が—」

ととの-う(ととのふ)【整う・調う】《五自》めざす状態に全体がよくまとまる。㋐乱れずきちんとそろう。調和がとれる。「隊形が—」「—・った文章」「—・った顔立ち」。不足なく備えができる。「準備が—」㋑約束事がぐあいよくまとまる。「縁談が—」「和議が—」「取引は—・わなかった」

ととの-える(ととのへる)【整える・調える】《下一他》めざす状態に全体をよくまとめ上げる。㋐きちんとした形にする。調整する。「服装を—」「味を—」。不足しないようにそろえる。「準備を—」「災害に備えて食糧を—」㋑相談事などをぐあいよくまとめる。「交渉を—」「縁談を—」

とどのつまり【とどの詰(ま)り】《連語》《名詞・副詞的に》物事の果て。結局のところ。「—がこれに決まった」「—しぶしぶ承知した」▽ボラは成長につれ別名で呼ばれるが、その最終段階を「とど」と言うことから。→しゅっせうお

とどまつ【×椴松】北海道以北に産する常緑高木。木の皮は灰白色。材は建築・器具用。また製紙・パルプ用。とど。▽まつ科。

とどま-る【△留まる】《五自》①移動がそこでやんだ、または移動を起こさない状態で、そこにある。行かないで残る。「国に—」「現職に—」「時間は—ことなく進む」▽「止」も使う。→とどめる(1)。②ある範囲から出ない。それ以上に進まないようになる。「損害は百万円程度に—・った」「物価の高騰は—ところを知らない」

とどめ【△止め】①最後に急所の喉(のど)を刺すなどの決定的な攻撃を加え、相手の命を完全に奪うこと。「—を刺す」②《「AはBに—を刺す」の形で》Aについては Bが最上だ。「酒は灘(なだ)に—を刺す」

どどめ【土留(め)】土手・がけなどの土砂がくずれるのを防ぐために設けた柵や工作物。つちどめ。

とど-める【△留める】《下一他》①移動をそこでやめさせ、やめた状態を保たせる。「足を—・めて見入る」「人波を押し—」▽「とめる」が移動の停止という変化に重点を置くのに対し、これは(移るべきものが足ぶみしているような)停止状態に重点を置く。「とどまる」と「とまる」との関係も同じ。「止」も使う。②あとに残す。「妻子を郷里に—」「足跡を—」「末長く心に—・めておこう」「記憶に—」③ある範囲に限る。「問題点を挙げるに—」「今日の話はここまでに—」

とどろか-す【×轟かす】《五他》とどろくようにする。

とどろ-く【×轟く】《五自》①(振動・反響を伴う)大きな音が鳴り響く。「砲声が天に—」▽→ひびく(1)㋐。②広く世間に知れ渡る。有名になる。「勇名が天下に—」▽(よい)評判に使うのが普通。→ひびく(2)㋑。③『胸が—』緊張・期待などで、心臓の鼓動が激しくなる。▽「とどろ」は「ごうごう」「どうどう」に当たる古い擬音語。

トナー レーザー プリンターや複写機で使用する粉末インク。▽toner

ドナー 臓器・骨髄移植で、他人に臓器などを提供する人。↔レシピエント。▽donor(=寄贈者)

となえ(となへ)【△称え】よび名。名称。

とな-える(となへる)【唱える・△称える】《下一他》①声を立て節(ふし)をつけて読む。「念仏を—」「呪文(じゅもん)を—」②声高く叫ぶ。「万歳を—」③(人に先立って)主張

する。「新学説を―」④名づけて呼ぶ。称する。▽⑷は普通、「称」を書く。

トナカイ【〈馴鹿〉】しかに似た大形の獣。北地にすむ。ふつう灰褐色で首は白い。雌雄とも枝分かれした角(つの)があり、特に雄のは大きい。しか類中、唯一の家畜で、北地ではそりを引き、荷を運ぶ。肉・乳・皮も有用。じゅんろく。▽アイヌ語から。しか科。

どなた【〈何方〉】《代》「だれ」の丁寧な言い方。「―がおいでになりますか」

どなべ【土鍋】陶製のなべ。

となり【隣】①一番近い両横の位置。「―の国」②隣⑴にある家。隣家。「お―」▽やや古風になるが、サ変動詞化しても使った。「大きな呉服屋に―して郵便局がある」。↓となる

となりあ-う【隣(り)合う】《五自》隣どうしの位置に並ぶ。

となりあわせ【隣(り)合(わ)せ】互いに隣である関係にあること。「危険と―の仕事」

となりぐみ【隣組】第二次世界大戦当時、国民統制のために設けた最末端の地域組織。町内会・部落会の下。

とな-る【隣る】《五自》となりの関係に位置する。「あい―二数の和」▽口語ではあまり用いない。

どな-る【怒鳴る】①《五自》大声で呼ぶ。大声で叫ぶ。②《五自他》声高く叱りつける。「子供を―のはよくない」「部下を―りつける」

とにかく《副・ノダ》いろいろな事情はさておいて。何にしても。ともかく。「―まちがいない」▽「兎に角」と書くのは当て字。「とにかくに」から。

トニック ①毛髪用の栄養剤。「ヘアー―」②香味をつけた炭酸飲料の一つ。トニック ウォーター。「ジン―」▽tonic

とにもかくにも《連語》↓ともかく

とにゅう【吐乳】《名・ス自》乳児が、飲んだ乳を吐くこと。

とねりこ【〈秦皮〉・×梣】山地に自生する落葉高木。春、淡緑白色の小花が円錐(えんすい)形につく。雌雄異株。実には長いはねがある。並木・田のあぜなどに植える。木の皮は漢方薬用。材は器具用。▽もくせい科。

との【殿】①(女から)男を指して言う敬称。「―方」▽単独では死語。②主君・貴人を指して言う敬称。「お―様」▽もと、貴人の住む邸宅の意。↓=どの

との《連語》……という。「八時につく―電話がありました」▽格助詞「と」+格助詞「の」

=どの【殿】《人名・身分などを表す語に付けて》その者に対する敬称。「隊長―」▽昔、身分の高い人を指すのに、その御殿の名前を使った事から起こる。現在は公的に役職や氏名の宛名に付ける。私信では「さま」より軽い敬称にとどまる。

どの《連体》「どれ」と言えるような関係に立つ意を表す語。はっきりとは限定せずに言い表す人・物・事に関係する意。「―品を差し上げますか」「資格をとるのに―くらい勉強したかしれない」

どのう【土×嚢】土をつめたふくろ。

とのがた【殿方】男を指す丁寧な言い方。「―用」

とのこ【×砥の粉】砥石(といし)の粉末。粘土を焼いて作った茶色の粉末。刀剣の研磨用、漆器の下塗用、板や柱の塗装用など。

とのご【殿御】(女が)男を敬って呼ぶ語。▽既に古風。

とのさま【殿様】①主君・貴人を敬って呼ぶ語。②江戸時代の、大名・旗本を敬って呼ぶ語。③世間知らずで殿様のようなぜいたくな暮らしをしている人。

―がえる【―×蛙】かえるの一種。体は茶色・緑色で斑点や縞(しま)がある。水田に多くすみ、害虫を食べる。

―げい【―芸】殿様や金持が気晴らしにする芸。だんな芸。

―しょうばい【―商売】鷹揚(おうよう)にかまえ、もうける努力・工夫をしない商売。▽からかって言う。

どのみち【どの道】《副》いずれにしても結局。どっちみち。「―行かねばならぬ」

とのも【△外の△面】家の外(の方)。▽雅語的。

とは《連語》①「と」で表すことにとりわけ着目する気持を表す。「太郎―仲よくしているよ」「親類―言ってもつき合いが無い」▽「花子と太郎―いとこだ」の「とは」は意味上も文法構造上もこれとは区別され、「花子と太郎と」全体に「は」が付いたもの。②着目する事物を提示してこれこれなのだと説くのに使う。㋐……というのは。ここに……とあるのは。「子供―なんと可愛いものだろう」「意地悪をして楽しむ―どんな神経だろうか」「あの若さで合格する―たいしたものだ」「家―名ばかりで、ひどいあばら屋だ」「あいつが社長―驚くね」▽起源的には「と」と「は」との間の動詞連体形の省略。㋑《多く「とは」の後を省いた形で》(驚きを込めた気持で)改めて確認する態度を表す。「君に兄があった―、それもずいぶんと年上の。」「お前が使者に立った―、これはあきれた」「彼にあんなかわいらしい娘がいよう―」「まさかこんな事でお世話になろう―思いませんでした」▽「とは」の直前が助動詞「う」の時には必ず㋑の意。⑴⑵とも、格助詞「と」+係助詞「は」

とば【賭場】ばくちをする所。ばくちば。

どば【×駑馬】①のろい馬。②比喩的に、才能の劣る人。「―に鞭(むち)うつ」(努力することを謙遜して言う)

トパーズ 宝石の一種。色は黄など。黄玉(おうぎょく)。▽「トッパーズ」とも言う。topaz

とはい【徒輩】ともがら。やから。▽多少とも見下げて言う語。

どはい【奴輩】見下す気持で、人を指す語。やつら。きゃつら。▽既に古風。

とはいえ【とは言え】《連語》……と言っても。……とは言うものの。「賢い―、まだ子供だ」。《接続詞的に》そうは言っても。「もう春だ。―風は寒い」

とばえ【△鳥羽絵】江戸時代、日常生活を画材とした

こっけいな戯画。多くは、簡略・軽妙にえがいた墨絵。▽鳥獣戯画の筆者とされる鳥羽僧正(とばそうじょう)の名から。

とばく【賭博】金銭・品物をかけて勝負を争う遊戯。ばくち。

とばくち【とば口】①家の戸口。②広く、入口にあたる初めの部分。「通りの―は町家だが、すぐ屋敷が続く」「学問の―を覗(のぞ)いた程度」

どばし【土橋】上を土で覆った橋。

とば-す【飛ばす】〘五他〙①㋐飛ぶようにする。「伝書ばとを―」「基地から爆撃機を―」「嵐が屋根を―」「野次(やじ)を―」「檄(げき)を―」「記者を現地に―(=差し向ける)」「重役に逆らったので子会社に―・された」「つばきを―・してしゃべる」「首相談に好感して後場(ごば)は値を―・した」「電気器具を一遍に使ったのでヒューズを―・した」「色を―」「順番を―」「―・して先を読む」㋑乗物の速力を上げて走る。「バイクを時速百キロで―」▽「飛ぶ」の他動化。②《動詞連用形に付いて》なぐる・ける・追う等の動作を表す語の勢いを強めるのに使う。「売り―」「しかり―」

どはずれ【度外れ】普通の程度をはるかに外れてまたは越えていること。

どはつ【怒髪】激しい怒りのために逆立っている髪の毛。「―天を衝(つ)く」

とばっちり ①飛び散ってふりかかる水。②転じて、そばに居て災いを受けること。まきぞえ。「―を食う」

どばと【土×鳩・×鴿】人間が飼いならした、家ばとの一種。神社や寺で放し飼いにしている、普通のはと。

とばり【△帳・×帷】室内に垂れ下げて、隔てにする布。たれぎぬ。「夜の―がおりた」(夜になった)

とはん【登坂】〘名・ス自〙(自動車が)坂道・斜面を登ること。「重量車―車線」▽「とうはん」とも言う。

とばん【塗板】①塗った板。②黒板(こくばん)。ぬりいた。

とひ【徒費】〘名・ス他〙むだ遣い(をすること)。むだな費用。

とひ【都×鄙】みやこといなか。

とび【×鳶】①背は茶褐色、翼の下面に白い斑点がある大形の猛禽(もうきん)。小動物を食う。市街地や海辺に多くいる。空中を、輪をえがいてゆうゆうと飛び、獲物を見つけるとさっと降りてさらってゆく。とんび。「―に油揚(あぶらげ)を取られたよう」(大事なものを不意に横合いから奪い去られるたとえ)「―が鷹(たか)を生む」(平凡な親から非凡な子が生まれるたとえ)▽たか科。②→とびしょく・とびのもの。③→とびぐち

どひ【土×匪】土着の匪賊(ひぞく)。

どひ【奴×婢】下男や下女。召使。ぬひ。

とびあがり【飛(び)上(が)り】①とびあがること。②低い地位から、一足飛びの出世をすること。③突飛な言動をすること。「―者」

とびあが-る【飛(び)上がる】〘五自〙①飛んで空へあがる。空中へ舞いあがる。②おどりあがる。はねあがる。「―・って喜ぶ」③順序を踏まずにのぼる。飛び越して進む。

とびある-く【飛(び)歩く】〘五自〙忙しく方々歩きまわる。

とびいし【飛(び)石】少しずつ間をおいて並んでいる石。特に日本風の庭園に配置してあるものを指す。「―づたい」「―連休」(少しずつ間をおいて並んでいる休日)

とびいた【飛(び)板】水泳の飛込み競技などの踏切につかう板。スプリングボード。「―飛込み」

とびいり【飛(び)入り】〘名・ス自〙その集まりに元来はいっていなかった人が、不意に参加すること。その人。

とびいろ【×鳶色】とびの羽と同じ色。茶褐色。

とびうお【飛魚】胸びれが長く、ひろげて海面から飛びあがる魚。体は紡錘(ぼうすい)形で細長い。色は青銀色。食用。とびのうお。▽とびうお科の硬骨魚の総称。

とびお-きる【飛び起きる】〘上一自〙飛び上がるように勢いよく起きる。「驚いて―・きた」

とびお-りる【飛(び)降りる・飛(び)下りる】〘上一自〙①身をおどらせて、高い所からおりる。②乗物が止まらないうちに、そこから地上に勢いよくおりる。

とびか-う【飛(び)交う】〘五自〙①入り乱れて飛ぶ。とびちがう。「蝶(ちょう)が―」②さまざまな方向から発せられる。「野次(やじ)が―」

とびかか-る【飛(び)掛(か)る】〘五自〙身をおどらせて勢いよく相手にとびつく。

とびきゅう【飛(び)級】〘名・ス自〙学業成績が特に優秀なので、学年順を飛び越して更に上の級(または学校)に進む許しが出ること。▽第二次大戦後の日本では、最近の少数例外を除き、制度上認めない。

とびきり【飛(び)切り】①〘名〙とびあがって敵に切りつけること。「天狗(てんぐ)―の術」②〘副[に]・ノダ〙なみはずれていること。「―の品」「―上等」

とびぐち【×鳶口】棒の先端に、とびのくちばし形の鉄の鉤(かぎ)を付けた道具。消火などで、材木をひっかけるのに使う。

とびくら【飛びくら】とぶ(走る)ことを競うこと。▽「とびっくら」とも言う。「とびくらべ」から。

とびこ-える【飛(び)越える】〘下一自〙→とびこす

とびこ-す【飛(び)越す】〘五他〙①物の上を飛んで越す。「垣根を―」②順をとばして進む。「先輩を―・して出世する」

とびこみ【飛(び)込み】①とびこむこと。②高い台上から、水中にとんではいること。その競技。ダイビング。　**―じさつ**【―自殺】進行中の電車などをめがけてとびこむ、自殺のしかた。　**―だい**【―台】飛込み(2)のための、(飛び板のある)高い台。

とびこ-む【飛(び)込む】〘五自〙①身をおどらせて、はいりこむ。「海に―」②自分から事件などの中へはいりこむ。身を投じる。「渦中に―」③突然または急いではいりこむ。かけこむ。ころげこむ。「交番を見つけて―」④突然舞いこむ。「大ニュースが―」

とびしさ-る【飛びしさる】《五自》はねるような動作で後ろに下がる。▽「とびすさる」とも言う。

とびしょく【×鳶職】(土木・建築工事の)仕事師。また、高い足場の上で建築の組立てなどをする職人。とび。▽もと、多く火消しを兼ねた。→とびのもの

とびだい【飛(び)台】とびこみ台。

とびだ-す【飛(び)出す】《五自》①飛んで出てくる。「たまが—」。突然現れる。「横丁から子供が—」「予想もしない過激な発言が—した」②走って出る。急いで出る。また、急にそこから去る。「家を—」「組織を—」③前、または外に出る。つきでる。「目玉が—」「壁から—している釘」▽「とびでる」とも言う。

とびた-つ【飛(び)立つ】《五自》①空へまいあがる。飛んで、そこを立ち去る。「鶴が—」「—ように室を出た」②おどりあがる。「—ばかりの思い」

とびち【飛(び)地】ある行政区画の主地域から飛び離れて、他の区画の中にある地。

とびちが-う【飛(び)違う】《五自》①入り乱れて飛ぶ。とびかう。「蛍が—」②かけはなれる。非常に違う。

とびち-る【飛(び)散る】《五自》飛んでちらばる。飛散する。「—火花」

とびつ-く【飛(び)付く】《五自》①身をおどらせてとりつく。とびかかる。「犬が—」②強く意欲をそそられ、衝動的に、とびつく(1)ような行動をする。「流行に—」「うまい話に—」

トピック 話題。▽topic

とび-でる【飛(び)出る】《下一自》→とびだす

とびどうぐ【飛(び)道具】遠くから放って敵を撃つ武器。弓矢・鉄砲など。

とびとび【飛び飛び】《副に・ノダ》間があいて、連続していないさま。「—に読む」「庭に石が—に敷いてある」「—の休日」

とびにんそく【×鳶人足】→とびのもの

とびぬけて【飛び抜けて】《連語》(同類の中で)格別に。「クラスの中で、あの子は—出来る」「—強い」

とびのうお【飛(び)の魚】とびうお。

とびの-く【飛(び)△退く】《五自》急に身をかわして、その場からしりぞく、よける。「あわてて脇へ—」

とびのもの【×鳶の者】江戸時代の火消し人足。とび。とびしょく。とびにんそく。▽その用具として鳶口(とびぐち)を持っていたから。

とびの-る【飛(び)乗る】《五自》動いている乗物などにとびつくように乗る。また、勢いよく身をおどらせて乗る。「電車に—」「馬に—」

とびばこ【跳(び)箱・飛(び)箱】四角のわくを重ねた上部に、布などを張った台を置いた、体操器具。走って来て、種々の方法でとびこえる。

とびはな-れる【飛(び)離れる】《下一自》①身をおどらせてそこから離れる。②かけはなれる。大きくへだたる。「—れて立派な屋敷」

とびは-ねる【飛(び)跳ねる】《下一自》勢いよく跳ね上がる。「ねじを弛(ゆる)めたら、ばねが—ねた」「雨が強くて泥がズボンに—」「ぴょんぴょん—ねて喜ぶ」

とびひ【飛(び)火】①《名・ス自》火の粉がとびちること。火事の時、火の粉が飛んで、はなれた場所に新たな火災が起こること。②《名・ス自》関係がないと思われていた人・所にまで、事柄が及ぶこと。▽多く、好ましくない事件などについて使う。③《名》最初水疱(すいほう)ができ、後にかさぶたになる皮膚病。小児に多い。葡萄(ぶどう)球菌性膿痂疹(のうかしん)。

とびまわ-る【飛(び)回る・飛(び)×廻る】《五自》①あちこちと、(あわただしく)飛ぶ、または跳ねる、走る、歩きまわる。②奔走する。「金策に—」

どびゃくしょう【土百姓】農民をいやしめて言う語。

どひょう【土俵】①土を中に詰めた、たわら。②力士が勝負をする場所。周りを土俵(1)で囲んである。どひょうば。「—ぎわ」(物事が成就するか否かの瀬戸ぎわ)③比喩的に、交渉などの共通の場。「こちらの—に引き込む」 **—いり**【—入(り)】関取力士、特に横綱が化粧まわしをつけ、土俵(2)に登場する儀式。

とびら【扉】①回転させて開くしかけの戸。開き戸の戸。②書物の見返しの次にあるページ。また、雑誌の本文の前にある第一ページ。書名・著者名などを記すところ。

とびらえ【扉絵】①書物のとびらに書く絵。②厨子(ずし)などの開き戸に書く絵。

どびん【土瓶】湯茶をつぐための陶製の容器。普通、側面に注口(つぎぐち)があって、上の方につるをかけ渡す。

とふ【塗布】《名・ス他》(薬品・塗料などを)一面に塗りつけること。「—剤」

と-ぶ【飛ぶ・跳ぶ】《五自》①(鳥・飛行機や投げたものが)空中を(速く)進む。【飛】「鳥が空を—」「—鳥を落とす勢い」「ボールが場外まで—」「ニューヨーク経由でボストンに—(=航空機で行く)」②飛ぶ(1)ように移動する。㋐(風に吹かれたりして)空中に舞い上がる。「大風で屋根から瓦が—」「木の葉が—」「シャボン玉が—」㋑声・指示・うわさなどが、さっと伝えられる。「野次(やじ)が—」「失策に激しい叱声が—」「デマが—んで人心が動揺する」㋒足も地に着かないほど大急ぎでそこに至る。駆けつける。「来いと言うならすぐにも—んで行く」「急報を受けて—んで来た」「記者が現地に—」③勢いよく跳ねる。「着物に泥が—」㋐切られて跳ねる。「血が—」「首が—」(馘首(かくしゅ)される意にも)㋑跳ねて越える。「みぞを—」「二メートルのバーを—」㋒行くえをくらまそうと一挙に遠くに逃げ去る。高とびをする。「犯人が外国に—」④飛ぶ(1)(3)ように離れる。㋐値が急に大きく動く。「株価が—」㋑一瞬のうちに失(う)せる。「ヒューズが—」「誤操作でデータの一部が—んでしまった」㋒『色が—』長く日に照らされたりして色があせる。㋓間が抜けて先の方に移る。「ページが—んでいる本」「話が—」「一億—んで八百万円」「一億—び—びの八十万円」

どぶ【△溝】排水のために設けたみぞなどで、汚れた水

がとかく淀(よ)みがちな(小さい)流れ。「―をさらう」「―どろ」「お歯黒―」「―がわ」(どぶのように汚れた川)

どぶいた【△溝板】(路地や裏町の)どぶの上にわたした板。

とふく【×屠腹】〘名・ス自〙→かっぷく(割腹)

とぶくろ【戸袋】あけた雨戸を収める所。一般に、縁側の敷居の端につくりつける。

どぶづけ【どぶ漬(け)】ぬかみそ漬け。ぬか漬け。▽主に関西方面で言う。

どぶねずみ【△溝×鼠】①ねずみの一種。下水やみぞにすむ。シチロウネズミ。②主人の目をかすめて、悪事を働く番頭・手代など。

とぶらい【△弔い】→とむらい

とぶら-う【△弔う】〘五他〙→とむらう

どぶろく 米からつくり、滓(かす)をこさないままの、白く濁った酒。にごりざけ。▽「濁酒」とも書く。

どぶん〘副と〙→どぼん

どべい【土塀】土で造った塀。

とほ【徒歩】乗り物に乗らず、足で行くこと。「―旅行」

とほう【途方】①手段。てだて。「―に暮れる」(どうしていいか分からず困り果てる)②条理。すじみち。「―もない」(むちゃくちゃな。なみはずれた)

どぼく【土木】木材・鉄材・石材などを使ってする、家屋・道路・鉄道・河川・港湾などの工事。

どぼく【奴僕】召使である男。下男。ぬぼく。

とぼ-ける【×恍ける・×惚ける】〘下一自〙①わざと知らないふりをする。しらばくれる。「―けずに答えろ」「―けたやつ」(しらばくれて人の思わくをそらし、勝手なことをするやつ)②わざと滑稽な言動をする。「いつも―けたことを言って人を笑わせる」▽もとは、頭がぼける意。「年のせいで―けてしまった」

とぼし-い【乏しい】〘形〙数量が少なくて、不足がちだ。「変化に―」「経験に―」▽もと、欲するものを手に入れたい欠乏感を表した語。派生 **-さ** **-げ**

とぼ-す【△点す】〘五他〙→ともす

とぼそ【△枢】①戸。とびら。▽②の転。②とまら(＝開き戸の、かまちの上下の端にある突き出た部分)をさし入れ、戸を回転させて開閉させるための穴。

とぼとぼ〘副「と」〙元気なく歩くさま。「疲れて―(と)歩く」

どぼどぼ〘副「と」〙液体を大量に注ぎいれる音。そのさま。「とんかつにソースを―かける」

とほほ〘感〙情けなく、みじめに感じている時などに弱々しく発する語。「―、困ったな」

とぼ-る【△点る】〘五自〙→ともる

トポロジー 平行移動・回転・裏返し・拡大・縮小の範囲で合成できる変換を施しても保たれる図形的性質を研究する幾何学。位相幾何学。▽topology

どぼん〘副と〙重い物が水に落ちる音。そのさま。どぶん。「堰堤(えんてい)から川に―と飛び込む」

とま【×苫】菅(すげ)・茅(ちがや)などで編んだ、こものようなもの。小屋や舟を覆って雨露をしのぐのに用いる。

どま【土間】①家の中にあって、床を張らないで、地面のままになった所。②昔、歌舞伎劇場で、舞台正面の一階見物席。平土間。▽土のままだったから言う。

とまえ【戸前】蔵の入口の戸のある所。そこの、左右に開く、縁を漆喰(しっくい)塗りにした、一番外面の戸。内側に裏白戸と網戸がある。また、土蔵をかぞえる語。「土蔵三―」

とます【斗×枡】一斗(約一八リットル)入りのます。

とまつ【塗抹】〘名・ス他〙①塗りつけること。②塗りつぶすこと。

トマト 南アメリカ原産の一年生の果菜。初夏、黄色い花が咲く。球形の実は熟すと赤くなり、生食、またケチャップ・ジュース・ピューレなどに加工する。▽tomato なす科。「赤なす」とも言った。

とまど-う【戸惑う】〘五自〙①対処の仕方がわからず、まごまごする。まごつく。「突然の質問に―」②夜中に目をさました時、ねぼけて方向がわからなくなる。▽「戸惑う」「途惑う」とも書く。

とまぶき【×苫×葺(き)】苫(とま)で屋根を葺(ふ)くこと。その葺いた屋根。

とまぶね【×苫舟】苫(とま)で上を覆った舟。

とまや【×苫屋】とまぶきの(粗末な)家。▽雅語的。

とまり【止(ま)り・留(ま)り・泊(ま)り】とまること。とまる所。①物事のしまい。はて。【止・留】「この旅もここで―だ」「強いと言ってもたかが七勝―(どまり)だ」「一座の巡った先は肥後―(どまり)だ」②ある場所に宿ること。その場所。【泊】㋐宿泊や宿直。「―を重ねる」㋑宿泊地。宿屋。また、港。「あすの―」

とまりあけ【泊(ま)り明け】宿直を済ましたあと。宿直の翌日。

とまりがけ【泊(ま)り掛け】宿泊する予定で出掛けること。

とまりぎ【止(ま)り木】①鳥が止まるように、鳥小屋や鳥かごの中に作った横木。②比喩的に、バーなどのカウンター前の、脚が高い腰掛け。「―に掛ける」

とまりばん【泊(ま)り番】宿直(の当番)。

とま-る【止(ま)る・留(ま)る・△停(ま)る・泊(ま)る】〘五自〙①動き・続きがやむ。【止・停】▽→とどめる⑴。㋐動いていたものが動かなくなる。「行進が―」「時計が―」㋑続いていたもの、または通じていたものが、そうでなくなる。「笑いが―らない」「痛みが―」「水道が―」②動かずに、ある位置を占める。㋐鳥や虫などが、物につかまって休む。「鳥が木の枝に―」。つかまる。「かくれんぼする者、この指―れ」㋑はずれたり離れたりしない状態を保つ。「くぎが短くて、板がうまく―らない」▽㋐㋑には「止」「留」を使う。㋒見たり聞いたりした物事が印象深く、あとに残る。【留】「目に―」「耳に―」「心に―」㋓『お高く―』えらそうにかまえた様子をする。㋔ある期間そこに宿る。【泊】「ホテルに―」「宿直室に―」

「船が港に―」

とまれ〔副〕「ともあれ」の詰まった言い方。↓ともあれ。▽文章語。

どまんじゅう【土×饅▵頭】土を丸く盛り上げて作った墓。

どまんなか【ど真(ん)中】〔俗〕「まんまんなか」に当たる大阪風の言い方。▽今は全国に広まる。「ど」は強めの接頭語。

とみ【富】①財産。集積した財貨。「巨万の―」「国の―をふやす」②「とみくじ」の略。

とみ【▵頓】急であること。にわか。「―の事」▽「とみ」は字音「トン」の転。↓とみに

とみくじ【富×籤】番号のはいった札を胴元となる社寺などが売り出し、くじ引きで賞金を支払うしくみ。特に、江戸時代に流行した。

ドミグラス ソース 肉と野菜をトマト ピューレ・酒・だし汁などで煮詰めた、茶色のソース。デミグラスソース。▽「ドミグラス」は(フランス) demi-glace

とみこうみ【と見こう見】〔連語〕あっちを見たりこっちを見たり。▽「と見かく見」の転。

ドミトリー ①寄宿舎。寮。「大学の―」②ユース ホステルなど簡易な宿泊施設の共同寝室。▽dormitory

とみに【▵頓に】〔副〕にわかに。急に。「近ごろ―衰えてきた」「人気が―高まる」▽↓とみ(頓)

ドミノ 西洋室内遊戯の一つ。トランプ遊びに似る。二十八個の札(牌(はい))を使い、手持ちの牌を同じ数の牌に並べて出し、早く出しきった者が勝つ。▽domino **―たおし**【―倒し】多数のドミノの札(牌(はい))を立てて並べ、端から将棋倒しに倒していく遊び。倒れた札でさまざまな図形を描く。

とみふだ【富札】とみくじで、売り出される札。

とみもとぶし【富本節】浄瑠璃の一派。富本豊前掾(ぶぜんのじょう)が祖で、安永・天明(一七七二～八九)のころ全盛。

どみん【土民】土着の住民。

と-む【富む】〔五自〕①財産・財貨をたくさん持つ(ようになる)。「―める者」②たくさん持っている。豊富である。「春秋(しゅんじゅう)に―」(年若く将来性がある)「経験に―」

とむね「胸」を強めて言う語。心。おもい。「―をつかれる」(心を強く打たれる)▽接頭語「と」+「胸」。「吐胸」とも書く。

とむらい【弔い】弔うこと。特に、葬式。とぶらい。「お―」

とむらいがっせん【弔(い)合戦】死者の霊を慰めるためにその敵と戦うこと。死者の復讐(ふくしゅう)のための戦い。

とむら-う【弔う】〔五他〕死者を悲しみいたむ。「犠牲者の霊を―」「菩提(ぼだい)を―」(冥福を祈って供養をする)。弔問する。▽「とぶらう」とも言う。

とめ【止め・留め】①とめること。とめるもの。②おわり。

ドメイン ①全体の中に定義される部分領域。②インターネットにつながるコンピュータやネットワークにつけられる名称。アイピー アドレスと対応づけられネット上の住所として機能する。▽domain

とめおき【留(め)置(き)】①帰さないで居残らせておくこと。②差出人の請求によって、一定期間、郵便物を郵便局に保管すること。「―電報」「―郵便」

とめお-く【留(め)置く】〔五他〕①帰さないで居残らせておく。②ほかへ動かさずにそのままにしておく。そのまま保管しておく。③書きとめておく。

とめおけ【留(め)×桶】銭湯に置いてある、その個人用のおけ。

とめおとこ【留(め)男】①けんかの仲裁にはいる男。②宿の客引きの男。▽女は「留女」と言う。

とめがね【止(め)金・留(め)金】物の合わせ目などをつないでとめておくための金具。「―をはずす」

ドメスティック〔ダナ〕①家庭的。家政の。②国内的。内政の。▽domestic **―バイオレンス** ↓ディープイ(1)

とめそで【留(め)袖】振り袖より短く五〇センチほどにした袖(の和服)。今は女性の祝い用礼服で、紋付き・裾模様が特色。例、黒留め袖(=黒地のもの)・色留め袖(=主に未婚女性用で、黒地以外のもの)。

とめだて【留(め)立て】〔名・ス自他〕他人の行為をひきとめ、やめさせること。制止。「いらぬ―するな」

とめど【止めど】とめるべきところ。かぎり。きり。「―(も)なくしゃべる」

とめばり【留(め)針】①↓まちばり。②物を留めておく針。ピン。

とめぶろ【留(め)風呂】自分だけで入浴して他人には入らせない風呂。

とめやま【留(め)山】狩りや木を切ることを禁じている山。

とめゆ【留(め)湯】①身分の高い者が独占的に使うために他の人の利用を禁じた、風呂(ふろ)・温泉。「武田信玄公の―」②前日に使用した風呂の湯を、かえないでまた使うこと。その湯。

とめゆ-く【▵尋め行く・▵求め行く】〔五自〕求めたずねて行く。「噫(ああ)、われひとと―きて」(上田敏訳『海潮音』山のあなた)▽文語的。「とむ」は古語で、求める意。

と-める【止める・留める・▵停める・泊める】〔下一他〕①動き・続きをやめさせる。【止・停】▽↓とどめる(1)。㋐動いているものを動かなくする。「足を―」㋑これから先までは続かない、または通じないように抑える。「息を―」「けんかを―」「歯痛を―薬」「通行を―」「電気を―」㋒動き出そうとするのを抑えて動き出さないようにする。「辞任を―」▽「止」を「やめる」と読めば別の意。②ものを、ある位置に動かないように置く。㋐離れたり動いたりしないように固定する。「髪をピンで―」「壁に油絵の額を―」「ボタンを―」(=かける)。㋑そこにあとまで残す。それに向けて注ぐ。「目に―」「花に目を―」「忠告を心に―」「気にも―めない」▽㋐には「止」「留」を、㋑には「留」を使う。㋒そこに宿りをさせる。

[泊]「友人をうちに―」「港に船を―」

とも【共】 一組にまとめて考えたものがみな同じなこと。㋐《「(……と)―に」で副詞的に》同時。「―に学ぶ」「名器は家と―に焼けた」「君の門出はうれしいと―に寂しい」㋑いっしょ。「来訪者と昼食を―にする」「―働き」。同じ。「―ぎれ」。互い。「―ぐい」㋒《他の体言の下に付け》それら全部。「三人―(が)来ない」「両方―の操作がいる」。また、それを含めて。「発売日―二日間有効」▽「友」と同語源。

とも【友・供・△伴】 ある人の周りに寄り添い集まる者。①ともだち。仲間。【友・伴】「心の―」「類は―を呼ぶ」②つき従う者。従者。また、従者として従うこと。【供・伴】「お―はつらいね」▽「共」と同語源。

関連 友達・友人・仲良し・馴染(なじ)み・幼なじみ・友がき・竹馬の友・茶飲み友達・知友・知己・知音(ちいん)・旧友・朋友(ほうゆう)・親友・心友・畏友・悪友・盟友・戦友・学友・級友・同窓・校友・僚友・フレンド

とも【×艫】 船の後部。船尾。↕舳先(へさき)

とも【×鞆】 弓を射るとき、左手につけるまるい皮製の道具。つるで手首を打つのを防ぎ、つるにさわって高い音を立てさせる。

とも ①《接助》ある事柄にかかわらず他の事柄が成り立つ意を表す。……ても。「何と言おう―問題にしない」「行かなく―よい」「当たらずー遠からず」「狭く―狭いなりに」「一秒たり―気が許せない」▽接続助詞「と」+係助詞「も」。「ても」よりは古風。②《終助》《終止形に付く》もちろんという気持を込めて強く言い切る時に使う。「この本借りていいですか」「ええ結構です―」「一口乗るかい」「乗る―さ」▽普通、返事の場合に使う。また、「それはまあ、食う―食う―」のような形で、驚きあきれた気持を表すのに使うこともある。③《連語》㋐他にも可能性があるときに使う。「彼―親しい」「どちら―決まらない」㋑いくぶん感動的に断定するのに使う。「大臣―あろうものが」「酒宴はいつ果てる―なく続いた」㋒一例として言うのに使う。……でも。「何―ない」「うん―すん―言わない」「多少―絵心のある人」▽格助詞「と」+係助詞「も」

=**ども** 《名詞に付けて》複数を表す。「者―続け」▽人を指す語に付ける時は、目下の意とか見下す気持とかを含む。第一人称では、へりくだった意を表し、単数でも使う。「わたくし―」

ども 《接助》→ど《接助》。▽「も」は係助詞。口語では「行け―行け―山ばかり」「押せ―引け―びくともしない」のような、慣用語にしか使わない。「けれども」の「ども」はこれ。

ともあれ 《連語》《接続詞的に》いろいろの事情はあるにしても。とにかく。「―、無事でよかった」

ともうら【共裏】 衣服で、表地(おもてじ)と同じ布を裏に使うこと。その裏地。

ともえ(ともゑ) **【×巴】** ①鞆(とも)の側面を図案化し、人魂(ひとだま)のような形を、一つないし三つ円形に配した模様・紋所。②転じて、物が円形をえがくようにめぐるさま。「三つ―に組んで争う」「―投げ」

ともえり【共襟】 その着物の表地(おもてじ)と同じ布で襟を掛けること。そういう襟。また、和服で、襟首に当たる部分だけ同じ布で二重にかける襟。うわえり。

ともがき【友垣】 友だち。とも。▽交わりを結ぶのを、垣を結ぶのにたとえて言う。雅語的。

ともかく 《副・ノダ》どのようにあろうとも。とにもかくにも。とにかく。「―(も)試験はすんだ」。さておき。「子供なら―、いい大人がそんな事をして」▽「兎も角」と書くのは当て字。「ともかくも」から。

ともかせぎ【共稼ぎ】 《名・ス自》夫婦または一家の者が共にかせいで一家の生計を立てていくこと。▽↓ともばたらき

ともがら【△輩】 同類の者ども。なかま。連中。

ともぎれ【共切れ・共△布】 衣服に仕立てたのと同じきれ。ともぬの。「―で繕う」

ともぐい(…ぐひ) **【共食い】** 《名・ス自》①同類の(動物の)一方が他方を食うこと。②比喩的に、仲間や同類の者がそれぞれに自分だけの利益を求めて他を害する結果になること。互いに相手をそこねて共倒れになりそうなこと。

ともし【△灯】 ともしび。▽動詞「ともす」の連用形から。

ともしび【△灯火】 ともしてあかりとする火。▽電灯にも言うのは雅語的。まぶしいほどのものには言わない。

ともしらが【共白髪】 夫婦が共に、白髪になるまで長生きすること。

とも-す【△点す・△灯す】 《五他》灯火をつける。とぼす。

ともすると 《連語》何かにつけ……しがち、……になりがちだという情況を言う語。どうかすると。ともすれば。「―悲観的になる」

ともすれば 《連語》→ともすると

ともぞろえ(…ぞろへ) **【供×揃え】** 供まわりの者をそろえること。

ともだおれ(…だふれ) **【共倒れ】** 《名・ス自》両方またはすべてが、いずれも立ちゆかなくなって倒れること。

ともだち【友達】 同等の相手として親しく交わっている人。友人。

ともちどり【友千鳥】 群れて飛ぶ千鳥。むらちどり。

ともづな【×纜】 艫(とも)にあって、船をつなぎとめる綱。

ともづり【友釣(り)】 鮎(あゆ)の釣り方の一種。おとりの生きた鮎を糸につないで水中に放し、そこをなわばりとする他の鮎が攻撃に来たところを針にかけてとる。

ともども【共共】 《副「に」》もろとも。いっしょ。つれだって。「老若―(に)興じた」

ともな-う(ともなふ) **【伴う】** ①《五他自》いっしょに行動する。㋐引き連れる。「生徒を―・って行く」㋑つき従う。「かげの形に―ごとく」②《五自》付きまとうように、一方があれば他方もある。「この仕事には危険

が—』『権利と義務とは相—』『理念だけで行動が—わなくては実効があがらない』。一方の変化に応じて他方も動く。「収入に—って支出もふえる」

ともなり【共鳴り】→きょうめい(共鳴)

ともに【共に】《副》→とも(共)㋐㋑

ともぬの【共布】→ともぎれ

ともね【共寝】いっしょに同じ寝床に寝ること。

ともばたらき【共働き】《名・ス自》夫婦が両方、勤めを持って働いていること。▽「共かせぎ」の語感をきらって出来た語。

ともびき【友引】六曜の一つ。物事に勝負がつかないとする日。▽「友を引く」として、葬儀を行うことを忌む。

ともびと【供人】お供の人。従者。

ともまち【供待ち】《名・ス自》供をして来て、入口などで主人の出てくるのを待つこと。そのために設けられた休息所。

ともまわり【供回り・供×廻り】お供の人々。

どもり【×吃り】どもること。どもるくせの人。

どもり【土盛り】土をよそから持って来て、そこに盛りあげること。

どもり【度盛(り)】温度計などの度数を示す目盛り。

とも-る【△点る・△灯る】《五自》灯火がつく。とぼる。「温泉町に灯が—」「心に火が—」

ども-る【×吃る】《五自》ことばをなめらかに言うことができず、つかえて同じ音を何度も繰り返したりする。

とや【△鳥屋・×塒】①鳥を飼っておく小屋。②『—につく』㋐鳥が羽の抜けかわる時、一時、鳥屋にこもって餌も食べなくなる。また、産卵のため巣にこもる。㋑転じて、遊女が梅毒で床につく。

どや《俗》宿屋。簡易旅館。「—街」▽「やど」をさかさまに言った語。

とやかく《副》なんのかのと。あれこれと。「—言うな」▽「兎や角」と書くのは当て字。「とやこう」とも言う。→とかく

どやき【土焼(き)】つちやき。すやき。

とやこう《副》「とやかく」の音便形。

どや-す《五他》打つ、なぐる、しかる意の俗語。「背中を—・しつける」「おやじに—・された」

どやどや《副[と]》大ぜいが騒々しく一度にはいって来るさま。「団体客が—(と)宿に到着」

とやま【△外山】ふもとの山。人里に近い山。↔深山(みやま)。▽雅語的。

とやら《連語》①《副助詞的に使い》……とかいうもの。「壁に番付—が貼ってある」。《主に呼び掛けに使い》……とかいう人。「清二君—、こっちにいらっしゃい」②《終助詞的に使い》……とか。「外国に移住した—」▽引用の格助詞「と」+助詞「やら」

とゆう【都×邑】にぎやかな家並みをもつ一定の地域。まち。

とよう【渡洋】《名・ス自》海洋をわたること。「—作戦」

どよう【土曜】曜日の一つ。金曜日のつぎ。「—日」

どよう【土用】立夏・立秋・立冬・立春の前のそれぞれ十八日間の称。普通は、立秋の前(=夏の土用)を言う。「—の入り」 **—さぶろう**【—三郎】夏の土用の三日目。古来、この日の天候でその年の豊凶を占った。 **—なみ**【—波・—△浪】夏の土用のころ起こる高い大きな波。 **—ぼし**【—干(し)】むしぼし。

どよ-む《五自》音が鳴り響く。

どよめき どよめくこと。その響き。

どよめ-く《五自》①音が響き渡る。「—歓声」②ざわざわと騒ぐ。「観衆が—」

どよも-す《五他》どよむようにする。鳴り響かせる。「音が反響して谷底の現場を—」

とら【×寅】十二支の第三。方角では東北東、時刻では午前四時、また、午前三時から五時までの間を指した。▽→じゅうにし

とら【虎】①アジア特産の肉食獣。体の上部は黄色の地に黒い横じまがあり、腹部は白い。口が大きく、つめは鋭い。「—の威を借るきつね」(有力者の権勢をかさに着ていばる者のたとえ)「—の尾を踏む」(きわめて危険なことをすることのたとえ)▽ねこ科。②よっぱらい。「—になる」▽張り子の虎が首を振る様子の連想から言うか。

どら 放蕩(ほうとう)。道楽。また、道楽もの。「あそこの—が」「—息子」▽多くは接頭語的に使う。

どら【△銅×鑼】青銅製で盆状の楽器。ひもでつるしてばちで打ち鳴らす。合図などに使う。「出帆の—が鳴る」

とらい【渡来】《名・ス自》外国から海をこえて渡ってくること。「南蛮—」

トライ《名・ス自》①(できるか、うまくゆくか)試みること。「昇級試験に—する」「—を重ねて新味を出した」②ラグビーで、相手のゴールにボールを手で押さえつけること。▽try

ドライ ①《ダナ》乾燥した。かわいた。「—フラワー」「—カレー」②《ダナ》物事を割り切ったさま。情(じょう)にほだされないさま。「—な性格」▽(1)(2)は↔ウエット。(2)は日本での用法。③《ダナ》洋酒などが辛口であるさま。「—ジン」④《名》会などに酒を出さないこと。⑤《名》→ドライ クリーニング。▽dry 派生 **-さ** **—アイ** 涙の分泌が減り、眼球の表面が乾いて、充血したり痛みを感じたりする症状。▽dry eye **—アイス** 炭酸ガスを冷却・圧縮して固体にしたもの。セ氏零下七九度。冷蔵・冷却用。▽dry ice **—クリーニング** 水につけずにする洗濯法。おもに非親水性の溶剤を使う。▽dry cleaning **—ミルク** 粉ミルク。粉乳。▽dry milk

トライアスロン 同じ一人の選手が水泳・自転車・ランニングを続けて行い、総計のタイムを競うレース。鉄人レース。▽triathlon

トライアル ①試行。こころみ。「週休二日制の—」「—運転」(試運転)②運動競技の試技。予選。「タイ

ムー」(一定距離の走行時間を競う競技) ③オートバイなどの、運転技術を競う競技。▽trial

トライアングル 鋼鉄棒を三角形に曲げた楽器。鋼鉄棒でたたいて鳴らす。▽triangle(＝三角形)

ドライバー ①ねじまわし。▽screw driver から。②自動車などの運転者。③ゴルフで、ボールを遠くへ飛ばすのに用いるクラブ。▽(2)(3)は driver

ドライブ ①《名・ス自》自動車で出かけること。②《名》テニス・卓球などで、ボールをこすりあげるように打って回転を与えること。「—をかける」③《名》コンピュータで、記憶媒体などの駆動装置。▽drive **—イン** 自動車に乗っている人が立ち寄る、道路沿いに設けた食堂・みやげ物店。▽drive-in **—ウエー** (ドライブに適した)自動車道路。▽drive-way **—スルー** 自動車に乗ったままで買い物ができる方式。また、そのための店のつくりや設備。▽(アメリカ) drive-through **—レコーダー** 車両の走行中の状況を、映像として記録する車載型の装置。イベント データ レコーダー。▽drive と recorder とによる和製英語。

ドライヤー 乾燥器。「ヘアー」▽drier, dryer

トラウマ 大きな精神的ショックや恐怖が原因で起きる心の傷。精神的外傷。▽(ドイツ) Trauma

とら-える(とらへる)【捕(ら)える・捉える】《下一他》①手で取りおさえる。㋐動く動物や逃げる人をつかまえる。とりおさえる。【捕】「犯人を—」「魚を—」㋑はなすまいと、しっかりつかむ。「そでを—」②不確かな事、わかりにくい事などを自分の視野や知識の中におさめる。「レーダーが敵艦を—」「…え方の違いで同じものが違って解釈される」「…え所がない」(つかみ所がない。↓つかみどころ) ▽「取る」に接尾語「ふ」がついてできた語。

とらがり【虎刈(り)】 頭髪の刈り方がへたで、虎毛のようにまだらであること。

トラクター 牽引(けんいん)自動車。農作業や土木工事などで、ものをひっぱるのに使う。▽tractor

とらげ【虎毛】 ①虎の背のように、黄色の地に太く黒いしまのあるもの。とらふ。②馬の毛色の呼び名の一つ。薄墨色で虎ぶちのあるもの。

どらごえ(ごゑ)【どら声】 太くてにごった、洗練されない声。

トラコーマ クラミジアの感染によっておこる結膜の炎症。悪化すると失明することもある。トラホーム。▽trachoma

トラス 屋根などを支える骨組み構造の一つ。三角形に組んだ接合部がボルト・ピンなどでとめてある。↕ラーメン(2)。▽truss

ドラスティック 《ダナ》思い切ったさま。徹底的なさま。「—な転換」▽drastic

トラスト 市場の独占と企業合理化を目的としてとられる高度の企業合同形態。カルテルにくらべ参加企業の独立性がない。▽trust

トラック ①陸上競技場などの競走路。そこで行われる競技。②ディスク㋐㋑で、情報を記録する帯状の部分。「サウンド—」▽(1)(2)は track ③貨物自動車。▽truck

ドラッグ ①薬剤。特殊化して、麻薬・覚醒剤。▽drug ②コンピュータで、マウスのボタンを押したまま動かすこと。▽drag **—ストア** 薬剤と化粧品や一部の雑貨を売る店。▽drugstore 薬局とは区別する。↓やっきょく

とらつぐみ【虎×鶫】 低山の林に住むヒヨドリ大の鳥。背は黄褐色、腹は黄白色で、全体に多数の黒い斑がある。冬は暖地に渡る。ぬえ。ぬえどり。▽つぐみ科。

トラップ ①《名》わな。「—にはめる」②《名》排水管の逆流防止装置。「S字—」③《名》不要の物質を閉じ込め、変化させる装置。「ケミカル—」④《名・ス他》サッカーで、ボールを受け止めること。▽trap

とらねこ【虎猫】 虎のような斑(ふ)がある猫。

どらねこ【どら猫】 さまよい歩いて、盗み食いなどする悪い猫。

とらのお(を)【虎の尾】 花穂を虎の尾に見たてた名を持つ多年草。山野に自生。ルリトラノオ・オカトラノオなど。

とらのこ【虎の子】 大切にして手離さないもの。秘蔵の金品。▽虎はその子を非常に愛護するというので。

とらのまき【虎の巻】 ①兵法の秘伝を記した書。②講義のたね本。また、教科書の安直な解説書。あんちょこ。③そのことに関する安直な学習書、指導書。▽中国の兵法の書「六韜(りくとう)」の、虎韜(ことう)の巻から出た語。

とらひげ【虎×髭】 虎のひげのように、かたく突っ張った口ひげ。

トラピスト キリスト教の修道会の一派。厳重な戒律のもとに労働・作業を行う。▽(フランス) Trappiste

とらふ【虎△斑】 ↓とらげ(1)

トラフ 溝状の、海溝よりも浅い海底地形。舟状(しゅうじょう)海盆。「南海—」▽trough 成因はさまざまだが、プレートが沈み込んでできたものは地震の発生源になる。

ドラフト ①募って選び取ること。選抜。「プロ野球の—会議」②草案。草稿。「開会演説の—」▽draft

トラブル いざこざ。紛争。事故。「金銭—」▽trouble

トラベラーズ チェック 海外旅行者用の小切手。▽traveler's check

トラホーム ↓トラコーマ。▽(ドイツ) Trachom

ドラマ ①演劇。「ラジオ—」②脚本。戯曲。③劇的な出来事。▽drama

とらま-える(とらまへる)【捕(ら)まえる】《下一他》つかまえる。▽「とらえる」と「つかまえる」とが混合してできた語。

ドラマチック 《ダナ》劇的。また、感動的。▽dramatic

ドラム ①(洋楽の)太鼓。また、そのセット(ドラムス)。②コンピュータの磁気記憶装置。▽drum —

かん【―缶】油類などを入れるのに使う、たる型で大きな金属容器。

どらむすこ【どら〈息子〉】なまけ者で放蕩(ほうとう)をする息子。▽娘には「どら娘」と言う。

どらむすめ【どら娘】→どらむすこ

どらやき【どら焼(き)】小麦粉を鶏卵・砂糖などでねって銅鑼(どら)の形に焼き、その二枚の間に餡(あん)を挟んだ菓子。

とらわれ【△囚われ】敵などにとらえられること。とりこ。「―の身」

とらわ-れる(とらはれる)【捕(ら)われる・△囚われる】《下一自》①とらえられる。つかまる。「敵に―」②自由に考えることが出来なくなる。拘束される。「外見に―な」

トランキライザー 精神の不安定・動揺を静める薬。精神安定剤。▽tranquilizer

トランク ①長方形の旅行かばん。②自動車のうしろの荷物入れ。▽trunk

トランクス ボクシング選手などがはく運動用のパンツ。また、それに似た男子用の下着。▽trunks

トランザクション 取引。「銀行間の―」▽transaction

トランシーバー 近距離の無線連絡に用いる、携帯用の小型通話機。▽transceiver

トランジスタ ゲルマニウムなどを利用した、増幅作用を行う半導体素子の総称。小型で、消費電力が小さいので電子工学上重要。トランジスター。「―ラジオ」▽transistor

トランジット《名・ス自》航空機で目的地へ行く途中、別の空港に一時立ち寄ること。また、別の航空機に乗り継ぐこと。▽transit

トランス ①変圧器。▽transformer から。②(催眠状態などで見られる)いつもとは異なる精神状態。▽trance

トランプ 五十三枚のカードから成り、さまざまの遊び方があるカルタ。▽trump(=切り札)

トランペット 金管楽器の一つ。三つの弁のある、強く鋭い音のラッパ。▽trumpet

トランポリン 伸縮性と耐久性の高い布地を四角や丸の枠にばねで張り、その上で飛び跳ねるスポーツ。また、その器具。▽trampolin(e) もと、商標名。

とり【×酉】十二支の第十。方角では西、時刻では午後六時、また、午後五時から七時までの間を指した。▽→じゅうにし

とり【鳥】定温・卵生で、前肢が翼となり、体が羽毛で覆われた脊椎動物。また、特にニワトリ。▽一般には、ペンギンなど若干の例外を除き、飛ぶ能力がある。ニワトリは多く「鶏」と書く。［関連］野禽(やきん)・家禽・水禽・猛禽・益禽・害鳥・保護鳥・禁鳥・渡り鳥・候鳥・留鳥・小鳥・雄鳥(おんどり)・雌鳥(めんどり)・雛(ひな)・ひよこ・不死鳥・始祖鳥

とり【取(り)】①《名》寄席(よせ)で最後に出演する人。真打(しんうち)。広く、最後に出演する人。「―をつとめる」②《接頭》→とる(8)

とり【×肚裏】腹の中。心のうち。▽「肚」は胃の意。

どり 鳥類の肺臓の俗称。

ドリア ピラフ・バター ライスなどをホワイト ソースであえ、オーブンで焼いた料理。ライス グラタン。▽フランス doria

トリアージ 大事故・災害などで同時に多数の患者が出た時に、手当ての緊急度に従って優先順をつけること。▽triage

とりあい(とりあひ)【取(り)合い】奪い合う動作・状態。

とりあ-う(とりあふ)【取(り)合う】《五他》①たがいに取る。「手を―って喜ぶ」②争って取る。うばいあう。「席を―」③《多く打消しを伴って》相手になる。かかりあう。「笑って―わない」

とりあえず(とりあへず)【取(り)△敢えず】①《副ノ》急いで、間に合わせの処置として。まずさしあたって。一応。「―内金(うちきん)を払った」「右―御礼まで」「―の財源は」▽(2)の転。②《連語》差し迫った情況で、普通ならするはずのその事もできず。「取るものも―」「脇に置いた大刀を―小刀を抜き合わせた」

とりあげばば【取(り)上げ△婆】→さんば(産婆)

とりあ-げる【取(り)上げる】《下一他》①手より下にある物を手に取る。「受話器を―」②(助産師などが)出産の手助けをして子を生ませる。③(下の者からの)申請・意見・具申などを受け付ける、採用する。また、無視せずに、問題として取り扱う。「要望を―」「―に足りない事」「環境問題を雑誌のテーマに―」④相手の持っている物を力づくで取る。「刃物を―」。財産などを没収する。税金などを徴収する。「領地を―」

とりあつか-う(とりあつかふ)【取(り)扱う】《五他》あつかう。処理する。待遇する。

とりあつ-める【取(り)集める】《下一他》いろいろの事物を寄せ集める。

とりあみ【鳥網】鳥を捕らえるために、木と木の間などに張る網。

とりあわせ(とりあはせ)【取(り)合(わ)せ】とりあわせること。配合。「妙な―」

とりあわ-せる(とりあはせる)【取(り)合(わ)せる】《下一他》①一組のものとして(ほどよく)配合、配列する。②寄せ集めて一まとまりにする。

ドリアン マレー半島付近に自生する常緑高木。また、その果実。三〇センチほどで棘(とげ)に覆われた長楕円(だえん)形の実の果肉は、クリーム色で特殊なにおいがあるが非常に甘い。▽durian あおい科(旧パンヤ科)。

とりい(とりゐ)【鳥居】神社の入口に立てる門。普通のは、二本の柱の上に笠木(かさぎ=柱の間隔より長い横木)を渡し、その下に貫(ぬき=柱をつなぐ横木)を入れる。

とりいそぎ【取(り)急ぎ】《副》急いで。「―御報告まで」▽多く手紙文に使う。

トリートメント《名・ス他》髪や肌の手入れ(をすること)。また、そのために用いる薬剤。▽treatment

と

ドリーム 夢。空想。「―チーム」(スポーツなどで優秀なメンバーを集めて結成したチーム) ▽dream

とりい-る【取(り)入る】〘五自〙自分の利益をはかるために、相手の気に入るようにふるまう。「上役に―」

とりいれ【取(り)入れ】 取り入れること。「水の―口」。特に、実った稲・麦などの農作物を刈って収め入れること。収穫。「秋の―」

とりい-れる【取(り)入れる】〘下一他〙取って中へ入れる。とりこむ。「洗濯物を―」。他のよい点を自分のものとする。摂取する。「外国の制度を―」。収穫する。

とりうち【鳥打ち・鳥撃ち】 ①(銃で)鳥をうつこと。その人。②「鳥打帽」の略。 **―ぼう【鳥打(ち)帽】** 平たくて丸く、一枚じたてで、ひさしつきの帽子。ハンチング。▽狩りなどに用いたから言う。

トリウム 放射性元素の一つ。記号 Th 灰色の重い金属。原子炉用燃料の原料となるものもある。▽ドイツ Thorium

とりえ【取(り)柄】 とりあげて用いるべき点。役に立つ(すぐれた)点。長所。「何の―もない」「正直だけが―の人物さ」

トリオ ①三重奏。三重唱。②三部曲。③三人組。「クリーン アップ―」▽イタリア trio

とりおい【鳥追(い)】 農家で、正月十五日の早朝に行う行事。田畑に害を与える鳥獣を追い払う歌をうたって、若者たちが家々をまわる。▽江戸時代、新年に、三味線(しゃみせん)をひいて鳥追い歌をうたい、門(かど)付けをする女芸人を言った。

とりお-く【取(り)置く】〘五他〙とりのけておく。

とりおこな-う【執(り)行う】〘五他〙(儀式・祭りなどを)行う。執行する。「葬儀が―われる」

とりおさ-える【取(り)抑える・取(り)押(さ)える】〘下一他〙①(暴れるものを)おさえとどめる。②(犯人や逃げるものを)つかまえる。からめとる。

とりおどし【鳥△威し】 作物を荒らす鳥類をおどして追い払うための仕掛け。鳴子(なるこ)・案山子(かかし)など。

とりおと-す【取(り)落(と)す】〘五他〙①(誤って)手からおとす。「万年筆を―」②(うっかりして)抜かす。「名簿から名前を―した」

とりかえし【取(り)返し】 とりかえすこと。もとどおりにすること。「―がつかない」

とりかえ-す【取(り)返す】〘五他〙①再び自分の手にもどす。とりもどす。②再びもとのようにする。「人気を―」

とりか-える【取(り)替える・取(り)換える】〘下一他〙①今までのものを、新しい(ちがった)ものにかえる。「部品を―」「傷んだ畳を新しいものに―」②たがいに自分のもっているものを相手のものとかえる。交換する。「互いの役目を―えた」

とりかか-る【取(り)掛(か)る】〘五自〙仕事をしはじめる。着手する。「工事に―」

とりかご【鳥籠】 鳥を中に入れて飼うためのかご。竹・針金などで作る。

とりかこ-む【取(り)囲む】〘五他〙まわりをかこむ。「城を―」

とりかじ【取×舵】 船首を(従って進行方向を)左に向けるための、かじの取り方。↕面舵(おもかじ)

とりかた【捕(り)方】 →とりて(2)

とりかたづ-ける【取(り)片付ける】〘下一他〙その辺のものをきちんと整理する。

とりかぶと【鳥×兜】 ①鳥が翼をおさめた姿に似た形の、舞楽用のかぶと。②秋、青紫色の冠状の花が咲く多年草。高さ約一メートル。有毒。塊根は、神経痛などの鎮痛剤。カブトギク。カブトバナ。▽きんぽうげ科。

とりかわ-す【取(り)交(わ)す】〘五他〙やりとりする。交換する。「契約書を―」

とりき【取り木】 植物を増やす方法の一つ。樹皮の一部をはいで水こけ・土で覆い、その部分から根が生えたら親木から切り取って植える。

とりきめ【取(り)決め・取(り)△極め】 とりきめること。とりきめた内容。「先日の―に従って処理する」

とりき-める【取(り)決める・取(り)△極める】〘下一他〙(相談して)決定する。また、約束して定める。「日時を―」

とりくず-す【取(り)崩す】〘五他〙①とりこわす。②ためてあったものを、次第に取って、なくする。「貯金を―」

とりくち【取(り)口】 相撲(すもう)をとる手口。「うまい―」

とりくみ【取(り)組(み)】 とりくむこと。特に、相撲(すもう)の一番一番や売方・買方の組合せ。

とりく-む【取(り)組む】〘五自〙①たがいに組みつく。②相撲(すもう)などで、相手をする(ように組合せがきまる)。「大関と―」③処理・解決すべき事柄に、熱心に立ち向かう。「研究に―」「雇用問題と―」

とりけし【取(り)消(し)】 書いたり言ったりした事や、いったん決まった事を、それが不当だと考え直したりその仕方にきずがあったりして、あとから打ち消して、なかったことにすること。「前言―」「登録―」▽狭義の「撤回」の意に使うこともある。

とりけ-す【取(り)消す】〘五他〙とりけしをする。「前言を―」「処分を―」

とりこ【△虜・×擒】 ①戦闘の際、いけどりにした敵。捕虜。②比喩的に、心がとらえられ、夢中になって、逃げ出せない人。「恋の―」

とりこ【取(り)粉】 つきたての餅や、パン・菓子類の生地の表面につけて、扱いやすくするための粉。

とりこしぐろう【取(り)越(し)苦労】 どうなるか分からない将来のことを、あれこれ思い悩んで、むだな心配をすること。「―をするのが親の常だ」▽「取り越し」は、予測する意の動詞連用形から。

トリコット 弾力・伸縮性のあるうね織りの、毛または化繊の織物。手袋・肌着・靴下などに用いる。▽フランス

tricot から。

とりこぼ-す【取(り)△零す】〘五他〙①相撲(すもう)や囲碁・将棋などで、手中におさめるはずの勝ちを、不用意にも失う。「勝てる一番を━」②転じて、不注意・油断などにより、勝利(成功)をつかみそこなう。

とりこみ【取(り)込み】①取り入れ。㋐農作物の収穫作業。㋑取り込む⑵㋑こと。「中間派の━を図る」②不意の出来事や大事なことで、家の中などがごたごたすること。「お━中、失礼ですが」③「取り込み詐欺」の略。商品をとりよせて、だましとること。

とりこ-む【取(り)込む】①〘五自〙不意の出来事などで忙しくごたごたする。「今日は━んでおりますので、またの日に願います」②〘五他〙㋐とって中へ入れる。また、自分のものにする。とりいれる。「洗濯物を━」「その意見も━んで答申案をまとめる」「音楽をパソコンに━」㋑人の心のすきにつけいってうまくまるめこむ。「うまく━んでいいように操る」

とりこ-める【取(り)籠める】〘下一他〙①おしこめる。②出さないように取り囲む。

とりごや【鳥小屋】①家禽(かきん)、特にニワトリを飼っておく小屋。②正月十五日の左義長(さぎちょう)に設ける小屋。

とりころ-す【取(り)殺す】〘五他〙たたって命を取る。たたり殺す。「怨霊(おんりょう)に━される」

とりこわ-す【取(り)壊す・取(り)△毀す】〘五他〙建物などを、こわしてくずす。「壁を━」

とりざかな【取(り)×肴】①一つの容器に盛ったものを、各自がめいめいにとって食べる酒の肴。②正式の日本料理で、一番しまいに出る料理。

とりさ-げる【取(り)下げる】〘下一他〙いったんは差し出したものを取り戻す。また、訴えや申請を、あとになって申立人が取り消す。「訴訟を━」

とりさし【鳥刺(し)】先端にとりもちを塗った竹竿(たけざお)で小鳥を捕らえること。それをする人。

とりざた【取(り)沙汰】〘名・ス他〙世間のうわさ(になること)。風評。「いろいろと━されている」

とりさば-く【取(り)×捌く】〘五他〙適切に処理する。

とりざら【取(り)皿】一つのうつわに盛った料理を、めいめいに取り分けるための小皿。

とりさ-る【取(り)去る】〘五他〙取って除く。とりすてる。「痛みを━」

とりしき-る【取(り)仕切る】〘五他〙(経営・運営などを)自分ひとりで、引き受けて扱う。「店を━」

とりしず-める【取(り)鎮める】〘下一他〙騒ぎなどをおさえておだやかにさせる。

とりしまり【取(り)締(ま)り】①取り締まること。それをする人。②「取締役」の略。 **━やく**【取締役】株式会社で、業務執行に関する意思決定を行う者。取締役会を設置する会社では、業務の執行には代表取締役があたる。

とりしま-る【取(り)締(ま)る】〘五他〙監視し、不正や違反のないようにする。管理する。監督する。「スピード違反を━」

とりしらべ【取(り)調べ】取り調べること。調査や尋問。

とりしら-べる【取(り)調べる】〘下一他〙対象を詳しく調査する。特に、被疑者や参考人に対して事件の情況などをくわしく調べる。

とりすが-る【取(り)×縋る】〘五自〙①相手の体にすがりついて離れまいとする。②比喩的に、頼みにしてすがる。

とりす-てる【取(り)捨てる】〘下一他〙取りのぞく。

とりすま-す【取(り)澄ます】〘五自〙まじめくさった様子をする。気取る。

とりそろ-える【取(り)×揃える】〘下一他〙いろいろとそろえる。もれなくそろえ集める。「資料を━」

とりだか【取(り)高】その所有となる分量。㋐収穫量。㋑俸禄(ほうろく)の高、すなわち、扶持高(ふちだか)。

とりだ-す【取(り)出す】〘五他〙中から取って(外へ)出す。「ラックから週刊誌を━」「データを━」

とりたて【取(り)立て】①取り立てる⑴こと。「借金の━」②→とれたて

とりた-てる【取(り)立てる】〘下一他〙①(強制的に)徴収する。「税金を━」②特別のものとしてかぞえあげる。「━てて言うまでもない」③(多人数から)選んで登用する。「支配人に━」

とりちが-える【取(り)違える】〘下一他〙①まちがって他の物を取る。②まちがって解する。ちがった意味にとる。「言葉を━」

とりちらか-す【取(り)散らかす】〘五他〙「散らかす」の、つくろった気分での言い方。「━しておりますが、どうぞおはいり下さい」▽あいさつの言葉に使う。「とりちらす」とも言う。

とりちら-す【取(り)散らす】〘五他〙あちこちに乱し散らかす。とりちらかす。「━した部屋」

とりつき【取(り)付き】→とっつき

とりつぎ【取(り)次(ぎ)】①取り次ぐこと。それをする人。「玄関に━に出る」「━店」②座敷に付属する小さい間。「二畳ほどの━があって、右手は茶の間らしい」

とりつ-く【取(り)付く】〘五自〙①離さないようにする。「━島もない」(たよる所もなくどうしようもない。また、相手がそっけなくて話しかけるきっかけが見つからない)②化け物・霊やよくない感情が乗り移って支配する。つく。「きつねに━かれる」「不安に━かれる」▽「取(り)△憑く」とも書く。③取りかかる。しはじめる。「仕事に━」

とりつ-ぐ【取(り)次ぐ】〘五他〙①両者の間に立って一方の意向を他方に伝える。来客の旨を主人に伝える。②一方から受けた品物を他方に渡す。「注文の品を━」

トリック ①たくらみ。だます手段。「━アート」(目の錯覚を利用した芸術) ▽trick ②映画で、現実にはできないことを、いろいろなしかけで画面に本物の

ようにあらわしだす技術。▽trick work から。

とりつくろ-う【取(り)繕う】《五他》①一時の間に合わせに修繕する。②気まずくなった場などを(うまく言って)何とか丸くおさめる。③外見だけ体裁よく見せる。

とりつけ【取(り)付け】①装置すること。「機械の―」②そこへ導くように道を設けること。「新しい橋への―道路」③いつもその店から買うこと。買いつけ。「―の店」④信用を失った銀行にどっと押しかけて預金を引き出すこと。「―さわぎ」

とりつ-ける【取(り)付ける】《下一他》①器械などを特定の場所や他の物に装置する。「壁にスイッチを―」②(約束などを自分の希望通りに)成立させる。「了解を―」③いつもその店から買う。

トリップ《名・ス自》①短期旅行。「一泊のビジネス―」「フィールド―」(社会見学) ②覚醒剤などによる幻覚状態に陥ること。▽trip

ドリップ①《名・ス他》挽(ひ)いたコーヒー豆をネルか濾紙(ろし)に入れ、熱湯を注いで抽出すること。「―コーヒー」②《名》冷凍した魚や肉を解凍する際にしたたる液汁。▽drip

とりつぶ-す【取(り)潰す】《五他》組織などをつぶす。特に、江戸時代、幕府が大名・旗本の家を断絶し、領国を没収する。

とりつ-める【取(り)詰める】①《下一他》きびしく攻めつける。「―めて討て」②《下一自》ひどく悩んで考えが行き詰まる。思い詰める。「胸も裂けるほどに―」▽やや古風。

とりて①【取(り)手】㋐相撲(すもう)でわざのうまい人。㋑カルタで読み手に対し、札を取る方の人。②【捕(り)手】江戸時代に、罪人を召し捕る役の下役人。とりかた。

とりで【×砦】本城を離れた要所にきずいた、小規模な城。

とりてき【取的】下級力士の俗称。ふんどしかつぎ。

とりどく【取り得】取ったら取っただけ自分の得になること。

とりどころ【取り所】とりえ。長所。

とりとまり【取(り)留(ま)り・取(り)止(ま)り】→とりとめ㋑。▽一九三五年ごろまではかなり使った語。

とりとめ【取(り)留め・取(り)止め】押さえとめる所。㋐際限。「―もなく続く」㋑まとまり。しまり。「―のない話」

とりと-める【取(り)留める・取(り)止める】《下一他》おさえとどめる。あぶない命が助かる。「一命を―」

とりどり《ダナ》それぞれが、さまざまに違っていること。「色―の花」「みな―に美しい」▽動詞「とる」の連用形を重ねてできた語。

とりなお-す【取(り)直す】《五他》①もとの状態になおす。新たにする。「気を―」「自分を―」②相撲(すもう)で、勝負をやり直す。③もう一度とる。「免許を―」④持ち方を変える。持ち直す。「刀を―」

とりなし【執(り)成し】とりなすこと。「―が上手だ」「―顔」

とりな-す【執(り)成す】《五他》よいようにはからう。㋐もめ事などの中に立っておさまりがつくようにする。㋑なだめて機嫌よくさせる。

とりなわ【捕(り)縄】捕らえた罪人をしばるための縄。

とりにが-す【取(り)逃(が)す】《五他》とらえかかって逃げられる。「犯人を―」「チャンスを―」

とりのいち【×酉の市】十一月の酉(とり)の日に、鷲(おおとり)神社で行う祭り。おとりさま。とりのまち。▽東京都台東区の鷲神社のが特に有名。当日は熊手その他の縁起を祝う物を売り、人出でにぎわう。初の酉の日を「一の酉」と言い、以下「二の酉」「三の酉」(→さんのとり)と言う。

とりの-ける【取(り)△除ける】《下一他》物をとりのぞく。のぞきさる。

とりのこ【鳥の子】①ひな。②鶏卵。たまご。③卵のからのような色。淡黄色。とりのこいろ。④→とりのこがみ。⑤→とりのこもち。 **―がみ**【―紙】雁皮(がんぴ)と楮(こうぞ)をまぜてすいた和紙。なめらかでつやがあり、淡黄色。▽鳥の子色の紙の意。 **―もち**【―餅】卵形の紅白のもち。祝儀(しゅうぎ)用。

とりのこし【取(り)残し】①全部は取らずに残した物。②取り忘れて残した物。

とりのこ-す【取(り)残す】《五他》①全部は取らずに残す。②取り忘れて残したままにする。③『―・される』置きざりにされる。「時代に取り残された男」

とりのぞ-く【取(り)除く】《五他》①じゃま物、不用の物などを取り去る。また、取って捨てる。「有刺鉄線を―」「傷んだ葉を―」「不安を―」②「除く」の格式ばった言い方。「この点を―・けば問題は無い」

とりのぼ-せる【取(り)上せる】《下一自》のぼせる。逆上する。

とりのまち【×酉の待・×酉の町】→とりのいち

とりばい【取(り)灰】かまどから取り出した灰。

とりはからい【取(り)計(ら)い】とりはからうこと。扱い。

とりはから-う【取(り)計らう】《五他》「はからう」の格式ばった言い方。「よしなに―」

とりはぐ-れる【取りはぐれる】《下一他》取れる時機をのがして、取りそこなう。「ぐずぐずしていて―れた」▽もとは五段活用で「取りはぐる」とも。

とりはこ-ぶ【取(り)運ぶ】《五他》物事を(うまく)進行させる。

とりばし【取(り)箸】おかずや菓子を別に取り分けるのに使うはし。

とりはずし【取(り)外し】取りつけてある物を外すこと。「―がきく」

とりはず-す【取(り)外す】《五他》①とりつけてあるものをはずす。②手に受けるべきものを取りそこなう。うっかりして落とす。

とりはだ【鳥肌】①皮膚が、鳥の毛をむしり取ったあとの肌のようにぶつぶつになること。そのような肌。▽急激な寒さ、恐怖などが原因で、立毛筋という筋肉が反射的に収縮しておこる。②『—(が)立つ』寒さ・恐怖などを強く感じる。また、感動する。「母校の優勝に鳥肌が立った」▽感動する意は近ごろの用法。③さめはだ。

とりはな-す【取(り)離す】『五他』手にしているものをうっかりして離す。

とりはらい【取(り)払い】取り払うこと。撤去。「家の—」

とりはら-う【取(り)払う】『五他』すっかりとりのぞく。残らず取り去る。

トリビアル『ダナ』大筋にかかわらないような細かい(分かり切った)さま。「この定理の証明は—だ」▽trivial 副詞的にはほとんど使わない。派生 **-さ**

とりひき【取(り)引(き)】『名・ス他』①売買の受け渡しをすること。営利のための経済行為。商行為。「あの店とは—がある」「—先(さき)」「百万円を超える値段で—されている」②比喩的に、互いの利になるような交換条件で事を行うこと。「政治上の—」

—じょ【取引所】有価証券や投機的性格のある商品の大量取引を行うための常設市場。

とりひし-ぐ【取(り)×拉ぐ】『五他』つかみつぶす。おしつぶす。「鬼をも—勢い」

とりひろ-げる【取(り)広げる】『下一他』①とりはらって場所をひろげる。②範囲をひろくする。③物をとり出してあたりいっぱいにひろげる。

とりふだ【取(り)札】カルタで、取るほうの札。↔読札

トリプル ①三つ(の)。三倍。三重。「—パンチ」②(ホテルで)シングル ベッド三台を置いた客室。トリプル ルーム。▽triple

ドリブル『名・ス他』①ラグビーやサッカーで、ボールをこきざみに蹴りながら前進すること。②バスケットボールなどで、ボールを手でつきながら進むこと。③バレーボールで、同じ人がつづけてボールを打つこと。反則の一つ。④ビリヤードで、台のポケットに球をころがしこむこと。▽dribble

とりぶん【取(り)分】自分が取って所有とすべき分。とりまえ。わりまえ。

とりへん 漢字の偏の称。①【×酉偏】↓ひよみのとり。②【鳥偏】「鳴」「鶏」などの「鳥」。

トリマー ペットの美容師。▽trimmer

とりまえ【取り前】とりぶん。

とりまき【取(り)巻き】富や権力のある人の周りにいつもつき従っている者。「—が悪い」▽↓とりまく(2)

とりまぎ-れる【取(り)紛れる】『下一自』雑事や忙しさのために、心がうばわれる。

とりま-く【取(り)巻く】『五他』①四方を取り囲む。「やじ馬が—」「子供を—環境」②人につきまとって機嫌をとる。

とりま-ぜる【取(り)混ぜる】『下一他』あれこれを一つにまぜる。「大小—ぜて」

とりまと-める【取(り)×纏める】『下一他』①多くのものを集め、一まとまりにする。ちゃんと整理をつける。「意見を—」②争いごとなどがうまく解決するようにする。

とりまわし【取(り)回し・取(り)×廻し】①とりなし。処理。「家事の—」②相撲(すもう)をとる時のまわし。↕化粧廻し

とりまわ-す【取(り)回す・取(り)×廻す】『五他』①うまく取り扱う。㋐仕事を処理する。㋑人をあしらう。②(料理など)自分の分をとって次にまわす。

とりみだ-す【取(り)乱す】『五自』①精神的なショックで平常の心を失い、態度を乱す。②だらしない様子をする。▽元来は、とりちらかす意。

トリミング ①『名』洋服・帽子などの縁取り。ふち飾り。②『名・ス他』写真で、焼付けまたは引伸しのときに、画面の不要な部分を除いて構図を整えること。③『名・ス他』犬などのペットの毛を刈り込んで形を整えること。▽trimming

とりむす-ぶ【取(り)結ぶ】『五他』①(かたく)約束を結ぶ。約束を固める。契約する。②仲立ちをする。③『機嫌を—』へつらって人の気分をやわらげる。

とりめ【鳥目】鳥のように、夜になるとものが見えなくなる、目の障害。夜盲症。

とりもち【取(り)持ち】取り持つこと。それをする人。「—役」

とりもち【鳥×黐】小鳥や虫を捕らえるのに使う、チューインガム状のねばりけのある物質。モチノキなどから取る。

とりも-つ【取(り)持つ】『五他』①(普通すらすら運びにくい事について)双方の間に立って、うまく行くように世話する。仲立ちをする。「二人の間を—」②座がにぎわう(なごむ)ように、もてなす。「客を下にも置かず—」

とりもど-す【取(り)戻す】『五他』いったん与えたり取られたり失ったりしたものを再び自分のものとする。取り返す。「領土を—」「健康を—」

とりもなおさず【取りも直さず】『連語』《接続詞的に》すなわち。つまり。言い換えると。「彼の一生は—苦難の歴史であった」

とりもの【捕(り)物】①江戸時代、犯罪者を捕らえるための出動・活動。「—帳」②比喩的に、動物などを捕らえること。「逃げるシカを追いかけて大(おお)—となった」

とりや-める【取(り)△止める】『下一他』する予定にしていたことをやめる。中止する。「旅行を—」

トリュフ ①土中に育つ球形のきのこで、フランスやイタリアに産する高級食材。西洋松露。②生クリーム・洋酒などをまぜ、トリュフ(1)のような形にまとめたチョコレート菓子。トリュフ チョコレート。▽フランス truffe

とりょう【塗料】防腐・錆(さび)止め・つや出し・着色など

のため物体の表面に塗る流動体。うるし・ペンキ・ワニス・エナメルなど。

どりょう【度量】①他人の言行を受け入れる、心の広さ。「―が大きい」▽⑵の転。②長さ(=度)と容積(=量)。それを測る、ものさし・ます。

どりょうこう【度量衡】長さ(=度)と容積(=量)と重さ(=衡)。それを測る、ものさし・ます・はかり。

どりょく【努力】《名・ス自》目標の実現のため、心身を労してつとめること。ほねをおること。「予算の確保に―する」「―家」

とりよせ【鳥寄せ】(鳥をとるために)えさやおとりを使って、また鳥の鳴き声をまねて、鳥を近寄せること。

とりよ-せる【取(り)寄せる】《下一他》(品物などを)注文して自分の所に届けさせる。「新刊書を―」▽もと、手に取ってひき寄せる意。

トリル 音楽で、ある音と、それより二度高い音とを、かわるがわる速く奏する、装飾音。顫音(せんおん)。▽trill

ドリル ①自動的に回転させながら、穴をあける、きり。穿孔機(せんこうき)。②特定の技能・能力を向上させるための反復練習。「―学習」▽drill

とりわけ【取(り)分け】《副》特別だとして取り上げ、他から分けること。ことに。とりわけて。「三人の中で―上手なのは」▽「とりわける」⑴から。

とりわけて【取(り)分けて】《連語》《副詞的に》↓とりわけ

とりわ-ける【取(り)分ける】《下一他》①区別して取る。取って別にする。②めいめいにわける。「小皿に―」

とりわす-れる【取(り)忘れる】《下一他》①そこに置いたままそのことを忘れる。「机に載せた本を―」②うっかり忘れる。「不足品があるのを―」

ドリンク 飲み物。飲料。「ソフト―」(アルコールの入らない飲み物)▽drink　**―ざい【―剤】**栄養補給・疲労回復・強壮などの効果をうたう小瓶入りの飲料。

と-る【取る・採る・執る・捕る】《五他》①置いてあったもの、離れていたものなどを、みずからの動作で手に持つ。㋐手で握り(つまみ)持つ。[取]「手に―って見る」「手を―って導く」「―ものも―りあえず(=大急ぎで)駆けつける」㋑手に持って、それを使って仕事をする。[取・執]「くわを―」「かじを―」「筆を―」㋒手で運用するように、それを処理する。[執]「事務を―」「指揮を―」(指揮する)

②ものを手でつかんで(押さえ持つようにして)ある所から離し、またはこちらに移しおさめる。[取]㋐ある場所から除き去る。「雑草を―」「人件費を―った残額」㋑身につけているものをはずす。「帽子を―」「めがねを―」㋒力ずくで奪う。うちとる。「命を―」「仇(あだ)を―」(かたきを殺す。また、仕返しをする)。没収する。召し上げる。「所領を―り上げる」㋓盗む。「泥棒が金を―」㋔自分の方に持って来る。「たなの上の本を―」▽「その本を―ってくれ」など「くれる」「もらう」「やる」などの語を従える場合には、この結合全体で、渡す意になる。㋕とらえる。「ねこがねずみを―」▽㋕は「捕る」とも書く。「捕り物」の「とる」はこれ。㋖(種々の方法で)自分のものとする。「食事を―」「栄養を―」「月ぎめで新聞を―」「注文を―」「―に足りない」(価値がない)「名を捨てて実(じつ)を―」「学位を―」「天下を―」㋗規定のものを受け収める。「使用料を―」「月給を―」「休暇を―」

③身に負い持つ。[取]㋐(進んで)自分がそれを引き受ける。「責任を―」「仲介の労を―」㋑結果として得る。「百点を―」「不覚を―」「汚名を―」㋒《「…に―って」の形で》…の見地からは。…について見れば。「彼に―っては不幸な事件だ」

④選び出す。㋐選んで自分側のものとする。[取・採]「社員を―」(=採用する)「むこを―」「弟子を―」「この案を―ろう」㋑その態度や姿勢を選び保つ。[執]「慎重な態度を―」

⑤事物を作り出す。[取]「つりあいを―」㋐あるものから何かを作る。「大豆(だいず)から油を―」「ノートを―」(ノートに書き取る)「写真(動画)を―」▽写真(動画)の場合は「撮る」と書く。㋑あるものの形に模して作る。「型を―」㋒遊戯・競技などを行う。「カルタを―」「相撲(すもう)を―」「手拍子を―」「歩調を―」

⑥物事の内容をはかり知る。[取]㋐相手の心を推量してうまく計らう。「きげんを―」㋑解釈する。「意味を―」「悪意に―」㋒数える。測る。「数を―」「尺を―」(寸法を測る)「脈を―」(転じて診察する意にも)「出欠を―」

⑦時間や空間を占める。[取]「場所を―」「手間を―」(時間がかかる。また、手間賃を取る意にも)「明日の席を―」(=予約する)

⑧《「―り……」の形で他の動詞に連ねて》㋐直接に手がけて……する意を添える。㋑転じて、語調を整えたり強めたりするのに使う。「式を―り行う」「―り急ぎ申し上げます」

ドル ①アメリカ合衆国・カナダ・オーストラリアなどの通貨の基本単位。特に、アメリカ ドル。②転じて、お金。「―入れ」▽(オランダ)dollar から。「弗」とも書く。　**―かい【―買(い)】**自国の貨幣を売り、ドルで価格表示をした通貨・証券類を買い入れること。また、その人。　**―だて【―建て】**輸出入取引や資金の貸借・投資において、ドルによる通貨表示を行うこと。　**―ばこ【―箱】**①金庫。②金をもうけさせるもとになる人や物。③妾(めかけ)や芸妓(げいぎ)に、金を出してくれるだんな。かねばこ。

どるい【土塁】敵などの侵入を防ぐために土を盛り上げて築いた土手。

トルク ①軸などの棒状の物体をねじる方向の力。ねじりモーメント。②原動機の回転力。駆動力。▽torque

トルコいし【トルコ石】銅・アルミニウム・燐(りん)など

を含む鉱物。青色・黄緑色・緑色などを呈し、宝石・装飾用として珍重。トルコ玉。▽「トルコ」は「土耳古」とも書く。ポルトガル Turco

トルコぶろ【トルコ風呂】 むしぶろ。▽トルコ人などイスラム教徒の間に広く行われた。

トルコぼう【トルコ帽】 トルコ人がよく使った、円筒状の帽子。ひらたい頂上の中央にふさがある。

トルソー 頭や手足のない胴体だけの彫像。▽イタリア torso

ドルチェ ①(イタリア料理の)デザート。菓子。②〔音楽〕発想記号の一つ。「甘美に」という指定。▽イタリア dolce

どれ ①《代》はっきりとは定めずに、または分からないままに、物・事を言い表すのに使う語。「―にしようか」▽人には「だれ」、時には「いつ」、場所には「どこ」、数量には普通「幾つ」「幾ら」を使う。文語「いづれ」の転。ただし「どれほど」等は数量も表しうる。また、「何」とは異なり、それが属する範囲だけは分かっているのが普通。②《感》動作を起こす時などに発する語。「―出掛けよう」「―休むとしよう」「――見せて御覧」

トレアドル 闘牛士。トレアドール。▽スペイン toreador

どれい【土鈴】 土を焼いて作った鈴。振ると、こもった柔らかい音がする。

どれい【奴隷】 ①人間としての権利・自由が認められず、道具同様に持主の私有物として労働に使役される人間。「―解放」②転じて、あるものに心を奪われ、それにしばりつけられている人。「金銭の―」

トレー 浅い皿型の盆。料理や書類などを入れる。トレイ。▽tray

トレーシング ペーパー 敷き写し用の薄紙。透写紙。トレース紙。▽tracing paper

トレース 《名・ス他》①原図の上に薄紙を載せ、敷き写しをすること。②計算機プログラムの確認のため、計算過程を追って調べる(また、必要な中間結果も印刷させる)こと。▽trace

トレード 《名・ス他》プロ(野球)の選手の、球団間での移籍・交換。「―マネー」▽trade(=取引) **―オフ** 目的に向けて、一方を立てれば他方がまずくなるといった、二つの仕方・在り方の間の関係。「確実性と処理速度との―を考える」。特に経済では、雇用の安定と物価の安定とが背反する関係。▽trade-off **―マーク** ①(登録した)商標。②比喩的に、ある人物を際立たせる特徴。「―のひげ」▽trademark

トレーナー ①競技の練習を指導する人。競技者のコンディションを整える面を受け持つ。②運動用の長袖シャツ。▽trainer ②は日本での用法。

トレーニング 《名・ス自》訓練・練習(すること)。「―ウエア」▽training

トレーラー 動力を備えた車にひっぱられて進む車。付属車。「―バス」▽trailer

ドレス 女性の洋服、特に正装用のもの。「イブニング―」▽dress **―アップ** 《名・ス自》儀式・パーティーなどのために着飾ること。正装すること。▽dress up **―コード** その場所・時などに適切とされる服装の規定。▽dress code **―メーカー** 女性服の洋裁師。▽dressmaker

とれだか【取(れ)高】 農作物の収穫量。

とれたて【取(れ)立て】 収穫・捕獲したばかりであること。また、そのもの。とりたて。「―のくだもの」▽「採れたて」「獲れたて」などとも書く。

とれつ【×堵列】 《名・ス自》人が垣根(=堵)のようにならび立つこと。また、そのようにならんだ列。「―して迎える」

トレッキング 高い所までは(無理して)登らない山歩き。「―シューズ」▽trekking

ドレッサー ①鏡付きの化粧台。大型で洋風の鏡台。②着こなしの上手な人。「ベスト―」▽dresser

ドレッシー 《ダナ》洋装で、優美な線や型のさま。▽dressy

ドレッシング ①サラダ・魚料理などにかける、酢・油などを混ぜたソース。「フレンチ―」②着付け。化粧。▽dressing **―ガウン** 部屋着。化粧着。▽dressing gown **―ルーム** 化粧室。更衣室。▽dressing room

ドレミファ 音楽の音階。▽イタリア do re mi fa

トレモロ 音楽で、同一音の急速度な反復。ふるえるように聞こえる。震音。▽イタリア tremolo

と-れる【取れる・捕れる】 〖下一自〗①付いていたものが離れ落ちる。「ドアのとってが―」。消え去る。「痛みが―」「角(かど)が―」(人柄が円満になる意にも)▽二〇〇〇年ごろから気象情報で、晴れる、消える意で「霧が―」「雲が―」と言うことが多くなった。②収穫物・資源が得られる。「豊年で米がたくさん―」「この海では鯛(たい)が―」「鉄鉱石が―」▽一般には「取」、動物の場合には「捕」を使う。③ある状態が保たれる。〔取〕「つり合いが―」「調和の―れた配置」④そういう意味に解釈できる。〔取〕「皮肉に―表現」⑤写真(動画)に写る。「よく―れた写真」▽普通「撮れる」と書く。

トレンチ コート 打ち合わせがダブルで、ベルトのついた(レーン)コート。▽trench coat

トレンディー 《ダナ》流行の先端をいくさま。「―ドラマ」「すでに―ではなくなった」▽trendy 派生 -さ

トレンド 流行。また、趨勢(すうせい)。▽trend

とろ ①鮨(すし)ねたにする、マグロの腹部の、脂肪の多い部分。「中(ちゅう)―」「ねぎ―」▽肉質が、とろりとしていることからの名。②「とろろ汁」の略。「そば―」「麦―」(とろろを掛けた麦飯)

とろ【×瀞】 川の水が深くて流れが非常に静かな所。

とろ【吐露】 《名・ス他》気持・意見などを隠さずに他人にうちあけ述べること。「真情を―する」

トロ 「トロッコ」の略。「―に乗る」

どろ【泥】 ①水がまじって、やわらかくなった土。「―にまみれる」「―をかぶる」(不利を覚悟の上で役目

を引き受ける」「―を吐く」(隠しきれないで罪状を白状する)「(人の)顔に―を塗る」(他人の面目をつぶす) ②「泥棒」の略。「こそ―」

どろあし【泥足】①泥がついてよごれた足。②泥水稼業(どろみずかぎょう)の境遇。

どろ-い《形》①火などの勢いが弱い。②〔俗〕頭の働きが足りない。にぶい。派生 **-さ**

トロイカ 三頭立ての、(夏は)馬車、(冬は車輪をはずした)そり。「―方式」(三者で事にあたるやり方・体制) ▽ロシア troika(＝三つ)

とろう【徒労】むだな骨折り。「―に終わる」「―感」

どろうみ【泥海】①泥がまじってよごれた海。②比喩的に、一面のぬかるみ。

どろえのぐ【泥絵(の)具】胡粉(ごふん)をまぜて作った泥のような絵の具。

ドロー ①引分け。→ドロン ゲーム。▽draw ②「ドローイング」の略。

ドローイング 製図。ドロー。「―ペーパー」▽drawing

トローチ 口の中で徐々に溶かし、口腔(こうこう)・咽頭の粘膜から薬効成分を吸収させる錠剤。口中錠。▽troche

トローリング 船を走らせながらえさをつけた釣糸を流して、カジキ・マグロなどの大型魚を釣る釣り方。引き釣り。▽trolling

トロール ①漁網の一種。長さ二五メートルぐらいの三角形のふくろあみ。トロールあみ。打瀬網(うたせあみ)。②トロール漁業。▽trawl **―ぎょぎょう**【―漁業】トロール(1)を船が引いて航行し、大量に魚を取る漁業。タラ・カレイ・ホウボウなどに行う。 **―せん**【―船】トロール漁業に従事する船。

ドローン 無人航空機。四枚の電動回転翼を持つ小形のものや、ジェット エンジンで飛ぶ固定翼の大形のものがある。偵察・空中撮影・農薬散布・物品輸送等に用いる。▽drone

とろか-す【×蕩かす】《五他》とろけるようにする。

どろがめ【泥亀】→すっぽん(1)

どろくさ-い【泥臭い】《形》①泥のようなくさみがする。②転じて、見た目があかぬけていない。「―格好」。(あかぬけないが)地道に、体を張る。「―プレー」派生 **-さ**

とろ-ける【×蕩ける】《下一自》①固体がとけてやわらかくなり、形がくずれる。「チーズが―」②心のしまりを失い、だらしなくなる。

どろじあい【泥仕合】互いに相手の悪事をばらしたり、あげあしを取ったりして、醜い争い方をすること。そのような争い。「―の様相を呈する」

どろた【泥田】どろぶかい田。

トロッコ 土木工事などで運搬用の手押し車。軽便軌道上を走らせる。トロ。▽truck から。 **―れっしゃ**【―列車】(山から木材や石炭などを運んでいた)軽便軌道を走らせる、簡単な構造の列車。▽最近は観光用にも。「―で渡良瀬(わたらせ)の紅葉を楽しむ」

トロット ①馬の早足。緩慢な駆け足。②(ダンスで)小走りに走ること。小股(こまた)で走ること。▽trot

とろっと《副・ス自》→とろり

どろっと《副・ス自》→どろり

ドロップ ①砂糖に香料を加えてつくった西洋風のあめ。ドロップス。②野球で投手の投球が打者の直近で、また、テニスで相手の打った球が受ける直前で、急に落ちること。③ゴルフの規則の一つ。プレーできない場所にボールがある時、それを拾い上げ、肩の高さから落とすこと。④コンピュータのマウス操作の一つ。目的とする位置でドラッグしたマウスのボタンを放し、ファイルなどを移動させること。▽drop **―アウト**《名・ス自》組織・社会などから落ちこぼれ(反体制的な行動をと)ること。脱落。▽drop out

とろとろ《副[と]・ノダ・ス自》①ゆるい粘体状になっているさま。「―(と)とろける」「―の飴(あめ)」②火の勢いが弱いさま。「―(と)煮る」③浅く眠るさま。「つい―(と)した」

どろどろ《副[と]・ノダ・ス自》①濃い粘体状になっているさま。「―の道」「溶岩が―(と)流れ出る」②どろまみれになっているさま。「靴が―になった」③感情や利害が複雑にからみ合っているさま。「―した人間関係」

どろなわ【泥縄】事が起こってから、あわててその対策に手を着けることをあざけって言う語。「―式」▽どろぼうを見てから縄をなう意。

どろぬま【泥沼】①どろぶかい沼。②比喩的に、いったん入るとなかなか抜けられない悪い境遇・状態。「―にはまりこむ」「紛争の―化」

どろのき【×白楊】寒地に自生する落葉高木。葉は楕円(だえん)形で縁に細かいぎざぎざがあり、長い柄がある。材は箸・経木用。ドロヤナギ。デロ。▽材が泥のように柔らかい意。やなぎ科。

とろび【とろ火】燃える勢いの弱い火。「―で煮詰める」

トロピカル ①熱帯風(の)。「―ドリンク」②毛織物の一種。薄地だが張りのある、平織りの夏服地。▽tropical

トロフィー 優勝杯。▽trophy(＝戦勝記念品)

どろぶか-い【泥深い】《形》(水底面などからの)泥の層が厚い。派生 **-さ**

どろぶね【泥舟・泥船】①泥を運ぶ船。②比喩的に、すぐ壊れる組織。▽(2)は、おとぎ話「かちかち山」の泥で作った舟から。

どろぼう【泥棒・泥坊】《名・ス他》他人の物を盗むこと。それをする人。 **―こんじょう**【―根性】①どろぼうに通有の性質。②他人の物を盗もうとする根性。 **―まわり**【―回り】車座になって順番に何かをするとき、右から左に時計回りに回ること。▽和服を着た場合に、人の懐に手が入る方向になることから。

どろまみれ【泥△塗れ】どろだらけになること。「―になって働く」

とろみ 料理で、とろりとした粘液状であること。「かたくり粉で―をつける」

どろみず【泥水】泥がたくさん混じって汚れた水。 **―かぎょう**【―稼業】芸者・娼妓(しょうぎ)などをして暮らしを立てること。

どろみち【泥道】どろんこになった道。ぬかるみの道。

どろやなぎ【〈白楊〉】→どろのき

どろよけ【泥△除け】車輪の外側につけて、泥がはねあがるのを防ぐもの。フェンダー。「自転車の―」。また、泥に汚れるのを防ぐこと。

とろり『副と』①浅くまどろむさま。とろっと。「電車の中でつい―となった」②眠そうなさま。とろん。「―とした酔眼」③(やわらかく)粘液状であるさま。とろっと。とろん。「蜂蜜を―と垂らす」④穏やかで動きがないさま。「―とした春の海」

どろり『副と』濁って濃い粘液状であるさま。「白い―とした塗り薬」

トロリー バス 無軌条電車。レールを設けないで、普通の道路を、架線に接してタイヤで走る電車。▽trolley bus

とろろ【〈薯蕷〉】やまのいも・つくねいも・ながいもなどの根をすりおろした食物。

とろろあおい【〈黄蜀葵〉】→おうしょっき

とろろいも【〈薯蕷〉芋】とろろにする芋。やまのいも・つくねいも・ながいもなどの総称。

とろろこんぶ【とろろ昆布】コンブをけずって細い糸状にした食品。即席のすまし汁などにして食べる。

とろろじる【〈薯蕷〉汁】とろろを出汁(だし)で薄めた料理。

とろん『副と』①やわらかくて、とろけそうなさま。とろり。「―とした蒸しなす」②ぼんやりして生気がないさま。「濁って―とした目」

どろん『名・ス自』急に形の消えうせること。「―をきめこむ」(ゆくえをくらます。にげだす)「―する」▽芝居で、幽霊の出はいりなどに太鼓をどろどろと打つことから。

どろん『副と』①→どろり。②形が崩れたり濁ったりして生気がないさま。「―とした月」「―と淀(よど)んだ思考力」

ドロン ゲーム 野球・テニスなどで、引分け試合。タイゲーム。ドローン ゲーム。ドロー。▽drawn game

どろんこ【泥んこ】泥のこと。「―遊び」「―道」。泥だらけの状態。「―になる」

トロンボーン 金管楽器の一つ。U字形の管を組み合わせ、管を伸び縮みさせて音の高さを変える細長いラッパ。▽trombone

とわ【〈永久〉】未来まで変わらず、または時の流れを越えて、続くこと。「―に栄える」「―の命」「―の眠り」(死)▽雅語的。

とわず【問わず】『連語』→とう(問)(一)(1)

とわずがたり【問わず語り】たずねもしないのに自分から語り出すこと。

どわすれ【度忘れ】『名・ス自他』ふと忘れてしまって思い出せないこと。どうわすれ。

トン ①重さの単位。記号t。普通一トンは一〇〇〇キログラム。ロング トン(=英トン)・ショート トン(=米トン)はそれぞれちがった重さの単位。②容積の単位。船のときは、一〇〇立方フィート。軍艦は、排水量を英トンによって重さであらわす。貨物のときは、四〇立方フィート。▽「噸」「瓲」とも書く。ton **―すう**【―数】あるものの量を、トンを単位として計った数値。 **―ぜい**【―税】貿易のために外国船が入港した時、その船のトン数または積荷量を標準として課する税。

とん〔屯〕トン たむろ ― 多くのものが集まりたむろする。また、その場所。「屯営・屯所・屯田兵・駐屯」

とん〔頓〕トン にわかに ― ①㋐時を移さずその場で。立ちどころに。とみに。臨機に。「頓智(とんち)・頓才・頓死」㋑特に仏教で、修行の階梯(かいてい)を経ずただちに悟りを開くことに言う。「頓悟・頓教・頓証菩提(ぼだい)」②一時に。一度に。「頓服」③一ところにとどまって動かない。やどる。「停頓」④おちつける。安置する。「整頓」⑤頭を地につけておじぎをする。ぬかずく。「頓首再拝」

とん〔豚〕トン ぶた ― ①家畜の、ぶた。「豚肉(とんにく・ぶたにく)・豚カツ・養豚」②自分の子供の謙称。「豚児」

とん〔敦〕トン あつい ― 念入り。(情が)あつい。てあつくする。「敦厚・敦篤」

とん〔遁〕トン シュン のがれる ― ①何かに身をかくして逃げる。「シュン」と読む。「遁走・遁辞・遁世・隠遁」②しりごみする。「遁巡」

どん サイレンの普及する前に、正午を知らせるために鳴らした空砲のこと。午砲。「―が鳴ったから昼飯にしよう」

ドン ボス的な重要人物。「財界の―」▽スペイン語の男子の敬称 don から。

=どん【丼】「どんぶり」の略。「カツ―」「天―」

=どん『人名・身分を表す語に付けて』目下の者、特に召使・でっちなどを呼ぶのに使う。「お竹―」「これ番頭―や」▽「殿(との)」から出た語。

どん〔呑〕ドン のむ ― ①口からのみこむ。のむ。「呑吐」「呑舟の魚」②他を侵略して自分のものとする。「併呑・呑噬(どんぜい)」

どん〔貪〕ドン トン タン むさぼる ― 欲深い。不当に物をほしがる。「貪欲(どんよく・とんよく)・貪婪(どんらん・たんらん)・慳貪(けんどん)」

どん〔鈍〕ドン にぶい にぶる のろい ― ①『名ノ・造』刃物の切れ味がわるい。頭の働きがのろい。にぶい。↔利。「鈍な奴(やつ)」「鈍刀・鈍才・鈍根・鈍感・鈍重・鈍物・鈍器・利鈍・愚鈍・魯鈍(ろどん)」。のろくさい。「ゆったりした―な口調」②とがっていない。角度が一直角より大きく二直角より小さい。「鈍角」③色があざやかでない。にびいろ。「鈍色(どんじき)」

どん【曇】 ドン タン くもる ｜雲がかかる。くもる。くもり。「曇天・晴曇」

とんえい【屯営】《名・ス自》軍勢・軍隊が集団でいて、宿りもする(一時的ではない)建物。そこに休み宿ること。

どんか【鈍化】《名・ス自他》にぶくなること。にぶること。また、にぶくすること。「輸出の伸びが―する」

どんかく【鈍角】九十度より大きく百八十度より小さい角。↔鋭角。「―三角形」

とんかち〔俗〕かなづち。

とんカツ【豚カツ】豚肉で作ったカツレツ。

とんが-る《五自》〔俗〕→とがる。「―った塔」

どんかん【鈍感】《名ナ》感覚・反応などが鈍いこと。↔敏感。派生 **-さ**

どんき【鈍器】よく切れないが、重みのある刃物。また、重みのある棒状の道具。

ドン キホーテ セルバンテス作の小説の主人公。現実的でなく、空想を好み、正義感にかられて動く、行動派の人間を指す。ハムレットと対照的。▽スペイン Don Quijote

とんきょう【頓狂】《ダナ》だしぬけで調子はずれなこと。あわてて間が抜けていること。「―な声を出す」派生 **-さ**

トング 食材や食品をはさむ、V字型の台所道具。金属製・シリコーン製など。▽tongs

どんぐり カシ・クヌギ・ナラなどの、半球形のからで半ば包まれている実。「―の背比べ」(似たり寄ったりでどれも大したものでないこと) ▽「団栗」とも書く。

どんぐりまなこ【どんぐり眼】まるくてくりくりした目。▽あまり上品でない目つきを言う。

とんご【頓悟】《名・ス自》〔仏〕修行の階梯(かいてい)を経ず、ただちに悟りを開くこと。

どんこ ①体長約一五センチで黒褐色の、淡水魚。はぜの仲間。美味。②九州で、魚のカジカのこと。

どんこ【△冬子・△冬×菇】冬季に育った肉厚のしいたけ。乾燥させて最高級品として売られる。

どんこう【鈍行】〔「急行」に対して〕各駅停車する普通列車・電車の俗称。

とんこつ【豚骨】①豚の骨。また、豚の骨を煮込んで作ったスープ。「―ラーメン」②鹿児島県の郷土料理。豚の骨付きあばら肉を油で炒(た)め、こんにゃく・大根などを加えて柔らかく煮込み、赤みそ・黒砂糖・焼酎等で味つけしたもの。

どんこん【鈍根】《名ナ》①才知のにぶい生まれつき。②仏教で、仏道修行の能力・素質が劣っていること。↔利根

とんざ【頓挫】《名・ス自》勢いや物事の進行が急にくじけること。「一―をきたす」

とんさい【頓才】臨機応変の才。機転が利くこと。

どんさい【鈍才】才能がにぶいこと。そういう人。

とんし【頓死】《名・ス自》にわかに死ぬこと。急死。

とんじ【豚児】自分の子供の謙称。愚息。

とんじ【×遁辞】責任などをのがれようとして言う言葉。逃げ口上(こうじょう)。「―を弄する」

とんしゃ【豚舎】ぶたごや。

とんじゃく【頓着】《名・ス自》→とんちゃく

とんしゅ【頓首】手紙の終わりに書いて相手に敬意を示す語。▽もと中国の礼式で、頭で地をたたいて敬意をあらわすこと。

どんしゅう【×呑舟】舟をまるのみすること。「―の魚」(転じて、善悪ともに大人物・大物のたとえ)

どんじゅう【鈍重】《名ナ》動作・反応などがにぶくてのろい感じがすること。派生 **-さ**

とんしょ【屯所】①(本隊から分かれて)そこに詰める場所・建物。②明治初期の警察署。

とんしょうぼだい【頓証×菩△提】〔仏〕段階的な修行を経ず、ただちに悟り(=菩提)を得ること。

どんしょく【貪食】《名・ス他》むさぼり食うこと。がつがつ食らうこと。

どんじり 最も末であること。順番の終わり。最後。

とんじる【豚汁】豚肉に野菜を加えて味噌(みそ)仕立てにした汁物。ぶた汁。

どんす【×緞子】紋織物の一種。繻子(しゅす)の絹織物で、地が厚く光沢もある。「金襴(きんらん)―」

どん-する【鈍する】《サ変自》にぶくなる。ぼける。「貧すれば―」

とんせい【×遁世】《名・ス自》世間をのがれ(=遁)去り、俗事とのかかわりを絶つこと。㋐仏門に入ること。㋑隠遁(いんとん)・隠居すること。▽「とんせ」とも言う。

どんぜい【×呑×噬】《名・ス他》他国の領土をうばうこと。▽「呑」はのむ意、「噬」はかむ意。

とんそう【×遁走】《名・ス自》のがれ走ること。にげること。

どんぞこ【どん底】いちばん下の底。「貧乏の―」「―からはい上がる」

―きょく【―曲】→フーガ

とんだ《連体・副》意外で大変な(に)。「これは―ところに来た」「けさは―(=思いがけずひどく)寒い」。取り返しのつかない。「―事をしてしまった」▽飛び離れたという意から出た語。→とんでもない

ドンタク 日曜日。転じて、休日。▽オランダ zondag

とんち【頓×智・頓知】機に応じて即座に(=頓)働く知恵。機知。▽やや古風。

とんちき《名ナ》とんま。まぬけ。のろま。▽「頓痴気」と書くのは当て字。

とんちゃく【頓着】《名・ス自》心にかけること。気にすること。とんじゃく。「一向に―しない」

どんちゃんさわぎ【どんちゃん騒ぎ】酒を飲み、鉦(かね)や太鼓を鳴らして騒ぎたてること。その騒ぎ。

どんちょう【×緞帳】①巻いてあげおろしする厚地の

幕。芝居などに使う。②「緞帳芝居」「緞帳役者」の略。　**ーしばい**【ー芝居】下級の芝居。小芝居。▽以前、引き幕は人気役者に対してひいきから贈られるもので、それを持たない役者ばかりの小芝居では備え付けの緞帳を用いたことから。　**ーやくしゃ**【ー役者】緞帳芝居に出る下級の役者。

とんちんかん『名・ダナ』言ったりしたりする事が(的はずれで)、ちぐはぐなこと。そういう人。「ーな受け答え」▽鍛冶屋(かじや)の相槌(あいづち)は交互に打ち、いっしょにはならない、その音から生まれた語。「頓珍漢」と当てても書く。派生 ーさ

どんつう【鈍痛】にぶい重苦しい痛み。「ーを覚える」

どんつく【鈍つく】①愚鈍なこと。そういう人。②「どんつく布子(ぬのこ)」の略。粗悪なもめんの綿入れ。

どんづまり【どん詰(ま)り】①物事が(うまくいかないで)ぎりぎりの所まで来ること。事の終わり。②道路が行き詰まりになっていること。

とんでもない『連語』途方もない。㋐あるべき事ではない。「ー話だ」「とんでもなく暑い」㋑決してそんな事はない。「ー。何かのお間違いでしょう」▽副詞「と」+「でもない」の転。「とんでもございません」の形は割合に新しく、以前は「とんでもないことでございます」のように言った。↓とんだ

とんでん【屯田】兵士を辺境に土着させて、平時は農業に従事させ、非常時には従軍させる制度。明治年間にも、北海道で行われた。「ー兵」

どんてん【曇天】くもった空。

どんでんがえし【どんでん返し】①まっさかさまにひっくり返すこと。そのような仕掛け。②転じて、物事が全く逆転すること。▽↓がんどうがえし

とんと『副』①《下に打消しを伴って》一向に。少しも。「ーおいしくない」②全く。「ーごぶさただ」③ものを軽く突く音。そのさま。「竹の杖(つえ)でー地を打った」(横光利一「旅愁」)

どんと【×呑吐】『名・ス他』のむこととはくこと。のんだりはいたりすること。

どんと『副』①手ごたえのあるものがぶつかるさま。「ー掛かって来い」②火薬などが爆発する音。そのさま。「ー花火が上がる」③大量であるさま。「大金をー積む」

どんど 正月十五日に(子供たちが、神社の境内などで)書初めや門松・しめなわを焼く行事。どんど焼き。左義長(さぎちょう)。▽この火にかざした書初めが高く上がると字が上達するとされ「吉書揚」(きっしょあげ)とも呼ばれる。「とんど」とも言う。共にこの行事の際のはやし言葉に由来する語。

どんとう【鈍刀】切れ味のにぶい刀。なまくら。

とんとん ①『名』二つの相対するものが、ほぼ釣り合っていること。「収支はー(の状態)だ」②『副[と]』物事が順調に運ぶさま。物事を順調に運ぶさま。「仕事がー(と)運ぶ」③『副[と]』ものを軽くたたく音。そのさま。「戸をー(と)たたく」「階段をー降りて行く」　**ーびょうし**【ー拍子】物事が、はやく、ぐあいよく進むこと。「ーに出世する」　**ーぶき**【ー×葺(き)】こけら(2)だけで簡単に屋根をふくこと。そのようにした屋根。▽釘でとめる音から。

どんどん『副[と]』①物事が次々と盛んに進行するさま。ずんずん。「ー家がふえる」「ー(と)上達する」②ものを激しくたたく音。そのさま。「太鼓の音がーと響く」

どんな『連体』どういう(様子かというさま)。「それー人?」「病気はーでしたの」「ーにか喜んだろう」▽「どう」+「な」に由来。連体形にナ語尾のない特殊形容動詞となったとも見られる。また「こんな」「そんな」「あんな」に在る直接的副詞法は「どんな」には無いが、「どんなに」は副詞法となり得る。

とんにく【豚肉】ぶたの肉。ぶたにく。

トンネル ①『名』山腹・海底・河底・地下などを貫いて作った穴。鉄道・道路・水路用など。隧道(すいどう)。②『名・ス他』野球で、野手がゴロをとりそこね、またの間から後ろへにがすこと。▽tunnel (2)は日本での用法。　**ーがいしゃ**【ー会社】転売したり下請けに仕事を出したりして中間利益を得るだけの名目上の会社。

とんび【×鳶】①〔動物〕↓とび(1)。②和服用の男子外套(がいとう)。インバネスや二重まわし。③通りがかりに店先や門口のものをかすめとる泥棒。

どんぴしゃり〔俗〕全く的中し、その通りであること。「答えはーだ」

ドン ファン 女たらし。漁色家。▽女を征服しては捨てて次の女に移って行った、南ヨーロッパの伝説的人物の名から。スペイン Don Juan

とんぷく【頓服】『名・ス他』一日に何回ときめず、症状が出た時に服用すること。そういう薬。「ー薬」

どんぶつ【鈍物】才知のにぶい者。

どんぶり【丼】①「どんぶりばち」の略。厚みのある深い陶製のはち。②どんぶりばちに飯を盛って具をのせた料理。「うなぎー」③ふところに入れて持ち歩く大きな袋。また職人などの、腹掛けの前部につけた共布(ともぎれ)の物入れ。

どんぶりかんじょう【丼勘定】手もとにある金にまかせて、帳面にもつけずに支払いをすること。また、それに似た大まかな会計。▽職人などがどんぶり(3)に金を入れておいて出し入れしたことから。

どんぶりめし【丼飯】(茶わんでなく)どんぶりに盛った飯。

とんぼ【〈蜻蛉〉】①体が細長く、飛行機のように横にひろげた細長い二対のはねで飛ぶ昆虫。「赤ー」「ーつり」▽とんぼ目に属する昆虫の総称。②とんぼがえり。「役者がーを切る」

とんぼがえり【〈蜻蛉〉返り】『名・ス自』①(手をついて横に、または手をつかずに)体を宙返りさせること。その動作。▽芝居のは手をつかない。②目的地に着いてすぐ帰途につくこと。▽とんぼがすばやく向きを変えることから。

とんま『名ナ』(よくへまをして)非常にぬけていること。まぬけ。▽「頓馬」と書いた。

どんま【鈍麻】『名・ス自』感覚がにぶくなること。

どんま【鈍磨】『名・ス自』すりへってにぶくなること。

ドンマイ『感』(スポーツの応援などで)気にするな。だいじょうぶだ。▽don't mind から。

とんや【問屋】「といや」の転。「呉服―」「そうは―がおろさない」(思い通りにうまくは行かない)▽主として江戸で言う。↓といや。 **―ば**【―場】「といやば」の転。

どんよう【×嫩葉】わかば。

どんよく【貪欲・貪×慾】『名・ダナ』①非常に欲が深いこと。強欲(ごうよく)。②〔仏〕十悪の一つ。むさぼって飽くことをしらないこと。▽「とんよく」とも。派生 **-さ**

どんより『副[と]・ス自』①濁って、重い感じがするさま。「―(と)曇った空」「うつろな―(と)した目」②生気がなく働きが鈍いさま。「頭が―(と)重い」「―(と)した気分」

どんらん【貪×婪】『名・ダナ』たいそう欲の深いこと。ひどくむさぼること。派生 **-さ**

な

な【名】①有形・無形の事物を他の事物と区別して言い表す呼び方。「この花の―」「―ばかりの」(実質を伴わない)②個々のものを指す呼び方。㋐姓名。㋑姓を除いた、名前だけ。㋒個々の団体等を指す呼び方。「会社の―で見舞金を出す」③評判。㋐世間の聞こえ。「―が高い」「―も無い」(=有名でない、ごく普通の)人たち」「身を立て―を揚げる」(一人前になって名が知られる)「―を売る」(有名になるようにする)㋑名誉。「学校の―を傷つける」㋒口実。「慈善を―として」④名分。「―をただす」。うわべの体裁。「―を捨て実(じつ)を取る」関連 名前・氏名・人名・姓名・尊名・芳名・悪名・汚名・仮名・偽名・虚名・芸名・高名・実名・盛名・筆名・別名・変名・勇名・本名・異名・幼名・俗名・法名・戒名・名字・姓・姓氏・旧姓・家名・名称・呼称・仮称・偽称・僭称(せんしょう)・詐称・自称・愛称・美称・卑称・俗称・略称・通称・公称・総称・呼び名・あだ名・ニックネーム・ネーム・名目・名義・称号・雅号

な【菜】葉・茎などを食用とする草本類の総称。あおな。なっぱ。特に、アブラナ。「―の花」「―たね」

な 〔一〕『助』①『終助』《動詞、「(ら)れる」「(さ)せる」の終止形に付く》禁止を表す。「芝生(しばふ)に入る―」②『終助』《動詞、「(ら)れる」「(さ)せる」の連用形に付いて》(やわらげた感じの)命令を表す。「早くし―」「もうお休み―」③『間助』詠嘆を表す。「ああ、きれいだ―」「わしは―、それで―、困ったのじゃ」「全くやりきれません―」「ねえ、そうだよ―」▽相手を必要としない感動の表出にも、相手の同意を期待したり念を押したりするのにも、共に使える。「なあ」ともなる。〔二〕『感』感動や呼びかけに使う。「―、そうだろう」▽「なあ」ともなる。〔三〕『助動』「だ」の連体形。「ここ―愚か者が」「こよいは月も出ぬそう―」▽文語助動詞「なり」の連体形・終止形の転じた形。一九二五年ごろまで、「そうな」で言い切ることが多かった。↓だ『助動』。また、「の」で連体修飾を示す所に「な」を使うことが、二十世紀末に広まった。「いつも新人―気分です」「何かとニュース―男」などで様態を表す時に使うが、まだ特殊用法。

なあ ①『間助』↓な『助』③。▽文末で「……ないかなあ」となった時は、「……てもらいたいなあ」の意ともなる。②『感』↓な『感』

ナース 看護師。「―コール」(入院患者の手もとにある、看護師を呼び出す装置)「―ステーション」(病院内の看護師詰め所)▽nurse

なあて【名宛(て)】指定した、特に書簡・書類などをあてて送る、相手方。「―人」

なあなあ ①『感』呼びかけたり、念を押したりする時に発する語。「―、そうだろう?」▽主に男性が使う。②『名』〔俗〕互いに、なあ(いいだろう)という調子で、妥協して安易にすませること。「―主義」「―の関係」

ナーバス『ダナ』神経質になっているさま。▽nervous 派生 **-さ**

な-い【無い】『形』①「ある」の打消し。㋐在るとは認め(られ)ない状態だ。↕ある(有)〔一〕。「幽霊なんてものは―」「その有様では成功することは―・かろう」。乏しい(ながら在る)場合にも、期待ほどまでに達していなければ、この語が使える。「今お金が―よ」「花の―季節だから、わずかにある水仙がいっそう持てはやされる」。《特に「……といったら―」「……というものは―」の形で》……には比べる(に足る)ものが無い。……はこの上なしだ。「その騒がしさといったら―」「仲秋名月の見事さというものは―」▽死んで(もはや)この世にいない意では「亡き人」「亡くなる」などとも書く。また俗に、可能性が無い、また、(適当さを欠き)ひどいの意にも使う。「後釜に中村社長は―」(中村氏が次期社長になる見込みは無い)「そりゃ―よ。あんまりだ」。なお、有無を問う質問票などの答えには、文語終止形の(「あり」)「なし」も使う。更に広く、俗に「何、景品? そんなもの―・し―・し」のようにも使う。↓なき(亡・無)・なし(無)。㋑《形容詞連用形・断定の助動詞「で」や、それに係助詞が結合した形、また「何と」などに付く》そうあることの否認を表す。↕ある(有)〔二〕(1)。「少しも美しく―」「あれは犬で―」「感づかれるのでは―かとの不安が消えない」「秀才で―・くて結構」「安く

―・ければ買わない」「何と―・く(＝取り立ててこれというのでなく)悲しい」「悲しく―では―(＝ないことはない)」▽助動詞「ない」とは別語。しかし、(イ)の働きが助動詞「ない」に似ているので、(2)と共に助動詞と認める説もある。前との続き方が著しく異なるので、形容詞とする説が普通。(イ)を「無」では表記しなくなった。

②《「……では―か」「……じゃ―か」「……じゃ―の」の形で》相手の確認を促す、また「う」を受けて、勧誘する意を表す。「前にも話したでは―か」「お茶でも飲もうじゃ―か」「これあなたのじゃ―の」▽反語に由来する。近年は「じゃない」だけの形で使うことが多い。 派生 **‐さ‐げ***

＝な‐い 《状態を表す語を形容詞化する》(様子や心地が)著しい。「満遍―・く」「はした―」「切(せつ)―」「せわし―」「莫大(ばくだい)も―」「野放図(のほうず)も―」「滅法界も―こと」▽「無」の意とは別。

ない 《助動》《動詞、「(さ)せる」「(ら)れる」の未然形に付く。「ある」を打ち消す場合は全体が形容詞「ない」になる》①話し手・書き手がその述べる事柄に対し否定的なとらえ方をしているという態度を表明するのに使う。「雨が降って、雪が降ら―」「感づかれるのではないかとの不安が消え―」「あそこには顔を出さ**なく**なった」「門をくぐら―うちから胸がどきどきする」「所詮は紙切れに過ぎ―」「解放を期待し**なく**もないが」「堅苦しく考え―で下さい」「酒を飲ま―でも(＝ないわけでも)ないが、今はやめておく」▽「ない」がどの部分までを否定するかは、前にある助詞や文脈による。「雨が降って、雪が降ら―」の「ない」は雪が降るという事柄の打消しであり、(雨は降っているのだから)単に降ることだけを打ち消すのではない。「一つも教え―」は、一つぐらいは教えることとの打消し。これに対し「わざと教え―」は、普通、教えないのがわざと執った態度であることを言い、「わざと教える」の打消しではない。なお↓まえ(2)(イ)の▽以下。また「ないで」の形は「ずに」「なくて」に代わる言い方。一般に中止法には「なく」よりも「ず」を使うことが多い。なお、「で(は)ないか」の「ない」のように「だ」の連用形とされる「で」(形容動詞語尾を含む)に付くものや、形容詞・「たい」の連用形に付く「ない」は、働きとしては(1)に等しいが、前の語との続き方が異なるなどの理由で普通には形容詞として扱う。助動詞と認める説では、今説いているのとまた別の助動詞とする。↓ない(無)(1)(イ)

②《「―か」の形で、または「か」を伴わず音調を上げて》特に、勧誘を表すことがある。「夜が更けたから、もう寝―か」▽「ません」も同様。

ない【*内】【内】 ナイ ダイ／うち ―①一定の範囲のうち。うち。↕外。「内外・内部・内面・内国・内海・内地・内港・内接・内在・内容・内角・内野・内耳・内臓・内省・国内・家内・構内・機内・室内・車内・閣内・体内」。以下「ダイ」と読む。「内裏・参内・入内(じゅだい)・宇内・海内」②家の中。「内儀・内室・家内・内助」③なかまうち。うちうち。「内内・内緒・内訌(ないこう)」④表むきでない。うちうち。「内乱・内紛・内争・内謁・内談・内密・内済・内通・内意・内命・内定・内申・内規・内縁・内偵・内交渉」⑤いれる。納める。「内服・内用薬」

ないあつ【内圧】①内部(から)の圧力。↕外圧。②比喩的に、政府などに対し国内であがる批判の力。

ないい【内意】心の中で思うこと。㋐内々の意向。「配置換えの―が示される」㋑意中。内心。下心(したごころ)。「―を伺う」

ナイーブ《ダナ》感じやすいさま。うぶなさま。純真。素朴。▽naive 派生 **‐さ**

ないいん【内因】その物事の内部に根ざしている原因。↕外因

ないえつ【内謁】《名・ス自》内々の謁見(をすること)。

ないえつ【内閲】《名・ス他》内々で閲覧または検閲をすること。

ないえん【内縁】事実上夫婦として同居しているが法律上の届出(とどけいで)をしていないこと。「―の妻」▽明治中期までは、ひろめ(＝披露)を済ませていない親族(特に夫婦)関係を指した。

ないえん【内×苑】神社・皇居の中の庭。↕外苑(がいえん)

ないおう【内奥】内部に深く隠れた所(の様子)。

ないおう【内応】《名・ス自》↓ないつう(1)

ないか【内科】内臓の病気を、手術をせずに治療する医学の一分科。↕外科(げか)

ないかい【内海】陸地が囲んでいるような地勢の海。うちうみ。↕外海。「瀬戸―」

ないかい【内界】意識の中。精神界。↕外界

ないがい【内外】①ものの内部と外部。特に、国内と国外。自国と外国。「―人」②《数量を表す語に付けて》それに近い値(であること)。「千人―」

ないかく【内角】①多角形の隣り合った二辺が作る、多角形の内側に向いた角。②野球で、ホーム プレートの打者に近い側。イン コーナー。インサイド。▽↕外角

ないかく【内郭・内×廓】内側のかこい。

ないかく【内閣】国の行政権を担当する最高機関で、内閣総理大臣と他の国務大臣とで組織される合議体。

―かんぼうちょうかん【―官房長官】内閣官房(＝内閣の庶務を取り扱う機関)の長。内閣官房の事務を統轄し、内閣総理大臣の補佐役をつとめる。

―そうりだいじん【―総理大臣】内閣の首長として閣議を主宰し行政各部を統轄する国務大臣。国会によって国会議員の中から選ばれる。首相(しゅしょう)。

ないがしろ【△蔑ろ】《ダナ》人や物事を、あっても無いかのように軽んじるさま。「人を―にする」▽現在ではほとんどが「―に」の形で「する」系統の動詞を修飾する。「無きが代(しろ)」の音便から出た語で、ないのも同然の意。

ないかてい【内火艇】内燃機関で走る小船。

ないかん【内患】内部の心配事。国内的な心配。内憂。

↕外患

ないかん【内観】《名・ス他》〔心理〕自分自身の精神状態やその動きを内面的に観察すること。また、その方法。内省。

ないがん【内含】《名・ス他》①そのもののうちに含んでいること。②〔論理〕→がんい(含意)

ないき【内規】 その組織の内部だけで適用することを目的とした規則。▽必ずしも公表しない、申し合わせ的なものを指すことが多い。

ないぎ【内儀】 町人の妻。おかみ。「御―様」▽他人の妻を言う。

ないぎ【内議】 内々の評議。

ないきょく【内局】 中央官庁で、大臣・次官の監督を直接に受ける局。↕外局

ないきん【内勤】《名・ス自》役所・会社などの(建物の)内にいて仕事を勤めること。その人。↕外勤

ないくう【内△宮】 伊勢(いせ)神宮の一つ。皇大神宮(こうたいじんぐう)。祭神は天照大神(あまてらすおおみかみ)。三重県伊勢市に鎮座。↕外宮(げくう)

ないけい【内径】 管や球体物の内側の直径。うちのり。↕外径

ないけん【内見】《名・ス他》公式でなく、内々に見ること。「願書を―する」

ないげんかん【内玄関】 →うちげんかん

ないこう【内向】《名・ス自》気持の働きが自分にばかり向かうこと。内気で、自分の世界にばかりとじこもろうとすること。↕外向。「―性」「―的」

ないこう【内攻】《名・ス自》①病気が表面に出ず、体の内部に広がること。②精神的な痛手や欠点が自分の内面に向かうこと。

ないこう【内×訌】 うちわもめ。内紛。▽「内紛」より硬い言い方。

ないこうしょう【内交渉】 正式にする以前の、準備的な交渉。うちうちの交渉。

ないこく【内国】 国の内。国内。「―為替(かわせ)」

ないさい【内妻】 内縁の妻。

ないさい【内済】《名・ス他》表ざたにせず、内々で始末をつけること。

ないざい【内在】《名・ス自》そのものの内部に(本来備わって)あること。↕外在。「そのものに―する価値」

ないし【内△侍】 明治より前、天皇の身辺奉仕の女官。「―所(どころ)」(今の賢所(かしこどころ)に当たる宮中の御殿)

ないし【×乃至】《接》①数量や方角などを示す時、その限界を述べて間を省略するのに使う語。……から……にかけて。「五百人―六百人」「北―北東の風」②または。「米国―(は)英国」

ないじ【内示】《名・ス他》内々で示すこと。非公式に示すこと。「予算の―」

ないじ【内耳】 耳の一番奥の、鼓膜の内側の部分。音を感じ取る仕組みがある。

ないしきょう【内視鏡】 検査・診断・治療のため、内臓の内部を直接に見る、レンズの付いた道具。

ないしつ【内室】 他人の妻の敬称。令室。令夫人。

ないじつ【内実】 ①内面の事実・事情。内幕。「―を告げる」②《副詞的に》その実。本当のところ。「―困った」

ないしゃく【内借】《名・ス他》①内密に借金すること。②前借り。うち借り。

ないじゅ【内需】 国内の需要。↕外需。「―拡大」

ないしゅう【内周】 ものの内側のまわり。うちまわり。また、その長さ。

ないしゅうげん【内祝言】 うちうちで婚礼をすること。うちわで行う祝言(しゅうげん)。

ないしゅっけつ【内出血】《名・ス自》体の外側には出ず、内部で出血すること。

ないしょ【内所・内緒・内△証】 ①表立ってではなく内にすること。かくれてすること。「親に―で映画を見に行った」「―の約束」▽「内証(ないしょう)」(1)の転。「内所・内緒」は当て字。②→ないしょう(内証)(2)。

―ばなし【―話】《名・ス自》人に聞かれないように、こっそりする話。内密の話。「ひそひそと―をする」

ないじょ【内助】《名・ス他》内部からの援助。特に、妻が家庭内に居て夫の働きを助けること。「―の功」

ないしょう【内相】 (以前の)内務大臣の略称。

ないしょう【内証】 ①〔仏〕自分の内心の悟りによって、仏教の真理をつかむこと。②家の内輪(うちわ)のこと。㋐勝手など奥向きの場所。㋑娼家(しょうか)の帳場または主人の居間。「―がやかましいものですから」㋒暮らし向き。家計。「―は見掛けより苦しいらしい」▽「ないしょ」とも言い「内所」とも書く。(2)は(1)の転。現在あまり使わない。

ないじょう【内情】 表向きになって(して)はいない、内部の事情。

ないしょく【内職】《名・ス自》①本職のほかの仕事。㋐家計の補助として行うかせぎ。「―に翻訳をする」㋑主婦などが家でする賃仕事。②〔俗〕授業中などに、別の勉強や作業をすること。

ないしん【内心】 ①《副詞的にも使う》心のうち。「―を打ち明ける」「―の動揺が顔に出た」「―不快を覚える」②〔数学〕多角形に内接する円の中心。

ないしん【内申】 ①《名・ス他》内々に申し述べること。その書類。②《名》「内申書」の略。入学志願者の出身校の校長から、その者の成績等を志望校に書き送る、書面。「―点」

ないしん【内診】《名・ス他》①女性生殖器内の診察をすること。②宅診。

ないじん【内陣】 神社や寺本殿で、神体や本尊を安置してあるところ。↕外陣(げじん)

ないしんのう【内親王】 嫡出の皇女および嫡男系嫡出の皇孫である女子。

ナイス《感動詞的、また接頭語的に》すてき。㋐見事。うまい。「―ショット」㋑きれい。魅力的。「―ガール」▽nice

ないせい【内政】 国内の政治。また、国内行政。↕外

交。「―干渉」

ないせい【内省】『名・ス他』①反省(すること)。②〔心理〕内観(すること)。

ないせつ【内接・内切】『名・ス自』①ある図形が、それを取り囲む図形に重ならずにぴったりと接すること。㋐多角形の各頂点がその外にある多角形の各辺にそれぞれ接すること。㋑多角形の各頂点がその外にある一つの円に接すること。㋒一つの円が、それを囲む多角形の各辺に接すること。②一つの円が、それを取り囲む円に一点で接すること。▽多面体と球についても同様に言う。↕外接

ないせん【内戦】一国内の勢力の衝突で起こされた、国内の戦争。

ないせん【内線】構内用の電話線。「―番号」 **―さくせん**【―作戦】敵軍の包囲の内にあって、どの方向にも速やかに大軍を繰り出して各個撃破をねらう戦略。↕外線作戦。▽第一次大戦でドイツ軍が採ったのが一例。

ないそう【内奏】『名・ス他』内々で天皇に申し上げること。

ないそう【内争】内部の争い。うちわもめ。

ないそう【内装】①建物内(室内)のよそおい。また、それをしつらえ整えること。②荷造りで、内側の包装。▽↕外装

ないぞう【内蔵】『名・ス他』内部に蔵すること。「マイクを―した録音機」「―ハード ディスク」

ないぞう【内臓】動物の体腔(たいこう)内にある器官の総称。呼吸器・消化器・泌尿器など。

ないぞく【内属】①〔哲学〕物の諸性質について、それらを担うと考えられる実体としての物とそれらの性質との関係を指す語。②外国が属国として従うこと。外国人が来住して服従すること。

ナイター 野球などの夜間試合。ナイト ゲーム。↕デー ゲーム。▽nighter 和製英語。

ないだい【内題】書物の扉や本文の初めなどに記してある書名。↕外題(げだい)

ないだいじん【内大臣】明治十八年から、新憲法になるまでの間、天皇の側近にあって御璽・国璽を保管し、皇室・国家の事務について天皇を助ける大臣。▽令外(りょうげ)の官として、左右大臣に次ぐ大臣にも、この名があった。

ないだく【内諾】『名・ス他』内々の(非公式な)承諾。「―を得る」

ないたつ【内達】『名・ス他』内々の達し。非公式に知らせること。

ないだん【内談】『名・ス自』①内密に話しあうこと。密談。②内々の相談をすること。したそうだん。

ないち【内地】①(日本の)本国。↕外地。▽(北海道や沖縄から見て)本州などを指すことがある。②国内。「―留学」③海岸から遠い、内部の土地。内陸。 **―ざっきょ**【―雑居】外国人居留地を特設せず、外国人を自由に国内に住まわせること。▽明治前半期の用語。

ナイチンゲール ①ヨーロッパにすむ、ウグイスに似た渡り鳥。鳴く声が美しい。▽nightingale ひたき科。②看護婦(＝今の、女性看護師)の美称。▽クリミア戦争で、博愛心に燃えて傷病兵を看護した F. Nightingale にちなむ。

ないつう【内通】『名・ス自』①ひそかに敵に通じること。うらぎり。内応。②密通すること。私通。

ないで『連語』……なくて。「長男が少しも勉強し―困る」▽助動詞連用形「なく」＋接続助詞「て」と同じ。㋐……ずに。「行か―済ませる」㋑禁止の間接的な言い方。「ひとの手紙は読ま―(よ)」

ないてい【内偵】『名・ス他』気づかれないよう、こっそりと探ること。「敵情を―する」

ないてい【内定】『名・ス自他』正式の発表・手続きの前に、内々には決まっていること。また、うちわで決めること。その決定。「就職―」

ないてい【内庭】なかにわ。

ないてい【内廷】宮廷の内部。

ないてき【内的】『ダナ』①物事の内部にある、また、内部に関するさま。↕外的。「―要因」「―な刺激」②特に、精神面に関するさま。「―煩悶(はんもん)」

ないでも『連語』①なくても。↓ても『接助』。「わざわざ買わ―間に合うはずだ」②『―ない』↓でも㊀(3)

ないてん【内典】仏教の経典。↕外典(げてん)。▽仏教の立場から言う。

ナイト ①夜。夜間。「―ショー」▽night ②騎士。㋐俗に、女性につきそって守り役をする人。「夜道の―を仰せつかる」㋑イギリスで功労によって与えられる爵位の一つ。男性は「サー」、女性は「デイム」の称号を与えられた人。▽knight **―キャップ** ①寝る時、髪の乱れを防ぐためなどにかぶる、縁なし帽子。②寝酒。▽nightcap **―クラブ** 夜間の社交クラブ。▽nightclub

ないど【内×帑】君主が所有する財貨。特に、内帑金。▽もと、皇室所有の財貨を入れる蔵の意。 **―きん**【―金】君主のお手もと金。

ないない【内内】表立たないこと。①『名・副〔に〕』物事を身内・組織など一定範囲にとどめていること。内輪。「―(に)調査する」「―の沙汰」「ごく―の行事」「―で話したい」②『名・副』内心。「―は苦々しく思う」「―気にはしている」▽↓うちうち

ないねんきかん【内燃機関】シリンダーの外で燃料を燃焼させる蒸気機関などに対して、シリンダー内でガソリン・軽油などを燃焼・爆発させる機関。

ないひ【内皮】内側の皮。↕外皮

ナイフ 西洋式の小刀。「ジャック―」▽knife

ないぶ【内部】①中の部分。内側。内面。②その組織などに属する人。うちわ。「―組織」▽↕外部。 **―こくはつ**【―告発】『名・ス自』内部の者が、属する組織に不正の事があると人々に告げ知らせること。 **―りゅうほ**【―留保】企業が、税引き後の利益から

配当などを差し引いて、残った資金を企業内に蓄積すること。また、その蓄積された資金。社内留保。

ないふく【内服】《名・ス他》薬を飲むこと。内用。「―薬」

ないふく【内福】《ダナ》うわべにそれほどとは見えないが、暮らしが豊かなさま。「―に暮らす」▽やや古風。

ないふん【内紛】うちわのもめごと。内部のごたごた。

ないぶん【内分】①《名》表ざたでないこと。内密。「―にする」②《名・ス他》〔数学〕一つの線分を、その上の一点を境として二部分に分けること。

ないぶん【内聞】①《名・ス他》こっそり(正式にでなく)聞くこと。②《名》表ざたでないこと。内分。「ご―に願います」「―に済ます」

ないぶんぴつ【内分泌】生体内で内分泌腺が分泌物(ホルモン)を血液中に出すこと。▽「ないぶんぴ」とも言う。　**―せん**【―腺】ホルモンを作り、放出する腺。脳下垂体・甲状腺など。

ないへき【内壁】①内側に向いた壁や仕切りの塀。↕外壁。②胃や腸の内側の面。

ないほう【内包】①《名・ス他》内部に持つこと。「危険性を―する」②《名》〔論理〕ある概念が適用される範囲すなわち外延に属するすべてのものに共通な属性。概念が指すものの内容。↕外延。▽外延を広げる、つまり一般的な概念を取るとその内包は少なくなり、その逆や裏も成り立つ。

ないほう【内報】《名・ス他》内々で知らせること。内密の知らせ。

ないまく【内幕】↓うちまく

ないまぜ:なひ【×綯(い)交ぜ】①色違いの糸をない合わせてひもを作ること。②別種のものを交ぜ合わせて一つのものにすること。

ないみつ【内密】《名・ダナ》表ざたにしないこと。ないしょ。秘密。内々。「―に交渉する」「―の話がある」 派生 **―さ**

ないむ【内務】①国内の政務。また、国内行政。②軍隊生活で、日常生活に関する室内での仕事。「―班」

ないめい【内命】《名・ス他》表向きでない、内々の命令。内々に命令すること。

ないめん【内面】①外面に対し、物の内側。内部。②人の表面・外面に対し、精神・心理(の方面)。「―描写」

ないものねだり【無い物ねだり】そこにない物を(無理を言って)ほしがること。

ないや【内野】①野球のグラウンドで、本塁・一塁・二塁・三塁を結んだ内側。「―安打」②「内野手」の略。内野を守る選手。

ないやく【内約】《名・ス他》内々に約束すること。うちわの取決め。

ないゆう【内憂】うちわどうしでの、特に国内の、心配事・もつれ。「―外患」

ないよう【内容】物・事のなかみ。㋐ある形をとるものを満たす事柄・物。「小包の―物」㋑事物・現象を成り立たせている実質。↕形式。「話の―」(言語で表されている事柄)「―の乏しい講義」

ないよう【内用】《名・ス他》飲み薬として用いること。薬を飲むこと。内服。↕外用

ないらん【内乱】国内の騒乱。特に、政府とそれに敵対する勢力との武力による闘争。

ないらん【内覧】《名・ス他》内々に見ること。決められた正式の手続きによらずに見ること。「―に供する」。一般に公開する前に、限られた人だけが見ること。「―会」

ないりく【内陸】海岸から遠い、陸地の内部。　**―きこう**【―気候】海洋の影響を直接受けない、内陸地方の気候。湿度が低く、昼夜・夏冬の気温の差が大きい。大陸(性)気候。↕海洋気候。　**―こく**【―国】国境がすべて他国の陸地に接し、海に面していない国。例、スイス。

ないりんざん【内輪山】二重火山の、新しく噴火した内側の火口壁。↕外輪山

ナイロン 絹に似た風合(ふうあい)をもつ、強度の高い化学合成繊維。▽nylon もと、商標名。

ナイン 野球チームの選手。「A高校―が球場に到着した」「ベスト―」▽nine(＝九) 一チーム九人で競技するから。

な-う:なふ【×綯う】《五他》よりを掛けて縄などを作る。あざなう。

なうて【名うて】《ノダ》有名な。評判が高い。「―の悪党」

なえ:なへ【苗】①種子から芽を出して伸びた、(移植用の)幼い植物。▽多くは草本植物のを指し、木本のは普通「苗木」と言う。②稲の苗⑴。

なえぎ:なへ【苗木】樹木の苗。

なえどこ:なへ【苗床】種をまいて苗をはえさせ育てる所。

な-える【萎える】《下一自》①(病気のため)手や足の力が抜ける。また、しびれて感覚がなくなる。「足が―」②気力が抜ける。ぐったりする。③長く着たため、着物がくたくたになる。④しおれる。

なお:なほ【△猶・△尚】①《副ノ》㋐他の事情・状態が変わったのに、相変わらず。やはり。「今でも―貧乏だ」㋑そのうえ。更に。一層。「―多くの人」「それなら―の事」㋒《下に「ごとし」(口語では主に連用形・連体形)を伴って》ちょうど(……のようだ)。「度量は―大海のごとくである」▽㋒は漢文訓読から出た表現。②《接》ある事柄を述べた後で、それに言い添える時に使う語。「先日は御世話様でした。―、結構なおみやげまで頂戴(ちょうだい)しまして」

なおかつ:なほ【△尚且つ】《連語》《副詞的に》①そのうえにまた。②それでも、やはり。

なおさら:なほ【△尚更】《副[に]・ノダ》そのうえ、ますます。それにも増して。

なおざり:なほざり《ダナ》余り注意を向けず、いい加減にするさま。おろそか。「規則を―にする」「忠告を―に聞き流す」▽「等閑」とも書く。 派生 **―さ**

なおし(なほし)【直し】直すこと。直したもの。①はき物などの修繕を職業とする人。②㋐「直し酒」の略。粗悪のまたは腐りそうになった酒に加工して、普通の酒と同様な香味を持たせたもの。㋑焼酎に味醂(みりん)を混ぜた酒。直し味醂。③色直し(1)。④遊里などで客が、予定の遊興時間をのばすこと。

なお-す(なほす)【直す】《五他》①正しい(と思う)状態・物にする。もとにもどす。㋐一度表現したものを正しくする。「誤りを—」㋑きちんとする。「ゆがみを—」「居ずまいを—」㋒もとのように正常な、または健康な状態にする。「屋根を—(=修繕する)」「胃炎を—」「骨折を—」▽病気・怪我(けが)の場合は「治す」とも書く。②(今の状態を)改める。㋐しかるべき位置にすえたり、違った体系に置き換えたりする。「席を特等に—(=申し出てまたは申し出を受けて変える)」「日本語を英語に—」「ひらがなに—」㋑換算する。「一尺をメートル法に—・せば」③《動詞連用形を受けて》改めて……する。もう一度……する。「読み—」

なおなお(なほなほ)【△猶△猶・△尚△尚】《副》①なおさら。ますます。②その上加えて。つけ加えて。③まだまだ。やはり。　—**がき**【△尚△尚書(き)】書簡文の終わりに、つけ加えて言い足した部分。追伸。▽候文(そうろうぶん)で「尚尚」と書いて言い足したところから。

なおまた(なほ:)【△尚又】《接》その上さらに。「—、一方におきましては」

なおも(なほ:)【△尚も】《接》その上まだ。「—食い下がった」

なおもって(なほ:)【△尚△以て】《連語》《副詞的に》なおさら。

なおや【名親】↓なづけおや

なおらい(なほらひ)【直△会】祭事が終わってから神酒(みき)・供物を下げていただく宴会。その下げた供物。

なお-る(なほる)【直る】《五自》①正しい(と思う)状態・物になる。もとにもどる。㋐訂正を受ける。㋑もとのように正常な、または健康な状態になる。「礼。—・れ」「ゆがみが—」㋒もとのように正常な、または健康な状態になる。「こわれた道が—(=修繕される)」「風邪(かぜ)が—」「切り傷が—」。(相場が)立ちなおる。▽病気・怪我(けが)の場合は「治る」とも書く。②(今の状態が)改まる。㋐しかるべき地位にすわる。「本妻に—」「あとつぎに—」㋑乗物・観覧席などで今の席の等級を改めて上級の席に移る。「一等席に—」「お—・りなさい」㋒姿勢を正してきちんと座る。「いま言って聞かせるから、そこに—・りなさい」▽(2)はかなり古風。関連 癒える・治癒・平癒・快癒・全癒・根治・全治・全快・本復・回復・快気・床上げ・退院

なおれ(な:をれ)【名折れ】以前からのせっかくの名誉が傷つくこと。

なか【中・仲】①端や境界で区切られた、そのあいだ。【中】↕そと。「(この)—でもすぐれているのは」▽うえ・なか・した、かみ・なか・しも等、三分した中間部分を指すのが、原義。㋐中央。中間。内部。㋑それが続く状態の時。「嵐の—を出掛けた」「お忙しい—の御出席、恐縮に存じます」▽第一例や「照りつける—で熱戦を展開」のような場合に「を」「で」を付けないのが、現在は普通になった。②二つのもののあいだ。(人と人との)間がら。「あの二人は—がいい」▽人の交際関係については「仲」と書く。③三人兄弟の第二番目の者。④一か月の中間。中旬。【中】「正月の—の十日」⑤〔俗〕東京で吉原、大阪で新町の遊郭を指した。【中】▽遊郭の中の意。

ながあめ【長雨】幾日も降り続く雨。霖雨(りんう)。

なかい(:ゐ)【仲居】料理屋・旅館などで、客の応対をする女性。▽もと、殿中や大名屋敷の奥向きで、そこに勤める女性が居た室。また、その女性。

なが-い【長い・永い】《形》物・空間・時間、または抽象的なものについて、ある(端の)点から他の(端の)点までの隔たりが大きい。↕短い。「馬の顔は—」「—年月を経る」「話せば—ことながら」「校長の訓話は—・くてなかなか終わらない」「—・く続ける」「気が—」(のんびりしていて、なかなか次の動作に移らない気質だ)「—物には巻かれろ」(権力や勢力のある者にはかなわないから、反抗せずに従っているのがよい)▽普通「長」を使うが、時間の場合だけ「永」も使う。上下等の方向の観点が加われば「高い」「深い」「広い」などと言う。なお、↓ながき・ながの。派生 —**さ***

ながい(:ゐ)【長居】《名・ス自》長い時間同じ場に(すわって)いること。「—は無用」

ながいき【長生き】《名・ス自》長く生きること。長命。

ながいす【長椅子】幾人も掛けられるように横に長く作った椅子。

ながいも【長芋・長×薯】長さ一メートルほどになる塊根を食用にする、つる性多年草。とろろにして食べる。▽やまのいも科。自生種は「じねんじょ」。

なかいり【中入(り)】相撲(すもう)・芝居などの興行の途中にはさむ、しばらくの休み時間。「—後の取組」

ながうた 一①【長唄】元禄(げんろく)(一六八八〜一七〇四)ごろから歌われ、三代目杵屋(きねや)喜三郎が曲風を統一した、三味線(しゃみせん)歌曲。歌舞伎の伴奏にも使う。歌詞は長くて、浄瑠璃・謡曲から取る。江戸長唄。②【長歌】上方(かみがた)長歌。端歌(はうた)・組歌に対し、一連の歌詞をもつ三味線歌曲。二【長歌】↓ちょうか(長歌)

なかうり【中売(り)】興行場や長距離列車の中で飲食物を売り歩くこと。その売り子。

ながえ ①【長柄】柄が長いこと。柄の長い道具・武器。㋐馬上の貴人などにさしかける、柄の長いかさ。㋑柄が長い銚子(ちょうし)。㋒柄の長さが三間ほど(五メートル弱)ある槍(やり)。②【×轅】馬車・牛車(ぎっしゃ)の前方に長く出た、平行な二本の棒。その前端にくびきを渡し、馬や牛をつないで車をひかせる。

ながおい(:おひ)【長追い】《名・ス他》逃げるものを遠くまで追いかけること。

なかおち【中落ち】三枚におろした魚の、身のついた

中骨の部分。また、それから取った身。
ながおどり【長尾△鶏】→おながどり
なかおもて【中表】(布地など)表面が内側になるようにしてたたむ(巻く)こと。
なかおれ【中折(れ)】①中央が折れ返り、またはくぼんでいること。②「中折帽子」の略。頂の中央が縦にくぼんでいて、つばのある、やわらかな帽子。ソフト。
なかおろし【仲卸】卸売市場で、仲買(なかがい)を担当する業種。地方自治体の許可を受ける。▽もと「仲買」と言った。
なかがい【仲買】問屋と小売商との、または生産者・荷主と問屋との間に立って、売買の仲立ちをして営利をはかること。それを業とする人。ブローカー。「—人」
ながき【長き・永き】長いこと。長い年月。「—にわたって愛された名作」「—に及ぶ」▽文語形容詞「ながし」の連体形。
なかぎり【中△限】〔取引〕先物(さきもの)取引で、翌月末日に受け渡しをする契約。中期。ちゅうぎり。↓先限(さきぎり)・当限(とうぎり)
なかくぐり【中△潜り】茶室の庭で、露地の内外の境に設けた門。
なかぐち【中口】①中央の入口。②間にあって一方の人に他方の、またはそれぞれに相手方の、悪口を言うこと。
ながぐつ【長靴】雨天・乗馬用などの、ゴム・革製で足首よりも上の部分まではいる靴。
なかぐろ【中黒】①句切り符号の一種で、並列などに使うもの。なか点。「東京・京都・大阪」の「・」。②矢羽の切斑(きりふ)の一種で、上下が白く中央が黒いもの。「—の矢」
なかご【中子】①中心。内部。②刀身の、つかの中にはいった部分。▽②は、「茎」「中心」とも書く。③果実の内部の食用になる部分。④入子(いれこ)の、中にはいる方の箱。
なかごろ【中頃】中ほどの時・所・部分。
ながさ【長さ】長いこと。「話の—にうんざりする」。また、長いか短いかという程度。「—三ミリ」
ながざ【長座】長居(ながい)。ちょうざ。
なかし【仲仕】荷物をかついではこぶ人夫。「沖—」
ながし【流し】流すこと。流すもの。①水を流して物を洗う場所。㋐台所・井戸ばた等に設けた、食品・食器を洗う所。「—台」㋑入浴の際からだを洗う、湯ぶねのそばの場所。ながしば。②銭湯で、三助にからだを洗わせること。その人。「—を取る」③客などを求めて移動すること。その人。「—のタクシー」「新内(しんない)—」
ながしあみ【流し網】魚の通路に当たる所に網を張り渡して、網目にかかった魚を捕らえる漁法。それに使う網。
ながしいた【流し板】①流し⑴㋐に張った板。②(以前の)銭湯で体を洗う板の間。
なかしお【中潮】満ち干の差が中ぐらいの時の潮。
ながしお【長潮】満ち干の差が少ない時期の、動きがゆるやかな潮。
ながしかく【長四角】長方形。
なかじき【中敷(き)】中に敷くこと。そのもの。「靴の—」
なかじきり【中仕切(り)】部屋や箱などの、中の仕切り。
ながしこ-む【流し込む】〘五他〙①流して中に入れる。「廃水を川に—」「生コンを型に—」②茶漬けにした飯などを急いで食べる。
ながしそうめん【流し△素麺・流し△索麺】割った竹の樋(とい)に、冷水とともに、ゆでたそうめんを流し、周りからすくいあげて食べること。▽夏の風物詩。
ながしば【流し場】→ながし⑴㋑
なかじま【中島】川・池の中にある島。
ながしめ【流し目】正視せず、目じりで見るような目つき(で見ること)。▽さげすみや(女の)媚(こび)を含んだ場合が多い。
ながしもと【流し元】台所の流し⑴㋐のある所。
ながジュバン【長×襦×袢】着物と同じ丈の、着物の下に着る長いジュバン。女物には派手な色調・柄(がら)がある。
なかしょく【中食】調理の要らない総菜・弁当などを店で買って自宅で食べること。その食事。
ながしよみ【流し読み】〘名・ス他〙かなりの分量のものを、さっさと大ざっぱに読む。「報告書を—にされてはかなわない」
ながじり【長尻】〘名ナ〙訪問先に長くすわり込んで、なかなか帰らないこと。そういう人。ながっちり。
なか-す【泣かす・鳴かす】〘五他〙①なくように仕向ける。(泣くほど)苦しませたり困らせたりする。「子供を—」「持病に—される」②〔俗〕〘自動詞的に〙泣きたいほどの感動を与える。〔泣〕「君は親切だなあ。本当に—よ」▽「なかせる」(下一段活用)の形も使う。
なかす【中州・中×洲】川の中で、土砂などが積もり重なって水上に出ている所。
なが-す【流す】〘五他〙①液体の移動を起こさせる。㋐液体を(低い方へ)移らせる。「涙を—」「一ふろ浴びて汗を—(=洗い落とす)」「背中を—(=洗う)」㋑液体の移動が他の物の移動を起こす。「豪雨が橋を—した」「水に—」(転じて、過去にあったもめ事をなかったことにする)「情に—される」②ものを移し動かす、または、広める。「針金に電気を—」㋐うわさ等を広める。「デマを—」「ラジオ番組で—」(放送して人が知るようにする)㋑罪人を、罰として遠いへんぴな所に送る。流罪(るざい)に処する。㋒〘自動詞的に〙あんま・芸人・夜鳴きそば・タクシーなどが、客を求めて通りを移動する。③移動によって無効にする。㋐流産させる。㋑会合・計画などが成立しないようにする。「総会を—」㋒質草(しちぐさ)を期限までに受けもどさず、所有権を失う。㋓《動詞連用形を受けて》身を入れて……しない。「聞きー」「受けー」▽「いい加減にー」のように、接尾語的でなく使うこともある。

ながすくじら【長須鯨】 クジラの一種。体長二〇〜二五メートル。極地から温帯まで回遊する。▽ながすくじら科。

なかずとばず【鳴かず飛ばず】《連語》ずっと、活躍することもなく、人から忘れられたようになっているさま。▽本来の意は、活躍の日を期して機会を待っているさま。

ながズボン【長ズボン】 丈が足首まであるズボン。↕半ズボン。▽「ズボン」はフランス jupon

=なかせ【泣かせ】《人を表す名詞に付けて》……を、さんざんに困らせること。そういう人。「先生ーの悪童」「医者ーの病気」

ながそで【長袖】 ①袖の長い衣服。㋐袖が手首まである洋服。㋑長い(大きな)袖の着物。②武士に対し、公家(くげ)・医師・神主(かんぬし)・僧などのこと。▽長袖(1)㋑を着ていたから。

なかぞら【中空】 ①空のなかほど。中天。空中。②どちらとも決まらないこと。㋐中途半端(はんぱ)。㋑心が落ち着かないこと。㋒おろそか。▽やや雅語的。

なかだか【中高】《名ナノ》周辺が低く中央が高いこと。

なかたがい【仲△違い】《名・ス自》仲の悪い状態。仲が悪くなること。

なかだち【仲立(ち)・△媒】《名・ス自》他人の間に立って、取引・結婚・交渉などの行為・関係をとりもつこと。その人。橋渡し。「休戦のーをする」▽人間関係以外についても言う。

ながたび【長旅】 長い期間にわたるたび。

ながたらし-い【長たらしい】《形》だらだらといや気のさすほど長い。「ーお説教」派生 **-さ**

なかだるみ【中×弛み】《名・ス自》中ほど(中間)がゆるむこと。「仕事のー」

ながだんぎ【長談義】《名・ス自》まとまりがなくて長たらしい演説・講話など(をすること)。「へたのー」

ながちょうば【長丁場】 物事が長々と続くこと。「ーの交渉」▽もと、宿場と次の宿場との間が他よりも長いこと。「長町場」とも書く。

なかつぎ【中継(ぎ)】 ①《名・ス他》途中で(を)引き継ぐこと。「ーのピッチャー」②《名》㋐ふたと身との長さが等しく、はめると中央に継ぎ目のできる、抹茶の茶入れ。㋑三味線(しゃみせん)のさお、尺八などで、中途を継ぎ合わせるようになっているもの。また、その継ぎ合わせる部分。

ながつき【長月】 陰暦九月。

ながっちり →ながじり

ながつづき【長続き・永続き】《名・ス自》物事が長い間切れずに続くこと。「飽きっぽくてーしない」

なかづり【中×吊り】 電車やバスの中にポスター広告をつり下げること。その広告。

なかて【中手】 ①中ごろの時期に出るもの。作物で、早生(わせ)と晩生(おくて)との中間に位するもの。特に稲について言う。②中間のあたり。「舞台のー」

ながて【長手】 長いほう(のもの)。長めであること。

なかでも【中でも】《副》多くのものの中で、特に。とりわけ。「ー高齢者の割合が増えている」

なかと【中×砥】 荒とぎと仕上げとの間に使う砥石(といし)。青砥(あおと)・白砥(しらと)など。

ながどうちゅう【長道中】 長い旅。「都へのー」

ながどす【長どす】〔俗〕長い脇差(わきざし)。▽昭和初年に「長脇差」に類推して大衆小説家が造った語か。本来「どす」は匕首(あいくち)のこと。

なかなおり【仲直り・中直り】《名・ス自》①仲が悪くなっていた者同士が、また仲よくなること。②長い病気の末、死にそうな者が、死にぎわにちょっと回復したように見えること。▽(2)は「中直り」と書く。今は言わない。

なかなか【中中】《副「に」・ノダ》①相当。ずいぶん。「ーきれいな人」「ー(に)面白い」「ーのやり手だ」「腕前はーだ」②簡単にはゆかないさま。㋐《多くはあとに打消しを伴って》そう簡単には。「愛着があってー手放せない」「うまい話はーない」「ー理屈通りにはいかない」㋑実現までにまだ時間が掛かりそうなさま。「ー来ない」「ー涼しくならない」「完成はまだーだ」

ながなが【長長】《副「と」》空間的または時間的に長い感じであるさま。「ー(と)横たわる」「ー(と)説明する」「ー(と)お世話になりました」

ながなわ【長縄】 長い縄。特に、大縄跳びに使う長い跳び縄。「ー跳び」

なかにわ【中庭】 建物(室)に囲まれたようになっていて、その中間に作られた庭。内庭。

なかぬり【中塗(り)】《名・ス他》壁や漆器で、下塗りの次、上塗りの前に塗ること。

なかね〔取引〕①【中値・仲△直】高値・安値、または売値・買値の中間の値段。②【仲値】銀行が客の外国為替(かわせ)に適用する基準レート。

ながねぎ【長×葱】 葉の長い棒状の葱(ねぎ)。ねぎ。ねぶか。▽玉葱に対して言う。

ながねん【長年・永年】《副詞的にも使う》長い年月。「ーの苦労も水のあわ」「こんな仕事をーしていると」

ながの【長の】《連語》《連体詞的に》長い。「ー旅」。永久の。「ーいとま」▽後者の意では「永の」とも書く。

なかのくち【中の口】 玄関と勝手口との間にある出入口。

なかのま【中の間】 家の中央の部屋。また、和船の中央の部分。

なかば【半ば】 ①半分ほど進んだところ。㋐中央。まんなか。「橋のーに立つ」「思いーに過ぎる」(それにつけて考えてみると、そうなのかと思い当たる。「易経」の文句から出た表現)㋑最中。「宴ーに」㋒中途。「業(ぎょう)ーでたおれる」②《副詞的に》半分(ほど)。「―無意識のうちにやってしまった」▽古くは、ちょうど半分の意。

ながばかま【長×袴】すそが長くて、足を包み後ろに引くような、はかま。礼服に使った。

なかばたらき【仲働き】奥向きと勝手との間の雑用をする女中。

なかび【中日】相撲(すもう)・芝居などの興行の、ちょうどまんなかに当たる日。▽「ちゅうにち」と読めば別の意。

ながび-く【長引く】《五自》物事の進行に時間がかかる。予想された時間を超えて長くかかる。

ながびつ【長×櫃】衣服・調度を入れる、長く大きなひつ。

ながひばち【長火鉢】茶の間・居間に置く、横に長い箱型の木製火鉢。猫板・銅壺(どうこ)・引出しがついている。▽町家で使った。その家の主(あるじ)がこれを前にして座る。

なかほど【中程】真ん中のあたり。

なかぼね【中骨】魚の背骨。「―に沿って包丁を入れる」

なかま【仲間】心を合わせて何かをいっしょにするという間柄をかなりの期間にわたって保っている人。そういう間柄。「―の面倒をよく見る」「遊び―」 **―いり**【―入り】《名・ス自》仲間に加わること。 **―うち**【―内】他の人々に対して、仲間どうしの範囲の中。「これは―の問題だ」 **―はずれ**【―外れ】仲間に入れてもらえないこと。その状態(の人)。 **―ぼめ**【―褒め】仲間のだれか(の業績)をむやみに褒めること。「評判が高いと言っても多くは―だからいただけない」 **―われ**【―割れ】《名・ス自》仲間内で対立しあい分裂してしまうこと。

なかまく【中幕】歌舞伎の一番目と二番目との狂言の間に、客の目先をかえるために演じる一幕の狂言。

なかみ【中身・中味】①中にはいっているもの。「箱の―」。形に対し、それを成り立たせるもの。内容。「話の―」「―のある議論」②刀などの、さやに収まる部分。

なかみせ【仲店・仲見世】神社・寺の境内にある商店街。▽東京浅草の仲見世が有名。

ながみち【長道・長△路】長く続いている道。また、遠い道のり。「―をする」(長い道のりを行く)

ながむし【長虫】蛇のこと。

ながめ【長め】どちらかと言えば長いこと。こころもち長いこと。↔短め。「バットを―に持つ」「―のズボン」

ながめ【眺め】見えるけしき。「春の―」「ここからの―」「―がひらける」

なが-める【眺める】《下一他》①はるかに見る。見渡す。「窓の外を―」「人心の動向を―めてきた」②つくづくと(視線を注いで)見る。「名月を―」「じっと相手を―」▽もと、思いにふけりながら、(外や物を)ぼんやりと見やる意。

ながもち ①【長持ち】《名・ス自》ものが長い間、状態を変えない、または役に立つこと。②【長持】《名》衣服・調度を入れる、ふたのある直方体の大きな箱。「嫁入りの―唄」▽多く運搬用に使った。

ながや【長屋】仕切って多くの世帯が住めるようにした、棟つづきの細長い形の家。「棟割(むねわり)―」 **―もん**【―門】両側が長屋になっている、(大名屋敷などの)門。

なかやしき【中屋敷】江戸時代、大名などが上(かみ)屋敷の予備として設ける屋敷。▽必ずしも設けなくてもよい。

なかやすみ【中休(み)】《名・ス自》仕事などの途中で休息すること。その休息。

ながやみ【長病み】《名・ス自》長い間病気であること。ながわずらい。

ながゆ【長湯】《名・ス自》長い時間、風呂(ふろ)に入っていること。

なかゆび【中指】五本の指のまんなかの指。

なかゆるし【中許(し)】茶の湯・琴など芸事で、初許(はつゆるし)の次、奥許の前に、師匠から受ける免許。

なかよし【仲良し・仲△好し】仲がよいこと。また、その間柄の人。 **―こよし**【―小良し・―小△好し】なかよし。▽「こよし」を添えて口調をよくした語。

なから【△半ら】ほぼ半分。半分を越える程度。 **―はんじゃく**【―半尺】《名・ダナ》中途はんぱ。いい加減。

ながら《副助》①《体言やそれに相当する表現に付く》(そっくりその)……のまま。「昔―に静かな鎮守の森」「事故の惨状はこの世―地獄絵だ」「いつも―繁盛している店」「生き―(にして)うずめられる」「生まれ―健康そのもの」。……ぐるみ、それと共に。「涙―に語る」「子供を三人―連れて行く」。(表立たず)……から。「陰―しあわせをお祈り申します」「よそ―旧居を訪ねてみる」
②《動詞型活用語の連用形に付く》動作Aが動作Bと共に行われることを、Bに伴う状態として示すのに使う。「パンをかじり―道を歩く」「大げさに肩で息をし―まくし立てる」「人間は悪いことをし―善いこともする」「おそれ―と申し出る」「一杯やり―の打ち合わせ」「断り―も未練たっぷり」▽接続助詞「つつ」と異なり、状態の規定に重点がある。
③《体言やそれに相当する表現に付く》そうではあるが。㋐話の本筋とも言えないようなことを(前もって)言い添えるのに使う。「ついで―一言しておこう」「毎度のこと―よろしくお願いします」「何ともわれ―あさましい」「恥ずかし―借金のお願いに参りました」▽形容詞語幹も体言的。「恥ずかしい」にしかこの用法が無いらしい。㋑《名詞・形容動詞語幹など、また動詞型活用語の連用形、形容詞型活用語の連体形に付く》相応しない事柄が共存する意を表す。「老人―力仕事をこなす」「見知らぬ顔―親しみを覚えた」「体裁もさること―実質はどうなのか」「つたない(筆)―真心のこもった手紙」「残念―そう

だ」「おぼろげ—分かった」「細ぼそ—でも生計が立つ」「わずか—財産がある」「その不備はもちろん—、他にも検討を要する点がある」「うまくは作れない—(も)何とかやってみる」「及ばず—世話をしよう」「狭い—も楽しいわが家」「知ってい—知らないそぶり」「もう限界かと言われ—優勝をとげた」「みずから悪癖とは認め—少しも改めない」

▽「ながら」は接尾語ともされる。起源は、古代の名詞「から」(「身柄」「やから」の「から」)と同源で、助詞「から」もこれの転)を「の」と同じ古代の助詞「な」の後ろに置いたもの。二つの動作の対照が著しい場合が⑶、共存する動作に着目し動詞型活用語に拡張して使う場合が⑵。⑵⑶は「乍ら」とも書いた。⑴にもそう書くことがあった。

なからい(…らひ)【仲△合】人と人との間柄。交情。▽既に古風。

ながら‐える(ながらへる)【長らえる・永らえる・△存える】《下一自》生きて長くこの世に居る。「命を—」

ながらく【長らく・永らく】《副ノ》長い間。久しく。「—ごぶさたしました」「—のお世話」

ながらぞく【ながら族】勉強や仕事を、音楽を聴くなど別のことをしながらする人。

なかりせば【無かりせば】《連語》無かったとしたら。▽文語の残った形。「無かり」＋動詞「す」の未然形＋助詞「ば」

なかれ【×勿れ・×莫れ】《連語》動作の禁止に用いる語。「君、騒ぐこと—、だ」▽「なくあれ」のつづまった形。

ながれ【流れ】流れること・もの・さま。①流れる水。川。「清き—」②比喩的に、移動していくもの・こと。「人の—」「時の—」「電気の—」「—作業」③伝わって行く道筋。㋐系統。血統。流派。「平家の—をくむ」㋑散会後などの小集団の足取り。また、その小集団。「宴会の—」④さすらい。「—の身」(特に、遊女の身の上)⑤屋根の傾き。「—造り」⑥あるものが予定の状態に留まることができないで、無効になること。無効になったもの。㋐質(しち)の期限が過ぎて所有権がなくなること。その、所有権がなくなった質草(しちぐさ)。「お—になる」㋑会合・計画などが成立せず中止になること。関連 支流・分流・主流・諸流・急流・激流・奔流・清流・濁流・流水・流派・嫡流・分派・一派・一流・当流・時流・風潮

ながれある‐く【流れ歩く】《五自》方々をさまよい歩く。さすらい歩く。「諸国を—」

ながれかいさん【流れ解散】デモ行進の終着点などで、参加者が到着順に解散すること。

ながれこ‐む【流れ込む】《五自》流れた末がそこに入る。「用水が田に—口」

ながれさぎょう【流れ作業】作業過程を単純な操作だけで済む細かい段階に区分し、各人の受持ちを決めて分業とし、作業の能率を上げる仕方。▽工場で材料をベルト コンベヤーに載せて、移動させながら次々に加工して行くのが、この典型。

ながれず【流れ図】一連の作業・工程・手続きや、それに伴う生産物・書類などの動きを、手順の進行に従った図式に表したもの。フロー チャート。▽flow chart の訳語。

ながれだま【流(れ)弾】ねらったものをはずれて飛ぶ弾丸。それだま。

ながれづくり【流(れ)造(り)】屋根に反(そ)りをつけ屋根の前面を長くした、神社建築の一様式。

ながれぼし【流(れ)星】①→りゅうせい(流星)。②馬のひたいから鼻にかけての白いまだら。

ながれもの ①【流(れ)者】住居が定まらず、さすらい歩く者。また、よそから流れ歩いてきた者。渡り者。②【流(れ)物】㋐質(しち)流れの品。㋑いらなくなった物。

ながれや【流(れ)矢】ねらいがはずれて飛ぶ矢。それ矢。

なが‐れる【流れる】《下一自》①液体の移動が起こる。㋐液体が(低い方へ)動いて行く。「汗が—」㋑液体の移動によって他の物が運ばれ動く。「氷山が—・れて来る」「大水で橋が—・れ(＝流され)た」②(液体の流れのように)ものが移って動く。「雲が—」「星が—」「鉄条網を電気が—」㋐時間がたつ。「月日が—・れて、はや十年」㋑順々に広まる。「うわさが—」㋒仕事が順調に次々と進む。「手順よく—」㋓あてどなく、さまよう。「諸国を—・れ歩く」㋔その方に傾く。「怠惰に—」「足が—」(普通の出し方にならず、すべってそれたように足が動く)▽悪い方に言う。③ある状態に留まることができないで無効になる。㋐流産する。「二度目の子も—・れた」㋑会合・計画などが成立しなくなる。「総会が—」㋒質草(しちぐさ)を期限までに受けもどさず、所有権がなくなる。㋓矢・弾丸などが目標からそれる。

ながわきざし【長脇差】①長い脇差。②長脇差⑴を差して歩いた、ばくち打ち。また単に、ばくち打ち。

ながわずらい(…わづらひ)【長煩い・長患い】《名・ス自》長い間病気をすること。そういう病気。

なかわた【中綿】着物・ふとんの中に入れる綿。

なかんずく(…づく)《副》いろいろあるなかでも、特に。とりわけ。▽「なかにつく」の音便。「就中」と書いた。

なき【泣き】泣くこと。「—を見る」(自分の行為のせいでつらい思いをする)「—を入れる」(泣きついて、わびる)「(芸に)—がはいる」(いじめられるような苦しい修業を経る)

なき ①【亡き】《連体》すでに死者となった。「今は—恩師」▽文語形容詞「なし」の連体形から。②【無き】ない。「道—道を行く」「比類—能力」▽文語形容詞「なし」の連体形。「ない」は使わないものがある。「比類ない」とは言うが、「道ない」とは言わない。

なぎ【×凪】風がやみ波が穏やかになること。

なぎ【×梛・〈竹柏〉】暖地に自生する常緑高木。葉は厚くつやがあり、庭木などにする。材は床柱・家具用。樹皮は染料用。▽まき科。

なきあか-す【泣(き)明かす】《五自》眠らずに一晩中泣いて夜を明かす。

なきおとし【泣(き)落(と)し】泣いて頼み(哀願して)相手の同情心を動かして、承諾を得ること。「—戦術」

なきおんな【泣き女】葬式に雇われて泣き叫ぶことを職業とする女。

なきがお【泣(き)顔】泣いている(ような)顔つき。

なきかず【亡き数】《連語》『—に入る』死人の仲間となる。死ぬ。

なきがら【亡△骸】死んで魂が無くなった、体。しかばね。

なきかわ-す【鳴き交(わ)す】《五自》鳥・虫・鹿などが互いに鳴く。あちこちで鳴く。

なきくず-れる【泣(き)崩れる】《下一自》姿勢をくずしてひどく泣く。正体もなく泣く。

なきくら-す【泣(き)暮(ら)す】《五自》一日中泣いて夜を迎える。また、毎日泣いて暮らす。

なきごと【泣き言】泣いて言う言葉。また、嘆いて言う言葉。ぐち。

なきこ-む【泣(き)込む】《五自》泣くようにして頼み込む。哀願する。なきつく。

なぎさ【×渚・×汀】波が寄せる所。波打ち際。

なきさけ-ぶ【泣(き)叫ぶ】《五自》泣きながら叫ぶ。また、大声を立てて泣く。

なきしき-る【鳴き△頻る】《五自》(鳥獣や虫が)しきりに鳴く。

なきしず-む【泣(き)沈む】《五自》泣き崩れる。悲しみに沈んでひどく泣く。

なきじゃく-る【泣きじゃくる】《五自》しゃくりあげるようにして泣く。

なきじょうご【泣(き)上戸】酒に酔うと泣く癖がある人。そういう癖。

なきすな【鳴(き)砂】踏むと、きしむような音がする砂。「—の海岸」

なぎたお-す【×薙(ぎ)倒す】《五他》横に打ち払って倒す。相手を勢いよく打ち負かす。「強豪を—」

なきつ-く【泣(き)付く】《五自》泣いてすがりつく。哀願する。泣くようにして頼み込む。

なきつら【泣き面】泣き顔。「—に蜂」(泣いている顔を、更に蜂がさす意。不幸に不幸が重なるたとえ)▽「なきっつら」とも言う。

なきどころ【泣き所】弱点。弱み。「弁慶の—」(弁慶ほどの豪傑でも蹴られると痛くて泣く所の意から、むこうずね)

なきなき【泣き泣き】《副》↓なくなく⑵。「—野辺の送りを済ます」

なぎなた【〈長刀〉〈薙刀〉】そり返った、はばの広い長い刀に、長い柄をつけた武器。また、それを使う武術・競技。▽源平時代に盛んに使われ、江戸時代には武家の女性が使った。 **—ぞうり**【—草履】長くはいて形がくずれ、のびて曲がった草履。 **—ほおずき**【—〈酸漿〉】海ほおずきの一種で、アカニシの卵が入った袋。形が長刀の刃に似ている。

なきにしもあらず【無きにしも△非ず】《連語》全くないというわけではない。「一縷(いちる)の望み—だ」▽「しも」は副助詞。もと、無いのではないの意。

なきぬ-れる【泣(き)×濡れる】《下一自》泣いて涙にぬれる。「われ—れて蟹(かに)とたはむる」(石川啄木)

なきねいり【泣(き)寝入り】《名・ス自》①泣きながら寝入ること。②不当な仕打ちを不満に思いながらどうすることもできずにあきらめること。「—する被害者」

なきのなみだ【泣きの涙】《連語》涙を流して泣くこと。ひどくつらいこと。

なぎはら-う【×薙(ぎ)払う】《五他》刃物を横に振って切り払う。「草を—」

なきはら-す【泣(き)腫らす】《五他》激しく、または長い間泣いて目をはれさせる。

なきひと【亡き人】《連語》死んだ人。故人。▽やや雅語的。

なきふ-す【泣(き)伏す】《五自》倒れ伏すような姿でひどく泣く。

なぎふ-せる【×薙(ぎ)伏せる】《下一他》なぎたおす。

なきべそ【泣きべそ】泣いてゆがんだ顔つき。「—をかく」

なきぼくろ【泣き〈黒子〉】目の下や目尻にあるほくろ。▽このほくろのある人は涙もろいと言う。

なきまね【泣き〈真似〉】《名・ス自》(わざとする)泣くふり。▽→うそなき

なきむし ①【泣き虫】ちょっとした事にもすぐ泣く人、特に子供。そういう性質。②【鳴き虫】秋にいい声で鳴く虫。

なきもの【無き者・亡き者】《連語》死人。「もはや—とあきらめる」「—にする」(殺す)

なきゃ《連語》形容詞や助動詞の「ない」と助詞「ば」の複合した「なければ」の転じた形。「—なくても済むさ」「議論し—いけない」「早く行か—」

なきより【泣(き)寄り】人が死んだ時などに、親しい者が慰めたり助けたりするために寄り集まること。

なきり【菜切(り)】「菜切り包丁(ぼうちょう)」の略。 **—ぼうちょう**【—包丁】野菜を刻む、刃が薄くて広い包丁。

なきわかれ【泣(き)別れ】①泣く泣く別れること。悲しんで泣きながら別れること。②ひとつながり・ひとまとまりであるべきものが別々になること。

なきわらい【泣(き)笑い】《名・ス自》①泣きながら笑うこと。▽泣いている時、こっけいな事を言われ、つい笑ってしまうような場合に言う。②泣いたり笑ったりすること。「—のある人生」

な-く【泣く・鳴く・×啼く】《五自》①生物が声を上げる。㋐獣・鳥・虫が声を出す。[鳴・啼] ㋑人が涙を流して声を出す。[泣]「—いても笑っても(=幾らじたばたしても)あと三日しかない」「喜びにつけ悲しみにつけ—」。赤ん坊が大声でわめく。「—子は育つ」「—子と地頭には勝てぬ」(赤ん坊や権力者とは

争ってもかなわない)「ー子も黙る」(泣いている子供も泣きやむほど、おそろしい存在であることのたとえ) ▽比喩的に、「看板がー」(実情は看板ほど立派ではない)のようにも使う。②つらい思いをする。[泣] ㋐苦痛に悩む。「一円を軽んじる者は一円にー」。苦痛を救ってもらおうと訴える。「仏にー・いたかいもない」「ー・きつく」 ㋑相手の無理を聞き入れて自分の不利益を我慢する。「今度は私の方でー・きましょう」「もう百円ー・いて下さいよ」 ▽「鳴る」と同語源。[関連] 泣き沈む・泣きじゃくる・泣き伏す・泣き崩れる・泣き濡(ぬ)れる・むせぶ・むせび泣く・すすり泣く・しゃくりあげる・涙ぐむ・忍び泣き・嬉(うれ)し泣き・男泣き・貰(もら)い泣き・感泣・号泣・涕泣(ていきゅう)・落涙・感涙・空涙・慟哭(どうこく)・嗚咽(おえつ)

な-ぐ ①【△和ぐ】《五自》平穏になる。なごむ。②【×凪ぐ】《五自》風がやんで(波が)静まる。

な-ぐ【×薙ぐ】《五他》横に打ち払って切る、または倒す。

なぐさみ【慰み】慰むこと。㋐気晴らし。楽しみ。↓おなぐさみ。㋑もてあそび。▽ばくち、または女性の貞操をもてあそぶことを指す場合がある。 **ーもの**【ー物・ー者】慰みのための対象となる物や人。おもちゃ。なぶりもの。

なぐさ-む【慰む】㊀《五自》不満などが静められて気が晴れる。㊁《五他》①おもちゃにする。なぐさみの対象にする。②気をまぎらせる。憂(う)さを晴らす。「詩歌をー」 ▽⑵は古風。

なぐさめがお【慰め顔】慰めるような顔つき。

なぐさ-める【慰める】《下一他》①さびしさ・悲しみ・苦しみなどをまぎらせて、心をやわらげ楽しませる。憂(う)さを晴らす。「無聊(ぶりょう)をー」 ②なだめ、いたわる。「霊をー」

なくしもの【無くし物】落とし物や忘れ物。遺失物。

なく-す ①【無くす】《五他》それまであったものを(不注意や外力のために)無い状態にする。「財布をー」「記憶をー」「貧困をー」 ▽「無く為(す)る」の転じた形。今日の用法では、「金をー」は不注意が原因のような場合を言うが「金を失う」はむしろ失敗が原因のような場合に使い、金額もある程度まとまった額であるのが普通。②【亡くす】《五他》「死なれて失う」の婉曲(えんきょく)な言い方。「父をー」 ▽⑴の転。

なく-する【無くする・亡くする】《サ変他》↓なくす

なくちゃ《連語》「なくては」の転じた形。「議論しーいけない」「早く行かー」 ▽「なくっちゃ」とも言う。

なくなく【泣く泣く】《副》①泣きたいほどの気持で。「ーあきらめる」 ②泣きながら。泣き泣き。

なくな-す【無くなす・亡くなす】《五他》↓なくす。▽「無く為(な)す」の一語化。

なくな-る ①【無くなる】《五自》それまであったものが無い状態になる。㋐見つからなくなる。「本が二冊ー・った」 ㋑尽きる。「時間がー」 ②【亡くなる】《五自》「死ぬ」の婉曲(えんきょく)な言い方。

なくもがな【無くもがな】《連語》ない方がいいということ。あらずもがな。「ーの発言」 ▽「もがな」は願望を表す文語助詞。

なぐりがき【なぐり書き・なぐり描き】《名・ス他》(心をこめず)なぐりつけるように乱暴に書くこと。その書いた、文字や絵。

なぐりこみ【殴り込み】①他人の家に隊を組んでなだれ込むこと。②転じて、けんかをしかけに、相手の所に出向くこと。「ーをかける」「新製品による市場へのー」

なぐりつ-ける【殴り付ける・△撲り付ける】《下一他》勢いよくなぐる。▽「なぐる」を強めた語。

なぐりとば-す【殴り飛ばす・△撲り飛ばす】《五他》力まかせになぐる。▽「なぐる」を強めた語。

なぐ-る【殴る・△撲る】《五他》①こぶし・手のひらや硬い物で、強く打つ。「横つらをー」 ▽対象の一部を打つ時に言う。②投げやりに物事をする。「書きー」

なげ【無げ】《他の語と合して》なさそう。「事もーに」「所在ーな顔」

なげいれ【投(げ)入れ】投げ入れたままのような趣にいける生花(いけばな)。

なげう-つ【×擲つ・×抛つ】《五他》①投げつける。②投げ捨てる。惜しげもなく差し出す。「財産をー・って公益を図る」「身命をー」 ▽「投ぐ」+「棄(う)つ」(=捨てる)」の一語化。

なげうり【投(げ)売(り)】《名・ス他》現金を得るために損を覚悟で売ること。「ー品」

なげか-ける【投(げ)掛ける】《下一他》①投げて届くようにする。「光をー」「疑問をー」(疑問を提出する) ②投げるようにして掛ける。「肩に羽織をー」

なげかわし-い【嘆かわしい】《形》嘆かずにはいられないほど情けない。「ー世相」「お前の将来がー」 [派生] **-さ** **-げ**

なげきあか-す【嘆き明かす】《五他》眠らずに一晩中嘆いて夜を明かす。

なげきくら-す【嘆き暮(ら)す】《五他》一日中嘆いて夜を迎える。また、毎日嘆きながら過ごす。

なげきじに【嘆き死に】《名・ス自》嘆きながら死ぬこと。

なげキッス【投げキッス】(離れたところにいる)相手に向かって、自分の手にしたキスを投げる格好をすること。投げキス。▽「キッス」は kiss

なげ-く【嘆く】《五自他》憂え悲しむ。また、その思いを言葉にする。㋐悲しく思う。「身の不運をー」 ㋑憂えて憤慨する。「倫理感の欠如をー」 ▽「長息」の転じた「なげき」が動詞化した語。古くは、(悲しんで)ため息をつく意。

なげくび【投げ首】投げるように首を垂れて考え込むこと。「思案ー」

なげし【△長△押】日本建築で、柱から柱へ渡して壁に取り付ける横木。

なげしまだ【投(げ)島田】まげの根を下げて、粋(いき)に結った島田まげ。

なげす-てる【投(げ)捨てる・投(げ)△棄てる】〘下一他〙①捨てるためにほうり出す。「空き缶を―」「地位を―て趣味生活に入る」②仕事などを打ち捨てにする。ほったらかす。

なげせん【投(げ)銭】大道芸人・こじき等に投げて与える銭(ぜに)。

なげだ-す【投(げ)出す】〘五他〙①投げて、または投げるようにして出す。惜しげもなく提供する。なげうつ。「身を―して(=身を捨てて)社会に尽くす」②仕事を完成しないうちに、あきらめてやめる。ほうり出す。

なげつ-ける【投(げ)付ける】〘下一他〙①投げてあてる。あてるように強く投げる。②比喩的に、相手に向かって強く言う。「荒い言葉を―」

なけなし《「―の」の形で》有るか無いか分からないほどわずかの。「―の金をはたく」(ほんの少ししか持っていない金を、無理して出して払う)

なげぶし【投(げ)節】江戸時代の流行歌。低い調子の三味線(しゃみせん)に合わせ、歌の終わりを投げるような節まわしで歌った。

なげぶみ【投(げ)文】他家の玄関や庭先に、ひそかに告げる(発信者を隠した)手紙を投げ込むこと。その手紙。▽現在はほとんど行わない。→おとしぶみ

なげもの【投(げ)物】投売りの品物。

なげやり【投(げ)×槍】敵に投げつける短い槍(やり)。

なげやり【投(げ)△遣り】〘名・ダナ〙物事をやりっぱなしにすること。結果がどうなろうとかまわないといった、身を入れない態度。派生 **-さ**

な-ける【泣ける】〘下一自〙自然に泣き出す(ような気持になる)。「思わず―けてくる」

な-げる【投げる】〘下一他〙①手から勢いよく離して(遠くへ)とばす。㋐(目当ての位置まで)手で物をとばす。「石を―」㋑相撲(すもう)・柔道などで、腕・腰の力でわざを掛けて相手を倒す。㋒比喩的に、供する。出す。「話題を―」「疑問を―げかける」「やわらかい光を―げかける」「鋭い視線を―げた」②捨てる。㋐自分の身を投げる①ようにする。飛び込む。また、そのようにして自殺する。「海に身を―」㋑ほうり出す。「さじを―」(見離す。医者がこの病人はとても助からないと、薬の調合用のさじを投げ出す意)。力を尽くさずにあきらめる。「今度の試験は―げた」「勝負を―」「役者が舞台を―げている(=芝居に身を入れていない)」㋒株の取引で、相場が下がることを見越して、安く売る。

なければならない〘連語〙→なる(成)①㋔

なご【名子】中世以降、主家に代々属して労力を提供した農奴。

なこうど(なかうど)【仲人】(特に結婚の)なかだちをする人。▽「なかびと」の転。中を取り持って橋渡しする人の意。

―ぐち【―口】仲人が縁談をまとめるため、相手方の事を体(てい)よく取りなして言う話。▽多くは、当てにならないことの意に使う。

なごし【△夏越・名越】「なごしの祓(はらえ)」の略。陰暦六月末日に神社で行う神事。参拝する人に茅(ち)の輪をくぐらせ、おはらいをして浄(きよ)める。▽邪神を和(なご)める意で「なごし」と名づけた。

なご-む【和む】〘五自〙なごやかになる。「心が―」

なごやおび【名古屋帯】お太鼓に結ぶ部分だけを並幅にし他の部分を半幅に仕立てた女帯。▽名古屋から流行し始めたという。

なごやか【和やか】〘ダナ〙人々の気持がとけあって穏やかなさま。気分がやわらいでいるさま。派生 **-さ**

なごり ㊀【〈余波〉】海上で風が静まったあとで、波がまだ静まらないこと。㊁【〈名残〉】①物事が過ぎ去ったあとに、その影響がなおも残っていること。「冬の―の雪」。人と別れたあともその面影が残っていること。「君の―が忘れかねる」②別れを惜しむこと。「―が尽きない」「―の酒宴」③もれて残ったもの。「―なく」(すっかり)④「名残折(なごりおり)」の略。

なごりおし-い(をしい)【〈名残〉惜しい】〘形〙心が引かれて、別れるのがつらい。派生 **-さ -げ -がる**

なごりおり(をり)【〈名残〉折】連歌・俳諧で、句を書き連ねる懐紙(かいし)の最後の一折(ひとおり)。

なごりきょうげん【〈名残〉狂言】役者が引退する時、またはその土地を離れる時に演じる、最後の歌舞伎狂言。

なごりのつき【〈名残〉の月】①明けた空にのこる月。有明の月。残月。②陰暦九月十三夜の月。▽陰暦八月十五夜の月に対して言う。

なさい「なさる」の命令形。→なさる

なさけ【情(け)】①思いやりのこころ。㋐人情。「―を知る(=人情を十分に解する)人」「―が無い」(思いやりを欠く。薄情だ)「―容赦もなく」(思いやりや手加減もなく)㋑あわれみ(の心や行い)。「―を掛ける」「―はひとのためならず」(他人に親切にしておけば必ず自分にもよい報いがある)②(男女の)愛情。恋心。「―を交わす」(肉体の関係を結ぶ)▽②はかなり古風。関連 情・恩情・温情・人情・情味・同情・芳情・厚情・交情・懇情・厚志・芳志・篤志・厚意・厚誼(こうぎ)・高配・配慮・こころざし・心くばり・心添え・寛大・寛仁・寛容

なさけしらず【情(け)知らず】思いやりや人情がないこと。そういう人。

なさけな-い【情(け)ない】〘形〙①あまりにも、みじめだ。「―事になった」「―男だ」▽②の転。②情を解さない。思いやりがない。つれない。「―しうち」▽「情けが無い」とは区別がある。派生 **-さ -げ -がる**

なさけぶか-い【情(け)深い】〘形〙思いやりが深い。派生 **-さ -げ**

なざ-す【名指す】〘五他〙だれそれと名を出す、または呼ぶ。指名する。「犯人を―」

なさぬなか【△生さぬ仲】〘連語〙まま親とまま子との間柄。▽「なす」は、産む意の動詞。

なさ-る【△為さる】〘五自他〙「なす」「する」の尊敬語。▽動詞の連用形につけても使う。「(お)読み―っ

た」。「なす」の未然形＋助動詞「る」が五段化したもの。命令形は「なさい」だが、「なさいませ」「なさいまし」より敬意は薄れる。「なされ」も使った。

なし【無し】ないこと。しないこと。「問題ー」「休みー」「考えー」「お構いー」▽文語形容詞「なし」の終止形。

なし【梨】水分に富んだ球形の甘い実を食用にする落葉高木。また、その実。中国原産。初夏にやや紅色を帯びた白い花が咲く。実は黄色・茶色の皮に小さな斑点があり、品種が多い。「ーのつぶて」(たよりを出しても返事がないこと。「梨」を「無し」に掛けて言う）▽ばら科。発音が「無し」に通じるのを忌んで、その実を「ありのみ」と言うことがある。

なしうり【梨×瓜】マクワウリの一品種。卵形の実は、皮が黄白色で、果肉の歯切れがよい。

なしくずし【△済し崩し】①借金を少しずつ返して行くこと。②物事を少しずつ済ませること。「ーに方針転換をしていく」③俗に、うやむやにすること。だめにすること。「ー的に消滅」▽(3)は「無し」との誤解からか。「なし」は「日なし」の「なし」と同源。→なす《五他》(1)(オ)

なしじ【△梨子地】梨(なし)の実の皮に斑点がある、その外観の感じに似せたもの。㋐金銀粉を蒔(ま)いた上に透明の漆を塗り、これを通して金銀粉が見えるようにした蒔絵(まきえ)。㋑格子(こうし)に似た織り方をした織物地。

なしとげる【成し遂げる・△為し遂げる】《下一他》しまいまで完全にする。しおおせる。しとげる。「三連覇をー」

なじみ【×馴△染(み)】①なじむこと。なじんだ人やもの。「おーの演目」「おーさん」「ー客」②(男女が)互いに親しむこと。情交。「ーを重ねる」③同じ遊女のもとに三度以上通って、親密な間柄となること。また、その客・遊女。▽一度目の「初会」、二度目の「裏」に対して言う。

なじみぶかい【×馴△染(み)深い】《形》慣れ親しんでいる。深くなじんでいる。「ー伝統的な和の世界」

なじむ【×馴△染む】《五自》①なれて、しっくりする。㋐うちとけて親しくなる。また、なつく。「新しい先生にー・まない」㋑ある場所や物などになれ親しむ。「長年ー・んだ土地」㋒物が他の物としっくりするようになる。「手にー・んだ万年筆」②なじみ(3)の客になる。▽「馴(な)れ染(し)む」からか。

ナショナリズム 国家または民族の統一・独立・発展を推し進めることを強調する主義・運動。「国家主義」「民族主義」「国粋主義」などと訳す。▽nationalism

なじる【△詰る】《五他》悪い点、不満な点をことさら取りたてて責めて問い詰める。

なす【成す・△為す・△生す・△済す】《五他》その事物が完全な形をとるようにする。▽「なる」の他動詞。①新たに作る。また、既にある状態に働き掛けて別のものに作る。㋐作り上げる。[成]「形をー・していない」「群れをー」「産(＝財産)をー」「色をー」(怒りで顔色を変える) ㋑行為をする。[為]「事をー」「悪をー」㋒《「……を……とー」の形で》……を……にする。[成・為]「これを如何(いかん)とー(＝どうする、どう考える)」㋓産む。[生]「子までー・した仲を裂く」「ー・さぬ仲」㋔借りたものを返す。▽もと、義務を果たす意。[済] ②《他の動詞の連用形に付いて》(故意に)そうする。[成・為]「見ー」「思いー」

＝**なす**《名詞に付け、連体修飾語を作る》そのような様子である。「山ー大波」「玉ー汗」▽「如す」とも書いた。

なす【×茄子】電球形で暗紫色の実を食用にする一年生の作物。インド原産。夏・秋に淡紫色の花が咲く。キュウリ等と共に代表的な夏野菜。なすび。▽なす科。

なすこん【×茄子紺】茄子(なす)の実のような、紫がかった紺色。

なずな【×薺】道ばたなどに自生する越年草。若菜は食用。春の七草の一つ。▽あぶらな科。実の形が三味線(しゃみせん)のばちに似ているので、「三味線草」「ぺんぺん草」とも言う。

なすび【〈茄子〉】→なす(茄子)

なずむ【△泥む】《五自》①あることを気にして、心がそこから離れない。執着する。「旧習にー」②とどこおる。はかどらない。「暮れー(＝日が暮れそうでなかなか暮れない)空」

なずらえる【△準える】《下一他》→なぞらえる

なすりあい【なすり合い】罪・責任を互いに相手に押しつけ合うこと。

なすりつける【なすり付ける】《下一他》①(汚れを)押し当てて強く塗りつける。強くすりつける。②罪・責任を他人に負わせる。▽(2)は「なする」の、動作より結果に重点を置いて言う時の形。

なする《五他》①(汚れを)押し当てて塗りつける。すりつける。②罪・責任を他人に負わせる。

なぜ【〈何故〉】《副［に］ダ》どういうわけで。なにゆえ。「みんな行ったのにお前はー行かないのか」「それはーだ」「ーか悲しくてならない」

なぜる【×撫ぜる】《下一他》「なでる」のなまり。

なぞ【謎】①はっきりわからない不思議な事柄。「千古のー」「ーに包まれた事件」「ー解き」②言葉の中に他の物事の意味を隠した問いを出して、相手に答えさせる遊び。なぞなぞ。「ーを掛ける」(遠回しに言って相手にそれとなく悟らせようとする)▽「何(な)ぞ何ぞ」と問い掛けたから。

なぞ《副助》例示するのに用いる語。なんぞ。「など」に同じ。「そんな甘言ーに乗せられない」「これーどうでしょう」▽「なにぞ」の転。

なぞえ 斜め。また、斜面。

なぞなぞ【謎謎】→なぞ(謎)(2)

なぞめく【謎めく】《五自》謎のようである。不可解なところがある。「ー・いた言葉」

なぞらえる【△準える】《下一他》①似た他のもの

に引き比べて考える。「人生を旅にー」②他のものに似せる。まねる。「琵琶(びわ)湖にーえた池」

なぞーる《五他》すでに書いてある文字・絵などの上をたどって書く。

なた【×鉈】まき割りなどに使う、厚く幅の広い刃に短い柄をつけた道具。

なだ【×灘】①陸から遠く、波が荒い(航海に困難な)海。「玄界ー」②「灘酒(ざけ)」の略。兵庫県の灘地方から産する清酒。「ーの生(き)一本」(灘産の混じり気のない良い酒)

なだい【名代】①《ノダ》《「ーな」も使う》有名。名が世によく知られているさま。「ーの汁粉」②《名》↓みょうだい

なだい【名題】①氏名やものの名を表題にかかげること。その表題。②「名題看板」の略。③「名題役者」の略。　**ーかんばん**【ー看板】歌舞伎で芝居小屋の表に、狂言の題や役者の名前や絵などをかいて掲げる看板。　**ーした**【ー下】名題役者⑴の下の地位の役者。　**ーやくしゃ**【ー役者】①名題看板にその芸名が載る役者。②一座中のすぐれた役者。

なだかーい【名高い】《形》名が世間によく知られている。有名だ。評判が高い。「ー医者」派生 **-さ**

なだたる【名だたる】《連語》その名が立っている。名高い。有名な。「天下にー美男の業平(なりひら)」▽「名」+「立つ」の派生動詞連体形「立たる」

なたね【菜種】アブラナの種。また、アブラナ。　**ーあぶら**【ー油】菜種からとった油。食用・灯火用・工業用。たねあぶら。　**ーづゆ**【ー〈梅雨〉】菜の花が咲く三月下旬から四月にかけて降り続く雨。

なたまめ【×鉈豆】花が咲いたあと、なたに似た形の大きなさやを結ぶ一年生つる草。さやの中の紅や白の種子は食用。若いさやも食用。▽まめ科。　**ーギセル**【ー〈煙管〉】ナタマメのさやに似た形の、寸法が短いキセル。

なだめすかーす【×宥め×賺す】《五他》機嫌を取ったり慰めたりして気持を落ち着かせる。「嫌がる子をーして歯医者へ連れて行く」▽「なだめたりすかしたりする」とほぼ同じ。

なだーめる【×宥める】《下一他》物事が荒立たないように、怒っている人、くやしがっている人などをたしなめたり慰めたりする。穏やかに済むようにとりなす。「子供をー」「気持をー」▽もと、なだらかな状態にする意。

なだらか《ダナ》かど立たず、ゆるやかなさま。㋐傾きが急でないさま。「ーな坂」㋑ひっかかるところのないさま。なめらか。すらすら。「会議はーに進行する」㋒おだやか。「ーなもの言い」派生 **-さ**

なだり【△傾り】傾斜(面)。「松林のーを下る」▽雅語的。

なだれ【〈雪崩〉】大量の雪が山の斜面を急激にくずれ落ちること。その雪。「ーを打って」(なだれが起こるように、くずれて)

なだれこーむ【〈雪崩〉(れ)込む】《五自》たくさんの人が、なだれのように、一度にどっとはいり込む。

なだーれる【〈雪崩〉れる】《下一自》①大量の雪や土砂が斜面をくずれ落ちる。②ななめになる。傾斜する。

ナチ　ナチス(の党員)。▽ドイツ Nazi

ナチス　一九二〇～四〇年代の、ヒトラーを党首とした、ドイツのファシスト政党。▽ドイツ Nazi の複数形 Nazis　→ナチズム

ナチズム　ナチスの政治・社会思想。国家主義、偏狭な民族主義、独裁(全体)主義が特色。▽Nazism

ナチュラリスト　①自然愛好者。②自然主義者。▽naturalist

ナチュラリズム　自然主義。▽naturalism

ナチュラル　①《名ナノ》自然であるさま。また、天然の。「ーな素材」派生 **-さ** ②《名》音楽で、シャープやフラットを取り消して、もとの高さに戻す記号。本位記号。♮と書く。▽natural　**ーチーズ** 加熱加工していないチーズ。↕プロセス チーズ。▽natural cheese

なつ【夏】春の次の季節。立夏から立秋の前日まで。日本では普通六・七・八の三か月。陰暦では四・五・六の三か月。日中が長く、暑い。「飛んで灯(ひ)に入るーの虫」(自分から進んで危険に陥るたとえ)「人生のー」(壮年期のたとえ)▽天文学上は、北半球の夏は、夏至(げし)から秋分までを言い、南半球の夏は、北半球における冬至(とうじ)から春分までを言う。関連 夏場・夏季・立夏・初夏・麦秋・孟夏(もうか)・仲夏・盛夏・晩夏・季夏・真夏・常夏(とこなつ)・薄暑・炎暑・極暑・猛暑

なついん【×捺印】《名・ス自》印を押すこと。▽現在は、同義の「押印」や「印を押す」を使うことが多い。

なつがけ【夏掛け】夏用の薄い掛けぶとん。

なつかしーい【懐かしい】《形》(過去に自分が接したものに)心が引かれて慕わしい。「旧友がー」▽動詞「なつく」から出た語。派生 **-さ -げ -み -がる**

なつかしーむ【懐かしむ】《五他》過去のことに心がひかれ、それにひたる。なつかしいと思う。「ふるさとをー」

なつがれ【夏枯れ】夏期、特に八月、商店の客が減って景気が悪いこと。↕冬枯れ。▽「夏涸れ」とも書く。

なつーく【懐く】《五自》(子供や動物が人に)馴(な)れ親しむ。親しんで従う。▽馴れ付く意。

なつくさ【夏草】夏に生い茂る草。「ーや兵(つわもの)共がゆめの跡」(松尾芭蕉)

なづけ【名付(け)】名をつけること。　**ーおや**【ー親】①子にその名をつけた、親以外の人。名親。②物事に名をつけた人。「新商品のー」

なつーける【懐ける】《下一他》懐くようにする。懐かせる。

なづーける【名付ける】《下一他》子、または物事に名をつける。命名する。称する。「ーけて……という」

なつご ①【夏△蚕】夏、卵からかえって、育てられるかいこ。②【夏×仔】夏に生まれた、動物の子。

なつこだち【夏木立】夏の(青々と、また深々と)茂る木立。

なつさく【夏作】夏の間に育って、秋までに取入れされる作物。例、イネ・ナス。↕冬作

なつざしき【夏座敷】夏、あけはなして涼しそうにした座敷。▽俳句の季語。

なつじかん【夏時間】①↓サマー タイム。②学校などで、夏に始業時刻を早くすること。

なっしょ【納所】①年貢(ねんぐ)などを納入する所。②〔仏〕㋐寺で、施物・会計の寺務を扱う所。㋑雑務を行う下級の僧侶(そうりょ)。納所坊主。

なっせん【×捺染】『名・ス他』布地に模様を印刷する染色方法。プリント。

ナッツ くるみ・アーモンドなど、食用にする木の実(を乾かしたもの)。▽nuts

なつつばき【夏×椿】東北地方以南の山地に自生し、六、七月に白いツバキのような花が咲く落葉高木。庭木にし、材を床柱などにする。▽日本で「さら」「しゃら(のき)」と呼ぶのは、普通この木。つばき科。

ナット ボルトのねじ棒にねじ込んで物を締めつけるのに使う、穴のあいた部品。「―でボルトを締める」▽nut

なっとう【納豆】ゆでた大豆を発酵させて作った食品。㋐納豆菌を繁殖させたもの。糸引き納豆。▽昔は藁(わら)でくるんで作った。㋑麴菌(こうじきん)と塩で発酵させ、乾燥したもの。塩辛納豆。寺納豆。▽中国伝来で、多く寺で作られた。

なっとく【納得】『名・ス自他』他人の考え・行為を理解し、もっともだと認めること。「教授の言葉に―した」「―が行かない」 **―ずく**(づく) 十分納得した結果であること。「―で物事を進める」

なつどなり【夏隣】夏にまぢかいこと。▽俳句の季語。季は晩春。

なつば【夏場】①夏のころ。②夏、人が多く出盛る場所。

なっぱ【菜っ葉】菜(の葉)。 **―ふく**【―服】青い色の職工服。

なつばて【夏ばて】『名・ス自』〔俗〕夏、暑さで疲れたように動けなくなること。

なつび【夏日】一日の最高気温がセ氏二五度以上になる日。↕冬日。▽↓まなつび

なつふく【夏服】夏季に着る洋服。↕冬服

ナップザック 手軽で簡単な作りのリュックサック。ナップサック。ナップ。▽ドイツ Knappsack

なつまけ【夏負け】『名・ス自』夏、体が暑さのために弱ること。

なつみかん【夏△蜜×柑】みかんの一種。実は大形で酸味が強く、皮は黄色で厚い。

なつめ【×棗】①夏に黄白色の花が咲き、楕円(だえん)形の実を結ぶ落葉小高木。実は食用・漢方薬用。▽くろうめもどき科。②点茶用の茶入れの一種。▽形がナツメの実に似ているから言う。

なつめ-く【夏めく】『五自』まだ春だと思ううちに、いつか夏の気配(けはい)がきざす。「空に―・いた雲が浮かぶ」

ナツメグ ニクズクの種子から作った香辛料。▽nutmeg

なつめやし【×棗×椰子】頂に鳥の羽のように葉が広がる常緑高木。アラビア・北アフリカに多く、高さ二〇~三〇メートル。実はナツメに似たかおりを放つ。食用。▽やし科。

なつメロ【懐メロ】はやった当時がしのばれるような昔の流行歌。▽ラジオ番組名「懐かしのメロディー」から。

なつもの【夏物】夏用の衣類。

なつやすみ【夏休(み)】(学校などで)暑さの中での業を避けるため、夏に設ける休暇。暑中休暇。

なつやせ【夏痩せ】『名・ス自』夏、暑さに弱ってやせること。

なつやま【夏山】①(登山の対象としての)夏の山。「―の魅力」②夏、植物が青々と茂っている山。

なでおろ-す【×撫で下ろす】『五他』なでながら手を下方に移す。「胸を―」(安堵(あんど)する)

なでがた【×撫で肩】なでおろしたようになだらかに下がった肩。↕怒り肩

なでぎり【×撫(で)斬り】『名・ス他』なでるように刃物を動かして、すうっと斬ること。また、かたっぱしから斬り捨てて行くこと。

なでしこ【×撫子・〈瞿麦〉】八、九月ごろ淡紅色、まれに白色の、花びらの先が細かく分かれた優雅な花が咲く多年草。秋の七草の一つ。河原(かわら)撫子。大和(やまと)撫子。▽なでしこ科。愛撫(あいぶ)する子の意を含め、掛詞(かけことば)として使うことがある。

なでつ-ける【×撫(で)付ける】『下一他』なでて押さえつける。特に、乱れた髪に櫛(くし)を入れて形を整える。

な-でる【×撫でる】『下一他』①軽くふれた手のひらを(やさしく)形にそって一度または幾度か動かす。「子供の頭を―」。物がふれて静かに動く。「風が頰を―」②比喩的に、かわいがる。③ちょっと髪を整えようと、くしを軽く使う。

なと『副助』なりと。でも。「何(なん)―好きなものをお取りなさい」▽古風な言い方。

など『副助』《体言・用言だけでなくいろいろな表現を受けて》例として示す意を添える。同類のものが他に有っても無くてもよい。㋐同類としてとらえる事物の代表例に挙げるのに使う。「その事は国会―で問題になった」「菓子や茶―を売る店」「私が事故にあう、妻が寝込む、娘が浪人する―、この一年ろくな目を見なかった」㋑(同類のものが無くても)具体例として持ち出すのに使う。「彼―はなかなか立派な仕事をしている」「お前のぐち―につきあっていられるか」「卒業したら学校に―近寄らない」「せかされたって急ぎ―するもんか」▽「何と↓なんど↓など」と変化して出来た形。成り立ちで「と」を含む

な

から、引用的表現を受ける場合「と」を付けない形がかなり使われた。同様の出来方をした「な(ん)ぞ」「なんか」もある。㋐㋑とも複数化する表現ではない。漢字で「等」とも書く。

なとり【名取(り)】芸事を習う者が上達して、芸名を名乗ってよいと師匠に許されること。その許された人。「踊りの―」

ナトリウム オランダ natrium アルカリ金属元素の一つ。元素記号Na 銀白色で、柔らかい。食塩を電気分解して製する。▽

なな【七】《名・造》「七(しち)」の和語。「―人(ななにん・ななたり)」「春の―草」「―転び八起き」「無くて―癖」(頭韻を踏んだ表現で、人には多くの癖がある意) ▽「しち」が「いち」と聞き誤りやすいので「なな」と言うことが多い。

なないろとうがらし【七色唐辛子】→しちみとうがらし

ななえへ:【七重】①七つ重ねたこと。そのもの。②転じて、多く重ねること。「―のひざを八重(やえ)に折る」(丁寧な上にも丁寧に、嘆願・謝罪する)

ななかまど【七×竈】山地に自生する落葉小高木。七月に白い小花が集まり咲く。秋、紅葉し、赤い実をつける。▽七度かまどに入れても燃えないという俗説から。ばら科。

ななくさ【七草・七△種】①春の代表的な七種の菜。春の七草。せり・なずな・ごぎょう・はこべ・ほとけのざ・すずな・すずしろ。正月七日に、まな板に載せてたたき、かゆに入れて食べる。古くは羹(あつもの)にして食べた。万病を防ぐといわれる。②秋の代表的な七種の草花。秋の七草。はぎ・おばな・くず・なでしこ・おみなえし・ふじばかま・ききょう(古名、あさがお)。③「七草の節句」の略。五節句の一つ。七草粥(がゆ)を食べる正月七日。人日(じんじつ)。 **―がゆ**【―×粥】①正月七日に春の七草を入れて作るかゆ。後世では、なずなまたはあぶらなだけを使う。②正月十五日に米・麦・ひえ・あずき等七種のもので作るかゆ。後にはあずきがゆとなる。

ななこ【△魚子・斜子】①彫金の技法の一種。金属の面に小さな粒を一面にきざんだ細工。②「ななこ織り」の略。平織りの絹織物の一種。織り目が細かく、ななめに並ぶもの。▽魚の卵を並べたように粒だって見えることから。

ななころびやおき【七転び八起き】《連語》①何回失敗しても、それに負けず、また勇気を奮い起こすこと。②人生には浮き沈みが多いということ。

ななし【名無し】名前を持っていないこと。名の付いていないもの。「―の権兵衛(ごんべえ)」(名前が分からない人の呼び方)

ななそじぢ:【七△十路】七十。また、七十歳。▽雅語的。

ななつ【七つ】①個数を言う場合の、数の七。「弁慶の―道具」。また、七歳。②昔の不定時法による時刻の呼び名で、今の午前・午後の四時ごろに当たる。

ななつさがり【七つ下(が)り】①夕方の七つ⑵を過ぎたころ。②㋐盛りを過ぎたこと。欠乏して来ること。㋑衣服を着古して、色がさめたこと。その衣服。▽⑴が夕暮れを指すところから。

ななつだち【七つ立ち】旅などに、早朝の午前四時ごろ出発すること。「お江戸日本橋―」(俗謡) ▽→ななつ⑵

ななつどうぐ【七つ道具】①一組にして携えるいろいろな道具。「泥棒の―」▽弁慶が背負っていたという七種の武器が有名。②〔俗〕質草(しちぐさ)。▽「質」を「七」にもじった。

ななつのうみ【七つの海】世界中の海。南北の太平洋、南北の大西洋、インド洋、南極海、北極海を合わせて言う。

ななつや【七つ屋】しちや。▽「質」を「七」にもじった。

ななとこがり【七△所借り】方々から借り集めること。

なななぬか【七七日】→なななのか

なななのか【七七日】人が死んでから四十九日め(に行う法事)。四十九日。なななぬか。しちしちにち。

ななひかり【七光】親(主君)の威光が広くおよんでいて、その身が重んじられること。余光。「親の光は―」

ななふしぎ【七不思議】ある地域・事物・人に関する七つの不思議な事柄。

ななまがり【七曲(が)り】道路などが幾回も折れ曲がっていること。そういう道路。

ななめ【斜め】《名・ダナ》①基準方向に対して垂直でも平行でもないこと。はすかい。「竹を―に切る」「日が―になる」(太陽が西に傾く) ②『御機嫌が―だ』機嫌が悪い。▽「斜めならず」を逆の意にした言い方。→ななめならず

ななめぎり【斜め切り】《名・ス他》料理で、細長い野菜を、斜めに一定の角度・幅で切ること。そう切ったもの。「ごぼうの―」

ななめならず【斜めならず】《連語》《副詞的に》機嫌・喜びなどが、普通・一通りでないさま。

ななめよみ【斜め読み】《名・ス他》一行一行を注意しては読まず、斜めに視線を動かすようにして、どんどん読むこと。

なに【何】《代》①(それが属する範囲さえはっきりしない)不定のものを言い表すのに使う語。㋐名称が分からない物・事を指す。「これは―?」㋑これがそうなのだとは分からない物・事を指す。「―を買うの?」「―を聞いたか覚えていない」▽㋐㋑は、↓どれ⑴。㋒とっさに名称などが言えない、またはぼかして言う必要がある物・事を指す。「―を―してくれ」「はっきり言うのも**なん**だが」「立ち話も**なん**ですから部屋へどうぞ」㋓ある物・事を挙げた上で、その他をひとまとめにして指す。「家も―も全部焼けた」㋔『―から―まで』↓なにもかも。②《感動詞的に》㋐相手の言い分を否定する内容を言う時、相手に反発する時に使う。「―、それでいいんだ」「―を!」㋑念を押して問い返す時などに使う。

「ー、失敗したって?」「ー、もう一度言ってみろ」▽(1)(イ)から。③《副詞的に》はっきりしない物事の理由を問いただすのに使う。なぜ。「なんでそうなるんだろう」▽「だ」「で」「と」「の」「なら」「なり」の前では、また「に」の前でも多くは、「なん」の形になる。「なにも」は、取り立ての意以外では「なんにも」とも言う。

なにおう【名に負う】《連語》《連体詞的に》名として負い持つ。有名な。なにしおう。「ここはー難所」

なにか 一【何か】《連語》何なのか分からない(決めかねる)ある物・事。「ー起こったか」「ーが足りない」▽「か」は助詞。全体を体言化もする。二【何△彼】《名》①『ーと』あれこれと(色々)。「なにかと忙しい」②『ーにつけ(て)』何やかやと色々の事のたびに。「なにかにつけ(て)思い出す」▽この「か」は体言。

なにがさて【何がさて】《連語》何はともあれ。とにかく。▽既に古風。

なにがし【△某】《代》言い表そうとする人・物の名や数量をはっきり知らず、またはわざとはっきりさせない時に使う。「木村ー」「ーかの品物」「ーかの費用」

なにかしら【何かしら】《連語》→なにか(一)。▽「何か知らん(ぬ)」の転。

なにがな【何がな】《副》何かを。「ー食べたいが」▽古風な言い方。「がな」は、願望の意を表す助詞。

なにがなし【何がなし】《副》なんとなく。▽「何か無し(に)」の転。

なにくそ【何×糞】《感》《俗》へこたれそうな時、気持を奮い起こして発する語。

なにくれ【何くれ】《副と》物の名を明示せずに指す語。あれこれ。「ーとなく(=何やかやと一々あげるまでもなく)世話を焼く」▽「何呉」と書くのは当て字。

なにくわぬかお【何食わぬ顔】《連語》何も知らないふり。そしらぬ顔。

なにげ【何気】『ー(も)無い』これといった考えもない。深い考えもない。特に注意せず、関心を示さない。「なにげない風(ふう)をよそおう」▽これの副詞的用法や「意外に」の意味で「何気に」と言うのは、一九八五年ごろからの誤用から広まった。「ーに面白い」

なにごころない【何心無い】《形》特に何というつもりもない。「ーくギターをひく」

なにごと【何事】どんなこと。何ということ。「ーが起こったか」「ーもない」▽主語に立つ「ーも」の形は「ーも我慢(が大切)」のような場合に、万事の意になる。また「……とはーだ」等の形で、詰問にも使う。

なにさま【何様】①《名》常に「〇〇様」と敬称で呼ばれるような偉い人。「一体ーのつもりでいるのか」「ーでもあるまいに、お高くとまって」▽(2)の転。②《名》何というかた。「ーのお通りか」③《副》何としても全く。「ーかなわぬ」▽(3)は古風な言い方。

なにしおう【名にし負う】《連語》→なにおう。「これがー都鳥だ」▽「し」は強めの文語助詞。

なにしろ【何しろ】《副》いろいろな事情があるにしても、この点だけは強く主張したいという気持を表す語。何にしても。とにかく。「ー時間がなくてできなかった」▽「しろ」は「する」の命令形。

なに-する【何する】《サ変自他》①ある動作をわざと漠然と表す時の言い方。②『ーものぞ』何ができようか、大した事はない。

なにせ【何せ】《副》なにしろ。「ーこの暑さだから動くのもいやだ」▽「せ」は文語動詞「す」の命令形。「なんせ」とも言う。

なにとぞ【何とぞ】《副》相手に折り入って願う気持を表す語。どうぞ。どうか。「ー御自愛のほどを」▽「何卒」とも書く。

なにとて【何とて】《副》どうして。なぜ。▽古風な言い方。

なにとなく【何となく】《連語》《副詞的に》①→なんとなく。②何くれとなく。すべて。「ー気を配る」

なになに【何何】①《代》不明の事物を並べて言う時に使う語。しかじか。云々(うんぬん)。②《感》何ごとだ。何だ何だ。「ー、よく聞こえないぞ」

なにはさておき【何は×扠△措き】《連語》他の事はほうっておいても、これだけは。まず第一に。

なにはともあれ【何はともあれ】《連語》何がどうであっても。とにかく。「ー無事でよかった」

なにはなくとも【何は無くとも】《連語》他の物はさしおいても(これだけあれば)。「ー命が大切」

なにびと【何人】どのような人。「ーであろうと」▽「なんぴと」とも言う。「なんにん」と読めば人数が不定の意。

なにひとつ【何一つ】《連語》《あとに打消しや反語を伴って》何も。ひとつも。「ー不満はない」「ー責任を取らない」

なにぶん【何分】《副ノ》①どうか。なにとぞ。「ーよろしく」②何といっても。とにかく。「ー若いので失敗も多い」③いくらか。なにがし。「ーのご配慮を願います」▽「なんぷん」と読めば時の分(ふん)の不定数を言う。「何時何分発車か」

なにぼう【何某】人名を明示せずに人を指す語。ある人。

なにほど【何程】どのくらい。どれだけ。

なにも【何も】《連語》《あとに打消しを伴って》①どんな事も。全く。「そんな事はーしていない」②取り立てて。特に。「ーそういうつもりではない」 **ーかも**【ー△彼も】《連語》何事も一切。すべて。

なにもの ①【何物】どういう物。どんな物。なに。「金とは厄介以外のーでもない」②【何者】どういう人。どんなやつ。「あいつーだ」

なにやかや【何や△彼や】《連語》あれこれ。いろいろと。「このところーで忙しい」▽「や」は並列の助詞。

なにやつ【何△奴】どんなやつ。何者。▽古風。

なにやら【何やら】《副》はっきりしないが何か。何だか。「ーおかしい」

なにゆえ【何故】《多くは副詞的に》どういうわけ(で)。なぜ。「―(に)うそをついたのか」「―の努力か」「それは―(である)か」

なにより【何より】《連語》他の何にもまさって。「―(も)ありがたい」。最もよい。「おふくろの味が―のごちそうだ」「元気で―(のこと)だ」▽「より」は比較の基準を表す助詞。

なにわぶし【〈浪花〉節】三味線(しゃみせん)を伴奏として演じる、多くは義理人情をテーマとした、大衆的な語り物。説経祭文(せっきょうさいもん)から転化して江戸時代末に大坂で起こり、明治以後盛んになった。浪曲。

なにをか【何をか】《連語》何を……か。「―言わんや」(いまさら何も言うことはない)▽文語的。反語表現に使う。

なぬか【七日】→なのか

なぬし【名主】江戸時代、郡代・代官・町奉行(まちぶぎょう)の支配を受けて民政に携わる、村の代表者。▽主に関東地方での言い方。→しょうや

なのか【七日】日数で七になる時間。「―ようかと日は過ぎて」「初(しょ)―」(没後七日目(に行う仏事))。また、当の月の七番目の日。▽「なぬか」の転。「なぬか」とも言う。「か」は日の意。 **―しょうがつ**【―正月】一月七日のこと。七草がゆをたいて祝う。

なのだ《連語》《体言やこれに準じるものに付いて》「だ」よりも強い断定、すなわち相手が知らない事や疑っている事を説き示す気持を表す。「これが結論―」▽「なんだ」とも言う。助動詞「だ」の連体形＋助詞「の」＋助動詞「だ」

なので《連語》①「なのだ」の言いさし。②……であるので。→ので。③《文頭で接続詞的に》だから。それで。▽口頭語。

ナノテクノロジー 一メートルの十億分の一(＝ナノメートル)の大きさの水準で処理する必要がある精密な技術。ナノテク。▽nanotechnology

なのです《連語》「なのだ」の丁寧な言い方。

なのはな【菜の花】アブラナの花。また、アブラナ。

なのり【名乗】①自分の名を告げること。特に、武士が戦場で敵に自分の家系や名を大声で告げること。その声。「―をあげる」(ある役を引き受ける意思を表明する意にも)▽「乗」は当て字。→なのる。②公家(くげ)・武士の男子が、元服(げんぷく)後に通称のほかにつける実名。例、「藤吉郎」に代えて「秀吉」とした類。 **―じ**【―字】名乗②に使う漢字。

なの-る【名乗る】《五自他》①自分の名や素姓(すじょう)を告げる。「―ほどの者ではない」②それは自分だと申し出る。「落とし主が―って出る」③自分の名前とする。「妻の姓を―」▽「名」＋「宣(の)る」の意。

ナパームだん【ナパーム弾】ナフサに、ナパーム剤と言う添加剤を混ぜてゼリー状にしたものを詰めた、強力な焼夷弾(しょういだん)。高温を発し広範囲を焼き払う。▽第二次大戦中の開発。「ナパーム」は napalm

なばな【菜花】食用としての、菜の花。つぼみがついた先端の部分。「―のおひたし」

ナビ《名・ス自》①自動車などを目的地にまで導くこと。また、導くもの。「カー―」「だれか―してよ」②航海術。▽navigation, navigator から。

なびか-す【×靡かす】《五他》なびくようにする。「長髪を―」「諸国を―威圧」

なび-く【×靡く】《五自》①風や水などの動きにしたがい横になって揺れる。「旗が風に―」②他人の意志・威力などに従う。服従する。「多数派に―」③言い寄られて相手が好きになる。

ナビゲーター 案内役。▽navigator

なびろめ【名×弘め・名披露目】芸人が芸名を得た時、または商人が開店の時、芸名・店名を世間に披露すること。

ナプキン ①食事の時に衣服のよごれを防ぐのに用いる布や紙。▽「ナフキン」とも言った。②生理用品の一つ。▽napkin

ナフサ 原油を分留して得られる軽質油。粗製ガソリン。精製してガソリンとするほか、石油化学製品の原料として用いる。▽naphtha

なふだ【名札】名を記入したふだ。

ナフタリン コール タールから精製される無色の板状結晶。独特の臭気があり、防虫剤・防臭剤・染料の原料にする。▽ドイ Naphthalin

なぶりごろし【×嬲り殺し】(すぐ殺さず)あれこれと苦しめ、もてあそんで、いじめ殺すこと。

なぶりもの【×嬲り物】なぶり、もてあそばれるもの。なぐさみもの。

なぶ-る【×嬲る】《五他》①責めさいなむ。困らせたりいじめたりして面白がる。「浦島太郎は子供の―亀を助けた」②(悪意をもって)からかう。「そう―りなさるな」③手でおもちゃにする。「水鉄砲を―」④比喩的に、軽く動かす。「春風に髪を―らせる」

なべ【鍋】①食物を煮たきするのに使う、釜より浅い器。「鉄―」②鍋物。鍋料理。「かき―」

なべかま【鍋釜】なべとかまとのように、生活にまず必要な台所道具。「―がにぎわう」(生活が豊かだ)

なべしき【鍋敷き】鍋を火から下ろした時などに、その下に敷くもの。

なべじり【鍋尻】なべの底の、火の当たる所。

なべずみ【鍋墨】なべ・かまの底についた、すす。

なべぞこ【鍋底】なべの底。 **―けいき**【―景気】低い(思わしくない)経済状態が当分続くこと。

なべつかみ【鍋×摑み】熱い鍋を持つときに用いる厚手の布製品。ミトン状と布巾状のものとがある。

なべづる【鍋×鉉】なべをつるす(持つ)ために取りつけた、つる。

なべづる【鍋鶴】つるの一種。体はねずみ色で首が白い。東洋特産。日本には冬渡来する。天然記念物。

なべて【△並べて】《副ノ》おしなべて。概して。一般に。「―の人」(普通の人)▽文語動詞「並(な)ぶ(＝並べる)」の連用形＋助詞「て」から。

なべはだ【鍋肌】鍋やフライパンの内側、特にその側

面。「油を―になじませる」

なべぶぎょう【鍋奉行】〔俗〕(多人数で)鍋物を食べる時、食材の入れ方などを指図したがり、あれこれ言う人。

なべぶた【鍋蓋】漢字の冠の一つ。「京」「交」などの「亠」の称。▽鍋の蓋のような形であるところから。また、同じく形が似ていることから、「卦算(けいさん・けさん)冠」とも言う。

なべもの【鍋物】鍋で煮ながら食べる料理の総称。寄せ鍋・ちり鍋など。

なべやき【鍋焼(き)】①魚や肉を野菜と共に、鍋で煮た料理。鍋に入れたまま食べる。②「鍋焼饂飩(うどん)」の略。うどんを(小さい)土鍋(どなべ)で煮たもの。

なへん【那辺・奈辺】《代》どのへん。どこ。▽文章語。

なま【生】㊀《名》①天然のままで、手を加えていないもの。㋐食物として取った魚・獣の肉や野菜などを、煮焼きしたり干したりせずにあること。「―魚」「―野菜」▽→なまごみ。㋑加熱殺菌していないこと。また、「生ビール」「生酒」の略。㋒(機械を通してのでなく)直接の自然のままのもの。「―の声」「―演奏」㋓録音やビデオではなく、スタジオや現場から直接に放送するもの。「―中継」②〔俗〕小切手などでない現金。げんなま。「百万円を―で渡す」③物事が十分にされていないこと。「その考えはまだ―だ」④「生意気」の略。「―を言うな」㊁《接頭》①《名詞に付いて》㋐未熟、不十分。「―兵法(びょうほう)」「―物知り」㋑世なれない。「―侍」「―女房」②《形容詞に付いて》少し。なんとなく。「―白い」「―ぬるい」

なまあくび【生〈欠伸〉】中途半端に出る、小さなあくび。

なまあげ【生揚(げ)】①十分に揚がっていないこと。そういうもの。②豆腐を厚く切ってさっと揚げたもの。あつあげ。

なまあたたか-い【生暖かい】《形》何となくあたたかい。「―風」派生 -さ

なまあたらし-い【生新しい】《形》その後あまり時がたたず、まだ新しい。「記憶に―事件」派生 -さ

なまいき【生意気】《名・ダナ》一人前あるいはその地位でもないのに、偉そうなあるいはさし出がましい態度やふるまいをして、小憎らしいこと。「―な年ごろ」「―が先に立つ」「―を言うな」派生 -さ　**―ざかり**【―盛り】《名・ダナ》盛んに生意気な言動をする年ごろ。「―の息子」

なまうお【生魚】取れたままで、加工していない魚。

なまえ【名前】→な(名)(1)(2)。　**―まけ**【―負け】名前が立派過ぎて、かえって実質(人物)が見劣りすること。

なまえい【生△酔い】→なまよい

なまえんそう【生演奏】録音でない、実際の演奏。

なまおぼえ【生覚え】はっきりとは覚えていないこと。うろおぼえ。

なまがし【生菓子】①あん類を主に使った蒸し菓子類。↔干菓子(ひがし)。②クリームなどを使った、水分が多くて柔らかい洋菓子。

なまかじり【生×齧り】物事の表面だけしか知らず、それについての知識・技能が未熟なこと。「―の学問」▽もと、少しかじっただけのこと。

なまかべ【生壁】①塗りたてで、よく乾いていない壁。②「生壁色」の略。濃い藍鼠(あいねずみ)色。

なまかわ【生皮】加工せず、よく乾いてもいない皮。

なまがわき【生乾き】十分に乾いていないこと。

なまき【生木】まだ枯れていない木。㋐地に生えている木。「―を裂く」(転じて、仲のいい夫婦・恋人を、無理に別れさせる)㋑伐(き)りたてで、まだなまなましい木。乾ききっていない木。

なまきず【生傷】新しい傷。受けた(できた)ばかりの傷。↔古傷。「―が絶えない」

なまぐさ-い【生臭い・×腥い】《形》①生き血や、なまの魚・肉のにおいがする。②僧に俗気(ぞくけ)がある。また広く、利害・打算がからんで世俗的だ。「―話」▽→なまぐさぼうず。派生 -さ

なまぐさぼうず【生臭坊主】①(生臭物を平気で食べるような)品行の悪い僧。▽僧には肉食(にくじき)が禁じられていた。②転じて、俗気(ぞくけ)・俗才のある僧。

なまぐさもの【生臭物】魚・獣肉の類。なまぐさ。

なまくび【生首】斬り取って間もない(人の)首。

なまくら《名ナ》①切れ味が悪いこと。そういう刃物。②怠けてだらしないこと。そういう人。

なまクリーム【生クリーム】牛乳から分離した脂肪分。洋菓子などの材料にする。▽「クリーム」は cream

なまけもの①【怠け者】よく怠ける者。「―の節句ばたらき」(ふだんなまけている者に限って、人の遊ぶ時に働く)②中央・南アメリカにすむ哺乳(ほにゅう)動物。鋭いつめで木の枝にぶらさがって生活し、動作が不活発。▽(2)は「樹懶」と書く。みゆびなまけもの科とふたゆびなまけもの科の獣の総称。

なま-ける【怠ける】《下一自他》課せられた仕事や勉強など、すべきことを(まじめに)しないでいる。おこたる。「作業を―けて読書をする」関連 怠る・サボる・だらける・ずるける・体を惜しむ・手を緩める・油を売る・惰眠を貪(むさぼ)る・怠惰・怠慢・懈怠(けたい)・遊惰・懶惰(らんだ)・偸安(とうあん)・横着・ずぼら・ぐうたら・なまくら・のらくら・ぶらぶら・怠け者・骨惜しみ・ろくでなし・穀潰(ごくつぶ)し・物臭・無精・横の物を縦にもしない

なまこ【〈海鼠〉】①海底にすむ円筒形の動物。外皮は柔らかい肉質で、多くの突起がある。食用になるものがある。その内臓の塩辛を「このわた」と呼び、酒のさかなに珍重。▽なまこ綱の棘皮(きょくひ)動物の総称。②型に流しこんだ銑鉄(せんてつ)・銅。③「なまこ壁」「なまこもち」の略。

なまこいた【生子板・〈海鼠〉板】→なみがたいた

なまこかべ【生子壁・〈海鼠〉壁】四角で平らな瓦を張り並べ、その継ぎ目を漆喰(しっくい)でかまぼこ型に盛り

上げた壁。土蔵や大名屋敷の長屋の外壁などに見られる。

なまごみ【生ごみ】食材の調理から出たごみ。▽生(なま)(一)(1)(ア)の拡大用法。

なまゴム【生ゴム】ゴムの木の樹液を固まらせたもの。ゴム製品の原材料。

なまこもち【〈海鼠〉餅】なまこ(1)型に作った餅。薄く切って、かきもちにする。

なまごろし【生殺し】(1)ほとんど死にそうな状態にすること。半殺し。「蛇の—」(2)転じて、結末をつけようとはせず、相手が困り苦しむのをそのままほうっておくこと。

なまコン【生コン】「生コンクリート」の略。まだ固まらない状態のコンクリート。工事現場までミキサー車で運搬する。

なまじ《副ナ》(1)中途半端な状態に不満を感じ、そうしない、あるいはそうでない方がよいという気持で言う語。(ア)よせばいいのに。できもしないのに無理に。「—世話を焼くから甘える」「—小細工をしては駄目になる」(イ)深くも考えずそうするより、むしろ。「—親類にたよるよりは」「—口を出さない方がよい」。かえって。「—顔を知られているばかりに」(2)《「—の」「—な」の形で》中途半端。「—の学問では解けない」▽「なまじい」(生強い)の転。

なまじい(なまじひ)《副「に」》なまじ。▽「生強(なまじひ)」の意。現在では「なまじ」「なまじっか」が普通。

なまじっか《副「に」ナ》なまじ。

なましょく【生食】→せいしょく(生食)

なまじろ-い【生白い】《形》(1)何となく白い。(2)転じて、いやに白い。「—青年」▽顔色について言う。(3)比喩的に、未熟でひ弱い。▽強調しては「なまっちろい」と言う。派生-さ

なます【×膾・×鱠】(1)日本料理の酢の物。(ア)薄く細く切った生の魚肉を酢にひたしたもの。(イ)野菜を細長く刻んで酢などで味つけしたもの。(2)獣・魚介などの肉をたたき切ったもの。

なまず(なま)【×癜】胸・背中などに灰白色または褐色のまだらができる皮膚病。癜風(でんぷう)。

なまず(なまづ)【×鯰】(1)頭が大きく平らで、四本の長い口ひげがある淡水魚。うろこがなく、背は青黒く腹は白い。食用。▽なまず科。昔、大なまずが地中に居て、これがあばれて地震を起こすと言われた。(2)→なまずひげ

なまずひげ(なまづ…)【×鯰×髭】なまずのひげのように細長い口ひげ(を生やした人)。▽明治時代には、当時の官吏にはこれを生やす者が多かったから、官吏をあざけっても言った。

なまたまご【生卵】ゆでたり焼いたりしていない、鶏のたまご。

なまち【生血】新鮮な血。いきち。↔古血(ふるち)

なまづけ【生漬(け)】漬物がまだ十分には漬かっていないこと。そういう漬物。

なまっちょろ-い【生っちょろい】《形》〔俗〕態度や扱いに厳しさが欠けて、中途半端だ。派生-さ

なまっちろ-い【生っ△白い】《形》→なまじろい。派生-さ

なまつば【生唾】すっぱい物を見たり、食欲をそそられたりした時、口の中にたまって来るつば。「—を飲み込む」。気分の悪い時や緊張した時に出るつば。

なまづめ【生爪】指に生えているままのつめ。「—をはがす」

なまなか【生△半】《副「に」ナ》(1)中途半端。「—の恋」(2)なまじ。無理に。「—引きとめて」(3)むしろ。いっそ。「—情けなどかけない方がいい」

なまなまし-い【生生しい】《形》非常に新しくて印象的だ。現場を見るように印象が強烈だ。「—被害の跡」「—描写」派生-さ

なまにえ【生煮え】(1)十分には煮えていないこと。そういうもの。(2)態度・性質がはっきりしないさま。

なまぬる-い【生△温い】《形》(1)中途半端にぬるい温度だ。「—水」(2)はっきりしない。「—性格」(3)手ぬるい。「—処置」派生-さ

なまはんか【生半可】《名・ダナ》未熟。不十分。中途半端。「—な知識」「剣を—にたしなむ」派生-さ

なまはんじゃく【生半尺】《名・ダナ》〔俗〕なまはんか。

なまビール【生ビール】醸造したままで、加熱による滅菌をしていないビール。

なまびょうほう【生兵法】(1)兵法(=剣術)を少しは知っているが、未熟なこと。「—は大怪我(おおけが)のもと」(2)転じて、なまかじりの知識・技術。▽「なまへいほう」とも言う。

なまぶし【生節】→なまりぶし

なまへんじ【生返事】《名・ス自》(気ののらない時などに)いい加減な返事をすること。その返事。

なまぼし【生干(し)・生△乾(し)】完全にまではほし上がら(せ)ない、ほし方(をした物)。

なままゆ【生繭】乾燥する前の(さなぎが生きたままの)繭。せいけん。

なまみ【生身】現に生きている体。「—をけずる思い」

なまみず(…みづ)【生水】沸かしていない水。「—を飲むな」

なまめかし-い《形》あでやかで美しい。(女が男の心を誘うような)色っぽい美しさがある。あだっぽい。「—く膝をくずす」▽「なまめく」の派生語。派生-さ-げ

なまめ-く《五自》(男の心を誘うように女が)色っぽい様子をする。▽「生めく」から。もと、みずみずしくふっくらと見える意。

なまもの【生物】煮たり焼いたりしていない食品、特に魚類。▽「せいぶつ」と読めば別の意。

なまやけ【生焼け】食品が十分に焼けていないこと。

なまやさい【生野菜】加熱しないで食べる野菜。主として葉もの。

なまやさし-い【生易しい】《形》《多く打消しを伴って》普通一通りだ。たやすい。「—努力ではできない」▽「なま」は接頭語。派生-さ

なまゆで【生×茹で】ゆでかたが十分でないこと。

なまよい…よひ【生酔い】酒を飲んで少し酔うこと。そのように酔った人。「—本性(ほんしょう)違(たが)わず」(酔っていても本性は失わない)▽「なまゑひ」の転。

なまり【×訛(り)】訛(なま)った言い方・発音。「—は国の手形」(訛で生国が他人に知れること)

なまり【鉛】金属元素の一つ。元素記号 Pb 青灰色で、重くやわらかく、融点が低い。化合物は有毒。鉛管・活字合金などに用いる。

なまり →なまりぶし

なまりぶし【なまり節】蒸したカツオの肉をなまぼしにした食品。生節(なまぶし)。なまり。

なま-る【×訛る】《五自他》(方言などで)言葉や発音の形が変わる。

なま-る【△鈍る】《五自》刃物の切れ味が悪くなる。更に広く、にぶる。「腕が—」

なみ【波】①(風などによって起こる)水面の起伏運動。▽「浪」「濤」とも書く。②振動する現象。㋐(物理)媒質中を振動が伝わって行く現象。▽(1)もこの一種。㋑揺れ動くもの。「人—」「景気の—に乗る」③でこぼこ・起伏のあるもの。「連なる山—」「老いの—」(年を取って皮膚にできたしわを波にたとえ、年がよるのを言う) 関連 夕波・さざ波・小波・女波・男波・余波・横波・縦波・うねり・逆波・大波・高波・三角波・土用波・波風・波濤(はとう)・風波・風浪・荒波・激浪・怒濤・波浪・波頭・潮頭・白波・波の花・金波銀波・千波万波

なみ【並(み)】①《名》(よくもわるくもなく)中ぐらいのこと。普通。「—の成績」▽もと、並んでいること。「家(や)—」②《接尾》《名詞に付いて》㋐……の普通の程度。「人—に」「世間—の相場」㋑……ごと。「月—の」「軒—に」

なみあし【並足】速くもおそくもない、普通の足なみ。▽馬の場合は、速度が一番ゆるいもの。

なみいた【波板】→なみがたいた

なみ-いる…ゐる【並(み)居る】《上一自》その場に並んで(座って)いる。「—人々」▽本来「居る」は座る意。

なみうちぎわ…ぎは【波打ち際】波が打ち寄せる所。なぎさ。

なみう-つ【波打つ】《五自》①波が打ち寄せる。波が立つ。②転じて、波の形に、でこぼこが生じる。波の形にうねる。「—稲穂」「恐怖で胸が—」

なみがしら【波頭】波が盛り上がった先の所。はとう。

なみかぜ【波風】①波と風。また、風が強く吹いて波が立つこと。②比喩的に、争い事。不和。「家庭に—が立つ」。また、つらい出来事。「世の—に揉(も)まれる」

なみがたいた【波形板】屋根や外壁に用いる、トタン板・プラスチック板などを波形に形成した板状の建材。生子(なまこ)板。波板。

なみき【並木】道路の両側にほぼ定間隔に植えた(同種の)木の列。「桜の—道」「見事な—に成長した」

なみけしブロック【波消しブロック】波の勢いをそぐために海岸などに積み並べる、四本の突起が放射状にのびた形のコンクリート製品。テトラポッド。▽「ブロック」は block

なみじ…ぢ【波路】ふなじ。航路。

なみ-する【△蔑する】《サ変他》軽蔑して無視する。ないがしろにする。▽「無し」の語幹＋接尾語「み」＋動詞「す」によってできた語。文章語。

なみせい【並製】普通程度に作ったもの。↔上製・特製

なみだ【涙】①《名》目にある涙腺から出る液体。刺激を受けたり、ひどく感情が動かされたりした時などに出る。「—の日々」「—にくれる」(暗い思いで泣く。また、泣いてくらす)「—にむせぶ」(むせび泣きをする)。また、(涙を流すような)感情。人間らしい思いやり。「血も—も無い」「—をのむ」(くやしい思いをする。くやしさをがまんする)「—を振るって(=同情しつつも私情を捨てて)罰する」「—の種」「語るも—、聞くも—」②《名・ス自》→なみだする。▽「泪」とも書く。関連 暗涙・感涙・血涙・紅涙・涕涙(ているい)・熱涙・落涙・有難涙・嬉(うれ)し涙・悔し涙・空涙

なみだあめ【涙雨】①悲しみの涙が化して降ったと思われるような雨。▽葬式の時に降る雨などを指す。②ほんの少しばかり降る雨。

なみたいてい【並大抵】《ノダ》《「—の」「—で」であとに多くは打消しを伴うか、「—でない」かの形で》普通の程度。ちっとやそっと。「—(の努力)では成功しない」「—の仲じゃない」「—の人ならこれであきらめる」▽「—の」をまれに「—な」と言う。

なみだきん【涙金】同情して人に与える金銭。特に、今までの関係を断つ時に、なさけとして与える(わずかの額の)金。

なみだぐまし-い【涙ぐましい】《形》同情・感心のあまり涙が出るほどだ。「—努力」▽「涙ぐむ」の派生語。派生 -さ

なみだぐ-む【涙ぐむ】《五自》目に涙をためる。泣きそうになる。

なみだごえ…ごゑ【涙声】泣き出しそうな声。また、泣きながら言う声。

なみだ-する【涙する】《サ変自》涙を流して悲しむ。「戦争犠牲者に—」

なみだ-つ【波立つ】《五自》波が起こる。また、波のように起伏する。「胸が—」

なみだめ【涙目】①涙がわいた目。②眼病で異常に涙が出る症状。

なみだもろ-い【涙×脆い】《形》ちょっとした事にもすぐ感じて涙を流しやすい。そういう性質だ。派生 -さ

なみなみ《副[と]》液体が容器などにあふれるほどにいっぱいであるさま。「—(と)酒をつぐ」

なみなみ【並並】《ノダ》《あとに打消しや反語を伴って》ひととおり。あたりまえ。「—ならぬ親切」「—でない費用」「—の苦労ではない」

なみのはな【波の花】《連語》①波がくだけて白くみえ

るところ。「―散る大洗」(磯(そい)節) ②塩のこと。▽(1)に見立てて言う。

なみのほ【波の穂】《連語》なみがしら。

なみのり【波乗り】①波の起伏に乗ること。「―舟」②→サーフィン

なみはず-れる(:はづれる)【並外れる】《下一自》普通より目立って違う。けた違いだ。「―・れて自尊心が強い」「―・れた記憶力」

なみはば【並幅・並△巾】反物の普通の幅。鯨尺(くじらじゃく)一尺(三六センチ)内外。小幅。↕広幅・反幅

なみひととおり(:とほり)【並一通り】《ノダ》とおりいっぺん。普通。あたりまえ。「―の苦心ではない」

なみま【波間】波と波とのあいだ。▽多くは波の谷を指すが、時間的にも言う。

なみまくら【波枕】①(波の上に寝る)船中の宿り。②波の音がまくらもとに聞こえて来ること。

なみよけ【波△除け】波をよけること。また、そのために役立つ(設けた)もの。例、防波堤。

なむ【南無】《感》〔仏〕絶対的な信仰を表すために唱える語。仏・菩薩(ぼさつ)・経文の名を言う時、まず唱える。▽梵語(ぼん ご)の音訳。 **―あみだぶつ**【―×阿△弥×陀仏】浄土宗・浄土真宗などで、阿弥陀仏(あみだぶつ)への帰依(きえ)を表して唱える語。▽「六字の名号(みょうごう)」とも言う。これを唱えるのが念仏。 **―さん**【―三】《感》「南無三宝」(2)の略。「―、逃がしたか」 **―さんぼう**【―三宝】①《名》仏・法・僧の三宝に帰依すること。②《感》失敗した時に言う語。 **―みょうほうれんげきょう**【―妙法×蓮華経】日蓮(にちれん)宗で、妙法蓮華経(=法華経(ほけきょう))への帰依を表して唱える語。▽「七字の題目」とも言う。

ナムル 朝鮮風の、野菜の和(あ)え物。ゴマやごま油を使うことが多い。▽朝鮮語。

なめくじ(なめくぢ)【〈蛞蝓〉】湿った所にすむ軟体動物。カタツムリに似るが、殻はない。はって動いた跡が白く光る。野菜を食害する。「―に塩」(塩をかけられると体内の水分を奪われて縮むことから、苦手の者などに出会って縮み上がることのたとえ) ▽「なめくじら」「なめくじり」とも言う。なめくじ科。

なめこ 秋、広葉樹の朽木(くちき)に群がって生えるきのこ。茶色でぬめりがある。風味があり、食用。栽培される。

なめしがわ(:がは)【×鞣皮・×鞣革】なめして柔らかくした、動物の皮。

なめ-す【×鞣す】《五他》毛皮の毛を取り、脂肪を除いて、柔らかくする。

なめず-る(なめづる)【×舐めずる】《五他》舌なめずりをする。

なめみそ【×嘗(め)味×噌】副食用に調製したみそ。たいみそ・ゆずみそ・きんざんじみそなど。▽調味用のみそに対して言う。

なめもの【×嘗(め)物】なめるように少しずつ食べる、副食とする発酵食品。なめみそ・ひしお・しおからなど。

なめらか【滑らか】《ダナ》①摩擦がなくてよくすべる状態。つるつるしているさま。「―な斜面」②よどみがないさま。スムーズ。「―な弁舌」「会談が―に進む」 派生 **-さ**

な-める【×嘗める・×舐める】《下一他》①舌でなでる。「親猫が子猫を―」「部屋の隅々まで―ようにきれいに掃除する」「町内を―ように(=炎の舌ですっかり)焼き尽くす」。嚙(か)まずに舌でなで回して味わう。「飴(あめ)を―」②ゆっくりと味わう。「杯を―」(杯の酒を、最後の一滴まで惜しむように、味わって飲む) ③(つらいことを)十分に体験する。「辛酸を―」④ばかにする。「親を―」「―なよ」

なや【納屋】物置小屋。

なやまし-い【悩ましい】《形》悩む気持だ。㋐感覚が刺激されて心が騒ぐ(ほどだ)。「―香水のかおり」㋑気分が重苦しい。苦痛だ。 派生 **-さ** **-げ** **-がる**

なやま-す【悩ます】《五他》悩むようにする。苦しめる。

なやみ【悩み】精神的に苦痛・負担を感じること。そう感じさせるもの。「生きる―」「―の種」

なや-む【悩む】《五自》苦痛をおぼえる。わずらう。㋐精神的な苦痛・負担を感じる。「恋に―」㋑(痛みなどで)肉体的に苦しむ。「神経痛に―」「耳鳴りに―・まされる」㋒心を煩わせる。困る。「レポートが書けないで―・んでいる」▽㋒のように使う傾向が生じたのは、恐らく第二次大戦後。↓くるしむ

なよせ【名寄せ】①《名》人名・地名など名称を寄せ集めた本。②《名・ス自他》同一の名称(・項目)を重複しないようにまとめること。

なよたけ【△弱竹】①細くしなやかな竹。若竹。▽雅語的。②女竹(めだけ)の異称。

なよなよ《副[と]・ス自》弱々しくたわむさま。「―(と)しなだれかかる」「―(と)した体つき」「―した枝振り」

なよやか《ダナ》力に逆らわず、なびくような感じのするさま。特に、態度・動作が(弱々しさも感じられるほど)柔らかなさま。▽弾力性を重点とする「しなやか」に対し、無抵抗性が重点。 派生 **-さ**

なら《助動》㊀《「だ」を除く活用語の連体形など広く述語に付く》①助動詞「だ」の仮定形。㋐《一般に「A―B」の形で》前提や条件Aを言うための条件として、すなわち後件Bを言うためのもとでBが成り立つ、Aを課するという、AとBとの関係づけをするのに使う。「お前が子供―責めはしない」「偶数―2の倍数だ」「その伝えのとおり―ば、これは逸品である」「悪さをしようもの―大目玉を食う」「助かる見込みがある―手術してみよう」「彼と―行ってもいい」「お金―すぐに用意できます」「私―もっと上手にやってみせる」▽「は」と置き換えの利く場合がかなりある。「偶数は2の倍数だ」と「偶数―2の倍数だ」とは同等の表現。↓は《係助》(1)
㋑《「A―A」の形で》多くありうるものの中からAを取り出して話題に据えるという気持を表す。「よ

すーよす、やるーやる、はっきりしろ」「それーそれも一つの解決策と言える」「君ー君がその気になったとして、さてそれから」「いやーいやで、来なくて構わない」「パソコンを買うー買うで、もっと選びようがあったはずだ」「帰るー帰れ。ぼくは独りでも行く」▽AならAだという普通には言うまでもない自明の事を、わざわざ持ち出したところから、(イ)の意を生じる。㋒《相手の言葉や前文を受けて接続詞的に》それなら。「ー、私も参ります」「ーどうしたって言うんだ」②《「AもCーBもD」の形で、D＝Cか、DがCと同類とみなせる場合。ただし「ー」の所は動詞・形容詞述語では「ーば」の方が普通》AがCであることとBがDであることとが共に認められる意を表す。「夫も大事ー子供も大事です」「外国へ行くのも初めてー飛行機に乗るのも初めて」「親も親ー子も子だ」(親があんなのに応じてその子もひどいものだ)「経験も豊富ー教養も高い」▽㊀は「なれば→なりゃ→なら」と転じた形だが、意味は文語の「ならば」の方に近い。成り立ちからして「ば」を添える必要は無いが、「ならば」も使う。用法としては接続助詞に近い。↓ば《接助》㊁文語の断定の助動詞「なり」の未然形。現在も主に否定表現を従えて「ならず」「ならでは」の形で使う。「神ーぬ身の知る由もない」▽↓ならず・ならでは

なら【×楢】どんぐりのなる落葉高木。葉は卵形で、縁にのこぎり状の切れ込みがある。材は器具・薪炭(しんたん)用。こなら。ははそ。▽ぶな科。

ならい（ならひ）【習い】ならわし。㋐習慣。「ー、性(＝本性)となる」㋑つね。常態。「世のー」

ならいごと（ならひ…）【習い事】「稽古事(けいこごと)」を(古くさいと)嫌って言い出した語。▽一九八〇年代に広まる。本来は、師から習うべき事柄を指し、現在でもこの意で使う場合が無いではない。

なら-う（ならふ）①【習う】《五他》繰り返しやってみて(知識・技術を)覚え、身につけようとする。また単に、おそわる。教えを受ける。「ピアノをー」「先生にー」▽文語動詞「慣る」の未然形＋接尾語「ふ」から。②【倣う】《五自》ある事を見本として、それに従う。まねる。「前例にー」

ならく【奈落】①〔仏〕地獄。▽梵語(ぼんご)の音訳。②これ以上どうにもならない、どんづまりの所。どん底。「ーの底へ突き落とされる」③劇場の舞台や花道の下の地下室。まわり舞台やせり出しの装置のある所。

なら-す【△均す】《五他》①たいらにする。「土地をー」②平均化する。「ー・せば一個百円になる」

なら-す【慣らす・×馴(ら)す】《五他》なれるようにする。㋐(動物を)飼い育てて手なずける。【慣・馴】㋑環境になじませる。順応させる。【慣】「弱った足を運動でー」「暗闇に目をー」

なら-す【△生らす】《五他》実がなるようにする。

なら-す【鳴らす】《五他》①鳴るようにする。「指をー」。(音楽や合図として)音を出す。「ベルをー」②(評判・名声などを)広く聞こえ渡らせる。「名を天下にー」「一時はー・したものだ」「名文家でー・した人」③言い立てる。つぶやく。「不平をー」

ならず《連語》……でなく。「そんな人間が一人ーいる」「一再ー注意を与えた」「心ーも(＝本心はそれを良いとは思わないが)勉学を廃した」「彼のみー君も」▽文語助動詞「なり」の未然形＋助動詞「ず」。「ならぬ」の形も、「時ならぬ大雪」「ほかならぬ君」「宝物ならぬとんだまがい物」のように、使われている。

ならずもの【ならず者・〈破落戸〉】ごろつき。わるもの。無頼漢。▽どうにもならない者の意。

ならづけ【奈良漬(け)】酒の粕(かす)で、しろうり・大根などを漬けた食品。▽奈良で初めて作った。

ならでは《連語》……でなくては。「名人ーの(＝名人以外では示せないほどの)できばえ」▽文語助動詞「なり」の未然形＋「で(＝ずして)」＋係助詞「は」

ならない《連語》①《動詞連用形＋「ては」を受けて》禁止を表す。「酒を飲んではー」②《打消しの助動詞を受け、「なければー」「なくてはー」等の形で》それ以外が許されない意。㋐義務・責任があることを表す。「すぐ行かなくてはー」㋑当然・必然の意を表す。……である道理だ。「この前提から考えてその結果は真でなければー」。……でたまらない。「心配でー」㋒……に違いない。「次にはこれが来なければー」▽㋒は英語の must など欧米語での一用法の直訳に由来。連語の頭の「なら」は動詞「成る」の未然形。「なりません」はこれの丁寧語。「ない」の部分は、「ぬ」「ません」でもよく、それら三つの活用形でもよい。

ならぬ《連語》①許さない。いけない。「ー。考え直せ」▽「ならん」とも言う。既に古風。②↓ならず・ならない

ならび【並び】①並び方。並んでいるもの。「家のー」②『ーもない』↓ならびない

ならびかど【並び角】そのものが面する道の同じ側のかど。「本屋のーにある交番」

ならびしょう-する【並び称する】《サ変他》他のすぐれたものと同等であるとして、並べて呼ぶ。また、他といっしょにほめたたえる。へいしょうする。「富士と筑波(つくば)は昔からー・される」

ならびだいみょう【並び大名】①歌舞伎の殿中の場などで、大名に扮(ふん)して、ただ並んでいるだけの役者。②転じて、ただその場に居るというだけで、何の役にも立たないこと。そういう人。

ならびた-つ【並び立つ】《五自》並んで立つ。「東西にー塔」。両方(すべて)が立ちゆく(成り立つ)。「英雄はー・たない」

ならびな-い【並び無い】《形》他に並ぶものがないほどすぐれている。比類が無い。「ー名手」

ならびに【並びに】《接》および。▽法令文では「及び」

より上位の結合に使う。「A及びB—C」はAとBとを併せたものにCを並べ、「A—B及びC」はAに、BとCとを併せたものを並べ、「A、B及びC」は三者を同列に並べる。

なら‐ぶ【並ぶ】《五自》一列にそろう。㋐列を作って位置する。「一列に—」「商品が—んでいる」「料理が—(=適当な位置に置かれる)」㋑近くに位置する。隣り合う。「—んで建った家」㋒匹敵する。「—者がない」

ならべ‐た‐てる【並べ立てる】《下一他》(わざわざ)一つ一つ並べて述べる。「不平を—」「新製品の長所を—」

なら‐べる【並べる】《下一他》一列にそろえる。㋐列にする。「アルファベット順に—」「料理をテーブルに—(=適当な位置に置く)」「席を—」(隣り合ってすわる)「肩を—」(転じて、匹敵する)㋑次々と提出する。「証拠を—」「理屈を—」

ならわし【習わし・△慣わし】 しなれて、または世に繰り返し行われて、しきたりとなったもの。習慣や風習。

ならわ‐す【習わす・△慣わす】《五他》①《多くは、他の動詞の連用形を受けて》……する習慣・しきたりとなっている。「昔からそう言い—している」②習わせる。【習】

なり 自然にそうなった、またはそうなるのが自然な、格好・様子。▽「成る」の連用形から。①形。「弓—」「曲がり—にも」。風体(ふうてい)。服装。「—ふり」「—に構わない」「—を飾る」「派手な—」「—(=図体)ばかり大きくてもまだねんねだ」▽「形」とも書く。②《接尾語的に》そのままの様子であること。㋐《動詞連用形に付く》……とおり。「言い—になる」「いき(=行き)なり」の「なり」もこれ。㋑《体言や形容詞連体形に付く》……相応。「子供には子供—の理屈がある」「それ—に面白い」「庭は狭い—に整えてある」「人格が潔白—の堅苦しさ」「暮らしもささやか—に結構楽しそうだ」③《副助詞に近い用法》㋐《助動詞「た」の連体形に付く》そのままの格好で。まんま。「疲れて帰ったので着た—(で)ベッドに倒れるように寝込んだ」「行った—帰らない」「生木が台風に折れた—に残っている」㋑《動詞や「(さ)せる」「(ら)れる」の連体形に付く》そのまますぐ。「一目見る—その人だと分かった」「パリに着く—交渉にかかる」「ちょっとからかわれる—泣き出す」

なり【鳴り】①鳴ること。また、その音。「—のいい楽器」「耳—」②がやがやと騒がしい声や音。「—を静める」「—をひそめる」(目立たないように、または気勢をそがれて、静かにする)

なり ㈠《副助》①例として示し、また、その示した類の中からどれかを選ばせる意を表す。「せめて嘱託として—残してあげたい」「君が来る—ぼくが行く—、どちらかになるだろう」「飯—酒—出せ」「何—と仰(おお)せ付け下さい」▽文語で㈡の終止形を並列して用いたものの転。②他に適当なのがあるかもしれないがという気持を込めて、一つを取り出して示すのに使う。「医者に—(と)相談したら」▽㈡の終止形の転。(2)の用法に紛れやすい「なり」がある。↓なり《名》(3)。㈡《助動》「だ」「である」に当たる文語。今も「いかなる困難—とも断じて恐れてはならない」「多少—と見るに堪えるのは」などに残っている。その連体形「なる」は終止形「なり」よりも、多く今でも使われる。↓なる《助動》。領収書など金額の正確を期する場合に、金額の末に記してそこで金額の部分が終わることを明示するのにも(「也」の表記で)使う。「金四万七千円也」▽助詞「に」㈠(3)+「あり」のつづまったもの。

なり‐あが‐る【成(り)上がる】《五自》身分の低い者が高い地位につく。また、貧乏な者が金持になる。▽軽蔑した言い方。

なりかたち【なり形】 身なり。服装。

なりかわ‐る【成(り)代(わ)る】《五自》臨時にその者の代わりをする。「親に—って御あいさつ申しあげます」

なりき【△生り木】 実(み)が(よく)なる果樹。

なりきん【成金】①将棋で、敵陣に入って金将の資格を得た、銀将以下の駒。②成金(1)のように、もとは貧乏だったのが急に金持になった人。「戦争—」▽軽蔑して言う。一九〇五年ごろの流行語に発する。

なりさが‐る【成(り)下がる】《五自》生活・地位・根性などがおちぶれる。「こじきに—」

なりすま‐す【成(り)済ます】《五自》実際にはそうでないのに、そうなったふりをしおおせる。「客に—」

なりたち【成(り)立ち】①できあがるまでの経過。できかた。②組立て。成分。仕組み。

なりた‐つ【成(り)立つ】《五自》できる。㋐まとまって、ある形をとる。できあがる。「商談が—」㋑できあがっている。構成される。「この書物は六章から—っている」㋒採算が取れ、営業が続けられる。「商売が—」㋓主張できる。正しいと言える。「次の定理が—」

なりて【なり手】 なる人。なりたがる人。「委員に—がない」

なりと《副助》↓なり《副助》。「どこへ—うせろ」「多少—も格好がつく」

なりどし【△生り年】 そのくだものがよくなる年。↕裏年。「今年は柿の—だ」

なりひび‐く【鳴り響く】《五自》鳴る音が遠くまで伝わる。また、評判が広く世間に伝わる。「名声が天下に—」

なりふり (他人の目にうつる)身なり。様子。「—かまわない」

なりもの【△生り物】①田畑の収穫。とりいれ。②食べられる実。くだもの。

なりもの【鳴(り)物】 太鼓・笛などの楽器。それによる囃子(はやし)。また、音曲(おんぎょく)。「—停止(ちょうじ)」(大葬・

国葬などの時、一般の歌舞音曲を一時的に禁止すること）　**ーいり**【ー入(り)】①楽器の伴奏を入れて、歌や舞の興を深めること。②転じて、物事を大々的に宣伝すること。

なりゆき【成(り)行き】物事が移り変わり、進んでゆく様子。その過程。また、その結果。「自然のーでこうなった」

なりわい【〈生業〉】生活を立てるための仕事。家業。職業。▽もと、生産の業。農作。

なりわた-る【鳴り渡る】《五自》鳴る音があたり一面に響く。また、評判が広まる。

な-る【成る・△為る・△生る】《五自》その事物が新たな形をとって現れる。▽「なす」の自動詞。①ものが新たに現れる。また、前の状態から別の状態に移る。㋐行為の結果がまとまる。でき上がる。仕上がる。【成】「鉄橋架設ー」「功ーり名遂(と)ぐ」「ーっていない」(不完全でだめだ)「お茶よりもーろうことなら(＝望んでできるなら)お酒を一杯」
㋑組み立てられている。【成】「五章からー論文」
㋒《「……にー」「……とー」の形で、また形容詞連用形を受けて》……の状態に達する。【為・成】「おとなにー」「もう三時にー」「大臣とー」「薬にー」(薬として役立つ)「ためにー」(その人にとってよい結果を招くのに役立つ)「強くー」▽接客用語などで「こちら定食で(ございま)す」ではなく「定食にーります」のように言うのは、一九八〇年ごろから広まった俗用。
㋓《単独で》将棋で、銀将以下の駒が敵陣に入り金将の資格を得、また飛車が竜王、角行が竜馬(りゅうめ)に変わる。▽「成る」と書く。
㋔《打消しや反語を伴って》我慢できる。許される。「勘弁がーらない」「酒を飲んではーらない」「負けてーものか」▽→ならない
②植物が実を結ぶ。【生・成】「りんごがー」「金(かね)のー木は持ち合わせない」
③《「お……にー」「ご……にー」の形で、動詞連用形や動作を表す漢語をはさんで》その動作をする人を敬った表現として使う。「お休みにー」「御相談にー」▽この用法で「なられる」を使うと二重敬語となり誤用になる。

な-る【鳴る】《五自》①音がする。「鐘がー」「腹がー」「腕がー」(腕力・技能等をふるいたくてたまらない)「耳がー」(音の刺激を受けたように感じる)「きゅっと靴がー」②世間に広く知られる。「天下にー財産家」▽「鳴く」と同語源。

なる ㊀《助動》文語助動詞「なり」の連体形の名残。①……である。「仮にも大学病院ー建物にしては」「……と言うのも、むべーかなです」②……という。「湯治場(とうじば)ー所の常として」「顔回(がんかい)ー者がいた」㊁《連語》……にある。……にいる。「春日(かすが)ー三笠(みかさ)の山」▽格助詞「に」＋動詞「ある」の転。雅語的。

なる-い《形》ゆるやかである。おだやかである。㋐刺激などが強くない。「ー酒」㋑性質がなまぬるい。また、手ぬるい。派生 **-さ**

なるこ【鳴子】作物を荒らす鳥などを田畑から追い払うための仕掛け。板に細い竹管を掛け連ねたものを多数縄につけ、縄を引いて音を出す。「ー縄」

ナルシスト 自己陶酔型の人。うぬぼれや。ナルシスト。▽narcissist

ナルシシズム ①自分の身体に色情を感じること。②転じて、うぬぼれ。自己陶酔。▽精神分析の用語。自分の美しさにこがれ死にをした、ギリシア神話の青年ナルシスに由来する。narcissism

なるたけ《連語》できるだけ。なるべく。▽「成る丈」の意。→だけ(1)

なると【鳴戸・鳴△門】①潮が満ち干する時、大きな渦を巻いて鳴りとどろく、狭い瀬戸。②「なるとまき」の略。魚のすり身の加工食品。細い棒状で、切り口に紅白の渦巻が見える。

なるべく《副ダ》できるかぎり。なるたけ。「ーならおやめ下さい」▽動詞「成る」＋助動詞「べし」の連用形。

なるほど《副》いかにも。確かに。「ー君の言う通りだ」▽他人の主張が正当なことがわかったときや、相手の言うことに相づちを打つときに使う。「成程」とも書く。

なれあ-う【×馴れ合う】《五自》親しみあう。㋐悪い事をするために共謀する。ぐるになる。㋑なあなあの関係になる。㋒ひそかに肉体関係を結ぶ。

ナレーション 映画・放送などの、筋の進行などの解説や語り。▽narration

ナレーター ナレーションをする人。▽narrator

なれずし【△熟×鮨】塩漬けの魚と飯を重ねて重しをかけ、酸味・風味が出るまで発酵させた保存食品。独特のにおいがある。ふなずしが有名。

なれそめ【×馴(れ)初め】恋愛関係が生じた初めのきっかけ。「そもそものーから話す」▽動詞「馴れ初める」の連用形から。

なれっこ【慣れっこ】〔俗〕慣れてしまってあまり感じなくなっていること。「ーになる」

なれなれし-い【×馴れ×馴れしい】《形》それほど親しい間柄でもないのに、うちとけすぎて、ぶしつけだ。「ーしぐさ」「ーく呼びかける」派生 **-さ -げ**

なれのはて【成れの果て】《連語》おちぶれた結果の姿。「武士のー」「先生、生徒のー」(デカンショ節)

な-れる【慣れる・×馴れる・×狎れる・△熟れる】《下一自》①たびたびまたは長く経験して、何とも感じなくなる。【慣・馴】㋐特に変わった事とも感じなくなる。「がみがみ文句を言われるのにもーれた」㋑習慣になる。「貧乏にー」②なじむ。㋐始終接して親しくなる。また、飼い育てた動物が人になつく。【馴・狎】「よくーれた犬」▽現在では「土にーれ親しむ生活」のような使い方を除き、人を主体としては余り使わない。㋑物と物がしっくり合うようになる。【熟】「靴が足にー」。原料がよくまじり合って互いになじ

む。熟成する。「ーれた鮨(すし)」「糠味噌(ぬかみそ)がー」㋒《動詞連用形・名詞を受けて》始終……した結果、ぐあいよくなる。または、その事に上手になる。【慣・馴】「書きー」「旅ーれた人」㋓親しみすぎて礼を欠くようになる。【狎】「寵愛(ちょうあい)にー」③古くなる。【熟】㋐よれよれになる。「ーれた着物」㋑腐る。「ーれた魚」▽⑶の意では余り使わなくなった。

なわ(なは)【縄】麻・わら等の植物繊維をより合わせて長くしたもの。物を結びしばるのに使う。「ーに掛かる」(罪人として捕らえられる)「ーを入れる」(田畑の測量のため縄を張る)「ーを打つ」(田畑を測量する。また、縄を掛けて罪人などをしばる)「おーにする」(罪人を捕らえる) ▽動詞「なう」と同語源。

なわしろ(なは)【苗代】田植までの間、稲の苗(なえ)を育てるための田。 **ーだ**【ー田】→なわしろ。 **ーどき**【ー時】苗代を仕立てるころ。▽四、五月を指す。 **ーみず**(づみ)【ー水】苗代に注ぎ入れる水。

なわすだれ(なは)【縄×簾】→なわのれん⑴

なわつき(なは)【縄付(き)】罪人として縄でしばられていること。また、その人。「家からーを出す」

なわて(なは)【×畷・縄手】①田のあいだの道。たんぼ道。あぜ道。②まっすぐな長い道。③縄の筋。▽⑶は「縄手」と書く。

なわとび(なは)【縄跳び・縄飛び】張った縄をとび越し、または手に持って回す縄をとびくぐる、遊び・運動。

なわぬけ(なは)【縄抜け】《名・ス自》しばられている者がその縄を抜けて逃げること。そうした人。

なわのび(なは)【縄延び】地所(特に田畑)の面積が、公式帳簿の記載面積より広いこと。▽測量用の縄が延びていると計算面積が実際より狭い結果となるから。

なわのれん(なは)【縄△暖×簾】①縄を並べそろえて垂らし、暖簾(のれん)の代用としたもの。なわすだれ。②居酒屋や飯屋。▽店先に縄暖簾⑴を下げたことから。

なわばしご(なは)【縄×梯子】縄を使って作り、その一端にかぎをつけて物に掛けられるようにした、はしご。

なわばり(なは)【縄張(り)】①縄を張って境界を決めること。また、敷地に縄を張って建物の位置を決めること。②転じて、ばくち打ちの親分、更に一般的にある人の、勢力範囲。「ー争い」「ー根性」「ーを侵す」③動物の個体や集団が他の侵入を許さない占有区域。テリトリー。

なわめ(なは)【縄目】①縄の結び目。②罪人として縄をかけられること。「ーの恥辱」

ナン インド・西アジアなどの平たいパン。土かまどの内側に張りつけて焼く。▽ヒンディー nān

なん【何】①「なに」の音便形。▽「だ」「で」「と」「の」「なら」「なり」の前の形。そのほか「に」「か」の前でも、この形になることがある。②《接頭語的に》数量の不定を表す。「あとー回」。また、数量の多さを表す。「ー百年」。→いくⅡ

なん【*南】ナン ナ みなみ ―①方位の一つ。みなみ。「南北・南方・南極・南都・南端・南画・南下・南面・南朝・南洋・南蛮・南風(なんぷう・はえ)・東南・西南・江南・河南・湖南・湘南(しょうなん)・図南(となん)・指南」▽もと、暖かい意。②梵語(ぼんご)の音訳。「南無(なむ)」

なん【軟】ナン やわらか やわらかい ―弱くやわらかい。↔硬。「硬軟・軟弱・軟風・軟化・軟派・軟禁・軟球・軟水・軟鉄・軟骨・軟膏(なんこう)・軟体動物・柔軟」

なん【*難】【難】ナン かたい にくい むずかしい(むつかしい) ―①《名・造》むずかしい。↔易。「難に当たる」「難易・難解・難問・難題・難件・難所・難局・難関・難行・難渋・難治・困難・至難・無難(ぶなん)」②《名・造》苦しい目。苦しみ。わざわい。うまくゆかないなやみ。「難を避ける」「難破・難船・災難・遭難・火難・水難・盗難・剣難・危難・大難・小難・苦難・多難・避難・艱難(かんなん)・女難・後難(こうなん)・万難(ばんなん)・人選難・就職難」③《名・造》欠点をせめ立てること。なじる。そしる。「難をいえば」「難を免れない」「難点・難詰・論難・非難」

なん【男】→だん【男】

なんい【南緯】赤道から南へ測った緯度。↔北緯

なんい【難易】むずかしいこととやさしいこと。むずかしさの度合。「ー度」

なんか【南下】《名・ス自》南の方へ進むこと。↔北上。▽地図は南を下に描いてあるから。

なんか【軟化】《名・ス自他》物が柔らかくなること。柔らかくすること。態度がおだやかになること。弱腰になること。↔硬化

なんか ①【何か】《連語》「なにか」の音便。「ーないか」②《副助》「など」と同じ。「バスー通っていなかった」「ぼくーにはわからない」▽多くは、軽く扱う気持で言う。

なんが【南画】中国画の二大流派の一つ。水墨や淡彩で、多くは山水を柔らかな感じに描く。気韻を尊ぶ画風。南宗画。↔北画。▽唐の王維に始まり、日本には江戸時代に伝わった。

なんかい【難解】《名ナ》わかりにくいこと。「ーな文章」 派生 ーさ

なんかん【難関】そこを越えて通り抜けるのがむずかしい所。「ーを突破する」

なんぎ【難儀】①《名ナ》困難。面倒な事柄。「ーにあう」 派生 ーさ ②《名・ス自》苦労すること。また、貧乏。「倒産してーしている」

なんきつ【難詰】《名・ス他》非難してなじること。するどく問いつめること。

なんきゅう【軟球】(テニス・野球などで)やわらかいボール。↔硬球

なんきょう ①【難境】困難でつらい立場にあるという境遇。②【難況】打開がむずかしく、苦しい状況。

なんぎょう【難行】極めて苦しい修行。「ー苦行」 **ーどう**【ー道】〔仏〕自分の力で、修行を積んで悟りを開こうとする方法。禅宗などの行き方。↔易行道(いぎょうどう)

なんきょく【南極】地軸の南端の点(地方)。また、地軸の延長が天球と交わる、南の端の点。↔北極

なんきょく【難局】困難な局面。重大な場合。「—に処する」

なんきょく【難曲】演奏がむずかしい曲。

なんきん【南△京】①カボチャの別名。②《名詞にかぶせて》㋐中国方面から渡来したものの意を表す。㋑珍しいもの、小さくて愛らしいものの意を表す。**—だま**【—玉】ガラス製・陶製のごく小さな穴のあいた玉。糸を通して飾りなどにする。ビーズ。**—ねずみ**【—×鼠】中国産ハツカネズミの変種。体の毛は白く、動物実験・愛玩用。**—ぶくろ**【—袋】穀物などを入れておくのに使う、麻糸で粗く織った大きい袋。**—まい**【—米】中国・タイ・インドなどから輸入する米。細長く、粘質に乏しい。**—まち**【—町・—街】(日本の都市などで)中国人が集まって一か所に住んでいる区画。**—まめ**【—豆】→らっかせい。**—むし**【—虫】①建具のすきまなどにすみ、夜出て来て人や家畜の血を吸う小昆虫。色は褐色。▽とこじらみ科。②〔俗〕金側の非常に小さい、女性用腕時計。**—もめん**【—木綿】①中国南京地方産出の、黄褐色、厚地の平織り綿布。②白の縦糸に赤や青を横糸に使った平織り綿布。

なんきん【軟禁】《名・ス他》身体の自由は束縛しないものの、他出・面会・通信を禁じる(制限する)こと。その仕方での監禁。

なんく【難句】わかりにくい文句。

なんくせ【難癖】(わざわざ見つけた)非難すべき欠点。「—をつける」(ことさらにあらを探して悪く言う)

なんくん【難訓】ある漢字(の一字または熟語)をどう訓読みするか、その読み方がむずかしいもの。

なんけん【難件】取扱いや解決がむずかしい事件。

なんげん【南限】(生物の分布などの)南の限界。「大山桜が自生する—」

なんご【×喃語】《名・ス自》①べちゃくちゃしゃべること。②(男女が)むつまじくおしゃべりすること。③幼児の言葉以前の発声。

なんご【難語】意味がとりにくい、むずかしい語。

なんこう【軟×膏】薬を脂肪やワセリン等と混ぜ、半ねりにしたもの。↔硬膏(こうこう)

なんこう【軟鋼】炭素含有量が〇・一パーセント程度で、割合やわらかな鋼。

なんこう【難航】《名・ス自》①困難な航海。②比喩的に、障害が多くてなかなかはかどらないこと。「交渉が—する」

なんこうがい【軟口蓋】口腔(こうこう)の上面の、奥の方のやわらかい部分。飲食する時に鼻孔への通路をふさいで食物が鼻にはいるのを防ぐ。

なんこうふらく【難攻不落】①攻撃がむずかしく、なかなか陥落しないこと。「—の要塞」②比喩的に、簡単にはこちらの思い通りにできない状態。

なんこつ【軟骨】石灰分が少なく、弾力性に富み、割合やわらかな骨。▽関節や耳殻にある骨の類。**—ぎょ**【—魚】サメ・エイなど、骨格が軟骨から成る魚類。↔硬骨魚

なんざん【難産】《名・ス自》①出産が通常でなく、胎児がなかなか生まれないこと。↔安産。②比喩的に、物事がなかなか成立しないこと。「組閣が—する」

なんじ【難事】処置・解決がむずかしい、事柄・事件。

なんじ【難字】むずかしい字。

なんじ【難治】病気がなおりにくいこと。

なんじ(なんぢ)【×汝】《代》対等または目下の相手を指す文語。おまえ。なれ。▽「なむち」の転。

なんしき【軟式】①やわらかい素材を用いる方式。「—飛行船」②野球・テニスなどで軟球を使う方式。▽↔硬式

なんしつ【軟質】《名ナ》やわらかい性質(であること)。↔硬質。「—のプラスチック製玩具」

なんじゃく【軟弱】《名・ダナ》①やわらかくて、しっかりしていないこと。「—なグラウンド」②態度が弱々しく、相手の言いなりになること。↔強硬。「—外交」派生 **—さ**

なんじゃもんじゃ(なんぢやもんぢや)【何じゃもんじゃ】『—の木』日本各地で、何かよく分からないがその土地では目立つ特定の木の呼び名。▽ヒトツバタゴ・ハルニレ・マルバチシャノキ・イヌザクラ・クロガネモチなどをそう呼ぶ例がある。

なんじゅう【難渋】《名ナ・ス自》すらすらと進まないこと。物事がはかどらず苦しむこと。「山道に—する」

なんしゅうが【南宗画】→なんが

なんしょ【難所】けわしく、道が悪くて通りにくい場所。

なんしょう【難症】なおりにくい症状(病気)。

なんじょう(なんでふ) 反語に使う「なんで」の古風な言い方。「—許さるべき」▽「なにといふ」のつづまった形。「何条」と書くのは当て字。

なんしょく【男色】男の同性愛。だんしょく。

なんしょく【難色】それはむずかしいと、しぶる様子。「—を示す」

なん-じる【難じる】《上一他》なじる。責める。また、そしる。悪く言う。▽「難ずる」とも言う。

なんすい【軟水】カルシウム・マグネシウムなどのミネラルを少ししか含まない、硬度②の低い水。洗濯・染色・ボイラーなどに適する。↔硬水

なん-ずる【難ずる】《サ変他》→なんじる

なんせい【軟性】やわらかい性質(のもの)。

なんせん【難船】《名・ス自》船が風波などのために破損・転覆・沈没すること。その難破船。

ナンセンス《名・ダナ》意味のないこと。ばかげたこと。つまらないこと。▽nonsense 派生 **—さ**

なんせんほくば【南船北馬】《名・ス自》絶えず方々に旅行すること。▽中国の南部は川が多くて船が、北

な

部は陸が多くて馬が第一の交通機関であったから。

なんぞ ①【何ぞ】《連語》「なにぞ」の音便。㋐どうして。「—知らん」▽反語。㋑何か(しら)。「一枚の紙か—のように薄い」「—面白いものはないか」㋒何事であるか。何物であるか。「哲学とは—や」▽㋐㋒は文語残存形。②《副助》「など」と同じ。「そんな事—知らない」▽⑴㋐の転。

なんだ ①《助動》《「ある」を含む動詞の未然形に付き》なかった。「行か—」▽古風な言い方。西日本各地の方言にも残る。②《連語》↓なに⑴㋐。③《連語》「なのだ」の転。↓なのだ

なんだい【難題】①むずかしい問題・課題。また、詩文を作るのにむずかしい題。②やっかいな事柄。言いがかり。「無理—を吹っかける」

なんたいどうぶつ【軟体動物】動物の一門。体が柔らかで、多くは石灰質の貝殻に保護されている。貝のほか、たこ・いか等を含む類。

なんだか【何だか】《連語》①何であるか。「それが—わからない」②《副詞的に》理由ははっきり言えないが。何となく。「—面白そうな話ね」

なんだかんだ【何だ彼んだ】《連語》あれこれ。ああだ(の)こうだ(の)。「—(と)言ってもはじまらない」

なんたん【南端】(土地などの)南の端。「日本の最—」

なんちゃくりく【軟着陸】《名・ス自》①宇宙船などが、速度をゆるめ、衝撃をやわらげながら、着陸すること。②できるだけ損傷を受けないように慎重に処理すること。「過熱経済を—させる」▽soft landing の訳語。

なんちゃって《連語》①何かを言った後に、それが失言や誇張、嘘(うそ)などであったことを、ちゃかしたりごまかしたりする気持で言う語。②《連体詞的に》本物ではないが本物に似せていること。「—松茸(まつたけ)ご飯」「—制服」▽連語「なんて」+動詞「言う」+連語「ちゃう」+助詞「て」の「なんて言っちゃって」から変化したもの。

なんちゅう【南中】《名・ス自》天体が南の子午線上、すなわち真南にくること。正中。

なんちょう【軟調】《名ナ》やわらかな調子。㋐取引で、相場が下落気味なこと。↕堅調・硬調。㋑写真の印画で、黒白の対照がおだやかなこと。↕硬調。「—印画紙」

なんちょう【難聴】①聴力が弱いため音や声がよく聞こえないこと。②(ラジオなどの音が)聞き取りにくいこと。「—地域」

なんて ①【何て】《連語》《俗》↓なんと⑵。②《副助》「など」に同じ。「勉強—いやだ」③《連語》などと。「大卒—いばっているけど」▽⑵⑶は「なにとて」の転か。④《連語》「なんという」の転。「親—(え)ものは」⑤《連語》《俗》「何と言う」に当たる言い方。「—男が来た?」▽「て」は↓って⑷㋑

なんで【何で】《連語》なんのために。どうして。「—そんなことをするの」「—知るものか」▽詰問・反語に使うのが普通だったが、近ごろは単に理由を問うだけにも使う。

なんてき【難敵】勝つのがむずかしい相手。「—に挑む」

なんです《連語》①↓なに⑴㋐。②「なのです」の転。↓なのだ

なんてつ【軟鉄】①炭素をほとんど含まない軟らかい鉄。②軟鋼の俗称。

なんでも【何でも】《連語》①それが何であっても。何事によらず。すべての事に。「—へたな男」②たしか。うわさを伝えるとか不確かな記憶で言うとかする時、その内容の表現に先立てて使う語。「—病気中だ(そうだ)」「—成功したという」 **—かんでも**《連語》何がどうあれ。㋐すべて(に)。「悪い事は—あいつが原因だ」㋑是が非でも。情況に構わず自分の意思を通そうとする態度を表す語。「あの絵を—手に入れるぞ」▽「かん」は「彼(か)」の転。 **—や**【—屋】《名》何でも扱う人。㋐何事も(一通りは)うまくこなす人。▽もと日常雑貨を一通り並べて売っている店を指した。㋑何事にもすぐ手を出したがる人。また、何事も気楽に引き受ける人。

なんてん【南天】①中国原産の常緑低木。初夏、白い六弁の小さな花が円錐(えんすい)状に集まり咲き、晩秋から冬に(普通のは)赤く小さな球形の実がたくさんなる。庭木にし、また生花(いけばな)の材料にもよく使う。実は咳(せき)止めの薬。▽めぎ科。②南の空。

なんてん【難点】①むずかしい点。②欠点。

なんでん【南殿】↓しんでん

なんと【何と】《連語》①どのように。どう。「—でも勝手に言え」「—したものか」「—しても実現したかった」「—言っても健康が第一だ」「—はなしに」(はっきりは言えないが、なんだか)②大層まあ。「—立派な庭だろう」▽「なにと」の音便。「役人—言っても見識のないのが多い」は副助詞、「などと」の転。 **—いう**【—言う】《連語》呼び名、またはその呼び名で指すものが問題の時の言い方。㋐名前自体を問うのに使う。「その植物は—名だね」㋑対象の在り方・有様を取り立てて言うのに使う。「役者—ものは軽く見られた」「—見事な絵」「こりゃまた—ことだ」「道中—話もなく京に着いた」▽普通「いう」を仮名で書く。俗に「何ていう」「何ちゅう」「何つう」とも言う(後の二形は方言的)。 **—か**《連語》①《「いう」と合して》はっきりした名前などに確信が無い時の言い方。「その植物を—言ったね」「また—いう店に連れ込まれるのかい」②どうにか。「—都合をつける」「まがりなりにも—完成した」 **—なく**《連語》どうしてだかわからないが。どこと(取り立てて言うこと)なく。「—様子がおかしい」「—気にかかる」▽「なんとはなしに」とも言う。 **—なれば**《連語》その理由は何かと言えば。なぜなら。▽文語的。 **—も**《連語》①《打消しの語を伴って》取り立ててこうだというほども。まったく。「こわくも—ない」「—申し訳ない」②《副詞的に》どうにも。「—困

ったことだ」「―不思議だ」 **―やら**《連語》①なんとか。②なんとはなしに。なんとなく。「―気味が悪い」③なにやら。「―言っていたが」

なんど【納戸】 ①衣服・調度をしまっておく部屋。②家財を置く場所。③「納戸色」の略。ねずみ色がかったあい色。

なんど【難度】 むずかしさの程度。

なんど《副助》「なにと」の転。「など」に同じ。「死神(しにがみ)―を信じているのか」

なんどく【難読】 (漢字の)読み方がむずかしいこと。「―文字」

なんどり《副・ス自》おだやかなさま。なごやかなさま。「―話をする」「―した口調」

なんなく【難無く】《連語》困難なしに。たやすく。「―パスした」

なんなら【何なら】《副》相手の都合によっては。お望みなら。「―私が幹事を引き受けてもいい」「―見せましょうか」

なんなりと【何なりと】《連語》何であろうと。「困ることがあったら―言って下さい」「―お望みの物を差し上げます」

なんなん【×喃×喃】 ぺちゃくちゃしゃべる様子。「喋喋(ちょうちょう)―」「―と私語する」

なんなんと【△垂んと】《連語》《……を数量表現として「……に―する」の形で》まさに……になろうとする。「五時間に―する試合」「創刊以来六百号に―している」▽文語「なりなむと」(「と」は帰結を表す格助詞)に由来。

なんにょ【男女】 男と女。男も女も。「老若(ろうにゃく)―」

なんねん【難燃】 燃えにくいこと。「―性」

なんの【何の】 ①《連語》㋐どういう。「それは―本ですか」「―事はない」(大した事ではない) ▽「なに」+「の」の転。㋑《「……の―」の形で》その他あれこれ。「つらいの―と泣き言を並べる」▽㋑の二つの「の」は、並列を表す助詞。②《感》相手に対し、自分については心配はいらない、大した事ではない、という気持を表す。「―これしき」 **―かの【―△彼の】**《連語》あれこれ。いろいろ。「―と言いながら」 **―きなしに【―気無しに】**《連語》特にそうするつもりでなく。何気なく。 **―その**《連語》心配はいらない。平気だ。「試験なんて―」▽↓なんの(2)。 **―なにがし【―△某】**《連語》言い表そうとする人の姓名をはっきりさせない言い方。▽↓なにがし

なんば【南△蛮】 ↓なんばん(7)

なんば【難場】 むずかしい場面・場所。難所。

なんぱ【軟派】 ㊀《名》①軟弱な意見の党派。「―議員」②㋐色情生活に題材をとる文芸。軟文学。㋑服装を気にしたり、異性との交遊に興味を持ったりする不良少年。㋒新聞・雑誌で、艶物(つやもの)・文学・社会面を担当するもの。「―記者」▽↕硬派。㊁《名・ス他》〔俗〕街などで、異性に(多くは男性が女性に)声をかけて遊びに誘うこと。▽片仮名で書くことが多い。

なんぱ【難破】《名・ス自》暴風などに遭(あ)って船が破損し、航行できなくなること。「―船」

ナンバー ①番号。「自動車の―」②(雑誌などの)号数。「バック―」③(演奏・放送のときの)曲目。「スタンダード―」▽number **―カード** 番号を書いた紙片など。▽number card **―プレート** 自動車・オートバイなどの登録番号を記した金属製の板。▽number plate **―ワン** 第一人者。▽number one

ナンバリング (押すたびに次の番号が現れるようになっている)スタンプ式の、番号を押す事務用具。▽numbering machine から。

なんばん【南蛮】 ①南方の異民族。▽もと中国で、インドシナなど南海諸地方の民族を指した。↓とうい(東夷)。②室町時代から江戸時代の日本で、タイ・フィリピン・ジャワ等の南洋諸島のこと。③ポルトガルやスペインのこと。また「キリシタン」と同義。▽オランダを「紅毛」と言ったのに対しての語。④南蛮がらし(=とうがらし)のこと。⑤南蛮(2)を経由して渡来した文物・品物。⑥ねぎと肉を入れて煮たうどん・そば。「かも―」「カレー―」⑦歩く(走る)のに、前に出す手と足とを同側にする(つまり左足を出す時左手を出し、右も同様にする)仕方。なんば。▽歌舞伎の六方(ろっぽう)の踏み方がこれ。 **―づけ【―漬(け)】** 揚げた小魚類を、とうがらしやねぎを加えて合わせ酢に漬けたもの。

なんぴと【何人】 どんな人。だれ。「―といえども」▽「なんびと」とも言う。「なにひと」の音便形。

なんびょう【難病】 なおりにくい病気。

なんぷう【南風】 ①南から吹いて来る風。「―競わず」(南方の国の勢力が振るわないこと。日本では転じて、南朝(=吉野朝廷)の不振に言う) ②夏の風。

なんぷう【軟風】 やわらかに吹く風。▽気象学で、木の葉が動き、海に小波が認められる程度の風。

なんぶつ【難物】 (何につけても文句を言うなど)処置に困るもの。やっかいなもの。「なかなかの―」▽人について使うことが多い。

なんぶん【難文】 むずかしく分かりにくい文章。

なんぶんがく【軟文学】 色事を好色的に書いた文学。▽恋愛小説や江戸時代の洒落(しゃれ)本・人情本・浮世草子の類を指す。

なんべん【軟便】 やわらかな大便。

なんぼ《副・ノダ》どれほど。幾ら。「―何でも」「かせげるのは一日に―だ」▽「何程(なにほど)」の転。

なんまいだ 「なむあみだぶつ」のくずれた形。

なんみん【難民】 ①(戦争・天災、また人種や信条などでいためられて)困難におちいった人民。特に、戦禍・迫害等を避けて流浪(るろう)する人民。②比喩的に、ある事が困難な人々。「帰宅―」

なんめい【南×溟】 はるか南方にひろがる海。↕北溟。「―の島に若い命を散らした」▽「南冥」とも書いた。

なんめん【南面】《名・ス自》①南に向いていること。南向き。②君主の位につくこと。▽王者は南面(1)し

てすわる定めだったから。

なんもん【難問】 解答・解決のむずかしい問い・問題。

なんら【何△等】 ①《副ノ》何ほど。「―の困難もない」▽「―の疑念が胸に往来した」のようにも使ったが、今は打消しを伴うのが普通。②《副》《あとに打消しを伴って》少しも。「―得る所がない」 **―か** 《連語》なにか。幾らか。「―の形で実現したい」

なんろ【難路】 険しかったり泥道だったりなど、移動の障害が多い道。

なんろん【軟論】 弱腰の議論・意見。↕硬論

に

に【△丹】 赤い色。「―の鳥居」「―塗り」▽今は用法が限られる。もと、赤土(で染めた赤色)。

に【荷】 ①運搬するようにまとめた物品。にもつ。②比喩的に、足手まとい・負担(になるもの)。「肩の―をおろす」「―が勝つ」(能力に対して負担が重すぎる)

に ㊀《格助》動作・作用の及ぶ対象を静的に見て示すのに使う。▽原則的には体言性の表現(末が副助詞の連語を含む)に付くが、特定の言い回しでは活用語の連体形(や連用形)また句に付く。「……に及ぶ」「……にしのびない」「……につれ」「……にふさわしく」「……にやぶさかでない」など数多くあるが、文語の名残であって、その「……」に体言化の「の」を添えて解すればほぼよい。→にて・には・にも・だけ(2)

①動詞が表す動作・作用が向かう対象を示す。「山―登る」「ぬかるみ―踏み込む」「友人―会う」「嫁―つらく当たる」「子供―童話を読んでやる」「機械―油をさす」「国許(もと)―急を知らせる」「生徒―答えさせる」▽動的にとらえた対象を「を」で、静的にとらえた対象を「に」で示す。「長き―わたる闘病生活」のように文語残存形を使うことも珍しくない。特に、

㋐《移動に関する動詞と共に使って》動作・作用による到達点を示す。「京都―着く」「山―行く」「庭―出る」▽「庭を出る」のように「を」でも言える場合との意味の違いは、→を《格助》(3)

㋑《変化・作成に関する動詞と共に使って》その結果として到達する帰結の状態(であるもの)を示す。「大きくなったら医者―なる」「長男を医者―する」「計画は失敗―終わった」「三人―減ってしまった」「さかなを三枚―おろす」「美しい姿を絵―描く」「参考の一端―供する」▽「と」でも表せる場合の「と」との意味の違いは、→と《格助》(2)㋐。「ぴかぴか―光る」はこの種の動詞を使っていないが、磨き上げた結果そのありさまになる意で、「ぴかぴかと光る」とは異なる。このように推移が予想できる言い方は㋑の用法に含まれる。

㋒《認知・感得・思考に関する動詞と共に使って》その働きの結果であるもの・状態を示す。「彼は医者―見える」「大きな荷物も軽いもの―感じた」「間違いのよう―思われる」▽→(3)

㋓《「お(ご)」+動詞連用形や動作を言う漢語名詞+「―なる」の形で》……することの敬った言い方。「校長が自らお教え―なる」「ご議論―なっても効はありますまい」▽㋑の転。すぐれた人の行為は労せずしてそれが実現するというとらえ方から。「―なる」の前には一語化した「おいで」「お出まし」「御覧」なども使う。「お連れ様がおいで―なりました」「御覧―なりましたか」

㋔《「AをB―……」の形で》AをBにした状態で……する。→を《格助》(1)㋑

㋕その事柄の起こる源・きっかけ・より所としてとらえたものを示す。「酒―酔う」「あまりのうれしさ―泣き出した」「虫の音―(つけて)故郷をしのぶ」「世情―思うのはこの事だ」「歴史―徴しても明らかだ」

㋖動作・作用の目的とする、もの・ことを示す。「頭痛―きく薬」「気休め―言う」「監督官庁から査察(し)―来る」「親鳥がえさを捜し―出る」▽動詞連用形に付く場合、受ける方の動詞は移動に関する意のものに限る。

㋗それが基づく原因・根拠を示す。「夜道も星明り―不自由なくたどれた」▽㋗は、現在は「で」で言うのが普通。

②動作・作用の行われる、場所・時を示すのに使う。「今はうち―居るが、三時半―東京駅で会おう」「窓辺―花を飾る」「今日明日―もお届けします」(→にも(2))「時代の移り変わりを世相―見る」▽「世相―見る」のように物理的場所でなくてもよい。場所を「で」で示す場合との区別は、→で《格助》(3)。古文には「山崎のあなた―水無瀬(みなせ)といふ所―宮ありけり」「またの年の正月(むつき)―梅の花盛り―、こぞを恋ひてゆきて」のように、まず広い範囲を言い更に狭く限定する表現法があるが、現在も全く滅びたわけではなく「入って左手―、一段高くなった所―畳が敷いてあって」などがそれ。方向・方角は普通「へ」で示すが、「東―五キロの所」など向かう先に重点を置いた表現なら「に」を使う。時を示すのに、「むかし」「きのう」などかなり幅のある場合には「に」をつけないが、何時何分と時刻を細かく指定する場合には原則として「に」が省けない。

③状態を示すのに使う。▽文語助動詞「なり」は、この用法の「に」に「あり」が結合して一語化したもの。形容動詞連用形語尾「に」の起源もこの「に」。

㋐そのありかた・ありさまである意を表す。「お年玉―千円くれる」「彼はいいやつだ。その証拠―人柄の温かみが感じられる」「どうか成功しますよう―」「花は紅―柳は緑」「困ったこと―免許証を持ってい

なかった」「そのわけが無性―知りたくなった」「隠居したか―聞き及ぶ」「ちなみ―言っておくが」「一口―地酒と言っても」▽㋐を「だ」の連用形とする説がある。→にも
㋑述語の表すことが行われる様子を表すのに使う。「だんだん―春めいて来た」「いろいろ―うわさする」「この傾向が近年とみ―強まった」▽副詞語末の「に」と言われるものも、これ。「と」でも言える場合の意味の違いは、→と《格助》(2)㋐。なお「ぴかぴか―磨く」「男泣き―泣く」など(1)㋑が該当する場合もある。
㋒『……ず―』……ない(状態)で。「あいつと道で会わずに済むように」「いまだに約束が果たされずにいる」「定理によらずに解く」「言わず語らずに悟ってもらうしかない」「何もせずには帰れない」「面倒を見ずにもおられまい」▽「は」「も」が付けば、普通後ろは避けられない意の表現になる。
④何に関してそう言うのか、その基(もと)とする事物を示すのに使う。㋐立場など着目するものや比較の規準にするものを示す。「彼女―気の毒な仕打ち」「車を着ける(の)―都合の良い場所」「私―(とって)はこれ以上譲れない」「会社―しても扱いに困る」「親―似ぬ子」「性質が塩―近い」「実力は太郎―劣る」「なまける―も程がある」「早速出かけた―相違ない」「右―同じ」「酒は灘(なだ)の生一本(きいっぽん)―限る」▽「には」「にも」には敬語の用法もある。「先生―は御健勝に渡らせられ」「皆様―もおかわりなく」のたぐいがそれで、文法上は主格表示でなくこの㋐。基とする形をわざわざ選んだことでその人を重んじる気持が表れる。
㋑《AがBの数量表現か単位の表現で、Bが数量表現のとき、「A―B」の形で》AがBの規準量である意。「五回―一回の割で失敗する」「月―一度は顔を見せる」「三分(間)―一回転する」「一秒―百万回の演算を行う」「五メートル―一本で街路樹を植える」
⑤あるものに更に他のものを添えたり、同類のものを並べあげたりするのに使う。「六畳―四畳半の間取り」「好きな食べ物は鰻(うなぎ)―テンプラ―寿司(すし)」「谷風―は小野川じゃぞえ」。次のように特定の組合せを示すのにも使う。「月―むら雲、花―風」「竹―すずめ」「丸―十の字の帆が見える」▽AにBを加える、組み合わせる意で、(一)(1)の転。
⑥《同じ動詞を用い「A―A」の形で》強調するのに使う。「こころが澄み―澄む」「練り―練った秘策」「何もより―よってそんな粗悪品を買わないでも」▽後に来るAの方が否定的内容のことがある。打消しの助動詞による場合は、……としても……ないの意で、……ないことを強調。「見る―見かねて口を出す」「死ぬ―(も)死ねない」「今となっては返そう―も返せない」「言う―言われぬ妙味」
(二)《接助》《連体形に付いて》(一)の転で、現在は次のような限られた文脈にしか使わない。㋐《思考に関する動詞に続き》……と。「言動から察する―、隠し事があるようだ」「思う―それは彼の真意ではなかろう」「なぜかと言う―責任ははっきりさせるべきだからだ」㋑《「う」「まい」に続き》逆接を表す。「ほうっておけばそれなりに育つだろう―、やかましく言うから萎縮するのだ」「呼んでいるのが聞こえないはずはあるまい―、返事もしない」▽後件を略して言いさす(または倒置の)場合がある。「どうだ。ここらで本当のことをしゃべったらよかろう―」「これは御馳走(ごちそう)さま。鰹(かつお)はまだ高かったでしょう―」「おれの出る幕でもあるまい―」

に【*二】 ニ ジ ふた ふたつ ―『名・造』ものの個数を数える時の、一の次の、すなわち1に1を足して得る数(に等しい数や順位)。「鉛筆二本・二センチ・二分の一」▽この和語は「ふた」。数値表現の改竄(かいざん)を防ぐ目的では「弐」とも書く。アラビア数字では2。①ふたつ。「一も二もなく飛びつく」「無二の友」「文武が二途に分かれる」「二(=再)伸」②《「……と」の形で後に打消しや反語を伴って》これ一つに限る意で使う。「もう二度と(は)いたしません」「同様な書が二冊とあろうか」③順序で最初の次。㋐二番(目)。「二の句が継げない」「二の矢」「二の次」(「次」の強調表現)「二次式」▽㋐の意で「二郎」「信二」など人名に使う時には「じ」と読む。㋑三味線の二の糸、すなわち三本ある真ん中の糸。「二上がり」

に【尼】 ニ ジ あま ―①出家の女子。梵語(ぼん)の音訳「比丘尼(びくに)」の略。「尼僧・僧尼・修道尼・国分尼寺」②出家の女子の名に添える語。「望東尼」▽もと、近づき親しむ意。

に【弐】【貳】 ニ ふたつ ―①数値を表す時、「二」の改竄(かいざん)を防ぐ目的で代用する字。金額等の記載に用いる。→に【二】。②そむく。両方に属する。「弐心」

にあい ‥あひ【似合(い)】似合っていること。つり合いがとれていること。「―のカップル」

にあ-う ‥あふ【似合う】『五自』一方が他方に(または両者が)、ふさわしい感じでよく合う。調和する。「わたしに―色」

にあがり【二上(が)り】三味線(しゃみせん)の二の糸の調子を、本調子より一音高くすること。そうしてひく曲。

―しんない【―新内】新内の節まわしで歌う(哀調を帯びた)二上がりの小唄(こうた)。

にあげ【荷揚(げ)】『名・ス自他』荷物を船から陸にあげること。その人夫。

にあし【荷足】船の安定をよくするため、船底に積む重い物。

にあつかい ‥あつかひ【荷扱(い)】荷物の取扱い方。「―が荒い」。(荷送り人のため)運送品の発送・受取りなどをすること。「―人」

ニア ミス 航空機どうしが飛行中に接近しすぎて衝突しそうになること。異常接近。▽near miss

にあわし-い ‥あはしい【似合(わ)しい】『形』よく似合ってい

て適当だ。ふさわしい。[派生] -さ-げ

にい【二尉】自衛官の階級の略称の一つ。↓りくい・かいい(海尉)・くうい(空尉)

にい【新】《名詞の上に付けて》新しい。成ったばかりの。「—草」「—妻」▽やや雅語的。

にいさん【兄さん】兄(あに)の敬称。▽若い男性を呼ぶのにも使う。

ニーズ 求め。要求。需要。必要。「消費者の—にこたえる」▽needs

にいづま【新妻】結婚して間もない妻。

ニート 十五歳から三十四歳までの、家事・通学・就業をせず、職業訓練も受けていない者。▽NEET は not in education, employment or training の略。イギリスで言い出し、二〇〇四年ごろから日本にも広まる。

にいなめさい【新×嘗祭】十一月二十三日(もと陰暦十一月の中または下の卯(う)の日)に行う宮中行事。天皇が新穀を天地の神に供え、自らもこれを食する祭事。▽現在、「勤労感謝の日」として国民の祝日。「しんじょうさい」とも言う。なお、↓だいじょうさい

にいにいぜみ【にいにい×蟬】せみの一種。小形で黄褐色、背にW字形の暗緑色の紋がある。六月ごろから、低く「にーっ」と鳴く。

にいぼん【新盆】その人が死んでから初めての盆。あらぼん。

にいまくら【新枕】(結婚した男女が)初めて同じ床に寝ること。「—を交わす」

にいろ【△丹色】あかいろ。赤土色。

にいん【二院】衆議院と参議院。上院と下院。「—制度」(国会が二つの独立した議院で構成される制度)

にうけ【荷受(け)】送ってきた荷物を受け取ること。「—人」

にうごき【荷動き】(取引の結果の)運輸機関による荷物の動き。「—活発」

にうま【荷馬】荷物を(背に載せて)運ぶ馬。

にうり【煮売(り)】飯や魚・野菜などを煮て、売ること。「—をする」「—屋」▽近ごろは言わない。

にえ【×贄】神や朝廷に奉る、その土地の物産、特に、食用の鳥・魚など。

にえ【×錵・△沸】日本刀の刃に銀砂をふりかけたように輝いて見える細かい模様。匂い④の粗いもの。

にえかえ-る【煮え返る】《五自》①煮えてわき返る。煮えたつ。②比喩的に、非常に腹が立つ。「—胸の内」

にえぎも【煮え肝】怒りで煮え返る心(=肝)。とかく、そうなりやすい質(たち)。「真っ青になっておこるよ、—だからね」▽既に古風。

にえきらない【煮え切らない】《連語》(態度が)はっきりしない。決断せず、ぐずぐずしている。▽「ない」の部分は、「ぬ」「(煮え切り)ません」でもよく、それら三つの活用形でもよい。

にえくりかえ-る【煮え繰り返る】《五自》「にえかえる」を強めた表現。「はらわたの—ようなくやしさ」

にえたぎ-る【煮え×滾る】《五自》①ぐらぐらと煮え立つ。沸騰する。「—った湯」②比喩的に、怒りにふるえる。「はらわたが—」

にえた-つ【煮え立つ】《五自》①十分にわく。十分に煮える。にたつ。②比喩的に、怒りがこみあげる。「腹が—思い」

にえゆ【煮え湯】煮え立った熱い湯。「—を飲まされる」(信用していた人に裏切られ、ひどい目にあわされる)

に-える【煮える】《下一自》食物などを水や汁と共に加熱して、その熱が食物によく通る。また、水が熱を受けて湯になる。

にお【×鳰】↓かいつぶり。「—のうみ」(琵琶(びわ)湖の別称)

におい【臭(い)・匂(い)】①嗅覚を刺激するもの。▽普通、よいにおいを「匂」、悪いにおいを「臭」で書く。②花やかに照りはえる色。③おもむき。気韻。④日本刀で、刃と地はだとの境の部分に、霧のようにほんのり見えるもの。⑤濃い色からだんだん薄くなっていく色合。ぼかし。[関連] 臭み・臭気・悪臭・異臭・汚臭・激臭・体臭・口臭・無臭・防臭・脱臭・腐臭・余臭・薫り・香(か)・香気・薫香・芳香・余香・遺香・余薫・残り香・移り香・香水・臭(くさ)い・かぐわしい・におやか・生臭い・土臭い・黴(かび)臭い・焦げ臭い・きな臭い・金臭い・磯(いそ)臭い・日向(ひなた)臭い・血なまぐさい・青臭い・乳臭い・バタ臭い・ぷんと・ぷんぷん・むんむん・芬芬(ふんぷん)・嗅ぐ・嗅ぎ付ける

においた-つ【匂(い)立つ】《五自》①においが立ちこめる。「木の香りが—」②魅力や美しさなどがあふれる。「—ような色気」

においぶくろ【匂(い)袋】じゃこう・ちょうじ等の香料を入れて、身につけたり、部屋に掛けたりする袋。

にお-う【臭う・匂う】《五自》①嗅覚を刺激する。鼻に感じる(ようになる)。▽普通、よい感じの時「匂」、悪い感じの時「臭」で書く。②何となくそれらしい気配が感じられる。「不正が—」③色が美しく映(は)える。【匂】「朝日に—山桜」「—ばかりの美しさ」

におう【仁王・二王】仏法を護持する神である金剛力士。▽像は口を開けた阿形(あぎょう)と口を閉じた吽形(うんぎょう)とを、寺門などに左右一対に置く。 **—だち**【—立(ち)】仁王の像のように力強い様子で立っていること。 **—もん**【—門】仁王の像を左右に安置した、寺の門。

におくり【荷送り】荷物を荷づくりして、相手方に送り出すこと。

におも【荷重】《名ナノ》①全体のつり合い上、荷物が重すぎること。②転じて、その人に対して、責任・負担が重くかかりすぎること。▽「かじゅう」と読めば別の意。

におやか【匂やか】《ダナ》①つやつやと美しいさま。②いいにおいがするさま。[派生] -さ

におわ‐す(にほはす)【臭わす・匂わす】《五他》①におうようにする。「香水を―・した晴着の女」②それとなく、言葉のはしばしや態度で知らせる。ほのめかす。「採用が内定した事を―」

におわ‐せる(にほはせる)【臭わせる・匂わせる】《下一他》↓におわす

にかい【二階】①家が二層になっていること。「―造り」②幾層かの建物で、下から二層目。「―から目薬」(思うようにならないこと、また効果がないことのたとえ)

にが‐い【苦い】《形》①濃い緑茶を口にふくんだ時に舌の根の方で感じるような、(普通には不快な)味である。「良薬は口に―・し」(転じて、ためになるものは、感覚的には不快なのが常だ) ②苦い(1)の味に似て、いやだ。㋐非難したくなる気持で不機嫌だ。「―顔をする」㋑二度とは味わいたくないほど、つらい。身にしみて苦しい。「―経験」[派生] ‐さ ‐み*

にがうり【苦×瓜】↓ゴーヤー

にかえ‐す(にかへす)【煮返す】《五他》煮たあと冷めたものを、もう一度煮る。「味噌(みそ)汁を―」

にがお(にがほ)【似顔】その人の顔に似せて描いた(作った)もの。 ―え(ゑ)【―絵】①似顔の絵。肖像画。②浮世絵で、役者絵・美人絵のこと。

にがさ【荷×嵩】荷がかさばること。「―になる」

にがしお(にがしほ) ①【苦塩】↓にがり。②【苦潮】↓あおしお

にが‐す【逃(が)す】《五他》逃げさせる。㋐捕らえていたものを放して自由にしてやる。「捕虜を―」▽意図的にする場合にも、逃げられてしまう場合にも言う。㋑捕らえようとしたものを捕らえそこなう。のがす。「チャンスを―」「―・した魚は大きい」

にがたけ【苦竹】↓まだけ

にがつ【二月】その年の二番目の月。▽(陰暦の)異称は「如月(きさらぎ)」「梅見月」。

にがて【苦手】《名ナ》①扱いにくく、いやな相手。「―同士の対戦」②転じて、自分にとって得意でないもの。「数学は―だ」

にがにがし‐い【苦苦しい】《形》責めたりしかったりしたくなるほど、不愉快だ。たまらなくいやだ。「―・く思う」[派生] ‐さ ‐げ

にがみ【苦み】にがい味。にがい感じ。▽「み」を「味」と書くのは当て字。

にがみばし‐る【苦み走る】《五自》顔つきに、引き締まった渋みがある。「―・った男ぶり」「―・っていい男」▽男性の容貌について言う。「にがんばしる」とも言う。

にがむし【苦虫】『―を噛(か)みつぶしたよう』苦りきった(不機嫌な顔の)様子のたとえ。

にかめいが【二化×螟×蛾】蛾(が)の一種。卵をイネに産みつけ、幼虫が孵化(ふか)すると、茎の中に食い入って枯らす。▽「二化」は年に二度発生する意。

にかめいちゅう【二化×螟虫】ニカメイガの幼虫。

にかよ‐う(にかよふ)【似通う】《五自》互いに共通点が多くある。「父親と―・った所が多い」

にがり【〈苦汁〉】海水から食塩を結晶させた時、あとに残る苦い液体。とうふ製造などに利用される。にがしお。

にがりき‐る【苦り切る】《五自》ひどく不愉快そうな、にがにがしい顔・様子をする。

にかわ(にかは)【×膠】獣類の骨・皮・腸などを水で煮た液を、かわかし固めたもの。ゼラチンが主成分。粘着剤などに使う。

にがわせ(にがはせ)【荷〈為替〉】売り主が商品の積出しと同時に、その商品を担保とし、買い主を支払人とする手形を作り、それを元に銀行から金融を受けること。

にがわらい(にがわらひ)【苦笑い】《名・ス自》心では苦々しく、または具合の悪いことに思いながら、(おこりもできず)それを紛らすため笑い顔をすること。

にき ①【二季】一年のうちの特定の二つの季節。㋐春と秋、また夏と冬。㋑盆と暮。「―払い」②【二期】(一年のうちの)二つの期間。「―制」 ―さく【二期作】一年に二回、同じ耕地で同じ作物(特に米)を栽培し収穫すること。▽↓にもうさく

にぎにぎ《名・ス自》①掌(てのひら)を開いたり握ったりする動作。「役人の子は―をよく覚え」(「柳多留」初篇)(↓にぎらせる・みたてる(2)) ▽幼児に教えてやらせることが多い。②幼児語で、握り飯(を作ること)。「―をしようよ」

にぎにぎし‐い【×賑×賑しい】《形》たいそうにぎわう状態だ。「―・く御来場のほど、お待ち申します」[派生] ‐さ

にきび【〈面皰〉】毛あなが脂肪でふさがれて、主に顔にできる小さな吹き出物。青少年に多い。

にぎやか【×賑やか】《名・ダナ》①人出が多いさま。繁盛するさま。「―な商店街」②活気があるさま。華やかなさま。「―な祭り」「―な飾り付け」㋑うるさいほど陽気によくしゃべる(性質である)さま。「―な人」「―を通り越して騒々しい」[派生] ‐さ

にぎやか‐す【×賑やかす】《五他》にぎやかにする。その場の雰囲気がわき立つようにする。㋐景気をつける。㋑しゃべりまくる。

にぎょう【二業】芸者屋と料理屋との営業。「―地」▽↓さんぎょう(三業)

にきょくか【二極化】《名・ス自》中心になる勢力が二つという状態になること。

にぎらせる【握らせる】《連語》賄賂の金(品)をそっと渡す。つかませる。「あいつに―とどうにかしてくれる」

にぎり【握り】握ること。握る所。握ったもの。㋐一握りの長さ・太さ・量。「ふた―半」㋑器物などの、手で握って持つ所。弓で、矢を射る時に握る部分。㋒「握りずし」の略。また、「握り飯」の略。「お―」

にぎりこぶし【握り拳】固く握りしめた手。げんこつ。

にぎりし‐める【握り締める】《下一他》手に力を入れて強く握る。

にぎりずし【握(り)×鮨・握(り)△寿司】酢で味つけした飯を手で握った上に魚介の身などを載せた、すし。にぎり。

にぎりつぶ-す【握り潰す】《五他》①強く握ってつぶす。②提案などを自分の手もとに故意にとどめておいて、うやむやにしてしまう。

にぎりばさみ【握り×鋏】てのひらに握ってもつ、U字形のはさみ。和鋏(わばさみ)。

にぎりばし【握(り)箸】子供などが、はしをうまく操れず、握るような手つきで持つこと。

にぎりめし【握(り)飯】飯を握り固めたもの。おにぎり。おむすび。

にぎりや【握(り)屋】金をためていながら、使うべき時にも出し惜しむ人。けち。しまり屋。

にぎ-る【握る】《五他》①手の指をそろえて、内側にすき間が残らないように曲げる。「手を―」②にぎる⑴のようにして、物をその中に保つ。「ハンドルを―」「彼と手を―って(=協力して)事業に乗り出す」「手に汗―(=はらはらする)好勝負」▽↓にぎらせる。③手のひらで物を固める。特に、握りずし・握り飯を作る。「マグロを―」④にぎる⑵の動作をするかのように、自分の意のままになる状態にする。「部下をしっかり―っている」「政権を―」「相手の弱点を―」▽とらえることに重点のある「つかむ」に対し、保つことに重点がある。

にぎわ-う(にぎはふ)【×賑わう】《五自》人や店が多く集まって活気にあふれる。よく繁盛する。「観光客で―」

にぎわし-い(にぎはしい)【×賑わしい】《形》にぎわっている。にぎやかだ。派生 **-さ**

にぎわ-す(にぎはす)【×賑わす】《五他》にぎやかにする。「座を―」

にぎわ-せる(にぎはせる)【×賑わせる】《下一他》↓にぎわす

にぎわわ-す(にぎははす)【×賑わわす】《五他》にぎやかにする。また、繁盛させる。にぎわす。

にく〔*肉〕【肉】ニク しし ①《名・造》㋐動物のからだの、皮膚におおわれ、骨格を包む、やわらかな物質。「肉がつく」「筋肉・骨肉・髀肉(ひにく)・血肉・肉片・肉塊・肉質」㋑食用にする鳥獣の肉⑴㋐。「肉を食う」「肉類・獣肉・鶏肉・牛肉・酒池肉林・肉食・肉汁・肉牛」▽食用魚に対し「魚肉(ぎょにく)」「魚(さかな)の身」とは言うが「魚の肉」とは言わない。②《名・造》精神に対する、人間の物質的要素。からだ。「血わき肉躍る(=心が高ぶり体に力がみなぎる)痛快小説」「肉体・肉感・肉欲・肉弾」③㋐血縁で最も近い関係にある。「肉親」㋑非常に近い。「肉薄」㋒機械・機具を使わない。直接。「肉眼・肉声・肉筆」④《名・造》果実の皮と種子との間にあるやわらかい部分。み。「果肉・竜眼肉」⑤「印肉」の略。「朱肉・肉池」⑥《名・造》ふとりかげん。あつみ。ふとさ。「肉の厚い葉」「肉づき・中肉中背」

にくあつ【肉厚】《ダナ》肉の切り身、植物の葉、鋼材などが厚いこと。「―のステーキ」「葉が―な洋蘭(ようらん)」

にく-い ①【憎い】《形》(好意を無にされたり心を傷つけられたりして)やっつけてやりたいほど不快だ。㋐しゃくにさわるほど気にくわない。「何とも―畜生だ」「―からず(=人物がなかなか好ましいと)思う」㋑しゃくにさわるほど、あっぱれだ。いやでも感心せざるを得ない。「なかなか―振舞いだ」▽㋑は㋐から出た、一種の強調。②《動詞の連用形に付いて》(困難があって)すらすらとは……できない。「読み―字」「飲み―薬」▽「汚れ―」「破れ―」など、望ましい場合に言うのは、拡張的用法。以前は、「難い」「悪い」とも書いた。派生 **-さ -げ* -がる***

にくいれ【肉入(れ)】印肉を入れておく容器。肉池(にくち)。

にくいろ【肉色】①肌の色。黄色をおびた淡紅色。②(食肉などの)肉の色。

にくが【肉芽】①↓しゅが(珠芽)。②「肉芽組織」の略。 **―そしき**【―組織】皮膚の傷の所に、それを直すために盛り上がって来る、鮮紅色で粒状の肉。

にくかい【肉塊】↓にっかい

にくかい【肉界】肉体の世界。↔霊界。▽「にっかい」とも言う。

にく-がる【憎がる】《五他》憎しみを様子にあらわす。また、憎いと思う。

にくかん【肉感】↓にっかん(肉感)

にくがん【肉眼】①肉体に備わっている目。②顕微鏡・望遠鏡・めがね等を使わない、人間の視力。「―で見える」

にくきゅう【肉球】猫や犬などの足の裏にある、やわらかく球形に盛り上がった毛のない部分。

にくぎゅう【肉牛】食用肉を得る目的で飼う牛。

にくげ【憎げ】《名・ダナ》憎らしい様子。「―がない」(無邪気だ。行為にあいきょうがある)

にくこう【肉交】性交。

にくじき【肉食】《名・ス自》↓にくしょく⑴。 **―さいたい**【―妻帯】《名・ス自》僧が鳥獣魚肉を食し、また妻をもつこと。

にくしつ【肉質】①肉の多い体質。②肉の品質。③(植物の葉などの)肉のような厚みのある性質。

にくしみ【憎しみ】憎く思う感情。にくみ。にくさ。

にくじゃが【肉じゃが】牛肉とじゃがいも・玉ねぎなどを甘辛く味付けした煮物。関東では豚肉も使う。

にくしゅ【肉腫】上皮以外の組織から生じる悪性の腫瘍(しゅよう)。

にくじゅう【肉汁】①生肉から出る汁。②肉の煮出し汁。ブイヨン。③肉を焼いたとき出る汁。

にくジュバン【肉×襦×袢】肌に密着する肉色のジュバン。▽芝居・サーカス等で使う。

にくじょう【肉情】肉体的な欲情。肉欲。

にくしょく【肉食】《名・ス自》①(人間が)動物、特に鳥獣の肉を食物とすること。にくじき。↔菜食。②動物が他の動物を食物とすること。食肉。↔草食

にくしん【肉親】 血縁が非常に近い人。親子・兄弟など。

にくずく【肉豆×蔻】 熱帯産の常緑高木。高さ約一〇メートル。雌雄異株。花は黄白色で鐘形。果実は卵状球形で、果肉は酸味と香気がある。その種子の仁。▽にくずく科。→ナツメグ

にくずれ【荷崩れ】〘名・ス自〙(トラックなどに)高く積んだ荷物がくずれること。

にくずれ【煮崩れ】〘名・ス自〙煮ているうちに食材の形が崩れること。

にくせい【肉声】 ①マイクなどの機械を通さない、生のままの声。②(人工的でない)人間の声。また、本人の声。「故人の―」

にくたい【肉体】 人間の体。生身(なまみ)の体。「―美」「―労働」▽精神・霊魂に対して言う。

にくたらし-い【憎たらしい】〘形〙何とも憎らしい様子だ。「わざと―くふるまう」 派生 **-さ -げ -がる**

にくだん【肉弾】 肉体を弾丸として敵に迫る激しい攻撃。「―戦」▽日露戦争での造語。桜井忠温(ただよし)の小説の題名から広まった語。

にくち【肉池】 →にくいれ

にくづき【肉月】 漢字の偏の一つ。「脈」「腸」などの「月」の称。▽これを偏にもつ字は、多く体に関する意がある。→つきへん

にくづき【肉付き】 体の、肉のつきぐあい・太りぐあい。「―が良い」

にくづけ【肉付け】〘名・ス自〙①肉をつけて厚くすること。②大体の構成ができてから、細かい点に手を加えて内容を充実させること。

にくてい【憎体】〘ダナ〙憎々しい様子・態度。

にくてき【肉的】〘ダナ〙肉体上のさま。特に、肉欲に関係するさま。↔霊的

にくにくし-い【憎憎しい】〘形〙いかにも憎いと思わせる態度・様子だ。「―口のききようをする」 派生 **-さ -げ**

にくはく【肉薄】〘名・ス自〙身をもって相手(敵陣など)に迫ること。▽「薄」は迫る意。「肉迫」とも書く。

にくばなれ【肉離れ】 筋肉が急激に収縮して切れること。

にくひつ【肉筆】 印刷・複製でなく実際に手で書いた書画。

にくぶと【肉太】〘名・ダナ〙①文字の線が太いこと。↔肉細。②肉づきのよいこと。

にくふん【肉粉】 肥料・飼料などにするため、獣・魚の肉をほして粉にしたもの。

にくへん【肉片】 肉の切れはし。

にくぼそ【肉細】〘名・ダナ〙文字の線が細いこと。↔肉太

にくまれぐち【憎まれ口】 人に憎まれるような口のきき方。そういう言葉。「―をたたく」

にくまれっこ【憎まれっ子】 だれからも嫌われる、生意気な、また腕白な子供。「―世にはばかる」(人に憎まれるような者が世間ではかえって幅をきかす。「はばかる」は「はびこる」の転という)

にくまれやく【憎まれ役】 人から反感を受けるような(損な)役目・役割。「―を買って出る」

にくまん【肉×饅】 豚ひき肉と刻んだ野菜などを調味し、小麦粉を練った皮に包んで蒸した中華風のまんじゅう。▽関西では「ぶたまん」という。

にく-む【憎む】〘五他〙好意を無にされたり心を傷つけられたりして、憎いと思う。しゃくにさわって、嫌う。「罪を―んで人を―まず」

にくようしゅ【肉用種】 牛・鶏・羊などで、食用の肉をとる目的で飼う品種。

にくよく【肉欲・肉×慾】 肉体上の欲望。特に、性欲。

にぐら【荷×鞍】 荷物を載せるため馬の背に置く鞍(くら)。

にくらし-い【憎らしい】〘形〙行動や様子から憎いと思わせられる気持だ。「まあ、―ことをおっしゃる」「―ほどうまい」。かわいげがない。「―子供だ」▽「にくい」よりは憎しみの少ない時にも使う。 派生 **-さ -げ -がる**

にぐるま【荷車】(人・牛馬がひく)荷物を運ぶ車。

ニグロ 黒人。▽negro

ニクロム ニッケルとクロムを主とした合金。電気抵抗が大きく、電熱線として使われる。「―線」▽元来は商標名。nichrome

にげ【逃げ】『―を打つ』『―を張る』逃げじたくをする。

にげあし【逃げ足】 逃げる足取り(の動き)。「―が速い」。逃げようとする足つき。「―になる」

にげう-せる【逃げ△失せる】〘下一自〙逃げて、ゆくえがわからなくなる。

にげおく-れる【逃げ遅れる・逃げ後れる】〘下一自〙逃げ出す時機が遅くて(焼け死ぬなどの)災いに遭う。「急の出水に―」

にげかくれ【逃げ隠れ】〘名・ス自〙追及を恐れて相手の力の及ばない所へ去り、身を隠すこと。「容疑者が―生活に疲れて自首した」「何の―もしない堂々とした態度」

にげき-る【逃げ切る】〘五自〙最後まで追いつかれずに、うまくにげてしまう。にげおおせる。(競技などで)先行したまま(小差で)勝つ。「一点差で―」

にげぐち【逃げ口】 外へ逃げ出す出口。「どこにも―がない」

にげこうじょう【逃げ口上】 言いのがれようとして言う言葉。逃げ言葉。

にげごし【逃げ腰】〘名ナ〙逃げ出しそうな腰つき・態度。責任などをのがれようとする態度。

にげことば【逃げ言葉】 →にげこうじょう

にげこ-む【逃げ込む】〘五自〙逃げて(追手を振り切って)いっそう安全と思われる所に入り込む。「―んだ森」「安全圏に―」

にげじたく【逃げ支度】 逃げる用意。

にげな-い【似気無い】〘形〙まるで似つかわしくない。

つりあわない。派生 -さ

にげの-びる【逃げ延びる】《上一自》捕らえられずに(遠くまで)逃げる。

にげば【逃げ場】逃げ込む場所。「行き止まりで—を失う」。追及・非難をかわして一息つけるような場所。

にげまど-う(…まどふ)**【逃げ惑う】**《五自》逃げようとしてまごまごする。

にげまわ-る(…まはる)**【逃げ回る】**《五自》あちこちと逃げ続ける。「借金取りから—」。責任や追及を避け続ける。

にげみず(…みづ)**【逃げ水】**陸上の蜃気楼(しんきろう)の一種。草原などで遠くに水があるように見え、近づくとまたその先の方に遠のいて見える。▽古く武蔵野(むさしの)の名物とされた。今も、舗装路面などに見られる。

にげみち【逃げ道】逃げ出して行くみち・方向。「—を断つ」。責任を避ける方法。「うまい—がある」

に-げる【逃げる】《下一自》①(捕らえられない、または捕らえられたままでいないように)危険を避けて、相手の力の及ばない所へ去る、また身を隠す。「敵前から—」「小鳥がかごから—」「木の陰に—」②中に保たれずに出て行く。「体中から水分が—・げ出すのを防ぐ」「熱が—」③避けて、不利な情況におちいらないようにする。「責任を—・げてばかりいる」

にげん【二元】①物事のもととなっている二つのもの、また場所。「—放送」②〔数学〕未知数が二つあること。 **—ろん【—論】**二つの異なった原理を立て、それによって(考察範囲の一切を)説明する態度・議論。「物心—」

にげんきん【二弦琴・二×絃琴】糸が二本の琴。

にこ【二×胡】中国の弦楽器。二本の弦を、馬の尾の毛を張った弓でこすって演奏する。

にこう【尼公】尼となった貴婦人を指す敬称。あまぎみ。

にごう【二号】①(雑誌などの)二番目の号。②〔俗〕めかけ。▽本妻を一号と見立てて言う。

にこげ【△和毛】やわらかな毛。

にこごり【煮△凝り】①魚・手羽などの煮汁がさめて、溶け出た蛋白(たんぱく)質がゼリー状に固まったもの。②アナゴ・ホタテ貝柱・鶏ささ身などを煮て、ゼラチンで固めた料理。

にごしらえ(…ごしらへ)**【荷×拵え】**《名・ス自》荷づくり(をすること)。

にご-す【濁す】《五他》①濁るようにする。澄んでいるものをよごす。「工場の廃液で川を—」②(言葉を)あいまいにする。▽⑵の意では「にごらす」と言わない。

ニコチン タバコに含まれる揮発性のアルカロイド。無色の毒物で、空気に触れると茶色になる。▽nicotine **—ちゅうどく【—中毒】**タバコの吸い過ぎによる慢性の中毒。

にこっと《副・ス自》→にこり。「—笑いかける」「—して挨拶する」

にこにこ《副[と]・ス自》明るく、なごやかに、声をあげずに笑うさま。「—(と)客の相手をする」「いつも—(と)している」「—顔」

にこぼ-す【煮△零す】《五他》食材の下ごしらえで、灰汁(あく)や臭みを抜くために煮て、その汁を捨てる。ゆでこぼす。

にこぼ-れる【煮△零れる】《下一自》煮物などが煮立って、汁が鍋からあふれ出る。

にこぽん〔俗〕(にこにこ笑って相手の肩をぽんとたたき)ことさら親しみを示して懐柔する態度。「—主義」▽明治後期の首相桂(かつら)太郎の懐柔政策に対する評語から。

にこみ【煮込み】煮込むこと。煮込んだもの。「—うどん」

にこ-む【煮込む】《五他》時間を掛けて十分に煮る。

にこやか《ダナ》にこにこと人当たりがやわらかで、おだやかなさま。また、心からうれしそうなさま。「—に話しかける」派生 -さ

にこよん〔俗〕日雇労働者のこと。▽昭和二十年代半ば、職業安定所からもらう日給が二百四十円で、百円を「一個」と言ったから。

にごら-す【濁らす】《五他》→にごす⑴

にこり《副と》声を出さずに、笑みを見せるさま。にこっと。「—と笑う」「顔を合わせても—ともしない」▽否定表現によく使う。

にごり【濁り】濁っていること。濁ったもの。㋐よごれ。けがれ。仏教で、煩悩(ぼんのう)。㋑濁音符号。濁点。㋒「濁り酒」の略。

にごりえ【濁(り)江】濁った水の川・入江。▽雅語的。

にごりごえ(…ごゑ)**【濁(り)声】**澄んでいない声。だみごえ。

にごりざけ【濁(り)酒】どぶろく。

にご-る【濁る】①《五自》他のものが混じって不純になる。㋐澄んだ液体や気体がすき通らなくなる。そういう汚れた状態になる。「大雨で川が—」㋑曇りを生じる。「—・った月が昇る」。色や音がはっきりしなくなる。「—・った色の絵」「目が—」「—・った声でわめく」。精神の清らかさが失(う)せる。「心が—」「—・り切った世相」②《五自他》濁音になる。濁音で発音する。また、濁点を打つ。▽↔澄む

にころがし【煮転がし】里芋・じゃがいもなどを、こげないように転がしながら、汁けがなくなるまで煮たもの。にっころがし。▽「にころばし」とも言う。

にごん【二言】二度ものを言うこと。特に、一度言った事を取り消して、前と違った事を言うこと。「武士に—はない」

にさ【二佐】自衛官の階級の略称の一つ。→りくさ・かいさ・くうさ

にざかな【煮魚】醬油(しょうゆ)・酒・砂糖などのたれで煮つけた魚。

にさばき【荷×捌(き)】《名・ス自》荷物の処理。また、入荷した物の売りさばき。

にざまし【煮冷まし】一度煮たものをさますこと。煮てからほうって置いてさめた物。

にさん【二三】二つか三つぐらい。少々。「―の訂正を加える」

にさんかたんそ【二酸化炭素】炭素の完全燃焼でできる、酸素との化合物。無色・無臭。消火剤・ドライ アイス・清涼飲料に使う。▽気体のものは「炭酸ガス」とも言う。

にし【西】①方位の一つ。太陽が沈む方角・方面。南に向かって右の方。「―も東も分からない」(どちらが西でどちらが東かも区別できないほど物事をわきまえない、転じて、その地の地理に暗い)▽二十世紀後半の冷戦時代、社会主義諸国に対し資本主義諸国を指す語。「―(側)の勢力」②西風。「―が吹く」▽↕東

にし【×螺】海産の巻貝の一種。アカニシ・ナガニシ等の総称。▽これの卵のはいった袋が、うみほおずき。

にし【二士】自衛官の階級の略称の一つ。↓りくし(1)・かいし(海士)・くうし

にじ【虹】(太陽と反対側の)雨がやんだ空や大きな滝のあたりに、弓形にかかって見える、七色の美しい像。日光が空気中に浮く水滴で屈折・分散して現れる。「―の橋」

にじ【二次】①第二回。二番目。「―感染」「―試験」②式・関数などの、着目する変数の次数が、最高二であること。 **―かい**【―会】最初の会合が終わってからまた開く会合。特に、宴会が終わってから更に、他の店などに行って催す酒宴。 **―てき**【―的】『ダナ』本来のもの、主要なものに対し、その事物や現象が付随的な関係にあること。副次的。「―な価値しかない」

にじいろ【虹色】虹の七色とされる色。また、さまざまに変化していく色。▽多様性の象徴ともされる。

にしあかり【西明(か)り】日没後、しばらく西の方の空が明るいこと。▽古風な言い方。

にしがた【西方】①西の方角。「―に当たって火の手が見える」②勝負する双方を東西に分けた時の、西に位置する陣営(に属する者)。

にしき【錦】①二色以上の色糸や金銀糸を使って、きれいな模様を織り出した、地が厚い高価な絹織物。②比喩的に、美しく立派なもの。「―の御旗(みはた)」(朝敵征伐の時、官軍のしるしとした、日月を金銀で刺繡(ししゅう)した赤い錦の旗。転じて、立派な名分)「―を飾る」(立派な着物を着る。また、成功して故郷に帰る)「もみじの―」

にじき【二食】一日に食事を二度だけとること。

にしきえ(ゑ)【錦絵】木版多色刷りの浮世絵。

にしきぎ【錦木】山野に自生する、秋の紅葉と黄赤色の種子が美しい落葉低木。若枝に数条のコルク質、矢羽形の翼のようなものがある。▽にしきぎ科。

にしきへび【錦蛇】①黄褐色の地に赤茶または黒茶の不規則な紋のある、巨大なへび。体長一〇メートルにも達する。熱帯地方の産。②ヤマカガシ。

にじぐち【二字口】土俵の東西の側面に設け、力士が土俵に上がる足掛かりとする、俵を「二」の字のように付けた所。

にじげん【二次元】①次元の数が二つであること。特に、平面の広がりで空間を成すこと。②〔俗〕漫画・アニメ・ゲーム。そのキャラクター。また、それが描く架空の世界。▽平面に描写するので言う。

にしじん【西陣】「西陣織(おり)」の略。京都西陣でできる織物の総称。日本での代表的な高級織物。

にして『連語』で(あって)。「夫婦は二―一」「彼(の立場)―みれば言い分はあろう」「それ―も困った事だ」

にしのうち【西の内】「西の内紙(がみ)」の略。茨城県の西野内で産する、丈夫な和紙。

にしはんきゅう【西半球】地球の、西経で表される方の半分。南北アメリカ州のある方。↕東半球

にしび【西日】①西に沈んでゆく太陽。②西からさす午後の日光。

にじます【虹×鱒】アメリカのカリフォルニア州原産の淡水魚。日本各地の湖沼で放養している。背は暗青緑色、上半部とひれに小黒点が散在する。側線に沿って赤色の筋がある。▽さけ科。

にじ-む【×滲む】『五自』①絵の具・染色・墨・油などが溶けて、紙・布地などに輪郭をぼかして広がる。「インクが―」②涙・血・汗などがうっすらと出る。「額に汗が―」「人柄が―み出た文章」

にしめ【煮△染(め)】蓮根(れんこん)などの根菜や、こんにゃく・干ししいたけなどを醬油(しょうゆ)・出汁(だし)で煮しめた料理。「正月のお―」

にし-める【煮△染める】『下一他』汁でよく煮て色・味を染み込ませる。「―めたように茶色くなった手ぬぐい」

にしゃさんにゅう【二捨三入】『名・ス他』端数(はすう)処理の計算で、端数の部分が〇から二までなら切り捨て、三から七までなら五とし、八か九なら切り上げる方法。

にしゃたくいつ【二者択一】二つのうちからどちらか一方だけを選び取ること。

にじゅ【二×豎】病気。▽古代中国の晋(しん)の景公が病中に見た夢で病気の神が二人の豎子(じゅし=こども)の姿をしていたという故事による。

にじゅう【二重】同じたぐいの物・事が二つ重なった状態であること。ふたえ。重複(ちょうふく)。「―国籍」「―写しにした画面」 **―こうぞう**【―構造】(近代的な部分とそうでない部分とのように)異なる原理に立つ二つのものが、全体の中に単に併存するだけでなく、相補う関係で働く構造。「―が支える日本経済の発展形態」 **―しょう**【―唱】音域のちがう二人で合唱すること。デュエット。 **―じんかく**【―人格】①同じ人が場合によって別の人のように行動すること。そういう性格。▽(2)の俗用。②〔医学〕一人の人間の中に二つの人格が存在し、ある時に言動

が全く別人のようになり、ある時間がたてばまた、もとの人格にもどること。　**ーせいかつ**【ー生活】①同じ人が、職業・習慣などの、全く性質の違った二通りの生活をすること。そういう生活。②家族が何らかの事情で二か所に分かれて住み、その一員がそこを行き来して生活すること。そういう生活。「赴任地に家族を呼び寄せないでーをする」　**ーそう**【ー奏】二つの楽器によって合奏すること。デュエット。　**ーとび**【ー跳び・ー飛び】一回とびあがる間に縄を二回転させる、縄跳びのとび方。　**ーひてい**【ー否定】否定表現を更に打ち消した形の表現。例、「興味を覚えないではない」「知らない人が無いほど有名」。▽古典論理では二重否定を肯定と同等の表現と見る。日常語でも肯定の強調として使うことがあるが、「若くなくもない」など、積極的に若いとも言えないという含みで使うことも多い。二重否定を直ちに肯定とは考えない論理体系もある。　**ーぶた**【ー蓋】器物の蓋を二重にし、外の蓋をあけても内側にもう一つ蓋があるもの。そう作った蓋。　**ーまわし**【ー回し・ー×廻し】和服の上に着る男子の冬用外套(がいとう)。

にじゅうしき【二十四気】太陽の黄道(こうどう)上の位置によって、一年を二十四等分した、その等分点。立春・夏至(げし)・秋分・大寒など。▽「二十四節気」とも言う。中国伝来。

にじゅうしこう【二十四孝】昔、中国で、親孝行で有名だった二十四人(の話)。

にじゅうはっしゅく【二十八宿】中国古代での、星座の区分。黄道(こうどう)を二十八に分けて、星座の所在を示した。

にじょう【二乗】『名・ス他』ある数・式に、同じその数・式を掛け合わせること。自乗。

にじりぐち【×躙(り)口】茶室特有の(体をにじって出入りする)小さな出入口。

にじりよーる【×躙り寄る】『五自』すわった格好のままですり寄る。

にじーる【×躙る・×躪る】①『五他』押しつけてすり動かす。また、少しずつ次第に押しつぶす。「踏みー」②『五自』ひざを(地・畳などに)押しつけるようにして、少しずつ次第に動く。

にしん【×鰊・×鯡】北海道など北方の海でとれる魚。食用、また肥料・油の原料などにし、用途が広い。別称、かど。▽にしん科。かずのこ(＝かどの子)はこれの卵。

にしん【二伸】→ついしん

にしん【二心・弐心】心を二通りに持つこと。㋐不忠な心。謀反(むほん)の心。ふたごころ。「ーをいだく」㋑疑いの心。

にしんとう【二親等】その人の祖父母・兄弟姉妹・孫、その配偶者の祖父母・兄弟姉妹・孫(との関係)。二等親。

にしんほう【二進法】実数を数字の0と1だけで表す表記法。二は10　五は101　マイナス二分の一は−0.1 のように書く。▽コンピュータで利用することが多い。

ニス「ワニス」の略。樹脂などをアルコールなどでとかした塗料。家具類の仕上げとして、美化・防湿用に塗る。▽varnish から。

にすい【二水】漢字の偏の一つ。「冷」「凍」などの「冫」の称。▽「さんずい(三水)」に対して、点二つの形の意。

にせ【偽・×贋】本物と間違えるように似せて作ること。そう作ったもの。▽「似せ」の意。

にせ【二世】現世と来世。「ーの契り」(夫婦の約束・関係)

にせアカシア →はりえんじゅ

にせい【二世】①欧米で、同じ名を持ち、第二番目にその地位(多くは王位)についた人。「チャールズー」。日本で、芸能などの名跡(みょうせき)を襲(つ)いだ二代目。「ー中村吉右衛門」②欧米で、父と同名の子の呼び名に添えて使う語。③転じて、むすこ、また子供。「ー議員」④移住者の子で、移住先で生まれ、その国の市民権を持つ者。「日系ー」

にせがね【偽金・×贋金】にせの貨幣(特に、硬貨)。

にせくび【偽首・×贋首】他の人の首を、当人のものとしてさし出す、そのいつわりの首。「敵将のー」

にせさつ【偽札・×贋札】にせの紙幣。

にせもの①【偽物・×贋物】本物でなく、似せて作ったもの。②【偽者・×贋者】いつわって、その人と称する者。また、その人らしく似せた者。

にーせる【似せる】『下一他』(本物に)似るようにする。様子がそっくりになるようにする。「外観を教会にーせた」

にそう【二曹】自衛官の階級の略称の一つ。→りくそう(陸曹)・かいそう(海曹)・くうそう(空曹)

にそう【尼僧】出家して仏門に入った女性。尼(あま)。▽キリスト教の修道女を言うこともある。

にそくさんもん【二束三文】数が多くても値段が非常にやすいこと。そういうもの。「ーにたたき売る」「ーで手に入れる」▽二束でわずか三文の意とも、金剛(こんごう)草履(＝丈夫に作った大形の草履)が二足で三文の値だったことからとも言う。→そく【束】(2)

にそくのわらじ【二足の〈草鞋〉】『連語』(両立しない)二つの職業・立場を同じ人が兼ねること。「ーをはく」▽もと、ばくち打ちで捕吏を兼ねる人。

にだ【荷駄】馬で運送する荷物。

にだい【荷台】(トラック・自転車などの)荷物を載せる台。

にたき【煮炊き】『名・ス自他』食物を煮たり、炊いたりして、調理すること。炊事。「自分でーする」

にだし【煮出し】①「煮出し汁」の略。煮干し・かつお節・昆布などを煮てうまみを抽出した汁。だし汁。②麦茶・紅茶などを熱湯でいれること。↔水出し

にだーす【煮出す】『五他自』食材・茶葉などを煮て、そのエキスを液中に取り出す。「こんぶをー」「紅茶を

ミルクでー」

にた-つ【煮立つ】《五自》↓にえたつ(1)

にたっと《副・ス自》↓にたり

にた-てる【煮立てる】《下一他》煮てぐらぐらわき立つようにする。よく煮る。

にだな【荷棚】乗り物で、乗客が荷物を載せるためのたな。

にたにた《副[と]・ス自》声を出さず、(よからぬ喜びで)薄気味悪く笑うさま。「無遠慮にー(と)笑う」「一人ーしながらテレビを見る」

にたものふうふ【似た者夫婦】夫婦は性質・趣味などが似ているものだということ。また、それらがよく似た夫婦。

にたり ①【荷足】「荷足船」の略。川での運送に使う小さな舟。②【〈似関船〉】荷船と関船(=軍船)とに両用できる和船。▽上部の形が関船に似るから、「似たり」の意で名づけた。

にたり《副と》声を出さず、薄気味悪い笑みを浮かべるさま。にたっと。「ーとほくそ笑む」

にたりよったり【似たり寄ったり】《連語》互いに(優劣などに)大した違いがないこと。「ーのできばえ」

にだんがまえ(まへ:が)【二段構え】一つめの方法がうまくいかなければ二つめをというように、あらかじめ二つの方法を用意すること。

にち【[*日]】ニチ ジツ ひ か ①太陽。ひ。「日光・日没・日輪・日食・日章旗・日射病」。以下「ジツ」と読む。「日月・旭日(きょくじつ)・烈日・落日・天日・白日」②太陽の出ている間。朝から晩まで。ひる。また、夜から夜まで、昼夜二十四時間の一くぎり。ひ。か。また、日数を数えるのにも用いる。「日夜・日夕・日中・日時・日限・日程・日課・日給・日誌・日記・今日・初日・毎日・四五日・四十九日・百箇日(ひゃっかにち)・社日」。以下「ジツ」と読む。「元日・祭日・平日・連日・数日・時日・隔日・昨日・後日・不日・一日・往日・頃日(けいじつ)・好日・旬日・春日・尽日・聖日・昔日・短日月・遅日・逐日・寧日」③ひび。ひにひに。「日進月歩」④《名・造》七曜の一つ。また「日曜日」の略。「土日」⑤「日本」の略。「日中・日米・来日・滞日」⑥「日向(ひゅうが)国」の略。「日州・薩隅日(さつぐうにち)」

にちげん【日限】いついつまでと限って、あらかじめ定めた日。期日。「ーが迫る」

にちじ【日時】日付と時刻。「結婚式のー」。日数で量るほどの時の長さ。「もっとーがほしい」「ーを費やす」

にちじょう【日乗】日記。「断腸亭ー」▽古風。「乗」は記録の意。

にちじょう【日常】つねひごろ。ふだん。「平穏なーを送る」「ー生活」 **ーさはん**【ー茶飯】①ありふれた、ごく平凡・普通なこと。「ー事」▽(2)から。②ふだんの食事。

にちにち【日日】《副詞的にも使う》毎日。一日一日。ひび。「ーの糧」「ーの進歩」「ー是(これ)好日(こうじつ)」「来る日も来る日もよい日ばかり」「ーに色あせる草花」

にちぶ【日舞】「日本舞踊」の略。

にちぼつ【日没】太陽の最上部まで地平線に沈むこと。その時刻。日の入り。↔日出

にちや【日夜】①昼間と夜。よるひる。②《副詞的に》いつも。常に。「ー案じている」

にちゃにちゃ《副[と]・ス自》ねばりつくさま。また、その音。「油で手がー(と)する」「ガムをー(と)かむ」

にちよう【日曜】曜日の一つ。週の第一日で、役所・学校などが休日とする。「ー日」「ー大工」「ー画家」 **ーがっこう**【ー学校】キリスト教会などで、児童の宗教教育のため、日曜ごとに開く学校。

にちよう【日用】日常の使用。毎日の生活で用いること。 **ーひん**【ー品】日常の生活に使う、こまごました品物。

にちりん【日輪】(丸い)太陽。▽形からの呼び名。

にちれんしゅう【日×蓮宗】日蓮を祖とする、法華経(ほけきょう)信仰による仏教の宗派。

にっか【日課】毎日する定まりの仕事・物事。「早朝の散歩をーとしている」

にっか【日貨】日本からの輸出品。「ー排斥」▽外国から見た言い方。

にっかい【肉塊】肉のかたまり。にくかい。「豚ももー五〇〇グラム」「轢死(れきし)した彼は汽車の為(ため)に顔もすつかりーになり」(芥川龍之介「歯車」)

につかわし-い(につかはしい)【似つかわしい】《形》ふさわしい。似合わしい。「高校生にー服装」 派生 **-さ -げ**

にっかん【日刊】毎日刊行すること。「ー新聞」

にっかん【肉感】肉体の、特に性的な感じ。にくかん。 **ーてき**【ー的】《ダナ》性的な情欲をそそるさま。

にっき【日記】①毎日の出来事や感想などを書いた記録。日誌。②「日記帳」の略。「卓上ー」 **ーちょう**【ー帳】①日記をつけるための帳面。②《簿記》取引の内容を、それが起こった順に記す帳簿。

にっきゅう【日給】一日いくらと決めた給料。

にっきん【日勤】①毎日、出勤すること。②昼間の勤務。↔夜勤

につ-く【似つく】《五自》につかわしくなる。「似ても似つかぬ」(全く似ていない)

ニックネーム あだな。愛称。▽nickname

にづくり【荷造(り)・荷作(り)】《名・ス自》荷物を、運んだり送ったりできるように包むこと。

につけ【煮付(け)】煮付けて作った料理。「カレイのー」

にっけい【日計】一日単位で行う計算。特に、その日についての総計。

にっけい【日系】日本人の血統を引いていること。「ーアメリカ人」

にっけい【肉×桂】暖地に生える常緑高木。インドシナ原産。また、その樹皮を干したもの。芳香・辛味があり、健胃剤・香料にする。▽「にっき」とも言う。くすのき科。

につ-ける【煮付ける】『下一他』味がしみ込むまで少なめの汁でよく煮る。「魚を―」

ニッケル 金属元素の一つ。元素記号 Ni 銀白色で、空気にふれてもさびにくい。磁性があり、用途は広く、めっき・合金などに用いる。▽nickel

にっこう【日光】太陽の光線。ひのひかり。 **―しゃしん**【―写真】透明な薄紙に描いてある白黒の絵を印画紙に重ね、日光にしばらく当てて焼き付ける、おもちゃ。 **―よく**【―浴】『名・ス自』健康法として体を日光にさらすこと。

にっこり『副[と]・ス自』声を出さず、明るい笑顔をするさま。「女の児が私の顔を見て―とした」(堀辰雄「美しい村」)

にっころがし【煮っ転がし】→にころがし

にっさん【日参】『名・ス自』①神社や仏閣に毎日お参りすること。②広く、(頼み事などのため)毎日おとずれること。「陳情のため役所に―する」

にっさん【日産】一日単位での生産高。「―千台」

にっし【日子】ひかず。日数。「十余年の―を費やして完成」

にっし【日誌】(後日の資料にするため)毎日の出来事・行動を記録したもの。日記。「航海―」▽多く、公的なものを言う。

にっしゃ【日射】太陽の光がさすこと。ひざし。 **―びょう**【―病】(夏など)強い直射日光の下で脱水症状となって起こる急性の病気。高熱・めまい・痙攣(けいれん)・意識障害が出る。▽→ねっしゃびょう

にっしゅう【日収】一日(一日分)の収入。

にっしゅつ【日出】太陽の最上部が地平線から上ること。その時刻。日の出。↔日没。「―時」

にっしょう【入声】漢字の四声の一つ。発音が短く急なもの。字音の終わりがチ・ツ・ク・キ・フ(に由来する、現代仮名遣いのウ)のどれかで表されている。

にっしょう【日照】太陽が地上を照らすこと。「―時間」 **―けん**【―権】日常生活に必要な太陽光線を阻害されない権利。

にっしょうき【日章旗】日の丸のはた。日本の国旗。

にっしょく【日食・日×蝕】月が太陽と地球との間に来て太陽光線をさえぎり、太陽の一部または全部が見えなくなる現象。

にっしんげっぽ【日進月歩】『名・ス自』たえまなく、どんどん進歩すること。

にっすう【日数】何かをするのにいる、または(いつから)いつまでという、日の数。「―をかけて調えた品」「納期まで、もう―がいくらも残らない」

にっせき【日夕】日夜(にちや)。

ニッチ ①『名』西洋建築で、壁のくぼみ。彫像や花瓶を置く。②『名』トンネル・橋などに設けた退避用スペース。③『名ナ』市場で、大企業が進出しない分野。市場のすきま。「―なビジネス」④〔生物〕生態系で種や固体群が占める地位。▽niche

にっちもさっちも【二△進も三△進も】『連語』『―行かない』行き詰まって動きがとれない。▽そろばん用語から。

にっちゅう【日中】日が高くのぼっている間。ひるま。「―の気温」▽朝・夕を除いた時間帯を言う。

にっちょく【日直】①その日その日の当番。②昼間の当番。↔夜直・宿直

にってい【日程】議事・仕事・旅行などの(毎日の)予定。「―を組む」「改選が―にのぼる」「―表」

ニット 編みもの。また、編みもののような織り方にした織物。「―ウエア」▽knit

にっと『副・ス自』声を立てず、歯を見せて短く笑うさま。「人懐こそうに―笑う」「―して残忍な笑い方をしました」(中里介山「大菩薩峠」)

にっとう【入唐】唐(=中国の昔の国)に入国すること。

にっとう【日東】日本の国の別名。▽日の出る東の国の意から。

にっとう【日当】一日いくらと定めて支払う手当。一日の謝礼金。

ニッパー 針金の切断や電線の被覆むきに用いる、ペンチに似た工具。▽nippers

にっぱち【二八】二月と八月。商売で客(取引)が減り、景気が悪い月とされる。また、そのような状態。「―で閑古鳥が鳴く」

ニッパやし【ニッパ×椰子】インド・マレー地方の海辺・河岸に生える植物。葉は屋根ふきの材料として重要。▽「ニッパ」はマレ nipah やし科。

にっぽう【日報】一日ごとに行う報告。毎日の報道。

にっぽん【日本】→にほん

につま-る【煮詰(ま)る】『五自』①煮えて水分や汁がなくなる。②議論などがすっかり出つくす。③転じて、議論や考えが行きづまる。

にづみ【荷積(み)】荷物・貨物を、船・車・トラックなどに積み込むこと。また、ある場所に積むこと。

につ-める【煮詰める】『下一他』①水分や汁がなくなるまで煮る。②転じて、議論などをとことんまで押し詰める。

にて『連語』現代語の「で」のもとになった形。①格助詞「に」+接続助詞「て」。「七日ロンドン―(=に在って、おいて)記す」「大河を小舟―(=によって)渡る恐ろしさ」②文語助動詞「なり」の連用形+接続助詞「て」。「その苦労も大層のもの―、ほとほと感心しました」

にてひなる【似て非なる・似×而非なる】『連語』《連体詞的に》ちょっと見ると似ているが、実際はそうでない。「民主主義に―体制」

にてんさんてん【二転三転】『名・ス自』なかなか決まらず(短い間に)何度も変わること。「話が―する」

にと【二×兎】『―を追う者は一兎(いっと)をも得ず』二匹のうさぎを追う、つまり同時に二つの物事をしようとする者は、結局その一方の成功さえ得られない。

にと【二途】物事を行う二つの(筋)道。「議論が―に分かれてまとまらない」

にとうしん【二等親】↓にしんとう

にとうへい【二等兵】旧陸軍の兵の等級の一つ。一等兵の下、最下級。

にとうへんさんかくけい【二等辺三角形】二辺の長さが等しい三角形。にとうへんさんかっけい。▽正三角形でもいい。

にとうりゅう【二刀流】①左右の手に一本ずつ刀を持って戦う、剣術の流派。②普通には両立できない二つの事をしてのけること。「投打―で活躍」▽酒も甘い物も好きなことにも言う。

にどざき【二度咲き】一年に二回花が咲くこと、咲くもの。

にどでま【二度手間】一度ですむはずなのに、指示された段取りが悪いなどのため、重ねて手を加えなければならないこと。

にどと【二度と】《連語》《あとに主に打消しや反語を伴って》今後また(繰り返しては)。「こんなありがたい話は―あるまい」「学校なんか―行くもんか」「―聞かせるな」「彼女に―再び会える日が来るだろうか」「もう―は御免だ」

にどのつとめ【二度の勤め】《連語》いったんやめた者が、またその職(業)につくこと。▽もと特に、遊女に言った。

ニトログリセリン グリセリンと硝酸・硫酸の混合物との反応によって得られる無色・油状の液体。爆発しやすい。火薬の原料。狭心症の薬にもする。▽nitroglycerin(e)

ニトロセルロース セルロースを強硝酸・強硫酸の混合物で処理して得られる物質。綿火薬などにする。硝化綿。▽nitrocellulose

にな【×蜷】たけのこ状をした、淡水産の巻貝。かわにな。みな。

にないあきない(になひあきなひ)【担い商い】売る物をになって売り歩くこと。その商人。

にないて(になひて)【担い手】になう人。特に、責任を持って引き受け、支える人。「家計の―」「次代の―」

になう(になふ)【荷なう・担う】《五他》①物を肩に載せて支え持つ。かつぐ。②自分の責任として引き受ける。負担する。「重責を―」「国民の期待を―」「当選の栄誉を―」

になわ(になは)【荷縄】荷物にかけてしばる縄。

ににんさんきゃく【二人三脚】①二人並んで、隣り合った足くびを結び合わせて三本足で走る競技。②比喩的に、仕事を分け持つ二人が一体となって共通目的に励むこと。「監督と(の)―で記録を更新する」

ににんしょう【二人称】↓にんしょう(人称)

にぬき【煮抜き】①水を多くしてたく飯の、ねばった液。糊(のり)などにする。おねば。②「煮抜き卵」の略。固ゆでのたまご。▽関西で言う。

にぬし【荷主】荷物の持ち主・送り主。

にぬり【△丹塗(り)】丹や朱で赤く塗ること。その塗ったもの。「―の鳥居」

にねんそう【二年草】①↓えつねんそう。②二回越冬して開花する植物。例、オオマツヨイグサ。

にのあし【二の足】『―を踏む』ためらう。▽歩き出して第二歩を進めない意から。

にのうで【二の腕】肩と肘の間の部分。

にのかわり(にのかはり)【二の替(わ)り】芝居で、月のうちに演目を入れかえた二回目の興行。▽もと「二の替わり狂言」の略。江戸時代、十一月の顔見世(かおみせ)狂言の次の興行で、演目を替えて上演された狂言。上方では正月狂言のことを言う。

にのく【二の句】次に言い出す言葉。「―がつげない」(あきれて次の言葉が出ない)▽雅楽の朗詠で、低音に終わる一の句から約二オクターブ高く始まる二の句には、なかなか続けにくいことから。

にのぜん【二の膳】本膳にそえて、または本膳の後に汁・平皿・猪口(ちょく)をのせて出す膳部。「―つきのごちそう」▽↓ほんぜん(本膳)・さんのぜん

にのつぎ【二の次】二番目。そのつぎ。それを第一の重点としないこと。「似合うかどうかは―で、すぐ流行に飛びつく」「―にする」(あとまわしにする)

にのとり【二の×酉】十一月の第二の酉(とり)の日に行われる、酉の市(いち)。↓とりのいち

にのまい(にのまひ)【二の舞】他人の失敗と同じような失敗を犯すこと。「―を演じる」「そんなことではバブル景気の―になる」▽舞楽の、安摩(あま)の舞の次にそれをまねて演じる滑稽な舞に由来。

にのまる【二の丸】城の本丸の外側を囲む城郭。▽↓ほんまる・さんのまる

にのや【二の矢】二度目に射る矢。「―がつげない」(第一の試みをうまくそらされて続いてすぐ……することができない)

には《連語》格助詞「に」+係助詞「は」。特に、①……にとっては。「君―簡単でも、ぼく―難しい」「彼―事態が読み切れない」②《動詞連体形に終わる句に付いて》……するために有用・必要なこととしては。「駅に行く―この道が近い」「有罪とする―証拠が必要である」③《同じ動詞による「A―A」の形で》Aすることがまあ認められるという気持を表す言い方。「自信がある―あったが、不安も伴う」「あばら家だが住める―住める」④『……が言う―』……が言うところでは。「太郎が言うには、私は花子に恨まれているとか」▽「言う」が「おっしゃる」「申す」や「語る」でもよく、「思う」でも同様。⑤《敬語用法》話題の人を示す、程度の高い敬語。↓に《格助》④㋐。「先生―御健勝の由、何よりに存じます」⑥『……ず―』……ない状態では。↓に《格助》③㋒

にはいず【二杯酢】合わせ酢の一種。酢に醤油(しょうゆ)または塩を混ぜ合わせたもの。

にばな【煮花】煎じたての、かおりのある茶。茶のでばな。煮端。「―のいいかおり」

にばんせんじ【二番煎じ】①一度煎じたものを使って、もう一度煎じ出した薬または茶。②転じて、前のくり返しで新味のないもの。

にびいろ【△鈍色】濃いねずみ色。にぶいろ。「秋空は—にして、黒馬の瞳のひかり」(中原中也『山羊の歌』臨終)▽昔の喪服にはこの色を使った。

にびき【荷引き】『名・ス自他』生産物(の荷)をその生産地から持って来ること。

にびたし【煮浸し】野菜や素焼きの魚を煮てそのまま浸しておき、味をしみこませる料理。

にひゃくとおか(をか)【二百十日】立春から二百十日目の日。九月一日ごろに当たり、この前後には台風の来ることが多い。

にひゃくはつか【二百〈二十日〉】立春から二百二十日目の日。この前後には台風の来ることが多い。

にびょうし【二拍子】〔音楽〕強弱二拍で一単位の拍子。二分の二拍子、四分の二拍子など。

ニヒリスティック『ダナ』虚無的。虚無主義の傾向にあるさま。▽nihilistic

ニヒリスト 虚無主義者。▽nihilist

ニヒリズム 虚無主義。▽nihilism

ニヒル『名・ダナ』虚無(的)。「—を感じさせる男」「—な思想」▽(ラテン) nihil 派生 **-さ**

にぶ-い【鈍い】『形』するどくない。㋐(刃物や頭・腕の)切れ味が悪い。㋑感度が悪い。鈍感だ。㋒(動作や反応が)のろい。㋓(光や音が)はっきりしない。派生 **-さ** **-げ**

にぶいろ【鈍色】→にびいろ

にぶがっしょう【二部合唱】高音部を歌う者と低音部を歌う者とに分かれて行う合唱。

にぶきょうじゅ【二部教授】学校で、児童・生徒を二つに分け、一部は午前に他は午後に登校するようにして、授業を行うこと。二部授業。

にふく-める【煮含める】『下一他』ゆっくり煮て味をしみ込ませる。「—めた里芋に葱(ねぎ)の甘みがとけこむ」

にぶさく【二部作】同じ作者の二つの作品で、(一貫したテーマを追って)一つのまとまりとなるように構成されたもの。

にふだ【荷札】あて先・送り主を書いて荷物につける札。

にぶね【荷船】荷物を運送する船。

にぶ-る【鈍る】『五自』鋭さがうすれる。働きや勢いが弱まる。「決心が—」「腕が—」

にぶん【二分】『名・ス他』ふたつに分けること。「天下を—する勢力」

にべ ①『—(も)ない』愛想がない。とりつきようがない。「にべもなくはねつける」▽(2)から生まれた表現。②体長八〇センチほどの、にべ科の海魚。また、それやサメ等のうきぶくろから作った、粘着力の強いにかわ。

にぼし【煮干(し)】カタクチイワシなどの雑魚(ざこ)を煮て干した食品。主に煮物の出汁(だし)を取る。

にほん【日本】わが国の呼び名。▽公式には「にほん」か「にっぽん」か決まっていない。「日本銀行」など「にっぽん」を称する組織の名がかなりある。謡曲「白楽天」で「にっぽん」と言う唐人白楽天に応じる住吉神(すみよしのかみ)は「にほん」と言う。この作からも推せるとおり、対外的には「にっぽん」、国内的には「にほん」を称する傾向がある。ローマ字表記なら一般にNippon この辞典は、複合語前部分の「日本」のよみを「にほん」に統一して扱った。なお、単に「茶」「そば」と呼んだものを(紅茶・中華そばとの区別で)「にほん茶」「にほんそば」と言うのは、一九六〇年代後半から。 **—いち**【—一】日本中で一番すぐれていること。そういうもの。▽「にっぽんいち」とも言う。 **—が**【—画】(油絵・水彩画などの洋画に対して)日本で発達した絵。岩絵具や墨を使い、絹地や和紙に毛筆で描く。 **—がみ**【—髪】日本(で、江戸時代以降)在来の女性の髪型。丸まげ・島田・桃割れ・いちょう返し等の総称。 **—けん**【—犬】日本特産の、秋田犬・柴犬(しばいぬ)・紀州犬・甲州犬などの総称。一般に耳が立ち、口先が長く、尾が巻き上がっている。にほんいぬ。和犬。 **—ざる**【—猿】日本固有のさる。頰袋があり、顔・しりだこが赤く尾が短い。サル類中で最北に分布する。 **—さんけい**【—三景】日本のよい景観からえり抜かれた、天橋立(あまのはしだて)・厳島(いつくしま)・松島三か所の組。 **—し**【—紙】日本特有の製法による紙。和紙。 **—しゅ**【—酒】日本特有の製法で米から作る酒、特に清酒。↕洋酒。 **—ちゃ**【—茶】紅茶・ウーロン茶など外国の茶に対して、日本の緑茶。 **—とう**【—刀】日本固有の方法で鍛えて作った刀。▽「にっぽんとう」とも言う。 **—のうえん**【—脳炎】流行性脳炎の一種。病原体はウイルスで蚊が媒介する。高熱を発し昏睡(こんすい)におちいる。眠り病。▽もと法定伝染病の一つ。 **—ばれ**【—晴(れ)】①空に少しの雲もない快晴。②比喩的に、かけられていた疑念などがすっかり晴れること。▽「にっぽんばれ」とも言う。 **—ま**【—間】洋間に対して、日本ふうの部屋。和室。 **—りょうり**【—料理】日本の伝統的な料理。味だけでなく、季節感・器・盛りつけ方なども重んじる。

にほんざし【二本差(し)】〔俗〕大刀・小刀の二本を腰に差す身分としての、侍。二本棒。「わしも御一新前は—だった」▽主に庶民から見た蔑称。

にほんぼう【二本棒】〔俗〕①㋐洟(はな)たれ小僧。▽たらしている青ばなを棒に見立てて言う。㋑妻に甘い夫。何でも女房の言いなりになっている亭主。②↓にほんざし

にまいがい(ひ:が)【二枚貝】軟体動物の一つ。多くは海中にすみ、二枚の貝がらがある。例、ハマグリ。

にまいごし【二枚腰】①(相撲や柔道で)腰くだけになりそうでならない腰の強さ。②転じて、しぶとさ。勝負強さ。

にまいじた【二枚舌】前後矛盾したことを言うこと。うそをつくこと。

にまいめ【二枚目】①美男子。やさおとこ。▽(2)から。②歌舞伎の番付で二番目の位置に書かれた、美男役

の役者。③相撲の番付で前頭(まえがしら)・十両などの上から二番目の地位。

にまめ【煮豆】 干した豆をやわらかく煮て味をつけた食品。

にも 《連語》格助詞「に」+係助詞「も」。特に、①……にしても。「ふざける―程度がある」。……としても。「文句を付けよう―付けどころが無い」「逃げよう―逃げられない」②(物事がはかどって)早くもその時に実現するという予想のもとに、時を示す。「来年末―完成の見込み」「今日明日―言ってみよう」「今―雪が降りそうだ」。近い過去に当然そうなったはずという気持でも使う。「昨日―仕上がった仕事じゃないか」③『……ず―』→に《格助》(3)(ウ)。④《A―B」の形で、Bは話題の事柄、AはBに関し話し手の評価を表す体言性の語》AなことにB。「残念―早死にした」「しあわせ―かぜ一つひきません」。たといBがAであっても(やはり)B。「うそ―あんなことは言えない」(この例のBは、あんなこと)「折角絵の具箱迄(まで)持ち出した以上、今日は義理―下絵をとって行かう」(夏目漱石「草枕」)⑤敬語用法で「には」の「は」を係助詞「も」(1)(ア)に代えたもの。→に《格助》④(ア)。 **―かかわらず**【―拘(かかわ)らず】《連語》前に述べた事柄と反対な事柄を述べる時、その間にはさんで使う語。(ア)……なのに。「悪天候(である)―決行した」(イ)《接続詞的に文頭で》それなのに。「彼は立派な人だ。―今回の行動は許せない」

にもうさく【二毛作】 一年のうちに二回、同じ耕地で別の作物を栽培すること。夏期には米を、冬期には麦を作るなど。▽→にきさく

にもつ【荷物】 ①持ち運ぶ物品。運送する貨物。「―をまとめる」②比喩的に、負担となる物事。▽→おにもつ

にもの【煮物】 煮た食品。食物を煮ること。「―をする」

にやく【荷役】 船舶・貨車・トラック等の貨物の積み下ろしをする作業。

にや-ける 《下一自》①男が、女のようになよなよと、変になまめく。「―けた顔」②にやにやする。

にや-す【煮やす】 《五他》→ごう(業)

にやっかい【荷厄介】 《名ナ》(荷物などが)負担になって面倒なこと。足手まとい。 派生 **-さ**

にやっと 《副・ス自》→にやり

にやにや 《副[と]・ス自》意味ありげな薄笑いを浮かべるさま。「一人、―と可厭(いや)な笑方をして」(石川啄木「赤痢」)

にやり 《副と》内心の思いが一瞬顔に出て、薄気味悪く笑うさま。にやっと。「―と、皮肉に笑いました」(中里介山「大菩薩峠」)

ニュアンス 色あい、音の調子、意味、感情などの、ごくわずかでありながら、相当に違う感じを与えるような違い。▽(フランス) nuance

ニュー 新しいこと。新しいもの。↕オールド。「―タウン」「お―の靴」▽new **―ウエーブ** 新しい傾向。「邦画―」▽new wave **―カマー** 新たに入った者。新参者。▽newcomer **―ハーフ** 〔俗〕接客業で、女装した男性。また、性転換した、もと男性。▽new と half とによる和製英語。 **―フェース** (映画俳優などの)新顔。新人。▽new face **―ルック** (服装の流行などの)最新型。▽new look

にゅう【*入】 いる いれる はいる ニュウ(ニフ) ジュ ―①ある範囲の中に、はいる。↕出。「出入・入水(じゅすい)・入室・入洛(じゅらく)・入城・入湯・入学・入内(じゅだい)・入浴・入植・入御(にゅうぎょ・じゅぎょ)・入来(じゅらい)・突入・侵入・潜入・乱入・没入・介入・進入・闖入(ちんにゅう)・転入・搬入・単刀直入」②ある範囲にいれる。とりいれる。「入手・入籍・入金・入念・入札・嵌入(かんにゅう)・吸入・購入・挿入・収入・納入・歳入・導入・注入・編入・輸入・四捨五入」③(ア)「入学」の略。「入試」(イ)「輸入」の略。「入超」④漢字音の四声の一つ。「入声(にっしょう)・平上去入」

にゅう【*乳】【乳】 ちち ち ニュウ ―①(ア)ちちしる。「乳汁・乳牛・乳白色・乳臭・牛乳・母乳・授乳・離乳・哺乳(ほにゅう)」(イ)ちち状の液。「乳液・乳剤・乳鉢・豆乳」②母のちちを飲むほどの時期。「乳児・乳歯」③ちぶさ。ちぶさの形に似たもの。「乳頭・鍾乳(しょうにゅう)石」

にゅう【柔】 →じゅう【柔】

にゅういん【入院】 《名・ス自》①病気・けがを治すため病院にはいること。↕退院。②僧が寺院に入り住職となること。

にゅういんりょう【乳飲料】 牛乳や脱脂粉乳などに、コーヒーや果汁を加えて味をつけたり、カルシウムを添加するなどして栄養分を調整したりした飲料。

にゅうえい【入営】 《名・ス自》(新兵として)軍務に服するため兵営にはいること。↕除隊

にゅうえき【乳液】 ①乳色の液体。乳化して乳状になった液体。②化粧用の乳状クリーム。

にゅうえん【入園】 《名・ス自》①公園・動物園など、園と呼ばれる場所にはいること。「―料金」②幼稚園・保育園などの園児になること。↕卒園

にゅうか【乳化】 《名・ス自他》水と油のように互いに溶けあわない二つの液体で、一方が微粒子状になって、他方の中に均一に分散している状態になること。

にゅうか【乳菓】 牛乳を材料の一つとした菓子。

にゅうか【入荷】 《名・ス自他》荷が商店などにはいること。荷を入れること。↕出荷

にゅうかい【入会】 《名・ス自》ある団体にはいってその会員となること。↕退会・脱会。「―金」

にゅうかく【入閣】 《名・ス自》国務大臣になって内閣に加わること。

にゅうがく【入学】 《名・ス自》(最下級生として)学校にはいること。↕卒業。「小学校に―する」▽もとは、師への入門(2)の意。

にゅうかん【入棺】 《名・ス他》死体を棺に入れること。納棺。

にゅうがん【乳×癌】 乳腺に生じる癌(がん)。

にゅうぎゅう【乳牛】 ちちを取るために飼う牛。

にゅうきょ【入居】《名・ス自》その家屋にはいって、住みつくこと。

にゅうきょ【入×渠】《名・ス自》船が(修理などのため)ドックにはいること。

にゅうぎょ【入漁】《名・ス自》他人(他国)が権利を有する等の、特定の漁場に入り込んで漁業を行うこと。「―料」

にゅうきょう【入京】《名・ス自》よそから来て都にはいること。

にゅうぎょう【乳業】 牛乳等の飲用の乳をとり、また乳製品を作る事業。

にゅうぎょく【入玉】《名・ス自》将棋で、王将や玉将が相手の陣地に入ること。▽↓ぎょくしょう(玉将)

にゅうきん【入金】 ①《名・ス自》代金などを受け取ること。また、その金銭。↔出金。②《名・ス他》金銭を支払うこと。払い込み。▽もと内金(うちきん)を払うこと。

にゅうこ【入庫】 ①《名・ス自》蔵や車庫にはいること。②《名・ス他》物品を蔵に入れること。▽↔出庫

にゅうこう【入坑】《名・ス自》坑道にはいること。

にゅうこう【入貢】《名・ス自》昔、外国からの使者が朝廷にみつぎものを持ってくること。▽↓にゅうちょう(入朝)

にゅうこう【入×寇】《名・ス自》外国が、ある国に攻め込むこと。▽「寇」は、あだをする意。

にゅうこう【入港】《名・ス自》艦船が港にはいること。↔出港

にゅうこう【入稿】《名・ス他》①原稿を印刷所に渡すこと。②原稿を執筆者から入手すること。

にゅうこう【乳香】 古くから西方で用いられた薫香料。かんらん科に属する大木の樹脂で、白色または黄色。

にゅうこく【入国】《名・ス自》①他国にはいること。↔出国。②領主が自分の領地にはいること。▽「にゅうごく」とも。

にゅうごく【入獄】《名・ス自》監獄・刑務所に入れられること。↔出獄

にゅうこん【入魂】 作品などに制作者の精神をそそぎこむこと。「これは彼の―の作だ」▽「じっこん」と読めば別の意。

にゅうざい【乳剤】 水に溶けない薬剤を水にまぜて乳化させた薬液。

にゅうさつ【入札】《名・ス自》売買・請負(うけおい)で、一番有利な条件を申し出た者と契約するという定めに応じて、その金額・条件をそれぞれが書いて差し出すこと。

にゅうさん【乳酸】 糖類の分解によって生じる酸の一つ。ぶどう糖が、筋肉中で酸素の少ない状況で分解されたり、乳酸菌によって発酵したりすることで生じる。 **―きん【―菌】** 糖類を分解して乳酸を作る働きをする菌。

にゅうざん【入山】《名・ス自》①(登山で)山に入ること。②僧が修行のため、また住職となるために寺に入ること。▽寺を「山」ということから。

にゅうし【乳歯】 小児の出生後六か月ごろから生じ、十歳前後に永久歯と抜けかわる歯。

にゅうし【入試】「入学試験」の略。入学するための試験。

にゅうじ【乳児】 生後一年ぐらいまでの子。ちのみご。

にゅうしち【入質】《名・ス他》質に入れること。質入れ。

にゅうしつ【乳質】 ①ちちの品質。②ちちのような性質。

にゅうしつ【入室】《名・ス自》部屋の中にはいること。↔退室。「―禁止」

にゅうしゃ【入射】《名・ス自》ある媒質内を進む波(光や音)が、他の媒質との境の面に達すること。「―角」「―光線」

にゅうしゃ【入社】《名・ス自》会社の社員になること。採用されて会社の使用人になること。↔退社。「―試験」「―して三年になる」

にゅうじゃく【入寂】《名・ス自》僧が死ぬこと。

にゅうじゃく【柔弱】《名・ダナ》気力に欠け、弱々しいあるいはしっかりしていないこと。派生 **-さ**

にゅうしゅ【入手】《名・ス他》手に入れて自分のものとすること。「情報を―する」

にゅうしゅ【入朱】《名・ス自》(訂正・注記などのため)朱筆などで書き込むこと。

にゅうしゅう【乳臭】 ①ちちのにおい。また、ちちくさいこと。②未熟なこと。

にゅうじゅう【乳汁】 ちちの汁。ちち。

にゅうしょ【入所】《名・ス自》(事務所・研究所・刑務所など)「所」と名のつくところに、はいること。▽↓つうしょ

にゅうしょう【入賞】《名・ス自》展覧会・競技会などで、優秀とされ賞をもらうこと。

にゅうじょう【乳状】 ちちのように白くてどろりとした状態。

にゅうじょう【入城】《名・ス自》城にはいること。特に、戦いに勝って、攻め落とした敵の城にはいること。

にゅうじょう【入場】《名・ス自》会場・式場・競技場などにはいること。↔退場。「―券」「―行進」

にゅうじょう【入定】《名・ス自》〔仏〕①禅定(ぜんじょう)に入ること。②高僧が死ぬこと。入滅。

にゅうしょく【入植】《名・ス自》開拓する土地や植民地にはいって生活すること。

にゅうしん【入信】《名・ス自》信仰の道にはいること。

にゅうしん【入神】 技術が非常にすぐれ、神技(かみわざ)かと思うほどであること。「―の域に達する」「―の技」

ニュース まだ一般に知られていないような、新しい、または珍しい出来事の報道・知らせ。▽news **―キ**

ャスター テレビのニュース番組で、解説を加えながらニュースを報道したり、その番組の司会をしたりする人。▽newscaster **ーソース** ニュースの出どころ。情報提供者。▽news source **ーバリュー** ニュースとしての値打ち。▽news value

にゅうすい【入水】《名・ス自》→じゅすい。▽「じゅすい」が正しい読み。

にゅうせいひん【乳製品】 牛乳を加工した製品。バター・チーズなど。

にゅうせき【入籍】《名・ス他自》戸籍に籍を入れる(籍がはいる)こと。

にゅうせん【入選】《名・ス自》(差し出した作品などが)審査に合格すること。↕落選

にゅうせん【入線】《名・ス自》①(始発駅で)列車が(発車)ホームに入ること。②競馬で、馬がゴール ラインに入ること。

にゅうせん【乳腺】 哺乳(ほにゅう)類の胸部や腹部の中にある、乳を分泌する腺。▽男・雄にもあるが分泌しないのが普通。

にゅうたい【入隊】《名・ス自》軍隊、その他「隊」と名のつく団体にはいって、その一員となること。↕除隊

にゅうだん【入団】《名・ス自》(球団・劇団・楽団など)「団」と名のつく団体にはいって、その一員となること。↕退団

にゅうちょう【入朝】《名・ス自》昔、属国・外国の使者が来て、朝廷に参内(さんだい)すること。

にゅうちょう【入超】「輸入超過」の略。↕出超

にゅうてい【入廷】《名・ス自》裁判の関係者が法廷にはいること。↕退廷

にゅうでん【入電】《名・ス自》(外国などから)電信・電報で知らせが届くこと。また、その届いた情報。

にゅうとう【乳糖】 哺乳(ほにゅう)動物の乳が含む糖(2)。

にゅうとう【乳頭】 ①乳腺の開口部が皮膚から突出したところ。ちくび。②舌などにある、組織がちくび状に突起した部分。

にゅうとう【入刀】《名・ス自》①結婚披露宴で、新郎新婦がウエディング ケーキにナイフを入れること。「ー式」②手術時にメスを入れること。

にゅうとう【入党】《名・ス自》ある党(特に政党)にはいり党員となること。↕脱党

にゅうとう【入湯】《名・ス自》入浴。特に、温泉にはいって保養すること。「ー税」

にゅうどう【入道】 ①《名》㋐坊主頭の人。㋑坊主頭の化け物。「大ー」②《名・ス自》仏門にはいること。▽もと、仏門にはいった三位(さんみ)以上の人。 **ーぐも【ー雲】** 盛り上がって入道(1)㋑のように見える、夏の雲。雲の峰。積乱雲。

ニュートラル ①《ダナ》中立であるさま。中間であるさま。「ーコーナー」②《名》機械の伝動装置が動力と切り離された状態。特に自動車の変速機で、エンジンの回転が車輪に伝わらないギアの位置。▽neutral

ニュートリノ 素粒子の一つ。電気的に中性で、質量はほとんどゼロ。中性微子。▽neutrino

ニュートロン →ちゅうせいし(中性子)。▽neutron

ニュートン 力の単位。記号N。一ニュートンは質量一キログラムの物体に作用して毎秒毎秒一メートルの加速度を生じさせる力。▽イギリスの物理学者Newton にちなむ。

にゅうないすずめ【入内×雀】 すずめの一種。普通のスズメよりも色がやや美しい。秋、米作地帯に大群でおしよせ、稲を食う。本州北部で繁殖、南部で越冬。

にゅうねん【入念】《ダナ》細かい点まで十分に注意するさま。念入り。「ーに点検する」 派生 **-さ**

にゅうばい【入梅】 梅雨(つゆ)の季節にはいること。本州では六月十日ごろに当たる。また、梅雨の季節。

にゅうはくしょく【乳白色】 乳の色のような白色。

にゅうばち【乳鉢】 固体のもの、特に薬を入れ、乳棒ですりつぶして粉にするための陶製・ガラス製の鉢。

にゅうひ【入費】 ある事柄をするのにかかる費用。

にゅうふ【入夫】 旧民法で、戸主である女性と結婚して、その籍にはいる男子。いりむこ。

にゅうふ【入府】《名・ス自》①府内(都)にはいること。②領主が初めて領地にはいること。入部。

にゅうぶ【入部】《名・ス自》①(野球部など)「部」と名のつく団体にはいって部員になること。↕退部。②→にゅうふ(入府)(2)

にゅうぼう【乳房】 ちぶさ。

にゅうぼう【乳棒】 乳鉢で薬などを擂(す)るのに使う陶製・ガラス製の棒。

ニューム 「アルミニウム」の略。「ーの鍋」▽昭和前期まではこの略語が「アルミ」より普通だった。

にゅうめつ【入滅】《名・ス自》〔仏〕生死を超越した境地に入ること。高僧が死ぬこと。▽滅度(＝涅槃(ねはん))に入る意。

にゅうめん【△煮麺・入麺】 そうめんを出し汁で煮るなどした料理。

にゅうもん【入門】《名・ス自》①門から中にはいること。②師について、その弟子(でし)となること。学びはじめること。また、そういう初心者の手引きとなる書物。「哲学ー」「ー書」

にゅうよう【入用】《名ナノ》ある用を果たすのに必要なこと。入り用。また、その必要な費用。「ーがかさむ」

にゅうよく【入浴】《名・ス自》風呂(ふろ)にはいること。

にゅうらい【入来】《名・ス自》家を訪問して、はいって来ること。▽「じゅらい」とも言う。

にゅうらく【乳酪】 牛乳から製したバターやチーズなどの食品。

にゅうらく【入×洛】《名・ス自》京都にはいること。▽→じゅらく

にゅうりょう【入寮】《名・ス自》(寄宿)寮に入ること。↕退寮

にゅうりょく【入力】《名・ス他》機械・機構などに外部からエネルギーや信号・情報を供給すること。その信号・情報。インプット。↕出力。▽input の訳語。

にゅうろう【入×牢】『名・ス自』牢屋(ろうや)に入れられること。▽本来は「じゅろう」と言った。

ニューロン 神経を構成する細胞。刺激を受けて興奮し、またその刺激を他の細胞に伝達する。神経細胞。▽neuron

にゅうわ【柔和】『名・ダナ』やさしく、おだやかなさま。とげとげしい所のない、ものやわらかな態度・様子。「―な目」「人と―に話す」 派生 **-さ**

にゅっと『副』だしぬけに、音もたてずに現れ出るさま。「穴から―首を出す」

にょい【如意】①物事が自分の思うままになること。「手許(てもと)不―」(金のくめんがつかないこと)「―棒」②〔仏〕読経・説法の時、講師の僧が持つ、長さ三〇センチほどの、わらび型の仏具。 **―ほうじゅ**【―宝珠】〔仏〕一切の願望をかなえるという、不思議な珠(たま)。 **―りんかんのん**【―輪観音】如意宝珠と宝輪とを持って、人々の苦難を救う観音。

にょいん【女院】↓にょういん

にょう【×繞】漢字で左側から下部に伸びる部首。「延」のえんにょう、「近」のしんにゅうなど。▽「にゅう」とも言う。

にょう〔尿〕 ニョウ(ネウ) いばり ゆばり ―『名・造』小便。「尿の検査」「糞尿(ふんにょう)・尿道・尿意・尿量・尿素・尿石・尿毒症・血尿・夜尿・泌尿(ひにょう)・排尿・遺尿・検尿」

にょうい【尿意】小便がしたいという気持。「―を催す」

にょういん【女院】天皇の生母や内親王などで、院号をうけ、上皇(院)に準じた待遇を受ける女性。にょいん。

にょうご【女御】昔の、高い身分の女官。▽中宮(ちゅうぐう)の次に位し、天皇の寝所に奉仕。

にょうぜつ【×饒舌】↓じょうぜつ

にょうそ【尿素】小便中に含まれている有機化合物。体内で蛋白(たんぱく)質の分解によって生じる。熱するとアンモニアを発生する。

にょうどう【尿道】小便を膀胱(ぼうこう)から体外に排出する、通りみちの管。

にょうどくしょう【尿毒症】腎臓の機能障害のため、小便中に窒素成分が十分には排泄(はいせつ)されず、血液中に蓄積することによって起こる中毒症状。

にょうばち【×鐃×鈸】〔仏〕法会(ほうえ)に用いる銅の楽器。皿型の二枚を打ち合わせて鳴らす。にょうはち。にょうはつ。▽「鐃鉢」とも書く。

にょうぼう【女房】①(特に自分の)妻を指すくだけた言い方。▽多くは「にょうぼ」の形で言う。②㋐宮中の部屋に住む、身分の高い女官。㋑転じて、貴族の侍女。㋒広く、女性。 **―ことば**【―△詞・―言葉】女官が、主に衣食住に関して使う、隠語的な言葉。だんごを「いしいし」、髪を「かもじ」と言うなど。 **―やく**【―役】中心になる人のそばにいて助ける役目(の人)。番頭役。

にょかん【女官】↓じょかん

にょきっと『副』↓にょっきり

にょきにょき『副「と」』細長いものが、幾つも現れ出たり勢いよく伸びたりするさま。「高層ビルが―(と)建つ」

にょごがしま【女護が島】女だけが住んでいるという島。▽八丈島の異称としても使った。

にょじつ【如実】①実際の通りであること。「欠陥が―に現れた」「戦争の悲惨さを―に物語る写真」「この事の―の証(あかし)である」②〔仏〕↓しんにょ(真如)

にょしょう【女性】女子。じょせい。▽既に古風。

にょぜ【如是】〔仏〕この通り。▽経(きょう)の初めに置く語。 **―がもん**【―我聞】我はこのように聞いた、の意で、釈迦牟尼(しゃかむに)の遺訓に従って弟子(でし)の阿難(あなん)が諸経の初めに置いたといわれる語。

にょたい【女体】女性のからだ。じょたい。

にょっきり『副「と」』唐突に上に伸びる(立ち上がる)、また現れるさま。にょきっと。「アスパラガスが―(と)頭を出す」「毛布から―(と)足が出ている」

にょてい【女帝】↓じょてい

にょにん【女人】女子。女性。▽既に古風。 **―きんぜい**【―禁制】(修行の妨げになるからと)女子が(寺内に)はいるのを禁じたこと。女の人の立入り禁止。 **―けっかい**【―結界】女人禁制の区域。

にょほう【如法】〔仏〕教法どおりにすること。㋐僧の行いが正しいこと。㋑型の通り。「―暗夜」(文字どおりの真っ暗闇)

にょぼさつ【如×菩×薩】菩薩(ぼさつ)のように慈悲ぶかいこと。「外面(げめん)―、内心如夜叉(にょやしゃ)」(顔つきや姿はやさしそうでいながら、性格は恐ろしいこと)

にょぼん【女△犯】〔仏〕僧が戒律を破り、女性と肉体関係をもつこと。

にょやしゃ【如夜×叉】夜叉(やしゃ)のように恐ろしい性格であること。▽↓にょぼさつ

にょらい【如来】仏をたたえて呼ぶ称。「阿弥陀(あみだ)―」▽教化(きょうけ)のため真如(しんにょ)からこの世に来る意。

により【似寄り】よく似ていること。似かよったもの。

にょろにょろ『副「と」・ス自』ぬめりのある細長い生き物がくねり動くさま。「みみずが―(と)出てくる」「―したうなぎを手際よくさばく」

にょろり『副と』柔らかく細長いものがくねるさま。「うなぎが穴から―と姿を見せた」

にら【×韮・×韭】強い臭気があり、葉を食用にする多年草。乾燥させた種子は漢方薬。▽ひがんばな科(旧ゆり科)。

にらみ【×睨み】①にらむこと。にらむ鋭い目つき。②転じて、威圧。「―が利く」

にらみあ-う【×睨み合う】『五自』①互いに、にらむ。②転じて、互いに敵意をもって対立する。

にらみあわ-せる【×睨み合(わ)せる】『下一他』両方を見比べて考えあわせる。「物価の変動と―・せて

予算を組む」

にらみつ-ける【×睨み付ける】《下一他》激しい勢いで鋭くにらむ。攻撃的な感情を込めてにらむ。

にら-む【×睨む】《五他》鋭くじっと見詰める。㋐激しい目つきで見据える。「横目で—」㋑精神を集中してみつめる。注意深く観察する。「盤面を—んで長考する」「敵の動きを—」㋒見当をつける。「彼を犯人だと—んでいる」㋓《受身の形で》注意を要する人物として監視する。「先生に—まれている」

にらめっこ【×睨めっこ】《名・ス自》①互いににらみ合って先に笑い出した方を負けとする、子供の遊び。②注意深く見続けること。「資料と—する」

にりつはいはん【二律背反】〔論理〕ある命題とその否定命題とが共に、正しい論理的推論で得られる場合の、両者の関係。例、命題「私は常にうそを言う」が本当なら、その発言内容からして、うそをついていることになる。そこで原命題がうそだとすれば、「うそを言う」のがうそだから、本当のこととなる。▽antinomy の訳語。→ジレンマ

にりゅう【二流】①一流より、やや低い地位・程度。②二つの流派。

にりゅうかたんそ【二硫化炭素】炭素と硫黄(いおう)との化合物。独特の臭気がある無色の液体。試薬・溶媒・殺虫剤用。

にりんそう【二輪草】山地に群生し、四月ごろ、白い花が二つ寄り添うように、長い柄の先に咲く多年草。高さ二〇センチほど。▽きんぽうげ科。

にる【似る】《上一自》一方が他方と(共通点が多いため)同じように見える。「にたもの夫婦」「親ににぬ子は鬼っ子」 関連 似通う・似寄る・相似る・見紛(みまが)う・類する・酷似・相似・近似・疑似・肖似・類似・類同・そっくり・生き写し・瓜(うり)二つ・空似・似而非(えせ)・似(に)て非(ひ)なる

にる【煮る】《上一他》食物などを水や汁と共に加熱して、その熱を食物によく通す。「野菜を—」「とろ火で—」

にれ【×楡】山野に自生する落葉高木。ハルニレなど大きな種は三〇メートルほどの高さになる。材は建築・家具用。エルム。▽にれ科にれ属の木の総称。

にろくじちゅう【二六時中】一昼夜。終日。▽十二刻で一昼夜になるから。→しろくじちゅう

にわ(には)【庭】①(家の敷地に)草木や芝を植えたり池・築山(つきやま)を作ったりして、美しくした所。▽(2)の転。②作業をする、戸外の広い場所。屋敷内の、農事をする平らな空地、神事・狩をする所など。「農家の—」「法(のり)の—」(仏教の道場) ③広い場所。「いくさの—」(戦場) ▽(3)は雅語的。

にわいし(にはいし)【庭石】庭に趣を添えるためにすえた石。また、飛び石。

にわいじり(にはいぢり)【庭△弄り】楽しみで行う庭の手入れ。

にわうめ(にはうめ)【庭梅】春、葉に先立って、一重の梅に似た淡紅色または白色の小花が枝に並び咲く落葉低木。球形の赤い実がなる。観賞用。▽八重咲きのは「にわざくら」。ばら科。

にわか(にはか)【×俄】①《ダナ》急に変化が現れたり動作をしたりするさま。㋐不意に起こるさま。だしぬけ。「—の事で驚いた」「—雨」㋑すぐさま。「—には賛成しかねる」「—ごしらえで出かける」②《名》「にわか狂言」の略。

にわかきょうげん(にはかきやうげん)【×俄狂言・仁輪加狂言】座興のために行う、茶番狂言。▽もとは即興的に演じたものだったので「にわか」と言う。

にわかじこみ(にはかじこみ)【×俄仕込み】①必要になってから商品を急に仕入れること。②間に合わせのため、急いで覚え込むこと。▽(2)は(1)の比喩的用法か。

にわかじたて(にはかじたて)【×俄仕立て】間に合わせのため、急いで用意すること。「—の舞台」「—のチーム」

にわかめくら(にはかめくら)【×俄△盲】生まれつきでなく、けがなどのため、急に盲目になること。その人。

にわき(にはき)【庭木】庭に植えてある、または植える木。

にわきど(にはきど)【庭木戸】庭口に設けた木戸。

にわくさ(にはくさ)【庭草】庭に生えている草。

にわぐち(にはぐち)【庭口】庭の出入口。

にわげた(にはげた)【庭下△駄】庭を歩くためのげた。

にわさき(にはさき)【庭先】庭で、家の縁側(えんがわ)に近い部分。

—**そうば**【—相場】農産物の生産地相場。▽農家の庭先で成り立つ相場の意。

にわざくら(にはざくら)【庭桜】①庭に植えた桜。②株立ちで、一重または八重の花が咲く、変種の庭梅。

にわし(にはし)【庭師】庭園をつくったり庭木などの手入れをしたりする職業(の人)。にわつくり。

にわぜきしょう(にはぜきしやう)【庭石×菖】北アメリカ原産の多年草。あやめに似た小さい葉の間から花茎を出し、五、六月ごろ頂に紫または白で紫色の筋がある小形六弁花をつける。▽あやめ科。

にわたたき(にはたたき)【庭×叩き】セキレイの異称。

にわつくり(にはつくり)【庭作り】庭に植木を植えたり、庭石や築山(つきやま)・池などの配置をしたりすること。また、それを業とする人。庭師。

にわとこ(にはとこ)【〈接骨木〉】山野に自生する落葉低木。茎・葉を煎じた汁は、薬用。▽れんぷくそう科(旧すいかずら科)。

にわとり(にはとり)【鶏】古くから広く飼い慣らされている家禽(かきん)。種類が多い。翼は弱く、ほとんど飛べない。肉や卵は食用。また観賞用にも飼う。頭に赤いとさかがある。▽庭の鳥の意。きじ科。

にん【人】①《名》ひと。ひとがら。「—を見て法を説く」②《接尾》《数を表す漢語や「何」「幾」「若干」等に添えて》人数を示す語。▽↓じん〖人〗

にん〖*任〗 ニン まかす まかせる ①物をになう。役目をつとめる。まかせる。「任用・任官・任命・任務・任免・任期・任地・任国・重任・主任・兼任・委任・常任・専任・選任・信任」②《名・造》まかせられた役目。つとめ。「任に赴く」「大任・留任・新任・前任・赴任・辞任・解任・責任・後任・担任・適任・帰任・在任・就任・背任・歴任」③思うとおりにさせる。

に

まかせる。ゆるす。「一任・放任・任意」

にん【妊】 ニン はらむ ― 胎児をやどす。はらむ。みごもる。「妊娠・妊婦・懐妊・避妊・不妊」▽「姙」は異体字。

にん【忍】【忍】 ニン しのぶ しのばせる ― ①㋐自分の感情をおさえて、こらえる。がまんする。しのぶ。「忍の一字」(何事も、たえしのぶことによって成しとげられる)「忍耐・忍苦・忍従・容忍・堪忍・隠忍」㋑〔仏〕はずかしめや苦しみに心を動かさないこと。「忍辱(にんにく)」②むごいことをして平気な心。「残忍」③人目をさけてひそかに行動する。しのび。「忍術・忍者・上忍・下忍」▽日本での用法。

にん【*認】【認】 ニン みとめる したためる ― ①承知する。みとめる。ゆるす。「認可・認容・認許・認証・認知・認定・公認・承認・黙認・自認・追認」②はっきりと見分け、わきまえる。「認識・確認・誤認・否認・是認」

にんい【任意】《名・ダナ》その人の意思に任せること。㋐そうするか否か、どれにするかが、勝手に選べること。「支給以外の―による携行品」「―出頭」「―条項」㋑〔論理・数学〕《多くは「―の」の形で》勝手に選ばせること。「―の整数に対して」「―に取った二点」▽㋑は例外なく成り立つ事の証明・説明によく使う。㋒〔統計〕ランダム。「標本を―に抽出する」

にんいん【認印】 他人が作った文書に、その内容に目を通したあかしとして印を押すこと。その印。▽「認め印」とは別。

にんか【認可】《名・ス他》①それを認めて、許可すること。②法律で、行政機関が同意を与え法律行為を完成させること。「営業を―する」

にんがい【人外】 ①人間の道からはずれた行為。②昔、人間としての待遇を受けられなかった者。▽「じんがい」と読めば別の意。

にんがい【人界】〔仏〕人間の世界。

にんかん【任官】《名・ス自》官に任じられること。官吏の身分を得ること。「―試験」

にんき【人気】 ①世間の評判。人々からの受け。「―を博する」「―商売」(役者・芸人等、世間の評判をよくする必要のある職業)「―取り」「―者」②↓じんき。▽「ひとけ」「ひとげ」と読めば別の意。

にんき【任期】 その職務に任じられる、定まった期限。

にんきょ【認許】《名・ス他》許可(すること)。

にんぎょ【人魚】 上半身が人間、下半身が魚の形をしているという想像上の動物。▽ジュゴンが子をだいて海面に現れたのを見誤って、こう考えたのだという。

にんきょう【任×侠・△仁×侠】 弱い者を助け強い者をくじく気風(の人)。おとこだて。

にんぎょう【人形】 ①(木や土やセルロイドなどで)人の姿をまねて作ったもの。②比喩的に、主体性のない人。▽古代では信仰的な意味があったが、後には観賞・愛玩用。「ひとがた」と読めば多くは、かたしろ⑵の意。 **―じょうるり【―浄瑠璃】** 三味線(しゃみせん)と浄瑠璃に合わせて人形をあやつって演じる、日本固有の人形劇。文楽座が最も有名。 **―つかい(つかひ)【―遣(い)】** 人形芝居などで、人形をあやつって仕種(しぐさ)をさせる人。

にんく【忍苦】《名・ス自》苦しみをたえてしのぶこと。

にんげん【人間】 ①(われわれがそれであるところの)人。㋐社会生活をするものとしての(人格を中心に考えた)人。㋑人がら。人物。「よくできた―だ」②人が住む所。世間。世の中。人の社会。▽⑵は「じんかん」とも。 **―こうがく【―工学】** 機械・装置や人間の作業環境を、人間の使い勝手のよさに合うように設計・調整するための学問。 **―しゅぎ【―主義】** ↓ヒューマニズム。 **―せい【―性】** 人間としての本性。人間らしさ。 **―ぞう【―像】** 外面・内面すべてを含めた人の姿。「理想の―」 **―てき【―的】**《ダナ》人間(の行為・感情)に関するさま。特に、人間らしいさま。 **―ドック** 短期間の入院で全身の精密検査を行い、病気の早期診断や健康指導を行うこと。その医療施設。▽船が修理のためドックに入るのに見立てて言う。 **―なみ【―並(み)】**《ダナ》普通の人と同様で、それより以下でないさま。「犬を―に扱う」 **―み【―味】** 人間らしい温かみ。 **―らしい**《形》人間としての本性をそなえている。派生 **―さ** **―わざ【―業】**《多くは打消しを伴って》人の力でできる仕事。「―とも思われない」

にんごく【任国】 命じられて赴任する国。▽昔は国司、今は大使・公使・領事について言う。

にんさんばけしち【人三化七】 非常に容貌のみにくい人。▽人間が三分で化け物が七分の意。

にんさんぷ【妊産婦】 妊婦と産婦。

にんしき【認識】《名・ス他》物事をはっきりと見分け、判断すること。そういうふうにして物事を知る、心の働き。また、その知った事柄。「重要性を―する」「―不足」「時代―の甘さ」

にんじゃ【忍者】 忍術を使って活動する者。忍びの者。

にんじゅう【忍従】《名・ス自》じっと我慢して、境遇のままに服従すること。

にんじゅつ【忍術】(武家時代)人に知られず(人目を欺いて)行動し、スパイ活動・謀略活動などをする術。忍びの術。忍法。「―使い」(忍者)

にんしょう【人称】〔文法〕言語表現について、話しかける者の側を第一人称、相手側を第二人称、それ以外の人・物・事柄を第三人称と言う。

にんしょう【認証】《名・ス他》①ある行為とか文書の成立・記載とかが、正当な手続きでなされたことを、公の機関が証明すること。「―を与える」②内閣または内閣総理大臣の権能に属する行為について、天皇がその事実を公に証明すること。③コンピュータシステムで、利用者の正当性を確認すること。「指紋―」 **―かん【―官】** その任免が天皇によって認証される官職。例、国務大臣。

にんじょう【人情】人にそなわる自然な、心の動き。「隠されれば知りたがるのは―(の常)」。特に、人らしい(愛)情・思いやり。「―に富む」「―が薄い」 **―ばなし**【―話・―×噺】人情・世情を題材とした落語で、終わりに落(ち)のないもの。 **―ぼん**【―本】江戸時代の文政ごろに始まり明治初期まで続いた小説の一種。江戸市民の恋愛生活を描いた風俗小説。 **―み**【―味】人としてのやさしさ、あたたかみ。人情のあじわい。

にんじょう【△刃傷】〘名・ス他〙刃物で人を傷つけること。「松の廊下の―」「―沙汰(ざた)」▽既に古風。

にん-じる【任じる】①〘上一他〙官職・役目につかせる。また、引き受けさせる。まかせる。「後見人に―じられる」②〘上一自〙引き受けて自分のつとめとする。また、気取る。「みずから学者をもって―じている」▽「任ずる」とも言う。

にんしん【妊娠】〘名・ス自〙女、また哺乳(ほにゅう)類の雌が、子を腹に宿すこと。みごもること。▽医学・獣医学の用語でもあるとおり、多くは高い身分の人に言った「懐胎」「懐妊」、また時には悪い語感を伴う「孕(はら)む」と違って、中立的。

にんじん【人△参】①根が普通は赤く、食用とする越年生の野菜。▽せり科。②「ちょうせんにんじん」の略。

にんず【人数】↓にんずう

にんずう【人数】①ひとの数。あたまかず。「―がそろう」②多くの人。おおぜい。「―を繰り出す」

にん-ずる【任ずる】〘サ変自他〙↓にんじる

にんそう【人相】人の顔つき。▽その人の運勢が顔つきに現れるとして、占うことがある。「―を見る」 **―がき**【―書(き)】家出人や犯罪者などを捜すため、その人の人相をかいて配る書きつけ。 **―み**【―見】人相によってその人の運勢を判断することを職業とする人。

にんそく【人足】重い物の運搬など、力仕事をして生計を立てている人。人夫。▽「ひとあし」と読めば別の意。

にんたい【忍耐】〘名・ス他〙つらさ・苦しさ・怒りを、じっと我慢すること。たえしのぶこと。「―強い」「―力」

にんち【任地】その任務に服する土地。「―に赴く」

にんち【認知】〘名・ス他〙これこれだと認めること。㋐法律上の婚姻関係によらず生まれた子を、その父または母が自分の子だと認めること。その行為。㋑外界を認識すること。㋒そう認めて聞き届けること。「申し出の―」 **―かがく**【―科学】人間の知の働き・仕組みを探究する、科学の一部門。▽cognitive science の訳語。この英語は一九七〇年ごろに始まる。それ以前の、認知心理学、記号操作に関する言語学、電子計算機による情報処理、人工知能研究などを総合する活動として企てられた。必ずしも人間の知的活動の過程を模写しなくてもよい人工知能とは区別される。 **―しょう**【―症】脳の障害や加齢のため、知的・精神的能力が失われる状態。▽かつて痴呆(ちほう)症と呼んだ。

にんちくしょう【人畜生】畜生のように下劣な人間。

にんちゅう【人中】①人間世界のうち。また、大勢の人の中。②鼻の下の、みぞ。じんちゅう。

にんてい【人体】①からだつき。からだ。姿。②人の外見上の様子。人の品格。人品。じんてい。▽「じんたい」と読めば別の意。

にんてい【認定】〘名・ス他〙事実・資格の有無、事柄の当否を、これこれだと認めて決めること。「資格―試験」

にんとう【人頭】ひとかず。人数。 **―ぜい**【―税】↓じんとうぜい

にんどう【忍冬】↓すいかずら

にんとく【人徳】↓じんとく(人徳)

にんにく【〈大蒜〉】地下の鱗茎(りんけい)を食用・強壮剤とする多年草。臭気が強い。西アジア原産。ひる。▽ひがんばな科(旧ゆり科)。

にんにく【忍△辱】〔仏〕恥を耐え忍んで、心を動かさないこと。

=にんにち【人日】《数値表現に付けて》その仕事に一人でなら何日かかるかで表した量。「仕上げには三―いる」▽manday の訳語。それ以前は「〇人手間(まで)」と言った。「人月(にんげつ)」「人週」「人時間」などの示し方もある。

にんにょう【×儿×繞】漢字の脚の一つ。「元」「兄」などの「儿」の称。▽「儿」の訓「ひと」によって「人脚(ひとあし)」とも言う。

にんにん【人人】ひとびと。各自銘々。

にんのう【人皇】神武天皇以後の天皇のこと。▽神代と区別して言う。

にんぴ【認否】認めるかどうかということ。「罪状―」

にんぴにん【人非人】人でありながら、人の道にはずれた行いをする人間。ひとでなし。

ニンフ ギリシア神話で、女の姿をして、おもに川や泉の辺に出て来る精霊。妖精。▽nymph 美少女のたとえにも使う。

にんぷ【人夫】雑用の力仕事をする労働者。人足(にんそく)。

にんぷ【妊婦】妊娠している女性。

にんべつ【人別】①各人のそれぞれ。「―割り当て」②「人別帳」の略。一戸ごとに家族・奉公人の名前・年齢などを記載したもの。戸籍。▽⑵は昔の言い方。③住民の数。人口。

にんべん【人偏】漢字の偏の一つ。「任」「体」などの「イ」の称。▽「人」の字が偏になったもの。

にんぽう【忍法】忍術(のわざ)。

にんまり〘副[と]・ス自〙得意になって、また成り行きに満足して、笑みを浮かべるさま。「お宝を眺めては一人―(と)する」

にんむ【任務】組織やその一員として与えられ(分担して)、果たさなくてはならない務め。「―につく」

にんめい【任命】〘名・ス他〙ある役目につくことの命

令。官職に任じること。「—制」

にんめん【任免】《名・ス他》任命と免職(免官)。役目につけることと役目をやめさせること。「—権」

にんめんじゅうしん【人面獣心】顔は人であるが、心は獣に等しいこと。冷酷無情な人。義理人情をわきまえない人。ひとでなし。▽「じんめんじゅうしん」とも言う。

にんよう【任用】《名・ス他》ある人を役目につけて使うこと。

にんよう【認容】《名・ス他》認めて許すこと。容認。

にんりょく【妊力】みごもる力。妊娠が可能な体力。

ぬ

ぬ《助動》㊀否定の助動詞「ない」の別形。→ない《助動》。「一日も早くせ**ね**ばなら—」「存じませ—」「あら—疑いが掛かる」「思わ—助け船」「老いという摂理にはさからえ—身」「科学に対する少なから—貢献」「ジャーナリズムにも似つかわしから—保守的態度」▽文語助動詞「ず」の系統を引くもので、「ない」とは別起源。終止・連体形は「ん」にもなり、特に「ます」に付く場合には現在では「ません」が普通。㊁《動詞の連用形に付く。活用は下二段型》文語助動詞「ぬ」の残存形。動作・作用の完了や陳述の確認を表す。「風立ち—」「去(い)**ぬる**年の秋」▽雅語的。「つ」に対し、無作為的・自然推移的な作用・動作に使った。

ぬい(ぬひ)【縫い】①縫うこと。縫い方。「—が丁寧だ」②ぬいとり。刺繍(ししゅう)。「加賀繍(かがぬい)」▽日本刺繍には「繍」とも書く。③縫いめ。「—が浅い(=さほど重なって取っていない)」

ぬいあげ(ぬひ)【縫(い)上げ・縫(い)揚げ】子供の着物を、背が伸びてからも着られるように大きめに作り、肩と腰の所にひだを取って縫いとめておくこと。その部分。あげ。

ぬいあ-げる(ぬひ)【縫(い)上げる】《下一他》①ぬいあげをする。②縫って、完成させる。

ぬいいと(ぬひ)【縫(い)糸】衣類を縫うのに使う糸。

ぬいぐるみ(ぬひ)【縫いぐるみ】①外から縫っていって中の物を包むようにすること。そう作った物。特に、綿などを中に包んで動物などの姿に作ったおもちゃ。②(芝居で役者が)動物などに扮(ふん)するときに着る衣装。着ぐるみ。

ぬいこみ(ぬひ)【縫(い)込み】布を合わせて、その端が縫いめの奥に隠れるように縫うこと。その部分。

ぬいしろ(ぬひ)【縫(い)代】布などを縫い合わせるとき、縫込みにする部分。

ぬいとり(ぬひ)【縫(い)取り】《名・ス他》布地に模様や文字などを色糸で縫って表すこと。その模様。刺繍(ししゅう)。

ぬいなおし(ぬひなほし)【縫(い)直し】《名・ス他》縫ってあるものをほどいて、縫うこと。そうしたもの。

ぬいはく(ぬひ)【縫(い)×箔】金糸・銀糸を使った刺繍(ししゅう)。また、それを施した装束。▽もとは金箔(きんぱく)・銀箔(ぎんぱく)を縫いつけた。

ぬいはり(ぬひ)【縫(い)針】針仕事。裁縫。「—ができない」▽古風。

ぬいばり(ぬひ)【縫(い)針】裁縫に使うための針。

ぬいめ(ぬひ)【縫(い)目】①縫って合わせた境の所。②縫った糸の目。「—があらい」

ぬいもの(ぬひ)【縫(い)物】①ものを縫うこと。裁縫。「—をする」。その縫ったもの。「—が仕上がった」。縫うべきもの。「—がたまる」②縫取り。

ぬいもよう(ぬひ)【縫(い)模様】刺繍(ししゅう)した模様。

ぬいもん(ぬひ)【縫(い)紋】衣服に刺繍(ししゅう)した紋。↔染抜き紋・書き紋

ぬ-う(ぬふ)【縫う】《五他》①糸を通した針で、布などを少しずつ刺したり布から抜いたりして、その糸が抜けないようにする。そうして仕立てる。「晴着を—」「手術の傷口を—」「花模様を—(=刺繍(ししゅう)する)」「胸に名札を—い付ける」「手で—」②縫う(1)のに似た動作をする。㋐物の間を折れ曲がりながら進む。「人波を—って行く」「間隙を—」㋑槍(やり)・矢が、よろいを刺し貫く。

ぬうっと《副》①目の前にのびてくるさま。また、気味悪く現れるさま。「ひとつ目小僧が—現れる」▽→ぬっと。②人の感じが、つかみどころのないさま。「—した風貌」

ヌード はだか。また、美術作品としての裸体像。▽nude

ヌートリア 南アメリカ原産の哺乳(ほにゅう)動物。水辺にすみ、ドブネズミに似るがはるかに大形。毛皮をとるため輸入され、西日本各地で野生化。カイリネズミ。▽nutria ねずみ目ヌートリア科。

ヌードル 小麦粉でつくる西洋風の麺類。▽多く、カップに入ったインスタントのものを言う。▽noodle

ぬうぼう《名ナノ》[俗]行動がきびきびせず、つかみどころのないこと。ぬうとし、ぼうとしているさま。▽日本でフランス nouveau(=新しい)と音を似せて、しゃれて作った語。派生 **-さ**

ぬえ【×鵺・×鵼】①正体がつかめない、はっきりしない物事・人。▽(2)の転。②伝説上の怪獣。頭は猿、手足は虎、体は狸(たぬき)、尾は蛇、声は虎鶫(とらつぐみ)に似ている。▽源頼政(みなもとのよりまさ)が紫宸殿(ししんでん)で退治したという。

ぬか【×糠】①玄米を精白する時に出る、胚芽(はいが)と種皮とが混ざった粉。こぬか。「—に釘(くぎ)」(手ごたえがないことのたとえ)②《他の名詞にかぶせ》㋐ごくこまかいこと。「—雨」㋑むなしいこと。「—喜び」

ヌガー 砂糖や蜂蜜に木の実・卵白などを混ぜて作った

飴(あめ)。▽フランス nougat

ぬかあぶら【×糠油】米糠(こめぬか)からとった油。食用油・石鹸(せっけん)製造などに使う。

ぬかあめ【×糠雨】霧のような細かい雨。こぬかあめ。「古い京をいやが上に寂(さ)びよと降る―」(夏目漱石「虞美人草」) ▽降り方は盛んでも静かでもよい。「こぬかあめ」の用例参照。

ぬかご【〈零余子〉】→むかご

ぬか-す〘五他〙①【抜かす】「抜ける」(1)(ウ)(エ)(オ)の他動詞。(ア)入れるべきもの、またははいるはずのものを漏らす。また、間をとばす。「この章を―して先を読もう」▽故意の場合にも不注意の場合にも言う。(イ)『腰を―』腰に力が入らなくなり、立ち上がれなくなる。また、非常に驚く。(ウ)仲間から締め出す。「文句ばかり言うやつは―せ」②【抜かす・△吐かす】〔俗〕言う。「何を―か」▽(1)とは別語源で、吐く意の「ぬく」の派生語。相手へのあざけりがこもる。③【抜かす】〔俗〕主にスポーツで、「抜く」(2)(イ)の意。「ゴール前で二人―した」▽二十世紀末から急増した言い方。

ぬかず-く(ぬかづく)〘五自〙額(ひたい)を地につけて、またはつくほど丁寧に拝む。「墓前に―」▽「ぬか(=額)」+「つく」から。

ぬかづけ【×糠漬(け)】ぬかみそで漬けること。その漬け物。

ぬかどこ【×糠床】ぬかに塩などをまぜて、ぬか漬けを作るようにしたもの。

ぬかぶくろ【×糠袋】入浴の時、肌をこすって洗うためのぬかを入れた布製の袋。

ぬかぼし【×糠星】夜空にちらばって見える、無数の小さい星。

ぬかみそ【×糠味×噌】漬け物に使う、ぬかに塩をまぜ水でねったもの。また、それで漬けた漬け物。「―漬け」「―女房」(糠味噌のにおいがしみ込んだような、家事に追い回されて所帯じみている妻)「―が腐る」(悪声や調子はずれの歌をけなす時の形容にも)

ぬかよろこび【×糠喜び】〘名・ス自〙喜んでいたことがあてがはずれて、喜びがいがなくなること。「―に終わる」

ぬからぬかお(ぬからぬかほ)【抜からぬ顔】〘連語〙油断のない顔。▽既に古風。

ぬかり【抜かり】手落ち。手ぬかり。「万事―はない」

ぬか-る〘五自〙雨・雪が降ったり、霜がとけたりして、道が泥で歩きにくくなる。ぬかるむ。「―った道」

ぬか-る【抜かる】〘五自〙大事な点に気づかず、または油断して、失敗や手落ちをしでかす。▽→ぬける(1)(カ)

ぬかるみ 道がぬかっている所。どろどろになった所。「―に足をとられる」「―にはまる」

ぬかる-む〘五自〙→ぬかる。「―んだ道」

ぬき【△緯・△貫】横につないであるもの。①よこ糸。〔緯〕②(ア)和風建築で柱の列を横に通して、柱を安定させる用材。〔貫〕(イ)薄くてせまい、荷造り用などの材。〔貫〕

ぬき【抜き】①〘名〙抜くこと。取り去って、別にする、または無しにすること。「勝敗は―にして」「挨拶は―にして用件に入る」(ア)汁物に普通入れるべきものを、入れないこと。また、そうした食品。例、汁粉で餅を入れず、また、天ぷらそばの、そばを入れない類。(イ)ドジョウなどの骨を抜くこと。②「栓抜き」の略。③〘接尾〙(ア)《体言に付いて》……なし。「昼飯―で働く」「商売―で話そう」(イ)《人数などを表す漢語に付けて》追い抜くこと。勝ち抜くこと。「五人―」

ぬきあし【抜き足】足音がしないように、つまさき立てた足をそっと持ち上げて歩くこと。 **―さしあし**【―差し足】〘連語〙足音がしないように、そっと歩くこと。その様子。「―忍び足」

ぬきあわ-せる(ぬきあはせる)【抜き合(わ)せる】〘下一他〙双方が刀を抜いて構えあう。

ぬきいと【△緯糸】織物の横糸。↕経糸(たていと)

ぬきいと【抜き糸】衣類をほどいて抜き取った糸。

ぬきうち【抜(き)打ち】①予告せず急に行うこと。「―検査」▽(2)の転。②刀を抜いた勢いで、構え直さず切りつけること。そのわざ。「―に切り捨てる」▽「いきなり抜き打った」のように動詞で使うこともある。

ぬきえもん【抜(き)△衣紋】和服の衣紋(=胸の合せ目)を押し上げ、後ろ襟を下げて、首筋が出るようにした着方。ぬきえり。

ぬきえり【抜(き)襟・抜(き)×衿】→ぬきえもん

ぬきがき【抜(き)書(き)】〘名・ス他〙必要な箇所だけ書き抜くこと。また、その書き抜いたもの。

ぬきがた-い【抜(き)難い】〘形〙取り除くことがむずかしい。「―不信感」 派生 **-さ**

ぬきさし【抜き差し】①抜き去ることと差し込むこと。除くことと加えること。②あれこれやりくりすること。「―ならぬ」(どうにもうまく処置ができない)

ぬぎす-てる【脱ぎ捨てる】〘下一他〙①捨てるようにして脱ぐ。また、脱いだものを(畳んだりせず)そのままにする。「靴を―」②比喩的に、古い習慣や考え方を捨て去る。「封建的な考え方を―」

ぬきずり【抜(き)刷(り)】雑誌・書物の、ある部分だけを別に余分に刷ること。また、そうした印刷物。別刷り。

ぬきぞめ【抜(き)染(め)】→ばっせん

ぬきだ-す【抜き出す】〘五他〙引き抜いて取り出す。また、選び出す。「要点を―」▽成分や要点をぬき出す時、「抽き出す」とも書く。

ぬきつら-ねる【抜き連ねる】〘下一他〙連れ立っていっせいに刀を抜く。▽「抜きつれる」(下一他)とも言う。「玉ちる剣抜き連れて」(外山正一『新体詩抄』抜刀隊)

ぬきて【抜(き)手】日本古来の泳法の一つ。水をかいた手をかわるがわる水上に抜き出して速く泳ぐもの。「―を切る」

ぬきとりけんさ【抜(き)取(り)検査】 不良品(不正)の有無や平均的品質を、全体を調べるのではなく一部を(確率的方法で)抜き取って、検査し、全体の状態を推し量ること。

ぬきと-る【抜き取る】〘五他〙①引き抜いて、または選んで取り出す。②荷物・郵便物などから中身を抜いて盗む。「現金を—」

ぬきはな-つ【抜き放つ】〘五他〙刀を勢いよく一気に抜く。

ぬきみ【抜(き)身】 さやから抜きはなった刃(やいば)。

ぬきよみ【抜(き)読み】〘名・ス他〙全体のうちの、ある部分だけを抜き出して読むこと。「義士銘々伝の—」

ぬきん-でる【抜きんでる・△抽んでる・×擢んでる】〘下一自〙他よりきわだってすぐれる。目立って優秀だ。「衆に—」▽「抜き出づ」の転。

ぬ-く【抜く】〘五他〙①中から取り去る。㋐中におさまっている(細長い)物を引いて取り出す。「刀を—」「机の引出しを—」㋑中にある、または付いているものを、引き出すようにして除き去る。「ふろの水を—」「しみを—」「籍を—」「草を—」「浮き袋から空気を—」「毒気を—」。入れてあったもの、または入れてあるべきものを、そうでない状態にする。「力を—」「肩を—」(かついでいた物を肩から下ろす。転じて、受け持った事から離れる)「仕事の手を—」(=手間を省き、いい加減にする)」「朝食を—」㋒選び出す。「よさそうなのを—・いておけ」②かたい物などを突き通し向こうに出るようにする。㋐つらぬく。「玉に—」▽「貫く」とも書く。㋑せり勝って進む。追い越す。「三人—・いてゴールに入る」「群を—」㋒攻め落とす。「城を—」㋓《他の動詞の連用形に付けて》最後まで……する。……しとげる。「生き—」。すっかり……する。「困り—」「弱り—」関連 引き出す・選び出す・取り出す・抜き出す・抜き取る・間引く・引っこ抜く・扱(こ)ぐ・選出・選抜・抽出・抜粋・選(え)り抜き・より抜き・おろ抜き

ぬ-ぐ【脱ぐ】〘五他〙身に着けているもの、特に帽子・衣服・はき物を体から取り去る。「蛇が皮を—」「ベールを—」「一肌—」(人のために力を貸してやる)「シャッポを—」(降参する)

ぬく-い【△温い】〘形〙(気温・水温などが)気持よく暖かい。派生 -さ -み* -がる

ぬぐ-う【拭う】(ふぬぐ)〘五他〙水分や汚れをふき取る。「涙を—」「刀に—・いを掛ける(=切った汚れをふき取る)」。清める。「身を—」「口を—」(悪事をしていながら知らぬふりをする)。汚点などを消す。「汚名を—」「不安を—・いきれない」

ぬくぬく〘副[と]・ス自〙①暖かく気持がよい状態であるさま。「縁側で—(と)日向(ひな)(たな)ぼっこ」「—した寝床で朝寝坊」②苦労や努力をせず、安楽・気楽であるさま。「社長の椅子に—(と)おさまる」「親元で何不自由なく—(と)暮らす」▽「温(ぬ)(く)い」の語幹を重ねた語。

ぬくばい【△温灰】(ひ:ば) あたたかい灰。

ぬくま-る【△温まる】〘五自〙→ぬくもる

ぬくみ【△温み】(肌や手に感じる)わずかなあたたかみ。

ぬく-める【△温める】〘下一他〙ぬくくする。あたためる。「小鳥を手の中で—」

ぬくもり【△温もり】 ぬくもること。ぬくみ。ぬくまり。「肌の—」▽「ぬくもる」(五自)の連用形から。

ぬくも-る【△温もる】〘五自〙あたたまる。ぬくまる。「体のしんから—」

ぬけあが-る【抜け上がる】〘五自〙頭髪のはえぎわが、普通より上の方へあがっている。はげあがる。

ぬけあな【抜(け)穴】①通り抜けられる穴。「煙の—」②人に知られずのがれ出るための穴。③転じて、うまくのがれる手段。「法の—」

ぬけうら【抜け裏】 行き止まりにならず向こうに抜けられる、家並の裏の細い道。▽江戸東京語。

ぬけがけ【抜(け)駆け】〘名・ス自〙人を出し抜いて物事をすること。「—の功名」(ぬけがけをして立てる功名) ▽もと、戦場で、こっそり陣屋を抜け出て人より先に敵を攻めること。

ぬけがら【抜(け)殻・△脱(け)殻】 そのものが居なくなってしまったあとの、からの状態。㋐せみ・へび等が脱皮したあとに残った殻。㋑魂がぬけたように、ぼんやりしている人。

ぬけげ【抜(け)毛】 ぬけ落ちた髪の毛。

ぬけさく【抜作】 まぬけな者。▽人名めかした語。

ぬけだ-す【抜け出す】〘五自〙→ぬけでる㋐㋑

ぬけ-でる【抜け出る】〘五自〙中から抜けて出る。㋐収まっていた物が(抜こうともしなかったのに)外に出る。「小刀がさやを—」㋑(ひそかに、またはやっとの思いで)ぐあいの悪いまたはいやな状態から離れる(逃げ出す)。「会議を—」「豪雪地帯から—」▽㋑は「脱け出る」とも書く。㋒まわりのものより、ひときわ抜きんでる。「高く—・でた建物」「才能が—・でている」

ぬけに【抜(け)荷】 禁制を犯してこっそり積み出す荷物。▽江戸時代の密貿易を言う。

ぬけぬけ〘副[と]〙恥ずべきことやあつかましいことを平気な顔で言ったり、したりするさま。「大それた事を—(と)言う」「—とわが子の自慢話」

ぬけまいり【抜(け)参り】(ゐり:ま) 父母・主人の許しを得ないで家を抜け出し、伊勢(い)(せ)神宮にお参りすること。▽江戸時代の習俗。帰って来ても父母・主人に罰せられなかった。

ぬけみち【抜(け)道】①(本道以外の)近道。②逃げ道。③転じて、責任などをうまくのがれるための手段。

ぬけめ【抜(け)目】 抜けた(足りない)所。もれ。特に、気の配り方の足りない所。手抜かり。「—がない」(自分が損をしないよう気を配る意も)

ぬ-ける【抜ける】〘下一自〙①中から離れて落ちる。▽㋒㋓㋔の他動詞は「抜かす」、ほかは「抜く」。㋐は

まっていた、または付いていた物が取れる。「人形の首が—」「毛が—」「—ような青空」「ひざが—」(ズボン等のひざの所が、いたんで薄くなる) ㋑あったもの、またはあるはずのものが消え失(う)せる。「香が—」「気が—」「子供っぽさが—・けない」「疲れが—・けない」 ㋒中にあるはずのものが欠ける。漏れ落ちる。「名簿に名が—」「ページが—」 ▽「脱」も使う。㋓仲間からやめて退く。「同盟から—」 ㋔『腰が—』腰に力が入らず、立ち上がれなくなる。また、気力がなくなる。㋕知恵の働きが不足する。「—・けた野郎」 ②突き通って向こうに出る。㋐向こうまで通る。「トンネルを—」「裏へ—」「横町を—・けて行く」「くぐり—」「目から鼻へ—」(↓め(目)㈠(1)㋐) ㋑とび離れてすぐれる。「あのグループでは花子だけ—・けてうまい」「ず—・けた強さ」

ぬ-げる【脱げる】《下一自》帽子・靴等、身に着けていたものが、体から取れて離れる。

ぬさ【△幣】神に祈る時に捧げ、また祓(はら)いに使う、紙・麻などを切って垂らしたもの。幣帛(へいはく)。ごへい。

ぬし【主】㈠《名》あるものの中心になっている人。㋐一家の中心の人。主人。「世帯—」 ㋑所有者。持ち主。㋒夫(おっと)。「—ある女」 ㋓本人。当人。「落とし—」「うわさの—」 ㋔山・森・池・大木などに古くから住んでいて霊力があるといわれる動物。㋕比喩的に、そこに長くいて知り尽くしている人。「あの先生はこの学校の—だ」 ▽もと、人の尊称としても使った。「仲麻呂(なかまろ)の—」 ㈡《代》《単独で、また「お—」「—さん」の形で》あなた。▽多く、女から男、特に夫・恋人を指すのに使った。

ぬし【△塗師】漆細工や漆器製造をする職人。「—屋」▽語形が「ぬりし→ぬっし→ぬし」と転化した語。

ぬすっと【盗△人】「ぬすびと」の音便形。「—に追い銭」(損の上に損を重ねることのたとえ)

ぬすびと【盗人】他人の持物を盗み取る者。どろぼう。

ぬすみ【盗み】ぬすむこと。「—を働く」

ぬすみあし【盗み足】足音を忍ばせて、そっと歩くこと。

ぬすみぎき【盗み聞き】《名・ス他》人に知れないようにしてこっそり聞くこと。

ぬすみぐい【盗み食い】《名・ス他》人に隠れてこっそり食べること。

ぬすみどり【盗み撮り・盗み△録り】《名・ス他》↓かくしどり

ぬすみみ【盗み見】《名・ス他》人に知れないようにして見ること。

ぬすみよみ【盗み読み】《名・ス他》他人あての手紙・メール・書類や他人の本などを、その人に知れないようにして読むこと。

ぬす-む【盗む】《五他》他人の物を、人に知れないようにして取る。「金を—」「人目を—」(人に知れないように物事をする)「暇を—」(忙しい中のほんの少しの時間を都合して、物事をする)「芸を—」(ひそかに学ぶ) 関連 取る・引ったくる・ふんだくる・奪う・奪い取る・せしめる・掠(かす)める・掠め取る・騙(かた)る・掏(す)る・盗み取る・くすねる・かっぱらう・抜き取る・さらう・かっさらう・ちょろまかす・強奪・略取・略奪・横取り・着服・詐取・窃取・窃盗・万引き・置き引き・失敬・猫糞(ねこばば)・持ち逃げ・剽窃(ひょうせつ)

ぬた 細かく切った魚肉・野菜を酢味噌(すみそ)であえた料理。

ぬたく-る《五他》へたな字などを、ぶざまに書きつける。(色などを)ごてごてぬりつける。のたくる。▽もと自動詞で、くねくねはいまわる意。

ぬっと《副》目の前に、唐突に現れたり立ちはだかったりするさま。「警官が—現れる」「盃を—差し出す」「煙突が—そびえ立っている」 ▽出現する動作に時間がかかる場合「ぬうっと」と言う。

ぬの【布】①織物の総称。▽もと、(絹に対して)麻や木綿(もめん)の(高級でない)織物。②《他の名詞にかぶせて》建築で、平ら・水平・横・平行の意を表す語。「—羽目(めば)」(横に板を張った羽目)「—竹」(竹矢来などを横に渡す竹)

ぬのこ【布子】もめんの綿入れ。↕小袖(こそで)(3)

ぬのじ【布地】(衣服の材料としての)布。織物。切地(きれじ)。

ぬのびき【布引(き)】布をさらすために広げて張ること。

ぬのめ【布目】①布の織り目。②瓦・陶器を作る時、布を押し当ててつけた、織り目の跡の模様。③漆器の下地にはった布の織り目が表面に見えているもの。

ぬひ【△奴×婢】①下男と下女。召使。②律令(りつりょう)制度のもとでの賤民(せんみん)。

ぬぼく【△奴僕】召使の男。下男。

ぬま【沼】どろ深い大きな(天然の)池。▽普通、最大水深が五メートルに満たないものを指す。

ぬまち【沼地】どろ深く、土に湿気の多い地域。

ぬめ【×絖】地が薄く、なめらかでつやがある、絹の一種。これに日本画を描き、また種々の装飾品を作る。

ぬめぬめ《副「と」・ス自》まとわりつくような光沢と感触があるさま。「—(と)した温泉の湯」

ぬめり【△滑り】ぬめること。また、ぬらぬらした液。粘液。

ぬめ-る【△滑る】《五自》濡れてぬるぬるとすべる。ぬらぬらする。

ぬら-す【×濡らす】《五他》ぬれる(1)ようにする。「雨が台地を—」「涙で頬を—」「水に—」

ぬらぬら《副「と」・ス自》にぶい光沢と滑るような感触のあるさま。「—(と)光るタキシードの襟」「油で—する床」 ▽「ぬるぬる」と同語源。

ぬらりくらり《副「と」》態度が煮えきらず、つかまえどころがないさま。ぬらくら。のらりくらり。「なにを訊いても—としている」(岡本綺堂「半七捕物帳」)「約束を—(と)引き延ばす」

ぬり【塗(り)】塗ること。塗った様子。塗り方。塗った物。特に、漆で塗ること。塗ったもの。

ぬりいた【塗(り)板】①漆塗りの板。②黒板(こくばん)。▽②は明治初期の語。「ぬりばん」とも言う。
ぬりえ(ゑ)【塗(り)絵】(幼児が)色を塗って遊ぶための、輪郭だけが描いてある絵。
ぬりぐすり【塗(り)薬】患部の皮膚に塗りつけたり、すり込んだりして使う、液状や、軟膏などの薬。
ぬりこ-める【塗(り)込める】《下一他》物が隠れるように一面に塗って、内に入れる。「壁に宝の地図を―」。塗ってすき間をふさぐ。「ねずみ穴を―」
ぬりし【塗(り)師】→ぬし(塗師)
ぬりたく-る【塗りたくる】《五他》むやみやたらに塗る。「おしろいを―」
ぬりたて【塗(り)立(て)】塗ったばかりであること。「ペンキ―」
ぬりた-てる【塗(り)立てる】《下一他》①(おしろい等を)むやみやたらに塗る。②きれいに塗ってかざる。
ぬりつ-ける【塗(り)付ける】《下一他》①しっかりと(何度も)塗る。なすり付ける。「髪に油を―」②罪や責任を他人のせいにする。「責任を人に―」
ぬりつぶ-す【塗(り)潰す】《五他》地(じ)の部分を塗り残さないように残らず一面に塗る。「間違いを黒く―」「選挙一色に―・された紙面」
ぬりばし【塗(り)箸】漆を塗って仕上げた箸。
ぬりもの【塗(り)物】うるしを塗って仕上げた器物。漆器。
ぬ-る【塗る】《五他》物の面に他の(主に液状の)物を付着させる。また、ある範囲に色をつける。「ペンキを―」「壁を白く―」「おしろいを―」「(人の)顔にどろを―」(人に恥をかかせる)
ぬる-い【△温い】《形》①(液体が)冷たくはないが十分温かくない。適度な温度ではない。「茶が―・くなる」「―ふろ」「ビールが―」②処置などがきびしくない。不適当にゆるやかだ。手ぬるい。派生 **-さ**
ぬるかん【△温×燗】(酒の風味を失わないように)ぬるめにつける燗。その酒。↕熱燗(あつかん)

ぬるっと《副》→ぬるり
ぬるで【〈白膠木〉】秋の紅葉が美しい落葉小高木。葉に生じる五倍子が含むタンニンは工業用。ふしのき。▽うるし科。
ぬるぬる《副[と]・ノダ・ス自》表面がなめらかで、滑りやすいさま。「苔(こけ)で―(と)すべる石」「顔が汗で―だ」「―した食べ物」
ぬるまゆ【〈微温〉湯】①ぬるい湯・ふろ。②『―につかる』無自覚に安逸な生活態度をとっている。
ぬる-む【△温む】《五自》温度が少しあがり、冷たさがとれる。ぬるくなる。「水―候(こう)」
ぬるり《副と》粘りつくように滑ったり流れたりするさま。ぬるっと。「白濁して―とした温泉」「血で手が―とする」
ぬれ【×濡れ】①ぬれること。②いろごと。情事。また好色。「―事(ごと)」「―場」▽今は複合語でしか使わない。
ぬれいろ【×濡(れ)色】水にぬれた(ような)つややかな色。
ぬれえん【×濡(れ)縁】和風建築で、雨戸の外側につけた(幅の狭い)縁側。▽雨にぬれるままにしておくから。
ぬれがみ【×濡(れ)髪】洗ったばかりで、まだ水けがある髪。
ぬれぎぬ【×濡(れ)△衣】無実の罪。「―を着せる」(事実でないのに罪におとしいれる)
ぬれごと【×濡(れ)事】芝居(しばい)で演じる情事のしぐさ。 **―し**【―師】①濡れ事を演じる俳優。②転じて、情事にたくみな者。うまく女をたぶらかす男。
ぬれそぼ-つ【×濡れそぼつ】《五自》滴(しずく)がしたたるほどにまでぬれる。びしょびしょになる。
ぬれて【×濡(れ)手】ぬれた手。「―で粟(あわ)」(苦労せずに利益を得ることのたとえ)
ぬれねずみ【×濡(れ)×鼠】①水にぬれたねずみ。②転じて、衣服を着たままで、水・雨にびしょぬれになった様子。
ぬれば【×濡(れ)場】①芝居(しばい)のぬれ事の場面。②転じて、情事の場面。
ぬればいろ【×濡(れ)羽色】水にぬれたからすの羽のような、まっ黒でつやのある色。「髪はからすの―」
ぬれぼとけ【×濡(れ)仏】屋外に(おおいをつけず)安置した仏像。露仏(ろぶつ)。▽雨や雪が降ってもぬれたままであるから。
ぬ-れる【×濡れる】《下一自》①物に水が相当にかかる、またはかかってしみ込む。「夜露に―」②(男女が)情を通じる。色事(いろごと)をする。「しっぽり(と)―」
ヌンチャク 二本の短い木の棒を、ひもや鎖でつないだ武具。▽沖縄語。

ね

ね《助動》「ぬ」の仮定形。→ない《助動》。「行か―ばならぬ」
ね【値】(売り買いの)ねだん。「―が張る」(売価が高い)「―が出る」(高い売り値となる)
ね【△子】十二支の第一。方角では北、時刻では真夜中の零時、また、午後十一時から午前一時までの間を指した。▽→じゅうにし
ね【寝】ねること。ねむること。「―が足りない」
ね【△峰・×嶺】→みね(1)。「富士の高―」「山々の―が連なる」
ね【根】①草木の地上部分を支え、普通は地下に張って、水分・養分を吸収する器官。「―も葉もない」(＝何の根拠もないうわさ)②事物のもと(の部分)。㋐(はえたり立ったりしているものが)他の物につく、

端または下の部分。「歯の—」「眉—」「岩—」「矢の—」。㋑はれ物の下部の堅い所。「—がふっ切れた」㋑物事の起こる、またはより所となるおおもと。「紛争の—は意外に深い」「悪の—を絶つ」㋒心の底。「—に持つ」(恨みを忘れないで持ち続ける)㋓生まれつき。本性。「—が正直なものだから」

ね【音】①聞く心に訴えるような、おと・こえ。「鈴の—」「虫の—」▽現在では、美しい感じの時に使う。②泣き声。「—をあげる」(弱音をはく意にも)

ね ①《間助》《文中・文末の文節の終わりに付く》軽い感動を表すのや、相手に念を押すのに使う。「そうです—。君が頼むなら—、きっと引き受けてくれます」「これ、立派—」「行きたいと言うのはお前だ—」▽「よね」については、↓よ《間助》。②《感》呼び掛けたり、念を押したり、親しみを表したりして言う時に発する語。「—、そうでしょう」▽(1)(2)ともに「ねえ」とも言う。

ねあか【根明】根②㋓から明るくて外向的な在り方(で過ごす人)。↕根暗(ねくら)

ねあがり【値上(が)り】《名・ス自》値段・料金が高くなること。「株が—する」↕値下がり

ねあがり【根上(が)り】木の根が地上に現れていること。「—松」

ねあげ【値上げ】《名・ス他》値段・料金を高くすること。↕値下げ

ねあせ【寝汗】(病気の時、疲れている時、恐ろしい夢を見た時などに)眠っていてかく汗。

ねい〘寧〙[寧] ネイ やすい | 気持が落ちついている。やすらか。おだやか。やすらかにする。「安寧・寧日」。ねんごろにする。「丁寧」

ねいかん【×佞×奸・×佞×姦】《名ナノ》うわべは従順・柔和に見せかけていて、または口先ではうまい事を言っていて、心の底は悪いこと。派生 **—さ**

ねいき【寝息】眠っている時の呼吸。「—を立てる」「—を窺(うかが)う」

ねいじつ【寧日】安らかな日。平穏無事な日。「—無し」

ねいしん【×佞臣】佞奸(ねいかん)な臣下。主君にこびへつらう家来。

ねいじん【×佞人】佞奸(ねいかん)な人。こびへつらう人。

ネイティブ 生まれつき(の)。特に、母語話者。「—スピーカー」▽native

ねいも【根芋】食用とするサトイモの若い芽。

ねいもう【×獰猛】《ダナ》「どうもう」の誤読。派生 **—さ**

ねいりばな【寝入り△端】眠りはじめたばかりの時。寝入って間もないころ。

ねい-る【寝入る】《五自》深い眠りにはいる。「正体もなく—」

ネイル つめ。ネール。▽nail **—アート** つめに絵をかいたり飾りをつけたりすること。ネール アート。▽nail art

ねいろ【音色】その音の特色となるような、感じ。おんしょく。▽ピアノとオルガンとでは、高さ・強さの等しい音を出しても、違った感じがする。これが音色の違い。

ねうお(を…う)【根魚】岩礁や海草の間、その周囲の海底近くに生息し、遠くまで移動しない魚。

ねうごき【値動き】《名・ス自》株式や商品の相場が変動すること。その変動。「急な—」

ねうち【値打(ち)】その物の値段に対する、また、物・事柄が有する、有用さやとうとさ・大事さ。価値。「—のある機械」「試してみる—も無い」▽もと、値段をつける(=打)意。

ねうち【寝打ち・寝△射ち】↓ふくしゃ(伏射)

ねえ ①《間助》↓ね《間助》。②《感》↓ね《感》。③〔俗〕形容詞・助動詞「ない」の崩れた形。「どこにも—」「おい、よさ—か」▽(3)は江戸・東京の下町言葉。

ねえさん【姉さん・×姐さん】①姉(ねえ)の敬称。【姉】②女性を指す、言い方。【姉・姐】㋐(見知らぬ)若い女性を呼ぶ言い方。㋑旅館・料理屋等の女中。㋒芸者等が先輩を呼ぶ言い方。▽㋑㋒は「姐」で書くことが多い。

ネーブル オレンジの一品種。実は、へそのような突起があり、甘くてかおりがよい。▽navel(=へそ)

ネーミング《名・ス自他》名前をつけること。命名。特に、新商品や会社に効果的な命名をすること。▽naming

ネーム ①名。②名を書いたもの。㋐「ネームプレート」の略。㋑洋服などに、持ち主の名を入れた刺繍(ししゅう)。㋒(グラビア・写真などの)説明の言葉。キャプション。漫画のせりふなどの文字。▽name **—バリュー** 名が売れている、その価値。その人の名を出すだけで、世間に通るような、知名人の名前が持つ価値。▽name と value とによる和製英語。 **—プレート** ①作者などを示す金属製の名札。銘板。②名札。また、表札。▽nameplate

ねえや【△姉や】若い召使いの女(広くは娘)。▽「や」は呼び掛ける助詞に基づく。年寄りの召使い、特に乳母(うば)は「ばあや」。

ネオ= 新しい。新。「—ロマンチシズム」▽neo-

ねおき【寝起き】①《名・ス自》寝ることと起きること。日常の生活。②《名》眠っていた人が起きること。目ざめ。「—が悪い」(起きた時きげんが悪い)

ねおし【寝押し】《名・ス他》ズボンなどを、ふとんの下に敷いて寝て、しわをのばし折目をきちんとつけること。ねじき。

ネオン ①希ガス類元素の一つ。元素記号 Ne 無色・無臭の気体。放電管に入れると美しい朱色を呈する。▽neon ②「ネオン サイン」の略。「—街」 **—サイン** ネオン(1)などを放電管に封じ、電流を通して色とりどりに輝かせるもの。広告・装飾用。ネオン ライト。▽neon sign

ネガ 陰画。陰画用のフィルム。↕ポジ。▽negative か

ら。

ねがい【願(い)】①(他の人や役所など、また神仏に)願うこと。願う内容。「―がかなう」「―が届く」②願う事柄を書きつけたもの。「休学―」

ねがいごと【願い事】(神仏に祈り)願う事柄。

ねがいさげ【願い下げ】①いったん出した願書(希望)を、自分から頼んで取り消してもらうこと。②頼まれても引き受けないこと。「そんな役目は―だ」

ねがい-でる【願い出る】〘下一他〙願いを申し出る。「休暇を―」

ねが-う【願う】〘五他〙①自分の理想・希望の実現を神仏に伝え求める。「家内安全を―」「胸中に―」「―・ったり叶(かな)ったり」「―・ってもない」(願ってもこうは運ぶまいというほど、都合がいい)▽祈る意の古語「ねぐ」の派生語。②他人や役所等に自分の希望を申し立てる。㋐他者にしてもらいたいことを申し出る。「お―・いします。帰らせてください」「大方(おおかた)の御援助を―」「ご静粛に―・います」㋑役所などに(手続きを踏んで)これを認めてもらいたいと申し出る。出願する。「市役所に下水道の延長を―」関連 こいねがう・望む・欲する・求める・祈る・念じる・望み・願(がん)・願い事・願望・希求・希望・志望・所望・要望・哀願・心願・祈願・懇願・志願・誓願・大願・嘆願・念願・悲願・宿願・本願・本懐・素懐

ねがえり【寝返り】〘名・ス自〙寝返ること。「―をうつ」

ねがえ-る【寝返る】〘五自〙①寝て、または眠っていて、体の向きを変える。②途中で味方を裏切って、敵方につく。

ねがお【寝顔】眠っている時の顔つき。

ねがけ【根掛(け)】女が髪のもとどりに掛ける装飾品。宝石・金属・布などで作る。

ねがさかぶ【値×嵩株】〔取引〕値段が高い株。

ねか-す【寝かす】〘五他〙①寝た状態にする。㋐眠りにつかせる。「赤ん坊を―」㋑物を横たえる。「外したガラス窓を―・して洗う」②十分に役立てず、または後日を期して、手もとにとどめる。「資本を―」「原稿を―・しておく」③麹(こうじ)などを室(むろ)に入れて、発酵させる。熟成させる。「ウイスキーを―」▽「ねかせる」「ねせる」とも言う。

ねか-せる【寝かせる】〘下一他〙→ねかす

ねかた【根方】ねもと。「柳の―」

ねがったりかなったり【願ったり×叶ったり】〘連語〙望みどおりに願いが叶うこと。「これはもう―のことだ」

ネガティブ ①〘ダナ〙否定的。消極的。↕ポジティブ。▽negative ②〘名〙→ネガ

ねかぶ【根株】①草木の、大本(おおもと)になっている一つの株。②木の切り株。

ねから【根から】→ねっから

ねがわくは【願わくは】〘連語〙願うことは。どうか。「―われを許したまえ」▽文語「願ふ」を体言化した形に助詞「は」のついたもの。今は「願わくば」とも言う。

ねがわし-い【願わしい】〘形〙願うところだ。ぜひ、そうなってほしい。「雇用においても男女平等になることが―」派生 **-さ**

ねかん【寝棺】死体を寝かしたままで入れられるように作った棺おけ。

ねぎ【×葱】中空で細長い緑の葉や、地中にある白く棒状の葉の基部を食用にする野菜。独特の香味と辛味がある。一年生または二年生。晩春、球状に群がって咲く白い花は「ねぎぼうず」と呼ばれる。ねぶか。▽ひがんばな科(旧ゆり科)。→あさつき・わけぎ

ねぎ【×祢宜】神職の位の一つ。神主(かんぬし)の下の役。また広く、神職。▽祈る意の古語「ねぐ」の連用形から。

ねぎとろ【×葱とろ】まぐろの骨の周りからこそげた身と刻んだねぎとを混ぜ合わせたもの。

ねぎぼうず【×葱坊主】ねぎの花。▽坊主頭のような形だから言う。

ねぎま ①ねぎとまぐろの肉とを、なべで煮ながら食べる料理。▽「ねぎまぐろ」の略。「葱鮪」と書く。②鶏肉(とりにく)の間にねぎを刺した焼鳥。▽「葱間」と書く。

ねぎら-う【△労う・×犒う】〘五他〙骨折りに対し感謝の気持を表す何らかの行為をする。「労を―」▽ふつう目上の人に対しては言わない。

ねきりむし【根切(り)虫】農作物・苗木などの根を食う害虫の総称。ヨトウムシ・コガネムシの幼虫など。

ねぎ-る【値切る】〘五他〙値段を割り引かせる。まけさせる。また、言い値より安い値段をつける。「工賃を―」

ねぎわ【寝際】寝ようとする時。ねしな。

ねぐされ【根腐れ】〘名・ス自〙(水や肥料のやりすぎ、高温・病菌などで)植物の根が腐ること。

ねくずれ【値崩れ】〘名・ス自〙〔取引〕供給が需要を上回ることなどによって、売値が急に下がること。

ねぐせ【寝癖】①寝ている間に髪の毛についたくせ。②寝ている間にからだを動かしたり布団をはいだりするくせ。「―が悪い」③寝てばかりいるくせ。「夏休みの間に―がついてしまった」

ネクタイ 洋装で、首に結ぶ飾りの布。▽necktie **―どめ**【―止(め)・―留(め)】ネクタイが風になびかないようにつける、金属製の装身具。 **―ピン** ネクタイ止め。▽necktie と pin とによる和製英語。

ねくび【寝首】①寝ている人の首。「―を掻(か)く」(その人が寝ている時に首を切り落とす。転じて、油断をねらっておとしいれる)②寝ている人を殺して切り取った首。

ねくら【根暗】根(2)㋓から暗くて内向的な在り方(で過ごす人)。↕根明(ねあか)

ねぐら【×塒】①鳥が寝る所。また一般に、寝る場所。②俗に、自分の家。▽寝座(ねぐら)の意。

ネグリジェ 西洋風の女性用寝巻。ワンピースで、ゆったりと作ってある。▽フランス négligé

ネグ-る『五自他』〔俗〕無視する。履行しない。▽neglect から造語したもの。

ねぐるし-い【寝苦しい】『形』苦しみ・暑さなどのために、眠りにくい。眠っていても、よく眠れない。「—夜」派生 **-さ** **-げ** **-がる**

ネグレクト『名・ス他』①無視すること。怠ること。②養育すべき者が食事や衣服等の世話を怠り、放置すること。育児放棄。▽⑵は二十世紀末に言い始めた。neglect

ねこ【猫】①愛玩用、また、ねずみを取らせるなどのために、古くから人が飼い親しむ獣。普通、犬より小さく、鋭い牙と爪がある。鳴き声は「にゃー」と聞きなされる。犬が忠実だとされるのに対し、魔性(ましょう)のものともいわれ、またのどを鳴らして人にすり寄る姿を媚態(びたい)になぞらえたりする。雄の三毛猫(みけねこ)は少ないので、福をもたらすといわれる。「—に鰹節(かつおぶし)」(好物をそばに置いては油断がならないというたとえ)「—に小判」(小判の価値はネコにはわからない意で、どんな立派なものでも持つ人によっては何の値打もないということ)「—の手も借りたい」(非常に忙しいというたとえ)「—の額(ひたい)」(非常に狭いことのたとえ)「—の目」(明暗によってネコの瞳の開き方が著しく変わることから、物事が目まぐるしく変わることのたとえ)「—の首に鈴をつける」(ネコの襲撃を防ぐためにその首に鈴をつける相談をしたネズミの話から、名案だが実行が困難なことのたとえ)「—も杓子(しゃくし)も」(どんな者も。だれでも)「—をかぶる」(→ねこかぶり)▽広くは野生のものも含め、ねこ科の小形の種の総称。②㋐三味線(しゃみせん)。▽胴をネコの皮で張るから。㋑芸者。▽三味線を使う職業だから。③土製の、火を入れ布団の中に置いて暖を取る道具。ねこあんか。ねこ火ばち。④「ねこぐるま」の略。

ねこあし【猫足】①机・膳の脚の下部が、内側に向いて丸く低くふくれ、猫の足の形に似ているもの。②猫が歩くように音を立てない歩き方。

ねこいた【猫板】長火鉢の引出しがある上部に渡してある板。▽平らで火鉢使用中には温かく、ここに猫が好んで乗るから言う。

ねこいらず【猫いらず】黄燐(おうりん)や亜砒酸(あひさん)で作った、ねずみを殺す薬。▽猫が必要でない意。元商品名。今は毒物として規制され、ほとんど使われない。

ねこかぶり【猫△被り】『名・ス自』本性を包み隠すこと。知らん顔をすること。そういう人・状態。

ねこかわいがり :かはいがり【猫可△愛がり】『名・ス他』愛玩用に飼っている猫をむやみやたらにかわいがるような、甘やかしたかわいがり方(をすること)。

ねこぎ【根こぎ】根もとから引き抜くこと。「—にする」▽「こぎ」は動詞「こぐ」の連用形。

ねこぐるま【猫車】柄を持って押す、土砂運びの一輪車。

ねこじた【猫舌】(猫のように)熱いものを飲食できないこと。そういう人。

ねこじゃらし【猫じゃらし】エノコログサの俗称。▽猫の前でふると猫がじゃれて手を出すから。

ねこぜ【猫背】首が前に出て背中が丸くなっていること。そういう人・体つき。

ねこそぎ【根こそぎ】①『名』根まで全部抜き取ること。「庭木を—にする」②『副・ノダ』全部。余す所なく。「—盗まれた」▽「ねこそげ」とも言う。根までこそげる意。

ねごと【寝言】①眠っている時に無意識に口走る言葉。「唐人(とうじん)の—」(全くわけのわからない言葉)②寝言⑴のような、理屈の通らない言い分。たわごと。

ねこなでごえ :こゑ【猫×撫で声】人の機嫌を取るために、やさしそうに出す声。▽猫をかわいがる時の人の甘やかした声からか。猫が人になでられた時に出す声からとも。

ねこばば【猫×糞】『名・ス他』悪行を隠して知らん顔をすること。拾った物を黙って自分の物にすること。「—をきめる」▽猫が自分のばば(=くそ)に砂をかけて隠すことから。

ねこぶ【根×瘤】(松などの)根もとの、瘤(こぶ)のようにふくれ上がった部分。

ねこまた ①【猫また】〔俗〕「猫またぎ」の略。㋐猫もまたいで通るほど、まずい魚。また、大漁の魚。「—の塩じゃけ」㋑猫が食べる残りもないほど、きれいに魚を食べること。また、それほど美味な魚。②【猫又・猫股】年老いて尾が二つに裂け、よく化けるという猫の妖怪。

ねこみ【寝込み】寝ている最中。(まだ)眠っている時。「—を襲う」▽「ねごみ」とも言う。

ねこ-む【寝込む】『五自』①深く眠る。熟睡する。「ぐっすり—」②病気で長く床につく。「風邪(かぜ)で—」

ねこやなぎ【猫柳】ヤナギの一種。水辺に自生し、春先、灰白色の柔らかい毛に覆われた丸く細長い花が咲く。カワヤナギ。

ねごろ【値頃】買うのに、ちょうどよい値段。

ねころ-ぶ【寝転ぶ】『五自』ごろりと、体を横たえる。寝ころがる。

ねさがり【値下(が)り】『名・ス自』値段・料金が安くなること。↕値上がり。「株が—する」

ねさげ【値下げ】『名・ス他』値段・料金を安くすること。↕値上げ

ねざけ【寝酒】(寝つきをよくしようと)寝るすぐ前に飲む酒。

ねざ-す【根差す】『五自』①植物の根が土の中にしっかり延びる。また、定着する。「地域に—した活動」②もとづく。もととなる。原因する。「仏教に—した死生観」

ねざめ【寝覚め】眠りからさめること。「—が悪い」(転じて、あとあじが悪い意にも)

ねざや【値×鞘】二つの相場の差額。例、売値と買値の差。

ねじ【〈螺子〉〈捻子〉〈螺旋〉】①物を締めつけるのに使う、らせん状の溝が刻んであるもの。それに刻まれた凹凸の筋目。→おねじ・めねじ。②ぜんまいを巻く装置。「—を巻く」(しかったり催促したりして、ある行動をするよう仕向ける意にも)「—が緩む」(だらける意にも)▽文語上二段活用動詞「ねず(=ねじる)」の連用形から出た語。

ねじあ-う【△捻(じ)合う・×捩(じ)合う】《五自》ねじりあう。特に、互いに取り組んで、もみあう。格闘する。

ねじあ-げる【△捻(じ)上げる・×捩(じ)上げる】《下一他》強くひねる、また、ひねって持ち上げる(ようにする)。ねじりあげる。「腕を—」

ねじき【寝敷(き)】→ねおし

ねじきり【〈螺子〉切(り)】ねじ⑴を刻む仕事。また、タップやダイスなど、ボルトやナットにねじ⑴を刻むための工具。

ねじき-る【△捻(じ)切る・×捩(じ)切る】《五他》ねじって切る。ねじってちぎる。

ねじくぎ【〈螺子〉×釘】先にねじ⑴が刻んであり、材料にねじ込んで使うくぎ。

ねじく-れる【×捩(じ)くれる】《下一自》①ねじれる。②ねじける。▽「拗くれる」とも書く。

ねじ-ける【×拗ける】《下一自》物や心が曲がりくねる。心がすなおでない。ひねくれる。

ねじこ-む【△捻(じ)込む・×捩(じ)込む】《五他》①ねじって入れる。②無理に押し入れる。㋐相手の失言や悪い態度につけ入って、強く責める。㋑文句を言いにおしかける。「役所に—」㋒強引に希望を通す。

ねしずま-る【寝静まる】《五自》人が皆眠って、あたりが静かになる。

ねしな【寝しな】→ねぎわ

ねじはちまき【×捩(じ)鉢巻】→ねじりはちまき

ねじばな【×捩花】→もじずり

ねじふ-せる【△捻(じ)伏せる・×捩(じ)伏せる】《下一他》腕をねじって倒し、おさえつける。強引に相手を屈服させる。「強弁で反対意見を—」

ねじぶた【〈螺子〉蓋】容器側に刻まれた溝と合わせたねじが刻んであり、回してしめる構造のふた。また、その構造。「—が堅い」「—にしてある」

ねじま-げる【△捻(じ)曲げる・×捩(じ)曲げる】《下一他》①(針金などを)ねじって曲げる。「首を—げて後ろを見る」②比喩的に、道理を故意にゆがめる。「真実を—げた解釈」

ねじまわし【〈螺子〉回し】雄(お)ねじの頭にある十字形や一文字形のくぼみに当てて、ねじを回すための道具。ドライバー。

ねじむ-ける【△捻(じ)向ける・×捩(じ)向ける】《下一他》ねじって、その方向に向ける。

ねじめ【根締(め)】①移植した木がしっかり立つように、根もとの土を突き固めること。②生花(いけばな)で、挿した枝などの根元の形を整えるために挿し添える草花の類。③庭木・鉢植えの木の根元辺の様子が引き締まるように植える草。

ねじめ【音締(め)】三味線(しゃみせん)などの糸を、巻き締めて、調子を整えること。そうして整えた音の冴(さ)え。「いきな—の三味線」

ねじやま【〈螺子〉山】ねじに螺旋(らせん)状に切ってある筋の、高い部分。「—をつぶしては使い物にならない」

ねしょうがつ【寝正月】正月の休みを、交際や外出をせず、家にひきこもって(寝て)ゆっくり過ごすこと。▽病気で床についている場合にも言う。

ねしょうべん【寝小便】《名・ス自》眠っていて無意識に小便を漏らすこと。その小便。おねしょ。

ねじりはちまき【×捩(じ)り鉢巻】手ぬぐいをねじって額(ひたい)の所で(威勢よく)結んだ鉢巻。ねじ鉢巻。「—でがんばる」

ねじ-る【△捻(じ)る・×捩(じ)る】《五他》①物の両端に逆向きの力が働くようにして強く回す。無理に回し曲げる。「体を—」「ドライバーで—ってとめる」「腕を—り上げる」。同じ方向に何度も回す。「針金を—」②きっかけをとらえて責め、痛めつける。「ちと—ってやろう」

ねじ-れる【△捻(じ)れる・×捩(じ)れる・×拗れる】《下一自》ねじられた(ような)状態になる。「腕が—」「根性が—れている」

ねじろ【根城】①行動の根拠とする場所。根拠地。「犯罪グループの—」②出城(でじろ)に対し、根拠とする本城。

ねず【×鼠】㋐「ねずみ」の略。㋑「ねずみいろ」の略。

ねすご-す【寝過(ご)す】《五自》起きるべき時刻や頃合いに目がさめず、そのまま過ごす。

ねずのばん【寝ずの番】夜どおし寝ないでする番。その番人。不寝番。

ねずみ【×鼠】①人家やその周辺にすみ、よく物を食い荒らす小動物。ドブネズミ・クマネズミ等が普通で、毛色はいわゆるねずみ色。▽広くは、ねずみ目(特にそのうち、ねずみ亜目)の小形哺乳(ほにゅう)類の総称で、種類が非常に多い。②「ねずみいろ」の略。

ねずみあな【×鼠穴】ねずみがかじってあけた穴。

ねずみいらず【×鼠入らず】ねずみが入れないように作った食器棚。

ねずみいろ【×鼠色】青みを帯びた薄黒い色。灰色。

ねずみおとし【×鼠落(と)し】ねずみを落とし入れて捕らえる道具。

ねずみこう【×鼠講】会員を鼠算式に増やし、孫会員から子会員、子会員から親会員へ会費・代金などを送ることにより、利益も鼠算式に増やそうとする金融・販売組織。連鎖配当組織。無限連鎖講。▽詐欺的な利殖法として一九七八年に法律で禁止された。

ねずみざん【×鼠算】数が急激に(複利的に)増してゆくこと。▽ねずみが親子ともにどんどん繁殖することを例として作った、和算の問題の名による。

ねずみとり【×鼠取(り)】①ねずみを捕らえ殺すこと。また、ねずみ落とし・ねこいらず等、それに使う道具。②アオダイショウの別名。▽ねずみを食うから言う。③〔俗〕警察の、スピード違反取り締まり。▽「鼠捕り」とも書く。

ねずみなき【×鼠鳴き】口をすぼめ息を吸い込みながら発する、ねずみの鳴き声のようなちゅうちゅういう音。▽「ねずなき」とも言う。遊女が客を呼ぶ時などにした。

ねぜり【根×芹】セリの異称。特に、根のついたものや根を食用とする場合の称。

ね-せる【寝せる】『下一他』↓ねかす

ねぞう【寝相】眠っている時の、体の格好。寝姿。「―が悪い」

ねそび-れる【寝そびれる】『下一自』眠る時機をはずして、寝つかれないで目がさえてしまう。

ねそべ-る【寝そべる】『五自』体を伸ばし(腹ばいになって)横たわる。

ねた〔俗〕①新聞記事などの材料。②手品の仕掛け。③証拠。「―があがる」④(料理の材料としての)食物。「すしの―」▽「たね」をさかさまにした隠語から。多く片仮名で書く。

ねだ【根太】床板(ゆかいた)を支えるため、床の下に渡す横木。「―板」(床板) ▽「ねぶと」と読めば別の意。

ねだい【寝台】↓しんだい(寝台)

ねたきり【寝た切り】病気・老衰などで長く寝たまま、起きられない状態であること。「―老人」

ねたば【△寝刃】切れ味のにぶくなった刃。「―を合わせる」(刀の刃をとぐ)

ねたまし-い【妬ましい】『形』自分よりすぐれたり恵まれたりしているものに対して、うらやましくて妬み・憎らしさを感じる気持だ。派生 **-さ** **-げ** **-がる**

ねた-む【妬む】『五他』他人の仕合わせや長所を強くうらやんで憎む。「人の成功を―」

ねだめ【寝×溜め】『名・ス自』予想される睡眠不足にそなえ、ひまを見計らって寝ておくこと。

ねだやし【根絶やし】根(のおおもとの部分)まで、全部なくしてしまうこと。「いじめの―を図る」「―になる」

ねだ-る『五他』欲しい物が与えられるように、無理を言ってでも求める。「小遣いを―」▽甘える態度の時にも、ゆすりがましい時にも使う。

ねだん【値段】売買の時の、売値・買値の金額。売買の相場。「―がつく」

ねちが-える【寝違(ちが)える】『下一自』眠っている間に不自然に体を動かしたため、首や肩などの筋を痛める。

ねちっこ-い『形』ねちねちとして、しつこい。ねちこい。「―く言い寄る」派生 **-さ**

ねちねち『副「と」・ス自』①物言い・性質などがしつこくくどいさま。「いつまでも―(と)嫌味を言う」「―した性格」②物が粘りつくさま。「―した松脂(まつやに)」「餅が―(と)歯にくっつく」

ねつ【*熱】ネツ あつい ①高温で、あつい。「熱火・熱気・熱湯・熱帯・灼熱(しゃくねつ)・酷熱・頭寒足熱」②『名・造』物の温度を上げ、また焼く力。「熱を発生する」「熱線・熱量・熱源・熱力学・暑熱・炎熱・加熱・過熱・耐熱・放熱・余熱・地熱・輻射(ふくしゃ)熱・電熱器」③『名・造』全力をあげて体じゅうが熱くなるほど、物事に心を打ち込む。「熱を上げる」(熱中する。夢中になる)「仕事に熱がない」「熱を吹く」(勝手に大きな事を言い散らす)「熱中・熱烈・熱誠・熱情・熱弁・熱愛・熱望・熱狂・熱涙・白熱戦」④『名・造』体温の高さ。また、病気等による、平熱より高い体温。「熱が出る」「熱が下がる」「熱病・平熱・発熱・高熱・微熱・解熱(げねつ)・潜熱・産褥(さんじょく)熱・デング熱」

ねつあい【熱愛】『名・ス他』(その人・ものだけを)熱烈に愛すること。

ねつ-い『形』態度がその(仕)事に打ち込んでねばり強い。熱心だ。「仕事に―職人」派生 **-さ**

ねつい【熱意】熱烈な意気込み。熱心な気持。「―を買う」

ねつえん【熱演】『名・ス他』劇・講演などを、熱心・熱烈に演じること。

ネッカチーフ 装飾用または保温用の、首に巻く四角く薄い布。▽neckerchief

ねっから【根っから】①『副ノ』大本(おおもと)から。生まれついて。「―の商人」▽↓ね(根)(2)。②『副』《多くは打消しを伴って》全く。「―知らない」「―信用されない」▽(1)(2)とも「ねから」とも言う。 **―はっから**【―葉っから】『副・ノダ』〔俗〕そもそも全く。大本(おおもと)から。「―の素人(しろうと)」「―相手にもならぬ」

ねつがん【熱願】『名・ス他』熱心に願い求めること。

ねつき【寝付き】眠りにはいること。「―が悪い」(眠ろうとしても、なかなか眠れない)

ねつぎ【根継ぎ】柱の下部の腐った所を切り除き、代わりに新しい材を継いで補強すること。

ねっき【熱気】①温度の高い気体・空気。「―消毒」「炎天で―にあてられる」②高い体温。「病人の発する―」③高まった意気込み。「―を帯びて語る」

ねつききゅう【熱気球】袋の中の空気をバーナーで熱して軽くすることによって浮き上がる気球。

ねっきょう【熱狂】『名・ス自』血をわきたたせ、狂わんばかりに夢中になること。「人を―に導く」「―的なファン」

ねっきり【根っきり】『副ノ』《多く「―の」の形で》根本から。「―の堅気職人」。そもそも全く。「―会ったことがない」▽「きり」は「切り」。 **―はっきり**【―葉っきり】『副・ノダ』〔俗〕何から何まで含めて根こそぎ。「―話にならない」「―これっきり」

ねつ-く【寝付く】『五自』①眠りにつく。寝入る。「子供がやっと―」②病気になって床につく。「過労で―」

ネック ①首。▽neck ②えりの線。えりぐり。「タートル―」▽neckline から。③すぼまった所。隘路

(あいろ)。難関。障害。ボトルネック。「資金不足が―になる」▽bottleneck（＝瓶の首）から。 **―レス** 首飾り。▽necklace

ねづ-く【根付く】『五自』①移し植えた木や草が枯れないで、地に根をおろす。根がつく。②比喩的に、新たなものが定着する。「民主主義がやっと―・いた」

ねつけ【根付(け)】印籠・タバコ入れ・巾着等のひもの端に付けて、帯にはさんで下げても落ちないように、すべり止めの役をする細工物。▽比喩的に、人につきまとい、取り入っている者をも指した。

ねっけい【熱型】（病気の時などの）体温のあがりさがりの型。ねつけい。

ねっけつ【熱血】血がわきたつような激しい意気。「―漢」

ねつげん【熱源】熱を供給するみなもと。

ねっこ【根っこ】根。特に、木の根の地上に出た部分や切り株。また、根もと。「―につまずく」「首―」

ねっさ【熱砂・熱沙】①熱く焼けた砂。②暑い砂漠。「―地帯」

ねつさまし【熱冷まし】病気で出た熱を下げるための薬。解熱(げねつ)剤。

ねっさん【熱×讃】『名・ス他』熱烈にほめたたえること。

ねっしゃびょう【熱射病】熱中症の一種。体温調節機能がうまく働かなくなり、体温上昇・意識障害・痙攣(けいれん)などの症状を来すもの。

ねつじょう【熱情】物事に寄せる激しく血がたぎるような感情。また、燃えるような強い熱意。「宇宙飛行士を目指す―」「―的」

ねっしょう【熱唱】『名・ス他』（歌謡曲などを）熱をこめて歌うこと。また、その歌い方。▽「熱戦」などからの連想による造語。

ねつしょり【熱処理】『名・ス他』①鉄鋼その他の金属に、必要とする硬度や性質を与えるため行う加熱および冷却の操作。「―を施す」②熱を加えて殺菌などをすること。

ねっしん【熱心】『名・ダナ』その事に心を打ち込んでいること。「仕事に―な人」「―に取り組む」▽以前はサ変動詞化もした。「詩作に―した」 派生 **-さ**

ねっ-する【熱する】①『サ変他』熱を与える。熱くする。「水を―と水蒸気になる」②『サ変自』㋐熱くなる。「日中―・した大気」㋑熱中して興奮する。「―・しやすく冷めやすい性格」

ねっせい【熱誠】熱く燃える誠意。ひたむきな真心。

ねっせい【熱性】熱を伴うという性質。

ねっせん【熱戦】熱のこもった激しい勝負・試合。「―を繰りひろげる」▽まれに、「冷戦」の対語として「幸い―に移行せずに済んだ」のような使い方もした。

ねっせん【熱線】赤外線。▽熱作用を持つことから。

ねつぞう【×捏造】『名・ス他』本当はない事をあるかのように偽って作り上げること。でっちあげ。「―記事」▽「でつぞう」の慣用読み。

ねったい【熱帯】赤道を中心に南北回帰線に挟まれた地帯。さらに広く、年平均気温が二〇度以上の暑い地帯。↔寒帯。 **―ぎょ**【―魚】熱帯特産の魚の総称。形・色の珍しいものが多く、観賞用。 **―ていきあつ**【―低気圧】熱帯で発生する低気圧。発達したものは、激しい風雨を伴い、日本など東アジアでは台風と言う。 **―や**【―夜】最低気温がセ氏二五度以上の暑い夜。▽気象用語。

ねっちゅう【熱中】『名・ス自』物事に心を集中すること。夢中になってすること。「ゲームに―する」 **―しょう**【―症】高温の中で仕事や運動をしたために起こる身体の異常の総称。症状によって日射病や熱射病などに分ける。▽熱射病を指す用法もある。

ねっちり『副「と」・ス自』物言いや性質がしつこいさま。ねっとり。「―(と)いやみを言う」「―(と)した視線を送る」

ねつっぽ-い【熱っぽい】『形』①体温がやや高い感じだ。「かぜで―」②情熱的だ。「―調子で話す」 派生 **-さ**

ねってい【熱低】「熱帯低気圧」の略。

ねつど【熱度】熱または熱心さの度合。

ネット ①網。網状のもの。「ヘアー―」。球技で、コート中央の仕切りやゴールに張った網。「タッチ―」「―イン」「―を揺らす」②正味。「―一ポンド」③「ネットワーク」「インターネット」の略。「全国―で放送」「―販売」（インターネットに商品情報を載せて行う通信販売）▽net **―オークション** インターネット上で行う競売。インターネット オークション。▽net auction **―カフェ** インターネットに接続したコンピュータが利用できる喫茶店。インターネット カフェ。「―難民」（定職や住居をもたずに終夜営業のネット カフェに寝泊まりする人）▽net と café とによる和製語。 **―サーフィン** インターネットで、次々にサイトをたどり情報を閲覧すること。▽波乗りにたとえて言う。net surfing **―バンキング** インターネットを通して金融機関のサービスを利用すること。▽net banking **―ワーク** ①通信・放送・輸送などに関し、連絡を保って網状になっている構成。「配管―」「全国―」。人や組織などのつながり。「卒業生の―」②「コンピュータ ネットワーク」の略。▽network（＝網）

ねっとう【熱湯】煮えて高温になった湯。煮え湯。▽「あつゆ」と読めば別の意。

ねっとう【熱闘】熱のこもった、激しい試合。

ねっとう【熱×鬧】人がこみ合って騒がしいこと。

ねっとり『副「と」・ス自』①クリームや液状のものの粘りが非常に強いさま。「―と練り上げたごま味噌(みそ)」「―(と)した脂汗」②→ねっちり

ねっぱ【熱波】気温が著しく上昇し、持続する現象。

ねつびょう【熱病】体温が異常に高くなる病気。

ねっぷう【熱風】太陽・電気等の熱で高温になった風。

ねつべん【熱弁】熱烈な弁舌。「―をふるう」

ねつぼう【熱望】『名・ス他』熱心・強烈に願い望むこ

と。

ねづよ-い【根強い】『形』根本がしっかりしていて、たやすくは動じない、あるいは変えられない。「—迷信」「—支持」派生 **-さ**

ねつようりょう【熱容量】物体が蓄えられる熱の量を表す指標。物体の温度をセ氏一度高めるのに必要な熱量で定義される。

ねつらい【熱雷】地面が強く熱せられて生じる上昇気流によってできた積乱雲に伴う雷。夏季に多い。

ねつりょう【熱量】①エネルギーとしての熱の量。▽単位は、国際単位系ではジュールで、日常的にはカロリー(1)も使う。②活動のエネルギー源としてみた栄養価の指標。▽単位は、普通、カロリー(2)を使う。

ねつるい【熱涙】非常に感動して流す涙。

ねつれつ【熱烈】『ダナ』熱中して激しい態度であるさま。「—な信仰」派生 **-さ**

ねつろん【熱論】熱のこもった議論。

ねてもさめても【寝ても覚めても】『連語』いつも。常に。「—あの人のことを思う」

ねどい【根問い】根本まで追い詰めるようにして、しつこく問いただすこと。

ねどうぐ【寝道具】寝具(しんぐ)。

ねどこ ①【寝床】寝るための布団(ふとん)。「—を敷く」「—に入る」②【寝△所】寝る場所。

ねとねと『副[と]・ス自』(粘液状の)ものがまとわりつくように粘るさま。「—した耳垂れ」「—(と)油のついた皿を洗う」

ねとぼ-ける【寝×惚ける】『下一自』→ねぼける(1)

ねとまり【寝泊(ま)り】『名・ス自』ある期間、そこに泊まること。宿泊。「仕事場に—する」

ねと-る【寝取る】『五他』他人の配偶者や恋人と情を通じて、自分のものにする。

ねなし【根無し】根がついていない、また、根拠がないこと。 **—ぐさ**【—草】①根が地中におりていない草。浮き草。②比喩的に、浮動して定まらない物・事・人。 **—ごと**【—言】根拠のない言葉。でたらめ。

ねば-い【粘い】『形』ねばっこい。派生 **-さ**

ねばち【根鉢】草木の、根が土を抱えるように張っている部分。「土を払わずに—ごと移植する」

ねばつ-く【粘つく】『五自』ねばって物につく。ねばりけがある。

ねばっこ-い【粘っこい】『形』①ねばねばする。②しつこい。「—・く追及する」派生 **-さ**

ねばつち【粘土】ねばりけのある土。ねんど。

ねばねば ①『副[と]・ノダ・ス自』ものがよく粘るさま。粘って他のものにつくさま。「切ると—する野菜」「—(と)くっつく」②『名』粘(ってい)るもの。「納豆の—」

ねはば【値幅】〔取引〕二つの値段(特に高値と安値と)の差。

ねばり【粘り】ねばること。「—気(け)」「—がある」

ねばりがち【粘り勝ち】『名・ス自』根気よくあきらめないことで、勝ったり成果を得たりすること。「劣勢から—した」「恋愛で—する」

ねばりごし【粘り腰】①(相撲(すもう)や柔道で)ねばり強くてなかなかくずれない腰の強さ。②転じて、ねばり強さ。

ねばりづよ-い【粘り強い】『形』根気が強い。よくがんばる。「—・く交渉する」派生 **-さ**

ねば-る【粘る】『五自』①やわらかでちぎれにくい性質をしていて、触れた物によくくっつく。②根気を保って持ちこたえ、がんばる。「相手がうんと言うまで—」

ねはん【×涅×槃】〔仏〕①一切の煩悩(ぼんのう)から解脱(げだつ)した、不生不滅の高い境地。②転じて、釈迦(しゃか)や聖者の死。入滅。「—に入る」▽梵語(ぼんご)。 **—え**【—会】釈迦の入滅の日(陰暦二月十五日)に寺々で行う法会(ほうえ)。

ねびえ【寝冷え】『名・ス自』(特に夏)眠っている間に冷えて、腹をこわしたり、かぜを引いたりすること。

ねびき【値引き】『名・ス他』最初または普通よりも安い値段で売ること。値を負けること。「—交渉」「—販売」

ねびき【根引き】『名・ス他』①ねこそぎ引き抜くこと。ねこぎ。②遊女・芸妓(げいぎ)の身請け。

ね-びる『上一自』年の割におとなびる。「—・びた子供」▽もと、年齢相応のすぐれた様子である意。

ねぶ【〈合歓〉】→ねむのき

ねぶか【根深】長ねぎ。

ねぶか-い【根深い】『形』動かせないほど根が深くおりている。また、物事の由来するところが深く、容易に取り除けない。「—恨み」派生 **-さ**

ねぶくろ【寝袋】→シュラフ

ねぶそく【寝不足】眠りがたりないこと。睡眠不足。

ねふだ【値札】値段を書いて商品につけた札。

ネプチューン ①ローマ神話の、海の神。②海王星。▽Neptune

ねぶと【根太】背中・太もも・しり等にできる腫れもの。毛穴を中心に赤く硬くはれ、中心部がうんで痛む。細菌の感染による。癤(せつ)。▽「ねだ」と読めば別の意。

ねぶみ【値踏み】『名・ス他』その物にふさわしい値を見積もってつけること。「古書を—する」

ねぶ-る【×舐る】『五他』なめる。しゃぶる。▽西日本で言う。

ネフローゼ 尿に大量の蛋白(たんぱく)質が出て、血液中の脂質が増え、体がむくむ病気。ネフローゼ症候群。▽(ドイツ)Nephrose

ねぼう【寝坊】『名ナノ・ス自』朝おそくまで寝ること。そういう癖がある人。あさねぼう。

ねぼ-ける【寝×惚ける】『下一自』①目をさましてからも、まだぼんやりしている。ねとぼける。「—・けまなこ」②ねぼける(1)の(ような)状態で、わけのわからないことをする。「—・けたことを言うな」③比喩的に、色などがぼんやりしている。「—・けたような色づかい」

ねぼすけ【寝△坊助】寝坊の人。▽人名めかした語。

ねほりはほり【根掘り葉掘り】《副・ノダ》細かい点まで何もかも残らず(ほじくるように)。「―尋ねる」

ねま【寝間】寝るのに使う部屋。寝室。

ねまき【寝巻(き)・寝間着】寝る時に着る衣服。

ねまちのつき【寝待(ち)の月】陰暦十九日の月。臥待(ふしま)ちの月。▽「ねまち」は、月の出がおそいため寝て待つ意。→いまちのつき・たちまちのつき

ねまわし【根回し】①《名》移植のため、または果樹の実りをよくするため、根もとの周囲を掘り、主な根以外の大部分の根を切っておくこと。②《名・ス自》ある目的を実現しやすいように、関係する方面にあらかじめ話をつけておくこと。「交渉の―をする」▽(2)は(1)の転。

ねまわり【根回り】木の根の周囲。また、そこに植え添える草木。

ねみだれがみ【寝乱れ髪】寝て乱れた髪。

ねみみ【寝耳】寝ている時の耳。睡眠中に耳に入ってくる物音や声のこと。「―に水」(不意の事が起こって驚くたとえ)

ねむ【〈合歓〉】→ねむのき

ねむ-い【眠い】《形》今にも眠ってしまいそうな気持だ。眠りたい気持だ。ねむたい。派生 **-さ** **-げ** **-がる**

ねむけ【眠気】今にも眠ってしまいそうな気持。ねむい気持。「―を催す」「―が去る」 **―ざまし**【―覚(ま)し】ねむけを追い払う手段(とするもの)。

ねむた-い【眠たい】《形》ねむい。派生 **-さ** **-げ** **-がる**

ねむのき【〈合歓〉木】山地や川原に自生する落葉高木。葉は、一〇～二〇対(つい)の小葉から成り、夜になると手を合わせたように閉じて垂れる。六、七月ごろ、紅色の雄しべが房のように生えた花が咲く。材は器具用、樹皮は薬用。ねむ。ねぶ。▽眠りの木の意。まめ科。

ねむら-す【眠らす】《五他》①眠るようにする。眠らせる。②〔俗〕殺す。

ねむり【眠り】①眠ること。睡眠。眠った状態。「―が浅い」「―に落ちる」「―につく」「永久(とわ)の―」(死) ②→みん〔眠〕(2)

ねむりぐさ【眠草】→おじぎそう

ねむりぐすり【眠り薬】眠るための、または人を眠らせるための、薬。催眠剤・麻酔剤など。

ねむりこ-ける【眠りこける】《下一自》正体(しょうたい)なくすっかり眠り込む。

ねむりこ-む【眠り込む】《五自》引き込まれたように、正体(しょうたい)なく眠る。

ねむ-る【眠る】《五自》①(動物の自然なあり方として)心身の活動が休止して無意識の状態になる。↕覚める。「草木も―丑(うし)三つ時」「とわに―」(永眠する)「山―」(→やま(1)) ②比喩的に、活用できるはずのものが(まだ)有効に役立てられずにある。「地下に―資源」「―っている土地」 ③忌み言葉的に、死ぬ。葬られる。「父母の―ふるさと」 関連 寝る・寝付く・寝入る・寝込む・寝静まる・寝そびれる・寝過ごす・寝惚(ぼ)ける・眠り込む・眠りこける・まどろむ・寝苦しい・ねんね・睡眠・就眠・就寝・就床・熟眠・安眠・快眠・催眠・嗜眠(しみん)・惰眠・空眠・仮眠・休眠・春眠・冬眠・永眠・熟睡・昏睡(こんすい)・仮睡・午睡・一睡・睡魔・寝付き・寝起き・寝覚め・寝息・寝顔・寝相・寝言・寝癖・寝返り・寝坊・寝込み・寝しな・寝入り端(ばな)・寝冷え・寝小便・寝汗・寝酒・寝正月・昼寝・朝寝・宵寝・早寝・仮寝・添い寝・共寝・うたた寝・居眠り・不貞(ふて)寝・ごろ寝・雑魚(ざこ)寝・空寝・狸(たぬき)寝入り・泣き寝入り・一寝入り・一眠り・すやすや・ぐっすり・とろとろ・うとうと・うつらうつら・昏昏(こんこん)・大の字・高鼾(たかいびき)・白河夜船・寝耳に水・寝ても覚めても・夜の目も寝ずに・まんじりともしないで・輾転(てんてん)反側・寝ずの番

ね-める【×睨める】《下一他》(つよく)にらむ。「―・めつける」「―・めまわす」

ねもと【根元・根本】①根(のもと)。②こんぽん。

ねものがたり【寝物語】寝ながら、ふとんの中でする話。

ねや【×閨】ねま。寝室。▽「寝屋(ねや)」の意。雅語的。

ねゆき【根雪】下積みになって、雪解けまで残る雪。

ねらい【狙い】ねらうこと。「―をつける」。ねらった目当て。意図。「この論文の―は」

ねらいうち【狙い撃ち】《名・ス他》①よくねらいをつけておいて鉄砲等で撃つこと。②比喩的に、対象を絞ってせめること。「コンビニを―にした規制」

ねらいめ【狙い目】①さいころとばくで、出てほしいと思う目(＝数字)。②転じて、ひそかにねらう物事・局面。「あの会社の―がわかった」「今が―だ」

ねら-う【狙う】《五他》目当ての物を自分の思うようにしようと、働きかける構えをする。㋐それに目をつけ、手に入れようとして機をうかがう。「すきを―」「老人ばかりが―・われる」 ㋑命中させようと構える。「鉄砲で―」 ㋒目標と定める。達成を目指す。「難関大学を―」「優勝を―」「効果を―」

ねり ①【練(り)・×煉(り)・△錬(り)】物をねること。「―が足りない」「―歯みがき」「―ようかん」 ②【練り】練る(2)こと。「―行列」▽単独には「お―」の形で使う。

ねりあ-げる【練り上げる】《下一他》①十分にこねて作る。「餡(あん)を―」 ②(計画・文章などを)何度も手直しして立派なものに仕上げる。「再建案を―」

ねりある-く【練(り)歩く】《五自》行列・隊伍(たいご)を組んで、(調子をそろえてゆっくり)歩く。

ねりあわ-せる【練(り)合(わ)せる・×煉(り)合(わ)せる】《下一他》こね混ぜ(火にかけ)て均質的なものにする。

ねりいと【練(り)糸】生糸を(あくで煮る等)化学的に処理した白くつやのある絹糸。

ねりぎぬ【練(り)絹】生絹を練って、しなやかさをもたせたもの。↕きぎぬ

ねりせいひん【練(り)製品・×煉(り)製品】魚肉を練っ

て加工した食品。ねりもの。例、かまぼこ・ちくわ。

ねりなお-す【練(り)直す】《五他》①もう一度よく練る。「餡(あん)を—」②考え直していい物にしようとする。「案を—」

ねりぬき【練△貫】練り糸を横糸に使い、生糸を縦糸に使って織った絹布。

ねりべい【練(り)塀・×煉(り)塀】土と瓦とで築き、上をかわらでふいた土塀。

ねりもの ①【練(り)物・×煉(り)物】ねって固まらせた物・食品。②【練(り)物】祭礼の時などにねり歩く、行列・山車(だし)・踊り屋台(やたい)の類。

ね-る ①【練る・△錬る・×煉る】《五他》堅い物、粗い物を、こねたりたたいたりすったりして、柔らかくきめ細かにする。㋐水を加えたり火にかけたりして、のばし混ぜる。また、粘りをもたせて固める。【練・煉】「餡(あん)を—」「セメントを—」「—った薬」㋑絹を灰汁(あく)で煮て柔らかくする。【練】「糸を—」㋒金属を焼いて硬度を整える。【錬】「鉄を—」㋓(計画・文章などを)何度も考えて変更や修正を加え、よりよいものにする。「想を—」「対策を—」㋔(精神・技術などを)経験や訓練を積むことで向上させる。「人格を—」「腕を—」②【練る】《五自》列を整えて歩く。隊伍(たいご)を組んで行進する。「みこしが—」「肩を組んで大通りを—り歩く」

ねる【寝る】《下一自》①体を横たえる。㋐動かず横になる。「仰向けに—」。立てて使うはずのものが横倒しの状態にしてある。「旗ざおが—」㋑眠る。「**ねた**子を起こす」(転じて、折角しずまった状態だったのに、余計なまねをして騒ぎを起こす意にも)「**ねて**もさめても」㋒病気になって床につく。「風邪(かぜ)で三日**ねて**しまった」㋓同衾(どうきん)する。「くだらぬ男と**ねた**もんだ」②商売が振るわず、資本・商品が回転しない。「不景気で品物がすっかり**ねて**いる」③麴(こうじ)が成熟する。↓ねかす⑶。関連 ↓ねむる

ネル「フランネル」の略。

ね-れる【練れる】《下一自》①具合よくねった状態になる。「餡(あん)がうまく—れている」②修養・経験を積んで円満な人格になる。「—れた人物」

ねわけ【根分け】《名・ス他》根を分けて移植すること。

ねわざ【寝技・寝業】①柔道・レスリングで、寝た姿勢で相手にかけるわざ。↕立技(たちわざ)。②表立ってでなく行う、裏面工作。裏のかけひき。「—師」

ねわす-れる【寝忘れる】《下一自》ねすごす。

ねわら【寝×藁】家畜小屋等に敷き、家畜の寝床とするわら。

ねん【*年】ネン とし ─ ①㋐四季が一巡する期間。とし。十二か月。「年月・暦年・光年・一周年」㋑年①㋐を基準とした時間の単位。「二年間・三年六か月」②《名・造》一月一日から十二月三十一日までの間。また、特にきめられた一年。「年に一度の祭り」「年始・年賀・年末・年次・年度・年号・年中行事・迎年・越年・今年・昨年・来年・翌年・積年・毎年・豊年・凶年・平年・往年・旧年・例年・生年・没年・当年」③《名・造》としごと。毎年。一年単位の。年代順の。「年三回」「年報・年鑑・年俸・年金・年賦・年忌・年表・年譜・編年体」④《名・造》年ではかる長さの時代、または期間。「年があける」(奉公の期間が終わる)「年代・年季・年来・永年」⑤経過する長さ、または年代。特に、生まれてからのとし。「年功・年齢・年歯・年輪・年配・年長・年少・少年・老年・中年・弱年・若年・晩年・定年・行年・享年」⑥五穀が熟する。みのる。みのり。「祈年祭」

ねん【*念】ネン おもう ─ ①《名・造》常に心の中を往来しているおもい。「悔恨の念」「念頭・信念・観念・断念・無念・残念・通念・怨念・疑念・懸念(けねん)・雑念・邪念・情念・概念」②《名・造》気をつけること。注意すること。「念のため」(間違いが無いように言っておく、という気持を表す言葉)「念が入る」(十分に注意する)「念には念を入れよ」(注意の上に注意せよ)「念を入れる」(十分に注意する)「念を押す」(確かめる)「入念・丹念」③記憶して忘れない。深く思う。常に心から離れない。「念慮・念願・念仏・念力・記念・一念・失念・執念・放念・軫念(しんねん)・専念」④口にとなえる。「念誦(じゅ)・十念」⑤「廿」(二十)の代用。「念八日」

ねん【捻】ネン ねじる ひねる ─ ねじる。ひねる。ねじ。「捻挫・捻出・腸捻転・捻子(ねじ)」

ねん【人稔】ネン みのる とし ─ ①穀物がよくできる。みのる。「豊稔」②植物が生殖する。「稔性(=実(み)のなる性質)・不稔性」③穀物が熟するまでの期間。「年」に同じ。

ねん【粘】ネン デン ねばる ─ ねばりけがある。ねばねばする。「粘性・粘体・粘土・粘液・粘膜」。ねばりつく。「粘着・粘結炭」

ねん【*燃】ネン もえる もやす もす ─ 火がもえる。もやす。「燃焼・燃料・再燃・不燃性・可燃性・内燃機関」

ねんあけ【年明け】年季⑵があけること。

ねんいちねん【年一年】《連語》一年ごとにますます。年がたつに連れて。「植林が—(と)見事に育ってゆく」

ねんいり【念入り】《ダナ》細かく注意して丁寧にするさま。入念。「—に仕上げる」「—の御挨拶で痛み入ります」派生 **-さ**

ねんえき【粘液】ねばりけのある液。 **—しつ**【—質】気質の型の一つ。刺激に対し活発に反応しないが、意志が強く耐久力がある気質。▽↓きしつ(気質)

ねんおう【年央】《取引》年のなかば。

ねんおし【念押し】《名・ス自》念をおすこと。確認すること。

ねんが【年賀】新年の祝賀。「—状」

ねんがく【年額】収支・生産高などの、一年間の総計。

ねんがっぴ【年月日】ある事が起こった年と月と日。「生—」

ねんがらねんじゅう【年がら年中】《副・ノダ》一年中。始終。いつも。「―金がない」▽「年が年中」「年百年中」とも言う。

ねんかん【年刊】一年に一度刊行すること。

ねんかん【年鑑】ある方面の事柄について年ごとの動きを示すために、その一年間の事件や統計などを記録・解説した、年刊の刊行物。「新聞―」

ねんかん【年間】①一年を通じた期間。「―の利益」「うちは―営業です」「三―(＝一年間の三倍)は続く」②《年号に付いて》その年号が続いた年代。「平成―」

ねんがん【念願】《名・ス他》いつも心にかけて願うこと。その願い。「―がかなう」「―を達する」

ねんき【年季】①修練のために経た年月。「独学でも数学に―がはいっている」「―を入れる」(長年修練を積む)▽(2)の転。②奉公人を雇う、約束の年限。▽一年を一季とした。③「年季奉公」の略。 **―ぼうこう【―奉公】**前もって年季を定めてする奉公。

ねんき【年期】一年を単位とする期間。

ねんき【年忌】→かいき(回忌)

ねんきゅう【年休】「年次有給休暇」の略。年度ごとに定められた有給休暇。

ねんぎょ【年魚】生まれたその年のうちに死ぬ魚。特に、アユ。

ねんきん【年金】一定期間または終身、定めの年額で支払われる一定の金銭。国民年金・企業年金など。「―生活に入る」

ねんきん【粘菌】一生の間に、アメーバのように変形して動く形態と、動かずに胞子をつくって繁殖する形態とをとる生物。▽変形菌と細胞性粘菌とに大別される。古くは菌類に分類された。

ねんぐ【年貢】①年ごとに差し出す物品・金銭。㋐小作料。㋑年々のみつぎもの。㋒田畑・屋敷に課せられた税。②『―の納め時』㋐悪事をした者が捕らえられて罪に服さなければならなくなった時期。㋑転じて、もう見限って観念すべき時。▽(1)㋒を納める時の意から。

ねんげつ【年月】としつき。長い時間。「―を経る」

ねんげみしょう【×拈華△微笑】(仏)言葉を使わず心から心に伝えること。以心伝心。▽釈迦(しゃか)が華(はな)を拈(ひね)って聴衆に示した時、摩訶迦葉(まかかしょう)だけがその意を悟って微笑したという故事による。

ねんげん【年限】年単位で定められた期限。「修業―」

ねんこう【年功】①年来の功労。②多年の熟練のたまもの。「―を積む」 **―じょれつ【―序列】**勤続年数や年齢に従って地位や賃金が決まること。「―型」

ねんごう【年号】年につける称号。元号。例、「令和」。

ねんごろ【懇ろ】《名・ダナ》①親切で丁寧なさま。「―な看護」②親密なこと。「―につき合う」「―になる」「―を重ねる」▽友人関係にも恋愛関係にも言う。 派生 **―さ** 関連 懇切・懇篤・篤実・懇意・昵懇(じっこん)・別懇・親密

ねんざ【捻挫】《名・ス他》不自然にねじるなどして、靱帯(じんたい)など関節周囲の組織を損傷すること。

ねんさい【年祭】(有名な)故人の誕生または死亡の日に行う祭事や記念行事。五十年祭・二百年祭など。

ねんさん【年産】一年間の生産高。

ねんし【年始】①年の始め。年頭。「年末―」②年の始めの祝賀。年賀。「お―」

ねんし【年歯】年齢。▽「歯」も年齢の意。

ねんし【×撚糸】《名・ス自》複数の細い糸をより合わせた糸。また、糸によりをかけること。

ねんじ【年次】①年の順序。㋐一年ごとに年を追うこと。「―計画」㋑長幼や学年の順序。「入学―」②年度に基づく一年間。「その―の話題作」

ねんじ【念持】《名・ス他》(仏)(仏の徳などを)しっかりと心にとどめて保つこと。 **―ぶつ【―仏】**→じぶつ(持仏)

ねんしき【年式】自動車などの機械類の製造年による型式。「古い―の車」

ねんじゅ【念珠】じゅず。ずず。ねんず。▽珠(たま)を一つ繰るたびに仏を念じるから言う。

ねんじゅ【念×誦】《名・ス他》心に念じて、口に仏の名や経文をとなえること。念仏誦経(ずきょう)。ねんず。

ねんしゅう【年収】一年間の収入額。

ねんじゅう【年中】一年の間。また、いつも。始終。「―無休」「―忙しい」

ねんしゅつ【捻出・×拈出】《名・ス他》ひねり出すこと。出そうにもない所から、無理して出すこと。「費用を―する」「案を―する」

ねんしょ【年初】年の初め。年始。

ねんしょ【念書】後日の証拠になるよう、念のために書き記す書面。「―を取る」

ねんしょう【年少】年齢が下であること。若いこと。幼いこと。↕年長。「―者」「―組」「最―」

ねんしょう【年商】(会社などの)年度における総売上高。

ねんしょう【燃焼】《名・ス自》①(ほのおをあげて)燃えること。▽化学的には、急激な酸化。②比喩的に、力の限りを尽くすこと。「完全―」

ねん-じる【念じる】《上一他》①こうなってほしいと心の中で強く願う。祈る。「無事を―」②神仏の名や経文(きょうもん)を心の中で唱える。③いつも心にとめて思う。「かねて―ところ」▽「念ずる」とも言う。

ねんず【念△珠】→ねんじゅ(念珠)

ねんず【念×誦】《名・ス他》→ねんじゅ(念誦)

ねんすう【年数】としのかず。「勤続―」

ねん-ずる【念ずる】《サ変他》→ねんじる

ねんせい【粘性】①(物理)流体が流動する時、各部分の速度を一様化する応力が現れる性質。②ねばりけ。「―の強い土壌」

ねんたい【粘体】固体と液体の中間の性質をもつ物質。飴(あめ)・糊(のり)など。

ねんだい【年代】①経過した時代。また、紀元からかぞえた年数。「―順にしるせ」「―記」(年代順に主な

史実を記した記録)「—物」(年月を経過して高い価値をもつ物) ②時の流れを区切った、一まとまりになる、かなり長い期間。時代。「大正—」。世代。「同—」 **—がく【—学】** 天文学・暦学・文献学などを利用し、歴史上の事実の年代や時間的関係を決定する学問。

ねんちゃく【粘着】《名・ス自》ねばりつくこと。「—力」

ねんちゅうぎょうじ【年中行事】 宮中・民間で一定の時期にならわしとして催す、一年のうちの行事。ねんじゅうぎょうじ。

ねんちょう【年長】 年齢が上であること。としうえ。↕年少。「—組」

ねんてん【捻転】《名・ス自》ねじれて、向きが変わること。「腸—」

ねんど【年度】 事務・会計等の便宜上、ある月日から始まることに定めて区分した、一年間の期間。「二〇一九—」「米穀—」「—末」「—替り」

ねんど【粘土】 ごく細かい粒から成り、水を含むと粘りけの出てくる土。ねばつち。陶磁器などの原料。「—質」

ねんとう【年頭】 年の始め。年始。「—所感」

ねんとう【念頭】 心。胸のうち。考えのうち。「まるで—にない」「—に置く」「—を去らない」

ねんない【年内】 その日から、その年が終わるまでの間。「—無休」

ねんね ①《名・ス自》寝ること。▽幼児語。②《名》赤ん坊(のように、聞き分けがない、または世間知らずの者)。「まだ—ですからねえ」▽特に、年の割に子供っぽく世間知らずの者を指すのに使う。

ねんねこ 子供を背負う時に子供を覆って着る、綿入れのはんてん。ねんねこばんてん。

ねんねん【年年】 ①《名・副》毎年。「—の入学者」「—花を咲かせる」②《副[に]》年を追って。「物価が—上がる」「—(に)豊かになる」 **—さいさい【—歳歳】**《副》毎年毎年。来る年も来る年も。

ねんのため【念の△為】《連語》だいじょうぶだとは思うが、万一の注意のため。「—(に)繰り返し申します」

ねんぱい【年輩・年配】 ①年齢の程度。「五十—の人」「彼は私より五歳—(=年上)だ」②世間の事情に通じた年のころ。中年。「—の紳士」

ねんばらし【念晴(ら)し】 疑念・執念を晴らすこと。

ねんばんがん【粘板岩】 頁岩(けつがん)や泥岩が地下で圧力を受けて、薄板状にはがれやすい性質をもったもの。スレートやすずりなどにする。

ねんぴ【燃費】 機械の燃料消費率。自動車では、一リットルの燃料で走ることのできるキロ数。「—のいい車」

ねんびゃくねんじゅう【年百年中】《副》↓ねんがらねんじゅう

ねんぴょう【年表】(歴史上の)事件を年代に従って書き並べた表。

ねんぷ【年譜】 ある個人一代の履歴またはある事件の経過を、年月の順に記した記録。

ねんぷ【年賦】 返済・納付の金額を、一年に幾らと割りあてて支払うこと。年払い。

ねんぶつ【念仏】《名・ス自》①仏の姿・徳を心に思い浮かべること。②転じて、仏の名を唱えること。特に「南無阿弥陀仏(なむあみだぶつ)」と唱えること。 **—ざんまい【—三昧】** 一心に念仏すること。それによって雑念を払って、心を澄ますこと。 **—しゅう【—宗】** 念仏によって往生(おうじょう)を求める宗旨。時宗・融通念仏宗・浄土宗・浄土真宗など。

ねんぽう【年俸】 年額で幾らと定められた俸給。

ねんぽう【年報】 事業などについて、一年ごとに出す定期的な報告書。

ねんまく【粘膜】 内臓などの内側を覆う、柔らかくて粘液で湿った膜状の組織。

ねんまつ【年末】 その年が終わりとなる時期。▽「—までに」の形は、十二月三十一日とかその年の最後の営業日とかまでを意味することがある。

ねんよ【年余】 一年余り。「—にわたる交渉」

ねんらい【年来】《副ノ》何年も前から。ながねん。「—努力していた仕事」「—の望み」

ねんり【年利】 一年幾らと定めた利率・利息。

ねんりき【念力】 思いをこめることによって生じる力。精神力。「思う—岩をも通す」

ねんりつ【年率】 一年当たりで見た増減率。「—にして五パーセントの経済成長率」

ねんりょ【念慮】 おもんぱかり。思慮。

ねんりょう【燃料】 燃やしてその熱を利用するための材料。たきぎ・木炭・石炭・石油・ガス等。また、広くエネルギー源となる材料。「液体—」 **—でんち【—電池】** 燃料(主に水素)を燃焼させずに化学的に酸化して、電気エネルギーを直接取り出す仕組みの電池。燃料を供給するだけで発電を続けられる。

ねんりん【年輪】 ①木を横に切った切り口に見られる、同心の輪。▽通常一年に一つずつふえるので、樹齢がわかる。②比喩的に、年とともに深まる経験や人間味。「—を重ねる」

ねんれい【年齢】 その人が生まれてから現在(その時)までの年、または年月日の数・長さ。とし。その表し方に満年齢と数え年とがある。[関連]とし・よわい・年端・天寿・芳紀・馬齢・月齢・適齢・学齢・定年・享年・行年・幼年・幼少・年少・年長・弱年・未成年・青年・成年・妙齢・壮年・中年・熟年・高年・初老・高齢・老齢・晩年・弱冠・而立(じりつ)・不惑・知命・耳順・還暦・古希・喜寿・傘寿・米寿・卒寿・白寿

の

の【野】①自然の広い平らな土地。「あとは―となれ山となれ」(→あと(後)㈡(1)㋐) ②《他の名詞にかぶせて》㋐野生のものであること。「―いちご」「―うさぎ」 ㋑卑しんだ意を添える語。「―幇間(だいこ)」

関連 野(や)・原・原っぱ・広野・緑野・原野・田野・山野・林野・野原・野山・野良・野辺・野中・野面・野道・野路・野宿・野末・野草・野外・野天・平原・草原・荒れ野・枯れ野・野分き・野晒(ざら)し・野火・野焼き・野点(のだて)

=の【△幅】《和語の数詞に付けて》布の幅を表す。一幅(ひとの)は普通、鯨尺で八寸(約三〇センチ)から一尺(約三六センチ)。「三(み)―ぶとん」

の ㈠《格助》①《A・Bとも体言(やそれに準じるもの)の時、「A―B」の形で》AをBに結びつけ連体修飾語とするのに使う。▽(1)の用法は他の格助詞と働き方がかなり違うので、連体修飾を格の一種と認めず、連体助詞と呼び分ける説もある。↓ので・のに・ての

㋐《Bが関係や、何かに依存して言えるものの場合》Bと呼べる規準となるのがAだという関係を表す。「私―母」「田中家―客となる」「この店―常連」「P―原点に関する対称点」「嵯峨(さが)は竹―名所だ」「設計―ため―指示書」

㋑《Bが動作・作用または状態の場合》Bをする、Bされる、Bであるなど、そのBに関するAであることを表す。「花子―散歩」「公園―散歩を楽しむ」「自転車―乗り方」「自転車で―旅行」「アフリカへ―旅行」「花子―英語―会話ぶり」「明月―美しさ」「問題解決―困難が目に見える」「子供へ―甘さ」▽Bを動詞化した場合の格が「が」や「を」で表せないときにはもとの格を示す格助詞を「の」の前に残すが、「に」のときには「へ」に変えてから「の」を付けるのが普通。Bが状態でも同様。

㋒《Aが数量(に準じる)表現の場合》B(に関する何か)の量がAであることを表す。「三頭―馬」「若干―話題」「二メートル―身長」「二メートル―大男」「まだ八つ―子供を頭(かしら)に五人―子供を抱える」「個々―問題」「それぞれ―人」「すべて―会社」

㋓《Bが分量表現の場合》Aに対し、そのうちのBと認めることを表す。「国民―大多数」「問題―一部」▽BをAであるものの集まりとしてとらえた場合には、「B―A」と表しても実質的な変わりはない。第二例の「問題」が一問の場合は(1)㋖になる。

㋔《Aが第三人称で指示的表現の場合》Aで指される(不定表現の場合には確定しないにせよ、そういう)ものがBであることを表す。「こ―際」「そちら―情勢はどうか」「どこ―人か知らないが」「あれはだれ―持ち物か」「いつ―日に再び故郷を見ようぞ」

㋕Aに関連させてとらえたB、という意を表す。どう関連するかは、文脈によりさまざま。「犬―(=犬が有する)目」「琴―(=琴が発する)音(ね)」「対岸―火事」「任意―(=任意に選んでよい)文字」「私―写真」「現代―社会」「紫―(=紫色を呈する)糸」「若いころ―父」「新聞社わき―道路」「清水―次郎長」「工程―中でここが最もむずかしい」「三分―二」(三等分した場合の二つに当たる分量) ▽西洋語の所有格という考えに引きずられてか、所有関係が典型かのように説かれることが多いが、適当でない。例えば「太郎―学校」は、太郎がその設立者または設立者の後継者の場合でなければ、太郎が所有する学校の意にはならないが、多くは太郎が属する学校を言う。その場合にも、太郎がそこの生徒・学生なのか教員なのか事務職員なのかは、文脈によってしか区別できない。「私―写真」には、現に私が有する写真、私が撮った写真、私が写っている写真などの意が可能。「母―手紙を読む」は、普通には母が書いた手紙を言うが、この点を明らかにして「母から―手紙」とも言う。母にあてた手紙の意なら「母へ―手紙」と言わなければならない。「の」の前に格助詞があればこの例の同類。↓(1)㋑

㋖Aを全体とする一部としてBを示すのに使う。「大学―学部」「びん―口」▽「B―A」の形にすれば原則的には無意味だが、「五学部―大学」「広い口―びん」のようにBを限定する表現を加えて、それが特徴であるという㋕の用法にした場合には意味をなす。

㋗AであるB、またはAするBという意を表す。「最初―一声」「世間通例―方法」「粗忽(そこつ)―使者」「日本人―娘」(その若い女が日本人である場合。このときには、意味の重点は異なるが「娘―日本人」とも表せる。同格と呼ばれる用法の一つ。なお、特定の日本人Aにとって娘であるBを言う場合は(1)㋐の用法で、Bは若いことを要しない)「親友―山田君」「格段―努力も無しに実現した」「全く―失敗」「変化―状態」「激動―世界」「連絡―者が待っている」「本社を都心から足立区―奥(=都心からすれば周辺部である足立区)に移した」▽この用法を断定の助動詞の連体形とする説もある。文語的表現「なつかし―思い出」「父を慕う―情」の「の」も、この用法。

㋘《㋗の一種で、Aが比喩の場合》Aに著しい特徴をBにも思わせる、そのBという意を表す。「花―都」「鉄―意志」。また、BにAが多いことを特徴とするBの意を表す。「杜(もり)―都仙台」▽Bの方が比喩の「東洋―ネルソン」「飛騨(ひだ)―京都」「現代―織田信長」「恋―火」などは㋘でない。Bが実質的に表すもの(例えば「ネルソン」では、すぐれた海将)とAとの関連を他の用法に従って解しなくてはならない。

㋙《「A―一つも」などの形で》Aと呼べるわずかのものでもせめて、という気持でAを言うのに使う。「御礼―一つも言おうとしない」「晴着―一つも買っ

てやりたい」「愛想笑い―ひとつもしたらどうだい」「酒―一本もおごってくださいよ」
㋚Bが形式名詞や、それに由来する「ようだ」「ごとし」等の場合、Aは実質・内容を示す。「彼が働き者―ことは分かっている」「御相談―上で決めましょう」「火―ように怒る」「光陰矢―ごとし」「泥―ごとくに酔う」「かく―ごとき有様」
②《文の成分を成す句「A―B」で》㋐Aがこの部分の主語であることを示す。「僕―読んだ本はこれだ」「雨―降る日には出掛けない」「しっぽ―短い猫」▽「が」で置きかえられる。
㋑《Bの末が連体形で、後に用法⑶の「の」を伴い》BであるようなAの意を表す。「映画―面白いのを見よう」「小鳥―かわいいのが飼いたい」
③対象化するのに使う。この「の」に終わる結合全体で一つの体言と同等の働きとなる。▽この用法を格助詞から分けて、準体助詞や形式名詞とする説もある。→⑵㋑
㋐……(の)ものの意。「こっち―がいいよ」「できた―からどんどん持って来い」「おい浜町―。顔を貸してくれ」。また、……ことの意。「食う―にも困る」「あいつのだらしない―は知っての通りだ」「平気で入って行った―には驚いた」
㋑《句Aを「―だ」「―か」等の形で受け》(念のために)あえて言うというような気持を込めて、内容を示すのに使う。「もう手遅れな―だ」「その事で彼は苦しんだ―です」「何で死んだ―か」「そうな―ではない」▽「んだ」等の形でも言う。また、この用法の言い切りの形には、大概の人がそう思っていないが実は、の語感が伴いやすい。「のか」には(詰問でなく)詠嘆がこもることがある。
④次に述べる事柄と関連したものを、注釈的に、言いさしたように持ち出すのに使う。「いつものくせ―、鼻のわきをこすりつつ」「余りに細い眼―、あれで見えるのかしらとみんなが陰口をきくほどだ」
⑤物事を並べて挙げるのに使う。「何―か―と煩わしい」「四―五―言わずに金を出せ」「世の中がどう―こう―と言っているけれど」「死ぬ―生きる―とわめく」「痛い―痛くない―ってひどいもんだ」「怒った―何―、すごいけんまくだった」「やれゴルフだ―スキーだ―と」▽この用法の「の」「だの」を、格助詞から分けて並立助詞とする説もある。
㈡《終助》文末で感動・問いかけを表す。「あれが見たい―」「君行く―」▽㈠⑶の転。㈢とは別系統。
㈢《間助》な。「川へ行って―、よく魚を取ったものじゃ」「何と、見事だ―」▽「のう」とも言う。既に古風。

ノア『―の箱舟』旧約聖書の創世記に出て来る物語。神が人類の堕落を怒り、大洪水を起こしたとき、ノアだけ神に命じられて作った箱舟で家族や動物と避難した。そのために人類は絶滅しなかったという。▽Noah

のあそび【野遊び】野に出て遊ぶ、または猟をすること。

のあらし【野荒(ら)し】野原、特に畑などの作物を荒らしたり盗んだりすること。そういう人・獣。

ノイズ →ざつおん⑴⑶。▽noise

のいばら【野茨】初夏、芳香のある白い(淡紅色を帯びるものもある)小さな花が咲く落葉低木。まるく赤い実は、干して漢方薬とする。のばら。▽ばら科。

ノイローゼ →しんけいしょう。▽ドイツ Neurose

のう【×膿】→うみ(膿)

のう(なう) ①《間助》→の㈢《間助》。②《感》人に呼びかける時に発する語。もし。「―、ばあさんや」▽既に古風。「喃」と書くことがある。

のう【悩】【惱】ノウ(ナウ) なやむ なやます ｜心にまといついてはなれない。思いわずらう。なやみくるしむ。なやます。「悩苦・悩殺・悩乱・苦悩・懊悩(おうのう)・煩悩(ぼんのう)」

のう【*脳】【腦】ノウ(ナウ) ｜①《名・造》頭蓋骨(ずがいこつ)の中にある灰白色の物質。意識・神経活動の中枢。脳髄。「脳をわずらう」「脳漿(のうしょう)・脳膜・脳神経・脳病・脳震盪(のうしんとう)・脳溢血(のういっけつ)・脳充血・脳出血・脳貧血・大脳・小脳・間脳」②《名・造》精神のはたらき。記憶力・判断力等。「脳が弱い」「頭脳・脳裏・洗脳」③肝心のもの。主要な人物。「首脳・髄脳」

のう【*納】【納】ノウ(ナフ) ナン おさめる トウ(タフ) おさまる ナッ ナ いれる ｜①内におさめ入れる。うけ入れる。「納受・納采(のうさい)・納得(なっとく)・納涼・出納(すいとう)・嘉納(かのう)・受納・笑納」②しまいこむ。とりこむ。「格納・収納・納骨・納棺・納屋(なや)・納戸(なんど)・納所(なっしょ)」③(官などに)さし出す。おさめる。「納入・納付・納税・納期・納品・納金・上納・完納・奉納・献納・貢納・滞納・返納」

のう【*能】ノウ よく あたう よくする ｜①㋐《名・造》仕事をする力。しとげる力。はたらき。「しゃべるだけが能ではない」「能なし」「能ある鷹(たか)はつめをかくす」(真に実力のあるものは、やたらにそれを現さないことのたとえ)「能力・才能・技能・本能・知能・無能・低能・多能・職能・性能・権能・機能・有能」㋑はたらきをする作用。効果。ききめ。「効能・万能(ばんのう)・放射能・能書き」②仕事をする力がある。うでがある。「堪能(かんのう・たんのう)・全能・不能・可能・能弁・能筆・能吏」③はたらきかける。「能所・能化(のうげ)・能記」④《名・造》㋐からだをはたらかせること。わざ。「田楽能・芸能」㋑日本の伝統的な歌舞劇。室町時代に確立。「能を見る」「能作者・能面・薪能(たきぎのう)・演能」⑤「能登(のと)国」の略。「能州・加越能三国」

のう【*農】ノウ ｜①田畑を耕して穀物や野菜などをつくる。「農夫・農民・農業・農家・農耕・農事・農具・農場・農繁期・農閑期・農産物・酪農・帰農・半農・半漁農」②農業に従事する人。農家。

「精農・貧農・豪農・老農・篤農・自作農・小作農」

のう【濃】ノウ こい こまやか ― ①あっさりしていない。こまやかである。密度が大きい。こい。↕淡。「濃淡・濃度・濃厚・濃密・濃縮・濃霧・濃艶・濃紺」②「美濃(みの)国」の略。「濃州・濃尾平野」

のう【×嚢】ノウ(ナウ) ふくろ ― 物を入れて口をくくるもの。ふくろ。物入れ。「嚢状・嚢中・嚢底・土嚢・氷嚢・行嚢・雑嚢・図嚢・背嚢・知嚢・詩嚢・胆嚢・胞子嚢」

のういっけつ【脳×溢血】→のうしゅっけつ

のうえん【濃艶】『名・ダナ』つやっぽく美しいこと。どぎついほどはなやかに美しいさま。派生 **‐さ**

のうえん【脳炎】脳に起こる炎症の総称。「日本―」

のうえん【農園】主に園芸作物をつくる農場。

のうか【農家】農業によって生計を立てている家。また、農民の住まいである建物。

のうかい【納会】①その年の最後に行うしめくくりの会。②取引所で、月の最後の日に行う立会(たちあい)。↕発会

のうがき【能書(き)】①(薬などの)効能を書いた文書。その文句。効能書。②転じて、自己宣伝。「勝手な―ばかり並べ立てる」

のうがく【能楽】①能と狂言との総称。▽明治以降の言い方。②能(4)(イ)。▽→ようきょく(謡曲)。 **―し**【―師】能楽専門の役者。

のうがく【農学】農業に関する学問。

のうかすいたい【脳下垂体】脊椎動物の脳の下面についている、突起状の内分泌腺。生殖・発育などに関係するホルモンを分泌する。

のうかん【納棺】『名・ス他』死体を棺に納めること。

のうかん【脳幹】大脳半球と小脳を除いた、脳の中軸部。大脳と脊髄をつなぎ、反射作用と生命維持に重要な役割を持つ。

のうかんき【農閑期】農業の仕事がひまな時期。↕農繁期

のうき【納期】商品等を納入する期限。

のうき【農期】農業の仕事を盛んに行う(べき)時期。

のうきぐ【農機具】農業用の機械・器具。

のうきょう【×膿胸】胸膜腔(こう)に、うみがたまる病気。化膿(かのう)菌の感染によって起こる。

のうぎょう【農業】田畑などで人間生活に必要な植物を作り、また有用動物を飼い育てる、生産活動。特に、農耕。▽広くは林業も含む。

のうきん【納金】『名・ス自他』金銭を納めること。また納める(べき)金。

のうきょうげん【能狂言】①狂言(1)。②能と狂言(1)。

のうぐ【農具】農業用の器具。

のうげい【農芸】①農業と園芸。②農作物を育て上げる仕事。農事についての技芸。「―化学」

のうけっせん【脳血栓】脳の血管に生じた血の固まり(=血栓)。また、そのために血流が妨げられ、脳の組織が壊死(えし)してその部分の機能を失う病気。

のうこう【農耕】田畑を耕し作物を育てること。

のうこう【濃厚】『ダナ』①味・色などが濃いさま。こってりとして、あっさりしていないさま。↕淡白。②その可能性・要素などが強く感じられるさま。「敗色が―だ」 派生 **‐さ**

のうこうそく【脳梗塞】脳の血管がふさがり、血液が流れなくなった部分の脳組織が壊死(えし)・軟化する疾患。脳軟化症。

のうこつ【納骨】『名・ス自』死体を火葬にし、遺骨を骨壺(こつつぼ)・納骨堂・墓などに納めること。

のうこん【濃紺】こい紺色。

のうさい【能才】物事をする十分な才能(がある人)。「いくら―でも天才でも」(夏目漱石「虞美人草」)

のうさい【納采】結納(ゆいのう)の取り交わし。「―の儀」▽今は天皇・皇族のを言う。

のうさぎょう【農作業】農業での生産のための作業。

のうさく【農作】田畑を耕作すること。 **―ぶつ**【―物】田畑に栽培された物。▽「のうさくもつ」とも。

のうさつ【悩殺】『名・ス他』(女がその美しさで男の心をかき乱し)非常に悩ますこと。

のうさつ【納札】『名・ス自』神社・寺にお参りをして、記念・祈願のためにその神社・寺にふだを納めること。また、そのふだ。

のうさんぶつ【農産物】農業によって作られる生産物。

のうし【〈直衣〉】(なほし) 昔の貴族の平常服。袍(ほう)に似た形で、烏帽子(えぼし)・指貫(さしぬき)と共に着用した。

のうし【脳死】脳の全体的な、回復不可能な機能停止。▽この状態の患者に対する人工呼吸器が一九五〇年代に開発されてから生じた語。七〇年ごろから、脳死をもって個体の死とするかが臓器移植との関係で問題化した。

のうじ【能事】しとげるべき事柄。「―終われりとする」

のうじ【農事】農業の仕事。「―にいそしむ」。農業に関する事柄。

のうしゃ【納車】『名・ス自他』自動車を買い主に納入すること。

のうしゃ【農舎】収穫した物の処理を行う小屋・建物。

のうじゅ【納受】『名・ス他』①受け入れること。②聞き入れること。

のうじゅう【×膿汁】うみしる。

のうじゅうけつ【脳充血】脳内の血液が増加した状態。

のうしゅく【濃縮】『名・ス他』(煮詰めなどして)液体の濃度を高めること。「―ジュース」「―ウラン」

のうしゅっけつ【脳出血】脳の動脈が切れて、脳内の出血によって起きる病気。脳溢血(のういっけつ)。

のうしょ【能書】文字を書く技がうまいこと。そういう人。能筆。「―家」

のうしょう【脳×漿】脳室(=脳の内部の空間)を満たす液。「―をしぼる」(あらん限りの知能を働かせる)

のうしょう【脳症】重病・高熱などのため脳の作用が

損なわれる症状。

のうしょう【農相】農林水産大臣の略称。また、(以前の)農林大臣の略称。

のうじょう【農場】必要な設備をもって農業経営をする一定の場所。

のうしんとう【脳震×盪】打撲等の強い外力を受けて突発的に起こる一時的な脳の障害。種々の神経障害が生じるが、多くは短時間で回復する。

のうずい【脳髄】↓のう〔脳〕(1)

のうすいしょう【農水相】農林水産大臣の略称。

のうせい【脳性】〔医学〕脳に関係のあること。「—小児麻痺(まひ)」

のうせい【農政】農業に関する行政・政策。

のうぜい【納税】『名・ス自他』税金を納めること。「—の義務」

のうせきずいまくえん【脳脊髄膜炎】細菌やウイルスの感染などによって、脳と脊髄を包む膜に起こる炎症。化膿(かのう)性のもの、結核性のもの、流行性のものなどがある。▽流行性のはもと法定伝染病の一つ。

のうぜんかずら【〈凌霄花〉】幹が他の物にからんで伸び、夏、だいだい色の大きな有毒の花が咲く落葉つる植物。観賞用。▽のうぜんかずら科。

のうそ【×曩祖】先祖。▽「曩」は過ぎた日の意。古風。

のうそっちゅう【脳卒中】脳の急激な血液循環障害による症状。急に意識を失って倒れ、運動障害を起こす。脳出血・脳梗塞による。卒中。

のうそん【農村】住民の多くが農民である村。

のうたん【濃淡】色・味などの濃いのと薄いのと。

のうち【農地】農業に使う土地。耕作を目的とする土地。 **—かいかく**【—改革】第二次大戦後、占領政策により、農村民主化と自作農確立をめざして、農地の再分配を行った改革。

のうちゅう【×嚢中】袋、特に財布(さいふ)の中。所持金。「—無一物」「—の錐(きり)」(錐は袋に入れてもその先がつき出るように、才能があれば必ず外に現れるというたとえ)

のうてい【×嚢底】袋、特に財布(さいふ)の底。

のうてん【脳天】頭のてっぺん。「—を一撃」

のうてんき【能天気・能転気】『名ナノ』〔俗〕のんきで何事も深く考えないこと。「—なやつだ」▽「脳天気」とも書く。

のうど【濃度】①液などの濃さ。特に、一定量の液体や気体の中にある、その成分の割合。「高—」②〔数学〕集合に含まれる元の個数という概念を、無限の場合にも拡張した考え方。二つの集合の元が一対一に対応するとき、その二つの集合の濃度は等しい。▽(2)は「計数」「カーディナル数」とも言う。

のうど【農奴】封建社会で領主に使われる、奴隷と農民との中間的身分の、農業労働者。「—解放」

のうどう【能動】自分の作用を他に及ぼすこと。働きかけ。↔受動。「—的」

のうどう【農道】農作業用に農地の中につけた道。

のうなし【能無し】『名ナ』何のとりえもなく、役に立たないこと。そういう人。

のうなんかしょう【脳軟化症】脳梗塞の旧称。

のうにゅう【納入】『名・ス他』物品や金銭を納めること。

のうのう『副〔と〕・ス自』心配がなく、のんびりしているさま。「毎日—と暮らす」「一仕事終わって—(と)する」

のうは【脳波】脳の神経細胞から出る弱い周期性の電位変動。それを記録した図形。

ノウ ハウ 技術情報。(仕事の)やり方。ノー ハウ。▽know-how

のうはんき【農繁期】植付け・取入れ等の、農業の仕事が忙しい時期。↔農閑期

のうひ【能否】出来るか出来ないか。能力のありなし。「舟航の—を調べる」

のうひつ【能筆】↓のうしょ。「—家」

のうびょう【脳病】脳の病気の総称。▽神経症・精神病まで含めることもある。

のうひん【納品】『名・ス自他』品物を納入すること。その品物。「—書」

のうひんけつ【脳貧血】脳の血液量が減ることによって起こる病気。めまい・耳鳴り等がし、時には卒倒する。

のうふ【納付】『名・ス他』官(や公社)に義務として納入すること。「税金を—する」

のうふ【農夫】①農耕を生業とする人。農民。②耕作のために雇われた人。

のうぶん【能文】文章がじょうずなこと。

のうへい【農兵】農民で組織した軍隊。またその兵士。

のうべん【能弁】『名ナ』弁舌が巧みなこと。話がうまくて、よくしゃべること。↔訥弁(とつべん)。「—家」

のうほう【×膿×疱】水疱(すいほう)が膿(う)んで、うみのたまったもの。 **—しん**【—×疹】皮膚病の「とびひ」のこと。

のうほう【農法】農作の方法。

のうほん【納本】『名・ス自他』でき上がった本を(官庁・注文先などに)納めること。

のうほんしゅぎ【農本主義】農業が国を立てていく基本であるとする主義。

のうまく【脳膜】脳を覆い包んでいる膜。「—炎」

のうみそ【脳味×噌】〔俗〕①脳。②転じて、知力。「—が足りない」

のうみつ【濃密】『名・ダナ』密度が濃いこと。「男女の—な関係」「—の度を加える」「—に彩色する」「—散兵」(間隔を普通より密にした散兵) 派生 **-さ**

のうみん【農民】農業に従事する民。ひゃくしょう。

のうむ【濃霧】見通しが利かないほど濃く立ちこめた霧。

のうめん【能面】能に使う仮面。おもて。

のうやく【農薬】農業で消毒・防虫・除草などに使う薬品。

のうやくしゃ【能役者】能楽を演じる役者。▽↓のう

がくし

のうよう【×膿瘍】身体の組織内の一局部にうみがたまる症状。

のうらん【悩乱】《名・ス自》悩み苦しんで心が乱れること。

のうり【能吏】事務処理にすぐれた才能を示す役人。

のうり【脳裏・脳×裡】脳中。頭のなか。「―にひらめく」「―に浮かぶ」

のうりつ【能率】①一定時間にできる仕事の割合。仕事のはかどり方。作業量の効率。「―が悪い」「―的な勉強法」②《物理》→モーメント。 **―きゅう**【―給】能率⑴に応じて支払う建て前の給与。

のうりょう【納涼】《名・ス自》暑さを避けて涼しさを味わうこと。すずみ。「―盆踊り大会」

のうりょく【能力】①物事をしとげることのできる力。「―を生かす」②法律上、一定の事柄について必要とされ、または適当とされる資格。「権利―」「責任―」

ノー ①《名》㋐否定。否認。「答は―だ」㋑禁止。「―スモーキング」㋒……なし。「―プロブレムだ」(何の問題もない)「―カウント」(勘定に入れないこと)「―ネクタイ」▽㋒の第二例以降は和製英語。第一例のような用法に類推した日本での造語が多い。②《感》いいえ。否。↕イエス。▽no **―アイロン** 洗濯後にしわにならず、アイロンがけが不要な織物、また衣類。▽no と iron とによる和製英語。 **―カット** 映画・テレビ放送・音楽アルバムなどが編集で削除された部分のないこと。「―放映」▽no と cut とによる和製英語。 **―コメント** 何も言うことはない。事情を説明しないこと。▽no comment **―サイド** ラグビーで、試合が終わること。▽no side (＝敵味方なし、の意) **―スリーブ** 袖なしであること。その服。▽no と sleeve とによる和製英語。 **―タッチ** 関係しないこと。干渉しないこと。「今度の企画に私は―だ」▽no と touch とによる和製英語。 **―マーク**《名ナ》特定の人物や対象に注意や警戒を怠ること。注目しないこと。「―の選手の活躍」「―な作品」▽no と mark とによる和製英語。 **―メーク** 化粧をしていないこと。すっぴん。ノーメイク。「―で通す」▽no と make-up とからの和製英語。 **―モア** もう(これ以上は)たくさんだ。もうごめんだ。「―ヒロシマ」▽no more

ノート ①《名・ス他》書きとめること。書きとめたもの。手記。覚え。「―をとる」②《名》注。「フットー」▽⑴⑵は note ③《名》「ノートブック」の略。 **―パソコン** コンピュータ本体、ディスプレー、キーボードが一体化した、持ち運びに便利なパソコン。ノートブック型パソコン。▽notebook personal computer から。 **―ブック** 手帳。筆記帳。帳面。▽notebook

ノー ハウ →ノウ ハウ

ノーブレス オブリッジ →ノブレス オブリジュ

ノーマライゼーション 違いを吸収して全体を均一化すること。特に、障害をもつ者ともたない者とが平等に生活する社会を実現させる考え方。共生化。通常化。▽normalization

ノーマル《ダナ》正常なさま。正規。標準的なさま。↕アブノーマル。▽normal

のが-す【逃す】《五他》それが逃れるままにする。にがす。「容疑のかかった仲間を国外に―・してやる」「チャンスを―」▽意図的な場合にも、そうでない場合にも言う。

のが-れる【逃れる】《下一自》いやなもの、自分に不利をもたらすものから(うまく、または、いい具合に)逃げる。免れる。「危く難を―」「国外へ―」「詰問を言い―」

のき【軒】屋根の端の、建物の外部に張り出た部分。「―を連ねる」(家が建てこんでいる)「―を貸して母屋(おもや)を取られる」(自分の持ち物の一部を使わせて、いつの間にか大事な所まで取られる。また、恩を仇(あだ)で返される)

のぎ【×芒】稲・麦などの実の殻にある針状の毛。

のぎく【野菊】野に咲く菊。特にヨメナ。

のきさき【軒先】軒のはし。また、軒に近い所。戸口の所。

のきした【軒下】軒の下になっている場所。

のきしのぶ【軒忍】岩の上、樹幹、軒先などに生える羊歯(しだ)植物。葉は線形で、先がとがっている。▽うらぼし科。

ノギス 物の厚さや球・穴の直径を正確に測るための、補助尺つきの、ものさし。▽ドイツ Nonius から。

のきなみ【軒並(み)】①軒が続いて家が並んでいること。その並んだ家。のきならび。「―に」(並んだ家一軒一軒すべて)②《副詞的に》どれもこれもみな。「列車は―(に)遅れた」

のきならび【軒並び】→のきなみ⑴

のきば【軒端】軒のはし。また、軒に近い所。「―の梅」

のぎへん【ノ木偏】漢字の偏の一つ。「秋」「種」などの「禾」の称。▽「禾」の最初の一画を片仮名の「ノ」、下の部分を「木」と見なしたところから。

の-く【△退く】《五自》①身を動かしてそこをあける。立ち去る。どく。②関係を絶って離れる。

ノクターン 夜想曲。▽nocturne

のけぞ-る【のけ反る】《五自》体がそり返る。あおむけにそる。

のけもの【△除け者】例外として扱うべきもの。特に、仲間はずれにされる人。「―にする」

の-ける【△退ける・△除ける】《下一他》①そこにあるものを他に移し去る。㋐しりぞける。[退]「いすをわきに―」㋑除き去る。[除]「彼を―・けては話にならない」②《動詞連用形+「て」をうけて》(ためらうことなく)……してしまう。[退]㋐しとげる。「即座にやって―」㋑あえて……する。「悪口を面前で言って―」

のこぎり【×鋸】薄い鋼板のふちにたくさんのぎざぎ

ざの歯がついた、木材を断ち切るのに使う工具。「—で木を引く」▽略して「のこ」とも言う。

のこくず【×鋸×屑】のこぎりで木を切る時に出る木くず。おがくず。

のこ-す【残す】《五他》残るようにする。㋐あとにとどめる。「放課後も教室に—・して叱る」「心を—」「足跡を—」㋑後世に伝える。「莫大(ばくだい)な財産を孫娘に—・した」「功績を—」▽㋑は「遺す」とも書く。㋒余りを出す。余裕を作る。「小金(こがね)を—(=ため込む)」㋓相撲(すもう)で、相手の攻撃をこらえてしのぐ。

のこった【残った】《連語》相撲(すもう)で、行司が力士に、土俵にまだ余地があって勝負が決まっていないことを知らせる掛け声。「—、—」

のこのこ《副[と]》気配りなく不用意に、現れたり出歩いたりするさま。「今さら—会いには行けない」「用もないのに—(と)やってくる」

のこらず【残らず】《連語》《副詞的に》全部。すっかりみな。「(一つ)—覚えた」

のこり【残り】①残ったもの(の分量)。「—が二つある」▽「余り」が、ある規準を越えた分を言うのに対し、使ったものを除いた分を言う。②残ること。「居—」▽→のこんの

のこりおお-い【残り多い】《形》①思いどおりにならないで、心残りが多い。くやしい。②なごり惜しい。▽既に古風。今は、「残り少ない人生」と言うのに対し、「—(=あとに残る時間が多い)人生」のように言うことがある。派生 **-さ**

のこりおし-い【残り惜しい】《形》なごり惜しい。派生 **-さ -げ -がる**

のこりが【残(り)香】居なくなったあとにまで残っている、その人のにおい。▽「のこりか」とも言う。

のこりび【残(り)火】燃え尽きたような状態になりながら、なお内に残っている火。

のこりもの【残り物】他の同類を使ったあとに残っているもの。「—を始末する」。使われないまま最後に残されたもの。「—には福がある」

のこりゆ【残り湯】使い終えて残った(ふろの)湯。「—で洗濯をする」

のこ-る【残る】《五自》(何かが過ぎて、その)あとにとどまる。「会社に—」「心が—」㋐あとあとまで消えずにある。「きずが—」「後世に名が—」㋑余る。余裕ができる。「金が—」㋒相撲(すもう)で、相手の攻撃がきまらず、勝負が続く状態にある。

のこんの【残んの】《連語》《名詞の前に付けて》まだ残っている。「—月」「—雪」▽「残りの」の転。雅語的。

のさば-る《五自》思いのままに大きく場所を占める。威張って勝手気ままにふるまう。

のざらし【野×晒(し)】野原で風雨にさらすこと。また、さらされるままになっている物、特に、髑髏(どくろ)。

のし【〈熨斗〉】①祝い等の進物(しんもつ)に添えるもの。色紙を折って上が広く細長い六角形にし、細く切ったのしあわびをその中にはりつける。「—をつけて返上する」(喜んでお返しする) ②「のしあわび」の略。

のし【△伸し・△延し】①のすこと。のばし広げること。②体を横にし、手足をのして泳ぐ、日本式の泳法。[延]

のじ【野路】野原の道。のみち。「—の村雨」▽雅語的。

のしあが-る【△伸し上がる】《五自》①他をおさえて、高い地位・順位に一挙にのぼる。「重役に—」②横柄(おうへい)な態度で人の上に立つ。

のしある-く【△伸し歩く】《五自》横柄(おうへい)な態度で闊歩(かっぽ)する。威張って勝手気ままにふるまう。のさばる。「世の中を—」

のしあわび【〈熨斗〉×鮑】アワビの肉を薄くはいで伸ばし、乾かしたもの。もと、儀式用のさかな。後には、(延長・伸展の意によって)祝意を表すために使う。

のしいか【伸し〈烏賊〉・〈熨斗〉〈烏賊〉】味つけしたするめを薄くのばして乾かした食品。

のしかか-る【△伸し掛(か)る】《五自》①体を伸ばして体重を掛けながら覆いかぶさるようにする。「相手に—・っておさえつける」②負担(に感じるもの)がおおいかぶさる。「責任が重く—」「期待が肩に—」

のしがみ【〈熨斗〉紙】熨斗(のし)・水引(みずひき)が印刷してある紙。贈答品を包むのに使う。

のしぶくろ【〈熨斗〉袋】(印刷した)熨斗(のし)・水引(みずひき)が付けてある紙袋。金銭などを人に贈る時、入れる。

のしめ【〈熨斗〉目】練貫(ねりぬき)の一種。武家の礼服用。無地で、そで・腰のあたりだけに、しま模様がある。

のしもち【△伸し餅】長方形に平らに伸ばした餅。切り餅にする。

のじゅく【野宿】《名・ス自》露天で夜を明かすこと。

の-す ㊀【△伸す・×熨す】《五他》広がるようにのばす。[伸] ㋐(重さ・力などを加えて)物をのばし広げる。「麺棒で—」㋑(こて・アイロン等で)熱を加えて(しわを)のばす。[熨] ㋒〔俗〕なぐり倒す。[伸]「一発で—・される」㊁【△伸す】《五自》①成績・地位がのびる。勢力が強まる。「最近—・してきた会社」「次官にまで—・し上がる」②遠くまで出かける。「浅草まで—」▽(2)は既に古風。

のずえ【野末】野のはて。野原のはずれ。

ノスタルジア 故郷を遠く離れた所に居て、さびしさに苦しみ、故郷を恋しがること。そのさびしさ。郷愁。懐郷病。ノスタルジー。▽nostalgia

ノスタルジー ↓ノスタルジア。▽フランス nostalgie

ノズル 筒状で、先の小さな穴から勢いよく液体を出す装置。筒口。▽nozzle

の-せる【乗せる・載せる】《下一他》①運送用の物の上や内部に移す。↕おろす。㋐乗物に乗らせる。[乗]「車に家族を—」㋑運ぶ道具に荷などを置く。[載]「荷物を車に—」「事業を軌道に—(=順調に進ませる)」▽(2)から。②持ち上げて物の上に置く。[載]↕おろす。「本を机に—」「要求額に近づけるため回答額にもう千円—・せよう」③こちらの動きに引き

入れる。【乗】㋐たくらみに掛ける。「計略に―」「うまい話があったら一口―・せてくれ」㋑物事をする仲間に入れる。「おだてに―」④表現や伝える手段に託する。「三味線(しゃみせん)に―」「舞台に―」(上演する)「電波に―・せて送る」。新聞・雑誌・インターネット上等の記事とする。「新聞に広告を―」▽新聞・雑誌などの場合には「載」を使う。

のぞかせる【×覗かせる・×覗かせる】《連語》《複合動詞相当》それが覗く㈡ようにする。相手(や見る人)にそれと知れるようにする。ちらつかせる。「懐(ふところ)から匕首(あいくち)を―」▽「のぞく」の未然形＋使役の助動詞「せる」。→のぞく(覗)㈡

のぞきからくり【×覗(き)〈機関〉】→のぞきめがね(2)

のぞきこ-む【×覗き込む】《五他》顔を突っ込むようにしてのぞく。

のぞきみ【×覗き見】《名・ス他》隙間などから、こっそりのぞいて見ること。

のぞきめがね【×覗(き)〈眼鏡〉】①箱の底に入れたガラスを通して水の中をのぞき、魚などをとる道具。はこめがね。②箱の中に何枚か入れた絵を、ひもで操って変え、これを箱の前面のレンズからのぞいて見せるようにした仕掛け。

のぞ-く【除く】《五他》取り去る。㋐取ってなくする。「雑草を―」「邪魔者を―」(殺す意にも)㋑はずす。加えない。「六十歳以上は―」「……を―・いて考える」関連 取る・取り除(の)ける・取り除く・取り去る・撥(は)ねる・はねのける・払い除ける・排する・措(お)く・外す・退(の)ける・どける・除去・除外・排除・払拭・駆除・防除・切除・淘汰(とうた)・一掃・オミット

のぞ-く【×覗く・×覘く】㈠《五他》①すきま、小さな穴に目を近づけて向こう側を見る。「半開きのドアから室内を―」「顕微鏡で―」。ひそかにうかがい見る。「大人の世界をやたらに―・きたがる子」②高い所から、体を伸ばすようにして見おろす。「谷底を―」③少しだけざっと見る。「古本屋を―」㈡《五自》物の一部分だけが外に現れる。「襟から下着が―・いている」「右を―・かせる」(相撲(すもう)で、右手を浅く差す)

のそだち【野育ち】放任されて育つこと。しつけのない育ち。

のそのそ《副[と]》動作がにぶく、ゆっくり行動するさま。「一匹の大きな洋犬(メカ)が―はいって来て」(岡本綺堂「半七捕物帳」)

のぞまし-い【望ましい】《形》そうなるのがよいことだと(自分または人々が)望みに思う状態だ。「全員参加が―」「―環境」派生 -さ

のぞみ【望み】望む心。希望。こうなればよいと思うこと。「―を大きく持て」「―がかなう」。将来に寄せる自分の期待(見込み)。「まだ―はある」。他人・世間がその人に寄せる期待。「あいつには―がない」

のぞみうす【望み薄】《名ナノ》そうなる見込みがほとんどないこと。「再選は―だ」

のぞ-む㈠【望む】《五他》①自分の将来や他人・世間の事柄について、こうなればよい、そうし(あり)たいと思う。「高給を―」「英雄の出現を―」「君に(＝を相手に取り)―のは冷静さだ」「知人の姪(めい)を息子の嫁に―」▽(2)の転。「望む」と言い切ってよい表現を一九九五年ごろから「望みたい」と余計な「たい」を添えることが増した。②《「AをBに―」「BにAを―」の形で。Aは所、Bは方向等》AをBの方で目に収める。「富士を左手に―」「西に森を―土手」㈡【臨む】《五自》所・事に向かう。それを目の前にする。「海に―別荘」。その場に直面する。「危機に―」。その場に行く。「式場に―」「試合に―」▽漢文訓読で「臨」を「のぞむ」と読んだことから。関連 願う・希望する・乞い求める・希求する・仰ぐ・慕う・眺める・眺めやる・見やる・眺め渡す・見晴らす・展望する

のぞむらくは【望むらくは】《連語》望むことは。どうか……であるように。▽「恨むらくは」などの類推でできた形。

のだ《連語》《動詞・形容詞およびその型の活用をする助動詞に付いて》強い断定を表す。㋐相手が知らない事や疑っている事を説き示す気持を表す。「それでいい―」「結果はそうなる―」「彼がこわした―」㋑話し手(書き手)の決意を表す。「ぼくはこうする―」「断じて遊ばない―」▽格助詞「の」＋助動詞「だ」。「んだ」とも言う。→だ《助動》

のだいこ【野太鼓・野〈幇間〉】①内職でたいこもちをする男。②転じて、「たいこもち」の卑しんだ言い方。

のたう-つ《五自》苦しくてもがき転がる。「―・ちまわる」

のたく-る①《五自》(蛇・みみず等が)くねって、はい動く。②《五他》↓ぬたくる

のだち【野立(ち)】身分の高い人が野外で休息すること。▽「のだて」とも言う。

のだて【野△点】野外でたてる茶の湯。

のたのた《副[と]・ス自》動きが重くのろいさま。「―(と)歩く」「いつまで―してるんだ」

のたま-う【△宣う・の△給う】《五他》おっしゃる。▽「宣(の)り給(たま)ふ」の転。終止形・連体形は「のたもー」と発音し、音便はウ音便なのが、標準的。「そんな事―・っていいの」のように、からかう場合もある。

のたまわく【×曰く・△宣わく】《連語》おっしゃることには。「子(し)―」▽文語的。「宣(の)り給(たま)はく」の転。「く」は「……こと」の意。↓＝く

のたりのたり《副[と]》ゆるやかにうねるように動くさま。「春の海ひねもす―かな」(与謝蕪村)

のたれじに【野垂(れ)死(に)】《名・ス自》道端に倒れてそのまま死ぬこと。行き倒れ。また、それに似た哀れな死に方。

のち【後】①あとである時。↕前(まえ)・先(さき)。「晴―曇り」「それから―どうなったかは知らない」「―の完成を待つ」「―の月(見)」(陰暦八月の十五夜に対する、陰暦九月の十三夜の月(見))②時間的にあとの

部分に属すること・もの。㋐未来。㋑死後。「わが―の事を頼み置く」㋒子孫。「三代の―に傑物が現れた」▽以前は空間的にも使った。

のちかた【後方】《多く副詞的に》時間的に少しあと。後刻(ごこく)。↔さきがた。「―すしでも取ろう」▽古風。「こうほう」と読めば別の意。

のちざん【後産】↓あとざん

のちぞい【後添い】後妻。二度目の妻。

のちのち【後後】ある時からあと。将来。「―の事を考える」「―まで影響する」

のちのよ【後の世】《連語》①将来の世の中。未来。②死後。

のちほど【後程】《副》少したってから。後刻(ごこく)。「―まいります」

のっかる【乗っかる・載っかる】《五自》〔俗〕乗る。載る。

ノック《名・ス他》①とんとんと扉をたたくこと。②野球で、守備練習のため各野手に向けてボールをバットで打ってやること。▽knock　**―アウト**《名・ス他》①ボクシングで、相手を打ち倒し、規定時間内に立ち上がれなくすること。KO。②転じて、相手を徹底的に負かすこと。▽knockout　**―ダウン**①《名・ス自他》ボクシングで、パンチを受けて倒れるなど、一時試合ができなくなること。一〇秒以内に試合態勢をとらないとノックアウトになる。▽knockdown ②《名》「ノックダウン輸出」の略。部品で輸出して、現地で組み立てる方式。

のっけ〔俗〕初め。最初。「話の―から見込み薄をほのめかす」

のっける【乗っける・載っける】《下一他》〔俗〕のせる。

のっこみ【乗(っ)込み】春先の水がぬるみ始める頃、魚が産卵場所へいっせいに移動すること。「釣り人待望の―シーズン到来」「チヌの―をねらう」

のっしのっし《副[と]》体重のある大きいものが、足をゆっくり踏みつけて歩くさま。「相撲取りが―(と)歩いて行く」

のっそり《副[と]・ス自》動きが鈍重なさま。のそっと。「牛が―(と)立っている」「―した動作」

ノット 船・航空機の速さを表す単位。一ノットは一時間一海里の速さ。▽knot もと「節」と書いた。

のっとる【△則る・△法る】《五自》規準として従う。手本とする。「伝統に―ったやり方」▽法(のり)として採る意。

のっとる【乗っ取る】《五他》奪いとって自分の支配下におく。「バスを―」「会社を―」

のっぴき《打消しを伴って》避けたり退いたりする、逃げの打てる状態・態度。「―ならない窮地」「―させぬ手厳しさ」▽「のきひき(退引)」から。

のっぺい 大根・里芋などの根菜類、油揚げなどをすまし汁で煮込み、くず粉や片栗(かたくり)粉でとろみをつけた料理。のっぺい汁。鶏肉を入れる地方もある。

のっぺらぼう ①《名ナノ》一面になめらかで、つかみどころがないこと。そういうもの。また、何の変化もないこと。「節目のない―な暮らし」▽⑵の転。②《名》背が高く顔に目鼻口がないという化け物。▽もとは(特に⑵は)「のっぺらぼう」。

のっぺり《副[と]・ス自》平面にでこぼこが少なく、しまりのないさま。「奥行きのない―(と)した絵」「―した顔」

のっぽ《名ナノ》〔俗〕背が(普通よりずっと)高いこと。そういう人。

のづみ【野積み】(倉庫などに入り切らない品物を)屋外に積んでおくこと。

のづら【野面】野原の表面。

ので《接助》《連体形に付いて》ある事柄に対する前件を、そこから自然の成行きで後件が出るという気持で示すのに使う。「雨が降り出した―出掛けなかった」「きれいな―人目を引く」▽「んで」とも言う。「から」とは違い、前件と後件とを主観的に結びつける場合には使えない。格助詞「の」と「で」との複合から転じた語。

のです《連語》「のだ」の丁寧な言い方。↓のだ

のてん【野天】屋根など、覆いがない外の場所。露天。「―ぶろ」「―干し」

のど【喉・△咽】①口の奥の、食道・気管に通じる部分。「―がかわく」(水分が欲しくなる)「相手の名は―まで出かかっているのだが」「―から手が出る」(欲しくてたまらないたとえ)②比喩的に、(歌う)声。「―がいい」「―自慢」(声がよいのを自慢すること。また、しろうとの歌い手の競演)③急所。「―を押さえる」④本を開いたときのとじめの部分。▽「のみと(飲門)」の転「のんど」がつづまった形。

のどか【〈長閑〉(か)】《ダナ》心がくつろいでのびのびしているさま。また、天気がよく穏やかなさま。のどやか。「―な春の日」派生 **-さ**

のどくび【喉×頸】くびの前面の部分。

のどごえ【喉声】のどから押し殺したように出す声。「『分かったな』と―で言う」

のどごし【喉越し】食物や飲物がのどを通るときの感触。「滑らかな―」「―がいい」

のどひこ【喉×彦】↓こうがいすい

のどぶえ【喉笛】のどの気管。のどの、息の通り道。

のどぼとけ【喉仏】のどの中間にある甲状軟骨の突起。成年男子にはっきり現れている。

のどもと【喉元】のどの所。「―過ぎれば熱さを忘れる」(苦しい事も、それが過ぎると簡単に忘れてしまうものだというたとえ)

のどやか【〈長閑〉やか】《ダナ》↓のどか。派生 **-さ**

のどわ【喉輪】①相撲(すもう)で、相手のあごに手を当てて押す技。②よろいの付属具。のどの前に当てて胸板のはずれを補う。

のなか【野中】野原の中。「―の一本杉」

のに《接助》《連体形に付く。助動詞「だ」では終止形につくこともある》㋐ある事柄から普通に予期する事と反対の事柄が起こる意を表す。「こんなに寒い―

元気一杯だ」「横綱な—よく負ける」「昼間だ—人っ子ひとり通っていない」㋑後件を表現せず、予期に反した結果になった事についての不満の気持を表す。「あれほど注意しておいた—」「そんなのじゃだめだ—」▽格助詞「の」と「に」との複合から転じた語。

のねずみ【野×鼠】山野にすむねずみの総称。

ののさま【のの様】仏様。神様。また、お日様。お月様。▽僧が仏に経をあげるのが「のんのん」と聞こえるところから出た語という。幼児語。

ののし‐る【罵る】《五他》(声高に)ひどい言葉で悪口を言う。

のばかま【野×袴】すそにビロードの広いふちをつけた袴。江戸時代の武士が旅行用などにした。

のば‐す【延(ば)す・伸(ば)す】《五他》長くする。広げる。㋐(引っ張ったり育てたりして)長くする、また、真っすぐにする。「ゴムひもを—」「曲がった腰を—」「しわを—」「ひげを—」「屋根より高く枝を—・した木」「羽を—」(→はね⑴)㋑時を長びかせる。特に、予定の日時を遅らせる。【延】「期限を—」「出発を三日先に—」㋒長くしてそこに届かせる。「さかずきに手を—」「バス路線を団地まで—」㋓発展させる。実力がつくようにする。【伸】「国力を—」「新人を—・し育てる」㋔(手などを用いて)柔らかい物を薄く広がるようにする。【延】「クリームを手のひらで—」「うどんの生地(きじ)を—」㋕水などを加えて濃さを下げる。薄める。【延】「水で三倍に—・して使う」㋖〔俗〕なぐり倒す。▽㋖は「のす」の方が普通。

のばなし【野放し】⑴家畜などを野に放し飼いにすること。⑵比喩的に、手をつけず、ほうっておくこと。

のはら【野原】草などが生えた(耕地でない)広い平地。▽普通には「野」より狭いのを指す。

のばら【野〈薔薇〉】→のいばら

のび【野火】早春のころ、野山に火をつけ枯草を焼くこと。その火。

のび【延び・伸び】⑴のびること。また(よく)のびる程度。「—がよい二ス」「—のある歌声」⑵疲れた時、手足を伸ばしてあくびなどをすること。「—をする」

のびざかり【伸び盛り】成長や伸展がさかんな時期。「—の幼少期から少年期」「—の会社」

のびしろ【伸び代】これから先、成長(または発展)する見込み、余地。「まだ—のある選手」「—を期待して投資する」▽二十一世紀になって言い出した語。

のびなや‐む【伸び悩む】《五自》上昇・向上・進展などが、うまくゆきそうでいてなかなかそうならない状態にある。「売れ行きが—」

のびのび ⑴【延び延び】《名・ダナ》期日などがあとへあとへと遅れるさま。「雨で運動会が—になる」⑵【伸び伸び】《副[と]・ス自》自由に、伸びたいだけ伸びるさま。(気持が)押さえつけられることなく、自由であるさま。「—した生活」「—と書いた文章」「—(と)育つ」

のびやか【伸びやか】《ダナ》くつろいでのびのびしているさま。「—な筆致」 派生 ‐さ

のびりつ【伸び率】ある時点を基準とした(賃金や業績などの)伸びの割合。「前年に比べて高い—を記録した」

の‐びる【延びる・伸びる】《上一自》長くなる。ひろがる。㋐(引っ張られたり育ったりして)長くなる、また、真っすぐになる。「背が—」「枝が軒まで—」「しわが—」㋑(長くなったまま)弾力を失う。「—・びたゴムひも」「蕎麦(そば)が—」㋒時間が長びく。予定の日時が先に送られる。【延】「会期が一か月—」「運動会が来週に—」㋓長くなってそこに届く。「ケーキに思わず手が—」「バスがあの山村まで—・びた」㋔能力・技量が増す。発展する。【伸】「英語の力が—」「若手が—」「売上げが—」㋕溶けたり柔らかくなったりして、よく広がる。「クリームが—」㋖〔俗〕疲れたりなぐられたりして、ぐったりとする。「一発くらって長々と—」▽㋖の他動詞は「のす」が普通、㋔のは「のばす」「のす」両方、他は「のばす」。㋑は他動化しない。→のべる(延)

のびる【野×蒜】あぜや野原に生える、ネギより細い多年草。におい・味はネギに似る。食用・薬用。▽ひがんばな科。

ノブ (ドア等の丸い)とって。握り。▽「ノッブ」とも言う。knob

のぶし【野武士】山野にひそんでいて、落武者の武具をはぎ取る、武士や土民の集団。

のぶせり【野伏(せり)・野×臥(せり)】⑴野武士。⑵山賊。⑶山野に野宿するこじき。

のぶと‐い【野太い】《形》⑴ずぶとい。⑵声(・音)が太い。「—汽笛」 派生 ‐さ

ノブレス オブリジュ 高い身分に生まれた者には立派に行動する責任があるということ。ノーブレス オブリッジ。▽(フランス) noblesse oblige

のぶれば【△陳△者】《連語》(候文(そうろうぶん)の)書簡のはじめに使う語。申し上げますが。「拝啓—……」

のべ【野辺】⑴野原。⑵『—の送り』死者を埋葬場または火葬場まで見送ること。とむらい。

のべ【延(べ)】同一のものが何回も含まれていても、その場合のそれぞれを一単位として通算した総計。「—人員」「—日数」「この二階家の—坪はいくらか」

のべいた【延(べ)板】金属を平らに延ばして板状にしたもの。「金の—」

のべがね【延(べ)金】⑴きたえて薄くした金属。特に、金・銀を薄く打ち延ばしたもの。⑵刀剣のこと。

のべかんじょう【延(べ)勘定】→のべばらい

のベギセル【延(べ)〈煙管〉】全部金属で作ったキセル。「金の—」

のべざお ⑴【延(べ)×竿】つぎざおでない、つりざお。⑵【延(べ)×棹】つぎざおでない、三味線(しゃみせん)のさお。

のべじんいん【延(べ)人員】 何人もで何日か掛かる仕事に要する労力を、仮に一日で仕上げるものとして換算した人数。例、三人で五日掛かれば、延人員は十五人。

のべたら 《副に》〔俗〕絶え間なくいつまでもやたらに続くさま。「—にまくしたてる」▽古風。

のべつ 《副[に]》(同じ行為が)絶え間なく続くさま。ひっきりなし。「—(に)しゃべる」▽「延べつ」の転。引っ張って間を置かない意。 **—まくなし【—幕無し】** 《連語》絶え間を置かない様子。ひっきりなし。「—に食い続ける」▽幕を引かず芝居を演じ続ける意の転。

のべつぼ【延(べ)坪】 建物の、床(ゆか)面積の合計。例、二階建てなら、一階と二階との合計坪数。

のべにっすう【延(べ)日数】 何人もで何日か掛かる仕事に要する労力を、仮に一人で仕上げるものとして換算した日数。例、三人で五日掛かれば、延日数は十五日。

のべばらい【延(べ)払(い)】 代金の支払いの時期を延ばすこと。延べ勘定。

のべぼう【延(べ)棒】 金属を延ばして棒状にしたもの。「金の—」

の-べる【延べる・伸べる】 《下一他》①のびるようにする。㋐差し出す。「救いの手を—」▽「枝を—」のように「のばす」と同義にも使う。㋑予定の日時を遅らせ長びかせる。②広げて敷く。「床(とこ)を—」

の-べる【述べる・˄陳べる】 《下一他》言葉を連ねて言い表す。「意見を—」「礼を—」「先に—べたとおり」▽「延べる・伸べる」や「のす」と同語源。

のほうず【野放図】 《名・ダナ》①しまりがなく何をするか分からないこと。「—なやつ」「—を極めた日常」②際限のないこと。「—に広がる」 派生 **-さ**

のぼ-す【上す】 《五他》↓のぼせる(2)

のぼせあが-る【〈逆上〉せ上がる】 《五自》ひどくのぼせる。

のぼ-せる ①**【〈逆上〉せる】** 《下一自》㋐頭にさらに血がのぼって、意識がぼんやりする。「湯に—」㋑転じて、興奮して判断がつかなくなる。血迷う。また、夢中になる。「恋に—」「競馬にすっかり—」㋒自分をすばらしいと思い込む。思い上がる。②**【上せる】** 《下一他》のぼる(3)のようにさせる。のぼす。「口に—」「議題に—」「場(ば)に—」「膳に—」。ものに書きしるす。「記録に—」

のほほん 《副と》気楽に、無頓着でいるさま。「—として暮らす」「人の不幸を—と見ている」。のんきであるさま。「—と育った世間知らず」

のぼり【×幟】 ①細長いきれの上と横の一辺に乳(ち)をつけ、さおに通して立てるもの。のぼりばた。②こいのぼり。▽「上り」の意。

のぼり【上り・登り・昇り】 ①のぼる(1)こと。「岩—」②上り坂。「急な—」③「上り列車」の略。↓のぼる(1)㋒。▽↕くだり

のぼりがま【登(り)窯】 山の斜面などに階段状に連ね、下から焚(た)いた熱を登らせて陶磁器を焼く窯。

のぼりざか【上り坂】 ①上りになっている坂道。②上昇して行く状態。▽↕くだり坂

のぼりちょうし【上り調子】 調子がだんだんよくなって、勢いが出はじめること。「—の相場」▽「のぼりぢょうし」とも言う。

のぼりつ-める【登り詰める・上り詰める】 《下一自》一番上の(あとは下りか無いかの)所までのぼる。

のぼりりゅう【登り竜・昇り竜】 天にのぼろうとする竜。また、そのさまを表す絵や置物。のぼりりょう。▽出世や運気上昇などを願う縁起物の一つ。

のぼ-る【上る・登る・昇る】 《五自》①そのもの全体が高い所に達する。㋐高くあがる。【上・昇】「日が—」㋑高い方、高い所に行く。【上・登】↕くだる・おりる。「山に—」「川を—」(川上の方に行く)「坂を—」「木に—」「頭に血が—」(逆上する)㋒都(の方向)に行く。【上】↕くだる。▽都を高い所と見立てて言う。㋓地位が進む。高い位につく。「帝王の上なき位に—」②(相当に多い)ある数量になる。【上】↕くだる。「死者が千人にも—」③話の題材として取り上げられる。【上】「話題に—」「人の口に—」④食べ物として供される。【上】「膳に—」「初物(はつもの)が食卓に—」

のま-す【飲ます】 《五他》飲むようにする。特に、㋐酒を供する。㋑認めさせる。「要求を—」

のまれる【飲まれる】 《連語》①相手やその場の様子にけおされる。「雰囲気に—」②引き込まれる。「波に—」▽「飲む」の未然形+受身の助動詞「れる」

のみ【×蚤】 はねがなく、足でよくはねる、茶色で小さな昆虫。人畜の血を吸う。雌は雄より大きい。「—の夫婦」(妻が夫より体の大きい夫婦)▽のみ目の昆虫の総称。

のみ【×鑿】 木や石を削って穴や溝を掘るのに使う、刃と柄から成る道具。▽柄の頭をたたいて使うたたきのみ、柄を握って突くように使うつきのみがある。

のみ 《副助》それと限って言うのに使う。だけ。ばかり。「金—が人生の目的ではない」「眼前の必要に—心を奪われれば、本質と例外とを混同する—か、進歩の芽を摘みかねない」「あと半月を残す—である」「……—ならず」(……だけでなく)▽「だけ」より改まった言い方。

のみあか-す【飲(み)明かす・×呑(み)明かす】 《五自》明け方まで酒を飲み続ける。

のみかい【飲み会】 酒を飲むための集まり。

のみくい【飲み食い】 《名・ス自他》飲んだり食べたりすること。「—に金を費やす」

のみぐすり【飲み薬】 飲んで服用する薬剤。内服薬。

のみくだ-す【飲(み)下す】 《五他》飲んで胃の方へ送り込む。のみこむ。

のみくち【飲(み)口】 ①(酒などを)飲んだ時、口に感じる風味。②さかずき・茶わんなどの、唇に触れる部分。

のみぐち【×呑(み)口】たるの中の液体を出すため、たるの下部に穴をあけて差し込んだ管。

のみこうい【×呑(み)行為】①証券業者または商品取引員が、自らが売買の相手方となって取引すること。②競馬・競輪などで、法定者以外の者が馬券などを発売すること。▽多く「ノミ行為」と書く。(1)(2)とも に法律で禁止されている。

のみこみ【飲(み)込み・×呑(み)込み】話の内容や要領を会得すること。理解。「—が早い」「—が悪い」

のみこ-む【飲(み)込む・×呑(み)込む】『五他』①のんで、のどを通す。かまずに、そのままのどを通す。抑えて外に出さない。「つばを—」「言葉を—」②比喩的に、中へ引き込む。「大波に—まれる」「大観衆を—んだ球場」③よく理解する。十分に承知する。「こつを—」「事情は—んでいる」

のみさし【飲みさし】飲み物やタバコを飲み掛けて途中でやめること。そうしたもの。飲み掛け。「—の茶わん」

のみしろ【飲み代】酒を飲む代金。さかて。

のみすけ【飲助・×呑助】酒好きで、よく飲む人。のんべえ。▽人名めかした言い方。

のみち【野道】野原の中の道。野路(のじ)。

のみつぶ-す【飲(み)潰す・×呑(み)潰す】『五他』酒を始終飲んで、それに使う金で財産を失う。

のみつぶ-れる【飲(み)潰れる・×呑(み)潰れる】『下一自』ひどく酒に酔い、体の自由を失って倒れる。

のみて【飲み手】(よく酒を)飲む人。

のみで【飲みで】飲む分量が多いこと。飲みごたえ。「—がある」

のみとりこ【×蚤取(り)粉】振りまいてノミを殺すための薬。除虫菊の花を干して粉にしたもの。

のみとりまなこ【×蚤取り眼】ノミを取る時のように、きょろきょろ捜し回る目つき。

のみならず《連語》《接続詞的に文頭にも使う》ばかりでなく。「学問上—日常の心構えとして」「雨が降っている。—、風も強くなった」

ノミネート『名・ス他』候補者に正式に推薦・指名すること。「新人賞に—される」▽nominate

のみのいち【×蚤の市】古物市。▽「フリー マーケット」の訳語。日曜日にパリの城外に立ったのが初め。

のみほ-す【飲(み)干す・飲(み)△乾す】『五他』器の底に残さず、一気にすっかり飲む。

のみまわ-す(まはす)【飲(み)回す】『五他』一つの器の酒などを、二人以上の人が順々に回して飲む。また、一本のタバコを一口(ずつ)のんで次の人に回す。

のみみず(みづ)【飲(み)水】人が飲むための水。飲料水。

のみもの【飲(み)物】酒・茶・ジュースなど、飲むための物。

のみや【飲(み)屋・×呑(み)屋】酒を飲ませる小さな料理店。居酒屋。

のみりょう【飲(み)料】①のみもの。②のみしろ。

の-む【飲む・×呑む】『五他』①(主に液体を)吸い込むようにして、かまずに口から体の中に送り込む。「茶を—」「蛇が小鳥の卵を—」「薬を—」「タバコを—」「涙を—」(残念なのを我慢する)。特に、酒を飲む。「彼は全く—めない」②比喩的に、中に入れて出さない。「濁流が人を—」「恨みを—」(恨みをこらえる)「声を—」(驚きや恐れの余り声が出ない)「姿が闇に—まれた」③のむ(1)に似たことをする。㋐圧倒する。「敵を—」「気を—まれる」㋑受け入れる。「要求を—」「清濁あわせ—」㋒隠して持つ。「匕首(あいくち)を(ふところに)—」㋓謡曲・音曲で、口を閉じて声を鼻に抜くように歌う。 関連 飲み込む・飲み干す・飲み下す・飲み明かす・飲み回す・飲み潰す・喫する・服する・引っ掛ける・呷(あお)る・仰ぐ・酌む・酌み交わす・汲(く)み干す・啜(すす)る・頂く・召す・上がる・召し上がる・聞こし召す・丸呑(の)み・ぐい飲み・喇叭(らっぱ)飲み・服用・内服・飲用・飲料・愛飲・試飲・痛飲・暴飲・鯨飲・牛飲・がぶがぶ・ぐいぐい・ぐびぐび・ちびちび

のめ-す『五他』《他の動詞の連用形を受けて》徹底的に……する。「たたき—」「しゃれ—」▽元来は、前の方へ倒す、のめらせる意。

のめのめ『副〔と〕』恥ずかしげもなく平気でいるさま。おめおめ。「今さら—(と)帰るわけにはいかない」

のめりこ-む【のめり込む】『五自』①深く前の方に倒れかかる。②その事に心を奪われ、そこから抜け出せなくなる。「享楽の世界に—」「仕事に—」

のめ-る『五自』前の方に倒れかかる。

のやき【野焼き】新しい草がよく生えるように、早春、野原の枯れ草を焼くこと。

のやま【野山】野や山。

のら【野良】(平らな)田畑。「—着」「—仕事」▽「野」に接尾語「ら」が付いた語。「良」は当て字。 **—いぬ**【—犬】飼い主がない犬。 **—ねこ**【—猫】飼い主がない猫。

のらくら ①『副〔と〕・ス自』怠けて何もしないでいるさま。「—とあそんでばかりゐたなまけ者(もの)」(菊池寛「アラビヤンナイト」) ②『名』怠け者。「—の兄」(夏目漱石「硝子戸の中」)

のらむすこ【のら〈息子〉】怠けてのらくらしている、しようのないむすこ。どらむすこ。

のらりくらり『副・ス自』①↓のらくら。②↓ぬらりくらり

のり【△法・△則】①標準として守るべき事。【則】㋐おきて。㋑手本。②仏の教え。【法】③さしわたしの寸法。【法】「内—」▽(1)(2)は古風。

のり【×糊】物を貼りつけたり、布をぴんと張ったりするのに使う、ねばねばしたもの。また、それを薄くといたもの。「—をする」(衣類にのりをつけて乾かし、ぴんと張らせる)

のり【〈海苔〉】①水中の岩石についてこけ状をなす藻の総称。特に、アサクサノリ。②↓ほしのり

のり【乗り】㊀『名』①乗ること。「—で(＝共同で。↓

のる⑶㋓小さな店を出す」「馬ーになる」。乗る人。「船ー」②気が乗ること。気持・動作・仕方の(はずみのついたような)調子。「観客のーがいい」「悪ー」「よし、そのーでいこう」③おしろい・絵の具などのなじみ具合。「化粧のーが悪い」㈡《接尾》《人数を表す語に付けて》乗物がその人数だけ乗れることを表す。「二人ーのスポーツ カー」

のりあい:あひ【乗(り)合(い)】①同じ船・車などに大勢の客がいっしょに乗ること。②「乗合自動車」(バスのこと)「乗合馬車」などの略。

のりあ-げる【乗(り)上げる】《下一自》船や車などが進行中に物にあたってその上にのってしまう。「船が暗礁にー」

のりあわ-せる:あはせる【乗(り)合(わ)せる】《下一自》(偶然に)一つの乗物にいっしょに乗る。「たまたまー・せた客と親しくなる」

のりい-れる【乗(り)入れる】《下一自他》①車などに乗ったままはいる。「タクシーを校庭にー」②バスや電車などが、ある地域内に定期路線を設ける、または、他の区域内に路線を延長する。「バスが団地にー」「地下鉄が私鉄にー」

のりうつ-る【乗(り)移る】《五自》①ある乗物からおりて他の乗物に乗る。②神仏や霊魂などが、ある人間の体にとりつく。「神霊がみこにー」

のりおく-れる【乗(り)遅れる・乗(り)後れる】《下一自》発車の時刻に間にあわず乗りそこなう。他人よりおくれて乗る。「バスにー」(転じて、ぐずぐずしていて時流から取り残されることのたとえ)

のりおり【乗り降り】《名・ス自》乗物に乗ることと降りること。「ーの多い駅」

のりかえ:かへ【乗(り)換(え)】のりかえること。「大阪方面行きは当駅でーです」「ー切符」

のりか-える:かへる【乗(り)換える】《下一自》①一つの乗物から降りて他のに乗る。「次の駅でー」「新車にー」②今までやってきたことや、とってきた方式・主義などを、他のものとかえる。「保守派にー」

のりかか-る【乗(り)掛(か)る】《五自》①乗物に乗ろうとする。②転じて、物事をし始める。「ー・った船」(着手した以上、途中でやめるわけにはいかないことのたとえ)③上に乗って、体をもたせかける。

のりか-ける【乗(り)掛ける】《下一自》①乗ろうとする。②覆いかぶさるようにぶつかる。「夜中に漁船にー・けないように用心せよ」▽⑵はもと他動詞。

のりき【乗り気】《名ナ》それをしてみようという気持になっていること。「ーになる」

のりき-る【乗(り)切る】《五自》①乗ったまま向こうまで行き切る。②(困難な状況を)完全に切りぬける。乗り越える。「難局をー」

のりくみいん【乗組員】船舶などに乗り組み、そこの仕事をする人。

のりく-む【乗(り)組む】《五自》(船・航空機などの組織の一員として)他の人々といっしょに乗る。

のりこ-える【乗(り)越える】《下一自》①高い物の上を(踏み)越えて向こう側におりる。のりこす。「塀をー」②転じて、むずかしい局面を切り抜ける。「危機をー」。他の人を抜いて先に進む。「先人の業績をー」③乗ったままで越える。「車で段差をー」

のりこ-す【乗(り)越す】《五他》①(鉄道・バスなどで予定していた目的地よりも)先まで乗る。「一駅ー」▽目的地を変更し意図的に先まで乗る場合にも、意図せず乗り過ごす場合にも使う。②→のりこえる⑴

のりこ-む【乗(り)込む】《五自》①乗物の中にはいって、おさまる。「迎えの自動車にー」。大勢といっしょに乗物に乗る。「どやどやと船にー」②(一団となって、または勇をふるって勢いよく)ある場所に進みはいる。「敵地にー」

のりしろ【×糊代】(紙をはり合わせるための)のりをつける余分の部分。

のりすご-す【乗(り)過(ご)す】《五自》(鉄道・バスなどで)目的地で降り損ない、先まで乗っていってしまう。「居眠りをして一駅ー」

のりす-てる【乗(り)捨てる】《下一他》乗物から降りて、その乗物をそのままにして去る。「レンタカーを駅にー」「タクシーを街角でー」

のりす-る【×糊する】《サ変自他》「口をー」(やっとの事で)暮らしを立てて行く。

のりだ-す【乗(り)出す】《五自他》①(船などに)乗って広いところへ)出て行く。「大海にー」②(体を)前の方へぐっと出す。「ひざをー・して談じ込む」③転じて、自分から進んで関係する。「事態収拾にー」「政界にー」

のりつ-ぐ【乗(り)継ぐ】《五他》別の乗物に乗り換えて、先へ進む。「飛行機をー」

のりづけ【×糊付け】①《名・ス他》のりではりつけること、また、はりつけた物。②《名・ス自》洗濯した布に、ぴんとさせるため、のりをつけること。▽「のりつけ」とも言う。

のりつ-ける【乗(り)付ける】《下一自》①乗物に乗ったままでその場まで来る。「玄関にー」②いつも乗って(慣れて)いる。「飛行機にー・けているから何ともない」

のりて【乗(り)手】①乗物の客。②馬などに上手に乗る人。

のりと【〈祝詞〉】神を祭り神に祈るとき、(神主が神前で)申し述べる古体の文章。▽「しゅくし」と読めば別の意。

のりにげ【乗(り)逃げ】《名・ス自》乗物に乗った代金を払わずに、または他人の乗物を奪って、逃げ去ること。

のりのり【乗り乗り】《ノダ》〔俗〕①調子付いているさま。「子供たちは海水浴にーだ」②リズム・乗り⑵のよいさま。「ーの曲」

のりば【乗(り)場】乗物に乗るために設け(定め)られた場所。

のりはず-す:はづす【乗(り)外す】《五他》①乗ろうとして

足を踏みはずす。②乗る機会を失う。

のりまき【〈海苔〉巻(き)】干瓢(かんぴょう)・卵焼き・でんぶなどをすし飯の芯にして、海苔(のり)で筒状に巻いたすし。海苔巻ずし。

のりまわ-す(まはす)【乗(り)回す】『五他』乗物に乗って、あちらこちらへと走らせる。「外車を—」

のりめん【△法面】建築や土木で、人工的に造られた傾斜面。堤防の斜面など。

のりもの【乗(り)物】どこかへ行く時に乗り、それによって運ばれる物。交通機関。▽江戸時代には、特に駕籠(かご)を指すことがあった。

の-る【乗る・載る】『五自』①運送用の物の上や内部に移る。【乗】↕おりる。「馬に—」「電車に—」「口車に—」(→③㋔)「風に—って運ばれる」▽②から。②(持ち上げられて)物の上に移る。㋐物に上がる。【乗】↕おりる。「台の上に—」㋑上に置かれる。【載】「机に—っている本」③動き・調子によく合う。【乗】㋐勢いがついて物事が進む状態にある。「勝ちに—って攻める」「仕事に気が—らない」「—っていて、やりすぎる」㋑他のものの調子にうまく合う。「リズムに—って踊る」「マイクに—声」㋒十分によくつく。「あぶらの—った肉」「話にあぶらが—」(調子が出て話に身が入る)「おしろいが—」「印刷インクが—」㋓物事をする仲間・相手になる。「その話に一口—ろう」「相談に—」㋔他からのたくらみに(まんまと)引き込まれる。「計略に—」「誘いに—」「おだてに—」④伝える手段に託せられる。「電波に—って広まる」。特に、新聞・雑誌・書物・インターネット上に記される。「社会面に—った記事」▽新聞・雑誌などの場合には「載」を使う。

のるかそるか【△伸るか反るか】『連語』成功するか失敗するか。「こうなっては—の最後の手しか無い」▽「のる」は伸びて長くなる、「そる」は後方に曲がる意。

ノルディック スキーのクロスカントリー・ジャンプ・複合競技。特に、ジャンプとクロスカントリーとを組み合わせた「ノルディック複合」のこと。▽Nordic

ノルマ 基準。特に、各個人・工場等に割り当てられた、労働の基準量。「—を果たす」▽(ロシア) norma

のれん【△暖×簾】①商店の軒や店先に(日よけとして)張る布。多くは屋号などを記した。「—に腕押し」(力を入れても手ごたえがないことのたとえ)「—を下ろす」(商店がその日の営業を終える。また、廃業する)▽それに似たインテリアにも言う。もと、禅家で簾(す)のすきまをふさぐのに使った。②㋐店の格式・信用。「—にかかわる」㋑老舗(しにせ)としての、得意先・仕入れ先関係とか営業上の経験とかを総括した、無形の財産。「—を分ける」(長く勤めた人に独立の店を与え、その屋号を名のることを許し、得意先等をも分けてやる)

のろ【×獐・×麞】しかに似た、角(つの)が小さい獣。ヨーロッパから小アジア・シベリア・朝鮮・中国東北部に分布。▽「のる」とも言う。しか科。

のろ-い【△鈍い】『形』①進み方が遅い。「バスが—」。動きがにぶい。「動作が—」②女にあまい。「女房に—」▽②は古風。派生 -さ

のろい(のろひ)【呪(い)・×詛(い)】のろうこと。また、その言葉。のろう心。「—をかける」

のろ-う(のろふ)【呪う・×詛う】『五他』恨みのある人などに悪い事が起こるよう、(神仏に)祈る。「人を—わば穴二つ」(人をのろえば自分にも悪い事が起こる)「—われた(=不吉な事につきまとわれた)運命」

ノロウイルス 食中毒や胃腸炎の原因となるウイルス。貝類の生食などの経口感染で広がる。ノロ。▽(ラテン) Norovirus

のろけ【×惚気】のろけること。その話。「お—を言う」

のろ-ける【×惚気る】『下一自』恋愛・結婚の相手と自分とのことを、いい気になって他人に話す。

のろし【〈狼煙〉】①警報・合図(あいず)として、火をたいて上げる煙。②比喩的に、一続きの行動の起こりとなった、目立った行動。「革命の—が上がる」

のろのろ『副[と]・ス自』動きや進み方がのろいさま。「汽車が—(と)走る」「—した動き」▽「のろい」の語幹を重ねた語。

のろま『名ノ』動作や頭の働きがにぶいこと。そういう人。派生 -さ

のろわし-い(のろはし)【呪わしい】『形』のろいたい気持だ。「戦争が—」「—運命」派生 -さ -げ

のわき【野分(き)】秋吹く強く荒れる風、特に台風。のわけ。▽雅語的。野の草を吹き分ける意。

ノン ①『接頭』……でない、非、無の意を表す。▽non- ②『感』いいえ。ノー。▽(フランス) non **—アルコール** 飲料で、アルコール分を含まないこと。「—ビール」▽nonalcoholic から **—キャリア** キャリア(1)㋑でない、普通の職員。ノンキャリ。「—からも課長が出た」▽non と career とによる和製英語。**—ステップバス** 車両の床面が低く、乗降口の段差がないバス。低床バス。▽non step bus 和製語。**—ストップ** 止まらずに走り続けること。無停車。無着陸。「—便(びん)」▽nonstop **—バンク** 預金などを受け入れず、信用供与(資金の貸付けなど)を業務とする金融会社。信販会社やリース会社など。▽nonbank **—フィクション** 創作のまじらない作品。例、紀行文・記録映画・歴史。▽nonfiction **—プロ** プロフェッショナル(=職業的)でない、特に職業選手でないこと。▽nonprofessional から。

のんき【×暢気・×呑気】『ダナ』物事をあまり気にせず心配性(しょう)でないさま。気楽なさま。「—に構える」「—者(もの)」派生 -さ

ノンセンス →ナンセンス

のんだくれ【飲んだくれ・×呑んだくれ】酒ばかりのんでいる人。大酒飲み。

のんだく-れる【飲んだくれる】『下一自』大酒を飲んで酔っぱらう。

のんど【△喉・△咽】→のど。▽雅語的。

のんびり《副[と]・ス自》①緊張がほぐれて、心身が楽であるさま。「湯上りの―した心もち」(芥川龍之介「手巾」)②のどかで、あせらないさま。「七面鳥の啼(な)きごゑさへ―と聞えてゐて」(堀辰雄「大和路・信濃路」)

ノンブル 印刷物のページごとに欄外に打った、順序をあらわす数字。▽フランス nombre

のんべえ【飲△兵△衛・×呑△兵△衛】大酒飲み。▽人名めかして言った語。

のんべんだらり《副と》取り立てて言うほどの事もせず、無為に時を過ごしている態度。「―と暮らす」「―と会社勤めをして定年を迎えた」

ノンポリ 政治問題に無関心であること。また、そういう人。「―学生」▽non-political の略。もとは、一九六〇～七〇年代の学生運動に参加しなかった学生を指す。

は

は【刃】物を切る道具の、切るための鋭い部分。「―がこぼれる(=欠ける)」▽「歯」と同語源。

は【端】①はし。「山の―」(山の稜線(りょうせん)またはその近くの辺)「口の―にのぼる」(うわさされる) ②はした。はんぱ。「―もの」「―数(すう)」

は【羽】①《名》はね。「―風」②《接尾》→わ(羽)

は【葉】①根・茎と共に植物の基本器官の一つ。普通、枝・茎からはえ、通常は緑色。葉緑素をもち炭素同化作用を行う。「―が茂る」「―野菜」「もみじした美しい―」「根も―もない(=何の根拠もない)うわさ」②葉(1)を加工したもの。「茶の―」 関連 葉っぱ・木の葉・若葉・嫩葉(どんよう)・青葉・紅葉・もみじ・黄葉・落ち葉・枯れ葉・朽ち葉・病葉(わくらば)・押し葉・単葉・複葉・二葉・子葉・葉柄・葉脈・枝葉・葉面・葉裏・葉隠れ・草葉・草陰

は【歯】①多くの脊椎動物の、口の中に上下に列をなした、食物をかみくだく、白く堅い器官。「―の抜けたよう」(所々抜けてふぞろいのさま。また、さびしいさま)「―を食いしばる」(苦痛や無念さなどをこらえるさま)「―が浮く」(歯の根がゆるむ。歯が浮き上がるように感じる。また、軽薄な言動に接して不快になる)「―が立たない」(堅くてかめない。転じて、相手になって対抗できない。かなわない)「―の根が合わない」(寒さや恐れのためにふるえるさま)「―に衣(きぬ)着せない」(思っている通りを率直に言う) ②歯(1)の形に並んだもの。「くしの―」「げたの―」 関連 歯牙・乳歯・永久歯・前歯・奥歯・八重歯・出っ歯・味噌(みそ)っ歯・乱杭(らんぐい)歯・親知らず・犬歯・糸切り歯・門歯・臼歯・歯茎・歯槽・歯肉・歯垢(しこう)・歯石・虫歯・齲歯(うし)・歯痛・抜歯・入れ歯・差し歯・義歯・金歯・歯型・歯並び・咬合(こうごう)・嚙み合わせ・歯嚙(が)み・歯軋(ぎし)り・歯ごたえ・歯触り・明眸皓歯(めいぼうこうし)・唇歯輔車(ほしゃ)・切歯扼腕(やくわん)・ごまめの歯ぎしり

は《係助》①物・事を他と区別し取り立てて示すのに使う。▽「は」自身は何らの格も示さない。表現者の気持が「……を取り上げそれについて言えば」ということなので、「なら」に言い替えてよい場合が多く、「春―桜よ秋なら紅葉」(俗謡「田原坂」)「あの料亭―有名なのか」「あそこなら、この町で一番の店ですよ」のように、「は」で持ち出したものに「なら」で応じる例がある。また、否定的内容の表現には「は」が先行することが多いが、打ち消す範囲に注意。例えば「グループ全員が男で―ない」は、打ち消す範囲が「男だ」にとどまれば男が一人もいない意、「全員が男だ」全体なら女もいる意。「急に―読めない」と「急には読め―しない」との意味の差は、前者が読めることは読めるが時間がかかる意(↓(3)(ア))なのに対し、後者はとっさに読むということが(とても)できない意。→ては・では・とは・には・をば

㋐述べる題目となるものを示し、その後ろをそれについての解説とする。「これ―国語の辞書だ」「人の性―善でも悪でもない」「花―美しい(ものだ)」「失敗の危険なんぞ―念頭に置かない」「誤り―すぐ訂正せよ」「タバコ―絶対にいけない」「表現の自由―これを保障する」「太郎のいたずらに―こりごりした」「要―心がけの問題だ」▽「花子―色が白い」は月子や雪子でなく花子を話題にして色白だと言っており、「色―花子が白い」は肌の色の白さを問題にするなら花子が著しいことを言う。「太郎も学生だ」が太郎以外の学生の存在を前提にするのに対し「太郎―学生だ」は(ア)の用法では他の学生が存在するか否かにかかわらない(別義は↓(2))。連体修飾部分の主語は一般に「が」や「の」を使い、「は」で言わないが、「花―咲き鳥―歌う春の日に」「図体(ずうたい)の割に足―遅い馬」のように(2)の用法の場合や、「子供がいても不思議―ないはずだ」「これを見れば地球―まるいことが納得できる」など当然の事だという理を述べる場合や、「ガソリンが減ったから自動車―減ったかという話になると、これが違う」のように「という」などによる内容提示の場合には、使う。AとBが主述関係と解せる場合の表現には「は」でつなぐときと「が」でつなぐときとがある。「A―B」の場合は、Aについてどう言えるかに対するいわば答えとしてBを述べることになる。従って、Aなら必ずBだ(Bでない)というような一般的・普遍的な事柄を独立した文で述べるのは、この型になる。述語の核が体言の時に多い。一方「AがB」の場合は、Bで表す事柄を成り立たせる(否定文なら成り立たせない)ものをAとして示すことになる。述語の核が動詞や形容詞の時、こちらの型になることが多い。しかし、述語の核部分の品詞にかかわらず、どちらの態度で述べる文かで「は」と「が」とが使い分けられる。なお、「は」が付かないと言われる不定表現にも「何―

ともあれ」「何―無くとも米とみそ」のような例が在る。㋐の特殊用法として㋑㋒がある。

㋑《BがAの一部かAに存する物かの場合の「A―B」》Aに関していろいろあるがその中でも特にBという気持での言い方。「江戸―神田の生まれだ」「上野―寛永寺の鐘の音」

㋒《「A―A」の形で》Aについていろいろ言えてもやはりA(だけのことはある)と確認するとらえ方で言う。「若く見える母も五十歳―五十歳なのだ」「腐っても鯛(たい)―鯛」「出来心でも盗み―盗み」「昔も今も子供―子供ですから」。また、Aと言えばそうに違いが無いという気持で言う。「お父さんだって頑固―随分頑固な方ですけど」「習うまで大変―大変だった」「疑惑―疑惑として別に追及するが」「助かること―助かるだろうが、もとの健康にはもどるまい」。AはやはりBと異なる(が)という気持でも言う。「それ―それでよいけれど」「お母さん―お母さん、私―私です」。(大方の予想に反して)普通はそうでないAがここでは(Aなりに)というとらえ方でも言う。「夜―夜で出席しなければならない会合がある」「これ―これでなかなかいい人生だ」

㋓《形容詞の類から派生した名詞を受け、「ない」など不存在を表す語を伴って》その程度に比類が無い意。「その夜の月の美しさ(というもの)―ありませんでした」▽この「は」は「が」に代えられない。「というもの」抜きでは、近ごろほとんど使わない。

㋔(同類と見る)他のもの・あり方から際立たせるのに使う。「京都に―そんな習慣がない」「彼と―相談したが、名案も出なかった」「彼女から―こう言ってきている」「君は太郎より―ずっといい」「地域的に―九州以南に分布する」▽多くの場合、⑵の解釈も成り立つ。

㋕《「せる」「れる」も含め)動詞連用形+「―する」または「て―いる」「て―ある」、形容詞連用形+「―ある」、名詞・形容動詞語幹+「で―ある」の形で》断定を強める。「字を書き―するが、まだ幼い字だ」「顔を出して―いない」「なるほど美しく―あろう」「そう言われれば、そうとわかる音で―あった」「話せるほど立派で―ない」▽何かと対比する(含みのある)のが普通。

㋖《文末・句末に置いて》表現主体の感懐を託して言う。「ああ、その時の、うれしい感情―、飛び立つような心―」「ある―ある―。びっくりするほどだ」▽述語の省略とも見られ、文語「は」の文末で解決を求める用法に由来する。終助詞「わ」の源。
②他の事物(や状態)と対比して言うのに使う。「太郎―行け。次郎―残れ。おれ―みんなを見回る」「船―出てゆく煙―残る」「紅茶ならいいが、ココア―いやだよ」「酒―飲むが、タバコ―飲まない」「姉に―指輪、弟に―カメラを買い与えた」「君―何にする?」「僕―天ぷら」」「母親として―全く失格」「なりは小さいが飲むにかけて―大男」▽対比されるものが必ずしも表現面に現れなくてよい。「みな―そう思っているが、はたして正しいだろうか」は暗に自分(の見解)が異なることを言っている。程度の規定の場合、少量を意味する語(ただし結びに打消しを要求する語を除く)に付いて、他に対比してその程度なら認められることを言う。「少し―涼しくなった」「いくばくか―その傾向がある」
③《連用修飾語に付く特別の場合》㋐《後ろに打消しが来て》その連用修飾語の表す有様を否認の対象にする。「すぐに―御返事できません」(返事をするが、すぐにというのではない)「分かりやすく―書いていない説明書」 ㋑「恐らく」「なるべく」「どうせ」「ついに」などに「は」が付いた形では、体言相当となる表現(恐らく・なるべく)の表すところを取り立て、また情態(どうせ・ついに)に着目して、それをわざわざ取り上げて言うとの気持で使う(従って強調の勢いが伴うこともある)。「恐らく―うまく運ぶだろう」「なるべく―御希望に副(そ)います」「どうせ―罪人になる身だ」「負け続けてついに―一文無しになった」「せめて―補欠であっても甲子園に行きたい」▽「なるべく―」のように「なら」と言い替えられる場合には強調というより保留条件の提示。なお、「また」と「または」とは現在別義に使い分けるが、本来は㋑の用法。

は【把】ハ とる たば ―①にぎる。つかむ。とる。「把持・把握・把捉・掌把」②器物の柄(え)。とって。ハンドル。「把手・刀把・銃把」③たばねたもの。たば。また、たばねたものを数える語。「一把(いちわ・いっぱ)・三把(さんば)・十把(じっぱ・じゅっぱ)」

は【*派】【派】ハ わかれ ―①㋐えだわかれしたもの。わかれ。「一派・流派・支派・分派・末派」㋑《名・造》思想や師承などで他とわかれている仲間。「派がちがう」「派閥・学派・宗派・党派・硬派・軟派・主流派・反対派・土佐派・浪漫派」㋒ある傾向をもった人。「本格派・ムード派・理想派」②本(もと)からわかれて出る。「派遣・派出・派生・派別・増派・特派員」

は【*波】ハ なみ ―①水の表面に起こる、なみ。なみだつ。「波浪・波濤(はとう)・波瀾(はらん)・波動・波紋・波頭・波及・波状・風波・大波・鯨波(げいは・とき)・余波・防波堤・波止場(はとば)・秋波・千波万波・金波銀波」②なみのような性質をもっているもの。波動。「波長・音波・光波・電波・短波・中波・脳波・寒波・衝撃波・電磁波・弾性波・周波数」

は【*破】ハ やぶる やぶれる ―①㋐物をこわす。こわれる。「破壊・破損・破棄・破却・破砕・破船・破竹・破片・破滅・大破・爆破・発破・難破船」㋑従来の体制をくずす。「破門・破顔」②物事がうまくゆかなくなる。だめにする。「破談・破綻・破約・破算・破局・破産・破鏡」③戦って敵を負かす。敵に負ける。「破邪顕正(けんしょう)・撃破・喝破(かっぱ)・説破(せっぱ)・論破」④障害をつきぬける。しとげる。「踏破・読破・看破・突破・道破・描破・走破・破天荒」⑤行為の規範を無視する。道にはずれる。「破戒・破倫・破廉恥・破格」⑥《名》謡曲などの構成で、三つに分けたものの第二段。「序破急」

は【播】ハ ハン バン まく ①まきちらす。種子をまく。うえる。「播種・撒播(さっぱ)・条播」②ひろくしき及ぼす。「伝播(でんぱ)」③「播磨(はりま)国」の略。「バン」と読む。「播州」

は【覇】【霸】ハ 《名・造》①諸侯の旗がしら。武力や謀術で天下を従える者。「覇を争う」「覇をとなえる」「覇王・覇者・覇道・覇業・覇権・覇気」②競技などで優勝すること。「争覇・制覇・連覇」▽正字は「霸」。

ば【場】物事が起こり進行している所や局面。「その―に居合わせる」「―をはずす」「―の数を踏む」(経験に富む)「夏―」㋐物が置かれる場所。「―を取る(=占める)」㋑取引所の立会(たちあい)。「―が立つ(=行われる)」㋒演劇で、ある場面を中心にした一くぎり。「義士討入りの―」「三幕五―」㋓あるものを中心にし、その力が及んでいると考える、その空間。「重力の―」㋔その時その所の様子・雰囲気。「―に合う発言」関連 場所・位置・範囲・領域・領分・分野・場面・一齣(こま)・シーン・局面・状態・立場・居場所・場合・状況・とき・おり・期(ご)

ば《接助》㊀《「A―B」の形でA末の仮定形に付く》Aが条件・前提でBが成り立つ(しかもこのA・Bの関係はすぐ分かるほどで、予想に反する事でない。↓ても)というとらえ方でAをBにつなぐのに使う。Aは仮定の事でも既定の事でもよい(文語には、これに応じて未然形に付くか已然(いぜん)形に付くかの区別があった)。Bをわざと省いて相手の推察に任すこともある。「暇さえあれ―絵をながめている」「のどもと過ぎれ―熱さを忘れる」「命長けれ―恥多し」(元来は、長生きしたので恥ずかしい事を多く行ったの意だが、現在は、長生きすると……の意に取られている)「買う(の)なら―、こちらの方がよい」「正直に言え―、気がすすまないんだ」(↓④)「お供をさせていただけれ―、と思っておりますが」。意味の補強のために「とすれ―」の形にもする。「この案が駄目だとすれ―、別の策を考えねばならない」。直接には因果関係を表さないので、Bが時間的にAに先立つ事であってもよいが、「治っていれ―医者の手当てが良かったのだ」などB末には「のだ」や「からだ」のような表現が来る。▽「ならば」は文語未然形に付く用法を受け継いで、仮定の時よく使われる。口語の「なら」は「なれば→なりゃ→なら」という経過で出て来たので既に「ば」の意味を含んでいる(「たら」の成り立ちも同様)。「もし健康なりせ―、かような不祥事は抑え得たろう」「必要とあら―……」のように文語の残存形も時には使われる。「いわば」「たとえば」も文語の未然形に由来する。そのほか「ば」には、「ともすれ―」「ややもすれ―」「どちらかと言え―」「まかり間違え―」など慣用的言い回しがある。特に、①『なけれ―ならない』『なけれ―いけない』(他者またはみずからに)義務を課する表現として使う。「夫婦は同居し、互いに協力しなければならない」「遅れそうだから急がなければいけない」▽禁止的義務なら「てはならない」などを使う。欧文直訳から、……に違いない、ほかのありようが無いの意に使う例もある。「1足す1は2でなければならない」②『―こそ』↓こそ(3)
③《「A―A」の場合》㋐《「Aと言え―A」「A―Aで」の形でも》Aということを、その情況の中で改めて確認する気持で言う。「変われ―変わる世の中」「不思議と言え―言えるのは、この点だ」「うまく作ってあると言え―作ってある」「子どもっぽいと言え―子どもっぽい趣味」「出張すれ―したで、別の忙しさがある」(↓で《格助》(4)㋑)▽AならAだという事はいわば自明なので、それをわざわざ表出することが確認の表明になる。㋑《「A―Aほど」「A―Aだけ」》Aする(Aである)に応じてますます。「調べれ―調べるほど謎は深まるばかりだ」「働け―働いただけ給料も上がる」▽「だけ」の所が「だけに」の場合には、Aを根拠としての意になり、㋑とは別。
④《「思え―」「聞け―」「(かと)言え―」などの形で》後件の話題を引き出すために使う。「思え―心細いかぎりだ」「聞け―、幼時から家業を手伝ってきた感心な少年で」「言え―お前の兄みたいなものじゃないか」「塾に通っているから勉強熱心なのかと言え―、これが違うのだ」
㊁《「AもC―BもD」の形で、D=Cであるか、DがCと同類かの場合》(条件でなく)両立を表す。「歌も歌え―踊りも踊る」「酒も飲め―博打(ばくち)も打つ」↓も《係助》(6)

ば【*馬】バ メ うま ま 家畜の一つ。うま。「馬車・馬丁・馬匹・馬術・馬上・馬場(ばば)・馬頭(ばとう・めず)・馬蹄(ばてい)・馬耳東風・馬具・馬齢・馬脚・馬力・馬食・馬賊・馬糞(ばふん)・馬簾(ばれん)・馬寮(めりょう)・馬子(まご)・悍馬(かんば)・汗馬・出馬・兵馬・牛馬・犬馬・乗馬・騎馬・軍馬・駄馬・駑馬(どば)・良馬・名馬・駿馬(しゅんめ)・神馬(しんめ)・竹馬・木馬・跳馬・奔馬・輓馬(ばんば)・愛馬・調馬・落馬・競馬・天馬・河馬・驢馬(ろば)・意馬心猿」▽↓うま(馬)(3)

ば【罵】バ ののしる 大声で口ぎたなく悪口を言う。ののしる。「罵詈(ばり)・罵倒・罵声・悪罵・面罵・痛罵・嘲罵・慢罵」

ば【婆】バ ばば ①年とった母。また、年とった女。ばば。「お婆(ばあ)さん」「老婆・産婆」②梵語(ぼんご)の音訳。「婆羅門(バラモン)・娑婆(しゃば)・塔婆」

=ぱ ↓パ―(2)。「一個百円―につく」▽平仮名で書く。

バー ①棒。棒状のもの。「チョコレート―」。横木。高跳びの高さを示す横木やフットボールのゴールの横木など。②(洋酒を飲ませる)酒場。▽bar ―**コード** 太さの異なる線を間隔を変えて縞(しま)状に並べて情報を示す符号。機械で読み取り、商品管理などに利用する。▽bar code

は

ぱあ ①〔俗〕ばか。「頭は―だが、性格は素直だ」②〔俗〕ご破算。帳消し。「台風で旅行が―になった」③じゃんけんで、五本の指を全部開くこと。かみ。

パー ①同じねうちであること。等価。「相場が額面と―にまで下がった」▽par ②《金額の表現に付けて》(ひとり・一つあたり)……ずつ。「ひとり二千円―かかった」▽per ③ゴルフで、各ホールごとに決められた標準打数。十八ホール全体の合計数についても言う。第一打を打つ地点から穴までの距離により、パー三から五(まれに六)まである。▽par ④《数値表現に添えて》「パーセント」の略。「手数料は五―でどうかね」

ばあい ひ:ぁ【場合】①物事の、その時に応じて分けて考えられる状態・事情。「―によっては」「万一の―」「問題を―分けして扱う」▽「ばわい」「ばやい」とも言う。②とき。おり。「雨が降った―(には)中止する」▽概して、時(4)と同様に使う。法令文で、「場合」と「とき」とを重ねて使うときは、前提とする条件の大きい方に「場合」を使うのが慣用。

パーカー フード付きの上着。パーカ。▽parka

パーカッション ドラム・シンバルなど、打楽器の総称。また、その演奏。▽percussion

パーキング 駐車(場)。「―メーター」▽parking

はあく【把握】《名・ス他》①しっかり理解すること。「問題点を―する」▽(2)の転。②つかむこと。にぎりしめること。

ハーケン 岩壁や氷壁を登るとき、壁に打ち込んでロープの確保などに用いる金属製の用具。▽ドイツ Haken

バーゲン セール 安売り。見切り売り。特売。▽bargain sale

パーコレーター ろ過装置の付いた、お湯を沸かしコーヒーを淹(い)れる器具。▽percolator(＝こし器)

パーサー 商船の事務長。旅客機などの主席客室乗務員。▽purser

パージ《名・ス他》追放。公職などからしめだすこと。「レッド―」▽purge

バージョン 文学作品・劇・楽曲などの(同じ作に幾つかの形がある場合の)その一つの姿であるもの。「オリジナル―」「お子様―」「名作小説のテレビ―」。また、コンピュータのソフトウェアなどで、改定を重ねているうちの一つのもの。版。▽version **―アップ**《名・ス他》(いっそうの適切化を図った)バージョンの大幅改定(をすること)。「OSの―」▽version と up とによる和製英語。ソフトウェア業界から広まる。

バージン ①処女。②《他の語と複合して》手つかず。「―スノー」。最初。「―オリーブ オイル」▽virgin **―ロード** 教会の結婚式で花嫁の通る、入口から祭壇までの通路。▽virgin と road とによる和製英語。

バース コントロール 受胎調節。▽birth control

バースデー 誕生日。「―プレゼント」▽birthday

パーセンテージ ①パーセントで表す割合。百分比。百分率。②転じて、歩合。率。▽percentage

パーセント 百に対していくつに当たるかで示す割合。百分率。記号%であらわす。▽percent

パーソナリティー ①個人の性格。個性。人格。「その人の―によって違う」②ラジオ番組などの進行役。▽personality

パーソナル《ダナ》①個人に関するさま。「―な問題」②《名詞の上につけて》個人用。「―テレビ」▽personal

バーター《名・ス自》等価値の物やサービスなどを交換すること。「―制」「―貿易」「―協定」▽barter

ばあたり【場当(た)り】①《名》(演劇などで)人々のその場(だけ)の評判・人気を得ること。「―をねらう」②《名ナ》(思慮も見通しも無しに)その場その場の都合に合わせること。「―な計画」

バーチャル《ダナ》仮想的。また、現実ではなくコンピュータ内やネット上のものであるさま。▽virtual **―リアリティ** コンピュータの作り出す仮想の空間を現実であるかのように知覚させる技術。また、そのように作り出された仮想的な現実。仮想現実。広義には、コンピュータ ゲームやアニメなどの電子メディアによる疑似体験も含める。▽virtual reality

パーツ 機械・器具類の部品。▽parts

ぱあっと《副》①小さくまとまっていたものが広がるさま。「―景色が開ける」②明るく、華やかなさま。陽気なさま。「顔が―明るくなる」「―派手にやる」

バーディー ゴルフで、そのホールの基準打数(＝パー)より一つ少ない打数。▽birdie

パーティー ①社交のための会合。「ダンス―」②登山などで、行動を共にするグループ。▽party

パーティション ①間仕切り。②ハード ディスクなどの記憶装置の、内を分割した各領域。▽partition(＝分割)

バーテンダー バー(2)のカウンターにいて酒類を調合し、客に出す係。バーテン。▽アメリカ bartender

ハート ①心。心臓。「彼女の―を射止める」②トランプの札の印の一つで、心臓形をしたもの。赤の♥の形。「―形(がた)」▽heart

ハード ①《ダナ》かたいさま。「―コート」。きびしいさま。「―(な)スケジュール」▽hard ②《名》「ハードウェア」の略。派生 **-さ** **―ウェア** コンピュータで、利用技術面の事に対して、機械そのもの(の面)。かなもの。ハード。↔ソフトウェア。▽hardware **―カバー** 厚いボール紙の表紙をつけた本。↔ペーパーバック。▽hardcover **―ディスク** コンピュータの記憶装置の一つ。金属などでできた磁気ディスクを高速で回転させ、記憶を読み書きする。▽hard disk **―ボイルド** ①文学で、感情を交えず、客観的な態度・文体で対象を描写しようとする手法。②(1)の手法で描く推理小説や映画。▽hard-boiled(＝「卵の固ゆで」から転じて、冷酷な・非情な)

パート ①部分。区分。②〔音楽〕合唱・合奏の際、曲の中でそれぞれ受け持つ部分。その奏者。ソプラノ・アルトなど。▽part ③「パート タイマー」「パート タイム」の略。 **―タイマー** パート タイムで働く人。パート。▽part-timer **―タイム** 普通の勤務時間よりも少ない、ある時間だけ勤務する制度。短時間勤務。↔フル タイム。▽part-time

バード ウォッチング 野鳥を自然の中で観察し、楽しむこと。探鳥。▽bird watching

パートナー ①(ダンスなどの)なかま。②配偶者。つれあい。③(事業などの)相手。▽partner

ハードル ①障害走の走路に置く障害器具。②比喩的に、越えるべき障害。「人生の―」▽(1)(2)は hurdle ③「ハードル レース」の略。ハードルなどの障害物のあるコースを走る。障害走。▽hurdle race から。

バーナー 気体燃料、または霧状液体燃料を燃焼させる装置。また、その火口。「ガス―」▽burner

ハーネス ①馬具の一種。また、犬などの引き具。②登山などでの安全ベルト。▽harness

はあはあ ①〘副「と」・ス自〙息が切れて、呼吸が荒いさま。「―(と)肩で息をする」②〘感〙相手の話に耳を傾けていることを表す語。「―と聞き流す」

バーバリズム 野蛮な行為。野蛮なこと。無作法。▽barbarism

ハーフ ①半分。なかば。「―マラソン」▽half ②混血(児)。▽half-blood から。 **―ウェー ライン** サッカー・ラグビーなどの競技場を半分に区切る、ゴール ラインに平行な線。▽halfway line **―タイム** 試合時間が一定のスポーツで、競技の中間におく休憩。▽halftime **―メード** 基本の型などを用意し、細部を注文で完成する製品。▽half と made とによる和製英語。オーダー メードとレディー メードとの中間。多く洋服について言う。

ハーブ 薬や香料とする草の総称。薬草。香草。「―ティー」▽herb

ハープ ほぼ三角形をなす大きく優美な木製の枠に、通常四十七本の弦を張り渡した楽器。指で直接弦に触れて奏する。たてごと。▽harp

パーフェクト ①〘ダナ〙完全であるさま。完璧。▽perfect ②〘名〙「パーフェクト ゲーム」の略。㋐野球で、相手チームに一人の走者も許さずに勝った試合。完全試合。㋑ボウリングで、全部の投球がストライクのゲーム。▽perfect game から。

ハープシコード →チェンバロ。▽harpsichord

バーベキュー ①〘名・ス自〙屋外で、肉や野菜を直火で焼いて楽しみながら食べること。②〘名〙鉄板や焼き網で調理した肉などの料理。▽barbecue

バーベル ウエート リフティングで使う、両端に鉄(またはコンクリート)の輪をはめた棒。▽barbell

バーボン トウモロコシを原料とするウイスキー。▽bourbon アメリカのケンタッキー州バーボンで作られたことから。

パーマ 「パーマネント ウエーブ」の略。薬品・電熱などで、相当長く保たれるように髪にウエーブをつけること。また、その髪型。「―をかける」▽permanent wave から。

パーマネント →パーマ。▽permanent

ハーモニー ①調和。②音楽で、和声。▽harmony

ハーモニカ 細長い箱形の小さな楽器。中に小さな仕切りがあり、金属製の簧(した)がはまっている。口に当て、息を吸ったり吐いたりして奏する。ハモニカ。▽harmonica

ばあや【△婆や】乳母(ばう)や、年取った下女。▽間投助詞「や」(2)を付けて呼び掛けた表現から。

パーラー 軽い飲物などを主とする食堂。「フルーツ―」▽parlour

はあり【羽×蟻】交尾期の、羽がはえた蟻(あり)。

バール ①圧力の単位。一バールは一〇万パスカル。▽bar ②棒状のくぎ抜き。かなてこ。「―のようなものでこじあけた」▽crowbar から。

パール 真珠。▽pearl

バーレスク ①真面目な劇を滑稽・パロディー化した芝居。おどけ芝居。②音楽や踊りもまじえた、大衆向きの喜劇。③アメリカで、ストリップ ショーも含む、大衆娯楽演芸。▽burlesque

バーレル 液体の容量をはかる時に用いる単位。物により異なり、石油では一バーレルは一五九リットル。バレル。▽barrel(=たる)

はい〔はひ〕【灰】物が燃えつくしたあとに残る粉のようなもの。「タバコの―」「火鉢の―」「―になる」

はい〔はひ〕【×蠅】→はえ(蠅)

はい【×鮠】→はや(鮠)

ハイ ①〘造〙高い。↔ロー。「―クラス」(高級)「―ソサエティー」(上流社会)「―スピード」「―テク」(→ハイテク)「―ファイダリティ」(→ハイファイ)▽「―ソックス」(ひざ下まで覆えるソックス)「―ティーン」(→ハイ ティーン)「―センス」などは和製英語。→ハイウエー・ハイカラ・ハイヒール・ハイライト・ハイリスク。②〘名ナ〙(興奮剤の服用などによる)気分高揚(の状態)。「―な気分で踊る」▽(2)はやや俗語的。(1)(2)とも high

はい〘感〙①相手の呼び掛けに対する返事、問いに対するそうだの意を表すのに、使う語。▽話の合の手(「本当に困ったものです、―」)にも使う。否定形の質問に対し否定的内容を答えるには「はい」を使うのが本来。例、「「花子はまだ行かないかね」「―行きません」」。語末を上げて言えば、相手への問い返しとなる。②(動作などのきっかけを促す)合図に使う語。「―、こっちを見て」「―、―」(馬を進める掛け声、また、民謡のはやし言葉)

はい【×佩】ハイ おびる はく ①身につける。腰にまとう。おびる。はく。「佩刀(はいとう・はかせ)・佩剣・佩用・佩綬(はいじゅ)」②心にとどめる。忘れない。「感佩」

はい【*俳】ハイ わざおぎ ①㋐「俳諧」または「俳句」の略。「俳人・俳文・俳味・俳画・俳号・俳友・俳壇・雑俳・連俳」㋑おどけ。こっけい。

「俳諧」②人前で芸をする人。わざおぎ。役者。芸人。「俳優」③あちこち歩きまわる。彷徨(ほうこう)する。「俳徊(はいかい)＝「徘徊」に同じ」

はい〖排〗ハイ おす おしひらく ①手でおしてひらく。おす。おしのける。しりぞける。「排斥・排除・排撃・排他・排日・排外・排出・排泄(はいせつ)・排気・排卵」②列にならべる。ならぶ。「排列・排置・按排(あんばい)」

はい〖*拝〗〖拜(人)〗ハイ おがむ ①からだをかがめて敬意を表する。おじぎする。おじぎ。「拝礼・拝揖(はいゆう)・遥拝(ようはい)・跪拝(きはい)・三拝九拝」②神仏をおがむ。敬意をもって見る。ありがたがって大切にする。「拝火教・拝殿・拝顔・拝眉・参拝・崇拝・礼拝(らいはい・れいはい)・四方拝・拝金主義」③㋐相手・対象物をつつしみ敬ってする行為に冠する語。「拝賀・拝謁・拝趨(はいすう)・拝聴・拝観・拝見・拝読・拝辞・拝察・拝呈・拝領」㋑書簡の用語。「拝啓・拝復・頓首再拝」。また、自分の名の下に書き添える語。④官をさずかる。「拝官・拝命」

はい〖杯〗ハイ さかずき ①〘名・造〙酒を盛る器。さかずき・グラス(1)の類。賞として出す金属製カップ。「杯をあげる」「杯洗・苦杯・賜杯・献杯・木杯・祝杯・玉杯・金杯・銀杯・返杯・乾杯・W杯」②㋐わん・さじ・おけなどの容器で、物の量を計るのに用いる語。「一杯」㋑舟を数える語。また、たこ・いかなどを数える語。▽「盃」は異体字。

はい〖盃(人)〗ハイ さかずき 「杯」の異体字。「盃洗・金盃・優勝盃」

はい〖胚(×)〗ハイ ①卵または種子の中で発生をはじめたばかりの幼生物。「胚芽・胚珠・胚乳」②胎内に子をもつ。みごもる。物事がおこりはじめる。きざす。「胚胎」

はい〖*背〗ハイ せ せい そむく そむける ①せ。せなか。物のうしろ側。「背面・背後・背景・背泳・背嚢(はいのう)・腹背・紙背・光背・後背」②背を向ける。うしろむく。そむく。「背反・背信・背徳・背理・背恩・背任・背馳(はいち)・背日性・向背・違背」「背水の陣」

はい〖*肺〗ハイ ①〘名・造〙五臓の一つ。左右一対ある呼吸器。「肺臓・肺炎・肺尖(はいせん)・肺門・肺葉・肺結核・肺活量・珪肺(けいはい)」②こころの中。まごころ。「肺腑(はいふ)・肺肝」

はい〖*配〗ハイ くばる たぐい ①必要なところにわりあてて供給する。くばる。「配付・配布・配給・配電・配船・配線・配分・配慮・配当・配達・配膳・配置・配剤・配兵・配下・分配・支配・手配(てはい)・差配・心配・遅配・欠配」②ならぶ。つりあう。対(つい)になる。「配合」③夫婦になる。夫婦。つれあい。相手を与えて組み合わせる。とりあわせ。「配偶・配色・交配」④島ながしにする。「配流(はいる)・配謫(はいたく)・配所」

はい〖*敗〗ハイ やぶれる まける ①戦いにまける。やぶれる。⇔勝。「勝敗・敗戦・敗色・敗軍・敗将・敗兵・敗死・敗残・敗北・敗退・敗走・敗滅・敗因・敗報・敗訴・大敗・惨敗・惜敗・一敗・不敗・優勝劣敗」②物事がだめになる。形がくずれる。こわす。そこなう。こわれる。やぶれる。「腐敗・酸敗・頽敗(たいはい)・壊敗」③やりそこなう。しくじる。「成敗(せいはい)・失敗」

はい〖廃〗〖廢〗ハイ すたれる すたる ①古くなって役に立たなくなる。すたれる。やぶれる。「廃物・廃屋・廃寺・廃墟(はいきょ)・廃絶・廃滅・廃疾・興廃・荒廃・退廃」②用いないことにする。すてる。しないことにする。やめる。「廃棄・廃止・廃業・廃刊・廃案・廃帝・廃嫡・廃立・廃合・全廃・存廃・改廃・撤廃」

はい〖輩〗ハイ やから ともがら ①なかま。ともがら。やから。「同輩・先輩・後輩・年輩・軽輩・俗輩・我輩(わがはい)・余輩・弱輩・朋輩(ほうばい)・末輩(まっぱい)」②車が列をなしてならぶ。順序にたくさんならぶ。「輩出」

ばい〖枚(△)〗『―をふくむ』夜討ちや敵のそばをひそかに通る時、馬をいななかせないように、くつわ(＝枚)をかませる。「枚をふくんで粛々と」▽近代戦でも、これに似たことをする修辞として言う。

ばい〖*貝〗バイ かい ①かいがら。また、それを持つ、かい。「貝殻・貝貨」②〘名〙㋐浅海の砂地にすむ巻きがい。殻は貝独楽(ばいごま・べいごま)や貝細工の原料に、肉は佃煮(つくだに)などにする。㋑ホラガイ。

ばい〖*買〗バイ かう 代金を出して物を手に入れる。あがなう。かう。⇔売。「買収・買価・故買・購買・売買・不買同盟」

ばい〖*売〗〖賣(人)〗バイ マイ うる うれる 代金を得て物を他人にゆずりわたす。うる。あきなう。⇔買。「売買・売品・売却・売店・売約・売春・売名・売文・売薬・売僧(まいす)・商売・販売・専売・即売・直売・特売・密売・廉売・発売・競売・転売・非売・売価・売国奴」

ばい〖*倍〗バイ ます 〘名・造〙多くする。加える。それに同数・同量を足し加える。また、同じ数を何回か加える。「倍増し」「賞金を倍にする」「以前に倍しまして」「二倍・百倍・幾層倍・倍率・倍加・倍額・倍数・倍旧」▽もとの「一倍」は今の二倍を言う。

ばい〖培〗バイ つちかう 草木の根に肥えた土をかけて育てる。つちかう。養い育てる。「培養・栽培・啓培」

ばい〖陪〗バイ ①主たる者につきしたがう。ともをする。したがう。「陪従・陪席・陪侍・陪乗・陪食・陪観・陪審」②家来の家来。またもの。またげらい。「陪臣」

ばい〖賠〗バイ つぐなう 損害をかけた埋め合わせに代物をはらう。つぐなう。「賠償」

ばい〖*梅〗〖梅(人)〗バイ うめ ①果樹の一種。うめ。「梅花・梅林・梅園・老梅・白梅

・紅梅・寒梅・蠟梅(ろうばい)・探梅・観梅・松竹梅」②梅の実。「梅雨(ばいう・つゆ)・入梅・塩梅(あんばい)」③「黴(ばい)」に通じる。「梅毒」▽「楳」は古字。

ばい【媒】バイ なかだち ①なかだちをする。間に立って結合に力をかす。「媒介・媒染剤・媒質・媒体・風媒花・触媒・溶媒・霊媒」②(男女の)縁をとりもつ者。なこうど。「媒酌・媒人」

パイ ①小麦粉とバターを練って薄くのばし、幾層も重ねて果物・肉などを包み、オーブンで焼いたもの。「アップルー」「ー生地(じ)」②分けあうべき利益などの全体。また、分け前。「ーが減る」「ーの奪い合い」▽(1)(2)は pie ③円周率を表す記号。π。▽ギリシア語の第十六字母。

パイ【×牌】マージャンのこま。ぞうげ・竹などで作る。▽中国語から。

はいあがる:はひ【×這い上がる】《五自》①はって、上へ上がる。②苦労して悪い状況から抜け出す。

バイアス ①織り目に対して斜めに切ったきれ。ななめぎれ。「ーテープ」②かたより。「ーがかかる」▽「バイヤス」とも言う。bias

バイアスロン スキーのクロス カントリーとライフル射撃とを組み合わせたスポーツ。冬季近代二種競技。▽biathlon

はいあん【廃案】採用・議決されず、廃止となった考案・議案。「ーに追い込む」

はいい【廃位】《名・ス他》君主をその位から去らせること。

はいいろ:はひ【灰色】灰の色のような、黒と白の中間のくすんだ色。ねずみ色。比喩的に㋐陰気なこと。あじけないこと。「ーの人生」㋑主義・主張などがはっきりしないこと。「そんな修正は定義をーにしてしまう」㋒犯罪容疑が完全には晴れていないこと。「ー高官」

はいいん【敗因】まけた原因。↔勝因

ばいいん【売淫】《名・ス自》↓ばいしゅん

ばいう【梅雨・×黴雨】六月から七月中旬にわたって日本や長江沿岸に生じる雨季。その時の雨。つゆ。さみだれ。▽梅の実のなる、または黴(かび)の生えるころに降る雨の意。

ハイウエー (自動車専用)高速道路。▽highway(=公道)

はいえい【背泳】↓せおよぎ

はいえき【廃液】廃物となって捨てられる液体。

はいえつ【拝謁】《名・ス自》君主など高貴の人にお目にかかること。

ハイエナ 形はいぬに似て、後足よりも前足が長く、背中に長いたてがみがある獣。主に死肉を食う。インド・アフリカにすむ。▽hyena ハイエナ科の哺乳(ほにゅう)動物の総称。

はいえん【廃園】①《名》荒れてさびれた庭園。②《名・ス他》幼稚園・遊園地などを廃止し閉鎖すること。閉園。

はいえん【肺炎】肺に細菌またはウイルスがはいって起こる病気。悪寒(おかん)を感じ、発熱し、せき・痛み、呼吸の苦しさを伴う。

はいえん【排煙】①《名》(煙突・排気口などから)はき出される煙。「工場ー」②《名・ス自》(中にこもった)煙を外に出すこと。

ばいえん【梅園】梅の木を多く植えた庭園。

ばいえん【×煤煙】(石炭など)燃料を燃やして出るすすと煙。「ーによる公害」

バイオ ①《名詞に冠して》生命。生物。「ーリズム」「ーセンサー」▽bio- ②「バイオテクノロジー」の略。 **ーテクノロジー** 生命工学。遺伝子操作・細胞培養などの方法を使って、生命・生体を工学的に取り扱おうとする学問。▽biotechnology **ーねんりょう**【ー燃料】バイオマス(2)を利用した燃料。薪(まき)や、植物を原料としたエタノールなど。バイオマス燃料。 **ーマス** ①(生物)ある範囲に存在する生物体の量。多く、重量で表す。生物量。②植物、動物の排泄(はいせつ)物、生ごみなど、生物由来で持続的に利用可能な資源。「ー発電」▽biomass

は

はいおく【廃屋】↓はいか(廃家)(1)

ハイオク オクタン価が高い、性質の良いガソリン。▽high-octane gasoline の略。

はいおとし:はひ【灰落(と)し】灰皿。

パイオニア 開拓者。先駆者。「近代科学のー」▽pioneer

バイオリニスト バイオリン奏者。ヴァイオリニスト。▽violinist

バイオリン 西洋の弦楽器中、小形で音色がすぐれ、もっとも代表的なもの。弦は四本、馬の尾で作った弓でこすって奏する。ヴァイオリン。提琴。▽violin

バイオレット ①すみれ。特に、外国種のニオイスミレ。②すみれ色。▽violet

ばいおん【倍音】基音の振動数の整数倍の振動数をもつ音。

はいか【廃家】①住む人が無く荒れた家。廃屋。②旧民法で、相続人がなくて家が絶えること。また、自分の家を廃すること。

はいか【配下】自分のさしずのもとにある者。てした。

はいか【配架】《名・ス他》図書館(図書室)で本・雑誌などを(分類に従って)棚(=架)に並べる(=配)こと。

はいが【俳画】俳味のある、略筆の淡彩画や墨画。

はいが【拝賀】《名・ス自》目上の人に(新年などの)祝い事の喜びを申し上げること。▽特に天皇・皇后に対して用いることが多い。

はいが【×胚芽】植物の種のなかで、将来生長して個体を形成する部分。 **ーまい**【ー米】胚芽が残るように搗(つ)いた米。

はいが【背×臥】↓ぎょうが。「ー位」

ばいか【倍加】《名・ス自他》二倍にふえる、また、ふやすこと。「売上げのー」「興味がーする」

ばいか【売価】売る時の値段。うりね。

ハイカー ハイキングをする人。▽hiker

はいかい【俳諧・×誹諧】①発句(ほっく=俳句)・連句の総称。②「俳諧連歌」の略。普通の連歌に対して、こっけいを旨とした連歌。▽もと、こっけい・たわむれの意。

はいかい【×徘×徊】《名・ス自》あてもなく歩き回ること。うろうろと歩き回ること。「盛り場を―する」

はいがい【拝外】外国の事物・思想などを崇拝すること。「―思想」

はいがい【排外】外国人や外国の思想・事物を排斥すること。「―主義」

ばいかい【媒介】《名・ス他》二つのものの間にあって、両者の関係のなかだちをすること。またそういうもの。「マラリアを―する蚊」

ばいがえし(…がへし)【倍返し】《名・ス自》受け取った金品の、倍に相当するものを返すこと。「お祝いの―」▽受けた行為に対する仕返しについて言うこともある。

はいかき(はひ…)【灰×掻き】①火鉢の灰を平らにならす道具。灰ならし。②火事のあとの灰をかたづけること。それをする人。

はいがく【廃学】《名・ス他自》学問の修練や学校での勉学を断念すること。「彼は大学や高等学校にゐる時、何度も―を計画した」(芥川龍之介「大導寺信輔の半生」)

ばいかく【倍角】①もとの角の二倍の角度をもつ角。倍の角度。「―の定理」②ワープロ専用機で、一字分の規準的な正方形の大きさに対し、縦または横だけを二倍にした大きさ。▽↓ぜんかく

ばいがく【倍額】二倍の金額。

はいかぐら(はひ…)【灰〈神楽〉】火の気のある灰に湯や水をこぼした時舞い上がる灰けむり。「目の前に突然―が立とうとも、彼は決して目をパチつかせない」(中島敦「名人伝」)

はいガス【排ガス】「排気ガス」の略。「―規制」▽「ガス」はオランダ gas

はいかつりょう【肺活量】深呼吸で最大の努力をして出すことができる空気の量。

ハイカラ《名・ダナ》西洋風をまねたり、流行を追ったり、新しがったりすること。そういう人。「―さん」▽明治三十年過ぎに石川半山が、洋行帰りの high collar(=高い襟)を付けたシャツを着、ネクタイをした外交官をからかった語が一般化した。派生 **―さ**

はいかん【拝観】《名・ス他》宮殿や社寺やそこの宝物などを見せていただくこと。「御苑(ぎょえん)を―する」「寺の―料」

はいかん【廃刊】《名・ス他》その雑誌・新聞の刊行をやめること。

はいかん【肺肝】心の奥。「―を砕く」(非常に苦心する)▽もと、肺臓と肝臓の意。

はいかん【配管】《名・ス自》ガス・水道などの管を配置すること。

はいがん【拝顔】《名・ス自》人に面会することをへりくだって言う語。「―の栄に浴する」

ばいかん【陪観】《名・ス他》身分の高い人につきしたがって見物すること。

はいき【拝×跪】《名・ス自》ひざまずいておがむこと。

はいき【排気】《名・ス自》①内部の気体を外へ除き去ること。「―口」②蒸気機関や内燃機関で、仕事が終わってはき出される蒸気、または燃焼後のガス。また、それを外へ出すこと。↕吸気。「自動車の―ガス」「―量」

はいき【廃棄】《名・ス他》やめて不用にすること。捨て去ること。「条約を―する」「―物」「―処分」

ばいきゃく【売却】《名・ス他》売り払うこと。「土地を―する」

はいきゅう【排球】バレーボール。

はいきゅう【配球】野球・テニスなどで、投げるまたは打つ球の性質・速さなどの配合。「直球主体の―」

はいきゅう【配給】《名・ス他》①割り当ててくばること。「焼け出された人に毛布を―する」「―米」「―制」▽関東大震災直後に無料で行ったものからこの語が広まった。第二次大戦中の配給制では有料。②映画のフィルムなどを貸し出すこと。

ばいきゅう【倍旧】《名・ス自》前よりもいっそう増すこと。「―のお引立てをお願いいたします」

はいきょ【廃×墟】建物・町などの荒れはてたあと。「―と化す」

はいぎょ【肺魚】えらのほかにうきぶくろの発達した肺があって、空気中の酸素をとることができる魚の一群。あまり現存しない。

はいきょう【背教】キリスト教で、その信仰をすてて他の宗教に改宗し、または無宗教となること。

はいぎょう【廃業】《名・ス自他》今までしていた職業・営業をやめること。

はいきょく【廃曲】演奏・上演されなくなった曲目。

はいきん【拝金】金銭を極端に尊重すること。「―主義」

はいきん【背筋】背中にある筋肉の総称。「―力」

ばいきん【×黴菌】人体に有害な細菌などの俗称。

ハイキング《名・ス自》山野を歩きまわって自然に親しむこと。徒歩旅行。▽hiking

バイキング「バイキング料理」の略。一定の料金で、多種の料理を食べ放題に選んで食べる形式のもの。▽北欧料理の形式を取り入れ、Viking(=八～十一世紀ごろ海からヨーロッパ各地に侵攻した、北欧の人々)にちなんで一九五八年以降に日本で言う。

はいく【俳句】五七五の十七音から成る短い詩。発句(ほっく)。▽同詩型による川柳(せんりゅう)を含めない。

ハイク ハイキング。「ナイト―」「ヒッチ―」▽hike

はいぐ【拝具】手紙の終わりに書く語。つつしんで申す意。

バイク ①↓オートバイ。②「モーター バイク」の略。③自転車。「マウンテン―」▽bike

はいぐう【配偶】↓はいぐうしゃ。「好―」▽もと、そえ合わせること。
―しゃ【―者】結婚している相手。夫婦の一方。つれあい。配偶。

ハイ クラス 高級。▽high class

はいぐん【敗軍】戦いに負けること。その負けた軍隊。「―の将、兵を語らず」(失敗をした者は、そのことについて語る資格がない)

はいけい【拝啓】手紙の始めに書く、あいさつ語。つつしんで申し上げる意。関連 謹啓・粛啓・追啓・復啓・拝呈・謹呈・奉呈・拝復・啓上・一筆啓上・追伸・前略・冠省

はいけい【背景】①絵・写真の題材の、背後の景色(や様子)。また、舞台の奥に描いた景色。②ある人や事件の背後にあるもの。「政治的な―」

はいげき【排撃】『名・ス他』(非難し)追い払おうと攻撃すること。

はいけっかく【肺結核】結核菌によって起こる肺の病気。肺病。

はいけつしょう【敗血症】細菌、特に化膿(かのう)菌が血管やリンパ管中にはいって起こる病気。

はいけん【×佩剣】腰に帯びる剣。帯剣。

はいけん【拝見】『名・ス他』見ることをへりくだって言う語。「お手並―」(皮肉で言う場合がある)

はいご【廃語】すたれて使われなくなった語。

はいご【背後】①うしろ。せなかの方。「敵の―にまわる」②比喩的に、表面に出ない、陰(かげ)の方面。「―関係」 **―れい**【―霊】俗説で、人の背後に取りついている霊魂。「写真には―まで写っている」

はいこう ①【廃坑】『名・ス自他』採掘をやめて炭坑(2)や坑道を閉鎖すること。そうなった炭坑や坑道。②【廃鉱】『名・ス自他』鉱山や炭鉱を廃棄すること。また、廃棄された鉱山や炭鉱。

はいこう【廃校】『名・ス自他』学校を廃止すること。また、廃止した学校。

はいごう【俳号】俳人として用いる雅号。

はいごう【廃合】『名・ス他』廃止したり合併したりすること。「部課の―」

はいごう【配合】『名・ス他』あれこれを組み合わせ(取り混ぜ)て、ぐあいよいものにすること。取り合わせ(ぐあい)。「色の―」「薬の―」「―飼料」

はいこうせい【背光性】植物の根、暗所にすむ動物が、光線の弱い方へ向かって行く性質。背日(はいじつ)性。↕向光性。▽→くっこうせい

ばいこく【売国】私利などのために、自国に不利で他国の利益になることをすること。 **―ど**【―奴】売国的なことをする者をののしって言う語。

はいざい【配剤】『名・ス他』①薬を配合すること。②転じて、ほどよく配合すること。「天の―」

はいざい【廃材】いらなくなった材木・材料。

はいさつ【拝察】『名・ス他』(人の心中などを)推測することをへりくだって言う語。

はいざら：はひ【灰皿】タバコの灰や吸いがらを捨て落とす、多くは皿状の器。

はいざん ①【敗残】戦いに負けて(多くが死んだのに)生き残ること。「―兵」②【廃残】身も心も衰え損なわれ、おちぶれて生きること。「―の身を横たえる」▽(2)も「敗残」と書くことがある。

はいざん【廃山】鉱山の操業をやめること。また、その鉱山。

はいし【廃止】『名・ス他』やめて行わなくすること。「虚礼の―」

はいし【敗死】『名・ス自』戦いに敗れて死ぬこと。

はいし【×稗史】世間のうわさなどを歴史風に書いたもの。転じて、小説。▽もと中国で、民間の様子を探って君主に奏上する役の稗官(はいかん＝小官)が書き記したもの。

はいし【×胚子】→はい【胚】(1)

はいじ【拝辞】『名・ス他』辞退すること、または暇乞(いとまご)いすることを、へりくだって言う語。

はいじ【廃寺】①住職もいない、荒れ寺。②昔あって今は残っていない寺。

はいしつ【廃疾・×癈疾】不治の病気。

はいしつ【肺疾】肺病。

ばいしつ【媒質】〔物理〕ある作用を他の場所に伝える仲立ちとなる物質や空間。例、光がガラスの中を伝わる時、そのガラス。

はいじつせい【背日性】→はいこうせい

はいしゃ【敗者】まけた人。↕勝者。「―復活戦」

はいしゃ【配車】『名・ス自』(わりふって)必要な所に車を回すこと。

はいしゃ【廃車】『名・ス他』使用をとりやめ(廃棄し)た車。車の使用をやめ、登録を抹消すること。「―にする」

はいしゃく【拝借】『名・ス他』借りることをへりくだって言う語。「お手を―」

ばいしゃく【媒酌・媒×妁】『名・ス他』結婚をとりもつこと。その人。「―人」

ハイジャック『名・ス他』(運航中の航空機を)乗っ取ること。▽アメリカ hijack

はいしゅ【×胚珠】種子植物の雌性生殖器官。中に胚嚢(はいのう)があり、更にその中に卵細胞がある。

はいじゅ【拝受】『名・ス他』受けることをへりくだって言う語。

ばいしゅう【買収】『名・ス他』①買いとること。「国家が―した土地」②ひそかに利益を与えて、味方に引き入れること。「有権者を―した」

ばいじゅう【陪従】『名・ス自』おともをすること。つきしたがうこと。その人。

はいしゅつ【排出】『名・ス他』①中にたまっているものを外に押し出すこと。②排泄(はいせつ)。「―器官」

はいしゅつ【輩出】『名・ス自他』続いて多くの人材が出る、または人材を出すこと。「門下からすぐれた人材が/を―する」

ばいしゅん『名・ス自』①【売春】(女性が)報酬を得て異性(他人)と性交すること。売淫。売笑。売色。②【買春】→かいしゅん(買春)

はいしょ【俳書】俳諧に関する本。

はいしょ【配所】流罪(るざい)によって流された場所。

はいじょ【排除】『名・ス他』(不要の事物や障害物を)

おしのけること。とり除くこと。

はいしょう【拝承】『名・ス他』聞くこと、承知することをへりくだって言う語。

はいしょう【敗将】敗軍の高級指揮者。↓はいぐん

ばいしょう【売笑】↓ばいしゅん。「―婦」

ばいしょう【賠償】『名・ス他』他に与えた損害をつぐなうこと。「―金」

ばいじょう【陪乗】『名・ス自』身分の高い人のおともをして乗ること。

はいしょく【敗色】負けそうなけはい。「―が濃い」

はいしょく【配色】『名・ス他』色をとりあわせること。また、配合した色あい。

ばいしょく【売色】↓ばいしゅん

ばいしょく【陪食】『名・ス自』身分の高い人といっしょに食事すること。

はいしん【背信】人としての信義や自分に寄せてくれる信頼・信任に、(意図的に)そむく(=背)こと。「―行為」▽期待に反する程度では言わない。

はいしん【配信】『名・ス他』①通信社などが、情報やニュースを関係報道機関に配給すること。②インターネットを通じて、情報や作品などを配ること。

はいじん【俳人】俳句を作る人。

はいじん【廃人・×癈人】病気などのため、通常の社会生活を営むことができなくなった人。

ばいしん【陪審】裁判に、一般市民から選ばれた人々(=陪審員)が関与する制度。特に、陪審員が事実の認定だけを行い、法律の適用や刑の量定は裁判官が行う制度。

ばいしん【陪臣】臣下である者の、そのまた臣。またげらい。またもの。↕直参(じきさん)

ばいじん【×煤×塵・×煤×燼】汚れた空気などに含まれる、すすなどの微粒子。

はいしんじゅん【肺浸潤】結核菌におかされた肺の一部の炎症が、だんだんひろがっていくこと。

はいすい【排水】『名・ス自他』①内部の水をおし出すこと。他に流しやること。「―用のポンプ」②水に浮かんだ物体が、その重さによって水を押しのけること。「―量」 **―トン** 艦船の排水量。すなわち、船そのものの重さを英トンで表したもの。 **―りょう**【―量】船など水に浮かんだものが押しのけた水の量。その水の重さがその物体自身の重さに等しい。

はいすい【廃水】使用して(汚れて)役に立たなくなった水。「工場―」

はいすい【配水】『名・ス自他』水道などの水を方々へくばること。「―管」

はいすいのじん【背水の陣】①川や海などを背にした陣立て。あとに引けぬ所で決戦する構え。②転じて、もし失敗すれば滅びる覚悟で事に当たること。「―を敷く」▽漢の韓信(かんしん)の故事から。

はいすう【拝×趨】『名・ス自』こちらから先方へ出かけて行くことをへりくだって言う語。参上。

ばいすう【倍数】整数(または整式)Aが他の整数(または整式)Bで割り切れる時の、Bに対するAのこと。↕約数

ハイ スピード 高速度。▽high-speed

はいずみ【△掃墨】ごま油・菜種油などの油煙(ゆえん)を掃き落として取ったもの。墨・塗料などの材料とする。▽「灰墨」と書くのは当て字。

はい-する【拝する】『サ変他』①おがむ。「仏像を―」②受けることをへりくだって言う語。「大命を―」③見ることをへりくだって言う語。拝見する。「尊顔を―」「お元気な御様子を―し」

はい-する【排する】『サ変他』①押しのける。しりぞける。「俗信を―」「万難を―」②押しひらく。「戸を―してはいる」③並べる。排列する。「ABC順に―」

はい-する【廃する】『サ変他』①行われてきたことを、やめる。廃止する。「学業を―」②その地位から退かせる。「王を―」

はい-する【配する】『サ変他』①(適当なものを)とりあわせる。ふりあてる。また、めあわせる。夫婦にする。②適当な所におく。配置する。「庭に石を―」「人材を―」③配下につかせる。④島流しにする。

はいず-る(はひ…)【×這いずる】『五自』はって、ずり動く。「赤ん坊が―りまわる」

ばい-する【倍する】『サ変自他』倍になる。倍にする。大いにふえる。大いに増す。「旧に―御愛顧の程を」

はいせい【俳聖】俳句の神様とあがめられるほどの人。「―芭蕉(ばしょう)」

はいせい【敗勢】負けそうな様子。敗色。

はいせき【排斥】『名・ス他』(好ましくないとして)おしのけ、しりぞけること。「外国製品を―する」「―運動」

ばいせき【陪席】『名・ス自』①身分の高い人と同席すること。②「陪席裁判官」の略。 **―さいばんかん**【―裁判官】裁判長に陪席し、裁判所における合議体を構成する裁判官。

はいせつ【排×泄】『名・ス他』動物が栄養をとったあとの不要のもの(大小便など)を体外に出すこと。「―物」 関連 用足し・用を足す・用・用便・排出・手水(ちょうず)・お通じ・通じ・通じる・便通・排便・脱糞(だっぷん)・下る・下す・腹下り・腹下し・下痢・水瀉(すいしゃ)・下り腹・渋り腹・渋る・便秘・糞詰まり・排尿・放尿・立ち小便・連れ小便・寝小便・遺尿・利尿・放屁(ほうひ)・放(ひ)る・放(ひ)り出す・垂れる・垂れ流し・漏らす・お漏らし・おねしょ・遺矢(い)・失禁・粗相

はいぜつ【廃絶】①『名・ス自』(家系などが)すたれて絶えること。②『名・ス他』廃止してなくすこと。「核兵器の―」

はいせん【敗戦】『名・ス自』たたかい(戦争・戦闘・試合)に負けること。

はいせん【杯洗・×盃洗】酒宴でさかずきを洗いそそぐ器。

はいせん【肺×尖】肺の上部のとがった部分。

はいせん【廃線】鉄道などで、路線を廃止すること。そ

の路線。

はいせん【配線】《名・ス自》電線を引いてとりつけること。「—工事」。また、電気・電子機器を働かせる回路を形作ること。その導線。「テレビの—」

はいせん【配船】《名・ス自》船舶を必要に応じて割り振ること。

はいぜん【配膳】《名・ス自他》食膳を客などの前に配ること。その係の人。「—台」

はいぜん【×沛然】《ト タル》雨が一時に激しく降るさま。「—たる驟雨(しゅうう)」

ばいせん【×焙煎】《名・ス他》(特にコーヒー豆を)煎ること。▽日本茶には「焙(ほう)じる」、豆やゴマには「煎る」という。

ばいせん【媒染】染料がよく染まるようにすること。そのための薬品。「—剤」

はいそ【敗訴】《名・ス自》訴訟で負けること。↔勝訴

はいそう【敗走】《名・ス自》戦いに負けて、逃げ走ること。

はいそう【背走】《名・ス自》後方へ走ること。

はいそう【配送】《名・ス他》配達して送り届けること。「贈答品を—する」「保冷—」

はいぞう【肺臓】陸生動物の呼吸器。人間では胸腔(きょうこう)の両側、横隔膜の上部に左右一個ずつある。はい。

ばいぞう【倍増】《名・ス自他》二倍にふえる、また、ふやすこと。倍まし。「所得—」

はいぞく【配属】《名・ス他》おのおのをそれぞれの部署に分けてつかせること。「営業部に—する」「—将校」(学校教練のため軍の派遣でその学校にいた将校。→きょうれん)

はいた【歯痛】歯が痛むこと。しつう。

はいた【排他】自分(の仲間)以外のものを排斥すること。「—的」

ばいた【〈売女〉】〔俗〕売春婦。また、女をののしって言う語。

はいたい【廃退・廃×頽】《名・ス自》道徳や気風がすたれおとろえること。▽「廃退」は本来、棄(す)ててしりぞける意で、「廃頽」とは別語。

はいたい【敗退】《名・ス自》負けてしりぞくこと。「初戦で—する」▽軍事用語としては「退却」と異なる。→たいきゃく

はいたい【×胚胎】《名・ス自》やがて起こる事のもとが始まること。きざすこと。▽もと、みごもること。

ばいたい【媒体】媒介となるもの。媒質の物体。「記憶—」。また、メディア。「広告—」

ばいだい【倍大】二倍の大きさ(厚さ)。「—号」

はいたか タカの一種。オオタカに似ているが、ずっと小さい。雌を「はいたか」、雄を「このり」と言う。鷹狩(たかがり)に使用した。

はいだ-す:はひ**【×這(い)出す】**《五自》はらばいになって出る。はって出る。

はいたたき:はひ**【×蠅×叩き】**はえをたたき殺す、柄のついた道具。はえたたき。

はいたつ【配達】《名・ス他》くばりとどけること。「郵便—」

バイタリティー 活動力。生活力。「—に富む」▽vitality

はいだん【俳壇】俳句を作る人々の社会。

はいだん【俳談】俳諧の実作についての談話。

はいち【背×馳】《名・ス自》そむくこと。反対になること。

はいち【配置】《名・ス他》人や物をそれぞれ適当な所に割り当て配ること。「要所要所に警備員を—する」。その有様。「気圧—」。また、その割り当てられた受持ち。「—につく」「—転換」「—換(が)え」(昇任・降任でなく、任命権者を同じくする他の官職につけること)

ばいち【培地】細菌・細胞・組織などを培養するために使う、栄養物を組み合わせた混合物。培養基。

はいちせい【背地性】植物の茎が、生長に伴って、地球の中心とは反対の方向に伸びる性質。↔向地性

はいちゃい ①《感》「はい、さようなら」の幼児語。②《名・ス自》別れることを言う幼児語。「さあ—しなさい」

はいちゃく【廃嫡】《名・ス他》嫡子としての身分を廃止すること。法定の推定相続人をその地位から除くこと。▽今の民法にはない。

はいちゃく【敗着】囲碁・将棋で、負ける原因となった手。

はいちゅうりつ【排中律】通常の論理の根本原理の一つ。XはAか非Aかのどちらかであって、Aでも非Aでもないことはあり得ないという原理。

はいちょう:はひ**【×蠅帳】**はえ等がはいらず、空気が通るように、金網を張った、ほろがや状のもの。はえちょう。

はいちょう【拝聴】《名・ス他》聞くことをへりくだって言う語。

はいちょう【廃朝】《名・ス自》昔、喪や日食時などに臨時に、天子が朝廷の政務につかないこと。

ばいちょう【陪聴】《名・ス他》目上の人と同席して聞くこと。

はいちょうきん【×腓腸筋】腓腹筋(ひふくきん)。▽「ひちょうきん」の誤読。

ハイツ 高台にある集合住宅(地)。▽heights(=高台)

はいつくばう:はひつくばふ**【×這(い)×蹲う】**《五自》↓はいつくばる

はいつくばる:はひ**【×這(い)×蹲る】**《五自》はうようにうずくまる。平伏する。はいつくばう。「土俵に—」

はいてい【拝呈】《名・ス他》物や手紙をさしあげること。▽手紙の書き始めの語にも使う。

はいてい【廃帝】他からの強制で位をやめさせられた皇帝・天皇。

ハイ ティーン ティーン エージャーの中で、年齢の高い者。↔ロー ティーン。▽high と teen とによる和製英語。英語では late teens

ハイテク「ハイ テクノロジー」の略。社会に影響を及ぼすような、高度の技術。先端技術。「―産業」▽high technology から。一九八〇年ごろ使い出した。

はい‐でる【×這(い)出る】(はひ)《下一自》はって出る。「蟻(あり)の―隙間もない」(警戒が厳重なさま)

はいてん【配転】《名・ス他》「配置転換」の略。特に、人事異動で職場を移すこと。

はいてん【配点】《名・ス自》試験で、合計点を各問題または各科目にふりわけること。そう配った点。「―の高い問題から解く」

はいでん【拝殿】神社で、拝むために本殿の前に建てた建物。

はいでん【配電】《名・ス自》電流・電力を諸方に配ること。「―盤」「―所」

ばいてん【売店】駅・劇場・公園などに設けられた(飲食物などを売る小さな)店。「この病院には―が無い」

バイト ①《名》工作機械に取り付け、物を切ったりけずったりする刃物。▽bite ②《名・ス自》〔俗〕「アルバイト」の略。③《名》コンピュータで、情報量の単位。一バイトは八ビット。▽byte

ばいど【培土】①作物の根元に土を寄せて盛ること。②草花や野菜を育てるための土。培養土。

はいとう【×佩刀】《名・ス自》刀・サーベルを腰に帯びること。その刀・サーベル。▽「佩」は、はく、すなわち身に付ける意。→はく(佩)⑶

はいとう【廃刀】刀を日常腰にさしている習慣の廃止。「―令」

はいとう【配当】《名・ス他》割り当てて配ること。特に、純益の一部を株主に配ること。その分け前。「―金」「高―」

はいとく【背徳・×悖徳】道徳に反すること。「―者」

はいどく【拝読】《名・ス他》読むことをへりくだって言う語。「御手紙―いたしました」

ばいどく【梅毒・×黴毒】性感染症の一種。病原菌トレポネマ パリズム(=旧名スピロヘータ パリダ)の侵入によって起こる。

はいとり【×蠅取り】(はひ)はえを取ること。その道具。はえとり。

はいならし【灰△均し】(はひ)火鉢などの灰をならす道具。

パイナップル 熱帯アメリカ原産の多年草。アナナス。また、その果実。果肉は黄色く甘い。パイン アップル。パイン。▽pineapple パイナップル科。

はいにち【排日】外国人が日本人・日本製品など日本の勢力を排斥すること。「―運動」

はいにゅう【×胚乳】種子の中にあり、種子が発芽する時に胚(はい)の養分となるもの。カキの種などの胚の周りの白い部分。

はいにょう【排尿】《名・ス自》尿を排泄(はいせつ)すること。

はいにん【背任】《名・ス自》任務・信任にそむくこと。「―罪」

ばいにん【売人】売り手。特に、麻薬など密売品の売り手。

ハイ ネック 首に沿って立ち上がっている襟。「―のセーター」▽high と neck とによる和製英語。

はいのう【背×嚢】背中に負う皮製などの四角な入れ物。行軍の時などに必要物を入れて運ぶ。

ハイパーテキスト コンピュータで、関連する他の文書や画像にアクセスするための情報を埋め込んで、それらを簡単に参照できるようにした文書。ウェブ ページで広く使われる。▽hypertext →ハイパーリンク

ハイパーリンク ハイパーテキストに埋め込まれた、他の文書や画像を参照するための情報。また、それによってできる情報のつながり。ウェブ ページでは、情報のありかをURLで記述し、閲覧者はクリックするだけでその情報を見ることができる。リンク。▽hyperlink

はいはい【×這い×這い】(はひはひ)《名・ス自》赤ん坊が両手・両膝をついて這(は)い進むこと。

はいはい《連語》命令や要求に簡単に応じるようす。「何でも―(と)聞く」▽返事の「はい」を重ねた形。

ばいばい【売買】《名・ス他》売り買い。売ったり買ったりすること。「株を―する」

バイ バイ ①《感》別れの言葉。さようなら。②《名・ス自》別れること。▽bye-bye 親しい間柄で使う。

バイパス ①交通中心地の混雑緩和のために、迂回(うかい)して周辺地などを通らせる道路。②血管・消化管などの障害を迂回するための管。「―手術」▽by-pass

はいはん ①【背反・背×叛】《名・ス自》そむくこと。裏切ること。②【背反・×悖反】《名・ス自》道理にそむくこと。「二律―」

はいばん【廃盤】そのレコード・CDなどの在庫がなくなっても、追加して製造しないこと。

はいはんちけん【廃藩置県】明治の初め、藩をやめて県を置いたこと。

はいばんろうぜき【杯盤×狼×藉】酒宴の後、杯・皿などが散乱している様子。

はいび【拝眉】《名・ス自》会うことをへりくだって言う語。拝顔。「ではいずれ―の上」

はいび【配備】《名・ス他》物や人を配置して、事に備えること。「ミサイルを―する」「緊急―」▽「配置」より動的で、事があれば出動や攻撃に移るという含みがある。

ハイ ヒール (女性用の)かかとの高い靴。▽high heels

ハイ ビジョン 高精細な画質・音質を特徴とするテレビジョン装置や放送方式。▽日本での商標名。Hi-Vision

ハイビスカス 大きな紅色の花を咲かせる熱帯原産の植物。花の中心にめしべが長く伸びる。品種や変異が多く桃色・だいだい色・白色などの花もある。▽hibiscus もと、あおい科ふよう属の学名で、そのうちブッソウゲなど数種がハイビスカスとして流通する。

ハイ ピッチ『名ナ』物事を進める度合いが速いこと。「―で歩く」「―で酒を飲む」▽high と pitch とによる和製英語。

はいびょう【肺病】 肺臓の病気。主として肺結核。

はいひん【廃品】 →はいぶつ。「―回収」

ばいひん【陪賓】 主賓と共に招かれた相伴(しょうばん)の客。

ばいひん【売品】 売る品物。うりもの。↔非売品

はいふ【肺×腑】 ①肺臓。②転じて、心の奥底。「―をつく言葉」

はいふ『名・ス他』①**【配付】** 銘々に配り与える(渡す)こと。「教科書の―」②**【配布】** 広く配って行き渡らせること。「びらを―する」「無料―」

はいぶ【背部】 背中の方。後ろ側の部分。

パイプ ①管。(水・ガスなどの)導管。「―を通す」(比喩的に、意思疎通の途(みち)をつける意にも)「―役」(仲介者) ②首の大きい西洋風のキセル。巻きタバコの吸い口にも言う。▽pipe **―オルガン** 多数の管をそなえ、鍵盤を押して空気を管に送り音を出させる(巨大な)楽器。▽pipe organ **―ライン** (遠い所まで)石油やガスなどを送るための大規模な管。「シベリアの天然ガス―」▽pipeline

ハイファイ ラジオやオーディオ機器などの再生音の質が高いこと。高忠実度。▽hi-fi(high fidelity の略)

はいふう【俳風】 俳句(俳諧)作品ににじみ出たその俳人(や派)の作風。

はいふき(はひ)**【灰吹(き)】** タバコ盆にそなえてある、キセルタバコの吸いがらを入れるための(竹の)筒。

はいふく【拝復】 返事の手紙の初めに書くあいさつの言葉。

はいぶつ【廃物】 用済みになったもの。廃品。「―利用」

はいぶつきしゃく【廃仏毀釈】 仏教を排斥し、寺などを壊すこと。明治維新の神仏分離によって起こった仏教破壊運動。

ハイブリッド ①生物学で、異なる種類・品種の動物・植物の交雑種。「―のバラ」「―品種」②複数の方式を組み合わせた工業製品など。「―車」(→エイチブイ)「―集積回路」▽hybrid

バイブル ①聖書。キリスト教の経典。②(その方面で)権威のある、価値の高い書物。「言語学の―」▽Bible

はいふるい(はひふるひ)**【灰×篩】** 灰をふるって中の異物を除くための、金網のついた道具。

バイブレーション ①振動。②音楽で、音をふるわせること。▽vibration

バイ プレーヤー わき役。助演者。▽by-play(＝背景的なしぐさだけの演技)に er を付けた和製英語。

ハイフン 英語などで、語と語をつなぐ時などに用いる、短い棒状のしるし。ice-cream などの「-」。▽hyphen

はいぶん【俳文】(俳人が書いた)俳味のある簡潔な散文。多くは俳句を伴う。

はいぶん【配分】『名・ス他』配り分けること。「力をうまく―する」「比例―」

ばいぶん【売文】 自分の書いた文章を売って、それで生活を立てること。「―の徒」▽卑しめて言う語。

はいへい【廃兵・×癈兵】 戦場などで負傷し、戦闘に従事できなくなった兵。「―院」

はいべん【排便】『名・ス自』大便をすること。

ばいべん【買弁・買×辦】 ①中国で、外国の貿易業者との仲立ちをした業者。②転じて一般に、外国資本をもうけさせることによって自分の利益を図ること。「―政府」

はいほう【敗報】 負けたしらせ。負けいくさの報告。↔勝報

はいほう【肺胞】 肺内で、細かく分かれた気管支の末端にある、ふくろ状の部分。その表面は毛細血管に覆われ、血液中の二酸化炭素と肺に吸い込んだ空気中の酸素とが交換される。

はいぼう【敗亡】『名・ス自』戦争に敗れて滅びること。また、それに近いほど手ひどく敗れること。▽「亡」には逃げる意もあり、「敗走」と同義にも使った。

ハイボール ウイスキーに炭酸水を加えた飲物。▽アメリカ highball

はいぼく【敗北】『名・ス自』負けて逃げること。また単に、負けること。↔勝利。「与党が野党に―する」「―を喫する」▽「北」は逃げる意。 **―しゅぎ【―主義】** 戦う前から敵の力に圧倒されて、負けるほかないと思う態度。

ばいぼく【売×卜】 商売として、うらないをすること。

はいほん【配本】『名・ス自他』(予約出版の)書物を配ること。またその本。「次回―」

はいまつ(はひ)**【×這松】** 高山に生える、松の一種。枝・幹は地をはうように低く茂る。

はいまつわる(はひまつはる)**【×這(い)×纏わる】**『五自』はって、からみつく。はってまきつく。「つる草が枝に―」

はいみ【俳味】 俳諧的な趣。洒脱(しゃだつ)・飄逸(ひょういつ)で庶民的な味わい。

はいめい【拝命】『名・ス他』仰せを承ること。官職に任じられること。「大使を―する」

ばいめい【売名】 利益や見えから、自分の名前を世間に知られようとすること。「―行為」

はいめつ【廃滅】『名・ス自』すたれほろびること。全くなくなること。▽「敗北」と同義にも使った。

はいめん【背面】 後ろ側(の面)。↔正面

はいもん【肺門】 肺臓の内側で、気管支のつけ根の部分。

ハイヤー 営業所に待機し、客の申し込みに応じて乗せる貸し切り自動車。▽タクシーを使うより客に高級感を与える。hire(＝賃借。賃貸)

バイヤー 貿易のために、外国から来た買手。また、仕入れ担当者。▽buyer

はいやく【配役】 演劇・映画などで、出演者の役のわりふり。キャスト。

ばいやく【売約】《名・ス自》売る約束(をすること)。「―済み」

ばいやく【売薬】 医者の処方によって調剤するのではなく、前もって調合しておいて一般に売る薬。「―で間に合わせる」

バイヤス →バイアス

はいゆ【廃油】 使用後、もう役に立たなくなった油。

はいゆう【俳優】 演劇・映画などに出演することを業とする人。役者。「喜劇―」

はいよう【×佩用】《名・ス他》身に帯びて用いること。「勲章を―する」

はいよう【廃用】《名・ス他》(役立たなくなり、または役を終えて)使わなくなること。「この種の品は―にした」

はいよう【肺葉】 肺臓を形づくる一つ一つの部分。

はいよう【×胚葉】 動物の個体発生の初期に現れる二層(または三層)の細胞層の総称。外側から外胚葉・(中胚葉・)内胚葉と呼ぶ。各胚葉は、のち種々の器官に分化する。

ばいよう【培養】《名・ス他》①手をかけて草木を育てること。「―土(ど)」②転じて、事物の基礎を養うこと。「実力―」③細菌・細胞・組織⑵や漁業資源などを人工的に生育・増殖させること。「―検査」 **―き【―基】** →ばいち

ハイライト ①絵などで、もっとも明るい部分。②映画・テレビ・写真などの画面で、もっとも強く光線を反射している部分。③放送・演劇・スポーツなどで、もっともきわだった興味ある場面。▽highlight

はいらん【排卵】《名・ス自》①哺乳(ほにゅう)類が卵巣から卵子を排出すること。②魚が体の外に卵を出すこと。

はいり【背理・×悖理】 道理・論理に反すること。▽→ぎゃくり。 **―ほう【背理法】** ある主張Aを証明するのに、Aでないという前提からは矛盾が生じると示すことで行う証明法。▽もと「帰謬(きびゅう)(＝誤りに帰着させる)法」と言った。

はいり【背離】《名・ス自》互いにそむき離れること。「感情の―」

はいりこ-む【入り込む】(はひり―)《五自》中へと(奥まで)はいる。「寝室にそっと―」「仲間に―」「疑念の―余地が無い」▽「はいる」がもとは這(は)い入(い)る意だったので、ひそかにの感じを伴って今も使うことがある。「いりこむ」と読めば別義もある。

ハイ リスク 危険の大きいこと。「―の仕事」「―ハイリターン」(損失の危険も大きいが、収益の期待も大きい投資・事業) ▽high risk

はいりつ【廃立】《名・ス他》臣下が勝手に今の君主をやめさせて別人を君主にすること。▽「はいりゅう」とも。

ばいりつ【倍率】 あるものが他のものの何倍か。特に顕微鏡・望遠鏡で像の大きさが何倍に見えるかの率。「入学試験の―」「―が高い」

はいりょ【配慮】《名・ス他自》手落ちなく、または、よい結果になるように、あれこれと心をくばること。「―に欠ける」「相手の立場を―する」

はいりょう【拝領】《名・ス他》貴人から物をいただくこと。「殿様から―した刀」

ばいりん【梅林】 実の収穫や花の観賞を目的とした、梅の林。

バイリンガル 二言語が自由に使いこなせること。その人。▽bilingual

はい-る【入る・×這入る】(はひる)《五自》①外部や見える所などから特定の範囲・環境・状態に移る。↔出る。▽文語動詞「這(は)ひ入(い)る」の転。⑴のほか⑶も、意味は「いる(入)」⑴や⑵に当たるが、用法は「いる」より広い。特定の言いまわしには「いる」を使っても「はいる」を使わない。㋐中に移る。「部屋に―」「門を―」(経由・通過して門内に進む)「大通りを左の横町に―」「湯に―って体を温める」「泥棒が―」㋑移って物のかげに隠れる。「山の向こうに―って見えない」。特に、日・月が沈む。㋒移って特定の環境に身を置く。「家庭に―」「政界に―」㋓(目的をもって)団体の一員になる。「学会に―」「キリスト教に―」②中に入れた状態になる。㋐囲われたものなど外部と区別した所に、おさまる。「箱に―った菓子」「金が(ふところに)―」「この球場には三万人―」㋑仕分けを受け、その部類のものとされる。「鯨は哺乳(ほにゅう)動物に―」㋒品物・装置などが(そこに移されて)働く状態になる。「店に新製品が―」「スイッチが―」㋓行為や作用が加わって、働く状態になる。「アルコールが―ってか口が軽い」(お茶は→㋔)「朱筆の―った原稿」「けんかに仲裁が―」㋔湯を注いで飲み物が用意される。「お茶が―」▽「淹」とも書いた。③ある状態に達する。㋐移り進んでその状態にまでいたる。「話が佳境に―」「望んでいた物が手に―った」「今日はばかに気合いが―っているな」「準備に―」㋑外力が加わった結果、その状態になる。「ボールが当たってガラスにひびが―」「うわさが耳に―」「芸に泣きが―って(＝くやし泣きをするほどの苦労を重ねて)からうまくなった」▽⑴の転。

はいる【配流】《名・ス他》流罪(るざい)にすること。島流し。

パイル ①地糸のほかに他の糸を交じえて織り、これを輪状に布地の上に出したもの。あるいはそれを切りそろえたもの。タオルの輪奈(わな)やビロードのけばの類。「綿(めん)―」「―織り」②原子炉。③土木工事に用いる杭(くい)。「コンクリート―」▽pile

はいれ【歯入れ】 下駄(げた)の、減った歯を入れかえること。「―屋」

はいれい【拝礼】《名・ス自他》頭をさげ、拝むこと。

はいれい【背戻・×悖戻】《名・ス自》そむきもとること。

「人情に―せる人物」

はいれつ ①【配列・排列】《名・ス他》並べること。並びぐあい。また、一定の仕方で並べたもの。「五十音順に―する」▽「排列」が本来の書き方。②【配列】《名・ス自》並ぶこと。「神経細胞が中心部を囲むように―している」

ハイ レベル《名ナノ》水準が高いこと。「―の研究」▽high-level

はいろ【廃炉】溶鉱炉や原子炉の運転を停止して廃棄すること。

はいろう【肺×癆】肺結核の古い呼び方。

パイロット ①飛行機などの操縦者。②水先案内人。③《他の名詞に冠して》試験的。実験的。また、指標となるさま。「―ファーム」「―ランプ」▽pilot

はいろん【俳論】俳諧の本質・歴史・作法などに関する理論や批評。

はいわ【俳話】俳諧に関する各種の談話。

パイン →パイナップル。「―ジュース」

バインダー ①書類や新聞をとじ込み保存するのに使う文房具。②穀物を刈りとって束ねる機械。▽binder

は-う【×這う】《五自》手足や体を地面・床などに密着させて動く。「―って歩く」「ツタが壁を―・い(＝面に沿って伸び)のぼる」「土俵に―(＝四つんばいになる)」

ハウス ①家。住宅。▽house ②「ビニール ハウス」の略。　―**キーパー** ①家政婦。②住宅や事務所の管理人。▽housekeeper

はうた【端歌・端唄】長唄などに対し、短い(＝端)俗謡。(室内で)三味線(しゃみせん)を伴奏として歌う。

パウダー ①粉。「ベーキング―」②おしろい。▽powder　―**ルーム** →けしょうしつ。▽powder room

バウチャー 各種サービスの利用券。クーポン。㋐予約・代金支払いと引き換えに発行され、これを提示して当該のサービスを受ける証票。「ホテル―」㋑教育援助・介護・職業訓練などの公的利用券。「教育―」▽voucher

はうちわ【羽〈団扇〉】鳥の羽で作ったうちわ。

ハウツーもの【ハウツー物】実用技術を説明した書物。▽この分野では、how to …(＝どのように…するか)を書名としたアメリカの本が多いことから。

ばうて【場打て】人前で、その場の(晴れがましい)様子に打たれて、気おくれがすること。「―がする」▽既に古風。

バウムクーヘン 小麦粉・バター・卵などの生地を、切り口が木の年輪に見えるように塗り重ねて焼いたドイツの菓子。▽ドイ Baumkuchen

バウンド《名・ス自》ボールなどが(地上に当たって)はねかえること。はずむこと。「ワン―」▽bound

パウンド ケーキ 同量の小麦粉・卵・砂糖・バターを混ぜ、乾燥果実などを加えて焼いた洋菓子。▽pound cake　古くは、材料を一ポンドずつにしたところから。

はえ【×蠅】汚物・食物などにたかり、伝染病を媒介する小形の昆虫。種類が多い。その幼虫は、うじ。▽「はい」とも発音する。はえ目の昆虫の総称。

はえ【×鮠】→はや(鮠)

はえ【〈南風〉】南から吹く風。▽西日本一帯で言う。

はえ【映え・栄え】はえること。①目にとらえる明るさ・色・つやなどの感じ。【映】「―が失せた」②輝くばかりの誉れ。【栄】「―ある勝利」

はえぎわ【生え際】髪が生えている部分といない部分との境目。

はえじごく【×蠅地獄】→はえとりぐさ

はえとりぐさ【×蠅取草】北アメリカの沼や池に生える多年生食虫植物。葉は小形の葉身と扁平(へんぺい)な柄(え)から成り、葉身の上面に毛があって、これに小虫がふれるとすぐに葉身を閉じ、その虫をとらえて消化・吸収する。花は白い。はえじごく。▽もうせんごけ科。

はえなわ【△延縄】漁具の一つ。もととなる一本の糸に多数の釣糸をつけ、その先に釣針とえさをつけ、水中に張って魚を釣るもの。

はえぬき【生え抜き】①その土地に生まれ、その土地で成長したこと。生粋(きっすい)。「―の江戸っ子」②はじめから続けてその会社・組織に属していること。「―の社員」

パエリア サフランで風味付けしたスペインの米料理。米をオリーブ オイルで炒(いた)め、具(魚介・鶏肉(とりにく)など)とともにスープで炊き上げる。パエーリャ。▽スペイン paella

は-える【映える】《下一自》①光に照らされて美しく輝く。「夕日に―山」②調和して一段とよく見える。引き立つ。「その着物の色では帯が―・えない」③立派に見える。目立つ。「―・えない人物」▽⑶は「栄える」とも書く。

は-える【生える】《下一自》内部から外面に伸び出て育つ。「庭の一角に―・えている草」「歯が―」「かびが―」[関連] 生じる・芽生える・芽立つ・芽差す・芽ぐむ・芽吹く・角(つの)ぐむ・萌(も)える・萌え出る・萌(き)す・生(む)す・草生す・苔(こけ)むす・根付く・根差す

はおう【覇王】①武力や権謀で王になった人。諸侯を統御し天下を治める人。②覇者や王者。　―**じゅ**【―樹】サボテンの別称。

はおく【破屋】こわれた家。あばらや。

はおと【羽音】①鳥・虫などの羽ばたきの音。②矢の羽が風を切って飛ぶ音。

はおと【葉音】葉が風などにゆれて発する音。

はおり【羽織】和服の着物の上に着る、短い上着。「―袴(はかま)」(あらたまった態度の意にも)

はお-る【羽織る】《五他》上着などを(袖を通し)肩にかけるようにして着る。「カーディガンを―」▽「羽織」の動詞化。

はか 仕事の進む程度。「―が行く」▽「はかどる」の

「はか」が、これ。

はか【墓】 死者が葬ってある所。そのしるしとする石。
関連 墓地・墓場・墓所・霊園・墳墓・奥津城(おくつき)・古墳・青山(せいざん)・徒野(あだしの)・北邙(ほくぼう)・塚・土饅頭(どまんじゅう)・貝塚・陵・陵(みささぎ)・御陵・陵墓・墓石・墓誌・墓碑・墓標・石塔・卒塔婆(そとば)・十字架・霊位・墓碑銘・銘・墓参・墓参り・展墓・墓前・墓穴を掘る

はか【破×瓜】 ①女子の十六歳。思春期のころ。「―期」▽「瓜」の字を二つに割ると八の字が二つ出来ることからという。②処女膜が破れること。

ばか【馬鹿・×莫×迦】《名・ダナ》①知能の働きが鈍いこと。利口でないこと。また、そういう人。「―とはさみは使いよう」(使いようによっては役に立つの意)「―の一つ覚え」(ある一つの事を覚えたのを得意がって、それが当てはまらない時でもいつもそれを言い立てること)「―にする」(軽く見る。あなどる)「―になって(=ばかになったつもりで我慢をして)やりすごす」「―にならない」(あなどれない)▽その度合に着目する時は「―さ」が使える。「おのれの―さに腹が立つ」②まじめに取り扱うねうちのない、つまらないこと。また、とんでもないこと。「―なことをしたものだ」「―を見る」(つまらない目にあう)。冗談。「―を言う」③役立たないこと。きかないこと。「ねじが―になる」④《「―に」の形で、また接頭語的に》普通からかけ離れていること。度はずれて。非常に。「―に暑い」「―正直」「―丁寧」⑤「ばか貝」の略。

はかい【破壊】《名・ス他自》原形を保たないまでに、うちこわす、また、うちこわされること。こわれること。「―試験」「環境―」 **―てき【―的】**《ダナ》物事をうちこわそうとする態度や傾向であるさま。↕建設的。「―言動」

はかい【破戒】 いましめを破ること。特に宗教で、戒律を破ること。↕持戒。 **―むざん【―無×慙】** 戒律を破って、少しもはずかしい(=慙)と思わないこと。

はがい【羽交(い)】 ①鳥の左右の翼の交わる所。②はね。つばさ。 **―じめ【―締(め)】** 相手の後ろから抱きかかえて動けないように締めつける方法。両手を相手の両わきから通し襟首の所で組んでしめる。

はかいき 仕事の進み具合。はか。「―がいい」「―を見せる」

はかいし【墓石】 墓のしるしとして立てたり置いたりする石。ぼせき。

ばかおどり【馬鹿踊(り)】 馬鹿囃子(ばかばやし)に合わせて、こっけいな仕草で踊る里神楽(さとかぐら)。

ばかがい【馬鹿貝】 浅海の砂地にすむ二枚貝。外形はハマグリに似るが、もっと丸味を帯びている。むきみは「あおやぎ」と言う。貝柱は美味で天ぷら・酢の物などにする。▽ばかがい科。

はがき【葉書】「郵便葉書」の略。きまった規格の用紙に通信文を書き、別の一面に相手の住所氏名などを書いて出す郵便物。「往復―」▽「端書」とも書いた。↓えはがき

はかく【破格】《名ナノ》世間並みの格(1)を破っていること。㋐目立つほど、今までのしきたりを破っていること。「―の昇進」㋑表現で、普通のきまりにはずれること。特に、文法違反。「―の文章」

はがく【端額】 金額についての端数。

ばかくさ-い【馬鹿臭い】《形》ばからしい。 派生 **-さ**

はがくれ【葉隠れ】 草木の葉陰にあること。「―に見える」

はかげ【葉陰】 草木の葉のかげ。

ばか-げる【馬鹿げる】《下一自》くだらなく見える。つまらなく見える。「―げた話だ」「実に―げている」

ばかさわぎ【馬鹿騒ぎ】《名・ス自》むやみに騒ぐこと。大騒ぎ。底抜け騒ぎ。

ばかし《副助》〔俗〕↓ばかり

はかしょ【墓所】 はかば。

ばかしょうじき【馬鹿正直】《名・ダナ》正直すぎて気がきかないこと。そういう人。 派生 **-さ**

はかじるし【墓△標】 ↓ぼひょう

はか-す【×捌かす】《五他》①流通させる。とどこおらずに流す。②すっかり売りつくす。「在庫を―」

はが-す【剝がす】《五他》本体に付いているもの、貼ってあるものを、そいだりめくったりするようにして離す。「爪を―」「壁紙を―」

ばか-す【化かす】《五他》①人の心に働き掛けて正常な判断力を失わせる。偽りの姿によってだます。「きつねに―・される」②化けさせる。「質屋に持って行って現金に―」

ばかず【場数】 出場・経験の度数。「―を踏む」(実地に経験する度数を重ねる)

はかせ【博士】 ①↓はくし(博士)。「―論文」②学問(その道)に広く通じた人。学者。ものしり。「お天気―」③昔の大学寮・陰陽(おんよう)寮(=律令(りつりょう)制で、天文・暦などに関することをつかさどる役所)の教官。「文章(もんじょう)―」

はかぜ【刃風】 刀を激しく振るう時に起こる風。

はかぜ【羽風】 鳥・虫が飛ぶ時にその羽から生じる風。

はかぜ【葉風】 草木の葉に吹く風。

はがた【歯形】 ①物をかんだあとに残る歯のかた。②歯の形。「歯車の―」

はかたおび【△博多帯】 博多織(はかたおり)の帯。

はかたおり【△博多織】 博多(はかた)(=福岡市博多区)特産の絹練り織物。練り糸の平織りで、丈夫。帯のほか、はかま・袋物などにする。

はがため【歯固め】 ①歯茎を丈夫にするために、まだ歯の生えない乳児にしゃぶらせるもの。②長寿を願って、鏡餅・大根・押し鮎(あゆ)など固いものを食べる行事。▽正月に行うのが一般的。

ばかぢから【馬鹿力】 普通では考えられないほどの大した力。「火事場の―」

ぱかっと《副》物が裂けたり外れたりして、大きく開くさま。「スーツケースを―開ける」

は

ばかづら【馬鹿面】まぬけな顔つき。

ばかていねい【馬鹿丁寧】《名・ダナ》度を越してむやみに丁寧なこと。「—におじぎをする」派生 **-さ**

はかどころ【墓所】その人(または家)の墓のある場所。

はかど-る【△捗る】《五自》仕事が順調に仕上がって行く。物事がうまく進む。進捗(しんちょく)する。「仕事が—」「交渉が—」

はかな-い【×儚い・〈果敢〉ない】《形》頼みにできる確かなところがない。淡くて消えやすい。「—望み」。無常だ。「—この世」「—くなる」(命が絶える) 派生 **-さ -げ -がる**

はかな-む【×儚む】《五他》はかないと思う。「世を—んで自殺する」

はがね【鋼】鋼鉄。▽「刃金」の意。

はかば【墓場】墓がある所。墓地。

はかばかし-い【△捗△捗しい】《形》《多く打消しの表現と共に》①仕事や物事の進み具合が順調である。「交渉は—くは進まない」②物事が思わしい方向にはっきり進行する。明確である。「病気が—くない」「—進歩が見られない」派生 **-さ -げ**

ばかばかし-い【馬鹿馬鹿しい】《形》①非常にばかげている。何ともばからしい。「—話」②途方もない。はなはだしい。「—大きさ」派生 **-さ -がる**

ばかばなし【馬鹿話】たわいない話。

ばかばやし【馬鹿×囃子】神社の祭礼(の山車(だし)など)で、太鼓・笛・鉦(しょう)などを使って奏でるはやし。

はかぶ【端株】取引単位に満たない数の株式。

バガボンド 一定の所にとどまるのを好まず、転々と渡り歩く者。放浪者。▽vagabond

はかま【×袴】①和服の上につけ、腰から足までを覆う、ひだのある衣服。「羽織—」②酒の徳利を据えるのにはかせる、筒形・ます形の器。③草の茎を覆う皮。「つくしの—」。どんぐりなどの椀(わん)状の殻。

はがま【羽釜】中ほどにつば(=羽)があり、その羽をかまどの縁に載せて使う釜。かま。▽ご飯釜もこの形が普通であったが、電気釜が広まって衰えた。

はかまいり(:まゐり)【墓参り】《名・ス自》(自分の家や縁故者の)墓にお参りすること。

はかまのう【×袴能】能楽で、すべての演者が、面・装束を着けず紋付・袴(はかま)姿で演じる能。

はがみ【歯×噛み】《名・ス自》(くやしがって)歯をかみしめること。

はかもり【墓守】墓の清掃・保全をする番人。

はがゆ-い【歯×痒い】《形》(人のすることをはたで見ていて)物足らず、じれったい。もどかしい。派生 **-さ -げ -がる**

はから-う(はからふ)【計らう】《五他》都合を考えあわせて処置する。「よきに—え」。処置するための相談をする。「友と—って」

ばからし-い【馬鹿らしい】《形》くだらない。つまらない。ばかばかしい。派生 **-さ -げ**

はからずも【図らずも】《連語》思いがけないことに。「このたび—受賞の栄に浴しまして」▽「も」なしで言うこともある。

はかり【×秤】ものの重さを計る道具の総称。「さお—」「台—」「—にかける」(目方を計る、また、評価して比べる)▽「計る」の連用形から。

ばかり《副助》この範囲・程度のもの・ことと(見積もって)限定するのに使う。▽俗に「ばっかり」「ばかし」「ばっかし」とも言う。動詞「はかる」の連用形から転じた語。「許り」と書くこともある。

①㋐ほかならぬこれと限る意。だけ。「寮には独身の社員—が十人住んでいる」「あなたは体裁—(を)気にする」「金に—心を奪われ、ほかの事は目に入らない」「この夜—は仕事を忘れてくつろいだ」「劇場とは名—(=実質が伴わずただ名前だけ)の小屋」「あとは磨き上げる—だ」「これは君の問題で—なく会社全体の問題でもある」「雨—でなく風まで激しくなってきた」▽「A—B」のAだけでなくBをも含めた全体を限る用法もある。「窓の外—見ていた」「そうかしこまって—いられちゃ酒がまずくなる」

㋑《名詞(的表現)+助詞「と」、または助動詞「た」「ない」に終わる句に付き、しばしば「に」を伴って》それが、きっかけ・原因となり、ほかは考えるに及ばず、という気持で言う。「この時と—買いあさる」「それっと—(=かけ声に応じるように、すぐさま)駆けつけた」「これを好機と—に攻め立てる」「著名人だった—にニュースになった」「腹を立てた—に損をした」「当時を思い出したくない—に、彼に会うのを避けている」▽句に付く場合には「に」が省けない。

㋒《動詞や助動詞「た」「ぬ」(多くは「ん」になる)に終わる表現に付いて》その動作との間に、状態や時間の差がほとんど認められないという気持を言う。「出掛ける—のところに電話が鳴った」「邸内の桜は散る—に開ききっている」「その書類はいま読んだ—だ」「昨日会った—の人」「つまらないと言わぬ—に(=あからさまにそうと言わないにとどまり、それと差がないように)あくびをする」「泣かん—の顔」「飛びあがらん—に驚いた」▽「ん」は「む」の後身でなく「ぬ」が起源。

②……見当の量や程度である意を添える。「そうね、三つ—下さい」「寮には独身社員が十人—住んでいる」「駅の西二キロメートル—にある美術館」「ちょっと—毛色のかわったもの」

はかりうり【計り売り・量り売り】《名・ス他》買手の希望する分量だけ計って売ること。

ばかりか《連語》……だけでなく。「数学—英語の成績も悪い」▽↓ばかり(1)㋐

はかりきり【計り切り】きちんと計った分量だけで、少しも余分をつけないこと。

はかりごと【△謀】うまくいくように前もって考えておく手段。計略。もくろみ。「—をめぐらす」

はかりこ-む【量り込む・計り込む】《五他》ます・はか

りで量って器の中に入れる。また、量目以上の分量になったのに、その量目だとして入れる。

はかりざお:さを【×秤×竿】竿秤(さおばかり)の、重さの目盛りを打った竿。

はかりしれない【計り知れない】《連語》非常に深く、または広くて、とても推測することができない。「―学識」「人物の大きさは―」▽「ない」の部分は、「ぬ」「ません」でもよく、それら三つの活用形でもよい。

はかりべり【計り減り】何回にも分けてますやはかりで計るうちに(計り込んで)、全体として不足になること。まとめて計った時の量目より少なくなってしまうこと。

はかりめ【×秤目】①はかる分量。りょうめ。「―をごまかす」②竿秤(さおばかり)の竿の目盛り。

はか-る【計る・測る・量る・図る】《五他》①はかり・ます・物差しなどで、重さ・量・長さなどを知る操作をする。一般に、測定具で物の量を調べる。[計・測・量]「タイムを―」「温度を―」②こうもあろうかと、推して考える。推しはかる。推量する。予測する。[計・測]「真意が―りかねる」「彼女の今後を―ってみると」③心をその事に向けて処置などを考える。[計・図]㋐相談する。議事とする。「皆に―って決める」▽㋐は「諮る」とも書く。㋑都合を考えてやる。配慮する。「遠距離通勤者の便宜を―」④その事の実現を企てる。㋐意図する。計画する。[計・図]「再起を―」「―らずして」(企てたのではないのに思いがけずそうなって)㋑企ててだます。うまく引っ掛ける。[計]「まんまと―られたか」▽④は「謀る」とも書く。関連 おしはかる・推す・見積もる・計測・計量・計料・計時・計数・測定・測量・秤量(ひょうりょう)・観測・実測・歩測・目測・天測・測地・測距・測天・測候・測深・定量・適量・目分量・度量衡・計器・秤(はかり)目・量目・あてずっぽう

はが-れる【剝がれる】《下一自》表面に付いている(薄い)ものが、浮き上がるようにして離れ、取れる。「はり紙が雨で―」「壁が―」「爪が―」「化けの皮が―」

ばかわらい:わらひ【馬鹿笑い】《名・ス自》その場にふさわしくない、途方もない大声で笑うこと。

はがん【破顔】《名・ス自》いつもの顔の造作(ぞうさく)を崩すこと。「―一笑」▽笑う時に限って言う。

バカンス 夏などの、長期の休暇。▽フランス vacances

はき ①【破棄】《名・ス他》紙に書いたもの(例えば密書)を破って捨てる(火で燃やして失わせる)こと。また、契約などを一方的に取り消すこと。「条約を―する」②【破棄・破毀】《名・ス他》上級裁判所が原判決を取り消すこと。

はき【覇気】①あふれるばかりの意気。意気ごみ。「―がない」②覇者になろうとする意気。野心。

はぎ【×脛】すね。むこうずね。

はぎ【×萩】秋、紅紫色または白色の、小さな蝶(ちょう)に似た形の花が、しだれた枝にたくさん咲く落葉小低木。秋の七草の一つ。「―の花のトンネル」▽万葉集の花の歌で最も多数なのがこれ。古来愛好者が多い。まめ科。

はぎ【△接ぎ】裁縫などで、接(は)ぐこと。また、接いだ所。

はぎあわ-せる:あはせる【△接ぎ合(わ)せる】《下一他》布・板などをつぎあわせる。

バギー ①(折り畳みのできる)乳母車(うばぐるま)。②荒れ地などを走行できるようにつくられた軽量の自動車。▽buggy

はきけ【吐き気】①食べた食物を吐き出したくなる気持。「―を催す」②比喩的に、嫌悪の気持。「顔を見ただけで―がする」

はぎしり【歯×軋り】《名・ス自》睡眠中、またはくやしがって、歯を強くかみ合わせ、すり合わせて音を出すこと。

はきそうじ【掃き掃除】掃いて掃除すること。

はきだ-す【吐(き)出す】《五他》①口や胃の中に入れたものを、吐いて口から出す。「あまりの苦さに思わず―・した」②転じて、思っていることを(すっかり)口に出して言う。また貯(たくわ)えている金や物を出す。「―ように言って捨てる」「もうけを―・させる」

はきだ-す【掃(き)出す】《五他》ちりなどを掃いて外へ出す。

はきたて【掃(き)立て】①掃いたばかりであること。②養蚕で、毛蚕(けご)を蚕卵紙から掃き取って他の紙に移す作業。

はきだめ【掃(き)×溜め】ごみ捨て場。「―に鶴」(つまらない所にすぐれた者が現れたたとえ)

はきちが-える:へる【履(き)違える】《下一他》①間違えて他人のはきものをはく。②意味・趣旨を取り違える。「自由と放縦(ほうじゅう)を―」

はきはき《副[と]・ス自》ぐずつかず、はっきりした物の言い方や振舞いをする様子。「質問に―(と)答える」「―した態度」

はきもの【履(き)物】げた・くつ・ぞうり・スリッパなど、足にはいて歩く物の総称。

はきゃく【破却】《名・ス他》壊してなくすこと。「比叡山(ひえいざん)衆徒による本願寺の―」

ばきゃく【馬脚】『―をあらわす』偽り隠していたものが表れる。ぼろが出る。化けの皮がはがれる。▽「馬脚」は芝居の馬の脚。

はきゅう【波及】《名・ス自》水に投げた石で波が輪を描いて広がるように、物事の影響が一点から段々に他に及ぶこと。「財政投資の―効果」

バキューム カー 真空ポンプとタンクを備え、液状のものを吸入して運搬する自動車。特に、屎尿(しにょう)くみ取り車。▽vacuum と car とによる和製英語。

はきょう【破鏡】夫婦の別離。離婚。「―の憂(う)き目を見る」▽われた鏡はもとどおりにならないという意から。

はぎょう【覇業】覇者となる事業。制覇すること。「―をとげる」

はきょく【破局】①《名》事が破れた局面。事件の悲劇

的な大詰め。「―を迎える」②『名・ス自』〔俗〕夫婦や恋人などが別れること。

はぎれ【端切れ】 裁ち残りの布地(ぬのじ)。はんぱに残ったきれ。

はぎれ【歯切れ】 ①歯でかみきる時の感じ。②転じて、口調や処置がてきぱきしているかどうかの感じ。「何とも―の悪い返答だ」

は-く【吐く】『五他』①体内にあるものを口または鼻から外へ出す。「血を―」「息を―」「蚕が糸を―」「気を―」(気炎を上げる。大いにふるいたって面目をあげる意にも)②中から吹き出す。「煙を―煙突」③口に出して言う。「広言を―」「本音(ほんね)を―」。また、隠していたことを打ち明ける。「泥を―」(罪を白状する)

は-く ①【×穿く】『五他』(足先の方から通して)足・もも・腰にまとう。「はかまを―」「靴下を―」②【履く】『五他』はき物を足先に着ける。「長靴を―」「わらじを―」(旅に出る意にも)「スケートを―」「タイヤを―」③【×佩く】『五他』太刀を腰に、(横に)つるようにして着ける。「黄金(こがね)造りの太刀を下げ―」▽刀をさすのとは腰に着ける仕方が異なるが、雅語的に広く帯刀する意にも使う。

は-く【掃く】『五他』①ほうきでごみなどを払い除く。「庭を―」「―いて捨てるほど」(あり余るほど多い)②はけなどを使ってさっと軽く塗る。「眉を―」③(蚕の)掃き立てをする。↓はきたて

はく〖*白〗 ハク ビャク しろ しろい しら もうす ―①しろ。しろい。「白色・白玉・白衣(はくい・びゃくえ)・白雲・白雪・白墨・白砂・白皙(はくせき)・白髪(はくはつ・しらが)・白骨・白人・白刃・白紙・紅白・蒼白(そうはく)・純白・雪白」。以下「ビャク」と読む。「白虎(びゃっこ)・白蓮(びゃくれん)・白毫(びゃくごう)・黒白」②日が照ってあかるい。光りかがやく。「白日・白昼・白熱」③しろくする。しらげる。「精白・漂白」④はっきりしている。あきらか。「明白」⑤まじりけがない。けがれていない。悪くない。正しい。「潔白」⑥何もない。何も書いていない。「白紙・白文・白票・白痴・空白・余白」⑦㋐申し上げる。申す。「建白・追白・敬白・表白」㋑告げる。明かす。「白状・自白・告白・独白・傍白」⑧「白耳義(ベルギー)」の略。

はく〖伯〗 ハク ―①兄弟姉妹の最年長者。長兄。「伯兄・伯叔・伯仲」▽伯・仲・叔・季の順。②父(または母)の兄、または姉。おじ。おば。「伯父(おじ)・伯母(おば)」③一芸に長じる者の称。「画伯・詩伯」④神祇(じんぎ)官の長官。「神祇伯」⑤五爵の第三位。「公侯伯子男・伯爵・後藤伯」⑥「伯耆(ほうき)国」の略。「伯州・因伯」⑦「伯剌西爾(ブラジル)」の略。「日伯」

はく〖拍〗 ハク ヒョウ(ヒヤウ) うつ ―①手のひらをうち合わせる。かしわでをうつ。「拍手」②手で物をうつ。うちたたく。ひょうしをとる。「拍子(ひょうし)・拍車」③『名』音楽の時間的進行に関する単位。曲の速度との関係によって一拍の時間的長さは違う。▽→ひょうし(拍子)。④『名』〔言〕かな一文字分に等しい音の長さの単位。モーラ。

はく〖迫〗〖廹〗 ハク せまる ―①へだてをおかずに近づく。おしつまる。せまる。余裕がなくなる。「迫撃・迫真・逼迫(ひっぱく)・切迫・急迫・強迫・緊迫」②きびしくせまって苦しめる。「迫害・迫力・圧迫・脅迫・窮迫」③ちぢこまる。せばまる。「局迫」

はく〖舶〗 ハク ふね ―海を渡る大形のふね。「舶来・舶載・船舶・巨舶」

はく〖泊〗 ハク とまる とめる ―①舟をとめておく。岸につく。また、その場所。とまる。とめる。ふなどまり。「泊地・停泊・仮泊・夜泊」②家を離れて他所に夜をあかす。とまる。とめる。「外泊・宿泊・旅泊・漂泊」▽宿泊の数をかぞえるのにも用いる。「一泊旅行」③心が静かで欲がない。さっぱりしている。「淡泊」

はく〖人箔〗 ハク ―『名・造』金・銀・銅・錫(すず)などの金属をうすくたたきのばしたもの。物の表面にはりつける紙状の金属片。「箔をおく」「箔がつく」(貫禄(かんろく)がつく)「金箔・銀箔・切箔(きりはく)」

はく〖×魄〗 ハク たましい ―①人のたましい。↔魂。「魂魄・気魄」②月面の暗いかげの部分。「生魄」③おちぶれる。「落魄」

はく〖×帛〗 ハク きぬ ―①白色の厚手の絹。また一般に、絹。「布帛・裂帛(れっぱく)」②儀礼的贈答に用いる絹。「幣帛」③絹に書いたもの。書写用の絹。「竹帛」

はく〖剝〗 ハク はがれる はがす はぐ はげる むく ―①表の皮をむきとる。はがし取る。また、自然にはがれる。「剝脱・剝落・剝離・剝製」②無理に裸にする。うばいとる。「剝奪」

はく〖*博〗〖博〗 ハク バク ひろい ―①物事をひろく多く知る。「博識・博聞・博覧強記・博覧会・博捜・博学・博雅・博士(はくし・はかせ)・該博・広博」②あまねくゆきわたってひろい。大きくひろい。「博愛」③㋐「博士」の略。「医博・文博・農博」㋑「博覧会」の略。「万博(ばんぱく)・平和博」④ばくち。かけごと。「バク」と読む。「博奕(ばくえき)・賭博・博徒・博打(ばくち)・博才」

はく〖薄〗〖薄〗 ハク うすい うすめる うすまる うすらぐ うすれる せまる ―①㋐あつみがない。うすい。あわい。「厚薄・薄氷・薄片・薄雲・稀薄(きはく)」㋑そまつである。かるい。少ない。「薄衣・薄給・薄利」▽謙遜の意にも用いる。「薄謝・薄志」㋒恵まれない。「薄倖(はっこう)・薄命」㋓心がこもっていない。人情がない。てあつくない。あさはかである。「薄情・浮薄・軽薄・酷薄・浅薄(せんぱく)」▽↔厚。②近づく。おしつまる。せまる。「薄暮・薄暑・薄明・肉薄」

はく【×駁】ハク バク ― ①他人の説に反対する。反対論を立てる。慣用音「バク」。「駁論・反駁・弁駁・論駁」②入りまじる。純正でない。「雑駁(ざっぱく)」▽まだら模様の馬の意から。

は-ぐ【剝ぐ】《五他》外側をなすものを本体から引き離すように取る。㋐表面を、そぐようにして取り離す。「木の皮をー」㋑着物を脱がせて奪う。「身ぐるみーがれる」。また、その人から官位を取り上げる。

は-ぐ ①【△接ぐ】《五他》(布・皮・板など)平らな二つのものを継いで合わせる。継ぎ合わせる。②【×矧ぐ】《五他》竹に羽をつけて矢を作る。「矢をー」

ハグ《名・ス他自》(欧米式のあいさつなどで)相手の体に、つつむように腕を回すこと。▽hug

ばく【×貘】①鼻面が長い、黒白や茶褐色の哺乳(ほにゅう)動物。東南アジアや中央・南アメリカの水辺に近い密林にすみ、木の芽などを食う。▽ばく科の獣の総称。②中国で昔、形は熊、尾は牛、脚は虎、鼻は象、目は犀(さい)に似て、人の悪夢を食うという、想像上の動物。

ばく【*麦】【麥】バク むぎ ― 五穀の一つ。むぎ。「麦秋・麦芽・精麦・燕麦(えんばく)」

ばく【人莫】バク マク なし なかれ ― ①否定の言葉。㋐「無」に同じ。なし。「莫大・莫逆」㋑禁止の言葉。「勿」に同じ。なかれ。②程度の深まる意を表す語。草木がさかんにしげる様子。「莫莫」。また、静かな様子。「索莫・落莫」

ばく【漠】バク ― ①ひろびろとして目をさえぎるものもない砂原。特にモンゴルのさばく。「砂漠・漠北」②ひろびろとして果てしない。「漠漠・広漠・茫漠(ぼうばく)」③《ト タル・造》とりとめがない。ぼんやりしてくらい。「漠としてつかみどころがない」「前途のーたる見通しすら立たぬ」「漠然・空漠」▽→ばくたる

ばく【×瀑】バク たき ― 水しぶきをあげる、たき。「瀑布・瀑声・飛瀑・観瀑」

ばく【爆】バク はぜる はじける ― ①急に激しくはじける。「爆発・爆破・爆音・爆裂・爆薬・爆弾・爆雷・爆竹・爆笑・自爆・起爆・被爆・誘爆」②「爆弾」「爆撃」「爆撃機」の略。爆弾で攻撃する。「爆撃・爆沈・爆砕・爆死・爆風・爆心・原爆・水爆・猛爆・盲爆・空爆・軽爆・戦爆連合」

ばく【縛】【縛】バク しばる いましめる ― ①なわをかけてくくる。しばる。ゆわえつける。「捕縛・束縛・緊縛・呪縛・自縄自縛」②《名・造》罪人をしばるなわ。いましめ。「縛につく」「就縛」

ばく【幕】→まく〔幕〕

ばぐ【馬具】馬の装具の総称。くら・くつわ・あぶみ等。

バグ コンピュータのプログラムにひそむ誤り。「制御系のーが原因で大事故となった」▽bug(=虫)→デバッグ

はくあ【白亜・白×堊】①白壁。「ーの殿堂」「ー館」(ホワイト ハウス、すなわちアメリカ大統領官邸のこと)②土質石灰石。貝がらなどから成る柔らかい白色の土。白墨の原料、白壁の塗料などになる。▽「亜」は代用字。

はくあい【博愛】ひろく平等に愛すること。「ー主義」

はくい【白衣】白い衣服。白い上っぱり。「ーの兵士」(傷病兵)「ーの天使」(女性看護師の美称)▽「白衣」の場合は、「びゃくえ」とも言う。

はくいっしょく【白一色】《ダナ》一面にまっ白な情景であること。「大雪で、あたりはーだ」

はくいんぼうしょう【博引×旁証】事を論じるのに、広く例をあげ、あまねく(=旁)証拠を示すこと。

はくう【白雨】白く見える雨。ゆうだち。にわかあめ。

ばくう【麦雨】麦の熟するころの雨。さみだれ。

ばくえい【幕営】まくをはりめぐらした陣営。

ばくえき【博×奕】ばくち。

はくおし【×箔押し】金や銀の箔(はく)を器物などの表面にはりつけること。蒔絵(まきえ)や、本の表紙・背などの文字や図をあらわすのに用いる。

ばくおん【爆音】①飛行機・自動車・オートバイ等の発動機の音。「ーを立てる」②爆発・爆裂の音。

はくが【博雅】広く物事を知っていること。そういう人。「ーの士」

ばくが【麦芽】オオムギの芽を出させたもの。ジアスターゼを多く含む。麦もやし。ビール・水あめの原料。 **ーとう**【ー糖】澱粉(でんぷん)をジアスターゼで分解する時にできる糖。麦芽中に含まれ、飴(あめ)の甘味の主成分。加水分解で葡萄(ぶどう)糖になる。

はくがい【迫害】《名・ス他》圧迫して苦しめ、虐げること。「信徒をーする」「ーを加える」「ーを受ける」

はくがく【博学】《名ナ》広くいろいろの学問に通じていること。そういう人。「ー多識」

はくがん【白眼】①しろめ。②しろめ勝ちに人を見る目つき。冷遇の目。↔青眼。 **ーし**【ー視】《名・ス他》冷たい目で見ること。冷遇すること。「周囲からーされる」

はぐき【歯茎】歯の根元を覆い包んでいる肉。歯肉(しにく)。歯齦(しぎん)。

ばくぎゃく【×莫逆】意気投合してきわめて親しい間柄。「ーの友」▽逆らうこと莫(な)し、の意。正しくは「ばくげき」。

はくぎょくろう【白玉楼】文人墨客が死んでから行くという楼。「ー中の人」(死んだ文人墨客)

はくぎん【白銀】銀。しろがね。また、降り積もった雪のたとえ。▽もと、江戸時代の銀貨の一つ。平たい楕円(だえん)形で、紙に包み贈答に用いた。

はくぐう【薄遇】《名・ス他》冷淡な(不親切な)もてなし。冷遇。↔厚遇

はぐく-む【育む】《五他》①親鳥がひなを抱いてそだてる。▽「羽」+「含(く)む」から。②子を大切に養い育てる。③発展を願って大切にする。「学問をー」

ばくぐん【幕軍】(江戸)幕府の軍勢。「この時点でーは朝敵となった」

はくげき【迫撃】『名・ス他』(敵に)肉迫して攻撃すること。 **―ほう**【―砲】近距離の陣地戦に使う軽便な曲射砲。▽日露戦争での日本軍の新工夫から広まる。

ばくげき【爆撃】『名・ス他』飛行機から爆弾・焼夷弾(しょういだん)などを落として敵を攻撃すること。「―機」

ばくげき【×駁撃】『名・ス他』他人の論説を、内容に反対して攻撃すること。

はくげんがく【博言学】言語学の旧称。

はくさ【白砂】→はくしゃ(白砂)

はくさ【薄×紗】薄く軽い織物。

はくさい【白菜】大きくしわのある淡緑色の葉と白色の葉柄とを食用とする一、二年生の葉菜。つけものなどにする。▽あぶらな科。

はくさい【舶載】『名・ス他』①船にのせること。船で運ぶこと。②外国から船で運んで来ること。運んで来た物。舶来。

はくし【博士】学識の優れた者に与える学位。一九五三年からは、大学院を終え論文の審査と試験に合格した者、およびこれと同等の学識が認められた論文提出者に与えられる。「農学―」▽「はかせ」は俗称。 **―ごう**【―号】博士という称号。

はくし【白紙】①白い紙。②(書くべき所に)何も書いていない紙。「―の答案」「―の態度」(先入観のない態度)「―に返す」(何もなかったもとの状態にもどす) **―いにんじょう**【―委任状】委任事項や委任する相手方など、委任状の一部を何も書かずにおいて、一定の人にそこを補充させるようにしたもの。

はくし【薄志】①わずかの志。寸志。薄謝。「―を呈する」②よわい意志。 **―じゃっこう**【―弱行】意志が薄弱で物事を断行する力に欠けること。

はくじ【白磁】純白の磁器。

ばくし【爆死】『名・ス自』爆撃・爆発で死ぬこと。

はくしき【博識】『名ナ』広く物事を知っていること。知識が広いこと。「―多才」派生 **-さ**

はくじつ【白日】①くもりのない太陽。「青天―」「―の下にさらす」②ひるひなか。日中。白昼。「―夢」

はくしゃ【拍車】乗馬用の靴のかかとに付け、これで馬の腹を刺激して御するのに使う、金属製の馬具。「―をかける」(一層力を加えて、進行を速める意にも)

はくしゃ【白砂】白い砂。はくさ。「―青松」(美しい浜辺の景色)

はくしゃ【薄謝】わずかの謝礼。寸志。▽謝礼のへりくだった言い方。

ばくしゃ【幕舎】(陣の)屋外に設けたテント張り・幕張りの営舎。

はくしゃく【伯爵】爵位の第三位。侯爵の下、子爵の上。

はくじゃく【薄弱】『名ナ』(体や証拠などが)弱くて、しっかりしていないこと。「意志―」「根拠―」派生 **-さ**

はくしゅ【拍手】『名・ス自』(賞賛などを表すために)手をたたくこと。「―喝采」

はくじゅ【白寿】九十九歳の別称。また、その祝い。▽「百」の字から「一」をとれば「白」となることから。

ばくしゅう【麦秋】熟した麦を取り入れる、初夏のころ。むぎあき。

はくしょ【白書】(政府が)ある方面について、その現状の分析と将来の展望をまとめた実状報告書。「経済―」▽white paper の訳語。もと、イギリス政府の報告書の表紙に白紙を用いたから。

はくしょ【薄暑】初夏のころの、少し感じる程度の暑さ。

ばくしょ【×曝書】『名・ス自他』書物の虫干しをすること。

はくじょう【白状】『名・ス他』自分の罪や隠していたことを申し(=白)述べること。「―すると、一文無しなんだ」

はくじょう【白×杖】視覚障害者が使用する、白い杖(つえ)。

はくじょう【薄情】『名ナ』冷たい性格・あしらいで人情や相手への愛情が薄いこと。「―な仕打ち」派生 **-さ**

ばくしょう【爆傷】『名・ス自』爆撃・爆発によって負傷すること。また、その傷。

ばくしょう【爆笑】『名・ス自』大声でどっと笑うこと。

はくしん【迫真】『ノダ』真に迫っているさま。「―の演技」

はくじん【白人】①皮膚の色が白い人種(の人)。②江戸時代、公認の遊里以外の私娼(ししょう)。

はくじん【白刃】さやから抜きはなった刀。「―をふりかざす」「―をふむ」(危険をおかす)

ばくしん【幕臣】幕府直属の臣下。旗本・御家人(ごけにん)など。

ばくしん【爆心】爆撃・爆発の中心の所。「―地」

ばくしん【×驀進】『名・ス自』まっしぐらに進むこと。

はく-す【博す】『五他』→はくする

はく-する【博する】『サ変他』①ひろめる。「名声を―」②得る。占める。「巨利を―」「好評を―」

ばく-する【縛する】『サ変他』しばる。捕縛する。

ばく-する【×駁する】『サ変他』他の説・意見を攻撃する。論駁(ろんばく)する。

はくせい【剝製】鳥類や哺乳(ほにゅう)動物などの皮をはぎ、体と同じ形の芯にかぶせ、防腐処理をした標本。

ばくせい【幕政】幕府による政治。

はくせき【白×皙】皮膚の色が白いこと。

ばくせつ【×駁説】他の説を非難・攻撃する説。

はくせん【白扇】白地の(ままの)おうぎ。

はくせん【白×癬】糸状菌によって起こる皮膚病の一種。たむし・水虫・しらくもなど。

はくぜん【白×髯】白い(ほお)ひげ。

ばくぜん【漠然】『トタル』その考え・気持がとりとめなく、範囲や内容がぼんやりしていること。「―たる不安」

はくそ【歯×屎】歯の間にたまる、黄白色のかす。歯垢(しこう)。

はくそう【博捜】文献などを広く(＝博)さがし(＝捜)て調べること。「―と精査とを踏まえた見解」

ばくそう【爆走】《名・ス自》猛烈に走ること。特に、自動車やオートバイなどが、大きな音を立てて走ること。「海岸沿いを―する」

はくだい【博大】《名ナ》知識などが広く大きいこと。

ばくだい【×莫大】《名ナ》数量がきわめて大きいこと。「―な富」「―の損害を生じる」▽これより大なるは莫(な)し、の意。 派生 **―さ**

はくたいげ【白帯下】→こしけ

はくだく【白濁】《名・ス自》白く濁ること。

はくだつ【剝脱】《名・ス自》はげおちること。「金箔(きんぱく)が―する」

はくだつ【剝奪】《名・ス他》(権利・恩典を刑として)はぎとること。無理に取り上げること。「官位を―する」「タイトル―」

ばくたる【漠たる】《連体》ぼんやりとしてつかみどころのない。「―計画」▽→ばく【漠】(3)

はくたん【白炭】木炭の一種。石がまで、高熱で焼いた炭。堅くて表面が白い。かたずみ。↔黒炭

ばくだん【爆弾】①爆薬を中に詰め、投下したり投げつけたりして爆発させる弾丸。「―を投下する」②発言などが人々に想定外の衝撃を与えること。「―発言」

はくち【泊地】(防波堤などによって囲まれた)船が安全に停泊できる水面。停泊地。

はくち【白痴】知能の程度がきわめて低いこと。

ばくち【博△打・〈博奕〉】①金銭や物などをかけ、さいころ・花札などで勝負を争うこと。賭博(とばく)。②比喩的に、幸運な大成功をあてにした危険な試み。「大―を打つ」

パクチー 葉をサラダなどに散らし、根や果実はスープの風味付けに使う香味野菜。香菜(シャンツァイ)。コリアンダー。▽タイ語。せり科。

ばくちうち【博△打ち】ばくちを常習とし、それで生活を立てている者。やくざ。ばくと。▽「博徒」とも書いた。

ばくちく【爆竹】①竹筒または紙筒に火薬を詰めてつないだもの。火をつけると、次々に音を立てて爆発する。▽中国で新年などの祝賀用。②左義長(さぎちょう)にたく火。どんどの火。

はくちず【白地図】輪郭だけ書いて、細部や文字の書いていない、記入練習用、または種々の分布図を作るための地図。▽「白図」とも言う。

はくちゅう【伯仲】《名・ス自》よく似ていて優劣のないこと。「勢力―」▽「伯」は長兄、「仲」は次兄の意。

はくちゅう【白昼】まひる。ひるま。「―強盗」 **―む**【―夢】真昼に夢を見ているような、非現実的な空想。

はくちょう【白丁】白張(しらはり＝のりをこわく張った白布の狩衣(かりぎぬ))を着た姿。神輿(みこし)などのかつぎ手の装い。▽古くは、白張を着て、かさ・沓(くつ)などを持ち、また馬丁(ばてい)の役などをした下男。

はくちょう【白鳥】全身白色で、首が長く翼が広い大形の水鳥。日本にはシベリア東部で繁殖したものが冬季渡来する。くぐい。スワン。▽かも科。

ばくちん【爆沈】《名・ス他自》艦船を爆撃や雷撃で、また、積み込んだ火薬の爆発で、沈めること。そういう仕方で沈むこと。

ぱくつ-く《五他》ぱくぱくと食べる。口を大きくあけて盛んに食べる。

ぱくっと《副》→ぱくり(1)(2)

バクテリア 細菌。バクテリヤ。▽bacteria

はくど【白土】陶磁器の原料とする白い粘土。

ばくと【博徒】ばくち打ち。

はくとう【白桃】水蜜桃(すいみつとう)の一品種。果肉が白い。

はくとう【白頭】しらがの頭。 **―おう**【―翁】①しらが頭になった、男の老人。②ムクドリの異称。

はくどう【白銅】銅とニッケルの合金。腐食されにくい。「―貨」

はくどう【拍動・×搏動】《名・ス自》心臓がどきどきと収縮運動を行うこと。その律動。

はくとうゆ【白灯油】精製した無色透明の灯油。家庭用暖房器具の燃料などに用いる。

はくないしょう【白内障】水晶体が灰色にくもる眼病。しろそこひ。

はくねつ【白熱】《名・ス自》①物体が白色光に近い光を出すほどに高い温度で熱せられること。「―灯」②勝負などの雰囲気が最高潮に達すること。「―戦」「―した議論」

ばくは【爆破】《名・ス他》火薬類の爆発力を利用して建造物・岩石など物体を破壊すること。「―作業」

はくばい【白梅】白い花が咲く梅。

ばくばく【漠漠】《ト タル》①広々としているさま。広漠。「その先には―たる褐色の世界が広がる」②とりとめのないさま。漠然。「―とした不安」

ぱくぱく《副[と]・ス自》①くりかえし大きく口をあくさま。「金魚が口を―(と)させる」②大きく口をあけて盛んに食うさま。「あっという間に―(と)一皿平らげる」③物の合わせ目などが破れて離れそうなさま。「古靴の底が―する」

はくはつ【白髪】しらが。「いつしか数本の―を生じていた」。普通は、しらがで頭全体が白く見える髪。「―の老紳士」「―三千丈」(長年の苦労で非常に長く伸びた白髪のたとえ。李白の詩による)

ばくはつ【爆発】《名・ス自》①化学反応が急速に進行して多量のガスと熱を発すること。その大きな音・火花・破壊作用を伴う現象。また、内部の圧力が増して破裂したように急激に起こること。「ボイラーが―する」②比喩的に、急に激しく現れること。「怒りが―する」「―的な売れゆき」

はくはん【白斑】①白いまだら。②→しろなまず。③

〔天文〕太陽面の特に光の強い部分。黒点付近に著しい。

はくばん【白板】 ↓ホワイト ボード

ばくはんじだい【幕藩時代】 幕府と幕府に領地を与えられた諸藩とによって支配された封建時代。▽江戸時代を社会の支配体制からとらえた言い方。

はくび【白眉】 同類の中で、特別にまさっている人や物。▽古代中国の蜀(しょく)に秀才として名高い五人の兄弟がいたが、なかでも特にすぐれた馬良の眉(まゆ)に白毛があったという故事から。

はくひょう【白票】 ①国会で、案件を可とする議員が投じる、白色の木票、または白球。↕青票。②何も記載せず白紙のままでなされた投票。

はくひょう【薄氷】 薄く張った氷。うすごおり。「—を踏む思い」(ひやひやする思い)

はくびょう【白描】 毛筆による墨線だけで描いた東洋画。白描画。

はくふ【伯父】 父または母の兄。おじ。

ばくふ【幕府】 武家時代、将軍が政務を執る所・機構。▽もと、将軍の居所や陣営の意。

ばくふ【×瀑布】 たき。「ナイアガラの—」

ばくふう【爆風】 爆発によって起こる強烈な風。

はくぶつがく【博物学】 (もと)動物学・植物学・鉱物学・地質学などの総称。

はくぶつかん【博物館】 古今東西の、自然・文化・産業に関する資料を組織的に集め、保管し、展示して、公衆の利用に供する施設。▽動物園・水族館・植物園なども含む。

はくぶつし【博物誌】 自然界の事象を観察した結果を(系統的に)書いたもの。

はくぶん【白文】 句読(くとう)点・訓点をつけない漢文。また、注釈などをつけない本文だけの漢文。

はくぶんきょうき【博聞強記】 ひろく物事を聞き知って、それをよく覚えていること。

はくへい【白兵】 ①白刃(はくじん)。しらは。抜き身。②敵を切り倒し、突き刺す兵器。刀・槍(やり)など。 **—せん【—戦】** 白兵②を使ってする肉薄戦。

はくへん ①【薄片】薄いかけら。②【剝片】剝(は)がれ落ちたかけら。「—石器」

はくぼ【薄暮】 ゆうぐれ。たそがれ。

はくぼく【白墨】 焼石膏(しょうせっこう)または白亜の粉末を水でこねて棒状に固めたもの。黒板などに書くのに使う。チョーク。▽白色のもののほかに各種の色素を加えたものもある。

はくま【白魔】 暴れる白い魔物のように、災害をもたらす大雪。

はぐま【△白熊】 ヤクの尾の白い毛。払子(ほっす)・旗・槍(やり)の装飾などに使う。▽「しろくま」と読めば別の意。

はくまい【白米】 搗(つ)いて精(しら)げた米。精白米。精米。↕玄米

はくまく【薄膜】 うすい膜。

ばくまつ【幕末】 (江戸)幕府の末期。

はくめい【薄命】 天命に恵まれていないこと。㋐早死に。「佳人—」㋑ふしあわせなこと。薄運。

はくめい【薄明】 日の出前、日の入り後の、天空のぼんやりした明るさ。

ばくめい【幕命】 (特に江戸)幕府の命令。

はくめん【白面】 ①年がいかず未熟なこと。「—の書生」②素顔(すがお)。③なま白い顔。

はくや【白夜】 ↓びゃくや

ばくやく【爆薬】 物体を爆破させる火薬類。例、ダイナマイト。

はくよう【白×楊】 ①↓はこやなぎ。②↓どろのき

はくよう【舶用】 船舶に使用すること。「—エンジン」

はくらい【舶来】 『名・ス自』外国から(船で運ばれて)渡来すること。そうしたもの。「—品」

ばくらい【爆雷】 水中の一定の深さに達すると爆発する、潜水艦攻撃用の兵器。

はぐらか-す 『五他』①問題の中心点をはずして言いまぎらす。「話を—」②いっしょにいたくない連れの人を、うまくごまかして離れ去る。撒(ま)く。

はくらく【伯楽】 ①人物を見抜く眼力のある人。▽②の転。②馬のよしあしをよく見分ける人。また、農家を巡回して牛馬を治療する人。▽中国の周代に、馬の良否をよく見分けたという人の名による。

はくらく【剝落】 『名・ス自』はげておちること。「壁画が—する」

はくらん【博覧】 『名・ス他』①広く書物を読み、見聞すること。②広く一般の人々が見ること。「—に供する」 **—かい【—会】** 種々の産物を陳列して公衆に見せ、販路拡張と改良進歩を目ざして開く会。「万国—」 **—きょうき【—強記】** 広範囲にわたって書物を読み、読んだ事柄を後までしっかり覚えていること。

はくり【剝離】 『名・ス自』はがれて離れること。「網膜—」

はくり【薄利】 利益がすくないこと。わずかの利益。 **—たばい【—多売】** 利益を薄くして品物を多く売り、全体としての利益をあげること。

ばくり【幕吏】 幕府の役人。

ぱくり ㊀『副と』①大口をあいて物を一口に食べるさま。「犬が肉を—とのみ込む」②口や割れ目などが大きく開くさま。「—と開いた傷口」㊁『名』〔俗〕ぱくること。

はくりきこ【薄力粉】 ねばりけの弱い小麦粉。てんぷらや菓子に使う。↕強力粉(きょうりきこ)

ばくりゅうしゅ【麦粒腫】 ↓ものもらい(2)

ばくりょう【幕僚】 司令部・本部で、作戦等の企画立案・実施に関し指揮官を補佐する幹部。

ばくりょう【×曝涼】 虫干し。

はくりょく【迫力】 人の心に強く迫って来る力。「—のある演技」「—に欠ける」「—満点」

はぐ-る 『五他』はいでめくる。めくってはぐ。

ぱく-る 『五他』〔俗〕①かっぱらったり、ゆすったり

して、不当に奪い取る。②逮捕する。「現行犯で―・られた」③盗用する。「アイデアを―」④大口をあいて食べる。

はぐるま【歯車】①機械部品の一種。車の周囲に歯をつけ、そのかみ合わせによって一方の軸から他方の軸に確実に動力を伝える装置。ギア。②比喩的に、全体を構成する部分。その動き。「組織の―」「生活の―が狂う」

ばくれつ【爆裂】《名・ス自》爆発の作用で物体が片々に裂けて飛び散ること。「―薬」(爆薬)

はぐ-れる《下一自》①連れの者を見失って離れ離れになる。「人込みで親に―・れた子」。中心をはずれる。「何となく話が―・れた感じがする」②機会を失う。「飯(めし)に―」③《動詞連用形を受けて》時を失って失敗する。しそこなう。「食い―」

ばくれん【×莫連】すれっからし(の女)。あばずれ。「―おんな」

はくろ【白露】①→しらつゆ。②二十四気の一つ。秋分の十五日前、陽暦九月八日ごろで、このころから秋気が進んで露を結ぶとされる。

ばくろ【暴露・×曝露】①《名・ス他自》秘密・悪事をあばくこと。秘密・悪事が明るみに出ること。「不正を―する」▽⑵の転。②《名・ス自》覆いも無く露天にさらされること。「資材を―のまま積む(=野積みにする)」「―陣地」(敵に丸見えの陣地)

ばくろう【博労・馬×喰・△伯△楽】牛や馬の仲買商人。産地の農家から牛馬を買い取り、それを広く売りさばいたり、交換したりする。▽「伯楽(はくらく)」の転。

ばくろん【×駁論】《名・ス他》相手の意見に反対して非難攻撃すること。その議論。

はくわ【白話】中国語の口語体。「―小説」

はけ【〈刷毛〉】液状のものを塗ったり、よごれを払い落としたりする道具。動物の毛などを並べて台にはめこんだもの。ブラシ。「―目」(はけでぬった跡)

はけ【×捌け】①水などが溜(たま)らずに流れ通ること。「水―がよい」②商品などの売れ行き。「新製品の―が悪い」

はげ【×禿】①(あるべき)髪が無い状態(の所)。そういう状態の人。②広く、表面を覆っているべきものがない状態。「山が―になる」

はげあたま【×禿頭】毛のない頭。とくとう。

はけい【波形】波のような形。特に、周期的な現象の測定値が描く図形。「心電図の―を読む」

はげいとう【葉鶏頭・〈雁来紅〉】葉が細長く、赤・黄・緑などのまだらがあって美しい一年草。夏・秋のころ、黄緑色の小さい花が葉の付け根に密生して咲く。がんらいこう。▽ひゆ科。

はけぐち【×捌け口】水など流れて行くものが、内から出るところ。「感情の―」。商品などの売れて行く先。「―が広い」

はげし-い【激しい・△烈しい】《形》勢いが鋭く強い。「変化が―」「―痛み」。しきりに行われる。しきりに起こる。「行き来が―」 派生 -さ 関連 過激・矯激・激越・激烈・猛烈・痛烈・強烈・苛烈・熾烈(しれつ)・烈烈・激甚・激化・激語・激賞・激戦・激痛・激怒・激動・激突・激変・激務・激流・激励・激論・激する

はげたか【×禿×鷹】ハゲワシ・コンドルの俗称。

バケツ ブリキ・プラスチックなどで作った、水などを入れるための、つるの付いた桶(おけ)形の容器。▽bucket 「馬穴」とも書いた。

はけついで【〈刷毛〉△序(で)】ある事のついでに他の事をもすること。

バゲット 表面を固く焼いた、棒状のフランス パン。▽フランス baguette

パケット 情報伝送の一単位。伝送・交換に必要な情報を付したもの。▽packet(=小包)

ばけのかわ【化けの皮】真相・素性(すじょう)・秘密などを包みかくしている外見。「―がはげる」

はげま-す【励ます】《五他》①(言葉をかけるなどして)気力が奮い立つよう力づける。「失意の友を―」②強くする。激しくする。ふるいたたせる。「声を―・して言う」

はげ-む【励む】《五自》心をふるいおこして、つとめる。精を出す。「研究に―」▽「忠勤を―」「家業を―」の「を」(→を㈠⑶)は、「激戦を戦い抜く」などの用法の同類で、励み続ける気持で言う。関連 努める・勤(いそ)しむ・身を砕く・力瘤(ちからこぶ)を入れる・馬力を掛ける・老骨に鞭(むち)打つ・命を懸ける・犬馬の労・粉骨砕身・あくせく・努力・勉励・精励・精勤・恪勤(かっきん)・精進・労する・力を入れる・骨を折る・骨折る・精出す・勤・自彊(じきょう)・奮励・刻苦・奮闘

ばけもの【化(け)物】①化けてあやしげな姿になったもの。一つ目小僧など。おばけ。妖怪。「―屋敷」②比喩的に、普通では考えられない能力のある人。

はげやま【×禿山】木や草が生えていない山。

は-ける【×捌ける】《下一自》とどこおらずに、よく流通する。㋐水などがたまらないで、流れ去る。㋑品物などがよく売れる。さばける。「在庫品が―」

は-げる【剝げる・×禿げる】《下一自》①外面をなすものが薄く取れる。塗ったもの、貼ったものが取れて離れる。【剝】「ペンキが―」「めっきが―」(人のうわべをとりつくろっていたものがはげて、生地(きじ)が出てしまう意にも)「化けの皮が―」(装いきれずに本性(ほんしょう)が現れる)②㋐髪の毛がたくさん抜けて、頭の地肌がむき出しの状態になる。㋑転じて、(山などに)草木がなくなる。【禿】

ば-ける【化ける】《下一自》形を変えて他の(異様な)姿になる。「たぬきが―」「学資が酒に―」。素性(すじょう)を隠し、または外観を変えて、別の人のように見せかける。「娘に―」

はげわし【×禿×鷲】大形の猛禽(もうきん)。体長約一メートル。首の後ろがはげている。死肉を常食とする。▽たか科。

はけん【派遣】①《名・ス他》国や組織が、個人または

団体に任務を負わせて、他の国・組織・地域に送り出すこと。「専門家を―する」「災害地への医師の―を要請する」「人材―業」(雇用している労働者を、契約先に派遣して労働させる事業) ②《名》「派遣労働」「派遣社員」の略。

はけん【覇権】①覇者としての権力。「―を握る」②転じて、競技などで優勝して得る栄誉。

ばけん【馬券】競馬の勝ち馬を予想して、その当たりによる配当を得るために買う券。勝馬投票券。

はこ【箱・×函】㊀《名》①木や厚紙などを材料にして、物を入れておくために、各面を囲ったもの。「弁当―」「宝石―」②はこ(1)に似た形(のもの)。「―物」㋐四角な形(のます目)。〔箱〕「次の文中の―の中に適切な文字を入れよ」㋑鉄道の車両。「同じ―に乗り合わせる」③(三味線(しゃみせん)を入れる箱から転じて)三味線。また、箱屋(2)、あるいは芸者。㊁《接尾》《数を表す語に付けて》はこ㊀(1)を数えるのに用いる語。

はご【羽子】羽子板でついて遊ぶのに使う、ムクロジの種に小鳥の羽を数枚さしこんだもの。はね。 **―いた**【―板】羽子をつく、柄のついた長方形の板。

はこいり【箱入り】①箱にはいっていること。またそのもの。②箱に入れて秘蔵するように大切にすること。「―にする」「―の娘」 **―むすめ**【―娘】やたらには外出させない秘蔵の娘。

はこう【×跛行】《名・ス自》つりあいがとれない(まま進む)こと。「―状態」▽もと、片足をひきずって歩くこと。

ばこう【馬耕】《名・ス他》馬を使って田畑を耕すこと。

はこがき【箱書(き)】《名・ス自》書画・器物などを入れた箱に、名称や真作であることの保証を書きつけること。その書いたもの。作者自身や鑑定家などが署名(押印)する。

はごく【破獄】《名・ス自》ろうやぶり。脱獄すること。

はこし【箱師】〔俗〕電車の中などを専門とする、すり。▽古風。

はごし【葉越し】葉の間を通すこと。「―に見える月」

はこせこ【×筥△迫】和装の女性がふところに入れて持つ装身具。箱形の紙入れ。▽「筥狭子」とも書く。

はこぜん【箱膳】一人分の食器一式が入れられ、ふたを返して載せると膳に使える、箱。▽以前は、奉公人だけでなく主人や家族もこれを並べて食事した。

ばこそ《連語》前件(主に原因・理由)を強調するのに使う。「君のためを思え―苦言も呈する」。後件を表現しないことがある。「君のためを思え―だ」「神ならぬ身の知ら―」▽接続助詞「ば」+係助詞「こそ」

パゴダ (ミャンマーの)仏塔。▽pagoda

はごたえ【歯応え】①物をかんで、歯に抵抗を感じること。その感じ。②比喩的に、はりあい・反応があること。「あいつは―のあるやつだ」

はこちょうちん【箱△提△灯】上と下に丸く平たいふたがあって、たたみこむと全体がふたの中に納まる構造の提灯(ちょうちん)。

はこにわ【箱庭】浅い箱に土砂を入れ、家・橋などの模型を置いたり小さい木を植えたりして、山水の景色や庭園をかたどったもの。

はこばしゃ【箱馬車】座席の屋根が造り付けになっている、箱型の馬車。

はこび【運び】①物事の進め方。「話の―がうまい」。物事を進める速さ。物事が進む度合。「仕事の―がおそい」②物事が進んで、ある段階に至ること。「近日開店の―になる」

はこびい-れる【運び入れる】《下一他》かなり大きなまたは多量の物を、よそから運んで来て、そこの内部に移す。↕運び出す。「機械一式を工場に―」

はこ-ぶ【運ぶ】①《五他》何かのために、ものを他の所に進め移す。㋐物を持ったり車に積んだりして、他の場所まで動かす。「机を別の部屋に―」「恋人の所へせっせと金を―(=みつぐ)」「筆を―」(文章を書き進める)「足を―」(行く。通う)「ようこそお―び(=おいで)くださいました」㋑物事を進める。「段取りをつけて仕事を―」②《五自》物事が(とどこおらず)進む。「すらすらと―んで相談がまとまった」 関連 運搬・運送・輸送・搬送・運輸・通運・陸運・陸送・海運・海送・水運・舟運・回漕(かいそう)・転漕・空輸

はこぶね【箱船】方形の船。「ノアの―」▽「方舟」とも書く。

はこべ【〈蘩蔞〉】山野・路傍に生える越年草。早春、白い小さな花が咲く。葉は柔らかく、食用。また小鳥のえさにする。春の七草の一つ。はこべら。▽なでしこ科。

はこぼれ【刃△毀れ】《名・ス自》刀・包丁などの刃が一部分欠けること。また、その欠けた部分。「―したナイフ」

はこまくら【箱枕】箱形の木の台の上にくくりまくらを乗せたもの。

はこもの【箱物】〔俗〕技術や人材などに対して、形のある建造物。「発展途上国への―援助」「―行政」

はこや【箱屋】①箱を作りまたは売る店。また、その商売の人。②三味線(しゃみせん)の箱をもって芸者の供をする男。③義太夫(ぎだゆう)語りにいる物を、語る席に運ぶ仕事をする男。「―が荷をあげる」

はこやなぎ【箱柳】材をマッチの軸木・箱材などに使う落葉高木。雌雄異株。▽葉が風に揺れてさらさらと音を立てるので、「山鳴らし」とも言う。やなぎ科。

はごろも【羽衣】天人が着て空を飛ぶという、鳥の羽で作った軽く美しい衣。

はこん【破婚】《名・ス自》結婚関係が解消されること。

はさ 刈り取って束ねた稲を干すために掛けておく道具。柱を二本立てて横木を渡す。いなかけ。はざ。▽「稲架」とも書く。

バザー 慈善事業などの資金を集めるために催す市(いち)。慈善市。「教会の―」▽bazaar

ハザード ①危険。障害。「モラル―」。ゴルフで、バンカーや池などの障害。▽hazard ②「ハザード ラン

プ」の略。 ーマップ 防災を目的に、自然災害に遭う地域を予測し表示した地図。災害予測地図。▽避難場所や避難経路を含んだ「防災地図」を指す場合もある。hazard map ーランプ 自動車の非常点滅表示灯。緊急停止などの際に、全部のウィンカーを点滅させる。▽hazard lamp

バザール ①西アジアなどの市場。②デパート・スーパーなどの安売り。▽フランス bazar

はさい【破砕・破×摧】〘名・ス他自〙破り(撃ち)砕くこと。「敵の一角をーする」「落石をーする」。壊れて砕けること。「流木で橋脚がーした」

はざかいき【端境期】①古米(前年の産米)と入れ替わって新米(その年の産米)が市場に出ようとするころ。九、十月ごろ。②転じて、そのくだもの・野菜などが市場にようやく出回ろうとするころ。③広く、さまざまな物事の移行期。

はさき【刃先】刃などの、刃の先。

はざくら【葉桜】花が散って若葉が出た時分の桜。

ばさし【馬刺(し)】馬肉の刺身。

ぱさつ-く〘五自〙水分や脂気が抜けて、まとまらない。「髪がー」「おからがーかないように牛乳を加える」

ばさっと〘副・ス自〙①→ばさり。②乱れてまとまりのないさま。「ーした髪」

ばさばさ〘副[と]・ノダ・ス自〙①あまり固くないものが騒がしく触れ合う音。そのさま。「小枝をー(と)切り払う」②乾いていて、まとまりを欠くさま。「ーの毛先」

ぱさぱさ〘副[と]・ノダ・ス自〙①乾いたり脂が抜けたりして、手触り(舌触り)が悪いさま。「ーの食パン」②情緒やうるおいに欠けるさま。「ーした街並み」

はざま【△狭間・△迫間・△間】①物と物との間になった狭い所。あいだ。「生死のーをさまよう」②谷あい。たにま。③城壁に設けた弓や鉄砲を打つための穴。

はさま-る【挟まる】〘五自〙物と物との間に位置を占める。「歯にー」。対立する両者の間に身を置く。「中にーって閉口した」

はさみ【×鋏】物をはさみ切る道具。㋐相対する二枚の刃をかむようにすり合わせて切る道具。それに形が似たもの。「かにのー」。また、じゃんけんで、人指し指と中指または親指とを出した形。ちょき。㋑切符などに穴をあける道具。パンチ。「ーを入れる」▽㋐のかになど節足動物のは「螯」「鉗」とも書く。

はさみうち【挟み撃ち】〘名・ス他〙相手を正面と背後と(または左右)から同時に攻撃すること。

はさみき-る【挟み切る】〘五他〙(はさみで)はさんで、力を加えて切る。

はさみことば【挟△詞・△挿△語】①言葉の中に種々の音節をはさんで、隠語のように用いるもの。「ぼくの机」を「ぼノサくのつノサくえ」と言うなど。②挿入語・挿入句。

はさみしょうぎ【挟み将棋】将棋の駒を使ってする遊び。相手の駒を左右または前後からはさんで取る。

はさ-む ①【挟む】〘五他〙間に置く。「机をーんで向かい合う」。間に差し入れる。「しおりを本の間にー」「休憩をー」「疑いをー余地がない」「口をー」(口出しをする)「耳にー」(ちらりと聞く)。間に入れて落ちないように保つ。「箸でー」②【×鋏む・×剪む】〘五他〙はさみで切る。「枝をー」

ばさらがみ【ばさら髪】ばらばらに乱れた髪。

ばさり〘副と〙幅のあるものが落ちて何かにかぶさる音。そのさま。「軒から雪がーと落ちる」

はざわり【歯触り】食べ物を歯でかんだ時の感じ。

はさん【破産】①〘名・ス自〙財産をすっかり失うこと。②〘名〙法律で、借金をした人が返せない場合、その人の一切の財産から貸した人々が公平な弁済を受けることができるようにする裁判上の手続き。

はし【橋】川・湖沼・海峡・低地・他の交通路などの上に道路・鉄道・水路などを通すための構築物。「ーをかける」「ーを渡す」(転じて、両方の間にあって仲立ちをする)

はし【端】①ものの中央でない、外部に近い所。▽「はじ」とも言う。㋐細長い物の真中から最も遠い部分。「ひもの両ー」㋑周辺に近い部分。ふち。「道のーを通る」「紙のーを折る」㋒《多く「ーから」の形で》あとに続くものがあり、今着目している所。「ーからかたづけていく」「聞くーから忘れてしまう」②物事の(中心的でない)一部分。「言葉のーを捕らえる」。切り離した一部分。きれはし。「木のー」

はし【箸】食事をする(または物をはさむ)ために用いる細長い二本の棒。「ーが転んでも笑う」(→わらう)「ーの上げおろしにも小言を言う」「ーにも棒にもかからぬ」(何とも取扱いようがない)

はじ【端】→はし(端)

はじ【恥】①世の人に対し面目・名誉を失うこと。㋐自分の弱点についての引け目。「ーをかく」「ーさらし」「ーを話さなければ分かってもらえまいが」「ーの上塗り」(重ねて恥をかくこと)「ーも外聞も無い」(恥ずかしさも人聞きも問題にしない態度だ。→②)㋑(人並みでないとして)他人から受けた侮辱・物笑い。「ーを忍ぶ」「ーをすすぐ」(名誉をとりもどす)②恥ずべき事柄を恥ずかしいと思う人間らしい心。「ーを知れ」「免れてー無し」(罪や責任をのがれて平気でいる)▽(2)には「羞」「辱」も使う。

はじ【〈黄櫨〉】→はぜのき

はじ【把持】〘名・ス他〙しっかりと握る(そのように保つ)こと。「記憶のー」

はしあらい【箸洗い】懐石で、小さな器で出す、ごく薄味の吸い物。▽箸を洗い清める意。

はしい【端居】家の端近く(縁側など)に(すわって)いること。

はしいた【橋板】橋桁に敷き渡した、橋の上面である板。

はじい-る【恥(じ)入る】〘五自〙深くはじる。はじて恐れ入る。

は

はしおき【箸置き】 食卓で箸の先をのせておく小さな道具。箸枕。

はしか【〈麻疹〉】 幼児に多いウイルス性の急性感染症の一種。発熱し、紅色の斑点のような発疹(ほっしん)が皮膚や粘膜にできる。予防にはワクチン接種が有効。ましん。

はしがかり【橋懸(かり)】 能舞台の一部で、鏡の間(=楽屋に続いて姿見鏡のある板の間)から舞台へ斜めにかけられた、屋根のある廊下のような所。

はしがき【端書(き)】 ①書物の一番初めに、その書に関したことを書く文章。序文。②手紙の端に書き添える文章。おってがき。③和歌などの前に書きそえる言葉。▽「はがき」と読めば別の意。

はじかきっこ【恥かきっ子】〔俗〕親が高齢になってから生まれた子供。「四十過ぎての―」▽親が恥ずかしがるから言った。

はじかみ サンショウ・ショウガの古名。

はじき【△弾き】 ①はじくこと。はじく装置。②〔俗〕ピストルの隠語。

はじきだ-す【△弾き出す】《五他》はじいて出す。㋐のけものにする。「仲間から―」㋑算出する。「経費を―」▽費用などを、そろばんだまをはじいて計算することから。

はじ-く【△弾く】《五他》①はね返る力で打って動かす。「指先で―」「弦を―いて鳴らす」「そろばんを―」(そろばんだまを指先で動かして、計算する。転じて、打算する) ②寄せ付けない。排除する。「水を―」「不良品を―」

はしぐい【橋×杭・橋×杙】 橋桁を支えるくい。橋脚。橋柱。

はしくよう【橋供養】 橋ができ上がったとき、渡り初(ぞ)めの前に、橋の上で行う供養。

はしくれ【端くれ】 ①材木などの端を切ったもの。きれはし。②それに所属してはいるが、末に連なるつまらぬ者。末輩。「役人の―」▽自分のことを卑下しても言う。

はしけ【×艀】 本船と波止場(はとば)の間を行き来して乗客・貨物を運ぶ小舟。はしけぶね。

はしげた【橋桁】 橋ぐいの上に渡して橋板を支える材。

はじ-ける【△弾ける】《下一自》①(中身がいっぱいになって)勢いよく裂けてわれる。はぜる。「豆のさやが―」「笑いが―」②羽目をはずして調子よくふるまう。「いつもより―けている」

はしご【×梯子・×梯】 ①寄せ掛けまたはつるして、高い所に登る道具。木・竹・なわ・金属で作り、二本の長い材に幾段もの横木をつけて足がかりとする。「屋根に登った―を外される」「改革の先頭に立ったのに、―を外され(=まわりの人の裏切りを受け)て挫折した」②「梯子酒」の略。③「梯子段」の略。▽現在ではこの略し方をほとんどしない。 **―ざけ【―酒】** 次から次へ場所をかえて酒をのむこと。 **―しゃ【―車】** 長く伸ばせるはしごを備えた消防自動車。 **―だん【―段】** だんばしごの階段。 **―のり【―乗り】** 空中に立てた梯子に登る曲芸。それをする人。出初(でぞめ)式などにする。

はしこ-い《形》動作を起こす機をのがさず、すばやい。また、頭の回転が速い。金銭関係で抜け目がない。はしっこい。派生 **-さ**

はじさらし【恥×曝し】《名ナノ》恥を広く世間にさらけ出すこと。そういう人。

ハシシ 麻(あさ)(2)の種や葉が含み、喫(す)うと幻覚を生じさせる物質。ハシシュ。ハッシッシ。▽アラビア hashish

はじしらず【恥知らず】《名ナノ》恥ずべき事を平然とすること。そういう人。鉄面皮。

はしせん【橋銭】 橋を渡る時、通行料として払う金。橋賃。渡し銭。

はした【△端】 ①《名ナノ》まともにそろった状態ではないこと。はんぱ。ちょうど切りのよい数(量)に余った分。「―を切り捨てる」。ある目標に足りない分量のもの。また、とるに足りないもの。「こんな―な金で何が買えるか」②《名》《多くは「お―」の形で》↓はしため

はしたがね【△端金】 わずかな金。

はしたぜに【△端銭】 わずかな金。

はしたな-い《形》たしなみがなく、不作法だ。つつしみがなく、見苦しい。「―振舞い」▽「端(はした)」の形容詞化。もと、中途半端だの意。「ない」は、「満遍ない」の「ない」と同じく形容詞を作る接尾語。派生 **-さ**

はしため【△端女】 めしつかいの女。女中。(お)はした。▽古風。

はしぢか【端近】《名ナノ》家の中の縁側や入口に近い所。

はしちん【橋賃】 →はしせん

はしっこ-い《形》→はしこい

ばしっと《副》①物が打ち当たったり折れたりするにぶい音。そのさま。「頬を―叩(たた)く」「書類を―叩きつける」「枝を―折る」②厳しく言うさま。びしっと。「―叱る」③寸分の乱れもないさま。びしっと。「スーツで―決める」「―着こなす」

はしづめ【橋詰(め)】 橋ぎわの所。橋のたもと。

ばじとうふう【馬耳東風】 人の意見や批評を全く気にかけないで聞き流すこと。「彼には意見しても―だ」▽李白(りはく)の詩の句から。

はしなくも【端なくも】《連語》《副詞的に》はからずも。ふと。「―めぐりあう機会を得た」

はしぬい【端縫い】 布の端を細く折り返して縫うこと。はぬい。

はしばこ【箸箱】 はしを入れておく細長い箱。

はしばし【端端】 あちこちの端。ちょっとした所。「うれしさが言葉の―ににじみ出ている」

はしばみ【×榛】 山野に自生する落葉低木。春、葉に先立って穂状の小さい花が咲く。雄花は黄褐色、雌花は紅色。果実は食べられる。▽かばのき科。

はしまくら【箸枕】箸置き。

はじまり【始まり】始まること。㋐開始(の時刻)。「授業の—が遅れる」㋑起こり。特に、原因や動機。「けんかの—」

はじま-る【始まる】《五自》①物事が新たに起こる。今までの、していない状態から、する状態に移る。↕終わる。「国会が—」「イギリスから—った産業革命」。《多くは「—った」の形で》その人の癖と見られている言い方・しぐさが出る。「そらまた—った」②《条件を示す句に接続して》『—らない』ききめがない。むだだ。「今更恨んでもはじまらない」

はじめ【初め・始め】①物事が始まった段階。↕終わり。㋐それをし始めた、またはそれに関係を持った時。「—から気が進まない」。最初のころ。「—のうちは慎重だった」。《副詞的に》最初。「—別の人かと思った」▽この時には多く「初」を使う。㋑物事の起こり。「国の—」。最初の部分。「問題は—からよく読みなさい」②《接尾語的に》……(を)し始めること。[始]↕納め。㋐最初の経験。「それがぼくのタバコのすい—だ」㋑その年それをする最初の日。「御用—」③《「……を—」「……を—とする」の形で》多くあるものの中で前のもの。先のもの。また、おもだったものをあげる言葉。「団長を—として一同元気一杯だ」[関連] 始まり・最初・当初・原初・手始め・初手・皮切り・取り付き・取っ付き・ぶっつけ・端(はな)・初っ端・出端・発端・端緒・緒・糸口・入口・口開け・口切り・序の口・序幕・振り出し・滑り出し・冒頭・初頭・天から・のっけ・初歩・第一歩

はじめて【初めて・始めて】《副・ノダ》それまでそういう事がなく、それが最初であるさま。「—見る」「生まれて—の経験」「こんなこと—だ」。その時になってようやく。「—親の恩を知った」「例外まで考えてみて—規則の意味がはっきりする」▽動詞「はじめる」の連用形+助詞「て」から。

はじめまして【初めまして】《連語》初対面の時のあいさつの言葉。▽初めてお目にかかりますの意。明治中期に言い始めた表現。

はじ-める【始める】《下一他》①物事を新たに行う。今までの、していない状態から、する状態に移す。「勉強を—」「店を—」「今に—めぬ事ながら」(今新たに始めたというたぐいの事ではないが)「できることから—めよう」。また、当人の癖と見られているしぐさ・言い方をし始める。「ほら—ぞ。いつもの小言だ」▽事業などでは「創める」とも書く。②《動詞や「(さ)せる」「(ら)れる」の連用形に付き、接尾語的に》新たにその動作を起こす。……しだす。……ことが始まる。「本を読み—」「花が咲き—」「書かせ—」▽⑴⑵は↕終える。③《「……を—め」の形で》↓はじめ⑶

はしゃ【覇者】①武力・権力で天下を征服した者。↕王者。②競技などで優勝した者。

はじゃ【破邪】〔仏〕邪道をうちやぶること。 **—けんしょう【—顕正】**〔仏〕邪道をうちやぶり、正しい道理を世の中にあらわし広めること。

ばしゃ【馬車】馬がひっぱって人・荷物を運ぶ車。「荷—」 **—うま【—馬】**馬車をひく馬。また、その馬が、両側は見えないように目のわきに覆いをされて走るように、他の事は考えずがむしゃらにすることのたとえ。「—のように働く」

はしゃ-ぐ《五自》①調子づいて浮かれさわぐ。「子供のように—」「—いだ気分」②かわいて、反ったり割れ目ができたりする。「板が—」

はじゃく①【羽尺】おとなの羽織一枚が仕立てられる、反物の長さと幅。↕着尺(きじゃく)。②【端尺】反物などで規定に満たない半端な寸法。

はしやすめ【箸休め】ちょっとしたおかず。つまみもの。

パジャマ 上衣とズボンとにわかれた寝巻き。▽pajamas

はしゅ【×播種】《名・ス自》たねまきをすること。「—期」

ばしゅ【馬主】(競馬で)馬の持ち主。ばぬし。

はしゅつ【派出】《名・ス他》一部の者を分けてその場所に差し向け、勤務させること。▽↓はけん(派遣)。 **—じょ【—所】**本部外に設ける小さい事務所。職員を派出して詰めさせておく。特に、「巡査派出所」の略。▽↓こうばん(交番)。 **—ふ【—婦】**求めに応じ随時出向いて、家事手伝いなどをする職業の女性。

ばじゅつ【馬術】馬を乗りこなす術。「—競技」

ばしょ【場所】①ところ。場(ば)㋐。「—をふさぐ」▽↓いち(位置)。②居るところ。場席。「—を取っておく」③相撲(すもう)を興行する所。その一定の期間。「初—」 **—いり【—入り】**力士が相撲(すもう)場にはいること。 **—がら【—柄】**《副詞的にも使う》その場所がどんな場所かという特質。「—もわきまえず」「—、売れ行きがよい」 **—ふさぎ【—塞ぎ】**場所をふさいで邪魔になること。また、そのもの。 **—わり【—割(り)】**場所の割り当て。

はじょう【波状】①波のような形。「—雲」②波のうねりのように、ある間隔をおいて寄せ返すこと。「—攻撃」

ばしょう【×芭×蕉】葉が長い楕円(だえん)形で大きく、風に裂けやすい大形の多年草。中国原産。夏秋に黄白色の花が咲く。葉・根は薬用。▽ばしょう科。 **—ふ【—布】**バショウの繊維で織った平織りの布。主産地は沖縄。夏の着物・ざぶとん地・かやに用いる。

ばじょう【馬上】馬の上。また、馬に乗ること。「—ゆたかな(=馬にゆったりと乗る)美少年」(俗謡「田原坂」)

はしょうふう【破傷風】土中の破傷風菌が傷口からはいって起こる病気。高熱を発し、痙攣(けいれん)を起こし、重症のものは数時間で死ぬ。

はしょく【波食・波×蝕】《名・ス他》波が陸地を削ること。また、その作用。海食。「—台地」

ばしょく【馬食】《名・ス自他》馬のように大食すること。「牛飲—」

ばしょく【馬×謖】『泣いて―を斬る』惜しい人物を、命令違反など秩序を乱した責任を取らせるために、罰する。▽諸葛孔明(しょかつこうめい)の故事による。

はしょ-る《五他》①和服の裾の端を折り、帯などにはさみからげる。②略して短くする。「話を―」▽「端(は)折(お)る」の転。

はしら【柱】㊀《名》①まっすぐに立てて建物の上部の重みを支える材。「―暦」(柱に下げ、またははる形の暦)。それに似た形のもの。「テントの―」「火―」②比喩的に、全体を支える人・もの。たより。「一家の―」。根幹。「この三部門を―にして編成した」③貝柱。㊁《接尾》神を数えるときに添える語。「六―の神」「十一―の英霊」

はじら-う【恥じらう・△羞じらう】《五自》相手の自分に対する態度やその場の様子などによって、恥ずかしそうにする。はにかむ。「美人だと言われて―娘」「花も―年頃」

はしらかけ【柱掛け】柱に掛け、装飾とするもの。竹・板・陶器などで作り、書画などを描く。柱隠し。

はしら-す【走らす】《五他》①速くよどみなく動かす。「筆を―」「目を―」②急いで行かせる。「使者を―」

はしらどけい【柱〈時計〉】柱や壁などに掛ける時計。

はしらま【柱間】柱と柱の間の距離、またその空間。建物の規模を表すのに用いる。「―心々(しんしん)一間」▽関東と関西では測り方が異なるため、畳の寸法、部屋の広さなどに差が出る。

はじらみ【羽×虱】主に鳥に寄生してその羽・毛をかじる、しらみの一種。傷のある所から血を吸うものもある。

はしり【走り】①走ること。滑らかに動くこと。「―のいい戸」②季節にさきがけて出る野菜・魚など。はしりもの。初物。「かつおの―」③ある物事のはじめとなったもの。先駆け。「梅雨(つゆ)の―」

はしりがき【走(り)書き】《名・ス他》急いで書きしたためること。その書きしたためたもの。

バジリコ ↓バジル。▽イタリア basilico

はしりこ-む【走り込む】《五自》①走って中に入る。駆け込む。②(本番に備えて)十分に走る。「シーズン オフに―」

はしりたかとび【走(り)高跳(び)】助走して、水平にかけた横木を跳び越え、その高さを争う陸上競技。

はしりづかい【走(り)使い】(簡単な)使いに走りまわること。それをする人。

はしりづゆ【走(り)〈梅雨〉】五月下旬ごろ、梅雨の前ぶれのように、降ったりやんだりする天候。

はしりぬ-ける【走り抜ける】《下一自》①走って通りぬける。②(感覚や感情が)すばやく身体の中を通ってゆく。「激痛が―」

はしりはばとび【走(り)幅跳(び)】助走し、片足で踏み切って跳び、その跳んだ距離を争う陸上競技。

はしりまわ-る【走り回る】《五自》あちらこちらと走って動く。「せわしく―」「金策に―」

はし-る【走る】《五自》①両足が地面などから同時に離れる瞬間があるような、足の運び方で、速く進む。「先頭を―」「馬が―」②速く動く。「電車が―」「稲妻が―」「筆が―」(文章の勢いや不注意で、述べてはならない事、述べなくてもいい事を書いてしまう)「悪事千里を―」(悪い事のうわさはすぐ伝わる)③ある方向に(自然に)急に動く。「腕に痛みが―」「戦慄(せんりつ)が全身を―った」「さやから刀が―」。ある事を目当てとして急いで行く、または歩きまわる。「暮れの町を金策に―」。ある方向に通じる。「山脈が東西に―っている」「この町まで鉄道が―ことになった」④(争いに負けたり悪事を犯したりして)捕らえられないように逃げ出す。「恋人のもとに―」⑤ある方にかたよる。「感情に―」「空想に―」「非行に―」「党利に―って国益を顧みない」▽「奔」で書く場合もある。関連 馳(は)せる・駆ける・駆け出す・駆けめぐる・飛ぶ・飛ばす・すっ飛ばす・飛び回る・独走・助走・力走・快走・完走・逃走・遁走(とんそう)・敗走・潰走・追走・疾走・暴走・滑走・走破・走行・一走り・小走り・ひた走り・使い走り・駆け足・馳駆(ちく)・疾駆・ギャロップ

は-じる【恥じる】《上一自》①自分の罪・過ち・未熟・欠点を恥ずかしく思う。「不明(=おろかさ)を―」「世間に―じない(=やましくない)行為」▽「羞」「慚」「愧」も使う。→はじ(恥)・はじらう。②『……に―じない』その地位や名誉にふさわしい。「横綱(の名)にはじない強さ」

バジル イタリア料理のソースなどに使う香草。バジリコ。▽basil しそ科。

はしわたし【橋渡し】《名・ス自》①橋を渡す(=かける)こと。②転じて、仲立ちをすること。

ばしん【馬身】馬の鼻先から尻までの長さ。競馬で、馬と馬との間の距離を示すのに用いる。「一―引き離す」

ばしん【婆心】老婆心。

はす【△斜】ななめ。はすかい。「―に構える」(物事に正対せず、皮肉っぽい態度で接する)

はす【×蓮】多年生水草。春、最初に出る二枚の葉は水面に浮き、その後に出る葉は水上にぬき出る。花は普通、淡紅色か白で、夏、水の上に花茎を出して咲く。秋の末、地中に蓮根(れんこん)が出来、食用となる。花は仏教で「蓮華(れんげ)」と言い、極楽浄土を象徴する。はちす。「―の台(うてな)」(極楽往生した人がすわる蓮の花の座)▽はす科(旧すいれん科)。

はず【×筈】①《具体的な内容を表す(指示する)語句を受けて》事が当然そうあるべきだの意を表す語。予定や道理。「あした着く―だ」「そんな―はない」「年内に済む―が延び延びになって」▽②の転。合致すべきものの意。②矢筈(やはず)。また、弓筈(ゆはず)。③相撲(すもう)で、親指と人さし指との開き方を矢筈のようなY字形にして、相手の脇や胸に当てて押すこと。「―に掛かる」

ハズ「ハズバンド」の略。夫。▽husband から。

バス ①(普通は)決まったルートで、乗り合いの客を運ぶ大型自動車。乗合自動車。「路線—」「—通学」「観光—」「—に乗り遅れる」(転じて、世間一般の風潮におくれる) ②コンピュータで、内部の装置をつなぐ信号路の配線。▽(1)の見立て。(1)(2)は bus ③㋐声楽で、男声の種類の一つ。音域の一番低いもの。また、その歌手。㋑→コントラバス。▽bass ④風呂(ふろ)。「—ルーム」「—タオル」▽bath **—ガール** 路線バスの女性車掌(しゃしょう)。▽bus と girl とによる和製英語。ワンマンバスが普及して廃せられた。**—ガイド** 観光バスで案内や説明をする役の乗務員。▽bus と guide とによる和製英語。**—タブ** 洋式の浴槽。ゆぶね。▽bathtub **—てい【—停】** バスの停留所。バス ストップ。**—ローブ** 湯上がりに着る、多くタオル地の部屋着。▽bathrobe

パス ㊀①『名』(無料の)乗車券・入場券。また、定期券。②『名・ス自』(試験などを)通過すること。合格。「検定に—する」③『名・ス自』トランプなどで、自分の順番をとばして次の番に回すこと。④『名・ス自他』バスケットボール・サッカーなど球技で、味方に送球すること。▽pass ㊁【PAS】『名』パラアミノサリチル酸。苦味のある白色の結晶で、結核の特効薬として内服。▽para-aminosalicylic acid の略称。㊂『名』「カリパス」の略。**—ポート** 外国に旅行する者の国籍・身分を証明し、保護を依頼する公文書。旅券。▽passport **—ワード** 正式の利用者であるかどうかを認証するためにあらかじめ決めた文字列。▽password(=合言葉)

はすい【破水】『名・ス自』出産の時、羊膜(=子宮内で胎児を包んでいる膜)が破れて羊水が出ること。

はすいと【×蓮糸】 極楽往生の縁を結ぶ蓮の繊維で作ったという糸。

はすう【端数】 はしたの数。「—を切り捨てる」

バズーカほう【バズーカ砲】 ロケット式対戦車砲。▽「バズーカ」は bazooka

はずえ【葉末】 葉のさき。

ばすえ【場末】 都会のにぎやかさの中心からはずれた所。

はすかい【△斜交い】 ななめ。はす。

はずかし-い【恥(ずか)しい】『形』(相手がすぐれていて)自分の能力・状態が劣りはしないかとか、人にあきれたやつと思われはしないかとかいう心にとらわれて、人目を避けたり隠れたりしたい気持だ。㋐面目ない。「失態をさらけ出して—」。きまりが悪い。「あまりほめられて—」「花—(=花も恥じらうほどの)美人」㋑(け押されるようで)てれくさい。「異性が—年ごろ」㋒相手の様子に、こちらが気おくれや遠慮を覚える気持だ。「—ことを平気で言うやつだ」 派生 **-さ -げ -がる** 関連 気恥ずかしい・照れ臭い・決まりが悪い・面はゆい・やましい・後ろめたい・恥じる・恥じらう・赤恥・生き恥・死に恥・恥辱・屈辱・汚辱・国辱・侮辱・陵辱・雪辱・羞恥・無恥・廉恥

はずかし-める【辱める】『下一他』①恥をかかせる。②名誉を傷つける。「名人の名を—・めない作品」。それだけの値うちがないのに分を越えた地位につく。けがす。「地位を—」③陵辱する。犯す。

パスカル 圧力の単位。記号 Pa 一パスカルは一平方メートルに一ニュートンの力が作用するときの圧力。大気圧にはヘクトパスカルを使う。▽フランスの哲学・物理学者 Pascal にちなむ。

ハスキー『名ナノ』声がかすれているさま。「—ボイスの歌手」▽husky

バスケ「バスケットボール」の略。

バスケット ①かご。特に、手さげかご。▽basket ②㋐バスケットボールのゴールとして使う用具。金属製の輪に底のない網をとりつける。㋑「バスケットボール」の略。**—ボール** 五人ずつ二組に分かれ、相手方のバスケットにボールを投げ入れ、得点を争う競技。籠球(ろうきゅう)。バスケ。また、それに使うボール。▽basketball

はず-す【外す】『五他』①正常の場所または今までの場所から取り去る。㋐はまっているもの、掛かっているものなどを、取って離す。「ボタンを—」「床の間から掛け軸を—」㋑任務・予定事項などから除き去る。「担任を—」「議題から—」㋒『席を—』途中でその場所をいったん退く。▽「バッター ボックスを—」もこれ。②本来のねらいとは違うことをする。㋐迫ってくるものに合わせず、そらす。「相手のねらいを—」「タイミングを—」「混む時間を—」㋑とらえそこなう。「ボールを—」「機会を—」

パスタ イタリア料理に使う、小麦粉をこねて作った食品の総称。スパゲッティ・マカロニ・ペンネなど。▽イタリア pasta

はすっぱ【×蓮っ葉】『名・ダナ』女の態度や行いが軽はずみで下品なこと。浮気で品行のよくないこと。そういう女。はすは。

パステル チョークに似た棒状の絵の具。粉末の顔料を固めたもの。「—画」▽pastel **—カラー** やわらかい中間色。▽pastel colour

バスト ①胸まわり(の寸法)。②胸像。▽bust

はすは【×蓮葉】『名・ダナ』→はすっぱ

はずみ【弾み】 ①弾力のある物体がはねかえること。「ボールの—が悪い」②勢いづくこと。勢い。調子。「—がつく」「—を食う」(思いがけず余勢を受ける) ③出来事がそれで起こるという、もとになる勢い。「ものの—でこんな事になった」「転んだ—にめがねを割る」

はずみぐるま【弾み車・△勢車】 往復機関のような、回転力の一様でない原動機の回転軸に取り付ける重い車。回転速度の変動を小さくするのに使う。フライホイール。

はず-む【弾む】 ㊀『五自』①弾力のある物体が他の物に当たってはね返る。「ボールが—」②(物体が弾む(1)ような)快い調子や勢いをともなう、また、活気を帯びる。「話が—」「心が—」(うきうきする) ③

(息などが)激しくなる。「息が―」㊁『五他』思い切って多分(1)の金を出す。「チップを―」

はすむかい【△斜向(かい)】(通りなどの向こう側の)斜め前。はすむこう。「―のパン屋」

はすむこう【△斜向(こ)う】↓はすむかい

は-する【派する】『サ変他』派遣する。

パズル 文字やピースなどを組み合わせて完成形を作り上げる遊び。「クロスワード―」「ジグソー―」▽puzzle

はずれ【葉擦れ】草木の葉が(風などで)すれあうこと。その音。「芭蕉(ばしょう)の―を聞きながら」

はずれ【外れ】①中心部から離れた所。「町(の)―にある寺」②ねらい・予期・通例のあり方に合わず、良く(有難く)ない有様。「―の多いくじ」「期待―」「季節―」

はず-れる【外れる】『下一自』①正常の場所、または今までの場所から離れる。「町を―とトウモロコシ畑が広がる」㋐はまっているもの、掛かっているものなどが、取れて離れる。「障子が―」「ホックが―」㋑任務などから除かれた状態になる。「委員から―」②ねらいとは別の所に行く。㋐当たらない状態になる。↔当たる。「たまが―」「予想が―」「くじに―」「あてが―」㋑あるべきことや道筋と、食い違う。「道理に―」「進路から―」「軌道を―」「人並み―れた強運の持ち主」

はぜ【〈沙魚〉・×鯊】川の流れ込む内海の浅い所にすみ、秋、川口に集まってくる魚。体は淡黄色。美味。▽はぜ科の魚の総称。普通はマハゼを指す。

はぜ【〈黄櫨〉】↓はぜのき

はせい【派生】『名・ス自』ある源から別の物または事が枝分かれして生じること。「―的な問題」 **―ご**【―語】一般にはそれ自身が単独でも使える語Aに、接頭語(例えば「御(み)」「不」「プレ」)か接尾語(例えば「さ」「めく」「的(てき)」)かが付いてできた語B。BをAの派生語と言う。▽言語によって派生の仕方に差もある。なお日本語の場合、「見える」から「ほの見える」が、「春」から「春めく」ができるが、その付いた方の「ほの」と「めく」とを結び付けて「ほのめく」が造れるように、接頭語は軽々しく認定できない。

ばせい【罵声】ののしって騒ぐ声。「―を浴びせる」

はぜうるし【〈黄櫨〉漆】↓はぜのき

ばせき【場席】居るべき場所。座席。

はせさん-じる【×馳(せ)参じる】『上一自』(目上の者のところへ)大急ぎで参上する。はせさんずる。

はせさん-ずる【×馳(せ)参ずる】『サ変自』↓はせさんじる

バセドー-びょう【バセドー病】甲状腺の機能が異常に亢進(こうしん)して起こる病気。甲状腺がはれ、眼球が突き出ることなどが主な症状。バセドー氏病。▽この病気の研究発表者 Basedow の名から。

はぜのき【〈黄櫨〉】秋、美しく紅葉する落葉高木。五、六月、黄緑色の小花を穂状につける。果実は淡黄色で、果皮から木蠟(もくろう)を取る。はぜうるし。ろうのき。はぜ。はじ。▽うるし科。

パセリ 特有の香気がある二年生の野菜。葉はニンジンに似て、群生。洋食のつけ合わせなどにする。オランダぜり。▽parsley せり科。

は-せる【×馳せる】『下一他』①走る。走らせる。「馬を―」▽(1)は自動詞としても使う。②遠くまで至らせる。㋐気持をむける。「故郷に思いを―」㋑広める。「文壇に名を―」

は-ぜる【△爆ぜる】『下一自』さけて、はじける。「栗(くり)が―」

はせん【波線】波の形にうねった線。

はせん【破線】等しい間隔で狭い切れ目を入れた線。

はせん【破船】難破した船。

はせん【端銭】はしたがね。

ばせん【場銭】その場を利用するために払う代金。㋐劇場などの席料。㋑露店などの場所代。

はそく【把捉】『名・ス他』(意味などを)しっかりつかむこと。

ばぞく【馬賊】清(しん)末から中国東北部に横行した、騎馬の群盗。

パソコン「パーソナル コンピュータ」の略。個人用の小型コンピュータ。▽personal computer から。

ばそり【馬×橇】雪の多い所で交通・輸送のため、馬にひかせるそり。

はそん【破損】『名・ス自他』①物がこわれて、いたむこと。物をこわして、いためること。「家屋が―する」「―箇所」②つくろい物をするなど、修理・修繕(すること)。「そでのかぎ裂きを―する」▽似た意味転化が「不承」にも見られる。

はた【旗】布や紙などで作り、主に竿(さお)に付けて掲げるもの。何かのしるし・祝い・飾りなどのために用いる。「―を揚げる」(旗揚げする意にも)「―を巻く」(転じて、見込みがつかず手を引く。また、降参する)「―を振る」(先頭に立って指揮する意にも)

はた【機】縦糸を渡し、それに横糸を交わり通して、織物をつくる機械。「―を織る」

はた【畑・×畠】はたけ。

はた ①【端】(水をたたえた所など)何かもののある、すぐ外側。「池の―」「井戸―」「炉―」②【△側・△傍】そば。かたわら。「―から見ていてうらやましい」「―の人が気の毒だ」「―迷惑」

はた【△将】『接』他の事と関連させて列挙的に述べるのに使う語。「散るは涙か―露か」▽文語的。↓はたまた

はだ【肌・△膚】①(動物、特に人の)肉体の表面。皮膚。「―の手入れ」「むしられた鳥の―」「―を刺す寒さ」「彼女の悲しみがひしひしと―に感じられる」「―をぬぐ」(↓はだぬぎ)「彼のために一―ぬぐ」(↓ひとはだ)「―を汚(けが)す」(操を破る)「―を許す」(体を許す)「―を重ねる」(肉体の交わりをする)②(土地などの)表面。「山の―」「木の―がごつごつしている」③肌あい。気質や気性。「―が合う」「学者―」

「勇み―」関連 皮膚・はだえ・人肌・諸肌(もろはだ)・地肌・素肌・美肌・餅肌・柔肌・雪肌・鳥肌・鮫肌(さめはだ)・荒れ肌・肌荒れ・肌合い・肌つき・渋皮

バタ →バター。 **―くさ-い**【―臭い】《形》西洋かぶれしている。いかにも西洋風である。「―趣味」「―顔」派生 **-さ**

バター 牛乳の脂肪を分離して固めた食品。牛酪。バタ。▽butter

パター ゴルフで、ボールを軽く打って転がすためのクラブ。頭部がグリーン②を傷つけないように作ってある。▽putter

はだあい【肌合(い)】①気立て。気質。「―が違う」②てざわり。肌ざわり。「―のよい布地(ぬのじ)」

はたあげ【旗揚げ・旗挙げ】《名・ス自他》新しく事を起こすこと。「新党が―する」▽もと、挙兵すること。

ばたあし【ばた足】水泳で、交互に上下させて水を打つ、足の動かし方。

パターン ①型。類型。「日本文化の―」②図形。図像。「テスト―」③洋裁の型紙。▽「パタン」とも言う。pattern

ばだい【場代】場所を借りた代金。席料。

はたいろ【旗色】なりゆきの形勢・様子。「―が悪い」

はだいろ【肌色】①人の肌の色。人の肌のような、やや赤みを帯びた薄い黄色。▽人(種)により肌の色が異なるとして、絵具などの色名には用いない。②器物などの地肌の色。

はだえ【△肌・△膚】はだ。▽雅語的。

はたおり【機織(り)】①機(はた)で布を織ること。その人。②「機織虫」の略。 **―むし**【―虫】きりぎりすのこと。

はだか【裸】①体の全体または大部分の肌が、むきだしになっていること。「―同然の衣装」②転じて一般に、覆うものがなく、むきだしになっていること。「―電球」「葉が落ちて木が―になる」③身一つで、何も持たないこと。「―になって出直す」▽「膚赤(はだあか)」の転。関連 裸体・裸身・裸形(らぎょう)・丸裸・真っ裸・素っ裸・全裸・赤裸・赤肌・赤裸裸・一糸も纏(まと)わない・半裸・ヌード・ストリップ・裸一貫・すっぽんぽん

はだかいっかん【裸一貫】自分の体のほかには何の資本も持たないこと。「―から出発する」

はだかうま【裸馬】くらを置かない馬。

はたがしら【旗頭】一方のかしら。一派の首領。「反対派の―」▽もと、隊(一地方の諸侯)の長の意。

はだかび【裸火】おおいがなく、炎が露出している火。「舞台での―の使用禁止」

はだかまいり【裸参り】(寒中に)裸で神仏にお参りすること。

はだかむぎ【裸麦】オオムギの一品種。実ると種と籾(もみ)とが離れやすい。関東以西に多く、食糧として栽培。

はだかむし【裸虫】羽・毛などのない、体がむき出しになっている虫の称。昆虫の幼虫など。

はだか-る《五自》①手足をひろげて構える。「立ち―」②(着物が乱れて)体の一部がむきだしになる。「胸が―」

はだかんぼう【裸ん坊】「裸(の人)」の幼児語。はだかんぼ。「―で寝る」

はたき【×叩き】棒の先に、裂いた布・紙などを束ねて付けた、ちり・ほこりを払うための道具。ちりはらい。

はだぎ【肌着】肌に直接つける衣服。シャツ・肌ジュバンなど。

はたぎょうれつ【旗行列】大勢の人が、小旗を手に持ち、行列して町などをねり歩くこと。

はた-く【×叩く】《五他》①手のひらや平たいものでたたく。「頬を―」㋐払いのける。「ちりを―」㋑表面に粉類を小刻みに付ける。「おしろいを―」②相撲(すもう)で、払いのけるようにして相手を前のめりに倒す。③ある限りの金銭を使い果たす。「財布の底を―」「身代(しんだい)を―」

はたぐも【旗雲】細長い旗のようにたなびく雲。

はたけ【×疥】顔にまるい白い粉をふいたような斑紋ができる皮膚病。糸状菌の寄生によって起こる。

はたけ【畑・×畠】①野菜・穀物などを栽培する耕地。②比喩的に、(生い育った)母胎や出自。「―が良くない」③専門とする領域。「―が違う」「外交―を歩いてきた人」

はたけしごと【畑仕事】畑で行う農作業。「―に精を出す」

はたけすいれん【畑水練】実際の役には立たない練習または議論。畳水練。

はたけちがい【畑違い】《名ノ》専門の分野・方面が違うこと。専門違い。「―の仕事」

はだ-ける《下一自他》着物の前などが開く。「胸が―・けている」。着物の前などをあけ広げる。「胸を―」

はたご【△旅籠】宿屋。旅館。▽今はほとんど言わない。もと、旅行用の食物や身の回り品を入れた容器、またはその食物。元来は、馬の飼料を入れたかごの意。

はたざお【旗×竿】旗をあげるのに使うさお。

はたさく【畑作】畑に作物をつくること。その作物。

はださびし-い【肌寂しい・肌×淋しい】《形》人の肌に接しないので、さびしく感じる。「お内儀(かみ)さんが長わずらいで旦那(だんな)も―のだろう」派生 **-さ**

はだざむ-い【肌寒い】《形》肌に空気をつめたく感じる。「朝夕めっきり―くなった」派生 **-さ**

はだざわり【肌触り】肌にふれた時の感じ。「―の柔らかい(=人当たりのいい)人」

はたし【旗師】古美術品の、店を構えない仲買業者。

はだし【×跣・〈裸足〉】足に、何もはいていないこと。「―で歩き回る」▽「膚足(はだあし)」の転。近ごろは「すあし」との区別が薄れたが、本来は歩くことに関連して言う。↓くろうとはだし

はたしあい【果(た)し合い】争い事などのきまりを

つけるために、死を決して戦うこと。決闘。
はたしじょう【果(た)し状】果たし合いを申し込む書状。
はたして【果(た)して】《副》結局のところ(は)。㋐《疑問・仮定の語を伴って》予断はできないが、最後には。「―どうなるか」「準備不足では―うまくできるかどうか不安だ」。いったい。本当に。「―直るか」「―しからば日本の前途は洋々たるものである」「―そうだとすると気の毒なことだ」㋑結末をこうだと見込んだそのとおりに。予想にたがわず。「―彼は成功した」「返書の内容は―想像どおりである」▽動詞「果たす」の連用形＋助詞「て」から。
はだジュバン【肌×襦×袢】じかに肌に着るジュバン。
はたじるし【旗印・旗△標】①(はっきりとかかげた)行動の目標。「自由の―」▽②の転。②旗に書いて目印にする紋所など。
はた-す【果(た)す】《五他》①完全に実行し終える。しとげる。「責任を―」「与えられた役を見事に―」②《動詞の連用形に付いて》すっかり……してしまう。「有り金を使い―」③殺す。「かたきを討ち―」▽→はてる(2)
はたせるかな【果(た)せるかな】《連語》思った通り。やっぱり。「―彼は落第した」▽「かな」は詠嘆を表す文語助詞。
はたち【〈二十〉〈二十歳〉】二十歳。▽「はた」は二十、「ち」は「一つ」などの「つ」に同じ。もとは二十のこと。→むそじ
はたち【畑地】田地(でんち)や宅地に対し、畑にしてある土地。
ばたつか-せる《下一他》〔俗〕ばたばたと動かす。「手足を―」
ばたつ-く《五自》〔俗〕あせって、あれこれとせわしく動く。じたばたする。あがく。
ばたっと《副》人や物が、にぶい音を立てて倒れたり落ちたりするさま。「本が―落ちる」「貧血で―倒れる」
ぱたっと《副》↓ぱたり
はたと《副》①㋐突然であるさま。「―立ちどまる」「―行きあう」「―膝を打つ」㋑不意に気づくさま。「―思い当たる」②↓はった
はたとせ【〈二十歳〉】二十年間。▽雅語的。
はだぬぎ【肌脱ぎ】衣服の袖をぬいで、肌をあらわすこと。そうした姿。「―になる」
はたバコ【葉〈煙草〉】収穫して乾燥を終えたタバコの葉。
はたはた ①ショウリョウバッタの雄。飛ぶ時きちきちと音を出す。②【×鰰・×鱩】北日本で多くとれる海魚。うろこがなく、腹は銀白色。背に褐色の斑点がある。食用。▽はたはた科。
はたはた《副「と」》紙・布などがはためく音。そのさま。「―(と)うちわで風を送る」
ばたばた ①《副「と」・ス自他》物が続けざまに打ち当たる音。そのさま。「廊下を―(と)走る」②《副「と」》人や物が続けざまに落ちたり倒れたりするさま。「過労で―(と)倒れる」③《副「と」》物事があわただしく次々に進行するさま。「話が―とまとまる」④《副「と」・ス自》あわただしく落ち着かないさま。「年末で―している」
ぱたぱた《副「と」》手足・紙・布などが続けざまに軽く打ちつける音。そのさま。「―(と)はたきをかける」
はたび【旗日】①以前の祝祭日、今の国民の祝日。▽家々が国旗を掲げたから。②〔俗〕女子の生理日。▽日の丸の見立て。(2)は今はほとんど言わない。
バタフライ 泳法の一つ。両手を同時にかいて抜き、前方に返し、足は左右同時に上下に動かす。▽butterfly(＝蝶(ちょう))
はたふり【旗振り】①(合図などのために)旗を振ること。②運動の先頭に立って、周囲にその実現・参加などを呼びかけること。また、その人。「新党結成の―役」
はたまた【△将又】《連語》《接続詞的に》それともまた。もしくは。「行く先は北海道か、―九州か」▽既に古風な言い方。「はた」は、ひょっとしての意の古語副詞。
はだまもり【肌守り】肌につけるお守り。
はだみ【肌身】はだ。からだ。「―離さず持つ」▽「肌」と「身」とを重ねて、はだを強調した言い方。
はため【△傍目】当人以外の人から見た感じ。よそめ。「―にも痛々しい」「―には幸福そうに見えるが」
はためいわく【△傍迷惑】まわりの人がこうむる迷惑。近所迷惑。
はため-く《五自》(旗などが)風に吹かれて、はたはたと音を立てる。「帆が―」
はたもち【旗持(ち)】旗を持つ役目の人。
はたもと【旗本】江戸時代、将軍家直参(じきさん)で知行高(ちぎょうだか)一万石未満の武士のうち、御目見(おめみえ)以上の者。更に以前は、軍中で大将のいる本陣の武士。―やっこ【―△奴】旗本や御家人(ごけにん)でありながら町奴と張り合う者。
はたや【機屋】はたを織る家。反物を作る家。
ばたや【ばた屋】ごみばこや道路上の廃品を集めて歩く(職業の)人。くずひろい。▽今は絶えた。
はだら まだら。まばら。「雪が―に残る」▽雅語的。
ばだらい【馬×盥】馬を洗うのに使う、大型のたらい。うまだらい。
はたらか-す【働かす】《五他》①目的にかなう結果になるように活動させる。「頭を―」「推理を―」「人を上手に―」「既設の装置を―・してもできる」▽もと、体(の一部)をぱたぱたと動かす意。②〔文法〕活用させる。「下一段に―」▽(2)は「活かす」とも書く。
はたらき【働き】①動いて仕事・役目をすること。㋐生活を保って行く能力。「―のない男」。骨折り。その結果としての功績。「―を認めて支店長に抜擢(ばってき)する」㋑機能。「頭の―がにぶる」㋒作用。「引力の―」②〔文法〕活用。▽(2)は「活き」とも書

く。

はたらきあり【働き×蟻】蟻(あり)の社会で、巣を作ったり、食物を集めるなどの労働を受け持つもの。生殖腺が退化した雌で、一生羽がない。

はたらきか-ける【働き掛ける】《下一自》自分から他に動作・活動をしかける。「上層部に―」

はたらきぐち【働き口】賃金を得るために働くところ。勤め口。

はたらきざかり【働き盛り】もっとも盛んに仕事をしうる年輩。

はたらきて【働き手】①一家の生計の支えになる人。②一団の人の中で特に目立って働く人。働き者。

はたらきばち【働き蜂】①社会生活を営むミツバチ類で、巣を作り、蜜を集め、幼虫を育てるなどの労働を受け持つ雌蜂。生殖腺は退化し、産卵しない。②比喩的に、がむしゃらに働く人。

はたらきもの【働き者】せっせと仕事をする人。

はたら-く【働く】①目的にかなう結果を生じる行為・作用をする。仕事をする。▽もと、体をぱたぱた動かす意。「ぱたぱた」と同語源。㋐《五自》作業・労働をする。「工場で―」「汗水たらして―」㋑《五自》精神が活動する。「勘が―」「知恵が―」㋒《五他》よくない事をする。「盗みを―」「乱暴を―」㋓《五自》作用する。「引力が―」▽㋓は擬人的とも見られる言いまわし。②《五自》〔文法〕活用する。「五段に―」▽②は「活く」とも書く。関連 立ち働く・立ち回る・駆け回る・駆けずり回る・身を粉にする・こつこつ・てきぱき・せっせ・ばりばり・齷齪(あくせく)・営営・黙黙・かいがいしい・まめまめしい・こまめ・しゃかりき・労働・勤労・労務・労力・労役・苦役・過労・忙殺・オーバーワーク・実働・稼働・稼業・職業・就職・アルバイト・協業・残業・夜業・夜勤・夜なべ・稼ぎ・共稼ぎ・出稼ぎ・肉体労働・精神労働・ホワイト カラー・ブルー カラー・有給・無給・手弁当・人手・働き手・働き者・働き盛り・下働き・共働き・ただ働き・節句働き・気働き・無駄骨・骨惜しみ・働き蜂・働き蟻(あり)・きりきり舞い・不眠不休・獅子(しし)奮迅・三面六臂(ろっぴ)・骨身を惜しまず・独楽鼠(こまねずみ)のように

ばたり《副と》人や物が、瞬間的に倒れたり落ちたりするさま。「本を―と閉じる」「疲れて―とベッドに倒れ込む」

ぱたり《副と》①物が軽い音を立てて落ちたりぶつかったりするさま。「小野さんは―と書物を伏せた」(夏目漱石「虞美人草」)②急に動きがやむさま。「蓄音機が―と止むと」(寺田寅彦「沓掛より」)③ぱったり⑵。「風呂場へ通ふ縁側で、自分は此(こ)の嫂(あによめ)に―と出会つた」(夏目漱石「行人」)

はたん【破綻】《名・ス自》物事が、ほころびて(=綻)つくろえないというように、立直しも手詰まりになること。「財政が―する」「親子関係の―」

はだん【破談】いったん決まった相談や縁談の取消し。「―にする」

ばたん《副と》物が音を立てて倒れたりぶつかったりするさま。「台所の戸を―と閉めて、薬缶(やかん)をガスにかけた」(宮本百合子「赤い貨車」)

パタン →パターン

ぱたん《副と》物が音をたててあたるさま。「ドアが―と閉まる」

はたんきょう【×巴旦×杏】①スモモの一種。実は先端がとがり、果皮には白く粉をふき、甘い。食用。②アーモンドの別称。

はち【蜂】丈夫な膜質の羽があり、多くは社会生活をする昆虫。産卵管が毒針となっていて、人などを刺す種がよく知られる。ミツバチ・スズメバチなど種類が多い。▽はち目のうちアリ以外の昆虫の総称。

はち【鉢】①皿より深くて上の開いた食器。「煮物を―に盛る」②鉢⑴に似た形の容器。「金魚―」。特に、植木鉢。「―に植える」「―の木」(盆栽の木)③鉢⑴に似た形のもの。㋐頭蓋(ずがい)骨。頭の横まわり。㋑かぶとの、頭の上部を覆う部分。

はち【×捌】数値を表す時、「八」の改竄(かいざん)を防ぐ目的で代用する字。

はち〖*八〗ハチ や やっつ よう ―《名・造》ものの個数を数える時、七の次の、すなわち7に1を足して得る、数(に等しい値や順位)。「年は二八(=十六)か二九(=憎)からぬ」「八十八夜・近江八景(はっけい)・四方八方(はっぽう)・四苦八苦(はっく)・尺八・亡八(「忘八」とも。↓ぼうはち)」「八の字眉毛」▽この和語は「や」。漢字の形が末広がりなので、めでたいという語感でも使う。数値表現の改竄(かいざん)を防ぐ目的では「捌」とも書く。

ばち【×撥】①三味線(しゃみせん)・琵琶(びわ)などの弦をひき鳴らす道具。②太鼓・鉦鼓(しょうこ)などを打ち鳴らす棒。▽②は「枹」とも書く。

ばち【罰】神仏のこらしめとしての、悪事に対する報い。「―があたる」

ばちあたり【罰当(た)り】《名ナノ》神仏に対する不敬や親不孝なふるまいで、罰が当たるのが当然と思われるような行い・有様(の人)。「そんな―な文句を並べてよいものか」

はちあわせ【鉢合(わ)せ】《名・ス自》①頭と頭とがぶつかること。②ばったり出会うこと。「出会いがしらの―」「とんだ所で―した」

はちうえ【鉢植(え)】植木鉢に植えてあること。その草木。

ばちおと【×撥音】ばちで、ひきまたは打ち鳴らす音。ばちが楽器に当たる音。▽「はつおん」と読めば別の意。

ばちがい【場違い】①場所が違うこと。場にふさわしくないこと。「―の議論」②本場の産でないこと。

はちがつ【八月】その年の八番目の月。▽(陰暦の)異称は「葉月(はづき)」。

はちかんじごく【八寒地獄】〔仏〕八種の、寒気で苦しめられる地獄。はっかんじごく。

は

はちき-れる【はち切れる】《下一自》中身がいっぱいになって、破れる。「おなかが—・れそうだ」「—・れんばかりの元気」

はちく【〈淡竹〉】竹の一種。大形。中国原産。幹は淡緑色で、白く粉がふく。種々の細工物に用いられ、たけのこは食用。

はちく【破竹】《「—の」の形で》勢いがとどめがたいさま。「—の勢い」「—の進撃」▽竹を割るのに、初めの節が割れればあとはどんどん割れて行くから。

ぱちくり《副[と]・ス自》びっくりして大きくまばたきするさま。「目を—させる」

ばちさばき【×撥×捌き】ばちの扱い方。太鼓や三味線(しゃみせん)などを演奏する技術。

はちじゅうはちや【八十八夜】立春から数えて八十八日目の日。五月二日ごろ。農家で、種をまく時節、また、茶摘みのころ。

はちじょう【八丈】八丈島原産の、平織りの縞(しま)や格子(こうし)の絹織物。八丈絹。「黄—」

はちす【×蓮】植物のハスの元来の名。「—の台(うてな)」(→はす)

はちだいじごく【八大地獄】→はちねつじごく

はちたたき【鉢×叩(き)】空也(くうや)念仏。

はちどう【八道】令(りょう)制で、畿内と東海道・東山道・北陸道・山陰道・山陽道・南海道・西海道の八つの地域の総称。

はちどり【蜂鳥】主に中南米に分布する小さな鳥。あざやかな赤・緑・青などの金属性のつやがある羽毛を持ち、飛ぶ力が強く空中に静止できる。▽はちどり科の鳥の総称。

はちにんげい【八人芸】何人分もの鳴り物を一人で演じる芸。また、一人で何人もの声色(こわいろ)を使う芸。

はちねつじごく【八熱地獄】〔仏〕八種の、熱気で苦しめられる地獄。八大地獄。

はちのあたま【蜂の頭】《連語》〔俗〕何の役にも立たないそのもの。「今さら困るも—もあるもんか」▽既に古風。

はちのき【鉢の木】鉢植えにした植木。「棚に—を並べて楽しむ」

はちのこ【鉢の子】托鉢(たくはつ)の僧が使う鉄の鉢。

はちのじ【八の字・8の字】「八」または「8」の字の形。「額に八の字を寄せる」「次は8の字跳びをしよう」

はちのす【蜂の巣】はちが幼虫を育てたり花の蜜を貯えたりするために造る巣。穴が多い。「—をつついたよう」(大騒ぎで手もつけられないさま)「—のように撃たれる」

ぱちぱち ①《副[と]》物が連続的に打ち当たる音。「そろばんを—(と)はじく」「—(と)拍手の音」。カメラのシャッターを開閉するさま。その音。「写真を—(と)撮る」②《副[と]・ス自》物が連続的に弾けるさま。その音。「たき火が—(と)燃える」「火花が—飛ぶ」

はちぶ【八分】①全体を十としたときの八。「腹—」「興行は—の入り」②「村八分」の略。

はちぶんめ【八分目】十のところを八で控えること。控えめにしておくこと。「腹—」

はちまき【鉢巻(き)】①頭のはちに手ぬぐいその他の布を巻くこと。その布。「向こう—」「うしろ—」②武装の時、えぼしのふちを布で巻き、その上にかぶとをかぶること。その布。

はちまん【八×幡】八幡宮。また、そこにまつる八幡神のこと。応神天皇を主座とし、弓矢の神として尊崇される。八幡神を「八幡大菩薩(だいぼさつ)」とも言う。「これはしたり、南無(なむ)—」(→なむ・したり)

はちみつ【蜂蜜】ミツバチが花からとって巣にたくわえた蜜。無色・黄色の粘りけのある甘い液体。大部分が糖分で、食用・薬用にする。

はちミリ【八ミリ】「八ミリ映画」「八ミリ撮影機」の略。フィルムの幅が八ミリのもの。

はちめんれいろう【八面×玲×瓏】どの方面も美しくすき通っているさま。心に何のわだかまりもないさま。

はちめんろっぴ【八面六×臂】ひとりで多方面にわたる、または何人分もの、働きをしてのけること。▽「三面六臂」の俗な形。→さんめんろっぴ

はちもの【鉢物】①鉢に植えた草木。盆栽。鉢植え。②鉢に盛って出す、酒のさかななど。

はちもんじ【八文字】①八の字の形。②遊女の、道中での足の踏み方。「内—」「外—」

はぢゃ【葉茶】①茶の木の若芽を蒸してもみ、飲用に加工したもの。緑茶。↕挽(ひ)き茶。②(桑・柿(かき)・びわ・はす・くこなど)茶の木以外の植物の葉を飲用に加工したもの。　**—や**【—屋】→ちゃや(1)

ばちゃばちゃ《副[と]・ス自》大量の水がぶつかったり跳ねたりする音。「子どもが—(と)水遊び」

はちゃめちゃ《名・ダナ》〔俗〕めちゃくちゃ。

はちゅうるい【×爬虫類】脊椎動物の一綱。体にうろこや甲があり、手足は短いか退化している。変温性、卵生で、肺呼吸する。例、かめ・へび・とかげ・わに。

はちょう【波長】①波動で、隣り合った同じ位相(たとえば山と山、谷と谷)の間の距離。②比喩的に、他人との意志の通じ具合。「あいつとは—が合わない」

はちょう【破調】調子を破ること。調子がはずれること。

ぱちり《副と》①小さくて固いものが打ち当たって響く音。「碁盤に—と石を置く」②カメラのシャッターを切る音。そのさま。③→ぱっちり

はちりはん【八里半】焼芋のこと。▽おいしさが栗(くり)(=九里)に近いという意味から。「栗(=九里)より(=四里)うまい」で、「十三里」とも言う。

バチルス ①桿菌(かんきん)。②転じて、ある物事につきまとって、利益をうばい、害を与えるもの。▽ドイツ Bazillus (2)は古風。

ぱちん《副と》①→ぱちり(1)。②指などをはじく音。「輪ゴムを—と飛ばす」

ぱちんこ ①Y字形の木・金具などの上部にゴムを張

り、石などをはさんで飛ばすおもちゃ。②「ピストル」の隠語。③前面がガラス張りの箱の中に鋼球をはじき上げ、当たり穴に入れる遊技。「―台」「―屋」▽普通、「パチンコ」と片仮名で書く。

はつ【初】 ①《名》はじめてであること。最初。「―の記者会見」「お―にお目にかかります」②《接頭》《名詞・動詞連用形にかぶせて》はじめての意を表す。㋐その物事・人にとって最初。「―公判」「―舞台」「―恋」㋑その年・季節としての最初。「―咲き」「―雪」「―霜」㋒正月・新春の意。「―姿」

ハツ 食用にする鶏・牛・豚などの心臓。▽heart から。

はつ【*発】【發】 ハツ ホツ はなつ ひらく あばく たつ ―①矢を放つ。たまをうつ。「発射・発砲・散発・連発・不発・暴発」②はじめて外に現れる。出す。おこる。「発火・発光・発煙・発声・発音・発汗・発芽・発生・発現・発散・発熱(はつねつ・ほつねつ)・発疹(はっしん・ほっしん)・発祥・発狂・発情・発動・発作(ほっさ)・突発・激発・再発・続発・蒸発・爆発・揮発・偶発・併発・誘発」③明らかになる。外に出る。明るみに出す。あばく。ひらく。「発見・発明・発表・発露・発揮・発揚・発覚・発掘・告発・啓発・開発・摘発・利発・才気煥発(かんぱつ)」④盛んになる。「発育・発達・発展・活発」⑤はじめる。はじめて公表する。「発行・発刊・発令・発布・発売・発頭人(ほっとうにん)」⑥おこす。「発憤・発議・発電・発意(はつい・ほつい)・発心(ほっしん)・発端(ほったん)・発起(ほっき)・自発的・奮発」⑦出かける。いでたつ。送り出す。↔着。「発着・発車・発駅・発送・発信・早発・増発・出発・先発・初発・始発・遅発・東京発」⑧「撥」のかわりに用いる。はねかえす。「反発・挑発」⑨うつ弾丸、たまなどを数える語。「一発・連発」

はつ【×撥】 ハツ バチ はねる はじく ―①はねかえる。はねかえす。はじく。「反撥・挑撥・触撥・撥音」②《名》→ばち(撥)

はつ【髪】【人髮】 ハツ かみ ―毛。けすじ。「間(かん)髪を入れず」「頭髪・毛髪・理髪・結髪・散髪・調髪・落髪・剃髪(ていはつ)・薙髪(ちはつ)・長髪・遺髪・乱髪・怒髪・有髪(うはつ)・白髪・金髪・銀髪・断髪・洋髪・危機一髪」

ばつ その場の都合。「―が悪い」(その場のぐあいが悪い。きまりが悪い)「―を合わせる」(その場の調子を合わせる)

ばつ →ばってん。「―をつける」

ばつ【伐】 バツ きる うつ ―①きる。「伐木・伐林・伐採・間伐・盗伐・濫伐」②罪ある者を武器をもってせめる。敵をせめる。うつ。「征伐・討伐・誅伐(ちゅうばつ)」③ころす。「殺伐」

ばつ【閥】 バツ ―①《名・造》出身が同じなどで団結・連絡し、自分たち仲間の利益を図ろうとする、人々のつながり。「閥を作る」「学閥・藩閥・財閥・党閥・派閥・軍閥・閨閥(けいばつ)」②㋐いえがら。家格。「門閥・名閥」㋑つみ上げてきた手柄。いさおし。

ばつ【抜】【人拔】 バツ ぬく ぬける ぬかす ぬかる ―①引きぬいて取る。ぬきだす。ぬく。「抜刀・抜剣・抜歯・抜糸・抜錨(ばつびょう)・抜本塞源(ばっぽんそくげん)・不抜」②多くの中からえらびとる。「抜擢(ばってき)・抜粋・選抜」③ぬけ出る。他より特にすぐれる。ぬきんでる。「抜群・奇抜・海抜・卓抜・秀抜・警抜」

ばつ【×跋】 バツ ふむ ―①ふみつける。ふむ。ふみつけて歩く。「跋渉」②とびはねる。「跋扈(ばっこ)」③《名・造》書物の終わりに書きしるす文。↔序。「跋文・跋語・序跋・題跋」

ばつ【罰】 バツ バチ ―《名・造》悪い行いに対するこらしめ。㋐しおき。「罰として外出を禁じる」「賞罰・刑罰・厳罰・体罰・懲罰・処罰・誅罰(ちゅうばつ)・罰則・罰金・罰俸・信賞必罰」㋑特に、神仏が悪行に対して下すむくい。「親の罰(＝親をないがしろに扱ったばち)が当たる」「天罰・神罰・仏罰」▽㋑の意で単独に使う時は「バチ」と言う。「罰」は異体字。

ばつ【末】 →まつ【末】

はつあき【初秋】 秋のはじめ。しょしゅう。

はつあん【発案】 《名・ス他》①考えだすこと。案を出すこと。②議案を提出すること。「―権」

はつい【発意】 《名・ス他》(意見・計画などを)考え起こすこと。ほつい。「課員の―で研修する」

はついく【発育】 《名・ス自》そだって、だんだん大きくなってゆくこと。成育。「―不全」

ばついち 〔俗〕戸籍に×が一つ、つまり離婚の経験が一回だけあること。▽普通「バツイチ」と書く。

はつうま【初△午】 二月になって最初の午(うま)の日。その日に行われる稲荷(いなり)神社の祭り。

ばつえい【末×裔】 →まつえい

はつえん【発煙】 《名・ス自》けむりを出すこと。「―剤」「―筒」

はつお【初△穂】 →はつほ。▽「初尾」とも当てる。

はつおん【発音】 《名・ス他》言語の音声を出すこと。「―器官」「―符号」

はつおん【×撥音】 「ん」で書かれるような、はねる音。▽「ばちおと」と読めば別の意。

はつおんびん【×撥音便】 「み」「び」「に」「り」等が撥音(はつおん)に変わる音便。「読みて」が「読んで」となり、「去りぬる」が「去んぬる」となる類。

はつか【△二十日】 日数で二十になる時間。また、その月の二十番目の日。▽「はつ」は「はた」に同じく二十、「か」は日の意。 **―えびす【―×夷・―恵比須】** (陰暦)十月二十日に商家でえびす神を祭る行事。夷講(えびすこう)。 **―しょうがつ【―正月】** (陰暦)正月二十日。この日は正月の祝いおさめとして仕事を休んだ。 **―だいこん【―大根】** ダイコンの一品種。根は小形で、色は赤・紫・黄・白など。西洋大根。▽種をまいてから一か月以内で収穫できるのでこの名がある。 **―ねずみ【―×鼠】** 小さい家ねずみの一種。灰黒色。人家やその近くにすむ。実験用に使われるものをマウスと言う。

はつが【発芽】『名・ス自』芽を出すこと。

はっか【発火】『名・ス自』①火を発すること。燃え出すこと。「自然—」②『—演習』学校教練で、空包による小銃射撃演習。 **—てん**【—点】①空気中で可燃性の物質を次第に加熱すると、自ら発火して燃焼を始める、その時の最低温度。引火点よりも高い。②比喩的に、事が起こるきっかけ。

はっか【薄荷】①ペパーミント・スペアミントなどミント類の総称。②ミントの一種。葉に香気を有し、薄荷脳・薄荷油などの原料とする。▽しそ科。 **—せい**【—精】薄荷油とアルコールをまぜた、無色透明・揮発性の液体。健胃剤などに用いる。 **—のう**【—脳】薄荷油を冷却・精製し、分離させて得る白い結晶体。薬品・香料用。メントール。 **—ゆ**【—油】薄荷の葉を乾燥し、蒸留して得た油状の液。清涼剤・香料用。

ばっか【幕下】①将軍のひざもと。②将軍直属の家来。配下。▽「まくした」と読めば別の意。

ハッカー ①普通のコンピュータ利用者が知らないようなシステムやネットワークの内部の働きに通じ、その上を行くのを喜びとする人。▽hacker（＝おので家具を作る人）②〔俗〕公開しないシステムの内部に不当にもぐり込んで、情報を盗んだりシステムを麻痺（まひ）させたりする人。▽米国にも多いこの俗用の正確な言い方は cracker（＝破壊者）

はつがい【初買（い）】新年に初めて買物をすること。

はっかい【発会】『名・ス自』①初めて会を開くこと。会という組織が発足すること。「—式」②取引所で、月の最初の立会（たちあい）の日。初会。↕納会（のうかい）

はつがお【初顔】①会合などで、その人に初めて会うこと。「—の新人」▽比喩的に、初登場の物に言うことがある。「—の銘柄」②相撲（すもう）などで、その相手と初めて対戦すること。初（はつ）顔合わせ。

はっかく【八角】①八つの角（のある形）。「—堂」②ういきょうの実を乾燥させた中国料理の香辛料。八弁の花のような形で直径二センチ程度。強く甘い香りがする。豚肉の煮込みなどに使う。スター アニス。

はっかく【発覚】『名・ス自』隠していたことなどが、現れ出ること。ばれること。「不正が—する」「裏切り—」

ばつがく【末学】→まつがく

ばっかく【麦角】ライムギ・ハダカムギなどの子房に麦角菌が寄生してできる、かつおぶし形の堅い物質。また、それを乾燥して作った劇薬。アルカロイドを含み、子宮止血剤・陣痛促進剤などに用いる。

ばっかく【幕閣】幕府の最高首脳部。その構成員。

ばっかし『副助』〔俗〕→ばかり

バッカス ローマ神話の酒の神。ギリシア神話のディオニュソスの別名。▽Bacchus

はつがつお【初×鰹】初夏のころの、走りのかつお。

はつがま【初釜】その年最初の茶の湯（の会）。

ばっかり『副助』〔俗〕→ばかり

はつがん【発×癌】『名・ス自他』癌が発生すること。「—物質」。癌を発生させること。「—実験」

はっかん【発刊】『名・ス他』①図書を出版して世に出すこと。②定期刊行物を新たに出すこと。創刊。

はっかん【発汗】『名・ス自』汗が出ること。汗をかくこと。「—剤」

ばっかん【麦×稈】むぎわら。 **—さなだ**【—△真田】むぎわらを真田（さなだ）ひものように編んだもの。夏帽子を作るのに使う。

はっかんじごく【八寒地獄】→はちかんじごく

はつぎ【発議】『名・ス自他』①会議などで、ある意見・議案を言い出すこと。ほつぎ。②合議体で、議員から一定の事項について議事の開始を求めること。

はっき【白旗】白い旗。しらはた。▽軍使であることや降服を示すために使うこともある。

はっき【発揮】『名・ス他』もちまえの特性を、十分に表し出すこと。「実力を—する」「海難救助に効果を—している」

はっき【発機】攻撃をしかけるきっかけ。「下段（げだん）につけて敵の—を抑えた」

はづき【葉月】陰暦八月。

はっきゅう【発給】『名・ス他』発行して給付すること。「パスポートの—」

はっきゅう【薄給】俸給が少ないこと。安月給。↕高給

はつぎょ【発御】天皇・皇后のご出発。

はっきょう【発狂】『名・ス自』精神に異常を来すこと。気が狂うこと。

はっきり『副［と］・ス自』①他と紛れることがなく、明らかなさま。「富士山が—（と）見える」②あいまいでなく、確かなさま。「態度を—させる」「ものを—言う」③さわやかなさま。すっきり。「頭を—（と）させる」「容体が—しない」

はっきん【発禁】「発売禁止」の略。特に、政府などが有害物だとして（その図書・レコード等の）発売を禁じること。

はっきん【白金】金属元素の一つ。元素記号 Pt 灰白色でつやがある。展性・延性に富み、融点が高く、酸などにおかされにくい。貴金属として珍重され、また化学器具用としても用途が広い。プラチナ。

ばっきん【罰金】罰として出させる金銭。「—を科する」▽法律で罰金刑は科料より重い。

ハッキング『名・ス他』①〔俗〕コンピュータ システムに不法に侵入すること。▽本来は、コンピュータに精通する意。悪意ある不正行為は、本来「クラッキング」。②バスケットボール・ハンドボール・ラグビーなどで、相手の選手をたたいたり蹴ったりする反則。▽hacking

パッキング ①『名・ス他』荷作りすること。包装。②『名』荷作りのとき、箱の中のものがこわれないようにつめるもの。③『名』管の継ぎ目などに、密閉のた

めに入れる材料。パッキン。▽packing

はつく【八苦】 仏教で、生・病・老・死など八つの苦しみ。さまざまな苦しみ。「四苦―」「七難―」

バック ①後ろ。㋐《名》背部。背後。背景。「校舎を―に写真を撮る」㋑《名》テニス・バドミントンなどの後衛。㋒《名・ス自》後ろに移動すること。逆もどり。㋓《名・ス他》戻すこと。還元すること。㋔《名》後援者。後ろだて。「有力な―」▽㋐～㋔は back ㋕《名》「バックストローク」の略。背泳ぎ。▽back-stroke から。㋖《名》「オールバック」の略。②《名》「バッグ」のなまり。 **―アップ** 《名・ス他》不時の事故・危険に備えて、二重に守り支援する態勢(を整えること)。後ろだて。「一塁手を右翼手が―する」「―ファイル」▽back-up **―グラウンド** 背景。「宗教的な―」「―ミュージック」▽background **―ナンバー** 雑誌の、古い号。▽back number **―パッカー** 食料や寝袋を背負って旅をする人。▽backpacker **―ハンド** 体の、ラケットを持つ手やグローブをつける手とは反対の側。↔フォアハンド。「―で打つ」「―でとる」▽backhand **―ボーン** 精神上のすじがね。「―のある人」▽backbone(＝背骨) **―ミラー** 車の運転台などに取り付けた、背後を見るための鏡。▽back と mirror とによる和製英語。

バッグ 手さげ袋やかばんなどの、袋物。「ハンド―」「ショルダー―」▽bag

パック ①《名・ス他》(持ち運びよいように)小さな物の集まりや液体を封じ込めた容器・包装。そのように封じること。「真空―」②《名・ス他》肌の美容のためになるもので顔などを覆うこと。それに使うもの。③《名》→パッケージ③。▽pack

バックス ラグビー・ホッケーなどで、後衛。▽backs

バックスキン シカ(や羊や牛)の皮を揉(も)んだなめし革。「―の手袋」▽buckskin(＝しかの皮)

はっくつ【発掘】 《名・ス他》①土中に埋まっているものを掘りおこすこと。「古墳の―」②比喩的に、隠された価値あるものを見つけ出すこと。「人材の―」

ぱっくり 《副[と]》口・破れ目などが大きく開くさま。「傷口が―(と)あく」

バックル ベルトなどの留め金。尾錠(びじょう)。▽buckle

はづくろい【羽繕い】 《名・ス自》鳥がくちばしで羽の乱れを整えること。

ばつぐん【抜群】 《名ナ》多くのものの中でずば抜けてすぐれていること。「―の成績」「近所の評判は―によい」 関連 卓抜・出色・秀抜・非凡・超凡・錚錚(そうそう)・有数・屈指・無二・無双・無比・無類・白眉・独歩・一角・絶倫・粒選(よ)り・選(え)り抜き・選りすぐり・指折り・ぴか一・随一・日本一・天下一品・類(たぐ)いない・並びない・群を抜く

はっけ【八×卦】 ①易(えき)の算木(さんぎ)にあらわれる八種の基本的な形。②転じて、易。占い。「当たるも―、当たらぬも―」 **―み【―見】** 占いを(業と)する者。うらないしゃ。

はっけい【八景】 《「……八景」の形で》地域……の趣を代表する景勝八か所の組。例、近江(おうみ)八景・金沢(＝横浜市金沢区)八景・瀟湘(しょうしょう)八景(＝中国湖南省内の一地域)八景。▽宋代に瀟湘の佳景を八枚の絵にしたのに人気が集まり「瀟湘八景」と呼ばれ、日本でも近江八景などが選ばれた。

パッケージ ①包装。荷造り。②荷造り用の容器。③できあいのセットもの。詰め合わせ。パック。「―プログラム」▽package

ばつゲーム【罰ゲーム】 負けた者に罰として与えられる課題。▽「ゲーム」は game

はっけっきゅう【白血球】 血球の一種。血液中に浮遊する単一細胞で、核がある。アメーバ状に変形し、毛細血管の壁をくぐって出入りし、組織内の異物を食う。

はっけつびょう【白血病】 血液中の白血球が腫瘍(しゅよう)性の異常な増殖を起こす病気。

はっけよい 《感》相撲(すもう)の行司(ぎょうじ)が、土俵の上で力士に動きをうながして掛ける掛け声。「―残った」▽「はっきょい」とも言い、「発気よい」の意とも「八卦良い」の意とも言う。

はつげん【発現】 《名・ス自他》現れ出ること。現し出すこと。「民族精神の―」「隠れた能力が―する」

はつげん【発言】 《名・ス自》言葉を出すこと。意見を述べること。その意見。「―力」 **―けん【―権】** 会議などで、発言する権利。「オブザーバーには―はない」

はっけん【発券】 《名・ス他》銀行券・航空券・切符などを発行すること。「特急券の―機」

はっけん【発見】 《名・ス他》今まで知られていない物事を初めて見いだすこと。「新彗星(すいせい)―」「遭難者を―する」

ばっけん【抜剣】 《名・ス自》腰の剣を抜き放つこと。その抜いた剣。

バッケン スキーの台にとりつけた、靴を固定するための耳金。▽ドイ Backen

はつご【発語】 ①《名・ス自》話し始めること。言葉を発すること。②《名》言語表現に当たり、そのことを切り出す予告と口調を整えるためとで(まず)発する語。例、「それ」㈠③。

ばつご【×跋語】 あとがきの言葉。跋(ばつ)。

ばっこ【×跋×扈】 《名・ス自》思うままにのさばること。「跳梁(ちょうりょう)―」

はつこい【初恋】 その人にとってはじめての恋。

はっこう【白光】 ①白い色の光。②コロナ。

はっこう【発光】 《名・ス自》光を出すこと。光を放つこと。「―体」「―塗料」「―器」

はっこう【発効】 《名・ス自》取り決めの効力が発生すること。「条約が―する」

はっこう【発向】 《名・ス自》出発して目的地に向かうこと。

はっこう【発行】 《名・ス他》①図書・新聞・紙幣などを印刷して世の中に出すこと。「―所」②証明書・入

はっこう【発酵・×醱酵】《名・ス自》①酵母・細菌などのもつ酵素によって、糖類のような有機化合物が分解して、アルコール・有機酸・炭酸ガスなどが生じること。その現象。②比喩的に、考えや計画が時間をかけてまとまっていくこと。「プランを十分に―させる」

はっこう【薄幸・薄×倖】《名ナ》幸福に恵まれない運命にあること。ふしあわせ。不運。「―の佳人」

はっこう【八×紘】四方と四隅(しぐう)。八方。天下。全世界。「―一宇」

はつこえ(こゑ)【初声】→はつね(初音)

はつごおり(ごほり)【初氷】その冬に初めて張った氷。

はっこつ【白骨】風雨にさらされて白くなった骨。

ばっさい【伐採】《名・ス他》樹木を切り取ること。木材などを切り出すこと。

はっさく【八×朔】①陰暦八月朔日(ついたち)の称。▽田実(たのみ)の節句とも言い、農家ではその年の新穀を贈って祝った。②みかんの一種で、ブンタンとほかの柑橘(かんきつ)類との雑種。風味がよい。

ばっさり《副[と]》一気に(勢いよく、思い切って)切り落としたり除いたりするさま。「長い髪を―(と)短くする」「予算を―(と)削る」

はつざん【初産】初めて子供を生むこと。ういざん。しょさん。

はっさん【発散】①《名・ス自他》外に出てちりぢりになること。外へ出して散らすこと。「熱を―する」「ストレスの―」②《名・ス自》〔物理〕光の束が末広がりになること。↔集束。③《名・ス自》〔数学〕数列の極限値や積分の値などが有限値に定まらない、つまり無限大や不定になること。↔収束

ばつざんがいせい【抜山蓋世】山をも抜くほどの力と、世を覆いつくすほどの意気。勇壮な気性の形容。▽「史記」にある項羽(こうう)の詩「力は山を抜き気は世を蓋(おお)う」から。

はっし《副と》①激しく突き当たるさま。「―と受け止める」②力を込めて行うさま。「―とにらみつける」「―と石を投げる」▽当て字で、「発止」と書く。

ばっし【抜糸】《名・ス自》手術の切り口や傷口がなおってふさがった時、ぬい合わせた糸を抜き取ること。

ばっし【抜歯】《名・ス自》歯を抜くこと。

ばっし【末子】すえっ子。まっし。「―相続」▽江戸時代には、すえっ子に限らず跡取り(=嫡子)でない子の意にも使った。

バッジ 金属製の小型の記章。▽「バッチ」とも言う。badge

ハッシッシ →ハシシ

はっしゃ【発射】《名・ス他》弾丸・ロケットなどをうち出すこと。▽もと、矢を射ること。

はっしゃ【発車】《名・ス自》電車・バスなどが出発すること。

はっしゅうけんがく【八宗兼学】八宗(=平安時代、日本に広まった仏教の八宗派)を兼ね学ぶこと。転じて、博学多識。

はつじょう【発情】《名・ス自》情欲(1)が起こること。動物の生殖欲が起こること。「―期」

はつじょう【発条】ばね。

はっしょう【発祥】《名・ス自》(めでたい)物事が起こり現れること。「文明―(の)地」

はっしょう【発症】《名・ス自他》病気の症状が現れること。「肺炎を―する」「―率」

ばっしょう【×跋渉】《名・ス自》山をふみこえ、水を渡ること。転じて、方々を歩きめぐること。「山野を―する」

はっしょく【発色】《名・ス自》(加えた処理によって)色があらわれること。また、その色。

パッション ①激しい感情。情熱。▽passion ②キリストの受難。▽Passion

ばつじるし【ばつ印】ばってんの印、つまり「×」。↔丸印。▽「×印」とも書く。

はっしん【発信】《名・ス自他》(電信・郵便その他の通信手段を使って)通知や報告や消息などの情報(=信)を送り出すこと。↔受信。「―者不明の怪情報」「インターネットは市民個人にも世界への―を可能にした」

はっしん【発×疹】《名・ス自》→ほっしん(発疹)

はっしん【発進】《名・ス自》出発すること。特に、飛行機・軍艦・軍隊等が基地から出動すること。

バッシング《名・ス他》(度を越して)非難すること。「官僚―が強まる」「よってたかって―する」▽bashing

パッシング ①テニスで、ネットにつく選手の横を抜くショット。パッシング ショット。②自動車のヘッドライトを点滅させて対向車などに合図すること。▽passing (2)は日本での用法。

はっすい【×撥水】(布・紙などが)表面の水をはじくこと。「―加工」

ばっすい【抜粋・抜×萃】《名・ス他》(書物や作品から)要所を抜き出すこと。また、抜き出したもの。「―曲」

はつすがた【初姿】新年の、また初めてのよそおいをした(女性の)姿。

はっ-する【発する】①《サ変自》そこから始まって現れ出る。㋐起こる。「においが―」「酔いが―」。出発する。「羽田を―・した臨時便」㋑《「……と―・します(る)」の形で》「……である」の意。「手前生国(しょうごく)と―・しまするは」▽仁義(3)などで使う。②《サ変他》そこから外に放ち出す。㋐起こす。始める。「紛争はこれに端を―・した」「山中に源を―川」㋑音や光などを外に向けて出す。「奇声を―」。発表する。「声明を―」「警告を―」「質問を―」。人を差し向ける。「使者を―」

ハッスル《名・ス自》張り切ってすること。猛烈に活動すること。▽アメリカ hustle 野球で使ったのが一般化。

ばっ-する【罰する】《サ変他》罰を与える。刑罰を与え

る。処罰する。

はっすん【八寸】①一寸の八倍の長さ。「―釘」②懐石料理で、取り肴(ざかな)を盛る八寸四方の杉木地の盆。③八寸⑵に盛って酒の肴とする料理。

はっせい【発生】《名・ス自他》①起こること。生じること。生じさせること。「火災が―する」②生物学で卵が成体に達すること。その過程。「―学」

はっせい【発声】《名・ス自》①声を出すこと。声の出し方。「―練習」「―が悪い」「―器官」②大勢で声を合わせて何かを言う時、最初に言って音頭(おんど)を取ること。「社長の―で万歳を唱える」③歌の披講の時、最初に歌をよみ上げること。また、その役。

はっせき【発赤】《名・ス自》〔医学〕皮膚が赤くなること。ほっせき。

ばっせき【末席】→まっせき

はつぜっく【初節句・初節供】生まれた子が初めて迎える節句。▽男児は五月五日、女児は三月三日のを言う。

はっせん【八専】陰暦の壬子(みずのえね)から癸亥(みずのとい)の日までの十二日間のうち、丑(うし)・辰(たつ)・午(うま)・戌(いぬ)の四日を除く八日間。一年に六回ある。この期間は雨が多いとされ、また、嫁取り・造作(ぞうさく)をきらった。

ばっせん【抜染】《名・ス他》無地染めの布に、抜染剤(＝色を抜く薬)を入れた糊型(のりがた)を置き、その部分の地色を取り除いて模様を出すこと。その捺染(なっせん)法。ぬきぞめ。

はっそう【八相】①釈迦(しゃか)が、その一生に経過した八種の相。②人相上の八種の相。

はっそう【八双】刀やなぎなたを、右手側に真っ直ぐ立てる構え方。

はっそう【発想】《名・ス他》①思いつくこと。思いつき。「いい―だ」「―の転換」②心に起こった考えをまとまった形にすること。「―法」③音楽で、曲の気分・緩急・強弱などを演奏で表現すること。「―記号」

はっそう【発送】《名・ス他》荷物・郵便物などを送り出すこと。

はっそう【発走】《名・ス自》陸上競技・競馬・競輪などで、はしり出すこと。スタート。

はっそく【発足】《名・ス自》→ほっそく

ばつぞく【閥族】①門閥の一族。地位の高い家柄。②閥を作って結束した連中。

ばっそく【罰則】違反者の処罰をきめた規則。

はつぞら【初空】元日の朝の大空。

ばっそん【末孫】その血統の遠い子孫。後裔(こうえい)。まっそん。

はつだ【発×兌】《名・ス他》発行すること。▽既に古風。

はった《副と》鋭くにらみつけるさま。

ばった【〈飛蝗〉・×蝗】草の間などにすみ、発達した後肢でよく飛びはねる昆虫。目が大きく、ひげは短い。種類が多く、はねと足で音を出すもの、農作物を食い荒らすものもある。▽ばった亜目の昆虫の総称。

バッター 野球で、ボールを打つ人。打者。「―ボックス」▽batter

はったいこ【×糗粉・×麨粉】米・麦などを煎って挽(ひ)いた粉。砂糖を混ぜ、湯で練って食べる。はったい。▽→こうせん(香煎)

はつたけ【初×茸】秋、松林の湿った所に生えるきのこ。シイタケに似て色薄く、やや大形。食用。

はったつ【発達】《名・ス自》成長して、以前よりも大きく(強く、または完全な段階に)なること。「心身の―」「知能が―する」「―した低気圧」「技術の―」。外界によく(鋭く)適応した状態に達すること。「犬の嗅覚は―している」▽「発展」が(量的に)広がることを主とするのに対し、「発達」は(質的な)成長を主にして言う。 **―しょうがい**【―障害】①脳機能の発達の障害。低年齢で発現することが多い。自閉症・学習障害(LD)・注意欠陥多動性障害(ADHD)など。②広く、他の多くの人と、心身の発達が異なる状態。

はったり いい加減なことを大胆に本当らしく大げさに話すこと。その内容。「―を利かせる」

ばったり《副[と]》①重いものが(音をたてて)倒れたり落ちたりするさま。②不意にぶつかる(出くわす)さま。「旅先で―出会う」③続いていた物事が、突然無くなったり変化したりするさま。「―(と)売れなくなる」「音信が―(と)途絶える」

ぱったり《副[と]》→ばったり。▽音がないか軽いものに使う。

はったん【八端・八反】「はったん織り」の略。たてよこに黄色・茶色の縞(しま)模様のある綾(あや)織りの絹織物。和服地・ふとん地などに使う。

ハッチ ①船の甲板(かんぱん)の昇降口。航空機・宇宙船などの出入口。「潜水艦の―」「避難―」(集合住宅のベランダなどに設けて、緊急時に下の階に逃げられる、円形の口)②台所と食堂との間に設けた、料理の出し入れ口。▽hatch

パッチ 足首まである長いももひき。▽朝鮮語から。

ばっちい《形》〔俗〕→ばばっちい

バッチしょり【バッチ処理】コンピュータで、データをかなりの分量までためた時点で一遍に(小型機よりは大きい機械で)行う処理。↔リアル タイム処理。▽「バッチ」は batch(＝束)。一九八〇年代までは普通の処理法。一九九〇年代にリアル タイム処理に替わった。

はっちゃく【発着】《名・ス自》出発(すること)と到着(すること)。「列車の―時刻」

はっちゅう【発注】《名・ス他》注文を出すこと。↔受注

はっちょう【八丁】『口も―、手も―』しゃべることも、することも達者なこと。▽多く、やや軽んじて言う。

ばっちり《副[と]・ノダ》落ち度がないさま。確実であるさま。「計画は―だ」「化粧を―(と)きめる」「税金を―取られる」

ぱっちり ①〘副[と]・ス自〙輪郭がはっきりしているさま。㋐目が大きく見開かれたさま。「―(と)目を覚ます」㋑際立って目立つさま。「―した顔つき」②〘副[と]〙物がぴったりとはまる音。そのさま。ぱちり。「矢筈(やはず)を―(と)はめる」

パッチワーク さまざまの色・形・大きさの布片をはぎ合わせて、変化に富んだ図柄を作り出す手芸。また、その作品。▽patchwork

ばってい【末弟】 →まってい

バッティング ①〘名・ス自〙野球で、打撃(すること)。打撃法。「―アベレージ」(打率)「―オーダー」(打順)▽batting ②㋐〘名〙ボクシングで、頭やひじなどを相手にぶつける反則。㋑〘名・ス自〙予定などが重なること。▽butting

ばってき【抜×擢】〘名・ス他〙多くの者の間で優れていると認め、他を差し置いて特に取り立てること。「主役に―する」

バッテラ 舟型の木の枠にはめて作った、鯖(さば)の押し鮨(ずし)。▽ポルトガル bateira(=舟)

バッテリー ①野球で、投手と捕手との組合せ。②蓄電池。「―があがる」▽battery

はつでん【発電】〘名・ス自〙電気を起こすこと。機械力を作用させて電流を発生させること。「―機」

はってん【発展】〘名・ス自〙①勢いや力がのび広がること。盛んになること。「都市の―」。次の、いっそう高く盛んな段階に移っていくこと。「進歩―」「―的解消」▽→はったつ・しんてん(伸展)。②転じて、手広く活躍すること。特に、盛んに酒色を楽しむこと。「―家」 関連 伸展・伸長・伸張・発揚・発達・展開・振興・進歩・進展・進境・先進・増進・躍進・飛躍・雄飛・振るう・伸びる・進む

ばってん【罰点】 だめだ、消す等の意に使う「×」の形のしるし。

はっと【法度】〘名・ス他〙法令。特に、禁止のおきて。禁制。「ご―」

ハット つばのある帽子。↕キャップ。「シルク―」「レーン―」▽hat **―トリック** ①サッカーなどで、その選手が一試合に三点以上を取ること。②登山で、八〇〇〇メートル以上の山に、その人が年間三つ登ること。▽hat trick

はっと ①〘副〙一瞬、息を呑(の)んだり吐いたりするさま。「―言葉に詰まる」②〘副・ス自〙思いがけない出来事に、緊張したり動揺したりするさま。「―胸をつかれる」「物音に―する」③〘副〙緊張や驚きで、唐突に行うさま。「―顔をあげる」「―我に返る」

バット ①野球・クリケットなどで、たまを打つ棒。打棒。▽bat ②琺瑯(ほうろう)・プラスチック・ステンレスなどの平たい容器。料理や、写真の現像・定着などに用いる。▽vat

パット〘名・ス自他〙ゴルフ コースのグリーン上で、パターを用いてボールをホールに入れるため、軽く転がすこと。▽putting から。

ぱっと ①〘副〙動作・作用・変化などが瞬間的に起こるさま。「桜は―咲いて―散る」「うわさが―広まる」②〘ス自〙際立って目立つさま。「何か―したことをやりたい」「売行きは―しない」

パッド ①洋服の肩や胸などに入れる詰め物。②衝撃などを弱めるため、身体や器具に当てる物。「ベッド―」③医療などに用いる吸収性のある当て物。④一枚ずつ剝ぎ取って使う帳面。「メモ―」▽pad

はつどう【発動】〘名・ス自他〙活動を起こすこと。動き出すこと。動き出させること。「強権を―する」 **―き【―機】** 動力を起こす機械。各種内燃機関の総称。エンジン。

ばっとう【抜刀】〘名・ス自〙(帯びている)刀(軍刀・サーベル)を抜き放つこと。また、その抜いた刀。「―を振りかざす」

はっとうしん【八頭身】 身長が頭部の長さの八倍であること。「―の美人」

はつとり【初×酉】 →いちのとり

はづな【端綱】 馬の口につけて、ひき歩くつな。

ばつなぎ【場×繋ぎ】 会などの進行中に思わぬあきが生じた場合、中断しないよう臨時のもので埋め合わせること。

はつなり【初△生り】(その年に)果実が初めてなること。その果実。

はつに【初荷】 新年のあきない初めの荷。▽以前は正月二日に、馬車などに商品を積み、美しく飾って売り先へ送り届けた。

はつね【初△子】 その月の初めての子(ね)の日。特に、正月の初めの子の日。▽昔は正月の初子に、子の日の遊びが行われた。

はつね【初音】(ウグイス・ホトトギスなどの)その年初めて鳴く声。初声。

はつね【初値】 その年(季節)の初めに、また初めて株を上場したときに、付いた値段。「―がつく」▽取引用語としては大発会(だいはっかい)のを指す。

はつねつ【発熱】〘名・ス自〙①熱を放出すること。「―量」②(病気などで)体温が平常より高くなること。

はつのり【初乗り】 ①新しい乗り物に初めて乗ること。②電車・タクシーなどの、最低料金で行ける乗車区間。「―運賃」

はっぱ【葉っぱ】「葉」のくだけた言い方。

はっぱ【発破】 岩石にあなをあけ、火薬を仕掛けて爆破すること。それに用いる火薬。「―を掛ける」(転じて、荒々しく督励する。気合をかける)

ぱっぱ〘副と〙①金銭などを、惜しげもなくはでに使う様子。「―と金を使う」②遠慮なく物を言う様子。「―と言ってのける」③動作が勢いよくてきぱきしている様子。「―と掃く」「―と片付ける」

はつばい【発売】〘名・ス他〙売り出すこと。売出し。「新―」「―禁止」「―日」

ばっぱい【罰杯・罰×盃】 宴会で、罰として無理に酒を飲ませること。それに使う杯。

はっぱく【八白】 九星の一つ。→きゅうせい(九星)

はつはな【初花】その年や季節で最初に咲く花。「梅の―」。(栽培する)その木や草に最初に咲いた花。

はつはる【初春】①春のはじめ。②新年。新春。

はつひ【初日】元日の朝の太陽。「―を拝む」

はつび【初日】↓しょにち

はっぴ【法被】①職人などの用いる、しるしばんてん。②禅宗で、高僧の椅子にかける金襴(きんらん)などの切れ。

ハッピー『ダナ』幸福なさま。楽しげなさま。「―に暮らす」▽happy **―エンド**(物語・映画などの)幸福な結末。めでたしめでたしで終わること。▽happy ending から。

はつひかげ【初日影】元日の朝日(の光)。

はつひので【初日の出】元日の日の出。

はっぴゃくやちょう【八百八町】江戸の市中に町が多いことをいう語。江戸中の町。

はつびょう【発病】『名・ス自他』病気が起こること。病気になること。

はっぴょう【発表】『名・ス他』世の中へ表向きに知らせ示すこと。「合格―」「ピアノの―会」

ばつびょう【抜×錨】『名・ス自』錨(いかり)をあげて、艦船が出航すること。↔投錨(とうびょう)

はっぷ【発布】『名・ス他』(法律などを)天下にあまねく知らせゆきわたらせること。「憲法―」

パップ 糊(のり)状にした罨法(あんぽう)薬。また、それを紙や布につけて皮膚の炎症部にはり、罨法を施すこと。ハップ。▽「巴布」とも書く。オランダ pap

バッファ ①衝撃をやわらげる装置。②コンピュータで、データを一時的に記憶する場所。▽buffer

はつぶたい【初舞台】①俳優となって初めて舞台にのぼり演じること。「―を踏む」②比喩的に、初めて公衆の面前で物事を行うこと。

はっぷん【発憤・発奮】『名・ス自』これから大いに励もうと精神をふるいおこすこと。

ばつぶん【×跋文】書物の、本文の後に書く文章。跋(ばつ)。

はつほ【初穂】①その年に初めて実った稲の穂。更に広く、その年に初めてできた穀物・くだものなど。②とりいれた農作物の、まず神仏や朝廷に奉るもの。更に広く、神仏に奉る金銭など。「お―」▽「はつお」が旧来の言い方。

はっぽう【八方】四方(東・西・南・北)と四隅(しぐう)(＝北東・北西・南東・南西)との八つの方角。諸方。あらゆる方面。「四方―」「―手をつくす」「―丸くおさまる」 **―にらみ**【―×睨み】①四方八方に目を配って気をつけること。②(画像などで)どこからながめても、その方をにらんでいるように見えること。そういう画像など。 **―びじん**【―美人】だれからも悪く思われないように、要領よく人とつきあってゆく人。▽どの方向からみても難のない美人の意。 **―ふさがり**【―塞がり】①どの方法もふさがれてしまって、どうにもならないこと。▽②の転。②陰陽道(おんようどう)で、どの方向に向かってもすべて不吉の結果を招くこと。 **―やぶれ**【―破れ】『名ナ』どの方向からの攻撃にも備えがなく、隙だらけに見える様子・態度。

はっぽう【発泡】『名・ス自』あわを出すこと。「―剤」「―スチロール」(細かい気泡をびっしり含んだポリスチレン器材) **―しゅ**【―酒】①液中の二酸化炭素が、注いだ時に発泡する酒(の総称)。例、シャンパン。②麦芽を原料の一部とし、発泡性がある、ビールに似た酒。

はっぽう【発砲】『名・ス自』大砲や鉄砲を撃つこと。「―事件」

ばっぽう【罰俸】懲戒処分としての減俸。

はつぼく【×潑墨】水墨山水画の技法の一つ。墨をたっぷりそそぐようなつもりで勢いよく筆を動かし、奔放で潑剌(はつらつ)と描く技法。▽↓はぼく

ばつぼく【伐木】『名・ス自』樹木をきりたおすこと。

はつぼん【初盆】死んだ人の初めての盂蘭盆(うらぼん)。新盆(にいぼん)。

ばっぽん【抜本】根本的な原因を抜き去ること。「―的な対策」 **―そくげん**【―塞源】一番もとになる原因を抜きとって、弊害を大もとからなくすこと。

はつまいり【初参り】『名・ス自』↓はつもうで

はつまご【初孫】↓ういまご

はつまゆ【初繭】その年初めてとれたまゆ。

はつみみ【初耳】『ノダ』初めて耳にすること。初めて聞くこと。「その話は―だ」

はつめい【発明】①『名・ス他』今までになかったものを新しく考え出すこと。特に機械・製品・方法などの科学技術的な独創。▽②の転。②『名・ス自』(人々が)気づかずにいた事について、実はこうなのだとみずから悟ること。「秘本を読むを得て―する所があった」③『名ナ』賢いこと。利口。「―な子供」▽(2)(3)は古風な言い方。

はつもうで【初詣(で)】『名・ス自』正月に初めて社寺へお参りすること。初参り。

はつもの【初物】①その季節に初めてできた野菜・果実など。②転じて、まだだれも手をつけていないもの。 **―ぐい**【―食い】初めての物、新しい物を好んでたべたり手に入れたりすること。そうする(ことの好きな)人。

はつもん【発問】『名・ス自』質問を発すること。

はつやく【初役】その俳優にとって初めて演じる役。更に広く、その人にとって初めてつく役。

はつゆ【初湯】年が明けて初めて入るふろ。▽以前の習わしでは正月二日に初めて沸かす。

はつゆき【初雪】その冬に、または新年になってから、初めて降る雪。

はつゆめ【初夢】正月二日(または元日)の夜に見る夢。

はつよう【発揚】『名・ス他』(気力・威力などの)勢いを、それと見えるほど高々と現すこと。「士気の―」「火器の効力を―する」

ばつよう【末葉】↓まつよう

はつらつ【×潑×剌・×潑×溂】《ト タル》生気があふれて明るく元気な様子。「—とした新人」「元気—」▽もと、魚のとびはねる様子。派生 **-さ**

ばつりゅう【末流】↓まつりゅう

はつ-る《五他》そぎ落とす。けずる。「上塗りの部分を—」

はつれい【発令】《名・ス他自》命令・辞令などを出すこと。「人事異動の—」「空襲警報が—された」「—者」

はつろ【発露】《名・ス自》心の中の事柄が表にあらわれ出ること。「真情の—」

はつわ【発話】①《名》〔言語〕音声言語を表出する行動(＝発話行動)と、その結果生じた音声。現実的なできごととしての音声言語。②《名・ス自》ことばを発すること。

はて【果(て)】果てる所。㋐終わり。限り。「—がない」「旅路の—」㋑一番はしの所。「世界の—」

はて《感》疑問や迷いが出てきて、考えてみる時に発する語。「—何だろう」「—どうしよう」「—な」「—さて」

はで【派手】《名・ダナ》よそおい・行動・態度が、はなやかで、人目をひくこと。↕地味(じみ)。「—な柄の着物」「—な殴り合い」「—に振舞う」「—を好む」「—好(ごの)み」「—好き」▽三味線の本手(ほんて)に対して、華やかな弾き方の「破手」の転か。派生 **-さ**

パテ ①接合剤。㋐ガラスを窓わくに固定する、白いゴム状のもの。㋑もれを防ぐために鉄管のつなぎ目などにぬる、のり状のもの。▽putty ②↓ペースト⑴。▽フランス pâté

ばてい【馬丁】馬の世話を業とする人。馬子(まご)。また、馬の口取りをする人。

ばてい【馬×蹄】馬のひづめ。 **—けい**【—形】馬蹄に似た∩の形。「—磁石」

パティオ 住宅建築で、壁や柱廊で囲まれた戸外の空間。▽床に彩色タイルを張り、樹木で日陰を作るなど、造形上の焦点となる。▽スペイン patio

パティシエ 洋菓子職人。▽フランス pâtissier 本来は男性の菓子職人を指す。女性の菓子職人はパティシエール(pâtissière)。

はてし【果てし】《打消しの語を伴って》果て。限り。「—(が)ない」「—も知らず」▽「し」は古語の強めの助詞。

はでやか【派手やか】《ダナ》はでな感じのするさま。派生 **-さ**

は-てる【果てる】《下一自》①持続していた物事が終わりになる。「宴が—」「いつ—ともなく続く不快な音」「町並みの—てた先は一望の砂漠だった」②命が尽きる。死ぬ。「自らのどを突いて—てた」③《動詞連用形に付いて》㋐これ以上……できない所まで……する。その極に達する。望ましくないことについて言う。「あきれ—」「困り—」「なり—」㋑……し終わる。「言い—てぬうちに」「見—てぬ夢」▽㋑は文語的用法。

ば-てる《下一自》〔俗〕疲れて動けなくなる。また、動けなくなるほど疲れる。「暑さで—」

バテレン【△伴△天連】①修道者のうち、司祭職にあげられた者。神父。▽キリシタンの用語。②キリシタン。▽ポルトガル padre から。

はてんこう【破天荒】《名ノ》今までだれもしなかったような事をすること。前代未聞。「—の試み」

パテント 特許。特許権。▽patent

はと【×鳩】目が丸く、くちばしは先がふくれて曲がり、胸の張っている鳥。平和の象徴として人に好かれ、社寺にも多く飼われる。伝書鳩は、飛ぶ力と遠方から巣に帰る習性とを改良したもの。「—に三枝(さんし)の礼あり」(鳩は親鳥よりも枝三本下にとまるということから、礼儀を重んじるべきことのたとえ)「—が豆鉄砲を食う」(鳩が突然豆鉄砲でうたれたような、目を丸くして驚きあきれた顔をする、たとえ。「鳩に豆鉄砲」「鳩豆」とも)▽はと科の鳥の総称。

はと【波止・波戸】海(や湖)に岸から細長く突き出た堤。「—石」▽波を防いで船を停泊させ、荷物の揚げおろしの通路にもなる。

はとう【波頭】立った波の上部。なみがしら。

はとう【波×濤】うねる大波。「万里の—」

はどう【波動】①波の動き。②広く、空間の一点での状態の変化が次から次へと、ある有限の速度で周囲に伝わる現象。

はどう【覇道】(覇者が)武力や権謀によって天下を支配する政治のやり方。↕王道

ばとう【罵倒】《名・ス他》ひどくののしること。▽「倒」は動作の激しいことを表す。

ばとうかんのん【馬頭観音】〔仏〕六観音の一つ。宝冠に馬の頭をいただき、三つの顔をもつ。馬頭は一切の魔を打ち伏せるという。馬頭明王(みょうおう)。

パトカー ↓パトロール カー

はとこ ↓またいとこ

パトス 理知的な精神に対して、感情的・熱情的な精神。↕エトス。▽ギリシア pathos

はとづえ【×鳩×杖】頭部をはとの形にした老人用のつえ。はとのつえ。▽昔の宮中で八十歳以上の功臣に下賜した。

パドック ①競馬場で、出走前の馬を観客に見せる所。下見所。②自動車のレース場で、出場する車の整備場所。▽paddock

はとどけい【×鳩〈時計〉】おもりを使った掛け時計で、時を報じる際、巣からはとが出て「ぽっぽ」と鳴くさまを模した仕掛けの物。

はとは【×鳩派】強硬な手段によらず、おだやかに解決していこうとする方針の一派。↕鷹(たか)派

はとば【波止場・波戸場】港の、波止のある場所。埠頭(ふとう)。また広く、港。▽↓はと(波止)

はとばいろ【×鳩羽色】灰みがかった薄い青紫色。

はとばねずみ【×鳩羽×鼠】①はとば色。②はとば色がかった、ねずみ色。

はとぶえ【×鳩笛】 はとの音色を出す(はとの形の)ふえ。

バドミントン ネットをはさんで、ラケットでシャトルを打ち合う競技。▽badminton 「バトミントン」とも言う。

はとまめ【×鳩豆】 →はと(鳩)

はとむぎ【×鳩麦】 実を漢方薬・食用とする一年草。高さ一・五メートルぐらい。▽いね科。

はとむね【×鳩胸】 はとの胸のように、前に張り出ている胸。

はとめ【×鳩目】 靴や紙ばさみなどの、ひもを通す丸いあな。また、それにつける輪状の金具。

はどめ【歯止め】 ①車輪が回転しないように、地面または車輪の接触面に置くもの。②物事の行き過ぎを防ぐ手立て。「物価の高騰に―をかける」

バトル 戦闘。また、闘争。「国会における与野党の―」▽battle 原語は会戦をも指すが、日本での使い方はそれより軽く、比喩的用法が多い。

パドル カヌー用の櫂(かい)。両端で水をかくカヤック用と一端で水をかくカナディアン用とがある。▽paddle

パトロール『名・ス自』(警官が)一定の区域を巡視すること。▽patrol **―カー** 防犯などのため、警官が乗って巡回する自動車。無線装置を備える。パトカー。▽patrol car

パトロン ①(特定の芸術家・団体・主義などの)経済的な後援者。保護者。②転じて、水商売の女性(芸者など)の旦那(だんな)。▽patron

ハトロンし【ハトロン紙】 質の強い、洋紙の一種。多くは薄茶色で、包み紙や封筒などに用いる。▽「ハトロン」は、hard-rolled の転、ドイツ Patronenpapier から、などの説がある。

バトン ①リレー競技で、走者が持って走り、次の走者に渡す短い棒。「―タッチ」(転じて、後任者にひきつぐ意にも)「―を渡す」(同上) ②指揮棒。タクト。特に、パレードなどに用いる装飾的な棒。「―ガール」③バトン トワリングに用いる、両端にゴム製のおもりをつけた金属の棒。▽baton **―トワリング** バトン③を回したり投げ上げたりする技とダンスなどとをあわせて演技すること。バトン トワーリング。▽baton twirling

はな【花・華】 ①ある時期に開き、多くは美しい色やよい香を有する、高等植物の繁殖をつかさどる器官。「―が咲く」「―が散る」「―も恥じらう(ほどの)美女」「雪の―」(降る雪を花にたとえた言い方)「―は桜木、人は武士」「―より団子」(風流を解さないこと、または名より実利を取ること)「―も実(み)もある」(外観も美しく実質も備えている。名実を兼ね備える)「うわさ話に―を咲かせる」(盛んにうわさ話をする) ▽単に「花」と言って、桜の花を指すことがある。「―は吉野」「―の雲(=桜花が遠くに連なり咲いたさまのたとえ)鐘は上野か浅草か」(松尾芭蕉)。ハナミズキの花と普通に呼ばれるのは、花びらでなく萼(がく)だが、花びらの集まりのように見えるものも日常語では「花」と言う。②花(1)のようであること。そういうもの。㋐美しく、盛りであること。そういうもの。「芸に―がある」「―の都」「青年時代が人生の―だ」「両手に―」(両側に美人をかしずかせるとか、名実共に得るとかいう状態のたとえ)。目立つ盛んなもの。「火事とけんかは江戸の―」㋑真髄。精華。「武士道の―」「浪(なみ)の―」(塩の異称)㋒名誉。ほまれ。「若者に―を持たせる」③芸人などに出す当座の祝儀(しゅうぎ)。また、芸者の揚げ代。▽「纏頭」とも書く。④「花合せ」「花札」「いけばな」等の略語。▽③④には「華」を用いない。

はな【△端】 ①物事の初め。最初。「―からけんか腰で」▽②の転。②物の突き出した所。はし。「山の―」▽「鼻」とも書く。同語源か。

はな【鼻】 ①人や動物の顔の中央、口の上にあり、突き出た部分。哺乳(ほにゅう)動物では、呼吸し、においをかぎ、発声を助ける。また、その形・働き。「―が高い」(得意げだ、高慢だの意にも)「….を―に掛ける」(….を自慢する態度をとる)「―を折る」(相手の自慢の気持をくじく)「―の曲がった鮭(さけ)」「―が曲がる」(強い悪臭がする)「―が利く」(嗅覚が鋭い。転じて、他人の気づかず見のがすような事を、すばやく見つけだす感覚的な能力がある)「―にかかった声」「―の下(=口)が干(ひ)あがる」(生活の道を失って食べられなくなる)「―の下が長い」(女性に甘い)「―を突く」(激しいにおいがする)「―に付く」(始終の事で、あきる、いやけがさす)「―を突き合わせる」(鼻と鼻とがぶつかるほど顔を寄せ合う)「―であしらう」(相手の言葉にろくな返事もしない、冷淡な態度をとる)「―をあかす」(出しぬいてあっと言わせる)「―を鳴らす」(転じて、甘えるさま。また、あざけりや不満を表すさま)「木で―をくくる」(無愛想な様子の形容。「くくる」は「こくる」(こする)の転)②鼻から出る粘液。はなみず。はなじる。「―をたらす」「―もひっかけない」(全然相手にしない)▽(2)は「洟」とも書く。③突き出た地形の所。「山の―」「岬の―」▽→はな(端)(2)

バナー インターネットの関連サイトに移行するために、ウェブ画面に掲載する四角い画像。「―広告」▽banner(=旗)

はなあかり【花明(かり)】 群れ咲く桜の花のために、夜でも、あかりをともしたように明るく見えること。「蜜蜂の暮れて戻るや―」(続春夏秋冬春之部)

はなあやめ【花(菖蒲)】(花の咲いている)アヤメ。▽→はなしょうぶ

はなあらし【花嵐】 ①桜の花が嵐のように散ること。②桜の花時に吹く強い風。

はなあわせ【花合(わ)せ】 花札を数人に分けて得点を争う遊び。

はないかだ【花×筏】 ①いかだのように流れる、水面に散った桜の花びらの列。②散った桜の花びらを乗せ

は

ているいかだ。③初夏、淡緑色の小花が葉に乗ったように咲く落葉低木。▽花が乗る葉をいかだに見立てた命名。はないかだ科。

はないき【鼻息】『名』鼻で呼吸する息。「—が荒い」(自信をもって、他を顧みないほどの意気込みである意にも)「すごい—だ」(同上)「—をうかがう」(寝入っているか否かを、または人のきげんのよしあしを、そっと知ろうとする)

はないけ【花生け・花△活け】花をいけるための容器。花入れ。

はないた【はな板】板場(いたば)をたばねる料理人。その店の料理人の長。いたちょう。▽「花板」「華板」とも書く。「はな」は一番の意。

はないれ【花入れ】→はないけ

はないろ【花色】①花の色。②→はなだいろ

はなうた【鼻歌・鼻唄】(軽い気分で)鼻にかかった低い声で、うた(のふし)を口ずさむこと。そのうた。「—まじり」(物事を気にせず、のんきなさま)

はなお(を)【鼻緒】げた・ぞうりなどの緒の、つま先の指にかかる所。前緒。転じて、緒の全体。「—をすげる」

はなおち【花落(ち)】花が落ちて間もないころに取った、ナス・キュウリなどの若い実(み)。料理に使う。

はなかご【花籠】草花をつみ入れ、また花枝を盛るかご。

はながさ【花×笠】花や造花で飾った笠(かさ)。踊りや祭礼などに使う。

はながすみ【花×霞】遠くに白く咲き連なり、かすみがかかったように見える、桜のながめ。「照りて万朶(ばんだ)の—」(土井晩翠『天地有情』雲の歌)

はなかぜ【鼻〈風邪〉】鼻がつまり、はなみずが出る、軽いかぜ。はなっかぜ。「—をひく」

はながた【花形】①人気のある、はなやかな存在。「—選手」「—産業」②花の形。花の模様。

はながたみ【花×筐】花・菜などを摘んで入れるかご。花かご。▽雅語的。

はながつお(つを)【花×鰹】花びらのように薄く削った、かつおぶし。

はながみ【鼻紙】鼻汁を拭いたりするために使う紙。

はながら【花柄】衣服などの、花の模様。

はながら【花殻・花柄】咲き終えてもまだ枝や茎に付いている花。「—摘み」

はなガルタ【花〈骨牌〉】→はなふだ

はなかんざし【花×簪】造花また金銀の小さい短冊で飾ったかんざし。「お搔頭(かんざし)は〈中略〉薔薇(ばら)の—でネ」(二葉亭四迷『浮雲』第一篇第一回)

はなぎ【鼻木】牛の鼻の穴に通す、輪状の木。

はなくじ【花×籤】頼母子講(たのもしこう)で、本くじ以外に幾らかの金銭を配分するためのくじ。

はなぐし【花×櫛】造花などで飾ったくし。主に少女用。

はなぐすり【鼻薬】①はなのくすり。②子供をなだめすかすために与える菓子など。また、ちょっとした賄賂。「—を嗅がせる」「—をきかす」

はなくそ【鼻×屎・鼻×糞】鼻の穴の中で、鼻汁とほこりとが、まざり合って固まったもの。

はなぐもり【花曇(り)】桜が咲く頃の薄曇りの空(模様)。

はなくよう【花供養】→はなまつり

はなげ【鼻毛】鼻の穴の中にはえる毛。「—を抜かれる」(いい気になってだまされる)「—を読まれる」(甘く見られる。見くびられる)「—をのばす」(女性の色香に迷って甘い態度をとる)「—が長い」(女性の色香におぼれ、だらしなくなっている)

はなご【花後】園芸で、花が終わって間もない時。「—の施肥」

はなごえ(ゑ)【鼻声】①鼻にかかった声。▽甘えて話す時などに出す。②鼻のつまった声。▽鼻の病気、かぜなどで起こる。

はなごおり(ほり)【花氷】中に花を入れてこおらせた氷。

はなござ【花×莫×蓙】模様を織り出した、ござ。はなむしろ。

はなことば【花言葉】いろいろの花に、その特質などによって象徴的な意味を持たせたもの。ユリが純潔、オリーブが平和などの類。

はなごよみ【花暦】種々の美しい花が咲く時節を四季の順に並べたもの。また、それぞれの条にその花の名所を書いたもの。「江戸—」

はなざかり【花盛り】①花が盛んに咲くこと。その季節。②全盛(期)のたとえ。「にきびの—」

はなさき【鼻先】①鼻の先端。「—であしらう」(ばかにして軽く応対する)②鼻のすぐ近く。目前。「—に突きつける」

はなし ①【話】出来事を述べるというように、筋を追って語ったもの。その述べた内容。「—が上手だ」「面白い—」「—の種」(話題のもと)「……という—だ」(聞く所によれば……だ)「—にならない」(話す価値がない。あきれて物も言えない)「—が合う」「—がはずむ」(面白くなってにぎやかに話し込む)「—に花が咲く」(それからそれへと話がはずんで発展する)「育ちが育ちだから—が早い」(=相手の推察がよくて、要点を言うだけで済む)「—に実(み)が入る」(興に乗って話に夢中になる)「—の分かる」(=他人の言い分の意図をうまくくみ取り、道理を知り抜いたさばきをする)人だ」「—の腰を折る」(→こし(腰)㈠②)「そんなの、—(=作り話に近く実質の乏しいもの)に過ぎない」「早い—(→はやい(1)(ウ))(があきらめろということだ」▽「早い—」「全くの—」「簡単な—」「驚いた—」「例えばの—」などには、「が」を付けず副詞法とも見られる使い方がある。②【×咄・×噺・話】昔話や落語。「新しい—を高座に掛ける」▽(1)の限定的用法。「噺」は耳新しく仕立てた話で、日本での造字。

=**ぱなし**《動詞連用形に促音を伴ったものに付いて》……したままで、放って置くさまを表す。「散らかしっ—で外出する」「電灯をつけっ—にしておく」▽

「放し」から。

はなしあい【話(し)合い】話し合うこと。「ひょんな―の中から生まれた計画」「―で解決しよう」

はなしあ-う【話(し)合う】《五自他》①互いにその事について話す。「明日の天気を―っていたところだ」②相談する。「進路について―」

はなしか【×噺家・×咄家】落語家。

はなしがい【放し飼い】①家畜を、(柵で囲んだ)広い所で自由にさせて飼うこと。放牧。野飼い。②ペットなどをつないだり檻(おり)に入れたりしないで飼うこと。

はなしか-ける【話し掛ける】《下一自》①話をするために相手に言葉をかける。②話しはじめる。また、途中まで話す。

はなしことば【話し言葉】日常生活で、口頭でやりとりする時に使う言葉。↕書き言葉

はなしこ-む【話し込む】《五自》時のたつのも忘れ、夢中になって相手と話をする。「すっかり―んでしまった」

はなしずく【話ずく】話合いを十分に尽くして物事をすること。

はなして【話し手】①聞き手に対して、話す方の人。②話がうまい人。「なかなかの―だ」

はなしはんぶん【話半分】事実は話の半分程度だ、つまり話された事には半分ぐらいの誇張・うそがあると思えという意。「まあ―に聞いておこう」

はなしょうぶ【花×菖×蒲】水辺に生え、五、六月に紫・白(共に基部中央が黄色)などの大形の美しい花が咲く多年草。葉は剣状。▽あやめ科。俗に「しょうぶ」とも言うが、植物学上は別。↓しょうぶ・あやめ(菖蒲)

はなじる【鼻汁】鼻の穴から出る粘液。はな(みず)。▽「はなしる」とも言う。

はなじろ-む【鼻白む】《五自》①興ざめがする。②気おくれした顔つきをする。

はな-す【話す】《五他》①声に出してものを言う。口で述べる。「本当の事を―」。互いに言葉をかわす。会話をする。「母と―」「―・せばわかる」▽「放す」と同語源。ある程度まとまった内容を言うことをさす。②その言語を音声言語として使う。「日本語で―・そうよ」「この国には英語を―人が多い」

はな-す【離す・放す】《五他》①くっついている状態を解いて分かれた状態にする。【離】「ハンドルから手を―」「目を―」(視線を他に移す)「肌身―・さず」②距離をあける。間隔を遠くする。【離】「列の間を―」「木を―・して植える」③動物などを拘束せずに自由に行動させる。【放】「つかまえた鳥を―・してやる」④《動詞連用形に付けて》途中でそのままほったらかす。【離・放】「見―」。その状態を続ける。【放】「窓を開け―」「勝ちっ―」「言いっ―」▽「はなつ」の転。

はなずおう【花×蘇△芳】四月、葉に先立って、蝶(ちょう)形、紅紫色の花がかたまって咲く落葉低木。中国原産。▽まめ科。単に「すおう」とも言うが、染料とする「すおう」とは別種。

はなすじ【鼻筋】眉間(みけん)から鼻先までの線。「―が通っている」

はなすすき【花△薄】穂の出たススキ。花の開いたススキ。

はなずもう【花〈相撲〉】本場所以外に、臨時に興行するすもう。▽もと、木戸銭をとらず、花(3)だけを受けたことから。

はな-せる【話せる】《下一自》話相手にするねうちがある。話がよくわかる。融通がきく。「なかなか―おやじだ」

はなぞの【花園】草花がたくさん植えてある園。

はなだ【×縹】↓はなだいろ

はなだい【花代】芸者・遊女に与える金銭。揚代(あげだい)。

はなだいろ【×縹色】薄いあい色。はなだ。はないろ。

はなたかだか【鼻高高】《連語》大そう得意げに自慢する様子。「本人の見込みどおりにうまく運んで―だ」

はなたけ【鼻×茸】鼻粘膜が炎症によって腫れてできる、柔らかで、きのこに似た形の突起。鼻づまりや、嗅覚の低下を引き起こす。びじょう。鼻ポリープ。

はなたて【花立(て)】花生け。花筒。▽特に仏前・墓前に供える物を言う。

はなたば【花束】草花を幾本も束ねたもの。「誕生日に―を贈る」

はなだより【花便り】(桜の)花の咲いた様子を知らせる便り。花信。

はなたらし【×洟垂らし】よく鼻汁を垂らしていること。その子供。はなたれ。

はなたれ【×洟垂れ】①はなたらし。「―小僧」②(若くて)未経験・未熟な人。▽多くののしって言う。

はなぢ【鼻血】鼻の穴からの出血。「一発くらって―を出した」「さかさに振っても―も出ない」(すっかり出し切って、または取られて、もう何も残らない)

はなちょうちん【鼻△提△灯】鼻から息を吐いた時に、膨れて鼻先に出る、鼻じるのたま。「―を下げて居眠りをする」

はな-つ【放つ】《五他》①「はなす」の、もとの形。㋐↓はなす(離)(1)。「身を(＝身から)―・たず持ち歩く」㋑↓はなす(離)(3)。「虎を野に―」②(手もとなど)ある所から激しく出す。㋐矢・弾丸、また光・音・においを発する。「第一弾を―」「光を―」「異彩を―」㋑送り出す。つかわす。「スパイを―」㋒『火を―』火をつける。放火する。

はなづくし【花尽(く)し】①いろいろの花を模様に書いたもの。②いろいろの花の名をあげること。

はなづつ【花筒】花をさすための筒。

はなっつら【鼻っ面】↓はなづら

はなづな【鼻綱】牛の鼻につなぐ綱。はななわ。

はなっぱし【鼻っぱし】意地を張って譲らない性質。きかぬ気。むこう意気。「―が強い」▽以前は「鼻っ張り」とも言った。

はなっぱしら【鼻っ柱】はなばしら(1)。また、きかぬ気、むこう意気。はなっぱし。「―が強い」「―をへし折る」

はなつまみ【鼻△摘み】人にいやがられ、さけられること。そういう人。「―者」

はなづら【鼻面】はなさき。はなっつら。「馬の―をなでる」

はなつんぼ【鼻×聾】鼻が悪く、もののにおいが感じられないこと。▽今は使わない。

はなでんしゃ【花電車】祝賀や記念のために、造花などで美しく飾って運転する路面電車。

はなどき【花時】春、いろいろの花の咲くころ。特に、桜の花のころ。

バナナ 細長い果実を食用とする多年草。また、その果実。熱帯アジア原産。葉はバショウの葉に似て巨大。初夏、淡黄色の穂状の花が咲く。果実はグローブ状の房になってなり、熟すと黄色になる。果肉はでんぷんを多く含み柔らかで甘く、かおりがよい。▽banana ばしょう科。

はなぬすびと【花盗人】花(特に桜の花)の枝を折り取って盗む人。はなどろぼう。

はなの【花野】(特に秋草の)花が咲き乱れた野。▽俳句では秋の季語。

はなばさみ【花×鋏】草花や木の小枝を切るのに使うためのはさみ。

はなばしら【鼻柱】①はなすじの骨。はなっぱしら。「―を打つ」②鼻の二つの穴の間の肉。はなのしょうじ。

はなはずかし-い【花恥(ずか)しい】『形』(花も恥じらうほど)うら若く美しい。「―年ごろ」

はなはだ【甚だ】『副』程度が大きく、はげしいこと。ひじょうに。ひどく。「―残念だ」「―薄手の茶わん」

はなはだし-い【甚だしい】『形』(望ましくない事の)程度がはげしい。過度だ。「誤解も―」派生 **-さ**

はなばなし-い【花花しい・華華しい】『形』はなやかで人目をひき、見事だ。「―活躍」「―・く報道される」派生 **-さ**

はなび【花火】火薬に発色剤を混ぜ、筒などに入れた物。火をつけ、破裂・燃焼させて、光・色・音などを楽しむ。打上げ花火・仕掛花火・線香花火など種類が多い。

はなびえ【花冷え】桜が咲くころに寒さがもどること。その寒さ。

はなびら【花びら】花冠を作っている一枚一枚の片。かべん。▽「花弁」とも書く。

はなぶさ【花房・△英】房になって咲く花の群れ。「ふじの―」

はなふだ【花札】花合せに使う札。十二種の季節の花などを書いた札が四枚ずつ、合計四十八枚が一組。花ガルタ。

はなふぶき【花〈吹雪〉】(桜の)はなびらが乱れ散るさまを吹雪にたとえて言う語。

はなぺちゃ【鼻ぺちゃ】『名ナ』〔俗〕鼻が低く(＝ぺちゃんこで)容貌が悪いこと。そういう人。

はなまがり【鼻曲(が)り】①鼻がまがっていること。②つむじまがり。③(生殖期の)サケやアユ(の雄)の異称。鼻先が著しく曲がっている。

はなまち【花街】花柳界である地区。待合(まちあい)・芸者屋・料理屋などの集まっている町。また、遊郭。

はなまつり【花祭(り)】釈迦(しゃか)の誕生日とされる四月八日に、その誕生像に甘茶をそそぎかける仏事。はなくよう。灌仏会(かんぶつえ)。

パナマぼう【パナマ帽】パナマソウ(ヤシに似た多年草)の若葉を細く裂いてさらし、編んで作った夏帽子。軽くて柔らかい。パナマ。▽「パナマ」はPanama

はなまる【花丸】①(小学校などで)よくできた答案や作品につける、丸の外側に花びらの形を書いた印。②小さなキュウリで、花が咲いているもの。料理に使う。

はなみ【花実】①花と実。「死んでも―が咲くものか」(死んでしまっては何のいいことがあろうか)②転じて、名と実(じつ)。

はなみ【花見】①(桜の)花をながめて遊び楽しむこと。「―時」「―酒」②十分精製してはなく薄茶色をした、粉末やざらめの砂糖。

はなみ【羽並(み)】鳥のはねの並びぐあい。

はなみ【歯並(み)】→はならび

はなみず【鼻水】水気の多い鼻汁。「―を垂らす」

はなみずき【花水木】北アメリカ原産の落葉小高木。高さ一〇メートルに達する。春、花が咲く。紅色または白色の花弁のように見えるのは四枚の苞(ほう)で、その真中に淡緑色の四弁花が球形に集まる。アメリカヤマボウシ。▽みずき科。

はなみぞ【鼻溝】鼻の下から上唇(うわくちびる)にかけての、たてに長いくぼみ。人中(にんちゅう)。

はなみち【花道】①相撲(すもう)場で、力士が土俵に出入りする道。▽平安時代、相撲の節会(せちえ)に、力士が髪に花を挿して入場したのにちなむ。②歌舞伎などの舞台に観客席を貫いて設けた、俳優が出入りする細長い通路。③比喩的に、晴れ舞台への、または引退の(はなばなしい)場面。「最後の―を飾る」

はなみどう【花△御堂】花祭りに釈迦(しゃか)誕生時の立像(りゅうぞう)を安置する、花で飾った小さいお堂。

はなむけ【×餞・×贐】旅に出る人などに贈る、品物・金銭や詩歌など。餞別(せんべつ)。「―の言葉」▽「馬の鼻向け」の意。旅立つ人の馬の鼻を行くべき方向へ向けて見送った習慣から。

はなむこ【花婿・花×聟】結婚したての、また、結婚式や披露の際の、おむこさん。新郎。↔花嫁

はなむしろ【花×筵・花×蓆】①→はなござ。②花見の席に敷くむしろ。また、花見の席の雅語的表現。

はなむすび【花結び】紐(ひも)や水引きを花びらや葉の形にする飾り結び。▽婚礼以外の祝い事や挨拶の品につける。

はなめ【花芽】成長して花になる芽。↔葉芽。「たくさ

ん—の付いた枝」

はなめがね【鼻〈眼鏡〉】①耳にかけるつるがなく、鼻の根元にはさんでかけるめがね。②普通のめがねがずり落ちて、鼻先にかかった状態。

はなもうせん【花毛×氈】花模様を織り出したもうせん。

はなもじ【花文字】①西洋文字で、章の初めや固有名詞の初めなどに用いる、飾った字体の大文字。②花を植えて文字の形にしたもの。

はなもち【鼻持ち】『—(が)ならない』くさみ(いやみ)があって我慢がしきれない。「鼻持ちならないきざなやつだ」

はなもとじあん【鼻元思案】浅はかな考え。▽古風。

はなもの【花物】園芸や生け花で、花を主に鑑賞するもの。↕葉物(はもの)・実物(みもの)

はなもり【花守】桜の花の手入れや番をする人。

はなやか【花やか・華やか】『ダナ』はでに美しいさま。「—に着飾る」。盛んで人目をひくさま。「彼は—な存在だ」。はなばなしく栄えているさま。「武士道—なりしころ」 派生 **-さ**

はなや-ぐ【花やぐ・華やぐ】『五自』はなやかになる。人目を引くようになる。明るくなる。「—・いだ雰囲気」「気分が—」

はなやさい【花×椰菜】↓カリフラワー

はなやしき【花屋敷】花をたくさん植えて、観賞させるための庭園。▽のちに遊園地になったものもある。

はなよめ【花嫁】結婚したての、また、結婚式や披露の際の、およめさん。新婦。↕花婿。 **—ごりょう**【—御寮】花嫁の(親しみを込めた)敬語。▽既に古風。

はならび【歯並び】歯の並んで生えているぐあい。歯の並び方。歯並(はなみ)。「きれいな—」

はなれ【離れ】①母屋(おもや)の中ではなく、そこから離れている座敷。また、離れ屋。②《「……ばなれ」の形で名詞に添え》……から離れた状態。㋐とても……とは思えないほどかけ離れていること。「しろうと—」「学者—した政治力」「現実—」㋑依存する必要がなくなり、離れていくこと。「乳(ち)—」「都会—が進む」

ばなれ【場慣れ・場×馴れ】『名・ス自』場数(ばかず)を踏んでなれていること。「—がする」「—した態度」

はなれうま【放れ馬】結んだ綱からはなれて走る馬。はなれごま。

はなれさ-る【離れ去る】『五自』そこに存した、または従っていたものが、去って離れる。「思い切って日本を—」「部下に—・られた」

はなれじま【離れ島】陸地から遠く離れた島。

はなればなれ【離れ離れ】『ノダ』ちりぢりばらばら。別れ別れ。「家族が—になる」

はなれや①【離れ屋】母屋(おもや)から離して建て、座敷を主とする(小ぶりの)建物。②【離れ家】里(家の群がり)から離れて、ぽつんと建っている家。

はな-れる【離れる・放れる】『下一自』[離]①くっついていた状態が終わって、分かれる。「足が地を—」「席を—・れてはいけない」「親もとを—」「職を—」「手を(=手から)—」「子供から手が—」(子供が成長して、細かい世話がいらなくなる)「話が本筋から—」「人心が—」「家族と—・れて暮らす」▽「合う」が対義語になることがある。②距離が開く。間隔があく。[離]「一メートル—・れて立つ」「列が—」「うき世—・れた奥山暮らし」「年の—・れた姉妹」③束縛が解ける。[放]「綱から—・れた馬」

はなれわざ【離れ業・放れ業】大胆で奇抜な、人をあっと言わせるような振舞い、また、技・演技。「—を演じる」▽「業」の代りに「技」も使う。

はなわ【花輪・花△環】花または造花を組み並べて輪の形にした物。慶弔・歓迎などの時に用いる。

はなわ【鼻輪】牛の鼻に通す輪。はながい。

はに【×埴】きめの細かい、黄赤色の粘土。はにつち。▽昔、かわら・陶器の原料にした。

はにか-む『五自』(人と接して)恥ずかしそうな表情・身ぶりをする。恥ずかしがる。「—・んでうつむく」

はにく【歯肉】↓はぐき

ばにく【馬肉】馬の肉。さくら肉。

パニク-る『五自』〔俗〕①(群集が)パニック(2)の状態になる。②(個人が)あわてふためいて何も考えられない状態になる。

バニシング クリーム 脂肪分が少ない化粧下クリーム。▽vanishing cream

パニック ①↓きょうこう(恐慌)(2)。②(火事や地震などに遭ったとき起こる)群集の混乱状態。「—に陥る」▽panic **—しょうがい**【—障害】神経症の症状の一つ。特に理由もなく突然、強い不安感・恐怖感をともなう、激しい動悸(どうき)・発汗・息苦しさ・めまい・胸痛などの身体症状(パニック発作)を起こす。その発作が起きることに対する不安感から生活に支障をきたしやすい。

はにゅう【×埴△生】埴(はに)のある土地。「—の宿」(土で塗ったみすぼらしい家)▽雅語的。

バニラ 未熟の果実から食品用の甘い香りの香料をとる常緑つる草。熱帯アメリカ原産。▽vanilla らん科。

はにわ【×埴輪】日本の古墳時代に、墓の周囲に埋めた、埴(はに)で作った円筒や人形・動物などの像。

ばぬし【馬主】馬の持ち主。うまぬし。▽特に競走馬について言う。

はね【羽・羽根】①鳥・昆虫などの胴の両側にはえて左右に伸びている、(本来は)飛ぶための器官。また、航空機などのつばさ。「—を伸ばす」(遠慮すべき人がいなくて伸び伸びする)「—がはえて飛ぶように売れる」▽昆虫には「翅」とも書く。②鳥類の体をおおって生えているもの。羽毛。中央に軸があり、細長い木の葉のような形をしている。③ムクロジの種子などに穴をあけて、はね(2)を数枚差したもの。羽子板(はごいた)でつきあげて遊ぶ。羽子。▽「羽根」と書く。

④タービン・風車・送風機などに取りつけた、はね⑵の形をしたもの。

はね ①【跳ね・×撥ね】㋐その日の興行が終わること。終演。㋑飛び散って、かかる泥。「—があがる」②【×撥ね】筆の先を払い上げるようにする運筆。その筆法による、字の部分。

ばね ①鋼などを螺旋(らせん)状に巻いたり(折り)曲げたりして、その弾力を利用するもの。衝撃の緩和、力の蓄積などの目的で機械部品として用いる。スプリング。発条(はつじょう)。②転じて、足や腰の弾力(性)。はねる力。③比喩的に、飛躍や発展のきっかけ。「新技術を—に生産をのばす」▽「発条」「撥条」とも書いた。「はねる」と同語源。

はねあが-る【跳ね上がる】《五自》①はねてとびあがる。「泥が—」②(ねだんなどが)急激にあがる。「物価が—」③情況をかえりみずに、急激な行動をとる。

はねあ-げる【×撥ね上げる】《下一他》はねて上へあげる。「ふとんを—」「車が泥を—」

はねお-きる【跳ね起きる】《上一自》勢いよく起きる。

はねかえ-す【跳ね返す】《五他》①はねてひっくりかえす。「抑えこまれたが、すぐ—した」②勢いよくもとへもどす。「重圧を—」「劣勢を—」③(忠告などを)少しも受け付けない。「辞職勧告を—」

はねかえり【跳ね返り】①はねて、もとへもどって来ること。②与えた影響がもとへもどって来ること。「運賃値上げの物価への—」③↓はねっかえり⑵

はねかえ-る【跳ね返る】《五自》①はねてもとの所へもどる。「壁に当たって—ったボール」②勢いよくはねる。「水が—」③与えた影響がもとへもどって来る。「コスト高が値段に—」

はねか-す【×撥ねかす】《五他》とばし散らす。「洋服に泥を—」

はねぐるま【羽根車】水車・タービンなどで、回転部の周りについている羽根形の物。水・蒸気がこれに衝突し、その力で車を回転させる。

はねずみ【跳ね炭】火がついたとき、はぜてとぶ炭。

はねっかえり【跳ねっ返り】①↓はねかえり⑴⑵。②かるはずみなこと。「—者」。つつしみなく騒ぎまわる女。おてんば。

はねつき【羽根突き】はねをつくこと。その遊び。

はねつ-ける【×撥ね付ける】《下一他》ことわって受けつけない。とりあわず、ぴしゃりと拒絶する。「一言の下に—」

はねつるべ【×撥ね釣△瓶】てこを応用したつるべ。柱の上に渡した横木の、一端に石を、他端につるべをとりつけ、石の重みではねあがるのを利用して、水をくむ。

はねの-ける【×撥(ね)△除ける】《下一他》①向こうへ勢いよく押しやる。「かけぶとんを—」「プレッシャーを—」②多くの中から選んで取り除く。「くさったみかんを—」③↓はねつける

ばねばかり【ばね×秤】ばねじかけの秤(はかり)。螺旋(らせん)状のばねに物をつるし、ばねの伸びを目盛りで読んで重量を知る。ぜんまい秤。

はねばし【跳ね橋】必要な時に、全体または一部をはね上げる仕掛けの橋。㋐船が通る時だけ上げて、せの高い船も通れる橋。㋑城門の前に設け、敵襲などの際にははね上げて入口をふさぐ橋。㋒跳ね橋㋐㋑とは逆に、ふだんは上げておき、火急の際には下ろして通れる橋。

はねぶとん【羽布団】鳥の羽毛を入れたふとん。軽くて暖かい。

はねぼうき【羽×箒】鳥の羽を束ねた、小形のほうき。はぼうき。

ハネムーン ①新婚の当月。蜜月。②新婚旅行。蜜月旅行。▽honeymoon

パネラー ①パネリスト。②クイズ番組の解答者。▽panel に er を付けた和製英語。

パネリスト パネル ディスカッションで、問題を提起し討議する人。▽panelist

は-ねる ㊀【跳ねる・×撥ねる】《下一自》①はずみがついて空中にあがる。【跳】㋐立っている所をけって上方に(勢いよく)動く。「ノミが—」「馬が—」「飛び—」▽飛ぶ⑴に比べると、動作の起こし方に重点がある。㋑跳ねる㋐のような動作をする。「ばねで人形が—」。特に、飛び散る。「どろが—」②その日の興行が終わる。「芝居が—」㊁【×撥ねる】《下一他》①(ぶつかって)はじき飛ばす。「自動車に—ねられる」「どろを—ねて歩く」②はじき飛ばすような動作をする。㋐はじき出して不合格とする。「粗悪品を—」「面接で—ねられる」㋑「首を—」打ち首にする。首を切る。▽㋑は「刎ねる」とも書く。㋒一部分をかすめ取る。「上前(うわまえ)を—」㋓文字を書く時、線の終わりで筆先などを上に払うようにする。③仮名「ん」で書く音で発音する。

パネル 割合に薄い板(状のもの)。㋐わく取りした、正方形(またはそれに近い形)の建材。「間仕切りの—」㋑油絵を描く画板⑵。その絵。また、展示のための、語句・図・写真などを表面に表した、板状のもの。「—を使って説明する」㋒配電盤の板。㋓飾りとしてスカートなどに付ける別の布。▽panel **—ディスカッション** 少数の(対立意見を有する)人々が各自の見解を述べた後、聴衆も参加して行う形式の、討論。▽panel discussion

パノラマ ①半円形の背景に風景画を描き、前面に立体的な模型をおいて、観覧者に高い所から見渡すと同じ感じを与えるための装置。②広い眺望。一望のもとに収められた景色。「—がひろがる」「—写真」▽panorama

はは【母】①親である女。②比喩的に、物事を産み出すもと。「必要は発明の—」「—なる大地」▽配偶者の母を言うこともある。関連 母親・お母さん・ママ・おふくろ・母上・母御・母堂・義母・継母・賢母・国母・慈

母・実母・生母・聖母・悲母・養母・ままはは・姑(しゅうとめ)

はば【幅・△巾】 ①横方向の広がりの度合。㋐物の両端の隔たり。「たんすの―」㋑細長く続くものの、長い方向に直角な方向での長さ。「川―」「テープの―」②そのものの中での開き。㋐(動いてゆくものの)二点の隔たり。「歩(ほ)―」「―とび」。特に、相場で、高値と安値との差。「値―」㋑規則・制限の中で自由にできる余地。ゆとり。「規則に―を持たせる」③はぶり。威勢。「―が利く」(肩身が広い。勢力がある)「―を利かせる」(威勢をふるう)「―のある態度を示す」▽「巾」は「幅」の略字。

ばば【〈祖母〉】 父・母の母親。祖母。▽→ばばあ

ばば【馬場】 乗馬の練習や競馬などをする平らな広場。

パパ おとうさん。↕ママ。▽papa

ばばあ【△婆】 女の年寄り。ばば。▽「ばば(祖母)」の転。

パパイア 熱帯アメリカ原産の常緑高木。果実は楕円(だえん)形、熟すと黄色で大形、かおりがよく、食用。若葉も食用。パパイヤ。パパヤ。▽papaya パパイア科。

ははおや【母親】 女親。はは。↕父親

ははかた【母方】 母親の血筋に属していること。「―の伯父(おじ)」

はばかり【×憚り】 ①はばかること。遠慮。「―なく言う」②便所。「―を借りる」▽⑵は近ごろ言わない。

はばかりさま【×憚り様】 ①他人に世話になった時に言う語。恐れ入ります。②相手の言葉に対して皮肉をこめて答える時に言う語。お気の毒さま。▽古風な言い方。

はばかりながら【×憚りながら】『副』①恐れ入りますが。恐縮ですが。「―お耳を拝借」②なまいきな言い分ですが。「―これでも学者です」▽かなり古風。

はばか-る【×憚る】 ①『五他』他を気にする。他に気をつかって言葉や行動をひかえる。遠慮する。「人前を―って言わない」「人目を―仲」「広言して―らない」②『五自』いっぱいに広がる。幅をきかす。「憎まれっ子、世に―」▽⑵は「はびこる」の転という。

はばき 物の下部を保護する物。㋐【幅木・△巾木】(装飾を兼ねて)室内の壁の下部に張る(色違いの)紙や布、また横板。㋑【×鎺】刀・なぎなたの鍔(つば)もとにはめて、ぐらぐらしないように締めつける金具。▽昔すねに巻いた、(後世の)脚絆(きゃはん)に当たる「脛巾(はばき)」から。

はばきき【幅利き】 はぶりがよいこと。そういう人。「政界での―」

ははご【母御】 (他人の)母を敬って言う語。▽「御」は接尾語。古風。

ははこぐさ【母子草】 道ばたなどに生える二年草。葉は線形で互生し、茎・葉に綿毛がある。春・夏のころ、黄色の小さい花がかたまって咲く。春の七草の一つ。ほうこぐさ。おぎょう。ごぎょう。▽きく科。

ははじゃびと(ははぢゃ)【母者人】 子が母を呼ぶ語。ははじゃひと。▽母である人の意。「者」は当て字。古風な言い方。

はばた-く【羽ばたく】『五自』①つばさをひろげて上下に動かす。②比喩的に、育つ。広く活躍する。「未来に―若人」「世界に―技術」「夢よ―け」

はばつ【派閥】 出身や利害などの関係による、人々の排他的なつながり。「―争い」

ばばっち-い『形』〔俗〕汚い。不潔だ。ばっちい。「お嬢様、―・ゅうございますよ」▽「ばば」は糞(くそ)。幼児が、または幼児に向かって、使う語。

ぱぱっと『副』手早く簡単に。「机の上を―片づける」

はばとび【幅跳(び)】 どれだけの幅をとぶことができるかを競う競技。「走(はし)り―」

ばばぬき【△婆抜き】 トランプ遊びの一つ。最後にジョーカー(=ばば)を持っていた人を負けとする。

はばひろ【幅広】『名ナノ』普通の同種のものより幅が広いこと。「―帯」

はばひろ-い【幅広い】『形』幅が広い。「―肩」。活動範囲が広い。「―知識」「―支持を得る」派生 **-さ**

はばへん【△巾偏】 漢字の偏の一つ。「幅」「帳」などの「巾」の称。▽「幅」という字の偏の意。

はば-む【阻む・×沮む】『五他』他のものの行く手をおさえて邪魔をする。防ぎとめる。「攻撃を―」「連勝を―」

ははもの【母物】 (映画・劇などで)母性愛をテーマとした作品。

はばよせ【幅寄せ】『名・ス他』①車体を道路際へ横に寄せること。②車体を並んで走る車に近づけ、その走行を妨げること。

ババロア 牛乳・卵・砂糖・生クリームなどをゼラチンと混ぜ合わせ、型に入れて冷やし固めた洋菓子。▽フランス bavarois

はびき【刃引き】 刃のつけていない、また刃をつぶした刀剣。

はびこ-る【〈蔓延〉る】『五自』①(草木などが)茂って広がる。いっぱいに広がる。「雑草が―」②転じて、(悪いものが)勢いが強くなって幅をきかす。横行する。「悪が―」

ばひつ【馬匹】 馬のこと。「―改良」

パビリオン 博覧会場などの展示館。▽pavilion

パピルス ①北アフリカに自生する多年草。高さは三メートルにもなり、茎の先に多数の小穂をつける。カミガヤツリ。▽かやつりぐさ科。②古代エジプトでパピルス⑴の茎の繊維を縦横に重ねて作った紙。▽ラテン papyrus

はふ【破風】 日本の建築で、切妻屋根の端につけた山形の板(がついた所)。

はぶ 頭がさじ形で、背中は薄茶色で黒茶色のまだらがあるへび。沖縄・奄美(あまみ)大島などにいる。猛毒を持つ。▽くさりへび科。

ハブ ①車輪の中心部。こしき。「―とホイール(車輪

をボルトで締め上げる」②中心。中核。「情報提供の―の役割を担う」「―空港」(拠点空港) ③コンピュータ ネットワークの中継装置。複数のパソコンを接続する。▽hub

パフ おしろいをつけるのに使う化粧用具。「―をたたく」▽puff

パブ 洋風の居酒屋。▽元来はイギリスの大衆酒場。pub(public house の略)

パフェ アイス クリームと果物を、背の高いグラスに盛ったデザート。チョコレートや甘いソースをかけたものもある。「チョコレート―」▽フランス parfait

パフォーマンス ①演奏。上演。演技。「いい―を見せた外野手」。特に街頭などで行う、肉体を用いた前衛的な表現。②人目をひこうとする行為。③性能。できばえ。「コスト―」▽performance

はぶ-く【省く】《五他》取り除いて減らす。簡略にする。「むだを―」「説明を―」「手数が―ける方法」

はぶそう【波布草】 種子を緩下剤・強壮剤、また、はぶ茶にする多年草。高さ一メートル余。▽まめ科。

はぶたえ【羽二重】(はぶたへ) 上質の絹糸で織り、練った純白の絹織物。つやがあり、肌ざわりがいい。

ハプニング 偶然で、思いがけないできごと。「―が起こる」▽happening

はブラシ【歯ブラシ】 歯をみがくのに使う、柄のついた小さいブラシ。▽「ブラシ」は brush

はぶり【羽振り】 他に対する勢力・人望など。「―がいい」「―をきかせる」

パプリカ ①トウガラシの一種。ピーマンより大きく肉厚で、甘味がある。赤・黄・オレンジ色などがある。カラー ピーマン。②香辛料の一種。辛みのない赤唐辛子の乾燥粉末。▽ハンガリー paprika

パブリック 公的。公共の。公衆の。↕プライベート。「―コメント」(行政機関が広く国民に求める意見) ▽public

はふ-る【×屠る】《五他》生命を奪う。▽殺す、負かす、勢力などを抹殺するの、雅語的表現。「放(うほ)る」との結び付きが失せ歴史的仮名遣いの拾い読みで残った語。→ほふる

バブル あぶくに似て実質の無い(過熱の)情況。「―(経済)がはじける」「為替(かわせ)レートにも―の危険がある」▽日本の一九八〇年代後半、好景気に浮かれた地価高・株高の予想が実際に高騰を招いた現象の評語として、言いだされた。bubble(=泡)

ばふん【馬×糞】 うまのふん。まぐそ。 **―し【―紙】** ボール紙の一種。わらなどを原料にした、黄色の厚紙。

はへい【派兵】《名・ス自》軍隊を派遣すること。↕撤兵。「海外―」▽→しゅっぺい

はべ-る【△侍る】《五自》貴人のそばにつつしんで控える、または仕える。伺候する。「危篤の師の枕頭(ちんとう)に―」

バベルのとう【バベルの塔】 実現できそうもない空想的な計画。▽旧約聖書の創世記に出ている、伝説の塔。「バベル」は Babel(=バビロニアの都)

はへん【破片】 こわれたもののかけら。「ガラスの―」

はぼう【破帽】 やぶれ帽子。「弊衣―」

はぼうき【羽×箒】(はばうき) はねぼうき。

はぼく【破墨】 南画に多く用いる水墨画技法で、薄墨で描いた上に次第に濃い墨を加え、墨色の濃淡やにじみぐあいの趣を見せるもの。▽→はつぼく

はぼたん【葉×牡丹】 葉を観賞するキャベツの変種。葉の縁は不規則にちぢれ、晩秋から冬にかけて紅・紫・白・淡黄になる。冬の生花にする。▽葉の重なり具合や美しい色が牡丹(ぼたん)に似ているから言う。

はほん【端本】 一そろいのうちの一部分が欠けた(残りの)本。また、零本(れいほん)。↕完本

はま 「はまぐり」の略。「―鍋」「焼き―」

はま【浜】 ①海・湖の岸に沿った平地。②囲碁で、囲んで取った相手の石。あげいし。あげはま。

はまおぎ【浜×荻】(はまをぎ) ①海辺に生えるオギ。②蘆(あし)のこと。「難波(なにわ)の蘆は伊勢(いせ)の―」(同じ物でも地方によっては名が変わるたとえ)

はまおもと【浜〈万年青〉】 →はまゆう

はまかぜ【浜風】 浜辺に吹く風。浦風。

はまき【葉巻】 葉を刻まずに太く巻いたタバコ。シガー。

はまぐり【×蛤】 遠浅の海にすむ二枚貝の一種。貝殻は三角形に近く、表面はなめらかで、色や模様はさまざまであるが、灰白褐色の地に赤茶色の太い縦すじのあるものが普通。美味。▽浜の栗(くり)の意。

はまだらか【羽△斑蚊】 蚊の一種。体が細長く、羽に茶色のまだらがある。物にとまるとき、尾の方をあげるのが特色。マラリアの病原体を媒介する。アノフエレス。

はまち【×魬】 →ぶり

はまちどり【浜千鳥】 浜べに来ている千鳥。

はまて【浜手】 浜のほう。

はまなす 海岸の砂地に群生する落葉低木。夏、紫紅色で大形の、かおりのよい花が咲く。果実はまるく紅色に熟し、食用。根皮は染料。花は香水の原料。▽別名の「浜梨(はまなし)」がなまったものとも言う。ばら科。

はまなっとう【浜納豆】 浜名湖畔の大福寺で作り出した納豆(イ)。▽「浜名納豆」とも言う。

はまべ【浜辺】 浜のほとり。

はまぼうふう【浜防風】 海岸の砂地に生える多年草。若い葉柄は赤色でかおりがあり、さしみのつまにする。▽せり科。

はまや【破魔矢】 はまゆみ(1)の矢。また、神社で厄除(よ)けとして出す、正月の縁起物の矢。

はまゆう【浜〈木綿〉】(はまゆふ) 暖かい海岸の砂地に生える常緑多年草。葉はオモトに似るが、ずっと大きい。夏、葉間から花茎を出し、頂にかおりのいい白色の花をつける。ハマオモト。▽ひがんばな科。

はまゆみ【破魔弓】 ①昔、悪気(あっき)を払うといって、正月に男の子が遊んだ弓。今は、五月の節句に飾る。②

棟上(むねあげ)式に屋根に飾る、弓形のもの。

はまりやく【×嵌(ま)り役】 その人にちょうどぴったりした役。最も適した役目・役割。適役。

はま-る【△塡(ま)る・×嵌(ま)る】《五自》①ある物の中または外側に合わせ押し込んで、ちょうどよくはいる。ぴったりと合う。「戸が―」「キャップが―」「型に―」(類型的だ)。ちょうどうまく合う。「条件に―」「役に―・っている」②入りこんで、抜け出せなくなる。「池に―」「計略に―」③(同じことばかりに)ひどく熱中する。のめりこむ。「ゲームに―」

はみ【〈馬銜〉】①くつわの、馬の口に当てる部分。②荒馬を制するために、口にかませ頭にしばる縄。▽動詞「はむ」の連用形から。

はみがき【歯磨(き)】 歯をみがいて清潔にすること。また、そのために歯につけるもの。はみがき粉(こ)など。

はみだ-す【△食み出す】《五自》中から押されて、すきまから外へあらわれ出る。きめられた範囲から外へ、一部が出る。「欄外に―」▽「はみでる」とも。

はみ-でる【△食み出る】《下一自》↓はみだす

ハミング《名・ス自他》口を閉じ、声を鼻に抜かしてメロディーだけで歌うこと。▽humming

は-む【△食む】《五他》①(動物が)口を動かして食べる。口にくわえる。「牛が草を―」②俸給などを受ける。「高給を―」

ハム ①豚肉加工食品の一種。本来は、塩漬け・燻煙(くんえん)した骨付きもも肉。現在は、骨を抜いたもの、他の部位を使ったものが多い。②アマチュア無線家。▽(1)(2)は ham ③電源からの雑音によってラジオなどが発する、「ブー」という低音。▽hum

=**ば-む**《体言などに付け、五段活用動詞を作る》そのさまを帯びる。「気色(けしき)―」「黄―」「汗―」

はむか-う【刃向かう・歯向かう】《五自》逆らう。抵抗する。「親に―」「権力に―」▽もと、刃物を持って向かってくる、または、かみつこうとして歯をむき出して向かってくる意。

はむし ①【羽虫】↓はじらみ。②【葉虫】小形で、青・紅・金緑色・黒などいろいろな色の甲虫。体は楕円(だえん)形のものが多い。成虫は植物の葉を、幼虫は葉・茎・根を食害する。▽はむし科の昆虫の総称。

はむしゃ【端武者・葉武者】 雑兵(ぞうひょう)。▽取るに足りない人物の意でも使う。既に古風。

ハムスター 愛玩用・実験用に飼育される小動物。形はねずみに似るが尾が短く、体毛は柔らかい。ゴールデン ハムスターなど数種が流通する。▽hamster きぬげねずみ亜科の哺乳(ほにゅう)動物の総称。

はむら【葉×叢】 おい茂った葉。

ハムレット シェークスピア作の演劇の主人公。内省的で決断・実行力に乏しい人間のタイプを指す。◦ドン キホーテと対照される。▽Hamlet

はめ【羽目】①壁などの上に板を並べ張ったもの。「―をはずす」(興に乗じて度をすごす)②困った事態・場合。「苦しい―に陥る」▽「破目」とも書く。

―いた【―板】 羽目(1)として張った板。

はめ【葉芽】 成長して葉になる芽。↕花芽。「花芽より先の―は剪定(せんてい)する」

はめこみ【×嵌(め)込み】 はめこむこと。はめこんだもの。

はめこ-む【△塡(め)込む・×嵌(め)込む】《五他》①はめて入れ込む。「窓にガラスを―」②(たくらみに)うまくひっかける。「まんまと―」

はめころし【×嵌(め)殺し】 はめ込んであって開閉はできない、障子・ガラス窓など。主に装飾用。▽「はめごろし」とも言う。

はめつ【破滅】《名・ス自》存在価値を失うまでにだめになること。(人が)身を滅ぼすこと。「一家の―」

は-める【△塡める・×嵌める】《下一他》①ある形のものの中にぴったりと入れる。また、外側にかぶせ合わせる。「ボタンを―」「手錠を―」「手袋を―」②(たくらみに)ひっかける。【嵌】「罠(わな)に―」「うまく―・めて殺人犯に仕立てる」

はめん【波面】①波の表面。波立っている水面。②波動の、同じ時刻に同じ状態にある点を次々に結んでできる面。

ばめん【場面】①演劇・映画などの一情景。シーン。「感動の名―」②事の行われる場の様子。「危険な―に出くわす」

はも【×鱧】 ウナギのように細長い海魚。体長約二メートル。うろこがない。背は灰茶色、腹は灰白色。食用。▽はも科。東北地方ではアナゴを指す。

ハモニカ ↓ハーモニカ

はもの【刃物】 刃がついていて物を切ったり削ったりする道具類の総称。包丁・ナイフなど。きれもの。

―ざんまい【―三昧】 すぐに刃物を振り回すこと。刃物騒ぎ。

はもの【端物】①そろわないもの。欠けて半端なもの。断片。②浄瑠璃などで、段物(だんもの)に対して短いもの。

はもの【葉物】 葉を役立てるもの。「―野菜」「花のない時季なので―を活(い)ける」

ハモ-る《五他自》〔俗〕合唱や合奏でハーモニーをつくりだす。「その歌―・ろうよ」▽「ハーモニー」から。

はもん【波紋】①水に石などを投げた時に広がる、波の輪のような模様。②転じて、動揺を与えるような影響。「―を投げかける」

はもん【破門】《名・ス他》①師弟の関係を断ち、門人の中から追放すること。②宗教で、おきてを犯した信徒を宗門から除き去ること。

ハモンド オルガン 鍵盤を押すと、真空管の電気振動によって、パイプ オルガンに似た音が鳴るしかけの電気楽器。▽Hammond organ 商標名。

はや【×鮠】 ウグイの異称。はい。はえ。

はや【△甲矢】 弓道で、手に二本持つ矢のうち、最初に射る矢。↕乙矢(おとや)

はや【早】《副》早くもすでに。もはや。「—日が暮れた」「今は—手遅れだ」▽「はやい」の語幹から。

はやあし【早足・速△歩】①速い歩調で歩くこと。急ぎ足。②普通の速さで歩調をとって歩くこと。▽⑵は「速歩」と書く。↓なみあし・そくほ

はや-い【早い・速い】《形》①動くもののすすみが著しい。【速】㋐単位時間当たりの移動距離が大きい。すみやかだ。「—・く走る」「手が—」(すぐ人をなぐるなど、行動を起こすのに時間を取らないたちだ)㋑単位時間当たりの回数が多い。「脈が—」㋒短時間で済む。「分かりが—」(すぐ理解できる。また、悟りがよい)「—話が」(手っ取りばやく言えば)▽㋐は「疾い」とも書く。また、⑴には「早」も使い、㋒は「早」が普通。②まだ時が余りたっていない。そこまでの時間の経過が短い。【早】㋐時刻・時期が前だ。「朝—・く起きる」「朝が—」(起床時刻が早朝だ)「明治も—ころの事だ」「会が予定より—・く済む」「大口をたたくには(まだ)十年—」(「十年」は慣用の文句で、早すぎることを言う。ここから㋑に転じる)㋑まだその時期にまでは達しない。「失望するのは—」㋒《「……が—か」の形で》……するとすぐ。……するや否や。「聞くが—か飛び出した」㋓《連用形を副詞的に使い》その時にはもう。「すでに—・く改革の動きがあった」「—・くも看破される」▽↕おそい。派生 -さ*

はやいところ【早い所】《連語》はやいうちに。急いで。「—帰れ」▽「はやいとこ」と略しても言う。

はやいものがち【早い者勝ち】《連語》人に先んじた者が利益を得ること。「—に入場する」

はやうち【早打ち】①馬などを走らせて急報すること。その使者。②花火の上げ方、太鼓の打ち方、碁の打ち方などの連続的に早いもの。③ピストルなどの撃ち方がすばやいこと(人)。▽⑶は普通「早撃ち」と書く。

はやうま【早馬】①早打ちの使いの乗る馬。②速く走る馬。

はやうまれ【早生(ま)れ】一月一日から四月一日までの間に生まれたこと。その人。↕おそ生まれ。▽小学校入学の年を、四月一日以前と二日以後とで区切り、早く入学することから。

はやおき【早起き】《名・ス自》①朝早く起きること。朝起き。「—は三文の徳」②いつもより早く起きること。

はやおくり【早送り】《名・ス他》録音・録画などの再生を、通常より早い速度で先に進めること。

はやおけ :をけ【早×桶】棺桶(かんおけ)の粗末なもの。

はやがえり :がへり【早帰り】《名・ス自》①定刻や予定の時刻より早く帰ること。②朝早く帰ること。朝帰り。

はやかご【早×駕籠】①早打ちの使いが乗って行くかご。早打ちかご。②速く走るかご。

はやがてん【早合点】《名・ス自》まだよく聞かないうちに、もう分かったつもりになること。早のみこみ。▽「はやがってん」とも言う。

はやがね【早鐘】①火事など、火急の事件を知らせるために、激しく続けて打ち鳴らす鐘。②比喩的に、脈などが早くうつこと。「心臓が—を打つ」

はやがわり :がはり【早変(わ)り・早替(わ)り】《名・ス自》①状態・姿などが短時間に変わること。「借金が貯金に—」②歌舞伎芝居で、一人の役者が同一場面ですばやく姿を変え、二役以上を演じること。

はやく ①【早く】早い時刻や時期。「こんな—から何を騒ぐんだ」▽形容詞「早い」の連用形から。②【早く・×夙く】《副詞的に》↓はやい⑵㋓

はやく【端役】主要でない役・役目(をする人)。

はやく【破約】《名・ス自他》契約をとりけすこと。約束をやぶること。

はやくち【早口】①しゃべりかたが速いこと。はやことば。②「早口言葉」の略。急いでは言いにくい文句を早口⑴で言うこと。その文句。「なまむぎ・なまごめ・なまたまご」の類。

はやことば【早言葉】↓はやくち

はやさ【早さ・速さ】①動きが速いこと。その度合。㋐ある事に続いてその事の起こる時間のへだたりが小さいこと。【早・速】「目にもとまらぬ—」「応答の—は無類だ」㋑動き・移り行きの進む度合。【速】「船の—」▽㋑は、↓そくど(速度)。②時刻・時期が早い度合。【早】「始業の—に驚く」

はやざき【早咲き】時節に先立って早く咲くこと。また、その花。↕遅咲き。「—の梅」

はやし【林】①木がたくさん集まって生えている所。「雑木(ぞうき)—」②比喩的に、物事の多く集まっている状態。また、そのもの。「煙突の—」「言葉の—」▽「生やす」と同語源。↓もり(森)・こだち(木立)

はやし【×囃子】(能楽・歌舞伎・民俗芸能などで)拍子をとり雰囲気を高めるために添える音楽。笛・鼓・太鼓・三味線(しゃみせん)・鉦(しょう)などを使う。

はやしかた【×囃子方】囃子(はやし)を受け持つ人。

はやしことば【×囃子△詞】歌謡の中や終わりに、調子をとるために入れる(意味のない)ことば。

はやじに【早死(に)】若くて死ぬこと。わかじに。

はやじまい :じまひ【早仕舞(い)】《名・ス自他》いつもの時刻よりも早く、仕事や店を終えること。

はやじも【早霜】いつもの時期よりも早くおりる霜。↕遅霜(おそじも)・晩霜

はやしもの【×囃子物】囃子(はやし)、またそれに使う楽器。

ハヤシ ライス 牛肉・たまねぎなどを炒(いた)めてドミグラス ソースで煮込んだものを、飯にかけた洋風料理。▽hash of beef with rice から。

はや-す【×囃す】《五他》①囃子(はやし)を奏する。②声を出したり手を打ったりして歌曲の調子をとる。③ほめたり、あざけったりするために、わあっと声をあげる。「どっと—・し立てる」

はや-す【生やす】《五他》(ひげ・毛・草木などを)はえるようにする。また、それらを成長させる。「根を

ー」

はやせ【早瀬】(川の)水の流れのはやい所。

はやだち【早立ち】『名・ス自』朝早く旅に出発すること。

はやて【〈疾風〉】①急に激しく吹きおこる風。▽「て」は風の古語。②疫痢(えきり)の古称。▽すぐ死ぬところから。

はやで【早出】『名・ス自』いつもより早く出勤すること。▽古くは早退の意。

はやてまわし【早手回し】事の起こる前に準備・手配をしておくこと。

はやと【×隼△人】①(隼人(2)の住んでいた地方の出である)勇猛な人。②古代、九州南部に住んでいた人々。はやひと。

はやとちり【早とちり】『名・ス自他』早合点をして失敗すること。

はやなわ【早縄】とりなわ。捕縄(ほじょう)。

はやね【早寝】『名・ス自』夜(いつもより)早いうちに床につくこと。

はやのみこみ【早×呑(み)込み】①『名』理解が早いこと。②『名・ス自他』↓はやがてん

はやばまい【早場米】植付けが早く、早く収穫する地方で出来る米。

はやばや【早早】『副「と」』予期したよりも早く。普通よりも早く。「明け方ー(と)出発した」「ー(と)目的地についた」

はやばん【早番】早く勤務する番。↕遅番(おそばん)

はやびきゃく【早飛脚】特別にさし向ける、急ぎの飛脚。

はやびけ【早引け・早△退け】『名・ス自』決まった時刻よりも早く退出すること。早退(そうたい)。▽「はやびき」とも言う。

はやひる【早昼】早めの昼飯。「ーを済ませて出掛けた」

はやびん【早便】その日早いうちに出る、郵便や飛行機などの便。↕遅便(おそびん)

はやぶさ【×隼】翼が長くとがり、非常に速く飛ぶ猛禽(もうきん)。自分より大きな鳥をも捕食する。鷹狩(たかがり)に用いた。▽はやぶさ科。

はやぶさとび【×隼跳び・×隼飛び】縄跳びで、二重跳びの二回転のうちの一回を綾(あや)跳びにする、とび方。

はやぶね【早舟】急いでこいで行く小舟。船足の速い舟。

はやま【端山】大きな山の端(はし)にある、人里に近い山。

はやまき【早×蒔き】普通よりも早い時節に種をまくこと。そういう品種。↕おそまき

はやま-る【早まる・速まる】『五自』①はやくなる。「予定がー」「スピードがー」②まだその時でないのに、その事をする。いそいで、判断をあやまる。【早】「ー・ったことをしてくれたものだ」「ー・って会社を辞める」

はやみ【早見】一目で簡単にわかるように工夫されている表や図の類。「星座ー」

はやみち【早道】①はやく目的が達せられる、手近で簡単な方法。ちかみち。「出世のー」②急ぎ足で道を行くこと。

はやみみ【早耳】(人の話などを)はやく聞きつけること。「業界きってのー」

はや-める【早める・速める】『下一他』①速さを加える。急がせる。「足をー」②期日・時刻などを予定より早くする。【早】「式の準備をー」

はやら-す【〈流行〉らす】『五他』↓はやらせる

はやら-せる【〈流行〉らせる】『下一他』はやるようにする。

はやり【〈流行〉】はやること。流行。「今年ーのスタイル」「ーことば」

はやりうた【〈流行〉歌】その時代の大衆の好みにあって、広く歌われる歌。りゅうこうか。

はやりぎ【△逸り気】血気にはやる気持。勇み立つ勢い。

はやりすたり【〈流行〉り廃り】はやることと、すたれること。「ーがある」

はやりっこ【〈流行〉(っ)△児】世間的に大そうもてはやされる人。売れっ子。▽やや古風。

はやりめ【〈流行〉△眼】流行性結膜炎のこと。

はや-る【〈流行〉る】『五自』その時に盛んである。㋐人気がある。その時にもてはやされる。「今ー・っているスタイル」㋑(多く、好ましくない事が)次々と伝わって広がる。「かぜがー」㋒家業などが、繁盛(はんじょう)する。「あの店はよくー・っている」

はや-る【△逸る】『五自』早くしたいという気持であせる、また、勇み立つ。「心がー」「血気にー」「ー・り立つ気持を抑えて待つ」

はやわかり【早分(か)り】①はやく理解されるように工夫してある図表や書物。「国文法ー」②理解がはやいこと。③早合点。

はやわざ【早業・早技】すばやくて鮮やかなわざ。「電光石火のー」

はら【原】平らで広い土地。また、耕作しない平地。

はら【腹】①動物の、胸に続く部分。脊椎動物では、腸などがはいっている、胸腔(きょうこう)と骨盤との間の所。表面をも、またその内部をも指す。「ーの筋を縒(よ)る」(腹の筋肉が痛くなるほど大笑いする。「ーの皮を縒る」とも)「背にーは代えられない」(↓せ(背)(1))「ーの虫」(↓はらのむし)㋐胃腸。「ーがすく」「ーも身の内」(腹も身体の一部だから暴飲暴食をつつしめという戒め)「ー八分目」㋑子が宿る、母の胎内。また、その母から生まれたこと。「ーを痛めた子」(実子)「ーは借り物」(子の身分は父親の家系で決まるものだ)「彼は後添(のちぞい)のーだ」②心が腹(1)に収まっているとして、次のように使う。㋐心に思うこと。考え。心中。「ーを固める」(決意する)「ーを探る」「ーを読む」「ーを割って話す」(包み隠さず真意を告げる)「ーに収める」(聞いた事

を心中にとどめたまま、人に漏らさない)「—に一物(いちもつ)」(何かたくらみがある)「—が黒い」(心に悪だくみがある)「—を合わす」(しめし合わせる) ㋑物事を恐れない気力。「—が出来ている」「—が太い」(物事に動じない。度胸が据わる)「—を据える」(覚悟を決める)「—をくくる」(同上) ▽㋐㋑は「肚」と書くことがある。㋒気持。「—が立つ」(怒る)「—を立てる」(同上)「—にすえかねる」(怒りをおさえることが出来ない。がまんができない)「—が癒える」(気持がおさまる)
③物の中央の(ふくらんだ)部分。「指の—」「徳利の—」

関連 おなか・腹部・脇腹・横っ腹・下腹・ウエスト・太鼓腹・布袋(ほてい)腹・腹這(ば)い・満腹・空腹・腹ぺこ・空き腹・茶腹・腹拵(ごしら)え・腹一杯・腹ごなし・腹時計・下り腹・渋り腹・太っ腹・片腹痛い・腹を抱える・五臓六腑(ぷ)

ばら ①一組になっているのをばらばらに分けたもの。「—で売る」「—売り」 ②ばら銭。少額の金。

ばら ①【〈薔薇〉】 ばら科の落葉低木の総称、また特に、野生種を改良した、つる性の観賞用植物。一般にとげがある。花は美しく、色や形も様々。芳香のある品種は香水の原料。野生種は日本でも身近な植物(大方はノイバラ)だった。明治以降、輸入のモダンな花として園芸種が広まる。しょうび。ローズ。いばら。「くれなゐの二尺伸びたる—の芽の針やはらかに春雨のふる」(正岡子規)「まあ華やかな、けだかい、燃え輝いた、咲きの盛りの五月の—」(与謝野晶子)「ロオザは—よ、—なれど サロンの、恋の花ならず、強権を刺す刺(とげ)の花」(生田春月) ②【〈荊棘〉】 ↓のいばら・いばら

=**ばら**【△輩・△原】《人を表す名詞に付けて》たち。ども。ら。「やつ—」「役人—」 ▽多く、敬意に欠けた表現に使う。今はほとんど言わない。

パラ《接頭語的に》障害者スポーツを表す語。「—アスリート」「—水泳」 ▽パラリンピックから。

はらあて【腹当(て)】 ①はらがけ。②袖・草摺(くさずり)がなく、腹部だけを覆うよろい。多く、雑兵(ぞうひょう)が用いた。大鎧(おおよろい)の下に着ることもある。

バラード ①自由な形式の民衆的小叙事詩。物語詩。譚詩(たんし)。②㋐語り物的な歌。また、物語的な内容・感情を器楽曲に移したもの。譚詩曲。㋑ゆったりしたテンポの感傷的なポピュラー音楽。▽「バラッド」とも言う。フランス ballade イギリス ballad(e)

ハラール イスラムの戒律で許されたもの、特に食材や料理。ハラル。▽アラビア halāl

はらあわせ(はらあはせ)【腹合(わ)せ】 表と裏を別の布で縫いあわせた帯。

はらい(はらひ) ①【払い】 ㋐支払い。「あの客は—がよい」(=代金をきちんと払ってくれる)「—がたまる」 ㋑筆を払うような運筆。その筆法による、字の部分。▽「お払い」は別義。↓はらう(1)㋑の最後の用例。②【×祓(い)】 神に祈って、罪・けがれ・災いなどを除き去ること。その式。また、その時によむ言葉。はらえ。「悪魔—」

はらいおと-す(はらひ:)【払い落(と)す】《五他》 はらって下に落とす。「花粉を—」

はらいきよ-める(はらひ:)【×祓い清める】《下一他》 祓(はら)いをして、罪・けがれを清める。

はらいこ-む(はらひ:)【払い込む】《五他》 料金・代金を相手の銀行口座などに振り込んで支払う。

はらいさげ(はらひ:)【払(い)下げ】 不用になったものを、役所などの機関が民間などに売り渡すこと。「—品」「国有地の—」

はらいせ【腹△癒せ】 怒り・恨みを晴らすこと。「しかられた—に当たり散らす」

はらいた【腹痛】 腹が痛むこと。ふくつう。

はらいっぱい【腹一杯】《副詞的にも使う》十分に食べて腹がふくれるほどであること。「—食う」

はらいの-ける(はらひ:)【払い△除ける】《下一他》 手で払って、または追い払うようにして、除き去る。「邪魔ものを—」「不安を—」

はらいもど-す(はらひ:)【払い戻す】《五他》 ①精算して余分の金銭を返す。「特急料金を—」②預貯金をその預金者に払い渡す。③競馬・競輪などで、当り券と引換えに現金を払い渡す。「配当金を—」

はらいもの(はらひ:)【払い物】 不用になって売り払うもの。

ばらいろ【〈薔薇〉色】 ①うすいくれないの色。「—の頰」 ②将来の見通しが明るいたとえ。「—の改革案」

はら-う(はらふ)【払う】《五他》 ①不要・邪魔なものを、振り動かしたりはたいたりなどして、取り去る。㋐切り落としたり横ざまに切るような動作をしたりして、取り除く。「枝を—」「刀を右に—って切っ先をかわす」「足を—って倒す」。筆を斜め下に引くようにして書く。「右に—」 ㋑ちり・くず等を除き清める。「天井のすすを—」。いらなくなった物をかたづけるため売り渡す。「古物を—」「くずや、お—い」(くず屋ですが、払い物はありませんか、の意の呼び声) ㋒神に祈って罪・けがれ・災いを除き去る。▽㋒は「祓う」と書く。㋓追いのける。「手を振ってハエを—」「先を—」(大名行列などの進む先にいる人をどかせる)「威勢、あたりを—」(威勢が行き渡る) ㋔すっかり無い状態にする(なる)。「地を—」「人が出—」 ②決済のために金銭を渡す。支払う。「現金で—」 ③心や力をそこに傾ける。「注意を—」「敬意を—」(尊敬する)「苦心を—」「犠牲を—」 ▽(3)は pay の直訳から。

はらえ(はらへ)【×祓え】 ↓はらい(2)

バラエティー ①多様性。変異。「—に富む」②歌・踊り・寸劇などをとりまぜた、寄席(よせ)風の大衆演芸。また、放送でそれを基にした娯楽番組。「—ショー」 ▽variety

はらおび【腹帯】 ①腹に直接まく帯。はらまき。②岩田帯。③鞍(くら)を置くために馬の腹に締める帯状の

馬具。

はらがけ【腹掛(け)】 胸から腹にかけて体の前部を覆う下着。こどもの寝冷えを防ぐためのものや職人が半纏(はんてん)の下に着るものなど。腹当て。

はらから【〈同胞〉】 ①同じ母から生まれた兄弟姉妹。きょうだい。②おなじ国の民。▽雅語的。

はらがわり【腹変(わ)り】 →はらちがい

はらぎたなーい【腹汚い・腹×穢い】《形》心がきれいでない。根性が悪い。派生 **-さ**

はらきり【腹切(り)】 切腹のこと。

はらくだし【腹下し】 下痢(げり)。

はらくだり【腹下り】 下痢(げり)。

パラグライダー 柔軟翼の揚力を利用して、グライダーのように滑空するスポーツ。▽paraglider

パラグラフ 文章の段落。節。▽paragraph

はらぐろーい【腹黒い】《形》心がねじけて、よからぬたくらみがある。陰険だ。「―はかりごと」派生 **-さ**

はらげい【腹芸】 ①芝居で、役者がせりふや動作によらず、思い入れなどで扮(ふん)する人物の気持を表すこと。②転じて、直接的な言葉や行動によらず、度胸や経験で物事を処理すること。「―にたけた政治家」③軽業(かるわざ)などで、あおむけに寝ている人の腹の上で、いろいろの芸を演じること。また、腹に描いた顔などを、さまざまに動かして笑わせる芸。

ばらーける《下一自》まとまっていたものがばらばらになる。「包みの紐(ひも)が切れて中身が―」

はらこ【腹子】 ①魚の腹の中にある卵。生の筋子・たらこなど。②子牛の皮。カーフ。その製品。▽「ハラコ」と書くことが多い。

はらごしらえ【腹×拵え】《名・ス自》食事をすること。また、物事にかかる前に食事をしてその物事に備えておくこと。

はらごたえ【腹応え】 食べたという充足感。満腹感を与えること。「―のある食物」

はらごなし【腹ごなし】 運動などをして、食物の消化を助けること。「―に散歩する」

パラサイト ①寄生生物。②転じて、他者に依存して生きること。「―シングル」(大人になっても未婚のまま親と同居し親に依存している人) ▽parasite

パラシュート 航空機などから人や物資を投下して安全に着陸させるための、布製のかさ形の用具。落下傘。▽parachute

はらーす【晴らす】《五他》不快な気持を取り去って晴れ晴れさせる。「恨みを―」「憂さを―」。かかった疑いなどを解消させる。「疑いを―」

はらーす【腫らす】《五他》腫れる結果を引き起こす。「歯ぐきを―」「目を泣き―」

ばらーす《五他》〔俗〕①ばらばらにする。㋐解体する。㋑殺す。㋒盗品などを売り払う。②人の秘密をあばき、言い広める。「悪事を―」

バラス →バラスト(1)

はらすじ【腹筋】 腹の筋肉。「―を縒(よ)る」(おかしくて、苦しいほど笑う)

ばらずし【ばら×鮨】 味付けした魚介・野菜などの具を酢飯の上に乗せたり、混ぜ込んだりした料理。五目ずし。散らしずし。

バラスト ①道路・線路などに敷く砂利(じゃり)。バラス。②船底に積んで、船を安定させるための重量物。脚荷(あしに)。③気球・潜水艇などが、昇降の調節に使うおもり。▽ballast

ばらずみ【ばら炭】 一俵単位としてでなく、ばらで売る炭。

ハラスメント 人を困らせること。いやがらせ。「セクシャル―」「パワー―」▽harassment

ばらせん【ばら銭】 こぜに。はしたぜに。

パラソル (女性用の)洋風の日傘。▽parasol →ビーチ パラソル

パラダイス 天国。非常に楽しい世界。楽園。「子供の―」▽paradise

パラダイム ①〔哲学〕(科学上の問題などについて)ある時代のものの見方・考え方を支配する認識の枠組み。「地動説は天動説に対する―の革新だった」▽科学哲学を介し一九七〇年ごろから広まった用法。②〔文法〕語形変化の一覧表。活用表・格変化表など。③〔言語〕文などにおいて、同一の箇所に入れ替えることが可能な語の集合や系列。範列。例、「空が……」の「……」に入り得る「高い」「青い」「広い」など。▽paradigm

はらだたしーい【腹立たしい】《形》腹が立ってくる気分だ。「―事件」派生 **-さ -げ**

はらだち【腹立ち】 おこること。むっとすること。▽五段動詞「はらだつ」の連用形から。

ばらだま【ばら弾】 ①一発ずつうつ弾丸。②霰弾(さんだん)。

パラチオン 毒性が強い有機燐(りん)化合物。農業用殺虫剤。▽現在では使用禁止。ドイツ Parathion

はらちがい【腹違い】《ノダ》きょうだいで、父は同じで母が別であること。異腹。はらがわり。「―の姉」

パラチフス パラチフス菌によって起こる急性消化器病。症状は腸チフスに似ているが、軽い。▽ドイツ Paratyphus もと法定伝染病の一つ。

ばらつーく《五自》①(束ねてあるものが)ばらばらと乱れ散らばる。「髪が―」「測定値が―」②大粒の雨などがばらばらと少し降る。

バラック 一時的に建てた、粗末な(木造)家屋。本式な作りでない、仮の建築。▽barrack

ぱらつーく《五自》雨などがぱらぱらと少し降る。「朝方少し―いた」

はらつづみ【腹鼓】 腹をふくらませて、つづみのように打ち鳴らすこと。「たぬきの―」「―を打つ」(十分食べて満足する意にも) ▽「はらづつみ」とも言う。

ばらっと《副》まばらにまき散らすさま。「―餌をまく」

ぱらっと《副》①小さい粒が、まとまらずに散るさま。

「ごま塩を―振る」「雨が―降る」②紙などをめくる音。そのさま。「ページを―くる」

はらっぱ【原っぱ】子供が遊び場とする、草の生えた空き地。▽「原」の幼児語から。

はらづもり【腹積(も)り】心の中でこうしようと決めていること。心づもり。「妥協はしない―で会にのぞむ」

はらどけい【腹〈時計〉】腹のすき具合から大体の時刻を推定すること。「―では、もう正午」

パラドックス →ぎゃくせつ(逆説)・ぎゃくり。▽paradox

ばらにく【ばら肉】牛・豚のあばら骨の周りの肉。バラ。カルビ。三枚肉。

パラノイア ある妄想を始終持ち続ける精神病。妄想の主題は、誇大的・被害的・恋愛的なものなどさまざまである。偏執(へんしゅう)病。妄想症。▽paranoia

はらのむし【腹の虫】①回虫など(の寄生虫)。②心中の感情を虫にたとえた言い方。「―がおさまらない」(腹立たしくて我慢できない)「―が承知しない」(同上)

はらばい(ひ)【腹×這い】①腹を地につけて手足で進むこと。「赤ん坊が―で進む」②腹を下にして寝そべること。「―になって本を読む」

はらはちぶ【腹八分】腹一杯まで食わず、それより少なめにとどめること。その状態。腹八分目(はちぶんめ)。「―に医者いらず」

はらはら ①『副[と]・ス自』あやぶんで気をもむさま。「見ていても―する」②『副[と]』木の葉やしずくなどが乱れ散るさま。「桜が―(と)散る」「―(と)涙をこぼす」

ばらばら ①『副[と]』㋐人や動物が、まとまりなく移動するさま。「―(と)駆け寄る」㋑小さな粒状のものが連続的にぶつかる音。そのさま。「雹(ひょう)が―(と)降る」②『ダナ』分散して、まとまりがないさま。また、それぞれが独立しているさま。「―の資料をまとめる」「―に生活する」

ぱらぱら ①『副[と]』㋐まばらに散らばっているさま。「商店が―(と)あるだけ」㋑紙などをくる音。そのさま。「ノートを―とめくる」。小さな粒状のものが落ちる音。そのさま。「種を―(と)まく」②『ノダ』まとまりなく離れているさま。「粘り気のない―の古米」

ばらふ【ばら△斑】タイマイの甲の上に黒いまだらのあるもの。また、それで作ったべっこう。

パラフィン 原油をセ氏三百度以上で蒸留し、得た重油をひやして析出する、白い、ろう状の固体。無臭。ろうそくの原料。また、つや出し・防水・クレヨン用。▽paraffin

パラフレーズ『名・ス他』語句の意味を分かりやすく別の言葉で述べること。敷衍(ふえん)すること。▽paraphrase

はらぺこ【腹ぺこ】〔俗〕おなかが非常にすいていること。

パラボラ アンテナ 皿状の、放物曲面の反射器をもつアンテナ。無線通信や衛星放送の送受信などに使う。▽parabola と antenna とによる和製英語。

はらまき【腹巻(き)】①腹が冷えるのを防ぐために巻きつける布、または筒形の毛糸編物。②草摺(くさずり)を細かく分け足さばきをよくした、徒歩用の小形の鎧(よろい)。

ばらまく【ばら×蒔く】『五他』①ばらばらと方々に散らす。「紙を―」②金銭を方々に気前よく与える。③よくないものを広範囲に伝える。「うわさを―」

はらみつ【波羅蜜】〔仏〕迷いの世界である此岸(しがん)(=俗世)から仏陀(ぶっだ)の悟りの境地である彼岸に至ること。仏になるための菩薩(ぼさつ)の修行。▽梵語(ぼんご)。「波羅蜜多」とも言う。

はらむ【×孕む】①『五自他』腹に子を宿す。妊娠する。「どらねこが子を―」▽「腹」に基づく動詞。胎児が大きくなると腹がふくらむことから言った。一種の忌み言葉だったろうが、「身籠(みごも)る」に比べると悪い語感が伴う。②『五自』植物の穂が出ようとしてふくらむ。③『五他』中に含んで持つ。「帆が風を―」「嵐を―んだ情勢」

パラメータ ①数学で、二つ以上の変数間の関数関係を間接に表すために用いる、補助の変数。②統計学で、母集団の特性を示す定数。母数。③コンピュータで、プログラムの動作を決定するために指定する数値や文字列。▽parameter

パラメトロン 強磁性体の小型の環状磁心を使った、高周波電気回路用の素子の一つ。日本の発明で、電子計算機などに使われた。▽parametron

はらもち【腹持ち】消化時間が長く、腹がなかなかすかないこと。「―のいい食物」

バラモン【婆羅門】①インドの四姓の最高階級。祭祀(さいし)をつかさどった。②バラモン教。その僧侶(そうりょ)。▽梵語(ぼんご)。 **―きょう**【―教】古代インドの宗教。仏教以前に、バラモン階級を中心として行われていた。仏教以後、ヒンドゥー教として発達。

バラライカ ロシアやウクライナの弦楽器。ギターに似て、三弦で、胴は三角形。指ではじいて演奏する。▽(ロシア) balalaika

はらり『副と』①葉・紙・布などが翻るさま。「羽織を―と脱ぐ」②軽いものが翻るように落ちるさま。「涙を―とこぼす」

ぱらり『副と』①小さなものがまとまりなく乱れ散るさま。「飯を油で―といためる」②紙や布などが(軽い音をたてて)翻るさま。「紙入れから何か―と落ちた」

パラリンピック 身体障害者の総合的な国際スポーツ大会。▽Paralympic 元来 paraplegia(=下肢麻痺(ひま))と Olympics とからの造語だったが、para を「もう一つの」の意(parallel)に取り、正式名称となった。オリンピックと同じ年に同じ場所で開催。

パラレル ①『ダナ』平行(的)。並列(的)。②『名』スキ

ーの板を平行にそろえてターンする技術。▽parallel

はらわた【△腸】①体の内部にある臓器。特に、腸(ちょう)のこと。大腸と小腸。「ーがちぎれる」(悲しみにたえられない思いをする)「ーが煮えくり返る」(がまんできない激しい怒りを覚える) ②転じて、心。精神。「ーが腐っている」③瓜(うり)などの内部の、種子を包んだ柔らかい部分。

はらん ①【波×瀾・波乱】大波が荒れるように、静かな状態が破れ、乱れていること。大きなもめ事。▽「ー万丈」「ーに富む生涯」など②の比喩的用法から。②【波×瀾】(連なり寄せる)大小の波。▽多くは大波を指す。「ーに没する島影」

はらん【葉×蘭】中国原産の常緑多年草。葉は深緑色で、大きな長楕円(だえん)形。早春、地面に接して、緑紫色・つぼ状の花が咲く。観賞用に栽培。葉は生花(いけばな)用、地下茎は薬用。▽くさすぎかずら科(旧ゆり科)。

バランス つりあい。均衡。「ーがくずれる」「ーをとる」▽balance **ーシート** →たいしゃくたいしょうひょう。▽balance sheet「B/S」と略す。

はり【×梁】柱の上にはり渡し、屋根を支える材。▽特に、桁と区別して、棟と直角に掛けるものを言うこともある。

はり【針・×鍼】金属・竹・角などで細長く作り、先がとげのようにとがったもの。㋐刺して縫ったりとめたりするのに使う物。【針】「ーに糸を通す」「ーほどの事を棒ほどに言う」(→しんしょうぼうだい)「ーの落ちる音が聞こえるくらい静かだ」「地獄のーの山」「ーの筵(むしろ)」(周囲から責められて非常につらい思いをする環境・場所のたとえ) ㋑はり㋐に形が似た物。【針】「蜂のー」「注射器のー」「レコードのー」「時計のー」㋒東洋医学で、治療のために打つ、縫い針・留め針に似た形の物。また、それを使う療法。【鍼】㋓→つりばり。㋔裁縫のこと。【針】「おーを習う」㋕比喩的に、人の心を刺すようなもの。【針】「ーのある言葉」

はり【張(り)】①〘名〙㋐(引っ)張ること。また、その程度・力。「ーの強い弓」㋑引き締まって力強いこと。「ーのある声」㋒意地っ張り。意気地(いくじ)。また、はりあい。「生きるーを失う」②〘接尾〙弓・幕・提灯(ちょうちん)などの数を表す時に添える語。「弓一ー(ひとはり)」

はり【×玻璃】①七宝(しっぽう)の一つ。水晶のこと。②ガラス。③火山岩中に含まれている非結晶質の物質。自然玻璃。▽梵語(ぼんご)。

ばり 鋳込み・プレスの際、角や継ぎ目にはみ出て残ってしまった材。「プラモデルのーを取る」

ばり【罵×詈】〘名・ス他〙口ぎたなくののしること。「ー雑言(ぞうごん)を浴びせる」「ー讒謗(ざんぼう)」▽「罵」も「詈」も悪口を言う意。

=ばり【張(り)】有名なものをまねる、またはそれに似ていること。「ゴッホーの絵をかく」

はりあい【張(り)合い】①努力した甲斐(かい)があるという感じ。「これではーがない」「ーが抜ける」(がっかりする) ②せりあうこと。競争すること。「意地のー」

はりあ-う【張(り)合う】〘五自〙互いに意志や欲を通そうとする。対抗する。せりあう。「ーって譲らない」

はりあ-げる【張(り)上げる】〘下一他〙声を高く大きく出す。「声をーげて歌う」

バリア フリー 障害者や老人、特に、車椅子に乗った人の移動が楽に安全にできるなどの、配慮がしてあること。▽barrier-free 日常の生活品などに言うこともある。

はりい【×鍼医】鍼術(しんじゅつ)を業とする人。

はりいた【張(り)板】洗った布や、すいた紙を、上に張りつけて乾かすための板。

バリウム ①金属元素の一つ。元素記号Ba 銀白色で、酸化しやすく、緑色の炎をあげて燃える。各種合金に用いる。▽barium ②X線造影剤の硫酸バリウムの通称。

バリエーション ①変種。変化。②〔音楽〕変奏曲。▽variation

はりえんじゅ【針×槐】北アメリカ原産の落葉高木。街路樹などとして植える。葉は羽状複葉。枝・幹にとげがある。初夏、白い蝶(ちょう)形の花がふさ状にたれて咲く。かおりがいい。ニセアカシア。▽まめ科。

はりおうぎ【張(り)扇】外側を紙で張り包んだ扇。講談師などが調子をとるため机を打つのに使う。

はりかえ【張(り)替え】①古くなった物を取り除いて、新しく張ること。「ふすまのー」②着物を解きほぐして洗い張りすること。そうして仕立てた着物。

はりがね【針金】金属を細い線状に延ばしたもの。

はりがみ【張(り)紙・貼(り)紙】物に張りつけた紙。紙を張りつけること。㋐伝達すべき事を書いて衆人の目につく所に張った紙。㋑(注意などを書いて)張りつけておく紙。付箋(ふせん)。

バリカン 髪の毛を刈り込む金属製の用具。▽日本に最初に舶来したものが、フランスのBariquand et Marre製作所のものであったことから。

ばりき【馬力】①工業上用いられる仕事率の単位。一馬力は七三五・五ワット、一英馬力は七四六ワット。②転じて、(仕事をする)精力的な力。「ーをかける」③荷馬車。▽「ばりょく」と読んで、馬の働く力の意に使うこともある。

はりき-る【張(り)切る】〘五自〙①筋肉などが力強く十分に張る。②転じて、元気にあふれて意気込む。「新しい職場でーっている」

はりくよう【針供養】二月(京都などでは十二月)八日に、裁縫を休み、折れた針の供養をする行事。

バリケード 市街戦などで、木材・土嚢(どのう)などで急造した柵防壁。防塞。▽barricade

ハリケーン 西インド諸島近海・メキシコ湾などに発生する強力な熱帯低気圧。▽hurricane

はりこ【張(り)子】 型に紙を張り重ね、乾いた後、中の型を取り除いて作ったもの。はりぬき。「—の虎」(外見は強そうで、実は弱いもののたとえにも)

はりこ【針子】 仕立屋にやとわれて裁縫をする娘。

はりこ-む【張(り)込む】 ①《五自》(犯人の特定や逮捕などのため)相手が現れると思う所に待機して見張る。張り番をする。②《五他》紙片や写真などを(台紙などに)はる。▽「貼り込む」とも書く。③《五自他》奮発して大金をかける。「祝儀を—」

バリコン 蓄えられる電気の容量を変えられるコンデンサー。ラジオの同調部などに用いる。可変蓄電器。▽variable condenser から。

はりさ-ける【張(り)裂ける】《下一自》いっぱいに張りつめて破れる。「のども—けよと叫ぶ」「胸の—思い」

はりさし【針刺(し)】 裁縫用の針を刺しておく道具。綿などを布地で包んで作る。針山。針立て。

はりしごと【針仕事】 裁縫。縫い物。

はりたお-す【張(り)倒す】《五他》相手を平手(ひらて)で強く打って倒す。

はりだし【張(り)出し】 ①建築で、土台の線から外へ張り出した部分。「—窓」②広く示すために張り出すこと、張り出したもの。▽「貼出し」とも書く。③相撲(すもう)で、番付の欄外に記すこと。「—横綱」

はりだ-す【張(り)出す】 ①《五他》紙に書いたものなどを、広く示すためにはりつけてかかげる。「成績を—」▽「貼り出す」とも書く。②《五他自》外へ出っ張らせる。外へ出っ張る。「軒を—」「枝が—」「高気圧が—」

はりたて【針立(て)】 はりさし。

はりつ-く【張(り)付く・貼(り)付く】《五自》はりつけた状態になる。はりつけたようにくっつく。「—いて取材する」

はりつけ【×磔】 地上に立てた柱などに体をしばりつけて突き殺す、昔の刑罰。

はりつ-ける【張(り)付ける・貼(り)付ける】《下一他》①のりなどでものをはる。ひろげて他の物にくっつける。「シールを—」②比喩的に、人をある場所に引きとめる、またはある役につける。「現場に記者を—」

ばりっと《副・ス自》①薄い物が破れたりはがれたりする音。そのさま。「紙袋を—開ける」②押し出しがよく見栄えがよいさま。「背広を—着こなす」

ぱりっと《副・ス自》①張りがあって、皺(しわ)がないさま。「—糊(のり)のきいたワイシャツ」②食べ物の、表面が固くて歯ごたえがよいさま。「—香ばしく焼く」③→ばりっと(1)

はりつ-める【張(り)詰める】《下一自他》①気を十分にひきしめる。緊張する。「—めた気持」②一面に残す所なくはる。「氷が—」「タイルを—」

パリティー ①ある財貨(たとえば米)の価格を人為的に決める場合、それとなんらかの形で直接関連する諸財貨(たとえば米の生産に必要な肥料や生活用品など)の価格変化につり合うように決めること。「—方式」「—計算」▽parity(=同等。等価)②→パリティー チェック。 **—チェック** 電子的データで、データのくずれを検出する方法の一つ。データを表すビット(3)の和が偶数か奇数かになるように一ビット付け加える。▽parity check

はりとば-す【張(り)飛ばす】《五他》相手を平手(ひらて)で激しくなぐる。「横っ面を—」

バリトン 男声の、中位の声域。テナーとバスの中間。また、この音域を持つ種々の楽器の名。特に、サキソフォン類のバリトン音域のもの。▽baritone

はりぬき【張(り)抜き】 →はりこ(張子)

はりねずみ【針×鼠】 頭から尾に至る背面に、あらく鋭い毛がはえている哺乳(ほにゅう)動物。体長二〇〜三〇センチ。形はねずみに似て、足は短小。▽はりねずみ科の獣の総称。

はりのき【×榛の木】 →はんのき

はりばこ【針箱】 針仕事の道具を入れておく箱。

ばりばり ①《副[と]》薄くて張りのあるものが割れたりはがれたりする音。そのさま。「壁紙を—(と)はがす」「池の氷を—(と)割る」②《ノダ》張りがあるさま。固くこわばっているさま。「—の仕立て下ろし」③《副[と]・ノダ》(そのものとして)勢いがあるさま。「—(と)働く」「—の江戸っ子」「現役の—」

ぱりぱり ①《副[と]・ス自》歯切れがよいさま。その音。「—(と)した海苔(のり)」②《ノダ》皺(しわ)がなく張りがあるさま。「—の新札」

はりばん【張(り)番】 見張って番をすること。それをする人。見張り番。

はりぼて【張りぼて】 張子(はりこ)。また、張子で作った芝居の小道具。

はりま【×梁間】 梁が渡されている(棟と直角の方向の)長さ。↔桁行(けたゆき)。「桁行四間—三間」

はりまぜ【張(り)混ぜ・貼(り)△雑ぜ】 いろいろな書画を混ぜて張りつけること。また、そのようにはりつけたもの。「—の屏風(びょうぶ)」

はりまわ-す【張(り)回す】《五他》まわり一面に張る。「幕を—」

はりみせ【張(り)店・張(り)見世】 遊郭で、娼妓(しょうぎ)が店先に並んで客を待つこと。

はりめ【針目】 針で縫った目(の長さ)。

はりめぐら-す【張(り)巡らす】《五他》まわり一面に張る。はりまわす。「金網を—」「情報網を—」

はりもの【張(り)物】 ①洗った布地をのりづけして、張板にはり、または伸子(しんし)張りにすること。その布地。②芝居の道具の一つ。木に紙や布を張って岩・樹木などの形に作ったもの。

はりやま【針山】 はりさし。

バリュー あたい。ねうち。価値。「ニュース—」▽value

ばりょう【馬糧・馬料】馬の飼料。

は-る 🈔【張る】《五自》こもっていたもの(の力)が外に向けて広がり出る。①伸び現れる。「木の芽が—」。伸び広がる。「根が—」②内の力が動いてふくれる。㋐引き締まる。緊張する。「気が—」㋑強く盛んに働く。「欲が—」。普通以上に増す。かさむ。「値が—った品」㋒(圧迫され)こわばった感じがする状態になる。「腹が—」「肩が—」③(一面に)広がりふさぐ。「氷が—」「くもの巣が—」

🈩【張る・貼る】《五他》力いっぱい押し広げる。▽一般に「張る」と書く。①内の力が現れ出て伸ばし広げる。「木が根を—」「勢力を—」。ぐっと空間に突き広げる。「ひじを—」「胸を—」「軒を—り出す」②内の力・働きを外に現れるようにする。㋐構え設ける。「店を—」「論陣を—」「祝宴を—」「屋台を—」㋑強く盛んにする。「欲を—」。緊張させる。「気を—」。意志などを固くしてなかなか変えない。「強情(ごうじょう)を—」㋒負けまいと対抗する。「向こうを—」㋓しっかりと身をおく。「大関を—り続ける」。しっかりと人に示す。「見えを—」㋔思いを掛けた人を得ようと、せり合う。「女を—」(㋕の意でも使う) ㋕つけねらう。見張る。番をする。「星(=犯罪容疑者)を—」㋖金銭を賭ける。「相場を—」「丁の目に—」③一面に広げる。㋐たるみなく延べ広げる。「幕を—」「金網を—」。水を容器に満たす。「おけに水を—」。細長いものを一端から他端に、たるみのないように引き渡す。「綱を—」「弓に弦を—」「弓を—」「アンテナを—」▽これの見立てで「リンクを—」が一九九〇年ごろから言い出された。㋑一面に平らに、または平らにのばして、打ちつけたりのりづけにしたりする。「羽目板を—」「壁にタイルを—」「小道に芝を—」「傘(からかさ)を—」「ビラを—」「袋を—」▽のりづけの時には「貼る」とも書く。㋒平手(ひらて)で打つ。「ほおを—」「—り倒す」

はる【春】①季節区分の一つ。㋐冬の次の季節。立春から立夏の前日まで。日本では普通三・四・五の三か月。陰暦では一・二・三の三か月。気候が良く、草木が芽を出しいろいろな花が咲く。「—は桜よ秋ならもみじ」「—の七草」(→ななくさ⑴) ▽天文学上は、春分から夏至(げし)までが北半球の春。㋑新年。▽陰暦では立春のころが新年だから。②春①㋐の比喩的用法で、次のものを指す。㋐最盛期。得意の時。「わが世の—」㋑青年期。「人生の—」「—の目覚め」(青年期に性の欲望が発すること) ㋒『—をひさぐ』売春をする。関連 春季・立春・新春・回春・初春(はつはる)・早春・浅春・春先・孟春(もうしゅん)・陽春・仲春・晩春・暮春・惜春・季春・常春(とこはる)・春風駘蕩(しゅんぷうたいとう)

=ばる《体言に付け、五段活用の動詞を作る》それが表・外形にまで張り出す(感じがする)。「骨—った体つき」「筋—」「かさ—ってじゃまだ」「欲—」「武(ぶ)—った事を好む」。その(ような)形をする。「角—」「しゃちこ—」。むやみにそれを重んじる。「格式—」「形式—」▽「張る」から。

はるあらし【春嵐】春先に吹くはげしい風。

はるいちばん【春一番】立春から春分までの間に、日本海の低気圧に向けて吹く初めての強い南よりの風。▽戦後、気象用語から広まった。

バルーン 風船。気球。「—アート」「アド—」▽balloon

はるか【×遥か】《ダナ・副》距離・時間・程度がきわめて隔たっているさま。「—な旅」「—昔」「—に大きい」 派生 -さ

はるぎ【春着】①春に着る衣服。②新年に着る新しい衣服。

はるご【春△蚕】春に飼うかいこ。

バルコニー 西洋建築で、外へ張り出して作った、屋根のない手すりのついた台。露台。バルコン。▽balcony

バルコン →バルコニー。▽フランス balcon

はるさき【春先】春の季節に入ったころ。早春。

はるさく【春作】春に栽培・収穫する作物。

バルサミコす【バルサミコ酢】ぶどう果汁を長期間熟成させて作った濃厚な酢。バルサミコ。▽「バルサミコ」はイタリア balsamico

はるさめ【春雨】①春、静かにふる雨。②緑豆(りょくとう)の粉で作った、そうめん状の乾燥食品。ゆでると透明になり、いため物やサラダにする。

パルス 極めて短い時間だけ流れる電流や電波。また、そのくりかえし。▽pulse(=脈搏(みゃくはく))

はるぜみ【春×蟬】体長三センチほどの、小形のせみの一種。日本の特産で、四月ごろ一番早く出る。雄は全体が黒、雌には褐色紋がある。松林に多い。まつぜみ。

パルチザン 土地の住民のなかから立ちあがり、武器をとって戦う、遊撃隊・別働隊。▽フランス partisan

はるつげどり【春告(げ)鳥】ウグイスの異名。

パルテノン ギリシアのアテネにある神殿。▽ギリシア Parthenōn

パルナシアン 十九世紀、フランスに起こった、唯美主義的な態度の詩人の一派。高踏派。▽フランス Parnassiens

はるのななくさ【春の七草】《連語》→ななくさ⑴

はるばる【×遥×遥】《副[と]》距離が遠く隔たるさま。遠く隔たった所から来る、またはそういう所に行くさま。「遠路—(と)上京する」「—やって来る」

バルブ ①管を通る液体や気体の出入りを開閉によって調節するもの。弁。②真空管。▽⑴⑵は valve ③カメラで、シャッターの開閉を手動で行う動作方式。▽bulb

パルプ 植物から得るセルロース繊維。紙・人絹の原料。▽pulp

はるまき【春巻(き)】えび・肉・野菜などを小麦粉や米粉の薄い皮で棒状に包み、そのまま、または油で揚げて食べる前菜風の料理。「生—」

は

はるめ-く【春めく】《五自》まだ冬だと思ううちに、いつか春の気配(けはい)がきざす。「一雨ごとに—いてくる」

パルメザン チーズ イタリアのパルマ原産の、固形のナチュラル チーズ。▽parmesan cheese 日本では粉状にして用いることが多い。

はるもの【春物】春、身につける衣料品。

はれ【晴(れ)】①空に雲がないこと。天気がよいこと。②疑いが晴れること。「—の身となる」③表向きの場であること。表立って晴れがましいこと。↕褻(け)。「—の舞台」(↓はれぶたい) 関連 晴れ渡る・秋晴れ・日本晴れ・五月(さつき)晴れ・梅雨(つゆ)晴れ・夕晴れ・晴れ間・雲間・天気・上天気・快晴・晴天・好天・炎天・日和(ひより)・秋日和・菊日和・小春日和・照り・日照り

はれ【腫れ】腫れること。腫れている度合。「—が引く」

はれあが-る【晴(れ)上がる】《五自》すっかり晴れる。

はれあが-る【腫(れ)上がる】《五自》はれて膨れ上がる。「アブにくわれて—」

ばれい【馬齢】①馬の年齢。「—五歳」②自分の年齢をへりくだって言う語。「—を重ねる」(たいしたこともせず、むだに年をとる)

ばれいしょ【馬鈴×薯】じゃがいも。

はれいしょう【晴(れ)衣×裳】晴れ着。

バレエ 西洋の劇場舞踊の代表的なもの。舞踊・音楽・美術などの総合芸術。▽(フランス) ballet

バレー「バレーボール」の略。 **—ボール** 球技の一つ。六人または九人ずつの両チームが、ネットを境としてコートの両側に位置し、手でボールを打ち合う。排球。また、それに使うボール。「シッティング—」(臀部(でんぶ)の一部を必ず床につけてするバレーボール) ▽volleyball

ハレーション 写真で、強い光の当たった周囲が白くぼやけて不鮮明になること。▽halation

パレード 行列をととのえた、はなやかな行進。「祝賀—」「—をくりひろげる」▽parade

はれおとこ…をとこ【晴(れ)男】出掛ける時にはよく晴天に恵まれる、そういう男。

はれおんな…をんな【晴(れ)女】出掛ける時にはよく晴天に恵まれる、そういう女。

はれがまし-い【晴(れ)がましい】《形》面映(おもは)ゆいほど、はなやかでおもてだっている。「—席には出たくない」派生 **-さ・-げ**

はれぎ【晴(れ)着】晴れの場所に着て出る衣服。晴れ衣装。「正月の—」

パレス 宮殿。▽palace 娯楽施設などの名前につけることもある。

はれすがた【晴(れ)姿】晴れ着を着た姿。また、晴れの場所に臨む見事な姿。「一世一代の—」

はれつ【破裂】《名・ス自》①(内からの圧力などで)激しく裂けて壊れること。「ガス管が—する」②転じて、交渉・会談がまとまらず、物別れになること。「談判—」

パレット 絵の具を出してまぜ合わせるための板状の道具。調色板。「—ナイフ」▽palette

はれて【晴れて】《連語》《副詞的に》だれはばかるものでなく。公然と。正式に。「—夫婦になる」

はればれ【晴(れ)晴(れ)】《副[と]・ス自》心に曇りがなく、さっぱりしているさま。「—(と)した顔つき」「心も—と外出する」

はれぶたい【晴(れ)舞台】人の注目が集まる晴れ③の場所。晴れの舞台。「オリンピックの—に立つ」

はれぼった-い【腫れぼったい】《形》はれて重たいような感じだ。「—目」派生 **-さ**

はれま【晴(れ)間】①一時的に雨・雪がやみ、または霧が消えている間。「梅雨(つゆ)の—」②雲の切れ目に見える青い空。「—が見える」

ハレム イスラム教徒の邸宅の奥にある、女性専用の居間。また、イスラム王朝の後宮。▽harem 「ハーレム」とも言う。

はれもの【腫(れ)物】炎症により皮膚の一部がはれて膿(うみ)などをもったもの。できもの。「—に触るよう」(気むずかしい人などを恐る恐る取り扱うさま)

はれやか【晴(れ)やか】《ダナ》①心がはればれとして明るいさま。「—な笑顔」②晴れ渡ったさま。③明るくはなやかなさま。「—に着飾る」派生 **-さ**

バレリーナ バレエの女性の踊り手。特に、主役の踊り手。▽(イタリア) ballerina

は-れる【晴れる】《下一自》①雲や霧が消え去る。雨や雪がやむ。▽「霽れる」とも書く。②心をおおう不快なものが消え去り、明るくなる。「気が—」「憂さが—」。かかった疑いが消える。「容疑が—」

は-れる【腫れる】《下一自》病気・炎症・打撲などで、体のその部分がふくれる。▽「張る」と同語源。

ば-れる《下一自》《俗》かくしていたことや嘘(うそ)などが明るみに出る。露顕する。「正体が—」

バレル →バーレル

ハレルヤ キリスト教で、歓喜・感謝をあらわす語。「—コーラス」▽hallelujah (=神を賛美せよ)

はれわた-る【晴(れ)渡る】《五自》雲一つ無く空がすみずみまで晴れる。

ばれん【馬連・馬×楝】木版刷りで、版木の上においた紙の上をこする道具。

ばれん【馬×簾】まといのかざりとして、周りに垂れ下げるもの。紙・革製で、細長い。

バレンタイン デー 好きな人に(日本では女性から男性にチョコレートなどの)贈り物をする、二月十四日。▽St. Valentine's Day から。バレンタインは、三世紀に殉教死したローマの司祭。

はれんち【破廉恥】恥を恥とも思わないこと。はじ知らず。鉄面皮。厚顔無恥。「—な振舞い」 **—ざい**【—罪】道徳的に非難すべき動機・原因からなされる犯罪。例、詐欺・窃盗・贈収賄など。

ハロ 太陽または月の周りにできる暈(かさ)。暈(うん)。ハロー。▽halo

はろう【波浪】なみ。「―注意報」▽「波」は小波、「浪」は大波。

はろう【破×牢】〘名・ス自〙囚人が牢(ろう)をやぶって逃げ出すこと。

ハロウィーン キリスト教の万聖節(諸聖人の祝日)の前夜祭。十月三十一日。ハロウィン。▽Halloween 古代ケルト起源で、秋の収穫を祝い、悪霊を追い出すための祭り。アメリカでは、カボチャの提灯(ちょうちん)を飾ったり、仮装した子供たちが近所の家を回りお菓子をもらったりする。

ハロー ワーク 公共職業安定所の愛称。▽一九九〇年から用いる、hello と work とによる和製英語。

ハロゲン 弗素(ふっそ)・塩素・臭素・沃素(ようそ)・アスタチンの総称。化合物を作りやすい。ハロゲン元素。▽ドイツ Halogen

バロック 十六世紀末から十八世紀にかけてヨーロッパに流行した芸術様式。複雑華麗で、動的。「―音楽」▽フランス baroque

パロディー 文学作品の形式の一種。他人の(荘重な)詩文をたくみにまねて、こっけいな主題をとり扱うもの。狂歌や替え歌もその例。もじり。▽parody 広く他の芸術作品にも言う。

バロメーター ①気圧計。晴雨計。②転じて、あるものごとの現在の状態をさし示すめじるしとなるもの。「体重は健康の―」▽barometer

パワー 力。力量。「―アップ」「住民―」▽power ―ゲーム 主導権を得ようとするための駆け引き。「軍事力による―」「人間関係の―」▽power game ―ショベル 長いアームの先に付いた大きなショベルで、土を削り取ったり、土砂を運んだりする土木用の機械。パワー シャベル。▽power shovel ―ハラスメント 職場や学校で、上に立つ者がその地位や権威を利用して下にいる者に対して行ういじめや嫌がらせ。パワハラ。▽power と harassment とによる和製英語。 ―リフティング バーベルを用いて持ち上げた重さを競う競技。スクワット・ベンチプレス・デッドリフトの種目がある。▽powerlifting

はわたり【刃渡り】①刃物の刃の長さ。「―三寸」②刀の刃の上をはだしで渡って歩く芸当。

パワフル〘ダナ〙力強いさま。「―に走り回る」「―な打線」「―な音楽」▽powerful 派生 -さ

はん【*反】ハン ホン タン そる そらす かえる かえす そむく ―①うらがえる。ひっくりかえる。もとにもどる。かえる。かえす。「反映・反射・反響・反応・反動・反問・反省」②繰り返す。何回もする。「反覆・反芻(はんすう)」③むこうを向く。そむく。合致しない。あべこべ。「反対・反抗・反逆・反感・反目・反則・背反・違反・造反・離反・反陽子・反定立・正反合・反社会的・反戦運動・謀反(むほん)」④〘名〙「反切(はんせつ)」の略。漢字音を表す一方法。「紺ハ古暗ノ反」▽→たん(反)

はん【*坂】ハン さか ―山の傾斜地。さか。「坂路・急坂・登坂」

はん【*阪】ハン さか ―①「大阪」の略。「阪神・京阪(けいはん)」②「坂」に同じ。

はん【*板】ハン バン いた ―①㋐いた。また、それに似た形の材料・もの。「合板(ごうはん)・画板(がばん)・黒板・甲板(かんぱん)・看板・乾板(かんぱん)・石板(せきばん)・鉄板(てっぱん)・回覧板・掲示板・椎間板」㋑野球の「投手板(とうしゅばん)」の略。「登板(とうばん)・降板」②平たくて起伏・変化に乏しい。「平板(へいばん)」③版木にほること。また、そのはん。「版」に同じ。「板本・板刻・板下(はんした)・開板・官板・宋板(そうはん)」

はん【*版】ハン ―①〘名・造〙印刷して書物をつくる。「版を重ねる」「版を改める」「版行・版本・版元(はんもと)・版権・出版・初版・再版・重版・絶版・旧版・現代版・縮刷版・簡約版・豪華版・限定版・海賊版・私家版」。更に広く、バージョン。「都内版・ジュニア版・実写版」②印刷のために文字や図形を彫った板。はんぎ。印刷の手順。「版下(はんした)・版画・木版・石版・銅版・凸版・凹版・平版・孔版・鉛版・整版・活版・図版・写真版・三色版・グラビア版」③文字を書く板。ふだ。人数・戸籍をしるした帳簿。「版籍・版図(はんと)」④木ぎれ。いた。「版築」

はん【販】ハン ―物を売ってあきないをする。ひさぐ。「販売・販路・販価・市販」

はん【*飯】【飯】ハン めし いい ―米・麦・粟(あわ)等を蒸したり煮たりした食品。また、食事。めし。「飯米(はんまい)・米飯・赤飯・御飯・飯台・飯盒(はんごう)・飯場(はんば)・炊飯・昼飯・残飯・噴飯・一宿一飯」

はん【×叛】ハン そむく ―従っていたものが敵対する。そむく。むほん。「叛服・叛乱・叛逆・叛臣・叛軍・叛将・叛徒・叛旗・背叛・謀叛(むほん)・離叛」▽「反」で代用される。

はん【*半】【半】ハン なかば ―①二つに分けた片一方。二分の一。なかば。なかばする。「半分・半月(はんげつ・はんつき)・半日・半年(はんねん・はんとし)・半期・半夜・半面・半減・半壊・半身・半裸・半額・半道(はんみち)・折半(せっぱん)・夜半・一半・大半・過半・二倍半・半病人・半永久的・半死半生・半信半疑・半官半民」②終わらない。中途。「半途」③㋐不完全。少し。「半端(はんぱ)・半可通・一言半句・一知半解」㋑小さい。「半弓(はんきゅう)・半鐘」④〘名〙二で割り切れない数。奇数。↕丁(ちょう)。「丁半」

はん【*判】【判】ハン バン わかつ わかる ―①㋐物事にけじめをつける。優劣・曲直・是非の別をつける。わかつ。「判定・判断・判別・判読・判決・裁判・審判・談判・批判」㋑裁判。「判例・公判」②〘名・造〙しるしとなるもの。わりふ。印鑑。「判で押したよう」(いつも同じである)「印判(いんばん)・三文判(さんもんばん)・請判(うけはん)・盲判(めくらばん)・書判(かきはん)・連判状」③はっきりする。はっきりさせる。「判然・判明」④㋐紙・書籍などの大きさ。「菊判・A5判・四六判」㋑昔の金貨。「大判(おおばん)・小判(こばん)」

は

⑤官名。「判官(はんがん・ほうがん・じょう)」▽↓ばん〘判〙

はん〘畔〙【畔】 ハン　くろ　あぜ　ほとり　―①水のほとり。ものの近く。ほとり。「河畔・池畔・湖畔・橋畔」②あぜ。くろ。「畔界」

はん〘*犯〙 ハン　ボン　おかす　―①しきりをふみこえる。法やおきてをやぶる。おかす。「犯罪・犯行・犯跡・犯則・犯科・犯逆・犯意・犯人・共犯・初犯・再犯・侵犯・違犯・防犯・主犯・戦犯・現行犯・常習犯・政治犯・殺人犯・知能犯・思想犯」②刑を受けた回数を数える語。「前科一犯」③仏教で、戒律にふれること。「ボン」と読む。「女犯(にょぼん)・不犯」

はん〘帆〙【帆】 ハン　ほ　―舟の、ほ。ほかけ舟。また、ほをあげること。「帆布・帆船・帆走・帰帆・孤帆・出帆」

はん〘汎〙 ハン　―①ひろくゆきわたる。ひろくて限られない。「汎愛・汎論・汎説・汎神論・汎心論」②ひろく全体にわたる。「汎太平洋同盟・汎アメリカ」▽pan- に当てる。

はん〘*班〙 ハン　わかつ　―①『名・造』組み分けにしたもの。「班に分ける」「三班・給食班・設営班・班長」②配分する。わかちあたえる。「班田収授」

はん〘斑〙 ハン　ふ　まだら　ぶち　―①まだら。「斑点・斑文(はんもん)・死斑・屍斑(しはん)・紫斑・蒙古(もうこ)斑」②全体の中の一部分。「一斑」

はん〘般〙 ハン　―①物事の種類。同等のことがら。「一般・百般・万般・十八般・全般・諸般・這般(しゃはん)・今般・先般・過般」②梵語(ぼんご)の音訳。「般若(はんにゃ)」

はん〘搬〙 ハン　―物を移動する。もちはこぶ。「運搬・搬出・搬入・搬送」

はん〘煩〙 ハン　ボン　わずらう　わずらわす　―①『名・造』ごたごたしてうるさい。わずらわしい。「煩にたえない」「煩をいとわず」「煩瑣(はんさ)・煩雑・煩多・煩忙・煩労」②㋐心が苦しみなやむ。思いわずらう。「煩悶(はんもん)」㋑なやます。わずらわす。「煩悩(ぼんのう)」

はん〘頒〙 ハン　わかつ　わける　―分け与える。法律や命令等を広くゆき渡らせる。わかつ。「頒布・頒価」

はん〘範〙 ハン　のり　―①『名・造』物事をきまった形につくるための型。ならうべき型。てほん。きまり。「範を古代に仰ぐ」「範例・模範・軌範・師範・典範・垂範・教範・規範」②きまったくぎり。「範囲・範疇(はんちゅう)・広範」

はん〘繁〙【人繁】 ハン　しげる　―①むやみと多い。うるさい。わずらわしい。ごたごたしている。↔簡。「繁簡・繁多・繁忙・繁劇・繁務・繁雑・繁文縟礼(はんぶんじょくれい)・頻繁・農繁期」②さかん。「繁栄・繁盛(はんじょう)・繁昌(はんじょう)・繁華街」③草木がおいしげる。多くなる。多い。「繁殖・繁茂」

はん〘藩〙 ハン　―①『名・造』諸侯が治める国。江戸時代、大名の領地・領民・統治機構などの総称。「わが藩」「藩主・藩士・藩邸・藩儒・藩閥・藩論・親藩・大藩・雄藩・小藩・脱藩(だっぱん)・長州藩・廃藩置県」②諸侯や節度使。日本で、大名。「藩侯」③王室のかきねやおおいとなるもの。「藩屏(はんぺい)」▽境をへだてる、かき、まがきの意から。

ばん【判】 紙・本・衣服などの大きさの規格を示す語。「菊―」「L―」

ばん【×鷭】 はとぐらいの大きさの水鳥。全体に黒っぽく背は緑褐色を帯びる。本州には四月ごろ渡来し、十一月ごろ南へ去る。水辺にすみ、よく水にもぐる。▽くいな科。

バン おもに貨物運搬に使う箱型の自動車。▽van

ばん【万】 ①『副』すべてに手を尽くして。㋐あらゆる事をして。「―遺漏なきよう」。手を尽くしてもなお。「―やむなければ」㋑《あとに「まい」を伴って》まかり間違っても。「―その心配はあるまいが」▽↓まん〘万〙

ばん〘伴〙【伴】 バン　ハン　ともなう　とも　―つれだってゆく。つれてゆく。主になるものに従う。つれ。とも。「伴奏・伴食・伴僧・伴侶(はんりょ)・相伴(しょうばん)・同伴(どうはん)・随伴(ずいはん)・接伴(せっぱん)」

ばん〘人挽〙 バン　ひく　―①力を入れて引っぱる。ひく。「輓」に同じ。「挽回」②死者の棺をのせた車をひく。また、人の死を悲しむ。「挽歌」

ばん〘*晩〙【人晩】 バン　くれ　おそい　―①『名・造』日のくれ。日が暮れてから後。よる。「晩景・晩鐘・晩餐(ばんさん)・晩酌・今晩・明晩・昨晩・朝晩・歳晩」▽夜の初めを言うが「夜」と同義に使うこともある。「きのうの晩は一睡もしなかった」。意味の中心は、人がまだ起きて生活している時間帯としての夜という点にある。②時期がおそい。おくれる。「晩春・晩夏・晩年・晩節・晩婚・晩学・早晩・大器晩成」

ばん〘×輓〙 バン　ひく　―①車をひっぱる。人をひきあげて用いる。「推輓・輓馬」②「挽」⑵と同じ。「輓歌」③時代的におそく、現代にちかい。「輓近」

ばん〘*番〙 バン　つがい　つがう　―①『名・造』順をきめて互いに入れ替わる。「番がまわってくる」「順番・交番・当番・輪番・本番」②『名・造』入れかわってする順序。役目。「自分の番になる」「下番(かばん)・勤番・月番(つきばん)・週番・番士」。また、注意して見張りをすること。その役の人。「番をする」「火の番」「番台・番小屋・門番・不寝(ふしん・ねず)番・留守番・玄関番・下足番」③多くあるものの順序づけを表す語。「第一番・二番目・三番手(さんばんて)・番外・番茶・番地・番組(ばんぐみ)」④つがいになる。組になる。また、すもうの取組、すごろくなどの一勝負。「結びの一番」

ばん【蕃】(人) バン ハン しげる ―①草がおいしげる。生物がふえる。「蕃息(はんそく)・蕃殖(はんしょく)」②さかいをしきる、かき。「蕃屏(はんぺい)」③異民族。えびす。「蕃夷(ばんい)・蕃人・蕃民・蕃地・蕃俗・生蕃」④外国。「蕃書」

ばん【蛮】【蠻】バン ―①南方の異民族。「東夷西戎(とういせいじゅう)・南蛮北狄(ほくてき)・蛮夷(ばんい)」②一般に、異民族。また、異人。「蛮人・蛮族・南蛮渡来・蛮語」③荒々しくて道理がわからない。洗練されていない。「野蛮・蛮勇・蛮行・蛮風・蛮力・蛮声」

ばん【盤】バン ―①《名・造》平らな表面を使う器具。特に、碁・将棋をする台。また、レコード。「盤にむかう」「碁盤・終盤・序盤・鍵盤・音盤・双六盤(すごろくばん)・算盤(そろばん)・羅針盤・配電盤・吸盤」②平たく大きな岩。「磐」と通用。「盤石(ばんじゃく)・岩盤・基盤・地盤・落盤」③㋐飲食物を盛る平たくて大きな器。大ばち。さら。「盤台・杯盤・円盤・石盤・銅盤」。それに似た形のもの。「骨盤・胎盤」㋑顔を洗う器。「水盤」④ぐるぐる回る。めぐらす。まがる。「盤曲」⑤わだかまる。「蟠」と通用。「盤踞(ばんきょ)・盤根錯節」⑥工作機械。「ダライ盤(=旋盤)・フライス盤・平削(ひらけずり)盤」▽オランダ bank(=機械)に当てた。

ばん【磐】(人) バン いわ ―①大きな岩。巨石。「磐石(ばんじゃく)」②「磐城(いわき)国」の略。「磐州・磐越・常磐線」

ばん【万】→まん【万】

パン ㊀《名》①小麦粉を主原料としたものを、水でこねて発酵させ焼いた食べ物。転じて、生活の糧(かて)。「―のために働く」▽ポルトガル pão 「麺麭」「麺包」などとも書いた。②ギリシア神話の牧羊神。▽Pan ③取っ手のついた平底のなべ。「フライ―」▽pan ㊁《名・ス自他》映画・テレビで、カメラの位置を固定したまま左右または上下に動かして広い範囲を撮影すること。また、その技法。▽pan ㊂《接頭》《名詞に冠して》すべての。汎(はん)。全。「―アメリカニズム」▽pan-

はんあい【汎愛】だれかれの差別なく、みんなをひろく愛すること。「―主義」

はんい【反意・×叛意】そむこうとする意思。謀反(むほん)の心。▽→はんいご

はんい【犯意】それが犯罪になることを知りながら、その行為をしようとする意思。

はんい【範囲】ある限られた広さの限界(の内)。「広―」「勢力―」「予算の―内」「できる―で援助する」 関連 領域・境域・分野・方面・領分・縄張り・埒(らち)・枠・圏・界域・区域・視界・限界・範疇(はんちゅう)・カテゴリー・ジャンル・ゾーン・エリア・ブロック

ばんい【蛮×夷・×蕃×夷】遠方の異民族。また、外国人。夷狄(いてき)。

はんいご【反意語】ある語の正反対の意味の語。反義語。例、「上」に対する「下」。

はんえい【反映】《名・ス自他》①光などが反射してうつること。②転じて、影響が及んで現れること。「流行歌は世相を―する」

はんえい【繁栄】《名・ス自》さかえること。

はんえいきゅう【半永久】永久とまでは言えなくても、とにかく永いこと。「―的」

はんえり【半襟】(女性の)ジュバンの襟の上に飾りとして掛ける布。

はんえん【半円】円を直径で二つに分けた、その一つ。「―形」

はんおん【半音】〔音楽〕全音の半分の音程。例、長音階でミとファ、シとドの間の幅。「―上げる」▽→ぜんおん

はんおんかい【半音階】〔音楽〕各音の間がすべて半音をなす音階。

はんか【反歌】長歌のあとにそえる(普通は一首の)短歌。その長歌の要約や補足をする。

はんか【半×跏】〔仏〕「半跏趺坐(ふざ)」の略。結跏趺坐(けっかふざ)を略式にしたすわり方。片足を他の足の股(もも)の上に組んですわる。▽→けっかふざ。 **―しい**【―思×惟】半跏趺坐の形で、右手を頬のあたりにあげて思考にふける姿。仏像彫刻の一形式。▽「はんかしゆい」とも言う。

はんか【繁華】《名ナノ》いつも人が多く出て、にぎわうこと。「―な町」「―街」 派生 **―さ**

はんか【頒価】(非売品などを)実費で分ける時の価格。

はんが【版画】木版・銅版・石版などで刷った絵。

ばんか【×挽歌】死者をいたむ詩歌。▽もと、中国で葬送の時、棺を挽(ひ)く者が歌った哀傷の歌。

ばんか【晩夏】夏のおわりごろ。

ハンガー 洋服かけ。▽hanger **―ストライキ** ↓ハンスト。▽hunger strike **―ボード** 板に縦横に並んだ多数の穴をあけ、そこに金具をとりつけて小物を吊(つ)るようにしたもの。▽hanger と board とによる和製英語。

バンカー ゴルフ コースで、障害として設けられた砂地のくぼみ。「―につかまる」▽bunker

はんかい【半開】①《名・ス自他》(窓などが)なかば開いていること。半びらき。②《名》文明が少し開けていること。

はんかい【半壊】《名・ス自》(建造物などが)半分こわれること。↕全壊

ばんかい【×挽回】《名・ス他》(失ったものなどを取り返して)もとの状態にひきもどすこと。「名誉―」「人気―」「勢力を―する」

ばんがい【番外】①一定の番数・番組のほか。予定以外。「―の余興」「―編」。正式の構成員でない者。「―委員」②普通とは異なっている特別のもの。「あいつの力は―さ」

はんがえし【半返し】祝儀・不祝儀などで、もらった金品の半額にあたる金品をお返しとすること。

はんかく【反核】核兵器・核エネルギーの開発・保有・

使用などに反対すること。「—運動」

はんかく【半角】①活字やパソコンの文字で、漢字一字分相当の正方形の規準的な大きさに対し、一辺だけを半分にした大きさ。「—の丸括弧」▽縦書きでは縦が、横書きでは横が、二分の一。↓ぜんかく。②もとの角の半分の角度をもつ角。半分の角度。「—の定理」

はんがく【半額】きまった金額の半分の額。

はんがく【藩学】↓はんこう(藩校)

ばんがく【晩学】年をとってから学問を始めること。

ばんがさ【番傘】竹骨に紙を張り油をひいた、実用的な雨傘。

ばんがた【晩方】日暮れのころ。ゆうがた。

ハンカチ「ハンカチーフ」の略。小型の四角い手ふき布。ハンケチ。▽handkerchief から。

はんかつう【半可通】『名ナ』よく知らないのに知ったふりをすること。通人ぶること。いいかげんな通人。そういう人。

ばんカラ【蛮カラ】『名ナ』身なり・言動が粗野なこと。「—な校風」▽「ハイカラ」をもじって対応させた語。

バンガロー(夏の)キャンプなどに用いる、簡易な小屋。▽bungalow(=インド風の、正面にベランダのある平屋の小さい木造の家)

はんかん【反感】同意できず、または不快で、反発・反抗したくなる感情。「高圧的に出て—を買う」

はんかん【反間】敵の内部の仲間割れを図ること。離間。「—苦肉の策」。また、敵のスパイを逆にこちら側で役立てること。

はんかん【繁簡】こみいっていることと、あっさりしていること。繁雑と簡略。「—よろしきを得る」

はんかん【繁閑】忙しいことと、ひまなこと。

はんがん【判官】①律令制で、四等官の中の第三位。じょう。▽「ほうがん」とも言う。②裁判官。「名—」

—びいき【—×贔×屓】↓ほうがんびいき

はんがん【半眼】目を半分ほど開くこと。すこし開いた目。

ばんかん【万感】心にわき出てくる種々さまざまな思い。「—胸に迫る」

はんかんはんみん【半官半民】政府と民間とが共同出資している事業形態。

はんき①**【半期】**一期間の半分。特に、一年の半分の期間。「上(かみ)—」②**【半季】**一季節の半分。また、半年。半期。「—奉公」

はんき【半旗】弔意を示すため、さおの先から三分の一ほど下に掲げる旗。

はんき【反旗・×叛旗】謀反した将が立てる敵側の旗。「—をひるがえす」(謀反を起こす)

はんぎ【版木・板木】刷るために、文字・絵などを彫りきざんだ木板。▽「板木」は「ばんぎ」と読めば別の意。

ばんき【晩期】①末期。②晩年のころ。

ばんき【万機】政治上の多くの大切な事柄。天下の政治。「—公論に決すべし」

ばんぎ【板木】合図するために叩(たた)き鳴らす板。▽「はんぎ」と読めば別の意。

ばんぎく【晩菊】秋の終わりまで咲き残った(遅咲きの)菊。

はんぎご【反義語】↓はんいご

ばんきしゃ【番記者】特定の政治家などに常時ついて取材する記者。▽その記者を「吉田番」「岸番」などと言ったことから。

はんぎゃく【反逆・×叛逆】『名・ス自』国や主君や世間などにそむいて逆らうこと。「—者」「—児」(世間の風潮に逆らい、自分の考えのままに行動する人)

はんきゅう【半休】半日の休み。半日休暇。

はんきゅう【半弓】すわって射ることのできる、小型の弓。↔大弓(だいきゅう)

はんきゅう【半球】球を、その中心を通る平面で二分した一方。また、地球を二分した、その一方。「北—」「東—」「水—」

ばんきょ【盤×踞・×蟠×踞】『名・ス自』根をはってわだかまること。がんばって動かないこと。「軍閥—」「胸中に—する感慨」

はんきょう【反共】共産主義に反対すること。↔容共

はんきょう【反響】『名・ス自』①音が、ある物体面で反射されて、ふたたび聞こえること。「陽気な声が広間の壁に—する」②転じて、あることの影響がはねかえること。「多大の—を呼ぶ」

はんきょうらん【半狂乱】まるで気が狂ったかのように取り乱すこと。

はんぎょく【半玉】まだ一人前でなくて、玉代(ぎょくだい)が半分の、年少の芸者。おしゃく。

はんきん【半金】全金額の半分。「—前払い」

ばんきん【板金・×鈑金】①金属を板のように薄く打ち延ばしたもの。いたがね。②金属板を常温のまま加工すること。

ばんきん【×輓近】ちかごろ。最近。近来。

ばんきん【万×鈞】物がきわめて重いこと。「—の重み」▽「鈞」は重さの単位。

バンク①『名』銀行。②『名』比喩的に、集めて管理・提供する機関。「アイ—」「データ—」③『名』競輪や自動車レースで、カーブが傾斜している競走路。また、その傾斜部分。▽一般の道路についても言う。④『名・ス自』航空機が左右に機体を傾けて翼を振ること。「合図の—を送る」▽bank

パンク①『名・ス自』タイヤに穴があくこと。「—を直す」▽puncture から。②『名・ス自』物がふくらんで破裂すること。「おなかが—しそうだ」③『名・ス自』過度に集中して機能がだめになること。「電話回線が—する」▽②③は①の転。④『名』一九七〇年代に流行した、攻撃的で強烈な服装・髪型・音楽などのスタイル。「—ロック」▽punk

ハング グライダー 三角形の枠に布を張った翼を背にして飛ぶグライダー。また、これを使うスポーツ。▽「ハンググライダー」とも言う。hang glider

ばんぐみ【番組】勝負事・演芸・放送などの組合せ(の順序を書いたもの)。プログラム。また、放送などの種目。「報道—」「特集—を組む」▽その個々のものまで「番組」と呼ぶに及んで、元来指したものを「番組表」と呼び分けるのが普通になった。

ハングリー『ダナ』空腹。飢えているさま。貪欲。「—精神」▽hungry 派生 **—さ**

ハングル 朝鮮の文字。現在、母音文字一〇と子音文字一四とがあり、それらを組み合わせて音節文字として表記する。▽朝鮮語。

ばんくるわせ【番狂(くる)わせ(はせ)】予想外の出来事で順番が狂うこと。特に、勝負などが予想外の結果になること。「横綱が平幕に敗れる—」

はんぐん ①【反軍】軍部・軍国主義・戦争に反対すること。「—思想」②【反軍・×叛軍】反乱軍。

はんけい【半径】円または球の中心と円周上または球面上の一点とを結ぶ線分。また、その長さ。▽直径の二分の一に当たる。

ばんけい【晩景】→ゆうけい(夕景)。▽既に古風。

ばんけい【盤景】水盤・盆などに土や色砂などを配して景色を表したもの。

パンケーキ 小麦粉を牛乳と卵でとき、フライパンで薄く焼いたもの。熱いうちにバターや蜂蜜などをかけて食べる。ホット ケーキ。▽pancake

はんげき【反撃】『名・ス自』①攻めて来る敵に対して、こちらから逆に攻撃をかけること。②一般に、追い込まれていた受け身の立場から攻勢に転じること。反攻。「—に出る」

はんげき【繁劇】きわめて忙しいこと。繁忙。

はんげしょう【半夏生】①夏至(げし)から十一日目。太陽暦では七月二日ごろ。▽半夏(=カラスビシャク)がはえるころの意。②水辺に高さ六〇センチほどに生え、半夏生(1)のころだけ頂の葉の下半分が白くなり、白い穂状の花が咲く多年草。▽どくだみ科。

ハンケチ →ハンカチ

はんけつ【判決】『名・ス他』訴訟事件について、その裁判所が口頭弁論または公判手続を経て最終的な意思表示を行うこと。その意思表示。「—が下る」▽判断し決定する意。

はんげつ【半月】半分が欠けて半円の形に見える月。また、そういう形。▽「はんつき」と読めば別の意。

バンケット 宴会。晩餐(ばんさん)会。「—ルーム」▽banquet

はんけん【半券】料金の受取りや物の預かりなどのしるしとして渡す、券の半分。

はんけん【版権】著作物を複製・販売する独占権。普通、著作権者が出版者について設定する。▽法律上は廃語。

はんげん【半減】『名・ス自他』半分にへること、へらすこと。「興味が—する」 **—き**【—期】放射性元素の原子の量が、はじめの半分になるまでの時間。

はんげん【半×舷】軍艦乗組員を左右両舷(げん)に分けて、その一方を指す称。「—上陸」

ばんけん【番犬】①害をするものが近づかないように番をする犬。②比喩的に、従順に守って番をする人・役割。「権力者の—」

はんこ【判子】判。印形(いんぎょう)。「—を押す」▽「版行」の転。

はんご【反語】本来の意味とは反対の意味を含ませる表現法。多くは疑問の形で、例えば「これが嘆かずにいられるか」のように表すが、つまらない時に「うん、面白いね」と皮肉な口調で言うような場合も含む。

ばんこ【万古】遠い昔からずっと。千古。「—不易(えき)」

パンこ【パン粉】①パンをかわかして細かくしたもの。フライのころもにする。②パンの原料になる小麦粉。

はんこう【反抗】『名・ス自』服従(しようと)せず、はむかうこと。「—期」「親に—する」「—的な態度」

はんこう【反攻】『名・ス自』攻められていた者が、逆に攻めかけること。「—に転じる」

はんこう【版行】①『名・ス他』出版物を印刷して発行すること。②『名』→はんこ

はんこう【犯行】犯罪行為。「—を認める」

はんこう【藩侯】藩主。

はんこう【藩校】江戸時代、各藩がその子弟を教育するために設立した学校。藩学。

はんごう【飯×盒】食糧を入れて携帯し、野外で飯をたくなど炊事にも使う、アルミニウムなどで作った底の深い容器。「—炊爨(すいさん)」

ばんこう【蛮行】乱暴で野蛮な行い。

ばんごう【番号】順番を表す数字の符号。ものの識別用につけることが多い。「電話—」「—順に並べる」

はんコート【半コート】丈の短いコート。和装では、羽織より少し長めのコート。洋装では、腰が隠れる程度の丈のコート。▽「コート」はcoat

ばんこく【万国】世界のすべての国。 **—き**【—旗】(飾りなどに使う)世界のいろいろな国の小さな国旗。万国の国旗。ばんこっき。

ばんこく【万×斛】きわめて多い分量。「—の涙を注ぐ」▽「斛」は石(こく=一斗の十倍)と同じ。

はんこつ【反骨・×叛骨】容易に人に与(くみ)しない気骨。権勢に抵抗する気骨。「—精神」

ばんこつ【万骨】たくさんの人々の骨。「一将功成って—枯る」

ばんこつ【蛮骨】蛮勇の気風。

ばんごや【番小屋】番人が番をするための小屋。

はんごろし【半殺し】ほとんど死ぬほどの目に合わせること。

はんこん【×瘢痕】できものや傷などが直った後に皮膚面に残るあと。

ばんこん【晩婚】普通よりおそい結婚。↕早婚

はんごんこう【反魂香】たくと死者の魂を呼びもどし、その姿を煙の中に現すと言われる香。

ばんこんさくせつ【盤根錯節】入り組んでいて解決困

難な事柄。▽もつれあった根と入り組んだ節の意。

はんさ【煩×瑣】『名ナ』細かい点までこみいっていて、煩わしいこと。「―な手続き」派生 **―さ**

はんさい【半裁】「半截(はんせつ)」の慣用読み「はんさい」の「さい」に「裁」を当てた語。▽→はんせつ(半切)

はんざい【犯罪】罪を犯す行為。犯した罪。「―者」

ばんざい【万歳】①『名』万年。いつまでも生き栄えること。祝うべき、めでたいこと。「聖寿の―を祝う」「―の後」(貴人の死後をはばかって言う語) ②『名・ス自』祝福の意を示すため(大勢でいっしょに)両手を上げること。そのとき唱える語。「―三唱」 ③『名・ス自』転じて、お手上げの状態、つまり物事に失敗すること。どうにもならないこと。「八方ふさがりでもう―だ」▽「まんざい」と読めば別の意。

はんざき【半裂】サンショウウオの一種。オオサンショウウオの別名。皮膚に多くのいぼがあり、刺激するとそこから乳白色の液を出し、山椒(さんしょう)に似たにおいがする。特別天然記念物。

はんさく【半作】作物の取れ高が、平年作の半分であること。

ばんさく【万策】ありとあらゆる手立て。「―尽きる」

はんさつ【藩札】江戸時代、各藩が発行して領内だけに通用させる紙幣。

はんざつ ①【煩雑】『名・ダナ』面倒なまでにこみいっていること。「―な事務」派生 **―さ** ②【繁雑】『名・ダナ』物事が多くてごたごたすること。「―な窓口」派生 **―さ**

ハンサム『名ナ』みめ形がよい男子であること。「なかなか―な坊やだ」「―ボーイ」▽handsome(英語では形容詞)

はんさよう【反作用】AがBに力を及ぼす時、同時にBがAに及ぼし返す力。「―の原理」(作用の力と反作用の力とは大きさが等しく、方向が逆向きであるという、ニュートン力学の法則)

ばんさん【晩×餐】(ごちそうの出る)夕食。「―会」「キリストの最後の―」

はんし【半紙】縦二五センチ・横三五センチ内外の寸法の和紙。▽もと、横に長い紙を左右に二等分した紙の意。

はんし【藩士】藩に属する武士。

はんじ【判示】『名・ス他』判決の中で見解を示すこと。「……の旨を―した」

はんじ【判事】裁判官の官名の一つ。高等裁判所・地方裁判所・家庭裁判所におかれる。

ばんし【万死】①『―に一生を得る』とても助かる見込みのなかった命をかろうじて助かる。②『罪―に価する』罪が、何度死んでもつぐなえないほど非常に重い。

ばんじ【万事】すべてのこと。「―休す」(もう何とも施すすべがない)

パンジー →さんしきすみれ。▽pansy

バンジー ジャンプ ゴム製の綱を足首に結び、高所から飛び下りる遊び。▽bungee jumping から。

はんじえ(ゑ)【判じ絵】判じ物の絵。

はんしき【版式】印刷版の様式。例、凸版・平版。

はんしき【範式】てほん。規範。

はんした【版下】①凸版・網版などの製版用の原稿。②版木(はんぎ)にはりつけてほるための下書き。

はんしはんしょう【半死半生】死にかかっている(ほどである)こと。「―の目に会わせる」

はんじもの【判じ物】ある意味を、文字・絵などに隠して示し、それをあてさせるなぞ。

はんしゃ【反射】『名・ス自他』①光・電波などの波動が物に当たって、はねかえること。「窓ガラスの―でまぶしい」「乱―」「太陽光がボンネットに―する」②受けた刺激が大脳を介さないで神経中枢から筋肉などに反応となって伝わること。「―神経」「条件―」 **―きょう**【―鏡】光の反射を利用する鏡。 **―てき**【―的】『ダナ』①(何かに反応して)すぐさま無意識的にするさま。「―に答える」②(論理)着目する関係が、自分自身に対しても成り立つさま。「等しいという関係は―だ」 **―ぼうえんきょう**【―望遠鏡】凹面反射鏡を用いた天体望遠鏡。 **―ろ**【―炉】金属の融解・精錬に用いる炉の一種。炎が直接、また天井から反射して、熱を伝えるように設計してある。

ばんしゃ【万謝】『名・ス自他』深く感謝する、または、わびること。深謝。多謝。

ばんしゃく【晩酌】『名・ス自』(家で)晩飯のときに酒を飲むこと。「―一合を楽しむ」「ワインで―にする」

ばんじゃく【盤石・×磐石】①大きい岩。②きわめて堅固なこと。「―の備え」

はんしゅ【藩主】藩の領主。とのさま。

はんじゅ【半寿】八十一歳(の祝い)。▽「半」の字が「八十一」に分解できることから。

はんじゅ【藩儒】藩に召し抱えられている儒学者。

はんしゅう【半周】『名・ス自』周囲(一周)の半分。また、周囲(一周)の半分をまわること。「池を―する」

ばんしゅう【晩秋】秋のおわりごろ。

ばんしゅう【蛮習】野蛮な風習。

はんじゅく【半熟】十分に熟さないこと。食物がまだ十分に煮えたりゆだったりしていないこと。「―の卵」

ばんじゅく【晩熟】普通よりおくれて成熟すること。⇔早熟

はんしゅつ【搬出】『名・ス他』(展示物・家財道具・製品などを)運び出すこと。⇔搬入

ばんしゅん【晩春】春のおわりごろ。

ばんしょ【板書】『名・ス他』(授業で)黒板に白墨で書くこと。

ばんしょ【番所】①番人の詰所(つめしょ)。②江戸時代、江戸町奉行(ぶぎょう)所のこと。

はんしょう【半焼】『名・ス自』建物がほぼ半分焼けること。はんやけ。⇔全焼。▽消防庁では損害額が火災前の価値の二〇パーセント以上とする。

はんしょう【半鐘】 多く火事など異変の知らせに打つため、火の見やぐらの上などに取り付けた小さい釣鐘。 **―どろぼう【―泥棒】** 背の高い人をあざけって言う語。

はんしょう【反照】 ①《名・ス自》照りかえすこと。「池の―が壁にゆれる」②《名》ゆうばえ。

はんしょう【反証】《名・ス他》その仮定的事実や証拠が真実でないことを立証すること。そのための証拠。「―をあげる」

はんしょう【汎称】 同類のもの全体を一まとめに呼ぶ名称。総称。

はんじょう【半畳】 ①たたみ一畳の半分。②昔、芝居小屋で、見物人が敷く小さいたたみ・ござの類。③『―を入れる』㋐役者に対する不満をぶちまけるため、半畳②を舞台に投げる。半畳を打つ。㋑転じて、他人の言動に対して、まぜかえし・からかいの言葉を発する。

はんじょう【繁盛・繁×昌】《名・ス自》土地・商店・事業が活気に富み、盛んなこと。

ばんしょう【晩鐘】 夕方につく鐘。入相(いりあい)の鐘。

ばんしょう【万象】 さまざまの形。あらゆる物。「森羅―」

ばんしょう【万障】 いろいろなさしさわり。「―繰り合わせて出席する」

ばんしょう【×蕃×椒】 トウガラシ。

ばんじょう【番匠】 大工(だいく)。▽既に古風。

ばんじょう【万丈】 非常に高いことの形容。「黄塵(こうじん)―」「気炎―」「波瀾(はらん)―」

ばんじょう【万乗】 天子の位。「一天―」「―の君」▽中国の周代、天子は戦争のとき一万台の兵車を出す制度だったことから。「乗」は車の意。

バンジョー まるい胴に棹(さお)をつけ、四本または五本の弦を張った楽器。アメリカ民謡・ジャズなどに使う。▽banjo

はんしょく【繁殖・×蕃殖】《名・ス自》動物・植物がどんどん新しく生まれ出てふえていくこと。

ばんしょく【伴食】 ①《名・ス自》お伴(とも)としてごちそうになること。陪食(ばいしょく)。お相伴(しょうばん)。②《名》転じて、職についているだけで、実権のないこと。「―大臣」

ばんしょく【晩食】 晩の食事。夕食。

パンしょく【パン食】 米食(べいしょく)に対し、パンを主食にする食事。

はん-じる【判じる】《上一他》見分ける。判ずる。判定する。また、考えて意味を解く。判ずる。「夢を―」

はんしん【半身】 全身の半分。「―浴」。特に、上半身。「窓から―(を)乗り出して手を振る」「―像」▽「はんみ」と読めば別の意。 **―ふずい【―不随】** 脳出血の後などに起こる症状。体の左右どちらかが、思うように動かせない。

ばんじん【万人】 すべての人。「―に通じる」「―の認める真理」▽「ばんにん」とも言う。

ばんじん ①【蛮人】野蛮人。②【×蕃人】㋐異民族。えびす。㋑外国人。▽⑴⑵とも既に古風。

はんしんはんぎ【半信半疑】 なかばは信じ、なかばは疑うこと。▽以前は「予(よ)―す」(森鷗外の日記、大正元年九月十三日)のようにサ変動詞にもした。

はんしんろん【汎神論】 一切の存在は神であり、神と世界とは一体のものだとする宗教観・哲学観。

はんすう【反×芻】《名・ス他》①一度飲みこんだ食物を再び口中にもどし、よくかんでからまた飲みこむこと。反芻類の動物(牛など)が行う。②転じて、くりかえし考え味わうこと。「師の言葉を―する」

はんすう【半数】 全体の数の半分。「委員の―以上の賛成が見込まれる」

ハンスト「ハンガー ストライキ」の略。要求を通すための闘争手段として、絶食すること。

ハンズフリー 手に持たずに操作できること。「―ヘッド セット」▽handsfree

はんズボン【半ズボン】 丈が膝までの、あるいはそれより短い長さのズボン。↕長(なが)ズボン。▽「ズボン」は(フランス) jupon

はん-する【反する】《サ変自》①反対になる。「予期に―して」「利害が相(あい)―」②そむく。「親の期待に―」③違反する。「規則に―」 関連 悖(もと)る・相容れない・食い違う・相反する・違(たが)う・違える・背く・背反・背馳(はいち)・背離・乖離(かいり)・矛盾・撞着(どうちゃく)・相克・齟齬(そご)・反則・ファウル・違反・違法・違憲・反旗・反逆・反撃・反抗・反証・反対・反骨・反騰・反動・反発・反駁(はんばく)・反論・反目

はん-ずる【判ずる】《サ変他》→はんじる

はんせい【反省】《名・ス他》一般的なとらえ方や自分の行動・あり方を振り返って、それでよいか考えること。「定説に―を加える」「日常を―する」「―点」

はんせい【半生】 一生(いっしょう)のなかば。また、それまでの人生。「―をささげた大事業」▽→はんしはんしょう

はんせい【藩政】 藩内の政治。「―改革」

はんぜい【反×噬】《名・ス自》恩義ある人に、それに構わず反抗すること。▽飼い主にかみつく意から。

ばんせい【晩成】《名・ス自》普通よりおそくできあがること。年を取ってから成功すること。「大器―」

ばんせい【晩生】 植物が、普通よりおそく生長すること。おくて。

ばんせい【万世】 万代。永久。「―不易(ふえき)」「―一系」

ばんせい【蛮声】 あらあらしい大声。「―を張り上げる」

はんせいひん【半製品】 製造工程の途中にあり、まだ完成していない品。仕掛け品。

はんせき【版籍】 版図(はんと)と戸籍。領地と領民。「―奉還」

はんせき【犯跡】 犯罪の証拠となる形跡。「―をくらます」

はんせつ【反切】 中国で、漢字の字音を示すのに、他の漢字二つを合わせて示す方法。例、「東(tong)」の発

音を、「徳(tok)」の頭子音 t と「紅(hong)」の韻 ong を合わせて構成するたぐい。

はんせつ【半切・半×截】①半分に切ること。②唐紙(とう)・画仙紙などの全紙を、縦に二等分したもの。また、それに書いた書画。

ばんせつ【晩節】晩年の節操。「―を汚(けが)す」

はんせん【反戦】(その)戦争に反対すること。「―運動」▽→ひせん(非戦)

はんせん【帆船】帆を張ってそれに受ける風力を利用して進む船。特に、洋式の大形のものを言う。ほまえせん。ほかけぶね。

はんぜん【判然】『ト タル・ス自』はっきりとしているさま。はっきりとよくわかること。「論旨が―としない」

ばんぜん【万全】全く完全で、すこしも手落ちがないこと。「―の注意を払う」「危険防止に―を期する」

ハンセンびょう【ハンセン病】らい菌によって起こる慢性の感染症。感染力はきわめて弱い。顔面や手足の末端が麻痺(まひ)したり、顔面に出来た結節が崩れたりする。レプラ。らい病。ハンセン氏病。▽らい菌の発見者、ノルウェー人医学者 Hansen の名から。

はんそ【反訴】民事訴訟の進行中に、被告から逆に原告を相手として、本訴との併合審理を求めて起こす訴え。

はんそう【帆走】『名・ス自』船が帆をはって走ること。

はんそう【搬送】『名・ス他』運んで送ること。「大きい製品は分解して―した」「急病人を病院に―する」
―は【―波】ラジオ・テレビなどで、低周波の信号をのせて伝送する高周波。

はんそう【半双】対(つい)をなしているものの片方。一双(いっそう)の半分。「屏風(びょうぶ)―」

ばんそう【伴僧】法事などで、導師につき従っている僧。

ばんそう【伴奏】『名・ス自』声楽や器楽の主要声部を引き立たせるために、他の楽器で補助的に演奏すること。

ばんそう【伴走】『名・ス自』マラソンなどで、走者のそばについて(指示を出しながら)走ること。「―車」「―者」

ばんそう【晩霜】→おそじも

ばんそうこう【×絆創×膏】傷口の保護や包帯の固定に使う、粘着剤をつけた布・紙などの医療品。

はんそく【反則・犯則】『名・ス自』規則・(競技の)ルールに反すること。法令に違反すること。「―を犯す」「―行為」

はんぞく【反俗】世間一般の考え方・生き方を低く見て、それに従わないこと。「―の精神」

ばんぞく【蛮族・×蕃族】異民族。▽すでに古風。

ばんそつ【番卒】番をする兵卒。番兵。

はんそで【半袖】ひじより上に袖口のある袖。「―のシャツ」

はんた ①【煩多】『名ナノ』物事が多くて煩わしいこと。「―を避ける」②【繁多】『名ナノ』用事が多くて忙しいこと。「御用―」

はんだ 金属の接合剤にする、錫(すず)と鉛の合金。「―づけ」▽「半田」「盤陀」とも書く。

ばんだ【万×朶】多くの枝。「―の桜」▽「朶」は枝。

パンダ クマに似た、体毛が白と黒ではっきり染めわけられている獣。中国四川省・甘粛省などの高山地帯にすみ、笹・竹の葉が主食。ジャイアント パンダ。▽panda くま科。別科のレッサー パンダを含めて言うこともある。

ハンター ①狩をする人。狩猟家。②比喩的に、何かをねらってあさり歩く人。「ラブ―」▽hunter

はんたい【反対】①『名・ダナ』ある物事・向きと、対立・逆の関係にあること。あべこべ。「上下が―だ」「―語」②『名・ス自』ある意見などに対して、さからうこと。↔賛成。「―派」「増税に―する」 関連 対極・対照・対蹠(たいせき・たいしょ)・逆・逆様・逆さ・あべこべ・後ろ前・上下(うえした)・後先・裏表・不同意・不承認・不承知・不賛成・反旗・反論・反抗・反駁(はんばく)・異を立てる・右と言えば左　**―きゅうふ**【―給付】①一方の給付に対して等価的な他方の交換的給付。例、商品引渡しに対する代金支払い。②比喩的に、代償(1)。　**―しょく**【―色】互いに補色をなす色。赤と緑の類。

はんだい【飯台】①何人かが一緒に食事をするように作った台。▽「食卓」より古い言い方。②料理屋・旅館で、料理の盛り付けに使う大きな卓。▽→はんだい(盤台)(2)

はんだい【盤台】①魚屋が使う、大きな楕円(だえん)形の浅いたらい。▽「板台」とも書く。②すしの飯を冷やし、混ぜ合わせるのに使う、円形の浅いおけ。▽(2)は近ごろ「飯台」とも書く。

ばんだい【番台】銭湯で、入口に高く作った見張りの台。また、そこにすわっている人。

ばんだい【万代】万世。永久。とこしえ。「―不易」

はんだくおん【半濁音】パ行の音。▽パピプペポ、ピャピュピョの総称。

はんだくてん【半濁点】清音の仮名の右肩に打って、半濁音であることを示す符号。半濁音符。

パンタグラフ ①電車や電気機関車の屋根にとりつけて架線の電流を導き入れる装置。②原図を縮小・拡大する製図用具。▽pantograph

バンダナ 絞り染めなどにした四角い布。首や頭に巻いたり、ハンカチとして使ったりする。▽bandanna

パンだね【パン種】①パンをふくらませ、また一種の香味を与えるために使う酵母。②パンに焼くために小麦粉を練ったもの。

ばんたろう【番太郎】江戸時代(特に江戸市中で)町に雇われ、自身番で番をする者。▽略して「番太」とも言った。

パンタロン すその広がったズボン。「―スーツ」▽普通、女性用のものに言う。フランス pantalon

はんだん【判断】『名・ス他』①ある事柄について、考えをまとめて定めること。その断定した内容。「―を下す」「―力」②吉凶を見分けること。占い。「姓名―」

ばんたん【万端】 その事に関する、あらゆる事柄・手段。「用意―ととのう」

ばんち【番地】 市町村の地籍の部分を表すために、これを細かく区分してつけた番号。▽コンピュータの記憶装置で、各々の情報がある位置を指しても言う。

ばんち【×蕃地】 蕃人(ばんじん)が住んでいる(辺境の)地。▽既に古風。

パンチ ①《名・ス他》切符・テープ・カード等に穴をあけること。また、それに使う、はさみ・器具の類。「切符に―を入れる」「データを―する」②《名》ボクシングで、打撃のこと。げんこつでなぐること。③《名》比喩的に、なぐりつけるようにきく、十分の効果。「―のきいた文章」④《名》洋酒に果汁や切った果物を加えたもの。ポンチ。▽punch　**―パーマ** 主として男性の、短く刈って細かくカールさせた髪型。▽punch と permanent とからの和製語。

はんちく【半ちく】〔俗〕中途はんぱ。

ばんちゃ【番茶】 新芽を摘み取った後に伸びてくる葉や茎で作る、常用の煎茶。「―も出花(でばな)」(番茶も入れたてはおいしい。→でばな(出花))

はんちゅう【範×疇】 同一性質のものが属すべき部類。分類・認識などを支える、根本的な枠組。カテゴリー。

はんちゅう【藩中】 藩の内部。藩内。特に、同藩の武士。

ばんちょう【番長】〔俗〕学校内の非行少年の仲間の長。「女―」

ハンチング 鳥打ち帽。▽hunting cap から。

パンツ ①はいて下腹部をおおう肌着。②運動用の(短い)ズボン。「トレーニング―」③(女性用の)ズボン・パンタロン・スラックスなどの総称。「―スーツ」▽pants

はんつき【半月】 一箇月の半分。▽「はんげつ」と読めば別の意。

はんつき【半×搗(き)】 米を半ばつくこと。精白の度合が少ないこと。「―米(まい)」

ばんづけ【番付】 ①相撲(すもう)で、力士の地位・序列を順番に書いたもの。また、その体裁にまねて人名などを順に書いたもの。「長者―」「方言―」「―を上げる」(好成績をあげて番付の上位に移る)▽近年、星取表や取組表と対比してか放送の番組表という呼び名の類推でか、「番付表」と言う人が増えた。「づけ」は、「出費を帳面に付ける」「書付」「勝負付(=勝敗結果の記録。相撲(すもう)の星取表もその一種)」などの「つける」「づけ」と同語源。②歌舞伎などの番組を書き示したもの。

ハンデ 「ハンディキャップ」の略。ハンディ。

ばんて【番手】 ①城にいて警固(けいご)にあたる武士。城番(じょうばん)。②陣立(じんだて)で、配置編成した隊。「一―」③糸の太さを表すのに使う単位。八四〇ヤードで重さ一ポンドのものを一番手とし、長さが番手の数に比例し、細いほど多くなる。「六十―」

はんてい【判定】《名・ス他》みわけて決定すること。「審判の―に従う」「写真―」「―勝ち」

はんてい【反帝】「反帝国主義」の略。帝国主義に反対する立場。

はんてい【藩邸】 江戸時代、江戸での藩主の邸宅。

ハンディー《ダナ》手軽で調法なさま。手ごろであるさま。便利なさま。「―な辞典」▽handy 派生 **―さ**

パンティー →ショーツ。▽panties　**―ストッキング** パンティーとストッキングがつながった女性用衣料。パンスト。▽panty と stocking とによる和製英語。

ハンディキャップ ①競技などで、力を平均化するために、すぐれた者に課する負担。「―をつける」②他に比べて不利な条件。「―を克服する」▽handicap 略して「ハンディ」「ハンデ」とも言う。

パンデミック 感染症の広範囲に及ぶ流行。▽pandemic

はんてん【半天】 ①天の半分。②なかぞら。中天。

はんてん【半×纏・×袢×纏】 ①はおりに似た上着。えりの折返しがない。防寒用は綿入れ。②→しるしばんてん

はんてん【反転】《名・ス自他》①ころぶこと。ころがすこと。②ひっくり返ること。ひっくり返すこと。③進行方向から逆の方向に向きかわること、向けかえること。「機首を―する」

はんてん【斑点】 ところどころにある点。まだら。ぶち。

はんてん【飯店】 中国料理店。▽ホテルの意の中国語から。

はんと【半途】 途中。中途。「事業―にして倒れる」

はんと【反徒・×叛徒】 謀反(むほん)を起こした者ども。逆徒。

はんと【版図】 一国の領域。領土。▽戸籍と地図の意。

ハンド ①手。「―クリーム」「―マイク」「―ミキサー」▽hand ②「ハンドリング」(1)の略。③「ハンドボール」の略。　**―アウト** 講義・講演・会見などで、資料として配る印刷物。▽handout　**―バッグ** 身の回りの品を入れる、女性用の手さげかばん。▽handbag　**―ブック** 便覧。案内書。手引き。▽handbook　**―ブレーキ** 手動ブレーキ。→サイド ブレーキ。▽hand brake　**―ボール** 球技の一つ。一チーム七人ずつで、相手のゴールまでパスやドリブルでボールを運び、ゴールに投げ入れて得点を競う。送球。また、それに使うボール。▽handball　**―メード** 手作り。「―のクッキー」▽handmade

バンド ①洋服で、腰の部分を締める革・布などの帯。ベルト。②物を(たばねて)締めたりする、細長いひも状のもの。「ブック―」③(吹奏楽やジャズの)楽団。④(放送に割り当てた)周波数の範囲。▽band

はんドア【半ドア】 自動車などのドアが、完全に締めた状態にはなっていないこと。▽「ドア」は door

はんとう【半島】海に長く(遠く)突き出した陸地。▽小さなものを「みさき」「はな」と言う。

はんとう【反騰】《名・ス自》下落していた相場が、逆転して上がること。反発。↔反落

はんどう【反動】①力が働く時、それと反対の方向に働く力。反作用。「バスが動き出す—でよろめく」②ある動きに対して、それと反対の動きが起こること。特に、歴史の流れに逆らい進歩をはばもうとする、保守的な傾向。また、そういう傾向の人。「—的」

はんどう【半道】①中途。半途。②半道敵(がたき)の略。 **—かた**【—方】→はんどうがたき。 **—がたき**【—敵】歌舞伎の役柄の一つ。おどけた仕種(しぐさ)をする敵役。「忠臣蔵」の伴内など。▽半分道化の敵役の意。

ばんとう【晩冬】冬のおわりごろ。

ばんとう【晩稲】普通の品種よりおそく実る稲。おくて。

ばんとう【番頭】商家の使用人のうち、店の万事をとりしきる、頭(かしら)だった者。▽銭湯の三助(さんすけ)を指すこともある。

はんどうたい【半導体】導体と絶縁体の中間の電気伝導率をもつ物質。低温では電流をほとんど通さないが、高温になるにつれて導体として働く。トランジスタ・集積回路などに広く利用される。例、シリコン・ゲルマニウム。

はんとき【半時】①一時(いっとき)の半分。現在の一時間に当たる。②転じて、わずかの時間。「一時(いっとき)—を争う」

はんどく【判読】《名・ス他》はっきりしない文字、わかりにくい文意などを、前後の関係などからおしはかって読むこと。「原稿の—に苦しむ」「—しにくい字」

はんどく【×繙読】《名・ス他》書物をひもとくこと。本を開いて読むこと。

はんとし【半年】一年の半分。六箇月。はんねん。

パントマイム せりふを使わず、身振りと表情だけでする劇。無言劇。黙劇。また、そのようなものまね。マイム。▽pantomime →だんまり(2)

パンドラのはこ【パンドラの箱】①ギリシア神話の地上最初の女性パンドラが、神々より「開けるな」と言って渡され、人間界に持ちこんだ箱。これを開け、多くの災いが飛び出したが、蓋をした中に希望だけが残ったという。②比喩的に、開けてはいけないもの、触れてはいけないもの。▽「パンドラ」はギリシア Pandora

はんとり【判取(り)】承認などのしるしに印をもらうこと。 **—ちょう**【—帳】商家などで、金品の受け渡しのたびに、得意先または取引先から受取りの判を押してもらっておく帳面。

パントリー 食器や食品類を貯(たくわ)える(簡単な流し(1)(ア)も付いた)小部屋。▽pantry

ハンドリング ①サッカーで、ゴールキーパー以外の選手が、手・腕でボールにふれる反則。ハンド。②ラグビーなどの球技で、ボールさばき。③自動車などのハンドル操作。④対応。運用。「データ—」▽handling

ハンドル ドアなどの、手で握る部分。取っ手。また、機械の一部で、手で握って機械を操作するもの。「自動車の—」「—を左に切る」▽handle(＝扱う。操作する) **—ネーム** (アマチュア無線やコンピュータ上の通信などで)本名の代わりに用いる、発信者の呼び名。▽handle name 英語では handle 単独で使うことが多い。

はんドン【半ドン】午後が休みである日。また、土曜日。▽「ドン」は「ドンタク」の略。→ドンタク

はんなま【半生】①なまにえ。半熟。「—の肉」②なまはんかであること。半可通。未熟。「—な知識」③「半生菓子」の略。生菓子より日持ちのする最中(もなか)など。

はんなり《副「と」・ス自》上品ではなやかな感じがするさま。「—(と)したお召し物」▽関西方言。

ばんなん【万難】多くのさまざまな困難・障害。「—を排して」

はんにち【反日】日本に反対すること。また、日本や日本人に反感を持つこと。↔親日。「—運動」「—感情」

はんにち【半日】一日の半分。

はんにゃ【般×若】①〔仏〕実相を達観するための、根本的な知恵。▽梵語(ぼんご)から。②恐ろしい顔つきをした鬼女。▽もとは能面の一つで、奈良の僧般若坊が作ったからという。 **—とう**【—湯】僧家で、酒の隠語。

はんにゅう【搬入】《名・ス他》(展示物・家財道具・製品などを)運び入れること。↔搬出。「展覧会場に作品を—する」「仕入れ品の—」「—口」

はんにん【犯人】罪を犯した本人。犯罪者。「真—」

はんにん【判任】勅任・奏任ではない官吏任命形式。 **—かん**【—官】もとの官吏で高等官より下にあり、各省大臣等の権限で任免されるもの。▽文官の場合には「属官」とも言う。武官では下士官。

ばんにん【番人】見張りをする人。番をする人。「法の—」(裁判官などのこと)

ばんにん【万人】だれでもと言えるほど多くの人。「—向き」「—の認めるところ」▽→ばんじん(万人)

はんにんそく【半人足】一人で半人前の役にしか立たない者。

はんにんまえ(へ…ま)【半人前】一人前の半分。またその程度の能力しかない者。

はんね【半値】定価の半分。半分の値段。「—以下に値下げする」

ばんねん【晩年】かなりの年数は生きた一生の末の、死に近づいた時期。↔早年。「—は不遇だった」

はんのう【反応】《名・ス自》①生体が、刺激を受けた結果として変化や活動を起こすこと。「薬物—」「—がない」(②の意にも)「刺激に—する」「呼びかけに—する」②働きかけに応じて動きや態度の変化が起こること。手ごたえ。「環境問題に—する」「冷たい

ー」「さまざまなーを呼んだ」③二種以上の物質の間に化学的変化が起こること。「可逆ー」

ばんのう【万能】①すべてにききめがあること。何にでも役立つこと。「ー薬」②すべてにすぐれていること。何でもできること。「ー選手」▽「まんのう」と読めば別の意。

はんのうはんぎょ【半農半漁】漁(りょう)をするかたわら農業をして暮らしを立てていること。

はんのき【×榛の木】山野の湿地に自生する落葉高木。実は松の実に似て、染料にする。材は建築・家具・薪炭用。はりの木。▽かばのき科。

パンのき【パンの木】太平洋諸島原産の熱帯性常緑高木。高さ一〇メートル以上。果実は球形で大きく、パン質の果肉を持ち、食用。材は建築材・船材。▽くわ科。

はんば【飯場】土木工事や鉱山の現場にある、労働者の合宿所。また、そこに頭(かしら)が配下の労働者を宿らせ、支配する仕組み。

はんぱ【半端】『名ナノ』①全部はそろっていないこと。そういうもの。「ーになる」「ーが出る」②どちらともつかないこと。「ーな位置」「中途ー」③まともにはできていない、または気がきかないこと。その人。まぬけ。「ーなまねをして平気でいる」「ー者」

ばんば【×輓馬】車をひかせる馬。

バンパー（自動車などの）緩衝装置。▽bumper

ハンバーガー ハンバーグをパンにはさんだ食べ物。バーガー。▽hamburger

ハンバーグ「ハンバーグ ステーキ」の略。ひき肉にパン粉・玉ねぎなどをまぜてまとめ、フライパンで焼いた料理。▽hamburg steak から。

はんばい【販売】『名・ス他』売りさばくこと。「一手にーする」

バンパイア 吸血鬼。また、バンプ。バンパイヤ。▽vampire

はんばく【反×駁】『名・ス自他』他の意見に反対し、論じ難じること。論じ返すこと。「ーを加える」

はんぱく【半白】しらがまじりの毛髪。ごましお頭。

ばんぱく【万博】「万国博覧会」の略。世界各国が参加して行う博覧会。「大阪ー」

はんばつ【藩閥】明治政府で、同じ藩の出身者が閥を作ったこと。その閥。「ー政府」

はんぱつ【反発・反×撥】①『名・ス自他』㋐はねかえること。はねかえすこと。㋑反抗してうけつけないこと。「消費者のーを買う」「親にーする」②『名・ス自』下落した相場がはね上がること。

はんはば【半幅・半△巾】並幅(なみはば)の半分の幅。「ー帯(おび)」

はんはん【半半】『ノダ』半分半分。半分ずつ。「ーに分ける」「期待と不安がーだ」

ばんばん『副』物事が連続して、盛んに起こるさま。「金をー使う」「車がー行き交う」

ばんばん【万万】『副』①すべて。万事。「お目にかかってー申しあげます」「ー心得ている」②《あとに打消しを伴って》万一にも。よもや。「ーあってはならないこと」「ー負けることはない」

ばんぱん【万般】すべての物事。百般。「ーの準備」

パンパン 街娼(がいしょう)。▽第二次大戦後広まった語。

ぱんぱん ①『副「と」』ピストルなどを発射する連続音。「遠くでーと炸裂(さくれつ)音がする」②『副「と」』平たいものをたたく音。「干した布団をーたたく」③『ダナ』破裂しそうにふくれているさま。「ふくらはぎがーに腫れる」

ばんばんざい【万万歳】「万歳」を強めた語。

はんぴれい【反比例】『名・ス自』二つの変数の一方が二倍、三倍、……になれば、他方が二分の一、三分の一、……になるような、二変数の関係。逆比例。↕正比例

はんぷ【帆布】↓カンバス(1)

はんぷ【頒布】『名・ス他』広く分けて配り、行きわたらせること。

ばんぷ【万夫】多くの男。多くの武士。 **ーふとう**【ー不当】万夫が向かってもかなわないほど強いこと。

バンプ 美しくなまめかしく、男を迷わす女。妖婦。ヴァンプ。▽vamp（vampire の略）

ばんぷう【蛮風】野蛮な風習。

はんぷうし【半風子】しらみの異称。▽「しらみ」を漢字で「虱」と書くことから。

パンプキン カボチャ。「ーパイ」▽pumpkin

はんぷく【反復・反覆】『名・ス他』繰り返すこと。「ー練習」「同語ー」

はんぷく【×叛服】そむくことと従うこと。「ー常なし」（そむいたり、従ったり、その態度がきまらない）

ばんぷく【万福】数えきれないほどさまざまな幸福。まんぷく。「貴下のーを祈る」

パンプス 甲の部分が広くあき、ひも・留め金などがない女性用の靴。▽pumps

ばんぶつ【万物】宇宙の、ありとあらゆるもの。「ーの霊長」（人類のこと）

パンフレット 仮綴(かりと)じの小冊子。パンフ。▽pamphlet

はんぶん【半分】二つに等分したものの一つ。二分の一。なかば。「冗談ー(に)」（なかば冗談のつもりで）

はんぶんじょくれい【繁文×縟礼】規則・礼式などがこまごまとしていて煩わしいこと。

はんぺい【藩×屏】①かきね。囲い。守りとなるもの。②王室の守護となること。またその人。「皇室のー」

ばんぺい【番兵】城門など要所に立ち番して見張りをする兵。

はんべつ【判別】『名・ス他』みわけること。特に、はっきり区別すること。「雌雄をーする」

はんぺん ①【半片】一片の半分。はんきれ。はんぺら。②【半片・半△平】白身魚の練り物の一種。サメなどのすり身とおろした山芋などを混ぜて裏ごしし、成型して柔らかく蒸した食品。おでん種などにする。

はんぽ【反哺】親に養育の恩を返すこと。「烏(からす)に

ーの孝あり」▽「哺」は、口うつしにえさを与える意。

はんぼいん【半母音】 性質が母音と子音との中間的な音。［w］［j］の類。

はんぼう【繁忙】《名ナ》用事が多く忙しいこと。多忙。「ーを極める」「事務のー期」派生 **-さ**

ばんぽう【万邦】 あらゆる国。万国。

はんぽん【版本・板本】 版木にほって印刷した書物。刊本。▽「写本」に対して言う。

はんま【半間】《名・ダナ》①十分にはそろわないこと。中途半端。②間(ま)が抜けていること。そういう人。とんま。

ハンマー ①物をたたくのに使う(洋風の)道具。特に、鉄製の槌(つち)。用途により、形・大きさは種々。②金属性の球に鉄線を付けた、ハンマー投げの用具。▽hammer　**ーなげ【ー投げ】** 陸上競技の一つ。ハンマー②を投げてその飛んだ距離を競う。

はんまい【飯米】 飯に炊くための米。

はんみ【半身】 ①相手に対して体を斜めにする姿勢。「ーに構える」②魚をひらいた時の、二枚のうちの一方。▽「はんしん」と読めば別の意。

はんみち【半道】 ①一里の半分。約二キロメートル。②道のり全体の半分。

はんみょう【斑△猫】 食肉性の甲虫。体色は紫・赤・青・金緑など、いろいろある。山間の路上に多く、人の進む先へ先へと飛ぶので「みちおしえ」「みちしるべ」とも言う。▽はんみょう科の昆虫の総称。

ばんみん【万民】 すべての人。多くの人民。

はんめい【判明】 ①《名ノ・ス自》事実などがはっきり明らかになること。はっきりと明らかなこと。「ーな事実」「ーした所によると」②《名ノ》↓めいせき(明晰)(2)

はんめい【反命】《名・ス自》使者に立ち、帰ってその返事・結果を報告すること。復命。

ばんめし【晩飯】 晩の食事。▽「夕飯」と同義にも使い、それより遅くとるのも言う。また現在では男性語の観がある。

はんめん ㊀**【半面】** ①顔の半分。片面。「左ーにあざがある」②物事の一方(だけ)の面。「知られざるー」「ーの真理」「そのーでは」。《副詞的に》一方では。「わざわざ苦労するまでもないと思うー、自分の力をためしてもみたい気がする」㊁**【反面】**(裏側になる)もう一つの面。「ー教師」(悪い事柄もそれではだめと知れば人を導く教訓になるということ。毛沢東のことばから)。《副詞的に》他の見方では。「式と図形だから違いはある。ー密接な関係もある」

ばんめん【盤面】 ①碁盤・将棋盤・チェス盤などの表面。また、盤上の勝負の局面。②レコード盤・時計盤などの表面。

はんも【繁茂】《名・ス自》草木が枝や根をよく張って、勢いよく一面におい しげること。

はんもく【反目】《名・ス自》仲が悪くにらみあうこと。「仲間うちでーし合う」

ハンモック 丈夫なひもで編んだ網、または麻布などでつくったつり床。▽hammock

はんもと【版元・板元】 図書の出版もと。発行所。

はんもん【反問】《名・ス自》何か尋ねられた時、尋ねた人にこちらから逆に尋ね返すこと。問い返すこと。

はんもん【半文】 一文(いちもん)の半分。また、ごくわずかなお金。「ーの値打もない」

はんもん【斑文・斑紋】 まだらの模様。

はんもん【煩×悶】《名・ス自》心をいためもだえること。悩み苦しむこと。「罪の重さにーする」

はんや【半夜】 ①よなか。夜半。中夜。②一夜の半分。

ばんや【番屋】 ①番人の詰所(つめしょ)。②ニシン・サケ漁などの漁夫(ぎょふ)の泊まる小屋。

パンヤ 熱帯産の常緑高木。種子に白色の綿毛があり、布団やまくらの詰め物とする。材は軽いので丸木舟などをつくる。カポック。▽ポルトガル panha　あおい科(旧パンヤ科)。

はんやく【反訳】《名・ス他》①いったん翻訳または速記したものを、再び元の言葉・文字にもどすこと。②翻訳。

ばんゆう【万有】 宇宙間にあるすべてのもの。万物。**ーいんりょく【ー引力】** 質量をもつすべての物体の間に作用する引力。両物体の質量の積に比例し、距離の二乗に反比例する。▽ニュートンが天体力学の原理としてはじめて導入した。

ばんゆう【蛮勇】 理非を考えず、むやみやたらに発揮する勇気。向こう見ずの勇気。「ーを振るう」

はんよう【汎用】《名・ス他》一つの物が広くいろいろな方面に使えること。「ーコンピュータ」

はんよう【繁用】 用事が多くて忙しいこと。「諸事御ーの折」

はんよう【藩窯】 江戸時代、藩が経営する窯(で作った陶磁器)。▽その産物を進物などにした。

はんら【半裸】 半分はだか。

ばんらい【万×籟】 種々のものが風に鳴る音。▽「籟」はひびき。

ばんらい【万雷】 ①非常に多くのかみなりの音。②転じて、大きな音の形容。「ーの拍手」

はんらく【反落】《名・ス自》騰貴していた相場が逆転して下落すること。↕反騰

はんらん【反乱・×叛乱】《名・ス自》支配者や政府にそむき、乱をおこすこと。「ー軍」

はんらん【氾濫】《名・ス自》①(河川の水などが)みなぎりあふれ出ること。洪水になること。②転じて、(よくない)ものが世間に出まわって満ちあふれること。「悪書のー」

ばんり【万里】 非常に遠いこと。「ーの波濤(はとう)を乗り越えて」「ーの長城」

はんりつ【反立】 ↓アンチテーゼ

ハンりゅう【△韓流】 ↓かんりゅう(韓流)。▽ハンは「韓」の朝鮮語音。

はんりょ【伴侶】 一緒に連れだつ者。連れ。「人生の

―」(配偶者)

ばんりょく【万緑】一面にみどりであること。「―叢中(そうちゅう)紅一点」(多くの中でひときわ目立つこと)▽王安石の詩から。→こういってん

ばんりょく【蛮力】蛮勇の力。また、無法な腕力。

はんりん【半輪】半円形。「―の月」

はんるい【煩累】わずらわしくうるさい物事。面倒。心配ごと。「―を及ぼす」

はんれい【凡例】本のはじめに掲げる、その本の編集方針や利用のしかたなどに関する箇条書。例言。

はんれい【反例】ある主張・学説に対しそれが成り立たないことが確かめられる、そういう例。それを示すだけで反証となる実例。「あの定理に―が見つかった」

はんれい【判例】過去の判決の実例。「―を調べる」

はんろ【販路】商品を売りさばく方面。はけ口。「―を拡張する」

はんろう【煩労】心をわずらわし、体をつかれさせること。その骨折り。「―を惜しまない」

はんろう【藩老】藩の家老。

はんろん【反論】〘名・ス自他〙相手の議論に対して言いかえすこと。また、その議論。「―の余地がない」

はんろん【汎論】一般に通じる論。また、概括した論。総論。通論。

ひ

ひ【一】ひとつ。ひい。「―ふみ、よごろく」▽数えるときに使う。

ひ【日】①朝のぼり夕方沈む、光り輝く天体。太陽。「―の御旗(みはた)」(日章旗)。その天体の光。「―がさす」「―に焼ける」(日光を浴びて、肌が黒くまたは赤くなる、また、物の色があせる)②日⑴が出ている明るい間。昼。↔夜(よ)。「―のうちに済ませる」「―暮れて道遠し」(老年になって、しかも期した目標には達し難い)③一年を(平年なら)三百六十五に分けた区分。地球が一回自転する時間にほぼ等しい。「―を改めて」(また別の日に)「―がない」(それまでに幾らも日数が残っていない)「―(↓ひがら(日柄))が悪い」④『……た―には』そういう場合には。……たら。「親に死なれた日には目も当てられない」「お前と来たひにゃ(=お前というやつは)全く困り者だ」▽⑶の転。[関連] ひと日・旗日・厄日・物日・紋日・過日・元日・期日・忌日・休日・近日・後日・祭日・昨日・終日・週日・秋日・祝日・旬日・昔日・先日・前日・即日・他日・同日・当日・平日・本日・末日・翌日・連日・悪日(あくにち)・縁日・吉日・初日・中日(ちゅうにち・なかび)・半日・毎日・日日・明日・命日・半ドン・デー・ウイークデー

ひ①【火】燃え(つまり物質が酸素と急激に化合し)て熱・光やほのおを出す現象。「―のない所に煙は立たぬ」(うわさが立ったり疑われたりするのは、何かそれ相応の原因があるからだという、たとえ)「―を見るよりも明らか」(疑いを入れる余地がないほど明らか)「―の消えたよう」(急に活気を失い寂しくなるさま)「―のついたように」(赤ん坊が大声で泣き騒ぐ形容)「―をつける」(付け火をする意にも。また、騒ぎのきっかけを作る、刺激を与えて怒らせる意にも)「―を放つ」(同上)「―を出す」(その家から火事が起こる)「―の用心」(→ひのようじん)「―にあたる」(暖をとる)「―に掛ける」(調理のために火の上に載せ、煮るなど、熱を与える)「―を通す」(食品に、腐敗を防ぐためなどに、熱を与える)。激しく作用する思いのたとえ。「胸の―」②【火・灯】㋐照明のための光。あかり。ともしび。「―がともる」「町の―」㋑比喩的に、(まだ)小さいが消してはならない活動や、それをする心。【灯】「リサイクルの―」「善意の―」

ひ【×桧】→ひのき

ひ【×杼・×梭】機(はた)織りで、よこ糸を巻いた管を入れて、たて糸の中をくぐらせる、小さい舟形のもの。

ひ【×樋】①水などを導き送るために掛け渡した、木・竹などで作った長い管。②物の表面に作った細長いみぞ。③刀身の背にそった細長いみぞ。

ひ【×緋】火のような、濃く明るい紅(べに)色。

ひ【*比】ヒ くらべる ならぶ ころ ①㋐〘名・造〙同類のもの。たぐい。なかま。「……の比ではない」「比倫・比類・無比」㋑同類のものがならぶ。ならべる。「比肩・比翼・比隣・櫛比(しっぴ)」②かれこれくらべ合わせる。「比較・比喩・対比」③〘名・造〙数学で、同種類の二つの量の間で、一方が他方の幾倍に当たるかという関係。「比例・等比級数・比重」④時間的に近い前後。ころ。ころおい。このごろ。「比年」⑤〘名〙詩経にいう詩のスタイルのうち、事物にたとえて気持を述べる詩。「比興(ひきょう)」⑥㋐「比律賓(フィリピン)」の略。「日比・比国」㋑梵語(ぼんご)の音訳。「比丘(びく)」

ひ【庇】ヒ ひさし おおう おおいかくす。かばう。おおうこと。ひさし。「庇護・庇蔭(ひいん)・高庇・雪庇(せっぴ)」

ひ【*批】ヒ ①比べて、よいわるいの品定めをする。是非を言いわける。「批判・批評・批点・批正・高批」②上奏した文書を君主がみとめる。「批准」

ひ【*皮】ヒ かわ ①動物のかわ。毛がわ。「皮革・皮膚・皮肉・皮下・真皮・表皮・毛皮・面皮・牛皮・植皮・鉄面皮」②物の外がわをおおっている部分。表面。うわべ。「草根木皮・外皮・果皮・樹皮・種皮・脱皮・皮相」

ひ【彼】ヒ かれ かの か あれ。あの。あちら。特に、(人を指す)かれ。「彼我・彼此(ひし)・彼岸」

ひ〖披〗ヒ ひらく ―①閉じたものをひらく。ひろげる。②ひらいて残りなく示しあらわす。ひろめる。「披見・披読・披閲・直披」「披瀝(ひれき)・披露」

ひ〖被〗ヒ こうむる おおう かぶる かずく ―①頭からかぶる。こうむる。うける。「被害・被災・被爆・被疑者・被告」②おおいかぶせる。おおいをする。かばう。「被覆・外被・加被」③衣服を着る。着るもの。「被服」④受身を表す語。「被治者・被選挙権・被除数」

ひ〖疲〗ヒ つかれる ―①くたびれて力が弱る。つかれる。つかれさせる。つかれ。「疲労」②財力がつきて苦しむ。おとろえる。「疲弊」

ひ〖妃〗ヒ きさき ―①つれあい。妻。皇后の次に位する皇太子の正妻。皇族の妻。「妃殿下・皇太子妃」②後宮の女性。「后妃・太妃・王妃」

ひ〖*否〗ヒ いな いや ―①〘名・造〙うちけす。承認しない。肯定しない。「答は否」「否定・否決・否認・拒否」②反対のこと。ある性質を表す語と対して、そうでない意を表す語。「存否・安否・可否・成否・能否・真否・当否・適否・合否・採否・賛否・実否(じっぴ・じっぷ)・諾否」③よくない。わるい。「否運」

ひ〖*肥〗ヒ こえる こえ こやす こやし ふとる ―①からだの肉付きがいい。こえる。↔痩。「肥大・肥満・肥育・肥馬」②地味(ちみ)が豊かで、よく作物をみのらせる。こえる。「肥沃・肥瘦・肥土」③こやし。こえ。「肥料・金肥・堆肥・追肥・施肥」④「肥前国・肥後国」の総称の略。「肥州・薩(さつ)長土肥」

ひ〖*非〗ヒ あらず そしる ―①そのことでない。あらず。「非常・非凡・非業(ひごう)・非情・非番・非現業・非鉄金属・非素数・非科学的・非人情・非常識・非公開・非戦闘員」②〘名・造〙よくない。正しくない。↔是。「非をあばく」「是非・非行・非望・前非・理非」③〘名・造〙よしとしない。是認しない。↔是。「非とする」「是是非非」④〘名・造〙うまくゆかない。「運命非なり」「非運」⑤道理にたがう。道にそむく。「非違・非道・非礼・非理・非法」⑥〘名・造〙欠点をあげて悪く言う。そしる。「非の打ちどころがない」「非難」

ひ〖*悲〗ヒ かなしい かなしむ ―①心にいたみを感じてなげく。かなしむ。かなしい。「悲喜・悲哀・悲痛・悲傷・悲泣・悲憤・悲壮・悲惨・悲報・悲運・悲境・悲劇・悲観・悲恋・悲歌」②仏教で、他人の苦しみをとりのぞいてやろうとする、あわれみの心。「慈悲・悲願・悲母(ひぼ・ひも)・大慈大悲」

ひ〖扉〗〖扉〗ヒ とびら ―ひらき戸。とびら。「門扉・鉄扉・開扉」

ひ〖卑〗〖卑〗ヒ いやしい いやしむ いやしめる ひくい ―①身分・地位がひくい。↔尊。「尊卑・卑賤(ひせん)・卑近・卑金属」②心が下劣である。いやしい。「卑屈・卑劣・卑怯(ひきょう)・卑猥(ひわい)・卑俗・卑語」③ひくくする。みずからへりくだる。「卑下(ひげ)・卑見・自卑」④他をいやしめ軽(かろ)んじる。「男尊女卑」

ひ〖×婢〗ヒ はしため ―①下働きの女。はしため。こしもと。下女。「婢僕・婢妾(ひしょう)・下婢・侍婢・奴婢(ぬひ)」②女の奴隷。「奴百人、婢百人」

ひ〖碑〗〖碑〗ヒ いしぶみ ―〘名・造〙後世に伝えるために、石面に文字を彫って記念として立てた石。いしぶみ。「碑を建てる」「碑銘・碑文・碑陰・石碑・墓碑・記念碑・歌碑・句碑・忠魂碑・建碑・古碑・口碑・断碑」

ひ〖*飛〗ヒ とぶ とばす ―①鳥が空をかける。空中を行く。とぶ。「飛翔(ひしょう)・飛行・飛来・飛揚・飛弾・飛鳥・飛燕(ひえん)・弾丸雨飛」②地を離れて空中に上がる。とび上がる。とびはねる。とびこえる。「飛躍・飛沫(ひまつ)・飛瀑(ひばく)・飛泉」③とぶように早く走る。早い。「飛脚・飛報・飛電・飛信・飛札」④〘名・造〙将棋の駒「飛車」の略。「飛で取る」「飛角」⑤野球で「飛球」の略。「左飛」⑥「飛騨(ひだ)国」の略。「飛州」

ひ〖*秘〗〖祕〗ヒ ひめる かくす ―①〘名・造〙人に知らせない。かくす。ひす。ひめる。「秘中の秘」「秘密・秘宝・秘蔵・秘書・秘文・秘策・秘謀・秘訣(ひけつ)・秘伝・秘薬・秘曲・秘法・秘術・秘仏・奥秘・極秘(ごくひ)・厳秘・黙秘・部外秘」②人の力ではかりしれない。「神秘」③通じがわるい。「秘結・便秘」

ひ〖*費〗ヒ ついやす ついえる ―①金品を使いへらす。ついやす。ついえる。「費消・費途・費目・費用・消費・空費・浪費・乱費」②物を買ったり仕事をしたりするために使う金銭。ついえ。費用。「経費・歳費・入費・出費・冗費・国費・官費・私費・学費・旅費・会費・燃料費・衣料費・人件費・事業費」

ひ〖×鄙〗ヒ ひな いやしい いやしむ ―①都から遠く離れたいなか。かたいなか。「都鄙・辺鄙」②下品である。洗練されていない。いやしい。「鄙俗・鄙劣・野鄙」③話し手自身をへりくだって言う語。「鄙見・鄙意」

ひ〖罷〗ヒ やめる やむ つかれる まかる ―①中止する。仕事をやめる。「罷業・罷工・罷買同盟」②官職などをやめさせる。「罷免」③くたびれる。おとろえる。「疲」に同じ。

ひ〖避〗〖避〗ヒ さける よける ―①さける。よける。「避難・避暑・避寒・避雷針・避病院・待避」②にげかくれる。いやがってにげる。「逃避・退避・回避・忌避・不可避」

ひ〖泌〗→ひつ〖泌〗

び〖尾〗ビ お ―①動物のしっぽ。お。尾のような形をしたもの。「燕尾(えんび)・竜頭蛇尾・尾骶骨(びていこつ)」②㋐うしろ。あと。「尾行・追尾」㋑物事の後部。最後。おわり。「首尾一貫・徹頭徹尾・末尾・後尾・掉尾(とうび)・船尾・語尾・接尾語」③動物が雌雄相まじわる。「交尾」④魚を数える語。「鯛(たい)一尾」⑤「尾張(おわり)国」の略。「尾州・濃尾平野」

び【眉】 ビ ミ まゆ ― まゆげ。まゆ。「眉目秀麗・眉宇・眉間(みけん)・蛾眉(がび)・白眉・拝眉」「愁眉を開く」「柳眉をさかだてる」「焦眉の急」

び【×媚】 ビ こびる ― ①相手のきげんをとってへつらう。こびる。しなめく。「佞媚(ねいび)」②なまめかしい。色っぽい。色情をおこさせる。「媚態・媚薬」③人の心をひくばかりに美しい。「明媚」

び【*美】 ビ ミ うつくしい よい ― ①〘名・造〙外形がりっぱできれい。うつくしい。↔醜。「素朴な美」「美醜・美形・美容・美貌・美人・美女・美妙・美麗・美術・優美・華美・肉体美・審美眼」②〘名・造〙内容がりっぱ。みごと。よい。「有終の美」「美酒・美味・美食・美田・美談・美風・善美・醇美(じゅんび)・甘美」③よしとする。ほめる。よみする。「賞美・褒美・賛美・嘆美」④〘名・造〙哲学で、感性と理性との調和統一に対する純粋な感情を起こすもの。「美学・美意識・真善美・耽美(たんび)」

び【*備】 ビ そなえる そなわる つぶさ ― ①前もって用意する。そなえる。「備荒・備救・備忘・備考・備品・準備・予備・常備・設備・整備・配備」②足りないものがなく、そろう。そなわる。「具備・完備・兼備・不備」③そなえ。用意。「軍備・武備・戦備・防備・守備・警備・兵備・装備」④「吉備(きび)国」の略。「備前・備中(びっちゅう)・備後(びんご)・芸備・伯備」

び【微】【微】 ビ ミ かすか ― ①〘名・造〙ごく小さい。「微に入り細に入る」(非常にこまかい点まで及ぶ)「微小・微細・微塵(みじん)・微力・微意・微衷・微生物・微粒子・精微・軽微・細微・極微(きょくび・ごくび)・顕微鏡」②ごくわずか。かすかである。かすかに。「微量・微妙・微動・微光・微温・微恙(びよう)・微笑(びしょう・みしょう)・微醺(びくん)・微罪・微風・機微・隠微・微微」③かくれる。しのぶ。ひそかに。「微行」④なくなる。おとろえる。「式微・衰微・微禄(びろく)」⑤いやしい。身分がひくい。「微賤(びせん)・微臣」

び【*鼻】【鼻】 ビ はな ― ①人や動物の、はな。「耳鼻科・鼻孔・鼻腔(びこう)・鼻梁(びりょう)・鼻下・隆鼻術・酸鼻・鼻カタル・鼻中隔・鼻音」②物のはじめ。先頭。「鼻祖」

ひあい【悲哀】 悲しく哀れな気持。「人生の―」

ビア ガーデン 庭園風の作りで、屋外でビールを飲ませる場所。ビヤ ガーデン。「屋上―」▽beer garden

ひあがる【干上がる・△乾上がる】〘五自〙あるべき所の水が失せて、かわききる。「田が―」「井戸が―」「あごが―」(口中が乾く、つまり貧しくて食事にも事欠く)

ひあし【日脚】 ①太陽が空を過ぎて行く歩み。また、その速さ。「―が移る」「―(=昼間の時間)が延びる」②差し込んでくる日光。「窓からの―が机に届く」

ひあし【火脚】 火が燃え広がって行く速さ。

ピアス 耳たぶなどに小さな穴をあけてつけるアクセサリー。▽pierce(=穴をあける)

ピアストル 中近東諸国の通貨の補助単位。また、スペイン・メキシコなどの古貨。▽piastre, piaster

ひあそび【火遊び】〘名・ス自〙①火をもてあそぶこと。火いたずら。「子どもの―」②危険な遊び。特に、無分別なその場限りの恋愛・情事。

ひあたり【日当(た)り】 日光が当たること。その当たり具合や程度。また、日光が当たる場所。「―のよい」

ピアニスト ピアノの演奏家。▽pianist

ピアノ ①鍵盤を指先で押すと、ハンマーが金属弦をたたいて音を出す楽器。②弱音で(演奏するところ)。↔フォルテ。▽(イタリア) piano　**―せん**【―線】 炭素分の多い鋼でできた針金。▽ピアノの弦のほか、コイルばね、コンクリート補強用鋼線、ワイヤ ロープなどに使う。

ひあぶり【火×炙り・火×焙り】 昔、罪人を火で焼き殺す刑罰。

ビア ホール ビールを専門に、簡単な料理も出す飲食店。ビヤ ホール。▽一八九九年に日本麦酒醸造株式会社が銀座に店を出す際に beer と hall とから作ったのが、一般化。

ヒアリング ①聞きとること。特に、日本では、外国語を聞きとること。また、その練習。②公聴会。聞き取り調査。▽hearing 「ヒヤリング」とも。

ひあわい【×廂△間・×庇△間】(ひあい) 建て込んだ家の間の、ひさしとひさしとが接するような、狭い所。「暗い―から吹き入る風」▽「ひやあい」とも言う。

ひい【非違】 法にもとること。非法。違法。

びい【微意】 わずかな志。自分の意志をへりくだって言う語。「―の存する所」

ピーアール【PR】〘名・ス他〙①企業体や官庁が、事業内容などを広く知ってもらい、多くの人の信頼・協力を強めようとする宣伝広告活動。②世間に知らせること。売りこむこと。「自己―」▽public relations の略。

ピーエイチ【pH】 水溶液中の水素イオン濃度を表す指数。▽「ペーハー」とも言う。p は(ドイツ) Potenz の略。H は水素の元素記号。これが7なら中性、それより大きければアルカリ性、小さければ酸性。

ビーエイチシー【BHC】 ベンゼンに塩素を作用させて作る殺虫剤。▽benzene hexachloride の略。現在は製造・使用ともに禁止されている。

ビーエス【BS】 放送用の静止衛星。また、それを利用した放送。▽broadcasting satellite の略。

ビーエスイー【BSE】 変性した蛋白(たんぱく)質により牛の脳が海綿状になって死に至る病気。狂牛病。ウシ海綿状脳症。▽bovine spongiform encephalopathy の略。牛以外の動物にも経口感染する可能性がある。

ピーエム【p.m.】 午後。↔エーエム。「―三時に来社」▽(ラテン) post meridiem の略。

ピーエムにてんご【PM2・5】 大きさがおおむね二・

五マイクロメートル以下の粒子。排煙・排気ガスに含まれ、健康に悪影響を与えると考えられるため、環境基準が設けられている。微小粒子状物質。▽ＰＭは particulate matter の略。

ビーカー 化学実験に使う、広口の円筒形のガラス容器。▽beaker

ひいき【×贔×屓】〘名・ス他〙自分の気に入った者に目を掛け力を添えて助けること。「—の引き倒し」(ひいきをして、かえってその人を不利に導くこと)。また、そうする人。後援者。「—が多い」▽積極的助力にまでは至らない、声援・好感の程度のにも言う。「英国—」 **—め**【—目】ひいきした好意的な見方。「—で見る」

ビーきゅう【Ｂ級】①ＡＢＣ順に等級に分けたうちの一つ。「—ライセンス」②(第一級には及ばないが)それなりの良さや人気があること。「—映画」「—グルメの店」

ひいく【肥育】〘名・ス他〙肉用動物に、運動をさせないでえさを多く与え、短時日にふとらせること。

びいく【美育】審美眼をうえつけ芸術心を養うことを目的とする教育。音楽・体育・国語等の教科を通じて行う。

ピーク 頂上。頂点。「ラッシュ アワーの—」▽peak

ピーケー【ＰＫ】「ペナルティー キック」の略。「—戦」(サッカーで、引き分けの時、両チーム各五人によるペナルティー キックで勝敗を決める方法)

ビーご【Ｂ５】ＪＩＳによる紙の大きさの規格の一つ。長辺二五・七センチ、短辺一八・二センチ。Ｂ５判。▽週刊誌の大きさ。

ビーコン 水路または航空の交通標識。灯台。「ラジオ—」(無線電波を送って、船・航空機に方向や位置を標示する装置) ▽beacon

ビージー【ＢＧ】女子事務員。▽和製英語 business girl の略。ＯＬの古い言い方。

ピーシー【ＰＣ】パソコン。▽personal computer から。

ビージーエム【ＢＧＭ】映画・放送などで背景に流す音楽。また、商店・病院などで雰囲気づくりのために流す音楽。▽background music の略。

ビーシージー【ＢＣＧ】ウシの結核菌から作る結核予防ワクチン。▽フランス bacille de Calmette et Guérin の略。

びいしき【美意識】美に関する意識。美に対する感覚・態度。

ひいじじ【〈曾祖父〉】祖父や祖母の父。▽「ひじじ」「ひいじいさん」とも言う。

ビーズ 衣服・手芸品などに用いられる小さな飾り玉。ガラスやプラスチック製で、円形・管形などがあり、色も多様。つないで使う。南京(なんきん)玉。▽beads

ピース ①〘名〙(全体のものの)部分。断片。一切れ。「ヘア—」▽piece ②〘名〙平和。③〘名・ス自〙(写真にうつる時などに)ピース サイン(中指と人差し指を立てるサイン)をすること。「はい、—」。↓ブイサイン。▽②③は peace

ヒーター 暖房装置。加熱器。▽heater

ビーだま【ビー玉】ガラス玉。特に、子どもが遊びに使うもの。▽「ビー」は「ビードロ」の略。

ピータン【△皮×蛋】土・灰にくるんで熟成させたアヒルの卵。白身は薄茶色のゼラチン状、黄身は黒っぽいゆで卵状になり、アンモニア臭がある。中国起源の食品。▽中国語。

ビーチ 浜辺。砂浜。「—サンダル」▽beach **—パラソル** 夏、海水浴の時など、日よけのために海浜に立てる、大きな日傘。▽beach と parasol とによる和製英語(英語では beach umbrella)。

ひいちにち【日一日】〘連語〙日ごとに。日増しに。「—(と)寒さが増す」

ビーツ かぶに似た根菜。ビート。㋐砂糖大根。甜菜(てんさい)。㋑芯まで赤い西洋赤かぶ。火焔菜(かえんさい)。ボルシチやサラダに使う。▽beet ひゆ科。

ピーティーエー【ＰＴＡ】保護者と教職員の会。家庭と学校とが協力し合って教育効果をあげようとする、学校単位に結成された教育組織。▽parent-teacher association の略。

ピーティーエスディー【ＰＴＳＤ】戦争・自然災害・事故など、非常に強いストレスを受けた後に起こる精神的な障害。心的外傷後ストレス障害。▽post-traumatic stress disorder の略。

ひいては【△延いては】〘連語〙それがもとになり、さらに進んで。さらには。「自分のため、—町のためにもなる」▽「ひいて」とも。

ひいでる【秀でる】〘下一自〙ぬきんでる。非常にすぐれる。「衆に—」「数学に—」「—でて立派な額(ひたい)」「眉目が—でた(=目立ってきりりとした)好青年」

ビート ①たたくこと。㋐音楽で、拍子。「エイト—」(八つの八分音符を、一小節の基本とするリズム) ㋑水泳で、足で水をたたくこと。「六—泳法」(手の一かきの間に、足で六回水を打つ泳ぎ方) ▽beat ②↓ビーツ

ヒート アイランド エアコンの排熱などにより、都市部が周囲より高温になる現象。▽heat island

ピート モス 湿原の泥炭(=ピート)層を形作る、ミズゴケなどの苔(こけ)(=モス)。それを加工した、園芸用の土。▽peat moss

ビードロ ガラスの古い呼び名。「—細工の風鈴」▽ポルトガル vidro

ひいな【×雛】ひな。ひな人形。

ビーナス ①ローマ神話で、美と愛の女神(めがみ)。②金星。▽「ヴィーナス」とも。Venus

ピーナッツ 南京(なんきん)豆。落花生。特に、殻・薄皮をとり調味したもの。ピーナツ。「—バター」▽食品としての場合に言う。peanut

ピーは【Ｐ波】地震の際、最初に観測される波動。波動の進む方向にゆれる縦波。▽「ピー」は primary(=最初の)の略。↓エスは

ビーバー ヨーロッパ・北アメリカ産の、木をかじり倒してダムを作り、その中に巣を作る哺乳(ほにゅう)動物。大きいものは体長約一メートルで、うしろ足にみずかきがある。海狸(かいり)。▽beaver ビーバー科の動物の総称。

ひいばば【〈曽祖母〉】 祖父や祖母の母。▽「ひばば」「ひいばあさん」とも言う。

ひいひい 『副[と]』①苦痛のために発する悲鳴(泣き声)。そのさま。「長時間労働に―言っている」②笛が鳴るような息をする音。そのさま。「高熱で―と苦しそうな息」

ぴいぴい ①『副・ス自』貧乏で生活に苦しいさま。「いつも―している」②『副[と]』かん高い鳥の鳴き声・汽笛などの音。「湯がわいてやかんが―(と)鳴っている」

ピーピーエム【ppm】 百万分率。百万分のいくつに当たるかを示す。▽parts per million の略。

ビーフ 牛肉。「―カツレツ」▽beef **―ステーキ** 厚切りの牛肉を焼いたり、炙(あぶ)ったりした料理。▽beefsteak

ビーフン 米粉(こめ)で作った細めの中国麺。多く乾燥したものをもどし、肉や野菜と炒(いた)めて食べる。▽「米粉」の台湾音による。

ひいまご【〈曽孫〉】 →ひまご

ピーマン トウガラシの栽培変種。実は大形で、辛みは少ない。西洋とうがらし。多くは、食用にする実をさして言う。▽(フランス) piment

ビーム ①光や粒子の細くまっすぐな流れ。「レーザー―」▽マイクやアンテナなどの感度の強い方向にも言う。②建築で、梁(はり)。▽beam

ピーラー 野菜やくだものの皮むき器。▽peeler

ひいらぎ(ひひらぎ)**【×柊】** 関東以西の山地に自生する常緑小高木。雌雄異株。秋、とげのある葉のつけ根に、においのよい白い小花が咲く。熟した実は暗紫色。材は細工物用。▽もくせい科。

ヒール 靴の踵(かかと)。「―が取れる」「ハイ―」「通勤にはロー―(=かかとの低い靴)を履く」▽heel

ビール アルコール飲料の一種。オオムギの麦芽にホップを加え発酵させて作る。「生(なま)―」▽(オランダ) bier 「麦酒」とも書く。

ひいれ【火入れ】 ①点火すること。㋐溶鉱炉ができて、初めて火を入れること。「高炉の―式」㋑炭焼き・焼き物のかまに火を入れる工程。㋒(肥料となる灰にするため)野山の枯草を燃やすこと。②腐敗防止のため、醸造した酒・醤油(しょうゆ)・酢などを加熱処理すること。③タバコなどの火種を入れておく、灰皿状の小さな器。▽⑶は明治ごろまでは普通に使った。

ひいろ【火色】 ①灼熱(しゃくねつ)した物体の光っている色。②火のような深紅(しんく)の色。

ヒーロー ①勇士。英雄。勇者として人気を集めている人。②作品中の男の主人公。↔ヒロイン。▽hero

ビーろく【B6】 JISによる紙の大きさの規格の一つ。長辺一八・二センチ、短辺一二・八センチ。B6判。

びう【微雨】 わずかにふる雨。こさめ。

びう【眉宇】 まゆのあたり。「―に決意をみなぎらせる」

ひうお(ひを)**【氷魚】** →ひお

ひうち【火打(ち)・×燧】 火打石と火打金を打ち合わせて火を出すこと。 **―いし【―石】** 打って火を出すのに使う石。広く石英の一種の燧石(すいせき)を使った。そのとがった部分で火打金と打ち合わせて火を発する。 **―がね【―金・×燧△鉄】** 火打石と打ち合わせて火を発する道具。三角形などの鋼鉄片が木片にはめこんである。

ひうつり【火移り】 火が燃え移ること。「―が早い」

ひうん ①**【悲運】** 不幸な悲しい運命。②**【非運・否運】** 運が開けないこと。ふしあわせ。↕幸運

ひえ【×稗】 昔から備荒作物として栽培される一年草。夏、茎の先に淡緑または褐紫色の花を総状につける。種子は三角形で細く、食用・飼料用。やせ地でも育つ。▽いね科。

ひえ【冷え】 冷えること。㋐気温が下がること。また、その程度。「―がきつい」㋑体(特に腰から下)が冷えること。そういう病気。

ひえき【×裨益】 『名・ス他自』ある事の助け・補いとなり、利益となること。役に立つこと。「教育に―するところ大である」「社会を―する」

ひえこ-む【冷え込む】 『五自』①急に気温が下がる。「けさはひどく―」②体が極度に冷たくなる。③比喩的に、すっかり低調になる。「景気が―」

ひえしょう【冷(え)性】 血液のめぐりが悪く、体の特定の部位に冷たさを感じる体質。▽「冷(え)症」とも書く。

ひえつ【披閲】 『名・ス他』書物・書類をひらいて、調べて見ること。

ひえびえ【冷え冷え】 『副[と]・ス自』①風や大気が、冷え込んで冷たいさま。「―とした室内」②温かみがないさま。寂しく空虚なさま。「心が―(と)する」

ひえもの【冷え物】 冷たいもの。特に、体の冷えたもの。「―ごめん」(寒い季節に銭湯の湯船に入る時、湯船の中の人に言ったあいさつ)

ヒエラルキー ピラミッド型の階層組織。身分制度。ヒエラルヒー。▽(ドイツ) Hierarchie から。

ひ-える【冷える】 『下一自』①温度が下がり、または温度を下げることをして、冷たくなる。「春と言っても夜が―」「ビールが程よく―」②冷たい感じを与えるようになる。「景気が―」「愛情が―えてしまった」

ピエロ ①ヨーロッパの喜劇・道化(どうけ)芝居や、サーカスなどに登場する、無知で善良な定型的道化役。道化役者。②転じて、道化者。▽(フランス) pierrot

ひえん【飛×燕】 素早く軽やかに(身を翻して)飛ぶつばめ。

びえん【鼻炎】 鼻の粘膜の炎症。

ビエンナーレ 一年おきに開催する美術の展覧会。▽イタリア biennale

ひお【氷△魚】 あゆの幼魚。ほとんど半透明白色で、長さ約二～三センチ。琵琶湖(びわこ)産のものが有名。▽「ひうお」とも言う。

ひおい【日△覆】 →ひおおい

ひおう【秘奥】 容易にうかがうことのできない、物事の奥深い所。「芸道の―をきわめる」

ひおうぎ【×桧扇】 ①桧(ひのき)の薄板をとじ連ねた扇。▽平安時代以降、貴族の装束に用いる。②山野に自生し、観賞用に栽培もする多年草。中国原産。広い剣状の葉が、桧扇⑴をひらいた形に出る。夏、黄赤色の地に暗赤色の斑点のある六弁花が咲く。種子は黒く、「ぬばたま(うばたま)」と言う。からすおうぎ。▽あやめ科。⑵は「射干」とも書く。

ひおおい【日覆い】 日光が当たるのをさえぎり覆うもの。日よけ。

ひおけ【火×桶】 木で作った、まるい火鉢。

ビオトープ 野生動植物の安定した生息地。▽biotope

ひおどし【×緋△威・×緋×縅】 はなやかな緋色(ひいろ)に染めた革でつくった、よろいの威(おどし)。べにおどし。くれないおどし。

ビオラ バイオリンと同じ形でやや大型の弦楽器。▽viola

ビオロン →バイオリン。▽フランス violon

びおん【微温】 わずかに温かいこと。なまぬるいこと。「―湯(うと)」(ぬるまゆ) **―てき【―的】**《ダナ》やり方が中途はんぱで手ぬるく、徹底しないさま。「―な処置」

びおん【美音】 美しい音。美しい声。

びおん【鼻音】 ①口腔(こうこう)を閉じ、息を鼻に通して出す、有声の子音。日本語のナ行・マ行の子音など。②鼻にかかった声。

ひか【比価】 他のものと比べての価格。

ひか【皮下】 皮膚の内部。真皮の下層。「―注射」「―脂肪」

ひか【悲歌】 ①悲しみのこもった感傷的な調子の歌。エレジー。②悲しんで悲壮な歌を歌うこと。「―慷慨(こうがい)」

ひが【彼我】 彼(かれ)と我(われ)。相手がたと自分の方。「―の勢力が伯仲する」

ひが【非我】〔哲学〕我(われ)の働きに直接属することなく、我の対象として存立するすべてのもの。↕自我

ひが(ア)**【×僻】**《名詞にかぶせて》事実とちがった、道にそむいた、の意を表す。「―事」「―目」「―耳」「―歌」

びか【美化】《名・ス他》美しく変化させること。「市街の―を図る」「現実を―して描く」 **―ご【―語】** →ていねいご

びか【美果】 よい結果。「―を収める」▽もと、美しい(おいしい)果実。

ひがい【×鰉】 全長一〇～二〇センチほどの淡水魚。雌は黄金色。雄は頭が黒く背は淡黄、繁殖期には顔が桜色、えらぶたが緑色になり美しい。食用。肝臓ジストマの第二中間宿主となるので生食はできない。▽明治天皇が特に好んだので「鰉」の字を書く。こい科。

ひがい【被害】 損害・危害を受けること。「大きな―があった」「―者」。その損害・危害。「―が大きい」 **―もうそう【―妄想】** たえず他人から害を加えられると思い込む精神病的症状。

ぴかいち【ぴか一】〔俗〕多くの中で一番すぐれていること。その人。

ひかえ【控(え)】 ①用に当てるために備えること、また、そのための人や物。㋐用意として別に備えておくこと。そのもの。「―の投手」㋑順番・出番の来るのを待つためのもの。また、それを待つ人。「―の間」「―(の)力士」(土俵ぎわで自分の出番を待つ力士) ②(忘れないように、写しとして)書きとめること。その書いたもの。ひかえがき。「―をとる」

ひかえしつ【控(え)室】 控えて待っているための部屋。

ひかえめ【控え目】《名・ダナ》思う存分にしないで、うちわにとどめること。遠慮して目立たないようにすること。「―に食べる」「―な態度」

ひかえやしき【控屋敷】 本邸のほかに、必要に備えて設けておく邸宅。

ひがえり【日帰り】《名・ス自》出掛けた先で泊まらずに、その日のうちに帰って来ること。「―の小旅行」

ひかえる【控える】 ㊀《下一他》①(そこより前に出ないように)動きを抑え、引きとどめる。「馬を―えて待つ」。更に広く、動作などが度を越えないように、ひかえめにする。自制・遠慮をする。「食を―」「発言を―」②……を間近にする。「この市は温泉地を幾つも―えている」「西に山を―えた家」「試合を三日後に―」③後の必要や不時の用にあてるために準備する。特に、後々の必要に備えて書きとめる。「住所をたずねて手帳に―」㊁《下一自》順番が来ることや用が出来る場合に備えて、ある場所に居て待つ。「しばらくそこに―えておれ」。ある人、物事のそばに、つき従っている。「主人の後ろに―」「背景に大きな問題が―えている」

ひかがみ【×膕】 ひざの裏側のくぼんでいる所。

ひがき【×桧垣】 ひのきの薄い板を斜めに編んで張った垣根。

ひかく【比較】《名・ス他》比べてみること。比べあわせること。「人との―」「国内観光客に―して海外観光客の増加率は顕著である」▽言語学では同系統の言語を比べる場合に限る。日本語と英語とのように異系統なら「対照」を使う。この点「―文学」「―法学」などと用語法が違う。 **―たすう【―多数】** 議決などで、過半数を占めるに至らないが、中では最も多い

こと。↕絶対多数。　**—てき【—的】**《ダナ・副》一般的な基準と比べて考えてみるさま。わりあい。「—(に)うまくできた」

ひかく【皮革】 動物の皮を加工したもの。「—製品」「人工—」▽もと、毛のついた生皮と加工したなめし皮の意。

ひかく【非核】 核兵器の存在を非とすること。「—三原則」　**—か【—化】**《名・ス他自》核兵器所有勢力、またはある地域の核兵器を廃絶すること。

びがく【美学】 ①美の本質・原理などを研究する学問。②〔俗〕望ましいあり方に関する(独持の)価値観。「男の—」

ひかげ ①**【日陰・日×蔭】** 物にさえぎられて日光が当たらない所。↕日向(ひなた)。②**【日影】** 日の光。日ざし。また、日あし。　**—のかずら【日×蔭の△葛・〈石松〉】** 山の斜面・がけなどに生える常緑多年草。しだ植物の一種。茎は長く地上をはい、そのまわりに細かいとげ状の葉が密生、杉の葉に似る。胞子は黄色で薬用。茎・葉は花輪用など。▽ひかげのかずら科。　**—もの【日陰者】** ①公然とは世に出て活動できない人。世を忍びかくれる人。妾(めかけ)・前科者など。②世にうずもれてしまい、人に知られない人。

ひがけ【日掛(け)】 毎日(少しずつの)掛金(かけきん)をすること。「—貯金」

ひかげん【火加減】 火力の強さ。火のぐあい。

ひがごと【×僻事】 道理にあわないこと。事実にあわないこと。不都合なこと。▽かなり古風。

ひがさ【日傘】 日ざしの強い時などに、日光をさえぎるためにさす傘。↕雨傘

ひかされる【引かされる】《下一自》気持ちが強く引き付けられる。「子供に—」「情に—」

ひがし【東】 ①方位の一つ。太陽が出る方角・方面。南に向かって左の方。▽二十世紀後半の冷戦時代、資本主義諸国に対し社会主義諸国を指す語。②東風。▽↕西

ひがし【干菓子・△乾菓子】 水分の少ない和菓子。↕生菓子(なまがし)。「薄茶に—」

ひがしがた【東方】 ①東の方角。②勝負する双方を東西に分けた時の、東に位置する陣営(に属する者)。

ひがしはんきゅう【東半球】 地球の、東経で表される方の半分。アジア・ヨーロッパ・アフリカ・大洋州がある方。↕西半球

ひかす【〈落籍〉す】《五他》遊女・芸者などの借金を払ってやって身請けする。

ひかず【日数】 →にっすう

ひがた【干潟】 潮がひいて現れた遠浅(とおあさ)の所。

ピカタ 薄切り肉・白身魚などに小麦粉をまぶし、溶き卵をつけて油やバターで焼いた料理。「ポーク—」▽イタリア piccata

びかちょう【鼻下長】 色好みで女に甘いこと。そういう男。

ぴかっと《副》→ぴかり

ぴかどん 原子爆弾の俗称。▽ぴかりと光ってどんと爆発する意。片仮名で書くことが多い。爆心地では「どん」という音は聞けなかったとして「ぴか」とも言う。

ひがな【日がな】《連語》日一杯そうしたいかに見える状態で(一日中)。「祖母は仏壇の前で—念仏を唱えている」「—働きもせずのらりくらりと」▽「日」+願望を表す助詞「がな」から出た語。　**—いちにち【—一日】**《連語》《副詞的に》一日中。終日。朝から晩まで。「—茶の間に寝そべっている」

ひがね【日金】 日歩(ひぶ)計算で元利を借りた翌朝に返す約束の、高利の金。「背に腹は替えられず—を借りる」▽早朝からすが鳴くころの決済なので「烏金(からすがね)」とも言った。

ひがのこ【×緋鹿(の)子】 緋色(ひいろ)のかのこしぼり。

ぴかぴか《副[と]・ノダ・ス自》①つやがあって光っているさま。「靴を—に磨く」②真新しいさま。「—の一年生」▽「ぴっかぴか」とも言う。③連続して強く光るさま。「警告灯が—(と)点滅する」▽「ぴか」は「光」と同語源。

ひがみ【日髪】 女が毎日、髪を結い整え(させ)ること。「—に日風呂(ひぶろ)のぜいたく」

ひがみこんじょう【×僻み根性】 すなおでなく、物事をまげて考える性質。

ひがむ【×僻む】《五自》物事をすなおには受け取らずに誤解して、自分が悪く扱われていると思う。

ひがめ【×僻目】 ①見まちがうこと。見損ない。そらめ。②思い違い。偏見。

ひがら【日柄】 その日の吉凶。「きょうは—がよい」

ひがら【日×雀】 習性・鳴き声などがシジュウカラに似るが、ずっと小形の鳥。頭と首は紺色、後ろ首は白、背は青灰色、胸から腹は白い。▽しじゅうから科。

ひからす【光らす】《五他》光るようにする。光らせる。「ぴかぴかに—」「目を—」(監督するような態度で臨む意にも)

ひからびる【干からびる・△乾×涸びる】《上一自》かさかさにかわき切る。すっかり水分がとれてしなびる。

ひかり【光】 光ること。光るもの。㋐目に感じる明るさ(のもとになるもの)。「—を失う」(盲人となる。㋑の意にも使う)「わが国の政治構造に—を当てる」「—ファイバー」(細いガラス繊維。レーザーをよく通し、通信線として有用)▽物理的には、ある範囲の波長の電磁波で、可視光線を指すが、紫外線・赤外線を含めても言う。㋑人の心に明るさを感じさせるような物・事。「平和の—」「前途に—を失う」㋒(親・主君などの)威光。「親の—は七—(ななひかり)」

ぴかり《副[と]》一瞬、光がひらめき輝くさま。「—と光る」「稲妻が—とする」▽「光」と同語源。

ひかりがい【光害】 過剰な照明が与える害。天体観測や動植物の生育などへの悪影響を言う。▽「公害」との区別でこう読む。

ひかりごけ【光×蘚】 山中のほら穴や岩の割れ目など

に生えるこけ。雌雄異株で、非常に小さく、葉は二列に並んでつく。糸状体はレンズ状のまるい細胞から成り、光線を屈折反射して、金色に輝いて見える。群生地で、天然記念物になっている所もある。

ひかりつうしん【光通信】 電流のかわりに光を使い、光ファイバーを通して情報を送信する通信方式。一つの回線で多くの情報を送ることができる。

ひかりディスク【光ディスク】 レーザー光の反射によって、情報の読み書きをする記録媒体。▽「ディスク」は disc

ひかりもの【光り物】 ①光る物。流星・人魂(ひとだま)や金貨・銀貨など。②銅・しんちゅうなどの金属。③コハダ・アジなど皮が光る、すしの種もの。

ひか-る【光る】《五自》①光㋐を(みずから、または反射して)出す。「太陽が—」「蛍が—」「稲妻が—」「雲が—春の空」「ガラス戸が—」「目を—らせる」(転じて、厳重に監督・監視する)「目に涙が—」②人物・才能などがずぬけてまさって見える。「新人中では彼が一番—っている」関連 輝く・煌(きら)めく・閃(ひら)く・瞬く・照る・照り輝く・ちらつく・ぎらつく・映える・風光る・ぴかぴか・きらきら・ぎらぎら・ちらちら・ちかちか・底光り・黒光り・金光り・金ぴか・照り返し・発光・閃光(せんこう)・一閃・電光・妖光・眼光炯炯(けいけい)

ひかれもの【引かれ者】 捕らえられて刑場などへ引き立てられる者。「—の小唄」(負け惜しみで強がりを言うことのたとえ)

ひがわり【日替(わ)り】:がはり (芝居の出し物や売る品目が)一日ごとにかわること。「—メニュー」

ひかん【悲観】《名・ス自他》事態を暗い向きに見ること。▽次の㋐㋑は、↔楽観。㋐好ましい状態にならないだろうと、前途を悲しんで考えること。「日本の将来を—する」「事態は—に傾く」㋑人生・世界・宇宙は苦しみや悪ばかりだとする、物の見方。「—に徹した人生論」㋒物事がうまく運ばず、希望を失って悲しむこと。「失恋したので—している」「—の末に自殺」 **—てき【—的】**《ダナ》将来に希望が持てないさま。「—な状況」。また、すべての事態を悪い方に考えがちな性向。「彼は—すぎる」

ひかん【避寒】《名・ス自》暖地で冬の寒さを避けること。↔避暑

ひかん【被官・被管】 上の者に直属する者。大名直属の武士。

ひがん【彼岸】 ①向こう岸。対岸。↔此岸(しがん)。「—の村里に立つ炊煙」②〔仏〕仏道に精進(しょうじん)して煩悩(ぼんのう)を脱し、涅槃(ねはん)に達した境地。▽迷いの世界を此岸とし、それの彼岸⑴の意。③春分・秋分の前後各三日、合計七日間。また、そのころの季節。④「ひがんえ」の略。 **—え【—会】**〔仏〕彼岸③に行う仏事。 **—ざくら【—桜】** さくらの一種。他の種より早く、春の彼岸のころ、一重で淡紅色、やや小形の花を開く。 **—ばな【—花】** 田のあぜ、土手などに群生する多年草。秋の彼岸ごろ、地下茎からのびた茎の先に赤色でしべの長い花が咲く。地下茎は、スイセンに似た鱗茎(りんけい)で、有毒。まんじゅしゃげ。しびとばな。▽ひがんばな科。

ひがん【悲願】 ①〔仏〕仏がその大慈悲から発した、衆生(しゅじょう)を救おうとする誓願。②どうしても成しとげようと心の底から念じている大きな願い。「終生の—」

びかん【美観】 快感を与えるような、外面の美しい様子・眺め。「彫像の配置は街路の—を増した」「—を損ねる」

びがん【美顔】 顔を美しくすること。「—術」

ひかんざくら【×緋寒桜】 さくらの一種。三月初めごろ緋紅色の花が葉に先だって下向きに咲く。▽「寒緋桜(かんぴざくら)」とも言う。

ひき【×蟇】 →ひきがえる

ひき【引き】 ①《名》引くこと。特に、㋐特別に目をかけて人を引き立てること。ひいき。「社長の—で重役になる」㋑魚が釣針にかかり釣糸を引くぐあい。「—が強い」②《接頭》《動詞にかぶせて》語の勢いを強めるのに使う。「—すえる」▽「ひっつかむ」等、「ひっ」の形になる場合も多く、「ひんむく」等、「ひん」の形になることもある。「刀を—抜く」等は、「引く」の意がなお生きている。

ひき【悲喜】 悲しみと喜び。「—こもごも」

ひき【匹・×疋】《数詞に付けて》①獣・魚・虫などの数を表すのに添える語。②布地二反(たん)を単位として数える語。③銭十文(もん)を単位として数える語。

ひぎ【非議・×誹議】《名・ス他》わるくちを言うこと。そしること。

ひぎ【秘技】 秘密にしてきて、他人にはまねがたい妙技。

ひぎ【秘儀】 秘密に行う儀式。

びき【美△姫】 美しいひめ。

びぎ【美×妓】 美しい芸者。

びぎ【美技】 みごとなわざ。すばらしい演技。

ひきあい【引(き)合(い)】:ひあ ①証拠・参考などの例に引くこと。「—に出す」。事件などの参考人。「—に出される」②売買の取引。また、取引の前に取引条件などを問い合わせること。「—を受ける」

ひきあ-う【引(き)合う】:ふあ《五自》①たがいに他方を引っぱる。②商売してもうけがある。転じて、骨折ってそのかいがある。割りに合う。「—わない仕事」③取引する。また、その条件や仕様(の細部)を問い合わせる。「おかしな注文なので—った」

ひきあけ【引(き)明け】 夜明け。明け方。▽古風な言い方。

ひきあ-げる【引(き)上げる・引(き)揚げる】 ①《下一他》ひっぱって高い方へ位置づける。㋐高い所へ上げる。「屋上に—」「沈没船を—」㋑値段・比率などを高くする。「運賃を—」「利率を—」㋒よい地位につける。「課長に—」②《下一自他》その場所からもとへもどる、またはもどす。もと来た方に帰る、または帰らせる。「外国から—」「預けたものを—」

ひきあて【引(き)当て】①将来における特定の支出のために金額を見積もって準備すること。「―金」②抵当。

ひきあ-てる【引(き)当てる】《下一他》①くじを引いてうまく当てる。②ひき比べる。当てはめる。「わが身に―・てて考える」

ひきあみ【引(き)網・×曳(き)網】海岸または船上に引き寄せて魚をとる網の総称。多くは袋状。例、地引網・トロール網。

ひきあわせ【引(き)合(わ)せ】①紹介。②照合すること。③ひきあわせ紙。昔、恋文(こいぶみ)用にした、しわのない檀紙(だんし)。後世、普通の檀紙をも言う。みちのく紙。④鎧(よろい)の右脇にある胴の合わせ目。

ひきあわ-せる【引(き)合(わ)せる】《下一他》①ひきよせて合わせる。「えりを―」②比べ合わせる。照合する。「伝票を元帳と―」③とりもって対面させる。紹介する。「山田を川田に―」

ひき-いる【率いる】《上一他》①引き連れて行く。「旗本二百旗ほどを―・いての出陣」②転じて、おおぜいの上に立って行動をさしずする。「部隊を―」

ひきい-れる【引(き)入れる】《下一他》ひっぱって中へ入れる。また、仲間に誘い入れる。「会話に―」

ひきいわい【引(き)祝(い)】芸者や遊女が、身受けされたことを披露する祝い。

ひきう-ける【引(き)受ける】《下一他》受け持って責任を負う。㋐頼みを受け、それをしようと約束する。「支払いを―」「主役を―」㋑大丈夫だと保証する。「身許(みもと)を―」㋒敵・困難などに自分が対処するという構えをとる。「大軍を一手に―」

ひきうす【×碾(き)臼・×挽(き)臼】上下二個の平たい円筒状の石を重ね、間に穀粒などを入れて回し、粉にする道具。

ひきうた【引(き)歌】古人の有名な歌(の一部)を引用して、自分の文章を飾る方法。その引用された古歌。

ひきうつし【引(き)写し】文章などをその通りに書き写すこと、書き写したもの。

ひきおこ-す【引(き)起(こ)す】《五他》①事件などを起こす。しでかす。「トラブルを―」「社会問題を―」▽「惹き起こす」とも書く。②倒れているものを起こし立てる。「体を―」③転じて、衰えたものを再びひきたてて盛んにする。

ひきおと-す【引(き)落(と)す】《五他》①(下あるいは手前に)引いて落とす(倒す)。②金融機関で、所定の期日に支払人の口座から受取人の口座に自動振替または送金する。「光熱費は月末に―・される」③相手への支払いから、こちらが受け取るべき貸金・手数料などを差し引く。

ひきかえし【引(き)返し】おもてとすそまわしが同じ布の和服仕立て。女性の盛装用のもの。ともずそ。▽「ひっかえし」とも言う。

ひきかえ-す【引(き)返す】《五自》向きを変えて元(の所)へ戻る。「途中から―」「家へ―」

ひきか-える【引(き)替える・引(き)換える】《下一他》①とりかえる。交換する。「景品と―」②《「……に―・え(て)」の形で》それに反して。「去年に―・え今年の景気の悪いこと」

ひきがえる【×蟇・〈蟾蜍〉】かえるの一種。体が大きく、皮膚にはいぼがたくさんある。動作がにぶい。頭の両側から白色の毒液を出して難をのがれる。夜、動きまわる。がま。ひき。

ひきがし【引(き)菓子】祝儀(しゅうぎ)や仏事の時、引き物として配る飾り菓子。▽→しきがし

ひきがたり【弾(き)語り】①自分で三味線(しゃみせん)をひきながら浄瑠璃を語ること。②ギターやピアノをひきながら歌うこと。

ひきがね【引(き)金・引(き)△鉄】①小銃・ピストルなどの、指で引くと弾丸が発射するようになっている金具。②比喩的に、物事のきっかけ。「小さなけんかが暴動の―となった」

ひきぎわ【引き際】①(公の)仕事・地位から離れる、まぎわ。「―がきれいだ」②→ひけぎわ

ひきげき【悲喜劇】悲劇と喜劇の両方の性格をもった劇。また、悲劇と喜劇。

ひきこ【×挽(き)子】(車屋で雇っておく)車ひき。また、人力車夫。

ひきこみせん【引(き)込(み)線】幹線から分岐させて引き込む電線・線路。ひっこみせん。

ひきこ-む【引(き)込む】《五他》①引いて中に(まで)入れる。「電話線を―」。誘って仲間うちにする。「話に―」②身中まで深くかぜをひく。

ひきこもり【引きこもり】仕事や学校に行かず、家族以外の人との交流をほとんどせずに自宅にひきこもっている状態。また、その状態にある人(若者)。▽厚生労働省では六か月以上続く場合にこう呼ぶ。

ひきこも-る【引(き)籠(も)る】《五自》自ら退いて表へ出ない。とじこもる。「家に―」

ひきころ-す【×轢(き)殺す】《五他》車などでひいて死なせる。

ひきさが-る【引(き)下がる】《五自》そこから身を退ける。退く。「すごすごと―」

ひきさ-く【引(き)裂く】《五他》(強く)ひっぱって裂く。無理に引きはなす。「布を―」「仲を―」

ひきさ-げる【引(き)下げる】《下一他》ひっぱって低い方へ位置させる。㋐値段を安くする。「運賃を―」㋑身分・地位を低くする。㋒さがらせる。「列を後ろへ―」

ひきさ-る【引(き)去る】《五他》もとになる数から、ある数を取り除く。へらす。減じる。「百から七(を)―」

ひきざん【引(き)算】《名・ス他》ある数や式から他のある数や式を引いて、その差を出すこと。減算。↔足し算

ひきしお【引(き)潮】①満潮から干潮に移る間、沖へ引き下がっていく潮。落ち潮。下げ潮。↔上げ潮・差潮(さしお)・満ち潮。②→かんちょう(干潮)

ひきしぼ-る【引(き)絞る】《五他》①弓に矢をつがえて弦を十分に引く。②強くしぼる。「幕を—」③声を無理に出そうとする。

ひきしま-る【引(き)締まる】《五自》①強くしまる。特に、心身のゆるみがなくなる。「身の—思い」②〔取引〕(下がり気味の相場が)上がって活気づく。

ひきし-める【引(き)締める】《下一他》①ひっぱって強くしめる。「手綱を—」②ゆるみやむだのないようにする。緊張させる。「心を—」「財政を—」

ひぎしゃ【被疑者】捜査機関から犯罪の疑いを受け、まだ起訴されていない者。▽起訴された後は「被告人」と呼ばれる。「容疑者」は俗用。

ひきずり【引(き)×摺り】①女が和服の裾を引き摺るように着る着方。そのように仕立てた和服。▽家事・労働をする者の着方ではない。②昼間から、化粧に憂き身をやつし、家事などほったらかして寝そべっているような、だらしない女。「—にだけはなってくれるな」▽かなり古風な言い方。有閑夫人をあざけっても言った。③こまげたの一種。前がぐっとのめるように裏の前の方をそいだもの。ひきずりげた。のめりげた。

ひきずりおろ-す【引(き)×摺り下ろす】《五他》①高いところにある物を、ひきずっておろす。「演壇から—」②高い地位にある者を、力ずくでその地位からおろす。「王位から—」

ひきずりこ-む【引(き)×摺(り)込む】《五他》(ひきずるようにして)無理になかへ引き入れる。「不良仲間に—まれる」

ひきずりだ-す【引(き)×摺り出す】《五他》ひきずって外に出す。「寝床から—」「証言台に—」「記憶の奥底から—」

ひきずりまわ-す :まはす【引(き)×摺(り)回す】《五他》①あちらこちらにひきずる。②(無理やりに)あちらこちらに連れて歩く。引き回す。「方々を—」

ひきず-る【引(き)×摺る】《五他》①地面をすって引いて行く。「足を—」「すそを—」②無理に連れて行く。「警察へ—って行く」③長引かせる。「回答を年末まで—られた」④断ち切れずにもち続ける。「過去を—」

ひきぞめ【弾(き)初め】新年(多くは正月二日)に、琴や三味線(しゃみせん)などをはじめて弾くこと。

ひきだし【引(き)出し】①机・たんすなどに取り付け、ぬきさしのできるようにしたいれもの。▽しばしば「抽出」「抽斗」と書く。②金を引き出すこと。「預金の—」

ひきだ-す【引(き)出す】《五他》①中にあるものをひっぱって外に出す。「才能を—」▽「抽き出す」とも書く。②銀行などから預金をおろす。

ひきた-つ【引(き)立つ】《五自》(ある条件が添うことによって)一段とよく感じられる。きわだって見える。「一つまみの塩で味が—」「一面の桜の花の中に松の緑が—」

ひきたてやく【引(き)立て役】他を目立つようにする人・役。

ひきた-てる【引(き)立てる】《下一他》①(戸を)横に引いて閉じる。②無理に引っぱって連れていく。「罪人を—」③ひきおこして盛んにする。励ます。「気を—」④特によく感じられるようにする。きわだって見えるようにする。⑤その人を特に重んじて用いる。「主任に—」

ひきちがい :ちがひ【引(き)違い】襖(ふすま)・障子など、二筋の溝またはレール上を左右に滑らせて開閉する建具(の仕組み)。「—のガラス窓」

ひきちゃ【×碾(き)茶・×挽(き)茶】→まっちゃ

ひきつ-ぐ【引(き)継ぐ】《五他》あとをうけつぐ。「仕事を—」「伝統を—」

ひきつけ【引(き)付け】①痙攣(けいれん)。特に、小児の発作的な全身痙攣。②遊女屋で、遊女がまず客に顔を見せ、飲食などする部屋。ひきつけ座敷。

ひきつ-ける【引(き)付ける】①《下一自》(子どもが全身に)痙攣(けいれん)を起こす。②《下一他》㋐近くへひきよせる。㋑心をさそいよせる。魅惑する。▽「惹き付ける」とも書く。㋒かこつける。こじつける。「自分の身に—けて解釈する」

ひきつづき【引(き)続き】《副》すぐそれに続いて。続けて。「—負けた」「—御愛顧の程を」▽動詞「引き続く」の連用形から。

ひきつづ-く【引(き)続く】《五自》(ある出来事のあと)ずっと続く。「梅雨から—雨に夏らしくならない」

ひきづな【引(き)綱】物に付けて引く綱。特に、舟をひくための綱。

ひきつ-る【引(き)×攣る】《五自》①ひどいやけどなどにより、回復後、皮膚が引っ張られたような状態になる。②痙攣(けいれん)を起こす。「足が—」③必死な気持などでこわばってかたくなる。「—った顔で助けを呼ぶ」

ひきつ-れる【引(き)×攣れる】《下一自》ひきつった状態になる。「顔が—」

ひきつ-れる【引(き)連れる】《下一他》(後ろに従えて)連れていく。「お供を—」

ひきて【引(き)手】①襖(ふすま)・障子・箪笥(たんす)などについている、手を掛けるための金具または緒(お)。②琴・三味線(しゃみせん)・ピアノ・バイオリンなどを弾く人。▽②は普通「弾(き)手」と書く。 **—ぢゃや**【引手茶屋】遊郭の茶屋(2)㋒。

ひきでもの【引(き)出物】祝宴などの時に主人から客に贈る贈り物。ひきもの。▽古く、馬を庭に引き出して贈ったことから。

ひきど【引(き)戸】横に引いてあけたてするようになっている戸。障子・雨戸など。

ひきどき【引(き)時】身を引く(=関係を絶つ)のに適当な時期。「—を誤る」

ひきと-める【引(き)留める・引(き)止める】《下一他》ひっぱるようにして、とどまらせる、または、やめさせる。ひきとどめる。「客を―」

ひきと-る【引(き)取る】㊀《五他》①移して自分のもとに取る。㋐自分の方に引き受ける。「用済みの品を―」「警察から身柄を―」。連れて来て世話をする。「老母を田舎から―」㋑人の話を受け取って、言葉を継ぐ。「笑って話を―」「独仙君がすぐそのあとを―・った」(夏目漱石「吾輩は猫である」十一) ②『息を―』息が絶えて死ぬ。㊁《五自》(用済みと見て)その場を退(の)き、引っ込む。「どうぞお―・り下さい」「これで―・らせてもらおう」

ビギナー 初心者。初学者。「―向けのレッスン」「―ズラック」(競馬など勝負事で、ろくに知らない初心者に、かえって付く運) ▽beginner

ひきなみ【引(き)波】①浜の方へ打ち寄せて砕けた波が沖へ戻る時にできる逆流。②通過した船などの後方にできる長い波。航跡。

ひきなわ【引(き)縄】①物に付けて引く縄。②船から餌のついた長い糸を垂らして水中を引き回して魚をとること。

ビキニ 胸と腰だけを短く覆う女性用水着。▽bikini ミクロネシアのビキニ環礁で行われた原水爆実験のような衝撃を与えることに由来する。

ひきにく【×挽(き)肉】ひいて細かくした食肉。

ひきにげ【×轢(き)逃げ】《名・ス自他》車が通行人などをひいたり害を与えたりしたまま、救護をせずにその場を逃げ去ること。

ひきぬき【引(き)抜き】①引き抜くこと。②芝居で役者が、上の衣装をすばやく抜き落とし、内に着込んだ衣装を現すこと。

ひきぬ-く【引(き)抜く】《五他》①ひっぱってぬきとる。「大根を―」②よいものを選んでぬきとる。よい人物を選んでひきたてたり、その属する団体からぬきとったりする。「よその選手を―」▽「ひっこぬく」とも言う。

ひきの-ける【引(き)△退ける】《下一他》①ひっぱって退かせる。ひっぱって取り除く。②ひき離す。遠ざける。

ひきのばし【引(き)延(ば)し・引(き)伸(ば)し】①ひきのばすこと。「議事の―」②引き伸ばした写真。

ひきのば-す【引(き)延(ば)す・引(き)伸(ば)す】《五他》①両端を反対の向きに引っ張ってのばす。「ゴムひもを―」②長さ・寸法を増すようにする。㋐わざと時間・(余裕)期間を長引かせる。【延】「会期を―」「回答を―」。文章などを初め(に予定した)のより故意に長くする。【伸】「無理に―・した締まりのない原稿」㋑写真を原板から拡大して焼きつける。【伸】「四つ切りに―」

ひきはな-す【引(き)離す】《五他》①ひっぱって両者を分け離す。無理に離れさせる。②後ろに続くものとの距離・間隔をずっとあける。

ひきはら-う【引(き)払う】《五他》その場に設けたものを取り去って、退去する。「料金を精算してホテルを―」

ひきふだ【引(き)札】①くじびきの札。②商品の広告や開店の披露などのために配る札。ちらし。

ひきふね【引(き)船・×曳(き)船】船を引っ張って行くこと。その引っ張られる船。また、船・いかだなどを引っ張って行く船。

ひきまく【引(き)幕】舞台で、横に引いて開閉する幕。

ひきまど【引(き)窓】屋根の勾配(こうばい)にそって設けられた天窓で、引き綱により開閉するもの。

ひきまゆ【引(き)眉】墨などでかいたまゆ。つくりまゆ。

ひきまわし【引(き)回し・引×廻(し)】①世話をやいて指導すること。「お―を願います」②そでがなく、すその広いカッパ。また、インバネス。③江戸時代、斬罪以上の罪人を、処刑前に縛ったまま馬にのせ、市中を引っ張り回して公衆に見せること。

ひきまわ-す【引(き)回す・引×廻す】《五他》①(幕などを)まわりに張りめぐらす。②人などをひっぱって方々をまわらせる。「親を学校じゅう―・して案内した」。特にひきまわし③にする。「罪人を―」③指導し世話をやく。「宜(よろ)しくお―・し下さい」

ひきめかぎはな【引(き)目×鉤鼻】平安時代の大和絵の顔の描法。目を線のように引き、鼻をくの字形に描くもの。

ひきもきらず【引きも切らず】《連語》絶え間なく。ひっきりなしに。「―客が来る」

ひきもの【引(き)物】→ひきでもの

ひきゃく【飛脚】江戸時代、職業として手紙・金銭・小貨物を送り届ける仕事をする者。

ひぎゃく【被虐】他からしいたげられること。残酷な扱いを受けること。↔加虐。「―的な思想」「―性」

びきょ【美挙】ほめるべき立派な企て・行い。

ひきょう【卑×怯】《名ナノ》①勇気がなく臆病なこと。②振舞いが正々堂々としていなくて、いやしいこと。「―未練の振舞い」派生 **-さ**

ひきょう【比況】他のものとくらべたとえること。「―の助動詞」

ひきょう【悲況】悲しむべきありさま。

ひきょう【悲境】不幸な境遇。悲しい身の上。

ひきょう【秘境】様子が世に知れていないため、神秘的な感じのする所。「ヒマラヤの―」

ひきょう【秘教】①祈りの儀式などに秘密を重んじる宗教・宗派。②仏教で、密教のこと。

ひぎょう【罷業】わざと仕事を休むこと。ストライキ。同盟罷業。

ひきょく【秘曲】秘密にして、たやすくほかに伝えない楽曲・曲目。

ひきよ-せる【引(き)寄せる】《下一他》引っ張って手もとに寄せる。「キセルの雁首(がんくび)でタバコ盆を―」「肩を―」。近くまで寄らせる。「敵を―・せてから討つ」「客を―工夫」

ひきり【火切(り)・火×鑽(り)・×燧】ひのきなどの木の台に棒を当てて、激しくもんで火を出すこと。▽現在も神事では行われる。台を「ひきり臼」、棒を「ひきり杵(ぎね)」と言った。

ひぎり【日切(り)】 日数を限ること。日限。「ーの金を借りる」

ひきわけ【引(き)分(け)】 ①決着がつかないまま、終わりにすること。「今日のところはーにしておこう」②競技で、勝敗が決まらないまま、試合が終わること。「ーにもちこむ」

ひきわ-ける【引(き)分ける】〘下一他〙①割ってはいって引き離す。「いきり立つ二人をー」②引き分けにする。「勝負をー」

ひきわた【引(き)綿】 普通の綿の上に薄く引き伸ばして覆う真綿。

ひきわた-す【引(き)渡す】〘五他〙①手元にあるものを他人の手に移す。「身柄をー」②綱などをはりわたす。

ひきわり【×碾(き)割り・×挽(き)割り】①臼でひいて細かく割ること。「ー納豆」②臼や機械でひいて割った大麦。

ひきん【卑近】〘名ナノ〙身近でありふれていること。高尚でないこと。「ーな例」

びぎん【微吟】〘名・ス他〙小さな声で、口ずさむように詩歌を吟じること。

ひきんぞく【卑金属】 水分・炭酸ガスなどにより、たやすくおかされる金属。鉄・アルミニウム・亜鉛等。↕貴金属

ひきんぞくげんそ【非金属元素】 金属の性質をもたない元素。金属以外のすべての元素。

ひ-く ㊀【引く・弾く・×曳く・×牽く・×挽く・×碾く・×轢く】〘五他〙①(手にとって)自分の方へ直線的に近寄せる。【引】㋐(多くは棒状・線状の)物(の端)を持ち、自分の方に近づける。↕押す。「綱をー」「老人の手をー・いて案内する」「そでをー・きあって笑う」「引き金をー」㋑その物の方に近づくような作用を及ぼす。「磁石が鉄片をー・きつける」「悪縁にー・かれる」㋒他の注意をそれに向かせるような働きをする。「人目をー」「気をー」。誘い寄せる。「客をー」「宣伝にー・かれて買った」「音楽に心がー・かれる」▽「惹」も使う。㋓自分の体内に取り込む。「息をー(=のむ、吸い込む)」「かぜをー」(感冒にかかる。↓かぜ②)

②もとの位置である後方にのかせる。【引】↕出す。㋐出していた手足を自分の方にもどす。「さす手ー手」足や体をその位置から後方に動かす。また、「右足をー・いて構える」「身をー・いて球をよける」㋑もとの位置や状態に移しもどす。「兵(=軍隊)をー」「この件からは手をー(=関係を断つ)」「身をー」(その時の地位・対人関係を、当人の意思でやめる) ▽㊁に対応する他動詞。

③そこから離して取る。【引】㋐物を抜き取る。「くじをー」「花をー」(花札で遊ぶ) ㋑取りのけて減らす。「値段を一割ー」。引き算をする。「五から三(を)ー」㋒(例として)選び出して示す。「たとえをー」「万葉集の歌をー」「例にー」㋓多くの中からさがして選び抜く。「むずかしい言葉を辞書でー」「電話帳をー」

④引く⑴ような動作によって、ある区間を経て行かせる、または届かせる。㋐引っ張って移動させる。【引・曳・牽・挽】「車をー」「馬が重い荷をー」「舟をー・いて浜に上げる」「泥棒を交番までー」㋑地をすって行く。引きずる(ように動かす)。【引・曳】「着物のすそをー」「鉄棒(かなぼう)をー」(↓かなぼうひき)「杖(つえ)をー」(行脚(あんぎゃ)などをする) ㋒途中で切らず長く連ねる。【引】「二本棒をー・いて消す」「罫(けい)をー」「眉をー」「納豆が糸をー」㋓延ばして通じるようにする。引き込む。【引】「水道をー」「電話をー」㋔一筋に続くものを受ける。【引】「血筋をー」「系統をー」「後(あと)をー」(事が終わったあとも、その影響が残る。また、味わいが忘れられず、また欲しくなる) ㋕延べ張る。張り渡す。【引】「幕をー」

⑤引く⑴ような動作によって、ある事をする。㋐弓づるに矢をつがえて張る、また射る。【引】「大弓をー」「大将に弓をー(=反逆する)」㋑延ばして塗りつける。「油をー」「蠟(ろう)をー」㋒のこぎりで切る。特殊な刃物で削って物を作る。【引・挽】㋓弦楽器・鍵盤楽器を演奏する。【引・弾】「ピアノをー」㋔ひきうすなどで、粉状に、または細かくする。すり砕く。【碾】「穀物をー」「お茶をー」㋕ろくろで物をつくる。【挽】「ろくろをー」㋖(車輪に引っ掛けて)車や列車が人・動物または物の上を走る。【轢】「電車にー・かれる」

㊁【引く・△退く】〘五自〙①後ろにもどる。【引】「ー波」「潮がー」(干潮となる)「顔から血がー思い」(衝撃を受けた気持を言う)。もとの状態にもどる。「出水がー」「手のはれがー」

②立ちのく。㋐逃げ去る。引き下がる。「ーにー・かれぬ男の意地」㋑(俗)逃げ腰になる。㋒その地位・身分・職業から去る。引退する。現役でなくなる。「会社をー」「本年一杯で舞台をー」「学校をー」(中途退学する)

びく【〈魚籠〉〈魚籃〉】 魚つりなどのとき、とった魚を入れておく入れもの。籠びく・箱びく・網びくなどがある。

びく【△比△丘】(仏)所定の戒を受けて仏門に入った男子修行者。転じて一般に、僧。▽梵語(ぼん)。

ひく-い【低い】〘形〙①規準とする面から上への距離が小さい。㋐下の方の位置にある。「ー・く飛ぶ」㋑上端までの隔たりが小さい。「ー山」「鼻がー」②他より著しくはなく、目立たない。㋐地位・格式・能力等が劣っている。「見識がー」㋑程度がはなはだしくない。「評判がー」「緯度がー」㋒声・音の振動数が少ない。「大人のようなー声も出せる」。俗に、声・音が小さい。「声をー・くする」▽↕高い。 派生 **-さ** **-み***

びくう【鼻×腔】〔医〕→びこう(鼻腔)

びくしょう【微苦笑】《名・ス自》軽いにが笑い。▽久米正雄の造語。

ピクセル →がそ。▽pixel

ひぐち【火口】①(行灯(あんどん)などで)点火する口。②火事の火の燃え始め。▽「ほくち」と読めば別の意。

ひくつ【卑屈】《名・ダナ》自分をいやしめて服従・妥協しようとする、いくじのない態度。「―な笑い」派生 **-さ**

びくつ-く《五自》びくびくする。

びくっと《副・ス自》(驚いて)反射的に、跳ねるように身をこわばらせるさま。「犬が―耳を立てる」

ひくて【引く手】①舞で、手前へ引く手。↕差す手。②自分の方へ来させようと誘いかける人。「―あまた」

びくとも《副》『―しない』少しも動かない。少しも動揺せず平気だ。▽「―するものか」のようにも使う。

びくに【△比△丘尼】〔仏〕所定の戒を受けて仏門に入った女子修行者。転じて一般に、尼僧。▽梵語(ぼんご)。

ピクニック 野外に出かけ、飲食したり遊んだりすること。▽picnic

ひくひく《副[と]・ス自》体の部分などが小刻みに震え動くさま。「―(と)しゃくりあげて泣く」「全身が―(と)痙攣(けいれん)する」

びくびく《副[と]・ス自》望ましくない事が起こりはしないかと恐れる様子・態度。「怖くて―する」「―(と)おびえる」

ぴくぴく《副[と]・ス自》細かく引きつったり脈うったりするように動くさま。「犬が耳を―させる」「まぶたが―(と)痙攣(けいれん)する」

ひぐま【×羆】くまの一種。体長は二メートルほどで、体は赤褐色か灰褐色。日本では北海道にすみ、雑食性。

ひくま-る【低まる】《五自》(度合などが)低くなる。

ひくみ【低み】地形などの、低くなっている所。「―に水がたまる」

ひくめ【低め】どちらかと言えば低いこと。↕高め。「―の球(たま)」「かかとが―の靴」

ひく-める【低める】《下一他》①低くする。「声を―」②いやしくする。「身を―」

ひぐらし【×蜩・〈茅蜩〉】せみの一種。体長約五センチで、体は茶色で緑と黒のまだらがある。七、八月ごろ、朝夕、かなかなと鳴く。かなかなぜみ。

ぴくり《副と》体(の一部)などが(引きつるように)わずかに動くさま。「―と眉を上げる」「重い扉は―とも動かない」

ピクルス 西洋風の漬物。野菜などを、香辛料を加えた酢に漬けたもの。▽「ピックルス」とも言う。pickles

ひぐれ【日暮(れ)】夕暮。夕方。

びくん【微×醺】ほろ酔い。「―を帯びる」

ぴくん《副と》体(の一部)が一瞬、跳ねるように動くさま。「こめかみが―と脈打つ」

ひけ【引け】①相手と比較して負け劣ること。おくれ。「―を取る」②その日の仕事が終わって退出すること。▽⑵は「退け」とも書く。

ひげ【×髭・×鬚・×髯】①(男子の)口・あご・ほおなどに生える毛。「―の塵(ちり)を払う」(目上の人にこびへつらうこと)▽漢字の「髭」は口ひげ、「鬚」はあごひげ、「髯」はほおひげのこと。②動物の口のあたりに生える、長い毛。また、俗に、触角。

ひげ【卑下】《名・ス自他》自分をあえて低い位置に引き下げてへりくだること。

ピケ ①→ピケット。「―を張る」「―ライン」②表面に畝や模様を現した平織り。夏の服や帽子に使う。ピッケ。「―帽」▽(フランス) piqué

ひけい【秘計】人に知れないようにした、はかりごと。秘密のはかりごと。

びけい【美形】美しい形、特に美貌(の人)。

びけい【美景】美しい景色。

ひげき【悲劇】①悲惨なできごとを描いた演劇。②比喩的に、悲惨なできごと。↕喜劇。「一家心中の―」「―的な結末」

ひげき【飛×檄】檄文(げきぶん)を多くの人に回すこと。その檄文。

ひけぎわ【引け際・△退け際】一日の仕事が終わる、間際。

ひけし【火消(し)】①火を消すこと。「―役」②江戸時代の消防組織、また消防にあたる人。 **―つぼ**【―×壺】炭・薪(たきぎ)の燃えさしを入れ、密閉して消すためのつぼ。けしつぼ。

ひけそうば【引け相場】→ひけね

ひげだいもく【×髭題目】日蓮(にちれん)宗で、七字の題目「南無妙法蓮華経(なむみょうほうれんげきょう)」を、法の字を除いた六字の先端をひげのように、わきに跳ね延ばして書いたもの。跳(は)ね題目。

ひけつ【否決】《名・ス他》(会議で、提出された議案を)承認しないことに合議・採決できめること。↕可決

ひけつ【秘×訣】他人に知られていない特別な良い方法。おくのて。「合格の―」

ピケット 争議中の労働者などが、ストライキ破りを防ぐために、見張ること。また、その人。ピケ。▽picket

ひげづら【×髭面】ひげの多く生えた顔。ひげだらけの顔。

ひけどき【引け時・△退け時】退出の時刻。「会社の―」

ひけね【引け値】「大引け値段」の略。取引所で、その立会(たちあい)の最終の値段。引け相場(そうば)。

ひげね【×髭根】主根と側根の区別がなく、同じ形で多数ひげ状に生える根。

ひけめ【引け目】他に比べて自分が劣るという意識。「―を感じる」。その劣る点。欠点。

ひげもじゃ【×髭もじゃ】《名ナ》ひげがもじゃもじゃとはえているさま。その人。

ひけらか-す《五他》得意がって見せつける。「知識を―」

ひ-ける【引ける】《下一自》①《次のような言い方で》

気おくれする。心がひるむ。「気が—」「(腰の)—・けた態度」②その日の勤めが終わる。また、終わって退出する。「会社が—・けた」▽(2)は「退ける」とも書く。

ひけん【披見】《名・ス他》書面などを開いて、見ること。

ひけん【比肩】《ス自》肩を並べること。匹敵すること。「英語力で彼に—する者はいない」

ひけん【卑見・鄙見】自分の意見。「—を述べれば」▽へりくだった言い方。↕高見

ひげんぎょう【非現業】現場の仕事でない、一般的な事務。

ひけんしゃ【被験者】実験(や試験)の対象になる人。

ひこ【×彦】男に対する美称。↕ひめ。▽「日子」の意。

ひこ【〈曽孫〉】→ひまご

ひご 細工物に使う、竹を細く割って削ったもの。

ひご ①【卑語】人前で言うをはばかる、いやしい(汚い)感じを与える言葉。②【×鄙語】いなかびた言葉。▽「鄙」は片いなかの意。

ひご【飛語・×蜚語】根のないうわさ。無責任な評判。「流言—」

ひご【×庇護】《名・ス他》かばってまもること。

ピコ 基準となる単位名に冠し、その一兆分の一に当たる意を表す語。記号p。「—キュリー」▽pico-

ひごい【×緋×鯉】緋(ひ)色で美しい、観賞用のコイ。緋と白のまだらのもある。

ひこう【披講】《名・ス他》詩歌などの会で、詩歌をよみあげること。また、それをする人。

ひこう【罷工】工場の罷業。「同盟—」

ひこう【肥厚】《名・ス自》こえて厚くなること。「—性鼻炎」「粘膜—」

ひこう【非行】あるまじき行為。よくない行い。「—少年」「—に走る」

ひこう【飛行】《名・ス自》空中をとんで行くこと。「鶴が—する高さ」「遊覧—」「—兵連隊」 **—き【—機】**ジェット噴射やプロペラの回転によって推進し、胴体に固定された翼で揚力を得て飛ぶ航空機。 **—きぐも【—機雲】**飛行機が通った跡に、尾を引いたようにできる細長い線状の雲。 **—し【—士】**飛行機を操縦する人。 **—じょう【—場】**飛行機の発着に使うための、広く平らな場所。▽水上機発着用の水面も言う。 **—せん【—船】**水素・ヘリウムなどの軽い気体を入れた袋で空中に浮かび、発動機を装備して、プロペラで飛行する航空機。 **—てい【—艇】**船のように水に浮かぶ胴体をもち、水面で離発着できる飛行機。

ひごう【非業】①仏教で、前世の行いの結果によるものではないこと。②転じて、道理ならそうはならない、思い掛けないさま。「—の死」(思いがけない災難で死ぬこと)

びこう【備考】参考のために書き添えること。その事柄。「—欄」

びこう【備荒】凶年に備えておくこと。「—貯蓄」「—作物」(一般の作物の生育が不良な時にも収穫しうる作物。例、ひえ・さつまいも)

びこう【尾行】《名・ス自他》人のあとを(こっそり)つけて行くこと。「—をまく」

びこう【微行】《名・ス自》身分のある人などが、こっそり出歩くこと。忍び歩き。

びこう【微光】かすかな光。

びこう【鼻孔】はなのあな。

びこう【鼻×腔】鼻の穴から奥にはいった、真中に仕切りのある広い所。▽医学用語では「鼻孔」と区別して「びくう」と読む。

びこう【美×肴】酒を飲むときに添えるおいしい食べ物。「美酒—」「地方の—を取り寄せる」

ひこうかい【非公開】一般には閲覧や立ち入りをさせないこと。「—文書」

ひこうけんにん【被後見人】→せいねんこうけんせいど

ひこうしき【非公式】《名・ダナ》公式ではないこと。表向きでないこと。「—の会談」「—な発言」

ひごうほう【非合法】《名・ダナ》合法ではないこと。法律に違反していること。「—活動」「—な組織」

ひごうり【非合理】《名ナ》合理ではないこと。論理に合わないこと。「—主義」(世界は理性によってはとらえがたいとする見地) 派生 **—さ**

ひこく【被告】①民事訴訟で、訴えられた側の当事者。↕原告。②俗に、被告人。 **—にん【—人】**刑事事件に関して公訴を提起され、その裁判がまだ確定していない者。

ひこくみん【非国民】国民としての義務を怠り、国民の本分にそむく者。

ひこつ【×腓骨】脛骨(けいこつ)と共に、下腿骨(かたいこつ)を形作っている細長い骨。

びこつ【尾骨】脊柱の最下部の椎骨が幾つか癒合してできた骨。尾骶(びてい)骨。

びこつ【鼻骨】鼻を形作っている骨。

ピコット 織物のへりを小さな輪状の突起で飾ったもの。ピコ。▽フランス picot

ひごのかみ【肥後△守】小刀の一種。鉄や真鍮(しんちゅう)のさやに折りこむようにしたもの。▽さやに「肥後守」と銘がある。

ひこばえ【×蘖】切り株から出た芽。

ひこぼし【×彦星】たなばたに祭る牽牛(けんぎゅう)星のこと。

ひこまご【〈曽孫〉】→ひまご

ひごろ【日頃】ふだん。平生。「—の行いが悪い」「—心がけている事」「つね—」

ひこん【非婚】結婚しないこと。▽一九八〇年代後半から、主体的に独身を選びとる立場を「未婚」に対して言う語。

ひざ【膝】ももとすねとがつながっている関節の部分の前側。また、その上部の辺。「—を屈する」(ひざを折り曲げる。転じて、屈服する)「—を打つ」(急に気

が付いたり、感心したりした時の動作)「―を進める」(相手に近づく)「―を正す」(きちんとすわる)「―をくずす」(楽な姿勢ですわる)「―を交える」(互いに親しく話し合う)「―とも談合」(だれとでも相談すれば、それだけの利益はある)

ビザ 旅券の裏書。入国査証。査証。「観光―」▽visa

ピザ 丸く薄くのばしたパン生地にトマト ソース・野菜・チーズ・サラミなどをのせて窯やオーブンで焼いた、イタリア発祥の料理。ピッツァ。ピザパイ。▽イタリア pizza

ひさい【被災】『名・ス自』災害を受けること。罹災(りさい)。「―者」

ひさい【非才・×菲才】 才能がないこと。才能が薄いこと。「浅学―」▽自分の才能をへりくだって言う。

びさい【微細】『名ナ』①きわめて細かなこと。「―にわたって述べる」②微賤(びせん)。「―の民」

びざい【微罪】 軽い罪。「―不起訴」

ひざうち【膝射ち】 折敷(おりしき)の姿勢で行う小銃の射撃動作。膝射(しっしゃ)。

ひざおくり【膝送り】『名・ス自』(空席を作るために)すわったままひざを移動させて順々に体の位置を移すこと。

ひざかけ【膝掛(け)】 保温などのために、ひざの上にかける布・毛布など。

ひざがしら【膝頭】 ひざの関節の前側の部分。ひざこぞう。

ひさかたぶり【久方振り】 ひさしぶり。

ひざかり【日盛り】 一日のうち、日が盛んに照るころ。▽主に夏の日について言う。

ひさく【秘策】 ひとに知られていない特別な策略。秘密のはかりごと。「―を授ける」

ひさ-ぐ【×鬻ぐ】『五他』売る。「春を―」(売春する)

ひざぐみ【膝組(み)】 ①ひざを組むこと。②対座。

ひざくりげ【膝×栗毛】 徒歩で旅行すること。▽ひざで栗毛の馬の代用をするという意味から。

ひさげ【△提△子・△提】 つるのある小鍋形の銚子(ちょうし)。銀・錫(すず)などで作る。

ひさご【×瓠・×瓢】 ①ひょうたん・ゆうがお・とうがんなどの総称。②熟したひょうたんの果実の、中身をえぐり出して乾燥させたもの。酒器やひしゃくとして使った。

ひざこぞう【膝小僧】 ひざがしら。

ひざさら【膝皿】 ひざにある皿型の骨。膝蓋(しつがい)骨。ひざぼね。

ひさし【×庇・×廂】 ①出入口や窓の上に設ける、雨や日光を防ぐための小さい屋根。「―を貸して母屋(おもや)を取られる」(→のき)▽もと、母屋(もや)の外側に設けられた広縁のようなもの。②帽子の、額の上に差し出た部分。つば。「前―」

ひざし【日差し・△陽△射し】 日光が照ること。その程度・ぐあい。また、その光線。「―が強い」

ひさし-い【久しい】『形』(その事があってのち)月日が長くたっている。「君とは―つきあいだ」「―・く会っていない」「お―・ゅうございます」「そのうわさが流れて(から)―」▽古くは、今までの事、今後の事どちらにも使ったが、今日では「幾―・くおしあわせに」などを除き主に過去からを言う。派生 **-さ**

ひさしがみ【×庇髪】 額髪を前に突き出すように結った束髪。▽女優川上貞奴(さだやっこ)に始まる。

ひさしぶり【久し振り】 前にその事があってから次回(特に今回)までに月日がかなり長くたっていること。「やあ―だね」「明日は―に晴天がもどるでしょう」

ひざづめ【膝詰め】 相手に対してひざを寄せること。のっぴきならないように迫ること。「―談判」

ひさびさ【久久】 ひさしぶり。「―にお目に掛かる」▽改まった感じの言い方。

ひざびょうし【膝拍子】 ひざをたたいて拍子をとること。その拍子。

ひざぼね【膝骨】 →ひざさら

ひざまくら【膝枕】 他人のひざを枕にして横になること。

ひざまず-く【×跪く】(ひざまづく)『五自』ひざを地につけてかがむ。「神前に―」。ひざを床・地面につける。「―・いてプロポーズする」

ひさめ【氷雨】 ①雹(ひょう)や霰(あられ)。▽夏にも降る。②冬の冷たい雨。

ひざもと【膝元・膝下】 ひざのすぐ近く。身のすぐ近く。「親の―を離れる」「将軍のお―」

ひざら【火皿】 ①キセル・パイプで、タバコをつめこむ所。②火縄銃の側面にある、火薬を盛る所。③炉などで、燃料をのせて燃やすための鉄格子や容器。

ひさん【悲惨・悲酸】『名ナ』悲しく痛ましい気持を起こさせるような、みじめなありさま。派生 **-さ**

ひさん【×砒酸】 砒素(ひそ)の酸化物。最も普通のは無水亜砒酸。無色の結晶で、猛毒。殺鼠(さっそ)剤など薬品製造用。 **―なまり【―鉛】** 砒酸と鉛の化合物。殺虫剤。▽毒性が強いので現在は使用禁止。

ひさん【飛散】『名・ス自他』(細かい粒状になって所かまわず)飛び散る、飛び散らすこと。

ひし【×菱】 池・沼などの中に生え、水面に浮かぶ一年草。葉は菱形。夏、四弁の白い小花が咲く。実も菱形で堅く、角状のとげがあり、中の白い種子は食用。▽みそはぎ科(旧ひし科)。

ひし【彼×此】 あれとこれ。

ひし【秘史】 ひめられた歴史。世に知られない史実。

ひし【皮脂】 皮脂腺から分泌される、油状の物質。

ひじ【肘・×肱・×臂】(ひぢ)①前膊(ぜんはく)と上膊(=二の腕)の間の、折れ曲がる部分。また、その外側の部分。②転じて一般に、肘の形に曲がり出ている部分。

ひじ【秘事】 秘密の事。容易に知り得ない事。

ひじ【非時】 ①〔仏〕食事してはならない時。日中から後夜(ごや)まで。②「非時食(ひじじき)」の略。僧が午後になってとる食事。③会葬者に出す食事。

びじ【美辞】 巧みで美しい言葉。立派な言葉。「―を弄

ひ

する」 ―れいく【―麗句】立派らしく聞こえる文句。美しく見える字句。「―を連ねる」

ひじあて【肘当(て)】①衣服の肘の部分が擦り切れるのを防ぐために縫いつける布片。②肘につける防具。

ひしお(ひしほ) ①【×醤】発酵調味料。豆・こうじ・塩などを醸造加工した醤油(しょうゆ)・なめ味噌(みそ)の類。②【×醢】肉類の塩づけ。塩辛。魚醤。

ひしかくし【秘し隠し】ひた隠し。「―にする」

ひじかけ(ひぢ)【肘掛(け)】ひじを曲げてもたせ掛けるための物。▽脇息(きょうそく)をも言った。

ひしがた【×菱形】菱の実のような形。四つの辺の長さが同じで、直角を含まない四辺形。りょうけい。

ひじき 黄褐色で、乾燥すると黒くなる海藻。茎・小枝は円柱状。干潮の時に露出する岩に生える。食用。▽ほんだわら科。

ひじき(ひぢ)【肘木】①社寺などの建築で、柱の上方にあって上からの重みを支える横木。腕木。②ひきうすの把手(とって)。

ひし‐ぐ【△拉ぐ】《五他》おしつぶす。勢いをくじく。「鬼をも―勢い」「悪人を取り―」「敵を打ち―」

ひし‐げる【△拉げる】《下一自》押されてつぶれる。ひしゃげる。「箱が―げている」

ひじじ(ひぢぢ)【〈曽祖父〉】→ひいじじ

ひししょくぶつ【被子植物】種子植物(顕花植物)のうち、めしべが子房を形成し、その中に胚珠(はいしゅ)があり、受精すると子房が果実になり、胚珠が種子になるもの。さくら・いねなどの類。↕裸子植物。▽種子が果実の中に包まれているところからの名称。

ビジター ①訪問者。来客。「―センター」②会員制のクラブなどで、臨時に参加する非会員。「―料金」③プロ野球などのスポーツで、主催チームの相手方。「―応援席」▽visitor

ひじちょうもく【飛耳長目】遠くの事をよく見聞きする耳目。観察に鋭敏なこと。

ひしつ【皮質】①副腎・腎臓などの、充実している器官の表層の部分。②大脳・小脳の表層を作る灰白質。▽↕髄質

びしつ【美質】よい性質。美しい性質。「生来の―」

ひじつき(ひぢ)【肘突き】机の上に置いて、ひじをつくための、小さなふとん。ひじぶとん。

びしっと《副・ス自》→ぴしっと

ぴしっと《副・ス自》①堅い物が折れる(割れる・打ち当たる)音。そのさま。「張りつめた湖の氷が―割れる」②厳しくものを言うさま。ぴしり。「相手に―釘(くぎ)をさす」③整っているさま。折り目正しいさま。「だらだらしないで、―しなさい」

びしてき【微視的】《ダナ》①顕微鏡で識別できるほど小さな対象を扱うさま。ミクロ。「―世界」②現象を理解するのに、(余りに)細かなことにまで目をつけるさま。▽↕巨視的。microscopic の訳語。

ひじてつ(ひぢ)【肘鉄】→ひじでっぽう

ひじでっぽう(ひぢ)【肘鉄砲】ひじで相手を突きのけること。誘いや申し出をはねつけること。ひじてつ。「―をくらわす」

ひしと《副》①密着させるさま。ぴたりと。「―抱き合う」②きつく身に迫って感じるさま。「責任の重さを―感じる」

ビジネス 事務。業務、仕事。▽business ―ガール「OL」の旧称。▽businessman に類推して日本で作った語。「BG」とも略したが、business girl が米語では余りよい意味の語でなかったので、改められた。 ―クラス 旅客機でファースト クラスとエコノミー クラスとの中間等級の座席・客室。▽business class ―ホテル 主に(短期)出張者を泊める、設備の簡単なホテル。▽business と hotel とによる和製英語。 ―マン 実業家。事務をとる人。▽businessman ―モデル 企業活動の全体を左右する経営方針・経営法に関した戦略的な模型(イ)。▽アメリカでは他に例を見ないようなものは特許権を設定できる。business model ―ライク《ダナ》事務的なさま。▽businesslike

ひしひし《副[と]》①少しのゆるみ・隙間もないさま。「襟元を―と引き合わせる」②強く身や心に感じるさま。「―と責任を感じる」

びしびし《副[と]》容赦なく、きびしく事を行うさま。「―(と)しかる」「違反を―(と)取り締まる」

ぴしぴし《副[と]》①遠慮なく、激しく事を行うさま。②幾度も激しく物を打つ音。「馬に―(と)むちを当てる」③竹や張った氷が割れたり裂けたりして響く音。

ひじまくら(ひぢ)【肘枕】自分のひじをまげて枕の代わりにすること。

ひしめ‐く【×犇めく】《五自》人が集まり、押し合ってうごめきどよめく。▽もと、ひしひしと音がする意。

ひしもち【×菱餅】菱(ひし)形に切った餅。紅・白・緑の三色を重ね、ひな祭りに供える。

ひしゃ【飛車】将棋の駒の一つ。縦や横に一ます以上動かせる。しゃ。▽→りゅう【竜】(4)

ひしゃく【△柄×杓・×杓】椀(わん)形・筒形の容器に長い柄(え)をつけた、水などをくむための道具。

びじゃく【微弱】《名ナ》物事の勢いや進行がかすかで弱いこと。「―な反応」派生 ―さ

ひしゃ‐げる《下一自》押されてつぶれる。「―げたバケツ」

ひしゃたい【被写体】写真に写される対象。

ぴしゃっと《副》→ぴしゃり

びしゃびしゃ ①《ダナ・副[と]》→びしょびしょ(1)。②《副[と]》大量の水をはね散らすさま。その音。「小川を―(と)渡る」「水を―かける」③《副[と]》雨が(音を立てて)ひどく降るさま。

ピジャマ →パジャマ。▽(フランス) pyjamas

びしゃもんてん【×毘△沙門天】〔仏〕四天王の一つ。須弥山(しゅみせん)中腹で北方を守る。甲冑(かっちゅう)をつけ宝塔などを持つ姿に作る。日本で、俗に、七福神の一つ

とする。▽四天王の一つとしては「多聞(たもん)天」、独尊としてまつるときは「毘沙門天」の名称が一般的。

ぴしゃり〘副と〙①物を強く打ちつけるさま。「平手で―と打つ」「―とドアを閉める」②高圧的な態度で言い切るさま。「相手の要求を―とはねつける」

ひしゅ【×匕首】あいくち。

びしゅ【美酒】味のすぐれた酒。うまざけ。

ビジュアル〘ダナ〙視覚に訴えるもの・仕方であるさま。「―な雑誌」▽visual

ひしゅう【悲愁】〘名・ス自〙悲しみうれえること。

ひじゅう【比重】①ある物質の質量の、それと同じ体積の標準物質の質量に対する比。▽固体・液体の場合、標準物質には、普通セ氏四度の水を用いる。②転じて、相対的な重要度。「教育に―を置く」

びしゅう【美醜】美しいことと醜いこと。

ひじゅつ【秘術】秘して人に表さない術。おくのて。「―を尽くす」

びじゅつ【美術】美の視覚的表現をめざす芸術。絵画・彫刻・建築・写真など。「―品」▽教科名でも使う。

ひじゅん【批准】〘名・ス他〙条約に対して国家が最終的な確認、確定的な同意をすること。その手続き。

ひしょ【秘書】①重要な職務にある人の身の周りにいて、機密の事務を取り扱う役目(の人)。「社長―」②秘して人に見せない書籍。 **―かん**【―官】大臣などに直属して、機密の事務を取り扱う公務員(の職名)。

ひしょ【避暑】〘名・ス自〙転地をして夏の暑さを避けること。↔避寒。「―地」

びじょ【美女】美しい女性。 **―ざくら**【―桜】夏から秋に、茎の頂に多数の花がつく多年草。さくら草に似て、花は赤・白・紫等がある。高さ約三〇センチ。ブラジル原産。バーベナ。▽くまつづら科。

ひしょう【卑小】〘名ナ〙取るに足りない見すぼらしさ。「―な見解に過ぎない」

ひしょう【卑称】指す対象を卑しめた言い方。例、「てめえ」「うぬ」「きゃつ」。

ひしょう【悲傷】〘名・ス他〙心がきずつき、悲しみ嘆くこと。

ひしょう【費消】〘名・ス他〙使いはたすこと。「公金―」

ひしょう【飛×翔】〘名・ス自〙はばたいて空を飛んで行くこと。▽航空機にも言う。

ひじょう【非常】①〘ダナ〙一通りでないさま。はなはだしいさま。「―に大きい」▽②の転。②〘名〙ふだんと異なること。思いも寄らない異常なこと。「―の際」「―事態」 **―ぐち**【―口】危急の場合に逃げ出すための出口。 **―じ**【―時】平常の時と違って、国家的または国際的に重大な危機に面した時。↔平時。 **―しょく**【―食】災害などの非常時のために準備しておく食料。 **―せん**【―線】火災・犯罪事件などの時、一般民衆の通行を禁じたり、警官を配置して警戒したりする、一定の区域を囲む線。「―を張る」

ひじょう【非情】①〘名ナ〙人間らしい(思いやりの)感情を持たないこと。つめたいこと。派生 **-さ** ②〘名〙心を持たないもの。木石(ぼくせき)の類。↔有情(うじょう)

びしょう【微傷】ほんのかすかな傷。かすり傷。

びしょう ①【微小】〘名ナ〙非常に小さい、細かいこと。派生 **-さ** ②【微少】〘名ナ〙非常に少ないこと。「損害は―だ」 派生 **-さ**

びしょう【微笑】〘名・ス自〙ほほえむこと。ほほえみ。「―を浮べる」

びしょう【美称】ほめて言う呼び名・呼び方。例、酒を「美禄(びろく)」、雪を「み雪」と言うたぐい。

びしょう【美粧】美しいよそおい。美しくよそおうこと。「―院」(美容院の古い言い方)

びじょう【尾錠】帯かわなどの一端につけ、他端をはめ入れて締める金具。しめがね。バックル。

ひじょうきん【非常勤】常勤でないこと。「―講師」

ひじょうしき【非常識】〘名ナ〙常識にはずれていること。常識のないこと。派生 **-さ**

びしょうじょ【美少女】顔かたちの美しい少女。

ひじょうすう【被乗数】掛け算で、掛けられる方の数。

びしょうねん【美少年】顔かたちの美しい少年。「紅顔の―」

びじょうふ【美丈夫】(顔や姿の美しい)立派な男。

ひしょく【非職】①官職がないこと。その人。②官吏が、地位はそのままで、職務だけ免ぜられること。

びしょく【美食】〘名・ス自〙うまいもの・ぜいたくなものを食べること。「―家」

ひじょすう【被除数】割り算で、割られる方の数。

ビショップ キリスト教の高位の聖職者。司教。主教。監督。▽bishop

びしょぬれ【びしょ×濡れ】びしょびしょにぬれること。ぐしょぬれ。

びしょびしょ ①〘ダナ・副「と」〙水などにひどく濡れるさま。びしゃびしゃ。「雨で服が―になる」「汗で―のシャツ」②〘副「と」〙雨がやむことなく降り続くさま。

ビジョン ①理想像。未来像。展望。見通し。「計画に―がない」②まぼろし。幻影。▽vision

ひじり【△聖】徳が高く、あがめられる人。㋐天下を統治なさる方。天子。㋑天下のことを知る人。聖人。㋒卓越した学問・技能のある人。「歌の―」㋓高僧。僧。㋔仙人。神仙。

ぴしり〘副と〙①ものを強く打つ音。そのさま。「馭者(ぎょしゃ)は―と一鞭(ひとむち)当てた」(長塚節「商機」)②強く物を言うさま。「要求を―とはねつける」

ひしん【飛信】急ぎの手紙。

びしん【微震】もとの震度階級の一つ。震度一。じっとしている人や特に注意している人だけに感じられる程度の地震。

びしん【美神】美をつかさどる神。ビーナス。

びしん【美身】美容によって、体を美しくすること。「―法」

びじん【美人】顔・姿の美しい女性。

ひしんけい【披針形】植物の葉が、細長くて先がとがり、もとの方がやや広い形。竹の葉など。

ピジンご【ピジン語】異なる言語の話者が接触して、交流の必要から生まれた、母語とは別の、応急実用のための言語。文法は単純で語彙も小さい。太平洋諸島のピジン英語など。▽pidgin は英語 business の中国なまりと言われる。↓クレオールご

ヒス〔俗〕↓ヒステリー(2)

ひず【氷頭】サケ・クジラの頭部・鼻筋の、食用にする軟骨。

ひず【秘図】滅多なことには人に見せない絵や図。狭くは、春画。

ビス ねじ。▽フランス vis

ひすい【×翡×翠】①青色や暗緑色の美しい羽を持つ鳥。カワセミ・ショウビン・ヤマセミなどを含む。▽かわせみ科の鳥の総称。②ヒスイ(1)の羽のような色の宝石。

びすい【微酔】酒に少し酔うこと。ほろよい。

ビスケット 小麦粉に砂糖・バター・ベーキング パウダーなどを加えてこね、小さく薄く焼いた洋菓子。▽biscuit

ビスコース パルプを水酸化ナトリウムで処理して作った繊維素を、特定の薬品でとかしたもの。茶色で飴(あめ)状。人絹・スフ・セロハンの原料。▽viscose

ピスタチオ 地中海沿岸原産の落葉樹(の実)。殻に包まれた実を、(あぶって)食用とし、菓子にも使う。▽pistachio うるし科。

ヒスタミン 種々の動植物組織に存在し生理機能に作用を及ぼす物質。動物体内でこれが過剰に遊離するとアレルギーを起こす。「抗ー剤」▽histamine

ヒステリー ①精神病質の一種。満たされない欲求の反応として、種々の精神的・肉体的症状を起こす。▽診断名としては現在は用いない。②俗に、病的に興奮して感情を統制できず、激しく泣いたり怒ったりする状態。「ーを起こす」▽ドイツ Hysterie

ヒステリック〔ダナ〕ヒステリー的。病的な興奮を見せるさま。「ーな笑い」▽hysteric

ヒストグラム 統計で、度数分布を示すグラフの一つ。横軸に階級、縦軸に度数をとり、各階級の度数を長方形の柱で示す。柱状グラフ。▽histogram

ピストル 片手で発射できる小型の銃。拳銃。短銃。▽pistol

ビストロ 居酒屋風の、小規模で気軽なレストラン。▽フランス bistro

ピストン シリンダーの中にあって往復運動する、栓のようなもの。▽piston **ーゆそう**【ー輸送】車や船を休みなく往復させて、次から次へと物や人を送ること。 **ーリング** シリンダーとピストンとの間にあって、内部の流体の漏れを防ぐ、輪のようなもの。▽piston ring

ヒスパニック 米国でスペイン語を日常語とする、中南米からの移住者とその子孫。▽Hispanic

ビスマス 金属元素の一つ。元素記号 Bi 赤みを持った銀灰色で、もろい。合金は細かな鋳物を作るのに使い、化合物は薬用。蒼鉛(そうえん)。▽bismuth

ひずみ(ひづみ)【×歪(み)】①形がいびつなこと。ゆがみ。②物体に外力を加えたときに現れる、形や体積の変化。③比喩的に、ある事の結果として生じた悪い影響。「教育行政のー」

ひず-む(ひづむ)【×歪む】〔五自〕物体に外力が加わって正しい形を失う。いびつになる。ゆがむ。まがる。

ひずめ(ひづめ)【×蹄】↓ひづめ

ひ-する【比する】〔サ変他〕くらべる。比較する。

ひ-する【秘する】〔サ変他〕隠して、示さない。ひめる。「本名をー」

ひせい【批正】〔名・ス他〕批判して訂正・改正すること。「御ーを乞う」

ひせい【×秕政】よくない政治。悪政。

ひせい【非勢】形勢がよくないこと。

びせい【美声】美しい声。↔悪声

びせいぶつ【微生物】顕微鏡でなければ見えないような微細な生物の総称。主として細菌・酵母・かびなどを言う。

ひせき【×砒石】砒素(ひそ)を含む鉱物の一種。黒色で毒性がある。

ひせき【碑石】①石碑の材料の石。②いしぶみ。石碑。

ひせき【秘跡・秘×蹟】↓サクラメント

ひせき【飛跡】ある種の装置に、放射線などの帯電粒子が目に見える形で残した、通路の跡。

ひせつ【秘説】秘められて、世に知られていない説。

ひぜに【日銭】収入として毎日はいって来るおかね。

ひぜめ ①【火攻め】火をかけて攻めること。②【火責め】火を使ってする拷問。

ひせん【卑×賤】〔名ナ〕身分が低く、いやしいこと。

ひせん【非戦】戦争を否定すること。どんな戦争もいけない事だ(=非)と主張する態度。「ーの大義」「ー論」▽戦争が起こりそうな時、非戦論者は必ず反戦論に味方するが、反戦論者が非戦論を唱えるとは限らない。

ひせん【飛泉】高い所から落下する水。滝。

ひぜん【皮×癬】↓かいせん(疥癬)

びせん【微×賤】〔名ナ〕身分・地位が低いこと。

びぜん【美×髯】見事な(ほお)ひげ。「ーをたくわえる」

ひせんきょけん【被選挙権】選挙される権利。選挙において当選人となりうる資格。

ひせんきょにん【被選挙人】選挙の対象となる人。被選挙権を持つ人。

ひせんけい【非線形】〔数学・工学〕一次式では表せない(または近似できない)ような性質であること。「ー光学効果」▽線形(2)の場合より扱いが難しい。「非線型(ひせんがた)」とも言う。

ひせんとういん【非戦闘員】戦争中、戦闘に関与しない一切の人。軍人以外の国民。▽国際法では、軍医・

看護人・経理官・記者など、従軍していながら直接戦闘には加わらない者。

ひそ【×砒素・ヒ素】元素の一つ。元素記号As 灰色金属状と黄色・黒色非金属状との三種の同素体がある。単体・化合物とも猛毒。

びそ【鼻祖】元祖(がんそ)。▽「鼻」は始めの意。

ひそう【皮相】《名ナ》物事の表面(だけで浅薄に判断すること)。「―の見(けん)」「―的な知識」 派生 **‐さ**

ひそう ①【悲壮】《名ナ》悲惨な情況にありながら、ひるまず、りりしいこと。「―な決意を示す」 派生 **‐さ** ②【悲×愴】《名ナ》悲しく痛ましい気持(を起こさせる様子であること)。「―の面持ち」

ひぞう【秘蔵】《名・ス他》大事にしまって持っていること。「―の宝」。大事にしてかわいがること。「―の娘」

ひぞう【×脾臓】脊椎動物の内臓の一つ。腹腔(ふくこう)の左上部、胃のうしろ側にあり、白血球・リンパ球の一部を造り、古くなった赤血球や白血球を破壊するなどの機能も持つ。

ひぞうぶつ【被造物】神によって造られたもの。

ひそか【△密か・△窃か・△私か】《ダナ》他人に知られないように行うさま。こっそり。「―に探る」▽「ひそめる」と同語源。

ひぞく【×鄙俗】《名ナ》①いなかびていること。②いやしいこと。卑俗。

ひぞく【卑俗】《名・ダナ》下品でいやしいこと。低俗。 派生 **‐さ**

ひぞく【卑属】血縁関係において、その人に後続する世代にある者。↔尊属。「直系―」(子・孫など)「傍系―」(おい・めいなど)

ひぞく【×匪賊】集団的に略奪などを行う賊。▽満州国(=中国の東北地方)の抗日ゲリラも、旧日本軍はこの名で呼んだ。

びそく【鼻息】はないき。「―をうかがう」(他人のきげんをうかがう)

びぞく【美俗】うるわしい風俗・習慣。「良風―」

ひぞっこ【秘△蔵っ子】非常に大事にかわいがっている子。そのように取り扱われる目下の者。

ひそひそ《副[と]》他人に聞こえないように小声で話すさま。「―(と)話をする」「―話」(ないしょ話)▽「ひそか」と同語源。

ひそま‐る【潜まる】《五自》①ひそんだ状態になる。②ひっそりと静かになる。

ひそみ【×顰】①まゆをしかめること。②『―にならう』よしあしの差別なく、他人のまねをする。▽昔、中国の美人西施(せいし)が病んだ時、そのしかめた時の顔の美しさを女たちが見て、それをまねたという故事から。多く、自分の行動について、へりくだった言い方として使う。

ひそ‐む【潜む】《五自》隠れていて、姿をみせない。内にあって、外へは現れ出ない。潜在する。「草かげに―」「心に―」

ひそ‐める【潜める】《下一他》そっと隠しておく。外に現れ出ないようにする。しのばせる。「胸に―」「声を―」(話す声を小さくする)「鳴りを―」(活動をおさえて目立たないようにする)

ひそ‐める【×顰める】《下一他》(多く、他人の行為に対する心配や不満などのため)まゆのあたりにしわを寄せる。「眉を―」

ひそやか【△密やか】《ダナ》①こっそりと人に知られないさま。ひそか。②もの静かなさま。「―に暮らす」 派生 **‐さ**

ひぞ‐る【△乾反る】《五自》かわいてそりかえる。

ひた= ひたすら。いちずに。「―泣きに泣く」「―隠し」

ひだ【×襞】衣服などの、細長い折り目。そのように見えるもの。「山の―」「心の―をうかがい知る」

ひたい【額】①顔の、髪の生えぎわからまゆのあたりまでの部分。「―を集める」(寄り集まって熱心に相談する)②人の額⑴に当たる獣のその部位。「猫の―ほどの狭さ」

ひだい【干×鯛】塩を薄く振り掛けて干したタイ。

ひだい【肥大】《名・ス自》ふとり大きくなること。「心臓―」「機構の―化」

びたい【×媚態】こびる様子。なまめかしい様子。人に取り入ろうとする態度。

びだい【尾大】『―掉(ふる)わず』上より下の勢力の方が強大で制御しにくいこと。

ひたいぎわ【額際】額の、髪の毛の生えぎわ。

びたいちもん【×鐚一文】きわめてわずかの金。びたせん一文。「―も無い」「―払うもんか」

ひたおし【△直押し】《名・ス他》ひたすら押すこと。しゃにむに押し進むこと。「―に押す」

ひたき【×鶲】飛びながら虫をとらえる習性のある鳥。大きさはスズメぐらい。▽ひたき科の鳥のうち、ひたき亜科の大部分とつぐみ亜科の一部の鳥の総称。

びだくおん【鼻濁音】鼻に抜けて発音されるカ行濁音。

ひたごころ【△直心】ひたむきな心。いちずな心。

ひた‐す【浸す】《五他》①水・液体につける。②転じて、びっしょりぬらす。「感傷に身を―」

ひたすら《ダナ・副》ただそればかりに心を向けること。いちず。「夫の帰国を―待ち続ける」「―あやまるばかり」「―道を急ぐ」「―にお越しをお待ち申します」「検事の―な追及」▽「一向」「只管」と書いた。

びたせん【×鐚銭】粗悪なおかね。▽略して「びた」とも言う。

ひたたれ【△直垂】昔の衣服の一種。そでにくくりがあり無紋。すそははかまの中にいれて着る。古くは平民の服で、後に武家の礼服。公家(くげ)にも用いられた。

ひだち【肥立ち】①日を追って成育すること。「―のよい赤ん坊」②日を追って病気や体の調子がよくなること。「産後の―」

ぴたっと《副》→ぴたり

ひたと《副》①すきまを置かないさま。ぴったり。「―寄り添う」②急に止まるさま。「足音が―やむ」

ひだね【火種】①火をおこす、もとにする火。②比喩的に、もめごとのもととなるきっかけ。「紛争の―」

ひたはし-る【△直走る】《五自》ゆるまず休まず、いちずに走る。「上り坂を―駅伝走者」▽「ひたばしる」とも言う。「ひた」は「ひたすら」の「ひた」と同語源。

ひたひた ①《副[と]》水が静かに打ち寄せる音。そのさま。「―と潮が上がる」。静かに、足の裏で歩いたり手のひらでたたいたりする音。②《副[と]》水が打ち寄せるように、次第に迫るさま。「大軍が―と押し寄せる」「―と心にしみる言葉」③《ノダ》物がやっと水につかる状態。「水を―にして野菜を煮る」

ぴたぴた《副[と]》①手のひらなどで軽くたたく音。「平手で頬を―(と)たたく」。(平らな面を)草履・足袋(たび)・裸足(はだし)で規則的に歩く音。「足音が―(と)迫ってくる」。波が岸に穏やかに打ち寄せる音。「潮が―(と)満ちてくる」②薄いものが何枚も貼り付くさま。「シールを―(と)貼る」

ひたぶる《ダナ》それに向け激しく、いちず。▽文語的。派生 **-さ**

ひだま【火玉】①空中を飛んで行く球の形をした火。②キセルにつめたタバコの、火となったかたまり。

ひだまり【日×溜(ま)り】日光がよくさして暖かな(狭い)所。

ビタミン 微量で、動物の生理機能を調節する働きのある一群の有機化合物。体内で合成することができず、栄養素として外からとり入れなければならない。食物に含まれている。ABCDEKなどがある。▽ドイツ Vitamin

ひたむき《ダナ》一つの事に熱中するさま。いちずなさま。「―に道を求める」派生 **-さ**

ひだら【干×鱈】スケソウダラを寒風にさらして乾燥させた食品。

ひだり【左】①相対的な位置の一つ。東を向いた時、北の方、また、この辞典を開いて読む時、奇数ページのある側を言う。「―が利く」(酒飲みだ。さかずきを左手に持ったからか)②日本の昔の官職で、同じ地位のうち上位の方。「左大臣(ひだりのおとど)」③思想上の左翼。▽⇔右。↓ひだりする

ぴたり《副と》①急に完全に止まるさま。「風が―とやむ」「悪習が―と絶えた」②すきまなくつくさま。「ドアを―と閉める」「口を―と閉ざす」③一致するさま。的中するさま。ぴたっと。「予想が―と当たる」

ひだりうちわ(ちは)【左〈団扇〉】仕事をしないでも生活の心配がなく、安楽に暮らすこと。「―で暮らす」

ひだりきき【左利き】①右手より左手の方がよく利くこと。そういう人。ひだりぎっちょ。②酒に強いこと。酒に強い人。

ひだりぎっちょ【左ぎっちょ】↓ひだりきき(1)

ひだり-する【左する】《サ変自》方向を左にとる。道を左に折れる。「迷路のような町を右し―して逃げのびた」

ひだりづま【左×褄】『―をとる』芸者の勤めをする。▽歩く時(しろうとの女は右手でするのに)芸者は左手で褄(つま)を持ちあげるようにつまむから。

ひだりて【左手】①左の手。②左の方。左の側。「―に山がある」

ひだりまえ(へ)【左前】①着物の右のおくみを、普通とは逆に外側に出して着ること。▽死者の装束に用いる。②運が悪くなること。経済的に苦しくなること。「―になる」

ひだりまき【左巻(き)】①(うず・つる・ねじなどが)左の向きに巻いていること。時計の針の回り方と反対に巻くこと。②(俗)頭の働きが正常でないこと、その人。変わり者。▽つむじが左巻き(1)の人には変人が多いと信じられたことから。

ひだりまわり(は)【左回り】左の向きに回ること。時計の針の回り方とは反対に回ること。

ひだりむき【左向き】①左を向くこと。また、向いていること。②左前(2)になること。

ひた-る【浸る】《五自》①水などにつかる。水などにびっしょりぬれる。「腰まで水に―」②転じて、何かの境地にはいりきる。「逸楽に―」

ひだる-い《形》空腹で力の抜けた感じだ。ひもじい。派生 **-さ -げ -がる**

ひだるま【火△達磨】全身に火がついて燃えあがっている様子。「機体は―になって墜落した」

ひたん【悲嘆・悲×歎】《名・ス自》かなしみなげくこと。「―にくれる」

ひたん【飛×湍】流れの激しい瀬。急流。

ひだん【飛弾】飛んで来る弾丸。

ひだん【被弾】《名・ス自》銃砲撃で弾丸を受けること。

びだん【美談】感心な行いなどを内容とする美しい話。

びだんし【美男子】美しい顔立ちの男子。美男(びなん)。好男子。

ピチカート バイオリン・チェロなどの弦楽器で、弓を使わずに指で弦をはじいて音を出す奏法。ピッチカート。▽イタリア pizzicato

びちく【備蓄】《名・ス他》万一に備えて、たくわえておくこと。「食糧を―する」「―米」

ひちしゃ【被治者】統治されている者。

ぴちっと《副・ス自》①すきまがないさま。「戸を―しめる」「服が体に―合う」②乱れがないさま。「―決められたスケジュール」

ぴちぴち ①《副[と]》物がはじける音。そのさま。「グラスの酒から―(と)気泡が上がる」②《副[と]・ノダ・ス自》㋐動きに勢いのある(新鮮な)さま。「釣り上げた魚が―(と)跳ねる」㋑若々しく元気のあるさま。「―(と)した肌」㋒張り切って余裕のないさま。「―のセーター」

びちゃびちゃ《副[と]・ノダ・ス自》①水が跳ねたりしみ出たりする様子。「―(と)波打ち際を歩く」②↓

ひ

びしょびしょ(1)

ぴちゃぴちゃ『副「と」』①水がはねる音。「—(と)水遊び」②舌を鳴らして食べたり飲んだりする音。「犬が—(と)水を飲む」③平手で幾度も強く打つ音。ぴしゃぴしゃ。「禿頭(はげあたま)を—(と)叩(たた)く」

ひちゅう【秘中】『—の秘』秘密にしているものの中でも最も秘密なもの。

びちゅう【微衷】自分の本心。微意。「—をご推察ください」▽へりくだった言い方。

ひちょう【悲調】悲しげな調子。

ひちょう【飛鳥】空をとぶ鳥。「—の早業(はやわざ)」

ひちょうきん【×腓腸筋】腓腹筋(ひふくきん)の旧称。

びちょうせい【微調整】『名・ス他』いっそうよくするため、わずかに調整すること。その調整。

ひちりき【×篳×篥】雅楽用の、表に七つ裏に二つあながある縦笛。「笙(しょう)—」

ひぢりめん【×緋△縮×緬】緋色のちりめん。

ひつ【×櫃】①ふたが上に開く大形の箱。長櫃(ながびつ)・唐櫃(からびつ)など。②めしびつ。「お—」

ひつ〖匹〗ヒツ ひき たぐい ——①二つが組になる。つれそう。「匹偶・匹敵・匹儔(ひっちゅう)・好匹・良匹」②ひとり。ひとつ。「匹夫・匹婦」▽↓=ひき

ひつ〖*必〗ヒツ かならず ——①仮でない。間違いなく。かならず。きっと。「必至・必然・必定(ひつじょう)・必竟(ひっきょう)・必勝・必死・生者(しょうじゃ)必滅」②しなければならない。することが要請される。「必修・必携・必読・必見・必要・必需・必罰」

ひつ〖泌〗ヒツ ヒ しみる ——せまいすきまから水が流れだす。液体がしみ出る。「分泌(ぶんぴつ・ぶんぴ)・泌尿器(ひにょうき・ひつにょうき)」

ひつ〖*筆〗ヒツ ふで ——①手に持って字や絵を書く道具。ふで。「筆墨・筆硯(ひっけん)・筆力・筆工・筆写・筆記・筆耕・筆法・毛筆・鉛筆・硬筆・鉄筆・擱筆(かくひつ)・運筆・朱筆・執筆・万年筆」②『名・造』筆をとって書いた文字・絵画・文章。「道風(とうふう)の筆」「真筆・肉筆・絶筆・能筆・悪筆・乱筆・偽筆・曲筆・加筆・自筆・代筆・同筆・名筆・麗筆・達筆・末筆」③筆をとって書くこと。文章を書くこと。また、書く人。「筆禍・筆陣・筆戦・筆致・筆端・筆舌・主筆・随筆・遅筆・速筆・無筆・一筆・文筆業・特筆大書」④土地区分の一まとまり。↓ふで(2)(イ)

ひっ=【引っ】《動詞の上に付けて》語勢や意味を強める。「—とらえる」「—ぱたく」▽「引っ張る」等、引く意を保っている場合もある。

ひつあつ【筆圧】文字を書く時、ペン・筆などを紙面におしつける力。「—が強い」

ひつい【筆意】運筆の心構え。また、書いた書画の趣。

ひつう【悲痛】『名ナノ』(見聞きして)心が痛み極めて悲しいこと。「—な叫び」派生 **-さ**

ひっか【筆禍】自分が書いて発表した文章のために災難を受けること。その災難。「—事件を引き起こす」

ひっかえ-す:かへす【引っ返す】『五自』↓ひきかえす

ひっかかり【引(っ)掛(か)り】①物の、手が掛かる所。②関係。「あの事件とは何の—もない」

ひっかか-る【引っ掛(か)る】『五自』①物に掛かってそこに止まる。「虫がくもの巣に—」②途中で妨げられて止められる。「検閲に—」③すんなり理解や納得ができないで、途中でこだわる。「あの含み笑いがどうも—」④面倒な事などにかかり合う。かかずらう。⑤仕組まれてだまされる。ひっかけられる。「詐欺に—」

ひっかきまわ-す:まはす【引っ×搔き回す】『五他』①ひどくかき回す。「机の中を—」②自分勝手に振る舞って、混乱させる。「会議を—」▽「ひきかきまわす」の転。

ひっか-く【引っ×搔く】『五他』(つめなどで)強くかく。かいてきずをつける。

ひっかく【筆画】字画(じかく)。

ひっか-ける【引っ掛ける】『下一他』①引っ張って掛ける。「かぎで—」。無造作にかける。「帽子掛けに—」。上にちょっと着る。「コートを—」②転じて、関連づける。「那須与一(なすのよいち)の名に—けた「与一」という名のナス」③突き出ているものに掛けて裂ける。また、突き出たものに妨げられる。「釘(くぎ)に—」「足を—」④仕組んでだます。その気にさせて誘う。「商人を—」「女を—」⑤液状のものをふりかける。「水を—」「はなも—けない」(全く相手にしない)⑥酒などを飲む。「一杯—」

ひっかつ-ぐ【引っ担ぐ】『五他』勢いよくかつぐ。

ひっかぶ-る【引っ△被る】『五他』①勢いよくかぶる。「毛布を—」②仕事や責任を他人の分まで自分で負う。

ひつき【火付き】火の付きぐあい。「—が悪い」

ひつぎ【△棺・×柩】遺体を入れて葬る箱。棺(かん)。かんおけ。

ひつぎ【日△嗣】天皇となり皇統をつぐこと。天皇の位を敬って言う語。「—の御子(みこ)」(皇太子のこと)

ひっき【筆記】『名・ス他』書きしるすこと。書きしるされたもの。「口述—」 **—たい**【—体】手書き用の書体。特に、ローマ字などで、続け書きにする書体。

ひっきょう【×畢×竟】『副・ス自』つまるところ。結局。「—高遠な理想に過ぎた」「—するに」(つまるところは)▽「畢」も「竟」も終わる意。「—ずる」とも言った。

ひっきりなし【引(っ)切り無し】『ノダ』絶え間がないこと。続けざま。「—に人が出入りする」「—の電話」「車の往来が—だ」

ピッキング ①鍵ではなく針金などを使って、錠をあけること。②物流で、必要な商品を倉庫から取り出すこと。③弦楽器をピックで弾くこと。▽picking

ピック ①サリチル酸をまぜた膏薬(こうやく)。膿(のう)の吸出しに使う。ピック膏(こう)。▽創製者 Pick の名から。②ギター・バンジョーなどの弦をはじくのに使うつめ。▽pick

ピックアップ ①〘名・ス他〙(適当なものを選んで)拾いあげること。②〘名〙レコード プレーヤーで、針の振動を電流の振動に変える装置。▽pickup

ひっくく-る【引っ△括る】〘五他〙勢いよく、しばる。

ビッグ データ (有益な情報を得るために)大量のデータを収集したもの。インターネット上にある情報やDNAの塩基配列情報など。▽big data

ビッグ ニュース 報道価値の高いニュース。「―が飛び込んできた」▽big news

ビッグ バン ①宇宙の始まりに起こったと考えられる大爆発のこと。▽big bang 一九四八年にG・ガモフが提唱した。②金融システムの大改革。「日本版―」▽一九八六年にイギリスが行った証券市場の大改革を、⑴にたとえて命名。

ピックびょう【ピック病】初老期に脳の前頭葉や側頭葉が縮んで起こる、認知症の一つの型。記憶は保つが、自分にも周囲にも無関心になり、身勝手に行動する。▽一八九八年にこの症状を報告したA.Pickにちなむ。

びっくり〘名・ス自〙突然の事、意外な事に驚くこと。「いきなり来たので―した」「―仰天する」▽「喫驚」「吃驚」とも書いた。 **―ばこ**【―箱】箱のふたを開けると、ばねじかけで中から人形や動物などが飛び出して人を驚かせるおもちゃ。 **―みず**【―水】豆や麺類のゆで汁が沸騰したときに入れる水⑴。吹きこぼれを防いだり、具材の芯まで火を通したりするために入れる。▽不意に差して驚かすという見立て。

ひっくりかえ-す【引っ繰り返す】〘五他〙①上下をさかさまにする。また、立っているものを倒す。「徳利を―」「今までの学説を―」②書き付け(の束)などを繰る。「伝票を―・して調べる」

ひっくりかえ-る【引っ繰り返る】〘五自〙上下が反対になる。逆転する。また、(勢いよく)横倒しになる。「形勢が―」「舟が―」

ひっくる-める【引っ△括める】〘下一他〙一つにまとめる。

ひつけ【火付け】家屋などに火をつけること。放火。それをする人。「―役」(騒動・論議などを起こす役割を演じる人)

ひづけ【日付】文書などに、それの作成・発送・受領などの年月日を記すこと。その年月日。「―を入れる」 **―へんこうせん**【―変更線】一八〇度の経線。太平洋の真中を通っている。東にむかって横切るときは日付を一日重複させ、西にむかって横切るときは一日とばす。▽部分的には経線と一致していない。

ひっけい【必携】必ずたずさえていなければならないこと。そういう物。「―の書」

ピッケル 柄の先に、つるはし状の金具を付けた登山用具。斜面に足場を作るなどに使う。▽ドイ Pickel

ひっけん【必見】必ず見なければならない、または見る価値があること。「―の資料」

ひっけん【筆×硯】①筆とすずり。②転じて、文筆家の仕事・生活。「―を新たにする」(構想をがらりと変える)「―益(ますます)御多祥」

びっこ【×跛】①片方の足が常態と違っていて正しく歩けないこと。そういう人。ちんば。「―をひく」②対(つい)であるべきものの形や大きさがそろわないこと。そういう物。片ちんば。

ひっこう【筆耕】報酬を得て筆写をすること。その人。

ひっこし【引(っ)越(し)】〘名・ス自〙住まいを移すこと。転居。[関連]越す・引き移る・住み替える・引き払う・立ち退く・転居・転宅・転住・転地・移転・転出・転入・入居・宿替え・家移り **―そば**【―〈蕎麦〉】引っ越し先の近所に、あいさつのしるしとして配るそば。▽「そばに参りました」の意をこめる。

ひっこ-す【引っ越す】〘五自〙住まいを移す。「マンションから一戸建てに―」

ひっこぬ-く【引っこ抜く】〘五他〙〔俗〕→ひきぬく

ひっこみ【引(っ)込み】①退くこと。特に、歌舞伎で役者が舞台から退場する時にするしぐさ。②物事の始末をつけて関係を絶つこと。「―がつかない」③家などの中に引き入れること。 **―じあん**【―思案】しりごみしがちで、進んでなす勇気に乏しいこと。そういう性質。 **―せん**【―線】→ひきこみせん

ひっこ-む【引っ込む】〘五自〙①内へはいる。奥まった所・目立たない所に退く。「家に―」「田舎に―」②後方または下方にさがる。ひきさがる。「―・んでいろ」③中が低く落ち込む。くぼむ。へっこむ。「目が―」

ひっこ-める【引っ込める】〘下一他〙一度出したものを、もとにもどす。内または奥に入れる。「手を―」②取り下げる。撤回する。「意見を―」

ひっこも-る【引っ籠(も)る】〘五自〙→ひきこもる

ピッコロ 一そろいの同属楽器のうち、一番小さな、したがって最高音部の楽器。特に、小型の高音フルート。▽イタリア piccolo

ひっさく【筆削】〘名・ス他〙書き加えたり書き改めたりすること。添削。

ひっさ-げる【引っ提げる・△提げる】〘下一他〙①手にさげて持つ。たずさえる。②物事を行うのに有力なよりどころとして持つ。かかげ持つ。「外交問題を―・げて事に当たる」③無理に動かす。「老軀(ろうく)を―・げて質問演説を行う」

ひっさつ【必殺】必ず殺すこと。また、そうする意気ごみ。

ひっさん【筆算】〘名・ス他〙①暗算・珠算などに対して、紙などに書いて行う計算(をすること)。②書くこととかぞえること。

ひつじ【羊】灰色の柔らかい縮れ毛でおおわれ、刈って織物の原料とする家畜。角(つの)はらせん形。肉は食用。乳・脂肪・皮も利用される。綿羊(めんよう)。▽うし科。

ひつじ【△未】十二支の第八。方角では南南西、時刻で

は午後二時、また、午後一時から三時までの間を指した。▽→じゅうにし

ひっし【必死】①《名・ダナ》その事態の中で必ず死ぬと覚悟すること。また、(生死を顧みず)全力をそそぐこと。「初陣(ういじん)に臨んで—の色を浮かべる」「—に戦う」「—になって助けを呼ぶ」「子供を守るのに—だった」②《名》将棋で、次の手で必ず詰みとなるような形。「—の手」▽(2)は「必至」とも書く。

ひっし【必至】①《ノダ》必ずそうなること。そうなることが避けられないこと。「解散は—だ」②《名》必死(2)。

ひっし【筆紙】筆と紙。「—に尽くし難い」(文章では十分に表せない)

ひつじぐさ【△未草】→すいれん(睡蓮)

ひつじぐも【羊雲】羊の群れのように見える雲。高積雲。

ひつじさる【×坤・△未△申】西南。▽方角を十二支で表せば未(ひつじ)と申(さる)との中間になる。裏鬼門(うらきもん)に当たる。

ひっしゃ【筆写】《名・ス他》書き写すこと。

ひっしゃ【筆者】その文章・書画を書いた人。

ひつじゅ【必需】それがないと困ること。必ず要(い)ること。必要。「—品」

ひっしゅ【必△須】→ひっす

ひっしゅう【必修】必ず学び修めなければならないこと。「—課目」

ひつじゅん【筆順】文字を書く時の、点や線を書く順序。

ひつじょう【必定】《ノダ》そうなるにきまっていること。

ひっしょう【必勝】まちがいなく勝つこと。「—の信念」

ひっしょく【筆触】筆遣い。タッチ。▽絵画で言う。

びっしょり《副[と]・ノダ》すっかりぬれているさま。「—(と)汗をかく」

びっしり《副[と]》すきまなく埋めるさま。ぎっしり。「行事が—(と)詰まっている」

ひつじん【筆陣】①迫力のある文章で鋭く議論することを、軍陣にたとえて言う語。「堂々の—を張る」②筆者の陣容・顔触れ。執筆陣。

ひっす【必須】《ノダ》必ず要(い)ること。他の事はともかく、これだけは落としてはならないこと。「—事項」▽「—な」もまれには使う。「須」は必要とする意。「ひっしゅ」とも言った。

ひっ-する【必する】①《サ変自》かならずそうなるにきまっている。②《サ変他》一つのことをなしとげようと固く心にきめる。「勝利を—」

ひっせい【×畢生】《「—の」の形で》生を終える時までの間。終生。一生。「—の仕事」

ひっせい【筆勢】書画に現れた筆の勢い。

ひっせい【筆生】筆写を役目・職業とする人。

ひっせき【筆跡・筆×蹟】書かれた文字。その文字の書きぶり。「—鑑定」

ひつぜつ【筆舌】筆と舌。書くことと話すこと。「—に尽くし難い」(表現のしようがない)

ひつぜん【必然】かならずそうなるに違いなく、それ以外にはありえないこと。↔偶然。「—の帰結」「—性」「—的」

ひっせん【筆洗】筆の穂を水で洗うための器。筆洗い。

ひっせん【筆戦】文章による論争。

ひっそく【×逼塞】①《名・ス自》八方ふさがりになって方法のたたないこと。②《名・ス自》おちぶれて、みじめな境遇にあること。③《名》江戸時代、士分・僧侶(そうりょ)に科した刑の一つ。門をとじて、昼間の出入りをさせない。

ひっそり《副[と]・ス自》物音がなく、しんとして静かな状態。「—(と)静まりかえった町」「一人—(と)暮らす」「—(と)した昼下がり」

ひった-くる《五他》他人の持っているものを無理に奪って持ち去る。「かばんを—」

ひった-てる【引っ立てる】《下一他》無理にひっぱって連れて行く。「泥棒を—」

ぴったり ①《ダナ・副[と]・ス自》㋐似つかわしいさま。ふさわしいさま。「あの人に—の仕事」㋑時・形・量などがちょうどであるさま。「九時—に着く」「—した大きさ」②《副[と]》→ぴたり

ひつだん【筆談】《名・ス自》(耳が聞こえない人と、また、互いの言語が話せない日本人と中国人との間などで)口で話す代わりに、紙などに書いて問答すること。その会話。

ひったん【筆端】筆の先。筆の運びのはしばし。「秘めた心が—に現れる」「—火を吹く」(文章の調子が激烈だ)

ひっち【筆致】文字・文章・絵などの書きぶり・趣。筆の趣。「軽妙な—」

ピッチ ①一定時間内に繰り返す回数。調子。「—をあげる」「急—で漕(こ)ぐ」「—走法」(一定時間に脚を動かす回数を多くする走り方)②ねじの山と山、歯車の歯と歯など、隣り合った二つのものの間の長さ。③音の高さ。また、その度合。④コール タールや石油から精製物をとった残りかすの、黒褐色の物質。防水・防腐などの塗料用。⑤サッカーの競技場。フィールド。また、クリケットの競技場の一区画。▽(1)〜(5)は pitch ⑥→ピッチング(2)

ヒッチハイク 通りがかりの自動車・トラックなどを呼びとめてただで乗せてもらうという方法で行う旅行。▽アメリカ hitchhike

ピッチャー ①野球の投手。②洋風の水差し。▽pitcher

ひっちゃく【必着】手紙などが締切りまでに必ず到着する(到着しなければならない)こと。

ひっちゅう【匹×儔】匹敵するほどのもの。

ひっちゅう【必中】必ず命中すること。「一発—」

ひっちゅう【筆×誅】《名・ス他》罪悪・過失などを書きたてて、責めること。「—を加える」

ぴっちり〘副[(と)]・ス自〙密着してすきまがないさま。ぴちっと。「体に―したスラックス」「―(と)ふたをする」

ピッチング〘名・ス自〙①船が縦に揺れること。縦ゆれ。↕ローリング。②野球で、投手が投球すること。その技術。▽pitching

ひっつか-む【引っ×摑む】〘五他〙勢いよく手でつかむ。

ひっつ-く【引っ付く】〘五自〙ぴったりとくっつく。

ひっつめ【引(っ)詰め】ふくらみをつけず、無造作に後ろに引きつめて結う、女の結髪。「おしろい一つつけず―で働き通して、家計を支えた」

ひっつり やけどなどのために、皮膚がちぢんで、つれること。ひっつれ。

ひっつれ →ひっつり

ビッテ〘名・ス自〙〔俗〕落第点を取りそうな科目の担当教員の私宅を訪ねて、合格させて下さいと頼み込むこと。▽ドイ Bitte(＝願い) 主に旧制高校で使った。多くは友人がした。

ひってき【匹敵】〘ス自〙競争相手としてちょうど同じぐらいであること。肩を並べること。

ヒット ①〘名〙野球で、安打。②〘名・ス自〙打つこと。当てること。命中すること。「パンチが顔面に―する」③〘名・ス自〙非常に成功すること。当たり。「デビュー曲が―する」「―を飛ばす」④〘名・ス自〙コンピュータで、検索条件にあうものが見つかること。▽hit

ビット ①情報量の単位。一ビットは、確率の等しい二つの事柄の一方が実現した時に得られる情報量。②二進法に用いる数字・符号。③コンピュータで、二進法の数字・符号の系列で表される情報の一つ一つの桁。▽bit(binary digit の略)

ピット ①あな。くぼみ。「オーケストラ―」②自動車・オートバイのレースの最中、給油・整備などを行うための場所。▽pit

ひっとう【筆答】〘名・ス自〙筆記で答えること。↕口答。「―試験」

ひっとう【筆筒】筆を立てておく筒。筆立て。ふでづつ。

ひっとう【筆頭】①名を書き連ねた中の一番目(の人)。「―株主」「流行作家の―格」②筆の先。

ひつどく【必読】〘名・ス他〙必ず読むべきであること。「―の書」

ひっとら-える【引っ捕(ら)える】〘下一他〙「とらえる」を強めて言う語。

ひつにょうき【泌尿器】→ひにょうき

ひっぱが-す【引っ剝がす】〘五他〙〔俗〕ぐいと引っぱってはがす。

ひっぱく【×逼迫】〘名・ス自〙追い詰められて、ゆとりがない状態になること。「財政―」

ひっぱた-く【引っぱたく】〘五他〙〔俗〕強くたたく。また、なぐりつける。

ひつばつ【必罰】悪い事をした者を必ず罰すること。「違反者には―で臨む」「信賞―」

ひっぱりだこ【引(っ)張り×凧・引(っ)張り×蛸】人気があって、方々から手に入れようと望まれること。そういう人・もの。

ひっぱりつよさ【引(っ)張り強さ】〔工学〕材料が引っ張りの力に耐える限界の強さ。耐え得る最大荷重を、材料の断面積で割った値。抗張力。

ひっぱ-る【引っ張る】〘五他〙①引いて、ぴんと張る。「綱を―」②(綱をかけ、または手・言葉・気持で)自分の方へ引きよせる。「袖を―」「部員に―」③先頭に立って活動する。「チームを―キャプテンとして」「歴史を―活力」④力をいれて引いてゆく。「リヤカーを―」。無理やりに連れて行く。「警察に―られる」⑤ひいて長く伸ばす。「語尾を―」「支払いを―」。電話・ガス管・水道・鉄道など、線状の設備を延長する。

ヒッピー 既成の生活様式・価値観を拒否し、反抗的に行動する人々。長髪・奇抜な服装を特徴とする。一九六〇年代にアメリカの若者に始まり、世界中に広がった。似た外見の人にも言う。▽hippie

ひっぷ【匹夫】身分の低い男。教養のない、ただの人。「―の勇」(思慮分別がなく、ただ血気にはやる勇気)「―匹婦」(身分の低い男と女。教養のない者たち)

ヒップ 尻。尻のまわりの寸法。▽hip

ビップ【VIP】→ブイアイピー

ヒップ ホップ 一九七〇年代ニューヨークで、アフリカ系の若者が始めた文化。ラップ ミュージック・ブレーク ダンス・グラフィティー アートなどを特徴とする。特に、ラップ ミュージックのこと。▽hip-hop →ラップ

ひっぽう【筆法】①筆の運び方。②言いまわし。「春秋の―」(→しゅんじゅう③) ③物事のやり方。方法。

ひっぽう【筆×鋒】筆のほこ先。文章の攻撃的な勢い。「―鋭く論難する」

ひつぼく【筆墨】ふでとすみ(を用いて書き記したもの)。「―に親しむ」

ひづめ【×蹄】牛・馬・象・羊などの足指の先を覆う硬い角質の爪。これらの動物にとって、歩行に便利。

ひつめい【筆名】文章を書く時に使う、本名以外の名前。ペン ネーム。

ひつよう【必用】必ず用いなければならないこと。

ひつよう【必要】〘名ナノ〙かならず要(い)ること。なくては済まないこと。「―は発明の母」「―性」「―(な)書類が出てこない」「―の都度(と)買えばよい」「実行には全員の合意を―とする」 派生 **-さ** 関連 必需・必須・所要・要用・入り用・入用・有用・不可欠・不必要・不要・不用・無用 **―あく**【―悪】よくないことだが、組織や社会にとって、やむをえず必要とされること。 **―じょうけん**【―条件】Bという事が成り立たなければ必ずAという事も成り立たない、すなわちAが成り立てば必ずBも成り立つ時、そのAに対

するBのこと。▽逆にBに対するAを「十分条件」と言う。

ひつりょく【筆力】 書いた文字・文章・描線から感じられる力・勢い。

ひつろく【筆録】『名・ス他』文字に書いて記録すること。また、その記録。

ひてい【比定】『名・ス他』比較して(昔の地名に当たる現在名、成立年代などを)推定すること。

ひてい【否定】『名・ス他』(述語とそれに係る要素とで表される意味内容を)そうではないと判断し斥(しりぞ)けること。打消し。↕肯定。「事件への関与を—する」▽日本語の文法では、普通、その述語に打消しの助動詞をつけて、否定判断を表す。

びていこつ【尾×骶骨】→びこつ(尾骨)

ビデオ ①(テレビの)映像。▽video ②「ビデオ カメラ」「ビデオテープ」「ビデオテープ レコーダー」などの略。 **—カメラ** 動画用のカメラ。「—で撮る」▽video camera **—テープ** 画像と音声の信号を記録する磁気テープ。▽videotape **—テープ レコーダー** 音声と画像をビデオテープにより記録・再生する装置。▽videotape recorder **—デッキ**「ビデオテープ レコーダー」に同じ。▽video deck

びてき【美的】『ダナ』美に関するさま。美をもととするさま。「—感覚」「—生活」

ひてつきんぞく【非鉄金属】 鉄以外の(特に工業上、用途の広い)金属。銅・錫(すず)・亜鉛など。

ひでり【日照り・×旱】 ①(夏)長い間雨が降らないで水がかれること。②転じて、必要なものが非常に少なくなること。③日が照ること。▽③の意では「旱」と書かない。 **—あめ【日照り雨】** 日光がさしているのに降る雨。きつねのよめいり。天気雨。

ひてん【批点】 ①詩歌・文章などの批評・訂正(のために加える評点)。②批判・訂正すべき点。

ひでん【秘伝】 特定の人にしか伝授しない奥義(おうぎ)。

ひでん【飛電】 ①急用の電報。②走り飛ぶ稲光(いなびかり)。

びてん【美点】 すぐれたところ。よい点。

びでん【美田】 地味の肥えた、よい田。「児孫のために—を買はず」(西郷隆盛「偶感」)

ひと【人】 ①直立二足歩行をして、発達した脳をもち、言語を有し、社会生活を営む動物。▽霊長類ひと科。㋐人類。また、その一員としての個々人。「—は火を使う」「うちの—」(特に、妻から見て夫をさす)「いい—」(愛人の意。別義は↓③)「—は一代、名は末代(まつだい)」(個人の命は一代で終わるが、その名・評判は後世まで残る) ▽「人間」とか「者」とかを使う文脈に、一九六〇年ごろから「私は勉強がきらいな—ですから」のような使い方が行われているが、このような文脈の「ひと」は㋒の意が普通だった。㋑世間一般の人㋐。「—の世の常」「—のうわさも七十五日」(世間のうわさもそう長くは続かない)「—の口には戸が立てられない」(世間のうわさは防ぎようがない) ㋒自分以外の人㋐。他人。「—のふんどしで相撲(すもう)をとる」(他人のものを利用して自分の事をする)「—の疝気(せんき)を頭痛に病む」(自分に関係しない事で、いらぬ心配をする)「—のふり見てわがふり直せ」(他人の様子・性行を反省材料として自分の欠点を改めよ)「—をのろわば穴二つ」(他人に害をすれば自分も結局は害を受ける)「—の気も知らないで」「—を食う」(相手をこばかにする) ▽㋒の意では「他人」とも書く。②適当な人①㋐。立派な人物。「—を得る」「政界に—無し」「—となる」(成人して一人前になる) ③人①㋐としての性質。人がら。人格。「—がいい」(↓おひとよし)「—が悪い」 ④だれでも、こういうことになる、という気持を表す、江戸・東京の下町での言い方。「—おいで下さいな。お待ちしてますよ」「その言いぐさは何だ。—ばかにするな」▽①㋑から出たか。

ひと【費途】 おかねの使いみち。使途。

ひと【一】『造』《主に名詞の上に》「一(ちい)」の和語。「—たび」「—口に食べてしまう」「外国と—口に言っても色々ある」「—雨ごとに秋が深まる」「—癖も二癖もある男」「死に際に—花咲かせた」▽数え上げる唱え以外に単独では使わない。物の数には「ひとつ」と言うが、人数は「ひとり」。特に、①(他の可能性もある中で)この一つを取り立てて持ち出す気持で言う。「完成までもう—踏ん張りだ」「いっそ—思いに別れよう」「—泡吹かせてやるぞ」「—夕立ほしい暑さだ」㋐《あとに打消しや反語を伴って》その一つさえもという気持で否定を強める。「ただの—言も発しない」「強く出れば—たまりもあるものか」㋑続いていた(いる)一つの事のくぎりとする意を添える。「—休みしよう」 ②それと明らかに言わずそのたぐいの一つという気持で冠する。㋐或(あ)る。「—ころはそんなだった」。無視しかねる或る程度(の)。「—財産作る」「—もうけした味が忘れかねる」「—しきり世間を騒がせた怪盗」㋑さほど多く(著しく)はない或る分量。ちょっと。「町を—回りして来る」「今のうちに—眠りしておけ」「—風呂(ふろ)浴びる」「—探り、探りを入れる」▽多くは、そのちょっとした行為がそれなりの効果をもたらす含みで使う。

ひとあし【一足】 一歩。「—進める」「—早い海水浴を楽しむ」▽「いっそく」と読めば靴などの数。 **—ちがい(がひ)【—違い】** わずかな時間の差(で行き違うこと)。「—で会えなかった」

ひとあし【人足】 人の行き来。「—が絶える」▽「にんそく」と読めば別の意。

ひとあじ(ぢ)【一味】『—違う』ほかとは違った一種の味わいがある。「一味も二味も違う」(強めた言い方)▽「いちみ」と読めば別の意。

ひとあしらい(らひ)【人あしらい】 人をもてなすこと。人との応対。

ひとあせ【一汗】 ひとしきり汗を出すこと。「—かく」

ひとあたり【一当(た)り】《名・ス自》①一回強く当たること。一突き。「棒の―で骨が折れる」②情報を求めて、関係する人・物・事に一回またはひととおりすべて接すること。「関係者に―してみる」

ひとあたり【人当(た)り】他の人に対するその人の接し方、与える感じ。「―が柔らかい」

ひとあな【人穴】火山のふもとなどにある、ほらあな。昔、人が住んだという。「富士(ふじ)の―」

ひとあめ【一雨】①一回の雨降り。「―ごとに暖かくなる」②ひとしきり雨が降ること。「―あった」

ひとあれ【一荒れ】《名・ス自》①雨風がひとしきり強くなること。「この空模様では―来そうだ」②きげんが悪くて人に強く当たること。

ひとあわ【一泡】『―吹かせる』他の人を驚きあわてさせる。

ひとあんしん【一安心】《名・ス自》まずは安心だと思うこと。

ひど-い【△酷い】《形》①残酷だ。むごい。「―しうち」②激しい。はなはだしい。「―雨」「―・く暑い」▽「非道」の形容詞化。派生 **-さ**

ひといき【一息】①一呼吸。②ひとやすみ。「ほっと―つく」「―入れる」③続けざまにすること。一気呵成(いっきかせい)。「―にやる」④少しの努力。「完成まであと―だ」

ひといきれ【人いきれ】人がたくさん集まって、体から発する熱や湿気が立ちこめること。「―がする」

ひといちばい【人一倍】《ダナ・副》普通の人より倍も。「―働く」「―の努力」▽↓ばい〔倍〕

ひといれ【人入れ】雇人の周旋を業とすること。「―稼業」

ひといろ【一色】①一つの色。いっしょく。②一つだけの種類。一種類。

ひとう【秘湯】(山奥などにあって)人に知られていない温泉。「―をたずねる旅」

ひどう【非道】《名・ダナ》道理・人道にはずれていること。「極悪(ごくあく)―」「―に人をさいなむ」「―な扱い」

びとう【尾灯】自動車などの車体の後部に付けたあかり。テール ランプ。テール ライト。

びどう【微動】《名・ス自他》少しだけ動くこと。わずかに動揺すること。「―だにしない」。また、少しずつ動かすこと。「―装置」

びどう【美童】①みめかたちの美しい少年。②美しい若衆(わかしゅ)。

ひとうけ【人受け】他人の気受け。他人の信用。「―が悪い」

ひとうち【一打ち】①《名・ス他》一度うつこと。②《名》一度で打ち殺すこと。「―にする」

ひとえ(へ)【一重】①重なっていないこと。「―まぶた」。植物で、花びらが重なっていないこと。その花。②「ひとえもの」の略。▽(2)は「単」とも書く。 **―もの**【△単物】一重で、裏のつかない和服。

ひとえに(ひとへ)【△偏に】《副》他には心を向けず、または他の事はさておき、全く。ただただ。「―おわび申し上げます」「―努力のたまものだ」「原因は―この一事にかかる」▽名詞「一重(ひとえ)」＋助詞「に」から。

ひとおし【一押し】①《名・ス他》一回押すこと。「背中を―する」②《名・ス自》一回働きかけること。「当選まであと―だ」

ひとおじ(ぢ)【人△怖じ】《名・ス自》(幼児などが)知らない人の前でおじけづくこと。

ひとおもいに(ひとおもひ)【一思いに】《連語》思い切ってするさま。いっそ一度に。「―殺してしまおう」

ひとかい(ひ)【人買(い)】子供や女をだまして売買することを業とする者。

ひとかかえ(かへ)【一抱え】ひろげた両手で抱えられるほどの大きさ、太さ。「―もある大木」

ひとがき【人垣】多くの人が立ち並んで垣のようになった状態。「―を作る」

ひとかげ①【人影】人の姿。「―が見えない」②【人陰・人×蔭】人の後ろ・横など。「―に隠れる」

ひとがしら【人頭】漢字の冠の一つ。「今」「企」などの「人」の称。▽形が「人」に似ていることによる称。「人屋根(ひとやね)」「屋根」とも言う。「全」の冠は、旧字体では「入」で、「入頭(いりがしら)」「入屋根(いりやね)」と言う。

ひとかず【人数】①にんずう。人間のかず。②一人前の人として数えられること。「―にはいらない」

ひとかせぎ【一稼ぎ】《名・ス自》①一つのまとまった仕事をすること。②ちょっと働いてある程度まとまった金銭を得ること。

ひとがた【人形】人の形をしたもの。特に、かたしろ(2)。▽「ひとかた」とも言う。↓にんぎょう

ひとかたけ【一片△食】一度の食事。

ひとかたならず【一方ならず】《連語》ひととおりでなく。なみなみでなく。「―喜ぶ」▽「ひとかたならぬ」の形で連体修飾にも使う。「ひとかたならぬお世話になりました」

ひとかど【一角・一△廉】きわだっていること。なみすぐれていること。「―の人物」▽「いっかど」とも言う。

ひとがまし-い【人がましい】《形》一人前の人間らしい。また、(人に知られているほどの)相当の人物らしい。派生 **-さ**

ひとがら【人柄】①《名》人の品格。人の性質。②《名ナノ》人柄(1)がよいこと。「彼はお―だ」

ひとかわ(は)【一皮】物事の表面を覆うもの。うわべを飾っているもの。「―むけば欲の塊だ」

ひとぎき【人聞き】人に聞かれること。外聞。「―が悪い」

ひとぎらい(らひ)【人嫌い】《名ナノ》他人とつきあうことをいやがる性質(の人)。

ひときりぼうちょう【人切り包丁・人斬り×庖丁】〔俗〕刀のこと。

ひときわ(は)【一際】《副ノ》他とくらべて一段と。めだって。「―大きい力士」「―の悪(わる)として知られる」

ひとく【秘匿】《名・ス他》こっそりとかくすこと。

びとく【美徳】ほめるべき、うるわしい徳。人として望ましいりっぱな心のあり方や行い。↔悪徳

ひとくいじんしゅ【人食い人種】〔俗〕→しょくじんしゅ

ひとくぎり【一区切り】①《名》一つのまとまり。一段落。「仕事に―つける」②《名・ス自》物事を一回区切ること。

ひとくくり【一△括り】複数の物事を一つにまとめること。まとめたもの。㋐ひも・糸などでまとめてくくったもの。「―の書類」㋑まとめて一つの事柄とすること。「青年を―に論じることの可否」「五年を―にする」

ひとくさ-い【人臭い】《形》①人間のにおいがする。人間のいそうなけはいがする。②生身の人間らしい。派生 **-さ**

ひとくさり【一くさり】①謡い物・語り物などの、まとまった一部分。一段落。②転じて、ある話題についてひとしきり話すこと。「―演説する」

ひとくせ【一癖】どこか他の人と違って、油断できない人間だと感じさせる特異さ。「―ありそうだ」

ひとくだり【一△行】文章の一行(いちぎょう)、また一部分。

ひとくち【一口】①一度口に入れること。また、全部を一度に口に入れること。「―にたべる」「―最中(もなか)」②ちょっと飲み食いすること。「ほんの―」③短い話・表現。「―しゃべる」「―に言えば」「―に地酒と言ってもいろいろある」④株・寄付などの一単位。「―千円」。わけまえ。わりあて。「―乗る」(金もうけの仕事などに荷担する) **―ばなし**【―話・―×咄・―×噺】ちょっとした短い話。ごく短いこっけいな話。

ひとくろう【一苦労】《名・ス自》かなりな骨折り。ちょっとした苦労。「老眼で、針に糸を通すのも―だ」

ひとけ【人気】人のいそうなけはい。「―もない村里」▽「じんき」「にんき」「ひとげ」と読めば別の意。

ひとげ【人気】人間らしさ。「―ない振舞い」▽「じんき」「にんき」「ひとけ」と読めば別の意。

ひどけい【日時計】立てた柱が日光に照らされて盤の上に落とす影の方向で時刻が分かる装置。

ひとこいし-い【人恋しい】《形》さびしくて、人に会いたい、話したい気持だ。「―季節」派生 **-さ -げ**

ひとこえ【一声】①一回だけ(注意を喚起するように)発する声。「留守にするときは―かけてください」②転じて、事の成り行きに影響のある発言。「鶴の―」(→つる(鶴))「領袖の―で連立政権が誕生した」

ひとごえ【人声】人間の話す声。「向こうで―がする」

ひとこきゅう【一呼吸】①《名・ス自》一回呼吸すること。一息。②《名》(一回呼吸するくらいの)短い時間。「―あって返事が来た」③《名・ス自》少しの間休むこと。一休み。「―して次の仕事にかかる」

ひとごこち【人心地】生きている気持。生きた心地。「―がしない」「―がつく」

ひとごころ【人心】①人間の心。人情。なさけ。情愛。②平常の意識。正気(しょうき)。人心地(ひとごこち)。「―がつく」▽→じんしん(人心)

ひとこし【一腰】①ちょっと動かす腰の動き・備え。「―落とす」「―入れて荷をかつぐ」②一本の刀。▽「腰」は腰の物(=刀)。

ひとこし【一越】「一越縮緬(ちりめん)」の略。しぼが小さく、固く織った縮緬。

ひとこと【一言】ひとつの言葉。「―も聞きもらさない」。わずかな言葉。ちょっと言うこと。「―でわかる」「―多い」(余計なことまで言う)

ひとごと【〈他人〉事】自分には関係のない、他人の事。よそさまの事。「―でない」▽「たにんごと」は、「他人事」の文字読みの読み違い。

ひとこま【一×齣】劇や映画などの一場面。「歴史の―」。→こま(齣)

ひとごみ【人混み・人込み】人でこみ合うこと。こみ合っている所。

ひところ【一頃】それほど遠くない以前の、あるころ。ひととき。

ひとごろし【人殺し】人間を殺すこと。人間を殺す者。

ひとさしゆび【人差(し)指・人指し指】手の、第二指。親指と中指の間の指。

ひとざと【人里】人家が(かなりの数)集まっている所。「―離れた所」

ひとさま【人様】他人のことを敬って言う語。「―のことに口を出すな」▽「他人様」とも書く。

ひとさらい【人×攫い】子供などをだまして、または無理やりに連れ去る者。そうすること。

ひとさわがせ【人騒がせ】《名ナ》(大したことでもないのに)人を驚かし、騒がせて迷惑をかけること。

ひとし-い【等しい・△均しい】《形》①対象どうしの性質に(ある観点で)差が無い。【等】「色は違うが形は―」「三辺の長さが―」「先例は無いに―」「電子と―質量の粒子」▽「同じ」を「等しい」より強く、すべての点で等しいとするのは、言い過ぎ。②《連用形で》一様に。そろって。【均】「全員―く反対論だ」③《……を動作的表現として「……と―く」の形で》……と同時に。……するや否や。「渡り切ると―く橋が折れた」▽(3)は古風な表現。この用法は「同じく」には無い。派生 **-さ**

ひとしお【一塩】魚・野菜などに、さっと薄く塩をふりかけること。そうしてあること。「―の鮭(さけ)」

ひとしお【一△入】《副[に]・ノダ》ひときわ。一層。「寂しさが―(に)身にしみる」「喜びも―だ」▽↓=しお

ひとしきり【一△頻り】《副ノ》いっとき(盛んに)続くこと。しばらくの間。「雨が―(の間)降る」

ひとしごと【一仕事】①《名・ス自》一区切りの仕事。一まとまりの仕事。「農家は―終えてから朝食」②《名》かなり大変な仕事。「大家族の洗濯は―だ」

ひとじち【人質】要求を押し通そうとして、とらえて

おく、相手側の人。「子供を―に取る」。約束を守るしるしとして、相手方に渡される人。「―を差し出す」

ひとしなみ【等し並(み)】《ダナ》同列にある(ものとして扱う)さま。

ひとじに【人死(に)】思わぬ出来事のために人が死ぬこと。「県道の事故で―が出た」

ひとしばい【一芝居】目的を達成するための、見せかけ(の行動)。「―打つ」

ひとしれず【人知れず】《連語》人に知られないように。ひそかに。「―泣いた」▽「人知れぬ」の形で連体修飾にも使う。「人知れぬ苦労」

ひとずき【人好き】他人が(その人を)好くこと。他人に好かれること。「―のする性格」▽俗に、「世話好きで―な性格」のように、人を好く意でも使う。

ひとずくな【人少な】《名ノ》使える、また使うに足る人の数が少ないこと。人手が足りないこと。

ひとすじ【一筋】①細長く続く一本のもの。「無能無才にしてこの―につながる」(猿蓑 幻住庵記) ②いちずに心を集中すること。「―に思いつめる」 ―**なわ**【―縄】『―では行かない』普通の手段ではできない。

ひとずれ【人擦れ】《名・ス自》多くの人に接して、人づきあいの仕方がずるく巧みになること。「―している人」

ひとだかり【人だかり】何かを見よう聞こうとして人が集まること。その集まり。人立ち。「黒山のような―がする」

ひとだすけ【人助け】人を助けること。人の苦難を救う行為。

ひとだち【人立ち】ひとだかり。

ひとだのみ【人頼み】自分ではしないで他人をたよりにすること。

ひとたび【一度】①《仮定などの言い方を伴って》いったん。「―決心したからには」②一回。一度(いちど)。

ひとだま【人魂】人の肉体から抜け出て空中を飛ぶ魂とされる、火の玉。▽多くの場合、青白く球形で尾を引く。燐火(りんか)。

ひとたまり【一溜(ま)り】『―もない』わずかの間も持ちこたえられない。「ひとたまりもなく負けた」

ひとだまり【人溜(ま)り】人が集まっていること。その場所。また、人の流れがとどこおって、そこにたまること。「―ができる」

ひとだんらく【一段落】《名・ス自》→いちだんらく

ひとちがい【人違い】《名・ス自他》別の人をその人と思い違いすること。

ひとつ【一つ】①個数を言う場合の、数の一(いち)。「―は気の弱さから、―は病身から、引っ込み思案だ」「夫婦げんかの―や二つ、だれでもする」「杯を取って「お―いかが」と勧めた」「気持―(=だけ)では済まない困難」「昼飯の―もおごれよ」㋐《「も」や「として」を従え、または体言……に付け》ただ一つ(1)(の……)さえの気持で否定を強める。「―も存じません」「まともな物が―として無い」「何―答えない」㋑《主に「―だ」「―になる」「―にする」の形で》まとまった全体(を成す同類)。ⅰ普通には異なると見るものを、ある観点から同類とした、その全体。「世界は―だ」「海と青空が―になる」「桜が夕霞(ゆうがすみ)に―にとけた眺め」ⅱ同類に含め(得)ること。「言葉は違っても訴えたい事は―だ」㋒《接頭語的に》他ではないまさにその。同じ。「―屋根の下に住む」㋓一歳。㋔箇条書きのそれぞれの条の頭を示すのに使う。→ひとつがき ②《副詞的に》一事を指して、それに伴う影響などを言うのに使う。㋐見通しを言う。「―間違えば大変だぞ」「―音楽で気を晴らそう」㋑勧誘や依頼をする。どうだろう。「―出掛けてみないか」「そこを―(=なにぶん)よろしく願います」③《「今―」「もう―」の形で副詞的に》期待よりも少し(なお)物足りない気持を表す。「御提案を今―はっきりさせて下さい」「事情がもう―飲み込めない」

ひとつあな【一つ穴】『―のむじな』いっしょになって(悪い)事をたくらむ者。同類。一味。

ひとつおぼえ【一つ覚え】一つのことだけを忠実に覚えていること。

ひとづかい【人使い】人の使い方。「―が荒い」

ひとつがき【一つ書き】各箇条を「一、……」と始める箇条書き(の文書)。▽「一、……」は「ひとつ、……」と読む。以前は箇条が二つ以上あっても皆「一」と書き起こした。

ひとつかみ【一×摑み】片手でつかむこと。また、片手でつかむほどのわずかの量。

ひとづき【人付き】ひとづきあい。また、他人の気受け。「―が良い」▽古風。

ひとづきあい【人付(き)合い】他人とのつきあい。交際。「―の悪い人」

ひとっこひとり【人っ子〈一人〉】《連語》《打消しの言い方を伴って》人がひとりも。だれひとりも。「―通らない」「―居ない」

ひとづて【人△伝(て)】直接ではなく、他人に頼んで伝えること。また、人の口から口へと伝わること。「―に聞く」

ひとつばなし【一つ話】①後々までも話題になる、面白い話。②いつもきまって得意になってする話。

ひとつひとつ【一つ一つ】《副詞的にも使う》いちいち。「―に思い出がある」。ひとつずつ丹念に。「―(を)調べあげる」

ひとつぶえり【一粒△選り】多くの中から精選すること。その選ばれたもの。▽「ひとつぶより」とも言う。

ひとつぶだね【一粒種】(自分の)ただひとりの子。(最愛の)ひとりご。

ひとづま【人妻】すでに結婚して妻となった女。また、他人の妻。▽「妻」と違い「誰々の―」とは言わない。誰々のということは「人」の部分が暗示している。

ひとつみ【一つ身】並幅の布で背縫いをしない裁ち方

の和服。一、二歳の乳児用。

ひとつめ【一つ目】①幾つかあるもののうち最初のもの。「心得の―は忍耐心だ」②目が一つである(一つしかない)こと。「―小僧」(額に目が一つだけある化け物)

ひとつや【一つ家】①同じ家。「他人と―に暮らす」②一軒屋。「森の中の―」▽雅語的。

ひとて【一手】①ひとりじめすること。いって。「―販売」②一回のてかず・わざ。「―おくれる」③一つの方法。④一組。一隊。「―の者ども」▽この意では今はほとんど使わない。

ひとで【人出】人が(たくさん)その場所に出ること。「海岸は大変な―だ」「―が多い」

ひとで【人手】㊀人の、機能としての手。①他人の手助け。「―を借りる」。他人の力。「―にかかる」(殺される)。他人の所有。「―に渡る」②働く人。働き手。「―がない」③人間のわざ。人工。「―を加える」㊁海底にすむ、平たい体から五腕が放射状に出ている動物。全体が星形(五角形)になり、人が手の指を広げた形にも似ている。ハマグリ・アサリなどの天敵。種類が多い。▽ひとで綱の棘皮(きょくひ)動物の総称。「海星」とも書く。

ひとでなし【人でなし】《名ナノ》人情・恩義をわきまえない、人間とも思えないような人。人非人(にんぴにん)。

ひととおり【一通り】①ひとわたり。あらまし。「―読む」「―の教育を受ける」②《普通「―の」の形で、打消しの言い方を伴って》ふつう。尋常。「―の苦労ではない」

ひとどおり【人通り】人が行き来すること。人の通行。「―が激しい」「―の多い時間帯」

ひととき【一時】①しばらくの間。いちじ。いっとき。「いこいの―」②以前のあるころ。ひところ。「―は貧乏のし通しだった」③いっとき⑴。

ひとところ【一所】一つの場所。一か所。「―だけ刈り残した田んぼ」。同じ場所。「貴重品は―にまとめておく」

ひととせ【一△年】①いちねん。一年間。②ある年。

ひととなり【人となり】持ち前の人柄。うまれつき。

ひととび【一飛び】①一回飛ぶこと。特に、中継ぎなどせず一回で飛べるほどの(近い)距離。「ジェット機ならハワイも―だ」▽↓ひとまたぎ。②↓いっそくとび。▽⑴⑵とも「ひとっとび」とも言う。

ひとなか【人中】(多くの)人のいる中。衆人のあいだ。「―で恥をかく」▽「にんちゅう」と読めば別の意もある。

ひとなかせ【人泣かせ】人を困らせること。人に迷惑をかける行為。

ひとなつかしい【人懐かしい】《形》さびしくて人に会いたいほどに懐かしい。人恋しい。派生 -さ -げ

ひとなつっこい【人懐っこい】《形》人にすぐ親しんでなつきやすい。「―笑顔」「―く寄ってくる」派生 -さ

ひとなのか【一七日】人の死後七日目(の法事)。初七(しょなの)日。▽「ひとなぬか」とも言う。

ひとなみ【人波】人の波。▽群れ集まっている人たちが、押しあって動くさまを波に見立てた言い方。

ひとなみ【人並(み)】《名・ダナ》一般の人に劣ることなく、同じ程度・状態であること。世間なみ。「―の生活をする」「―に仕事する」「腕がにぶいのに―な口をきく」

ひとなれ【人×馴れ】《名・ス自》①世間のつきあいになれること。②動物が人間になれ親しむこと。

ひとにぎり【一握り】《名》①一回握ること。一回握ったもの。「―の量」②《副詞的にも使う》片手に入る量・長さ。「―の削り節で出汁(だし)を取る」「バットを―短く持つ」③わずかであるさま。「―の富裕層」

ひとにたち【一煮立ち】《名・ス自》煮汁や汁物が煮えて一回だけ沸き立つこと。「味噌(みそ)を入れて―したら火を止める」

ひとねいり【一寝入り】《名・ス自》↓ひとねむり

ひとねむり【一眠り】《名・ス自》しばらくの間ねむること。ひとねいり。

ひとのこ【人の子】①(神や仏ではない)人間。子供。「裁判官も―、間違うこともある」「―の親」②他人の子供。「―を育てる」③イエス キリスト。

ひとはし【人橋】『―をかける』①適当な仲立ちの人を介して申し入れる。②急用の時などに次々に使いを出す。▽「ひとばし」とも言う。

ひとばしご【人×梯子】高いところに登るために、何人かが順々に下の人の両肩に乗り、はしごの形に組み合ったもの。「―を組む」

ひとばしら【人柱】①ある目的のために犠牲になること。その人。▽⑵の転。②昔、難工事完成を祈って神にいけにえとして生きた人を水に沈め土に埋めること。そのいけにえの人。

ひとはしり【一走り】《名・ス自》ちょっと走ること。▽「ひとっぱしり」とも言う。

ひとはた【一旗】『―揚げる』新しく事業をおこす。

ひとはだ【一肌】『―脱ぐ』(肌脱ぎになり)本気になって力を貸す。一奮発して力添えをする。

ひとはだ【人肌・人△膚】人間の皮膚。また、その程度のぬくもり。「―のお燗(かん)」

ひとはたらき【一働き】《名・ス自》(一定の時間または期間)頑張って働くこと。「朝飯前の―」「改革に―する」

ひとはな【一花】『―咲かせる』一時、はなやかに栄える。

ひとばらい【人払い】《名・ス自》密談などのため、人を遠ざけ去らせること。▽もと、貴人が通るときに人を遠ざけ去らせること。

ひとばん【一晩】①夕方暗くなってから、明るくなるまでの間。「―中」②ある晩。

ひとびと【人人】多くの人。一般の人。

ひとひねり【一△捻り】《名・ス他》①ものを一回ひねること。②相手を簡単に負かすこと。「敵を―(に)す

る」③少し工夫をほどこすこと。「—した表現」

ひとひら【一△片・一△枚】平らで薄いもの一つ。「桜が—散り掛かる」▽雅語的。

ひとふで【一筆】①ちょっと書きつけること。②墨つぎをしないで一度に書くこと。「—で書き切る」③土地の一区画。▽「いっぴつ」と読めば別の意もある。 —がき【—書き・—描き】筆記具を紙から離さずかつ一度引いた線の上に重ねて引くことなく、その図形をかくこと。▽このかき方ができない図形が多い。

ひとふり【一降り】《名・ス自》一回、まとまった雨が降ること。一雨。「雷が鳴って—来そうだ」

ひとふろ【一風呂】一回風呂に入ること。「—浴びてから食事にする」

ひとまえ【人前】人々の見る所。「—で恥をかかす」「—を飾る」(見えを張る)「—に出る」

ひとまかせ【人任せ】自分のことを自分でしないで、すっかり他人にさせること。

ひとまく【一幕】①演劇で、幕から幕までの一くぎり。「—物」(一幕で完結する戯曲。その演劇)②比喩的に、場面。状況。「取っ組み合う—があった」

ひとまじわり【人交わり】他人(世間)とのつきあい。交際。

ひとまず【一△先ず】《副ノ》後のことはともかく、さしあたり。「—旅館に落ち着いた」「—の決着を図る」

ひとまたぎ【一×跨ぎ】《名・ス他》ちょっとまたいで越えること。「あの垣を—して道に出た」「大西洋ぐらい—さ」▽ちょっとか否かは気持の問題なので、第二例のように「一飛び」と言うのが普通の時にも使える。

ひとまちがお【人待ち顔】《名・ダナ》(目的の)人が早く来ないかと待っている顔つきや様子。

ひとまとめ【一×纏め】ばらばらになっているのを一つにすること。「荷物を—にする」

ひとまね【人〈真似〉】他人のする通りにまねること。「—ばかりするな」

ひとまわり【一回り】①《名・ス自》ものの周りを一回まわること。一周。「どれ町内を—して来よう」②《名・ス自》幾つかのものを順に全部まわること。③《名》ものの太さ、特には人物の大きさを、比べた時の(ある程度の)大きさ。「—大きい帽子」「彼はスケールが—大きく成長した」④《名》十二支で、生まれ年が再びめぐって来るまでの十二年間。「兄とは—違う」

ひとみ【瞳】①虹彩(こうさい)の中央の、光が眼球に入るあなの部分。瞳孔。②目。まなざし。「つぶらな—」「—を閉じる」「—を凝らす」(まばたきもせず見定めようとする)「—を据える」(じっと一点を見詰める)

ひとみごくう【人身御△供】①いけにえとして人身を神に供えること。そのいけにえとなる人。②比喩的に、他人の欲望を満たすために犠牲となる人。

ひとみしり【人見知り】《名・ス自》(子供が)知らない人を見てはにかんだり嫌ったりすること。

ひとむかし【一昔】もう昔だと感じられる程度の過去。普通、十年ぐらい前。「十年—」「—も二昔もたった」

ひとむき【一向き】《ダナ》それに一途(いちず)なさま。「—になって何かを堪へ忍んで」(堀辰雄「姥捨」)

ひとめ【一目】①一度(だけ)見ること。ちょっと見ること。「—会いたい」②一度に見えること。一目(1)ですべて見渡せること。「—千本」▽「いちもく」と読めば別義もある。 —ぼれ【—×惚れ】一目見て恋すること。

ひとめ【人目】それを他人が見る(時には同情的でない、または興味本位の)目(視線)。「—がうるさい」「—を忍ぶ」「—をはばかる」「—を引く」(他人の注目をあびる)「—につく」(同上)「—を欺く」「—を盗んで合図する」

ひとめぐり【一巡り】①《名・ス自》一回めぐること。ひとまわり(1)(2)。②《名》一周忌。

ひともうけ【一×儲け】《名・ス自》いちどきにまとまった利益を得ること。「株で—をたくらむ」

ひともじ【一文字】①一つの文字。②葱(ねぎ)の女房言葉。▽古く「ねぎ」のことを単に「き」と一音で言ったことから。

ひともじ【人文字】遠くや上方から見ると文字に見えるように、広い所に大勢の人がならんで作った形。

ひともしごろ【火△点し頃】夕暮れになって、あかりをともすころ。

ひとや【人屋・△獄】罪人を押しこめておく建物。牢屋(ろうや)。▽雅語的。

ひとやく【一役】多くの役目がある中の一つの役目。「—買う」(引き受けて助けとなる)

ひとやすみ【一休み】《名・ス自》ほんのちょっとだけ休むこと。

ひとやま【一山】①(果物・野菜などを)山なりに盛り上げた一かたまり。「—百円」②山一つ。山全体。「—あてる」(投機によってひともうけする)「—越す」(一つの困難を越す)

ひとやま【人山】人が大勢集まった様子。山のような人だかり。「—を築く」

ひとよ【一夜】①ひとばん。②ある夜。 —づま【—妻】①一夜だけ交わりをもった女。②売春婦。遊女。

ひとよぎり【一△節切】尺八に似ているが、それより細く短い縦笛。江戸時代末に衰滅した。▽竹の一節(=ひとよ)で作ることから。

ひとよさ【一夜さ】ひとよ。一晩。

ひとよせ【人寄せ】人を寄せ集めること。そのための口上や演芸など。「—パンダ」

ヒドラ 体長約一センチの円筒状の動物。体の一方の端で池沼に沈んでいる枯れ葉や石・藻などに付着し、他の端の周囲にある六、七本の糸状の触手で、水中の微生物を捕食する。▽ツ Hydra ヒドラ科のヒドロ虫類の総称。

ひとり ①【〈一人〉】《名》人の数が一であること。その人。「—が歌えば—が舞う」「それくらい—でやれる」「供も連れず—(で)出向く」「まあ秀才の—だ」。特に、《「も」「として」「だって」を従え、あとに打消しや反語を伴って》だれも……しない、または、……でない。「行方を—も知らない」「—だって喜んだろうか」 ㋐その人だけで、仲間や相手が他に居ないさま。「—寂しく暮らす」「—ずもう」「お山の大将おれ—」 ㋑独身であること。ひとりみ。「まだ—です」「—者(もの)」 ▽副詞風に使う㋐、また㋑は「独り」とも書く。なお→ひとりで。②【独り】《副》《「のみならず」「だけでない」「にとどまらない」を伴って》ただ。単に。「—日本だけではなく世界の問題だ」

ひどり【日取り】 あることを行う日をとりきめること。その期日。

ひとりあたま【〈一人〉頭】 全体を人数で均等に分けた時の分量。「会計は—三千百円だ」

ひとりあるき【独り歩き】《名・ス自》①連れもなくただひとりで歩くこと。②人の助けを借りないで、自分だけで歩くこと。③転じて、自分だけで事を行ったり、生活したりすること。「すっかり—できるようになって安心だ」 ④当初の予想や範囲をこえて、(勝手に)動いていくこと。「規約が—してしまった」

ひとりあんない【独り案内】 独学で理解出来るようになっている書物。

ひとりうらない …うらなひ【独り占い】 自分で自分のことをうらなうこと。

ひとりがてん【独り合点】《名・ス自》自分だけの考えで、わかったつもりになること。▽「ひとりがってん」とも言う。

ひとりぎめ【独り決め】《名・ス自》自分だけの一方的な考えできめてしまうこと。また、自分で思い込むこと。

ひとりぐち【〈一人〉口】 ①ひとりだけで生計をたてること。また、その生計。②ひとりごと。

ひとりぐらし【〈一人〉暮(ら)し・独り暮(ら)し】 ただひとりで生活していること。

ひとりごと【独(り)言】 聞く相手がいないのに、自分だけで物を言うこと。その言葉。▽古語にはこれを四段活用動詞化した「ひとりごつ」があり、今も気取って言う人がある。タ行の活用だが、「た」「て」への接続に音便形を使わない。上一段化する人もある。

ひとりしずか …しづか【〈一人〉静】 山林に自生する多年草。茎は約二〇センチ。春、花軸を出し、白色穂状の花をつける。▽せんりょう科。静御前(しずかごぜん)になぞらえ、花穂が一本であることが多いから言う。↓ふたりしずか

ひとりしばい …しばゐ【〈一人〉芝居・独り芝居】 ①ひとりで演じる芝居。②相手もなしに、自分ひとりで勢い込んで行うこと。

ひとりじめ【〈一人〉占め・独り占め】《名・ス他》他を押しのけて、自分(たち)だけでそのものを占有すること。

ひとりずもう …ずまう【〈一人〉〈相撲〉・独り〈相撲〉】 相手も居ないのに、または他の人には熱意がないのに、自分だけが力を入れ勢い込むこと。

ひとりだち【独り立ち】《名・ス自》他の助力なしに、自分だけの力でやってゆくこと。

ひとりっこ【独りっ子・〈一人〉っ子】 兄弟姉妹の無いひとりだけの子。

ひとりで【独りで】《副に》作為や他からの働きかけも無しに、おのずと。自然に。「風も無いのに—に戸があいた」「音楽に乗って—に足が動く」「笑うまいとしても—に笑えてくる」

ひとりでんか【〈一人〉天下・独り天下】 ひとりで思うようにふるまい、それを押さえる人のいない状態。

ひとりのみこみ【独り×呑(み)込み】 自分だけわかったつもりになること。

ひとりひとり【〈一人〉〈一人〉】 それぞれの人。人ごと。めいめい。「性格というものは—(が)異なる」「弁当を—に配る」▽「ひとりびとり」とも言う。

ひとりぶたい【独り舞台】 ①ひとりの役者が特にすぐれていて、舞台に他の者が居ないかのような有様。②転じて、多くの中で、ひとりだけが思うままにふるまうこと。

ひとりぼっち【独りぼっち・〈一人〉ぼっち】 仲間・寄るべなどがなく、ただひとりであること。孤立していること。▽「一人法師」の転。

ひとりまえ …まへ【〈一人〉前】 →いちにんまえ

ひとりみ【独り身】 結婚していないこと。その人。

ひとりむし【火取(り)虫】 夏の夜、灯火の周りに集まってくる蛾(が)などの虫。

ひとりむすこ【〈一人〉〈息子〉】 兄弟の無いむすこ。また、ひとりっこであるむすこ。

ひとりむすめ【〈一人〉娘】 姉妹の無い娘。また、ひとりっこであるむすめ。「—に婿八人」(一つの物にそれの望み手が多いことのたとえ)

ひとりもの【独り者】 自分だけで家族の無い者。また、独身の者。

ひとりよがり【独り善がり】《名ナ》自分だけで、よいと思い込み、他の人の考えを聞こうとしないこと。独善(的)。

ひとわたり【一わたり】 初め(のもの)から終わり(のもの)まで一回通すこと。ひととおり。「皆に—やってもらってから正解を示そう」

ひな【×鄙】 都から遠いいなか。「—にはまれな美人」▽雅語的。

ひな【×雛】 ①かえって間もない、小さな、鳥の子。ひよこ。②紙や土で作った小さな人形に着物を着せた玩具。また、雛人形。「—遊び」 ③《名詞の前につけて》小さい、または愛らしい意。「—形」「—菊」

ひなあそび【×雛遊び】 →ひなまつり

ひなあられ【×雛×霰】 ほしいいを煎ってふくらませ、紅白などの色を着け砂糖で甘くし、煎り豆(甘納豆)

と合わせた、ひな祭りの菓子。▽明治以降に関東から広まる。

ひなうた【×鄙歌・×鄙唄】いなか風の歌。地方の民謡。▽雅語的。

ひなか【日中】日のある間。ひるま。にっちゅう。

ひなが【日長・日永】（春の）昼間のながいこと。その、ながい昼間。↕よなが

ひながし【×雛菓子】ひな祭りに、ひな壇に供えるひしもち、ひなあられなどの菓子類。

ひながた【×雛形・×雛型】①実物をかたどって小さくしたもの。模型。②書類のきまった書き方などの見本。書式。

ひなぎく【×雛菊】ヨーロッパ原産の観賞用の多年草。根もとから群がって出るへら形の葉の間から長さ一〇センチほどの花茎を出し、早春から秋まで、頂に一つずつ白・淡紅・紫などの小形の花をつける。デージー。▽きく科。

ひなげし【×雛〈罌粟〉】五月ごろから赤・白・桃色などの四弁花が咲く一年草。ケシよりやや小さく、葉や茎にあらい毛がある。ぐびじんそう。▽けし科。

ひなし【日△済し】①借金を毎日少しずつ返していくこと。②利子を天引きした額を貸し、元金をひなし(1)で返す約束の貸金。ひなしがね。

ぴなしゃな〘副[と]・ス自〙〔俗〕働きもせずこれ見よがしに気どった態度でいるさま。「—と日髪日風呂(ひがみひぶろ)の(＝毎日髪を結いなおし風呂に入るような)暮らし」▽「しゃなりしゃなり」が歩きぶりなのに対し、こちらは生活態度に言う。強い非難では「ぴなちゃな」の形を使う。

ひなた【〈日向〉】日光の当たっている方・場所。 **—くさ-い**【—臭い】〘形〙日光に当たったにおいがする。派生 **-さ** **—ぼっこ**〘名・ス自〙寒い時、ひなたで日光に当たって暖まること。 **—みず**(づみ)【—水】ひなたにあって、あたたかくなった水。また、なまぬるい水。

ひなだん【×雛壇】①ひな祭りの時、ひな人形などを並べ飾る（階段式の）壇。②雛壇(1)の形に似たもの。国会本会議場の大臣席や、歌舞伎で長唄・浄瑠璃の演者がすわる上下二段の席。また俗に、一段高く設けた席。

ひなどり【×雛鳥】鳥のひな。特に、にわとりのひな。

ひなにんぎょう【×雛人形】内裏雛(だいりびな)をはじめ、ひな祭りに飾る人形の総称。

ひなのせっく【×雛の節句】三月三日の節句。桃の節句。

ひな-びる【×鄙びる】〘上一自〙いなかの風(ふう)を帯びる。いなかびる。「—びた温泉街」

ひなまつり【×雛祭(り)】三月三日の節句に行う行事。ひな壇を作って、ひな人形を飾り、ひしもち・白酒・桃の花などを供える。ひな遊び。ひいな祭り。

ひなまれ【×鄙×稀】〘名ナ〙〔俗〕人、特に女の容姿が場違いに優れているさま。「—な美女」▽「鄙には稀な」から。

ひなみ【日並(み)】日のよしあし。日がら。「きょうは—がよい」

ひならず【日ならず】〘連語〙幾日もたたないこと。遠からず。まもなく。「—(して)実現する運びだ」▽「なら」は文語助動詞「なり」の未然形。

ひなわ【火縄】竹・ひのきの皮の繊維、もめん糸などを縄状にし、硝石を吸収させたもの。火をつけて旧式銃の発火などに使う。 **—じゅう**【—銃】火縄につけた火を火薬に点(つ)け、弾丸を発射するしくみの鉄砲。

ひなん【避難】〘名・ス自〙災難をさけて、他の所に立ちのくこと。「安全な場所に—する」「—民」

ひなん【非難・批難】〘名・ス他〙欠点やあやまちなどを責めとがめること。「他人を—する」「—の的になる」

びなん【美男】顔かたちの美しい男子。 **—かずら**(かつら)【—△葛】↓さねかずら

ビニール エチレンを原料とした、透明な合成樹脂。また、それを繊維状にしたもの。種類が多い。布・ガラスなどの代用にする。ナイロンよりも染色しやすい。ビニル。「—ハウス」▽vinyl

ひにく【皮肉】①〘名〙弱点をつくなど骨身にこたえる事を、それとなしに言う、意地悪な言葉。当てこすり。「—屋」▽もと、皮や肉の意で、骨に対し体の表面(に近い所)をさした。②〘名ナ〙意地悪に見えること。「—な笑い方」「—な運命にもてあそばれる」。予期に反し、意地悪をされたような結果になること。「—にも、みずから定めた法に裁かれる」派生 **-さ**

ひにく【×髀肉・×脾肉】「—の嘆(たん)」功名を立てる機会を得ない無念さ。▽長く戦場に行かないで、もも(＝髀・脾)の肉がふとったことを嘆いた蜀(しょく)の劉備(りゅうび)の故事から。

ひにく-る【皮肉る】〘五他〙皮肉を言う。▽「皮肉」の動詞化。

ひにち【日日】①ひ。ひかず。「—がたつ」②毎日。一日一日。「—毎日」

ひにひに【日に日に】〘副〙日ごとに。日を追って。「—春めく」

ひにょうき【泌尿器】尿の分泌・排泄(はいせつ)に関する臓器の称。腎臓・輸尿管・膀胱(ぼうこう)・尿道から成る。ひつにょうき。

ビニロン ポリビニル アルコールを原料とする合成繊維。安価で吸湿性があり熱に強いため、漁網・ロープなどに使う。▽一九三九年に日本で発明。

ひにん【否認】〘名・ス他〙そうでない、または、いけないとして、認めないこと。

ひにん【避妊】〘名・ス自〙産児調節・母体安全などの目的で、妊娠しないようにすること。「—薬」

ひにん【非人】①〔仏〕人間でないもの。夜叉(やしゃ)・悪鬼の類。②人間の数に入れられない者。▽江戸時代以前、卑賤(ひせん)視された身分の人やこじきなどを指した。

ひにんじょう【非人情】〘名・ダナ〙①人情から超然として、それに煩わされないこと。「すこしの間(ま)でも一の天地に逍遥(しょうよう)したいからの願(ねがい)。一つの酔興だ」(夏目漱石「草枕」)▽漱石が「不人情」と区別して唱えだした。それまでは②の意。②薄情。非情。不人情。

ひね ①古くなった物。「一米(まい)」「一しょうが」②年の割に大人びていること。

ひねく-る 〘五他〙①手さきでいじる。「パソコンを一って、これができるか試してみる」。あれこれともてあそぶ。「楽焼(らくやき)の古い茶わんを一」②理屈をつけて、さまざまに言いまわす。「一った文章」▽→ひねる(捻)(4)

ひねく-れる 〘下一自〙ねじけてすなおでない態度をとる。「まあ、そう一な」「一れた性格」

ひねこ-びる 〘上一自〙子供が、変にねじけてませる。

ひねつ【比熱】 ある物質一グラムの温度をセ氏一度高めるのに必要な熱量。

びねつ【微熱】(平熱より少し高い)わずかの発熱。

ひねもす 〘副・ノダ〙一日中。終日。↔よもすがら。「春の海一のたりのたりかな」(与謝蕪村)▽雅語的。

ひねり【△捻り】 ①ひねること。「一を利かせる」。ひねるわざ。「後方二回宙返り一回一」。相撲(すもう)で、ひねり倒すわざ。②『お一』祝儀として出し、または神仏に供えるための、金銭を包んだ紙の上部をひねった形にしたもの。

ひねりだ-す【△捻り出す】〘五他〙いろいろと頭をしぼって考え出す。また、無理に工面(くめん)して金銭を整える。

ひねりつぶ-す【△捻り潰す】〘五他〙①指先でひねってつぶす。「害虫を一」②転じて、人を強くやっつける。また、物事を抑えつける。「敵を一」「反論を一」

ひねりまわ-す【△捻り回す】〘五他〙①一つの物をいろいろと(指先で)いじってみる。②転じて、いろいろ工夫(くふう)して手を入れる。「文章を一」

ひね-る【△捻る】〘五他〙①つまんだりつかんだりして、その部分を回す。軽くねじる。「栓を一」「鳥を一(＝締め殺す)」「足を一(＝捻挫する)」②やっつける。「軽く一ってやろう」③向きを変える。「首を一」(転じて、どうかなと疑う意にも)。特に、体操競技などで体の軸を中心にして回す。④(頭をひねって)工夫する。㋐あれこれ考えて(詩歌を)作り出す。「俳句を一」㋑すなおな筋道でなく変わった趣に、わざとする。「一った出題」

ひ-ねる 〘下一自〙①(食品などが、時間が長くたって)古びる。「一ねたたくあん」②そのように(年の割に無邪気でなく)変におとなびる。「がきのくせに一ねている」

ひのいり【日の入り】 夕方、日が西にはいること。地上で見て、太陽の上のへりが西の地平線に沈むこと。その時刻。↔日の出

ひのうちどころ【非の打ち所】《「一がない」の形で用いる》非難すべき所。「これと言って一がない出来栄えだ」

ひのえ【△丙】 十干の第三。五行(ごぎょう)で火に配する。→じっかん(十干)。▽「火の兄(え)」の意。

ひのえうま【△丙△午】 干支(えと)が丙午に当たる年。また、この年に生まれた女。▽この年には火災が多く、また、この年に生まれた女は、夫を殺すという迷信があった。

ひのき【×桧】 山地に生える常緑高木。高さ四〇メートルほどにも達する。材は緻密で、耐水力があり、用途が広い。特に建築材として最高級。樹皮(ひわだ)は屋根をふくのに使う。▽ひのき科。

ひのきぶたい【×桧舞台】 ①ヒノキの板で張った能楽・芝居などの舞台。②転じて、自分の腕前を示す晴れの場所。「一を踏む」

ひのくるま【火の車】 貧乏に苦しむさま。経済状態が非常に苦しいさま。▽もと、仏教で、罪人をのせて地獄に運ぶ、火につつまれた車。

ひのけ【火の気】 火(の暖かみ)がある状態。「一のない部屋」。また、単に火のこと。「一のない所から火事が出た」

ひのこ【火の粉】 ①燃え上がる火から飛び散る細かい火。②比喩的に、思わず身に及ぶ災難。「一をかぶる」

ひのし【火〈熨斗〉】 中に入れた炭火の熱を利用して衣類などのしわをのばすのに使う金属製の器具。▽アイロンに当たる、昔の道具。

ひのしたかいさん【日の下開山】 武芸・相撲(すもう)などで、天下に並ぶ者がないこと。▽天下の開祖の意。

ひのたま【火の玉】 ①(球状の)火のかたまり。②墓地などで、夜、空中を飛んでいくという火のかたまり。おにび。

ひのて【火の手】 ①火事で、燃え上がり、燃え広がる炎。「一が上がる」②比喩的に、はげしい(勢いの)動き。「攻撃の一を上げる」

ひので【日の出】 朝、日が出ること。地上で見て、太陽の上のへりが東の地平線に現れること。その時刻。↔日の入り。「一の勢い」(朝日がのぼるように、前途に発展が予想されて盛んな勢い)

ひのと【△丁】 十干の第四。五行(ごぎょう)で火に配する。→じっかん(十干)。▽「火の弟(と)」の意。

ひのばん【火の番】 防火のための番。▽古くから役所にあったほか、市井でも特に冬季、拍子木や金棒を持って巡回した。

ひのべ【日延べ】〘名・ス自他〙期日を先にのばすこと。また、期間を長くすること。

ひのまる【日の丸】 ①太陽をかたどった赤い丸。また、それをえがいた旗、特に日章旗。②比喩的に、日本。「一を背負う」。→おやかたひのまる。 **一べんとう【一弁当】** 白飯のまん中に梅干を入れた弁当。

ひのみ【火の見】「火の見櫓(やぐら)」の略。火事を警戒したり、火事の方向・距離などを見定めるためのやぐら。

ひのめ【日の目】日の光。「―を見る」(今まで世間に知られていなかった仕事などが、初めて明るみに出る)

ひのもと【日の本】日本の国の異称。「―一」▽日が出始める所の意。

ひのもと【火の元】火気のある場所。「―御用心」

ひのようじん【火の用心】火事を出さない用心。「―さっしゃりましょう」

ひば【△乾葉・干葉】大根の葉の干したもの。

ひば【×桧葉】①ヒノキの葉。また、ヒノキ。②→あすなろ

ひばい【肥培】《名・ス他》特別にこやしをやって作物を育てること。

ビバーク《名・ス自》登山中、緊急避難的に野外で一夜を過ごすこと。野宿。露営。「悪天候で先に進めず岩陰で―した」「―用装備」▽フランス bivouac

ひばいどうめい【非買同盟】→ボイコット

ひばいひん【非売品】普通一般には売らないことになっている製品。

ひはかいけんさ【非破壊検査】対象物を壊さない(試料用の断片も取らない)しかたで行う検査。「国宝仏像の―」

ひはく【飛白】①漢字の書体。刷毛(はけ)でかすれ書きにしたもの。②織物の模様。かすりじま。

ひばく【飛×瀑】高い所から落下している滝。

ひばく ①【被爆】《名・ス自》㋐爆撃を受けること。㋑特に、原水爆の被害を受けること。②【被×曝】《名・ス自》放射線にさらされること。

びはく【美白】肌の美しく白いこと。また、肌を白くすること。「―化粧品」

ひばし【火箸】炭火などをはさむのに使う、金属製のはし。

ひばしら【火柱】高く燃え上がって柱のように見える火。

びはだ【美肌】(女性の)きれいな肌。

ひばち【火鉢】灰を入れ、炭火をいけて使う暖房具。木製・金属製・陶器製など種々ある。形は丸型のが多いが、直方体の箱火鉢、丸型でも土間などに置いて立ったまま当たれるようにした筒型のものなど、いろいろある。

ひばな【火花】①石・金属などが激しくぶつかって瞬間的に出る光。「―を散らす」(転じて、激しく争い合う)②放電の際に発する光。

ひばば【〈曽祖母〉】→ひいばば

ひばら【×脾腹】わきばら。よこはら。

ひばり【〈雲雀〉】スズメより少し大きく、背が薄茶色で腹が白い小鳥。野など地上に巣を作る。春、さえずりながら垂直に高く舞い上がり、舞い下りる。▽ひばり科。→あげひばり

ひはん【批判】《名・ス他》良い所、悪い所をはっきり見分け、評価・判定すること。「本文―」「政策を―する」「―を受ける」「―精神」 ―てき【―的】《ダナ》(否定的に)批判する態度・立場にあるさま。「新説に―な態度」

ひばん【非番】当番でないこと、その人。

ひはんしょう【肥×胖症】→ひまんしょう

ひひ【×狒×狒】①アフリカにすむ、さるの一類。口先が突き出て、背中にたてがみがあり、四つ足で歩く。マントヒヒ・チャクマヒヒ・マンドリルなどがある。②(中年以上の)好色の男。「―おやじ」

ひひ【×霏×霏】《ト タル》雪・雨などがしきりに降るさま。「―たる雪」「落花―として」

ひひ【比比】《副[と]》並び連なるさま。どれもこれも。「―(として)みな然(しか)り」▽古風な言い方。

ひび【日日】《副詞的にも使う》一日一日。毎日。「―是(これ)好日」(→にちにち)「―の行い」「―進化する」

ひび【×篊】①のり・かきなどの養殖で、胞子・胚子(はいし)を付着させ成長させるために海中に立てる竹や樹枝など。②枝のついた竹などを水中に並べ立て、一度はいった魚が出られないようにするもの。

ひび ㊀【×罅】①細くはいった割れ目・裂け目。②比喩的に、人間関係などのへだたり。「友情に―が入る」㊁【×皸・×皹】寒さのために、指先の皮膚などがかさかさになって裂けたもの。

びび【微微】《ト タル》わずかで取るに足りないさま。かすかなさま。「―たる勢力」

ひびか-す【響かす】《五他》→ひびかせる

ひびか-せる【響かせる】《下一他》①ひびくようにする。②ひびきわたらせる。世間に広く伝わらせる。

ひびき【響(き)】①響く⑴音や振動。㋐大きな、またはよく通る、ある程度持続して聞こえる音。「遠雷の―」「玉の―」(首飾り等の玉が触れ合って発する、澄んだ音)「―の声に応じるごとく」(すばやい応答・反応をするたとえ)㋑振動。震動。「地―」「エンジンの快調な―が手に伝わる」②音・声の聞こえ。㋐音の感じ。「―のよい言葉」㋑一音節の末の、母音を含んだ部分。韻。「アの―」③外部に伝わって起こる反響。特に世の評判。「世間への―が心配だ」

ひびきわた-る【響き渡る】《五自》①音が響いて、広い範囲に及ぶ。②転じて、名声や評判が多くの人に広まる。「勇名が全国に―」

ひび-く【響く】《五自》①音や振動が(遠くまで)伝わり及ぶ。㋐強い(大きな)音または高い音が聞こえる。鳴り渡る。「大砲の音が―」「頭に―きんきんした声」▽「とどろく」は一般に音が更に大きい場合に使う。㋑余韻を伴って聞こえる。「遠寺の鐘がかすかに―」㋒振動・震動が伝わる。「爆音が腹に―」「ダンプカーの頻繁な往来が奥の部屋まで―」②響く⑴ようにして伝わる。㋐『胸に―』強く訴えて来る。「忠告が胸に響く」㋑広い範囲に評判が立つ。「名声が国中に(鳴り)―いている」㋒よくない影響が及ぶ。「深酒が健康に―」「値上げが―いて売れ行きがとまる」

びびし-い【美美しい】《形》はなやかに美しい。派生 -さ -げ

ビビッド『ダナ』生き生きとしたさま。ありありと。「―な描写」▽vivid 派生 **―さ**

ひひょう【批評】『名・ス他』よい点・悪い点などを指摘して、価値を決めること。「―を加える」「文芸―」

ひびょういん【避病院】もと法定伝染病の患者を隔離・収容する病院。

びび-る『五自』〔俗〕こわがってすくむ。気おくれする。「やくざににらまれて―」

ひびわれ【×罅割れ】『名・ス自』ひび割れること。それで生じる裂け目。「壁に―が生じる」

ひびわ-れる【×罅割れる】『下一自』ひびがはいって割れ目ができる。

びひん【備品】そなえつけの品物。「―台帳」

ビビンバ 白飯の上にナムルや調味した肉・卵などをのせて、混ぜ合わせて食べる朝鮮料理。ビビンパプ。「石焼き―」▽朝鮮語。

ひふ【皮膚】身体の表面を覆っている組織。表皮・真皮・皮下組織から成る。「―病」 **―こきゅう【―呼吸】**皮膚を通して行われる、酸素を吸収し炭酸ガスを排出する働き。

ひふ【被布・被風】着物の上に着る、丈の短い衣服。えりもとは四角にあけ、前を合わせて着る。茶人・俳人などが用い、後に女性・子供が外出に用いた。

ひぶ【日歩】元金百円に対する一日分の利息で表した利率。

ひぶ【日賦】借金などを日々に割り当てて払うこと。日なし。

ビブ スポーツで、ウエアの上から着用するチョッキ型のゼッケン。ビブス。▽bib(＝涎(よだ)れ掛け)

ビフィズスきん【ビフィズス菌】腸内細菌の一つ。糖を分解して乳酸や酢酸などを生産する。腸の働きを整えるのに役立つ。▽「ビフィズス」は ラテン bifidus

びふう【微風】そよかぜ。かすかに吹く風。軽風。

びふう【美風】美しい、よい気風・ならわし。

ひふきだけ【火吹き竹】吹いて火をおこすための、先に穴のあいた細長い竹筒。

ひふく【被服】着るもの。衣服。「―費」 **―しょう【―×廠】**下士官以下に支給する軍服類を造り、整備しておく、軍の役所。

ひふく【被覆】『名・ス他』物の表面を他の物でかぶせ包むこと。「―線」

ひふくきん【×腓腹筋】ふくらはぎにある筋肉。▽もと「腓腸筋」と言った。

ひぶくれ【火膨れ・火×脹れ】やけどで、皮下に水分がたまり皮膚がふくれること。その、ふくれたもの。

ひぶくろ【火袋】石灯籠の、火をともす所。また、暖炉の薪(まき)や炭を燃やす所。

ひぶせ【火伏せ】火災の害を押さえ込むこと。「―の神」

ひぶた【火蓋】火縄銃の火皿を覆うふた。「―を切る」(戦いを開始する)

ひぶつ【秘仏】厨子(ずし)の中へ入れるなどして、開帳の時しか拝ませない仏像。

ビフテキ ビーフステーキ。▽フランス bifteck からか。

ビブラート〔音楽〕音程を細かく上下させて、震えるように音を響かせる奏法・唱法。▽イタリア vibrato

ひふん【悲憤】『名・ス自』(社会の不正や乱れなどを)悲しみ憤ること。「―慷慨(こうがい)する」

ひぶん【碑文】石碑に彫りつけた文章。

びふん【微粉】細かい粉。「―炭」

びぶん【微分】『名・ス他』変数の微小な変化に対応する、関数の変化の割合の極限(＝微分係数)を求めること。その関数の変化量。→どうかんすう

びぶん【美文】言葉を飾り立てた(擬古体の)文章。「―調」

ひへい【疲弊】『名・ス自』①つかれよわること。②経済的に窮乏すること。

ピペット 化学実験器具の一つ。液体の一定量を正確に移し入れるための、先端を細くし、目盛りをつけたガラス管。▽pipette

ひへん【日偏】漢字の偏の一つ。「晴」「暗」などの「日」の称。

ひへん【火偏】漢字の偏の一つ。「煙」「焼」などの「火」の称。

ひぼ【悲母】慈悲ぶかい母。慈母。「―観音(かんのん)」▽「ひも」とも言う。

ひほう【悲報】かなしいしらせ。

ひほう【飛報】いそぎのしらせ。

ひほう【秘方】ひとに知られていない調剤の方法。

ひほう【秘法】①ひとに知られていない方法。②〔仏〕真言宗などで行う秘密の祈祷(きとう)。

ひほう【秘宝】人に見せず、大切にしておく、たから。

ひぼう【×誹×謗】『名・ス他』そしること。悪口を言うこと。

ひぼう【非望】身のほどをわきまえない(けしからぬ)望み。

びほう【備砲】要塞・軍艦などに普段から備え付けてある大砲。

びほう【△弥縫】『名・ス他』一時的に間にあわせること。とりつくろうこと。「―策」

びぼう【備忘】忘れた場合のための用意。 **―ろく【―録】**忘れた時にそなえて、要点を書きとめておくための手帳。メモ。

びぼう【美貌】顔が美しいこと。その顔。

ひぼく【×婢僕】下女と下男。召使。

ヒポコンデリー〔医学〕ちょっとした身体の異常を、自分で勝手に判断して気に病む精神病的症状。心気症。▽ドイツ Hypochondrie

ひほさにん【被保佐人】→せいねんこうけんせいど

ひぼし【干△乾(し)】食物がなくて飢え衰えた状態。「―になる」

ひぼし【日干(し)・日△乾(し)】日光にほすこと。ほした物。

ひほん【秘本】秘蔵の書物。人に秘して見せない書物。

ひぼん【非凡】『名ノ』凡庸でないこと。一般の人より

ずっとすぐれていること。「—な才能」派生 -さ

ひま ①【暇・△隙】『名ナノ』手あきの時間・状態。(ある用事が済み次のに掛かるまでなどの)働かずに過ごしてよい間。「やっと—ができた」「—を見て庭いじりをしよう」「—をつぶす」(空き時間の退屈さを紛らわす何かをする) ▽⑴は⑵の転。限定して、㋐(手が遊んでいる)忙しくない状態。「はやらず—な店」「ひょうたんを—に飽かし(=暇を十分に費やし)て磨く」「気楽で—な男」「お—の折」㋑夫婦や主従などの関係を止めた状態。いとま。「(お)—を取る」「夫から—を出された」㋒そうするのに費やす時間。「納品まで—がかかる」「—を惜しむ」「ばか言う—に部屋を片付けろ」「—を盗んでパチンコをする」▽最後の例は本業とか普通の状態とかに対して言う。

②【△隙】『名』物の(間に)少しあいている所。すきま。割れ目。「池の氷の—にのぞく水面」▽雅語的。ひびのような割れ目「ひ」と、あいだの「ま」とからできた語。関連 間(ま・あい・だ)・合間・間合い・間隔・いとま・寸暇・寸隙・余暇・休暇・請暇・賜暇・暇暇・閑暇・閑散・小閑・有閑・閑日月

ひま【×蓖麻】→とうごま

ひまく【皮膜】①皮と膜。「虚実—論」(芸術は虚と実の、皮と膜のようなほんのわずかな相違の中にあるという説) ②皮のような膜。

ひまく【被膜】覆い包んでいる膜。

ひまご【〈曽孫〉】孫の子。ひいまご。ひこ。ひこまご。

ひまし【日増し】日が一日一日たつこと。日かずが増すこと。「—に寒くなる」

ひましゆ【×蓖麻子油】ひま(=とうごま)の種をしぼって取った油。黄色味を帯びて粘りがあり、不快な臭気を持つ。下剤に使い、ポマードの原料にもする。

ひまじん【△閑人・暇人】ひまが有り余っている人。

ひまち【日待】→おひまち

ひまつ【飛×沫】しぶき。(しぶきのように)飛び散ること。 **—かんせん**【—感染】病気感染者の、咳(せき)やくしゃみで飛び散った唾液などから病原体に感染すること。飛沫伝染。

ひまつぶし【暇潰し】①余った時間を適当にすごすこと。②時間をむだなことに使うこと。時間つぶし。

ひまつり【火祭(り)】火事がないようにと祈る祭り。また、火をたいて神をまつる行事。

ひまど-る【△隙取る・暇取る】『五自』時間がかかる。てまどる。「支度(したく)に—」

ひまひま【暇暇・△隙△隙】ひまのあるたび。用事のあいまあいま。「勤務時間の—に勉強する」

ヒマラヤすぎ【ヒマラヤ杉】ヒマラヤ原産の常緑高木。枝が水平またはやや下垂し、全体が円錐(えんすい)形になり、姿が美しいので庭園樹とする。葉は針形で群生する。雌雄同株。▽「ヒマラヤ」は Himalaya まつ科。

ひまわり【〈向日葵〉】夏から秋に、大形の頭状花が咲く一年草。高さ約二メートル。花の中心部は茶色、まわりは黄色。種子から食用油をとる。▽日の照る方に向かって花が回るという命名。きく科。

ひまん【肥満】『名・ス自』体がふくれて見えるほど肥えること。「—型」「—児」(体重が正常域をこえて太った子。一九六五年ごろから増えた) **—しょう**【—症】健康に悪影響が出るほど体が肥満した状態。多く糖尿病・脂質異常症・高血圧症を併発する。脂肪過多症。肥胖(ひはん)症。

びまん【×瀰漫】『名・ス自』(ある気分・風潮などが)広がりはびこること。「政治無関心が社会に—する」

びみ【美味】『名ナ』味がよいこと。うまいこと。また、うまい味の食べ物。

ひみず【火水】火と水。「—をもいとわない」(火や水の中にはいるような労苦をもいやがらない)

ひみつ【秘密】『名・ダナ』かくして人に知らせないこと。また、その内容。「—を守る」「—会」(公開せずに行う会議)「この店の味の—はどこにあるか」 **—せんきょ**【—選挙】投票がどの選挙人によってされたかを秘密にする選挙。無記名投票による選挙。

びみょう【微妙】『ダナ』①細かい所に重要な意味・味が含まれていて簡単には言い表せないさま。「—なニュアンスの違い」②《多くは言い切りに使って》何(どちら)とも言いかねるさま。「成功するか(どうか)—」派生 -さ

びみょう【美妙】『ダナ』非常に美しくすぐれているさま。「—な音楽」「—に描き出す」派生 -さ

ひむろ【氷室】天然の氷を(夏まで)蓄えておくための部屋または穴。ひょうしつ。

ひめ【姫・△媛】①女性に対する美称。↔彦(ひこ)。「歌—」▽「日女」の意。②身分の高い人の娘。③《名詞の前に付けて》小さくてかわいらしいこと。「—百合(ゆり)」「—鏡台」

ひめい【悲鳴】恐ろしい時、苦しい時、驚いた時などにあげる叫び声。「—をあげる」(転じて、弱音をはく意にも)「うれしい—」(かん高く大仰な喜びの声の見立て)

ひめい【碑銘】碑に彫りつける銘。

ひめい【非命】天命でないこと。思いがけない災難で死ぬこと。「—の最期(さいご)」「—に倒れる」

びめい【美名】①いい評判。名誉。「—にかくれて私欲を計る」②美しい感じを与える呼び名。

ひめがき【姫垣・姫×墻】低い垣根。

ひめくり【日めくり】毎日、一枚ずつはぎ取って行くようになっている暦。

ひめごと【秘(め)事】人に知られたくないので隠しておく事柄。ないしょごと。

ひめこまつ【姫小松】①松の一種。山地に生え、葉は針形で短く、五本ずつ群がって生じる。観賞用。材は柔らかく、用途が多い。▽東日本での称。西日本では「ごようまつ」。②小さい松。ひめまつ。

ひめのり【姫×糊】やわらかく煮た飯から作った糊。洗い張りの時などに使う。

ひめます【姫×鱒】ベニマスが湖水で成長したもの。

ひめまつ【姫松】→ひめこまつ(2)

ひめやか【秘めやか】『ダナ』人に知られないようにひそかに行うさま。「―な恋」

ひめゆり【姫〈百合〉】ユリの一種。山野に生える。茎も葉も細く、夏、濃紅色の小形の花が咲く。観賞用。

ひ-める【秘める】『下一他』見せたり知らせたりしないで、内々に隠しておく。「心に―」

ひめん【罷免】『名・ス他』職をやめさせること。免職。

ひも【×紐】①布・紙・革などで細長く作ったもの。物をつないだり、束ねたりするのに使う。「荷物に―をかける」▽縄より細いのを言うが、よりをかけなくてよく、平たいのもある。②〔俗〕情婦の行動をしばって働かせ、それで暮らしている男。「あのホステスには―が居る」③〔俗〕背後から操って、その利益をすい上げるような存在。「―が付いている融資」

ひもかわ【×紐革】幅が広く、薄く長く打った麺。群馬県に多い。ひもかわうどん。

ひもく【費目】使途で分類した、費用の名目。

びもく【眉目】①眉(まゆ)と目。②転じて、容貌。みめ。「―秀麗」

ひもじ-い『形』空腹だ。▽もと女房言葉で、「ひだるし」の「ひ」に「文字(もじ)」をつけて出来た語。派生 **-さ** **-げ** **-がる**

ひもすがら【〈終日〉】『副・ノダ』一日中。ひねもす。↔よもすがら。「―つくねんと座って山を見る」▽雅語的。

ひもち【火持ち・火△保ち】炭火などが消えないでいる度合。「―が悪い炭」

ひもち【日持ち・日△保ち】『名・ス自』食物がくさらずに、ある期間もつこと。「―のいい食品」

ひもつき【×紐付(き)】①ひもが付いていること。そういうもの。「―のしおり」②行動がしばられる(結果になる)背後関係があること。「―の援助」「あの女は―さ」

ひもづけ【×紐付け】『名・ス他』あるデータと別のデータを関連づけること。「リストと画像の―」

ひもと【火元】①出火した所。火事を出した家。②転じて、騒ぎのもと。③火気のある所。

ひもと-く【×紐解く・×繙く】『五他』本をひらいて、読む。▽「ひもどく」とも言う。巻物のひもを解く意から。近年、未知の物事を調べて事実を明らかにする意にも使う。「生命進化の謎を―」

ひもの【干物・△乾物】魚や貝をほした食品。「さんまの―」

ひもん【秘文】秘密の呪文(じゅもん)。

ひや【冷(や)】つめたいもの。あたためないもの。「―で飲む」「お―」▽特に、水や酒について言う。

ひや【火矢・火×箭】火をつけた矢。敵の建造物や物資を焼き、また味方との信号に使う。かせん。

ひやあせ【冷(や)汗】緊張や恐れを感じたり、はらはらしたりしたときに出る汗。「―をかく」

ビヤ ガーデン →ビア ガーデン

ひやかし【冷(や)かし・〈素見〉】ひやかすこと。ひやかす人。「―半分」「―が多くてさっぱり売れない」

ひやか-す【冷(や)かす・〈素見〉す】『五他』①相手が困るようなことを言ってからかう。②買う気がないのに品物をみたり、値段をきいたりする。「夜店を―」③→ひやす

ひやく【秘薬】製法を秘密にしている薬。

ひやく【秘×鑰】秘密のかぎ。また、秘密などをときあかす手段。

ひやく【非役】勤めがなくていること。また、役をやめさせられること。▽今は言わない。

ひやく【飛躍】『名・ス自』①大きく高くとぶこと。「スキーの―競技」②順を追わないでとびはなれた所へ移ること。「論理の―」③勢いよく活動すること。雄飛。「世界に―する」 **―てき**【―的】『ダナ』急激に進歩向上するさま。「―発展」

ひゃく【*百】ヒャク もも 『名・造』①十を十併せて、つまり十倍して得る数(に等しい値や順位)。「没後百年・二百回・百発百中」「当百(=銭百文に当たる天保銭)も懐中に無い」▽この和語は「もも」。数値表現の正確を期するには「一百」「壱百」の表記も使われる。②数・量・種類が多い。「事情は百も(=十分に)承知」「百も心得た上で言ってるんだ」「百聞は一見にしかず」(→ひゃくぶん)「酒は百薬の長」(→ひゃくやく)「凡百(ぼんぴゃく)の迷い」「文武百官・百戦錬磨」

びやく【×媚薬】①性欲を増進させる薬。②相手に恋心を起こさせる薬。

びゃくえ【白△衣】白い色の着物。↔黒衣。▽→はくい

ひゃくがい【百害】数多くの弊害。「―あって一利なし」

びゃくごう【白×毫】仏の眉間にあって、光を放つという毛。仏像では額に珠玉をちりばめて、これを表す。

ひゃくじ【百事】あらゆる事。

ひゃくじつこう【百日紅】→さるすべり

ひゃくしゃくかんとう【百尺×竿頭】百尺もある長い竿(さお)の先。「―一歩を進める」(すでに達し得た高い境地より更に向上しようとする。また、十分に言いつくした上に、更に一歩を進めて説明する)

ひゃくじゅう【百獣】多くのけもの。あらゆるけもの。「―の王」(ライオンのこと)

ひゃくしゅつ【百出】『名・ス自』次々にあれこれ現れること。「疑問―」

ひゃくしょう【百姓】①農民。②いなかの人の蔑称。▽もとは、一般の人民の意。↓ひゃくせい。 **―いっき**【―一×揆】近世、支配者に対して農民が団結した反抗運動。 **―よみ**【―読み】漢字を、偏・旁(つくり)などから類推して、勝手な読み方をすること。「垂涎(すいぜん)」を「すいえん」と読むなど。

ひゃくせい【百姓】一般の人民。公民。▽→ひゃくしょう

ひゃくせつふとう【百折不×撓】幾度失敗しても志をまげないこと。

ひゃくせん【百千】数が多いこと。

ひゃくせん【百戦】数多くの戦い。「—百勝」(戦うたびに勝つこと)「—錬磨」(多くの戦いで鍛え抜かれたこと)

ひゃくたい【百態】いろいろの姿態。さまざまの様子。

ひゃくだい【百代】①百番目の代(だい)。②何代もの時代・世代。多くの年代。

びゃくだん【白×檀】インド原産の常緑高木。材は淡黄色で芳香があり、仏具・細工物用。また、香料・薬の原料。栴檀(せんだん)。▽びゃくだん科。

ひゃくとおばん【百十番・一一〇番】①警察へ急いで通報する時の電話番号である一一〇。「—通報」②比喩的に、緊急時の各種の電話相談(窓口)などにつける語。「ガス漏れ—」

ひゃくどまいり【百度参り】→おひゃくど

ひゃくにち【百日】①百の日数。また、その日数がたつ(たった)こと。「—の説法、屁(へ)一つ」(長い苦労も、ちょっとしたしくじりでむだになることのたとえ)②数多くの日時がたつ(たった)こと。 **—かずら**【—×鬘】歌舞伎で、盗賊・囚人などに扮(ふん)する時に使う、さかやきの伸びた、かつら。 **—ぜき**【—×咳】子供に多い細菌性感染症。気管支が炎症を起こし、発作的な特有のせきが長くつづく。 **—そう**【—草】夏から秋おそくまで茎の頂に頭状花が咲く一年草。色は赤・黄・白・桃色など。▽きく科。

ひゃくにんいっしゅ【百人一首】百人の歌人の和歌一首ずつをえらび集めたもの。▽「ひゃくにんしゅ」とも言う。通例この名で指す小倉百人一首は、藤原定家の撰(せん)と言われる。

ひゃくにんりき【百人力】百人分もの力があること。また、力強く感じること。「君が助けてくれれば—だ」

ひゃくねん【百年】①百の年。百歳。②非常に多くの年。「—の恋も一時(いちじ)に冷める」「国家—の計」(遠い将来の事までも考えた、国の計画)「—の後」(その人の死ぬのが永久の後であるという意で、人の死を言う忌詞(いみことば)) **—め**【—目】①百番目の年。「死後—」②どうしても逃れられない、決定的な時。「ここで会ったが—」

ひゃくパーセント【百パーセント】《名・副》百分の百。きわめて確かなこと。申し分のないこと。「効果—」「彼なら—信頼してよい」

ひゃくはちじゅうど【百八十度】《名・副》①直角(九〇度)の二倍。一直線をなす角度。②正反対の方向。「これまでの方針を—転換する」

ひゃくはちぼんのう【百八煩悩】〔仏〕百八種あるという煩悩。▽六根(=眼・耳・鼻・舌・身・意)の一つごとに六つあって三十六、これを過去・現在・未来に配する。合計して百八となる。

ひゃくぶん【百聞】何度も聞いて、知ること。「—は一見に如(し)かず」(何度も人から聞くよりも実際に自分の目で一回見る方がまさっている)

ひゃくぶんひ【百分比】→ひゃくぶんりつ

ひゃくぶんりつ【百分率】基準とする全体を一〇〇とみなした時、その幾らに当たるかという割合。ひゃくぶんひ。▽「%」で表し「nパーセント」(=n/100)のように言う。

ひゃくまんげん【百万言】非常に多くの言葉。「—を費やす」

ひゃくまんちょうじゃ【百万長者】非常に多くの財産を持つ人。富豪。▽millionaire の訳語。今は多く「億万長者」と言う。

ひゃくまんべん【百万遍】①百万回。②〔仏〕念仏を百万回唱えること。浄土宗で、その行事。

ひゃくみ【百味】数多くの(珍しい)食物・食味。 **—だんす**【—×簞×笥】漢方医の薬品を入れておくたんす。▽小さなひきだしが数多くある。

ひゃくめんそう【百面相】(さまざまな人の)いろいろな顔つきをして見せる芸。

ひゃくものがたり【百物語】夜、何人か集まっていろいろの怪談をしあう遊び。その怪談。▽百本のろうそくを立て一話終わるごとに一本消し、最後の一本を消した時に妖怪が現れるとされた。

びゃくや【白夜】北極・南極を中心とする地域で、日の出前および日没後のかなり長い時間にわたって薄明が続く現象。そういう夜。はくや。

ひゃくやく【百薬】数多くの薬。「酒は—の長」(酒はどんな薬にもまさる)

ひゃくようばこ【百葉箱】気象観測のための、野外に設けてある、白塗りでよろい戸の箱。温度計・湿度計などを入れておく。▽「ひゃくようそう」とも言う。

ひゃくらい【百雷】数多くのかみなり。

ひゃくれん【百錬】何度も何度もきたえること。「—の鉄」

びゃくれん【白×蓮】白いハスの花。

ひやけ《名・ス自》①【日焼け・日△焦け】皮膚が(強い)日光にあたって黒くなること。また、(衣服・畳などが)日にあたって色があせること。②【日焼け】日照りで田の水などがかれること。

ひやざけ【冷(や)酒】燗(かん)をせずに日本酒を飲むこと。その酒。↔燗酒。▽れいしゅ(1)とは区別がある。

ヒヤシンス 春、筒状の小花が総状に咲く多年草。小アジア原産。花の色の種類が多い。観賞用。「—薄紫に咲きにけりはじめて心顫(ふる)ひそめし日」(北原白秋)▽hyacinth 「風信子」とも書く。くさすぎかずら科(旧ゆり科)。

ひやす【冷(や)す】《五他》冷えさせる。冷たくする。「頭を—」(冷静さを取り戻そうとする意にも)「きもを—」(非常に驚き、ぞっとする)

ビヤだる【ビヤ×樽】ビールを詰める、まん中のふくらんだ樽。「—のように太る」▽「ビヤ」は beer

ひゃっか【百花】多くの様々な花。「—繚乱(りょうらん)」 **—せいほう**【—斉放】たくさんの花が一斉に咲き

そろうこと。▽→ひゃっかそうめい

ひゃっか【百科】いろいろの科目・学科。あらゆる科目・学科。　**―じてん**【―辞典・―事典】あらゆる方面の事項を、項目にして並べ、説明した書物。▽encyclop(a)edia の訳語。　**―ぜんしょ**【―全書】①ある体系のもとに百科の知識を何冊もに分けて記載した書物の全体。②百科辞典。

ひゃっかそうめい【百家争鳴】いろいろな立場の者が自由に意見を発表し論争し合うこと。▽一九五六年、中国で、「百花斉放（ひゃっかせいほう）」（科学・文化・芸術の活動が、自由・活発に行われること）と併称して提唱された。

ひゃっかてん【百貨店】デパート。▽department store の訳語。

ひゃっかにち【百箇日】〔仏〕死者の死後百日目（の法事）。

ひゃっかん【百官】数多くの役人。「文武―」

ひゃっきやこう【百鬼夜行】①いろいろな姿をした鬼どもが、夜中に行列して歩くということ。②多くの人が奇怪な行動や不正な行動を公然と行っていること。▽「ひゃっきやぎょう」とも言う。

ひゃっけい【百計】あらゆる、はかりごと。「―尽きる」

びゃっこ【白×狐】毛の白いきつね。

ひやっこい【冷（や）っこい】〘形〙よくひえている。つめたい。派生 **-さ**

ひゃっこう【百行】すべてのおこない。「孝は―の本（もと）」

ひやっと〘副〙→ひやり

ひゃっぱつひゃくちゅう【百発百中】①発射すれば必ず命中すること。②転じて、計画や予想などがすべて的中すること。

ひゃっぱん【百般】いろいろの方面。あらゆる方面。「武芸―に通じる」

ひゃっぽう【百方】すべての方面。「―手をつくす」

ひやとい【日雇（い）・日×傭（い）】一日単位の契約で雇うこと。その雇われた人。

ひやひや【冷や冷や】〘副ダ・ス自〙①冷たい感じがするさま。「背中が―する」②恐ろしい気持でいるさま。気が気でないさま。「食い付かれやしないかと―だ」

ヒヤヒヤ〘感〙演説会などで聴衆が発する掛け声。謹聴せよ。賛成。そうだ。いいぞ。▽Hear! Hear! 明治から昭和初期の語。

ビヤ　ホール　→ビア　ホール

ひやみず【冷（や）水】つめたい水。「年寄の―」（老人がつめたい（生）水を飲むこと。危うさのたとえ。また、自分の年も忘れ、しなくてもいい事をすること）

ひやむぎ【冷（や）麦】小麦粉をこねて細く引き延ばして作った乾麺。ゆでて冷水で冷やし、汁につけて食べる。▽ＪＡＳ（日本農林規格）では太さが長径一・三ミリ～一・七ミリのもの。→そうめん

ひやめし【冷（や）飯】つめたくなった飯。「―を食わせる」（冷遇する）　**―くい**【―食い】居候（いそうろう）。食客。▽江戸時代、家督を相続しない次男以下の者を言った。　**―ぞうり**【―草履】わらで編んだだけの、粗末な草履。

ひややか【冷ややか】〘ダナ〙①つめたいさま。ひえているさま。「―に澄んだ霊峰の大気」②人情がないさま。同情がないさま。冷酷。冷淡。「―な目つきで接する」③落ち着いて動じないさま。冷静。「殺人現場を―な態度で検証する」派生 **-さ**

ひややっこ【冷（や）△奴】豆腐を冷水でひやし、醤油（しょうゆ）と薬味で食べる、（夏の）食べ物。

ひやり〘副と〙①冷たく感じるさま。②冷酷に見えるさま。「―とした眼つき」。一瞬、危険を感じるさま。「急ブレーキの音に―とする」

ひやりはっと　あと少しで事故になっていたような事態。▽ひやりと危険を感じたり、はっと緊張したりすることから。普通、「ヒヤリ（・）ハット」と片仮名で書く。

ヒヤリング　→ヒアリング

ひゆ【×莧】高さ一メートルほどの一年草。葉は広卵形で、紫色を帯びるものもある。夏や秋に、白緑色の小さい花が集まり咲く。若葉は食用。▽ひゆ科。

ひゆ【比喩・×譬喩】〘名・ス他〙物事の説明や描写に、ある共通点に着目した他の物事を借りて表現すること。たとえること。その表現。「佳人を白百合（しらゆり）で―する」

びゅう【×謬】ビュウ（ビウ）　あやまる　―証拠のない、いいかげんなことをいう。あやまる。また、まちがい。「謬見・謬錯・誤謬」

びゅうけん【×謬見】まちがった見解・意見。

ヒューズ　電流が多く流れると、溶けて回路を遮断する金属片。鉛・錫（すず）・アンチモンの溶けやすい合金で作る。「―が飛ぶ」▽fuse

びゅうせつ【×謬説】まちがった説。

ひゅうどろどろ　①日本風の芝居で、幽霊の出没する時に吹く笛と鳴らす大太鼓との音を描写した語。②転じて、幽霊。「あれも―に違いない」▽「ヒュードロドロ」と書くことが多い。

ひゅうひゅう〘副と〙①強い風が吹く音。そのさま。「寒風が―（と）うなる」②物が風を切って飛ぶ音。「銃弾が―（と）飛んでくる」③息が細いところを通って出る音。「―と苦しそうな息づかい」

びゅうびゅう〘副と〙①強い風が吹く音。そのさま。「風に電線が―（と）鳴る」②→びゅんびゅん(2)

ピューマ　大きさはヒョウぐらいで褐色の肉食獣。アメリカ大陸の森林・草原・岩石地帯にすみ、木登りがうまい。クーガー。アメリカ ライオン。▽puma ねこ科。

ヒューマニスティック〘ダナ〙ヒューマニズムの立場であるさま。▽humanistic

ヒューマニスト　ヒューマニズムの立場に立つ人。人

文主義者。▽humanist

ヒューマニズム 人間にとって人間が最高で、人間性こそ尊重すべきものだとする、態度・思想傾向・世界観。例、人間が具えるべき理想の資質に誇りをもってそれを伸ばそうとする、キケロの態度や、イタリアのルネッサンス期に始まって欧州に広まった、古典を重んじ教会の勢力に抗して人間性の解放・向上を目指す運動。人文主義。人本主義。▽humanism 人道主義とは区別される。

ヒューマニティー 人間らしさ。人情味。また、人間性。▽humanity

ヒューマン 人間的。人間らしいさま。「—ドラマ」(人々の心の交流や、人の一生・半生を描いた心温まるドラマ) ▽human

ピューリタン ①清教徒。②比喩的に、自己に対して厳格・潔癖な人。▽Puritan

ピューレ 野菜・果物をすりつぶして裏ごししたもの。西洋料理やデザートのソースにする。ピュレ。「トマト—で豆を煮込む」▽フランス purée

ヒュッテ 山小屋。▽ドイツ Hütte

ビュッフェ ①(列車などの)立ったまま食べる簡易な食堂。②並べられた多種の料理から自分で自由にとって食べる形式。③部屋のすみにおく食器棚。▽フランス buffet 「ブッフェ」とも言う。

ピュレ →ピューレ

びゅんびゅん 〘副[と]〙①ものが風を切る音。そのさま。「バットを—(と)振って打撃練習をする」②ものが高速で移動するさま。「車が—通る」

ひょいと 〘副〙①思いがけず、突然。ひょっこり。「—目を覚ます」「—顔を出す」②何気なく、気軽にするさま。「荷物を—持ち上げる」「—旅に出る」

ひょいひょい 〘副[と]〙①物事が軽快に、繰り返し行われるさま。「石段を—(と)上る」②たびたび。頻繁に。「難しい言葉が—出る」

ひよう【日×傭】 ひやとい。また、その賃金。 **—とり【—取(り)】** ひやといの人夫。

ひよう【費用】 そのことのために必要なお金。「旅行の—」

ひよう【飛揚】 〘名・ス自〙とんで、高くあがること。

ひょう【×豹】 体は黄色で黒の斑点がある肉食獣。アフリカ・アジアの森林やサバンナにすむ。全身が黒いのもある。「—は死んで皮を留(とど)め、人は死んで名を残す」▽ねこ科。

ひょう【×雹】 積乱雲から降る氷の塊。大きさは豆粒ぐらいから鶏卵ぐらいにも及ぶ。雷に伴うことが多い。

ひょう【*氷】 ヒョウ こおり ひ こおる ｜①水が低温のため固まる。こおり。こおる。「氷結・氷点・氷解・氷雪・氷山・氷原・氷嚢(ひょうのう)・氷柱・結氷・流氷・薄氷・樹氷・製氷・霧氷」②こおりのように澄んでいる。「氷心・氷清」

ひょう【*表】 ヒョウ(ヘウ) おもて あらわす あらわれる ｜①着物のうわかわ。おもて。あらわれている面。↔裏。「表裏・表面・表装・表皮・表記・表札・表紙・意表・地表・雲表」②㋐おもてに出してはっきりさせる。あらわす。あらわれる。「表出・表明・表現・表情・表彰・表示・表題・公表・発表」㋑おもてに立つ。「代表」③〘名・造〙関係ある事柄を(整理して)分かりよく示すために、左右・上下に配置して一覧しやすく示す、その形式。情報をそう配置してあらわしたもの。「表を作る」「図表・数表・年表・付表・正誤表・一覧表・時刻表・成績表・統計表」④〘名・造〙臣下から君主または官にたてまつる文書。「出師(すいし)の表」「表白・表文・上表・賀表・辞表」⑤目標。めじるし。あらわれ。「儀表・師表・前表」

ひょう【*俵】 ヒョウ(ヘウ) たわら ｜①たわら。「四斗俵・四貫俵・土俵」②物を入れた、たわらを数える語。「米一俵」▽もと、ちらす、分かち与える意。

ひょう【*票】 ヒョウ(ヘウ) ｜①㋐小さな書付けの用紙。ふだ。手形・切手・証券・紙幣・切符など。「軍票・信票」㋑数量や用件を書き入れる紙片。「伝票・計算票」㋒〘名・造〙選挙・採決に用いる入れ札。「票を読む」「投票・開票・白票・散票・死票・得票・票数・票決・浮動票」②投票数を数える語。「一票・満票」

ひょう【漂】 ヒョウ(ヘウ) ただよう さらす ｜①流れに身をまかせる。ただよう。ただよわす。「漂流・漂着・漂泊・漂失」②水にさらす。「漂白」

ひょう【*標】 ヒョウ(ヘウ) しるす しるべ しるし しめ ｜①目じるし。めじるし。しるす。「標的・標準・標榜(ひょうぼう)・標識・標題・標語・標高・目標・座標・商標・門標・墓標・指標・道標・浮標」②よく見える。あらわす。しめす。「標本」

ひょう【*評】【評】 ヒョウ(ヒャウ) ｜〘名・造〙物のよしあしを公平に判断して言いあげる。しなさだめする。その文章。「新聞の評を読む」「評判・評言・評語・評価・評点・評定(ひょうてい・ひょうじょう)・評決・評論・評伝・批評・世評・定評・適評・悪評・酷評・不評・好評・寸評・品評・合評(がっぴょう)・書評・劇評・概評・高評・講評・時評・総評・風評・月評・選評・短評・下馬評・社会時評」

びょう【微×恙】 軽い病気。気分が少しすぐれないこと。

びよう【美容】 ①美しい容貌。②容姿を美しくすること。美粧。「—法」「—師」 **—いん【—院】** 営業として髪のカットやパーマなど美容法を行う店。

びょう【×渺・×眇】 〘ト タル〙きわめて小さいさま。「大海中の—たる島」

びょう【×鋲】 頭が大きいくぎ。また、その形に似た、物をとめるためのもの。「画—」「靴の—」

びょう【秒】 時間の単位。国際単位系の基本単位の一つ。記号s。もと地球の公転により定義されたが、現

在では特定の光波の振動の周期によって定められる。▽→びょう〖秒〗

びょう〖*秒〗**ビョウ**(ベウ) のぎ ―― 時間・角度・経度・緯度をはかる単位。一分の六十分の一。「秒針・秒速・寸秒」▽もと、稲の穂の先にあるかたい毛、のぎ、きわめて微細なもの、の意。↓びょう(秒)

びょう〖苗〗**ビョウ**(ベウ) ミョウ(メウ) **なえ なわ** ―― ①㋐芽が出て間もないもの。移植前の幼い植物。なえ。たねくさ。「苗圃(びょうほ)・種苗」㋑〖名・造〗接種用の免疫材料。ワクチン。「痘苗」②遠い子孫。ちすじ。「苗裔(びょうえい)・苗字(みょうじ)」

びょう〖描〗**ビョウ**(ベウ) **えがく かく** ―― えがく。「描写・描線・素描・寸描・白描・線描・点描」

びょう〖猫〗**ビョウ**(ベウ) ミョウ(メウ) **ねこ** ―― 動物の、ねこ。「猫額・愛猫・怪猫・斑猫(はんみょう)」

びょう〖*病〗〖病〗**ビョウ**(ビヤウ) ヘイ **やむ やまい** ―― ①体を悪くする。わずらう。「病気・病魔・病的・病人・病家・病室・病床・病院・病状・病因・病勢・病弱・病原・病歴・病没・疾病(しっぺい)・大病・重病・持病・仮病(けびょう)・多病・熱病・看病・急病・業病(ごうびょう)・死病・宿病・傷病・闘病・罹病(りびょう)・成人病・伝染病・胃腸病・腺病質・無病息災・臆病・同病」②悪習がたまって欠点となったもの。「病根・病癖」

びょう〖廟〗(人) ビョウ(ベウ) ―― ①〖名・造〗祖先の霊をまつる建物。おたまや。「聖廟・霊廟・廟所・大廟・宗廟(そうびょう)・孔子廟」②王宮の前殿。政治を行うところ。朝廷。「廟堂・廟議」

ひょうい【×憑依】〖名・ス自〗キツネとか死者とかの霊が、のりうつること。

びょうい【病衣】病人(入院患者)に着せる寝巻き類。

ひょういつ【×飄逸】〖名・ダナ〗世事を気にせず、明るく世間ばなれした趣があること。派生 **-さ**

ひょういもじ【表意文字】文字の二大分類の一つ。一字一字が一定の意味を表すもの。漢字など。↕表音文字

びょういん【病因】病気の原因。

びょういん【病院】入院・外来の患者を大勢迎えて診察・治療を行う施設。▽患者収容病床が二十以上のを言う。↓しんりょうじょ

びょうう【×廟宇】①おたまや。②社殿。

びょうえい【苗×裔】遠い血統の子孫。末孫。後胤(こういん)。

ひょうおん【氷温】セ氏零度から、食品が凍り始める直前までの温度帯。生鮮品の保存に用いる。「―貯蔵」「―熟成」

ひょうおん【表音】発音を表すこと。 **―もじ**【―文字】文字の二大分類の一つ。一字一字は、音声(音韻)だけを表す文字。仮名・ローマ字など。↕表意文字

ひょうか【氷菓】アイス クリーム・シャーベットなどの類。

ひょうか【評価】〖名・ス他〗どれだけの価値・価格があるかを見定めること。「成績を―する」「社会的―を高める」「―益」(決算の際に財産の価格を再評価した結果、以前の評価額を越えた分の金額。下回った場合には「―損」と言う) ▽「―できる」「―すべき」「―してよい」等の場合には、高い評価を指すことが多い。

ひょうが【氷河】極地や高山の万年雪が厚い氷の塊になり、自身の重みでそのまま雪線の下の方へ流れ出したもの。「―時代」

びょうか【病家】病人がある家。

びょうが【病×臥】〖名・ス自〗病気で、床につくこと。

びょうが【描画】〖名・ス自他〗(絵を)えがくこと。

ひょうかい【氷塊】氷のかたまり。

ひょうかい【氷海】一面に凍った海。

ひょうかい【氷解】〖名・ス自〗疑惑・疑念などが、氷の解けるようにすっかり消えてはっきりすること。「疑問―」

ひょうがい【×雹害】(作物の)雹(ひょう)による被害。

びょうがい【病害】病気による作物の被害。

びょうがいちゅう【病害虫】作物や園芸植物の病気と害虫。「―に強い品種」

ひょうかく【×飄客・×嫖客】花柳街で遊ぶ客。

びょうがく【猫額】ネコのひたい。また、そのように狭いこと。「―の地」「―大(だい)」

ひょうがため【票固め】〖名・ス自〗投票前に働きかけて当選や可決に必要な票数を確保すること。

ひょうかん【×剽×悍】〖ダナ〗動作がすばやく、性質が荒々しく強いさま。「―な面だましい」派生 **-さ**

ひょうき【氷期】氷河時代において、気候が特に寒冷で氷河が拡大した時期。↕間氷期(かんぴょうき)

ひょうき【表記】〖名・ス他〗①おもてに書くこと。その書かれたもの。「―の住所へ」②字や記号で書き表すこと。「―法」

ひょうき【標記】〖名・ス他〗①めじるしとする符号。また、その符号をつけること。②標題として書くこと。また、そのことがら。「―の件につき」

ひょうぎ【評議】〖名・ス他〗大勢集まって、相談すること。「―会」 **―いん**【―員】評議に参加するために選ばれた人。

びょうき【病気】〖名・ス自〗①体の全部または一部が、生理状態の悪い変化をおこすこと。発熱・苦痛などをともなうものが多い。やまい。わずらい。疾病(しっぺい)。②悪いくせ。「例の―が始まった」関連 病・疾病・疾患・患い・病魔・不快・所労・御悩・不例・不予・二豎(にじゅ)・同病・四百四病・万病・傷病・仮病・奇病・持病・痼疾(こしつ)・宿痾(しゅくあ)・業病・難病・大病・大患・重患・重病・廃疾・死病・流行病・伝染病・疫病・悪疫・悪病・悪疾・熱病・瘴癘(しょうれい)・急病・余病・霍乱(かくらん)

びょうぎ【×廟議】朝廷の評議。

ひょうきん【×剽△軽】『ダナ』気軽で、ふざけて人を面白がらせるような性質であるさま。「—もの」派生 **—さ**

びょうきん【病菌】病気を起こすもとになる細菌。ばいきん。

ひょうぐ【表具】布・紙などをはって、巻物・掛物・びょうぶなどに仕立てること。表装。 **—し**【—師】表具を職業とする人。 **—や**【—屋】表具を業とする家。また、表具師。

びょうく【病苦】病気のための苦しみ。

びょうく【病×軀】病気の体。「—をおして出陣する」

ひょうけい ①【表敬】敬意を表すこと。「—訪問」②【表慶】祝賀の意を表すこと。「—門」

ひょうけつ【氷結】『名・ス自』(水が)氷になること。こおりつくこと。「海峡が—した」

ひょうけつ【票決】『名・ス他』投票できめること。

ひょうけつ【表決】『名・ス他』議案に対する可否の意思を表して決めること。「—権」(表決に加わる権利)

ひょうけつ【評決】『名・ス他』評議してきめること。

びょうけつ【病欠】『名・ス自』病気で欠席・欠勤すること。

ひょう-げる【×剽げる】『下一自』おどける。ひょうきんにふるまう。

ひょうげん【氷原】一面に氷で覆われている原野。

ひょうげん【表現】『名・ス他』心に思うこと、感じることを、色・音・言語・所作などの形によって、表し出すこと。その、表した形。「作者の意図がよく—されている」「—と理解」「この—はまずい」「—力」「詩情を絵画で—する」

ひょうげん【評言】批評の言葉。

びょうげん【病原】病気の原因。 **—きん**【—菌】病原体である細菌。 **—たい**【—体】病原となる、原生動物や細菌やウイルスなど。

ひょうご【評語】批評の言葉。また、評価した成績を示す語。

ひょうご【標語】意見・主張などを簡潔に言い表した短い文句。モットー。スローガン。

ひょうこう【標高】平均海面からの高さ。海抜。

ひょうごう【表号・標号】めじるし。

びょうこん【病根】①病気の原因。②悪い習慣のもと。「—を絶やす」

びょうさ【×錨鎖】いかりについたくさり。

ひょうさつ【表札・標札】戸口や門につける名札。

ひょうざん【氷山】①氷河や氷床の末端が海に落ちて流れ出し、小山のように浮かんでいるもの。②『—の一角』明るみに出た、(好ましくない)物事全体のほんのわずかの部分。

ひょうし【拍子】①きまった時間に規則的にめぐる、強い音と弱い音との組合せ。「三—」「四—」②音楽・歌舞などの進行速度にあわせて手を打ったりすること。「—をとる」「手—足—」③神楽(かぐら)・催馬楽(さいばら)などに使う楽器の一つ。木製の笏(しゃく)形の板二枚を打ち合わせるもの。④能で、楽器を奏すること。▽→しびょうし(2)。⑤機会。はずみ。おり。とたん。「笑った—に入れ歯が抜けた」 **—ぎ**【—木】二つ打ち合わせて鳴らす長方形の小さな木。「—を鳴らす」 **—ぬけ**【—抜け】『名・ス自』緊張する必要が急になくなって、張合いが抜けること。

ひょうし【表紙】書物・書類などの、一番外側につける紙・布・皮など。

ひょうじ ①【表示】『名・ス他』はっきり表に現れた形で示すこと。「意思—」「住居—」「抽象的な事柄を記号に訴えて—する」②【標示】『名・ス他』目印として示すこと。示したもの。「境界の—」「道路—」「—板」

びょうし【×廟×祀】御霊屋(みたまや)や社(やしろ)にまつること。

びょうし【病死】『名・ス自』病気で死ぬこと。

ひょうしき【標識】区別するための目印。「交通—」

びょうしき【病識】自分は病気である、という意識。

ひょうしつ【漂失】『名・ス自』水にただよい流れて、無くなること。

ひょうしつ【氷室】氷を貯えておく室。ひむろ。

びょうしつ【病室】病人のいる部屋。

ひようしゃ【被×傭者・被用者】やとわれた人。「—保険」

ひょうしゃ【評者】批評する人。

びょうしゃ【病者】病人。

びょうしゃ【病舎】病室のある建物。

びょうしゃ【描写】『名・ス他』あるがままの姿をうかび上がらせるように、えがき出すこと。「心理—」

ひょうしゃく【氷釈】『名・ス自』①氷がとけるように消えうせること。氷解。②特に、疑問・疑惑などがすっかりなくなること。

ひょうしゃく【評釈】『名・ス他』解釈して批評を加えること。

びょうじゃく【病弱】『名ナ』弱く、病気にかかりやすいこと。病気で体が弱っていること。「—な身」派生 **—さ**

ひょうしゅつ【表出】『名・ス他』心の内面にあるものを、外からわかる形式に、あらわし出すこと。「身体的—」

びょうしゅつ【描出】『名・ス他』えがき出すこと。

ひょうじゅん【標準】①一般のあるべき姿を示すものとしての、ありかた。㋐手本。「世人の—となるふるまいかた」㋑規格。「—に合わない」②よりどころとなる目あて。「—を定める」「大学生を—として書いた本」③いちばん普通の程度(にかなうこと)。「—型」「—服」 **—か**【—化】『名・ス他』標準に合わせること。㋐製品・資材などの種類や規格を、標準に合わせて整えること。㋑〔統計〕ある試験の結果を他のそれと比較できるように、平均と分散㋑とに基づいて変換すること。 **—ご**【—語】一国で、規範

ひ

的なものとして認められている、共通の言葉。 **―じ**【―時】各国・各地域で、標準として定められている時刻。「日本―」 **―へんさ**【―偏差】集団の統計的特性を示す量の一つで、分散(イ)の正の平方根。

ひょうしょう【△平声】漢字の四声の一つ。上平(じょうひょう)・下平(かひょう)に分かれる。

ひょうしょう【氷床】長年降り積もった雪が固まってできた、地表の広範囲を覆うぶ厚い氷の塊。南極とグリーンランドで見られる。大陸氷床。▽面積五万平方メートル未満のものは、氷帽(ひょうぼう)と言って区別する。

ひょうしょう【表彰】『名・ス他』善行や功績をたたえて、人々の前に明らかにすること。「―式」「―状」

ひょうしょう【表象】『名・ス他』①現在の瞬間に知覚してはいない事物や現象を心に描くこと。その描いた像。イメージ。▽記憶の再生によるものだけを、また意味づけのあるものだけを指すこともある。②象徴すること。

ひょうじょう【兵×仗】儀仗に対して、護衛のための武器。太刀(たち)・弓矢など。▽もと、兵杖をもつことから、随身(ずいじん)を言った。

ひょうじょう【表情】心の中の感情が顔など外部に現れたもの。「―が乏しい」「歳末の町の―(=様子)」

ひょうじょう【評定】『名・ス他』評議してきめること。評決。▽「ひょうてい」と読めば別の意。

びょうしょう【病床・病×牀】病人のねどこ。病褥(びょうじょく)。

びょうしょう【病症】病気のたち。

びょうじょう【病状】病気の様子。病気の容態(ようだい)。

びょうじょく【病×褥・病×蓐】→びょうしょう(病床)

びょうしん【病身】病気にかかっている体。また、弱くて、よく病気にかかる体。

びょうしん【秒針】時計の、秒を示す針。↕分針・時針

ひょう-する【表する】『サ変他』示す。あらわす。「敬意を―」

ひょう-する【評する】『サ変他』批評する。評価する。

びょうせい【病勢】病気の勢い・状態。「―が改まる(=悪化する)」

ひょうせつ【氷雪】こおりとゆき。

ひょうせつ【×剽窃】『名・ス他』他人の文章・語句・説などをぬすんで使うこと。

ひょうぜん【×飄然】『ト タル』居所を定めず、ふらりと去来するさま。世事を気にせず、のんきでいるさま。

ひょうそ【×瘭×疽】指先から化膿(かのう)してくる炎症。

ひょうそう【表層】表面をなす層。表に現れた部分が形づくっている層。↕深層。「―雪崩(なだれ)」

ひょうそう【表装】『名・ス他』書画を巻物や軸に仕立てること。表具。

びょうそう【病巣・病×竈】病気の中心部。病原のある箇所。

びょうそう【病窓】病室の窓。「―から見る高い秋空」

ひょうそく【△平×仄】漢字の平(ひょう)と仄(そく)。平声(ひょうしょう)に対して、上声(じょうしょう)・去声(きょしょう)・入声(にっしょう)をまとめて仄とする。漢詩作法の上で大切な分類。「―が合わない」(転じて、つじつまがあわない)

びょうそく【秒速】一秒間当たりの移動距離で表した速さ。

ひょうだい【表題・標題】本の表紙に書いてある、また、書類・演説・芸術作品・演劇などの、題名。

びょうたい【病体】病気の体。

びょうたい【病態】病気の容態(ようだい)。

ひょうたん【氷炭】『―相容(い)れず』氷と炭のように、互いに反し、調和・一致しないこと。

ひょうたん【×瓢×簞】①よく熟したひょうたん(2)の果実の中の果肉をとり去ったもの。だるまを細長くしたような形。酒を入れて腰につるす容器とした。ひさご。「―から駒が出る」(意外な所から意外なものが現れるたとえ) ②実からひょうたん(1)を作る一年生つる草。ユウガオに似た白い花が咲く。▽うり科。 **―なまず**【―×鯰(なまず)】①(ひょうたんでナマズをおさえるように)つかまえることのできないこと。②とらえどころがなく、要領を得ないこと。

びょうち【×錨地】艦船がいかりを下ろして泊まる所。停泊地。

ひょうちゃく【漂着】『名・ス自』流れただよって、どこかの岸に着くこと。

ひょうちゅう【氷柱】①つらら。②涼しさを呼ぶために室内に立てる角柱形の氷。「―花」(花を封じ込めた氷柱)

ひょうちゅう【標柱】目印の細長い柱。

びょうちゅう【病中】病気にかかっている間。病気中。

びょうちゅうがい【病虫害】病気・害虫などによる作物の被害。▽↓びょうがいちゅう

ひょうちょう【表徴】①外部に現れたしるし。②象徴。

ひょうちん【氷△枕】↓こおりまくら

ひょうてい【評定】『名・ス他』ある尺度に従って評価決定すること。「価格の―」「成績の―」▽「ひょうじょう」と読めば別の意。

ひょうてき【標的】①銃砲や弓の、まと。②比喩的に、ねらいとするもの。「批判の―となる」

びょうてき【病的】『ダナ』(病気かのように)健全でないさま。異常なさま。「―なきれい好き」

ひょうてん【氷点】水が氷結しようとし、または氷が融解しようとする、温度。水の凝固点。一気圧のもとでセ氏の零度。「―下」

ひょうてん【評点】①成績などを評価してつけた点。②評語と批点(1)。「―を加える」

ひょうでん【評伝】評論をまじえた伝記。

ひょうでん【票田】選挙で、ある候補者や政党に見込まれる票が集中している地域・職域などを、田に見立てて言う語。

ひょうど【表土】土壌の最上層の部分。一般に、腐植質を含み、農耕に重要。

ひょうとう【×剽盗】おいはぎ。

ひょうとう【漂×蕩】『ト タル』水にただよい動くさま。

ひょうとう【標灯】目印のための灯火。

びょうとう【病棟】病院などで、多くの病室のある一棟(ひとむね)の建物。

びょうどう【平等】『名・ダナ』差別がなく、みな一様に等しいこと。「—に扱う」派生 **—さ**

びょうどう【×廟堂】①朝廷。政治をつかさどる所。②みたまや。廟(びょう)。

ひょうとく【表徳】①徳行・善行を世間に知らせること。「—碑」②転じて、人に知られる雅号・商号の類。「看板にする酒の—は定まつたし」(久保田万太郎「続末枯」)

びょうどく【病毒】病気を起こす毒。

びょうにん【病人】病気の人。患者。病者。「半—」

ひょうのう【氷×嚢】氷・水を入れて患部をひやす袋。こおりぶくろ。

ひょうはく【漂泊】『名・ス自』①流れただようこと。さすらうこと。②居所をきめず、さまよい歩くこと。「—の旅」「—の思いやまず」

ひょうはく【漂白】『名・ス他』さらして白くすること。「—剤」

ひょうはく【表白】『名・ス他』言葉・文書に表して申すこと。

ひょうばん【評判】①『名』世間の批評。うわさ。「—が悪い」「—になった作品」②『名ナノ』世評が高いこと。有名。「—の娘」関連 評価・不評判・悪評・下馬評・好評・高評・酷評・時評・世評・総評・定評・適評・批評・不評・風評・寸評・選評・短評・品評・論評・名声・悪名・汚名・高名・知名・虚名・著名・美名・英名・武名・無名・有名・勇名・令名・人気・噂(うわさ)・聞こえ・取り沙汰・呼び声・醜聞・怪聞・風聞・風説・巷説(こうせつ)・悪口・流言・デマ

ひょうひ【表皮】動植物体の一番外側を覆う細胞層。

ひょうひょう【×飄×飄】『ト タル』①風が吹く音。風が吹くさま。②揺れるように歩くさま。揺れ動くさま。「風に—と揺れる」③世間離れしているさま。世俗に無関心な様子。「—たる趣き」「—とした青年」

ひょうびょう【×縹×渺・×縹×緲】『ト タル』①かすかで、はっきりしないさま。「神韻—」②果てしなく、広々としたさま。「—たる草原」

びょうびょう【×渺×渺】『ト タル』広くて果てしないさま。遠くはるかなさま。「—とした大海原」「—たる平原」

びょうぶ【×屛風】室内に立てて風をよけ、物をへだて、または装飾にする道具。二枚・四枚・六枚をつがい合わせて折りたためるようにしてある。▽二枚仕立てのもの二点(一対)であれば、「二曲一双」というように呼ぶ。一点ものは「一隻」または「半双」と言う。 **—だおし**(だふし)【—倒し】びょうぶが倒れるように、ばったりとあおむけに倒れること。

びょうへい【病弊】物事の内にひそむ弊害。「文明社会の—」

びょうへき【病癖】病的なくせ。非常に困ったくせ。

ひょうへん【×豹変】『名・ス自』(性行・態度などが)明らかに一変すること。「君子—す」▽豹(ひょう)の斑紋が季節により美しく一変することから。もとは、よい方への変化を言ったが、今は前言を平気でがらりと変えるなど、悪い方を言うことが多い。

びょうへん【病変】病気になることによって起こる、心身の変化。

びょうほ【苗×圃】苗を育てるはたけ。

ひょうほう【兵法】①→へいほう(兵法)。②剣術。

ひょうぼう【標×榜】『名・ス他』主義主張などをかかげて公然と示すこと。▽「榜」は立て札の意。

びょうほう【描法】絵、更に広く文芸で、描き方。描く技法。

びょうぼう【×渺×茫】『ト タル』広々として果てしないさま。渺々(びょうびょう)。

びょうぼつ【病没・病×歿】『名・ス自』病気で死ぬこと。病死。

ひょうほん【標本】①動物・植物・鉱物などで、その種類の物の有様を示すために採集した実物のみほん。「せみの—」②実物を示すために、実物ににせて作ったもの。ひながた。見本。③転じて、代表的な例。「俗物の—」④〔統計〕母集団から抜き出された一部のもの。サンプル。

びょうま【病魔】①病気を起こさせる悪神。②病気のこと。「—にとりつかれる」

ひょうめい【表明】『名・ス他』(意見・意志などを)ひとの前にはっきりと表し示すこと。

ひょうめん【表面】①物の外側をなす面。「壁の—」②内面・裏面に対し、外に現れている見掛けのありさま。「—(は)穏やかな人物だが」 **—か**【—化】『名・ス自』物事が表面に現れてくること。あからさまになること。「ひそかにたくらんでいたことが—した」 **—ちょうりょく**【—張力】液体の表面がみずから収縮してできるだけ小さな面積をとろうとする力。液体の分子間に働く引力によって起こる。水滴が丸くなるのはこの力による。

ひょうめんせき【表面積】立体の表面の面積。

ひょうもく【標目】①めじるし。②目次。目録。

ひょうや【氷野】氷原(ひょうげん)。

びようやなぎ【△未△央柳】高さ一メートル内外の半落葉小低木。葉は長楕円(だえん)形で、対生。夏、大きな黄色い五弁花をつける。▽おとぎりそう科。

ひょうよみ【票読み】『名・ス自』投票の数がどのくらいになるか見つもること。

びょうよみ【秒読み】①『名・ス自』時間を、秒を単位にして数えあげること。「発射の—」②『名』時間的に切迫した状態にあること。「—段階」

ひょうり【表裏】①『名』表(おもて)と裏(うら)。「—一体」②『名・ス自』表と裏が相違するさま(であること)。

「―がある」。また、時のはずみの行き違い。「時の―でそうなってしまった」

びょうり【病理】病気の原因・過程に関する理論。「―学」 **―かいぼう**【―解剖】『名・ス他』病気の原因や様態を知るため、患者の死体に解剖を施すこと。

ひょうりゅう【漂流】『名・ス自』舟などが、ただよい流れること。「ロビンソン―記」

ひょうりょう【×秤量】①『名・ス他』はかりで重さをはかること。②『名』そのはかりではかり得る最大の重さ。「―一〇キログラム」▽本来は「しょうりょう」。

びょうれき【病歴】今までにかかった病気の経歴。

ひょうろう【兵糧】①陣中における軍隊の食糧。②転じて、一般に、食糧。 **―ぜめ**【―攻め】食糧補給の道を断って、敵の戦闘力を弱らせる攻め方。

ひょうろくだま【表六玉・兵六玉】〔俗〕間の抜けた人をあざけって言う言葉。

ひょうろん【評論】『名・ス他』物事のよしあし・優劣・価値などについて論じること。また、その文章。「文芸―」「―家」

ひよく【比翼】①二羽の鳥が互いにそのつばさを並べること。②二枚重ねたように見せるため、着物の裾・袖などを二重にすること。ひよくじたて。 **―づか**【―塚】情死したりした相思の男女をいっしょに葬った塚。 **―のとり**【―の鳥】雌雄が常に一体となっているという鳥。男女の仲の深いことのたとえ。 **―れんり**【―連理】男女が互いに固くちぎり合うこと。▽「比翼の鳥」と「連理の枝」とを連ねた語。↓れんり

ひよく【肥沃】『名ナノ』地味(ちみ)が肥え、作物がよくできること。 派生 **-さ**

びよく【尾翼】飛行機の後部にとりつけた小翼。方向舵(だ)・昇降舵などを備えている。

びよく【鼻翼】鼻の先の左右両端の部分。こばな。

ひよけ【日△除(け)】日光をさえぎる覆い。「―のすだれ」「―ぶね」(↓やねぶね)

ひよけ【火△除(け)】火事が燃え移るのを避けること。そのための物。「かなり広い―地」

ひよこ【×雛】①ニワトリのひな。②比喩的に、未熟なもの。まだ一人前になっていないもの。▽「ひよっこ」とも言う。

ひょこひょこ『副[と]』①気軽(のん気)に移動するさま。「指定された場所へ―出掛けて行き」(織田作之助「わが町」) ②↓ぴょこぴょこ

ぴょこぴょこ『副[と]・ス自』小刻みに上下動するさま。「ぜんまい仕掛けの人形が―(と)踊る」

ぴょこん『副と』①弾みをつけて、一回、頭を下げるさま。「―とおじぎをする」②勢いよく上方へ伸びるさま。「―と立ち上がる」

ひょっこり『副[と]』思いがけない時に現れたり出会ったりするさま。「道で―旧友に会った」

ひょっと『副』①思いがけず突然に。ひょいと。「―顔を出す」②《「―したら」「―して」「―すると」の形で》案外な可能性があって。もしか。「―したら会えるかもしれない」

ひょっとこ①口がとがり、一方の目が他方より小さく、おどけた男の顔の仮面。②男をののしって言う語。「おかめ―」▽「火男(ひおとこ)＝火を吹きおこす男)」の転という。

ひよどり【×鵯】全身まだらのある灰色で、全長三〇センチ弱の鳥。尾がやや長い。山林で繁殖し、都市部にも多い。鳴き声がやかましい。▽ひよどり科。

ひよみのとり【日読みの×酉】漢字の構成部分の一つ。「酔」「酒」「醬(しょう)」などの「酉」の称。さけのとり。▽日読み(＝暦)に使う「とり」の意。「酉」を「鳥」「隹(ふるとり)」と区別して言う。

ひよめき 乳児の頭の前頂部の、骨と骨との間のすきま。脈搏(みゃくはく)につれて動く。おどりこ。

ひより【〈日和〉】①天候。空模様。「よい―ですね」②晴れてよい天気。「秋―」「行楽―」③ことのなりゆき。「―を見て動く」▽↓ひよりみ。 **―げた**【―下△駄】低い歯を入れた下駄。雨降りでない時にはく。

ひよりみ【〈日和〉見】『名・ス自』①天気模様をうかがうこと。②事の成行きをうかがって去就を決しないこと。 **―かんせん**【―感染】『名・ス自』体内にあって無害だった病原体が、体力・免疫力の低下で増殖し、感染症を起こすこと。 **―しゅぎ**【―主義】形勢をうかがって、どちらでも自分の都合のよい方につこうとする態度をとること。機会主義。

ひよ-る【日△和る】『五自』〔俗〕態度をはっきりさせないで、都合のよいほうにつく。▽「日和見」から出た語。学生運動で、始めの勢いが失せ、穏健派になったり脱落したりする意に使った。

ひょろつ-く『五自』足もとがひょろひょろして定まらない。

ひょろなが-い【ひょろ長い】『形』弱々しく細く長い。「―木」 派生 **-さ**

ひょろひょろ『副[と]・ノダ・ス自』①よろめいて倒れそうなさま。「―(と)歩く」「足が―する」「―(と)立ち上がる」②細長く弱々しく伸びているさま。ひよわいさま。「―の苗木」

ひょろり『副と』ひょろひょろしているさま。「―と一本伸びた草」「―とやせた女性」

ひよわ【ひ弱】『ダナ』よわよわしいさま。虚弱な様子。「―な少年」 派生 **-さ**

ひよわ-い【ひ弱い】『形』ひ弱だ。 派生 **-さ**

ぴょんと『副』身軽に飛び上がったり、飛び越えたりするさま。「―一はねする」

ひょんな『連体』出来事が意外で奇妙な。「―ことになった」

ぴょんぴょん『副[と]』身軽に繰り返してはねるさま。「うさぎが―(と)はね回る」「―跳び上がって喜ぶ」

ひら ①【平】管理的な役職にないこと。「―(の)社

員」「ーざむらい」▽(2)の転。②【平】《多くは造語成分として》凸凹が無く(少なく)平たいこと、そういうもの。「おー」「仙台ー」「ー打ちのかんざし」「ーひも」。一律に全面的であること。「ー謝り」▽↓ひらに。③【△片・△枚】《接尾語的に》薄くたいらなもの。また、そういうものの数を表す時に添える語。「一ー(ひとひら)の雲」「花ー(はなびら)」「札ー(さつびら)を切る」▽数をうける時以外は、連濁で「びら」となる。

びら 宣伝広告のために、人目につく所に張ったり人に配ったりする、一枚刷りの紙。ちらし。「ーをまく」

ひらあやまり【平謝り】 ひたすらあやまること。「ーにあやまる」

ひらい【飛来】《名・ス自》①航空機など飛行物体が、飛んで来ること。「ーする弾丸」「ミサイルのー」。鳥などが飛んで来ること。「ツルのー地」②航空機に乗って飛んで来ること。「単機でーした」

ひらいしん【避雷針】 落雷による被害を避けるために、屋上などに立てる金属製のとがった棒。地下に埋めた金属板に導線でつないで、空中電気を地中に流す。

ひらうち【平打(ち)】 ①平たく編んだひも。②金属を打って平らにすること。そうしたもの。③かんざしの一種。④麺を平らにうちのばすこと。

ひらおし【平押(し)】 一気に(しゃにむに)押し進むこと。

ひらおよぎ【平泳(ぎ)】 手足を左右対称に動かし、カエルが泳ぐような形で泳ぐ泳ぎ方。胸泳(きょうえい)。ブレスト(ストローク)。

ひらおり【平織(り)】 たて糸とよこ糸とを一本ずつ交わらせて織る普通の織り方。その織物。

ひらがな【平仮名】 漢字の草書体から作られた、日本特有の音節文字。↔片仮名

ひらかれた【開かれた】《連語》(身分・人種・宗教などで)わけ隔てをしない。開かれている。「ー社会」▽従って、文脈によっては、だれでも参加できるという含みを有する。英語形容詞 open の直訳。

ひらき【開き】 ①開くこと。開いたもの。開いた度合。「相当なー(=へだたり。差)がある」「意見のー(=食い違い)」②「開き戸」の略。「ーの押入れ」③魚などを開いて干した食品。④↓おひらき。⑤《名詞の後に付けて》㋐ひらくこと。「観音(かんのん)ー」㋑はじめること。「プールー」「店ー」▽(5)は「びらき」となる。

ひらきど【開き戸】 蝶番(ちょうつがい)などをつけ、とびらを回転させて開閉するしかけの戸。

ひらきなお-る(なほる)**【開き直る】**《五自》急に態度を改めて、正面切った(攻撃的な)物腰になる。

ひらぎぬ【平絹】 ひらおりの絹布。

ひらきふう【開き封】 ↓かいふう(開封)(2)

ひら-く【開く】 ①《五自他》広く(上下・左右に)あける。また、あいて広い状態になる。↔とじる。㋐閉じた状態からあけ放たれた状態に移る、または移す。「つぼみがー」「花をー」「本をー」「扇をー」「愁眉をー」(↓しゅうび)「口をー」(転じて、発言する)「データ ファイルをー」(ファイルを呼び出して使える状態にする)㋑わずかだった隔たりや差が広がる。「実力がー」「得点がー」㋒物事が始まる。物事を始める。「国会がー」「送別会をー」「店をー」「預金の口座をー」②《五他》きりひらく。㋐裂いて、または切れ目を入れて、処置する。「封をー」「鯵(あじ)をー」㋑今まで打ち捨ててあった所に手を加えて、役に立つようにする。「荒れ地をー」「自分の手で運命をーいて行く」▽(2)㋑は「拓く」とも書く。③《五他》(数学)累乗根(特に二乗根)を算出する。▽↓ひらかれた

ひらぐけ【平×絎(け)】 ひもや帯に芯を入れず平らにくけること。そうしたもの。

ひらくび【平首】 馬の首の側面。

ひらぐも【平〈蜘蛛〉】 くもの一種。大きさ約一センチ。体は平らで、腹は白く背には黒斑がある。家の中にすみ、丸く平たい白色の巣をつくり、夜出て虫を食う。ひらたぐも。「ーのように」(平身低頭するさま)

ひら-ける【開ける】《下一自》①閉じていたものがあけ放たれる。「問題解決への気運がーけた」「運がー」(幸運に向かう状態になる)②妨げがなく広々と見渡せる状態になる。「南のーけた家」「山上に立てば雄大なながめがー」③人情に通じ、物分りがよい。「ーけたおじさん」④打ち捨てられていたものに、人手が加わる。文明・繁華の状態に進む。「土地がーけて来た」「世がー」

ひらざむらい(ざむらひ)**【平侍】** 身分の低い、ただの侍。

ひらざら【平皿】 平らで、底の浅い皿。

ひらじろ【平城】 (山上でなく)平地に築いた城。↔山城(やまじろ)

ひらぞこ【平底】 底面が平たいこと。

ひらた-い【平たい】《形》①かなりの広がりにわたって、面に湾曲・起伏がない。「ー顔」。そういう面を持ち、厚み・高さも余りない。「ー皿」②《多く連用形で》くだけている。わかりやすい。「ーく言えば」▽「ひらったい」とも言う。派生 **-さ**

ひらたぐも【平〈蜘蛛〉】 ↓ひらぐも

ひらち【平地】 高低のない、たいらな土地。へいち。

ひらづみ【平積み】《名・ス他》(本などを)棚に納めて並べるのではなく、台(や床)に積み重ねること。「ーにした新刊書」

ひらて【平手】 ①開いた手のひら。「ーでたたく」「ー打ち」②将棋で、対等で勝負すること。

ひらどま【平土間】 歌舞伎劇場で、舞台の正面にます形にくぎった、土間の見物席。ひらば。

ひらなべ【平鍋】 平たくて底の浅いなべ。

ひらに【平に】《副》一心に相手の許しを請う気持を表す語。切に。なにとぞ。「ーご容赦下さい」

ピラニア 南アメリカ原産の淡水魚。川を渡る人畜を群れて鋭い歯で襲う種もある。全長三〇センチほど。色が美しく、観賞用。▽piranha カラシン目の淡

水魚数種の通称。小柄でも闘志にあふれる人の比喩にも使った。

ひらば【平場】 ①平地。②会社などの組織で、ひら⑴の立場・段階。「―で議論する」③↓ひらどま

ひらひも【平×紐】 数本の糸を、平らに並べて糊(のり)でかためた紐(ひも)。

ひらひら ①《副[と]・ス自》軽く、波打つようにひるがえるさま。「花びらが―(と)散る」「旗が風に―する」②《名》ひらひら⑴するもの。「ブラウスの襟に―をつける」

ピラフ いためた米に肉やえびなどを入れ、スープで炊いた料理。▽(フランス) pilaf

ひらぶん【平文】 暗号文に対して、普通の文章。

ひらべった-い【平べったい】《形》平たい⑴。「―胸」▽「平たい」より、へたんこの感じが幾分強い。平たい⑵の意でも、まれには使う。派生 **-さ**

ひらまく【平幕】 幕内(まくうち)の力士のうち、役力士(＝小結(こむすび)以上)でない者。

ピラミッド 四角形などの底面の上に角錐(かくすい)形に巨石をつみあげた古代遺跡。特に、古代エジプトの遺跡の一つ。王・王族の墓で、現存の最大のものは高さ約一四〇メートル。金字塔。▽pyramid

ひらむぎ【平麦】 麦を平たく押しつぶしたもの。

ひらめ【平目・〈比目魚〉】 平たい体の左側に両眼がある近海魚。目のある側は黒く反対側が白い。海底に黒い側を上にして横たわる。美味として食用。▽ひらめ科の魚の総称。

ひらめか-す【×閃かす】《五他》①きらきらと光らせる。「刀を―して」②ちょっと見せる。鋭さを示す。「才知を―」

ひらめ-く【×閃く】《五自》①瞬間的にひかる。きらめく。「上空に閃光(せんこう)が―」②旗などがひらひらする。「英国軍艦旗が―」③思いつきなどが瞬間的に心の中に姿をあらわす。「名案が―」

ひら-める【平める】《下一他》ひらたくする。

ひらや【平屋・平家】 一階建ての家。

ひらり《副と》①一回、ひるがえるさま。「―と手を振る」②身を躍らせて、軽々と移動するさま。「―と馬にまたがる」「―と身をかわす」

ひらわん【平×椀】 平たく底の浅いわん(に盛る料理)。おひら。

びらん【×糜×爛】《名・ス自》ただれること。「―ガス」(毒ガスの一種)▽↓かいよう(潰瘍)

ひり【非理】 道理に合わないこと。

びり《俗》順位が一番後ろ・下であること。そういうもの。どんじり。けつ。「―から(数えて)三番目」

ピリオド ①よこがきの文の終わりに打つ点。終止符。「.」。「―を打つ」(終わりにする)②アイス ホッケー・水球などで、試合時間をいくつかに分けたその一区切り。「第三―」▽period

ピリカ 美しいさま。きれい。「―メノコ」(美女)▽アイヌ語。

ぴりから【ぴり辛】 ぴりっと辛いこと。その味。「唐辛子の―が料理のアクセント」

ひりき【非力】《名ナ》①力が弱いこと。「―を恥じる」②勢力・能力に欠けること。「―な内閣」▽謙遜しても言う。「―ながら助力したい」派生 **-さ**

ビリケン ①頭がとがり、眉がつりあがり、背に仏像の後光のようなものをそなえた裸体の像。これを持っていれば福を招くとされる。▽一九〇八年アメリカに始まり、世界中に流行した。②頭のとがった人。▽Billiken

ひりだ-す【△放り出す】《五他》大小便・屁(へ)などを体外に出す。

ひりつ【比率】 数量を、全体のまたは他の数量と比べた時の割合。比。

ひりつ-く《五自》ひりひりする。

びりっと《副》①紙・布などを引き裂く音。そのさま。ぴりっと。「メモを―破る」②しびれや走るような刺激を感じるさま。「静電気で―来た」

ぴりっと《副・ス自》①辛み・電気などの強い刺激を感じるさま。②態度などが毅然(きぜん)としているさま。「―した人」「―した緊張感」

ひりひり《副[と]・ス自》①辛みの刺激や、すりむいた傷の痛みを感じるさま。「―(と)痛む」「皮膚が―する」②比喩的に、刺激的なさま。「文章に―する所があるのがいい」

びりびり ①《副[と]》紙・布などを激しく裂く音。そのさま。②《副[と]》小刻みに振動するさま。その音。「地震で窓ガラスが―いう」③《副[と]・ス自》しびれるような刺激を感じるさま。「電気が―(と)来た」④《ノダ》無残に裂けているさま。「―のシャツ」

ぴりぴり ①《副[と]・ス自》皮膚や粘膜に強い刺激を感じるさま。「からしが舌に―(と)しみる」②《副[と]・ス自》神経が過敏になっているさま。「本番前で―している」③《副[と]》笛を吹く鋭い音。「交通整理の警官が―(と)笛を吹く」

ビリヤード 長方形のテーブルの上に数個の玉を置き、撞棒(つきぼう)でついて勝負をする室内遊戯。玉突き。撞球(どうきゅう)。▽billiards

びりゅうし【微粒子】 たいそう細かい粒子。「―現像」

ひりょう【肥料】 土地をこやし植物の育ちをよくするために、土地に施す物質。窒素・燐酸(りんさん)・カリの三要素のどれかを、植物が吸収しやすい形で含んでいる。化学肥料のほか堆肥なども使う。こやし。

びりょう【微量】 きわめてわずかの量。

びりょう【鼻×梁】 はなすじ。はなばしら。

ひりょうず【飛△竜頭】 がんもどき。ひりゅうず。

ひりょく【×臂力】 腕の力。また、(あることをする)能力。▽「臂」はひじの意。

びりょく【微力】 力が乏しいこと。乏しく弱い力。▽自分の力をへりくだっても言う。「―ながら」

ひりり《副と》口中や肌に刺すような刺激を感じるさま。ぴりり。「―と辛い」

ぴりり《副と》①→ひりり。②物事を敏感に感じるさま。「一国の憂鬱、危機、すぐにこのアンテナは、―と感ずる」(太宰治「パンドラの匣」)③一瞬、痙攣(けいれん)するさま。「唇の黒子(ほくろ)が―と動いたやうだつた」(横光利一「旅愁」)

ひりん【比倫】比類。

ひりん【×賓臨】《名・ス自》人が訪れて来ることの、敬った言い方。▽既に古風。

ピリンけい【ピリン系】アンチピリンなど、解熱(げねつ)・鎮痛に用いる医薬の一群。▽「ピリン」は -pyrine

ひ-る【△放る】《五他》体外へ排出・発散する。「屁(へ)を―」

ひる【干る】《上一自》①水分が自然に蒸発してなくなる。かわく。「晴天続きで池の水が大分**ひ**てきた」▽文語的。自然にそうなる点で、もとは「乾く」との区別があった。②潮が退いて海底が現れる。「潮が―」

ひる【×簸る】《上一他》箕(み)で穀物のもみがらをふるい、くずを除きとる。

ひる ①【昼】日の出から日の入りまでの間。↕夜(よる)。また特に、そのうちの朝・夕を除き、太陽が高く上がっている間。②【昼・△午】㋐正午。「ぼつぼつ―になる」「―前」㋑そのころの食事。「―が出そうなものだ」 関連 真昼・昼間・真っ昼間・昼中・昼日中・昼過ぎ・昼下がり・白昼・日中・日盛り

ひる【×蒜】→にんにく(大蒜)

ひる【×蛭】池沼・水田・湿地などにすみ、他の動物に吸着して血液を吸う生物。体はややわらかく、口と体の後端とに吸盤がある。種類が多く、血を吸わない種もある。チスイビルは古来、瀉血(しゃけつ)に用いた。▽ひる綱の環形動物の総称。

=**びる**《名詞などに付け、上一段活用動詞を作る》……の状態を帯びる。……らしくなる。「おとな―」「いなか―」

ビル ①「ビルディング」の略。「―が立ちならぶ」「―街」。《他の語に付けて》……を作る意。「ボディー―」「マネー―」▽building から。②かきつけ。勘定書。③手形。▽(2)(3)は bill

ピル 錠剤。丸薬。特に、経口避妊薬。▽pill

ひるあんどん【昼行△灯】間の抜けた、ぼんやりした人をあざけって言う言葉。▽日中に火のつけてあるあんどんからの連想。

ひるい【比類】それと比べる(に価する)もの。たぐい。「―ない名作」

ひるがえ-す(ひるがへす)【翻す】《五他》①反対の面が出るように、さっとひっくり返す。「手のひらを―」(急に態度を変えることのたとえにも)「心を―」(改心する。変心する)「説を―」(説を急に変える)「身を―して(=おどらせて)飛び込む」②旗などを風になびかせる。

ひるがえって(ひるがへって)【翻って】《副》今までとは別の方面に目を転じて。「―今日の日本を見るに」▽動詞「翻る」の連用形+助詞「て」から。

ひるがえ-る(ひるがへる)【翻る】《五自》①旗などが風になびく。②反対の面が出るように、さっとひっくり返る。「葛の葉が―」

ひるがお(ひるがほ)【昼顔・〈旋花〉】山野に自生する多年生つる草。夏、朝顔に似た淡紅色の小さい花が咲く。干して薬用。若芽は食用。▽花が、昼ひらいて夕方しぼむことから、朝顔・夕顔に対し、この名がある。ひるがお科。

ビルかぜ【ビル風】高層ビルが影響して(ビルの間などに)起こる、突風めく空気の乱れ。「―に傘を取られる」

ひるげ【昼△食・昼×餉】ひるめし。▽雅語的。

ひるさがり【昼下(が)り】正午すこし過ぎ。午後二時ごろ。

びるしゃなぶつ【×毘×盧遮那仏】(仏)華厳経(けごんきょう)などの教主で、あまねく全宇宙を照らす存在としての仏。密教では大日如来。▽「盧舎那仏(るしゃなぶつ)」「遮那仏(しゃなぶつ)」とも言う。梵語(ぼんご)。光明遍照の意。

ひるすぎ【昼過ぎ】正午を過ぎたころ。

ひるた【×蛭田】蛭が(たくさん)いて吸い付き、農耕者を悩ませる水田。「作り荒した狭い―」

ビルディング 洋風の高層建築物。ビル。▽building 昭和前期までは普通「ビルヂング」と書いた。

ビルト イン《名・ス他》作り付け(にすること)。組み込み。内蔵。▽built-in

ひるどき【昼時】①正午ごろ。②昼食の時分。

ひるとんび【昼×鳶】人家に昼間しのび入り、物をとって逃げる盗人。

ひるなか【昼中】①ひるま。②まひる。

ひるね【昼寝】《名・ス自》昼間に横になって眠ること。午睡。

ひるはん【昼飯】ひるめし。

ひるひなか【昼日中】まっぴるま。「―から酒を飲んで」

ひるま【昼間】日の明るいあいだ。ひる。日中。

ひるまき【×蛭巻(き)】やりなどの柄や太刀(たち)のさやを、籐(とう)または金属で螺旋(らせん)状に巻いたもの。

ひる-む【×怯む】《五自》恐怖や威圧感を覚えて気力が弱まる。また、身がすくむ。▽もと、しびれ、なえる意。

ひるめし【昼飯】昼の食事。ひるはん。ちゅうしょく。おひる。▽現在では男性語の観がある。

ひれ【×鰭】①魚など水生の脊椎動物の体からつき出ている平らな膜状のもの。泳ぐための器官。「背―」「尾―」②魚の、ひれ(1)のきわの身。

ヒレ 牛・豚の骨盤の内側にある、柔らかく脂肪のほとんどない棒状の赤身肉。上等な部位とされる。フィレ。▽フランス filet

ひれい【比例】《名・ス自》量の間に認められる、一種のつり合いの関係。㋐(数学)二つの数量の比または積が定数であるという関係。「賃金が物価に―して上昇する」▽比が定数の時「正比例」、積が定数の時

「反比例」と言う。単に「比例」で前者を指すことが多い。㋑〔美術〕表現されたものの各部分の間、または部分と全体との間の、量的な関係。「—が取れている」 **—はいぶん【—配分】**『名・ス他』与えられた数量を与えられた比で配分すること。按分(あんぶん)比例。

ひれい【非礼】『名ナノ』礼儀(の尺度)に合わないこと。派生 **-さ**

びれい【美麗】『名ナノ』人の目にとまるほど美しいこと。派生 **-さ**

ひれき【披×瀝】『名・ス他』心の中の考えをつつみかくさず、打ち明けること。

ひれざけ【×鰭酒】 フグなどの魚の乾燥したひれを炙(あぶ)り、燗(かん)酒を注いだもの。

ひれつ【卑劣・×鄙劣】『名ナノ』することが正々堂々としておらず、いやしくきたならしいこと。「—な手段で人を陥れる」「—漢」 派生 **-さ**

ひれふ-す【△平伏す】『五自』頭を地につけるようにしてふしかがむ。

ひれん【悲恋】 悲しい結末となる恋。「—物語」

ひろ【△尋】 水の深さ、縄などの長さの単位。一尋は六尺(約一・八メートル)。▽左右に広げ延ばした両手先の間の距離から出た長さ。

ひろ-い【広い】『形』ひらけていて間隔・範囲が十分にある。↕狭い。㋐幅や面積や収容力が大きい。「—道」「肩身が—」(面目を施した、晴れやかな気持だ)「—野原」「部屋を—・く使う工夫」 ㋑働きの及ぶ範囲がずぬけて大きい。「見聞が—」「顔が—」(様々な人と付き合いがあり、人に知られている)。こせこせしないで、ゆとりがある。「心が—」「—度量」 ▽「ひらける」「ひらく」と同語源。 派生 **-さ***

ひろいあるき【拾い歩き】 ①水たまりなどを避け、歩きやすい所を選んで歩くこと。②車に乗らず徒歩で行くこと。▽(2)は既に古風。↓ひろう(拾)(2)

ヒロイズム 英雄的行為を愛し、または英雄を崇拝する主義。英雄(崇拝)主義。▽heroism

ヒロイック『ダナ』英雄的。勇ましいさま。雄々しいさま。▽heroic

ひろいもの【拾(い)物】 ①落ちているのを拾ったもの。「—をする」②意外なえもの。思いがけないもうけもの。「これは—だ」

ひろいや【拾(い)屋】 くずひろい。ばたや。

ひろいよみ【拾い読み】『名・ス他』①文章をとびとびに読むこと。②字を一字一字たどって読むこと。

ヒロイン 小説・物語・戯曲などの作中の、または実際の事件の女主人公。↕ヒーロー。▽heroine

ひろ-う【拾う】 ①『五他』採って手に入れ(自分のものにす)る。↕捨てる。㋐落ちている物を取り上げる。「ごみを—」「財布を—」「タクシーを—」(空車のタクシーをつかまえる)。だめかと思った状態を(運が強く)脱して得る。「落とす命を—」「思わぬ勝ちを—」「捨てる神あれば—神あり」 ㋑多くの中から選び取る。「活字を—」「小説から例を—」「面白そうな所だけ—・って読む」「電波を—」 ②『五自』徒歩で行く。「—・って帰りましょう」 ▽(2)は古風な言い方。

ひろう【披露】『名・ス他』①公に発表すること。「結婚—」「—宴」 ▽(2)の転。しばしば「ひろめ」の意にも使う。②文書などをひらいて皆に見せること。

ひろう【疲労】『名・ス自』①肉体または精神をひどく使った(=労)ため、つかれること。「—困憊(こんぱい)」②比喩的に、使いすぎてその部分の材質などが弱ること。「金属—」

ひろう【卑×陋・×鄙×陋】 いやしいこと。下品なこと。

びろう【〈蒲葵〉・×檳×榔】 九州南部・奄美(あまみ)・沖縄諸島に自生する亜熱帯常緑高木。幹頂に直径一メートル内外の円形状の葉を群生。葉は笠(かさ)・団扇(うちわ)などにする。古くは牛車(ぎっしゃ)の装飾に用いた。古名、あじまさ。こば。▽やし科。ビンロウジュとは別種。

びろう【尾籠】『ダナ』きたないさま。けがらわしいさま。「—な話ですが」 ▽「をこ」(愚か、転じて、無作法)の当て字を音読みした語。今は古風。

ひろえん【広縁】 ①幅の広い縁側。②寝殿造りで、ひさしの間。

ビロード【〈天鵞絨〉】 織物の一つ。綿・絹・毛などで織り、こまかい毛をたて、なめらかでつやのある織り方。ベルベット。▽ポルトガル veludo

ひろがり【広がり・△拡がり】 幅・面積・空間や物事の進行する範囲が、ひろがること。また、その程度。

ひろが-る【広がる・△拡がる】『五自』占めるまたは及ぶところが広くなる。①閉じてあった(状態の)物が開く。「スカートが—」 ②間隔や占める面積や物事の規模が大きくなる。「道幅が—」「できものが—」「火事が—」「事業がますます—」。事態が広い範囲に及ぶ。行き渡る。広まる。「うわさが—」

ひろく【秘録】 隠してきた(大事な)記録。「—を公開する」

びろく【微×禄】 ①『名』わずかの俸給。②『名・ス自』おちぶれること。▽(2)は「—する」「—いたす」のような形で使うのが普通。

びろく【美×禄】 ①よい俸禄(ほうろく)。よい給与。「—を食(は)む」②酒。▽「漢書」に「酒は天の—」とあることから。

ひろくち【広口】 ①容器の口が広いこと。「—びん」②水盤。

ひろ-げる【広げる・△拡げる】『下一他』占めるまたは及ぶところを広くする。①閉じたり巻いたりたたんだりしてある物を、のばしひらく。「両手を—・げて通せんぼをする」「股を—」「包みを—」「机に地図を—」 ▽「展げる」とも書く。②間隔や占める面積や物事の規模を大きくする。「間口を—」「買い足して敷地を—」「事業を手一杯—」 ③並べて場所を取らせる。「部屋いっぱいに本を—」「店を—」(品物を並べて店を張る。(2)の意にも使う)

ひろこうじ【広小路】 道幅が広い街路。

ひろさ【広さ】 広いこと。また、広いか狭いかという程度。

ひろしき【広敷】 江戸時代、大名屋敷の奥向き、台所に続く広間。▽大きな町家のを言うこともあった。

ピロシキ 小麦粉を練った皮で、肉・魚・野菜などの具を包み、油で揚げたりオーブンで焼いたりした、ロシア料理。▽(ロシア) pirozhki

ひろそで【広袖】 和裁で、袖口の下の方を縫い合わせないもの。ひらそで。

ひろっぱ【広っぱ】〔俗〕ひろびろとした所。

ピロティ 二階以上を部屋とし一階を吹き放ちにした、その一階部分。▽(フランス) pilotis

ひろば【広場】 集会場・遊び場などに使えるほどの、広い平らな場所。「共通の―」(比喩的に、意思の疎通がはかれる場所)

ひろはば【広幅・広△巾】 普通の反物より広い幅。おおはば。↕並幅

ひろびろ【広広】『副〔と〕・ス自』 いかにも広いさま。「温泉の―(と)した浴槽」

ひろぶた【広蓋】 ①衣服を入れる箱のふた。▽衣服などを賜る時、これに載せて授けた。②広蓋(1)の形に似た、大型の盆。

ヒロポン 覚醒剤の一種。連用すると中毒や依存症になる。▽Philopon 日本で作った商品名。第二次大戦後の混乱期に乱用されて社会問題となった。

ひろま【広間】 多くは客用・会合用の、広い室・座敷。「大―」

ひろまえ(へ…ま)【広前】 神殿・仏殿・宮殿などの前庭。

ひろま-る【広まる】『五自』 広く行き渡る。「評判が―」

ひろめ【広め・披露目】 その事実、特に襲名・結婚・開店とか芸者の一本立ちとか(時に引退)を皆に広く知らせるわざ。ひろう。おひろめ。

ひろめや【広目屋】 広告屋。ちんどん屋。▽「広める」の連用形「広め」に「屋」を付けた語。

ひろ-める【広める・×弘める】『下一他』 物事が広く行き渡るようにする。「学問を世に―」。特に、広く知られるようにする。「名を―」

ひろやか【広やか】『ダナ』 ひろびろとしているさま。 派生 -さ

ピロリきん【ピロリ菌】 感染すると胃の粘膜にすみつく、螺旋(らせん)状の細菌。胃潰瘍(かいよう)・胃がんなどを引き起こす。▽Helicobacter pylori から。

ひわ(はひ)【×鶸】 ①秋、シベリア方面から日本に渡って来る小鳥。スズメより小さく、全身黄緑色。声は美しい。▽あとり科の鳥の一群。②ひわいろ。

ひわ【悲話】 聞くもあわれな話。悲しい物語。

ひわ【秘話】 包み隠されて世に知られていない話。

びわ【×枇×杷】 卵形で黄赤色の果実を食用とする常緑高木。晩秋、かおりのよい白い花を開き、翌年初夏のころ実を結ぶ。▽ばら科。

びわ【×琵×琶】 枇杷(びわ)の実を半分に割ったような形で四本または五本の糸をはり、胸にかかえてひく、東アジアの弦楽器。「―法師」

ひわい【卑×猥・×鄙×猥】『名ナ』 下品でみだらなこと。「―な言葉を吐く」 派生 -さ

ひわいろ(ひは…)【×鶸色】 ヒワの羽のような黄緑色。

ひわだ(だ…は)【×桧△皮】 ①ヒノキのかわ。②↓ひわだぶき。 **―ぶき**【―×葺(き)】 ひわだで屋根を葺(ふ)くこと。ひわだで葺いた屋根。

ひわたり【火渡り】 修験道で、燃えている熾(おき)の上を経を唱えながら、はだしでわたること。

ひわり【日割(り)】 ①給金などを一日幾らと割り当てること。「アルバイト料を―計算で支払う」 ②その日その日にする仕事を前もって割り当てること。

ひわれ【干割れ】 木材・水田などに、乾いて割れ目のはいること。立木に、昼夜の温度の差のため、割れ目のはいること。

ひわ-れる【干割れる】『下一自』 かわいて割れ、裂ける、また、割れ目や傷ができる。

ひん〔*品〕 ヒン ホン しな ― ①しなもの。「遺品・佳品・小品・金品・絶品・物品・商品・作品・名品・珍品・逸品・景品・薬品・舶来品・天下一品・一品料理」 ②種類わけ。「品種・品類・品詞・品目」 ③㋐『名・造』よしあしの程度。くらい。その物にそなわるねうち。等級。階級。「品がよい」(上品である)「品がある」(同上)「品質・品位・品格・品性・品等・品行・人品(じんぴん)・上品・下品・気品」 ㋑仏教で、極楽浄土の階級。「ホン」と読む。「九品(くほん)浄土・上品上生(じょうぼんじょうしょう)」 ④物のよしあしの等級をきめる。しなさだめする。「品評」 ⑤令(りょう)の制度で、親王・内親王が叙せられる位。「ホン」と読む。「一品親王(いっぽんしんのう)・無品」 ⑥仏典一部中に分けられた章節。「ホン」と読む。「法華経(ほけきょう)二十八品・普門品」

ひん〔浜〕〔濱〕 ヒン はま ― ①水ぎわ。海のほとり。はま。「海浜」 ②「横浜」の略称。「京浜(けいひん)地方」 ③『名』陸地のはて。かぎり。「率土(そっと)の浜」

ひん〔*貧〕 ヒン ビン まずしい ― ①『名・造』財産がない。まずしい。↕富。「貧に迫る」「貧富・貧福・貧困・貧乏(びんぼう)・貧窮・貧苦・貧寒・貧民・貧家・貧者・貧相・貧賤(ひんせん)・貧農・貧村・極貧(ごくひん)・赤貧・清貧・素寒貧(すかんぴん)・じり貧」 ②不十分。欠乏している。すくない。「貧血・貧弱・貧鉱・貧土」

ひん〔賓〕〔(人)賓〕 ヒン ― ①うやまうべき客人。「賓客・賓位・貴賓・来賓・国賓・主賓・陪賓(ばいひん)」 ②来客を接待してもてなす。「賓礼」 ③主たるものに対するもの。「賓概念・賓辞・賓格」 ④梵語(ぼんご)の音訳。「賓頭盧(びんずる)」

ひん〔頻〕〔頻〕 ヒン しきり ― くり返し起こる。しきりにする。しばしば。「頻繁・頻頻・頻発・頻出・頻度・頻数」

びん【便】 ①郵便物・貨物・乗客を運ぶこと。そうする運輸手段。「次の―で送る」「六八三―に乗る」 ②手

紙。たより。「郷里からの―では」▽もと、良いっての意。→べん〖便〗

びん【×鬢】頭の左右側面の髪(の生えている部分)。

びん【瓶・×罎】陶器やガラス製で、液体などを入れる容器。「ビール―」▽→びん〖瓶〗

びん〖瓶〗〖瓶〗 ビン ヘイ ビョウ(ビヤウ) かめ みか ―〘名・造〙液体を入れる容器。口径のわりに底の深い容器。かめ。びん。「瓶に入れる」「瓶子(へいし)・花瓶・土瓶・鉄瓶・茶瓶・燗瓶(かんびん)・溲瓶(しびん)・一升瓶」▽→びん(瓶)

びん〖敏〗〖敏〗 ビン さとい すばやい とし ―〘ダナ・造〙頭やからだがすばやく働く。すばやい。さとい。↔鈍。「機を見るに敏な人」「敏速・敏捷(びんしょう)・敏活・敏感・敏腕・機敏・明敏・俊敏・鋭敏・過敏」

びん〖×憫〗 ビン あわれむ うれえる ―かわいそうに思う。心にかなしがる。うれえる。あわれむ。「憫然・憫察・憫笑・不憫・憐憫(れんびん)」

びん〖便〗→べん〖便〗

ピン ①㋐とめばり。昆虫針。安全ピン・髪どめピンなど。㋑ボウリングの標的。㋒ゴルフで、ホールに立てる標柱。▽pin ②はじめ。一番上。あたま。「―からキリまで」(上等のものから劣ったものまで、すべて。転じて、何から何まで)「―はね」▽(2)はもと、カルタや賽(さい)の目の「一」のことで、ポルトガル pinta(=点)からという。

ひんい【品位】①人に自然と備わっている、心の高さ。ひん。「―を保つ」「―を傷つける」②量で定まる、対象物の質。㋐金貨または銀貨が含む金または銀の、更に広く、鉱石が含む当の金属の、割合。㋑テレビの走査線の数による、画面の質。「高―テレビ」

ピンイン【×拼音】中国語のローマ字による表記法の一つ。一九五八年中国で公布。▽中国語。

ひんかい【頻回】間をおかずに何度も行うこと。

びんかき【×鬢×掻(き)】びんをつくろうための、小さなくし。

ひんかく【品格】①人の品(ひん)のよしあし。「―を重んじる」。すぐれた気品。「―のある人」②品物のよしあし。品位。「―上乗の家具」

ひんかく【賓格】文法で、主格に対する格。▽その内容は学説によりいろいろ。

ひんかく【賓客】うやまうべき客人。ひんきゃく。

ひんがし【△東】ひがし。▽雅語的。「ひむかし」とも書く。「日向かし」か。

びんがた【△紅型】沖縄で産する、多彩な模様染め。一枚の型紙を使って染め分ける。

びんかつ【敏活】〘名・ダナ〙とっさに頭が働いて、すばやく行動すること。派生 -さ

ひんかん【貧寒】〘トタル〙貧しく、寒々としているさま。

びんかん【敏感】〘名・ダナ〙感度がよいこと。わずかの変化でもすぐ感じとること。↔鈍感。「―に反応する」▽生物だけでなく、計器などにも言う。派生 -さ

びんぎ【便宜】つごうのよいこと。よい機会。▽→べんぎ

ひんきゃく【賓客】→ひんかく(賓客)

ひんきゅう【貧窮】〘名・ス自〙貧しくて生活にひどく苦しむこと。貧困。貧苦。

ひんきゅう【×殯宮】天皇・皇族の棺を、葬儀の時まで安置しておく仮の御殿。

ひんく【貧苦】貧しくて苦しいこと。その苦しみ。

ピンク ①淡紅色。桃色。②好色的。「―映画」▽pink

ひんけい【×牝鶏】めすのにわとり。めんどり。「―晨(あした)す」(女が勢力をふるうのは、わざわいのもとをなすというたとえ)

ひんけつ【貧血】〘名・ス自〙血液の赤血球が減った状態。酸素の供給が不足し、皮膚蒼白(そうはく)・心悸亢進(しんきこうしん)・めまいなどを伴う。

ビンゴ ①球や札によって順次選ばれる数字と、手元の五行五列に番号が書かれたカードの数字が一致し、いち早く縦・横または斜めのます目がつながることを競うゲーム。「―大会」②的中した時に発する語。大当たり。▽ビンゴ(1)でます目がつながった瞬間に叫ぶところから。bingo

ひんこう【品行】道徳面から見た、人の常々の行い。身持ち。「―方正」「―が悪い」

ひんこう【貧鉱】①品位の低い鉱石。②鉱石のあまり出ない鉱山。

ひんこん【貧困】〘名ナ〙①貧しくて生活に困っていること。②大切なものが欠けていること。「思想の―」「発想が―だ」派生 -さ

びんざさら【〈編木〉〈拍板〉】田楽・郷土舞踊などに使う楽器。数十枚の薄板をあわせてひもを通し、伸縮させて音を出す。はくはん。ささら。ささらぎ。

びんさつ【×憫察】〘名・ス他〙あわれみをもって思いやること。▽他人が自分を思い察してくれることにも言う。

ひんし【品詞】〔文法〕単語を形態と職能によって分類した種別。例、形容詞・助詞・接続詞。

ひんし【×瀕死】いまにも死にそうであること。「―の重傷を負う」

ひんじ【賓辞】①論理学で、命題において、主辞について述べられる概念・名辞。客語(かくご)。↔主辞。②〔文法〕→きゃくご

ひんしつ【品質】品物の質。しながら。「―保証付き」
―かんり【―管理】工業製品の質が規格に合うように、または一定の水準を保つように、統計的方法などで生産品を検査して、その生産工程を管理すること。▽quality control の訳語。

ひんしつ【品×隲】〘名・ス他〙しなさだめ。品評。

ひんしつ【×稟質】生まれつきの性質。

ひんじゃ【貧者】貧しい人。貧乏な人。↔富者。「―の一灯」(貧しい人のわずかな志でも、まごころがこもっている点で、富者のたくさんの志より尊い)

ひんじゃく【貧弱】《名ナ》みすぼらしいこと。小さく、または内容が乏しく見劣りすること。「―な内容」「―に育つ」▽もと、まずしくて、乏しいこと。派生 **-さ**

ぴんしゃん《副［と］・ス自》年の割に非常に元気のよいさま。「まだ―している」

ひんしゅ【品種】①品物の種類。②同じ種の生物をさらに分類する区分。農作物・家畜などを実用的性質の相違で分けたものを言うことが多い。「―改良」「新しい―」

ひんしゅく【×顰×蹙】《名・ス自》まゆをひそめること。不快の念を表して、顔をしかめること。「―を買う」(自分の行為が原因で、世間の人から軽蔑され嫌がられる)

ひんしゅつ【頻出】《名・ス自》しきりに現れ出ること。(同じ種類のものが)繰り返し現れること。

ひんしょう【貧小】《名ナ》貧弱で小さいこと。

びんしょう【×憫笑】《名・ス他》あわれみさげすんで笑うこと。

びんしょう【敏×捷】《名・ダナ》すばしこいこと。派生 **-さ**

びんじょう【便乗】《名・ス自》①他の人が車(や船その他の乗物)に乗るのを利用して、(ただで)相乗りすること。②たくみにチャンスをとらえて、他の権威・行為などを利用すること。「時局―主義」

ヒンズーきょう【ヒンズー教】→ヒンドゥーきょう

ひん-する【×瀕する】《サ変自》ちかづく。せまる。……になろうとする。「死に―」「危機に―」

ひん-する【貧する】《サ変自》まずしくなる。貧乏になる。「―すれば鈍(どん)する」(貧乏になると、とかく品性が劣等になりがちなものだ)

びんずる【△賓頭×盧】〔仏〕十六羅漢の第一。白髪でまゆが長い像につくられ、その像をなでて病気の回復を祈る。おびんずる。▽梵語(ぼんご)。

ひんせい【品性】個人がそなえている(道徳的価値として見た)性格。

ひんせい【×稟性】うまれながらそなえている性質。天性。

ひんせき【×擯斥】《名・ス他》のけものにすること。排斥。

ピンセット 小さなものをつまむ、V字型で多く金属製の道具。医療・精密細工用。▽オランダ pincet

ひんせん【貧×賤】《名ナ》貧乏で、身分が低いこと。↕富貴。「―の徒」

びんせん【便船】自分が乗って行くのに都合よく出る船。「―を待つ」

びんせん【便箋】手紙を書くための用紙。

びんぜん【×憫然・×愍然】《トタル》哀れむべきさま。かわいそうなさま。

ひんそう【貧相】《名ナ》いかにも貧乏らしい容貌。また、貧弱なさま。「―な身なり」

びんそく【敏速】《名・ダナ》すばやいこと。すべきことをすばやくすること。派生 **-さ**

びんた ①かみの毛の鬢(びん)の所。②他人のほおを平手打ちすること。「―を食わす」

ピンチ ①さしせまった事態。危機。②はさむもの。洗濯ばさみ。▽pinch **―ヒッター** →だいだ。▽pinch hitter

びんちょう【△備長】「備長炭」の略。カシを材料とする白炭。火力が強く煙が出ない。▽和歌山県の備中屋長左衛門(びっちゅうやちょうざえもん)が作り始めたことから言う。

びんつけあぶら【×鬢付け油】おくれ毛をとめるための、固くねった、日本髪用の油。菜種油と木蠟(もくろう)から作る。かたあぶら。▽略して「びんつけ」とも言う。

びんづめ【瓶詰(め)・×壜詰(め)】びんに詰めること。その詰めたもの。

ビンテージ ①そのワインを醸造した年と場所。②ある場所で、特にぶどうの出来がよい年に醸造された高級ワイン。③古くて、高級とされる製品。「―カー」▽vintage

びんでん【便殿】天皇・皇后・皇太后・皇太子または皇太子妃が休息するために臨時に設けた場所。べんでん。

ヒント 暗示。示唆。「―を与える」▽hint

ひんど【貧土】生産物が乏しい土地。不毛の土地。

ひんど【頻度】同じ(種類の)事が繰り返して起こる度数。出現度数。「―が高い」「使用―」

ピント 写真のレンズの焦点。「―を合わせる」「―はずれ(=見当違い)の話」▽オランダ brandpunt(=焦点)から。

ぴんと《副》①張り切って、ゆるみがないさま。「背筋を―伸ばす」「―張りつめた空気」②すぐに感じ取るさま。「説明されても―来ない」③勢いよくはじかれたり、跳ねたりするさま。「―立った口ひげ」

ひんとう【品等】品位と等級。品柄(しながら)。「―分け」

ひんどう【貧道】僧が自分をへりくだって言う語。

ヒンドゥーきょう【ヒンドゥー教】南アジアを中心に広く信仰される多神教。インドでバラモン教から起こり、四世紀ごろ確立。後に仏教の影響も受けた。ヒンズー教。▽「ヒンドゥー」は Hindu

びんなが【×鬢長】まぐろの一種。寒帯を除いて世界的に分布。クロマグロ(ホンマグロ)に似ているが、胸びれが長い。食用。ビンチョウ。

ひんのう【貧農】耕作面積が少なく貧乏な農民。

ひんば【×牝馬】めすの馬。↕牡馬(ぼば)。「繁殖―」

ひんぱつ【頻発】《名・ス自》しきりに起こること。「事故の―」

ピンはね《名・ス自他》〔俗〕人の利益のあたまをはねること。うわまえをはねること。▽→ピン(2)

ひんばん【品番】管理のために、同一種類の商品ごとに付ける番号。しなばん。

ひんぱん【頻繁】《名・ダナ》繰り返し繰り返し(次から次へと)行う(起こる)こと。「―に電話をかける」「盗難が―に発生する」派生 **-さ**

ひんぴょう【品評】《名・ス他》作品・製品・産物などの

出来を評価すること。「―会」「あれこれ―する」

ひんぴん【頻頻】〘ト タル〙しきりに起こるさま。「―と火事が起こる」

ぴんぴん ①〘副〔と〕・ス自〙健康なさま。勢いよくはねるさま。「米寿を迎えても―している」。②〘副ダ〙張りがあるさま。「釣り上げた魚が―はねる」「弦を―に張る」③〘副〙くり返しひっぱるさま。「ひげを―ひっぱる」

ひんぷ【貧富】 貧しいことと富んでいること。貧乏人と金持。「―の差がはげしい」

ひんぷん【×繽紛】〘ト タル〙多くのものが入り乱れるさま。

ひんぼ【×牝×牡】 動物のめすとおす。

ピンポイント（針の先で突く点のように）ごく狭い場所・部分。「精密誘導弾で軍司令部を―攻撃した」▽pinpoint

びんぼう【貧乏】〘名ナノ・ス自〙収入・財産が少なくて、生活が苦しいこと。関連 貧困・極貧・赤貧・清貧・じり貧・どか貧・素寒貧・窮乏・窮迫・逼迫(ひっぱく)・食いはぐれ・食い上げ・文無し・一文無し・無一文・無一物・裸・丸裸・裸一貫・無銭・無産・火の車・きゅうきゅう・ぴいぴい・すってんてん・懐が寒い・貧しい・貧する・食いかねる・食い詰める・首が回らない　**―がみ【―神】**①貧乏をもたらすという神。②相撲(すもう)で、十両の筆頭。▽給金は幕内より低いのに幕内力士と取り組まされることが多いから。最近はこの語をあまり使わない。　**―くじ【―×籤】** 損な役まわり。不運なめぐり合わせ。「―をひく」　**―しょう【―性】** いつもけちけちしてゆとりのある態度がとれない性質。また、物事にくよくよする性質。　**―ゆすり【―揺(す)り】**〘名・ス自〙（どっしりと構えず）ひざなどをたえず細かく動かすこと。　**―ゆるぎ【―揺(る)ぎ】** びんぼうゆすり。

ピンぼけ〘名・ス自〙①〔俗〕写真でピントがはずれて画像がぼけること。②転じて、問題の重点からはずれていること。

ピンポン 卓球。「―玉(＝卓球のボール)ぐらいの大きさ」▽ping-pong

ひんまが-る【ひん曲(が)る】〘五自〙〔俗〕ひどく曲がる。▽「ひん」は強めの接頭語。

ひんま-げる【ひん曲げる】〘下一他〙〔俗〕ひどく曲げる。▽「ひん」は強めの接頭語。

ひんみん【貧民】 貧乏な人民・人々。　**―くつ【―窟】** 貧民が多く集まり住む所。スラム。

ひんむ-く【ひん△剝く】〘五他〙乱暴にむく。「面(つら)の皮を―」（ずうずうしく偽っている者の本性(ほんしょう)をあばいて、やっつける）▽「ひん」は強めの接頭語。

ひんもく【品目】 品物の目録・種目。「営業―」

ひんやり〘副〔と〕・ス自〙感触が冷たいさま。「山の冷気が―とはだへに迫る」（海野十三「人造人間エフ氏」）

びんらん【便覧】 物事や組織などを知るのに便利なように、簡明に述べた書物。多くは小型の冊子。ハンドブック。べんらん。「通信工学―」「文学部―」

びんらん【×紊乱】〘名・ス自他〙→ぶんらん

ひんれい【賓礼】 お客としての礼をもって、もてなすこと。

びんろうじゅ【×檳×榔樹】 未熟の種子(＝檳榔子(びんろうじ))を薬用・染料用とする常緑高木。枝がなく幹の頂に大きな葉が群生する。インドネシア・マレー原産。▽やし科。ビロウとは別種。

びんわん【敏腕】〘名ナ〙事務の処理・交渉などをてきぱき行う能力があること。うできき。「―をふるう」「―家」派生 **-さ**

ふ

ふ【二】 ふたつ。ふう。▽数える時に言う。

ふ【△斑】 ぶち。まだら。「黒い―がある」「―入り」

ふ【歩】 前に一こまだけ出られる、将棋の駒。▽「歩兵(ふひょう＝雑兵)」の略。

ふ【×麩】 小麦粉の蛋白(たんぱく)質グルテンを取り出して蒸した食品。生麩(なまふ)。

ふ[*不] フ ブ ず ｜打消しの語。否定する意。「不正・不和・不実・不明・不日・不賛成・不得要領・不人情・不届き・不始末・不身持(ふみもち)・不案内」。以下、慣用音「ブ」で読む。「不作法・不器量・不用心・不調法・不格好・不細工」

ふ[*夫] フ フウ おっと おとこ ｜①結婚している男。つま。おっと。↕妻。「夫妻・夫婦(ふうふ)・夫君・夫唱婦随・亡夫・有夫・密夫・情夫・一夫多妻・匹夫匹婦」②成年に達した男子。一人前のおとこ。↕婦。「大丈夫・美丈夫・偉丈夫・大夫・匹夫・凡夫・田夫野人」③公役の労働。それに服する人。「夫役(ぶやく・ふえき)・夫課・駅夫・消防夫」④一般に、労働にたずさわる人。「樵夫(しょうふ)・漁夫・農夫・人夫・工夫・坑夫・水夫・火夫・車夫・鉱夫」▽漢文の助字として、文頭に使う。それ。

ふ[扶] フ たすける ｜力をかす。世話をする。たすける。「扶助・扶育・扶養・扶翼・扶持(ふち)・家扶」

ふ[*父] フ ちち ｜①男親。ちち。「父母・父子・父兄・父祖・父君・父系・親父・厳父・祖父・老父・伯父・叔父・義父・養父・岳父・神父・慈父・師父・国父」②年とった男。年寄り。「父老・田父・漁父」

ふ[*付] フ つける つく ｜①さずける。わたす。あたえる。つける。「付与・交付・下付・給付・送付・配付・納付・還付」②そえる。つける。つく。「附」に通じる。「付箋(ふせん)・添付・貼付(ちょうふ・てんぷ)」③たのんで手わたす。まかせる。「付託」

ふ〖附〗フ つく つける ―①添え加える。ます。つける。「附着・附加・附帯・附録・附言・寄附・送附・添附」▽土を添え加えて作った山の意から。②つきしたがう。「附属・附随・附和雷同・附近・畏附・阿附(あふ)・降附・新附」▽今は多く「付」を使う。

ふ〖*府〗フ ―①㋐役所。百官の居る所。「府庁・府署・府中・官府・政府・幕府・鎮守府・内閣府」㋑人の多く集まる所。みやこ。「首府・都府・城府」㋒〘名・造〙物事の中心となる所。「学問の府」「文教の府」②〘名・造〙地方公共団体の一つ。「都道府県・大阪府・府下・府立」▽中国唐代で、大きな州。宋(そう)以後、路・省の下の行政区画。③朝廷の文書・財貨等をしまっておく、くら。「府庫・府帑(ふど)・御府(ぎょふ)・秘府・怨府(えんぷ)」④幕府時代の江戸。「御府内・定府(じょうふ)」

ふ〖×腑〗フ ―①〘名・造〙はらわた。胆(きも)・胃・腸など。「胃の腑」「臓腑・五臓六腑」②〘名・造〙心のそこ。しんそこ。「腑におちない」(納得できない)「肺腑をえぐる」「腑甲斐無(ふがいな)い」

ふ〖腐〗フ くさる くされる くさらす ―①古くなって、組織がこわれる。くさる。「腐敗・腐朽・腐爛(ふらん)・腐蝕(ふしょく)・腐臭・腐肉・腐植土・防腐剤」②㋐古くて役に立たない。「腐儒」㋑古くさくなる。「陳腐」③心を苦しめて工夫する。頭をなやます。「腐心」④古代中国で、男子を去勢する刑罰。「腐刑」

ふ〖*布〗フ ホ ぬの きれ しく ―①㋐植物繊維による織物。ぬの。「布帛(ふはく)・布巾・布衣(ほい・ふい)・綿布・上布・画布」㋑一般に、織物のこと。「毛布・絹布・敷布(しきふ)・湿布」②㋐一面に広くほどこす。しく。「布置・布陣・分布・散布・塗布」㋑広くゆきわたる。広くゆきわたらせる。「布教・布告・布達・布石・宣布・公布・流布(るふ)・弘布(ぐふ)・配布・発布・頒布・布施(ふせ)」㋒のべる。「布衍(ふえん)」

ふ〖怖〗フ こわい おそれる おじる おびえる ―わけもなくこわがる。おそれる。「畏怖・恐怖・驚怖」

ふ〖訃〗フ つげる しらせ ―〘名・造〙人の死を急いで知らせる。死のしらせ。「訃に接する」「訃報・訃音(ふいん・ふおん)・訃電」

ふ〖赴〗フ おもむく ―①急いで行く。かけつける。おもむく。ゆく。「赴援・赴任」②死去のしらせ。「訃(ふ)」に通じる。

ふ〖*負〗フ おう まける まかす そむく ―①㋐背にになう。せおう。おう。「負荷・負担」㋑おい目をもつ。金を借りている。「負債」㋒こうむる。うける。「負傷」②たのみとする。たのむ。「抱負・自負」③戦いにまける。競争にまける。↕勝。「勝負」④背をむける。そむく。⑤〘名・造〙零より小さい数。正に対立する電気の性質。マイナス。↕正。「負の遺産」(残る借金など、引き継ぐ者の負い目や辛い戒め)「負数・正負・負電気」

ふ〖浮〗〖浮〗フ うく うかれる うかぶ うかべる うわつく ―①水にうく。空中にうく。うかぶ。↕沈。「浮沈・浮力・浮游(ふゆう)・浮標・浮揚・浮木・浮腫」②根がない。よりどころがない。一定の住所をもたない。「浮言・浮説・浮生・浮浪・浮民」③深い考えがない。かるがるしい。うわついている。まじめでない。「浮華・浮薄・軽浮」

ふ〖*婦〗〖婦〗フ おんな ―①家事に従事する女。つれあいのある女。つま。「婦徳・婦道・新婦・夫婦(ふうふ)・主婦・貞婦・毒婦・寡婦・節婦・賢婦・農婦・妊婦・烈婦・情婦・一夫一婦」②成人に達した女。「婦女・婦人・妖婦・裸婦・看護婦・家政婦・派出婦」

ふ〖符〗フ ―①㋐わりふ。あいふだ。「割符(わりふ・わっぷ)・符節・符合・符号」㋑約束のあるしるしのふだ。「切符」②一定の事柄に対応させてあるしるしの形。記号。「符牒(ふちょう)・音符・疑問符・休止符」③神仏の加護を約束するしるしのふだ。しるし。「神符・護符・呪符」④前兆となることがら。しるし。「符験」⑤天子の印。また、印形(いんぎょう)。「符璽(ふじ)」⑥古代における公文書の一つ。「太政官符」

ふ〖*富〗(〖冨〗[人]) フ フウ とむ とみ ―①物が十分にある。満ちたりる。財産が豊か。とむ。財力。とみ。↕貧。「国富・貧富・富有・富裕・富貴(ふうき・ふっき)・富力・富強・富家(ふか・ふうか)・富豪・豊富・巨富」②豊かにする。「富国」

ふ〖普〗フ あまねく ―①一面にひろくゆきわたる。あまねく。「普天・普遍・普通・普及・普請(ふしん)」②「普魯西(プロシア)」の略。「普仏(ふふつ)戦争」

ふ〖譜〗フ ―①系統立てて順序よく書き並べた記録。「系譜・皇統譜・家譜・年譜・印譜・棋譜・花譜・画譜・図譜」②〘名・造〙音楽の曲節を符号で書き表したもの。「譜が読める」「楽譜・曲譜・音譜・暗譜・総譜・採譜」③代々ひきつづく。「譜代」

ふ〖敷〗〖敷〗フ しく ―一面にしき及ぼす。ひろくほどこす。「敷設・敷衍(ふえん)」

ふ〖膚〗フ はだ はだえ ―①身体の表皮。はだ。はだえ。「皮膚・玉膚・完膚・身体髪膚(はっぷ)」②物の表面。うわつら。薄い。「膚浅」

ふ〖賦〗フ ―①金品や労力を割り当ててとり立てる。みつぎもの。ぶやく。「賦課・賦役・賦租・賦税・月賦・田賦・貢賦」②㋐わりあてて与える。「賦与・賦物」㋑天から与えられたもの。うまれつき。「賦性・賦稟(ふひん)・天賦」③㋐詩をつくる。詩を声をあげてよむ。「賦詠」㋑〘名〙詩経にいう詩のスタイルのうち、感じた事をありのまま述べる詩。「詩賦・賦比興」㋒〘名〙文体の一つ。多く対句(ついく)をなし、句末に韻をふむ。「赤壁賦」㋓歌。詩。「早春賦」

ぶ【分】①あるものを幾等分かした一つ。特に、↓ぶん〘分〙(2)(6)。②厚みの程度。「―厚い本」③優劣などの割合。「―が悪い」「君に―がある」▽(3)は「歩」

ふ

とも書く。

ぶ【歩】 ①歩合(ぶあい)。「―を取る」。特に、元金に対する利息の割合。利率。②歩合・利率などの単位。一割の十分の一。③尺貫法の面積の単位。一歩は六尺平方(約三・三平方メートル)。一坪(つぼ)。④《「町」「段(反)」などの下につけ》端数のないこと。「一町歩」

ぶ〖侮〗[侮] ブ あなどる ― 相手を軽くあつかう。あなどる。あなどり。「侮辱・侮蔑・軽侮」

ぶ〖*武〗 ブ ム たけし ― ①戦力。軍事。↕文。「武力・武人・武事・武芸・武技・武術・武断・文武・演武・尚武」②戦って勝つ力がある。つよい。たけだけしい。「武勇・武名」③ひとあし踏み進む長さ。「歩武堂堂」④「武蔵(むさし)国」の略。「武州・総武」

ぶ〖*部〗 ブ べ ― ①《名・造》㋐区分けする。その分けた一区分。「雑の部」「部署・部分・部首・部門・部立て・部隊・部下・部将・部類・部屋(へや)・一部・全部・細部・局部・幹部・支部・第一部」㋑官庁・会社などの組織区分の一つ。「部の運営」「兵部(ひょうぶ)・本部・総務部・学部・部長」㋒学校の課外活動の集まり。クラブ。会社などの同好の集まり。「野球部・アウトドア部」②書物の数を表すのに添える語。㋐冊。「限定百部出版」㋑何冊もある書物を一まとめにして言う語。「一部七冊から成る」。本に仕立てた分量をも指す。「大部の著」

ぶ〖撫〗 ブ なでる ― なでさする。いたわり、かわいがる。「撫育・撫養・慰撫・愛撫・鎮撫・宣撫」

ぶ〖舞〗 ブ まう まい ― ①足ぶみをしておどる。まいをまう。「舞踏・舞曲・舞楽・舞台・舞人・舞姫(ぶき)・舞踊・乱舞・歌舞・洋舞・日舞・剣舞・円舞・群舞」②思うままに動かす。おどらせる。「鼓舞」

ぶ〖無〗 →む〖無〗

プア 《名ナノ》貧しいさま。貧弱なさま。「ワーキング―」「内容が―だ」▽poor

ファー 毛皮。「―の帽子」▽fur

ファーザー ①父。父親。「シングル―」(死別・離婚などにより一人で子供を育てている父親)②カトリックで、神父。▽father

ファースト ①最初。第一。「―インプレッション」▽first ②野球の一塁、また一塁手。▽first base, first baseman から。 **―クラス** ①第一級。最上級。「―のホテル」②旅客機・客船などの最上級の座席・客室。▽first class **―ネーム** 姓に対して、名。↕ファミリー ネーム。▽first name **―レディー** ①アメリカ大統領夫人。②広く、元首・首相夫人。また、ある分野で指導的地位にある女性。トップ レディー。▽first lady

ファースト フード 注文してすぐ食べられ、持ち帰りもできる簡単な食べ物。例、ハンバーガー、牛丼。▽「ファスト フード」とも。fast(=早い) food

ファームウェア 物体としての電子機器に具体的な仕事をさせるために組み込む、制御用のプログラム。▽firmware

ぶあい【歩合】 ①割合を小数で表したもの。五の百に対する比の値を「五分(ぶ)」という類。特に、ある金額の他の金額に対する割合。②取引などの手数料・報酬。「―を取る」

ぶあいきょう【無愛△敬・無愛×嬌】 《名ナノ》あいきょう(1)がないこと。そのさま。「客に―な店」

ぶあいそう【無愛想】 《名・ダナ》愛想がよくないこと。「―に答える」「―な顔」 派生 **-さ**

ファイト ①《名》戦闘。試合。「―マネー」②《名》敢闘心。気力。「―がある」③《感》スポーツで、「がんばれ」の意の掛け声。▽fight

ファイナル 最後の。「―セール」「―コンサート」。最後の勝負。決勝戦。「―進出」「セミ―」(準決勝戦)▽final

ファイナンシャル プランナー 個人の資産運用・財産形成などについて助言する職業の人。▽financial planner

ファイナンス 資金。財政。金融。▽finance

ファイバー ①(人造)繊維。繊維状のもの。「光―」(→ひかり㋐)。特に「ステープル ファイバー」の略。→スフ。▽fiber ②繊維を薬品で処理して押し固めた、皮の代用品。▽vulcanized fiber から。

ファイル 《名・ス他》①書類ばさみ。それに、書類・新聞(の切抜き)・カタログなどを(整理して)つづり込むこと。②(コンピュータによる情報処理に関連して)ある主題に関する記録を収めた、情報の集合。それに、ある記録を加えること。▽file

ファインダー 撮影の際、写る範囲を見定めるためカメラに取り付けた装置。▽finder

ファイン プレー 鮮やかなわざ。美技。妙技。▽fine play

ファウル ①競技で、反則。②野球で、打った球が一塁線・三塁線の外側に落ちること。ファウル ボール。▽「ファール」とも。foul

ファウンデーション →ファンデーション

ファクシミリ 電話回線を通じて電子的に文字・図形を送信・受信する装置。ファックス。▽facsimile

ファクター ①因子。要因。②因数。▽factor

ファゴット 長い筒形の木管楽器。オーボエより音が低い。バスーン。▽(イタリア) fagotto

ファサード (洋式の)建物の正面。▽(フランス) façade

ファザコン 「ファーザー コンプレックス」の略。父親や父親相当の男性を慕う(女性の)感情。↕マザコン。→エレクトラ コンプレックス。▽father と complex とによる和製英語から。

ファジー 《ダナ》概念内容に度合の選択の余地があるなど、判断する時に意味(するものの)範囲がぼやけているさま。あいまい。不確か。▽fuzzy(=ぼやけた) アメリカの Zadeh が一九六五年に唱えた理論

のキーワードとして世に広まった。派生 -さ

ファシスト ファシズムを主義とする人。▽fascist

ファシズム 権力で労働者階級を押さえ、外国に対しては侵略政策をとる独裁制。一九二〇～四〇年代のイタリアのファシスト党の活動から起こる。▽fascism

ファスナー 袋やジャンパー等の、開け閉めする所につける用具。両側に歯が並び、その間の金具を動かして開閉する。ジッパー。チャック。▽fastener（＝締めるもの）

ぶあつ-い【分厚い・部厚い】《形》相当に厚みがある。「―本」派生 **-さ**

ファックス《名・ス他》→ファクシミリ。▽fax 「FAX」と書くことが多い。

ファッショ ファシズム的な傾向・運動・支配体制。▽イタリア fascio

ファッショナブル《ダナ》服装などがおしゃれで、流行の先端を行っているさま。「―に着こなす」「―なカフェ」▽fashionable

ファッション（特に衣服の型についての）流行。はやり。「ニュー―」「―モデル」▽fashion **―ショー** 新しい型の衣服などを人々に見せる催し。▽fashion show **―ブック** スタイルブック。▽fashion book

ファナティック《ダナ》狂信的。熱狂的。▽fanatic

ファミリー ①家族。家庭。一家。②族。同族。一門。▽family **―レストラン** →ファミレス

ファミレス「ファミリー レストラン」の略。家族で気軽に行けるレストラン。▽family と フランス restaurant とによる和製語から。

ふあん【不安】《名ナノ》何かが気がかりで、落ち着かない(安らぎが得られない)心の状態。「人生の漠然たる―に悩む」「社会―が起こる」派生 **-さ -げ -がる**

ファン ①ある特定の分野、特に競技・演劇・映画などの選手・チーム・俳優などに対する、熱心な愛好家。ファン。「―レター」▽アメリカ fan ②扇風機。送風機。扇。▽fan

ファンクション 機能。働き。「―キー」▽function

ファンタジー ①空想。幻想。②空想的・幻想的な小説。③→げんそうきょく。▽fantasy

ファンタスティック《ダナ》①幻想的。「―な世界」②すばらしいさま。「―なプレー」▽(2)は感動詞的にも使う。fantastic

ファンダメンタリズム 原理主義。▽fundamentalism

ふあんてい【不安定】《名ナノ》一定状態が保たれにくく、すわりが悪いこと。釣り合いを失って崩れ動きそうな状態。「―な姿勢」「政局は―だ」派生 **-さ**

ファンデーション ①下着類。②化粧下(した)。▽「ファウンデーション」とも。foundation(＝土台。基礎)

ファンド 基金。資金。▽fund

ふあんない【不案内】《名ナノ》様子・勝手がわからないこと。その道に通じていないこと。「経済に―だ」

ファンファーレ ①太鼓・トランペットなどを用いた、はなやかで勇ましい、短い楽曲。②三和音だけを使ったトランペットの信号。▽イタリア fanfare

ファンブル《名・ス他》球技で、ボールを取り損なったり落としたりすること。▽fumble

ふい だめ。無効。「―になる」「―にする」「これで金もうけも―だ」

ふい【不意】《名・ダナ》思いがけないこと。「敵の―を突く」「―を食(ら)う」。だしぬけ。突然。「―に現れる」「―の客」 **―うち**【―討ち・―打ち】①急に何かを行うこと。▽(2)の転。②不意に討ってかかること。

ふい【布衣】平民用の着物。転じて、官位の無い者。「―の交わり」(身分にこだわらない交際)▽昔、中国で、庶民は絹でなく麻衣や綿衣を着ていた。↓ぬの(1)。「ほい」と読めば別の意もある。

ぶい【武威】武力の威勢。武による威力。

ぶい【部位】全体に対しその部分が占める位置。「牛肉の―による値段差」「骨折―」

ブイ ①浮標。②浮き袋。救命袋。▽buoy

ブイアイピー【VIP】要人。貴賓。最重要人物。ビップ。「ドイツからわが社に―が見える」「―ルーム」▽very important person の略。

フィアンセ 婚約の相手。婚約者。いいなずけ。▽フランス fiancé 女性は fiancée

フィート ヤード ポンド法の長さの単位。記号 ft 一フィートは一二インチ。約三〇・五センチ。▽「呎」とも書く。feet(＝foot の複数形)

フィードバック《名・ス他》①結果を原因に反映させて調整すること。▽(2)の意から。②電気回路で出力の一部を入力側にもどして、出力を増大または減少させること。▽feedback

フィーバー《名・ス自》(大勢の人が)熱狂すること。興奮。▽fever

フィーリング（人・物などから受ける)直感的で、漠然とした気分。感じ。雰囲気。「―が合う」▽feeling

フィールド ①㋐陸上競技場で、走路(＝トラック)の内側の部分。また、そこで行う跳躍・投擲(とうてき)などの競技。㋑野球・サッカーなどの競技場(1)。②分野。領域。▽field **―ワーク** 現地または現場での採集・調査・研究。▽field work

ブイエイチエフ【VHF】超短波。テレビ放送などに使用する。▽very high frequency の略。

ブイエス【VS・vs.】……に対する。対。「日本―中国」▽ラテン versus から。

フィギュア ①図形。姿。②漫画やアニメ、コンピュータ ゲーム等のキャラクターをかたどった立体的な人形。▽(1)(2)は figure ③「フィギュア スケート」の略。技術と芸術性を競うスケート競技。▽figure-skating から。figure は、氷上に描いた図形の意。

ふいく ①【扶育】《名・ス他》世話をして育てること。▽「扶」は助ける意。②【×傅育】《名・ス他》付き添ってまもり育てること。「幼王を―する」▽「傅」は、かしずき、まもる意。

ぶいく【×撫育】『名・ス他』かわいがって育てること。▽「撫」は、なでる意。

フィクサー 面倒な出来事を調停する人(特に、黒幕)。▽普通は悪い含みで言う。fixer

フィクション ①想像によって架空の筋や事柄をつくること。仮構。虚構。②創作。小説。↔ノンフィクション。▽fiction

ふいご【×鞴】 手で押し(足で踏み)箱の中のピストンを動かして風を送る、簡単な送風機。普通は火おこし用。

ブイ サイン【Vサイン】 人差し指と中指でV字形を作って示す、勝利のしるし。▽V-sign

フィジカル『名・ダナ』①肉体的。身体的。体力的。↔メンタル。「―が強い」「―トレーニング」②物理的。「―空間」(実世界)▽physical

ふいちょう【△吹聴】『名・ス他』あちこち言いふらすこと。「―して歩く」

ふいつ【不一】 ①手紙の末尾に添える語。十分に意をつくさない意。▽「不乙」とも書く。②一様でないこと。

フィッシング ①魚を釣ること。釣り。「ルアー―」▽fishing ②主にインターネット上で、個人情報をだまし取る詐欺行為。「―メール」▽phishing

フィット『名・ス自』(洋服などが)からだにぴったりと合うこと。「体形に―したスーツ」▽fit

フィットネス 健康・体力の維持・向上のために行う運動。「―クラブ」「―ジム」▽fitness

ブイティーアール【VTR】 ①ビデオ。→ビデオテープ レコーダー。②テレビで、録画された映像。▽videotape recorder の略。

ふいと『副』急に思いがけなく起こるさま。「夜明方などに―帰って来た」(寺田寅彦「子猫」)「―立って部屋から出て行った」

ぷいと『副』急に機嫌の悪そうな無愛想な態度でするさま。「―立ち去る」「―そっぽを向く」

フィナーレ 一曲の最後の楽章。また、オペラなどの最終場面。演劇などの終幕。▽イタリア finale

フィニッシュ『名・ス自』スポーツで、最後の動作・場面。そのような動作をすること。陸上競技ではゴールイン、体操では着地(までの一連の動作)など。「―を決める」▽finish

フイフイきょう【△回△回教】 →イスラムきょう

フィフティー フィフティー 五分(ごぶ)五分。「ふたりの勢力は―だ」。半分ずつ。「もうけを―に分ける」▽fifty-fifty(五十と五十の意)

ブイヤベース 魚介類をサフラン・にんにくなどで風味づけした、寄せ鍋風の料理。地中海沿岸の郷土食。▽フランス bouillabaisse

フィヨルド 陸地に深く入り込んだ細長い湾。両壁は切り立ち深い谷になっている。氷河によって生じたもの。峡江。峡湾。▽ノルウェー fjord

ブイヨン 肉や骨の煮出し汁。スープの素(もと)に使う。▽フランス bouillon

フィラメント 電球・真空管などの内部にあり、電流を流して熱電子を放出する、細い線。▽filament

フィラリアびょう【フィラリア病】 血液に寄生する糸状の虫フィラリアによって起こる病気。→ぞうひびょう。▽「フィラリア」は ラテン filaria

フィランソロピー 民間が公益のために行うボランティア活動、特に企業体の(寄付を含む)社会貢献。▽philanthropy(=慈善・博愛)

ふいり【不入り】 興行や催し物などで、客が少ししかはいらないこと。

ふいり【△斑入り】 植物の葉・花、また鼈甲(べっこう)などで、地の色と違った色がまだらにはいっていること。

フィルター ①光・音・液体・空気など流れるもの(から、ちり・臭いなど)を、こしたりふるい分けたりする装置や部品。濾過(ろか)器。「コーヒーの―」②物事の観察・選択の際に陥る、偏見・先入観など。「思い込みという―を通して相手を見る」▽filter

フィルタリング 選別し、不要なものを取り除くこと。特に、インターネット上の有害な情報を遮断すること。「―機能」▽filtering(=濾過(ろか))

フィルム ①写真感光板。セルロイド等の透明物質の上に感光剤を塗ったもの。それを現像した陰画。②映画用の陰画・陽画。▽⑴⑵は「フイルム」とも言う。③ポリエチレンなどで作った薄い膜。「包装用―」▽film

フィレ →ヒレ

フィロソフィー 哲学。ものの見方(の原理)。また、物の考え方。▽philosophy

ふいん【訃音】 死亡のしらせ。訃報。

ぶいん【無音】 久しく便りをしないこと。▽「むおん」と読めば別の意。

フィンガー ボウル 西洋料理で手を使って食べる料理のとき、指を洗うために卓上に出す、水を入れた器。▽finger bowl

ふう〖封〗 フウ ホウ ①㋐『名・造』とじ目をふさいで、あけられないようにする。とじ目をふさいだもの。とじめのしるし。「封をする」「封書・封緘(ふうかん)・封筒・封印・封蝋(ふうろう)・封切(ふうきり)・密封・厳封・開封・金一封」㋑閉じる。閉じこめる。出入りをふせぐ。「封鎖・封入・同封・陸封」②領地を与えて諸侯とする。大名の与えられた領土。「ホウ」と読む。「封建制度・封土・封地・移封・素封家」③さかいの盛り土。さかい。「ホウ」と読む。「封界・封境・封域」④封をした上奏文書。「封事(ふうじ・ほうじ)」⑤音訳に用いる。「封度(ポンド)」

ふう〖*風〗 フウ フ かぜ かざ ①大気の動き。かぜ。かぜがふく。「風雨・風雪・風雲・風車・風波・風向・風力・風化・風船・台風・暴風・烈風・強風・微風・南風・涼風・寒風・春風・薫風・防風・爆風・疾風・順風・旋風・季節風」②『名・造』慣習。ならわし。様式。「都会の風をまねる」「こういう風に作る」「風俗・風習・風潮・家風・遺風・古風・画風・棋風・学風・

作風・洋風・校風・社風・弊風・風紀・矯風・美風・当世風」③〘名・造〙様子。㋐形。ふり。見掛けの姿。「風がいい人」「知らない風をする」「一見紳士風の男」「風貌・風姿・風采・風格・風儀・風態・風体(ふうてい)・威風・高風」㋑おもむき。けしき。味わいのある様子。「君子の風がある」「風景・風光・風致・風物・風味・風雅・風流・風韻・風趣・風情(ふぜい)」④なびかせる力。教えなびかせる。おしえ。「風教・風靡(ふうび)」⑤病気。「風邪(ふうじゃ・かぜ)・中風(ちゅうぶ)」⑥あてこする。遠まわしに言う。「諷」に同じ。「風刺・風喩」⑦うわさ。「風評・風聞・風説」⑧〘名〙詩経にいう詩のスタイルのうち、民謡。

ふう【×諷】フウ そらんじる ―①暗唱する。そらんじる。声を出してうたう。「諷誦(ふうしょう・ふうじゅ)・諷詠」②ほのめかす。あてこすって言う。遠まわしに言う。「諷諫(ふうかん)・諷刺」

ふうあい【風合(い)】①織物の、手ざわりや見た目からくる全体の感じ。「—の良いちりめん」②広く、触覚・視覚・嗅覚・味覚などから得られる全体の感じ。「天然木の—」「小麦の—」

ふうあつ【風圧】風が物体に加える圧力。

ふうい【風位】風の吹いてくる方向。風向き。

ふうい【×諷意】それとなくほのめかして言う、その意味。

ふういん【封印】〘名・ス自他〙封じ目におした印。また、その印をおすこと。「—を破る」「使用を禁じて住居を—する」

ふういん【風韻】趣があること。風趣。

ブーイング 観客・聴衆が不満の意を表して(ブーと)声をあげること。また、その声。▽booing

ふうう【風雨】①風と雨。②風を伴う強い雨。あらし。

ふううん【風雲】①風と雲。自然界。②竜が風と雲とを得て天にのぼるように、英雄豪傑が頭角をあらわす好機。世が大きく動こうとする気運。「—急を告げる」 **—じ**【—児】風雲(2)に乗って活躍する快男児。

ふうえい【×諷詠】〘名・ス他〙詩歌をつくること。「花鳥—」

ふうか【富家】→ふか(富家)

ふうか【風化】〘名・ス自〙①岩石が長いあいだ空気にさらされてくずれ、土になること。その現象。「—作用」②比喩的に、時がたつにつれ、記憶や決意がうすれていくこと。「発足時の精神は今や—した」

ふうが【風雅】〘名・ダナ〙俗でなく、みやびやかで趣があること。「—を解する人」。特に、詩歌・文章・書画などの道。「—に遊ぶ」 派生 **—さ**

フーガ 楽曲形式の一種。曲の途中から、前に出た主題や旋律が次々と追いかけるように出る曲。遁走(とんそう)曲。▽イタリア fuga

ふうがい【風害】大風やつむじ風による被害。

ふうかく【風格】風采と品格。人柄。おもむき。「大人(たいじん)の—」

ふうがわり【風変(わ)り】〘名ナ〙様子・行動が普通とは違っていること。そういうもの、または人。

ふうかん【封×緘】〘名・ス他〙封をとじること。「—はがき」

ふうかん【×諷×諫】〘名・ス他〙遠まわしに言って、いさめること。

ふうがん【風眼】膿漏(のうろう)性結膜炎の俗称。淋菌(りんきん)による急性結膜炎。目が赤くはれて、多量の膿(うみ)を分泌する。膿漏眼。

ふうき【富貴】〘名ナ〙富(とみ)も地位もあること。金持で身分が高いこと。ふっき。↔貧賤(ひんせん)

ふうき【風紀】社会生活の上での規律。特に、(男女間の)交際に関する節度。「—を乱す」

ふうぎ【風儀】外形で見た、人々の品行(様子)。「—が変わる」。行儀作法。「—をうるさく言う」▽やや古風な語。

ふうきょう【風教】徳により教化すること。

ふうきょう【風狂】①(超俗的で)常軌を逸していること。また、その人。②風雅に徹すること。

ふうきり【封切(り)】①〘名・ス他〙新作映画を初めて上映すること。「—館」②〘名〙封を切ったばかりのもの。また、物事のし始め。

ふうきん【風琴】オルガン。また、アコーディオン。

ブーケ 花束。▽フランス bouquet

ふうけい【風景】自然界・自然物の眺め。「車窓に次々と変わる—」。《多くは複合語の後(あと)部分で》その場の情景。「七五三の社頭—」「暮れて行く運河の物憂い—」

ふうけつ【風穴】地学で、かざあな(2)のこと。

ふうげつ【風月】清風明月。快い風とさやかな月。「—を友とする」(自然と交わり風流に暮らす)「—の遊び」(風にうそぶき月をながめて風流を楽しむこと)

ブーゲンビリア 南米原産の低木。枝がつるのように延び、赤紫などの苞(ほう)が美しい。▽bougainvillea おしろいばな科いかだかずら属の学名。

ふうこう【風光】(風や光にも感じる)自然の景色の趣。「—明媚(めいび)」(自然のながめがすぐれて美しいこと)

ふうこう【風向】風の吹いてくる方向。かざむき。「—計」

ふうこつ【風骨】人の、姿や様子に感じられる、しんが通った手ごたえ。風格。

ふうさ【封鎖】〘名・ス他〙出し入れ(出入り)できないように封じ込めること。「海上—」(相手国の海上交通を実力でさえぎること)「—を解く」「港の入り口を—する」「経済—」

ふうさい【風災】風による災害。

ふうさい【風采】人の見掛けの姿。なりふり。「—の上がらない人」

ふうさつ【封殺】〘名・ス他〙①野球で、走者が次のベースに達する前に、ボールを持った野手が走者またはベースに触れてアウトにすること。フォース アウト。②比喩的に、相手の活動を封じること。

ふうし【夫子】①長者・賢者・先生などの尊称。特に、孔子を指す。②あなた、彼などと、その当人を指す語。「―自身が手本を示すべきだ」▽⑵の例のような場合のほか、今は言わない。

ふうし【風刺・×諷刺】〘名・ス他〙それとなくそしること。また、遠まわしに社会・人物の欠陥などを批評すること。「―のきいた文章」

ふうし【風姿】なりふり。すがた。風采。

ふうじこ‐む【封じ込む】〘五他〙→ふうじこめる

ふうじこ‐める【封じ込める】〘下一他〙中に入れてとじこめる。出口をふさぐ。

ふうじて【封じ手】①碁・将棋の対局がその日だけで済まない時、書いて密封しておく、その日の最後の手。翌日それを開いて、以後の勝負を進める。②相撲(すもう)などで、使うことが禁じられた技。禁じ手。

ふうじめ【封じ目】とじて封をした所。

ふうしゃ【風車】風の力で羽根車(はねぐるま)を回す仕掛け。粉をひいたり水をくんだりする動力源や発電に用いる。▽「かざぐるま」と読めば別の意もある。

ふうじゃ【風邪】→かぜ⑵

ふうしゅ【風趣】おもむき。風致。

ふうじゅ【×諷×誦】〘名・ス他〙声を上げて読むこと。特に、経文を読み唱えること。ふじゅ。▽→ふうしょう(諷誦)

ふうじゅ【風樹】風に吹かれて揺れ騒ぐ木。「―の嘆(たん)」(孝行をしようと思った時にはもう親の死後で、孝行がしたくてもできないという嘆き。「樹(き)静かならんと欲すれども風やまず、子養はんと欲すれども親待たず」という漢詩による)

ふうしゅう【風習】風俗習慣。

ふうしょ【封書】封がしてある書状。封筒に入れた手紙。

ふうしょう【風尚】その時代の、人々の好み。「時代の―に合致」

ふうしょう【×諷×誦】〘名・ス他〙声を上げて読むこと。詩文を暗唱すること。▽→ふうじゅ(諷誦)

ふうしょく【風色】自然の景色。ながめ。

ふうしょく【風食・風×蝕】〘名・ス他〙風が砂を岩石面に吹きつけて、岩石をすりへらし次第に破壊していくこと。「―作用」

ふう‐じる【封じる】〘上一他〙①(出入りする口を)とじて、しめる。封をする。②禁止する。自由に動けないようにする。▽「ふうずる」とも言う。「ほうじる」と読めば別の意。

ふうしん【風×疹】発疹(ほっしん)を伴うウイルス性の急性感染症。はしかに似ているが、三、四日でなおる。みっかばしか。▽妊娠初期にかかると生まれてくる子に障害が生じる可能性が高くなる。

ふうじん【風×塵】①風に吹かれて舞い立つ、ちり。②比喩的に、㋐きわめて軽いもの。㋑俗事。㋒兵乱。

ふうじん【風神】風をつかさどる神。風の神。

ふうしんし【風信子】→ヒヤシンス

ブース 小さく仕切った空間。例、語学教室の仕切り席、見本市会場の一区画、有料道路の料金所。▽booth

ふうすい【風水】①吹く風、流れる水。「―(の)害」②まわりの山川・水流などの有様から住宅や墓などの位置を決める術。「ソウルの南大門は―によって定めた」

ブースター 機械のはたらき・速度・圧力を増すための装置。例、ロケットの補助推進装置、電気の昇圧器、無線機の増幅器など。▽booster(=後押しするもの)

フーズ フー (有名人などの)現在の地位や略歴などが一覧できる形の人名録。「財界―」▽Who's Who

ふう‐する【×諷する】〘サ変他〙ほのめかしてあてこする。

ふう‐ずる【封ずる】〘サ変他〙→ふうじる

ふうせい【風勢】風のいきおい。風力。「―がつのる」

ふうせい【風声】①風の音。②消息。▽現在、⑵の意ではほとんど使わない。「かざごえ」と読めば別の意。 **―かくれい**【―鶴×唳】風の音や鶴の鳴き声にも、敵が寄せて来たかと恐れるほど、ちょっとした事にもおじけづくこと。

ふうせつ【風説】世間のとりざた。うわさ。

ふうせつ【風雪】①風や雪。「―をしのぐ」。また、ふぶき。②比喩的に、きびしい試練。「―十年」

ふうせん【風船】①紙・ゴムの袋の中に息を吹き込んだり、ヘリウムなどを入れたりして、ふくらませたもの。手でついたり、空中へ飛ばしたりする。風船玉。②気球。

ふうぜん【風前】風が吹き当たる所。「―のともしび」(危険が迫っていて、いつ生命にかかわるか分からないさま)

ふうそう【風葬】〘名・ス他〙死体を風雨にさらして自然に消滅させること。また、その葬礼の仕方。

ふうそう【風霜】①風や霜。②比喩的に、世渡りのきびしさ。③年月。星霜。

ふうそく【風速】風が吹くはやさ。▽秒当りで示す。「―五メートル」

ふうぞく【風俗】衣・食・住や行事など、その社会集団の生活の上のさまざまな仕方やしきたり。その有様。「明治の―」「―の乱れ」 **―えいぎょう**【―営業】待合・料理店・キャバレー・ダンス ホール・パチンコ店・マージャン店など、客に飲食・遊興や射幸的な遊技をさせる営業の総称。 **―しょうせつ**【―小説】世態・人情・風俗の描写を主とする小説。

ふうたい【風体】→ふうてい

ふうたい【風袋】①はかりで物を量る時の、その品物の容器・袋・箱・上包みなど。②うわべ。見掛け。「―ばかり立派だ」

ふうたく【風×鐸】寺の堂や塔の、軒の四隅につり下げて飾りとする、鐘形の鈴。「―の音が風に運ばれる」

ふうち【風致】自然の景色などの、おもむき。味わい。「―地区」(自然の美しさを保つ目的で、都市計画上特に指定された地域)「―林」

ふうちょう【風潮】 世間の移り変わりにつれて動いて行く、時代の傾向。▽もと、風に従って流れる潮流。

ふうちょう【風鳥】 →ごくらくちょう

ふうちん【風鎮】 かけものの軸の両端にかける玉・石などのおもし。

ブーツ 長靴。特に(女性の履く)防寒・服飾用のもの。「編み上げ—」▽boots

ふうつうおり【風通織(り)】 縦糸・横糸の色を違えて、表裏に反対の模様が出るようにした織り方。その織物。

ふうてい【風体】 なりかたち。みなり。ふうたい。「見るからに怪しい—の男」

ふうてん【×瘋×癲】 ①定職(というほどのもの)を持たず、ぶらぶらと暮らす人。「—の寅(とら)」▽(2)の転。普通「フーテン」と書く。②精神状態が正常でないこと。そういう人。

ふうど【風土】 その土地の気候・地質・景観などに見られる(住民の生活や文化に深く働き掛けるものとしての)環境。「日本の—に根ざす食物」「—色」(地方色) **—びょう【—病】** ある土地に特有の気候・地質などに起因し、その地方に限定されて起こる病気。例、つつがむし病。

フード ①外套(がいとう)などについている頭巾(ずきん)。特に、乳幼児用の頭巾形の帽子。②カメラのレンズや機械等にかぶせる覆い。▽(1)(2)は hood ③食べ物。「ファースト—」「ドッグ—」▽food **—コート** デパートやショッピング モールなどで、セルフ サービス形式の飲食店が並び、客が飲食できるようにテーブルや椅子を配した広い場所。▽food court **—プロセッサー** 電動の調理器具。刃を替えることで、みじん切り・千切り・スライス・おろしなどができる。「—にかける」▽food processor

ふうとう【封筒】 手紙などを入れる紙袋。

ふうどう【風洞】 空気の流れを人工的に調節するトンネル型の装置。模型をつかって、飛行機などの空気抵抗などを測定する。「—テスト」

ふうとうぼく【風倒木】 台風など強い風に吹き倒された木。「—が道をふさぐ」

ふうにゅう【封入】『名・ス他』①同封すること。「手紙を—する」②封じ込めること。「ガスを—した電球」

ふうは【風波】 風や波。風が吹き波が荒いこと。「—が立つ」(人と人との間に、もめ事が起こる意にも言う) ▽→かぜなみ

ふうばいか【風媒花】 風の媒介によって受粉が行われる花。まつ、いねの類。↔虫媒花

ふうばぎゅう【風馬牛】 自分とは何の関係もないこと。「芸術には—だ」▽「—も相及ばず」(春秋左氏伝)に基づく。さかりがついて呼び合う(=風)馬や牛が、相手を求めても会えないほど相手が遠く離れている意からという。

ふうはく【風伯】 風の神。「—祭」

ふうはつ【風発】『名・ス自』風が吹き起こるように、弁論などが勢いよく口をついて出て来ること。「談論—」

ふうひ【封皮】 二重封筒の外側。

ふうび【風×靡】『名・ス他』風が草木をなびかせるように、大勢の者をある動きに従わせること。「一世を—する」

ブービー (ゲームなどで)最下位から二番目(の人)。「—賞」▽booby prize から。本来は最下位を指す。

ふうひょう【風評】 世間の評判・とりざた。「とかくの—がある」 **—ひがい【—被害】** 根拠のはっきりしないうわさが流れることによって起きる、売上げ減少などの被害。

ふうふ【夫婦】 夫と妻。結婚している一組の男女。

フープ 輪。㋐子供の輪まわしの遊びの輪。㋑運動用具。直径約二メートルの二つの輪を幾つかの横棒でつないで、これに手足をかけ、両輪の間にはいって回転しながら進む。ラート。▽hoop

ふうふう『副[と]』①幾度も息を吹きかけるさま。「—言いながら粥(かゆ)をすする」②苦しそうに息をするさま。「坂道を—上る」③追いまくられて苦しいさま。「仕事に追われて—言っている」

ぶうぶう ㊀『副[と]』①不平や文句を、盛んに言うさま。「—不平を鳴らす」②豚の鳴き声。③自動車の警笛音。㊁『名』「自動車」の幼児語。

ふうぶつ【風物】 ①ながめとして目に入るもの。「田園の—」②季節季節のもの。③風俗や事物。 **—し【—詩】** 風景または季節をうたった詩。また、季節の感じをあらわしているもの。「蛍狩りは初夏の—」

ふうぶん【風聞】『名・ス他』うわさ。風のたより。また、うわさとして聞くこと。

ふうぼう【風貌・風×丰】 風采。容貌。身なり・顔かたち等の様子。「一癖ありそうな—」

ふうぼう【風防】 風を防ぐこと。そのために設けるもの。「—ガラス」「—林」「バイクの—」

ふうみ【風味】 ある感じを与えるあじ。特に、上品な味わい。「カレー—」「—が落ちる」「—を保つ」▽味覚以外に使うこともある。「—のある本革(ほんがわ)」

ブーム ①にわか景気。②にわかにはやり出すこと。「ベビー—」「—をまきおこす」▽アメリカ boom

ブーメラン 多くは「く」の字形で、投げると回転しながら飛んで手元に戻ってくる道具。▽boomerang もとオーストラリア先住民の狩猟具。

ふうもん【風紋】 砂丘の表面などに風によってできる模様。

ふうゆ【風諭・×諷諭】『名・ス他』遠まわしにそれとなくさとすこと。

ふうらいぼう【風来坊】 風に吹き寄せられたように、どこからともなく、さまよって来た者。また、気まぐれ者。

ふうらん【風×蘭】 中部以西の山中の老樹・岩上に着生する常緑多年草。短い多肉質の葉が左右交互に抱き合い、六、七月頃、下部の葉腋(ようえき)から出る花柄に白

い花が咲く。芳香があり、古くから観賞用として栽培。富貴蘭。▽らん科。

ふうりゅう【風流】 ①『名・ダナ』みやびやか。㋐俗を離れて趣があること。風雅。「―を解する」「―の道」(詩歌・書画・茶などの道)「―な暮らし」㋑意匠をこらして飾ること。数寄(すき)。「―に造った離れ屋」「―棚」 派生 **‐さ** ②『名』人に見せるための作り物など。「―物(もの)」(祭礼の時、美しく飾って持ち歩く花かごの類) ③『名』中世芸能の一つ。囃子(はやし)を伴う歌舞。▽(2)(3)は「ふりゅう」とも言う。 **―いんじ【―韻事】** 自然を楽しみ詩歌を作って風流(1)㋐に遊ぶこと。▽好色の道を指すこともある。

ふうりょく【風力】 ①風の速さを段階に分けて示したもの。「―計」「―階級」 ②風の力(のエネルギー)。「―発電」

ふうりん【風鈴】 釣鐘型の、金属製・陶製・ガラス製の小さな鈴。その舌(2)につるした短冊が風に揺れ、舌が鈴に当たって鳴る。特に夏、軒などに下げて音を楽しむ。

プール ①『名』水泳などのために水をためた設備。水泳競技場。「二十五メートル―」 ②『名』たまり場所。「モーター―」 ③『名・ス他』㋐資金・利益・計算などを共同にすること。また、企業の連合体。㋑ためておくこと。「資金を―する」 ▽pool

ふうろう【封×蠟】 樹脂質の物質。シェラック・テレビン油などの混合物に顔料を加えて着色したもの。電気の不導体。瓶の栓を封じたりするのに使う。

ふうろう【風浪】 ①風波。 ②吹く風によって立つ波。

ふうん【不運】『名ナ』運が悪いこと。↔幸運。「人の運―は定めがない」 派生 **‐さ**

ふうん【浮雲】 空に浮きただよう雲。浮き雲。不安なこと、取りとめのないことのたとえ。

ぶうん【武運】 戦いの勝敗の運。「―長久を祈願する」「―つたなく」

ふえ【笛】 ①吹き鳴らす楽器の一つ。竹・木・金属などの管状の物に穴を設け、息を吹き込んで鳴らす。特に、横笛。「―吹けども踊らず」(準備を整えて仕向けても、人がこれに応じて動き出そうともしない) ②合図に吹くための笛(1)。呼子の笛など。

ふえ【不△壊】 こわれないこと。堅固。「―の白珠(しらたま)」

フェア ①『ダナ』公平。また、公明正大。特に、競技で規則にのっとっているさま。 派生 **‐さ** ②『ダナ』野球・テニスなどで、打ったボールが規定の場にはいること。 ③『名』展示(即売)会。見本市。「ブック―」 ▽fair **―トレード** 公正な取引。発展途上国の貧困な生産者・労働者の生活改善と自立を支援する国際的な運動のスローガン。▽手工芸品や食品などを、適正な値段で生産者から直接購入・販売する。fair trade **―プレー** 競技・勝負で、正々堂々としたふるまい。▽fair play

フェアウエー ゴルフ コースで、第一打を打つ地点からグリーンまでの間の、芝が一定の長さに刈ってある部分。▽fairway

フェアリーランド 妖精の国。御伽(おとぎ)の国。▽fairyland

フェイク ①にせもの。模造品。「―ファー」「―ニュース」 ②フェイント。「―を入れる」 ▽「フェーク」とも。fake

フェイント『名・ス自』スポーツで、相手の意表をつく(タイミングをはずす)見せかけの動作や攻撃(をすること)。フェイク。「―をかける」 ▽feint

フェース ①顔。「ニュー―」(新顔。新人) ②道具の使用面。「クラブ―」 ▽「フェイス」とも。face

フェーズ ①局面。一側面。 ②位相(1)(2)。 ▽phase

フェード アウト『名・ス自』①映画・演劇などの演出で、場面を段々に暗くして行くこと。溶暗。 ②音楽などの音が段々小さくなって行くこと。 ③比喩的に、退場すること。 ▽↔フェード イン。fade-out

フェード イン『名・ス自』①映画・演劇などの演出で、場面を段々に明るくして行くこと。溶明。 ②音楽などの音が段々大きくなって行くこと。 ▽↔フェード アウト。fade-in

フェーンげんしょう【フェーン現象】 山脈を越えて吹く風が、山を越える時に水分を失って、反対側の斜面を、乾燥した高温の風となって吹き降ろす現象。▽「フェーン」はドイツ Föhn(=アルプス山中の局地風)

ふえき【不易】『名ノ』時代を通じて変わらないこと。不変。「万古―」「―流行」(時流を越えて価値を保つのと、時節に合ってもてはやされるのと) ▽「易」は変わる意。

ふえき【賦役】 →ぶやく。▽「ぶえき」とも言う。

フェスタ 祭り(の日や催し)。「花の―」 ▽イタリア festa

フェスティバル 祭典。お祭りさわぎ。▽festival

ふえたけ【笛竹】 ①竹製のふえ。 ②転じて、音楽。「―の道」

フェチシズム ①ある種の物を神と崇(あが)めること。呪物崇拝。物神崇拝。▽マルクス経済学で、本来は社会の所産である商品・貨幣・資本がそれ自体の物的な力で活動すると思い込んで崇める態度を、非難する用語。 ②〔心理〕異性の体の一部や身に着けた物に刺激される異常性欲。 ③転じて俗に、ある特定のものに執着すること(人)。 ▽「フェティシズム」とも言う。イギリス fetishism (2)(3)は「フェチ」とも言う。

ふえつ【×斧×鉞】 おのとまさかり。「―を加える」(文章などに手を加え、修正する)

ふえて【不得手】『名ナ』不得意。「―な学科」。たしなまないこと。「酒は―だ」 派生 **‐さ**

フェニックス ①エジプト神話の霊鳥。五百年ごとに神壇の上でみずから焼け死に、その灰の中からまた幼鳥となってよみがえるという。不死永生の象徴。不死鳥。 ②葉が羽状に細かく裂け、幹の頂から長く湾曲して出る観葉植物。鉢植え、また庭園樹用。 ▽phoenix (2)は、やし科。

フェノール コール タールから作った無色針状の結晶体。防腐・消毒に使う。また染料・ベークライトを合

成する原料として重要。石炭酸。▽phenol

フェミニスト ①フェミニズムの思想を唱える人。②女に甘い男。▽feminist 英語には(2)の意が無い。

フェミニズム 女性の社会・政治・法律上の権利の行使を擁護し、性差別の克服をめざす考え方。▽feminism

フェリーボート 渡し船。特に、自動車ごと貨客を輸送する大型連絡船。フェリー。▽ferryboat

ふ-える【殖える・増える】〘下一自〙数や量が多くなる。「人口が―」「五倍に―」▽程度については言わない。→ます(増)

フェルト 羊毛などを原料とし、圧縮して作ったもの。帽子・敷物・はき物などに使う。フエルト。「―靴」▽felt

フェロー (大学・企業などの)特別研究員。▽fellow

フェロモン 動物の体内でつくられ、体外に放出されて、同種の他の個体の行動や発育に影響を与える物質。「性―」▽pheromone

ふえん【不縁】 人の間の縁がないこと。㋐縁組がこわれること。離縁。㋑縁組がまとまらないこと。縁遠いこと。

ふえん【敷×衍】〘名・ス他〙意味のわかりにくい所を、やさしく言い替えたり詳しく述べたりして説明すること。▽もと、押し広げること。

フェンシング 西洋流の剣術。また、それをもとにした競技。サーブル・エペ・フルーレの種目がある。▽fencing 中世ヨーロッパの騎士によって発達した。

フェンス 金網などを張った柵。特に、競技場の柵。▽fence

フェンダー 自動車・オートバイなどの、泥よけ。▽fender

ぶえんりょ【無遠慮】〘名・ダナ〙遠慮しないこと。好き勝手にふるまうさま。「隠したい事情を―に尋ねる」 派生 **-さ**

フォア ボート レース用の四人でこぐボート。▽four(＝四) **―ボール** 野球で、投手が一人の打者にボール(2)を四つ投げること。打者は一塁に進める。四球。▽four と ball とによる和製英語。

フォアハンド 体の、ラケットを持つ手の側。フォア。↔バックハンド。▽forehand

フォアグラ 肥大化させた、ガチョウやアヒルの肝臓。フランス料理の高級食材とされる。▽フランス foie gras

フォー 米粉(こめ)で作った、細く平たいベトナムの麺。透明なスープに入れ、さまざまな具をのせて食する。▽ベトナム pho

フォーヴィスム 二十世紀初頭、フランスの反アカデミー派の画家(マチスやルオー等)が起こした、革新的な画風。野獣派。フォーヴ。フォーヴィズム。フォービスム。▽フランス fauvisme

フォーカス ①〘名・ス自〙焦点(を合わせること)。ピント。「ソフト―」▽focus ②〘名〙競馬で、連勝式馬券の組合せ番号。▽forecast

フォーク ①西洋料理で、食べ物を刺して口へ運ぶ金属製の道具。②フォーク(1)の形をした農具。牧草・堆肥などを移動させるのに使う。③「フォーク ボール」の略。野球で、投手が人差し指と中指とではさんで投げる変化球。打者の手もとで鋭く落ちる。▽fork **―リフト** 車体前部に備えた二本の腕を上下に動かして荷物を移動・運搬する荷役用自動車。▽forklift

フォーク ソング ①(欧米の)民謡。②フォーク ソング(1)風の音楽。フォーク。▽folk song (2)はアメリカで始まり、一九六〇年代以降に流行。

フォーク ダンス ①民俗舞踊。郷土舞踊。②レクリエーション用の、多人数が一緒に踊れるダンス。▽folk dance

フォークロア 民間伝承。民俗学。▽folklore

フォーマット ①〘名〙書式。仕様。②〘名・ス他〙コンピュータで、初期化(すること)。▽format

フォーマル〘ダナ〙公式であるさま。格式ばっているさま。「―スーツ」▽formal 派生 **-さ** **―ウエア** 正装。礼服。▽formal wear

フォーム ①㋐形式。型。㋑(スポーツで)プレーする時の姿・姿勢。「投球―」▽form ②泡。「洗顔―」「―ラバー」(スポンジ状のゴム)▽foam

フォーラム 「フォーラム ディスカッション」の略。公開討論(会)。▽forum discussion から。

フォール〘名・ス自〙レスリングで、選手の両肩がマットにつくこと。つけられた方が負けになる。▽fall

フォールト テニス・卓球などで、サーブの失敗。フォルト。「ダブル―」▽fault

フォックストロット 社交ダンスの一つ。四分の四拍子、または二分の二拍子の舞曲に合わせて踊る。また、その伴奏用の音楽。▽foxtrot

フォト 写真。「―スタジオ」「―コンテスト」▽photo

ぶおとこ【不男・〈醜男〉】 容貌がみにくい男。

フォルダー ①書類ばさみ。②コンピュータで、ファイルを保管する場所。フォルダ。▽folder

フォルテ〘音楽〙強音で(演奏するところ)。強意符号の一つ。↔ピアノ。▽イタリア forte

フォルマリン →ホルマリン

フォルム 芸術などで、形・形式。様式。▽フランス forme ドイツ Form

フォロー〘名・ス他〙①後に続くこと。(事態の)後を追うこと。「ボールを持った味方の選手を―する」「事件のその後を―した記事」②補い助けること。支援。「部下の仕事を―する」▽follow

フォワード ①〘名〙サッカー・ラグビーなどで、前衛。②〘名・ス他〙(電子メールなどを)転送すること。▽forward

ふおん【不穏】〘名ナノ〙形勢・世相などがおだやかでないこと。険悪。「―な空気」

フォン 音の大きさの単位。▽phon →ホン

フォンデュ 卓上の鍋で、チーズを白ワインで溶かし、それにフォークに刺したパンなどをからめて食べる

スイス料理。チーズ フォンデュ。▽(フランス) fondue

フォント 印刷や画面表示に使い、デザインに統一がある一そろいの文字。「新しい―を作る」▽font

ふおんとう【不穏当】《名・ダナ》不適当でさしさわりがあること。おだやかでないこと。派生 **-さ**

ぶおんな【不女・〈醜女〉】容貌がみにくい女。

ふか【×鱶】さめ類の特に大きいものの俗称。「―ひれ」▽関西・四国・九州で「さめ」のこと。

ふか【不可】①《名》いけないこと。「可もなく―もない」。試験等の成績評価の一つ。最下級。不合格。②《接頭》……できない、……してはならないの意を表す語。べからず。「―思議」「―抗力」「―侵」

ふか【付加・附加】《名・ス他》もと(主)となるものに更につけ加えること。「―税」「―価値」

ふか【府下】府内の諸地域。▽府庁所在地から見て言う。

ふか【×孵化】《名・ス自他》卵がかえること。卵をかえすこと。

ふか【富家】財産が豊かな家。金持。ふうか。

ふか【浮華】うわべばかり花やかで実質が伴わないこと。

ふか【負荷】①《名・ス他》になうこと。かつぐこと。任務を負わされること。「―の大任」②《名》機械を動かして実際にさせる仕事の量。「システム各部に―を分散する」③《名》医療やスポーツで、運動をさせるなど負担をかけること。その負担(量)。「もう少し―をかけて調べよう」

ふか【賦課】《名・ス他》税金などを割り当てて負担させること。「―金」

ぶか【部下】ある人の下に属し、その人の命令を受けて行動する人。

ふかあみがさ【深編×笠】深く顔を隠すように作った、あみがさ。「虚無僧(こむそう)の―姿」

ふか-い【深い】《形》①表面・外から底・奥までの距離が大きい。「―川」「雪が―」「山が―」。密度が大で、奥までなかなか達しない感じだ。「―森」「草が―」「―霧がたちこめる」▽上下方向では、規準面より上方に向かって「高い」と言うのに対し、下方に向かって「深い」と言う。また、「遠い」が単に隔たりの大きさについて言うのに対し、「深い」は一まとまりにして考えたものの奥行きを問題にしている。②量・程度が進んでいる。㋐十分な所まで達している。「思慮が―」「―知識」「―く考える」「―関係がある」「―仲」「夜が―」。底が知れないほど、はなはだしい。「欲が―」「―悲しみに沈む」㋑(奥行きを思わせるように)色が濃い。「―緑をたたえた入り江」「紅(くれない)―き旗の色」▽↔浅い。派生 **-さ* -げ -み***

ふかい【不快】①《名ナ》快くないこと。不愉快。派生 **-さ -げ -がる** ②《名》病気であることを表す婉曲(えんきょく)表現。▽多く目上の人について「ご―」の形で使う。　**―しすう【―指数】**温度・湿度などの関係で、人体に感じる快・不快の程度を数値で表したもの。▽七五〜八〇は半数が、八〇〜八六は全員が不快、八六以上は耐え難い。

ふかい【付会・附会】《名・ス他》こじつけて関係をつけること。「牽強(けんきょう)―」

ふかい【府会】府議会のこと。▽東京が府制を敷いていた時代には、東京のも府会。

=ぶか-い【深い】《名詞に付き、形容詞を作る》……が深い。→ふかい(深)(1)・(2)㋐。「奥―」「情け―」「遠慮―」「毛―」「いつくしみ―」派生 **-さ -げ**

ぶかい【部会】各部門に分かれて行う集会。

ぶがい【部外】その機関・組織に属していない外部。「―者」「―秘」

ふがいな-い【×腑△甲×斐無い・不△甲×斐ない】《形》歯がゆく思われるほど、いくじがない。派生 **-さ**

ふかいり【深入り】《名・ス自》度を越えてはいり込むこと。深く関わること。「それ以上―するな」

ふかおい【深追い】《名・ス他》どこまでも(適度を越えてまで)追うこと。「―しすぎる」

ふかかい【不可解】《名ナ》理解しようとしても(複雑・神秘すぎて)理解できないこと。わけがわからないこと。「人生は―だ」派生 **-さ -げ**

ふかぎゃく【不可逆】《名ナ》その状態に変化したら、もうもとの状態に戻らないこと。「―(的)な化学反応」▽irreversible の訳語。

ふかく【不覚】《名・ダナ》①常からの心構えが不足なこと。特に、油断して、し損じること。「―を取った」「―にも緒戦に敗れた」②思わず知らず、そうなること。「―の涙がこぼれる」▽もと、覚えが無い、見分けもつかない意。「前後―」派生 **-さ**

ふかく【×俯角】水平面から下にある物を見る視線と、水平面とが成す角。▽今は「伏角(ふっかく)」とも言う。↔仰角

ふがく【富岳・富×嶽】富士山のこと。

ぶがく【舞楽】舞(まい)を伴う古楽。特に、雅楽。

ふかくてい【不確定】《名ナ》はっきりとは定まらないこと。確実になってはいないこと。「―要素」

ふかけつ【不可欠】《ノダ》《「―な」も使う》欠かせないこと。それなしでは済まないこと。「現代人に―の知識」「必要―」

ふかこうりょく【不可抗力】人の力ではどうにもならないこと。

ふかさ【深さ】深いこと。「情の―にほだされる」。また、浅いか深いかという程度。「堀の―はわからない」

ふかざけ【深酒】度を過ごして酒を飲むこと。

ふかし【不可視】肉眼では見えないこと。「―光線」

ふかしぎ【不可思議】《名ナ》ふしぎ。㋐考えても奥底までは知り尽くせないこと。㋑異様なこと。怪しいこと。派生 **-さ**

ふかしん【不可侵】侵害を許さないこと。「―条約」

ふか-す【吹かす】《五他》①吹くようにする。外へ吹き出す。「タバコを―」②《「……風(かぜ)を―」の形

で」人前で誇示する。「先輩風を―」㈡【噴かす】《五他》『エンジンを―』エンジンを回転させる、またはその回転数を増す。▽蒸気機関についての「蒸(ふ)かす」の転用か。→ふかす(蒸)

ふか-す【更(か)す】《五他》『夜を―』夜が更けるまで時をすごす。夜おそくまで起きている。

ふか-す【△蒸(か)す】《五他》①蒸気を使って食材を適度に加熱する。むす。「いもを―」②自動車などのエンジンを速く回転させる。▽汽船や汽車が蒸気を強く出して速力を増したことから。

ふかそく【不可測】予測しようがないこと。どうなるか、前もってはわからないこと。「―の事態」

ふかちろん【不可知論】物の本質とか実在の最後の根拠とかは認識できないとして、経験を超越する問題を扱わない立場。

ふかつ【賦活】《名・ス他》〔医学〕活力を与えること。

ぶかつ【部活】「部活動」の略。主に中学・高校の、スポーツや文化面で教科外に行う団体的教育活動。「野球部の―に時間を取られる」▽「部」はクラブの当て字「倶楽部」を利用。

ぶかっこう【不格好・不×恰好】《名・ダナ》かっこうが悪いこと。見栄えがしないこと。「―な服装」派生 **-さ**

ふかづめ【深爪】つめを切る時、肉の際まで深く切り取ること。「―を切って指をいためた」

ふかで【深手】ひどい負傷。重傷。↕浅手。「―を負う」

ふかなさけ【深情け】情愛が度を越えて深いこと。「悪女の―」

ふかのう【不可能】《名ナ》可能でないこと。㋐(しようとしても)できないこと。「あの病状では再起は―だ」㋑絶対に起こる(成り立つ)はずのないこと。「―性の証明」

ふかひ【不可避】《ノダ》《「―な」も使う》避けられないさま。必ず起こるさま。「両国間の―の衝突」「この過程は状態を―的に攪乱(かくらん)する」

ふかふか《副[と]・ノダ・ス自》空気を含んで、やわらかくふくれているさま。「―のふとん」「土を―にする」

ふかぶか【深深】《副[と]》①いかにも深いさま。「―(と)椅子にかける」「―眠る」「―(と)おじぎをした」

ぶかぶか ①《ダナ・副[と]》中身に比べて入れ物が大きすぎるさま。「―で脱げそうな靴」②《副》浮き上がって固定しないさま。「杭にかかって、―浮いた真蒼(まあお)な西瓜(すいか)」(泉鏡花「草迷宮」)③《副[と]》空気が圧縮されて漏れ出る音。そのさま。「歩くと―(と)音が出る長靴」

ぷかぷか《副[と]》①軽い物が水に浮いてただようさま。「空き瓶が―(と)浮いている」②タバコをふかすさま。③吹奏楽器の音。

ふかぶん【不可分】《ノダ》《「―な」も使う》分けようにも分けられないほど、密接に結びついていること。「―の関係」

ふかま【深間】①水が深い所。深み。②転じて、(男女の)交情が非常に深いこと。「―にはまり込む」

ふかま-る【深まる】《五自》物事の度合が深くなる。「知識が―」「秋も―った」「謎が―」

ふかみ【深み】①水などの深い所。「―に落ち込む」「―にはまる」(転じて、抜きさしがならなくなる) ②奥深い感じ。「人物に―を加える」

ふかみぐさ【深見草】植物のボタンの異名。▽雅語的。

ふかみどり【深緑】濃い緑色。

ふか-める【深める】《下一他》物事の度合を深くする。「友好を―」「理解を―」

ふかよみ【深読み】《名・ス他》文章などの(言外の)意味や人の言動などを必要以上に深く解釈すること。考え過ぎること。

ふかん【不堪】芸能について、技が上手でないこと。「―の者」

ふかん【×俯×瞰】《名・ス他》高い所から見おろすこと。「―図」

ぶかん【武官】軍事を任務とする官吏。特に、陸海軍の、下士官以上の軍人。↕文官

ぶかん【武鑑】江戸時代に、諸大名などの氏名・系譜・居城・定紋(じょうもん)・知行高(ちぎょうだか)や臣下の氏名等を記した書物。毎年改訂して刊行された。

ふかんしへい【不換紙幣】本位貨幣と交換されない紙幣。↕兌換(だかん)紙幣

ふかんしょう【不感症】①性交の際、女性が快感を催さない症状。②比喩的に、普通なら感じるはずのことを感じない性質。神経がにぶく、または慣れてしまって、何とも感じないこと。▽比喩的用法では、男性についても言う。

ふかんぜん【不完全】《名ナ》欠けていたり、十分でないところがあったりして、完全でないこと。派生 **-さ** **―ねんしょう**【―燃焼】《名ナ・ス自》①酸素が不十分で、一酸化炭素やすすが発生する燃焼現象。そのように燃えること。②比喩的に、力が尽くせないこと。「―のまま終わりたくない」「―な片思い」

ふき【×蕗】山野に生える多年草。茎が短くて地上に出ず、柄(え)の長い丸くて大きい葉を出す。雌雄異株。早春、いわゆる「ふきのとう」を生じ、白い花が咲く。葉柄・花茎は食用。▽きく科。

ふき【×袘・×䘡】和服で、そで口・すその裏地を表より幾らか出して、へりにしたもの。ふきかえし。

ふき【不×羈】《名ナ》束縛されないこと。他から押さえつけにくいこと。「奔放―」「―の才」(才能がすぐれていること。非凡の才)

ふき【不軌】①おきてに従わないこと。法にそむくこと。②謀反(むほん)を企てること。

ふき【付記・附記】《名・ス他》本文につけ加えて書きつけること。その書きつけたもの。

ふぎ【付議・附議】《名・ス他》会議にかけること。

ふぎ【不義】①正義・道義・義理に反すること。「―のいくさを仕掛ける」②婚姻外の性的関係。「―の子」「―を働く」

ぶき【武器】①戦いに使う道具。よろい・かぶと・刀・銃砲・軍馬など。兵器。「―をとる」「―を捨てる」(降伏する) ②比喩的に、有力な手段。「弁舌を―として世に立ち向かう」

ぶぎ【武技】武術。武芸。▽射撃術なども含む。

ぶぎ【舞×妓】まいこ。まいひめ。

ふきあげ【吹上(げ)】①風(浜風)が吹き上げる所。「―の浜」②噴水。▽雅語的。

ふきいた【×葺(き)板】屋根を葺(ふ)く板。屋根板。

ふきいど【吹(き)井戸・噴(き)井戸】水が自然にわき出ている井戸。また、水を吹き上げる井戸。

ふきい-れる【吹(き)入れる】『下一他』風が(小さな)物を運んで内に入れる。「花びらを廊下に―」

ふきおろ-す【吹(き)下ろす】『五自』下の方へ向かって風が吹く。「北の山から―寒風」

ふきかえ【吹(き)替え】①外国製の映画やテレビ番組のせりふを日本語に替えて吹き込むこと。②歌舞伎や映画で、ある場面を本来の役者・俳優の身代わりに他の者が演じること。その身代わり役。▽(2)は「ふきがえ」とも言う。③貨幣・金属器具を、とかして鋳なおすこと。そうしたもの。「―の小判」

ふきかえ【×葺(き)替え】屋根の瓦・板・かやなどを取りかえること。

ふきかえ-す【吹(き)返す】㊀『五他』①風が物を裏返らせて吹く。「若葉を―風」②『息を―』いったん止まった呼吸を取り戻す。㊁『五自』風が前と反対の向きに変わって吹く。▽現在は「台風の―し」のように名詞化した用法が多い。㊂『五他』古い金属を溶かして鋳直す。「小判を―」

ふきか-ける【吹(き)掛ける】『下一他』①物に向かって強く吹く。「息を―」②→ふっかける(2)(3)

ふきげん【不機嫌】『名・ダナ』機嫌が悪いこと。「―にだまりこむ」派生 -さ

ふきこぼ-れる【吹きこぼれる】『下一自』湯などが吹きあがってこぼれる。

ふきこ-む【吹(き)込む】①『五自』風や雨・雪などが室内などに吹いてはいる。「窓から雨が―」②『五他』吹いて中に入れる。「新風を―」「生命を―」。特に、㋐入れ知恵などをする。そそのかして、好ましくないことを教え込む。「悪いうわさを―」㋑録音する。「自分の歌を―」

ふきこ-む【拭(き)込む】『五他』廊下・柱・棚板などを、つやが出て美しくなるまで、長い期間ふく。

ふきさらし【吹(き)×曝し】かこい等がなく風が吹き当たるままになっていること。そのような場所。「―のプラットホーム」

ふきすさ-ぶ【吹(き)△荒ぶ】『五自』風が激しく吹いて荒れる。

ふきそ【不起訴】訴訟条件を欠く場合、有罪の見込みがない場合、情状が起訴を適当としない場合に、検察官が起訴しないこと。

ふきそうじ【拭き掃除】『名・ス自』雑巾(ぞうきん)などで拭いてきれいにすること。

ふきそく【不規則】『名・ダナ』規則的でないこと。「―にバウンドする」「―な生活」派生 -さ

ふきだけ【吹き竹】火吹き竹。

ふきだし【吹(き)出し】漫画(やイラスト)で、口から出た形の線で囲った、せりふ部分。

ふきだ-す【吹(き)出す】『五自』①(蒸気・ガス・温泉・石油などが)勢いよく外にでる。わき出る。「どっと汗が―」②(こらえきれず)息を口から吹きもらして笑い出す。「思わずぷっと―」▽「噴き出す」とも書く。

ふきだまり【吹(き)×溜(ま)り】①風に吹き寄せられて雪や落ち葉などが一か所にたまった所。②比喩的に、落ちぶれた人などが寄り集まる所。「社会の―」

ふきつ【不吉】『名ナ』縁起が悪いこと。また、暗い運命に見舞われるきざしがあるさま。「―な前兆」派生 -さ

ふきつ-ける【吹(き)付ける】①『下一他自』強く吹きあてる。強く吹きあたる。「息を―」「風が―」②『下一他』霧状のものを吹き掛けて付着させる。「塗料を―」

ぶきっちょ『名・ダナ』〔俗〕ぶきよう。▽「ぶきっちょう」とも言う。派生 -さ

ふきでもの【吹き出物】はれもの。できもの。

ふきとば-す【吹(き)飛ばす】『五他』①吹いて飛ばす。②比喩的に、一気に追いはらう。「不安を―」③おおげさな事を言う。大言壮語する。

ふきながし【吹(き)流し】①幾つかの細長い布の一端を半円(全円)の輪に取りつけ、長いさおの先につけて風になびかせるもの。「空港の―」「五月(さつき)の鯉(こい＝鯉のぼり)の―」(→こい(鯉)) ②和服の女性が日除(よ)け・塵(ちり)除けに手拭(てぬぐい)を広げたまま髪にのせる被(かぶ)り方。▽今は見掛けない。

ふきぬき【吹(き)抜き】吹き抜けるようにした場所・物。㋐→ふきぬけ。㋑吹き流し(1)。

ふきぬけ【吹(き)抜け】ふきぬけること。そういう場所。特に、二階以上の建物で、階の間の天井・床を設けず高く空けた造りにしてある部分。ふきぬき。「ホールの―」

ふきぬ-ける【吹(き)抜ける】『下一自』①吹く風が中や間を通り抜ける。「海風が―部屋」「はやてが林を―」②吹き上げた火が上に抜ける。「棟を―紅蓮(ぐれん)の炎」

ふきのとう【×蕗の×薹】フキの花茎。↓ふき(蕗)

ふきはなち【吹(き)放ち】建物の柱間に壁などがなく、外部に開放されていること。▽↓ふきぬけ

ふきはら-う【吹(き)払う】『五他』払いのけるように吹く。「峰の雲を―風」「机の上にこぼれたタバコの灰を―」

ふきぶり【吹(き)降り】強い風といっしょに激しく雨

が降ること。「ひどい―に見舞われる」

ふきまく・る【吹(き)×捲る】①『五自』(風が)盛んに吹く。②『五他』(ほらを)大いに吹く。

ふきまめ【ふき豆】空豆を甘く柔らかく煮た食品。▽「富貴豆」とも書く。黄色に仕上がるのを黄金にたとえた名。地方によってエンドウ豆のものも言う。

ふきまわし【吹(き)回し】①風の吹きまわるぐあい。②転じて、その時の様子。「風の―でどうにでもなる」「どういう風の―か」

ぶきみ【無気味・不気味】『名・ダナ』正体が知れず、気味が悪いこと。「―に静まり返っている」派生 -さ

ふきや【吹(き)矢】短い矢を竹筒に入れ後ろから吹いて飛ばすもの。その矢。「スポーツ―」

ふきゅう【不休】休まないで活動すること。「不眠―」

ふきゅう【不急】《「―の」の形で》急いでする必要がないこと。「―の工事に予算を使う」

ふきゅう【不朽】『ノダ』いつまでも朽(く)ちないで残ること。「―の名作」

ふきゅう【腐朽】『名・ス自』木材・金属などが、くさってくずれいたむこと。

ふきゅう【普及】『名・ス自他』広く一般に行き渡ること。行き渡らせること。「スマホの―」

ふきょう【不況】景気が悪いこと。不景気。↔好況

ふきょう【不興】『名ノ』興趣をそがれたさま。面白くない気持。「せっかくの座がいっそう―なものになる」「―づら」。特に、目上の人の悪い機嫌。「―を買う」(御機嫌を損ねる)

ふきょう【富強】①『名ノ』(国が)富んでいて強いこと。②『名』「富国強兵」の略。

ふきょう【布教】『名・ス他』宗教を広めること。「―につとめる」「―活動」

ふぎょう【×俯仰】下を向くことと上を仰ぐこと。「―天地に愧(は)じず」(自分に少しもやましさがない)

ぶきよう【無器用・不器用】『名・ダナ』手先でするわざがまずいこと。また一般に、器用でないこと。ぶきっちょ。「世渡りの―な男」派生 -さ

ぶぎょう【奉行】『名・ス他』①武家時代に、上の命を受けて事務を担任した、一部局の長官。「町―」「勘定(かんじょう)―」「―所」②比喩的に、仲間内で自分から進んで指示する(したがる)人。「鍋―」「節電―」▽⑵は二十一世紀頭から。もと、上(かみ)の命(めい)を奉じて物事を行うこと。

ふぎょうぎ【不行儀】『名ノ』行儀がよくないこと。派生 -さ

ふぎょうせき【不行跡】『名ノ』身持ちがよくないこと。「―を働く」

ふきょうわおん【不協和音】①二つ以上の音が同時に出された時、全体が調和しないで不安定な感じを与える和音。↔協和音。②比喩的に、人などの関係の調和の乱れ。「両国間に―が生じている」

ぶきょく【舞曲】舞・踊り・ダンスに用いる楽曲。また、その形式をふまえて作った楽曲。

ぶきょく【部局】①官庁の事務の、ある部分を受け持つ局。また、局や部や課の総称。②一部分。局部。

ふきよせ【吹(き)寄せ】①干菓子・料理など幾種かを彩りよく寄せ集めて、一つにしたもの。②建築で、階段の曲がり角の踏み板の角度、また、障子の桟などの間隔が異なっているもの。▽「吹き寄せる」の連用形から。

ふきよ・せる【吹(き)寄せる】『下一他』吹いて一とところに寄るようにする。「木枯しで垣根に―・せられた落葉」

ふぎり【不義理】『名ノ』義理を欠くこと。「―を重ねて世間に顔向けができない」。特に、借金を返さないこと。

ぶきりょう【不器量】『名ノ』容貌が醜いこと。派生 -さ

ふきわ・ける【吹(き)分ける】『下一他』①(風が)吹いて物をあちこち(の向き)に分ける。「稲穂を―」②鉱物をとかして含有物を分離する。▽鉱物をとかすのに、強い風を送って火力をあげるところから。

ふきん【付近・附近】近くの場所。そのあたり。

ふきん【布巾】食器類を拭くための小切れ。

ふきん【賦金】①割当てにより取り立てられる金銭。賦課金。②年賦または月賦償還の金。

ふきんしん【不謹慎】『名ノ』謹慎した態度でないこと。慎むべきなのに、ふざけたような態度であること。派生 -さ

ふ・く【吹く】①『五自』風が動いて通る。「野を―風」②『五他』口をすぼめて息を勢いよく出す。㋐息を強く当てる。「火を―・いておこす」㋑息を出して鳴らす。また、そのようにして楽器を演奏する。「口笛を―」「尺八を―」㋒大げさなことを言う。「ほらを―」「大きな事を―・きまくる」③『五自他』内部から勢いよく湧いて出る。また、そのように外部・表面に出す。「火を―・いて燃え上がる」「汗が―・き出る」「粉(こ)を―・いた芋」「柳が芽を―」▽水・火などには「噴く」とも書く。④『五自』『俗』たまらず(どっと)笑う。「おかしな仕草に―・いてしまった」▽「吹き出す」相当の言い方。⑤『五他』金属に熱を与えてとかす。また、鋳る。「鐘(かね)を―」

ふ・く【拭く】『五他』布・紙などでこすって、よごれ・水分などをとる。「体を―」「汗を―」「タオルで―」

ふ・く【×葺く】『五他』①茅(かや)・板・かわら・木の皮などで(屋根を)おおう。②軒端(のきば)に草木などをさして飾る。

ふく〖伏〗フク ふせる ふす ①からだを低くしてうつむきになる。ふす。ふせる。「平伏・起伏」②物の下にかくれる。ひそむ。かくす。「伏在・伏蔵・伏線・伏兵・伏魔殿・潜伏」③服従する。したがう。「伏罪・圧伏・屈伏・説伏(しゃくぶく)・調伏(ちょうぶく)・降伏(こうふく・ごうぶく)」

ふく〖*服〗[服] フク ①㋐『名・造』身につけるもの。きもの。特に、洋服。「服を着る」「服装・服飾・被服・衣服・洋服・和服・礼服

・制服・呉服・私服・簡単服・作業服」㋑身につける。おびる。「服佩(ふくはい)」②つきしたがう。したがえる。「服従・服役(ふくえき)・服務・帰服・征服・屈服・敬服・承服・悦服・感服・不服・心服・畏服」③他人や公のものを自分のものにする。「着服」④心につけて忘れない。「服膺(ふくよう)」⑤喪にこもること。「服喪(ふくも)」⑥㋐薬や茶などをのむ。「服用・服毒・服薬・頓服・内服薬」㋑薬・茶・タバコをのむ回数を数える語。また、薬の包みを数える語。「一日一服」

ふく【*副】フク そう そえる ―①つきそう。そえてたすけとする。また、そのもの。↔正。「正副・副使・副官・副業・副署・副食物・副級長・副将・副詞・副手」②つけ加わる。ついでに起こる。「副因・副作用・副次的・副産物」③《名・造》本物のかわりの役に立てるひかえ。第二位のもの。「正と副と二通の書類」「副本」

ふく【幅】フク はば ―①横の長さ。はば。「幅員・全幅・満幅・振幅・恰幅(かっぷく)・増幅器」②㋐《名・造》かけもの。また、かけものの数を表す語。「七福神の幅」「幅物(ふくもの)・書幅・画幅・紙幅・三幅対」㋑地図。「図幅」③ふち。へり。物の外まわり。うわべ。「辺幅をかざる」

ふく【*福】【福】フク さいわい ―《名・造》幸い。しあわせ。さいわいする。↔禍。「福の神」「福は内、鬼は外」「福徳・福禄(ふくろく)・福利・福祉・福音(ふくいん)・福相・禍福・幸福・万福・追福・冥福・至福・祝福・裕福・眼福・艶福家」

ふく【*腹】フク はら ―①胸の下、胃や腸を納める部分。はら。「腹腔(ふくこう)・腹膜・腹部・腹痛・口腹・空腹・満腹・鼓腹・割腹・切腹・下腹部・抱腹絶倒」②山の中ほど。「山腹・中腹」③まえ。前面。「腹背に敵を受ける」④心をわって頼みとする。「腹心」⑤生まれたところ。生んだ母親。「同腹・異腹・妾腹(しょうふく)」⑥㋐考えるところ。心の中。「腹中・腹案」㋑胆力。「剛腹」⑦物を納めるところ。ふところ。「船腹」「私腹をこやす」⑧怒りを感じるところ。「立腹」

ふく【*複】フク ―①二重になっている。二つ以上からなる。「複葉・複眼・複線・複数・複式・複雑・重複(ちょうふく)」②もう一度する。ふたたびする。「複写・複製」③うらのついた着物。着物を重ねて着る。「複衣」▽(1)(3)は、↔単

ふく【*復】フク かえる かえす ふたたび また ―①もとの位置・状態にもどる。かえる。「復旧・復原・復活・復古・復辟(ふくへき)・復籍・復員・復縁・復職・復席・復興・回復・本復・恢復(かいふく)・平復・修復・克復・一陽来復」②いった道をかえる。↔往。「往復・復路」③しかえしをする。「復仇(ふっきゅう)・復讐(ふくしゅう)・報復」④こたえる。「復答・復命・拝復」⑤くり返す。もう一度する。「復習・復唱・反復」

ふく【覆】【覆】フク おおう くつがえす くつがえる ―①おおいかぶせる。おおう。「覆蔵・覆面・覆輪・被覆」②ひっくりかえる。くつがえる。くつがえす。「覆轍(ふくてつ)・覆没・転覆・傾覆」「覆水盆に返らず」③㋐くりかえす。「反覆」㋑元通りに、もう一度する。「覆製・覆刻」

ふぐ【〈河豚〉】多くは体表面にとげがあり、平たく肥満している海魚。驚くと腹をふくらすものが多い。美味だが、多くは卵巣・肝臓などに猛毒がある。「―は食いたし命は惜しし」(「惜しし」は形容詞活用語尾「し」を重複して付けたもの) ▽ふぐ科とその近縁の魚の総称。

ふぐ【不具】完全には具(そな)わらないこと。㋐身体の一部に障害があること。㋑(言い足りず整わない意で)書簡の末にしるす語。不一(ふいつ)。

ぶぐ【武具】よろい・かぶとの総称。具足。更に広く、いくさに使う道具。

ふぐあい【不具合・不△工合】《名ナノ》ぐあいの悪いこと・所。「―を直す」 派生 -さ

ふくあん【腹案】心の中に持っている案。

ふくい【腹囲】はらの周り(の寸法)。

ふくい【復位】《名・ス自》もとの地位・位置にかえること。

ふくいく【×馥×郁】《ト タル》よい香りがただようさま。「―とした梅の香」

ふくいん【副因】主因に次いで重要な働きをする原因。

ふくいん【幅員】艦船や道・橋などの、横の長さ。はば。

ふくいん【復員】《名・ス他自》(戦時体制を解いて)召集したものの軍務を解くこと、その結果民間に戻ること。↔動員

ふくいん【福音】①喜ばしい、よい知らせ。②(キリストによって人類が救われるという)キリストの教え。「―書」▽「音」は、たより・しらせの意。

ふぐう【不遇】《名ナノ》(よい運にめぐりあえず)才能・人物にふさわしい地位・境遇を得ていないこと。「―をかこつ」

ふくうん【福運】幸福と好運。「―に恵まれる」

ふくえき【服役】《名・ス自》懲役・兵役・夫役(ぶやく)などに服すること。

ふくえん【復円】《名・ス自》日食・月食が終わって、太陽・月がもとの円形にかえること。

ふくえん【復縁】《名・ス自》離縁していた者が、もとの関係にかえること。「―を迫る」

ふくおん【複音】ハーモニカで、音を出す穴が二列に並んでいるもの。↔単音(2)

ふくが【伏×臥】《名・ス自》うつぶせに伏せる(寝る)こと。

ふくがく【復学】《名・ス自》休学・停学・退学中の学生・生徒が再びその学校に復帰すること。

ふくかん【副官】→ふっかん(副官)

ふくかん【復刊】《名・ス他》→ふっかん(復刊)

ふくがん【複眼】多数の小さな目が集まってできた目。昆虫で発達している。例、とんぼの目など。↔単眼(2)。「―的な(=いろいろな角度からの)見方」

ふくぎょう【副業】本業のほかにする職業。

ふくぎょう【復業】〘名・ス自〙一度営業をやめたものが再びその営業にかえること。

ふくけい【復啓】返信の書き出しに使う語。拝復。▽「啓」は申す意。

ふくげん【復元・復原】〘名・ス他自〙もとの位置・姿にもどすこと、もどること。「—図」「—作業」

ふくこう【腹×腔】哺乳(ほにゅう)類の体腔(たいこう)の一部。横隔膜の下方の、腹部の内臓がおさまっている所。▽医学では「ふっくう」と言う。

ふくごう【複合】〘名・ス自他〙二つ以上のものが集まって一つになること。また、それらを一つにすること。「—体」 **—ご**【—語】二つ以上の単語が合して、別の一つの語を形造ったもの。▽この語自身「複合」と「語」との複合語。

ふくこうかんしんけい【副交感神経】自律神経の一つ。消化器の働きを促進し心臓や血管の活動を抑制して、身体の働きを鎮静化する。→こうかんしんけい

ふくさ【×袱×紗】絹布を表裏二枚合わせ、または一枚物で、ふろしきより小さい方形に作ったもの。㋐進物に掛け、またはふろしきのように使うもの。㋑茶の湯で茶器の塵(ちり)を払ったり茶碗(ちゃわん)を受けたりするのに使うもの。「見事な—捌(さば)き」

ふくさ【副査】主査を助けて調べること。その役目(の人)。「博士論文の—」

ふくざい【伏在】〘名・ス自〙ひそんでいること。表面に出ずに存在すること。潜在。

ふくざい【服罪】〘名・ス自〙罪を犯した者が刑に服すること。

ふくざつ【複雑】〘名・ダナ〙物事や性格がこみ入り、要素のからみ合いが入り組んでいること。↔単純。「—化」「—にからみ合った関係」「—な表情」(自分のなかの対立するような思いから生じる表情)「—骨折」 派生 **—さ**

ふくさよう【副作用】その薬(更に広く、処理法など)の目的とする作用(効果)に伴って起こる別の(有害な)作用。

ふくさんぶつ【副産物】①ある産物の生産過程で、それに伴って得られる他の産物。②比喩的に、一つの物事に伴って生まれるもの。

ふくし【副使】正使を補助し、必要な時にはその仕事を代行する役目の使者。

ふくし【復氏】〔法律〕もとの氏にもどること。復姓。▽「ふくうじ」とも言う。

ふくし【福祉】(公的扶助による)生活の安定や充足。また、人々の幸福で安定した生活を公的に達成しようとすること。「公共の—」「社会—事業」▽もと、しあわせ、幸福の意。「祉」も、さいわいの意。

ふくじ【服地】洋服にする布地。

ふくしき【複式】二個(以上)から成る方式。↔単式。 **—ぼき**【—簿記】取引(収支)ごとに、必ずある勘定の借方(かりかた)と他の勘定の貸方(かしかた)とを対(つい)にして、勘定元帳(もとちょう)に記入する制度。各勘定の貸借それぞれの総計が一致するような仕組みになっている。

ふくしきこきゅう【腹式呼吸】横隔膜を伸ばし縮めして行う深い呼吸。↔胸式呼吸

ふくじてき【副次的】〘ダナ〙それが主でなく、従の位置にある、または従の働きをするさま。二次的。「—な効用」

ふくしゃ【伏射】〘名・ス自他〙伏した姿勢で(小銃・機関銃を)射撃すること。その動作。寝うち。

ふくしゃ【複写】〘名・ス他〙①文書・絵などを原物通りに写し取ること。写し。コピー。②同じもの、特に文書を、二枚以上いっしょに写すこと。「—紙」(→カーボン②) ③一度写してあるものを更に写すこと。

ふくしゃ【×輻射】〘名・ス他〙一点からまわりへ放射すること。放射。 **—ねつ**【—熱】輻射によって伝わる熱。放射熱。

ふくしゅ【副手】旧制大学で助手(今の助教)の下の地位(の人)。▽無給が多かった。

ふくしゅう【復習】〘名・ス他〙一度習った事を(自分で)繰り返して勉強すること。↔予習

ふくしゅう【復×讐】〘名・ス自〙あだを返すこと。あだ討ち。仕返し。「—を果たす」

ふくじゅう【服従】〘名・ス自〙命令をよく聞いて、素直につき従うこと。「—を強いられる」

ふくじゅそう【福寿草】早春、あざやかな黄色の花が咲く多年草。めでたい花とされ、正月に飾り、「元日草」の名もある。根は強心剤。▽きんぽうげ科。

ふくしょ【副署】〘名・ス自〙明治憲法下で、天皇の名のあとに、補弼(ほひつ)する者(国務大臣など)が署名すること。また、その署名。

ふくしょう【副将】①主将の次に位して、主将の補佐・代行をする役目の人。②柔道や剣道の団体戦で、大将の前に出る選手。

ふくしょう【副賞】正式の賞にそえて出される賞金・賞品。

ふくしょう【復唱・復×誦】〘名・ス他〙(言い渡された命令の内容を確認するため)言われたことを自分もとなえること。

ふくしょうしき【複勝式】競馬・競輪などで、一着と二着、または一着から三着までを当てる方式。

ふくしょく【副食】おかず。副食物。↔主食。 **—ぶつ**【—物】→ふくしょく(副食)

ふくしょく【復職】〘名・ス自〙一度やめたもとの職にもどること。

ふくしょく【服飾】衣服・装身具の総称。「—雑誌」

ふくしん【副審】競技で、主審を補佐する審判員。

ふくしん【腹心】①深く信頼すること。そういう相手。「彼には—の部下がいる」②心の奥底。「—の疾(やまい)」(心にある心配)

ふくしん【覆審】〘名・ス他〙下級裁判所の審理と全く無関係に、上級裁判所で審理し直すこと。

ふくじん【副腎】腎臓のそばにある内分泌器官。ホルモンを出す。

ふくじんづけ【福神漬(け)】大根・なす・なた豆など七種の野菜を下漬けし、塩を抜いて細かく刻み、醬油(しょうゆ)・みりんなどの調味液に漬けたもの。▽七福神にちなむ命名とも言われる。

ふく-す【復す】《五自他》→ふくする(復)

ふく-す【服す】《五自他》→ふくする(服)

ふくすい【腹水】腹腔(ふくこう)中の液体。それがたまる症状。

ふくすい【覆水】入れ物がひっくり返ってこぼれた水。「—盆に返らず」(一度失敗した事は取り返しがつかない)

ふくすう【複数】①二個以上の個数。②事物や人の数が二つ(あるいは三つ)以上であることを表す文法形式。▽↔単数

ふくすけ【福助】①幸運を招くという人形の一つ。背が低く頭の非常に大きな男が、ちょんまげを結って、かみしもを着てすわった形。②比喩的に、頭が特に大きい人。

ふく-する【伏する】《サ変自》①身を伏せる。ふす。「大地に—」②降伏する。「道理に—」

ふく-する【復する】《サ変自他》①もとの状態にもどる、または、もどす。②返答する。

ふく-する【服する】①《サ変自》それを受けて従う。「命令に—」「刑に—」「兵役に—」「喪に—」②《サ変他》茶・薬などを飲む。

ふくせい【復姓】《名・ス自》もとの姓にもどること。復氏。

ふくせい【複製】《名・ス他》①美術品などを原作どおりに再現すること。また、そうしたもの。「—画」②著作権法で、著作物を印刷・写真・複写・録音・録画その他の方法で形として再製すること。その行為。

ふくせき【復籍】《名・ス自》養子縁組の解消、離婚、復学などで、もとの戸籍や学籍にもどること。

ふくせん【伏線】あとで述べる事のためにあらかじめほのめかしておく、話の筋。「—を張る」▽地中に埋めて設けた電信電話線をも言った。

ふくせん【複線】二つ(以上)平行して敷かれた線路。↔単線

ふくそう【副葬】《名・ス他》死者の遺物などを死体にそえて埋めること。「—品」

ふくそう【服装】衣服(とその付属品と)を身につけた姿。身なり。

ふくそう【福相】福々しい人相。

ふくそう【×輻×湊・×輻×輳】《名・ス自》方々から集まって来ること。寄り集まって込み合うこと。「仕事が—する」

ふくぞう【腹蔵・覆蔵】心の中に包み隠すこと。「—の無い御意見をお聞かせ下さい」

ふくぞく【服属】《名・ス自》(部下となって)服従し従属すること。「大国に—する」

ふくそくるい【腹足類】軟体動物の一綱。サザエ・カタツムリ・ナメクジ等、いわゆる巻貝の類。

ふくそすう【複素数】実数の組(a,b)を、虚数単位iを使って$a+bi$と解し、これを一つの数と見た場合の呼び名。▽複合語を造る時には「複素関数」のように言う。→きょすう

ふくだい【副題】書物などの表題のわきにそえてつける題。サブタイトル。

ふぐたいてん【不×倶戴天】いっしょに(=倶)天をいただかない、つまり共に生きてはいないと思うほど、恨むこと。「—の敵」

ふくちゃ【福茶】正月・節分などに縁起を祝って飲む、こんぶ・黒豆・さんしょう・梅干などを入れた茶。

ふくちゅう【腹中】はらの中。心の中。

ふくちょう【副長】長を補佐する役目の者。特に、海軍で艦長に次ぐ地位の将校。

ふくちょう【復調】《名・ス自》(体のぐあいなどが)もとの(正常な)調子にもどること。「—のきざし」

ふくつ【不屈】《名ナ》苦難に負けず、意志を貫くこと。「不撓(ふとう)—の精神」

ふくつう【腹痛】はらの(内部の)痛み。「—を起こす」

ぷくっと《副》丸くふくらむさま。「網の上でもちが—ふくらむ」

ふくてつ【覆×轍】先人が失敗したあと。失敗の前例。▽ひっくり返った(=覆)前車のわだち(=轍)の意。

ふくど【覆土】《名・ス自》種をまいたあとなどに、土を覆いかぶせること。

ふくとう【復党】《名・ス自》いったん脱した党(特に政党)に戻ること。

ふくとく【福徳】幸福と財産。

ふくどく【服毒】《名・ス自》毒を飲むこと。「—自殺」

ふくどくほん【副読本】主たる教科書にそえて補助的に使う本。▽「ふくとくほん」とも言った。

ふくとしん【副都心】都心に準じた機能を持つ地域。東京における新宿・渋谷・池袋など。

ふくのかみ【福の神】福を授けるという神。↔貧乏神

ふくはい【復配】《名・ス自》業績不振で株の配当をやめていた会社が(立ち直って)また配当金を付けること。

ふくはい【腹背】腹と背中。前後。「—に敵を受ける」

ふくびき【福引(き)】くじを引いた結果により、人々に景品を分け与えること。そのくじ。

ふくぶ【腹部】生物のはらの部分。生物以外で、はらにたとえられる部分。

ぶくぶく ①《副[と]》あわを噴き出すさま。その音。「湯が—(と)沸いてくる」「—(と)沈む」②《副[と]・ノダ》かっこう悪くふくれたり太ったりしているさま。「—(と)太る」「—に着ぶくれる」

ふくぶくし-い【福福しい】《形》(顔がまるまるとしていて)いかにも福徳に富む様子だ。派生 **-さ**

ふくふくせん【複複線】複線が二つ並列している線路。

ふくぶくろ【福袋】余興や、商店などの初売りで、いろ

いろの物を入れて封をし、各人に選び取らせる袋。

ふくぶん【副文】条約・契約などで、正文にそえたもの。▽正文と違って解釈の基準とはなりえない。

ふくぶん【福分】もって生まれた好運の量。「人の—によって運不運が分かれる」

ふくぶん【複文】(主語と述語とから成る)二つ以上の句が一つの文を構成しているもの。例、「春が来たから人々が浮かれる」の類。↕単文

ふくぶん【復文】①翻訳・書き直しの文をもとの文になおすこと。②返事の文・手紙。

ふくべ【×瓠・×匏・×瓢】①ユウガオの一変種。果実は干してかんぴょうとして食用。また果肉をとり去って加工し、炭入れや花器などを作り、これも「ふくべ」と言う。一名、マルユウガオ。②ひょうたん。

ふくへい【伏兵】①不意に攻撃するため、敵の行く手に隠して配置する兵・軍勢。伏せ勢。「—に襲われる」②比喩的に、予期しない競争相手、また障害。「党内の反対者という—」

ふくへき【復×辟】『名・ス自』退位した後になって君主(=辟)にまた戻ること。

ふくへき【腹壁】腹腔(ふくこう)の内壁。

ふくほう【副砲】軍艦が備える、主砲より小口径(二〇センチ内外)の大砲。▽敵の小艦艇との対戦用。

ふくほう【複方】一定の処方に従って、他の薬品を配合した薬剤。「—ジアスターゼ」

ふくぼく【副木】骨折した手足の支えとして、その部分にそえる物。そえぎ。「腕に—を当てる」

ふくぼつ【覆没】『名・ス自』①艦船などが転覆して沈むこと。②敗れ滅びること。

ふくほん ①【副本】正本の写し。特に、正本の予備または事務整理のため、正本の記載通りに写し取った文書。②【複本】一つの手形(てがた)関係について作った、同内容の数通の手形。▽その事を示す番号も記載される。

ふくほんい【複本位】(金貨と銀貨など)二種の貨幣を一国の本位貨幣とすること。

ふくまく【腹膜】①腹壁の内側、腹部の内臓の表面を覆う、薄い膜。②「腹膜炎」の略。腹膜に起こる炎症。

ふくまでん【伏魔殿】悪魔がひそむ殿堂。陰謀・悪事などが絶えずたくらまれる所。

ふくまめ【福豆】節分にまく豆。

ふくみ【含み】うわべに現れていず、その中に込められている意味・内容。「—のある言い方」「発言に—を持たせる」「いずれは社長の—で副社長に迎える」

ふくみえき【含み益】所有する不動産や証券等の価格の上昇によって生じる、会計帳簿には現れない利益。↕含み損

ふくみごえ‥こゑ【含み声】口の中に音がこもっているように聞こえる声。

ふくみぞん【含み損】所有する不動産や証券等の価格の下落によって生じる、会計帳簿には現れない損失。ふくみそん。↕含み益

ふくみみ【福耳】福相だという、耳たぶが大きい耳。

ふくみわらい‥わらひ【含み笑い】はっきり、声には出さずに笑うこと。

ふく-む【含む】『五他』内に包み持つ。㋐その内部・範囲に入っている。「鉄分を—んだ水」「税金を—」「……の場合を—」㋑口の中に入れて、飲み込まずに保つ。「水を口に—」「杯を—」(酒をちびりちびり飲む)㋒心の中に収めてある。「この事情を—んでおいて下さい」「怒りを—」「私は彼に—ところがある(=恨み・怒りをいだいている)」㋓外からもそれとわかる状態で内に持つ。「この語はその意味を—んでいる」「笑みを—」「媚(こび)を—んだ目つき」

ふくむ【服務】『名・ス自』職務・任務に服すること。「—規程」

ふくめい【復命】『名・ス他』命令に従ってした事の経過・結果を命令者に報告すること。

ふくめつ【覆滅】『名・ス他自』くつがえし滅ぼすこと。また、徹底的に攻撃されて滅びてしまうこと。

ふくめに【含め煮】野菜・乾物類を、味がよくしみるように汁を多くしてやわらかく煮ること。また、その煮たもの。

ふく-める【含める】『下一他』①含むようにする。「私を—めて五人家族」②よく分かる、または十分心得るようにする。「因果を—」「嚙(か)んで—(=嚙み砕いて食べやすくして口の中に入れてやる)ように説く」「先方の提案にうかうかと乗るなと(言い)—」

ふくめん【覆面】①『名・ス自』(人相を見られないように)布などで顔をおおい隠すこと。また、その布。②『名』比喩的に、正体を隠していること。「—批評」「—パトカー」

ふくも【服喪】『名・ス自』喪に服すること。

ふくやく【服薬】『名・ス自』薬を飲むこと。服用。

ふくよう【服用】『名・ス他』薬を飲むこと。服薬。

ふくよう【服×膺】『名・ス他』心にとどめて忘れず行うこと。「拳々—する」

ふくよう【複葉】①小葉(=葉身が二つ以上に分かれた葉のそれぞれ)が集まって一まとまりになっている葉。②飛行機の主翼が二枚になっていること。▽↕単葉

ふくよか『ダナ』程よくふっくらとして柔らかに感じられるさま。派生 -さ

ふくらしこ【ふくらし粉】→ベーキング パウダー

ふくら-す【膨らす・×脹らす】『五他』ふくらむようにする。

ふくらすずめ【ふくら×雀】①ふとってふくれた子雀。また、寒気のため全身の羽毛をふくらませた雀。②ふくらすずめ⑴の形に似たもの。そういう紋所・模様、また、少女の日本髪の型や帯の結び方など。③大形の蛾(が)の一種。

ふくらはぎ【ふくら×脛】すねの後ろのふくれた部分。こむら。「—がつる」

ふくらま-す【膨らます・×脹らます】『五他』ふくらむようにする。

ふくら-む【膨らむ・×脹らむ】〘五自〙ふくれて大きくなる。「お餅が―」「つぼみが―」「夢が―」「借金が―」
ふくり【福利】幸福と利益。幸福をもたらす利益。「―厚生」
ふくり【複利】複利法による計算・利子・利率。↕単利。**―ほう**【―法】単位期間が過ぎるたびに利子を元金に繰り入れ、その加算額を次期の元金として行く計算法。↕単利法
ふぐり きんたま。睾丸(こうがん)。▽既に古風。
ふくりゅう【伏流】〘名・ス自〙①ある地域(期間)で地上の水流が地下を流れること。その流れ。「―水」②比喩的に、表面からは見えない動き。「徐々に動く新時代の―」
ふくりゅうえん【副流煙】火をつけたタバコから立ち上る煙。喫煙者が吸う煙(主流煙)より有害とされる。
ふくりん【覆輪】刀のつば・鞍(くら)・器具等のへりを、金や銀で飾ること。「金―」「白―」(銀による覆輪)。また、女性の衣服の八つ口(=わきあき)を他の布で細くふちどったもの。
ふくれあが-る【膨れ上がる】〘五自〙大きく膨れる。「焼いて―った餅」「人口が千万以上に―った都市」
ふくれっつら【膨れっ面・×脹れっ面】頬をふくらませた、不平そうな顔つき。「そんな―をするな」
ふく-れる【膨れる・×脹れる】〘下一自〙①内から外へと張り出す。盛り上がる。「腹が―」(満腹する意にも)②不満そうな顔つきをする。ふくれっつらをする。「仲間はずれにされて―」▽(2)は、ほおがふくれるところから。
ふくろ【袋】①口が一つで、中に物が入れられるようにしてあるもの。「―のねずみ」(逃げることの出来ないたとえ)▽「嚢」と書くことがある。②袋(1)に似たもの。㋐果肉などを包んでいるもの。「みかんの―」㋑《他の名詞と合して》形が近いとか口が一つしかないとかいう点で、袋(1)に似た状態にあるもの。「胃―」「―小路(こうじ)」「戸―」
ふくろ【復路】かえりみち。↕往路
ふくろあみ【袋網・×嚢網】網漁具のふくろ状の部分。
ふくろう(ふくろふ)【×梟】①木のほらや森の茂みにすみ、夜活動する鳥。灰白色で頭は茶色。大きさはカラスぐらいで、目が大きい。小動物を捕食する。▽広くは、ふくろう科の鳥の総称。→みみずく。②夜活動するもののたとえ。「―部隊」
ふくろおび【袋帯】袋織りの帯。
ふくろおり【袋織(り)】表裏二枚を、ふちの所は一重、他は二重にして、筒状に織ること。その織物。
ふくろく【福×禄】幸福と封禄(ほうろく)(=領地からの収入。財産)。幸い。 **―じゅ**【―寿】七福神の一つ。背が低く、頭が長く、ひげが多い。ふくろくじん。▽中国で南極星の化身(けしん)といわれた。 **―じん**【―神・―人】→ふくろくじゅ
ふくろこうじ(ふくろこうぢ)【袋小路】①行き止まりになっていて通り抜けられない小路。②転じて、物事が行き詰まった状態。「議論が―に入る」
ふくろだたき【袋×叩き】何人もで取り囲み、さんざんに殴ること。また、多くの人が非難・攻撃すること。「―にする」「世論の―にあう」
ふくろだな【袋棚】①床の間や書院の脇の上部に設けた戸棚。袋戸棚。②茶道で使う棚の一つ。
ふくろち【袋地】周囲が他人の所有地で、そこを通らないと道に出られない土地。
ふくろど【袋戸】袋棚のふすま戸。
ふくろとじ(ふくろとぢ)【袋×綴(じ)】書物の装丁の仕方。紙の印刷面を表にして二つに折り、それを重ねて、折り目でない方をとじるもの。
ふくろとだな【袋戸棚】→ふくろだな(1)
ふくろぬい(ふくろぬひ)【袋縫(い)】布地の表を外にして縫い合わせた後、裏返しにして更に縫うこと。
ふくろみみ【袋耳】①一度聞いたことは忘れないこと。そういう人。②織物の耳(=へり)を袋織りにしたもの。
ふくろもの【袋物】紙入れ・がま口・手さげ袋など、袋状の日用品の総称。
ふくわじゅつ【腹話術】唇を動かさずに声を出して、自分以外のものが話しているように見せかける術。
ふくわらい(ふくわらひ)【福笑(い)】正月の遊びで、目隠しをして、紙に書いた顔の輪郭上に、眉・目・鼻・口の形の紙を置き、そのおかしな出来上がりを見て楽しむもの。
ふくん【夫君】他人の夫の敬称。
ふくん【父君】他人の父の敬称。
ぶくん【武勲】戦争で立てた功績。武功。
ふけ【〈雲脂〉】頭の皮膚から生じる、うろこ状の白いもの。皮脂がほこり等と混じって乾燥したもの。
ぶけ【武家】武士の家筋(の者)。また、武士。「お―さん」
ふけい【不敬】〘名ナ〙皇室・社寺に対して敬意を欠いた言動をすること。
ふけい【父兄】父や兄。↕子弟。「―会」(保護者会の旧称)
ふけい【父系】父方の血統をたどった系統。↕母系
ぶげい【武芸】武術に関する技芸。剣術・弓術・馬術など。 **―しゃ**【―者】武芸の実力がすぐれた人。**―じゅうはっぱん**【―十八般】昔、武人に必要だとした十八種の武芸。弓術・馬術・槍(そう)術・水泳術・剣術など。
ふけいき【不景気】〘名ナ〙①景気が悪いこと。経済活動に活気がない状態。不況。②比喩的に、所持金が少ないこと。また、気分がさえず活気がない様子。「―な顔」
ふけいざい【不経済】〘名・ダナ〙むだに費用などがかさむこと。「時間を―に使う」 派生 **-さ**
ふけこ-む【老け込む】〘五自〙すっかり老人くさくなる。老い込む。
ふけそう【普化僧】昔、禅宗の一派普化宗の僧侶(そうりょ)。

尺八を吹いて諸国を巡行した。虚無僧(こむそう)。

ふけつ【不潔】〘名ナ〙きたならしいこと。けがらわしいこと。「うす汚れて―な食器」「同時に二人とつきあうなんて―だ」▽物の状態にも精神的な面にも言う。派生 **-さ -がる**

ふけやく【老け役】 演劇で、老人の役。

ふけ-る〘下一自〙〔俗〕姿を隠す。逃げる。▽隠語的。

ふけ-る【×耽る】〘五自〙(度を過ごして)熱中する。「思索に―」「飲酒に―」▽「更ける」と同語源。

ふ-ける【更ける・老ける・△深ける】〘下一自〙度合が深くなる。㋐その時になってから十分に時がたつ。たけなわになる。【更・深】「夜が―」「秋が―」㋑年をとる。また、容姿が年をとった感じになる。【老】「年齢より―・けている」㋒古くなって変質する。「米が―」▽「深い」と同語源。

ふ-ける【△蒸ける】〘下一自〙蒸気で加熱され、熱が通ってむれる。「芋が―」

ふけん【府県】 府と県。「都道―」

ふけん【夫権】 旧民法で、夫が妻に対して持つ権利。

ふけん【父権】 ①長である男性が家族の統制について有する権利。家父権。②父親としての親権。

ふげん【不言】 ものを言わないこと。「―実行」「―不語」(言わず語らず)

ふげん【付言・附言】〘名・ス他〙本文の補足に、また本文で省いた事の補充に、つけ足して言うこと。その言葉。

ぶげん【分限】 ①ぶんげん。身のほど。ぶんざい。②財力のある人。かねもち。 **―しゃ【―者】** ものもち。かねもち。

ぶげん【侮言】 あなどりの言葉。

ぶげん【×誣言】 わざと事実を偽って言うこと。その言葉。ふげん。

ふけんしき【不見識】〘名ナ〙十分な見識を欠くこと。「―もはなはだしい」「―な言動」派生 **-さ**

ふけんぜん【不健全】〘名・ダナ〙健康・生育や、心の持ち方、もののあり方が普通でなく、病的なこと。「生活が―だ」「―な思想をいだく」派生 **-さ**

ふげんぼさつ【普賢×菩×薩】 理法や修行の面をあらわした菩薩(ぼさつ)。像の多くは白象に乗り、釈迦(しゃか)の右側の脇士(わきじ)。

ふご【×畚】 竹・わら等を編んで作った容器。㋐もっこ。㋑びく。

ふこう【不孝】〘名ナ〙親に対して子としての道を守らないこと。▽古くは「ふきょう」とも。

ふこう【不幸】 ①〘名・ダナ〙幸福でないこと。ふしあわせ。「―中の幸い」派生 **-さ** ②〘名〙みうちの者に死なれること。「親戚に―があった」

ふこう【富鉱】 金属をたくさん含んだ鉱石。

ふごう【富豪】 多くの財産がある人。金持。

ふごう【符合】〘名・ス自〙よく合致すること。

ふごう【符号】 ①しるし。記号。②数学で、正負の記号。

ふごう【負号】〔数学〕負(ふ)であることを示す記号。マイナス記号。「-」のこと。↔正号

ぶこう【武功】 →ぶくん

ふこうへい【不公平】〘名・ダナ〙判断や処置が公平でないこと。「―な税制」派生 **-さ**

ふごうり【不合理】〘名ナ〙理に合っていないこと。論理的な筋が通らないこと。派生 **-さ**

ふこく【富国】 ①国の富を豊かにすること。②豊かな国。 **―きょうへい【―強兵】** 国を富ませ兵力を大きくして、国の勢力を強めること。

ふこく【布告】〘名・ス他〙一般公衆に告げ知らせること。㋐国家の決定的意思を公式に一般に告げること。「宣戦―」㋑今の法律・政令・省令などに当たる、明治初期に出されたもの。「太政官(だじょうかん)―」

ぶこく【×誣告】〘名・ス他〙わざと事実を偽って告げること。「―罪」

ふこころえ【不心得】〘名ナ〙心掛けがよくないこと。「―をたしなめる」

ぶこつ【無骨・武骨】〘名ナ〙素朴で、作法や趣味を身につけていないこと。▽大方は男性について言う。「武辺者は―でよい」。スマートでないこと。派生 **-さ**

ふさ【房・△総】 ①たばねた糸の先をばらばらにしたもの。②たくさん群がって長くついたもの。「ブドウの―」。転じて、垂れているもの。「乳―」

ブザー 電磁石を利用し、振動板の振動によって、うなるような低い音を出させる装置。連絡・通報に使用する。▽buzzer

ふさい【不才】 才能がないこと。そういう人。▽へりくだって自分を指すのにも使う。

ふさい【夫妻】 夫と妻。夫婦。▽自分・身内には「夫婦」と言っても「夫妻」とは言わない。

ふさい【付載・附載】〘名・ス他〙中心となる文書に、付け加えてのせること。「図表を―する」

ふさい【負債】 他から金銭や物資を借りること。その借りたもの。また、債務。 **―かんじょう【―勘定】** 簿記で、負債についての勘定。↔資産勘定

ふざい【不在】 その場にいないこと。「―証明」(アリバイ)「国民―の税制論議」 **―じぬし【―地主】** 自分の所有地から離れて住んでいる地主。 **―しゃとうひょう【―者投票】** 選挙の時に、所定の投票所に行けないことが前もって分かっている者が、一定の手続きで、投票日以前に行う投票。不在投票。

ぶざい【部材】 柱・桁・梁(はり)など建造物の骨組を構成する材料。

ぶさいく【不細工】〘名・ダナ〙細工がまずく、体裁が整っていないこと。「―な机」「―な顔」(醜い顔)▽「ぶざいく」とも言う。派生 **-さ**

ふさが-る【塞がる】〘五自〙(詰まって)あきの無い状態にある。ふさいだ状態になる。㋐(何かに占められて)そこが行き来できない状態になる。また、そういう状態だ。「道が―」㋑一杯に詰まる。「悲しみで胸が―」。あいた所が無い。「どの部屋も―・った」。特に、仕事やさしつかえがあって、他に使えない状態

になる。「手が―」「その日は先約で―っている」㋒閉じた状態になる。「眠くて目が―」「あいた口が―らない」(あきれ返る)「戸が―」▽↕あく(明・開)

ふさぎ【塞ぎ】気が晴れない状態。憂鬱。「気の―を紛らす」「―の虫に取りつかれる」(気が塞ぐ。それを虫のせいだとした言い方)

ふさぎこ‐む【塞ぎ込む】《五自》ひどく憂鬱になる。

ふさく【不作】作物のできが悪いこと。

ふさく【×斧×鑿】斧(おの)と鑿(のみ)を使って細工すること)。「―の痕(あと)」(転じて、詩文などに技巧をこらしたあと)

ふさ‐ぐ【塞ぐ】①《五他》あいている所に何かを置き、またはあいている所を何かでおおい、ものの出入りが行われないようにする。㋐あき間をなくして、そこが通れない、またはそこに来られないようにする。ふさげる。↕あける。「道を―」「入口を―」㋑欠けたところがないように満たす。つめる。「場を―」「時間を―」「責めを―」㋒あいた物を、ふた・おおい(となる物)で閉じる。↕あける。「目を―」「板を打ちつけて窓を―」②《五自》心が憂鬱さで一杯になる。気が晴れない状態になる。「彼はいつになく―いでいる」

ふさくい【不作為】法律で問題になる行為の一種。あえて(特定の)積極的な行為をしないこと。↕作為(2)。「―犯」▽統計でいう「無作為」とは全く別。

ふさ‐げる【塞げる】《下一他》ふさぐ。

ふざ‐ける《下一自》おもしろ半分にたわむれる。㋐ばかげたことを言ったりしたりする。また、子供が遊び騒ぐ。㋑人をばかにする。「―けたことを言うな」「野郎、―けるな」㋒(男女が人前もはばからず)たわむれる。▽㋒は「巫山戯る」とも書く。

ぶさた【無沙汰】《名・ス自》沙汰をしないこと。特に、訪問・文通が久しく絶えていること。

ぶざつ【×蕪雑】《名・ダナ》(言葉・文章が)ごたごたしていて、筋道が立っていないこと。「―な言辞」「―に書き連ねる」派生‐さ

ふさふさ《名・副[と]・ノダ・ス自》たくさん集まって垂れさがるさま。そういうもの。「ぶどうが―(と)実る」「―の尻尾(しっぽ)」「―(と)した白ひげ」「―のついた耳かき」

ぶさほう【無作法・不作法】《名・ダナ》礼儀作法にはずれること。ぶしつけ。「―をわびる」派生‐さ

ぶざま【無様・不様】《名・ダナ》体裁が悪いこと。みっともないこと。醜態。「―をさらけ出す」「―にも負ける」派生‐さ

ふさわし‐い【〈相応〉しい】(ふさはしい)《形》それがこれに釣り合って、適した状態だ。似合わしい。「弁護士に―資質」「そんな行動は君に―くない」派生‐さ

ふさん【不参】《名・ス自》(行事・式典などに)参列・出席しないこと。

ふし【節】①棒状の物のふくれた部分。㋐木の枝のつけ根の所。また、それの跡。㋑竹・アシ等の茎の、隔てになっている所。▽この節と節との間の部分は「よ」と言ったが、現在ではこれも「ふし」と言う。㋒動物の関節。㋓糸・縄の、こぶ状になった所。②(目につくような)箇所。点。「あやしい―がある」。(何かのきっかけとなる)時。「折―」③音楽の旋律。メロディー。「―をつける」▽「貝殻―(ぶし)」など民謡名に「ぶし」の形でよく使う。④魚の身を縦に四つ割りにした切り身。⑤「かつおぶし」の略。

ふし【不死】永久に死なないこと。「不老―」「―鳥」(フェニックス)

ふし【〈五倍子〉・付子】→ごばいし

ふし【父子】父と子。「―相伝」「―家庭」

ふじ【藤】(ふぢ)①つる性の幹が他の物にからみついて延び、晩春・初夏に薄紫や白の花がふさ状にたれて咲く落葉低木。山野に自生し、また観賞用にも育てる。「瓶(かめ)にさす―の花ぶさ花垂れて病の牀に春暮れんとす」(正岡子規)▽まめ科。↓ふじなみ・ふじだな。②「藤色」の略。

ふじ【不△二】①二つとないこと。②書簡文の末尾につける語。十分に意をつくさない意。

ふじ【不時】思いがけないとき。「―の用意」「―着陸」

ふじ【不治】→ふち(不治)

ぶし【武士】昔、武芸を身につけ軍事に携わった階級の人。さむらい。「―に二言(にごん)無し」(武士は約束を重んじるから、一度言った事は、あとで言いのがれなどせず、必ず守る)「―は食わねど高楊枝(たかようじ)」(武士は貧乏で食事ができない時でも、がつがつしてはならず、さも十分たべたように楊枝を使うものだ)

‐どう【―道】武士階級の間に発達した道徳律。忠誠・名誉・尚武などを重んじる。士道。

ぶし【△附子】トリカブトの塊根を干したもの。猛毒があるが、漢方薬として使う。ぶす。

ぶじ【武事】武人の本分としての、いくさに関する事柄・技術。↕文事

ぶじ【無事】《名・ダナ》取り立てて言うほどの変わった事がないこと。㋐危険・不幸・大過などが起こらない状態。「航海の―を祝う」「試験も―に済んだ」。健康でいること。「御―で何よりです」㋑仕事がなく、ひまなこと。「―に苦しむ」▽㋑は古風な用法。
関連 息災・無病息災・達者・つつがない・大過ない・別条ない・平安・安らか・平らか・安全・安泰・安穏・静穏・平穏・平静・無難・大丈夫

ぶじ【×蕪辞】①乱雑な言葉。②自分の文章・言葉のへりくだった言い方。「―をつらねる」

ふしあな【節穴】木の板などにある、節が抜けてあいた穴。「―同然の目」(ただあいているというだけで、物を十分に見る役に立っていない目)

ふしあわせ【不幸せ・不仕合(わ)せ】(ふしあはせ)《名・ダナ》不幸。不運。派生‐さ

ふしいと【節糸】玉繭からとった、節が多い糸。玉糸。また、この糸で織った絹。

ふじいろ【藤色】(ふぢ)藤の花の色に似た淡紫色。

ふしおが‐む【伏(し)拝む】(ふしをがむ)《五他》ひれ伏して拝む。

ふ

また、遥拝(ようはい)する。

ふしおり【節織(り)】 節糸で織った絹織物。

ふじかずら【藤△葛】 ①フジのつる。②フジやクズ。転じて、つる草の総称。

ふしぎ【不思議】『名・ダナ・副と』そうであることの原因がよくわからず、なぜだろうと考えさせられること。そういう事柄。「あぶないところを―に助かった」「本所(ほんじょ)の七―」 派生 **-さ** **-がる**

ふじぎぬ【富士絹】 羽二重に似せた絹織物の一種。▽富士瓦斯(ガス)紡績株式会社の製品名から。

ふしくれ【節×榑】 節の多い材木。 **―だ-つ**【―立つ】『五自』節が多くてでこぼこする。特に、骨ばってごつごつする。「―った手」

ふししずむ【伏(し)沈む】『五自』物思いに沈む。じっと嘆き悲しむ。▽かなり古風。

ふしぜん【不自然】『名・ダナ』自然ではないこと。わざとらしいこと。 派生 **-さ**

ふじだな【藤棚】 藤のつるをはい上らせ、たくさんの花房が垂れ咲くようにした棚。

ふしだら『名・ダナ』物事にけじめ・しまりを欠く有様。「こんな―をして申し訳ございません」。特に、男女関係のけじめに関し、だらしないさま。「―な娘」 派生 **-さ**

ふじちゃく【不時着】『名・ス自』「不時着陸」の略。航空機が、故障や燃料欠乏等のため、初めに予定しなかった場所に降りること。

ふしちょう【不死鳥】 →フェニックス(1)

ふしつ【不×悉】 書簡の結びに記す語。不一(ふいつ)。不尽。▽思う事をすっかり(=悉)述べつくせなかったという意。

ふじつ【不実】 ①『名ナ』誠意や情愛に欠けていること。「―な男」「―を責める」 派生 **-さ** ②『名』事実でないこと。無実。「―の記載」

ふじつ【不日】『副』日ならず。近いうちに。「―参上いたします」

ぶしつ【部室】 部(1)ウの部屋。

ふしづけ【節付け】 歌詞に節をつけること。

ぶしつけ【不×躾】『名・ダナ』しつけができていないこと。無作法。「―に尋ねる」 派生 **-さ**

ふじつぼ【富士×壺】 海岸の岩や船底に付く小動物。富士山の形をした殻をもつ。▽ふじつぼ亜目の甲殻類。

ふじづる【藤×蔓】 フジのつる。

ふしど【×臥△所】 ねどこ。ねや。

ふじなみ【藤波・藤△浪】 風に吹かれて波のように揺れ動く、藤の花(の姿)。

ふしのき【△五倍子の木】 →ぬるで

ふしはかせ【節博士】 声明(しょうみょう)・謡曲などの文句のそばに記して、節の高低・長短を示した記号。ごま点。

ふじばかま【藤×袴】 山野の水気の多い所に生える多年草。秋に薄紫の花が咲く。葉によいかおりがある。薬用。秋の七草の一つ。▽きく科。

ふじびたい【富士額】 (女性の)髪の生え際が富士山頂の稜線(りょうせん)のような形になっている額。「―でまゆが映える」

ふしぶし【節節】 ①身体のさまざまな関節。「―が痛む」②いろいろな箇所。また、いろいろな時点。「納得できない―がある」「人生の―」

ふしまつ【不始末】『名ナ』①始末のしかたがよくないこと。「火の―」②けしからぬ行い。不埒(ふらち)。「―をしでかす」

ふしまわし【節回し・節×廻し】 歌謡や語り物などの調子・抑揚。「巧みな―」

ふじみ【不死身】『名ナ』①どんな外からの打撃にも影響を受けない、強い身体。②転じて、どんな困難にもくじけないこと。

ふしめ【伏(し)目】 うつむき勝ちに視線を下の方へ向けること。「―がちに話す」

ふしめ【節目】 ①木材や竹の、節のある所。②比喩的に、物事の区切りとなる(大事な)所。「人生の―」

ふしゃ【富者】 富んでいる人。↕貧者

ふしゃくしんみょう【不△惜身命】〔仏〕ほとけのためには身命をささげて惜しまないこと。

ふしゅ【浮腫】 皮下組織に余分な水がたまること。むくみ。

ふじゅ【腐儒】 役に立たない儒者(学者)。▽学者が自分をへりくだって言うのにも使う。

ふじゅ【×諷×誦】 →ふうじゅ(諷誦)

ぶしゅ【部首】 漢字を字源および意味で分類する際、基準とする構成部分。例えば、「松」「構」「横」などは部首「木」で一類とする。

ふしゅう【×俘囚】 とりこ。「―の身となる」

ふしゅう【腐臭】 腐ったものが発するにおい。「―を放つ」

ふしゅうぎ【不祝儀】 不吉な出来事。特に(婚礼に対し)葬式。

ふじゆう【不自由】『名・ダナ・ス自』自由にならなくて困ること。「―な生活」(家計が苦しい意にも)「足が―だ」(交通不便の意にも)「神経痛で字を書くのにも―する」「金に―(を)しない」 派生 **-さ** **-がる**

ふしゅうこう【不×銹鋼】 クロムを含み、さびにくい特殊鋼。ステンレス鋼。

ふじゅうぶん【不十分・不充分】『ノダ』《「―な」も使う》足りない所があること。満足できる程ではないこと。「証拠―」 派生 **-さ**

ぶしゅかん【△仏手×柑】 ユズに似て大きく、先が手の指のように裂けた実をつける常緑低木。初夏に白色の花が咲く。実は酸味と苦味が強く、生食には適さない。▽みかん科。

ふしゅく【×巫祝】 原始宗教で、神事をつかさどる人。

ふしゅつ【不出】 外へ出さない(出ない)こと。「門外―の秘宝」

ふじゅつ【×巫術】 呪術の一つ。超自然的存在が人にのりうつり、その人を通して話し、行動するというもの。

ぶじゅつ【武術】 武士(や軍人)の表芸とされる、剣術・柔術・弓術・馬術など、広くは戦術・航海術などのわざ。「—の心得が無い」

ふしゅび【不首尾】〘名ナ〙ぐあいが悪いこと。思わしい(よい)結果が得られなかったこと。「会談は—に終わった」

ぶしゅみ【無趣味】〘名ナ〙→むしゅみ

ふじゅん【不純】〘名ナ〙純粋・純真でないこと。「—な動機」「—分子」「—物」 派生 **-さ**

ふじゅん【不順】〘名ナ〙①順調でないこと。「天候—」②人に従わないこと。道理に逆らうこと。

ふじょ【婦女】 おんな。女性。女子。「—暴行」

ふじょ【×巫女】 みこ。いちこ。

ふじょ【扶助】〘名・ス他〙力を添えて助けること。「相互—」「公的—」「—料」▽「扶」も助ける意。

ぶしょ【部署】 役目を割り振られた、その持ち場。「—につく」

ふしょう【不肖】 ①(親や師に似ず)おろかなこと。「—の子」「—の弟子」②へりくだって自分のことを指す言い方。「司会は—私が務めます」

ふしょう【不祥】〘名ナ〙めでたくないこと。不吉。 **—じ【—事】** 好ましくない事柄・事件。「—を起こす」

ふしょう【不詳】 詳しくは分からないこと。はっきりしないこと。「氏名—」

ふしょう【不承】〘名・ス他〙承知しないこと。「—とあれば、いたし方ない」。不満ながら(でも)承知すること。「まげて御—ください」「その条件で—しましょう」 **—ぶしょう【—不承】**〘副「に」・ノダ〙いやいやながら。しぶしぶ。

ふしょう【負傷】〘名・ス自〙けが(をすること)。

ふじょう【不定】 一定しないこと。「老少—」

ふじょう【不浄】〘名ナ〙清浄でないこと。「—な金(かね)」。そういうもの(の婉曲(えんきょく)表現)。例、大小便、月経。「御—」(便所) **—やくにん【—役人】** 昔、罪人をとらえる役目の役人。同心など。

ふじょう【浮上】〘名・ス自〙①水中から浮かび上がること。②比喩的に、上位やよい状態に上がってくること。

ぶしょう【武将】 ①将である武士。②武芸の達人である将。▽②は「知将」などに対して言う。

ぶしょう【部将】 一部隊の将。

ぶしょう【無精・不精】〘名・ダナ・ス自〙精(せい)を出さないこと。面倒くさがってひどく骨惜しみすること。「—者(もの)」「筆—」「—してはいけない」 派生 **-さ** **—ひげ【—×髭】** のびたままで、そらないでいるひげ。

ふしょうか【不消化】〘名ナ〙①消化が悪いこと。②比喩的に、とり入れはしても、十分には自分のものになっていないさま。「新理論の—な紹介」

ふしょうじき【不正直】〘名・ダナ〙正直でないこと。 派生 **-さ**

ふしょうち【不承知】 承知しないこと。聞き入れないこと。

ふしょうふずい【夫唱婦随】 夫が言い出し、妻がそれに従うこと。

ふじょうり【不条理】〘名・ダナ〙①事柄の筋道が立たないこと。②人生に意義も希望も見出せないこと。「人生の—」 派生 **-さ**

ふじょき【不如帰】 ホトトギスの異名。

ふしょく【扶植】〘名・ス他〙植えつけること。「勢力を—する」

ふしょく【腐植】 有機物が土壌中で、微生物の作用により徐々に分解してできた黒褐色のもの。植物の肥料としてすぐれている。「—土」

ふしょく【腐食・腐×蝕】〘名・ス自他〙錆(さ)びたり腐ったりして形がくずれること。腐らせて形をくずすこと。

ぶしょく【無職】 正業を持たず世を渡ること。また、その人。やくざ。渡世人。▽「むしょく」より限定が強い。

ぶじょく【侮辱】〘名・ス他〙ばかにして、はずかしめること。「—を加える」「—を受ける」

ふしょくふ【不織布】 織らずに、繊維を接合して作った布。▽洋服の芯地、医療用・工業用などにする。

ふじょし【婦女子】 ①おんな。女性。②女性や子供。おんなこども。

ふしょぞん【不所存】 好ましくない考え。不心得。「—者(もの)」

ふしん【不信】 ①信用しないこと。「—の念をいだく」②信義がないこと。不実。「—の行い」

ふしん【不審】〘名ナ〙疑わしいこと。はっきりわからないこと。「—尋問」(「職務質問」の旧称)「—(の念)を起こす」 派生 **-さ -げ -がる** **—がみ【—紙】** 読んでいて不審を感じた時、書物のその場所の近く(の端)に、しるしとしてはる紙。 **—び【—火】**(放火の疑いが持たれる)原因がよくわからない火事。

ふしん【不振】〘名ナ〙勢いがふるわないこと。「食欲—」「営業—」

ふしん【普請】〘名・ス他〙土木・建築の工事(をすること)。「道—」「仮—の家」「雨漏りする屋根を—(=修繕)する」▽もと、広く人々に請うて、仏寺の堂塔建造などに働いてもらうこと。近世では土木を言う。「城—」。→さくじ

ふしん【腐心】〘名・ス自〙心をいため悩ますこと。苦心。

ふじん【不尽】 書簡の末に記す語。不悉(ふしつ)。▽十分に意を述べつくせないという意味。

ふじん【夫人】 他人の妻の、丁寧な呼び方。▽もと、身分の高い人の妻。

ふじん【婦人】 成人した女。女性。「—服」▽最近は成人女子の名称としては「女性」の方を多く使う。 **—か【—科】** 医術の分科の一つ。婦人病を対象とするもの。 **—びょう【—病】** 女性生殖器およびその関連の病気。

ふじん【布陣】《名・ス自》陣を構えること。その陣容。

ぶしん【武臣】武人である臣下。

ぶしん【武神】武道をつかさどり武運を守る神。

ぶじん【武人】軍事を職とする人。武士。軍人。

ふしんじん【不信心】《名ノ》神仏を信じる気持がないこと。▽「ぶしんじん」とも言う。

ふしんせつ【不親切】《名・ダナ》親切でないこと。派生 **-さ**

ふしんにん【不信任】信任しないこと。「―案」

ふしんばん【不寝番】夜通し寝ないで番をすること。それをする人。寝ずの番。

ふ-す【付す・附す】《五他》↓ふする(付)

ふ-す【伏す・×臥す】《五自》①うつむいた形で体を地面・床(ゆか)に接するようにする。〔伏〕「―・してお願い申します」「野に―・し山に―」(旅で苦労するたとえ)「泣き―」②腹ばいになる。または、横に寝る。ふせる。「草に―」「病(やまい)の床(とこ)に―」

ふず【付図・附図】付属・付録の図・地図。

ぶす〔俗〕醜女(しこめ・ぶおんな)。

ぶす【△附子】↓ぶし(附子)

ふずい【不随】《ノダ》《「―な」も使う》体が思うように動かないこと。「半身―」

ふずい【付随・附随】《名・ス自》(物事が)おもな事柄につれて動くこと。従的な位置にあること。「この事件に―して起こった問題」「―的な現象」

ぶすい【無粋・不粋】《名・ダナ》粋(いき)でないこと。野暮(やぼ)なこと。派生 **-さ**

ふずいいきん【不随意筋】手足の筋肉など随意筋に対し、意識して動かすことができない筋肉。内臓の壁を成す筋肉など。

ふすう【負数】零より小さい数。マイナスの数。↕正数

ぶすっと《副・ス自》①機嫌が悪く、押しだまっているさま。「―した顔」②↓ぶすり(1)。「―弾丸が食い込む」

ぶすぶす《副[と]》①ほのおを上げず、煙だけ出して燃えるさま。「薪(まき)が―(と)くすぶる」②怒りや不満をくすぶらせるさま。「かげで―言う」③何度も突き刺すさま。

ぷすぷす《副[と]》①細い棒などで柔らかいものを何度も刺すさま。「障子に―(と)穴を開ける」②ものがくすぶる音。そのさま。「焼け跡から―(と)煙が上る」▽抽象的にも言う。「―(と)くすぶる憎悪の念」

ふすぶ-る【×燻ぶる】《五自》くすぶる。ふすぼる。

ふすべ-る【×燻べる】《下一他》①炎を立てずに燃やして煙やにおいを立てる。いぶす。くすべる。②煙にあてて黒くする。すすけさせる。③煙を立てて苦しめる。

ふすぼ-る【×燻ぼる】《五自》くすぶる。ふすぶる。

ふすま【×襖】建具の一種。木で骨組を造り、両面に紙や布を張ったもの。ふすま障子。からかみ。

ふすま【×麬・×麸】小麦を粉にする時にできる、皮のくず。家畜の飼料などにする。

ぶすり《副と》①勢いよく突きさきさる音。そのさま。ぶすっと。「針が―と突きささる」②不機嫌そうなさま。「―とつぶやく」

ぷすり《副と》ぶすり(1)より軽い感じのさま。

ふ-する【賦する】《サ変他》①割り当てる。配る。②詩などを作る。

ふ-する【付する・附する】《サ変自他》つける。わたす。与える。ゆだねる。託する。「条件を―」「公判に―」「不問に―」「茶毘(だび)に―」

ぶ-する【×撫する】《サ変他》なでさする。「腕を―」(腕をさすって、待ちかまえる)

ふせ【布施】〔仏〕僧侶(そうりょ)などに金銭や品物をほどこし与えること。また、その金銭・品物。「お―」

ふせい【不正】《名・ダナ》正しくないこと。正義・正当・正直でないこと。「―を働く」「虚偽又は―の陳述」「武器を―に(=違法に)入手した」

ふせい【不整】《名ノ》不規則で整っていないこと。「脈搏(みゃくはく)―」。処理に乱れがあり、不適当なこと。「業務執行に―が見られる」

ふせい【×斧正】人に添削をたのむ時の言葉。「―を乞う」▽斧(おの)で正す意。

ふせい【父性】父親として持つ性質。↕母性。「―愛」

ふせい【浮世】うきよ。定めがないこの世。

ふぜい【風情】①独特の趣。味わい。また単に、けはい。様子。「―のあるたたずまい」「恥ずかしげな―」②《体言を受けて》……のようなもの。「私―」「町人―」▽多く、軽侮、また、へりくだりの感じを込めて使う。

ぶぜい【無勢】人数が少ないこと。その勢力。「多勢(たぜい)に―」

ふせいかく【不正確】《名・ダナ》正確でないこと。派生 **-さ**

ふせいき【不正規】正規でないこと。「―軍」

ふせいさん【不生産】①生産に直接関係のないこと。「―部門」②生産しないこと。

ふせいしゅつ【不世出】めったに世に現れないほど、すぐれていること。「―の天才」

ふせいせき【不成績】《名ノ》成績がよくないこと。

ふせき【布石】①碁で、対局の初めの段階における石の並べ方。②比喩的に、将来に備えて行う手配り。「―を打つ」

ふせ-ぐ【防ぐ・×禦ぐ】《五他》侵されないように、さえぎりとめる。「敵を―」「水害を―」「寒さを―」関連 食い止める・支える・遮る・塞ぐ・塞ぎ留める・阻む・妨げる・立ちはだかる・拒む・断つ・阻止・遮断・ディフェンス・防護・防御・防衛・防止・予防

ふせご【伏(せ)籠】伏せて、鶏を入れるかご。

ふせじ【伏(せ)字】印刷物で、明記することを避けるためにその箇所を空白にしたり、〇×などの印で表したりすること。その箇所。

ふせつ【付説・附説】《名・ス他》本論の後に、付け加え

て説明すること。その説明。

ふせつ【付設・附設】『名・ス他』付属させて設けること。

ふせつ【敷設・布設】『名・ス他』(水道・ガス管・鉄道・機雷などを)しくこと、設けること。

ふせつ【浮説】根拠のないうわさ。流言。風説。

ふせつ【符節】割符(わりふ)。「―を合わせたように」(ぴったり一致することの形容)

ふせっせい【不摂生】『名ナ』健康に気をつけないこと。不養生。「―がたたる」「―を重ねる」

ふせや【伏(せ)屋】低く、小さい家。▽雅語的。

ふ-せる ①【伏せる】『下一他』下向きに動かして低める。㋐倒しころがす。「敵を切って―」。網などをかぶせて捕らえる。「スズメを―」㋑うつむける。「目を―」。表側を下にして、置く。「読みかけた本を―・せて立ち上がる」「杯を―」「カードを―」㋒見えないように隠して配する。「土管を―」「兵を―」。知られないようにする。「その事は―・せておこう」「名前を―」②【伏せる・×臥せる】『下一自』↓ふす(伏)(2)。▽多くは病気で寝込むことを指す。

ふせん【不宣】書簡文の末尾にしるす語。▽述べつくさないの意。

ふせん【不戦】①戦争を起こさないこと。「―条約」。②戦わないこと。戦争に参加しないこと。「―運動」 **―しょう**【―勝】相手の休場・棄権や組合せの関係によって、取組・試合をしないで、勝ったと同じ資格・権利を得ること。 **―ぱい**【―敗】取組・試合に休場・棄権したため、負けとなること。

ふせん【付箋・附箋】用件を書いて、または目印として、(一部をのりづけにして)はりつける、小さな紙片。

ふぜん【不全】不完全。不良。「発育―」「機能―」

ふぜん【不善】よからぬこと。「小人(しょうじん)閑居して―をなす」

ぶぜん【×憮然】『ト タル』意外な成り行きに驚いたり自分の力が及ばなかったりで、ぼうっとすること。「―たる面持(おももち)」▽「憮」は空しい気持。

ふせんめい【不鮮明】『ダナ』形・色やねらいがはっきりしないさま。「テーマが―な作文」 派生 **-さ**

ふそ【父祖】父や、それより前の祖先。「―伝来」

ふそう【扶桑】昔、中国で日本を指した言葉。▽東海の日の出る所にあるという神木、またその土地の意から。

ぶそう【武装】『名・ス自』戦闘のための装備をすること。また、その装備。「―警官」「―解除」「理論―する」

ふそうおう【不相応】『名ナ』あるものに対し、(それと組にするには)つり合いを失していること。ふさわしくないこと。「実力に―な地位」「分(ぶん)―」

ふそく【不測】《「―の」の形で》予測できないこと。「―の事態」

ふそく【不足】①『名ナ・ス自』不十分。足りなくなること。「資源が―する」「人手―」②『名』不満足。不平。「―を言う」「年には―がない」

ふそく【附則・付則】法律など規則の規定を補うためにつけ加えた規則。末尾につけて、経過規定・施行期日・細目などを規定する。↕本則。▽「補則」「雑則」と表示した部分は本則の一部で、附則ではない。

ふぞく【付属・附属】①『名・ス自』(それだけでまとまりはあるが)主たるものに従として付く関係にあること。「―品」「大学に―した高等学校」②『名』付属の学校を呼ぶ略称。「彼は―の出だ」 **―ご**【―語】〔文法〕助詞・助動詞のたぐい。↕自立語

ぶぞく【部族】一定の地域に住み、共通の言語・宗教などを持つ共同体で、民族の構成単位をなしているもの。▽未開とされる地域について使われてきた語。

ふそくふり【不即不離】つきも離れもしない関係を保つこと。

ふぞろい【不×揃い】『名・ダナ』そろっていないこと。一律でなくばらばらなこと。

ふそん【不遜】『名ナ』思い上がった態度。「―のふるまい」「―な言辞を弄する」

ふた【蓋】物の口を上から覆いふさぐもの。また、サザエ等の貝の口をおおう甲。「―をあける」(転じて、物事を始める)「身も―もない」(露骨すぎて、情味も含蓄もない)

ふた【二】『造』「二(に)」の和語。「―重ね」「―股」「―心(ふたごころ=異心)をいだく」。特に、《「―……と」の形で、あとに打消しや反語を伴って》これ一つに限る意に使う。「あれほどの秀才が―りといようか」(少ない)二さえ打ち消すことで一の意を強調)▽数え上げる唱え以外に単独では使わない。「ひと」に対し母音の入れ替えで出来た形。「み」「む」や「よ」「や」にも同様な現象が見られる。「ふたつ」「ふたり」の区別は、↓ひと(一)

ふだ【札】それをつけた物が何であるかを示したり、物事の証明のために渡したり、物事を記して注意を引くために立てたりする、一般には小形の、木の板・金属片・紙きれの類。「カルタの―」「お守りの―」「迷子(まいご)―」「質(しち)―」「泳いではいけないという―を立てる」▽↓おふだ

ぶた【豚】いのししを飼育して家畜化した動物。体は丸くふとり、鼻が大きく、尾が短い。肉は食用。「―に真珠」(どんな立派なものでも持つ人によっては何の値打もないことのたとえ。「猫に小判」に同じ)

ふたあけ【蓋開け・蓋明け】①ふたをあけること。②転じて、物事を始めること。物事が始まること。特に、劇場などで初日の公演をすること。

ふたい【付帯・附帯】『名・ス自』おもなものに伴うこと。「―条件」「―決議」

ふだい【譜代・譜第】①代々その家系を継いで来ること。その系図。②代々その主家に仕えること。特に江戸時代、以前から代々徳川家に仕えていたもの。↕外様(とざま)

ぶたい【舞台】①演劇などで、演技を見せるための、普

通は見物席より高く台になっている場所。ステージ。「―に立つ」「清水(きよみず)の―から飛び降りる」(↓きよみずのぶたい) ②比喩的に、活躍ぶりを見せる晴れの場所。「世界を―に活躍する」 **―うら**【―裏】①舞台の裏の、見物席からは見えない所。大道具(おおどうぐ)等が置いてある。②比喩的に、物事が行われる裏面。「―のかけひき」 **―げき**【―劇】舞台で演じる劇。▽映画・放送劇などと特に区別する時に言う。 **―そうち**【―装置】演劇などの効果を高めるために、舞台に装置するもの。大道具・小道具など。 **―めん**【―面】舞台で演じられている情景。

ぶたい【部隊】①軍の一部を成し、戦闘単位として指揮者に統率された軍隊。②比喩的に、あることを担当する人々。「二十人の―でこの開発をする」「買出し―」

ふたいてん【不退転】『ノダ』①仏道修行を怠らずに励み、しりぞかないこと。②一般に、何事にも屈せず固く信じて心をまげないこと。「―の決意」

ふたえ(へ)【二重】二つ重なること。にじゅう。 **―ごし**【―腰】老人などの折れ曲がった腰。 **―まぶた**【―×瞼】まぶたにひだがあって二重になっているもの。ふたかわめ。

ふたおや【二親】父と母。両親。↔片親

ふたかわめ(は)【二皮目】↓ふたえまぶた

ふたく【付託・附託】『名・ス他』頼んで任せること。「審議会に―する」

ふたく【負託】『名・ス他』引き受けさせて、任せること。

ふたこ【双子・二子】二本縒(よ)り合わせた糸で織った、丈夫な綿織物。▽印半纏(しるしばんてん)などに用いる。「ふたご」と読めば別の意。

ふたご【双子・二子】同じ母体から、一度に子供がふたり生まれること。そういう子。双生児。▽「ふたこ」と読めば別の意。

ふたごころ【二心・△弐心】心を両様に持つこと。にしん。㋐こちらにもあちらにも寄せる心。うわき心。「―をいだく」㋑味方・主君に心を寄せているように見せて、実は裏切りそむく心。「―はない」「―なく仕える」

ふたことめ【二言目】二番目に言い出すことば。口を開けば、必ず言い出すきまり文句。「―にはお説教だ」

ふださし【札差】①江戸時代、旗本・御家人(ごけにん)の代理として、禄米(ろくまい)を受け取り、また金貸しなども業とした人。②宿場(しゅくば)の問屋場で荷物の目方を検査した役目(の人)。

ふたしか【不確か】『ダナ』確かでないさま。あやふや。「―な記憶」 派生 **―さ**

ふだしょ【札所】参詣者が参詣のしるしとして札を納める所。三十三か所の観音、八十八か所の弘法大師などの霊場。

ふたすじみち(ぢ)【二筋道】①わかれみち。ふたまたみち。②二本の道。「人生の明暗―を歩む」

ふたたび【再び・二度】『副[と]・ノダ』にど。また。重ねて。「―会うこともあるまい」「―三たび(と)繰り返す」

ふたつ【二つ】個数を言う場合の、数の二(に)。「―返事(↓ふたつへんじ)で引き受ける」「―とない大事な宝」。また、二歳。

ふたつ【布達】『名・ス他』①官庁などが広く一般にふれ知らせること。②明治初期の行政命令。▽後の省令・府県令などにあたる。

ふだつき【札付き】①札(正札)がついていること。②転じて、悪い定評があること。そういう人または物。「―の悪党」

ふたつながら【二つながら・△両ながら】『副[に]ノ』二種のどちらも。両方とも。「文武―秀でる」

ふたつへんじ【二つ返事】「はい、はい」と、ためらわず、すぐに承知すること。

ふたつめ【二つ目】①二番目。「ここから―の横丁」②前座のあと、真打(しんうち)の前に演じる位置(の落語家)。「前座から―に昇進」

ふたつわり【二つ割り】①全体を半分に分けること。②二斗入りの酒樽(さかだる)。▽四斗樽の半分の意。

ふたて【二手】二つの方向。「―に分かれる」

ぶだて【部立】部類・部門に分けること。

ふだどめ【札止め】①劇場などで、満員で入場券の発売を止めること。②立入り禁止の立て札をすること。

ふたなのか【二七日】人の死後十四日目(の法事)。▽「ふたなぬか」とも言う。

ふたなり【二△形】二つの形を同時にそなえていること。特に、男女両性をそなえること。そういう人。半陰陽。

ふたの【二△幅】①並幅の布を二枚ぬい合わせた幅。②腰巻(1)。▽二幅の布で作るから。

ふたば【二葉・双葉】①発芽した時、最初に出る二枚の葉。「栴檀(せんだん)は―より芳(かんば)し」②比喩的に、物事の初め。

ぶたばこ【豚箱】〔俗〕警察署の留置施設。

ふたまた【二股】もとが一つで先が二つに分かれていること。「―大根」「―道」「―をかける」(どちらの結果になっても良いように、同時に二つのことをする) **―ごうやく**【―×膏薬】(内股にはった膏薬(こうやく)が右の股についたり左の股についたりするように)あちらに従ったりこちらに従ったり、態度が一定しないこと。内股膏薬。

ふたみち【二道】①道が二つに分かれていること。そういう道。②二股をかけること。

ふため【二目】二度見ること。「―とは見られない」(むごたらしすぎて、または醜すぎて、見るにたえない)

ふため【不△為】ためにならないこと。「身の―」

ふため-く『五自』(ばたばたと音を立てて)騒ぎ立てる。▽現在では「あわてふためく」のようにしか使わ

ない。

ふたもの【蓋物】 ふたがついている器物。

ふだらく【△補×陀落・普×陀落】〔仏〕観世音が住むという山。▽梵語(ぼんご)。

ふたり【二人】 人の数が二であること。その人ら。「向こうから―来た」「―といない芸達者」。限定しては、夫婦や恋人どうしである特定の対(つい)。「あつあつの―」「―の恋は反対された」

ふたりしずか【二人静】 春、二本の花軸に白い花が咲く多年草。ヒトリシズカよりたけが少し高い。▽せんりょう科。↓ひとりしずか

ふたん【負担】 ①《名・ス他》引き受けて自分の仕事・義務とすること。その仕事・義務、またはそれに対する責任。「費用を―する」「―をかける」②《名》重荷。過重な仕事。「四人ものパートを抱えるのは―だ」「―に思う」▽もと、荷物をかつぐこと。

ふだん【不断】 ①いつも。日ごろ。平生(へいぜい)。「―のままの服装」「―思っている事」「―から十分に注意してはおりますが」▽多く「普段」と書く。⑵の転。②絶え間がないこと。「―の努力」③決断力が乏しいこと。「優柔―」 **―ぎ【普段着・不断着】** 日常着ている衣服。↔よそゆき。 **―そう【―草】** ホウレンソウに似た二年草。長卵形で、厚ぼったい葉を株の外側から順にかき取って食べる。唐萵苣(とうぢさ)。▽年中あるところから言う。ひゆ科(旧あかざ科)。

ブタン 炭化水素の一種。天然ガス・石油などからとり出される無色の可燃性気体。「―ガス」▽ドイツ Butan

ぶだん【武断】 武力を背景にして政務を断行すること。威力によって(かさにかかった態度で)断行すること。↔文治。「―政治」

ふち【×淵】 ①流れの水がよどんで深くなった所。↔瀬。②比喩的に、浮かび上がりにくい境遇・心境。「絶望の―に沈む」

ふち【縁】 物の本体のまわりの部分。「茶わんの―」「川の―」「額―(ぶち)」▽本体の周辺も、その外側も言う。

ふち【不知】 しらないこと。また、知恵がないこと。

ふち【不治】(病気が)なおらないこと。ふじ。「―の病(やまい)」

ふち【付置・附置】《名・ス他》付属させて設置すること。

ふち【布置】《名・ス他》物を配って(=布)それぞれの位置に置くこと。その有様。配置。「碁石の―」「観測点の―」

ふち【扶△持】《名・ス他》「扶持米(ふちまい)」の略。武士に米で与えた給与。また、扶持米を給すること。▽「扶」は(生活を)助ける意、「持」は保つ意。

ぶち【△斑】 種々の色が入り混じって、まだらになっていること。そういう毛並みの動物。

ぶち〔俗〕《動詞の上に付け》意味を強めるのに使う。「箱の中身を―あける」▽「打ち」の転。↓ぶっ

プチ 小さ(くてかわいらし)い。小形の。「―ケーキ」「―ブル」▽フランス petit

ぶちあ-げる【ぶち上げる】《下一他》大げさに述べたてる。堂々と演説する。「構想を―」▽「ぶち」は接頭語。

ぶちかま-す《五他》①相撲(すもう)の立合いで、相手の胸に頭からぶつかっていく。②相手に強い一撃を与える。「先制パンチを―」▽「ぶち」は接頭語。

ぶちこ-む【ぶち込む】《五他》なげこむようにして入れる。「刑務所に―」▽「ぶち」は接頭語。

ぶちこわ-す【ぶち壊す】《五他》物をめちゃめちゃにする。物事をだめにする。ぶっこわす。「人の縁談を―」▽「ぶち」は接頭語。

ふちせ【×淵瀬】 ①水の流れの深い所と浅い所。②きのうの淵(ふち)がきょうは瀬となるように、世の中や人が絶えず移り変わって無常なこと。▽「世の中は何か常なるあすか川きのふの淵ぞけふは瀬になる」(古今集)による歌語。

ふちど-る【縁取る】《五他》(割合に小さな)物のへりの部分を、他の物や色で囲う(また、それで飾りとする)。「レースで―った襟もと」

ぶちぬ-く【ぶち抜く】《五他》反対側まで貫き通す。「山腹を―トンネル」。仕切りを取り去って一続きにする。「座敷を―いて宴会をひらく」▽「ぶち」は接頭語。

ぶちのめ-す《五他》ひどくたたいて倒す。▽「ぶち」は接頭語。

ぷちぷち《副[と]》張り切った小さな粒がはじける音。そのさま。「イクラを―(と)噛(か)む」

プチブル 資本家と労働者との中間層の人。小市民。▽フランス petit bourgeois から。資本主義体制のもとで被支配階級に属しながら、資本家階級の意識をもつ社会階層の人。

ぶちま-ける《下一他》中の物をすべて出し散らす。包み隠さずに語り示す。「腹の中を―」「怒りを―」▽「ぶち」は接頭語。

ふちゃく【付着・附着】《名・ス自》物が他の物(の表面)にくっつくこと。

ふちゃく【不着】 到着しないこと。

ふちゃりょうり【普茶料理】 黄檗(おうばく)宗の寺で調える豆腐・ごま油を多く使う精進(しょうじん)料理。

ふちゅう【不忠】《名ナ》忠義に反すること。

ふちゅう【付注・附×註】 注をつけること。本文につけ加えた注。

ふちゅうい【不注意】《名ナ》注意が足りないこと。「―による事故」「秘密を―にもらす」 派生 **―さ**

ふちょう【不調】 ①《名》うまくととのわないこと。事が成り立たないこと。「交渉は―に終わった」②《名ナ》調子が悪いこと。↔好調。「エンジンが―だ」▽⑵の意では「―さ」も使う。

ふちょう【婦長】 ↓しちょう(師長)

ふちょう【符丁・符×牒】 ①商店で、商品の値段を表す隠語・記号。▽その店特有のも、その業界共通の(=通り符丁)もある。②合図のための隠語。あいこと

ば。③(心おぼえの)しるし。

ぶちょうほう【無調法・不調法】 ①《名ナノ》行き届いた態度でないこと。へた。「口が―だ」②《名ナノ》酒・タバコや芸事などをたしなまないこと。「アルコールは―です」▽へりくだって言う。派生 **-さ** ③《名》あやまち。そこつ。「とんだ―をしでかした」

ふちょうわ【不調和】《名ナノ》調和しないこと。まわりの調子・雰囲気と合わないこと。

ふちん【浮沈】 浮き沈み。特に、栄えるか衰えるかということ。「会社の―にかかわる重大な取引」

ふつ〖払〗【拂】 フッ ホッ はらう ― ①はらいのける。はらう。「払拭・払子(ほっす)」②はらいのけたようにきれいさっぱりする。「払暁・払底」

ふつ〖沸〗 フッ わく わかす ― ①湯がにえたぎる。たぎり立つ。わく。わきたつ。「沸騰・沸点・煮沸」②わき出る。「沸水・沸泉」

ぶ-つ《五他》「打つ」の転。㋐なぐる(ような動作をする)。また、すねて軽く打つ。㋑〔俗〕演説・談判等をすることを、威勢よく表す語。「一席―」「ストを―・ちぬく」

ぶつ ↓ぶつぎり

ぶつ〖＊仏〗【佛】 ブツ フツ ほとけ ― ①梵語(ぼんご)の音訳「仏陀(ぶっだ)」の略。ほとけ。「仏教・仏道・仏法・仏説・仏者・仏門・仏像・仏徒・仏寺・仏刹・仏殿・仏閣・仏壇・仏会(ぶつえ)・仏事・大仏・古仏・神仏・成仏(じょうぶつ)・念仏・持仏・秘仏・三尊仏・阿弥陀仏(あみだぶつ)」②「仏蘭西(フランス)」の略。「フツ」と読む。「英仏・仏語」

ぶつ〖＊物〗 ブツ モツ もの ― ①もの。天地間にある有形無形の一切のもの。また、ひと。ひとがら。世間。「万物・人物・愚物・才物・俗物・生物・動物・植物・鉱物・物質・物品・物件・物体・物量・物理・異物・好物・博物」。以下「モツ」と読む。「財物(ざいもつ・ざいぶつ)・宝物・食物・臓物・書物・御物(ぎょもつ・ぎょぶつ)・進物・献物・貨物・荷物・逸物(いちもつ)・音物(いんもつ)・供物・穀物・作物・腫物」②《名》〔俗〕現物・物件・麻薬・盗品などを指す語。▽多く「ブツ」と書く。隠語的。③ことがら。「事物・文物・禁物(きんもつ)」④様子を見て判断する。みたてる。「物色・物議」⑤なくなる。死ぬ。「物故」

ぶっ=〔俗〕《動詞の上に》意味を強めるのに使う。「―掛ける」「―飛ばす」▽ナ行音・マ行音で始まる動詞に冠する時には「ぶん」となる。「ぶん殴る」「ぶん投げる」「ぶん回す」

ふつう【不通】 行き来が行われない状態。㋐通じなくなること。「列車―」㋑手紙をやりとりしないこと。「音信―」㋒縁を切ること。交際しないこと。

ふつう【普通】 いつ、どこにでもあるような、ありふれたものであること。他と特に異なる性質を持ってはいないさま。↔特別。「―の状態」「―はこれで済む」「少しは―に近づいたろう」。《副詞的に》いつも。たいてい。「―七時に起きる」関連 一般・通常・尋常・通有・通例・平常・常・世の常・世の習い・常並み・並み・並大抵・世間並み・人並み・月並み・当たり前・ありふれた・平凡・凡庸・変哲もない・芸がない・可もなく不可もなし **―せんきょ【―選挙】** 財産・納税額などの多少によって制限することなく、原則としてすべての成年者に選挙権を与えること。そういう選挙。**―ぶん【―文】** 明治時代に広く行われた文語文体。▽平安朝の和文の文法に大体は基づき、漢文書き下し体と融合したもの。 **―よきん【―預金】** 利子が付き、いつでも出し入れできる預金。

ぶつえん【仏縁】 仏との間に結ばれる縁。仏の引合せ。

ぶつおん【仏恩】 仏の恵み。

ふつか【二日】 日数で二になる時間。「詫(わ)び状を―(を)掛けて書いた」「一日捜して―目に見つけた」「―酔い」。その月の二番目の日。「―(の)朝に出発」▽「ふつ」は「ふた」の転。「か」は日の意。期間を指す用法では、連続した日でも合計日数でも言える。

ぶつが【仏画】 仏の姿や仏教に関する事柄を描いた絵。

ぶつが【物我】 自我以外のものと自我。客観と主観。

ぶっか【仏果】 修行を積んだ結果として得られる、成仏(じょうぶつ)の境(きょう)。

ぶっか【物価】 諸商品の価格(市価)。「―指数」(物価の平均的な高さを示し、変動などの比較ができるように、一定の計算法で求めた指数)

ぶっかき(食用の)氷を打ち割った小さな塊。↓かちわり

ふっかく【伏角】 ①磁針が水平面に対して傾く角度。②↓ふかく(俯角)

ぶつがく【仏学】 仏教に関する学問。仏教学。

ぶっかく【仏閣】 寺(の建物)。「神社―」

ふっか-ける【吹っ掛ける】《下一他》①↓ふきかける(1)。②無いものを有るかのように見せて働きかける。誇大に言う。「高値を―」③しかける。「けんかを―」

ふっかつ【復活】《名・ス自他》いったん死んだ、機能しなくなった、または世に埋もれたものが、息を吹き返したり活動力を盛り返したりしてこの世に現れること。「キリストの―」「原案―」「隠居の身から社長に―した」 **―さい【―祭】** キリストの復活を記念する祭典。祭日は、春分後最初の満月のあとの日曜日。イースター。

ふつかづき【二日月】 陰暦で(八月の)二日の夜の月。

ふつかよい【二日酔(い)・〈宿酔〉】 飲んだ酒の酔いの悪い影響が翌日まで持ち越される苦しい状態。

ぶつか-る《五自》①激しく突き当たる。「バスが電車に―」「思いがけない困難に―」「二人の意見が激しく―(＝対立する)」。実際に相手とする。「実地に―・って調べよう」「強敵に―・ってゆく」▽「ぶつける」の自動詞。②二つのものが一つ所で重なる。「祝日が日曜と―」㋑行き当たる。「道が川に―・った所で右に行く」

ふっかん【副官】 軍隊で、司令部・大隊以上の部隊等の

長を助け、業務の整理・監督にあたる武官。ふくかん。「大隊―」

ふっかん【復刊】『名・ス他』刊行を中止・廃止していた(定期刊行の)出版物を、また刊行すること。ふくかん。

ふっき【富貴】→ふうき(富貴)

ふっき【復帰】『名・ス自』もとの状態・所属・地位に帰ること。「職場―」

ふづき【△文月】陰暦七月。ふみづき。

ぶつぎ【物議】人々の議論と世間の騒ぎ。「―をかもす」

ふっきゅう【復×仇】『名・ス自』あだをうつこと。かたきうち。しかえし。

ふっきゅう【復旧】『名・ス自他』いたんだりこわれたりしたもの等を、もとどおりにすること。また、その結果、もとどおりになること。「―作業」

ふつぎょう【払暁】夜の明けがた。あかつき。

ぶっきょう【仏教】釈迦牟尼(しゃかむに)が説いた教え。それに基づく宗教。現世の迷いを去り、悟りを開いて仏陀(ぶっだ)(＝宗教的自覚者)になることが目的。インドに起こり、主に東アジア・東南アジアに広がっている。教派が多い。

ぶっきらぼう『名・ダナ』口のきき方や動作に愛敬(あいきょう)がなく、ぞんざいなさま。「―に答える」。また、そういう人。派生 **-さ**

ぶつぎり【ぶつ切り】料理で、食材を形にこだわらず適当な長さ・大きさに切ること。そう切ったもの。ぶつ。「長ネギの―」「地鶏(じどり)の―」

ふっき-る【吹っ切る】『五他』ためらい、わだかまりなどを思いきってすて去る。また、決断する。「悩みを―」

ふっき-れる【吹っ切れる】『下一自』①わだかまり等が一度に発散し、気持がよくなる。「迷いが―」②はれものが切れさけて、うみが出る。

ふっきん【腹筋】腹壁を形作っている筋肉の総称。

ブッキング ①乗り物・宿泊施設などの予約。「ダブル―」(一つの座席・部屋に予約を二重に受けること) ②帳簿への記入。▽booking

フック ①鉤(かぎ)。鉤形のもの。②ボクシングで、ひじを曲げて側面から打つ攻撃。③ゴルフで、右(左)打者の打球が左(右)の方向に曲がって飛ぶこと。↔スライス。▽hook

ぶつぐ【仏具】仏事に使ったり仏壇を飾ったりする道具。

ブック ①本。書物。「―カバー」「スケッチ―」②ノートブック。「サイン―」「スコア―」▽book **―エンド** 立てて並べた本の両側に置いて、倒れないようにするもの。▽bookend **―マーク** ブラウザの、頻繁にアクセスするウェブ ページのURLを記録しておく機能。▽bookmark(＝栞(しおり)) **―メーカー** 安易に多くの本を著述する人。▽bookmaker **―レビュー** 新刊紹介。書評。▽book review

ふっくう【腹×腔】〔医〕→ふくこう。 **―きょう【―鏡】**内視鏡の一種。腹部を切開して挿入し、腹腔内を観察するためのカメラ。▽早期病変部位の検査・治療にも使う。

ふづくえ【△文机】書物を載せ、読み書きするための(和風の)机。

ぶつくさ『名・副[と]』不平・小言(こごと)をつぶやくさま。「あいつの―は毎度の事だ」「しきりに―言う」▽非難の心持をこめて使う。

ふっくら『副[と]・ス自』やわらかくふくらんでいるさま。「―(と)肥えた人」「―(と)した顔」「ご飯が―(と)炊ける」

ぶっけ【仏家】寺。または僧侶(そうりょ)。

ぶつ-ける『下一他』①激しく突き当てる。「頭を柱に―」。投げつける。「カエルに石を―」。気持を他人に激しく向ける。「相手かまわず怒りを―」②わざと(いきなり)出くわすようにする。組み合わせる。「今度は横綱に―けてみよう」▽「打ち付ける」の転。「ぶっつける」とも言う。

ふっけん【復権】『名・ス自他』①有罪・破産の宣告によって失った権利・資格をとりもどすこと。②比喩的に、一度だめだとされたものが、見直されて日の目を見ること。「近世合理主義の―」

ぶっけん【物件】①(品)物。↔人件。「証拠―」②土地・建物などの不動産。「賃貸―」

ぶっけん【物権】〔法律〕所定の物(権利)を直接に支配する権利。所有権・占有権・地上権・抵当権など。債権と共に財産権の一つ。

ふっこ スズキの若魚。体長三〇～六〇センチぐらいのを言う。

ふっこ【復古】『名・ス自他』昔の状態・体制に立ち返る、またはもどすこと。「王政―」「―調」

ぶつご【仏語】仏教の用語。更に広く、仏教に由来する語。▽「ふつご」と読めば、フランス語のこと。

ぶっこ【物故】『名・ス自』人が死ぬこと。死去。「―者」▽「もっこ」とも言う。

ふつごう【不都合】『名ナ』①都合が悪いこと。②けしからぬこと。不届き。「―千万(せんばん)だ」派生 **-さ**

ふっこう【復興】『名・ス自他』一度衰えた(こわれた)ものが、再び盛んに、また整った状態になること。また、そうすること。「経済―をはかる」「―期」

ふっこう【復航】『名・ス自』目的地からもどる航海・飛行(をすること)。↔往航

ぶっこう【仏工】仏像・仏具を作る職人。

ふっこく ①**【覆刻・復刻】**『名・ス他』木版本を、もとのと同じように彫って刊行すること。また、一般に、本の複製。「―本」②**【復刻】**『名・ス他』広く、もとのものと同じように、また作ること。「―版のおもちゃ」

ぶっころ-す【ぶっ殺す】『五他』〔俗〕「殺す」を強めて言う語。▽打ち殺す意。東京では一九四五年過ぎまでは「叩(たた)っ殺す」と言った。

ぶっこわ-す【ぶっ壊す】『五他』〔俗〕→ぶちこわす

ぶつざ【仏座】仏像を安置する台座。

ぶっさきばおり【△打裂(き)羽織】 背縫いの下半分を縫い合わせず、裂けたままにした羽織。武士が乗馬・旅行などに用いた。

ぶっさつ【仏刹】 寺。

ぶっさん【仏参】《名・ス自》寺にまいり、仏・墓をおがむこと。ほとけまいり。てらまいり。

ぶっさん【物産】 土地から産出する品物。産物。「—展」

ぶつじ【仏事】 仏教の儀式。法事。法要。法会(ほうえ)。

ぶつじ【仏寺】 仏教の寺。寺院。

ぶっし【仏子】〔仏〕①仏弟子(ぶつでし)。②一切の衆生(しゅじょう)。

ぶっし【仏師】 仏像を作る職人。

ぶっし【物資】(経済活動の面から見た場合の)物。品物。「—を動員する」「—援助」

ブッシェル ①ヤード ポンド法で、穀物などの重量の単位。小麦一ブッシェルは、アメリカでは六〇ポンド、約二七キロ。②ヤード ポンド法で、容積の単位。イギリスでは八ガロン、約三六リットル。▽bushel

ぶっしき【仏式】 仏教の法式。▽葬儀などの仕方について言う。

ぶっしつ【物質】(精神に対して)もの。㋐〔物理〕空間に量・質を持って存する、実質的なもの。最近では場(ば)に対する相対的な概念と見られている。㋑〔哲学〕時間的・空間的諸現象のもとである実体。 **—たいしゃ【—代謝】**→しんちんたいしゃ(2)。 **—てき【—的】**《ダナ》物質に関するさま。また、精神よりも物質を重じる態度であるさま。↕精神的

ぶっしゃ【仏者】 仏門にはいった人。僧侶(そうりょ)。

ぶっしゃり【仏舎利】 釈迦(しゃか)の遺骨。

プッシュ《名・ス他》押すこと。売り込むこと。「—ボタン」「ワン—」「猛—する」▽push **—ホン** 押しボタン式電話機。▽push と phone とによる和製英語。

ぶっしょ【仏書】 仏教に関する本。▽「ふっしょ」と読めばフランス(語)の書物の意。

ぶつじょう【物上】〔法律〕物(財産)に関すること。物的。「—請求権」

ぶっしょう【物情】 世間の人心。「—騒然」

ぶっしょう【仏性】 ①一切の衆生(しゅじょう)が備えている、仏になれる本性。仏心。②仏の本性。▽「ほとけしょう」と読めば別の意。

ぶっしょう【物証】 物による証拠。物的証拠。↕書証・人証(じんしょう)

ぶっしょう【物象】(生命のない)物に関する現象。

ふっしょく【払拭】《名・ス他》払ったりぬぐったりしたように、すっかり取り除き消し去ること。「旧弊を—する」

ぶっしょく【物色】《名・ス他》多くのものの中から適当なものを得ようとして、捜すこと。

ぶっしん【仏身】 仏の身体。

ぶっしん【仏心】 ①仏の慈悲心。②仏心(1)のような人情味。ほとけごころ。「彼にも多少の—はある」③仏性(ぶっしょう)(1)。

ぶっしん【物心】 物質と精神。「—両面」

ぶっしん【物神】 呪力が宿ると信じて崇(あが)める物・動物。

ぶつぜい【物税】 物の所有・取得・製造・販売または物より生じる収益に課する租税。↕人税

ぶっせい【物性】 物質が有する性質。「—論」

ぶっせつ【仏説】 仏が説いた教え。また、仏教の説。

ふつぜん【×怫然】《ト タル》おこって顔色を変えるさま。

ぶつぜん【仏前】 仏のまえ。仏壇や位牌(いはい)のまえ。「—に花を供える」

ふっそ【×弗素・フッ素】 ハロゲン元素の一つ。元素記号F。単体では二原子が結合した分子として存在し、刺激性の臭気がある黄緑色の気体。化合力が非常に強く、合成樹脂・防腐剤の製造など用途が広い。

ぶっそ【仏祖】 ①仏教の開祖、つまり釈迦(しゃか)。②仏教の開祖たる釈迦と、宗派の祖師。

ぶつぞう【仏像】 仏の姿を彫刻や絵画に表現した像。

ぶっそう【仏葬】 仏式による葬儀。

ぶっそう【物騒】《名ナノ》いつ何が起こるかわからない、危険な状態。「—きわまる世の中」「—な話だ」「—な連中」▽「物(もの)騒(さわ)がし」の音読みから。 派生 **-さ -げ -がる**

ぶっそん【物損】 物的損害。▽特に、自動車事故などで、人身損害に対して言う。

ぶつだ【仏×陀】 悟りの境地に達した者。覚者。特に、釈迦(しゃか)の尊称。▽梵語(ぼんご)。「ぶっだ」とも言い、「ブッダ」とも書く。

フッター 文書の各ページ最下部に印刷される、ページ数・書名など。↕ヘッダー。▽footer

ぶったい【仏体】 仏身。

ぶったい【物体】 ①具体的な形を持って空間に存するもの。「未確認飛行—」②物理学で、物質が集まって空間的な広がり(形体)を成しているもの。「—の運動」

ぶったぎる【ぶった切る・ぶった斬る】《五他》〔俗〕勢いよく切る。たたっきる。

ぶったくる《五他》〔俗〕無理に(引っ張って)奪い取る。ひったくる。

ぶつだん【仏壇】 仏像・位牌(いはい)を安置し、礼拝するための壇・厨子(ずし)。

ぶっちがい【ぶっ違い】(板きれなどを)交差させること。その形。打ち違い(2)。すじかい(2)。

ぶっちぎり〔俗〕競走などで、大きく引き離して勝つこと。「—の優勝」

ぶっちょうづら【仏頂面】 ぶあいそうな顔つき。ふくれっつら。「—をする」

ふつつか【不△束】《名ナノ》能力・しつけ等が足りず、行き届かないこと。「—な娘ですがよろしく」。不届き。「この—者め」 派生 **-さ**

ぶっつけ〔俗〕(物を投げつけるように)いきなり事を

すること。「—本番でいこう」。最初。「—から強い態度に出る」

ぶっつづけ【ぶっ続け】〔俗〕途中で休まずに長時間つづけること。「—でゲームをする」

ぷつっと《副》①張り切っているものが切れたりつぶれたりするさま。「シャボン玉が—はじける」②急に途切れるさま。ぷっつり。「話が—途切れる」「—消息を絶つ」③小さな粒が一つ現れるさま。「—にきびができる」

ふっつり《副〔と〕》物事が急にとだえるさま。「手紙は其後—来なくなった」(夏目漱石「道草」)

ぷっつり《副〔と〕》①ひもなどが瞬時に切れる音。そのさま。「記憶の糸は—切れてしまった」(有島武郎「カインの末裔」)②↓ふっつり。「収入の道が—(と)断ち切られる」

ぷっつん ①《副と》↓ぷつっと⑴。②《ス自》張りつめていたものが突然切れるように、我慢できなくなって、自分を抑えられないこと。「冷たい仕打ちに—した」

ふってい【払底】《名・ス自》入れ物の底まではたいて出し切ったように、必要なものが非常に乏しくなっていること。品切れ。

ぶってき【仏敵】仏法・仏教を害する敵。

ぶってき【物的】《ダナ》物に関するさま。物質的。↕心的・人的。「—(な)条件」「—に恵まれる」

ぶつでし【仏弟子】釈迦(しゃか)の弟子。また、仏教徒。

ふってわ-く【降って湧く】《連語》突然あらわれる。突然起きる。▽天から降ってきたか、地から湧きだしたかのように生じる意。

ふってん【沸点】液体が沸騰する際の温度。沸騰点。▽一定気圧なら液体によってそれぞれ一定。一気圧のもとでの水の沸点はセ氏九九・九七四度。

ぶってん【仏殿】仏像を安置し礼拝する建物。

ぶってん【仏典】仏の教えを記した書物。仏書。

ふっと《副》①短く息を吐く音。そのさま。「—ため息をもらす」「ろうそくを—吹き消す」②そうしようという特別の気もなかったのに、突然(のように)。「忘れていた事を—思い出す」▽↓ふと《副》

ぶつど【仏土】仏が住む土地。浄土。また、仏が教化(きょうけ)する土地。

ぶっと【仏徒】仏教を信奉する人。仏教徒。

ふっとう【沸騰】《名・ス自》①液体が高温になり気泡が立つこと。わき上がり煮え立つこと。②比喩的に、激しく騒がしくなること。盛んになること。「人気が—する」「—した討論」 **—てん【—点】**↓ふってん

ぶつどう【仏堂】仏像を安置する殿堂。仏殿。

ぶつどう【仏道】仏が説いた道。仏の教え。「—修行」

ぶっとう【仏塔】仏の遺骨などを納めた塔。

フットサル 屋内で(も)行う五人制のサッカー。▽futsal

ふっとば-す【吹っ飛ばす】《五他》〔俗〕↓ふきとばす(1)(2)

ぶっとば-す【ぶっ飛ばす】《五他》〔俗〕①激しくなぐる。②激しく飛ばす。勢いよく走らせる。「時速一五〇キロで—」

フットボール ボールを蹴るなどして勝負を争う団体競技。蹴球(しゅうきゅう)。▽サッカー・ラグビー・アメリカン フットボールなどがある。football

フットライト 舞台の前面にあって下から俳優を照らす照明。脚光。「—を浴びる」▽footlights

フットワーク ①球技や格闘技などで、足の運び。足さばき。「—が軽い」②比喩的に、機敏に動く能力のこと。▽footwork

ふつトン【仏トン】一トンを一千キログラムと定める仕方のトン。▽「仏」はフランスの意。「英トン」「米トン」に対して言う。

ぶつのう【物納】《名・ス他》小作料や税金を額相当の物で納めること。↕金納。「財産税を家屋で—する」

ぶつばつ【仏罰】仏から受ける罰。▽「ぶつばち」とも言う。

ぶっぱな-す《五他》〔俗〕勢いよく放つ。発射する。「大砲を—」

ぶっぴん【物品】①しなもの。もの。②法律で、不動産以外の有体物。

ブッフェ ↓ビュッフェ

ふつふつ ①《副〔と〕》煮えてわきあがるさま。「大鉄瓶が、—と湯気を吐き出したのを」(中里介山「大菩薩峠」)②《副〔と〕》思いや力がわき起こるさま。「—と怒りがこみ上げる」「—(と)詩情がわく」③《副》↓ほとほと。「けんかを売るような根性は、—いやです」(宮本百合子「獄中への手紙」)▽漢語「沸沸(ふつふつ)」から。

ぶつぶつ ①《副〔とに〕》㋐(厚みのある)ものを、断ち切ったり刺し貫いたりするさま。「ひもを—(と)切る」。そのように切れているさま。「—と切れた文章」㋑粒などが、噴き出たりつぶれたりする音。そのさま。②《副〔と〕》㋐泡などが噴き出す音。そのさま。㋑小言を言ったり、何ごとかつぶやいたりする声。「—(と)念仏を唱える」③《名》表面に吹き出ている小さな粒状のもの。「顔に—ができた」

ぶつぶつこうかん【物物交換】《名・ス自》貨幣を仲立ちにせず、物と物とを直接に交換すること。

ぶっぽう【仏法】仏が説いた教法。仏道。仏教。「—を持(じ)する」

ぶっぽうそう【仏法僧】①仏教で重んじる、仏と法(＝仏の教え)と僧(＝仏の教えを奉じる者)。三宝(さんぼう)。②《動物》ハトよりやや小さく、青緑色で美しい鳥。山林にすむ。冬は南方に渡る。▽ぶっぽうそう科。古来「ぶっぽうそう」と聞こえる鳴き声がこの鳥だと思われていたが、実際はコノハズクの声。

ぶつぼさつ【仏×菩×薩】ほとけとぼさつ。

ぶつま【仏間】仏像・位牌(いはい)が安置してある部屋。

ぶづみよきん【歩積み預金】金融機関が手形を割引く際、その割引き額の一定割合(＝歩)を預金させること。その預金。

ぶつめつ【仏滅】①仏の入滅。釈迦(しゃか)の死。②六曜の一つ。「仏滅日」の略。万事に凶だとする日。

ぶつもん【仏門】仏が説いた法門。仏道。「―に入る」

ぶつよく【物欲・物×慾】金銭・物品などに対する欲。

ぶつり【物理】「物理学」の略。また、物理学が研究対象とするような法則。 ―かがく【―化学】物理学の理論や物理的測定法によって化学を体系づけようとする学問分野。 ―がく【―学】物質の運動・構造、熱・光・音・電磁気の作用などを研究する、自然科学の一部門。 ―てき【―的】『ダナ』物理学が扱うような、対象の面に関するさま。またコンピュータで「論理的」に対し、ハードウェアに強く依存する事柄であるさま。 ―へんか【―変化】物質そのものが変化するのでなく、位置・大きさ・形など、物質の状態が変化すること。↔化学変化。 ―りょうほう【―療法】電気・熱・光線・エックス線・ラジウムなどの物理的エネルギーを応用した医療方法。

ふつりあい(あひ)【不釣(り)合(い)】『名ナ』つりあいがとれないこと。「―な服装」

ぶつりき【仏力】仏が有する、不思議ですぐれた力。

ぶつりゅう【物流】商品の売買に伴う輸送・保管等の過程(の一括管理)。「―計画」

ぶつりょう【物療】「物理療法」の略。「―内科」

ぶつりょう【物量】物資の量。「―にものを言わせる」

ぷつん『副と』↓ぷつっと

ふで【筆】①柄の先に毛の束(＝穂)をつけ、これに墨や絵の具を含ませて字や絵をかく道具。比喩的に、ものをかくこと。そのかいたもの。「―が立つ」(文章を作るのがうまい)「…の―になる」(…がかいたものだ)「―を入れる」(文章・文字を直す)「―を置く」(かき終えてやめる)「―を走らせる」「―を運ぶ」(文章を書き進める)「―を加える」(筆を入れる、または、かき足す)「―を曲げる」(曲筆する)「―を捨てる」(その時以後、二度とはものをかかない)「―を折る」(同上)「―を断つ」(同上)「―を染める」(初めてかく)「―を執る」「―を揮(ふる)う」(書画をかく) ②《数を表す語に付いて》㋐筆づかいの回数を表すのに使う語。「一―書き」 ㋑登記簿に面積をしるす際の一まとまり。ひつ。

ふてい【不定】『ノダ』《「―な」も使う》これこれだと決まっていないこと。一定しないこと。「住所―」 ―じ【―時】(日)時とか時間の長さとかが一定していないこと。「増発のバスは―に出る」「江戸時代には―法も行われた」 ―しゅうそ【―愁訴】明確な原因がないのに、肩こり・目まい・腰痛など体の不調を訴えること。 ―しょう【―称】代名詞で、人または物・方角・場所などの定まらないものを指す称。「だれ」「どれ」「どちら」「どこ」などの類。

ふてい【不貞】『名ナ』夫婦間のみさおを守らないこと。「―を働く」

ふてい【不×逞】『名ナ』けしからぬ態度や行い。「―を誇示する」。あたりをはばからず勝手にふるまうさま。「―の輩(やから)」

ふていけいし【不定型詩】一定の型にはまらない詩。散文詩の類。↔定型詩

ふていさい【不体裁】『名ナ』体裁が悪いこと。見かけまたは外聞が悪いこと。▽「ぶていさい」とも言う。

ブティック (女性用の)衣服・装身具などを売る小規模な専門店。▽(フランス) boutique

ふでいれ【筆入れ】↓ふでばこ

プディング ↓プリン。▽pudding

ふてき【不敵】『名ナ』敵を敵とも思わない態度。物事におじ恐れないこと。「大胆―」「―な面魂(つらだましい)」

ふでき【不出来】『名ナ』できが悪いこと。特に、仕上がり具合がよくないこと。↔上出来。「―な作品」

ふてきかく【不適格】『名ナ』適格でないこと。「―者」

ふてきせつ【不適切】『名ナ』(その場に)ふさわしくないこと。「―な発言」「役所の―な取扱いに腹が立った」

ふてきとう【不適当】『名ナ』適当でないこと。「その場に―な表現」 派生 ‐さ

ふてきにん【不適任】『名ナ』その任務・地位に適していないこと。

ふてぎわ(ぎは)【不手際】『名ナ』手際が悪いこと。物事の処理や結果がまずいこと。「―を演じる」 派生 ‐さ

ふてくさ‐る【不△貞腐る】『五自』↓ふてくされる。▽「不貞腐る」は当て字。

ふてくさ‐れる【不△貞腐れる】『下一自』不平のあまり相手の言うことを聞かなかったり、不愉快がってやけを起こしたりする。ふてくさる。ふてる。▽「不貞腐れる」は当て字。

ふでさき【筆先】筆のさき(の運び)。▽↓おふでさき

ふでづか【筆塚】使いふるした筆の供養(くよう)のために、筆を地にうめて築いた塚。

ふでづかい(かひ)【筆遣い】筆の扱い方。特に、筆の運び方。書き方。

ふでつき【筆つき】筆で書く書き方。書かれた文字・絵の様子。「あやしげな―」

ふでづつ【筆筒】筆を入れておく筒。特に、筆立て(筆や鉛筆を立てておく文具)。

ふてってい【不徹底】『名ナ』とことんまでは行き及ばず、中途半端なこと。「―(な態度)をきらう」「指示が―だ」 派生 ‐さ

ふてね【不△貞寝】『名・ス自』ふてくされて寝てしまうこと。▽「不貞」は当て字。

ふでばこ【筆箱】筆を入れておく箱。また、鉛筆・ペン・消しゴムなどの筆記用具を入れるもの・箱。筆入れ。ペン ケース。

ふでぶしょう【筆無精・筆不精】『名ナ』手紙や文章を面倒がってなかなか書かないこと。そういうたちの人。↔筆まめ

ふてぶてし‐い『形』こわいもの知らずのように振舞いがずぶとく、憎らしいほどだ。「―面構(つらがま)え」 派生 ‐さ

ふでぶと【筆太】書いた字が太いこと。

ふでペン【筆ペン】先端が筆のような形態のペン。

ふでまめ【筆まめ】〘名・ダナ〙面倒がらずに、よく手紙などを書くこと。そういうたちの人。↔筆無精(ぶしょう)。▽「まめ」はよく立ち働くこと。派生 **-さ**

ふ-てる【不△貞る】〘下一自〙→ふてくされる。▽「不貞」は当て字。

ふてん【普天】大地をあまねく(=普)おおっている天。天下。「—の下(もと)率土(そっと)の浜(ひん)」(天の限り地の限り。全世界)

ふと【浮図・浮×屠】①仏。転じて、寺。僧。②そとば。▽梵語(ぼんご)。

ふと〘副〙ちょっとしたことを何げなく突然(のように)するさま。そういう状態。ふっと。「—目をやる」「—見るとスミレが咲いている」「—思い付いて始めた陶芸」「—したことでけんかになった」▽「不図」とも書いた。

ぶと【×蚋】→ぶよ

ふと-い【太い】〘形〙①丈の割に、まわりの長さや幅が大きい。↔細い。「握りの—ステッキ」「—腕」「線を—く引く」「胆(きも)が—」(大胆だ)「神経が—」(物事を気に病んだり恐れたりしない)「—・く(=充実して)短く生きる」②低音で大きい。↔細い。「—声」③態度がふてぶてしい。ずぶとい。「—ことを言う」派生 **-さ**

ふとい(ゐ)【太×藺・×莞】沼などに自生し、また観賞用として池に栽培する多年草。茎でむしろを作る。おおい。▽かやつりぐさ科。

ふとう【不×撓】(困難に遭っても)ひるまないこと。「—不屈の精神」▽「撓」は、たわむ意。

ふとう【不当】〘ダナ〙道理にはずれていること。当を得ないこと。正当・穏当でないこと。「違法とまでは言えないが—の処分」「—に要求する」「—に低い評価」派生 **-さ**

ふとう【不等】ひとしくないこと。 **—ごう**【—号】〔数学〕二つの項・式の間の大小や順序の関係を示す、等号以外の記号。例、「>」「≧」。▽普通は等号の否定記号「≠」を含めず呼ぶ慣わし。 **—しき**【—式】〔数学〕不等号を使って表した式。

ふとう【不倒】倒れないこと。「最長—距離」 **—おう**【—翁】→おきあがりこぼし

ふとう【不凍】(寒い所でも)冬も凍らないこと。「—港」「—液」

ふとう【×埠頭】港で、船を横づけにし、旅客の乗り降りや荷の積み卸しをするための所。

ふどう【浮動】〘名・ス自〙浮きただようように、定まらずに揺れ動くこと。「—票」

ふどう【不動】①動かないこと。「—の姿勢」。他の力などによっては動かされないこと。ゆるぎのないこと。「—の地位を確保する」「—の信念」②「不動明王(みょうおう)」の略。 **—さん**【—産】土地やそれに定着する建物・立ち木など。物のうち容易にその所在を変えることが出来ないもの。↔動産。 **—そん**【—尊】→ふどうみょうおう。 **—みょうおう**【—明王】〔仏〕五大明王の一つ。大火炎の中に座し、剣と縄を持っている。大日如来(だいにちにょらい)が、悪魔・煩悩(ぼんのう)の調伏(ちょうぶく)のため、怒りの相を表したもの。不動尊。

ふどう【不同】同じでないこと。そろっていないこと。また、一つの同じ基準でつらぬいてはいないこと。「順序—」

ふどう【婦道】婦人として守るべき道。▽既に古風。

ぶとう【武闘】武力でたたかうこと。「—派」

ぶとう【舞踏】〘名・ス自〙舞い踊ること。ダンス。「—会」

ぶどう【武道】武士の道。㋐武士として守るべき道。㋑武術。

ぶどう【無道】→むどう。▽「—な」の形では使わない。

ぶどう【×葡×萄】茎がつるになって他の物にからみついて伸び、夏、球状の実が房のような形につく落葉植物。実は食用、またぶどう酒の原料。▽ぶどう科。 **—いろ**【—色】ぶどうの実のような、赤みがかった紫色。 **—しゅ**【—酒】ワイン。 **—じょう**【—状】ぶどうの房のように、粒々になったものが群がり集まっている形。「—球菌」「—鬼胎」 **—とう**【—糖】ぶどう・いちじく等の実や蜂蜜や人体の血液の中にも含まれている、滋養のある糖分。グルコース。

ふどうたい【不導体】電気または熱を(ほとんど)通さない物質。絶縁体。不良導体。↔導体

ふどうとく【不道徳】〘名ナ〙道徳に反していること。

ふとうめい【不透明】〘名ナ〙①透き通る状態でないこと。②比喩的に、情勢(の好転)がはっきりとは見通せないこと。「—な経済動向」派生 **-さ**

ふとおり【太織(り)】太い糸を平織りにした絹織物。ふとぎぬ。

ふどき【風土記】その地の風土・産物・伝説その他を、地方別に記した書物。▽和銅六年(七一三)に勅命で国ごとに作ったものの書名による。

ふとぎぬ【太絹】→ふとおり

ふとく【不徳】①人の行うべき道にそむくこと。不道徳。「—漢」②徳が足りないこと。「—のいたす所」

ふとく【婦徳】婦人の守るべき道徳。▽既に古風。

ぶとく【武徳】武道の徳義。

ふとくい【不得意】〘名ナ〙自信をもっては処しがたいこと。「—な課目」▽「不得手(ふえて)」と異なり「酒は—だ」のようには使わない。派生 **-げ**

ふとくぎ【不徳義】〘名ナ〙道徳や義理に反すること。

ふとくさく【不得策】〘名ナ〙有利で巧みという策ではないこと。そういうさま。「次の手として—だ」

ふとくてい【不特定】〘名ナ〙これがそうだとは特に定まっていないこと。「—多数」

ふとくようりょう【不得要領】〘名ナ〙要領を得ないこと。何が何だかよく分からないこと。

ふところ【懐】①着た着物の胸にあたる部分の内がわ。「財布を—に入れる」「—が深い」(包容力がある)㋐所持金。「—が寒い」(所持金が少ない)「—が

寂しい」(同上)「―ぐあい」(金まわり)「―を肥やす」(不当な利益を得る) ㋑胸。心の中、または内幕(うちまく)。「―を見すかす」 ㋒比喩的に、温かくかばい守ってくれる所。「親の―にとびこむ」 ②物に取り囲まれた所。「山の―」

ふところがたな【懐刀】 ①懐に入れて持つ、小さな守り刀。②転じて、内密の計画にあずかる知恵者。

ふところがみ【懐紙】 →かいし(懐紙)(1)

ふところかんじょう【懐勘定】 自分の懐ぐあい(=所持金・金まわりの都合)を、心の中で計算すること。胸算用(むなざんよう)。

ふところで【懐手】 ①手を懐に入れていること。②転じて、人任せにして自分では何もしないこと。

ふとざお【太×棹】 義太夫(ぎだゆう)などで使う、棹(さお)の太い三味線。▽義太夫節を指すこともある。

ふとじ【太字】 線の太い字。↕ほそじ。「―用のマジック」

ふとっちょ【太っちょ】〔俗〕よく太っている人。

ふとっぱら【太っ腹】〘名ナ〙度量が大きいこと。こせつかず豪快な気風。

ふとどき【不届き】〘名ナ〙なすべき事をせず、またはなすべきでない事をし、道理や法にそむくこと。けしからぬこと。「―千万」▽もと、行き届かないこと、不注意の意。

ふとばし【太箸】 新年、雑煮(ぞうに)を祝うのに使う箸。折れるのを忌み、丸く太くした箸。

プトマイン 死んだ動物の肉の腐敗によって発生する有毒な化合物の総称。▽ドイ Ptomain

ぶどまり【歩留(まり)】 原料に対する製品の比率。加工した時に、製品として残ったものの、原料に対する割合。「―がいい」

ふとめ【太め】〘ノダ〙どちらかと言うと太いこと。↕細め。「―の眉」「麺を―に打つ」

ふともの【太物】 綿織物・麻織物など、絹織物より糸が太い織物。

ふともも【太△股】 足のつけねに近い太い部分。

ふとりじし【太り△肉】 肉づきがよいこと。▽「しし」は肉の意。

ふと-る【太る・△肥る】〘五自〙 ①体の肉づきがよくなる。こえる。「丸々と―った赤ん坊」 ②比喩的に、財産が増す。「戦後のどさくさで―」▽↕やせる

ふとん【布団・×蒲団】 ①中に綿などを入れ、布地で縫いくるんだ物。すわる時に敷き、また寝具に使う。②ガマの葉で編み、座禅などに使う円座。▽「ふ」は「蒲」の、「とん」は「団」の唐音。「布団」は当て字。

ふな【×鮒】 形はコイに似ているが、平たく小形の淡水魚。口にひげがない。食用。▽こい科。

ぶな【×橅・〈山毛欅〉】 山地に自生する落葉高木。高さ約二〇メートルに達する。日本特産。樹皮は灰白色でなめらか。材は器具・薪炭用。実は食用・油用。樹皮は染料。▽ぶな科。

ふなあし【船足・船脚】 ①船の速さ。「―が伸びる」 ②喫水。「―一杯に荷を積む」

ふなあそび【舟遊び・船遊び】 ふねに乗って水上で遊ぶこと。

ぶない【部内】 その組織・機関の内部。「犯人は―の者か」

ふないくさ【船△軍】 ①水軍。海軍。②水上の戦い。海戦。▽雅語的。

ふないた【船板】 造船用のいた。 **―べい**【―塀】 和船に使っていた古板で作った塀。

ふなうた【舟歌・舟唄】 船頭などが、ふねをこぎ(または引っ張り)ながら歌う歌。

ふなか【不仲】 仲が悪いこと。「―になる」

ふながかり【船×繫り】 船が港に停泊すること。その場所。

ふなかた【船方】 ふなのり。船頭。

ふなぐ【船具】 かじ・いかり・帆など、船の器具。せんぐ。

ふなくだり【舟下り・船下り】(景観を楽しみながら)船で川を下ること。川下り。

ふなぐら【船蔵・船倉】 ①船の下部にあって荷を積み込む所。船倉(せんそう)。②船をしまっておく建物。

ふなぐり【船繰り】 船を都合よく動かすために行う、配船のやりくり。

ふなじ【船路】 ①船が通うみち。航路。②船の旅路。▽雅語的。

ふなじるし【船△標】 船の所有者・乗り手などを示すために、船に取り付けるしるし。

ふなぞこ【舟底・船底】 船の底。「―に潜む」。そういう形のもの。「―まくら」

ふなだいく【船大工】 船を作る大工。

ふなだな【船棚】 ふなべりに取り付けた板。船頭がその上を行き来して、さおをさしたりする。

ふなたび【船旅】 船に乗ってする旅行。

ふなだま【船霊】 船中に守護神として祭る神。

ふなだまり【船×溜(ま)り】 船が波風を避けるために泊まる所。

ふなちん【船賃】 乗船や用船の時に払う料金。

ふなつき【船着(き)】 船が着いて停(と)まる所。ふなつきば。

ふなづみ【船積み】 船に荷を積み込むこと。

ふなで【船出】〘名・ス自〙 船が港から出ること。でぶね。出帆。

ふなどこ【船床】 船中に床(ゆか)として敷く、すのこ。

ふなどまり【船泊(まり)】(漁)船が寄り集まってとまる所。

ふなどめ【船留め】〘名・ス自〙 船出または船の通行を禁じること。

ふなに【船荷】 船に積んで運送する荷。

ふなぬし【船主】 船の持ち主。せんしゅ。

ふなのり【船乗り】 船中で働くため船に乗り込む人。船員。

ふなばし【船橋】 船を並べた上に板を渡して橋としたもの。浮き橋。

ふなばた【船端・△舷】船の左右のふち。「—から身を乗り出す」。また、船体の側面。「—目掛けて合図の矢を射る」

ふなびと【舟人・船人】ふねに乗っている人。また、船乗り。▽雅語的。

ふなびん【船便】船を利用する便宜。また、船で荷・書簡等を送ること。

ふなべり【船△縁】ふなばた。

ふなまち【船待ち】『名・ス自』船の来る(出る)のを待つこと。

ふなむし【船虫】船板や海岸の岩などを群れをなして走る、三センチほどの大きさの甲殻類。水あかや動物の死体などを食う。▽ふなむし科。

ふなもり【舟守・船守】舟の番人。▽雅語的。

ふなやど【船宿】①川遊びの遊船や釣りの貸し舟を仕立てるのを業とする家。②船での運送を業とする家。

ふなよい【船酔(い)】『名・ス自』船に乗った人が、船の動揺によって気分が悪くなること。「—に苦しむ」

ふなれ【不慣れ・不×馴れ】『名ナ』なれていないこと。「—な仕事」

ふなわたし【船渡し】①荷や人を船で対岸に渡すこと。そうする所。渡し場。②売買契約で、船積み港で指定の船に売品を積み込むまでの一切の責任・費用を売り主が持つ商取引。

ぶなん【無難】『名・ダナ』これと言った特色はないが、格別非難されるような点もないこと。平凡でまずまず無事といったものであること。「—な人選」「一生を—に過ごす」派生 **-さ**

ふにあい【不似合(い)】『名ナ』それに対して似合わない様子。「洋服に—な色の帽子」

ふにく【腐肉】くさった肉。

ふにゃふにゃ『副[と]・ノダ・ス自』①やわらかくて、張りがないさま。「脱皮直後の—のかに」②人がしっかりしていないさま。「魂が抜けたように—になってしまった」

ふにょい【不如意】『名ナ』思うままにならないこと。特に、家計が苦しいこと。「手元—」

ふにん【不妊】(男女の少なくとも一方の)生理的な要因で、妊娠しないこと。「—症」

ふにん【赴任】『名・ス自』任地におもむくこと。「単身—」

ぶにん【無人】『名ナ』→むにん(2)

ぶにん【△補任】『名・ス他』→ほにん。「公卿(くぎょう)—」▽古語的。

ふにんじょう【不人情】『名ナ』人情に欠けていること。思いやりがないこと。

ふぬけ【×腑抜け】はらわたを抜き取られたような状態。㋐いくじなし。㋑まぬけ。

ふね【舟・船】①人・荷などを載せて水上を移動するために造ったもの。②ふね(1)に形の似た入れもの。㋐水・酒などを入れる箱形の容器。「湯—」㋑貝のむき身などを入れる、底の浅い箱。▽(2)は「槽」とも書く。

ふねへん【舟偏】漢字の偏の一つ。「船」「航」などの「舟」の称。

ふねん【不燃】もえない(性質をもっている)こと。「—住宅」「—性」

ぶねん【無念・不念】不注意。気がつかない(で残念な)こと。▽既に古風。

ふのう【不納】納めないこと。「学費—」

ふのう【不能】『名ナ』不可能。㋐可能でないこと。↓かのう(可能)㋐。「回復が—の故障」㋑それをする能力がないこと。「航行—」▽その能力を本来的に欠く場合にも一時的に欠く場合にも使う。

ふのう【富農】耕地を多く持っていて裕福な農民。

ふのり【布〈海苔〉】①海岸近くの岩に付着して繁茂する海藻。▽ふのり科の紅藻類の総称。②ふのり(1)を煮て網状に固めたもの。布の洗い張り用の糊(のり)とする。

ふはい【不敗】(一度も)まけないこと。「—を誇る」

ふはい【腐敗】『名・ス自』くさること。㋐有機物が微生物の作用で分解し、悪臭を放つまでになった変化。㋑比喩的に、精神が堕落し切って、弊害が多く生じる状態になること。「—しきった政界」

ふばい【不買】買わないこと。「—運動」 **—どうめい**【—同盟】→ボイコット

ふはく【布×帛】織物。きれじ。▽「布」は麻や木綿(もめん)、「帛」は絹地。

ふはく【浮薄】『名ナ』心が軽薄なこと。行動が軽々しいこと。「軽佻(けいちょう)—の世相」

ふばこ【△文箱】①手紙などを入れておく手箱。②手紙を入れて、届けるために持って歩く箱。状箱。③書物を入れて、になって運ぶ箱。▽(2)(3)は現在では使わない。

ふはつ【不発】①発射・爆発するはずの弾丸・爆薬が発射・爆発しないこと。「—弾」②比喩的に、しようとした事がだめになること。「—に終わる」

ふばつ【不抜】心の持ち方がしっかりしていて、動揺しないこと。「堅忍—」「—の意志」▽その心を抜き取ることができない意。

ふばらい【不払(い)】代金などを支払わないこと。

ぶばらい【△賦払(い)】→かっぷ

ぶばる【武張る】『五自』武術をする人のようにふるまう。武士のように強く勇ましい様子を帯びる。「—った事が大好き」

ふび【不備】『名ナ』十分な備えに欠けること。また、よく整っていないこと。↔完備。▽書簡の末に、文言が整わない意の、あいさつの語としても使う。

ぶび【武備】いくさの備え。兵備。軍備。

ぶびき【分引き・歩引き】『名・ス他』割引き(すること)。

ふひつよう【不必要】『名・ダナ』必要がないこと。不要。派生 **-さ**

ふひょう【不評】評判が悪いこと。↔好評。「—を買

う」(悪評を受ける)

ふひょう【付表・附表】 書物・書類、あるいは本文に付けられた表。

ふひょう【付票・附票】 荷物などに付ける札。荷札。

ふひょう【歩兵】 →ふ(歩)。▽「ほへい」と読めば別の意。

ふひょう【浮氷】 水に浮かんでいる氷の塊。

ふひょう【浮標】 ①航路標識の一種。海面に浮かべて暗礁や投錨(とうびょう)地などを示す。ブイ。②漁網などについているうき。

ふひょう【譜表】 音符を記すための五本の平行線を引いたもの。「五線—」

ふびょうどう【不平等】《名・ダナ》平等でないこと。 派生 **-さ**

ふひょうばん【不評判】《名ノ》評判が悪いこと。不評。

ふびん【不×憫・不×愍】《名ノ》かわいそうなこと。あわれむべきさま。「—に思う」「—な子だ」 派生 **-さ -げ -がる**

ふびん【不敏】《名ノ》①才知・才能に乏しいこと。▽自分についてへりくだって言う時にも使う。②敏捷(びんしょう)でないこと。

ぶひん【部品】 機械・器具類の組立ての一部として使う品。部分品。パーツ。

ふひんこう【不品行】《名ノ》品行が悪いこと。不身持(ふみもち)。

ぶふうりゅう【不風流・無風流】《名ノ》風流なしかた・態度でないこと。趣味を解さないこと。

ふぶき【〈吹雪〉】 ①強い風に吹かれて雪が激しく乱れ飛びながら降ること。②《体言に付けて》ふぶき(1)に見立てるもの。「花—」

ふふく【不服】《名ノ》従う気になれないこと。その気持。他人(相手)が、自分に関してとった処置、下した判断に、納得がいかず、不満なこと。「裁定に—だ」 派生 **-げ**

ふぶ-く【〈吹雪〉く】《五自》雪がふぶきとなって降る。

ぶぶづけ【ぶぶ漬(け)】 茶漬。

ふふん《感》①うなずき承知する時の声。なるほど、という意を込める。「—、いいだろう」②軽くあしらったり侮ったりして、鼻で笑う時の声。「—と冷笑する」

ふぶん【不文】 ①文字には書き表さないこと。②文字を知らないこと。また、文章がへたなこと。 **—ほう**【—法】 →ふぶんりつ㋐。↕成文法。 **—りつ**【—律】 文章の形をとっていない、きまり。㋐成文化されていないが、成文法に準じる効力を持つ規則・習慣。㋑比喩的に、暗黙の了解事項となっているきまり。

ぶぶん【部分】 全体の中に含まれたもの。全体を小分けにした一つ一つ。▽数学では、全体AもAの一つの部分と考え、全体でない部分つまり一部を特に「真部分」と言う。 **—しゅうごう**【—集合】〔数学〕集合Aに関し、集合Bの要素にAの要素以外のものが無い、そのB、つまり議論の対象としうるものをすべて元とする集合。▽空集合も、B＝AであるAの場合のBすなわちA自身も、Aの部分集合だと見る。 **—しょく**【—食・—×蝕】 太陽・月の一部分が欠ける日食・月食。↕皆既食。 **—てき**【—的】《ダナ》(全体ではなく)部分にだけ関係があるさま。 **—ひん**【—品】 →ぶひん

ぶぶんきょくひつ【舞文曲筆】 文章をことさらに飾り事実をまげて書くこと。

ふへい【不平】 不満に思って心がおだやかでないこと。「—をならべる」「—を鳴らす」「—家」

ぶべつ【侮蔑】《名・ス他》人をあなどり無視した扱いをすること。「—的な呼称」

ふへん【不偏】 かたよりのないこと。 **—ふとう**【—不党】 どの主義・党にもくみせず、公正中立の立場をとること。

ふへん【不変】 変わらないで、ある状態を保つこと。↕可変。 **—しほん**【—資本】 資本のうち、生産手段の購入にあてる部分。↕可変資本

ふへん【普遍】 ①《名ノ》広く行き渡ること。特に、すべての物に成り立つこと。「—的」「—の真理」②《名》〔哲学〕すべての、または多くの、対象に共通のもの。また、問題にしているすべてのものを含むもの。↕特殊。 **—だとうせい**【—妥当性】 すべての場合・物・事にあてはまり、無理なく通用する性質。

ふべん【不便】《名ノ》便利でないこと。「—をかける」 派生 **-さ -がる**

ふべん【不弁】 うまく話す才能が欠けていること。口べた。

ぶへん【武辺】 武道に関するいろいろの事柄。▽既に古風。 **—もの**【—者】 武士。武人。また、一国一城を有するほどの侍大将(さむらいだいしょう)。▽「ぶへんしゃ」とも言う。

ぶべん【武弁】 武家。武士。「一介(いっかい)の—に過ぎない」▽「弁」はかんむり。もと、武人のかんむりの意。

ふぼ【父母】 ちちはは。両親。

ふほう【不法】《名・ダナ》法規・人倫に反すること。「—に侵入する」「—行為」

ふほう【訃報】 死亡のしらせ。訃音(ふいん)。「—に接する」

ふぼく【浮木】 水上に浮かんでいる木。流木。「盲亀の—」(めったにない幸せにめぐり合うこと)

ふぼん【不△犯】〔仏〕僧が戒律、特に性に関する戒律を犯さないこと。

ふほんい【不本意】《名ノ》自分の本当の気持・望みに合っていないこと。「—ながらそうする」

ふま【不磨】 すりつぶれてなくなってしまわないこと。不朽。「—の大典」(明治憲法を指した言い方)

ぶま《名ノ》〔俗〕何とも気がきかない、まぬけなこと。「—をやらかす」「—なやつ」▽古風。

ふまえどころ(ふまへ:)【踏まえ所】 ①足の踏み所。②転じて、立場。「—をはずさない」

ふま-える(ふまへる)【踏まえる】《下一他》①踏みつけて押さ

える。しっかりと踏む。②転じて、ある考え・事実の上に立つ。拠(よ)り所・前提とする。▽「ふんまえる」とも言う。

ふまじめ【不〈真面目〉】〘名ナ〙まじめさが欠けること。「それは―な考え方だ」 派生 ―さ

ふまん【不満】〘名ナ〙満足できないこと。あきたりないこと。「不平―」「―をもらす」 派生 ―げ ―がる

ふまんぞく【不満足】〘名ナ〙満足でないこと。「―な成績」 派生 ―さ

ふみ【文・△書】①書き記した物。㋐文書。㋑書物。㋒書簡。手紙。②文事。学問。▽雅語的。

ふみ【不味】〘名ナ〙味がよくないこと。

ふみいし【踏(み)石】①玄関のくつぬぎや、上がり口に置いて、ぬいだはきものを置く石。②庭などの飛び石。

ふみいた【踏(み)板】①ある場所に置いて(掛けて)その上を踏んで渡る(行く、はいる)板。「船から―を渡って陸に上がる」②オルガンなどの、足で踏む板。

ふみいれる【踏(み)入れる】〘下一他〙踏んで中にはいる。「一歩会場に―と」「秘境に足を―」

ふみうす【踏(み)臼】てこ状の長い木の一端を踏み、他端に取りつけた杵(きね)で穀物をつく仕掛けの臼。

ふみえ【踏(み)絵】①その人の主義や思想を試すもの。▽②の比喩的用法。②江戸時代に、キリシタンかどうかを見分けるために踏ませた、イエスの像などを刻みつけた板。また、その板を踏ませたこと。

ふみおこなう【△践み行う・踏み行う】〘五他〙人として行うべき道を、それに則(のっと)って(=践)行う。「先君の教えを―」

ふみがら【文殻】読み終えて、もう不要になった手紙。

ふみきり【踏切】①道路が、同一平面上で鉄道線路を横切っている所。②ジャンプの競技で、とぶ瞬間に強く地面を蹴立てること。その場所。「―板」

ふみきる【踏(み)切る】〘五自〙①勢いよく前へ出るために、地面を強く踏んで反動をつける。②転じて、思い切ってその事に乗り出す。「実行に―」

ふみこす【踏(み)越す】〘五他〙その上を通り越して踏む。「かかとが土俵を―していた」

ふみこたえる【踏(み)△堪える】〘下一他〙踏ん張ってこらえる。

ふみこみ【踏(み)込み】①ふみこむこと。「もう一歩の―が足りない」②家の玄関などで、はきものをぬいでおく所、またはそれに接する部屋。「―の三畳」

ふみこむ【踏(み)込む】㊀〘五自〙①勢いよく中にはいる。踏んで落ちこむ。「泥沼に―」②無断で、または強引に他家へはいる。「現場に―」③物事の深いところまで考えを及ぼす。「問題の核心に―」㊁〘五他〙(ペダルなどを)強く踏む。

ふみしだく【踏みしだく】〘五他〙踏み荒らす。踏みにじる。「落葉を―」

ふみしめる【踏(み)締める】〘下一他〙①力を入れてしっかり踏む。「上陸してひさびさに大地を―」「一歩一歩―めて登る」②踏んで固める。

ふみだい【踏(み)台】①高い所の物を取ったり、高い所に上ったりするための足場とする台。あしつぎ。②比喩的に、ある目的のために一時利用するもの。

ふみたおす【踏(み)倒す】〘五他〙代金(借金)を払わないままにしてしまう。

ふみだす【踏(み)出す】〘五自〙①地面を踏んで足を前へ出す。②比喩的に、(仕事などに)取り掛かる。「新しい生活に―」

ふみだん【踏(み)段】踏んで上って行く段。はしご・階段などの段。

ふみちがえる【踏(み)違える】〘下一他〙①段差のある所で、間違えて足を下ろす。「階段を―」②間違えて足を下ろして、痛める。「右足を―」③人の生きていく道を間違えて進む。「人生を―」▽⑶は⑴の比喩的用法。

ふみづき【文月】陰暦七月。ふづき。

ふみづくえ【文机】→ふづくえ

ふみつける【踏(み)付ける】〘下一他〙①足で踏んで押さえつける。②人の面目など少しも考えないで勝手なまねをする。「人を―けて平気な顔をしている」

ふみど【踏(み)△所】→ふみば

ふみとどまる【踏(み)△止まる】〘五自〙①足を踏んばってとどまる。②他の人が去ったあとまでも、その場所にじっととどまる。③じっとこらえ持ちこたえる。「自殺を考えたが―った」

ふみならす【踏(み)鳴らす】〘五他〙(床などを)勢いよく踏んで音を立てる。

ふみならす【踏(み)△均す】〘五他〙土などを足で踏んで平らに固める。「新雪を―」

ふみにじる【踏(み)×躙る】〘五他〙①踏みつけた足を動かして、つぶし、荒らす。②他人の面目などを傷つける。「人の好意を―」

ふみぬく【踏(み)抜く】〘五他〙①踏みつけて、くぎ・とげなどを足に立てる。②強く踏んで床などを破る。

ふみば【踏(み)場】足で踏んで立つ場所。踏みどころ。ふみど。「足の―もない」

ふみはずす【踏(み)外す】〘五他〙①踏むべきでない所を誤って踏む。踏み所を間違える。②転じて、常道をそれた行為をする。「人の道を―」

ふみまよう【踏(み)迷う】〘五自〙常道をそれる。「悪の道に―」▽もと、踏み行く道がわからず、まごつく意。「落花の雪に―」(太平記)

ふみもち【不身持(ち)】〘名ナ〙身持ちが悪いこと。けしからぬ行為が多いこと。

ふみやぶる【踏(み)破る】〘五他〙①強く踏んで破る。踏み抜く。②踏破する。▽⑵は「踏破」の訓読みから。

ふみわける【踏(み)分ける】〘下一他〙踏んで分け入る。「草を―けて進む」

ふみん【不眠】①眠らないこと。「―不休」②眠れな

いこと。「—症」

ふみん【富民】 ①人民を富ますこと。②富んでいる民。

ふ-む【踏む】《五他》①足で物を上から押しつける。⑦物の上に足の力を加える。「釘(くぎ)を—」「—・んだり蹴ったり」(さんざんな目にあわせること、また、あうこと) ①足で上から力を加えて押し下ろす。「ペダルを—」「ブレーキを—」 ⑦足を下ろして地面などにつける。「大地を—・んで立つ」「祖国の地を—」「薄氷を—思い」(危険でひやひやすること)「二の足を—」(→にのあし)「六方(ろっぽう)を—」(→ろっぽう(六方)(1))「拍子を—」(拍子に合わせて踏む。舞う)「舞台を—」(登場人物として舞台に立つ) ②実際に行う。⑦経験する。「大学の課程を—」「場数(ばかず)を—」 ①その過程を通る。「手続きを—・んで願い出る」 ▽(2)は「履む」「践む」とも書く。③『値を—』値段を見積もる。また《「……と—」の形で》見積もって推し量る。「この品を千円と—」「彼ならできると—・んでいる」 ④『韻を—』詩歌の句の終わりかはじめに、同じひびきの音をおく。

ふむき【不向き】《ノダ》《「—な」も使う》能力・状態などが適していないこと。似つかわしくないこと。「—の仕事」「あの人は秘書には—だ」

ふめい【不明】 ①《名ナノ》明らかでないこと。はっきりとは分からないこと。②《名ナノ》俗に、行方(ゆくえ)不明(者)。「死者七名—二名」 ▽新聞の見出し等で使う。③《名》物事を見通す見識がないこと。「おのが(=自分の)—を恥じる」

ぶめい【武名】 武人としての名誉・名声。

ふめいよ【不名誉】《名ナノ》自分の(側の)名誉をきずつけること。世間に顔向けが出来ないこと。恥になること。

ふめいりょう【不明瞭】《名ナノ》はっきりしないこと。「発音が—だ」 派生 -さ

ふめいろう【不明朗】《名ナノ》何か隠し事やごまかしがありそうなさま。派生 -さ

ふめつ【不滅】《名ナノ》滅びないこと。なくならないこと。「—の名作」

ふめん【譜面】 楽譜。「—台」

ぶめん【部面】 物事のある部分の面。局面。

ふめんぼく【不面目】《名ナノ》面目をつぶすこと。人に顔向けができない状態。▽「ふめんもく」とも言う。

ふもう【不毛】《名ナノ》①土地がやせていて作物ができないこと。「—の地」 ②一般に、実りが望めないこと。「—な論争」

ふもと【麓】 山の下方(の、次第になだらかになった所)。山のすそ。

ふもん【不問】 (当然問題にすべき事を)取り立てては問いたださないこと。「—に付する」

ぶもん【武門】 武士の家系。武家。「—の誉(ほま)れ」

ぶもん【部門】 区分けした一つの部類。「サービス—」

ふやか-す《五他》ふやけさせる。ふやけるようにする。

ぶやく【△夫役】 人民に強制的に課する労役。賦役。

ふや-ける《下一自》①水にひたって柔らかく(ぶよぶよに)ふくれる。②比喩的に、だらける。「—・けた顔をするな」

ふやじょう【不夜城】 灯火が多く明るく輝いて夜でも昼と同じように明るくにぎやかな場所。

ふや-す【殖やす・増やす】《五他》ふえるようにする。「収入を—」「二倍に—」

ふゆ【冬】 秋の次の季節。立冬から立春の前日まで。日本では普通十二・一・二の三か月。陰暦では十・十一・十二の三か月。寒く、夜が長い。また、情況がきびしい時期のたとえ。「—の季節を迎える」「金融界は—の時代」 ▽天文学上は、北半球の冬は、冬至(とうじ)から春分までを言い、南半球の冬は、北半球における夏至(げし)から秋分までを言う。関連 冬場・真冬・冬季・立冬・初冬・孟冬(もうとう)・厳冬・仲冬・晩冬・季冬・暖冬

ぶゆ【×蚋】 →ぶよ

ふゆう【富有】 金持。物持。

ふゆう【富裕】《名ナノ》財産をたくさん持っていて生活にゆとりがあること。「—の中に育つ」「—層」

ふゆう【浮遊・浮×游】《名・ス自》浮かび漂うこと。また、そのように歩きさまようこと。 —せいぶつ【—生物】 プランクトン。

ふゆう【×蜉×蝣】 →かげろう(蜻蛉)。「運命は—に似る(=はかない)」

ぶゆう【武勇】 武術などがすぐれ勇気もあって、戦いに強いこと。「—伝」(武勇に富んだ振舞いの物語。酔って暴れた話などをちゃかしても言う)

ふゆかい【不愉快】《名ナノ》いやな気持で面白くないこと。「—な目にあう」 派生 -さ

ふゆがこい【冬囲い】(こひ / がこひ) ①冬の風雪や寒さを防ぐため、家や木のまわりに作る囲い。②冬、野菜などを地中に埋めて保存すること。

ふゆがれ【冬枯れ】 ①冬になって草木が枯れること。そのさびしいながめ。②比喩的に、冬期、特に二月、商店の客が減って景気が悪いこと。↕夏枯れ

ふゆき【冬木】 冬枯れがしている木。

ふゆぎ【冬着】 寒い冬の季節に着る着物。

ふゆきとどき【不行(き)届(き)】《名ナノ》物事の管理や仕事・接待などで、気の配り方が足りないこと。「—をおわびします」「監督—」

ふゆくさ【冬草】 冬枯れがしている草。

ふゆげしょう【冬化粧】《名・ス自》一面に雪が白く降りつもり、いかにも冬らしい景色(になること)。「—をした富士山」

ふゆこだち【冬木立】 冬の(裸木(はだかぎ)となったり沈んだ葉の色を見せたりする)木立。

ふゆごもり【冬籠(も)り】《名・ス自》冬の寒い間、人・動物が、家・巣・土中などにこもって外に出ないでいること。

ふゆさく【冬作】 秋に種をまき、または植え付けて、冬を越し、翌年に収穫する作物。麦・アブラナなど。↕

夏作

ふゆざれ【冬ざれ】冬、風物の荒れさびれたころ。▽俳句の季語。「冬さり」(冬になること)の転。

ふゆしょうぐん【冬将軍】きびしい寒さの冬を擬人化した語。「ナポレオンを破ったロシアのー」

ふゆぞら【冬空】冬の空。また、いかにも冬らしい空模様。

ふゆば【冬場】冬のころ。

ふゆび【冬日】①冬の太陽(の光)。冬の弱い日差し。「ーがさす」②一日の最低気温がセ氏零度未満の日。↕夏日。▽↓まふゆび

ふゆふく【冬服】冬季に着る洋服。↕夏服

ふゆめ-く【冬めく】『五自』まだ秋だと思ううちに、いつか冬の気配(けはい)がきざす。

ふゆもの【冬物】冬、身につける衣料品。

ふゆやま【冬山】①登山の対象としての、冬の山。②冬枯れした山。

ふよ【不×豫】天皇の病気。不例。▽「豫」はよろこびの意。

ふよ ①【付与・附与】『名・ス他』(さずけ)与えること。②【賦与】『名・ス他』(天・神などが)配り与えること。▽(2)は主として先天的な事柄に用いる。

ぶよ【×蚋】やぶにすみ、人畜の血を吸う昆虫。体長二、三ミリで、形はハエに似る。ぶゆ。ぶと。▽ぶゆ科。

ふよう ①【不用】『名ナノ』使わないこと。「ーになった品」。役に立たず、いらないこと。「ーの人物」▽「無用」(1)とほぼ同じ。②【不要】『名ナノ』必要がなく、いらないこと。「ー不急の品」「説明はーだろう」

ふよう【扶養】『名・ス他』自力で生活できない者の面倒をみ、養うこと。「ー家族」

ふよう【浮揚】『名・ス自他』浮かびあがること。浮かびあがらせること。「ー力」「景気ー策」

ふよう【×芙×蓉】晩夏から初秋のころ、大形の薄紅・白の花が咲く落葉低木。観賞用。きはちす。▽あおい科。②古くは、蓮(はす)のこと。「ー出水(しゅっすい)」(蓮はどろの中から生えても清らかな花が咲くように、世の汚れに染まらずりっぱなこと) **ーほう**【ー峰】富士山の異名。

ぶよう【舞踊】まい・おどりの総称。ダンス。「ー家」▽↓まい(舞)

ふようい【不用意】『名・ダナ』用意がしてないこと。うっかりしていること。心配りが足りないこと。「ーな発言で揚げ足を取られる」「ーに手を出す」「平生のーが悔やまれる」 派生 **-さ**

ふようじょう【不養生】『名ナノ』健康の保持に気をつけないこと。不摂生。「医者のー」

ぶようじん【不用心・無用心】『名ナノ』①用心をしないこと。②用心が悪いこと。また、物騒なこと。「ーな家」 派生 **-さ**

ふようせい【不溶性】液体に溶解しない性質。↕可溶性

ふようど【腐葉土】葉が腐敗してできた土。園芸に利用される。

ふよく【扶翼】『名・ス他』仕事・任務がうまく進むように、たすけること。▽「扶」も「翼」も助ける意。

ぶよぶよ『副[と]・ノダ・ス自』(水を含んで)やわらかくふくれたり、ふとっていたりするさま。「ーしたくらげ」

フライ ①魚・貝・肉・野菜などにパン粉などの衣をつけて、油で揚げたもの。▽fry ②野球で、打ち上げたボール。飛球。「外野ー」▽fly **ーがえし**(がへし)【ー返し】焼き物をひっくり返したり炒(いた)め物を混ぜたりするのに使う、へら状の道具。 **ーパン** 炒(いた)めもの・フライ料理などに使う、柄(え)がついて底が浅くて平たいなべ。▽frying pan から。

ぶらい【無頼】『名ナノ』①(定職を持たず)無法な行いをすること。そういう人。「ー派」▽(2)の転。②頼みにするところがないこと。「乱世ーの身」 **ーかん**【ー漢】無頼(1)の男。ならずもの。ごろつき。

プライス 価格。値段。「ーダウン」「ーコントロール」▽price

フライスばん【フライス盤】仕上げに使う工作機械の一種。取りつけられた刃が回転して、金属面を削る。ミーリング盤。▽(ドイツ) Fräsmaschine から。

フライト ①航空機が飛ぶこと。「八時間のー」②飛行機の便。「ーアテンダント」(↓アテンダント)▽flight **ーレコーダー** 航空機が搭載し、その飛行状況を自動的に記録する装置。▽flight recorder

プライド 誇り。自尊心。「ーが高い」「ーを傷つける」▽pride

プライバシー 他人に知られたくない、個人の私生活上のことがら。「ーを守る」「ーの侵害」「ーの権利」▽privacy

プライベート ①『ダナ』個人的。私的。「ーな時間」「ーな付き合い」②『名』個人的、私的なことがら。「ーを守る」「ーが暴かれる」▽private (2)は二十一世紀になってからの用法。

プライマリー バランス 歳入から公債金を除いた部分と、歳出から公債の利息や返還分を除いた部分との、釣り合い。▽primary balance

フライング『名・ス自』陸上・水泳競技などで、出発合図以前にスタートすること。▽和製英語 flying

ブラインド 日よけや目隠しのために窓にとりつけたよろい戸。▽blind

フラウ 妻。夫人。▽(ドイツ) Frau 英語からの「ワイフ」より上品な感じで、第二次大戦中まではかなり使われた。

ブラウザ インターネット上のウェブ ページの情報を画面上に表示するための閲覧ソフト。また一般に、コンピュータのデータやプログラムを、画面上に文字や画像として表示するためのプログラムも言う。▽browser

ブラウス (女性用の)ゆったりしたシャツのような形の上着。▽blouse

ブラウンうんどう【ブラウン運動】液体・気体中の微粒子が、さまざまな方向に、不規則に動き回る現象。

ふ

酔歩運動。▽イギリスの植物学者 R.Brown が、水中にある花粉から出た微粒子の動きによって発見。諸種の微粒子について同様の現象が見られる。

ブラウンかん【ブラウン管】 テレビの受像管などに使う、特殊な真空管。電子線を蛍光面上の光にかえる。▽ドイツ人 K.M.Braun の発明による。

プラカード 入場・デモ行進のときなどに、校名・スローガンなどを書いて持ち歩く、柄(え)のついた看板状のもの。▽placard

ぶらく【部落】 民家が一かたまりになった、割合に小さな地区。▽村の単位になるようなものを言う。限定しては職業などの理由により不当に差別された人たちの住む地区も指す。

プラグ 電気機械で、電気回路を接続・切断するために用いるさしこみ。▽plug

フラクタル 『ダナ』形の適宜な一部を取ってもそれが全体と似ている成り立ちをしているさま。自己相似的。「—な構造」▽海岸線や雲の形にこの性質が見られる。fractal

プラクティカル 『ダナ』①実際上。実地。②実用的。▽practical

プラグマティズム 一種の功利主義哲学。知識が真理かどうかは、生活上の実践に利益があるかないかで決定されるとする。実用主義。▽pragmatism

ふらここ【〈鞦韆〉】 ぶらんこ。しゅうせん。▽「ぶらここ」とも。俳諧で春の季語として使う。

プラザ 町なかの人出が多い(スペイン風)広場。プラーザ。▽plaza 多くの店を収めた建物の名にも付ける。

ぶらさがり【ぶら下がり】 ①ぶら下がること。②店につるして売っている既製服。「—の背広」▽↓つるし㋐

ぶらさが-る【ぶら下がる】 『五自』①(ぶらりと)たれさがる。②今にも手に入りそうな状態にある。「目の前に大臣の地位が—っている」

ぶらさ-げる【ぶら下げる】 『下一他』(ぶらりと)つりさげる。手にさげる。

ブラシ 刷毛(はけ)。「—をかける」「歯—」▽brush

ブラジャー 女性の乳房の形を整えるための下着。乳押さえ。ブラ。▽brassiere もとはフランス語。

ふら-す【降らす】 『五他』降るようにする。降らせる。「雨を—」

プラス ①『名・ス他』足し算して値を増すこと。その記号「+」。▽この記号は⑵にも使う。②『名』正(せい)。㋐数値を、0を境として分けた時の、0より大きい方。▽0をプラス0とマイナス0とに分けて考えることもある。㋑陰陽に分けられるものの、陽の方。「—の電極」。ある性質をあらわすこと。陽性。「反応は—と出た」③『名』比喩的に、利益。黒字。また、有利な点。▽↔マイナス。plus **—アルファ** ある数量・状態にさらに何かをつけ加えること。また、そのつけ加えたもの。▽plus とギリシア字母第一字 α とによる和製語。

フラスコ ①耐熱性ガラスで作った、首の長い、徳利状の、化学実験用容器。②首の長いガラス製の酒瓶。また、水差し。▽(ポルトガル) frasco

プラスチック 熱や圧力で、思うとおりの形に作れるような物質、特に(ビニール系の)合成樹脂。▽plastics から。

フラストレーション 欲求不満。「—がたまる」▽frustration

ブラス バンド 金管楽器を中心に、打楽器などを加えた楽団。吹奏楽団。ブラス。▽brass band

プラズマ ①〔物理〕原子や分子が刺激されて(原子核と電子とのように)正と負との電気を持った粒子群に分かれて、激しく動き回っている状態。「—ディスプレー」(放電で起こしたプラズマを光源とする画像表示装置)▽plasma ②血漿(けっしょう)。▽「プラスマ」とも言う。(ドイツ) Plasma

プラタナス ↓すずかけのき。▽(ラテン) Platanus から。

フラ ダンス ハワイの伝統的な、手・腰・足・目を優雅に動かす踊り。その音楽。宗教儀式として始まる。フラ。▽(ハワイ) hula と dance とによる和製語。

ふらち【不×埒】 『名ナ』道理にはずれ不届きなこと。「—な考え」「—を働く」

プラチナ 白金(はっきん)。▽(スペイン) platina

ふらつ-く 『五自』①(足もとなどが)安定せず、ふらふらする。②↓ぶらつく⑵

ぶらつ-く 『五自』①垂れ下がって揺れる。②特別の目的もなく、ぶらぶらと歩き回る。「夜の銀座を—」

ブラック ①黒。黒に見立てられるもの。「—企業」②コーヒーにミルクや砂糖などを入れないこと。また、そういうコーヒー。▽black **—アウト** ①機器や設備が(突然)機能を停止すること。特に、発電所の停止による一定地域全部の停電。②一時的に視覚・意識・記憶などを失うこと。③一瞬で全ての照明を消して舞台を暗転すること。▽blackout **—ジョーク** (タブーに触れた)悪趣味なジョーク。▽black joke **—ホール** 〔天文〕大きな恒星が燃えつき収縮してできた、見えない天体。強い重力のために物質も光も放出できない。▽black hole **—ボックス** 内部がどうなっているか(まだ)不明である、またはそれを問題にしないが、一定範囲の入力に応じて一定範囲の出力があるような仕掛けのこと。暗箱。「人間の脳を—と見て話を進めよう」▽black box **—ユーモア** 笑ったあとで、そのおかしみの背後にある不安・不吉・無気味さ・残酷さなどを感じ、ぞっとするようなユーモア。▽black humour **—リスト** 注意人物を記載した名簿。黒表。▽blacklist

フラッシュ ①(写真をとるための)閃光(せんこう)。②(映画の)瞬間的場面。③速報。「ニュース—」▽flash **—バック** 『名・ス自』①映像で、瞬間的に画面を切り替え、過去の出来事を挿入する編集技法。②過去の強烈な体験の記憶が、突如よみがえること。㋐覚醒剤による幻覚などが、使用を止めた後に再現するこ

と。㋑ＰＴＳＤの原因となった出来事が、意図せず脳裏に再現されること。▽flashback

ブラッシュ アップ〘名・ス他〙能力にみがきをかけること。さらによくすること。「英語力を―したい」▽brush up

ブラッシング〘名・ス他〙①ブラシをかけること。「髪を―する」②歯ブラシの毛先を小刻みに動かして歯をみがくこと。▽brushing

フラット ①〘名〙音楽で、半音下げる記号。変記号。♭と書く。↔シャープ。②〘名〙競技で、タイムに秒より下の端数(はすう)がつかないこと。ジャスト。「一〇〇メートルを一一秒―で走る」③〘ダナ〙平らなさま。水平なさま。④〘名〙共同住宅で、各戸が同一階内に収まる形式のもの。▽flat

ふらっと ①〘副・ス自〙体が安定を欠いて倒れそうになるさま。「貧血で時々―なる」②〘副〙↓ふらり(2)。「散歩のついでに―寄る」

プラットホーム ①駅などの、車両に乗り降りする所。歩廊。ホーム。②一連の事の制御・調整・共用に供する基盤。㋐宇宙船などで、装置を積み観測・実験を行うスペース。㋑ソフトウェアやハードウェアを作動させるのに必要な基盤。㋒種々の装置を載せる基をなす、自動車の車台。㋓比喩的に、(物事の)基盤。よりどころ。「人材育成―」▽platform (2)は「プラットフォーム」とも言う。

フラッパー おてんば。はねかえり娘。▽flapper 昭和初期の語。

フラップ 飛行機の主翼の後縁または前縁から斜め下にせり出して、離着陸時に揚力を増す装置。▽flap

フラッペ かき氷にリキュール・果汁・シロップなどをかけた冷菓。▽(フランス) frappé

プラトニック〘ダナ〙純粋に精神的(で、清らかなさま)。「―ラブ」▽Platonic(＝ギリシアの哲人プラトン的な)

プラネタリウム 投影機で丸天井に、天体の運行の様子を映して見せる装置。▽(ドイツ) Planetarium

フラノ フランネルの洋服地。▽flano

ふらふら〘副[と]・ノダ・ス自〙①不安定に揺れるさま。また、頭や体が正常に働かないさま。「疲れて―だ」「どれにするか、まだ―している」②当てもなく動き回るさま。「街を―(と)歩き回る」

ぶらぶら〘副[と]・ノダ・ス自〙①ぶらさがって揺れているさま。「子どもが足を―させる」②(あてもなく)気楽にゆっくり歩くさま。③仕事をしていないさま。「家で―している」 **―やまい【―病】** 長びいてはっきりしない病気。

ブラボー〘感〙ほめそやしたり喜んだりした時に発する叫び。すてき。万歳。▽(フランス・イタリア) bravo

フラミンゴ ツルに似た形で、全身が淡紅色の水鳥。▽flamingo フラミンゴ科の鳥の総称。

プラム 西洋すもも。「―ケーキ」▽plum ウメ・アンズ・ハタンキョウの実をさすこともある。

フラメンコ スペイン南部の伝統的な踊り。その音楽。▽(スペイン) flamenco

プラモデル プラスチックの部品を組み立てて、つくる模型。プラモ。▽商標名。

ふらり〘副と〙①不安定に揺れるさま。「鐘が―とぶらさがつてゐる」(山村暮鳥「小川芋銭」)②不意に現れたり出かけたりするさま。「絶望の揚句―と日本へやつて来た」(横光利一「旅愁」)

ぶらり〘副と〙①宙にぶらさがっているさま。「ひょうたんが―とさがっている」②↓ふらり(2)

ふられる【振られる】〘連語〙↓ふる(振)(3)㋐

フラワー〘造〙花(の、に関する)。「―ポット」(植木鉢)▽flower(英語では名詞・動詞) **―アレンジメント** 西洋風の生け花(の技術・作品)。▽flower arrangement **―ショー** (出品した)多くの草花の展示や品評の会。▽普通は、外来種のものを言う。flower show

ふらん【×孵卵】 卵がかえること。卵をかえすこと。「―器」

ふらん【腐乱・腐×爛】〘名・ス自〙くさりただれること。「―死体」

フラン ユーロ(2)採用より前の、フランスやベルギーの通貨の基本単位。また、スイスやフランス語圏の諸国(例、セネガル)の通貨の基本単位。▽(フランス) franc フランスのは「法」とも書いた。

プラン ①計画。企て。企てた案。②方式。……式。▽plan

フランク〘ダナ〙率直なさま。▽frank 派生 -さ

ブランク〘名ノ〙空白。また、空欄。▽blank

プランクトン 自らはほとんど運動力を持たず、水中・水面に浮いて生活している小さな生物の総称。魚のえさとして重要。▽plankton

ブランケット 毛布。ケット。▽blanket

ぶらんこ つり下げた二本の綱や鎖の先に横板を渡し、それに乗って揺り動かす、子供の遊び道具。また、同様の形式の、サーカスの曲芸の用具。「―をこぐ」▽「鞦韆」とも書く。(ポルトガル) balanço からという説もある。

プランター (ベランダなどで)植物を育てるための容器。▽planter

ブランチ 昼食を兼ねた遅い朝食。▽brunch(breakfast と lunch との合成語)

フランチャイズ ①プロ野球で、特定のグラウンドを本拠地として占有すること。②親企業が加盟店に、商号・商標の使用許可とともに与える独占販売権。「―チェーン」▽franchise

ブランデー ワインなどの果実酒を蒸留した強い洋酒。▽brandy

プランテーション 熱帯・亜熱帯地方で、綿花・コーヒーなどの単一作物を大規模に栽培する農園。▽plantation

ブランド 特定生産者による品物(の全体)。「―に好みがある」「これは―品です」。俗に、商標。▽brand

プラント 工場設備。生産設備。建物・機械類・器具類の

一式。「—輸出」▽plant

プランナー 企画係。立案者。設計者。▽planner

プランニング 『名・ス他』計画を立てること。企画立案。▽planning

フランネル 紡毛糸(ぼうもうし)を主として織った、柔らかく厚めの布。ネル。▽flannel

ふり【振り】 ①『名』挙動に現れた、人の様子。㋐外面に現れた姿・格好。「人の—見てわが—直せ」「知らない—をする」▽「風」とも書く。㋑踊りの、また役者が舞台でする、所作(しょさ)。「—をつける」②『名』その店に突然来て、なじみでないこと。「—の客」③『接尾』刀剣の数を表す時に添える語。▽→=ぶり

ふり【降り】 雨や雪の降りぐあい。また、雨天。雨。「この—で客足がにぶる」

ふり【不利】 『名ナノ』相手に比して形勢がよくないこと。それによって、損失・敗北・失敗を招くものであること。↕有利。「—を覚悟で交渉に応じる」

ぶり【×鰤】 沿岸を回遊する海魚。大きいものは体長約一メートル。食用。冬、あぶらがのって美味。▽あじ科。成長に従い、わかし・いなだ・わらさ・ぶり（東京地方）、または、つばす・はまち・めじろ・ぶり（大阪地方）と呼び名が変わる。

=**ぶり** ①【振り・△風】《名詞や動詞連用形に付けて》様子。ふう。特に、しかた。「男—」「万葉—の歌」「勉強—」「酒の飲み—がいい」▽強めて「っぷり」となる語もある。②【振り】形や嵩(かさ)。「大—のからだ」「やや小—だ」③【振り】《時間を表す語に付けて》それだけの時がたった後に、新たにまた、そうする（なる）ことを表す。「三年—に会った」▽年一回しか無い催しに連続優勝しても「一年—の優勝」とは言わない。月に三回ぐらいは会えると思っていた人になら「一月—に会った」と言える。また「着工以来七年—に完成」のような言い方が現れたが、七年前には完成していなかったゆえ、誤用。

ふりあい ひ:あ **【振(り)合い】** 他と比べてみた時のつりあい。「—がつかない」「向こうとの—で、こちらも減らそう」

ふりあ-う ふ:あ **【触り合う】** 『五自』互いに触れる。触れ合う。「袖—も多生(たしょう)の縁」▽「振り合う」とも書く。

ふりあ-てる【振(り)当てる】 『下一他』幾つかに分けて、割り当てる。割り振る。「いやな役を—・てられる」

フリー 『名・ダナ』①自由であるさま。束縛・制約がないさま。「—パス」「著作権—」②フリーランスの状態にあること。「—のカメラマン」③無料。「—ペーパー」▽(1)(2)(3)は free ④「フリー スケーティング」の略。フィギュア スケートの種目の一つ。▽free skating から。 **—ウェア** 無料で使えるソフトウェア。▽freeware **—キック** サッカー・ラグビーで、相手側が反則をしたとき、その地点から自由に蹴るキック。▽free kick **—サイズ** 寸法を問わないこと。特に、衣服で、体格を問わずに着られる大きさ。▽free と size とによる和製英語。 **—スクール** ①不登校の児童生徒などを受け入れて教育を行う施設。②子供の自由や自主性を尊重した教育を行う学校。▽free school **—ダイヤル** 受信者が電話料金を支払う方式。▽free と dial とによる和製英語。商標名。 **—トーク** 自由な話し合い。フリー トーキング。▽free と talk とによる和製英語。 **—ハンド** ①定規などを使わずに手で自由に描くこと。②他からの制約を受けないこと。自由裁量。▽freehand **—ペーパー** 無料で配布される情報紙。▽free paper **—ランサー** ↓フリーランス。▽freelancer **—ランス** 自由契約。専属でないこと。そのような人。フリー。▽freelance

フリーク 一つの事に熱中している人。マニア。「ジャズ—」▽freak

フリーザー 冷凍庫。冷凍室。冷凍装置。▽freezer

フリージア 春、白・黄・紅などの花が咲く多年草。南アフリカ原産。観賞用。▽freesia あやめ科。

フリース 起毛したポリエステル製の衣料素材。また、それで作った衣類。「—のトレーナー」▽fleece（=刈り取った羊毛）

フリーズ 『名・ス自』①凍結すること。②転じて、コンピュータなどが一切の操作を受け付けなくなって動かなくなること。▽freeze **—ドライ** 食品を瞬間的に凍結させた後に、真空中で水分を昇華させて乾燥する保存技術。「—製法」▽freeze drying から。

フリーター （自由であることを、あるいは、自由な時間を確保しようとして）定職につかず、アルバイトで生計を立てる人。▽(イギリス)free と(ドイツ)Arbeiter（=働く人）とによる和製語。

ブリーダー 動物や植物の交配・繁殖・育種などを行う人。▽breeder

プリーツ 洋服・スカートなどの折りひだ。▽pleats

ブリーフ ①『名』下半身にはく男子用のぴったりした短い肌着。▽briefs ②『名・ス他』重要案件についての要旨説明や報告。「—を受ける」「報道関係者に—する」▽brief「ブリーフィング」とも言う。 **—ケース** 書類を入れる薄い角型のかばん。▽briefcase

フリー マーケット 不用品や手製品を持ち寄って開く市。▽flea market ↓のみのいち

ふりうり【振(り)売(り)】 品物をになって、呼び声を立てて売り歩くこと。その人。ぼてふり。

ふりえき【不利益】 『名ナノ』利益にならないこと。「—を顧みず身を挺(てい)する」

ふりおこ-す【振(り)起(こ)す】 『五他』ふるいおこす。

ふりかえ へ:か **【振(り)替(え)】** ①振り替えること。「—が利く」「—休日」②〔簿記〕金銭の出納を伴わない、取引の仕訳(しわけ)。ある勘定科目に記帳されている事項を、他の勘定科目に移すこと。③「郵便振替」の略。↓ゆうびんふりかえ

ぶりかえ-す へす:か **【ぶり返す】** 『五自』①一度快方に向かった病状がまた悪化する。②一度おさまった事態・

事柄がまた起こったり、問題になったりする。「寒さがー」

ふりかえ-る【振(り)返る】(かへる)『五他』①顔を後ろに向けて見る。「声のした方をーった」②比喩的に、回顧する。「過去をー」

ふりか-える【振(り)替える】(かへる)『下一他』①こちらのものを、代わりとしてあちらへ移す。また、入れ替える。「役割をー」「休日をー」②簿記で、振替勘定を行う。

ふりかか-る【降り懸(か)る】『五自』①降って、体にかかる。②よくない事が身に及ぶ。「ーってきた災難」

ふりかけ【振(り)掛け】飯に振り掛けて食べる加工食品。刻み海苔(のり)・ゴマ・魚粉などを混ぜて味付けしたもの。

ふりか-ける【振(り)掛ける】『下一他』粉などを振り散らしてかける。

ふりかざ-す【振(り)×翳す】『五他』①頭の上に、かざすように振り上げる。「刀をー」②比喩的に、人に見せつける。「権力をー」

ふりかた【振(り)方】①『身のー』一身上の処置(の仕方)。「これからの身のふりかたを考える」②物をふる方法。

ふりがな【振(り)仮名】漢字(の傍ら)に添えて読み方を示すかな。

ふりかぶ-る【振りかぶる】『五他』頭の上に大きくふり上げる。「刀を大上段にー」

ブリキ 薄い鉄板に錫(すず)を鍍金(めっき)したもの。▽オランダ blik 「錻力」とも書く。

ふりき-る【振(り)切る】『五他』①しがみついているものを、振って放す。特に、人が引きとめるのを、強く断る。②競走などで、追いすがる者を引き離して先に出る。③完全に振る。

ふりき-れる【振(り)切れる】『下一自』強く最後まで振れる。「メーターの針がー」

ふりく【不陸】「ふろく」の読み誤り。

ふりくら-す【降り暮(ら)す】『五自』(雨や雪などが)夜までずっと、一日中降り続く。

フリゲート 大型の護衛艦。▽frigate

ふりこ【振(り)子】糸や棒の一端を固定し、他端におもりをつけたもの。一定の周期で動く。「ー時計」

ふりこう【不履行】果たすべき約束などを実行しないこと。「契約ー」

ふりごと【振(り)事】所作事(しょさごと)。

ふりこ-む【振(り)込む】『五他』①振って中に入れる。②預金口座に金を払い込む。「代金を銀行口座にー」

ふりこ-む【降り込む】『五自』降って、ある囲われた所に、はいってくる。「雨が窓からー」

ふりこめさぎ【振り込め詐欺】虚偽の情報によって金銭を指定口座に振り込ませてだましとる詐欺。▽俺俺詐欺が社会問題化し、手口も多様化したために二〇〇四年にできた語。

ふりこ-める【降り籠める】『下一他』《多く受身の形で》外出できないほど、雨や雪が降って、人を屋内にとじこめる。「大雪にーめられて困った」

ブリザード (極地に吹く)ごく強い雪嵐。▽blizzard

ふりしき-る【降り△頻る】『五自』しきりに降る。盛んに降る。「絶え間なくー雨」

ふりし-く【降り敷く】『五自』降って地面を一面におおう。一面に降る。「庭に桜の花びらがー」

ふりしぼ-る【振(り)絞る】『五他』物をしぼり出すように、精一杯の努力をして声・力・知恵などを出す。「声をーって救いを求める」「ありったけの力をー」

ふりす-てる【振(り)捨てる】『下一他』振り放して捨てる。勢いよく捨てる。容赦なく捨てる。

プリズム ガラスなど透明の多面体。光を屈折・分散・反射させるもの。三角柱のほか、種々な形のものもある。▽prism

ふりそそ-ぐ【降り注ぐ】『五自』雨や日光などが、そのものに注ぐように降る。「春の日がー」

ふりそで【振(り)袖】たもとを長くした袖。また、そういう袖の和服。主に、若い娘の盛装用。

ふりだし【振(り)出(し)】①すごろくの出発点。②転じて、物事の出発点。「ーに戻る」(また初めの状態に戻る)「営業をーに各部門の仕事に携わる」③取引で、手形や小切手を発行すること。「ー人(にん)」④薬を布袋に入れ、熱湯の中で振り動かして成分を出すこと。そうして飲む薬。

ふりだ-す【振(り)出す】『五他』①振って出す。「さいころをー」「煎じ薬をー」②取引で、手形や小切手を発行する。

ふりた-てる【振(り)立てる】『下一他』①振り動かして立てる。ふり起こす。「牛が角をーてて怒る」②声を張り上げる。「教壇で声をー」

フリック『名・ス他』スマホ・タブレットなどで、画面上で指を弾くように少し滑らせる操作。文字入力などに用いる。▽flick

ふりつけ【振(り)付(け)】歌・音楽に合わせてする所作(しょさ)を工夫して、踊り・芝居などを演じる者に教えること。また、その所作。「ー師」

ぶりっこ【ぶりっ子】『名・ス自』〔俗〕いかにも良い子、かわいい子のように振舞う若者、特に娘。▽一九八〇年ごろ言い出す。→ぶる〖接尾〗

ブリッジ ①橋。また、橋のように渡したもの。②艦船の前部の甲板に設けた望楼。そこで船長・艦長などが指揮をとる。船橋。艦橋。③トランプ遊びの一種。④両隣りの歯にかけて支える人工の歯。▽bridge

フリッター 野菜・肉などに卵白で溶いた衣をつけ、油で揚げた料理。▽fritter

ふりつづみ【振鼓】二つたてに重ねた鼓の周囲に、小さな玉のついた糸をつけ、振って鳴らす和楽器。舞楽などに使う。

フリップ 話の要点の、図示的な説明やグラフを記した大型のカード。主にテレビ番組用。▽flip chart から。

ふりつも‐る【降り積(も)る】《五自》雪などが降って積もる。

ふりはな‐す【振(り)放す】《五他》①くっついているものを、振って(または、体をふるって)放す。また、振り捨てる。ふりはなつ。②追ってくる者を引きはなす。

ふりはな‐つ【振(り)放つ】《五他》→ふりはなす

ふりはら‐う【振(り)払う】《五他》振って離れさせる。はらいのける。「不吉な考えを―」

ぶりぶり《副・ス自》→ぷりぷり(2)

ぷりぷり ①《副〔と〕・ノダ・ス自》食べ物などに弾力があるさま。「―のえび」「―したゼリー」②《副〔と〕・ス自》おこって、ひどく機嫌が悪いさま。ぶりぶり。ぷんぷん。「―(と)怒って出て行く」「ずっと―している」

プリペイド カード 代金前払いで、現金と同じように使えるカード。利用した代金が自動的に差し引かれる。▽prepaid card

ふりほど‐く【振りほどく】《五他》振って(無理にも)解き放す。

ふりま‐く【振(り)×撒く】《五他》細かいものや液体をあたりにまいたり体にかけたりする。また、周りに熱心に示す。「愛嬌(あいきょう)を―」「うわさを―」

プリマ ドンナ 歌劇の女の主役。▽イタリア prima donna 略して「プリマ」とも言う。

ふりまわ‐す【振(り)回す】《五他》①(物を)くるくる振り動かす。「バットを―」②むやみ勝手に使う。「権力を―」③自慢そうに見せつける。ひけらかす。「肩書を―」「知識を―」④翻弄する。「うわさに―される」

ふりみだ‐す【振(り)乱す】《五他》ばらばらにくずし乱す。「髪を―」

ふりみふらずみ【降りみ降らずみ】《連語》(雨が)降ったり、降らなかったり。「―の天気が続く」▽→み(2)

ふりむ‐く【振(り)向く】《五自》①顔を後ろに向ける。「声をかけられて―」②注意を向けたり関心を示したりする。「今では誰も―かない品」

ふりむ‐ける【振(り)向ける】《下一他》①他の方向(特に後ろ)を向かせる。「顔を―」②他の役・用途に回して、あてる。「積立金を機械購入に―」

プリムラ 西洋さくらそう。→さくらそう。▽primula

ぶりゃく【武略】軍事上の計略。

ふりゅう【浮流】《名・ス自》浮かんで流れること。「―機雷」

ふりゅう【風流】→ふうりゅう

ふりゅうもんじ【不立文字】悟りの道は、文字・言語によっては伝えられるものではないという意。▽「以心伝心」と共に、禅宗の立場を示す標語。

ふりょ【不慮】思いがけず人に降りかかる(不幸な)こと。「―の災難」「―に備える」

ふりょ【×俘虜】とりこ。捕虜。

ふりょう【不良】《名ナノ》一般に、よい状態でないこと。「栄養―」「―品」「―導体」。特に、品行が悪いこと。そういう人。「―少女」「―の巣」

ふりょう【不猟・不漁】りょうで、えものが(余り多くは)とれないこと。▽漁業関係の時「不漁」、狩猟の時「不猟」と書く。

ぶりょう【無×聊】たいくつ。「―をかこつ」「―を慰める」▽もと、心配事があって楽しくない意。

ふりょうけん【不料△簡】《名ナノ》悪い料簡。「―を起こす」

ぶりょうとうげん【武陵桃源】世間とかけはなれた幸福な別天地。桃源郷。▽陶淵明(とうえんめい)の「桃花源記」による。

ふりょく【富力】富(とみ)の力。

ふりょく【浮力】流体の中にある物体に対し、その物体を浮き上がらせる方向に働く、流体の圧力。

ぶりょく【武力】軍事上の力。兵力。

フリル 女性服・子供服の袖口やえりにつける、こまかいひだをとった、レースなどの飾り。▽frill

ふりわけ【振(り)分け】振り分けること。振り分けたもの。特に「振分け髪」「振分け荷物」の略。 **―がみ**【―髪】左右に分けて垂らした、子供の髪の型。 **―にもつ**【―荷物】旅などの際、前後に分け、ひもでつないで肩にかけた荷物。

ふりわ‐ける【振(り)分ける】《下一他》全体を幾つかに(特に二つの部分に)分ける。㋐半分ずつにする。㋑分けて割り当てる。割り振る。

ふりん【不倫】①《名》人が踏み行うべき道からはずれること。②《名・ス自》特に、配偶者でない者と性的関係を結ぶこと。

プリン 卵・牛乳・砂糖を混ぜて型に入れ、蒸した洋菓子。カスタード プリン。プディング。▽pudding から。

プリンス ①皇子。王子。②比喩的に、ある団体で将来有望な青年。「政界の―」▽prince

プリンセス 皇女。王女。また、王妃。皇太子妃。王子妃。▽princess

プリンター ①印刷機。また、情報を出力用紙に印刷する、コンピュータの付属装置。印字機。②写真の焼き付け機。▽printer

プリンたい【プリン体】細胞中にある、遺伝子の構成成分。代謝によって尿酸を生じるため、大量に摂取すると痛風の要因となる。▽「プリン」は purine

プリント《名・ス他》①印刷すること。印刷物。「―配線」▽印刷物の意は日本での用法。②紙型をあてて模様を染めつけること。また、そうしたもの。捺染(なっせん)。「―のネクタイ」③映画や写真の陰画から陽画を焼きつけること。また、そうしたフィルム。▽print **―アウト**《名・ス他》プリンターで印刷すること。その印刷物。▽print out

ふ‐る【振る】《五他》①円弧状の径路で動かす。㋐一端を固定した状態で物を(小刻みに、速く)揺り動かす。「手や旗を―」「首を横に―」「煎じ薬を―り出す」

ふ

す」㋑向きを移し変える。「針路を北西に―」②手にする物を(ゆすって)下に投げ、またはまき散らす。「さいころを―」「菜に塩を―」③勢いよくまたは大きく動かして移す。「飛車を―」㋐はねつける。(思い切って)捨てる。特に、好意を拒否する。「試験を―」「女に―・られる」㋑得ている、または得るはずのものを失う。むだにする。「百万円を棒に―」「大臣の地位を―」㋒為替・手形・小切手を発行する。振り出す。④位置を割り当てる。そうして何かの働きをさせる。「役を―」「そんな上客を、何でおれに―(＝振り向ける)んだよ」「話を―」(他の人に話のきっかけをつくる)「受付順に番号を―」「むずかしい漢字に仮名を―」「小咄(こばなし)を枕に―(＝初めに置いて語り出す)」

ふ-る【降る】『五自』①雨・雪・火山灰など(の気象的自然物)が空から、また、あたかもそのように上から、落ちて来る。「血の雨が―」(→ちのあめ)「大風で―・って来た看板でけがをした」「棚からお札が―・って来た」「思わぬ災難が―・って湧く」(突然現れることのたとえ) ②㋐霜が置く。「霜が―」 ㋑日・月などの光がそそぐ。「今夜は星が―ようだ」

ふる【古】 ①《特に「お―」の形で》一度他の人が使った物。②もう古くなっていること。「―綿(わた)」

フル じゅうぶん。いっぱい。すべて。「スピードを―に出す」「―回転」「―ベース」 ▽full **―コース** 西洋料理の正式なコース。ふつう、オードブル・スープに始まり、デザートで終わる。▽full course **―スピード** 全速力。▽full speed **―タイム** ①所定の時間すべて。全時間。常時。「―サービス」②正規の勤務時間を、全部勤務すること。↕パートタイム。▽full-time **―ネーム** 省略しない氏名や名称。「サインは―でお願いします」▽full name

ぶ-る ①『接尾』《名詞などに付け、五段活用動詞を作る》わざとらしく……をよそおう。「学者―」「えら―」「上品―」②『五自』もったいぶる。きどる。▽(2)は(1)を独立して使うようになったもの。

ブル ①→ブルドッグ。②→ブルジョア。③→ブルドーザー

ふる-い【古い・△旧い】『形』成り立ってから、または現れてから、長い時を経ている。↕新しい。㋐ずっと前からある、または使っている。「―机」。長く続いている。「―友人」㋑昔の事だ。「彼と知り合ったのも―話さ」㋒前からあって、時代の進みに合わなくなっている。「―思想」「頭が―」㋓改まる前のものだ。「―制度の下では」▽文語動詞「経(ふ)」と同語源か。 派生 **-さ** 関連 古くさい・古めかしい・黴(かび)臭い・おんぼろ・ぼろぼろ・よれよれ・がたがた・古びる・古ぼける・がたが来る・ひねる・大時代・中古・古色・老化・老朽

ふるい【×篩】 粉・砂などの細かいものを網目を通して落とし、より分ける道具。「―にかける」(すぐれたものだけを選び出す意にも)

ぶるい【部類】 種類によって分けた、その一つ一つの組。「―に分ける」「叙事詩の―に入る」

ふるいおこ-す【奮い起(こ)す】『五他』内にある感情や気力を高め強める。「勇気を―」「気力を―・して」

ふるいおと-す ①【振(る)い落(と)す】『五他』ふって落とす。「しずくを―」②【×篩い落(と)す】『五他』㋐篩(ふるい)にかけて落とす。㋑転じて、悪い(または劣った)ものを除き捨てる。「口頭試問で―」

ふるいた-つ【奮い立つ・奮い△起つ】『五自』心が勇み立つ。それをしようと決意し、勇気を出す。

ふるいつ-く【震い付く】『五自』感情が激して、だきつく。「―・きたいような美人」

ふるいわ-ける【×篩い分ける】『下一他』①篩(ふるい)にかけてより分ける。②転じて、悪い、または劣ったものを取り除く。「テストで―」

ふる-う【振(る)う・奮う・△揮う】 ㊀『五他』①ふり動かして働かす。【振・揮】「刀を―・って切り込む」「腕力を―」「采配(さいはい)を―」。勢いよく使う。「筆を―」(ものを書く) ▽筆、さらに広く采配には普通「揮」を使う。②勢いよく出す。勇み立たせる。盛んにする。【振】「猛威を―」。元気を出す。【奮】「勇気を―・って立ち向かう」③《「て」を伴って》↓ふるって。㊁『五自』①勢いが盛んになる。【振・奮】「国力が大いに―」「商売が―・わない(＝不振だ)」②《「―・った」「―・っている」の形で》意表を突くほど、とっぴで面白い。【振】「―・った話だ」「その趣向は―・っている」▽「篩(ふる)う」「震う」はこの語の転。

ふる-う【×篩う】『五他』①篩(ふるい)をゆする。篩にかけてより分けたり、さらに細かくしたりする。「小麦粉を―」②転じて、悪い、または劣ったものをより分け取り除く。「試験で―」

ふる-う【震う】『五自』小刻みに揺れ動く。㋐体(・手)や声がふるえる。㋑地震や落下物の強い衝撃で大地が揺れる。

ブルー ①『名』青色。②『ダナ』憂鬱なさま。▽blue **―カラー** 工場などの工員。生産労働者。↕ホワイトカラー。▽アメリカ blue-collar worker から。 **―シート** 青色の合成樹脂製のシート。水やほこりを防ぐためや、野外での敷物などに使う。▽青色以外のものもある。blue と sheet とによる和製英語。 **―チーズ** 乳酸菌と青かびを入れて発酵・熟成させたチーズ。▽blue cheese **―ベリー** 熟すと黒色を帯びる、ぶどうの粒状の果実。生食し、ジャムやジュースにもする。また、それをつける小低木。▽blueberry つつじ科。

ブルース 四分の四拍子の、哀調を帯びた歌曲。▽本来は、アメリカ黒人の民俗音楽の一種で、ジャズなどの基盤となった。▽アメリカ blues

フルーツ 果物(くだもの)。▽fruit **―パーラー** 果物のメニューを特徴とする軽飲食店。▽fruit と parlour とによる和製英語。 **―ポンチ** こまかく切った果物をシロップなどにひたしたもの。▽fruit punch

フルーティー『ダナ』果物の風味が感じられるさま。「―な香り」「―なワイン」▽fruity

フルート 木管楽器の一つ。音域は三オクターブにわたり、音色は柔らかで清純。現在は、ほとんど金属製。フリュート。▽flute

ブルーマー ↓ブルマー

プルーン スモモの近縁種。西洋スモモ。また、その果実を半乾燥・ペーストなどにした食品。▽prune

ふるえあが-る【震え上がる】『五自』非常な寒さや恐怖などでがたがたとふるえる。ひどく恐れる。「一喝されて―」

ふる-える【震える】『下一自』細かく揺れ動く。特に、寒さ・恐れのために体(の一部分)や声が細かく揺れ動く。「怒りに―」

ふるがお【古顔】古くからいるメンバー。古参。↕新顔(しんがお)

ふるかね【古△鉄】金属器具・機械の使いふるした物。

ふるかぶ【古株】古顔。▽もと、古くなった木の株の意。

ふるかわ【古川・古河】古くからそこを流れている川。「―に水絶えず」(もとがしっかりしているものは、衰えたようでもちゃんとしたところがある)

ふるぎ【古着】着ふるした衣服。「―屋」

ふるきず【古傷・古×疵】①年を経た、きず。↕生傷(なまきず)。②比喩的に、ずっと前に犯した罪悪。旧悪。「―を暴く」「―に触れる」

ふるぎつね【古×狐】①年を経て劫(こう)を積んだ狐。②経験を積み、悪がしこくなった人。

ふるく【古く】《副詞的にも使う》年数をさかのぼったころ。昔。「―からのつきあい」「―そういう事もあった」▽形容詞「古い」の連用形から。

ふるくさ-い【古臭い】『形』①ひどく古い。時代おくれだ。②古くからあって全く珍しくもない。新鮮さがない。「―思想」派生 **-さ**

ふるさと【古里・△故里・△故△郷】その人に、古くからゆかりの深い所。生まれ(育っ)た土地や以前に住み、またはなじんでいた場所。

ブルジョア ①資本家階級の人。俗に、金持。↕プロレタリア。②ヨーロッパ中世都市の市民のうち、僧・貴族と下層の人民との間の階級をなした、商人・手工業者など。▽フランス bourgeois **―かくめい**【―革命】封建制社会の矛盾が増大してきた時にブルジョア階級が指導して資本主義社会を生み出す革命。フランス革命が代表的。

ブルジョアジー 資本家階級。↕プロレタリアート。▽フランス bourgeoisie

＝ふる-す【古す・△旧す】《動詞連用形に付け、五段活用動詞を作る》使って古くする。もうあまり役に立たないほど、長く、またはしばしば……する。「着―」「言い―」

ふるす【古巣】もと住んでいた巣・家・所。「―の職場に戻る」

プルス 脈搏(みゃくはく)。脈。▽ドイツ Puls

ブルゾン すそを絞り背中にふくらみをもたせたジャンパー風の上着。▽フランス blouson

ふるだぬき【古×狸】①年をとった狸。②経験を積み、ずるさを増した人。

プル タブ 缶詰などのふたについている、引っ張って開けるためのつまみ。▽pull-tab 危険防止のため、現在は開けた後もつまみが缶についたままの方式が主流。それをステイ オン タブ(stay-on tab)と言う。

ふるち【古血】循環がとどこおって新鮮でない血。また、古くなって色が変わった血。↕生血(なまち)

ふるづけ【古漬(け)】長い間漬けておいた漬物。

ふるった【振(る)った】『連語』→ふるう(振)(二)(2)

ふるって【奮って・振(る)って】『副』元気を出して。自分から進んで。「―志願した」「―御応募ください」▽動詞「ふるう」+助詞「て」から。

ふるつわもの【古△兵・古〈強者〉】①多くの戦を経験した老巧の武者。②転じて、その道にかけて経験・年功を積んだ人。

ふるて【古手】古くなった人・物。「―の官僚」「―屋」(古着屋)

ふるどうぐ【古道具】新品ではなく、既にだれかが使った道具(を売りに出したもの)。

ブルドーザー 土掘り・土盛り・地ならし等を行う、キャタピラのある土木機械。▽bulldozer

ブルドッグ イギリス原産のイヌの一品種。頭が大きく口幅が広く、ほおの肉がたれている。勇猛で、闘犬用・護身用。▽bulldog

プルトニウム 放射性元素の一つ。元素記号Pu 核燃料として利用する。▽plutonium

ふるとり 漢字の構成部分の一つ。「難」「集」「雇」などの「隹」の称。▽「舊(ふる=旧)」の字にある「とり」の意。「鳥」「酉(ひよみのとり)」と区別して言う。

ふるなじみ【古×馴△染(み)】昔から懇意にしている人。

ブルネット 褐色がかった皮膚・髪・目の人、特に女性。▽brunet(te)

ふるび【古び】物が長い年月を経て、それに付いた、いかにも年を経たという趣。「柱にも廊下にも―がついている」▽文語動詞「ふるぶ」の連用形から出た語。

ふる-びる【古びる・△旧びる】『上一自』年を経てふるくなる。ふるい感じがするようになる。

ふるふる 『副』身に染みて。つくづく。「渡世が―いやになる」

ぶるぶる 『副[と]』体などが震えるさま。「恐ろしくて―(と)震える」

ぷるぷる 『副[と]・ノダ・ス自』弾力のあるものが連続して小刻みに震えるさま。「―のゼリー」

ふるぼ-ける【古ぼける】『下一自』古くなって色あせる。古くなってきたなくなる。

ふるほん【古本】読み古した本。新品ではなく、すでにだれかが買って読んだ本(を売りに出したもの)。↕新本。▽「こほん」と読めば別の意。

ブルマー 女性や子供がはく、裾のしぼられたスポーツ用などのパンツ。ブルーマー。ブルマ。▽bloomers

ふるまい【振舞(い)】 ①動作をすること。挙動。しわざ。「ひかえめなー」②もてなし。供応。「ー酒」

ふるま-う【振舞う】 ①〘五自〙動作をする。行動する。ある態度をとる。「我が物顔にー」②〘五他〙ごちそうする。「家庭料理でー」「参拝者に甘酒をー」

ふるめかし-い【古めかしい】〘形〙いかにも古い。また、古くさい。「ー文章」 派生 **-さ**

ふるもの【古物】 古くなった物。新たに使うのではない物。特に、古道具・古着。「ー店(みせ)」

ふるや【古屋】 建ててから年がたった家。

ふるわ-す【震わす】〘五他〙→ふるわせる

ふるわ-せる【震わせる】〘下一他〙震えるようにする。「声をーせて訴える」「怒りに肩をー」

ふれ【触れ】 広く一般に告げ知らせること。その知らせ。「おー」(政府・役所から出す告示) ▽「布令」と書くのは意味の類似による当て字。

フレア スカートなどで、すそが朝顔型に広くひろがるような形のもの。フレアー。▽flare

ふれあい【触(れ)合い】(縁あって)人と知り合い、交わること。その切っかけ。「人とのーを大切にする」

ふれあ-う【触れ合う】〘五自〙動いて(動かして)互いに触れる。「風で木の枝がー」「袖ーも多生の縁」(→たしょう(多生)⑴)「手と手がー」「それがきっかけで心がーった(=交流した)」

ふれい【不例】 貴人の病気。「御ー」

ふれい【布令】 役所が一般に布告した命令。▽↓ふれ

ぶれい【無礼】〘名ナ〙礼儀を欠くこと。失礼。「ーを働く」「ー者(もの)」 派生 **-さ** 関連 非礼・失礼・欠礼・失敬・不敬・不躾(ぶしつけ)・慮外・不作法・不行儀・粗略・粗末・慇懃(いんぎん)無礼・傍若無人・眼中人無し・人を人とも思わない・人を食う **ーこう【ー講】** 身分・地位の上下を抜きにして楽しむ酒宴。

フレー〘感〙激励・応援の声。▽hurray

プレー ①〘名・ス自〙競技(すること)。また、競技のわざ。「ファインー」「スタンドー」②〘名〙芝居。演劇。③〘名〙演技。演奏。④〘名〙「プレー ボール」の略。▽「プレイ」とも。play **ーオフ** スポーツなどで、同点者やリーグ戦の成績上位者などの間での優勝決定戦。「ーを制する」▽play-off **ーガイド** 演劇・音楽会などの案内や切符の前売りをする所。▽play と guide とによる和製英語。 **ーボーイ** 遊び暮らす道楽な男。▽playboy 英語では金持ちの道楽者を指す。 **ーボール** 球技の試合の開始の宣告。▽play ball

ブレーカー 過大な電流が流れた時に回路と電源を遮断する装置。回路遮断器。「ーが落ちた」▽breaker

ブレーキ 車輪の回転を押さえ、調節したり止めたりする装置。制動機。「手動ー」「急ー」「ーを掛ける」(転じて、物事の進行を押さえる) ▽brake

フレーク 薄片状に加工した食品。▽flake

ブレーク〘名・ス自〙①急に人気が出たりはやったりすること。②仕事を中断する(割合に短い)休憩。「コーヒーー」「ここでーを取るとしよう」③テニスで、相手がサーブするゲームに勝つこと。▽break 「ブレイク」とも言う。 **ースルー** 新規であり成功もした、発展や達成。大躍進。難関突破。▽break-through

フレーズ ①単語の集まり。句。成句。慣用句。「キャッチー」②〔音楽〕旋律の一区切り。楽句。▽phrase

プレート 板。板状のもの。㋐(金属)板。「ネームー」㋑真空管の陽極。㋒写真の乾板。㋓野球で、ホームプレート(=本塁)またはピッチャーズ プレート(=投手板)のこと。㋔地球の表層を構成する岩盤。「太平洋ー」▽plate

フレーバー 風味。香り。「ーティー」▽flavor

フレーム ①枠。額縁(がくぶち)。「めがねのー」②枠で作った温床。▽frame

プレーヤー プレーをする人または物。㋐競技者。㋑演奏者。㋒「レコード プレーヤー」の略。レコード演奏機械。▽player

ブレーン 頭脳。また「ブレーン トラスト」の略。ブレイン。▽brain **ーストーミング** 限った時間内に自由に話し合って、いろいろなアイデアを出す、立案企画の手法。ブレスト。▽brainstorming **ートラスト** 国家・会社・個人等の顧問機関。▽アメリカのニューディール政策の時の、経済参謀本部の通称から。brain trust

プレーン〘ダナ〙何も加えていないさま。簡素なさま。「ーヨーグルト」「ーなデザイン」「ーテキスト」(コンピュータ上で、文字情報のみのファイル形式) ▽plain

ふれがき【触(れ)書(き)】 触れの文書。「御(お)ー」

フレキシブル〘ダナ〙柔軟性があるさま。「ーな対応」▽flexible 派生 **-さ**

フレグランス ①芳香。香気。②芳香性製品の総称。香水や芳香剤。▽fragrance

ふれこ-む【触れ込む】〘五他〙前もって宣伝して言い触らす。

ブレザー 学校の制服、ふだん着などに用いられる、主にフラノ地の背広型のジャケット。ブレザー コート。▽blazer

プレジャー ボート 個人が使うレジャー用の船。▽pleasure boat

ふれじょう【触(れ)状】 ふれがき。

プレス ①〘名〙圧力をかけて、打抜き・成型・しぼり・押し型などを行うこと。その工作機械。「ー加工」②〘名〙印刷。出版。新聞。③〘名・ス他〙↓プレッシング。④〘名〙重量挙げの種目の一つ。押上げ。現在は廃止。▽press **ーコード** 一九四五年、占領軍総司令部が、日本の新聞に対して発令した規則。占領政

策への批判の取締りが目的。五二年、講和条約発効によって失効。▽press code　―センター　国際会議やスポーツ大会などの際に設けられる、報道関係者の詰め所。▽press center　―ハム　豚などの肉に調味料を加え、練り固めて加熱・燻煙(くんえん)した食品。▽pressed ham から。　―リリース　報道関係者向けの発表。▽press release

フレスコ　下地の漆喰(しっくい)が乾かないうちに、水だけで溶いた顔料で描く技法(で描いた絵)。西洋の壁画に多い。▽イタリア fresco(＝新鮮な)　漆喰を一日に描ける分ずつ塗るからこの名がある。

ブレスト　平泳ぎ。▽breast-stroke から。

ブレスレット　腕輪。腕飾り。▽bracelet

プレゼン『名・ス他』「プレゼンテーション」の略。(人前で口頭で)提示・提案すること。「企画の―がうまい」▽presentation から。

プレゼント『名・ス他』贈物(をすること)。「クリスマス―」▽present

ふれだいこ【触(れ)太鼓】　知らせに打つ太鼓。特に、相撲(すもう)の初日の前日に、太鼓を打ち鳴らし番組を触れながら市中を回り歩くこと。

ふれだし【触(れ)出し】　触れを出すこと。

プレタ　ポルテ　高級既製服。▽フランス prêt-à-porter

ぶれつ【武烈】　勇ましい手柄。軍事上の功績。「信玄の―を伝える」

フレックスタイム　総労働時間だけを決めて、出退勤の時刻は労働者の自由に任せる制度。自由勤務時間制。▽flextime

プレッシャー　外から加わる(精神的な)圧力。「―がかかってストレスが増す」「背後に―グループ(＝圧力団体)が控える」「相手チームに―をかける」「―に弱い」▽pressure

フレッシュ『ダナ』新鮮なさま。「―な感じ」▽fresh　派生 **-さ**　**―マン**　新人。新入生。▽freshman

プレッシング『名・ス他』湿り気を与えてアイロンをかけ、布地のしわをのばし仕上げをすること。プレス。▽pressing

プレハブ　工場で部品を生産し、現地で組み立てる建築の方法。「―住宅」▽prefab

プレパラート　顕微鏡観察のため二枚のガラスに挟んだ、生物や鉱物の標本。▽ドイツ Präparat

プレパレーション　小児科の手術や治療に先立って、患者である子供に、画像や人形などを使って分かりよい説明をし(練習もさせ)、安心して臨める心構えに導くこと。▽preparation

プレビュー『名・ス他』①コンピュータで出力などの前に、結果や全体像を画面に表示すること。「―画面」②映画・演劇の公開に先立つ試写・試演。「スニーク―」(監督・題名などを伏せた覆面試写会)▽preview(＝事前に見ること)

ふれまわ-る【触れ回る】『五自』①触れを伝えて歩く。②転じて、方々言い触らして歩く。「うわさを―」

プレミアム　①手に入れにくい切符などを人に売りつける場合などの、手数料・権利金。また、売買する際の、本来の価格に上乗せされる割増し金。②取引で、有価証券の額面とそれ以上の売買価格との差。打歩(うちぶ)。▽「プレミア」とも言う。premium

プレリュード　前奏曲。▽prelude

ふ-れる【振れる】『下一自』振った状態になる。㋐揺れ動く。「メーターの針が―」㋑ある方向から片寄る。「針路が少し西に―れている」

ふ-れる【触れる】①『下一自他』体や物が他に軽く(ちょっと)つく。体や物を他に軽く(ちょっと)つける。「指先が―」「指先で―」「手を机に―」「枝が電線に―」「外気に―」「肌を―」(肉体関係を結ぶ)▽「指先で―」は意図的な場合を言い、「指先が―」は意図の有無にかかわらず状態を言う。②『下一自』関係を持つ(に至る)。㋐感覚器官で感じる。「目に―」「耳に―」㋑その時期・事情に当たる。「折に―れて訪れる」「事に―れて意中を示す」㋒(事のついでに)言い及ぶ。「その問題に―れておく」㋓接する機会を得る。「すぐれた音楽に―」「学問的雰囲気に―」㋔規則・おきてに反する。「法に―」▽㋕の転。㋕その力の影響を受ける。「雷に―」「電気に―」「怒りに―」(怒りをこうむる)③『下一他』広く一般に告げ報(しら)せる。「人の失策をあちこち―れ(て)歩く」

ふ-れる【狂れる】『下一自』《「気が―」の形で》くるう。▽「振れる」からか「触れる」からか不明。

ぶ-れる『下一自』①振動する。「ハンドルが―」②正常な位置からずれ動く。特に写真で、うつす瞬間にカメラが動く。「体が前に―」「映像が―」③考えや態度などが定まらずにずれたりゆれたりする。「意見が―」▽「振れる」の転。「ぶらす」(他動詞)は俗な言い方。

ふれんぞくせん【不連続線】　不連続面(＝大気中で、気温・気圧などが急激に変化している境の面)が地表面と交わる線。▽不連続線の多くは前線。

フレンチ　トースト　薄切りのパンを、卵・牛乳・砂糖を混ぜた液に浸し、バターで焼いたもの。▽French toast

フレンチ　ドレッシング　酢と油に香辛料を混ぜた、サラダ用のドレッシング。▽French dressing

フレンド　友人。「ボーイ―」▽friend

ブレンド『名・ス他』コーヒー・酒・茶・タバコなどで、味や香りの特徴を出すために、幾つかの種類を混ぜること。「―コーヒー」▽blend

フレンドリー『ダナ』友好的なさま。親しみやすいさま。「―な人」「―な雰囲気」▽friendly　派生 **-さ**

ふろ【風呂】①湯にはいって温まったり、体を洗ったりする(設備のある)場所。そのための湯。ゆぶね。「―に入る」②銭湯。「―に行く」「―屋」　**―あがり【―上(が)り】**→ゆあがり。　**―おけ【―×桶】**浴槽。湯船。　**―がま【―釜】**燃料を燃やして風呂の湯をわかす装置。 **―しき【―敷】** 物を包んで持ち運ぶための、四角い布。「衣類を―に包む」「―包み」「大―を広げる」(ほらを吹く) ▽もと、湯殿に敷いて、衣類を包んだり足をふいたりした布。 **―ば【―場】** 入浴のために設けた(屋内の)場所。 **―ふき【―吹き】** 大根・蕪(かぶ)を輪切りにしてゆで、ねりみそを塗って食べる料理。

ふろ【風炉】 茶の湯の席で湯をわかすのに使う炉。ふちの一方から風が入るようにしてある。

プロ 「プログラム」「プロダクション」「プロパガンダ」「プロフェッショナル」「プロレタリア」「プロセント」の略。

フロア 床(ゆか)。「―スタンド」。階。「衣料品の―」 ▽floor

ブロイラー 食肉用に品種改良したにわとり。▽broiler 元来は肉をあぶり焼きにするための料理用具。

ふろう【不労】 労働をしないこと。「―所得」(労働の結果でなく得た、金利などの所得)

ふろう【不老】 永久に老いないこと。「―不死」「―長寿」

ふろう【浮浪】『名・ス自』定まった住所や職などを持たず、方々をうろつくこと。「―者」

フロー ①流れ。特に、作業の手順を追った工程。②経済で、一定期間内に流動する金・商品などの量。↔ストック。▽flow **―チャート** ↓ながれず。▽flow chart

ブロー ①『名・ス他』髪の毛を、ドライヤーで風を当てながら整えること。②『名』ボクシングで、強打。「ボディー―」 ▽blow

ブローカー 仲買人。▽broker

ブローチ 洋服の襟・胸などにピンでとめる小型の服飾用品。えりどめ。▽brooch

フロート ①浮かぶもの。浮き。浮標。「メガー―」(巨大人工浮島) ②水上飛行機の下部に付いている浮舟。③アイス クリームを浮かせた飲物。「コーヒー―」 ▽float

ブロード 上等な紡毛糸を用い、平織りまたはあや織りとしたウールの布地。柔らかくて薄い。コートなどに用いる。また、綿ポプリンの柔らかい布地。ワイシャツなどに用いる。▽broadcloth から。

ブロードバンド 「ブロードバンド ネットワーク」の略。高速で大容量の情報が送受信できる通信網。ケーブル テレビの回線や光ファイバーなどを利用する。広帯域通信網。▽broadband(＝広帯域の)

ブローニング アメリカ人 Browning の発明した自動式ピストル。

フローリング 木質系の床仕上げ材(を張った床)。▽flooring

ふろく【不△陸】『名ナノ』ふぞろい。全体が平らでないさま。▽→ろく(2)。既に古風。

ふろく【付録・附録】 ①『名・ス他』本文に(補足の目的で)つけ足して書いたもの。それをつけること。②『名』雑誌の本誌に添えた冊子など。おまけ。

ブログ ウェブ サイトの一種。ホーム ページが簡単に作れるシステムで、日記公開や他からの意見の交流に使う。▽weblog(＝ウェブ上の記録)から。blog

プログラマー コンピュータのプログラムを作る(職業の)人。▽programmer

プログラミング『名・ス自他』計画の立案(をすること)。特に、コンピュータのプログラムを作る仕事(をすること)。▽programming

プログラム 物事を行う手順のもくろみ。㋐『名』予定の計画表。㋑『名』催物などの実行計画。その予定・順序・番組・配役などを書いた紙・小冊子。プロ。㋒『名・ス他』コンピュータによる処理法を具体的に計算機向きに指示した表現(を作成すること)。▽program(me)

プロジェクター 映画などのフィルムに当てた光を拡大してスクリーンに投影し、映像を表示する装置。映写機。「オーバーヘッド―」(→オーエイチピー)「液晶―」(液晶パネル上に電子的に描いた映像をスクリーンに投影する装置) ▽projector

プロジェクト 研究課題。計画。「―チーム」 ▽project

プロセス ①過程。工程。方法。②写真製版術による(多色刷りのものの)製版。「―平版」 ▽process **―チーズ** ナチュラル チーズに乳化剤を加えて加熱・再加工したもの。▽processed cheese から。

プロセント ↓パーセント。▽オランダ procent

プロダクション ①生産。「マス―」 ②映画・放送・演芸・出版などの製作(所)。プロ。「芸能―」 ▽production

フロック ①「フロック コート」の略。男子の洋装通常礼服。上着はダブルで長さはひざまで。上着とチョッキとは黒ラシャ、ズボンは縞(しま)。▽frock coat から。②まぐれあたり。まぐれで成功すること。▽fluke

ブロック ①『名』政治や経済の共通利害をもつ団体や国家間の団結。「―経済」 ▽フランス・イギリス bloc ②『名』一かたまりのもの。㋐四角な石材。またはコンクリートのかたまり。「―建築」(石・コンクリートのかたまりなどをモルタルで接合しながら積み重ねて壁の部分を作る方式の建築) ㋑何種類かの部品を組み合わせて、さまざまな形を作って遊ぶおもちゃ。㋒市街地の一区画。③『名・ス他』主にスポーツで、妨害・阻止(すること)。「スパイクを―する」 ▽(2)(3)は block

ブロッコリー 球状にかたまってできる緑色のつぼみを太い茎ごと食用とする野菜。▽broccoli

プロット ①『名』物語の筋。しくみ。②『名・ス他』観測値などを点でグラフに描き入れること。▽plot

フロッピー 「フロッピー ディスク」の略。コンピュータやワープロの補助記憶媒体にし、磁気で書き込み・読み取りのできる、小型で薄い円盤。▽floppy(＝ぺこぺこな)

プロテクター 危険から身を守る防具・保護装置。野球

の胸当て等。▽protector

プロテクト『名・ス他』①保護すること。②特に、電子データのコピー・改変・消去などを防止すること。「コピーーをかける」▽protect

プロテスタント キリスト教の、カトリック教会に反抗し宗教改革を行ってできた一派。新教。その教徒。▽Protestant

プロデューサー 製作者。特に、ラジオ・テレビの番組製作者。映画の製作者。▽producer

プロデュース『名・ス他』①映画・テレビ番組・イベントなどを企画・製作すること。「新作をーする」②催し・店・料理・人などの魅力を増すために趣向をこらすこと。「有名人ーの弁当」「人生をーする」▽produce

プロトコル ①(外交上の)儀礼、典礼。②(条約の)原案。議定書。③コンピュータ システムで、データ通信を行うための規約。情報フォーマット、交信手順を定める。▽protocol

プロトタイプ 原型。㋐後での改良を見込んで、その仕事をする大筋として作る最初の模型。「財務管理プログラムのー」㋑動植物の形態の理論模型として考える古型。▽prototype

プロトン〔物理〕陽子。▽proton

プロパー ①《多く、接尾語的に》本来的にその分野や職場に属していること。「社会学ーの課題」「ー社員」▽proper ②病院に自社の医薬品を売りこむ医薬情報担当者(MR)の旧称。▽⑵は日本での用法。

プロバイダ インターネットへの接続サービスを提供する事業者。インターネット プロバイダ。▽provider

プロパガンダ 宣伝。特に、特定の主義・思想についての(政治的な)宣伝。▽propaganda

プロバビリティー 確からしさ。確率。▽probability

プロパン メタン系の炭化水素。燃料に使う。プロパンガス。▽ドイツ Propan

プロファイリング 過去の犯罪事件にかかわる諸種のデータベースを活用して、新たな事件の犯人の型・特色を割り出す方法。▽profiling

プロフィール ①横顔(の像)。側面像。②人物評。人物紹介。「新人のー」▽「プロフィル」とも言う。profile

プロフェッショナル『名ナ』本職とすること。職業的。プロ。↔アマチュア。▽professional

プロペラ 航空機や船を推進させるための、回転羽根。推進器。▽propeller

プロポーション ①割合。比例。②(からだの)均整。調和。釣合い。「抜群のー」▽proportion

プロポーズ『名・ス自』申し込むこと。特に、結婚の申入れをすること。▽propose

ブロマイド 俳優・運動選手などの(余り大型でない)肖像写真。▽bromide(＝臭化物を塗った印画紙) 第二次大戦後しばらくまでは「プロマイド」と言った。

プロミネンス ①太陽のコロナの中に深紅色の炎状に見えるもの。紅炎。②〔言語〕文中の語句を強く発音するなどして際立たせること。卓立。▽prominence

プロムナード 遊歩(場)。散歩(道)。▽フランス promenade

プロモーション『名・ス自』販売などを促進・奨励すること。特に、そのために行う宣伝。「ービデオ」▽promotion

プロモーター 発起人。興行師。世話人。▽promoter

プロレス「プロフェッショナル レスリング」の略。興行・職業としてのレスリング。▽professional wrestling から。

プロレタリア プロレタリアートの一員である人。労働者。無産者。俗に、貧乏人。↔ブルジョア。▽ドイツ Proletarier **ーかくめい【ー革命】** 資本主義社会での資本家階級の権力を倒し、労働者階級の権力による社会主義社会を築こうとする革命。

プロレタリアート 資本主義社会で、生産手段を持たず、生活のために自分の労働力を売って賃金を得る階級。労働者階級。無産階級。↔ブルジョアジー。▽ドイツ Proletariat ロシア proletariat

プロローグ ①作品の意図などを暗示する前置きの部分。序詩・序幕・序章・序曲など。②比喩的に、事件の発端(ほったん)。▽↔エピローグ。prologue

フロン 炭化水素の水素を弗素(ふっそ)や塩素で置換した化合物の総称。冷媒・噴霧剤・洗浄剤などに使われる。フルオロカーボン。「ーガス」▽オゾン層を破壊するとして、一部(特定フロン)は生産停止。flon(＝fluorocarbon の日本での通称)

ブロンズ 青銅。また、それでつくった像。銅像。▽bronze

フロンティア 国境地方。辺境。特に、アメリカの開拓史で、開拓された地域の最前線。「ースピリット」(開拓者精神) ▽frontier

フロント ①正面。前面。「ーガラス」②ホテルなどの正面玄関にある帳場。「ー係」③プロ野球で、球団の経営陣・首脳陣。▽front

ブロンド 金髪。その女性。▽blond(e)

プロンプター 演技中の俳優にかげでせりふを教える役。後見。▽prompter

プロンプト 動作をするよう促すもの。「コマンドー」(コンピュータの端末に表示する、コマンドが入力できる状態であることを示す記号) ▽prompt

ふわ【不和】『名ナ』仲が悪いこと。「家庭のー」

ふわく【不惑】(数え年)四十歳のこと。▽論語の「四十にして惑わず」による。

ふわけ【×腑分(け)】『名・ス他』解剖(すること)の旧称。

ぶわけ【部分け】『名・ス他』部類わけ(すること)。

ふわたり【不渡(り)】 手形・小切手の所持人が、手続きをしたにもかかわらず、支払人の持ち金不足で支払いが拒絶されること。「ー手形」「ーを出す」(発行した手形・小切手が不渡りになる)

ふわっと『副・ス自』①柔らかくふくらんでいるさ

ま。「卵白を―泡立てる」②→ふわり

ふわふわ(ふはふは)『副［と］・ノダ・ス自』①軽くただよう、または揺れるさま。「―(と)空に浮く」②心や行動が軽々しくて落ち着かないさま。「―(と)した気分」③柔らかくふくらんでいるさま。「―の布団」

ふわらいどう【付和雷同・附和雷同】『名・ス自』自分にしっかりした考えがなく、むやみに他人の意見に同調すること。

ふわり(ふはり)『副と』①軽やかに浮いたり、降りたり、揺れたりするさま。「カーテンが風で―と揺れる」②柔らかい物をそっとかぶせるさま。「毛布を―と掛ける」③空気をはらんで柔らかくふくらんでいるさま。ふんわり。「―とした白い服の赤坊」(宮本百合子「道標」)

ふん【分】①時間の単位。六十分で一時間。②角度の単位。六十分で一度。③尺貫法の重さの単位。一匁(もんめ)の十分の一。▽→ぶん〔分〕

ふん【×糞】動物が排出する、食物のかす。くそ。大便。

ふん『感』①軽くうなずき承知する時の声。「―、分かった」「―、知ってる」②軽くあしらったり侮ったりして、鼻で笑う時の声。「―と一瞥(べつ)をくれた」③(顔をそむけながら)相手を否定したり、相手に怒ったりする時に鼻から出す声。「―とそっぽを向いた」「―、こんなもの」④気合いとともに鼻から出す声。「―と力を入れた」

ふん〔*粉〕 フン こな こ ―①こな。こ。「粉末・粉状・粉乳・粉食・花粉・受粉・胡粉(ごふん)・澱粉(でんぷん)・製粉・金粉・銀粉・魚粉」②こなごなに砕く。こなす。「粉砕・粉骨砕身」③おしろい。また、しろいものをぬる。「白粉・脂粉」④かざる。「粉飾」

ふん〔紛〕 フン まぎれる まぎらす まぎらわす まぎらわしい ―①入りみだれる。もつれる。ごたごた。「紛乱・紛争・紛擾(ふんじょう)・紛議・紛糾・内紛・繽紛(ひんぷん)」②入りみだれて区別がつかなくなる。まぎれる。「紛失」

ふん〔雰〕 フン ―きり。もや。大気。空気。「雰囲気」

ふん〔噴〕 フン ふく はく ―満ちあふれてはき出す。いきおいよくふき出す。「噴出・噴射・噴気・噴水・噴火・噴煙・噴飯・自噴・噴霧器」

ふん〔墳〕 フン ―土を高く盛った墓場。「墳墓・古墳・前方後円墳」

ふん〔憤〕 フン いきどおる ―①不平・いかりをいだく。いきどおる。いきどおり。「憤怒(ふんぬ)・憤然・憤慨・憤激・憤懣(ふんまん)・憤死・悲憤・感憤・公憤・私憤・義憤・鬱憤・痛憤・余憤」②激する。ふるいたつ。「発憤」

ふん〔*奮〕 フン ふるう ―ふるいたつ。元気を出す。気をはげます。「奮然・奮発・奮闘・奮進・奮迅・奮起・奮戦・奮励・奮激・発奮・興奮・感奮」

ふん〔分〕→ぶん〔分〕⑵㋒

ぶん＝ →ぶっ＝

ぶん〔*分〕 ブン フン ブ わかれる わかる わける わかつ ―①別々にしてくぎりをつける。また、くぎりがつく。㋐間をあける。しきりをする。離す。離れ離れになる。割る。「分割・分裂・分解・分析・分散・分布・分野・分類・分属・分業・分担・分配・分納・分子・分数・等分・按分(あんぶん)・細分・区分・処分・配分・四分五裂・春分・秋分」㋑区別を立てる。見分ける。「分別(ふんべつ)・分明(ふんみょう)・検分」㋒主なものからわけて出した、またはわかれ出たこと。「分身・分家・分流・分工場」②ある単位より更に細かく分けた値を表す時に添える語。▽次の㋐㋑と㋓とは「ブ」と読み、㋒は「フン」と読む。㋐一般には、着目物の十分の一を単位で表す意。「五分五分・七分三分・四分六」。割(＝十分の一)を使う時には、その十分の一。「打率二割八分三厘」㋑着目量の十分の一。(i)尺貫法の長さで寸(＝約三センチ)の十分の一。「九寸五分(くすんごぶ)」(ii)足袋の大きさで一文(いちもん)＝二・四センチ)の十分の一。「十文三分(ともんさんぶ)」▽昔の文銭の直径に由来。(iii)温度で度の十分の一。「七度二分」(iv)尺貫法の重さで匁(もんめ)＝三・七五グラム)の十分の一。「四匁七分・分銅」㋒着目量の六十分の一。(i)一時間の六十分の一。「五分間・時分」。また、わずかな時間。「分陰」(ii)角度で一度の六十分の一。「東経百三十八度六分」㋓昔の貨幣で両の四分の一。「七両二分・一分金」③全体から分けて考えられるもの。「自分・領分」㋐『名・造』部分。「ふえた分は貯金する」「増加分・微分」㋑物質の成分。「糖分・水分・養分」④分けて割り振られたもの。「天分・性分(しょうぶん)」㋐『名・造』割当て。分け前。「取り分」㋑『名・造』自分がなすべき務め。「分をつくす」「職分・本分・名分」㋒『名・造』それが全体の中で占めている位置。地位。「分に応じて」「分に安んじる」「分際(ぶんざい)・分限(ぶげん)・身分・応分・過分・士分・大義名分」㋓分量。「三人分の食料」「一年分の収入」「その分だけ不便」⑤そうある状態。「気分」。特に、そう見立てた関係。「親分・子分・兄弟分・兄貴分」⑥『名・造』何かに対して占める分量。「ブ」と読む。㋐割合。「分どまり」「分が悪い」「分がある」㋑厚みの程度。「分(が)厚い」⑦『名』その物事がそうある様子・程度。それだけの事。そのかぎり。「この分ならもう心配はいらない」「話す分にはさしつかえない」▽→ぶ〔分〕

ぶん〔*文〕 ブン モン ふみ あや ―①㋐もじ。書体。「文字(もんじ)・文盲(もんもう)・説文(せつもん)・籀文(ちゅうぶん)」㋑『名・造』書いた言葉。文章。文芸作品。「文を練る」「文は人なり」「詩文・文言(もんごん)・文学・文芸・文筆・文人・文士・文具・文通・文集(ぶんしゅう・もんじゅう)・文意・主文・本文(ほんもん・ほんぶん)・成文・散文・国文・和文・漢文・英文・作文・名文・前文・序文・空文・死文・売文・経文(きょうもん)・祭文(さいもん)・願文(がんもん)・誓文(せいもん)・起請文(きしょうもん)・金石文・不文律」㋒『名・造』文法で、ある思想内容を表す、完結した形式を備えた、一続きの語のまとまり。センテンス。「文の構造」「単文・複文・疑問文・文節」㊀書物や記録。「文庫・文書(ぶんしょ・もんじょ)・文献・逸文・注文(ちゅうもん)」②あやもよう。㋐物の表面に描いたり織り出したり現れたりした形・しま目など。「文身(ぶんしん・いれずみ)・文様(もんよう)・斑文(はんもん)・縄文・渦状文・天文(てんもん)」㋑うわべの飾り。花やかさ。美しい外観。「文質・文飾」③学問・芸術の方面。武力・腕力を使わず、人知など精神の働きによって生み出したもの。↕武。「文事・文華・文明・文教・人文(じんぶん・じんもん)」④「モン」と読む。→もん(文)。⑤(以前の)「文部省」の略。「文相(ぶんしょう)」

ぶん【＊聞】ブン モン きく きこえる ①声や音が耳にはいる。きこえる。きく。ききしる。「聞知・見聞(けんぶん・けんもん)・伝聞・他聞・外聞・側聞・寡聞・内聞・百聞・風聞」。以下「モン」と読む。「聴聞・声聞(しょうもん)・相聞歌・如是我聞(にょぜがもん)・前代未聞」▽「聴」との違いは、→ちょう〖聴〗⑴。②きくところ。きこえる内容。名高い評判。ほまれ。うわさ。「上聞・名聞(めいぶん・みょうもん)・旧聞・醜聞・新聞・異聞・艶聞・余聞」

ぶんあん【文案】文書の下書き。文章の草案。「―を練る」「広告―」

ぶんい【文意】文(章)で表そうとしている意味。「―が通らない」

ふんいき【雰囲気】その場を満たしている一般的な気分・空気。「職場の―」▽もと、地球を取り巻いている空気のこと。

ふんいん【分陰】ごく少しの時間。寸陰。「―を惜しむ」

ぶんうん【文運】文化・文明が進歩して行く成行き。学問が盛んな様子。「―が衰える」「―隆盛」

ふんえん【噴煙】(火山などの)ふき出す煙。

ぶんえん【分煙】喫煙と禁煙の場所や時間帯を区分すること。

ぶんえん【文×苑・文園】詩文(を作る人々)の世界。▽既に古風。

ふんか【噴火】『名・ス自』火山が、活動して溶岩・火山灰・水蒸気などをふき出すこと。 **―こう**【―口】火山の噴火する口。火口。 **―ざん**【―山】噴火する山。活火山。

ぶんか【分化】『名・ス自』等質・単純なものが異質・複雑なものに分かれていくこと。

ぶんか ①【分科】専門や学科ごとに分けること。その科別。「―会」②【分課】仕事を分担させるため、幾つかの課に分けること。その課別。「―規程」

ぶんか【文科】①数学・自然科学系統以外の基礎教科。それを主として学ぶ課程。②文学部。文学科。▽↕理科

ぶんか【文化】①世の中が開けて生活水準が高まっている状態。文明開化。「―生活」②人類の理想を実現して行く、精神の活動。技術を通して自然を人間の生活目的に役立てて行く過程で形作られた、生活様式およびそれに関する表現。 **―いさん**【―遺産】現在まで伝わって来た古い文化財。 **―えいが**【―映画】劇映画に対し、教育・科学研究のために作った映画。 **―かがく**【―科学】研究対象の個別性という点に重点を置いて研究する科学。▽歴史学・文学等、文化を対象とする科学は、一般法則性を重んじる自然科学と根本的に異なるという主張による呼び名。 **―くんしょう**【―勲章】科学・芸術など文化の上で特に力を尽くし国家に功労のあった人に与えられる日本の勲章。一九三七年制定。 **―さい**【―祭】学校や自治体で、作品発表・演劇・演奏などを行う文化的な催し。 **―ざい**【―財】文化によって生み出されたもの。学問・芸術など。特に、文化財保護法の対象とされるもの(有形文化財、無形文化財、民俗文化財、記念物、文化的景観、伝統的建造物群の六種)。 **―てき**【―的】『ダナ』①文化の観点から見たさま。「―考察」②文化を取り入れているさま。「―な生活」

ぶんが【文雅】『名ナノ』文事に関する、風雅の道。みやび。また、みやびやかなさま。

ふんがい【憤慨】『名・ス自他』ひどく腹を立てること。(けしからぬ事に対して)いきどおりなげくこと。

ぶんかい【分会】本部の管理のもとにあり、その会の一部となっている会。

ぶんかい【分界】分けた境目。区切り。

ぶんかい【分解】『名・ス自他』①一つのものが、それを形作っている個々の要素的なものに分かれること。また、そのように分けること。「貿易赤字の要因を、価格、数量の二つの要因に―する」②化合物が二種以上の物質に分かれること。その化学変化。「酢酸が二酸化炭素と水に―される」

ぶんがい【分外】『名ナノ』身分や限度を越えていること。「―の望み」

ぶんがく【文学】①言語によって表現される芸術作品。文芸。「―愛好家」②文学⑴を研究する学問。「―専攻」 **―しゃ**【―者】①詩人・作家・文芸評論家の類。②文学⑴を研究する人。

ぶんかつ【分割】『名・ス他』①幾つかに分けること。分けて別々にすること。「―払い」②数学で、考察する集合を分けて、その部分集合のどの二つも重なり合わない(共通の元が無い)ようにすること。

ぶんかつ【分轄】『名・ス他』区分して管轄すること。

ぶんかん【分館】本館から分けて設けられた建物。

ぶんかん【文官】武官以外の官吏。

ふんき【噴気】(火山などが)ガスや蒸気をふきだすこと。そのガスや蒸気。「―孔」

ふんき【奮起】『名・ス自』さあやるぞとの決意で心が奮い立つこと。「―一番」「―をうながす」

ふんぎ【紛議】『名・ス自』議論がもつれること。もつれた議論

ぶんき【分岐】『名・ス自』(行く先の方向が)わかれること。 **―てん**【―点】道などがわかれる地点。わかれめ。「鉄道の―」「人生の―」

ふんきゅう【紛糾】『名・ス自』面倒な対立が起こって物事がうまくまとまらず、もつれる、また、もめるこ

と。「議論が—する」
ぶんきょう【文教】 学問・教育によって教化すること。それに関する行政面のこと。「—政策」「—地区」
ぶんぎょう【分業】《名・ス自他》一まとまりの仕事を、手分けして行うこと。㋐仕事を分けて受け持つこと。「医薬—」㋑生産の全工程を幾つかの段階に分け、それぞれを違う人が分担して遂行すること。また、そういう仕組み。
ぶんぎょう【文業】 文筆でしとげる業績。「多年の—を結集する」
ぶんきょうじょう【分教場】 もと、小・中学校などの分校の中で、特に小規模のものの称。▽現在は区別せずに「分校」と言う。
ぶんきょくか【分極化】《名・ス自》対立する二つの面や立場に分かれていくこと。
ふんぎり【踏ん切り】 思いきって決心すること。「—がつかない」▽「ふみきり」の音便。
ぶんきん【文金】「文金(高)島田」の略。根を高くした島田まげ。高尚で優美。婚礼の時などに結う。
ぶんぐ【文具】 文房具。「—店」
ぶんけ【分家】《名・ス自》家族の一部が今まで属していた家から分かれて別に一家を立てること。その設立した家。新宅。新家。↔本家
ふんけい【×焚刑】 →ひあぶり
ふんけい【×刎×頸】『—の交わり』首を切られても悔いないほどの、生死を共にする(男の)親しい交際。
ぶんけい【文系】 文科の系統。文科系。↔理系
ぶんけい【文型】 文(1)㋒の型。▽sentence pattern の訳語。
ぶんげい【文芸】 ①言語によって表現される芸術。「—作品」「大衆—」②学問と芸術。芸文。「—復興」 **—えいが【—映画】** 文芸作品を映画化したもの。 **—がく【—学】** 文芸作品・文芸活動を、客観的方法によって体系的に研究する学問。 **—ふっこう【—復興】** ↓ルネッサンス

ふんげき【憤激】《名・ス自》激しくいきどおること。怒りを爆発させること。激憤。
ぶんげつ【分×蘖】《名・ス自》稲・麦などで、根のきわの茎が枝わかれすること。▽「ぶんけつ」とも言う。
ぶんけん【分権】 権力・権限を一か所にまとめて置かず、他に分けること。↔集権。「地方—」
ぶんけん【分遣】《名・ス他》本隊などから分けて派遣すること。「—隊」
ぶんけん【文献】 筆録または印刷されたもの。書物や文書。「参考—」▽もと、書き伝え(=文)および言い伝え(=献)の意。 **—がく【—学】** 文献として残る言語資料の解釈と批判とによって、(古い)文化を研究する学問。狭義には、その基礎的部門である文献の成立、本文の原形の復原、解釈などの研究。
ぶんげん【分限】 ①身分。身のほど。「—をわきまえる」「—を越えてはならない」②公務員の法律上の地位・資格。「—処分としての休職」③財力があること。金持ち。「ひとかどの—者」 **—めんしょく【—免職】** 公務員の身分を取り上げること。責任を問わずに公務員を解雇すること。
ぶんこ【文庫】 ①㋐書物を入れておく、くら。㋑転じて、あるまとまった蔵書。コレクション。▽㋐から、「〇〇—」を固有名とする図書館もある。②雑品を入れておく手箱。「手—」③一連の叢書(そうしょ)。④普及用の小型廉価本。「岩波—」「—判」(本の大きさの一つ。A6判)
ぶんご【文語】 ①文章だけに用いる特別の言語。平安時代の文法を基礎として発達した。↔口語。「—文法」②文字で書かれた言語。書き言葉。 **—たい【—体】** 文語(1)でつづった文章の体。↔口語体。 **—ぶん【—文】** 文語体で書いた文章。和文・和漢混淆(こんこう)文・漢文書き下し文・候文(そうろうぶん)など。↔口語文
ふんごう【×吻合】 ①《名・ス自》ぴったり合うこと。②《名・ス他》血管・腸など、管状の器官を手術で接合すること。
ぶんこう【分光】《名・ス他》光をスペクトルに分けること。「—器」
ぶんこう【分校】 本校から遠い所に住む生徒・児童を収容するために、本校から離れた所に設けた学校。
ぶんこう【聞香】 香をかぎわけること。もんこう。
ぶんごう【分合】《名・ス他》あるものから分けて他にあわせること。「集散—を重ねる」
ぶんごう【文豪】 非常にすぐれた文芸家。
ぶんこつ【分骨】《名・ス他》なくなった人の遺骨を二か所以上にわけて葬ること。
ふんこつさいしん【粉骨砕身】《名・ス自》(骨を粉にし身を砕いて)力の限りを尽くすこと。
ふんさい【粉砕】《名・ス他》①粉状に細かく砕くこと。「—機」②(敵を)徹底的に打ち破ること。
ふんざい【粉剤】 こな状の薬剤。
ぶんさい【文才】 文章を書く才能。「—に恵まれる」
ぶんざい【分際】 社会における(それほど高くない)身分・地位。身のほど。「学生の—でなまいきだ」「—を知れ」
ぶんさつ【分冊】《名・ス他》一つの書物を、何冊かに分けること。また、その分けた一冊一冊。
ぶんさん【分散】 ばらばらに分かれること。散っていること。ちらばり。㋐《名・ス自他》〔物理〕光や音などの波動が屈折率の異なる波長に分解すること。その現象。㋑《名》〔統計〕ある一群の数値において、その(算術)平均値とそれぞれの数値との差の二乗に対する(算術)平均値。▽variance の訳語。
ふんし【憤死】《名・ス自》①憤慨しながら死ぬこと。②野球で、惜しいところでアウトになること。「本塁寸前で—」
ぶんし【分子】 ①〔化学〕物質の化学的性質を失わない範囲で、物質を分割しうる最小単位。幾つかの原子の集合体。②集団の中の一員。「不穏—」③〔数学〕分数または分数式の、横線の上部に書く数また

ふ

は式。↕分母。　―しき【―式】元素記号を用いて分子の組成を表す式。　―せいぶつがく【―生物学】生命現象を、生体を構成する高分子物質の構造と機能とから解明しようとする生物学の一部門。　―りょう【―量】分子の相対的な質量。分子一モルの質量をグラム単位で表した数。▽↓げんしりょう

ぶんし【文士】文筆を業とする人。「三文(さんもん)―」▽普通、小説家を指す。

ぶんじ【文事】詩文・学問・芸術などの方面の事柄。↕武事

ぶんじ【文治】↓ぶんち(文治)

ぶんじ【文辞】文章の言葉。

ふんしつ【紛失】《名・ス自他》物がまぎれて、なくなること、または、なくすこと。「通帳の印鑑を―してしまった」

ぶんしつ【分室】事務室・研究室などの機能の一部を別の所に分けて設けた室。

ふんじばる【ふん縛る】《五他》〔俗〕(人を)強くしばる。

ふんしゃ【噴射】《名・ス他》筒口から、流体を圧力で連続的に激しく噴出させること。ジェット。

ぶんしゃ【分社】神霊を本社から分けてまつった神社。

ぶんじゃく【文弱】《名ナノ》文事にふけって弱々しいこと。「―の徒」「―に流れる」

ぶんしゅう【文集】文章、特に作文・詩・歌などの作品を集めたもの。「卒業―」

ぶんしゅく【分宿】《名・ス自》一団の人があちこちに分かれて、宿をとること。

ふんしゅつ【噴出】《名・ス自他》強く吹き出ること。または吹きだすこと。「批判が―する」「不満の―」

ぶんしゅつ【分出】《名・ス自》おおもとであるものから分かれて出ること。

ふんしょ【×焚書】書物を焼き捨てること。　―こうじゅ【―坑儒】古代中国の秦(しん)の始皇帝が、書物を集めて焼き捨て、儒者を大勢穴埋めにして殺したこと。

ぶんしょ【文書】文字によって、人の意思を書き記したもの。書きもの。もんじょ。「―作成」

ふんじょう【紛×擾】《名・ス自》争いなどで、もめること。ごたごた。

ぶんしょう【分掌】《名・ス他》(仕事を)手分けして受け持つこと。「事務―」

ぶんしょう【文章】①幾つかの文を連ねて、まとまった思想を表現したもの。特に、それを文字によって表現したもの。②詩に対して、散文のこと。　―ほう【―法】①文章のつくり方。②文法で、文の構成に関する法則。シンタックス。文章論。▽(2)は今はあまり言わない。

ぶんしょう【文相】(以前の)文部大臣の略称。

ぶんじょう【分乗】《名・ス自》一団の人が別の乗物に分かれて乗ること。「三台のバスに―する」

ぶんじょう【分譲】《名・ス他》(土地・住宅などを)分けて売ること。「―地」

ふんしょく【粉食】《名・ス自》穀類を粉にし、パン・うどんなどにして(主食として)食べること。↕粒食

ふんしょく【粉飾】《名・ス他》りっぱに見せようとして、うわべを飾ること。不正などを隠すため、とりつくろうこと。「―決算」▽もと、べに・おしろいで化粧すること。

ぶんしょく【文飾】《名・ス他》①文章・語句を飾りたてること。「―を施す」②いろどり。かざり。

ふんしん【分針】時計の、分を示す針。長針。↕時針・秒針

ふんじん【奮迅】勢い激しくふるいたつこと。「獅子(し)―の勢い」

ふんじん【粉×塵】(石や金属が砕けてできる)粉のように細かいごみ。

ぶんしん【分身】①一つのものから分かれ出たもの。▽自分の子や、団体の分かれ等を指す。②〔仏〕一つの仏が、衆生(しゅじょう)を教え救うために種々の相で現れること。そのように現れたもの。▽(2)は「ふんじん」とも。

ぶんしん【文身】いれずみ。

ぶんじん【文人】文事を重んじ、風雅を好み詩文などに秀でる人。「―墨客(ぼっかく)」　―が【―画】文人が趣味で描いた絵。▽南画の系統に属する。

ふんすい【噴水】ふき出す水。また、水がふき出すようにした仕掛け。

ぶんすい【分水】《名・ス自》水の流れが分かれること。また、その分かれた水。「―路(ろ)」　―かい【―界】二つ以上の川の流れを分かつ境界。　―れい【―×嶺】①分水界をなしている山のみね。②比喩的に、物事の分かれ目。

ぶんすう【分数】整数を0でない整数で割った形で表した数。例、2/5。▽式を同じような姿に表したものは「分数式」と言う。

ふん-する【×扮する】《サ変自》よそおう。扮装する。特に演劇で、劇中人物の役をする。「弁慶に―」

ぶんせい【文勢】文章のいきおい。

ぶんせき【分析】《名・ス他》物事をいくつかの要素に分け、その要素・成分・構成などを細かい点まではっきりさせること。「情勢―」「データを―する」㋐化学で、物質の成分を検出すること。「定量―」「定性―」㋑哲学で、複雑な内容を(それを述べ表す言語の性質に基づいて)はっきりした要素に分解すること。　―てき【―的】《ダナ》分析の方法を使うさま。その方法で得られるさま。↕総合的

ぶんせき【文責】その文章についての責任。　―ざいきしゃ【―在記者】《連語》人の談話などを文章にまとめて発表する場合、文章上の責任はそれをまとめた者にあることを示す文句。▽「文責は記者に在り」の意。

ぶんせつ【分節】《名・ス他》つながった全体に幾つかのくぎりを入れること。また、そのくぎり。

ぶんせつ【文節】〔文法〕文を実際の言語として不自然

でない程度に区切った最小の単位。

ふんせん【噴泉】噴出する泉。

ふんせん【奮戦】《名・ス自》力をふるって戦うこと。

ふんぜん【奮然】《ト タル》奮い立つさま。「―として戦う」

ふんぜん【憤然】《ト タル》急に激しく怒るさま。「―として席を立つ」

ふんぜん【紛然】《ト タル》入り混じってごたごたしているさま。

ぶんせん【文選】《名・ス他》活版印刷の工程で、原稿を見ながら、それに合わせて活字を拾い集めること。その作業。「―工」▽「もんぜん」と読めば中国の有名な詩文集。

ブンゼンとう【ブンゼン灯】石炭ガスなどを燃やして簡単に高熱を得る仕掛け。▽ドイツの化学者 Bunsen が発明。

ふんそう【×扮装】《名・ス自》(俳優などが)化粧し、衣装をつけて、ある人物の身なりをよそおうこと。その姿。

ふんそう【紛争】《名・ス自》もつれて争うこと。もめごと。「国際―」

ぶんそう【文藻】①詩文をつくる才能。文才。②文章のあや。

ぶんそうおう【分相応】《名・ダナ》その人の能力・地位にちょうどふさわしいこと。「―の望み」「―に扱う」

ふんそく【分速】一分間当たりの移動距離で表した速さ。

ふんぞりかえ-る(…かへる)【ふんぞり返る】《五自》いばって体を後ろへそらしぎみにする。「―って座る」▽「踏み反(そ)り返る」から。

ぶんそん【分村】《名・ス自》村の者が集団的に移住して、新しく村をつくること。また、そのつくった村。

ふんたい【粉×黛】おしろいとまゆずみ。「―を施す」(化粧する)

ぶんたい【分隊】軍隊組織の構成単位の一つ。旧制の陸軍では最小の単位、海軍では陸軍の中隊に相当した。

ぶんたい【文体】①文章の様式。和文体、漢文体、あるいは書簡体など。②筆者の個性的特色が見られる、文章のスタイル。

ぶんだい【文台】低い小さな机。▽歌会や連歌(れんが)などの席で書物・短冊などを載せた。

ぶんだい【文題】文章や漢詩の題。

ふんだく-る《五他》〔俗〕乱暴に取り上げる。ひったくる。奪い取る。「高い代金を―られる」

ふんだりけったり【踏んだり蹴ったり】《ノダ》続けざまにひどい目にあわせること、また、あうこと。「―のしうちを受けた」

ふんたん【粉炭】こな状の石炭。

ふんだん《ダナ》有り余るほどたくさんあるさま。「―に使う」「―な軍資金」

ぶんたん【分担】《名・ス他》分け合って受け持つこと。「責任を―する」

ぶんたん【文旦】ザボンの一品種。ぼんたん。▽「文橙」とも書く。

ぶんだん【分団】本部から分かれて設けた団。

ぶんだん【分段】くぎり。きれめ。

ぶんだん【分断】《名・ス他》断ち切って別れ別れにすること。「組織を―する」

ぶんだん【文段】↓だんらく

ぶんだん【文壇】作家・批評家たちの社会。

ぶんち【分地】《名・ス自》(売却・相続などのため)土地を分けること。その分けた土地。

ぶんち【分置】《名・ス他》(物を)分けて置くこと。

ぶんち【文治】(武力を用いず)法令・教化などによって世を治めること。ぶんじ。↕武断

ぶんち【聞知】《名・ス他》聞いて知ること。聞き及んでいること。

ぶんちょう【文鳥】スズメよりすこし大きい小鳥。体は青灰色で、頭と尾とが黒い。全身白色のもある。嘴(くちばし)は淡紅色。観賞用。「手乗り―」▽かえでちょう科。

ぶんちん【文鎮】紙や書物が風などで翻ったり散ったりしないように、おもしとして載せる文房具。

ぶんつう【文通】《名・ス自》手紙をやりとりすること。「―が絶える」

ふんづかま-える(…づかまへる)【ふん捕まえる】《下一他》〔俗〕荒っぽくつかまえる。「いたずら小僧を―」

ふんづ-ける【踏んづける】《下一他》↓ふみつける

ふんづまり【×糞詰(ま)り】大便がとどこおって通じないこと。

ぶんてん【文典】文法を記述した本。文法書。

ふんど【憤怒・×忿怒】↓ふんぬ

ふんど【×糞土】きたない土。掃きだめの土。そのように、いやしむべきもの。

ぷんと《副・ス自》①怒って、ふくれた顔をするさま。「何か言うと、すぐ、―して」(太宰治「新ハムレット」)②急に強いにおいを感じるさま。「入口から―石炭酸の香がした」(有島武郎「カインの末裔」)

ふんとう【奮闘】《名・ス自》勇気をふるって戦うこと。奮戦。「孤軍―」。力の限り立ち向かうこと。「―努力」

ふんどう【分銅】はかりで目方を測るとき、重さを比較する基準とする、真鍮(しんちゅう)製などのおもり。

ぶんとう【文頭】文や文章の始めのところ。↕文末

ぶんどき【分度器】角度を測るための器具。

ふんどし【×褌・〈犢鼻褌〉】①男性の陰部を覆うための細長い布。「―を締めてかかる」(かたく決意し油断なく着手する)「ひとの―で相撲(すもう)をとる」(他人のものをうまく使って自分の事をする)②カニの腹の、甲に続く細長い所。

ふんどしかつぎ【×褌担ぎ】①関取(せきとり)の褌(まわし)をかついで従者として歩くような、下位の力士。②転じて一般に、下っぱの者。

ふ

ぶんど‐る【分捕る】《五他》①他人の物を奪い取る。▽⑵の転。②戦場で敵の物を奪い取る。

ぶんとん【分屯】《名・ス自》本隊から分かれた小部隊が、本隊から遠い地点にとどまり(＝屯)独立して守備の務めをすること。

ぶんなぐ‐る【ぶん殴る】《五他》〔俗〕強くなぐる。なぐりつける。

ぶんな‐げる【ぶん投げる】《下一他》〔俗〕荒っぽく投げる。投げつける。

ふんにゅう【粉乳】水分を蒸発させて粉状にした牛乳。こなミルク。「脱脂―」

ふんにょう【×糞尿】大便と小便。[関連] 排泄(はいせつ)物・便(べん)・両便・屎尿(しにょう)・不浄・下(しも)・汚物・汚穢(おわい)・糞(くそ・ふん)・うんこ・うんち・糞便・大便・軟便・液便・血便・緑便・宿便・糞詰まり・人糞・馬糞(ばふん・まぐそ)・牛糞・鶏糞・小便・小用(しょうよう・こよう)・小水・尿(にょう・ゆばり・いばり)・おしっこ・胎便・かにばば・血尿・屁(へ)・おなら

ふんぬ【憤△怒・×忿△怒】つかみかからんばかりの恐ろしい形相(ぎょうそう)で、激しく怒ること。ふんど。「―の相(そう)」「―の念がこみ上げる」

ぶんのう【分納】《名・ス他》一度に納めるべきものを何回にも分けて納めること。「授業料―」

ぶんぱ【分派】《名・ス自》分かれ出て立てた一派。特に、流派・政党・学派などの主流から離れて別の派閥を作ること。「―(的)行動」

ぶんばい【分売】《名・ス他》全部ひとまとめでなく一部分ずつを、分けて売ること。

ぶんぱい【分配】《名・ス他》多くの人に分け配ること。また、皆で分け合って取ること。

ふんぱつ【奮発】①《名・ス自》気力をふるいおこすこと。発奮。②《名・ス他》思い切りよく、金銭を出すこと。「チップを―する」

ふんば‐る【踏ん張る】《五自》①足に力を入れてしっかりと踏み、動いたり倒れたりするまいと我慢する。②転じて、気力を出してこらえ、負けまいとする。「譲歩せずに―」▽「踏み張る」の転。

ふんぱん【噴飯】あまりのおかしさに、食べかけていた口の中の飯を吹き出してしまうほどであること。「あの件は―ものだった」

ぶんぱん【文範】文章の手本。

ぶんぴ【分泌】→ぶんぴつ(分泌)

ぶんぴつ【分泌】《名・ス自他》〔生理〕腺が種々の特殊な生産物を作り出して排出すること。そういう働き。「ホルモンが―される」▽「ぶんぴ」が本来。

ぶんぴつ【分筆】《名・ス他》一筆(いっぴつ)の土地を幾つかに分割すること。

ぶんぴつ【文筆】筆をとって詩文を書くこと。そういう仕事。「―に親しむ」「―業」「―家」

ふんびょう【分秒】分と秒(で計るような、ごく短い時間)。「―を争う」

ぶんぶ【文武】文事と武事。学芸と武道。「―両道の達人」

ぶんぷ【分布】《名・ス自》分かれて広がること。また、(分かれ分かれになって)あちこちに散らばってあること。「北海道や三陸沖に―する貝」「―図」「人口―」▽以前は、他動詞としても使った。

ぶんぶつ【文物】学問・芸術・技芸など、文化の所産であるもの。

ふんぷん【紛紛】《ト タル》入り乱れるさま。「諸説―」

ふんぷん【×芬×芬】《ト タル》よいにおいのするさま。「―たる香気」▽現代では芳しくない場合に使いもする。「俗臭―」

ぶんぶん《副「と」》①物を勢いよく振り回す音。「バットを―振り回す」②昆虫などが飛ぶ時のうなるような羽音。「蚊が―飛んでくる」

ぷんぷん ①《副「と」・ノダ・ス自》→ぷりぷり⑵。②《副「と」・ス自》においが激しくするさま。「香水が―(と)におう」③《副「と」・ノダ・ス自》ある気配・雰囲気が強く感じられるさま。「作為が―(と)ただよう」

ふんべつ【分別】《名・ス他》世事に関して、常識的な慎重な考慮・判断をすること、またその能力。「―がつく」「―のある人」「―顔」▽「ぶんべつ」と読めば別の意。 **―くさ‐い**【―臭い】《形》いかにも分別がありそうな様子だ。[派生] **‐さ** **‐げ** **―ざかり**【―盛り】《名ナノ》人生の経験を積んで、世の中の道理が最もよくわかる年ごろ。 **―らし‐い**《形》見たところ、いかにも分別がありそうに見える。[派生] **‐さ**

ぶんべつ【分別】《名・ス他》種類によって区別・区分すること。違うものは別々に分けること。「ごみの―収集」▽「ふんべつ」と読めば別の意。

ふんべん【×糞便】大便。くそ。

ぶんべん【分×娩】《名・ス他》胎内の子をうむこと。出産。

ふんぼ【墳墓】はか。「―の地」(墓場。転じて、先祖代々の墓がある故郷)

ぶんぼ【分母】分数または分数式の、横線の下部に書く、割る方の数または式。↔分子

ぶんぽう【分封】①《名・ス他》封地(ほうち)を分け与えること。また、分け与えられた封地。②《名・ス自》春や夏に、はち(特にミツバチ)がふえて多くなった時、新しい女王ばちの誕生に際して、もとの女王ばちを含む一群が古巣から分かれ出ること。分蜂(ぶんぽう)。

ぶんぽう【文法】①〔言語〕文⑴ウの構成・成立、語が文を成す時の排列、語形変化等に関する法則。「国―」「―学」▽⑵の転。②文章を作る上のきまり。

ぶんぼうぐ【文房具】筆・ペン・墨・インク・原稿用紙・ノート・定規など、物を書くのに必要な類の品物。文具。▽「文房」は書斎の意。

ふんぽん【粉本】①絵の下がき。▽昔は下絵を胡粉(ごふん)で描いたことから。②後日の制作・研究に備えた、絵・文章の写し。③参考とする手本。

ふんまつ【粉末】こな。「―状の薬品」

ぶんまつ【文末】文や文章の終わりのところ。↔文頭

ぶんまわし〔…まはし〕 円を書くための器具。コンパス。

ふんまん【憤×懣・×忿×懣】 いきどおってもだえること。発散させ切れず心にわだかまる怒り。「―やるかたない」

ぶんみゃく【分脈】 分かれた血脈・鉱脈・山脈など。

ぶんみゃく【文脈】 ①文章の中での文の続きぐあい。また、文の中での語の続きぐあい。「―をたどる」②比喩的に、ある状況・背景。「政界再編の―で各党の動きを見る」

ぶんみょう【分明】《ノダ・ス自》《「―な」も使う》「ぶんめい」の、やや古い言い方。はっきり。▽動詞化もかなり行われた。

ぶんみん【文民】 軍人でない人。▽civilian の訳語として、日本国憲法で使われ始めた。 **―とうせい**【―統制】 軍に対し文民の政治が優先して軍部を統制するという原則。シビリアン コントロール。▽civilian control の訳語。

ふんむき【噴霧器】 水や薬液を霧のようにまき散らすための器具。

ぶんめい【分明】《ダナ》事を分けてはっきりさせるさま。「事を―に説き進む」。はっきり見きわめがつくさま。「趣旨は―だ」 派生 **-さ**

ぶんめい【文明】 ①世の中が進み、精神的・物質的に生活が豊かである状態。②特に「文化」と対立させて、技術や実用に重点がある、物質的な文化(2)。 **―かいか**【―開化】 人知が開け、世の中が進むこと。

ぶんめい【文名】 文筆によって得た名声。

ぶんめん【文面】 書き記された文章(特に手紙の文章)からうかがわれる趣旨。

ぶんもう【文盲】「もんもう」の読み誤り。

ふんもん【噴門】 食道の下端、胃の入口の所。ふだんは閉じており、食物が食道にはいると、反射的に開く。

ぶんや【分野】 物事の方面・範囲。領域。「科学の―で解決できる問題」。人の活動範囲。「政界の勢力―」

ぶんゆう【分有】《名・ス他》一つのものを分けて所有すること。

ぶんよ【分与】《名・ス他》わけ与えること。「財産を―する」

ぶんらく【文楽】 操(あやつり)人形浄瑠璃の芝居。▽明治以後の呼び方。植村文楽軒が寛政年間(一七八九～一八〇一)に設けた操芝居の文楽座の名にちなむ。

ふんらん【紛乱】《名・ス自》入り乱れること。また、もめ事で混乱すること。

ぶんらん【×紊乱】《名・ス自他》(道徳・秩序などが)乱れること。乱すこと。「風紀―」▽俗に「びんらん」とも。「紊」は乱雑の意。

ぶんり【分離】《名・ス自他》①分かれること。分けて離すこと。「掘削物を土砂と水とに―する」「中央―帯」「―課税」(特定の所得につき、他のとは合算せず切り離して行う課税)②化学で、結晶・昇華・蒸留などにより、ある物体・物質を分けて取り出すこと。

ぶんり【文理】 ①ものごとのすじめ。あや。条理。②文章のすじみち。文脈。「法の―解釈」③文科と理科。「―学部」

ぶんりつ【分立】《名・ス自他》①わかれて別々に存在すること。「三権―」▽「ぶんりゅう」とも言う。②わけて別に設立すること。

ふんりゅう【噴流】《名・ス自》噴き出すように激しく流れること。また、その流れ。

ぶんりゅう【分流】《名・ス自》①(上流から下流へ向かって)流れが分かれること。その分かれた川。②転じて、分かれ出た流派。

ぶんりゅう【分留・分×溜】《名・ス他》沸点が異なる液体の混合物を熱して、沸点の低いものから順次に成分を分離させること。▽「分別蒸溜」から出た語。

ぶんりょう【分量】 目方・割合などの量。「食べる―が少ない」▽もと、目方の意。

ぶんりょく【分力】〔物理〕一つの力を幾つかの力が合してできたものと考えた時の、そのそれぞれの力。↔合力(ごうりょく)

ふんりん【×賁臨】《名・ス自》「ひりん」の慣用読み。↓ひりん(賁臨)

ぶんるい【分類】《名・ス他》種類別に分けること。同類のものをまとめ、全体を幾つかの集まりに区分すること。「年齢層別に―する」

ふんれい【奮励】《名・ス自》気力をふるい起こして一心に努めはげむこと。「―努力する」

ぶんれい【分霊】 祭神の霊をわけて、他の神社にまつること。その御霊(みたま)。

ぶんれい【文例】 文章(の書き方)または文(1)(ウ)の例。「―集」「誤用の―を挙げよう」

ぶんれつ【分列】《名・ス自》それぞれの列に分かれて並ぶこと。「二つに―する」「―行進」 **―しき**【―式】 軍隊の儀式の一つ。部隊が隊形を整え、順次にその人の前を行進して敬礼する。

ぶんれつ【分裂】《名・ス自》一つのまとまりが、幾つかの(独立した)部分に分かれること。「細胞―」「核―」「党内が―して収拾がつかない」

ふんわか《副[と]・ノダ・ス自》《「―な」の形も使う》楽に、または、楽しく、ただよう気分・様子。「―(と)眠る」「新婚の―気分」

ふんわり〔ふんはり〕《副[と]・ス自》①柔らかくふくらんでいるさま。「―(と)したセーター」「―(と)焼き上げたオムレツ」②いかにも軽そうに浮き上がる(降りる)さま。ふわり。「右門(うもん)の五体は―宙に浮いて」(佐々木味津三「右門捕物帖」)③空気を包むように、(薄い)ものをそっとかぶせるさま。ふわり。「―(と)ラップをかぶせる」

へ

へ【×屁】①腸にたまった気体がしりの穴から吹き出たもの。「—をひる」「—のような(＝たわいない)話」「—とも思わぬ」(屁ほどの価値も認めない)。②転じて、くだらないもの。「—理屈」

へ《格助》①動作・作用の向けられる向きを示すのに使う。「東—十歩、北—五歩。そこが宝の隠し場所」「次から次—と見て歩く」▽辺りの意を表す名詞「辺(へ)」と同語源。②《移動的な意味の動詞と共に使って》動作が帰着する位置や、動作の相手を示すのに使う。(……の方)に。「対岸—たどりつく」「これを君—頼もう」▽俗には「橋のたもと—立つ」など、「に」と同様にも使う。本来は、「母—手紙を書く」は母に向けてという方向に重点があり、「母に手紙を書く」とすると届く相手(帰着点)である母に重点がある。「連絡船が沖—出て行く」なら方向を言うから自然だが、「に」にすると帰着点を言うことになり普通の情況では不自然。ただし、「に」には「の」は付かず、「への」で代用する。「国家—の忠誠」

ヘア(理容などで)髪。頭髪。「—スタイル」。(写真・映画などで)陰毛。▽「ヘアー」「ヘヤ」とも言う。hair **—カラー** 髪を染めること。また、それに使う薬剤。▽hair と colo(u)r とによる和製英語。**—トニック** 頭髪強壮剤。養毛剤。▽hair tonic **—ピース** かもじ。つけ毛。▽hairpiece

ペア ①二つでひとそろいになること。対(つい)。「—ルック」。また、二人で一組になること。「—を組む」「—スケーティング」▽pair ②西洋梨。洋梨。▽pear

へあが-る【経上がる】《五自》(地位が)だんだんとあがる。累進する。

ヘアピン 髪をとめるピン。▽hairpin **—カーブ** 道路で、ヘアピンのように鋭く折れ曲がっているところ。▽hairpin と curve とによる和製英語。

ベアリング 軸受け。機械の軸をささえる装置。「ボール—」▽bearing

へい【塀】家や敷地の囲いとして設けた板・土などの障壁。「土—(どべい)」「板—(いたべい)」「煉瓦—(れんがべい)」「—の中」(刑務所の中)

へい〖丙〗[丙] へイ ひのえ ①十干の第三。「丙午・丙夜」。↓ひのえ。②《名・造》物の第三位。「甲乙丙丁・丙種」

へい〖柄〗[柄] へイ がら え つか ①器物の、とって。にぎり。え。「柄杓(ひしゃく)・葉柄」②とって用いるもの。材料。「話柄・笑柄」③とって動かす力。いきおい。「権柄・政柄・横柄」▽↓がら(柄)

へい〖*平〗[平] へイ ビョウ(ビヤウ) ヒョウ(ヒヤウ) たいら ひら ①高低やでこぼこがない。たいら。たいらか。「平坦(へいたん)・平地・平原・平板・平面・平行・平均・平等(びょうどう)・水平・地平・扁平(へんぺい)・公平」②特別のことがなくておだやか。ふつう。あたりまえ。「平穏・平静・平和・平安・平癒・平然・平年・平生(へいぜい)・平常・平服・平定・平凡・平日・平価・平明・平気・和平・泰平・不平」③乱を治める。たいらげる。「平治・平和」④漢字音の四声の一つ。「ヒョウ」と読む。「平声(ひょうしょう)・平仄(ひょうそく)」▽↓ひょうしょう(平声)。⑤↓へいほう(平方)。⑥たいら氏の称。「源平・平氏」

へい〖*兵〗へイ ヒョウ(ヒヤウ) つわもの いくさ ①武器をとって戦いに従う者。軍人。つわもの。もののふ。「兵士・兵隊・兵卒・兵員・兵糧(ひょうろう)・兵站(へいたん)・兵営・兵役・将兵・私兵・軍兵(ぐんぴょう)・雑兵(ぞうひょう)・衛兵・伏兵・歩兵・水兵・新兵・強兵・手兵・派兵・用兵・出兵」②いくさ道具。武器。「兵馬・兵器・兵甲・兵仗(へいじょう・ひょうじょう)・白兵戦・短兵急」③《名・造》いくさ。戦争。軍事。「兵を構える」(戦争をする)「兵を談ず」「兵法・兵家・兵術・兵書・兵船・兵備・兵乱・兵火・兵衛(ひょうえ)・義兵・挙兵」④《名・造》旧陸海軍人の最下位の階級。「兵に告ぐ」「兵長・上等兵・一等兵・二等兵」

へい〖併〗[併] へイ あわせる ならぶ ならべる しかし ①二つのものがならぶ。両立する。ならべる。「併行・併起・併発」②両方とる。あわせる。「併有・併合・併呑(へいどん)・併用・合併・兼併」

へい〖*並〗[竝] へイ なみ ならべる ならぶ ならびに ①ならんでいること。二人ならんで立つ。ならぶ。つれだつ。「並行・並立・並列・並置・並称」②ならびに。ともに。▽↓なみ(並)

へい〖*陛〗へイ きざはし 天子の宮殿の階段。「陛下」。転じて、天子に関する語に冠する。「陛見」

へい〖*閉〗へイ とじる とざす しめる しまる ①門をとざす。とじる。しめる。「開閉・閉門・閉店・閉鎖・閉口」②とじこめる。とじこもる。「閉塞・幽閉・密閉」③終える。「閉会」

へい〖幣〗[幣] へイ ぬさ ①神前に供える、きぬ。しで。ぬさ。「幣帛(へいはく)・幣束・幣殿・奉幣・御幣(ごへい)・例幣使・国幣社」②通貨。「貨幣・紙幣・造幣・幣制」③㋐天子にささげる礼物。みつぎもの。㋑大切なお客にさしあげる引出物。礼物。「幣物(へいもつ)」

へい〖弊〗[弊] へイ やぶれる つかれる ①ならわしとなった悪さ。よくない。わるい。「弊風・弊害・弊習・旧弊・宿弊・積弊・時弊・語弊・通弊・病弊」②古くなってきれる。ぼろぼろになる。やぶれる。つかれる。「弊衣破帽・弊履・疲弊」③へりくだって自分のことに冠する語。「弊店・弊社・弊宅」

へい〖瓶〗↓びん〖瓶〗

べい《助動》〔俗〕意志・勧誘・確かめを表す。……(よ)う。べえ。「ちくと一杯やる—」「どれ、行って見(る)—」▽助動詞「べき」の音便形から。方言に多い。

べい【＊米】ベイ マイ こめ よね ①稲の実(み)。こめ。よね。「米作・米飯・米食・米穀・米価・米麦・米塩・五斗米」。以下「マイ」と読む。「白米・玄米・飯米・新米・精米・配給米・秋田米・加州米」②「亜米利加(アメリカ)」、また「亜米利加合衆国」の略。「米国・英米・欧米・親米・渡米・北米・米貨」③長さの単位「メートル」に当てて用いる。▽③は「平米(へいべい)・立米(りゅうべい)」など特別な言い方もある。

ペイ ①〘名〙報酬。賃金。給料。支払い。「―がいい」②〘名・ス自〙採算がとれること。収支が見合うこと。ひきあうこと。「客が少ないと―しない」▽pay

へいあん【平安】〘名・ダナ〙無事でおだやかなこと。▽書簡の脇づけに使う時は、変事の知らせでないことを示す。

へいい【平易】〘名・ダナ〙わかりやすいこと。やさしいこと。「―に説く」派生 -さ

へいい【×敝衣・弊衣】やぶれた衣服。ぼろぼろの衣服。**―はぼう**【―破帽】ぼろぼろの衣服と帽子。特に、旧制高校生の身なりにかまわない蛮カラな服装。

へいいん【兵員】兵士(更に広く、軍人)の人数。また、兵士。

へいいん【閉院】〘名・ス自他〙病院など、「院」とよばれる組織が、機能をとめ業務を行わなくなること。また、その日の業務を終えること。▽旧憲法下で、国会の閉会を言った。

へいえい【兵営】連隊(大隊)ごとに設けた、兵士が居住する建物のある、一定区域。兵隊屋敷。

へいえき【兵役】軍籍に編入されて軍務に服すること。

べいえん【米塩】米と塩。「―の資」(生活費)

ペイオフ 破綻した金融機関に代わって、預金保険機構が預金者に預金を一定額までは払い戻す制度。▽payoff 日本での用法。

へいおん【平温】平常の、または何年かを平均した、温度。▽平年並みの気温を指すことが多い。

へいおん【平穏】〘名・ダナ〙変わった事も起こらず、おだやかなさま。「―無事」派生 -さ

へいか ①【併科】〘名・ス他〙〔法律〕同時に二つ以上の刑に処すること。「罰金と科料とを―した場合」②【併課】〘名・ス他〙(既に課してあるものに)併せて課すること。「―条件」

へいか【兵家】①軍事を職務とする者。武士。「勝敗は―の常」②兵法を修める人。

へいか【兵×戈】武器。戦争に使うほこ。転じて、戦争。「―を交える」

へいか【兵火】①戦争によって起こる火災。転じて、戦争。②銃砲など火器の威力。「―が奮う」

へいか【兵科】歩兵・工兵・砲兵など、戦闘での役割に応じた、軍隊の兵の区分。また、軍隊の、戦闘に直接携わらない部門に対して、戦闘に携わる兵種の総称。

へいか【平価】①ある国と他の国との貨幣の価値の比。通貨が含む金の量をもとに算定する金平価や、米ドルをもとに算定するIMF平価などがある。▽変動為替相場の導入で使われなくなった。②普通どおりの値段。有価証券の価格がそこに記してある金額に等しいこと。「国債の―発行」 **―きりさげ**【―切下げ】本位貨幣が含む特定の金属(多くは純金)の量を減らすこと。例、純金〇・七五グラムを一円としていた時、純金〇・五グラムを一円と改めれば、三分の二の平価切下げである。

へいか【陛下】天皇・皇后・皇太后・太皇太后に対する敬称。▽二〇一九年の譲位後の上皇および上皇后に対する敬称ともする。

へいか【閉架】図書館(室)で、利用者を書庫に入れず、請求によってその図書だけ渡す仕方。↔開架

へいが【平×臥】〘名・ス自〙①ねそべること。体を横たえること。②転じて、病気で寝ること。

へいかい【閉会】〘名・ス自他〙集会・会議が終わること。会を終えること。↔開会

へいがい【弊害】害となる悪い事。害。

へいかく【兵革】戦争。▽「兵」は武器、「革」は皮製のよろいかぶと。

へいがく【兵学】戦略・戦術に関する用兵学、軍制・経理に関する軍制学の総称。▽→ぐんがく(軍学)

へいかつ【平滑】〘名ナ〙でこぼこがないこと。なめらか。

へいがっこう【兵学校】旧海軍の士官を養成する学校。海軍兵学校。▽陸軍の士官学校に相当。

へいがん【併願】〘名・ス他〙受験の際、二つ以上の学校(や学部)に願書を出すこと。↔単願

へいき【併記】〘名・ス他〙二つ以上の事柄を、並べて書くこと。「少数意見を―する」

へいき【兵器】戦闘の際、攻撃や防御に使う器具。武器。「通常―」(核・生物・化学を利用する兵器に対し、銃砲など在来の兵器)「秘密―」(とっておきの手段)

へいき【平気】①〘名ナ〙物事に驚き騒がず、いつもの心でいること。威圧や困難を何とも思わないこと。「悪く言われても―だ」「―で遅刻する」「おどしにも―の男」▽②の転。②〘名〙落ち着いておだやかな気持。心が他から乱されずにいる状態。「負け惜しみの―を装う」派生 -さ 関連 平静・平然・冷然・泰然・悠然・悠揚・のんき・自若・冷静・沈着・従容(しょうよう)・大胆・豪胆・気丈・不敵・図太い・太っ腹・豪放・鷹揚(おうよう)・おおらか・闊達(かったつ)・磊落(らいらく)・奔放・洒脱(しゃだつ)・無神経・平気の平左・事もなげ **―のへいざ**【―の平左】〘連語〙〔俗〕平気であることを人名めかして言った語。▽「平気の平左衛門」とも言う。

へいきょ【閉居】〘名・ス自〙家にとじこもっていること。

へいぎょう【閉業】〘名・ス自他〙①営業しないこと。商売を休むこと。「本日―」②廃業すること。

へいきょく【平曲】平家物語を曲節をつけて語るもの。琵琶(びわ)を前奏または間奏に用いる。平家琵琶。平家。▽近世中期以降の語。

へいきん【平均】①〘名・ス自他〙ふぞろいのないこ

と。「品質が―している」。ふぞろいをなくすこと。「品質を―させる」②『名・ス自他』数学で、同種のものに関する数値の二個以上の集まりにおいて、それらの値を代表するように、一定の方法で中間的な値(の大きさ)を計算すること。その値。「―点」▽算術平均・幾何平均など、いろいろの算出法がある。③『名』つりあい(のとれていること)。平衡。「―を失って倒れる」　**―だい**【―台】体操で、体の平均をとる運動をする時に使う器具。また、それを使って行う女子の競技種目。　**―てき**【―的】『ダナ』ふぞろいのないさま。普通であるさま。一般的。「―サラリーマン」。いつもと変わらないさま。「―に供給する」

へいけい【閉経】『名・ス自』女性が更年期になって、月経がなくなること。「―期」

へいげい【×睥×睨】『ス他』①流し目でじろりと見ること。②転じて、(威圧するように)周囲をにらみまわすこと。「天下を―する」

へいけがに【平家×蟹】かにの一種。足が長く、甲羅の表面には人の顔に似た隆起がある。瀬戸内海に多い。

へいけびわ【平家×琵×琶】↓へいきょく

へいけん【兵権】軍を指揮する権力・権限。兵馬の権。

へいげん【平原】(一望千里というような)たいらな野原。

へいこ【×炳×乎】『ト タル』(光り輝いて)明らかなさま。明白。

へいご【平語】①ふだんの言葉。日常語。②「平家物語」の略称。

へいこう【平衡】つりあい(のとれていること)。均衡。「―感覚」「熱―」▽「衡」は、はかりのさおの意。

へいこう ㊀【平行】『名ナ・ス自』①数学で、同じ平面上の二直線、または直線と平面と、または二平面が、幾ら延長しても交わらないこと。②比喩的に、一方に対しそれと同じような事が他方でも成り立つこと。「これと全く―して次の定理が成り立つ」「―的に次の事も言える」▽②は「並行」とも書く。㊁【並行】『名ナ・ス自』並んで進むこと。「線路と―して走る国道」「議論が―して一向に結論を得ない」㊂【併行】『名・ス他自』同時に行うまたは行われること。「三つの委員会を―して開く」「当分は新旧両課程が―する」　**―せん**【平行線】①たがいに平行する直線。②意見などがどこまでいっても折り合わないこと。「協議が―をたどる」　**―ぼう**【平行棒】二本の棒を平行にわたした器械体操用具。それを使って行う、男子の競技種目。

へいこう【閉口】『名・ス自』①言い負かされたり圧倒されたりして、言葉に詰まること。②ひどく困らされること。「無理を言われて―した」「目のやり場がなくて―だ」▽もと、口をとじ、物を言わない意。　**―とんしゅ**【―頓首】困りきってしまうこと。全く降参すること。▽↓とんしゅ

へいごう【併合】『名・ス他自』合わせて一つにまとめること、まとまること。合併(がっぺい)。「他の領土を―する」

べいこく【米穀】こめ。▽穀類一般をも指す。　**―ねんど**【―年度】米の収穫期をもとにして立てた年度。前年の十一月からその年の十月まで。▽暦年や会計年度と区別して使う。

べいごま【△貝〈独楽〉】バイのかいがらに、砂やとかした鉛を詰めて作ったこま。また、それに模して、鉄などで作ったこま。べえごま。▽「ばいごま」の転。↓ばい『貝』(2)(ア)

へいこら『副・ス自』〔俗〕ぺこぺこ頭を下げる様子。権力のある者を恐れ、おもねるさま。「―頭を下げる」「上役に―する」

へいさ【閉鎖】『名・ス自他』①とじること。とざすこと。「校門を―する」②活動や機能を停止すること。「工場を―する」「学級―」③内にこもって外部との交流をしないこと。「―的」

べいざい【米材】北アメリカから輸入する木材。

へいさく【平作】(農産物の)平年なみの収穫。平年なみの出来ぐあい。

べいさく【米作】米の栽培、または実りぐあい。「―地帯」

へいざん【閉山】『名・ス自他』①鉱山・炭山を閉鎖すること。「石炭不況で―に追い込まれた炭鉱」②その山の登山期間を終わりにすること。登山客などの立ち入りを禁じること。

べいさん【米産】米の生産。「―地」

へいし【兵士】軍隊に属し、士官の指揮を受ける者。兵卒。▽将校を含めて言う「戦闘員」「軍人」と混同した用法が二十世紀末から増す。

へいし【×斃死】『名・ス自』たおれ死ぬこと。のたれじに。

へいし【閉止】『名・ス自他』はたらきがとまること、はたらきをとめること。「月経―」「―弁」

へいし【△瓶子】酒などを入れる、細長く口の狭い焼き物。▽「へいじ」とも。

へいじ【兵事】軍事に関する事柄、または事務。

へいじ【平時】(戦争・内乱などのない)平常の時。ふだんの時。↕非常時・戦時

へいじつ【平日】①ふだんの日。へいぜい。②日曜・祝日以外の日。「―ダイヤ」▽土曜日を含まないこともある。

へいしゃ【兵舎】下士官・兵が居住する建物。

へいしゃ【平射】①平面に投影すること。「―図法」②湾曲の少ない弾道で射撃すること。↕曲射。「―砲」

へいしゃ【弊社】自分の属する会社の謙称。小社。

へいしゅ【兵種】軍隊の職務を区分した種別。▽旧制の陸軍で歩兵・工兵など、海軍で砲術科・機関科など。

べいじゅ【米寿】八十八歳(の祝い)。▽「米」の字を分解すると「八十八」になるから。

へいしゅう【弊習】悪い風習。悪いしきたり。弊風。

べいしゅう【米収】 米の収穫。

へいしゅつ【併出】『名・ス他自』並べ合わせて出すこと。並んだように現れること。

へいしゅつ【×迸出】『名・ス自』ほとばしり出ること。吹きあふれること。

へいじゅつ【兵術】 軍を運用する術。用兵の技術。

へいじゅん【平準】 平らにすること。平らなこと。▽特に、水準器で測って傾きを水平にすることや、物価のでこぼこをなくすようにすることを指す。

へいしょ【兵書】 兵学の書物。また、軍隊で使う、軍事を扱った書物。

へいじょ【平叙】『名・ス他』ありのままに述べること。「―文」(物事の断定または推量を表す文。疑問文・命令文などに対して言う)

へいしょう【併称・並称】『名・ス他』並べてよぶこと。また、他といっしょにほめたたえること。「ゲーテと―される大作家」

へいじょう【兵×仗】 ①武器。▽「ひょうじょう」とも言う。②武器を携える随身(ずいじん)。

へいじょう【平常】 つね。普通。「―の運転に戻る」。ふだん。つね日ごろ。へいぜい。「成績は―点でつける」「―心」

へいじょう【閉場】 会場をしめること。↕開場

べいしょく【米食】 米を食べること。特に、米を主食とすること。「―の習慣」「―民族」

へいしん【平信】 変事の知らせや急ぎの用件ではない、普通のたより。▽封書のあて名のわきに書くこともある。

へいしん【×嬖臣】 気に入りの臣下・家来。

へいしん【並進・併進】『名・ス自』並び進むこと。

へいじん【兵刃】 やいば。「―を交える」(切り合いをする)

へいしんていとう【平身低頭】『名・ス自』ひれふして頭を低くさげ、恐れ入ること。「―して許しを乞う」

へいすい【平水】 ①ふだんの水かさ。「―量」②波だっていない水。「(ボート レースの)―タイム」

へい-する【×聘する】『サ変他』礼を厚くして人を招く。▽もと、結納(ゆいのう)を贈る意。

へいせい【兵制】 兵備の制度。軍隊を作るのに徴兵によるか志願兵によるかなどの、その制度。

へいせい【幣制】 貨幣の制度。「―改革」

へいせい【平静】『名・ダナ』おだやかで(落ち着いていて)静かなこと。心がいらだったりあわてたりしていない状態。「―を保つ」「―を装う」派生 **-さ**

へいせい【弊政】 弊害の多い政治。悪政。

へいぜい【平生】 ふだん。つね日ごろ。「―から健康維持に心掛けている」「―(は)勤勉なのに」

へいせき【兵籍】 ①軍人という身分(についての籍)。「―に入る」②「兵籍簿」の略。軍人の身分となった者につき、それに関する事柄を記した帳簿。

へいせつ【併設】『名・ス他』主になるものにあわせて設置、または設備すること。「短大を―する」

へいせん【兵船】 いくさに使う船。艦艇。

へいぜん【平然】『ト タル』平気で落ち着き払っている様子。「―たる態度を崩さない」「―とうそをつく」

べいせん【米銭】 こめとぜに。また、こめ代のこと。

へいそ【平素】 ふだん。つね日ごろ。へいぜい。「―の心掛けが大切」「―(は)御無沙汰(ごぶさた)に打ち過ぎております」

へいそう【兵曹】 旧海軍の下士官。上等・一等・二等の三つの階級に分けた。 **―ちょう【―長】** 旧海軍で、少尉の下、兵曹の上の位。

へいそう【兵装】 軍艦・軍用機などが備える銃砲・爆弾・魚雷等の装備。

へいそう【並走・併走】『名・ス自』①並んで走ること。「―する二チームの首位争い」「バスが電車と―する」▽→ばんそう(伴走)。②道路や線路が並んでいること。「二本の線路が―する」

へいそく【×屛息】『名・ス自』①息をころして、じっとしていること。②転じて、恐れちぢむこと。

へいそく【幣束】 →へいはく

へいそく【閉塞】『名・ス他自』とじふさぐこと。「港口―隊」。とざされてふさがること。「腸―」「―した時代」

へいぞく【平俗】『名ナ』特別でなくて、世間並なこと。平凡で俗っぽいこと。

へいそつ【兵卒】 一番下級の軍人。兵士。▽→いっぺいそつ

へいそん【弊村】 ①疲弊した村。②自分の村をへりくだって言う語。

へいぞん【併存・並存】『名・ス自』いくつかのものが共に存すること。共存。「新旧―」▽「へいそん」とも言う。

へいたい【兵隊】 兵士。▽もと、兵士を隊に編成したもの、すなわち軍隊の意。「―検査」(徴兵検査の俗称)

―かんじょう【―勘定】〔俗〕わりかん。▽古風。

へいたん【兵×站】 戦場で後方に位置して、前線の部隊のために、軍需品・食糧などの供給・補充や、後方連絡線の確保などを任務とする機関。その任務。「―部」「―基地」▽「後方支援」とも言う。

へいたん【兵端】『―を開く』いくさを始める。▽「端」はいとぐち。

へいたん【平×坦】『名ナ』土地が平らなこと。また、そのようなさま。「―な道」「前途は―でない」派生 **-さ**

へいたん【平淡】『名ナ』とりつくろうところがなく、あっさりとして趣があること。「―な美しさ」

へいだん【兵団】 司令部を有し、独立に作戦行動ができるように編成された大部隊。▽概ね師団以上の規模のものの戦時の呼称。

へいち【併置・並置】『名・ス他』二つ以上のものを、同じ場所に置く、または同時に設けること。

へいち【平地】 平らな地面。平らな土地。ひらち。↕山地

へいちゃら『名ナ』〔俗〕↓へっちゃら

へいちょう【兵長】旧陸海軍で、兵の最高の階級。上等兵の上。

へいてい【平定】『名・ス他自』（敵や賊を）討ちたいらげてその地域に自分の勢力が及ぶようにすること。その地方が安らかになること。「天下を―する」

へいてい【閉廷】『名・ス自他』公判廷をとじること。↕開廷

へいてん【閉店】『名・ス自他』①店をとじて商売をやめること。店じまい。②店をしめて、その日の業務を終えること。▽↕開店

へいどく【併読】『名・ス他』二種以上のものをあわせ読むこと。「二紙を―している」

へいとして【×炳として】『連語』《副詞的に》光り輝くさま。あきらかなさま。

ヘイト スピーチ 公然と行う、特定の集団（・個人）に対する憎悪・差別をあおるような言説・表現。▽hate speech

へいどん【併×呑】『名・ス他』いっしょにのみ込むこと。また、一つにあわせ、従えること。「隣国を―する」

へいねつ【平熱】平生(へいぜい)の健康な時の体温。

へいねん【平年】①一年が三百六十五日の年。うるう年でない年。②普通の年。「今年の暑さは―並でしょう」。特に、農作物の収穫が普通である年。豊年でも凶年でもない年。「―作」

へいば【兵馬】①軍隊。軍備。「―の権」（軍隊を編成・統帥する権能）②戦争。「十年を―の間に過ごす」▽もと、兵器と軍馬の意。

へいはく【幣×帛】神前の供物(くもつ)。特に、御幣(ごへい)。幣束。幣物(へいもつ)。

べいばく【米麦】こめとむぎ。穀物。

へいはつ【併発】『名・ス自他』同時に起こること、または起こすこと。「余病を―する」

へいはん【平版】水と油のはじきあう性質を利用した、版面が平らな印刷版。代表的な印刷方式はオフセット印刷。

へいばん【平板】①『名』平たい板。②『名・ダナ』変化に乏しく単調なこと。「―な文章」派生 **-さ**

べいはん【米飯】米をたいて作った、めし。

へいび【兵備】軍備。

へいふう【弊風】悪い風習や風俗。

へいふく【平伏】『名・ス自』ひれふすこと。両手をつき、頭を地や畳につけて礼をすること。

へいふく【平服】式服・礼服でない、日常の衣服。「―で御出席ください」

へいふく【平復】『名・ス自』病気がなおって、健康が平常の通りになること。

へいぶん【平分】『名・ス他自』平等に分けること。また、分かれること。「昼夜を―する日」

へいべい【平米】平方メートルのこと。▽「米」は「メートル」の当て字。

ぺいぺい〔俗〕地位が低い者、技量が劣った者をばかにして言う語。へっぽこ。ぺえぺえ。「―相撲(すもう)」

へいへい-する『サ変自』相手の機嫌を損じないように、こびへつらう。へえへえする。「上役に―している」▽肯定・承認の返事「へい」を重ねたものの動詞化。

へいへいたんたん【平平×坦×坦】『名ナ』まったくのたいらであるさま。

へいへいぼんぼん【平平凡凡】『ト タル』非常に平凡なさま。「―と生きる」

へいほう【兵法】いくさのしかた。ひょうほう。▽軍学の意にも剣術の意にも使った。

へいほう【平方】①『名・ス他』〔数学〕ある数を二乗すること。その値。例、３の平方は３×３すなわち９ ②『名』長さの単位名に冠して、面積の単位名を作る語。「―メートル」「―尺」③『名』長さの単位名につけて、その長さを一辺とする正方形の面積を表す語。「三メートル―」 **―こん**【―根】$a=b^2$ の時、a に対する b のこと。二乗根。例、９の平方根は３および −３

へいぼん【平凡】『名・ダナ』ここと言うすぐれた点もなく、並なこと。「―な人生」「―な成績に終わる」派生 **-さ**

へいまく【閉幕】『名・ス自他』①幕を閉じて芝居などが終わること、終えること。②物事の終わること、終えること。▽↕開幕

へいみゃく【平脈】平生(へいぜい)の健康な時の脈のうちぐあい。

へいみん【平民】①普通の人民。官位のない民。②以前にあった族称の一つで、華族・士族に次ぐ最下級。 **―てき**【―的】『ダナ』自分の身分の高さにとらわれず、態度が気軽で、する事がくだけているさま。↕貴族的

へいむ【兵務】兵事に関する事務。

へいめい【平明】①『名・ダナ』分かりよくはっきりしていること。「―な詩」派生 **-さ** ②『名』夜あけ。明け方。

へいめん【平面】①平らな表面。②〔数学〕その上にある任意の二点を結ぶ直線が常にその面上にあるような面。▽plane の訳語。 **―ず**【―図】投影図法により物体の形を水平面に投影して描いた図。 **―てき**【―的】『ダナ』①平らなさま。②深く内部まで立ち入らず、物事のうわべだけで済ますさま。「―な見方」

へいもつ【幣物】①↓へいはく。②進物。贈物。

へいもん【閉門】『名・ス自他』門を閉じること。↕開門。「―時刻」▽謹慎の意を表すために門を閉じて家にこもることや、罰として課せられた刑の一つも言った。

へいや【平野】地表の広く平らな所。「関東―」

へいゆ【平癒】『名・ス自』病気がなおること。

へいゆう【併有】『名・ス他』（二つ以上のものを）あわ

せもつこと。同時に有すること。

へいよう【併用】〘名・ス他〙他と共に用いること。いっしょに使うこと。「薬の―」

へいらん【兵乱】 戦争が起こって世が乱れること。戦乱。

へいり【弊履】 やぶれた靴。やぶれた草履(ぞうり)。「―のごとく(=惜しげもなく)捨てる」

へいりつ【並立】〘名・ス自〙物事が並び立つこと。「両雄―せず」

へいりゃく【兵略】 戦いのかけひき。いくさのはかりごと。軍略。戦略。

へいりょく【兵力】 軍隊の力。戦争・戦闘ができる力。

へいれつ【並列】〘名・ス自他〙①(同種のものが左右に)並ぶこと、また並べること。②電池などの、陽極は陽極、陰極は陰極と、同じ極どうしを集めてつなぐこと。↔直列

へいろ【平炉】 製鋼に使う、長方形の平たい形をした反射炉。ひらろ。

へいわ【平和】〘名・ダナ〙戦いや争いがなくおだやかな状態。「―運動」「―な毎日」

へいわ【平話】 ①改まった言い方でない、普通の話。「俗談―」②中国で、白話(=口語)の文体。

ペイン クリニック 麻酔などで痛みをとることを専門とする診療部門。▽pain clinic

ペイント ペンキ。▽paint

べえ〘助動〙〔俗〕→べい〘助動〙

ベーカリー パン・洋菓子などを製造・販売する店。▽bakery

ベーキング パウダー ビスケット・菓子類を焼くとき、ふくらませるために入れる粉。重曹に燐酸(りんさん)カルシウムなどを加えたもの。ふくらし粉。▽baking powder 単に「パウダー」とも言う。

ベークライト フェノールとホルマリンとを触媒作用によって縮合させた合成樹脂(=フェノール樹脂)の商標名。多く日常の器具や電気絶縁物などに使う。▽Bakelite 発明者 Baekeland にちなむ名。

ベーグル 小麦粉の生地を環状にまとめ、蒸してから焼いた堅めのパン。▽bagel

べえごま【べえ〈独楽〉】 →べいごま

ベーコン 豚のばら肉の塩づけを燻製(くんせい)にした食品。▽bacon

ページ【×頁】 書物・帳面類の紙の一面。「人類史に新しい―を開く発見」▽page 「頁」の字は、近代中国語で「葉(よう)」と同音であるところから通じ用いたものという。

ページェント ①野外で自然をそのまま舞台として行う劇。野外劇。②野外で行う大がかりな催し。「航空―」▽pageant もと、中世ヨーロッパで祝祭日に移動舞台で演じた宗教劇を指した。

ベージュ うすくて明るい茶色。らくだ色。▽(フランス) beige

ベース ①土台。基礎。基本。「賃金―」「商業―に乗る」②基地。根拠地。③野球の塁。「―を踏む」▽(1)～(3)は base ④低音。低音部。また、それを受け持つ楽器。→バス(3)。「―ギター」▽bass **―アップ**〘名・ス自〙給料の基本額の水準を高くすること。▽base と up とによる和製英語。 **―キャンプ** ①登山・探検の際、根拠地とする固定テント。②軍事基地。▽base camp **―ボール** 野球。▽baseball **―ライン** ①基準の線。また、基準(値)。②野球・ソフトボールで、ベースとベースとを結ぶ線。また、テニスでコートの短辺の端に引いた線。▽baseline

ペース 歩いたり走ったりなどする時の(一定の)速さ。また、(物事の)進みぐあい。「―を乱す」「自分の―を守る」▽pace **―メーカー** ①陸上の中・長距離競走などで、先頭に立って、好記録を出すようなペースを作る人。②心臓に周期的な電気刺激を与えて、心拍を正常に保つ装置。▽pacemaker

ペースト ①〘名〙肉・野菜などをすりつぶし、練り上げた加工食品。「レバー―」②〘名〙ものを貼りつけるための、糊(のり)状の製品。③〘名・ス他〙コンピュータ操作で、他から切り取ったりコピーしたりした写真・文字列などを貼り付けること。▽paste

ベーゼ 口づけ。キス。▽(フランス) baiser

ペーソス 哀愁。しんみりとした哀れさ。▽pathos

ベーダ【×吠×陀】 古代インドのバラモン教の聖典。ヴェーダ。▽梵語(ぼんご)。原語は、知識の意。

ベータせん【ベータ線・β線】 放射線の一つ。高速度の電子の流れ。→アルファせん・ガンマせん。▽「ベータ」は、ギリシア語の第二字母。

ペーチカ →ペチカ

ペーハー【pH】 →ピーエイチ。▽英語読みが普通になる前の、ドイツ語読み。

ペーパー ①紙。▽主に洋紙を指す。㋐物資としての紙。「トイレット―」「―テスト」(口答に対し紙に書いて答える試験。この言い方は和製英語)㋑ペーパー㋐にちなんで、学会発表の原稿。更に広く、論文。「昇任するには―(の)数が少なすぎる」㋒ラベル。(マッチの)レッテル。▽paper ②「サンドペーパー」の略。「―を掛けて平らにする」 **―クラフト** 紙工芸。紙細工。▽papercraft **―ドライバー** 運転免許を取っただけで、自動車を持たず運転も余りしない人。▽paper と driver とによる和製英語。 **―ナイフ** 手紙の開封や折った紙を切るための、(多くは刃のない)ナイフ。▽paper knife **―バック** 紙表紙の簡単な装本。▽paperback **―プラン** 紙の上や頭の中での計画。実行出来そうもない計画を意味することもある。▽paper plan

ペーブメント 舗装(ほそう)道路。舗装面。▽pavement

ぺえぺえ →ぺいぺい

ベール ①女性の顔や頭をおおう薄い布。▽もと、顔をおおい、日焼けや塵(ちり)を防ぐためのもの。②転じて、おおい。おおって見えなくするもの。「―をはぐ」▽veil 「ヴェール」とも。

へおんきごう【へ音記号】 五線譜の低音部を示す、Fの字を装飾化した記号。下から第四線目がへ(F・フ

ア)音であることを示す。→とおんきごう

ペガサス ギリシア神話で、翼があって自由に空を飛ぶ馬。▽「ペガスス」「ペガソス」とも言う。Pegasus

へが-す【剝がす】『五他』〔俗〕はがす。

べからず【可からず】『連語』いけない。すべきでない等、禁止の意、また、(……しようにも)当然できないの意を表す。「君怠るーだ」▽文語的。助動詞「べし」の未然形+打消しの助動詞「ず」。「我慢すべからざる暴言」のようにも使う。→べし(1)(イ)・(2)(イ)

へき【碧】ヘキ みどり ―①ふかくあおい色。あおみどりの色。「紺碧・碧空・碧潭(へきたん)・碧海・碧眼」②青く美しい玉。「碧玉」

へき【僻】ヘキ ひがむ ―①かたよった土地。片いなか。「僻遠・僻陬(へきすう)・僻地・僻村」②心がねじける。ひがむ。正しくない。「僻見・僻説・僻論」

へき【壁】ヘキ かべ ―①㋐家のかこい。土塀(どべい)。かき。「土壁」㋑家の柱と柱の間の土で塗り固めた部分。かべ。「壁面・壁画・壁書・面壁」②かべのように切り立ったところ。「岸壁・絶壁・氷壁」③とりで。「城壁・金城鉄壁」

へき【癖】ヘキ くせ ―①『名・造』かたまった習性。かたよった好み。くせ。「妙な癖」「性癖・習癖・盗癖・悪癖・潔癖・痼癖(かんぺき)・酒癖」②やまい。

へぎ ①(木材などを)薄く削り取ること。②(木材などを)削り取ったもの。へぎ板。また、へぎ板で作った折敷(おしき)。

べき【可き】『助動』「べし」の連体形。▽口語では普通「べし」(1)の意に使う。

べき【冪】ある数または式を繰り返し何回か掛け合わせたもの。累乗。例、$2\times2\times2=2^3$、a^5 など。更にその指数(=右肩に乗せて小さく書く数)が負数や正負の分数である場合にまで拡張されている。▽「巾」と書くこともある。

へぎいた【へぎ板】薄くはいだ板。

へきうん【碧雲】青みを帯びた雲。

へきえき【辟易】『名・ス自』①勢いや困難におされて、しりごみすること。②閉口すること。嫌になること。「長話にはーする」▽「辟」はさける、「易」は変える意。もと、相手をおそれ道をあけて立ちのく意。

へきえん【僻遠】(中心地から)偏って遠いこと。そういう所。

へきが【壁画】建物の壁や天井に、装飾のためにかいた絵。

へきかい【碧海】あおうみ。あおうなばら。

へきかん【壁間】柱と柱との間のかべの部分。かべの表面。「ーに名画を飾る」

へきがん【碧眼】①あおい目。西洋人の目。②転じて、西洋人。「紅毛ー」

へきぎょく【碧玉】みどり色の玉。特に不純物を含む微細な石英から成る岩石をいい、不純物の違いで、緑・赤・黄褐色など色が異なる。昔、曲玉(まがたま)・管玉(くだたま)にした。印材・ゆびわ・かんざしなどに使う。

へきくう【碧空】あおぞら。

へきけん【僻見】偏ったものの見方。中正を得ない意見。偏見。

へきしょ【壁書】①『名・ス他』壁に書くこと。壁に書いたもの。▽壁にじかに書かず、布告・教訓などの書付けをはり出した場合にもいう。②『名』日本の戦国時代の諸侯の家法。「大内家ー」

へきすい【碧水】あおく深く澄んだ水。

へきすう【僻陬】かたいなか。辺鄙(へんぴ)な土地。▽「陬」は、隅の意。

へき-する【僻する】『サ変自』①かたよる。②ひがむ。

へきせつ【僻説】偏った説。道理に合わない説。

へきそん【僻村】かたいなかの村。

へきち【僻地】かたいなか。都会から遠く、へんぴな土地。

へきとう【劈頭】まっさき。「開会ー」▽「劈」は裂ける、「頭」は初めで、裂けぐちの意から、そもそもの初めを指すようになった。

へきらく【碧落】①あおぞら。②転じて、遠い所。果て。「吉原に居るにーまでさがし」(川柳)

へきるり【碧瑠璃】①あおい瑠璃。②あおく澄んだ水や空の色。

へきれき【霹靂】急に雷が激しく鳴ること。「青天のー」(→せいてん(青天))。その(ような)大きな音。

へきろん【僻論】偏った議論。道理に合わない論。

へ-ぐ【剝ぐ】『五他』薄く削り取る。▽やや古風。

べく【可く】『助動』「べし」の連用形。▽口語では、「ーもない」の形を除けば翻訳文口調。

ヘクタール 面積の単位。記号 ha 一アールの百倍。▽フランス hectare

ペクチン 果実などに多く含まれる、分子量の大きな糖。可溶性の食物繊維で、ジャムなどを固める添加物(増粘安定剤)とする。▽ドイツ Pektin

ヘクト= 基準となる単位名に冠し、その単位の百倍に当たる意を表す語。記号 h。▽hecto- **ーパスカル** 圧力の単位。記号 hPa 一パスカルの百倍。一ヘクトパスカルは一ミリバールに等しい。▽hectopascal

ベクトル ①〔物理・数学〕大きさだけでなく、向きももった量。例、速度・力。→スカラー。②〔数学〕要素を(縦または横に)一列に並べたもの。▽(2)は(1)を抽象化した考え。③比喩的に、(考え方などの)方向。▽ドイツ Vektor

ベクレル 放射能の単位。一個の放射性核種が一秒間に一回崩壊して放射線を放出する場合、一ベクレルとなる。記号 Bq ▽フランスの物理学者 Becquerel にちなむ。日本では、一般食品一キログラムの上限は一〇〇ベクレルと定められている。

ぺけ〔俗〕①水準にも達しないこと。だめ。②罰点。「×」のしるし。

ヘゲモニー 主導的地位。指導権。「ーを握る」▽ドイツ Hegemonie

べけんや《連語》……べきであろうか、いや、そうではいけない。「滅亡をば座して待つ―」▽文語「べし」の古い未然形+助動詞「む」+助詞「や」。漢文訓読調の文脈で使う。

へこおび【△兵△児帯】子供または男がしめる、しごき帯。▽もと、鹿児島の兵児(へこ=若者)がしめていたから。

へこた-れる《下一自》もうだめだと思って元気をなくす。意志がくじけてよわる。

ベゴニア 観賞用の多年生園芸植物。花の色は赤・紫・黄・白などで、種類が多い。▽begonia 「ベコニア」とも言う。しゅうかいどう科。

ぺこぺこ ①《副・ダナ》へこむさま。へこんだり戻ったりするさま。その音。「―の鍋」「空き缶が―いう」②《ダナ》非常に腹がすいているさま。「おなかが―だ」③《副「と」・ス自》頭をしきりにさげるさま。「―(と)あやまる」。へつらうさま。「社長に―する」

へこま-す【△凹ます】《五他》①力を加えて物の面の一部をくぼませる。②相手をやりこめる。

へこ-む【△凹む】《五自》①(力が加わって)表面の一部が低くなる。「車体が―」②まけて屈服する。元気・気力を失う。

ぺこり《副と》頭を急に一度下げるさま。「―とおじぎする」

ぺこん《副と》①ものの表面がへこむさま。ぺこっと。「―とへこんだ底」②唐突に頭を下げるさま。ぺこり。

へさき【×舳先】船首。みよし。↔艫(とも)

べし【△可し】《助動》《現代では主に「べき」「べく」の形で使う。文語では、ラ変以外の動詞の終止形、ラ変・形容動詞の連体形、形容詞語尾「かる」などに付く。口語でも特にサ変では文語終止形もかなり使われる》話し手・書き手が、述べる事柄について、必ずそうなるはずだ、理の当然そうでなくてはならないという気持で判断する態度を表すのに使う。▽言い切り「べし」は「べきだ」にするのが普通だが、近ごろは「べき」で言い切る形が多い。

①それが当然という気持で使う。▽以下の㋐～㋒に、幾分か区別できる意味合いの違いを示すが、その用例も解し様によっては他の項目の意としても解しうる。

㋐……のが当然だ。……のも道理だ。「起こるべくして起こった事故」「勝つべき試合を落とした」「人権外交には長期的効果のみを期待す―」「子供なら親を敬うべき(だ)との意見」「彼らと行動を共にすべき立場にある」。……はずだ。「ありうべき話」「問題の持つべき重要性」「一国の首相ともあるべき人が」「日本の将来を担うべき若者」「確かに怒らせるべくして怒らせたのだから」「戦争を反省して初めて真の平和が実現せらる―と期待する」

㋑……なければならない。「おまえはおまえのすべきことをしろ。おれはおれのすべきことをする」「仮通夜にしたってするべきことをしなければ」「他人に迷惑を及ぼす行為は禁止すべきだ」▽言い切りの形で命令表現に近くも使う。「すみやかに報告す―」。また、「べからず」の形で禁止表現に使う。「土手に登るべからず」

㋒……のが適当だ。「神技ともいうべき至芸」「とやかく言うべきことはありません」「この点は、まず信ずべきがごとくである」「まことに海棠(かいどう)の風情というべきか」「無用の空想として捨て去られるべきでない」「人選はしかるべき(=適当な)有識者に委ねる」「逸すべからざる(=逸してはならない)資料」「もう二度と、このような醜態をさらすべきではない」

②(1)から転じて、可能性に関する意で使う。㋐《肯定の形で》……ことが当然できる(はずだ)。「リーダーがこの有様では、他のメンバーの実力は推して知る―だ」「惨状、思う―である」▽元来は「飛ばば飛ぶ―」のような形で言った。㋑《否定の形で》……ことは当然できない(はずだ)。「流行の中心がパリに在ったことは疑うべくもない」「甲子園出場など望むべくもない」「にわかに逆賭(げきと)すべからざるものがあった」「ありうべからざる(=あるはずがない)現象」

③《「べく」の形で》㋐(当然の事として)……ために。「父を説得すべく郷里に向かった」「支援者と打ち合わせるべく別行動をとる」㋑……ように。「口裏を合わせるべく言い含められていた」▽(3)は西洋語の翻訳から広まった表現。

へしあ-う ‥あふ【へし合う】《五自》互いに押し合う。「押し合い―・いして」

へしお-る ‥をる【へし折る】《五他》おしつけて折る。曲げたわめて折る。「枝を―」「鼻を―」(高慢さをくじく)

ベジタリアン 菜食主義者。▽vegetarian

へしま-げる【へし曲げる】《下一他》押しつぶすようにたわめて曲げる。「フェンスを―」

ペシミスト 悲観論者。厭世家(えんせいか)。↔オプティミスト。▽pessimist

ぺしゃんこ《ダナ》①(押しつぶされて)厚みがなく平らなさま。「―の座ぶとん」「―な胸」②やり込められて元気を失ったさま。「おれの大将が―にされる」▽「ぺちゃんこ」とも。

へ-す【減す】《五他》へらす。↔増す(2)

ベスト ①㋐《名ノ》最上級。最良。もっともすぐれたもの。「―テン」㋑《名》全力。「―を尽くす」▽best ②《名》チョッキ。③《名》写真判の一つ。縦四センチ、横六・五センチの大きさ。▽(2)(3)は vest

―セラー(ある期間に)最もよく売れた本。▽best seller

ペスト ペスト菌によって起こる急性感染症。腺ペスト・皮膚ペスト・肺ペストなどがある。高熱を発し、皮膚は乾燥して紫黒色となる。死亡率が高い。ペスト菌は、ネズミ・ノミが媒介する。黒死病。▽pest もと法定伝染病の一つ。

へそ【×臍】①腹のまんなかにある小さなくぼみ。臍帯(さいたい)の取れた跡。ほそ。ほぞ。「―で茶を沸かす」(おかしくてたまらないことの形容)「―が宿がえする」(同上)「―をまげる」(きげんを悪くして言うことをきかない)②物の表面の中心にある出っ張りやくぼみ。「あんパンの―」「櫓―(ろべそ)」。また単に、中心部。「日本列島の―がここだ」

べそ『―をかく』子どもなどが口をゆがめ、泣き出しそうになる。

ペソ ①中南米諸国、フィリピンなどの通貨の基本単位。②スペイン古貨。▽スペイン peso

へそくり【×臍繰り】「へそくりがね」の略。(主婦などが)倹約や内職をして内緒にためた、かね。▽「へそ」は、つむいだ糸をつないで巻いたもの。それを繰ってためた金の意。

へそちゃ【×臍茶】〔俗〕おかしくてたまらないこと。▽「へそで茶を沸かす」をつづめて出来た語。

へそのお【×臍の緒】胎児のへそと母の胎盤とをつなぐ、ひも状の器官。ほぞのお。「―切って以来」(生まれてからこれまで)

へそまがり【×臍曲(が)り】『名ナ』〔俗〕ひねくれていて、ことさら人と同調しない性質・態度。そういう人。つむじまがり。

へた【×蔕】ナス・カキなどの実に残ってついている萼(がく)。

へた【〈下手〉】『名・ダナ』①その物事に巧みでないこと。まずいこと。そういう人。「―の横好き」。一般に、てぎわが悪いこと。「―に口出しをして、かえって混乱させた」「―をすると命が危ない」▽↔上手(じょうず)。②『―な……より』の形で』なまはんかであること。「―な名所よりよい景色だ」▽「したて」「しもて」と読めば別の意。派生 **-さ** 関連 下手くそ・からっぺた・口下手・へぼ・拙い・拙劣・拙速・稚拙・無器用・不得手・苦手・不慣れ・ふつつか・まずい

べた〔俗〕①『名』すきまなく全体にわたること。「―一面」「―塗り」。まったく。すっかり。「―ぼれ」「―ぼめ」「―書き」(↔分かち書き) ②『ダナ』工夫や目新しさのない、ありふれたさま。「―な表現」

ベター 比較的よいこと。「その方が―だ」▽better

―ハーフ よき配偶者。▽better half

べたいちめん【べた一面】〔俗〕物の表面全部。

へたくそ【〈下手〉×糞】『名ナ』非常にへたなこと。▽「くそ」は強めいやしめる言い方。

へだたり【隔たり】へだたること。へだたった度合。距離。差。「意見の―がある」「―ができる」

へだ-たる【隔たる】『五自』間に(ある程度大きい)空間や時間がある。「隣の屋敷に三〇メートル―」「十秒―って出発」「心が―」(親しさが薄れる)「意見が―」。程度などにかなりの開きが生じる。「実力が―」「平均値と―」「本来の機能から―っている」「百年も―った今日では分からない」

べた-つく『五自』①べたべたねばりつく。②人の体にまといつく。また、きげんを取ってしきりにへつらう。

へだて【隔て】物を隔てる仕切りや境(となるもの)。「屏風(びょうぶ)を室の―に置く」。特に、分け隔て。差別。「―なくつきあう」。打ちとけない気持。「あの件で彼女との―ができた」

へだ-てる【隔てる】『下一他』①間に(ある程度大きい)空間や時間を置く。「道を―ててにらみ合う」「半月―ててまた会おう」②並ぶ(付いていた)ものの間を引き離す。「五メートル―てて杭を打つ」「二人の仲を―」。間に置いてさえぎる。「塀に―てられて見えない」「部屋をカーテンで―」

へた-ばる『五自』〔俗〕弱って参る。弱ってすわり込む。「暑さで―」

へたへた『副[と]』力が抜けて、くずれるように倒れたりすわり込んだりするさま。「緊張がとけて―(と)座り込む」

べたべた ①『ダナ・副[と]・ス自』物が粘りつくさま。「コンロのまわりが―だ」②『ダナ・副[と]・ス自』人にまといつくさま。「―(と)甘える」「―した人間関係」③『副[と]』一面に塗ったり貼りつけたりするさま。「おしろいを―(と)塗りたくる」

ぺたぺた『副[と]』①平らなものが何回も打ち当たる音。「廊下を素足で―(と)歩く」②いくつも貼りつけたり押しつけたりするさま。「ビラを―(と)はる」

べたり『副と』①尻をつけて(ぐったりと)すわるさま。べったり。「畳に―とすわる」②密着して平らになったり貼りついたりするさま。「湿布を―とはる」

ぺたり『副と』①軽く押しつけるさま。またそのようにして貼るさま。「―と印を押す」「切手を―とはる」②尻をつけて平たくすわるさま。

へたり-こ-む【へたり込む】『五自』弱って(力が抜けて)くずれるようにすわり込む。

へ-たる『五自』〔俗〕①体が弱って力が抜ける。へたばる。②使い古して弱くなる。「バッテリーが―」。また、張りがなくなる。「背広の生地が―」

ペダル (自転車・ピアノなどの)踏む部分。▽pedal

ぺたん『副と』押しつけるように、張り付いたり座ったりするさま。ぺたっと。「領収印を―と押す」

ぺたんこ ①『ダナ』高さがなく、平らなさま。「―の靴」②『副』餅を搗(つ)く音。そのさま。▽「ぺったんこ」とも言う。

ペダンチック『ダナ』学識ありげに見せるさま。学者ぶるさま。衒学(げんがく)的。ペダンティック。▽pedantic

ペチカ 暖房装置の一種。れんが・粘土等で煙突に至る煙の通り道を長く築き、石炭などをたいて使う。ペーチカ。▽ロシア pechka

ペチコート スカートの下にはき、スカートにふくらみをつけたり、すべりをよくしたりするための下着。▽petticoat

へちま【〈糸瓜〉】①まきひげが他の物に巻きついて延び、夏に黄色の花をつけ、初秋に長い実をぶら下げる一年草。実の繊維はたわしなどにする。茎から化粧水を取り、また、せきの薬ともする。▽うり科。②つまらないもののたとえ。へちまのかわ。「世の中は何の―と思えども」「何の芸も―もない」(芸と呼ぶほどの何とて無い)

べちゃくちゃ《副[と]》やかましくしゃべり続けるさま。「食べながら―(と)おしゃべりが続く」

ぺちゃくちゃ《副[と]》「べちゃくちゃ」よりやや軽い感じを表す語。

ぺちゃんこ《ダナ》→ぺしゃんこ

べつ【[*別]】ベツ わかれる わかつ わける ①《名・造》けじめを立てて分ける。その、わかち、けじめ。「夫婦別あり」「内外の別」「区別・分別(ふんべつ・ぶんべつ)・鑑別・峻別(しゅんべつ)・弁別・差別・判別・識別・種別・類別」②わかれる。はなれ去る。二つになる。「生別・死別・告別・訣別(けつべつ)・惜別・送別・別離・別居・餞別(せんべつ)・離別・愛別離苦」③《ダナ・造》とりわけて他とちがうさま。ほかのもの。「別の事」「別の家」「別別・特別・格別・別段・別人・別名・別邸・別宅・別条・別世界」▽「別」やそれを前要素とする語の多くは「これと別の品」「太郎と別居後は」「下界と別世界に遊ぶ」など、格助詞「と」と合し得る。↓べつに

べつ【蔑】ベツ さげすむ ―人をばかにする。見くだす。ないがしろにする。あなどる。「軽蔑・侮蔑・蔑視」

べつあつらえ…あつらへ【別×誂え】《名・ス他》注文して、特別に作ること。そうした物。「―のワイシャツ」

べついん【別院】①本山に準じて、別に設けられた寺院。「津村―」②七堂伽藍(がらん)のほかに僧の住居として造った建物。

べつうり【別売り】《名・ス他》本体とは別に、付属品や応用部品・消耗品を売ること。べつばい。

べつえん【別宴】別れのさかもり。送別の宴。

べっかく【別格】《ノダ》《「―な」も使う》定まった格式以外であるさま。特別にきめられた地位。「―の扱い」「彼は―だ」

べっかん【別館】主な(従来の)建物のほかに造った(または設けた)建物。↕本館。▽旅館や料理屋の場合、従来のを本館と呼ぶとは限らない。

べっかんこう〔俗〕あかんべ。

べつぎ【別儀】ほかの事。「―でもないが」

べっき【別記】《名・ス他》主要な文章のほかに書きそえること。書きそえた記述。「補足事項を―する」

べっきょ【別居】《名・ス自》(家族・夫婦などが)別れて住むこと。↕同居。「―生活」

べつぎょう【別業】①別の職業。②別荘。▽「業」はもと、田地などの不動産を指す。

べつくち【別口】別の部類。別のてづる。別のルート。「―の収入」

べっけ【別家】《名・ス自》①分家。②商家で、主家の屋号を名のることを許されて新たに店を出すこと。のれんを分けてもらうこと。またその店。

べっけい【別掲】《名・ス他》別に掲載や掲示をすること。「―のとおり」

べつげん【別言】《名・ス他》ほかの言い方の言葉。言い方をかえること。「―すれば」

べっけん【別件】別の事件。「―逮捕」。別の用件。「次は―ですが」

べっけん【×瞥見】《名・ス他》ちらりと見ること。

べつご【別後】別れてから後。

べっこ【別個・別△箇】《名ナ》他と切り離された、別のもの。「―の立場から見て」。他と切り離して、それ独自。「―に会見する」

べっこう【別項】別の項目。「―にかかげる」

べっこう【×鼈甲】タイマイの甲羅。熱を加えて圧着したり折り曲げたりでき、くし、こうがい、眼鏡(めがね)の縁、カフス ボタンなどの材料とする。▽江戸時代にタイマイを服飾品に使うことが禁じられたので、これを鼈(すっぽん)の甲だと称したことから出来た語。

べっこん【別懇】《名ナ》特別に懇意なこと。とりわけ親しいこと。「―の間柄」

べっさつ【別冊】(雑誌・全集などで付録的に)別に一冊とした本。

ペッサリー 子宮の位置の異常をなおすため、または避妊のために使う器具。▽pessary

ヘッジ《名・ス他》株式・商品・外国為替(かわせ)などの取引で、相場の変動で決済時に損失が生じないように手立てしておくこと。例、A国に製品を円建てで売る時、決済時の円安が見込まれるなら、A国通貨を適宜額だけ先物で買う。「―ファンド」▽hedge (=垣)

べつじ【別事】①別の事がら。②特別の事。▽既に古風。

べつじ【別辞】別れの言葉。送別の辞。別れのあいさつ。

べっし【別使】①他の使者。②特別の使者。「―を急派する」

べっし【別紙】別に添えた紙。「詳細は―のとおり」

べっし【蔑視】《名・ス他》見さげること。さげすむこと。ばかにすること。「女性―」

べっしつ【別室】①ほかの部屋。②特別の部屋。

べっして【別して】《副ノ》《多くはあとに打消しを伴って》とりわけて。ことに。特別に。「―異議を唱えることもない」「―のお願いがございます」

べっしゅ【別種】他の種類。

べつじょ【蔑如】さげすむこと。みさげること。

べっしょ【別×墅】しもやしき。別荘。▽「墅」は、田畑の取入れのために建てた、いおり。

べっしょ【別所】他の場所。別の家。

べつじょう【別条】①他と違った事柄。普通と違った事柄。「―なく暮らす」②条立てにしたものの、その条とは別の条。「―に規定した通り」

べつじょう【別状】他と違った状態。普通と違った様

子。「命に―はない」

べっしょう【別称】別の呼び名。異称。

べっしょう【蔑称】さげすんで言う呼び名。

べつじん【別人】ほかの人。「似ていたもので―に話しかけてしまった」「酒を飲むと―になる」▽第二例のように、別人格めく場合にも言う。↓よじん(余人)

べつずり【別刷(り)】①本文と別に(口絵などを)印刷すること。その印刷物。②雑誌などに載っている論文を、その部分だけ別に印刷したもの。ぬきずり。

べっせい【別製】特別に念を入れた製造。特製。

べっせかい【別世界】①この世とは別の世界。別天地。②全く違った環境。「彼は我々と―の人間だ」

べっせき【別席】ほかの座席。ほかの座敷。別室。

べっそう【別荘】本宅から離れた土地に設けてある屋敷。主に避暑・避寒などに使う。

べっそう【別送】《名・ス他》別にして送ること。「手紙は小包に同封せず、―すること」

ヘッダー 文書の各ページ上部に印刷される、タイトル・日付など。↔フッター。▽header

べったく【別宅】ふだん住んでいる家とは別に構えてある家。↔本宅

へったくれ〔俗〕つまらないと思うものを悪く言う言葉。「勉強も―もあるものか」

べつだて【別立(て)・別建(て)】《名・ス自》別々にして、異なった扱いにすること。「―の料金」

べったらづけ【べったら漬(け)】生干し大根を塩漬けした後、麹(こうじ)と砂糖であっさり漬けたもの。東京下町の名物で、秋に売り出し市が開かれる。

べったり《副[と]・ノダ・ス自》①くっついて離れないさま。「母親に―の息子」「体制に―だ」②一面に付いていたり、書いてあったりするさま。「紙面一杯に―書いてある」③↓べたり(1)。「鏡台の前に―(と)座り込んで化粧をする」

べつだん【別段】①《名ノ》普通とは異なること。特別。格別。「―の扱いをする」②《副ノ》《あとに打消しを伴って》とりたてて。別に。「―変わった事もない」

へっちゃら《名ノ》〔俗〕平気なこと。へいちゃら。

べっちん【別珍】木綿(もめん)で織ったビロード。げたの鼻緒やたび、服地などに使う。▽velveteen の前半を略して出来た語。「別珍」は当て字。

へっつい【×竈(へっつい)】かまど。▽「へ(=竈)つ(=古代の助詞)ひ(=霊)」から出た語。

べってい【別邸】本邸とは別に設けてある屋敷。

ヘッディング ①見出し。表題。②↓ヘディング。▽heading

ペッティング (男女間の)愛撫(あいぶ)。▽petting

べつでん【別伝】①特別の伝授。②普通の言伝えとは別の言伝え。「その由来は―によれば」

べつでん【別殿】別に構えた宮殿または社殿。

べつでん【別電】別に打った電報。また、別のルートから来た電報。

べってんち【別天地】現に住む世間とは別の世界。俗世から離れた世界。「―に遊ぶ」

ヘット 牛の脂肪から製した料理用のあぶら。▽オランダ vet

ヘッド ①あたま。「―スライディング」②物の頭部。先端部。「ゴルフ クラブの―」③かしら。長。主任。「―コーチ」④録音機やコンピュータで、録音・再生や入出力の際に、テープやディスクに触れる部分。⑤記事の見出し。表題。▽head **―ギア** 頭や顔を保護する用具。スポーツ選手や乳幼児・障害者の事故防止に用いる。▽headgear **―ホン** 録音の再生や放送をひとりで聞くため、両耳にあてる器具。ヘッドフォン。▽headphones **―ライト** ①電車・自動車・船などの前面につけて進路を照らすあかり。前照灯。↔テールライト。②前頭部につける小型電灯。坑内作業・登山・医療などに用いる。ヘッドランプ。▽headlight **―ランプ** ↓ヘッドライト(2)。▽headlamp

べっと【別途】別のみち。「―を選んで進む」。別のしかた。別の方法。「―の解決策」。別の方面。「そのねらいは―にある」。《副詞的に》別に。「交通費は―支給する」

ベッド 寝台。「ダブル―」「―ルーム」▽bed **―タウン** 大都市周辺の住宅地域や小都市。住宅衛星都市。▽大都市への通勤者が夜寝るためにだけ帰ってくるところから。bed と town とによる和製英語。

ペット ①かわいがって飼う動物。「―フード」。お気に入り。▽pet ②合成樹脂の一種。飲料容器・磁気テープなどに用い、合成繊維の原料にする。▽PET (polyethylene terephthalate の略) **―ボトル** ペット(2)でできた清涼飲料などの容器。軽くて割れにくく、ガラス瓶に代わって広く普及。▽PET bottle

べっとう【別当】①(平安朝以後江戸時代まで)親王家・摂関家・大臣家・社寺などの特別な機関に置かれた長官。特に、検非違使(けびい)庁長官。▽すでに官を有する人が別にその職に当たったので言う。②盲人の位の一つ。検校(けんぎょう)の次。③馬丁(ばてい)。▽院のうまやの別当(1)から転じた意。 **―じ**【―寺】神仏習合のころ、神社に付属する寺。神主とともに行事を営む社僧(=別当)が居た。▽明治初年の神仏分離後も、境内に名残の見える所もある。↓じんぐうじ

べつどうたい【別働隊】本隊とは独立して行動する部隊。▽「別動隊」とも書く。

べっとり《副[と]・ス自》ねばり気のあるものなどが一面につくさま。「脂汗を―(と)かく」「絵の具を―(と)塗る」

べつに【別に】《副》①《多くあとに打消しを伴って》他のもの、他の時と違って(……ということはない)。取り立てて。特に。「―どうもしない」「―困らない」▽「特に差しつかえない」の意味で「―いい」と使う。②いいえ。▽「―ない」の省略からと考えられる。

べつのう【別納】《名・ス他》別の時または別の方法で納めること。別途の納入。「料金―郵便」

べっぱ【別派】別の流派。別の党派。

ペッパー 胡椒(こしょう)。「ブラックー」▽pepper

べっぱい【別杯・別×盃】人と別れる時、なごりを惜しんで酒をのむさかずき。別れのさかずき。

べつばら【別腹】腹がもう一つ別にあるように、好物ならもっと飲食できること。「御飯食べたばかりだけど、ケーキはーよ」「酒ならーに収まる」▽普通は述語として使う。以前は男性語。

べっぴょう【別表】(本文とは)別に添えた表。

へっぴりごし【へっぴり腰】①体をかがめ、しりを後ろに突き出した(ふらふらした)腰つき。及び腰。②比喩的に、自信がなくこわごわ物事をする様子。

へっぴりむし【へっぴり虫】↓かめむし

べつびん【別便】別に出す郵便。また、別の(航空機などの)交通手段。「ーでお送りします」

べっぴん【別品】①特別よい品。②↓べっぴん(別嬪)

べっぴん【別×嬪】美人。▽「嬪」は宮中の女性。また、女性の美称。

べっぷう【別封】①『名・ス他』別々に封じること。②『名』別に添える封書。

べつべつ【別別】『ダナ』わかれわかれ。ちりぢり。「ーに行く」。おのおの。それぞれ。「勘定はーに払う」

べっぽう【別法】別の方法。「ーを考えよう」「ーの道を進む」

へっぽこ 〔俗〕技量が劣った者、役に立たない者を、ばかにして言う語。「ー医者」

べつま【別間】別の部屋。別室。

べつみょう【別名】↓べつめい(別名)(1)

べつむね【別棟】本館・本屋とは別に建っている建物。「研究室はーにある」

べつめい【別名】①本名(ほんみょう)以外の名。異名。異称。べつみょう。②生物学で、和名として定められた以外で、使い慣らされている動植物名。

べつめい【別命】別の命令。「ーを待て」

べつもの【別物】別の物。「頼んだのとはーを送って来た」。例外。「彼だけはーだ」

べつよう【別様】『名ナ』それと違ったしかた・様子。

へつらう【×諂う】『五自』下手(したて)に出て人の気に入るようにふるまう、またお世辞を言う。おもねる。こびる。追従(ついしょう)する。「上役にー」

べつり【別離】(長い)別れ。離別。

べつるい【別涙】別れを惜しんで流す涙。

べつわく【別枠】特別に設けられた規準。「ーで採用する」

ペディキュア 足指の爪をみがき、色を塗って美しくする化粧。足指のマニキュア。▽pedicure

ヘディング サッカーで、頭でボールを扱うこと。ヘッディング。「ーシュート」▽heading

ベテラン 老練者。ふるつわもの。「ー記者」▽veteran

ぺてん だますこと。いんちき。「ーにかける」 **ーし**【ー師】詐欺師。

へど【△反吐】一度飲食したものを吐きもどした汚物。また、吐きもどすこと。「ーを吐く」

べとつく『五自』べとべとする。べとべとと、くっつく。

へとへと『ダナ』非常に疲れて体に力がなくなったさま。「ーに疲れる」

べとべと『副[と]・ス自』物が(不快に)粘るさま。粘りつくさま。「肌が汗でーする」「ジャムでーの服」

へどもど『副[と]・ス自』求められた返事につまってあわてるなど、うろたえて、うまく対応できないさま。「不意に外国語で道を聞かれーした」

へどろ 水底に堆積した、有機物を多く含む泥。▽有害な化学物質を含むこともある。

ベトン コンクリート。「ーで固める」▽フランス béton

へなちょこ【へな×猪△口】①未熟な者をあざけって言う語。「ーが大口(おおぐち)をたたくか」▽(2)の転と言う。②外側に鬼、内側にお多福の顔を描いた楽焼(らくやき)の、上等でない杯。▽「へな」はへなつち。

へなつち【×埴土・△粘土】粘土(どねん)を多く含んだ、水底にある黒い土。あら壁を塗るのに使う。へな。

へなへな『副[と]・ノダ・ス自』①張りも手ごたえもなく、簡単にたわむさま。「ーのブリキ板」②力を失ってしおれるさま。「ー(と)くずおれる」③性格に芯がないさま。「ーした人間」

ペナルティー 罰。罰金。反則や違約に対する罰則。「ーを科する」▽penalty **ーキック** サッカー・ラグビーで、相手側の反則によって与えられる、ゴールをねらうキック。PK。▽penalty kick

ペナント ①(野球の)優勝旗。転じて、覇権。「ーを得る」「ーレース」②(大学の校章などを付けた)細長い三角形の旗。「ー交換」▽pennant

べに【紅】①化粧品、染料、食品の着色などに使う赤い色の顔料。▽もと、紅花(べにばな)の花びらをしぼって製した。②紅(1)の色。くれない。③口べに。また、ほおべに。「ーをさす」

ペニー イギリスの貨幣単位。もと、ポンドの二百四十分の一、シリングの十二分の一の値。一九七一年以後、ポンドの百分の一。複数は「ペンス」。▽penny

べにおしろい【紅〈白粉〉】べにとおしろい。転じて、化粧。「ーにうき身をやつす」

べにかね【紅〈鉄漿〉】べにとかね(=おはぐろ)。「ーをつける」(化粧をする)

べにがら【紅殻】↓ベンガラ。▽ベンガラに「紅殻」と漢字を当てたところから起こった読み方。

べにこ【紅粉】紅(べに)(マゼンダ)色の合成顔料。唐紅(とうべに)。▽「こうふん」と読めば別の意。

べにざけ【紅×鮭】ベニマスの別称。

べにさしゆび【紅差(し)指】くすりゆび。▽この指で紅をつけたところから。

べにしょうが【紅生×薑・紅生×姜】梅酢に漬け、赤く色づけしたしょうが。

ペニシリン 青かびの一種からとる抗生物質。肺炎・おでき・淋(りん)病などにきく。▽penicillin 一九二八年にフレミングが発見。

べにすずめ【紅×雀】①スズメより少し小さい小鳥。背は暗褐色、腹は黄褐色。繁殖期の雄は深紅色となる。インド・マレー・ジャワ・インドシナ原産。▽かえでちょう科。②→みつすい

べにばな【紅花】花から染料の紅を、種子から油をとる一年草。高さ三〇～九〇センチ。形はアザミに似る。夏、紅色を帯びた黄色の頭状花が咲く。くれない。すえつむはな。▽きく科。

べにます【紅×鱒】サケよりやや小ぶりの、マスの一種。秋、赤色になる。海にすみ、産卵のために川をさかのぼる。湖に、これの陸封型であるヒメマスが産する。ベニザケ。

ベニヤいた【ベニヤ板】→ごうはん。▽「ベニヤ」は veneer（＝単板）

へのかっぱ【×屁の△河△童】なんとも思わないこと。なんでもないこと。「そんなことはーさ」

ペパーミント 薄荷(はっか)の一種。清涼感があり、鎮痛・鎮静効果がある。▽peppermint

へばりつ-く《五自》ぺったりと張り付くようにつく。「一日中机にー」

へば-る《五自》くたびれきる。つかれはてる。弱り切る。へたばる。

へび【蛇】①足がなく、ひも状で、うろこにおおわれている動物。舌が長い。地や物に伝って這(は)い、とぐろを巻く。ながむし。くちなわ。「ーの生(なま)殺し」（半死半生の目にあわせ、ほうっておくこと）▽へび亜目の爬虫(はちゅう)類の総称。人に恐れきらわれ、しばしば執念深さのたとえにされる。不吉なものと見られるが、白蛇などは逆に福ともされた。大きいのを「おろち」と言う。②巳(み)年（生まれ）のこと。

ヘビー ①重いこと。「ー級」。程度が甚だしいこと。「ースモーカー」②『ーをかける』最後の馬力をかける。（スポーツなどで）最後の激しい努力をする。▽heavy　**ーユーザー**（度を過ぎて）その機器・設備をよく使う人。▽heavy user

ベビー ①赤ん坊。ベイビー。「ーサークル」②転じて、小型のものの意。「ーカメラ」▽baby　**ーカー** 乳母車(うばぐるま)。バギー。▽baby と car とによる和製英語。　**ーシッター** 親の外出中に、雇われて子守りをする人。▽babysitter　**ーパウダー** 赤ん坊や子供の肌につけて、汗を吸い取り、あせもを防ぐ粉末。パウダー。▽baby と powder とによる和製英語。

へびいちご【蛇×苺】茎が地上をはい、四、五月ごろ黄色い花を開き、紅色に熟す実をつける多年草。実は俗に有毒というが、無毒。どくいちご。▽ばら科。

ヘビメタ「ヘビー メタル」の略。一九七〇年代、イギリスで生まれたロック音楽。エレキギターを強調した大音響、激しい演奏が特徴。▽heavy metal から。

ペプシン 蛋白(たんぱく)質を分解する酵素。脊椎動物の胃液の中にある。▽pepsin

ヘブライズム 古代ヘブライ人の思想から出て、キリスト教が継承した思潮。神を中心とし、倫理的な人生観・世界観をもつ。ユダヤ教的精神。ヘレニズムと共に西洋思潮の主要素。▽Hebraism

べべ 着物を指す幼児語。「赤い(お)ー」

へべれけ《ダナ》〔俗〕ひどく酒に酔って正体のないさま。「ーに酔う」

へぼ ①わざのまずいこと。「ー医者」「ー将棋」②くだものなどの出来の悪いもの。「ーきゅうり」

へま《名ナ》物事に気が利かないさま。「ーなことをしてしまった」。まのぬけた失敗。「ーをする」

へめぐ-る【経巡る】《五自》方々をめぐり歩く。旅行してあちこちをまわる。遍歴する。

ヘモグロビン 脊椎動物の赤血球の赤い色素。酸素を運ぶ機能をもつ。血色素(けっしきそ)。▽ドイ Hämoglobin

へや【部屋】①家の中を幾つかに仕切った空間。間(ま)。室。座敷。▽普通は廊下などを含まず、居住性のあるものを指すが、時には物置などにも言う。「炭ー」②殿中で、宮仕えの女の居間。つぼね。③転じて、召使がめかけになって室を賜った者。「おー様」④江戸時代、諸大名の江戸屋敷で、小者(こもの)・人足などの詰所(つめしょ)。⑤相撲(すもう)の年寄の詰所。転じて、その弟子一同が属する系統別の組織。「時津風ー」　**ーずみ**【ー住】嫡男がまだ相続をしていない間の身分。また、家督相続ができない、次男以下の者。　**ーわり**【ー割(り)】《名・ス自》使う部屋の割当てをすること。

へら【×箆】先端を平らにした、手にもって使う道具。㋐細長く、先のへりをややとがらせたもの。折り目や印をつけたり、のりを練ったり塗ったりするのに使う。㋑料理で使う、しゃもじのような形のもの。

べら 暖海の沿岸にすむ魚。体の色が美しい。食用。▽べら科の海魚の総称。

へら-す【減らす】《五他》数・量・程度を少なくする。↔増す⑵。「社員をー」「腹をー」（腹をすかす。空腹になる）

へらずぐち【減らず口】少しも気おくれせず憎まれ口をたたくこと。負け惜しみや口から出まかせの理屈を言うこと。「ーをたたく」

へらぶな【×箆×鮒】ゲンゴロウブナの飼育品種。体がひらたく幅広く、口が小さく、頭が左右に出っぱっている。多く、釣堀用に養殖。

へらへら ①《副[と]》無意味に、だらしなく笑うさま。②《副[と]・ス自》軽薄に話したり、振る舞ったりするさま。相手に迎合しへつらうさま。「ー(と)くだらない口をきく」「誰にでもーする」

べらべら《副[と]・ス自》①軽薄に、よくしゃべるさま。「ー(と)まくしたてる」「秘密をー(と)しゃべる」②生地(きじ)が薄くて張りがないさま。

ぺらぺら ①《副[と]・ノダ》よくしゃべるさま。「秘密をー(と)しゃべる」。特に、外国語などを達者にしゃべるさま。「彼は英語がーだ」②《副[と]・ノダ・ス自》物が薄っぺらで、安っぽく見えるさま。「ーした紙」③《副[と]》本のページを繰るさま。

べらぼう【×篦棒】《名・ダナ》①余りにもひどいさま。

はなはだしいさま。「―な値段」「―に暑い」▽(2)の転。②人をののしる時に言う語。ばか者。「―め。気をつけろ」▽江戸時代寛文(一六六一～七三)ごろ見世物に出た、全身黒く頭がとがり目が赤く丸く、あごが猿のような奇人の名、便乱坊(べらぼう)あるいは可坊(べくぼう)から出た言葉という。派生 **-さ**

ベランダ 洋式の建物で外側に張り出した、ひさしのある縁。和風住宅で庭などに面してひろく取った縁側や廊下をもさす。▽veranda(h)

べらんめえ〔俗〕(職人などが)相手をののしるのに使う語。▽「べらぼうめ」の訛(なま)りかと言う。 **―くちょう【―口調】**江戸・東京の下町で、職人などが使った巻き舌で威勢のいい言葉の調子。▽これを使うことは実際にはそう多くはなかった。今ではほとんど聞かれない。

へり【△縁】ふち。「畳の―」(畳の辺の長い方のふちを包んだ布)「―をとる」(補強や装飾のため、縁にぬいとりをしたり縁を布で包んだりする) ▽辺り・そばの意の「辺(へ)」と同語源。

ヘリ「ヘリコプター」の略。「―ポート」「ドクター―」

ベリー ダンス ステップを踏みながら腰を振ったり腹部をひねったりする、中東起源の女性の踊り。▽belly dance

ヘリウム 無色・無臭で、他の元素と化合しない気体元素。水素についで軽い。元素記号 He ▽helium

ヘリオトロープ 青紫色の花が穂になって咲き、よいにおいを放つ小低木。ペルー原産。観賞用・香水用。▽heliotrope むらさき科。

ペリカン 温帯・熱帯地方の水辺に分布する水鳥。下くちばしに大きい袋があり、すくい捕らえた魚をここに入れる。伽藍(がらん)鳥。▽pelican ペリカン科の鳥の総称。

へりくだ-る【へり下る・△謙る・△遜る】〘五自〙他人をうやまって自分については控えめな態度をとる。謙遜する。「―った態度」

へりくつ【×屁理屈】筋道の立たない理屈。こじつけの議論。「―をこねる」

ヘリコプター 大きな回転翼を機体の上方に取りつけ、エンジンで回して浮力をつけ、地上滑走をせずに発着する航空機。回転翼の角度を変えて水平方向に飛ぶ。空中に静止することも出来る。▽helicopter ↓オートジャイロ

ペリスコープ →せんぼうきょう。▽periscope

へりとり【△縁取(り)】①へりをとること。へりをとったもの。②転じて、花びらの周辺だけ色の異なるものや、ござの両縁に布のへりをつけたもの。

ヘリポート ヘリコプターが離陸・着陸する設備のある場所。▽heliport

へ-る【減る】〘五自〙数・量・程度が少なくなる。↕増す(1)。「人口が―」「腹が―」(腹がすく。空腹になる)「口の―・らない」(＝よくしゃべり、やり返したりする)小僧だ」「靴底が―」

へ-る【経る・△歴る】〘下一自〙ある所を過ぎて進む。㋐時の流れを経過して現在に至る。時がたつ。「一か月(を)へても音沙汰(おとさた)がない」「なす事もなく日を―」㋑そこを通って行く。「京都をへて大阪に行く」「山河をへめぐり歩く」㋒ある道筋・過程をたどる。「幾多の困難をへて成功を収めた」「書類が課長をへて重役に渡される」

ヘル たて糸に梳毛(そもう)、よこ糸に紡毛を使ったサージ。▽ドイ Mohär から。

ベル 鈴。呼びりん。電鈴。また、鐘。「発車の―が鳴る」「非常―」「ポケ―」▽bell

ヘルシー〘ダナ〙健康的。また、体によいさま。特に、食べ物・料理が体によいさま。「―な生活」「―な飲み物」▽healthy

ヘルス センター 保養・娯楽のための施設を集めた所。▽health center(＝保健所)

ヘルス メーター 家庭用の体重計。▽health と meter とによる和製英語。

ペルソナ 人格。心理学では外向きの(表面的な)人格。▽ラテ persona(＝仮面・人格)

ヘルツ 電流・電波の周波数、音波の振動数などを表す、振動数の単位。記号 Hz サイクル毎秒。▽hertz ドイツの物理学者 H. Hertz にちなむ。

ベルツすい【ベルツ水】皮膚の荒れを防ぐ化粧水。グリセリンカリ液。▽明治時代に日本に在住したドイツ人 Bälz の処方。

ベルト 帯。「シート―」。帯状のもの。「グリーン―」。(機械の)しらべおび。▽belt **―コンベヤー** ベルトの上に品物や土砂などを乗せて移し運ぶ装置。工場、土木工事などで使う。「―システム」(流れ作業のやり方) ▽belt conveyor

ヘルニア 体内の臓器や組織の一部が、本来あるべき場所から飛び出した状態。例、脱腸。▽ラテ hernia ↓ついかんばん

ヘルパー (家事を)手伝う人。特に、老人や体の不自由な人の生活の世話をする人。「ホーム―」▽helper

ヘルプ ①手伝うこと。また、手伝う人。「―がほしい」②コンピュータ上の使い方の説明機能。▽help

ヘルペス 疱疹(ほうしん)。また、それを引き起こすウイルス。▽ラテ herpes

ベルベット →ビロード。▽velvet

ヘルメット 頭部を保護するための硬い帽子。保護帽。「野球の―」▽helmet

ベルモット 白ワインに、ニガヨモギ・肉桂(にっけい)など種々の植物成分を浸出させた洋酒。▽フラ vermouth

ベレー つばのない、丸くて平らな帽子。ベレー帽。▽フラ béret

ペレット 小さな塊。㋐おがくずなどを圧縮成形した、ストーブなどの燃料。㋑魚や犬などの粒状の飼料。㋒原子炉の燃料棒に詰める焼き固めた核燃料。㋓動物が消化できずに吐き出した骨や毛の塊。▽pellet

ヘレニズム (ヘブライズムと対比し)ギリシアの(人間中心的な)精神。限定しては、アレクサンドロス大王

から三百年間ぐらいの、東方文化と接触統合した時期の、ギリシア文化。▽Hellenism

ベロア 手ざわりの柔らかい、毛のビロード。外套(がいとう)などに用いる。▽velours

ヘロイン モルヒネから作る麻薬。鎮痛作用は強いが依存性も強く、法により製造・所持・使用が厳禁されている。▽ドイツ Heroin

へろへろ〘ノダ〙体力・気力を消耗したさま。「疲れて―だ」。威力がないさま。「―矢」

べろべろ ①〘副「と」〙(きたならしい感じがする仕方で)舌で物をなめまわすさま。「―(と)皿をなめる」②〘ノダ〙ひどく酔っているさま。べろんべろん。「―に酔う」

ぺろぺろ〘副「と」〙①舌で盛んに物をなめるさま。「差し出した手を犬が―なめる」②勢いよく、またたく間に食べてしまうさま。「―(と)平らげる」

べろり〘副と〙舌を出すさま。舌を出して物をなめるさま。

ぺろり〘副と〙①舌をすばやく出すさま。舌を出して物をなめるさま。②またたく間に食べてしまうさま。「一皿を―と平らげる」

べろん〘副と〙薄いものが垂れ下がるさま。「壁紙が―とはがれている」「牛が舌を―と出す」

べろんべろん〘ノダ〙酒に酔ってしまりのなくなったさま。「―に酔う」「酒を飲んで―だ」

へん【*片】 ヘン かた きれ ひら ―①きれはし。ひとひら。ひときれ。「片雲・紙片・木片・断片・破片・一片・薄片・切片・肉片」。平たくうすいもの。「片片」②ごく少量のもの。「片言・片時・片鱗(へんりん)」③一つの物の半分。かた一方。かたわれ。「片月」④イギリスの貨幣単位「ペニー」「ペンス」の音訳。

へん【*辺】[邊] ヘン あたり ほとり べ ―①〘名・造〙物のはし。ほとり。あたり。近く。「海辺(かいへん・うみべ)・炉辺・近辺・周辺・身辺・武辺・天辺(てっぺん)」。漠然と場所・程度などを表す。「この辺で」「静岡辺」「那辺」②くにざかい。くにのはて。かたいなか。「辺境・辺域・辺地・辺土・無辺」③〘名・造〙㋐幾何学で、多角形の限界をなす直線。「底辺・二等辺三角形」㋑数学の等式で、等号の左右にある式。「左辺」

へん【*返】[返] ヘン かえす かえる ―①㋐もとへもどる。おりかえす。来たものをもとにもどす。おかえしをする。「返却・返上・返礼・返済・返還・返答・返信・返書・返事・返報・返歌・返杯」㋑反射する。「返照」②度数を数える語。「三返」

へん【遍】[遍] ヘン あまねし ―①もれなくゆきわたる。あまねく。あまねし。「偏」に同じ。「遍在・遍歴・遍照・遍身・遍路・普遍」②度数を数える語。「一遍」

へん【偏】[偏] ヘン かたよる ひとえに ―①かたよる。中正でない。「偏向・偏差・偏頗(へんぱ)・偏狭・偏見・偏愛・偏屈・偏狂・偏重・偏執(へんしゅう・へんしつ)・偏食・不偏・偏頭痛」②〘名・造〙漢字で左側を構成する部首。「紀」のいとへん、「作」のにんべん、「江」のさんずいなど。「偏旁(へんぼう)」。また、左右に分けられる漢字で左側の部分。↕旁(つくり)。③ひたすら。ひとえに。

へん【*編】[編] ヘン あむ ―①〘名・造〙文章をあつめつづって書物とする。「二三の作家の編になる」「編修・編集・編輯(へんしゅう)・編纂(へんさん)・編述・新編・共編」②すべてばらばらのものを順序を立てて一つに組み立て、組み入れること。「編入・編成・編曲・編隊・編年体」③書物のとじ糸。「韋編(いへん)」④組み合わせて糸でとじる。あむ。▽「篇」の代用字。

へん【篇】 ヘン ―①首尾の完全な詩歌または文章。書きもの。「篇什(へんしゅう)・篇章・短篇・長篇・名篇・佳篇・雄篇」②一つづりになっている書物。「篇帙(へんちつ)」③書物の部わけ。「初篇・続篇・前篇・後篇・内篇・外篇(げへん)・全篇・断篇」④詩文などを数える語。「詩三篇・随想二篇」▽「編」で代用する。

へん【*変】[變] ヘン かわる かえる ―①次々とかわってゆく。うつりかわる。かえる。かわり。「変化・変移・変遷・変改・変更・変動・変幻・変造・変心・変色・転変・激変・一変・大変・豹変(ひょうへん)・臨機応変・千変万化」②急に今までとちがった事象が起こること。不時の災難。「天変地異・異変・地変・凶変」③〘名・造〙正常でない社会的事件。「本能寺の変」「変乱・事変・政変」④〘ダナ・造〙普通でない。「変な音」「変化(へんげ)・変事・変死」⑤〔音楽〕本位音よりも半音低い音。「変宮・変記号」

べん【*弁】[辨・瓣・辯] ベン ―㊀[辨]①よりわける。見わける。「弁別」②明らかに考える。わきまえる。「弁証・弁理」③用にあてる。役に立たせる。「弁当・弁償・弁済・弁務官」④令(りょう)の制度で太政官(だいじょうかん)の官名。八省の文書を受けつけ、国司の朝集などをつかさどる。「弁官・左大弁・頭弁(とうのべん)」㊁[瓣]①花びら。「花弁」②〘名・造〙容器の口や管の中途で、気体や液体の出入りを調節するもの。「弁をひねる」「弁膜・滑弁・吸入弁・排気弁・安全弁」㊂[辯]①言い開きをする。言い争う。「弁護・弁難・弁論・弁明・弁解・弁駁(べんばく)・陳弁・答弁」②〘名・造〙話。話しぶり。「大臣就任の弁」「弁が立つ」「懸河の弁をふるう」「弁士・弁口・弁舌・弁巧・弁佞(べんねい)・弁説・弁疏(べんそ)・雄弁・多弁・訥弁(とつべん)・駄弁・詭弁(きべん)・能弁・熱弁・通弁」③言葉づかい。「東京弁」④漢文の文体の一つ。是非・真偽をわかつもの。㊃[弁] かんむり。それをかぶる者。「武弁」▽本来、㊀～㊃はそれぞれ別字。

べん【*便】 ベン ビン たより ―①〘名・造〙たよりがよい。つごうがよい。よいついで。「自動車の便がある」「便利・便宜(べんぎ・びんぎ)・便益・便法・便路・便乗(びんじょう)・便船(びんせん)・便覧(びんらん・べんらん)・軽便・簡便・不便・方便・至便・穏便(おんびん)・音便(おんびん)」②《名・造》「ビン」と読む。㋐たより。てがみ。おとずれ。「便箋(びんせん)・郵便・後便・幸便・小包便」㋑郵便物・荷物・人を運ぶ。「船便(ふなびん)・航空便・普通便・客車便・定期便」▽→びん(便)。③くつろぐ。やすむ。ふだんむきである。「便殿・便衣・便服」④《名・造》大小の排泄(はいせつ)をする。また、排泄物、特に大便。「便の検査」「大小便・軟便・便秘・便所・便器・便意・便通」

べん【鞭】 ベン むち むちうつ ｜馬を打って走らせる皮のひも、また杖(つえ)。人を打ってはげまし、また罰する杖。むち。むちうつ。「先鞭をつける」「鞭声・鞭撻(べんたつ)・教鞭」

べん【勉】【勉】 ベン つとめる ｜力を出してはげむ。つとめる。「勉強・勉学・勉励・勤勉」

ペン ①文房具の一つ。インクによってものを書くもの。「―先」「―字」②転じて、文筆活動や文章。「―は剣よりも強し」「―を折る」(文筆活動をやめる)▽pen **―クラブ** 第一次大戦後に、世界的に組織された文筆家の団体。▽P.E.N. Club P.E.N. は Poets, Playwrights, Editors, Essayists and Novelists の略。**―だこ【―〈胼胝〉】** 始終ペン(鉛筆など)を使う人の中指にその軸が当たって、できるたこ。▽パソコンなどの普及で、消えがち。 **―ネーム** 文章を書く時に使う、本名以外の名。筆名。雅号。▽pen name **―パル** →ペン フレンド。▽pen pal(＝仲間) **―フレンド** 手紙を交換して交際する友だち。▽pen-friend **―ホルダー** 「ペンホルダー グリップ」の略。卓球のラケットの、ペンを持つような握り方。ペン。▽penholder grip から。 **―ライト** 万年筆の形をした小型の電灯。「手に手に―を振る」▽penlight

へんあい【偏愛】《名・ス他》ある人だけを、かたよって愛すること。「長男を―する」

へんあつ【変圧】 電圧または圧力を変えること。 **―き【―器】** 交流電流の電圧の高さを変える装置。トランス。

へんい【偏×倚】《名・ス自》①かたよること。片寄り。②数学・物理で、規準・平均値からの片寄り。振れ。▽「偏」も「倚」もかたよる意。

へんい【変位】《名・ス自》物理で、物体が位置を変えること。位置の移動、またその変化の量。

へんい【変移】《名・ス自他》変化して他に移ること。変えて移すこと。「世相の―」

へんい【変異】《名・ス自》①変動すること。異変。②〔生物〕同種の生物の個体どうしで違った形質を現していること。▽→とつぜんへんい

べんい【便意】 大便がしたくなる気持。「―を催す」

べんい【便衣】 中国で、ふだん着。平服。 **―たい【―隊】** 平服を着て敵地に入り、敵を襲う部隊。

へんうん【片雲】 ちぎれ雲。一片の雲。「―の風にさそはれて」(奥の細道)

へんえい【片影】 わずかの、物の姿。「敵の―だも見ず」

べんえき【便益】 便利。都合よくて利益のあること。「―を与える」

へんおんどうぶつ【変温動物】 外界の温度によって体温が変化する動物。鳥類・哺乳(ほにゅう)類を除く多くの動物がこれに当たる。冷血動物。↕定温動物

へんか【変化】《名・ス自》ある状態・位置から、他の状態・位置に変わること。「―に富む」「語尾が―する」「―球」▽「へんげ」と読めば別の意。

へんか【返歌】 人から贈られた歌にこたえてよむ歌。かえしうた。

へんかい【変改】《名・ス他自》変え改めること。変わり改まること。改変。▽「へんがい」とも言う。

べんかい【弁解】《名・ス他自》言いわけをすること。弁明。「くどくどと―する」

へんかく【変革】《名・ス自他》変わりあらたまること。変えあらためること。「社会の―期」

へんかく【変格】 正規ではない有様。正格からはずれた格。変則。↕正格。 **―かつよう【―活用】** 日本語の動詞における、活用の型の一種。普通の活用に比べ不規則な変化をする。文語ではカ行・サ行・ナ行・ラ行、口語ではカ行・サ行にある。

へんがく【×扁額】 横に長い額。

べんがく【勉学】《名・ス自他》学問につとめ励むこと。勉強。「―にいそしむ」

ベンガラ ①酸化鉄を主成分とする赤色の顔料。べにがら。▽インドのベンガルに産したところから言う。(オランダ) Bengala ②「ベンガラ縞(じま)」の略。縦糸が絹、横糸が木綿(もめん)の、しまの織物。オランダ人がインドからもたらした。▽「弁柄」とも書く。

へんかん【変換】《名・ス他自》①変えること。取り換えること。換わること。「仮名を漢字に―する」「電気を光に―する」②数学で、一つの集合の元を同じ集合の範囲の元に対応させること。「一次―」

へんかん【返還】《名・ス他》もとの所、持ち主に返すこと。「領土の―」

べんき【便器】 大便・小便をその中にする器具。

べんぎ【便宜】《名・ダナ》(その場の)都合がよいこと。適宜の処置。「―をはかる」「―上の区別」 **―てき【―的】**《ダナ》便宜を中心として決めるさま。間に合わせに物事を処置するさま。「―に決める」

ペンキ 塗料の一種。顔料を塗料用油またはボイル油とねって作ったもの。ペイント。「―ぬりたて」▽(オランダ) pek から。

へんきごう【変記号】 →フラット(1)

へんきゃく【返却】《名・ス他》借りた物、預かった物を持ち主に返すこと。「図書を―する」

へんきょう【偏狭・×褊狭】《名ナノ》狭いこと。ゆったりしていないこと。狭小。▽土地にも人の度量にも言う。「褊」もせまいの意。 派生 **-さ**

へんきょう【辺境・辺×疆】 中央から遠く離れた国ざかい、または地域。

べんきょう【勉強】《名・ス他自》無理にでも(＝強)努

力して励むこと。①仕事に精を出すこと。「やあ、相変わらず―しているね」㋐学業・技能などを身につけようと努力すること。「数学を―する」「―家」「財務の―をする」㋑今後、事を処するのに役立つ、身にしみる経験。「今度の失敗は(いい)―になった」▽㋑は名詞でだけ使う。②商人が品物の値段を安くして売ること。「せいぜい御―いたします」「こちらの品をもう五百円―できないか」「いつも―している評判の店」▽多くは値引きに言うが、最後の例のように廉価販売にも使う。

へんきょく【変局】普通とは違った非常の局面。「大戦は世界に大―をもたらした」

へんきょく【編曲】『名・ス他』ある楽曲を他の演奏形態に適するように改編すること。ある曲を演奏用にまとめ上げること。

へんきん【返金】『名・ス自』(借りた)金を返すこと。「差額を―する」

ペンギン 水中で翼を使って泳ぐ、空を飛べない海鳥。多くは南極地方にすみ、体長〇・五〜一メートル。頭と背は黒く、足・翼が短い。陸上では白い腹をみせて直立して歩行する。▽penguin ペンギン目の海鳥の総称。

へんくつ【偏屈・偏窟】『名ナノ』性質がすなおでなく、ねじけていること。「―者(もの)」 派生 **―さ**

へんげ【変化】『名・ス自』本来の姿を変えて現れること。その現れたもの。化物。妖怪。▽神仏が仮に人の姿になって現れることをも言う。「へんか」と読めば別の意。

へんけい【変形】『名・ス他自』形を変えること。形が変わること。変えた形。特に、普通とは変わった形。

べんけい【弁慶・×辨慶】①強い者。「うち―」「かげ―」「―の泣き所」(向こうずね。また、弱点)▽源義経(よしつね)の腹心の臣、武蔵坊(むさしぼう)弁慶が強い人だったところから。②所々に穴をあけた竹筒で、うちわや台所用品を差す道具。▽それらを差した形を、武蔵坊が背負っていた七つ道具に見立てて言う。③とりまき。たいこもち。▽武蔵坊がいつも義経につき従っていたから。④「べんけいじま」の略。 **―じま**【―×縞】しまの幅が約一センチ以上ある大柄な縦横じま。 **―そう**【―草】茎が群生し、夏から秋に、淡紅色・五弁の小さな花が集まり咲く多年草。観賞用。葉をあぶって、はれ物や毒蛇にかまれた傷口にはった。▽べんけいそう科。

へんけん【偏見】偏った見解。中正でない意見。

へんげん【片言】ちょっとした言葉。言葉の切れはし。ひとこと。「―隻語」

へんげん【変幻】姿がたちまち現れたり消えたりすること。「―自在」「―きわまりない怪盗」

べんご【弁護】『名・ス他』その人の利益となる事を主張して助けること。その人のために言い開きをして守ってやること。 **―し**【―士】事件の当事者・関係人の依頼や官公署の委嘱によって、訴訟に関する行為や法律事務を行う職業の人。▽弁護士名簿に登録された者だけがなれる。↓べんごにん。 **―にん**【―人】刑事訴訟で、被疑者・被告人の利益のために弁護する任務の人。原則として弁護士が選ばれる。「主任―」

へんこう【偏向】『名・ス自』中正を失っていること。偏った傾向。「―教育」

へんこう【偏光】『名・ス自』光(電磁波)が一定の方向にだけかたよって振動すること。その光。「―顕微鏡」「―フィルター」

へんこう【変更】『名・ス他』変えあらためること。「予定を―する」「日付―線」「名義―」

へんこう【変項】〔論理〕日常言語の「これ」「それ」など指示代名詞に似た用法の表現が表すもので、その表現を常項に代えると意味が具体的に確定するようなもの。例、「aは美しい」のa、「xがyの親ならyはxの子だということが、どんなxやyについても成り立つ」のx、y。▽変数の考えを一般化したもの。↓じょうこう(常項)

べんこう【弁口】口のきき方。口先がうまいこと。

べんこう【弁巧】物言いのたくみなこと。

へんこうせい【変光星】見かけの明るさが時間とともに変化する恒星。

へんさ【偏差】統計で、標準となる一定の数値・位置・方向からの、かたより・ずれ。その度合。 **―ち**【―値】統計的な集団の中で、ある数値が相対的にどのような位置にあるのかを示す値。集団が平均値五〇、標準偏差一〇の分布になるように調整したときの、その数値の平均値からのずれ。

べんざ【便座・便×坐】洋式便器の腰をかける、U字型またはO字型の上げ下げできる部分。

へんさい【変災】天変地異のわざわい。災難。

へんさい【返済】『名・ス他』借りた金や品物を返すこと。「ローンの―」

へんざい【偏在】『名・ス自』かたよって、ある場所にだけ多くあること。「富の―」

へんざい【遍在】『名・ス自』広くあちこちに行きわたってあること。

べんさい【弁済】『名・ス他』①債務を弁償すること。②法律で、債務を履行して、債権を消滅させること。

べんさい【弁才】口で人をたくみに説き伏せる才能。また、口先でごまかす才能。弁舌の働き。

べんざいてん【弁才天・弁財天】弁舌・音楽・財福・知恵などをつかさどるインドの女神(めがみ)。その像は美しい顔をもち、琵琶(びわ)をひいている。美音をもって衆生(しゅじょう)を喜ばせるという。日本では後世、吉祥天(きちじょうてん)と混同し、財宝を与える神として信仰された。七福神の一つ。弁天。べざいてん。▽本来は「辯才天」と書く。

へんさつ【返札】返書。返事の手紙。

へんさん【偏×衫・×褊×衫】僧服の一種。上半身を覆う衣。

へんさん【編×纂】『名・ス他』多くの材料を集め、またはそれに手を加えて、書物の内容をまとめること。編集。「辞書の―」

へんし【変死】《名・ス自》病気・老衰でない、事故や他殺などで死ぬこと。その死に方。

へんじ【片時】わずかの時間。かたとき。「―も忘れず」▽「へんし」とも言う。

へんじ【変事】普通でない出来事。異変。

へんじ【返事・返辞】《名・ス自》答えの言葉、または書面。返答。答えること。「―が来る」「二つ―で引き受ける」

べんし【弁士】①演説・説明をする人。特に、無声映画の活弁。②弁舌が巧みな人。

へんしつ【偏執】→へんしゅう(偏執)

へんしつ【変質】①《名・ス自》性質または物質が変わること。また、その変わった性質・物質。「―した薬剤」②《名》異常な性質・性格。「―的な男」「―者」

へんしゃ【編者】書物を編集する人。▽「へんじゃ」とも言う。

へんしゅ【編首・×篇首】一編の詩・文章の初めの部分。編章の初めの部分。

へんしゅ【変種】その種類のものの一つでありながら、普通と変わっているもの。↔原種。▽植物分類上は、必要に応じて亜種の下に置く。

へんしゅう【偏執】偏見に固執して他人の意見を受けつけないこと。へんしつ。 **―きょう**【―狂】ある物事に執着し、常識はずれの事を平気でする人。モノマニア。 **―びょう**【―病】「パラノイア」の古い言い方。

へんしゅう【×扁舟】小舟。

へんしゅう【編修】《名・ス他》書籍を編み整えること。また、昔中国で正史を編み整える仕事をした官。▽もと、整って正しいことの意。

へんしゅう【編集・編×輯】《名・ス他》諸種の材料を集め、書物・雑誌・新聞の形にまとめる仕事。その仕事をすること。編纂(へんさん)。「―者」。また、映画・音楽・画像などを発表できる形に整えること。

へんじゅう【×篇×什】詩を集めたもの。詩篇(しへん)。詩。▽「什」は十の意。「詩経」で雅・頌(しょう)が十篇(じっぺん)で一巻となっているので、詩の意に転じた。

へんしょ【返書】返事の手紙。返信。

べんじょ【便所】大便・小便をするための場所。かわや。せっちん。関連 手洗い・御不浄・手水(ちょうず)・はばかり・厠(かわや)・雪隠(せっちん)・後架・化粧室・トイレット・トイレ・WC

へんしょう【編章・×篇章】①文章の編と章。②転じて、文章・書物。

へんしょう【返照】《名・ス自》①光が照り返すこと。その照り返し。特に夕日の光。夕日。②《仏》昔の例に照らして考えること。自分の本源を究明すること。

へんじょう【返上】《名・ス他》①いただい(てい)たものをお返しすること。②転じて単に、返すこと。受け取らないこと。「予算―」「汚名―」「日曜―」

へんじょう【遍照】《仏》あまねく照らすこと。広く照り渡ること。「光明(こうみょう)―」 **―こんごう**【―金剛】《仏》光明があまねく照らし、金剛のように不壊(ふえ)であること。

べんしょう【弁償】《名・ス他》つぐなうこと。他人に与えた損害に対し、財物を出して補いをすること。「運送業者が―する」「実費―」

べんしょうほう【弁証法】物の考え方の一つの型。形式論理学が、「AはAである」という同一律を基本に置き、「AでありかつAでない」という矛盾が起これぱそれは偽だとするのに対し、矛盾を偽だとは決めつけず、物の対立・矛盾を通して、その統一により一層高い境地に進むという、運動・発展の姿において考える見方。図式的に表せば、定立(「正」「自」とも言う)Aに対しその(自己)否定たる反立(「反」「アンチテーゼ」とも言う)非Aが起こり、この否定・矛盾を通して更に高い立場たる総合(「合」「ジンテーゼ」とも言う)に移る。この総合作用を「アウフヘーベン」と言う。▽起源はギリシア dialektikē(=対話)

へんしょく【偏食】《名・ス自》特定のものだけをえり好みして食べること。

へんしょく【変色】《名・ス自》色が変わること。

ペンション 洋風の民宿。▽フランス pension の英語読みから。

へんじる【変じる】《上一自他》変わる。変化する。変える。変更する。へんずる。

べんじる【便じる】《上一自他》用が足りる。用をたす。べんずる。

べんじる【弁じる】①《上一他》㋐しゃべる。述べる。「一席―」㋑いいわけをする。陳弁する。▽(1)は本来「辯」。②《上一他》㋐物事を区別する。「公私の別を―」㋑物事を取り扱う。すませる。「昼食を―」③《上一自》整う。済む。「用が―」▽(2)(3)は本来「辨」。(1)~(3)とも「べんずる」とも言う。

ペンシル 鉛筆。特に、シャープ ペンシル。「―型」▽pencil

へんしん【変心】《名・ス自》心を他の事、他の考え方に移すこと。心変わり。

へんしん【変身】《名・ス自》体を他のものに変えること。姿を変えること。また、変えた姿。

へんしん【変針】《名・ス自》針路を変えること。

へんしん【返信】《名・ス自》返事の手紙や電子メール(を出すこと)。↔往信

へんじん【変人・偏人】一風変わった性格の人。変わり者。

ベンジン 石油を蒸留精製した、無色透明で芳香のある液体。しみ抜きなどに使う。揮発油。▽benzine

ペンス「ペニー」の複数形。→ペニー。▽pence

へんすう【変数】一定範囲内にはあるが、どの特定値とは限らずに考えた時の、その数(を表す記号)。↔定数。▽→へんこう(変項)

へんすう【辺×陬】国ざかいの地。中央(都会)から遠く

はなれた不便な土地。かたいなか。「—の地」

へんずつう【偏頭痛・片頭痛】頭の片側だけに限られて起こる発作的な激しい頭痛。

へん-する【偏する】《サ変自》一方にばかり片寄る。

へん-する【×貶する】《サ変他》①けなす。そしる。②地位または身分をさげる。

へん-ずる【変ずる】《サ変自他》↓へんじる

べん-する【便する】《サ変自》便利なようにする。役立たせる。「学問研究に—」

べん-ずる【便ずる】《サ変自他》↓べんじる(便)

べん-ずる【弁ずる】《サ変他自》↓べんじる(弁)

へんせい ①【編成】《名・ス他》個々(ばらばら)のものを、まとまりのある全体に組織化すること。「番組の—」「十両—の電車」。特に軍隊で、編制に基づいて部隊等を組織化すること。その組織区分。「固有—」②【編制】《名・ス他》団体の任務達成に適する組織を定めること。「五人ずつで班を—する」。特に、軍隊のそのような組織の内容。「戦時—の部隊」▽⑴⑵はしばしば混同して使われる。

へんせい【変成】《名・ス自他》形が変わってできること。形を変えて作ること。「—作用」 **—がん**【—岩】水成岩・火成岩が地下深い所で、温度・圧力の変化や化学的作用を受け、その性質を変えてできた岩石。

へんせい【変性】通常のものと変わった性質をもつこと。「—アルコール」

へんせいき【変声期】声変わりする時期。

へんせいふう【偏西風】南北両半球の中緯度地方の上空をいつも吹いている西寄りの風。

へんせつ【変節】《名・ス自》節義を変えること。自分の信念を時流などにこびて変えること。また、従来の自分の主張を変えること。「—漢」(節義・節操を変える男) ▽多く非難や軽蔑をこめて言う。

へんせつ【変説】《名・ス自》今までの自説を変えること。自分が今まで説いて来たのと違う事を言うこと。

べんぜつ【弁舌】ものを言うこと。また、ものの言い方。「—を振るう」(意見や主張を大いに述べる)「—さわやかに」

へんせん【変遷】《名・ス自》移り変わること。移り変わり。変転。「生活様式の—」「歴史的—」

ベンゼン 石油などに含まれる炭化水素の一種。無色・有臭・揮発性の液体。医薬・染料・香料・爆薬などの原料とし、自動車・航空機などの燃料ともする。ベンゾール。▽benzene

べんそ【弁×疏】《名・ス他》言いわけをすること。言いわけ(の言葉)。弁解。

へんそう【変装】《名・ス自》別の人と見えるように風体(ふうてい)・服装などを変えること。

へんそう【返送】《名・ス他》送り返すこと。

へんぞう【変造】《名・ス他》[法律]既存の物の形状や内容に変更を加えること。「遺言書を偽造し、—し」(民法八九一条)

へんそうきょく【変奏曲】ある主題と、その主題をもとにしてその旋律をいろいろに変化させたものとから成る曲。

ベンゾール ↓ベンゼン。▽ドイ Benzol

へんそく【変則】《名ナノ》普通の規則・規定にはずれていること。通常のしかたでないこと。↕正則

へんそく【変速】速力を変えること。「—装置」「—ギア」

へんたい【編隊】二機以上の航空機で組んだ隊形(のその隊)。

へんたい【変態】①《名・ス自》もとの姿から変わった形態。形態を変えること。㋐動物が発育の途中で、その段階に応じて形態を変えること。㋑植物の茎・葉・根が変じて通常の形とは全く異なる形となっていること。②《名》異常な状態。「—性欲」

へんたい【変体】普通と体裁が違うこと。その違った体裁。 **—がな**【—仮名】現在普通の平仮名の形と違った字体の仮名。たとえば、「い」を「𛀆」、「は」を「[illegible]」と書くたぐい。

べんたつ【×鞭×撻】《名・ス他》強くはげますこと。いましめはげますこと。「よろしく御—の程を」▽「鞭」はむち、「撻」はむちうつ。もと、むちで打って罰し、いましめる意。

ペンダント ①首飾り・耳飾りなどにつけるアクセサリー。さげかざり。②天井からつるす型の電灯。▽pendant

へんち【辺地】交通不便な、遠く離れた所。僻地(へきち)。

ベンチ ①木や石などの長いす。特に公園などにあって、数人腰掛けられる簡単な長いす。②野球・サッカーなどで、監督・選手の控え席。「—を暖める」(補欠で、出場の機会がない)。↓ダッグアウト。▽bench

ペンチ 針金を切ったり曲げたりするのに使う、はさみ形の工具。▽pinchers から。

へんちくりん《ダナ》[俗]並はずれて変なさま。へんてこ。「—なことを言う」

へんちつ【×篇×帙】①書物の覆いとして包む帙(ちつ)。②転じて、書物。

ベンチマーク 比べる同類物との差が分かるような、数量的や質的な性質(の組)。「性能の—テスト」「国債インデックスを—として運用する」▽benchmark (原義は里程標や標高水準点のしるし)

ベンチャー (大企業なら手を出したがらないような)冒険的・野心的な事業。ベンチャー ビジネス。▽venture

へんちょ【編著】編集と著作。編集し、かつ著述したもの。

へんちょう【偏重】《名・ス他》かたよって一方ばかりを重んじること。「知育—」

へんちょう【変調】《名・ス他自》①㋐調子を変えること。調子が変わること。また、その変わった調子。↕正調。▽音楽では「移調」の意にも使う。㋑常とは変わってよくない具合。「体に—をきたす」②無線技

術で、波形を変えること。たとえば振幅を一定にして置いて周波数を変えるなど。

ベンチレーター 通風機。換気装置。▽ventilator

へんつう【変通】〘名・ス自〙時に当たって自由自在に変化し適応して行くこと。「―自在」

べんつう【便通】 大便が出ること。通じ。

ペンディング ことがらが未決定のままであること。保留。▽pending

へんてこ〘ダナ〙〔俗〕何とも変でおかしいさま。ばかげているさま。へんてこりん。▽「変梃」と書くことがある。派生 **-さ**

へんてこりん〘ダナ〙〔俗〕→へんてこ

へんてつ【変哲】〘―もない〙変わったこともない。取り立てて言うべきこともない。▽「変哲」は当て字。

へんてん【変転】〘名・ス自〙ある状態から他の状態に変わり移ること。「―きわまりない」「運命の―」

へんでん【返電】 返事の電報。

べんてん【弁天】「弁才天」の略称。「―さま」「生き―」(美人)

べんでん【便殿】→びんでん

へんでんしょ【変電所】 発電所から送って来る電気の電圧を調節して消費地に配電する操作をする所。

へんど【辺土】 都から隔たった所。かたいなか。

へんとう【返答】〘名・ス自〙返事。答えること。

へんとう【×扁桃】 ①アーモンド。②のどの奥にある左右一対の卵形の隆起。細菌の侵入に対する防御器官の一つ。▽以前は、扁桃腺と言った。 **―えん【―炎】** 扁桃の炎症。扁桃腺炎。

へんどう【変動】〘名・ス自〙変わり動くこと。「景気の―」「相場の―」「―所得」(業種の性質から年による変動が激しい所得に対する税制上の呼び方)「地殻―」「幕末の―」

べんとう【弁当】 ①外出先で食事するため、器物に入れて持ち歩く食べ物。また、その器物。「―箱」「腰―」「―を使う(=食べる)」②転じて、外出先でとる、⑴のような器に入った簡単な食事。「仕出し屋から―を取る」「駅の―」

べんなん【弁難】〘名・ス他〙言い立てて非難すること。論難。

へんにゅう【編入】〘名・ス自他〙組み入れること。組み込むこと。「三学年に―された」

ペンネ パスタの一種。太く短い管状で、ペン先のように斜めに切れている。▽イタリア penne

へんねんし【編年史】 編年体で書かれた歴史。

へんねんたい【編年体】 年月の順を追って事実を記す、歴史書の書き方。↔紀伝体

へんのう【返納】〘名・ス他〙もとの所・持ち主に返し納めること。

へんのうゆ【片脳油】 樟脳(しょうのう)油から樟脳をとった残りを精製した無色・揮発性の液体。芳香を放ち、防臭・殺虫用。塗料の溶剤にも使う。

へんぱ【偏×頗】〘名ナノ〙片寄って不公平なこと。

へんぱい【返杯・返×盃】〘名・ス自〙差されたさかずきの酒を飲んだ後に、その人にさかずきを差し返すこと。

べんばく【弁×駁】〘名・ス他〙他人の言論の誤りを攻撃すること。他人の説を言いやぶろうとして攻撃すること。反駁(はんばく)。弁難。

べんぱつ【×辮髪】 男の前頭部や側頭部の髪をそり、中央の髪を編んで後ろに長く垂らしたもの。清(しん)朝の中国人がした。▽元来は満州族の習俗。

へんぴ【辺×鄙】〘名ナノ〙中心地から離れて不便なこと。かたいなか。派生 **-さ**

べんぴ【便秘】〘名・ス自〙大便の出る回数や量が異常に減ること。ふんづまり。

へんぴん【返品】〘名・ス自他〙いったん仕入れた、または買った品物を、返すこと。その品物。「―率」

へんぷ【返付・返附】〘名・ス他〙もとに返し渡すこと。還付。返納。

へんぷく【辺幅】 外から見た様子。うわべ。外観。「―を飾らず」▽もと、織物のへりの部分の意。

べんぷく【便服】 ふだん着。便衣。

へんぶつ【変物・偏物】 偏屈な人。変わり者。

へんぺい【×扁平】〘名ナノ〙ひらたいこと。ひらべったいこと。派生 **-さ** **―そく【―足】** 足の裏がひらたく、土踏まずがほとんど認められない足。

べんべつ【弁別】〘名・ス他〙①見分けること。区別すること。識別。②転じて、常識で是非・善悪・道理を見分けること。そのわきまえ。

ベンベルグ レーヨン(人造絹糸)の一種。布地はすべりがよく、通常のレーヨンよりも耐久性に優れる。キュプラ。▽ドイツの Bemberg 社で作ったから。商標名。

へんぺん【片片】 ①〘名〙固い物が外力を受けて壊れた、幾つもの切れ端。「―に砕ける」②〘トタル〙きれぎれのさま。「雲が―と行く」。細かく、取るに足らないさま。「―とした知識」「―たる小冊子」

べんべん【便便】〘トタル〙①ふとって腹が出ているさま。「―たる太鼓腹」②何もしないで時を過ごすさま。「―と日を送る」

ぺんぺんぐさ【ぺんぺん草】 ナズナ。「―が生える」(家などの荒れはてたさま)

へんぼう【偏×旁】 漢字の偏と旁(つくり)。「―冠脚」

へんぼう【変貌】〘名・ス自〙姿の変わること。姿を変えること。「めざましい―を遂げる」

へんぽう【返報】〘名・ス自〙他人が自分にしてくれた行いに報いること。また、他人から受けた恨みに仕返しすること。

べんぽう【便法】 便利な方法。また、便宜上とる手段。「―を講じる」

へんぽん【×翩翻】〘トタル〙旗などがひるがえるさま。

へんぽん【返本】〘名・ス自他〙仕入れた本を出版元などに返すこと。また、その本。本の返品。

べんまく【弁膜】 心臓および静脈・リンパ管などの内

部にある、開閉する膜。血液・リンパ液の逆流を防ぐ。

へんまひ【片麻×痺】体の左右どちらかの半身が麻痺(まひ)すること。また、その状態。かたまひ。

へんまん【遍満】〘名・ス自〙広くいっぱいに満ちふさがること。

へんみょう【変名】→へんめい(1)

べんむかん【弁務官】(イギリスなどで)保護国・植民地につかわされて政治・外交の事務を処理する役人。

へんむけいやく【片務契約】当事者の一方だけが債務を負うような契約。贈与などの類。↕双務契約

へんめい【変名】①〘名〙本名を隠して別に称する姓名。へんみょう。②〘名・ス自〙名を変えること。

べんめい【弁明】①〘名・ス自〙物事の是非が明らかになること。▽本来は「辨明」。②〘名・ス他〙言い開きをすること。弁解。▽本来は「辯明」。

べんもう【便×蒙】学び始めの者に分かりやすいように書いた便利な書物。啓蒙(けいもう)書。▽童蒙(どうもう)(=子供)に便である意。

べんもう【×鞭毛】精子や一部の単細胞生物が遊泳に用いる、糸状の器官。繊毛よりも長く数が少ない。

へんもく【編目・×篇目】(書物の)編・章につけた題目。

へんやく【変約】〘名・ス自〙約束にそむくこと。違約。

へんよう【変容】〘名・ス他自〙姿・様子を変えること。姿・様子が変わること。

へんらん【変乱】事変によって起こる世の中の乱れ。

べんらん【便覧】→びんらん(便覧)

べんり【便利】〘名ナ〙都合がよく重宝なこと。また、うまく役に立つこと。「通勤に―な所」 派生 **―さ** **―がる** 関連 便・便益・便宜・簡便・軽便・至便・利便・実用・重宝・徳用・好都合 **―や**【―屋】物品の配達やちょっとした修理とか伝言とかの雑用を足すことを職業とする人。

べんり【弁理】物事を判別して処理すること。取り扱うこと。 **―こうし**【―公使】外交使節の階級の一つ。特命全権公使の下、代理公使の上。 **―し**【―士】特許・実用新案・意匠・商標について、特許庁に対する申請・出願などの事柄を代理して行う職業の人。

へんりゅう【偏流】航空機・船や砲弾が、気流・海流や風向などのために水平に流され、予定の航路や弾道からはずれること。そのはずれた角度。

へんりょう【変量】〔統計〕種々の異なる値を取り得る量。変数として扱える量。

へんりん【片×鱗】きわめて小さい部分。かたはし。「才能の―を示す」▽もと、魚の一片のうろこの意。

ヘンルーダ 全体に強いにおいがある常緑の多年草(または小低木)。南ヨーロッパ原産。高さ三〇～六〇センチで、茎の下部は木質化する。初夏に緑黄色の花を開く。茎・根は薬用。ルーダ草。芸香(うんこう)。▽(オランダ) wijnruit みかん科。

へんれい【返戻】〘名・ス他〙(もとの人に)返しもどすこと。

へんれい【返礼】〘名・ス自〙他から受けた礼に対して礼を返すこと。その礼。また、他から贈られた品物の礼に贈る品物。

べんれい【勉励】〘名・ス自〙(職務などに)つとめはげむこと。一心に努力すること。「刻苦―」

べんれい【×駢×儷】中国の六朝(りくちょう)・唐のころ盛んに行われた文体。主に四字・六字の対句を用い故事を引用するなど、技巧をこらした。四六駢儷体などとも言う。▽「駢」「儷」ともに、物を二つならべる意。

へんれき【遍歴】〘名・ス自〙広く諸国をめぐり歩くこと。また、さまざまな経験をすること。「人生―」

へんろ【遍路】祈願のため、四国における弘法大師修行の遺跡八十八か所の霊場をめぐり歩くこと。その人。「お―さん」「―姿」

べんろん【弁論】〘名・ス自〙①大勢の前で意見を述べ立てること。「―大会」。また、論じ合うこと。言い争うこと。②法律で、訴訟当事者が法廷で行う陳述(=申立て)。「口頭―」

ほ

ほ【帆】船の柱に張って、風を受けて船を進ませるもの。もめん・麻布などで作る。「得手(えて)に―を上げる」(→えて(得手))「尻に―を掛ける」(=一目散に逃げる)

ほ【穂】①長い花軸のまわりに花や実が群がりついたもの。「稲(いな)―」「ススキの―」②槍(やり)の先、筆の先の毛の部分など、穂(1)に形の似たもの。③『―に出る』思いが外に現れること。人目につくようになる。▽古くは、ぬきんでたものの意。「帆」も同語源。

ほ［*歩］［人歩］ ホ ブ フ あるく あゆむ ①〘名・造〙足をはこぶ。足で進む。「歩を進める」「歩行・歩調・歩哨(ほしょう)・歩兵・歩廊・徒歩・散歩・遊歩・漫歩・牛歩・独歩・地歩・進歩・巨歩・酔歩・闊歩(かっぽ)・譲歩」②運命。まわりあわせ。「国歩」③距離をはかる単位。かた足を前へふみ出した長さ。「三歩前へ」④→ぶ(歩)。「歩合(ぶあい)・日歩(ひぶ)」⑤〘名・造〙→ふ(歩)。「成歩(なりふ)」

ほ［*保］ ホ ホウ たもつ やすんずる ①もちつづける。たもつ。「保持・保養・保健・保身・保安・保守・保全・保存・保有・保菌者」②うけあう。あずかりおく。「保証・保障・保険・保釈・保留・保管・担保・留保」③やすらか。やすんじる。まもる。世話をする。「保育・保護・隣保」④おもりやく。「保母」

ほ［捕］ ホ ブ とる とらえる つかまえる とらわれる つかまる ①つかまえる。とらえる。「捕殺・捕獲・捕縛・捕捉・捕縄・捕吏・捕虜・捕鯨・追捕(ついぶ・ついほ)・拿捕(だほ)・逮捕」②野球の「捕手」の略。

「捕逸」

ほ【浦】ホ うら　水ぎわの地。水に沿った一帯の地。また、海の入りこんだところ。うら。「曲浦」

ほ【*補】ホ おぎなう　①衣服のほころびを縫いつくろう。足りないところを足して完全にする。おぎなう。「補修・補綴(ほてい)・補欠・補正・補足・補塡・補充・補償・補筆・増補・追補」②たすける。たすけ。「補助・補佐・補聴器」③官位につける。「補任(ぶにん・ほにん)・親補」④見習い。正式の職につく前の資格。「候補・警部補」

ほ【人輔】ホ フ たすける　①力を添えてたすける。たすけ。「輔助・輔佐・輔弼(ほひつ)・輔導」▽車の傾くのを防ぐため、両側にそえる木(そえ木)の意から。②ほおぼね。「唇歯輔車」

ほ【舗】【舖】ホ しく　①店。商品をならべて売買するところ。「店舗・老舗(ろうほ・しにせ)・商舗・本舗」②地面にしきならべる。「舗装・舗道」▽「鋪」は同字。

ぼ【*母】ボ モ はは　①子を産んだ人。女親。はは。父の配偶者。「父母・母子・母性・母胎・母乳・母堂・慈母・悲母(ひぼ)・生母・義母・継母・祖母・老母・国母・聖母」②㋐おやもと。帰るべきところ。基地。「母船・母艦・母港・母語」㋑出身地。「母国・母校」③物をつくり出すもととなるもの。「母型・字母・酵母」

ぼ【募】ボ つのる　招き集める。つのる。「募集・募債・募兵・募金・徴募・応募・公募・急募」

ぼ【*墓】ボ はか　人をほうむる場所。はか。「墓地・墓所・墓前・墓石・墓碑・墓誌銘・墓標・墓穴・墓参・墳墓・陵墓・展墓」

ぼ【慕】ボ したう　なつかしく思う。思いをよせる。したう。「慕情・欽慕(きんぼ)・敬慕・思慕・愛慕・恋慕・追慕」

ぼ【*暮】ボ くれる くらす　①日が沈んで暗くなる。日の沈む時分。くれ。ゆうぐれ。「朝暮・旦暮・薄暮・暮雨・暮雪・暮色」②時節がおそい。季節の終わりがた。一年の終わりがた。「暮春・歳暮(せいぼ・さいぼ)」

ぼ【簿】【簿】ボ　物事を書きこむため、紙をとじて作ったもの。帳面。「帳簿・名簿・原簿・家計簿・出納簿・通信簿・簿記」

ぼあい【暮×靄】暮れがたに立つもや。ゆうもや。

ほあん【保安】安全を保つこと。また、社会の平安・秩序を保つこと。「―林」「―要員」

ほい【△布衣】①→ふい(布衣)。②六位以下の者が着た無紋の狩衣(かりぎぬ)。また江戸時代の武士の、略式礼服。

ほい【△本意】『―(も)無い』不本意で残念だ。▽→ほんい(本意)

ほい【補遺】書き漏らした事柄(=遺)などを、あとから補うこと。その補いの部分。「全集の―」

=ぽい →=っぽい

ホイール 車輪。「スチール―」▽wheel

ぼいき【墓域】墓地として仕切ってある区画。

ほいく【保育】『名・ス他』乳幼児を保護して育てること。「―行政」▽時には学童まで含めて言う。明治時代までは、老人の介助、傷病者の看護、産業の育成にも言った。 **―えん**【―園】保育所の通称。 **―し**【―士】保育所等の児童福祉施設で児童の保育にあたる人。▽二〇〇一年、保母・保父の名称を改め、国家資格とした。 **―しょ**【―所】乳児や幼児を、保護者の委託を受けて日々にあずかり保育する施設。

ほいく【哺育・保育】『名・ス他』(乳を飲ませて)子供を育てること。▽「哺」は乳を飲ませること。

ボイコット『名・ス他』①集団的に、その商品を買わないで、商品の売手側を排斥すること。不買同盟。非買同盟。②転じて、ある勢力者を共同して排斥すること。また、集まりなどへの参加を拒否すること。「授業を―する」▽boycott

ボイス ①人の声。「ハスキー―」②言語学で、主体・客体と動詞の表す動作とのかかわり方を示す文法形式。態(2)。→そう『相』(8)。▽主体の動作は能動態で、その作用を受ける客体(被害者)の動作は受動態で表す。(1)(2)とも voice **―トレーニング** 発声練習。▽voice training **―レコーダー** ①音声、特に人の声を記録する機器。②コックピット ボイス レコーダー。航空機のコックピット内の音声を自動的に記録する装置。▽voice recorder

ぽいすて【ぽい捨て】『名・ス他』〔俗〕タバコの吸いがら、飲料の空き缶など自分の作ったごみを(環境を汚すのに気をとめず)道や公園敷地などに何げない様子で投げ捨てること。

ホイッスル ①競技で、レフェリーが鳴らす笛。②船・機関車などの警笛。▽whistle

ホイップ『名・ス他』生クリームや卵白を泡立てること。その泡立てたもの。「クリームを固く―する」▽whip

ほいっぽ【歩一歩】『連語』一歩ずつ。少しずつ。「―と完成に近づく」

ほいと こじき。▽方言的。

ぽいと『副』無造作に物を投げるさま。「吸殻を―捨てる」

ほいほい『副[と]』軽い気持で応じるさま。「―(と)引き受ける」

ボイラー ①鋼製の密閉した容器内に圧力の高い蒸気を発生させ、動力源とする装置。汽缶。②(暖房・給湯用に)大量に湯をわかす装置。▽boiler

ホイル 箔(はく)。特に、調理用のアルミ箔。「きのこの―焼き」▽foil

ボイル ①『名』平織りにした、目のあらい、すきとおった薄地の織物。普通、綿製のものを言う。シャツ地・女性服などに使う。▽voile ②『名・ス他』ゆでるこ

と。「卵を―する」▽boil

ほいろ【×焙炉】火にかざし茶を焙(ほう)じたり物を乾かしたりする用具。また、製茶用の乾燥炉。

ぼいん【母音】声が口を出るまでの間、その通路が舌やくちびる等で妨げられない時の音。標準的な現代日本語では、ア・イ・ウ・エ・オの五つ。ぼおん。↕子音(しいん)

ぼいん【×拇印】親指(=拇)の先に朱肉や墨をつけて印として押すもの。

ポインセチア あざやかな赤い葉(苞(ほう))が花のようにつく、観賞用の常緑低木。メキシコ原産。鉢植えや切り花とし、クリスマスのころによく売られる。猩々木(しょうじょうぼく)。▽poinsettia とうだいぐさ科。

ポインター 犬の一品種。白地に黒や茶色の斑紋があり、短毛で耳は垂れる。猟犬として品種改良された。▽pointer

ポイント ①点。㋐着目・注目する点。「彼のウィーク―を握る」。要点。「そこが話の―だ」「―を押さえる」㋑(大事な)所・位置。「チェック―」「釣りの―」(魚がよく釣れる地点)㋒(評価を受けた)点数。得点。「―を稼ぐ」㋓転じて、買った金額に応じて付き、値引きや景品が受けられる、点数。「本日―三倍」「―カード、お持ちですか」㋔点のしるし。「フル―」(終止符)「三―(=小数点)五」②レールの分かれ目で車の進む方向を決める装置。転轍(てんてつ)機。「―の切替え」③活字の大きさの単位。「九―の活字」④二つの百分率の値を比べた時の、百分率としての差。「内閣支持率が前回調査より三―下がった」▽point

ほう【×苞】花のねもとにつく小形の葉。形はいろいろ。苞葉。

ほう【×袍】衣冠束帯のときに着る上着。うえのきぬ。

ほう【*方】ホウ(ハウ) かた あたる ならべる まさに ―①『名・造』むき。かた。「東の方」「右の方」「あらぬ方へそれる」「方位・方角・方向・方面・四方・八方・上方・当方・先方・遠方・多方・諸方」。話し手や聞き手がその話で関心を向けているところ。㋐部面。方面。「酒の方ではひけを取らない」。ややぼかして話題にするのにも使う。……関係。「販売の方をやっています」㋑並べて幾つか考えられたものから一つを取り出すのに使う。「兄弟二人のうち弟の方が来た」「ぼくよりは君の方が悪い」㋒それが属するのは、どちらかと言えばこれだという部類を示すのに使う語。「彼は勤勉な方です」②『名・造』四角。ましかく。↕円。「方一キロ」「方円・方形・方寸・方丈・平方・立方・正方形・直方体」③一定の場所。「地方・方言」④てだて。やりかた。「方法・方略・方術・方策・方途・方針・方式・方便・処方・途方・薬局方」⑤ならべる。くらべる。⑥㋐正しい。「方正」㋑みち。規則通りの世界。「方外」⑦あたる。まさに。ちょうど。「方今」

ほう【*放】ホウ(ハウ) はなす はなつ はなれる ほうる ゆるす ほしいままにする ―①はなす。追いやる。遠ざける。「放逐・放流・放水・放送・放射・追放」②束縛をとく。ゆるす。にがす。「放免・放任・放牧・放念・放心・釈放・開放・解放」③すておく。なげやりにする。「放棄・放擲(ほうてき)・放置・粗放」④きままにする。ほしいままにする。勝手にする。「放逸・放縦(ほうしょう・ほうじゅう)・放恣・放肆(ほうし)・放蕩(ほうとう)・放歌・放胆・奔放・豪放」⑤つける。「放火」

ほう【倣】ホウ(ハウ) ならう ―先例をまねる。まなぶ。ならう。「模倣」

ほう【*訪】ホウ(ハウ) おとずれる たずねる とう おとなう ―①人の所へたずねて行く。おとずれる。「訪問・訪客・来訪・歴訪・往訪・再訪」②行ってさがしもとめる。「訪古・探訪・採訪」

ほう【芳】ホウ(ハウ) かんばしい よし ―①若草のかおり。よいかおり。かんばしい。「芳香・芳気・芳醇(ほうじゅん)」②評判がよい。ほまれ高い。行為や志が美しい。「芳烈・遺芳」③百花の咲きにおうようなありさま。「芳紀」④相手のことに関する美称。「芳名・芳志・芳情・芳恩・芳墨・芳書・芳翰(ほうかん)」

ほう【*包】【包】ホウ(ハウ) つつむ かねる ―おおいくるむ。中に入れこむ。つつむ。つつみ。「包囲・包括・包蔵・包容・包含・梱包(こんぽう)・内包・空包・実包・薬包紙」

ほう【抱】【抱】ホウ(ハウ) いだく かかえる だく ―①両手でかかえこむ。だく。「抱擁・抱腹・介抱」②心にいだく。もつ。おもう。「抱負・抱懐・辛抱」

ほう【泡】【泡】ホウ(ハウ) あわ ―①あわ。あぶく。「気泡・水泡・発泡・口泡」②はかないものにたとえる。「泡沫(ほうまつ)・泡影」

ほう【胞】【胞】ホウ(ハウ) えな はら ―①胎児をおおう膜。えな。「胞衣(ほうい・えな)」②同じ父母のきょうだい。また、同国人。「同胞」③生物体を組織する、膜で包まれた小さな構造物。「胞子・細胞・芽胞」

ほう【砲】【砲】ホウ(ハウ) ―『名・造』火薬で弾丸を打ち出す兵器。つつ。「大砲・鉄砲・火砲・砲火・砲煙・砲弾・砲列・砲門・砲兵・砲術・砲手・砲撃・空砲・発砲・銃砲・高射砲・機関砲」▽古くは石をはじいた武器。

ほう【飽】【飽】ホウ(ハウ) あきる あかす ―腹一杯食べる。満腹する。物事が十分足りて豊かである。あきる。「飽食・飽腹・飽和」

ほう【×抛】ホウ(ハウ) なげうつ ほうる ―ほうりなげる。「抛棄・抛擲(ほうてき)・抛物線」▽「抛」は俗字。

ほう【邦】【邦】ホウ(ハウ) くに ―①国家。国土。大きな国。天子から賜った諸侯の領土。「邦家・邦国・万邦・異邦・友邦・盟邦・連邦・隣邦」②自国。その国の。特に、日本の。「邦語・邦字・邦楽・邦文・邦人・邦訳」

ほう【奉】ホウ ブ たてまつる ─①うやうやしくさしあげる。ささげる。たてまつる。「奉献・奉呈・奉納・奉幣」②礼をつくして目上に仕える。「奉仕・奉公・奉迎・奉安・奉送・奉答・奉還・供奉(ぐぶ)」③身にうけて行う。「奉行(ぶぎょう)・信奉・遵奉」

ほう【俸】ホウ ─職務に対して官から受ける手当。扶持(ふち)米。給料。「俸給・俸禄(ほうろく)・本俸・増俸・加俸・減俸・罰俸・年俸・月俸・一号俸」

ほう【人捧】ホウ ささげる ─両手で物をもつ。ささげる。かかえる。「捧呈・捧持・捧灯・捧腹」

ほう【*宝】【寶】ホウ たから ─①たいせつにする器財。貴重な品物。たから。「宝石・宝玉・宝珠・宝物(ほうもつ)・七宝(しっぽう)・珍宝・秘宝・至宝・財宝・国宝・家宝・三宝(さんぼう)・仏宝」②㋐たからとする。大切にする。得がたく尊い。「宝典・宝鑑・重宝(ちょうほう)」㋑天子のことに関して言う。「宝祚(ほうそ)・宝算」㋒仏教で、仏のことについて言う。「宝刹(ほうさつ)・宝塔」

ほう【人朋】【朋】ホウ とも ─①肩を並べる同僚。同門の仲間。「朋友・朋輩・朋徒・朋遊・朋類・同朋・友朋」②同類の集まり。一味のもの。「朋党」

ほう【崩】【崩】ホウ くずれる くずす ─①(山が一時に)くずれる。山くずれ。「崩壊・崩潰・崩落」②天子の死をいう。「崩御(ほうぎょ)」

ほう【*法】ホウ(ハフ・ホフ) ハッ ホッ のり のっとる ─①裁判の基準。おきて。「司法・法官・法務・法曹・法廷・法服」②『名・造』㋐社会生活上の規範。規範を定めた条文。「法の定めるところによる」「法律・法令・法典・法規・法文・法制・法案・法理・法治・法度(はっと)・旧法・悪法・国法・六法・民法・憲法・適法・違法・非法・合法・不法・無法・立法・慣習法・国際法」㋑儀式のやりかた。礼儀。しきたりであるしかた。「そんな口をきく法があるか」「法にかなった身のこなし」「作法・礼法・法式」③作業の一定の手順。やりかた。「方法・手法・便法・筆法・算法・減法・文法・兵法・戦法・療法・製法・救急法・表現法」④手本。「法帖(ほうじょう)・法書」⑤〔仏〕㋐仏教。仏の説いた真理。「法師・法衣(ほうえ)・法体(ほったい)・法語・法談・法悦・法難・法主(ほうしゅ・ほっす・ほっしゅ)・仏法・正法(しょうぼう)・妙法・教法・説法」㋑物・心・善悪等の一切の事象。「色法(しきほう)・法界(ほっかい・ほうかい)」⑥『名・造』言語学で、文法範疇(はんちゅう)の一つ。話し手の表現態度が語形に現れたもの。「直説法・仮定法・命令法・希求法」▽mood の訳語。⑦『名』数学で、除数。割る数。「七を法とした剰余」▽modulus の訳語。⑧フランスの昔の貨幣単位「フラン」の音訳。「法貨」

ほう【峰】(人峯) ホウ ブ みね ─山のいただき。みね。高い山。「奇峰・孤峰・秀峰・霊峰・高峰・連峰・群峰・主峰・三十六峰・最高峰」▽「峯」は同字。

ほう【人鋒】ホウ ほこさき きっさき ─刃物の先のとがったところ。「鋒鋩(ほうぼう)・鋭鋒・筆鋒・論鋒・先鋒・舌鋒」

ほう【縫】【縫】ホウ ぬう ─①糸と針で布をつづり合わせる。ぬう。ぬって衣服を仕立てる。「裁縫・縫合・縫製・天衣無縫」②とりつくろう。「弥縫(びほう)」

ほう【*報】ホウ むくいる しらせる ─①『名・造』告げしらせる。しらせ。「死去の報に接する」「報告・報知・報道・速報・吉報・凶報・予報・警報・官報・公報・電報・年報・時報・情報・誤報・広報・詳報・諜報(ちょうほう)・通報・悲報・訃報・朗報・至急報・第一報」②返しをする。むくいる。返礼。しかえし。「報謝・報徳・報恩・報酬・報奨・報償・報復」③業(ごう)の結果として受ける苦楽。むくい。「果報・因果応報」

ほう【*豊】【豐】ホウ ブ ゆたか とよ ─①穀物がみのりゆたか。とよ。「豊年・豊作・豊熟」②物が多く、勢い盛ん。たっぷりしている。ゆたかにする。「豊富・豊潤・豊満・豊麗・豊頬(ほうきょう)」③㋐「豊前(ぶぜん)国」「豊後(ぶんご)国」の略。「筑豊(ちくほう)」㋑「豊臣(とよとみ)氏」の略称。「織豊時代」

ほう【人鳳】ホウ おおとり ─①中国で、想像上の瑞鳥(ずいちょう)の雄。おおとり。雌は凰(おう)。「鳳凰・鳳雛(ほうすう)・瑞鳳(ずいほう)」②天子のことに関していう。「鳳輦(ほうれん)・鳳闕(ほうけつ)」③相手のことについていう美称。「鳳声」

ほう【褒】ホウ ほめる ─ほめそやす。よい評価をしてたたえる。「褒美・褒貶(ほうへん)・褒章・褒賞・褒状・過褒」▽もと、ゆったりした着物の意。正字は「襃」。

ぼう【暮雨】夕暮れに降る雨。

ぼう【*亡】【亡】ボウ(バウ) モウ(マウ) ない うせる ほろびる ─①なくなる。うしなう。うせる。ほろびる。↔存。「存亡・亡失・亡国・欠亡・滅亡・興亡・衰亡」②逃げる。「亡命・逃亡・敗亡・流亡」③死ぬ。なくなる。「死亡・亡君・亡父・亡兄・亡夫・亡魂・亡霊・亡者(もうじゃ)」

ぼう【忙】【忙】ボウ(バウ) いそがしい ─『名・造』仕事が多くてひまがない。せわしい。↔閑。「忙をいとわず」「忙事・忙殺・多忙・繁忙・怱忙(そうぼう)」

ぼう【*忘】【忘】ボウ(バウ) わすれる ─わすれる。「忘失・忘却・忘恩・忘我・忘年・健忘症・備忘」

ぼう【乏】ボウ(ボフ) とぼしい ─①物資が足りない。まずしい。「欠乏・貧乏・窮乏・耐乏」②官職のあき。「承乏」(官につくことをへりくだって言う)

ぼう【坊】ボウ(バウ) ボッ ─①㋐僧の住むところ。「僧坊・内坊・本坊・客坊・宿坊」㋑

〘名・造〙寺の住僧。ぼうず。「坊さん」「坊主・武蔵(むさし)坊」②㋐区別されたまち。市街。「坊間・坊市・坊門・京坊」㋑都城制の一区画。四町四方の称。「条坊」③皇太子の御所。「東宮坊・春坊」④㋐〘名・造〙幼い男の子の愛称。「坊は幾つになったの」「坊や・坊(ぼっ)ちゃん・きかん坊」▽頭髪を短くしていたから。㋑愛称、またはあざけって言う称。「赤ん坊・朝寝坊・けちん坊」▽この場合には「(お)花坊」のように女にも言う。

ぼう【妨】 ボウ(バウ) **さまたげる** ―じゃまをする。さまたげる。さまたげ。「妨害・妨止・妨遏(ぼうあつ)」

ぼう【*防】 ボウ(バウ) **ふせぐ** ―①用心する。害に対してまもる。ふせぐ。そなえる。「予防・防止・防備・防衛・防戦・防御・防寒・防水・防臭・防毒・防犯・防空・防風林・防雪林・防腐剤・国防・辺防・海防・消防・水防・砂防・警防」②土を築いて、水のあふれるのをふせぐもの。「堤防」③「周防(すおう)国」の略。「防州・防長」

ぼう【紡】 ボウ(バウ) **つむぐ** ―麻や綿などを引きのばし、より合わせて糸にする。つむぐ。うむ。「紡績・紡織・紡車・紡錘(ぼうすい)・紡糸・紡毛・混紡」

ぼう【房】【房】 ボウ(バウ) **ふさ** ―①㋐〘名・造〙堂のわきの室。表座敷に付属する小さいへや。一般に、へや。「房の中」「房室・東房・官房・空房・独房・監房・工房・厨房(ちゅうぼう)・茶房・書房・暖房・冷房」㋑寝室。「閨房(けいぼう)・房内・房事」②小べやにいる人。「女房(にょうぼう)」③すまい。いえ。「山房・房屋」④僧の住む小べや。そこに住む僧。また、僧の名に添える語。「僧房・禅房・阿仏(あぶつ)房」「師の御房(ごぼう)」⑤小べやの集まった形。また、そのようにくぎられた形。「蓮房(れんぼう)・蜂房・子房・心房」⑥ふさ。物のさきからたれているもの。「乳房」⑦「安房(あわ)国」の略。「房州・房総」

ぼう【×茫】 ボウ(バウ) ―①ひろびろしている。はてしない。「茫茫・茫洋・茫漠」②ぼんやりしている。とりとめない。「茫乎(ぼうこ)・茫然・渺茫(びょうぼう)」

ぼう【人茅】 ボウ(バウ) かや ちがや ―①草の名。かや。また、すすき・すげ等の総称。「草茅・茅茨(ぼうし)」②かやぶきの粗末な家。「茅屋・茅舎・茅廬(ぼうろ)・茅堂」

ぼう【某】 **ボウ** それがし ―〘名・造〙あるもの。さる人。不明の時、あるいは、名を表さずに特定の人、または時・所等を指す時に言う。それ。それがし。「某年某月・某所・某氏・某某方(かた)・何某(なにぼう)・某国・某工場・某教師」

ぼう【冒】【冒】 **ボウ おかす** ―①むこう見ずに進む。おかす。「冒険・冒瀆(ぼうとく)・感冒」②かりに名のる。「冒姓」③㋐かぶりもの。「帽」に同じ。㋑はじめ。「冒頭」

ぼう【帽】【帽】 **ボウ** ―頭にかぶるもの。かぶりもの。「帽子・帽章・学帽・制帽・製帽・脱帽・着帽・礼帽・角帽・中折(なかおれ)帽」

ぼう【剖】 **ボウ** ホウ わける さく ―①まん中から二つにたち割る。わける。さく。わかれる。「解剖」②理非をわかつ。判断する。「剖断(ぼうだん)」

ぼう【*望】【望】 **ボウ**(バウ) **モウ**(マウ) **のぞむ** もち ―①とおく見やる。「望見・望遠・望楼・望郷・一望・展望・眺望・遠望」②願う。あらまほしく思う。「望蜀(ぼうしょく)・望外・有望・希望・渇望・宿望・切望・要望・待望・志望・欲望・野望・非望・熱望・大望(たいもう)・願望(がんぼう)・所望(しょもう)・失望・絶望」③人々から仰がれること。人気。「人望・衆望・名望・声望・信望・羨望・徳望」④満月の夜。陰暦十五日の夜。もち。「望月・既望」

ぼう【傍】 **ボウ**(バウ) ホウ(ハウ) **かたわら** そば ―そば。わき。かたわら。「路傍・近傍・傍観・傍聴・傍系・傍線・傍点・傍訓・傍輩(ほうばい)・傍若無人」

ぼう【*棒】 **ボウ** ―①〘名・造〙手に持ったり担ったりできる程度の、まっすぐな細長い木・竹・金属の称。「棒に振る」(むだにする)「棒ほど願って針ほどかなう」(なかなか願いや望みの達せられないこと)「(指揮)棒を振る」(オーケストラを指揮する)「鉄棒・金(かな)棒・平行棒・天秤(てんびん)棒・棍棒(こんぼう)・綿棒・麵棒・棒術・棒手振(ぼてふ)り」②㋐〘名・造〙描いた、まっすぐな線。「棒を引く」「たて棒・よこ棒・棒グラフ」㋑棒のように一直線であること。「棒暗記・棒読み」③棒でうつ。たたく。「痛棒」

ぼう【*貿】 **ボウ** ―物と物とを交換する。互いに売り買いする。買う。「貿易」

ぼう【貌】 **ボウ**(バウ) かたち ―①物のかたち・すがた。顔かたち。「容貌・風貌・美貌・面貌・顔貌・形貌・体貌・変貌・全貌・相貌」②外観。見かけ。うわべ。「外貌」

ぼう【*暴】 **ボウ** バク **あばく** あらす **あばれる** あれる にわかに ―①勢いがはげしすぎてそこなう。あらす。あらい。「暴逆・暴虐・暴戻・暴言・暴政・横暴・自暴自棄」②〘名・造〙力をふるってあばれる。あらあらしい。「暴をもって暴にむくいる」「乱暴・暴行・暴力・暴漢・暴徒・暴挙・暴動・暴状・暴君・暴風雨・凶暴・粗暴」③度をすごしてむやみなことをする。「暴飲・暴食・暴利」④思いがけなく急におこる。にわかに。「暴落・暴騰・暴発」⑤素手で打つ。「暴虎馮河(ぼうこひょうが)」⑥日にあててかわかす。「曝(ばく)」に同じ。⑦おおいをしないでむき出しにする。さらし出す。あらわす。「暴露(ばくろ)」

ぼう【膨】 **ボウ**(バウ) **ふくれる ふくらむ** ―ふくれて大きくなる。ふとる。はれる。「膨脹・膨大」

ぼう【謀】 **ボウ ム はかる** はかりごと ―①計画をたてる。あれこれと方法手段を考える。はかりごと。「謀臣・謀将・謀略・参謀・知謀・策謀

・遠謀・深謀・無謀・権謀術数」②人と相談してよからぬことをたくらむ。「謀叛(ぼうはん・むほん)・謀殺・詐謀・陰謀・首謀者・共謀・通謀」

ぼう【妄】→もう【妄】

ぼうあく【暴悪】『名ナ』道理を無視して荒々しく振舞うこと。派生 **-さ**

ぼうあつ【暴圧】『名・ス他』人の行動などを無理やりに押さえつけること。「デモ隊を―する」

ぼうあつ【防×遏】『名・ス他』ふせぎとめること。

ほうあん【奉安】『名・ス他』(神社などで)尊いものを安置してたてまつること。「―殿」

ほうあん【法案】法律にするため国会に出す案文(1)。法律案。

ぼうあんき【棒暗記・棒×諳記】『名・ス他』文章を、意味がどうあれ、かまわず、そのままそらで覚えること。

ほうい【法衣】→ほうえ(法衣)。▽「ほうえ」が正しい言い方。

ほうい【包囲】『名・ス他』(逃げられないように)周囲をとりかこむこと。「敵を―する」「―網」

ほうい【方位】東西南北の方角。①地表上で、子午線の方向を北・南とし、これに垂直に東・西を定め(=四方位)、それらの中間の方向を北東・南西など(=八方位)、さらに北北東・西南西など(=十六方位)、また北微東・南西微南など(=三十二方位)としたもの。「北極星の位置から―を判定した」▽むかしは十二支で表した。「子(ね)」は北、「午(うま)」は南、「卯(う)」は東、「酉(とり)」は西。②五行十干の説にもとづいて判定する、方位(1)の吉凶。「―を見る」「―がいい」

ぼうい【暴威】乱暴な勢力。荒々しい勢い。「―をふるう」

ほういがく【法医学】医学に基づいて、法律的に重要な事実関係の鑑定・解釈等をする学問。例えば、血液型や指紋による個人識別、親子鑑定、殺人に対する死因・死後時間の推定を行う。犯罪医学。

ほういつ【放逸・放×佚】『名ナ』勝手気ままに振舞い、常識・道徳に外れていること。

ほういん【法印】①〔仏〕「法印大和尚(だいかしょう)」の略。最高の僧位。②武家時代、医師・絵師・連歌師などに授けた称号。

ぼういん【暴飲】『名・ス自』度を過ごして酒などを飲むこと。「―暴食」

ほうえ【法会】〔仏〕①人々を集めて説法する行事。②死者の追善(ついぜん)・供養(くよう)をいとなむこと。その集まり。

ほうえ【法△衣】僧尼の制服。僧衣。

ほうえい【放映】『名・ス他』①テレビで映画を放送すること。②一般に、テレビ放送をすること。

ぼうえい【防衛】『名・ス他』ふせぎまもること。「自国を―する」「タイトルを―する」「正当―」「生活―」

ほうえき【法益】法(特に刑法)が保護する、社会生活上の利益。

ぼうえき【貿易】『名・ス自』外国と商業取引を行うこと。「アフリカ諸国との―」 **―じり**【―尻】貿易上の帳尻(ちょうじり)。輸出入の決算額。 **―ふう**【―風】赤道に向かっていつも吹く風。北半球では北東、南半球では南東の風。▽昔、貿易船がこの風を利用して航海したから言う。

ぼうえき【防疫】『名・ス自』人畜・植物に感染する病原体の侵入・感染拡大を防ぐこと。「―対策」「―班」

ほうえつ【法悦】①仏の道を聞いて起こる、この上ない喜び。②転じて一般に、うっとりするような喜び。エクスタシー。「―にひたる」

ほうえん【方円】四角と丸。「水は―の器(うつわ)に従う」(水は器の形の通りになる。転じて、人は友だちや環境によって善悪いずれにも感化される)

ほうえん【法縁】仏(=法)につながる縁。「御―各位にお知らせします」

ほうえん【砲煙】大砲をうつときに出る煙。「―弾雨」(激しく砲弾をうち合う、戦闘のはげしい状態)

ほうえん【豊艶】『名ナ』ふくよかであでやかなこと。(女性の)肉づきがよくて美しいこと。派生 **-さ**

ぼうえん【防炎】火が燃えひろがるのを防ぐこと。「―カーテン」

ぼうえん【望遠】遠くをながめること。「―レンズ」 **―きょう**【―鏡】レンズ、または反射鏡を円筒の一端にはめ、これによって遠くの物を拡大して見る装置。

ほうおう【法王】①ローマ カトリック教会の首長。▽現在正式には「教皇」と訳す。②〔仏〕如来(にょらい)の異称。

ほうおう【法皇】仏門にはいった上皇(じょうこう)。

ほうおう【訪欧】『名・ス自』ヨーロッパにおもむくこと。

ほうおう【×鳳×凰】中国で、聖徳をそなえた天子の兆しとして現れるとされた、想像上の瑞鳥(ずいちょう)。雄を「鳳(ほう)」、雌を「凰(おう)」と言う。

ぼうおく【×茅屋】かやぶきの屋根の家。あばらや。▽自分の家のへりくだった言い方にも使う。

ほうおん【芳恩】賜った御恩。「―を忝(かたじけな)くする」

ほうおん【報恩】恩に報いること。恩返し。

ぼうおん【忘恩】受けた恩を忘れること。「―の徒」

ぼうおん【防音】『名・ス自』①騒音・反響をさえぎり、吸収すること。「―装置」②騒音が立たないようにすること。

ほうか【放下】①『名・ス他』投げおろすこと。投げ捨てること。▽→ほうげ。②『名』田楽から転じた曲芸の一種。③『名』「放下僧」の略。 **―ぞう**【―僧】頭巾(ずきん)の上に烏帽子(えぼし)をかぶった姿で、放下(2)を演じて歩いた者。▽「ほうかそう」とも言う。

ほうか【放火】『名・ス自』火事を起こす目的で、火をつけること。

ほうか【放課】(学校で)その日の定まった課業の時間が終わること。「―後」

ほうか【放歌】『名・ス自』あたりをはばからず大声で歌うこと。「―高吟」

ほうか【法家】①法律家。②中国の春秋時代に、治世の根本が道義などでなく政治・法律・経済にあると説いた一派。

ほうか【法貨】①「法定貨幣」の略。国法によって通用力を与えられた貨幣。②フラン。▽「フラン」に「法」を当てて書いたから言う。

ほうか【邦貨】日本の貨幣。↕外貨

ほうか【邦家】国家。▽自国を指すことが多い。

ほうか【砲火】大砲をうつ時に出る火。「―を交える」(戦争をする)「集中―を浴びる」(皆から非難・攻撃される)

ほうか【砲架】大砲などの砲身を載せる台。砲身の向きを変える装置や発射時の衝撃をやわらげる装置を備え、移動のために車輪をつけたものもある。▽「ほうが」とも言う。

ほうか【×烽火】のろし。

ほうか【蜂×窩】はちの巣。「―住宅」(アパート)

ほうが【邦画】①日本映画。②日本画。▽↕洋画

ほうが【奉加】『名・ス他』他の人びとに加わって(神仏に)寄付すること。 **―ちょう**【―帳】奉加する金品や寄進(寄付)者の名をしるす帳面。

ほうが【奉賀】『名・ス他』お祝いを申し上げること。「―新年」

ほうが【×萌芽】『名・ス自』①芽がもえ出ること。めばえ。②転じて、物事がはじまること。はじまり。きざし。「文明の―」

ぼうか【防火】火災を防ぐこと。「―活動」「―壁」「―林」▽予防にも延焼防止にも言う。

ぼうが【忘我】熱中してわれを忘れること。「―の境」

ほうかい【崩壊・崩潰】『名・ス自』①くずれこわれること。つぶれること。「地震で建物が―する」「内閣が―する」②〔物理〕放射性元素が放射線を出して他の元素に変化する現象。

ほうかい【抱懐】『名・ス他』ある考えを心の中にいだくこと。

ほうがい【法外】『ダナ』だれでも認める規準(=法)に、はずれたこと。「―な値段」「―の難癖」「不慣れなのか失敗が―に多い」 派生 **―さ**

ぼうがい【妨害・妨×碍】『名・ス他』(わきから)じゃますること。「安眠―」「営業―」

ぼうがい【望外】『名ノ』望んでいた以上によいこと。「―の栄誉」

ほうかいせき【方解石】炭酸カルシウムが主成分で、菱形(ひしがた)の面をもつ六面体状に割れやすい鉱物。純粋なものは無色透明。これを通して見ると、物が二重に見える。

ほうがえし(‥がへし)【方返し・法返し】「ほおがえし」の当て字。

ほうがく【方角】(その地点からの)方位(1)(2)。「―を調べる」「海の―に(=海のある方位にあたって)火の手が見える」「引っ越すには―が悪い」▽「方位」とほぼ同義と見てよいが、「方位」よりくだけた言い方。方位もある地点を基準にするが、広く全般を考えて言うやや抽象的な用法が多く、「方角」はここからどちらの向きかを問題にすることが多い。また、東西南北を踏まえる点で、それを捨象して使える「方向」と異なる。 関連 方位・方向・方(かた)・八方・十方・恵方・丑寅(うしとら)・鬼門 **―ちがい**(‥ちがひ)【―違い】①目的とは違った方角。「―に歩き始めた」②転じて、見当違い。「―のことを言う」

ほうがく【法学】法に関する学問の総称。法哲学・法解釈学・法史学・法社会学・立法論等。

ほうがく【邦楽】①日本古来の音楽。和楽。特に、江戸時代以降の、三味線・箏(そう)などを用いる音楽。②日本人が作り、また演奏する歌曲。▽↕洋楽

ぼうがしら【棒頭】かごかきのかしら。また、人足のかしら。

ほうかつ【包括】『名・ス他』ひっくるめて一つにまとめること。「―して述べれば」「地域―センター」

ほうかん【奉還】『名・ス他』お返しすること。「大政(たいせい)―」

ほうかん【宝冠】宝石で飾った冠(かんむり)。

ほうかん【宝鑑】手本となるような事柄を書いた本。

ほうかん【砲艦】喫水が浅い小型軍艦で、河川や港湾が自由に航行でき、割合大型の砲を備えたもの。

ほうかん【×幇間】→たいこもち

ほうかん【法官】司法官。裁判官。▽既に古風。

ほうがん【△判官】判官(はんがん)。特に、検非違使(けびいし)の尉(じょう)。 **―びいき**【―×贔×屓】第三者が不遇な者や弱者に同情すること。はんがんびいき。▽判官であった源義経のような不遇の英雄に世間が同情し、ひいきしたことから。

ほうがん【包含】『名・ス他』Aの内部にBをふくむ、特に、Bが成り立てばAも成り立つという関係にあること。▽おもに抽象的な事柄について言う。

ほうがん【砲丸】①(旧式)大砲の丸いたま。砲弾。②陸上競技の砲丸投げに使う金属球。 **―なげ**【―投げ】陸上競技の一つ。砲丸(2)を片手で投げてその飛んだ距離を競う。

ぼうかん【傍観】『名・ス他』(手出し・口出しをせず)そばでながめること。当事者でないという立場・態度で見ること。「―的」「―者」

ぼうかん【坊間】まちのなか。▽「坊」は市街の区画の意。

ぼうかん【暴漢】乱暴を働く男。

ぼうかん【防寒】寒さを防ぐこと。「―服」

ほうがんし【方眼紙】見取(みとり)図やグラフを描くための、こまかく正方形に仕切った線のある紙。セクションペーパー。▽片(かた)対数方眼紙など、正方形の仕切りでないものにも言うことがある。

ほうき(はうき)【×箒】ごみなどをはいて除く道具。「草―」「竹―」

ほうき【放棄・×抛棄】『名・ス他』なげうち捨てること。(思い切って)捨て去ること。「戦争―」「任務を―する」「相続権を―する」

ほうき【法器】①仏道の修行ができる才能・素質を持った人。②法要などに使う器具。

ほうき【法規】法律や規則。「国の最高―」(憲法)

ほうき【芳紀】年ごろの女性の年齢。「―まさに十八歳」

ほうき【蜂起】『名・ス自』はちが巣から一時に飛び立つように、大勢が力に訴えるためにいっせいに立ち上がること。「武装―」

ぼうぎ【謀議】『名・ス他』はかりごと、特に犯罪などの計画・実行手段を相談すること。「共同―」

ほうきぐさ はう‥【×箒草】茎が根元から盛んに分かれて、高さ一メートルほどの球状・房状に育つ一年草。葉は披針形で、秋、茎とともに紅葉する。茎で草ほうきを作る。若葉は食用。種子は「とんぶり」と呼ばれ食用・薬用。ほうきぎ。コキア。▽ひゆ科(旧あかざ科)。

ほうきぼし はう‥【×箒星】→すいせい(彗星)

ほうきゃく【訪客】たずねて来るお客。

ぼうきゃく【忘却】『名・ス他』忘れ去ること。

ぼうぎゃく【暴虐】『名ナ』乱暴なむごい仕打ちをして人を苦しめること。「―な君主」「―のかぎりを尽くす」「―無道」派生 **‐さ**

ほうきゅう【俸給】役所・会社などに勤めている人の労務に対して支払われる金銭。給料。「―生活者」

ほうぎょ【崩御】『名・ス自』天皇・皇后・皇太后・太皇太后が死ぬことの尊敬語。▽昔は上皇・法皇にも言った。

ぼうきょ【暴挙】①無謀な企て。乱暴な行い。「―に出る」②暴動。

ぼうぎょ【防御・防×禦】『名・ス他』敵の攻撃を防ぎ守ること。打撃を受けないよう防ぐこと。

ほうきょう【豊凶】豊作と凶作。また、豊年と凶年。「―を占う」

ほうきょう【豊△頬】美しくふっくらと肥えたほお。

ぼうきょう【望郷】ふるさとを懐かしんで、思いをはせること。「―の念にかられる」

ぼうきょう【防共】共産主義の侵入や拡大をふせぐこと。

ほうぎょく【宝玉】宝として珍重する玉。宝石。

ぼうきれ【棒切れ】棒のきれはし。ぼうっきれ。▽「ぼうぎれ」とも言う。

ほうきん【砲金】青銅の一種。銅九〇パーセント・錫(す)一〇パーセントの合金。船・機械の部品などに使う。▽昔、これで大砲を鋳造した。

ほうぎん【放吟】『名・ス他』あたりかまわず大声で吟じる(歌う)こと。「寮歌を―する」

ぼうぐ【防具】身体を守るため身に着けるもの。また、スポーツでけがを防ぐための用具。

ぼうぐい ‥ぐひ【棒×杭・棒×杙】丸い木材のくい。

ぼうくう【防空】敵の空中からの攻撃に対する防御。「―演習」「―壕(ごう)」(空襲を受けた際に待避するため、地を掘って作ったあなぐら) **―しきべつけん**【―識別圏】各国が防空上の必要に基づき領空外に設け、そこへ事前の申請なしに進入する航空機に国籍などの識別を求める空域。 **―ずきん**【―頭巾】空襲の身体的被害を少なくしようと、頭にかぶり、あご下で止め、肩まで覆うように作ってある綿入れの頭巾。

ぼうぐみ【棒組(み)】①駕籠舁(かごかき)の相棒。転じて、仲間。②印刷工程で出来上がりの体裁に関係なく連続して仮に組むこと。

ぼうグラフ【棒グラフ】数量を棒の長さで示したグラフ。

ぼうくん【傍訓】漢字のわきにつける読み。振りがな。

ぼうくん【亡君】なくなった主君。先君。「―のあだを討つ」

ぼうくん【暴君】①暴虐な、人民を苦しめる君主。②比喩的に、気ままにふるまう横暴な人。「―ぶりを発揮する」

ほうげ【放下】『名・ス他』捨てること。㋐〔仏〕心身共に一物にも執着せず俗世を解脱(げだつ)すること。㋑投げおろし、捨てておくこと。▽→ほうか(放下)

ほうけい【包茎】成人の陰茎の先が皮で包まれたままになっていること。その陰茎。

ほうけい【方形】どの角も直角の四角形。特に、正方形。

ほうげい【奉迎】『名・ス他』身分の高い人をお迎えすること。

ぼうけい【傍系】①直系から分かれて出た系統。「―会社」②主流からはずれた存在。

ぼうけい【謀計】はかりごと。

ほうげき【砲撃】『名・ス他』砲弾を打ち込んで敵を攻撃すること。

ほう‐ける『下一自』①頭がぼける。ぼけたようになる。「病み―」②夢中になる。「遊び―」③古くなって、けば立つ。また、髪や草などが乱れけば立つ。「―けた髪」▽「ほける」の長音化、また古語動詞「ほほく」の転とも。(1)(2)は「惚ける」、(3)は「蓬ける」とも書く。

ほうけん【奉献】『名・ス他』謹んで献上すること。

ほうけん【宝剣】宝として大切にする、とうとい剣。

ほうけん【封建】君主が公領(＝君主の直轄領)以外の土地を諸侯に分け与えて、それぞれにその領地を治めさせること。 **―じだい**【―時代】封建制が国家・社会の生活の基礎であった時代。 **―しゅぎ**【―主義】封建時代の(ような)、支配勢力が一般人民を強権で押さえつけるやり方。 **―せい**【―制】主君から給与された土地がもとになってピラミッド型の主従関係が結ばれてできた社会上の制度。一般に中世の社会に現れた。封建制度。 **―てき**【―的】『ダナ』①封建時代のように、上下関係を重んじて、個人の自由・権利を軽んじるさま。②俗に、強圧的な態度で人に接するさま。「うちのおやじは―だ」

ほうげん【方言】①共通語・標準語とは異なった形で、ある地方だけで使われる語。俚言(りげん)。②一つの言語における、地域による(音韻・語彙・文法などの)言語体系。その体系としてのそれぞれ。「関西—」

ほうげん【放言】『名・ス他』好き勝手に言い放つこと。不用意に、無責任に言い放った言葉。「—してはばからない」

ほうげん【法眼】①〔仏〕「法眼和尚位(かしょうい)」の略。法印に次ぐ僧位。②武家時代、医師・絵師・連歌師・儒者などに授けた称号。

ほうげん【法源】裁判官が裁判において準拠しうる基準。制定法、慣習法、判例法、法規、学説などがある。

ぼうけん【冒険】『名・ス自』危ないことを押し切って行うこと。成功のおぼつかないことをあえて行うこと。「それは—だ」

ぼうけん【剖検】『名・ス他』解剖して調べること。

ぼうけん【望見】『名・ス他』はるか遠くからながめ見ること。

ぼうげん【暴言】(思い上がって)乱暴な、むちゃな言葉。「—を吐く」

ほうこ【宝庫】①宝を入れておく倉。②比喩的に、よい産物を多量に出す地方。有益なもの、貴重なものなどが、あふれる程ある所。「地下資源の—」

ほうご【△反故】→ほご(反故)

ほうご【法語】①〔仏〕祖師・高僧などが仏の教えを分かりやすく説いた文章。②正しい事・教えを説いたことば。

ほうご【邦語】その国の言葉。特に、日本語。

ぼうご【防護】『名・ス他』危害などを防いでそれから守ること。「—団」「—壁」

ほうこう【方向】①それに直進する(と考えた)場合の、道筋の向き。面する向き(と、時にはその正反対の向きとを併せ考えたもの)。多くは、進む(はずの)向き。「指さす—を見ろ」「進行—の右側」「横—」「上下—」「逆の—に動く」▽「方角」や「方位」は東西南北と結びつくが、「方向」はそうでなくていいし、吉凶とも結びつけない。②進むべき向き。方針。「人生の—を誤る」▽ややぼかしても言う。「参加する—で考えている」 **—だ**【—×舵】航空機の進む方向を取るため、翼に設けたかじ。 **—づける**【—付ける】『下一他』方向をどうするかを定める。

ほうこう【×彷×徨】『名・ス自』目あてもなく歩きまわること。さまようこと。「青春の—」

ほうこう【芳香】いいにおい。「—を放つ」

ほうこう【×咆×哮】『名・ス自』けものなどが、ほえたけること。

ほうこう【放校】『名・ス他』校規にそむいた学生・生徒を学校から追放すること。

ほうこう【奉公】『名・ス自』①一身をささげて公(天皇・国・主君)のために尽くすこと。「義勇—」「滅私—」②(主人の家に住み込んだりして)主人に仕えること。他人に召し使われて勤めること。「でっち—」 **—にん**【—人】他人の家に召し使われている人。

ほうこう【砲口】発射する砲弾の出る筒先の口。砲門(1)。▽砲身で弾丸の通り道である「砲腔(ほうこう)」とは別語。

ほうごう【抱合】『名・ス自』①だきあうこと。②「化合」の以前の呼び名。▽combination の訳。

ほうごう【縫合】『名・ス他』ぬいあわせること。「患部を—する」

ほうごう【法号】〔仏〕→ほうみょう

ぼうこう【暴行】『名・ス自』他人のからだに暴力を加えること。また、粗暴な行い。「—をはたらく」▽特に強姦(ごうかん)を指すことがある。

ぼうこう【×膀×胱】腎臓から送られて来る尿を、排出に先立ち一時的にためておく袋状の器官。「—炎」

ほうこく【奉告】『名・ス他』神などに謹んで告げること。「—祭」

ほうこく【報告】『名・ス他』告げ知らせる、特に、任務・調査などを行った情況や結果について述べること。また、その内容。「近況—」「—書」「上司に—する」▽第二次大戦中までは、下級者から上級者に差し出す場合に限って言った。

ほうこく【報国】国のためにつくして、国の恩に報いること。「—の念」

ぼうこく【亡国】ほろびた国。「—の民」。国を滅ぼすもとになること。「—の音(おん)」(亡国に至るような退廃的な音楽)

ぼうこひょうが【暴虎×馮河】血気にはやって無謀な危険をおかすこと。とらに素手で向かい、黄河を徒歩で渡る意から。

ほうこん【方今】ただいま。現在。現今。「—の世相」

ぼうこん【亡魂】死んだ人の魂。

ほうざ【砲座】要塞や軍艦で大砲をすえる台座。

ほうさい【報×賽】『名・ス自』祈願が成就(じょうじゅ)したお礼に、神仏に参ること。お礼参り。▽→さいせん(賽銭)

ぼうさい【防災】災害を防止すること。「—訓練」 **—ずきん**【—頭巾】災害時に、落下物から頭を守るための頭巾。

ぼうさい【防塞】敵を防ぐ、とりで。

ぼうさき【棒先】①棒の先端。②駕籠(かご)の棒の先端(をかつぐ人)。ぼうばな。③『—を切る』利をかすめ取る。うわまえをはねる。「他人の棒先を切る」▽(2)の転。

ほうさく【方策】物事を達成するための手立て。はかりごと。「万全の—を立てる」

ほうさく【豊作】作物(特に穀物)が豊かに実ること。作物がよく取れること。↔凶作

ぼうさつ【忙殺】『名・ス他』『—される』ひじょうに忙しい。仕事などに追いまくられる。「雑務に忙殺される」

ぼうさつ【謀殺】『名・ス他』計画的に人を殺すこと。↔故殺(2)

ほうさん【奉賛】『名・ス他』謹んで賛助すること。「—会」

ほうさん【宝算】天皇の年齢。聖寿。

ほうさん【放散】《名・ス自》①諸方にはなれ散って行くこと。②〔医学〕一か所に起こった痛みが広い部分にひろがって行くように感じること。「—痛」③〔生物〕同種の生物が進化によってさまざまな環境に適応し多様化していくこと。適応放散。

ほうさん【×硼酸・ホウ酸】消毒薬や殺虫剤に用いる硼素の化合物。白色透明で光沢のある鱗片(りんぺん)状の結晶。温水によく溶けごく弱い酸性を示す。餌に混ぜてゴキブリ駆除に、また水溶液は目の洗浄やうがい薬に用いる。

ぼうさん【坊さん】男の僧に対する、親しみや軽い敬意をこめた呼び名。

ほうし【奉仕】《名・ス自》①国家・社会や目上の者などのために、私心を捨てて力を尽くすこと。「社会に—する」「勤労—」②商人が客のために特に安く売ること。「—品」

ほうし【奉伺】《名・ス他》おうかがいすること。「御機嫌を—する」

ほうし【奉×祀】《名・ス他》(神を)おまつりすること。

ほうし【放恣・放×肆】《名ナ》勝手きままで節度がないこと。「生活が—に流れる」

ほうし【放資】資本を投じること。投資。

ほうし【法師】①仏法によく通じてこれを広める者。僧侶(そうりょ)。②《接尾》《「ぼうし」の形で》人の意を表す語。「影—」「やせ—」

ほうし【法嗣】〔仏〕法統を受け伝えるあとつぎ。

ほうし【胞子】しだ・こけ・菌類などに見られる、無性生殖のための細胞。芽胞。

ほうし【芳志】他人の親切な志を敬って言う語。お志。「—を賜る」

ほうし【褒詞】ほめる言葉。ほめ言葉。

ほうじ【×捧持】《名・ス他》高くささげて持つこと。「勅語を—する」

ほうじ【法事】仏教で、死者の冥福のために忌日に行う儀式。忌日の法要。関連 仏事・法要・法会・会式(えしき)・彼岸会・施餓鬼・回向(えこう)・供養・追弔・追善・追福・通夜・御伽(おとぎ)・逮夜・命日・初七日・一七日・二七日・三七日・七七日・四十九日・百箇日・回忌・周忌・年忌・遠忌(おんき)

ほうじ【邦字】その国の文字。日本の場合、仮名・漢字。「—紙」(外国で発行され日本語で記す新聞)

ぼうし【帽子】①頭にかぶって寒暑・ほこりを防ぎ、身なりを整えるもの。「—を脱ぐ」(転じて、敬意を表する)②一般に、物の上にかぶせるもの。

ぼうし【帽子・×鋩子】刀剣のきっさき。

ぼうし【×眸子】ひとみ。瞳孔。

ぼうし【暴死】《名・ス自》急に死ぬこと。頓死。

ぼうし【紡糸】糸をつむぐこと。つむいだ糸。

ぼうし【防止】《名・ス他》それが起こらない(=止)ように防ぐこと。「犯罪の—」

ぼうじ【亡児】死んだ子供。

ぼうじ【房事】閨房(けいぼう)中の事。性交。

ほうしき ①【方式】物事(をするの)に定まっている形式や仕方。②【法式】儀式などの、掟(おきて)として定まっている仕方。

ほうじちゃ【×焙じ茶】番茶や古い煎茶等をほうろくでじっくり煎った香ばしい茶。高温の湯でいれる。

ぼうしつ【亡失】《名・ス自他》うせてなくなること。また、失い、なくすこと。

ぼうしつ【忘失】《名・ス他》①忘れ去ること。②忘れてなくすこと。

ぼうしつ【防湿】湿気を防ぐこと。「—剤」

ぼうじま【棒×縞】太い筋のたてじま。

ほうしゃ【報謝】《名・ス自》①恩に報い、徳に謝すること。また、そのために物などを贈ること。「—の念」②仏事をしてくれた托鉢(たくはつ)僧や巡礼に物やお金を与えること。

ほうしゃ【放射】《名・ス他》①光・熱などを外に放つこと。「—熱」②(線などを)一点から四方八方にはなち出すこと。「—状」 **—せい【—性】**その物質が放射能を持つという性質。 **—せいげんそ【—性元素】**放射能をもっている元素。原子核が不安定で、自発的に放射線を放出して崩壊する。 **—せいはいきぶつ【—性廃棄物】**放射能を帯びた廃棄物。原子力発電所の使用済み燃料や放射線取扱い施設で使用された器具など。核廃棄物。核のごみ。「高レベル—」 **—せん【—線】**放射性元素の崩壊に伴って放射される粒子や波長の短い電磁波。アルファ線・ベータ線・ガンマ線の三種があり、いずれも気体を電離させ、感光作用・蛍光作用を示す。生物が多量に浴びると有害。▽中性子線やエックス線などを含めることもある。 **—のう【—能】**ラジウム・ウランなどの元素が、崩壊して放射線を出す性質。▽その現象を言うこともある。また、放射線を出す物質(放射性物質)の意味で使うこともある。「—もれ」 **—れいきゃく【—冷却】**夜間、熱の放射によって地表面の温度が下がる現象。また、それによって気温が下がること。風が無く晴れた冬の日に顕著。

ほうしゃ【砲車】台に車が着いているなど、車で移動できる大砲。「—縦隊で進む」▽野戦用大砲の別名に近い。

ほうしゃ【×硼砂・ホウ砂】硼酸(ほうさん)とナトリウムの化合物。白色の柱状結晶をなし、水に少し溶け、強アルカリ性。エナメル・光学ガラスなどの原料。

ぼうじゃくぶじん【傍若無人】《ダナ》人まえをはばからず勝手気ままにふるまうこと。▽傍(かたわら)に人無きが若(ごと)しの意。派生 **—さ**

ほうしゅ【法主】〔仏〕①一宗一派の長。▽特に浄土真宗で言う。②法会(ほうえ)の主人役。▽「ほっしゅ」「ほっす」とも言う。

ほうしゅ【砲手】砲の照準・装塡・発射を分担する兵。↕弾薬手

ほうじゅ【宝珠】①宝玉。②球形で頭がとがって、火炎が燃え上がっている形をした玉。ほしい物が思いのままに出せるという玉。如意(にょい)宝珠。

ぼうしゅ【×芒種】二十四気の一つ。陽暦六月六日ごろ。▽芒(のぎ)のある穀物をまく時節の意。

ぼうじゅ【傍受】《名・ス他》通信、特に無線通信で、直接の相手でない者が、故意または偶然にその通信を受信すること。

ほうしゅう【報酬】労働や仕事・骨折りなどに対する謝礼の金銭・物品。お礼。

ほうじゅう【放縦】《名・ダナ》→ほうしょう(放縦)。▽「ほうしょう」が正しい読み。派生 **-さ**

ぼうしゅう【防臭】臭気を防ぎとめること。「—剤」

ほうしゅく【奉祝】《名・ス他》謹んでお祝いすること。

ほうじゅく【豊熟】《名・ス自》(五穀が)豊かにみのること。

ぼうしゅく【防縮】《名・ス他》きれや毛織物がちぢまないようにすること。「—加工」

ほうしゅつ【放出】《名・ス他》ためておいた物を一度に外部に出すこと。「—物資」

ほうじゅつ【方術】①方法。②わざ。技術。③仙人などが使う不思議なわざ。

ほうじゅつ【砲術】火砲を操作する術。

ぼうじゅつ【棒術】棒を武器として使う術。

ほうじゅん【豊潤】《名ナ》豊かで潤いがあること。富んでいること。派生 **-さ**

ほうじゅん【芳×醇・芳純】《名ナ》(酒が)かおり高く味のよいこと。「—なワイン」▽「芳純」は代用表記。派生 **-さ**

ほうしょ【奉書】①「奉書紙(みがみ)」の略。コウゾで作った上質の和紙。▽奉書②を書くのに使った。②上意を奉じて出す指図(さしず)書き。特に武家時代、将軍の命(めい)を受けて下した文書。

ほうしょ【芳書】他人の書簡を敬って言う語。

ほうじょ【×幇助】《名・ス他》わきから力を添えて手助けすること。「自殺—罪」

ぼうしょ【防暑】夏の暑さを防ぐこと。

ぼうじょ【防除】《名・ス他》①わざわいを防いで取り除くこと。「災害—」②農作での病害虫などの予防と駆除。「納豆菌の力で他の病原菌を—する」

ほうしょう【奉唱】《名・ス他》謹んで歌うこと。「国歌—」

ほうしょう【放△縦】《名・ダナ》思うままにふるまうこと。「生活が—をきわめる」派生 **-さ**

ほうしょう【法相】法務大臣の略称。また、(以前の)司法大臣の略称。▽仏教の宗派名なら「ほっそう」と読む。

ほうしょう【報奨】《名・ス他》ある行為にむくい、ほめ励ますこと。「—金」

ほうしょう【報償】《名・ス自》①損失のつぐない。②しかえし。報復。

ほうしょう ①【褒賞】ほめること。そのしるしに与える物。②【褒章】立派な行為に対する栄誉のしるしとして国家から授ける徽章(きしょう)。「藍綬(らんじゅ)—」

ほうじょう【放生】功徳(くどく)を積むために生き物を逃がしてやること。 **—え**【—会】(陰暦八月十五日に行う)放生の儀式。

ほうじょう【方丈】①一丈(約三メートル)四方(の室)。②寺の中にある、住持の居所。③転じて、住持。住職。

ほうじょう【法×帖】手本・鑑賞用に、古人の筆跡を石ずりにした折り本。

ほうじょう【法城】《仏》仏法。▽人がよりどころとするのを城にたとえた。

ほうじょう【芳情】人が示してくれる親切な温かい心を敬って言う語。芳志。

ほうじょう【褒状】よい行為をほめて与える文書。賞状。

ほうじょう【豊×穣】五穀がゆたかにみのること。

ほうじょう【豊×饒】《名ナ》豊かなこと。また、地味(ちみ)が肥え、作物がよく実ること。「—な土地」派生 **-さ**

ぼうしょう【傍証】直接の証拠ではないが、その証明力を増す間接の証拠。

ぼうしょう【帽章】帽子につける徽章(きしょう)。

ぼうじょう【暴状】乱暴なありさま。「目にあまる—」

ぼうじょう【棒状】棒のような形。

ほうしょく【宝飾】装飾品として用いる宝石や貴金属の類。「—品」

ほうしょく【奉職】《名・ス自》公の職務につく、またはついていること。

ほうしょく【飽食】《名・ス自》十分に食べて満ち足りること。食物に不自由のないこと。「—暖衣」(不足なく十分な生活)

ぼうしょく【暴食】《名・ス自》度を過ごしてむやみに食べること。「暴飲—」

ぼうしょく【望×蜀】一つの望みをとげて更にその上を望むこと。幾らでも欲ばって、満足しないこと。▽「後漢書」の「隴(ろう=地名)を得て蜀(しょく=地名)を望む」に基づく。

ぼうしょく【紡織】糸をつむぐことと、機(はた)を織ること。

ぼうしょく【防食・防×蝕】金属が腐食するのを防ぐこと。「—剤」

ほう-じる【封じる】《上一他》領地を与えて大名(だいみょう)にする。ほうずる。▽「ふうじる」と読めば別の意。

ほう-じる【報じる】①《上一自他》むくいる。「御恩に—」「国に—」「恨みを—」②《上一他》知らせる。「急変を—」▽「報ずる」とも言う。

ほう-じる【奉じる】《上一他》①献上する。差し上げる。②ささげ持つ。つつしんで承る。「命(めい)を—」。おしいただく。また、そういう態度で従う。「師の教えを—」▽「奉ずる」とも言う。

ほう-じる【崩じる】《上一自》天皇・皇后・皇太后・太皇太后が死ぬ。おかくれになる。ほうずる。

ほう-じる【×焙じる】《上一他》火であぶってしめりけをなくする。ほうずる。「茶を—」

ほうしん【方針】ある事をするのに当たって定めた、

その行動や処置の方向・原則。「―を立てる」「基本―」「施政―」▽もと、方位を示す磁石の針の意。
関連 指針・原則・方向・路線・国是・社是・党是・綱領・政綱・凡例・コース・ガイドライン・ポリシー

ほうしん【砲身】大砲の、弾丸をこめて発射する、筒状の部分。

ほうしん ①【放心】〘名・ス自〙精神状態が確かでなく、または他の事に気を取られて、魂が抜けたようにぼんやりしていること。「―の態(てい)」「―状態」②【放心・放神】〘名・ス自〙気がかりな事を心から払いのけること。放念。「何とぞ御―下されたく」

ほうしん【芳心】人が示してくれた親切な心を敬って言う語。芳志。

ほうしん【芳信】①花が咲いたという知らせ。花だより。花信。②他人の書簡を敬って言う語。

ほうしん【×疱×疹】皮膚や粘膜に小さな水疱が集まってできる感染症。ウイルスによる。ヘルペス。「単純―」「帯状―」

ほうじん【方陣】①部隊を方形に配した(昔の)陣形。②縦横に異なる数字を並べ、どの行も数の和が等しくなるようにしたもの。魔法陣。

ほうじん【法人】人間ではないが、法律上人格を認められ、法律行為を有効になし、権利・義務の主体となりうる資格を与えられた組織体。↔自然人(2)。「財団―」 **―ぜい**【―税】法人の所得に対して課せられる税。

ほうじん【邦人】自国の人。特に、外国にいる日本人。「在留―」

ぼうじん【傍人】そばにいる人。

ぼうじん【防×塵】ちりが入るのをふせぐこと。「―装置」

ほうしんのう【法親王】出家後に親王の称を許された皇子。▽「ほっしんのう」とも言う。

ほうず【方図】限り。際限。「―もない事を言う」

ぼうず【坊主】①寺の主である僧。更に一般に、僧。「―憎けりゃ袈裟(けさ)まで憎い」②僧のように頭に毛がないこと。そういうもの。「海―」「乱伐で山が―になる」㋐髪をそっていること。短く刈っていること。「―刈り」「―頭」㋑男の子。「いたずら―」▽男の子に、親しみなどの気持をこめて呼びかける時にも使う。「おい、―」③茶坊主。④ある語に添えて、親しみや軽蔑などの気持を表す語。「三日―」 **―まくら**【―枕】くくり枕。 **―もち**【―持ち】二人以上連れ立って道を行く時、坊さんに会うと、ひとりが持っていた荷物を他の者に持ちかえさせる遊び。

ほうすい【放水】〘名・ス自他〙①(ホース等から)水を勢いよく出すこと。②貯水池や川などの水を(導いて)流すこと。 **―ろ**【―路】灌漑(かんがい)とか洪水防止とかの目的で、水を他に流しやるために設けた水路。

ほうすい【豊水】(川の)水量が多いこと。↔渇水

ぼうすい【紡×錘】原料から糸をつむぎ巻き取る、小さく細長い用具。つむ。 **―けい**【―形】紡錘に似た形。円柱形の両端のとがったもの。

ぼうすい【防水】〘名・ス他〙水のしみこむのを防ぐこと。「―加工」

ほうすう【×鳳×雛】将来すぐれた人物になることが期待される子供。▽もと、おおとりのひなの意。

ほうずる【封ずる】〘サ変他〙→ほうじる(封)

ほうずる【報ずる】〘サ変自他〙→ほうじる(報)

ほうずる【奉ずる】〘サ変他〙→ほうじる(奉)

ほうずる【崩ずる】〘サ変自〙→ほうじる(崩)

ほうずる【×焙ずる】〘サ変他〙→ほうじる(焙)

ぼうずる【忘ずる】〘サ変他〙忘れる。「故郷―じがたし」「恩を―ともがら」

ほうすん【方寸】①一寸(約三センチ)平方(の、ごく小さな所)。「―の地」②心(の中にある考え)。「わが―から出たこと」

ほうせい【方正】〘名ナノ〙行いや心が正しいこと。「品行―」

ほうせい【法制】①法律と制度。②法律上の制度。

ほうせい【砲声】砲の発射で出た音。▽他から聞きつけたのを言う。

ほうせい【×鳳声】他人がしてくれる伝言や音信を、敬って言う語。鶴声(かくせい)。

ほうせい【縫製】(ミシンで)縫って作ること。

ぼうせい【防勢】戦略方針としてとる防御的態勢。▽部分的には攻勢に出てもよい。

ぼうせい【暴政】人民のためを考えない乱暴な政治。

ほうせき【宝石】産出量が少なく、硬質で美しいために、装飾用などに珍重される鉱物。例、ダイヤモンド・ルビー・エメラルド。

ぼうせき【紡績】①糸をつむぐこと。更に広く、織物を作る産業。②「紡績糸(し)」の略。つむいで作った糸。特に、綿糸紡績機械で作った片より糸。

ほうせつ【包摂】〘名・ス他〙一定の範囲の中に包み込むこと。▽主に論理学で概念の広さを論じる時に使う。

ぼうせつ【防雪】ふぶき・なだれを防ぐこと。「―林」

ほうせん【法線】接点において接線(または接平面)と直交する直線。▽normal の訳語。

ほうせん【奉遷】〘名・ス他〙神体などを他の場所に移すこと。

ほうせん【砲戦】大砲のうち合いによる戦闘。

ほうぜん【宝前】神仏の前。「―にささげる」

ぼうせん【傍線】注意・強調などのため文中の一部に、文字にそって引いた線。「―を施す」

ぼうせん【防戦】〘名・ス自〙相手の攻撃を防ぐために戦うこと。その戦い。

ぼうせん【棒線】棒のようにまっすぐな線。直線。「―で消す」

ぼうぜん〘副・ト タル・ノダ〙①【×呆然・×茫然】気ぬけがして、ぼんやりとしたさま。「倒産に見舞われ―と立ちつくす」「しばし―の態(てい)」②【×惘然】あき

れて、あっけにとられたさま。「意外の返事に━とした」③【×茫然】とりとめがないこと。「前途は━として分からない」「━自失」

ほうせんか【×鳳仙花】観賞用に広く栽培される一年草。夏、葉のかげに、紅・白などの花が咲く。実が熟すと皮が裂けて種をはじき出す。花で爪を染めた。つまくれない。つまべに。▽つりふねそう科。

ぼうせんもう【防潜網】敵の潜水艦の侵入・攻撃を防ぐ目的で設置された網。

ほうそ【宝×祚】天子の位。皇位。

ほうそ【×硼素・ホウ素】元素の一つ。元素記号B。黒褐色の固体で、硼酸などの原料とする。

ほうそう【包装】《名・ス他》①荷造り(をすること)。②うわづつみ(をすること)。「━紙」「━を解く」

ほうそう【放送】《名・ス他》ラジオやテレビで、電波を出して報道・娯楽・教育番組などを送ること。「実況━」「━局」 **━げき**【━劇】↓ラジオ ドラマ

ほうそう【奉送】《名・ス他》お見送りすること。

ほうそう【法曹】法律事務に従事する者。特に、裁判官や検察官や弁護士。法律家。「━界」

ほうそう【×疱×瘡】天然痘。また、種痘(のあと)。

ほうぞう【包蔵】《名・ス他》内部にもっていること。包み隠していること。

ほうぞう【宝蔵】①宝物をしまっておく蔵(くら)。②経典をしまっておく蔵。

ぼうそう【暴走】《名・ス自》①むやみに乱暴に(車で)走ること。「時速一二〇キロで━する」「━族」②運転する人の乗っていない車が走り出すこと。③周囲の情況を考えないで物事をむやみにおし進めること。「一部の若手が━する」

ほうそく【法則】①いつ、どこでも、一定の条件のもとでは成立する関係。「熱力学の━」「自然の━」「━的に変化する」▽「規則」に比べ、自然に成り立つものという感じが一般には強い。⑵の転。②きまり。守るべき規範。「━どおりに処断する」

ぼうだ【×滂×沱】《ト タル》①涙がとめどなく流れ落ちるさま。②雨が降りしきるさま。

ほうたい【包帯・×繃帯】傷口・はれものなどに巻きつけて患部を保護するためのガーゼや木綿の細長い布。

ほうたい【奉戴】《名・ス他》うやうやしく承ること。「大詔(たいしょう)を━する」。皇族など身分の高い方をおしいただくこと。「直宮(じきみや)様を会長に━する」

ほうたい【法体】↓ほったい

ほうだい【放題】《名・ダナ》《動詞や助動詞「(さ)せる」「(ら)れる」の連用形、「たい」などに付けて》存分に行い、制限しないさま。「食い━」「ドラムを打たせ━に打たせる」「いつも振られ━なのに一向こりない」「言いたい━を言う」「わがまま━」

ほうだい【砲台】大砲を据えつけ攻防の設備をし、部隊を配置する、構築物。▽↓ようさい(要塞)

ほうだい【邦題】外国の作品につけた日本語の題名。

ぼうだい【傍題】副題。サブタイトル。

ぼうだい ①【膨大・×厖大】《ダナ》非常に大きいさま。また、多量なさま。「━な費用」 派生 **━さ** ②【膨大】《名・ス自》ふくれて大きくなること。

ぼうたおしふし・た【棒倒し】二組に分かれ、相手方の立てた棒を先に倒した方を勝ちとする競技。

ぼうたかとび【棒高跳(び)】陸上競技種目の一つ。棒を持って助走し、その棒を地面に突き立てて、反動でバーを跳び越す高さを競う。

ぼうだち【棒立ち】《名・ス自》①棒のようにまっすぐに立つこと。「驚いて━になる」②↓さおだち

ぼうだら【棒×鱈】三枚におろした鱈(たら)の身の部分を乾した、棒状の堅い干物。水に数日間つけて戻し、正月料理にした。

ほうたん【放胆】《名ナ》きわめて大胆なこと。思い切ってするさま。 派生 **━さ**

ほうだん【放談】《名・ス自》思った通りを勝手気ままに語ること。また、その談話。「時事━」

ほうだん【法談】仏法を説ききかせること。説法。

ほうだん【砲弾】大砲のたま。

ぼうだん【防弾】弾丸の通るのを防ぐこと。「━チョッキ」

ほうち【封地】大名などが封じられた土地。

ほうち【報知】《名・ス他》告げ知らせること。その知らせ。「火災━器」

ほうち【放置】《名・ス他》かまわずに、そのままほうっておくこと。「懸案を━する」

ほうち【法治】国家権力を、すべて法にのっとって行使する建前であること。「━国家」

ぼうちぎり【棒ちぎり】棒の切れはし。「けんか過ぎての━」(↓けんか(喧嘩)) ▽「ぼうちぎれ」とも言う。

ほうちく【放逐】《名・ス他》(人をその地域・組織などから)追い払うこと。追放。

ほうちゃく【×逢着】《名・ス自》でくわすこと。「矛盾に━する」

ほうちゅう【×庖×厨】炊事場。だいどころ。くりや。「君子は━に近寄らない」

ぼうちゅう【傍注】本文のそばに書き添えた注釈。

ぼうちゅう【忙中】忙しいさなか。「━の閑」

ぼうちゅう【防虫】衣服・書物などが虫に食われるのを防ぐこと。「━剤」

ほうちょう【包丁・×庖丁】食物の調理に使う薄くて平たい刃物。「━の冴(さ)え」(包丁の使い方、料理の手ぎわのすばらしいこと)

ほうちょう【放鳥】《名・ス自》放生会(ほうじょうえ)・葬式の時や学術調査などで、つかまえておいた鳥を逃がしてやること。また、その鳥。

ぼうちょう【傍聴】《名・ス他》当事者以外が会議・公判などを、そばできくこと。「裁判を━する」「━人」「━席」

ぼうちょう【膨張・膨×脹】《名・ス自》ふくれあがること。㋐ふくれて大きくなること。㋑広がって量が増

すこと。「予算が―する」

ぼうちょう【防×諜】 スパイの活動を防ぎ、重要な情報が敵に漏れないようにすること。

ぼうちょう【防潮】 大波・高潮を防ぐこと。「―堤」

ほうちょく【奉勅】 勅命を承ること。「―命令」

ぼうっと 『副・ス自』①ぼやけて、輪郭がはっきりしないさま。「涙で字が―かすむ」「月が―見える」②わずかに赤味・明かりなどが射すさま。「遠くに―明かりが見える」③意識がはっきりしないさま。考えがないさま。「高熱で頭が―する」

ほうてい ①【奉呈】『名・ス他』謹んでさしあげること。②【×捧呈】『名・ス他』手でささげてさしあげること。

ほうてい【法定】 法令で定めること。また、その事物。「―得票数」 **―かへい【―貨幣】** 国法によって通用力を与えられた貨幣。 **―でんせんびょう【―伝染病】** 伝染病予防法(一九九九年廃止)で指定されていた伝染病。患者が発生したら、届け出・隔離などをした。腸チフス・パラチフス・赤痢(疫痢)・コレラ・ジフテリア・猩紅(しょうこう)熱・天然痘・発疹(ほっしん)チフス・ペスト・流行性脳脊髄膜炎・日本脳炎の十一種。

ほうてい【法廷】 裁判官が裁判を行う場所。

ほうてい【法弟】 仏法の教えを受ける弟子。

ほうてい【×鵬程】 遠い、はるかな道のり。「―万里」▽「鵬(ほう)」は想像上の大鳥で、一度に九万里も飛ぶという。その道程の意。

ほうていしき【方程式】 変数の特定値についてだけ両辺が等しくなる等式。▽和算に由来する語で、「方程」は行列(2)を意味し、「方程式」は今の連立方程式に当たる概念だった。

ほうてき【放×擲・×抛×擲】 『名・ス他』(価値ある事を他の目的のために)投げすてること。すべきことをしないで、ほうっておくこと。「仕事を―する」

ほうてき【法敵】 仏法に敵対する者。仏敵。

ほうてき【法的】 『ダナ』法の立場から扱うさま。法規に関するさま。「―には問題ない」「―措置」

ほうてん【奉×奠】 『名・ス他』うやうやしくささげること。「玉串(たまぐし)―」

ほうてん【宝典】 貴重な書物。また、(日常的な知識を集めた)使って重宝する本。

ほうてん【法典】 (ある範囲の)法規を組織的に配列・編纂(へんさん)したもの。

ほうでん【宝殿】 ①宝物を納めておく建物。②神仏の御殿。

ほうでん【放電】 『名・ス自』帯電体が電気を失うこと。導体を通じての場合と気体などの絶縁体を通じての場合とがある。「火花―」 **―かん【―管】** 不活性ガスや水銀蒸気などを封入し、電極間に放電を起こさせる電子管。電流制御・照明などに用いる。蛍光灯・ネオン管・水銀灯など。

ぼうてん【傍点】 その語句に注意を向けさせるなどのために字のわきに打った点。

ほうと【方途】 進むべき道。しかた。方法。「―をうしなう」

ほうど【封土】 封建君主が臣下の大名に与えた領地。知行(ちぎょう)地。

ほうど【邦土】 一国の領土。国土。

ぼうと【暴徒】 暴動を起こした者ども。「―と化す」

ほうとう【奉答】 『名・ス自』謹んでお答えすること。

ほうとう【宝刀】 宝物である刀。「伝家の―を抜く」(家に代々伝えた、とっておきの名刀を抜く。転じて、とっておきの手段を使う)

ほうとう【宝塔】 ①→たほうとう。②寺の塔。

ほうとう【放×蕩】 『名・ス自』酒色にふけって品行がおさまらないこと。酒や女におぼれること。

ほうとう【×朋党】 主義・利害などが共通な仲間。

ほうとう【法灯】 〔仏〕①闇を照らす灯火にもたとえられる、迷いを救う釈迦(しゃか)の教え。「―を掲げる」「―を継ぐ」②仏前の灯火。「―絶えず」

ほうとう【法統】 仏法の伝統または系統。「―を継ぐ」

ほうとう【砲塔】 要塞・戦艦・戦車などで、弾薬や砲兵を防護するため、大砲の砲身だけを外部に出して装甲で覆ったもの。

ほうとう【×餺×飥】 生の手打うどんを、かぼちゃなどの野菜と一緒に味噌(みそ)仕立ての汁で煮込んだ料理。また、そのうどん。▽山梨県の郷土料理。

ほうどう【報道】 『名・ス他』出来事を広く告げ知らせること。また、そのニュース。「事件を―する」「テレビで―される」「現地からの―によれば」 **―きかん【―機関】** 新聞・ラジオ・テレビ等、報道を目的とする施設・組織体。 **―じん【―陣】** 報道機関が、ある出来事の報道のために、記者・カメラマンを配置したりして整えた態勢。また、その記者やカメラマン。

ぼうとう【冒頭】 文章・談話・物事の初めの所。「―の一節」

ぼうとう【暴騰】 『名・ス自』値段が急激に大きくあがること。↔暴落。「地価が―する」

ぼうどう【暴動】 多くの者が集まって騒ぎを起こし、社会の秩序を乱す行動。関連 騒動・騒擾(そうじょう)・騒乱・擾乱・暴挙・打ち毀(こわ)し・一揆(いっき)・テロ・狼藉(ろうぜき)・暴戻・暴徒・暴民

ほうとく【報徳】 恩に報いること。

ほうどく ①【奉読】『名・ス他』つつしんで読むこと。②【×捧読】『名・ス他』ささげ持って、うやうやしく読み上げること。

ぼうとく【冒×瀆】 『名・ス他』神聖なもの、清らかなものをけがすこと。「神を―する」

ぼうどく【防毒】 有毒ガスを防ぐこと。「―マスク」

ほうなん【法難】 仏法を広めようとしたために迫害を受けること。「日蓮(にちれん)の―」

ほうにち【訪日】 『名・ス自』外国人が日本を訪れること。▽一般的な「来日」に比べると、要人に関して、または短期間だけ、の含みがある。「離日」にはこうした差が無い。

ほうにょう【放尿】 『名・ス自』(勢いよく)小便をする

こと。
ほうにん【放任】『名・ス他』ほったらかして勝手(なるがまま)にさせること。「自由—」
ほうねつ【放熱】『名・ス自』(機械などが)熱を放散すること。
ぼうねつ【防熱】外の熱を防ぐこと。「—服」
ほうねん【放念】『名・ス自』気がかりな事を忘れて心にとめないこと。放心。「御—下さい」
ほうねん【豊年】穀物などの収穫が多い年。↕凶年。「—満作」
ぼうねん【忘年】①(年末に当たって)その年の苦労を忘れること。年忘れ。「—会」②年齢の差を気にとめないこと。「—の友」「—の交わり」
ほうのう【奉納】『名・ス他』神仏に献上すること。「舞を—する」 **—じあい**【—仕合】(じあひ) 神仏の祭礼などに、その境内で行う、武術のしあい。 **—ずもう**【—〈相撲〉】(ずまう) 神仏の祭礼などに、その境内で催す相撲。
ほうはい【奉拝】『名・ス他』うやうやしく拝むこと。
ほうはい【×澎×湃】『ト タル』①水がみなぎって逆巻くさま。②転じて、盛んな勢いで盛り上がるさま。「—たる世論」
ほうばい【×朋輩・△傍輩】なかま。友だち。▽もと、同じ主人に仕える者、また、同じ師につく者。本来は「傍輩」と書いた。現在では古風な言い方。
ぼうはく【傍白】舞台で、相手には聞こえないことにして、観客にだけ自分の考えを知らせる形で述べるせりふ。
ぼうばく【×茫漠】『ト タル』とりとめがないほど広いさま。また、ぼんやりしてつかみどころのないさま。「—たる原野」「—とした話」
ぼうはち【亡八・忘八】人としての八つの徳目を失った行い、つまり女郎買い。▽既に言わない。
ほうはつ【×蓬髪】のび茂った蓬(よもぎ)のように、のびて乱れた髪。「弊衣—」

ほうばつ【放伐】『名・ス他』徳を失った君主を討伐して追い払うこと。▽「禅譲」と共に、中国人の易姓(えきせい)革命思想による考え方。
ぼうはつ【暴発】『名・ス自』①不意に起こること。突発。②ピストル・小銃などの扱いが不注意で、急に弾が飛び出すこと。「—を防ぐ」
ぼうはてい【防波堤】①外海からの荒い波を防ぎ港の中を穏やかに保つために、築いた堤。②比喩的に、侵入しようとするものを防ぎとめるもの。
ぼうばな【棒鼻・棒△端】→ぼうさき(2)。▽「ぼうはな」とも言う。
ぼうはん【防犯】犯罪が起こらないように防ぐこと。「—ベル」
ほうひ【包皮】物の外側を包み覆っている皮。
ほうひ【放×屁】『名・ス自』(勢いよく)屁(へ)をすること。また、屁。
ほうひ【法×匪】法律(のうわべ)を絶対視して人に害を及ぼす、まさに賊徒(=匪)と評するべき役人や法律家。
ほうび【褒美】ほめたしるしに与える金銭・品物。「ご—」▽もと、ほめる意。
ぼうび【防備】『名・ス他』外敵に対する備え。また、敵が押し寄せるのを防ぎ守ること。「—を固める」「首都を—する」「敵の—を破る」
ほうびき【宝引(き)】福引きの一種で、当たりのしるし、または景品を付けた長い糸を他の多くの糸と束ねて持ち、どの糸の先にそれが付いているか分からないようにして、一本の端を引かせるもの。▽既に室町時代にはあった。普通は室内でするが、祭礼の夜店にもあり「辻(つじ)—」と言った。
ぼうびき【棒引(き)】①『名・ス他』縦に線を引くこと。特に、帳簿などの記載を、棒を引いて消すこと。②『名・ス他』金銭などの貸借関係が済んだしるしに消すこと。帳消し。③『—にする』心理的な貸し借りなしにする。

ぼうひょう【妄評】『名・ス他』→もうひょう
ほうふ【抱負】心の中に持っている計画・決意。「将来の—を語る」
ほうふ【豊富】『ダナ』(量や種類が)たくさん豊かにあるさま。「商品を—にそろえる」「—な経験」 派生 **—さ**
ほうぶ【邦舞】日本舞踊。
ぼうふ【防腐】くさらないようにすること。「—剤」
ぼうふう【暴風】大きな被害を起こす強い風。 **—う**【—雨】激しい風雨。あらし。
ぼうふう【防風】①風を防ぎさえぎること。「—林」②中国原産の多年草。江戸時代に渡来。夏・秋のころ、白色の小五弁花が咲く。また、その根の生薬名。解熱・鎮痛などに用いる。▽せり科。③→はまぼうふう
ほうふく【報復】『名・ス自』仕返しをすること。
ほうふく【抱腹・×捧腹】はらをかかえて大笑いすること。「—絶倒」(ひっくり返って大笑いすること)
ほうふく【法服】①裁判官などが法廷で着る制服。②僧服。法衣(ほうえ)。
ほうふつ【×彷×彿・×髣×髴】①『ト タル・ス自』見分けにくいほど、よく似ていること。ありありと見えること。「父の面影が—とする」「昔日を—させる」②『ト タル』ぼんやり見えること。ほのか。かすか。「水天—」
ほうぶつせん【放物線・×抛物線】斜めに投げ上げた物体が通る経路と同じ形の曲線。幾何学的には、ある定点と定直線とからの距離が等しい点の軌跡。
ぼうふら【×孑×孑】水たまりに発生する、蚊の幼虫。一般に細長く、はねるようにしながら水中を泳ぎ、尾の方にある管で空気を呼吸する。ぼうふり。▽正しくは「孑孑」と書く。
ほうぶん【法文】①法令の条文。②法科と文科。「—学部」「—系」
ほうぶん【邦文】日本の文字・文章。↕欧文。「—タイ

ほうへい【奉幣】神前に幣(ぬさ)をたてまつること。「―使」

ほうへい【砲兵】大砲を使って敵を攻撃する兵種。また、その兵。

ぼうへき【防壁】防備のための壁。

ほうへん【褒×貶】『名・ス他』ほめることとけなすこと。「毀誉(よ)―」

ほうべん【方便】①『名』仏教で、人を真の教えに導くための仮の手段。「うそも―」②『名』転じて一般に、目的のために利用する便宜的な手だて。③『ダナ』ぐあいよく運ぶさま。「―なことに」「―な話で」

ほうほう(はふはふ)『―の体(てい)』あわてふためいてかろうじて逃げる様子。▽「這(は)ふ」を重ねてできた語。「―の態(てい)」とも書く。

ほうほう【方法】てだて。特に、ある目的を達するための、計画的な操作。 **―てき**【―的】『ダナ』方法に関するさま。「目的はいいが―に誤りだ」 **―ろん**【―論】①学問研究(狭くは科学)の方法に関する論理的な反省・考察。特に、単なる知識を得る手段でなく、知識そのものを規定するような深い考察をいう。②一般に、手続きやり方についての議論。

ほうぼう【方方】いろいろな方角・場所。あちこち。処処。「―から声が掛かる」「―(を)捜しまわる」

ほうぼう【×鋒×鋩】①刃物などのきっさき。ほさき。②転じて、鋭い気力。

ほうぼう【×魴×鮄】体が紅色で、左右に広がる大きな胸びれがある海魚。胸びれの一部が変形した三対のとげで海底をはって歩く。肉は美味。▽ほうぼう科。

ぼうぼう【某某】だれだれ。▽名が分からないか、特にはっきり言うのをひかえるかの場合に使う。

ぼうぼう【×茫×茫】①『ト タル』果てしなく広がるさま。「―と広がる平原」。ぼんやりと、とらえどころが無いさま。「―たる人生」②『副[に]・ノダ』草や髪などがのびて乱れているさま。「草―の畑」「ひげを―に伸ばす」

ぼうぼう『副[と]・ノダ』炎・煙・湯気などが盛んに上がるさま。その音。「たき火が―(と)燃える」

ほうぼく【放牧】『名・ス自他』牛馬などを放し飼いにすること。

ほうぼく【芳墨】かおりのよい墨。また、他人の筆跡・書簡を敬って言う語。

ほうまつ【泡×沫】①あわ。あぶく。②はかないもののたとえ。「―候補」「―会社」(できたかと思うとすぐつぶれてしまう、基礎の弱い会社)

ほうまん【放漫】『名・ダナ』気ままにおこなって、しまりのないこと。やりっぱなしなこと。「―財政」「―な経営」 派生 **―さ**

ほうまん【豊満】『名ナ』豊かで十分にあること。また、(女性の)肉づきが非常によいこと。「―な肉体美」 派生 **―さ**

ほうまん【飽満】『名・ス自』腹がふくれるまで食べてあきること。

ぼうまん【暴慢】『名ナ』乱暴で、人をはばからぬこと。 派生 **―さ**

ほうみょう【法名】〔仏〕①仏門に入った人に授ける名。②在家信者に、死後におくる名。▽「法号」とも言う。

ぼうみん【暴民】徒党を組んで暴動を起こした人民。

ほうむ【法務】①法律に関する事務。「―省」②仏法に関する一切の事務。また、大きな寺で、庶務をつかさどる僧の職。

ほうむりさ-る【葬り去る】(はうむり…)『五他』物事が表面に出ないようにしてしまう。また、社会的な地位を失墜させる。「政敵を―」▽「葬る」(2)を強めて言う語。

ほうむ-る【葬る】(はうむる)『五他』①死体・遺骨を墓所などにおさめる。「墓地に―」「手厚く―」②存在を隠して忘れさせる。「事件を闇に―」「世間から―・られる」「忘却のかなたに―」

ほうめい【芳名】①お名前。御氏名。「―録」▽近ごろ「御―」の形も使うが、「芳」が「御」の意を表しているので、「御」を付ける必要は無い。②よい評判。「―を千載に残す」

ぼうめい【亡命】『名・ス自』政治や宗教上の原因で、本国を脱出して他国にのがれること。「―者」▽「命」は名籍の意。戸籍を脱して逃げること。

ほうめん【放免】『名・ス他』①被疑者などを、身体の拘束をといて自由にすること。「無罪―」②服役者を刑期満了等で釈放すること。③比喩的に、自由にすること。「仕事から―される」

ほうめん【方面】①その方向の地域。「関西―」②ある分野・部門。「各―の有識者」「製造―への進出も企てる」③『接尾語的に』その関わり。「音楽―の仕事」▽ややぼかして言う。 **―ぐん**【―軍】広域にわたる戦争で一つの方面を担当する大軍団。

ほうもう【法網】法律の精密なさまを、はりめぐらした網にたとえた語。法の網。「―をくぐって悪事を働く」

ぼうもう【紡毛】「紡毛糸」の略。比較的短い羊毛をあまり平行に並べないで、よりをかけて作った糸。毛にほかの繊維を混ぜたものも言う。

ほうもつ【宝物】たからもの。「―殿」

ほうもん【法門】仏法の教え。衆生(しゅじょう)が仏法に入る門。仏門。

ほうもん【法問】仏法についての問答(をすること)。

ほうもん【砲門】①砲口。「―を開く」(砲撃を開始する)②陣地・軍艦などに設けた射撃口。砲眼。

ほうもん【訪問】『名・ス他』人をたずねること。「高齢者宅を―する」「家庭―」「―販売」 **―ぎ**【―着】昼間の礼装となる女性用和服。上前の衽(おくみ)から背縫いにかけて体を巻くように続く絵羽(えば)模様が特徴。

ぼうや【坊や】①男の幼児を親しんで言う語。②比喩的に、世なれていない若い男。

ほうやく【邦訳】『名・ス他』外国語の文章を日本語に

訳すこと。その訳したもの。

ほうゆう【×朋友】ともだち。友人。

ぼうゆう【亡友】死んだ友人。なき友。

ぼうゆう【忘憂】①心配事を忘れ去ること。②転じて、酒の異称。

ぼうゆう【暴勇】物事の見境もない荒々しい勇気。

ほうよう【包容】『名・ス他』包み入れること。特に、心が広く、相手をこだわらずに受け入れること。「―力」

ほうよう【抱擁】『名・ス他』①だきかかえること。②だきあって愛撫(あいぶ)すること。

ほうよう【法要】法事。法会(ほうえ)。「―を営む」

ぼうよう【亡羊】①学問の道は広く多方面にわたっているので、真理が得がたいことのたとえ。②転じて、途方にくれること。「多岐(たき)―」「―の嘆」▽逃げた羊を追って行ったが、道が幾筋にも分かれていて見失ったという、「列子」の話による。

ぼうよう【×茫洋・×芒洋】『ト タル』ひろびろとしたさま。また、目当てがつかないさま。「―たる大海」「―とした人物」

ほうよく【豊沃】『名ナノ』土地が豊かによく肥えていること。派生 **-さ**

ほうよく【×鵬翼】鵬(おおとり)のつばさ。比喩的に、㋐飛行機のこと。㋑大仕事をしようという心の高ぶり。「胸中に―を入れるに足りる」

ぼうよみ【棒読み】『名・ス他』①漢文を返り点に従わずに音読みに読み下すこと。②句読(くとう)点や抑揚を無視して単調に読むこと。「原稿を―する」

ほうらい【×蓬×萊】①「蓬萊山」の略。中国の伝説で、東海にあって仙人が住むという霊山。▽日本でそれは富士山の事だとも考えた。また台湾の別称ともした。「―米」②「蓬萊台」の略。日本で蓬萊山にかたどって作った、祝い事の縁起ものの台。③「蓬萊飾り」の略。新年に、三方(さんぼう)に米・のしあわび・かちぐり等を載せて祝いものとする飾り。

ほうらく【法楽】①法会(ほうえ)・神事の音楽。また、奏楽その他の催しによって神仏を慰めること。②仏教を信じ善行を積み重ねる楽しみ。③〔俗〕楽しみ。(心の)慰め。「寝るは―」▽③を「放楽」と書くのは当て字。

ほうらく【崩落】『名・ス自』①くずれ落ちること。「建設中の橋が―した」②取引で、相場が急に大きく下落すること。

ぼうらく【暴落】『名・ス自』値段が急に大きく下落すること。⇔暴騰。「株価の―」

ほうらつ【放×埒】『名・ダナ』ほしいままにふるまって酒や女におぼれること。「―な生活」▽馬が埒(らち)(＝馬場の囲い)から放れ去る意。派生 **-さ**

ほうらん【抱卵】①親鳥が卵を抱きかかえて温めること。「ウミネコの産卵と―のピーク」②魚などが産卵前に腹の中に卵を抱えていること。「―エビ」

ほうり【法理】法律の(哲学的な)原理。

ぼうり【暴利】通常の公正な利益をはるかに越えた不当な利得。また、法外に高い利息。「―をむさぼる」

ほうりき【法力】仏法の威力。また、仏教修行によって得た不思議な力。

ほうりこ-む【放り込む・×抛り込む】『五他』(乱暴に)投げて入れる。「物置に―」

ほうりだ-す【放り出す・×抛り出す】『五他』①(乱暴に)投げて外に出す。「窓から―」②比喩的に、(人を)すげなく打ち捨てる。あきらめて(仕事を)中途でやめてしまう。投げ出す。「宿題を―」

ほうりつ【法律】社会生活を保つために定めた、支配的(特に国家的)な規範。▽立憲国では国会の可決を経て定めるのが原則。 **―がく**【―学】法律に関して研究する学問。 **―こうい**【―行為】一定の法律上の効果が生じることを期待してする行為。▽その人の意思表示が必要。主に私法上の行為について言う。

ほうりっぱなし【放りっぱなし】投げ置いて、そのままにしておくこと。手から離したまま、かえりみないこと。「本を―にして」「仕事を―にする」

ほうりな-げる【放り投げる・×抛り投げる】『下一他』①無造作に投げる。「読み終えた雑誌を床に―」②比喩的に、しなければならない事を(途中で)果たさずにやめる。「役目を―げて平気でいる」

ほうりゃく【方略】はかりごと。方策。

ぼうりゃく【謀略】人をおとしいれるはかりごと。たくらみ。

ほうりゅう【放流】『名・ス他』①養殖のために稚魚を川に流すこと。②せきとめた水などを流すこと。

ぼうりゅう【傍流】①支流。②主流派でない流派。

ほうりょう【豊漁】魚がたくさんとれること。大漁。

ぼうりょく【暴力】乱暴にふるう力。無法な力。「―をふるう」 **―かくめい**【―革命】武力によって行われる革命。 **―だん**【―団】暴力をふるって悪事をする反社会的団体。

ほうりん【法輪】仏の教法。▽仏の教化がよく転じて至りつくすことを輪にたとえた語。

ボウリング 球をころがして、十本のピンを倒す室内競技。▽「ボーリング」とも言う。bowling

ほう-る【放る・×抛る】『五他』①軽く投げる。(目標を定めずに)飛ばす。投げ捨てる。「いい球を―」「ごみを―」②とても見込みがないとして、あきらめる。「試験を―」③『―っておく』世話をやかず、なすがままにしておく。

ボウル ①料理などに使う丸形の深い鉢。「サラダ―」▽「ボール」とも言う。②アメリカン フットボールの試合。「ライス―」▽その競技場の形が(1)に似ているから。(1)(2)とも bowl

ほうるい【×堡塁】敵の攻撃を防ぐため土砂・コンクリートなどで造られた構築物。ほるい。

ぼうるい【防塁】防御用のとりで。

ほうれい【法令】①(成文化した国内法である)法律と命令(2)。②公的なおきて。

ほうれい【法例】 法的なしきたりとして、法令を通じて適用する規定(を記した法律)。

ほうれい【豊麗】《名ナ》ゆたかな感じでうつくしいこと。派生 **-さ**

ぼうれい【亡霊】 死者の魂。幽霊。

ぼうれい【暴戻】《名ナ》乱暴で人の道にはずれていること。派生 **-さ**

ほうれいせん【法令線】 小鼻の両脇から左右の口角にのびる二本の線。「加齢で—が目立ち始める」

ほうれつ【放列】 ①大砲を横に並べて、射撃できるような隊形をとること。②比喩的に、(1)に似た態勢。「カメラの—を敷く」▽「砲列」は俗の書き方。

ほうれつ【芳烈】《ダナ》よい香りが激しくするさま。派生 **-さ**

ほうれんそう【×菠×薐草】 一年生または越年生の葉菜。茎は初め短く赤色。根元から長い葉柄がのび、葉は緑色で長三角形。茎が伸びる前に収穫する。▽ひゆ科(旧あかざ科)。

ほうれんそう【報連相】 報告と連絡と相談。「チームワークにはまめな—が重要」▽「ほうれん草」に掛けて言う。

ほうろう【報労】 労苦に報いること。「—金」

ほうろう【放浪】《名・ス自》あてもなくさまよい歩くこと。さすらい。「—者」

ほうろう【×琺×瑯】 金属器の表面に引いて焼きつける、不透明でガラス質のうわぐすり。また、それを引いた金属器。瀬戸引き。 **—しつ【—質】** ↓エナメルしつ

ぼうろう【望楼】 遠くを見るための高い構築物。物見やぐら。「消防署には—があった」

ほうろく【俸×禄】 大名に仕える者が受けた給与。扶持(ふち)。

ほうろく【×焙×烙】 素焼きの平たく浅い土なべ。食品を煎ったり、むし焼きにしたり、盂蘭盆(うらぼん)に迎え火・送り火をたいたりするのに使う。

ぼうろん【暴論】 道理にはずれた乱暴な議論。

ほうわ【法話】 仏法を説き聞かせる話。説教。

ほうわ【飽和】《名・ス自》①最大限まで満たされた状態であること。「人口が—状態に達した」②物理・化学で、ある温度のもとで最大限に溶質をとかした溶液を「飽和溶液」、最大限の圧力をもつ蒸気を「飽和蒸気」と言う。

ポエジー ①詩。②詩想。詩情。▽(フランス) poésie

ほえづら【×吠え面】 泣きつら。泣き顔。「—をかく」(泣き顔をする。また、悔しがって泣く)

ほ-える【×吠える・×吼える】《下一自》①犬・猛獣などが(大声で)鳴く。②〔俗〕㋐声をあげて泣く。㋑どなる。

ぼえん【墓園・墓×苑】 共同墓地。緑地の多い広い墓地。

ほお【△朴】(ほほ) 山地に自生する、葉が長楕円(だえん)形で大きな落葉高木。日本特産。五月ごろ、香気の強い大きな白い花が咲く。材はやわらかく、げた・木版などに使う。樹皮は生薬とする。ほおのき。ほおがしわ。▽もくれん科。

ほお【頰】(ほほ) 顔の側面、耳と口の間の柔らかいところ。ほっぺた。ほほ。「—をふくらます」(不満・不承知の様子をする)「—を染める」「—が落ちる」(非常に美味であることを言う語)

ボーイ ①給仕。「ホテルの—」②少年。若者。「—フレンド」▽boy **—スカウト** 一九〇八年、イギリスに始まり、世界各国に広まった少年団。社会に奉仕し善良な公民になることを目的にうたい、団体訓練を行う。また、その団員。▽Boy Scouts

ボーイッシュ 女性の服装や物腰などが少年のようであるさま。「—な髪型」▽boyish

ほおえ-む(ほほゑむ)**【〈微笑〉む】**《五自》↓ほほえむ

ポーカー トランプを使った遊び・賭博の一種。五枚の手札で役(3)の強弱を競う。▽(アメリカ) poker **—フェース** 内心をたくみに隠してよそおう、平気な、または無表情な顔つき。▽(アメリカ) poker face ポーカーで賭け金を上乗せする際に、手札の役の強弱を相手に悟られないように振舞うことから。

ほおがえし(ほほがへし)**【頰返し】** 頰ばった物を、口の中で一方から他方へ移してかむこと。「—がつかない」(どうしようもない)▽「方返し」「法返し」とも書く。

ほおかぶり(ほほ)**【頰△被り】**《名・ス自》①手ぬぐいなどを頭から頰へかけて包むようにかぶること。②知らないふりをすること。「—をきめ込む」▽「ほっかぶり」「ほおかむり」とも言う。

ボーカル ①声楽。歌唱。②(バンドの)歌い手。▽vocal

ボーキサイト アルミニウムの重要な原料鉱石。主成分は酸化アルミニウム。鉄礬(てつばん)土。鉄礬石。▽bauxite

ホーク ↓フォーク

ポーク 豚肉。「—カツ」▽pork

ほおげた(ほほ)**【頰桁】** ほおぼね。「—をたたく」(物を言う)

ほお-ける(ほほける)**【×蓬ける】**《下一自》↓ほうける(3)

ボーゲン ①両足のスキー板の後方を開いて滑り、速度を落とし方向を変える技術。②弦楽器の弓。▽(ドイツ) Bogen

ほおざし(ほほ)**【頰刺(し)】** 塩をしたイワシのえらのあたりを竹串・わらで刺し貫くこと。そのようにして幾匹も連ねて生干しにしたもの。

ほおじろ(ほほ)**【頰白】** 林のそばや草原・川原などで見られる小鳥。スズメ大で尾羽がやや長い。全体が茶褐色で背に黒い斑(ふ)があり、ほおの部分が白い。▽ほおじろ科。雄のさえずりが「一筆啓上」と聞こえるという。

ホース 液体や気体を送るのに使うゴムなどの管。「ビニール—」▽(オランダ) hoos

ポーズ ①(画像・彫像・モデル等の)姿勢。「—をとる」「—を作る」(気取った態度をする意にも言う)②転じて、態度。「彼一流の—」▽(1)(2)は pose ③休止。

あいま。「―をおく」▽pause

ほおずき【〈酸漿〉〈鬼灯〉】①赤く熟する球形の実が、袋状の萼(がく)に包まれてなる多年草。実の中をからにして、吹き鳴らして遊ぶ。観賞用に栽培。根・地下茎は薬用。▽なす科。②ホオズキの実と同様に、口に入れて鳴らすおもちゃ。 **―ぢょうちん**【―△提△灯】赤い紙を張った、球形で小さいちょうちん。子供のおもちゃ用。

ほおずり【頰擦り】『名・ス自』(愛情の表現として)自分の頰をすりつけること。

ボースン 甲板(こうはん)長。旧称、水夫長。▽boatswain

ボーダー ①ボードを使うスポーツをする人。「スノー―」「スケート―」▽border ②境界。「―レス」▽border ③横縞(じま)。「―のシャツ」▽日本での用法。 **―ライン** 境界線。また、境目の、どっちつかずの所。「合否の―」▽borderline

ポーター 荷物を運搬する人。ホテル・駅・空港などで、また登山隊について、それを仕事とする人。▽porter

ポータブル 携帯用。「―ラジオ」▽portable

ポータル サイト 望みの情報にアクセスしやすいように、多数のウェブ サイトまたはウェブ ページの情報を整理してまとめたサイト。▽portal(＝入り口) site

ポーチ ①洋風建築で、玄関先を屋根でおおった所。車寄せ。▽porch ②小物を入れる小型のかばん。▽pouch

ほおづえ【頰×杖】ひじを突き、手のひらを頰に当てて支えること。「―をつく」

ボート(オールでこぐ)洋風の小舟。短艇。「救命―」「モーター―」▽boat **―ピープル** 経済的または政治的理由で、小船で国外へ逃れる難民。▽boat people ベトナム戦争後のベトナム南部からの難民がよく知られる。 **―レース** ①ボートをこいで速さを争う競技。②競艇。モーターボートの競走。▽boat race ②は公認の賭博の一つ、「競艇」の改称。

ボード 板。▽board

ボードビリアン 軽喜劇やショーの出演者。▽vaudevillian

ポートレート 肖像。▽portrait

ポート ワイン ブランデーを加えて発酵をとめた、甘味の強い赤ワイン。▽port wine もと、ポルトガル北部のワインで、ポルト港から出荷されたことによる命名。

ボーナス ①賞与。特別手当。②株式の特別配当金。▽bonus

ほおのき【△朴の木】→ほお(朴)

ほおば【△朴歯】ホオノキで作った下駄(げた)の歯。それを入れた下駄。

ほおばる【頰張る】『五他』口一杯に食物を詰め込む。また、そのようにして食物を食べる。「握り飯を―」

ほおひげ【頰×髭】頰に生えたひげ。▽漢字一字で書く場合は「髯」。

ホープ 望み。期待をかけられている人、また、もの。「水泳界の―」▽hope

ほおぶくろ【頰袋】ニホンザル・リス・ハムスターなど一部の哺乳(ほにゅう)類の両頰の内側にあり、食物を一時ためておく、袋に似た部分。

ほおべに【頰紅】頰につける紅。

ほおぼね【頰骨】→きょうこつ(頰骨)

ホーム ①㋐家庭。また、故郷。㋑野球の本塁。㋒「ホーム グラウンド」の略。「―での試合」㋓介護・養護される人が暮らす施設。「老人―」▽home ②「プラットホーム」の略。 **―グラウンド** 自分の本拠。㋐野球などで、そのチームの本拠としているグラウンド。㋑自分の得意とする分野。▽home ground **―シック** 故郷を離れ、違う風土・習慣になじめずに起こる、強く憂鬱になる状態。郷愁。▽homesick **―ステイ** 外国人留学生などが、現地の一般家庭に寄宿(してその国の一般的な生活を体験)すること。▽homestay **―ストレッチ** 陸上競技・競馬などで、決勝点近くの直線走路。ホーム ストレート。▽home-stretch **―スパン** 糸の太い手織りの毛織物。また、それに似た布。▽homespun **―センター** 日曜大工用品・園芸用品・自動車関連用品・生活雑貨などを幅広く扱う大型小売店。▽home center **―ドクター** 家族のかかりつけの医者。かかりつけ医。▽home と doctor とによる和製英語(英語では family doctor)。 **―ドラマ** 家庭の日常生活などを題材とした劇・映画。▽home と drama とによる和製英語。 **―パーティー** 家に人を招いて開く(飲食をともにする)パーティー。▽home と party とによる和製英語。 **―ページ** 企業・個人などのウェブ ページで、最初に閲覧されることを意図したページ。また、広くウェブ ページ一般。▽home page **―ヘルパー** 家族の出産・病気などにより日常生活に支障の生じた家庭に、企業や自治体から派遣されて、家事・介護などを行う者。▽home と helper とによる和製英語。「家政婦」とは異なる。 **―メード** 手作り。自家製。「―のパン」▽homemade **―ラン** 野球で、本塁打。ホーマー。▽(アメリカ) home run **―ルーム** 中学校・高等学校で、受持ちの先生と生徒が特定の時間に集まって、話しあうこと。その時間。▽homeroom **―レス** 住むべき家がないこと。また、そのような人。▽homeless

ポーラー ウールの縒(よ)りをきつくして細糸で織った、夏用の薄い服地。ポーラ。▽poral から。porous(＝穴の多い)からつけられた商品名といわれる。

ボーリング ①『名・ス他』穴をあけること。㋐ボール盤で金属に穴をくりぬくこと。㋑石油を採掘したり温泉を湧き出させたりするため、また地質調査のため、地中深く穴を掘ること。試掘。試錐(しすい)。▽boring ②『名』→ボウリング

ホール ①㋐大広間。㋑会館。「市民―」▽㋐㋑は hall ㋒「ダンス ホール」の略。②あな。特にゴルフで、ボ

ールを入れる穴。また、ティー(2)からその穴までの一区切り。「ショート―」「ロング―」▽hole **―イン ワン** ゴルフで、第一打でボールがホールにはいること。▽hole in one

ボール ①たま。球(状のもの)。「サッカー―」②野球で、投手の投球のうち、ストライクにならないもの。「フォア―」▽(1)(2)は ball ③「ボール紙」の略。古紙・わら・パルプなどを原料にした、厚手の紙。「―箱」▽board(＝板)から。④→ボウル(1)。⑤→ボーロ。 **―ベアリング** 鋼製の多数の小球で回転軸を支える軸受け。球が転がるため摩擦が小さくなる。▽ball-bearing **―ペン** ペン先に付けた回転する小球で、軸の中に蓄えたインクを紙に付着させて書くペン。▽ball-point pen から。

ポール ①(旗などを掲げる)細長い棒ざお。「メイン―」。また、棒高跳び用の棒。②電車・トロリー バスの屋根の上にあり、架線から電気を取るさお。▽pole

ホールディング ①バレーボールで、ボールが選手の手や体などに一時静止すること。▽今は「キャッチボール」。②バスケットボールなどで、相手側の選手をつかんだり押さえたりする反則。▽holding

ホールディングス 持株会社。▽holdings 会社名に用いる。

ボールド ①(欧文活字の)太字の書体。▽bold face から。②黒板(こくばん)。ボード。▽blackboard から。明治・大正期の語。

ホールド アップ 「手をあげろ」と命じて無抵抗にさせること。▽アメリカ hold up

ボールばん【ボール盤】 ドリルであなをあける工作機械。▽オランダ boorbank から。

ボーロ 小麦粉に卵・砂糖を混ぜて軽く焼いた、丸い菓子。ボール。▽ポルトガル bolo

ほおん【保温】〘名・ス自他〙温度を一定にたもつこと。特に、温かいままに保つこと。

ぼおん【母音】 →ぼいん(母音)

ボーン チャイナ 動物の骨を焼いて粉にしたものを混ぜて作った、白色の上質磁器。▽bone china

ほか【外・他】 ①〘名〙ある規準・範囲に含まれない部分。㋐それと異なること・もの・ところ。それ以外。「―の品」「―に何かないか」「青木―九名」「彼より―(に)知っている者はいない」。別の事。「来てもらったのも―ではない」▽→ほかならない・ことのほか。㋑そと。それよりかなた。[外] ↕内(うち)。「二百里の―に遊ぶ」▽文語的。②〘係助〙《打消しに係る》それ以外ではないという気持で言う。「あやまる―ないよ」「食が一膳―進まない」「この種の文脈において―使わない」▽(1)㋐の転。次第に「しか」に移っている。

ぽか 〔俗〕①囲碁・将棋で、勘違いの一手。とんでもない悪手(あくしゅ)。②転じて、どうということでもない場面での失策。

ほがい【補外】〘名・ス他〙(観測した)ある範囲にわたる数値に基づいて、その範囲外の(観測していない)数値を算出すること。↕補間。▽例、過去四十年の人口の動きから十年先の人口を推定する。extrapolation の訳語。「外挿」とも訳す。

ほかく【捕獲】〘名・ス他〙人・生き物や武器・艦船をとらえること。「―禁止区域」「―量」

ほかく【補角】 角Aに角Bを加えると二直角になるような角B。▽この時、「角Bは角Aに対し補角である」または「角Aと角Bとは互いに補角をなす」と言う。

ほかげ【火影・△灯影】 火(特に灯火)の光。

ほかげ【帆影】 遠くに見える船の帆(の姿)。

ほかけぶね【帆掛(け)船】 帆を掛けて走る和船。

ぼかし【×暈し】 ①ぼかすこと。ぼかしたもの。②日本画の手法として、ある色が濃い色から段々薄くなるように描く方法。

ほか-す【△放す・△放下す】〘五他〙ほうり出す。捨てる。うっちゃらかす。▽関西方言。

ぼか-す【×暈す】〘五他〙①(色の)濃淡の境をはっきりさせないで、だんだん薄くしていく。②(語尾・表現をあいまいにして)内容をはっきりさせない。「重要な点を―」

ぽかっと〘副〙①(一回)なぐるさま。ぽかり。②(突然)穴があくさま。ある部分が明らかに抜けているさま。「席が一つ―あいている」「肝腎の所が―抜け落ちる」「時間が―空いた」③唐突に浮かび上がるさま。「―アイデアが浮かぶ」

ほかならない【他ならない】〘連語〙他の(どうでもいい)ものではない。「―あなたの頼みだから、引き受けないわけにはいかない」。間違いなくそれ自身だ。「その行為は罪悪に―」▽「ない」の部分は、「ぬ」「(他なり)ません」でもよく、それら三つの活用形でもよい。

ほかほか〘副[と]・ノダ・ス自〙温かく感じるさま。「―(と)湯気の立つ鍋」「ふかしたてで―のまんじゅう」

ぽかぽか〘副[と]・ノダ・ス自〙①暖かく感じるさま。「―した春先の一日」②続けざまになぐるさま。

ほがらか【朗らか】〘ダナ〙ひらけて曇りなく晴れやかなさま。「空が―に晴れて」。特に、気持・性格が明るく楽しげなさま。「―に笑う」「―な人」[派生]**-さ**

ぽかり〘副と〙①→ぽかっと(1)。②煙や明かりがにわかに浮かび上がるさま。「―とタバコの煙を吐く」「―と灯がともる」③→ぽっかり。「道に―と穴があく」「―と目を覚ます」

ほかん【保管】〘名・ス他〙(他人の)物を預かって、傷めたりなくしたりしないように保っておくこと。「貴重品を―する」

ほかん【補完】〘名・ス他〙足りない点を補って完全にすること。

ほかん【補間】〘名・ス他〙(観測した)複数の数値に基づいて、それらの数値の間の(観測されていない)数値を算出すること。↕補外。▽interpolation の訳語。

「内挿」とも訳す。

ぼかん【母艦】 航空機や小さい艦の基地の役割をする軍艦。「航空―」「潜水―」

ぽかん 《副と》①頭など丸い物をたたいた音。そのさま。②大きな穴があくさま。「僕の胸には借金の穴が黒く―とあいてゐる」(太宰治「ダス・ゲマイネ」) ③(口をあけ)ぼんやりしているさま。「―とした顔」「―と見とれる」

ほき【補記】 《名・ス他》補って書きしるすこと。また、そのしるしたもの。

ぼき【簿記】 企業体などに属する財産の増減・出納(すいとう)を、一定のしかたで記録・計算・整理して、結果を明確にする記帳法。単式・複式の別があり、商業簿記・工業簿記・銀行簿記等、種類も多い。「―をつける」

ボギー ゴルフで、そのホールの基準打数(＝パー)より一つ多い打数。▽bogey

ボギーしゃ【ボギー車】 二個以上の台車の上に車体を設けた鉄道車両。車体に対して台車が回転するのでカーブを曲がりやすい。▽「ボギー」は bogie(＝台車)

ほきだ-す 《五他》〔俗〕↓はきだす(吐)

ぽきっと 《副》細くて堅いものが瞬間的に折れるさま。また、そのような音がするさま。「セロリの茎を―折る」「指を―鳴らす」

ぽきぽき 《副「と」・ス自》①細くて堅いものが連続して折れる音。そのさま。「―とその有り難い薬草を折り溜めた」(水野仙子「夜の浪」) ②とぎれがちで、なめらかでないさま。「―したなかに一種の面白さのある字」(宮本百合子「道標」)「―した口調」

ボキャブラリー 語彙。「―が豊富な人」▽vocabulary

ほきゅう【補給】 《名・ス他》消費・損失などで不足した分を補うこと。「水分を―する」「―物資」

ほきょう【補強】 《名・ス他》弱いところ、足りないところを補って強くすること。「土台を―する」

ぽきり 《副と》↓ぽきっと

ぼきん【募金】 《名・ス自》寄付金などを広く一般からつのること。↕醵金(きょきん)・義援。「街頭―に応じる」▽醵金・寄付する行為の意は一九八〇年ごろ学校から広まった誤用で、現在かなり多用。教師が言った「―のお金を持って来なさい」などを寄付の金銭と誤解したせいか。

ぽきん 《副と》細い物が軽い音をたてて折れるさま。簡単に折れるさま。「ヒールが―と折れる」「得意の鼻が―と折れる」(得意な気持が失われる)

ほきんしゃ【保菌者】 発病はしていないが、病原体に感染していて、他人に感染させる危険がある人。キャリア。

ほく【*北】 ホク きた そむく にげる ①方位の一つ。南の反対。きた。きたにゆく。「北方・北極・北辰(ほくしん)・北斗・北進・北上・北面・北緯・北陸・北越・北部・北朝・南北・東北・西北・河北」②背をむける。にげる。「敗北」

ほぐ【△反△故・△反△古】 ↓ほご(反故)

ぼく【人卜】 ボク うらなう ①亀の甲を焼いて、そのひび割れを見て吉凶を判断する。うらなう。うらない。「卜占・卜筮(ぼくぜい)・卜者・亀卜・占卜」②(うらなって)物事をえらぶ。判断する。居所をきめる。「卜居」

ぼく【*木】 ボク モク き こ ①き。立ち木。「木石・大木・喬木(きょうぼく)・灌木(かんぼく)・高木・低木・巨木・名木・古木・神木・伐木・枯木・風倒木」。以下「モク」と読む。「草木・樹木・木食(もくじき)・木犀(もくせい)・木蓮(もくれん)」②切り出したままの木材。材木。また、材木でできている。「木剣・木刀・木鐸(ぼくたく)・木履(ぼくり)・珍木・香木・腐木・土木・肋木(ろくぼく)」。以下「モク」と読む。「材木・木材・木皮・木目(もくめ)・木質・木工・木彫・木像・木魚・木杯・木精・木製・木造・木馬・木棺・木版」③《名・造》㋐五行(ごぎょう)の一つ。「木火土金水(もくかどごんすい)」㋑七曜の一つ。「モク」と読む。また、「木曜日」の略。

ぼく【朴】 ボク ほお ①切り出したままの材木。自然のまま。うわべを飾らない。すなお。「朴直・素朴・醇朴(じゅんぼく)・質朴」②落葉高木の、ほお。「厚朴」「樸」に同じ。

ぼく【*牧】 ボク まき ①牛飼い。牛を追う。牛・馬・豚・羊の類を野飼いにする。放し飼い。放し飼いにする場所。「牧人・牧童・牧夫・牧笛・牧畜・牧牛・牧羊・牧場・牧草・牧歌・放牧・耕牧・遊牧」②養い導く。「牧養・牧民官・牧師」

ぼく【睦】 ボク むつぶ むつまじい 親しくて仲がよい。むつまじい。親しくする。むつぶ。「親睦・友睦・和睦」

ぼく【僕】 ボク しもべ やつがれ ①男の召使い。使用人。しもべ。「僕婢(ぼくひ)・下僕・奴僕(ぬぼく)・公僕・家僕・従僕・忠僕」②《代》男が自分を指す語。「おれ」より丁寧でおとなしく、「わたし」よりくだけた言い方。↕君(きみ)。▽近年は時に目上に対しても使う。

ぼく【撲】 ボク うつ なぐる ①音を立ててうつ。たたく。「撲殺・撲滅・打撲」②なげすてる。「撲筆」

ぼく【×樸】 ボク 「朴(ぼく)」(1)に同じ。

ぼく【墨】【人墨】 ボク すみ ①㋐字や絵を書くための黒色の顔料。すみ。書画をかくこと。また、書画。「墨汁・墨池・墨色・墨痕(ぼっこん)・墨跡・墨帖(ぼくじょう)・墨客・筆墨・縄墨・水墨画・遺墨・破墨山水・断簡零墨」㋑すみのように物を書くのに使うもの。「朱墨・白墨・石墨」②いれずみ。五刑の一つ。「墨刑」③先秦(せんしん)時代の思想家、墨子のこと。「墨荘・墨守」④隅田(すみだ)＝墨田)川の雅名。「墨江・墨堤・墨東」⑤「墨西哥(メキシコ)」の略。「米墨戦争」

ほくい【北緯】 赤道から北へ測った緯度。↕南緯

ほくが【北画】 東洋画の一つの流派。南画に対し、峻厳(しゅんげん)・枯淡の趣がある。唐の李(り)思訓・李昭道を祖

とし、わが国では雪舟などもこの流れをくむ。北宗(ほくしゅう)画。↔南画

ぼくが【墨画】すみえ。

ほくげん【北限】(生物の分布などの)北の限界。「みかん作りの―」

ボクサー ①ボクシングの選手。拳闘家。②イヌの一品種。ドイツ原産。顔つきはブルドッグに似るが足は長い。警察犬・番犬・愛玩用。▽boxer

ぼくさつ【撲殺】『名・ス他』なぐり殺すこと。

ぼくし【牧師】キリスト教のプロテスタント教会で、信徒の指導・監督をする職(の人)。

ぼくしゃ【×卜者】うらないを業とする人。うらないしゃ。

ぼくしゃ【牧舎】牧場で、飼っている馬・牛・羊などを入れる建物。

ぼくしゃ【牧者】牧場で馬・牛などの番をする人。

ぼくしゅ【墨守】『名・ス他』頑固に守ること。「旧習を―する」▽先秦(せんしん)時代の墨子が城をかたく守りとおした故事から。

ぼくじゅう【墨汁】墨をすったしる。また、写字用として、すぐ使えるようにしてある墨色の液。

ぼくしょ【墨書】『名・ス他』墨で書くこと。また、その書いたもの。

ほくじょう【北上】『名・ス自』北の方へ進むこと。↔南下。「台風が―する」

ぼくしょう【墨象】文字の姿(=象)の面白さを強調する、前衛的な書道。

ぼくじょう【牧場】家畜を放し飼いにする場所。まきば。

ぼくしょく【墨色】墨(で書いたもの)のいろつや。すみいろ。

ほくしん【北×辰】北極星。また、北斗七星。

ぼくしん【牧神】→ぼくようじん

ぼくじん【牧人】牧者。

ボクシング グローブをはめたこぶしで相手と打ち合い、勝負する競技。拳闘。▽boxing

ほぐ-す『五他』①結び合わされたり縫われたりしているもの、または一つにまとまっているものを、解いてばらばらにする。「魚の身を―」②転じて、もつれたり固くなったりした状態を解きやわらげる。「緊張を―」「肩の凝りを―」▽「ほごす」とも言う。

ぼく-する【×卜する】『サ変他』うらなう。うらなって定める。また、選定する。「居(きょ)を―」

ぼくぜい【×卜×筮】うらない。▽「卜」は亀の甲を、「筮」は筮竹(ぜいちく)を使う占いの法。

ぼくせき【木石】①木や石。②人間としての感情を解さないことのたとえ。「―漢」

ぼくせき【墨跡・墨×蹟】墨で書いた、筆のあと。筆跡。

ほくそ【火×糞】①ろうそくのもえがら。②→ほくち

ぼくそう【牧草】家畜の飼料にする草。

ほくそえ-む【ほくそ笑む】『五自』物事がうまくいったと、ひそかに笑う。▽「北叟笑む」とも書く。

ぼくたく【木×鐸】世人に警告を発し、教え導く人。「社会の―」▽昔、中国で、法令などを人民に触れて歩く時に鳴らした、舌を木で作った鈴のこと。

ほくたん【北端】(土地などの)北の端。「日本の最―」

ほくち【火口】火打ち石で出した火を移し取るもの。ほくそ。▽「ひぐち」と読めば別の意。

ぼくちく【牧畜】牧場で馬・牛・羊などを飼い育てふやす仕事・産業。

ぼくちょく【朴直・×樸直】『名・ダナ』飾りけがなく正直なこと。派生 **-さ**

ぼくづくり【×攴×旁・×攵×旁】漢字の旁(つくり)の一つ。「放」「政」などの「攵」の称。ぼくにょう。▽「攴」「攵」は同字とされる。「攴」の上部を片仮名「ト」、下部を漢字「又」と見立てて「とまた」とも言い、「攵」の左上を片仮名「ノ」、全体を「文」と見立てて「のぶん」とも言う。

ほくてき【北×狄】北方の異民族。▽もと中国で、匈奴(きょうど)・ウイグル・韃靼(だったん)等の遊牧民族を指した。↓とうい(東夷)・せいじゅう(西戎)・なんばん

ぼくてき【牧笛】牧者、特に牧童が吹く笛(の音)。

ほくと【北斗】「北斗七星」の略。 **―しちせい**【―七星】天の北極近くにある、ひしゃく形に並んだ七つの星。大熊座の一部。北斗星。▽「斗」はひしゃくの意。

ぼくとう【木刀】木を削って刀の形にしたもの。木剣。

ぼくどう【牧童】牧場で家畜の番をするこども。また、牧場で家畜の世話をする人。

ぼくとつ【木×訥・朴×訥】『名・ダナ』飾りけがなく無口なこと。実直で素朴なこと。「剛毅(ごうき)―仁に近し」派生 **-さ**

ぼくねんじん【朴念仁】①無口で愛想がない人。②物の道理が分からない人。分からず屋。

ぼくひ【僕×婢】下男と下女。召使。

ぼくふ【牧夫】牧場で家畜の世話をする男。

ほくへん【北辺】(国土の)北のはて。北方の辺土。

ほくぼう【北×邙】墓場。▽中国の洛陽(らくよう)の北方にあり、墓が多かった山の名による。

ほくほく『副[と]・ノダ・ス自』①(利を得て)うれしくてたまらないさま。「月給が上がって―だ」「―顔」②ふかしいもなどの、やわらかく崩れそうなさま。

ぽくぽく ①『副[と]』木魚などをたたく音。②『副[と]』馬がひづめの音をたててのんびりと行くさま。転じて、人が道をゆっくり歩くさま。「田舎道を―歩く」③『副・ノダ・ス自』食べ物が、柔らかくふっくらしていて、のみこみにくいさま。「―した焼き芋」

ぼくみん【牧民】一地方の人民を治めること。「―官」

ほくめい【北×溟】はるか北方にひろがる海。↔南溟。「―の暗い波」▽「北冥」とも書いた。

ぼくめつ【撲滅】『名・ス他』完全に退治すること。「交通事故を―する」

ほくめん【北面】①『名・ス自』北に向いていること。②『名』㋐臣下の座位。また、臣下として仕

えること。▽南面する君主に対することから。㋑特に、院の御所(＝上皇・法皇の御所)を警護する武士。北面の武士。

ぼくや【牧野】家畜を放し飼いにする野原。

ほくよう【北洋】北の海。「―漁業」

ぼくよう【牧羊】羊を飼育すること。 **―じん**【―神】ギリシア神話で、森林・狩猟・牧畜の神。牧神。パン。

ぼくり【木履】木で作ったはき物。㋐きぐつ。㋑げた。あしだ。㋒ぽっくり。

ほぐ-れる《下一自》もつれたり凝り固まったりしたものなどが、解け離れる。とける。「もつれが―」「気分が―」

ほくろ【〈黒子〉】皮膚に点のようにある、黒い斑紋。「泣き―」

ぼけ【〈木瓜〉】春、紅・淡紅・白・しぼり等の花が咲き、リンゴに似た硬い実を結ぶ、観賞用の落葉低木。中国原産。枝にとげがある。▽ばら科。

ぼけ【×惚け・×呆け】①ぼけること。また、その人。「時差―」「休み―」②漫才などで、間の抜けたことを言って笑わせる(役の)人。また、その言動。↕突っ込み

ほげい【捕鯨】くじらをとること。 **―せん**【―船】捕鯨用の特別な装備をした船。

ぼけい【母型】活字を作るもとになる、金属製の鋳型。

ぼけい【母系】母方の血筋をたどった系統。↕父系。「―社会」(母方の血統を規準にし、相続なども母から娘へと行われる社会)

ほげた【帆桁】帆柱の上に横に渡した、帆を張るための材。

ほけつ【補欠・補×缺】欠けた分をおぎなうこと。「―選挙」。そのための控えにするもの。「―選手」

ほけつ【補血】《名・ス自》薬などを使って、血の不足を補うこと。「―剤」

ぼけつ【墓穴】はかあな。「みずから―を掘る」(自分で自分を失敗・破滅におとしいれる原因を作る)

ぼけっと《副・ス自》緊張を欠いているさま。「たまには釣りでもして―過ごしたい」「―つっ立っている」

ポケット ①洋服などの、物を入れるための、袋状の部分。かくし。ポッケ。▽pocket ②「ポケット型」の略。「―カメラ」 **―がた**【―型】ポケットに入れて持ち運びできるほどの小型。 **―ベル** 移動中の個人を呼び出すための、ポケット型の携帯用無線受信機。また、そのサービス。ポケベル。▽pocket と bell とによる和製英語。商標名。二〇〇七年サービス終了。 **―マネー** こづかい銭。▽pocket money

ほ-ける《下一自》↓ほうける

ぼ-ける【×惚ける・×呆ける・×暈ける】《下一自》①ぼんやりとにぶった状態になる。「頭が―」(一時的なものにも、老齢などでなるものにも言う)「ピントが―」(ピントがうまく合わない状態で撮影される。転じて、的はずれだ) ②漫才などで、間の抜けた言動で笑わせる。

ほけん【保健】健康をまもり保つこと。「―所」

ほけん【保険】①火災・死亡・病気等の偶然の事故による損害を補償するため、多数者が一定の資金(＝保険料)を出し合い、実際に事故があった時その者に一定金額(＝保険金)を与える制度。「―をかける」(比喩的にも使う)「―がきかない」 ②損害をつぐなう保証。確実な保証。「―つきだ」。うまくいかなかった時のために準備しておく代わり。

ぼけん【母権】①一家の支配権が母にある家族組織。②母親としての親権。

ほこ【矛・×鉾・×戈】①両刃の剣に長い柄をつけた大昔の武器。「―をおさめる」(戦いをやめる) ②「鉾山車(ほこだし)」の略。ほこ⑴を立てて飾った山車(だし)。山鉾(やまぼこ)

ほご【△反故・△反古】①ものを書き損じたりして、不用になった紙。②転じて、役にたたない物事。むだ。「約束を―にする」▽「ほぐ」「ほうご」とも言う。

ほご【保護】《名・ス他》(外からの危険等に対し)気をつけて、かばいまもること。「身柄の―」「高齢者を犯罪や事故から―する」「水資源を―する」 **―かんぜい**【―関税】国内の産業を保護する目的で、輸入品にかける(高率の)関税。 **―こく**【―国】条約によって、ある国を保護する、またはある国から保護される国。 **―しゃ**【―者】(児童などを)保護する義務のある人。「―会」(児童・生徒の保護者と学校側との連絡の会) **―しょく**【―色】動物の、外敵をくらまし身をまもるのに好都合な、周囲の物に似た体色。↕警戒色。 **―ちょう**【―鳥】捕らえることが法律で禁止されている鳥。禁鳥。▽今は狩猟可能な鳥が指定され、それ以外は捕獲禁止。

ほご【補語】〔文法〕述語の意味を補う修飾語の一種。例、「湯が水になる」の「水に」。▽英語の文法では、述語自動詞に伴うものに言う。

ぼご【母語】①幼時に自然に習得する言語。②同じ系統に属する諸言語の祖先にあたる言語。祖語。

ほこう【歩行】《名・ス自》あるくこと。「―困難におちいる」

ほこう【補講】《名・ス他》補充のために講義を行うこと。その講義。

ぼこう【母后】母である皇后、または、皇太后。

ぼこう【母校】その人の出身学校。

ぼこう【母港】その船が根拠地としている港。

ぼこく【母国】①その人の国。祖国。「―語」 ②分かれて独立する前の、もとの国。

ほこさき【矛先・×鋒】①攻撃の方向。「議論の―をたくみにかわす」▽②の転。②ほこのきっさき。

ほご-す《五他》↓ほぐす

ほこづくり【×殳×旁】漢字の旁(つくり)の一つ。「殺」「殿」などの「殳」の称。るまた。

ポコペン とても話にならない。だめだ。▽中国語「不够本」(bùgòuběn ＝元金より下回る)から。

ぼこぼこ ①《副[に]・ノダ》くぼみや穴が沢山できたさま。「ぶつけられて車が―になった」「―の道」②《副[に]・ノダ》転じて、痛めつけてさんざんな目にあ

わせるさま。「皮肉を連発して―にやっつけた」③《副［と］》(音を立てて)大きな泡が吹き上がるさま。「温泉が―(と)わいている」

ほこら【×祠】 神をまつった小さなやしろ。

ほこらか【誇らか】《ダナ》誇らしそうなさま。「―に示す」

ほこらし-い【誇らしい】《形》得意になった気分に満ちている。派生 **-さ -げ**

ほこり【×埃】 飛び散ったり、物にたまっていたりする、粉のようなごみ。「―をかぶっている(=使われずにある)機械」「―が舞う」「―を立てる」

ほこり【誇り】 誇ること。みずからそれを名誉とする感情。「―を持つ」「―高い一門」

ほこ-る【誇る】《五自》他に対し得意の様子を示す。㋐自慢する。「権勢を―」 ㋑みずからそれを名誉とする。「無敵を―チーム」「日本一の高さを―ビル」 関連 勝ち誇る・思い上がる・己惚(うぬぼ)れる・鼻を高くする・鼻に掛ける・天狗(てんぐ)になる・矜持(きょうじ)・自負・自得・プライド・得意・自慢・慢心・自賛・我褒め・鼻高高・自画自賛・手前味噌(みそ)・夜郎自大・意気揚揚

ほころば-す【綻ばす】《五他》ほころびるようにする。「顔を―」(笑い顔をする)

ほころび【綻び】 ほころびること。「計画の―」

ほころ-びる【綻びる】《上一自》①縫い目がほどける。②つぼみが開きはじめる。「桜が―」 ③表情や気持が少しゆるむ。「口元が―」 ④(見えていなかった)よくない物事があらわれる。「守備が―」

ほころ-ぶ【綻ぶ】《五自》→ほころびる

ほさ【補佐・×輔佐】《名・ス他》人をたすけて、その務めをはたさせること。またその役の人。「幼君を―する」「課長―」「―役」 ▽「輔」も「佐」も助ける意。

ぼさい【募債】《名・ス自》公債・社債などを募集すること。

ほさき【穂先】 植物の穂や、剣・槍(やり)・錐(きり)・筆などの先。

ほさく【補作】《名・ス他》他の人の作品に手を加えること。そうした作品。「詩の―」

ほざ-く《五他》〔俗〕他人がものを言うのをあざけっていう語。ぬかす。「つべこべ―な」

ぼさつ【×菩×薩】 ①〔仏〕㋐仏の次の位のもの。みずから菩提(ぼだい)を求める一方、衆生(しゅじょう)を導き、仏道を成就させようとする行者(ぎょうじゃ)。菩提薩埵(ぼだいさった)。「外面如―(げめんにょぼさつ)内心如夜叉(ないしんにょやしゃ)」(女性の、見た所は菩薩のようにやさしいが、その心は鬼のようにむごいこと) ▽梵語(ぼんご)から。㋑朝廷から高僧に賜った称号。「行基(ぎょうき)―」 ②昔、仏教になぞらえて用いた、神の称号。「八幡(はちまん)大―」 **―かい【―戒】** 菩薩(1)㋐になるための修行の戒律。 **―どう【―道】** 菩薩が仏道を成就しようとする行(ぎょう)の道。

ぼさっと《副・ス自》→ぼさぼさ

ボサ ノバ サンバをもとに、一九五〇年代後半ブラジルのリオデジャネイロで生まれた音楽。そのリズム。▽ポルトガル bossa nova

ぼさぼさ《副・ノダ・ス自》①髪の毛などが、つやがなく乱れているさま。「―頭」 ②何もせずぼんやりしているさま。「そんな所に―してるな」

ぼさん【墓参】《名・ス自》はかまいり(をすること)。

ほし【星】 ①晴れた夜空に点々と光って見える天体。「―をいただく」(朝早くまだ暗いうち。また星の出る夜まで)「―移り(=年月が流れ)物変わる」 ▽広くは天体一般、普通は太陽・地球・月以外の天体。天文学では、太陽以外の恒星を指すことが多い。②星(1)に似たしるし。㋐星の輝きにかたどった図形。○や☆や✡。㋑小さな丸いしるし。また、斑点。「碁盤の―」「的の―を射抜く」「目に―ができる」 ㋒相撲(すもう)の勝敗をしるす丸。勝ちが○(白星)、負けが●(黒星)。「―取り表」 ㋓転じて、勝負の成績。「―が悪い」 ㋔レストラン・ホテルの格付けを表す印。「三つ―レストラン」 ▽フランスのミシュラン ガイドの表し方から。③目当て。「―をつける」。俗に、犯罪容疑者または犯人。「―をあげる」(検挙する)。▽(2)㋑の的の星からの転。④九星のめぐりあわせ。運勢。また、運命の比喩。「どんな―のもとに生まれたのか」 関連 恒星・惑星・遊星・新星・衛星・流れ星・流星・箒(ほうき)星・彗(すい)星・星座・星宿・星辰(せいしん)・星雲・星団・星屑(ほしくず)・糠星(ぬかぼし)・綺羅星(きらぼし)・北斗七星・北極星・牽牛(けんぎゅう)星・織女星・星明かり・星空・星月夜・星祭り・星回り・星占い・黒星・白星・勝ち星・金星

ほじ【保持】《名・ス他》たもち続けること。持っていること。「記録―者」「機密―」

ぼし【墓誌】 死者の事績などを、墓石に書き記したもの。また、石や金属板などに記して、墓のそばにうめたもの。その文。 **―めい【―銘】** 墓誌の末に特に添える銘の部分。漢文体のは、各句の字数をそろえ、韻をふむ。▽今は墓碑銘と混同することが多いが、本来別。

ぼし【×拇指】 おやゆび。

ぼし【母子】 母と子。「―手帳」「―感染」

ポジ 陽画。陽画用のフィルム。↔ネガ。▽positive から。

ほしあい[ひ:あ]**【星合(い)】**(陰暦)七月七日の夜に、牽牛(けんぎゅう)・織女(しょくじょ)の二つの星が会うということ。たなばた。星祭り。

ほしあかり【星明(か)り】 星の光による明るさ。

ほし-い【欲しい】《形》①自分のものにしたい。得たい。「お金が―」「酒が―」「この絵の―人は手をあげなさい」 ②《「…て―」の形で》その実現を他(主に相手)に望む気持を言う語。…してもらいたい。「連れて行って―」 派生 **-さ -げ -がる*** 関連 望ましい・思わしい・待ち遠しい・欲・欲求・欲望・欲心・欲張り・愛欲・我欲・強欲・私欲・色欲・邪欲・情欲・食欲・性欲・大欲・肉欲・物欲・利欲・禁欲・煩悩

ほしいい[ひ:ぃ]**【△乾(し)△飯】** たいた米を干してかわか

した食糧。

ほしいまま【△縦・△恣】〘ダナ〙自分の望むとおり、自由・勝手に行為をするさま。「権力を―にする」▽「欲(ほ)しきまま」の音便。

ほしうらない【星占い】星によって運勢や吉凶を占うこと。占星術。▽狭義では、生まれた日に太陽が位置する十二宮だけで占うことを言い、占星術と区別される。

ポシェット（女性用の）長い吊(つ)りひもの付いた小さなバッグ。▽フランス pochette(＝小さなポケット)

ほしか【干(し)×鰯・△乾(し)×鰯】イワシを日光で干し固めたもの。肥料用。

ほしがき【干(し)柿・△乾(し)柿】渋柿の皮をむき、かわかして甘みを出したもの。

ほしかげ【星影】星の光。

ほしがる【欲しがる】〘五他〙ほしいと思う。また、ほしそうな様子をする。

ほしくさ【干(し)草・△乾(し)草】家畜の飼料用として、刈って干した草。

ほしくず【星×屑】夜、小さく光って見えるたくさんの星。▽stardust の訳語。

ほじくる〘五他〙掘って(掘るように)、つっつき回す。ほじる。「年度末に道路をやたらに―(―り返す)お役所仕事」「鼻くそを―り出す」「―って(＝根掘り葉掘り問い詰めて)聞き出す」「昔のことを―り返す」「人の欠点を―り立てる」

ほしころす【△乾し殺す】〘五他〙飢えさせて殺す。

ポジション 場所。位置。また、地位。「―につく」「レギュラー―」▽position

ほしつ【保湿】〘名・ス自他〙うるおいを保つこと。「―クリーム」「―器」▽特に、肌について言う。

ほしづきよ【星月夜】月は出ていないが星が明るく輝いている夜。▽「ほしづくよ」とも言った。

ポジティブ ①〘ダナ〙肯定的。積極的。また、実証的。↔ネガティブ。▽positive ②〘名〙↓ポジ

ほしとりひょう【星取(り)表】相撲(すもう)の勝負の結果を○●等の記号で記した一覧表。

ほしのり【干(し)〈海苔〉・△乾(し)〈海苔〉】薄くすいてかわかし、食用にする海苔(のり)。

ほしまつり【星祭(り)】①たなばたまつり。②密教などで、災いを除くため、その年に当たる星を祭ること。

ほしまわり【星回り・星×廻り】人の運命をつかさどるという本命星(ほんみょう)(＝各人の生まれた年に当たる星)のめぐりあわせ。

ほしめ【星△眼】結膜・角膜にできる白い星のようなもの。また、それができる症状。

ほしもの【干(し)物・△乾(し)物】洗ったり染めたりし、天日でかわかすこと。そうしてある物。

ほしゃく【保釈】〘名・ス他〙保証金を納めさせて、勾留中の被告人を釈放すること。

ポシャる〘五自〙〔俗〕つぶれる。だめになる。「せっかくの計画が―った」▽「シャッポをぬぐ」の「シャッポ」をさかさにして活用させた語という。

ほしゅ【保守】①〘名〙今までの状態・考え方・習慣などを根本から変えようとはしない態度。↔革新。「―党」②〘名・ス他〙正常の状態を保ち、それが損じないようにすること。「機械の―」 **―しゅぎ**【―主義】旧来の状態をそのまま守り続けようとする主義。↔進歩主義。 **―てき**【―的】〘ダナ〙保守(1)の傾向があるさま。「―な土地柄」

ほしゅ【捕手】野球・ソフトボールで、本塁の後ろにいて、投手からの投球を受ける人。キャッチャー。

ほしゅう【補修】〘名・ス他〙いたんだ所を補いつくろうこと。「河川の―工事」

ほしゅう【補習】〘名・ス他〙学習の不足を補うため、正規の授業時間以外に勉強すること。「―授業」

ほじゅう【補充】〘名・ス他〙補って不足をみたすこと。「欠員の―」「―がつかない」「付録で細部の論を―する」▽「補足」がつけ足す気持で言うのに対し、こちらは不足を満たす気持。

ぼしゅう【暮秋】秋のおわりごろ。晩秋。

ぼしゅう【募集】〘名・ス他〙一般からつのり集めること。「愛称を―する」「社員―」

ぼしゅうだん【母集団】統計的研究の対象となる人や物の集団。そこから標本を無作為に抜き出して調査する。

ぼしゅん【暮春】春のおわりごろ。晩春。

ほじょ【補助】〘名・ス他〙足りないところを助けること。また、その助けとなるもの。「研究―者」「―定理」(ある定理の証明の中で手段としてつかう定理)「―金」「経費の一部を―する」 **―せき**【―席】バスなどで満席の時に使用する、折り畳み式などの臨時の座席。 **―てき**【―的】〘ダナ〙その事の中心ではなく、それを補助する働きであるさま。「―な役割」「―業務」

ぼしょ【墓所】特定の人や家について言う場合の、墓場。「家康の―」

ほしょう【歩×哨】ある場所に武装して立ち、見張ること。「―に立つ」

ほしょう【保証】〘名・ス他〙①だいじょうぶだと、うけあうこと。「一年間―つきの時計」「人柄を―する」「―金」②〔法律〕賠償の責任を負うこと。「連帯―」「―人」

ほしょう【保障】〘名・ス他〙障害のないように保つこと。「社会―」「最低賃金を―する」。特に、現在・将来の状態や地位を(侵略から防ぎ)保全すること。「安全―」

ほしょう【補償】〘名・ス他〙損害・費用などを補いつぐなうこと。「災害―」「遺族が―を求める」

ほじょう【捕縄】犯人などをしばる縄。とりなわ。

ぼしょう【暮鐘】夕暮れに鳴らす鐘の音。

ぼじょう【慕情】慕わしく思う気持。

ほしょく【捕食】〘名・ス他〙つかまえて食べること。

ほしょく【補色】二種の色(例えば黄と藍)の光を適当

な割合で混ぜると白色光になる時、その一方の色に対する他方の色のこと。余色。▽絵の具では、灰・黒となる二色について言う。

ほしょく【補職】〘名・ス他〙官吏に職務の担当を命じること。その職。

ぼしょく【暮色】夕暮れの景色。夕暮れになったという感じ。「―が迫る」(暮れがたに近づく)

ほじ-る〘五他〙→ほじくる

ほしん【保身】自分の地位・名声・安穏(あんのん)を失うまいと気をつかってふるまうこと。「―の術」「―をはかる」

ほ-す【干す・△乾す】〘五他〙①水分を取り去るなどのために、日光や風にさらしたり火であぶったりする。「洗濯ものを―」「ふとんを―」「天日に―」②(その)中にある水などをすっかり取り除く。「池の水を―」「杯を―」③〔俗〕食物などを与えず困らせる。人に、仕事や役割をわざと与えずにおく。「―・されて困る」▽「干(ひ)る」と同語源。

ボス 親分。親方。首領。顔役。「政界の―」▽boss

ほすい【保水】〘名・ス自〙(森林・土壌や肌が)その中に水分を保つこと。「森が荒れて―(の)能力を失い、洪水になりやすい」

ほすう【歩数】歩いて何歩あるかという数。ほかず。

ほすう【補数】ある数に加えると、あらかじめ定めた一定数になるような数。例、10に対する3の補数は7。余数。

ほすすき【穂×芒】穂が出たススキ。

ポスター 掲示するための、(美術的な)宣伝用はりがみ。「―バリュー」(宣伝価値)▽poster **―カラー** ポスターなどをかくのに使う絵の具。▽poster colour

ポスティング〘名・ス他〙びらやちらし(2)を各戸の郵便受けに入れること。「新装開店にあたり業者に―を頼む」▽posting

ホステス ①ホーム パーティーなどで、接待役をつとめる女性。女主人。↔ホスト。②バー・ナイトクラブなどで、客の相手をする女性。③放送番組の女性司会者。▽hostess

ホスト (接待側の)主人(役)。「大会の―国」㋐パーティーなどで、主催者側の男性。↔ゲスト・ホステス。㋑女性客中心のクラブで、接待をする男性。㋒放送番組で、男性司会者。㋓〔普通「―コンピュータ」の形で〕多数のコンピュータや端末から成るシステムで、全体の運転管理を受け持つコンピュータ。▽host

ポスト ①郵便ばこ。特に、郵便物を出すためのもの。「郵便―」②地位。職。持ち場。「重要な―につく」③(サッカーなどの)ゴールの支柱。ゴール ポスト。▽(1)~(3)はpost ④〘接頭語として〙あと。以後。↔プレ。「―モダン」「―冷戦期の軍事力」▽post-

ボストン バッグ 底が長方形で、中ほどがふくれた形の、旅行用かばん。▽Boston bag

ホスピス 死期の近い(末期がんなどの)患者に安らぎを与え、看護する施設。▽hospice

ホスピタリティー 客人を親切にもてなすこと。「―の精神」「―を享受する」▽hospitality

ほ-する【保する】〘サ変他〙保証する。「安全を―・しがたい」

ほ-する【補する】〘サ変他〙官位につける。官吏に職務の担当を命じる。職に任じる。

ほせい ①**【補正】**〘名・ス他〙補って、ぐあいの悪い所を直すこと。「―予算」。実験や観測で、誤差を取り除くための修正をすること。②**【補整】**〘名・ス他〙補って、きちんと整えること。

ぼせい【母性】母として持つ性質。子供を生み育てる資質。 **―あい【―愛】**子供に対する、母親の本能的な愛情。

ほぜいそうこ【保税倉庫】輸入手続きが済んでいない外国貨物(=保税貨物)を入れておく倉庫。

ほせつ【補説】〘名・ス他〙補って説明すること。その説明。

ぼせつ【暮雪】夕暮れに降る雪(の景色)。

ほせん【保線】鉄道線路がいつでも役立つように守ること。「―区」

ほぜん【保全】〘名・ス他〙保護して安全をまもること。「環境―」「地位の―をはかる」

ぼせん【母船】遠洋漁業で、多くの小船を従え、物資の補給、漁獲物の受入れなどをする船。おやぶね。

ぼせん【母線】①ある軸を中心に回転させた時、その軌跡が立体図形の側面となるような線分。例えば、円柱では、回転した長方形の軸となった辺に平行な辺が母線となる。②発電機・変電器などの電源から配電設備までをつなぐ電線。

ぼぜん【墓前】墓の前。「花を―に供える」

ほぞ ①**【×臍】**腹にあるへそ。「―を固める」(決心する)「―をかむ」(後悔する) ②**【×蔕】**みかんや瓜(うり)などの果実に残っている萼(がく)の部分。出っ張っている。へた。③**【×枘】**二つの木材・石材などをつなぐとき、一方の端に作った突起。これを他方の穴(=枘穴(ほぞあな))に差し込む。

ほそ-い【細い】〘形〙①たけの割に、まわりの長さや幅が乏しい。↔太い。「―糸」「―・く(=細々と)長く生きる」「線が―」(ひ弱い、また、度量が乏しい意にも)「道が―・くなる」②分量が不足した感じだ。㋐「食が―」食事をとる量が少ないたち、または状態である。㋑声が小さく弱々しい。澄んではいるが声量が乏しい。↔太い。「―声」派生 **-さ -み***

ほそう【舗装・×鋪装】〘名・ス他〙道路の表面を、アスファルトやコンクリートなどで固めること。「―道路」

ほそうぐ【補装具】身体に障害のある人の動作を助けるための器具。義足・車椅子・補聴器など。

ほそうで【細腕】①やせて細い腕。②比喩的に、力(経済力)が乏しいこと。「女の―で育て上げる」

ほぞおち【×臍落ち・×蔕落ち】くだものの実が、(熟して)へたの所から落ちること。また、そうして落ちたくだもの。
ほそおもて【細面】ほっそりした感じの顔。
ほそぎり【細切り】薄切りにした食材を、細長く切ること。「牛肉とピーマンの―炒(いた)め」▽刺身は「細づくり」「糸づくり」と言う。
ほそく【歩測】《名・ス他》歩いて、歩数で距離を測ること。
ほそく【捕捉】《名・ス他》つかまえること。とらえること。「実態は―しがたい」「意味を―する」
ほそく【補則】規定を補うために本則中の末に置く規定。▽補則は附則ではない。
ほそく【補足】《名・ス他》つけたして補うこと。「―説明」▽↓ほじゅう
ほそじ【細字】線の細い字。↕ふとじ。「―用の筆ペン」▽「さいじ」と読めば別の意。
ほそつ【歩卒】馬に乗れる身分でなく、徒歩で従軍する兵。歩兵。
ほそづくり【細作り】①《名》物を細く作ること。そう作った物。「―の太刀(たち)」「いかの―」②《名ナノ》体がきゃしゃにできていること。
ぼそっと《副》小声で一言、つぶやくさま。「―言う」
ほそなが-い【細長い】《形》細くて長い。派生 **-さ**
ほぞのお【×臍の緒】↓へそのお
ほそびき【細引(き)】細い麻縄。
ほそぼそ【細細】《副[と]》①いかにも細く、弱々しいさま。「煙が―と立ちのぼる」②かろうじて、それをしていくさま。「―(と)暮らす」
ぼそぼそ ①《副[と]・ス自》聞きとれないほどの、低く沈んだ声。「―した声」「部屋のすみで―(と)話す」②《副[と]・ノダ・ス自》水気が足りず、食べにくいさま。「―のそば」③《副[と]・ノダ・ス自》陰気で、勢いがないさま。「雨が―(と)降る」
ほそみ ①【細身】幅が狭く作ってあること。そういうもの。「―のズボン」②【細み】芭蕉(ばしょう)の俳句の根本精神。句が、幽玄・微妙の境地に達した状態。
ほそみち【細道】幅の狭い道。「天神様の―」▽道幅に重点がある。「小道」はむしろ本通りでないことが重点。
ほそめ ①【細目】《名》㋐細い目。目を少しだけあけること。その目。「―で遠くを見る」㋑細い編み目・縞(しま)・桟など。「―の縞柄」②【細め】《ノダ》㋐どちらかというと細いこと。↕太め。「―の筆」「―のズボン」㋑間が狭いこと。「ドアを―に開ける」
ほそ-める【細める】《下一他》細くする。「目を―」(喜ぶ意にも)
ほそ-る【細る】《五自》細くなる。「やせ―」「食が―」「身も―思いをする」
ほぞん【保存】《名・ス他》そのままの状態を保つようにして、とっておくこと。「遺跡を―する」「―がきく」
ほた【×榾】たきものにする、木の切れはし。▽「ほだ」とも。
ポタージュ(コンソメに対して)とろみのある濃いスープ。▽フランス potage
ぼたい【母体】①出産前後の母親の体。②わかれ出たり発展したりして来たそのもとであるもの。「選挙―」
ぼたい【母胎】母親の胎内。
ぼだい【×菩△提】〔仏〕①煩悩を断って悟りえた無上の境地。②死後の冥福。「―を弔う」▽梵語(ぼんご)から。 **―さった**【―×薩×埵】↓ぼさつ(1)㋐。 **―じ**【―寺】先祖の墓があり、葬礼・仏事を営む寺。 **―じゅ**【―樹】①中国原産で、古く日本に渡来した落葉高木。高さ三〜六メートル。夏、黄色の小さい花が咲く。▽あおい科(旧しなのき科)。(2)の代用で寺院によく植えられる。②インド原産の常緑高木。高さ三〇メートルに達する。いちじくに似た実がなる。インドボダイジュ。▽釈迦(しゃか)は、この木の下で悟りをひらいたという。くわ科。 **―しょ**【―所】菩提寺。 **―しん**【―心】仏道にはいる心。正覚(しょうがく)をひらく心。発心(ほっしん)。
ほださ-れる【×絆される】《下一自》束縛される。特に、人情にひかれて心や行動の自由が縛られる。「情に―」「熱意に―れて承諾する」▽「ほだす(=つなぎ留める)」の受身から。
ほだし【×絆(し)】①自由を束縛するもの。「妻子が―となる」②馬の足にかけて、歩けないようにする縄。▽動詞「ほだす(=つなぎ留める)」の連用形から。
ぽたっと《副》↓ぽたり
ほたてがい【帆立貝】大形の海産二枚貝。貝殻は開いた扇形で、表面に放射状のでこぼこがある。貝柱は太くて美味。▽いたやがい科。
ほだび【×榾火】たきぎが燃える火。ほたび。
ぼたぼた《副[と]》しずくが重たい感じで続けざまにしたたるさま。「雪解け水が―と樋(とい)から落ちる」「―(と)血が落ちる」
ぽたぽた《副[と]》しずくが続けざまにしたたるさま。「涙が―(と)落ちる」
ぼたもち【×牡△丹餅】もち米とうるち米を混ぜて炊き、軽くつぶして丸め、あんをつけたもの。▽春の彼岸の伝統的な菓子。秋には「おはぎ」「萩の餅」と言う。
ぼたやま【ぼた山】炭坑で、石炭などを取ったあとの石(=ぼた)を積み上げた山。
ぼたゆき【ぼた雪】↓ぼたんゆき
ぽたり《副[と]》しずくや重みのある花・葉などが落ちるさま。「一雫(ひとしずく)の涙が―と膝の上に落ちた」(夏目漱石「虞美人草」)
ほたる【蛍】夏の夜、腹部の後端から青白く点滅する光を出す小甲虫。多く水辺にすむ。古来、夏の景物として親しまれる。「―の光、窓の雪」▽広くは、ほたる科の昆虫の総称で、種類が多い。日本ではゲンジボタルが代表的な種。
ほたるいか【蛍〈烏賊〉】イカの一種。胴長六センチ弱。

体の各所に発光器があり、ホタルのような光を出す。食用。

ほたるがり【蛍狩(り)】夏の夜、水辺などで蛍をとる遊び。また、蛍の光を観賞して楽しむこと。

ほたるぐさ【蛍草】↓つゆくさ

ほたるび【蛍火】蛍の出す光。また、そのようなわずかに残った火。

ほたるぶくろ【蛍袋】山野や路傍に自生し、夏、つりがね形の花を咲かせる多年草。花は赤紫または白色で、長さ五センチほど。一株に数個が咲く。▽名は、花が火垂(ほた)る袋(提灯(ちょうちん)の古名)に似るからとも、子供が花にほたるを入れて遊んだからともいう。ききょう科。

ぼたん【×牡丹】①四、五月ごろ、直径一〇~二〇センチの美しい花を咲かせる落葉低木。園芸品種が多く、花は紅・白・紫、一重・八重など色・形はさまざま。中国原産で富貴の花とされる。根の皮は漢方生薬。「立てば芍薬(しゃくやく)すわればー」(美女の姿のたとえ)▽ぼたん科。②イノシシの肉の異称。 **―きょう**【―×杏】↓はたんきょう。 **―ざくら**【―桜】やえざくら。 **―ばけ**【―〈刷毛〉】毛がひらいた化粧用のはけ。 **―ゆき**【―雪】ふっくらした感じの大きな雪片(せっぺん)になって降る雪。ぼたゆき。▽ぼたんの花びらのようだからとも、ぼたぼたした雪だからともいう。

ボタン ①衣服の合わせ目をとめるためのもの。それを、他方にある穴をくぐらせてはめる。「ーをかける」「金ー」②押すと、ある作用が起こる仕掛けになっている、小さな突起物。「呼び鈴のー」▽「釦」とも書いた。ポルトガル botão

ぼち【墓地】墓がある所。墓を設けるための区域。はかば。

ホチキス 書類などを綴(と)じ合わせるのに使う文房具。柄を押さえると、コの字形の針が出て紙を貫いた後、角の部分で内側に折れ曲がる。ホッチキス。▽日本に初めて輸入された商品の製造会社名E.H. Hotchkiss から。英語では stapler と言う。

ぽちぶくろ【ぽち袋】お年玉などを入れる小さな紙袋。

ぽちぽち『副[と]・ノダ』①↓ぼつぼつ(3)。②物事の進み方がわずかであるさま。「商売はーだ」

ぽちゃぽちゃ ①『副[と]』水が軽く打ちつける音。そのさま。「静かな波のーと舷側を叩(たた)く音」(梶井基次郎「冬の蠅」)②『副[と]・ス自』顔や手足がみずみずしく太っているさま。「ー(と)かわいらしい赤ちゃん」

ほちゅう【補注・補×註】補ってつけ加えた注釈。

ほちゅうあみ【捕虫網】昆虫採集用の網。

ほちょう【歩調】①(多くの人がいっしょに)歩くときの、足を動かす調子(の型)。「自然にーが緩む」「ーを取って入場する」②比喩的に、物事の進み方。「仕事のーをそろえる」

ほちょうき【補聴器】聴力障害のある人が聞こえるようにするためにつける器具。

ぼつ〖没〗〖沒〗ボツ ①水の中に落ちてしずむ。地の中にうずまる。かくれる。「出没・沈没・埋没・陥没・水没・日没・覆没・神出鬼没」②おちぶれる。「没落」③はまりこむ。「没入・没頭」④㋐なくなる。つきる。なくなす。つくす。「没却・没我・没書」㋑『名』「没書」の略。「没にする」⑤とりあげる。「没収」⑥『名・造』死ぬ。なくなる。「歿」に同じ。「一九〇〇年没」「没年・死没・陣没・戦没・病没」⑦ない。「無」に同じ。「没交渉・没常識・没趣味・没法子(メーファーズ)」

ぼつ〖×歿〗ボツ 『名・造』人が死ぬ。なくなる。「昭和二十年歿」「歿年・戦歿・陣歿・病歿・生歿」▽「没」で代用する。

ぼつ〖勃〗ボツ ①むくむくと力が起こる。さかん。「勃勃・勃起・鬱勃」②急に起こる。にわか。「勃興・勃然」③「勃牙利(ブルガリア)」の略。

ほつい【発意】①『名・ス他』↓はつい。②『名・ス自』発心(ほっしん)すること。

ぼつが【没我】(物事に打ち込んで)自己を意識しなくなること。「ーの境」

ぼっか【牧歌】①牧人や農夫の生活を主題にした、素朴で叙情的な詩歌。「ー的」②牧童などが家畜の番をしながら歌う歌。

ぼっかく【墨客】書画を書く風流人。ぼっきゃく。「文人ー」

ぽっかり『副[と]』①(形のはっきりしたものが)浮き出るさま。「月がー(と)空に浮かぶ」②突然、穴や空白が出現するさま。「真っ白い夕顔がー(と)咲く」「心にー(と)穴があく」「鯉(こい)が口をー(と)開ける」

ほつがん【発願】『名・ス自』①祈願をかけること。願立て。②念願をおこすこと。

ほつぎ【発議】『名・ス他』↓はつぎ(1)

ほっき【発起】①『名・ス他』その企てを起こすこと。「ー人」②『名・ス自』信心の心を起こすこと。発心(ほっしん)。「一念ー」

ぼっき【勃起】『名・ス自』①にわかにむくむくと起こり立つこと。ふるい起こること。②陰茎が充血して大きくなること。

ほっきがい ‥がひ【北寄貝】寒い地方の浅海の砂泥底にすむ二枚貝。殻の形はハマグリに似るが、厚みがあり、幅十センチ以上になる。肉は美味。ウバガイ。

ぼっきゃく【没却】『名・ス他』捨て去って、ないようにすること。また、すっかり忘れ去り、無視すること。「目的をーする」

ぼっきゃく【墨客】↓ぼっかく。▽「ぼっかく」が正しい読み。

ぼっきょ【×卜居】『名・ス自』(吉凶をうらなって)この地と定めたうえで、住むこと。

ほっきょう【法橋】①(仏)「法橋上人位(しょうにんい)」の略。僧位の一つ。法眼(ほうげん)の次の位。②武家時代、医師・絵師・連歌師などに与えられた称号。

ぼっきょうかん【木強漢】 ぶこつな男。一徹な男。

ほっきょく【北極】 地軸の北端の点、その地方。また、地軸の延長が天球と交わる、北の端の点。↕南極。 **ーぐま【ー熊】** 北極地方の海辺にすみ、全身白い毛で覆われている熊。しろくま。 **ーせい【ー星】** 天球の北極のごく近くにある恒星。天球上での位置がほぼ変わらないので、古くから方位や緯度の指針とされた。小熊座のアルファ星。

ぽっきり ①《副［と］》堅い細長い物が、もろく折れるさま。「枝がー(と)折れる」②《副［と］》心がくじけるさま。「減給で心がー折れる」③《接尾》《数量を表す体言に付いて》(数量が少なくて)ちょうど……であること。「千円ーの品」

ほっく【発句】 ①詩歌の初めの一句。㋐漢詩・和歌の第一句。▽和歌なら初めの五音の部分。㋑連歌・俳諧の第一句。②俳諧の第一句が独立して一作品として作られたもの。俳句。

ホック 洋服などのとめがね。ひっかけてとめる、かぎ状の小さな金具。また、スナップ(1)。▽オランダ hoek

ボックス ①箱。「ブラックー」②箱のような形のもの。㋐小屋。詰所。「ポリスー」㋑箱のように仕切った席。または、桟敷。「オーケストラー」㋒野球で、打者などの立つ範囲を示す仕切り。「バッターー」▽(1)(2)は box ③ゆるい仕立てのコート。ボックス コート。▽box coat から。④子牛のなめし皮。▽box calf から。

ぽっくり【△木履】 少女や舞妓(まいこ)がはく、台が前のめりで後ろが円く、底をえぐった下駄。多く、黒または朱のうるし塗り。ぼっくり。ぼくり。▽「ぼくり」から出た語。

ぽっくり 《副［と］》①もろくも折れる、または、突然に死ぬさま。「ある日ー(と)逝く」「ー病」②馬のひずめの音。「のどかにー、ー行く」

ほっけ【×𩸽】 東北・北海道の海でとれる魚。体はやや細長く、灰色の地に淡い褐色の横じまがある。食用。▽あいなめ科ほっけ属。広くは同属のキタノホッケ(通称シマホッケ)も含めた総称。

ほっけ【法華】 「法華宗(ほっけしゅう)」の略。 **ーざんまい【ー三昧】** 一心に法華経(ほけきょう)を読んで、その真理を念じること。 **ーしゅう【ー宗】** 法華経信仰による仏教の宗派。広くは、天台宗・日蓮(にちれん)宗の別称。狭くは、日蓮宗の一派。

ホッケー スティックを使ってボールを相手のゴールへ入れ合う団体球技。フィールド ホッケー。▽hockey

ぼっけん【木剣】 木で刀剣の形に作ったもの。木刀。

ぼつご【没後・×歿後】 死んだのち。死後。

ぼっこう【勃興】 《名・ス自》急に勢力を得て盛んになること。「市民階級のー」

ぼっこうしょう【没交渉】 《名・ダナ》交渉がないこと。無関係。「世間とーに暮らす」▽「ぼつこうしょう」とも言う。

ぼっこん【墨痕】 墨で書いた、筆のあと。「ーあざやか」

ほっさ【発作】 その症状が突発して間も無くおさまること。「ーを起こす」 **ーてき【ー的】** 《ダナ》①発作の症状を示すさま。②その様子が突発的なこと。「ーな犯行」

ほっしゅ【法主】 →ほうしゅ(法主)

ぼっしゅ【没取】 《名・ス他》ある物件の所持が行政目的を害する時、それを取り上げること。その行政上の措置。

ぼっしゅう【没収】 《名・ス他》強制的に取り上げること。「財産をーする」▽「没取」と異なり刑罰の一種。

ぼつしゅみ【没趣味】 《名ノ》趣味に乏しいこと。面白みのないこと。▽「ぼっしゅみ」とも言う。

ぼっしょ【没書】 投書を採用しないこと。採用されない投書。

ぼつじょうしき【没常識】 《名ノ》常識に欠けること。

ほっしん【発心】 《名・ス自》思いたつこと。出家して仏門に入ること。菩提(ぼだい)心を起こすこと。

ほっしん【発×疹】 《名・ス自》皮膚に小さい吹き出物が出ること。また、その吹き出物。はっしん。 **ーチフス** 高熱・頭痛などの症状の後、淡紅色の発疹が現れる急性の感染症。病原体はリケッチアの一種でシラミが媒介する。▽もと法定伝染病の一つ。

ほつ-す 《五他》ほどく。ほぐす。「着物をーして洗い張りする」▽既に古風。

ほっす【△払子】 僧が手に持つ、白熊(はぐま)や馬の尾、麻などをたばねて柄をつけた仏具。

ほっす【法主】 →ほうしゅ(法主)

ほっ-する【欲する】 《サ変他》ほしいと思う。「美味をー」。実現を願う。「彼のー生活はそんなものでない」▽古語「欲(ほ)る」の連用形にサ変動詞「す」が付いた形の転。

ぼっ-する【没する】 ①《サ変自他》沈んで、または埋(うず)まって隠れる。また、そうなるようにする。「水中に(姿を)ー」「日がー」「忘却のかなたにー」②《サ変自》「死ぬ」の婉曲(えんきょく)な言い方。死没する。▽(2)は「歿する」と書いた。③《サ変他》取り上げる。没収する。

ぼつぜん【没前・×歿前】 死ぬまえ。

ぼつぜん【勃然】 《トタル》①突然に起こり立つさま。②顔色を変えて怒るさま。むっとするさま。

ほっそく【発足】 《名・ス自》①団体などが作られ活動し始めること。「新内閣がーする」②旅立つこと。▽「はっそく」とも言う。

ほっそり 《副［と］・ス自》すらりと細いさま。「ー(と)した美人」▽「細い」と同語源。

ほったい【法体】 ①出家すがた。僧形(そうぎょう)。↕俗体。②《仏》世界一切のものの実体。

ぼったく-る 《五他》《俗》法外な料金をむさぼり取る。▽→ぶったくる

ほったて【掘っ建て・掘っ立て】 土台を置かず、地面を掘って直接に柱を立てること。「ー小屋」「ー柱」

ほったらか-す『五他』うちすてておく。「仕事を―」「子供を―」

ほったん【発端】 はじまり。おこり。「事の―」

ぽっち 小さな丸。また、器具等の面の小突起。「―を押すと動く」

=ぽっち〔俗〕《指示代名詞や数量を表す体言に付けて》わずかに……だけ。「これっ―しかない」「百円―」▽「ぽち」「ぼっち」「ぼち」とも言う。

ボッチャ ボールを、転がすなどして目標にできるだけ近づけることを競う障害者競技。▽boccia

ぽっちゃり『副[と]・ス自』(子供や女性の)顔や体つきが柔らかく丸みを帯びているさま。

ぼっちゃん【坊(っ)ちゃん】 ①男の子、子息を丁重に言う語。②世間知らずの男をあざけって言う語。「―育ち」 **―がり【―刈り】** 男子の髪型。前髪を切りそろえ、側頭部・後頭部を刈り上げたもの。▽以前は富裕層の髪型。

ぽっちり『副[と]』①ほんの少し。わずかばかり。「干物(ほしもの)に往(い)つた―の間に盗(や)られた」(国木田独歩「竹の木戸」)②点のように小さいさま。「沖に―と見える船」

ほづつ【火筒】 銃砲。「―のひびき」▽雅語的。

ほっつ-く『五自』(当てもなく)歩きまわる。うろつく。「盛り場を―」▽「ほつく」の促音化。

ぽってり『副[と]・ス自』①ふくらんで、厚みがあるさま。「―(と)太った人」「―した体」②十分に粘り気があるさま。「―するまで粉を練る」

ホット □一『ダナ』①熱いさま。温かい状態。㋐食品が温かい、または熱いさま。↔アイス。「―ミルク」㋑皮膚で暖かく感じるさま。②強烈なさま。辛く、刺激が強いさま。「―な論争」「―ジャズ」③なまなましいさま。最新。「―ニュース」▽hot □二『名』「ホット コーヒー」の略。▽hot coffee から。 **―ケーキ** 洋風菓子の一種。小麦粉にふくらし粉・卵・牛乳・砂糖などを加えてとき、鉄板で平たく丸型に焼いたもの。バター・蜜をぬって食べる。▽hot cake **―スポット** ①地球内部の、熱対流が上昇している地点。その上で火山活動が起きていると考えられる場所。②そこだけ、周囲より活動が激しかったり値が高かったりする場所。紛争地域・放射能汚染地域など。③無線LANによりインターネット接続が可能な場所。▽hot spot **―ドッグ** 細長いパンに切れ目を入れ、からし・バターをぬり、熱いソーセージなどをはさんだ食べ物。▽(アメリカ)hot dog **―パンツ** 非常に短い、女性用の半ズボン。▽hot pants **―プレート** 食品を焼くための、電熱で加熱する鉄板。▽hot plate **―ライン** ①国家首脳間の緊急連絡用直通通信線。▽一九六三年、偶発核戦争を防止するために、ワシントンのホワイト ハウスとモスクワのクレムリンとの間に設けられたのが最初。②転じて、非常用直通電話。▽hot line

ほっと『副』①息を吐くさま。「―一息つく」②安心するさま。「間にあって―した」「―安堵(あんど)する」

ぼっと『副』①→ぼうっと。②火が急に燃え立つさま。

ポット 深くて丸型の容器。㋐注ぎ口のある湯わかし。「ティー―」㋑日本で、魔法びん。▽英語では vacuum bottle ㋒西洋料理用の深なべ。「シチューの―」㋓土製やプラスチック製の、植物を育てる鉢。「フラワー―」▽㋐㋒㋓は pot

ぽっと『副・ス自』①急に(明るさ・赤味・熱・姿などが)現れるさま。「電灯が―つく」「―顔を赤らめる」「田舎から―上京する」②ぼんやりするさま。ぼうっと。「何にも知らぬ―した女性」(夢野久作「鼻の表現」)

ほっとう【発頭】「発頭人」の略。 **―にん【―人】** 先に立って企てた人。

ぼっとう【没頭】『名・ス自』一つの事に熱中すること。「研究に―する」

ぽっとで【ぽっと出】〔俗〕いなかから初めて都会に出て来た(ばかりの)こと。そういう人。

ほづな【帆綱】 帆を調節するための綱。

ぼつにゅう【没入】『名・ス自』しずみ入ること。おちいること。「海中に―する」。没頭すること。「仕事に―する」

ぼつねん【没年・×歿年】 ①死んだ時の年齢。②死んだ時の年代。

ぽつねん『副と』ひとりだけで静かに(さびしそうに)居るさま。「―と物思いにふける」「―と座りこんでいる」

ぼっぱつ【勃発】『名・ス自』突然に発生すること。「戦争―」

ホップ ①『名』ビールの香味づけに用いる、つる性多年草。雌雄異株。夏に雌株が咲かせる淡黄緑色で松かさのような花に苦味・芳香があり、これをビールに利用する。▽(オランダ)hop あさ科(旧くわ科)。②『名・ス自』はね上がること。「―する球(たま)」。三段とびの踏み切った最初のとび方。片足でとぶ。「―ステップ ジャンプ」▽hop

ポップ『名ナノ』①時流に乗っている様子。「―なデザイン」「―カルチャー」②→ポップス。▽(1)(2)は popular(=大衆的)の短縮形 pop ③飛び出すこと。「―コーン」「―アップ ウインドー」▽pop (1)(2)とは別語。 **―アート** 美術のなかに商業広告・漫画・量産品など日常目にふれるものを主題としてもちこみ、従来の芸術概念を打破することをねらった、現代アメリカの芸術の一傾向。▽pop art

ポップス ポピュラー ソングまたはポピュラー音楽。ポップ。▽pops

ほっぺた〔俗〕→ほお(頬)

ぼっぽ〔俗〕ふところ。懐中。「―にしまい込む」

ぽっぽ ①『副と』湯気・煙・炎などが盛んに立つさま。「煙突が―と煙を吐く」②『副[と]・ス自』体がほてるさま。「耳たぶが―(と)する」③『名』「汽車」や「鳩(はと)」の幼児語。

ぽつぽつ ①㋐『副[と]』ぼつぼつ(1)㋐。㋑『名』ぽつぼつ⑴㋑。②《副[と]》まばらに現れたり見えたりするさま。「―受験生が集まって来る」(太宰治「正義と微笑」) ③《副[と]・ノダ》そろそろ。ぼちぼち。「―仕事を始めよう」

ぼつぼつ【勃勃】《ト タル》盛んに起こりたつさま。「―たる志」

ぽつぽつ ①㋐《副[と]》いくつもの小さな点や粒があるさま。「赤い実が―(と)つく」㋑《名》小さな点や粒。②《副[と]》↓ぽつりぽつり⑴

ほっぽ-る 《五他》〔俗〕打ち捨てておく。ほうり投げる。

ぼつらく【没落】《名・ス自》栄えていたものが衰え滅びること。「平家の―」▽もと、城が敵に奪われること。

ぽつり 《副と》①それだけで、他にないさま。ぽつん。「―と一言もらす」「一人―と離れて座る」「店が―と一軒だけある」②小さいものが一つ、目立ってあるさま。ぽつん。「にきびが―とできる」③唐突に切れるさま。「話が―とやむ」

ぼつりそう【没理想】理想を没して現実に即する態度。また、しっかりした理想を持っていないこと。

ぽつりぽつり 《副[と]》①雨粒やしずくがやや間を置いて落ちるさま。「雨が―(と)落ちて来る」②少しずつとぎれ、とぎれがちではあるが続くさま。「―(と)話す」「会場に―と人が集まってきた」

ほつれ ほつれること。「―髪」「袖の―をつくろう」

ほつ-れる 《下一自》端やゆるんだ部分からほどけ乱れる。「縫い目が―」

ぽつん 《副と》①しずくが一つ落ちるさま。「涙が―と落ちる」②↓ぽつり⑴。「山腹に―とある一軒家」

ほてい【△布△袋】七福神の一つ。太ってつき出た腹をし、大きな袋をになった僧。▽中国の梁(りょう)代の布袋和尚がモデル。 **―あおい**(あふひ)**【―×葵】**池・沼などの水面に浮かんで育つ多年草。ふくらんだ葉柄が浮き袋の役割をする。夏、花茎が出て淡紫色の花がふさ状に咲く。熱帯アメリカ原産。観賞用に導入され、暖地で野生化。ほていそう。▽みずあおい科。 **―ばら【―腹】**太ってつき出た腹。

ほてい【補×綴】《名・ス他》①破れなどをつくろいつづること。②古句などをつづりあわせて詩文を作ること。▽「ほてつ」とも言う。

ほてい【補訂】《名・ス他》(著作物について)部分的な補いや訂正をすること。「―版」

ボディー ①からだ。また、体と言われる部分。車体・機体など。「カメラの―」②ボクシングなどで、胴の部分。「―を打つ」③↓じんだい(人台)。▽「ボデー」とも言う。body **―ガード** 身辺の護衛人。▽bodyguard **―チェック** ①(空港などで職員が)直接身体に触れて、危険物所持の有無を検査すること。▽日本での用法。英語では security check ②男子のアイス ホッケーで、パックを持つ相手選手への体当たり。▽body check **―ビル** バーベルなどを使って、たくましい筋肉をつけること。▽body building から。

ほてつ【補×綴】《名・ス他》①↓ほてい(補綴)。②歯の欠損部に入れ歯をしたり冠をかぶせたりして、歯の働きを補うこと。

ポテト じゃがいも。「―チップ」(薄切りのじゃがいもを揚げた食品) ▽potato

ぼてふり【△棒手振り】①魚などをかついで売り歩くこと。その人。②魚市場と料理屋との仲立ち人。

ぼてぼて 《副[と]・ノダ》重たい感じを与えるさま。㋐肥えて、たるんだように太ったさま。ぼってり。「―に太る」㋑厚く張り付いたさま。㋒よく弾むはずのものの動きが鈍く、そうならないさま。「―のゴロ」

ほて-る【火照る・△熱る】《五自》かお・体などが熱くなる。

ホテル 洋式の旅館。「ビジネス―」▽hotel

ほてん【補填】《名・ス他》欠けた所(欠損)をうめ足すこと。「赤字の―」

ポテンシャル ①潜在すること。また、可能性としての力。②〔物理〕重力場や電磁場の中にある物体が潜在的に持っているエネルギー。例えば、高所にある物体は、落下して運動へと変化するエネルギーを潜在的に持っていると考える。▽potential

ほど【程】《名・副助》①物事の経過に伴う様子、特に程度。「―を見て話を切り出そう」「人をばかにするにも―がある」「思いの―を伝えあぐねる」「―よく仕上がりました」「真偽の―は確かでない」「いやしくも政治をやろうとする―の者は」「手並みの―を見せてくれよう」「どんなに偉くなるか―が知れない」「年の―は三十くらい」▽これらの例の「ほど」は名詞で、副助詞とされるのは下記の㋐㋑および⑶。まれに「ほどほど」と同様に使う。数量、時間的推移、空間的移動・広がりの度合など、更に限定が加わって、㋐～㋔のように使う。

㋐それと(ほぼ)同じ程度。「五つ―残っている」「五つ―も残らない」「おまえ―のろいものはない」「太郎―の腕白でも」「聞きもしないことを錯覚する―(に)酔ってはいない」「土が凍(し)みて、つるはしをはね返す―だ」「悪事というものは必ずといってよい―しっぽを出す」「怖いことは怖いが、さ―(=取り立てて言う程度)の恐怖ではない」

㋑《主に「AばA―」「Aする―に」の形で》Aであるに連れて、Aするに連れて、ますます。「多ければ多い―よい」「見れば見る―よく似ている」「飲む―に酔う―に気が大きくなる」「自由の存する所―文化が発展する」「相手が強い―闘志が湧く」

㋒《「身の―」》↓みのほど

㋓時や場所の隔たり。時間または距離。「―なく参ります」「あと一年が―には落成しよう」「―遠からぬ小さな島」

㋔おおよその時や所。ころ、または、あたり。「この―の陽気は格別だ」「ここから三里の―は人家も無い」 ②《敬語的に、直接の表現を避けて》その状態であること。「御自愛の―をお祈り申します」「何とぞ御容赦の―を」 ③《連体形を受け普通は「に」を伴って、接続助詞的に》……ゆえに。……ので。「身に引き受けてお世話いたします―に、御安心下さい」▽古風な言い方。

ほど【歩度】 歩幅や歩く速さの程度。「―を速める」

ほどあい【程合(い)】 ちょうどいい程度。ころあい。

ほどう【歩道】 車道に対し、人が歩くように区分された専用部分。人道。「横断―」「―橋」

ほどう【舗道・×鋪道】 舗装した道。ペーブメント。

ほどう【補導・×輔導】《名・ス他》悪い方へ傾かないように指導すること。ことに、青少年の不良化を防ぎ、善導すること。

ぼどう【母堂】 他人の母に対する敬称。母君。

ほどきもの【△解き物】 ときもの。

ほど-く【△解く】《五他》①結んだり、もつれたり、縫ったりする前の状態にする。「荷を―」「帯を―」 ②神仏にかけた願(がん)の期限が満ち、願をとく。

ほとけ【仏】 ①(釈迦(しゃか)など)仏教の信仰の対象となる、すぐれた存在。仏陀(ぶっだ)。また、仏像。「―の顔も三度」(どんなにおとなしい、情け深い人も、たびたび無法な事をされれば、ついには怒る)「―作って魂入れず」(八、九分どおり仕上げながら、一番大切な事を落とす)「地獄で―」(非常に困っている時ありがたい助けにあうたとえ)「知らぬが―」(知らないために平気でいることのたとえ)「わが―尊し」(自分の信じることだけがよいと思うこと) ②㋐故人。死者。「この―は酒好きだった」 ㋑〔俗〕捕り物・警察関係で、(変)死体。「―の身もとは分かったか」 ③仏(1)のように温厚な、または情け深い人。

ほとけいじり【仏いじり】 むやみに仏をありがたがって、仏事に精を出すこと。

ほとけごころ【仏心】 (仏が慈悲に富むように)情け深い心。

ほとけしょう【仏性】 正直で情け深い性質。▽「ぶっしょう」と読めば別の意。

ほとけのざ【仏の座】 ①田の畔(あぜ)などに生え、早春、黄色の小花が咲く越年草。春の七草の一つで、若葉は食用。タビラコ。▽きく科。 ②原野・路傍に自生し、春、紫色の花が咲く一年草(または二年草)。花は唇形で、葉のつけ根に輪状に咲く。▽しそ科。

ほど-ける【△解ける】《下一自》結んであるものが自然にとけ離れる。「靴ひもが―」

ほどこ-す【施す】《五他》①その働きを及ぼして、影響・効果があるように仕向ける。「策を―」「肥料を―」「丹青を―」(彩色をする) ②恵み与える。「慈悲を―」 ③広く及ぼす。「面目(めんぼく)を―」(さすがだと人々からほめられるような名誉を得る)

ほどちか-い【程近い】《形》時間や空間の隔たりが、そうは無い。「入試が―」「―駅」 派生 -さ

ほどとお-い【程遠い】《形》距離がだいぶある。「―・からぬ所に一寺がある」「英雄と呼ぶには―」 派生 -さ

ほととぎす ①【〈時鳥〉〈杜鵑〉〈子規〉〈不如帰〉】夏、山地の樹林などで盛んにさえずる鳥。姿はカッコウによく似るが、少し小さい。夏の鳥として詩歌によく歌われてきた。特に「てっぺんかけたか」と聞こえる鳴き声が賞せられ、伝説も多い。「鳴いて血をはく(=声の差し迫った感じの見立て)―」 ▽かっこう科。カッコウとは同属別種。近代より前には、「ほととぎす」に「郭公」の漢字を当てることが多かった。 ②【〈杜鵑草〉】 山地に自生する多年草。十月ごろ、長楕円(だえん)形の葉の付け根に、白色で紫色の斑点のある花が咲く。▽名は、花の模様がホトトギス(1)の胸の斑紋に似ることからの名。ゆり科。

ほどなく【程無く】《連語》《副詞的に》時があまりたたないうちに。まもなく。

ほとばし-る【×迸る】《五自》勢いよく飛び散る。「血潮が―」「―情熱」

ほと-びる【△潤びる】《上一自》水分を含んでふくれ、柔らかくなる。

ポトフ 牛のすね肉やざく切り野菜を大鍋で煮込むフランス料理。▽フランス pot-au-feu

ほとほと ①《副》すっかり。「これには―弱っている」「あいつの態度の悪さには―困った」「自分の変わり身の早さに―驚いた」「―感心した」▽多くは、手の施しようがない、やりきれない、といった気持の時に言う。「ほとんど」と同語源。 ②《副「と」》軽くたたく音。「深夜、戸を―とたたく人がいる」

ほどほど【程程】 適当。度を越さずちょうどよい程度。「物事は何でも―がよい」「―にしておけ」

ぽとぽと《副「と」》「ぽとぽと」より重い感じで落ちるさま。ぼたぼた。「―(と)したたる」

ぽとぽと《副「と」》しずくが続いてしたたり落ちるさま。「汗を―(と)落とす」

ほとぼり ①まだ残っている熱。 ②一般に、感情・興奮または事件のなごり。「騒動の―がさめる」

ボトム ①底。下部。 ②→ボトムス。▽bottom **―アップ** システムや理論を作るとき、細目・具体的事実から全体を積み上げるような仕方で目的を達し体系化する方式・態度。↕トップ ダウン。▽bottom-up

ボトムス ズボンやスカートなど、下半身につける衣服の総称。ボトム。▽bottoms

ほどよ-い【程よい】《形》ちょうどよい程度だ。適当だ。「―湯加減」「―・く並べる」 派生 -さ

ほとり【△辺】 あたり。そば。「村の―」。きわ。岸。「池の―」

ぽとり《副と》 しずくがしたたるさま。また、物が軽く落ちるさま。「球(たま)を―と落とす」「ツバキの花が―と散る」

ボトル びん。特に、洋酒のびん。「―キープ」▽bottle **―ネック** →ネック(3)。▽bottleneck

ほとんど【×殆ど】①《名・副》おおかた。あらましのところ。すべて、全くとは言えないが、それに近い程度。「—が異議を唱えている」「—手がつかない」「—の人が知らない」「—同時に」「—すべて」(数学用語で有限個の例外のほか、の意)「つまらない作品が—だ」②《副》もう少しのところで。すんでに。「—命を失うばかりだった」▽「ほとほと」の転。

ほなみ【穂波】稲などの穂が風で波のように揺れること。そのように揺れている穂。

ほなみ【穂並(み)】稲などの穂が出そろって並んでいること。そのはえ並んだ穂。

ポニー 小形の馬の総称。「—乗馬体験」▽pony **—テール** 女性の髪形の一つ。髪を後頭部で一つに高く束ね、ポニーの尻尾のように垂らす。▽ponytail 左右二つに束ねると「ツイン テール」と言う。

ほにゅう【哺乳】《名・ス自》乳を子に飲ませること。「—期」 **—るい**【—類】温血で、肺によって呼吸し、母乳で子を育てる脊椎動物の一群。普通は胎生で、皮膚には毛が生える。▽哺乳綱として分類される動物の総称。

ぼにゅう【母乳】母の乳の汁。特に、生母の乳汁。▽広く、哺乳(ほにゅう)動物にも言う。

ほにん【補任】《名・ス他》官に任じて、職につかせること。▽もと「ぶにん」と言った。

ほぬの【帆布】帆に使う丈夫な布。

ほね【骨】①《名》体の支えとなり器官を保護する、カルシウム分の多い硬い組織。「腰の—」「—を折る」(転じて、苦労をいとわず物事をする意にも)「—が折れる」(転じて、苦労を要する、困難である意にも)「—に徹する」(転じて、強く心にこたえる)「—と皮」(非常に痩せているさま)「—までしゃぶる」(転じて、徹底的に人を利用する)「—を拾う」(転じて、人が全力を尽くして倒れたあとを引き受けて始末する)②《名》全体を支える、しっかりしたもの。㋐器物などの心(しん)となって支える材料。「屋台(やたい)の—」「傘の—」「扇の—」。物事の中核。「論文の—になる部分」③《名ノ》㋑物事にたえる気力。気骨。「—のある人物」㋺骨が折れること。苦労。「—を惜しむ」「その仕事はなかなか—だ」「何とも—な役目」 関連 骨格・骸骨・骨髄・軟骨・硬骨・人骨・白骨・遺骨・万骨・舎利・背骨・胸骨・腰骨・座骨・一骨・気骨・奇骨・老骨・粉骨砕身・骨っ節・骨っぽい・反骨・骨がらみ・骨組み・骨接ぎ・骨無し・骨抜き・骨太・骨休み・骨を折る・骨惜しみ・骨折り・骨折り損

ほねおしみ【骨惜しみ】《名・ス自》骨折るのをいやがること。なまけること。「—せずに働く」

ほねおりぞん【骨折り損】苦心して力をつくしたのに、むだになること。「—のくたびれもうけ」

ほねお-る【骨折る】《五自》苦労して力をつくす。精を出す。「就職の斡旋(あっせん)に—」

ほねがらみ【骨絡み】①梅毒が全身に回って骨が痛みうずくこと。②比喩的に、悪い状態にすっかり陥ること。「ばくちが—になる」

ほねぐみ【骨組(み)】①体の骨の構造。骨格。②広く、物事の主要部分の組立て。「文章の—」「—ができ上がる」

ほねちがい【骨違い】骨が関節からはずれること。脱臼。▽既に古風。

ほねつぎ【骨接ぎ】骨折や脱臼の治療。接骨。整骨。また、それを職業とする人。

ほねっぷし【骨っ節】①骨の関節。②気骨。「—の強い人」

ほねっぽ-い【骨っぽい】《形》①魚肉などに小骨が多い。②気骨がある。しっかりしている。「—男」 派生 **-さ**

ほねなし【骨無し】①気骨がないこと。しっかりした主義・信念・節操がないこと。そういう人。②筋力の低下や麻痺(まひ)などのため自分の身体を支えることができない人。

ほねぬき【骨抜き】①計画・主義などの大切な部分を取り去って、価値や内容が乏しくなっていること。「法案が—になる」②人が気骨・節操のない状態であること。そうした人。③料理のため、魚や鳥などの骨を抜き取ること。そうした魚や鳥などの肉。

ほねば-る【骨張る】《五自》①骨が皮膚の下でいかにもごつごつとかどばる。「—った手」②意地を張る。「—った事を言う」

ほねぶと【骨太】《ダナ》①骨が太いさま。骨組みが頑丈なさま。②組立てがしっかりしていたり気骨があったりするさま。「—の作品」 派生 **-さ**

ほねぶと-い【骨太い】《形》骨太だ。 派生 **-さ**

ほねへん【骨偏】漢字の偏の一つ。「髄」「骸」などの「骨」の称。

ほねぼそ【骨細】《名ノ》すらりとして骨が細い感じの体つき。「—の身にはこたえる重荷」 派生 **-さ**

ほねぼそ-い【骨細い】《形》骨細だ。 派生 **-さ**

ほねみ【骨身】骨と肉。「—にこたえる」(苦労・苦痛が身にしみる)「—を惜しまない」(どんな苦労もいやがらずに励む)「—を削る」(やせ細るほど苦心する)

ほねやすめ【骨休め】《名・ス自》休息・休憩(すること)。「よい—だ」

ほの= 《多くは形容詞の上に》ほのかに。ぼんやりと。「—暗い」「—白い」「—見える」「—めく」

ほのお【炎・×焰】①燃え立っている火の先。「蠟燭(ろうそく)の—」②比喩的に、怨み・怒りなどを心中で激しく感じること。「憤怒(ふんぬ)の—」▽「火(ほ)の穂」の意。

ほのか【×仄か】《ダナ》はっきりとは分からないくらい、わずかに現れるさま。「—な光」「—にただよう香り」 派生 **-さ**

ほのぐら-い【×仄暗い】《形》(早朝・夕刻、また大きな堂や深い森などの中で)ぼんやりと暗い。 派生 **-さ**

ほのぼの《副[と]・ス自》①ほのか。「夜が—と明けてくる」「—と見える」②ほんのりと、温かみが感じられるさま。「—(と)した愛情」

ほ

ほのぼのあけ【×仄×仄明け】夜がほのぼのと明けること。その時。

ほのめか‐す【×仄めかす】《五他》ほのかに示す。特に、それとなく言う。におわす。「不承知を—」「犯行を—」

ほのめ‐く【×仄めく】《五自》ほのかに見える。

ぼば【×牡馬】おすの馬。↔牝馬(ひんば)

ホバークラフト 高圧空気を水面または地面に吹きつけて機体をわずかに浮上させ走行する乗り物。ホーバークラフト。▽Hovercraft 商標名。

ほばく【捕縛】《名・ス他》捕らえてしばり上げること。

ほばしら【帆柱】帆船の、帆を張る柱。マスト。

ほはば【歩幅・歩△巾】歩く時に一歩で進む平均的な距離。「—が広い」「—を伸ばす」▽走る時にも言う。

ほばらみ【穂×孕み】稲・麦などの穂が出る前に、穂を包んでいる部分の茎がふくれること。

ホバリング《名・ス自》ヘリコプター・虫・鳥が空中で位置をかえずにとどまること。また、その状態にあること。▽hovering

ほひ【補肥】おいごえ。追肥(ついひ)。

ぼひ【墓碑】墓標として建てる、平らにした石の碑。▽自然石を立てた形のは「墓碣(ぼけつ)」と言う。 **—めい**【—銘】墓石に刻んだ文章。

ホビー 趣味。▽hobby

ほひつ【補筆】《名・ス自》おぎない書くこと。書き加えること。

ほひつ【補×弼・×輔×弼】《名・ス他》天子・君主などが政治を行うのを、たすけること。また、その任にあたる人。▽「輔」も「弼」もたすける意。

ポピュラー『ダナ』広く知られている、または親しまれているさま。大衆向きなさま。「—ソング」「—ミュージック」▽popular 派生 **‐さ**

ポピュリズム 大衆に迎合して人気をあおる政治姿勢。▽populism この意は英米語としては俗用。

ぼひょう【墓標・墓表】墓であるしるしに立てる柱や石。墓じるし。

ほふ【保父】保育所・養護施設等で児童の保育をする男性。▽「保母」に対して作った語。→ほいくし

ほぶ【歩武】あしどり。あゆみぶり。「—堂々と」

ボブ おかっぱ。前髪から襟首まで、段差なく、短く切りそろえた女性の髪型。▽bob

ほふく【×匍×匐】《名・ス自》腹ばいになること。はうこと。「—前進」

ボブスレー かじ・ブレーキの付いた鋼鉄製のそり。また、それを使って急カーブの氷のコースを滑りおりる競技。▽bobsleigh

ほぶね【帆船】帆掛け船。

ポプラ 街路樹などとして植栽される、北欧原産の落葉高木。幹は高く伸び、葉はひし形。セイヨウハコヤナギ。▽poplar やなぎ科はこやなぎ属。外国産の同属の数種を総称しても言う。

ポプリ さまざまな種類の、匂いのよい花や葉を乾燥させ混ぜ合わせたもの。小さな壺(つぼ)などに入れ、部屋において芳香を漂わせる。▽pot-pourri

ポプリン 木綿(もめん)・絹・羊毛等で、うね織りにした、柔らかな織物。女性服・子供服・ワイシャツ用など。▽poplin

ほふ‐る【×屠る】《五他》①敵を打ち負かす。「横綱を—」②皆殺しにする。打ち滅ぼす。③鳥獣などの体を切り裂く。

ほへい【歩兵】①小銃・機関銃や戦車・小型の砲で戦闘する任務の兵種(の軍人)。「—砲」▽陸軍の主力とされた。②→ほそつ。▽「ふひょう」と読めば別の意。

ぼへい【募兵】《名・ス自》兵士をつのって集めること。

ボヘミアン 世間の習慣など無視して放浪的な生活をする人。▽Bohemian(＝ボヘミアの住民。移動生活するジプシーを言った称)

ほほ【頬】→ほお(頬)

ほほ【歩歩】《副》一歩一歩。「—力をこめて急流を渡る」

ほぼ【保母・保×姆】保育所・養護施設等で児童の保育をする女性。▽→ほいくし

ほぼ【△略・△粗】《副》おおかた。およそ。だいたい。「—完成を見た」「関東北部の—全域で雷雨があるでしょう」「—一世紀を隔てて復活した」「こう言って—間違いない」

ほほえまし‐い【〈微笑〉ましい】《形》(かわいらしさ・なごやかさ等のため)ほほえみたくなるほどの様子だ。「—家族風景」派生 **‐さ ‐げ**

ほほえ‐む【〈微笑〉む】《五自》①声を立てずに、わずかに笑う。にっこりする。②花が少し開く。ほおえむ。

ポマード 髪を整えるための、香料を入れた、ねり油。主に男子用。▽pomade

ほまえせん【帆前船】→はんせん(帆船)

ほまち【帆待ち】臨時の収入。へそくり。▽一説に、帆待ち銭(＝出帆を待つ間に船頭が稼ぐ銭)の意から。

ほまれ【誉れ】人が誉めたたえるほどの(喜ばしい)評価・評判。名誉。「秀才の—が高い」

ほむぎ【穂麦】穂の出た麦。

ほむら【△炎・×焔】①ほのお。②比喩的に、恨み・怒り・嫉妬などで心中が燃えること。「瞋恚(しんい)の—」「目が憎しみの—に燃える」▽「火群(ほむら)」の意。

ほめごろし【褒め殺し・△誉め殺し】〔俗〕過度にほめることによって、相手の対抗意欲を低下させたり、不利な状況に追い込んだりすること。

ほめそや‐す【褒めそやす・△誉めそやす】《五他》盛んにほめる。ほめたてる。「口々に—」

ほめたた‐える【褒め×讃える・△誉め×讃える】《下一他》りっぱなものだと盛んにほめる。

ほめちぎ‐る【褒めちぎる・△誉めちぎる】《五他》口をきわめてほめそやす。

ほめもの【褒め者】多くの人にほめられる者。

ほ‐める【褒める・△誉める】《下一他》すぐれていると

して、(同等や目下の)人や事を良く言う。「子供を―」「あまり―めた話ではない」関連 褒め称える・称える・称する・賞する・賛する・嘆じる・頌(しょう)する・持て囃(はや)す・称賛・称揚・推賞・賛美・賞美・賛嘆・嘆賞・感嘆・嗟嘆(さたん)・嘆美・三嘆・頌徳・礼賛・過褒・過賞・激賞・熱賛・絶賛・喝采・べた褒め

ホモ ①人。人類。▽ラテン Homo ひと属の学名。②均質化。▽homogenized から。③〔俗〕(男性の)同性愛(者)。→ゲイ。▽homosexual から。

ほや【〈海鞘〉】 海底や岩に付着して生きる、球状や板状の厚い皮に包まれた生物。食用になるマボヤやアカボヤが特に知られ、オレンジ色の身は独特の香りと風味がある。▽ほや綱の生物の総称。

ほや【火屋】 ①ランプなどの火を覆うガラス製の筒。②香炉・てあぶりなどのふた。

ぼや【〈小火〉】 小さな火事。

ぼや【暮夜】 夜。夜中(やちゅう)。「―ひそかに訪れる」

ぼやか-す 《五他》 ぼかす。

ぼや-く 《五自他》〔俗〕ぶつぶつと不平を言う。

ぼや-ける 《下一自》 はっきりしなくなる。ぼける。「輪郭が―」「記憶が―」「論点が―」

ぼやっと 《副》 →ぼんやり

ほやほや 《名ノ》 ①出来たてで、(やわらかく)温かいさま。「―のパン」②その状態になって間もないさま。「新婚の―」

ぼやぼや ①《副[と]・ス自》→ぼんやり(2)。「この忙しい時に―するな」②《副[と]・ノダ・ス自》㋐ぼやけているさま。もやもや。「―とほこりの立つ道」㋑柔らかくふくらんで、輪郭がぼけているさま。「―した毛糸の襟巻」

ほゆう【保有】 《名・ス他》 自分のものとして持ち続けること。「株を―する」

ほよう【保養】 《名・ス自》 心身を休ませて健康を保つこと。「―地」(保養に適する土地)「―所」「目の―」(→め(目)(一)(1)㋐)

ほら【洞】 崖や岩の中の、うつろになった穴。ほら穴。

ほら【法螺】 ①ほらがい。②実際よりずっと大げさに言うこと。そういう話。「―を吹く」▽→ほらがい(2)

ぼら【鯔】 沿岸近くにすみ、しばしば河口や内湾の汽水域に群れて現れる海魚。食用。卵巣はからすみにする。マボラ。▽成長に従って、おぼこ・いな・ぼら・とど、と呼び名が変わる。ぼら科。

ホラー 恐怖。戦慄(せんりつ)。「―映画」▽horror

ほらあな【洞穴】 →ほら(洞)

ほらがい【法螺貝】(―がひ) ①暖かい海の沿岸部にすむ巻貝。日本では紀伊(きい)半島や沖縄などに多く分布。殻は高さ四〇センチほどになり、表面に紅色・褐色・白色などの美しい波紋がある。身は食用。▽ふじつがい科。②ホラガイ(1)の大きな貝殻の頭部に穴をあけ、口金をつけ、吹き鳴らすようにしたもの。大きな音が出る。山伏が携え、また軍陣の合図に使った。

ほらがとうげ【洞が峠】(―たうげ) 両方を比べ有利な方に味方しようとして、形勢を見守ること。ひよりみ。「―を極(き)め込む」▽本来、京都・大阪の境にある峠の名。山崎合戦の時、筒井順慶が、ここでどちらにつこうかと形勢を見たことから。

ほらふき【法螺吹き】 実力・実際以上に、いつも大げさな事を言う人。▽→ほらがい(2)

ボランチ サッカーで、ディフェンダーの前にいて、攻守の要(かなめ)となる選手。▽ポルトガル volante(＝舵(かじ)・ハンドル)

ボランティア 自分から進んで社会活動などに無償で参加する人。また、無償の社会活動。「―活動」▽volunteer

ほり【堀】 土地を掘って作った水路。また、敵から城を守るために、城のまわりを掘って水をたたえた所。▽城の堀は「濠」とも書く。

ほり【彫り】 彫ること。彫ったさま。また、彫ったような凹凸。「―の深い顔」

ほり【捕吏】 犯人をとらえる役人。とりて。

ポリ ①「ポリス」の略。警官や警察をいやしめていう語。「―公」②ポリマーであることを表す接頭語。「―ウレタン」。特に、ポリエチレンなどの略。「―袋」▽(2)は poly-　**―タンク** 水や灯油を入れるための、ポリエチレン製の容器(タンク)。▽和製語。

ほりあげ【彫(り)上げ】 浮彫り。

ほりあ-てる【掘(り)当てる】 《下一他》 ①土地を掘っていって(うまいことに)地中の鉱脈や埋蔵物を見つけ出す。「石油を―」②方々を探して(思い掛けず)見つける。「苦心して適切な表現を―・てた」

ポリープ 胃腸や鼻などの粘膜から突き出た腫瘍(しゅよう)。▽ドイツ Polyp

ポリエステル 衣料・建築・家具などに使う合成樹脂。エステル結合という構造をもった一群の高分子化合物の総称。▽ドイツ Polyester

ポリエチレン 合成樹脂の一種。エチレンの重合体。透明または半透明の固体で、空気を通さず、変質しにくい。食品などを包んだり、織物などにする。▽ドイツ Polyäthylen

ポリオ ポリオ ウイルスの感染により中枢神経がおかされて運動麻痺(まひ)が起こる病気。乳幼児に多い。脊髄性小児麻痺。急性灰白髄炎。▽ラテン poliomyelitis から。

ほりおこ-す【掘(り)起(こ)す】 《五他》 ①地面を掘って中の土が表面に出るようにする。「畑を―」②埋もれているものを掘って出す。「廃寺の遺構を―」「人材を―」▽「掘り出す」はその(1)(2)とも入手に重点があるが、こちらは隠れていたのをあらわにすることに重点がある。

ほりかえ-す【掘(り)返す】(―かへす) 《五他》 ①掘って下の土を上にする。「畑を―」②一度掘っ(て何かを埋め)た所を、また掘る。「道を―」「墓を―」③比喩的に、決着に至ったはずの事をまた問題にする。「事件を―」

ポリグラフ 脳波・呼吸・脈搏(みゃくはく)・発汗などを、同時に測定・記録する装置。うそ発見器としても使われる。▽polygraph

ほりごたつ【掘(り)×炬×燵】 畳・床板を切って、床より下に火入れを作ったこたつ。きりごたつ。↕置きごたつ

ほりさ-げる【掘(り)下げる】《下一他》①(土を)深く掘り進める。②比喩的に、突っ込んで考える。「問題点を―」

ポリシー 政策。政略。方針。「プライバシー―」(個人情報の取り扱い方についての方針)▽policy

ボリシェヴィキ 中央集権的共産党組織を主張したレーニンを支持する革命的左翼。ボルシェヴィキ。↕メンシェヴィキ。▽ロシア Bol'sheviki(=多数派)

ポリス 警官。巡査。警察。「―ボックス」(交番)▽police

ほりだしもの【掘(り)出し物】 偶然に手に入れた珍しい品物。意外に安く手に入れた品物。

ほりだ-す【掘(り)出す】《五他》①掘って取り出す。「石炭を―」②偶然に、また安く、手に入れる。▽↓ほりおこす(2)

ほりつ-ける【彫(り)付ける】《下一他》文字や模様を彫って残す。刻み付ける。「戒名を墓に―」「胸に―」

ホリデー 休日。祭日。▽holiday

ホリドール パラチオン(殺虫剤)の商品名。▽ドイツ Folidol

ほりぬき【掘(り)抜き】「掘抜き井戸」の略。地面を深く掘って作った、地下水が自然にわき出てくる井戸。

ほりばた【堀端】 堀のふち。堀のほとり。

ぼりぼり《副[と]》↓ぽりぽり

ぽりぽり《副[と]》堅いものをかじったり引っかいたりする音。そのさま。ぼりぼり。「塩煎餅(しおせんべい)を三枚出して、―と噛(か)みくだいて」(有島武郎「カインの末裔」)

ポリマー〔化学〕重合によってできる化合物。重合体。「高分子―」▽polymer

ほりもの【彫(り)物】 人の皮膚に墨・朱などを針で刺し入れて、消えない絵・模様などを描くこと。そうしたもの。▽「刺青」とも書く。江戸的用法では、入れ墨と区別し、これを「いれずみ」とは言わない。

ほりゅう【保留】《名・ス他》その場で決定を下さずに(しばらく問題を)押さえてとめておくこと。「発表を―する」「態度を―する」

ほりゅう【×蒲柳】 ①体質が弱いこと。「―の質」②水楊(かわやなぎ)の異名。

ボリューム 分量。かさ。量感。「―のあるステーキ」「ステレオの―(=音量)を上げる」「あの人はすごい―だ」▽volume

ほりょ【捕虜】 戦場で(敵に)捕らえられた将兵。とりこ。

ほりわり【掘(り)割(り)】 地面を掘って作った水路。

ほ-る【掘る】《五他》①地面や材木などに穴をあける。「井戸を―」「みぞを―」②土地に穴をあけて、地中にある物をさがし取る。「石炭を―」

ほ-る【彫る】《五他》跡をつける。㋐削ったりえぐったりして模様や立体作品をつくる。彫刻する。「仏像を―」㋑版木に刻みつける。㋒刺青(ほりもの)をする。「背中に牡丹(ぼたん)を―」

ぼ-る《五他》〔俗〕不当な値をふっかけて、もうける。「ひどく―られた」▽一九一八年の米騒動の際に「暴利」から出た新語。

ほるい【×堡塁】↓ほうるい

ポルカ 二拍子の軽快なダンス。そのダンス曲。▽polka

ボルシチ ビーツ・牛肉・野菜を煮込んだ、濃い紅色のロシア風スープ。サワー クリームをかけて食べる。▽ロシア borshch

ホルスタイン 乳牛の一品種。オランダ原産。黒と白のまだらで、からだが大きく、乳量が多い。▽ドイツ Holstein

ホルダー ①物を使うのに便利なように支えたり挟んだりするもの。「ペン―」「キー―」②それを持っている人。「レコード―」(記録保持者)▽holder

ボルダリング 命綱を付けず、道具も使わず、飛び降りてもけがをしない程度の高さの岩や岩壁を登るスポーツ。競技では、壁に設定したコースを使う。▽bouldering

ボルテージ ①電圧。電位差。②熱のこもった調子。意気込み。気勢。「演説の―を上げる」▽voltage

ボルト ①金属の丸棒にねじを切り、一端に直径より大きな六角または四角の頭を作ったもの。ナットにはめて、締め具にする。ボールト。▽bolt ②電圧・電位の単位。記号V。一ボルトは、一アンペアの電流を流した導線で、一ワットの電圧が消費される時の、導線の両端の電位差。▽volt イタリアの物理学者ボルタ(Volta)にちなむ。

ボルドーえき【ボルドー液】 農薬の一種。硫酸銅の水溶液と石灰乳を混合したもので、病虫害、特に菌類・細菌の防除に用いる。▽フランスの Bordeaux で初めて使われたところから。

ポルノ「ポルノグラフィー」の略。猥褻(わいせつ)な文学・絵・写真など。▽pornography から。

ホルマリン 殺菌剤・防腐剤として用いる薬品。ホルムアルデヒド(=メチルアルコールを酸化して得られる無色の気体)の濃度約四〇パーセントの水溶液。無色透明で刺激臭がある。▽ドイツ Formalin もと商標名。

ホルモン ①内分泌腺などから血液中に分泌され、微量で特定組織の生理機能に作用を及ぼす物質。性ホルモン・甲状腺ホルモンなど。▽ドイツ Hormon ②〔俗〕牛・豚などの臓物。「―焼き」「―なべ」▽精力を増強するものとして、ホルモン(1)になぞらえた名称か。

ホルン 金管楽器の一種。角笛(つのぶえ)から進歩し、管の先が朝顔型に開いている。▽horn

ほれい【保冷】(食料品を)低温のまま保つこと。「―

車」「―庫」

ボレー《名・ス他》①テニスなどで、ボールが地面に落ちる前に打ち返すこと。②サッカーで、空中に浮いているボールを蹴ること。「―シュート」▽volley

ほれこ-む【×惚れ込む】《五自》すっかりほれる。深く好意を寄せる。「腕前に―」

ほれぼれ【×惚れ×惚れ】《副「と」・ス自》心を奪われてうっとりするさま。「―(と)ながめる」「―するような声」▽もと、ぼんやり(失心)した状態を言う。

ほ-れる【掘れる】《下一自》土地などに穴のようなくぼみができていく。「雨だれで軒先が―」「根が―」(土地が穴のようにくぼみ、植物の根があらわれる)

ほ-れる【×惚れる】《下一自》放心状態になる。特に、それにだけ夢中になり、他の事を忘れ去る。㋐感心し、うっとりする。「聞き―」㋑恋い慕う。「―・れて通えば千里も一里」㋒人物などに感心して心をひかれる。「さっぱりした気性に―」

ボレロ ①スペイン風の、前打合せがない短いジャケット。女性用。②三拍子の、スペインのダンス。そのダンス曲。▽スペイン bolero

ほろ ①【×幌】風・雨・日射・ほこりを避けるため、車にかける覆い。「―馬車」②【〈母衣〉】昔、よろいの背に付けて矢を防いだ、布製の袋のようなもの。

ぼろ【〈襤褸〉】①《名》使い古して役に立たなくなった布。ぼろぎれ。つづれ。②《名ナノ》《多くは他の名詞の上に付けて》質が劣るもの。「―学校」「あんな―な会社に」③《名》つぎはぎの(きたならしい)衣服。④《名》みっともない欠点・失敗。「―を出す」

ぼろ【×梵△論】↓ぼろんじ

ぼろ= 《他の名詞の上に付けて》めちゃくちゃ。「―もうけ」「―負け」▽形容詞「ぼろい」の語幹の転。

ポロ 馬に乗りマレット(柄の長い槌(つち))で球(たま)を打ちあい、相手のゴールへ球を入れることをきそう競技。▽polo **―シャツ** 半そでで襟のついた、スポーツ用の軽快なシャツ。▽polo shirt

ぼろ-い《形》〔俗〕元手や労力の割に利益が非常に多い。割がよい。「―商売」派生 **-さ**

ほろう【歩廊】①二列の柱の間に設けた通路。回廊。②プラットホーム。

ほろがや【ほろ〈蚊帳〉】ほろ(2)の形に作った、小形の蚊帳。幼児の寝ている所にかぶせる。

ぼろくそ【〈襤褸〉×糞】《名・ダナ》〔俗〕ぼろや、くそのように、くだらないもの。「人を―(のよう)に言う」

ホログラフィー レーザー光線などを利用して、空間に立体的な映像を映し出す光学技術。▽holography

ホログラム ホログラフィーを利用して作り、見る角度によって像が浮かぶ図柄。▽紙幣・カード・商品券などに設けて偽造を防ぐのに使う。hologram

ホロコースト (特にナチスのユダヤ人に対する)大虐殺。▽holocaust(原義は、ユダヤ教の、焼き尽くした捧物(ささげもの))

ほろっと《副》↓ほろり

ぼろっと《副》↓ぼろり

ほろにが-い【ほろ苦い】《形》何となく多少にがみがある。「ビールの―味」「―思い出」派生 **-さ**

ポロネーズ 歌曲・舞踊の一つ。ポーランド特有のもので、テンポはゆるやか。▽フランス polonaise

ほろ-びる【滅びる・△亡びる】《上一自》(勢力をうしなって)絶えてなくなる。根絶やしになる。「文明が―」

ほろ-ぶ【滅ぶ・△亡ぶ】《五自》↓ほろびる

ほろぼ-す【滅ぼす・△亡ぼす】《五他》ほろびさせてしまう。根絶やしにする。「国を―」「身を―」

ほろほろ ①《副「と」》軽く小さなものが静かに、連続してこぼれ落ちるさま。「涙を―(と)こぼす」「アカシアの花が―(と)落ちる」②《副「と」・ノダ》食べるとたやすく形を崩すさま。「―になるまで煮込む」③《副「と」》笛の音、やまばとの鳴き声などの形容。

ぼろぼろ ①《ダナ》㋐布などがひどく破れているさま。「―の着物」㋑物や心身がひどくいたんでいるさま。「―の校舎」「身も心も―になる」②《副「と」》㋐物が粒状になってこぼれ落ちるさま。「垢(あか)が―(と)出る」㋑(好ましくないことが)次々に現れ出るさま。「悪事が―と明るみに出る」

ぽろぽろ ①《副「と」》小さい(粒状の)物がいくつもこぼれ落ちるさま。「涙を―(と)こぼす」②《ダナ》(飯粒など)ねばりけがなくて、分離しているさま。「ひき肉を―になるまで炒(い)める」

ぼろもうけ【ぼろ×儲け】《名・ス自》うまく立ちまわって(または運がよくて)普通ではないほど儲けを大きく得ること。「先物(さきもの)買いで―(を)した」「ぬれ手で粟(あわ)の―」

ほろよい【ほろ酔い】酒を飲んで多少酔いが出ている状態。「―機嫌」

ほろり ①《副と》㋐涙・花びら・葉など軽いものがひとひらこぼれ落ちるさま。㋑物がもろく崩れて形を失うさま。「砂糖菓子が口の中で―と溶ける」②《副と・ス自》㋐軽く酒に酔うさま。「思わず―とくる話」㋑感動して温かい気持になるさま。

ぽろり《副と》①小さな玉やかけらが、本体から離れて落ちるさま。ほろり(1)。「―と歯が欠ける」「ボタンが―と取れる」②うっかり口に出すさま。「―と本音をもらす」

ぼろんじ【×梵論字】虚無僧(こむそう)。ぼろ。

ホワイト 白色。▽white **―カラー** 事務などの仕事をする労働者。背広族。↕ブルー カラー。▽アメリカ white-collar worker から。 **―ソース** (シチュー・コロッケ・グラタンなど)洋食のベースとなる代表的なソース(1)。小麦粉をバターで色づかないようにいため、牛乳を加えてクリーム状にしたもの。スープのとろみ付けや具のつなぎになる。▽white sauce **―デー** バレンタイン デーに贈り物をもらった人がお返しを贈る、三月十四日。▽white と day とによる和製英語。 **―ボード** 黒板にならって、マジック(2)で字などを書く白い(鋼鉄)板。▽white-board

ほわた【穂綿】チガヤ・アシ等の穂を綿の代用としたもの。

ホン 騒音の大きさを測定する単位。周波数による聞こえ方の違いを補正してある。ホーン。▽phon 今は単位としてはデシベルを使う。

ほん【本*】ホン もと もとづく ①㋐草木の根の方。もと。物事のはじまり。大もと。↕末。「本末・本来・本源・本門・本位・本然・根本・基本・大本・抜本・張本人」㋑利息を生むもと。元金。「資本・元本」②もとづくところ。出自。「本処・本国・本所・本籍・本地垂迹(ほんじすいじゃく)」③もともと備わっている。もとからある。「本分・本質・本性・本能・本義・本意(ほんい・ほい)・本願・本懐・本望・本領・本姓」④主。中心となる。「本論・本道・本業・本務・本殿・本宅・本家(ほんけ)・本尊(ほんぞん)・本科・本部・本陣・本塁・本隊・本社」⑤正しい。正式の。にせや、仮でない。「本道・本妻・本名・本式・本字・本葬・本物(ほんもの)」⑥この。今問題にしているそのもの。自分自身。「本人・本官・本校・本件・本事件・本大臣」▽連体詞的用法「本〇」と「当〇」を比較すると、普通「本」では相手もその〇に含まれ「当」では含まれないが、衆議院議長が参議院議長に対して言う「本院」は衆議院のみを指す。また、「本社」の場合、別の意を有するので部下への訓示に「当社」を使うといったこともある。⑦植物。「本草(ほんぞう)・草本・木本・禾本(かほん)」⑧㋐もととしてみならうもの。てほん。「手本・見本・模本・粉本・標本」㋑〘名・造〙かきもの。書物。書籍。「本を読む」「写本・原本・底本・抄本・謄本・拓本・刊本・板本・伝本・異本・善本・校本・新本・古本(こほん・ふるほん)・絵本・読本・製本・合本(がっぽん)・造本・脚本・台本・定本・単行本・全集本・手沢本・流布本(るふぼん)」㋒芝居の脚本。「本読み」⑨㋐細長いもの、筒状のものを数える語。「筆二本・一本足」㋑柔道・剣道などの勝負を数える語。「一本勝負」

ほん〚奔〛【奔】ホン はしる ①先を急いで勢いよく走る。「奔走・奔流・奔馬・奔命・奔騰・奔放・狂奔」②㋐親・主君のもとを逃げ出す。「出奔」㋑親もとから逃げて夫婦になる。かけおち。野合。「淫奔」

ほん〚翻〛【翻】(人飜) ホン ハン ひるがえる ひるがえす ①㋐風に吹かれてひらひらする。ひるがえる。ひるがえす。「翩翻(へんぽん)」㋑意に反した動きをさせる。「翻弄」②㋐ひっくりかえる。(反対に)向きをかえる。「翻意・翻然」㋑寄せては返す。③同じものを改めて作る。形をかえてうつす。「翻刻・翻訳・翻案」

ぼん〚凡〛【凡】ボン ハン およそ すべて ①なみなみ。普通。ありふれた。すぐれていない。「凡器・凡才・凡骨・凡人・凡夫・凡下(ぼんげ)・凡俗・凡庸・凡流・凡失・平凡・非凡」②おしなべて。ひきくるめて。いろいろ。全体。「凡例(はんれい)・凡百」

ぼん〚梵×〛ボン ①インドまたは仏教に関する物事に冠する語。「梵語・梵字・梵刹(ぼんせつ)・梵鐘・梵妻・梵唄(ぼんばい)」②インドの婆羅門(バラモン)教で、宇宙の最高原理。また、その原理を神格化した創造神。「梵天」▽梵語 brahman の音訳から。

ぼん〚盆〛ボン ①〘名・造〙物を載せるための、浅くて平たい道具。「盆景・盆栽・盆石・盆地」②〘名・造〙「盂蘭盆会(うらぼんえ)」の略。↓うらぼん。また、仏事を離れて、八月十五日前後のころ。「盆と正月がいっしょに来たよう」(非常に忙しいことのたとえ。また、うれしいことが重なることのたとえ)「旧盆・新盆・盆明け・盆暮れ・盆踊り」

ほんあん【翻案】〘名・ス他〙前にだれかがした事柄の大筋をまね、細かい点を造り変えること。特に小説・戯曲などについて言う。

ほんい【本位】①基本とするもの。㋐考え・行動の中心とする基準。「興味―」「自分―の考え」㋑貨幣制度の基礎。「金―」「銀―」㋒九星(きゅうせい)で、各星に配する方位。②以前の地位・位置。「―に復する」

―かへい【―貨幣】一国の貨幣制度の基礎となる貨幣。

ほんい【本意】①本当の、または本来の意図・気持。「それは私の―でない」▽「ほい(も)無い」は↓ほい(本意)。②根本の意義。本義。

ほんい【翻意】〘名・ス自〙いったんした決意を変えること。「―をうながす」

ほんいんぼう【本因坊】碁の優勝者に与えられる称号の一つ。▽江戸幕府碁所(ごどころ)家元の名から。

ぼんうた【盆歌・盆唄】盆踊りのうた。

ほんえい【本営】総大将のいる軍営。本陣。

ほんおく【本屋】敷地内の中心となる建物。ほんや。おもや。「駅の―」▽「ほんや」と読めば別の意もある。

ぼんおどり(:をどり)【盆踊り】盂蘭盆(うらぼん)の夜に、音頭(おんど)・歌に合わせて(多人数が輪になって)おどる踊り。▽本来は、迎える精霊(しょうりょう)を慰めるためのもの。

ほんか【本歌】もととなっている歌。もとうた。㋐模倣・翻案の作に対し、その典拠である和歌。「―どり」㋑狂歌・俳諧に対して、(本式のものとしての)和歌。

ほんか【本科】①その学校の本体をなしているコース。予科・別科・選科などに対して言う。②この科。当科。

ほんかい【本懐】本来の願い。本望(ほんもう)。本意。「男子の―」「―をとげる」

ほんかく【本格】根本の規則・格式(を備えていること)。本式。「―的」「―派」「―小説」

ほんがわ(は:が)【本革】(合成などではない)本物の革。ほんかわ。

ほんかん【本官】①見習や雇員ではない正式の官職。②兼官でなく、その人の主とする官職。③官職についている者の自称。「―の見解では」

ほんかん【本管】水道や都市ガスを送るための、大もとの管。

ほんがん【本願】①本来の願い。本懐。「―成就(じょうじゅ)」②〔仏〕仏・菩薩(ぼさつ)が衆生(しゅじょう)を救うために起こした誓願。

ぼんがん【凡眼】普通の目きき。平凡な眼識。

ポンかん【ポン×柑】みかんの一種。インド原産。実は甘く香気が高い。▽「ポン」はインドの地名Poonaによる。

ほんき【本気】〘名・ダナ〙冗談でない本当の気持。「―で言っているのか」「その話を―にする(＝真(ま)に受ける)」。真剣な気持。「―で仕事をする」「―で(＝手加減せずに。容赦なく)殴る」「―に働く」

ほんぎ【本紀】紀伝体の歴史書で、帝王の事績を記したもの。列伝等に対して言う。

ほんぎ【本義】①文字・語などの本来の意味。↔転義。②根本となる、最も大切な意義。「事の―はその点にある」

ほんぎまり【本決(ま)り・本△極(ま)り】正式に最終的にきまること。

ほんきゅう【本給】手当などの加算をしていない本来の給料。基本となる給料。

ほんきょ【本拠】根本のよりどころ(である場所)。根拠(地)。「―地」

ほんぎょう【本業】その人の主とする職業。↔副業・兼業。「―をおろそかにする」

ほんきょく【本局】①中心である局。↔支局。②この局。碁・将棋などのこの対局。

ほんきん【本金】純金。また、本物の金。

ぼんぐ【凡愚】平凡で、取り立てて利口だとは言えない人・状態。

ほんぐう【本宮】神霊を分けた新社に対し、もとの宮。「熊野―」▽「ほんみや」と読めば別の意。

ほんくじ【本×籤・本×鬮】頼母子講(たのもしこう)で、落札者を決めるくじ。

ほんぐもり【本曇(り)】空がすっかり曇ってしまうこと。

ぼんくら〘名ノ〙物事の見通しがきかないこと。そういう人。▽もと、ばくち用語。さいころを伏せた盆の中が見通せない意から。

ぼんくれ【盆暮(れ)】盆と年末。「―の付け届け」

ほんけ【本家】①正統を伝えている家。㋐血統が嫡流である家。↔分家。㋑流派の宗家や、商家のおおもとの店。「―本元」②荘園(しょうえん)の領主の上にあった、名義上の支配者。

ぼんげ【凡下】①すぐれたところがなく平凡なこと。そういう人。②平民。

ぼんけい【盆景】盆の上、または盆栽に石・砂などを配して、自然の景色にかたどった置物。

ほんけがえり【本×卦帰り・本×卦△還り】生まれた年の干支(えと)と同じ干支の年がまためぐり来ること。数え年で六十一歳になること。還暦。

ほんけん【本件】①この(事)件。②警察がねらいをつけている当の事件。↔別件

ほんけん【本絹】混じり物がない絹(の製品)。純絹。

ほんげん【本源】おおもと。起こり。根源。

ぼんご【×梵語】古代インドの文語であるサンスクリット。

ほんこう【本行】①本店である銀行。②(自分の属する)この銀行。

ほんこう【本校】①分校などに対し、根幹となる学校。②(自分の属する)この学校。

ほんこう【本坑】鉱山で、主要な坑道。

ほんこく【翻刻】〘名・ス他〙書物を原本のままの内容で再び出版すること。

ほんごく【本国】①その人の国籍のある国。②植民地でない本来の領土。③祖先が出た国。

ほんごし【本腰】本式の腰構えで取りかかること。真剣な気構え。本気。「―を入れる」「―をすえる」

ぼんこつ【凡骨】平凡な才能・素質(の者)。

ぽんこつ〔俗〕①かじ屋などが使う、大ぶりの金槌(かなづち)。②老朽した廃品。「―車」▽⑴でつぶしてしまう物の意から。

ボンゴレ ▽イタリア vongole あさりなどの二枚貝を使ったパスタ料理。

ほんさい【本妻】めかけに対し、正式の妻。正室。

ぼんさい【凡才】平凡な才能(の者)。

ぼんさい【盆栽】観賞用に手を加えて育てた、鉢植えの植木。

ぼんさい【×梵妻】僧侶(そうりょ)の妻。だいこく。

ぼんさく【凡作】平凡でつまらない作品。

ぼんさく【凡策】平凡で取るに足りない策。

ぼんさつ【×梵刹】↓ぼんせつ

ほんざん【本山】①一宗一派を統轄する寺院。②比喩的に、物事の元締めの位置を占めるもの。③この寺院。「―の開基は」

ボン サンス 良識。▽フランス bon sens

ほんし【本志】本意。本懐。

ほんし【本旨】本来の趣旨。

ほんし【本紙・本誌】①付録・別冊・号外等に対し、新聞や雑誌の本体になるもの。②この新聞、またはこの雑誌。▽新聞は「紙」を、雑誌は「誌」を使う。

ほんじ【本字】①略字や俗字でない、正式の書き方の漢字。②仮名文字を仮のものとする考え方に立って、漢字のこと。

ほんじ【本寺】↓ほんざん

ほんじ【翻字】〘名・ス他〙ある種類の文字で書かれたものを、別の種類の文字に書きかえること。「ローマ字を平仮名に―する」

ぼんじ【×梵字】梵語(ぼん)を記すための文字。

ほんしき【本式】〘名・ダナ〙①略式でない、本当の形式。正式。「―な名称」「―のオペラ」②(遊びや物まねではなく)本格的。「―の稽古」「―に泣き出す」

ほんじすいじゃく【本地垂×迹】仏・菩薩(ぼさつ)が衆生(しゅじょう)を救うための一つの手段として、仮に日本の神の姿をとって現れるということ。

ほんしつ【本質】そのものとして欠くことができな

い、最も大事な根本の性質。「問題の―をつく」「―的」

ほんじつ【本日】この日。きょう。「―休診」▽多くは「―はお日柄もよく」のように改まった感じで使う。

ほんしゃ【本社】㊀①会社の本店である事業所。↔支社。②(自分の属する)この会社。㊁①おもとをなす神社。㋐その神社の中心となる祭神が祭ってあるやしろ。↔末社⑴・摂社。㋑拝殿などに対し、神体が祭ってある社殿。②この神社。

ぼんしゅ【凡手】平凡な腕前(の人)。

ぼんしゅ【凡主】平凡な主人または主君。

ほんしゅつ【奔出】『名・ス自』勢い激しくほとばしり出ること。

ほんしょう【本性】①本来(生まれついて)持っている性質。「化物の―を現す」②正気(しょうき)。本心。「酒を飲んでも―を失わない」▽「ほんせい」と読めば別の意。

ほんしょう【本省】①外局・出先機関等を除いた中央機関。②この省。

ほんじょう【本城】①中心になっている城。ねじろ。ほんまる。②この城。

ぼんしょう【凡小】何のとりえもない、(多くの)くだらないもの。そういうものであること。

ぼんしょう【×梵鐘】寺院のつりがね。

ほんしょく【本職】①その人が主としている職業。また、それを専門の職業としている人。「―の大工」②その人が主としている職務。↔兼職。▽⑵は今は言わない。③役人の自称。本官。

ほんしん【本心】①うわべだけのものでない、本当の心。「―を明かす」②→ほんしょう(本性)⑵。関連 本音・本意・心意・真意・実意・内意・腹づもり・内心・心底・胸底・胸奥・下心・底意・本性・正体

ほんしん【本震】余震や前震に対して、その原因となった大地震。▽→よしん(余震)

ほんしん【翻身】『名・ス自』身をひるがえすこと。

ほんじん【本陣】①その軍の大将が駐屯している陣所。本営。②江戸時代の宿駅で、大名等の身分の高い人が泊まる、公認の宿舎。

ぼんじん【凡人】特にすぐれた点もない人。普通の人。また、つまらない人。関連 常人・凡骨・凡俗・凡夫・凡才・俗物・俗人・俗輩・平凡・凡庸・凡慮・凡愚・凡手・凡百・有象無象

ポンス ①→ポンず。②ブランデーやラム酒に果汁・砂糖を入れた飲物。ポンチ。▽オランダ pons

ポンず【ポン酢】①すだち・だいだい・ゆずなど柑橘(かんきつ)類をしぼった汁。▽オランダ pons から。②ポン酢⑴と醤油(しょうゆ)とを合わせたもの。鍋物などのたれにする。

ほんすじぢ:す【本筋】それをするのに正当な、中心的なすじみち。「議論が―からそれる」

ほんせい【本姓】①生家の苗字(みょうじ)。②偽りや変名でない、本当の苗字。

ほんせい【本性】本来の性質。そのものとして欠くことのできない性質。▽「ほんしょう」と読めば別の意。

ほんせき【本籍】人の戸籍の所在場所。「―地」(その人の本籍のある市区町村)

ぼんせき【盆石】盆の上に石を配して、自然の風景を模した置物。その配した石。

ぼんせつ【×梵刹】寺院。ぼんさつ。

ほんせん【本船】①(所属の一団の船に対し)もとになる船。もとぶね。②この船。

ほんせん【本線】①幹線である鉄道線路・電信線など。↔支線。「東海道―」②高速道路の走行車線。

ほんせん【本選】予選や予備選挙に対して、最終的な選抜や選挙。

ほんぜん【本然】『名・副』本来がそうであること。そういう姿。ほんねん。「―の性」「武士の―あるべき姿」

ほんぜん【本膳】①日本料理の正式の膳立てで、客の正面に置く主たる膳。一の膳。なます・煮物・汁・香の物などがのる。②「本膳料理」の略。本膳・二の膳・三の膳をそろえた、正式の日本料理。

ほんぜん【翻然】①『トタル』ひるがえる(ひるがえす)さま。「―としてはためく」②『副と』急に心を改めるさま。「―と悔い改める」

ほんそう【奔走】『名・ス自』①かけ回って、物事がうまく運ぶように努力すること。「実現のために―する」②あれこれと世話をやくこと。周旋。▽もと、走る意。

ほんそう【本葬】正式の葬式・埋葬。「―を営む」

ほんぞう【本草】①草本。植物。特に漢方医術で、薬用植物や虫魚・玉石。②「本草学」の略。 **―がく**【―学】薬用に重点をおいて、植物やその他の自然物を研究した、中国古来の学問。

ほんそく【本則】①原則。②法令や規則の本体をなす部分。↔附則。③正規のもの。正則。

ほんぞく【本属】本来所属すること。「―長官」

ぼんぞく【凡俗】①『名ナ』世間並みで俗っぽいこと。②『名』凡人。俗人。

ほんぞん【本尊】①寺院の本堂に安置し、信仰の対象として最も尊重する中心的な仏像など。②物事の中心となる人や物の比喩。▽「(御)―は何も気づかない」のように、当人を指すのにも使う。

ほんたい【本体】①そのものの本当の姿であるもの。㋐正体。本質をになっているもの。また、実体。㋑〔哲学〕その認識が理性によってなされ、現象のもととなり、現象を越えて存するもの。②そのものの最も大事なもの。㋐一つにまとまったものの、周辺部分でなく、中心となる部分。「計算機の―」㋑神社の神体、または寺の本尊。

ほんたい【本態】本当の姿・様子。実態。

ほんたい【本隊】①主力となる部隊。中心となる隊。②この隊。

ほんだい【本題】主となる題目。議論や話題の中心の事柄。主題。「―に入る」

ほ

ほんたく【本宅】ふだん住んでいて、家庭生活の中心になっている家。↕別宅・妾宅(しょうたく)

ほんだち【本裁(ち)】和裁で、並幅(なみはば)一反の布を使って、おとなの衣服を仕立てること。

ほんたて【本立(て)】机の上などに本を立てておくための文房具。

ほんだな【本棚】本を並べて(かさねて)載せるための棚。書棚。

ほんだわら(:だはら) 卵形の袋があり、ときに海面を漂う海藻。新年の飾り物や食用・肥料にする。なのりそ。▽広くは、ほんだわら科の海藻の総称。

ほんたん【奔×湍】早瀬。急流。

ぼんたん →ぶんたん(文旦)。▽「文旦」「文橙」とも書く。

ぼんち【盆地】周りを山にかこまれている平地。「甲府―」

ポンチ ①穴をあける器具。㋐金属板や皮革など薄い材料に穴を打ち抜く器具。パンチ。㋑センターポンチ。工作物に目印として小さなくぼみをつける器具。②→パンチ⑷。「フルーツ―」▽⑴⑵は punch ③「ポンチ絵」の略。 **―え**【―絵】寓意(ぐうい)・風刺を主とした漫画。▽それを載せた昔のイギリスの雑誌名 Punch から。

ポンチョ 布の中央にあけた穴に頭を通して着る中南米の民族衣装。それに似た袖のない衣類。「―型のレインコート」▽(スペイン) poncho

ほんちょう【本庁】①支庁に対し、根幹となる庁。②この庁。

ほんちょう【本朝】その人の仕えている朝廷。特に、日本の朝廷。また、日本。

ほんちょうし【本調子】①本当の調子が出ること。②転じて、物事の運びが本式なこと。③三味線(しゃみせん)で、基本になる調子。▽→にあがり・さんさがり

ぽんつく〔俗〕ぼんくら。うすのろ。

ほんつや【本通夜】通夜が二夜か三夜にわたる時、葬儀の前夜に行う本式の通夜。

ほんて【本手】①勝負事などの、その局面で使うべき本筋の手。②㋐三味線(しゃみせん)などで、基本的な楽曲。本手組。㋑地歌・箏曲(そうきょく)の基本的な旋律。↕替手(かえて)。▽「ほんで」とも言う。

ほんてい【本邸】ふだん住んでいる、屋敷。↕別邸

ほんてん【本店】①支店に対し、営業の本拠である店。②(自分の属する)この店。

ほんでん【本田】①苗代(なわしろ)で育てた苗を本式に植えつける田。②江戸時代、租税の対象として、旧来からある田と認めて検地帳に記した田。↕新田(しんでん)

ほんでん【本殿】神社の社殿のうち、神霊を安置してある社殿。

ぼんてん【×梵天】①〔仏〕帝釈天(たいしゃくてん)と共に仏法を守護する神。宇宙の最高原理を神格化したもの。②延縄(はえなわ)漁業などで漁具のありかを示す標識。

ほんと →ほんとう(本当)

ほんど【本土】①本国。②その国の主な国土。

ぽんと『副』①軽く打つさま。「―肩をたたく」②勢いよく動作するさま。「ランドセルを―投げ出す」「―百万円寄付した」

ポンド ①ヤード ポンド法の重さの単位。記号 lb 一ポンドは約四五三グラム。▽(オランダ) pond (イギリス) pound ②イギリスの通貨の基本単位。▽pound ⑴は「封度」「听」とも、⑵は「磅」とも書く。

ほんとう【本当】まこと。㋐本物であり、偽りや見せかけのでないこと。「―を言うと」「―の力」「―に困った」㋑(見掛けは違っても)まさにその名に価すること。「彼こそ―の哲学者だ」「おれの生涯―の妻と思うのはお前だ」▽「ほんと」とも言う。関連 真実・事実・真正・真性・本物・実物・実際・実地・内実・史実・名実・現実・如実・正真正銘・有り体・有りの儘(まま)

ほんとう【本島】①群島・列島中の主な島。②この島。

ほんとう【奔騰】『名・ス自』(相場が)急に激しい勢いで上がること。

ほんどう【本堂】寺院で、本尊を安置しておく建物。

ほんどう【本道】①本街道。↕間道。②漢方医術で、内科のこと。③正しい道すじ。「―を行く」「政治の―」

ほんどこ【本床】①本式に作った床の間。②本式に作ってある畳の床。

ほんなおし(:なほし)【本直し】みりんに焼酎をまぜた酒。

ほんに【本に】『連語』本当に。まことに。「―よいお天気で」▽古風な言い方。

ほんにん【本人】①ほかならないその人。②自分自身。

ほんね【本音】①本心(から出た言葉)。「―を吐く」▽⑵の転。②本当の音色(ねいろ)。

ボンネット ①女性用の帽子の一種。②自動車のエンジンのおおい。▽bonnet

ほんねん【本年】現在が属する年。今年。「―も何とぞよろしく」▽「ことし」よりは改まった感じの語。

ほんねん【本然】→ほんぜん(本然)

ほんの【本の】『連語』①本当の。「―粗末な品」「まだ―子供だ」②ただその名ばかりの。本当にただその程度に過ぎない。「―おしるしです」▽「―少し」「―時折」のように副詞を修飾することがある。

ほんのう【本能】後天的な経験・学習を経ずに、動物が先天的にもっている一定の行動様式。「―的」

ぼんのう【煩悩】〔仏〕心身にまといつき心をかきみだす、一切の妄念・欲望。「―のとりこになる」「―を脱する」

ぼんのくぼ【盆の×窪】うなじの中央のくぼんだ所。

ほんのり『副「と」・ス自』薄い色などがわずかに現れるさま。「りんごが―(と)色づく」「ゆずが―(と)かおる」▽「ほのか」と同語源。

ほんば【奔馬】①荒れ狂って走る馬。②勢いが激しいことのたとえ。

ほんば【本場】①その産物の主要産地。「―物のはまぐり」。それが本式に行われる場所。「流行の―」②

取引所で、午前の立会(たちあい)。前場(ぜんば)。

ぼんばい【×梵△唄】→しょうみょう(声明)(1)

ほんばこ【本箱】本を納めておくための箱状の家具。

ほんばしょ【本場所】①力士の番付(ばんづけ)の地位を決めるために行う興行。現在は一月の初場所から二か月ごとに年六回ある。②比喩的に、力量をきそう晴れの場所。

ほんばん【本番】①撮影・放送・舞台などで、テストやリハーサルでなく、実際に本式に行うこと。「ぶっつけ―」②物事の最もさかんな時期であること。「夏―」

ぽんびき【ぽん引き】〔俗〕相手がその土地の事情に通じていないことにつけ込んで、うまい事を言ってだまし、利を得る者。いなか者・家出娘などをかどわかす者や、売春の客引き、株式街でしろうとをだます者など。▽ポンと肩をたたいて引き込む意。第二次大戦後は「ぽんびき」とも言う。

ぼんぴゃく【凡百】もろもろ。いろいろ。「―の迷い」

ほんぶ【本部】その機構の中心となる機関。↕支部。「捜査―」「対策―」

ほんぷ【本譜】五線紙に記した本式の楽譜。↕略譜

ぼんぷ【凡夫】①普通の平凡な男。②〔仏〕煩悩にとらわれて迷いから抜け出られない衆生(しゅじょう)。「―のあさましさ」

ポンプ 流体、特に水などの液体を、圧力をかけて低所から高所に上げたり離れた所へ送ったりする装置。「消防―」▽オランダ pomp「喞筒」とも書いた。

ほんぷく【本復】〘名・ス自〙病気が完全になおること。全快。

ほんぶし【本節】カツオを三枚におろし、左右の身を腹と背に切り分けて作ったかつおぶし。↕かめぶし

ほんぶしん【本普請】間に合わせに建てる仮普請に対し、本式の建物(を建てること)。▽普通は、和式の建築について言う。

ほんぶたい【本舞台】①歌舞伎劇場で、花道などに対し、正面の主な舞台。②(芝居の)本番。

ほんぶり【本降り】雨が、しばらくは止みそうもない勢いで降ること。

ほんぶん【本分】その人として本来尽くすべき責務。「学生の―」

ほんぶん【本文】文書・書物の本体となる部分。▽「ほんもん」と読めば別の意もある。

ぼんぶん【×梵文】梵語(ぼんご)で書かれた文。

ボンベ 圧縮あるいは液化した気体などを輸送・貯蔵するための耐圧容器。普通は円筒形で鋼鉄製。「酸素―」▽ドイツ Bombe

ほんぽ【本×圃】苗床で育てた苗を本式に植えつける畑。

ほんぽ【本舗】その特定の品を造って売りさばく総本店。「銘酒の―」

ほんぽう【奔放】〘名・ダナ〙伝統や世間のしきたりを無視し、思うままにふるまうこと。「自由―」派生 -さ

ほんぽう【本俸】手当などを加えない、基本になる俸給。

ほんぽう【本法】①この法律。②この方法。

ほんぽう【本邦】この国。日本。「―初演」

ぼんぼり【〈雪洞〉】断面が六角で上がやや開いた形のわく組みに、紙を張って覆いとした手燭(てしょく)。小型のあんどん。

ぼんぼん ㊀〘名〙坊ちゃん。「しにせの―と言っても通る」▽関西風の言い方。㊁〘副[と]〙①柱時計や打ち上げ花火などの音。「―と二時を告げる」②盛んに行うさま。「―買う」

ボンボン 洋酒やシロップを、砂糖やチョコレートでくるんで固めた一口大の丸い菓子。▽フランス bonbon

ぽんぽん ①〘副[と]〙続けざまにするさま。㋐連続して打ったりたたいたりするさま。「ボールを―打ち返す」㋑次々に言うさま。「遠慮なく―言う」②〘名〙「腹」の幼児語。ぽんぽ。③〘副[と]〙小型船の発動機や拳銃の音。

ポンポン ダリア 小さな花が密集して球状をなすダリアの品種。▽pompon dahlia

ほんま ほんとう。事実。▽関西方言。

ほんまつ【本末】もととすえ。特に、物事の根本とそうでないもの。「―を転倒する」

ほんまる【本丸】①日本の城構えで最も主要な一区画。多くは天守があり、周囲に堀をめぐらす。▽↓にのまる・さんのまる。②比喩的に、攻められては大変な、中枢的部分。

ほんみ【本身】竹光(たけみつ)などでない本物の刀。真剣。

ほんみや【本宮】宵宮(よみや・よいみや)などでなく祭礼の中心である当日。「きょうが―だ」▽「ほんぐう」と読めば別の意。

ほんみょう【本名】芸名・偽名などでない、本当の名。実名。

ほんむ【本務】①二つ以上の任務がある人の、その中で本筋の役目。②本分であるつとめ。「―をおろそかにする」

ほんめい【奔命】忙しく奔走すること。「―に疲れる」▽もと、君命によって奔走する意。

ほんめい【本命】①競馬・競輪などで、優勝の第一候補。②最も可能性が高いと見なされているもの。有力視されているもの。「学長候補の―」「―とされる企業」③最もねらっているもの。ねらうべきもの。「―(にあげる)チョコ」「―の学校」④生まれた年の干支(えと)。ほんみょう。

ほんもう【本望】もとからの望み。本懐。「―をとげる」「これほどの栄誉が得られて―だ(=全く満足だ)」

ほんもと【本元】本当のもと。おおもと。「本家―」

ほんもの【本物】にせ物や見かけばかりの物ではない、本当の物。「―の武士」「あいつの腕前は―だ」

ほんもん【本文】①文書・書物の本体となる部分。ほんぶん。②注釈・講義などの対象である、もとの文。

テキスト。「—校訂」

ほんや【本屋】①書店。②→ほんおく

ほんやく【本厄】厄年の当年。▽前後の年を「前(まえ)厄」「後(あと)厄」と言う。

ほんやく【翻訳】《名・ス他》ある言語で表現された文章の内容を、原文に即して他の言語に移しかえること。「英語を日本語に—する」

ぼんやり《副[と]・ス自》①はっきりしないさま。「—(と)かすんで見える」「—した記憶」②大切な事、その場でなすべき事に、気がつかずにいるさま。「—するな」

ほんゆう【本有】《名・ス他》本来そなえもっていること。

ぼんよう【凡庸】《名ナ》すぐれた点がなく、平凡なこと。また、そういう人。凡人。派生 **-さ**

ほんよみ【本読み】①読書家。「あの人はなかなかの—だ」②脚本の上演前に、作者・演出者が役者を集め、その脚本を読み聞かせること。また、俳優が脚本をせりふのような調子で読み合うこと。③筋書きをつくること。下相談。▽②の転。

ほんらい【本来】《名・副》もともと。初めから。元来。「—無一物(むいちもつ)」(仏教で、人は本来空(くう)だから何一つ執着すべき物はないという意で、一切から自由になった心境を表す)。もともとのありかた・しかた。「—なら参上すべきところ」「—あるべき姿」「—の意味を失う」

ほんりゅう【奔流】激しい勢いの流れ。

ほんりゅう【本流】主流。↔支流。㋐その川の主である川筋。㋑主となっている流派。「保守—」

ぼんりょ【凡慮】凡人の思慮。何のすぐれた所もない考え。「—の及ぶ所ではない」

ほんりょう【本領】本来の持ち前。㋐そのものの特色・本質。「—を発揮する」▽㋑の転。㋑もとからの領地。代々伝えられた領地。「—安堵(あんど)」

ほんるい【本塁】①野球で、捕手の前にある、五角形の板。走者が塁を一周してここに帰ると、一点を得る。ホーム プレート。ホーム ベース。「—打」②本拠とするとりで。

ほんれい【本鈴】予鈴に対し、開始時刻を知らせるベルやチャイム。

ほんれき【本暦】略本暦・略暦に対し、基本となるこよみ。↓りゃくほんれき

ほんろう【翻弄】《名・ス他》思いのままにもてあそぶこと。思い通りに人を動かすこと。「運命に—される」

ほんろん【本論】①議論・論文の主要な部分。「—にはいる」②この論。

ほんわか《副[と]・ス自》〔俗〕あたたかく、なごやかであるさま。「—とのどかな気分」「—(と)した人柄」

ま

ま【真】①《名》本当。まこと。真実。「—に受ける」▽多くは良い評価を込めて接頭語的にも使う。「—心」「—人間」「—綿」②《接頭》《状態を表す(意を含む)語にかぶせて》まさに……である意を表す。「—新しい」「—正面」「—向かい」▽後に来る語によって「まっ」「まん」の形にもなる。「—赤(まっか)」「—逆様(まっさかさま)」「—中(まんなか)」

ま【間】①一続きの物事に生じた、とぎれ。㋐次にする動きや起こる事までの時間。「—を置いて話す」「—もなく始まる」「夕刻にはまだ—がある」「少しの—黙る」(i)その着目状態が続くあいだ。「寝る—も惜しんで働く」「小話で—を持たせる」「知らぬ—に」「雪が見る—に消えた」(ii)音楽・舞での、置くべき休止・拍子。「—を合わせる」「—が抜ける」(転じて、大事なことを落とす、更に転じて、頭の働きが鈍い)(iii)それをするのにちょうど良い折。「—をうかがう」「何て—がいい(=うまい具合な)んでしょう」「—が悪い」(運が悪い。また、きまりが悪い)「—に合う」(↓まにあう)▽(ii)の転。㋑物を隔てる空間。「木(こ)の—の向こう側」。(意図的に特に置く)空間的隔たり。「—を取ってにらみ合う」②部屋。「八畳の—」「客—」「—じきり」「三—しか無い家」▽柱や壁の間で、(1)㋑の転。

ま【麻】【痲】マ あさ お ①㋐草の一種。あさ。お。また、あさぬの。あさいと。「苧麻(ちょま)・麻布・大麻・乱麻・黄麻・白麻」㋑あさの類。「亜麻・胡麻(ごま)・蓖麻(ひま)」②しびれる。「痲」に通じる。「麻痺(まひ)・麻疹(ましん・はしか)・麻薬・麻酔・麻睡」

ま【摩】【摩】マ する こする ①手をすりあわせる。なでさする。する。すれる。こすれる。「摩擦・摩滅・按摩(あんま)」②こすってみがく。「磨」に通じる。③近づく。せまる。「摩天楼」④音訳に用いる。「摩訶(まか)・摩尼・摩耶(まや)」

ま【磨】【磨】マ する とぐ みがく ①石や玉をすりみがく。みがく。とぐ。こする。「研磨・切磋琢磨(せっさたくま)・百戦錬磨」②すりへらす。「磨滅・不磨」

ま【魔】【魔】マ 《名・造》人を迷わすもの。修行をさまたげ、善事を害する悪神。人間わざでない、不思議な力をもち、悪をなすもの。「魔がさす」(ふと悪い心を起こす)「魔の踏切」「悪魔・天魔・邪魔・病魔・睡魔・色魔・魔神・魔力・魔手・魔王・魔道・魔性(ましょう)・魔法・魔術・魔界・魔窟・魔境・魔除(まよけ)」

まあ ①《副》今のところ。十分ではないが、どうやら。ま。「—やりくりはついている」▽「いま」の転。②《副・感》自分または相手の言い分を軽くおさえるの

に使う語。「ー考えておこう」「ーそうおっしゃらずに」「ーな」③〘感〙驚いた時に発する語。「ー、すてき」▽女性が使う。

まあい【間合(い)】適当なあいま。ころあい。「ーをはかる」「ーを詰める」▽時間的にも空間的にも使う。

マーカー ①しるしをつける人。また、そのための道具、筆記用具。②目印。標識。③得点記録係。▽marker

マーガリン 動植物性の油を原料とする、バターに似た食品。人造バター。▽margarine

マーガレット 夏、白い花が咲く多年草。多く枝分かれし、下部は木質になる。▽marguerite きく科。

マーキュロ 水銀化合物を含んだ、紅色の消毒剤。俗称、赤チン。▽Mercurochrome(商標名)から。今は製造禁止。

マーキング〘名・ス自他〙①しるしを付けること。②動物が尿をかけたり、体をこすりつけたりして、なわばりを示すこと。▽marking

マーク ①〘名〙しるし。標章。「トレードー」②〘名・ス他〙記録(すること)。「第三位をーする」③〘名・ス他〙ある人間の行動に継続的に注意すること。「要注意人物としてーする」▽mark **ーシート** コンピュータ処理のために、試験・アンケートの答えを、該当する枠を塗りつぶして示すように作成した用紙。▽mark と sheet とによる和製英語。

マーケット ①市場(いち)。「ーで買物」②市場(しじょう)。販路。「ーを開拓する」▽market

マーケティング〔経済〕商品が大量かつ効率的に売れるように、市場調査・製造・輸送・保管・販売・宣伝などの全過程にわたって行う企業活動の総称。市場活動。販売戦略。「ーリサーチ」(市場調査)▽marketing

まあじ【真×鰺】代表的な青魚の一つとして食用にする海魚。体側に一列に、大きな堅いうろこが並んでいる。あじ。▽あじ科。

マージャン【△麻×雀】中国から伝わった室内遊戯の一つ。四人で、一三六個の牌(パイ)を使って勝負する。▽中国語。

マージン ①差金(さきん)。商売上の利ざや。もうけ。「ーをとる」②証拠金。「ー取引」③文書の余白。「左右のー」▽margin

まあたらしーい【真新しい】〘形〙全く新しい。「ー服」▽有形物について言う。派生 **-さ**

マーチ 行進。行進曲。▽march

マーチング 吹奏楽の演奏をしながら、行進・演技をすること。「ーバンド」「ーコンテスト」▽marching

マーブル 墨流しの方法で大理石のような模様を紙などに染めつける装飾模様。「ー紙」「ー模様」▽marble(＝大理石)

マーボーどうふ【△麻△婆豆腐】炒(い)ためた豚ひき肉を辛味噌(みそ)などで調味し、豆腐・刻みネギと混ぜ合わせた中国料理。

まあまあ ①〘副・ノダ〙十分ではないが一応満足すべき程度である様子。「ーいいだろう」「ーの成績」②〘感〙㋐相手を軽くおさえる表現。まあ。「ー、そうおっしゃらずに」㋑驚いた時に発する語。まあ。「ー、そんなやり方をして」

マーマレード 柑橘(かんきつ)類のジャム。オレンジ・夏みかんなどの果皮を刻み、果肉・果汁とともに砂糖で煮つめた食品。ママレード。▽marmalade

まい〘助動〙《五段活用動詞の終止・連体形、その他の動詞の未然形(カ変・サ変では終止形にも)、動詞型活用の助動詞の未然形、形容詞語尾「かる」に付く》①理の当然としてそうではないはずと判断する態度の表明に使う。▽文語で肯定の「べし」に対する「まじ」の後身。文語残存形の「まじ」「まじく」「まじき」も使うことがある。なお、「まじく」「まじき」を「間敷」と書くのは当て字。

㋐否定して当然という気持を表す。「すまじきものは宮仕え」「この空模様からすれば明日も雨が降るー」▽↓(2)(イ)

㋑……てはならない。「あろう事かあるー事か」「人としてあるまじき行い」。更に、禁止命令に近く使う。……な。「うるさくは言うー(ぞ)」「原爆許すまじ」「御勉学怠るまじく候(そうろう)」▽口語形「まい」を(イ)の意では次第に使わなくなる傾向がある。

㋒『……であるーし』……のはずがないから。「もう子供でもあるまいし、ばかなまねはよせ」「仏様ではあるまいし一膳飯(いちぜんめし)とは情ない」

㋓『……であるーに』……であるはずがないのに。「土蔵の壁でもあるまいに、ずいぶんと白粉(おしろい)を塗りたくったものだ」▽(ウ)(エ)では、「で」と「ある」との間に「も」か「は」かが入るのが普通。

㋔『ーことか』(反語で)……しないはずがない。「あなた様にお目にかかったと話しましたら、父の喜びますまいことか」「身に覚えの無い悪口を言われるものだから、彼のおこるまいことか」

②文語で肯定の「む」に対する否定「じ」の意味が「まい」に吸収されたもの。㋐話し手・書き手の、それをしないという意志を表明する。……ないつもりだ。「君がどういった経験をしてきたかは問うー」「この道を歩もうか歩むーかの岐路に立って」「もう恋はすーと考えたが」▽この用法での主語は第一人称。↓う〘助動〙(1)(ア)

㋑否定的ではあるが否定し切るには不確かな(ところの残る)事として、それを言うのに使う。「いかに名人でも、ひょうたんの中に紙は張れー」「いい加減な口実では先方が納得するー」「味方にすればこれほど心強い味方もいー」▽現在はこれに代わって「ないだろう」「ないでしょう」「なかろう」などの形を使う方が多い。また連体形ではあまり使わない。(1)(ア)との区別は概して微妙で、話し手・書き手の確信度が高ければ(1)(ア)となる。

まい【舞】①歌や音曲に合わせて手足や体を動かす

こと。その動作。踊り。「―ひめ」「獅子(しし)―」▽元来は、跳躍的動作を主とする「踊り」に対し、旋回的動作を主とするものを言う。②神楽(かぐら)・舞楽・幸若(こうわか)・能楽などの舞(1)。③能楽で、謡(うたい)がなく囃子(はやし)だけで行う演技。「序の―」

まい【*毎】【(人)毎】マイ ごと つねに ―①たびたびに。そのたびごとに。「毎毎・毎度・毎回・毎年・毎春・毎月・毎週・毎日・毎時・毎晩・毎号・毎時間・毎土曜日」②《単位名の前に置いて》(学術用語で)その単位量あたり。「三メートル毎秒」(3m/s)「三メートル毎秒毎秒」(加速度の$3m/s^2$ 英語の読み three meter per second per second に相当する)

まい【*妹】マイ いもうと いも ―親が同じで、あとから生まれた女子。いもうと。↔姉。「弟妹・姉妹・実妹・義妹・愚妹・令妹」

まい【昧】マイ くらい ―①夜のあけ方のうすぐらい時。あけぼの。「昧爽」②うすぐらい。くらくてはっきりしない。「曖昧」③道理にくらい。おろか。「草昧・愚昧・蒙昧(もうまい)」

まい【*枚】マイ バイ ひら ―①一つ一つ数える。「枚挙にいとまがない」②㋐紙・板・田地など、平たいものを数える語。「紙一枚」「田一枚」㋑昔、金銀貨幣を数えた語。「銀一枚・大枚」③《名》↓ばい(枚)

まい【埋】マイ うめる うまる うもれる うずめる ―①表面に出ないように土の中へ入れる。うめる。うずめる。うずもれる。「埋没・埋蔵・埋骨・埋葬」②表面に現れない。世に現れない。「埋伏」

まい【米】↓べい【米】

まいあが-る まひ【舞(い)上がる】《五自》舞うように上がる。㋐ひらひら揺れながら上がる。「埃(ほこり)が―」「凧(たこ)が―」㋑〔俗〕うれしさに、落ち着かず気持が高ぶる。「海外旅行に招待されて―」▽一九七五年ごろから「躍り上がる」に替えてはやる。

まいあさ【毎朝】どの朝もどの朝も。朝ごと。まいちょう。

まいおうぎ まひあふぎ【舞扇】舞に使う扇。多くは、大形で模様がはで。

まいお-りる まひ【舞(い)降りる】《上一自》空からゆっくり美しく降りる。「白鳥が―」「天使が―」

マイ カー 自家用の乗用車。「―通勤」▽my と car とによる和製英語。

まいき【毎期】その期間ごと。

まいきょ【枚挙】《名・ス他》一つ一つかぞえあげること。「―にいとまがない」(たくさんありすぎて数えきれない)

マイク「マイクロホン」の略。放送や記録のために、音声を電流に変える装置。▽microphone から。

マイクロ ①基準とする単位名に冠して、百万分の一の意を表す語。記号μ。②《接頭語的に》(非常に)小さいこと。微小な。ミクロ。「―カプセル」「―コンピュータ」(↓マイコン) ▽micro- **―は**【―波】波長一メートル以下の電波。レーダー・テレビなどに用いる。極超短波。▽microwave から。 **―バス** 小型バス。▽microbus **―ファイバー** 超極細の合成繊維。スポーツウエアや、眼鏡拭きなど清掃用のクロスに利用される。▽microfiber **―フィルム** 書籍・文書などを小さな写真フィルムに縮小して写し撮ったもの。映写機(リーダー)を使って、拡大して読む。▽microfilm **―ホン** ↓マイク。マイクロフォン。▽microphone **―メーター** 微小な長さや差をはかるための器具。針金の直径をはかるもの、顕微鏡・望遠鏡の視野に目盛りが見えるようにしたものなど。▽micrometer **―メートル** 長さの単位の一つ。記号μm 一マイクロメートルは、一メートルの百万分の一。千分の一ミリメートル。ミクロン。▽micrometer

まいげつ【毎月】↓まいつき

まいこ まひ【舞子・〈舞妓〉】酒席に舞などで興を添える仕事の、まだ一本立ちでない若い芸妓(げいぎ)。▽京都祇園(ぎおん)のが有名で、だらりの帯姿。東京の半玉(はんぎょく)に当たる。

まいこ【毎戸】家ごと。家々。

まいご まひ【迷子・△迷△児】(子供が)道に迷ったり、連れにはぐれたりすること。その子供(・人)。「―札(ふだ)」「―になる」

まいこつ【埋骨】《名・ス自》火葬にした骨をうめること。

まいこ-む まひ【舞(い)込む】《五自》①舞いながらはいりこむ。「窓から枯葉が―」②予期しない所へ、または予期しないものが、はいりこむ。「とんでもない所へ―んでしまった」「妙なやつが―」「うれしい知らせが―」

マイコン「マイクロコンピュータ」の略。小型、組み込み式のコンピュータ。▽microcomputer から。

まいさい【毎歳】としごと。毎年。

まいじ【毎次】そのたびごと。毎回。

まいじ【毎時】一時間ごと。「―六〇キロ」「当駅発車は―十三分です」

まいしょく【毎食】食事ごと。食事のたび。

まいしん【×邁進】《名・ス自》まっしぐらに突き進むこと。「勇往―」

まいす【△売△僧】仏や仏法を売る僧の意で、僧をののしって言う語。「―坊主」

まいすう【枚数】紙・板など、「枚」でかぞえるものの数。

マイスター (修行を積んだ)職人などの名人。巨匠。また、徒弟制度での親方。▽ドイ Meister

まいせつ【埋設】《名・ス他》地下にうずめて設備すること。「ケーブルを―する」「―物」

まいそう【埋葬】《名・ス他》死者を土の中にうずめほうむること。

まいそう【昧爽】よあけ。あかつき。

まいそう【埋蔵】『名・ス他』①うずめかくすこと。「―物」②《多く受身の形で使い》天然資源などが地中にうずまっていること。「砂漠地帯には多量の石油が―されている」「石炭の―量」

まいたけ まひ【舞×茸】分かれた扁平（へんぺい）なかさが、朽ち木などに重なり合って生える、美味なきのこ。▽形が舞を舞うようだからとも、見つけると思わず舞うほど珍重するからとも言う。

まいちもんじ【真一文字】一の字のようにまっすぐなこと。一直線。「口を―に結ぶ」

まいちょう【毎朝】→まいあさ

まいつき【毎月】どの月もどの月も。月ごと。月々。まいげつ。

まいど【毎度】そのたびごと。また、いつも。「―(の)お引き立て有難うございます」

まいとし【毎年】→まいねん

マイナー ①『名ナノ』小さい存在で、重要でないさま。「―な作品」②『名』音楽で、短音階。短調。▽↔メジャー。minor

まいない まひなひ【△賂】①お礼として物をおくること。その贈物。②自分の利益のため、その筋の人にひそかに物をおくること。その物。わいろ。

マイナス ①『名・ス他』引き算して値を減じること。その記号「－」。▽この記号は②にも使う。②『名』負(ふ)。㋐数値を、0を境として分けた時の、0より小さい方。▽0をマイナス0とプラス0とに分けて考えることもある。㋑陰陽に分けられるものの、陰の方。「―の電極」。ある性質を欠くこと。陰性。「反応は―だった」③『名』比喩的に、損失。赤字。また、不利な点。「急激な円高は、景気に―に働く」「家計にとって―になる」「―イメージ」▽↔プラス。minus

まいにち【毎日】どの日もどの日も。日ごと。日々。

まいねん【毎年】どの年もどの年も。年ごと。年々。まいとし。

マイノリティー 少数派。↔マジョリティー。▽minority

まいばん【毎晩】どの晩もどの晩も。晩ごと。▽夕方にも夜にも言う。

まいひめ まひ【舞姫】舞をまう女。舞子・おどり子・バレリーナなど。▽現代では、雅語的。

まいふく【埋伏】『名・ス自』隠れてひそむこと。「トンネルを抜けると、―していた景色が目を奪った」

マイ ペース 自分にあった速さ・やり方で、ものごとを行うこと。「彼は万事―だ」▽my と pace とによる和製英語。

マイ ホーム 我が家。㋐自分の家庭。「―主義」(自分の家庭の幸福をまず第一とする考え方)㋑自分の持ち家。「―を手に入れた」▽my と home とによる和製英語。

まいぼつ【埋没】『名・ス自』うずまって外に現れない(外から見えない)こと。「土砂くずれで、家が―する」「業績が世に―する」「研究に―(＝没頭)する」

まいまい【毎毎】『副ノ』いつも。毎度。「―目にも見、耳にも聞くところ」「―のお心づけ感謝します」

まいもど-る まひ【舞(い)戻る】『五自』もとのところへ帰ってくる。「古巣へ―」

まいゆう ゆふ【毎夕】夕方ごと。

まいよ【毎夜】夜ごと。

まい-る まゐ【参る】㊀『五自』①到着(帰着)点を尊い所と認めた場合の移動を言う語。㋐「行く」「来る」に当たる語。「宮中に―」「見て―ります」「お車が―りました」「春めいて―りました」▽訪問に限って使う「うかがう」より用法が広い。㋑神・仏・墓をおがみに行く。「鎮守(ちんじゅ)の社(やしろ)に―」▽現在ではほとんど「お―りする」の形でしか言わない。②劣位(と認める状態)に立つ。㋐降参する。負ける。「一本取られて―」㋑《多く「―っている」の形で》ほれてすっかり心を奪われる。「彼女に―っている」㋒肉体や精神が弱る。「あれ以来、体も―ってしまった」「神経が―」㋓ひどく困る。閉口する。「―った、ここは行き止まりだ」㋔(俗)死ぬ。㊁『五他』《終止形だけの用法》女の手紙で、あて名に添えて使う語。差し上げそちらに移す意。「……様―」▽既に古風。

マイル ヤード ポンド法の距離の単位。約一・六キロ。英里。▽mile 「哩」とも書く。

マイルド『名ナノ』(味や香りが)おだやかであること。強烈でないこと。▽mild

マイレージ ①総マイル数。特に、車の走行距離。②「マイレージ サービス」の略。航空会社が客の累積搭乗距離に応じて特典を提供すること。また、その累積搭乗距離。「―カード」「―をためる」▽mileage

まいわし【真×鰯】いわしの一種。体側に青黒色の点がある。→いわし。▽カタクチイワシのことを「まいわし」と言う地方もある。

マインド 心。精神。「リーガル―」(法的な考え方)「消費者―」▽mind ―コントロール『名・ス自他』自分の精神状態を制御すること。また、他人の精神状態を、暗示をかけるなどして支配すること。▽mind と control とによる和製英語。

ま-う まふ【舞う】①『五自』回るように飛ぶ(飛び散る)。「雪が町に―」「風に木の葉が―」「とんびが空を―」▽第二例の「に」は原因、第三例の「を」は移動を言う。「目が―」は目が回る意で、古い用法の名残。②『五他』舞を演じる。「舞を―」「神楽(かぐら)を―」▽(1)(2)ともに「まわる」と同語源。「踊る」との違いは、↓まい(舞)

まうえ うへ【真上】ちょうど上。まっすぐ上。↔真下

まうしろ【真後ろ】ちょうど後ろ。まっすぐ後ろ。↔真ん前

マウス ①ハツカネズミ。特に、実験動物化されたもの。②コンピュータの入力装置の一つ。カーソル移動、メニュー選択などに使う。▽mouse (2)は形がマウス(1)に似るという見立てでの命名。

マウスピース 口・歯などにあてて使うもの。㋐管楽器

などで、口にあてる部分。㋑ボクシングなどのスポーツで、口の中のけがを防ぐため、口に含む用具。㋒歯の矯正などの医療用具。▽mouthpiece

まうら【真裏】ちょうど裏。すぐ裏。

マウンテン バイク 山野や未舗装の道などを走るための自転車。また、その自転車を使った競技。▽mountain bike

マウンド ①野球で、土を盛って高くした、投手が投げる場所。②こだかく土を盛ったもの。塚・土塁など。▽mound

まえ〔まへ〕【前】①視線・顔が向いている方。↕うしろ・しりえ。㋐空間的に、後ろ・横でない方向や場所。「家の—」「駅—広場」「銅像の—に立つ」「—(=陰部)を隠す」▽「目(ま)方(へ)」の意。㋑身分の高い女性の名に添えた語。「玉藻(たまも)の—」▽貴人のおん前の意で貴人を指したことから。②順序が先の方。↕のち・あと。㋐本体より先。「—置き」「—ぶれ」㋑時間的に早い方。「疑う—によく捜せ」。現在に先立つ(ある)時。「三年—の事」「—に聞いた話」▽今は普通「雨が降る—に帰ろう」と言うが、「うち(内)」(一)(1)㋑に通う用法で「雨が降らない—に帰ろう」と、(まだ)……し(てい)ないという情況にある、先立つ時の気持でも言う。「まだ咲かない—のつぼみ」「やらない—から悩むな」。↓まえもって。㋒前科の隠語的表現。「—が三つもある」③《多くは名詞の下に付けて》それ相当のもの。「そんなことは覚悟の—さ」「一人—の男」「三人—の料理」「男—がいい」「腕—」▽第一例は、既に古風。関連 先(せん)・前前・先頃・かねて・以前・最前・事前・従前・寸前・直前

まえあし〔まへ〕【前足・前△肢】四足動物や昆虫などの、体の前方にある一対のあし。↕あとあし

まえいわい〔まへいはひ〕【前祝(い)】《名・ス自》予期する成立・成功・誕生など、めでたい事を前もって祝うこと。その祝い。「完成の—に一杯やろう」

まえうけ〔まへ〕【前受(け)】①《名・ス他》代金を前もって受け取ること。「—で受注する」「—金」②《名・ス自》予定した興行などの(良い)前評判。「—しなかったが熱演した」

まえうしろ〔まへ〕【前後ろ】①前と後ろ。ぜんご。②前と後ろが反対になっていること。うしろまえ。「—に着る」

まえうり〔まへ〕【前売(り)】《名・ス他》入場券・指定乗車券などを、利用する当日より前に売ること。「—券」

まえおき〔まへ〕【前置き】《名・ス自》本論に入る前に述べること。その言葉・文章。

まえかがみ〔まへ〕【前△屈み】前の方に上半身を曲げること。まえこごみ。「—になる」

まえがき〔まへ〕【前書(き)】本論の前に書き添えること。その文章。

まえかけ〔まへ〕【前掛(け)】仕事をするとき着物のよごれを防ぐため、腰から下の前面に掛ける布。まえだれ・エプロンなど。

まえがし〔まへ〕【前貸し】《名・ス他》正常の支払日より前に給料などを貸し与えること。

まえがしら〔まへ〕【前頭】相撲(すもう)番付に名が載っている力士のうち、役力士(=小結以上)でない者。特に、その中で幕内の者。▽「ぜんとう」と読めば別の意。

まえかた〔まへ〕【前方】《副詞的にも使う》その時より前。「—用意しておいた」▽「ぜんぽう」と読めば別の意。

まえがみ〔まへ〕【前髪】①ひたいに垂れ(垂らし)た髪。「—をかき揚げる」②女や元服前の男が髪の毛の前の部分を別に束ねたもの。「癖毛は日本髪の—にも困る」「—立(だ)ちの小姓(こしょう)」▽江戸時代、元服前の男をも指した。「—盛り」

まえがり〔まへ〕【前借り】《名・ス他》受取日より前に給料などを借りること。

まえかんじょう〔まへ〕【前勘定】代金を前もって支払っておくこと。

まえきん〔まへ〕【前金】売買契約として、品物を受け取る以前に代金を支払うこと。前払いすること。その金。ぜんきん。↕後金(あときん)

まえくづけ〔まへく〕【前句付(け)】五七五七七の形式の歌の下(しも)の二句(七七)に対して、あとから上(かみ)の三句(五七五)を付けて一つの歌になるようにすること。例、「斬りたくもあり斬りたくもなし」に対して、「ぬすびとを捕らえて見ればわが子なり」を付ける。

まえげい〔まへ〕【前芸】本番の前に小手調べとして演じるちょっとした芸。

まえげいき〔まへ〕【前景気】ことが始まる前の景気。「—をあおる」

まえこうじょう〔まへ〕【前口上】本題に入る前に述べる言葉。

まえこごみ〔まへ〕【前△屈み】↓まえかがみ

まえさがり〔まへ〕【前下(が)り】物の前の部分が後ろの部分よりも下がっていること。「着物を—に着る」

まえしょり〔まへ〕【前処理】本格的処理の速度や精度を上げるため、または費用を少なくするため、それに掛かる前に行う簡単な準備作業。

まえせつ〔まへ〕【前説】「前説明」の略。本題に先立ってする短い説明。▽もと、無声映画の上映前に弁士が加えた説明。「ぜんせつ」と読めば別の意。

まえだおし〔まへだふし〕【前倒し】《名・ス他》近い将来に実施する予定、または実施の考慮中だった事柄を、情勢の(急速な)動きに応じ、時期を早めて取り上げること。「貿易自由化計画の一部を—で織り込む」▽「繰り上げ」でも済むのに、一九七三年ごろに官庁俗語として現れたのが、広まった語。

まえだて〔まへ〕【前立(て)】かぶとの前部に立てる飾り。半月・鍬形(くわがた)などがある。

まえだれ〔まへ〕【前垂(れ)】↓まえかけ。「—がけの小僧」

まえづけ〔まへ〕【前付(け)】書物の本文の前に付ける、扉・序文・目次など。↕後(あと)付け

まえのめり〔まへ〕【前のめり】《名・ダナ》①倒れそうなほど体が前に傾いた姿勢。「追い風が強くて—になる」

②あせって性急なこと。「ーな発言は慎む」▽俗に、積極的である意でも使う。「ーに取り組むべき」

まえば:まへ【前歯】①口の前の方にある歯。門歯など。↕奥歯。②下駄(げた)の前の歯。

まえばらい:まへばらひ【前払(い)】《名・ス他》代金・使用料・給料などを、先に支払うこと。↕後払(あとばらい)

まえび:まへ【前日】当日の前の日。ぜんじつ。

まえひょうばん:まへ【前評判】事前の評判。「その芝居のーは上々だ」「ーが高い」

まえぶれ:まへ【前触れ】①前もって告げしらせること。予告。「ーもなく始まった」②前兆。「噴火のー」

まえまえ:まへまへ【前前】以前。ずっと前。「ーから」

まえみつ:まへ【前×褌】相撲のまわしで、体の前がわの部分。「ーを取る」

まえむき:まへ【前向き】①正面に向くこと。②ものの考え方が積極的・発展的であること。「ーの人生観」「ーに取り組む」

まえもって:まへ【前△以て】《連語》ある事の起こるのに先だって。あらかじめ。「ー打ち合わせておく」

まえやく:まへ【前厄】厄年(やくどし)の前の年。↕後厄(あとやく)

まえわたし:まへ【前渡し】①《名・ス他》金や物を期日より先に渡すこと。先渡し。②《名》手付金。

まえん【魔縁】〔仏〕悪魔が妨害すること。人を惑乱して悪魔に接近させる因縁。

まおう【麻黄】中国北部・モンゴルの砂地に自生する常緑低木。夏、卵形の花が咲く。雌雄異株。茎を干したのは漢方のせき止め。▽まおう科。

まおう【魔王】①魔物・悪魔の王。②仏教で、正しい教えを害し、知恵やよい性質を失わせる、天魔の王。

まおとこ:をとこ【間男】夫のある女が他の男とひそかに通じること。「ーをする」。その相手の男。密夫。

まかい【魔界】魔物、特に悪魔の世界。▽「魔境」の転義的用法はこちらには無い。

まがい:まがひ【△紛い】よく似せて作ってあること。そういうもの。「宝石のー」「詐欺ーの商法」

まがい【磨崖・摩崖】岩壁の割合平らな(前)面。「ーに刻んだ文字」「ー仏」

まがいもの:まがひ【△紛い物】似せたもの。にせもの。

まが-う:まがふ【△紛う】《五自》入り乱れたり似たりして、まぎらわしい状態にある。「ーかたなく」(まぎれもなく、はっきり)「雪かと散りー桜」▽現代語では主に連体形で使う。また、多く「まごう」と発音する。

まが-える:まがへる【△紛える】《下一他》まがうようにする。間違える。「見ー」

まがお:まがほ【真顔】まじめなかおつき。「ーになる」

まがき【×籬】竹・柴(しば)などをあらく編んで作った垣。ませがき。▽「間垣(まがき)」の意。

まかげ【目×蔭】手をひたいにかざして光線をさえぎること。「ーをさす」

まがごと【△禍事】凶事。災難。わざわい。

まがし【間貸(し)】《名・ス自他》(住んでいる)家の一部の部屋を、代金をとって貸すこと。

マガジン ①雑誌。②写真機などの、フィルムを巻いて収める円筒形の容器。▽magazine

まか-す【任す】《五他》→まかせる

まか-す【負かす】《五他》負けさせる。勝つ。「相手をー」

まかぜ【魔風】悪魔が吹き付けて、人を誘惑する風。「ーに誘われる」

まか-せる【任せる】《下一他》他者の行動や外界の変化のままにする。㋐するように、またはしたいようにさせる。「他人の判断にー」「子供のするにー」㋑自分の(すべき)事を他に頼んでさせる。ゆだねる。「店を番頭にー」「運を天にー」㋒自然の成行きのままにする。「風で物が飛ぶにー」。その働き・動きの進むままにする。「口にーせてほらを吹く」「足にーせて歩く」「思うにーせない」関連 頼む・託する・託(つ)ける・預ける・委ねる・嘱する・委託・依託・委任・委嘱・嘱託・負託・付託・預託・信託・信任・放任・一任

まがたま【△勾玉・△曲玉】日本の古代の装身具の一種。巴(ともえ)の一片に似た形で、穴があり、ひもを通してくびなどに掛けた。

まかない:まかなひ【賄(い)】①食事を調理して出すこと。食事。「ー付きの下宿」②調理を仕事とする人。「ー人」③「まかない料理」の略。

まかないりょうり:まかなひ【賄(い)料理】飲食店で、従業員のために用意する、手のかからない食事。

まかな-う:まかなふ【賄う】《五他》①調えて供給する。「たいがいの物は近所でー」。特に、食事を調えて出す。②とりはからう。経費の面倒をみる。「積立金でー」

まがなすきがな【間がな隙がな】《連語》《副詞的に》ひまさえあれば。いつも。常に。▽少しのひまをねらってでもの意。「がな」は文語で願望を表す助詞。

まがね【真金】鉄。▽雅語的。

まかふしぎ【摩×訶不思議】《名ナノ》はなはだ不思議なこと。▽「摩訶」は梵語(ぼん)で、大きい、すぐれているの意。

まがまがし-い【△禍△禍しい・×枉×枉しい・△曲△曲しい】《形》災いをもたらしそうだ。いまわしい。不吉だ。▽古語的。派生 -さ

まがも【真×鴨】かもの一種。雄は頭からくびにかけてつやのある緑色で、くびに白い輪がある。雌は黄褐色の地に暗褐色の斑がある。本州には秋渡来し、四、五月ごろ北へ帰る。肉は美味。▽「あおくび」とも言う。アヒルの原種。

まがり【間借(り)】《名・ス自他》他人の家の部屋を借りて住むこと。

まがりかど【曲(が)り角】①道の曲がりめ。②比喩的に、転換点。「人生のー」

まがりがね【〈曲尺〉】→かねじゃく(1)

まがりくね-る【曲(が)りくねる】《五自》いくつにも折れまがる。「ーった道」

まかりこ-す【△罷り越す】《五自》まいる。「行く」「来る」の仰々しい言い方。

まかりで-る【△罷り出る】《下一自》①(貴人の前から)

ひきさがる。退出する。②(あつかましく)人の前に出てくる。

まかりとお-る【△罷り通る】《五自》(あたりかまわず)通って行く。あえて通る。「不正が―(=通用する)世の中」

まかりならぬ【△罷り成らぬ】《連語》いけない。許されない。「欠席など―」▽文語動詞「まかり成る」の未然形+打消しの助動詞「ず」の連体形「ぬ」。既に古風。

まがりなり【曲(が)りなり】曲がった形。不完全な形。「―にも」(まともでないにしても、どうにかこうにか)

まかりまちが-う【△罷り間違う】《五自》「まちがう」を強めて言う語。「―と命がない」「―・えば命取りだ」「―・ってもこれだけは言うな」▽条件表現を伴って使う。

まがりめ【曲(が)り目】(真っ直ぐ来た)物がそこで曲がるその所。

まか-る【△罷る】《五自》《連用形に他の動詞を続けて》謙譲や荘重の気持を添える語。「―・り通る」「―・りならぬ」「―・りまちがっても」▽元来は、「参る」とは逆に、尊い(尊ぶべき)所から退く移動を言った。

まか-る【負かる】《五自》ねだんを安くすることが出来る。「これ以上は―・らない」

まが-る【曲(が)る】《五自》まっすぐでない形をする、また、そうなる。㋐その物に沿って目を移す時、向きが、そこで、または全体として、変わる(ようになる)。「道が―」「―・って伸びた松」「高温で鉄棒が―」「腰の―・った老人」「角を―・って三軒目」「四つ角を右に―」㋑傾く。「帽子が―・っているよ」㋒《多くは「た」「ている」を添えて》正しくない。「根性が―・っている」「―・った事は大きらい」。ねじける。[関連]折れる・くねる・うねる・ゆがむ・ひずむ・折れ曲がる・ひん曲がる・曲がりくねる・屈曲・屈折・紆曲(うきょく)・湾曲・曲折・曲がり角・曲がり目・曲がりなり・七曲がり

まがれい【真×鰈】カレイの一種。目のある、体の右側は青みがかった褐色。食用。

マカロニ 細い管状の、短いパスタ。「―ウエスタン」(イタリアで製作した西部劇映画)▽macaroni

マカロン 卵白・砂糖・粉末アーモンドなどを混ぜ合わせた生地を小さな円形に焼き、二枚合わせて間にジャムなどをはさんだ洋菓子。▽フランス macaron

まき 本家・分家の関係にある一族。同族集団。

まき【巻】①書画の巻物。転じて、書籍。②書物や物語の区分。「―の三」「源氏物語、若紫の―」

まき【牧】牛・馬などを放し飼いにする土地。まきば。

まき【△薪】たきぎ。「―を割る」▽多く、燃やしやすいように、適当な大きさに切ったり割ったりしたものを言う。

まき【真木・×槙】暖地に自生する常緑高木。イヌマキ・ラカンマキ・コウヤマキなどの総称。葉は細長く厚い。大きいのは二〇メートルに達するが、庭木・生垣にするのは小さい。材は建築・器具用。▽まき科・こうやまき科。

まきあ-げる【巻(き)上げる・×捲(き)揚げる】《下一他》①まいて上にあげる。「ロープを―」「風がほこりを―」②(おどしたり、うまいことを言ったりして)相手から金品を取りあげる。「金を―」

マキアベリズム →マキャベリズム

まきあみ【巻(き)網・〈旋網〉】船で引き、魚の群れを囲んでとらえる網。

まきえ【×撒(き)餌】鳥・魚をおびき寄せるためにえさをまくこと。そのえさ。

まきえ【×蒔絵】金粉・銀粉などで漆器の表面に絵模様をつける、日本独得の美術工芸。「―を施す」

まきおこ-す【巻(き)起(こ)す】《五他》何かが原因で予想外の事柄をひき起こす。「大混乱を―」「一大旋風を―」

まきがい【巻(き)貝】サザエ・タニシのように、殻がらせん状に巻いている貝。足が大きくて、はうことができる。↕二枚貝

まきかえし【巻(き)返し】①ひろげた布などをまきもどすこと。②押されたのを逆に押しもどすこと。「―に出る」「―政策」

まきがみ【巻紙】①半切紙(はんきりがみ)を継ぎ合わせて巻いた紙。筆で手紙を書くのに使う。②物を巻く紙。「タバコの―」

まきぐも【巻(き)雲】高空にかかる、羽毛状の白い雲。けんうん。

まきげ【巻(き)毛】くるくる巻いている毛。カール。

まきごえ【×蒔(き)肥・×播(き)肥】たねまきの時に施す肥料。

まきこ-む【巻(き)込む・×捲(き)込む】《五他》①まいて中へ入れる。「車輪に―・まれる」②仲間・関係者にひきいれる。まきぞえにする。「おれを事件に―な」

まきざっぽう【△薪ざっぽう】手ごろに切ったり割ったりした、まき。「困つた親仁(おやじ)が、一人でない、―、棒千切(ぼうちぎ)れ(↓ぼうちぎり)で、二人ばかり若いものを連れて」(泉鏡花「歌行燈」二十三)▽「薪雑把(まきざっぽ)」の転。「まきざっぽ」とも。

マキシ 洋装で、くるぶしが隠れるほどの長い丈。「―スカート」「―コート」▽maxi ↕ミニ(2)・ミディ

まきじた【巻(き)舌】ラ行音を、舌の先を巻くようにして強く発音する口調。

マキシマム ①最大限。最大。②〔数学〕極大。▽↕ミニマム。maximum

まきじゃく【巻(き)尺】(巻いて容器に納められるようになった)テープ状の物指し。布・紙・鋼などで作る。

まきずし【巻(き)×鮨】さまざまな具を芯にして、すし飯を海苔(のり)・薄焼卵などで巻いたすし。太巻き・細巻きなど。

まきせん【×捲(き)線・巻(き)線】→コイル

まきぞえ【巻(き)添え】(直接関係のない)他人の事

件と係わり合いができて罪に問われたり、事故に遭遇して損害を受けたりすること。「―を食う」「交通事故の―になる」

まきタバコ【巻(き)〈煙草〉】①刻んだタバコの葉を紙で巻いた物。紙巻タバコ。シガレット。②葉巻(はまき)。

まきちら-す【×撒(き)散らす】『五他』あたり一面にまくように散らす。「花びらを―」「ウイルスを―」

まきつ-く【巻(き)付く】『五自』つる・手など細長い物がからむように他の物を巻いて付く。何重にも巻く。「枝に―・いた藤」

まきつけ【×蒔(き)付け・×播(き)付け】作物の種をまいて植えること。

まきつ-ける【巻(き)付ける】『下一他』細長い物を他の物にしっかり巻く。「テープを電線に―」「手を―・けて引き寄せる」

まきとりし【巻(き)取(り)紙】新聞・雑誌など大部数の印刷に使う、一定の長さ・幅に巻き取った紙。

まきと-る【巻(き)取る】『五他』巻いて他の物に移し取る。「テープを―」

まきなおし【×蒔(き)直し・×播(き)直し】①(一度種をまいたのに芽が出ないので)改めて種をまくこと。②転じて、物事を改めてやり直すこと。「新規―」

まきば【牧場】→ぼくじょう

まきひげ【巻(き)×鬚】きゅうり・ぶどうなどの、物に巻きつく、枝や葉がつる状に変化したもの。

まきもの【巻(き)物】①書画を横に長く表装して軸に巻いたもの。「絵―」②(畳んだのでなく)軸に巻いた反物(たんもの)。

まぎゃく【真逆】『名ナ』〔俗〕正反対。「親とは―な生き方がしたい」▽二十一世紀になって広まる。「まさか」と読めば別の意。

マキャベリズム 君主や国家の利益のためならどんな行為も許される、という政治上の権謀術数主義。十五、六世紀のイタリアの思想家マキャベリの「君主論」に見える。マキアベリズム。▽Machiavellism

まきょう【魔境】魔物が住む世界。㋐身の毛もよだつような秘境。㋑魔窟。

まぎらか-す【紛らかす】『五他』まぎらす。

まぎら-す【紛らす】『五他』①ほかのものといりまじって、わからないようにする。まぎれさせる。かくす。「悲しみを笑いに―」②心をほかのものに移して、気分をごまかす。「退屈を―」

まぎら-せる【紛らせる】『下一他』まぎらす。

まぎらわし-い【紛らわしい】『形』よく似ていて、紛れやすい。「本物と―にせ物」 派生 **-さ** **-げ**

まぎらわ-す【紛らわす】『五他』まぎらす。

まぎ-る【間切る】『五自』①(船が)波を切って進む。②(帆船が)風を斜めにうけて風上へ走る。

まぎれ【紛れ】①『名』まぎれること。「―もない(=まちがいのない、ほんとうの)事実」②『接尾』《心情を表す形容詞語幹・動詞連用形に付き、名詞を作る》……で他にどうしようもない状態。……のあまり。「苦し―」「くやし―」「腹立ち―」

まぎれこ-む【紛れ込む】『五自』混雑や騒ぎに乗じてはいりこむ。他の物に入りまじってわからなくなる。「眼鏡がどこかに―・んでしまった」

まぎ-れる【紛れる】『下一自』①入りまじってわからなくなる。「人ごみに―・れて見えなくなる」「闇に―・れて逃げる」「どさくさに―・れて大儲けする」。似ていてわからない。「―・れやすい」②ほかのことに気をとられて、うさを忘れる。「気が―」「悲しみが―」

まぎわ【間際・真際】①【間際・真際】まさに起ころうとする時。寸前。「出発―」②【真際】すぐそば。「うちのほんの―に川が流れている」

まきわら【巻×藁】わらを束ねたもの。弓の的などに使う。

まきわり【△薪割り】①薪(まき)を割ること。②薪を割るのに使う刃物。

ま-く【巻く・×捲く】①『五他自』軸のまわりに丸くする、または、丸くなる。「うずを―」「うずが―」「とぐろを―」(→とぐろ)「舌を―」(驚嘆する)「しっぽを―」(負ける意にも)「つむじ風が―」「―・いた毛」㋑『五他』回らせるような動作で物を丸める。「すだれを―」「フィルムを―・き取る」「証文を―」(返済を受けるなどして貸借関係を消す)。機器の特定部分に回転するような操作を加える。「ねじを―」(→ねじ)「時計(のぜんまい)を―」「碇(いかり)を―・き上げる」「管を―」(→くだ)㋒『五他』連歌・俳諧の付合(つけあい)をする。「歌仙を―」②『五他』輪を描くように囲む。㋐細長い平らな物で他の物のまわりを囲む。「頭に包帯を―」㋑まわりを取り囲む。「城を―」

ま-く【×蒔く・×撒く・×播く】『五他』①振り散らす。㋐芽を出させる目的で、種を地面に振り散らす。種を植える。【蒔・播】「―・かぬ種は生えぬ」㋑(広い範囲に)ばらばらっと振り散らす。【撒】「水を―」「豆を―」「飛行機から農薬を―」「びらを―」②蒔絵(まきえ)をする。【蒔】③同行者や尾行人をくらまして置き去りにする。【撒】「追手を―」

まく【*幕】マク バク ①㋐『名・造』しきり・おおい・装飾にする広く長い布。とばり。たれぎぬ。「幕を張る」(幕の内力士の地位を保つ意にも)「幕に入る」(幕の内力士に昇進する)「紅白の幕」「幔幕(まんまく)・天幕・帷幕(いばく)・幕内(まくうち)・弾幕・入幕・除幕式」㋑『名・造』芝居の演技が行われていない間、舞台の前にたらす布。「幕があく」「幕をおろす」「幕を引く」(引き幕を閉じる、転じて、人目に立つ物事を終わりにする)「幕にする」(終わりにする)「開幕・揚幕(あげまく)・暗幕」㋒芝居の一段落。幕があいてから、おりるまで。「二幕目・一幕物」㋓『名・造』場面。場合。「お前の出る幕じゃない」▽㋒の転。②「バク」と読む。㋐将軍が謀(はかりごと)をめぐらすところ。軍政を行うところ。「幕営・幕府・幕下・幕僚」㋑「幕府」特に「江戸幕府」の略。「幕政・幕臣・幕吏・幕使・幕命・幕議

・幕末・佐幕・討幕・倒幕・旧幕」

まく【膜】 マク ①《名・造》生物の体内の器官をつつんだり、へだてたりする薄い組織。「膜壁・鼓膜・網膜・角膜・脳膜・肋膜(ろくまく)・腹膜・隔膜・粘膜・皮膜・結膜」②《名・造》物の表面をおおううすかわ。「膜ができる」「膜質・膜片・膜翅目(まくしもく)・被膜・薄膜」

マグ 円筒形で持つ手のある、ジョッキ型のカップ。▽mug **ーカップ** マグ。▽mug と cup とによる和製英語。

まくあい【幕△間】 芝居の演技が一段落して幕をおろしているあいだ。芝居の休憩時間。▽軽演劇や映画などで俗に「まくま」とも言う。

まくあき【幕開き】 ①芝居で、幕があいて演技が始まること。②転じて、物事が始まること。その時。「近代の―」▽「幕開け」は本来の言い方でない。

まくうち【幕内】 ①観客にすれば芝居の幕の内側である、楽屋。また、そこにいる役者などの人々。まくのうち。「芝居の―の話にも通じた人」②→まくのうち⑴

まくぎれ【幕切れ】 ①芝居の一段落がおわること。②転じて一般に、物事のおわり。▽以前は「まくぎり」。

まぐさ【×秣】 馬や牛などの飼料にするほし草・わら。かいば。▽馬草の意。

まぐさば【×秣場】 まぐさを刈りとる所。また、一定地域の住民が共同使用する山野。

まくしあ-げる【×捲し上げる】《下一他》まくって上の方へ引きあげる。「袖を―」

まくした【幕下】 相撲(すもう)取りの位の一つ。番付の二段目に名が書かれる力士のうち、十両を除いた者。▽番付の最上段に幕の内力士の名を書き、その下の段にこれらを書くから。十両より下の力士の総称としても使った。「ばっか」と読めば別の意。

まくした-てる【×捲し立てる】《下一他》威勢よく続けざまにしゃべる。「早口で―」

まくしつ【膜質】 膜のような性質(をもつもの)。

まぐそ【馬×糞】 うまのくそ。ばふん。

まぐち【間口】 ①土地・家屋などの正面のはば。表口。↔奥行。②比喩的に、知識や事業の領域の広さ。「―が広い人」

まくつ【魔窟】 ①悪魔や魔法使いの住みか。②比喩的に、(人間社会の)よからぬものの集まっている所。

マグニチュード 地震全体の規模をあらわす尺度。記号M。▽magnitude →しんど(震度)

マクニン マクリ⑵の商標名の一つ。▽Macnin 現在は販売されていない。

マグネシア 酸化マグネシウムの慣用名。工業用・下剤用。苦土。▽magnesia

マグネシウム 金属元素の一つ。元素記号 Mg 銀白色の軽金属。電解法によって海水からとる。酸にとけやすい。熱すると燃えて強い白色の光を発するので、写真のフラッシュとする。ジュラルミンの成分として重要。▽magnesium

マグネット 磁石。▽magnet

まくのうち【幕の内】 ①相撲(すもう)取りの位の一つ。番付の最上段に名が書かれる力士。▽昔、将軍の上覧相撲の時、幔幕(まんまく)の内に座を与えられたことから。「まくうち」とも言うが、それは割合に新しい言い方。②→まくうち⑴。③箱に、飯(本来は俵形の握り飯)とおかずを詰め合わせたもの。「幕の内弁当」の略。▽芝居の幕間(まくあい)に食べたことから。

マグノリア モクレン・コブシ・タイサンボクなど、もくれん科もくれん属の木の総称。▽この属が木の花の最古のものという。magnolia

まくひき【幕引き】 ①芝居で幕を引くこと。引く人。②転じて、事を終わりにすること。終わること。「事件の―」

まくま【幕間】 →まくあい

マグマ 地下で高温で溶融している造岩物質。冷却して固まると火成岩になる。岩漿(がんしょう)。▽magma

まくみ【幕見】 芝居を一幕分の(安い)料金で、(立ち見の席で)一幕だけ見ること。

まくや【幕屋】 幕を張って、部屋や小屋のようにした所。▽もと猿楽で、役者の控え所。

まくら【枕】 ①寝る時、頭の支えに使う物。「―をする」「―を高くして寝る」(安心して寝る)「北を―にする」(→きたまくら)「―を並べて討ち死にする」「―を交わす」(肉体関係を結ぶ)「―も上がらぬ」(重病などで、頭を枕から上げることもできない)②下に敷いて支えにすること。その物。「―木」③前置きにする、ちょっとした話。「落語の―に使う」▽→まくらする

まくらえ【枕絵】 →しゅんが

まくらがみ【枕上】 まくらもと。「―に立つ」

まくらぎ【枕木】 線路の下に間隔をおいて敷き並べて線路を支える角材またはコンクリート製の棒。

まくらぎょう【枕経】 納棺の前に、死者のまくらもとであげるお経。

まくらことば【枕△詞】(主に和歌で)習慣的に一定の言葉の前におく、多く五音節の一定の修飾語。例、「ひさかたの」が「光」「そら」にかかり、「そらみつ」が「やまと」にかかるなど。

まくらさがし【枕探し】 寝ている旅客やまくらもとから金品を盗むこと。その盗人。

まくら-する【枕する】《サ変自》《「……に―」の形で》……を枕にする。「手ごろな辞書に―・して昼寝をする」

まくらびょうぶ【枕×屏風】 寝床のまくらもとに立てる、低く小さいびょうぶ。

まくらべ【枕辺】 →まくらもと

まくらもと【枕元・枕△許】 寝ている人のまくらのそば。まくらべ。

まくり【〈海人草〉〈海仁草〉】 ①暖地の海底の岩に生じる海藻。不規則に何度も枝分かれし、扇状に開く。古くから回虫駆除薬の原料。かいにんそう。▽紅藻類

まくり属。②マクリ(1)から作った寄生虫駆除薬。

まく-る【×捲る】《五他》①覆いとなっているものを、一方に片寄せてあげる。「そでをー」「すそをー」②覆われているものを現し出す。「うでをー」「尻をー」(けんか腰で居直る意にも) ③《動詞の連用形に付いて》激しく……する。……しつづける。「押しー」「逃げー」「書きー」

まぐれ 偶然(による好結果)。「あのホーム ランはーだ」「ーで入賞する」

まぐれあたり【まぐれ当(た)り】偶然に当たること。偶然に目的が達せられること。

まぐれざいわい【まぐれ幸い】偶然のさいわい。こぼれざいわい。僥倖(ぎょう)(こう)。

まく-れる【×捲れる】《下一自》まくった状態になる。自然にまくられる。「風ですそがー」

マクロ《名ノ》巨大。巨視的。巨視的にみたもの。↕ミクロ・マイクロ。「ー経済学」▽macro 英語では接頭語。 **ーコスモス** ↓だいうちゅう。↕ミクロコスモス。▽ドイツ Makrokosmos

まぐろ【×鮪】大形の遠洋性回遊魚。形はカツオに似て、体長一～三メートル。背は黒灰色、腹は白色。クロマグロまたはホンマグロとも言い、さしみ用など。幼魚を「めじ」と言う。▽さば科。広くは同科まぐろ属の魚の総称。

まぐわ【馬×鍬】牛馬にひかせて田畑をかきならすくわ。T字形に組んだ横木に熊手のような歯がある。うまくわ。まんが。「ーで耕す」

まくわうり【真桑×瓜】メロンの一変種。夏、黄色の、キュウリに似た花が咲く。果実は長楕円(だえん)状の円柱形で、黄緑色に濃緑色または金色・銀色のしまがある。かおりがよく、甘い。

まけ【負(け)】①まけること。敗北。↕勝ち。「ーがこむ」(何度もまける) ▽「敗」とも書く。②『おー』↓おまけ

まげ【×髷】髪をたばねて結んだもの。わげ。「ーを結う」「丸ー」「ちょんー」

まけいくさ【負(け)戦・負(け)△軍】戦いに負けること。負けた戦い。↕勝ち戦

まけいぬ【負け犬】①けんかに負けて、しっぽを巻いて逃げる犬。②勝負に負けて引き下がる人のみじめな様子のたとえ。

まけおしみ【負け惜しみ】自分が負けたことや失敗したことを認めたがらず、理屈をつけて、負けていないと言い張ること。「ーが強い」「ーを言う」

まげきざいく【曲(げ)木細工】いすやステッキなどの製造で、材料の木を曲げてする細工。

まけぎらい【負け嫌い】《名ノ》↓まけずぎらい

まけぐみ【負け組】①社会での競争に後れを取って負け、気勢が上がらない側(の人や会社)。▽(1)は本来の(2)の、言葉だけを流用し、バブル景気が終わった後に広まった語。②第二次大戦後しばらく、ブラジルの日系人の間で、日本が負けたと認める側(の人々)。▽↕勝ち組

まけこ-す【負け越す】《五自》負けた回数が勝った回数をうわまわる。↕勝ち越す

まけじだましい【負けじ魂】ほかの人に負けまいとして、がんばる精神。

まけずおとらず【負けず劣らず】《連語》《副詞的に》どちらが劣るということなく。互角(に)。「両者がー妙技を披露する」

まけずぎらい【負けず嫌い】《名ナ》勝ち気で、まけることを特にいやがる性質・態度。まけぎらい。

まげて【×枉げて】《副》無理(に)でも、それをしいて。「ーお許し下さい」▽文語動詞「まぐ」の連用形＋助詞「て」から。

まけばら【負(け)腹】負けて腹を立てること。

まげもの【曲げ物】①↓わげもの。②しちぐさ。

まげもの【×髷物】映画などで、ちょんまげをしていた時代の事を主題にしたもの。時代物。

ま-ける【負ける】㊀《下一自》①戦った結果、力量が下になる。相手より劣っていて、対抗できなくなる。敗れる。「戦いにー」「敵にー」▽「敗ける」とも書く。②心に働く(欲望・誘惑などの)強い力に抵抗できずに従う。「誘惑にー」▽(1)(2)は↕勝つ。③かぶれる。「うるしにー」「かみそりにー」④大目に見る。「本当はいけないのだが、子どもだからーけてやる」㊁《下一他》売り手が、お客の方の利益になるようにする。「いわしを一匹ーけておこう」㋐ねだんを引く。「二十円ー」㋑おまけをつける。関連 敗れる・やられる・参る・潰(つい)える・土が付く・敗北・敗戦・戦敗・敗退・敗色・敗走・敗残・敗軍・敗訴・全敗・連敗・一敗・完敗・大敗・惨敗・惜敗・劣敗・力負け・怪我(けが)負け・根負け・負け越し・負け戦・黒星・一敗地にまみれる

ま-げる【曲げる・×枉げる】《下一他》曲がった状態にする。㋐力を加えて、まっすぐなものを曲がった形に変える。「鉄の棒をー」「口をーげてあざ笑う」㋑斜めにする。傾ける。「帽子をーげてかぶる」㋒道理・主義などをゆがめる。【曲・枉】「法をーげた裁き」「事実をーげて言う」「筆をー」(曲筆する)「志をー」㋓品物を盗む、または質(しち)に入れる。▽↓まげて

まけんき【負けん気】負けまいとする気性。「ーが強い」

まご【孫】①子の子。「ーは子よりかわいい」②間を一つ隔てていること。「ー弟子(でし)」「ーびき」

まご【馬子】馬をひく職業の人。うまかた。「ー唄(うた)」「ーにも衣装」(だれでも外面を飾ればりっぱに見える、ということ)

まごい【真×鯉】体色の黒い、普通のコイ。

まご-う【△紛う】《五自》↓まがう。「ーかたなき事実」

まごうけ【孫請(け)】下請けの、さらに下請け。

まごこ【孫子】①孫と子。②子孫。「ーの代まで」▽「そんし」と読めば中国の兵法書の名。

まごころ【真心】 偽りや飾りのない心。真剣につくす心。「—をこめる」 関連 良心・誠・実(じつ)・誠意・誠心・至誠・赤誠・丹誠・忠誠・熱誠・赤心・丹心・真情

まごたろうむし【孫太郎虫】 ①川底にすむ、形がムカデに似た、体長数センチの赤茶色の昆虫。ヘビトンボの幼虫で、干したものは昔から疳(かん)の薬とする。▽へびとんぼ科。②ゲンゴロウの幼虫。→げんごろう(1)

まごつ-く 《五自》どこへ行けばよいか、どうすればよいか、わからず迷う。まごまごする。

まごでし【孫弟子】 弟子の弟子。

まこと【誠・△実・△真】 ①うそ・偽りでないこと。本当。㋐事実の通りであること。「—の話」「嘘(うそ)か—か」㋑《多くは「—に」の形で》本当に。まさに。転じて、非常に。「—にりっぱだ」▽「真(ま)事(こと)」の意。②偽り飾らない情。まごころ。誠意。「—をつくす」▽→ほんとう(本当)(イ)

まことしやか【△実しやか】 《ダナ》事実や内心を繕って本当めかすさま。「—なうそ」「—に泣いて見せる」▽名詞「まこと」を「し」で形容詞語幹化し、状態を言う接尾語「やか」を付けた語。「おとなしやか」の造語法も類例。派生 -さ

まことに【誠に・△真に・△実に】 《副》→まこと(1)(イ)

まごのて【孫の手】 棒の先に指を曲げた手の形のものを付けた、または竹などでそのような形に作った物。背中をかく道具。▽「麻姑(まこ)の手」から。「麻姑」は中国伝説の仙女(せんにょ)。爪が長く、それで、かゆい所をかいてもらうと愉快この上もなかったという。

まごびき【孫引き】 《名・ス他》他の本から引用してあるものを、原典にさかのぼって調べることなく、そのまま更に引用すること。

まごまご 《副「と」・ス自》①うろたえて、適切な行動が取れないでいるさま。「何処(どこ)へ坐つたらいいのか—した」(堀辰雄「恢復期」) ②無駄に時間を過ごしているさま。「しばらくかうして、—してゐるんだね」(太宰治「故郷」)

まごむすめ【孫娘】 孫である娘。

まこも【真×菰】 水辺に生える多年草。高さ一〜二メートル。大形でまばらな花穂が出る。葉は、むしろを編むのに用いる。▽いね科。

まさ【×柾】 →まさめ

マザー ①母。母親。「シングル—」(死別・離婚・未婚などにより一人で子供を育てている母親) ②カトリックで、女子修道院長。▽mother **—コンプレックス** →マザコン。 **—ボード** コンピュータで、CPUなどを搭載する基板。▽motherboard

まさか 《副「に」・ノ》①《普通はあとに(推量的)打消しを伴って》そんなことはあり得ない、またはとてもできない(だろう)という気持を表す語。よもや。いくら何でも。「—君ではないだろうね」「—恩知らずとも言えないし……」。《名詞的に》(予期しない)緊急。万一。「—の時」「—に備えて」。《単独で》意外な事を告げられた時の返事。▽(2)の転。「反対党幹部に—の接近」などのを「真逆」とも書く。「まぎゃく」と読めば別の意。②(ありそうもないことが)本当に。「—にそうだとも知らず」

まさかり【×鉞】 大形のおの。

まさき【正木・×柾】 生垣などにする常緑低木。楕円(だえん)形の葉は厚く、表面につやがある。初夏、薄緑色の小花が咲く。木の皮は漢方薬用。▽にしきぎ科。

まさぐ-る 《五他》手の先でいじくる。手先でさがす。「小銭がないかとポケットを—」「数珠(じゅず)を—」▽雅語的。

まさご【真△砂】 こまかい砂。「浜の—」

マザコン 「マザー コンプレックス」の略。母親や母親似の女性を慕う傾向。↔ファザコン。↓エディプスコンプレックス。▽mother と complex とによる和製英語から。

まさし-い【正しい】 《形》まさにそれだ。正当・本当の名に価する。「彼こそ—後継者だ」▽今日多くは「—く」の形で使う。「ただしい」と読めば別の意。

まさしく【正しく】 《副》間違いなく。確かに。「声の主は—彼だ」▽文語形容詞「まさし」の連用形から。

まさつ【摩擦】 ①《名・ス自他》すれあうこと。こすりあわせること。「—で火花がでる」「乾布—」。運動する物体が他の物体にふれることによって受ける抵抗。「—によって速度がにぶる」「—熱」②《名》人々の間で意見や願望が対立・衝突して起こる、不和・紛争。「父親との—」「両国間には—が絶えない」「貿易—」

まさに【正に】 《副》①本当に。「—その通り」。間違いなく。確かに。「—名人だ」。ちょうど。「芳紀—十八歳」②当然。「—すべきことをした」▽「当に」とも書く。③今にも。「—発車しようとしていた」▽「将に」「方に」とも書く。

まざまざ 《副「と」》はっきりと生々しく思い浮かべたり見えたりするさま。ありあり。「記憶が—とよみがえる」「当時の景色が—と目に浮かぶ」

まさめ【×柾目・正目】 まっすぐに通った木目(もくめ)。↔板目

まさゆめ【正夢】 夢で見たのと同じような事が起こった時のその夢。↔逆夢(さかゆめ)

まさ-る ①【勝る・△優る】《五自》他と比べて程度や質が上だ。他よりすぐれる。↔劣る。「実力は彼の方が—っている」「悪知恵にかけては人より—」「聞きしに—寒さ」「他の武将たちに—とも劣らぬ戦功」▽(2)の転。他にも増した状態である意。↓すぐれる。②【増さる】《五自》(次第に)多くなる。「川の水かさが—」▽自然に増す意。

まざ-る【交ざる・混ざる・△雑ざる】 《五自》まじった状態になる。「塩と砂糖が—・ったら見分けがつかない」

まし【増し】 ①《名》《割合を示す語の下に付けて》増すこと。「二割—にする」②《ダナ》どちらかといえば、まさっているさま。「こんなものなら、ない方が—だ」「もう少し—なことをしろ」

まし【麻紙】 麻(あさ)の皮の繊維を原料として製した紙。

まじ 『助動』助動詞「まい」の文語。→まい『助動』・まじき。「原爆許すー」

まじ 〔俗〕①『ダナ』まじめ。「ーな話」「転職をーに考える」。本気。本当。「その話ーだな」▽芸能界で使っていたのが一九八〇年代に広まる。②『副』本気で。「お前、ー行く気かよ」。とても。「ーいいね」▽相づちにも使う。

まじ-える【交える】(まじへる)『下一他』交わる状態にする。㋐中にいっしょに入れる。「父兄をーえて話し合う」「身ぶりをーえて話す」「私情をー」㋑交差した状態にする。「枝をー」「ひざをーえて語る」(↓ひざ)。交差するような仕方で行う。「砲火をー」「一戦をー」「敵軍と干戈(かんか)をー」「言葉をー」「体をー」(性交する)

ましかく【真四角】『名ナ』正方形。「ーに切る」

まじき 『助動』文語「まじ」の連体形(が今も使われるもの)。→まい『助動』。「民主主義のもとではあるーふるまい」「すーものは宮仕え」(しない方がよいものは主人持ちの生活だ)

まじきり【間仕切(り)】 部屋の間のしきり。

ました【真下】 ちょうど下。まっすぐ下。↔真上

マジック ①魔術。魔法。また、奇術。手品。▽magic ②速乾性のインキを仕込んだ、ペン型の筆記具の俗な総称。▽和製英語の商標名 Magic Ink から。 **ーハンド** 人間の手の代わりをする器械。マニピュレーター。▽magic と hand とによる和製英語。 **ーミラー** 明るい側から見れば鏡だが、暗い側からは明るい側が透けて見えるガラス。板ガラスに金属膜を貼ってガラスを重ねたもの。▽magic と mirror とによる和製英語。

まして【△況して】『副』なおさら。「ー困るのは」。特に、著しい方の例をあげ、その場合でも……だから他の場合には言うまでもなく……だという意を表すのに使う。「男の力でも動かないのに、ー女が動かせるか」▽動詞「増す」の連用形+助詞「て」で、他のものより一段との意で使ったものの転。

まじない【△呪い】(まじなひ) 神仏その他神秘的なものの威力を借りて、災いを取り除いたり起こしたりしようとする術。

まじな-う【△呪う】(まじなふ)『五他』まじないをする。

まじまじ 『副[と]』①視線をそらさず、真向(まっこう)から見つめるさま。「ー(と)人の顔を見る」②目を大きく見開いているさま。「深夜、ーと目覚める」

まじめ【〈真面目〉】『ダナ』①本気であるさま。うそや冗談でないさま。「ーな顔をする」「ーに話す」②まごころをこめるさま。誠実なさま。「ーに働く」「ーな人」 派生 **-さ** 関連 着実・真率・誠実・実直・謹直・謹厳・堅実・地道・殊勝・神妙・尋常・善良・質実・質朴・素朴・篤実・篤厚・謹厚・正直・真正直・律儀・生真面目・糞真面目(くそまじめ)

まじめくさ-る【〈真面目〉くさる】『五自』まじめなふりをする。本気だという様子を見せる。「ーった顔」「ーって言う」

ましゃく【間尺】 ①建築での寸法。②転じて、計算。割。「ーにあわない」(損になる)

ましゅ【魔手】 悪魔の手。人を惑わしたり破滅におとしいれたりするもの。「ーにかかる」

まじゅつ【魔術】 ①人の心を惑わす不思議な術。②大がかりな手品。「ー師」

マシュマロ ゼラチン・卵白・砂糖・香料などをまぜて作る、ふわふわして弾力のある洋菓子。マシマロ。▽もと、湿地植物マーシュマロウの根の粘液で作った。marshmallow

まじょ【魔女】 魔法使いの女。 **ーがり【ー狩(り)】**『名・ス自』①主に十五〜十八世紀ヨーロッパで、教会や民衆などが組織的・狂信的に異端者を魔女として摘発・処刑などして迫害したこと。②比喩的に、権力者や集団が個人を異端と断じて攻撃すること。

ましょう(ませう)『連語』《動詞の連用形に付く》話し手(書き手)の意志・勧誘・推量を表す。「私が致しー」「さあ行きー」「あすは晴れー」▽助動詞「ます」の未然形+助動詞「う」。推量を表す時には、「でしょう」を使うことが多い。「あすは晴れるでしょう」

ましょう【魔性】 魔物が持っているような、人を惑わす性質。「ーの女」

ましょう【魔障】 仏道の修行を妨げる悪魔の障害。

ましょうじき【真正直】『名・ダナ』混じりけがないほどの正直(な態度や様子)。まっ正直。 派生 **-さ -げ**

ましょうめん【真正面】 まさに正面(であること)。「ーから攻め立てる」「演壇のーに席を取る」「香原岳(かわらだけ)から見下せば、伊田の竪坑(たてこう)がー」(炭坑節)▽「まっしょうめん」とも言う。

マジョリカ 釉薬(うわぐすり)で華やかな模様を描く、イタリアの代表的陶器。▽majolica

マジョリティー 多数派。↔マイノリティー。▽majority

ましら【△猿】 さる。「ーのごとく木に登る」▽雅語的。

まじりけ【交じり気・混じり気】 他の物がまじっていること。「ーがない」(純粋だ)▽後に打消しを伴うことが多い。

まじりもの【交じり物・混じり物】 いっしょに混入している物。

まじ-る【交じる・混じる・△雑じる】『五自』他の(種類の)ものがいっしょにはいる。「髪に白いもの(=しらが)がーってきた」「男の中に女が一人ー」「イギリス人の血がーっている」「良いものと悪いものとがーっている」

まじろ-ぐ 『五自』まばたきをする。まばたく。

まじわり【交わり】(まじはり) 交わること。㋐交際。「長いー」「君子のー」「ーを結ぶ」「ーを絶つ」㋑性交。「夫婦のー」 関連 付き合い・行き来・交歓・交誼(こうぎ)・交際・交情・交友・交遊・旧交・社交・情交・親交・深交・国交・外交・修好・絶交・断交・和解・和合・和睦・協和・講和・

ま

親和・融和・宥和(ゆうわ)・不和・親善・親睦・懇親・厚誼・交誼・好誼・高誼・情誼・友誼・友好・折り合い・仲直り・仲たがい・物別れ・離反・反目・確執・妥協・合従連衡(がっしょうれんこう)・付き合う・馴(な)れ合う・打ち解ける

まじわ-る(まじはる)【交わる】『五自』互いに他方に入り込んだ位置関係となる。㋐別の方向から来た複数のものが、ある箇所で重なる。交差する。「三直線が一点に―」㋑交際する。つきあう。「若い人たちと―」「朱に―・れば赤くなる」(悪友とつきあうと悪くなる)㋒性交する。▽「まじえる」の自動詞。

ましん【麻×疹】はしか。

マシン ①機械。「ピッチングー」「ーガン」(機関銃) ②レース用の自動車・オートバイ。▽「マシーン」とも言う。machine

まじん【魔神】災いを起こす神。▽「ましん」とも言う。

ま-す【増す】①『五自』数・量・程度が大になる。↕減る。㋐ふえる。「人数が―」「水が―」㋑量的または質的に伸び加わる。程度が上がる。「実力が―」。一段と甚だしくなる。「それにも―・して迷惑なのは」②『五他』数・量・程度を大にする。↕減らす。㋐ふやす。「人手を―」㋑量的または質的に添え加える。程度を上げる。「威厳を―」「速さを―」▽(1)(2)それぞれの㋑は、程度についても言える点で、「ふえる」「ふやす」と異なる。

ます『助動』《動詞や動詞型活用の助動詞の連用形に付く》話し手・書き手の、相手に対する丁寧な気持を表す。また自分の気品を保つ言い方としても使う。「そうしていただけると助かり―」「お話しのことは先生にお伝え申し―」「いかがでござい―か」「ぜひとも答えていただかなければなり**ません**」「さあ出掛け**ましょう**ね」「あなたに出会わねば、道に迷い**ま**したろう」▽命令形は以前の東京語では「まし」が優勢だったが、次第に「ませ」に移っている。「ましたろう」も今では「ましたでしょう」と言う。「ます」で済むところを「ますです」とする言い方も、一部で行われる。↓ますれば・ましょう『連語』。「ます」の語形は動詞「参らす」から出て、「まらする↓まるする↓まっする↓まする↓ます」と推移したが、活用のしかたは「在(まい)す」の転「ます」や、「申す」から転じた語形と混合した。

ます【升・×枡】①液体・穀物などの量をはかる、四角な箱がたの容器。「一升―」「一合―」「―ではかるほど」(量の非常に多いこと) ②ます(1)ではかった量。③ます(1)に形の似た次のようなもの。㋐芝居・相撲(すもう)小屋で、観覧席の四角な区切り。㋑原稿用紙などの四角な区画。㋒建築で、柱の上に設ける直方体の部分。▽(3)㋐・㋒は「斗」と書く。↓ときょう

ます【×鱒】海で成長し、川をさかのぼって産卵する魚。だいたい北緯四〇度以北にすむ。薄茶色で、茶色の小点が散在し、腹は銀白色。食用。▽一部のさけ科の魚の俗称。

マス 集団。多数。大量。大衆。▽mass **―ゲーム** 多人数が一団となって行う体操・ダンス。▽mass game **―コミ** ①「マス コミュニケーション」の略。②マス メディア。また、報道機関。 **―コミュニケーション** 新聞・テレビ等の手段を通じて、一時に多くの大衆に伝える、大量的な伝達。マスコミ。▽mass communication **―プロダクション** 大量生産。▽略して「マスプロ」と言う。mass production **―メディア** マス コミュニケーションの媒体となるもの。例、新聞・雑誌・ラジオ・テレビ・映画。▽mass media

まず(まづ)【△先ず】『副』①ほかのより先。最初。「何事にも―(は)金が必要」「―この点から説明しよう」②ほかは差し置くとして、とにかく。「―はお茶を一杯」。どうやら。「これで―(は)大丈夫」「会場は―は七分の入りだ」「そんな人間は―あるまい」▽↓まずもって

ますい【麻酔・麻睡】薬品などを使って一時的に知覚を失わせること。「―をかける」「全身―」「局部―」

まず-い(まづい)『形』①味がわるい。▽「不味い」とも書く。②下手(へた)だ。▽「拙い」とも書く。③ぐあいがよくない。都合が悪い。「―ことになる」▽(1)(2)(3)は↕うまい。④美しくない。「―面(つら)」 派生 -さ

ますおとし【×枡落(とし)】ます(1)を立て、下に餌を置いて、ねずみを伏せて捕らえるしかけ。

ますかき【×枡×掻(き)】ます(1)に盛った穀物をふちと平らにならすための丸い短い棒。

ますがた【×枡形】一般に四角な、または直方体の形。特に㋐城門の中の四角に作ったあき地。㋑↓ときょう

マスカット ぶどうの高級品種。果実は、薄緑色で粒が大きく、香りが強く、皮が薄い。▽muscat

マスカラ まつげに塗り、まつげを濃く長く見せる化粧品。▽mascara

マスク ①顔をおおうもの。㋐ちり・病菌などを防ぐため、耳から掛けて鼻・口をおおうもの。㋑仮面。㋒↓ガス マスク。㋓野球の捕手やフェンシングをする人がかぶる防具。②かおだち。「ほりの深い―」▽(1)(2)は mask ③↓デス マスク。「―に取っておこう」

ますぐみ ①【×枡組】障子・欄干の骨などを方形に組むこと。その組んだもの。②【△斗組】↓ときょう

マスコット 幸運をもたらすお守り。身近に置いて大切にする人形、また団体・催し物のシンボルとするもの。▽mascot

ますざけ【升酒・×枡酒】(酒屋の店先で立ち飲みする)ますに注いだ冷や酒。「―を引っかける」▽この飲み方を「角(かく)打ち」と言う。

まずし-い(まづしい)【貧しい】『形』①貧乏だ。「―暮らし」②乏しくて劣っている。「―才能」 派生 -さ -げ

ますせき【升席・×枡席】↓ます(升・枡)(3)㋐

マスター ㊀『名』①長(ちょう)。船長。②主人。やとい主。「酒場の―」③修士。「―コース」㊁『名・ス他』熟達すること。自由につかいこなすこと。「英語を―する」▽master **―キー** それ一本で多くの異なる

錠を開けられるかぎ。親かぎ。▽master key　**ープラン** 骨組みを定める基本計画。「街づくりの一を作る」▽master plan

マスタード 西洋からし菜の種から作った、西洋料理用の香辛料。▽mustard

マスト ほばしら。「メインー」▽mast

ますます【△益・△益々】《副・ノダ》程度がさらに高まって著しく。なお一層。「風雨が一激しくなる」「一の発展を祈る」▽「増す増す」の意。

まずまず【△先ず△先ず】①《副・ノダ》完全ではないが、一応満足できる状態。「天気は一だ」「一順調に運んでいる」「一の成績」②《副》何はさておき。「一早く寝ることだ」「一お上がり下さい」

ますめ【×枡目】①ます(1)ではかった量。「一をごまかす」②ますがたの枠・模様。「原稿用紙の一」

まずもって【△先ず△以て】《連語》まず(第一に)。「一困る物は飲料水だ」

ますらお【△益△荒△男・〈丈夫〉】強く堂々とした、りっぱな男子。ますらたけお。「一ぶり」▽雅語的。

ま-する【摩する】《サ変他》①こする。みがく。②接する。近づく。「……の塁を一」(……の水準に近づく)「天を一」(天に近づく。転じて、非常に高い)

まする《助動》→ます《助動》。「この役、相つとめ一は山田にござり一」▽この形は現在では、特に形式ばった時でなければ使わない。

まず-る《五自》〔俗〕しくじる。「試験に一」「一!った(=しまった)。遅刻だ」▽形容詞「まずい」を旧制一高生が動詞化して使い出した。

マズルカ 三拍子の、快活な調子のポーランドの民族舞踊。その曲。▽mazurka

ますれば《連語》……ますところでは。「うけたまわり一、このたび御嬢様御結婚の由」。↓ます《助動》。▽改まった態度での言い方。

ませ【×籬】①竹・柴(しば)を荒く編んでつくった垣。まがき。「一垣」②劇場の枡(ます)のしきり。

まぜおり【交(ぜ)織(り)】質の違う糸をまぜて織ること。その織物。交織(こうしょく)。

まぜかえ-す【交ぜ返す・混ぜ返す】《五他》↓まぜっかえす

ませがき【×籬垣】①ませ。まがき。②柴(しば)などを両側からあてて杭(くい)が見えないようにした垣。

まぜがき【交ぜ書き・混ぜ書き】《名・ス他》漢語の熟語を漢字と仮名で書くこと。例、「憂うつ」「ぜい肉」。

まぜこぜ《ダナ》あれこれ取り混ぜてあるさま。

まぜっかえ-す【交ぜっ返す・混ぜっ返す】《五他》相手の話に口をはさんでちゃかす。あげ足を取ったりからかったりして、まじめな話をめちゃめちゃにする。まぜかえす。「人の言う事を一・してはいけない」

ま-せる《下一自》年齢のわりに、おとなびる。「一・せた子供」

ま-ぜる【交ぜる・混ぜる・△雑ぜる】《下一他》二種以上のものをいっしょにする。加え入れる。「二種類の薬品を一」「酒に水を一」「割った卵をよく一(=かき回して黄身と白身がむらのないようにする)」

マゼンタ (絵の具などの三原色の一つとする)さえた赤紫。→げんしょく(原色)。▽magenta イタリア北部の町の名から。

マゾヒズム 他者に打たれたり虐待されたりすることによって快感を覚える性的倒錯。被虐症。↕サディズム。▽masochism ドイツ Masochismus

まそん【摩損・磨損】《名・ス自》かたいものの面がすれ合って、摩擦により減ること。「機械が一する」

また【又・△復・×亦】㊀《名》①別。今回でなく、この次。「一の機会」「一の日」「一とない機会」②《名詞にかぶせて》間接である意を表す。【又】「一貸し」「一聞き」「一いとこ」㊁《副》①再び。もう一度。更に。【又・復】「いずれ一伺います」②同じく。やはり。【又・亦】「それも一よかろう」「これ(も)一傑作だ」㊂《接》他にも述べる事があり、それを続けて言う時に使う。㋐その上に。かつ。「山一山」「外交官でもあり、一詩人でもある」㋑それはそれとして。↓または㋐。「彼が来てもよい。一君でもよい」▽「または(股・叉)」から転じた語。

また【股・×叉】①一つの本(もと)から二つ以上分かれ出ている所。また、そういうもの。「道の一」「二(ふた)一」②胴から足が分かれて出ている辺の所。「世界を一に掛ける」(世界中を歩き回る。転じて、国際的な規模で手広く行う)

まだ【△未だ】《副・ノダ》予想または予期する段階にまで至らない意で使う語。①その時もなお、以前と変わりが起こらない状態にあること。「雪が一やまない」「桜には一だ」「当時は一若かった」「一行ったことの無い国」▽多くはあとに打消しを伴う。②思い描く水準や限界にはなお達しないこと。「一もっと寒くなるぞ」「急げば一間に合う」「町までは一五キロある」「夜の九時は一宵の口」「この方が一(=どちらかと言えば)ましだ」「お前は太郎より一始末が悪い」▽最後の例のように、許容限度に収まらない場合にも使う。③《あとに打消しを伴って》規準点を越えてからの量が大したことがないこと。「一一分しかたたない」「一三キロも歩かない」▽「いまだ」の転。「一いまだ」と重ねて使うことがあり、この時の「まだ」は「なお」に近い気持。

まだい【真×鯛】↓たい(鯛)

まだい【間代】部屋を借りる代金。

またいとこ【又〈従兄弟〉・又〈従姉妹〉】親同士がいとこの関係にあること。その人。ふたいとこ。はとこ。

またがし【又貸し】《名・ス他》借りた物を(貸し手の許しを得ず)更に他人に貸すこと。

またがみ【股上】ズボンなどの、またの分かれ目から上の部分。↕股下

またがり【又借り】《名・ス他》人が借りた物を更に借りること。

またが-る【×跨(が)る・股がる】《五自》①またをひらいて乗る。「馬に一」。両側に足を置く。「溝に一」

②いくつかの区分を越えた範囲に及ぶ。「五年に—計画」「三県に—大工事」

またぎ 東北地方の山間に集団で住む猟師。その集団。

またぎ【股木・×叉木】ふたまたに分かれた木。

またぎき【又聞き】《名・ス他》間接的に聞くこと。

また-ぐ【×跨ぐ】《五他》①またをひらいて越える。「小さい流れを—」「敷居を—」(家に入る、また、家を出る意にも) ②ある範囲・境目を越えてつなぐ。「多摩川を—橋」「年を—」

またぐら【股△座】両ももの間。また。

まだけ【真竹・〈苦竹〉】原野に生える最も普通の大形の竹。たけのこは食用とし、その皮も利用される。幹は用途が広い。にがたけ。からたけ。くれたけ。

またげらい【又家来】家来の家来。またもの。陪臣。

また-げる【×跨げる】《下一他》両足を開いて、またがるような形をする。「足を—・げてふんばる」

まだこ【真〈章魚〉・真×蛸】たこの一種。最も普通のたこで、足も含めて、体長は約六〇センチ。足の長さは胴の約三倍もある。肉は美味。

またした【股下】ズボンなどの、またの分かれ目から下の部分。↕股上(またがみ)

またしても【又しても】《連語》《副詞的に》またまた。重ねてまた。「—あいつのしわざか」

まだしも【△未だしも】《連語》それも悪いにせよ(こちらはもっと不都合で)。それはまだ勘弁できる(が)。「あの事は—、これは困る」「前の社長のほうが—だった」▽「しも」は強めの助詞。

またずれ【股擦れ】《名・ス自》股の内側の皮膚がすれてすりむけること。その傷。

またぞろ《副》またもや。「—借金のお願いか」▽「またに候(そうろう)」の転。望ましくない場合に言う。

またた-く【瞬く】《五自》①上下のまぶたをとじてすぐあける。まばたく。②遠くの光が強まったり弱まったりする。「強い風に星が—」▽「目(ま)叩(たた)く」の意。

またたくまに【瞬く間に】《連語》一回またたきをする程の短いあいだに。「トンネルを—通り抜けた」

まただのみ【又頼み】人を介して頼むこと。

またたび 山地に自生するつる性落葉低木。初夏、五弁の白い花が咲く。果実は漢方薬用。ねこ類を興奮・酩酊(めいてい)状態に導く。▽またたび科。

またたび【股旅】ばくち打ちが旅をして歩くこと。「—もの」(またたびを主題にした、映画・小説など) ▽一九二九年に長谷川伸が造語。

またでし【又弟子】弟子の弟子。孫弟子。

またとない【又とない】《連語》二つとない。「—楽しさ」。二度とない。「—機会」▽多くは連体詞的に使う。

マタニティー ①妊婦の。出産の。「—ブルー」▽maternity ②「マタニティー ウエア」の略。妊産婦の体形に合わせた服。

またのな【又の名】別の名。もう一つの名。

またのひ【又の日】①後日。②翌日。▽共に古風。

または【又は】《接》それでなければ。あるいは。㋐A・B……の少なくとも一つの意(全部でも可)。「父—母が来る」「特急列車—航空機を利用する」㋑A・B……のどれか一つだけの意。「来るか—来ないかだ」▽↓もしくは。なお、英語の or などの一用法の直訳として、すなわちの意に使うことがある。

またび【股火】ひばちや火などに、またがるようにしてあたること。

またひばち【股火鉢】ひばちにまたがるようにしてあたること。

またまた【又又】《副》以前にも起こった上に、かさねて。またしても。「—延期だ」

まだまだ【△未だ△未だ】《副・ノダ》思い描く時期や水準、限界にはなお遠く達しないこと。「退院は—先だ」「合格には—の成績」▽「まだ」を重ねて強めた語。

マダム ①夫人。奥様。「有閑—」②酒場などの女主人。▽madam

またもや【又もや】《連語》またしても。「—失敗した」

まだら【△斑】色の濃淡、または種々の色が、いりまじっていること。そういうもの。ぶち。「—の鹿」「雪が—に残る」「—模様」

まだらぼけ【△斑×呆け】〔俗〕いつもではなく、時にぼけた症状が現れること。そういう人。

まだる-い《形》のろい。じれったい。手ぬるい。「力のない、喘(あえ)ぐような、—声」(芥川龍之介「妖婆」)「やり方が—・くて仕方がない」 派生 -さ

まだるっこ-い《形》見ていていらいらするくらい、のろのろしている。手ぬるい。まどろっこしい。「—しゃべり方」 派生 -さ

まだれ【麻垂】漢字の垂(たれ)の一つ。「広」「店」などの「广」の称。▽「麻(ま)」の字の垂の意。

まち【町】家が多く集まって建っている所。①いなかに対して、都会。②地方公共団体の一つである町(ちょう)。③市・区を構成する小区画。④店屋が並ぶ(にぎやかな)道筋、区域。「—の灯」「—の紳士」(特にギャングを指すことがある) ▽⑷は「街」とも書く。

まち【×襠】①衣服を立体的にしたり、袋物に厚みを出したりするために足し添える布。その部分。②はかまの類の内股の部分に足した布。

まちあい【待合(い)】所要の人や物事(の順番など)を待つこと。「—客」。特に、それを待つための場所。㋐男が女(特に芸者)を呼び寄せて遊興するところ。待合茶屋。「—政治」㋑茶室に入る前に客が待つところ。

—**しつ**【待合室】(駅・病院などで)時間・順番を待つ部屋。

まちあぐ-む【待ちあぐむ】《五他》長い間待って、もう待つのがいやになる。

まちあわ-せる【待(ち)合(わ)せる】《下一自》あらかじめ時間と場所をきめておいて、互いにそこで会うようにする。

まちい【町医】町で開業している医者。町医者。▽病

院勤めの医者、また江戸時代の御殿医などに対して言う。

まちいしゃ【町医者】→まちい

まちうけ【待(ち)受け】「待ち受け画面」の略。携帯電話・スマートフォンなどで、使用していないときに表示される画面。ホーム画面。

まちう-ける【待(ち)受ける】《下一他》①準備して来るのを待つ。待ちかまえる。②比喩的に、物事がひかえている。「試練が—・けている」

マチエール 美術で、作品の材質がもたらす効果。▽フランス matière

まちおこし【町興し】その町(や市)の特色である産業や行事などを活用したりして、町(や市)を活性化すること。その計画。

まぢか【間近】《名ナ》時間や距離がすぐ近くであること。「入試が—に迫る」「ゴール—で倒れる」派生 **-さ**

まちがい(がひ)【間違い】正しいものとくい違うこと。そういう事柄。㋐誤りや過ち。「—を犯す」「—なく(=確かに)お届けします」「—のない(=信用できる)人」「若い男女の—」㋑事故・けんか等、異常な出来事。「—が起こって一騒ぎ」

まぢか-い【間近い】《形》間近だ。派生 **-さ**

まちが-う(がふ)【間違う】《五自他》正しいものと食い違った状態になる。そういう状態を招く。誤る。「考えが—・っている」「—・った前提に立つ」「計算を—」「—・っても(=絶対に)彼なんかには頼まない」「女性と—・われる」▽本来は「間違える」に対する自動詞。

まちがえ(がへ)【間違え】→まちがい。▽「間違える」の連用形から。

まちが-える(がへる)【間違える】《下一他》間違いをする。しそこなう。「計算を—」。他のものととり違える。「娘を妻と—」「部屋を—」▽時の間合(まあい)を取りそこねる意から。

まちかた【町方】①村から町を指して言う語。↕村方。②町、または町人に関すること。↕地方(じかた)(2)。③江戸時代、町奉行配下の同心。▽(3)は「お町」とも言う。

まちかど【街角・町角】街の道路の曲がり角のあたり。また、街の道端。「—でばったり会う」

まちか-ねる【待(ち)兼ねる】《下一他》待っている時間があまり長いので、待ち切れなくなる。「—・ねて帰る」「医者が来るのを今か今かと—」

まちかま-える(かまへる)【待(ち)構える】《下一他》①(来るものに対して)すぐに対応できるように用意を整えて待つ。まちもうける。②比喩的に、よくない物事がひかえている。「過酷な運命が—」

まちぎ【街着・町着】町なかに出る時に着る服。タウンウエア。

まちくら-す【待(ち)暮(ら)す】《五他》それが起こるのを期待して一日じゅう(更に長く、日々)待つ。「合格の知らせを—」

まちこうば【町工場】町なかにある小規模の工場。

まちごえ【待(ち)肥】苗を移植する前にあらかじめ施しておく肥料。

まちこが-れる【待(ち)焦がれる】《下一他》切実な気持で待つ。「夏休みを—」。深く恋い慕って待つ。

まちすじ(すぢ)【町筋】町の通り。

まちづくり【町作り・街作り】①町を新しく作ること。「開拓地の—」②町を計画的によりよくすること。「災害に強い—」

まちつ-ける【待(ち)付ける】《下一他》待って、その人に会う。また、その時期に出会う。

まちどうじょう【町道場】市中にある(武芸の)道場。

まちどおし-い(どほしい)【待(ち)遠しい】《形》なかなか来ないので早く来ないかなと待ち望んでいる。まちどおい。「帰国の日が—」派生 **-さ -げ -がる**

まちなか【町中】町の中。家が集まっている所。関連 町内・坊間・巷(ちまた)・市井・市内・市中・市上・街頭・街上・市街・町並み・都邑(とゆう)

まちなみ【町並(み)】町に家々が軒を並べて建っている様子。建ち並ぶ家々。

まちにまった【待ちに待った】《連語》(期待して)非常に長く待った。「—完成の日」▽多くは連体詞的に使う。

マチネー 昼間の興行。▽フランス matinée

まちのぞ-む【待(ち)望む】《五他》期待して、その時が来るのを今か今かと待つ。

まちば【町場】商家が多く集まっている地区。

まちはずれ(づれ)【町外れ】町のはし。町の家並みのとだえようとしている所。

まちばり【待(ち)針】縫う前に布をとめたり、縫いどめのしるしに刺したりする(頭に玉のついた)針。

まちびけし【町火消】江戸で町人が設けた自治的な消防組織。四十七組(後に四十八組)に分け、「い組」「め組」「南一番組」などと称した。▽幕府の定火消(じょうびけし)や大名火消に対するもの。

まちびと【待(ち)人】来るのが待たれる人。「—きたらず」

まちぶぎょう【町奉行】江戸幕府の職名。江戸・大坂・駿府(すんぷ)等に置き、行政・司法・警察等をつかさどった。

まちぶせ【待(ち)伏せ】《名・ス他》不意を襲うために、ねらう相手の来るのを隠れて待つこと。「—にあう」

まちぼうけ【待(ち)×惚け】待ちくたびれてぼんやりすること。待っていた人がとうとう来ないこと。「—を食わす」▽「まちぼけ」とも言う。

まちまち《ダナ》それぞれが異なっていて、同じでないさま。「料金は地域によって—だ」「—の服装」「兄弟が—に帰宅する」▽「区区」と書いた。

まちもう-ける(まうける)【待(ち)設ける】《下一他》①用意をととのえて待ちうける。②予期する。期待する。

まちや【町家・町屋】(昔なら武家屋敷など、今なら官庁・ビジネス街などに対し)町場にある(商人の)家。▽職人の小さな家も言う。

まちやっこ【町△奴】江戸時代、江戸市中の男伊達(おとこだて)・侠客(きょうかく)。▽旗本奴(はたもとやっこ)に対するもの。

まちわ-びる【待(ち)×侘びる】『上一他』(なかなか来ないのを)気をもみながら待つ。「父の帰りを―」

ま-つ【待つ】『五他』①人・物事・順番などが来るのを望み、頼みとして、時を過ごす。㋐早く来る、または実現するのを望む。「機会を―」「―・てど暮らせど」(いくら待っても) ㋑来るまで、実現するまでの間の時間を、そのために過ごす。「あと一日―・ってくれ」(あと一日だけ余裕を認めてくれ) ㋒頼みとする。期待を寄せる。「君の自覚に―」「将来の研究に―」「言を―・たない」(言うまでもない) ②用意して備える。「―あるを頼む」 ▽(1)㋒・(2)は「俟つ」とも書く。

まつ【松】①葉が針状の常緑高木。アカマツ・クロマツ・ゴヨウマツ等が日本産の代表で、日本の風景を特色づける植物の一つ。長寿・不変・守節の象徴として貴ばれ、竹・梅と共にめでたい植物とされ、同じくめでたい鳥の鶴と取り合わされる。材は建築・薪炭用、また、まつやにを採る。「色変えぬ―の緑」「白鶴(はっかく)帰れ嶺(みね)の―」(土井晩翠「星落秋風五丈原」) ▽主にまつ科まつ属の木の総称。②かどまつ。「―が取れた町に」。また、かどまつを立てて祝う期間。「―の内」「―が過ぎてから」

まつ〔*末〕 マツ バツ すえ ①木の枝のさきの方。物事のもとから遠い方。はし。すえ。↕本。「本末・末端・末尾・末梢(まっしょう)・毫末(ごうまつ)・端末」 ②㋐始まりから遠く離れたもの。あとの方。最後。すえ。↕始。「末代・末葉(まつよう・ばつよう)・末世・末期(まっき・まつご)・末年・末路・末席(まっせき・ばっせき)・末座(まつざ・ばつざ)・末子(ばっし・まっし)・末弟(ばってい・まってい)・末法・末筆・始末・顛末(てんまつ)・終末・週末・月末・年末・学年末」 ㋑血すじをひいてあとの方にあるもの。「末裔(まつえい・ばつえい)・末流(まつりゅう・ばつりゅう)・末派・末学(まつがく・ばつがく)・末書」 ③重要でない。たいせつでない。下位のつまらぬもの。「末輩・枝葉末節・粗末・瑣末(さまつ)」 ④こまかな、こな。「粉末」

まつ〔抹〕 マツ ①なでる。こする。「塗抹・一抹」 ②ぬりけす。書かれた文字に線をかけて無効にする。「抹殺・抹消」 ③粉にする。「抹茶・抹香」

まっ＝【真(っ)】↓ま(真)(2)。「―白い」「―ぱだか」

まつい【末位】①一番下の地位。↕首位。②問題にする数値(多くは近似値)の、最後のけた。「―を四捨五入する」

まつえい【末×裔】子孫。後裔。ばつえい。

まっか【真(っ)赤】『名ナノ』①しんから、赤いこと。「―になる」 ②まるっきり。「―なうそ」「―な偽り」 ▽↓あか(赤)(3)

まつがく【末学】①末梢(まっしょう)的な学問。枝葉(えだは)の学問。②浅学。㋐未熟な学問。㋑後進の学者。▽学者が自分をへりくだっても言った。「ばつがく」とも。

まつかさ【松×毬】松の果実。木質の小片がうろこのように密生し、全体は卵形。小片の間に種子(松の実)が入る。まつぼっくり。

まつかざり【松飾(り)】正月の門松。

まつかぜ【松風】①松にふく風(の音)。松籟(しょうらい)。②茶がまの湯の沸く音。▽(1)に見立てて言う。

まっかん【末巻】最後の巻。↕首巻

まつぎ【末技】①末梢(まっしょう)的な技術。枝葉(えだは)の技芸。②未熟な技術。

まっき【末期】おわりの時期。↕初期。「平安朝―」「―的症状」 ▽「まつご」と読めば別の意。

まっくら【真(っ)暗】『名ナノ』まったく暗いこと。「―闇」「お先―」(先がどうなるか、全くわからず、不安だ)

まっくろ【真(っ)黒】『名ナノ』まったく黒いこと。「―な雲」「―け」「―になって(＝一所懸命)働く」

まっくろ-い【真(っ)黒い】『形』真っ黒だ。派生 -さ

まつげ【×睫・×睫毛】まぶたのふちにある毛。

まつご【末期】一生の最後。臨終。▽「まっき」と読めば別の意。 **―のみず**【―の水】死んで行く人の口にふくませる水。死に水。

まっこう【抹香】シキミの葉・皮を粉にして作った香。▽仏事で焼香に用いる。 **―くさ-い**【―臭い】『形』仏教的なくさみがある。坊主くさい。派生 -さ **―くじら**【―鯨】くじらの一種。歯がはえており、くじらひげはない。頭部が大きく四角い。腸の結石から竜涎(りゅうぜん)香をつくる。

まっこう【真(っ)向】①まっ正面。「―から反対する」 ②額(ひたい)のまんなか。「―からたけ割り」

マッコリ 米と小麦麹(こうじ)で短期間に醸造する、朝鮮の伝統的な濁り酒。▽朝鮮語。

まつざ【末座】しもざ。末席。

マッサージ『名・ス他』筋肉をほぐし、血液の循環をよくし、また皮膚に弾力やつやを保たせるために、体をさすったりもんだりすること。▽massage

まっさいちゅう【真(っ)最中】「最中」を強めた言い方。「議論の―」

まっさお【真(っ)青】『名ナノ』まったく青いこと。「―な海」「顔が―になる」(血の気が引く) 派生 -さ

まっさかさま【真(っ)逆様】『ダナ』完全にさかさまなこと。「―に落ちる」

まっさかり【真(っ)盛り】「さかり」(1)を強めた言い方。「夏の―」

まっさき【真(っ)先】一番初め。一番先頭。「―に行く」

まっさつ【抹殺】『名・ス他』①こすってけしてしまうこと。②存在を完全に否認すること。「意見を―する」

まっさら【真っさら】『名ナノ』「さら」を強めた言い方。まったく新しいこと。「―のゆかた」

まつじ【末寺】本山の支配下にある寺。

まっし【末子】↓ばっし(末子)

まっしぐら【〈驀地〉】『ダナ』激しい勢いでひたすら進

むさま。「—に突進する」「何にでも—だ」

まつじつ【末日】最後の日。「三月—」

まっしゃ【末社】①本社に付属した神社。②たいこもち。▽⑴に見立てて言う。

マッシュルーム 食用として栽培されるきのこの一種。傘は白や茶色で、それが開く前のを食べる。▽mushroom はらたけ科。

まっしょ【末書】もとの本を祖述した本。また、注釈書。

まっしょう【抹消】『名・ス他』(ぬりつぶして)消してしまうこと。「字句を—する」

まっしょう【末×梢】すえ。末端。特に、物事の重要でない細部。▽もと、枝先の意。 **—しんけい**【—神経】脳・脊髄などから出て、体表や体内の末端の諸器官に達する神経。↔中枢神経。 **—てき**【—的】『ダナ』細かくて、どうでもよいさま。些細(ささい)なさま。「—な問題」

まっしろ【真(っ)白】『名ナノ』①まったく白いこと。「—なシーツ」「頭が—になる」(すっかり白髪になる)②〔俗〕『頭の中が—になる』大きな(精神的)衝撃で何も分からなくなる。▽割合新しい用法。 派生 **-さ**

まっしろ-い【真(っ)白い】『形』真っ白だ。 派生 **-さ**

まつすぎ【松過ぎ】松の内が過ぎてまもないころ。

まっすぐ【真(っ)△直ぐ】『ダナ・副』曲がらないさま。㋐直線的。「—な線」㋑寄り道をしないで。直接。「—(に)家に帰る」㋒正直で正しいさま。「—な人間」 派生 **-さ**

まっせ【末世】①〔仏〕末法(まっぽう)の時代。仏法が衰えた時代。②転じて、道義のすたれた時代。▽「すえのよ」とも言う。

まっせき【末席】①下位の座席。しもざ。②転じて、下位の地位。「—をけがす」(席に連なることのへりくだった言い方)▽「ばっせき」とも言う。

まっせつ【末節】物事の本質的でない部分。「枝葉(しよう)—」

まつぜみ【松×蟬】↓はるぜみ

まっそん【末孫】↓ばっそん

まった【待った】碁・将棋や、相撲(すもう)の仕切りなどで、相手のしかけて来るのを待ってもらうこと。また、そのとき発する言葉。「—をする」「—をかける」

まつだい【末代】①末世。②死んでから後の世。後世。「—までの恥辱」「人は一代、名は—」 **—もの**【—物】ずっと後までながく使用に耐える品物。

まった-い【全い】『形』①完全だ。「—円になる」「防備—し」▽口語ではあまり使わない。②《文語連体形で、名詞的に》もれたり欠けたりするところがないこと。完全なこと。「—きを得る」「—き人」

まったき【全き】↓まったい⑵

まったく【全く】『副・ノダ』①もれたり欠けたりするところがなく。完全に。「—無一物になる」「—驚いた」。全面的に。「—同感だ」▽打消しを伴えば、「全然」と同様に、強い否定を表す。「数学は—できない」。↓すっかり。②《「—の」「—だ」の形で》本当。「—の話、困った事さ」「—だね」▽文語形容詞「まったし」の連用形から。

まつたけ【松×茸】かおりがよく、食用として珍重されるきのこ。秋、赤松林に生える。皮は茶色、肉は白色。▽「まつだけ」とも言う。

まっただなか【真(っ)△直中・真(っ)×只中】①(ものが集まっている)まんなか。まさにそのものの中央。「砂漠の—を舗装路が走っていようとは」②真っ最中。「今夫婦げんかの—だ」

まったり『副[と]・ス自』①味わいに、こくや深みがあるさま。「—(と)したうま味」「—と濃厚なソース」②ゆったり、のんびりしているさま。「—(と)した関西弁」「休日は—(と)過ごす」

まったん【末端】①はし。さき。②組織の中核から最も遠い部分。「—にまで徹底する」

マッチ ①『名・ス自』一致すること。調和。「背景に—した建物」②『名』試合。「タイトル—」③『名』発火剤のついた軸木を摩擦して火をつける用具。▽⑶は「燐寸」とも書く。match **—ポイント** テニス・バレーボールなどで、試合の勝敗を決める最後の得点。▽match point **—ポンプ** 自分で起こしておいたもめ事の収拾を持ちかけて利を得ようとすること。その人。▽火をつけてポンプの水で消す意。(イギリス) match と(オランダ) pomp とからの造語。

まっちゃ【抹茶】上等の葉茶を臼でひいて粉にしたもの。茶の湯では、湯を注いで茶筅(ちゃせん)でかきまぜて飲む。ひき茶。

マッチョ『名・ダナ』男らしいさま。男らしい男。特に、体形・筋肉などについて言う。▽macho

マッチング『名・ス他』一致させること。照合すること。「研修医—」「二種類のデータを—する」▽matching

まってい【末弟】末の弟。また、末の弟子。ばってい。

マット ①玄関などに置く靴ぬぐいの敷物。②ゆか上などに敷く敷物。「バス—」③運動競技などに使う厚い敷物。「—に沈む」(ボクシング・レスリングで、倒されて負ける)▽mat

まっとう【真(っ)当】『ダナ』まとも。まじめ。「—な暮らし」▽「全く」の音便の転か。 派生 **-さ**

まっとう-する【全うする】『サ変他』(与えられた物事を)なしとげる。完全に終わらせる。「任務を—」「天寿を—」

マットレス 厚い弾力性のある敷物。ふとんの下やベッドに敷く。▽mattress

まつのうち【松の内】正月の門松(かどまつ)のある間。▽元日から七日まで、あるいは十五日まで。

まつば【松葉】松の木の葉。針のような形をしていて、二本のもの、三本のもの、五本のものなどがある。 **—ぎく**【—菊】南アフリカ原産の常緑多年草。葉は線形・多肉質で、対生。夏、長い花茎の上に菊に似た紅紫色の花が咲く。花弁も線形で、夕方は閉じる。観賞用。▽つるな科。　**ーづえ**【ー×杖】松葉のように二股(ふたまた)形をし、上端の横木を脇の下にあて、中間の横木に手をつき、体を支える杖(つえ)。足の不自由な人が使う。　**ーぼたん**【ー×牡丹】夏、種々の色の五弁花が咲く一年草。八重咲きもある。葉は細く円柱形で肉質。たけは低く、枝わかれする。観賞用。▽すべりひゆ科。

マッハ 飛行機など高速で移動する物体の速さを表す単位。マッハ一は音速(＝時速約一二〇〇キロ)と同じ。「ー数」▽ドイツ Mach

まっぱ【末派】①(芸術・宗教などの)すえの流派・教派。②末輩。

まっぱい【末輩】地位・技術などが下の者。また、つまらない者ども。

まっぱだか【真(っ)裸】体に何もつけていないこと。まるはだか。

まつばら【松原】松がたくさん生えている原や海べ。

まつび【末尾】おわり。「文章のー」

まっぴつ【末筆】書簡文の最後の方の文句。「ーながら」

まっぴら【真(っ)平】①《副ダ》「まっぴら御免」の略。絶対いやなこと。「それはーだ」②《副ナノ》ひたすら。ひとえに。ひらに。「ー御免」▽(2)が原義。

まっぴるま【真(っ)昼間】日中(にっちゅう)。明るい昼間。

マップ 地図。「ロードー」▽map

まっぷたつ【真っ二つ】まん中から二つに分かれること。まふたつ。「西瓜(すいか)をーに切る」「意見がーに割れる」

まつぶん【末文】①文章の最後。②書簡文の終わりに書く形式的な文章。例、「まずは御礼まで」。

まっぽう【末法】①〔仏〕釈迦(しゃか)の死後を三区分した最後の時期。正法(しょうぼう)・像法(ぞうぼう)を経た後の一万年間。仏法が衰え、修行して悟る者のいない時代。②すえの世。澆季(ぎょうき)。

まつぼっくり【松×毬】↓まつかさ

まつまい【末妹】末(すえ)の妹。

まつむし【松虫】こおろぎに似た薄茶色の昆虫。初秋、ちんちろりんと鳴く。▽関東地方以南に分布する。まつむし科(または亜科)。

まつやに【松△脂】松(特にクロマツ)の幹からとれる樹脂。用途が広い。

まつよい【待宵】名月を明日に待ち望む、陰暦八月十四日の夜(の月)。　**ーぐさ**【ー草】オオマツヨイグサなど数種の帰化植物の称。▽あかばな科。↓つきみそう(1)

まつよう【末葉】①末の世。また、一つの時代のおわりごろ。末期。②末孫。▽「ばつよう」とも言う。

まつり【祭(り)】①日をきめて神と人との交渉を具現する儀式。その日に行う行事。また、その日にお祝いとして行う歓楽的なもよおし。②記念・祝賀・宣伝などのために(祭(1)の形式に事寄せて)行う集団的行事。「港ー」

まつりあ-げる【祭り上げる】《下一他》①むりやりに高い地位につかせる。「委員長にー」②おだてあげる。

まつりごと【政】主権者が領土・臣民を統治すること。政治。▽「祭り事」の意。古くは祭政一致だったから。

まつりゅう【末流】①下流。②子孫。「源氏のー」③すえのつまらない流派。それに属する弟子(でし)。▽「ばつりゅう」とも言う。

まつ-る《五他》布の端を折って、表側の布にごく細かい針目を出して縫いつける。「すそをー」

まつ-る【祭る・×祀る】《五他》①神霊をなぐさめる儀式を行う。「祖先の霊をー」②神としてあがめる、また、あがめて一定の場所に安置する。「祖先をー」

まつろ【末路】人生や組織の、盛りを過ぎた末。なれのはて。「南朝のーを悲しむ」▽もと、道や行程の果ての意。

まつわ-る【×纏わる】《五自》①からみつく。「すそが足にーる」②つきまとう。ついてはなれない。「母のひざにー子」③関連する。「この人にーうわさ」「沼にー言い伝え」

まで《副助》それを到着点・限度としてとらえている意を表す。▽古代の名詞「真手(＝両手)」に由来し、両手一杯一杯の意から転じた。「迄」と書くこともある。

①時の流れ、空間的移動、状態・動作・思考の継続で、至り及ぶ限界点を示すのに使う。「来年ー待って下さい」「いつーに返事をすればいいか」「鎌倉より桃山に至るーおよそ三百数十年間」「君が帰って来るー(は)手を着けないでおこう」「ここーおいで」「京都から長崎ーの旅」「顔色ー変えて詰め寄る」「寒くて唇ー紫になった」「どこーも折れて出た」「容姿どころか心ーきれいな人」「これほどー(に)言っても分からないのか」「知ってしまえばそれーだ」「そこまで」(＝その状態・事情)ー見届ければ十分だ」▽「それまで」「これまで」を、その時まで、現在までの意に使うことも多い。「今ー習っていた」「今ーに習っていた」の違いは、現在を終点として時を振り返る見方で、継続と経験との差。また、「三人ーは覚えているが、あとの人数は分からない」は、人数を覚えているのは三人までだの意で、「まで」の前後の文脈全体にかかって限定する。

②極端な例を挙げて他は暗示にとどめるのに使う。「あの人ーがそう言うのか」「子供にーばかにされる」「ギリシア語やラテン語にー詳しい」「悪事を働いてー(も)金がほしいのか」「金を借りてー買う(という)気はない」「自分が世界一だとー豪語する」

③「まで」と結合する表現が表すこと(の程度)を、今の話題がそれ以上には及ばないとの気持で引き合いに出すのに使う。「家計が豊かとーはいかなくても食うに困ってはいない」。特に、

㋐《文末部に使って》それ以上のことでない意。だけ。ばかり。「そんな話は断るーだ」「言ってみたー

さ」「右、御返事—」(書面で、用件に集中しあいさつなどは不備だとの含みで使う)
㋑《「—もない」などの形で》……の必要が無い。「申す—もなく」「社長が乗り出す—もない商談」「この命題はもはや証明する—もあるまい」
㋒《否定的内容の表現を受け「—も」の形で》その否定的内容をくつがえすことは望めないとしても。それほどであっても。「承知しない—も会ってはくれるだろう」「全盛時代には戻れない—も、もうすこし何とかならないものか」

マティーニ ジンにベルモットを加えた、アルコール度数の高いカクテル。▽martini

まてがい【〈馬刀〉貝】浅い海の泥の中に深くもぐってすむ二枚貝。竹をたてに割ったような形。殻の表は青黄色、内は白色。瀬戸内海を中心として産する。食用。カミソリガイ。

マテリアリズム 唯物論。▽materialism

まてんろう【摩天楼】天に届かんばかりの高い建物。▽skyscraper の訳語。

まと【的】①弓矢・弾丸を命中させる標的。「—を射る」(要点を確実にとらえる意にも) ②ねらい。対象。「—はずれ」「非難の—」。はげしい攻撃にさらされるもの。「命を—に戦う」

まど【窓】①室内に光線・空気を入れたり、景色・様子を見たりするために、壁・屋根に作る開口部。「天—」「のぞき—」「—越し」「—口」 ②外と内をつなぐもの。「心の—」

まどあかり【窓明(か)り】窓からさす光線のあかり。

まとい【×纏】①昔、大将の陣所のしるしとした物。さおの先に飾りを、(多くは)その下に馬簾(ばれん)をつけた。②(町)火消の組のしるし。形はまとい⑴と同じ。また、それを持つ役の者。まといもち。

まどい【△団居】①一所に円く集まること。くるまざ。②楽しく会合すること。団欒(だんらん)。

まどい【惑い】惑うこと。「心の—」

まと-う【×纏う】①《五自》まきつく。絡まる。からませる。「—・いつく」②《五他》(身に)まきつける。身につける。「晴着を—」「重苦しい空気を—」

まど-う【惑う】《五自》行く先が見定められず、または、どうしていいか分からずに、心が混乱する。「道に—」「女に—」「逃げ—」▽文語的。→まよう⑴

まどう【魔道】異端の道。堕落の道。「—に落ちる」

まどお【間遠】《ダナ》間隔が距離的・時間的に離れているさま。「人の通行が—になる」派生 **-さ**

まどお-い【間遠い】《形》間遠だ。派生 **-さ**

まどか【△円か】《ダナ》①形がまるいさま。「—な月影」②円満なさま。安らかなさま。▽雅語的。派生 **-さ**

まどかけ【窓掛(け)】窓・ガラス戸にかける布。カーテン。

まどぎわ【窓際】建物や乗物の、窓のそば。「—族」(勤め先で机を窓際に移され、主力からはずされた中高年の勤め人ら)

まどぐち【窓口】①窓を通して来訪者に応接し、その直接の事務処理をする所。「—事務」②比喩的に、外部との折衝役。「交渉の—」

まとはずれ【的外れ】《ノダ》《「—な」も使う》大事な点を押さえていないこと。見当ちがい。「—の質問」▽矢が的に当たらない意から。

まどべ【窓辺】窓の、部屋側の傍ら。また、窓の縁の外側。

まとま-る【×纏まる】《五自》ばらばらのものがそろい、整った状態になる。①集まってそろう。一団となる。「—・って電車に乗る」「意見が—」「—・った金額」(相当に多い金額)②望ましい状態に整う。㋐決着がつく。「話合いが—」㋑完成する。「論文が—」。整った形になる。「髪がやっと—」

まとめ-る【×纏める】《下一他》ばらばらのものをそろえ、整った状態にする。①一団に集めそろえる。「紙くずは散らかさないで、—・めて捨てなさい」「意見を一つに—」「データを—」②望ましい状態に整える。㋐決着をつける。「交渉を—」㋑完結したものにする。整った形にする。「考えを—」「論文を—」「髪を—」「荷物を—」関連 揃(そろ)える・ととのえる・片付ける・取り纏める・括(くく)る・くるめる・締め括る・一括・包括・概括・統括・総括・統一・集約・集成・集大成・大成・整頓・整理

まとも ①《名》真正面。「—から攻め掛かる」「—にぶつかる」②《ダナ》ちゃんとしているさま。まじめ。「—な人間」派生 **-さ**

まとも【真×艫】舟の真後ろからの方向。「風を—に受けて進む」

マドモアゼル お嬢さん。令嬢。……嬢。▽フランス mademoiselle

マドラー 飲み物をかきまぜる棒。▽muddler

まどり【間取り】部屋の配置。

マドリガル ①叙情的な短詩。②〔音楽〕三〜六部で構成された対位法的な合唱曲。▽madrigal

マトリョーシカ それぞれ大きさの違うのを入れ子⑴にして体内に納めた木製人形。▽ロシアの民芸品。ロシア matryoshka

マドロス 水夫。船乗り。▽オランダ matroos **—パイプ** 火皿が大きく、折れ曲がっているパイプ。▽オランダ matroos とイギリス pipe とによる和製語。

まどろっこし-い《形》→まだるっこい。派生 **-さ -げ -がる**

まどろ-む《五自》少しの間、浅くねむる。軽くうとうとねむる。「浅く—」

まどわ-す【惑わす】《五他》考えを混乱させる。「人心を—」。よくない方向に引きいれる。「青年を—映画」。だます。あざむく。「甘い言葉で女を—」「外見に—・されるな」▽「まどわかす」とも言う。

まとわりつ-く【×纏わり付く】《五自》離れないようにからみつく。まつわりつく。

マトン 生後一年以上のひつじの肉。▽mutton →ラム

マドンナ ①聖母マリア。また聖母マリアの像。聖母像。②(あこがれの)美しい女性。▽イタリア Madonna

まな【真名】 仮名に対して、漢字のこと。▽雅語的。

マナー 行儀作法。「―を知らない男」「テーブル―」▽manners から。 **―モード** 携帯電話で、着信音やアラーム音を鳴らさない設定。▽manner と mode とによる和製英語。

まないた【×俎板・×俎】 包丁で切る食物をのせる板。「―にのせる」(とりあげて話題にする)「―の鯉(こい)」(相手の思い通りになるより仕方がない運命にあること) ▽「まな(=真魚)いた(=板)」で、もとは、魚を料理する板の台。

まながつお【真△魚×鰹】 南日本の外海でとれる、体が平たく菱形(ひしがた)の魚。長さ六〇センチぐらい。銀色で小黒点が密にある。美味。▽まながつお科。

まなこ【眼】 ①めだま。②め。「どんぐり―」③視界。眼界。

まなざし【△眼差(し)】 物を眺める目(の様子)。目の表情。目つき。視線。「不安の―」

まなじり【×眦】 めじり。「―を決する」(目を見開くさま。おこったり決心したりする時の顔つき)

まなつ【真夏】 夏の真っ盛り。盛夏。 **―び【―日】** 一日の最高気温がセ氏三〇度以上の日。▽↓もうしょび

まなづる【真名鶴・△真鶴】 つるの一種。目のまわりが赤く、首の背面は白、からだは黒灰色。今は南日本の一部に冬季渡来するだけ。特別天然記念物。

まなでし【△愛弟子】 特別に目をかけて愛している弟子。

まなび【学び】 学ぶこと。学習。学問。「―の庭」(学園の雅語的表現)

まなびや【〈学舎〉】 学校。▽雅語的。

まな-ぶ【学ぶ】『五他』①教えてもらっておぼえる。見習って知り覚える。「運転を―」「先人に―」②勉強する。学問をする。「よく―びよく遊べ」「アメリカの大学に―んだ」③経験して一層よく知る。「人生を―」▽「まね」と同語源。 関連 修める・さらう・教わる・習う・見習う・手習い・勉強・勉学・勉励・学習・教習・温習・講習・自習・実習・伝習・独習・復習・補習・予習・練習・演習・修行・修業・修得・修身・修練・研修・習得・習練・教練・訓練・鍛練・錬磨・修養・履修・研鑽(けんさん)・切磋琢磨(せっさたくま)

まなむすめ【△愛娘】 かわいがっている娘。

マニア 特定のものに熱中する人。マニヤ。「切手―」▽mania

まにあ-う【間に合う】『五自』①うまく時が合って、また、きまった時間におくれずに、事が運ぶ。「電車に―」「期限に―」▽「間」(1)㋐(iii)+格助詞「に」+動詞「合う」に由来し、「急行を乗り継いでやっと葬式に―った」のようにも使う。②その場の必要を満たす。㋐(その場しのぎの)役にたつ。「ふだん着で―」㋑《「―っている」の形で》足りている。

まにあわせ【間に合(わ)せ】 その場しのぎの用にあてること。そういうもの。

まにうける【真に受ける】『連語』本当の事と思う。「冗談を―」

マニキュア 手のつめをみがき、色を付けて美しくする化粧。また、その化粧品。▽manicure

マニフェスト 選挙の時、政党・候補者が、具体的な数値目標・達成期限・財源などを示した公約文書。▽manifesto(=宣言) 日本では二〇〇〇年ごろから広まった。

まにまに『連語』《「……(の)―」の形で副詞的に》……の思うとおりに。その動きに任せるさま。「波の(寄せる)―ただよう」▽「まにま」(=古語体言で、まま)+助詞「に」に由来。

マニュアル ①あることがらに関する事項を一冊の本の形にまとめて書き、日常使用に供するもの。手引き。ハンドブック。②手動。特に自動車で、変速装置が手動式であること。「―車」▽manual

マニラあさ【マニラ麻】 繊維作物として栽培する多年草。フィリピン原産。バナナの木に似、高さ二〜六メートル。長楕円(だえん)形の葉と長い葉柄をもつ。葉柄からとった繊維で織物・紙・綱などを作る。▽「マニラ」はフィリピンの都市名 Manila ばしょう科。

まにんげん【真人間】 まじめな人間。まともな人間。

まぬが-れる【免れる】『下一他』好ましくない事柄や災い・責任などを、こうむらずに済む。「類焼を―」「危機一髪のところを―」▽「まぬかれる」も使うが、文語的で硬い感じ。

まぬけ【間抜け】『名ナ』気がつかないでばかげた事をすること。そういう人。とんま。 派生 **-さ**

まね【〈真似〉】『名・ス他』①まねること。「死んだ―(=ふり)をする」「彼女の態度を―する」②《連体修飾を伴って》(ばかげた)行動・動作。「ばかな―をするな」

マネー おかね。「ポケット―」▽money **―ビル** 利殖。▽「ボディービル」にまねて money と building とから造った和製英語。

マネージメント 人・物・金・時間などの使用法を最善にし、うまく物事を運営すること。特に、そのようにして企業を維持・発展させていくこと。経営管理。また、経営者。「トップ―」▽management

マネージャー ①支配人。「ホテルの―」②監督。「ステージ―」③監理者。庶務担当者。㋐学校の運動部などで選手の世話をする人。「野球部の―」㋑芸能人のスケジュール管理や渉外にあたる人。▽manager →ケア マネージャー

まねき【招き】 ①招くこと。招待。招聘(しょうへい)。「―に応じる」②「招き看板」の略。劇場などで、見る人を招き寄せるために置いた看板や飾り物。

まねきねこ【招き猫】 前あしで人を招く姿をした猫の飾り物。商売繁盛の縁起物として店頭などに置く。

マネキン ①服の展示に、着せて陳列する等身大の人

形。マネキン人形。②最先端の服装・化粧をして、その服装・化粧品の宣伝や販売をする人。マヌカン。▽mannequin

まね-く【招く】『五他』①手を振って呼び寄せる。手招きする。②仕事をしてもらうため礼をつくして呼ぶ。招聘(しょうへい)する。「医者を―」「教授として―」③来てもらおうと誘う。招待する。「友だちを―」「食事に―」④ひきおこす。「大事を―」「誤解を―」「失敗を―」 関連 差し招く・召す・呼ぶ・呼び出す・誘う・誘いかける・誘い出す・いざなう・おびき出す・おびき寄せる・招集・召集・招請・招待・招致・招聘・招来・手招き・誘引・誘致・誘惑

まねごと【〈真似〉事】本格的ではなく、物まね程度の物事。「これは、ほんのお祝いの―です」▽多く、自分のすることを、へりくだって言う。

まね-る【〈真似〉る】『下一他』ほかのものに似せてする。模倣する。みならう。「ピカソの絵を―」「猫の鳴き声を―」「先生の発音を―」

まのあたり【目の当(た)り】『名・副』目の前。眼前。また、(自分の目で)直接。「その姿を―(に)見る」「事故を―にする」

まのび【間延び】『名・ス自』どことなく締まりがないこと。「―(が)した顔」「―した返事」

まばしら【間柱】大きな柱のあいだにある小さな柱。

まばたき【△瞬き】『名・ス自』またたくこと。またたき。「―ひとつせず見つめる」▽「目(ま)叩(たはた)き」の意。「またたき」と違って星などには言わない。

まばた-く【△瞬く】『五自』まばたきをする。またたく。

まばゆ-い【目△映い・×眩い】『形』①光が強すぎてまぶしい。②光り輝くように美しい。③恥ずかしい。てれくさい。「―ばかりのほめ言葉」 派生 **-さ -げ -がる**

まばら【△疎ら】『ダナ』間があいて、ばらばらとあるさま。「人家も―だ」「―な拍手」 派生 **-さ**

まはんたい【真反対】『名・ダナ』↓せいはんたい。「まるで―のことを言ってたね」▽「ま正面」「まむかい」などに類推してできた語か。

まひ【麻×痺】『名・ス自』①神経などの障害によって運動・知覚がきかなくなること。「心臓―」②本来の活発な動きや働きがなくなること。「―した良心」

まびき【間引(き)】『名・ス他』まびくこと。「電車の―運転」

まび-く【間引く】『五他』①作物の発育に十分な間隔をあけるために、あいだの苗をぬく。うろぬく。②《比喩的に用いて》㋐子供が多すぎるため、親が産児を殺す。㋑間のものを取り除く。間隔をおく。「毎日でなく、―・いて通う」

まびさし【目×庇】①学生帽・鳥打帽などのひさし。②兜(かぶと)のひたいのひさし。▽古風。

まひる【真昼】昼の最中。ひるひなか。白昼。

まふ【麻布】あさぬの。

まぶ【間夫】情夫。特に、遊女の情夫。▽既に古風。

マフィア ①イタリアのシチリアで法の秩序に従わない犯罪集団。②アメリカで、イタリア系移民を中心にした犯罪組織。③広く、暴力的犯罪組織。▽(イタリア) mafia

マフィン ①薄力(はくりき)粉にベーキング パウダー・卵・バター・牛乳・砂糖などを加え、小さな型に入れて焼いた菓子。②小形で、厚みのある円形のパン。多く、朝食に食べる。イングリッシュ マフィン。▽muffin

まぶか【目深】『ダナ』帽子などを、目が隠れるくらい深くかぶるさま。「編笠(あみがさ)を―にかぶる」

まぶし【×蔟】わらを折り曲げたりして作り、蚕がまゆをつくるたよりとするもの。

まぶし-い【×眩しい】『形』①光が強くてまともに見ることが出来ない。「外光が―」「目が―」②比喩的に、美しい。偉大だ。「クラスの―存在」 派生 **-さ -げ -がる**

まぶ-す『五他』粉状・液状のものを一面に付着させる。「黄粉(きなこ)を―」

まぶた【×瞼】目をおおって開閉する皮膚のひだ。「―の母」(幼い時に別れ、姿をまぶたの裏に描いてしのぶだけの母)「―が重くなる」(自然にまぶたがふさがるほど、眠くなる)▽「目蓋」の意。

まふたつ【真二つ】↓まっぷたつ

まぶち【目縁】目のふち。

まふゆ【真冬】冬の真っ最中。 **―び**【―日】一日の最高気温がセ氏零度未満の日。▽↓ふゆび(2)

マフラー ①防寒用・装飾用のえりまき。②エンジンの排気口に取りつけ、排気音を小さくする装置。▽muffler

まほ【真帆】船の帆を正面に向けて、いっぱいに風をはらむようにすること。順風にかけた帆。↕片帆

まほう【魔法】不思議な事を起こさせる術。妖術。魔術。 **―つかい**【―使(い)】魔法のできる人。また、人間わざでないようなことができる人。 **―びん**【―瓶】中身の温度を保たせる容器。多くは、内外二層のあいだを真空にしたもの。

マホガニー 赤茶色で美しい木目の木材がとれる常緑高木。また、その木材。北アメリカ・西インド諸島に産する。家具・楽器を製する。▽mahogany せんだん科。

マホメットきょう【マホメット教】↓イスラムきょう。▽イスラム教の開祖ムハンマドの英語名 Mahomet による。

まぼろし【幻】①実際にはないものが、あるように見えること。そういうもの。「亡き母を―に見る」。また、存在の確認が難しいもの。「―の名酒」②たちまちのうちに、はかなく消えてしまうもの。「せめてもの望みが―と消えた」「この世は夢か―か」

まほろば すばらしい所。「大和は国の―」▽雅語。

まま【×儘】①成り行きに任せること。「したい―(＝したい放題)にさせておく」「思うが―才能が振るえる」(↓(3))「夜がふける―に(＝ふけるにつれて)」「―よ(＝どうにでもなれ)旅寝のさすらい暮らし」

②そうある通り(の状態)。「もとの—で進歩しない」「見た—を書く」「あるが—の自然」「今日も懐が寒い—かね」「皮をむかずにその—食べる」「文句も言えない—(に)しぶしぶ従う」③思う通り。自由。「—にさせて育てたから行儀が悪い」「世の中は—ならぬ」④《候文(そうろうぶん)で接続助詞的に》……から。……あいだ。「一献(いっこん)差し上げたく存じ候—、御光来の程を願ひ上げ候」

まま【間間】《副》どうかすると、ときどき。時として。「そういうことが—ある」

ママ ①おかあさん。↔パパ。「教育—」▽mam(m)a ②〔俗〕バーやスナックなど、水商売の店の女主人。

ままおや【△継親】まま母、または、まま父。

ままこ【△継子】血のつながりのない、生みの子でない子。ままっこ。けいし。「—いじめ」▽男女の区別まで表すには「ままむすこ」「ままむすめ」を使う。 —**あつかい**【—扱い】《名・ス他》ことさら、のけものとして扱うこと。

ままこ【△継粉】ねった粉などの、こなれずに塊になった部分。だま。「—ができる」

ままごと【△飯事】①子供がおもちゃなどで、台所の仕事や食事などのまねをする遊び。②比喩的に、いたずら半分に行うこと。▽技術の未熟さを謙遜しても言う。

ままし-い【△継しい】《形》①なさぬ仲だ。②腹ちがいの間柄だ。▽古風な言い方。

ままちち【△継父】血をわけていない父。母の後夫。けいふ。

ままはは【△継母】血をわけていない母。父の後妻。けいぼ。

まみ【×猯】アナグマの異名。▽混同して、タヌキを指すこともある。

まみ【目見】物を見る目つき。▽既に古風。

まみ【魔魅】人を惑わすばけもの。

まみ-える【△見える】《下一自》会う。㋐対面する。「敵に—」㋑お目にかかる。「天子に—」▽「目(ま)見える」の意。

まみず【真水】塩分などを(ほとんど)含まない水。㋐(海水などに対して)川・湖等の水。㋑(沸かしていない)飲用水。

=**まみれ**【△塗れ】《名詞に付けて》全体に(よごれなどが)ついているさま。「汗—」「泥—」「血—」

まみ-れる【△塗れる】《下一自》体や物の方々に、きたないよごれがつく。「汗に—」「泥に—」「机がほこりに—」「血に—れた手」「一敗、地に—」(敗戦して再びたつことができない)

まむかい【真向(か)い】ちょうど向かいあうこと。「—になる」。真正面。「—の家」

まむき【真向き】正しく向かうこと。正面。

まむし【×蝮】日本各地に分布する毒へび。湿地にすむ。体は短く、頭は三角形。茶色の全身に、まるい黒茶色の斑文がある。強壮剤にする。▽くさりへび科。恐れ嫌われる人のあだ名などに付けることがある。

まむすび【真結び】→こまむすび

まめ【豆】①まめ科の植物の種子。特に大豆(だいず)を指すこともある。「—かす」「—粒」②形の小さいもの。「—電球」「—本」③こすれて手足にできる豆(1)状の水ぶくれ。「手に—をつくる」▽(3)は「肉刺」とも書く。

まめ《ダナ》①苦労もいとわず、精を出してするさま。「—に働く」「筆—な人」「—な連絡」▽もと、まじめ・誠実の意。②体が丈夫なさま。「—に暮らす」。ある働きが達者なさま。「口—」(よくしゃべるさま) 派生 **-さ**

まめいた【豆板】①煎った大豆・ピーナッツなどを水飴(みずあめ)で板状に固めた駄菓子。②脱脂大豆を円盤状に固めた有機肥料。▽第二次大戦中、大豆の代替品として醬油(しょうゆ)の醸造にも使った。

まめかす【豆×粕】大豆から油を絞り取った残りかす。肥料・飼料に使う。

まめがら【豆△幹】豆の実(み)を取り去ったあとの枝・茎・さやなど。

まめしぼり【豆絞り】豆粒ぐらいの丸形を一面に現した絞り染め。手ぬぐいなどに使う。

まめぞう【豆蔵】①江戸時代、こっけいな身振りと早口で人を笑わせてかせいだ大道芸人。②よくしゃべる人をあざけって言う語。

まめたん【豆炭】無煙炭の粉に木炭粉などを混ぜて卵形に固めた燃料。

まめつ【摩滅・磨滅】《名・ス自》すれてつぶれること。すりへってなくなること。▽明治時代にサ変他動詞にもした。

まめでっぽう【豆鉄砲】おもちゃの一つ。豆を弾丸として打つ竹製の鉄砲。「ハトに—」(→はと(鳩))

まめまき【豆×撒き】節分の夜、「福は内、鬼は外」と大声で唱えながら、炒(い)り大豆をまく行事。▽もとは(旧暦の)大晦日(おおみそか)の宮中行事。ついな。おにやらい。

まめまめし-い《形》かげひなたなくよく努める。また、かいがいしく働く。派生 **-さ -げ**

まめめいげつ【豆名月】陰暦九月十三夜の月。▽枝豆を供えるから言う。↓くりめいげつ・いもめいげつ

まめやか《ダナ》①うわついたところがなく、まじめなさま。「—に働く」②ゆきとどいて懇切なさま。「—な接待」▽かなり古風。派生 **-さ**

まもう【摩耗・磨耗】《名・ス自》他のものにすられて、減ること。すりへること。「タイヤが—する」

まもない【間も無い】《連語》ある事からその事までの時間の隔たりが小さい。「四月に入って—ある日」「私が訪れたのはそれから間も無かった」「日が昇ると間も無く暑くなった」「この噂(うわさ)が広まったのは間も無くのことだ」

まもの【魔物】①人を狂わせ害をするような性質をもつ化け物の類。②あやしく怖いもののたとえ。「金(かね)は—」

まもり【守(り)】①まもること。守護・守備をすること。「―を固める」②まもりがみ。▽→おまもり

まもりがたな【守(り)刀】護身用にたずさえる刀。

まもりがみ【守(り)神】災難を防ぎ守る神。守護神。

まもりふだ【守(り)札】社寺が発行して、その神仏の霊がこもり、人や船・車などの安全を守る札。

まもりほんぞん【守(り)本尊】身の守りとして信仰する仏。

まも-る【守る・△護る】《五他》大事に保つ。㋐注意して、約束・おきてなどに反しないようにし続ける。〔守〕「節操を―」「教えを―」「秘密を―」㋑よく気をつけ(備え構えて)、侵そうとするものをくいとめ、安全を保つ。↔攻める。「身を―」「緑の環境を―」「国を―」「青少年を悪から―」「留守を―」「一点差を―」▽自分の力で自分をそうするのにも、また、力を貸して助けるのにも言う。本来は「目(ま)守(も)る」(目を離さない)の意。

まやかし 人目をごまかそうと、見掛けをにせて作り構えること。その、にせもの。▽動詞「まやかす」の連用形から。

まやく【麻薬】鎮静・麻酔に使われる薬品で習慣作用のあるもの。モルヒネ・ヘロイン・コカインなど。▽中毒の弊害の同じことから、ヒロポン等の覚醒剤を含めても言う。

まゆ【繭】①一部の昆虫の幼虫が口から繊維をはいてつくる覆い。普通は楕円(だえん)形で、中にこもって休眠し、さなぎの期間を過ごす。②特に、かいこの繭(1)。生糸の原料。

まゆ【眉】目の上、ひたいの下辺に横に並んではえた毛。まゆげ。「―ひとつ動かさない」(感情を出さない)「―につばを塗る」(だまされない用心をする。→まゆつば)「―に火がつく」(火急なこと)「―をひそめる」(心配ごとのため、また、他人のいまわしい行為を見たために、顔をしかめる)「―を開く」(心配ごとがなくなって晴れやかになる) 関連 眉毛・眉根・眉宇・眉間(みけん)・柳眉・蛾眉(がび)・げじげじ眉・作り眉・引き眉・眉墨・眉唾物(まゆつばもの)・愁眉を開く・眉毛を読まれる・眉を吊(つ)り上げる・柳眉を逆立てる・眉目秀麗

まゆげ【眉毛】眉の毛。また、眉。

まゆじり【眉尻】眉の、外側の方の端。「―が下がっている」「―を振るわせて怒る」

まゆずみ【眉墨・×黛】①眉を書くための化粧用の墨。「―を引く」②連山が遠くに見える形のたとえ。

まゆだま【繭玉】柳や竹などの枝に繭形の菓子種の玉をつけ、その間に小判・宝船など縁起のよい物をつるした、新年などの飾り物。まゆだんご。

まゆつば【眉唾】《名ナ》「眉唾物(もの)」の略。本当かどうか疑ってかかるべき、あやしい事柄(であること)。「その話は―(が)過ぎる」▽眉に唾を付ければキツネにだまされないという俗信から。

まゆね【眉根】眉の根もと(みけんに近い方)。また単に、眉。「―を寄せる」

まゆみ ①【×檀】山野に自生する落葉低木。五、六月ごろ淡緑の小花が咲く。紅葉が美しい。観賞用に栽培もする。材は細工物用。昔、弓の材料にした。▽にしきぎ科。②【真弓】マユミ(1)で作った丸木の弓。

まよい【迷(まよ)い】迷うこと。特に、心の迷った状態。

まよいばし【迷(まよ)い箸】食事のとき、どのおかずを食べようか迷って、あれこれのおかずに箸を向けること。まどいばし。▽無作法とされる。

まよ-う【迷(まよ)う】《五自》見当を誤り、または見込みが立たず、心や行動の安定を欠く。▽本来は、布の糸が乱れ片よる、転じて、物が(入り混じって)乱れる意。「まどう」との混同からこの意が生じた。①心が定まらずゆれ動く状態にある。決断がにぶる。惑う。「選択に―」②事が入り乱れ、落ち着きどころを失う。㋐進むべき道がわからず、まごつく。「道に―」「ふと、気が―」。行き先も不確かなままに歩く。「家から―い出る」㋑死者の霊が妄執(もうしゅう)に妨げられて成仏できずにいる。浮かばれない。「亡霊が―って出る」㋒誘惑に負けて心がおぼれる。「女に―」

まよけ【魔△除(け)】悪魔を近付けないようにすること。また、悪魔を近付けないための物。まもり。

まよこ【真横】まっすぐ横。ちょうど横。

まよなか【真夜中】夜のいちばんふけた時。深夜。

マヨネーズ 卵黄・サラダ油・酢・食塩などをまぜて作った、サラダ用のソース。▽フランス mayonnaise

まよわ-す【迷(まよ)わす】《五他》迷うようにする。惑わす。「考えを―」「心を―」「人を―」

まら【魔羅】①〔仏〕仏道修行の障害になるもの。魔。悪魔。▽梵語(ぼんご)。②〔俗〕陰茎。▽もと、僧侶(そうりょ)の隠語。

マラソン ①「マラソン競走」の略。四二・一九五キロメートルの競走。②長い距離の競走。「百キロ―」「校内―大会」③転じて、長時間続けてすること。「読書―」▽marathon 昔ギリシアの勇士が戦場のマラトン(Marathōn)からアテネまで走って戦勝を知らせた故事に由来する。

マラリア ハマダラカによって媒介される感染症。病原体はマラリア原虫。熱帯地方に多く、高熱の発作などを起こす。▽ドイツ Malaria →おこり(瘧)

まり【×毬・×鞠】遊びに使う弾力のある球(たま)。ゴム・かわ・布・糸などで作る。「―つき」

マリーナ ヨットや小型船を泊めておく、小さな港や水域(の施設)。▽marina

マリオネット 上から糸を使ってあやつる、人形劇の人形。あやつり人形。▽フランス marionnette

まりしてん【摩利支天】〔仏〕インドの、民間信仰の神(=天)。像はイノシシに乗る神。日本で、武士・相撲取(すもうとり)が篤(あつ)く信仰した。

マリネ 《名・ス他》魚・肉・野菜などを、香辛料とともに酢・油を混ぜた汁に漬けること。その料理。▽フランス mariner, mariné

マリファナ 大麻の葉と花を乾燥させ、粉末にした麻

薬。おもにタバコに混ぜて用いる。マリワナ。▽スペイン marijuana

まりも【×毬藻】北半球の寒冷地の淡水湖に産する、かたまって緑色の美しい球体になる藻。北海道阿寒(あかん)湖のは特別天然記念物。▽しおぐさ科。

まりょく【魔力】人を惑わす、あやしい力。

マリン〘造〙海の。海(の事)に関する。「—ミュージアム」「—タワー」(海の眺めを楽しむ展望台の建物) ▽marine

マリンバ 下部に金属製の共鳴管を付けた木琴。▽marimba

まる【丸】㊀〘名〙①まるい形(のもの)。㋐円形または球形。㋑句点や半濁点の「。」。㋒評価で、正答・合格の「○」の印。↕ばつ・ばってん。㋓城郭の内部。「本—」「二の—」②欠けた所のない全体。「—のまま」「—ごとかじる」「—十年勤める」「—暗記」▽⑴㋐の形が、ゆがんだもの欠けたものに対し完全な形と見られたことから。③数字の零の異称。「一—三—(十時三十分)に出発」㊁〘接尾〙㋐船の名前につける語。「白山—」㋑昔、童子の名前につけた語。「牛若—」㋒名刀の名につけた語。「蜘蛛切(くもきり)—」▽㊁は「麻呂(まろ)」の転。

まるあらい【丸洗い】〘名・ス他〙①部分的にでなく全体を洗うこと。②衣服を、ときほどかずに、そのまま洗うこと。↕解き洗い

まる-い【円い・丸い】〘形〙①外縁のどの部分もその物の中心から等距離にあるような形だ。球や円の形だ。「目を—・くする」(びっくりする) ②まるい⑴の形(の一部)に似て、角だっていない。㋐ふっくらしている。「—あご」㋑円満だ。おだやかだ。「—人柄」「仲に立って—・くおさめる」 派生 -さ -み*

マルウェア ウイルス⑵やスパイウエアなど、有害なソフトウェアの総称。▽malware

まるうち【丸打(ち)】糸などを組んで丸いひもに作ること。そのひも。

まるうつし【丸写し】〘名・ス他〙(自分で文章を考えずに)他人の文章などをそっくりそのまま書き写すこと。「—の答案」

まるえり【丸襟】①丸みを持たせた襟。②丸幅(織ったままの布幅)で仕立てた羽織の襟。

まるおび【丸帯】一枚の帯地の幅を二つに折って縫い合わせた、幅広い女帯。

まるがかえ【丸抱え】①全部の費用を出してやること。「会社—の旅行」②置屋が芸者の生活費を全部持ってやること。

まるガッパ【丸合羽】そでが無く、すそが広いカッパ。

まるがり【丸刈(り)】頭髪を全体に短く刈ること。

まるき【丸木】切り出したままの木材。 **—ばし**【—橋】一本のまるたを渡して橋としたもの。 **—ぶね**【—舟】一本の木をくりぬいて造った舟。

マルキシスト マルクス主義者。▽「マルクシスト」「マルキスト」とも言う。Marxist

マルキシズム マルクス主義。▽「マルクシズム」とも言う。Marxism

マルキスト →マルキシスト

まるきり ①〘副〙《あとに打消しを伴って》全く。全然。「—関係がない」「—知らない」②〘副ノ〙完全にその状態であるさま。「—の放心状態だ」「—嘘(そう)だ」「表と裏は—違う」▽⑵は打消しや否定的な語との呼応関係が緩んだもの。「まるっきり」とも。

マルク ユーロ⑵採用より前の、ドイツの通貨の基本単位。▽ドイツ Mark 「馬克」とも書いた。

まるぐけ【丸×絎(け)】①ひもなどを丸くくけること。また、丸くけたもの。②「丸ぐけ帯」の略。丸くくけて中に綿を入れたおび。

マルクスしゅぎ【マルクス主義】マルクスが唱え出し、エンゲルス、レーニン等が発展させた思想体系・世界観、およびこれに基づく実践活動。弁証法的唯物論および唯物史観を骨子とする。革命による資本主義社会の廃棄と社会主義社会さらに共産主義社会の実現を目標とする。▽マルクス(Marx)は十九世紀中ごろのドイツの社会主義者。

まるくび【丸首】えりが丸くくりぬいてあるもの。「—シャツ」

まるこう【マル公】①公定価格を表す㊍のしるし。②転じて、公定価格。

まるごし【丸腰】①武器を持っていないこと。▽⑵の拡張用法。②武士が刀を身に帯びていないこと。無刀。

まるごと【丸ごと】《副詞的にも使う》切ったり分けたりせず、そのまま全部。「切らずに—を飲みこむ」

まるざい【丸材】皮をはいだだけの丸い材木。

マルサスしゅぎ【マルサス主義】マルサスが唱えた人口理論。人口は幾何級数的にふえるが、食糧は算術級数的にしかふえないため、この結果おこる貧困や罪悪は自然現象であり、資本主義経済の欠陥によるのではないとするもの。▽マルサス(Malthus)は十九世紀初期に活躍したイギリスの経済学者。

まるシー 著作権があることを表示する©の記号。▽Cは copyright の頭文字。万国著作権条約による。

まるじるし【丸印】良い、正しい、注目せよなどの意に使う丸い印、つまり「○」「◎」の類。↕ばつ印

マルセルせっけん【マルセル石×鹼】冷水に溶けやすい中性石鹼。絹・毛織物などの洗濯用。▽「マルセル」はフランスの地名 Marseille(マルセイユ)から。

まるぞめ【丸染(め)】衣服などをほどかないでそのまま染めること。

まるぞん【丸損】利益は無くすべて損失となること。

まるた【丸太】皮をはいだだけの木材。まるたんぼう。

まるだし【丸出し】隠すところなく、すっかりむきだしになること。「方言—」

マルチ〘ダナ〙多様であるさま。多重であるさま。「—に使える」「—タレント」「—メディア」「—商法」▽multi

まるっきり〘副〙↓まるきり。▽俗に「まるっきし」と

も言う。

まるっこ-い【丸っこい】《形》丸みをおびている。派生 -さ

まるつぶれ【丸潰れ】すっかりつぶれること。「面目―」

まるで《副》全く。「背負ってみて驚いたが、―軽かった」。すっかり。「―見違えたわ」「暑いも暑い。―夏だ」。特に、㋐《あとに打消しを伴って》全面的な否定を表す。全然。「―相手にしない」「市街地に緑が―無い」㋑《あとに「(かの)ようだ」「みたい」「同様」などの表現を伴って》(全体的に言って)ちょうど。「―無人の廃屋のように見える」「―夜逃げ同然だ」▽「丸で」の意。→まる㈠⑵

まるてんじょう【丸天井・円天井】①半球形のまるい天井。ドーム。②大空。青空。

まるどり【丸取り】《名・ス他》残さずすべて取ること。「利益の―」

まるなげ【丸投げ】《名・ス他》①仕事を請け負った業者がそれを他の業者に、利ざやは稼いで、まるまる請け負わせること。②比喩的に、人任せにすること。

まるね【丸寝】《名・ス自》着衣のままで寝ること。ごろね。

まるのみ【丸×呑み】《名・ス他》①かまないでそのまま飲み込むこと。②よく理解しないで、そのまま取り入れたり記憶したりすること。「―にする」

まるはだか【丸裸】①まっぱだか。すっぱだか。②一身のほかは全然所有物のないこと。無一物。「火事で―になる」

まるばつ 正しいか誤りかを示す、○と×の符号。「―式問題」

まるはば【丸幅】織地のままの布の幅。

まるひ【マル秘】秘密にすべき事項であること。秘密文書に㊙の印が押されるところから。▽「丸秘」の意。

まるぼうず【丸坊主】①髪をそりおとした頭。また、髪の毛を短く刈った頭。②比喩的に、山などの木が全部なくなること。

まるぼし【丸干(し)】《名・ス他》そのままの形で天日に干すこと。㋐生魚をそのまま干すこと、干したもの。↕開き⑶。㋑大根、ゆでたさつまいも等を、丸ごと干すこと。↕切り干し

まるぽちゃ《ノダ》顔が丸くて、ぽっちゃりしているさま。「―で色白」

まるほん【丸本】①全部そろった書物。②全編一つにまとめられた浄瑠璃の台本。院本(いんぽん)。

まるまげ【丸×髷】結婚した女性が結う、日本髪の型。頭上に楕円(だえん)形の、やや平たい髷(まげ)をつけたもの。「―に結われる身」(正妻の身分・境遇)

まるまど【丸窓・円窓】円形の通風・採光用の窓。日本建築では、主に書院造り、茶室、数寄屋造りに見られる。

まるま-る【丸まる】《五自》まるくなる。「団子がうまく―った」

まるまる【丸丸】①《副》ある数量の全体。そっくり全部。全て。「―損をした」「―十日間の旅」②《副》〔と〕よく太っているさま。「―(と)太った赤ちゃん」③《名》伏せ字であることを示す語。「―からの引用」

まるみ【丸み】まるい感じ。「―をおびる」。円満な感じ。「人間に―がある」

まるみえ【丸見え】《ノダ》(見られたくないものなどが)全部見えること。「外から室内が―だ」「魂胆が―だ」

まるむぎ【丸麦】押麦やひきわりの麦に対して、粒状の麦。

まるめこ-む【丸め込む】《五他》①物を丸めて他の物の中へ入れ込む。②他人を手なずけて自分の望む方にひき入れる。まるめる。

まる-める【丸める】《下一他》①まるくする。「紙くずを―」「背を―」「頭を―」(出家や謝罪のため、頭髪をすっかりそり落とす)②→まるめこむ⑵。「世辞で―」③数値計算で四捨五入をする。▽⑶は round の訳語。

マルメロ イラン・トルキスタン地方原産の落葉高木。春から初夏に、白や淡紅色の五弁花が咲く。果実は球形で黄色く、香気があり、砂糖づけを食用にする。▽ポルトガル marmelo ばら科。

まるもうけ【丸×儲け】《名・ス自》収入の全部がすべてもうけになること。「坊主―」

まるやき【丸焼き】まるごと焼くこと、焼いたもの。

まるやけ【丸焼け】火事ですべて燃えてしまうこと。全焼。

まれ【×稀・△希】《ダナ》たまにしか起こらないさま。めったにないさま。「―に見る才能」「近年―な暑さ」

まろうど 訪れて来た人。客。▽雅語的。「まれびと(=まれに来る人)」の転。

マロニエ 地中海沿岸原産の落葉高木。高さ三〇メートルに達し、葉は掌状複葉。初夏、白色の花を鐘状につける。街路樹・庭園樹にする。▽フランス marronnier むくろじ科(旧とちのき科)。

まろやか【△円やか】《ダナ》まるみがあって、おだやかなさま。まるやか。「―な味」▽雅語的。派生 -さ

まわし【回し・×廻し】①体にまわして着けるもの。㋐力士が腰にしめるもの。相撲(すもう)をとる時の締め込みと、土俵入り用の化粧まわしとがある。▽前者は「褌」とも書く。㋑「まわしガッパ」の略。マント。②順番に行うこと。㋐会合などを輪番ですること。㋑ひとりの遊女が一夜に、順に多くの客の相手をすること。「―を取る」

まわしもの【回し者】間者(かんじゃ)。スパイ。「敵の―」

まわ-す【回す・×廻す】《五他》㈠輪(の一部)のような道筋をたどって物を動かす。「独楽(こま)を―」「ダイヤルを―」「カメラ(=映画撮影機のハンドル)を―」「縄を―して締める」「目を―」(目まいを起こす。また、びっくり仰天する)▽→まわる㈠。①輪

を描くように動かし移す。㋐順々に他に送る。「一座に杯を―」「書類を―」㋑(別の用に)差し向ける。「通信費を旅費に―」「資金として百万円ほど―・し(=融通し)てくれ」「迎えの車を―・そう」㋒今までの、または意図したのと別の用や局面に移す。「敵に―」②動かして囲むようにする。「びょうぶを立て―」㊁働きを隅や裏まで届かせる。①㋐あれこれと働かして、そこにまで及ぶようにする。「事前に手を―」「気を―」(邪推する) ㋑《動詞連用形に付いて》方々で、また何度も(繰り返し)……する。「車を乗り―」「追いかけ―」②金を働かして利(子)をうませる。「年利五分に―」

まわた【真綿】まゆ(主にくずまゆ)を引き延ばして作った綿。光沢があり、やわらかくて軽い。「―で首をしめる」(じわじわと痛めつける)

まわり(まは)【回り・×廻り・周り】①まわること。[回・廻] ㋐順に訪れること。「お得意―」㋑《接尾語的に》ある地域や周囲をまわる度数を数える語。「一―したら休もう」㋒まわり道。「幾らか遠(おと)―になる」㋓働きが進み及ぶこと。「火の―が早い」「頭の―が遅い」②周辺。㋐それを中心とし、それを取り巻く、近い範囲。周囲。[周]「家の―をうろつく」「―の人」㋑《接尾語的に》作業について、それを中心に考えたその系統の、関係範囲。「水―の工事」「足―(の設計)に問題がある」③《接尾語的に》全体を一巡した大きさ。㋐十二年を一期とした年齢差。「長兄は私より一―上です」▽生年を十二支に配当するところから。㋑大きさの違いを漠然と言うのに使う語。「体が一―も二―も大きくなった」

まわりあわせ(まはりあはせ)【回り合(わ)せ】→めぐりあわせ

まわりえん(まはり)【回り縁】部屋の外側をとりまく縁側。

まわりぎ(まはり)【回り気】いろいろと気をまわすこと。疑いぶかいこと。

まわりくど‐い(まはり)【回りくどい】《形》直接的でなく遠まわりで、わずらわしい。「―説明」派生 ‐さ

まわりどうろう(まはり)【回り灯籠】外側に紙や布をはり内側にいろいろな絵をきりぬいてはり、軸の上に風車をつけた、行灯(あんどん)のようなもの。中に火を入れると回転し、いろいろな影絵が見える。走馬灯(そうまとう)。

まわりどお‐い(まはりどほい)【回り遠い】《形》①道が遠回りだ。②手段が遠回りで、てっとりばやくいかない。派生 ‐さ

まわりばん(まはり)【回り番】①順番に事をすること。輪番。②見まわりの当番。

まわりぶたい(まはり)【回り舞台】演劇で、舞台の床を丸く切り抜いて回るようにし、舞台道具を転換させるしかけ。

まわりみち(まはり)【回り道・回り△路】《名・ス自》遠回りの道。遠回りして行くこと。「―(を)して帰る」

まわりもち(まはり)【回り持ち】仕事や任務を順番に受け持つこと。

まわ‐る(まはる)【回る・×廻る】《五自》㊀物が輪(の一部)のような道筋をたどって動く。「独楽(こま)が―」「カメラが―」(映画撮影機が作動する)「月が地球を―」「手が後ろに―」(悪事を働いてしばられる)「目が―」(目まいがする)「付きが―・って(=運が付いて)くる」▽「舞う」と同語源。もとにもどる動きに重点のある「めぐる」に対し、回転に意味の重点がある。回転軸がその物の中にある場合にも、他にある場合にも、言える。

①輪を描くように経て行く。㋐順々にわたりあるく。「杯が―」「あいさつに―」㋑何かをつたって、または何かに沿って、反対側に移る。「建物の後ろに―」②まっすぐ進まず曲がって行く。「大きく右へ―」「敵の背後に―」㋐寄り道をする。「友人の家に―・って帰る」㋑遠い方の道筋をとる。「急がば―・れ」㋒今までの、または意図したのと別の用や局面に移る。「支店勤務に―」「後手(ごて)に―」「賛成に―」㊁働きが行き渡る。①よく働いてすみずみに届く。㋐体に行き渡って作用が現れる。「毒が―」「酒が―・らない」㋑そこにまで働きが十分に及ぶ。「忙しくて手が―・らない」「追手がそこにまでもう―・っている」「何事にもよく気が―」「知恵が―」㋒《動詞連用形に付いて》方々で、また何度も(繰り返し)……する。「あちこち歩き―」「はしゃぎ―」②調子よく動いて機能する。「頭が―」「まだ口が―・らない幼児」③金が働いて利(子)をうむ。「もうけが一割に―」㊂その時刻を過ぎる。「もう三時を―・った」

まわれみぎ(まはれ)【回れ右】《名・ス自》①からだを右回りで後ろに向かせる号令。両足を揃(そろ)えて立ち、右足を後ろに引き、それを軸として百八十度回転する動作。②比喩的に、くるりと向きを変えること。「―して逃げ帰った」

まん 運。「―がわるい」▽「間(ま)」の撥音(はつおん)化。

マン《造》成人した男。広くは、(性別にかかわらず)人。また、仕事(役名に関係あるもの)や活動分野を表す名詞に付けて、それをする人。「ビジネス―」「カメラ―」「銀行―」▽man 「チェアマン」「ファイアマン」などには女性もいるからとの理由で、「チェアパーソン」「ファイアパーソン」などの称が米英で行われ出し、日本にも入った。 **‐ツー‐マン** 一人に対して一人が相手になること。一対一。「―で指導する」「―ディフェンス」▽man-to-man **‐パワー** 人間の労働力。人的資源。「―の確保」▽man power

まん【[*万]】【[萬](人)】マン バン よろず ――①《名・造》一千を十倍して得る数(に等しい値や順位)。「万に一つ」「万(が)一」「万歳(ばんざい)・(まんざい・ばんぜい)」「二万五千」「鶴は千年、亀は万年」「ここで会ったが万年目」(物事の、観念すべき終末)「万札」(一万円札の俗語)▽この和語は「よろず」。一万を単に「万」ということが多い。順位に使うことはまれ。②数・量が極めて多い。「万巻(ばんかん)の書」「万金を積む」

「万年平社員」「巨万の富」「千変万化(ばんか)・千差万別(ばんべつ)・千秋万歳(ばんぜい)」。また、すべて。「万事(ばんじ)・万薬・万能(ばんのう)選手・万人向き」。十分に。「万全(ばんぜん)の構え」。▽↓ばん(万)

まん【*満】【滿】 マン みちる みたす ―①《名・造》水が容器にいっぱいになる。みちる。一定の量に達する。「満を持する」(準備を十分にして機会のくるのを待つ)「満を引く」(弓を十分に引き絞る。また酒を杯になみなみと盛って飲む)「満満・満水・満月・満員・満期・満場・満座・満身・満腹・満面・満塁・充満・飽満・未満」②《名・造》「満年齢」の略。「満で五歳」「満三歳」③海水の水位が高くなる。「満潮・干満」④ゆたか。不足がない。「満遍・満足・満開・豊年満作・円満・豊満・肥満・不満」⑤「満州」の略。「満文・満蒙(まんもう)・北満」

まん【慢】 マン おこたる あなどる ―①他を軽んじて自らをよしとする。たかぶる。「慢心・傲慢・我慢・自慢・驕慢(きょうまん)・高慢・暴慢」②進みがのろい。だらだらと長びく。「慢性・緩慢・慢慢」③心にしまりがない。なまける。おこたる。「怠慢・慢然」④物事を大事にしない。かろんじる。おろそかにする。あなどる。「慢罵」

まん【漫】 マン みだりに そぞろに ―①しまりがない。けじめがない。みだりに。「漫評・散漫・放漫・冗漫」②わけもなく。深い考えがあるのでない。そぞろに。「漫然・漫歩・漫遊・漫筆・漫画・漫談」③水が一面にひろくひろがる。「漫漫・爛漫(らんまん)」

まんいち【万一】《副詞的に》めったにないことだが、もしも。万が一。「―そんなことが起こったら」「―の場合」▽「万に一つ」の意。

まんいん【満員】①定員に達すること。②乗物や会場が人でいっぱいになること。「―電車」

まんえつ【満悦】《名・ス自》十分に満足して喜ぶこと。「しごく御―の体(てい)」

まんえん【×蔓延】《名・ス自》のびひろがること。はびこりひろがること。「排他主義が―する」▽好ましくない事柄に使う。

まんが【△馬×鍬】↓まぐわ

まんが【漫画】(普通には)こま割りのある絵を主体とし、せりふ・擬音語などを補助手段として、出来事や物語を多く娯楽的に表したもの。その絵。例、児童まんが、政治漫画、まんがアニメ、コミック。▽絵だけのものを「サイレント―」と言う。江戸時代までの用法では、軽快な筆致で滑稽みを出した絵。「北斎―」。↓げきが(2)

まんかい【満会】無尽・頼母子(たのもし)講などの会期が終了すること。

まんかい【満開】花がすっかり開くこと。はなざかり。

まんがいち【万が一】↓まんいち

まんがく【満額】予定した金額に達すること。また、その金額。「―回答」

まんかぶ【満株】株の申し込み数が募集数に達すること。

まんがん【満貫・満款】マージャンで最高得点(でのあがり)。▽現在では多く、あがり役に応じて更に高い得点を設ける。

まんがん【満願】日数を限って神仏に願い事をしたその期限に達すること。

マンガン 金属元素の一つ。元素記号 Mn 鋼に含ませて硬くする。「―鋼」▽ドイツ Mangan 「満俺」とも書く。

まんかんしょく【満艦飾】①(祝いのしるしに)軍艦が信号旗などで飾り立てること。②比喩的に、㋐女性が仰仰しく着飾ること。▽くさして言う。㋑洗濯物を一面に干し並べてあること。

まんき【満期】一定の期限に達すること。「保険が―になる」「―除隊」

まんきつ【満喫】《名・ス他》①十分に飲み食いすること。②広く、十分に欲望をみたすこと。「スキーの醍醐味(だいごみ)を―する」「自由を―する」

まんきん【万金】多くの金銭。千金。「―を積む」

まんぎん【漫吟】《名・ス他》なんということもなく詩歌を作ること。また、口ずさむこと。

マングローブ 熱帯・亜熱帯地方の河口など汽水域に発達する植物群落。また、その群落をつくる樹木。干潮時には、長く伸びた太い根が数多く露出する。「―の林」▽mangrove

まんげい【漫芸】寄席(よせ)などで演じるこっけいな芸。

まんげきょう【万華鏡】筒の中に小さな鏡を三角柱状に仕組み、色紙(いろがみ)の小片などを封入した、おもちゃ。中をのぞきながら回すと、色紙が動いて模様の変化が楽しめる。

まんげつ【満月】全面が輝いて、まんまるく見える月。十五夜の月。もちづき。

まんげん【漫言】とりとめもなく発する言葉。漫語。

まんげん【万言】多くの言葉。「―を費やす」

まんご【漫語】↓まんげん(漫言)

まんこう【満×腔】全身。体全部。「―の(=心からの)敬意を表する」

マンゴー 甘い実を食用とする常緑高木。また、その実。東南アジアに産する。葉は革質、披針形でつやがある。実は卵形・長楕円(だえん)形などで、黄色く熟し、特殊の香気がある。▽mango うるし科。

まんごくどおし【万石×蓰】↓せんごくどおし

マンゴスチン 球形で、赤紫色に熟す実を食用とする常緑高木。また、その実。マレー半島原産。花は暗紅色。果肉は汁が多く、かおりがよくて甘い。果皮はインド更紗(さらさ)の染料用。▽mangosteen ふくぎ科(旧おとぎりそう科)。

まんざ【満座】その場にいる人全部。「―の失笑を買う」

まんさい【満載】《名・ス他》荷や記事をいっぱいのせること。

まんざい ①【漫才】万歳から発し、ふたりの芸人が、こっけいな話を交わす演芸。かけあいまんざい。「—師」▽「漫才」の表記は一九三二年頃から吉本興業が始めた。②【万歳】新年に、えぼし姿で家の前に立ち、祝いの言葉を述べ、つづみを打って舞う者。「三河(みかわ)—」▽「ばんざい」と読めば別の意。

まんさく【満作】豊作。「豊年—」

まんさく【万作】山地に自生し庭園に栽植もする落葉小高木。早春、黄色・線形の花が枝に集まり咲く。▽まんさく科。

まんざら【満更】《副・ノダ》《あとに打消しを伴って》全くそうだとも限らない意を表す語。必ずしも。「—知らない仲ではない」「—でもない」(悪くもない)「—の冗談でない証拠には」

まんさん【×蹣×跚】《ト タル》足もとがよろめくさま。「花見酒に酔って—と歩く」

まんざん【満山】山全体。山一面。「—の桜」

まんじ【×卍】「卍」の形や紋所(もんどころ)。▽「卍」は仏書に用いる「万」の字。

まんしつ【満室】宿泊施設などで、全室がふさがり、空き室のないこと。

まんじどもえ…どもゑ【×卍×巴】互いに相手方を追うような形に入り乱れた状態。▽「まんじともえ」とも言う。

まんしゃ【満車】駐車場が一杯(＝満)で、これ以上は車がとめられない状態(であること)。↕空車

まんじゅう【×饅△頭】①小麦粉・そば粉などを練って作った皮にあんを包み、蒸した丸い菓子。②小麦粉に酵母を加えてこね、発酵させて蒸した中国風の蒸しパン。まんとう。 **—がさ**【—×笠】まんじゅうを横に半分に切ったような形につくった、頭にかぶるかさ。

まんじゅしゃげ【×曼珠△沙華】↓ひがんばな。▽梵語(ぼんご)で、天上の華(はな)の意。日本で、ひがんばなに当てる。

まんじょう【満場】会場いっぱい。会場全体の人。「—の拍手を浴びる」「—一致で可決する」

マンション 中高層集合住宅。「分譲—」▽mansion(＝大邸宅) 現在の日本で「アパート」との呼び分けは、木造か簡易鉄骨建築かのアパートに対し、鉄筋コンクリート建築でいっそう丈夫なものを言う。

まんじり《副と》ちょっと眠るさま。「ひどい嵐で—ともできなかった」▽打消しの表現と呼応し、少しも眠らないことを表す。

まんしん【慢心】《名・ス自》心の中で自分のことを自慢すること。おごり高ぶる心。

まんしん【満身】からだじゅう。全身。「—の力をこめて」

まんすい【満水】《名・ス自》水がいっぱいになること。

マンスリー 毎月の。月一回の。一か月の。「—コンサート」。特に、月刊の定期刊行物。▽monthly

まん-ずる【慢ずる】《サ変自》慢心する。自慢する。

まんせい【慢性】①症状はあまり激しくないが、長期にわたってなかなかおらないような病気の性質。↕急性。②比喩的に、好ましくない状態が長期化すること。「—のインフレ」「—的な渋滞」「—化」

まんせい【×蔓生】茎がつるとなって生えること。つるだち。

まんせき【満席】会場・乗物などの座席が全部いっぱいになること。

まんぜん【漫然】《ト タル》これという目的や意識を持たず、とりとめのないさま。ぼんやり。「—と暮らす」

まんぞく【満足】《名・ス自・ダナ》①完全なこと。十分であること。「五体—」「—な答え」「料理も—にできない」▽数学では他動詞に使う。「方程式を—するxの値」②望みが十分にかなって、不平不満がないこと。「—が行く」「—に思う」「—感」 派生 **-さ** **-げ** 関連 満悦・満喫・会心・堪能(たんのう)・充足・十分・本望・不満・不満足・不服・不平

まんだら【×曼×陀羅・×曼×荼羅】①色彩があざやかな絵図。「愛欲—」▽⑵の転。②〔仏〕仏の悟った境地や、その境地に備わる功徳(くど)を絵にしたもの。また、悟りのための道場や壇。▽梵語(ぼんご)。 **—げ**【—華】〔仏〕これを見れば心に悦楽を感じるという聖花。

まんタン【満タン】燃料や水などが容器いっぱいに入っていること。▽「タン」は「タンク」の略。

まんだん【漫談】《名・ス自》①とりとめのない、こっけいな話(をすること)。②風刺や批評などをいれておもしろく話す話術・演芸。「—家」▽大正末に徳川夢声らが始めた。

まんちゃく【×瞞着】《名・ス他》ごまかすこと。だますこと。「人を—する」

まんちょう【満潮】しおが満ちて、海面の高さが一番高くなった状態。みちしお。↕干潮

まんてい【満廷】法廷などに人が満ちること。また、法廷などに集まった人全部。

まんてん【満天】そらいっぱい。「—の星」

まんてん【満点】①試験などで、規定の最高点。②転じて、申し分のないこと。「栄養—」「迫力—」

まんてんか【満天下】世の中全体。全世界。「—に知れ渡る」

まんと【満都】みやこ全体。「—の評判」

マント そでのない外套(がいとう)。▽フランス manteau **—ひひ**【—×狒×狒】ひひの一種。東アフリカ・アラビア産。雄は体長一メートルぐらいで灰色、頭から背にかけて長毛があり、マントを着ているように見える。雌は小さく、長毛もない。

まんどう【満堂】堂にいっぱいになること。また、堂に集まった人全部。満場。

まんどう【万灯】木のわくに紙をはり、下に長い柄(え)をつけてささげ持つ、あんどん。 **—え**【—会】万灯をともして供養(くよう)する法会(ほうえ)。

まんどころ【△政所】①政治をとり行う所。後、家政をつかさどる所をも言う。②「北政所(きたのまんどころ)」の略。摂政・関白の妻の敬称。のち広く、貴族の妻の敬称。

マンドリン 弦楽器の一つ。胴は卵を縦半分に割った形。四対(八本)の弦を張り、ピックではじいて音を出す。トレモロ奏法が特色。▽mandolin(e)

マントル ①地球の地殻の下から深さ二九〇〇キロのあたりまでの、固体部分。粘弾性体のように動き、大陸移動や造山運動の原因になると考えられる。②「マント」の古い言い方。▽mantle

マントルピース 洋室の壁につくりつけた、装飾的な暖炉。▽本来は暖炉の上の飾り棚を言う。mantelpiece

まんなか【真(ん)中】 線・物・場所や順序の、両端や周囲から内側に見て、全体のちょうど半分になるところ。また、そのあたり。中央。中心(1)(ア)。

まんにょうがな【万葉仮名】 →まんようがな

まんにんむき【万人向き】 だれにでも向くこと。「―の柄(がら)」▽「ばんにんむき」とも言う。

マンネリ 「マンネリズム」の略。一定の技法や形式が惰性的にくりかえされ、型にはまって独創性や新鮮みがなくなること。「―に陥る」▽mannerism から。

まんねん【万年】 ①一万年。非常に長い時間。「鶴は千年、亀は―」②転じて、いつもその状態を保つこと。「―平(ひら)社員」 **―どこ【―床】** かたづけないで、敷きっぱなしにしてある寝床。 **―ひつ【―筆】** ペン軸の中に入れたインクが、書くにつれてペン先に伝わり出るしくみのペン。 **―ゆき【―雪】** 高山(の谷間)などに、いつも消えないで残っている雪。

まんねんれい【満年齢】 年齢の数え方の一つ。生まれた時からその時までの時間を何年何か月何日で表したもの。また、その年未満を切り捨てたもの。▽単に「満」とも言う。「満(で)十八」。↓かぞえどし

まんのう【万能】 小さなくわのような形で除草などに用いる農具。▽「ばんのう」と読めば別の意。

まんば【慢罵】 《名・ス他》ばかにし、ののしること。

まんば【漫罵】 《名・ス他》みだりにののしること。「いわれのない―を浴びる」

まんぱい【満杯】 《ノダ》《「―な」も使う》入れものがいっぱいでそれ以上入らないこと。「―の酒」「容器が―になる」「―の書架」

まんびき【万引(き)】 《名・ス他》買物をしているようなふりをして、店の品をそっと盗むこと。

まんぴつ【漫筆】 思いつくままに、とりとめもなく書いた文章。随筆。漫録。

まんびょう【万病】 あらゆる病気。「かぜは―のもと」

まんぴょう【満票】 投票者全員からの得票であること。「―で選ばれる」

まんぴょう【漫評】 思いつくままに気楽にする批評。

まんぷく【満幅】 はば、または広さ全体。「―の信頼」(十分に信頼すること)

まんぷく【満腹】 《名・ス自》飲食をして(これ以上はもういらないと感じるほど)腹がいっぱいになること。

まんぷく【万福】 →ばんぷく

まんぶん【漫文】 とりとめのない文章。また、風刺などをいれてこっけいに書いた文章。

まんべんなく【満遍なく】 《副》行き届かないところがなく平均に。くまなく一様に。「―見渡す」「どの学科も―優秀な学生」▽「満遍」に形容詞を作る接尾語「ない」がついたものの連用形から。時に「満遍に」の形も使う。「水をまんべんにかける」

マンボ ルンバにジャズの要素を加えたラテン音楽。また、そのダンス。「―スタイル」(マンボの楽手たちがはやらせた、服装のかっこう)「―ズボン」(裾の細いズボン)▽スペイン mambo

まんぽ【漫歩】 《名・ス自》あてもなく、そこらをぶらぶら歩くこと。そぞろあるき。

まんぼう【〈翻車魚〉(まんぼう)】 体が扁平(へんぺい)な卵形で、長い背びれ・尻びれが体のほぼ後端にある海魚。全長三メートルを超えるものもある。温帯・熱帯にすむ。▽まんぼう科、そのうち特にまんぼう属の魚の総称。

マンホール 下水管などの点検・掃除をする人が路面から出入りするための入口。鉄またはコンクリートのふたをする。▽manhole

まんま 〔俗〕↓まま(儘)(1)(2)。▽連体修飾を受ける場合に限って使う。「まにま(に)」の転。

まんま ①《副と》(計略が)非常にうまく、首尾よく行くさま。「―とだまされた」▽「うまうま」の転。②《名》幼児語で、食べ物。うまうま。

まんまえ〔へ…ま〕**【真(ん)前】** まっすぐ前。真正面。

まんまく【×幔幕】 式場や会場などで、まわりに張りめぐらす幕。「紅白の―」

まんまる【真(ん)丸】 《名ナノ》ひずみやゆがみのない丸。全くまるいこと。「―の月」 派生 **―さ**

まんまる-い【真(ん)丸い】 《形》真ん丸だ。 派生 **―さ**

まんまん【満満】 満ちあふれているさま。(ア)《トタル・ノダ》その気持でいっぱいのさま。「やる気―」「―たる野心」「自信―に発表する」(イ)《副と》水量が多く、あふれるばかりであるさま。「―と水をたたえた貯水池」

まんまん【漫漫】 《トタル》果てしなく広々としているさま。「―たる大海原(おおうなばら)」

まんまんいち【万万一】 「万一」を強めた言葉。▽「万々が一」とも言う。

マンマンデー 《ダナ》仕事などの進行速度がおそいさま。ゆっくり。のろのろ。▽中国語「慢慢的」から。

まんまんなか【真ん真(ん)中】 それのまさに中央・中心である所。「神田の―で古本屋を営む」「的の―を射抜く」

まんめん【満面】 顔全体。顔じゅう。「―に笑みをたたえる」

まんもく【満目】 見渡す限り。「―これ桜」

マンモグラフィー 乳房のX線撮影による画像診断(法)。また、それに用いる装置。▽mammography

マンモス ①ゾウの仲間で牙が長い、氷河時代(更新世)に生きていた巨大な哺乳(ほにゅう)動物。全身が毛で覆われる。②巨大なものをたとえて言う語。「―都市」▽mammoth

まんゆう【漫遊】《名・ス自》気のむくままに、諸方をまわって遊ぶこと。「諸国を一する」「一記」

まんようがな【万葉仮名】漢字の音訓を借りて、日本語の音を写した文字。まんにょうがな。例、山を「也末」と書くなど。▽万葉集に多く用いられているので、この名がある。

まんりき【万力】工作作業などで、材料をはさんで固定する工具。バイス。

まんりょう【満了】《名・ス自他》任期などの定めの期間がすっかり終わること。それを終えること。「刑期一」

まんりょう【万両】冬、センリョウより大きい赤い球形の実が房状に垂れてつく常緑小低木。花は白。湿気がある水はけのよい所を好む。庭木にされる。実が白いのもある。▽さくらそう科(旧やぶこうじ科)。センリョウとは全く別種。

まんるい【満塁】野球で、本塁以外の三つの塁全部に走者がいる状態。フル ベース。「一ホーム ラン」

まんろく【漫録】↓まんぴつ

み

み【三】《造》「三(さん)」の和語。「一皿」「一歳(とせ)」▽数え上げる唱え以外に単独では使わない。「み(っ)つ」「みたり」の区別は、↓ひと(一)

み【実】①花の咲いたあとにでき、子房やその近くが成長したもの。果実。「一がなる」「一を結ぶ」(転じて、よい結果を得る)「花も一もある裁き」(↓はな(花)(1))。果実の中心部(にある種子)。「一から生える」②ものの中核。ものの中を満たすもの。内容。中身。「一の無い話」③汁の中に入れる菜や肉。具。「みそ汁の一にわかめを入れる」▽「身」と同語源。

み【身】①そのものの本体と見られる部分。㋐動物、特に人間の体。身体。「一につける」(着る。また、知識・技術などをすっかり自分のものとする)「一を切られるような思い」「一を粉(こ)にする」(労苦をいとわず骨を折る)「一二つになる」(出産する)▽人については、「からだ」が物としての肉体を指すのに対し、「身」は生命(・精神)を併せて言うことが多い。↓㋕ ㋑自分の体。転じて、自分。「一も心もささげる」「一を殺して仁をなす」(自分を犠牲にして人道のために尽くす)「一につまされる」(他人の不幸などが、わが身に引き比べられる)「一をもって」(みずから。また、体ひとつで、かろうじて)「一も世もない」(わが身も世間体もかまっていられない)「一から出たさび」(自分がした事の報いとして起こる災難) ㋒皮や骨に対して、肉。「魚の一をむしって食べる」 ㋓容器の、ふたに対して、物を入れる方。「一もふたもない」(露骨すぎて味わいも含みもない) ㋔刀の、さやに対して、刃。 ㋕心と体とをあわせた、その人の全体的な状態。人の全力。「仕事に一を入れる」 ②人が社会生活上に占める位置。㋐身分。地位。「一のほどを知らない」「一を立てる」(立身出世する)「一を固める」(結婚して一家を構える)「一に余る光栄」 ㋑その人の立場。「悪がきでも親の一からはかわいいさ」「私の一にもなって下さい」 ㋒その人の生き方。「一を誤る」「一を持ちくずす」

み【×巳】十二支の第六。方角では南南東、時刻では午前十時、また、午前九時から十一時までの間を指した。▽↓じゅうにし

み【×箕】穀物をふるって、殻(から)やごみをふり分けるための農具。

み=《名詞の上に》①【△御】尊敬または丁寧な気持をこめる。「一心のまま」「一山」「一雪」②【△深】句調を整え、また美しく表す。▽必ずしも深いの意は含まない。

=み ①《形容詞語幹……に付け》㋐……の傾向(を帯びている状態・程度)。「丸一を加えた月」「金メダルの重一」「甘一に飢える」「深一のある絵」「有難一が薄い」▽「=さ」より付く語が限られ、かつ外形より内面の捉え方に傾く。「味」と書くのは当て字。なお「悲しみ」などの「み」は「悲しむ」などの連用形語尾。「青み」「黄身」も別語源。㋑……である所。「深一にはまる」「弱一を突く」②《意味上対するA、Bによる「A一B一」の形で》AしたりBしたり。「雨が降り一降らず一(して)五日になる」「泣き一笑い一の騒ぎ」▽既に古風。

み〖*未〗ミ ビ いまだ まだ ひつじ ─ ①まだその時がこない。まだその事が実現し終わらない。いまだしい。打消しの語。↕既。「未然・未来・未知・未明・未発・未遂・未熟・未練・未決・未済・未完・未納・未満・未成年・未曾有(みぞう)・未生(みしょう)以前・前代未聞(みもん)」②十二支の第八。「癸未(きび)」▽↓ひつじ(未)

み〖*味〗ミ あじ あじわう ─ あじ(わい)。㋐舌に受ける感覚。「味覚・酸味・滋味・珍味・百味・薬味・加味・醍醐(だいご)味・調味料・無味無臭」。舌であじをみる。転じて、深く鑑賞する、また、内容をよく調べる。「吟味・玩味・賞味・味読・味到」▽舌触りは味に入れない。㋑物事の内容(に宿る面白み・趣)。「正味・意味・趣味・興味・気味・情味・妙味・俳味・地味・人間味・真剣味」「無味乾燥な話」㋒飲食物や薬(が含むあじ・材料)の種類を数えるのに使う。「五味を合わせた膳」「七味とうがらし」

み〖魅〗ミ みいる ─ ①不思議な力で人を引きつけ、心をまよわす。「魅了・魅惑・魅力」②物の精が形をあらわしたもの。すだま。ばけもの。「魑魅(ちみ)」

み〔**弥**〕〔**△彌**〕 ミ ビ や いよいよ いや ― ①ひろくゆきわたる。あまねく。「弥漫(びまん)」②いよいよ。ますます。「弥恭・弥高・弥隆」③とじあわせる。「弥縫(びほう)」④梵語(ぼんご)の音訳。「阿弥陀(あみだ)・沙弥(しゃみ)・須弥山(しゅみせん)・弥勒(みろく)」

みあい【**見合(い)**】①《名・ス自》結婚するかどうかを決めるために、他人をなかだちとして、互いに知らない男と女が会うこと。「―結婚」「お―する」②《名》一方と釣り合いを取ること。「出荷との―で生産する」

みあ-う【**見合う**】①《五自》つりあう。「支出に―収入」②《五他》互いに相手(の様子)を見る。「じろじろ―」

みあかし【**△御△灯**】神仏の前に供える灯火。お灯明(とうみょう)。

みあき【**見飽き**】さんざん見て、見るのに飽きてしまうこと。「―がしない景色」

みあ-げる【**見上げる**】《下一他》①下から上の方を見る。仰ぎ見る。②《「―・げた」の形で》(人間や行いが)りっぱだと思う。「―・げたものだ」

みあた-る【**見当(た)る**】《五自》さがしていたものがみつかる。「前例が―」「万年筆が―・らない」

みあやま-る【**見誤る**】《五他》見て捉えたところが別のものだというような、間違いをする。見間違える。「似ているので兄と―・った」「事の本質を―」

みあらわ-す【**見△顕す**】《五他》かくれていた正体などを、見破る。

みあわ-せる【**見合(わ)せる**】《下一他》①互いに相手を見る。「顔を―」②比べてみる。対照する。③事情をよく考えて、実行をさしひかえる。「旅行を―」「列車の運転を―・せています」

みいだ-す【**見△出す**】《五他》見つける。発見する。「解決の糸口を―」▽「いだす」は口語「だす」の文語形の残存ゆえ、「見い出す」と書くのは誤り。

みいつ【**△御〈稜威〉**】天皇の威光。

ミーティング 会議。打ち合わせ。▽meeting

ミート ①《名》食用の肉。「―ソース」▽meat ②《名・ス自》ボールをバットなどの芯でとらえること。「ジャスト―」「うまく―する」▽meet

みいはあ《名・ダナ》世間の流行にかぶれやすいこと。そのような人。みいちゃんはあちゃん。▽「みよちゃん花ちゃん」からという。もとは、そのような娘たちを言った。普通「ミーハー」と書く。

ミイラ【**〈木乃伊〉**】人間・動物の死体を乾かして、もとのままに近い形で残したもの。また、自然にそうなったもの。「―取りが―になる」(人を捜しに行った者が、そのまま帰って来なくなる。また、説得に行った者が、相手に同調してしまう)▽ポルトガル mirra

みいり【**実入り**】①穀物などの実が成熟すること。②収入。「―がいい」

ミーリング フライス盤。▽milling

みい-る【**見入る**】《五他》一心に見る。㋐気をつけてじっと見る。㋑引き入れられたように見る。

みい-る【**魅入る**】《五自》怨霊(おんりょう)などが、とりつく。魅する。「悪魔に―・られる」▽多く受身の形で使う。

ミール ①食事。②乾燥した穀類・魚肉などを粗い粉末状にしたもの。「オート―」▽meal

みうけ【**身請(け)**】《名・ス他》前借金を代わって払い、芸妓(げいぎ)や娼妓(しょうぎ)にその商売をやめさせること。落籍。

みう-ける【**見受ける**】《下一他》見てとる。見て、これこれだと思う。「―・けたところ、まだ若いね」。見て認める。みかける。「それを街角で―・けた」

みうごき【**身動き**】《名・ス自》体を動かすこと。自由に活動すること。「―一つできない」「資金難で―がとれない」

みうしな-う【**見失う**】《五他》見えていたものの所在を失い、見えなくなる。「将来の目標を―」

みうち【**身内**】①からだじゅう。「―がしまる」(緊張する)②家族。親類。③同じ親分に属する子分(ら)。また、会社など、同じ組織に属する人。

みうり【**身売り**】《名・ス自他》①金と引き替えに、施設や組織をそっくり譲渡すること。「球団を―する」▽②の比喩的用法。②身代金(みのしろきん)の代償として、約束の年季の間、奉公すること。

みえ【**見え**】①他人に見える、その人の様子。みば。「―がよくない」「―をつくろって無理をする」「―を張る」(うわべを飾る)②他人を意識して、実際以上によく見せようとする態度。「―で高い洋服を作る」▽⑴⑵とも、「見栄」と書くことがある。③芝居で、最高潮に達した場面であることを示して、役者が目立つ表情・動作をすること。「―を切る」(「―をする」とも言う)。比喩的に、自分を誇示するようにふるまうこと。「大勢の前に出るとすぐ―を切りたがる男だ」▽⑶は、しばしば「見得」と書く。

みえいどう【**△御影堂**】寺で宗祖などの像(＝御影)を安置する堂。▽「みえどう」とも言う。

みえかくれ【**見え隠れ**】《名・ス自》見えたり見えなくなったりすること。「―にあとをつける」▽「みえがくれ」とも言う。

みえす-く【**見え透く**】《五自》①すきとおって、底までよく見える。②相手の本心や隠された意図が見通せる。「―・いたお世辞」「底の―・いた嘘(うそ)」

みえっぱり【**見△栄っ張り**】うわべを気にして飾る人。みえぼう。

みえぼう【**見△栄坊**】→みえっぱり

みえみえ【**見え見え**】《ノダ》《「―な」も使う》〔俗〕隠そうとしている意図・本心が見え透いていること。「下心が―だ」「―の策」

み-える【**見える**】《下一自》①(視界内にあるものの刺激で)目に感じられる。目にうつる。「山が―」「幽霊の姿がありありと―」「目に―・えて少なくなる」②見ることができる。視覚が働く。「ネコは夜でも物が―」「目が―・えない」③その状態がおのずとそう感じ取れる。㋐《「……にー」の形で》感じられる。「雲の形がヒツジにー」㋑《「……とー」「……かにー」の形で》見受けられる。解釈される。「彼は、ほめられてもうれしくないとー」「問題が解決したかにー」④「来る」の敬語。おいでになる。

みえるか【見える化】《名・ス他》動向や問題点、計画などを、常に意識できるように視覚化して表示すること。「業務のー」

みお【△水△脈・×澪】①海・湖・川で、流れの作用で底がみぞ状に深くなった部分。船の水路になる。②船の通ったあと。航跡。「ーを引く」

みおく-る【見送る】《五他》①人が去るまでつきそう。㋐出発する人を送る。「客をー」㋑なきがらを、墓地まで送って行く。㋒死ぬときまで世話をする。「親をー」②去って行くのを、後ろからながめる。「渡り鳥をー」③見ているだけで、手を出さない。「ボールをー」。そのままにして取り上げない。「採用をー」「機会をー」

みおさめ【見収め・見納め】見ることの最後(の機会)。「この世のー」

みおつくし【〈澪標〉】みお⑴の印に立てる杭(くい)。水路標。▽和歌で「身を尽くし」にかけて使うことが多い。「澪(みお)」+古代の格助詞「つ」+「串」

みおと-す【見落(と)す】《五他》そこを見ながら、それには気づかずに漏らす。みすごす。「誤植をー」

みおとり【見劣り】《名・ス自》相手に比べて劣って見えること。「ーがする」

みおぼえ【見覚え】見てその様子が記憶に残っていること。「ーがない」「ーのある顔」

みおも【身重】妊娠していること。

みおろ-す【見下ろす】《五他》①上から、下の方を見る。「山からー」②みさげる。みくだす。

みかい【味解】《名・ス他》じゅうぶんかみしめながら理解すること。

みかい【未開】①まだ開拓されないこと。「ーの土地」②文明が行き渡らないこと。「ー社会」

みかいけつ【未解決】《ノダ》《「ーな」も使う》まだ解決していないさま。

みかいたく【未開拓】《ノダ》《「ーな」も使う》まだ開拓されていないこと。「ーの沃野(よくや)」「その方面の販路はーだ」

みかいはつ【未開発】《ノダ》《「ーな」も使う》まだ開発されていないこと。「ーの資源」

みかえし【見返し】①見返すこと。②書物の表紙・裏表紙の内側の見開き二ページ。③洋裁で、前あき・襟ぐり・袖口などの始末のために裏側に縫いつける布。

みかえ-す【見返す】《五他》①後ろを振り向く。②転じて、済んだ仕事などを見直す。「誤字がないかと原稿をー」③他人に見られた仕返しにこちらからも見る(にらむ)。④転じて、見くだされた仕返しとして、りっぱになって相手に見せつける。

みかえり【見返り】①ふりかえること。「ー美人」②担保・保証またはお返しとして差し出すこと。その差し出したもの。「ー品」「ー物資」「ーを要求する」

みかえ-る【見返る】《五他》ふりかえって、見る。

みか-える【見変える】《下一他》《多く受身で使う》今までの評価などを変えて他のものに心を移す。「恋人にーえられる」▽今はあまり使わない。

みがき【磨き・△研き】みがくこと。「ーをかける」

みがきこ【磨き粉】物をみがくのに使う、こな。

みがきにしん【身欠(き)×鰊】ニシンの、頭と尾を取り去って干したもの。▽「みかきにしん」とも言う。

みかぎ-る【見限る】《五他》期待したほどの見込みがないと考えて、あきらめてやめる。あいそをつかして、関係しないようにする。「夫をー」

みかく【味覚】舌などで物の味を感じ知る感覚。甘・苦・辛・酸などの味の感覚。

みが-く【磨く・△研く】《五他》①表面をこすって、光らせたり、きれいにしたりする。「玉をー」②手入れをして美しくする。「肌をー」③努力を重ねて、上達させる。練磨する。「腕をー」「技をー」

みかくにん【未確認】《名ナ》まだ確認が取れていないこと。「今度の選挙に出馬するかどうかはーだ」「ー飛行物体」(→ユーフォー)

みかけ【見掛け】外から見た様子。外観。うわべ。「ーに似合わず気が小さい」 **ーだおし**【ー倒し】外観はりっぱだが、内容が意外によくないこと。

みかげいし【△御影石】花崗岩(かこうがん)。▽主に石材としての名称。神戸市の御影(みかげ)が産地として有名であったことから。

みか-ける【見掛ける】《下一他》目にとめる。道などで、出合う。「このごろあまりーけない」

みかじめ【見ケ×〆】〔俗〕見回って取り締まること。「ー料」(暴力団が飲食店・露店などから取り立てる用心棒代)

みかた【味方・身方・△御方】①《名》自分の属する方。仲間。「国際世論をーにつける」②《名・ス自》仲間として力をかすこと。加勢すること。「すべての条件が彼にーする」

みかた【見方】①見る方法。「顕微鏡のー」②(見て)考える方法。考え方。見解。「物のー」

みがため【身固め】《名・ス自》身じたくをすること。

みかづき【三日月】陰暦の三日(前後)の細い月。そういう形。「ー眉(まゆ)」

みがって【身勝手】《名・ダナ》自分の都合・利益だけを考えて行動すること。わがまま。「ーを言う」「ーな理屈」 派生 **-さ**

みかど【△御門】天皇。▽「門」の尊敬語で、皇居の門を意味したことによる。「帝」とも書く。

みか-ねる【見兼ねる】《下一他》平気で見てはいられない。「見るにー」

みがまえ【身構え】身構えること。その姿勢。

みがま-える【身構える】《下一自》①追って(攻め

て)来るものを防ぐ(迎え撃つ)姿勢・態度をとる。②比喩的に、自分(の立場)を守ろうとして用心する。

みがら【身柄】①当人そのもの。当人の体。「—をあずかる」「—を引き取る」②その人の身分。身のほど。「—が分かる」

みがる【身軽】〘ダナ〙①かるがると体を動かすさま。「―にとび乗る」②(足手まといがなく)行動が楽にできること。「—な服装」「—な独り者」 派生 **-さ**

みがる-い【身軽い】〘形〙身軽だ。 派生 **-さ**

みかわ-す【見交(わ)す】〘五他〙互いに相手を見合う。

みがわり【身代(わ)り】代わって、他人の役割をすること。その人。

みかん【未刊】まだ刊行されていないこと。↕既刊

みかん【未完】〘ノダ〙まだ完了・完成していないこと。「この論文、—」「—の大器」

みかん【△蜜×柑】冬に黄色で丸い果実を結ぶ常緑低木または高木。六月ごろ白い花が咲く。実は食用。品種が多い。▽みかん科みかん属の木または果実の総称。特に温州(うんしゅう)みかんを言う。 **—いろ**【—色】みかんの果実のような色。

みかんせい【未完成】〘ノダ〙《「—な」も使う》まだ完成していないこと。「研究が—に終わる」「—の作品」「—な人物」▽「まだ—」という表現が多くなったが、この「まだ」は元来不要。

みき【幹】①樹木の、根から上の方に伸びて枝を出す、太い部分。②物事の主要部分。「計画の—」▽↕枝・枝葉

みき【△御△酒・〈神酒〉】酒をたたえて言う語。特に、神に供える酒。「お—」

みぎ【右】①相対的な位置の一つ。東を向いた時、南の方、また、この辞典を開いて読む時、偶数ページのある側を言う。「—から左へ」(品物などを手もとにとどめず、すぐ次に渡すこと)「—と言えば左」(何事によらず人の言うことに反対すること)「—に出る者がない」(一番すぐれている。昔、中国で右を上席とした事から)▽↓みぎする。②日本の昔の官職では、同じ地位のうち下位の方。「右大臣(みぎのおとど)」③縦書きにした文章中で、前に述べたことを指す語。「—のとおり」「—御礼まで」「—総代、……」④思想上の右翼。▽↕左

みぎうで【右腕】①右の腕。②最も信用し、たよりにしている部下。

みぎかたあがり【右肩上がり】売り上げ・景気などの量的グラフで、増大が続く様子。「—の株価動向」▽一九八〇年ごろから言う。

みきき【見聞き】〘名・ス他〙見たり聞いたりすること。見聞(けんぶん)。

ミキサー ①コンクリートを製造するため、セメント・砂・砂利(じゃり)などを混合しかきまぜる機械。②台所用品の一つ。刃物の回転によって果物や野菜を粉砕し、液状にするためのもの。③放送局で、音量・音質の調節をする機械。また、その係りの人。ミクサー。▽mixer

ミキシング〘名・ス他〙①混ぜること。「—グラスでカクテルを作る」②複数の音声・映像を合わせて調整すること。▽mixing

みぎ-する【右する】〘サ変自〙方向を右にとる。道を右に折れる。「町を—し左して逃げのびた」

みぎて【右手】①右の手。②右のほう。「—に見える」

みぎひだり【右左】①右と左。「—に行交う」②《「—と」の形で》手の物を右から左へ移すように、その場ですぐに。「そう—とは事が運ばない」③《多くは「—に」の形で》右と左とを取り違えること。「子供が靴を—にはいた」。あべこべになること。「話が—になる」

みぎまき【右巻(き)】(うず・つる・ねじなどが)右の向きに巻いていること。時計の針の回り方と同じに巻くこと。

みぎまわり【右回り】右の向きに回ること。時計回りに回ること。

みきり【見切り】あきらめて見捨てること。「—をつける」「—発車」(転じて、物事が整わないうちに次へ進むこと)「—品」(見切って安く売る品)

みぎり【×砌】《連体修飾を受け》ちょうどその事が行われる(現れる)時。「法要の—」「幼少の—」「厳寒の—」

みき-る【見切る】〘五他〙①最後まで見る。すべて見る。「長い映画を—」②よく見て判断する。みきわめる。「戦況を—」「太刀筋(たちすじ)を—」③だめだとあきらめて見捨てる。みかぎる。特に、商品の値段を安くして売る。

みぎれい【身奇麗・身×綺麗】〘ダナ〙身なり、身のまわりをさっぱりと清潔にしているさま。 派生 **-さ**

みぎわ【×汀・×渚】みずぎわ。なぎさ。▽「水際(みぎわ)」の意。

みきわ-める【見極める】〘下一他〙徹底的によく見て知る。㋐最後まで見て十分に確認する。㋑物事の奥底をきわめる。㋒真偽を鑑定する。

みくじ【△御×籤】↓おみくじ

みくず【△水×屑】水中のごみ。「—となる」(水死する)

みくだ-す【見下す】〘五他〙あなどって相手を下に見る。みさげる。「人を—した態度」

みくだりはん【三△行半】妻に与える離縁状。▽もと、三行半に書いたから。

みくに【△御国】国の尊敬語。▽日本を言う。「皇国」とも書いた。ほめる気持で使う。

みくび-る【見×縊る】〘五他〙(相手を)たいしたことはないと、あなどる。

みくら-べる【見比べる・見△較べる】〘下一他〙①異同や優劣を知るために(当の物を並べて)見て比べる。「真筆と—べれば偽筆だと分かる」②広く(直接視覚によらなくても)、比較する。「日米の法制を—」

みぐるし-い【見苦しい】〘形〙汚かったり、劣っていた

み

り、道徳にはずれていたりして、見るのもいやだ。みっともない。「—服装」派生—さ

みぐるみ【身ぐるみ】 体に着けているもの全部。「—はがれる」

ミクロ『名ナノ』①非常に小さいもの。極微。↕マクロ。「—の世界」②→マイクロ。▽micro（英語では接頭語）　**—コスモス** →しょううちゅう。↕マクロコスモス。▽ドイツ Mikrokosmos

ミクロン →マイクロメートル。記号μ。▽フランス micron

みけ【三毛】 白・黒・茶の毛がまだらに混じっている猫（の毛色）。

みけいけん【未経験】『名ナノ』まだ経験していないこと。「—者」派生—さ

みけつ【未決】 ①まだ決定・採択されていないこと。↕既決。「—の書類」②犯罪の嫌疑で公訴が提起され、まだ有罪か無罪かが決まっていないこと。　**—かん【—監】** 未決囚を拘禁しておく施設。▽二〇〇五年以前の用語。　**—しゅう【—囚】** 拘禁されている被告人・被疑者。

みけん【未見】『ノダ』まだ見ていないこと。「—の地」

みけん【眉間】 眉(まゆ)と眉との間。額の中央。「—にしわを寄せる」

みこ【〈神子〉〈巫女〉】 神に仕える（未婚の）女性。神楽(かぐら)・祈祷(きとう)を行い、また、神託を伺い口寄せをする者。

みこ【△御子・〈皇子〉〈皇女〉】 天皇の子（で、皇位についていない人）。特に、親王や内親王。

みごうしゃ【見巧者】『名ナ』芝居などで、なれていて見方が上手なこと。そういう人。

みこし【△御×輿・〈神輿〉】 祭礼の時に、神体を安置してかつぐ輿(こし)。神輿(しんよ)。「お—」「—をあげる」（転じて、腰をあげて、事にとりかかる）「—をすえる」（転じて、しりを落ちつけて、ゆっくり構える）▽「輿」に敬語の接頭語「み」を添えた語。

みこし【見越し】 隔ての物を越して見ること。「—の松」（塀際に植えた外から見える松）

みごしらえ(ごしらへ)【身×拵え】『名・ス自』服装を整えること。身じたく。

みこ-す【見越す】『五他』①先がどうなるかを、見通す。「インフレを—して買い占める」②へだてや仕切りを越して向こうを見る。

みごたえ(たへ)【見応え】 見るだけのねうち。「—のある試合」

みこと【△尊・△命】 神・貴人の呼び名に添える語。「日本武(やまとたける)の—」▽「御事(みこと)」の意。

みごと【見事】『ダナ・副［に］』見るに値する事と言えるさま。㋐手際・出来ばえ・有様が鮮やかなさま。「答弁が—だ」「—(に)書き上げた」「—な菊が咲く」㋑《悪い事についても、主に「—な」「—に」で》かえって感心するほどのさま。「—(に)計略にはまった」「—な失敗」▽もとは体言。「ものの—に」はそれが見事なものと言えるほどにの意。「美事」は当て字。派生—さ 関連 素晴らしい・素的・立派・結構・上出来・上上・上等・極上・優等・優秀・秀逸・絶好・傑出・出色・屈指・抜群・卓抜・卓越・卓絶・非凡

みことのり【詔・△勅】 天皇の仰せ（を書いた文書）。宣命(せんみょう)・宣旨・勅語・詔書など。

みごなし【身ごなし】 体の動かし方。挙動や態度。

みこみ【見込(み)】 ①将来有望だという可能性。「—がない」②予想。目あて。「—が立たない」「一週間で出来上がる—」「—違い」

みこ-む【見込む】『五他』①有望だと思う。②予想して勘定に入れる。「損失をある程度—」「退職金を—んで借金する」③執念深くとりつく。見入る。「蛇に—まれた蛙(かえる)」

みご-もる【身籠(も)る】『五自他』体内に子が宿る。「その時わたしは二番目を—っておりました」▽「はらむ」と違い、悪い語感は伴わず、普通は獣には言わない。

みごろ【見頃】 花などの、見るのにちょうどいい頃あい。「桜の—」

みごろ【身頃・×裑】 衣服の、そで・えり・おくみなどを除いた、体の前面・背面を覆う部分。「前—」

みごろし【見殺し】 ①死にそうになっているのを、助けないで、ほうっておくこと。「—にする」②比喩的に、非常に困っているのを助けないでほうっておくこと。

みこん【未墾】 まだ開墾されていないこと。

みこん【未婚】『ノダ』まだ結婚していないこと。↕既婚

ミサ ①カトリック教会の中心的な祭礼。聖体を受け神に感謝する祈りなどを行うもの。②ミサ曲。▽ラテン missa「弥撒」とも書く。　**—きょく【—曲】** ミサで信徒のうたう賛歌。後に演奏会用のものも作られた。「鎮魂—」

みさい【未済】 処理がまだ済んでいないこと。特に、借金などをまだ返済していないこと。↕既済

ミサイル ロケットなどの推進装置によって、目標に向かって飛行して爆発する兵器。誘導弾。「地対空—」「巡航—」▽missile

みさお(みさを)【操】 ①意志を変えず、身をかたく持すること。節操。②貞操。「—を守る」

みさかい(かひ)【見境】 物事を区別して考えてみること。みわけ。「前後の—なく」「—がつかない」

みさき【岬】 陸地が海や湖に突き出た所。「—に立つ灯台」▽「み」は接頭語。「さき(先)」(1)の転。

みさ-げる【見下げる】『下一他』軽蔑する。みくだす。以前より評価を下げる。「—げはてた奴(やつ)だ」

みさご【×鶚・〈雎鳩〉】 入り江などにすみ、するどい爪で魚をとらえて食べる大形の鳥。魚鷹(うおたか)。▽たか目みさご科。

みささぎ【陵】 天皇・皇后などの墓。御陵(ごりょう)。

みさだめ【見定め】 見さだめること。みきわめ。

みさだ-める【見定める】『下一他』確かにそうだと言える程度まではっきり見る。はっきりと確かめる。

「目標を―」「正体を―」

ミサンガ 色とりどりの糸を編んで作り、輪にして手首や足首に巻く装身具。切れると願いがかなうという。▽ポルトガル miçanga

みじか-い【短い】『形』物・空間・時間、または抽象的なものについて、ある(端の)点から他の(端の)点までの隔たりが小さい。↕長い。「髪を―く切る」「冬は日が―」「―話」「気が―」(せっかちで、ぐずぐずしていることができない気質だ)▽上下などの方向の観点が加われば「低い」「浅い」「狭い」などと言う。派生 **-さ**

みじかめ【短め】どちらかと言えば短いこと。こころもち短いこと。↕長め

みじかよ【短夜】夏の、明けやすい夜。

みじたく【身支度】『名・ス自』何かをするために身なりを整えること。

みじまい【身仕舞(い)】『名・ス自』身支度。特に、女性の化粧・服装。

みしみし『副[と]・ス自』接合部・関節などがきしむ音。そのさま。「階段が―(と)きしむ」「関節が―(と)痛む」

みじめ【惨め】『ダナ』とてもまともに見られないほど、恵まれない、ひどいさま。「―な姿」「―な思いをした」派生 **-さ** **-がる**

みしゅう【未収】まだ実際に収納・収録していないこと。

みじゅく【未熟】『名ナ』①果物などが、まだ熟していないこと。②技術・教養などが熟練していないこと。一人前でないこと。「―者(もの)」派生 **-さ** **-じ**【―児】母の胎内で十分には発育しないうちに(早く)生まれた子。▽以前は出生時の体重が二五〇〇グラム未満の子(低出生体重児)を言った。

みしゅつ【未出】『ノダ』まだ一度も出たり掲げたりしていないさま。↕既出。「―のテスト問題」「提案は―だ」

みしょう【実生】草木が種から芽を出して生長すること。その発芽した植物。▽つぎ木・さし木によらないものを言う。

みしょう【未生】まだ生まれていないこと。「―以前」(生まれる前)

みしょう【未詳】まだ詳しく知れていないこと。「作者―」

みじょう【身性・身状】①うまれつき。性分。②みのうえ。身分。③みもち。品行。

みしらず【身知らず】『名ナ』→みのほどしらず

みしり【見知り】①見て知ること。見分けていること。「人―」(→ひとみしり) ②前に会って知っていること。面識。「顔―」 **-ごし**【―越し】以前から知り合っていること。

みし-る【見知る】『五他』前に見て知っている。面識がある。「―らぬ人」「今後お―り置き下さい」

みじろぎ【身△動ぎ】『名・ス自』体をちょっと動かすこと。みうごき。「―もしない」▽昭和前半期までは五段活用動詞でも使った。

ミシン 布などを縫う機械。「―をかける」「―を踏む」「―で縫う」「―目(め)」(→めうち③) ▽sewing machine から。

みじん【△微×塵】①細かい、ちり。非常に細かい形。「木端(こっ)―」「粉―」「玉ねぎを―に切る」②ごくわずかな量。「だます考えは―もない」▽大正ごろまでは「だますつもりは―ない」のようにも使った。 **-ぎり**【―切り】料理で、細かく切ること。細かく切ったもの。 **-こ** ①【―子】体長二ミリ程度の甲殻類で、プランクトンの一種。池・沼・溜池(ためいけ)などに発生し、淡水魚の餌になる。②【―粉】もちごめを蒸して干し、ひいて粉にしたもの。らくがんなどの材料。また、それで作った菓子。

みじんまく【身慎×莫】①身なりを整えること。身じたく。身じまい。「―をよくすれば、じじむさくもない」②自分のことを自分できちんと処理すること。自分で生計を立てること。「てんでん―をするがいい」③金銭などを隠して貯えること。へそくり。▽かなり古風。

みす【△御×簾】綾(あや)などで縁(ふち)を取った、目の細かいすだれ。

ミス ①『名・ス自他』失敗すること。失敗。「返球を―する」。また、誤り。まちがい。ミステーク。「計算を―して解けなかった」「―ジャッジ」▽miss ②『名』未婚女性名に付ける、英語の敬称。嬢。転じて、独身の女性。「まだ―でいる」。その代表的な美人。「―日本」▽Miss

みず【水】①川を流れ海にたたえられ、また雨として降り、動植物に必須の身近な物質。水素と酸素の化合物。純粋のものは無色・無味・無臭。普通には、熱くない液状のものを指し、湯・水蒸気・氷と区別する。「―は低い方に流れる」「―は方円の器(うつわ)に従う」(水は容器の形によって四角にも丸くもなる。人が交友関係によって善くも悪くもなる事のたとえ)「淡々として―のごとし」「―清ければ魚棲(す)まず」(あまりに清廉すぎるとかえって人に親しまれない)「ウイスキーを―で割る(=薄める)」「―に油」(互いに親しくとけあわないたとえ)「―も漏らさぬ警戒」「―もしたたるような」(つやつやして美しいさま)「―が漬(つ)く」(大水で浸水する)「―をあける」(水泳やボート レースなどで一身長または一艇身以上の大差をつける)「―がはいる」(相撲(すもう)で、水入りになる)「―に流す」(過去のいざこざなどを、とやかく言うのをやめ、そんな事はなかったことにする)「―をさす」(仲がいい間柄や、せっかくし始めた事柄に、わきから邪魔をして、うまく行かないようにする)「―を向ける」(相手の関心をある事に向けさせようと誘いかける)「―を打ったよう」(大勢の人がしんと静まっているさま)▽流動するところから、「水物」や「水商売」という語が生じた。②液状の、粘りけがないもの。しる。「傷口をしぼる

と―が出る」「へちまの―を採る」「―おしろい」 関連 淡水・真水・塩水・鹹水(かんすい)・海水・潮水・軟水・硬水・鉱水・蒸留水・浄水・濁り水・泥水・汚水・下水・上水・廃水・飲み水・生水・冷や水・お冷や・冷水・湯水・手水(ちょうず)・閼伽(あか)・用水・呼び水・誘い水・雨水・降水・天水・淦(あか)・流水・静水・湧き水・地下水・清水・井戸水・死に水・逃げ水・水滴・水玉・水沫(すいまつ)・水煙

ミズ 女性名に既婚・未婚を問わず付ける、英語の敬称。▽Ms. アメリカの女性解放運動から生まれた語。

みずあか：みづ【水×垢】水中にとけていた物質などが、物に付着したり水中に浮かんだりしたもの。「鉄瓶の―」「舟の―」

みずあかり：みづ【水明(か)り】暗い中で光を反射した水面がほのかに明るく見えること。▽やや古風。

みずあげ：みづ【水揚(げ)】①『名・ス他』船の貨物を陸に揚げること。りくあげ。②『名』漁獲(量)。③『名』(水商売などで)売上げ。稼ぎ高。④『名』生花(いけばな)で、水の吸収をよくし長持ちさせるのに施す方法。⑤『名・ス他』芸妓(げいぎ)・娼妓(しょうぎ)が体を委ねる客を初めて取ること。

みずあさぎ：みづ【水浅×葱】うすいあさぎ色。「空は五月の―」

みずあし：みづ【水足】川などの水量が増減する速さ。

みずあそび：みづ【水遊び】『名・ス自』①水を使って遊ぶこと。②海・湖・川などで遊ぶこと。

みずあたり：みづ【水△中り】『名・ス自』飲んだ水にあたって病気になること。

みずあび：みづ【水浴び】『名・ス自』①水を浴びること。すいよく。②水泳。

みずあぶら：みづ【水油】液状の髪油。椿(つばき)油・菜種油など。

みずあめ：みづ【水×飴】澱粉(でんぷん)を糖化させた、粘液状のあめ。甘味料などにする。

みずあらい：みづあらひ【水洗い】『名・ス他』(洗剤を使わずに、あるいはドライ クリーニングに対して)水で洗って汚れを取ること。

みすい【未遂】計画だけで、しとげてはいないこと。また、実行には着手したが、しとげられなかったこと。↔既遂。「殺人―」

みずいらず：みづ【水入らず】内輪(うち)の者だけで、他人がまじっていないこと。「一家―の団欒(だんらん)」

みずいり：みづ【水入り】相撲(すもう)で、勝負が長引き力士が取り疲れたとき、一時引き離して休ませ力水(ちからみず)をつけさせること。

みずいろ：みづ【水色】うすい青色。

みずうみ：みづうみ【湖】(普通は、海に直接はつながらず)陸に囲まれ、かなりの深さのある水域。▽池や沼より大きく深いものを言う。「水海」の意。

みずえ：みづゑ【×瑞△枝】みずみずしい若枝。

みずえ：みづゑ【水絵】水彩画。

みずえのぐ：みづゑのぐ【水絵(の)具】水でといて使う絵の具。

みす-える：すゑる【見据える】『下一他』①じっと(鋭く)みつめる。「目を―」②みさだめる。「現実を―」

みずおち：みづ【〈鳩尾〉】→みぞおち

みずかい：みづかひ【水飼い】馬などに水をやること。「―場」

みずがい：みづがひ【水貝】新鮮なアワビを、さいの目に切って冷水に浸した、夏の料理。

みずかがみ：みづ【水鏡】水面に姿がうつって見えること。水面に姿をうつして見ること。

みずかき：みづ【×蹼・水×掻き】水鳥・蛙(かえる)などの指の間にある膜のようなもの。泳ぐとき水をかく役目をする。

みずがき：みづ【×瑞垣】神社の周りのかきね。たまがき。

みずかけろん：みづかけ【水掛け論】両方が互いに理屈を言いあって解決しない議論。

みずかげん：みづ【水加減】(料理などで)水の入れぐあい。

みずかさ：みづ【水×嵩】川などの水量。「―が増す」

みずがし：みづ【水菓子】くだもの。「―屋」▽「菓子」は本来「くだもの」の意。昭和初年までは日常語としてこの語が「くだもの」より普通だった。新たに和菓子業界で、干菓子などに対し水ようかんの類を言い始めた。

みすか-す【見透かす】『五他』みぬく。裏まで見通す。「内幕を―」「手の内を―される」

みずがみ：みづ【水髪】油をつけず水でなでつけた髪。

みずがめ：みづ【水△瓶・水×甕】①水を入れておく、かめ。②水道用貯水池のたとえ。「東京の―」

みずから：みづから【自ら】①『副』自分から。自身。「―手をくだす」②『名』自分。自身。「―を高しとする」▽「おのずから」と読めば別の意。

みずガラス：みづ【水ガラス】珪酸(けいさん)ナトリウムの水溶液。石英に炭酸ソーダを作用させてつくる。無色で粘性に富み、陶磁器の接合などに用いる。

みずがれ：みづ【水×涸れ】井戸・田・川・池などが干上がって、水がなくなること。

みすぎ【身過ぎ】くらし。生計。生業。境遇。「―世過ぎ」

みずき：みづ【水木】初夏に白い四弁の小花が密集して咲く落葉高木。青黒色の実がなる。山野に生え、庭木にもする。材は柔らかく、細工物用。▽芽をふく時、地中から多量の水を吸い上げ、枝を折ると樹液がしたたるのが名の由来。みずき科。

みずぎ：みづ【水着】水泳や海水浴のときに着るもの。海水着。

みずききん：みづ【水飢×饉】雨が長いこと降らず、農耕や生活の用水が非常に不足する状態。

ミスキャスト 役の割当てがよくないこと。また、不適当な配役。▽miscast

みずきり：みづ【水切り】①『名・ス他』水を切ること。水分がなくなるようにすること。②『名』石を水面に投げて、石が水の上をはずんで飛んでゆくようにする遊び。③『名・ス他』生花(いけばな)で、水揚げをよくするために枝や茎を水の中で切ること。

みずぎれ：みづ【水切れ】水が切れること。水が(かれて)

なくなること。

みずぎわみづぎは【水際】水面と地面とが接するところ。みぎわ。「―対策」(空港や港で、海外からの病原菌・禁制品などを防ぐための検査) **―だ-つ**【―立つ】《五自》あざやかにきわだつ。「―った演技」

みずくき：みづ【水茎】①筆。筆跡。「―の跡」②手紙。▽「みずぐき」とも言う。

みずくさ：みづ【水草】水中に生える草や藻。すいそう。

みずくさ-い：みづ【水臭い】《形》①親しい間柄なのに隔てをおく。他人行儀(ぎょうぎ)だ。②水っぽい。味がうすい。「―酒」▽(2)は、関西方言。派生 **-さ**

みずぐすり：みづ【水薬】水溶液状の薬。すいやく。

みずぐち：みづ【水口】①水を落とす口。水を出す口。みなくち。②台所。

みずぐるま：みづ【水車】水の流れるまたは落ちる力で回し、米をつくなどする仕掛け(の車)。▽→すいしゃ(水車)

みずけ：みづ【水気】物に含まれている水分。「―が多い」

みずげい：みづ【水芸】水を使ってする曲芸・奇術。

みずけむり：みづ【水煙】煙のように細かく飛び散る水しぶき。▽「すいえん」と読めば別の意もある。

みずこ：みづ【水子】流産・堕胎した胎児。「―地蔵」

みずごえ：みづ【水肥】液状の肥料。液肥。すいひ。

みずごけ：みづ【水×苔・水×蘚】湿地に生える白緑色のこけ。一本の茎から細い枝が多く出、その周りに卵形の小葉が密につく。葉が多量の水を吸収するので、これを利用して植物の根を包むのに使う。

みずごころ：みづ【水心】→うおごころ

みすご-す【見過(ご)す】《五他》①見ながら、気がつかない。見おとす。「標識を―」②見て知っていながら、特に問題にせず、そのままにする。「悪事を―」

みずこぼし：みづ【水こぼし】茶の湯で、茶碗(ちゃわん)を洗った水などをあける茶器。こぼし。建水(けんすい)。

みずごり：みづ【水×垢離】神仏に祈願するため、冷水を浴びて体のけがれを去り、清浄にすること。「―を取る」

みずさいばい：みづ【水栽培】→すいこうほう

みずさかずきみづさかづき【水杯・水×盃】二度と会えないかも知れない別れの時などに、酒のかわりに水をついで、杯をやりとりすること。「―をかわす」

みずさき：みづ【水先】①水の流れて行く方向。②船の進むべき水路。③「水先案内」の略。 **―あんない**【―案内】①港などに船が出入りするとき、水路の案内をすること。それをする人。パイロット。②広く、案内(人)。

みずさし：みづ【水差(し)】他の器にそそぐための水を入れておく容器。▽茶道では普通「水指」と書く。

みずし：みづ【水仕】台所で働くこと。そのために雇われる人。

みずしごと：みづ【水仕事】水を使ってする仕事。特に、台所仕事や洗濯。

みすじのいとみすぢ【三筋の糸】三味線(しゃみせん)の別称。

みずしぶき：みづ【水〈飛沫〉】細かく勢いよく飛び散った水。「―を上げる」

みずじも：みづ【水霜】→つゆじも

みずしょう：みづ【水性】①五行(ごぎょう)の水の性を持つこと。その人。②女の浮気(うわき)な性質。▽「すいせい」と読めば別の意。

みずしょうばい：みづ【水商売】客の人気が収入を大きく左右する点で本来的に不安定な商売。例、接客業、料理屋、芸人。▽→みず(1)

みずしらず【見ず知らず】《「―の」の形で》全然会ったこともなく、知り合いでないこと。一面識もないこと。「―の人」

みずすまし：みづ【水澄(ま)し】①水上をくるくる回って泳ぐ小甲虫。体は黒いつやのある紡錘(ぼうすい)形。▽みずすまし科。②アメンボの俗称。▽(2)は「水馬」とも書き、俳句で多く言う。「すいば」と読めば別の意。

みずぜめ：みづ【水攻め】①城をせめる方法の一つ。㋐敵の給水路をふさいで苦しめること。㋑川の水を流し込み、水びたしにして攻めること。「―火責め」②【水責め】水を使って拷問すること。

みずた：みづ【水田】水をたたえた田。すいでん。

ミスター ①男性名に付ける、英語の敬称。さん。氏。②転じて、代表的な男性。「―プロ野球」▽Mr.

みずたき：みづ【水炊(き)】鍋料理の一種。鶏肉・野菜などを水から煮て、薬味をそえたポン酢・しょうゆなどで食べる。

みずだし：みづ【水出し】茶・コーヒーなどを、冷水で時間をかけていれること。

みずたま：みづ【水玉】①丸く玉になった水滴。飛び散る水のしぶき、ハスの葉などにたまる露など。②「水玉模様」の略。水玉(1)をかたどった模様。

みずたまり：みづ【水×溜(ま)り】(雨のあとなどに)地面に水がたまった所。「―ができる」

みずちみづち【×蛟・×虬】水にすみ、へびに似ているという想像上の動物。角(つの)と四本の足があり、毒気を吐いて人を害するなどとされる。

みずちゃや：みづ【水茶屋】江戸時代、路傍や寺社の境内などで、茶などを飲ませ、道行く人を休ませた店。▽「みずぢゃや」とも言う。

みずっぱな：みづ【水っ×洟】水のようにうすい鼻汁。みずばな。「―をすする」

みずっぽ-いみづっぽい【水っぽい】《形》水けが多くて味がうすい。「―酒」派生 **-さ**

ミステーク →ミス(1)。▽mistake

みずでっぽう：みづ【水鉄砲】ポンプの原理で、水を筒の先から押し出して飛ばすおもちゃ。

ミステリアス《ダナ》神秘的。不可解なさま。▽mysterious 派生 **-さ**

ミステリー ①神秘。不思議。怪奇。②推理小説。▽mystery

みす-てる【見捨てる・見△棄てる】《下一他》めんどうを見たり、目をかけたり、関係を保ったりすることをやめる。捨ててかえりみない。「仲間を―」

みずてん【〈不見〉転】①芸者などが、相手を選ばず、金をくれる人ならだれとでも情を通じること。そういう女。▽相手を見ないで転(ころ)ぶ意。⑵からか。②花札で、状況をよく考えずに札を出すこと。③転じて、行き当たりばったり。

みずどけい【水〈時計〉】細い穴から流れ出た水の量によって時刻をはかる仕掛けの時計。漏刻(ろうこく)。

みずとり【水鳥】水辺にすむ鳥。水禽(すいきん)。▽「みずどり」とも言う。

みずな【水菜】①一年生または二年生の葉菜。葉は群がって生える。漬物・煮物・生食用。きょうな。▽あぶらな科。②湿地などに生える多年草。若い茎は食用。うわばみそう。▽いらくさ科。

みずに【水煮】『名・ス他』食材を水や塩水で煮ること。また、その煮たもの。「大豆を―する」

みずのあわ【水の泡】①水の上に浮かぶあわ。②比喩的に、はかなく消え去って行くもの。努力などがむだになること。「せっかくの苦心も―」

みずのえ【×壬】十干の第九。五行(ごぎょう)で水に配する。→じっかん(十干)。▽「水の兄(え)」の意。

みずのて【水の手】①城や砦(とりで)などへ飲用に引く水。「―が切れる」(資金などが断ち切られることにも言う)②消火用の水路。

みずのと【×癸】十干の第十。五行(ごぎょう)で水に配する。→じっかん(十干)。▽「水の弟(と)」の意。

みずのみ【水飲み・水×呑(み)】①水を飲むこと。また、その器。②「水飲み場」の略。

―びゃくしょう【―百姓】貧しいくらしの農民をあなどって言う語。飲用の水を供給する施設の場所。

みずば【水場】水のある場所。「―のある公園」。特に、動物の水飲み場。また、登山で水を飲んだり補給したりする所。▽家の中で水を使う、台所・風呂場・洗面所などにも言うことがある。

みずばかり【水計(り)】①面が平らかどうかをみる道具。水準器。みずもり。②【水×秤】比重を測定する装置の一つ。

みずはけ【水×捌け】水が流れてひいて行くぐあい。「―のよい土地」

みずばしょう【水×芭×蕉】寒地の湿原に群生する多年草。雪がとけるとすぐ、大きい白色の苞(ほう)を持った淡緑色の穂状の花が咲く。花の後、バショウに似た長さ一メートルほどの葉が出る。▽さといも科。

みずばしら【水柱】水が柱のように吹き上がったもの。「―が立つ」

みずばな【水×洟】→みずっぱな

みずばら【水腹】①水をたくさん飲んだ時の腹ぐあい。②水をたくさん飲んで空腹をしのぐこと。

みずばり【水張り】①水彩画などを描く準備として、用紙を水でしめらせ画板上にはりつけること。②布地を水にひたして板に張ること。→あらいはり

みずひき【水引(き)】①細いこよりにのりをひいて固め、中央から染めわけたもの。進物の包み紙などにかけわたす。祝い事には紅白・金銀など、凶事には黒白・藍白などを使う。②山道や林などの日陰に自生する多年草。夏から秋に、葉のもとから細長い穂がのび、赤い小花がまばらにつく。▽花穂を水引⑴にたとえたもの。白花のものを「ぎんみずひき」と言う。たで科。

みずびたし【水浸し】すっかり水につかること、ひたすこと。「水害で―になる」

みずぶき【水拭き】水で洗った布を絞り、それで拭くこと。↕から拭き

みずぶくれ【水膨れ・水×脹れ】水分がたまって体(の一部)がはれふくれること。そのふくれたもの。

みずぶとり【水太り】『名・ス自』水分の代謝不良で、むくんでいるさま。

みずぶね【水船】①飲み水を運ぶ船。②飲み水をためて置く、大きな箱・桶(おけ)。③魚を生かしておく水槽。いけぶね。

ミスプリ「ミスプリント」の略。

ミスプリント 印刷の誤り。誤植。▽misprint

みずぶろ【水風呂】沸かさない水のままの風呂。▽「すいふろ」と読めば別の意。

みずべ【水辺】水のほとり。すいへん。「―の鳥」

みずほ【×瑞穂】みずみずしい稲の穂。「―の国」(日本をほめたたえた呼び名)

みずぼうそう【水×疱×瘡】→すいとう(水痘)

みすぼらし-い【見×窄らしい】『形』外見が貧弱だ。みなりが悪い。派生 -さ -げ

みずまくら【水枕】ゴムなどでつくり、中に水や氷を入れるまくら。発熱時に、頭を冷やすのに使う。

みずまし【水増し】『名・ス他』①水をまぜて見掛けの量を増すこと。②転じて、乏しい実質を、見掛けだけそれ以上に思わせるようにすること。数量を実際の量や規定の量よりも増やすこと。「―請求」

みすま-す【見澄ます】『五他』気をつけて、よくよく見る。「留守を―して忍び入る」

ミスマッチ 組み合わせが不適当なこと。「仕事の―」▽mismatch

みずまわり【水回り】家屋の中で、台所・浴室・洗面所など、水を使う箇所。

みすみす【見す見す】『副』目の前にそれを見ながら。他になすすべもなく。「―殺されるとは思えない」「―損をする」「―取り逃がした」▽見せる意の文語動詞「見す」を重ねた形から。全く傍観的な「見る見る」と違い、そのさまを他人に見せたまま(不利を招く)という思い入れがある。

みずみずし-い【×瑞×瑞しい】『形』新鮮で生き生きしている。また、若々しく美しい。「―果実」派生 -さ

みずみまい【水見舞(い)】水害に遭った人を見舞うこと。

みずむし【水虫】①てのひら、足の裏、特に指のまたなどに、水ぶくれができたり、表皮が薄くむけたり、割れたりする皮膚病。かゆみが強い。白癬(はくせん)

菌の寄生で起こる。②流れの緩やかな淡水中にすむ、体長一センチ弱の昆虫。体は長方形で、一対の長い後足で泳ぐ。▽かめむし目みずむし科の昆虫の総称。③池・水田などに住む、体長一センチ弱の甲殻類。形はワラジムシに似る。▽わらじむし目みずむし亜目。

みずもち:みづ【水餅】かびやひび割れを防ぐため、(正月以後、寒中)水に漬けた餅。

みずもの:みづ【水物】①運や状況に左右されやすく、予想が立てにくいもの。「勝負は—」②水分を多く含むもの。飲み物やくだものなど。

みずもり:みづ【水盛】→みずばかり⑴

みずや:みづ【水屋】①社寺で、参詣人のための手洗い場。みたらし。②茶室に付属する台所のような所。茶器を洗うための場所。③食器などを入れる、たんすのような家具。

みずようかん:みづ【水羊×羹】溶かした寒天にこしあんを混ぜ、型に入れて固めた、夏の和菓子。

ミスリード《名・ス他》①誤った方向に導くこと。「捜査を—させる」②新聞・雑誌などで、見出しと記事内容とが違うこと。▽⑴⑵は mislead ③読み間違えること。「主張を—してしまった」▽misread

み-する【魅する】《サ変他》(ふしぎな力で)人の心を引きつける。夢中にさせる。「美声に—せられる」

みずろう:みづ【水×牢】罪人を、水びたしにした牢(ろう)に入れて、苦しめること。その牢屋。

みずろん:みづ【水論】田の用水の分配について争うこと。水争い。▽「すいろん」とも。

みずわり:みづ【水割(り)】①水をまぜて薄め、量を増して質を悪くすること。②洋酒などで、水をまぜて薄め、飲みやすくしたもの。

みせ【店・見世】売買する商品を並べて、客の目につくようにした所。「—を張る」(遊女が張り見世に並んで客を待つ意にも)「—を出す」「—をたたむ」(商売をやめる)「—屋」(商店)▽「見せ棚」から出た語。商店ばかりでなく飲食店をも言う。

みせい【未成】まだできあがっていないこと。「—品」

みせいねん【未成年】まだ成年に達していないこと。そういう人。「—者」

みせがかり【店懸(か)り】店の造り。▽既に古風。

みせかけ【見せ掛け】みせかけること。うわべ。外見。

みせか-ける【見せ掛ける】《下一他》(実際は違うのだが)いかにも本物・事実と思わせるように、うわべだけを整える。別の物・事と思わせるようにする。「実力以上に—」

みせがね【見せ金】信用させるために、相手に見せる金銭。

みせがまえ:がまへ【店構(え)】店のかまえ方。店の造り。「堂々とした—」

みせけち【見せ消ち】もとの文字が読めるように細い線などで消して訂正する、訂正の仕方。

みせさき【店先】店の入口のあたり。

みせじまい:じまひ【店仕舞(い)】《名・ス自》店をとじること。閉店。▽廃業にも、その日の商売の終わりにも言う。

みせしめ【見せしめ】今後同様のことをしないよう戒める目的で、他の人々に見せてこらしめること。「—のために厳重に罰する」

ミセス ①既婚女性名に付ける、英語の敬称。②転じて、結婚した女性。「—になる」▽Mrs.

みせつ【未設】まだ敷設・設備していないこと。↔既設

みせつ-ける【見せ付ける】《下一他》(自慢したい気持・態度で)自分の行動を、わざと人に見せる。「仲のいいところを—」

みせどころ【見せ所】人に見せたい得意なところ。また、見せるべき重要な機会。見せ場。「今度こそ腕の—だ」

みぜに【身銭】ある事の費用を自分が負担して出す金銭。「—を切る」(自分のおかねで支払う)

みせば【見せ場】人に特に見せたい所。見るねうちのある場面。芝居で、役者が得意な芸を十分に見せる場面。

みせばん【店番】《名・ス自》店の番をすること。その人。

みせびらか-す【見せびらかす】《五他》(物を)自慢するように、見せる。

みせびらき【店開き】《名・ス自》店を開いて商売を始めること。開店。▽新たに店を出すのにも、その日の営業開始にも言う。

みせもの【見世物】①珍しい物・曲芸・奇術などを見せる興行。②大ぜいの人に見られ、その興味の対象にされること。「—になる」

みせや【店屋】みせを営む家。商店。

み-せる【見せる】《下一他》①その物や様子を人に示して、見るように、または見えるように仕向ける。「親に写真を—」「教室に姿を—」「博識ぶりを—」「医者に—」(=診療を頼む。「診せる」とも書く)「抜く手も—せず(=すばやい太刀さばきで)切り倒す」「立派に—」「急速に発展を—せている企業」。見る者がなかなかよいと思うほどのわざを示す。「あの役者は結構—ね」▽「魅せる」と書くのは当て字。一九九五年ごろのスポーツ記事から広まった。②《多くは「……して—」の形で》視覚に訴えるとは限らず、分かるように示す。「生意気を言うと痛い目を—ぞ」「手本を書いて—」「発音して—」。人に示すために、わざとそう行動する。「無理に笑って—」「上品ぶって—」。決意を激しく述べ立てる言い方。「きっと負かして—ぞ」 関連 示す・指す・指し示す・指さす・掲げる・見せかける・見せつける・見せびらかす・ひけらかす・公開・掲示・啓示・誇示・公示・告示・図示・提示・呈示・展示・内示・表示・明示・黙示・示威・供覧・高覧・笑覧・展覧・陳列・標榜(ひょうぼう)

みぜん【未然】まだそうなっていないこと。まだそのことが起こっていないこと。「—に防ぐ」

みそ【味×噌】①日本の伝統的な調味料の一つ。蒸し

た大豆に塩と麹(こうじ)を加えて発酵・熟成させたもの。「―もくそもいっしょにする」(いいものも悪いものも同一視して区別しない)「―を擂(す)る」(転じて、おせじを言う。へつらう)「―をつける」(転じて、しくじって面目を失う)▽醸造場所の地名や、米・麦など麹の種類で特徴を示す。②みそ(1)に似たもの。「かにの―」「脳―」③自慢である点。特色である点。「手前―」「それが―だ」

みぞ【溝】①地面に細長く掘った水路。②細長いくぼみ。「かもいの―」③人と人との間を隔てるもの。ギャップ。「親子の―が深まる」

みそあえ…あへ【味×噌△和え】茹(ゆ)でた野菜などを、酒・砂糖などで調味した味噌であえた料理。

みぞう【未曽有】『ノダ』歴史上、今まで一度も起こったことがないこと。「―の大事件」

みぞおち【〈鳩尾〉】胸のまん中のへこんだところ。急所の一つ。みずおち。

みそか【〈晦日〉・×晦・三△十日】(旧暦で)その月の末日。「―を前にしたやりくり算段」「―払い」▽陰暦では月が全く隠れるので「晦」(=暗い)で書く。陰暦の小の月は二十九日間だが、大の月に合わせて「みそか」(=三十日)と呼んだ。↓つごもり・ついたち

みそぎ【×禊(ぎ)】罪・けがれをなくすために、川に行って水で体を洗い清めること。「―を行う」「―祓(はら)え」▽比喩的に、俗に、不祥事で辞職した議員が再度当選するのを「―を済ませる」「―を果たす」のように言う。

みそくそ【味×噌×糞】『ダナ』↓くそみそ

みそこし【味×噌×漉し】溶いたみそをこして滓(かす)をとり除く器具。▽以前は深めの竹笊(ざる)で、豆腐などを買いに行く容器としても使った。現在はステンレス製で、枠に網が張ってある。

みそこな-う…なふ【見損なう】『五他』①見あやまる。見まちがえる。②見るはずの機会を失う。「フランス美術展を―」③評価をあやまる。「彼を―・った」

みそさざい【〈鷦鷯〉】山地の川沿いにすむ、スズメより小さな鳥。全身こげ茶色で、黒茶色の細かい横紋がある。鳴き声が美しい。▽みそさざい科。

みそしる【味×噌汁】だし汁に味噌を溶き入れ、野菜や豆腐を実とした汁物。

みそじ…ぢ【三△十路】三十。また、三十歳。▽雅語的。

みそすり【味×噌×擂り】①みそをすること。②へつらい、おもねること。 **―ぼうず**【―坊主】①寺で炊事などの雑用をする、下級の僧。②僧をののしって言う語。

みそっかす【味×噌っ×滓】①みそを漉(こ)したかす。②対等には仲間に入れてもらえない子供。

みそづけ【味×噌漬(け)】野菜や肉・魚などを、(保存や味付けのため)みそに漬けること。また、そうした食品。

みそっぱ【味×噌っ歯】子供の、黒く、欠けた歯。

みそはぎ 湿地に生える多年草。茎は四角。夏秋のころ、紅紫色の花が咲く。若葉は食用。干したものは下痢止めの薬とする。▽「みぞはぎ」とも言う。「鼠尾草」「禊萩」「溝萩」とも書く。みそはぎ科。

みそひともじ【三△十一文字】短歌のこと。▽五七五七七で三十一。

みそまめ【味×噌豆】みそに加工するために蒸した大豆。▽豆腐屋が売りに来て、薬味・醤油(しょうゆ)をかけて副食やつまみにもした。

みそ-める【見初める】『下一他』一目見て恋心をいだく。▽もと、初めて見る、初めて会う意。

みそら【身空】身のうえ。「若い―で」

みぞれ【×霙】①雨と雪がまざって降るもの。②かき氷に蜜をかけたもの。

みそ-れる【見△逸れる】『下一他』見ていながら、うっかり気付かずにいる。見まちがえる。▽普通「お―・しました」の形で使う。

みだ【△弥×陀】〔仏〕「阿弥陀(あみだ)」の略。「―の名号(みょうごう)」

みたい ①『ダナ』《体言に付けて》㋐似ているものを例に取って示すのに使う。……のよう。「ねこ―な犬」「機械―に正確な動き」㋑具体例を強調して示すのに使う。「お前―なやつは」②《助動詞的に》不確かな、または婉曲(えんきょく)な断定を表す。「読みもしないのに読んだ―に言う」「どうもかぜをひいた―だ」「だめ―」▽「見た様(よう)」の転。本来は体言に付ける。(2)は近年の用法。くだけてより婉曲に「……―な」と言い切る形でも使う。「時間の無駄、―な」。また、相づちにも使う。「そう―」「―ね」。「機械みたく正確に動く」など形容詞型に使うのは誤用。

みだいどころ【△御台所】昔の大臣・将軍の夫人の敬称。▽「みだい」と略しても言う。

みたけ【身丈】衣服の襟から裾までの、背筋の長さ。

みだし【見出し】①新聞・雑誌の記事の標題など、それを一目見てそこの内容が分かるようにしたもの。②(検索のため)項目として示したもの。「辞書の―数」

みだしなみ【身×嗜み】服装や言葉・態度などをきちんと整える心掛け。

みた-す【満たす・△充たす】『五他』①満ちるようにする。限界まで一杯にする。「腹を―」②要求されるものを十分にかなえる。満足させる。「―・されない気持」「条件を―」

みだ-す【乱す】『五他』乱れるようにする。「列を―」「秩序を―」

みだ-す【見出す】『五他』①見はじめる。②↓みいだす

みたて【見立て】見立てること。㋐見て選定したり、診断したりすること。「医者の―」「このネクタイは、だれのお―ですか」㋑表現法の一つとして、見立てる(2)こと。その見立てられたもの。

みた-てる【見立てる】『下一他』①見て、選び定める。「服の柄(がら)を―」。診断する。「癌(がん)だと―」②ある目的で、それを他のものだと見る。なぞらえる。「築山(つきやま)を富士山に―・てた庭」。特に、表現法とし

て、Aを示したい時、aに関するAがbに関するBに似ているのを利用して、Bで表す。例、「役人の子はにぎにぎをよく覚え」(「柳多留」初篇)ではaが役人、bがその幼児、Bがにぎにぎ、これらの道具立てでAは賄賂。

みたま【△御霊】神や貴人の霊に対する敬称。 **ーしろ**【ー代】みたまに代えてまつるもの。御神体など。 **ーや**【ー屋】みたまを、しずめまつる所。おたまや。霊廟(れいびょう)。

みため【見た目】目にうつる姿・様子。「ーが悪い」

みだら【淫ら】《ダナ》性に関して、乱れてしまりがないさま。「ーな話」▽「乱れる」と同語源。派生 **-さ**

みたらし【△御手△洗】神社の入口にある、参拝者が手・口を洗い清める所。

みたり【三△人】人の数が三であること。その人ら。▽既に古風で、「さんにん」の方が普通。

みだり【△妄り・△濫り】《副に・ナ》むやみやたら。㋐《「ーに」の形で》これといった理由もなくやたらに。「ーに魚を捕ってはならない」「前途をーに悲観する」㋑筋が立たずでたらめなさま。「ーなことを言いふらす」▽「乱れる」と同語源。

みだりがまし-い【△妄りがましい】《形》みだらな様子だ。みだりがわしい。「ー声」派生 **-さ**

みだりがわし-い(‥がはしい)【×猥りがわしい】《形》↓みだりがましい。派生 **-さ**

みだれがみ【乱れ髪】ばらばらに乱れた髪。

みだれと-ぶ【乱れ飛ぶ】《五自》入り乱れて飛ぶ。飛び交(か)う。「怪情報がー」

みだればこ【乱れ箱】ぬいだ着物などを入れるための箱。みだれかご。

みだ-れる【乱れる】《下一自》整っているべき秩序・順序やそれまでの(あるべき)状態が失われる。「順番がー」「髪がー」「脈がー」「画像がー」「国がー」「心がちぢにー」関連 散らばる・縺(もつ)れる・惑う・入り乱れる・散らかる・散乱・混乱・紛乱・攪乱(かくらん)・繚乱(りょうらん)・狂乱・錯乱・惑乱・壊乱・紊乱(ぶんらん)・混線・混迷・動乱・擾乱(じょうらん)・変乱・戦乱・騒乱・乱酒・乱酔

みち【道・△路・△途】①人や車などが通る(ように設けた)所。通り路。道路。往来。「ーをつける」(いとぐちを作る意にも言う)「ーに迷う」「どのー」(転じて、どちらにしても。どっちみち)。《比喩的に》手だて。「改善のーが無いものか」②途中。【道・途】「ーで買物をする」③道のり。道程。【道・途】「ーは遠い」「千里のーを遠しともせず」④人がふみ行うべきこと。道徳。道理。【道】「ーを説く」「人のーにそむく」⑤その人が手がけている方面。専門。【道】「そのーの達人」「風流のー」関連 道路・回り道・往来・往還・通り道・通路・走路・滑走路・コース・舗道・街道・裏道・間道・バイパス・公道・私道・人道・武士道・騎士道・婦道・正道・中道・邪道・横道・無道・非道・斯道(しどう)・使い道・道すがら・道ならぬ・道道

みち【未知】《ノダ》まだ知らないこと。まだ知られていないこと。↔既知。「ーの世界」 **ーすう**【ー数】①方程式の中で、値を求めようとする数。②はたしてどうなのか見当のついていないもののたとえ。「実力はーだ」

みちあし【△途足】徒歩の兵の、普通の(時速四キロで進む)行軍での歩き方。▽この号令が出れば、歩調をそろえず談話しつつ歩いてもよく、銃をになう肩を変えてもよい。

みちあんない【道案内】《名・ス自》①そこへの道を知らない人を導いて連れて行くこと。それをする人。また、道しるべ⑴。②比喩的に、物事や様子を告げ知らせること。

みちおしえ(‥をしへ)【道教え】〔動物〕↓はんみょう

みぢか【身近】《ダナ》自分の身の近く。「ーに迫る」「ーに感じる」「ーな問題」派生 **-さ**

みぢか-い【身近い】《形》身近だ。派生 **-さ**

みちが-える(‥ちがへる)【見違える】《下一他》見て他のものとまちがえる。みまちがえる。「ーほど立派になった」

みちかけ【満ち欠け・×盈ち×虧け】月が丸くなることと欠けること。

みちくさ【道草】①《名・ス自》目的(地)に向かって進む途中で、他の事に時間を費やすこと。「ーを食う」②《名》道ばたに生えている草。

みちしお(‥しほ)【満ち潮】①上げ潮。②↓まんちょう。▽↔引き潮

みちしば【道芝】道ばたに生えている、たけの低い草。

みちじゅん【道順】目的地までの道すじ。「ーを教える」

みちしるべ【道しるべ・道△標】①通行人が迷わないように、どこに通じるとか、その道のりとか、進むべき方向とかを教える、道ばたなどに立てた物。②〔動物〕↓はんみょう

みちすがら【道すがら】《副「に」》道を行きながら。途中。▽連体修飾語を取りうる。「学校へのー本屋に寄る」

みちすじ(‥ぢ‥す)【道筋】①どの道を行くかという通る筋。コース。「行進のー」②転じて、物事がたどる筋みち。「話のーがわきにそれる」

みちた-りる【満ち足りる】《上一自》充足する。満足する。「ーりた生活」

みちづれ【道連れ】①いっしょに連れだって道を行くこと。その連れだって行く人。同行(者)。「ーが三人できた」「旅はー、世はなさけ」②その気もなく、関係もない人をまきぞえにすること。「敵をーにする」

みちならぬ【道ならぬ】《連語》《連体詞的に》道徳にはずれた。「ー恋」

みちなり【道なり】道が(くねって)続いて行く、そのままの形。また、それに沿うこと。「ーに行く」▽「なり」は形の意。

みちのえき【道の駅】一般道沿いに設けられた無料休憩施設。駐車場・トイレがあるほか、地域情報の提供、特産物の販売なども行う。

みちのべ【道の辺】みちばた。▽やや古風。

みちのり【道△程】道に沿って見積もった距離。行き着くまでの道の遠さ。「海まで近く見えても―はかなりある」

みちばた【道端】道のほとり。路傍。

みちひ【満ち干】潮が、満ちることと干ること。満潮と干潮。干満(かんまん)。みちひき。

みちび【道火】①火薬の導火線。②比喩的に、ある事のきっかけ。

みちひき【満ち引き】→みちひ

みちびきだ-す【導き出す】《五他》根拠とする事から(手順を踏んで)その結論を出す。「公理から―・した若干の性質」「直観にたよって結論を―のは危険だ」

みちび-く【導く】《五他》①経路をつけてそこに至らせる。「用水を新田に―」。道案内をする。「来賓を式場に―」▽道引くの意。②向上するように手引きをする。指導する。「子供を―」③筋道をたどって至らせる。「ここから―・かれる定理」「事業を失敗に―・いた原因」

みちぶしん【道普請】道路の開設・修繕工事。

みちみち【道道・△途△途】①《名・副》目的地に至るまでの途中。「事情は―話そう」「―考えた」②《名》専門分野それぞれ。「技芸の―」「―で修業年限が異なる」

みちみ-ちる【満ち満ちる】《上一自》十分に満ちる。「自信に―・ちている」

みちゃく【未着】まだ到着していないこと。「―の手紙」

みちゆき【道行(き)】①歌舞伎・人形浄瑠璃で相愛の男女が連れだって道中する場面。②昔の文体の一つ。旅の途中の光景などを述べる韻文体のもの。道行文。③被布に似た形の、和服用コート。▽主に旅行者が着た。

みちゆく【道行く】《連体》その道を行く。「―人」

み-ちる【満ちる・△充ちる】《上一自》限界まで一杯になる。㋐あふれるばかりになる。「水が―」「希望に―」「堂内は香煙と人いきれで―・ちていた」㋑それ以上にはなれない所まで量が増す。「月が―」(満月になる)「潮が―」㋒期間の末に達する。「任期が―」「十月(とつき)十日が―・ちて子供が生まれる」

み-つ【満つ・△充つ】《五自》みちる。「定員に―・たない」

みつ【三(つ)】「みっつ」の本来の形。「―目小僧」「―指をつく」「千―」(千回に三回しか本当の事を言わない大うそつき)▽年齢を指す用法は「―子の魂百まで」以外ごくまれ。組が三つある「みくみ」に対し、↓みつぐみ

みつ【*密】ミツ　ひそか　こまやか　みそか　①《ダナ・造》すきまもなく集まっている。きめが細かい。↕疎。「人口が密だ」「密に織った布」「疎密・綿密・周密・細密・稠密(ちゅうみつ)・厳密・過密・詳密・精密・緻密・濃密・密度・密生・密林」②《ダナ・造》すきまもなく触れあっている。親しい。「密な間柄」「密着・密閉・密接・親密・緊密・気密室」③内々。外にもれない。他人に知られない。ひそかにする。「密密・内密・秘密・隠密(おんみつ)・機密・枢密・密告・密議・密談・密使・密航・密会・密造・密室・密偵・密漁・密輸入」④密教。「三密・台密・顕密」

みつ【蜜】ミツ　①《名・造》みつばちが作ってたくわえる甘い粘液。植物の分泌する甘い液。また、砂糖やあめから作る甘い液。「蜜を吸う」「蜜蜂(みつばち)・糖蜜・水蜜・あん蜜・蜜蠟(みつろう)」②甘い。「蜜語・蜜月・蜜柑(みかん)」

みつあみ【三(つ)編み】三本のひもや三束に分けた髪を編んで一つに束ねること。また、その編み方。

みつうん【密雲】厚く重なった雲。

みつえり【三つ襟】①和服の襟の首すじにあたる部分。「―芯」②女性が和装のため、襟足をMの字のように剃(そ)り揃えること。その形。▽もとは、小袖を三枚重ねて着ること。

みつが【密画】画面一杯に対象を綿密に描写した絵。

みっか【三日】日数で三になる時間。「世の中は―見ぬ間に桜かな」(大島蓼太)。また、その月の三番目の日。▽「みか」の転。「か」は日の意。　**―てんか**【―天下】ごく短い間しか続かない政権。▽「みっかでんか」とも言う。明智光秀(あけちみつひで)の故事による。　**―ばしか**【―〈麻疹〉】→ふうしん。　**―ぼうず**【―坊主】あきっぽくて、長続きがしないこと。そういう人。「日記は毎年―だ」▽あざけって言う。

みっかい【密会】《名・ス自》こっそり会うこと。(人に知られたくない者どうし、特に男女が)内密に会うこと。

みつがさね【三(つ)重ね】重箱・杯・引き出しなどの、三つ重ねて一組としたもの。みつぐみ。

みつかど【三(つ)角】三方に道のわかれた地点。

みつか-る【見付かる】《五自》①人にみつけられる。たまたま人の目にとまってしまう。「先生に―」②捜していたものを見いだすことが出来る。「結論が―」「盗品が―」

みつき【見付き】①外から見た様子。みてくれ。外観。「―が悪い」▽かなり古風。②建築部材の、正面(の幅)。みつけ。

みつぎ【貢(ぎ)】①支配下にある国・人民が献上するもの。②租税の総称。

みつぎ【密儀】参加者を限定して行う、秘密の儀式。

みつぎ【密議】秘密の相談。「―をこらす」

みつぎもの【貢(ぎ)物】貢(みつぎ)として献上する品物。

みっきょう【密教】〔仏〕大乗仏教の教法の一つ。大日如来に帰依(きえ)し、加持・祈祷(きとう)を重んじるのが特色。東密(=真言宗)と台密(=天台宗)の二系統がある。

みつ-ぐ【貢ぐ】《五他》①貢(みつぎ)をささげる。献上する。②(好意をもった相手に)金や品物を贈る。しおくりをして助ける。

ミックス《名・ス他》まぜあわせること。まぜあわせたもの。「―ジュース」「―ダブルス」(男女一人ずつ組

んでする試合。混合ダブルス) ▽mix **ーゾーン** 競技直後の選手に取材するための場所。▽mixed zone から。

みつくち【三(つ)口・〈兎唇〉】口唇裂の俗称。上くちびるの中央がたてに裂け、うさぎの口のようになっていること。そういう人。いぐち。兎唇(としん)。

みつぐみ【三(つ)組】三つで一組になっていること。そういうもの。「一の杯」▽↓みつぞろい

みづくろい〔:づくろひ〕【身繕い】『名・ス自』身のまわりや服装を整えること。みじたく。みごしらえ。

みつくろう〔:つくろふ〕【見繕う】『五他』品物などを、みはからう。適当に選んでととのえる。

みつけ【見△附・見付】枡形(ますがた)㋐のある城門で、城の最も外側にあり、番兵が見張りをする所。「赤坂一」

みっけい【密計】ひそかなはかりごと。秘密の計略。

みつげつ【蜜月】①結婚したばかりの時期。「一旅行」②関係が親密であること。「両社の一時代」▽honeymoon の直訳語。↓ハネムーン

みつける【見付ける】『下一他』①捜して、そのものを、また、それがある場所を見いだす。「一番星一・けた」②見なれる。「しじゅう一・けている情景です」

みつご【三(つ)子・三△児】①一度の出産で、三人いっしょに生まれた子供。②三歳の子供。「一の魂百まで」(幼い時の性質は老年まで変わらない)

みつご【蜜語】蜜のように甘い、ささやきの言葉。

みっこう【密行】『名・ス自』①忍び歩きをすること。微行。②ひそかに目的地へ行くこと。

みっこう【密航】『名・ス自』船や飛行機の中に忍び込んで、(渡航の許可なく)ひそかに外国へ行くこと。

みっこく【密告】『名・ス他』ひとの不正行為などを、こっそりと関係当局・関係者に告げ知らせること。

みっさつ【密殺】『名・ス他』①ひそかに殺すこと。②家畜を非合法的に屠殺(とさつ)すること。

みつじ【密事】秘密の事柄。

みっし【密使】秘密の使命をもって、ひそかに派遣される使者や使節。

みっしつ【密室】①(内からかぎをかけなどして)密閉状態にあり、外部からはいれない部屋。②秘密にして人に知らせない部屋。

みっしゅう【密宗】真言宗のこと。

みっしゅう【密集】『名・ス自』すきまもないほど、ぎっしりと集まった状態になること。「一隊形」

みっしゅっこく【密出国】『名・ス自』法律にそむいて、こっそり外国に抜け出すこと。

みっしょ【密書】秘密の手紙。

ミッション ①使節(団)。また、使命・任務。②伝道(団)。▽mission ③「ミッション スクール」の略。
ースクール キリスト教教団が設立した学校。キリスト教主義の学校。▽mission school

みっしり『副「と」』①物が十分に詰まっているさま。「細かい字が一(と)書き込まれたノート」「実が一(と)詰まったとうもろこし」②十分にするさま。「技術を一(と)仕込む」

ミッシング リンク 進化の連続性を示すものとして存在が考えられるが、未発見である生物(の化石)。失われた環。▽missing link

みつすい〔:すひ〕【蜜吸】南洋諸島からニューギニアの森林にすみ、花をおとずれて蜜を吸う小鳥。全身深紅色。▽みつすい科。広くは同科の鳥の総称。

みっせい【密生】『名・ス自』すきまなく生えていること。

みっせつ【密接】『名・ス自・ダケ』①すきまなく、ぴったりとくっつくこと。「隣家に一して建つ」②関係が非常に深いさま。「国民の生活に一した問題」「一にかかわる」 派生 **ーさ**

みっせん【密栓】『名・ス自』かたく栓をすること。その栓。

みっそ【密訴】『名・ス他』こっそりと訴え出ること。

みつぞう【密造】『名・ス他』適法でない仕方でこっそりとつくること。「一酒」「ピストルを一する」

みっそう【密奏】『名・ス自』ひそかに奏上すること。

みっそう【密葬】『名・ス他』ひそかに遺骸を葬ること。うちうちでする葬儀。

みっそう【密送】『名・ス他』こっそりと送ること。

みつぞろい〔:ぞろひ〕【三(つ)×揃い】三つで一そろいのもの。特に、共布(ともぎれ)のジャケット・ベストと、ズボンあるいはスカートの組合せ。スリー ピース。

みつだん【密談】『名・ス自』こっそりと相談すること。内密の会談・相談。

みっちゃく【密着】①『名・ス自』ぴったりと、くっつくこと。「一取材」「生活に一した提言」②『名』写真で、原板を印画紙に重ね、引き伸ばさずに焼き付けること。その印画。密着印画。

みっちょく【密勅】内々に下された勅命。

みっちり『副「と」』↓みっしり

みっつ【三つ】個数を言う場合の、数の三(さん)。また、三歳。

みっつう【密通】『名・ス自』こっそりと婚姻外の性的関係を結ぶこと。

みってい【密偵】こっそりと内情を探る役目・職業。また、それをする人。

みつど【密度】①粗密の度合。「人口一」②〔物理〕物質の、単位体積あたりの質量。③内容が充実している度合。「一の高い文章」

ミット 野球で、捕手・一塁手が手にはめて使う用具。グローブに似るが、五本の指に分かれていない。▽mitt

みつどもえ〔:どもゑ〕【三(つ)×巴】①ともえが三つある模様。②三つのものが対立して、からみあうこと。「一戦」

みっともない『形』人が見たくないと思うような様子だ。体裁が悪い。見苦しい。▽「見たくもない」の転。 派生 **ーさ**

みつにゅうこく【密入国】『名・ス自』法律にそむいて、こっそりその国に入ること。

みつば【三(つ)葉】香りのよい若葉を食用とする多年草。葉は三枚の小葉からなり、縁にぎざぎざがある。夏、白い小さな花が咲く。みつばぜり。▽せり科。

みつばい【密売】《名・ス他》禁制・法律をおかしてこっそり売ること。

みつばち【蜜蜂】集団で巣を営み、広く養蜂に利用されるハチ。一匹の女王ばち、多数の働きばち、少数の雄ばちで一つの社会を形成する。野生種もある。▽みつばち科みつばち属のハチの総称で、蜂蜜を採るために飼うのは、多くセイヨウミツバチ。

みっぷう【密封】《名・ス他》すきまのないように、厳重に封をすること。

みっぺい【密閉】《名・ス他》(容器の口や部屋の戸などを)すきまのないよう、ぴったり閉じること。

みつぼう【密謀】内密のはかりごと。

みつぼうえき【密貿易】正規の手続きによらず禁制を犯してする貿易。

みつぼし【三(つ)星】①オリオン座の中央部に並ぶ三つの星。▽二十八宿の一つとして、「参星」「からすき星」とも言う。②紋所の名。星を「品」の字のように三つ並べた形。

みつまた ①【三(つ)又・三×叉】三方向に分かれていること。また、川・道などが三本に分かれている所。②【三×椏】木の皮を和紙の原料とする落葉低木。春、葉が出るより先に黄色の花が咲く。▽枝が三本にわかれることからの名。じんちょうげ科。

みつまめ【蜜豆】ゆでた赤エンドウ、寒天を采(さい)の目に刻んだものに、糖蜜をかけた菓子。求肥(ぎゅうひ)や果物も入れる。▽江戸時代にあったのを一九〇三年ごろ浅草の舟和が改良。

みつみ【三(つ)身】並幅の反物の半分で仕立てる着物。三、四歳の子供が着る。

みつみつ【密密】《副「に」》①秘密なさま。うちうち。ないない。②親密なさま。③密着・密集するさま。

みつめ【三(つ)目】①目が三つあること。そういうもの。「―小僧」②婚礼・誕生から三日目にあたること。その祝い。 **―ぎり**【―×錐】細長い三角錐(すい)の刃が付いている錐(きり)。

みつめい【密命】内々に下された命令。「―を承って、それとなく動く」

みつ‐める【見詰める】《下一他》それ(そこ)を、じっと見続ける。凝視する。「人の顔を穴のあくほど―」

みつもり【見積(も)り】みつもること。大体の計算をたてること。「―書」

みつも‐る【見積(も)る】《五他》①目分量ではかる。②転じて、考え、計算して(大体の)金額や量を予測する。「予算を―」

みつやく【密約】《名・ス自他》ひそかに約束すること。秘密の約束。秘密の条約。

みつゆ【密輸】《名・ス他》密輸出や密輸入をすること。「―船」

みつゆしゅつ【密輸出】《名・ス他》法を破って、こっそりと輸出すること。

みつゆにゅう【密輸入】《名・ス他》法を破って、こっそりと輸入すること。

みつゆび【三(つ)指】正座して丁寧な礼をする時につく、親指・人差し指・中指の組。「―をつく」

みつりょう ①【密漁】《名・ス他》法を破って、こっそりと漁をすること。②【密猟】《名・ス他》法を破って、こっそりと猟をすること。

みつりん【密林】密生した林。

みつろう【蜜×蠟】蜜蜂が分泌した蠟(ろう)。巣から採集し、蠟燭(ろうそく)などに使う。

みてい【未定】《ノダ》まだ決まっていないこと。↕既定。「行先は―」 **―こう**【―稿】まだ完全には仕上がっていない原稿。

ミディ 洋装で、ひざが隠れるほどの丈。「―スカート」▽midi →ミニ②・マキシ

ミディアム ①高さや大きさが中位であること。「―サイズ」②ビーフステーキの焼き方で、ウェルダンとレアの中間の状態。▽medium

みてくれ【見てくれ】みかけ。外観。「―が悪い」▽さあ、これを見てくれと示す気持を表した語から。

みてと‐る【見て取る】《連語》《複合動詞相当》①(現れたありさまを)見て、確かにそうだと知る。「吐く息の白さが何とか―れる明るさになった」②うわべから本質的な事を見抜く。「彼の態度から本心を―」

みとう【味到】《名・ス他》(内容や意味を)よくよく味わいつくすこと。

みとう ①【未到】そこにはまだだれも到達していないこと。「前人―の記録」②【未踏】そこにはまだだれも足を踏み入れていないこと。「人跡(じんせき)―の地」「―峰」

みどう【△御堂】仏像を安置した堂。おどう。

みとおし【見通し】見通すこと。㋐遠くまで一目に見ること。「霧で―がきかない」㋑内面などをすっかり見抜くこと。「すべてお―だ」㋒将来まで見越すこと。「三年先までの―が立つ」

みとお‐す【見通す】《五他》①先の方まで見る。㋐(物の間を通して)遠くまで見る。「林の向こうまで―」㋑表面に現れていない事や人の気持などを見抜く。「複雑な事情を―」㋒将来の事まで推察する。見越す。「来年の景気を―」②初めから終わりまで全部見る。

みとが‐める【見×咎める】《下一他》見てあやしみ、問いただす。「―められずに通り過ぎた」。見て非難する。「そんな所に行くのかと―」

みとく【味得】《名・ス他》内容をよく味わって理解し自分のものにすること。

みどく【味読】《名・ス他》よく味わいながら読むこと。

みどころ【見所・見△処】①見るねうちがあるところ。「この映画の―」②将来の見込み。「―のある若者」

ミトコンドリア 動植物の細胞の中に多数含まれ、酸素を使ったエネルギー代謝に重要な働きをする小器

官。独自のDNAをもつ。▽そのDNAは母から子に遺伝する。mitochondria

みとせ【三△年】さんねん。

みとど‐ける【見届ける】《下一他》①物事の成行きを終わりまで見る。「最期を―」「戦争の行方を―」②見て確かめる。「化物の正体を―」

みとめ【認め】「みとめいん」の略。

みとめいん【認(め)印】ふだん使うはんこ。▽↓じついん(実印)。「認印」と書いて「にんいん」と読めば別の意。

みと‐める【認める】《下一他》①目にとめる。有ることが確かだと見てとる。「機影を―」「脳出血の症状を―」②見て判断する。「彼を犯人と―」③間違いないと判断する。「犯行の事実を―」「過ちを―」。差し支えないとして、許可する。「例外を―」「災害の日には欠勤が―められる」④見どころがあるものとして、目にとめる。「課長に―められる」▽「したためる」と読めば別の意。

みども【身共】《代》自分(たち)を指す語。われ。われわれ。▽武士が同輩・目下に対して使った。

みとり【見取り】①見て理解すること。②看病・看護すること。▽(2)は「看取り」とも書く。 **―ざん**【―算】書いてある数字を見ながらそろばんで行う計算。 **―ず**【見取図】大体の形を見て書いた図。地形・建造物・機械などの形・配置を、目に見えるのと似た形にわかりやすく書いた、略式の図。

みどり【緑・×翠】①草や木の葉のような色。青と黄との間の色。「松の―」「―したたる五月」「―の風」(さわやかな感じの象徴) ▽本来は新芽の意か。②『―の(黒)髪』女性の黒くてつやのある髪。▽漢語「緑髪」の訓読みから。

みどりご【〈嬰児〉】三歳ぐらいまでの子。えいじ。▽新芽のように未熟な子の意。雅語的。

みと‐る【見取る】《五他》①見て理解する。見定める。みとめる。②見て写しとる。③(死ぬまでの間)看病する。臨終に立ち会う。「親の最期を―」▽(3)は「看取る」とも書く。

ミドル 中間であること。中間の段階や階級。「―シュート」「―級」「―エイジ」(中年)「―クラス」(中産階級) ▽middle

みと‐れる【見×蕩れる】《下一自》うっとりして見る。われを忘れて見入る。

=みどろ 《名詞に付けて》……にまみれること。「血―」「汗―」

ミトン 親指が他の指と分かれた、ふたまたの手袋。▽mitten

みな【皆】《副詞的にも使う》残るものがなく、全部。残らず。すべて。「家中の者が―行く」「―が―とまでは行かない」「―になる」(尽きる)「どれも―貴重な物だ」「有り金を―出せ」▽個々別々のものの側から言う。なお、↓みんな

みなお‐す【見直す】①《五他》㋐もう一度(最初から)見る。「答案を―」 ㋑再検討する。「予算を―」 ㋒(前に気づかなかった)価値を認め、考えを変える。「わが子を―」②《五自》病気・景気がいい方にむかう。

みなかみ【△水上】①水の流れの上の方。上流。川上。②物事の起こり。みなもと。

みなぎ‐る【×漲る】《五自》①水の勢いが盛んになって満ちあふれる。「一面に濁水が―」②あふれ出るばかりに満ちる。「闘志が―」「緊張感が―」

みなげ【身投げ】《名・ス自》水中・火口などに飛び込んで自殺すること。投身(とうしん)。

みなごろし【皆殺し】残る者なく殺すこと。

みなしご【〈孤児〉】(死に別れて)親のない幼い子。

みな‐す【見なす・△看×做す】《五他》①これはこうである、と判定または仮定する。「返事のない者は欠席と―」②法律で、「推定する」と区別して、元来性質の異なるものを、その法律関係においては同一視する。

みなそこ【△水底】水の底。みずそこ。▽雅語的。

みなづき【△水無月】陰暦六月。▽古くは「みなつき」。

みなと【港・×湊】湾や河口を利用したり防波堤を築いたりして、船が安全に停泊できるようにした所。

みなのか【三七日】人の死後二十一日目。また、その日に行う法事。みなぬか。さんしちにち。

みなのしゅう【皆の衆】すべての人。みんな。「―、よく聞け」▽今は普通使わない。

みなまたびょう【△水×俣病】海に流した工場廃液の中の有機水銀に汚染された魚介類を食べたことで神経がおかされる病気。熊本県水俣市付近の住民に多数発生し、一九五六年五月一日、初めて公式に確認。▽有機水銀の中毒による第二水俣病も新潟県で発生。

みなみ【南】①方位の一つ。太陽が出る方(=東)に向かって右の方角・方面。②南風。「土佐はよい国、―を受けて」(よさこい節) ▽↕北

みなみかいきせん【南回帰線】南緯約二三・四度の緯線。冬至の時、太陽がこの線の真上に来る。

みなみはんきゅう【南半球】地球の赤道以南。↕北半球

みなも【△水△面】水の表面。水面。▽「な」は古代助詞で「の」の意。

みなもと【源】①川など水流の発するもと。水源。②広く、物事の起源(となったもの)。▽「み」は水、「な」は古代助詞で「の」の意。

みならい【見習(い)】見習うこと。業務などを実地に習うこと。その過程にある人。「―工」「行儀―」

みなら‐う【見習う・見倣う】《五他》①見て、まねをする。「少しは彼を―え」②見ておぼえる。「仕事を―」

みなり【身△形】衣服をつけた様子。その服装。「―をかまわない」「―を整える」「ひどい―」

みなれざお【△水×馴れ×棹】舟の使いなれた棹(さお)。

みな‐れる【見慣れる・見×馴れる】《下一自他》常に見て、なれる。しじゅう見て、珍しくなくなる。「―れない顔」

ミニ ①『接頭』小さいこと。小さいもの。短いこと。「―カー」「―コミ」▽mini ②『名』「ミニスカート」の略。丈が非常に短いスカート。▽miniskirt から。↓ミディ・マキシ

みにく-い【醜い】『形』①見た目に不快なほどだ。美しくない。「泣き顔が―・くゆがむ」②いやな、不道徳な感じがする。「―争い」▽「見憎い」の意。派生 **-さ**

ミニチュア ①小型。小型模型。「軍艦の―」②細部に至るまでこまごまと描き込んだ小さな絵。細密画。ミニアチュール。▽miniature

ミニマム ①最小限。最小。②〔数学〕極小。▽↕マキシマム。minimum

みぬ-く【見抜く】『五他』物事の表面に現れていない本当のところを完全に見てとる。「本質を―」

みね【峰・×嶺】①山の高くそびえる頂(いただき)、その付近。「―続き」▽「み」は接頭語。②物の、みね(1)のように高くなった部分。③刀の背。棟。

みねうち【峰打ち】刀の峰で打つこと。切らないで、特に打撃だけ与える目的で行う。むねうち。

ミネラル 無機物。特に、栄養素として必要な、カルシウム・マンガン・鉄・コバルト・硫黄(いおう)・銅などの無機塩類。「―ウォーター」▽mineral

みの【×蓑】カヤ・スゲなどを編んで、体を覆うように作った雨具。

みの【三△幅】①並幅の布を三枚縫い合わせた幅。②「みのぶとん」の略。 **―ぶとん**【―布団】三幅(1)の幅につくったふとん。

みのう【未納】まだ納めていないこと。↕既納。「授業料―」「―金」

みのうえ【身の上】人の境遇。「―相談」「―話」。人の運命。「―判断」

みのかさ【×蓑×笠】みのとかさ。

みのが-す【見逃す】『五他』①見ていながら気づかず、そのままにする。見落とす。「誤植を―」「病気の兆候を―」②気がついていながら何もしない。㋐見ないふりをして、とがめないでおく。「今回だけは―・してやろう」㋑何もせずに、または、できずに終わる。「絶好の機会を―」「甘い球を―」③見る機会をのがす。見そこなう。「名作展を―」

みのがみ【△美△濃紙】厚めで強く、障子張りなどに使う、半紙より大判の和紙。短辺が約二七センチ、長辺が約三九センチ。▽美濃(みの=岐阜県)産の物が良質であったことから。

みのがめ【×蓑亀】甲に苔(こけ)や藻がついて、みのを着ているように見えるイシガメ。めでたいしるしと言われる。

みのけ【身の毛】体の毛。「―がよだつ」(↓よだつ)

みのげ【×蓑毛】①みのに編んだカヤやスゲなどが、毛のように垂れ下がっているもの。②サギの首に垂れた羽毛。

みのしろ【身の代】危害を加えないことの代償として要求する金銭。また、人身売買の代金。 **―きん**【―金】↓みのしろ

みのたけ【身の丈】せたけ。身長。「―六尺あまり」

みのばん【△美△濃判】紙の大きさの規格の一つ。美濃紙(みのがみ)とおなじ大きさ。

みのほど【身の程】自分の身分や能力などの程度。分際。「―をわきまえる」「―を知らない」 **―しらず**【―知らず】『名・ダナ』自分の分際・能力をわきまえないこと。そういう人。みしらず。「―な野望」「―もいいところだ」

みのまわり【身の回り】日常生活で起こる雑事。また、日常身に着けたりそばに置いたりしている物の一切。着物・履物・所持品など。「―の世話をする」「―を整える」

みのむし【×蓑虫】木の枝・葉を、吐く糸でつづりあわせ、蓑(みの)のような袋状の巣を作り、木からぶらさがって中にすむ虫。▽みのが科の蛾(が)の幼虫。成虫の雄には羽があって飛ぶが、雌には羽がなく蓑の中で一生を送る。

みのも【△水△面】↓みなも。▽雅語的。

みのり【△御△法】仏法の尊んだ言い方。

みのり【実り・×稔り】①実(み)を結ぶこと。「―の秋」②成果。「―の多い(=得る所が多い)話」

みの-る【実る・×稔る】『五自』①植物に実がなる。また、実が熟す。「桃が―」「稲が黄色く―」②成果があがる。「努力が―」

みば【見場】外から見た様子。外見。外観。「―が悪い」

みばえ【見栄え・見映え】見掛けがりっぱなこと。「―がする」

みはから-う【見計らう】『五他』見て、適当なものを定める。みつくろう。「品物を―」。見て、適当に決める。「時間を―・って行く」

みはつ【未発】①まだ外に現れていないこと。②まだ発明・発見されていないこと。「前人―の偉業」

みはてぬ【見果てぬ】『連語』《連体詞的に》十分に見終わってはいない。見終わったという満足感が持てない。「―夢」(願い続けながらも達せられない希望)

みはな-す【見離す・見放す】『五他』もうだめだとあきらめ、見きりをつけて、積極的に対処することをやめる。さじを投げる。見限る。「医者に―・される」

みはば【身幅】①体の幅。また、衣服の身頃の幅。②人に対する面目。肩身(かたみ)。▽(2)はすでに古風。

みはらい【未払(い)】まだ支払っていないこと。↕既払い。「―金」▽「みばらい」とも言う。

みはらし【見晴(ら)し】見晴らすこと。その景色。「―がきく」「―がいい」

みはら-す【見晴らす】『五他』広く遠くまで見渡す。

みはり【見張り】見張ること。それをする人。「―に立つ」

みは-る【見張る】『五他』①目を大きくひらく。見ひらいて見る。「目を―」(見事さに驚く意にも)▽「瞠る」とも書く。②あたりを注意して見渡し、警戒す

る。

みはるか-す【見△晴かす・見×霽かす】《五他》はるかに見渡す。▽やや雅語的。

みびいき【身×贔×屓】《名・ス他》自分に関係の深い人を特にひいきすること。

みひつのこい【未必の故意】《連語》〔法律〕行為者が、罪となる事実の発生を積極的に意図したり希望したりしたわけではないまま、その行為からその事実が起こるかも知れないと思いながら、そうなっても仕方がないと、あえてその危険をおかして行為する心理状態。

みひとつ【身一つ】自分の体一つ(だけ)。「―で家を出る」「―を持って行けば済むこと」

みひらき【見開き】書物や雑誌で、開いたとき向かい合う左右二ページ。

みひら-く【見開く】《五他》『目を―』目を大きく開ける。

みふたつ【身二つ】『―になる』出産する。

みぶり【身振り】体を動かして、それで感情・意思を表し伝えようとする、動き・姿勢。「―手振り」

みぶるい(ぶるひ)**【身震い】**《名・ス自》①寒さや恐ろしさなどのために体がふるえ動くこと。「―が起こる」②(鳥・けだものなどが)体を振り動かすこと。

みぶん【未分】まだ分かれていないこと。未分化。

みぶん【身分】その人がその社会や団体の中で身を置く地位。「―証明書」「よい御―ですね」(身の上の意にも)「―制度」▽その地位の上下や序列を問題にする場合が多い。「―が違う」「―が高い」「いやしい―」「―不相応」

みぼうじん【未亡人】夫に死なれ、再婚していない女性。後家(ごけ)。

みほ-れる【見×惚れる】《下一自》われを忘れて、みとれる。

みほん【見本】①(ある類のものの)全体の質や状態を推し測らせるために、その中から取り出して示す一部分のもの。また、そのために作ったもの。サンプル。「―刷り」「―市」②転じて、代表的な例。「まるで勤勉さの―だ」

みまい(まひ)**【見舞(い)】**見舞うこと。見舞うための手紙・品物。「―客」「―金」「お―」

みま-う(まふ)**【見舞う】**《五他》①元気でいるかどうか案じてたずねる。また、病気になったり災難にあったりした人を、訪ねたり、手紙や品物を送ったりして、なぐさめ励ます。「安否を―」「病人を―」②相手にとってよくないこと、好ましくないことをする。「げんこつを―」「台風に―われる」

みまが-う(まがふ)**【見△紛う】**《五他》似ている他の物に見あやまる。「雪と―(ばかりの)白い肌」▽やや雅語的。「みまごう」とも言う。

みまか-る【身△罷る】《五自》「死ぬ」の雅語的な言い方。

みまちが-える(まちがへる)**【見間違える】**《下一他》→みあやまる

みまも-る【見守る】《五他》①見て、番をする。気をつけ大切にする。「両親に―られて育つ」②じっと見つめる。熟視する。「成行きを―」

みまわ-す(まはす)**【見回す・見×廻す】**《五他》まわりをぐるっと見る。そこらをあちこち見る。「あたりを―」

みまわ-る(まはる)**【見回る・見×廻る】**《五自他》歩きまわって、監視・見物する。「構内を―」

みまん【未満】①その数に達しないこと。「十人―」▽例えば「十八歳―」は十七歳以下のこと。②比喩的に、その状態・段階に達しないこと。「同級生以上、彼女―だ」▽→いか(以下)

みみ【耳】①生物の、物を聞く器官。㋐空気の振動を捕らえ、聴覚を生じる器官。その働き。「人の声が―にはいらない」「何度も聞かされて―にたこができる」「―をふさぐ」(聞こうともしない態度をとる)「―を傾ける」(よく注意して聞く)「―が痛い」(転じて、弱点を指摘されたりしてつらい)。聞くこと、聞こえること、聴力に関して、次のように使う。「―に入れる」(知ってもらうために告げる)「お―を拝借」(他人の耳に入れたい時の、あいさつの言葉)「―をすまして聞く」「―が遠い」(聴力が弱くてよく聞こえない。→みみどおい)「―が早い」(物事をすばやく聞きつける)「うわさを―にする」「―にはさむ」(聞きつける)「―を貸す」(人の言い分を聞いてやる)「―をうたがう」(意外なことを聞いて、これが事実なのか、聞き間違いではないかと思う)㋑耳介。耳たぶ。「―が大きい」「―が立った犬」「―をそばだてて聞く」②物の取っ手など、形が耳⑴㋑に似ているもの。「なべの―」③それが占める位置が、耳⑴㋑のついている位置に似ている所。㋐パン・織物などのふちの、かたい所。㋑平たい物、紙や大判・小判などの端。「紙の―をそろえる」「百万円、―をそろえて差し出す」

みみあか【耳×垢】耳の穴にたまる垢(あか)。みみくそ。

みみあたらし-い【耳新しい】《形》今まで聞いたこともない、新しさである。まだ耳なれず、新奇な感じだ。「―言葉」派生 **-さ**

みみうち【耳打ち】《名・ス自他》相手の耳に口を寄せて、こっそりと話すこと。

みみかき【耳×掻き】耳の穴にさし入れ、その内部をかいて、垢(あか)などをとる細長い道具。

みみかくし【耳隠し】耳を覆い隠すような形に結った女性の束髪。大正末期の流行。

みみがくもん【耳学問】他人の話を聞いて物知りになること。また、他人から聞きかじった知識。

みみかざり【耳飾り】耳たぶに付ける装飾。イヤリング・ピアスなど。

みみがね【耳金】器などの取っ手の左右にとび出た金具。

みみくそ【耳×糞・耳×屎】→みみあか

みみこすり【耳△擦り】①耳打ち。「―をする」②あてこすり。「—を言う」

みみざと-い【耳×聡い】〘形〙聴覚が鋭い。ちょっとした物音や声でもすぐ聞きつける。派生 **-さ**

みみざわり【耳障り】①〘名ナ〙聞いていて、気にさわること。「—な話」「雑音が—だ」②【耳触り】〘名〙聞いて受ける感じ。▽「手触り」に類推した俗用。

みみず【〈蚯蚓〉】土中にすむ、赤褐色の細長いひものような生物。体はやわらかく、多くの節がある。「—がのたくったような字」(へたな字の形容) ▽貧毛綱の環形動物の総称。

みみずから【身自ら】〘連語〙自分(=身)みずから。

みみずく【〈木菟〉】ふくろう科の鳥のうち、おおむね頭に耳のような形に羽毛の立っているものの総称。頭が大きく、目も大きい。昼は老樹の空洞などにすみ、夜活動して小動物を捕食する。

みみずばれ【〈蚯蚓〉腫れ】皮膚をひっかかれたあとなどが、細長く赤くはれること。そうなっている所。

みみせん【耳栓】防音・防水のために、耳の穴に差し込むもの。

みみだ-つ【耳立つ】〘五自〙耳障りになる。

みみたぶ【耳×朶】耳の下部に垂れ下がった、肉の柔らかい部分。みみたぼ。

みみだれ【耳垂れ】耳の穴から、うみなどが出る病気。

みみっち-い〘形〙〔俗〕しみったれている。けちくさい。「—生活」「—話」派生 **-さ**

みみどお-い【耳遠い】〘形〙①聞きなれない。「—言葉」②耳がよく聞こえない。派生 **-さ**

みみどしま【耳年△増】〔俗〕体験が無いのに、色恋のことをいろいろ聞き知っている、若い女性。▽↓としま

みみなり【耳鳴り】耳の奥の方で何かが鳴っているように感じること。体の調子の悪い時などに起こる。「めまいや—がする」

みみな-れる【耳慣れる・耳×馴れる】〘下一自〙たびたび聞いて、珍しくなくなる。聞きなれる。「—れない漢語」

みみへん【耳偏】漢字の偏の一つ。「職」「恥」などの「耳」の称。

みみもと【耳元・耳△許】耳のそば。「—でささやく」

みみより【耳寄り】〘名ナ〙ふと聞いてもっと知りたいと思う喜ばしいこと。聞いて知る値打ちがあること。「それは—(な話)だ」

みみわ【耳輪・耳△環】耳たぶにさげる飾りの輪。イヤリング。

みむ-く【見向く】〘五他〙向いて(関心をもって)見る。ふりむく。「—きもしない」

みめ【見目】よそから見た様子・感じ。㋐容貌。器量(2)。「—うるわしい」㋑面目。名誉。体面。「—をはばかる」▽㋑は既に古風。「眉目」とも書く。

みめい【未明】夜がすっかりとは明けきらない時分。▽午前零時から三時ごろまでを指す専用語が無いので、報道などではこの時間帯にも代用する。

みめかたち【見目形】顔と姿。容姿。

みめよ-い【見目△好い】〘形〙器量(2)がいい。美人だ。派生 **-さ**

ミモザ 初夏、黄色の小さい花がかおり高く咲く常緑高木。葉は羽状複葉。▽mimosa まめ科。本来は、おじぎそう属の学名。

みもだえ【身×悶え】〘名・ス自〙苦しんで体をくねらせ動くこと。

みもち【身持ち】①品行。「—が悪い」②妊娠すること。「—になる」「—女」▽(2)は古風。

みもと【身元・身△許】①素姓(すじょう)。うまれ。「—を調べる」「—不明」②一身上のこと。「—引受け」「—保証人」

みもの【見物】見る値打ちがあるもの。「それは—だ」▽↓けんぶつ

みもの【実物】園芸や生け花で、実を主に観賞するもの。↔花物・葉物。「冬は花が乏しいので、ウメモドキなど—を使う」▽「じつぶつ」と読めば別の意。

みもん【未聞】〘ノダ〙まだ聞いたことがないこと。「前代—」

みや【宮】①神社。「お—」「—参り」▽↓おみや(1)。②皇族を敬って言う語。「—さん」▽現在では、親王家の称号。③皇居。また、皇族の御殿。▽「御(み)屋(や)」の意。

みやい【宮居】宮がある所。㋐神社。㋑皇居。▽雅語的。

みやいり【宮入り】神社の祭礼に、みこし(や練り物)が境内に繰り込むこと。

みやいりがい【宮入貝】田のあぜの草むらや稲株などにいる巻貝。日本住血吸虫の中間宿主として駆除され、絶滅が危惧される。カタヤマガイ。

みゃく〖*脈〗【脈】ミャク ①〘名・造〙血管。動脈が伝える心臓の鼓動。「脈をとる」「脈を上げる」(のぼせて夢中になる)「脈がある」(転じて、見込みがある)「脈動・脈搏(はく)・血脈(けちみゃく)・動脈・静脈(じょうみゃく)・気脈・命脈」②すじ立ってつづくもの。「山脈・水脈・支脈・鉱脈・葉脈」「一脈相通じる」③すじみち。「脈絡・文脈・語脈・乱脈・金脈・人脈」

みゃくう-つ【脈打つ】〘五自〙①心臓の拍動で、血・血管が周期的に動く。②比喩的に、内部に生き生きと流れる。「青春の情熱が今も—っている」「—リズム」

みゃくどう【脈動】〘名・ス自〙①脈が打つように周期的な動きがあること。②比喩的に、引き続いて起こる力強い動き。「新時代の—が聞こえる」③地学で、地殻に地震以外の原因で起こる微弱な振動。

みゃくどころ【脈所】①手首など、脈拍が測れる所。②物事の急所。

みゃくはく【脈拍・脈×搏】心臓の規則的な運動によって、動脈に周期的に起こる動き。みゃく。「—数」

みゃくみゃく【脈脈】〘トタル〙つながり続いて、絶え

ないさま。「―たる伝統」「―と伝えられる教え」

みゃくらく【脈絡】 ①つながった筋道。つながり。「話に―がない」「前後の―なく書く」②血管。「―膜」

みやけ【宮家】 皇族で、宮の称号を持つ一家。

みやげ【△土産】 訪れたことのあいさつなどにする贈物。㋐旅先などから持ち帰る、普通はその土地の産物で、家族・知人に配る物。㋑人を訪問する時に持って行く品。

みやげばなし【△土産△話】 旅行から持ち帰って来た話。

みやこ【都】 ①皇居または政府がある所。▽「御(み)屋(や)処(こ)」の意。②繁華な中心的な土地。都会。「水の―」

みやこおち【都落ち】『名・ス自』都を(逃げるように)立ち去って、地方へ行くこと。

みやこどり【都鳥】 ①ユリカモメのこと。昔の和歌によまれ、今も隅田川の景物として名高い。②背・頭は黒色、腹は白色の海鳥。くちばしは赤く長く、足も赤色。日本には冬に飛来する。▽ちどり目みやこどり科。

みやこわすれ【都忘れ】 春、濃紫色の花をたくさんつける多年草。淡紫色・紅色・白色の花もある。高さ三〇センチぐらい。あずまぎく。▽きく科のミヤマヨメナの栽培品種。

みやした【宮下】 居酒屋や小料理屋などで、店に設けた神棚の下(の客席)。「へーい、―(に)ご案内」

みやしばい(：しばゐ)**【宮芝居】** 神社の祭礼の時などに、境内(けいだい)で興行する芝居。

みやす-い【見△易い】『形』見るのがたやすい。「―場所に掲示する」。筋道などがすぐわかる。「―道理だ」 派生 **-さ**

みやそのぶし【宮×薗節】 薗八(そのはち)節の、二代目宮古路薗八が宮薗鸞鳳軒(らんぽうけん)と改称してからの、別称。宮薗。

みやだいく【宮大工】 神社・宮殿や寺院の建築を専門にする大工。

みやだし【宮出し】 神社の祭礼に、みこし(や練り物)が境内から繰り出すこと。

みやつ【身八つ】「みやつくち」の略。↓やつくち

みやづかえ(：づかへ)**【宮仕え】**『名・ス自』①宮中・貴人などに仕えること。仕官。奉公。②転じて、会社・役所に勤めること。「すまじきものは―」(↓まじき)

みやつこ【△造】 昔の、姓(かばね)の一つ。中央・地方で、世襲的に、部(べ)を統率したもの。

みやび【△雅】『名ナノ』ものの趣を解し、けだかく、動作なども優美なこと。風雅。▽「宮び(=宮廷風)」の意。

みやびお(：を)**【△雅男】** 容姿・心がみやびやかな男。↕みやびめ。▽雅語的。

みやびと【宮人】 ①宮中に仕える人。▽今は使わない。②神に仕える人。神主(かんぬし)。▽雅語的。

みやびめ【△雅女】 容姿・心がみやびやかな女。↕みやびお。▽雅語的。

みやびやか【△雅やか】『ダナ』みやびの風(ふう)を帯びているさま。上品で風雅なさま。 派生 **-さ**

みや-びる【△雅びる】『上一自』《普通は「―・びた」の形で》みやびの趣がある。「なかなか―・びた催しだった」「いなかの事とて―・びてはいないが」

みやぶ-る【見破る】『五他』隠された秘密・計略などを見抜く。「正体を―」

みやま【△深山】 ①山の美称。②外山(とやま)(=ふもとの山。人里に近い山)に対し、奥山。▽雅語的。 **―おろし【―×颪】** 奥山から吹きおろす激しい(すさまじい)風。▽雅語的。 **―きりしま【―霧島】** 九州の高山に自生する、つつじの一種。枝は横に張り、葉も花も小さい。花は筒部が短く、紅または紅紫色。 **―びゃくしん【―×柏×槙】** 日本の高山や北方海岸、朝鮮・台湾に自生する常緑針葉低木。イブキの変種で、雌雄異株。日当たりを好む。▽盆栽では「真柏・槙柏(しんぱく)」と呼び、松と並ぶ人気がある。

みやまいり(：まゐり)**【宮参り】**『名・ス自』生まれて初めてその子を連れて、氏神(1)に参拝すること。その儀礼。うぶすなまいり。▽生まれて何日目に行うかは地方によって様々。まれには単なる神社参拝を(特に「お―」の形で)指す。

みやもり【宮守】 宮の番をすること。その人。

みや-る【見△遣る】『五他』遠くの方を見る。その方を見る。「声のする方を―」

ミュージアム 博物館。美術館。「マリン―」「紙の―」「ボストン―」▽museum

ミュージカル ①音楽の。「―ドラマ」▽musical ②アメリカで発達した、舞台芸術の一つ。オペレッタにポピュラー ソングの要素の加わった、大衆的な舞踊音楽劇。「―映画」▽アメリカ musical comedy から。

ミュージシャン 音楽家。特に、ジャズ・ポピュラー音楽などの演奏家。▽musician

ミュージック 音楽。「ダンス―」「―ホール」▽music

ミューズ ギリシア神話で、文芸や音楽などの知的活動をつかさどる九人の女神(めがみ)。▽Muse

ミュール かかとの後ろの覆いがなく、突っ掛けてはける女性用の靴。▽mule

みゆき【△御△幸】 天皇・上皇・法皇・女院(にょういん)の外出・旅行。▽天皇の場合は「行幸」とも書く。現在では雅語的。

みゆき【△深雪】 ①雪の美称。②深く積もった雪。▽雅語的。

みよ【△御代・△御世】 天皇の治世。「明治の―」

みよ-い【見△好い】『形』①見た様子がよい。見苦しくない。「―ものではない」②見やすい。「―席」 派生 **-げ**

みよう(：やう)**【見様】** 見方(みかた)。「―によっては評価が違ってくる」 **―みまね【―見〈真似〉】** ①絶えず見ているうちに、自然にそのやり方を覚えること。②他の人のやり方を見てやってみること。

みょう(：みやう)**【明】** 本年・本月・本日などに対し、その次を表す語。「―年」「―十七日」「―朝」

みょう【妙】 ミョウ(メウ) たえ ——①『名・造』不可思議なほどすぐれている。巧みである。きわめて美しい。善美の極。たえ。「妙を得た医師」「演技の妙」「妙案・妙手・妙技・妙薬・妙用・妙計・妙法・妙境・巧妙・至妙・神妙・玄妙・美妙・微妙・霊妙・絶妙・精妙・軽妙・当意即妙」②若く美しい。「妙麗・妙齢」③『ダナ・造』ふしぎ。おかしい。理屈にあわない。普通でない。「妙な話だ」「妙におそいな」「珍妙・奇妙」▽→みょうに

みょうあさ【明朝】 →みょうちょう

みょうあん【妙案】 たいそういい思いつき。

みょうおう【明王】 〔仏〕怒った顔つきをして悪魔を降伏(ごうぶく)し、仏法を守護する神。特に、不動明王。▽不動・降三世(ごうざんぜ)・軍荼利(ぐんだり)・大威徳・金剛夜叉(やしゃ)(または烏枢沙摩(うすさま))を五大明王という。

みょうが【×茗荷】(めうが) 山の日かげに生える多年草。熱帯アジア原産。葉はショウガに似る。夏から秋にかけて、何枚も重なった苞(ほう)の間から淡黄色の花が咲く。この部分を「みょうがの子」と称し、芳香があるので花の開く前に食べる。葉の若芽も「みょうがたけ」と称し食用。▽しょうが科。俗に、食べると物忘れをするとされる。

みょうが【冥加】 『名ノ』①神仏から知らず知らずに受ける加護(助力)。おかげ。「—に尽きる」(冥加の点で、それが尽きる、または極まる。すなわち、神仏に見放される、または、これ以上ない仕合わせに恵まれる)「—に余る」(この上なく有難い) ②好運であること。「いのち—なやつ」 ③→みょうがきん。 **—きん【—金】** ①神仏の冥加のお礼に、奉納する金銭。②江戸時代の税の一種で、初めは、業者が幕府に、営業認可の礼として納める金品。後には、業者に課して上納させる金銭。

みょうぎ【妙技】 非常にすぐれて見事なわざ。「—をふるう」

みょうけい【妙計】 普通には思いつかないような、巧みなはかりごと。妙策。

みょうご【冥護】 神仏が人知れず守ってくれること。「神明の—を祈る」

みょうご=【明後】 現在からみて、次の次の。「—日」「—年」

みょうこう【妙工】 すぐれた細工。すぐれた職人。

みょうごう【名号】 〔仏〕仏・菩薩(ぼさつ)の名。特に浄土教では阿弥陀仏(あみだぶつ)の称号をいい、「南無阿弥陀仏(なむあみだぶつ)」と名号を唱えれば浄土に往生できるとする。「弥陀(みだ)の—」「六字の—」

みょうさく【妙策】 →みょうけい

みょうじ【名字・△苗字】 家の名。▽古くは、家格を表す姓(かばね)と氏の名とを区別し、後者が名字。後に、氏から分かれ、地名などを家の名として、これを「名字」と呼んだ。 **—たいとうごめん【—帯刀御免】** 江戸時代、百姓や町人に、名字をとなえ刀をさすことを特別に許すこと。

みょうしゅ【妙手】 ①非常にすぐれた技を持つ人。名手。②碁・将棋などで、非常にうまい手。

みょうしゅ【妙趣】 言うに言われない、すぐれたおもむき。

みょうじゅう【命終】 生命が終わること。死ぬこと。「—の期」

みょうしゅん【明春】 ①来年の春。来春。②来年の正月。「—早々」▽陰暦では新年が春だったから。

みょうしょ【妙所】 言うに言われない、いい味わいがある所。

みょうじょう【明星】 ①明るく輝く金星。「明けの—」「宵の—」②その分野で、光彩をはなっている人。スター。

みょうじん【明神】 威厳と徳のある神。「大—」

みょうせき【名跡】 名字の跡目(あとめ)。めいせき。「—を継ぐ」

みょうせんじしょう【名詮自性】 〔仏〕名が、そのもの自体の本性を現すこと。

みょうだい【名代】 人の代理をつとめること。それをする人。▽「なだい」と読めば別の意もある。

みょうちきりん【妙ちきりん】 『ダナ』〔俗〕普通と違って変なぐあいなさま。奇妙。

みょうちょう【明朝】 あすのあさ。みょうあさ。

みょうてい【妙諦】 すぐれた真理。▽正しくは「みょうたい」。

みょうと【〈夫婦〉】(めおと) →めおと

みょうに【妙に】 『副』不思議に。また、変なぐあいに。「—気にかかる」「—静かだ」

みょうにち【明日】 ①→あす。②比喩的に、将来。未来。

みょうねん【明年】 来年。

みょうばつ【冥罰】 神仏が人知れずくだす罰。

みょうばん【明晩】 あすの晩。

みょうばん【明×礬】 硫酸アルミニウムと、アルカリ金属やアンモニウムなどの硫酸塩との化合物の総称。特にカリ明礬を言う。白色の正八面体結晶で、水溶液は微酸性。染色・防水・工業用。

みょうほう【妙法】 ①すぐれた、不可思議な仏法。②妙法蓮華(れんげ)経。法華(ほけ)経。③すぐれた方法。

みょうみ【妙味】 言うに言われない、いい味・趣。

みょうもく【名目】 ①→めいもく。②口実。▽今は⑵の意では使わない。

みょうもん【名聞】 世間の評判。ほまれ。名誉。

みょうや【明夜】 あすの夜。

みょうやく【妙薬】 不思議なほどよく利く薬。

みょうり【冥利】 ①知らず知らずのうちに受ける恩恵。「商売—」「男—」「—に尽きる」(冥利が極まって有難い)▽⑵の転。②〔仏〕よい行いの報いとして得た幸福。「そんな贅沢(ぜいたく)をすれば—が尽きる」(=仏の恵みが尽きて罰が当たるほどだ)

みょうり【名利】 名声と利得。めいり。「—にとらわれる」

みょうれい【妙齢】 女のうら若い年ごろ。

みよし 船のへさき。▽「水押(みお)」の転。

みより【身寄り】(頼りになる)親族。縁者。「—のない老人」

ミラー 鏡。「バック—」▽mirror

みらい【未来】まだ来てはいない時。①時間の三区分の一つで、現在より先(の全体)。「—の交通機関」「人類の—に夢を描く」▽「将来」より先を指すことが多い。「将来そうなるだろう」に当たる使い方はしない。また、文法で動詞などの未来形を、単に「未来」とも言う。②〔仏〕三世(さんぜ)の一つである死後の世。来世。関連 将来・以後・向後(きょうこう)・今後・先・先先・生い先・老い先・ゆくゆく・近近・近日・後日・後年・他日・他年・早晩・目前・末・行く末・前途・来世 **—えいごう【—永×劫】**未来永久にわたること。 **—き【—記】**未来のことを、予言・空想して書いた書物。 **—は【—派】**二十世紀のはじめ、イタリアにおこった芸術上の新運動。伝統を排斥し、近代文明の生んだ機械と速力を賛美した。

ミリ 基準となる単位名に冠し、その単位の千分の一に当たる意を表す語。記号m。特に「ミリメートル」「ミリグラム」の略。▽(フランス)milli-

ミリタリズム 軍国主義。▽militarism

ミリバール 気圧の単位。一ミリバールは、一ヘクトパスカル。▽(フランス)millibar

みりょう【未了】(処理などが)まだ終わっていないこと。「審議—」

みりょう【魅了】《名・ス他》すっかり相手の心を引きつけて夢中にさせてしまうこと。「観客を—する演技」

みりょく【魅力】人の気持を引きつけて夢中にさせる力。「—的な男性」

みりん【味×醂】焼酎に、もちごめ・こうじを加えて醸造した酒。甘味が強い。調味料・屠蘇(とそ)に使う。

みる【見る・△視る・△観る】《上一他》①視覚を働かして、ものの存在・形・様子・内容をとらえる。目で認める。「—からに強そうだ」「めがねを掛けてよく—」「野球を—」「—と聞くとは大違い」「**み**たところ(では)何ともない」「**み**たか、どうだ」「それ**み**たことか」(警告を与えたのに無視して失敗した場合などに言う表現)「本館の落成を—(=まのあたりにする)」「前例を**み**ない(=前例が無い)大事件」▽漢字「見」「視」「観」の字義の差は、→けん〔見〕(1)
②視覚に限らず広く、感覚を働かして、探りとらえる。「味を—」「調子を—」「病人の脈を—」。感覚でとらえたものについて、判断・評価をする。「答案を—」「手相を—」「人物を—目がある」「医者が病気を—」「流行歌に—世相」「痛い目を—」▽聴覚に訴えるだけの時には言わない。診断の場合には「診る」、看護の場合は「看る」とも書く。
③《「……と—」の形で》……と考える。㋐理解する。「この絵を虎と—か、猫と—か」㋑推定する。「遭難者は死んだものと—」▽その考えが個人的ではなく一般的である時は「**み**られる」の形を使うことが多い。㋒見積もる。「収入を四十万円と—とすれば」
④様子を見て世話をする。「子供の勉強を—」「面倒を—」。取り扱う。行う。「会の会計を—」「政治を—」
⑤実際に身に受ける。経験する。「ばかを—」「憂き目を—」
⑥《動詞の連用形に助詞の「て」の付いた形を受けて》㋐ためしに……する。「一口食べて—」「考えても**み**ろ」㋑《「……してみると」「……してみたら」「……してみれば」の形で》……すると。……したところが。「私として—と、そう簡単には言えない」「朝起きて**み**たら銀世界だった」「開いて**み**れば、こはいかに」▽⑥は「見せる」②に対応する意味であるが、普通は漢字で表記しない。
関連 窺(うかが)う・覗(のぞ)く・拝する・眺める・顧みる・仰ぎ見る・振り仰ぐ・見つめる・見やる・目を注ぐ・目を凝らす・目を配る・目を通す・目撃・着目・着眼・看視・注視・凝視・熟視・黙視・注目・刮目(かつもく)・瞥見(べっけん)・一見・一顧・一望・鳥瞰(ちょうかん)・俯瞰(ふかん)・実見・披見・拝見・拝観・傍観・観覧・閲覧・縦覧・一覧・通覧・回覧・巡覧・内覧・御覧・笑覧・高覧・叡覧(えいらん)・天覧・照覧・右顧左眄(うこさべん)・高みの見物

みる【〈水松〉〈海松〉】浅海の海底に生える緑藻類。円柱状の枝が二分岐を繰り返して、扇状に広がる。食用になる。▽みる目。

みるかげもない【見る影もない】《連語》(以前の様子と変わって)みすぼらしい。「—落ちぶれようをさらす」▽丁寧に言う時は「見る影もございません」。

みるからに【見るからに】《連語》ちょっと見るだけでも。「—いやなやつだ」▽→から《格助》(3)㋐

ミルク ①牛・羊・ヤギなどの乳。特に、牛乳。②牛乳を加工した練乳・粉乳など。③白色・牛乳状のもの。㋐ヤシの実をしぼった液の加工品。㋑皮膚に栄養分を補給する化粧品。「ボディー—」▽milk **—セーキ** 牛乳に卵をまぜ、甘味をつけ氷でひやした飲物。▽「ミルク シェイク」「ミルク シェーク」とも言う。milk shake **—ティー** 牛乳を入れた紅茶。▽milk と tea とによる和製英語(英語では tea with milk)。 **—ホール** 牛乳を飲ませ、パンなども食べさせる簡易飲食店。▽milk と hall とによる和製英語。第二次大戦後はこの名の店がほとんど無い。

みるまに【見る間に】《連語》見ている(短時間の)うちに。

みるみる【見る見る】《副》少しの間にどんどん変わっていくさま。見るまに。「空が—暗くなる」「—顔色が変わる」「—差がつく」▽「間」「うち」などに対しては連体修飾もする。「船が—うちに遠ざかる」

ミレニアム (西暦で)千年台の数字が等しい一千年間。千年紀。▽millennium 日本では一九九九年に広まった語。

みれん【未練】《名ナノ》あきらめ切れないこと。「—を残す」派生 **-さ -げ** **—がまし-い**《形》何ともあき

らめ切れない。「—ことは言うな」 派生 -さ -げ

みろく【△弥×勒】〔仏〕未来に出現し、衆生(しゅじょう)を救うという仏。「—菩薩(ぼさつ)」

みわく【魅惑】《名・ス他》魅力によって人の心をひきつけ、まどわせること。「—的な女性」

みわけ【見分け】見分けること。区別。「—がつかない」

みわ-ける【見分ける】《下一他》見て、区別する。

みわた-す【見渡す】《五他》広い範囲にわたって見る。遠くまで広く眺める。「—限りの雪げしき」

みん【*民】ミン たみ ①官・位などの身分にかかわらない人。治められるもの。一般の人。たみ。「人民・住民・万民・臣民・庶民・平民・農民・細民・窮民・逸民・済民(せいみん・さいみん)・常民・難民・流民・移民・民衆・民間・民営・民生・民風・民俗・民謡・民家・民族・民力」②人。国家社会を構成する人。「公民・国民・文民・民主・民権・民政」

みん【眠】ミン ねむる ねむい ①目をとじて休む。ねむる。ねむい。「睡眠・安眠・快眠・惰眠・催眠・永眠・不眠・仮眠・春眠」②蚕の休眠。また一般に、休眠。「一眠・四眠・冬眠」

みんい【民意】民衆の意思。人々の考え。

みんえい【民営】民間の経営。↔国営・公営。「—化」

みんか【民家】人が住む家屋。普通の人家。「古(こ)—」

みんが【民画】民衆が実用のために制作した絵画。民俗絵画。特に、朝鮮のもの。▽民芸の一種。

みんかん【民間】①民衆の社会。世間。世俗。「—療法」「—語源」②公的な機関に属しないこと。「—人」「—放送」 **—でんしょう**【—伝承】昔から民間で伝えられていた伝説・習俗など。

みんぎょう【民業】民間の事業。

ミンク 北米原産の、イタチに似てやや大形の小動物。皮は高価で、女性用コートなどにする。▽mink いたち科。

みんぐ【民具】古くから民衆が日常生活の中で作り、使ってきた道具。例、たんす・釜・茶わん・あんどん。

みんげい【民芸】民衆の生活の中から生まれた実用的な手工芸。民俗性・郷土色を反映し、素朴な味を持つ。「—品」▽柳宗悦(やなぎむねよし)の造語。

みんけん【民権】人民が政治に参与する権利。「自由—」

みんごと【見ん事】《副》「見事」を強めた言い方。「一年半後、—本懐を遂げて」

みんじ【民事】私法によって律せられる私人の間の生活関係に関する事柄。↔刑事。「—事件」 **—そしょう**【—訴訟】私人の間の生活関係に関する争いや利害の衝突を、国家の裁判権によって解決調整するための手続き。

みんしゅ【民主】国家の主権が人民にあること。 **—こく**【—国】政体として民主主義をとる国。 **—しゅぎ**【—主義】人民が主権を持ち、自らの手で、自らのために政治を行う立場。人民が自らの自由と平等を保障する政治形態。 **—てき**【—的】《ダナ》民主主義の精神にかなっているさま。デモクラティック。

みんじゅ【民需】民間の需要。↔官需・軍需

みんしゅう【民衆】世間一般の人々。庶民。大衆。

みんしゅく【民宿】《名・ス自》一般民家で営む簡単な宿泊施設。また、そこに泊まること。

みんじょう【民情】民衆の心情・実情。「—視察」

みんしん【民心】民衆の心情。「—の安定」

みんせい【民生】民衆の生活・生計。「—委員」▽軍事や軍需の対語としても使われる。「—品」(軍事・産業用でないもの)

みんせん【民選】人民が選挙すること。↔官選。「—議員」「—知事」

みんそ【民訴】「民事訴訟(法)」の略。↔刑訴

みんぞく【民俗】民衆・民間の習俗。民間伝承。 **—がく**【—学】民間伝承を集め調べることによって、庶民層における伝統的生活様式・社会形態を明らかにしようとする学問。

みんぞく【民族】人種的・地域的起源が同一であると信じ、言語・宗教などの文化的伝統と、歴史的な運命を共有すると考えられる、人間の集団。「—国家」「—主義」「やまと—」「少数—」 **—がく**【—学】諸民族の文化・習俗・信仰・制度などを、発生的にとらえ、比較研究することによって、民族生活の変遷と本質を明らかにしようとする学問。▽文化人類学と同じものを意味することもある。

ミンチ 挽(ひ)き肉。メンチ。▽mince から。

みんちょうたい【△明朝体】活字の書体の一種。現在、日本で最も普通に使うもの。例、この辞典の本文の活字の形。

みんてき【△明笛】明楽(みんがく)＝中国の明(みん)時代の音楽をもとにした音楽)に使う横笛。

ミント 薄荷(はっか)。「—ティー」(ミントの香りをつけた紅茶)「—グリーン」(ミントの葉のような薄緑色) ▽mint 広くはしそ科のハーブ数種の総称。

みんど【民度】民衆の生活程度。「—が低い」

みんな【△皆】→みな。「どれもこれも—だめだ」「—で行こう」▽「みな」より口頭語的。「おい、—、けがは無かったか」はその場に居る者への呼び掛けにも使うが、話題の第三者全員を指すのにも使える。

みんなみ【△南】みなみ。▽雅語的。

みんぱく【民泊】《名・ス自》①民宿に泊まること。②民家に宿泊すること。

みんぺい【民兵】郷土を守るために、住民によって編成された軍隊。その兵。

みんぼう【民望】①人民の希望。②世間の人望。大衆の信望。

みんぽう【民法】①実質的には、広く公法に対して私法一般。②形式的には、「民法」という名の法律、すなわち民法典。

みんぽんしゅぎ【民本主義】吉野作造による民主主義論。▽democracy の訳語の一つ。

みんみんぜみ【みんみん×蟬**】** セミの一種。大形で、羽は透明。体は黒地に緑色のまだらがある。七、八月ごろに多く、みーんみーんと鳴く。みんみん。

みんゆう【民有**】** 民間の所有。↕官有・国有・公有。「―林」「―地」

みんよう【民謡**】** 民衆の中から生まれ伝えられて来た、郷土色をもつ歌謡。▽それに模して作った「新民謡」と呼ばれるものを含めても言う。

みんよう【民窯**】** 官窯・藩窯に対し、民間の窯(で作った陶磁器)。

みんりょく【民力**】** 人民の経済的な力。▽既に古風。

みんわ【民話**】** 民衆の中から生まれ、語り伝えられて来た説話。

む

む 〘助動〙口語の「う」に当たる文語。↓う〘助動〙。▽「ん」とも書く。

む【六**】** 〘造〙「六(ろく)」の和語。「―年(むとせ)」▽数え上げる唱え以外に単独では使わない。「み」の母音交替で出来た形。「ひと」「ふた」や「よ」「や」にも同様の事が見られる。

む〖矛〗 ム ボウ ほこ ｜両刃で長い柄のある兵器。ほこ。「矛盾」

む〖*務〗 ム つとめる つとまる ｜一つのことに力を出してはたらく。つとめる。自分がひきうけてする仕事。つとめ。つとまる。「政務・本務・公務・国務・俗務・内務・時務・事務・業務・債務・任務・職務・勤務・庶務・執務・急務・劇務・要務・兼務・義務・雑務・残務・実務・責務・服務・片務契約」

む〖霧〗 ム きり ｜大気中の、きり。きりのようなさま。「雲霧・煙霧・海霧・濃霧・霧気・霧笛・霧鐘・雲散霧消・五里霧中・噴霧器」

む〖*無〗 ム ブ ない ｜①〘名・造〙ない。存在しない。欠けている。↕有。「無から有(ゆう)を生じる」「有無(うむ)・無二・無始・無名・無心・無言(むごん)・無辺・無期・無上・無比・無視・無断・無情・無常・無理・無線・無数・無為(むい・ぶい)・無慮・無道(ぶどう・むどう)・無人(ぶにん・むじん)・無一物・無尽蔵・皆無・虚無・絶無」。以下「ブ」と読む。「無事・無音(ぶいん)・無粋・無礼・無聊(ぶりょう)・無頼・無沙汰(ぶさた)・無愛想」②〘名〙益がないこと。むだ。「無にする」「無になる」

む〖*夢〗 ム ゆめ ｜ゆめ。ゆめみる。「夢幻・夢想・夢中・夢寐(むび)・夢遊病・吉夢・悪夢・凶夢・迷夢・霊夢・白昼夢・酔生夢死」

む 〖武〗→ぶ〖武〗

むい【無位**】** 位を持たないこと。「―無官」

むい【無為**】** ①自然のままで、作為的でないこと。「―にして化す」(おのずから教化される) ②〔仏〕生滅・変化しないもの。自然。絶対。↕有為(うい)。③ぶらぶらと何もしないでいること。「―にすごす」「―徒食」

むいか【六日**】** 日数で六になる時間。また、その月の六番目の日。▽「むか」の転。「か」は日の意。 **―のあやめ【**―の〈菖蒲〉**】** 〘連語〙時機に遅れて、役に立たないことのたとえ。「―十日の菊」▽あやめは五月五日の節句に使い、六日では一日遅れる所から。

むいぎ【無意義**】** 〘名・ダナ〙↓むいみ。↕有意義。▽主に無意味(2)の意で使う。[派生] **-さ -げ**

むいしき【無意識**】** 〘名・ダナ〙①意識がないこと。気を失っていること。「―状態」②自分が自分の行為に気がつかないこと。「―的」「―(のうち)につめをかむ」

むいそん【無医村**】** 定住して開業する医者がいない村。

むいちもつ【無一物**】** 何一つ所有していないこと。「本来―」(↓ほんらい) ▽「むいちぶつ」とも言う。

むいちもん【無一文**】** 全くお金を持たないこと。一文無し。

むいみ【無意味**】** ①〘名ナ〙意味を欠く(もっともな意味の認めがたい)表現であること。「―なことを言う」②〘名・ダナ〙これといった価値が無いこと。「―に時を費やす」 [派生] **-さ -げ**

むいん【無韻**】** 詩で、韻をふまないこと。「―詩」

ムース ①泡立てた卵白や生クリームに、つぶした果物・野菜・魚などを混ぜ込み、冷やし固めたデザートまたは料理。②泡状の整髪料・洗顔料。▽フランス mousse (2)は商標名。

ムーディー 〘名ナ〙ある雰囲気に満ちているさま。「―なバラード」▽「ムード」による和製英語(英語の moody は不機嫌なの意)。

ムード ①気分。情調。「―音楽」。雰囲気。「―を盛り上げる」「友好―」「あきらめ―」②〔言語〕(外国語の)文法で、法。↓ほう〖法〗(6)。▽mood

ムートン 羊の毛皮。▽フランス・イギリス mouton

ムービー 映画。「―カメラ」▽movie

ムーブメント 動き。▽movement

ムームー ゆったりした夏用ワンピース。▽muu-muu もと、ハワイの民族衣装。

むえき【無益**】** 〘名ナ〙益が無いこと。むだ。むやく。↕有益。[派生] **-さ**

ムエタイ タイ発祥の格闘技。拳・肘・膝・足をつかってたたかう。▽タイ語。

むえん【無塩**】** 食品に食塩を使っていないこと。↕有塩。「―バター」

むえん【無援**】** 他からの支援が無いこと。「孤立―となる」

むえん【無煙**】** 煙を出さないこと。「―火薬」 **―たん【**―炭**】** 石炭の品位の一つ。炭化の度合いが最も高いもの。火力が強く、燃焼時にほとんど煙が出ない。

むえん【無縁】①『ダナ』縁が無いさま。ゆかり・関係が無いさま。「自分の生い立ちと全く―の地に住む」「観月はまだ庶民には―だった」②『名』弔う縁者がいないこと。「―仏(ぼとけ)」▽もと、仏の道に縁がないこと。↕有縁(うえん)

むおん【無音】音や声を出さないこと。▽「ぶいん」と読めば別の意。

むが【無我】①我意・私心が無いこと。没我。「―の愛」②われを忘れること。「―の境地」 **―むちゅう【―夢中】**心をうばわれ、無意識的にただひたすら行動するさま。「―で逃げる」

むかい【向(か)い】面と向かっていること。相(あい)対する、あちら側。「―の家」「―がわ」。特に、向かいの家。「お―さん」

むかい【迎い】↓むかえ。▽この形は古くからある。

むがい【無害】『名ナ』害が無いこと。↕有害。「人畜―」 派生 **-さ**

むがい【無蓋】ふた・覆いが無いこと。↕有蓋(ゆうがい)。「―貨車」

むかいあ-う【向(か)い合う】『五自』互いに向きあった状態にある。相(あい)対する。▽↓むきあう

むかいあわせ【向(か)い合(わ)せ】互いに正面を向けあうこと。「―に座る」

むかいかぜ【向(か)い風】進んで行く前方から、こちらへ向けて吹いて来る風。逆風。↕追い風

むかいび【向(か)い火】燃え進んで来る火に対し、こちらからも火をつけて、その火勢を弱らせること。

むか-う【向かう】『五自』①正面または顔が、そちらに向くように位置する、または移る。㋐それを目当てとする向きをとる。面する。「鏡に―」「―って左」「親に―って口答えをする」「天に―ってつばを吐く」(人を害しようとして、かえって自分の身をそこなうたとえ) ㋑それを目ざして進む。「大阪に―」「ゴールに―って走る」「―ところ敵なし」。その方向に動き出す。その状態に近づく。「春に―」「快方に―」②手向かって襲い掛かる。「―って来る者を切り倒す」

むかうのさと【無何有の郷】『連語』自然のままであり、人間的な欲望・苦労が全く無い理想郷。▽「荘子」にある語。明治時代には「ユートピア」の訳語としても使った。

むかえ【迎え】迎えること。迎える動作。迎える人。「―の車を出す」「お―が来る」(仏が浄土に呼び寄せに来る、つまり死期が迫る意にも言う)

むかえう-つ【迎え撃つ】『五他』敵が攻めて来るのを待ちうけて戦う。

むかえざけ【迎え酒】飲みすぎた翌日気持が悪い時、それをなおすために酒を飲むこと。その酒。

むかえび【迎え火】盂蘭盆(うらぼん)に入る七月(今は土地によっては八月)十三日の夕、祖先の霊魂をあの世から迎えるために門先(かどさき)で麻幹(おがら)をたく、その火。↕送り火

むか-える【迎える】『下一他』来るものを受け入れる。㋐準備し、または出向いて、来る者を待って会う。↕送る。「客を―」。呼び寄せて、家族や仲間に加える。招く。「嫁を―」「病院長の娘を妻に―」「新入生を―」「先輩を会長に―」「大学に教授として―えられた」㋑他人の気持・考えに合わせ、機嫌を損じないようにする。迎合する。「社長の意を―」㋒敵の来襲を待ち構えて防ぎ戦う。「主力艦隊を―え撃つ」「敵を腹背(ふくはい)に―」▽㋒は「邀える」とも書く。㋓その時が(自然に)めぐって来るのを待つ。「新年を―」「老いを―」。その時に臨む。「事件の捜査がいよいよ大詰めを―えた」▽「向かう」と同語源。

むがく【無学】『名ナ』①学問・知識が乏しいこと。②仏道について、残る所無く学び尽くした境地。↕有学(うがく)。「―慧(くえ)」(仏の知恵) **―もんもう【―文盲】**『名ナ』無学⑴で字の読めないこと。

むかご【〈零余子〉】珠芽。特に、ヤマノイモの葉のつけ根に生じるものをいい、食用とする。ぬかご。

むかし【昔】①今とは異質だと思えるような過去。長い年月をへた以前。ずっと以前。「―、ある所に」「―ながらのおもかげ」「―取った杵柄(きねづか)」(過去にきたえた腕前) ▽もと、心が自然にそこへ向かう、過去の時点というとらえ方で言い、過ぎ去ったものととらえる「いにしえ」とは区別があった。②一続きの十年(ごと)をまとめて考えた過去。「十年ひと―」「ふた―ほど前」 関連 大昔・ひと昔・そのかみ・いにしえ・ひところ・先(せん)だって・先頃・いつぞや・先年・先日・先般・過般・以前・従前・在来・従来・年来・往古・往時・旧時・往年・既往・過去・過日・昔年・昔日・前世

むかしかたぎ【昔〈気質〉】『名ナ』気質が、古風で律儀なこと。

むかしがたり【昔語り】↓むかしばなし⑵。▽既に古風。

むかしなじみ【昔×馴△染(み)】以前(から)仲よくしていたこと。そういう人。

むかしばなし【昔話】①桃太郎や一寸法師のような、昔から語り伝える(民間の)話。▽日本のは「昔(々)」で始め「とさ。」や「めでたし、めでたし。」で結ぶのが典型的形式。「昔噺」とも書く。②以前あった事や経験した事を話すこと。その話。「あの家の繁昌も今や―だ」

むかつ-く『五自』①吐き気をもよおす。「胸が―」②不愉快になる。しゃくにさわる。「―態度」

むかっと『副・ス自』①急に吐き気がするさま。「時々胃が―する」②わきあふれるように怒りが生じるさま。「暴言に―する」

むかっぱら【むかっ腹】むかむかと腹を立てること。「―をたてる」▽「むかばら」の転。

むかで【〈百足〉〈蜈蚣〉】細長く扁平(へんぺい)な体に多数の足がある生物。体は多数の環節から成り、節ごとに一対の足がある。口には毒腺があり、昆虫などを捕食。種類が多いが、体が暗緑色で体長一五センチほどのトビズムカデなどがよく知られる。古来、怪異

なものとされる一方で、「客足がつく」などとして縁起のよいものともされる。▽むかで綱の節足動物の総称。

むかむか ①《副〔と〕・ス自》吐き気が起こるさま。「胃が—して吐きそうになる」②《副〔と〕・ス自》怒りがこみ上げるさま。「思い出しても—する」③《名》吐き気。苛(いら)立ち。「—が突き上げる」

むかん【無冠】位(くらい)や栄誉を得ていないこと。「—の帝王」(地位はないが強い力のある者。特に、新聞記者)

むかん【無官】官職が無いこと。「—の太夫(たゆう)」(昔、五位の位はあるが官の無い人)

むかんがえ【無考え】《名ナノ》考えの浅いこと。思慮のないこと。

むかんかく【無感覚】《名ナノ》感覚が麻痺(ひま)して何も感じないこと。「手足がしびれて—だ」「悪に対して—だ」

むかんけい【無関係】《名ナノ》関係が無いこと。なんのかかわりも無いこと。「商売とは—に仕事に精を出す」

むかんしん【無関心】《名ナノ》その事に関心・興味が乏しく、気にもかけないこと。「政治に—な若者」 派生 **-さ**

むき【向き】①向いている方。方向。「体の—を変える」「南—の部屋」②関心などが向かう所。㋐面。「表—の口実」㋑趣旨。「御用の—によっては」㋒その方の人。「御希望の—には安くお分けします」㋓行為などの傾向。「彼には何事も悲観的に見る—がある」▽㋐は造語成分として、㋑〜㋓は連体修飾語を伴って使う。③適した方面。「人にはそれぞれ—がある」。適すること。「万人—の品」④『—になる』ちょっとした事にも、それを軽く考えず本気で向かう。怒る。▽⑷は「あれでなかなかむきなところもある男だ」のようにも使う。

むき【無機】「無機物」「無機化学」の略。↕有機。▽本来は、生活機能を持たない意。 **—かがく**【—化学】化学の分科の一つ。元素・無機物を研究対象とするもの。↕有機化学。 **—しつ**【—質】①《名》↓むきぶつ。↕有機質。②《名・ダナ》人間らしさに欠けるさま。うるおいが乏しいさま。「—な表情」 **—ぶつ**【—物】大部分の炭素化合物(=有機物)を除いた化合物の総称。無機化合物。▽炭素の酸化物や、炭酸塩は無機物に含める。

むき【無季】俳句に季語を含まないこと。

むき【無期】一定の期限を定めないこと。期限無し。「—延期」。特に、「無期懲役」「無期禁錮」の略。

むぎ【麦】主要な食糧として世界的に広く栽培される穀物。コムギ・オオムギ・ハダカムギ・ライムギなどの総称で、一年草または二年草。▽いね科。

むきあう【向き合う】《五自》互いの正面と正面とが相(あい)対する。また、しっかり見て考える。物事から逃げずに取り組む。「病気と—」▽「向かい合う」より動作性が強い。

むぎあき【麦秋】↓ばくしゅう。▽俳句の季語。

むぎうち【麦打ち】①刈り取った麦の穂を、からざおで打って実を落とすこと。②↓からざお

むきげん【無期限】期限をきめていないこと。「—スト」

むぎこ【麦粉】麦の実を粉にしたもの。

むぎこがし【麦焦(が)し】↓こうせん(香煎)

むぎさく【麦作】麦を育て作ること。また、麦の作柄。

むきず【無傷・無×疵】《名ナノ》きずが無いこと。けがれ・罪・失敗・負けなどがないこと。「—の七連勝」

むきだし【△剝き出し】《名ナノ》①覆う物をはいだ状態。②あらわ。露骨。「—の表現」「闘志を—にする」

むぎちゃ【麦茶】飲料用に、脱穀した大麦を香ばしく煎ったもの。また、それを煮出したり、水に長時間つけたりしてつくる(夏の)飲み物。麦湯。

むきどう【無軌道】①《名》軌道がないこと。無軌条。「—電車」②《名・ダナ》でたらめな行動(をすること)。「—にあばれまわる」「—ぶり」 派生 **-さ**

むきなおる【向き直る】《五自》体を動かしてそちらの方へ向きを変える。

むぎのあき【麦の秋】《連語》↓ばくしゅう。▽俳句の季語。

むぎぶえ【麦笛】麦の茎で作り、笛のように吹き鳴らすもの。

むぎふみ【麦踏み】麦作の手入れの一つ。早春、麦の芽を足で踏むこと。根張りをよくするために行う。

むきみ【△剝き身】貝や小エビの殻を取り去り、中の肉だけにしたもの。「アサリの—」

むきむき【向き向き】それぞれの好みや性格などによって、いろいろと異なっていること。「—の仕事を与える」

むきむき《ノダ》筋肉が固くしまって、盛り上がっているさま。

むきめい【無記名】自分の氏名を書かないこと。そういう方式。「—投票」

むぎめし【麦飯】大麦または裸麦を、またそれらを米にまぜて、たいた飯。

むぎゆ【麦湯】↓むぎちゃ

むきゅう【無休】休日が無いこと。休まないこと。「年中—」

むきゅう【無給】給料が支払われないこと。給料を支払う約束ではないこと。↕有給。「—で働く」

むきゅう【無窮】きわまり無いこと。無限。永遠。「天壌(てんじょう)—」

むきりょく【無気力】《名・ダナ》気力に欠けること。「—に年月を送る」「—状態」 派生 **-さ**

むぎわら【麦×藁】麦の実をとり去ったあとの茎。ストロー。「—帽子」 **—とんぼ**【—〈蜻蛉〉】シオカラトンボの雌。▽腹の色がむぎわらに似ていることからの名。

むきん【無菌】細菌が無いこと。「—状態」「—室」

む-く【向く】《五自》まっすぐそちらに面する(ように

動く)。㋐ものの面(特に正面)を、目当てのものに対置する(ように、回る動きをする)。「右を/にー」「そっぽをー」「海にー・いた窓」。(今までと変わって)そちらに働く。「運がー」(よい運が自分の方に来る。好運になる)「気がー・いたら、おいで」㋑適する。「若い人にー仕事」

むーく【△剝く】《五他》内側の物を取り出すため、また、内側の物を現すために、それをおおっている外側の物を(はがし)取り去る。「りんご(の皮)をー」「はまぐりをー」「きばをー・き出す」「目をー」(おこったりして目を大きく見開く)「つらの皮をひんー」(ずうずうしく偽っている者の本性(ほんしょう)をあばいて、やっつける)

むく【×尨】①「尨毛(むくげ)」の略。②「むくいぬ」の略。

むく【×椋】①「むくどり⑴」の略。②「むくのき」の略。

むく【無×垢】①《名ナノ》〔仏〕煩悩(ぼんのう)から離れて、けがれが無いこと。「清浄(しょうじょう)ー」②《名ナノ》潔白で純真なこと。「ーな娘」③《名ノ》まじりけが無いこと。「金ー」④《名》全体が無地で一つの色の衣服。特に、染めていないもの。「白ー」 **ーざい**【ー材】集成材に対して、丸太から切り出したままの木材。

むくい【報い】善行や悪業の結果として得られるもの、または身に受けるもの。果報。「前世のー」

むくいぬ【×尨・×尨犬】むくげの犬。

むくーいる【報いる・△酬いる】《上一自他》受けた物事に対して、それに見合っただけの事をして返す。「労にー」「恩にー」「一矢(いっし)をー」「現場の努力につねに言葉でー」「暴力に対して暴力をもってー」

むくーう(ふむく)【報う】《五自他》↓むくいる。「ー・われない奉仕生活」▽文語上二段活用動詞「むくゆ」から転じた形。

むくげ【×尨毛】(動物の)ふさふさと長く垂れ下がった毛。

むくげ【〈木槿〉】夏・秋のころ、淡紫色・淡紅色・白色などの五弁花が咲く落葉低木。庭木・生垣にし、八重咲き品種もある。花は朝開き、夕方しぼむ。▽あおい科。フヨウと同属でよく似る。

むくち【無口】《名ナ》ふだんあまりしゃべらない性格であること。派生 **ーさ**

むくつけき《連体》異様で不気味な。恐ろしい。ひどく無骨な。「ー大男」▽文語形容詞の連体形から。

むくどり【×椋鳥】①人家近くの樹林や公園に普通の鳥。全長約二五センチ。背は灰褐色、顔・腹は白く、くちばしと足が黄色い。昆虫・木の実などを探し、地面を歩く。秋から冬に大群でねぐらに集まり、鳴き声がやかましい。▽むくどり科。②〔俗〕いなかから都会に上って来た人をあざけって呼ぶ言葉。おのぼりさん。

むくのき【×椋の木】西日本の山地に生える落葉高木。葉は先のとがった卵形で、表面がざらざらしている。春、淡緑色の小花が咲く。実は直径約一センチの球形で、黒く熟し食用。材は器具用。むく。▽あさ科(旧にれ科)。

むくーむ【〈浮腫〉む】《五自》体内部に水気(すいき)がたまり、広い範囲にわたって、はれふくれる。「顔がー」

むくむく ①《副[と]》湧き上がったり、盛り上がったりするさま。㋐次々に湧き上がるさま。「噴煙がー(と)上がる」㋑平らだったものが盛り上がるさま。「ー(と)起き上がる」㋒ある気持・感情がわき起こるさま。「疑念がー(と)わく」②《副[と]・ス自》柔らかくふくらんでいるさま。「ーした犬」「ー(と)太ってくる」

むぐら【×葎】生い茂って藪(やぶ)のようになる、つる草の総称。ヤエムグラなど。

むぐらもち【〈土竜〉】↓もぐら

むくーれる《下一自》①むっとした顔をする。腹をたてる。「ちょっとしたことですぐー男だ」②皮がはがれ、むけて、中のものが現れ出る。

むくろ【×軀・△骸】①死んで魂が抜けた体。しかばね。▽もと、「む」は身、「くろ」は幹(から)の転で、体を言った。②中がくさった木の幹。

むくろじ【〈無患子〉〈木槵子〉】西日本の山林に自生し、庭園などに植栽もされる落葉高木。初夏、淡緑色の小花が集まり咲く。実は球形で、中の黒くて硬い種子は羽根つきの羽子(はご)にする。むく。▽むくろじ科。

=**むけ**【向け】《場所や人を指す語に付けて》それを目標にしている意を表す。「中国ーの手紙」「子供ーの本」

むげ ①【無下】《名ナノ》とりたてて考慮する必要が無いとして扱うこと。「ーに断るわけにも行くまい」「ーな(=むやみな)扱いもしかねる」「心づくしをーにする(=無用として顧みない)」▽⑵の当て字。問題にするひっかかりも無い意から。多くは「ーに」の形で使う。②【無×碍・無×礙】《名ナノ》とどこおらせる障害がないこと。邪魔するもののないさま。「融通ー」

むけい【無形】形に現れないこと。そういうもの。また、形がないこと。そういうもの。↕有形。「ーの恩恵」「ー文化財」(演劇・音楽・工芸技術などで歴史上または芸術上価値の高いもの)

むけい【無稽】よりどころのないこと。「ーの事」「荒唐ー」

むげい【無芸】《名ナ》これと言って身につけた芸がないこと。「ー大食」

むけいさつ【無警察】《名ナ》警察による治安を保つ力が及ばないこと。「ー状態」

むけつ【無欠・無×缺】欠けた所がないこと。「完全ー」

むけつ【無血】血を流さないこと。「ー手術」。戦闘をしないこと。「ー革命」

むげつ【無月】曇天や雨天で月が見えないこと。「中秋ー」

むーける【向ける】《下一他》ものの面(特に正面)や(移動・活動の)進路を、まっすぐそちらにまわす。㋐向くようにする。「音のする方に顔をー」「床の間に背を―けてすわる」「機首を東に―」「水を―」(誘いをかける)。《連用形で》目ざす。「新製品発売に―け(て)宣伝を強化する」㋑さしつかわす。「使いの者を―」㋒振り当てる。「副収入を食費に―」

むーける【△剝ける】《下一自》むいた状態になる。「皮が―」▽自然にそうなる場合に言うのが普通。

むけん【無間】〔仏〕「無間地獄」の略。八熱地獄の一つ。阿鼻(あび)地獄。▽「むげん」とも言う。

むげん【無限】《名・ダナ》どこまで行っても果てが無いこと。数・量・程度の限りが無いこと。↕有限。 **―えん**【―遠】限りなく遠いこと。「―の彼方(かなた)に希望の光」「射影幾何学では平行線も―で交わる」 **―きどう**【―軌道】↓キャタピラ。 **―しょう**【―小】(絶対値が)限りなく(どんな正数よりも)零に近いこと。 **―しょうすう**【―小数】〔数学〕小数点より後に数が無限に並ぶ小数。循環小数以外の無限小数は無理数。↕有限小数。↓じゅんかんしょうすう。 **―せきにん**【―責任】債務者の全財産で債務を支払う責任。↕有限責任。 **―だい**【―大】限りなく(どんな正数よりも)大きいこと。

むげん【夢幻】ゆめとまぼろし。「―の境をさまよう」▽はかないことのたとえ。

むこ【婿・×壻・×聟】①娘の夫。特に、娘の夫として家に迎える男。「―をとる」▽旧民法では、娘の家の籍に属する。②新婚の夫。「花―」▽↕嫁

むこ【無×辜】何の罪もないこと。「―の民」

むごーい【△惨い・△酷い】《形》①残酷だ。無慈悲だ。「―仕打ちだ」②悲惨だ。いたましい。「現場は実に―ありさまだ」 派生 **-さ**

むこいり【婿入り】《名・ス自》婿になって嫁の家(の籍)にはいること。

むこう【向(こ)う】①向かっている先の方。㋐あちら。「山の―」「海の―(=外国)の出来事」㋑それから先。今後。「三月から―は忙しい」「―一週間」②相(あ)対する先方。「―の岸」「―三軒両隣」「―の言い分も聞こう」「新鋭を―に回して(=相手にして)戦う」「隣村の―を張って」(隣村に対抗して) ▽「向かひ」の音便から出た語。

むこう【無効】《名ノ》ききめ(=効)すなわち効力や効果が無いこと。↕有効。「期限切れで切符が―になった」「彼には忠告も―だ」

むこういき【向(こ)う意気】相手に対して張り合う気持。むこうっき。「―が強い」

むこうがわ【向(こ)う側】①自分に面しない方のがわ。反対側。「山の―」②相手の方。「―に責任がある」

むこうぎし【向(こ)う岸】川や大きな池の、向こう側の岸。「―に小舟がつないである」「―の倉庫」。転じて、広い道の向こう側。「大通りの―のコンビニ」▽「対岸」にはこの転義が無い。

むこうきず【向(こ)う傷・向(こ)う×疵】敵に立ち向かって体の前面(特に額や顔面)に受けた傷。↕後ろ傷

むこうずね【向(こ)う×脛】すねの前面。

むこうっき【向(こ)うっ気】↓むこういき

むこうづけ【向(こ)う付け】①正式の日本料理で、膳の向こう側に付ける料理。さしみ・すのものの類。それを盛る器。「小鉢や―」②相撲(すもう)で、頭を相手の胸に付ける体勢。「―で寄りを残す」

むこうづち【向(こ)う×槌・向(こ)う×鎚】鉄をふたりが向かい合って打ちきたえる時、立っている方の人が使う、大きなつち。それを使う方の人。

むこうっつら【向(こ)うっ面】向き合う相手の顔面。「―を張り飛ばす」▽「むこうづら」とも言う。

むこうどなり【向(こ)う隣】道(や物)を隔てて向かい側にある家やその隣。▽「むかいどなり」とも言う。

むこうはちまき【向(こ)う鉢巻】ひたいの上に結び目をつくる、鉢巻のしめ方。↕後ろ鉢巻。▽ねじ(り)鉢巻とは別。

むこうみず【向(こ)う見ず】《名・ダナ》どうなるかを考えずに、一気に突き進もうとすること。無鉄砲。「継原や倉瀬のやうな、―をする人」(坪内逍遥「当世書生気質」)「―に突き進む」

むこがね【婿がね】婿にすることに決めてある人。▽今普通には使わない。

むこく【無告】自分の窮状を告げて訴える手立ての無いこと。「―の民の声無き声」

むこくせき【無国籍】《ノダ》①国籍が無いこと。②比喩的に、どこの国のものとも言えないこと。「―料理」

むごし【無腰】《ノダ》刀剣を身に帯びていないこと。まるごし。

むごたらしーい【△惨たらしい・△酷たらしい】《形》何ともむごい限りだ。「―事件」 派生 **-さ**

むことり【婿取り】婿を迎えること。「―娘」

むこようし【婿養子】養子縁組によって婿となった人。

むこん【無根】《名ノ》うわさ・疑惑などの根拠となる事実が無いこと。「事実―」

むごん【無言】ものを言わないこと。「―の行(ぎょう)」「―の帰宅」(死者となって家に帰ることのたとえにも) **―げき**【―劇】↓パントマイム

むさーい《形》きたならしい。むさくるしい。▽古風な言い方。

むさい【無才】才能が無いこと。「無学―」

むざい【無罪】罪が無いこと。犯罪であると認定することができないこと。また、その判決。↕有罪。「―放免」

むさく【無策】方策や対策が立っていないこと。「無為―」

むさくい【無作為】作為を加えないこと。任意であること。「―抽出」(↓ランダム サンプリング)▽「不作為」とは全く別。

むさくるしーい《形》ごちゃごちゃしていて、きたな

い。「ー所ですが、どうぞお上がりください」「ー顔」
[派生] -さ -げ

むささび【〈鼯鼠〉】前足と後足の間にある皮膜を広げて、木から木へと滑空する獣。夜行性で、木の芽・果実などを食べる。モモンガに似るが、ずっと大きく、尾を除いた体長は約四〇センチ。▽りす科。

むさし【六指】①二人が互いに石を三つずつ持ち、盤の線の上を動かして、決勝線に石を並べることを争う遊戯。②→じゅうろくむさし

むさつ【無札】乗車券や入場券を持たないこと。「ー乗車」▽既に古風。

むざつ【無雑】まじりけが無いこと。純一なこと。

むさべつ【無差別】『名・ダナ』差別をつけないこと。「ーに扱う」「ー爆撃」「柔道のー級」

むさぼ-る【貪る】『五他』①欲深く望む。飽くことなくほしがる。いくら続けても、まだあきない。「ーようにして本を読む」「暴利をー」「安逸をー」②むさぼる(1)のように食べる。

むざむざ『副「と」』(好ましくない結果を予期しながら)何の手立てもほどこさないこと。「ー死なせるわけにはいかない」「ー取られてたまるものか」「若い日をー(と)過ごす」

むさん【無産】①資産を欠くこと。「ー者」②「無産階級」の略。「ー運動」③無職。 **ーかいきゅう**【ー階級】↔プロレタリアート。↕有産階級。▽ドイツ Proletariat の訳語。

むさん【霧散】『名・ス自』霧が散るように、あとかたもなく消え去ること。

むざん【無残・無惨・無×慙】『ダナ』①むごたらしいさま。残酷。「一家皆殺しのーな現場」▽(3)の転。②いたわしいさま。「ーな最期(さいご)をとげる」③〔仏〕罪を犯しながら心に恥じないさま。【無慙】「放逸ー」 [派生] -さ

むさんそうんどう【無酸素運動】筋肉を動かすエネルギーに酸素を使わない運動。短時間に大きな力を出す。百メートル走・砲丸投げなど。↕有酸素運動

むし【虫】①一般に、人・獣・鳥・魚・貝の類以外の小動物。湧いて出るものとしてとらえられてきた。「ーが湧く」「ーを食う鳥」「ーも殺さぬ」(非常にやさしい人柄を表す言い方)「一寸のーにも五分(ごぶ)の魂」(小さく弱い者にもそれ相応の意地があるから、ばかにはできない)「蓼(たで)食うーも好き好き」(↓たで) ▽昆虫の総称として使うのが普通だが、へびを「長虫(ながむし)」と言うなど、範囲は漠然としている。特に、㋐秋に(よい声で)鳴く虫。「ーの声」㋑カイチュウ・ノミ・カ・シミ・アブラムシなど、害をする虫。「ーをくだす」「ーにさされる」「ーが食った本」「梅につくー」「ーがつく」(転じて、娘の将来に思わしくないような男が、娘にできる) ㋒比喩的に、コンピュータ プログラム中の誤った箇所。▽bug の訳語。↓デバッグ ②㋐心の中の意識や感情を起こすもとになるもの。「ふさぎのー」「ーを殺す」(癇癪(かんしゃく)が起こるのをじっとこらえる)「ーがかぶる」(↓かぶる)「ーの居所が悪い」(きげんが悪く、ちょっとした事にもすぐ怒る)「ーが好かない」(何となく気に食わない)「ーがいい」(自分に好都合なようにばかり考える態度だ)「ーが知らせる」(何となく予感がする) ▽体内に虫がいて、それによってさまざまのことが起こると考えた所から言う。㋑子供の体質が弱いために起こる病気。虫気(むしけ)。癇(かん)。「癇のー」「ーの薬」「ーを起こす」③次のような人の見立て。㋐その事に熱中する人。「本のー」「仕事のー」「点取りー」▽ややあざけって言う語。㋑ちょっとした事にもすぐそうする人、そういう性質である人を、いやしめて言うのに使う語。「泣きー」「弱ー」

むし【無視】『名・ス他』現にあるものを、ないもののように扱うこと。「存在をーする」「信号ー」。それがあるということの価値を認めず、それを何とも考えないこと。「忠告をーする」

むし【無私】『名ナノ』私心の無いこと。「公平ー」

むじ【無地】(布などで)全体が一色で模様がないこと。

むしあつ-い【蒸(し)暑い】『形』蒸されるように暑い。(風がなく)湿度が高くて暑い。 [派生] -さ

むしおくり【虫送り】農村で、作物につく害虫を追い払う呪術的行事。

むしおさえ【虫押(さ)え】①子供に、虫気(むしけ)が起こらないように飲ませる薬。②空腹を一時まぎらせるために、何かを少し食べること。その食物。

むしかえ-す【蒸(し)返す】『五他』①もう一度、蒸す。②結着のついたことがらを、また問題にする。「以前からの議論をー」

むじかく【無自覚】『名・ダナ』自分のしていることの意味や責任を自覚していないこと。 [派生] -さ

むしがし【蒸(し)菓子】蒸して作った和菓子。むしもの。例、まんじゅう。

むしき【蒸(し)器】ごはんなどを蒸すための容器。

むしくい【虫食い】①虫に食われていること。そのあと。②うわぐすりがよくつかなかったため、虫が食ったようになった茶碗(ちゃわん)。茶人が好む。

むしぐすり【虫薬】子供の虫気(むしけ)をなおす薬。

むしくだし【虫下し】腹の中の回虫などを駆除するための薬。駆虫剤。

むしけ【虫気】①こどもの体質が弱く、神経質で、すぐに怒ったりすること。②産気(さんけ)。「ーづく」

むしけら【虫×螻】①昆虫など虫をいやしめて言う語。②むしけら(1)同然の人間。

むしけん【虫拳】拳(けん)の一種。手の親指を蛙(かえる)、人差指を蛇、小指をなめくじにたとえ、それを示しあって勝負をきめる。

むしけん【無試験】試験を受けなくてよいこと。「ー入学」

むしこうし【虫籠格子】虫かごのように細かく組ん

だ格子。

むししぐれ【虫〈時雨〉】秋、鳴きしきる虫の声。▽時雨の音になぞらえて言う。

むしず【虫酸】胸がむかむかする時、胃から口へ出て来る、すっぱい液。「―が走る」(不快でたまらない気持になる) ▽「虫唾」とも書く。古語「唾(つ)」の連濁複合でできた語か。

むしずし【蒸(し)×鮨・蒸(し)△寿司】器に酢飯を入れ、味つけした椎茸(しいたけ)・焼きあなご・錦糸卵などをのせて蒸した、関西発祥の温かいすし。

むしタオル【蒸しタオル】顔や体を拭くために、蒸して熱くしたタオル。

むじつ【無実】①根拠になる事実が無いこと。「有名―」「―の罪を着せられる」②罪をおかしていないこと。「私は―だ」

むじな【×狢・×貉】アナグマの別名。「ひとつ穴の―」(→ひとつあな) ▽混同して、タヌキをさすこともある。

むしなべ【蒸(し)鍋】ものを蒸すのに使うなべ。細かい穴のある中底を入れ、蒸気が吹き上がるようにしたもの。

むしのいき【虫の息】呼吸がいまにも絶えそうに弱々しいこと。そのような呼吸。

むしのしらせ【虫の知らせ】《連語》→むし(虫)(2)(ア)

むしば【虫歯・〈齲歯〉】虫がくったように、損じた歯。細菌が作る酸などによって侵される。齲歯(うし)。

むしばむ【×蝕む】《五他》すこしずつ侵して、または、くいこんで悪くする。「悪に―まれる」▽「虫食(ば)む」(虫がかじって損じる)意から。

むしばら【虫腹】回虫などのために腹が痛むこと。

むしパン【蒸しパン】小麦粉にベーキング パウダー・砂糖などを混ぜてこね、成形して蒸した菓子パン。

むじひ【無慈悲】《名・ダナ》あわれむ気持が欠けて、むごいこと。派生 **-さ**

むしピン【虫ピン】昆虫の標本を止めるのに使う、針のようなピン。▽「ピン」は pin

むしふうじ【虫封じ】子供に、虫気(むしけ)が起こらないようにまじないをすること。また、その護符。

むしぶろ【蒸(し)風呂】湯気で体を蒸し温めるしかけの風呂。

むしへん【虫偏】漢字の偏の一つ。「蚊」「蛇」などの「虫」の称。

むしぼし【虫干(し)】《名・ス他》夏の土用のころ、かびや虫の害を防ぐために、本や着物を日(陰)に干したり風にあてたりすること。土用干し。

むしむし【蒸し蒸し】《副[と]・ス自》蒸し暑いさま。「夜になっても―(と)暑い」「―する車内」

むしむしゅう【無始無終】始めも無く終わりも無いこと。

むしめがね【虫〈眼鏡〉】凸レンズに取っ手をつけた、小さなものを拡大して見る道具。拡大鏡。ルーペ。

むしもの【蒸(し)物】蒸気で加熱調理したもの。和食の茶碗(ちゃわん)蒸し・酒蒸し、中国料理の焼売(シューマイ)など。また、蒸し菓子。

むしゃ【武者】武士。「―人形」(よろい・かぶとを着けた武者の姿の人形) **―しゅぎょう**【―修行】①別の場所や組織で仕事などの経験をつむこと。「海外での―」▽(2)の転。②武芸者が武芸の修行のために諸国を回ること。 **―ぶり**【―振り】よろい・かぶとをつけた、雄々しい姿。また、武士らしい振舞い。「あっぱれな―」 **―ぶるい**【―震い】《名・ス自》心が勇み立つために、体がふるえること。

むしやき【蒸(し)焼(き)】包んだり密閉した容器に入れたりして、中のものを焼くこと。その焼いたもの。

むじゃき【無邪気】《名・ダナ》性質・気持などが不純でなく、素直なこと。あどけなく、かわいいこと。「―に遊ぶ」「―な子供」派生 **-さ**

むしゃくしゃ《名・副[と]・ス自》①不愉快で腹立たしい気持。そのさま。「―がたまる」「気分が―する」②《ダナ》乱れているさま。むちゃくちゃ。「葉を―にちぎる」「髪が―になる」

むしゃぶりつく《五自》力をこめて激しい勢いで、とりつく。

むしゃむしゃ ①《副[と]》無作法に(音をたてて)食べるさま。「大福もちを―(と)ほおばる」②《副[と]・ス自》不愉快で腹立たしいさま。「病人は気が―している」③《副[と]》→もじゃもじゃ。「頰にひげが―生える」

むしゅ【無主】所有者が無いこと。「―物(ぶつ)」

むしゅう【無臭】においが無いこと。「無味―」

むじゅう【無住】寺で、住職がいないこと。「―寺」

むしゅうきょう【無宗教】信仰する宗教をもっていないこと。特定の宗教によらないこと。「―者」「―の葬儀」

むじゅうりょく【無重力】宇宙船内などで、重力が作用せず重さのない状態。無重力状態。無重量。

むしゅく【無宿】①住む家が無いこと。やどなし。②江戸時代、人別帳に名が無いこと。無籍。「―者(もの)」

むしゅみ【無趣味】《名ナ》趣味というほどのものが無いこと。ぶしゅみ。派生 **-さ**

むじゅん【矛盾】《名・ス自》前に言ったこととあとに言ったこととが一致しないこと。一般に、理屈として二つの事柄のつじつまが合わないこと。「―撞着(どうちゃく)」「―点」「―を来す」「―をつく」「過去の行動と―する行動」「景気政策に―しないように行う」▽昔、中国で矛(ほこ)と盾(たて)とを共に売り込んだ武器商人の口上から。

むしょ [俗]「刑務所」の略。「―がえり」▽多く片仮名で書く。

むしょう【無償】対価を払わない(で済む)こと。無料。ただ。⇔有償。「―交付」「―で交換する」「―奉仕」

むしょう【無性】①《「―に」の形で副詞的に》理由もなくやたら。「―に腹が立つ」「それをきいたら―に知りたくなった」▽(2)の転。「無上」とも書いた。②仏となる素質が無いこと。

むしょう【霧消】『名・ス自』霧が晴れ渡るように、消え去ること。「悩みが(雲散)ーした」

むじょう【無上】この上も無いこと。最上。「ーの光栄」▽↓むしょう(無性)⑴

むじょう【無常】①『名』仏教で、一切のものは、生じたり変化したり滅したりして、常住(＝一定のまま)ではないということ。「ー観」②『名ナ』人の世や生命がはかないこと。「ーの美学」「人生のーを悟る」

むじょう【無情】『名ナ』①同情・思いやりが無いこと。「ーにも農民の訴えをしりぞけた」②人間らしい感情が無いこと。非情。「砂漠はーの世界だ」派生 **-さ**

むしようかん【蒸(し)羊×羹】小豆餡(あん)・砂糖を小麦粉や葛と合わせ、型に入れて蒸した和菓子。

むじょうけん【無条件】条件をつけないこと。条件を伴わないこと。「ーで承認する」

むしょく【無職】職業を持たないこと。▽↓ぶしょく

むしょく【無色】①色がついていないこと。「ー透明」②一党一派に偏していないこと。

むしよけ【虫△除け】①害虫がつかないようにすること。そのしかけや薬。②毒虫の害を防ぐという、神仏の守り札。

むしょぞく【無所属】どの党や会にも所属していないこと。「ー議員」

むしーる【×毟る・×挘る】『五他』①つかんで引きぬく。「毛をー」「草をー」②(魚などの)身をほぐす。

むじるし【無印】しるしが付いていないこと。

むしろ【×筵・×蓆】①藺(い)・藁(わら)・竹・蒲(がま)などの植物を編んでつくった敷物。特に、藁のもの。②座。席。「針のー」(↓はり(針))「うたげのー」▽現在では、「……のー」の形の特定の連語の中でなければ⑵の意にならない。

むしろ【△寧ろ】『副』それよりこれを選ぶ、そう言うよりこう言った方がいい、の意を表す語。いっそ。どちらかと言えば。「辱めを受けるならー死んでしまおう」「その場合にも、いやーその場合にこそ、この注意が必要だ」

むしろばた【×筵旗・×蓆旗】むしろを旗としたもの。▽もと百姓一揆(いっき)に使われ、今でも農民のデモなどに使う。

むしん【無心】①『ダナ』邪念が無いさま。「ーに遊ぶ」「ーの境地」派生 **-さ** ②『名』㋐中心が無いこと。「ー曲線」㋑連歌で、言葉を選び飾らないこと。また、へたなこと。↔有心(うしん)⑵。㋒狂歌のこと。↔有心⑶。③『名・ス他』(あつかましく)金や物を人にねだること。

むじん【無人】人が住んでいないこと。「ー島」。人が全くいないこと。「ー駅」「ー運転」「ーの野(や)を行く」▽↓むにん

むじん【無尽】①尽きることが無いこと。「縦横ー」②互いの掛け金で金銭を融通することを目的とする組織。「ー講」 **ーがいしゃ**【ー会社】無尽⑵を業とした会社。▽現在は第二地方銀行に転換。 **ーぞう**【ー蔵】『ダナ』(有用なものが)幾ら取っても尽きないほど、豊富にあるさま。

むしんけい【無神経】『名・ダナ』物事の感じ方が鈍いこと。恥や外聞、人の気持などを気にもしないこと。派生 **-さ**

むしんろん【無神論】神の存在を否定する思想的立場。↔有神論

むーす『五自』生じる。「岩に苔(こけ)がー」▽「産」の意。「蒸す」と書くのは当て字。

むーす【蒸す】①『五他』(密閉した状態で)高温の蒸気によって熱する。ふかす。「もち米をー」②『五自』蒸し暑く感じられる。「今夜はひどくー」

むすい【無水】①〔化学〕水を含まない、の意。㋐混合物として水を含まないこと。「ーアルコール」㋑結晶の中に水分子を含まないこと。「ー塩」㋒元の分子から水を取り去るような反応でできる分子(酸無水物)であること。「ー硫酸」②(食材に含まれる水分のみで)水を加えないこと。「ー調理」

むすう【無数】『ダナ』数かぎりなく多いさま。

むずかしーい(むづかしい)【難しい】『形』①簡単には始末がつけられない(有様だ)。㋐解決しにくい。しとげがたい。「ー試験」「優勝はー」。自分の理解力を越えているかに思われる。「ー文章」㋑手数が掛かったり正確さについて厳しい条件があったりして、やっかいだ。「ー手続がいる」▽㋐㋑は↔やさしい。㋒直りにくい。「ー病気」。重態で死に至るほどだ。「患者の容態は明日がー」㋓(何かにつけ)難癖(なんくせ)をつけ、苦情が多い。「料理の味付けにー人」「ーことを言う」▽⑴は⑵の転。②きげんが悪い(表情だ)。「ー顔をする」▽「むつかしい」とも言う。派生 **-さ** **-げ** **-がる**

むずがゆーい【むず×痒い】『形』むずむずするようにかゆい。派生 **-さ** **-げ** **-がる**

むずかーる(むづかる)『五自』小さい子供がじれて泣く。▽「むつかる」とも言う。もと、(子供に限らず)機嫌が悪くなる意。

むすこ【〈息子〉】(親から見て)自分の、男の子。

むずと『副』いきなり強い力をこめてつかむさま。むんずと。「背後からー組みつく」「相手の髪の毛をーつかむ」

むすび【結び】①結ぶ⑴⑵こと。「男ー」「縁ー」②結ぶ⑶㋐もの。特に、結末(の部分)。「ーの言葉」「千秋楽ーの一番」③〔文法〕句末・文末を、上に使った語と照応させること。↔係り⑶㋑。④飯を握り固めたもの。握り飯。「おー」

むすびきり【結び切り】水引の、かたく結んで端を引いてもほどけない結び方。結婚・病気見舞い・弔事などの一度きりを願うものに用いる。

むすびつーく【結び付く】『五自』いっしょになる。密接な関係をもつ。「政治家にー・いた商人」「顔と名前がー・かない」

むすびつーける【結び付ける】『下一他』①結んでつなぎ、動かないようにする。ゆわえつける。しばりつけ

る。「木に―」②互いに結ばれた関係にする。「原因と結果を―」

むすびのかみ【結びの神】(男女の)縁を取り結ぶ神。

むすびめ【結び目】紐(ひも)などを結び合わせた所。

むす-ぶ【結ぶ】〘五他自〙①つなぎ合わせる。ひとつづきにする。㋐細長い物の一端につくった輪に他端を通して締め、離れないようにする。「なわを―・んでしばる」「帯を―」「ネクタイを―」㋑二つ以上のものをひとつづきにする。つなぐ。「二点を―直線」「島と本土を―橋」。関係が生じるようにする。「縁を―」「同盟を―」「手を―」(協力する)②固く閉じる。「への字なりに口を―」③まとまった状態にする。㋐締めくくりをつける。「謝辞をもって文章を―」「係助詞の『ぞ』に対しては連体形で―」㋑構え作る。「印(いん)を―」。編んで作る。「庵(いお)を―」㋒ある状態やまとまりを生じる。「夢を―」「実(み)が―」「努力が実を―」「長梅雨(ながつゆ)で壁に露が―」「露を―」「像を―」「契約を―」

むすぼ-れる【結ぼれる】〘下一自〙①(自然に)結ばれて解けない状態になる。「ひもがもつれて―」②(露などが)かたまって玉になる。③気がふさぐ。「春の夕べに―心」

むずむず〘副・ス自〙①皮膚などがかゆいさま。「鼻が―してくしゃみが出る」「背中が―する」②はがゆくて落ち着かないさま。うずうず。「早く話が聞きたくて―する」「腕が―する」

むすめ【娘】①(親から見て)自分の、女の子。②(若い)未婚の女性。「―ひとりに婿八人」(→ひとりむすめ)

むすめごころ【娘心】娘らしい純情な気持。

むすめざかり【娘盛り】娘としての美しさが盛りの年ごろ。

むすめし【娘師】土蔵やぶり。▽盗賊の隠語。土蔵が白く塗ってあるので「娘」と言う。

むすめむこ【娘婿】娘の夫とした男性。

ムスリム イスラム教徒。▽アラビア Muslim(=神に帰依した者。女性形は アラビア Muslima)

むせい【無性】雌雄という性の区別が無いこと。 **―せいしょく**【―生殖】〔生物〕雌雄の配偶子(=卵と精子)なしで繁殖すること。↔有性生殖

むせい【無声】声・音を出さないこと。「―映画」 **―おん**【―音】声帯の振動音を伴わずに発する音声。[s][k][p]の類。↔有声音

むせい【夢精】眠っている間に射精する現象。

むぜい【無税】税金がかからないこと。

むせいげん【無制限】〘名・ダナ〙制限が無いこと。「―に売る」

むせいふ【無政府】政府が無いこと。「―状態」 **―しゅぎ**【―主義】一切の権力を否定し、個人とその集団の自由を全く拘束することの無い社会を実現しようと主張する政治思想。アナーキズム。

むせいぶつ【無生物】生物と区別して、生命が無く生活機能を持たないものの総称。

むせいらん【無精卵】受精しないままの卵。

むせかえ-る【×噎せ返る】(むせかへる)〘五自〙①ひどく、むせる。②激しくむせび泣く。

むせき【無籍】どこにも籍が無いこと。「―者」

むせきにん【無責任】〘名・ダナ〙①責任が無いこと。「―行為」②自分の言動に責任をもつという態度が無いこと。「―な発言」 派生 **―さ**

むせびな-く【△咽び泣く・×噎び泣く】〘五自〙息もつまるほど、はげしく泣く。

むせ-ぶ【△咽ぶ・×噎ぶ】〘五自〙①涙で息もつまるほど泣く。②煙・食物・涙・ほこりなどで息がつまりそうになって咳(せき)が出る。むせる。

むせ-る【×噎せる】〘下一自〙気管に煙や食物などが入り込んで苦しむ、また、せきこむ。むせぶ。「タバコの煙に―」「笑いすぎて―」

むせん【無線】①電線を必要としないこと。↔有線。②「無線通信」の略。「アマチュア―」 **―そうじゅう**【―操縦】人が乗らず、離れた所から電波で、船・航空機・ミサイル・機械などを操縦すること。 **―ひょうしき**【―標識】航空機や船舶が受信してその現在位置を割り出すための電波を出す装置・施設。 **―ラン**【―LAN】無線通信によるLAN。

むせん【無銭】お金を持たないこと。また、お金を支払わないこと。「―旅行」「―飲食」

むせんまい【無洗米】洗わないでそのまま炊ける、糠(ぬか)を取り去った米。

むそう【無双】①並ぶものがないほどすぐれていること。無二。無類。「天下―」「―の茶器を壊してしまった悔い」②衣服・道具などの、表・裏、内・外を同じ布、同じ材料で作ること。そのこしらえ。「―羽織(ばおり)」「―だんす」 **―まど**【―窓】すきまのある櫺子(れんじ)と、すきまのある引き戸を重ねてとりつけた窓。閉じると一枚の板張りのように見える。

むそう【無想】すべての思いを無くすること。何も考えないこと。「無念―」

むそう【夢想】〘名・ス他〙①夢の中でおもうこと。「―だにしない」②夢のようにあてもないことを心におもうこと。空想。「―癖」③夢の中で神仏のおつげがあること。

むぞうさ【無造作】〘名・ダナ〙大事なこととして慎重にするのでなく、手軽にやってのける様子。「―に書く」「髪を―に束ねる」 派生 **―さ**

むそじ【六△十路】(むそぢ)六十歳。転じて、六十歳台。「―を迎える」「―の坂をころげ落ちる」▽「むそ」は六十、「じ(ぢ)」は「はたち」の「ち」に同じで、「路」と書くのは当て字。三十からを言う「みそじ」「よそじ」「い(つ)そじ」「むそじ」「ななそじ」「やそじ」「ここのそじ」は雅語(的)。

むぞり【無反(り)】刀身にそりがなく、まっすぐなこと。そういう刀。

むだ【無駄・△徒】〘名・ダナ〙役に立たない(余計な)こと。効果・効用がないこと。「出費の―を省く」「労力

を—に使う」関連 無効・無益・無用・不用・徒(あだ・いたずら)・徒爾(とじ)・徒事・徒労・余計・駄目・ペケ・ふい・おじゃん・詮無い・むなしい・台無し・形無し・お釈迦(しゃか)・不経済・水の泡・焼け石に水・糠(ぬか)に釘・釈迦に説法・六日のあやめ・十日の菊・後の祭り・豆腐に鎹(かすがい)・二階から目薬・月夜に提灯・猫に小判・闇夜の礫(つぶて)

むだあし【無駄足・△徒足】行っても何にもならないこと。足を運んだ甲斐(かい)がないこと。「—を運ぶ」

むたい【無体】①『名』形が無いこと。無形。↕有体。「—財産権」②『名・ダナ』無理。無法。「—な言い分」 **—ぶつ**【—物】〔法律〕(財とはなりうるが)具体的な形を欠く物。音・電気・光・熱など。↕有体物

むだい【無代】代金がいらないこと。無料。ただ。「—進呈」

むだい【無題】作品に題が付いていないこと。また、題詠でない詩歌。

むたいさいばい【無袋栽培】果実に防虫用などの袋をかぶせず、日光を多く当てる栽培法。↕有袋栽培

むだがね【無駄金・△徒金】何の効果・価値もないことに使う金。「—を使う」

むだぐい(…ぐひ)【無駄食い・△徒食】『名・ス他』仕事をしないで、ただ食べるだけであること。

むだぐち【無駄口・△徒口】役に立たないことを口にすること。「—をたたく」「—の多い人」

むだげ【無駄毛】美容や化粧の邪魔になる、顔・襟足・腕・脚などの毛。

むだじに【無駄死(に)・△徒死】結果として役に立たない死に方。犬死に。

むだづかい(…づかひ)【無駄遣い・△徒遣い】『名・ス他』(金銭・物などを)役に立たない事に使うこと。必要以上に使うこと。「紙を—してはいけない」

むだばな【無駄花・△徒花】咲いても実を結ばない花。あだばな。

むだばなし【無駄話・△徒話】『名・ス自』益のないおしゃべりをすること。

むだぼね【無駄骨・△徒骨】結果として何の役にも立たない苦労。徒労。むだぼねおり。「—を折る」「—に終わる」

むだめし【無駄飯・△徒飯】『—を食う』仕事を何もしないで暮らす。

むだん【無断】断らずにすること。許しを得ないですること。「—で使う」「—外泊」

むち【×鞭・×笞】①馬などを打って進ませたり、罪人を罰したりする細長い棒。柄(え)に堅い革ひもをつけたものもある。「馬に—を入れる」▽物を指し示すのにも使う。②比喩的に、きびしい態度をとること。「飴(あめ)と—」「愛の—」

むち【無知】『名ナ』①その方面に知識が欠けること。「歴史に—だ」②おろかなこと。知恵がないこと。「—蒙昧(もうまい)」▽⑵はしばしば「無智」と書いた。

むち【無恥】『名ナ』恥を恥とも思わないこと。恥を知らないこと。「厚顔—」

むちうちしょう【×鞭打ち症】自動車で追突された時などに、強い衝撃によって頸部(けいぶ)が前後に激しく振れて起こる障害。▽振れ方がむちのから振りに似るので、言う。

むちう-つ【×鞭打つ】『五自他』①むちで打つ。「馬に/を—」②転じて、励まして奮いたたせる。「なまけ心に—って仕事をする」

むちむち『副「と」・ス自』肉づきがよく、張り切っているさま。「赤ちゃんの—した手」

むちゃ【無茶】『名・ダナ』①でたらめで、筋道がたたず、普通でないこと。乱暴。「—な運転」「—をする」②程度がはなはだしいこと。むやみ。「—に驚く」「—な飲酒」▽「無茶」は当て字。派生 **-さ** **—くちゃ**【—苦茶】①『副「に」』程度がはなはだしいさま。むやみに。「—(に)腹が立つ」「—(に)かきまわす」②『名・ダナ』↓むちゃ⑴。「言うことが—だ」「—な理屈」▽「苦茶」は当て字。派生 **-さ**

むちゅう【夢中】①『名ナ』それに心を奪われ、ほかの事を考えない状態になること。「無我—」「—で逃げた」「読書に—になる」▽⑵の転。②『名』夢の中。「—(に)亡母に会う」

むちゅう【霧中】霧にとじこめられた中。「—信号」「五里—」

むちん【無賃】料金を支払わないこと。「—乗車」

むつ【六(つ)】①「むっつ」の本来の形。▽年齢を指す用法はごくまれ。②昔の不定時法による時刻の呼び名で、今の午前・午後の六時ごろに当たる。むつどき。「明け—」「暮れ—」

むつ【×鯥】深海の岩場にすむ魚。体長は普通六〇センチほど。全体に紫黒色を帯び、目と口が大きい。冬が旬で、脂がのって美味。▽むつ科。

むつう【無痛】痛みが無いこと。「—分娩(ぶんべん)」

むつかし-い【難しい】『形』↓むずかしい

むつか-る『五自』↓むずかる

むつき【△睦月】陰暦正月。

むつき【〈襁褓〉】おしめ。おむつ。▽産着(うぶぎ)の意の転。

ムック 編集内容や体裁が雑誌と書籍との中間であるような出版物。▽mook(=magazine+book)

むっく『副と』にわかに起き上がるさま。むっくり。「—と跳ね起きる」「—と立ち上がる」

むっくり ①『副「と」・ス自』丸く盛り上がっているさま。「—(と)した山容」「ずんぐり—」②『副「と」』平らだったものが盛り上がるさま。むっくと。「雪の中から—(と)芽を出す」

むつごと【△睦言】むつまじく交わしあう言葉。特に、(男女の)閨(ねや)での語らい。

むつごろう【×鯥五郎】干潟の泥の上を胸びれではう、体長一五センチ前後の魚。日本では有明(ありあけ)海・八代(やつしろ)海にすむ。体色は淡褐色で両目が頭上に突出する。食用。▽はぜ科。

ムッシュー ①男性の姓名の前につける敬称。②男の人。▽フランス monsieur

むっちり《副［と］・ス自》①体の肉づきがよく、弾力があるさま。「―(と)した胸」②食べ物の密度が濃く、濃厚なさま。もっちり。「―とこしのある太い麺」

むっつ【六つ】個数を言う場合の、数の六。また、六歳。

むっつり《副［と］・ス自》(口数が少なく)不機嫌なさま。「―(と)黙り込む」「―した人」「―屋」

むっと①《副・ス自》㋐身中から込み上げてくるさま。「―怒りが込み上げる」㋑熱気・臭気で息が詰まりそうなさま。「―むせかえるような熱気」②《副》口を堅く閉じるさま。「唇を―結ぶ」

むつどき【六つ時】→むつ(六)(2)

むつまじ-い【△睦まじい】《形》仲よく、親しみあっている。情愛がこまやかだ。「仲―夫婦」派生 **-さ -げ**

むつまやか【△睦まやか】《ダナ》むつまじそうなさま。派生 **-さ**

むつ-む【△睦む】《五自》仲よくする。親しみ合う。

むて【無手】①何も持たない手。何も着けない手。徒手。素手(す)。②手段・技術を持たないこと。

むていけい ①【無定型】一定のきまった型を持たないこと。「―短歌」②【無定形】一定のちゃんとした形を持たないこと。「―炭素」

むていけん【無定見】《名ナ》その場その場で意見が変わるなど、自分の一貫して定まった見識を欠いていること。「―な政策」派生 **-さ**

むていこう【無抵抗】《名ナ》相手の攻撃・圧力に手向かいしないこと。派生 **-さ**

むてかつりゅう【無手勝流】①戦わないで勝つことを理想とする流儀。②自分勝手の流儀。自己流。

むてき【無敵】《名ナ》相手になる敵がいないほど強いこと。「―艦隊」派生 **-さ**

むてき【霧笛】霧の深い時、航海の安全のために、船や灯台が鳴らして注意を促す汽笛。

むてっぽう【無鉄砲】《名・ダナ》むこうみず。「親譲りの―で小供の時から損ばかりして居る」(夏目漱石「坊っちゃん」)派生 **-さ**

むでん【無電】「無線電信」「無線電話」の略。電波を利用して行う電信・電話。

むてんか【無添加】食品・化粧品・建材などに(ある人々に害が及ぶ)物質(特に合成化学物質)を加え(てい)ないこと。▽additive-free の訳語。

むとう【無灯】つけるべき明かりをつけないこと。無灯火。「―運転」

むどう【無道】《名ナ》人たる道にそむくこと。道理にはずれていること。ぶどう。「悪逆―」派生 **-さ**

むとうか【無灯火】→むとう。「―の自転車」

むとうは【無党派】どの政党にも属してないこと。また、支持する政党がないこと。その人。「―層」

むどく【無毒】《名ナ》毒が無いこと。↔有毒

むとどけ【無届(け)】届けをしないこと。「―欠勤」

むとんちゃく【無頓着】《名・ダナ》全く気にかけないで平気なこと。「身なりに―な人」▽「むとんじゃく」とも言う。

むないた【胸板】①胸の平たい部分。「―をたたく」②よろいの前面の最上部、胸に当たる部分。

むながい【×鞅】馬具の一つ。馬の胸から鞍(くら)へかけわたす組みひも。▽「むなかき」の音便。

むながわら【棟瓦】家屋の棟(むね)を葺(ふ)くかわら。むねがわら。

むなぎ【棟木】家の棟(むね)として使う木材。

むなくそ【胸×糞】胸のことを強めて言う語。むねくそ。「―が悪い」(不愉快だ。いまいましい)

むなぐら【胸倉】着物の左右のえりが重なり合うあたり。「―をつかむ」

むなぐるし-い【胸苦しい】《形》胸が押さえつけられるようで呼吸が苦しい。派生 **-さ -げ**

むなげ【胸毛】胸のあたりに生える毛。

むなさき【胸先】胸のあたり。むなもと。「短刀を―に突きつける」

むなさわぎ【胸騒ぎ】《名・ス自》心配ごとや凶事の予感などのために不安が高まり、胸がどきどきすること。「―を覚える」

むなざんよう【胸算用】《名・ス自他》心の中で見積りを立てること。胸中での計算。むなづもり。

むなし-い【△空しい・△虚しい】《形》①からっぽだ。内容がない。「―弁舌」②むだだ。かいがない。役に立たない。「―努力」「善戦―く敗れた」③頼りにならず、はかない。「人生、何事も―」④『―くなる』死ぬ。派生 **-さ -げ -がる**

むなだか【胸高】帯を高く胸のあたりに締めること。

むなつきはっちょう【胸突(き)八丁】①山の頂上まぢかの、けわしい急な坂。②転じて、物事をなしとげるのに一番苦しい時期・局面。「―にさしかかる」

むなづもり【胸積(も)り】《名・ス自他》→むなざんよう

むなひも【胸×紐】①和服の胸のあたりにつけてある紐(ひも)。②胸紐(1)のついた和服を着る、幼いころ。

むなもと【胸元】むなさき。

むに【無二】《ノダ》二つとないさま。並ぶものがないさま。「―の親友」 **―むさん**【―無三】①《仏》ただそれ一つだけで、ほかにはないこと。唯一。▽「むにむざん」とも言う。法華(ほけ)経の中の語。②わきめもふらず、ひたすらな様子。

ムニエル 魚に小麦粉をつけてバター焼きにした料理。「舌平目の―」▽フランス meunière

むにする【無にする】《連語》むだにする。「好意を―」

むにゃむにゃ《副［と］》①不明瞭な物言い。「―(と)寝言を言う」「―(と)つぶやく」②口を開けずに噛(か)んでいるさま。「―(と)口を動かす」

むにん【無人】①人が住んでいないこと。むじん。②人手がないこと。▽(2)は「ぶにん」とも言う。

むにんか【無認可】公的に認可されていないこと。「―保育所」

むにんしょ【無任所】特定の任務を持たないこと。 **―だいじん**【―大臣】国務大臣として内閣には列して

む

いるが、各省大臣としての行政事務は担当しない者。

むね ①【旨】述べたことのねらい、中心的な意味。趣旨。「その―(を)伝えておく」▽②の転。②【旨・△宗】そのものの主とする、大事な点。「質素倹約を―とする」

むね【棟】①㋐屋根の一番高いところ。屋根の面と面とが交わるあたり。㋑棟木(むなぎ)。㋒刀の背。みね。②家屋。建物。「―割長屋」「三―」

むね【胸】①動物の、(体の前面で)首と腹との間の部分。「―を張る」「―をなでおろす」(安心する意にも)「―を借りる」(相撲で、下位の者が上位の者に、けいこの相手をしてもらう) ②(人の)乳房。「―が大きい」▽遠回しの言い方。③胸⑴の内側に収まっている(と考える)もの。「―が一杯になる」「―が迫る」(悲しみ、感激、強い同情で、心が締め付けられるように感じる)「―がすく」(心のつかえがなくなる)「この件では部長の―をたたいて(=真意を知ろうと働き掛けて)おく方がいい」㋐肺。「よい空気を―一杯すう」「―をわずらう」㋑胃。「―が焼ける」㋒心臓。「―がどきどきする」㋓心。「―に迫る」「―に秘める」「―に納める」「―に余る」「―に響く言葉」「―を焦がす」「―を痛める」「―に一物(いちもつ)」(心にたくらみを持っている様子)「―を打つ」(感動させる)「―が踊る」(喜びや期待でわくわくする)「―をふくらませる」(同上) ▽「棟」と同語源。胸骨が張っている所の意。

むねあげ【棟上げ】『名・ス自』家を建てるとき、骨組ができあがって、最後にその上に棟木(むなぎ)を上げること。その儀式。

むねあて【胸当(て)】①胸に当てて、衣服のよごれを防いだり飾りにしたりする布。②スポーツで、胸に着ける防具。③胸に当てるよろい。

むねうち【〈刀背〉打ち】↓みねうち

むねがわら【棟瓦】↓むながわら

むねくそ【胸×糞】↓むなくそ

むねさんずん【胸三寸】(考え・計画などを持っている)胸の中。「―に納める」(心に秘めて表面に出さない)

むねつ【無熱】体の熱が普通であること。

むねつづき【棟続き】家屋の棟が続いていること。「母屋と―の隠居所」

むねやけ【胸焼け】『名・ス自』みぞおちのあたりに、焼けるような感じと、にぶい痛みを感じること。胃の中の酸がふえて逆流して来ることによる。むなやけ。

むねわりながや【棟割長屋】一つの棟を壁で幾つにも仕切り、何軒かにした長屋。

むねん【無念】『名ナ』①心に何も思わないこと。「―無想」②くやしくてたまらないこと。「残念―」「―を晴らす」派生 **-さ -げ -がる**

むのう【無能】『名ナ』能力・才能がないこと。↕有能。「無芸―」派生 **-さ**

むのうりょく【無能力】『名ナ』物事をする能力を欠くこと。「―者」(限定しては、民法で、「制限行為能力者」の旧称)

むはい【無敗】試合・戦いに勝ち続け、負けないこと。

むはい【無配】配当金が無いこと。無配当。

むはんのう【無反応】『名ナ』刺激に応じないこと。また、手ごたえがないこと。そのさま。

むひ【無比】『ノダ』他に比べものが無いさま。「痛烈―」

むび【夢×寐】ねむること。ねむって夢を見るあいだ。「―にも忘れない」

むひつ【無筆】『名ノ』読み書きが出来ないこと。文盲(もんもう)。

むびゅう【無×謬】理論・判断などに、誤りが無いこと。▽「謬」は誤りの意。

むひょう【霧氷】氷点下の霧や雲が樹枝などに着いてできる氷。樹氷はその一種。

むびょう【無病】病気をしないこと。達者。「―息災」

むひょうじょう【無表情】『名・ダナ』表情の変化に乏しいこと。派生 **-さ**

むふう【無風】①風が吹かない状態。特に、煙がまっすぐに上るくらいの気流の状態。②影響・波瀾(はらん)が無いことのたとえ。「―状態の政界」

むふんべつ【無分別】『名・ダナ』分別・思慮が無いこと。「―な行為に走る」派生 **-さ**

むべ【〈郁子〉】関東以西の山野に生える、つる性の常緑低木。生垣や盆栽にすることもある。五月ごろ、香りがよい、白色で紅紫色がかった花が咲く。アケビに似た実は甘く食用。うべ。▽あけび科。

むべなるかな【△宜なるかな】『連語』もっとも(=宜)なことだなあという気持を言う語。「彼がおこるのも―、あまりにひどい中傷だ」▽現代語では挿入的に使う。

むへん【無辺】はてしが無いこと。「広大―」 **―ざい**【―際】はてしなく広大なこと。▽「むへんさい」とも言う。

むほう【無法】『名・ダナ』①きまりをやぶり、道理に従わず、乱暴なこと。「―な振舞い」「―者」②法律があるのに実際には行われない状態。「―地帯」派生 **-さ**

むぼう【無謀】『名・ダナ』よく考えずに無鉄砲に行動すること。無思慮。「―な計画」派生 **-さ**

むぼうび【無防備】『ダナ』災害・攻撃などに対する備えがないさま。

むほん【謀反・謀×叛】『名・ス自』①国や君主に強く反抗して逆らうこと。「―をくわだてる」「―人(にん)」②広く、反逆。

むま【夢魔】①夢の中に現れて人を苦しめる悪魔。②転じて、ひどい不安・恐怖を伴う夢。

むみ【無味】①味が無いこと。「―無臭」②面白みが無いこと。「―乾燥」

むみょう【無明】〔仏〕煩悩(ぼんのう)にとらわれ、仏法の根本が理解できない状態。「―の闇」

むめい【無名】①名が(まだ)付いていないこと。また、無記名。②名がわからないこと。「―戦士」③名が知られていないこと。↕有名。「―作家」④正しい名分・理由が無いこと。大義名分が立たないこと。「―の師」(名分の立たない出兵)　**―し**【―氏】名前のわからない人。名前の書いていない人。失名氏。　**―し**【―指】くすりゆび。

むめい【無銘】書画・刀剣などに作者の名(＝銘)がはいっていないこと。その品。↕在銘

むめんきょ【無免許】①免許を得ていないこと。「―運転」②免許がいらないこと。

むもん①【無紋】衣服などに紋が入れていないこと。そのもの。②【無文・無紋】模様が無いこと。その布。

むやく【無役】これといって受け持つ役が無いこと。▽今はあまり使わない。

むやく【無益】『名ナ』→むえき。▽既に古風。

むやみ【無闇】『ダナ』①前後を考えずにふるまうさま。「―な事を言うな」「―に約束する」②度を越すさま。「―に暑い」▽「―と」の形もまれに使われる。「無闇」は当て字。　**―やたら**【―矢×鱈】『ダナ』「むやみ」の強めた言い方。▽「矢鱈」は当て字。

むゆうびょう【夢遊病】睡眠障害の一種。睡眠中起き出して歩き回るなど、かなりまとまった行動をするにもかかわらず、目が覚めてから、そのことが思いだせない。▽現在は「睡眠時遊行症」「夢中遊行症」と言う。

むよう【無用】『名ナ』①役に立たないこと。いらないこと。「心配御―」②してはならないこと。「立入り―」「天地―」(上下を逆にしてはならないという注意書)③用事が無いこと。「―の者、入るべからず」　**―のちょうぶつ**【―の長物】『連語』あっても、かえって邪魔になるくらいで、役に立たないもの。「金のかかった機械設備も技術革新で―と化した」

むよく【無欲・無×慾】欲が無いこと。欲ばらないこと。

むら『名ナ』物事が一様にはなっていず、ここかしこに目にさわる所があること。安定性がなく、場合によって変わりやすいこと。「染め上がりが―だ」「成績に―がある」「気分に―がある」▽「むれ」と同語源。

むら【村】①いなかで、人家が群がっている、地域的な一まとまり。また、地方公共団体としての村(そん)。▽「むれ」と同語源。②《接頭語的に》都会風・本場に対して、そうでないことを言う語。「―芝居」「―ずもう」③比喩的に、同類の人や物が一まとまりになっている所。「屋台―」

むらおこし【村興し】その村の特色である産業や行事を活用するなどして、村を活性化すること。その計画。

むらかた【村方】①村の方(ほう)。↕町方。②「村方三役」の略。江戸時代、郡代・代官の下で、民政に従事する名主(なぬし)・組頭(くみがしら)などの総称。

むらが-る【群がる・×叢る】『五自』多くの人や物が、その場所のあたりに集まる。むれをなす。「残飯にハエが―」「高層ビルが―って立つ地区」

むらき【むら気】気が変わりやすいこと。そのような心・気質。「―を起こす」▽「むらぎ」とも言う。

むらぎえ【むら消え】(雪などが)まだらに消えること。

むらくも【×叢雲・群雲】集まり群がった雲。「月に―」

むらさき【紫】①むらさき色。②日当たりのよい草地に自生し、夏、白色の小花が咲く多年草。根は紫色で、漢方生薬とするほか、昔は重要な染料だった。▽むらさき科。③醤油(しょうゆ)の異称。

むらさきいろ【紫色】赤と青とのあいだの色。虹の一番内側の色。ムラサキの根で染めた色。

むらさきつゆくさ【紫露草】北アメリカ原産の観賞用多年草。春から夏に、茎の頂に紫の三弁花が群生し、次々と開く。おしべも紫色で、多くの短い毛がある。顕微鏡による細胞観察の材料によく使われる。▽つゆくさ科。

むらさきはしどい【紫〈丁香花〉】→ライラック

むらざと【村里】いなかの、人家が群がっている所。

むらさめ【村雨】ひとしきり、さあっと降っては、やむ雨。▽むらになって降る雨の意。「村」は当て字。

むらしぐれ【村〈時雨〉】ひとしきり降って過ぎる、しぐれ。▽むらになって降るしぐれの意。「村」は当て字。

むらしばい【村芝居】村の人たちが出演する芝居。いなか芝居。

むら-す【蒸らす】『五他』(加熱後に密閉して)熱や蒸気を十分に通し、適度な状態にする。「ごはんを―」

むらすずめ【群×雀】群れをなしたすずめ。

むらたけ【群竹】群がって生えている竹。

むらちどり【群千鳥】群がっているちどり。

むらはちぶ【村八分】①仲間はずれにすること。▽②の転。②村のおきてを破った村人を、他の村人が申し合わせて、のけものにすること。

むらむら『副[と]』①激しい感情がわき起こるさま。「―(と)怒りがわき起こる」②煙のように群がって動くさま。「小魚の群れが―(と)銀鱗(ぎんりん)を光らせる」

むり【無理】①『名・ダナ』理を欠くこと。㋐道理に反すること。「―が通れば道理が引っ込む」「君が怒るのは―もない(＝もっともだ)」。理由が立たないこと。「―な願い」㋑行いにくいのに、押してすること。「―をして出掛ける」「仕事の―で病気になる」②《感動詞的に》不可能であることや同意できないことを表す。「―、できない」「それは、―」▽⑵は近年、若者を中心に広まる。　**―おうじょう**【―往生】無理に服従させ、おしつけてやらせること。▽この語の来歴からは「無理圧状」と書くのが正しい。　**―おし**【―押し】『名・ス自他』物事を、無理と知っていても強引に押し進めること。そういう態度。　**―からぬ**『連語』無理ではない。「母の心配も―ものだ」

「お前がそう言うのも―が」▽本来は「無理ならぬ」であるべきだが、「遠からぬ」などに類推して出来たもの。 **―さんだん【―算段】** 無理をして、融通をつけること。 **―じい【―強い】**『名・ス他』他人に物事を無理におしつけること。 **―しんじゅう【―心中】**『名・ス自』死にたいと思ってはいない相手を無理に引き込んでする心中。 **―すう【―数】** 実数のうち、分数の形では表せないもの。√2やπ(円周率)など無限小数になる数で、無数に存在する。↕有理数。▽irrational number の訳語。比を成さない(つまり分数形式には表せない)意での irrational を「無理」と訳したことから。 **―なんだい【―難題】** 無理な言いがかり。「―を吹っ掛ける」 **―むたい【―無体】**『名・ダナ』無理やりに、すること。強制すること。 **―やり【―△遣り・―矢理】**『ダナ・副「に」』無理を強いて行うさま。「仕事を―(に)押しつける」「―の要求」▽「矢理」は当て字。

むりし【無利子】 利子がつかないこと。無利息。

むりそく【無利息】 無利子。

むりょ【無慮】『副』おおよそ。ざっと。「―数千人」▽あまりに多数で、細かくは考え(=慮)ない意。

むりょう【無料】 料金をとらないこと。料金を払わないこと。ただ。↕有料。「入場―」

むりょう【無量】 量がはかり知れないほど大きいこと。それほどの量。「感慨―」

むりょく【無力】『名ナ』体力・能力・勢力・権力・資力などがないこと。「―感におそわれる」派生 **-さ**

むるい【無類】『ダナ』くらべるもののないさま。無比。「―の好人物」「珍―」「―に面白い本」

むれ【群(れ)】 多くの生き物や人が一つに寄り集まった状態。そういう集団。「―をなす」。仲間。「博徒(ばくと)の―に投じる」

む-れる【群れる】『下一自』多くの生き物や人が集まる。むれになる。むらがる。「鳥が―・れて飛ぶ」

む-れる【蒸れる】『下一自』①(加熱後に密閉することで)熱や蒸気が十分に通り、適度な状態になる。「ごはんが―」②熱気や湿気がこもる。「足が―」

むろ【室】 ①外気から隔て、内部の温度を一定に保てる構造にした所。食物を貯蔵したりする。②山腹に掘った岩屋。いわむろ。▽上代では、家の奥に設けた、土を塗りこめて寝室などとした所。

むろあじ【室×鰺】 アジと呼ばれる魚の一つ。体はマアジよりも細長く、尾びれの下部が赤色を帯びる。干物やくさやにする。▽あじ科。広くは同科むろあじ属の魚の総称。

むろく【無×禄】 俸禄(ほうろく)(給与)が与えられないこと。

むろざき【室咲き】 むろ⑴や温室で咲かせること。その花。

むろん【無論】『副・ノダ』言うまでもなく。もちろん。「―(のこと)こちらがよい」▽以前は「―に」も使った。

むんず『副と』①↓むずと。②動作などが重々しいさま。「―と座り込む」

むんむん『副「と」・ス自』暑さ・熱気・においなどが立ちこめるさま。「草いきれで―する」「熱気―の観客席」

め

め【目】 ㊀『名』①生物の、物を見る働きをする器官。また、その様子・働き。▽「眼」とも書く。㋐眼球・視神経から成る器官。「―を皿のようにして見る」「鵜(う)の―鷹(たか)の―」(熱心に捜し求める目つき・態度)「―を開く」(自覚したり、知識を得たりする意にも)「―をつぶる」(見て見ないふりをする、また、死ぬ意にも)「―がつぶれる」(視力を失う)「―がさえる」(眠るべき時に、眠くならない。また、物事の本質を見抜く力を発揮する。↓㋒)「―がすわる」(怒りや酔いで、じっと一点を見詰め、目の玉を動かさない)「―が泳ぐ」(動揺などで視点が定まらない)「―が回る」(めまいがする。転じて、非常に忙しい)「―から鼻へ抜ける」(抜け目がなくすばやい、または知恵が速く働くことの形容)「―と鼻の間」(非常に近いことのたとえ)「―と鼻の先」(同上)「―の前が真っ暗になる」(突然の不幸などで、希望を失ったり手立てが見えず、どうしたらよいか分からない状態に陥る)「最近は気力も―に見えて(=外から見てすぐ分かるほどはっきり)衰えた」「―に物を見せる」(思い知るようにしかける)「―を光らす」(よく注意する)「―を凝らす」(じっと見つめる)「―を丸くする」(びっくりする)「―を剝(む)く」(怒ったり驚いたりして目を大きく開く)「―を喜ばせる」(美しい物などを見て喜び楽しむ)「―の保養」(同上)「―の正月」(同上)「―を細める」(喜ぶ意にも)「酒に―が無い(=度を越えて好きだ)」

㋑目⑴㋐の様子。目つき。「―は口ほどに物を言う」(口から出す言葉と同じくらい目つきは気持を伝えるものだ)「はたから変な―で見られる」「色っぽい―をする」

㋒見ること。見えること。また、視力。更に、注意(力)。洞察力。「―に触れる」「お―に掛ける」(お見せする)「お―に掛かる」(お会いする)「―を掛ける」(転じて、面倒を見て引き立ててやる)「―がくらむ」(めまいがする。また、心が奪われて正しく判断できなくなる)「―をさます」(迷いから脱却する意にも)「―に障る」(目によくない。目障りである)「―のかたき」(目ざわりで憎くて仕方ないもの)「―に立つ」「―につく」「―にする」「―も当てられない」(あまりひどくて見ていられない)「―もくれない」(無視する)「長い―で見る」(現状だけで判断せず、将来を期待して気長に見る)「―を奪う」(すばらしさなどで見とれさせる)「ーを引く」「ーをつける」「ーをとめる」「ーを配る」「ーが届く」(注意・監視がそこまで及ぶ)「ーを離す」「ーを盗む」(人に気づかれないように何かをする)「ーをくらます」(ごまかして気づかれないようにする)「ーを疑う」(意外な事に接し、これが事実なのか、見そこないではないかと驚く)「ーを通す」(一通り見る。ざっと読む)「ーが近い」(近眼である)「ーがいい」「ーが高い」(ものを識別する力がある)「ーが肥えている」(同上)「ーを利かす」

②目(1)(ア)に見える姿・様子。「見たーばかりよくて実質は悪い」「人のーを気にする」

③ある物事に出会うこと。経験。体験。また、局面。「ひどいーを見る」「怖いーに遭う」「落第の憂きー」

④形が目(1)(ア)に似ているもの。「台風のー」「うおのー」㋐縦横に(線状に)並び交わった所。それによって囲まれてできた、すき間。「碁盤のー」「ーが粗い布地」「網のー」「ーが詰んでいる」㋑縦に並んだものの、すき間。「のこぎりのー」「櫛(くし)のー」㋒さいころの面につけた点状のしるし。「六のー」「ーが出る」(思いどおりの目が現れる。転じて、運がついて事がうまく運ぶ)㋓量を示すしるしの刻み。目盛り。「秤(はかり)のー」

⑤秤で量った重さ。「ーがかかる」(相当の重みがある)「ー減り」。また、「匁(もんめ)」の別称。「一貫二百ー」▽→もんめ

⑥木材の表面にあらわれた模様。木目(もくめ)。「ーが細かい板」「柾(まさ)ー」

□二《接尾》①順序を表す時に添える語。「三番ーの問題」「二つーの角(かど)を曲がる」「十軒ー」

②点または線のようになって、他と区別される状態になった所。「結びー」「割れー」「境ー」。物事の境となるような情況。「季節の変わりー」「彼の勢力も落ちーになる」「勝ちーがない」(勝つ見込みがない)

③《量・程度に関係する形容詞の語幹などに付いて》どちらかと言えば、その性質を持つ意を表す。「話を短ーに打ち切る」「大きーな方を選ぶ」「細ーの糸」「幾分早ーに出掛ける」「控えーな人」▽「……め」と平仮名で書くことも多い。

関連 眼(まなこ)・眼球・目玉・白目・黒目・目頭・目尻・まなじり・両眼・双眸(そうぼう)・片目・隻眼・単眼・複眼・肉眼・義眼・近眼・遠視・老眼・斜視・藪睨(やぶにら)み・利き目・遠目・霞目(かすみめ)・赤目・脂目(やにめ)・血目・寄り目・吊(つ)り目・垂れ目・細目・出目・切れ長・どんぐり眼・金壺眼(かなつぼまなこ)・碧眼(へきがん)・白眼・青眼・血眼・心眼・天眼・千里眼

め【芽】①草木の、種や茎や枝から出て、やがて新しい茎・葉・花になるもの。「ーをふく」「ーを出す」「ーが出る」(幸運・成功のきざしが現れる意にも)②卵の胚(はい)。③新しく生じ、これから発展しようとするもの。「ーのうちに摘んでしまう」▽(1)の比喩的用法。

め=【雌・×牝・女】①めすの方。「ー牛」「ー花」②二つあるもののうち、小さくて穏やかな方。「ー滝」▽↕お=(雄・牡・男)

=め【△奴】《体言に付いて》一段低いものとして見る気持を表す。また、自分(側)に用いて、謙譲の意を示す。「こいつー、何を言う」「おやじーが申しますには」「わたくしーの落度です」

め〖馬〗→ば〖馬〗

めあかし【目明(か)し】江戸時代、同心の配下で、十手(じって)を預かって、聞き込みなど捕り物に働く者。おかっぴき。

めあき【目明き】①目の見える人。↕めくら。②文字の読める人。また、道理のわかる人。

めあたらし-い【目新しい】《形》今まで見たことも無い新しさがある。見て珍しい。新奇だ。派生 -さ

めあて【目当て】目をつけるところ。注意して見守る点。㋐目的。「持参金ーの結婚」「おーの人」㋑目標。「明かりをーに歩く」

めあわ-せる(めあはせる)【△妻せる】《下一他》妻として添わせる。また、結婚させる。

めい【×姪】兄弟・姉妹の娘。↕甥(おい)

めい〖*名〗 な メイ ミョウ(ミヤウ) なづける ―①姓名および通称。事物のよびな。なまえ。「姓名・氏名・人名・地名・家名・学校名・仮名・改名・学名・襲名・匿名・記名・署名・連名・指名・除名・題名・書名・名称・名実・名義・名分・名詞・名数・名辞・名簿・名刺」。以下「ミョウ」と読む。「名字・名号・名跡・名代・本名・戒名・俗名」②評判。すぐれて名高い。ほまれある。「名誉・名声・名手・名人・名将・名士・名流・名所・名物・名歌・名著・名文・名投手・有名・知名・勇名・高名(こうみょう・めいこう)・美名・声名・著名・空名・虚名・汚名・売名」。以下「ミョウ」と読む。「名聞(みょうもん)・名利(みょうり・めいり)」③名づける。「命名」④中古、荘園(しょうえん)で賦課の対象となった人や土地。「ミョウ」と読む。「名田・大名・小名」⑤人数を数える語。「三名・数名」

めい〖銘〗 メイ ―①《名・造》金属製の器具に刻まれた製作者の名。「銘を打つ」「在銘・無銘・刻銘」②器物また茶・酒・菓子などの固有名。また、名のある上等のもの。「銘茶・銘酒・銘菓・銘柄(めいがら)」③《名・造》石碑や金属器などにしるされた文。「銘を刻む」「銘文・碑銘・墓碑銘・鐘銘」④心にきざみこむ。忘れないようにする。「銘記・肝銘」⑤漢文の文体の一つ。訓戒や人の功徳(くどく)を述べるもの。「座右銘」⑥葬式のとき、死者の官位姓名などをしるした旗。「銘旗」

めい〖*命〗 メイ ミョウ(ミヤウ) いのち ―①《名・造》言いつける。告げる。言いつけ。「命を奉ずる」「命にそむく」「命令・大命・拝命・任命・君命・主命・勅命・待命・下命・厳命・特命・復命・内命・奔命・宣命(せんみょう)・命婦(みょうぶ)」②《名・造》天から与えられているもの。生きながらえる数。いのち。「命、旦夕(たんせき)に迫る」「命を絶つ」「生命・身命(しんめい・しんみょう)・命脈・寿命(じゅみょう)・定命(じょうみょう)・短命・長命・

余命・存命(ぞんめい)・延命・救命・助命・絶命・落命・致命傷・命日」③〘名・造〙天からの命令。めぐりあわせ。「命が薄い」「天命・使命・運命・宿命・本命・薄命・知命・革命・命数」④なづける。「命名」

めい【明】 メイ　ミョウ(ミヤウ)　ミン　あかり　あかるい　あかるむ　あからむ　あきらか　あける　あく　あくる　あかす ―― ①㋐はっきり見える。あかるく光る。あかるい。↕暗。「明暗・明色・明月・明眸(めいぼう)・明媚(めいび)・明朗・月明・透明・鮮明・薄明・照明・清明・光明(こうみょう)・灯明(とうみょう)」㋑あかりがつく。↕滅。「明滅」㋒〘名・造〙物を見る力。視力。「明を失う」「失明」②㋐はっきり。疑いのない。「明言・明記・明示・明答・明察・明白・明晰(めいせき)・明快・明確・明細・明瞭・不明・分明(ぶんめい・ふんみょう)・平明・自明・簡明」㋑〘名・造〙物を見通す力がある。賢い。また、物を見通す力。「先見の明」「人を見る明がある」「明君・明主・明王(めいおう・みょうおう)・明神(みょうじん)・明知・明敏・明哲・不明・賢明・聖明・聡明(そうめい)・英明・開明・発明・文明」㋒はっきりさせる。疑いをなくす。「説明・鮮明・証明・弁明・声明・解明・究明・糾明・釈明・表明・闡明(せんめい)」㋓仏教で、智慧(ちえ)。学者の修めるべき科目。「ミョウ」と読む。「五明・声明(しょうみょう)・因明」③夜があける。夜をあかす。次の日・年になる。「天明・黎明(れいめい)・明朝(みょうちょう)・明晩(みょうばん)・明後日(みょうごにち)・明年(みょうねん)」④現実の世界。↕幽。「幽明」⑤神。祭られた死者。「神明・明器」⑥中国の王朝の名。元(げん)を滅ぼして清(しん)に滅ぼされた。「ミン」と読む。「明朝・明史・明楽(みんがく)・明笛」

めい【*盟】 メイ　ちかう　ちかい ―― 〘名・造〙神に告げて犠牲を殺し、その血をすすって仲間の約束をする。約束して仲間をくむ。ちかう。ちかい。「盟を結ぶ」「盟を破る」「盟約・盟主・盟書・盟友・盟邦・同盟・結盟・加盟・連盟・血盟」

めい【*迷】【迷】 メイ　まよう ―― ①ゆく道がわからない。まよう。まよい。「迷路・迷宮・迷走神経」②間違った道にはいる。物事をはっきりきめかねる。まよう。まよわす。「迷惑・迷信・迷想・迷夢・迷彩・昏迷(こんめい)・低迷・頑迷」③名(めい)⑵のしゃれ。珍妙な。こまった。「迷文・迷案・迷論・迷答弁」

めい【冥】 メイ　ミョウ(ミヤウ)　くらい ―― ①光がない。くらい。くらがり。やみ。「冥暗・冥冥・晦冥(かいめい)」②道理にくらい。無知。「頑冥」③奥深い。「冥想・冥蒙(めいもう)」④目に見えない。神仏の作用についていう。「冥佑(めいゆう)・冥助(めいじょ・みょうじょ)・冥罰(みょうばつ)・冥護(みょうご)・冥加(みょうが)・冥利(みょうり)」⑤死者のゆく世界。よみじ。よみのくに。「冥途・冥界・冥府・冥鬼・冥王(めいおう・みょうおう)・冥官(みょうかん)・冥福・幽冥」

めい【*鳴】 メイ　ミョウ(ミヤウ)　なく　なる　ならす ―― ①鳥がなく。動物が声をたてる。「鳴禽(めいきん)・鶏鳴・悲鳴・蛙鳴(あめい)」②音がする。音を出させる。なる。ならす。「鳴動・鳴琴・鳴弦・鳴笛・鳴鐘・吹鳴・自鳴・共鳴・雷鳴」

めいあん【名案】 うまい思いつき。よい考え。

めいあん【明暗】 ①明るいことと暗いこと。「日なたと日陰の―の差」「試合の―を分ける」②西洋画で、立体感をはっきりさせるために、色彩の濃淡・強弱をつけること。「―法」

めいい【名医】 すぐれた医者。

めいい【名彙】 事物の呼称・名称などをあつめ(解説して)編んだ書物。「本草薬―」「日本昔話―」

めいうつ【銘打つ】 〘五自〙①そういう名をつけて宣伝する。「世界的発明と―って売り出す」▽⑵の転。②品物に銘をつける。

めいうん【命運】 運命。「―尽きて倒れる」

めいえん【名園・名×苑】 すぐれた庭園。有名な庭園。

めいおうせい【冥王星】 海王星の外側(時に内側)を回り、水星や(地球の)月よりも小さい準惑星。▽一九三〇年に発見され惑星の一つとされたが、性質が他の惑星と著しく異なるので、二〇〇六年に惑星から除外された。

めいか【名花】 ①美しいので評判の花。②比喩的に、美女。特に、名高い芸妓(げいぎ)。

めいか【名家】 ①名望のある家柄。有名な家門。「―の出」②知名の人。その道に名声ある人。名士。

めいか ①**【名菓】** すぐれた、おいしい菓子。②**【銘菓】** 特別の名をつけた由緒ある菓子。

めいか【名歌】 有名な、また、すぐれた歌。特に、和歌。

めいか【命課】 武官に対し新たな職務を命じ業務を課すること。「―が下る」

めいが【名画】 ①すぐれた絵。有名な絵。②すぐれた映画。「―座」

めいかい【冥界】 冥途。あの世。▽仏教では「みょうかい」とも読む。

めいかい【明快】 〘ダナ〙気持がよいほど、はっきり筋道が通っているさま。「―な答え」「単純―」 派生 **-さ**

めいかい【明解】 〘ダナ〙はっきりとわかりやすく解釈・解説すること。また、よくわかる解釈・解説。▽書名に多く用いる。 派生 **-さ**

めいかく【明確】 〘ダナ〙はっきりしていて確かなさま。「―に規定する」 派生 **-さ**

めいがら【銘柄】 ①取引する株式の名称。また、取引物件の品目。「―売買」②商品の商標。「―米」

めいかん【名鑑】 名簿。

めいき【名器】 有名な器物。すぐれた器具。

めいき【明記】 〘名・ス他〙はっきりと書きしるすこと。

めいき【銘記】 〘名・ス他〙心に深く刻みつけて忘れないこと。「師の教えを―する」

めいぎ【名×妓】 すぐれた芸者。

めいぎ【名義】 表だった名前。「―人」「他人―」「―を借りる」「―書換え」

めいきゅう【迷宮】事件などが複雑で解決がつかないこと。「―にはいる」「―入り」▽もと、中が迷路になっている大きな建物。

めいきゅう【盟休】「同盟休校」の略。→ストライキ(2)

めいきょうしすい【明鏡止水】邪念のない、落ち着いた静かな心境。▽曇りのない鏡と静かに澄んだ水の意。

めいきょく【名曲】すぐれた楽曲(・曲目)。有名な楽曲(・曲目)。

めいきん【鳴×禽】よく鳴きさえずる小鳥。「―類」

めいぎん【名吟】すぐれた詩歌・俳句。すぐれた吟詠。

めいく【名句】すぐれた俳句または文句。有名な俳句または文句。

メイク アップ《名・ス自》→メーク アップ

めいくん ①【名君】善政を行うすぐれた君主。②【明君】世情・人心をよく見抜く賢い君主。明主。↔暗君

めいげつ ①【名月・明月】陰暦八月十五夜または九月十三夜の月。「中秋の―」②【明月】清く澄みわたった丸い月。

めいけん【名犬】利口ですぐれた犬。

めいけん【名剣】すぐれた剣。名高い剣。

めいげん【名言】確かにそうだと感じさせるような、すぐれた言葉。「―を吐く」

めいげん【明言】《名・ス他》はっきり言うこと。「―を避ける」

めいこう【名工】すぐれた工芸品を作る人。また、そのことで名の通った人。名匠。

めいこう【名香】有名で、すぐれた香。

めいさい【明細】《名・ダナ》細かい点まではっきりとしていること。「―を見せてくれ」「―書」「いちいち―に書きしるす」

めいさい【迷彩】敵の目をだますために、施設・武器などにいろいろの色を塗って、紛れて区別しがたくすること。カムフラージュ。「―服」。また、そのような色あい。

めいさく【名作】すぐれた作品。有名な作品。

めいさつ【名刹】有名な寺。

めいさつ【明察】《名・ス他》真相を見抜いた推察。▽相手の推察に対する敬語としても使う。「ご―」

めいさん【名産】その土地の有名な産物。

めいざん【名山】姿が美しく風格が感じられるような山。また、名高い山。

めいし【名刺】小形の紙に氏名・住所・連絡先・身分などを印刷したもの。　**―ばん**【―判】写真の寸法の一つ。縦八センチ、横六センチくらい。

めいし【名士】名望ある人。有名な人。「各界の―」

めいし【明視】はっきりと見得ること。「―距離」

めいじ【名辞】〔論理〕概念を表した言葉。「形式論理学の命題に於(お)ける―の如(ごと)く」(夏目漱石「吾輩は猫である」)▽文法学上の名詞でなくてもよい。term の訳語。

めいじ【明示】《名・ス他》明らかに示すこと。はっきり示すこと。

めいしき【名識】知徳のすぐれた立派な僧。名僧智識(ちしき)。

めいじつ【名実】名称と実質。評判と実際。「―共に」「―相伴う」

めいしゅ【名手】①すぐれた腕前を持つ人。「弓の―」②碁・将棋などで、うまい手。「―を打つ」

めいしゅ【明主】→めいくん(2)

めいしゅ【盟主】同盟の中心となる者。同盟の主宰者。

めいしゅ ①【銘酒】特別の名前をつけた、よい酒。②【名酒】名高い酒。「新潟の―」　**―や**【銘酒屋】酒を客に供するという名目で、実は私娼(ししょう)を抱えて営業する(下等な)店。▽明治・大正に在り、東京では浅草の十二階(＝建物の名)下に群れていたのが有名。

めいしょ【名所】古跡や景色のよさなどで有名な土地。「―旧跡」

めいしょう【名匠】すぐれた腕前で、名高い工匠。

めいしょう【名将】①すぐれた武将。名高い武将。②比喩的に、すぐれた監督(・コーチ)。名高い監督(・コーチ)。

めいしょう【名称】(事物の)名前。呼び名。

めいしょう【名勝】景色が特によい土地。

めいしょう【明証】明らかな証拠。はっきりとした証拠。

めいじょう【名状】《名・ス他》状態を言葉で言い表すこと。「―しがたい惨状」

めいしょく【明色】明るい感じのする色。↔暗色

めい-じる【命じる】《上一他》①発言に従わせる。言いつける。命令する。「良心の―ところ」「部下に―」。任命する。「課長に―じられる」②名付ける。「―じて……という」▽「めいずる」とも言う。

めい-じる【銘じる】《上一他》心に深く刻みつけて忘れない。めいずる。「肝(きも)に―」

めいしん【迷信】(現在から見て)合理性に欠け、道理に合わない言い伝えなどをかたくなに信じること。「―深い」。また、誤った信仰。

めいじん【名人】①さえた技をふるい、その分野で特にすぐれた人。「―芸」②碁・将棋で選手権の称号。「―戦」▽江戸時代、幕府が許した、高い技量の人の称から。

めいすい【名水】名高い清水。茶の湯や酒造などに適する良いわき水。▽「銘水」とも書く。

めいすう【名数】①いつも決まった数を添えて呼ばれる物の名前。例、「三綱」「四天王」「五経」。②数値に単位名をつけたもの。「五人」「百円」など。

めいすう【命数】①寿命の長さ。また、天命。「―が尽きる」「―と思ってあきらめる」▽物の寿命にも使える。②ある数に名をつけること。記数。「十進―法」

めい-する【×瞑する】《サ変自》目をとじる。(安らかに)死ぬ。「地下に―霊」「もって―すべし」

めいずる【命ずる】『サ変他』→めいじる(命)
めいずる【銘ずる】『サ変他』→めいじる(銘)
めいせい【名声】名望。名誉ある評判。「—を博する」
めいせき【名跡】①名高い古跡。②→みょうせき
めいせき【明×晰】『名ナノ』①明らかではっきりしていること。「頭脳—」②〔論理〕その概念と他の概念との区別がはっきりしていて、混同されないこと。判明。派生 **-さ**
めいせつ【名節】名誉と節操。「—を重んじる」
めいせん【銘仙】よりをかけない糸で織ったあらい絹布。種類が多く、衣類、ふとん皮などにする。
めいそう【名僧】知徳のすぐれた、名高い僧。
めいそう【迷走】『名・ス自』定まった道筋・進路を通らず、不規則に走ること。「—台風」 **—しんけい**【—神経】脳から直接、身体各部へとのびる神経(脳神経)の一つ。延髄から出て枝分かれし、頸部(けいぶ)・胸部・腹部へ広がる。喉頭諸筋や各種内臓の知覚・運動・分泌をつかさどる。第十脳神経。
めいそう【×瞑想】『名・ス自』目を閉じて静かに考えること。眼前の世界を離れてひたすら思いにふけること。「—にふける」
めいそうじょうき【明窓浄机】①明るい窓と、清らかな机。②転じて、明るく清らかな書斎。
めいた【目板】(板塀や羽目などの)板の継目に打ち付けた幅の狭い板。
めいだい【命題】①〔論理〕言語や式によって表した一つの判断の内容。②課題。題目。「困った—を与えられた」「—を放棄する」▽(2)は本来、誤り。
めいたつ【明達】聡明(そうめい)で、物事の道理によく通じ(=達)ていること。そういう人。
めいだん【明断】『名・ス他』明快に裁断すること。すっきりとしたさばき。「—を下す」
めいち【明知・明×智】すぐれた知恵。
めいちゃ【銘茶】特別の名のある、よい茶。
めいちゅう【命中】『名・ス自』(弾や矢などが)目標に当たること。急所に当たること。的中。
めいちゅう【×螟虫】→ずいむし
めいちょ【名著】すぐれた著書。有名な著書。
めいちょう【明徴】事実や証拠によってはっきりさせること。「国体—」
めいちょうし【名調子】定評のある(独特の調子の)語り口や弁舌。「—を聞かせる」
めいっぱい【目一杯】『ダナ・副』できる限りを尽くすさま。精一杯。▽はかりの目盛り一杯までの意。
めいてい【×酩×酊】『名・ス自』ひどく酒に酔うこと。
めいてつ【明哲】才知がすぐれ、事理に深く通じていること。そういう人。「—保身の術」
めいてん【名店】有名な店。「—街」
めいてんし【明天子】賢明な天子。
めいど【冥途・冥土】〔仏〕死者が行く暗黒の世界。あの世。冥界。冥府。「—の道連れ」
めいど【明度】色の明るさの度合い。「—の高い緑」▽色相・彩度とともに色の三要素の一つ。
めいとう ①【名刀】すぐれた、名高い刀。「正宗(まさむね)の—」②【銘刀】銘の打ってある、すぐれた刀。
めいとう【名湯】よく利く、有名な温泉。
めいとう【名答】『御(ご)—』相手の答えが正しくぴったり合っていることを認めて言う言葉。
めいとう【明答】『名・ス自』明確な答え。はっきりした返事。
めいどう【鳴動】『名・ス自』大きな音を立てて動くこと。「天地—」「大山—してねずみ一匹」(→たいざん)
めいとく【明徳】①りっぱな徳性。②生得の曇りない本性。「—を明らかにする」
めいにち【命日】当人が死んだ日に当たる、月ごとのその日。▽→しょうつきめいにち
めいば【名馬】すぐれた乗馬。
めいはく【明白】『ダナ』はっきりとよくわかるさま。疑う余地がないさま。「—な事実」派生 **-さ**
めいばん【名盤】すぐれた演奏で定評のあるレコードや音楽CD。
めいばん【銘板】銘(作者名)を彫った金属板。ネームプレート。
めいび【明×媚】『名ナノ』自然の景色が清らかで美しいこと。「風光—」派生 **-さ**
めいひつ【名筆】すぐれた筆跡や絵画。また、書画にすぐれている人。
めいひん【名品】すぐれた品物。
めいびん【明敏】『名・ダナ』頭の働きが、鋭く、すばやいこと。「—な頭脳の持主」「難点を—に見抜く」派生 **-さ**
めいふ【冥府】①→めいど(冥途)。②閻魔(えんま)の庁。
めいふく【冥福】死後の幸福。「故人の—を祈る」。それを祈って行う仏事。追善。
めいぶつ【名物】①その土地の名産、特に食品。「—にうまいものなし」②評判になっている物。有名な物。「—男」③茶道具で、すぐれた器。
めいぶん【名分】臣・子などという名の身分に応じて守るべき本分。「大義—」「—が立たない」
めいぶん【名文】すぐれた文章。有名な文章。
めいぶん【明文】はっきりと示された条文。「—化する」
めいぶん【銘文】銘として金石の器物に記された文。
めいぼ【名簿】姓名(とその住所など)を書き連ねた帳簿。
めいほう【名宝】名高い宝。
めいほう【名峰】姿が美しい(ので有名な)峰(や山)。▽「名山」より後の造語。
めいほう【盟邦】同盟国。
めいぼう【名望】人望が高く、すぐれた評判があること。声望が高いこと。「—家」
めいぼう【明×眸】目もとがはっきりとして美しいこと。▽美人の形容に使う。 **—こうし**【—×皓歯】目もとが美しく、歯が白いこと。美人であること。

め

めいぼく ①【名木・銘木】㋐由緒(ゆいしょ)があって、有名な木。㋑すぐれた香木。多く、伽羅(きゃら)を言う。②【銘木】形状・色・光沢・木目(きめ)・材質が珍奇で、特殊な風趣をもつ高価な木材の総称。

めいみゃく【命脈】生命。いのち。「―を保つ」(生きながらえる)「―が尽きる」

めいむ【迷夢】夢のような、とりとめのない考え。また、心の迷い。「―をさます」

めいむ【迷霧】〔仏〕心の迷い。▽方角が分からないほど深い霧にたとえた語。

めいめい【冥冥】①暗い様子。ぼんやりしている様子。「天地暗く、満目―」②事情・理由がはっきりしない様子。「―の裡(うち)」(知らず知らずの間)

めいめい【命名】《名・ス自》名前を付けること。名付け。「―権」(施設などに、企業・商品の名をつける権利の意も)

めいめい【銘銘】各自。おのおの。それぞれ。一人一人。「判断は―に任せる」「―が全力を尽くす」 **―ざら**【―皿】食物を一人一人に取り分けるための皿。

めいめいはくはく【明明白白】《名ノ・ト タル》はっきりしていて疑う余地のないこと。▽「明白」を重ねて強めた語。

めいめつ【明滅】《名・ス自》明るくなったり、消えたりすること。灯(ひ)がついたり消えたりすること。「ネオンの―」

めいもう【迷妄】物事の道理に暗く、考えが誤っていること。それによる心の迷い。「―の打破」

めいもく【名目】呼び方。名前。表向きの名前。みょうもく。「―だけのものになる」。表面上の理由。口実。「―が立たない」 **―ちんぎん**【―賃金】労働者が賃金として受け取る貨幣の額。↔実質賃金

めいもく【×瞑目】《名・ス自》①目を閉じること。②安らかに死ぬこと。

めいもん【名門】りっぱな家柄。有名な家門。「―の出」

めいやく【名訳】りっぱな翻訳、または解釈。

めいやく【盟約】固く誓い、約束すること。

めいゆう【名優】すぐれた俳優。有名な俳優。

めいゆう【盟友】固く誓い合った友人。

めいよ【名誉】《名ノ》①人の才能や努力の結果などに関する輝かしい評価。その光栄。ほまれ。「一門の―」「―回復」「これは―なことです」②《地位を表す名詞にかぶせて》功績を記念する意。「―教授」「―会長」③体面。「個人の―に関すること」「―を毀損(きそん)する」 **―しょく**【―職】他に本務を持ってもよく、給料を受けずに従事する職。

めいり【名利】→みょうり(名利)

めいりゅう【名流】有名な人々。「―夫人」

めいりょう【明瞭】《ダナ》はっきりと見分け(認め)られるさま。「―な誤り」 派生 **‐さ**

めいる【△滅入る】《五自》元気がなくなり、ふさぎこむ。しょげる。「気の―話」

めいれい【命令】①《名・ス他》上位の者から下位の者に言いつけること。その内容。「―を下す」「業務―」「おれに―するとは偉くなったもんだな」㋐国の行政機関が、法律の実施のため、または法律の委任によって、制定するおきて。㋑行政機関が特定の人に対し義務を課する処分。処分命令。㋒裁判官がその権限内の事柄についてなす裁判。②《名》コンピュータに特定の動作を指示するために入力する、数値や文字の並び。コマンド。

めいろ【目色】目のいろ。目つき。「―を変える」

めいろ【迷路】①迷いやすい道。②迷うように仕組んだ道。

めいろう【明朗】《ダナ》性格が明るく朗らかなさま。「―な青年」。うそやごまかしがなく、明るいさま。「―な政治」 派生 **‐さ**

めいろん【名論】すぐれた論。「―卓説」

めいわく【迷惑】《名ノ・ス自》他人のことで、煩わしくいやな目にあうこと。「人に―をかける」「私には―な話です」「はた―」「―メール」 派生 **‐さ ‐げ ‐がる**

メイン 主要な。おもな。また、主要なもの。中心となるもの。メーン。▽main **―イベント** 一連の催物・試合などのうち主なもの。特に、ボクシングの試合などで言う。メーン エベント。▽main event **―スタンド** 競技場の、正面の観覧席。▽main stand **―ストリート** 本通り。大通り。▽main street **―ディッシュ** 西洋料理で、コースの中心となる肉や魚の料理。▽main dish **―テーブル** 宴席・会議などで、主賓や議長などがすわる正面のテーブル。▽main table **―バンク** 二つ以上の取引銀行のうち、利用額が一番多い銀行。▽main bank **―マスト** 船の大柱。主となる帆柱。▽main-mast

めうえ へ‥う【目上】地位・階級・家族関係・年齢などの点で、自分より上の人。↔目下

めうち【目打(ち)】①→せんまいどおし。②穴あけや刺繡(ししゅう)の糸さばきに使う手芸道具。③切り離し用に線状に小さく続けざまにあけた穴。

めうつり【目移り】《名・ス自》つい、他のものにひかれて、そちらを見てしまう、または関心が移ってしまうこと。「新しい品に―(が)する」

メーカー 作る人。製造者。製造業者。「カメラの―」。特に、名の通っている製造会社。「―もの」▽maker

メーキャップ《名・ス自》→メーク アップ

メーク《名・ス自》↓メークアップ。▽make **―アップ**《名・ス自》化粧(すること)。特に、俳優が出演のためにする顔のこしらえ。メーキャップ。メーク。メイク アップ。▽make-up

メーター ①自動的計器。メートル。「―制」「タクシーの―が上がる」▽meter ②長さの単位。メートル。▽metre

メーデー ①毎年五月一日に行われる国際的な労働者の祭典。「―のデモ行進」▽May Day ②無線電話の国際救難信号。▽Mayday

め

メード 女中。下女。▽maid

メートル ①長さの単位。国際単位系の基本単位の一つ。もとメートル原器で定義されたが、現在は真空中での光の速度により定められる。②→メーター。「ガスのー」「ーを上げる」(酒を飲んで気炎をあげる) ▽フランス mètre (2)は、やや古風。 **ーほう**【ー法】長さはメートル、質量はキログラム、時間は秒を基本とする十進法の度量衡の単位の体系。▽MKSA単位系を経て、国際単位系に発展した。

メーファーズ【△没△法△子】仕方がない。しようがない。▽中国語。

メープル シロップ 砂糖かえでの樹液を濃縮した甘い粘液。ホット ケーキなどにかける。▽maple syrup

メール ①『名』郵便。郵便物。②『名・ス自』「電子メール」の略。また、電子メールを送ること。▽mail **ーアドレス** 電子メールを送受信するために宛先とする一連の文字列。▽mail address **ーマガジン** 登録者に対し継続的に電子メールを送信する形で行う情報発信。メルマガ。▽mail と magazine とによる和製英語。

メーン →メイン

めおと【〈夫婦〉】夫婦(ふうふ)。みょうと。「ーづれ」「ー岩」(連れ添う夫婦のように並んで立つ、かなり大きい岩) ▽歴史的仮名遣いは「めうと」とも。 **ーぢゃわん**【ー茶×碗】大きさだけが異なる大小一組の茶碗。みょうとぢゃわん。▽夫が大きい方、妻が小さい方を使うことから。

メカ ①「メカニズム」の略。「ーに強い」②「メカニック」の略。

メガ 基準とする単位名に冠し、その百万倍の意を表す語。「ートン」「ーダイン」▽フランス méga- **ーヘルツ** 周波数の単位。記号 MHz 一ヘルツの百万倍。▽megahertz →ヘルツ

めがお【目顔・△眼顔】人を見る目に託した表情。「早く去れとーで告げた」

めかくし【目隠し】『名・ス自』①手や布切れで目を覆って見えないようにすること。その布切れ。また、それを使ってする遊び。②家の内部が外から見えないように覆い隠すこと。その覆い。

めかけ【×妾】(正式または内縁の)妻としてではなく持続的な男女関係にあり、その男が生活の面倒も見る、女。てかけ。▽第二次大戦後、この語を避けて「愛人」と言うことが多い。

めが-ける【目掛ける】『下一他』攻撃・到達などの目標にする。めざす。「的をー・けて射る」「非常口ー・けて走り出す」

めかご【目籠】物を入れる、目のあらいかご。

=**めかし-い** 「めく」を形容詞化したもの。「なまー」「古ー」。→=めく

めかしこ-む【めかし込む】『五自』ひどく身なりを飾り立てる。すっかりおしゃれをする。

めがしら【目頭】目の、鼻に近い方の端。↔目尻。「ーが熱くなる」(感じ入って涙が出そうになる)

めか-す ①『五自』身なりをかざり立てる。おしゃれをする。▽「色めかす」の略。②『接尾』《名詞などの下に付いて》それらしくする。「ほのー」「親切ー」▽→=めく

めかた【目方】重さ。重量。「ーがかかる」

めがたき【女敵】自分の妻をうばった男。「ー討ち」

めかど【目角】目の端。「ーを立てる」(怒りを含んで鋭い目つきで見る)

メカニズム 機械の装置。仕組み。機構。▽mechanism

メカニック ①『ダナ』(動作・構造などが)機械のようであるさま。機械的。メカニカル。②『名』整備員。特に、レース用自動車の担当技術者。▽mechanic

めがね【〈眼鏡〉】①レンズを利用して視力を補い、調節する器具。「ーをかける」「ー越しに見る」「色ー」「遠ー」「虫ー」▽もとは、レンズを利用した器具一般をさした。②物を見わける目。めきき。鑑定。「ーにかなう」「ーが狂う」 **ーばし**【ー橋】(石造りの)アーチ形を二つ並べたような形の橋。 **ーへび**【ー蛇】インドコブラのこと。頸部(けいぶ)にめがね状の紋がある。

めかぶ【〈和布〉×蕪】ワカメの根元近くの茎の周りにある、厚いひだ状の部分。ゆでて食用にする。

メガホン 声を遠方まで聞かせるために口にあてる、らっぱ形の筒。また、そのような形の拡声器。▽megaphone

めがみ【女神】女性である神。女の神。「自由のー」

メガロポリス 広大な地域にわたって帯状に連続する都市群。「東海道ー」▽megalopolis

めきき【目利き】(器物・刀剣・書画などの)真偽・良否を見分けること。鑑定。それに巧みな人。

めきめき『副[と]』目立って成長・進歩・伸展をするさま。「ー(と)上達する」「ー(と)頭角を現す」

めキャベツ【芽キャベツ】キャベツの一変種。葉のつけ根の茎の部分に、直径二、三センチの葉球がたくさん生じ、食用とする。甘味が多い。こもちたまな。

めぎれ【目切れ】目方が切れること。目方の不足。

=**め-く** 《名詞・副詞などに付け、五段活用動詞を作る》……らしくなる。……の傾向を帯びる。「春ー」「色ー」「わざとー・いた親切」「遠い昔の遺跡ー・いたたずまい」▽最後の例のような「めく」は、直前の体言というより「遠い昔の遺跡」全体に付くと解すべきである。

めくぎ【目×釘】刀剣の身が柄(つか)から抜けないようにさす釘(くぎ)。目貫(めぬき)。「ーを湿(しめ)す」(戦おうとする時、竹の目釘が飛び抜けないように、つばなどでぬらして抜刀の用意をする)

めくされ【目腐れ】眼病のため、目のふちがただれ汚れていること。▽人をののしる言葉としても使った。 **ーがね**【ー金】わずかばかりの金。はした金。

めくじら【目くじら】『ー(を)立てる』些細(ささい)なことにむきになって、とがめだてする。人のあらさがしをする。

めぐすり【目薬】①眼病をなおすために、目に入れる薬。「—を差す」②比喩的に、賄賂としてのわずかな金銭や贈物。「—をきかす」

めくそ【目×屎・目×糞】めやに。「—鼻くそを笑う」(自分の欠点に気づかないで、他人の欠点をあざわらう)

めくばせ【目配せ】《名・ス自》目つきで知らせる、または指図すること。めまぜ。めくわせ。「—を交わす」

めくばり【目配り】《名・ス自》同時に諸方を注意して見ること。「—が利く」

めぐまれる【恵まれる】《連語》↓めぐむ(恵)

めぐみ【恵み】めぐむこと。いつくしみ。恩恵。施し。「神の—」「自然の—を受ける」

めぐ-む【芽ぐむ・×萌む】《五自》芽を出す。

めぐ-む【恵む・×恤む】《五他》情けをかける。㋐慈愛の心をかける。恩恵を与える。「—まれた生活」「資源に—まれている」▽現在では、普通、受身の形で使う。㋑施し物をする。あわれに思って金銭や品物を与える。「人に金を—」

めくら【△盲】①目が見えないこと。その人。「—法師」「—蛇におじず」(物の恐ろしさを知らない者は、むこうみずなまねをする)「—千人目明き千人」(世の中には道理の分からない人も分かる人も、それぞれに多い)②文字が読めない人。

めくらごよみ【△盲暦】↓えごよみ

めくらさがし【△盲探し】手さぐりで探すこと。また、目当てもなくむやみに探すこと。

めくらじま【△盲×縞】たて糸もよこ糸も紺染めの木綿糸で織った平織物。

めぐら-す【巡らす・×廻らす】《五他》ぐるりと回す。㋐回転させる。「首(こうべ)を—」「踵(きびす)を—」㋑まわりを囲むようにする。「庭に垣を—」㋒考えをあれこれと馳(は)せさせる。工夫をこらす。「知恵を—」「計略を—」

めくらばん【△盲判】文書の内容をよく吟味もせず承認の印を押すこと。

めくらほうし【△盲法師】盲目の僧や琵琶(びわ)法師。

めくらまし【目×眩し】①相手の目を一瞬見えなくすること。また、その方法。②人の目をあざむくわざ。幻術。

めくらめっぽう【△盲滅法】《名・ダナ》少しも見当がつかないこと。やみくも。「—にたまを撃つ」派生 **-さ**

めぐり【巡り・×廻り】ぐるりと回ること。㋐回ってまたもとの所にもどること。循環。「血の—が悪い」(頭の働きがにぶい意にも言う)「月日の—」㋑あちこちとまわり歩くこと。遍歴。「富士五湖—」㋒周囲。「—の垣」。周辺。あたり。▽㋑㋒は「周り」とも書く。

めぐりあい【巡り合い・×廻り合い】思いがけず出合うこと。邂逅(かいこう)。

めぐりあわせ【巡り合(わ)せ・×廻り合(わ)せ】自然にめぐってくる運命。まわりあわせ。「不運な—」「—が悪い」

めく-る【×捲る】《五他》上にある薄い物を引き離して持ち上げたり取り除いたりする。「ページを—」「瓦を—」「うすかわを—」▽「まくる」から転じた語か。

めぐ-る【巡る・×廻る】《五自》一周するように回る。㋐回ってまたもとにもどる。「—因果」「月日が—」「春が—・ってくる」㋑あちこちを回り歩く。「名所を—」㋒まわりを囲む。取り囲んである(いる)。「堀が—」「歌麿(うたまろ)を—女たち」㋓それを取り囲むように、あれこれの観点から見たり、さまざまにかかわったりする。「日本の将来を—諸問題の検討」「遺産を—・って争う」▽↓まわる㈠

めくるめく【目×眩く】《連体》目がくらむ。「—倒錯の世界」

めく-れる【×捲れる】《下一自》めくった状態になる。まくれる。

めくわせ↓めくばせ。▽現在は「目くばせ」が普通。

め-げる《下一自》①気がくじける。「雨にも—・げず」「失敗にすっかり—・げた」②欠けたりつぶれたりしてこわれる。「箱が—」▽⑵が原義だが、この意では今ほとんど使わない。

めこぼし【目×溢し】《名・ス他》見のがすこと。大目に見ること。「お—を願います」

めさき【目先】①目の前。眼前。「—にちらつく」。現在。当座。「—の利益」②近い将来の見通し。「—がきく」③その場その場の趣向。ちょっと見た目。「—が変わっている」「—を変える」

めざし【目刺(し)】いわしなどの目に、わらや串を通して数尾ずつまとめた干物。

めざ-す【目差す・目指す】《五他》……を(到達・達成の)目標とする、また、目標としてすすむ。「頂上を—・して登る」「大学進学を—」

めざ-す【芽差す】《五自》芽が出る。芽ぐむ。

めざと-い【目×敏い】《形》①(他の人が気づかないうちに)物を目にとめるのがはやい。「—・く見つける」②目がさめやすい。「老人は—」派生 **-さ**

めざまし【目覚(ま)し】①目を覚ますこと。目を覚まさせるもの。②↓おめざ⑵。「—をねだる」③「目覚し時計(めざましどけい)」の略。予定の時刻に音が鳴る仕掛けの時計。「—をかける」

めざまし-い【目覚(ま)しい】《形》びっくりするほどすばらしい。立派で目がさめるようだ。「—進歩」派生 **-さ**

めざめ【目覚め】①目が覚めること。その時。「お—が早い」②ひそんでいたものが働き始めること。「春の—」③迷いなどから本心に立ちかえること。「悪からの—」

めざ-める【目覚める】《下一自》①(眠りから)目がさめる。目をさます。②ひそんでいた本能などが働き始める。「性に—」③迷いなどから本心に立ちかえる。「悪から—」④自覚する。「現実に—」

めざる【目×笊】目のあらい、ざる。

めざわり【目障り】《名ナノ》見るのに邪魔になること。そういうもの。「—な看板」。見ると不快になること。「—な奴(やつ)」

めし【飯】①米をたいた食物。ごはん。「—をたく」②食事。ごはん。「朝—」「—にする」「文筆で—を食う」(生計を立てる) ▽「召す」から出た語。

めじ →めじまぐろ

めじ【目地】煉瓦(れんが)・コンクリート ブロック・タイルなどを積んだり張ったりした時にできる継ぎ目。

めじ(ぢ)【目路・△眼路】眼界。目に見える限り。「—に入る」

めしあが-る【召(し)上がる】《五他》「飲む」「食べる」を敬って言う語。「何を—りますか」

めしあ-げる【召(し)上げる】《下一他》上の者が所有物を没収する。「領地を—」「家禄(かろく)を—」

めしい(めしひ)【△盲】目が見えないこと。また、そういう人。▽雅語的。

めしうど【召人】宮中の歌御会(うたかい)始めで、特に選ばれて歌を詠む人。

めしかか-える(かかへる)【召(し)抱える】《下一他》召し寄せて家来にする。

めした【目下】地位・階級・家族関係・年齢などの点で、自分より下の人。↕目上。▽「もっか」と読めば別の意。

めしたき【飯炊き】飯をたくこと。それをする下男や下女。

めしだ-す【召(し)出す】《五他》お呼び出しになる。また、召して、禄(ろく)などを授ける。

めしつかい(かひ)【召使(い)】やとわれて雑役などをする人。下男や下女。

めしつぶ【飯粒】めしのつぶ。ごはんつぶ。

めしと-る【召(し)捕る】《五他》(官命で)罪人などを捕らえる。逮捕する。「それ、曲者(くせもの)を—れ」

めしびつ【飯×櫃】釜でたいた飯を移して入れておく木製の器。おひつ。おはち。

めしべ【雌×蕊】種子植物の花の中心にある雌性生殖器官。子房と柱頭と花柱からなる。しずい。↕雄蕊(おしべ)

めじまぐろ【めじ×鮪】マグロの幼魚。おおむね体長六〇センチ以下のもの。めじ。

めしもり【飯盛】江戸時代、宿場の宿屋で、旅客の給仕に出、また身もひさぐ女。宿場女郎。

めしや【飯屋】安く食事をさせる飲食店。「一膳—」

メジャー ①《名》ものさし。計量の尺度になるもの。特に、洋裁の巻尺。②《名》測度。▽(1)(2)は measure ③《名ナ》重要な位置を占め、一流であるさま。「—な作家」「—(=大)リーグ」④《名》音楽で、長音階。長調。▽(3)(4)は↕マイナー。major

めしょう【目性】目のたち。視力など。「—が悪い」

めしょうがつ【目正月】美しいものなどを見て喜び楽しむこと。目の保養。「—をさせてもらった」

めしよ-せる【召(し)寄せる】《下一他》①呼びつけて、来させる。②命じて持って来させる。

めじり【目尻】目の、耳に近い方の端。↕目頭(めがしら)。「—を下げる」(満足したり、美しい人にみとれたりして、表情をやわらげるさまの形容)

めしりょう【召料】高貴の人が用いる物。

めじるし【目印】見てそれと知るための印。見つけたり覚えたりするたよりとなるもの。「—をつける」

めじろ【目白】目のまわりが白い小鳥。大きさはスズメぐらい。背は黄緑色。鳴き声が美しい。虫を食べ、益鳥。▽めじろ科。 **—おし**【—押し】①《名・ダナ》(木の枝に多数とまるメジロのように)多くの人や物が込み合って並ぶこと。「—に並ぶ」「重要法案が—」②《名》子供が大勢集まって押し合う遊び。

め-す【召す】《五他》①「呼び寄せる」「取り寄せる」を敬って言う語。「殿下がお—しです」「神に—される」(キリスト教で、信者が死ぬ意) ②「食う」「飲む」「着る」「(かぜを)引く」「乗る」「(ふろに)入る」「(気に)いる」「(年を)とる」など、物や状態を身に受け入れる意の敬語。「趣味のよい物を—」「お年を—した方」③《動詞連用形に添えて》尊敬の意を表す。「きこし—」「おぼし—」▽(3)の例は古語の残存形。

めす【雌・×牝】動物で、人間の女に当たる方。↕雄(おす)

メス 解剖・手術などに用いる小刀。「—を入れる」(転じて、立ち入って調査する、また、災いの根を絶つために非常手段を用いる意にも) ▽(オランダ) mes

めず【△馬頭】(仏)頭が馬で体が人の形の、地獄の番人。「牛頭(ごず)—」

めずらか(めづらか)【珍か】《ダナ》珍しいさま。▽古語的。

めずらし-い(めづらしい)【珍しい】《形》ありふれていず、興味がひかれる。㋐その類の物・事を見聞きする機会が少ない。「—く勉強しているね」。今までに経験したことがないような物・事だ。「—味のくだもの」㋑目新しい。「—考案を出す」㋒ざらにはなく、結構だ。「—お品をありがとう」▽もと、その良さに心が引かれる意。㋒が原義に近い。また否定表現に文語的な「珍しからぬ」の形もかなり使われる。 派生 -さ -げ -がる

メセナ (特に企業体による)芸術・文化の援護活動。▽(フランス) mécénat 文芸庇護(ひご)を行った古代ローマの政治家マエケナス(Maecenas)の名にちなむ。

めせん【目線】①㋐視線。▽映画・演劇界で言ったのが一般化した語。㋑転じて、……の目の付け方、……としての見方・立場。「主婦の—で描いたドラマ」「客の—で品を並べる」②人物写真公開の際に、だれか分からないように、目の部分を隠す短冊形の線。

メゾ ソプラノ〔音楽〕ソプラノとアルトの間の声域。また、その声域の女性歌手。次高音。メッツォ ソプラノ。▽(イタリア) mezzo soprano

メソッド 方法。方式。▽method

メゾネット 集合住宅で、一戸が一・二階を持つもの。▽(フランス) maisonnette

めそめそ《副「と」・ス自》①声を出さずに、弱々しく泣くさま。「—(と)すすり泣く」②しょげて意気地がないさま。「—と悲観する」

めだか【目高】淡水にすむ、体長三センチぐらいの小

さい魚。体色はいろいろ。目が大きい。▽めだか科。

めだき【雌滝・女滝】 近くにある二本の滝の中で、水勢がゆるく、小さい方の滝。↕雄滝(おだき)

めだけ【雌竹・女竹】 林野に自生するタケの一種。幹が細く、節と節の間が長い。おなごだけ。かわたけ。なよたけ。

メタげんご【メタ言語】 言語(言語表現)について論じるのに使った場合の言語。▽metalanguage の訳語。普通の使い方での言語を「対象言語」と呼ぶのに対して、特に区別する。この区別を無視すると、例えば「がが助詞なら文頭には立たない」の文頭にその「が」が使ってあるというような、説明のむずかしい問題が起こる。この辞典で「Aの意。また、B」のように書いてある「の意」「また」の部分は、表現AやBに対するメタ言語表現の例。

めだし【芽出し】 芽を出すこと。その芽。新芽。

めだしぼう【目出し帽】 目だけは出して首から上がすっぽり覆えるようにした(防寒用の)帽子。

メタセコイア セコイアに似た落葉高木。化石としてだけ存するものと思われていたが、第二次大戦後、中国でこれの一種が現生しているのが発見され、日本にもはいり、「アケボノスギ」と名づけられた。成長が早く、葉は細い線形で対生し、柔らかい。▽ラテン・イギリス metasequoia ひのき科(旧すぎ科)。

めだち【芽立ち】 芽が出ること。芽ばえ。

めだ-つ【目立つ】《五自》特に人目につく。目につきやすい。きわだって見える。「汚れが—」「—って良くなる」「—たぬ存在」

めだ-つ【芽立つ】《五自》芽が出る。芽ぐむ。

めたて【目立て】 のこぎり・やすりなどの目がつぶれてにぶったものを、鋭くすること。

メタノール メチルアルコール。▽ドイツ Methanol

メタファー 隠喩。白い肌を「雪の肌」と言うなど。▽metaphor

メタフィジカル《ダナ》形而上学的。▽metaphysical

メタボ《名・ダナ》俗に、太っているさま。▽↓メタボリックしょうこうぐん

メタボリックしょうこうぐん【メタボリック症候群】 腹囲が基準を超えた内臓脂肪型の肥満で、高血糖・高血圧・高脂血症のうち二つ以上を合わせもった状態。メタボリック シンドローム。▽「メタボリック」は metabolic(=代謝の)

めだま【目玉】 ①眼球。また、目の強調表現。「—が飛び出る(=びっくりする)ほど高い」「—焼き」(鶏卵の白身・黄身をかきまぜず、普通は二つ並べて焼いた料理) ②にらまれ、しかられること。「お—を食う」 ③〔俗〕人の目を引く事柄。一番中心となる事柄。**—しょうひん【—商品】**〔俗〕客寄せのために特に並べておく商品。

メタモルフォーゼ 変形。変身。転身。▽ドイツ Metamorphose

メダリスト スポーツ、特にオリンピック・パラリンピックのメダル受賞者。▽medalist

メタリック《ダナ》金属の。金属製。金属的。「—塗装」▽metallic

メタル ①金属。「—スキー」▽metal ②↓メダル

メダル 表彰・記念などのために贈られる、金属製で多く円形の記章。「金—」▽medal 誤って「メタル」とも言う。

メタン 炭化水素の一種。無色・無臭で、水に溶けない可燃気体。石炭ガスの主成分の一つ。沼気。「—ガス」▽ドイツ Methan **—ハイドレート** メタンと水からなる氷のような物質。深海底の地下に大量に存在し、資源としての利用が研究されている。▽methane hydrate

メチエ 美術・文芸などで、よい表現のために必要な専門的にすぐれた技法。▽フランス métier

めちがい【目違い】 見そこない。見誤り。

めちゃ【目茶・△滅茶】《名・ダナ》①道理に合わないこと。「—を言う」 ②度がはずれていること。「—にたくさん並べたね」。《副詞的に》〔俗〕ひどく。めっちゃ。「—困った」▽「目茶」「滅茶」は当て字。**—くちゃ【—苦茶】**《ダナ・副》①道理に合わないさま。「そんな—な話があるか」 ②度を超しているさま。「—に引っかく」「—好きになる」 ③台なしになってしまったさま。「計画が—になる」▽「苦茶」は当て字。**—めちゃ【—目茶・—△滅茶】** ①《ダナ》あるべき姿・形が崩れているさま。「会を—にする」 ②《副》ひどく。「—たいへん」

めちょう【雌×蝶】 ↓おちょうめちょう

メチルアルコール アルコールの一種。見ため・香りはエチルアルコールに似るが有毒。工業原料・燃料などに使う。木精。メタノール。▽ドイツ Methylalkohol 単に「メチル」「メチール」とも言う。

めつ【滅】 メツ ほろびる ほろぼす ①火がきえる。あかりがきえる。↕明。「明滅・消滅・点滅」 ②つきる。なくなる。ほろびる。「滅亡・滅却・滅裂・幻滅・衰滅・破滅・壊滅・摩滅・不滅・死滅」 ③なくす。ほろぼす。「湮滅(いんめつ)・絶滅・殲滅(せんめつ)・撃滅・撲滅・滅私・滅罪」 ④仏陀(ぶっだ)の死。涅槃(ねはん)。仏僧の死。「滅度・仏滅・入滅・寂滅・滅後」

メッカ その方面の人が心を寄せる中心地。あこがれの土地。「映画の—、ハリウッド」▽サウジアラビアにあるイスラム教の聖地 Mecca から。ムハンマドの生地で、毎年多数のイスラム教徒が訪れる。

めづかい【目遣い】 物を見るときの眼球の動かし方。目つき。

めっかち《名ナノ》①片方の目が見えないこと。②両方の目の大きさが違うこと。

めつき【目つき】 物を見る時の目の様子。「—が悪い」

めつぎ【芽接ぎ】 果樹などの新芽を取って適当な台木につぐ、接木(つぎき)法の一種。

めっき【〈鍍金〉】 ①《名・ス他》金・銀・クロム・ニッケルなどの薄い層を、他の金属の上にかぶせること。そのようにした物。「銀—のさじ」 ②《名》中身の悪

いことを隠して、表面だけ飾り、とりつくろったわざ。「—がはげる」

めっきゃく【滅却】〘名・ス自他〙消え滅びること。消し滅ぼすこと。「心頭を—すれば火もまた涼し」(↓しんとう(心頭)) ▽多くは精神的な事柄に言う。

めっきり 〘副[と]〙変化が目立つさま。「記憶力が—衰えた」「—娘らしくなった」「—(と)老いこむ」

めっきん【滅菌】〘名・ス他〙熱や薬品などで、細菌を死滅させること。▽微生物の残存率を百万分の一以下にする。微生物をなくする確かさの順は、滅菌・殺菌・消毒・除菌。抗菌の程度は様々である。

めつけ【目付】 武家時代、違法を監察する武士の職名。「—役」(生活や仕事、また、それをする態度を見張る人)

めっけもの【めっけ物】〘俗〙掘り出し物。思いがけない幸運。▽「見つけ物」の転。

めっ-ける〘下一他〙〘俗〙見つける。

めつご【滅後】〘仏〙釈迦(しゃか)の入滅後。

めつご【滅期】〘仏〙釈迦(しゃか)入滅の時期。

めつざい【滅罪】〘仏〙懺悔(さんげ)や善行をすることによって、罪業(ざいごう)を消すこと。「—作善(さぜん)」

めっし【滅私】 私利私欲を除き去ること。「—奉公」

めっしつ【滅失】〘名・ス自〙滅びてなくなること。

メッシュ ①網の目。網目織り。「—の靴」②金網・ふるい・フィルターなどの目の密度を表す単位。一インチあたりの目の数で示し、数字が大きいほど細かい。▽(1)(2)は mesh ③髪の毛を部分的に染めること。その部分。▽フランス mèche

めつじん【滅尽】〘名・ス他自〙滅ぼし尽くすこと。滅びて、尽きること。

めっ-する【滅する】〘サ変他自〙滅ぼす。滅びる。あとを断ち、なくす。あとが絶え、なくなる。

メッセ 見本市。▽ドイツ Messe

メッセージ ①声明。声明書。あいさつの言葉。「—を送る」②伝言。ことづて。▽message

メッセンジャー 品物・伝言などをおくりとどける人。「—ボーイ」▽messenger(=使者)

めっそう【滅相】 ①〘多くは「—もない」の形の全体で、時に「—な」の形で〙とんでもない。「これは—もない話だ」「—もございません」「—な事をおっしゃる」▽(2)の転。この「ない」は、本来は形容詞化の接尾語(↓=ない)で、「—だ」と「—もない」とは同義。「とんだ」と「とんでもない」との関係に似ている。②仏教で、業(ごう)が尽きて命が終わる(=滅)すがた(=相)。

めった【滅多】〘ダナ・副〙やたら。㋐分別のないこと。めちゃくちゃ。「—切り」「—なことは言えない」。節度なく。むやみ。「そんなことを—に言おうものなら」㋑〘「—に」「—と」の後に打消しや反語を伴って〙そうざらに。「—には無い偶然のめぐり合わせ」「—に行くものか」「—と無い事」▽「滅多」は当て字。 **—うち【—打ち】** めちゃくちゃに打つこと。 **—やたら【—矢×鱈】**〘ダナ〙〘単独で副詞的にも使う〙むやみ。むちゃくちゃ。▽「矢鱈」は当て字。

メッチェン おとめ(ご)。娘。▽ドイツ Mädchen

めつぶし【目潰し】 相手の目をねらって投げ、目をくらますこと。それに使う砂・石など。

めつぼう【滅亡】〘名・ス自〙滅びること。絶えてなくなること。

めっぽう【滅法】〘副[に]ナ〙並々でないこと。度はずれていること。法外。「—(に)強い」「—な事を言う」▽もと、仏教で、一切の諸法をなくすこと。 **—かい【—界】**〘副[に]ナ〙〘俗〙めっぽう。「—寒い日だ」「—な値段」「刺青の流行というのは、—もない(↓=ない)ことになっておりました」(三田村鳶魚「江戸ッ子」)▽既に古風。

めづまり【目詰(ま)り】〘名・ス自〙布・網・鑢(やすり)などの目や細い管に、ごみなどがつまること。「ノズルが—する」「濾過(ろか)器の—」

めて【◁馬手・〈右手〉】 ①弓を持って乗馬する時、馬の手綱を取る方の手、すなわち右手。↔弓手(ゆんで)。「—に血刀、弓手に手綱」(俗謡「田原坂」)②右。右側。「—の袖」

メディア 手段。媒体。特に、マス メディア。▽media **—リテラシー** メディアで流布する情報の真偽や有用性を主体的に評価・識別する力。▽media literacy

メディカル〘造〙医療の。医学の。「—ケア」「—センター」▽medical

めでた-い〘形〙①祝うべきことだ。よろこびに満ちた状態だ。「合格して何より—」「これで万事—し—しだ」「社長のおぼえが—(=信頼があつく結構だ)」②〘「お」をつけて〙お人よし過ぎて間抜けだ。「お—男」③〘「(お)—くなる」〙「死ぬ」の忌み言葉。▽「愛(め)でる」と同語源。「目出度い」「芽出度い」は当て字。 派生 **-さ -がる**

め-でる【◁愛でる】〘下一他〙愛して大切にする。珍重し賞美する。「花を—」

めど【目◁処】 ①めざす所。めあて。目標。「解決の—がつく」「—が立つ」▽「目途」と書くのは当て字。②針の糸を通す穴。▽(2)は「針孔」とも書く。

めどおし【目通し】 書類などを一通り(さっと)見ること。「一応お—願います」

めどおり【目通り】 ①高貴の人にお目にかかること。「—かなわぬ」②目の高さに相当する部分の木の幹の太さ。「—周囲五尺」

めどぎ【×蓍】 ①↓めどはぎ。②↓ぜいちく。▽(2)は、もと、メドハギの茎を用いたから言う。

めどはぎ【×蓍×萩】 原野に生じる多年草。夏、紫の筋のある白い花が咲く。めどぎ。▽まめ科。

めと-る【×娶る】〘五他〙妻として迎える。▽「妻(め)取る」の意。

メドレー ①二曲以上を、続けざまに演奏すること。「ヒット曲—」。二人以上の歌手が引き継ぐように順に続けて歌うこと。②一組の走者が、順次に異なる規定距離を走るリレー競走。また、個人または一組

の泳者が、規定距離を順次に違った泳ぎ型で泳ぐ競泳。「―リレー」「個人―」▽medley

メトロ 地下鉄。▽フランス métro

メトロノーム 音楽の速度をはかる器械。振子式と電気的発振装置式とがある。▽ドイツ Metronom

メトロポリス 首都。大都会。▽metropolis

めなだ【〈赤目魚〉】 北日本の沿岸に多く産する海魚。ボラによく似るが、臭みがなく美味。あかめ。▽ぼら科。

めなみ【女波・女△浪】 大きく高い波の間に、低く弱く寄せる波。↕男波(おなみ)

めな-れる【目慣れる】《下一自》見慣れる。

メニュー ①料理などの献立や品書き。②実行すべき、あるいは実行できる、項目の一覧。「練習―」「―画面」▽menu

メヌエット 四分の三拍子の、典雅な舞踊曲。また、それに合わせて踊る社交ダンス。▽ドイツ Menuett

めぬき【目抜き】 めぼしい物や所。「―の通り」(繁華で人通りの多い通り)

めぬき【目△貫】 刀の柄(つか)を刀身に固着させるためにさす釘(くぎ)。また、それを覆う金具。↓めくぎ

めぬり【目塗り】(特に火事の際、蔵などに火が入らないように)戸などの合わせ目を、用意してある土で塗ってふさぐこと。

めねじ【雌ねじ】 穴の内側に雄ねじを受け入れる螺旋(らせん)を持つねじ。↕雄ねじ

めのいろ【目の色】 目つき。表情。「―を変える」「―が変わる」

めのう【×瑪×瑙】 石英・玉髄・蛋白石(たんぱくせき)の混合した岩石。帯状の美しい色模様をもつ。印材・飾り石などにする。

めのかたき【目の敵】《普通「―にする」の形で》見るたびに、または何かにつけて憎むこと。その憎しみを向ける先のもの。

めのこ【目の子】「目の子勘定(かんじょう)」「目の子算(ざん)」の略。目で見て計算すること。暗算。概算。

メノコ 娘。「ピリカ(=かわいい)―」▽日本語「女(め)の子」の転じたアイヌ語。

めのした【目の下】 魚の大きさをはかる基準。目から尾の先までの長さ。「―一尺の鯛(たい)」

めのたま【目の玉】 めだま。「―の黒いうち」(元気に生きているうち)

めのどく【目の毒】 見るとほしくなるもの。また、見ると害になるもの。

めばえ【芽生え】 めばえること。「愛の―」

めば-える【芽生える】《下一自》①芽がもえはじめる。「草木が―」②物事があらたに生まれ始める。「新しい思想が―」「愛情が―」

めはし【目端】 その場その場をよく見計らう気転。目走り。「―が利く」

めはちぶ【目八分】 ①水平な視線の高さより少し低いこと。㋐目より少し低い高さに物をささげ持つこと。㋑「―に見る」見くだす態度で人を見る。②容量の十分の八ほど。八分目。▽「めはちぶん」とも言う。

めはな【目鼻】 目や鼻(の形・姿)。「―が付く」(物事が大体出来上がる)「―を付ける」(物事の大体のきまりをつける)「卵に―」(↓たまご) **―だち【―立ち】** 目鼻のありさま。顔だち。「―が上品だ」

めばな【雌花】 おしべがなくて、めしべだけがある花。マツ・イチョウ・キュウリなどの単性花にある。↕雄花

めばり ①【目張り・目貼り】《名・ス他》物のすき間やつぎ目を、紙などを張ってふさぐこと。「窓に―をする」②【目張り】《名》目を大きく鮮やかに見せるために、目のまわりに墨や紅で陰影をつける舞台化粧。「―を濃くする」

めばる 目・口が大きい近海魚。体長約二〇センチ。すむ場所により体色が異なる。美味。▽ふさかさご科。

めひきそでひき【目引き袖引き】《連語》《副詞的に》目くばせしたり、袖を引いたりして、声を出さずに知らせること。「―あざわらう」

めぶ-く【芽吹く】《五自》草木が芽を出す。

めぶんりょう【目分量】 ものさしやはかりを使わず、目で見るだけで大体の分量をはかること。

めべり【目減り】《名・ス自》①こぼれたり蒸発したりして、物品の目方が自然に減ること。②実質的な価値が減少すること。「インフレで貯金が―する」

めへん【目偏】 漢字の偏の一つ。「眼」「眠」などの「目」の称。

めぼし【目星】 ①目当て。こうだろうとの見込み。「犯人の―をつける」②眼球にできる白い点。↓ほしめ

めぼし-い《形》特に目立っている。値打ちありげだ。「―人物」▽「目星」を形容詞化した語か。

めまい【目×眩・〈眩暈〉】 目がまわること。目がくらみ、倒れそうになること。

めまぐるし-い【目まぐるしい】《形》目の前にあるものが次から次へと移ったり動いたりするので目がまわるようだ。「―く変わる世の中」派生 **-さ**

めまぜ【目交ぜ】《名・ス自》↓めくばせ。▽現在は「目くばせ」が普通。

めまつ【雌松】 アカマツ。↕雄松

めみえ【目見え】 ↓おめみえ

めめし-い【女女しい】《形》意気地がない。弱々しい。↕雄雄(おお)しい。派生 **-さ -げ**

メモ《名・ス他》忘れないように要点を書きとどめておくこと。その書いたもの。「電話番号を―する」「―をとる」▽memo

めもあやに【目もあやに】《連語》《副詞的に》目が吸い寄せられるまでに美しく。「―咲き匂う桜」▽「あや」は「奇」「綺」。「目もあや(な/の)友禅染め」のようにも使える。

めもと【目元・目△許】 目のあたり。目つき。「―がすずしい」

めもり【目盛(り)】 計量器に、量を示すために記して

あるしるし。「―を読む」

メモリー ①記憶。思い出。②特に、コンピュータの記憶装置。メモリ。▽memory **―カード** カード型の補助記憶装置。デジカメ・スマホ・パソコンなどに使う。▽memory card

めやす【目安】 目当て。標準。目標。「―を高い所に置く」 **―ばこ【―箱】** 一七二一年に徳川吉宗が庶民の要求・不満を投書させる目的で設けた箱。現在でも、会社などで一般社員などの意見を募る箱にこの名を付けることがある。▽この「目安」は、見やすくするための箇条書きの転で、訴状などの文書の意。

めやに【目△脂】 目から出る粘液のかたまったもの。

メラニン 動物の皮膚などにある黒褐色ないし黒色の色素の総称。▽melanin

めらめら『副［と］』炎が物をなめるように燃え上がるさま。「―と炎に呑(の)みこまれる」「怒りが―と燃え上がる」

メランコリー ①気がふさぐこと。憂鬱。②↓よくうつしょう。▽melancholy

メリー ゴー ラウンド 人が乗る木馬などを取り付けた、ぐるぐる回る遊戯設備。▽merry-go-round

めりかり【〈乙甲〉】 音の高低。抑揚。▽笛・尺八などで、ある音より微妙に下がったものを「めり」、上がったものを「かり」と言うことから。「めりはり」とも言う。

メリケンこ【メリケン粉】（精製した）小麦粉。▽「メリケン」は American から。

めりこ-む【△減り込む】『五自』圧力が掛かって、接している物にかなりの程度までくい込む。「タイヤが泥道に―」

メリット 功績。価値のある特徴。長所。利点。↔デメリット。▽merit

めりはり ゆるめることと張ること。「―のある文章」。特に、音声をゆるめることと張ること。「―をつけて読む」「―のきいた発声」▽↓めりかり

めりめり『副［と］』頑丈な（木造の）構造物が壊れる音。大木などが裂ける音。「―と天井板を剝がす」「嵐で船が―(と)音をたてる」

メリヤス【〈莫大小〉】 綿糸または絹糸などで、機械を用いてよく伸縮するように編んだもの。「―編み」▽(スペイン) medias(＝靴下)から。

メリンス 薄く柔らかく織った毛織物。モスリン。とうちりめん。▽(スペイン) merinos(＝羊の一種)から。

メルクマール 目じるし。指標。▽(ドイツ) Merkmal

メルトダウン 原子炉の冷却機能が損なわれ、核燃料が溶け落ちる重大事故。炉心溶融。▽meltdown

メルトン ラシャの一種。紡毛糸で織った毛織物。服地用。▽melton

メルヘン 空想的・神秘的な内容の、短い説話。おとぎばなし。童話。▽(ドイツ) Märchen

メレンゲ 卵白に砂糖を混ぜ、かたく泡立てたもの。料理の飾りや焼き菓子などにする。▽(フランス) meringue

めろう【女郎】 ①幼女。②女をいやしめて言う言葉。▽②は「野郎」になぞらえて言う。↓じょろう

メロディー 旋律。ふし。▽melody

メロドラマ 大衆的、通俗的な恋愛劇。▽melodrama

めろめろ『ダナ』正常な状態を失い、まるでたわいがないさま。「孫に―だ」

メロン 欧米種のマクワウリ。品種が多いが、普通は、球形で、外皮は緑色、細かい網目があるマスクメロンを言う。甘くて香りがよい。▽melon

めん めす(雌)。↔おん。「―どり」

めん〔免〕〔免〕 メン まぬかれる(まぬがれる) ゆるす ｜①㋐拘束を解く。ゆるす。免れさせる。「免除・免責・免税・免租・免罪・免役(めんえき)・放免・赦免・宥免(ゆうめん)・減免」㋑免れる。害をうけないですむ。「免疫」②ききいれる。許可する。「免許・免状・御免」③官職を解く。やめさせる。「免官・免職・罷免」

めん〔*面〕 つら メン おも おもて まのあたり ｜①㋐人の顔。つら。「顔面・面上・面相・面皮・面疔(めんちょう)・面目(めんもく・めんぼく)・対面・満面・渋面・臆面・赤面・体面・面面・鉄面皮・人面獣心・面従腹背」㋑その人の目の前でするさま。顔を合わせること。まのあたり。「面会・面接・面責・面罵・面晤(めんご)・覿面(てきめん)」②『名・造』顔につけるかぶり物。㋐演劇などで、何かの顔にかたどって、顔につける具。マスク。「鬼の面」「面を打つ」(能面を作る。↓㋑)「仮面・能面・伎楽(ぎがく)面・鬼面・女面(おんなめん)」㋑剣道などで顔をおおう防具。「面を打つ」(剣道で面にわざをきめる。↓㋐)「面を取る」(面を打つ意、面をはずす意、角に丸みをつける意にも)「素面(すめん)・防毒面」③『名・造』物の一番外側でほぼ平らな部分。おもて。「表面・地面・路面・水面・月面・鏡面・額面」㋐数学で、線の移動によって生じる図形。「平面・曲面・球面・面積・多面体」㋑建築や料理で、材料の稜(りょう)を削って生じる新たな面。「面とり」④㋐『名・造』顔を向ける。「面壁・君子南面」「北面の武士」▽↓めんとむかって。㋑向かっている方。むき。方向。「方面・前面・正面・半面・側面・他面・一面・局面・当面・反面」㋒『名・造』ある事柄の(着目する)分野。「あらゆる面から」「財政面・工面(くめん)」⑤㋐平たい物の数を表す時に添える語。「琴一面・鏡五面・三面鏡」㋑平たい物である意で添える語。「帳面・書面・扇面・図面」

めん〔×棉〕 メン わた きわた ｜わたの木。その実からとる、わた。きわた。「棉花・木棉(もめん)・印棉・米棉」▽「綿」で代用する。

めん〔*綿〕 メン わた ｜①㋐まわた。新しいわた。「綿布・綿糸・純綿・脱脂綿」㋑『名・造』もめんわた。もめん。「綿の仕事着」「綿服・綿羊・綿花・綿織物・綿業・綿火薬」②糸をつなぐ。長くつづく。つらなる。「綿綿・連綿」③こまかい。ほそい。小さい。「綿密」

めん〘麵〙【麪】メン ①うどん・そばの類。「麵類・麵棒・素麵(そうめん)・湯麵(タンメン)・棊子麵(きしめん)」 ②小麦粉。うどん粉。「麵包(めんぽう・パン)・麵麭(めんぽう・パン)」

めんえき【免役】服役を免除すること。

めんえき【免疫】①体内に病原菌や毒素その他の異物が侵入しても、それに抵抗して打ちかつ能力。また、異物と反応する抵抗体を作って発病をおさえる抵抗力を持つこと。②転じて、物事がたび重なるにつれて慣れてしまうこと。

めんおりもの【綿織物】綿糸の織物。もめんもの。

めんか【綿花・×棉花】綿(わた)の種子を包む白色の繊維。衣料その他の原料となる。

めんかい【面会】〘名・ス自〙(求めて)直接その人に会うこと。「―を申し込む」「―謝絶」「―人」

めんかん【免官】〘名・ス他〙官職をやめさせること。「依願―」

めんきつ【面詰】〘名・ス他〙面と向かって、相手の悪い点などをなじること。

めんきょ【免許】〘名・ス他〙①官公庁が許すこと。「運転―証」「無―」 ②師匠が弟子(でし)にその道の奥義(おうぎ)を伝授すること。 **―かいでん**【―皆伝】師匠が弟子(でし)にその道の奥義(おうぎ)をことごとく伝授すること。

めんくい…くひ【面食い】顔の美しい人ばかりを好む人。器量好み。

めんくら-う…らふ【面食らう】〘五自〙予想と違っていて、まごつく。不意のことで、驚きあわてる。

めんこ【面子】ボール紙などを円形や方形に切って絵などを張った、子供の遊び道具。地に置き、互いに打ちつけて遊ぶ。▽「メンツ」と読めば別の意。

めんご【面×晤】〘名・ス自〙面会すること。面会して話し合うこと。

めんごうし【面格子】防犯や装飾のために窓の外側全面に、木や鉄などの棒を格子状に取り付けたもの。

めんざい【免罪】罪を許すこと。

めんし【綿糸】もめんの糸。

メンシェヴィキ ロシア社会民主労働党の右派。↔ボリシェヴィキ。▽(ロシア) Men'sheviki (=少数派)

めんしき【面識】顔見知り。知合い。「―がある」

めんじつゆ【綿実油】綿(わた)の実から搾った油。食用、また工業原料。

めんしゅう【免囚】刑期を終えて刑務所から出て来た人。「―保護」

めんじゅうふくはい【面従腹背】表面だけは服従するように見せかけて、内心では反対すること。

めんじょ【免除】〘名・ス他〙義務を果たさなくてもよいと許すこと。「授業料―」

めんじょう【免状】①免許・赦免などの証として記された文書。②卒業証書。

めんしょく【免職】〘名・ス他〙職をやめさせること。▽「依願―」の場合は当人の意に反しないが、多くは(落ち度などがあって)当人の意に反しても行うものを言う。

めん-じる【免じる】〘上一他〙①許して取り除く。免除する。「税を―」 ②その功により許す。関係者の面目にかけて許す。「親に―じて許す」 ③職をやめさせる。免職する。「職を―」▽「免ずる」とも言う。

めんしん【免震】地震の時に建物の揺れを減らすようにすること。「―構造」

メンス 月経。▽(ドイツ) Menstruation から。

めん-する【面する】〘サ変自〙境を接する。向く。向かう。「川に―した料亭」

めん-ずる【免ずる】〘サ変他〙→めんじる

めんずれ【面擦れ】剣術の稽古に励み、面をつけている時間が長いため、鬢(びん)の辺にできた擦れあと。「―・竹刀(しない)だこのある男」

めんぜい【免税】〘名・ス他〙課税を免除すること。「―店」

めんせき【面積】平面・曲面の広さ。

めんせき【面責】〘名・ス他〙面と向かって責めること。

めんせき【免責】〘名・ス他〙普通なら負うべき責任を問わずに許すこと。「―規定」

めんせつ【面接】〘名・ス自〙(能力や人柄などを調べるため)直接その人にあうこと。「―試験」

めんぜん【面前】目の前。人の見ている前。「公衆の―で恥をかかせる」

めんそ【免租】租税の免除。

めんそ【免訴】起訴した被告人の行為が一定の条件に当てはまるとき、判決でその件の裁判を免じること。

めんそう【面相】顔の様子。容貌。「ひどい御―」 **―ふで**【―筆】眉など顔のごく細い線を引くための、穂が細い日本画の筆。

めんたい【明太】①スケトウダラの別名。②「明太子(めんたいこ)」の略。▽朝鮮語から。 **―こ**【―子】①スケトウダラの腹子(はらこ)。たらこ。②明太子⑴の塩漬けを唐辛子の粉などで調味したもの。辛子明太子。▽韓国品にヒントを得て第二次大戦後福岡市で発売され、全国に広まった。

メンタリティー 心の状態。心的傾向。「日本人の―」▽mentality

メンタル〘名ナ〙精神面、また、心(の持ちよう)に関すること。「アーチェリーは―なスポーツだ」「―が弱い(強い)」「―を鍛える」「―ケア」((心の健康への)精神面での支援・手当て) ▽mental **―テスト** 知能など、主に精神的な能力を測る検査。▽広く性格など心理的傾向を測るものもある。mental test **―ヘルス** 精神衛生。心の健康。「―不全」▽mental health

めんだん【面談】〘名・ス自〙直接会って話をすること。「委細―」

メンチ カツ ひき肉に刻んだ玉ねぎなどを混ぜ、パン粉の衣を付けて揚げたカツレツ。メンチ。▽mince (=細かく刻んだ肉)と「カツ」(cutlet の略)とによる和製英語。

メンチ ボール ひき肉に刻んだ玉ねぎなどを混ぜ、丸めたもの。ミート ボール。肉団子。▽mince(＝細かく刻んだ肉)と ball とによる和製英語。本来は meat ball

めんちょう【面×疔】 顔に出来る疔(ちょう)。

メンツ【面△子】 ①体面。面目。「―を重んじる」「―が立たない」②マージャンの競技者。広く、会合などの参加者。「―がそろう」▽中国語から。

めんてい【面体】 顔かたち。顔つき。面相。「いかがわしい―の男」

メンテナンス『名・ス他』(建物・機械などの)保守をすること。維持。管理。メインテナンス。メンテ。▽maintenance

メンデリズム 一八六五年にメンデルが発表した生物の遺伝法則(＝メンデルの法則)を基礎として、遺伝現象を説明する立場。▽Mendelism

めんどう【面倒】『名ノ』手数がかかって不快なこと。煩雑でわずらわしいこと。「―な仕事」。世話。厄介。「―を見る」「―見(み)がよい」「―をかける」 派生 **-さ -げ -がる** **―くさ・い【―臭い】**『形』大変面倒だ。厄介至極(しごく)だ。▽「めんどくさい」とも言う。 派生 **-さ -げ -がる**

メントール 薄荷(はっか)油を精製して得られる白色の結晶状物質。化学的にも合成される。口内や肌に触れるとひやりとした清涼感を感じる。香味用・薬用。メンソール。薄荷脳。▽ドイ Menthol

めんとむかって【面と向かって】『連語』目の前にいる相手に向かって。直接当人に向かって。「失態を―非難する」

めんとり【面取り】『名・ス他』①柱や家具の稜(りょう)を削って、そこに新しい面を作ること。②料理で、輪切り・角切りにしたダイコン・ニンジン・イモなどの稜の部分を取ること。

めんどり【△雌鳥】 めすの鳥。特に、めすの鶏。↕おんどり。「―歌えば家滅ぶ」(妻がいろいろなことに口出しをすると、それが災いして、家が滅びる) ▽ニワトリの場合、「雌鶏」と書く。

めんネル【綿ネル】「綿フランネル」の略。綿糸で織ったフランネル。

めんば【面罵】『名・ス他』相手を目の前においてののしること。

メンバー (グループのなかの)一人。(団体の)一員。顔ぶれ。成員。▽member

めんぴ【面皮】 つらの皮。「―をはぐ」(厚かましい人間の悪事をあばいてやっつける)

めんビロード【綿ビロード】 綿糸で織ったビロード。

めんぶ【面部】 顔の部分。顔面。

めんぷ【綿布】 綿糸で織った織物。

めんぺき【面壁】 壁に向かって座禅すること。「―九年」(達磨(ダルマ)が壁に九年間も向かって座禅修行した故事をいう表現)

めんぼう【面貌】 顔つき。容貌。

めんぼう【綿棒】 先端に綿を巻いた細く短い棒。耳・鼻・口中の患部に塗る薬を付けて挿し入れる、清潔にするなどに使う。

めんぼう【麺棒】 うどん・そばなどを作る時、水でこねた粉を平らにのばす棒。

めんぼお【面頰】 顔・頭を覆い守る防具。▽「めんぽお」とも言う。

めんぼく【面目】 世間の人に合わせる顔。体面。「―を失う」「―を施す」(した事の首尾がよくて名誉だ)「―が立たない」「―を一新する」(すっかり様子があらたまる)「―躍如」▽「めんもく」とも言う。 **―しだい【―次第】**『―もない』まことに面目ない。 **―だま【―玉】** 面目。「―丸つぶれ」 **―な・い【―無い】**『形』恥ずかしくて人に顔向けができない。人に合わせる顔がない。 派生 **-さ -げ**

メンマ たけのこをゆでて乳酸発酵させ、乾燥または塩漬けした食品。▽中国語。

めんみつ【綿密】『名・ダナ』やりかたが細かくて落ちのないこと。細心。緻密。「―な観察」「―に調査する」 派生 **-さ**

めんめん【面面】 各自。おのおの。一人一人。「委員会の―に挨拶する」「集まった―が報告する」「―の蜂を払え」(他人の事より、まず自分の事をせよ)

めんめん【綿綿】『ト タル』長く続いて絶えないさま。「―たる情緒」「窮状を―と訴える」「―として続く伝統」

めんもく【面目】 →めんぼく

めんよう【綿羊・×緬羊】 ひつじ。特に、毛をとるためのもの。「―種」

めんよう【面妖】『名ナ』不思議なこと。奇妙。「はて―な」▽かなり古風。 派生 **-さ**

めんよう【面容】 顔の様子。顔かたち。「―を改める」

めんるい【麺類】 小麦粉・そば粉などを水でこね、細長く切った食品。うどん・そば類。

も

も【喪】 死んだ人の近親者が、一定期間、家にこもったり祝い事や交際をさけたりすること。「―に服する」「―が明ける」

も【×裳】 昔(の女子が)腰から下にまとう衣。

も【藻】 水中に生じる藻類・海草・水草などの称。

も ㊀『係助』①この助詞が付く語の指す事物A、またはそれに関する事柄を、同類の中から取り出して示す態度を表す。改めてAがあると確認する立場や、Aと同類になるBが(少なくとも一つは)あるとの見方に立って言う。㋐同類中から一つを、または同類のものを幾つか並べて示すのに使う。「花子―学生だ」「末っ子の花子

―娘らしくなったものだ」「私に―下さい」「野―山―花盛り」「日曜で―祝日で―ない日」「表通りで店―多く、人通り―少なくない」「夜は部屋でビールを飲む。音楽を聞く。時々テレビ―見る」「ロシア語は読み―書き―できない」「その言葉がうれしく―あり、おそろしく―あった」▽何を同類とするかは全く話し手・書き手のとらえ方による。なお、文語文法に由来する次のような言い回しでは活用語の連体形にも付く。「見る―無残な有様」「語る―惨めな運命」「道に捨てられた―同然の姿で横たわる」「寒い―暗い―いとわばこそ」。以下の(1)(イ)〜(7)の意味は(1)(ア)と本質的には変わらないが、文脈的特色があるので分けて説く。

(イ)話題のものについて、いろいろ可能な状態が考えられる中の規準と見る(正常なまたは普通の)状態と思い合わせ、この場合には規準状態でない方が成り立つとして、それを持ち出すのに使う。連用修飾語に付く場合、それを受ける被修飾部分の内容が通常そうなりがちな状態でないと認める気持で言う。「猿―木から落ちる」「豪華な料理―独りで食べるの(で)はわびしい限りだ」「幼いころは父にまとわりついていた娘―最近ではけむたがり出した」「(若いと思った)彼―すっかりふけ込んだものだ」「助かるもの―助からない」「冗談―ほどほどにしろよ」「余命は今やいくばく―残っていない」(ある程度は残っているのが余命だとの一般前提のもとに言う)「見事に―してのけたな」「早く―敵の本陣に迫った」「幸いに―水害を免れた」「旅程が図らず―延びてしまった」▽話題のことに意外性や異常性が感じられれば、詠嘆の気持が伴いやすい。話題物以外のものの存在に関連してでなく、話題物のさまざまなあり方の存在に関連している点で(ア)と異なる。

②《量的表現と共に使う場合》(ア)《数量表現Aに付いて「A―C」の形で、かつ条件句でない場合》肯定の文では、Cに関する値Aをその時の極大値として、示す。予想していた値がこれを下回ることが含みとなる。「二メートル余り―ある大男」「二十年間に―及ぶ努力」「図書館を三つ―回って調べた」。Aが「……の一つ」など値1を言う時も、予想する0に対してこれを否定した1を言うが、それ以上であることを一般には拒否しないから、可能な範囲の下限を示すことになりやすい。「ボタンの一つ―取れていそうな、くたびれた服」「桜を見て歌の一首―詠もうという気になった」「茶の一杯―出したらどうだ」。また、否定の文では、一般には、その否定部分をはずしたCの表すことの上限をAが表し、もしAが個数のような自然数に対応すればそれより1小さい値が上限となる。「三キロ―歩かないうちに」「君の話はものの半分―分からない」「失敗したことは三回―ない」「太郎は夏休みに入ってから十日間―勉強しない」。ただし「雨が十日間―やまない」などは、実質的に「降り続く」と同等なので、肯定の文の場合と同様になる。先の「勉強しない」も、「なまける」と同等の意に使ったとすればやはり同様。▽「その点は百―承知だ」もこの用法に由来するが、程度の高さを言う慣用表現。「何と十人―がぞろぞろと来た」「日産五台―は無理だ」など文法的性質が副助詞(→(二))に転じたと言える用法もある。

(イ)《(ア)と同形式で、かつ肯定の条件句の場合》可能な範囲から限界とする目安量を選んで言い、極大値にも極小値にも使う。「酒は一人あて二合―用意すれば間に合う」

(ウ)《微細物・微小量を言う表現Aによる「A―C」の形でCが打消しを伴う時、この形全体で》C(すなわち否定を除いた内容)が全く成り立たない意を表す。「寸毫(すんごう)―動じない」「少し―面白くない」「風が落ちて草さえそよと―動かない」「昔の面影のかけら―ない」▽量1も普通は微小と見るので「驚くほどの事は一つ―ない」「そんな経験は一度―しないで済んだ」「ひと言―口をきいてくれない」などもこの意。

(エ)《Aが数量表現でBが体言(相当の表現)の「A―のB」》普通に考える以上の量AであるBの意。「一億円―の大金」「平均一三%―の運賃値上げは大幅と言わざるを得ない」「二百年―の長い間」

③打消しの補強に使う。「見る影―ないほどに衰える」「これは隠れ―ない事実だ」「疑い―なく太郎のしわざだ」「不便この上―ない」「そんなこととは夢に―思わなかった」「考え―しなかった困難」「見―知らぬ人から声を掛けられた」「思い―寄らぬ朗報」

④《BがAの一部になる場合の「A―B」》Aの範囲にいろいろ含むそのうちのBという気持で、Aの部分であるBを言う。「三月―下旬の落ち着かない時期」「明治―末となれば」「目黒―奥の方にある寺」。特に、Bよりは普通に知られているAを使ってBを紹介するように言う。「浅草―下谷(したや)寄りの小島町」「科学者―物理学者ならこれは常識だ」▽これに対応する「AはB」は、↓は『係助』(1)(イ)

⑤《「A―A」の形で》(ア)Aと言ってもいろいろあろうが、その中でこのA、というとらえ方で言う。「お前本気か?」「本気―本気の大本気」「これが意外―意外、本物の雪舟画なんだ」「折―折、思わぬ事態が突発した」「八艘(そう)とは飛び―飛んだ源義経(よしつね)」「悪い―悪い、勘弁ならん」▽(4)のBをAまで引き上げた場合とも見られる。「それ―そうですね」は「A―A」でないが、これに準じる慣用表現。(5)に対応する「AはA」は、↓は『係助』(1)(ウ)

(イ)《あとに断定の助動詞(相当の表現)を伴って》Aが普通に考えられるのよりあきれた(ひどい)ものだという気持を表して、その時のAを言う。「その論―その論で、誤りだらけ」「そんなふうに気やすく引きうける君―君だ」「売るやつ―売るやつ、買うやつ―買うやつだ」「親―親なら子―子だ」(→⑥)

⑥《「A―CばB―D」「A―CならB―D」の形で、D＝Cか、DがCと同類の場合》AがCでかつBが

Dだ、つまり両方とも成り立つ意。「肉—食えば野菜—食う」「風—吹けば雨—降る」「外国旅行—はじめてなら、飛行機に乗るの—はじめての経験」「数学は君—苦手なら僕—まるっきりだめだ」
⑦《「A—Bに」「A—Bの」「A—Bな」の形で》（Aの状態としてB以外にもあり得るとしても）AがBの状態だ、ということを表す。「あいさつ—そこそこに用件を切り出す」「息—絶え絶えのか細い声」「目—あやな友禅染」
㈡《副助》①《不定のものを表す表現に付いて》㋐これを含む句が肯定・否定どちらを表すにせよ、着目するすべての範囲で成り立つ意を表す。「だれに—失敗や過ちはある」「だれ—が合格するわけではない」「奴(やつ)はだれから—ねらわれていた」「今日は休んでも、だれ—何—言うまい」「だれの指図—受けない」「私はまだ子供で、何—分からなかった」「何ものに—替えがたい大切な品」「今聞いた話だけでは、なんと—言えない」「どれ—つまらないのばかりだ」「どこ—悪くない」「いつ—元気だ」（→㈡⑴㋒）「いかなる権力に—屈しない」▽選択範囲が二者でも「どちら—面白い」「どちら—面白くない」のように、同じ解釈法を取ってよい。「だれ—が」のように直後に格助詞がくることがあるので㈡⑴の用法は係助詞と認めにくい。後述㋒が体言相当に働く点も、ほかの係助詞には見られない。ただし㈠のうち「理性どころか感情まで—が失われる」「あの冷酷な人さえ—が、涙を流した」など他の副助詞が先行する場合などには、格助詞（特に「が」）が付くことがある。なお、全面的にそうだの意の補強に「だれ—かれ—」「何—か(に)—」「どこ—かしこ—」などを使うことがある。「何—か—昨日までと同じだった」↓でも《副助》⑶
㋑《「いつまで—」「どこまで—」の形で》時や所の極限を不定のまま表す。「日が高くなったのに、いつまで—寝ている」「いつまで—心に残る言葉」「どこまで—歩き続けた」「やると言ったらどこまで—やる」▽「いつまで—」は永遠にの意にもなり、「どこまで—」は程度に関しても言う。
㋒『いつ—』↓いつも。「いつもより丁寧に話す」「いつもと同じ顔ぶれ」「いつもの塾の帰りに」「いつも以上に緊張している」
②《外界のまたは心の状態を言う不定表現に付いて》㋐↓どうも・いかにも。㋑『なんと—』↓なんとも。「なんともお気の毒です」「なんともあきれたものだ」㋒『何—』↓なにも。「何もそんなつもりで言ったんじゃない」「何もそうむきになるな」▽⑴㋐の用法での「何—むきになることはない」のような表現からの、特殊化した意味。
㈢《接助》《後世の文語風表現》㋐けれども。「鋭意努力する—残念ながら効果を見ぬ」「虐待リスク上昇—帰宅容認」㋑……ても。「今日に至る—その伝統を受け継いでいる」▽↓ても《連語・接助》

も【茂】 モ しげる —①草がさかんに生長する。しげる。「繁茂・生茂」②豊かで美しい。さかん。才徳などがすぐれてりっぱ。「茂績・茂行」

も【*模】 モ ボ かたどる —①てほん。かた。のり。「模範・規模(きぼ)・模型」②かたどる。手本にする。手本のまねをする。「模擬・模写・模倣・模造・臨模」③かざり。あや。かたち。「模様」④さぐる。「模索」▽⑵⑷は、「摸」に代えて用いる。

モアレ ①タフタに木目(もくめ)模様を織り出した張りの強い絹織物。表面に波状の光沢がある。ドレス用・リボン用。②幾何学的に規則正しく並ぶ点や線を(少しずれるように)重ね合わせた時に生じる縞(しま)状の斑紋。網版の印刷物を複製する時などに起こりやすい。▽フランス moiré（＝波形模様）

もう 《副》①事柄が今や確定的だと思う意を表す。「—安心だ」㋐既に。「—済んだ事だ」「直子なら—来ている」「—三十歳と言うけれど、まだ三十とも言える」「ただ—必死にもがくだけ」▽「まだか」と問われた返事として「—だ」の形も使える。㋑《否定的内容や仮定の表現を修飾して》今となっては。「遅いから—来ないよ」「—だめだ」「—いくら勉強しても手遅れだ」。これからも。「こんなすごい記録は—破られまい」㋒間もなく。今にも。「—来るころだ」「—すぐ終わる」㋓現に、いやはや。「そのゲームに—夢中なんだ」「—ほれぼれする手並み」②《分量の表現を伴って》この上になお。㋐更に多く。「—少し待て」「—一つください」「できてはいるが—一つ(＝更に何か)物足りない」「—(＝あと)三人で締め切りだ」㋑更に別の。「—一人の妹」▽歴史的仮名遣いを「まう」とする説(いま↓まう)もある。

もう【*毛】 モウ け —①㋐哺乳(ほにゅう)動物の表皮の、け。人のかみのけ。「毛皮・毛髪・毛根・毛布・毛氈(もうせん)・毛筆・柔毛・旋毛・羊毛・牛毛・狸毛(りもう)・純毛・剪毛(せんもう)・梳毛(そもう)・染毛・紅毛」㋑鳥類の表皮のけ。「羽毛・鵞毛(がもう)・鴻毛(こうもう)」㋒植物の体表のけ。「腺毛」②きわめて細くて小さいもの。また、わずかなもの。「毛細管・毛頭」③㋐草のはえること。「不毛」㋑穀物の栽培。「二毛作」④一の千分の一。一割の千分の一。長さでは、寸の千分の一。目方では、匁(もんめ)の千分の一。金銭では、銭の百分の一、厘の十分の一。「一分二厘三毛」

もう【耗】【耗】 モウ コウ(カウ) へる へらす —①へる。へらす。へってなくなる。「耗尽・損耗・消耗」②使いへらしてくたびれる。やぶれる。「心神耗弱(こうじゃく)」▽「モウ」は慣用音。

もう【妄】【妄】 モウ(マウ) ボウ(バウ) みだり —①つつしむところがない。節度がない。むやみにする。みだりに。「妄言・妄念・妄動・妄想(もうそう・ぼうそう)・妄執(もうしゅう)・妄信」②まことがない。うそいつわり。でたらめ。「妄誕・妄語・虚妄・迷妄」

もう〖孟〗(人) モウ(マウ) ―①はじめて生まれた子。長子。「孟仲叔季」②すべての物のかしら。おさ。はじめ。↕仲・季。「孟春・孟夏・孟秋・孟冬」③「孟子」の略。「孟母」

もう〖猛〗 モウ(マウ) たけし ―あらあらしく強い。はげしい。たけし。「猛烈・猛然・猛省・猛悪・猛威・猛獣・猛虎・猛禽(もうきん)・猛犬・猛撃・猛襲・猛将・猛毒・猛者(もさ)・勇猛・獰猛(どうもう)」

もう〖盲〗〖盲〗 モウ(マウ) めくら めしい ―①目が見えないこと。その人。「盲目・盲人・盲女・盲亀・盲唖(もうあ)・群盲・夜盲・色盲・盲導犬」②無学で文字の読めないこと。その人。「文盲(もんもう)」③物ごとの識別がうまくできないこと。道理がわからないこと。正不正を判断できないこと。「盲信・盲従・盲動・盲愛」④管の一端がつきぬけていない。「盲腸・盲貫銃創」

もう〖蒙〗(人) モウ こうむる ―①《名・造》幼い者。まだ道理にくらい子供。「蒙を啓(ひら)く」「童蒙・啓蒙・訓蒙」②道理に通じない。おろか。「蒙昧・愚蒙」③上からおおいかぶさる。かぶせられる。こうむる。うける。「蒙塵(もうじん)」④光がくらい。くらい。「冥蒙」⑤「蒙古」の略。「外蒙・内蒙・満蒙」

もう〖網〗 モウ(マウ) あみ ―①魚・鳥などを捕らえるあみ。「魚網・法網・天網」②縦横にはりめぐらした組織。「通信網・鉄条網・放送網・網膜」③あみでつかまえる。残らずつかまえる。「網羅」

もうあ【盲×唖】目が見えないことと、ものが言えないこと。また、そういう人。「―者」

もうあい【盲愛】《名・ス他》むやみにかわいがること。その愛情。盲目的な愛。

もうあく【猛悪】《名ナノ》荒々しく、悪事も平気ですること。派生 **-さ**

もうい【猛威】すさまじい威力・勢い。「台風が―をふるう」

もうお(まうを)【藻魚】沿海の海藻が茂った所にすむ魚の総称。例、ベラ・メバル。

もうか(まをか)【△真△岡】↓もおか

もうか【×孟夏】夏の初めの一か月。初夏。陰暦四月。

もうか【猛火】激しく燃える火。また、大火事。

もうがっこう【盲学校】視覚障害者に教育を行う学校。

もうか-る(まうかる)【×儲かる】《五自》利益があがる。もうけが得られる。得をする。「十万円―」「―商売」「仕事が午前中に終わり半日―・った」

もうかん【毛管】①↓もうさいかん。「―現象」②↓もうさいけっかん

もうかんじゅうそう【盲貫銃創】体に命中した銃弾が体を貫かず、体内にとどまっている状態の傷。↕貫通銃創。▽「盲管銃創」とも。

もうき【×濛気・×朦気】①たちこめる大気・水気。②心が晴れないこと。その心。

もうき【盲亀】目の見えない亀(かめ)。「―の浮木(ふぼく)」(出会うことが容易でないことのたとえ)

もうきん【猛×禽】大形で鳥獣を捕食する鳥。猛鳥。例、タカ・ワシ・トビ・フクロウ。

もうけ(まうけ) ①【×儲け】得る価値が、得るのにかかったものより上回る分。利益。とく。「―が少ない」「―は山分け」②【設け】『―の席』もてなすのに準備した酒や食事の席。

もうげき【猛撃】《名・ス他》激しく攻撃すること。

もうけぐち(まうけ…)【×儲け口】利益を得る道。「うまい―はないか」「―の大きい仕事」

もうけもの(まうけ…)【×儲け物】思いがけずに得た幸運。「生きてるだけでも―」

もう-ける(まうける) ①【設ける】《下一他》ある事にそなえて構える。ある目的のために作り出す。「事務所を―」「酒席を―」「口実を―・けて断る」②【×儲ける】《下一他》身に得る。㋐こどもを得る。「一男二女を―」㋑利益を得る。得をする。関連 利益・利潤・営利・薄利・巨利・暴利・利得・得・取り得・役得・実益・収益・便益・受益・黒字・金儲け・銭儲け・一儲け・丸儲け・利する・金にする・漁夫の利・一挙両得・一石二鳥・一攫(いっかく)千金・濡(ぬ)れ手で粟(あわ)

もうけん【猛犬】性質が荒く、人にほえついたりかみついたりする犬。

もうげん【妄言】出まかせで根拠の無い言葉。「―を吐く」▽「ぼうげん」とも言う。

もうこ【猛虎】勢いが激しい虎(とら)。

もうご【妄語】〔仏〕十悪の一つ。うそをつくこと。「されば仏も戒めの、〈中略〉邪淫―もろともに」(謡曲「紅葉狩」)

もうこう【猛攻】《名・ス他》猛烈な攻撃(をすること)。

もうこはん【×蒙古斑】子供のしりにある青黒いあざ。黄色人種に多く、年齢が進むにつれて消失する。蒙古(もうこ)あざ。児斑(じはん)。

もうこん【毛根】毛髪の、毛囊(もうのう)＝真皮にあり、毛の栄養をつかさどる袋状のもの)の中にある部分。

もうさいかん【毛細管】毛細管現象が起こる程度の、ごく細いくだ。特に、毛細血管。 **―げんしょう**【―現象】〔物理〕ごく細い管を液体中に立てると、管内の液面が管外の液面より高く(低く)なる現象。▽吸取紙はこの現象の利用。

もうさいけっかん【毛細血管】全身至る所の組織内に網状に分布している、ごく細い血管。

もうさば(まうさ…)【申さば】《連語》「言わば」の改まった言い方。

もうし(まうし)《感》人に呼び掛ける時の語。▽「申す」の連用形から出、もとは、身分の高い人を呼ぶのに使った。「もしもし」はこれを二つ重ねたものの転。

もうしあ-げる(まうし…)【申(し)上げる】《下一他》「申す」と同じ意で、それより敬語の度合の大きい語。「謹んでお慶(よろこ)び―・げます」「御案内―・げます」

もうしあわ-せる(まうしあはせる)【申(し)合(わ)せる】《下一他》話合いによって取り決める、また約束する。「まるで

ー・せたように皆同じことを言う」

もうしいで(まうし)【申(し)△出で】「申しで」の改まった言い方。

もうしい‐れる(まうし)【申(し)入れる】《下一他》ある事柄について、こちらの希望や意見を進んで言う。

もうしう‐ける(まうし)【申(し)受ける】《下一他》①願い出て受ける。申し出て請い受ける。②転じて、承る。「送料は実費を―・けます」

もうしおく‐る(まうし)【申(し)送る】《五他》先方へ、また次々に、言って伝える。特に、任務・事務の引継ぎの場合に、必要な事柄を後任者に伝える。

もうしおく‐れる(まうし)【申(し)遅れる・申(し)後れる】《下一他》申し上げるのがあとになる。「―・れましたが、父がよろしく申しておりました」

もうしか‐ねる(まうし)【申(し)兼ねる】《下一他》申し上げるのがためらわれる。「まことに―・ねますが」

もうじき【もう直】《副》間もなく。「―お正月だ」▽「長い冬が、もうじきにくると思うと」などは、これでなく、「もう」が「じきに」の修飾。

もうしきか‐せる(まうし)【申(し)聞かせる】《下一他》「言い聞かせる」の丁寧な言い方。

もうしき‐ける(まうし)【申(し)聞ける】《下一他》(相手の)おっしゃった言葉を(そこで話題となった人に)伝える。「主人にもさよう―・けます」▽もと「申し聞かせる」と同義。今はほとんど使わないが、使う場合は畏(かしこ)まった返答の中で言う。

もうしご(まうし)【申し子】①神仏に祈ったおかげで生まれた子。②神仏など霊力をもつものから生まれた子。「天狗(てんぐ)の―」③あるすぐれた能力をもつ人。「水(=水泳)の―」④ある社会的背景の影響を受けて生まれたもの・人。「バブルの―」

もうしこ‐す(まうし)【申(し)越す】《五他》手紙・使いなどを通じて言ってよこす。「お―・しの件は」

もうしこ‐む(まうし)【申(し)込む】《五他》①こちらの意志・希望などを相手方に進んで申し出る。「結婚を―」「金融機関に融資を―」②募集に応じる。「一泊旅行の参加を―」

もうした‐てる(まうし)【申(し)立てる】《下一他》その事を取り上げて(強い態度で)言う。意志・主張を述べる。「異議を―」

もうしつか‐る(まうし)【申(し)付かる】《五他》「いいつかる」の形式張った言い方。「部長から立案を―・りました」

もうしつ‐ける(まうし)【申(し)付ける】《下一他》「いいつける」(1)の形式張った言い方。「一か月の閉門を―」▽今や古風。

もうしで(まうし)【申(し)出】申し出ること。その内容。もうしいで。

もうし‐でる(まうし)【申(し)出る】《下一他》意見・要求・希望・事実などを進んで言う。「協力を―」「上司に―・でて改善を要求する」

もうしの‐べる(まうし)【申(し)述べる】《下一他》「述べる」の、へりくだった、または形式ばった言い方。

もうしひらき(まうし)【申(し)開き】ある行為につき、それが正当だとかこれこれの事情でやむを得なかったとか、そのように行為した理由を明らかにすること。申し訳。「―が立たない」

もうしぶん(まうし)【申し分】①《多く「―(が)ない」の形で》非難・不平を言うべき点。「―のない結果」②言うべきことがら。

もうしゃ【盲者】目の見えない人。盲人。

もうしゃ【盲射】《名・ス他》目標の在りかも見定め(ることができ)ないのに、やたらに射撃すること。その射撃。

もうしゃ【猛射】《名・ス他》激しい射撃(を加えること)。

もうじゃ【亡者】①死者。特に、死んで成仏(じょうぶつ)せずに迷っている者。②比喩的に、(金銭など)ある物に対する執念(しゅうねん)に取りつかれている者。「我利我利(がりがり)―」「金の―」

もうしゅう【妄執】(仏)悟りきれず、心の迷いによってあくまで離さないでいる執念。妄念。「―に取りつかれる」

もうしゅう【×孟秋】秋の初めの一か月。初秋。陰暦七月。

もうしゅう【猛襲】《名・ス他》激しい襲撃(をすること)。

もうじゅう【猛獣】大形で肉食のけもの。トラなど。

もうじゅう【盲従】《名・ス自》自分で判断することなく、何もわからないまま従うこと。

もうしゅん【×孟春】春の初めの一か月。初春。陰暦一月。

もうしょ【猛暑】ひどい暑さ。 **―び**【―日】一日の最高気温がセ氏三五度以上の日。▽「夏日」「真夏日」に加えて二〇〇七年制定。

もうじょう【網状】網の目のような形・状態。

もうしわけ(まうし)【申(し)訳】述べるべき理由。申しひらき。言い訳。「―が立たない」(弁解の余地がない)「―ばかりの」(やっと言い訳が立つというばかりの。ほんの) **―な‐い**【―無い】《形》弁解の余地がなく、相手にすまない。詫(わ)びる時などに言う。「―ことをしました」 派生 **‐さ ‐げ ‐がる**

もうしわた‐す(まうし)【申(し)渡す】《五他》目上や公の立場にある者が命令・要求などを言い渡す。「判決を―」

もうしん ①【盲信】《名・ス他》わけもわからずに信じ込むこと。②【妄信】《名・ス他》むやみやたらに信じること。

もうしん【盲進】《名・ス自》やみくもに進むこと。

もうしん【猛進】《名・ス自》激しい勢いで進むこと。「猪突(ちょとつ)―」

もうじん【盲人】目の見えない人。

もうじん【×蒙×塵】《名・ス自》天子が難をさけて都を逃げ出すこと。▽御所の外に出て塵(ちり)をかぶる意。

もう‐す(まうす)【申す】《五他》①下の者が上の者にものを

言う。「無礼を―な」。特に、「言う」のへりくだった言い方。「―までもございません」▽近ごろは、ただ、改まった態度を示すためだけに「申す」「申される」を使うことが普通になった。日本の大臣が「米大統領にこう―したところ、大統領は答えて……と―されました」と言う例など、両方とも本来の正しい使い方ではない。②してさし上げる。特に、他人に何かをすることのへりくだった言い方。いたす。「後ほどお知らせ―します」「御相談―します」「お供―」「失礼―しました」▽②は、口語では「お」+動詞連用形+「申す」や、「ご」または「お」+動作を表す名詞+「申す」の形で使うのが普通。

もうせい【猛省】『名・ス他』強く反省すること。「―を促す」

もうせつ【妄説】根拠がない、でたらめな説。

もうせん【もう先】〔俗〕以前の、ある時。「―会った花子」

もうせん【毛×氈】獣の毛の繊維に加工して、織物のように仕上げたもの。敷物にする。 **―ごけ**【―×苔】日当たりのよい湿地に自生する小さい多年生食虫植物。夏、白い五弁花が咲く。長い柄をもつ葉は根もとから四方にひろがる。葉面に密生する毛から粘液を出し、くっついた虫を消化・吸収する。▽もうせんごけ科。

もうぜん【猛然】『副・ト タル』攻撃・対立する勢いなどが激しいさま。「―(と)反対する」

もうそう【×孟宗】「孟宗竹(もうそうちく)」の略。竹の一種。幹は非常に太く、節と節との間が短く、高さは一〇メートルほど。たけのこは食用、材は器具用。もと、中国の江南地方から渡来した。

もうそう【妄想】①『名』→もうぞう。②『名・ス自』根拠のない、あり得ないことをあれこれ想像すること。「―にふける」③『名・ス自』〔心理〕ない事に対して病的原因からいだく、誤った判断・確信。「誇大―」

もうぞう【妄想】〔仏〕正しくない想念。▽→もうそう(妄想)

もうたん【妄誕】でたらめ。

もうだん【妄断】かってな判断・断定。

もうちょう【盲腸】①大腸のはじめの部分で、小腸と接続した管。②俗に、盲腸の下部にある虫様突起。また、盲腸炎。 **―えん**【―炎】虫様突起の炎症。▽医学では「虫垂炎」と言う。

もうちょう【猛鳥】→もうきん

もうつい【猛追】『名・ス他』激しく追いかけること。

=**もうで**【詣で】(まうで) ①神社・寺に参拝すること。「神―」「初―」②比喩的に、何かを期待して有力者のところへたびたび行くこと。「首相私邸―」

もう-でる【詣でる】(まうでる)『下一自』神社・寺などに参拝する。「墓に―」▽「まゐいづ(参出)」の転。

もうてん【盲点】①〔生理〕視神経と接続する、網膜上の点。映像がここに結んでも視覚を欠き、その物が見えない。②比喩的に、案外に、だれもが見落としているような点。「議論の―を突く」

もうとう【×孟冬】冬の初めの一か月。初冬。陰暦十月。

もうとう【毛頭】『副ノ』《あとに打消しを伴って》毛のさきほども。少しも。「―覚えていない」「―の心配も無い」

もうどう【妄動・盲動】『名・ス自』分別を欠いた行動(をすること)。「軽挙―する」

もうどう【×艨×艟】軍艦。いくさの船。

もうどうけん【盲導犬】盲人が歩くのを導いて助けるように訓練された犬。

もうどく【猛毒】激しく作用する毒。

もうねん【妄念】→もうしゅう(妄執)

もうばく【盲爆】『名・ス他』目標をきちんとねらわずに爆撃すること。所かまわず爆撃すること。

もうばく【猛爆】『名・ス他』激しい勢いで爆撃すること。「―を加える」

もうはつ【毛髪】かみのけ。

もうひつ【毛筆】(ペン・鉛筆などと区別して)ふで。

もうひとつ【もう一つ】『連語』→もう『副』(2)(ア)

もうひょう【妄評】『名・ス他』むやみやたらに批評すること。でたらめな批評。自分がした批評をへりくだっても言う。ぼうひょう。「―多罪」

もうふ【毛布】厚く織った毛織の布。寝具などに使う。

もうぼ【×孟母】『―三遷の教え』『―断機の教え』どちらも、孟子(もうし)の母が孟子の教育に努めた故事。初め墓地近くに住んだが、孟子が葬式のまねをするので市中に引っ越した。今度は商売ごっこをするので、学校のそばに引っ越した。また、勉学の中途で孟子が家に帰った時、織りかけの布を断って、学問も途中でやめればこれと同様役に立たないと戒めた。

もうまい【×蒙昧】『名ナ』知識が低く道理に暗いこと。「無知―」 派生 **-さ**

もうまく【網膜】眼球の最内方の壁で、視神経の先端が分布している層。外界からの光がここに像を結び、その刺激を受け取る。

もうもう【×濛×濛・×朦×朦】『ト タル』見通しがきかないほど湯気(ゆげ)・煙が立ち込めるさま。「―たる土煙」「―と白煙を上げる源泉」

もうもく【盲目】①目が見えないこと。②比喩的に、物事の分別のつかないこと。「恋は―」 **―てき**【―的】『ダナ』分別を欠く態度であるさま。「―な愛情」「―に従う」

もうゆう【猛勇】『名ナ』たけだけしい勇気。「―をふるう」。勢いが強く勇ましいこと。「―の士」

もうら【網羅】『名・ス他』残らず取り入れること。余りなく尽くすこと。「新語を―した辞典」▽「網」は魚を取るあみ、「羅」は鳥を取るあみ。

もうりょう【×魍×魎】①水の神。②山や川に住む化け物。「魑魅(ちみ)―」

もうれつ【猛烈】『ダナ』①勢い・作用が激しいさま。「―な攻撃」②程度が激しいさま。「―に眠い」 派生 **-さ**

もうろう【×朦×朧】《ト タル》かすんで、はっきりしないさま。㋐意識・記憶・思考などがはっきりしないさま。「高熱で―としている」㋑ぼんやりして、はっきりと見えないさま。「酔眼―」「霧の中に―と影が映る」

もうろく【×耄×碌】《名・ス自》おいぼれること。年が寄ってぼけること。

もえあがる【燃(え)上がる】《五自》①炎を高く上げて燃える。②比喩的に、勢いが激しく高まる。「―恋」「反対運動(の火の手)が―」

もえがら【燃え殻】燃えたあとに残った殻。

もえぎ【×萌×葱・×萌黄】黄色がかった緑。▽萌(も)え出たばかりの葱(ねぎ)の色の意から。

もえくさ【燃え△種】火を燃やすための、草木など。

もえさかる【燃(え)盛る】《五自》盛んに燃える。

もえさし【燃えさし】①途中まで燃えること。燃えかけ。②燃えきらないで残ること。燃え残り。

もえたつ【燃(え)立つ】《五自》①ほのおを立てて勢いよく燃える。②比喩的に、心の働きが高まる。「―思い」

もえつきる【燃(え)尽きる】《上一自》①すっかり燃えてしまう。「木が―」②精力を使い果たす。「仕事で―」

もえつく【燃(え)付く】《五自》火がつく。火がほかに燃え移る。

もえでる【萌え出る】《下一自》植物が芽ぶく。芽ぐむ。「新芽が―」

もえる【燃える】《下一自》①火になって炎が立つ。「納屋(なや)が―」(=火事になる)「―ような(=まっかな)バラの花」②燃える⑴と見えるような状態を呈する。「陽炎(かげろう)が―」③情熱・感情が高まる。「向学心に―」「怒りに―」「―思い」

もえる【×萌える】《下一自》①芽が出る。芽ぐむ。きざす。「若草―」②〔俗〕人物や動物のかわいらしさに強く胸をときめかす。「子犬の寝姿に―」

もおか(まをか)【△真岡】「真岡木綿」の略。栃木県真岡地方から産する、丈夫な木綿織物。もうか。

モーグル フリースタイル スキー競技の一種目。こぶ状の隆起が続く斜面での、技術・ジャンプの演技・スピードを競う。▽mogul

モーション 行動。動作。「―を掛ける」(相手に働きかける) ▽motion

モーゼルじゅう【モーゼル銃】ドイツ人 P. Mauser が考案した連発銃。

モーター 動力を出すもとになる機械。原動機。特に、電気で動力を発生させるもの。電動機。▽motor **―バイク** 自転車に動力としてガソリン エンジンをつけたもの。原動機付(き)自転車。▽(アメリカ) motor-bike **―プール** 駐車場。▽motor pool **―ボート** 小型の発動機船。▽motorboat

モータリゼーション 自動車が生活の必需品になる現象。▽motorization

モーテル ①自動車旅行をする人のための宿泊所。モテル。②日本で、自動車で乗りつけられるラブ ホテル。▽(アメリカ) motel(=motor+hotel)

モード ①流行(の形式)。「―雑誌」「今年の―」▽(フランス) mode ②方法・様式。特に機械などの運転・動作機能の方式。「標準―」「マナー―」▽mode

モートル →モーター。▽(オランダ) motor

モーニング ①朝。午前。「―サービス」▽morning ②「モーニング コート」の略。 **―カップ** 朝食時に使う、大きめのカップ。マグ カップ。▽morning と cup とによる和製英語。 **―コート** 男子の洋装の通常礼服。上着は黒く、下が斜めに切れて後ろに長い。ズボンは、多くグレー地の縦じま。▽morning coat **―コール** ホテルなどで、朝の指定した時刻に電話で起こしてくれるサービス。▽morning call

モーメント ①物理学で、物体を回転させる力の大きさを表す量。能率。積率。②→モメント⑴⑵。▽「モメント」とも言う。moment

モール ①(インドのモゴル(ムガル)帝国特産という)緞子(どんす)に似た浮織りの織物。②金糸・銀糸などと細い針金とをより合わせ、ひも状にしたもの。手芸・装飾などに用いる。▽⑴⑵は(ポルトガル) mogol から。③並木やベンチがあり遊歩道風にした、商店街。また、大規模な商業施設。「ショッピング―」▽mall ④ラグビーで、ボールを持った選手のまわりに両チームの選手が密集して押し合う状態。▽maul

モールスふごう【モールス符号】電信用の符号。長短二種の符号を組み合わせて、文字・記号を表す。▽アメリカ人 Samuel Morse が考案。

モガ〔俗〕「モダン ガール」の略。▽→モダン

もがく【×踠く】《五自》手足を動かして、もだえ苦しむ。あがく。また、あせっていらだつ。「今さら―いても手遅れだ」

もがりぶえ【〈虎落〉笛】冬の激しい風が柵などに吹きつけて笛のような音で鳴ること。

もぎ【模擬・×摸擬】本物に似せて行うこと。「―店」 **―しけん**【―試験】練習のため、本当の試験と同じような形式・内容で行う試験。模試。

もぎどう【△没義道】《名・ダナ》人としての道にはずれていること。非道。むごいこと。「―な仕打ち」▽既に古風。

もぎとる【×捥ぎ取る】《五他》もぎりとる。むりやりにとる。「枝からミカンを―」「子供を親から―」

もぎる【×捥ぎる】《五他》ねじ切る(ちぎる)ようにして取り離す。「入場券を―」

もぎれる【×捥れる】《下一自》ねじるような(無理な)力が働いて、取れる。「満員電車でボタンが―」

もく〔俗〕タバコ(の吸いがら)。「―拾い」「洋―」

もく【[*目]】モク ボク め ま ①㋐め。めだま。また、見る。「耳目・盲目・刮目(かつもく)・注目・衆目・瞑目(めいもく)・瞠目(どうもく)・属目(しょくもく)・着目・反目・眉目・目撃・目前・目下・目標・目的」㋑目でする。めがお。めくばせ。めつき。「目送・目礼・目測」②㋐

重要なところ。かなめ。「眼目・要目」㋑おもだった人。かしら。「頭目」③かお。態度。人格。「面目(めんぼく・めんもく)・真面目(しんめんぼく・しんめんもく・まじめ)」④見出し。「目次・目録・題目・書目・品目・科目・種目」⑤㋐分類した小分け。条項。「条目・項目・細目」㋑予算の編成で、項の下、節の上。生物分類学では、綱の下、科の上。「哺乳(ほにゅう)綱食肉目ねこ科」⑥太政(だいじょう)官制で、国司の四等官の最下位。さかん。⑦囲碁で、碁盤のめ、または石を数える語。「白五目勝ち」

もく〖黙〗［默］ モク だまる もだす ｜ものを言わない。声を出さない。もだす。だまる。「沈黙・暗黙・寡黙・黙止・黙然・黙考・黙契・黙許・黙認・黙示・黙想・黙読・黙祷(もくとう)・黙殺・黙秘」

もく〖木〗→ぼく〖木〗

も-ぐ【×捥ぐ】〘五他〙ねじる(ひねる)ようにして取り離す。「梨を―」

もくあみ【木×阿△弥】→もとのもくあみ

もくぎょ【木魚】読経(どきょう)の時にたたいて鳴らす木製の道具。丸く、中空で割れ目があり、魚のうろこの形が彫りつけてある。

もくぐう【木偶】木で作った人形。でく。

もくげい【目迎】〘名・ス他〙来る(来た)人に対し注目して迎える敬礼法。その敬礼をすること。↕目送

もくげき【目撃】〘名・ス他〙その場に居合わせて自分の目で実際に見ること。「―者」

もくげき【黙劇】→パントマイム

もくざ【黙座・黙×坐】〘名・ス自〙黙ったまますわっていること。

もぐさ【×艾】①ヨモギの葉から作り、灸(きゅう)をすえるのに使う、綿状のもの。②〔植物〕ヨモギ。

もぐさ【藻草】→も(藻)

もくざい【木材】種々の木工製品の材料としての木。

もくさく【木柵】木で作った柵。

もくさく【木酢・木×醋】木材を乾留して得る、茶色の液体。酢酸が主成分。防腐剤などにする。

もくさつ【黙殺】〘名・ス他〙問題にせず、無視すること。

もくさん【目算】〘名・ス他〙①細かい計算はせず、大づかみに見当をつけること。目分量(めぶんりょう)。目の子勘定。②予期した計画。もくろみ。「―がはずれる」

もくし【目視】〘名・ス他〙目で見ること。「―と触手で確認」

もくし【黙視】〘名・ス他〙黙って見守ること。黙って傍観すること。「―するに忍びない」

もくし【黙止】〘名・ス他〙黙ってそのままに捨て置くこと。

もくし【黙示】①はっきりは言わず、暗黙のうちに考えや意志を示すこと。②キリスト教で、神が人に神意・真理を示すこと。啓示。「―録」▽「もくじ」とも言う。

もくじ【目次】(書物の)内容の題目を、書かれている順に並べて記したもの。

もくしつ【木質】①木のたち。木地。②〔植物〕幹の内部の堅い部分。「―部」③木材に似た性質。

もくしょう【目×睫】空間的または時間的にごく近いこと。「―の間(かん)に迫る」▽「睫」は、まつげ。目とまつげのように近いというところから。

もくず(づく)【藻×屑】海中の、くずのような藻。「海の―となる」(難破・戦(いくさ)などで、海で死ぬ)

もく-する【目する】〘サ変他〙①見なす。判断する。評価する。「次期首相と―・される」「彼を最大の敵と―」②見る。また、注目する。

もく-する【黙する】〘サ変自〙だまる。「―・して語らず」

もくせい【木星】太陽系で内側から五番目の、最も大きい惑星。

もくせい【木×犀】①秋、楕円(だえん)形の葉のつけねに白い四弁の小花が群がり咲いて、よいかおりを発する常緑小高木。高さ三〜四メートル。雌雄異株。▽もくせい科。②と区別して「銀木犀」とも言う。②↓きんもくせい

もくせい【木精】①木の精。木霊(こだま)。②↓メチルアルコール。▽②は木酢を蒸留して得たから言う。

もくせい【木製】木で製造してあること。

もくぜん【目前】目の前。(空間的に)すぐそば。(時間的に)間近に迫った将来。「敵兵が突如―に現れた」「入試を―にひかえる」▽↓がんぜん

もくぜん【黙然】〘ト タル〙黙り込んでいるさま。もくねん。

もくそう【目送】〘名・ス他〙去る人に対し注目して見送る敬礼法。その敬礼をすること。↕目迎。「整列して司令官を―する」「ひつぎの―で出棺」

もくそう【黙想】〘名・ス自〙黙って思いにふけること。

もくぞう【木造】木で建造してあること。

もくぞう【木像】木で造った像。木彫りの人形。

もくそく【目測】〘名・ス他〙目分量(めぶんりょう)で長さ・高さ・広さなどを測ること。

もくだく【黙諾】〘名・ス他〙暗黙のうちに承諾の意を表すこと。

もくたん【木炭】①木を蒸し焼きにして作った燃料。炭(すみ)。②下絵・素描などをかくのに使う、細く軟らかい炭。 **―が**【―画】木炭②で描いた絵。 **―し**【―紙】木炭画用の紙。

もくちょう【木彫】木材に彫刻すること。そうした彫刻。

もくてき【目的】得ようとしてねらう対象。到達したい状態として意図し、行動を方向づけるもの。めあて。「―のための手段」「―を果たす」▽↓もくひょう。 **―ぜい**【―税】特定の使途にあてるために設けて課する税金。 **―ろん**【―論】あらゆる事物・現象を、その目的の方から説明する哲学説。▽機械論・結果論に対して言う。

もくと【目×睹】〘名・ス他〙実際に見ること。目撃。

もくと【目途】めあて。見込み。

もくとう【黙×祷】〘名・ス自〙無言のまま祈りを捧(ささ)げること。「一分間の—を捧げる」

もくどう【木道】湿地や岩場などに板や丸太などを敷き並べて作った遊歩道。

もくどく【黙読】〘名・ス他〙声を出さないで読むこと。↕音読

もくにん【黙認】〘名・ス他〙公然とではなく、暗黙のうちに許可すること。知らぬふりをして見逃がすこと。「違反を—する」

もくねじ【木〈捻子〉・木〈螺子〉】木材にねじ込んで物を固定するためのねじ。先端はとがり、全体の三分の二くらいまで、螺旋(らせん)が切ってある。

もくねん【黙然】〘ト タル〙→もくぜん(黙然)

もくば【木馬】木で馬(の背)の形に作った物。▽子供が乗って遊ぶ物、神社に奉納する物、鞍馬(あんば)・跳馬のもとになった器械体操用具などがある。

もくはい【木杯・木×盃】木製のさかずきやカップ。

もくはん【木版】木の板に彫り刻んだ印刷用・版画用の版。また、それで印刷したもの。「—画」

もくひ【木皮】木のかわ。樹皮。「草根(そうこん)—」

もくひ【黙秘】〘名・ス自〙(尋問などに対して)黙ったままでおし通すこと。 **—けん**【—権】(法律)被疑者や被告人が取調べや公判廷において、自分に不利な事を言わないで済ませる権利。

もくひょう【目標】①目じるし。「道筋にこれと言って—になるものがない」②転じて、射撃・視線・行動などの対象となる、めあて。ねらい。まと。「募金の—額」「努力—」▽抽象的用法では、究極目的に対し、そこに至るための中間的なものを言うことが多い。

もくへん【木片】木の切れはし。

もくほん【木本】木質(2)の茎(=幹)がある植物。普通に言う木のこと。↕草本

もくめ【木目】木の切り口に見られる、年輪・繊維などから成る模様のような線。柾目(まさめ)と板目とがある。

もくもく【黙黙】〘ト タル〙黙って、それだけをしているさま。「—と食べ続ける」「—と仕事に励む」

もくもく〘副[と]・ス自〙①煙などが盛んに立ち上るさま。「火口から—(と)噴煙が上がる」②丸みを帯びて起伏するさま。「—した雲」「布団が—(と)盛り上がる」

もぐもぐ 閉じた口を動かすさま。もごもご。㋐〘副[と]・ス自〙口を開けずに物を嚙(か)むさま。「パンを—(と)嚙む」「絶えず口を—させている老婆」㋑〘副[と]〙口を十分に開けずにものを言うさま。「—と口ごもる」

もくやく【黙約】表だってはいないが、両者間に、了解し合った約束のあること。その約束。

もくよう【木曜】曜日の一つ。水曜の次。「—日」

もくよく【×沐浴】〘名・ス自〙髪・体を洗い清めること。水浴。ゆあみ。「斎戒—」

もぐら【〈土竜〉】地中に坑道を掘って進み、土中の虫を食う哺乳(ほにゅう)動物。坑道を掘る時、農作物の根を切るので害になる。もぐらもち。むぐらもち。▽もぐら科。

もぐり【潜り】①水中にもぐること。②禁制を犯し、または免許を受けずに、すること。その人。「—の医者」。正規の修練を経ないで、それをする者。「—の絵師」

もぐりこむ【潜り込む】〘五自〙①もぐって、はいり込む。②(正規の方法によらず)こっそりとはいり込む。「会場に—」

もぐる【潜る】〘五自〙①全身水中にはいる。「海に—」②物の下・間にはいり込む。「こたつに—」③姿を公然とは現さず、または隠れて、ひそかに事をする。「地下に—」(→ちか(地下))

もくれい【目礼】〘名・ス自〙目で会釈(えしゃく)すること。「—を交わす」

もくれい【黙礼】〘名・ス自〙無言のままで敬礼すること。

もくれん【木×蓮】中国原産の落葉低木。春、葉が出る前に紅紫色、長さ約一〇センチの六弁花が上向きに咲く。観賞用。白い花の咲く白(はく)木蓮に対して、紫(し)木蓮とも言う。▽もくれん科。

もくろう【木×蠟】ハゼノキなどの実からとった蠟。▽未精製のものは「生蠟(きろう)」とも言う。

もくろく【目録】①内容をあげ連ねて記したもの。㋐書物の目次。㋑贈物の品名を書いたもの。㋒出品・所蔵の品目を、一覧できるように整理して書いたもの。②門人に芸道・武術を伝授した時、その名目などを書いて与える文書。

もくろみ【目△論見】もくろむこと。企て。「—がはずれる」

もくろむ【目△論む】〘五他〙(実行・実現に向けて)計画を立てる。企てる。「一攫(いっかく)千金を—」

もけい【模型】そのものの全体的な形が同じになるように、かたどったもの。モデル。㋐実物になぞらえ(大きさを縮めまたは拡大し)て造ったもの。「飛行機の—」「遺伝子—」㋑理論探求の必要から、対象とする現実を抽象化し、問題の骨組みがよく分かるように設定したもの。「大脳の数学的—」㋒論理学・数学で、抽象的理論体系の実例となるもの。「これが群論の一—となる」▽㋑は模型の方が抽象的だが、㋒のは具体的。

もげる【×捥げる】〘下一自〙(把手(とって)・つまみ等)くっついている物が、外力に負けて取れて落ちる。「片方の羽が—げた蟬(せみ)」「腕が—ようにだるい」

もこ【模×糊・×糢×糊】〘ト タル〙ぼんやり見えるさま。「曖昧—」

もこく【模刻】〘名・ス他〙原物そっくりにまねて(=模)、彫る(=刻)こと。そうして作ったもの。「甲骨文字を—した印章」「—本」(原本の筆跡に忠実に刻んだ版で作った本。「摸刻本」とも書いた)

もこし【×裳△階・×裳△層】(寺や塔の)軒下の壁から庇

(ひさし)のように出したもの。▽法隆寺金堂や薬師寺三重塔などに見られる。

もこもこ『副「と」・ス自』①空気を含んで、柔らかくふくらんでいるさま。「―のダウン ジャケット」②下から次々に吹き上がるさま。もくもく。「―と砂を噴き上げる湧水」

もごもご ①『副「と」』→もぐもぐ(イ)。「菓子を頰張りながら、何か―(と)言う」②『副「と」・ス自』→もぐもぐ(ア)。「口を―させる」

もさ【猛者】勇敢で気力に富む強い人。また、技がすぐれ、盛んに活躍する人。

モザイク ①ガラス・貝殻・石などの小片をちりばめて、図案にした装飾物。②画像・映像の一部を隠す、ぼかした四角い模様。「―をかける」▽mosaic **―びょう**【―病】植物、特にタバコの葉などが、ウイルスの寄生によってまだらになる病気。

もさく【模作・×摸作】『名・ス他』他人の作品に似せて書いたり作ったりすること。そうした作。

もさく【模索・×摸索】『名・ス他』手さぐりで捜すこと。「暗中―」「解決の道を―する」

もさっと『副・ス自』→もっさり

もし【模試】「模擬試験」の略。

もし【△若し】『副』《あとに「ば」「なら」「ても」などを伴って》確かめていない事、まだはっきり分かっていない事、事実と反対の事などを、仮に言う時に使う語。仮に。「―合格できたら」「―明日雨でも」「―君が女なら」「あの時―気づいていればこうはならなかったのに」▽近ごろは「とき」「場合」「として」など条件の言い方で受ける用法も、ふえて来た。↓もしも・もしか・もしや

もじ【文字】言語を書き記すための記号。字。「目に―がない」(無学だ)。(字と区別せずに)言葉や文章。「珠玉の―」「警世の―」▽「もんじ」とも言う。 **―コード** コンピュータ内部で文字を二進法として表すための規約。 **―づら**【―面】文字のならんでいる姿。文字が示す表面的な意義。「―にとらわれた解釈」 **―どおり**(どほり)【―通り】文字に記された通り。何の誇張もなく、全く、そのまま。 **―ばけ**【―化け】『名・ス自』コンピュータで、文字コード設定の誤りなどにより、文字が別の文字として表示されてしまうこと。 **―ばん**【―盤】①時計などの計器に装置されている、文字や記号を示した盤。「―が曇る」②発語や筆談が困難な人との会話を補助する、ひらがなや数字などを並べた盤。指や目の動きなどで文字を指して使う。

もしか【△若しか】『連語』ある事を、その可能性もあるという気持で、仮に言う時に使う語。「―したら、来ないかもしれない」「―手おくれではなかろうか」▽副詞「もし」+副助詞「か」

もしき【模式】標準となる典型的な形式。「―図」▽scheme の訳語。時に理論模型の意でも使われる。

もしくは【若しくは】『接』または。あるいは。さもなければ。▽「もしくば」はこの転。なお、法令文では「若しくは」を「又は」より下位の結合に使う。「A又はB―C」はAをBやCに並べ、「A―B又はC」はAやBをCに並べ、「A、B又はC」は三者を同列に並べる。

もじずり(もぢ)：【×捩×摺】原野に自生する多年草。葉は根生で、広線形でとがり、淡緑色。夏、花茎を出し、上部に淡紅色の小花をねじれた穂状につける。ねじばな。▽らん科。

もしも【△若しも】『連語』「もし」を強めて言う語。「―の事」(万一の事)▽副詞「もし」+係助詞「も」

もしもし『感』人に呼び掛ける時に言う語。特に電話で使う。▽「申し」の転の「もし」を二つ重ねたもの。

もじもじ(もぢもぢ)『副「と」・ス自』遠慮・気おくれなどで落ち着かないさま。「入り口で―する」「―と返事をする」「―と足をすり合わせる」

もしや【△若しや】『連語』ことによると。㋐自分が推量する事を、自ら疑い問いただす気持を表す。「―山田さんではありませんか」「―と取り越し苦労が出て」㋑確信はないが幾らかの期待を込めて推量する気持を表す。「―成功するのではないかと、どきどきする」▽副詞「もし」+間投助詞「や」

もしゃ【模写・×摸写】『名・ス他』あるものにまねて写し取ること。また、その写し取ったもの。「声帯―」

もしゃもしゃ ①『副「と」』→むしゃむしゃ(1)。「バナナを―(と)食べる」②『ダナ・副「と」』→もじゃもじゃ。「―の頭」

もじゃもじゃ『ダナ・副「と」』毛などが、きたならしく、ふぞろいに密生しているさま。「ひげを―(と)生やす」「―のパーマ」「草が―に密生した庭」

もしゅ【喪主】葬式の際の当主。

モジュール ①(建築材料・歯車などの)基準寸法、基本単位。②(建築材料・家具などの規格化された)組み立てユニット。また、装置・機械・システムを構成する、機能的にまとまった部分。▽module

もしょう【喪章】人の死をいたみ弔うためにつける黒い布のしるし。

もじり(もぢ)【×捩り】①もとの表現を変えて滑稽または寓意(ぐうい)的にしたもの。「口コミはマスコミの―」②着物の上に着る、筒袖や角袖の外套(がいとう)。

もじ-る(もぢ)【×捩る】『五他』①ねじる。よじる。②滑稽味を出すため、もとの表現に似せた口調(くちょう)の言い方をする。「歌舞伎のせりふを―」

も-す【燃す】『五他』燃えるようにする。「廃材を―・して暖を取る」

モス 「モスリン」の略。メリンスのこと。

もず【〈百舌〉・×鵙】スズメより少し大きく、尾が長い小鳥。くちばしが鋭く頭が大きい。秋、人里近く現れ、鋭い声で鳴く。かえる・ねずみ・昆虫などを捕食するが、これらの獲物を木の小枝などに串刺しにし、いわゆる「モズの速贄(はやにえ)」を作る。▽もず科。

モスク イスラム教の礼拝所。▽mosque

もずく(もづ)【〈水雲〉〈海蘊〉】柔らかく、細い糸状で、ふさ

のように見える海藻。食用。▽ながまつも科の褐藻類。

モス グリーン 茶色がかった緑色。苔(こけ)のような黄色っぽい緑色。「—の軍服」▽moss green

もすそ【×裳裾】 女性の着物の裾。「軽やかに—を翻す」

モスリン →メリンス。▽muslin

も-する【模する・×摸する】《サ変他》まねる。まねて表現する。

モスレム →ムスリム。▽Moslem

もぞう【模造・×摸造】《名・ス他》実物に似せてつくること。「—品」 **—し【—紙】** 局紙を模造したオーストリア産洋紙を、更に日本でまねた洋紙。厚手でポスター等に使う。

もそもそ《副[と]》①食べ物に水分が少なく、噛(か)み下しにくいさま。「ビスケットを—(と)頬張る」②口をあまり開けずに、つぶやくように話す声。「二人で何か—(と)話している」③動きが小さく、緩慢なさま。「—と服を脱ぐ」

もぞもぞ《副[と]・ス自》①ゆっくり小刻みに動くさま。㋐虫などがうごめくさま。「蚕が桑を—(と)食(は)む」「虫が—(と)這(は)っている」㋑→もそもそ(3)。「始終体を—させている」②むずがゆいさま。「足の裏が—する」

もだ-える【×悶える】《下一自》非常に思い悩む。気絶しそうになるほど苦しむ。「恋に—」▽もと、気絶する意。

もた-げる【×擡げる】《下一他》持ち上げる。「頭を—」(目立った存在となってくる意にも)

もだしがた-い【△黙し難い】《形》黙ったまま見過ごすわけにはいかない。「社長命令なら—」▽→もだす(1)。 派生 **-さ -げ**

もだ-す【△黙す】《五自》①黙って見過ごす。そのままにしておく。②口を閉じて言わずにいる。沈黙する。▽文語的。「もだする」(サ変)とも。

もたせか-ける【×凭せ掛ける】《下一他》何かを支えにしてたてかける。よせかける。「柱に身を—」

もた-せる《下一他》①**【×凭せる】** 凭れるようにする。もたす。「壁に背中を—」②**【持たせる】** ㋐持つようにさせる。もたす。「重い箱を—」「気を—」(期待させる)。受け持たせる。「一年生を—」。負担させる。「費用を—」。保たせる。「この食料を三日—」㋑持って、行かせる。もたす。「子どもに弁当を—」

もたつ-く《五自》〔俗〕わだかまって、はかどらないでいる。もたもたする。「解決が—」

モダニズム (伝統主義に対して)近代主義。また、現代好み。新しがり。▽modernism

もたもた ①《副[と]・ス自》手際が悪く、行動が遅いさま。「—していると電車に間に合わない」②《名》物事が順調に進まないこと。「一週間の—の末、やっと人事が決まる」

もたら-す【×齎す】《五他》(物事・事態などを)持って行く、また、持って来る。ひきおこす。「幸福を—」「弊害を—」

もたれかか-る【×凭れ掛(か)る】《五自》①何かを支えにして寄り掛かる。「足を投げ出して壁に—」②比喩的に、自立しようとせず他者にすっかり頼る。「いつまで親に—っている気か」

もた-れる【×凭れる・×靠れる】《下一自》①他の物に、それを支えとして寄りかかる、または寄せかけた状態になる。「柱に—れて立つ」②食物がよく消化されず、胃に不快にたまる。「餅が(胃に)—」▽「持つ」と同語源。

モダン《名・ダナ》現代的。当世風。「—バレエ」「—ぶる」「—ガール」(「—ボーイ」とともに一九三〇年ごろ言い出された語で、当世風にハイカラな娘)▽modern 派生 **-さ**

もち ①**【餅】** 糯米(もちごめ)を蒸し、ついて作った食品。正月やめでたい時などにつく。「—は餅屋」(物事にはそれぞれ本職とする人がある。専門家はやはりすぐれている)②**【×糯】** 粘り気が強く、ついて餅にできる穀類。↔粳(うるち)。▽→もちごめ。③**【×黐】** ㋐モチノキなどの樹皮をつき砕いて作った粘り気の強い物質。鳥や虫をとるのに使う。鳥もち。㋑→もちのき

もち【△望】 満月のこと。「—の日」(陰暦十五日)

もち【持ち】 ①持ち分とすること。㋐所有。「—時間」「お金—」㋑負担。「旅費は主催者—だ」▽多くは他の語に付けて使う。②品質・働きが長い間変わらずに続くこと。「この食品は—がいい」③歌合せ・碁・将棋などで、勝負のないこと。引き分け。持(じ)。

もちあい(ひ:あ)**【持(ち)合い・△保(ち)合い】** ①力のつり合いが保たれていること。②〔取引〕相場の変動がない状態。

もちあが-る【持(ち)上がる】《五自》①隆起する。高くあがる。「地震で敷石が—」「エア ポケットに入って体が—」②事が(急に)起こる。「事件が—」③生徒の進級後も受持ちの教師が変わらず、そのまま受持ちを続ける。

もちあ-げる【持(ち)上げる】《下一他》①物を(手などで持って)上げる。「クレーンで—」「むっくり頭を—」②〔俗〕世辞を言って、必要以上にほめる。おだてる。よいしょする。「—げられていい気になる」

もちあじ(ぢ:あ)**【持(ち)味】** ①その食品に元来そなわる味。②転じて、その作品・性格などにそなわる独得の味わい・良さ。

もちあみ【餅網】 ①餅を焼く網。②餅を入れてつるしておく網。

もちあわせ(はせ:あ)**【持(ち)合(わ)せ】** その場に持っている物、特に金銭。「あいにく—がない」

もちあわ-せる(はせる:あ)**【持(ち)合(わ)せる】**《下一他》備え持つ。お金を持参している。「勇気を—」「専門知識を—」「現金は少ししか—せていない」

もちいえ(へ:い)**【持(ち)家】** その人に所有権がある家屋。もちや。

モチーフ ①その芸術表現をする動機である着想。②

音楽形式を形作る最小単位。③壁紙・編み物などの模様を形作る、単位とする同じデザイン。▽フランス motif

もち-いる【用いる】〘上一他〙使う。㋐(事物を)役立てる。「申込みには所定の用紙を―」「新製法を―」「十分に意を―」㋑(人を)職や地位につけ仕事をさせる。「重く―」「閣僚に民間人を―」▽動詞「もつ」と、率いる意の古語「るる」との複合語。「使う」より文語的。㋑の用法は「使う」にはない。関連 使う・採る・用立てる・役立てる・使役・使用・重用・利用・運用・活用・採用・収用・試用・応用・汎用・連用・慣用・専用・代用・併用・兼用・転用・流用・悪用・乱用・愛用・常用・日用・私用・共用

もちうた【持(ち)歌】歌手が自分のものとして歌う歌。また、一般に、その人の得意な歌。

もちおもり【持(ち)重り】持った時より、だんだん重く感じること。「―がする」

もちかえ-す【持(ち)返す】〘五自〙↓もちなおす⑴。「業績が―」

もちかえ-る【持(ち)帰る】〘五自他〙①持って帰る。「仕事を―」②態度を保留にしたまま、所属する部署などに持って帰る。「―って検討します」

もちか-ける【持(ち)掛ける】〘下一他〙話などを相手に切り出す。「うまく―けてだます」「相談を―」

もちがし【餅菓子】もち米・白玉粉・糝粉(しんこ)・葛粉などを原料として作った、柔らかい和菓子。大福・草餅・かしわ餅など。

もちかぶ【持(ち)株】〔取引〕所有している株。 **―がいしゃ**【―会社】他の株式会社株の保有を通じその会社を支配する目的で設ける会社。▽日本では一九九七年に設立解禁。

もちきり【持(ち)切り】〘ノダ〙ある間じゅう、人々の間でその話題が続くさま。「そのうわさで―だ」

もちき-る【持(ち)切る】〘五自〙終わりまで持ち続ける。初めから終わりまで同じ状態が続く。「その話で―」

もちぐさ【餅草】草もちに入れてつくヨモギの若葉。

もちぐされ【持(ち)腐れ】所有しているだけで、いっこう役立てないこと。「宝の―」

もちくず-す【持(ち)崩す】〘五他〙身持を悪くする。品行を乱す。「身を―」

もちこ-す【持(ち)越す】〘五他〙そこで終えることができず、または終わらせず、次の機会・時期にまで延ばし送る。「前回から―した議題」

もちこた-える【持(ち)△堪える】〘下一他〙支え保つ。特に、物事の悪い状態に負けずに現状を維持し続ける。

もちごま【持(ち)駒】①将棋で、相手から取り、こちらのものとして持っていて、必要に応じて使える駒。②比喩的に、自分の配下にあり、必要な時にいつでも使える人や物。

もちこ-む【持(ち)込む】〘五他〙①運び入れる。持って入る。「車内に危険物を―」②事件や用件などを持って来る。「相談ごとを―」③決着がつかないで、次の段階に移す。「延長戦に―」「裁判に―」

もちごめ【×糯米】粘り気が多く、餅が作れる米。↔粳(うるち)

もちざお【×黐×竿】昆虫や小鳥をとるために、さおの先に黐(もち)をつけたもの。

もちじかん【持(ち)時間】その人が使うように割り当てられた時間。「政見発表の―は五分です」

もちだか【持(ち)高】持っている分量。所有の数量。「自社株の―」

もちだ-す【持(ち)出す】〘五他〙①持って外に出す。内にあったものを外に出す。「家の金を―」②あることを話題にする。「結婚話を―」③費用を自分負担でまかなう。▽⑶は名詞で使うことが多い。「費用は結局もちだしになった」

もちつき【餅×搗き】餅をつくこと。それをする人。

もちづき【△望月】陰暦十五夜の月。満月。

もちつもたれつ【持ちつ持たれつ】〘ノダ・ス自〙互いに助けたり助けられたりすること。「―の世間」

もちなお-す【持(ち)直す】①〘五自〙いったん悪くなりかけたものが、もとの(良い)状態に返る。もちかえす。「病状が―」「景気が―」②〘五他〙持っている物をもう一度しっかり持つ。「筆を―して一気に線を引く」「重い荷を―」

もちにげ【持(ち)逃げ】〘名・ス他〙他人の物を持って逃げること。

もちぬし【持(ち)主】物品などを所有している人。所有者。「進歩思想の―」

もちのき【×黐の木】皮から染料・鳥もちをとる常緑高木。雌雄異株。実が赤くて美しい。観賞用。▽もちのき科。

もちば【持(ち)場】受持ちの、または占有している、場所。「―を守る」「―を離れる」

もちはこ-ぶ【持(ち)運ぶ】〘五他〙持ってよそに運ぶ。

もちはだ【餅肌】つきたての餅のように、白くなめらかで、きめの細かい肌。

もちばら【餅腹】餅をたくさん食べたあとの、もたれた感じのおなか(の状態)。

もちばん【持(ち)番】受持ちの番。

もちぶん【持(ち)分】所有または担当する部分。共有関係や協力関係において、各人がそれぞれに一定の割合で有する分量・権利や受け持つ義務。

モチベーション 人が何かをする際の動機づけや目的意識。また、意欲。やる気。「―を与える」「―が上がる」▽motivation

もちまえ【持(ち)前】①〘ノダ〙その身に元来そなわる性質。「―の明るさ」②〘名〙持ち分。

もちまして【△以ちまして】〘連語〙↓もって(以)

もちまわり【持(ち)回り】一定の関係者の間で順番に回って行くこと。「―の優勝カップ」「―閣議」(定例閣議の代わりに、閣議事項を各大臣にまわして、それぞれの意見を求めること)

もちもち〘副[と]・ノダ・ス自〙つき立ての餅のように

弾力があるさま。「—(と)した食感」「肌が—になる化粧水」

もちもの【持(ち)物】 その人が持っている物。㋐所持品。㋑所有物。㋒世話をする(囲っている)女。「親分の—に手を出すな」

もちや【持(ち)家】 →もちいえ

もちや【餅屋】 餅をついて売る店。その職業の人。「—は—」(「餅は餅屋」に同じ。→もち(餅)⑴

もちゅう【喪中】 喪に服している期間。「—につき年賀欠礼」

もちよ-る【持(ち)寄る】《五他》めいめいが持って集まる。「材料を—!って料理する」

もちろん【×勿論】《副・ノダ》言うまでもなく。無論。「一たす一は—二だ」「—(のこと)賛成だ」▽「論ずる勿(なか)れ」の意。

も-つ【持つ】 ㊀《五他》①手に取る。「荷物を—」「—!ちつ—!たれつ」(おたがいに助け合うさま)「—!ちも提(さ)げもならぬ」(どうにも処置する方法がない)「肩を—」(支持し、声援する) ②自分のものにする。㋐所持する。身につける。所有する。「大金を—!ち歩く」「選挙権を—」「家を—」「子供を—」▽→⑶。㋑心にいだく。「関心を—」「恨みを—」「その事を根に—!って恨む」㋒身にそなえる。「—!って生まれた性質」「手に職を—」「彼の—!ち芸」㋓担任する。受け持つ。「新入生の組を—」㋔負担する。「学資は国で—」「責任を—」③成り立たせる。有する。保つ。「関係を—」「その国とは国交を—!っていない」「会議を—」「交渉を—」▽第二次大戦後の言い方。㊁《五自》①状態・品質・働きが長い間変わらないで保たれる。「この服はずいぶん長く—!った」「体が—!たない」(健康な状態が続かない)「天気が—」②《「で」を伴って》(りっぱに)立ち行く。「あの店は女将(おかみ)で—!っている」「尾張(おわり)名古屋は城で—」 関連 握る・摑(つか)む・取る・提げる・携える・持する・帯びる・領する・保つ・持ちこたえる・立ち行く・把握・所有・所持・具有・具備・共有・携帯・携行・持参・保存・長持ち・日持ち・腹持ち

もつ〔俗〕料理の材料としての、鳥獣の臓物(ぞうもつ)。「—焼き」▽「モツ」とも書く。

もっか【黙過】《ス他》だまって見のがすこと。

もっか【目下】 目の前の時。当面するこの時。今。「—の急務」「—考慮中」▽多くは、(将来変わるかも知れないが)差し迫った今という気持を含む。「めした」と読めば別の意。

もっかい【木灰】 →きばい

もっかん【木管】 ①木で作った管。②「木管楽器」の略。木製の管楽器。金属製でも、音を出すのに唇を振動させないものはこれに分類される。例、フルート・オーボエ・クラリネット。③紡績機械で糸を巻き取るのに使う管。

もっかん【木簡】 字句などを書き記した木の札。▽中国・日本などの古代遺跡から出土する。

もっきょ【黙許】《名・ス他》知らないふりをし、そのまま許すこと。無言の内に許すこと。

もっきり【盛っ切り】 →もりきり

もっきん【木琴】 長さの違う木片を音階順にならべ、ばちで打ち鳴らす打楽器。シロフォン。

もっきん【木筋】 コンクリート建築で、心(しん)に入れる木材。

もっけ【物△怪・×勿△怪】『—の幸い』思いがけない幸い。

もっけい【木鶏】 まるで木彫りかのように何にも動じず、しかも相手を圧する、最強の闘鶏。▽「荘子」に基づく。横綱双葉山が一九三九年に七十連勝を阻まれた時、知人に打った電文「ワレイマダモッケイタリエズ」で、人々に知られた。

もっけい【黙契】 暗黙の間に成り立った、意志の一致または契約。

もっこ【×畚】 縄を網状にしたものの四隅に綱をつけ、土・石などを入れて運ぶもの。▽「持ち籠(こ)」の音便。

もっこ【物故】 →ぶっこ

もっこう【木工】 ①木で物を作ること。「—細工」②大工。

もっこう【×沐×猴】『—にして冠(かん)す』さるが冠をつけて人まねをしているに等しく、人君の地位につく資格のない人物だ。

もっこう【黙考】《名・ス自》黙ってよく考えること。「沈思—」

もっこく【木×斛】 暖地に生える常緑小高木。七月ごろ、黄を帯びた白い花が咲く。観賞用。▽つばき科。

もっこつ【木骨】 建築で、骨組が木造であること。その骨組。

もっこふんどし【×畚×褌】 短い布の前後にひもを通し、わきで結ぶようにしたふんどし。

もっこん【目今】 ただいま。目下(もっか)。

もっさり《副「と」・ス自》鈍重な感じがするさま。「—(と)した人」「—(と)起きてくる」

もっしょくし【△没食子】 イラン・小アジア産のぶな科の植物に、ハチの一種が卵を生みつけた刺激によってできる、こぶ状のもの。タンニンを多く含み、インクの原料などにする。▽→ごばいし

もっそう【物相】 一人分ずつの飯を盛る器。 **—めし【—飯】** 物相に盛って出す飯。盛り切りにした飯。特に、牢屋(ろうや)の飯。

もったい【×勿体】 大げさな物々しさ。「—をつける」(もったいぶる) **—な-い**《形》①まだ(他に)役立つのに無駄にされて惜しい。「捨てては—」「待っている時間が—」「タクシー代が—」②恐れ多い。㋐有難い。「—お言葉を賜る」㋑神仏などに不敬だ。「お札(ふだ)を踏むとは—」 派生 **-さ -げ -がる** **—ぶ-る**《五自》必要以上に重々しく気取った態度を執る。 **—らし-い**《形》仰々(ぎょうぎょう)しい。大層らしい。 派生 **-さ**

もったり《副「と」・ス自》濃厚で、粘りが強いさま。

「ケーキの生地が―するまで泡立て器で混ぜる」「ごま豆腐の―(と)した舌触り」

もっちり『副〔と〕・ス自』くっつきそうに弾力のあるさま。㋐食品の粘り気が強いさま。もちもち。「―(と)したパン」㋑潤いと弾力性があるさま。「―(と)した肌」

もって【△以て】『連語』①《「を―」の形で格助詞のように使う》㋐(……を)使って。(……に)よって。……で。「太刀を―首をはねる」「書面を―通知する」㋑(……に)よって。……の理由で。「俊敏を―世に鳴る」㋒動作の行われる時を示す。……に。「本日を―閉店します」㋓「を」の重々しい言い方。「これを―第一位とする」②《前の語と合して》口調を整え、合した連語を副詞的表現にする。↓いまもって・じつもって・まえもって・まずもって。③《接続助詞・接続詞のように使う》また。かつ。「利口で―顔かたちもいい」。それで。「―如何(いかん)となす」「―瞑(めい)すべし」(そのことで満足すべきである) ▽漢文の「以」の訓。「持つ」の形式的用法。(1)は「もちまして」とも言える。 **―のほか**【―の外】『連語』思いもよらない(ほど、けしからぬ)こと。㋐意外。「―の立腹」㋑とんでもないこと。言語道断。「怠けて落第したなど―だ」

もって-くる【持って来る】『連語』《複合動詞相当》①たずさえて来る。②一つの事に他の事を重ねる。「強い上に―きて男ぶりもいい」「あいつの悪(わる)ったら無い。そこへ―と、こいつなどまだかわいい」

もってこい『ノダ』ぴったり合う、あつらえ向きのさま。一番適当なこと。「彼に―の仕事がある」▽「持って来い」から。

もってまわ-る(まはる)【持って回る】『連語』《複合動詞相当》さらっとは済ませず、遠まわしな仕方で行う。「ちょっとの事を―って恩に着せる」「―った文体がいやみだ」

もっと『副ダ』程度がそれ以上に。更に。「―薄いのがいい」「―(たくさん)ください」「―右の方」「玉の美しいことは、昨夜(ゆうべ)より―です」(宮沢賢治「貝の火」) ▽分量を限定する表現を伴わない点で、「もう」とは異なる。

もっとい(もっとひ) ↓もとゆい。▽「もとゆい」の音便。

モットー 標語。座右の銘。▽motto

もっとも ㊀【最も・×尤も】『副』何よりも一番。他に比べ第一に。「この病気の―多い地方は」「―得意とする科目」▽「―すぐれたものの一つ」のような言い方は、欧文直訳体。㊁【×尤も】①『ノダ』《「―な」も使う》道理にかなっていること。「―千万(せんばん)」「君が怒るのも―だ」▽相手の言動を肯定する場合に使う。↓もっともらしい。派生 **-さ** ②『接』とは言うものの。ただし。

もっともらし-い【×尤もらしい】『形』①(本当はそうでもないのに)いかにも尤も㊁①だという風に説く様子だ。「―忠告」「くだらない説を―く言い立てる」②受け入れられる度合が高い。「どちらが―かな」派生 **-さ・-げ**

もっぱら【専ら】①『名・副・ダナ』それだけであるさま。いちずであるさま。「―勉強に打ち込む」「演奏が―の評判になる」②『名』『「―に」とする』自分だけのこととして勝手に振舞う。「権力をもっぱらにする」。そのことだけをする。「読書をもっぱらとして余生を送る」

モッブ 群衆。特に、暴徒と化した群衆。モブ。▽mob

モップ 柄のついた(房状の)雑巾(ぞうきん)。▽mop

もつやく【△没薬】東部アフリカなどに産する、かんらん科の低木からとれる樹脂。香料や、健胃剤その他の薬にする。ミルラ。

もつれこ-む【×縺れ込む】『五自』物事の決着がつかないまま、次の段階に入る。「延長戦に―」「翌日に―」

もつ-れる【×縺れる】『下一自』①からみ合って入り乱れる。「糸が―」②言語・動作が正常さを失い、自由でなくなる。「舌が―」「足が―」③色々と事情がからんで混乱する。「話が―」「試合が―」「感情が―・れて仲たがいとなる」

もて ①『連語』《多く、「を―」の形で》↓もって(1)。▽「もちて」の転。②『接頭』動詞にかぶせて意味を強め、あるいは語調をととのえる。「―かくす」「―はやす」

もてあそ-ぶ【弄ぶ・△玩ぶ】『五他』①手に持って遊ぶ。いじくる。②まじめに扱うべきものをおもちゃにする。㋐性的な慰みとする。「娘を―」㋑好き勝手に扱う。「政治を―」▽俗に「もちゃすぶ」とも言う。

もてあつか-う(あつかふ)【持て扱う】『五他』①取り扱う。②取扱いに困る。もてあます。「自分の心を―」

もてあま-す【持て余す】『五他』うまく扱いきれないで処置に困る。「子供の乱暴を―」「暇を―」「大きな体を―」

もてな-す【持て成す】『五他』①喜ばせようと気を配る。御馳走(ごちそう)する。歓待する。「温かい食事で―」②取り扱う。待遇する。「客を丁重に―」

もてはや-す【持て×囃す】『五他』ほめそやす。盛んに(口々に)ほめたたえる。「昨今のマスコミに―・されている人物」▽もと「持て映(は)やす」で、照りはえるようにする意。

モデム コンピュータ通信で、コンピュータの信号と電話回線の信号とを相互に変換する装置。▽modem (modulator(変調器)+demodulator(復調器)の略)

モデラート 〔音楽〕中ぐらいの速さ(で)。▽イタリア moderato

も-てる ①『下一自』もてはやされる。ちやほやされる。人気がある。「女性に―」▽「持つ」の派生動詞。②【持てる】『連語』《連体形で》資源などが豊かで、富んでいる。「―国と持たざる国」▽「持つ」に文語「り」の連体形が付いた語。昭和初年によく使われた。

モデル ①型。模型。▽↓もけい。②手本。模範。「これを―にしてやれば間違いない」③美術製作の対象となるもの・人。文学作品の人物の素材となる人。④「ファッション モデル」の略。最新・流行の服を着て見せる人。ショーで客に見せたり、雑誌の写真に撮らせたりする。▽model　**—ケース**　典型的・標準的な事例。代表的な事例。▽model case　**—チェンジ**《名・ス自》商品のデザイン・性能などを改めること。型式(かたしき)変更。特に自動車などに言う。▽model と change とによる和製英語。　**—ハウス**　戸建て住宅の見本として建築した家。▽model と house とによる和製英語。

もと【下・△許】①木・草の根のあたり。「花の—に遊ぶ」②その支配・影響が及ぶ所。「親の—(=そば)を離れる」「この条件の—に」「勇将の—に弱卒なし」

もと【元・本・基】時間的経過や順序が考えられるものの、初め(の部分)。▽「下(もと)」(1)が原義。㊀物事が起こる所。↕末(すえ)。①起こり。初め。「—にもどる」「—をただせば」②物事がそれによって成り立つ(大事な)所。㋐根源。基礎。もとい。「農は国の—」「—立ちて道生ず」㋑原因。【本・基】「けんかの—はと言えば」㋒利を生むよりどころ。元金。また、資本。もとで。「—がかかる商売」「—も子もない」(損をしてあとかたもない)。原価。もとね。「—が切れる」「—が取れない」㋓原料。「かびを—にして作った薬」。特に、酒を造る原料としてのこうじ。「—を仕込む」▽「酛」と書く。③それを生じる初めの部分。【本】㋐→もと(下)(1)。㋑《数を表す和語に付けて》草木など細長いものの数を示す時に添える語。「庭に一—棗(なつめ)の木」㊁《副詞的にも使う》今より前の時。以前。むかし。初め。【元】「—首相」「—の鞘(さや)に収まる」(一度離縁または仲たがいした者が、またもとの仲にもどる)「—の木阿弥(もくあみ)」(↓もとのもくあみ)「彼は—軍人だった」▽「前(ぜん)」(2)㋓よりさかのぼった前を表すことがある。「—大臣」

もとい(もとゐ)【基】土台。基礎。また、物事の根本。

もとい【元い】《連語》↓もとへ

もとうけ【元請(け)】「元請負(うけおい)」の略。他の業者を挟まず注文主からじかに仕事を請け負うこと。その業者。

もとうた【本歌】①→ほんか(本歌)。②替え歌のもとになった歌。▽(2)は「元歌」とも書く。

もとうり【元売り】生産物を生産者から直接引き取って、卸売り業者その他の流通段階へ売り渡すこと。

もどかしい《形》思うようにならず、いらだたしい。じれったい。「—手つき」▽非難する意の古語動詞「もどく」の形容詞化に由来。派生 **-さ -げ -がる**

もとき【本木】木の根もとの部分。↕末木(うらき)。「—にまさる末木なし」(何回取りかえてみても、やはり最初に関係のあった者が一番いいの意で、前夫・先妻と後夫・後妻とを比べて言う時にも使う)

=**もどき**【△擬(き)】《名詞に付けて》似るように作ること。似せたもの。「芝居—の言いまわし」「雁(がん)—」。似ていること。「梅—」

もときん【元金】①もとで。資本金。②貸し借りした、もとのかね。がんきん。↕利子

モトクロス　未舗装・不整地の周回コースでオートバイの速さを競う競技。▽motocross

もとごえ【元肥・基肥】植えつける前に多量に施しておく肥料。↕追肥(おいごえ)

もとごめ【元込め】弾丸を銃身・砲身の手前側から込める仕掛けであること。▽↓さきごめ

もどしぜい【戻し税】いったん収めた税金(関税や所得税)の一部を、ある条件を満たす者に返すこと。その金額。

もとじめ【元締(め)】①会計・経理などの、おおもとの締め括(くく)りをする役。②転じて、ばくち打ちなどの親分。

もど-す【戻す】《五他》①もどらせる。もとの位置・状態にする。「取り出した本を棚に—」「縒(よ)りを—」(比喩的にも使う。↓より(縒))。特に、乾燥または冷凍した物をもとの状態にする。「水で—」②へどをはく。「赤ん坊がミルクを—」

もとせん【元栓】家庭に引いた水道・ガスなどの管の、元にある開閉装置。

もとだか【元高】もとの金高(きんだか)。元金・原価など。

もとちょう【元帳】簿記で一番もとにする主要帳簿。勘定科目ごとに増減を記入する。原簿。

もとづ-く【基づく】《五自》そこにおもとがある。基礎を置く。それをよりどころとする。「経験に—いて判断する」

もとづめ【元詰(め)】びん詰などを、製造元で詰めること。その詰めた品。

もとで【元手】事業を起こすのに必要な資金。資本。また、利益を得るもととなるもの。

もとどり【×髻】髪の毛を頭の上に束ねた所。たぶさ。

もとなり【本成り・本△生り】植物のつるや幹の、もとに近い方に実がなること。その実。↕うらなり

もとね【元値】仕入れ値段。

もとのもくあみ【元の木×阿△弥】《連語》一時よくなったものが再びもとのつまらない状態に帰ること。(苦労や努力にもかかわらず)もとの状態にもどってしまうこと。

もとぶね【本船】①小船を従えている大船を、小船から指して言う語。②沖にあって、はしけで陸上と交通する大船。

もとへ【元へ】《連語》①(体操などで)やり直しをする時にかける言葉。▽実際には「もとい」に聞こえる場合が多い。②言い直す時に言う言葉。

もとめて【求めて】《連語》《副詞的に》自分からすすんで。わざわざ。「—苦労する」

もと-める【求める】《下一他》①ほしいと望む。また、得ようとしてさがす。「平和を—」「職を—」②他に向かって、ほしいと要求する。「助けを—」「意見を—」③買って手に入れる。「早くお—めください」▽↓もとめて。関連 欲しがる・欲する・望む・さがす・渇望・熱望・切望・希求・欣求(ごんぐ)・探求・追求・要求・

請求・要望・要請・強要・強請(ごうせい)・無心・リクエスト

もともと【元元】①《副》もとから。元来。「あの人は―忘れっぽい」②《名》もとの状態と同じで、損にも得にもならないこと。「失敗して(も)―だ」

もとゆい【元結(い)】もとどりを結ぶ細いひも・こよりなど。もっとい。

もとより【△素より】《副・ノダ》①はじめから。元来。「―虚弱の身で、病気がちだ」▽「元より」の意。②言うまでもなく。もちろん。「英語は―ロシア語も上手だ」▽⑴⑵とも「固(よ)り」とも書いた。

もどり【戻り】①もとの状態にかえること。「寒(かん)の―」「相場の―が悪い」②家に帰ること。(行きに対して)帰り。「―がおそい」「―の便(びん)」③鉤(かぎ)の端に逆に出たとがり。物を刺してひっかけるためのもの。

もどりがつお【戻り×鰹】(春先から太平洋岸を黒潮に乗って北上し)秋口に南下してくる脂ののったかつお。

もどりづゆ【戻り〈梅雨〉】梅雨明け後に、ふたたび梅雨に戻ったような長雨が続くこと。

もとる【×悖る】《五自》(道理などに)そむく。反する。

もどる【戻る】《五自》いったん移行したものが逆向きに動いて、再びもとの位置・状態になる。「席に―」「病状は以前に―ってしまった」「縒(よ)りが―」(一度仲たがいした両者(特に男女)の関係が以前の状態にかえる)「花冷えから陽気が―って来た」 [関連] かえる・蘇(よみがえ)る・立ち直る・立ち返る・折り返す・舞い戻る・後戻り・逆戻り・ユー ターン・後退・退却・帰参・帰還・生還・再生・復活・復旧

=**もない** ↓=ない

もなか【△最中】①もち米の粉を薄くのばして焼いた皮と皮との間に餡(あん)を入れて作った和菓子。②「さいちゅう」の雅語的表現。特に、時期の半ば。「秋の―の彩りを探る」▽↓さなか

モニター ①《名》送信・録音などの状態を監視する装置。「―テレビ」②《名・ス他》ラジオ・新聞や企業などで、その内容や商品について意見・批判を述べること。その人。「消費者―」③《名》↓ディスプレー。▽monitor

モニタリング《名・ス他》監視すること。観測・測定すること。「水質―」「新商品を―する」▽monitoring

モニュメント ①記念碑。記念建造物。②比喩的に、後世に残る不朽の功績・作品など。▽monument

もぬけ【×裳抜け・×蛻】へび・せみ等が脱皮すること。

―のから【―の殻】《連語》①へび・せみ等のぬけがら。②人が脱出したあと。「隠れ家は―だった」③魂が抜け去ったなきがら。

もの ㊀【物・者】《名》①事㊀よりは割合に具体的に感じたり考えたりできる対象。▽↓こと(事)㊀。㋐物体。物品。物資。[物]「食べ―」「―を大切にする」▽必ずしも形をそなえなくてもよい。㋑人。[者]「よそ―」「出願しようとする―は」「お前のような―は」▽現代の日常語では「人」より軽んじた気持で使うことが多い。㋒特に取り立てて言うべき(りっぱな)事柄・状態。[物]「―の数にもはいらない」「―ともしない」(問題にしない)「―にする」(自分の所有に移す。達成する)「やつは―になるぞ」▽法令文では、「者」は法律上の人格を指し、「物」は有体物(とみなされる電気など)を指し、それ以外(者や物とその他とを含めて言う)には「もの」を使うという原則がある。②対象一般。㋐何らかの事柄・対象を漠然と言い表す語。[物]「―を思う」「―の本に書いてある」「―は試し」(初めからあきらめず、とにかく一度はやってみるがよい)「―は相談」「―がわかる」(理屈がわかる。理解がある)「―を知らない」「―を言う」(言葉を発する。また、効力を発揮する)「金に―を言わせる(=効力を発揮させる)」。特に、不思議な霊力がある存在。妖怪や魂。「―の怪(け)」「―に憑(つ)かれる」㋑事㊀と物㊀⑴とを包括的・抽象的に言う語。「―の初め」「一切の―」「平和という―は尊い」▽⑵は普通、仮名書きにする。なお↓ものする
③《「―だ」の形で》㋐当然または普通そうなるという意を表す。「時計がとまっていた―だから遅刻した」「世の中はそういう―だ」㋑感動や強調の気持を表す。「見事にしてのけた―だ」「そうしたい―である」「人は怠ける理由に事欠く―ではない」④《普通、形容詞系統の意味の述語を受け、「―がある」の形で》強く断定する意。「友情はまことにうるわしい―がある」▽この否定形に相当する「―はない」は、他に同類が無いの意で、感嘆を込めた断定になる。「丸々と昇った名月の見事さという―はありません」▽↓ものか・ものかは・ものする・ものとする・ものなら・ものの・ものを
㊁《終助》《活用語の終止形を、また形容動詞・助動詞の「だ」では連体形をも受け》理由を示し、また訴え・甘えの気持を表す。「だって、いやだ―」「知りたいんです―」▽「もん」とも言う。↓ものを
㊂《接頭》《形容詞など、状態・心情を表す語にかぶせて》何となく。「―がなしい」「―静かな人」

ものあんじ【物案じ】《名・ス自》ふさいで考え込むこと。「―顔」

ものいい【物言い】①ことばづかい。「―が柔らかだ」②異議を唱えること。その異議。特に、相撲(すもう)で言う。「―をつける」③いいあらそい。口論。「―の種になる」

ものいみ【物忌(み)】《名・ス自》不吉として物事を忌み避けること。特に、ある期間、飲食・行為を慎んで、身体をきよめ不浄を避けること。

ものいり【物入り】《名ナノ》出費がかさむこと。「今月は大変な―だった」

ものいれ【物入れ】物を入れておく所。▽旧軍隊では、ポケットのこと。

ものうい【物憂い・×懶い】《形》何となくだるくて気

が進まない。何となく憂鬱だ。派生 -さ -げ -がる

ものうり【物売り】道に立ち、道を歩き、または戸別訪問をして、物を売りさばくこと。その商人。

ものおき【物置】雑具(・薪炭)を入れておく小屋。納屋(なや)。

ものおじ【物△怖じ】『名・ス自』何かを恐れてしりごみすること。「—しない性格」

ものおしみ【物惜しみ】『名・ス自』物を使ったり人に与えたりすることを惜しいと思うこと。

ものおそろし-い【物恐ろしい】『形』何となく恐ろしい。そら恐ろしい。派生 -さ -げ

ものおと【物音】(どれが出したか分からないが)何かの音。「—を立てる」「—ひとつしない」

ものおぼえ【物覚え】記憶(力)。「—がいい」。物事を習って覚え込むこと。「—が速い」

ものおもい【物思い】思いにふけること。特に、うれい。「—にふける」「—に沈む」

ものか『連語』①《連体形に付いて》強い反語を表す。「見舞いになんか行ってやる—」▽「もんか」とも言う。②感動を表す。(驚いたことには)……のだなあ。「いざとなると、こうも力が出る—」

ものかき【物書き】小説・評論など文章を書く職業の人。「自称—のはしくれ」▽一九六〇年ごろからの用法。もとは、記録作り(の役)や代筆(する人)を言った。

ものかげ ①【物影】何かの姿・形。「—の動くのを認めた」②【物陰】物に隠れた見えない場所。「賊が—にひそむ」

ものがた-い【物堅い】『形』行いが慎み深くて、礼を失わない。義理堅い。律儀(りちぎ)だ。派生 -さ

ものがたり【物語】①物語ること。その内容。話。②古くから語り伝えられた話。「—で知られた所」③(平安時代から鎌倉時代にかけての)散文の文学作品。「歌—」「説話—」

ものがた-る【物語る】『五他』①あるまとまった話をする。「体験を—」②比喩的に、ある事実がある意味をおのずから示している。「今までの苦労を—白髪(しらが)」

ものがなし-い【物悲しい】『形』何となく悲しい。うら悲しい。派生 -さ -げ

ものかは『連語』問題としない。物の数ではない。「あらしも—、決然として出発した」▽文語で強い反語を表した用法から。

ものぐさ【物臭】『名ナ』物事をするのを面倒くさがること。また、そういう性質の人。無精者(ぶしょうもの)。

モノグラフィー 個々の専門題目についての学術論文。モノグラフ。▽ドイ Monographie

ものぐるい【物狂い】正常な判断ができなくなること。乱心。また、そういう人。

ものぐるおし-い【物狂おしい】『形』正気をなくしている、また、正気を失いそうな気持だ。派生 -さ -げ

モノクロ 「モノクローム」の略。

モノクローム ①一色だけで描いた絵。②黒白の写真・映画。モノクロ。▽monochrome

ものごい【物乞い】『名・ス自』物を恵んでくれるよう頼むこと。また、こじき。

ものごころ【物心】世間の有様や人情などが分かる心。「—がつく年ごろ」「—(が)つかないうちに(=幼少のうちに)両親を失う」

ものごし【物腰】人と接する時の、ものの言いぶり。人に応対する態度。「上品な—」

ものごと【物事】物と事。一切の事物。▽事柄の方に重点を置く場合がある。「世の中の—はそう簡単ではない」

ものさし【物差(し)・物指(し)】①つけてある目盛によって、長さを測る用具。②転じて一般に、尺度。「自分の—で他人をはかる」

ものさびし-い【物寂しい・物×淋しい】『形』何となくさびしい。うらさびしい。派生 -さ -げ

ものさわがし-い【物騒がしい】『形』①物音がして、うるさい。②世の中が穏やかでない。ぶっそうである。派生 -さ

ものしずか【物静か】『ダナ』①ひっそりとしていかにも静かなさま。「—な場所」②言葉・態度などが落ち着いて穏やかなさま。派生 -さ

ものしらず【物知らず】『名ノ』知識・常識のないこと。その人。

ものしり【物知り・物△識り】(雑学的に)何でもよく知っていること。そういう人。「—顔に話す」

ものずき【物好き】『名・ダナ』わざわざ好んで、風変わりな事や人の嫌う事をすること。そういう人。派生 -さ

ものすご-い【物△凄い】『形』「すごい」を強めた語。①非常に恐ろしい。「—形相(ぎょうそう)」▽もと、何となく気味が悪い意。②はなはだしい。とてつもない。「—人気」派生 -さ

ものすさまじ-い【物△凄まじい】『形』非常にすさまじい。ものすごい。派生 -さ

もの-する【物する】『サ変他』何かをする。おこなう。特に、文章を書く。

モノタイプ キーを押す操作で、自動的に活字が一字ずつ鋳造され、組版を作る機械。▽Monotype 商標名。↓ライノタイプ

ものたち【物断ち】神仏に願(がん)をかけ、茶とか塩味とかを口にしないこと。

ものだね【物種】物のもととなるもの。「命あっての—」(何事も命あっての上のこと)

ものたりない【物足りない】『連語』何か欠けているような気がする。満足がいかない。▽「ない」の部分は、「ぬ」「ません」でもよく、それら三つの活用形でもよい。「物足らぬ」とも言う。

ものづくし【物尽(く)し】同じ種類の物を皆、並べあげること。例、世界国尽くし。

モノトーン ①『名・ダナ』単調であること。一本調子。

も

②《名》単一色の濃淡・明暗だけで表現すること。▽monotone

ものとする《連語》《「……する」「……しない」または「……である」「……でない」の表現に付いて》趣旨として……と定める。「時期については別途協議する―」▽法令文では、「……しなければならない」「……してはならない」より弱い(時には口調を整える)表現。「地方公共団体は、……地域における行政を自主的かつ総合的に実施する役割を広く担う―」(地方自治法一条二項)。

ものども【者共】手下の者に呼び掛ける語。その方(ほう)ども。「―続け」▽既に古風。

ものとり【物取り】どろぼう。おいはぎ。「―に遭う」

ものなら《連語》《連体形に付いて》①仮定の条件を表す。なら。「そんなことでいい―、だれにでも出来るよ」「やれる―やってみろ」②《「う(よう)」を受けて》それがきっかけになって大変な成行きになると推測される物事を、前件として示すのに使う。「そんな事を言おう―、ひどくおこるだろう」

ものなり【物△生り・物成り】田畑などからの収穫物。物産。「―帳」。また、田の収穫にかけた税。

ものな-れる【物慣れる】《下一自》物事に慣れ、うまく扱えるようになる。「―れた手つき」。世故にたける。「―れた人」

ものの《連語》①ほんの。たかだか。「―一日と置かずにまた出かけた」「―三人も居ない」「―一分もすれば出来ますよ」②いかにも。非常に。「―見事に成し遂げた」▽→みごと。③《連体形に付いて》ある事を述べ、それが成り立つことは認めるが、しかし一方ではこれに反するような事もあるという気持で、他の事に言い連ねるのに使う。「我慢はした―、なんともやりきれない」

もののあわれ‥あはれ ①なんとなく哀れに感じること。②しみじみとした情趣。▽⑴は平安時代の用法に対する後世の解釈。平安時代には、人の世の運命が変えがたい、特に男女が出会って別れるあわれさ、また季節の移ろいに催される感動を、言った。

もののかず【物の数】《多く、打消しの語を伴って》かぞえたてる価値がある物。「―ではない」「―に入らない」

もののぐ【物の具】道具・調度。特に、よろい、具足。

もののけ【物の気・物の△怪】死霊(しりょう)や生霊(いきりょう)(のたたり)。

もののふ【〈武士〉】武人。ぶし。▽雅語的。

もののほん【物の本】(しかるべき)本。「―によると」

ものはづけ【物は付け】雑俳の一種。「……する物は」という題に対して答えの句をつける。江戸時代に起こった。

ものび【物日】祝い事や祭りなどがある日。▽「もんび」とも言う。

ものほし【物干(し)】洗濯物を干すための設備・場所。「―ざお」

ものほしそう‥さう【物欲しそう】《ダナ》何となく物がもらいたいような、さもしいさま。

モノマニア 偏執(へんしゅう)狂。▽monomania

ものまね【物〈真似〉】《名・ス自他》人・動物その他の、声・音・態度などをまねること。

ものみ【物見】①ある物・事を見ること。㋐けんぶつ。「―遊山(ゆさん)」㋑見張り。斥候(せっこう)。「―に立つ」②物を見るための所。㋐遠くを見渡すために高く築いたやぐら。ものみやぐら。㋑編みがさの前に作った穴。 **―だか-い**【―高い】《形》ちょっとした事にも面白がって見たがる性質が強い。好奇心が強い。「―は江戸の常」[派生] **-さ**

ものめずらし-い‥めづらしい【物珍しい】《形》なんとなく珍しい。いかにも珍しい。[派生] **-さ -げ -がる**

ものもう-す‥まうす【物申す】《五自》①文句を言う。注文をつける。抗議する。「当局者に―」②物を言う。質問する。③人に呼びかけたり、他家を訪問して案内を請うたりする時に使う言葉。ものもう。▽⑶は今は言わない。

ものもうで‥まうで【物詣(で)】神社・寺にお参りすること。参詣。

ものもち【物持(ち)】①財産をたくさん持っている人。②物品を粗末にせず長く使うこと。「―がいい」

ものものし-い【物物しい】《形》いかめしい。おもおもしい。また、おおげさだ。「―警備」[派生] **-さ -げ**

ものもらい‥もらひ【物×貰い】①こじき。②葡萄(ぶどう)球菌による、まぶたにできる小さなはれもの。麦粒腫(ばくりゅうしゅ)。

ものやわらか‥やはらか【物柔らか】《ダナ》態度に角(かど)がなく、おだやかなさま。「―に人に接する」[派生] **-さ**

モノラル 一つの装置で録音し、再生するもの。↔ステレオ。▽monaural

モノレール (一般の鉄道が二本のレールの上を走るのに対し)一本のレールにつりさがって、またはまたがって走る鉄道。単軌条鉄道。▽monorail

モノローグ 劇で、相手なしに言う台詞(せりふ)。独白。↔ダイアローグ。▽monologue

ものわかり【物分(か)り】物事の理解。のみこみ。「―が速い」「―のよさ」

ものわかれ【物別れ】双方の意見が一致するに至らず、別れること。「交渉が―に終わる」

ものわすれ【物忘れ】《名・ス自》物事を忘れること。「―がひどい」

ものわらい‥わらひ【物笑い】他人の言行を見聞きして、あざけり笑うこと。「―の種になる」「とんだ―だ」

ものを《連語》①《文末に使って》悔恨・愛惜・不満などの気持を込めた詠嘆に使う。「早く買ってくれればいい―」②《文中に使って》⑴と同じ気持を込めた逆接に使う。「都合がつけられた―、知らせが届かなくて行けなかった」▽「もの」＋間投助詞「を」

もば【藻場】海底に海藻や海草が茂って魚類やプランクトンも多い、沿岸域の場所。▽漁業に大切な場所で、磯(いそ)焼けを起こすと回復困難。

式の)

モバイル『名・ス自』(電子機器を)移動・携帯して使用できること。その手段に使う器具。▽mobile(=移動式の)

もはや【△最早】『副』今ははや。→もう(1)。「―夜もふけた」「―戦後ではない」「―これまでの命か」▽「いまはや」の転。「もう」より文語的。

もはん【模範】見習うべき手本。「―的な青年」

モヒ「モルヒネ」の略。

モビール 動く彫刻。何枚かの木片や金属片などを糸や針金でつるし、それらがバランスを保ちながら、微妙に動くようにしたもの。▽(フランス)mobile(=移動性の)

モビルゆ【モビル油】発動機のシリンダーにさす潤滑油。モビル オイル。▽「モビル」はmobile

もふく【喪服】喪中の人が着る、黒や薄墨色の衣服。また、弔問者が弔意を表して着る礼服。

モヘア アンゴラ山羊(やぎ)から採取した羊毛。その羊毛で織った生地。▽mohair

モボ〔俗〕「モダン ボーイ」の略。▽→モダン

もほう【模倣・×摸倣】『名・ス他』自分で工夫して作り出すのでなく、既にできているものをまねること。

もほん【模本・×摸本・×摹本】①模写して作った書物。②習字・図画などの手本。

もまれる【×揉まれる】『連語』→もむ(2)(ウ)

もみ【×樅】山地に自生する常緑高木。葉は線形で密生。材は建築・器具用、また、パルプの原料。▽まつ科。

もみ【△紅・〈紅絹〉】ベニバナを揉(も)んで紅(べに)色の無地に染めた絹。

もみ【×籾】①穂から扱(こ)いたままで、まだ脱穀していない米。もみがらがついたままの米。もみごめ。②「もみがら」の略。

もみあ-う(あふ)【×揉(み)合う】『五他』①互いに揉(も)む(ようにする)。特に、入り乱れまたは組み合って戦う。②比喩的に、議論を激しく戦わせる。

もみあげ【×揉(み)上げ】鬢(びん)の毛が耳に沿って生え下がった部分。

もみあらい(あらひ)【×揉み洗い】衣類を揉んで洗うこと。「手―」「板―」(洗濯板の上に押しつけて洗うこと)。また、食材のあくやぬめりを除くために洗うこと。

もみうら【△紅裏・〈紅絹〉裏】もみの裏地を使うこと。その裏地。

もみがら【×籾殻】米の、かたい外皮。すりぬか。あらぬか。もみぬか。もみ。

もみくちゃ【×揉みくちゃ】ひどく、もまれること。もまれてしわになること。もみくしゃ。「満員電車で―にされる」

もみけ-す【×揉(み)消す】『五他』①火のついた物を手でもんで、消す。②自分に都合の悪い事が知れ渡りそうになった時、押さえたり打ち消したりして、広がらないようにする。「証拠を―」

もみごめ【×籾米】→もみ(籾)(1)

もみじ(もみぢ) ①【〈紅葉〉】『名・ス自』秋の末に、落葉樹の葉が赤・黄色などに変わること。その変わった葉。「顔に―を散らす」(少女などがはにかんで赤面するさまのたとえ)「こずえが―し始める」▽黄色くなるのは「黄葉」と書く。古代語四段動詞「もみつ」の連用形から。平安時代に濁音化し上二段活用となった動詞を、余り使わなくなって「―す(る)」の言い方が現れた。「―する峰々」。事情は「恋ふ」対「恋する」に似る。②『名』→かえで

もみじあおい(もみぢあふひ)【〈紅葉〉×葵】北アメリカ原産の多年草。春、木質の茎が群生し一〜二メートルになる。葉は長い柄で互生し、掌状に細く切れ、もみじに似る。夏、赤色五弁の大花が咲く。紅蜀葵(こうしょっき)。▽あおい科。

もみじおろし(もみぢ)【〈紅葉〉卸】大根に赤唐辛子を差し込んでおろしたもの。赤い色をもみじに見立てる。ちり鍋などの薬味に使う。

もみじがり(もみぢ)【〈紅葉〉狩(り)】山野にもみじをたずねて観賞し、楽しむこと。

もみすり【×籾×摺り】もみ米をうすなどで摺(す)り、ふるいにかけて、もみがらを除くこと。

もみで【×揉み手】頼み事・わび事の時、また、商人が客に接する時、片手で他の手を握って揉んだり両手をすり合わせたりする動作。「―でうまく売りつける」

もみぬか【×籾×糠】→もみがら

もみほぐ-す【×揉(み)ほぐす】『五他』①もんで柔らかくする。「肩を―」②気持や雰囲気をやわらげる。「緊張を―」

もみりょうじ【×揉み療治】あんま。マッサージ。

も-む【×揉む】『五他』①両手にはさんで交互に回転する動作で力を加える。「錐(きり)を―」。手でつまんだり、こすり合わせたりして、力を加える。「肩を―」「紙を―・んで柔らかくする」「きゅうりを塩で―」「手を―・んでにこやかに客に接する」「数珠(じゅず)を―・んで祈る」②もむ(1)の動作のような、激しい上下動(または回転)を起こす。(ア)激しく上下にゆり動かす。「みこしを―」(↔「みこしを差す」)。→さす(差)(三)(3)(ア)「湯を―」(浴槽の熱い湯の温度を下げるため板などを差し込んで上下に強く動かす)「気を―」(心配してあれこれ心を使う)(イ)互いに入り乱れて押し合う。「―・みに―・んで攻め込む」。激しく論争する。「執行部の原案について―・み合う」(ウ)『―・まれる』(イ)のような力を受け、それに従って動かされる。また特に、くしゃくしゃになる。「人波にもまれて、よろける」「世の荒波にもまれる」(世のさまざまなつらい経験を味わわされる)「世間に出てもまれて来い」(エ)相撲(すもう)・運動などで、相手をきびしく鍛える。「一丁―・んでやろう」

もめごと【×揉め事】争いごと。ごたごた。「夫婦の間で―が絶えない」

も-める【×揉める】『下一自』もまれた状態になる。(ア)争いがあってごたごたする。意見がまとまらず、なかなか解決できないでいる。「きのうの会議は―・めた」(イ)『気が―』あれこれと心配する。心配でいら

だつ。

もめん【木綿】①木綿(2)から製した糸。それで織った織物。②キワタの実の中にあって、種についている、白く柔らかな繊維。布団などに入れる。木綿わた。▽「ゆう」と読めば別の意。

モメント ①契機。②瞬間。③→モーメント(1)。▽「モーメント」とも言う。moment

もも【桃】①果実を食用とする落葉小高木。また、その果実。中国原産。五弁の紅色または白色の花が咲き、初夏、実を結ぶ。葉は薬用、花は三月三日の節句に飾るなど観賞用。▽実に霊力があるとされた。ばら科。②「桃色」(1)の略。

もも【△股・×腿】足の、ひざより上の部分。

ももいろ【桃色】①桃の花のような薄紅の色。②情事に関することを言う語。「—遊戯」

ももじり【桃尻】①馬に乗るのがへたで、尻が鞍(くら)によく定まらないこと。▽桃の実がすわりが悪いことから。②比喩的に、同じ所・仕事などに落ち着いていられない者。

ももだち【△股立(ち)】はかまの両わきの、空きを縫い止めた所。「—を取る」(はかまの左右のすそをつまみ上げて、股立にはさむ)

ももたろう【桃太郎】日本の代表的昔話の主人公。桃から生まれ、犬・猿・雉(きじ)を連れて鬼が島を征伐したという。▽金太郎と共に、元気な男の子の比喩にも使い、颯爽(さっそう)と悪を討つ人物の比喩にも使う。

ももとせ【△百△歳】百年。年月が(百ほども)重なること。▽雅語的。

もものせっく【桃の節句】三月三日の節句。女の子のために雛(ひな)を飾る。ひな祭り。

ももひき【△股引(き)】①細いズボンのような形の衣服。▽下着用のもの、農夫・車夫の作業用のものがある。②さるまた。さるももひき。

ももわれ【桃割(れ)】娘の、日本髪の髪型の一つ。後頭上部のまげを、桃を二つに割ったような形に結う。

ももんが【〈鼯鼠〉】森林の樹上にすみ、前足と後足の間にある皮膜を広げて滑空する獣。ムササビに似て、ずっと小さく、体長約二〇センチ。▽りす科。

ももんがあ 着物をかぶりひじを張り、モモンガのまねをして子供をおどかす語。

ももんじい ①「ももんがあ」に同じく、子供をおどかす語。②いのしし・しかなどの肉。▽人をののしったり、自分を卑下したりする時にも使った。

もや【×靄】大気中に低く立ちこめた、薄い霧や煙霧。「—がかかる」▽→きり(霧)

もや【△母屋】①おもや。②大工用語で、家の軒の内。「入り—」▽もと、家の中で主となる部屋。寝殿造りでは寝殿の中央の間。

もやい(もやひ) ①【×舫い】もやうこと。「—船」。それに使ってある綱。「—を解く」②共同で行う(使う)こと。「長屋の—の井戸」▽(1)とは別語で、「催合」などと書いた。

もや-う(もやふ)【×舫う】《五他自》船を、他の船、また、岸(の杭(くい)など)に、つなぎとめる。

もやし【×萌やし】緑豆・大豆などの豆類や大麦などを水に浸し日光をあてずに発芽させたもの。麦のものは麦芽という。食用。「—っ子」(もやしのようにひ弱な子)

もや-す【燃やす】《五他》(火をつけ)燃えるようにする。「反故(ほご)を—」「情熱を—」

もやもや ①《副[と]・ス自》形がぼんやりしているさま。㋐靄(もや)のようであるさま。「水蒸気が—(と)立ち上る」㋑明瞭でないさま。「—した怒り」②《名》これと言えない、何となく不快な気持。「スポーツで—を発散させる」

=**もよい**(もよひ)【△催い】《名詞に付けて》そのきざしが見えること。「雨—」「雪—」

もよう【模様】①(織物・染物・工芸品などに装飾のため施す)図形および色の組合せ。②様子。ありさま。「出発は遅れる—だ」「空の—を見る」「雨—」(雨もよい)「—眺めに終始する」(傍観的態度の場合にも言う) **—がえ**(へ)【—替(え)】《名・ス他》物事の仕組み・様子を変更すること。特に、部屋の中の家具の位置などを変えること。

もよおし(もよほし)【催し】催すこと。また、催物。

もよおしもの(もよほし:)【催(し)物】人を集めてするいろいろの会や演芸など。

もよお-す(もよほす)【催す】①《五他》人々が集まる行事を企て準備し、行う。「会を—」②《五他自》そういう気持をかきたてる。そういう気持が生じる。「信心を—」「便意を—」「眠気が—してきた」

もより【最寄り】すぐ近く。てぢか。付近。「—の薬局」

モラール (軍隊や会社など組織体の)士気。風紀。▽morale

もらい(もらひ)【×貰い】もらうこと。また、もらった物。特に、客から受ける祝儀、乞食(こじき)が受ける施し物。「—が多い」

もらいぐい(もらひぐひ)【×貰い食い】(自分では買わず)他人からもらって食べること。

もらいご(もらひ:)【×貰い子】他人からもらって自分の子とする、その子。養子。▽「もらいっこ」とも言う。

もらいさ-げる(もらひ:)【×貰い下げる】《下一他》下げ渡してもらう。特に、警察などに留置されている者の身柄を引き取る。

もらいぢち(もらひ:)【×貰い乳】母乳が出ない時、または不足の時、他人の乳をもらって子に飲ませること。その乳。▽「もらいち」「もらいぢ」とも言う。

もらいて(もらひ:)【×貰い手】物をもらい受ける人。「—がない」

もらいどし(もらひ:)【×貰い年】厄年を避けるため、厄年に当たる人が実際より多く年を取っているように言うこと。その、自称する方の年。▽この習慣は滅びた。

もらいなき(もらひ:)【×貰い泣き】《名・ス自》他人が悲しんで泣いているのに同情し、それにつられて自分も泣くこと。

もらいび【×貰い火】①類焼。②よそから火種をもらうこと。

もらいみず【×貰い水】自分の家で使う水を、よそからもらうこと。「朝顔に釣瓶(つるべ)とられて—」(千代女)

もらいもの【×貰い物】人からもらった物。よそからの到来物(とうらいもの)。

もらいゆ【×貰い湯】よその家の風呂(ふろ)に入れてもらうこと。

もらいわらい【×貰い笑い】『名・ス自』他人が笑うのにつられて笑うこと。

もら-う【×貰う】『五他』①他人の好意・親切による行為を受ける。㋐贈物や恩恵的な措置を受ける。「旅のみやげを—」「だるまをみやげに—」「時間を—って追加説明をする」「かえって田中老人から元気を—」㋑与えるように頼んで引き取る。「サインを—」「身柄を—い受ける」。家に迎える。「嫁を—」「嫁に—」㋒《動詞連用形+助詞「て」を受けて》他人の行為を依頼または期待し、それによって利益を受ける意を表す。「お前に行って—おう」「うんと勉強して—」㋓自分に好都合の結果とする。「今度のゲームはおれが—った」「相手の失策で、あぶない勝負を—」▽㋑の見立て。②他人の物事を引き受ける。「そのけんか、おれが—おう」▽⑵の見立てで「頭にげんこつを—った」のようにも使う。関連 頂く・押しいただく・授かる・賜る・受ける・受け取る・申し受ける・浴する・あずかる・被る・頂戴(ちょうだい)・奉戴・受納・受容・受理・受領・受賞・享受・授受・拝受・拝領・領収・査収・収納・収賄・嘉納(かのう)・入手・落手

もら-す【漏らす・×洩らす】『五他』①もれ(出)るようにする。「水も—さぬ警戒」「秘密を—」(秘密を他人に話してしまう。↓⑵)「小便を—」「舌打ちを—」「ため息を—」「話を聞き—」(=聞き落とす)②小声でまたは不用意に、口にする。「つぶやくように—」「うっかり—した一言が大変な結果を生んだ」「あいつには—なよ」

モラトリアム ①経済恐慌などの場合、国家が債務の履行の一定期間延長を認めること。支払猶予。②当面の実施を中止すること。「核実験—」③比喩的に、社会人となるべき自信がなく、大学の卒業などを延ばしていること。「—人間」▽moratorium

モラリスト 人間精神を探究する人。教訓を説く人。▽フランス moraliste

モラル 倫理。道徳。習俗。また、生き方に対する真剣な反省。「—に反する」「—に欠ける」▽morals **—ハザード** ①企業などが倫理性の欠如のため、不正な利益追求に走ること。また、社会において道徳や倫理が崩壊しているような状況。②経済学で、依頼側が見えないところで、依頼される側の努力が低下するなどして、不利益をもたらす行動やその結果。③保険の補償があることで被保険者の危険意識が低下し、事故や病気等のリスクがかえって高まること。▽moral hazard

もり【森・×杜】木がたくさん生え茂っている所。「木を見て—を見ず」(ささいなことにとらわれて大勢を見失う)▽本来は(神社など)神が下りる神聖な場所。一般には、林よりも木深(こぶか)い場合に言う。

もり【×銛】先がとがり、斜め後ろに向かって左右にかぎが出ている漁具。投げ、または突いて鯨・魚をとる。

もり【守(り)】まもること。その人。特に、子守。「お—」

もり【盛(り)】①盛ること。盛った程度。「山—」「—が悪い」②「もりそば」の略。

もりあが-る【盛(り)上がる】『五自』①盛ったようにふくらみ高くなる。特に、内側からわき上がるように、高くなる。「筋肉の—った腕」②盛んになる。「世論が—」「皆さん、すっかり—って(=雰囲気が高まって)ます」

もりあ-げる【盛(り)上げる】『下一他』①盛って高くする。「盆にみかんを—」②盛んになるようにする。「大会の雰囲気を—」

もりあわせ【盛(り)合(わ)せ】料理を供するとき、一皿の上に種々のものを並べあわせること。そうしたもの。

もりかえ-す【盛(り)返す】『五他』一度落ち目になった勢いを、もとのように盛んにする。「勢力を—」

もりがし【盛(り)菓子】(山形に盛って)神仏に供える菓子。

もりきり【盛(り)切り】その器に盛っただけで、お代わりを出さないこと。また、その盛ったもの、特に飯。

もりこ-む【盛(り)込む】『五他』いろいろな事物をいっしょに入れる。「総意を—」「多彩な内容を—」。ある考えを中に含ませる。「憲法の精神を—」

もりころ-す【盛(り)殺す】『五他』(飲食物などに)毒をまぜて人を殺す。また、投薬法を誤って死に至らせる。

もりじお【盛(り)塩】料理屋・待合(まちあい)・寄席(よせ)の、きれいに掃いた玄関に、清めのために盛った、小さい塩の山。▽「もりしお」とも言う。

もりそば【盛(り)〈蕎麦〉】茹(ゆ)でて、ざるなどの容器に盛ったそば。汁につけて食べる。もり。

もりだくさん【盛(り)沢山】『ダナ』限られた範囲の中にたくさん盛り込んであるさま。「—な行事」

もりた-てる【△守り立てる】『下一他』①世話して一人前に仕上げる。②支援して力を出させる。「若い社長を—」③再興する。▽⑵⑶は「盛り立てる」とも書く。

もりつ-ける【盛(り)付ける】『下一他』料理を(かたちよく)食器に盛る。

もりつち【盛(り)土】地面に更に土を盛って高くすること。その盛った土。もりど。

もりつぶ-す【盛(り)潰す】『五他』酒を飲ませて正体

なく酔わせる。

もりばな【盛(り)花】 かご・水盤などに種々の花を、盛ったようにいける仕方。そのようにいけたもの。

モリブデン 金属元素の一つ。元素記号Mo 白く溶けにくい。鉄に混ぜて特殊鋼を作る。水鉛。▽ドイツ Molybdän

もりもの【盛(り)物】 ①お膳に供える食べ物。②神仏の供え物。「お―」

もりもり ①《副[と]》すさまじい勢いで物事が進行するさま。「―(と)食べる」「―元気になる」②《ノダ》盛り上がって見えるさま。「筋肉―の体」

も-る【△守る】《五他》子もりをする。▽もと、まもる意。

も-る【漏る・×洩る】《五自》すきまから外に(液体・気体などが)少しずつ出る。もれる。「天井から雨が―」「水の―バケツ」

も-る【盛る】《五他》①高く積み上げる。「砂を―」。器にうずたかく入れる。「飯を―」②内容として入れる。「条文にはこの場合の規定も第四号として―ってある」③薬を調合する。また、飲食物に毒物などを混ぜる。「毒を―」④目盛りをつける。「目を―」⑤[俗]おおげさにする。派手にする。「話を―」

モル 物質の量の単位。記号mol 質量数一二の炭素一二グラム中に含まれる原子の数と同数の物質粒子をもつ集団の量が一モル。気体では二二・四リットル。▽mole

モルタル セメントと砂を水でねったもの。煉瓦(れんが)・石・タイルなどの接着用。壁ぬりにも使う。▽mortar

モルト ①麦芽。特にビール・ウイスキー・酢などの醸造用。▽malt ②「モルト ウイスキー」の略。麦芽を原料とするウイスキーの原酒。

モルヒネ 阿片(あへん)に含まれるアルカロイド。無色の結晶性粉末。鎮痛・麻酔作用がある。「―中毒」▽オランダ morphine

モルモット ①日本で、医学実験用のテンジクネズミのこと。②比喩的に、実験台にされる人。▽本来のモルモット(=マーモット)はりす科の動物で、ペスト菌をもっているので有名。フランス marmotte

もれき-く【漏れ聞く・×洩れ聞く】《五他》①当事者からでなく、他から何となく耳にする。②「聞く」をへりくだって言う言い方。「私も―いております」▽「もれうかがう」(五段活用)の方がもっと丁重。

もれなく【漏れ無く】《副》残らず。残りなく。例外なく。「―ついてくる」「―記入してください」

も-れる【漏れる・×洩れる】《下一自》①水・光・音などが、すきまなどから、少しずつ外に出る。もる。「水が―」「日が木の間を―」「話し声が―」②内密にすべきものが、外部に知れる。「秘密が―」③選ばれずに、取り落とされる。「選に―」「名簿から名前が―」「御多分に―・れず」(例外ではなく)

もろ【△諸】 ①《多く「に」を伴って》全面的。まとも。「北風を―に受ける」「―に負ける」②両方。「―の腕(かいな)」「―手の力」③多く(の)。「―びと」④いっしょにすること。もろとも。「―寝」

もろ-い【×脆い】《形》外力に対する抵抗力が乏しい。㋐質が弱くて壊れたり欠けたりしやすい。「刃が―」「露より―人の身」「―・くも(=意外にいくじなく)敗れ去る」㋑他からの働きに簡単に動かされてくずれやすい。「情(じょう)に―」 派生 **-さ**

もろこ【△諸子】 琵琶湖(びわこ)に多い淡水魚。体長は約一〇センチで、細い。背は暗灰色、腹は白い。美味。▽こい科。

もろごえ【△諸声】 いっしょに発する声。

もろこし【〈唐黍〉〈蜀黍〉】 ①種子を食用とする一年草。アフリカ原産。茎の先に、多数の小さな穂状に花がつく。もろこしきび。とうきび。たかきび。コーリャン。▽いね科。②とうもろこしの別称。

もろこし【〈唐土〉】 日本で中国を言う古い呼称。「―人(びと)」「―船(ぶね)」▽「諸越」の意。中国伝来物に冠しても使う。

もろて【△諸手】 両手。「―を挙げて賛成する」(大賛成だ)

もろとも【△諸共】 ①(皆いっしょに)同じ行動をしたり同じ状態になったりする状態。「親子―(に)」「死なば―(さ)」②《名詞と合して副詞的に》それといっしょに。「気合(きあ)―」「かけ声―投げ倒す」

もろは【△諸刃】 刀や刃物の、両方のふちに刃がついていること。「―の剣(つるぎ)」(一方では大変役に立つが、他方では大きな害をもたらす危険のあるもののたとえ。「諸刃の刃(やいば)」とも)

もろはく【△諸白】 こうじも米も共に精白したもので造った、上等の清酒。

もろはだ【△諸肌】 左右両肩の肌。上半身の肌。↔片肌。「―(を)脱ぐ」「―脱ぎ」

もろひざ【△諸膝】 両方のひざ。「―(を)突いてあやまる」

もろびと【△諸人】 多くの人。あらゆる人。▽文語的。

もろみ【△諸味・×醪】 醸造・熟成して、まだ、かすをこしていない酒・しょうゆ・酢。その発酵・熟成した液体中に残る、柔らかくなった麦・米などの原料。

もろもろ【△諸△諸】 あれこれ。いろいろ。さまざま。「―の経費」「胸のうちの―をぶちまける」

もろや【△諸矢】 対(つい)になった矢。甲矢(はや=初めに射る矢)と乙矢(おとや=あとに射る矢)。

もん【△物・△者】「もの」の転。

もん【文】 ①《名》文(ぶん)。また、「呪文(じゅもん)」「経文(きょうもん)」の略。②《接尾》《数を表す漢語に付いて》㋐穴あき銭の数を表す時、また金額を表す時、添える語。㋑足袋(たび)や靴下などの底の寸法を表す時添える語。一文は約二・四センチ。

もん《終助》「もの」の転。

もん【*門】 モン かど ①㋐《名・造》家の外囲いに設ける建造物。かど。「石の門」「門戸・門扉・門構え・門標・門灯・

も

門番・門前・正門・校門・鬼門・軍門・山門・閉門・楼門・三門・仁王(におう)門・通用門・凱旋(がいせん)門」 ㋑出入り口。せばまった通路。「噴門・幽門・肛門(こうもん)・水門・声門・門歯」 ②一つの学問などに進むための通路。通らなければならない大事な入り口。「入門・関門・登竜門」 ③『名・造』弟子(でし)となった仲間。「宣長(のりなが)先生の門に遊ぶ」「門下・門人・門生・門弟・門徒・同門・破門・孔門・蕉門(しょうもん)」 ④いえ。いえがら。「門地・門流・門閥・門葉・一門・名門・権門」 ⑤学問の系統。「仏門・宗門・浄土門・部門・専門・門外漢」 ⑥㋐物事の分類上の大別。「部門」 ㋑生物分類学で、最も大きな分類単位。綱(こう)の上。「節足動物門」 ⑦大砲を数える語。「臼砲一門」

もん【*問】 モン とう とい とん ―― ①疑いについてたずねる。といただす。とう。とい。↔答。「問答・問題・問責・問注・下問・学問・喚問・検問・査問・自問・設問・諮問・尋問・質問・借問(しゃもん)・詰問・拷問・不問・疑問・顧問・第一問」 ②おとずれる。たずねてゆく。「訪問」 ③見舞う。安否をとう。「慰問・弔問」

もん【×悶】 モン もだえる ―― 心の中に思いなやむ。もだえ苦しむ。うれえなやむ。「悶悶・悶着・悶絶・悶死・煩悶・憂悶・苦悶」

もん【紋】 モン ―― ①『名・造』織物の地(じ)に織り出されたあや。もよう。地の上にある図柄。図様。「紋様・紋織り・紋紗(もんしゃ)・地紋(じもん)・波紋・風紋・声紋・指紋・魚紋・紋白蝶(もんしろちょう)・小紋」 ②『名・造』日本で、家・氏族などのしるしとして定まっている図柄。「紋章・紋所(もんどころ)・紋つき羽織・紋服(もんぷく)・定紋(じょうもん)・家紋・無紋・替え紋・五つ紋」

もん【文】 →ぶん【文】

もん【聞】 →ぶん【聞】

もんえい【門衛】 門のわきにいて、その開閉や人の出入りを取り締まる役の人。門番。

もんおめし【紋△御召】 紋織りのおめしちりめん。

もんおり【紋織(り)】 紋(=模様)を浮かして織った布地。

もんか【門下】 その先生について教えを受けること。「孔子の―に学ぶ」。その教えを受ける人。門人。門弟。 **―せい**【―生】 門人。弟子。

もんか『連語』→ものか(1)。「そんな事知る―」

もんがい【門外】 ①門の外。②専門外。 **―かん**【―漢】 ①その事について専門でない人。②転じて、直接それに携わっていない人。 **―ふしゅつ**【―不出】 秘蔵して、その家の門から外には出さないこと。めったに人に見せたがらないこと。

もんかしょう【文科相】 文部科学大臣の略称。

もんがまえ まへ:が【門構(え)】 ①門を構えること。「―の家」。門の様子。「―が立派だ」 ②漢字の構えの一つ。「開」「間」などの「門」の称。▽「かどがまえ」とも言う。

もんがら【紋柄】 模様のがら。

もんかん【門鑑】 門の出入りの許可証。

モンキー ①猿。▽monkey ②物を挟む幅がねじで調節できるレンチ。▽monkey wrench から。

もんきりがた【紋切(り)形・紋切(り)型】 ①かたに従い、決まりきった仕方。「―の挨拶」 ▽(2)の転。②紙から紋を切り出す時、それに沿って切るかたがみ。

もんく【文句】 ①(文章の中の)語句。また、歌詞。「決まり―」「名―」 ②言い分。苦情。「―なしだ」「―をつける」 関連 文・センテンス・語句・字句・名句・名言・文言・詞章・件(くだ)り・決まり文句・謳(うた)い文句・言い分・言い条・申し分・物言い・言い掛かり・いちゃもん・苦情・嫌味・難癖・咎(とが)め立て

もんげん【門限】 夜、門(や玄関)をしめる時刻。「―に遅れる」

もんこ【門戸】 ①家の門と戸(と)。家の出入り口。「―をとざす」 ②一家。一派。「―を成す」

もんごん【文言】 文章の中の言葉・言いまわし。成文化されている表現。

もんざい【問罪】『名・ス自』罪を問いただすこと。「―の師(=軍隊)を発(おこ)す」

もんさつ【門札】 門に出しておく名札。門標。標札。

もんし【門歯】 前歯のうち、まんなかにある歯。人間では上下四本ある。

もんし【×悶死】『名・ス自』もだえ苦しんで死ぬこと。

もんじ【文字】 →もじ

もんした【紋下】 文楽(ぶんらく)で一座の座頭(ざがしら)の称。また、最高の地位の太夫(たゆう)。やぐらした。

もんしゃ【紋×紗】 紋織りにした紗(しゃ)。

もんしゅ【門主】 門跡(もんぜき)である住職。

もんじゅ【文殊】 知恵をつかさどる菩薩(ぼさつ)。普通、獅子(しし)に乗り、釈迦(しゃか)の左に侍する。「三人寄れば―の知恵」(三人も集まって知恵を出し合えば、すぐれた考えが出るものだ)

もんじょ【文書】 書きつけ。書類。ぶんしょ。「古―」

もんしょう【紋章】 その家や団体を表すしるしである一定の図柄。

もんしろちょう【紋白×蝶】 白色で、前羽の先に二点、後ろ羽の縁(ふち)の中央あたりに一点の黒点がある蝶(ちょう)。幼虫はキャベツやハクサイを食害する。▽しろちょう科。

もんしん【問診】『名・ス他』診断の参考にするために病歴や病状を患者に質問すること。

もんじん【門人】 門下の人。門弟。

モンスーン 東南アジアに吹く季節風。「―気候」▽monsoon

モンスター ①(巨大な)化け物。怪物。②巨大なもの。圧倒的な迫力のある人や物。「―級のブラックホール」「―級のうまさ」「―並の強さ」 ③理不尽な要求や苦情を繰り返す横暴な者。「―ペアレント(=親)」▽monster

もんせい【門生】 門人。弟子。徒弟。

もんせき【問責】『名・ス他』①問い責めること。②責任を問うこと。

も

もんぜき【門跡】①一門の本寺に住み、師弟相伝の教義を伝え、その法統を継ぐ僧。▽特に、本願寺の住職を指すことがある。②皇子・皇族や、貴族の子弟が、その法統を伝えている寺院。

もんぜつ【×悶絶】『名・ス自』もだえ苦しんで気絶すること。

もんぜん【門前】門の前。「―市(ち)を成す」(その家に出入りする人がたくさんある)「―雀羅(じゃくら)を張る」(訪れる人がなく、門の前にスズメをとるあみが張れるほどだ)「―の小僧習わぬ経をよむ」(日ごろ見聞きし、慣れていれば、まだ習っていない事も自然に覚えてしまうというたとえ) **―ばらい**【―払(い)】①来訪者を、会わずに追い返すこと。「―をくわす」②江戸時代の刑罰のうち最も軽いもの。奉行所(ぶぎょうしょ)の門前から追放した。 **―まち**【―町】中世以後、神社・寺の門前に形作られていった町。

モンタージュ『名・ス他』映画・写真で、いろいろの断片を組み合わせて、一つの場面・写真を構成すること。そうして作ったもの。「―写真」▽フランス montage

もんだい【問題】①答えを求めて他が出しまたは自分で設けた、問い。㋐実力をためしたり練習したりするための問い。「算数の―」㋑研究・議論により、または策を講じて、解決すべき事柄。「―提起」「この計画にはまだ解決すべき―(点)が多い」「死活の―」「―にならない」(取り上げる価値がない)「―外」(同上)「時間の―」(→じかん(時間)⑴)㋒難点。「いささか―がある」②問題⑴に似たあり方のもの。㋐扱いが面倒な事件。「また女の事で―を起こした」㋑人々の注目を集めている、また集めてしかるべきこと。「これが―の人物です」「最近の―作」 **―いしき**【―意識】(他の人があまり気づかないが)これこそ問題だと、それをとらえる意識。また、その問題に積極的に取り組もうとする心の持ち方。 **―じ**【―児】性格・行動に問題のある子供。問題を起こす子供。また、扱いに特別な配慮を必要とする子供。

もんち【門地】いえがら。

もんちゃく【×悶着】『名・ス自』(意見の相違や感情の行き違いから)もめごとが起こること。いさかい。もつれ。「ひと―起こす」

もんちゅう【門柱】門の両わきをなす、はしら。

もんちょう【紋帳・紋×帖】紋所(もんどころ)の見本を集めた本。

もんちりめん【紋△縮×緬】紋織りのちりめん。

もんつき【紋付(き)】紋所(もんどころ)のついた和服。礼装用。紋服。

もんてい【門弟】門人。門下生。でし。

もんていし【門弟子】→もんてい

もんと【門徒】①門人。門下の教え子。②その宗派に属する信徒。③門徒宗(の信徒)。 **―しゅう**【―宗】浄土真宗(じょうどしんしゅう)の俗称。

もんとう【門灯】門や玄関口に取りつけた灯火。「交番の赤い―」

もんどう【問答】『名・ス自』問うことと答えること。また、問い答えのやりとり。「押し―」「禅―」「―無用」

もんどころ【紋所】その家の定まった紋章。家の定紋(じょうもん)。

もんどり『―(を)打つ』ひっくり返る。宙返りする。▽「もんどり」は上下・進行方向・評価などが逆になる意で、「宙返り」「とんぼがえり」などの意味にも使われた。

もんなし【文無し】①金を(一銭も)持っていないこと。一文無し。②なみはずれて大きい足袋(たび)。▽↓もん(文)⑵

もんぱ【門派】宗門の流派。

もんばつ【門閥】①高い格があると昔から世間で認める家柄。「―に頼って勢力を張る」②いえがらが良い家。

もんはぶたえ【紋羽二重】紋織りの羽二重。

もんばん【門番】門の所に詰めている番人。

もんび【紋日】→ものび。▽「ものび」が転じた形。「紋日」は当て字。

もんぴ【門扉】門のとびら。

もんぴょう【門標】→もんさつ

もんぷく【紋服】→もんつき

もんぺ 農村女性の労働用・保温用から始まった、ももひき⑴に似た形の衣服。

もんめ【×匁】①尺貫法による重さの単位。一匁は一貫の千分の一。三・七五グラム。②小判一両の六十分の一を表す単位。▽⑴⑵とも、切りのよい値の時、例えば三百なら「三百目(め)」と言い、端数があれば「二十四―」のように「もんめ」と言った。

もんもう【文盲】無学で読み書きができないこと。その人。「無学―」「―率」▽「ぶんもう」は読み誤り。

もんもん【×悶×悶】『名・トタル』精神的にもだえ苦しむさま。「―たる一夜」「―と日々を過ごす」「―の情を抱く」

もんよう【文様・紋様】→もよう⑴

もんよう【門葉】一つの血筋につながる者。一族。一門。

もんりゅう【門流】一門の分かれ。一門中の流派。

もんりゅう【門柳】門の前に植えた柳。かどやなぎ。

もんろ【紋×絽】紋織りにした絽(ろ)。

モンローしゅぎ【モンロー主義】アメリカ第五代大統領モンローが初めに唱えた(ような)、欧米間で互いに干渉しないことを主張する、外交の原理。▽Monroe Doctrine の訳語。

や【八】『造』「八(はち)」の和語。「―島が連なる」「―重

の桜」「—潮路」「—百(お)屋」 ▽第二例以降のように、多いという含みで普通は語を造る。数え上げる唱え以外に単独では使わない。「よ」の母音交替で出来た語で、「ひと」「ふた」や「み」「む」にも似た事が見られる。

や【矢・×箭】 ①弓につがえて射る物。一端には物を突き刺すやじり、他端には羽がつけてある。「—でも鉄砲でも持って来い」(どんな手段を使ってでもかかって来い)「—も盾もたまらない」(思い詰めて、じっとして居られない)「—の(=激しい続けざまの)催促」「光陰—のごとし」(→こういん(光陰)) ②堅い木材や石を割るのに使う、くさび。

や【×輻】 車輪の中心部から輪に向かって放射状に出ている棒。▽「矢」からの転。

や【屋・家】 ①《接尾》《多くは名詞に付けて》㋐その職業の家または人。「さかな—」。(軽く見た語感で)専門家。「政治—」「何でも—」(特にこれが専門というのでなく、種々のものを扱う店や人) ㋑その性質をもつ人。多く、批判的に呼ぶ時に使う。「凝り—」「やかまし—」「千三つ—」「わからず—」 ㋒屋号・雅号に添える語。「菊の—」「音羽—」「鈴の—」 ▽㋐㋑は「屋」、㋒は「屋・家」また「舎」を使う。②《名》いえ。【家】「この—の主人」「—鳴り」

=や 人を呼ぶのに、下に添えて親しみを表す。「ばあ—」「ねえ—」「坊—」「武(たけ)—が来いよ」 ▽呼びかけの間投助詞「や」から転じたもの。使用人や子供に用いる。

や ㈠《副助》《体言、または「の」㈠③㋐に付いて》並べてあげるのに使う。「パン—ジュースを買う」「赤いの—青いの」「あれ—これ—と文句を言う」 ▽「及び」「又は」、どちらの意でも使う。

㈡《係助》①②に由来する慣用的表現として、㋐《動詞連体形+「や(否や)」の形で》……するかしないかの内に。すぐさま。「この報に接する—(否—)救援に出動した」 ▽「……と否や」の形も、まれには使われる。㋑『なる—ならず』なったかまだか。「十歳になるやならずで母に死に別れた」「一個につき五円になるやならずの薄利」 ②「か」とほとんど同じ意で、多くは文語的な文脈で使う。「そのような事もある—に聞き及ぶ」「はたして成功せり—」 ▽文語係助詞の結びの用法から。

㈢《間助》①詠嘆の気持を表す。「そんな事知らない—」「名月—池をめぐりて夜もすがら」(松尾芭蕉) ▽文語的表現を除き文末にだけ使う。②呼びかけに使う。「花子—」 ③口調を整えるのに使う。「今—会社勤めをしていない」「またも—事件が起こった」「私の心情たる—複雑だ」「片—与党、片—野党の論客たち」「哲学とは何ぞ—」

㈣《感》驚いた時、呼びかける時に発する語。

や【也】 ヤ なり ―呼びかけに使う。「回也(かい)其庶乎(それちかからんか)」 ▽文末または文中で語勢を強める助字。

や【冶】 ヤ ―①金属をとかして、型に入れて器物を作る。いる。いもの。「鍛冶(たんや/かじ)・冶工」 ②鉱石から、金属を分析してとる。ふきわける。「冶金・陶冶」 ③(女の)美しい様子。なまめかしい。「艶冶」

や【*夜】 ヤ よ よる ―日没から日の出まで。よ。よる。↔昼。「昼夜・夜分・夜半・夜陰・夜来・夜気・夜景・夜雨・夜話・夜業・夜学・夜食・夜具・深夜・良夜・終夜・徹夜・昨夜・後夜(ごや)・除夜・聖夜・通夜(つや)・白夜(びゃくや)・八十八夜・十五夜」

や【*野】(埜) ヤ の ―①《名・造》平らに広々したところ。のはら。「虎を野(や)に放つ」「野外・野戦・野営・野球・山野・原野・荒野・平野・沃野・緑野・牧野・林野」 ②㋐さかいのある広っぱ。耕地。「野菜」 ㋑範囲。「視野・分野」 ③㋐人の手が加わらない。栽培種・飼育種でない。「野生・野草・野獣・野鳥」 ㋑かざらない生地そのまま。洗練されていない。いなか風。いやしい。「野人・野趣・野鄙(ひや)・野性・野蛮・粗野」 ㋒身分不相応。「野心・野望」 ④《名・造》民間。政府機構のそと。↔朝(ちょう)。「野(や)に下る」(役人をやめて民間にはいる)「野に遺賢無し」「朝野・在野・下野(げや)・野党」 ⑤「下野(しもつけ)国」の略。「野州」

や【×爺】 ヤ じじ ―①老人。「好好爺・老爺」 ②父の俗称。「阿爺」

やあ 《感》驚いた時、人に呼び掛ける時に発する声。「—、どうしたの」「—、いらっしゃい」

やあい 《感》①(特に子供が)はやしたてる時に使う語。「泣き虫—」「—、遅刻だぞ」 ②遠くにいる人や動物に呼び掛ける時に使う語。「ポチ—」

ヤード ヤードポンド法の長さの単位。記号yd 一ヤードは三フィート。約九一・四センチ。▽yard 「碼」とも書く。 **—ポンドほう【—ポンド法】** ヤード・ポンド・秒を、それぞれ長さ・重さ・時間の基本単位とする度量衡の体系。▽現在では、おもにイギリス・アメリカで使う。

ヤール 織物の長さの単位。ヤードと同じ。「—幅」 ▽yard をオランダ語風に読んだなまり。

やい 《感》(男性が)ぞんざいに呼びかける時に使う語。「—、こっちに来い」

やいた【矢板】 土が崩れたり水が入り込んだりするのを防ぐため、建築物や川・海岸の構造物の基礎のまわりなどに(並べて)打ち込む、板状の杭(くい)。「鋼(こう)—」

やいと →きゅう(灸)。▽「焼処(やきと)」の転。

やいのやいの 《副[と]》しつこく急(せ)きたてるさま。「—(と)催促する」「困ったときは—大騒ぎする」

やいば【△刃】 ①刃(は)がついている物。はもの。刀剣類。「抜けば玉散る氷の—」 ②刃(は)の所に現れている波のような模様。▽「焼刃(やきば)」の転。

やいやい ①《感》乱暴に、尊大な態度で呼びかける語。「—、そこを退(と)け」 ②《副[と]》→やいのやいの。「親が—言ってくる」

やいん【夜陰】夜中の暗い時。「―に乗じる」

やうち【家内】家の中。また、家の中の者。家族。▽やや古風。「かない」と読めば別義もある。

やうつり【家移り】『名・ス自』ひっこし(をすること)。転居。

やえ(やへ)【八重】八つ、または数多く、重なること。そのように重なったもの。「―の潮路」。特に、八重咲き。 **―ざき**【―咲き】花びらがいくえも重なって咲くこと。そういう花。 **―ざくら**【―桜】八重咲きのあでやかな花が咲く(園芸種の)桜。花期は一重の桜より遅くかつ長い。▽「いにしへの奈良の都の―けふ九重ににほひぬるかな」(詞花集)で有名なナラノヤエザクラは古い種で、花弁が三五枚内外。現在は二〇〜六〇枚の桜を「八重」、七〜一〇枚のを「半八重」、八重咲きより花弁数がずっと多いのを「菊咲き」と呼ぶ。 **―じゅうもんじ**【―十文字】縦横にいくえにも、しばること。 **―なり**【―△生り】一本の草木に実が重なり合ってなること。そういう草木。 **―ば**【―歯】重なるようにして生えた歯。 **―むぐら**【―×葎】①(荒れた庭などに)おい茂っているむぐら。▽カナムグラ(=あさ科の一年生のつる草)のこととも言われる。②茎が四角でとげがあり、一メートル内外に延びる越年草。葉は線形。夏、黄緑色の小花をつける。▽あかね科。

やえい【夜営】『名・ス自』夜の陣営(を張ること)。

やえい【野営】『名・ス自』①野外のテントなどに泊まること。「―場」②根拠地を出て野外に泊まること。その陣。「―を張る」。近代軍では、兵営を出て演習地に設けた幕舎や廠舎(しょうしゃ)に数日は泊まって行う演習。「―で夜襲を訓練する」▽→ろえい

やえん【夜宴】夜の宴会。

やえん【野猿】野生のさる。

やお(やほ)【八百】百の八倍。はっぴゃく。また、数がきわめて多いこと。 **―ちょう**【―長】①真剣に勝負を争うように見せかけ、実は前もって約束しておいた通りに結末をつけること。②転じて、なれあいで事を運ぶこと。「―試合」「―選挙」▽相撲(すもう)社会から起こった語。八百屋長兵衛(やおやちょうべえ)という人の名によるという。 **―や**【―屋】①野菜類の小売商。あおものや。青果店。②なんでも扱うこと。その人。「私の絵はどれも―です」 **―よろず**【―△万】数がきわめて多いこと。「―の神」

やおもて【矢面】①矢のとんで来る正面。敵の攻撃して来る正面。陣頭。②『―に立つ』攻撃や質問・非難・追及などを受ける位置・立場になる。「質問の矢面に立たされる」

やおら(やをら)『副』①落ち着いてゆっくりと動作を始めるさま。おもむろに。「―立ち上がって」②あわただしいさま。急に。

=**やか**《状態を表す語に付け、形容動詞の語幹を作る》……に近いさま。いかにも……である感じ。「花―」「若―」「さわ―」

やかい【夜会】夜の会合や催し。特に、西洋風の夜の宴会。 **―ふく**【―服】西洋風の夜会に着る衣服。男性用は燕尾(えんび)服、女性用はイブニング ドレス。

やがい【野外】野原。「―演習」。屋外。「―演奏会」 **―げき**【―劇】野外で自然を背景として行う演劇。ページェント。

やかく【夜△鶴】夜、巣ごもって子をはぐくむ鶴(つる)。▽母性愛のたとえに多く使う。↓やけの

やかく【野△鶴】野に遊ぶ鶴(つる)。「閑雲―」(悠々自適の境遇)

やがく【夜学】夜、授業を行う学校。「―生」

やか-す【焼かす】『五他』『世話を―』手数がかかってやっかいな(迷惑な)ほどの面倒をかける。▽「世話を焼かせる」とも。

やかず【家数】家のかず。戸数。

やがすり【矢×絣・矢〈飛白〉】矢羽根を並べた模様の絣。

やかた【屋形・館】①貴人の屋敷・宿所。との。「お―様」(貴人を指す尊称)▽もと、仮に構えた家の意。②「屋形船」の略。 **―ぶね**【屋形船】屋根があり座敷をしつらえた(割合に)大型の和船。主に遊山(ゆさん)用。

やがて【×軈て】『副ノ』①まもなく。そのうちに。「―来るだろう」②時が少しずつたって。「昇進は早い方でなかったが、―(のこと)社長にまでなる」「―は春が来る」。かれこれ。「その時から―一年だ」▽即刻の意からの転。「今行きます」と答えてなかなか行かないのと事情が似ている意味変化。

やかまし-い【×喧しい】『形』①不快に感じるほど声・音が大きい。「工事の音が―」▽→うるさい。②よく文句をつけ、きびしい。「警察が―」「―おやじ」③みんなに騒がれている。「これが今、世に―ニュー ファッションだ」 派生 **-さ -げ -がる**

やかましや【×喧し屋】口うるさく小言(こごと)や理屈を言う人。

やから【△輩】その一群の仲間。「不逞(ふてい)の―」▽見下す態度で使う。原義は、その家(や)の一族。

やがら【矢柄】矢の、やじり・矢羽根をつける、棒のような部分。幹(から)。

=**やが-る**《動詞や使役・受身の助動詞の連用形に付け、五段活用動詞を作る》憎み、侮る者の動作をぞんざいに言う語。「なぐり―」「悪口を言い―」▽動詞「上がる」の転で、もと、僭越(せんえつ)にも……するの意。

やかん【夜間】夜の間。よる。↔昼間。「―営業」

やかん【△薬缶】①銅・アルミニウム・ステンレスなどで作った、土瓶形の湯わかし。▽もと、薬を煮出すのに使った。②「薬缶あたま」の略。つるつるにはげた頭。

やき【焼(き)】①焼くこと。焼いたもの。「九谷―」「―そば」。焼いたぐあい・程度。「―の悪い陶器」②鉄鋼などの金属を熱してから急冷して、堅くきたえる処理法。焼入れ。「―を入れる」(転じて、たるんだ気持を引き締めさせる。また、私刑・拷問を加える)

「—が回る」(火が回り過ぎて、かえって切れ味が悪くなる。転じて、加齢などにより衰えて鈍くなる)

やき【夜気】 夜の(ひえた)空気。「—にあたる」。夜の静かなけはい。「—が迫る」

やぎ【〈山羊〉〈野羊〉】 ヒツジに似て、あごの下にひげがある家畜。食用、また、毛を織物の原料とする。乳は飲料にする。▽うし科。

やきいれ【焼(き)入れ】 →やき(焼)(2)

やきいろ【焼(き)色】 物、特に食材を焼いたときに表面に付く色。「こんがりした狐色(きつねいろ)の—を付ける」

やきいん【焼(き)印】 火で焼き、木製の道具などに押す、金属製の印。また、それを押したあと。

やきうち【焼(き)討(ち)・焼(き)打(ち)】『名・ス他』城・陣屋などに火をつけて攻め討つこと。「—をかける」

やきえ【焼(き)絵】 こて・薬品で木や象牙(ぞうげ)に絵や模様を焼きつける工芸。

やきがね【焼(き)金】 (1)熱した鉄を牛馬のしり、罪人の顔などに押し、焼いたあとをつけて印にすること。かねやき。その鉄。(2)吹き分けて混じり物を除いた純粋の金(きん)。やききん。(3)鍼術(しんじゅつ)で使う鋼(はがね)の小さい針。熱して患部の切開・切除に使う。▽「ひばり(火針・火鍼)」とも言う。

やきき-る【焼(き)切る】『五他』(1)焼いて切断する。「鉄板を—」(2)すっかり焼いてしまう。焼き終わる。

やきぐし【焼(き)串】 魚や肉を刺して焼いたりあぶったりする、金属製や竹製の串。

やきごて【焼(き)×鏝】 布のしわを伸ばしたりするために使う、熱したこて。

やきざかな【焼(き)魚・焼(き)×肴】 魚を姿のまま、または切り身にして、焼いた料理。

やきしお【焼(き)塩】 加熱してにがり成分を飛ばした、まろやかな味のさらさらした塩。

やきす-てる【焼(き)捨てる】『下一他』(証拠を残さないために)跡形なく焼く。「家宅捜索に備え、書類を—」「昔の恋人の手紙を—」

やきそば【焼(き)〈蕎麦〉】 蒸した中華麺を魚介・肉・野菜などの具と共に油でいためて味付けした料理。炒麺(チャオメン)。また、麺を油で揚げてあん(3)をかけた料理。

やきだま【焼(き)玉】「焼玉機関」の略。シリンダーの圧縮室の一部を赤熱して噴霧した燃料を爆発させる、内燃機関。

やきつ-く【焼(き)付く】『五自』(1)焼いた(高熱を受けた)結果として跡などがつく。また、焼けてくっつく。「ショートして電線が—」(2)転じて、強い印象・記憶が残る。「胸に—いた思い出」

やきつけ【焼(き)付(け)】『名・ス他』(1)写真で、印画紙に原板を重ね、光線を当てて陽画を作ること。(2)うわぐすりを施して焼いた磁器に更に顔料で書画を描き、再びかまで焼いてそれが消えないようにすること。(3)めっきをすること。

やきつ-ける【焼(き)付ける】『下一他』(1)焼くことによって、印・跡などをつける。特に、写真の焼きつけをする。(2)転じて、しっかり印象・記憶に残す。「脳裏に—」

やきどうふ【焼(き)豆腐】 あぶって焦げ目をつけた豆腐。

やきとり【焼(き)鳥】 鶏や牛・豚の肉・内臓などを串に刺し、あぶって塩やたれで味付けした料理。

やきなおし【焼(き)直し】『名・ス他』(1)再び焼くこと。(ア)火事などで焼けた刃物(刀ややり)に焼きを入れて、また使えるように直すこと。その刃物。▽切れ味は前より鈍る。(イ)焼いてさめた食品を温めるために、また焼くこと。「串団子の—をする」(2)他人の作品や自分の旧作を少し変えて、新作めかすこと。そうした作品。▽(2)は(1)(ア)の転。さげすんで言う。

やきなまし【焼(き)△鈍し】 金属やガラスの内部のひずみを除くため、ある温度まで熱してから徐々にさますこと。

やきにく【焼(き)肉】 牛・豚などの肉を焼いた料理。

やきのり【焼(き)〈海苔〉】 乾燥した薄板状の海苔(のり)をあぶった食品。そのまま食べたり、飯を巻いたり、刻んで飯に振りかけたりする。

やきば【焼(き)場】 ものを焼く所。特に、火葬場。

やきはた【焼(き)畑】 雑草・雑木などを焼き払った跡に、その灰の肥料効果を利用して作物を栽培すること。そうして作った畑。「—農業」▽「やきばた」とも言う。

やきはら-う【焼(き)払う】『五他』あたり一面を跡かたもなくすっかり焼いてしまう。「市街を—」

やぎひげ【〈山羊〉×鬚】 ヤギのひげのように、あごの下に生えて長く垂れたひげ。

やきふ【焼(き)×麩】 生麩(なまふ)を焼いた保存食。

やきぶた【焼(き)豚】 豚のかたまり肉にたれを染みこませて焼いた中国料理。薄切りにしてラーメンにのせるなどする。チャーシュー。

やきまし【焼(き)増し】『名・ス他』写真で、必要に応じて追加した印画紙に焼き付けること。その焼き付けた写真。

やきみょうばん【焼(き)明×礬】 明礬(みょうばん)を加熱して作った白色の粉。消毒剤などにする。

やきめし【焼(き)飯】 刻んだねぎ・肉・えびや溶き卵などと一緒に油で炒(いた)めて味付けした飯。中国料理。チャーハン。

やきもき『副[と]・ス自』物事がどうなるかと気をもんで、いらだつさま。「電車が遅れて—する」「—焦っても、どうにもならない」

やきもち【焼(き)餅】 (1)火であぶったもち。(2)嫉妬。「—を焼く」(嫉妬する) ▽(2)は、焼く(2)(イ)の意から餅に見立てた語。

やきもどし【焼(き)戻し】『名・ス他』いったん焼入れした鉄鋼などの金属の硬度や性質を、必要な状態にもどすため熱処理を行うこと。

やきもの【焼(き)物】①陶磁器類の総称。「—師」②魚や鳥肉をあぶって焼いた料理。③焼きを入れて作った刃物。

やきゅう【野球】一チーム九人ずつで、攻守に分かれ、投手の投げたボールを打者が打って得点を争う球技。ベースボール。

やぎゅう【野牛】野生の牛。北アメリカ産(バッファロー)やヨーロッパ産(バイソン)などがある。

やぎょう【夜業】夜間に仕事をすること。その仕事。よなべ。

やきょく【夜曲】↓セレナーデ

やきん【冶金】鉱石から金属を精製したり、それから合金を作ったりする技術。「—学」

やきん【夜勤】《名・ス自》夜間に勤務すること。

やきん【野×禽】山野にすむ野生の鳥。野鳥。↕家禽(かきん)

や-く【焼く】《五他》①熱・光・薬品などの(激しい)作用を及ぼす。「あいつには手を—(=うまく扱えず困る。火を消そうとしてやけどをする意から)」㋐燃やして灰にする。「紙くずを—」「身を—(=心を乱し思いこがれる)恋」㋑火や熱を当てたり熱した器具の上にのせたりして、食材を適度に加熱する。「魚を—」㋒日光に当てて皮膚を黒くする。「海水浴で背中を—」㋓熱・薬品の作用などを加えて、物を作る、また、あとが残るようにする。「クッキーを—」「炭を—」「茶碗(ちゃわん)を—」「硫酸で顔を—」②心を労する。▽⑴の比喩用法から。㋐あれこれと気を遣ってする。「世話を—」㋑嫉妬する。「亭主がもてるので、細君—いてるぜ」▽㋑は「妬く」とも書く。↓しっと

やく【×葯】雄しべの先の、花粉が入った袋。

ヤク【〈犛牛〉】北インドからチベットにかけてすむ獣。肩が高く、尾・腹に長い毛がある。運搬用・乗用・食用。毛は織物原料、糞(ふん)は燃料。▽yak うし科。

やく【役】①受け持つつとめ。職務。「—を退く」。演劇でその俳優が扮(ふん)する人物。「—を振る」(役目を割り当てる)「—に立つ」(その役に適し、有用だ)②人の上に立つ、高い地位・任務。「—づき」「—力士」③トランプやマージャンなどで、一定の札や牌(パイ)の組み合わせ。④昔、公用のための、人夫としての徴用。公役(くやく)。夫役(ぶやく)。また、その労働の代わりとして差し出した銭。転じて、税。▽↓やく〔役〕

やく〔*役〕ヤク エキ —①《名・造》わりあてられた任務。つとめ。職分。「ヤク」と読む。「役につく」「役人・役僧・役員・役職・役得・悪役・主役・代役・配役・世話役・収入役・相談役・監査役」②政府が労働を課する。「エキ」と読む。「役務・課役(かえき・かやく)・苦役・懲役・賦役(ふえき)・服役・兵役」③他人の労力を使う。「エキ」と読む。「使役・雑役・荷役(にやく)」④《名・造》戦争。「エキ」と読む。「慶長の役」「戦役」▽↓やく(役)

やく〔厄〕ヤク わざわい —《名・造》①くるしみ。災難。「不慮の厄にあう」「災厄・厄介・厄年(やくどし)・厄日(やくび)・厄落し」②厄年のこと。「前厄(まえやく)・本厄・後厄(あとやく)」

やく〔*約〕〔約〕ヤク つづめる つづまやか —①《名・造》将来について互いにとりきめをする。「約を結ぶ」「約束・約款・約定(やくじょう)・盟約・規約・契約・誓約・条約・公約・密約・違約・解約・協約・口約・婚約・特約・破約・売約・予約」②㋐ひきしめる。形を小さくする。ちぢめる。つづめる。「簡約・要約・大約・集約・約音・括約筋」㋑共通の数で割る。「公約数・約分」㋒費用をひかえ目にする。「倹約・節約」③《接頭語的に》おおよそ。大体。「約四時間・約一キロ・約半分・約五分の一」

やく〔*訳〕〔譯〕ヤク わけ —①《名・造》体系の異なった言葉を別の言葉にうつす。言葉をかえてその意味を通じさせる。「訳をつける」「訳が悪い」「訳読・訳解・訳文・訳述・訳出・訳語・訳書・翻訳・直訳・意訳・抄訳・和訳・英訳・口訳・音訳・点訳・現代語訳・名訳・適訳・誤訳・通訳」②言葉のもっている意味。また、理由。わけ。▽↓わけ(訳)

やく〔*薬〕〔藥〕ヤク くすり —①病気・傷をなおすのに効能のある植物。くすり。「薬草・薬用植物・薬石・薬効・薬湯・薬剤・薬局・医薬・妙薬・良薬・散薬・丸薬・膏薬(こうやく)・売薬・毒薬・常備薬・内服薬・服薬・投薬・製薬・劇薬・試薬・点薬・百薬・麻薬」②広く、化学的効果を生じさせるために製した物質。「薬品・薬物・火薬・爆薬・弾薬・農薬・釉薬(ゆうやく)・消毒薬」▽単独で使う時は、多く、隠語的に麻薬(の原料)を指す。

やく〔躍〕〔躍〕ヤク おどる はねる —勢いよくとびあがる。はねあがる。ジャンプする。「躍動・躍進・躍起・雀躍(じゃくやく)・一躍・勇躍・飛躍・跳躍・暗躍・活躍・躍如」

やぐ【夜具】寝るのに使う、布団などの総称。

やくいん【役印】その役目の者が職務で使う印。

やくいん【役員】その役を担当する人。特に、その団体の運営について責任ある地位にある人。

やくえき【薬液】液体の薬。

やくえん【薬園】薬草を栽培する畑。

やくおとし【厄落(と)し】《名・ス自》(神仏に参拝などして)わざわいを自分の身から払い去ること。

やくおん【約音】二つ以上の音節が続いた場合、一方の母音や音節が落ちる現象。「にあり」が「なり」に、「とほつあはうみ」が「とほたふみ(現代仮名遣いでは「とおとうみ」)」になる類。約言。

やくか【薬価】↓やっか

やくか【薬禍】↓やっか

やくかい【訳解】翻訳し、解説すること。そうしたもの。

やくがい【薬害】医薬品や農薬の副作用で健康被害を受けること。その害。

やくがえへ:が【役替え】《名・ス他》その役目を別の人にかえること。

やくがく【薬学】 薬剤について性質・製法・効果などを研究する学問。

やくがら【役柄】 ①役目の性質。「—から言って」。(演技する)役の性質。②役目のある身分。「—の者」

やくぎ【役儀】 役目。つとめ。「—御苦労」▽古風な言い方。

やくぎょう【訳業】 翻訳のしごと。また、その業績。

やくげん【約言】 ①『名・ス他』要約して言うこと。「—すれば」②『名』→やくおん

やくご【訳語】 ある語を翻訳した言葉。「—が適切でない」

やくざ『名ナ』①生活態度がまともでないこと。また、そういう者。ばくちうち。↕堅気(かたぎ)。「—者」②役に立たないこと。くだらないもの。「—な道具ばかりだ」▽三枚というばくちで、八(や)・九(く)・三(さ)の札が最悪の手だったことから。

やくさい【訳載】『名・ス他』翻訳して、雑誌などに載せること。

やくざい【薬剤】 (調合した)医療用の薬品。▽農薬などにも言う。 **—し【—師】** 処方箋(せん)による薬の調合・交付などを法律上認められている人。

やくさつ【×扼殺】『名・ス他』手で首をしめて殺すこと。▽→こうさつ(絞殺)

やくさつ【薬殺】『名・ス他』毒薬で殺すこと。「狂犬を—する」

やくし【薬師】〔仏〕薬師如来。それをまつってある寺院。 **—にょらい【—如来】**〔仏〕衆生(しゅじょう)の病患を救うという如来。

やくし ①**【訳詩】** 詩の翻訳。また、翻訳した詩。②**【訳詞】** 歌詞の翻訳。また、翻訳した歌詞。

やくじ【薬事】 薬剤師・調剤・医薬品などに関する事柄。「—法」

やくじ【薬餌】 くすりと食物。「—療法」。また単に、くすり。「—に親しむ」(病気がちだ)

やくしゃ【役者】 劇を演じる人。俳優。「千両—」「—が一枚上」(人物・知略が一段とまさっている)「—がそろう」(何かをするのに必要な人物がそろう)▽もと、役目に当たる人、役人の意。 **—こども【—子供】** 役者(俳優)が、芸道以外の事については無知で、まるで子供のように世間知らずであること。

やくしゃ【訳者】 翻訳をする人。翻訳した人。

やくしゅ【薬酒】 薬になるとされる特殊な酒。漢方薬を入れた酒や、まむし酒など。

やくしゅ【薬種】 くすり、特に漢方薬の、材料。「—商」

やくしゅつ【訳出】『名・ス他』外国語の文章を翻訳すること。▽古典語の現代語訳にはあまり言わない。

やくじゅつ【訳述】『名・ス他』翻訳して文章にすること。また、翻訳による述作。

やくしょ【役所】 役人が勤務して公務を取り扱う所。官公庁。「市—」「—勤め」▽「やくどころ」と読めば別の意。

やくしょ【訳書】 翻訳した書物。↕原書

やくじょ【躍如】『ト タル・ノダ』生き生きと現れているさま。「そう言って退(の)けるところ、彼の面目—だった」

やくじょう【約定】『名・ス他』約束して定めること。とりきめを結ぶこと。「—済み」「—書」

やくしょく【役職】 ①担当の役目・職務。②管理職。「—に就く」「—手当」

やくしん【薬×疹】 薬の副作用によって生じる発疹(ほっしん)。▽普通、アレルギー反応によって生じるものを言う。

やくしん【躍進】『名・ス自』①目覚ましい勢いで進出すること。「新人の—」②伏せていた身を起こし、(躍り上がるように)駆けて進むこと。「散兵が—する」

やく-す【訳す】『五他』外国語・古語による表現を、自国語・現代語に移し替える。翻訳する。訳する。

やくすう【約数】 整数(整式)Aが他の整数(整式)Bで割り切れる時の、Aに対するBのこと。↕倍数

やく-する【×扼する】『サ変他』握りしめる。㋐要所を押さえる。「重要な地点を—」㋑(手で)首を締めて殺す。

やく-する【約する】『サ変他』①約束をする。「再会を—」②簡単にまとめる。要約する。「長い説明文を—」③分子・分母を、また式の両辺を、公約数で割る。「6/9は3で—・せる」

やく-する【訳する】『サ変他』→やくす

やくせき【薬石】 種々の薬や治療法。「—効なく」▽「石」は古代の治療具の一種。

やくぜん【薬膳】 中国医学で、病気予防や健康の維持・増進に効果があるとされる食材や生薬を用いた料理。薬膳料理。

やくそう【役僧】 寺院で、事務を処理する僧。

やくそう【薬草】 薬用にする植物の総称。

やくぞう【躍増】『名・ス自』飛躍的に増加すること。

やくそく【約束】 ①『名・ス他』相手に対し、または互いに、取り決めを行うこと。その取り決めの内容。「口—」「—を守る」②『名』(社会一般に約束⑴として通用する)規定。約束事。「前世の—」③『名』かねてから定まっている運命。④『ス他』将来そうなることがほとんど間違いない。「この成功で花子には輝かしい前途が—された」「この成功は花子に輝かしい前途を—するものである」▽③のような運命論的な含みはない。受身の形で使うことが多い。⑷は、名詞ではほとんど使わない。 **—てがた【—手形】** 振出人が受取人に対し、一定期日に一定金額を、受取人、またはその指図人(さしずにん)に、手形所持者に支払う約束で、振り出す手形。約手(やくて)。「—を落とす(=決済する)」

やくたい【益体】『—(も)ない』役に立たない。らちもない。「益体もない遊びに熱中する」

やくだい【薬代】 →やくれい。▽既に古風。ただし「くすりだい」と読めば薬の代金で、今も普通に使う。

やくたく【役宅】 その役職の人に住まわせる家。▽今

の「公舎」に当たる古い言い方。

やくだく【約諾】『名・ス他』約束して引き受けること。

やくたたず【役立たず】『名ナ』役に立たないこと。また、そのような人や物。「このーめ」

やくだ-つ【役立つ】『五自』あることをするのにそれが有用だ。役に立つ。「趣味が仕事にーった」

やくだ-てる【役立てる】『下一他』あることをするためにそれを有用に使う。役に立てる。

やくちゅう【訳注・訳×註】①翻訳と注釈と。②翻訳者がつけた注。▽原注(＝原文についている注)と区別して言う。

やくづき【役付(き)】ある役につけられること。「ーになる」。(管理的な)役についている人。「ー連中」

やくづくり【役作り】俳優が、自分の役柄にふさわしい演技や扮装(ふんそう)を工夫すること。「ーがうまい」「ーに苦労する」

やくて【約手】「約束手形」の略。

やくとう【薬湯】①入浴のためのくすりゆ。②せんじぐすり。

やくどう【躍動】『名・ス自』生き生きと動くこと。「ー感あふれる演技」

やくとく【役得】その役目に従事しているために特別の便宜があって得られる利益。「招待されるなんてーだね」

やくどく【薬毒】薬の(中に含まれている)毒。

やくどく【訳読】『名・ス他』古典や外国書を解釈・翻訳してよむこと。

やくどころ【役所】役目として与えられた地位。「ちょうどいいー」(その人にふさわしい地位) ▽「やくしょ」と読めば別の意。

やくどし【厄年】①わざわいにあいやすく、忌み慎むべきものとされる年齢。男の数え年四十二、女の数え年三十三など。▽陰陽道(おんようどう)で言う。↓たいやく(大厄)・まえやく。②転じて、災難の多い年。

やくなん【厄難】わざわい。災難。「ーに遭う」

やくにん【役人】官職についている人。官僚。公務員。「ー根性(こんじょう)」(役人にありがちな、融通がきかず、いばりたがる等の性質) ▽江戸時代に名主などが務めた町役人・村役人は町役(・村役)である人を言い、町(・村)の役人ではない。

やくば【役場】町村長や公証人が、公務をとる事務所。また、その建物。「村ー」「公証人ー」「向こうにーが見える」

やくばらい〔…ばらひ〕【厄払い】『名・ス自』①厄介ものを追い払うこと。「ーをする」▽(2)の転。②神仏に祈ったりして災難を取り払うこと。やくおとし。③大晦日(おおみそか)・節分などの夜、厄難を払う言葉を唱えて銭を請い歩くこと。その人。▽「やくはらい」とも言う。

やくび【厄日】災難が起こる悪い日。陰陽道(おんようどう)などで、災難が起こりやすいとして忌む日。

やくびょう【疫病】伝染性の激しい熱病。「ー除(よ)けのまじない」 **ーがみ**【ー神】①疫病をはやらせるという神。②比喩的に、人々からきらわれる人。「ーにとりつかれる」

やくひん【薬品】薬③として製した(材料)品。「化学ー」▽薬(1)に使うものも含めて言う。

やくぶそく【役不足】役目が実力不相応に軽いこと。「彼には係長ではーだ」。与えられた役目に満足しないこと。「ーをかこつ」▽「私ではーだ」のように力不足の意に使うのは誤用。

やくぶつ【薬物】薬となる物質。薬品。「ー中毒」

やくぶん【約分】『名・ス他』分数の分母と分子を公約数で割って簡単な形にすること。

やくぶん【訳文】外国文・古文を翻訳・解釈した文章。↕原文

やくほ【薬舗・薬×鋪】くすりや。薬局。

やくほう【薬包】こな薬を紙に入れて折り畳んだ包み。

やくほん【訳本】翻訳して作った書物。訳書。↕原書

やくまえ〔…まへ〕【厄前】厄年の前の年。まえやく。

やくまわり〔…まはり〕【役回り】振り当てられる役目(の回りあわせ)。「損なー」

やくみ【薬味】毒消しや食欲増進、また、風味を加えるために料理に添えるもの。大根おろし・しょうが・にんにく・わさび・練りからし等。

やくむき【役向き】その人の役目の方面。役がら。「ーの事で打合せをする」

やくめ【役目】役として割り振られて受け持つ、つとめ。職責。「ーを果たす」

やくめい【訳名】原名を翻訳してつけた名。

やくよう【薬用】薬として用いること。「ー植物」「ーせっけん」

やくよけ【厄△除け】災難を防ぎ取り払うこと。その方法。やくばらい。

やぐら【矢倉・×櫓】①(木材を組んで)高く立てた台状のもの。「盆踊りのー」㋐物見や指揮のため、あるいは矢を射るために、城門・城壁に設けた高楼。㋑物見のための高い台。「火の見ー」㋒相撲(すもう)・芝居の興行場に高く建て、太鼓を鳴らしたりする所。㋓「こたつやぐら」の略。㋔「船(ふな)矢倉」の略。船に設けた高い場所。②昔、矢その他の武器を入れておいた倉。▽「矢倉」と書く。③やぐら(1)に似た形状のもの。特に、㋐相撲の投げわざの一種。やぐら投げ。「ーに振って投げる」㋑将棋の陣立ての一種。やぐら囲い。「ーに囲う」

やぐらした【×櫓下】↓もんした

やぐらだいこ【×櫓太鼓】相撲(すもう)や芝居で、開場・閉場の知らせに、やぐら(1)㋒で打ち鳴らす太鼓(の音)。「ーにふと目を覚し今日はどの手で投げてやろ」(俗謡)

やぐらもん【×櫓門】「渡り櫓門」の略。廊下のように長く造ったやぐらの下に設けた門。

やくり【薬理】薬品の作用によって起こる生理的変化。「ー学」

やぐるま【矢車】輪のまわりに矢の形の物を放射状に取り付けたもの。「鯉(こい)のぼりの―」 **―ぎく**【―菊】春から夏にかけて青紫・白・桃色等の、矢車に似た形の花が咲く一年草または越年草。通称、矢車草。▽きく科。 **―そう**【―草】①ヤグルマギクの通称。②深山に自生する多年草。夏、黄白色の小さい花が円錐(えんすい)状に群がり咲く。▽ゆきのした科。

やくれい【薬礼】薬や治療の謝礼として医者に払う金。やくだい。▽今は言わない。

やくろう【薬籠】①くすりばこ。「自家―中のもの」(自分の薬籠の中の薬のように、必要に応じていつでも役立てられるもの。身につけた知識や技術について言う)②→いんろう

やくわり【役割】割り振られた役目。「―を果たす」。役目をそれぞれに割り振ること。「―を決める」

やくわん【×扼腕】《名・ス自》はがゆがったり、憤ったりして、自分の腕を握り締めること。「―して再挑戦を誓う」▽→せっしやくわん

やけ【〈自棄〉】①《名》思うように事が運ばなくて、前後の見さかいもなく乱暴になること。すてばち。やけくそ。「―を起こす」「―のやんぱち」(やけになることを人名めかして言ったもの)②《副[に]ナ》〔俗〕やけ(1)が起こるほど、ひどいさま。むやみに。「―にすましてるな」「―に広い」「今日は―な暑さだ」

やけ【焼け】①焼けること。「家が半―になる」「日が当たるから品物の―がひどい」②焼けたように見えるもの。㋐日の出前、日没のころ、空が赤くなること。「朝―」「夕―」㋑硫化鉱物に富む鉱床の地上に露出した部分。▽暗褐色になって、物が焼けたように見えるから。

やけあと【焼(け)跡】焼けた跡。火事があった跡。

やけあな【焼け穴】布などの一部分に(タバコの火が落ちたなどで)焼けてできた穴。

やけい【夜景】夜の(町の灯が輝く)けしき。「百万ドルの―」

やけい【夜警】夜中、公共の建物や町内などを見回って、火事・盗難などの警戒をすること。その役目の人。

やけいし【焼(け)石】火で熱せられた石。「―に水」(少しばかりの援助では効果がないことのたとえ)

やけお-ちる【焼け落ちる】《上一自》(建物などが)ひどく焼けて形が落ち崩れる。「戦乱で城が跡形もなく―ちた」「屋根が―ちて負傷者が出た」

やけくそ【〈自棄〉×糞】〔俗〕「やけ(自棄)」を強めて言う語。「―だ」「―になる」

やけこげ【焼け焦げ】焼けて焦げること。その焦げた跡。「着物に―を作ってしまった」

やけざけ【〈自棄〉酒】やけを起こした状態で、あおり飲む酒。

やけだされ【焼け出され】火事で家を焼かれ、住む所を失うこと。そういう人。

やけださ-れる【焼け出される】《下一自》家が焼けて住むところがなくなる。「空襲で―」

やけつち【焼け土】火事(や火山の流出物)で焼けた土。「―から徳利のかけらが出てきた」

やけっぱち【〈自棄〉っぱち】〔俗〕「やけ」を強めて言う語。

やけっぱら【〈自棄〉っ腹】〔俗〕やけを起こして腹をたてること。「―になる」▽「やけばら」とも言う。

やけど【〈火傷〉】①火や熱い湯など高温のものに触れて皮膚をいためること。その傷。②比喩的に、痛い目に会うこと。「株に手を出して―する」▽「焼け処(と)」の意。

やけどまり【焼け止(ま)り】やけどまること。「植え込みの所で―になった」。その場所。「―があの家だ」

やけどま-る【焼け止(ま)る】《五自》火勢が衰え、または何かに遮られて、火事の延焼がそこで止まる。「本町で―った」

やけに《副》〔俗〕→やけ(自棄)(2)

やけの【焼(け)野】野火で焼けた野原。また、大火事でめぼしい物が焼け残らないほどの、広い焼け跡。「空襲で一面の―になる」「―の雉(きぎす)夜の鶴」(巣のある野を焼かれた雉(きじ)が子をかばい、寒夜に鶴が子を翼で覆うように、母が子をいつくしむこと。↓やかく(夜鶴))「―の鴉(からす)」(もともと黒いものが一層黒く見えること) **―がはら**【―が原】焼け野。また、火事で一面に焼けて、焼け野のようになった所。焼け野原。▽「が」は「の」の意の文語助詞。

やけのこ-る【焼け残る】《五自》(他は焼けたのに)その全部または一部分が焼けずに残る。焼失を免れる。「運よく母屋(おもや)も―った」「落雷で―った銀杏(いちょう)」

やけのはら【焼(け)野原】→やけのがはら

やけぶとり【焼け太り】《名・ス自》火事に遭って、かえって以前よりも生活が豊かに(事業が大きく)なること。「保険金で―する」

やけぼっくい【焼け木×杭・焼け△棒×杭】〔俗〕焼けた杭(くい)。燃えさしの切株。「―に火がつく」(転じて、いったん別れた(男女の)関係がもとに戻る)

やけやま【焼(け)山】①山火事などで木が焼けた山。②かつて噴火した山。

や-ける【焼ける】《下一自》①熱・光・薬品などの作用が、物の性質・状態を変えるほどに加わる。㋐火で燃える。「家が―」「山が―」(山火事などにも、噴火する意にも言う)㋑火・熱または熱した器具で、適度に加熱される。「餅がよく―」㋒日光などにより、皮膚が変色したり、物の色があせたりする。「日に―」「酒で赤く―けた鼻」「緑は―けやすい色だ」㋓熱・薬品などの作用を加えた物が、できあがる。「よく―けた茶碗(ちゃわん)」「炭が―けた」㋔日の出前、日の入り後の空が、または大火事で夜空が、燃えるように赤くなる。㋕(胃液の作用で)胸が熱いように感じる。「胸が―」(胸を焦がすほどの怒りを覚える意にも)「意地が―」(腹立たしい)②気がもめる。▽(1)

の比喩用法から。㋐あれこれと気を使い、手間がかかる。「世話が―」「手が―」㋑(他人が愛されることに)ねたましさが感じられる。「あいつがあまりもてるので―」▽㋑は「妬ける」とも書く。

やけん【野犬】飼い主がない犬。のら犬。「―狩り」

やげん【△薬研】漢方薬の薬種などを細かく砕くための、舟形で中が深くくぼんだ金属製の器具。 **―ぼり**【―堀】薬研の形、つまり断面がV字形に底が狭くなった堀。

やご とんぼの幼虫。水中にすむ。

やこう【夜光】暗い所で光ること。「―塗料」 **―ちゅう**【―虫】ハスの葉に似た形で直径約一ミリの原生動物。沿岸水域の海面にただよい、発光する。赤潮の一因となる。

やこう【夜行】①夜中に出歩くこと。「百鬼―」「―性」▽「やぎょう」とも言う。②夜間運行する列車やバス。

やごう【屋号】①商店や歌舞伎役者などの、家の呼び名。②個々の家屋敷の通称。

やごう【野合】〘名・ス自〙男女が正式の結婚手続きをふまずに関係すること。私通。

やこうぐん【夜行軍】(急を要する場合、また夏の日中の暑さを避け)夜間に行う行軍。

やこぜん【野×狐禅】禅を学び、まだ深い境地に達していないのに、自分では悟り切ったような気でうぬぼれていること。なまぜん。

やさい【野菜】畑で作って副食とする植物。▽大豆などは畑で栽培しても穀類に入れるのが習わし。

やさおとこ(‥をとこ)【優男】やさがたの男。また、みやびやかな男。

やさおんな(‥をんな)【優女】やさしく、みやびやかな女。また、おとなしやかな美女。

やさがし【家捜し・家探し】〘名・ス自〙①家の中を残らず捜すこと。②住むべき家をさがし求めること。

やさがた【優形】姿がやさしいこと。品よく、すらりとしていること。また、気だてやふるまいがやさしいこと。

やさき【矢先】①何かをしようとする、またはした、ちょうどその時。「出掛けようとしている―に来客があった」「帰った―に雨が降り出した」▽②の転。②矢の先。矢が飛んで来る前面。矢おもて。「―に立つ」

やさぐれ〔俗〕家出人や住所不定者。▽やくざ・不良仲間の隠語。

やさぐ-れる〘下一自〙〔俗〕①すねる。ぐれる。▽②の転。②家出する。

やさけび【矢叫び】①矢を射た時、その手ごたえがあった時に、あげる声。②転じて、戦いの時に発する喚声。

やさし-い【優しい・易しい】〘形〙①細やかで柔らかな感じを与える有様だ。【優】㋐おとなしく、すなおだ。「気立ての―娘」。思いやりがあって親切だ。「―心づかい」「頭を―くなでてやる」㋑優美だ。「―姿に咲くすみれ」▽元来「痩す(=痩せる)」の形容詞化した語で、優美な人を気にとめれば身も細るほど恥ずかしいという意。これが思いやりの心を表す㋐になり、今の意を生じた。だから桃太郎の「気は―くて力持ち」とは男児の理想像を言う言葉。㋒〘「……に―」の形で〙それに思いやりがあるかのように、刺激・荒れ・汚染・負担などの悪作用が無い。「お肌に―化粧品」「環境に―(=環境を汚染しない)洗剤」「市民に―まちづくりを考える」▽㋒は一九八〇年代から使われ出した意。㋐の転。②すぐできる(わかる)ほど、扱いが簡単だ。【易】⇔むずかしい。「―問題」「この仕組みは至って―」▽②は①㋐の転。派生 -さ -げ -み 関連 情け深い・慈悲深い・温かい・手厚い・大人(おとな)しい・麗しい・穏やか・たおやか・やわらか・こまやか・懇ろ・思いやり・柔和・柔順・穏健・穏和・温和・温良・温厚・温柔・温顔・温情・親切・懇切・寛厚・優美

やさすがた【優姿】優美なすがた。

やし【×椰子】ココヤシ・ナツメヤシなど、やし科の常緑高木の総称。特にココヤシを指す。

やし【野史】民間で編集した歴史。

やし【〈香具師〉・野師】縁日・祭りなど人出の多い所で、見世物などを興行し、または品物を売ることを業とする人。てきや。▽→こうぐし

やじ【野次・弥次】①「やじうま」の略。②やじること。その言葉。「―を飛ばす」 **―うま**【―馬】自分に無関係な事で、人のしりにくっついて、面白半分に騒ぎ回ること。その人。「―根性」「―がたかる」▽もと、ならしにくい馬の意。

やしおじ(‥しほぢ)【八潮路】多くの潮路。長い海路。「―を越えて」▽雅語的。

やしき【屋敷・△邸】①家を構えた一区画の所。邸宅。特に、立派な広々とした家。また、立派な門構えの家。「―町」▽②の転。②家の敷地。家を造るべき地所。「家―を売り払う」

やじきた【弥次喜多】好一対のこっけい者。「―道中」(楽しい漫遊旅行)▽十返舎一九(じっぺんしゃいっく)の「東海道中膝栗毛(ひざくりげ)」の主人公、弥次郎兵衛(やじろべえ)・喜多八の名から。「やじきだ」とも言う。

やしな-う(やしなふ)【養う】〘五他〙①食物などを与えて育てる、または生活させる。「他人に―われた子」「家族を―」「豚を―」②だんだんに作り上げる。つちかう。「よい習慣を―」「胆力を―」③衰えないように保つ。「気力を―」「病を―」(手当てをし、体力を取りもどすようにする)④(箸を持って)病人や子供に食事の手助けをしてやる。▽④は古風な言い方。

やしゃ【夜×叉】森林に住むとされる、インドの鬼神。仏教に入って、仏法の守護神。「内心如(にょ)―」▽梵語(ぼんご)。

やしゃご ひまごの子。玄孫。

やしゆ【×椰子油】やしの実からとった白色の脂肪。石鹼(せっけん)・グリセリンの原料。

やしゅ【野手】野球で、内野・外野を守る人。

やしゅ【野趣】洗練されてはいないが、素朴な感じの持ち味があるおもむき。「—に富む」

やしゅう【夜襲】《名・ス他》夜を利用して敵をおそうこと。夜討ち。「—をかける」

やじゅう【野獣】野生のけもの。「—派」(↓フォーヴィスム)

やじょう【野乗】民間で編集した歴史書(=乗)。野史。「稗史(はいし)—」

やしょく【夜色】夜のけしき。また、夜になったという感じ。

やしょく【夜食】夜とる食事。特に、定められた食事のほかに夜になって別に設ける食事。

やじり【×鏃・矢尻】矢の先のとがった部分。

やじりきり【家尻切り】泥棒が家・蔵の裏の壁や戸を切って侵入すること。その泥棒。

やじ-る【野次る・弥次る】《五他》人の言動を、ひやかしたり、はやし立てたりして妨げる。「講演者を—」▽「やじ」を動詞化した語。

やじるし【矢印】(方向を示すための)矢の形のしるし。

やしろ【社】神がまつってある建物。神社。▽古くは神をまつった場所そのもの。

やじろべえ【弥次△郎△兵△衛】短い縦棒に、両端におもりを取りつけた横棒をつけ、縦棒を指先の上などで支えただけで釣合いがとれるようにしたもの。つりあい人形。▽振分け荷物を肩にした弥次郎兵衛の人形から。

やしん【野心】①分を越える(ように見える)大きな望み・たくらみ。「—満々」「—家」「—的な新作を発表する」▽⑵の転。②人になれ服さないで、とかく害をしようとする心。「大それた—を抱く」

やじん【野人】①いなかの人。「田夫—」②礼儀作法もわきまえない人。また、教養のない人。ぶこつもの。③在野の人。民間人。

やす《助動》①〔俗〕丁寧の意を表す。㋐《動詞連用形に付く》「ます」の転。「早速行ってみ**やし**た」㋑《「で」を受けて》「です」に当たる言い方。「合点(がってん)で—」▽⑴は現在、一般にはあまり使わない。②「なさい」「遊ばせ」の意。「お帰り—」▽関西方言。

やす【×簎】長い柄があり、獲物を突き刺して捕らえる漁具。

やすあがり【安上(が)り】安い値段で出来上がること。安い費用で済むこと。

やす-い【安い・△易い】《形》①気が楽に持てる状態だ。[安]㋐質や量の割に値が低い。↕高い。「—・かろう悪かろう」(安いだけに品質も悪い)▽「廉い」とも書く。㋑心に悩みが無く、のびやかで静かだ。「—・からぬ思い」▽普通、打消しを伴う。㋒《連用形で》気軽に。安っぽく。「人をそう—・く見るな」㋓《「お」をかぶせ、打消しを伴って》↓おやすい⑵。②簡単にそうなるあり方だ。㋐気軽に行える。たやすい。「お—御用」「飲み—薬」㋑《動詞連用形に付いて》とかくそうなる性質のものだ。……しがちだ。[易]「こわれ—」「誘惑にはまり—男」 派生 **-さ**

やすうけあい〔…うけあひ〕【安請(け)合い】《名・ス他》十分考えもしないで、軽々しく引き受けること。「うっかり—する」

やすうり【安売り】《名・ス他》①安い値段で売ること。②比喩的に、相手や条件を深く考えもせず、気軽に与えること。「親切の—」

やすけ【弥助】鮨(すし)の異称。▽芝居の「義経(よしつね)千本桜」に出て来る鮨屋弥助の名から。

やすっぽ-い【安っぽい】《形》いかにも安物の感じだ。「—道具」。質が劣り、品格に欠けている。「—感傷」 派生 **-さ**

やすで【〈馬陸〉】体が長く赤茶色で多くの節から成り、一節ごとに二対の足がある虫。体長約二センチ。物に触れると体を丸め、臭気を放つ。▽やすで綱の節足動物の総称。

やすで【安手】《名ナノ》やすっぽい(種類である)こと。「—の普請(ふしん)」▽もと、値が安い方という意。

やすね【安値】値段が安いこと。安い値段。取引では、その日の立会(たちあい)の中で、その株の一番安い値。↕高値

やすぴか【安ぴか】〔俗〕ひとめで安物と分かる品物。「—のネックレス」▽「安くてぴかぴか」から。

やすぶしん【安普請】あまり金をかけずに家を建てること。そうして建てた、上等でない家。

やすま-る【休まる】《五自》心身が安らかになる。「気が—」「体が—」

やすみ【休み】休むこと。また、休むための時間・日・期間。「—を取る」「—なしに働く」

やすみぢゃや【休(み)茶屋】↓ちゃみせ。▽やや古風。

やすみやすみ【休み休み】《副》休みを置きながら。「山道を—登る」「ばかも—(=せめては、そう立て続けでなく)言え」

やす-む【休む】《五自他》①働きを一時やめて安らぐ。㋐休息する。休養を取る。「少し—・んで、また始めよう」㋑寝床にはいる。「今夜はもう—・もう」②活動を中断する、または中断した状態を呈する。「日曜も—・まず働く」「店が—・んでいる」。欠席・欠勤する。「会社を—」▽⑴は自動詞として、⑵は主に他動詞として使う。

やすめ【安め】値段が比較的安いこと。↕高め

やす-める【休める】《下一他》①事を中止して休息させる。「馬を—」「手を—」「畑を—」(作物を作らず、地味(みち)を養うようにする)「骨を—」(↓ほねやすめ)②安らかにする。「心を—」(安心する。安心させる)

やすもの【安物】値が安く、上等でない物。「—買いの銭(ぜに)失い」(安い物は品が悪いから、かえって高くついて損をする)

やすやす【△易△易】《副「と」》するのに何の困難もないさま。簡単に。たやすく。「—とやってのける」「うまい話に—(と)のせられる」

やすやど【安宿】宿泊料が安い、粗末な宿屋。

やすら-う(やすらふ)【休らう・安らう】《五自》休む。休息する。「しばし身を―・わせる」▽雅語的。

やすらか【安らか】《ダナ》穏やかで何事もないさま。「世が―に治まる」。何の心配もなく気持が平らかなさま。「―な顔をして寝入る」 派生 **-さ** 関連 穏やか・平らか・伸びやか・事なく・恙(がつ)無い・平穏・平静・静穏・静謐(せいひつ)・平和・太平・安寧・安泰・無難・無事・安全・安楽・気楽・楽楽・暢気(のんき)・安気・安閑・閑閑・悠悠・浩然(こうぜん)・伸び伸び・のうのう・のんびり・明鏡止水

やすら-ぐ【安らぐ】《五自》心が安らかになる。おだやかな気持になる。「お前と居ると気が―よ」

やすり【×鑢】棒状・板状の鋼(はがね)の表面に目(＝小さい突起)を刻み、焼入れをしたもの。金属仕上げ用などの工具。▽→かみやすり

やすりがみ【×鑢紙】→かみやすり

やすん-じる【安んじる】《上一自他》安らかにする。安心する。安心させる。満足する。「現状に―」「分(ぶん)に―・じよ」「意を―」(安心する)「―・じて君に任せよう」▽「安んずる」とも言う。

やすん-ずる【安んずる】《サ変自他》→やすんじる

やせい【野生】①《名・ス自》(動植物が)自然に山野で育つこと。②《代》小生。自分をへりくだって言う語。→やじん(1)(2)

やせい【野性】自然のままの本能的な性質。洗練されていない粗野な性質。「―的」「―味」

やせうで【痩せ腕】①やせた腕。②転じて、微力な手腕。「その―では仇(あだ)は討てまい」

やせがまん【痩せ我慢】《名・ス自》無理に我慢して、さも平気そうに見せかけること。「―を張る」

やせぎす【痩せぎす】やせて骨ばっていること。やせてぎすぎすしていること。そういう人。

やせこ-ける【痩せこける】《下一自》やせてひどく肉が落ちる。げっそりやせる。「ほおが―」

やせさらば-える(やせさらばへる)【痩せさらばえる】《下一自》やせて、骨と皮ばかりのようになる。▽文語四段活用動詞「やせさらぼふ」が転じた語。

やせち【痩せ地】地味(ちみ)が悪く、作物などが育たない土地(田畑)。

やせっぽち【痩せっぽち】ひどくやせていること。そういう人。▽軽蔑した言い方。

やせてもかれても【痩せても枯れても】《連語》どんなに衰え落ちぶれても。「―武士の端くれ」

やせほそ-る【痩せ細る】《五自》やせて細くなる。「―・った老婆」「日照りで川(の水)が―」

やせやま【痩せ山】土質が悪く、木などが育たない山。

や-せる【痩せる・×瘠せる】《下一自》①体の肉づきが悪くなり、細くなる。「―・せた男」②比喩的に、財産が減る。「身代(しんだい)が―」。流れが細くなる。「水が―」③土地が植物を生長させる力に乏しくなる。「―・せた土地」▽↕太る・肥える

やせん【夜戦】夜間の戦い。

やせん【野戦】①野山での戦闘。また、要塞戦・攻城戦・市街戦以外の陸上戦。②戦地にあること。「―軍」「―帰り」 **―じゅうほう**【―重砲】野戦に使う口径が一〇～一五センチ程度の、火力の大きい大砲。 **―びょういん**【―病院】戦場の後方に設け、戦場の傷病者を収容・治療する病院。 **―ほう**【―砲】野砲・山砲など、中口径で軽快に移動できる大砲の総称。

やぜん【夜前】きのうの夜。昨夜。ゆうべ。

やそう【野草】山野に自然に生えている草。▽↓さんそう(山草)

やぞう【弥蔵】ふところ手をして、着物の中で握りこぶしを肩のあたりへ突き上げるようにした格好。「寒いので―を極(き)めて歩く」

やそうきょく【夜想曲】夜の情緒を表現しようとする曲。ノクターン。

ヤソきょう【×耶×蘇教】キリスト教。▽「耶蘇」はラテン Jesus の中国語音訳から。

やそじ(やそぢ)【八△十路】八十。また、八十歳。▽雅語的。

やたい【屋台・屋体】①小さい家の形にし、移動できるようにした台。㋐物を載せて売り歩くもの。「―を引く」㋑祭礼の時に練り物として引いて歩くもの。だし。②踊りの舞台。踊り屋台。③「屋台骨(ぼね)」(2)の略。「―が傾く」 **―ばやし**【―×囃子】屋台(1)㋑で行う囃子(はやし)。ばかばやし。 **―ぼね**【―骨】①屋台(1)の骨組み。②組織などを支える主要部分。「―を揺るがす」。身代(しんだい)。「―がゆるむ」 **―みせ**【―店】屋台(1)㋐で物を売る店。

やたけ【弥△猛】いよいよ(＝弥)勇み立つこと。「―心(ごころ)を燃やす」「―に突き進む」▽古語的。

やたけび【矢△叫び】→やさけび。▽大正以降の語形。「矢さけび」と「雄たけび」とが結び付いてできた語。

やたて【矢立(て)】①筆と墨を簡便に携帯するための文房具。墨つぼに柄(え)がついていて、その中の筒に筆を入れる。②えびらの中に入れて、陣中に携帯した小形のすずり(ばこ)。やたてのすずり。③矢を入れる道具。やなぐいの類。

やだね【矢種】身に帯びて用意した矢の全部。「―が尽きる」▽今もまれに、手持ち量の比喩に使う。

やだま【矢玉】矢と弾丸。「―も尽きはてた」▽今も、戦闘・競争の資材(または資金)の比喩に使う。

やたら《副「に」「と」・ナノ》むやみ。みだり。「―(に)飛びまわる」「―(と)忙しい」「―な事は言えない」▽当て字で「矢鱈」とも書く。

やち【谷地】沢の湿地。「―田」(谷間の低地にある田)▽主に東北地方で言う。↓やと(谷戸)・やつ(谷)

やちゅう【夜中】夜のうち。夜間。夜分。「―お騒がせして申し訳ない」

やちよ【八千代】千代を(八つも)種み重ねたほどの長い間。「千代に―に」(永遠に)▽「千代」を使うより雅語的。

やちょ【野×猪】イノシシ。

やちょう【夜鳥】 夜活動する鳥。

やちょう【野鳥】 野生の鳥。↔飼鳥(かいどり)

やちょく【夜直】 夜の当直。↔日直

やちん【家賃】 家の借り賃。「―が高い」(転じて、昇進が速すぎて地位に見合う力が伴わない)

やつ【△奴】 ①《名》人または物を、乱暴な態度で言う語。「ばかな―だ」「偉い―にはかなわない」「こっちの―をくれ」②《代》人を見下げて言う語。あいつ。「―のしわざだ」▽「やっこ」の転。

やつ【八(つ)】 ①「やっつ」の本来の形。「紙を―切りにする」▽年齢を指す用法はごくまれ。植物名の「―手」は葉の分かれる数に由来。「―当たり」などの場合はやたらに多い意で言う。②昔の不定時法による時刻の呼び名で、今の午前・午後の二時ごろに当たる。「お―」(→おやつ)

やつ【△谷】 たに(になった所)。「扇ガ―」(鎌倉の地名)▽主に鎌倉や千葉で言う。東京付近では「や」(例、渋谷)、「やと」。→やと(谷戸)・やち

やつあたり【八(つ)当(た)り】《名・ス自》関係のない人にまで当たり散らすこと。

やつか【矢△束】 矢の長さ。▽→そく《束》(2)(イ)

やっか【薬価】 医薬の値段。

やっか【薬禍】 不適切な薬の使用や、薬の不良・副作用によってひき起こされたわざわい。

やっかい【厄介】 ①《名ナ》手数がかかって迷惑なこと。面倒なこと。「―な仕事」「―をかける」「―でしようがない」「―者」(居候(いそうろう)をも言った。↓(2))「―ばらい」②《名》世話(をすること)。「―になります」 派生 **-さ -げ -がる**

やつがしら【八(つ)頭】 サトイモの一品種。親芋の側方から子芋の茎が多く出て、互いに密着して大きなかたまりになる。食用。

やっか-む《五他》〔俗〕ねたむ。そねむ。「他人の好運を―」

やっかん【約款】 契約・条約などの取決めの、一つ一つの条項。

やっき【躍起】《副にと・ナ・ノダ》(あせって)むきになって。「―になって弁護する」「―となって追いかける」「官憲の―の弾圧にもかかわらず」「各国が景気対策に―だ」

やつぎばや【矢継ぎ早】《ダけ》短い間隔で次々とすばやく行為・動作を続けるさま。「催促の使者が―にやって来る」「―の質問」▽もと、矢を次々と早く弓につがえる意。

やっきょう【薬×莢】 鉄砲の弾丸をうつのに必要な火薬を詰める、真鍮(しんちゅう)製の小形の筒型の容器。

やっきょく【薬局】 薬剤を扱うための場所。㋐薬剤師が経営・管理し、薬の調合・販売をする店。㋑病院・医院で薬の調合を管理する室。 **―ほう【―方】** 法令によって、普通よく使われる薬品について、原料・製法・純度・性質などの基準を定めた告示。「日本―」

やつくち【八(つ)口】 女物や子供用の着物で、そでつけの下のわきを縫い合わせない部分。わきあき。身八つ口。

やづくり【家作り】 家を造ること。その家の構え。

ヤッケ フードのついた、防水・防風用の上衣。アノラック。▽ドイ Jacke(=上着)

やっこ【△奴】 ㊀《名》①人に使われる身分の低い者。㋐特に、江戸時代の武家の奴僕(ぬぼく)。撥鬢(ばちびん)・鎌髭(かまひげ)の姿で、槍(やり)などを持って主人の供をした折助(おりすけ)。㋑比喩的に、心身の自由を、ある物事によって奪われた身。「恋の―」②江戸時代の男伊達(だて)。町奴と旗本奴とがあった。③「奴豆腐」の略。㊁《代》目下の者を親しんで言う語。また、同等以下の者を気軽に言う語。あいつ。「―さん」▽「家(や)つ子」の転。

やっこう【薬効】 くすりのききめ。「―があらわれる」

やっこさん【△奴さん】「奴」に「さん」の付いた形。↓やっこ㊀(1)㋐・㊁

やっこだこ【△奴×凧】 奴㊀(1)㋐がそでを張った姿に似せた形の凧(たこ)。

やっこどうふ【△奴豆腐】 四角く切った豆腐。また、ひややっこ。

やつざき【八(つ)裂き】 ずたずたに裂くこと。「―にしても飽き足りない」

やっさもっさ《名・副[と]・ス自》大勢で、てこずって大騒ぎをするさま。「和服を―と着付ける」「大晦日(おおみそか)は―の大騒ぎ」

やつ-す【×窶す】《五他》人が本来の姿・形を(くずして、いっそう劣った様子に)変える。㋐みすぼらしく、または目立たないように、変装する。「こじき姿に身を―」㋑やつれが外形に現れるほど心を悩ます。「かなわぬ恋に身を―」「憂き身を―」(やせるほど熱中する意にも)㋒転じて、化粧をする。

やったあ《連語》《感動詞的に》希望がかなった(希望をかなえる約束を取り付けた)、また、うまくしとげた時の、喜びの叫び。▽動詞「やる」(4)+助動詞「た」の長音化。

やっちゃば【やっちゃ場】 江戸・東京の青物市場。→せいかじょう

やっつ【八つ】 個数を言う場合の、数の八。また、八歳。

やっつけしごと【やっつけ仕事】 ①急場の用に間に合わせるために急いでする、その場限りの仕事。②いいかげんな仕事。雑な仕事。

やっつ-ける《下一他》①結果を気にせず、思いきって実行する。「今夜中にこの仕事を―けよう」②相手をひどいめに合わせる。(悪者を)倒す。「こっぴどく―」▽乱暴な言い方。「やる」+「付ける」の転。

やつで【八(つ)手】 葉が大きく、掌形に分裂している常緑低木。晩秋、白い小花が球状に咲く。暖地の山地に自生し、庭にも植える。▽うこぎ科。

やって-くる【やって来る】《連語》《複合動詞相当》①向こうからこちらへ来る。近づいて来る。「ちょうどいいところに―きた」「間もなく冬が―」②その時まで続けてする。「戦後ずっとこの店を―きた」

や

やってのける【やって△退ける】〘連語〙(むずかしいことなどを)やりとげる。「あの仕事を一人で―けたのには驚いた」
やっと〘副・ノダ〙どうにかこうにか。かろうじて。「―三人はいれる広さ」「終電に―間に合った」。なかなか実現しなかったが、ようやくの事で。「―(の事で)でき上がった」
やっとう〔俗〕剣術のこと。▽「やっ」と仕掛け、「とう」と応じる声から。今もふざけては言う。
やっとこ 針金・板金を曲げ、また熱した鉄などをはさむのに使う、鉄製の工具。
やっとこ〘副[と]・ダ〙〔俗〕→やっと。「―(さ)間に合った」「―すっとこ脱出する」
やつはし【八(つ)橋】小川などに幅の狭い橋板を数枚、継ぎ並べてかけた橋。▽日本式庭園に、よく作られる。
やつばら【△奴△原】やつども。やつら。「憎むべき―」▽既に古風。「原」は当て字。
やっぱり〘副ダ〙→やはり。▽俗語(方言)で「やっぱし」「やっぱ」とも言う。
やつめうなぎ【八(つ)目×鰻】形・色・大きさはウナギに似、目の後ろに鰓孔(えらあな)が七つある魚。川にすむ。薬用とし、特に鳥目(とりめ)にきくという。▽鰓孔と目とで、目が八つ並んでいるように見える。やつめうなぎ科の円口類の総称。
やつら【△奴△等】〘名・代〙「やつ」の複数形。「ひどい―だ」▽卑しめていう語。
やつれる【×窶れる】〘下一自〙人の容姿・服装などがみすぼらしくなる。特に、やせ衰える。憔悴(しょうすい)する。「心配で―れた顔」▽「やつす」の自動詞に相当。
やと【△谷戸】丘陵にある、U字型の谷になった所。▽草木が茂る沢にさまざまの生物が見られる(のが、本来の姿)。→やつ(谷)・やち
やと【野×兎】野生のうさぎ。のうさぎ。

やど【宿】①住む家。すみか。「埴生(はにゅう)の―」「狭い―ですが、お使い下さい」▽語源は「屋処(やど)」。②旅先で泊まる家。「おじの家を―にする」。特に、旅館。やどや。「―を取る」③妻が夫を指して言う語。宅。あるじ。④奉公人が親元や請人(うけにん)の家を指して言う語。「―に下がる」▽⑶⑷は既に古風。
やとい【雇(い)・×傭(い)】①やとうこと。また、やといにん。②→こいん(雇員)
やといいれる【雇(い)入れる】〘下一他〙新たに雇って、受け入れる。
やといどめ【雇(い)止め】雇用期間満了時に契約が更新されず、再雇用されないこと。
やといにん【雇(い)人】雇主にやとわれた人。
やといぬし【雇(い)主】人をやとって使う人。
やとう【雇う・×傭う】〘五他〙賃銭や給料・料金などを払って人や乗物などを働かせ、使う。「車を―」「―い入れる」「留学生をガイドに―った」
やとう【夜盗】①夜、物や金を盗むこと。その盗人。②→よとうむし
やとう【野党】現在政権を担当していない政党。在野党。↔与党
やどがえ【宿替え】〘名・ス自〙引越しすること。転居。転宅。▽「やどかえ」とも。今は「引越し」が普通。
やどかり【宿借り】①巻貝の空いている殻にはいって生活する甲殻類の総称。▽「寄居虫」とも書く。②家を借りて住むこと。また、その人。㋐借家。借家人。㋑同居。居候(いそうろう)。
やところがり【八所借(り)】かなりの額の金策が一か所だけではできなくて、少額に分けてあちこちから借り集めること。
やどさがり【宿下(が)り】〘名・ス自〙奉公人が、しばらくひまをもらって、うちへ帰ること。
やどす【宿す】〘五他〙①内部にふくみ持つ。「禍根を―」「たねを―」(妊娠する)。とどまらせる。「露を―した萩(はぎ)」。姿をうつす。「水に影を―」▽⑵から。②泊まらせる。宿泊させる。▽現在はこの意では余り使わない。
やどせん【宿銭】旅館の宿泊料。やどちん。
やどちょう【宿帳】旅館で、泊り客の住所・氏名・職業を書き込む帳簿。
やどちん【宿賃】旅館の宿泊料。
やどなし【宿無し】一定の住所がないこと。そういう人。
やどな 京阪地方で、臨時にやとう仲居(なかい)。
やどぬし【宿主】①宿の主人。②→しゅくしゅ
やどひき【宿引き】旅客を自分の宿屋に泊まるように誘うこと。それをする人。客引き。
やどぶね【宿船】川岸につないだまま住居に転用した和船。▽一九五〇年ごろまであった。
やどもと【宿△許・宿元】①居住先。②宿泊先。③奉公人の身元(みもと)引受け先。
やどや【宿屋】旅客を泊めることを営業とする家。旅館。はたごや。▽ホテルもこの一種。
やどり【宿り】宿ること。宿る場所。すみか。「一夜の―」
やどりぎ【宿り木・〈寄生〉木】①エノキ・ブナなど他の木の枝から生え、直径数十センチの球形に枝葉を茂らせる常緑小低木。▽びゃくだん科(旧やどりぎ科)。②広く、ほかの木に寄生する木。
やどる【宿る】〘五自〙①住みかとする。②仮にある場所にとどまる。宿屋に泊まる。また、旅で宿を取る。③㋐来てある位置を占める。「葉に露が―」「星が―」㋑物の中にはいりとどまる。「たねが―」(妊娠する)「神霊が―」㋒姿がうつる。「池に―月」
やどろく【宿六】〔俗〕妻が自分の夫をののしって、またはふざけて言う、呼び名。「うちの―ったら」▽「宿(=わが家)のろくでなし」の略。
やどわり【宿割(り)】泊まるべき宿屋を割り振ること。

やな【×簗】川の瀬などで魚をとる仕掛けの一つ。木・竹を並べて水を一か所に流すようにし、そこに来る魚を、斜めに張った簀(す)などに受けて捕らえる。

やなあさって「やのあさって」の転。→やのあさって

やながわ【△柳川】「柳川鍋」の略。開いて骨をとったドジョウとささがきゴボウとを土鍋で煮、といた卵でとじた料理。

やなぎ【柳】水辺に細長い枝をしなやかに垂れる落葉高木。春に細い葉を遠目には煙るように出し、夏は涼しげに繁る。しだれやなぎ。糸柳。「ーに風と(=逆らうことなく巧みに)受け流す」「ーに雪折れなし」(柔軟なものは強硬なものにかえって耐える)「ーの下に(いつも)どじょうは居ない」(一度成功して味をしめても、そうそううまい事は重ならない)「ーは緑、花は紅」(春の美しい景色。また禅宗で説く、自然の理のさまであること) ▽広くは、シダレヤナギを含め、やなぎ科やなぎ属のネコヤナギ・タチヤナギ(楊)やヤマナラシ・ドロヤナギ等の総称。

やなぎごうり【柳行×李】コリヤナギの、皮をはいだ枝を編んで作った行李(こうり)。衣類などを入れるのに用いる。

やなぎごし【柳腰】やなぎを思わせる、すんなりした細い腰つき。▽美人の腰の形容。

やなぎだる【柳×樽】①婚礼などの祝い事に使う酒樽(さかだる)。朱塗りで、胴も柄(え)も長い。②酒の異称。

やなぎば【柳刃】刺身など魚介類を薄くそぎ切りにするための、薄く細長い和包丁。刺身包丁。

やなぎばし【柳箸】新年に、雑煮などを食べるのに使う、ヤナギで作った箸。

やなみ【家並(み)・屋並(み)】①家の並びぐあい。また、建ち並んでいる家々。「古いーが続く城下町」②家ごと。「ーに国旗を掲げた町」

やなり【家鳴り】家が鳴り動くこと。「ーがする」「ー震動」

やに【△脂】①木が分泌する粘液。樹脂。「松ー」②(キセル・パイプにたまる)タバコの成分の粘液。「ーが詰まる」③目やに。

やにさがる【△脂下がる】《五自》得意になって(いい気持で)にやにやする。「若い女性に囲まれてー」▽キセルを、がん首を上に向け(反り気味になって)くわえた様子からという。

やにっこい【△脂っこい】《形》①やに分が多い。②転じて、しつこい。くどい。「ー男」 派生 **-さ**

やにめ【△脂目】目やにが多い状態。そういう目。

やにょうしょう【夜尿症】五、六歳を過ぎて、夜ねたままで知らずに小便をもらす症状。

やにわ【矢庭】《副ニノ》《多くは「ーに」の形で》(危険・緊急の場合の)すぐその場。即座。「ーに投げ飛ばす」「ーの応戦」。急。「ーに現れて引っかき回す」▽もと、矢を射ているその場所、また、矢のとどく場所。その転。

やぬし【家主】①家の主人。あるじ。②貸している家・部屋の所有主。いえぬし。

やね【屋根】①建物の最上面をなし、日光や雨・雪をさえぎり寒暑を防ぐための覆いとなる部分。「ー伝い」②転じて、物の最上部にあって、覆うもの。▽「ね」は「峰」の「ね」(=高い所)と同源か。 **ーうら**【ー裏】①屋根の裏側。天井板をとれば下から見える所。②屋根のすぐ下に作った部屋。やねうらべや。 **ーぶね**【ー船】屋形船より小型で、しつらえも簡単にした、遊山(ゆさん)用の和船。▽江戸での言い方。「日除(ひよけ)船」の俗称。

やのあさって ①しあさっての次の日。明々後日の次の日。▽東京で言う。「やなあさって」とも。西日本では「ごあさって」。②明後日の次の日。しあさって。▽東京区部以外の東日本で言う。

やのじ【やの字】「や」の字形に結ぶ、女の帯の結び方。

やのね【矢の根】やじり。

やば【矢場】①弓を射る練習場。②→ようきゅうば(楊弓場)。「ーの女」

やばい《形》《俗》①危険や悪い事が起こりそうな形勢だ。あぶない。「ー仕事」▽ならず者の隠語から。②まずい(3)。好ましくない。「みつかるとー」③すごい(2)。驚くほどである。「ファッションセンスがー」▽(3)は近年、若者を中心に広まる。良い意味にも悪い意味にも使う。感動詞的に相づちにも使う。「やば、久しぶり」「それ、ー」 派生 **-さ -げ**

やはず【矢×筈】①矢の端の、弓弦(ゆづる)を掛けるところ。はず。②細い棒の先に叉(また)のついた、掛け物を掛ける道具。

やばね【矢羽根】①矢をまっすぐ飛ばすために付ける数枚の羽根。②矢羽根(1)の形の印・模様。

やはり《副ダ》前の状態とか他のものとかと(結局は)違わないこと、予想・期待の通りであることを表す語。㋐前と同様。依然として。「今ー独身でいる」㋑他と同様に。「この国もー不況だ」㋒予想にたがわず。「ー私の言ったようになった」㋓《「(Aは)ーBだ」の形で》期待どおりに。何のかの言っても結局は。「酒はー灘(なだ)だ」「横綱はー横綱だ」▽当て字で「矢張り」とも書く。「やっぱり」とも言う。

やはん【夜半】よなか。よわ。「ーから雪になる」

やばん【野蛮】《名ナ》①文明・文化がひらけていないこと。「ーな風習」②教養がなく、粗野で乱暴なこと。「ーな行い」 派生 **-さ**

やひ【野卑・野×鄙】《名ナ》下品でいやしいこと。下卑(げび)ていること。「ーな言葉を投げつける」 派生 **-さ**

やぶ【×藪】①草、低木、または竹が生え茂っている所。「竹ー」「ーから棒」(何かだしぬけに事をするたとえ)「ーをつついて蛇を出す」(→やぶへび)②「藪医者」の略。

やぶいしゃ【×藪医者】診察・治療のへたな医者。▽見通しが利かないという、もじり。先が全く見えない「土手医者」の語もある。

やぶいちくあん【×藪井竹×庵】藪(やぶ)医者を人名めかして言った語。

やぶいり【×藪入(り)】正月と七月の十六日前後に、奉公人が休暇をもらい、自宅に帰ること。また、その日。▽第二次大戦後この習慣はすたれた。

やぶうぐいす【×藪×鶯】藪(やぶ)にすむウグイス。野山にいるウグイス。

やぶか【×藪蚊】藪(やぶ)の中などにすむ、大形で黒く、体・足に白いまだらがある蚊。▽「やぶっか」とも言う。

やぶがらし【×藪枯(らし)】野原や路傍に生える多年生つる草。びんぼうかずら。▽やぶをおおって枯らしてしまうので、この名がある。ぶどう科。

やぶ-く【破く】《五他》やぶり裂く。「誤って大切な書類を—」▽「やぶる」と「裂く」との混合形。

やぶ-ける【破ける】《下一自》やぶれて裂ける。▽「やぶく」の自動詞。↓やぶく

やぶこうじ【×藪×柑子】夏、白色の花が咲き、小さな球状の赤い実がなる常緑小低木。高さ二〇センチ内外。山地の日陰に生え、観賞用に庭にも植える。▽さくらそう科(旧やぶこうじ科)。

やぶさか【×吝か】《後に打消し(の意の表現)を伴って》もの惜しみすること。「世人が君の実力を認めるのに—だとは信じかねる」。特に《「…するに—でない」の形で》…する努力は惜しまない。…することに躊躇(ちゅうちょ)しない。▽けちの意の転。

やぶさめ【×流鏑馬】騎射の一方式。馬に乗って走りながら鏑矢(かぶらや)で的を射る。

やぶじらみ【×藪×蝨】山野に多く自生する二年草。高さ約六〇センチ。全体に毛が生えており、葉はセリに似る。夏、白色の五弁花が咲く。果実には上向きにとげがあり、ほかの物に付着しやすい。▽せり科。

やぶそば【×藪〈蕎麦〉】うす皮をとらずに挽(ひ)いたそば粉でつくった、うす緑色のそば。↕更級(さらしな)蕎麦

やぶつばき【×藪×椿】野生のツバキ。やまつばき。

やぶにらみ【×藪×睨み】①物を見る時、瞳がその物の方向を向かない質(たち)。斜視。②比喩的に、見当違いの考え方。

やぶのなか【×藪の中】関係者の言い分が食い違っていて、真相がわからないこと。「事件の真相は—だ」▽芥川龍之介(あくたがわりゅうのすけ)の同名の小説から。

やぶへび【×藪蛇】余計な事をしたために、いらぬかかわりあいになり、思わぬ不利や災難を招くこと。「へたに質問すると—になる」▽「藪(やぶ)をつついて蛇を出す」から出た語。

やぶみ【矢文】矢につけて射て飛ばす手紙。「城内へ—を送った」

やぶ-る【破る】《五他》①まとまった形のもの(の一部)を壊して全体をだめにする。㋐不規則に切り離す。「障子を—」。穴をあける。割る。「卵のからを—ってひなが首を出す」㋑物事を成り立たなくする。「平和を—」「静けさを—サイレンの音」②抵抗になるものを突き抜ける。㋐押しのけて進む。「法律を—」「世界記録を—(=更新する)」「迷いを—」㋑勝負で相手を負かす。「横綱を—」

やぶれかぶれ【破れかぶれ】《ダナ》思うようにならなくて、もうどうにでもなれ、という気持。すてばち。

やぶ-れる ①【破れる】《下一自》形がこわれる。㋐不規則に切り離される。穴があく。傷ができる。「紙が—」「靴下が—」㋑物事が成り立たなくなる。「前途への夢が—」「恋に—」「交渉が—」「つり合いが—」②【敗れる・破れる】《下一自》負ける。「戦争に—」

やぶん【夜分】よる。「—(遅くに)お邪魔しまして」

やぼ【野暮】《名ナノ》①洗練されていないこと。そういう人。②遊里の習わしに通じていないこと。風雅な心に欠けていること。そういう人。▽↕いき・すい。↓やぼてん。派生 -さ -げ

やほう【野砲】野戦に使う口径七センチ程度の直射砲。▽野戦重砲より口径が小さいが、山砲より火力が大きい。

やぼう【野望】①身のほどを越えた、大きな望み。「—をいだく」②望んではならない不届きな望み。非望。

やぼくさ-い【野暮臭い】《形》いかにも野暮である。派生 -さ

やぼった-い【野暮ったい】《形》野暮な感じがする。あかぬけしない。派生 -さ -げ

やぼてん【野暮天】たいそう野暮なこと。そういう人。▽黒くすすけた谷保天神の神像にちなむとも、仏教の「〇〇天」の形になぞらえた造語ともいわれる。

やぼよう【野暮用】(趣味や遊びのためでない)仕事の上のつまらない用事。「今日は—で来た」。また、用事(の内容)をぼかして言う語。「—がありますので、これで」

やま【山】①平地より著しく高く盛り上がった地形の所。「富士は日本一の—」「—高きがゆえに貴(たっと)からず」「あとは野となれ—となれ」(↓あと(後)㊁(1)㋐)。「—笑う」(娘がにっこりする感じだ、という春の山の形容。北宋の画論『林泉高致』による。夏山は「—滴る」、秋山は「—装う」、冬山は「—眠る」と言う。それぞれ、緑があふれる、紅葉する、枯れて静まる意)。更に限定して、㋐鉱山。「—を当てる」(鉱石をさがし当てる。転じて、万一の幸運をねらってうまくいく)㋑重大・重要な事柄。「どえらい—を当てた(=大変な情報をつかんだ)らしいぞ」「—をかける」(万一の幸運をねらう。また、試験問題などを当てて推量する)「—を張る」(同上)「—が当たる」(試験問題などで、思惑・予想があたる)▽㋑は㋐の比喩的用法。↓たけ(岳)。②山(1)のような形に盛り上げたもの。「ごみの—」「一(とび)—百円」③物事の絶頂。クライマックス。「事件の—に達した」「—が見える」(前途の見込みが立つ)④祭礼に引き出す、山形の屋根を付け飾り物をしつらえた(舞い方や囃子(はやし)方も乗り込める)山車(だし)。例、山鉾(やまぼこ)。⑤《名詞にかぶせて》山野に自生するものである意。「—ぶどう」「—うど」関連 山岳・山地・山脈・山系・山並み・山塊・山頂・山巓(さんてん)・高嶺(たかね)・尾根・山稜・分水嶺・山腹・山麓・山裾・麓(ふもと)・山間(やまあい)・山峡(やまかい)・山

懐(やまふところ)・山襞(やまひだ)・連山・連峰・高峰・主峰・裏山・奥山・深山・遠山・満山・青山・翠黛(すいたい)・名山・霊山・霊峰

やまあい【山△間】(近く迫った)山と山とのあいだ。やまかい。「―の村」

やまあらし【山荒(ら)し】背・両脇・尾の毛が硬化してとげになっている哺乳(ほにゅう)動物。敵に会うと、毛をさか立て、尾で音を立てて驚かす。▽やまあらし科とアメリカやまあらし科の動物の総称。

やまあるき【山歩き】趣味や運動のため、山を歩くこと。

やまい【病】①病気。「―が改まる」(病勢が急に悪化する)「―膏肓(こうこう)に入る」(なおる見込みがないほど、重病になる)「―は気から」(病気は気の持ち方によって、よくも悪くもなる) ②悪癖。「人の物を取る―がある」

やまいだれ【病垂】漢字の垂(たれ)の一つ。「病」「痛」などの「疒」の称。▽「病」の字の垂の意。

やまいぬ【山犬】明治初年ごろまで日本各地にいて、「おおかみ」と呼ばれていた獣。普通のオオカミより少し小さい。現在は絶滅。ニホンオオカミ。

やまいぬ【△病犬】悪い癖のある犬。また、狂犬。

やまいも【山芋・〈薯蕷〉】→やまのいも

やまうば【山×姥】深山に住んでいる女の怪物。鬼女。▽本来の形「やまんば」も使う。

やまおとこ【山男】①深山に住んでいる男の怪物。②山の中に住む男。③登山を趣味とする男。

やまおり【山折(り)】紙などを折るとき、表にする方から見て折り目が外側に出るように折ること。↔谷折り

やまおろし【山×颪】山から吹きおろす風。

やまが【山家】山の中や山里にある家。「―の一軒家」

―そだち【―育ち】山の中で育ったこと。その人。

―もの【―者】山の中で育った人。いなかもの。

やまかい【山△峡】やまあい。

やまかがし【〈赤楝蛇〉・山〈楝蛇〉】山林・谷あいにすみ、大きく、体側に赤い斑点があるヘビ。有毒。

やまかけ【山掛(け)】マグロの刺身などにとろろを掛けた料理。

やまかご【山×駕籠】山道などで使う粗末な駕籠(かご)。底を竹で編み、網代(あじろ)の屋根などをつけ、丸棒・丸竹をつり手にしたもの。

やまかじ【山火事】山林が焼けること。「―の原因はタバコの火の不始末だ」

やまかぜ【山風】①山の中に起こる風。山から吹いて来る風。②夜、輻射(ふくしゃ)で山腹が冷え、空気の密度が大きくなり、ふもとに向かって吹きおろす風。↔谷風

やまがた【山形】①山のような形。②山をかたどった印。③弓の射場で、的の後方に張った幕。

やまがたな【山刀】きこりが使う、なたのような刀。

やまがら【山×雀】秋、人里近くに来る小鳥。仕込めば芸をよく覚える。「―の曲芸」▽しじゅうから科。

やまがり【山狩(り)】『名・ス自』①山で狩猟をすること。②山中に逃げ込んだ犯人などを捕らえるために、大勢で山中を捜すこと。

やまかわ【山川】山や川。「―越えて会いに行く」▽「やまがわ」と読めば別の意。

やまがわ【山川】山中を流れる川。「―の瀬」▽「やまかわ」と読めば別の意。

やまかん【山勘】〔俗〕①勘にたよって、万一の成功をねらうこと。その勘。「―が当たる」②山師のように人をごまかす行い。

やまかんむり【山冠】漢字の冠の一つ。「崩」「岸」などの「山」の称。

やまき【山気】投機的な冒険をしたがる気質。山師(2)のような気質。「―の強い男」「―を出す」▽「やまぎ」「やまけ」とも言う。

やまぎし【山岸】山の中のがけ。また、山の端がすぐ水面に接している所。

やまぎわ【山際】山のきわ。㋐山に近い場所。「―の一軒家」㋑山の稜線(りょうせん)のあたり(の空)。「―が明るむ」

やまくじら【山鯨】イノシシ(更に、獣)の肉の異称。

やまくずれ【山崩(れ)】『名・ス自』(雨・地震・雪どけなどが原因で)山地の斜面の土・岩の一部が急にくずれ落ちること。

やまぐに【山国】山の多い、または山に囲まれた国・地方。

やまけ【山気】→やまき。▽「やまっけ」とも言う。

やまご【山子】山林の中で働く、きこりなど。

やまごえ【山越え】『名・ス自』①山を越えること。その越えて行く所。②江戸時代、関所札(せきしょふだ)を持っていない者が、山の関所を避けて間道(かんどう)づたいに越えること。

やまごし【山越し】『名・ス自』山を越すこと。その越す場所。

やまことば【山△詞】猟師・炭焼きなどが、山中に仕事をしに入った時に限って使う言葉。山の神の祟(たた)りをさける忌み言葉。

やまごもり【山籠(も)り】『名・ス自』山の中にとじこもること。山寺にこもって修行すること。また、山中で隠遁(いんとん)生活をすること。

やまごや【山小屋】登山者の宿泊・休憩・避難のために、山の中に建てた小屋。ヒュッテ。

やまさか【山坂】①山や坂。「―越えて」②山の中の坂。▽(2)は「やまざか」とも言う。

やまざくら【山桜】①山に自生し、春、茶色を帯びた若葉と共に、白または薄紅の清らかな感じの中形花が咲く桜。古くからあり、新しいソメイヨシノと共に桜の代表的な種。「うすべにに葉はいちはやく萌(も)えいでて咲かむとすなり―花」(若山牧水) ②山に咲く桜。↔里桜

やまざと【山里】山の中の人里。

やまざる【山猿】①山の中にすむ猿。②比喩的に、世

情にうとい、または礼儀もわきまえない、いなか者。

やまし【山師】①山を歩き回って鉱脈を見つけたり、立木の売買をしたりする職業の人。②投機・冒険をする人。また、さぎ師。▽⑴、特に鉱山採掘が、投機的事業だったことから言う。

やまじ【山路】山の中の道。▽雅語的。

やましい【△疾しい・×疚しい】《形》良心に恥じるところがあって気がひける。後ろ暗い。「なんら―ところはない」▽「病む」から出た語。派生 **-さ** **-げ**

やましごと【山仕事】①山に植えた樹木の枝打ちや下草刈りなどをする仕事。「―と畑仕事で生計をたてる」②大きな利益をねらい、損失の危険を冒しながら、山師⑵がおこなう行為。「一世一代の―で一財産作った」

やまじろ【山城】山の上に築いた城。↔平城(ひらじろ)

やますそ【山裾】山のふもとの広がった部分。

やませ【山背】①山を越えて吹く風。②夏に東北地方の太平洋側に吹く冷涼な北東の風。やませ風。

やまだ【山田】山にある田。山間の田。

やまたかぼうし【山高帽子】モーニング コートやフロック コート(または紋服)など礼服の時にかぶる、上部が丸く高い、普通は黒の、ふちつき帽子。やまたか。

やまだし【山出し】①山から出すこと。「―のままの材木」。山から出た物。②都会に出て来たばかりで、まだ都会の風習になじまない、いなか者。「―のおさんどん」

やまつなみ【山津波・山津△浪】山崩れによって、多量の水分を含んだ岩石・土砂が流れ落ちること。

やまつみ【〈山神〉・山津見】山の神⑴。↔わだつみ。▽「つ」は「の」に当たる古代の助詞、「み」は霊の意。

やまづみ【山積み】《名・ス自他》山のように高く積み重ねること。「―になった書類」

やまて【山手】山に近い方。↔海手。▽「やまのて」は全く別義。

やまでら【山寺】山の中にある寺。

やまと【山と】《連語》《副詞的に》山のように(うずたかく)。「札束を―積み上げる」

やまと=【〈大和〉・×倭】《名詞の上に》日本特有の事物・製作である意を表す。「―心」「―歌」▽「やまと」は、古代に朝廷のあった地方の名から、広く日本の国名としても使われた。

やまといも【〈大和〉芋】ナガイモの一品種。根はイチョウの葉の形で、薄黄色。とろろなどにして食用。▽つくねいもを言うこともある。

やまとうた【〈大和〉歌・×倭歌】日本固有の文芸である和歌。↔漢詩(からうた)。▽雅語的。

やまとえ【〈大和〉絵・×倭絵】①日本画の流派の一つ。平安時代に起こり、漢画に対し題材・手法が日本的なもの。土佐派・巨勢(こせ)派など。②日本の事物を描いた絵。▽中国の事物を描いた唐絵(からえ)と区別し、鎌倉時代までこう呼んだ。

やまとごころ【〈大和〉心】→やまとだましい。↔からごころ

やまとことば【〈大和〉言葉】①日本語。特に、日本固有の語。和語。↔漢語。②(主に平安朝の)雅言。▽「やまとことのは」とも言う。

やまとしまね【〈大和〉島根】日本の異称。▽雅語的。

やまとだましい【〈大和〉魂】儒教・仏教などが入ってくる以前からの、日本人本来の物の見方・考え方・精神。▽「ざえ(=漢才)」に対して言った。江戸後期から、日本民族固有の、清らかで死を恐れない気概・精神の意にも使った。「―! と叫んで日本人が肺病やみの様な咳(せき)をした」(夏目漱石「吾輩は猫である」)

やまとなでしこ【〈大和〉×撫子】①(カラナデシコに対し)ナデシコの異称。②日本女性の清らかさ・美しさをたたえて言う語。

やまとべい【〈大和〉塀】杉皮を縦に並べ、さらした竹でふちを押さえた塀。

やまどめ ①【山止め】山にはいるのを禁止すること。②【山留め】鉱山などで、土砂の崩壊を防ぐこと。そのための板・たな等。

やまどり【山鳥】①山の中にすむ鳥。②日本特産の鳥。雄は全身がつやのある赤茶色で、尾が長い。雌は赤みが強く、尾の端が白い。▽きじ科。

やまない【△止まない・×已まない】《連語》《動詞の連用形+「て」を受けて》どこまでも……する。「成功を祈って―」▽「やまぬ」とも言う。丁寧に言う時は「やみません」。

やまなみ【山並(み)】山が並んでいること。また、連なった山。連山。山脈。

やまならし【山鳴らし】→はこやなぎ

やまなり【山△形】山のような曲線を描くこと。また、その形。「―のボールを投げる」

やまなり【山鳴り】山が鳴動すること。

やまねこ【山猫】家猫・飼い猫に対して、野生のネコ。日本にはイリオモテヤマネコとツシマヤマネコの二種がいる。 **―スト** 本部の指令なしに、労働組合の支部・組合員が分散的に行うストライキ。山猫争議。

やまのいも【山の芋・〈薯蕷〉】円柱形で長く太い根を、とろろなどにして食用とする多年生つる草。また、その根。葉のつけ根にできる「むかご」も食用。山野に自生。じねんじょ。やまいも。▽やまのいも科。

やまのかみ【山の神】①山を支配する神。やまつみ。②〔俗〕(結婚から年を経て口やかましくなった)妻。かかあ。

やまのさち【山の幸】《連語》山(や野)で採れたうまい食材。↔海の幸。▽もと、狩猟の獲物の意。今は気取った言い方。

やまのて【山の手】高台にある屋敷町の区域。↔下町(したまち)。▽特に、東京旧市内の高台の住宅地を言う。

やまのは【山の端】山のはし。山と空とが接して見える境。

やまのぼり【山登り】山に登ること。登山。

やまば【山場】物事の絶頂。クライマックス。「いよい

よ—を迎える」

やまはい【山廃】日本酒醸造工程で蒸し米をつぶす山卸(やまおろし)作業をやめ(＝廃)ても味が出せるようにしたこと。「—仕込み」

やまはだ【山肌】土・岩の露出している山腹の表面。

やまばた【山畑】山にある畑。山間の畑。

やまばち【山蜂】スズメバチ類の別称。

やまばと【山×鳩】①山にすむ鳩(はと)。⑵やアオバトなど。②日本で一番普通の野生のはと。全身ぶどう色がかった灰色で、翼の一部がくり色。特色のある太い声で鳴き、人里近くにも来る。キジバト。 **—いろ**【—色】青みのある黄色。

やまばん【山番】山の番人。山守。

やまびこ【山×彦】山・谷などで音・声が反響すること。こだま。▽もと、山の神の意。こだまは、山の神がこたえるのだと考えられていた。

やまひだ【山×襞】山の尾根・谷の、(細かい)ひだのような凹凸。

やまびらき【山開き】その年の一定の時期に(山小屋などを開き、登山者を迎える用意を整えて)一般の登山を許すこと。

やまぶか-い【山深い】『形』人里から離れた山の奥の方である。「信州の—温泉宿」派生 **-さ**

やまぶき【山吹】①山地に自生する落葉低木。緑色の茎が根元から多数群がり生え、茎の中には白く柔らかな髄がある。春、黄色の花が咲く。▽ばら科。②「山吹色」の略。こがねいろ。③金貨。大判や小判。▽⑶は、山吹色であるところから言う。

やまぶし【山伏】①修験道(しゅげんどう)の行者。金剛づえ・ほら貝などを持ち、特定の山に登って修行する。②山野に寝起きして修行する僧。▽山に伏す(＝宿る)意から。

やまぶどう【山×葡×萄】山地に自生する落葉つる性植物。葉はほぼ五角形で秋は美しく紅葉する。果実は黒く熟し、酸味が強いが食用。▽ぶどう科。

やまふところ【山懐】山間の、くぼんで入り込んだ所。「—の村」

やまべ【山辺】山のほとり。

やまへん【山偏】漢字の偏の一つ。「岐」「峰」などの「山」の称。

やまぼうし【山法師】山地に自生する落葉高木。初夏、白色で花弁のような四枚の萼(がく)が開く。赤色に熟した実は食用。▽みずき科。「やまほうし」と読めば、比叡山(ひえいざん)延暦(えんりゃく)寺にいた僧兵を指す。

やまぼこ【山×鉾】山形の飾りの上にほこ・なぎなたなどを立てた山車(だし)。

やままゆ【山×繭】茶色の大形の蛾(が)。幼虫は緑色で太く、節くれだち、あらい毛があり、クヌギなどの葉を食う。日本各地の山地に分布。緑色の繭から強くつやがある糸をとる。天蚕(てんさん)。▽やままゆが科。

やまみち【山道・山△路】山の中の道。

やまむこう(:むかう)【山向(こ)う】こちらから見える山を越えた向こう側。「—の村から嫁を迎える」

やまめ【山女】元来は海魚であるサクラマスが、淡水で育ったもの。体側に黒色の斑紋と小点がある。釣り魚として珍重。食用。

やまもと【山元】①山のふもと。「遠くかすむ—」▽「山下」とも書く。②山の持主。③山や炭坑の所在地。

やまもも【山桃・〈楊梅〉】暖地の山に自生する常緑高木。高さ一五メートルにも達する。雌雄異株。四月、黄褐色の花穂をのばす。果実は球形で暗紅紫色に熟し、食用。樹皮は薬用・染料用。▽やまもも科。

やまもり【山守】→やまばん。▽雅語的。

やまもり【山盛り】山のようにたくさん盛りあげること。「—のご飯」

やまやき【山焼き】『名・ス自』新しい草の芽がよく出るように、早春、山の枯草を焼くこと。野焼き。▽地中の害虫を焼き殺し、灰は肥料となる。奈良の若草山、山口の秋吉台などで行うのが有名。

やまやま【山山】①『名』多くの山。あちらこちらの山。「三千メートル級の—」「—に雪が降る」②『名・副』数量が多いさま。「話したいことは—ある」「お礼の—」③『ノダ』熱望するが、実際にはそうはいかない気持を表す語。「行きたいのは—だが、時間がない」。多く見積もっても限界だの意。せいぜい。「彼にはその辺が—だろう」

やまゆり【山〈百合〉】山地に自生する、日本特産の、ユリの一種。花は大形、白色で、内側に紅紫色の斑点がある。地下の鱗茎(りんけい)は食用。

やまわけ【山分け】『名・ス他』物を目分量で分けて取ること。また、半分ずつに、あるいは人数に合わせて、大まかに分けること。「もうけは—といこう」

やまんば【山×姥】→やまうば

やみ【闇】①夜の暗いこと。光が全くない状態。「—夜」「鼻をつままれても分からない—」「—の世」「—から—に葬る」(はっきりさせず、ひそかに始末してしまう)「—の花」(売春婦)②法や正当な商習慣を無視し、正規の手続きによらない取引。「米を—で買う」「—ドル」③俗に、隠れて見えない(良からぬ)部分。「—を感じる一言」「—のある人」④思慮・分別がない状態。「子ゆえの—に迷う」▽やや古風。

やみあがり【病み上(が)り】病気が直ったばかりの状態(にある人)。

やみいち【闇市】闇取引の品物を売る店が集まった市場。

やみうち【闇討(ち)】『名・ス他』①闇にまぎれて人を不意に襲撃すること。②転じて、不意をついて人を驚かすこと。不意打ち。「—にあう」

やみがた-い【△止み難い・×已み難い】『形』やめようとしてもむずかしくて、なかなかやまない。「—望郷の念」派生 **-さ**

やみくも【闇雲】『ダナ』①考えなしに行うさま。めくらめっぽう。「—な海外進出」「—に走る」②むやみ。やたら。「—に雪が降る」

やみじ(ぢ)【闇路】①闇夜の道。②比喩的に、思慮も分別もきかない状態。「恋の―」③冥土。「―におもむく」(死ぬ)

やみじる【闇汁】持ち寄った食材を、何であるか分からないまま暗闇の中で煮て食べる、遊びの会食。闇鍋。▽明治時代、書生などの集まりで行われた。

やみそうば【闇相場】闇取引での基準値段。公定の相場でない相場。

やみつき【病み付き】①その事にとりつかれて夢中になり、また悪いくせになってしまって、どうにもやめられなくなること。「マージャンが―になる」▽(2)の転。②病気になること。

やみとりひき【闇取引】《名・ス他》①公定値による正規の取引でなく、不正に行う取引。②交渉などを、公然と行わず、こっそりすること。「ボスどうしの―」

やみね【闇値】闇取引での値段。

やみほう-ける【病みほうける】《下一自》病気のため弱り、衰えた姿になる。「すっかり―」

やみや【闇屋】闇取引を業とする人。

やみよ【闇夜】まっくらな夜。月明かりのない夜。「―のつぶて」(闇夜に投げる小石で、当たらないことの意)

や-む【△止む・×已む】《五自》(今まで続いていた事が自然に)行われなくなる。「雨が―」「―を得ない」(しかたがない)「倒れて後―」(→たおれる)「―に―・まれぬ」(どうしてもそうしないではいられない)

や-む【病む】《五自他》①病気になる。病気にかかる。「久しく―・んでいる」「肺を―」②心を悩ませる。「気に―」(心配して思い悩む)「苦に―」(ひどく気にして苦しむ)

ヤムチャ【△飲茶】点心をつまみながら茶を楽しむ、中国の軽食スタイル。▽中国の広東(カントン)語。

やむな-い《形》それが起こるのもやむを得ない。しかたない。「悔やんでも―ことながら」「―・く引き返す」▽やむこと無しの意。

や-める【△止める・辞める・△罷める・×已める】《下一他》①今まで続けていた事を、自然の成り行きや周囲の事情で、もう行わなくする。また、しようとしていた事を思いとどまる。【止・已】「不景気で店を―(=閉店する)ことになった」「うるさいから音楽を―・めろ」「旅行を―」②官職などから去る。【止・辞・罷】「校長を―・めて年金生活に入る」▽↓よす。「止」を「とめる」と読めば別の意。

や-める【病める】①《連語》《連体形で》病気になっている。「―時も健やかなる時も」▽「病む」に文語助動詞「り」の連体形が付いた形。②《下一自》痛く感じる。また、病気で苦しむ。「後腹(あとばら)が―」▽古風な言い方。

やもう【夜盲】明るい所では目が見えるのに、薄暗い所では見えなくなる症状(の人)。ビタミンAの欠乏によって起こる。とりめ。「―症」

やもめ 配偶者を失って独身でいる者。▽元来は女を言ったが、今は男にも使え、区別するには「男―」「女―」と言う。

やもり【〈守宮〉】トカゲに似て平たく、黒みがかった灰色の爬虫(はちゅう)類。指の裏が吸盤のようになっていて、家(=や)の壁などに吸いつく。夜出て、虫を捕食する。▽やもり科の爬虫類の総称。

やや あかんぼう。▽「ややこ」とも言う。

やや《副[と・に]》①普通または他と比べ、少しばかり。「―寒い」「―すぐれている」「―あって」(しばらくして)②物事の度合がつのること。㋐『―(と)もすれば』『―もすると』(とかくそうなりがちなものであるが、そのとおり)どうかすると。㋑『―に』だんだん。次第に。「ややに秋の気(け)が立つ」▽「弥弥(いや)」の転。

ややこし-い《形》こみいっている。複雑でやっかいだ。「―手続き」▽「ややっこしい」とも言う。派生 **-さ -げ**

やゆ【×揶×揄】《名・ス他》からかうこと。

やよい(やよひ)【弥△生】陰暦三月。

やら ①《終助》不確かな想像を表すのに使う。「いつ行った(こと)―」「どうしたの―」「どこで死ぬ―果てる―」▽「やあらむ→やらむ→やらん→やら」と転じてできた語。②《副助》㋐《主に不定を表す語と共に使って》不確かな気持で言うのに使う。「どこ―にあるかも知れない」「だれ―笑っているぞ」「何―泣けてくる話だ」「どう―(=何とか)これで一段落だ」「山田君と―。君は……」㋑例としてあげるのに使う。「トタン―かわら―いろんな物が飛んで来た」「泣く―騒ぐ―、大変な事になった」「試験や何―があって忙しい」

やらい【夜来】①昨夜以来。「―の雨」②夜になってから。

やらい【矢来】竹・木をあらく組んだ、仮の囲い。「竹―」

やらか-す《五他》〔俗〕(よくないことを)する。しでかす。「酒を―」「大失敗を―」

やらずのあめ【△遣らずの雨】《連語》まるで来客を帰さないためであるかのように降って来る雨。

やらずぶったくり《連語》〔俗〕人に与えることはせず、取り上げる一方であること。「いつも―ではひどいよ」

やらせ 報道などで、事前に当事者と打ち合わせて事を進めておきながら、自然に起きたかのように装うこと。

=**やらぬ**《動詞連用形に付け、連体修飾語を作る》……しきらない。完全には……しない。「晴れ―空」

やり【×槍・×鑓】①長い柄の先に穂(=とがった細長い刃)をつけた武器。また、それを使う術。槍術(そうじゅつ)。「竹―」「―をつける」(槍を構えて攻めの体勢をとる。比喩的に、攻撃や非難を向ける)「―が降っても」(どんな事があっても)「―一筋に生きる」(武士が武術一点張りの生き方をする)「―一筋の主(あるじ)」(従者に槍を持たせるほどの、相当の身分の武士)②

槍投げに使う用具。③将棋で、香車(きょうしゃ)の異称。

やりあ-う【△遣り合う】《五自》互いに争う。言い争う。いがみあう。「大声で上司と―」

やりいか【×槍〈烏賊〉】イカの一種。胴は細長く、端が槍(やり)の穂先のようにとがっている。美味。するめにもする。

やりがい【△遣り△甲×斐】するだけの価値や張り合い。「―のある仕事」

やりかえ-す【△遣り返す】《五他》①一度したことをもう一度改めて行う。しなおす。「何度も―」②仕返しをして、相手をへこます。「非難に対して即座に―」

やりかけ【△遣り掛け】やり始めて終えていない状態。「―の仕事を片付けた」

やりきれない【△遣り切れない】《連語》気持のおさまりがつかない。辛抱しきれない。かなわない。「うるさくて―」「―気持」▽「ない」の部分は、「ぬ」「ません」でもよく、それら三つの活用形でもよい。派生 **やりきれなさ**

やりくち【△遣り口】しかた(の様子)。「―が汚い」「ひどい―だ」▽多くは、悪いニュアンスで使う。

やりくり【△遣り繰り】《名・ス他》(少ないものを)あれこれと操作して都合をつけること。「時間の―をつける」 **―さんだん**【―算段】(特に金銭の)やりくりのくふう。

やりこな-す【△遣りこなす】《五他》うまくやってのける。

やりこ-める【△遣り込める】《下一他》言い負かしたり弱点を鋭く言い立てたりして、相手を黙らせる。ぐうの音(ね)も出ないようにする。

やりすご-す【△遣り過(ご)す】《五他》①あとから来たものを、自分より前に通り過ぎさせる。「満員の電車を―」②積極的にはかかわらない。「なすがままに―」③限度を越えてする。しすぎる。

やりそこな-う【△遣り損なう】《五他》「しそこなう」の、やや乱暴な言い方。→しそこなう

やりそこ-ねる【△遣り損ねる】《下一他》「しそこねる」の、やや乱暴な言い方。

やりだま【×槍玉】槍(やり)を手玉のように、自由に使いこなすこと。また、人を槍の穂先にかけて突き刺すこと。「―にあげる」(転じて、非難攻撃の対象に取り上げる)

やりっぱなし【△遣りっ放し】何かをしたあとを、そのままで始末しないこと。▽遣る⑴②の場合にも言う。「使いを―で本人は動かない」

やりて【△遣(り)手】①物事を、てきぱきと処理して行く、腕のある人。敏腕家。「なかなかの―で、ひとりで切り回している」②女郎屋で、遊女を取り締まり、諸事の切り回しをする老女。「―ばばあ」

やりど【△遣(り)戸】引き戸。

やりと-げる【△遣り遂げる】《下一他》目ざす物事をおしまいまで完全に行う。最後の目的をはたす。しとげる。「志したことは―げよう」

やりとり【△遣り取り】《名・ス他》相手に送ったり、相手から受け取ったりすること。とりかわすこと。「激しく―する」▽物の贈呈、酒席での献酬、言葉をかわすこと、口論、台詞(せりふ)の受け答えなどを指す。

やりなお-す【△遣り直す】《五他》適切でなかったり失敗したりした事を改めるために、もう一度する。「スタートを―」「冷えた夫婦が―そうと決心した」

やりなげ【×槍投げ】陸上競技の一種目。槍(やり)を投げて、その飛んだ距離を競う。

やりば【△遣り場】もってゆきどころ。「目の―に困る」

やりぶすま【×槍×衾】一隊の者が、抜き身の槍(やり)をすきまもないように突き出して構えること。「―を作る」

やりみず【△遣(り)水】①植込みなどに水を与えること。「庭木に―をする」②庭に水を引き入れて流れるようにしたもの。

やりもち【×槍持(ち)】槍(やり)を持って、主人の供をする従者。

や-る【△遣る】《五他》①一方から他方へ移らせる。㋐行かせる。「娘を大学に―」「娘を嫁に―」。進ませる。「舟は櫓(ろ)で―」「―り過ごす」▽先方の事情が(はっきりとは)分からない時に差し向けるという気持を伴うことも多い。「人を―って問い合わせる」。先方に構わずにするという気持の場合もある。㋑思いを晴らす。「憂(う)さを酒に―」②(同等以下のものに)与える。「子供に小遣いを―」▽→あげる㊂②㋑ ③《動詞連用形+助詞「て」を受けて》㋐(恩恵的に)他人のために…する意を表す。「どれ見て―ろう」「読んで―」㋑(怒り・憎しみの気持で)進んで相手に不利益を与える意を表す。「金をふんだくって―」「どなりつけて―」㋒やけになってする意を表す。「毒を飲んで死んで―」▽③㋐は丁寧に言う時には「…てあげる」。④みずから(進んで)する。「スポーツを―」「―ったぜ」(うまくしおおせたぞ)「ちょっと一杯―ろう」(ちょっと酒を飲もう)「―って行けない」(維持できない。特に、生計が立たない)「首相がテロに―られ(=おそわれ)た」「寒さに―られた野菜」。また、みずからの意志によらない(好ましくない)ことについても、わが身に引き取って、それがあたかも自分の意志の結果であるかのように表現することがある。「五年前に胃潰瘍(かいよう)を―った」▽本来は、うまくゆくかどうか分からない事をあえてする時に言う。従って人に対して「何を―られているのですか」ではなく、「する」「なさる」を用いて「されて」「なされて」と問う方が丁寧。⑤《動詞連用形に付いて》㋐その動作の完了を表す。「晴れ―らぬ空」▽打消しを伴って使い、しおおせない意。㋑その動作を遠くまで及ぼす意を表す。「ながめ―」

関連 する・なす・行う・致す・仕(つかまつ)る・やっつける・やらかす・しでかす・呉(く)れる・取らせる・与える・授ける・施す・恵む・遣わす

やるかたない【遣る方ない】《連語》《複合形容詞相当》怒り・残念さなどの気持の晴らしようもない。「無念―」 ▽「やるかたもない」とも言う。 派生 **やるかたな-さ**

やるき【遣る気】《連語》仕事などに積極的に取り組もうとする気構え。「―満々」「―がない」

やるせない【遣る瀬ない】《連語》《複合形容詞相当》憂い・悲しみを紛らわそうとしても、晴らしどころが無(くて、せつな)い。▽「立つ瀬が無い」と同類の言い方。→やる(1)(イ)。「やるせもない」とも言う。 派生 **やるせな-さ**

やれ【破れ】①やぶれること。やぶれた物や所。②印刷・製本などの工程で、損じて使えなくなった紙。

やれ《感》①動作に移る時、注意を向けさせる時などの一種の掛け声。「―打つな蠅(はえ)が手をすり足をする」(小林一茶)「―英会話、―ピアノと、うるさいこと」②一段落ついてほっとした時に言う語。「―よかった」③あきれたり、困ったりした時に言う語。「―また失敗したか」

やれでら【破れ寺】見捨てられ、荒れはてて無残な姿をさらす寺。荒れ寺。▽やや雅語的。

やれやれ《感》物事が一段落してほっと気がゆるんだり、思い通りにならずがっかりしたりあきれたりした時に言う語。また、同情の気持を表す語。「―、どうにか試験も済んだ」「―、とんだ災難だったね」「―、子供ながらにけなげなものだ」

やろう【野郎】〔俗〕①男をののしって言う語。「ばか―」▽「ばか―」「あの―」等は女に対しても使うようになった。代名詞的にも用いる。「―何を考えてるんだろう」②若い男。「―まげ」▽(2)の意では今日ほとんど使わない。

やろうじだい【夜郎自大】自分の力量を知らない人間が、仲間の中で大きな顔をしていい気になっていること。▽「夜郎」は、昔中国の西南部に居た異民族で、漢の広大なのを知らずに、尊大であったということから。

やわ(やは)《ダナ》壊れやすく、しっかりしていないさま。「小屋とは言え―だなあ」「こんな―な仕事じゃ困る」▽「やわい」の語幹から。

やわ【夜話】①夜間にする談話。それを書き集めた本。「二宮翁―」②禅宗で、夜、修行のためにする訓話。

やわ-い(やはい)《形》歯ごたえ・手ごたえが乏しく、しっかりしていない。▽「やわらか」と同語源。 派生 **-さ**

やわか(やはか)《副》《あとに反語や否定的推量の表現を伴って》なんとしてでも。「―勝たでおくべき」。どうして。「―劣ることがあろう」▽古語的。

やわはだ(やは―)【柔肌】(女性の)柔らかいはだ。「―のあつき血潮に触れも見で」(与謝野晶子)

やわら(やはら)【柔(ら)】力で相手に対抗せず、相手の力を利用して逆に相手を倒す武術。柔術。

やわらか(やはらか)【柔らか・軟らか】《ダナ》物の状態・性質がかたくないさま。㋐強(こわ)くないさま。「―な御飯」㋑ふっくらしたさま。「―な布団」㋒しなやか。「関節が―だ」「頭がまだ―な青年期」㋓きびしくないさま。やんわり。「事を―に運ぶ」。穏やか。「物腰が―だ」「―な日差し」▽「やわらかい」の元の形だが、その(2)の意には使いにくい。身のこなしについて言う時には「軟らか」とも書く。 派生 **-さ**

やわらか-い(やはらかい)【柔らかい・軟らかい】《形》①やわらかだ。↕かたい・こわい(強)。②堅苦しくない。態度や内容が軟弱(色情的)だ。↕かたい。「―話」 派生 **-さ・-み**

やわらかもの(やはらか―)【柔らか物】絹の衣類。絹物。

やわら-ぐ(やはらぐ)【和らぐ】《五自》激しさ厳しさが消えて穏やかになる。㋐いら立っていた気持、怒りや悲しみ、波や風、暑さ・寒さ、痛みなどが、おさまって穏やかになる。静まる。ゆるむ。なごむ。㋑対立していたものの間が、打ち解けてなごやかになる。「両国の緊張が―」▽「やわらか」と同語源。

やわら-げる(やはらげる)【和らげる】《下一他》勢いがやわらぐようにする。「衝撃を―装置」。やわらかな、または抵抗の少ない感じにする。「不快な時にも顔色を―・げて人に接する」「表現を―」

ヤンキー ①アメリカ人を指す、イギリスや日本での俗称。▽Yankee (=ニュー イングランドなど米国北部の人) ②〔俗〕(髪をはでに染めるなどして)やんちゃでいきがっている若者。▽第二次大戦後に関西から広まった言い方で、「―な」も使う。

ヤング ①若いこと。若いさま。↕オールド。「―レディー」②若者。若い世代。「―向きのファッション」▽young

やんごとな-い《形》非常に尊い。高貴だ。「―家の出身」▽「止(や)む事無し」の転。もと、並一通りでない意。 派生 **-さ・-げ**

やんしゅう【やん衆】北日本特に北海道の海で働く漁師(たち)。特に、ニシン漁をする、気の荒い男(たち)。やんしゅ。▽北海道などの方言。

やんちゃ《名ナ》子供が、わがままを言って、だだをこねたり、いたずらをしたりすること。そういう子。「―坊主」 派生 **-さ**

やんぬるかな《連語》もうおしまいだ。今となっては、どうにもしようがない。▽「止(や)みぬるかな」の転。

やんま 大形のとんぼ。ギンヤンマ・オニヤンマなどの総称。

やんや《感》ほめそやす声。「―の喝采を浴びる」「―とはやし立てる」

やんわり(やんはり)《副「と」・ス自》やわらかに。おだやかに。㋐態度・物言いがきつくないさま。「―(と)たしなめる」「―とした拒絶」㋑加える力や刺激が弱いさま。「ウエストを―(と)締める」「肌に―(と)なじむ湯」

ゆ

ゆ【湯】 ①水を熱くしたもの。また、水が熱くなったもの。「―をわかす」(水を湯にする)「―にはいる」(入浴する)。入浴。「―をもらう」(もらい湯をする)。温泉。「別荘に―を引く」②入浴設備のある場所。銭湯や湯殿。「―に行く」③(鋳物をつくる時などに)金属を熱してとかしたもの。④木の舟の中にしみ込んでたまった水を、忌んでいう語。あか。

ゆ〔*由〕 ユ ユウ(イウ) ユイ よし よる ―①よりどころ。よってきた筋道。出所。いわれ。わけ。「由来・由緒(ゆいしょ)・由縁・来由・経由・理由(りゆう)・事由(じゆう)・因由(いんゆう)」②よる。したがう。「自由(じゆう)」

ゆ〔*油〕 ユ ユウ(イウ) あぶら ―①液状になっているあぶら。「油田・油井・油脂・油煙・油紙・石油・重油・肝油・香油・桐油(とうゆ)・灯油・鯨油・揮発油・精油・製油・醬油(しょうゆ)・給油・原油・搾油」②雲が盛んに起こるありさま。「油然(ゆうぜん)」

ゆ〔愉〕〔愉〕 ユ たのしい たのしむ ―わだかまりがなくて気が軽い。たのしい。よろこばしい。「愉快・愉悦・愉楽」

ゆ〔諭〕〔諭〕 ユ さとす さとる ―①言いきかせて教える。教えみちびく。さとす。「教諭・説諭・訓諭」②官から人民に言いきかせる。「諭示・諭旨・諭告・諭達・上諭・勅諭・告諭」

ゆ〔*輸〕〔輸〕 ユ シュ いたす ―①物をはこぶ。もってゆく。おくる。「輸送・輸出・輸入・輸血・運輸・陸輸・空輸・密輸」②とどける。納め入れる。心をつくして他のためにする。「輸租(ゆそ・しゅそ)」③やぶれる。まける。「輸贏(しゅえい)」

ゆ〔*癒〕〔癒〕 ユ いえる いやす ―病気や傷がなおる。なおす。「治癒・平癒・全癒・快癒・癒着」

ゆあか【湯×垢】 鉄瓶・湯槽(ゆぶね)などの内側に固まりつく滓(かす)。水に含まれている石灰・石膏(せっこう)などが固まってできる。

ゆあがり【湯上(が)り】 ふろから出ること、また出たばかりの時。「―タオル」(バス タオル。「湯上げタオル」とも言う)「―姿」

ゆあたり【湯△中り】 過度または無理な入浴をしたために、体の具合が悪くなること。

ゆあつ【油圧】 油に加わる圧力。「―計」。油を媒体として伝達される圧力。「―ブレーキ」

ゆあみ【湯△浴み】〘名・ス自〙湯にはいって、体を暖め、また洗うこと。入浴。▽やや雅語的。

ゆい【結】(ゆひ) 農作業などで、互いに労力を提供して助け合うこと。それをする仲間。▽「結(ゆ)う」の連用形からか。

ゆい〔唯〕 ユイ イ(ヰ) ただ ―①ただ。そのものだけ。それだけ。「唯一・唯識論・唯物論・唯心論・唯美主義・唯我独尊」②応答のことば。「唯唯諾諾(いいだくだく)」

ゆいあげる【結い上げる】(ゆひ)〘下一他〙結ぶことをし終える。髪などを、垂らさないで整った形に結う。

ゆいいつ【唯一】〘副詞的にも使う〙ただ一つで他には無いこと。「―無二」「彼に―の取り柄と言えば」「この地域に―設置してある地震計」

ゆいがどくそん【唯我独尊】 自分だけがすぐれていると自負すること。▽釈迦(しゃか)が生まれた時、「天上天下(てんげ)―」と言ったという、その句に基づく。

ゆいごん【遺言】〘名・ス他〙自分の死後のために、財産の処置などを言い残すこと。また、その言葉。「―状」▽法律では「いごん」と言う。「いげん」と読めば別義もある。

ゆいしき【唯識】〔仏〕一切の物事はそれを認識する心の現れだとする考え方。

ゆいしょ【由緒】 ①物事のそもそもの起こり。いわれ。「―をたずねる」②物事の経てきた筋道。(りっぱな)来歴。「―ある家柄」「―正しい刀」

ゆいしん【唯心】 ①心だけが真の存在だと考えること。↔唯物。②〔仏〕一切の物事は心の現れだから、その本体たる心が大切だとする、大乗仏教の考え方。 **―ろん【―論】**〔哲学〕観念論。↔唯物論。▽認識論上は「観念論」、存在論上は「唯心論」と呼び分けている。→かんねんろん

ゆいのう【結納】(ゆひ) 婚約のしるしに、品物を取りかわすこと。その品。「―金」「―を収める」

ゆいび【唯美】 人間にとって最も価値のあるものは美だとする態度。「―的」「―主義」「―派」

ゆいぶつ【唯物】 物質だけが真の存在だと考えること。↔唯心。 **―しかん【―史観】** 社会の進化、歴史の展開の原動力を、物質的、特に経済的生活関係の中に求める立場。史的唯物論。▽マルクス主義の歴史観。 **―べんしょうほう【―弁証法】** 唯物論の立場に立つ弁証法。▽マルクス主義の方法論。 **―ろん【―論】**〔哲学〕宇宙の本質は物質であって、精神は物質に規定されると主張する説。↔唯心論・観念論

ゆいめいろん【唯名論】 真に存在するのは個々のもの、例えば個人のようなものだけであって、人間一般とか人類とかのようなものは(便宜上の)名前や記号に過ぎないと考える立場。↔実念論。▽nominalismの訳語。

ゆいわた【結綿】(ゆひ) ①日本髪の髪型の一つ。つぶし島田の中央をかのこしぼりなどの布で結びたばねたもの。▽若い娘が結う。②真綿の中央を結びたばねたもの。▽祝い物に使う。

ゆ-う【結う】(ゆふ)〘五他〙まとまるようにむすぶ。「柴垣(しばがき)を―」。特に、髪を整えて結ぶ。「島田に―」

ゆう【夕】(ゆふ) 日が暮れかかっている時。日ぐれ。夕方。

↔朝。「朝となく―となく音楽を聞く」

ゆう【〈木綿〉(ゆふ)】コウゾの皮を蒸し、細かく裂いたもの。神事でサカキに掛ける。▽「もめん」と読めば別の意。

ゆう【尤】《多く「―なる」の形で》非常にすぐれていること。「―なるもの」

ゆう〔*友〕ユウ(イウ) **とも**　―①とも。互いに助けあう者。志を同じくする仲間。「友人・友邦・友軍・親友・朋友(ほうゆう)・師友・学友・盟友・畏友・益友・交友・知友・旧友・会友・級友・心友・僚友」②ともだちとしての親しみ。「友愛・友好・友誼(ゆうぎ)・友情」

ゆう〔*右〕ユウ(イウ) ウ **みぎ**　―①みぎ。↔左。「左右・座右・右筆」。以下「ウ」と読む。「右岸・右傾・右折・右派・右翼・右腕・右舷(うげん)・右大臣・右往左往・右顧左眄(うこさべん)」▽昔の、左右ある官では、右が下。②保守的な傾向。保守的な立場。「ウ」と読む。↔左。「右翼・右派」③とうとぶ。重んじる。「右文」

ゆう〔佑〕ユウ(イウ) たすける　―(天や神が人を)助ける。また、たすけ。「天佑・神佑・佑助」

ゆう〔祐〕〔祐〕ユウ(イウ) たすける　―(天や神が人を)助ける。「佑」に同じ。「祐助・天祐・祐筆」

ゆう〔*有〕ユウ(イウ) ウ **ある** たもつ　―①《名・造》ある。存在する。↔無。「無から有を生じる」「有無(うむ)・有益・有害・有閑・有望・有名・有限・有効・有用・有力・有資格者・有縁(うえん)・固有・万有・特有・希有(けう)・未曽有(みぞう)・無可有(むかう)・有象無象(うぞうむぞう)」②《名・造》持つ。「我等の有に帰する」「所有・私有・専有・領有・含有・具有・国有・占有・保有・現有勢力」③〔仏〕迷い。因果を離れぬ世界。「ウ」と読む。「三有・空有・有界」④また。さらに。「十有五年」▽(4)は「又」に同じ。

ゆう〔*勇〕〔勇〕ユウ **いさむ**　―《名・造》精神の力が強くさかんである。物事に恐れない。いさましい。いさむ。「匹夫の勇」「勇を鼓す」(勇気をふるい起こす)「勇猛・勇敢・勇壮・勇武・勇気・勇士・勇断・知勇・武勇・沈勇・忠勇・剛勇・義勇・蛮勇」

ゆう〔湧〕ユウ ヨウ **わく**　―地下から水がわきでる。「湧出・湧泉」

ゆう〔幽〕ユウ(イウ) かすか　―①奥深くもの静か。暗い。人の容易に知りえない深みがある。「幽境・幽谷・幽邃(ゆうすい)・幽静・幽玄・幽艶」②㋐世間に出ないでかくれている。ひそむ。「幽居・幽棲(ゆうせい)」㋑とらえる。「幽閉」③人の目に見えない世界。死者の世界。あの世。↔明。「幽界・幽鬼・幽魂・幽霊」

ゆう〔悠〕ユウ(イウ) はるか　―遠く長くてつきない。気が長くてこせつかない。「悠長・悠久・悠遠・悠悠・悠揚・悠然」

ゆう〔*郵〕ユウ(イウ)　―文書などの伝達を取り次ぐ宿駅。また、官営で文書・物品等を運送する制度。「郵便・郵送・郵袋・郵券・郵税・郵政・郵書」

ゆう〔猶〕〔猶〕ユウ(イウ) なお　―①疑いまどう。ためらう。ぐずぐずする。「猶予」②さながら。「猶子・猶父」③なお。やはり。

ゆう〔裕〕ユウ ゆたか　―①物が十分あってゆとりがある。ゆたか。「裕福・富裕・余裕」②心がひろい。せせこましくない。「寛裕」

ゆう〔*遊〕〔遊〕ユウ(イウ) ユ **あそぶ**　―①心の晴れることをしてたのしむ。あそぶ。「遊戯・遊興・遊宴・遊芸・遊泳・遊楽・遊惰・遊園地・豪遊・清遊・園遊会」②酒色で気晴らしをする。「遊蕩(ゆうとう)・遊里・遊郭・遊女・遊君・遊客」③見物・学問などのために、家を離れて他国に出る。旅をする。「遊歴・遊山(ゆさん)・遊覧・遊吟・遊学・遊説(ゆうぜい)・遊化(ゆげ)・遊行(ゆうこう・ゆぎょう)・遊子・歴遊・漫遊・回遊・周遊・西遊・巡遊・外遊・来遊」④位置が固定しない。目的に応じて自由に動ける。「遊牧・遊離・遊弋(ゆうよく)・遊星・遊軍・遊撃・浮遊」⑤野球の「遊撃手」の略。「三遊間」⑥一定の職業がない。役に立っていない。「遊民・遊俠(ゆうきょう)・遊資・遊休施設」⑦互いに近づきたのしむ。つきあう。「交遊」▽「游」も同字。

ゆう〔雄〕ユウ **お おす**　―①生物の、おす。↔雌(し)。「雌雄・雄性・雄蕊(ゆうずい)」▽もとは鳥に言う。②《名・造》男らしい。強くていさましい。力強くすぐれている。すぐれて力のある人。「一方の雄」「雌雄を決する」「雄大・雄壮・雄渾(ゆうこん)・雄勁(ゆうけい)・雄健・雄図・雄志・雄弁・雄姿・雄飛・雄将・雄藩・英雄・豪雄・梟雄(きょうゆう)・姦雄(かんゆう)・群雄割拠」

ゆう〔誘〕ユウ(イウ) **さそう** いざなう　―①他人を説いてみちびく。さそう。いざなう。「勧誘・誘引・誘致・誘導・誘掖(ゆうえき)」②さそい出す。ひきつける。おびきよせる。「誘惑・誘拐・誘蛾灯(ゆうがとう)」③ひきおこす。「誘因・誘起・誘発」

ゆう〔憂〕ユウ(イウ) **うれい うい うれえる**　―心配する。案じる。うれえる。心配事。わずらい。また、つらい。苦しい。うい。「憂国・憂慮・憂苦・憂悶(ゆうもん)・憂愁・憂鬱・同憂・一喜一憂・杞憂(きゆう)・内憂外患」

ゆう〔*優〕ユウ(イウ) **すぐれる** まさる **やさしい**　―①上品。しとやか。みやびやか。「優にやさしい」「優美・優雅・優麗」②まさっている。すぐれている。理想的。↔劣。「優越・優劣・優良・優秀・優等・優勝・優者・優位・優良可」③てあつい。めぐみ深い。「優遇・優待・優渥(ゆうあく)・優詔」④ゆたか。のびやか。「優長・優柔」⑤役者。しぐさをして見せる者。「俳優・男優・女優・名優・老優・珍優」⑥梵語(ぼんご)の音訳。「ウ」と読む。「優曇華(うどんげ)・優婆夷(うばい)・優婆塞(うばそく)」

ゆう【融】 ユウ ユ とける とかす とおる ①固体が液状になる。とける。とかす。「融解・融化・融点・融液・熔融(ようゆう)」②互いに心がとけあう。親和する。「融然・融和」③流通する。支障なく通る。「融通・融資・金融」

ゆう【由】 →ゆ【由】

ユーアールエル【URL】 インターネット上でウェブページなどを一意に指定するための規約。また、その手法で名づけられた名前。▽uniform resource locator の略。https://www.iwanami.co.jp/ のような形をとる。

ゆうあい【友愛】 友人に対する親愛の情。

ゆうあかり(ゆふ)**【夕明(か)り】** 夕暮れに、なおただよい残る明るさ。

ゆうあく【優×渥】《名ナ》君が臣に対してねんごろに手厚いこと。恵みが厚いこと。「―なお言葉をいただく」

ゆうい【優位】《名・ダナ》競争相手など他より立ちまさった立場や位置・状態にあること。↔劣位。「―に立つ」「―を誇示する」「―な立場」

ゆうい【有意】 ①思慮のあること。下心があること。②意義があること。統計上は、偶然に起こったとは認めがたいこと。「―差が検出される」

ゆうい【有為】《名ナ》才能があって将来大きい仕事をする見込みがあること。「前途―の青年」

ゆうい【雄偉】《名ナ》雄壮で(他にすぐれて)偉大なこと。

ゆういぎ【有意義】 ①《名・ダナ》それに価する値打があること。「―な人生」②《名ナ》意味をそなえた表現であること。▽↔無意義。派生 **-さ -げ**

ゆういん【誘因】 ある作用を引き起こす原因。「事件の―を追究する」

ゆういん【誘引】《名・ス他》誘ってそうなるようにすること。「伸び出したつるをフェンスに―して育てる」「共に行こうとの―があった」

ゆううつ【憂鬱】《名・ダナ》うっとうしくて気持が晴々しないこと。気がふさぐこと。派生 **-さ -げ** **―しつ【―質】** 気質の型の一つ。ちょっとした事にも気に病んでくよくよし、生気に欠ける気質。▽↓きしつ(気質)

ゆうえい【遊泳・×游泳】《名・ス自》①およぐこと。「宇宙―」②比喩的に、処世。世渡り。「―術」

ユーエイチエフ【UHF】 電波の分類で、極超短波。テレビ放送などに使用する。▽ultrahigh frequency の略。

ゆうえき【有益】《名・ダナ》益をもたらすものであること。ためになること。↔無益。「―な書物」「―に日を送る」派生 **-さ**

ゆうえき【誘×掖】《名・ス他》みちびき助けること。

ユーエスビー【USB】 コンピュータで、周辺機器を本体に接続するための規格の一つ。「―メモリー」▽Universal Serial Bus の略。

ゆうえつ【優越】《名・ス自》(だれが見ても)他よりすぐれること。 **―かん【―感】** 自分が他よりすぐれていると自覚する快感。↔劣等感。「―にひたる」

ゆうえん ①**【優×婉】**《名ナ》やさしくて、しとやかなこと。派生 **-さ** ②**【優艶・幽艶】**《名ナ》上品で美しいこと。あでやかで美しいこと。派生 **-さ**

ゆうえん【幽遠】《名ナ》世俗から遠くはなれ、奥深いこと。「―な世界に遊ぶ」派生 **-さ**

ゆうえん【悠遠】《名ナ》所または時が、はるばると見やるほどに遠いこと。「―の昔」派生 **-さ**

ゆうえんち【遊園地】 子供が遊ぶための広場や、遊具・娯楽設備などのある場所。

ゆうおう【勇往】 勇んで突き進むこと。ためらわずに前進すること。「―邁進(まいしん)する」

ゆうか【有価】 金銭上の価格があること。 **―しょうけん【―証券】**〔法律〕手形・小切手・商品券・株券など、その所持者の財産権を証明する証書。▽証書自体が価格をもって取引される。

ゆうが【優雅】《名・ダナ》やさしくてみやびやかなこと。「―な物腰」。あくせくする必要がなく、ゆったりすること。「―な生活」派生 **-さ**

ゆうかい【有界】《名ナ》関数(や数列、また元に順序の定められた集合)が上界・下界(かかい)の少なくとも一方を有すること。▽数列・順序も関数と解しうる。

ゆうかい【幽界】 死後に行くという世界。あの世。冥土。

ゆうかい【誘拐】《名・ス他》人をだまして誘い出すこと、連れて行くこと。かどわかすこと。「―事件」

ゆうかい【融解】《名・ス自他》①溶けること。溶かすこと。②〔物理〕物体が熱を受けて液体になること。「―点」「―熱」

ゆうがい【有害】《名ナ》害があること。害になること。↔無害。「―物質」派生 **-さ**

ゆうがい【有蓋】 上に屋根やふたなどの覆いがあること。↔無蓋。「―貨車」

ゆうがお(ゆふがほ)**【夕顔】** ①夏の夕方五つに裂けた白い花が咲き、翌朝にはしぼむ一年生つる草。全体に毛が多い。円柱形の果実は食用。▽うり科。↓ふくべ(1)。②夏の夕方、白色大形の香気あるアサガオに似た花が咲く一年生つる草。観賞用。ヨルガオ。▽ひるがお科。

ゆうかく【遊客】 ①仕事がなくて遊んでいる人。②遊覧の客。③遊郭で遊ぶ人。

ゆうかく【遊郭・遊×廓】 女郎屋が集まっている地域。いろざと。くるわ。

ゆうがく【遊学】《名・ス自》よその土地や国に行って学問すること。▽「遊」は旅に出る意。

ゆうかげ(ゆふ)**【夕影】** 夕日の光。また、夕日に映(は)える姿。

ゆうがた(ゆふ)**【夕方】** 日のくれがた。夕刻。↔朝方。関連 夕・夕べ・夕刻・夕まぐれ・夕暮れ・夕景・暮れ・暮れ方・日暮れ・日の入り・黄昏(たそがれ)・薄暮・火ともし頃・逢魔(おう)が時・晩・晩方・晩景・宵・宵の口

ゆうがとう【誘×蛾灯】夜間、蛾(が)やその他の害虫をおびきよせて殺す装置の灯火。

ユーカラ アイヌに伝わる、長編の叙事詩。▽アイヌ語。

ユーカリ オーストラリア原産の常緑高木。巨木になるものもある。材は建築材に用い、葉からユーカリ油をとる。▽eucalyptus から。ふともも科。

ゆうかん(ゆふ)【夕刊】日刊新聞で、夕方刊行するもの。↕朝刊

ゆうかん【憂患】うれい。気がかり。心痛。

ゆうかん【有感】①人体に感じること。「—地震」②ある感慨・感動などがあること。

ゆうかん【有閑】ひまがあること。特に、生活に余裕があり、ひまが多いこと。「—マダム」「—階級」

ゆうかん【勇敢】『ダナ』勇気があり、物事をおしきってするさま。勇ましく果断なさま。派生 **-さ**

ゆうかんち【遊閑地】何かに使用されることなく、ほったらかしになっている土地。休閑地。

ゆうき(ゆふき)【結△城】「結城じま」「結城つむぎ」「結城もめん」の略。 **—じま**【—×縞】結城つむぎや結城もめんの縞(しま)織物。 **—つむぎ**【—×紬】茨城県結城地方から産する、地質(じじ)が丈夫な、かすり・縞の絹織物。 **—もめん**【—木綿】結城つむぎに似せた木綿縞織物。▽足利(あしかが)の人が作り始めたので、「あしかがゆうき」とも言う。

ゆうき【勇気】(勇んで)ものおじせずに立ち向かう気力。「—を出す」

ゆうき【幽鬼】死者の霊。亡霊。

ゆうき【有期】一定の期限があること。↕無期。「—刑」

ゆうき【有機】①生活機能をそなえ、生活力を持つこと。↕無機。②「有機栽培」「有機物」「有機化学」の略。「—野菜」 **—かがく**【—化学】有機化合物を研究の対象とする化学。↕無機化学。 **—かごうぶつ**【—化合物】炭素を主な成分とする化合物。▽元来は、有機体(1)を構成し、有機体によってつくられる化合物とされた。 **—さいばい**【—栽培】化学肥料や農薬にたよらず、家畜小屋の糞尿(ふんにょう)・敷きわらや堆肥など、動植物質の(=有機)肥料で、安全かつ美味の食糧を作る栽培(法)。有機農業。オーガニック。 **—たい**【—体】①それ自体に生活機能をそなえている組織体。他の物質系と区別して、生物のこと。②多くの部分が緊密な連関をもちつつ統一された全体。 **—てき**【—的】『ダナ』有機体(2)のように、多くの部分が集まり強く結びついて一個の全体を形作り、その各部分の間に緊密な統一と連関があるさま。 **—ぶつ**【—物】①有機体(1)を構成・組織する物質。②「有機化合物」の略。

ゆうぎ【友×誼】親友のよしみ。友情。「—を結ぶ」「—に厚い」

ゆうぎ【遊戯】①『名・ス自』楽しんで遊ぶこと。遊びごと。②『名』子供らが音楽に合わせ、教育的訓練を兼ねてする、ダンス風の遊び・運動。「お—の練習」 **—てき**【—的】『ダナ』物事をあそび半分に行うさま。

ゆうぎ【遊技】娯楽として行う遊び。また、遊びのわざ。「—場」

ゆうきゃく【遊客】→ゆうかく(遊客)(2)(3)

ゆうきゅう【悠久】久しい過去に始まって、変わらず続くこと。「—の昔から」

ゆうきゅう【有給】給料が支払われること。↕無給。「—休暇」

ゆうきゅう【遊休】設備や資本を働かせず、使わないままでいる状態。

ゆうきょう【遊×侠】侠客(きょうかく)。おとこだて。「—の徒」

ゆうきょう【遊興】『名・ス自』面白く遊ぶこと。遊び興じること。特に、料理屋・待合などで遊ぶこと。「—費」

ゆうきん【遊金】有効には役立てずに持っている(=遊)金銭・資本。

ゆうぎん【遊吟】『名・ス自』あちこち歩きながら、詩・俳句などをよむこと。

ゆうく【憂苦】心配して苦にすること。「—を忘れる」

ゆうぐ【遊具】遊びに使う器具。遊び道具。

ゆうぐう【優遇】『名・ス他』手厚く待遇すること。十分にもてなすこと。「—措置」

ゆうぐれ(ゆふ)【夕暮(れ)】日ぐれ。たそがれ。「—時」

ゆうくん【遊君】遊女。あそびめ。▽文語的。

ゆうぐん【友軍】(一緒に戦う)味方の軍隊。

ゆうぐん【遊軍】①待機していて、機を見て活動する軍隊。②転じて、一定の部署につかず待機している人。「—記者」

ゆうげ(ゆふ)【夕△食・夕×餉】ゆうめし。▽雅語的。

ゆうけい(ゆふ)【夕景】①夕げしき。「山里の—の趣」②くれがた。日ぐれ。「—にお伺いします」▽(2)は既に古風。

ゆうけい【有形】形があること。形をもったもの。↕無形。「—資産」

ゆうけい【雄×勁】『名ノ』書き方が雄々しく力がみなぎった様子。「—な筆法」派生 **-さ**

ゆうげい【遊芸】遊びごとに関した芸能。謡曲・茶の湯・生花(いけばな)・踊り・琴・三味線(しゃみせん)・笛など。「—人」

ゆうげき【遊撃】攻撃すべき敵を前もって定めず、機に臨んで適宜に攻撃すること。「—隊」 **—しゅ**【—手】野球で、二塁と三塁の間を守る内野手。ショート。

ゆうけむり(ゆふ)【夕煙】夕方たなびく煙。また、夕食の準備をする時に立ちのぼる煙。▽「ゆうけぶり」とも言う。

ゆうけん【勇健】『名ノ』壮健。息災。▽書簡文に用いることが多い。

ゆうけん【郵券】郵便切手。「—封入」

ゆうけん【幽玄】『名ノ』奥深くて、はかり知れないこと。趣が深く味わいが尽きないこと。▽中世歌論や

能では、やさしい趣を含めて言う。枯れた感じとは限らない。派生 -さ

ゆうげん【有限】〘名・ダナ〙ここまでという限度があること。数・量・程度の限りがあること。↕無限。 **ーがいしゃ【ー会社】**社員全員が有限責任を負う、会社の一種。株式会社と合名会社との中間的な性格の、小規模のもの。▽二〇〇五年有限会社法は廃止。 **ーせきにん【ー責任】**債務者が、自分の財産の一部、または一定の金額を限度として、債務の弁済に当てるという形で負う責任。↕無限責任

ゆうげんじっこう【有言実行】言ったことを必ず実行すること。▽「不言実行」をもじった言葉。

ゆうけんしゃ【有権者】権利、特に選挙権がある人。

ゆうこう【友好】友だちとして仲がよいこと。「ー関係を保つ」「ー国」「ー的」▽国家や組織間について言うことが多い。

ゆうこう【有功】国や所属団体に、功績があること。「ー章」(功績ある者に贈る記章)

ゆうこう【有効】〘ダナ〙ききめ(=効)、すなわち効力や効果があること。↕無効。「切符のーな期間は一週間」「薬のー成分」派生 -さ

ゆうこう【遊行】遊び歩くこと。あてもなく歩くこと。「夢中ー」▽「ゆぎょう」と読めば別の意。

ゆうごう【融合】〘名・ス自他〙一つにとけあうこと。「核ー」

ゆうこく(ゆふ)**【夕刻】**日ぐれどき。夕方。「ー家にもどった」

ゆうこく【幽谷】奥深い谷。「深山ー」

ゆうこく【憂国】国家の事をうれえ、何とかしなければならないと心配すること。「ーの士」「ーの情」

ゆうこん【幽魂】死者のたましい。

ゆうこん【雄×渾】〘名ナ〙雄々しくて勢いがいいこと。力強くてよどみのないこと。「ーな詩文」派生 -さ

ユーザー (商品やサービスなどの)使用者。利用者。↕メーカー。「ーのニーズにこたえる」▽user

ゆうざい【有罪】罪があること。法律で、犯罪事実の存在が認められること。↕無罪

ゆうさり(ゆふ)**【夕さり】**ゆうがた。くれがた。▽「さり」は時が自然にめぐりうつる意。

ゆうさん【有産】財産があること。金持ち・物持ちであること。 **ーかいきゅう【ー階級】**財産があって生活が豊かな階級。ブルジョアジー。↕無産階級

ユーザンス ①為替手形の支払い期限。②輸出入代金の支払い猶予。▽usance

ゆうさんそうんどう【有酸素運動】酸素を使って生み出したエネルギーで筋肉を動かす運動。長時間にわたって力を持続する。ジョギング・遠泳など。↕無酸素運動

ゆうし【勇士】勇者。特に、雄々しく立派な武士・軍人。「凱旋(がいせん)のー」

ゆうし ①【勇姿】勇み立った姿。勇敢な姿。「甲子園に向かう母校選手のー」②【雄姿】雄々しく立派な姿。「富士山が雲の上にーを現す」

ゆうし【雄志】雄々しいこころざし。雄心。

ゆうし【雄視】〘名・ス自〙威勢を示して他に対すること。「斯界(しかい)にーする姿」

ゆうし【有刺】とげが出ていること。 **ーてっせん【ー鉄線】**短い針金をとげのようにからませた鉄線。侵入防止に用いる。

ゆうし【有司】役人。「百官ー」

ゆうし【有史】(文字で書かれた)歴史があること。「ー以来」(歴史が始まってこのかた)「ー時代」(先史時代に対し、史書が作られている時代)

ゆうし【有志】ある事柄に、志や関心を持っていること。その人。「ーをつのる」

ゆうし【猶子】(公卿・武家の社会で)兄弟や親族の子などを自分の子として迎え入れたもの。義子。▽相続を目的としない名目上の親子縁組。「礼記」に「兄弟の子、猶(おな)子のごとし」とあるのによる。

ゆうし【融資】〘名・ス自〙資金を融通すること。「ーを受ける」

ゆうし【遊資】「遊休資本」の略。→ゆうきゅう(遊休)

ゆうし ①【遊子】他郷を旅する人。旅人。②【遊士】遊びにふける男。また、みやびお。▽(1)(2)とも既に古風。

ゆうし【遊糸】陽炎(かげろう)。▽文語的。

ゆうじ【有事】武力に訴えるような事件・事変が起こること。「一朝(いっちょう)ーの際」

ゆうしお(ゆふしほ)**【夕×汐・夕潮】**夕方さして満ちる潮。↕朝潮。▽漢字の字義では「汐」が夕方のを指す。

ゆうしかいひこう【有視界飛行】パイロットが自分の目で周囲を判断して航空機を操縦すること。「ーで着陸する」

ゆうしき【有識】知識が広いこと。㋐学問があり見識が高いこと。「ー者」㋑→ゆうそく

ゆうしゃ【勇者】勇気にあふれる(勇気ある行いをした)人。

ゆうじゃく【幽寂】〘名ナ〙奥深くて物静かなこと。「ーな庵(いおり)」派生 -さ

ゆうしゅう【優秀】〘名ナ〙他より一段と目立って(=秀)優れていること。すぐれひいでていること。「最ーの作品」派生 -さ

ゆうしゅう【幽囚】捕らえられて幽閉されること。その捕らわれ人。囚人。「ーの身となる」

ゆうしゅう ①【憂愁】悩み悲しむこと。うれい。「ーに沈む」②【幽愁】心の奥にある(=幽)深い悲しみ。「ーを隠して」

ゆうしゅう【有終】終わりを全うすること。「ーの美」(最後までしとげてりっぱな成果をあげること)

ゆうじゅう【優柔】〘名ナ〙決断力に乏しく煮えきらないこと。ぐず。派生 -さ **ーふだん【ー不断】**〘名ナ〙ぐずぐずしていて物事の決断ができないこと。派生 -さ

ゆうしゅつ【湧出・×涌出】〘名・ス自〙わき出ること。「温泉がーする」▽「ようしゅつ」の慣用読み。

ゆうしょ【郵書】 郵便で送る手紙。

ゆうじょ【×佑助】 たすけ。「天の―」

ゆうじょ【×宥×恕】《名・ス他》寛大な心でゆるすこと。

ゆうじょ【遊女】 遊郭にいる女郎。▽もと、宿場などで歌舞をし寝所で客の相手をする女。

ゆうしょう【優勝】《名・ス自》もっともすぐれていること。特に、スポーツやゲームなどに第一位で勝つこと。「大会で―する」「―旗」 **―れっぱい【―劣敗】** まさっているものが勝ち、劣っているものが敗れるという道理。

ゆうしょう【優賞】 上の人が手厚く賞すること。そのほうび。

ゆうしょう【勇将】 強く勇ましい将軍。「―の下(もと)に弱卒なし」

ゆうしょう【有償】 一方から受けた利益に対して、他方がこれに財物を出して報いること。↔無償。「品物を―交付する」

ゆうじょう【優×諚】 天皇が下される、ねんごろな仰(おお)せ。

ゆうじょう【友情】 友人の間の情愛。「厚い―」

ゆうしょく【夕食】 ゆうめし。▽↔やしょく(夜食)

ゆうしょく【憂色】 憂えている顔色・様子。「顔に―をたたえる」

ゆうしょく【有色】 色がついていること。「―人種」(白人以外の人種)「―野菜」

ゆうしん【雄心】 雄々しい心。雄壮な心。「―勃々(ぼつぼつ)」

ゆうじん【友人】 ともだち。

ゆうじん【有人】 乗り物や機械などに、それを動かす人がついていること。↔無人。「―宇宙飛行」

ゆうしんろん【有神論】 神の存在を認める立場に立つ論。↔無神論

ユース ①若者。青年。「水泳の―代表」▽youth ②「ユース ホステル」の略。 **―ホステル** 青少年のための、簡易で手軽な宿泊所。▽youth hostel

ゆうすい【湧水】 わきみず。

ゆうすい【幽×邃】《名ナ》けしきなどが奥深くて物静かなこと。「―境」 派生 **―さ**

ゆうずい【雄×蕊】 →おしべ。↔雌蕊(しずい)

ゆうすいち【遊水池】 洪水の時、防災のために水をそこに導く、(川の近くの)湖沼や空地。▽普段は池になっていないものもあり、「遊水地」とも書く。

ゆうすう【有数】《「―の」の形で》とりたてて数えるほどに、おもだっていること。「全国でも―の大工場」「世界―の楽団」

ゆうずう【融通】 ①《名・ス自》とどこおらずに通じること。「―無碍(げ)」(すべてに行きわたって通じ、少しもとどこおらないこと) ②《名・ス他》うまく運ぶようにすること。㋐やりくりすること。金などを貸借すること。「金を―する」 ㋑臨機に事を処理すること。「―がきく」 **―てがた【―手形】** 商取引の結果としてでなく、資金の融通を受けるために振り出す手形。

ゆうすず【夕涼】 ①夏の夕方、やっと涼しくなったころ。↔朝涼。②夕涼み。

ゆうすずみ【夕涼み】 夏の夕方、外や縁側などに出て涼むこと。

ゆうずつ【夕ずつ】 宵の明星。▽古語「ゆふつづ」が転じた形。

ゆう-する【幽する】《サ変他》人をある場所に押し込めて他人に会わせない。幽閉する。

ゆう-する【有する】《サ変他》持つ。持っている。所有する。「権利を―」

ゆうせい【優勢】《名ナ》勢いや形勢が他より優位にあること。↔劣勢。「―を保つ」「―に試合を運ぶ」「―な敵」 派生 **―さ**

ゆうせい【優性】《名ナ》(生物)遺伝する対立形質のうち、次の代の個体に現れる方。顕性。↔劣性。「―遺伝」

ゆうせい【優生】「優生学」の略。「―思想」 **―がく【―学】** 悪い遺伝を避け、よい遺伝を残して、子孫を優良にする目的で、配偶者の選択や結婚上の問題を科学的に研究する学問。一九世紀後半から提唱された。▽eugenics の訳語。

ゆうせい【幽×棲・幽×栖】《名・ス自》俗世を離れて物静かに住むこと。また、隠者の住まい。

ゆうせい【憂世】 世の中のあり方・状態を憂えること。「―の情が抑えかねる」

ゆうせい【遊星】 →わくせい

ゆうぜい【遊説】《名・ス自》意見・主張を各地に説いてまわること。特に政治家が各地を演説してまわること。「全国―」▽「遊」は旅に出る意。

ゆうぜい【郵税】 郵便料金のこと。▽「郵便税」(郵便料金の旧称)の略。

ゆうせいおん【有声音】 声帯の振動を伴う音声。母音や[m][n][z][d][b]などの音。↔無声音

ゆうせいせいしょく【有性生殖】 雌雄の別があって、それぞれの生殖細胞の結合によって新たな生命をつくり出すこと。↔無性生殖

ゆうせつ【融雪】 ①《名》ゆきどけ。また、とけた雪。「―期」 ②《名・ス自》雪をとかすこと。「―設備」

ゆうぜみ【夕×蟬】 夕方鳴くせみ。

ゆうせん【優先】《名・ス自他》他よりも先にすること。他に先んじること。「―順位」「公務は私事に―する」「安全最―」 **―けん【―権】** 他に先んじて行使できる権利。 **―せき【―席】** 電車やバスなどで、高齢者や体の不自由な人などが優先的に座れる席。 **―てき【―的】**《ダナ》他に先んじて取り扱うさま。「この問題を―に取り上げよう」

ゆうせん【勇戦】《名・ス自》勇ましく戦うこと。「―奮闘」

ゆうせん【有線】 電気通信方式のうち、電線を使って行うもの。↔無線。「―放送」

ゆうせん【郵船】 郵便物を送り、また航海中郵便事務を扱う船。

ゆうぜん【友禅】「友禅染め」の略。絹布などに、豊富な彩色で花鳥・草木・山水などの模様を鮮やかに染め出したもの。その技法。▽十七世紀の画工、宮崎友禅斎が創始。手描きのほか、明治になって型紙を使うのも現れた。

ゆうぜん【悠然】『ト タル』落ち着いていて、少しもあわてないさま。心がゆったりとしているさま。悠々。「―と構える」

ゆうぜん【△油然】『ト タル』盛んにわき起こるさま。「雲が―とわく」「興味が―として起こる」

ゆうそう ①【勇壮】『名・ダナ』勇ましく意気盛んなこと。「―活発」「―をきわめた進撃」 派生 **-さ** ②【雄壮】『名・ダナ』おおしく意気盛んなこと。「噴煙を上げる桜島の―な姿」 派生 **-さ**

ゆうそう【郵送】『名・ス他』郵便で送ること。「―料」

ゆうそく【有△職】朝廷や武家の礼式・典故。また、それに明るい人。「―故実」▽古く「有識」と書いた。

ゆうだ【遊惰】『名・ダナ』遊び怠けること。「―な生活」

ユーターン『名・ス自』①U字形にまわって、もと来た方へ向きをかえること。②比喩的に、前の場所・状態に戻ること。「郷里へ―就職する」▽U-turn

ゆうたい【優待】『名・ス他』手厚くもてなすこと。他に対するより以上に待遇すること。優遇。「―券」

ゆうたい【優退】『名・ス自』(勝ち抜きの形で行うテニス等で)続けて何試合か勝ったため、それ以上は(規約により)試合をせずに引き下がること。

ゆうたい【勇退】『名・ス自』後進に道を開くために、進んで職を辞すること。「惜しまれて―した」

ゆうたい【郵袋】郵便物を入れて送る袋。行嚢(こうのう)。

ゆうだい【雄大】『名・ダナ』ながめ・構想などの規模がすぐれて大きく、感動をもよおすほどであること。「規模の―を誇る」「―な景観」「―な構想」 派生 **-さ**

ゆうたいぶつ【有体物】〔法律〕物理的に空間の一部を占め、形をそなえている物。↕無体物

ゆうたいるい【有袋類】普通の哺乳(ほにゅう)類よりも未熟な状態で生まれた子を、母親の腹部にある袋(育児嚢(のう))の中で育てる哺乳類。カンガルー・コアラ・オポッサムなど。

ゆうだち(ゆふ)【夕立】夏の、多くは夕方に、(雷を伴って)短い時間に激しく降る雨。

ユータナジー →あんらくし。▽(フランス) euthanasie

ゆうだん【勇断】『名・ス他』勇気をもって決断すること。勇気のある決断。「―を下す」

ゆうだんしゃ【有段者】武道・囲碁・将棋などで、段位のある人。初段以上の人。

ゆうち【誘致】『名・ス他』物事を誘い寄せること。「村に工場を―する」「オリンピックの―合戦」

ゆうちく【有畜】家畜を持っていること。「―農家」

ゆうちょう【悠長】『ダナ』(急を要するのに)のんびりとして、急ごうともしないさま。「―に構える」「何とも―な話だ」 派生 **-さ**

ゆうづきよ(ゆふ)【夕月夜】月がかかっている夕方。

ユーティリティー ①役に立つこと。「―プレーヤー」(球技などで、どのポジションでもこなせる選手)▽utility ②洗濯・アイロンがけなどの家事を行うための部屋。▽utility room から。③コンピュータのOSの機能を補完するためのプログラム。▽utility program から。

ゆうてん【融点】固体が液体になり始める温度。氷ではセ氏零度。▽「融解点」とも言う。一般に凝固点に等しい。

ゆうと【雄図】雄々しい企て。壮大な計画。「―むなしく引き返す」

ゆうと【雄途】勇ましく雄々しいかどで。「―につく」

ゆうとう【優等】『名ナノ』(成績の等級などが)普通(の水準)よりずっとすぐれていること。↕劣等。「―生」。そういう等級。「菊花展覧会で―に入った」

ゆうとう【遊×蕩】『名・ス自』しまりなく、遊びにふけること。身持ちが悪く、酒色にふけること。放蕩(ほうとう)。「―児」

ゆうどう【誘導】『名・ス他』①人や物を誘って、ある場所・状態に導くこと。「無許可係留艇を保管場所に―する」「―弾」「―尋問」②〔物理〕電気・磁気が、その電場・磁場にある物体に作用を及ぼすこと。その作用。感応。 **―たい**【―体】化合物の分子内の一部分が変化してできる化合物を、もとの化合物に対して言う語。

ゆうどうえんぼく【遊動円木】丸太を鉄の鎖などで地上低くつり下げて、前後に揺り動かしながらその上に乗ったり歩いたりする遊具。

ゆうとく【有徳】徳をそなえていること。「―の士」▽「うとく」とも言う。

ゆうどく【有毒】『名ナノ』毒性があること。↕無毒。「―ガス」

ユートピア 現実の社会に不満をもつ人が夢想する理想的な楽土。理想郷。▽Utopia トマス=モアの小説の題名による。「無何有郷(むかうのさと)」と訳した。

ユートピアン 空想家。夢想家。▽utopian

ゆうなぎ(ゆふ)【夕×凪】夕方、波風が静まること。夕方、海風と陸風とが交替する時、一時無風の状態になること。↕朝凪(あさなぎ)

ゆうなみ(ゆふ)【夕波】夕方に立つ波。「―千鳥(ちどり)」

ゆうに【優に】『副』①しとやかに。上品に。「―やさしい」②それ以上にたっぷりあること。十分に。「―一万を越える観衆」

ゆうのう【有能】『名ナノ』才能・能力があること。↕無能。「―な人材」 派生 **-さ**

ゆうはい【有配】株式などの配当があること。↕無配

ゆうばえ(ゆふ)【夕映え】夕日の光をうけて(空が)照り輝くこと。また、夕焼け。

ゆうばく【誘爆】『名・ス自』一つの爆発が原因となって、その近くの他の爆発物が爆発すること。

ゆうはつ【誘発】『名・ス他』ある一つの作用・動きが他の(よくない)作用・動きを誘い起こすこと。「過密ダ

イヤが事故を―する」

ゆうばれ:ゆふ【夕晴(れ)】夕方、空が晴れあがること。

ゆうはん:ゆふ【夕飯】ゆうめし。

ゆうはん【雄藩】勢力のある藩。大藩。

=**ゆうはん**【有半】《主に年数を表す漢語に付けて》……とその半分。「一年―」▽単に「半」と言うのと同じ。「有」は又(また)の意。

ゆうひ:ゆふ【夕日・夕△陽】夕方の太陽。「―が沈む」。夕方の日の光。「―に映(は)える」 **―かげ**【―影】夕日の光。

ゆうひ【雄飛】《名・ス自》勇ましく盛んに活動すること。↔雌伏。「海外に―する」

ゆうび【優美】《名・ダナ》上品で美しいこと。「―に舞う」派生 **―さ**

ゆうひつ【右筆・×祐筆】貴人のそばに仕える書記。また後世の武家で、文書や記録をつかさどる職(の人)。

ゆうびん【郵便】①書状・はがき・小包などを集配・送達する通信制度。また、それによって送られる書状・はがき等。「―が届かない」②郵便局で取り扱うものに冠する語。「―貯金」「―年金」 **―うけ**【―受(け)】配達される郵便物を受け取るために、家の入り口などに設ける入れ物。 **―きょく**【―局】郵便物・郵便貯金などの事務を取り扱う機関。▽もとは郵政大臣の管理のもとにあったが、二〇〇七年から民営化。 **―ばんごう**【―番号】郵便物の区分け・配送の能率化のため、郵便局の配達区域ごとに付した番号。 **―ぶつ**【―物】郵便で送る信書・物品。 **―ふりかえ**:ふりかへ【―振替】ゆうちょ銀行の帳簿上の振替(2)によって金銭の受払いができる仕組みになっている郵便貯金。▽旧称は「郵便振替貯金」。「振替貯金」とも略した。

ゆうふ【有夫】おっとがあること。

ゆうぶ【勇武】勇ましくて強いこと。勇猛。

ユーフォー【UFO】未確認飛行物体。▽unidentified flying object の略。宇宙人の乗物などとされる。

ゆうふく【裕福】《名・ダナ》富んで生活がゆたかなこと。「―な家庭」「―に暮らす」派生 **―さ**

ゆうぶつ【×尤物】すぐれた物。▽美女を指すことがある。

ゆうふん【憂憤】《名・ス自他》世をうれえ、いきどおること。

ゆうべ:ゆふべ ①【△昨夜】前の日の晩。昨夜。昨晩。▽(2)(イ)の転。②【夕べ・△夕】㋐《「……の―」の形で》夕方から始まる催し物。「音楽の―」▽(イ)の転。㋑夕方を指す雅語的な言い方。↔朝(あした)。「―ともなれば人恋しい」▽夜を中心に考えた時間帯の初めの部分。昼中心に考えるようになって(1)の意が生じた。

ゆうへい【幽閉】《名・ス他》人を一室に押しこめること。

ゆうへん【雄編・雄×篇】すぐれた著作・作品。

ゆうべん【雄弁】《名・ダナ》①人を感銘させるような、堂々たる弁舌。弁舌が力強くてすぐれていること。「沈黙は金、―は銀」(沈黙の方が雄弁より価値がある)「―を振るう」②比喩的に、はっきり示すこと。「事実が―に物語る」。↓のうべん。派生 **―さ**

ゆうほ【遊歩】《名・ス自》散歩。そぞろあるき。「―道」

ゆうほう【友邦】互いに親しい交わりのある国。

ゆうぼう【有望】《ノダ》《「―な」も使う》将来に望みがかけられること。見込みがあること。「前途ますます―」「入賞が―視される」「―な青年」派生 **―さ**

ゆうぼく【遊牧】《名・ス自》自然の牧草を求めて移住し、牧畜を業とすること。「―の民」

ゆうまぐれ:ゆふ【夕まぐれ】ゆうぐれ。▽雅語的。「まぐれ」は目(ま)暗(ぐれ)の意。

ゆうみん【遊民】何の仕事もしないで暮らしている人。職業もなく遊んでいる人。のらくら者。「高等―」

ゆうめい【幽冥】①かすかで暗いこと。②よみじ。めいど。あの世。「―界」

ゆうめい【幽明】冥土とこの世。「―境(さかい)を異にする」(死別する意の婉曲(えんきょく)表現)▽「幽」は暗い意で死後の世界を指し、「明」はこの世を指す。

ゆうめい【有名】《ノダ》《「―な」も使う》世間に名が聞こえていること。名高いこと。↔無名。派生 **―さ** **―ぜい**【―税】有名であるばかりに、断りにくい多額の寄付を求められたり、ゴシップの主(ぬし)になったりする、負担。▽比喩的表現。 **―むじつ**【―無実】《ノダ》名ばかりあって、それに実質が伴わないこと。名称・評判と実際とが合わないこと。▽この場合の「有名」は、単に、名前があるという意。

ゆうめい【勇名】勇者であるとの名声。「―をはせる」(皮肉として言う場合もある)

ゆうめし:ゆふ【夕飯】夕方(や晩)の食事。ゆうはん。ゆうしょく。▽現在では男性語の観がある。↓ばんめし

ユーモア 人間生活ににじみ出る、おかしみ。上品なしゃれ。人生の矛盾・滑稽等を、人間共通の弱点として寛大な態度でながめ楽しむ気持。「―小説」▽humour

ゆうもう【勇猛】《名・ダナ》勇ましくて非常に強いこと。激しく勇気をふるい立たせているさま。「―心」「―果敢」派生 **―さ**

ユーモラス 《ダナ》ユーモアがあるさま。おかしみのあるさま。▽humorous 派生 **―さ**

ユーモリスト ユーモアのある人。諧謔(かいぎゃく)家。▽humorist

ユーモレスク 軽やかな、滑稽味のある気分の小曲。▽フランス humoresque

ゆうもん【幽門】胃が十二指腸に接する部分。

ゆうもん【憂×悶】《名・ス自》憂えもだえること。「―の情」

ゆうやく【勇躍】《名・ス自》《副詞的にも使う》勇んでおどりあがること。「―出発する」

ゆうやく【×釉薬】素焼きの陶磁器の表面に光沢を出し、また、液体のしみ込むのを防ぐのに用いるガラス

質の粉末。うわぐすり。

ゆうやけ【夕焼け】日没ごろ、西の地平線に近い空が赤く見えること。↕朝焼け

ゆうやみ【夕闇】(月が出ない)夕方の暗さ。「―が迫る」

ゆうやろう【遊冶郎】放蕩(ほうとう)にふける、にやけた男。▽「遊冶」は、遊びにふけり、容姿を飾る意。

ゆうゆう【悠悠】《副・トタル》①時間的(・経済的・精神的)に余裕のあるさま。「ランナーは―と三塁へ」「年金で―生活できる」②穏やかなさま。おおらかなさま。「―と流れる雲」③限りなくはるかなさま。「―たる天空」 **―かんかん**【―閑閑】《副・トタル・ノダ》急がないさま。のんきに、ゆっくりしているさま。「―と化粧をする」「―の旅行」 **―じてき**【―自適】自分の思うままに生活すること。「定年後は、故郷で―」

ゆうよ【猶予】《名・ス他》すぐに(も)それをしなければならない人に対し、実行時期を先送りし、余裕を与えること。「三日間の―を与える」「―なく断行せよ」「執行―」 ▽もと、ためらって決めない意。

=**ゆうよ**【有余】《数を表す漢語に付けて》あまり。「三年―」「一丈―」 ▽「有」は、又(また)の意。

ゆうよう【有用】《ノダ》《「―な」も使う》役に立つこと。↕無用。派生 **-さ**

ゆうよう【悠揚】《トタル》ゆったりとして、少しもこせつかないさま。「―迫らぬ態度」

ゆうよく【遊×弋】《名・ス自》艦船が(相連れて)海上をあちこちと航行すること。また、鳥や魚が水面(近く)を泳ぎまわること。

ゆうらく【遊楽】遊んで楽しむこと。「―にふける」

ゆうらん【遊覧】《名・ス自》見物してまわること。「―バス」「―船」

ゆうり【遊里】遊郭。いろざと。

ゆうり【遊離】《名・ス自》①他と離れてあること。かけ離れること。「庶民感情から―している」②(化学)他と化合しないであること。

ゆうり【有利】《ダナ》その人の側にうまく行きそうな点があるさま。都合がよいさま。↕不利。「―な条件」派生 **-さ**

ゆうりすう【有理数】実数のうち、整数か分数かの形で表せる数の総称。↕無理数。▽rational number の訳語。比を成す(つまり分数形式で表せる)意での rational を「有理」と訳したことから。

ゆうりゃく【雄略】雄大な計略。

ゆうりょ【憂慮】《名・ス他》心配して思案すること。「―に堪えない」

ゆうりょう【優良】《名ナ》品質・成績などがすぐれていること。派生 **-さ**

ゆうりょう【有料】料金がいること。↕無料。「―道路」「―施設」

ゆうりょう【遊猟】《名・ス自》猟をして遊ぶこと。

ゆうりょく【有力】《ダナ》大きい勢力・影響力・効力をそなえているさま。可能性が高いさま。「―者」「―な候補」派生 **-さ** **―し**【―視】《名・ス他》その可能性が高いと見なすこと。「―される説」「受賞が―されている俳優」

ゆうれい【優麗】《名ナ》やさしくてうるわしいこと。

ゆうれい【幽霊】①死者が成仏(じょうぶつ)できず、この世に迷い出て現す姿。亡者(もうじゃ)。「―の正体(しょうたい)見たり枯れ尾花」②比喩的に、実質を備えないまたは実際にはないのに、あるように見せかけたもの。「―会社」 **―せん**【―船】海に出没する奇怪な船。乗組員が少し前までいたように内部が整いながら、無人でただよう船。▽phantom ship の訳語。

ゆうれき【遊歴】《名・ス自》諸国をめぐり歩くこと。

ゆうれつ【優劣】まさりおとり。「―の差がない」「―を争う」

ユーロ ①「ヨーロッパの」の意を表す語。「―コミュニズム」「―ダラー」 ▽Euro ②EU(欧州連合)の共通通貨。▽euro

ゆうわ【×宥和】《名・ス自》敵対的な態度を大目に見て許し、仲よくすること。「―政策」

ゆうわ【融和】《名・ス自》うちとけて仲よくなること。仲がよいこと。「両国の―を図る」

ゆうわく【誘惑】《名・ス他》相手の心を迷わせて、悪い方面の事に誘い込むこと。(思い通りにしようとして)相手の心をひきつけること。「若者を―する」「―に負ける」

ゆえ【故】①理由。㋐もっともな理由。「―なき辱めを受ける」「―あってしたことだ」㋑《具体的な内容を表す(指示する)語句を受け》受ける部分の内容を理由として示すのに使う語。……(の)ため。「貧―の盗み」「才気煥発の―をもって鳴り響く」「人あたりが柔らかい―(に)評判がいい」「期待に反するが―に意外の感が強い」▽↓ゆえに。②しかるべき由緒(ゆいしょ)。「―ある古い家宝」

ゆえい【輸×贏】かちまけ。勝負。▽正しくは「しゅえい」と読む。

ゆえつ【愉悦】《名・ス自》たのしみよろこぶこと。

ゆえに【故に】《接》こういう理由で。こういうわけだから。「彼は人あたりが柔らかい。―評判がいい」

ゆえよし【故由】わけ。いわれ。

ゆえん【所以】わけ。いわれ。根拠。「人の人たる―は」「以上が、この話を出した―である」▽漢文訓読の「故になり」の音便「ゆゑんなり」から出た語。「AのAたる(である)―(のもの)は」の言い回しは、「Aが他のものと区別される特質は」の気持で使われる。

ゆえん【油煙】油・樹脂などを燃やす時に生じる、黒く細かい炭素の粉。

ゆえん【由縁】由来や因縁(いんねん)。ゆかり。いわれ。

ゆおう【△硫黄】→いおう(硫黄)

ゆか【床・×牀】家の中で、地面より、または他の面より一段高く、水平に板を張りつけた所。㋐その上に畳などを敷く所。㋑板張りだけにした所。㋒浄瑠璃を

語る高座。㊄↓ゆかうんどう。㊅↓かわどこ(2)。▽もと、一段高く構えて、人が寝る所を言った。

ゆが【×瑜×伽】↓ヨガ。▽梵語(ぼんご)。

ゆかい【愉快】『名・ダナ』気持よく楽しいこと。「―に時を過ごす」「―にたえない」。楽しく面白いこと。「この映画は―だ」「―な男さ」 派生 **-さ -げ -がる** 関連 欣快(きんかい)・痛快・快哉(かいさい)・壮快・豪快・快適・軽快・爽快・快い・心地よい・面白い・楽しい・嬉(うれ)しい・小気味よい・たまらない **―はん**【―犯】世間を騒がせて、それを楽しむ犯罪。その犯人。

ゆかいた【床板】床に張る板。床に張ってある板。

ゆかうえ【床上】床を越えてその上。「―まで浸水した」

ゆかうんどう【床運動】一二メートル四方のマット上で倒立・宙返りなどの技を組み合わせて行う体操の競技種目。ゆか。▽旧称は「徒手体操」。

ゆが-く【湯×掻く】『五他』野菜などのあくを抜くために熱湯にしばらくひたす。

ゆがけ【△弓懸】弓を射る時に使う革手袋。

ゆかげん【湯加減】湯の温度のぐあい。「―を見る」(入浴用の湯の温度を調べる)「甘く出た―でまず一服しよう」「―を盗む」(日本刀などの焼入れをした水に手を入れた感覚で、処理温度のぐあいを知る)

ゆかし-い【床しい】『形』①上品ですぐれており、人柄にひきつけられるような感じがする。しとやかで気品がある。おくゆかしい。「―人柄」②何となくなつかしさが感じられる。「古式―催し」▽動詞「行く」から出た語。もと、当の人・物の所に行って、実(じつ)が知りたい意。「床」は当て字。 派生 **-さ -げ -がる**

ゆかした【床下】床にまでは届かない下。「―浸水」。(建物の)床の下。

ゆかた【〈浴衣〉】主に白地に藍色で柄を染めた、夏に着る、木綿のひとえ。▽「湯帷子(ゆかたびら)」(=入浴中や浴後に着たひとえの着物)から。近頃は、カラフルなのもあって気楽な外出着にもする。

ゆかたがけ【〈浴衣〉掛け】ゆかたを着ただけの、くつろいだ姿。

ゆかだんぼう【床暖房】(床構造に組み込んだ装置で)床をあたため、その輻射(ふくしゃ)熱を利用する暖房法。

ゆが-む【×歪む】『五自』①物の本来の形がくずれて、曲がったりひずんだりする。「雨戸が―・んで開かない」②心や行いが正しくなくなる。「根性が―・んでいる」

ゆが-める【×歪める】『下一他』ゆがませる。ゆがむようにする。「口を―」「事実を―」

ゆかめんせき【床面積】建物の(一つの階の)床の広さで測った面積。「総建坪(そうたてつぼ)ばかりか―にも制限がある」

ゆかり【△縁・〈所縁〉】たどってゆけるつながり・関係。「縁(えん)も―もない」「……に―の地」「―が深い」

ゆかん【湯×灌】仏葬で、棺に納める前に遺体を湯でふき清めること。

ゆき【行き・△往き】行くこと。特に、目的の地にむかうこと。その道中。いき。↕帰り。「―は船、帰りは飛行機だ」

ゆき【×裄】衣服の背縫いから、そで口までの長さ。肩ゆき。

ゆき【雪】気温が零度以下の大気の上層で水蒸気が結晶して、地上に降る白いもの。「―の結晶」「―は豊年のきざし」「―と墨」(非常に違いのあることのたとえ)「―を欺く」(非常に白いこと)。白いもののたとえ。「―の肌」「頭(かしら)に―をいただく」(白髪になる) 関連 吹雪・粉雪・風花(かざばな)・細雪(ささめゆき)・綿雪・牡丹(ぼたん)雪・初雪・新雪・大雪・小雪・豪雪・どか雪・深雪・万年雪・根雪・残雪・淡雪・春雪・雪模様・雪催(もよ)い・雪晴れ・雪曇り・雪間・雪煙・雪掻(か)き・雪達磨(だるま)・雪囲い・雪除(よ)け・雪合戦・雪投げ・雪消(ゆきげ)・雪解け・雪景色・雪化粧・雪明かり・雪見・雪焼け・雪肌

ゆきあ-う【行(き)合う・行(き)×逢う】『五自』途中で人などに出会う。

ゆきあかり【雪明(か)り】積もった雪のために明るく見えること。

ゆきあし【行き足】今までの速さで進んで行く勢い。いきあし。「船の―」「―がついた事業」

ゆきあたり【行(き)当(た)り】進んで行ってつきあたること。その場所。ゆきどまり。いきあたり。「―のお稲荷(いなり)さん」 **―ばったり**『ダナ』あらかじめ計画しておかず、その場その場の成行きに任せること。いきあたりばったり。

ゆきあた-る【行(き)当(た)る】『五自』進んで行って突き当たる。また、行き詰まる。

ゆきうさぎ【雪×兎】雪で、兎の形を作り、ユズリハの葉を耳とし、ナンテンの実を目としたもの。盆の上などに置く。

ゆきおく-れる【行き遅れる・行き後れる】『下一自』嫁に行くのがおそくなる。いきおくれる。

ゆきおこし【雪起(こ)し】雪が降ろうとする前に起こる雷。

ゆきおとこ【雪男】ヒマラヤ山脈に住むという、人間に似た動物。目撃談は多いが、正体不明。

ゆきおれ【雪折れ】降り積もった雪の重みで木の枝や幹が折れること。その折れた枝・幹。「柳に―なし」

ゆきおろし【雪下ろし】①『名・ス自』屋根に積もった雪の重みで家が傷まないように、その雪を下ろすこと。②『名』雪を舞い下ろして吹く山風。

ゆきおんな【雪女】雪の多い地方の伝説で、雪の精が姿を変えて出るという、白い着物を着た女。雪娘。雪女郎。

ゆきか-う【行(き)交う】『五自』その道や地域などを、行く者(ら)も来る者(ら)もあって、すれ違う。ゆきちがう。「港を―船」

ゆきかえり【行き帰り】①ゆきとかえり。往復。「郵便局への―で雨にあう」②行って引き返すこと。

ゆきがかり【行(き)掛(か)り】①物事をしはじめた勢い。物事がすでに進んでいる状態。いきがかり。「―上(じょう)やめられない」「今までの―を捨てる」②ゆきがけ。

ゆきかき【雪×搔き】積もった雪をかきのけること。その道具。

ゆきがけ【行(き)掛け】行くついで。行く途中。いきがけ。「―に寄る」「―の駄賃」(事のついでに他の事をすること)

ゆきがこい(がこひ)【雪囲い】雪害を防ぐための、冬場の囲い。㋐降雪量の多い地方で、家を守ろうと、家の周りに柱を立て横木を渡して蓆(むしろ)などを張るもの。㋑畑や庭の植物を雪や霜から守るのに設ける、同様のもの。

ゆきがた【行き方】ゆくえ。「―知れずになる」

ゆきがっせん【雪合戦】雪をまるめて投げ合う遊び。雪投げ。▽近年はチーム対抗のスポーツとしても行われる。

ゆきき【行き来・△往き来】行くことと来ること。往来。「人の―が多い」「―が絶える」

ゆきぐつ【雪×沓】雪の中を歩く時に使う、深いわらぐつ。

ゆきぐに【雪国】雪が多い地方。「―の春」

ゆきぐも【雪雲】雪を降らす雲。雪になりそうな雲。

ゆきぐもり【雪曇(り)】一面に曇って、今にも雪が降りそうな天気。

ゆきくら-す【行(き)暮(ら)す】《五自》歩きに歩いて、日が暮れるまで行く。「山道を―」▽やや古語的。

ゆきく-れる【行(き)暮れる】《下一自》歩いて行くうちに日が暮れる。「野辺に―」▽やや古語的。

ゆきげ【雪△消】雪がとけること。ゆきどけ。

ゆきげしき【雪景色】降る雪の趣、また、降り積もった雪の眺め(=景色)。▽「銀世界」と違って輝かない場合にも言う。

ゆきげしょう【雪化粧】《名・ス自》(化粧したように)雪で美しくおおわれること。「野山が―する」

ゆきけむり【雪煙】風で舞い上がって、煙のように見える雪。

ゆきさき【行き先】→ゆくさき。▽「いきさき」とも言う。

ゆきじょろう【雪女郎】→ゆきおんな

ゆきす-ぎる【行(き)過ぎる】《上一自》①目的の所よりも先へ行く。また、程度を越す。「―ぎた行動」②通りすぎる。

ゆきずり【行きずり】道を歩いてすれちがうこと。また、通りすがり。「―の人」。その程度の、かりそめ。「―の縁」

ゆきぞら【雪空】雪が降り出しそうな空。雪模様の空。

ゆきだおれ(だふれ)【行(き)倒れ】飢え・寒さ・病気などのため、道ばたに倒れること。また、そうなって死ぬこと。その(死)人。いきだおれ。

ゆきだるま【雪△達磨】雪の塊で作った、だるま形のもの。

ゆきちがい(ちがひ)【行(き)違い】①両方から行ったのに、出あわないこと。「―になる」②くいちがい。「話に―がある」「―が生じる」▽「いきちがい」とも言う。

ゆきつ-く【行(き)着く】《五自》目的地や目指した状態に達する。

ゆきつけ【行(き)付け】何度も行って、なじんでいること。いきつけ。「―の店」

ゆきづま-る【行(き)詰(ま)る】《五自》①道がなくなって、先へ行けなくなる。②転じて、(計画などが)それより先へ進むことができない状態になる。「交渉は―った」

ゆきつもどりつ【行きつ戻りつ】《連語》行ったり戻ったり。「―して様子をうかがう」▽「つ」は文語助動詞。

ゆきづり【雪×吊(り)】雪折れを防ぐために、庭木の枝をあらかじめ縄や針金で支柱に吊る作業。その施したもの。ゆきつり。

ゆきどけ【雪解け】①雪が解けること、解ける時。ゆきげ。②比喩的に、対立するものの緊張状態がゆるむこと。

ゆきとど-く【行(き)届く】《五自》すみずみまで気がつく。すべてに抜かりがない。「―いた注意」

ゆきどまり【行(き)止(ま)り】道などが、それ以上先へは行けない状態。そういう場所。いきどまり。

ゆきなげ【雪投げ】→ゆきがっせん

ゆきなだれ【雪〈雪崩〉】斜面に積もった雪がくずれ落ちること。

ゆきなや-む【行(き)悩む】《五自》①行けそうもなくて困る。進むことに困難を感じる。「吹雪(ふぶき)で―」②物事がうまくはかどらない。「打開に―」

ゆきぬけ【行(き)抜け】行って先へ抜けて出ること。通りぬけ。

ゆきのした【雪の下】初夏、花茎が出て白色の小花が円錐(えんすい)形につく常緑多年草。多肉質の葉は薬用・食用。▽ゆきのした科。

ゆきば【行き場】行くべき場所。「―がなくなる」

ゆきはだ【雪肌】①積もった雪の表面。②雪のように白い、女性のはだ。美人のはだ。

ゆきばら【雪腹】雪が降る前や降っている時に、腹が冷えて痛むこと。

ゆきばれ【雪晴(れ)】雪がやんで、すっきりと晴れた天気。

ゆきひら【行平】「行平鍋」の略。①取っ手、ふた、注ぎ口がある土鍋。「―で重湯をたく」②注ぎ口と木製の取っ手がある、金属製の片手鍋。▽「雪平」とも書く。

ゆきぶか-い【雪深い】《形》雪が深く積もっている。「―越後(えちご)路」「―正月」[派生] **-さ**

ゆきま【雪間】①雪がしばらくやんだあいだ。雪の晴れ間。「―を待って出かける」②積もった雪の、ところどころ解けた所。「―に若草が顔をのぞかせる」③積もった雪の中。「―を分けて進む」

ゆきみ【雪見】雪の美しい景色を見て楽しむこと。それを目的とする宴。 **―どうろう**【―灯籠】たけが低く、かさが大きく、足が三本または四本外側にひろがった石灯籠。

ゆきむし【雪虫】①東北・北陸地方で、早春に雪の上に多数現れる、黒く小さい昆虫の総称。俳句の季は春。②初冬、青白い綿のように舞い飛ぶ虫。俳句の季は冬。わたむし。▽飛ぶさまが雪に似るからとも、それが飛べば雪が近いからとも、言う。あぶらむし科の一群の昆虫の総称。

ゆきむすめ【雪娘】→ゆきおんな

ゆきもち【雪持(ち)】①木や葉などが雪をかぶっていること。「―の竹」②屋根に積もった雪がどさっと落ちるのを防ぐ装置。

ゆきもどり【行き戻り】①行きと戻り。その道中。②行って戻ること。また、でもどり(の女)。

ゆきもよい【雪△催い】今にも雪が降りそうで空が曇っている様子。

ゆきもよう【雪模様】今にも雪が降りだしそうな様子。

ゆきやけ【雪焼け】①《名・ス自》雪に反射する光によって皮膚が黒くやけること。②《名》しもやけ。▽主として積雪地帯で言う。

ゆきやなぎ【雪柳】四月ごろ、柳のようにしなった枝に五弁の白い小花が雪のようにびっしり咲く落葉低木。葉の形も柳に似る。▽ばら科。花が遠目には米粒のようなので「こごめばな」とも言う。

ゆきやま【雪山】①雪の降り積もった山。②降った雪を山のように盛り上げたもの。「子どもが―をつくって遊ぶ」

ゆぎょう【遊行】《名・ス自》僧が諸国をめぐり歩くこと。行脚(あんぎゃ)。▽「ゆうこう」と読めば別の意。

ゆきよけ【雪△除け・雪△避け】①積もった雪を取り除くこと。除雪。②雪(の害)を免れるようにすること。また、その設備。

ゆきわた-る【行(き)渡る】《五自》広い範囲に漏れなく及ぶ。いきわたる。「杯が出席者に―」「新思想が―」

ゆきわりそう【雪割草】①山地に自生する多年草。早春、白・紅・紫・桃色等の小花が咲く。高さ五〜一〇センチ。小鉢に植えて観賞する。▽きんぽうげ科。葉の形から「三角草(みすみそう)」とも言う。②高山に自生する多年草。夏、サクラソウに似た紅色の花が咲く。▽さくらそう科。

ゆ-く【行く・△往く・逝く】《五自》①距離的・時間的に遠ざかる。↔来る。▽一般には「行」で書く。以前は㋓㋔のように、行ってかえらない場合は「逝」でも書いた。㋐初めの場所からあちらへ移る。「向こうへ―け」。出掛ける。「では―こうか」。立ち去る。「―雁(かり)の群れ」㋑目的の所に向かう、また進んで着く。「海に―」「芝居(を見)に―」「嫁に―」「後日通知が―のを待ってもらいたい」。そこに通う。「毎日会社へ―」。そこに通じる。「駅に―道」▽「奴(やっこ)さん、どちら―」(江戸俗謡)のようにこの動詞の前に格助詞が現れない言い方が、以前からあったが、特に「いく」の形(→この項末注記)では、二十世紀末から「京都いく」など広まった。エ(へ)イク→イイク→イクと転じたものか。㋒単に、そこを通る(進む)。「道―人」「荒野を―」㋓川の水や雲が流れ去る。「―水」㋔時が過ぎる。「―春を惜しむ」「年端(としは)も―・かない」(まだよく成長せず幼い)㋕人が死ぬ意の婉曲(えんきょく)表現。▽多く「逝」と書く。②物事が進む。【行】㋐物事が行われる。「計画どおりに―」「簡単には―・かない」「合点が―」「よし、その線で―・こう」「一丁、将棋と―か」▽これの否定は、不可能・禁止を表す。「そうは―・かない」「いくら頼んでも許すわけには―・かない」。《意志・勧誘を表す形で》進んで物事を行う。「それ、もう一番―ぞ」「軽く一杯―・こう(=酒を飲もう)」㋑気が晴れる(状態になる)。「満足が―」「心―ばかり楽しむ」㋒《動詞連用形やそれに「て」の付いた形に付いて》動作などが(遠ざかるように)引き続く。「泣き泣き帰って―」「空が暗くなって―」㋓『そこへ―と』それに比べてみると。▽古くから「いく」とも言う。口語で「て」「た」「たら」などに続く場合は「いって」「いった」「いったら」などの形になる。「ゆいて」の音便形もあった。

関連 参る・いらっしゃる・向かう・出掛ける・出向く・赴く・訪ねる・逆行・急行・吟行・携行・航行・徐行・進行・随行・先行・遡行・走行・蛇行・直行・通行・同行・飛行・尾行・歩行・夜行・陸行・連行

ゆくえ【行方】進んで行く先。㋐進んで行く目的地。「―定めず歩きまわる」。行った先の場所。「―不明」㋑将来。前途。「日本の―」▽「行衛」とも書くが、当て字。

ゆくさき【行く先】①向かって進んで行く先方。目的地。②今後のなりゆき。先行き。「―(が)不安だ」

ゆくすえ【行く末】将来。前途。「来(こ)し方―」「―長く」

ゆくて【行く手】進んで行く前方。「―に立ちはだかる」

ゆくとし【行く年】暮れて行く年。「―来る年」

ゆくゆく【行く行く】《副》①将来。いつか。「―は親と一緒に住むつもり」②途中。行きながら。「わけは―話そう」「―多くの避難民に出会った」

ゆくりなく《副》思いがけず、偶然に。「―(も)再会した」▽文語形容詞「ゆくりなし」の連用形から。

ゆげ【湯気】湯などの表面から立ちのぼる水蒸気が小さな水滴となり、白く煙のように見えるもの。

ゆげた【湯桁】①温泉で、けたをわたして囲んだ湯ぶね。②湯ぶねの周りのふち。

ゆけつ【輸血】《名・ス自他》患者の静脈(じょうみゃく)内に、血液型のあう健康体の者の血液を注入すること。

ゆけむり【湯煙・湯×烟】温泉などから立ち上る蒸気。

ゆごう【癒合】《名・ス自》傷がなおって、傷口がふさがること。離れた皮膚・筋肉などが付着すること。

ゆこく【諭告】〘名・ス自〙さとし言い聞かせること。また、その言葉。

ゆごて【△弓籠手】弓を射る時、左のひじにつける、皮または絹で作った覆い。

ゆさい【油彩】油絵具で色を塗ること。また、その絵。

ゆざい【油剤】油状の、または油のはいった、薬剤。

ゆさぶ-る【揺さぶる】〘五他〙しっかりと立っている物に力を加え、全体が揺れるようにする。ゆすぶる。「木を—って実を落とす」「土台から—って倒す」「心を—」「政局を—」

ゆざまし【湯冷まし】①冷ました湯。②湯を冷ますのに使う器。

ゆざめ【湯冷め】〘名・ス自〙入浴後に、体がひえて寒さを感じること。

ゆさゆさ〘副[と]〙重たそうに、ゆっくりと大きく揺れるさま。「稲穂が—(と)揺れる」「地震で家が—(と)揺れる」「大きな体を—と揺すって走ってくる」

ゆさん【遊山】野山に、遊びに出掛けること。また、気ばらしに外出すること。「物見(ものみ)—」▽古風。

ゆし【油紙】→あぶらがみ

ゆし【油脂】油や脂肪。あぶら。「—工業」

ゆし【諭旨】趣旨をさとし告げること。言い聞かせること。「—退学」

ゆしゅつ【輸出】〘名・ス他〙国内から外国へ貨物を売ること。また広く、文物や制度などを他国へ送り出すこと。↔輸入。「工業製品を日本からオーストラリアに—する」「革命思想の—」 **—ちょうか**【—超過】ある期間内の輸出の総額が輸入の総額よりも多いこと。出超。↔輸入超過

ゆしゅつにゅう【輸出入】輸出および輸入。

ゆしょう【油床】原油のある地層。石油の鉱床。

ゆじょう【油状】油のようなどろりとした状態。

ゆず【×柚子】初夏、白い小花が咲き、黄色ででこぼこの多い実を結ぶ常緑小高木。実は香味料用。▽みかん科。邪気を払うといわれ、柚子湯などにも使う。 **—ゆ**【—湯】冬至の日にユズの実を入れてたてる風呂(ふろ)。

ゆずう【△融通】〘名・ス自他〙→ゆうずう

ゆす-ぐ【△濯ぐ】〘五他〙よごれを流し去ってきれいにする。ざっと洗う。すすぐ。「洗濯物を—」「口を—」

ゆすぶ-る【揺すぶる】〘五他〙→ゆさぶる

ゆすらうめ【〈梅桃〉】春、葉がまだ出ないうちにウメに似た白または淡紅色の小花が咲き、初夏、紅色の実を結ぶ落葉低木。実は食用。▽ばら科。

ゆすり【〈強請〉】人をおどかし相手の動揺につけ入って、無理やりに金品を出させること。それをする者。「—を働く」

ゆずり【譲り】譲ること。譲り受けること。「親—の凝り性」

ゆずりう-ける【譲(り)受ける】〘下一他〙ほかの人から譲られて受け取る。

ゆずりは【譲(り)葉】葉を正月の飾り物とする常緑高木。葉は枝先に集まって互生、革質でつやがあり、葉柄は長く赤い。▽新しい葉が出るのを待って古い葉が落ちるので、この名がある。ゆずりは科。

ゆずりわた-す【譲(り)渡す】〘五他〙ほかの人に譲ってわたす。

ゆす-る ①【揺する】〘五他〙根底に力を加え、それで全体がぐらぐらするようにする。揺り動かす。「体を—」「かきの木を—」②【〈強請〉る】〘五他〙ゆすりを働く。「金を—」

ゆ-する【輸する】〘サ変他〙①送る。②劣る。「一籌(いっちゅう)を—」(少しばかり負ける)

ゆず-る【譲る】〘五他〙①自分のものを他の人に与える(時には売る)。「席を—」「位を—」「安く—って下さい」②へりくだって他を先にする。「道を—」「一歩—って」③今ここでではなく、別の機会や所で行う(行った)意を示す表現。「検討は後日に—」「詳細は先に引用した論文に—」

ゆせい【油井】やぐらを設けて地下の石油をくみとるようにした装置。

ゆせい【油性】油が備えているような性質。↔水性。「—塗料」

ゆせん【湯煎】容器ごと湯に入れて間接に熱すること。

ゆせん【湯銭】銭湯(せんとう)にはいるために払う料金。入浴料。

ゆそう【油層】地中に石油がたまっている層。

ゆそう【油槽】ガソリン・石油などを貯蔵する大きな入れ物。「—船」

ゆそう【油送】〘名・ス自〙石油を送ること。「—パイプ」

ゆそう【輸送】〘名・ス他〙人や物を運び送ること。「物資を現地に—する」「貨物船で—する」

ゆたか【豊か】〘ダナ〙ゆとりが見えるほど満ち足りた状態であるさま。㋐不足せず十分なさま。「生活が—だ」「—に実る稲穂」「経験の—なパイロット」▽「六尺—の大男」のような形でも使う。㋑のびのびとしたさま。「—な表情」「馬上—に乗り出す」派生 **-さ**

ゆだき【湯炊き】〘名・ス他〙(水でなく)わかした湯に米を入れて炊くこと。

ゆだく【油濁】〘名・ス自〙重油などの流出によって、河川・海などが汚れること。

ゆだ-ねる【委ねる】〘下一他〙(権限などを譲って)完全に任せる。「他人に—」「学問に身を—」(=ささげる)」「運命に—」

ゆだま【湯玉】湯が煮えたつ時、表面にわきあがる泡。また、玉のように飛び散る熱湯。

ゆだ-る【×茹だる】〘五自〙ゆでられた状態になる。うだる。

ゆたん【油単】ひとえの布・紙などに油をひいたもの。道具の覆いや敷物にする。

ゆだん【油断】〘名・ス自〙たかをくくって、気をゆるす

こと。不注意。「―も隙もない」「―は禁物だ」「若い女の子に―する」 ―たいてき【―大敵】油断は物事の失敗のもとで、恐ろしい敵であること。

ゆたんぽ【湯たんぽ】中に湯を入れ、寝床などに入れて足や体を温める道具。▽「たんぽ」は「湯婆」の唐音による読み方。

ゆちゃ【湯茶】湯や茶。「―の接待」

ゆちゃく【癒着】『名・ス自』①皮膚・膜などが、炎症などのためにくっついてしまうこと。②比喩的に、立場が違うのに利害を共通にする両者が、ぴったり結びつき合うこと。「政界と財界との―」

ユッカ 北アメリカ南部原産の常緑低木。葉は群生し、厚くて剣状。夏から秋にかけて白い鐘状の花が咲く。観賞用。▽yucca くさすぎかずら科いとらん属。

ゆづかれ【湯疲れ】『名・ス自』ふろ・温泉にはいりすぎて、疲れること。

ゆっくり『副[と]・ス自』①急がないさま。㋐動作・動きに時間をかけるさま。「―(と)食べる」「事故で電車が―走る」㋑のんびりと、くつろぐさま。「休日は―(と)過ごす」「どうぞ、ご―」「―する暇がない」②ゆとりが十分にあるさま。たっぷり。「袖ぐりが―している」「広縁が―取ってある屋敷」

ゆづけ【湯漬(け)】飯に湯をかけて食うこと。そのかけたもの。

ゆったり『副[と]・ス自』①十分なゆとりがあるさま。㋐広さや幅がたっぷりあるさま。「コートを―と羽織る」㋑気持に余裕があるさま。「心が―(と)落ち着く」「―(と)構える」②穏やかで、のどかなさま。おおらかなさま。「―(と)流れる河」

ゆつぼ【湯×壺】温泉などの湯をためておく所。湯ぶね。

ゆづる【△弓弦】弓のつる。

ゆであずき(:あづき)【×茹で〈小豆〉】小豆をやわらかく、粒をくずさずに煮たもの。

ゆでこぼ-す【×茹で×溢す】『五他』ゆでて、その汁を捨てる。「小豆を一度―してから煮る」

ゆでだこ【×茹(で)×蛸】①茹でて赤くなった蛸。②入浴・飲酒・激怒などですっかり赤くなったたとえ。

ゆでたまご【×茹で卵・×茹で玉子】鶏卵をからのままゆでて、中身を固まらせたもの。うでたまご。煮抜きたまご。

ゆ-でる【×茹でる】『下一他』(丸ごと(に近い)物を)熱湯の中に入れ、(短時間)熱を通す。うでる。

ゆでん【油田】石油を産する(採っている)地域。

ゆど【油土】彫刻・鋳金などの原型を造るのに使う、油をまぜた粘土。

ゆとう【湯×桶】食後に飲む湯を入れておく、木製(で、うるし塗りの)容器。 **―よみ**【―読(み)】漢字二字で書き表す熟語の、上の字を訓で、下の字を音で読む読み方。例、湯桶(ゆとう)・手本(てほん)・消印(けしいん)。↔重箱読み

ゆどうふ【湯豆腐】豆腐を昆布出しの湯であたため、薬味を添えたしょうゆやポン酢で食べる料理。

ゆどおし(:どほし)【湯通し】『名・ス他』①料理で、臭みや油気を抜くため、材料を熱湯にさっと通すこと。②織物をぬるま湯にひたして、糊気(のりけ)を去って柔らかにし、または、あとで縮むのを防いでおくこと。

ゆどの【湯殿】(りっぱな)ふろば。

ゆとり 行いや心や情況などに差し迫った緊張感がなく、自由に振舞える余地に富む状態。「―のある暮らし」

ゆな【湯△女】①温泉宿の下女。▽現在では言わない。②江戸時代、市中の湯屋に置く遊女。

ユニーク『ダナ』独得なさま。特異なさま。「―な作品」▽unique 派生 **-さ**

ユニオン ①結合。連合。②労働組合。▽union **―ショップ** 使用者が雇い入れた労働者は、必ず労働組合員にならなければならず、また組合を除名されれば使用者からも解雇されるという、労働協約上の規定。▽union shop →オープン ショップ・クローズド ショップ

ユニット 単位。単元。「―家具」(組合せ家具) ▽unit

ユニバーサル『ダナ』世界的。万人に通じること。「―な事業」「―サービス」(電話などの、すべての人のために提供されるサービス) ▽universal **―デザイン** 年齢や、障害の有無にかかわらず、誰にでも使いやすいように工夫されたデザイン。「―によるまちづくり」▽universal design

ユニバーシアード「国際学生競技大会」の通称。二年に一度、開催される。▽Universiade

ユニフォーム 制服。特に、(競技の際の)そろいの運動服。ユニホーム。▽uniform

ゆにゅう【輸入】『名・ス他』外国から貨物を買い入れること。↔輸出。 **―ちょうか**【―超過】ある期間内の輸入の総額が輸出の総額よりも多いこと。入超。↔輸出超過

ゆにょうかん【輸尿管】腎臓から膀胱(ぼうこう)に尿を送る管。尿管。

ゆのし【湯×熨】『名・ス他』布のしわ等を、蒸気でしめし(蒸気にあてて)伸ばすこと。

ゆのはな【湯の花・湯の華】①温泉(鉱泉)の中に生じる沈殿物。ゆばな。②湯あか。

ゆのみ【湯飲み・湯×呑(み)】「ゆのみ茶碗(ちゃわん)」の略。湯茶を飲むのに使う、(小形の)ちゃわん。

ゆば【湯葉】豆乳を加熱し、その上面にできた薄皮を串で引き上げて作った食品。生(なま)湯葉と干(ほし)湯葉とがある。

ゆはず【△弓×筈】弓の両端の、弦(つる)をかける所。

ゆばな【湯花・湯華】→ゆのはな(1)

ゆばら【湯腹】『―も一時(いっとき)』湯を飲んだだけでも空腹の一時しのぎになること。一時のまにあわせになることのたとえ。▽→ちゃばら

ゆばり【△尿】小便。いばり。▽既に古風。

ゆび【指】手足の末端の、枝のように分かれた部分。

「―一本差させない」(他から非難されるところがない。また、非難・干渉させない)「―をくわえる」(熱望しながら手が出せず、むなしくながめている)「―を詰める」(やくざ者や暴力団員が小指の先を切り落として不始末をわびる)

ゆびおり【指折り】①指を折り曲げること。「―数える」(その日が来るのを日にちを数えながら待つ意も)②多くのものの中で、だれかれ(どれそれ)と指を折って数え立てるほど、すぐれていること。「―の人物」

ゆびき【湯引(き)】《名・ス他》魚や鶏肉(とりにく)などを、熱湯にくぐらせたり、さっとゆでたりすること。その料理。表面の殺菌のためや臭みを抜くために行う。「―して霜降りにする」

ユビキタス《ダナ》(コンピュータ ネットワークなど情報通信技術を利用して)いつでもどこでも簡単に、ほしい情報が得られるさま。「―計算」「―社会」▽ubiquitous(=遍在する)

ゆびきり【指切り】(子どもが)約束のしるしとして小指を引っ掛け合うこと。「―げんまん」▽もと、誓約や愛情のあかしとして小指を切ったこと。

ゆびさす【指さす】《五他》指先を向ける。「写真を―」

ゆびずもう【指〈相撲〉】二人がそれぞれ片手の四本の指を握り合い、立てた親指で相手の親指を押さえ伏せようとする遊び。

ゆびにんぎょう【指人形】人形のからだを布で袋のように作り、その中に人が手を入れて指でいろいろな動作をさせるようにしたもの。

ゆびぬき【指△貫】裁縫する時、針の頭を押すために指にはめる、皮や金属で作った輪。

ゆびぶえ【指笛】指を口にくわえて音を出すこと。また、その音。▽警笛のように高い音を出すものと、メロディーを吹くものとがある。

ゆびわ【指輪・指△環】飾りとして指にはめる、多く貴金属製の輪。「金の―」

ゆぶね【湯船・湯△槽】入浴で人がつかる湯を入れた容(い)れもの。

ゆぶん【油分】成分としての油。

ゆべし【×柚△餅子】白玉粉に柚子(ゆず)の汁や皮、味噌(みそ)・砂糖などを混ぜて固くこね、蒸した和菓子。▽地方によって、実をくり抜いた柚子の皮に詰めたり胡桃(くるみ)を混ぜたり、さまざま。

ゆぼけつがん【油母×頁岩】↓オイル シェール

ゆまく【油膜】(水面やガラスの表面などにできる)油の膜。

ユマニテ 人間性。ヒューマニティー。▽フランス humanité

ゆみ【弓】①弦(つる)を張り矢をつがえて射る武器。「―折れ矢尽く」(さんざんに敗れた形容。また、力が尽きてどうにもできないたとえ)「―を引く」(↓ゆみひく)②弓①の形をしたもの。特に、バイオリンなどの弦をこすり、音を出すもの。

ゆみがた【弓形】弦を張って反った弓の形。きゅうけい。「―の図形」▽↓ゆみなり

ゆみず【湯水】湯と水。どこにでもたくさんあるもののたとえ。「―のように使う」(金銭などを惜しげもなくどんどん使う)

ゆみとり【弓取(り)】①弓を手に持つこと。その人。㋐弓を使うことを業とする者、つまり武士。㋑相撲(すもう)で、弓を持って行う儀式。それをする力士。「―式」②弓術がじょうずな人。▽②の意では今は言わない。

ゆみなり【弓△形】弦を張った弓のように曲がった線の形。「体が―に反(そ)る」▽↓ゆみがた

ゆみはり【弓張(り)】①弓に弦を張ること。それをする人。②「弓張月」「弓張提灯(ちょうちん)」の略。 **―ぢょうちん**【―△提△灯】竹を弓のように曲げ、その上下にひっかけて提灯を張るようにしたもの。 **―づき**【―月】弓形をしている、上弦または下弦の月。

ゆみひく【弓引く】《五自》①弓を射る。②転じて、そむく。てむかう。

ゆみへん【弓偏】漢字の偏の一つ。「引」「強」などの「弓」の称。

ゆみや【弓矢】弓と矢。転じて、武器。また、武道。「―取る身」(武士の身分。また、武士)「―の道」(武道) **―はちまん**【―八×幡】武神である八幡大菩薩(ぼさつ)。

ゆめ【夢】①眠っている間に、種々の物事を見聞きすると感じる現象。「―を結ぶ」(夢を見る。また、眠る)「―のお告げ」(神仏がその人に夢の中でお告げになること)▽「寝目(いめ)」の転か。②現実がもつ確かさが無いこと。㋐はかなく、たよりがないこと。「―の世」「―まぼろし」「何もかも―のまた―と消えた」㋑現実を踏まえない甘い期待。「すっかり―に浸る」「新婚の―が破れる」「当分は―を見させておこう」③現実のあり方とは別に心に描くもの。▽↓ゆめみる。㋐将来実現させたい希望・理想。「歌手になる―」「彼の―は大きい」㋑《多く「―の」の形で》現実を忘れてうっとりするような、すばらしいもの。「―の超特急を走らせよう」「パリは―のパラダイスだ」④《「―にも」などの形で、打消しを伴って副詞的に》たとえ夢①の中であろうと。少しも。決して。「―にも思わない」▽副詞の「ゆめ」とは別語。

ゆめ《副》《あとに禁止表現を伴って》強く禁止する気持を表す語。決して。「―疑うなかれ」▽「忌(い)む」の古語「ゆむ」の命令形から。文語的。「努」とも書く。「夢」と書くのは表記の混同。「相手が名人だとは―知らなかった」のような用法は「夢にも」との混同か。

ゆめあわせ【夢合(わ)せ】夢の吉凶の判断。夢判じ。夢うら。

ゆめうつつ【夢△現】夢かそれとも現実かということ。特に、それが夢か現実か区別しにくいように、はっきり意識しない状態。「―で返事をする」

ゆ

ゆめうら【夢△占】夢あわせ。▽近ごろは「夢うらない」と言う。

ゆめがたり【夢語り】①夢に見た事を覚めてから物語ること。②→ゆめものがたり

ゆめごこち【夢心地】夢を見ている時のような気持。うっとりとした気持。夢見心地。「—で歩く」

ゆめさら【夢更】《副》《あとに打消しを伴って》少しも。つゆほども。「—帰りたいとは思わない」▽古風な言い方。

ゆめじ(ぢ)【夢路】夢(を見ること)。「—をたどる」(夢を見る。また、眠る)▽夢の中で通る道の意。

ゆめちがえ(がへ)【夢違え】悪い夢を見た時、まじないをして災難をのがれること。

ゆめにも【夢にも】《連語》《副詞的に》→ゆめ(夢)(4)

ゆめまくら【夢枕】夢を見ている人の枕もと。「—に立つ」(夢に神仏などが現れて、ある物事を告げる)

ゆめまぼろし【夢幻】夢や幻。非常にはかないことのたとえ。「—と化する」

ゆめみ【夢見】夢を見ること。その夢。「—が悪い」

—ごこち【—心地】→ゆめごこち

ゆめ-みる【夢見る】《上一自他》夢を見る。また多くは、空想する。「未来を—」「窓辺で—少女」

ゆめものがたり【夢物語】夢のようなはかない話。ゆめがたり。「一場(いちじょう)の—とはなった」(はかない結果に終わった)

ゆめゆめ《副》「ゆめ」を重ねて強めた語。→ゆめ《副》。▽「努努」などと書く。

ゆもじ【湯文字】①(女性の)腰巻。湯巻。②ゆかた。▽女房言葉から。

ゆもと【湯元・湯本】温泉がわき出る土地。温泉がわき出るおおもと。

ゆや【湯屋】銭湯。公衆浴場。ふろ屋。▽東京では一九三〇年代まで「ゆ(う)や」が普通の言い方。

ゆやせ【湯痩せ】《名・ス自》過度の入浴や湯あたりで体がやせること。

ゆゆし-い【由由しい】《形》事態が容易ではない。ほうっておくと大変なことになる。「—問題だ」▽もと、忌むべきだの意。「忌む」と同語源。派生 **-さ -げ**

ゆらい【由来】①《名・ス自》古くからある物事が今までに経て来た筋道。「寺宝の—を調べる」。そこから起こり、経て来ていること。「ギリシアに—する建築様式」②《副》元来。もともと。「彼は—物を知らない男だ」「—、人間というものは」

ゆらく【愉楽】たのしみ。

ゆら-ぐ【揺らぐ】《五自》(おおもとから)全体が揺れ動く。ぐらつく。「心が—」「身代が—」

ゆら-す【揺らす】《五他》揺れるようにする。振動を起こして動かす。「枝を—」

ゆらめ-く【揺らめく】《五自》ゆらゆらとゆれる。「野に—かげろう」

ゆらゆら《副(と)・ス自》連続してゆるやかに揺れるさま。「提灯(ちょうちん)が風に—する」「吊(つ)り橋が—(と)揺れる」

ゆらら-ぐ【揺ららぐ】《五自》(光などが)揺らめく感じがする。「川面に—灯影(ほかげ)」

ゆらり《副(と)》ゆっくりひと揺れするさま。「酔ったのか、一瞬—とする」「大きな体を—と起こす」

ゆらんかん【輸卵管】卵巣内の卵子を子宮に送る管。卵管。

ゆり【〈百合〉】花弁三枚、同色のがく三枚の、つりがね型の花が夏咲く多年草。笹(ささ)に似た形の葉をもつ。山野に自生し、観賞用に栽培もする。鱗茎(りんけい)(=俗に「根」と言う)は食用。▽ゆり科ゆり属の植物の総称。しばしば、白い百合の花は純潔の象徴、ヤマユリの花は清楚(せいそ)な美女のたとえにする。「立てば芍薬(しゃくやく)すわれば牡丹(ぼたん)歩く姿は—の花」

ゆりいす【揺り椅子】→ロッキング チェア

ゆりうごか-す【揺り動かす】《五他》ゆさぶって動かす。「体を小刻みに—」「天地を—轟音(ごうおん)」「心を—美談」

ゆりかえし(かへし)【揺り返し】揺れた反動でまた揺れること。ゆりもどし。特に、余震。

ゆりかご【揺り籠】赤ん坊を入れて、揺り動かす籠。揺籃(ようらん)。「—から墓場まで」(生まれてから死ぬまで)

ゆりかもめ【〈百合〉×鷗】かもめの一種。小形で、体は白く、くちばしと足が赤い。▽和歌で「都鳥(みやこどり)」と呼ぶ。

ゆりね【〈百合〉根】ユリの鱗茎(りんけい)。食用になる種類もある。

ゆりのき【〈百合〉樹】北アメリカ原産で、六月ごろ黄緑のチューリップ状の大きい花が咲く落葉高木。高さ三〇メートルにも及ぶ。幹は直立。公園・住宅街で緑陰を作る。材の用途も多い。▽英語名 tulip tree のこの木が日本に入った明治初年、日本人にチューリップはなじみがなくて、「百合」で命名した。角張った葉の形が半纏(はんてん)に似るので、ハンテンノキの別名がある。もくれん科。

ゆりもどし【揺り戻し】①→ゆりかえし。②もとの方向に戻ること。反動。「振り子の—」「改憲派の—」

ゆりょう【湯量】(温泉で)わき出る湯の量。「—が豊富な温泉」

ゆ-る【揺る】①《五他》揺れるようにする。ゆらす。ゆさぶる。また、米・砂金を、水中でゆさぶって洗う(えり取る)。②《五自》地震が起こる。▽「よる」となまる。

ゆる-い【緩い】《形》①ゆるんだ状態にある。ゆるやかだ。はげしくない。㋐引き締まっていない。「ひもを—く結ぶ」㋑きびしくない。「取締りが—」㋒傾斜が急でない。「—上り坂」㋓のろい。「—スピード」②かたくない。「—大便」「水で—くとく」派生 **-さ**

ゆるが-す【揺(る)がす】《五他》大きく揺り動かす。「天地を—大音響」「世界中を—大事件」▽「ゆるがせる」(下一段)とも言う。

ゆるがせ【×忽せ】〘副に〙おろそか。なおざり。「―にするな」「―にできないこと」

ゆるぎ【揺(る)ぎ】ゆるぐこと。動揺。不安定。「―ない地歩を占める」(確固たる地位を得る)

ゆる-ぐ【揺(る)ぐ】〘五自〙①揺れて(元または全体が)ぐらつく。「土台が―」②心が動く。気が変わる。「信念が―」「―・がぬ確信」

ゆるし【許し】許すこと。㋐許可。認可。また芸道で、師匠から弟子(でし)に与える免許。㋑罪・とがを免じること。赦免。「―を請う」

ゆる-す【許す】〘五他〙①さしつかえないと認める。㋐願いなどを聞き入れる。「結婚を―」「入学を―」㋑罪・とが・負担から解放する。㋒禁を解く。▽㋑㋒は「赦す」とも書く。㋓(体を)相手の自由に任せる。②ゆるめる。「気を―」(安心する。油断する)「心を―」(信頼してつきあう)▽「ゆるい」と同語源のこれが原義か。③束縛を与えない。ある物事をして(も)よいとする。「事情が―・せば、そう扱おう」「健康が―・さない」「予断を―・さない」「他の追随を―・さない」④ある物・事に価するものとして認める。公然と認める。「自他共に―」関連 認める・聞き入れる・免ずる・大目に見る・允可(いんか)・許可・裁可・認可・允許・官許・公許・免許・裁許・聴許・勅許・認許・黙許・容赦・容認・承認・海容・寛容・許容・認容・寛恕(かんじょ)・宥恕(ゆうじょ)・諒恕(りょうじょ)・赦免・宥免(ゆうめん)・免罪・勘弁・我慢・堪忍・仮借・看過・黙過・めこぼし

ゆるみ【緩み・×弛み】ゆるむこと。ゆるんでいること。「―を持たせる」「心の―」(油断)

ゆる-む【緩む・×弛む】〘五自〙ゆるくなる。「気が―」(心の緊張が解ける。また、油断する)「寒さが―」「便が―」

ゆる-める【緩める・×弛める】〘下一他〙ゆるむようにする。「ねじを―」「財布のひもを―」「緊張を―」

ゆるやか【緩やか】〘ダナ〙ゆるい(1)さま。派生 **-さ**

ゆるゆる ①〘副と〙動きがゆっくりであるさま。「行列が―と進む」②〘副[と]〙くつろいで、ゆったりとしたさま。ゆっくり。「午前中は―過ごす」③〘ノダ〙しまりがないさま。「―のズボン」㋐大きすぎるさま。すき間があるさま。㋑柔らかすぎるさま。

ゆるり〘副と〙①のんびりと、くつろぐさま。ゆっくり。「どうぞ―と」「―と話そう」②時間をかけてするさま。ゆっくり。「―と言い聞かせる」「―の便(べん)」

ゆれ【揺れ】揺れること。その度合い。「―が大きい」「心が―」

ゆ-れる【揺れる】〘下一自〙一定の状態を保たず、(ある点を中心として)前後・左右・上下などに動く。「船が―」「大風で木の枝が―」。不安定な状態になる。

ゆわえつ-ける(ゆはへ：)【結(わ)え付ける】〘下一他〙物を他の物に、ひも・綱などで結びつける。▽なまって「ゆわいつける」とも言う。

ゆわ-える(ゆはへる)【結(わ)える】〘下一他〙(ひもなどを)結ぶ。しばる。ゆわく。「髪をリボンで―」▽「ゆう」と同語源。

ゆわかし【湯沸(か)し】湯を沸かすための器具、また装置。「ガス―器」

ゆわ-く(ゆはく)【結(わ)く】〘五他〙→ゆわえる

ゆんぜい【弓勢】弓を引き張る力。弓を射る力の強さ。▽「ゆみ」+「せい」の音便。

ゆんで【弓手・〈左手〉】①弓を持つ方の手、すなわち左の手。↕馬手(めて)。②左。左の方。「―を見る」

よ

よ【世・代】①人々が形作る社会としての、生活の場。社会。世間。【世】「―に知られた名作」「―(=実社会)に出て活躍する」「―の営み」(生計を立てるための仕事。暮らし)「―に逢(あ)う」(時勢にあう。時めく)「―が―なら」(昔どおりに、自分が栄え時めく世だったら)「―を捨てる」(俗世の事を捨て去り、仏門や隠者の生活に入る)「―(=時流)に遅れる」「―をすねる」(↓すねる)▽そこに生きる人の空間的広がりばかりでなく、それが実現した時の流れも考えるから、(2)の意ともなる。②人が生活を営む期間。【代・世】㋐一生。生涯。「わが―の春」㋑その統治者が国を治め(君主が君臨し)、また、その人が家督をついでいる期間。代(だい)。「明治の―」。同じ系統・政体の支配者が続く期間。「武家の―」㋒過去・現在・未来の三世のそれぞれ。「あの―」「この―」「来(こ)む―」▽「節(よ)」と同語源か。

よ【四】〘造〙「四(し)」の和語。「―年」▽「四」の音が「死」に通じるものを忌んで「よ(ん)」を使うことが多い。数値を言うには「余」と紛らわしいから「十―(よん)年」のように「よん」を使うことがかなりある。「よ(っ)つ」「よ(っ)たり」の区別は、↓ひと(一)。数え上げる唱え以外に単独では使わない。

よ【夜】よる。↕日(ひ)。「―を日に継いで」(休まず続けて)「―も日も明けない」(それがなければ、しばらくの間も過ごせない。あるものを愛するさま)▽現在普通は「よる」と言うが、「よなか」「よみち」など複合語には「よ」を使う。

よ【△節】竹・アシ等の、ふしとふしとの間。「一―切(ひとよぎり)」

よ 〔一〕〘間助〙語調を整えたり、詠嘆を表したり、呼び掛けたり、感情的な色あいをつけたりするのに使う。「もしも―、それがあなただったらどうする」「わあ、すてき―」「青年―、大志を抱け」「そうはいかない―」▽文中・文末共に使う。口頭語では「よう」ともなる。「お願いきいて―ね」の「よね」という結合は、自分の感情を「ね」で相手に押しつけることになるか

ら、以前は二つの表現として「そうだー。ね」のように切って言う場合以外には余り使われなかった。㈢《感》〔俗〕男性が、旧知の人に呼び掛ける語。▽語勢によって「よっ」「よう」になることがある。「ー、どうだった?」

よ〔与〕〔與(人)〕ヨ **あたえる** ともに くみする あずかる ―①あたえる。「生殺与奪・付与・賦与(ふよ)・給与・授与・贈与・譲与・貸与・賞与・所与・天与」②いっしょに力を合わせてする。仲間になる。くみする。あずかる。「与国・与党・関与・干与・参与・寄与」

よ〔*予〕〔豫〕ヨ あらかじめ かねて ―㈠〔豫〕①前もって。かねて。あらかじめ。「予定・予約・予知・予言・予告・予備・予期・予報・予算・予感・予見・予測・予審・予後」②ぐずぐずする。「猶予」③「伊予(いよ)国」の略。「予州・予讃(よさん)本線」㈡〔予〕①品物をあたえる。「与」⑴に同じ。「賜予」②《代》自分を指す言い方。われ。私。↓よ(余)㈡

よ〔*預〕ヨ **あずける あずかる** あらかじめ ―①金品を他人に保管してもらう。あずける。「預金・預託」▽⑵の訓「あずかる」の指す範囲を日本で広く取り、「あずける」にまで及ぼした用法。②かかわる。「与」に同じ。「参預」③前もってしておく。かねて。あらかじめ。「予(豫)」に同じ。「預言・預備」

よ〔*余〕〔餘〕ヨ **あまる あます** ―㈠〔餘〕①食べ物が十分ある。あまる。必要以上に、また期限をこえて、物がある。あまる。あます。また、端数(はすう)があることを示すのに使う。「余剰・余分・余徳・余財・余生・余白・余地・余波(よは・なごり)・余勢・残余・剰余・月余・刑余・酔余・睡余・有余・四百余州」②《名・造》ほか。「余の儀ではない」「余所(よそ)」㈡〔余〕《代》自分を指す言い方。われ。私。「予」㈡⑵。「余等(よら)・余輩」▽文章語。今使えば尊大な言い方。

よ〔誉〕〔譽〕ヨ **ほまれ** ほめる ―①よい点をほめたたえる。「毀誉褒貶(きよほうへん)・称誉」②ほめられていること。評判のよいこと。よい世間てい。ほまれ。「名誉・栄誉・誉望」

よ〔輿(人)〕ヨ こし ―①車の、人や荷物をのせる部分。乗り物。「車輿・乗輿」②かき上げて運ぶ乗り物。こし。かご。「神輿(しんよ・みこし)・輦輿(れんよ)・輿丁(よてい)」③万物をのせているもの。大地。「輿地」④多い。多人数。「輿論・輿望」

よあかし【夜明(か)し】《名・ス自》寝ずに夜明けを迎えること。

よあけ【夜明け】①夜が明ける時分。あけがた。「ー方」「ー前に出発する」②比喩的に、新しい時代の始まり。「宇宙時代のー」

よあそび【夜遊び】《名・ス自》夜、遊び歩くこと。

よあつ【与圧】《名・ス他》圧力をかけること。特に、航空機などの内部を一定の気圧に保つこと。

よあらし【夜嵐】夜吹く強風。

よあるき【夜歩き】《名・ス自》夜、外出すること。

よ-い【良い・善い・△好い】《形》①物事が他よりまさった状態にある。「ー気持」「頭がー」「ー腕まえ」「ー!・くきく薬」「身分のー人」「なかなかー値だ」(高価だ)「きょうのー・き日(=めでたい日)」②正しい。㋐善である。「ー悪いの分別」「ー行い」㋑正当だ。そうすべきだ。「もっと勉強する方がー」③好ましい。適している。▽⑶が原義。㋐美しい。「ー景色」㋑適当だ。好都合だ。「ー所へ来た」「世間とはー・くした(=ぐあいよく運ぶ)ものだ」「ぼくにはちょうどー相手だ」㋒十分だ。「ー・く注意する」「覚悟はーか」「父にー・く似た子」。満足・安心できる状態だ。「間に合って、ー・かった」「もっと勉強すればーのに」「ー・くおいで下さいました」「ー!・うこそ」▽ひどい仕打ちを、逆に言うこともある。「ー!・く(も)言えたもんだ」↓よく《副》⑶。㋓うらやましいほど恵まれた状態だ。「遊んで暮らせるなんてー御身分ですね」㋔《「……てー」「……がー」の形で》容認・許可できる(状態だ)。差しつかえない。「酒を飲んで(も)ー」「早く行くがー」㋕親しい。「仲がー」▽「宜(よろ)しい」より積極的。⑴〜⑶は一般に、↕悪い④《連用形で》しばしば。↓よく《副》⑴ ⑤《動詞連用形を受けて》むずかしくない。たやすい。ぐあいがいい。↕にくい。「飲みー薬」「書きーペン」▽終止形・連体形は、多くは「いい」と言う。↓よき(良)。派生 -さ -げ -がる*

よい(よひ)【宵】日が暮れてからしばらくの間。(夕暮れに続く)夜の初めの部分。「ーの明星(みょうじょう)」(日没後、西の空に見える金星)▽「夕」と同語源だが、「まだーの口だ」でかなり遅い時を指し、「ーっぱり」が夜更しを言うなど、一部の用法で夕より後の時間帯に使うので、気象庁の予報用語では二〇〇七年秋から午後六時〜九時を指して使う「ーのうち」を「夜のはじめ頃」に替えて、紛れを防ぐ。

よい(よひ)【酔(い)】(酒に)酔うこと。「ーがまわる」。酔った状態・度合い。「ーをさます」

よい【余威】ある事をなしとげて、はずみのついた勢い。余勢。「戦勝のー」「ーを駆る」

よいかな【善×哉】《連語》ほめるのに使う言葉。ぜんざい。▽現在使えば、おおぎょうな感じに聞こえる。

よいごこち:(よひ)【酔(い)心地】酒に酔った時の(うっとりした)気分。

よいごし:(よひ)【宵越し】一晩越すこと。「江戸っ子はーの金を持たない」

よいざまし:(よひ)【酔(い)覚(ま)し】酒の酔いをさますこと。また、そのための手立て。「ーに風に当たる」

よいざめ:(よひ)【酔(い)覚め・酔(い)△醒め】酒の酔いからさめること。そのさめた時。「ーの水」

よいしょ ①《感》重いものを持ち上げたり、押したり、引いたりする時などに発する掛け声。「ーと幼児を抱き上げる」②《名・ス自他》〔俗〕相手の言動に調子を合わせること。また、おだてたりお世辞を言ったりすること。「上の人に／をーする」

よいしーれる :よひ【酔(い)△痴れる】《下一自》①ひどく酔って正体(しょうたい)がなくなる。②良い結果に浮かれてぼうっとなる。「優勝にー」

よいっぱり :よひ つ【宵っ張り】夜ふかしをすること。そういう習慣の人。「ーの朝寝坊」

よいつぶーれる :よひ【酔(い)潰れる】《下一自》酒に酔って正体(しょうたい)を失い、動けなくなる。

よいとまけ〔俗〕地固めのため、大勢で重い槌(つち)を滑車で上げおろしすること。それをする人。▽作業の時の掛け声から。

よいどめ :よひ【酔(い)止め】乗り物酔いを防ぐこと。また、そのための薬。

よいどれ :よひ【酔いどれ】ひどく酔った人。よっぱらい。

よいね :よひ【宵寝】《名・ス自》①夜早くから寝ること。②あとで(働くなど)起き出すために、宵の間だけ寝ること。

よいのくち :よひ【宵の口】日が暮れて間もないころ。「まだーだ」(この言い方でかなり遅くをも指す)

よいまちぐさ :よひ【宵待草】オオマツヨイグサのこと。↓つきみそう⑴

よいまつり :よひ【宵祭(り)】↓よみや

よいみや :よひ【宵宮】↓よみや

よいやみ :よひ【宵闇】宵のうち月が出なくて暗いこと。その時間。ゆうやみ。「ーが迫る」▽陰暦の月半ば過ぎが、こうなる。

よいよい〔俗〕アルコール依存症・中風その他の原因で手足がしびれて、正常な歩行もできない病気の人。そのさま。

よいん【余韻】①鐘をついた時などの、あとに残る響き。②転じて、あとに残る味わい。言外の余情。「ーが残る」「ーを楽しむ」

よーう :ふよ【酔う】《五自》①酒を飲んで、身体がアルコール分の作用を受け、生理的・精神的に普通でなくなる。酒がまわる。「酒にー」②乗物や人ごみなどで、目まいがしたり気分が悪くなったりする。「船にー」「人にー」③すばらしさに心を奪われ、うっとりする。「妙技にー」④心を奪われ、自覚が足りない状態にある。「世の人は太平にー」▽文語動詞「ゑふ」から転じた語。関連 酔っ払う・酔い痴(し)れる・酔い潰れる・呑(の)み潰れる・出来上がる・酒に呑まれる・生酔い・ほろ酔い・深酔い・悪酔い・船酔い・酩酊(めいてい)・酒気・酔い心地・酔い覚め・一杯機嫌・微酔・微醺(びくん)・宿酔(しゅくすい・ふつかよい)・沈酔・泥酔・乱酔・千鳥足・酔客・酔漢・酔いどれ・酔っ払い・酔眼・酔態・飲んだくれ・泣き上戸・笑い上戸・ぐでんぐでん・へべれけ・べろべろ・べろんべろん・陶酔・陶然・心酔・酔生夢死

よう《助動》《五段活用以外の動詞およびそれと同じ活用型の助動詞に付く》↓う《助動》。「見ー」

よう【×俑】中国で、死者といっしょに埋葬した人形。

よう【×癰】皮膚や皮下に生じる、急性で激痛のある化膿(かのう)性炎症。

よう【×杳】《トタル》↓ようとして。「その後のーたる足取り」

よう うや【様】①《名》ありさま。㋐《多く体言に付いて》そういう形のもの。「短刀ーの凶器」。様式。「唐(から)ーに書く」㋑《多く動詞連用形に付いて》仕方。方法。「作りーがない」「言おうーのない喜び」。様子。すがた。「ありーはこうだ」「ひどい喜びーだ」▽↓よう〔様〕

②《ダナ》《体言＋「の」(以前は「が」も)、用言の連体形などを受けて》類する。㋐ある物・事(の形・状態・性質)が他の物・事と似ている意を表す。「花びらのーな唇」「氷のーに冷たい」「まるで夢を見るーだ」㋑内容を指示し、または例を引くのに使う。「前記のーな条件」「あなたのーにすぐれた方」「そう怠けるーでは落第するぞ」▽「ーだ」等の言い切りは少ない。「ーなこと」に打消し・禁止の語の伴った場合は否認を強める。「死ぬーなことはしない」㋒不確かな、または婉曲(えんきょく)な断定を表す。「どこかで聞いたーだ」

③《用言等の連体形に付いて、多く「に」を伴って言い切りとする》願いの気持を表す。「どうぞ合格しますーに」

④《動詞連体形に付いて、多く「に」を伴って》目的を表す。「電車に間に合うーに出掛ける」「歩けるーになる」「計画を中止するー進言した」

よう ①《感》〔俗〕↓よ《感》。②《副》「よく」の音便形。「ー会いますな」

よう〖*様〗【様(人)】 ヨウ(ヤウ) さま ―①かたち。ありさま。さま。「様子・様態・一様・同様・異様」②あや。図柄。「模様・文様・図様」③きまったかたち。型。形式。「様式・唐様(からよう)・今様(いまよう)・仕様」「飛鳥様(あすかよう)の仏像」▽↓よう(様)・さま

よう〖*幼〗 ヨウ(エウ) おさない ―《名・造》年がいかない。わかい。成熟していない。おさない者。「幼にして力強く」「幼少・幼年・幼児・幼童・幼虫・幼魚・幼時・幼名・幼稚・幼学・老幼・長幼・乳幼児」

よう〖*用〗 ヨウ もちいる ―①つかう。働かせる。役立てる。もちいる。「愛用・活用・援用・起用・通用・適用・使用・採用・任用・挙用・徴用・運用・濫用・応用・利用・服用・悪用・用心・用例・用法・用途・用意」②《名・造》役に立つ。はたらきがある。はたらき。「用にたつ」「有用・妙用・功用・信用・作用・児童用」③《名・造》処理する必要のあること。「用がある」「用をたす」(大小便をする意にも)「用事・用務・用件・用便・用達(ようたし)・無用・公用・私用・所用」④必要な金品。「用度・用品・用材・用金・費用」

よう〖*羊〗 ヨウ(ヤウ) ひつじ ―ひつじ。「綿羊・緬羊(めんよう)・白羊・羚羊(れいよう・かもしか)・牧羊・羊毛・羊腸・羊肉・羊頭狗肉(くにく)・羊羹(ようかん)・羊水・羊膜」

よう〖*洋〗**ヨウ**(ヤウ) ―①大きな海。広い海。外海。「海洋・大洋・外洋・遠洋・北洋・大西洋・南氷洋・洋上」②㋐〘名・造〙世界を東西二つにわけた部分。「洋の東西」「東洋・西洋」㋑特に、西洋。西洋起源のもの。「洋式・洋風・洋館・洋装・洋裁・洋食・洋酒・洋紙・洋書・洋楽・洋画・洋行」③水のひろがるさま。限りなく大きくて広いさま。「茫洋(ぼうよう)・洋洋」

よう〖妖〗**ヨウ**(エウ) **あやしい** ―①女が人を迷わすようになまめかしい。「妖艶・妖婉(ようえん)・妖麗・妖婦・妖女」②あやしい。人にわざわいを与える。あやかし。ばけもの。「妖魔・妖怪・妖術・妖精・妖雲・妖星・妖気・面妖」

よう〖*要〗〖要〗**ヨウ**(エウ) **いる かなめ** ―①物事のしめくくりとなる大切な部分。かなめ。「要所・要衝・要点・要目・要素・要訣(ようけつ)・要職・切要・重要・枢要・肝要・主要・緊要・法要」②〘名・造〙物事をしめくくる。大事な点をとる。「要を得る」「要は次の通り」「要領・要約・要旨・要項・大要・概要・提要・摘要」③〘名・造〙もとめる。いる。「検討の要あり」「要用・要請・所要・必要・需要・強要・要注意」④待ちうける。「要撃」

よう〖腰〗〖腰〗**ヨウ**(エウ) **こし** ―人体の、こし。「腰囲・腰間・腰椎・細腰・蜂腰」

よう〖*容〗**ヨウ** いれる かたち ゆるす ―①㋐物を入れる。盛る。「容器・容量・容喙(ようかい)・容積・包容・収容・容疑」㋑いれたなかみ。「内容」②すがた。かたち。外見。「容態(ようだい)・容体・容儀・容色・容貌・美容・威容・形容・温容・理容」③きき入れる。ゆるす。「容赦・容認・認容・寛容・許容」④ゆとりがある。こせこせしない。「従容(しょうよう)」⑤むずかしくない。たやすい。「容易」

よう〖溶〗**ヨウ とける とかす とく** ―液体中の物質が原形をくずして、均一な液体をつくる。固形のものが液状になる。とける。とかす。「溶解・溶融・溶媒・溶接・溶岩・溶剤・溶液・水溶性・溶暗」▽「熔(よう)」(「鎔」の俗字)の代用字。

よう〖×熔〗**ヨウ** とける とかす ―鉱石が熱せられて一つにとけあう。金属をとかす。金属が熱で液状になる。とける。「熔鉱炉・熔解・熔融・熔剤・熔接・熔液・熔岩」▽「溶」で代用する。「鎔」は正字。

よう〖庸〗**ヨウ** つね もちいる ―①平凡。なみ。つまらない。「庸劣・庸愚・庸君・凡庸・中庸」②人を用いる。任用する。やとう。「登庸」③日常。平生。つね。「庸徳」④〘名〙中国・日本の律令制の税で、労役の提供に代わる布地などの物納。「租庸調・庸租」

よう〖(人)傭〗ヨウ やとう やとい ―賃金をもらって労力を提供する者。やとい。やとわれる。やとう。「傭兵・傭夫・傭人・雇傭」

よう〖揺〗〖(人)搖〗**ヨウ**(エウ) うごく うごかす **ゆれる ゆる ゆらぐ ゆるぐ ゆする ゆさぶる ゆすぶる** ―手でゆりうごかす。うごく。ゆれる。「動揺・揺曳(ようえい)・揺籃(ようらん)」

よう〖(人)遥〗〖(人)遙〗ヨウ(エウ) はるか ―①遠くへだたっている。遠い。はるか。「遥遠・遥拝」②さまよう。「逍遥(しょうよう)」

よう〖謡〗〖(人)謠〗**ヨウ**(エウ) **うたい うたう** ―①声に節をつけてうたう。世間のはやりうた。「民謡・俗謡・俚謡(りよう)・童謡・歌謡」。特に、能のうたい。「謡曲」②世間に行われる。「謡言」

よう〖揚〗**ヨウ**(ヤウ) **あげる あがる** ―①㋐高くひらめきあがる。あがる。あげる。「抑揚・浮揚・飛揚・悠揚・掲揚・揚水」㋑声をはりあげる。大きなことを言う。「揚言・宣揚」②名をあげる。ほめあげる。気勢があがる。「顕揚・称揚・発揚」

よう〖*陽〗**ヨウ**(ヤウ) ひ ひなた ―①日の光。「陽光・夕陽・落陽・斜陽」②日のあたる方。ひなた。山の南がわ。川の北がわ。「山陽・岳陽」③春。「陽春」④㋐〘名・造〙表面。目に見えるところ。「陰に陽に」「陽報」㋑うわべだけでごまかす。いつわる。「陽動」⑤易学上、陰に対するもの。天・日・男・君・強・動・奇数など、積極的・発動性のもの。「陰陽・陽性・陽気・太陽・重陽(ちょうよう)・陽物・陽子・陽電気」▽(2)(4)(5)は、↕陰

よう〖*葉〗**ヨウ**(エフ) ショウ(セフ) **は** ―①植物の、は。「葉緑素・葉脈・葉柄・葉身・托葉(たくよう)・単葉・複葉・子葉・針葉樹・広葉樹・枝葉・紅葉・落葉」②平たい形のもの。紙。「胚葉(はいよう)・薄葉(うすよう)」③葉・紙など平たいものを数える語。「色紙一葉」④㋐広い時代の中の大きく分けた時期。「前葉・中葉・後葉・末葉」㋑脳・肺などの一区切り。「前頭葉・肺葉」

よう〖踊〗**ヨウ おどる おどり** ―とびあがる。はねまわる。高くあがる。「舞踊」

よう〖窯〗**ヨウ**(エウ) **かま** ―①かわらや陶磁器をやくかま。「窯業・民窯・官窯」②かまでやいたもの。

よう〖*養〗**ヨウ**(ヤウ) **やしなう** ―①食物によって肉体の力をつける。えさをあたえて動物を飼う。やしなう。「養育・養成・養分・養護・養殖・養蚕・養豚・養蜂・栄養・休養・静養・保養・療養・滋養・飼養・培養・扶養・供養(くよう)」②心を豊かにする。「涵養(かんよう)・教養・修養・素養」③実子でないものを子として養い育てる。「養子・養父・養家」

よう〖擁〗**ヨウ** ―①まわりへ手をまわしてかかえる。だく。とりかこむ。「抱擁」②たすける。「擁護・擁立」

よう〖(人)鷹〗ヨウ オウ たか ―鳥の名。たか。「鷹揚(おうよう)」

よう【*曜】【曜】ヨウ（エウ） ①一週間の七日に七曜をわりあてた名。「日曜・月曜・水曜・土曜・七曜表・曜日(ようび)」②日の光が美しくかがやく。「曜曜・照曜」③天体の総称。日月星辰(せいしん)。「七曜・九曜(くよう)」

よう【沃】→よく【沃】

よう【湧】→ゆう【湧】

ようあん【溶暗】→フェード アウト。↕溶明

ようい【妖異】奇怪なできごと。また、あやしいばけもの。妖怪。

ようい【容易】『ダナ』簡単に行えるさま。たやすいさま。やさしいさま。「解決は—だ」「—な事では勝てない」「完成は—のことでない」「—に想像できるとおり」 派生 **-さ**

ようい【用意】『名・ス自他』ある事に備えて気を配ること。用心。また、準備。支度(したく)。「食事を—する」「プレゼントを—する」「—はおさおさ怠り無い」「まさかの時の—」「—周到」

よういく【養育】『名・ス他』やしなってそだてること。「—費」

よういん【要因】主な原因。また、物事の成立に必要な因子。ファクター。「事故の—」

よういん【要員】その物事のために必要な人員。「保安—」

ようう【妖雲】不吉の前兆と感じさせる雲。「—がただよう」

ようえい【揺×曳】『名・ス自』①ゆらゆらとなびくこと。「—するかげろう」②後まで長く残って、それと分かること。「前代文化の—を見る」

ようえき【溶液】二種以上の物質の均一な混合物で、液体をなすもの。特に、固体が液体にとけたもの。

ようえき①【用役】〔経済〕財と対立的に考えられるもの。㋐広くは、人間・土地・資本・政府などの、役立つ働き。㋑狭くは、所得によって買われる人的な用役㋐で、医者・弁護士・教師などの業務としてのサービス。②【×傭役】雇い入れて使うこと。雇われて使われること。

ようえき【用益】使用と収益。「—物権」

ようえき【葉×腋】茎・枝で、葉のつけねのすぐ上の部分。

ようえん【妖艶・妖×婉】『名・ダナ』女性の容姿が、人の心を惑わすばかりに、なまめいて美しいこと。▽「艶」はあでやかの意、「婉」は美しくしなやかの意で、元来は別語。 派生 **-さ**

ようえん【×遥遠】『名ナ』はるかに遠いこと。「—なものに憧れる」

ようおん【×拗音】一音節であって、「キャ」「ショ」「ニュ」「クヮ」などのように、ヤ・ユ・ヨ、またはワを添えて(普通小さく)書き表されるもの。

ようか（やう）【八日】日数で八になる時間。また、その月の八番目の日。▽「やか」の転。「か」は日の意。

ようか【妖花】あやしい感じを誘う美しい花。

ようか【△沃化】『名・ス自』沃素(ようそ)と化合すること。「—銀」「—物」

ようか【養家】養子さきの家。

ようが【洋画】①西洋画。特に、油絵。↕日本画。②欧米で作られ、日本に輸入された映画。↕邦画

ようが【陽画】陰画を焼きつけた、明暗や色相が実物どおりの写真。ポジ。↕陰画

ようかい【妖怪】人知では不思議と考えられるような現象。特に、ばけもの。「—変化(へんげ)」

ようかい【容×喙】『名・ス自』横から差し出ぐちをすること。「他人が—すべきことではない」▽「喙」はくちばし、「容」は入れる意。

ようかい【洋灰】セメント。

ようかい【溶解】①『名・ス自他』とけること。とかすこと。化学では、物質が液体にとけ込んで均一な液体となる現象。②『名・ス他自』金属に火の熱を加えてとかし、液状にすること。また、金属が火の熱でとけて液状になること。▽②は本来「熔解」と書く。

ようがい【要害】地勢がけわしく、敵を防ぐのに適している所。「—の地」

ようがく【洋学】和学・漢学に対し、西洋の事についての、また西洋風の、学問。▽主に江戸時代のを言う。

ようがく【洋楽】①西洋の音楽。②欧米人が作り、また演奏する楽曲。▽↕邦楽

ようがさ【洋傘】和傘に対し、こうもり傘。

ようがし【洋菓子】西洋風の菓子。ケーキ。↕和菓子

ようかん【洋館】西洋風の建物、特に住宅。

ようかん【羊×羹】小豆餡(あずきあん)と砂糖を主な材料とする、代表的な和菓子の一つ。練りようかん・水ようかん・蒸しようかんなどがある。▽もと、羊肉のあつものを原形とした中国の料理。 **—いろ**【—色】黒・紫などの衣類の、染色が褪(さ)めて赤みを帯びた色。「浪人の—の紋つき」

ようかん【腰間】腰のあたり。「—に秋水(=刀)をたばさむ」

ようがん【容顔】かおだち。かんばせ。

ようがん【溶岩・×熔岩】マグマが、溶融状態で噴火口から吹き出したもの。また、それが冷え固まってできた岩。

ようき【妖△姫】妖気を感じさせる美しい姫。

ようき【妖気】あやしい気配(けはい)。ぶきみな雰囲気。「—を発する」「—が漂う」

ようき【陽気】①『ダナ』晴れ晴れしくにぎやかなさま。明るい性質であるさま。↕陰気。「—に騒ぐ」「—な人」 派生 **-さ** ②『名』時候。「春らしい—」「このごろの—は」③『名』万物が動き、生まれ出ようとする気。↕陰気

ようき【揚棄】『名・ス他』止揚。→アウフヘーベン・べんしょうほう。▽ドイツ Aufheben の訳語。

ようき【容器】物を入れるいれもの。うつわ。

ようぎ【容儀】礼儀にかなった身のこなし、姿。「—を正す」

ようぎ【容疑】罪を犯したという疑い。「—を受ける」

「—が晴れる」 —しゃ【—者】①→ひぎしゃ。②法律で、入国警備官から違反の疑いで調べられる外国人。

ようきが【用器画】製図器具を使って幾何学的に図形を描く技法。↕自在画

ようきゅう【×楊弓】遊戯用の小弓。江戸時代に民間で流行。▽もと楊柳(ようりゅう)で作ったという。 **—ば**【—場】神社の境内や盛り場などで、料金を取って楊弓で遊ばせた店。矢場(やば)。

ようきゅう【洋弓】西洋式の弓。アーチェリー。

ようきゅう【要求】《名・ス他》必要だ、ほしい、または当然だとして、それが得られるように、求めること。「賃上げ—」「社会は人材を—している」「—に応じる」

ようぎょ【幼魚】まだ十分に成長しきっていない魚。

ようぎょ【養魚】魚を飼って育てふやすこと。「—場」

ようきょう【×佯狂】常軌を逸したふりをすること。また、その人。▽「佯」は「いつわる」意。

ようきょう【容共】共産主義またはその政策を容認すること。↕反共

ようぎょう【窯業】窯(かま)で土・砂などの高熱処理をする工業。陶磁器・ガラス・セメント・煉瓦(がれん)などの製造工業。

ようきょく【謡曲】能の詞章をうたうこと。その詞章。うたい。

ようきょく【陽極】電位の高い方の電極。↕陰極

ようきん【洋琴】ピアノ。

ようきん【用金】《普通「御—」の形で》公用の金銭。▽もと、大名が臨時に領地の民に課した徴収金。

ようぎん【洋銀】①銅を主としニッケル・亜鉛を含む、銀白色の合金。銀の代用として装飾品などに使う。②西洋の銀貨。

ようぐ【庸愚】平凡でおろかなこと。

ようぐ①【用具】その事をするために使う道具。「運動—」②【要具】必要な道具類。「—をそろえる」

ようくん【幼君】年のおさない主君。

ようけい【養鶏】卵や肉を得る目的でニワトリを飼うこと。「—業」「—場」

ようげき①【要撃】《名・ス他》敵の来るはずの所に待ち受けていて、攻撃を加えること。▽(2)の小規模なもの。②【×邀撃】《名・ス他》都合のよい所まで敵を来させてから(全軍で)迎え撃つこと。③【陽撃】《名・ス他》→ようこう(陽攻)

ようけつ【要×訣】物事の一番大事な所。秘訣(ひけつ)。「成功の—」

ようけん【洋犬】西洋種の犬。ブルドッグ・ヨークシャー テリアなど。↕和犬

ようけん【用件】なすべき仕事や伝えるべき事柄の内容。また単に、用事。「—を伝える」「—をすます」

ようけん【要件】①大切な用事。②必要な条件。「資格—」「—を満たす」

ようげん【揚言】《名・ス他》声を張り上げて言うこと。公然と言うこと。

ようげん【用言】国文法で、詞(3)(イ)に属し、活用する語。動詞・形容詞・形容動詞の類。↕体言

ようげん【妖言】凶事があるなどと、人を迷わせる言葉。

ようげん【謡言】世間のうわさ。風説。

ようこ【養×狐】皮をとる目的でキツネを飼育すること。

ようご【擁護】《名・ス他》かばいまもること。「憲法—」

ようご【養護】《名・ス他》①特別な保護のもとに助けること。特に、心身の状態、体質、環境に応じて適当な保護や手当てを加えること。「—学校」「児童—施設」「—老人ホーム」②学校内で、児童・生徒の健康や校内の保健の管理に当たること。「—教諭」

ようご【洋語】西洋の言語。また、西洋からの外来語。

ようご【用語】使う言葉。使用の語句。「哲学—」。語を使うこと。「—法」「—が不適切だ」

ようご【用後】使ったあと。

ようこう【妖光】あやしい、ぶきみな光。

ようこう【洋行】①《名・ス自》西洋に旅行・留学すること。②《名》外国商社。また、貿易会社(につける語)。▽もと、中国語。

ようこう【洋紅】深紅色の染料。ようべに。

ようこう【要港】①主要な港。②もと、海軍要港部を置いて、警備に任じた港。軍港に次ぐもの。

ようこう【要項】必要な、肝心な事柄(を記したもの)。「募集—」

ようこう【要綱】根本を成す大事な事柄(をまとめたもの)。「防災計画の実施—」

ようこう【陽光】太陽の光。日光。「—を浴びる」

ようこう①【陽攻】《名・ス他》敵に真の目的を見抜かれないために仕掛ける、目くらましの、はでな攻撃。②【×佯攻】《名・ス他》他に主目的がある時、真に攻める意志が無いのに攪乱(かくらん)のために行い速やかに引く、佯(いつわ)りの攻撃。

ようごう【△影向】〔仏〕神仏が一時姿を現すこと。

ようこうろ【溶鉱炉・×熔鉱炉】銑鉄(せんてつ)をつくるための、円筒形の高い炉。上から鉱石を入れ、とけた銑鉄を底のわきから流れ出させて取る。高炉。

ようこく【陽刻】文字(や模様)を出っ張らせた彫り方。↕陰刻。▽印章の多くはこれ。

ようこそ《連語》その労に感謝する気持や歓迎の気持を表す言い方。よくぞ。「—おいで下さった」▽「よい」の連用形(音便の形)+係助詞「こそ」

ようさい【洋才】洋学の能力・知識。▽「漢才」に模して造った語。

ようさい【洋裁】洋服の裁縫。↕和裁

ようさい【要塞】要地(や都市・港)を守るために堅固に築いて、砲台などを設け兵力を置く、一種の城。

ようさい【葉菜】葉や茎を食用にする野菜。例、白菜・ほうれん草。

ようざい【溶剤】多くの物質(特に有機物)を溶液にす

る性質をもつ物質。例、アルコール・ガソリン。

ようざい【用材】物を造るのに使う材料。特に、建築用・家具用の材木。

ようさん【葉酸】水溶性ビタミンの一つ。造血に効果がある。▽ホウレンソウ等の緑葉野菜に含まれるので、この名がある。

ようさん【養蚕】繭をとる目的で蚕(かいこ)を飼育すること。「—農家」「—業」

ようざん【洋算】日本古来の和算に対し、西洋から取り入れた算法。↕和算。▽この語ができた明治以来、「養蚕」と紛れないように「ようざん」と言った。

ようし【×夭死】《名・ス自》年が若くて死ぬこと。わかじに。

ようし ①【容姿】顔つきと姿。みめかたち。「—端麗」②【容止】たちいふるまい。「—が法にかなう」

ようし【洋紙】西洋式の製法で作った紙。↕和紙・日本紙

ようし【用紙】その事のために使う紙。「答案—」

ようし【要旨】述べられた事の、大事な筋。要点をかいつまんだ内容。「英文—」

ようし【陽子】中性子と共に原子核を構成する素粒子。正電荷をもつ。プロトン。

ようし【養子】養子縁組によって子となった者。↕実子。「—を迎える」▽法律上、嫡出子としての身分が与えられる。男子を言うことが多いが、養女も法律上は「養子」と言う。 **—えんぐみ**【—縁組】実の親子でない者の間に親子と同じ関係を成り立たせる法律行為。

ようじ【幼児】おさない子ども。おさなご。「—期」 **—ご**【—語】幼児の時期だけに使う特別な言いまわしの語。例、頭を指す「おつむ」、食物を指す「うまうま」。

ようじ【幼時】おさないとき。幼年時代。「—父母を失う」

ようじ【×楊枝・×楊子】①つまようじ。こようじ。「—で重箱のすみをほじくる」(細かい所を問題にすることのたとえ) ②歯ブラシの古い言い方。

ようじ【用字】使う文字。また、字を使うこと。「—法」「—辞典」

ようじ【用事】しなくてはならない事柄。用。「—をすませる」「急の—で外出する」 関連 用向き・用務・用命・御用・所用・用件・要件・要用・雑用・雑事・小用・急用・商用・社用・公用・私用・公事・私事・野暮用・わたくしごと

ようじ【要事】必要なまたは大切な事柄。

ようしき【様式】ある範囲の事物・しかたに共通に認められる、一定のありかた。㋐芸術作品を特徴づける統一的な表現形式。「ビザンチン—」▽style の訳。㋑文芸における作品の種類。「詩の—をとる」▽(フランス) genre の訳。㋒〔哲学〕物の存在・行動のしかた。▽mode の訳。

ようしき【洋式】西洋流のしかた、または様式。

ようしき【要式】一定の手続きや記載事項が必要な、その方式。「—証券」

ようしし【養嗣子】家督相続人となるべき養子。▽旧民法の用語。

ようしつ【洋室】西洋風の部屋。洋間(ようま)。↕和室

ようしつ【溶質】溶液中にとけ込んでいる物質。▽↓ようばい

ようしゃ【幼者】幼年者。

ようしゃ ①【容赦】《名・ス他》(手落ちを)ゆるすこと。「御—ください」②【容赦・用捨】《名・ス他》控えめにすること。手加減をすること。「—なく」③【用捨】《名・ス他》採用することとしないこと。「—を誤る」

ようじゃく【幼弱】《名・ダナ》おさなくてかよわいこと。

ようじゃく【用尺・要尺】衣服やカーテンなどを作るのに必要な生地の長さ。「—不足で半袖のブラウスしか作れない」

ようしゅ【幼主】おさない主君。幼君。

ようしゅ【洋酒】西洋の酒。その製法による酒。例、ウイスキー・ジン。↕日本酒。▽ビールを含めないこともある。

ようしゅ【洋種】西洋の系統に属する種類。

ようじゅ【×榕樹】ガジュマル。

ようしゅつ【溶出】《名・ス自》成分が水などに溶けてにじみ出ること。「コンクリートの—」

ようじゅつ【妖術】不思議なわざを見せる術。魔法。幻術。「—を使う」

ようしゅん【陽春】陽気③が満ちあふれた春。「—の候」。また、陰暦正月の異称。

ようしょ【洋書】(西洋で出版した)西洋の言語による書物。↕和書・漢書

ようしょ【要所】大事な所。「—を固める」

ようじょ【妖女】①妖婦。②魔法使いの女。

ようじょ【幼女】おさない女の子。

ようじょ【養女】養子である女。▽法律上はこれも「養子」と言う。

ようしょう【要衝】交通・軍事・通商の上で、大切な地点。

ようしょう【幼少】おさないこと。「—のみぎり」

ようじょう【洋上】海洋の上。海上。

ようじょう【葉状】木の葉のような形。

ようじょう【養生】《名・ス自》①衛生をまもり健康の増進に心がけること。また、病気をなおすように努めること。「医者の不—」②建築工事などで、破損防止の手当て。「コンクリートの—」③公園・庭園などで、植物の生育を助けるための手当て。「芝生—中」

ようしょく【容色】みめかたち。「—が衰える」

ようしょく【洋食】西洋風の料理。↕和食

ようしょく【要職】重要な職。職務上の重要な地位。「—につく」

ようしょく【養殖】《名・ス他》魚・貝・海藻などを、人工

的に育てふやすこと。「—真珠」

ようしん【×痒×疹】かゆみを伴う慢性の吹き出物。

ようしん【養親】養子縁組による親。養父母。また、親として育ててくれた人。やしない親。

ようじん【用心・要心】〘名・ス自〙万一の事や不測の事が起こらないように、またはそうなってもあわてないように、気をつけること。注意。警戒。「身元を知られないように—する」「火の—」 **—ぶか・い**【—深い】〘形〙危険などにあわないよう、よく用心をしている。慎重だ。派生 **-さ -げ** **—ぼう**【—棒】①護衛や非常の場合のために、身辺に置く腕ききの者。「—を雇う」②盗賊の侵入などに備えて用意しておく棒。また、しんばり棒。

ようじん【要人】重要な地位にある人。「政府の—」

ようしんし【養親子】養子縁組によって生じた親子。

ようす【様子・容子】①物事の、見える、または見えたところから察せられる、状態。㋐情勢。「—をうかがう」㋑物事が起こりそうな模様。「夕立が来そうな—だ」㋒そぶり。「困った—もない」㋓人の姿。「ちょいと、—がいい(=恰好(かっこう)いい)よ」▽一九五〇年ごろまでは「恰好がいい」とは言わなかった。②特別のわけ。事情。「何か—がありげだ」関連 様(さま)・有様・状況・状態・あり方・感じ・模様・様相・様態・佇(たたず)まい・気(け)・気配・気色・気味・趣・風情・雰囲気・なり・なりふり・身なり・見目・姿かたち・容姿・格好・風貌・風姿・風采・風体

ようず【要図】大要を記した図面。

ようすい【揚水】〘名・ス自〙水を上にあげること。「—機」

ようすい【用水】飲料・灌漑(かんがい)・防火のためなどに使う水。「—権」。そのための施設。「箱根—」「—路」

ようすい【羊水】胎児を包む薄い膜(=羊膜)の内部を満たし、胎児を保護する液体。

よう-する【擁する】〘サ変他〙①だく。かかえる。「巨富を—」②ひきいる。「大軍を—」③もりたてる。「幼帝を—」

よう-する【要する】〘サ変他〙①必要とする。「百万円を—」「正確を—仕事」「急を—」②要約する。▽→ようするに。③待ち伏せる。「帰途を—して討つ」

ようするに【要するに】〘連語〙要約すると。「これを—次のように言える」。〘接続詞的に〙つまり。「—君の責任だ」

ようせい【×夭逝】〘名・ス自〙年が若くて死ぬこと。わかじに。夭折(ようせつ)。

ようせい【妖星】凶事の前兆と見られる不吉な星。

ようせい【妖精】西洋の伝説・童話に登場する超自然的な精。▽小人・女の姿であることが多い。

ようせい【幼生】卵からかえった動物の子が、親と違う形をしている状態。例、おたまじゃくしは、カエルの幼生。

ようせい【要請】①〘名・ス他〙必要な事が実現するように、願い出て求めること。「立候補を—する」「時局の—にこたえる」「防災訓練を実施するよう—する」②〘名〙学問で、論証はできないが、認識・理論成立の前提として必要とするもの。公理。公準。

ようせい【陽性】①〘名ナ〙積極的な性質。陽気なたち。②〘名〙〔医学〕検査の反応がはっきり現れること。↔陰性。「—反応」「擬—」

ようせい【養成】〘名・ス他〙教育や訓練で、ある程度にまで成長させること。「熟練工の—」

ようせき【容積】①器物の中を満たしうる分量。容量。②立体が占めている空間の部分の量。体積。 **—りつ**【—率】建物の延べ面積の、敷地面積に対する割合。「—二百%」

ようせつ【×夭折】〘名・ス自〙→ようせい(夭逝)

ようせつ【要説】全体を見渡して要点を説明すること。その解説。「国語史—」▽多くは書名の中に使う。

ようせつ【溶接・×熔接】〘名・ス他〙金属を熱でとかして、つなぎ合わせること。「電気—」

ようせん【溶×銑・×熔×銑】銑鉄(せんてつ)をとかすこと。とけた銑鉄。

ようせん【用箋】手紙などを書くのに使う紙。便箋(びんせん)など。

ようせん ①【用船】〘名〙ある事のために使う船。「御—」②【用船・×傭船】〘名・ス他〙運送用に船を(船員を含めて)やとい入れること。またその船。チャーター。「—契約」

ようそ【△沃素・ヨウ素】ハロゲン元素の一つ。元素記号I。金属光沢を有する暗紫色の結晶。染料・消毒・医薬などにする。ヨード。

ようそ【要素】物・事を成り立たせるもとである(それ以上は簡単なものに分析できない)もの。エレメント。「構成—」

ようそう【様相】①ありさま。様子。姿。「険悪な—」②哲学・論理学で、存在・判断のしかた。▽(2)は mode の訳語。

ようそう【洋装】〘名・ス自〙①洋風の服装をすること。▽多く女性について言う。②洋風の装丁。「—本」▽↔和装

ようだ 〘助動〙→よう(様)(2)。▽形式的体言「よう」+助動詞「だ」

ようたい【要△諦】→ようてい。▽「ようてい」の本来の言い方。

ようたい【様態】物事のありかた。様相(1)。

ようだい【容体・容態】外面に現れ、見て取れる様子。㋐ありさま。身なり。㋑病気やけがの様子。病状。「—が急変する」▽「ようたい」とも言う。 **—ぶ・る**〘五自〙もったいぶった様子をする。▽「ようたいぶる」と言わない。

ようたし【用足し・用△達】①〘名・ス自〙用をたすこと。「—に行く」。大小便をすること。②〘名〙役所などに出入りして品物を納める商人。▽(2)は「用達」と書くのが慣例で、多くは「御」を冠する。「用達人」は「ようだつにん」とも言った。

ようだ-つ【用立つ】《五自》役にたつ。

ようだ-てる【用立てる】《下一他》それを使って、ある用にあてる。㋐それを使って何かの役に立てる。㋑他人にそれを使わせて、他人の便をはかる。金などを貸す。立て替える。「開店資金を—」

ようだん【用談】《名・ス自》用事について話し合うこと。その話合い。「その件で—いたしたい」「—中」

ようだん【要談】《名・ス自》重要な事について話し合うこと。その話合い。「—を交わす」

ようだんす【用×簞×笥】雑物を入れる小だんす。

ようち【夜討(ち)】①夜間を利用して不意に襲撃すること。「—をかける」②夜間(家にいる時)をねらって不意に訪問すること。↔朝駆け。▽新聞記者の取材について言うことが多い。

ようち【幼稚】《名ナ》おさないこと。㋐年が少なく、まだ子供であること。㋑やり方などが大人らしく成長してはいないこと。子供っぽいこと。未熟。「—な議論」派生 **-さ**　**—えん**【—園】小学校入学前の幼児を対象とする教育施設。

ようち【揚地】船の荷物を陸にあげる地。陸あげ地。

ようち【用地】ある事に使うための土地。「建設—」

ようち【要地】重要な地点、または地域。「交通の—」

ようちゅう【幼虫】昆虫などで、卵からかえって、さなぎに変わるまでの発育期にあるもの。↔成虫

ようちょう【×窈×窕】《ト タル》美しくしとやかであるさま。「—たる淑女」(「詩経」関雎)

ようちょう【羊腸】①《名》ヒツジの腸。「—線」(↓ちょうせん(腸線)) ②《ト タル》山道などが、幾重にも折れ曲がっているさま。つづらおり。

ようちょう【×膺懲】《名・ス他》征伐してこらしめること。

ようつい【腰椎】脊柱の一部で、胸椎の下にあり、五つの骨から成る部分。

ようつう【腰痛】腰の痛み。

ようつぎ【用次(ぎ)】用事をとりつぐこと。とりつぎ。

ようてい【要諦】物事の肝心かなめの所。大事な点。▽本来は、仏教の肝要な悟り(＝諦)の意。正しくは「ようたい」。

ようです：やう《助動》↓よう(様)(2)。▽形式的体言「よう」＋助動詞「です」

ようてん【要点】物事の大切な箇所。「かいつまんで—を話せば」関連 主眼・眼目・骨子・かなめ・重点・力点・触り・勘所・急所・肯綮(こうけい)・鍵・キー ポイント

ようてん【陽転】《名・ス自》ツベルクリン反応が陰性から陽性にかわること。

ようでんき【陽電気】絹布でガラス棒を摩擦する時にガラス棒に生じる電気と同じ性質の電気。陽子のもつ電荷と同じ符号の電荷。正電気。↔陰電気

ようでんし【陽電子】陽電気を帯び、電子と同じ質量をもつ素粒子。ポジトロン。↔陰電子

ようと【用途】つかいみち。「—が広い」

ようど【用土】(園芸などに)特に用意した土。

ようど【用度】①会社・官庁等で、事務用品などの供給に関すること。「—係」②必要な費用。また、金銭のこと。▽(2)は既に古風。

ようとう【洋刀】サーベル。

ようとう【羊頭】『—を懸(か)げて狗肉(くにく)を売る』看板には羊の頭を出しておきながら、実際には犬の肉を売ってごまかす。見かけだけりっぱにして実質が伴わないたとえ。▽簡単に「羊頭狗肉」とも言う。

ようどう【幼童】年端(としは)もいかない子。

ようどう【陽動】これ見よがしに行動すること。**—さくせん**【—作戦】敵の判断を誤らせるために、あらわに行動して敵の注意をそれに向けさせる作戦。「—にまんまとひっかかった」

ようとじ：ぢ【洋×綴(じ)】洋書のとじ方。洋風の製本。↔和綴(わと)じ

ようとして【×杳として】《連語》《副詞的に》暗くて見定めがたいさま。ゆくえ・動静などがはっきりしないこと。「—消息が分からない」▽↓よう(杳)

ようとん【養豚】肉などを得る目的で豚を飼うこと。「—業」「—場」

ような：やう《助動》↓よう(様)(2)。▽形式的体言「よう」＋助動詞「だ」の連体形「な」

ようなし【洋梨】ナシの栽培品種の一つ。果実はひさご形で、香りがよく、甘味に富む。西洋梨。

ようなし【用無し】①必要でないこと。「—でお払い箱になる」②仕事や用事がないこと。「—の老人たち」

ように：やう《助動》↓よう(様)(2)〜(4)。▽形式的体言「よう」＋格助詞「に」

ようにく【羊肉】マトン・ラムなど、羊の肉。

ようにん【容認】《名・ス他》それでよいとして、認めること。「—しがたい発言」▽「容」はゆるす意。

ようにん ①【用人】江戸時代に、主君の側(そば)近く仕え、出納・雑事を担当する人。②【×傭人・用人】やとわれた人。もと、雇員より下の階級のやとい人。▽(2)で「用」を使うのは「傭」の書き替え。

ようねん【幼年】おさない年ごろ。また、子供。「—時代」▽普通、少年より下を言うが、「(陸軍)—学校」は、中等学校に当たる年齢の男子に士官学校の予備教育をした。

ようはい【×遥拝】《名・ス他》はるかに隔たった所からおがむこと。

ようばい【溶媒】物質をとかして溶液を作るのに使う液体。↔溶質

ようはつ【洋髪】西洋式の髪の形。

ようばな【洋花】(明治以降に)欧米から伝来した、観賞用の花。西洋風の花。↔和花(わばな)

ようび【妖美】人の心を迷わす、あやしい美しさ。

ようび【曜日】「日曜(日)」「水曜(日)」のように、曜の名で表した、一週間の日の種類。

ようひし【羊皮紙】ヒツジなどの皮で作った書写材料。▽多く西洋の古代・中世に使った。今でも使うことがある。

ようひつ【用筆】①使う筆。②ふでづかい。
ようひん【洋品】①西洋風の品、特に、衣料・服飾類。「―店」「―雑貨」②舶来の品。
ようひん【用品】使う品物。必要な品物。「事務―」
ようふ【妖婦】男を惑わす、なまめかしく美しい女。
ようふ【用布】衣服を仕立てるのに使う布。
ようふ【養父】養子先の父。(実父でない)養ってくれた父。↕実父
ようぶ【洋舞】西洋舞踊。バレエ、モダン ダンスなど。↕日舞(にちぶ)
ようぶ【腰部】腰(こし)の部分。
ようふう【洋風】西洋風。↕和風。「―建築」
ようふく【洋服】西洋から伝来した衣服(の様式)。↕和服。「―だんす」
ようぶん【養分】栄養になる成分。「植物は根から―を取る」
ようへい【×傭兵】給料を払う契約でやとう兵隊。やといへい。▽徴兵や志願によるものに対して言う。
ようへい【用兵】戦いの際の、兵(軍隊)の動かし方。「―に長じる」「―学」
ようへい【葉柄】葉の一部で、茎・枝につながる柄(え)のような所。
ようべや【用部屋】①仕事をする部屋。②江戸時代、幕府で政務を評議する部屋。
ようへん【窯変】〘名・ス自〙陶磁器を焼く際、炎の具合や釉薬(うわぐすり)中の物質の関係で、予期しない(面白い)色や文様に変わること。
ようべん【用便】〘名・ス自〙大便・小便をすること。
ようぼ【養母】養子先の母。(実母でない)養ってくれた母。↕実母
ようほう【用法】どのようにしてそれを使うかという方法。物の使い方。使用法。「―を誤る」
ようほう【陽報】はっきりとむくいが現れること。そのむくい。「陰徳あれば―あり」(陰で徳行をおこなう者は、必ずよい報いがあらわれる)

ようほう【養蜂】蜂蜜をとる目的でミツバチを飼育すること。「―家」
ようぼう【容貌】目・口・鼻などの形・配置を含めて、顔(=容)の様子(=貌)。「―魁偉(かい)」
ようぼう【要望】〘名・ス他〙その実現を求め、期待すること。これこれの事をしてほしいと望むこと。「―にこたえる」「―書」
ようぼく【用木】材料として使う木。
ようほん【洋本】洋綴(と)じの本。また、西洋で出版された本。↕和本
ようま【妖魔】まもの。ばけもの。
ようま【洋間】西洋風の造りの部屋。洋室。↕日本間
ようみゃく【葉脈】水分・養分の通う、葉の筋。
ようみょう【幼名】おさない時の名。ようめい。
ようむ【用務】受け持ってするべき(細々とした)務め・仕事。 **―いん**【―員】学校・会社などで、雑用をする人。
ようむ【要務】重要な職務・任務。「―を帯びて」
ようむき【用向き】用事(の内容)。「―を尋ねる」
ようめい【用命】用をいいつけること。「御―に応じます」
ようめい【幼名】→ようみょう
ようめい【溶明】→フェード イン。↕溶暗
ようめいがく【陽明学】知行合一(ちこうごういつ)(=知識と実践とは相伴い一体化すべきものだという考え)を重んじる、儒学の一派。王陽明が唱え始めた哲学。
ようもう【羊毛】羊の毛。毛糸・毛織物の原料。
ようもく【要目】重要な項目。
ようやく【要約】〘名・ス他〙論旨・要点を短くまとめて表すこと。また、そう言い表したもの。関連 概略・要略・大略・概要・提要・摘要・抄録・要旨・梗概・大要・大筋・大意・粗筋・輪郭・アウトライン・ダイジェスト・レジュメ
ようやく(やうやく)【△漸く】〘副[に]・ノダ〙時間や手数がかかった後に、待っていたことが実現するさま。㋐やっと。「待ちくたびれたころ―幕があいた」「―合格した」㋑どうにかこうにか。かろうじて。「―(の事で)間に合った」㋒(少しずつ)次第に。「―(に)夏の日が傾き、涼風が立ってきた」▽㋒が原義。期待の有無にかかわらず(原義どおり)、「治世三十年に及び―政治に倦(う)んで来た」のように使うこともある。
ようやっと(やう)〘副・ノダ〙本当にやっと。「―の思ひで口を開きながら」(堀辰雄「かげろふの日記」)
ようゆう【溶融・×熔融】〘名・ス自〙物が熱をうけて液体になること。融解。「―合金」
ようよう【要用】①必要・肝要であること。②重要な用事。「取り急ぎ―のみ」
ようよう【揚揚】〘ト タル〙得意げな様子。「拍手に送られて意気―と引き上げる」
ようよう【洋洋】〘ト タル〙①将来に大きな希望が期待できるさま。「―とした未来」②水面が限りなく広がっているさま。水があふれるばかりに多いさま。「―たる大海」
ようよう(やうやう)【△漸う】〘副・ノダ〙①(苦痛や困難はあるが)かろうじて。「―の思いで立ち上がる」②(時間・手数をかけた末に)やっと。ようやく。「―のことで思い出した」
ようらく【×瓔×珞】宝石などを連ねて編み、仏像の頭・首・胸などにかけた飾り。
ようらん【揺×籃】①物事の発展の初期の段階。「会社の―期」▽②の比喩的用法。②ゆりかご。
ようらん【要覧】資料などをまとめて、事柄の大要を知らせる文書。「業務―」
ようらん【洋×蘭】ヨーロッパ経由で日本にもたらされた蘭の、園芸上の通称。カトレア・デンドロビウムの類。▽日本や中国原産のものは「東洋蘭」と呼ぶ。
ようりく【揚陸】①〘名・ス他〙貨物や兵馬を船から陸に揚げること。荷揚げ。②〘名・ス自〙上陸(すること)。▽②は既に古風。

ようりつ【擁立】《名・ス他》支持し擁護して位につかせること。もり立てること。▽もとは君主について言った。
ようりゃく【要略】《名・ス他》要点を拾い、大して重要でない所は省略すること。そうして述べたもの。
ようりゅう【×楊柳】①やなぎ。▽「楊」はカワヤナギ、「柳」はシダレヤナギ。②「楊柳縮緬(ちりめん)」の略。織物の縦方向によろけた筋のようなしぼを出したもの。
ようりょう【容量】(器物などの)中に(受け)入れられる量。「タンクの―」「熱―」「記憶―」
ようりょう【用量】薬剤の一回分の、または一日分として定められた、使用量。「―を越えて飲む」
ようりょう【要領】①要点。「―を得ない話だ」②物事を上手に行うこつ。上手に行う上での重要な点。「―を教える」「その―でやれ」③処理・処置のしかた。「―がいい」(ずるく立ち回る意も)
ようりょく【揚力】飛行機の翼によって生じ、機体を押し上げるように、上向きに働く力。浮揚力。
ようりょくそ【葉緑素】植物の細胞の中にある緑色の色素。光のエネルギーにより、二酸化炭素と水とから炭水化物を作る作用をする。クロロフィル。
ようれい【用例】言葉の実例。「―を集める」。言葉の使い方を示す例。「分かりやすい―を示そう」
ようれき【陽暦】→たいようれき。↕陰暦
ようろ【溶炉・×熔炉】金属をとかす炉。
ようろ【要路】①重要な道(すじ)。「交通の―」②重要な地位。「―の人」「―につく」
ようろう【養老】老人をいたわり世話すること。また、老後を安楽にくらすこと。「―年金」(老後に支給される年金) **―いん**【―院】(身寄りのない)老人を集めて世話をし、生活させる施設。▽今は「老人ホーム」と言う。
ようん【余×蘊】残る所。「―なく研究する」▽もと、余分の貯(わたく)えの意。
よえい【余栄】死後にまで残った光栄や名誉。
よえん【余炎】①消え残りのほのお。▽「余焰」とも書く。②去りやらぬ暑さ。残暑。
ヨーク 上着の肩や胸、またはスカートの上部の、布をきりかえてつけたもの。▽yoke
ヨーグルト 牛乳ややぎの乳に、乳酸菌を加えてクリーム状にした食品。▽ドイ Yoghurt
ヨーデル スイスやチロルなど、アルプス地方の民衆の間で歌われている、裏声をひんぱんに使う歌。また、その歌い方。▽ドイ Jodel
ヨード【△沃度】→ようそ(沃素)。▽ドイ Jod **―チンキ** 沃素(ようそ)のアルコール溶液。暗褐色で、消毒・殺菌に用いる。ヨーチン。ヨジウム。▽ドイ Jodtinktur から。 **―ホルム** 沃素を含んだ消毒剤で、特有の臭気のある、黄色の結晶性粉末。▽ドイ Jodoform
ヨーヨー ①木製などの二つの円盤を短軸で連ねてひもで上下させるもの。それを用いる遊び・競技。②水風船にゴムひもなどをつないだもの。水ヨーヨー。▽yo-yo
よか【予価】予定の価格。
よか【予科】本科の予備の課程。「旧制大学の―中退」 **―れん**【―練】旧「海軍飛行予科練習生」の略。航空機要員養成のため、主に少年から志願で採用した。
よか【余暇】仕事をはなれて、自分の勝手に使える時間。ひま。「―の活用」
よか《連語》(俗) 格助詞「より」に副助詞「か」の付いたものの、崩れた形。「そんなの―こっちがいいよ」
ヨガ 呼吸を整え、瞑想(めいそう)の世界にはいって、正理と一体になること。古代から伝わるインドの身心鍛錬の方法。近年は健康法としても行われる。瑜伽(ゆが)。ヨーガ。▽梵語(ぼんご)。
よかく【予覚】《名・ス他》予感すること。
よがし《連語》当てつけがましい態度を言うのに使う。「これ見―にふるまう」「早く死ね―とばかり冷たく接する」▽命令表現の間投助詞「よ」に強めの助詞「かし」が付いた文語の転。
よがら【世柄】世間のありさま。世相(せそう)。▽既に古風。
よからぬ【良からぬ】《連語》《連体詞的に》良くない。好ましくない。「―相談」▽「悪い」の婉曲(えんきょく)的表現。
よが-る【善がる】《五自》①よいと思う様子があらわれる。②快感をあらわす。
よかれ【善かれ】《連語》よくあってくれ。うまく行ってくれ。「―と思ってしたことさ」▽「よくあれ」のつづまった語。
よかれあしかれ【善かれ△悪しかれ】《連語》良くても悪くても(とにかく)。どうあろうと。「―そうする他はない」
よかれかし【善かれかし】《連語》「よかれ」を強めて言う語。→よかれ。▽「よかれ」+文語終助詞「かし」
よかん【予感】《名・ス自他》前もって何となく感じること。その感じ。「死の―」「春の訪れを―させる日ざし」
よかん【余寒】立春後になお残る寒さ。「―が厳しい」
よき【良き・△佳き】良いこと。「―理解者」「―につけ悪(あ)しきにつけ」(よいことや悪いこと、いろいろなことに関連して) ▽文語形容詞「よし」の連体形。
よき【予期】《名・ス他》前もって推測・期待・覚悟すること。「―に反する」「―せぬ失敗」
よぎ【夜着】寝る時にかける夜具。
よぎ【余技】専門以外に、身につけた技芸。「―として絵を描く」
よぎしゃ【夜汽車】夜行の汽車。夜行列車。
よぎな-い【余儀無い】《形》他に方法がない。やむをえない。「それも―事だ」「失敗を―くされる」
よきょう【余興】行事・宴会などで、興を添えるために行う演芸類。
よきょう【余響】あとにまで残って尾を引く響き。
よぎ-る【△過る】《五自》①そこを通り過ぎる。かすめて通り抜ける。「眼前をつばめが―」「昔の記憶が頭

を―」▽「舟で隅田(すみだ)川を―って向島に渡る」など、横切る意にも使う。②道すがら立ち寄る。「白河に向かう途次、那須野に―った」▽②が原義。

よきん【預金】『名・ス自他』銀行などの金融機関に金銭を預けること。また、その預けた金。「銀行に―する」

よく『副』①しばしば。㋐始終のように。「―芝居に行く」㋑ちょっとしたことにもすぐ。「年を取って―転ぶ」②それをする能力が十分にあるさま。「―詩を解する」。能力を発揮してなしとげるさま。「困難に―打ち勝つ」▽「能く」、また後者の例の場合などには「克く」とも書く。③その行為をした労を認めて言う語。その行為が好ましくうれしい事だという気持を表す。「―お知らせ下さいました」「―ぞ完成した」▽ひどい仕打ち、非難すべき行為を、逆にこう言うことがある。「―(も)言えたもんだ」「―言うよ」。文語形容詞「よし」の連用形から。

よく【抑】ヨク おさえる ｜①おさえつける。おさえつけてとめる。「抑圧・抑制・抑止・抑留・謙抑」②さげる。「抑揚」

よく【沃】ヨク ヨウ(エウ) そそぐ こえる ｜①地味がよい。土地が肥えている。「沃土・沃野・肥沃・豊沃」②水をそそぎかける。「沃洗」③「ヨード」の音訳「沃度」の略。「ヨウ」と読む。「沃素・沃化銀」

よく【*浴】ヨク あびる あびせる ｜①㋐水や湯にからだをひたす。「浴槽・入浴・浴場・海水浴・日光浴」㋑ふろにはいる。「混浴・浴客」②水や湯をかぶってからだを洗う。「浴室・浴湯・沐浴(もくよく)」③身にうける。恩をこうむる。「浴恩」

よく【*欲】ヨク ほっする ほしい ｜①ほしく思う。願い求める。「欲望・欲求・貪欲」②『名・造』満たされることを求める心。「欲が深い」「欲をかく(＝出す)」「欲とふたりづれ」(欲心につられて行動すること)「欲の皮がつっぱる」(↓つっぱる)「欲を言えば」(さらに一層完全を望むとすれば)「欲界・色欲・情欲・性欲・食欲・愛欲・無欲・私欲・大欲・強欲(ごうよく)・禁欲・知識欲」

よく【慾】ヨク ｜ほしがる心。満たされることを求める心。「慾深(よくぶか)い・慾情・愛慾」▽「人間は―なものだから」のようにも使った。現在は「欲」で代用。

よく【*翌】【翌】ヨク ｜もう一つ別の。あけた。次の。「翌日・翌週・翌月・翌年・翌春・翌朝・翌晩・翌翌日」

よく【翼】【翼】ヨク つばさ ｜①㋐鳥のつばさ。虫のはね。飛行機のはね。「羽翼・比翼・鵬翼(ほうよく)・機翼・尾翼・銀翼」㋑『名・造』左右にはりだしたもの。「建物の右の翼」「鼻翼」②本隊の左右にある部隊。「左翼・右翼」③親鳥がはねでかばう。力をかす。たすける。「翼賛・輔翼(ほよく)・扶翼」

よくあつ【抑圧】『名・ス他』欲望・行動などを押さえつけること。「言論出版の自由を―する」

よくうつしょう【抑鬱症】気分がゆううつで、疲労感があり、不安を伴う病的状態。多くは双極性障害(躁鬱(そううつ)病)の鬱の状態。メランコリー。

よくか【翼下】①(飛行機などの)つばさの下。②転じて、勢力の及ぶ範囲内。傘下。保護下。「―に収める」▽「よっか」とも言う。

よくかい【欲界】〔仏〕↓さんがい(三界)⑴

よくけ【欲気】必要以上にほしがる心。「―を出す」

よくげつ【翌月】その次の月。

よくご【浴後】ふろにはいったあと。入浴後。

よくさん【翼賛】『名・ス他』力添えをして(天子などを)助けること。「大政―」

よくし【抑止】『名・ス他』それをさせないように押さえつけること。「核―戦略」

よくしたもの『連語』↓よい(良)⑶㋑

よくしつ【浴室】ふろば。▽↓よくじょう(浴場)

よくじつ【翌日】その次の日。

よくじょう【欲情】①情欲。②欲心。

よくじょう【浴場】(公衆が利用する)ふろば。特に、銭湯。▽「浴室」と異なり、普通は個人用のを言わない。

よくじょう【翼状】広げたつばさのような形。

よくしん【欲心】ほしいと思い望むこころ。「―を起こす」

よく-する【△能くする】『サ変他』その事をたくみに行う(力量がある)。「文を―」

よく-する【浴する】『サ変自』①入浴する。あびる。また、あたる。「日光に―」②(好ましいものを)受ける。「恩恵に―」「光栄に―」

よくせい【抑制】『名・ス他』あばれ出さないように押さえとめること。「情欲を―する」「地価高騰の―」「―を利かせて語る」

よくせき『副・ノダ』〔俗〕手だてを尽くした最後に、やむを得ずそうするさま。よくよく。よっぽど。「―我慢がならなかったに違いない」「身投げをするとは―のことだろう」

よくぞ『連語』「良く」を強めた言い方。㋐本当によく。「―やった」㋑↓ようこそ

よくそう【浴槽】ゆぶね。

よくち【沃地】地味が豊かな土地。こえた土地。

よくちょう【翌朝】つぎの朝。

よくど【沃土】地味が豊かな土地・土壌。

よくとく【欲得】利得をむさぼること。「―ずくで取りかかる」「―抜きで」「―ではできない親切」

よくとし【翌年】その次の年。よくねん。

よくねん【欲念】欲心。「―を去る」

よくねん【翌年】その次の年。よくとし。

よくばり【欲張り】『名ナ』欲張った態度。いつもそうである人。「―を言う」「何につけ―な人」

よくば-る【欲張る】『五自』度を越えて、ほしがり求めようとする。「―って損をする」

よくふか【欲深】『名ナ』欲張る心がはなはだしい(＝深)こと。その人。派生 **-さ**

よくふか-い【欲深い】《形》欲張る心がはなはだしい。よくぶかい。派生-さ

よくぼう【欲望】ほしがる心。不足を感じて、これを満たそうと望む心。「―を満たす」

よくぼけ【欲×呆け】《名・ス自》何やかやと欲を出し、ぼけたように見境が無いこと。そういう人。

よくめ【欲目】自分の欲・好み・愛情などのため、自分に都合がいいように、実際よりよく受け取る見方。ひいき目。「ほれた―」「親の―」

よくも《連語》ひどい事をされた時などに、それを言い返す語。「―なぐったな。覚えていろ」▽「よく」+「も」。→よい(良)(3)(ウ)

よくや【沃野】地味が肥えた平野。

よくよう【抑揚】文章・音声などで、調子を上げ下げすること。その高低・起伏。「―をつける」「―のない話し方」

よくよう【浴用】入浴用。「―せっけん」

よくよく ①《副》程度が非常に大きいさま。㋐念を入れて十分に。「―考えなさい」㋑この上なく。よほど。「―(の)馬鹿だ」「―運のない人だ」②《ノダ》(他人には分からないほど)普通でない。よほど。「―の事情があるのだろう」▽文語形容詞「よし」の連用形を重ねてできた語。

よくよく【翼翼】《ト タル》びくびくするさま。「小心―、おっかなびっくり進む」

よくよく【翌翌】次のまた次の。「―年」「―(=あさって)二十日」

よくりゅう【抑留】《名・ス他》(強制的に)その場所に押さえとどめること。「シベリア―者」▽憲法三四条などで「拘禁」と併せて使う場合は、拘禁が継続的拘束なのに対し、抑留は一時的拘束。

よくりゅう【翼竜】恐竜とほぼ同じ時代に生息した、空を飛ぶ爬虫類(はちゅうるい)の一群。初めはハトぐらいの大きさだったが、後に巨大化し、翼を開くと一〇メートルに達する種も現れた。

よけい【余慶】①(先祖が)よい事をした報いとして(子孫に)来る吉事。②相手の情けを言う敬語。おかげ。「―を蒙(こうむ)る」

よけい【余計】《ダナ・副》ものに余りが出ている状態。余分。「―な物が多くて困る」。もっと。更に。「―(に)悪い」「他人より―に練習する」。必要適切な度を越えて、かえって無効なさま。「―な世話を焼くな」▽以前には「余慶」とも書き、これから出た語という。

よけつ【預血】血液センターに血液を提供すること。

よ-ける【△避ける・△除ける】《下一他》出会わないように、わきへ退く。さける。「水たまりを―けて通る」。(その場から)退ける。「邪魔な机をわきへ―」。のがれる。防ぐ。「雷を―」「霜を―」

よけん【与件】推論や研究の出発点として、与えられた条件。

よけん【予見】《名・ス他》まだ起こっていないうちに、先を見通して知ること。「動乱を―する」「―能力」

よげん ①【予言・預言】《名・ス他》普通なら見通せない未来の出来事・有様を、こうなると言うこと。その言葉。「―が当たる」②【預言】《名・ス他》キリスト教などで、神の霊感を受けて、神託として述べること。その神託。「―者」

よげん【余弦】三角比・三角関数の一つ。直角三角形の直角以外のある角に対して、その角を挟む斜辺でない辺の長さを斜辺の長さで割った値。コサイン。

よこ【横】①縦と直交する方向。⇔縦。「縦の物を―にもしない」(=大変な不精のたとえ)▽「よける」と同語源だから、㋐が原義で㋑が転。「縦」とは事情が違う。㋐正対していない、その右や左の面または左右の向き(の長さ)。「家の―に小さな池がある」「―つら」「―を向く」(相手を無視・拒絶する意にも)「道を―に折れる」「―五センチ」▽正面をはずしているので「―しま」「―恋慕」などの用法が生じた。㋑上下に対し水平の向き(の長さ)。「幹から―に伸びた枝」「―になる」(寝(そべ)る)「―の輪」(=対等な結びつきの範囲)を広げる」㋒動物の体の中心線に垂直な向き。「―縞(じま)」②端(はた)。わき。「―から口を出す」▽(1)㋐の転。③「横糸」の略。▽⇔縦

よご【予後】①〔医学〕病気にかかった者について、その病気がたどる経過と結末に関する、医学上の見通し。②俗に、病後の経過。

よこあい【横合(い)】(その人から見て)横の方。よこて。「―から打ちかかる」。その事に関係のない位置。局外(者)。「―から干渉する」

よこあな【横穴】山腹などに横の方向に掘られた穴。⇔縦穴

よこいっせん【横一線】↓よこならび

よこいと【横糸・△緯糸】織物で、幅の方向に通っている糸。ぬきいと。⇔縦糸

よこう【予稿】前もって知っておいてもらうために書く、学会発表などの要旨。▽preprint の訳語。

よこう【予行】《名・ス他》練習のために本式の場合と同じ形式で行うこと。「―演習」「卒業式の―をする」

よこう【余光】①暮れ残って存する光。残光。②転じて、おかげ。「親の―が子に及ぶ」

よこう【余香】あとまで残ったかおり。うつりが。

よこがお【横顔】①横から見た顔つき。横向きの顔。②比喩的に、人物の、表向きは現れないようなある一面。

よこがき【横書き】文字を横の方向に書き連ねること。⇔縦書き。▽「右―の看板」と言えば、右から左へ読むように書いてあるが、実は一行一字の縦書き。その証拠に、扁額(へんがく)など、書き手の名や落款は左下に縦に示してある。二十世紀末から、その部分を右下に左から示した暖簾(のれん)も現れ、これは完全な左横書き。

よこかぜ【横風】横から吹いてくる風。「バイクが―にあおられる」▽「おうふう」と読めば別の意。

よこがみ【横紙】①漉(す)く方向を横にした紙。②紙を横にして使うこと。その紙。 **―やぶり【―破り】**自分の思ったとおり、習慣に反した事を無理にもすること。我(が)を通すこと。そういう性質の人。▽日本紙はたてに多く繊維が並んでおり、横には破りがたいことから。

よこぎ【横木】横に渡した木(などの棒)。バー。

よこぎ-る【横切る】《五自》①横の方向に通り過ぎる。(道などの)一方の側から他方へ渡る。「目の前を―」「踏切を―」②浮かんで去る。よぎる。「変な曇りが其顔を―事があった」(夏目漱石「こころ」)「不安が―」

よこく【与国】味方(側)の国。▽「与」は、いっしょの意。

よこく【予告】《名・ス他》前もって告げ知らせること。前ぶれ。 **―へん【―編】**近く放映する映画やテレビ番組の内容を知らせるため、一部を抜き出して編集したもの。

よこぐみ【横組(み)】組版で、各行の文字を左から横に読むようにする組み方。↔縦組み

よこぐも【横雲】横にたなびく雲。

よこぐるま【横車】①車を横に押すように、道理に反した事を無理にもすること。「―を押す」(無理を通す)②なぎなた・棒などを横に振り回す、武術の技の一つ。

よごころ【世心】世間の事を解する心。「―がつく」▽やや古風な言い方。もと、男女間の情の意。

よこざ【横座】いろりの奥正面で主人のすわる場所。

よこざま【横様】①よこの方。よこむき。「―にたおれる」②道理に合わないあり方。

よこしま『名ナ』心が正しくないこと。不正。「―な考え」

よこじま【横×縞】横すじになった縞。↔縦縞。「―の着物」

よこ-す【△寄越す】《五他》①こちらへ渡す。くれる。送って来る。「金を―・せ」「手紙を―」②《動詞の連用形+「て」を受けて》行為をしかけてくる。「そう言って―・した」

よご-す【汚す】《五他》よごれるようにする。きたなくする。「手を―」(悪い事をする意にも)「排気ガスが空気を―」「口を―」(物を食う意にも)▽「けがす」に対し、具体的な物について言うことが多い。

よこずき【横好き】(上手でもないのに)むやみやたらに好きなこと。「へたの―」

よこすじ【横筋】①横に通った筋。②本筋でない、わきの筋。「話が―にそれる」

よこすべり【横滑り・横×辷り】《名・ス自》①横の方向にすべること。②比喩的に、同格の他の地位に移ること。

よこずわり【横座り・横×坐り】《名・ス自》足を横に出し、姿勢をくずしてすわること。

よこた-える【横たえる】《下一他》水平に置く。「体を地面に―」「大刀を腰に―」(=水平に帯びる)

よこだおし【横倒し】立っている物が横に倒れること。「トラックが―になる」

よこだき【横抱き】かかえる相手が横になるように胴を抱くこと。「子供を―にして火事場を逃げた」

よこた-わる【横たわる】《五自》水平に伏す。「ベッドに―」。水平方向にのびて存在する。「山脈が―」。前にひかえる。「前途に困難が―」

よこちょう【横町・横丁】表通りから横にはいった通り・町筋。

よこづけ【横付け】《名・ス他》側面をつけること。(車・船などの側面を)直接その場につけること。「自動車を玄関に―にする」

よこっちょ【横っちょ】〔俗〕よこ。よこのほう。「帽子を―にかぶる」

よこっつら【横っ面】「よこつら」を強めた言い方。

よこっとび【横っ飛び・横っ跳び】《名・ス自》横の方向にとぶこと。▽「よことび」を強めた言い方。

よこづな【横綱】①相撲(すもう)の力士の最高位。また、その力士が土俵入りの時、化粧まわしの上に締める、四手(しで)をたらした太いしめなわ。▽もと、大関のうち、最優秀の者が特に許された称号で、階級ではなかった。②同類のうちで一番すぐれた人やもの。「―級の酒飲み」「味の―」

よこっぱら【横っ腹】「よこばら」を強めた言い方。

よこつら【横面】①顔の横側。「―をなぐる」②広く一般に、側面。「家の―」▽「よこづら」とも言う。

よこて【横手】横にあたる方向・側。側面。「学校の―に地蔵堂がある」▽「よこで」と読めば別の意。

よこで【横手】『―を打つ』感じ入ったり思い当たったりして(思わず)両手を横方向に打ち合わせる。「そうだったかと横手を打った」▽「よこて」と読めば別の意。

よごと【夜△毎】毎晩(まいばん)。毎夜(まいよ)。「―悪夢にうなされる」

よことじ【横×綴(じ)】紙を横ながに綴(と)じること。そのように綴じた帳面など。

よこどり【横取り】《名・ス他》横合いから出て奪い取ること。「財産の―」「戦勝の功を―する」

よこなが【横長】《名ナ》横方向に長いこと。

よこながし【横流し】《名・ス他》物資を正規のルートによらず転売すること。「統制品を―する」

よこながれ【横流れ】物資が正規でないルートで転売・取引されること。「―品」

よこなぐり【横殴り】横の方から勢いよく打つこと。「棒で―にたたく」「―の雨」

よこなみ【横波】横から打ちつける波。「―をくらって沈没した」

よこならび【横並び】どれが特別ということなく同じ状態にある、または同じようにすること。横一線。「各社―で一斉値上げ」「―の付属機関」▽一九八〇年代後半から使われ出した。

よこね【横根】(性感染症その他の原因で)腿(もも)のつけねのリンパ節が炎症を起こしてできる、はれもの。

よこばい【横×這い】①横に這(は)って動くこと。「かにの―」②比喩的に、物の値段などがあまり上下がなくて推移すること。「相場は―だ」③体長五ミリぐらいの、近づくと横に這って隠れる昆虫。稲に害を与えるツマグロヨコバイ・イナズマヨコバイなど、種類が多い。▽よこばい科の昆虫の総称。普通「うんか」と呼ばれるが、うんかとは異なる。

よこはいり【横入り】〘名・ス自〙人の並んでいる列に、横から入り込むこと。割り込み。

よこばら【横腹】①腹の横側の部分。「―を押さえて苦しがる」②広く一般に、側面。「船の―」

よこぶえ【横笛】①横に持って吹く笛の総称。②雅楽に使う、歌口(うたぐち)の他に穴が七つある笛。竜笛(りゅうてき)。

よこぶり【横降り】強い風のために、雨が横から吹きつけること。

よこみち【横道】①本道から横に通じる道路。②本筋からそれた筋。横筋。「話が―にはいる」「―へそれる」③正道からはずれた物事。邪道。▽⑶は既に古風。

よこむき【横向き】横に向いていること。また、わきの方向。

よこめ【横目】顔の向きを変えないで、眼球を動かして横を見ること。その目つき。流し目。「―を使う」「―に見る」(無関係だという態度をとる意にも)

よこめし【横飯】〔俗〕外国語を話しながらの食事。特に、欧米人と仕事で会食すること。

よこもじ【横文字】①横書きにする習慣の文字。特に、西洋の文字。②転じて、西洋語。「―に強い」

よこもの【横物】横ながの物、特に、横ながに表装した額や軸物。

よごもり【夜籠(も)り】〘名・ス自〙祈願のため神社・仏寺にこもって夜を明かすこと。

よこやり【横×槍】①わきから第三者が文句をつけること。「―を入れる」▽⑵の転。②横から槍(やり)で突きかかること。

よこゆれ【横揺れ】〘名・ス自〙①地震で、横に揺れること。水平動。②船や飛行機が、左右に揺れ動くこと。ローリング。▽↔縦揺れ

よごれやく【汚れ役】演劇でよごれた扮装(ふんそう)の役柄や、世間から好ましくないと思われている役柄。こじき・娼婦(しょうふ)など。

よご-れる【汚れる】〘下一自〙人がいやがる物にまみれ(そういう物がつき)、清らかさを失う。きたなくなる。「泥で手が―」「ごみで―れた川」▽「けがれる」に対し、具体的な物について言うことが多い。

よこれんぼ【横恋慕】〘名・ス自〙夫・妻または恋人のある人に、他の者が横合いから恋をすること。

よこわり【横割り】①横に割ること。②関連・連絡がつくように組織どうしがかかわること。▽↔たてわり

よざい【余罪】着目中の罪のほかに犯している罪。「―追及中」

よざい【余財】あまった財産。

よざくら【夜桜】夜見る桜の花。特に、桜の木のそばに、灯籠などの明かりをともし、またライト アップして、ながめ楽しむ桜の花。

よさつ【予察】〘名・ス他〙前もって推察すること。

よさむ【夜寒】夜の寒さ。特に晩秋に、夜分になって感じられる寒さ。

よさり【夜さり】よる。▽既に古風。「さり」は「去り」で時が自然にめぐり移る意。

よさん【予算】一定の目的のために計画を立てた費用。「忘年会の―」。特に、国家・団体などが立てる、一会計年度内の収支の見積り。「―編成」

よし【由】①物事の関係づけ。㋐いわれ。由来。事情。「―ありげな言葉」㋑由緒(ゆいしょ)。「―ある人」㋒手段。すべ。「知る―もない」㋓理由。原因。「事の―をたずねる」②事の様子。㋐〘具体的な内容を表す(指示する)語句を受け〙……とのこと。……だそうで。「お元気の―、何よりです」㋑述べた内容。「その―を彼に伝えてくれ」

よし【×葦・×蘆】植物のアシ。「―の髄から天井のぞく」(見識が狭いことのたとえ)▽「あし」が「悪(あ)し」と同音なのを避けて、「良し」と同音のこの形を使う。

よし【△縦し】〘副〙〘あとに譲歩・放任の言い方を伴って〙それが話し手の本意ではない、または不満足ながら、そう仮定して話を進める意を表す語。かりに。たとえ。「―そうであろうと」。(えい)ままよ。「―、降るなら降れ」▽間投助詞「や」を付けて「よしや」とも言う。

よし〘感〙承認・決意を表し、また相手の言葉に応じて、発する声。「―許してやろう」「―、―、おれがやる」▽文語形容詞「よし」の終止形から。

よじ【余事】①その場の本筋ではない、ほかの事柄。「―はさておき」②余力や余暇でする仕事。

よしあし【善し△悪し】①いいか、わるいか、ということ。良否。「品の―を調べる」「機嫌の―」②〘「―だ」の形で〙いい点もわるい点もあって、一概には決められないこと。「正直すぎるのも―だ」

ヨジウムチンキ →ヨードチンキ。▽(オランダ) jodiumtinctuur から。

よしきた【よし来た】〘連語〙相手の働きかけに応じる時に発する語。▽→よし〘感〙

よしきり【×葦切(り)】色も形もウグイスに似る小鳥。夏、水辺のヨシの間に群がりすんで、しきりに鳴く。葦原雀(よしわらすずめ)。行々子(ぎょうぎょうし)。▽ヨシの茎をさいて中にいる虫を食うので、この名があるという。よしきり科よしきり属の鳥の総称。

よじげん【四次元】次元が四つあること。「―の世界」。特に、空間の三次元に時間の一次元を合わせたもの。▽われわれの住む時空間の世界が四次元なのにもかかわらず、SFなどでは空間だけの「四次元」をわれわれの世界と異なる不思議なという意味合い

で使うことが多い。

よしず【×葦×簾・葭×簀】ヨシの茎で編んだすだれ。 **―ばり**【―張り】よしずで囲うこと。そうした小屋。

よじつ【余日】①(期限などまでに残る)余りの日数。②ほかの日。他日。③ひまな日。

よしど【×葦戸】よしずを張った戸。

よしな-い【由無い】《形》①これと言った理由もない。「―ことを言い張る」。つまらない。くだらない。「―わざ」②方法がない。しかたがない。「―・く彼の言いなりになる」▽古風な言い方。

よしなに【良しなに】《副》よろしく。いいぐあいになるように。「―取り計らえ」「―願います」▽かなり古風。

よしのがみ【△吉野紙】奈良県吉野地方原産の、コウゾで作った非常に薄い和紙。

よしのざくら【△吉野桜】①桜の一品種であるソメイヨシノの旧称。②吉野山の桜のこと。▽⑵はヤマザクラ。

よしのぼり【×葦登】河口に多くすむ淡水魚。体長約一〇センチ。美味。▽はぜ科よしのぼり属の魚の総称。

よじのぼ-る【×攀(じ)登る】《五自》物にとりすがるようにして登る。「枝につかまって―」▽現在は「……に/を―」の両方を使うが、共に自動詞。↓よじる(攀)

よしみ【△好・×誼】親しいつきあい。好誼(こうぎ)。「―を通じる」「―を結ぶ」。ゆかり。因縁。「昔の―で力を貸す」 関連 交誼・好誼・厚誼・高誼・友誼・友好・情誼・親交・深交・交情・親睦・懇親・親和・協和・和合・交歓・親善・修好・善隣・絆(きずな)・縁・ゆかり・えにし・よすが・因縁

よしゅう【予習】《名・ス他》まだ教えられていないところを、前もって勉強すること。↔復習

よしゅう【余臭】あとまで残っているなごり。「前代の―をとどめる」▽もと、残ったにおいの意。

よじょう【余剰】必要量を越えた余り。剰余。「―農産物」

よじょう【余情】なごり㈡⑴の風情(ふぜい)。言外にこめられた趣。「―に満ちた和歌」

よじょうはん【四畳半】日本家屋で、畳が四枚半敷ける、一間半四方の部屋。「―趣味」(待合などのいきな小部屋で浅酌低唱する趣味)

よしょく【余色】↓ほしょく(補色)

よしよし《感》同輩以下の者、また子供に向かって、承諾や慰めを表して発する語。「―、今行くよ」「泣くな、―」

よじ-る【×捩る】《五他》長くやわらかい物をねじって回す。ひねる。「ひもを―」「腹の皮を―・って笑う」

よ-じる【×攀じる】《上一自》物に登るのに取りすがるように動く。▽もと、すがりつく意。現在は多く「……を―」で使うが、この「を」→を㈠③。

よじ-れる【×捩れる】《下一自》よじった(ような)状態になる。「ネクタイが―・れて見苦しい」「おかしくて腹が―」

よしわらすずめ【×葦原×雀・△吉原×雀】①ヨシキリの別称。↓よしきり。②転じて、早口で、よくしゃべる人。

よしわるし【善し悪し】↓よしあし⑵。「元気一杯なのも―だ」▽元来「よし」↔「あし」、「よろし」↔「わろし」の対立関係だったのが、かなり昔にくずれて、こうした語が生じた。また、「よしあし」⑴の意で使うこともある。

よしん【予診】診察前に、病状の主な訴えや本人・家族の既往症など、医師が必要な予備知識を得ること。「―室」

よしん【予審】検察官により起訴された事件について、これを公判に付すべきか否かを決めるため、公判に先立って取調べを行う訴訟手続。▽現行法では廃止。

よしん【余震】大地震のあとに続いて起こる小地震。ゆりかえし。「―が続く」▽本震に規模の近い場合もある。

よじん【余人】ほかの人。よにん。「―を交えず話し合う」「―には代えがたい」▽「別人」「異人」と異なり、話題の人を際立たせるために当人以外に言い及ぶのに使う。

よじん【余×燼】①燃え残りの火。「大火の―」②比喩的に、事のあとに残る影響。「紛争の―がくすぶる」

よしんば【△縦しんば】《副》《あとに「とも」「でも」「ところで」など仮定の表現を伴い》かりに。たとえ。「―過ちだとしても許しがたい」「―失敗したにしろ、いい経験にはなる」▽漢文訓読で「時には」を「時んば」とよんだのに類推してできた形。↓よし(縦)

よ-す【△止す】《五他》今まで続いていたことを、自分の決断で打ち切る。「こんな勤めなんか―ぞ」「なぐるのはもう―・せ」「触るの―・してよ」「―・せやい」(ふざけるな、じょうだんじゃないという気持で、男が感動詞的に使う俗語的表現)▽「やめる」に比べ、当人の決断に重点がある停止を表すが、この区別が一九七〇年ごろからはあやふやで、なぐられている子が「やめろ、やめろ」と言うのが普通になった。「やめる」の方は事情に基づく停止を表すから、「役人をやめて年金生活に入る」は自然な表現だが、「役人をよして年金生活に入る」は不自然。

よすが【△縁】よるべ。それの頼り先。「―を求めて上京する」「思い出の―として」▽特にたよるべき夫・妻・子を指すこともある。

よすがら【夜すがら】よもすがら。▽「終夜」とも書く。

よすぎ【世過ぎ】(どうにかして)生計を立てていくこと。「身過ぎ―」▽普通「世渡り」の方はもっと積極的な態度に言う。

よすてびと【世捨(て)人】俗世を見捨てた人。僧や隠者。

よすみ【四隅】四方のすみ・かど。

よせ【一】【寄せ】①寄せ集めること。「―なべ」「客―」②碁・将棋の終盤戦。【二】【〈寄席〉】「寄せ席」の略。落語・講談などを演じる、演芸場。

よせあつ-める【寄せ集める】《下一他》種々(雑多)のもの、または散っている同種のものを、一ところに集める。「何もかも―めてこれっきり」「諸方から―めた守備兵」「他人の意見を―めたに過ぎない」

よせい【余勢】あり余った勢い。「―を駆って一気に討ち平らげる」

よせい【余生】(活動期を過ぎた)生涯の残りの部分。「平穏に―を送る」

よせうえ【寄(せ)植(え)】《名・ス他》(普通は種類の異なる)園芸植物を取り合わせよく一つの鉢に植え込むこと。そう仕立てた作。「福寿草と万両の―」

よせがき【寄(せ)書き】《名・ス自》(何かの記念に)何人かで一つの紙に文・書・絵を書くこと。そのようにして書いたもの。

よせか-ける【寄せ掛ける】《下一他》もたせかける。立て掛ける。

よせぎ【寄(せ)木】木片を組み合わせて作った物。特に「寄木細工」の略。 **―ざいく**【―細工】色や木目(もくめ)が違う木片を継ぎ合わせて、模様・形を作った細工物。埋木(うめき)細工。

よせぎれ【寄せ切れ】裁ち残りのきれを幾つも寄せ集めたもの。

よせざん【寄(せ)算】加え算。たし算。

よせつ-ける【寄せ付ける】《下一他》よりつかせる。近寄らせる。「どらむすこは家に―けないぞ」「敵を―けて討つ」「他を―けない強さ」

よせて【寄(せ)手】攻め寄せて来る軍勢。

よせなべ【寄(せ)鍋】出し汁に魚・貝・肉・野菜などを入れて、煮ながら食べる鍋料理。具やだしは地方によって異なる。

よせば【寄場】①人を寄せ集めておく場所。②「人足(にんそく)寄場」の略。仕置きがすんで引取人がない者や無宿者を収容し、取り締まると共に、正業に戻る準備をさせた所。▽一七九〇年に長谷川平蔵の建議で江戸の(当時の)石川島と佃島(つくだじま)との間に設けた。

よせむね【寄(せ)棟】中心となる棟の両端から四方に傾斜面のある屋根。「―造り」

よ-せる【寄せる】《下一他自》寄るようにする。①進め、または移し、近づける。㋐そちらに動かす。「机をすみに―」「……に心を―」(……に敬慕・愛情をいだく)「信頼を―」㋑近づく。寄る。「岩に―荒波」「敵が―せて来る」「お宅にも―せていただきます」▽㋑は自動詞。②一か所に集める。㋐呼び集める。「客を―」㋑足し算をする。「二と五を―せれば七」㋒「しわを―」筋肉を動かしてしわを作る。「眉間にしわを寄せる」▽㋒の用例は全体として自動詞的。③近づけて関係をつける。㋐たよって任せる。「親類に身を―」㋑(文章や意見を)送り届ける。「一書を―せて意中を述べる」㋒ことよせる。かこつける。「花に―詩」「他人の事に―せて皮肉を言う」▽㋒の用例は全体として自動詞的。

よせん【予選】《名・ス他》前もって選び出すこと。その選抜や試合。「―準決勝・決勝」「候補作を―する」▽競技に限らない。

よぜん【余×喘】死にかかった時の息。虫の息。「―を保つ」(かろうじて一命を保っている。また、滅亡しそうなものがかろうじて続いている)

よせんかい【予×餞会】卒業の前に行う送別会。▽前もって餞(はなむけ)する会の意。一部の学校の用語。

よそ【余△所・〈他所〉】①ほかのところ。ほかの家。「―へ行く」②目的または自分に関係しない物事。「―事」「浮き世を―にする(=遠く離れる)」「動乱を―に見る(=局外者の立場に立ってながめる)」「商売を―に(=なおざりにして)遊び暮らす」

よそい【△装い】よそおい。

よそ-う【△装う】《五他》①よそおう。②飯や汁などをすくって器に入れる。「ごはんを―」

よそう【予想】《名・ス自他》将来どうなるか、前もって見当をつけること。その見当をつけた内容。「―外」(予想しなかったほどのこと。意外)

よそ-える《下一他》①なぞらえる。かこつける。「人生を船旅に―」②他のものにことよせる。

よそおい【装い】服装・外観・装飾・化粧など、支度(したく)して整えたもの。「―を凝らす」「―も新たに開店した」

よそお-う【装う】《五他》①姿や様子を美しく整える。「身を―」「店内を―」「山―」(→やま(1))②(相手の目をごまかすために)別の物・事であるように見せる。そのようなふりをする。「他人を―」「平気を―」▽もと、取りそろえて準備をする意。

よそく【予測】《名・ス他》将来の出来事や有様を何らかの根拠に立って推し測ること。その内容。「経済―」 関連 予期・予想・予断・思惑・目算・成算・勝算・見当・当て・読み・見込み・見通し

よそごと【余△所事】自分に関係のない(場所や人の)事柄。「―とは思えない」

よそじ【四△十路】四十。また、四十歳。▽雅語的。

よそながら【余△所ながら】《連語》遠く離れては居ながら。かげながら。「―幸福を祈る」。それとなく。「―気をつける」

よそみ【余△所見】①《名・ス自》見るべき方向以外に目をやること。わき見。「―をする」②《名》→よそめ(1)。「―にはちょっとした物だ」

よそめ【余△所目】①よそながら見ること。人目。「―には仲がよさそうだが」②→よそみ(1)。「―も振らずに」

よそもの【余△所者】(その土地で生まれるか、その土地に住みなれているかではなく)よそから新たに来た者。他国者。「―扱い」「―にする」(仲間はずれにする)

よそゆき【余△所行き】①外出用の衣服類。「―とふだん着」②比喩的に、改まった言語・動作など。「―の

顔ですましている」

よそよそし・い《形》関係の深い人なのに、知らない人に対するような態度だ。親しみを見せない。他人行儀だ。「―あいさつ」 派生 **―さ―げ**

よぞら【夜空】夜の空。「―を彩る花火」

よそ・る【△装る】《五他》飯や汁などを食器に入れる。▽「よそう」と「もる」との混交した語。

よた【与太】①《名ナノ》役立たずでまともでないこと。㋐品行が悪い男。「―な暮らし」「―者(もの・もん)」(やくざを指すこともある)「―公」(不良少年。↔ずべ)㋑愚かなこと。「あれの―に困りきる」。質が劣ること。粗末。「―な着物しか無い」▽㋑が原義。↓よたろう。②《名》でたらめでふざけた言葉。「横から―を飛ばす」「―話」

よたか【夜×鷹】①夕方から活動して虫をとらえて食う中形の鳥。▽よたか科。②夜歩きをする者。特に、江戸時代に、夜、道ばたで客を引いた、下等の売春婦。 **―そば**【―〈蕎麦〉】夜ふけまで売り歩くそば屋。また、その売るそば。夜啼(な)きそば。

よたく【預託】《名・ス他》あずけて任せること。「株券の―」

よたく【余沢】先人が残した恩沢。現在に及んでいる恵み。余徳。「―が及ぶ」「―にあずかる」

よだち【夜立ち】《名・ス自》夜、出発すること。↔朝立ち

よだ・つ《五自》『身の毛が―』寒さや恐ろしさで体の毛が立つ。身の毛もよだつ。

よだつ【与奪】与えるか奪い取るかということ。「生殺―の権」

よたび【夜旅】『―を掛ける』夜の宿りをせず(省いて)旅を進める。「水戸から夜旅を掛けて江戸に入った」

よたもの【与太者】何の役にも立たない者。㋐手がつけられない者。なまけ者。また、やくざ。不良少年。㋑ばか者。▽↓よたろう

よたよた ①《副[と]》重みで足元がおぼつかないさま。「荷物を背負って―と進む」②《副[と]・ノダ》まっすぐに進まないさま。「―の縫い目」「―(と)飛ぶ爆撃機」

よた・る【与太る】《五自》〔俗〕①不良の行為をする。②よた②を言う。▽「与太」を動詞化した語。

よだれ【×涎】口から無意識に流れ垂れるつばき。「―を流す」(ほしくてたまらないさまの形容にも)「―が出る」(同上)

よだれかけ【×涎掛(け)】子供などの首から掛けて、よだれ等で衣服が汚れるのを防ぐ布。

よたろう【与太郎】おろかもの。ばかもの。▽落語で、知恵のたりない人物の名として使ったところから。

よだん【予断】《名・ス他》前もって判断すること。「―を許さない」「―と偏見」

よだん【余談】本筋からはずれた、ほかの話。「―はさておいて」

よち【予知】《名・ス他》前もって知ること。「地震を―する」「―能力」

よち【×輿地】大地。全世界。「奥羽―図」▽「輿」は万物をのせるものの意。古風な言い方。

よち【余地】使わずに(に済んで)あいている土地。(抽象的な)所。「建増しをする―は残っている」「立錐(りっすい)の―もない」「疑いをはさむ―もない」「妥協の―がある」

よちょう【予兆】物事が起ころうとする、きざし。前ぶれ。「衰亡の―」

よちよち《副[と]》歩幅が小さく、歩き方が不安定なさま。「―歩きの赤ん坊」「あひるが―(と)ついてくる」

よつ【四(つ)】①「よっつ」の本来の形。「―辻(つじ)」「―身の着物」▽年齢を指す言い方は普通「よっつ」。②相撲(すもう)で「四つ身」の略。双方が互いに下手(したて)を差して組み合う体勢。「がっぷり―」「頭(ず)―」(互いに頭を付け腕や手を取り合う体勢)▽近ごろは誤って「よっつ」と言う人がいる。③昔の不定時法による時刻の呼び名で、今の午前・午後の十時ごろに当たる。

よつあし【四(つ)足】足が四本あること。そのもの。特に、けもの。畜生。

よっか【四日】日数で四になる時間。また、その月の四番目の日。▽「よか」の転。「か」は日の意。

よっか【欲火】欲情が盛んなことを、燃え上がる火にたとえた語。

よっかい【欲界】〔仏〕↓さんがい(三界)(1)

よっかく【浴客】温泉・ふろにはいりに来る客。よっきゃく。

よつかど【四(つ)角】よつつじ。交差点(の角)。

よつぎ【世継(ぎ)】家を継ぐこと。その人。相続(人)。

よっきゃく【浴客】↓よっかく

よっきゅう【欲求】《名・ス他》ほしがり求めること。 **―ふまん**【―不満】欲求がみたされないで、楽しくない状態。フラストレーション。「―を解消する」

よつぎり【四(つ)切り】写真で、全紙を四つに切った大きさ(約二五・五センチに三〇・五センチ)。

よつだけ【四(つ)竹】竹片を二枚ずつ両手で握り、てのひらを開いたり、閉じたりして鳴らす、カスタネットに似た簡単な楽器。また、それを鳴らしておどる踊り(の曲)。

よったり【四△人】「よたり」の転で、人の数が四であること、その人ら。▽現在では普通「よにん」と言う。五人以上も「いつたり」等とは言わなくなった。

よっつ【四つ】個数を言う場合の、数の四(し)。また、四歳。

よつつじ【四(つ)×辻】道が十字に交わっている所。十字路。交差点。

よつで【四(つ)手】「四手網」の略。 **―あみ**【―網】四すみを竹で張り広げた四角な網。浅い水に沈めて魚を捕らえる。

よって【△依って・因って】《連語》①それによって。そ

ういうわけで。「ー来たる所」（由来するもと）②《接続詞的に》ゆえに。▽「よる」の連用形に「て」がついたものの音便。

ヨット 西洋型の小帆船。小型の競走艇と大型の巡航艇（クルーザー）とがある。「ーハーバー」▽yacht

よっぱらい【酔（っ）払い】酒によっぱらった人。よいどれ。

よっぱら-う【酔っ払う】《五自》ひどく酒に酔う。酒に酔って正常の状態でなくなる。▽乗物に酔うことを言う時もある。

よっぴて【夜っぴて】《副・ノダ》〔俗〕夜どおし。一晩中。よっぴいて。「ーさわぐ」▽「よひとよ（夜一夜）」の転。

よっぽど《副》→よほど

よつみ【四（つ）身】①和服の裁ち方の一種。また、その裁ち方で仕立てた和服。子供用。②相撲（すもう）で、よつに組んだ体勢。「ーに持ち込む」

よつめ【四（つ）目】目が四つある形（の物）。特に、四角を四つ組み合わせた紋。 **ーがき**【ー垣】すき間が四角になるよう竹をあらく縦横に組み、なわで結った垣。 **ーぎり**【ー×錐】刃に四つの角のある錐（きり）。

よづめ【夜爪】夜、つめを切ること。▽縁起が悪いとされた。

よつゆ【夜露】夜の間におりる露。「ーにぬれる」

よつんばい【四つん×這い】両手両足を地や床について、はうこと。「ーになる」。その姿勢。「ーに倒れる」

よてい【予定】《名・ス他》行事・行動などについて前もって決めること。また、その決めた事。「売却をーしている」「十月にーされている結婚式」「ー表」 **ーちょうわ**【ー調和】①〔哲学〕世界の秩序は、神があらかじめ定めた結果だとする説。ライプニッツが唱えた。②転じて、多くの人が思っていた通り（の無難な結果）になること。

よてき【余滴】（筆先などに）残ったしずく。▽かなりの分量を書いた後で、それに漏らしたような事を拾って書いた、あまり長くない文章を指すこともある。「読書ー」

よど【×淀】水の流れがよどんだ所。

よとう【夜盗】夜中にはいるどろぼう。やとう。 **ーむし**【ー虫】蛾（が）の一種ヨトウガの幼虫。昼は地中にひそみ、夜間に外に出て作物を荒らす。やとう。

よとう【与党】同調する仲間。特に、政権を担当している政党。↔野党。▽「与」は仲間になる意。

よどおし【夜通し】《副ノ》夜から朝までの間ずっと。「ー看病する」「ーの立ち番」

よとぎ【夜×伽】《名・ス自》①警護や看護、お通夜（つや）などのために、夜通しそばにつき添うこと。②夜、物語などをして相手になること。寝所で（女が男の）相手をすること。

よとく【余得】余分のもうけ。「ーにあずかる」

よとく【余徳】死後になお残っている恩徳。余沢。「ーを被る」

よどく【余毒】あとあとまで残る（害）毒。

よどみ【×淀み】よどむこと。「ーのない弁舌」。水がよどんで流れないでいる所。

よど-む【×淀む・×澱む】《五自》①水または空気の流れがとどこおりとまる。また、物事がすらすらとは進まない。「湖面にー霧」「言葉がー」②（固体が）水の底に沈んでたまる。「ごみがー」▽⑵には「澱」を使う。③比喩的に、気持や雰囲気に活気がなくなる。「心に不満がー」

よな《連語》念を押したり、確認したりするのに使う。「また会えるー」▽間投助詞「よ」+間投助詞「な」。男性語。

よなおし【世直し】《名・ス自》世の悪い状態を改造すること。

よなか【夜中】夜のなかほど。「真ー」

よなが【夜長】夜間が長いこと。そういう季節。「秋のー」

よなき【夜泣き】《名・ス自》赤ん坊が夜中に泣くこと。「ーがひどい」

よなき【夜鳴き・夜×啼き】①鳥が夜中に鳴くこと。②「夜啼きうどん」「夜啼きそば」の略。夜、うどん・そばを売り歩く人。そのうどん・そば。

よな-げる【×淘げる】《下一他》まじり合った細かい物などを水に入れ、必要なものとそうでないものとをより分ける。

よなべ【夜なべ】《名・ス自》夜（まで）仕事をすること。その仕事。夜業。▽「なべ」は鍋で、夜遅くまで仕事をするので夜食を食べたことから。

よなよな【夜な夜な】《副・ノダ》毎夜。よごと。「ーお化けが出ると言う」「ー月を見て涙ぐむ」

よな-れる【世慣れる・世×馴れる】《下一自》世事に通じる。世故（せこ）にたける。また、情事に通じる。「ー!れた人」

よにげ【夜逃げ】《名・ス自》夜中にこっそり逃げ出して他の所へ移ること。

よにも【世にも】《連語》（世間にはいろいろあるが）取り分け。本当に。またとないほど。「ー不思議な」「ー恐ろしい話だ」

よにん【余人】→よじん（余人）

よね【△米】①こめ。②八十八歳。米寿。「ーの祝い」

よね《連語》念を押したり、同意を求めたりするのに使う。「おいしいですー」▽間投助詞「よ」+間投助詞「ね」。→よ《間助》。以前は「ね」だけで済んだのに、一九七〇年代からこの形が広まる。

よねつ【予熱】《名・ス他》エンジンの始動や、オーブンによる調理などをうまく行うために、あらかじめ加熱すること。

よねつ【余熱】熱気がさめきらず残ったもの。「アイロンのーを利用する」

よねん【余念】それよりほかの考え、特に雑念。「ーがない」

よの【四△幅】①並幅の布を四枚縫い合わせた幅。②「よのぶとん」の略。 **―ぶとん**【―布団】よのの布を縫い合わせて、普通のより幅広く作ったふとん。

よのう【予納】〘名・ス他〙前もって納めること。前納。

よのぎ【余の儀】〘連語〙ほかの事。「なんじを呼び出したのも―でない」▽古風な言い方。

よのつね【世の常】〘連語〙①世間に普通のこと。「あの力は―のものではない」②いつの時代でも、世の中はそういうものだということ。「運不運は―のこと」

よのなか【世の中】人々が生活しているこの世。世間。「騒がしい―になる」関連 世間・世上・世・浮き世・此(こ)の世・社会・世界・民間・巷間(こうかん)・江湖・俗世・俗世間・世俗・俗間・俗界・塵界(じんかい)・人界・人世

よのならい【世の習い】〘連語〙世間で繰り返し普通に起こっていること。「浮き沈みのあるのが―さ」

よのめ【夜の目】『―も寝ずに』眠るべきはずの夜にも寝ないで。寝る間も惜しんで。

よは【余波】①風がおさまった後も、なお立っている波。「台風の―」②ある事の影響が他に及んだ、そのなごり。「緊縮財政の―で景気が好転しない」

よは【夜△半】→よわ(夜半)

よはい【余輩】〘代〙われら。われわれ。▽文章語。

よばい【夜×這(い)】〘名・ス自〙夜、女の所に忍んで行くこと。▽本来、「呼ばふ」の連用形から出たもので、結婚したい相手にその意を示すことからの転。

よはく【余白】文字などが記してなく白く残っている部分。「―に書込みをする」「―を埋める」

よばたらき【夜働き】〘名・ス自〙①夜間、働くこと。②夜、盗みをすること。またその人。

よばなし【夜話・夜×咄】夜の余暇にするはなし。夜話(やわ)。

よばなれる【世離れる】〘下一自〙世間、特に俗世から遠ざかる。世情にうとい状態にある。「―れた事を言う」

よばれる【呼ばれる】〘下一自〙①声を掛けられる。㋐招かれる。「パーティーに―」㋑ごちそうになる。「お言葉に甘えて―れましょう」②言われる。称せられる。「角界のプリンスと―」▽「呼ぶ」の受身の形。

=**よばわり**【呼ばわり】《人に関する体言に付けて》……と決めつけること。……扱いをすること。「泥棒―」「お前―される」

よばわる【呼ばわる】〘五自〙大声で叫ぶ。

よばん【夜番】夜、番をすること。その人。夜回り。

よび【予備】①その事が起こる、またはその事を起こす時のために、前もって準備すること。「―交渉」「―費」「殺人―」(法律で、殺人の準備行為)。その準備されたもの。「―を使って修理する」②「予備役」の略。 **―えき**【―役】常備兵役の一つで、現役後の一定期間服するもの。 **―ぐん**【―軍】主力または現役(と見立てる者)に対して、そうなる可能性のある者の集団。「産業―」(失業者の群れ。マルクス経済学用語)「糖尿病―」▽主力部隊支援のため後方に控える軍隊の意から。 **―こう**【―校】(主として大学への)受験指導をする教育施設。 **―ちしき**【―知識】事前に準備として必要な知識。「その事に全く―がない」

よびいれる【呼(び)入れる】〘下一他〙呼んで内へ入れる。呼び込む。

よびうり【呼(び)売り】〘名・ス他〙品物の名を大声で言いながら売ること。

よびおこす【呼(び)起(こ)す】〘五他〙①声を掛けて目を覚まさせる。「ゆさぶりながら―」②(眠っている)記憶や感動を現れ出させる。「あの日の驚きがまざまざと―された」▽②の「呼」は「喚」とも書く。

よびかけ【呼(び)掛け】呼び掛けること。「相手の―に答える」

よびかける【呼(び)掛ける】〘下一他〙人に声を掛ける。「警察官がメガホンで―けた」。また、説いて誘う。訴える。「大衆に―」「協力を―」

よびかわす【呼(び)交(わ)す】〘五他〙互いに呼び合う。

よびこ【呼び子】人を呼ぶ合図に吹く笛。よぶこ。

よびごえ【呼び声】①呼ぶ声。「物売りの―」②評判。(任命などについての)うわさ。「秀才の―が高い」「次の大臣として―が高い」

よびこむ【呼(び)込む】〘五他〙呼んで内へ入れる。また、その方へ引き入れる。引き込む。

よびさます【呼(び)覚(ま)す】〘五他〙①忘れていることを思い出させる。意識していないことに気づかせる。「事件の記憶を―写真」「音楽は感性を―」②呼びかけて目を覚まさせる。「大声で―されるまでぐっすり眠っていた」

よびじお【呼び塩】塩物などの塩分を抜くために、真水でなく、塩を少し加えた水につけること。そのための塩。

よびすて【呼(び)捨て】敬称をそえずに姓・名だけで呼ぶこと。「先生を―にする」▽「よびずて」とも言う。

よびだし【呼(び)出(し)】①呼び出すこと。㋐呼んで、来させる、または連れ出すこと。「いやな奴(やつ)から―がかかった」「お―を申しあげます」「―状」㋑コンピュータ・スマホなどで特定のプログラムや機能を呼び出す動作。▽→よびだす②。㋒近所の電話で、取り次いでもらうこと。「―電話」▽今は見かけない。②相撲(すもう)で、取り組む東西の力士の名を呼び上げ、土俵に登場させる役の人。呼出し奴(やっこ)。

よびだす【呼(び)出す】〘五他〙①呼んで、来させる、または連れ出す。「重役室に―」「電話口へ―」②コンピュータ・スマホなどで特定のプログラムや機能を実行に移すための動作をする。▽②はcall(=呼び寄せる、請求する)の訳語。

よびたてる【呼(び)立てる】〘下一他〙大声を立てて呼ぶ。また、呼んで自分の近くへ来させる。「わざわ

ざお―ていたしまして」

よびつけ【呼(び)付け】↓よびすて。「名を―にする」

よびつ・ける【呼(び)付ける】《下一他》呼んでそこに来させる。「―・けて叱る」

よびと・める【呼(び)止める】《下一他》声をかけて止まらせる。「道で―・められた」

よびな【呼(び)名】①そのものを普通そう呼んでいる名。②人の実名に対し、普通に呼ぶ名。通称。

よびね【呼び値】取引で、売買物件の単位数量当りの値段。例えば米なら一石の値段。▽売買当事者が意思表示のために呼ぶ値段の意。

よびみず(づみ)【呼び水】①ポンプの水が出ない時、上から別の水を入れて、水がくみ出せるようにすること。その水。誘い水。②比喩的に、ある事を引き出すきっかけを作るもの。「彼の発言が―となって議論が活気づいた」

よびもど・す【呼(び)戻す】《五他》呼んでもとへひきもどす。「旅行先から―・された」「記憶を―」

よびもの【呼(び)物】興行や催しで人気を呼び集めているもの。評判になっているもの。

よびょう【余病】一つの病気に伴って起こる他の病気。合併症。「―を併発する」

よびよ・せる【呼(び)寄せる】《下一他》呼んで自分の近くへ来させる。「口笛で犬を―」

よびりん【呼び鈴】鳴らして人を呼ぶための鈴・ベル。

よ・ぶ【呼ぶ】《五他》①相手に向かって声を掛ける。㋐大声で言う。「物売りの―声」㋑声を掛ける。「―・ばれて振り返る」。声をかけてこちらに寄せる。来てもらう。招く。「医者を―」「客を―」「結婚式に―」㋒(大声を立てて)引き寄せる。集める。「助けを―」「涼を―」「雲を―・んで天に上る」「人気を―」「同情を―」㋓↓よびだす(2)。②そのものをそういう名で言う。称する。「先生と―・ばれるほどのばかでなし」(川柳)③御馳走(ごちそう)する。「バナナを一本―・ばれた」▽(1)(イ)の転。関連 呼ばわる・叫ぶ・怒鳴る・がなる・招く・召し出す・請じる・名付ける・称する・となえる・呼び声・呼び掛け・呼び出し・呼び込み・呼び付け・呼び捨て・お呼ばれ・呼号・呼応・呼称・大呼・連呼・点呼・称呼・招待・招来・召集・命名

よふう【余風】前代から残る風習や佇(たたず)まい。「明治初年にはまだ江戸の―が普通だった」

よふかし【夜更(か)し】《名・ス自》夜おそくまで寝ずにいること。

よふけ【夜更け】夜が更けること。夜が更けた時。深夜。

よぶこ【呼ぶ子】「呼ぶ子の笛」の略。↓よびこ。 **―どり**【呼子鳥】↓かっこう(郭公)

よふね【夜船】夜行の船。▽「よぶね」とも言う。

よふん【余憤】収まらずに心の中に残っているいきどおり。「―をもらす」

よぶん【余分】①《名》あまった分。残り。「作り過ぎて―が多い」②《ダナ》余計。「―に上げよう」

よぶん【余聞】こぼればなし。

よへい【余弊】①まだ残っている弊害・被害。「前代の―」②伴って生じた弊害。「文明の―」

よほう【予報】《名・ス他》事前に(推測して)知らせること。その報知。「天気―」

よぼう【予防】《名・ス他》悪い事態を生じないように気をつけ、前もって防ぐこと。「火災―」「―注射」「―措置をとる」 **―せっしゅ**【―接種】病気の予防のため、ワクチンを体内に入れること。 **―せん**【―線】『―を張る』あとで攻撃されないように、前もって手だてを講じておく。

よぼう【×輿望】世間の信頼・期待。「―をになう」

よほど【余程】《副「に」・ノダ》①相当。ずいぶん。「―(に)困っているようだ」「―の学者だ」②思い切って。よくよく。「―言ってやろうと思ったが」▽「よっぽど」とも言う。

よぼよぼ《副「と」ナ・ノダ・ス自》年をとって、脚に力が入らず、動きが不安定なさま。「―した御老体」「手を引かれて、―と散歩する」「―でも頭はしっかりしている」

よまいごと(よまひ…)【世△迷い言】他人に通じないことをくどくどと言うこと。その言葉。訳の分からない繰り言。

よまつり【夜祭(り)】夜間に行う祭り。

よまわり(…まはり)【夜回り】《名・ス自》夜間、警戒のためにまわって歩くこと。その人。

よみ【〈黄泉〉】死んだ人の魂が行くという所。あの世。冥土。「―の国」関連 黄泉(こうせん)・泉下・地下・冥土・冥界・冥府・幽冥・幽界・霊界・あの世・後の世・後世(ごせ)・後生・他生・来世・草葉の陰・極楽・浄土・十万億土・地獄・煉獄(れんごく)・奈落・餓鬼道・三悪道

よみ【読み】①文章を読むこと。「―、書き、そろばん」②碁・将棋などで、先の局面の変化を考えて見通すこと。③比喩的に、将来への見通しを考えること。「―が深い人だ」「票の―を誤る」(↓よむ(3))④その漢字の意味に日本語を当てたもの。訓。また、音・訓いずれにしても、漢字の読み方。「この字の―が分からない」

よみあげざん【読(み)上げ算】そろばんで、数字を他人に読み上げてもらって行う計算。

よみあ・げる【読(み)上げる】《下一他》①声をあげて読む。「決議文を―」②終わりまで読み通す。

よみあわせ(…あはせ)【読(み)合(わ)せ】①下書きと清書、原稿と校正刷などを、一人が読み上げ、他方が聞きながら、誤りを正すこと。②俳優が本読み(2)をすること。

よみか・える(…かへる)【読(み)替える】《下一他》①法令・規則等の中の語句に、他の語句をあてはめて読み、新たな条文を作ることなしに、その条文を適用する。②その漢字に対して、別の読み方で読む。

よみがえ・る(よみがへる)【×蘇る・×甦る】《五自》①いったん死んだ人が、息を吹き返す。生き返る。②転じて、いったん失(う)せたものが、また力・命を取りもどす。「記憶が―」▽黄泉(よみ)から帰る意。

よ

よみかき【読み書き】①文字を読んだり書いたりする技能。「―そろばん」。書物を読むことと文章を書くこと。②転じて、学問。

よみかた【読み方】①文字・文章を読む方法。読みよう。「むずかしい文字の―」②文章の内容を理解する方法。「古文の―」③もと、小学校の国語教科の一分野。「―・書き方・綴(つづ)り方」

よみきかせ【読(み)聞かせ】(子供に)本などを読んで聞かせること。

よみきり【読(み)切り】講談・小説などの、一回だけで完結する短編もの。

よみくせ【読み癖】①そう読む習慣となっている特別の読み方。「南殿」を「なでん」と読む類。故実読み。②その人に特有の、読み方の癖。

よみくだ-す【読(み)下す】『五他』①縦に書き連ねてあるものを、上から下へと読む。さっと目を通す。②漢文を日本文の語順にして読む。

よみごたえ【読(み)応え】読んだものの内容から迫って来る手ごたえ。「―のある作品」

よみこな-す【読みこなす】『五他』読んで十分に内容を理解する。

よみこ-む ①【読(み)込む】『五他』㋐繰り返し読んで、内容を十分に理解する。熟読する。「シェークスピアを―」㋑先の見通しを十分につける。「支出も―」㋒コンピュータで、プログラムやデータなどを外部記憶装置からメモリーに入力する。②【詠(み)込む】『五他』詩歌に、題とかゆかりの地名や物の名とかを入れて作る。

よみさ-す【読みさす】『五他』読み通さず途中でやめる。「小説を―したまま散歩に出かけた」

よみじ【〈黄泉〉路】よみへ行く道。冥土への道。

よみす-てる ①【読(み)捨てる】『下一他』㋐読んでそのまま捨てる。「―てられた週刊誌の山」㋑読んだまま何の処置もせず放置する。「市民からの投書を―」②【詠(み)捨てる】『下一他』詩歌を作ってそのままにする。「―てた句に秀作があった」

よみ-する【×嘉する】『サ変他』(身分の上の人が目下の者の行いなどを)よしとする。ほめる。「業績を―」

よみせ【夜店・夜見世】(縁日などで)夜、道ばたなどに店を出して物を売る店。「―をひやかす」

よみち【夜道】夜の道。「―は危ない」。夜、道を歩くこと。「―をする」

よみちが-える【読(み)違える】『下一他』読みまちがえる。「名前を―」「時間を―」

よみちら-す【読(み)散らす】『五他』手あたり次第に書物を読む。あれこれと無方針に(つまみ食いをするように)読む。濫読する。「推理小説を―」

よみて【読み手】①書き手・聞き手に対し、読む方の人。また、カルタで、取り手に対し、文句を読み上げる役の人。②和歌・俳句の作者。それらを上手に作る人。▽②は「詠み手」とも書く。

よみで【読みで】読むのに分量があって、読みごたえのあること。「―がある」▽→で(出)⑴㋒

よみとお-す【読(み)通す】『五他』本などを最後まで読む。通読する。

よみと-く【読(み)解く】『五他』①(むずかしい)文章を念入りに読んで、意味を解き明かす。「古い碑文を―」②転じて、じっくり観察して(裏に潜むものまで)解き明かす。「この政局を―」「時代の流れを―」

よみとば-す【読(み)飛ばす】『五他』一部を抜かして先に読み進む。また、注意深く読まずに早く読み進む。「前書きを―」「さっと―」

よみと-る【読(み)取る】『五他』①読んで内容を理解する。「筆者の意図を―」。推しはかって理解する。「心を―」②コンピュータなどの機械が、文字や記号を判別する。

よみなが-す【読(み)流す】『五他』①深い注意を払わずどんどん読む。②すらすらと読み続けて行く。

よみびと【読(み)人・詠(み)人】歌の作者。「―知らず」(作者不明)

よみふけ-る【読(み)×耽る】『五他』夢中になって読む。

よみふだ【読(み)札】カルタの読む方の札。↕取札

よみほん【読本】江戸時代の小説の一種。長編が多く、筋立ても概して複雑で、伝奇的・教訓的。「南総里見八犬伝」の類。▽「とくほん」と読めば別の意。

よみもの【読(み)物】①(興味に誘われて)読むように作ったもの。「何か―はないか」「連載―」②講談師が演じる題目。③読みごたえのある文章。「なかなかの―だ」「この号での―と言えば、巻頭論文だ」

よみや【△宵宮・夜宮】祭日の前夜に行う小祭。よいみや。よいまつり。

よみやぶ-る【読(み)破る】『五他』読破(どくは)する。「万巻の書を―」▽「読破」の訓読み。

よ-む【読む・詠む】『五他』①表現物の意味をとる。【読】㋐文字を見て、その音(おん)や意味をとらえる。「この漢字は何と―の」㋑文章をたどり、また図などを見て、意味をとる。「小説を―」「グラフを―」「人の顔色から心を―」。碁・将棋などの局面から、相手の意図を推し測る(局面の展開を考える)。「手を―」㋒文章・詩歌・経文などの表現をたどりながら声に出して言う、唱える。また、唱えて聞かせる。「新聞を大声で―」㋓転じて、講談を演じる。「高座で義士銘々伝を―」②【詠】詩歌を作る。詠(えい)じる。「辞世を―」▽⑴㋒の転。③一つ一つ数え上げる。また単に、数える。「かずを―」「票を―」(票数を見積もる意にも)「鯖(さば)を―」(→さば⑵)▽⑶が原義。関連 ひもとく・誦(しょう)する・下読み・立ち読み・拾い読み・盗み読み・走り読み・流し読み・読書・書見・繙読(はんどく)・拝読・読破・読過・読了・卒読・誤読・精読・解読・判読・閲読・訳読・回読・輪読・購読・一読・通読・素読・多読・乱読・熟読・味読・耽読(たんどく)・必読・愛読・積ん読・音読・朗読・黙読・代読・読誦

よめ【嫁】①むすこの妻。「―と姑(しゅうとめ)」②新婚の

女性。「花―」。結婚の相手としての女性。「―を迎える」「―に行く」▽↕婿

よめ【夜目】夜間に物を見ること。その目。「―にもはっきり見える」「―遠目(とおめ)笠(かさ)のうち」(夜目や、遠くからや、笠をかぶっているところを見ると、女の顔が実際より美しく見えるということ)

よめい【余命】残りの命。それから以後、死ぬまでの年月・期間。「―いくばくもない」「―を保つ」

よめいり【嫁入り】『名・ス自』嫁となって夫の家に行くこと。また、その時の儀式。「―前(まえ)の娘」(未婚の娘)「―道具」

よめご【嫁御】嫁に対する敬称。▽かなり古風。

よめじょ【嫁女】よめ。▽かなり古風。

よめとり【嫁取り】嫁を迎えること。その儀式。

よめな【嫁菜】田のあぜ等に生える多年草。秋、薄紫の頭状花が咲く。若菜は食用。▽きく科。

よ-める【読める】『下一自』解釈がつく。「その文はこうも―」。理解できる。わかる。「彼の腹の中(＝本心)が―めた」

よも【〈四方〉】①東西南北の四つの方向。②転じて、まわり。諸方。▽やや雅語的。

よも『副』→よもや

よもぎ【×蓬・×艾】山野に自生する多年草。葉の裏に白く柔らかい毛が密生して、香気がある。若葉は草もちの材料。葉裏の毛は、もぐさの原料。もちぐさ。▽きく科。

よもすがら【夜もすがら】『副・ノダ』夜どおし。一晩中。↕ひもすがら・ひねもす。「―物を思う」▽雅語的。

よもや『副ノ』《あとに否定的な推量の形を伴って》……ということがないとは言い切れないにしても。まさか。「―知るまいと思ったら、よく知っていた」「―の五連敗」▽副詞「よも」に助詞「や」がついてできた形。

よもやま【〈四方〉山】さまざま。雑多。「―話」▽「四方八方(よもやも)」の転。

よやく【予約】『名・ス他』将来のこと(特に、物を買うこと)を前もって約束すること。「―販売」「―席」「診察の―」

よゆう【余裕】ゆとり。「―をみせる」「時間の―がない」　**―しゃくしゃく**【―×綽×綽】ゆったりとして焦らないこと。

よよ【夜夜】毎晩。よごと。

よよ【代代・世世】①代を重ねること。幾代(いくよ)。②〔仏〕過去・現在・未来。

よよ『副と』声をあげ激しく泣くさま。「―と泣き崩れる」

より【寄り】①人の集まりぐあい。「―が悪い」②相撲(すもう)で、寄るわざ。またその勢い。「―を見せる」③《接尾語的に》……に近い方。……に寄ったところ。「海―の道」④「よりつき」(1)の略。

より【×縒り・×撚り】糸・縄などをねじって、互いにからみ合わせること。そうした物。「―をもどす」(もと通りにする。特に、一度別れた恋人・夫婦が、またもとの仲になる)「腕に―をかける」(立派な腕前を一層よく発揮しようと精を出す)

より ①『格助』動作・作用の、出て来るもとを示すのに使う。㋐起点・経路を示す。から。「東京駅―出発」「賊は裏口―侵入」▽㋐は、「から」でも言える。㋑比較の基準とするものを示す。「日本―大きな国」「歩く―電車に乗る方がいい」「ない―まし」▽純粋に不存在で㋒の用法以外の「無い」や、同等性の「等しい」「同じ」「同一」「同等」などには、(イ)は使えない。㋒《打消しを伴って》それ以外にない、と限るのに使う。しか。「だまっている―なかった」▽「……よりほか」「……よりしか」の形も使うが、その「より」は(イ)の用法。㋓……する時からすぐ。……するや否や。「聞く―、血相を変えて駆け出した」②『副』……より一層。もっと。「どちらの可能性が―高いか」「演技を―引き立てるには」「―高性能のパソコン」▽(2)は欧文の比較級の訳語として生じた。↓(1)(イ)

よりあい（…あひ）【寄(り)合(い)】(人々が一か所に)寄り集まること。会合。「同業者の―」　**―じょたい**【―所帯】多くの所帯が寄り集まっていること。統一のない集まり。

よりいと【×縒り糸・×撚り糸】よった糸。

よりうど【寄△人】→よりゅうど

よりかか-る【寄り掛(か)る】『五自』①もたれて、体を支える。「壁に―」②自分の力でやろうとせず、他のものにたよる。「親に―って生活する」

よりき【与力】①江戸時代、奉行(ぶぎょう)などの配下で、部下の同心を指揮する役(の人)。②加勢。助力。▽(2)は古風な言い方。

よりき-る【寄(り)切る】『五他』①相撲(すもう)で、相手の褌(まわし)に手を掛け、引きつけながら前に出て土俵外に出す。②比喩的に、力勝負で自分の言い分を通す。「長時間の交渉で―った」

よりけり『ノダ』人や事柄・場合によって(応じて)決まることで、一概には言えないという意。「人に―さ」「事と次第に―だ」「正直(なの)も場合に―だ」▽動詞「因る」の連用形＋文語助動詞「けり」に由来する表現。

よりごのみ【△選り好み】『名・ス自他』→えりごのみ

よりすが-る【寄(り)×縋る】『五自』体をすり寄せるようにして、すがりつく。また、たのみとする。助けてもらおうとする。「人の情に―る」

よりすぐ-る【△選りすぐる】『五他』→えりすぐる

よりそ-う（…そふ）【寄(り)添う】『五自』体をすり合わせるように、すぐ近くに位置する。すぐ近くに身を寄せる。

よりつき【寄(り)付き】①〔取引〕午前または午後の最初の取引(の時の値段)。②入ってすぐの部屋。③庭園などにある、ちょっとした休み場所。

よりつ-く【寄(り)付く】『五自』①そばに近づく。「人が―・かない」②〔取引〕その日最初の立会(たちあい)が成

り立つ。

よりどころ【△拠(り)所・△拠】それに基づき、たよりとする所。根拠。「心の―」

よりどり【△選り取り】勝手に選び取ること。「―見取り」

よりによって【△選りに△選って】《連語》多くの中から(ほかにもっとましなものがありそうなのに)わざわざ選んで(選んだかのように)。「―一番いやなくじを引いてしまった」「何も―こんな朝早く来なくてもいいじゃないか」

よりぬき【△選り抜き】↓えりぬき

よりまし 呪術で、神霊を一時的に宿らせるための子供、または人形。▽「寄り座(ま)し」の意。

よりみち【寄り道】《名・ス自》ついでに立ち寄ること。回り道。「放課後―(を)して祖母の家に行く」

よりめ【寄り目】左右の目の瞳が鼻柱近くに寄っていること。そういう目。

よりゅうど(よりうど)【寄△人】御歌所(おうたどころ)の職員。よりうど。▽古くはその他の役所の職員にも使われた。

よりょく【余力】使ってもなお余る(ほどの)力・力量。「―を残す」「―に乏しい」

よりより【△度△度・寄り寄り】《副・ノダ》しばしば(寄り集まって)。「―情報を交わし合う」「―相談する」

よりわ-ける【△選り分ける】《下一他》↓えりわける

よ-る【因る・△縁る・△由る・△依る・△拠る】《五自》それをたよりにし、それに基づく。▽寄る(3)の転。①依存する。手段とする。【依】「労働に―所得」「辞書に―って意味を知る」②根拠とする。【拠・依】「城に―って防戦する」「実験結果に―結論」③それがもととなる。【因・縁・由】㋐そこに原因がある。「漏電に―火災」㋑物事の内容・性質がどうあるかに関する。「相手の出方に―ってはただでは済まない」「何事に―らず」「親切も時に―りけり」

よ-る【寄る】《五自》自然にまたは自発的に近づく。①進み近づく。「波が―」「人のそばに―」「思いも―らず」(思いがけず。意外にも) ㋐どこかに行く途中で訪れる。「帰りに―よ」㋑相撲(すもう)で、相手のまわしを取って進み出る。「東土俵に―って出る」「激しく―り立てる」②一か所に集まる。㋐近づいて一つにかたまる。「本家に皆が―」「三人―れば文殊の知恵」(→もんじゅ)「―とさわると」(いっしょになるたびに。折さえあればいつも)「―ってたかって」㋑重なり積もる。「年が―」(老齢になる)「しわが―」▽後者は一本のしわにも言う。波が寄る形からの類推か。㋒『黶(ほくろ)が―』黶が現れる。③そちらに身をあずける。もたれかかる。「柱に―りかかる」▽「凭る」と書く。

よ-る【×縒る・×撚る】《五他》(糸・ひもなどを)ねじって互いに巻きつくようにする。また、細長いものをねじる。「こよりを―」

よ-る【△選る】《五他》えらぶ。▽「える」の転。

よ-る【△揺る】《五自》『地震が―』地震(のゆれ)が起こる。▽「ゆれる」と同語源。

よる【夜】日の入りから日の出までの間。太陽が地平線の下にあって暗い時。↕昼。「―の帳(とばり)」▽「よ」の方が古形。↓ばん【晩】(1)。関連 夜(よ)・夜中(よなか)・真夜中・夜更け・夜間・夜半(やはん・よわ)・夜分・暗夜・十五夜・十三夜・初夜・深夜・後夜・八十八夜・白夜・涼夜・良夜・雨夜・月夜・おぼろ月夜・星月夜・闇夜(やみよ)・晩・宵・春宵・深更・初更・三更・丑(うし)三つ

よるい【余類】仲間の残り。残党。

よるがお(ほ:が)【夜顔】↓ゆうがお(2)

よるひる【夜昼】①夜と昼。「―なしの酒宴」②《副詞的に》夜も昼も。絶えず。日夜。「―遊び続ける」

よるべ【寄る辺】たよりとして身を寄せる所。「―ない身」

よれい【予鈴】開演・始業などを知らせる本鈴に先立って、その少し前に鳴らすベルやチャイム。「開演五分前に―が鳴る」

よれよれ《ノダ》①衣類・紙などが古くなって形が崩れ、よれたようになっているさま。「―の千円札」「ズボンが―になる」②体力・気力を消耗しているさま。「連日の深夜勤務で―だ」

よ-れる【×縒れる】《下一自》自然に、縒(よ)ったのと同じ状態になる。よじれる。もつれる。

よろい(よろひ)【×鎧】戦場で身を守るのに着る、昔の武具。「―かぶとに身を固める」

よろいいた(よろひ:)【×鎧板】室内の採光・通風のために窓の外側に、幅の狭い板を幾枚も一定間隔で横に取り付けたもの。

よろいど(よろひ:)【×鎧戸】①鎧板(よろいいた)を取り付けた戸。②シャッター(2)。「―をおろす」

よろいどおし(よろひどほし)【×鎧通し】鎧(よろい)武者が組打ちで相手を刺す、厚く鋭い刀身三〇センチほどの小刀。

よろ-う(よろふ)【×鎧う】《五他》①よろいを着る。武具を身につけて武装する。②比喩的に、(守るように)装う。「軽妙な語りで―われた本心」

よろく【余×禄】余分の所得。正規の収入以外の利益。「―が多い職務」

よろく【余録】表立った記録などには漏れた事柄の記録。

よろけ ①珪肺(けいはい)の俗称。▽患者の歩行がもつれて、よろけることから。②【×蹣×跚】よろけ織・よろけ縞(じま)の略。糸を湾曲させ、波打たせた織り方。それで織り出した縞。

よろ-ける《下一自》足取りがしっかりせず、まっすぐ歩けない、また、ころびそうになる。「―足もと」「滑って―」

よろこばし-い【喜ばしい・△悦ばしい】《形》喜ぶべき状態・事だ。「多年の努力に―栄誉が与えられた」。よい状態・結果で満足だ。「本懐をとげて―」派生 **-さ -げ**

よろこび【喜び・△悦び・△慶び】①よろこぶこと。うれしく思う心・気持。また、満足な思い。【喜・悦】↕悲しみ。「平和がよみがえる―」「―を共にする」②め

でたい事柄。よろこびごと。また、めでたくうれしい気持。それを表す言葉。【慶】「御結婚にお―を申し上げます」

よろこびいさ-む【喜び勇む】《五自》喜んで心が勇み立つ。うれしくてじっとしていられない気持になる。「―・んで駆け出した」

よろこ-ぶ【喜ぶ・△悦ぶ】《五他》うれしいと思う。そういう気持を態度・動作に現す。㋐よい事、望ましい事、めでたい事があって、ここちよく感じる。↕悲しむ。「合格を―」㋑それをうれしい事だとして受け入れる。「彼の決断を―」「忠告を―・ばない」㋒《「―・んで……(する)」の形で副詞的に》自分から進んで気持よく。「―・んで引き受けよう」 関連 興じる・心行く・嬉(うれ)しい・楽しい・面白い・おかしい・空(そら)喜び・糠(ぬか)喜び・喜悦・法悦・満悦・愉悦・歓喜・狂喜・驚喜・欣喜(きんき)・随喜・欣快・欣然・大慶・有頂天

よろし-い【△宜しい】《形》悪くない。↕いけない。㋐適当だ。「ちょうど―」「―・くやってくれ」「緩急―・きを得る」㋑許せる範囲の事だ。「帰宅しても―」「―。引き受けよう」㋒「よい」の丁寧な言い方。「こちらで―・ゅうございますか」▽「よい」が積極的なのに対し、「まあよい」「一往の規準に達した」といった気分。㋑は第二例のように積極的な場合にも使うが、元来は、私で(も)差し支えなければの含みで言う。㋑の用法の「これで―でしょうか」にとどまらず、依頼の「なさってください」を押しつけがましい命令表現と誤認して、「してもらって―・かったでしょうか」式、進んでは「学生証の提示は―ですか」式の表現が二十一世紀に入って広まった。㋒の意の用法の、むだな転用と言える。なお「―・かったでしょうか」の「た」も確認用法の転用。派生 -さ

よろしく【△宜しく】《副》①適当に。ほどよく。「あなたの考えで―やって下さい」▽形容詞「よろしい」の連用形から。②「宜しく願います」の略。「今後とも―」③「宜しくお伝え下さい」の略。「ほかの方にも―」④《下に「べし」を伴って》ぜひとも。「―勉学に励むべきである」▽漢文訓読から生じた用法。⑤《接尾語的に》あたかも……のような様子で。「歌手―歌った」

よろず【△万】《名・副「に」》(きわめて多くあるその)すべて(の事)。万事。万端。「―(に)派手好みな性格」「―の経験を活かす」「―屋」(↓よろずや) ▽やや古風。もと、個数を言う場合の万(まん)。

よろずや【△万屋】①(何が専門ということもなくいろいろの物を売る店。何でも屋。②何でも一通り知っている人。どんな仕事でも一通りこなせる人。

よろめ-く《五自》①よろける。②誘惑に乗る。

よろよろ《副「と」・ノダ・ス自》脚がふらついてバランスを失い、倒れそうになるさま。よろめくさま。「足もとが―する」「―と立ち上がる」

よろん【×輿論・世論】世間一般の人々に共通した意見。「―調査」「―に聞く」「―に訴える」「―が高まる」▽public opinion の訳語。「世論」は「輿論」の代用表記。↓せろん

よわ【夜△半】よる。また、夜更け。▽雅語的。「半」は当て字。↓やはん

よわ【余話】こぼればなし。余聞。余録。

よわ-い【弱い】《形》(しんがしっかりせず)力が乏しい。↕強い。①積極的に働く力が劣っている。㋐しとげる腕力・能力があまりない。「けんかに―」「―軍隊」「碁が―」㋑勢い・作用が激しくない。「―風」「―酒」「この二つの事柄の結び付きは―」②抵抗力が乏しい。㋐すぐ壊れたりくずれたりしそうである。「―体で深酒をする」「―生地(きじ)」「権威に―人」㋑すぐに引かれる(魅せられる)。「女のたのみに―」「はやりものに―」派生 -さ -げ -み*

よわい【△齢】年齢。とし。としごろ。年配。「―を重ねる」

よわい-する【△歯する・△齢する】《サ変自》同列に並ぶ。仲間として交わる。「こんな手合いと―・して恥ずかしい」▽漢字「歯(し)」の一用法(=年齢順に並んで同類に入る)から。以前よく使った語。

よわき【弱気】《名ナノ》①気力に欠けること。すぐ弱音(よわね)をはく傾向。「―になる」②〔取引〕相場が下がるだろうと見ること。そう見る人が多い情況。▽↕強気

よわごし【弱腰】①弱気の態度。消極的な態度。↕強腰。「―を叱咤(しった)する」②腰の左右の細い所。「―をけとばす」

よわたり【世渡り】社会の中で生活して行くこと。処世。「―がうまい」「―上手(じょうず)」▽「世過ぎ」はもっと消極的な態度に言う。

よわね【弱音】①力のない声。②転じて、いくじのない言葉。「―を吐く」

よわび【弱火】(煮たき用の)勢いの弱い火。↕強火。▽「とろ火」を「弱火」と書いたところから発生した語。「とろ火」と使いわけることがある。

よわふくみ【弱含み】《名・ダナ》〔取引〕相場が下がり気味の状態。↕強含み

よわま-る【弱まる】《五自》勢い・作用の程度がしだいに弱くなる。↕強まる。「風が―」「抵抗が―」

よわみ【弱み】弱い所。後ろめたい所。弱点。↕強み。「―につけこむ」「―を握る」

よわむし【弱虫】すぐ弱音をはく人。

よわ-める【弱める】《下一他》勢い・作用の程度を弱くする。▽「犬が声を―」など「BがAを弱める」の表現でAがBの属性なら、「B(犬)のA(声)が弱まる」と言うのに等しい。

よわよわし-い【弱弱しい】《形》いかにも力や元気がない様子だ。「―体つき」「―声」派生 -さ -げ

よわりめ【弱り目】弱った時。弱った調子。「―に祟(たた)り目」(弱り目に神仏の祟りまである。不運に不運が重なること)

よわ-る【弱る】《五自》①弱い状態になる。(機能や体力が)衰える。「体が―」②うまく対処できず、困

る。「むずかしい質問に―」「あいつにも―ったものだ」

よん【四】《名・造》→よ(四)。「―回」▽「四(し)」の音が「死」に通じるのを忌んで「よ(ん)」を使うことが多い。

よんしゅう【四修】旧制高等学校(や大学予科)に、旧制中学校四年修了で入学すること。その入学した生徒。▽中学卒業生(すなわち五卒・浪人)に伍(ご)して合格するのは、なかなかむずかしかった。

よんどころな-い【△拠無い】《形》やむを得ない。どうにもしかたがない。「―用事で休む」「懐がさびしくて―く家でごろごろしている」「―く遅参した」▽拠(よ)る所が無い意。

よんりんくどう【四輪駆動】自動車で、前輪と後輪をともに駆動して走行する方式。悪路走行に適する。「―車」▽「4WD(four-wheel drive の略)」とも言う。

ら

=ら ①【△等】《体言に付けて》複数を表す。また、……およびその他。「子供―」「これ―」「鈴木さん―」㋐人を指す語につける時、親しみ、見くだしの気持を表すことがある。「あいつ―」㋑特に第一人称では、へりくだりの意を表す。「私―ごとき者」②《名詞などに付けて》口調を整える、また、その状態の意を表すのに使う。「野―」「稀(まれ)―に」「さかし―」「清―に」

ら〘裸〙ラ はだか ―衣をぬいで肌をあらわす。はだかになる。はだか。「裸体・裸形(らぎょう)・裸身・裸婦・赤裸裸・全裸」

ら〘羅〙ラ ―①うすぎぬの織物。うすもの。「羅綾(らりょう)・綺羅(きら)・一張羅・綾羅錦繍(りょうらきんしゅう)」②鳥をとるあみ。あみで捕らえる。あみにかける。「雀羅(じゃくら)・網羅」③間をつめてならぶ。ならべる。「羅列・羅針盤・森羅万象(しんらばんしょう)」④外国語音を表すのに用いる。㋐「羅甸(ラテン)」の略。「羅葡日(らぽにち)辞典」㋑「羅馬尼亜(ルーマニア)」の略。㋒梵語(ぼんご)や外来語の音訳字。「羅漢・羅刹(らせつ)・羅紗(ラシャ)・羅宇(ラオ)」

ラーゲル 捕虜・政治犯などの収容所。ラーゲリ。▽ロシア lager'(=キャンプ)

ラード 料理用の豚脂肪。乳白色で固体状。豚脂。▽lard

ラーメン ①中国風の麺料理の一つ。中華そば。▽「拉麺」の中国音による。「老麺」とも書く。②ビルなどの骨組み構造の一つ。四角形に組んだ接合部が動かないように堅固にかためてある。ラーメン構造。↕トラス。▽ドイツ Rahmen

ラーユ【△辣油】ゴマ油に唐辛子の辛みをうつしたもの。中国料理の調味料。▽中国語。

らい〘*来〙〘人來〙ライ くる きたる きたす ―①こちらへ近づく。くる。こさせる。きたす。↕往。「来朝・来会・来賓・来客・来訪・来迎(らいごう)・来信・来診・往来・去来・外来・渡来・舶来・伝来・光来・到来・未来・将来・遠来・帰来・再来・出来(しゅったい)・請来・新来」②現在の次に現れる。↕去。「来月・来年・来春・来学期」③それからこちら。このかた。「先ほど来、鳴り響いている雷」「旧来・古来・近来・在来・爾来(じらい)・生来・年来・以来・由来・本来・元来・来由・来歴・昨年来」▽「徠」は異体字。

らい〘雷〙ライ いかずち かみなり ―①かみなり。その音、また光。いかずち。「雷鳴・雷電・雷火・雷光・雷公・雷神・雷雲・雷雨・雷名・雷同・春雷・遠雷・落雷・百雷・避雷針・疾風迅雷」▽俳句では単独に用いることがある。「雷落ちる」②大音響を発して爆発する兵器。「魚雷・水雷・地雷・雷撃・雷管」

らい〘頼〙〘人賴〙ライ たのむ たのもしい たよる ―たのみにする。あてにする。たよる。たのむ。「依頼・信頼・無頼(ぶらい)・頼信紙」

らい〘瀬〙〘人瀨〙ライ せ ―浅い流れ。流れの早いところ。せ。「急瀬・火口瀬」

らい〘礼〙→れい〘礼〙

らいい【来意】①来訪のわけ・趣意。「―を告げる」②手紙で言ってきたわけ・趣意。

らいいん【来院】《名・ス自》病院など「院」が名に付いている所に来ること。

らいう【雷雨】雷が鳴って雨が降ること。その雨。

らいうん【雷雲】雷光・雷鳴、時には雷雨を伴う雲。

らいえん【来演】《名・ス自》その土地・場所に来て音楽・劇などを演じること。

らいえん【来援】《名・ス他》来てたすけること。

らいえん【来園】《名・ス自》幼稚園・庭園・動物園など「園」が名に付いている所に来ること。

らいおう【来往】《名・ス自》(人が)いったりきたりすること。ゆきき。

ライオン 体が黄褐色で、雄にはたてがみがある肉食獣。アフリカ・アジア西南部の熱帯地方の産。雄々しいので、百獣の王と言われる。獅子(しし)。▽lion ねこ科。

らいか【雷火】①落雷による火事。「―で焼失」②いなびかり。「―ひらめく」▽⑵は既に古風。

らいが【来×駕】『ご―』他人の来訪を敬って言う語。

らいかい【来会】《名・ス自》来て集まること。集会に参加しにくること。

らいかん【来観】《名・ス他》来て、見ること。「―者」

らいかん【雷管】火薬に点火する起爆用突起部。

らいき ①【来季】次の季節(・シーズン)。②【来期】次の期間や時期。

らいきゃく【来客】訪れて来た客。「ただ今―中」

らいぎょ【雷魚】 体は円筒形で細長く、大きな口に鋭い歯がある淡水魚。体長は一メートル近くになり、へびに似た斑紋がある。朝鮮から日本に入った。カムルチー。近縁でよく似たタイワンドジョウ(台湾名、ライヒー)を言うこともある。▽たいわんどじょう科。

らいげき【雷撃】『名・ス他』魚雷で艦船を攻撃すること。

らいげつ【来月】 今月の次の月。

らいこう【来光】 →ごらいこう

らいこう ①**【来攻】**『名・ス自』攻めて来ること。「島津勢が—した」②**【来×寇】**『名・ス自』敵(=寇)が侵入して荒らすこと。「元(げん)の—」

らいこう【来航】『名・ス自』外国から船や飛行機が、また、それにのって人が来ること。「ペリー—」

らいこう【来貢】『名・ス自』外国の使者がやって来て、みつぎものをすること。

らいこう【雷公】(俗) かみなりの擬人化表現。

らいこう【雷光】 かみなりの光。いなびかり。「ある考えが—のように閃(ひらめ)いた」

らいごう【来△迎】『名・ス自』仏や神がこの世におりて来ること。▽「らいこう」とも言う。

らいさん【礼賛・礼×讃】『名・ス他』立派(な人)だと崇(あが)めたたえること。「—を惜しまない」▽本来は、仏を礼拝(らいはい)して功徳(くどく)をたたえること。

らいし【来旨】『ごー』相手から言ってよこした趣旨。「ご来旨承知しました」

らいじ【来示】『ごー』手紙で書いてよこしたということを敬って言う語。

らいしゃ【来車】『名・ス自』①車で来ること。②他人の訪問を言う語。「明後日御—なさって下さい」

らいしゃ【×癩者】 ハンセン病の患者。

らいしゅう【来襲】『名・ス自』おそってくること。攻め込んでくること。

らいしゅう【来集】『名・ス自』集まってくること。

らいしゅう【来週】 今週の次の週。

らいじゅう【雷獣】 落雷に伴って地上に落ち、樹木を裂き人畜を害すると伝えられる怪物。

らいしゅん【来春】 来年の春。また、来年の正月。▽「らいはる」とも言う。

らいしょ【来書】 よそから来た手紙。来状。来信。

らいじょう【来場】『名・ス自』その場所、特にある催しを行う場所に来ること。「御—の皆さま」

らいじょう【来状】 →らいしょ

らいしん【来信】 来書。また、届いた電信。

らいしん【来診】『名・ス自』医者が患者の家へ来て診察すること。▽患者の側から言う言葉。→おうしん(往診)

らいじん【雷神】 かみなりを起こすという神。

らいしんし【頼信紙】 電報をうつ時に電文を書いて出す所定の用紙。▽「発信紙」の旧称。

ライス ①米。②西洋風の料理で、米飯。▽rice **—カレー** →カレー ライス。▽rice と curry とによる和製英語。

らいせ【来世】(仏) 三世(さんぜ)の一つ。死後の世界。未来の世。後世(ごせ)。

ライセンス 免許・許可(の証明書)。「輸入—」「アマチュア無線—」。(商標・技術・特許などの)使用許可。「—生産」▽license, licence

らいそう【来葬】『名・ス自』葬式に参列すること。「—する者が跡を絶たない」「御—の皆様」

らいだ【×懶惰】「らんだ」の読み誤り。

ライター ①タバコ用の点火器。シガレット ライター。▽lighter ②書き手。著作家。「シナリオ—」▽writer

ライダー (オートバイなどの)乗り手。▽rider

らいたく【来宅】『名・ス自』人が自分の家へ来ること。

らいだん【来談】『名・ス自』来て話合いをすること。「御—下さい」

ライチ →れいし(茘枝)(1)(ア)。▽litchi

らいちゃく【来着】『名・ス自』こちらに到着すること。

らいちょう【来朝】『名・ス自』外国人が日本にやって来ること。

らいちょう【来聴】『名・ス自他』ききに来ること。

らいちょう【雷鳥】 日本アルプスにすむ、ハトよりやや大きい鳥。羽毛は、夏、赤褐色の地に黒いしまがあり、冬は純白、春秋はその中間を示す。つま先まで羽毛がはえている。特別天然記念物。▽きじ科。

らいてい【雷×霆】 激しいかみなり。

らいてん【来店】『名・ス自』店にやって来ること。「御—のお客様」

らいでん【来電】 電報が来ること。また、その電報。

らいでん【雷電】 かみなりといなずま。

ライト ①『名』光。光線。「ムーン—」②『名』照明。灯火。「サーチ—」③『名・ダナ』明るいこと。「—ブルー」「—な色合い」④『名・ダナ』軽いこと。「—級」。手軽なこと。軽いさま。「—ランチ」「—な口当たり」▽(1)〜(4)は light ⑤『名』㋐右。㋑野球で、右翼(手)。「—スタンド」▽(5)は right **—アップ**『名・ス他』建物・橋などに照明をあて、闇に浮かび上がるように見せること。▽light up **—ノベル** アニメ風のイラストを入れた若者向けの、手軽に読める小説。ファンタジー・SF・恋愛ものが多い。「ラノベ」とも略す。▽light と novel とによる和製英語。**—バン** 座席のうしろにやや広い荷物置場をつけた自動車。▽light と van とによる和製英語。

らいとう【来島】『名・ス自』よそから島にやって来ること。

らいどう【雷同】『名・ス自』考えもなく他の説に同調すること。「付和—」▽鳴り渡る雷の響きに万物が応じる意から。

ライナー ①野球で、高く上がらず直線的に飛ぶ強い打球。直飛球。②定期船。定期便。▽日本で、快速列車や路線の名に付けても使う。③取りはずしのできる、コートの裏地。▽liner

らいにち【来日】『名・ス自』外国人が日本にやって来ること。↔離日。「―公演」▽↓ほうにち

らいにん【来任】『名・ス自』その任につくため任地にやって来ること。

らいねん【来年】今年の次の年。

ライノタイプ キーをたたいて、一行分の欧文活字をまとめて鋳造・植字する機械。▽Linotype 商標名。

らいはい【礼拝】『名・ス他』仏をうやまいおがむこと。▽↓れいはい

ライバル 競争相手。「―意識」▽rival

らいびょう【×癩病】↓ハンセンびょう

らいひん【来賓】式場などに客として来た人。「―席」

ライフ ①命。生命。「―サイエンス」(生命科学)「―ジャケット」(救命胴衣) ②生活。「―スタイル」③人生。一生。「―サイクル」▽life **―セーバー** 海水浴場やプールで水難者の救助を行う人。水難救助員。▽lifesaver **―ライン** ①電気・水道・ガスなど生活・生存に不可欠の基が供給される経路。生活線。「災害時における―の確保」②船での救命用ロープ。また、潜水夫の命綱。▽lifeline **―ワーク** 一生をかけた、その人の第一の仕事。▽lifework

ライブ 生放送。生中継。生配信。また、(観客の前での)生演奏。「―ハウス」「―コンサート」▽live(英語では形容詞)

らいふく【来復】一度去ったものがまたもどって来ること。「一陽―」(↓いちようらいふく)

ライブラリー ①図書館。(学校などの)図書室。「フィルム―」。よく使われる計算機プログラムを集めたもの。「統計解析―」▽後者で、データを集めたものは「データベース」と言う。②叢書(そうしょ)。文庫。「英文学―」▽library

ライフルじゅう【ライフル銃】弾丸に回転を与え(て弾道を安定させ)るために、銃身内部に、らせん状のみぞを施した銃。施条銃。▽「ライフル」は rifle

らいほう【来報】『名・ス他』しらせに来ること。そのしらせ。

らいほう【来訪】『名・ス自』たずねて来ること。↔往訪

ライム 直径三センチほどで、形はみかんに似た緑色の果実。芳香と酸味がある。また、それをつける常緑低木。「―ジュース」「―グリーンの上着」▽lime みかん科。

ライむぎ【ライ麦】麦の一種。小麦に似るが、たけが高く一・五～二メートル。五月ごろ一五センチぐらいの穂状の花を開き、のぎのある実を結ぶ。小アジア原産で寒さに強く、日本では主に北海道で作った。黒パンや醸造の原料。茎や葉は飼料。▽「ライ」は rye いね科。

らいめい【雷名】世間にとどろき渡っている名声。▽他人の名声を敬っても言う。

らいめい【雷鳴】かみなりの音。

らいゆ【来由】いわれ。おこり。由来。▽「らいゆう」とも言う。

らいゆう【来遊】『名・ス自』あそびに来ること。

らいらく【×磊落】『名・ダナ』気が大きく朗らかで、小さいことにこだわらないこと。気性がさっぱりしていること。「豪放―」派生 **―さ**

ライラック 五月ごろ淡紫色でかおりのよい花が円錐(えんすい)形に群がって咲く落葉低木。バルカン半島・クリミア半島原産。高さ数メートルに及ぶ。花が白・赤・青などの園芸品種もある。むらさきはしどい。すおうぼく。はなはしどい。リラ。▽lilac もくせい科。

らいりん【来臨】『名・ス自』他人がある場所に出席することを敬って言う語。「御―を賜る」

らいれき【来歴】物事が過ぎ経てきた次第。由来。由緒(ゆいしょ)。「故事―」

ライン ①線。「スタート―」②列。「ピケ―」。行(ぎょう)。③航路。「エア―」④企業経営で、製造・販売などの(系列的)業務を担当する部門。↔スタッフ。▽line **―アップ** 顔ぶれ。(スポーツで先発する選手の)陣容。野球で、打撃をする順。▽「ラインナップ」とも言う。line-up **―ダンス** レビューで、大勢のダンサーが横一列に並んで、脚の動きをそろえて踊る踊り。▽line と dance とによる和製英語。

ラウ【羅宇】↓ラオ

ラウドスピーカー ↓スピーカー(2)。▽loudspeaker

ラウンジ ホテルなどの、ソファーなどを置いた社交室。休憩室。▽lounge

ラウンド ①ボクシング・ゴルフなどの一区切り・一試合。「タイトル マッチの―数」「―の途中で雨にあう」。また、競技会の一区切り。「予選―を通過する」②一連の会議。ひと続きの交渉。「ウルグアイ―」③丸いさま。丸い形。「―テーブル」▽round

ラオ【羅△宇】キセルの火皿と吸い口をつなぐ竹の管。ラウ。「―のすげ替え」▽ラオス産の竹を使ったところから。

ラオチュー【△老△酒】もち米・アワ・キビなどの穀類を原料とする中国の醸造酒で、長期間、保存・熟成したもの。▽中国語。

ラガー ①貯蔵工程で熟成させたビール。また、貯蔵用に加熱殺菌したビール。▽lager ②ラグビー。また、ラグビーの選手。ラガーマン。▽rugger

らかん【羅漢】〔仏〕「阿羅漢(あらかん)」の略。「五百―」

らがん【裸眼】めがね・コンタクト レンズを使用しない時の目。「視力は―で〇・五だ」

らぎょう【裸形】身を覆う物がない格好。はだか姿。▽かなり古風。

らく【楽】①『名・ダナ』㋐心身に苦しみがなく、(ゆったりして)安らかなこと。「―をする」「苦は―の種」「注射で痛みが去り、―になる」「―な姿勢」㋑苦労するまでもなく、たやすいこと。「こんな仕事なら―だ」▽↓らくに。②『名』「千秋楽(せんしゅうらく)」の略。楽日(らくび)。関連 楽楽・安楽・気楽・愉楽・安閑・悠悠・浩然(こうぜん)・のんびり・伸び伸び・のんき・安らぐ・気安い

らく【洛】ラク（人） ①㋐都、特に日本で京都。「京洛・洛中洛外・洛西・上洛・入洛(じゅらく・にゅうらく)・帰洛」㋑洛水のほとりの都の名。「洛陽」②中国の川の名。黄河の支流。「洛水」

らく【*落】ラク おちる おとす ①草木の葉がおちる。低くなる。衰える。力を失う。おちる。おとす。おちいる。「落下・落伍(らくご)・落花・落日・落雷・落髪・落涙・落城・落魄(らくはく)・落着・落手・墜落・下落・低落・没落・零落・欠落・脱落・剝落・堕落・転落・崩落・段落・暴落・凋落(ちょうらく)・陥落・難攻不落」②新たにできる。はじめ。「落成・落慶法要」③人家の集まっているところ。「村落・集落・部落」④まがき。へい。「籬落(りらく)」⑤さびしい。「落莫(らくばく)」

らく【絡】ラク からむ からまる からめる ①糸でむすびつける。つなぎあわせる。「纓絡(ようらく)・連絡・脈絡・経絡・短絡」②まといつく。しばる。からむ。からまる。「籠絡」

らく【酪】ラク ①牛・羊・馬などの乳から作った飲料。「牛酪・乳酪・乾酪・酪農」②果実をしぼったしるで作った飲料。

らく【楽】→がく【楽】

らくいん【×烙印】刑罰として罪人の額などに当ててしるしを付けた焼き印。「—を押される」(ぬぐい去れない汚名を受ける)

らくいん【落×胤】身分・地位のある男が正妻でない女にひそかに生ませた子。おとしだね。「ご—」

らくいんきょ【楽隠居】《名・ス自》安楽に生活している隠居。「—の身」

らくえん【楽園】苦しみが無く、楽しさに満ちあふれた場所。パラダイス。「地上の—」「野鳥の—」

らくがい【×洛外】都(京都)の郊外。↔洛中

らくがき【落書(き)】《名・ス自他》書くべきでない所に文字や絵をいたずら書きすること。その書いたもの。

らくがん【落×雁】①秋に、列を作って空から下りてくる雁の群れ。②穀類の粉を砂糖・水あめなどで練り、型に入れて固めた干菓子(ひがし)。

らくご【落後・落×伍】《名・ス自》仲間・集団の列からおくれ、ついてゆけなくなること。「社会の—者」▽「伍」は隊列の意。「落後」は書き替え。

らくご【落語】寄席(よせ)などで演じる、たくみに落(おち)をつけて終わる、こっけいな話。おとしばなし。

らくさ【落差】①落下または流下する水の、高低二か所における高さの差。②転じて一般に、高低の差。「理想と現実との—」

らくさつ【落札】《名・ス他》入札(にゅうさつ)の結果、目的物または売買の権利などを自分の手に入れること。

らくじつ【落日】①沈みゆく太陽。いりひ。落陽。②比喩的に、没落。落ち目。「石油文明の—」

らくしゅ【落手】①《名・ス他》(送られた物・手紙などを)うけとること。落掌。「ただ今お便り—」②《名》将棋・碁で見落とした手。やりそこなった手。

らくしゅ【落首】時事や人物を風刺した匿名の狂歌や狂句。

らくしょ【落書】①時事や人物を風刺した匿名の文書。人目につきやすい所にはりつけ、または道に落としておく。おとしぶみ。②らくがき。

らくしょう【楽勝】《名・ス自》大した苦労もなく勝つこと。

らくしょう【落掌】《名・ス他》→らくしゅ(落手)(1)

らくじょう【落城】《名・ス自》城が敵に攻めとられること。

らくしょく【落飾】《名・ス自》貴人が髪(=飾)をそりおとして仏門にはいること。▽→ていはつ

らくせい【落成】《名・ス自》土木建築の工事ができあがること。「—式」

らくせき【落石】《名・ス自》山の上から石が落ちてくること。その落ちた石。

らくせき【落籍】㊀《名・ス他》身代金(みのしろきん)を払って芸者・娼妓(しょうぎ)などをやめさせ、籍から名前を抜くこと。身請け。▽㊁(1)の転。㊁《名・ス自》①仲間から身を引いて名を除くこと。▽㊁の意では今はほとんど使わない。②戸籍簿に抜け落ちていること。

らくせつ【落雪】《名・ス自》屋根やがけの上や木の太枝に積もった雪が、気温上昇や振動で、すべり落ちること。その落ちた雪。

らくせん【落選】《名・ス自》選挙・選考に落ちること。↔当選・入選

らくだ【×駱×駝】①足・首が長く、せなかに脂肪を蓄えておくこぶがある草食獣。長期の飢えと渇きに耐える。ヒトコブラクダとフタコブラクダがある。荷物の運搬、乗用として砂漠地帯で重用する。毛は織物の材料。▽らくだ科。②らくだ(1)の毛で作った毛糸・毛織物。キャメル。「—のシャツ」

らくたい【落体】重力の作用で落下する物体。

らくだい【落第】《名・ス自》試験に合格しないこと。↔及第。「—生」「—点」

らくたん【落胆】《名・ス自》気力をおとしてがっかりすること。

らくちゃく【落着】《名・ス自》きまりがつくこと。物事がおちつくこと。「一件—」

らくちゅう【×洛中】都(京都)の市中。洛内(らくない)。↔洛外

らくちょう【落丁】本のページがぬけおちていること。▽→ちょう(丁)(2)(イ)

らくちょう【落潮】①ひきしお。②衰えてゆくこと。おち目。また、相場が下落の傾向を示すこと。

らくてつ【落鉄】《名・ス自》馬の蹄鉄(ていてつ)がはずれて落ちること。

らくてんか【楽天家】楽天的な人。のんきな人。オプティミスト。↔厭世(えんせい)家

らくてんしゅぎ【楽天主義】①害悪の存在を認めながらも、この世界は最良のものとする考え方。オプティミズム。↔厭世(えんせい)主義。②くよくよ心配しない

で、すべて楽観的に見る行き方。

らくてんち【楽天地】 煩わしいことのない、安楽な場所・環境。

らくてんてき【楽天的】《ダナ》人生に明るい見通しを持っているさま。物事をよい方に明るく考える傾向であるさま。「―な性格」

らくど【楽土】 苦しみがなく楽しい生活が送れる土地。

らくに【楽に】《副》①安らかに。「―寝そべる」②たやすく。「―解ける問題」③ぎりぎりでなく、ゆとり十分に。「参集者は―百人を越えた」

らくね【楽寝】《名・ス自》らくらくと寝ること。

らくのう【酪農】 牛・羊・やぎなどを飼って乳をしぼったり、それから乳製品を作ったりする農業。

らくば【落馬】《名・ス自》乗っていた馬から落ちること。

らくはく【落×魄】《名・ス自》おちぶれること。零落。

らくばく【落×莫】《ト タル》ものさびしいさま。「秋風―」「―たる人生」

らくはつ【落髪】《名・ス自》かみの毛をそり落として仏門にはいること。

らくばん【落盤・落×磐】《名・ス自》鉱山などで坑内の天井や側面の岩石がくずれおちること。「―防止」

らくび【楽日】 千秋楽の日。興行の期間の最後の日。

ラグビー 球技の一種。両チーム十五人ずつが、楕円(だえん)形のボールを、持って走ったり蹴ったりして、相手方のゴール内の地上に手でつけること、またゴールへキックすることによって得点する競技。ラガー。ラ式蹴球。「七人制―」▽Rugby football から。

らくひつ【落筆】《名・ス自》①筆をおろして書くこと。②たわむれ書き(をすること)。

らくめい【落命】《名・ス自》(不慮の災難などで)死ぬこと。

らくやき【楽焼(き)】 ①ろくろを使わずにつくり、低火度で焼いた陶器。▽千利休(せんのりきゅう)の創意によって楽長次郎が始めたとされる。②素焼きの陶器に、客に絵を書かせ、店先で短時間に焼き上げるもの。

らくよう【×洛陽】 ①中国の河南省にある古都。「―の紙価を高める」(晋(しん)の左思(さし)が三都賦(さんとふ)をつくったところ、非常にすぐれていたので人々が争って写したため、洛陽の紙価が上がったことから、本が大そうよく売れることを言う) ▽洛水(らくすい)の陽(=北岸)にあるので言う。②京都の別称。

らくよう【落葉】《名・ス自》木の葉が枝からおちること。また、落ちた木の葉。おちば。 **―じゅ【―樹】** 秋の末になると葉が落ち、春になるとまた新しい葉を生じる樹木。↔常緑樹。 **―しょう【―松】** ↓からまつ

らくよう【落陽】 いりひ。落日。

らくらい【落雷】《名・ス自》雷が落ちること。雷雲と地表との間に起こる放電現象。

らくらく【楽楽】《副[と]》①ゆったりして安らかなさま。「―(と)寝そべる」②苦労するまでもなくたやすいさま。「―解ける問題」

ラグラン 「ラグラン スリーブ」の略。襟ぐりから脇下にかけて斜めの切り替え線が入った袖。▽raglan sleeve から。クリミア戦争の総司令官であった英国のラグラン男爵に因む。

らくるい【落涙】《名・ス自》涙を落とすこと。

ラクロス 先端に網のついたスティック(クロス)でボールを運び、相手のゴールに入れ合う球技。一チームは男子は十人、女子は十二人。▽lacrosse

ラケット テニス・卓球などで、球を打つ道具。▽racket

ラザニア 長方形の薄いパスタ。また、それをミートソース・チーズなどと交互に重ねてオーブンで焼いたイタリア料理。ラザーニャ。▽(イタリア) lasagna

らしい ㈠《助動》《体言およびそれに準じるものに、また、動詞・形容詞の終止形等に付く》述べる事柄が話し手・書き手の相当確実な推定によるという気持を表す。転じて、断定的な言い方を避け婉曲(えんきょく)に表すのに使う。「あれは岩―」「相当じょうぶ―」「天気になる―」「新規事業で忙しい―」「彼女の婚約はいよいよ―」▽断定の助動詞には付かず、その位置に立つ。相づちにも使う。「そう―」「―ね」 ㈡《接尾》《体言に付き、形容詞を作る》①いかにも……にふさわしい。……の特質をはっきりそなえている。「子供は子供**らしく**せよ」「夏―暑さ」「このところ仕事―仕事がない」②その気持を起こさせる(のが自然な)様子だ。「目つきがいや―」「わざと**らしく**見せつける」「もっとも―言い分」「好いた―お方」

ラジウム 放射性元素の一つ。元素記号 Ra 銀白色で、強い放射能を持つ。その放射線を医療・理化学研究に利用してきた。一八九八年、キュリー夫妻が発見。▽radium

ラジエーター 放熱器。暖房器。自動車などのエンジン冷却器。▽radiator

ラジオ ①放送局から電波を使って放送し、多数の聴取者に聞かせるもの。「―ニュース」「―体操」②ラジオ(1)の受信装置。「トランジスター―」▽昭和前期までは「ラヂオ」と書いた。radio **―ゾンデ** 気球にとりつけてとばす測定器械。上層の気圧・気温・湿度・宇宙線・紫外線の状態などを、電波で自動的に送信する。▽(ドイツ) Radiosonde **―ドラマ** ラジオ(1)で聞かせるように作った劇。放送劇。▽radio drama **―ビーコン** 航空機や船を誘導する、電波による航路標識。▽radio beacon

ラジカセ ラジオと、カセットのテープ レコーダーとを一体とした機器。▽radio と cassette とによる和製英語から。

ラジカル《ダナ》徹底していて、過激で急進的であるさま。ラディカル。「―な思想」▽radical 派生 **-さ**

ラジコン 「ラジオ コントロール」の略。無線で操縦すること。「―模型」▽radio control から。商標名。

らししょくぶつ【裸子植物】 種子植物のうち、子房をつくらず、胚珠(はいしゅ)が裸出しているもの。マツ・イチ

ヨウ・ソテツなどの類。↕被子植物

ラシャ【羅×紗】毛織物の一種。織り上げた後、収縮させて地(じ)を厚く密にし、更にけば立てたもの。▽(ポルトガル)raxa　**―がみ**【―紙】原料としてラシャのくず、毛糸のくずなどを加えてすいた紙。ラシャに感じが似る。　**―めん**【〈洋妾〉】江戸末期から明治初期に、日本に来ている西洋人のめかけになった日本女性を卑しめて言った語。▽もと「羅紗緬(めん)」で、ひつじのこと。

ラジャー《感》無線通信などで、了解した意を伝える返事の言葉。「即刻出発せよ」「―」▽roger(＝ローマ字rの呼び名で、receiveの頭字に引き当てる)

らしゅつ【裸出】《名・ス自》おおいがなく、むきだしになっていること。

らしん【裸身】はだか。

らしんぎ【羅針儀】→らしんばん

らしんばん【羅針盤】磁気を帯びた針(＝羅針)によって、方位、特に船や航空機の進路を測る道具。羅針儀。コンパス。

ラスク 薄切りのパンに、卵白にまぜた砂糖などを塗り、堅く焼いた菓子。▽rusk

ラスト 最後。終わり。「―を走る」「―シーン」「―ライト」▽last　**―オーダー** 飲食店がその(夜の)刻限までは受ける、おしまいの注文。また、客が注文できる、そういう刻限。▽lastとorderとによる和製英語。　**―スパート** ゴール間近になって力をつくすこと。最後の力走・力泳。「―をかける」▽last spurt

ラズベリー キイチゴの一種。赤い果実を生食し、ジャムやジュースにもする。▽raspberry

らせつ【羅刹】〔仏〕人を惑わし、また食うという魔物。仏教では、羅刹天として、夜叉(やしゃ)と共に毘沙門天(びしゃもんてん)の眷属(けんぞく)とされる。

らせん【×螺旋】①巻貝のからのようにぐるぐるねじれ巻いているもの。「―階段」②ねじ。▽(2)は今は言わない。

らぞう【裸像】はだかの人体を表現した彫像・画像。

らそつ【×邏卒】①見まわりの兵卒。②巡査の旧称。▽一八六八～七四年の間の称。「ポリス」とも。

らたい【裸体】はだか。「―画」

らち【×埒】物事のくぎり。「―があかない」(きまりがつかない。はかどらない)「―もない」(だらしがない。くだらない)「―を越える」(法やおきてを破る。道理に反する)▽馬場の周囲の柵を言ったことの転。

らち【拉致】《名・ス他》無理やりに連れてゆくこと。▽「らっち」とも言い、昭和初年までは「らち」より普通。→らっする

らちがい【×埒外】わくの外。一定の範囲外。「―に置かれる」

らちくち【×埒口】らち。「―もない」

らつ〔辣〕ラツ ラチ ①味がぴりっと辛い。「辣油(ラーユ)」②ぴりっとして、きびしい。「辣腕・辛辣・悪辣・毒辣」

らっか【落下】《名・ス自》(物が)高い所からおちること。「―地点」　**―さん**【―傘】→パラシュート

らっか【落果】果実が採取前に落ちること。その落ちた果実。

らっか【落花】散り落ちた花。「―狼藉(ろうぜき)」(物が入り乱れ、取り散らされているさま)「―流水」(散り落ちた花と流れる水。相思相愛のたとえ)「―枝にかえらず」(転じて、ひとたび破れた男女の仲は、再びもとどおりにはならないことのたとえ)　**―せい**【―生】子房の枝がのびて地下にはいり、繭形のかたいさやを作り実を結ぶ一年草。夏、葉のつけねに黄色の小花をつける。種子は食用、また、油をとる。なんきんまめ。ピーナッツ。▽まめ科。

ラッカー 木工品に塗る速乾性の塗料。▽lacquer

らっかん【楽観】《名・ス他》事態を明るい向きに見ること。↕悲観。㋐好ましい状態に向かうだろうと、前途をよい方に考えて心配しないこと。「政局は―を許さない」㋑人生・世界・宇宙は(結局は)よいものだとする、物の見方。「苦難にあっても人生を―する男」　**―てき**【―的】《ダナ》この先(も)うまく運ぶといった類の安心ができるさま。「この不景気に対しては―だ」。また、物事を明るく考えることが多い(のんきな)性向のさま。「いつも―な男」

らっかん【落款】かき上げた書画に、筆者自身が氏名や雅号を記しまたは雅号の印を押すこと。その記名や印。▽落成の款識(＝銘記した文字)の意。

らっき【落×暉】沈んでゆく太陽(の輝き)。▽やや古風。

ラッキー《ダナ》運のよいさま。えんぎのよいさま。↕アンラッキー。「―ボーイ」▽lucky　**―セブン** 野球で、得点の機会が生じやすいとされる、七回の攻撃。▽lucky seventhから。

らっきょう【辣×韮】白または薄紫の鱗茎(りんけい)を、漬けて食用にする多年草。葉は細長く中空で、群がり生じる。秋、紅紫色の小さい花が咲く。▽ひがんばな科(旧ゆり科)。

ラック ①木材に塗る塗料の一種。南洋の植物に寄生するラックカイガラムシの分泌する樹脂様の物質をアルコールなどでとかしたシェラックから作る。着色料のラックもこれから抽出。▽lac ②物を乗せたり置いたりするための棚。「マガジン―」▽rack

らっけい【落慶】社寺の新築または改築工事が完成した祝い。落成のよろこび(＝慶)。「―式」

ラッコ【〈猟虎〉】体長一メートルくらいで、後足は大きくて水かきがある海獣。北太平洋近海にすむ。毛皮が珍重されたため乱獲されて激減。▽アイヌ語から。いたち科。

ラッシュ ①突進。「―をかける」②狂奔。にわか景気。「ゴールド―」③物事が一時に集中・殺到して混雑すること。特に、交通機関の混雑。「通勤―」「帰省―」▽rush　**―アワー** 通勤・通学者のために交

通機関が混雑する朝夕の時間。混雑時(間)。▽rush hour

らっ-する【拉する】『サ変他』本人の意志に反して無理に連れ去る。▽つかまえる意の強めに使うことがある。

ラッセル ①『名・ス自』登山などで、雪をかきわけて進むこと。▽日本で(2)から派生した意。②『名』「ラッセル車」の略。雪が深い時に機関車の前につけ、雪をかき分けて列車が進めるようにする車。除雪車。▽製造会社名 Russell から。③『名』呼吸器に異状がある時や気管に分泌物がある時に、聴診器に聞こえて来る、特別な呼吸音。水泡音。▽ドイツ Rasselgeräusch から。

らっち【拉致】『名・ス他』→らち(拉致)

ラット しろねずみ。実験に使う、ドブネズミの飼育品種。→マウス(1)。▽rat

らっぱ【×喇×叭】 信号らっぱ・トランペット・ホルン等、真鍮(しんちゅう)管の一端に吹き口がつき、他端が広く開いている管楽器の総称。特に軍隊で信号・行進の時などに吹き鳴らす金管楽器、信号らっぱ。「―を吹く」(転じて、ほらをふく)「―手(しゅ)」 **―のみ【―飲み】**『名・ス他』びん詰めの液体を、びんの口に口をつけて、らっぱでも吹くように飲むこと。

ラッピング ①『名・ス他』プレゼントなどを美しく包装すること。「―用品」②『名』バス・電車などの車体全面を広告などで覆うこと。「―バス」▽wrapping

ラップ ①『名』競走路の一周。また、競泳でプールの一往復。▽lap ②『名・ス他』食品を包む薄くて透明なフィルム。また、それで包むこと。▽wrap ③『名・ス自』アフリカ系アメリカ人の間から出た、一定のリズムにのって語るように韻を踏んで歌う音楽。そのように歌うこと。▽rap **―タイム** 競走・競泳などで、中間に選んだ一定の距離ごとの、競技者がそこを通過した時間。▽lap time **―トップ** 膝に載せて使えるほどの大きさであること。「―パソコン」▽コンピュータ用語。laptop(＝膝の上) →デスクトップ

らつわん【辣腕】 てきぱき処理する能力があること。「―家」「―をふるう」

ラディッシュ 二十日大根。▽radish

らでん【×螺×鈿】 青貝の殻の内側の、真珠色の光を放つ部分を薄く種々の形に切って、漆器などの表面にはめこんで装飾とした物。

ラドン 希ガス類元素の一つ。元素記号 Rn ラジウムの崩壊に際して生じる放射性の気体元素。▽radon

ラ ニーニャ エル ニーニョと逆に、ペルー沖の海面温度が低くなる現象。→エル ニーニョ。▽スペイン La Niña (エル ニーニョの女性形)

ラノリン 羊毛からとった、ろう状の物質。羊毛脂。軟膏(なんこう)・化粧品・座薬などに使う。▽lanolin

らば【×騾馬】 雌馬と雄ろばとの間にできた雑種。耐久力があり粗食にたえるので、労役に使う。生殖力はない。

ラバ 溶岩。▽イタリア lava

ラバー ①ゴム。②卓球のラケットに貼るゴム製の板。▽rubber **―ソール** ゴム底(の革靴)。ラバ ソール。▽rubber-soled から。

らふ【裸婦】(絵画の題材としての)はだかの女性。

ラフ ①『ダナ』粗いさま。粗雑。「感覚が―だ」「―なプラン」。無造作。「―な格好」 派生 **-さ** ②『名』ゴルフ コースで、フェアウエーの両側の、芝が伸ばしてある部分。③『名』大まかなデザインや下書き。▽rough

ラブ ①愛。恋愛。②テニスなどで、零点。無得点。「―ゲーム」▽love **―コール**『名・ス自』①愛情をこめて電話で話すこと。「恋人に何度も―する」。求愛の鳴き声。「小鳥の―が聞こえる森」②非常に熱心に働きかけること。「―の結果、ようやく工場進出の内諾を取り付ける」▽love call **―シーン**(小説やドラマなどで)恋の場面。▽love scene **―ストーリー** 恋物語。▽love story **―ホテル** あいびき客のためのホテル。▽love と hotel とによる和製英語。**―ラブ**『ダナ』恋人または夫婦で、互いに熱愛しているさま。あつあつ。「いつも―な様子で羨ましいですね」「―の二人」▽love を重ねた和製英語。**―レター** 恋文(こいぶみ)。▽love letter

ラプソディー 自由形式の器楽曲。多くは民族的または叙事的性格をもつ。狂詩曲。▽rhapsody

ラフティング いかだ・ゴムボートでの川下り。特に、大型のゴムボートでパドルを使って急流を下るスポーツ。▽rafting

ラベル はり札。はり紙。レッテル。▽label

ラベンダー 薄紫の小花が穂状に咲く、高さ六〇センチほどの常緑多年草または小低木。南ヨーロッパ原産。花を蒸留して得るラベンダー油を香水などの原料にする。▽lavender しそ科。

ラボ ①研究室。実験室。「共同―」②写真の現像をする所。「カラー―」▽laboratory から。

ラマきょう【×喇×嘛教】 →チベットぶっきょう。▽「ラマ」はチベット blama(＝師長。上人(しょうにん))

ラマダン イスラム暦(一年が三百五十四日の太陰暦による)の九月。断食月。健康な人は日の出から日没まで飲食を絶つ決まりがある。ラマダーン。▽アラビア Ramaḍān

ラミー カラムシの一変種。カラムシよりもたけが高く、茎も葉も大きい。繊維は水に強く、船舶用の綱、魚網などに使う。▽ramie

ラム ①サトウキビの糖蜜やしぼり汁を原料とする蒸留酒。ラム酒。「―レーズン」▽rum ②(生後一年未満の)子羊(の肉や毛皮)。「―ステーキ」▽lamb ③【RAM】コンピュータで、指定した任意位置に対し読み書きできるようになっている記憶装置。▽random access memory の略。→ロム

ラムネ ①炭酸水に砂糖、レモンの香りなどを加えた

清涼飲料水。ガラス瓶に詰め、ガラス玉で栓をする。▽「レモネード」の転。②砂糖・コーンスターチに酸味料を加え、錠剤の形にした駄菓子。▽⑴の味を模したことによる名。③月賦の隠語。▽⑴を飲むとげっぷが出るから。⑶は既に古風。

ラメ 織物用の、金糸・銀糸など光を反射して光る糸。また、それを織り込んだ布地。「―入り」「―のブラウス」▽フランス lamé

ララバイ 子守歌。▽lullaby

ラリー ①ネットを挟んで行う球技で、球の打ち返し合いが続くこと。「―ポイント制」②主に公道を使って一定の条件で行う、自動車の競技。速さや運転技術を競う。▽rally

らりこっぱい【△乱離骨灰・羅利△粉灰】 散りぢりに離れること。めちゃめちゃ。

ラルゴ〔音楽〕きわめてゆるく、表情ゆたかにゆったりと(演奏すること)。▽イタリア largo

られつ【羅列】『名・ス他自』ずらりと並べる、また並ぶこと。「単なる文字の―に過ぎない」

られる『助動』《五段以外の動詞および「(さ)せる」の未然形に付く》→れる

ラワン 木材として広く使われる、熱帯アジア産の常緑高木。赤ラワンは材の色が美しく加工しやすいので、家具・装飾材にする。白ラワンも加工しやすいが、病害に弱く、腐りやすい。▽lauan ふたばがき科の、大形で用材に適した種の総称。

ラン ㊀①『名』映画・演劇などの連続興行。「ロング―」。また、興行の順次。「セカンド―」②『名』野球で、走塁。「ヒット エンド―」。また、塁を一巡して得点すること。「ツー―ホーム ラン」③『名・ス他』コンピュータで、プログラムや処理を実行すること。▽run ㊁【LAN】『名』企業内・学内・家庭内などでのデータ共有のため、インターネットとは別に独自に構成する比較的小規模なコンピュータ ネットワーク。▽local area network の略。

らん【*乱】【亂】ラン みだれる みだす ①物事のすじみちがきまらない。秩序が立たない。みだれる。みだす。「乱逆・乱戦・乱立・乱行・乱心・乱倫・乱暴・乱雑・乱麻・乱雲・乱舞・乱筆・攪乱(こうらん)(かくらん)・狂乱・紊乱(びんらん)・惑乱・混乱・紛乱・散乱・胡乱(うろん)・錯乱・酒乱・淫乱・一心不乱」②『名・造』世の中が治まらない。戦争。「応仁(おうにん)の乱」「治乱・戦乱・動乱・反乱・内乱・禍乱・壊乱・騒乱」

らん【*卵】ラン たまご 『名・造』卵子。また、たまご。「卵生・卵巣・排卵・鶏卵・卵黄・卵白・卵殻・産卵・累卵・受精卵・孵卵器(ふらんき)」

らん【嵐】ラン あらし ①山の風。青々とうるおっている山の空気。山気。「嵐気・青嵐・晴嵐・翠嵐(すいらん)」②日本で、あらし。「嵐前の灯火」

らん【*覧】【覽】ラン みる 高い所から見渡す。ひろく見る。よくみる。「観覧・閲覧・遊覧・博覧・一覧・回覧・巡覧・縦覧・展覧・便覧・供覧・総覧・台覧・天覧・上覧・高覧・照覧」

らん【藍】ラン あい ①草の、あい。それからとる染料の色。「藍碧(らんぺき)・藍青・藍本・藍綬褒章(らんじゅほうしょう)・出藍・甘藍」②ぼろの意。「襤(らん)」と通用。「藍縷(らんる)」

らん【濫】ラン みだり ①物事が度をすぎて道にはずれる。みだれる。みだり。みだりに。むやみに。「濫用・濫伐・濫獲・濫費・粗製濫造・濫発・濫立」②水がみちて外にあふれる。「氾濫」③水にうかべる。「濫觴(らんしょう)」

らん【欄】【欄】ラン てすり ①『名・造』新聞雑誌等の紙面でかこみをした部分。一定の種類の文章を載せる部分。「あいている欄がある」「欄外・上欄・空欄・文芸欄・投書欄・家庭欄・広告欄」②てすり。らんかん。おばしま。「欄干・勾欄(こうらん)・欄間(らんま)」▽もと、木を横にわたして区切ったかこい、おりの意。

らん【蘭】【蘭】ラン あららぎ ①『名・造』らん科植物の総称。多年生。観賞用。東洋種は四君子(しくんし)の一つ。「蘭の花」「蘭薫・春蘭・洋蘭・芝蘭(しらん)・金蘭・鈴蘭(すずらん)・木蘭(もくらん)」▽古くは「らに」とも言い、フジバカマをも指した。②「和蘭(オランダ)」の略。「蘭学・蘭語・蘭書・蘭医・蘭印」

らん【×爛】ラン ただれる ①火に焼けて皮膚がくずれる。ただれる。くさって形をくずす。「腐爛・糜爛(びらん)」②まっさかり。「爛熟・爛漫」③きらきら光るさま。あきらかなさま。「絢爛(けんらん)・爛爛」

らんい【×蘭医】江戸時代、オランダ医学による医者。蘭方(らんぽう)医。

らんうん【乱雲】形の乱れた黒雲。あまぐも。「―が飛ぶ」▽気象用語としては「乱層雲」の旧称。

らんおう【卵黄】鳥の卵の中に貯(たくわ)えられ、胚(はい)が発生する時の栄養となる黄色い物質。脂肪・蛋白(たんぱく)質に富む。きみ。

らんがい【欄外】紙面のわく・しきりの外。また、本文部分のまわりの余白。

らんかく【卵殻】たまごのから。

らんかく【濫獲・乱獲】『名・ス他』魚や鳥獣をやたらにとること。

らんがく【×蘭学】江戸時代中期以後、オランダ語の書物によって、西洋の学術を研究した学問。

らんかん【欄干】橋・縁側などのふちに、人が落ちないように、また飾りとして、縦横にわたした木。てすり。おばしま。

らんき【△嵐気】→さんき

らんぎく【乱菊】花弁が長くて不ぞろいな菊の花。それにかたどった模様。

らんぎょう【乱行】荒々しくみだりな行い。不行跡。「―に及ぶ」

らんぎり【乱切り】料理で、根菜類を回しながら包丁を入れ、角度を変えて一定の大きさに切ること。そのように切ったもの。

らんきりゅう【乱気流】 激しく上下に流れ動く気流。気象・地形などによって生じる。

ランキング 順位。等級。また、格付け。▽ranking

ランク『名・ス他』順位を定めること。順位どおりにならべること。「第三位に―される」▽rank

らんぐい【乱×杭・乱×杙】 乱雑に打ち込んだ、くい。「―歯(ぐい)」(歯並みの悪い歯)

らんくつ【濫掘・乱掘】『名・ス他』(地下資源などを)やたらに掘ること。

らんぐん【乱軍】 敵味方が入り乱れての戦い。乱戦。

らんこう【乱交】 相手かまわず(みだりに)する性交。「―パーティー」

らんこうげ【乱高下】『名・ス自』相場の動きがやたらに激しいこと。

らんこん【乱婚】 特定の夫または妻をきめず夫婦関係を結ぶこと。雑婚。▽原始社会の婚姻形態として想定されたが、根拠に乏しい。

らんさく【濫作・乱作】『名・ス他』(作品を)むやみに多く作ること。

らんざつ【乱雑】『名ナノ』ばらばらに乱れ、きちんとしていないさま。「部屋の中が―になる」派生 **-さ**

らんし【乱視】 眼球ごとに角膜が正しい球面をしていないために、光線が網膜上の一点に集まらず、物の形をはっきり見ることのできない視力の異常。

らんし【卵子】 雌性生殖細胞。卵巣内で作られ、精子(=雄性生殖細胞)と結合して個体を発生する。卵細胞。卵。

ランジェリー 女性用の、飾りのついた薄地の下着・部屋着。▽フランス lingerie

らんしゃ【乱射】『名・ス他』ろくに照準もせず、むやみやたらに射撃すること。

らんじゃ【×蘭×麝】 蘭(らん)の花と麝香(じゃこう)のにおい。非常によいにおい。

らんしゅ【乱酒】 ①度を越えてむやみに酒を飲み、行いが乱れること。②宴席で席も乱れて酒を飲むこと。

らんじゅく【×爛熟】『名・ス自』①熟(う)れすぎること。②転じて、ある事柄が極度に発達すること。「文化の―期」

らんしょ【×蘭書】 オランダ語で書いた書物。

らんしょう【濫×觴】 物のはじまり。「近代医学の―」▽長江も源(みなもと)ではわずかに觴(さかずき)を濫(うか)べるぐらいであるという「荀子(じゅんし)」の語から。

らんしん【乱心】『名・ス自』心がみだれとりみだすこと。「―者(もの)」

らんしん【乱臣】 国を乱し君にそむく臣下。 **―ぞくし【―賊子】** 国を乱す臣と親にそむく子。

らんすい【乱酔】『名・ス自』だらしなく酔うこと。また、酒に酔って乱れること。

らんすう【乱数】 0から9までの数字が不規則かつ等確率に現れるように配列されたもの。統計の無作為抽出や暗号に使う。「―表」▽上記の一様乱数の他に、ある分布に従った数値が出現順だけ不規則になっているものも言う。例えば正規型乱数。

らんせい【卵生】 動物の子が卵の形で母体外に出、それが発育して孵(かえ)るという生まれ方。↕胎生

らんせい【乱世】 秩序なくみだれた世の中。戦乱の世。らんせ。「―の雄」

らんせん【乱戦】 ①試合が荒れた状態。「―模様になる」▽(2)の転。②敵味方が入り乱れての戦い。

らんそう【卵巣】 動物の雌性生殖器の一つ。卵子を作りホルモンを分泌する。

らんぞう【濫造・乱造】『名・ス他』質を考えずにむやみやたらにつくること。「粗製―」

らんそううん【乱層雲】 雨や雪を降らせる、不定形の雲。あまぐも。▽→らんうん

らんだ【乱打】『名・ス他』めちゃくちゃに打つこと。むやみやたらにたたくこと。「警鐘を―する」(さかんに世間に警告する)「太鼓を―する」「―戦になった野球試合」

らんだ【×懶惰】『ダナ』なまけて、仕事などをなおざりにすること。「―な生活」▽「らいだ」と読むのは誤り。派生 **-さ**

ランダム ①『名・ダナ』順を追ってなど系統的にでなく、手当たり次第。「―に選び出す」「―アクセス」▽random ②『名』無作為。↓ランダム サンプリング。 **―サンプリング** 統計で、母集団から標本を無作為に抜き取ること。母集団に属する個々のもののどれを抜くかをえり好みせず、確率的に抜いて標本とする方法。無作為抽出(法)。▽random sampling

ランタン 手下げランプ。「赤い―」▽lantern ↓かくとう(角灯)

ランチ ①昼食。また、簡単な(盛り合わせの)食事。「お子様―」「―タイム」▽lunch ②短距離用の小型船。はしけ。▽launch

らんちきさわぎ【乱痴気騒ぎ】 ①正気とは思えないほど騒ぐこと。どんちゃんさわぎ。②痴話喧嘩(げんか)。

らんちゅう【×蘭鋳】 体が丸く背びれがない、金魚の一品種。頭部に肉瘤(にくりゅう)をもつ。優美で珍重される。まるこ。

らんちょう【乱丁】 書物のページの順序が狂っていること。▽→ちょう(丁)(2)(イ)

らんちょう【乱調】 乱れた調子。乱調子。▽音楽・詩歌・相場などで言う。

ランチョン マット 軽い食事の際、テーブルにおいて一人分の食事をのせる敷物。▽luncheon と mat とによる和製英語。

ランデブー『名・ス自』①(男女が)時間と場所をきめておいて会うこと。②宇宙船・人工衛星が、ドッキングするために近づくこと。▽フランス rendez-vous (=会合。会合の約束)

らんとう【乱闘】『名・ス自』いりみだれて争うこと。

らんとう【卵塔・×蘭塔】〔仏〕台座の上の部分が鳥の卵のような形をしている墓石。多く禅僧の墓に用い

る。 **—ば**【—場】 墓場。

らんどく【濫読・乱読】『名・ス他』手あたり次第に書物を読むこと。

ランドスケープ 風景(画)。特に、都市設計などで、景観。「—デザイン」 ▽landscape

ランドセル 学童用の背負いかばん。 ▽(オランダ) ransel(=軍人などの背嚢(はいのう))から。

ランドマーク 塔・記念碑など、その地域を特徴づけ、目印となる物。 ▽landmark

らんどり【乱取り】 各人が自由に技をかけ合う柔道の練習。

ランドリー 洗濯屋。クリーニング店。「コインー」 ▽laundry

ランナー 走る人。「マラソンー」。野球の走者。「ピンチー」 ▽runner

らんにゅう【乱入】『名・ス自』どっと押し入ること。「扉を破って屋内に—する」

ランニング ①走ること。 ▽running ②「ランニングシャツ」の略。(運動用または男性の下着用の)袖無しのシャツ。 ▽running と shirt とによる和製英語から。

らんのう【卵×嚢】 軟体動物・両生類・昆虫などに見られる、卵のはいっている袋。

らんばい【乱売】『名・ス他』めちゃくちゃに安く売ること。なげ売り。

らんぱく【卵白】 鳥の卵のしろみ。

らんばつ【濫伐・乱伐】『名・ス他』将来計画も無くむやみに森や林の樹木をきること。

らんぱつ【乱髪】 乱れた髪。

らんぱつ【濫発・乱発】『名・ス他』むやみやたらに法令や通貨などを発行すること。「紙幣の—」

らんはんしゃ【乱反射】『名・ス自』〔物理〕光線が表面のなめらかでない物体にあたって種々の方向に反射すること。

らんぴ【濫費・乱費】『名・ス他』むやみについやすこと。むだづかい。

らんぴつ【乱筆】 乱雑に書いた筆跡。 ▽自分の筆跡をへりくだって言うのにも使う。「—ごめん下さい」

らんぶ【乱舞】『名・ス自』入り乱れて舞いおどること。おどりくるうこと。「狂喜—」「札束が—する選挙」

ランプ ①洋風の灯火。石油を燃料としガラスのほやでまわりをおおう。 ▽「洋灯」と書くことがある。②電灯などの灯火の総称。 ▽(1)(2)は lamp ③高速道路など高低差のある道路への出入りのために設けた、傾斜した道。「—ウエー」 ▽ramp ④牛肉の部位で、尻の部分。 ▽rump

らんぶん【乱文】 乱れて、整わない文章。「—乱筆」 ▽自分の文章をへりくだって言うのにも使う。「—お許し下さい」

らんぺき【藍×碧】 あおみどり。

らんぼう【乱暴】『名・ス自・ダナ』物事の仕方が不当に荒々しいこと。㋐無法なふるまいをすること。「女性に—(を)する」「—者(もの)」 ㋑(注意が足りず)丁寧でないこと。「字を—に書く」「それは—な計画だ」 ▽「乱妨」「濫妨」とも書いた。 派生 -さ

らんぽう【×蘭方】 江戸時代、オランダから伝わった医術。 ▽↓かんぽう(漢方)

らんぽん【藍本】 原本。原典。 ▽藍(あい)は青の出るもとだということから。

らんま【乱麻】 もつれた麻。「快刀—を断つ」(↓かいとう(快刀))

らんま【欄間】 天井と、鴨居(かもい)または長押(なげし)との間に、通風・採光のため格子(こうし)や透かし彫りが取り付けてある所。

らんまん【×爛漫】『ト タル』①花が美しく豊かに咲き乱れているさま。「春—」 ②明らかに輝き出るさま。「天真—」

らんみゃく【乱脈】『名ナノ』乱れて筋道が立っていないこと。「会計が—をきわめる」 派生 -さ

らんよう【濫用・乱用】『名・ス他』むやみやたらに使うこと。「職権の—」

らんらん【×爛×爛】『ト タル』光り輝くさま。「—たる眼(まなこ)」

らんりつ【濫立・乱立】『名・ス自』多数がむやみやたらに立つ(現れる)こと。「候補者の—」「コンビニが—する」

らんりん【乱倫】 人としての行いに反すること。乱れた素行。

らんる【×襤×褸】 ぼろ。つづれ。「—をまとう」

り

り『助動』《文語。動詞連用形語尾+「あり」の転》動作・作用の存続、転じて完了の意を表す。現在も、「至れり尽くせりの世話」「今世紀における最大の発見」「わが事成れりとばかり手を打って喜ぶ」のように使われる。

り〔吏〕 り ― 役人。「官吏・公吏・小吏・良吏・俗吏・汚吏・能吏・獄吏・捕吏・執行吏・収税吏・執達吏・吏員・吏僚・吏道」

り〔*利〕 り きく とし ― ①役に立つ。↕害。㋐『名・造』効用がある。効用。よい都合。都合がよい。「地の利」「利口・利発・利用・利便・利害・便利・福利・水利・有利・勝利」 ㋑都合よくする。ためになるようにする。「利己・利他・利敵・利生・利水・利尿・利益(りやく)・私利・実利」 ②『名・造』もうけ。元金が生み出す余分の所得。「利が上がる」「利にさとい」「利まわり」「漁夫の利」「利益(りえき)・利得・利潤・利殖・利息・利子・利率・利権・権利・名利・功利・巨利・薄利・暴利・戦利・営利・高利」 ③よく切れる。するどい。↕鈍。「利鈍・利剣・利器・鋭利・犀利(さいり)」

り【*梨】リ なし ―①果樹の一つ。また、その実。なし。「梨園・梨花」②梵語(ぼんご)の「リ」の音にあてて用いる。「阿闍梨(あじゃり)」

り【痢】リ ―はらくだし。「痢病・下痢・赤痢・疫痢・瀉痢(しゃり)」

り【*里】リ さと ―①人が集まって住む所。むらざと。「里人・里俗・里道・村里・郷里」②行政区画の一つ。大宝令では、郡内の小区画。人家五十戸の地。③みちのり、また、みちのりを計る尺貫法の単位。一里は、古くは六町。日本で後には三十六町(約三・九キロ)。「里程標・一里塚・一瀉(いっしゃ)千里」▽古代日本には五町一里とすることもあった。

り【×俚】リ ―いなかじみている。日常卑近。民間の。「俚俗・俚言・俚語・俚諺(りげん)・俚謡」

り【*理】リ おさめる ことわり ―①玉をみがきととのえる。そのように、物事のすじめを立てる。とりさばく。おさめる。おさまる。「理事・理財・理髪・整理・修理・管理・調理・料理・処理・弁理・受理・摂理・代理」②すじ。すじめ。㋐《名・造》物事のすじみち。ことわり。「理の当然」「理に落ちる」(話が理屈っぽくなる)「理が非でも」(是非とも。何が何でも)「理非曲直・理論・理由・理性・理想・道理・義理・真理・条理・空理・情理・背理・非理・学理・哲理・物理・地理・生理・心理・法理・論理」㋑物の表面に見えるすじ。もよう。きめ。「文理・木理・膚理・節理」③《名・造》宇宙の本体。「理と気」「理学」④「物理学」の略。また、自然科学系の学問・課目の意。「理化学・理数科・理工学部・文理学部」

り【人裡】リ うち ―「裏」に同じ。日本では、物の内側、うちの意に用いる。「禁裡・胸裡・暗裡・盛会裡」▽→り【裏】⑴⑵

り【*裏】リ うら うち ―①㋐衣服の内がわ。物の内がわになる方。うら。↕表。「裏面・表裏」㋑すべて物の内側。うち。「脳裏・胸裏・手裏・心裏・内裏(だいり)・禁裏」②物の経過する間。環境・条件を表す語。「暗暗裏・盛会裏・秘密裏・大成功裏」▽「裡」は異体字。→うら(裏)⑴㋒

り【履】リ はく くつ ふむ ―①くつ。はきもの。また、くつをはく。「木履・草履・弊履」②足でふむ。ふんで歩く。実行する。おこなう。「履行・履歴」

り【×罹】リ かかる ―ひっかかる。でくわす。かかる。「罹病・罹災・罹厄」

り【*離】リ はなれる はなす ―①わかれわかれ、はなればなれになる。はなれる。「離散・離反・離合・離間・離脱・離陸・離島・離宮・離乳・距離・分離・剥離・遊離・隔離・乖離(かいり)・解離・流離・支離滅裂・不即不離」②わかれる。「離別・離縁・離婚・別離・会者定離(えしゃじょうり)」

リアクション 《名・ス自》反動。反応すること。▽reaction

りあげ【利上げ】 《名・ス自他》利率を上げること。↕利下げ

リアスかいがん【リアス海岸】 岬と入江とが複雑に入り組む沈降海岸。例、三陸海岸、スペインの北西海岸。リアス式海岸。▽「リアス」は rias

リアリスティック 《ダナ》①写実的。生々しいさま。迫真。「―な描写」②現実主義的。現実的。▽realistic

リアリスト ①現実主義者。②写実主義者。③〔哲学〕実在論者。実念論者。▽realist

リアリズム ①現実主義。②写実主義。③〔哲学〕実在論。実念論。▽realism

リアリティー 現実性。真実性。真実。実体。「―に富む」▽reality

リアル 《ダナ》①現実的。②写実的。あるがまま。「―な表現」▽real 派生 **-さ** **―タイム** ①即時。同時。「情報を―で送る」▽real time ②「リアルタイム処理」の略。コンピュータで、データが発生するたびに、即時に処理する方式。実時間処理。↕バッチ処理

リーク ①《名》漏れ。「水槽の―」②《名・ス他自》機密を漏らすこと。機密が漏れること。「軍事機密を―した」「人事案が―する」▽leak

リーグ 連盟。特に運動競技で、総当たり式に試合を行う申し合わせで参加しているチームの連合体。▽league **―せん【―戦】** 試合方式の一種。あるリーグの参加団体、また、一定の資格で選ばれたチームや個人が、総当たりで試合を行うもの。▽↓トーナメント

リース ①《名・ス他》主に機械類の、長期賃貸契約による賃貸し(をすること)。▽lease →レンタル。②《名》蔓(つる)などを輪にしたものにドライ フラワーなどを付けた飾り。「クリスマス―」▽wreath

リーズナブル 《ダナ》①理にかなっていて、納得できるさま。妥当であるさま。「―な説明」②価格が手ごろであるさま。「―な価格」▽reasonable

リーゼント 「リーゼント スタイル」の略。前髪を盛り上げ、左右の毛とともに後方になでつけて整髪料で固めた男性の髪型。▽regent と style とによる和製英語から。一九五〇年代に流行。

リーダー ①指導者。首領。「チームの―」「―格の男」▽leader ②㋐読本。㋑読者。㋒マイクロフィルムなどを読むための機械。▽reader **―シップ** 指導者の地位・任務。「―をとる」。指導者としての素養・力量・統率力。「―を発揮する」▽leadership

リーチ ①伸ばした腕の長さ。また、その届く範囲。▽reach スポーツではラケットなども含めて言う。②マージャンで、目ざすあと一枚の牌(パイ)で上がることの宣言。▽中国語「立直」の音。③あと少しで実現するという段階(であること)。「初勝利に―がかかる」▽⑵の転。

リート ドイツ風の(広くは芸術的な)独唱歌曲。▽ドイツ Lied

リード ①《名・ス自他》㋐先に立って引っ張ること。

先導。㋑(競技などで)先頭を切ること。競争相手をひきはなすこと。相手より多く得点すること。「―を奪う」「三点の―」㋒野球で、走者が次の塁をねらって塁を少し離れること。「―が大きい」②〘名〙新聞記事の概要的な前書き。見出しと本文との間にある。③〘名〙犬や馬に付けて人が手で引く綱。▽(1)〜(3)は lead ④〘名〙木管楽器やリード オルガンなどの発音装置。簧(した)。▽reed ⑤〘名〙→リート

リーフレット 宣伝用などの、折りたたみ式の印刷物。▽leaflet

リーベ 恋人。▽ドイツ Liebe(＝愛。恋) 主に旧制高校生が使った。

リール ①録音器のテープ、フィルムなどの巻きわく。また、釣糸の巻き取り装置。②映画で、フィルムの一巻き。▽reel

りいん【吏員】地方公務員。公吏。▽今は言わない。

リウマチ 関節や筋肉などが痛む病気。リューマチ。リューマチス。リョーマチ。ロイマチス。▽オランダ rheumatisch から。

りうん【利運】よいめぐりあわせ。好運。

りえき【利益】ためになること。「社会の―」。もうけ。「下半期の―」「―を上げる」「―を得る」「純―」▽「りやく」と読めば別義もある。 **―しゃかい**【―社会】結合の紐帯(ちゅうたい)が利益的関心に置かれ、それゆえにまた分離への傾向も持つような型の、人間集団。加入は意志選択の自由によって決定される。ゲゼルシャフト。例、各種営業組合・営利会社・労働組合など。↔共同社会

りえん【△梨園】劇壇。特に、歌舞伎役者の社会。▽唐の玄宗が梨を植えた庭園で戯曲や音楽を教えたという故事から。

りえん【離縁】〘名・ス他〙婚姻関係や養子縁組を解消すること。「―状」▽多く、夫が妻に対して夫婦関係を断つ場合(＝離婚)を指すが、法律上は養子縁組の解消を指す。昭和初期までは「夫のぐうたらにあきれて妻は半年で―した」のように自動詞にも使った。

りか【×李下】『―の冠(かんむり)』他人から疑われやすい行いはしないようにせよというたとえ。▽李(すもも)の木の下で冠をなおすと、李の実を盗んでいるように見えるという意。「李下に冠を正さず」(文選)から。↓かでん(瓜田)

りか【理科】①自然科学系の学科の称。②理学部。また、自然科学等の学問を研究する部門の総称。↔文科。▽教科名でも使う。

リカー アルコール飲料。特に、ウイスキーなどの蒸留酒。「ホワイト―」▽liquor

りかい ①【理解】〘名・ス他〙㋐物事のすじみちをさとること。わけを知ること。物事がわかること。「文意を―する」「―に苦しむ」㋑人の気持や立場がよくわかること。「―のある両親」「―を示す」②【理会】〘名・ス他〙物事の道理を会得(えとく)すること。物事がよくわかること。▽「理解会得」から出た語。 関連 会得・納得・自得・体得・感得・得心・了解・把握・把捉・消化・承知・了承・首肯・合点・釈然・物分かり・早分かり・鵜呑(うの)み・丸呑み・大摑(づか)み・分かる・解する・悟る・読み取る・心得る・察する・弁(わきま)える・飲み込む

りがい【理外】『―の理』普通の道理からは推しはかれない不思議な道理。

りがい【利害】利益と損害。「―が一致する」「―得失」 **―かんけい**【―関係】利害が互いに影響しあう関係。

りかがく【理化学】物理学と化学。

りかく【離隔】〘名・ス自他〙はなれへだたること。はなしへだてること。隔離。

りがく【理学】①自然科学(の中での基礎部門)。特に、物理学。②宋代(そうだい)、理気(＝宇宙の本体とその現象)の説を唱えた哲学。程朱学。③哲学。▽(3)は明治初期の用法。 **―りょうほう**【―療法】身体の機能回復のための、マッサージ・温熱などの物理療法や、筋力増強・歩行訓練などの運動療法。「―士」

リカバリー〘名・ス他〙回復。復旧。とりもどすこと。「ＯＳの―」「過ちを―する」▽recovery(英語では名詞)

りかん【×罹患】〘名・ス自〙病気にかかること。

りかん【離間】〘名・ス他〙仲たがいをさせること。仲を引きさくこと。「―策」

りがん【離岸】〘名・ス自他〙岸壁や陸地に泊めてある船舶がそこを離れて出ること。また、そうさせること。↔接岸

りき【力】ちから。「―がある」「五人―」

りき【利器】①役に立つ、すぐれた器械。「文明の―」②よくきれる刃物。鋭い武器。

りき〘力〙→りょく〘力〙

りきえい【力泳】〘名・ス自〙力をつくしておよぐこと。

りきえん【力演】〘名・ス自他〙劇などを力をこめて演じること。

りきがく【力学】①物体間に働く力とそれによって生じる運動について研究する、物理学の一分野。②比喩的に、組織や人間の心理などにはたらく力。「政治の―」

りきかん【力感】力がこもっているという感じ。「―あふれた作品」

りきさく【力作】力をこめて作った作品。

りきし【力士】①相撲(すもう)取り。②「金剛力士」の略。仁王(におう)のこと。▽力の強い男の意から。

りきしゃ【力車】「人力車」の略。「―マン」(人力車夫)

りきせつ【力説】〘名・ス他〙力をつくして説くこと。一所懸命に主張(説明)すること。

りきせん【力戦】〘名・ス自〙力の限り戦うこと。「―奮闘」

りきそう【力×漕】〘名・ス自〙(ボートなどを)力の限りこぐこと。

りきそう【力走】〘名・ス自〙力の限り走ること。

リキッド 液体。特に、液体の整髪料。「ヘアー―」▽liquid

りきてん【力点】 ①特に力を注いだ所。重視した点。「この船は速度に―をおいて設計された」②〔物理〕てこで物を動かす時、力のかかる点。

りきとう【力闘】《名・ス自》力の限り戦うこと。力戦。

りきどう【力動】 はずむような力強さ。「―感にあふれる」「―的な作品」

りき-む【力む】《五自》①(体がこわばるほど)力をこめる。②うまくやろうと(必要以上に)張り切る。気負う。③力のありそうな様子をする。いばる。「―・みかえる」

りきゅう【離宮】 皇居や王宮以外に設けられた宮殿。「桂(かつら)―」

りきゅういろ【利休色】 灰がかった緑色。▽「利休」は茶人千利休のこと。

りきゅうねずみ【利休×鼠】 鼠色がかった利休色。

リキュール 果物・香草などで風味付けした、甘くて強いアルコール飲料。キュラソー・ベルモットなど。少量ずつ飲む。またはカクテルに使う。▽(フランス) liqueur

りきょう【離京】《名・ス自》みやこを離れること。

りきょう【離郷】《名・ス自》郷里をはなれること。

りきりょう【力量】 物事をなし遂げる能力や腕力の程度。「―が問われる」「並々ならぬ―」

りく【*陸】 リク ロク おか くが ①《名・造》地表の、水におおわれていない部分。くが。おか。↕海。「陸にあがる」「陸地・陸上・陸風・陸行・陸戦・陸軍・陸運・陸棲(りくせい)・陸橋・陸稲(りくとう・おかぼ)・大陸・上陸・水陸・海陸・離陸・着陸・陸軟風」②「陸奥(むつ)国」の略。「陸羽街道・陸前・陸中」③「陸軍」の略。「陸相・陸海空」④(高くて)平らなさま。「ロク」と読む。「陸屋根」「不陸(ふぞろい)」▽→ろく(2)。⑤数値を表す時、「六」の改竄(かいざん)を防ぐ目的で代用する字。「ロク」と読む。▽→ろくしゃく(2)

りくあげ【陸揚げ・陸上げ】《名・ス他》船の荷物を陸上に運び移すこと。荷あげ。揚陸。

りくい【陸尉】 陸上自衛官の階級で、旧軍の尉官に当たるもの。▽一等・二等・三等に分かれ、陸曹との間に准陸尉がある。

りぐい【利食い】《名・ス自》値上がりした株を売り、または値下がりした株を買いもどして、差額をもうけること。

りくうん【陸運】 陸上の運送。↕海運・空運

リクエスト《名・ス他》要望すること。特に、ラジオ・テレビなどの聴視者の出す希望や注文。「―曲」「思い出の歌を―する」▽request

りくかぜ【陸風】 →りくふう(陸風)

りくぐん【陸軍】 陸上の防備・戦闘を任務とする軍隊。「―始(はじめ)」(観兵式があった、旧日本陸軍の御用始、一月八日)

りくけい【△六経】 儒学で重んじる中国の易経(えききょう)・書経(しょきょう)・詩経(しきょう)・春秋・礼記(らいき)・楽経(がっけい)の六つの経書。りっけい。

りくげい【△六芸】 中国の周時代に、士(し)以上の者に対して必修科目とされた六種の技芸。礼・楽・射・御(ぎょ=馬術)・書・数。

りくこう【陸行】《名・ス自》→りっこう(陸行)

りくごう【△六合】 天地と四方。宇宙。

りくさ【陸佐】 陸上自衛官の階級で、旧軍の佐官に当たるもの。▽一等・二等・三等に分かれる。

りくし【陸士】 ①陸上自衛官の階級で、旧軍の兵に当たるもの。▽陸士長・一等陸士・二等陸士・三等陸士がある。②「陸軍士官学校」の略。「―出の将校」

りくしょ【△六書】 ①漢字の成立と使用についての六種の別。象形(しょうけい)・指事・会意・形声(=諧声とも言う)・転注・仮借(かしゃ)。②→りくたい

りくしょう【陸相】(以前の)陸軍大臣の略称。

りくしょう【陸将】 陸軍の将官。また、陸上自衛官の最高位。▽自衛官では陸佐との間に陸将補がある。

りくじょう【陸上】 ①陸地(の上)。↕海上。「―機」(陸上で発着する飛行機)▽「地上」が地表に着目するのに対し、こちらは陸であることが重点。②「陸上競技」の略。 **―きょうぎ【―競技】** トラック競技(=短・中・長距離競走、ハードル競走、障害走、リレー競走)とフィールド競技(=跳躍競技、投擲(とうてき)競技)及びマラソン競走・競歩、十種・七種競技の総称。↕水上競技

りくせい【陸生・陸×棲】《名・ス自》(動植物が)陸地で生活すること。↕水生。「―動物」

りくせん【陸戦】 陸上の戦闘。↕海戦・空戦。「―隊」(海軍に属していて、陸地で戦う部隊)

りくそう【陸送】《名・ス他》陸上を輸送すること。

りくそう【陸曹】 陸上自衛官の階級で、旧軍の下士官に当たるもの。▽陸曹長・一等陸曹・二等陸曹・三等陸曹がある。

りくぞく【陸続】《ト タル》ひっきりなしに続くさま。「通りには―と車が絶えない」

りくたい【△六体】 漢字の六種の書体。六書(りくしょ)。大篆(だいてん)・小篆(しょうてん)・八分(はっぷん=篆書と隷書との中間のような字体)・隷書・草書・行書(ぎょうしょ)。

りくだな【陸棚】 →たいりくだな

りくち【陸地】 地球上で水に覆われていない、陸の部分。

りくつ【理屈・理窟】 ①物事の筋道。「―に合わない話」②こじつけの理由。現実を無視した条理。また、それを言い張ること。「―をこねる」[関連] 理・ことわり・筋道・理路・辻褄(つじつま)・道理・論理・事理・情理・条理・ロジック・セオリー・空理・一理・理詰め・屁(へ)理屈・詭弁(きべん)・理外の理・牽強(けんきょう)付会・水掛け論 **―っぽ-い**《形》むやみに理屈で押しまくる態度だ。何事についても理屈を言いだす性格だ。[派生] **―さ**

りくつづき【陸続き】 海などに隔てられないこと。「あそこへは―で行ける」

りくとう【陸稲】 おかぼ。↕水稲

りくとうさんりゃく【△六×韜三略】兵法の極意。▽「六韜」も「三略」も古代中国の兵法書。

りくなんぷう【陸軟風】→りくふう(陸風)

りくふう【陸風】夜間、陸地が海よりも冷えるときに、陸地から海の方へ吹く風。陸軟風。↔海風

りくふう【陸封】元来は海にすむ動物が、地形的に海から切り離された河川や湖沼にすみついた状態。産卵期に川にのぼる魚などに見られる。例、イワナ、ヤマメ、阿寒(あかん)湖のヒメマス。

りくほう【陸△棚】→たいりくだな

りくやね【陸屋根】→ろくやね・ろく(2)。▽「ろくやね」が正しい読み。

リクライニング《名・ス自他》椅子の背もたれの傾斜を変えること。「—シート」「—チェア」▽reclining(=もたれかかること)

りくり【陸離】《ト タル》美しくきらめくさま。「光彩—」

リクリエーション →レクリエーション

リクルート《名・ス他》①求人。人材を募集すること。②学生が就職活動をすること。「—スーツ」▽recruit(=新兵。新兵募集)

りくろ【陸路】陸上の道(筋)。↔海路・空路

りけい【理系】理科の系統。理科系。↔文系

リケッチア 細菌より小さくウィルスより大きい一群の微生物。発疹(ほっしん)チフス・つつがむし病の病原体などを含む。▽rickettsia

りけん【利剣】①鋭利な刀剣。②煩悩や悪魔を打ち破る仏法の力の意。「降魔(ごうま)の—」

りけん【利権】利益を専有する権利。特に、業者が公的な機関などと結託して得る権益。「—を獲得する」 **—や**【—屋】①売買のなかだちなどをして両方から手数料をとる者。周旋屋。②利権をあさる人。

りげん【×俚言】俗間の言葉。また、その土地の、なまった言葉。俚語(りご)。↔雅言

りげん【×俚×諺】民衆の間から生まれ出た、ことわざ。

りこ【利己】自分だけの利益をはかること。「—心」「—的」 **—しゅぎ**【—主義】自分の利益や快楽だけを考えて行動するやり方。自分勝手。エゴイズム。↔利他主義

りご【×俚語】→りげん(俚言)

りこう【利口】《名・ダナ》頭がよいこと。「—な犬」。要領がよいこと。「お—さん」(子供のききわけがよいこと)。抜け目がないこと。「—に立ちまわる」▽「利巧」「悧巧」とも書く。もと、口がうまい意。派生 **—さ**

りこう【履行】《名・ス他》(約束などを)実際に行うこと。「契約を—する」「債務を—する」

りごう【離合】《名・ス自》①はなれたり集まったりすること。「—集散」②車どうしがすれ違うこと。▽九州の方言。

リコーダー たて笛の一種。中世、バロック音楽などに使用した木管楽器。日本では音楽教育にも用いる。▽recorder

リコール《名・ス他》①解職請求(すること)。②欠陥製品を、生産者が公表し、製品をいったん回収して無料で修理すること。▽recall **—せい**【—制】選挙民多数の要求があれば、投票によって公務員を免職したり議会を解散させたりできる制度。

りこん【利根】《名ナ》①かしこい生まれつき。②仏教で、仏道修行の能力・素質がすぐれていること。↔鈍根

りこん【離婚】《名・ス自》婚姻関係を解消すること。

リサーチ《名・ス他》調べること。研究すること。「マーケット—」「二十代の会社員千人を—する」▽research

リザーブ ①《名・ス他》予約すること。「席を—する」②《名》留保。蓄え。「燃料の—タンク」③《名》補欠。控え。「—の選手」▽reserve

りさい【×罹災】《名・ス自》災害をうけること。被災。

りざい【理財】財産を有利に運用すること。「—にたける」「—家」

リサイクル《名・ス他》(資源の有効利用や環境汚染防止のために)不用品・廃物を再生して利用すること。リサイクリング。「—運動」「—ショップ」▽「リデュース(ごみ発生抑制)」「リユース(再使用)」「リサイクル(再生利用)」をあわせて「3R」と言う。recycle

リサイタル 独奏会。独唱会。「ピアノ—」▽recital

りさげ【利下げ】《名・ス自他》利率を下げること。↔利上げ

りさつ【利札】債券に付ける、利子または配当支払いの引換えふだ。▽日常語では「りふだ」が普通。

りざや【利×鞘】〔取引〕売買によって得られる差額の利益金。「—をかせぐ」

りさん【離散】①《名・ス自》ちりぢりになること。「一家—」②《名》〔数学〕本来的にとびとびの値を取ること。↔連続。「—的」「—分布」▽(2)は discrete の訳語。

りし【利子】貸した金銭に対する報酬として貸主が借主から一定の割合で定期的に受け取る金銭。利息。↔元金

りじ【×俚耳】一般の人々の耳。「—に入りやすい」

りじ【理事】団体で、定めの事務を処理する者の職名。特に、法人の事務を処理し、その法人を代表して権利を行う機関。「—会」▽普通は団体の上級者だが、戦前は雑事を処理することもあった。「海軍—生」

りしゅう【履修】《名・ス他》きめられた学科・課程をおさめること。

りしゅう【離愁】別れの悲しみ。

りじゅん【利潤】企業の総収益から一切の生産費を引いた残りで、企業家の所得となるもの。もうけ。利益。「—を追求する」

りしょう【利生】仏が衆生(しゅじょう)に与える利益(りやく)。

りしょう【離床】《名・ス自》①ねどこを離れること。起床。②病気などの回復期にある人が、ベッドから

離れた生活に戻ること。「早期―を進める」

りしょう【離礁】『名・ス自』船が、のりあげた暗礁からはなれること。

りしょく【利殖】『名・ス自』利子(利益)によって財産をふやすこと。

りしょく【離職】『名・ス自』雇用関係が消えて職を離れること。▽辞職・退職・失職・免職の総称。

りじん【利刃】 よく切れる刀。

りす【〈栗鼠〉】 体長二〇センチ、尾長一五センチぐらいの、褐色の小動物。尾は長くふさ状。森林にすみ、枝をとびまわり、木の実などを食べる。▽りす科の哺乳(ほにゅう)動物の総称。

りすい【利水】 水の利用をはかること。「―組合」

りすい【離水】『名・ス自』水上飛行機が水面を離れて飛び上がること。↔着水

りすう【理数】 理科と数学。「―科」

りすう【里数】 みちのりを里で表した数。▽一里は普通約三・九キロ。→り【里】(3)

リスキー『ダナ』危険なさま。失敗などの可能性が高いさま。「―な事業」▽risky

リスク 危険。「投資には―を伴う」▽risk

リスト ①『名・ス他』一覧表(に作り上げる、または書き入れること)。目録。名簿。「美術品の―」「買う物を―する」「プログラムの―を取る」②『名』コンピュータでのデータ構造の一種で、項目が括弧で包んだ入子(いれこ)(1)(イ)で並んでよいという表示法が取れるもの。この構造に立つプログラミング言語LISPによって有名になり、木(き)(4)と対応する。▽(1)(2)は list ③『名』手首。「―カット」。(スポーツで)手首の力。「―が強い」▽wrist **―アップ**『名・ス他』条件にかなうものを多数の中から選び出すこと。また、その一覧表を作ること。「候補者を―する」▽list と up とによる和製英語。

リストラ『名・ス他』①企業が不採算部門の整理、成長分野への進出など、業態の再構築をはかること。「―で不況を乗り切る」②俗に、人員削減(をすること)。解雇。「一方的に―される」▽restructuring から。

リスナー ラジオ番組の聴取者。▽listener

リスニング ①外国語の聞き取り。「―テスト」「―力」②音楽などを聴くこと。「―ルーム」▽listening

リスペクト『名・ス他』尊敬すること。敬意を持つこと。「お互いに―する関係」▽respect

リズミカル『ダナ』リズムによく合っていて、調子のよいさま。律動的。「―な動き」▽rhythmical

リズム 周期的な繰り返しによって表される秩序。律動。調子。「生活の―が狂う」㋐(詩の)韻律。㋑特に、西洋音楽で周期的に現れる関係。節奏。▽rhythm **―アンド ブルース** ブルースのうち、リズム・ビートをきかせ、叫ぶように歌うもの。一九四〇年代後半からの称。R&B。▽rhythm and blues

リスリン →グリセリン

り-する【利する】 ①『サ変自』利益を得る。得をする。②『サ変他』㋐(その者の)ためになるようにする。利益・便宜があるようにする。「敵を―」㋑うまく使う。利用する。「長身を―」

りせい【理性】 物事の道理を考える能力。道理に従って判断したり行動したりする能力。「感情に走って―を失う」 **―てき【―的】**『ダナ』理性を持ち、道理に従って判断したり行動したりするさま。

りせき【離籍】『名・ス他』旧民法で、戸主が家族に対して、家族である身分を取り除くこと。その法律行為。

リセット『名・ス他』①今セットしてある値・状態を取り消して改めて初期状態にセットすること。②転じて、(それまでの気持・状態などを)一新すること。▽reset

りせん【離船】『名・ス自』乗組員などが船を離れること。

りそう【理想】 考えうる最も完全なもの。㋐最善の目的。「―が高すぎる」㋑理念。イデー。イデア。 **―か【―化】**『名・ス他』理想に近い面だけを誇張し拡大して考えること。また、理論を組み立てる際に、現実から抽象して純粋と見られる面だけに着目すること。 **―きょう【―郷】** 想像上の、理想的で完全な社会。ユートピア。 **―しゅぎ【―主義】** ある理想を描いて、それを実現しようと、どこまでも努力してゆく生き方。 **―てき【―的】**『ダナ』理想にぴったりあてはまっているさま。「これは―な家だ」。理論で考えるとおりのものであるさま。「―な気体」

リソース ①資源。資産。「―を持つ」「―が不足する」②コンピュータで、動作の実行に必要な処理システムの要素や機器。▽resource

リゾート 行楽地。保養地。▽resort

リゾール クレゾール石鹸(せっけん)溶液の通称。消毒用。▽ドイ Lysol

りそく【利息】 →りし

リゾット イタリアの米料理。米を好みの具と刻んだ玉ねぎとともにバターで炒(いた)め、スープで雑炊(ぞうすい)風に炊いたもの。多くチーズを振りかけて食べる。「イカ墨の―」▽イタ risotto

りそん【離村】『名・ス自』住んでいた村を離れて、他の地に住むこと。

りた【利他】 他人に利益を与えること。自分の事よりも他人の幸福を願うこと。「―的な考え」 **―しゅぎ【―主義】** 自分を犠牲にしても他人の利益・幸福を考えて行動するやり方。↔利己主義

リターン ①『名・ス自他』戻ること。戻すこと。「―ラッシュ」②『名・ス他』テニスや卓球で、球を打ち返すこと。サッカーなどで、パスを戻すこと。「―エース」「―パス」③『名』利益。収益。「―が大きい」「ハイリスク ハイ―」▽return **―マッチ** ボクシングなどで、選手権を奪われた者が奪った者ともう一度する試合。選手権奪還試合。▽return match

リタイア『名・ス自』①競技の途中で棄権・退場すること。特に、自動車レースでの、事故・故障などによる

棄権。②引退すること。定年退職。▽retire

りたつ【利達】立身出世。栄達。

りだつ【離脱】〘名・ス自〙関係を断ってぬけだすこと。「―症状」(禁断症状)。所属・任務から離れ去ること。「戦線から―する」

りち【理知・理×智】物事の道理を判断する能力。理性と知恵。 **―てき**【―的】〘ダナ〙理知に従って冷静に考え、行動するさま。「―な顔」

リチウム アルカリ金属元素の一つ。元素記号Li 銀白色で柔らかい。花火・ガラス工業用、また電池の材料に用いる。▽ドイツ Lithium

りちぎ【律儀・律義】〘名・ダナ〙義理がたいこと。実直なこと。「―一遍の男」「―者の子だくさん」(律義な人は品行が正しく家庭円満なので子供が多い) ▽馬鹿正直の意に使うこともある。派生 **―さ**

りつ【率】一つの物事が全体に対して占める割合。「成功する―が高い」

りつ【*立】リツ リュウ(リフ) たつ たてる たちどころに ―①足でたつ。たてる。「立錐(りっすい)の余地なし」「立像・立礼・立談・立脚・立食・立体・立方・起立・直立・佇立(ちょりつ)・建立(こんりゅう)」②はっきりした位置をもって存在する。しっかりきまる。なりたつ。なりたたせる。「立春・立秋・立志・立身・立法・立憲・立証・立案・立地・立太子・立願・独立・孤立・自立・中立・設立・卓立・並立・共立・対立・鼎立(ていりつ)・存立・成立・創立・確立・樹立・擁立・国立・県立・私立・公立」③たちどころに。すぐさま。「立応」④「リットル」の音訳。

りつ【*律】リツ リチ ―①物事を行う基準となるおきて。㋐それに従って行う(べき)、自然に定まった、または権威のあるきまり。また、そういう基準・法則によって行うこと。「規律・格律・韻律・法律・自律・道徳律・不文律・律儀(りちぎ)」㋑〘名・造〙犯罪者を罰するおきて。「律の定め」「律令(りつりょう)・刑律」㋒仏教僧団で、僧が守るべき集団生活上の規則。「戒律・律宗・律師」㋓学問上の法則。「因果律・自然律・黄金律・結合律・周期律」②〔音楽〕音の高さ、およびその規定。「十二律・律動・旋律・音律・楽律・調律」㋐一オクターブ十二音のうち、陽性を持つと考えられた六音。㋑雅楽で言う音階の一つ。洋楽音階名のレ・ミ・ファ・ソ・ラ・シ・ド・レにほぼ当たる。▽㋐㋑は、↕呂(りょ)。③〘名・造〙漢詩の一体。五言または七言の八句から成るもの。「律詩・七言律」

りつ【率】→そつ〔率〕

りつあん【立案】〘名・ス自他〙案を立てること。くふうして計画を立てること。「法改正の―に当たる」

りつい【立位】たっている体勢・状態。「―体前屈」「―保持」

りっか【立夏】二十四気の一つ。暦の上で夏が始まる日。陽暦五月六日ごろ。

りっか【立花】生け花の形式の一つ。中心になる花木をまっすぐに立てるわざ。そのようにしたもの。▽仏前の供花(くげ)から起こった。

りつがん【立願】〘名・ス自〙神や仏に願(がん)をかけること。りゅうがん。

りつき【利付(き)】株式・公債などで、配当や利札(りさつ)が付いているもの。

りっきゃく【立脚】〘名・ス自〙立場・よりどころを定めること。「この説に―して」 **―てん**【―点】踏まえたよりどころであるもの。立脚地。

りっきょう【陸橋】道路や鉄道線路の上にかけた橋。

りっけい【△六経】↓りくけい

りつげん【立言】〘名・ス自〙意見(・主張)をはっきり述べ立てること。

りっけん【立憲】憲法を制定すること。 **―せいじ**【―政治】立憲政体の政治。 **―せいたい**【―政体】憲法を定め、議会を通して一般国民に国政ことに立法に参与させる政体。

りっけん【立件】〘名・ス他〙訴訟の前提条件として、訴状が裁判所や検察庁などに受理されること。また単に、事件として取り上げること。

りつご【律語】韻律のあることば(文章)。韻文。

りっこう【力行】〘名・ス自〙努力して(仕事などを)行うこと。「苦学―の士」

りっこう【立后】公式に皇后を定めること。

りっこう【陸行】〘名・ス自〙陸路を行くこと。↕水行。「―十日、水行二日」

りっこうほ【立候補】〘名・ス自〙①選挙の前に、候補者として名乗り出ること。「―者」②一般に、(候補者として)名乗り出ること。「忘年会の幹事に―する」

りっこく【立国】①新たに国家を建設すること。②ある考え・仕方で国を繁栄させること。「工業―」

りっし【律師】①戒律を保ち、徳望の高い僧。②僧の位の一つ。僧都(そうず)の次。

りっし【律詩】漢詩の形式の一つ。八句から成り、第三句と第四句、第五句と第六句が対句(ついく)をなすもの。五言のものと七言のものがある。▽↓ぜっく(1)

りっし【立志】一定目的(=志)を立て、それをなしとげようと決心すること。 **―でん**【―伝】志を立て、苦労し努力して成功した人の伝記。「―中の人」

りっしゃ【立射】〘名・ス他〙小銃などで、立った姿勢で両足を踏ん張って射撃をすること。その動作。たちうち。

りっしゅう【立秋】二十四気の一つ。暦の上で秋が始まる日。陽暦八月八日ごろ。

りっしゅん【立春】二十四気の一つ。暦の上で春が始まる日。陽暦二月四日ごろ。節分の翌日。

りっしょう【立証】〘名・ス他〙証拠を示してはっきりさせること。証拠だてること。

りっしょく【立食】①〘名・ス自〙立ったまま食べること。立ちぐい。②〘名〙洋式の宴会で、飲食物を卓上に並べて、自由に客の食べるのに任せる形式。「―パーティー」

りっしん【立身】〘名・ス自〙社会的に一人前になるこ

と。社会的によい地位を得ること。栄達。出世。 ―しゅっせ【―出世】『名・ス自』社会的によい地位につき、世間に有名になること。

りっしんべん【立心偏】漢字の偏の一つ。「性」「慣」などの「忄」の称。▽「心」の字を立てた偏の意。

りっすい【立×錐】『―の余地もない』錐(きり)を立てるほどのわずかなあきもない。人や物が密集していることのたとえ。

りっ-する【律する】『サ変他』ある規準に照らして処置する。「自分の好みで人を―ことはできない」

りつぜん【慄然】『ト タル』恐ろしさにぞっとするさま。ふるえおののくさま。

りつぞう【律蔵】〔仏〕経蔵・論蔵と共に三蔵の一つ。戒律の条例を収めた典籍。

りつぞう【立像】立っている姿の像。↕座像。▽仏像などでは「りゅうぞう」と言う。

りったい【立体】①長さ・幅・厚さの三次元の、有限の広がりをもつもの。物体が占める空間の部分を、抽象してとらえた概念。「―幾何学」▽「平面的」に対して、盛り上がった感じを表すのにも使う。「―映画」②活字などの、斜体に対し通常のまっすぐにした字体。 ―きょう【―鏡】→じったいきょう。 ―こうさ【―交差・―交×叉】『名・ス自』複数の線路や道路が異なる平面を通り、違う高さで交差すること。 ―てき【―的】『ダナ』①奥行・深さなど、立体の感じを与えるさま。②比喩的に、一つの物事をいろいろの側面から同時にとらえるさま。「―に物を考える」 ―は【―派】→キュビスム

りったいし【立太子】公式に皇太子とさだめること。「―式」

りっち【立地】『名・ス自』産業を経営する場合、地勢・気候などの自然的条件や交通・人口などの社会的条件を考えて土地を定めること。「―条件に恵まれる」「工場が―する条件」

リッチ『ダナ』裕福で贅沢(ぜいたく)なさま。豊かで味わい深いさま。「―な雰囲気にひたる」▽rich 派生 -さ

りつどう【律動】『名・ス自』周期的にくりかえされる運動。リズム(にのって動くこと)。「―的な響き」

りっとう【立刀】漢字の旁(つくり)の一つ。「刊」「利」などの「刂」の称。▽立てた刀の意。

りっとう【立冬】二十四気の一つ。暦の上で冬が始まる日。陽暦十一月八日ごろ。

りっとう【立党】『名・ス自』新しい政党・党派を作ること。

リットル 容積の単位。立方デシメートル(＝一立方メートルの千分の一)。記号L。一リットルは、かつては一気圧の下でセ氏約四度の純水一キログラムの体積を言った。▽フランス litre 「立」とも書く。

りっぱ【立派】『ダナ』非難する所が見つからないほど、すぐれて堂々としているさま。完全と言っていいほど見事なさま。「―な家」「―な成績」「―にやってのける」「落ち着いて―な態度」「生計が―に立って行く」▽自説を立て他を論破する意の「立破」の転という。 派生 -さ

リップ 唇。「―クリーム」▽lip ―サービス 耳当たりのよいことば。口先だけの世辞。▽lip service

りっぷく【立腹】『名・ス自』はらを立てること。おこること。

りっぽう【立方】①〔数学〕同じ数を三個掛け合わせること。例、aに対しては$a \times a \times a$で、これをa^3と表す。三乗。「二メートル―」(二メートルを一辺とする体積＝八立方メートル) ②長さの単位名の前につけて体積の単位を言う語。「五―センチ」 ―こん【―根】$a=b^3$の時、aに対するbのこと。三乗根。例、3は27の立方根(の一つ)。 ―たい【―体】六つの正方形に囲まれた立体。

りっぽう【立法】法律を定めること。↕司法・行政。 ―けん【―権】国家が法を制定する権能。民選の議会が行う。↕司法権・行政権。 ―ふ【―府】立法に参与する機関。立法機関。▽民主政体では、国会。

りっぽう【律法】①法律。掟(おきて)。「打算は彼自身の生活の―で」(横光利一「夜の靴」) ②宗教上の戒律・規則。「神の―」

りづめ【理詰(め)】どこまでも理屈でおしすすめること。

りつりょう【律△令】律と令(りょう)。奈良・平安時代の法律(を記したもの)。▽もと、古代中国で成立した。 ―きゃくしき【―△格式】奈良・平安時代の法の制度の総称。▽格は、律・令を修正増補して随時に発せられた法令。式は、律令の施行細則。 ―せい【―制】律令を基本法とする政治体制。大化の改新に始まり、武家政治の成立によって形骸化した。

りつれい【立礼】起立して敬礼すること。その敬礼。

りつろん【立論】『名・ス自』議論の筋道を組み立てること。また、その議論。

りてい【里程】ある場所から他の場所までの道の長さ。みちのり。里数。「―標」

りてき【利敵】その言動が敵側の利益になるようなものであること。「―行為」

リデュース『名・ス他』減らすこと。特に、ごみになるものの発生を抑制すること。▽reduce →リサイクル

リテラシー ①読み書き能力。②特定の分野の基礎的な知識・能力。「メディア―」▽literacy

りてん【利点】有利な点。利益のある点。

りとう【離島】①『名』陸から遠く離れた島。はなれじま。②『名・ス自』島を去ること。

りとう【離党】『名・ス自』属していた政党をはなれること。

りどう【吏道】役人であるからには踏み行うべき道義。「今や―も地に落ちた」

りとく【利得】得る利益。▽以前は「―する」とも言った。

リトグラフ 石版画。▽フランス lithographe

リトマスしけんし【リトマス試験紙】化学で、酸性と

アルカリ性の判別に使う青色と赤色の紙。青色の方を酸につけると赤くなり、赤色の方をアルカリにつけると青くなる。▽「リトマス」は litmus で、地衣類から得られる色素。

りどん【利鈍】 ①刃物が鋭いか鈍いかということ。②賢いことと愚かなこと。

リニア ①『ダナ』線形であるさま。直線的。▽linear ②『名』「リニア モーター カー」の略。「一新幹線」

—モーター 回転軸がなく、直線的な運動を引き起こすような力を発生させる電動機。▽linear motor

—モーター カー リニア モーターにより高速で走る車両。鉄輪式・磁気浮上式などがある。▽linear motor と car とによる和製英語。

りにち【離日】『名・ス自』外国人が日本から離れ去ること。↕来日

りにゅう【離乳】『名・ス自』歯のはえ始めた乳児が乳以外の食物を与えられ、次第に乳から離れること。ちばなれ。「一期」「一食」

リニューアル『名・ス他自』古くなったものを更新・改装・再開発すること。▽renewal

りにょう【利尿】 小便の出をよくすること。「一剤」

りにん【離任】『名・ス自』任務から離れること。

りねん【理念】 ①ものの原型として考えられる、不変の完全な存在。イデー。イデア。②事業・計画などの根底にある根本的な考え方。「教育一」「基本一」

リネン ①→リンネル。②(ホテルや病院で)シーツ・タオルの類。「一室」▽linen

りのう【離農】『名・ス自』今まで家業として来た農業をやめること。

リノベーション ①手を加えてよくすること。修復。再生。「ビルの一」②改革。刷新。▽renovation

リノリウム 亜麻仁(あまに)油の酸化物に、樹脂・コルククずなどをまぜて、布にぬりのばしたもの。床材用。「病院の一の廊下」▽linoleum

リハーサル『名・ス自』(演劇・演奏・撮影・放送・式典などの)予行。予行すること。通しの練習。総稽古。リハ。▽rehearsal

リバーシブル 表裏両面とも使えること。特に、そのように仕立てた衣服。「一コート」▽reversible

リバイバル『名・ス自』①古い演劇・映画・歌謡曲などが、再演・再上映されること。「一ソング」②昔の風俗・流行などが、復活・再評価されること。▽revival(=再生。復活)

リバウンド『名・ス自』①球技で、ボールがはねかえること。そのボール。「一ボールの処理を誤る」②薬剤の投与を中止したあと、急激に病状が悪化すること。③ダイエットを中断したあと、体重がもどること。▽rebound

りはつ【利発】『名ナノ』かしこいこと。頭の回転のはやいこと。「一(そう)な少年」派生 **-さ**

りはつ【理髪】『名・ス自』髪を刈りそろえ、形を整えること。調髪。「一店」「一師」

りはば【利幅】 利益の幅。儲(もう)けの程度。

リハビリ「リハビリテーション」の略。「一に励む」

リハビリテーション 病気やけがなどによる後遺症を持つ人の社会復帰のために行う身体的・心理的訓練、職業指導など。リハビリ。▽rehabilitation

りばらい【利払(い)】 利子の支払い。

りはん【離反・離×叛】『名・ス自』それまでつき従っていたものからはなれそむくこと。

りひ【理非】 道理にかなっていることと、はずれていること。「一曲直」

リピーター その事を繰り返し行う人。その土地や店に何回も来る客。▽repeater

リピート ①『名・ス自他』繰り返すこと。反復。②『名』〔音楽〕楽譜で、楽曲のある部分を繰り返すことを指示する記号。反復記号。▽repeat

りびょう【×罹病】『名・ス自』病気にかかること。

リビング「リビング ルーム」の略。(洋風の)居間。▽living room から。 **—ウィル** 死の間際に自らが受ける医療措置についての意思。それを記した文書。▽living will

リファイン『名・ス他』洗練。優雅。精製。▽refine

リフォーム『名・ス他』作り直すこと。特に、洋服の仕立て直しや、住宅の改築・模様替え。▽reform(=改革する)

りふじん【理不尽】『名・ダナ』理にかなわない仕方で行うこと。その態度・様子。「一な要求」「一(なこと)を言う」派生 **-さ**

りふだ【利札】 →りさつ

リフト ①物(や人)を持ち上げたり降ろしたりする機械・装置。例、建物内の昇降機、スキー場の登山用のもの、起重機。②ダンス(・フィギュア スケート・チアリーディング)などで、ほかの演技(競技)者を持ち上げること。その演技。▽lift

リフレイン 詩・楽曲の各節最後の部分をくりかえすこと。そのくりかえし。リフレーン。ルフラン。▽refrain

リフレッシュ『名・ス自他』元気を回復すること、させること。気分一新。「一休暇」▽refresh

リベート ①支払い代金の一部分などを、支払人にもどすこと。わりもどし。②手数料。世話料。また、わいろ。「一を要求する」▽rebate

りべつ【離別】 ①『名・ス自』人とわかれて会えなくなること。別離。「親友との一の涙」②『名・ス他』妻や入り婿や養子との親族関係を断ち、家から出すこと。▽②は古い家族制度の下での言い方。

リベット 金属板をつぎ合わせるのに使う、頭がまんじゅう型をした鋲(びょう)。「一を打つ」▽rivet

リベラリスト →リベラル②。▽liberalist

リベラリズム 自由主義。▽liberalism

リベラル ①『ダナ』㋐自由なさま。㋑自由主義的。②『名』自由主義者。「オールドーズ」▽liberal

リベロ ①サッカーで、ゴール前の守備を主にするが、攻撃にも自由に参加する選手。②バレーボールで、

り

守備を専門にする選手。他の選手とは異なるユニフォームを着る。▽イタリアlibero(＝自由な)

りべん【利便】都合のよいこと。便利。便宜。「―をはかる」

りべんか【離弁花】花弁のもとの部分が一輪のうちで離れ離れの花。例、ウメ・スミレ。↔合弁花。▽本来の表記は「離瓣花」。

リベンジ『名・ス自』①仕返し。主にスポーツで、雪辱すること。「雨で流れた花見の―」②再挑戦すること。「前回王者に―する」▽revenge 一九九〇年代から頻繁に使われるが、原語本来の復讐(ふくしゅう)の意ではあまり言わない。

リポイド 生物の細胞中にある脂肪に似た物質。類脂質。▽ドイツLipoid

りほう【理法】道理にかなった法則。「天の―」

リポーター →レポーター

リポート ①『名』研究・調査の報告(書)。学生が提出する小論文。②『名・ス他』新聞・雑誌・放送で、記者などが報告すること。その報告(記事)。「現地から―する」▽「レポート」とも言う。report

リボかくさん【リボ核酸】→アールエヌエー

リポジトリ 多数の情報を体系立てて保管するデータベース。▽repository(＝容器。倉庫)

リボばらい【リボ払い】クレジット カード等による分割払いの一つ。リボルビング方式と呼ばれる、毎月の支払い金額を一定にする方式による支払い。▽「リボ」はrevolvingから。

リボン 細幅に織った装飾用の織布。絹などで織ったものが多い。「帽子に―をつける」▽ribbon

りまわり【利回り・利×廻り】利息・利益配当の、元金に対する割合。配当金の、株の時価に対する割合。

リミット 限度。限界。「やせたいのなら、一日千キロカロリーが―だ」「オフ―」「タイム―」▽limit

リム ①車輪の外周をなす、ゴム タイヤをつける部分。②縁(ふち)。「―なしの眼鏡」▽rim

リムジン ①運転席と客席との間にガラスの仕切りのある、大型の高級乗用車。リムジン カー。②空港の旅客を送迎するバス。リムジン バス。▽フランスlimousine

リメーク『名・ス他』作り直すこと。リメイク。「洋服の―」「―された映画」▽remake

りめん【裏面】表面に対し、その裏の面。「注意事項は―参照」。物事の表に現れない、かげの面。「―では何をやっているのか分からない」

リモート『造』遠隔。「―スイッチ」▽remote(＝隔たった。遠い) **―コントロール**『名・ス他』遠隔操作(すること)。▽remote control ↓リモコン。**―センシング** 対象に接触せず、離れたところから探ること。遠隔探査。特に、人工衛星や航空機から電磁波を用いて地表のデータや画像を獲得・伝送し、解析すること。▽remote sensing

リモコン ①「リモート コントロール」の略。②遠隔操作するためのスイッチをまとめた器具。

リヤカー 荷物を運ぶために、自転車の後ろにつけたり人がひいたりする二輪車。▽rear(＝後方)とcarとによる和製英語。

りやく【利益】①ためになること。功徳(くどく)。「―を施す」▽「りえき」の古い言い方。②仏(また、神)の力によって与えられる恵み。利生(りしょう)。「御(ご)―がある」

りやく［人掠］リャク かすめる ― 他人の物をうばい取る。かすめとる。「掠奪・劫掠(ごうりゃく)・侵掠・殺掠・奪掠・暴掠」

りやく［＊略］リャク はぶく ほぼ ― ①㋐大事なところだけ残して、他をのぞき去る。簡単にする。はぶく。「省略・前略・中略・下略」㋑正式な形を簡単にした。大体の。あらましの。詳しくない。「略儀・略式・略装・略字・略史・略伝・略歴・略図・略述・略解・略称・大略・要略・簡略・粗略」②考え。はかりごと。「才略・知略・英略・計略・謀略・策略・戦略・商略・機略・方略・政略」③かすめとる。おかす。「掠」に同じ。「略奪・攻略・侵略」④考えをめぐらして事をおさめる。いとなむ。「経略」

りやくが【略画】細部を省いて簡単にかいた絵。

りやくぎ【略儀】踏むべき手続き(＝儀)を簡略化したもの。略式。「―ながら書面をもって申し上げます」

りやくげん【略言】①つづめて簡単に言うこと。②「あらいそ」を「ありそ」と言うたぐいの縮めた言い方。約音。

りやくご【略語】長い語の一部分を省いて短くした語。例、「高等学校」を「高校」、「国民体育大会」を「国体」と言う類。

りやくごう【略号】簡単に表すために定めた、文字による記号。例、「ウナ」は「至急電報」の略号。

りやくじ【略字】点や画(かく)を省いたりして簡略にした文字。例、「応」「発」は本来「應」「發」の略字。↔正字(2)

りやくしき【略式】正式な手続き・形式の一部を省いて手軽にしたやり方。↔正式

りやくしゅ【略取】『名・ス他』①力で奪い取ること。②法律で、暴力的におどして連れ去ること。「少年を―した」

りやくじゅ【略×綬】略式の場合に、勲章・褒章の代わりにつける物。▽服の左襟のボタン孔(あな)につける。

りやくじゅつ【略述】『名・ス他』重要な所だけを簡単に述べること。略叙。

りやくじょ【略叙】『名・ス他』→りゃくじゅつ

りやくしょう【略称】『名・ス他』簡略にした名前(でよぶこと)。例、「全学連」は「全日本学生自治会総連合」の略称。

りやくしょう【略章】略式の勲章・徽章(きしょう)。

りやく-す【略す】『五他』はぶく。「敬称を―」。簡単にする。「漢字を―して書く」

りやくず【略図】要点だけを簡単に書いた図。

りやく-する【略する】『サ変他』→りゃくす

りやくせつ【略説】『名・ス他』重要な所だけを簡単に説くこと。
りやくそう【略装】略式の服装。略服。↕正装
りやくたい【略体】①正式の体裁に対して、それを簡略にした形。②略した字体。略字。
りやくだつ ①【略奪】『名・ス他』攻めて奪い取ること。「敵陣を―する」②【×掠奪・略奪】『名・ス他』暴力で民の物品をかすめ取ること。「村の食糧を―する」▽⑵を「略奪」と書くのは代用表記。⑴⑵は本来は別語。
りやくでん【略伝】主だった経歴だけを書いた簡単な伝記。
りやくひつ【略筆】『名・ス自』要点以外を省略して書くこと。
りやくふ【略譜】①要点を簡単に記した系譜。②数字で表した簡単な楽譜。↕本譜(ほんぷ)
りやくふく【略服】↓りゃくそう
りやくぼう【略帽】制帽のほかに定めた略式の帽子。
りやくほんれき【略本暦】本暦を一般向きに簡単にして、日常生活に有用な事柄だけを抜き出した暦(こよみ)。略暦。
りやくれき【略歴】大体の経歴(を書き記したもの)。
りやっかい【略解】要点だけの簡単な解釈や解法記述。▽「りゃくげ」とも言う。
りやっき【略記】『名・ス他』要点だけを簡単にしるすこと。また、そのしるしたもの。
りやんこ【△両個】〔俗〕武士のこと。二本差し。▽大小二本(＝両個)の刀を差したから。「リャン」は唐音。
りゆう【理由】物事がそのようになった、わけ。筋道。また、それをそう判断した、よりどころになる、またはする事柄。「―が立たない」「そうあるべき―」「―のいかんを問わず禁止する」関連↓わけ(訳)
りゆう【柳】**リュウ**(リウ) **やなぎ** やぎ ―枝のたれるやなぎ。シダレヤナギ。また、やなぎの総称。「柳色・柳糸・柳条・柳眉・柳絮(りゅうじょ)・花柳・楊柳(ようりゅう)・蒲柳(ほりゅう)」
りゆう【*流】**リュウ**(リウ) **ル** **ながれる** **ながす** ―①㋐水が移動する。水のように動く。ながれる。ながす。「流水・流涕(りゅうてい)・流血・流動・流域・流路・流通・溢流(いつりゅう)・放流・逆流・奔流」㋑川のながれ。潮のながれ。電気のながれ。気体のながれ。「本流・支流・激流・急流・濁流・潮流・暖流・海流・底流・電流・交流・直流・気流」㋒水に従って移動する。「流氷・流木・流失・流出・放流・浮流」②さまよう。さすらう。定住しない。移りかわる。「流民・流亡・流離・流転(るてん)」③㋐世間に伝わる。「流俗・流通(りゅうつう)・流布(るふ)・流説(りゅうせつ・るせつ)・流行・流伝・時流」㋑後世に伝わる。「源流」④学派。技芸の上で、手法・様式などの師承系統。その様式。また一般に、特徴的な仕方。「細工は流流」「宗教家流に説けば」「一流・流儀・流派・末流・亜流・我流・自己流・一刀流・他流試合・日本流・外国流」⑤なかま。社会階層。「上流・中流・名流夫人・女流」「一流の人物」「三流の文士」⑥水が流れるようにすらすらとゆく。「流暢(りゅうちょう)・流麗」⑦形をなさずに終わる。「流産・流会」⑧それて飛ぶ。「流矢(りゅうし)・流弾」⑨刑罰として遠くの地に移す。ながす。ながされる。「流刑(りゅうけい・るけい)・流罪(るざい)・流謫(りゅうたく・るたく)・遠流(おんる)・流人(るにん)」
りゆう【硫】**リュウ**(リウ) ―①硫黄(いおう)。「硫気・硫酸・硫化銀・硫酸銅・硫化水素」②「硫酸」の略。「硫安」
りゆう【*留】**リュウ**(リウ) **ル** **とめる** **とまる** とどめる とどまる ―①立ち去らずにその場にいる。とどまる。その場にひきとめる。のこす。「去留・留置・留任・留学・留意・留保・留守(るす)・抑留・拘留・寄留・居留・逗留(とうりゅう)・駐留・滞留・停留・在留・慰留・保留・遺留」②「溜」に代えて用いる。「蒸留・乾留」③ロシアなどの貨幣単位「ルーブル」の音訳。
りゆう【溜】リュウ(リウ) たまる ためる ―①水がしたたり落ちる。したたり。しずく。あまだれおち。「溜滴・水溜」②水がたまる。たまり。ため。「溜水」③物事が停滞する。「溜飲」▽⑵⑶は日本での用法。④蒸気を凝結させて純粋な成分をとること。「蒸溜・乾溜」
りゆう【竜】【龍】**リュウ** リョウ **たつ** ―①㋐『名・造』へびに似た体に、四本の足、二本の角とひげを持つ、想像上の動物。池・沼・海の中に住み、空にのぼっては雲をおこし雨をふらせるという。中国や日本ではめでたい動物とする。「蛟竜(こうりょう・こうりゅう)・飛竜・臥竜(がりょう)・画竜点睛(がりょうてんせい)・蟠竜(ばんりゅう)・天竜・亢竜(こうりゅう)・竜虎・竜蛇(りゅうだ)・竜頭(りゅうとう・りゅうず)・竜吟虎嘯(りゅうぎんこしょう)・独眼竜・竜眼肉」㋑化石として発掘される大型の爬虫(はちゅう)類の称。「恐竜」㋒梵語(ぼんご)の訳。「竜神・竜王・竜宮・海竜王」②特別すぐれている。竜のような。「竜馬(りゅうめ・りょうめ)」③天子、または天子に関する物事について言う。「竜顔・竜駕(りゅうが)・竜徳(りょうとく)・袞竜(こんりょう)」④『名・造』将棋で、成った飛車。竜王。本来の動きの他に斜め方向にも一ます動ける。
りゆう【粒】**リュウ**(リフ) **つぶ** ―①こめつぶ。穀物の種子。つぶ。小さな固体。「粒粒・粒状・粒子・粒食・穀粒・砂粒・顆粒(かりゅう)・微粒子・麦粒腫」②穀物や丸薬のつぶを数える語。
りゆう【隆】【隆】**リュウ** たかい さかん ―①中央が高い。なかだか。高くする。「隆起・隆鼻」②さかえる。さかん。さかんになる。「隆盛・隆運・隆隆・隆替・興隆」
りゆうあん【硫安】↓りゅうさんアンモニウム
りゆうあんかめい【柳暗花明】柳が茂って暗く、花が咲きにおって明るいこと。㋐春の景色の美しいさま。㋑花柳界の様子。
りゆうい【留意】『名・ス自』心にとどめること。「―点」

りゅういき【流域】河川が流れて行く地域、すなわち、降水がその川に集まる区域。「信濃(しなの)川の―」

りゅういん【×溜飲】飲食物の不消化のため、胃から上がってくるすっぱい液。「―が下がる」(胸にたまった不平や不満が解消され、気が晴れる。せいせいする)

りゅうえい【柳営】将軍のいる所。幕府。また、将軍(家)。▽漢の将軍周亜夫が細柳という地に陣した故事から。

りゅうおう【竜王】①竜の王。▽ひでりの時、竜王に降雨を祈るならわしがある。②将棋の成り飛車。↓りゅう『竜』(4)

りゅうか【流下】『名・ス自他』流れくだること。流しくだすこと。

りゅうか【硫化】『名・ス自』硫黄(いおう)と化合すること。「―水素」

りゅうか【×琉歌】沖縄の歌謡。八・八・八・六音四句を基本とする。

りゅうかい【流会】『名・ス自』予定した会合がとりやめになること。

りゅうがく【留学】『名・ス自』その地、特に外国に、かなり長期間とどまって勉学すること。「―生」「内地―」

りゅうかん【流感】「流行性感冒」の略。

りゅうかん【流汗】流れる汗。「―淋漓(りんり)」

りゅうがん【立願】『名・ス自』→りつがん

りゅうがん【竜眼】春、芳香のある黄白色の小さな花が咲き、夏、実(→りゅうがんにく)をつける常緑小高木。▽むくろじ科。 **―にく【―肉】**リュウガンの実。二、三センチぐらいで、茶褐色の果皮の表面には細かいぶつぶつがある。果肉は肉質で甘く汁が多い。食用。

りゅうがん【竜顔】天子の顔。天顔。りょうがん。

りゅうき【隆起】『名・ス自』高くもりあがること。「地盤の―」

りゅうぎ【流儀】①技能・芸術など、その人・家・派などの独得のやり方・しきたり。②一般に、物事のやり方。「私には私の―がある」

りゅうきへい【竜騎兵】昔のヨーロッパで、銃をもち馬に乗った兵。▽(フランス) dragon の訳から。

りゅうきん【×琉金】体が丸く、ひれや尾は長くて薄い金魚の一品種。色は赤と白のまだらが普通。▽江戸時代のはじめに琉球(りゅうきゅう)からはいった。

りゅうぐう【竜宮】深海の底にあって竜神(りゅうじん)や乙姫(おとひめ)などが住む宮殿。「―城」

りゅうけい【流刑】罪人を辺地・離れ島などに追いやる刑罰。流罪(るざい)。島流し。るけい。

りゅうけつ【流血】①流れる血。②血を流すこと。殺傷が行われること。「―の惨事」

りゅうげん【流言】根拠の無いうわさ。デマ。「―蜚語(ひご)」(だれ言うとなく世間に広がる、いいかげんなうわさ)

りゅうこ【竜虎】①りゅうととら。②比喩的に、負けず劣らずの、二人の実力者。「―相搏(う)つ」

りゅうこう【流行】『名・ス自』一時的に急に世間にひろがりふえること。はやり。「―語」「最新―の服」「―遅れの帽子」「インフルエンザが―する」「不易(ふえき)―」(→ふえき) **―か【―歌】**ある時期に大衆の好みに合い、世間で広く歌われる歌。はやりうた。 **―せいかんぼう【―性感冒】**→インフルエンザ

りゅうこつ【竜骨】船の底の中心線にあって、船首と船尾をつなぐ重要な材。キール。

りゅうさ【流砂】→りゅうしゃ

りゅうさん【硫酸】硫黄(いおう)・酸素・水素が化合した、無色・無臭の液。酸性が強く、金・白金以外の金属をとかし、皮膚につくとやけどする。化学工業上の用途が広い。 **―アンモニウム** アンモニアを硫酸に吸収させて製する白い結晶。化学肥料の一つ。硫安。 **―し【―紙】**グリセリンを含む硫酸溶液にひたして作った、なめらかで半透明の洋紙。耐水・耐脂性。バター・薬品などの包装用。

りゅうざん【流×竄】流刑。島流し。

りゅうざん【流産】『名・ス自』①妊娠二十二週未満に未成熟の死児を生むこと。②比喩的に、計画したことが、途中でだめになること。

りゅうし【粒子】物を形づくる要素としての細かいつぶ。「―があらい」

りゅうしつ【流失】『名・ス自』(大水などで家・橋などが)流れてなくなること。

りゅうしゃ【流砂】①川水などに押し流された砂。②砂漠。▽「りゅうさ」とも言う。

りゅうしゃく【留×錫】『名・ス自』行脚(あんぎゃ)中の僧が、ある寺にとまること。▽「錫」は錫杖(しゃくじょう)。

リュージュ かじ・ブレーキのない、木製の小型のそり。それを使って氷で固めたコースを滑る競技。▽(フランス) luge

りゅうしゅつ【流出】『名・ス自』流れて外部へ出てしまうこと。「重油―による汚染」「頭脳の海外―」

りゅうじょ【柳×絮】綿毛を持ったやなぎの種子が綿のように飛び散るもの。▽「絮」は綿のこと。

りゅうしょう【隆×昌】盛んなこと。栄えること。隆盛。

りゅうじょう【粒状】つぶのようなさま。つぶじょう。

りゅうじょうこはく【竜×攘虎×搏】りゅうととらとが戦うこと。二人の英雄が激しく争うさま。▽「攘」は払う、「搏」は打つ意。

りゅうしょく【柳色】青々とした柳の(葉の)色。

りゅうしょく【粒食】穀物を粉にしないで、つぶの形のまま調理して食べること。↔粉食

りゅうじん【竜神】雨と水をつかさどるという神。海神として漁夫に信仰される。

リユース『名・ス他』再使用すること。「ビール瓶を―する」▽reuse →リサイクル

りゅうず【竜頭】①腕時計・懐中時計の、ねじを巻くためのつまみ。②釣鐘の上部の、竜の頭の形をした、つ

るすための部分。

りゅうすい【流水】流れる水。「行雲―」「落花―」

りゅうせい【流星】天体のかけらが、地球の大気中にはいった時、空気との摩擦によって発光したもの。流れ星。

りゅうせい【隆盛】『名ナ』栄えて(繁盛して)盛んなこと。

りゅうせつ【流説】根拠のないうわさ。流言。▽「るせつ」と読めば別義もある。

りゅうぜつらん【竜舌×蘭】メキシコ原産の常緑多年草。葉は厚く長さは一～二メートル、縁と先にとげがある。株が大きくなると黄緑色の花が咲き、間もなく枯れる。観賞用。株の汁はテキーラの原料。▽くさすぎかずら科(旧りゅうぜつらん科)。

りゅうぜん【流×涎】よだれを流すこと。垂涎(すいぜん)。

りゅうせんけい【流線型・流線形】水や空気から受ける抵抗をできるだけ少なくするような曲線で構成された型や形。

りゅうぜんこう【竜×涎香】マッコウクジラの腸内からまれにとれる、麝香(じゃこう)に似た芳香がある香料。

りゅうそ【流祖】その流派を初めて開いた人。「二刀流の―」

りゅうぞう【立像】→りつぞう(立像)

りゅうそく【流速】水や空気など流体が移動する時の速さ。

りゅうぞく【流俗】①一般の風俗・習慣。②俗人。俗世間。

りゅうたい【流体】液体と気体との総称。「―力学」▽変形しやすく自由に運動することから言う。

りゅうたい【隆替】『名・ス自』さかえることとおとろえること。盛衰。

りゅうだん【×榴弾】内部に炸薬(さくやく)を入れて到達点で炸裂させる砲弾。

りゅうだん【流弾】ながれだま。それだま。

りゅうち【留置】『名・ス他』人・物を一定の場所にとどめておくこと。特に、犯罪の疑いがある者を取りしらべるために一時警察署内にとどめておくこと。「―施設」

りゅうちょう【留鳥】季節による移動をせず、一年中ほぼ一定の地域にすむ鳥。例、スズメ・カラス。↔候鳥

りゅうちょう【流×暢】『ダナ』すらすらと話して(書いて)言葉遣いによどみがないさま。なめらか。「中国語で―に話す」 派生 **-さ** **-げ**

りゅうつう【流通】『名・ス自』一か所にとどこおらず、流れるように動き続けること。「空気の―が悪い」「一万円紙幣の―高」「―機構」「―経路」「―過程」

りゅうてい【流×涕】『名・ス自』涙を流すこと。泣くこと。

りゅうてき【竜笛】→よこぶえ(2)

りゅうでん【流伝】『名・ス自』世間に伝わり広まること。▽「るでん」とも言う。

りゅうと『副・ス自』(男性の)服装などが立派で、きわだっているさま。「―した身なりの紳士」▽「隆と」の意。

りゅうとう【竜灯】①海中の燐火(りんか)が灯火のように光る現象。②神社に奉納するともしび。神灯。

りゅうどう【流動】『名・ス自』(一か所にとどまらず)流れて動くこと。「―性」 **―しさん**【―資産】現金・預金・在庫品・原料・売掛金など、固定資産には属さない資産。↔固定資産。 **―しほん**【―資本】固定資本に対し、原料や補助材料のように生産過程で使い尽くしてしまう性質の生産資本。 **―しょく**【―食】おもゆ・くず湯・牛乳など、病人用の流動体の食物。 **―たい**【―体】①流体。②流動しやすいもの。液体。 **―てき**【―的】『ダナ』その時その時の外的条件が微妙に働いて、事態がどう落ち着くかわからない情況にあるさま。 **―ぶつ**【―物】流動体のもの。液体。

りゅうとうえ【流灯会】へぎ板の上に蠟燭(ろうそく)を立て、火をともして水に流す、神仏のための行事。とうろう流し。

りゅうとうだび【竜頭蛇尾】初めは勢いが盛んで、終わりはふるわないこと。▽頭は竜だが尾は蛇に過ぎないという意。

りゅうどすい【竜吐水】①水のはいった大きな箱の上に押上げポンプを装置し、横木を動かして水をふき出させるしかけの、旧式の消火用具。②水鉄砲の古い呼び名。

りゅうにゅう【流入】『名・ス自』流れこむこと。他からはいりこむこと。「この川は東京湾に―する」「―人口」

りゅうにん【留任】『名・ス自』(任期が切れても)転任など無くそのまま、その官職・役目にとどまること。「内閣改造で三人の大臣が―した」

りゅうねん【留年】『名・ス自』学生が卒業・進級せず、原級にとどまること。▽「落第」と言うのをきらい、第二次大戦後になってから学生が言い出した語。

りゅうのう【竜脳】竜脳樹からとった白色の結晶。樟脳(しょうのう)に似た芳香がある。香料・防虫剤用。

りゅうのひげ【竜の×鬚】二〇センチほどの濃緑色で細い葉が群がり出る常緑多年草。初夏、葉の間に淡紫色の小花が咲き、後に濃青色で球状の美しい実となる。じゃのひげ。▽くさすぎかずら科(旧ゆり科)。

りゅうは【流派】流儀の違いから差が出る派の分かれ。

りゅうび【柳眉】柳の葉のように細く、美しいまゆ。美人のまゆ。「―をさかだてる」(美人が怒る形容)

りゅうびじゅつ【隆鼻術】低い鼻を人工的に高くする形成外科手術。

りゅうひょう【流氷】寒帯地方の海から、その海面に凍結してできた氷が割れて、流されて来たもの。

りゅうへい【流弊】一般に広がっている悪い習わし。

りゅうべい【立米】立方メートルのこと。▽「米」は「メートル」の当て字。「りゅうべ(え)」とも言う。

りゅうべつ【留別】『名・ス自』旅立つ人が、あとにとどまる人に別れを告げること。

りゅうべん【流×眄】 流し目に見ること。

りゅうほ【留保】『名・ス他』①一時差し控え(手もとに)とどめておくこと。保留。「政策的に値上げを―する」②〔法律〕権利・義務を、残留・保持すること。

りゅうぼう【流亡】 故郷を離れて方々さまようこと。さすらい。▽「るぼう」とも言う。

りゅうぼく【流木】 ①ただよい流れる木。また、それが海岸などに打ち上げられたもの。②山からきり出し、川に浮かべて流しおろす木。

リューマチ ↓リウマチ

りゅうみん【流民】 故郷を離れてさまよい歩く人々。流浪(るろう)の民。▽「るみん」とも言う。

りゅうめ【竜△馬】 ①非常に足の早い馬。駿馬(しゅんめ)。②将棋で、角(かく)の成ったもの。成り角。↓うま(馬)(3)。▽「りゅうま」「りょうめ」とも言う。

りゅうよう【柳腰】 ①↓やなぎごし。②ヤナギのしなやかな枝。

りゅうよう【流用】『名・ス他』所定の目的以外のことに用いること。▽「予算の―」は、↓いよう(移用)

りゅうり【流離】 故郷を離れて、他郷にさまよい歩くこと。流浪(るろう)。「―の涙」

りゅうりゅう【流流】 仕方が流儀によっていろいろあること。「細工は―、仕上げをごろうじろ(=御覧なさい)」

りゅうりゅう【隆隆】『ト タル』①勢いが盛んなさま。「―たる国運」②もりあがっているさま。「筋肉―」

りゅうりゅうしんく【粒粒辛苦】 こつこつと苦労を積むこと。なみなみでない苦労。▽米を作る農民が一粒一粒にかける大変な苦労の意。

りゅうりょう【流量】 単位時間(普通は一秒)内に通過する水や電気の量。

りゅうりょう【×瀏×喨】『ト タル』管楽器の音などが、すみわたっているさま。「―たる喇叭(らっぱ)の音」

りゅうれい【流麗】『ダナ』詩文の語句や音楽の調子などが、なだらかでうるわしいさま。「―な文章」派生 ―さ

りゅうれん【流連】『名・ス自』遊興にふけって家に帰るのを忘れること。いつづけ。

りゅうろ【流露】『名・ス自』感情などうちにあるものが、外にあらわれ出ること。「真情の―した手紙」

リュックサック 登山などに用いる背負い袋。ルックザック。▽ドイツ Rucksack 略して「リュック」「ザック」とも言う。

りょ【△呂】〔音楽〕①中国および日本の古代音楽で、一オクターブ十二音のうち、陰性を持つと考えられた六音。②雅楽でいう音階の一つ。洋楽音階名のソ・ラ・シ・ド・レ・ミ・ファ・ソに、ほぼ当たる。▽↕律

りょ〔*旅〕〔旅〕 リョ たび ｜①家を離れて歩きめぐる。たびする。たびびと。「旅行・旅人・旅客・旅雁(りょがん)・旅宿・旅館・旅費・旅程・旅装・旅情・旅愁・旅券・行旅・羈旅(きりょ)・逆旅(げきりょ)」②中国周代の軍制で、兵五百の称。五旅を一師とし、五師を一軍とした。また、軍隊。「軍旅・旅団・征旅」

りょ〔虜〕〔虜〕 リョ とりこ ｜いけどりにする。とりこにする。いけどり。とりこ。「虜囚・捕虜・俘虜(ふりょ)」

りょ〔慮〕 リョ おもんぱかる ｜用心して、考えをめぐらす。考える。「思慮・考慮・念慮・深慮・苦慮・焦慮・浅慮・千慮・熟慮・遠慮・配慮・顧慮・憂慮・叡慮(えいりょ)・短慮・無慮・不慮・慮外」

りよう【利用】『名・ス他』既にあるものを使って役立てること。「廃物を―して作る」。自分が得をするようにうまく使うこと。「人をいいように―したあげくに」「カラー ピーマンはピザのトッピングに―されている」

りよう【理容】 理髪と美容。「―師」

りよう【里謡・×俚謡】 民間で歌い伝えた歌。俗謡。

りょう ①【猟】鳥獣をとらえること。狩猟。②【漁】魚などをとること。▽「漁」の音は、本来は「ぎょ」。「猟」の字音の転用。

りょう【△令】 古代において、律と共に根本をなしたおきて。▽↓りつりょう

りょう〔了〕 リョウ(レウ) さとる おわる おえる ｜①おわる。おえる。「未了・完了・終了・修了・校了・読了・魅了」②『名・造』よくわかる。さとる。「了とする」「了解・了承・了簡(りょうけん)」③はっきりしている。明らか。「了然」

りょう〔*両〕〔兩〕 リョウ(リヤウ) ふたつ ふたつながら ｜①『名・造』相対して一組となるものの双方。ふたつ。ふたつながら。「両の手」「両方・両立・両存・両人・両雄・両虎・両手・両足・両眼・両親・両翼・両院・両端・両極・両国・一挙両得・両三日・一両日」②目方の単位。一両は、一斤の十六分の一。薬種の目方では四匁(もんめ)(または四匁四分、五匁)。③昔の金貨の単位。一両は、一分(ぶ)の四倍。「千両箱」▽俗に「円」と同義にも使う。④㋐両方で一対になるものを数える語。㋑布帛(ふはく)二反の呼び名。㋒電車・客車・貨車などを数える語。「輛」に代えて用いる。

りょう〔*良〕 リョウ(リヤウ) よい ｜『名・造』物がすぐれていること。よい。質がよい。「良好・良否・良法・良材・良品・良風・良家・良質・良薬・良縁・良工・良友・良心・良日・良将・良吏・良民・良辰(りょうしん)・善良・優良・精良・忠良・温良・佳良・最良・改良・不良・優良可」▽やや、しばらく、まことにの意の単独用法もある。

りょう〔*料〕 リョウ(レウ) はかる ｜①使用すること、加工することの予定されているもの。しろ。「料紙・料木・料地・料理・材料・原料・資料・史料・食料・飲料・御料・調味料」②代金。または代物。「料金・給料・見料・送料・有料・無料・手数料・使用料・入場料・拝観料・受験料・御菓子料」③ますめを数えて物をはかる。おしはかる。かんがえる。

「料簡(りょうけん)」④「料理」の略。「料亭」

りょう【梁】(人) リョウ(リヤウ) はり うつばり やな ─①建物の、はり。うつばり。そのようなもの。「梁木・梁材・梁上・棟梁・虹梁(こうりょう)・脊梁(せきりょう)・鼻梁」②川の上にかけたはし。車馬を通じることのできるもの。「橋梁」③川をせきとめ水口で魚をとらえるしかけ。やな。「魚梁」④《名》中国の王朝名。㋐南北朝時代の国の一つ。㋑五代の一つ。後梁。

りょう【涼】(凉)(人) リョウ(リヤウ) すずしい すずむ ─①《名・造》すずしい。すずむ。「涼を求めて出歩く」「涼味・涼気・涼風・涼雨・涼秋・早涼・新涼・爽涼・納涼・清涼剤」。すずしさ。「涼を取る」(すずむ)。すずしい風。「涼を入れる」「曝涼(ばくりょう)」②ものがなしい。すさまじい。ものさびしい。「荒涼」③うすい。少ない。「涼涼」④《名》中国の王朝名。五胡十六国の一つ。▽「凉」は俗字。

りょう【諒】(人) リョウ(リヤウ) まこと ─①《名・造》おもいやる。明らかにする。はかる。「諒とする」(もっともだと思って認める。よしとする)「諒解・諒恕(りょうじょ)・諒察」②うそを言わないこと。まこと。「忠諒」

りょう【猟】【獵】 リョウ(レフ) かり ─①《名・造》かりをする。かり。「猟に出る」「猟師・猟夫・猟人・猟犬・猟銃・猟場(りょうば)・猟期・猟区・猟具・狩猟・鴨猟(かもりょう)・禁猟・密猟・不猟」②かりをするようにあさる。ひろくさがし求める。「渉猟・猟官・猟奇」

りょう【凌】(人) リョウ しのぐ ─①相手の上にのしあがる。しのぐ。「凌駕(りょうが)・凌雲」②あなどる。みさげる。力ずくでおかす。はずかしめる。「凌辱」

りょう【陵】 リョウ みささぎ おか しのぐ ─①天子の墓。みささぎ。「陵墓・御陵・山陵・皇陵・諸陵寮」②大きなおか。「丘陵」③相手の上に出て、勝手なことをする。あなどる。おかす。しのぐ。「凌」に通用。「陵辱・陵虐・陵駕(りょうが)」④次第におとろえる。「陵夷(りょうい)・陵替」

りょう【稜】(人) リョウ かど ─①《名・造》物のかど。すみ。数学では、多面体のとなりあった二つの面が交わってなす直線。「稜角・稜線・三稜鏡・五稜郭(ごりょうかく)」②威光があって神々しい。「稜威」

りょう【量】(*) リョウ(リヤウ) はかる ─①《名・造》計って決まる(はずの)容積・軽重・大小・多少などの、かさ。↕質。「量で圧倒する」「容量・掲載量・大量・雲量・物理量・量子」。限定して、心・能力の大きさ。「度量・器量・雅量・力量」「広量の士」②容積を計る器具。例、ます。「度量衡」③物事を(考え)はかる。「計量・測量・比較商量・量計・量知・推量・裁量」

りょう【糧】 リョウ(リヤウ) ロウ(ラウ) かて ─道中に携帯する、ほしいい。また、一般に食料品。「糧食・糧米・糧秣(りょうまつ)・糧道・口糧・兵糧(ひょうろう)・食糧」▽「粮」は同字。

りょう【僚】 リョウ(レウ) ─①同じ役目にある仲間。とも。ともがら。「僚友・同僚」②役人。つかさ。「属僚・下僚・幕僚(ばくりょう)・官僚・吏僚」

りょう【瞭】 リョウ(レウ) あきらか ─目がよく見える。物事がはっきりとわかる。あきらか。「瞭瞭・一目瞭然・明瞭」

りょう【療】 リョウ(レウ) いやす ─病気をなおす。いやす。「療法・療養・療治(りょうじ)・療病・加療・診療・治療(ちりょう)・医療・施療(せりょう)・物理療法」

りょう【寮】(人) リョウ(レウ) つかさ ─①《名・造》寺院・学校・会社等の寄宿舎。「寮に入る」「独身寮・婦人寮・母子寮・引揚(ひきあげ)寮・寮生活・寮母・寮生」②平安時代、省に付属した官省。「大学寮・図書(ずしょ)寮・陰陽(おんよう)寮・内匠(たくみ)寮」③下(しも)屋敷。別荘。また、数寄屋(すきや)。「御寮(ごりょん)さん」「茶寮(さりょう)」▽江戸時代から昭和初年までは、東京周辺に豊かな商人などが設けた(いきな)別荘を指すことが多い。「根岸の寮の茶会」「寮で病気静養をする」

りょう【領】(*) リョウ(リヤウ) レイ えり ─①㋐自分のものにする。手に入れる。占める。「領有・領収・横領・占領・拝領・受領」㋑支配している土地。「所領・領主・天領・英領・フランス領・領土・領地・領分・領国・領内・領海・領空・領域・領民」㋒おさめる人。すべまとめる人。「領家(りょうけ)・管領(かんれい)・頭領・首領・総領・大統領」②㋐くび。くびすじ。「領巾(りょうきん・ひれ)」㋑大事なところ。中心。おおもと。「要領・本領・綱領」③着物のえり。「領袖」④のみこむ。理会する。さとる。「領会・領承・領解」⑤郡司の長官・次官。「大領・少領」⑥装束・甲冑(かっちゅう)などを数える語。「具足三領・衣服二領」

りょう【竜】↓りゅう【竜】

りょう【漁】↓ぎょ【漁】

りょうあん【良案】よい思いつき。よい考え。

りょうあん【×諒△闇】天子が、その父母の喪に服する期間。

りょういき【領域】①領有している区域。領地の範囲。特に国際法上、一国の主権に属する区域。領土・領海・領空から成る。②その学問研究の対象分野。また、その研究者が関心をもつ分野。

りょういく【療育】(障害を持つ)子供を治療しつつ教育すること。また、その治療や教育。「―施設」

りょういん【両院】二院制議会の、上院と下院。衆議院と参議院。▽旧憲法下では、貴族院と衆議院。

りょうう【涼雨】夏などに涼しく感じる雨(降り)。

りょうえん【良縁】よい縁組。似合わしい縁組。

りょうえん【×遼遠】《名ナ》はるかに遠いこと。「前途―だ」

りょうおもい(:おもひ)【両思い】(男女)両方が互いに思い合うこと。相思相愛。あいぼれ。

り

りょうか【寮歌】寄宿舎で寝起きを共にする者が歌うように作った、その寮の歌。▽普通には旧制高校の寄宿寮のを指す。

りょうか【良家】家柄のよい家。上品な家庭。りょうけ。「―の子女」

りょうか【良貨】質のよい貨幣。地金(じがね)の価格と法定価格との差が少ない貨幣。↔悪貨

りょうが【×凌×駕・陵×駕】『名・ス他』他のものを越えてそれ以上になること。「売上高で他社を―する」

りょうかい【了解・×諒解・領解・領会】『名・ス他』さとること。わかること。承知。「意図を―する」「―を得る」「暗黙の―」 **―じこう**【―事項】お互いがよくのみこんでわかっている事柄。

りょうかい【領海】一国の沿海で、その国の主権が及ぶものと国際的に認められている範囲。

りょうがえ【両替】『名・ス他』①ある種の貨幣を他の種の貨幣にかえること。例、一万円札一枚を千円札十枚とかえる。②有価証券またはその他の物と現金とをとりかえること。 **―や**【―屋】両替を、手数料を取って業とする家・人。

りょうかく【×稜角】多面体のとがったかど。

りょうがわ【両側】一つの物の両方のがわ。

りょうかん【僚艦】(同じ任務についている)仲間の軍艦。

りょうかん【涼感】涼しそうな感じ。「打ち水が―を呼ぶ」

りょうかん【猟官】官職を得ようとねらって人々が争うこと。そのようにして、官職を得るために手立てを尽くすこと。「―運動」

りょうかん【量感】人や物から受ける、大きさ・重み・厚みなどの感じ。ボリューム。

りょうがん【△竜顔】→りゅうがん(竜顔)

りょうき【僚機】(同じ任務についている)仲間の航空機。

りょうき【涼気】涼しい空気。涼しさを感じさせるけはい。

りょうき【猟奇】怪奇・異常な事に興味を持ってそれをあさり求めること。「―趣味」「―事件」

りょうき ①【猟期】狩猟法で、かりをすることが許されている期間。②【漁期】→ぎょき(漁期)

りょうぎゃく【陵虐・×凌虐】『名・ス他』見くだして辱(はずかし)め、それによっていじめ(＝虐)ること。▽法律では「陵虐」の表記を使う。

りょうきゃっき【両脚規】→コンパス⑴。「三角定木と―とが」(森鷗外「金貨」)▽既に古風。

りょうきょく【両極】①両方の極、すなわち、陽極と陰極、または北極と南極。②両極端。

りょうぎり【両切(り)】「両切りタバコ」の略。両端を切った、吸い口のない巻きタバコ。

りょうきん【料金】利用・使用した(する)ことに対して支払うおかね。「電気―」

りょうぐ【猟具】鳥や獣をとるのに使う道具。例、網・かぎ・もちざお・わな。

りょうくう【領空】領土および領海の上空。ここに対しては原則として国家が完全な排他的支配権を行使する。「―侵犯」

りょうけ【良家】→りょうか(良家)

りょうげ【△令外】『―の官』律令制度の時代に、令の規定以外に実際の必要から設けた官。例、中納言(ちゅうなごん)・蔵人所(くろうどどころ)。

りょうけい【良計】よいはかりごと。よい計画。

りょうけい【×菱形】→ひしがた

りょうけい【量刑】刑罰の程度をきめること。

りょうけん【了見・料△簡・了△簡】①『名』思いをめぐらすこと。考え。思案。「悪い―を起こす」「それはとんだ―違いだ」②『名・ス他』こらえ許すこと。「―してくれ」

りょうけん【猟犬】鳥や獣の猟に使う犬。

りょうげん【×燎原】『―の火』野原に放った火のように、勢いが強くて防ぎ止めようがないこと。

りょうこ【両虎】二匹のとら。優劣をきめがたい二人の勇者・英雄・実力者。「―の争い」

りょうこう【良好】『名ナ』好ましい状態であること。「―な経過」「感度―」 派生 **―さ**

りょうこう【良工】腕のよい職人。

りょうこう【良港】船の出入り・泊まりに好都合な港。

りょうごく【領国】所有している国土。

りょうさい【良妻】(夫を助ける)よい妻。「―賢母」

りょうざい【良剤】よく利く薬。良薬。

りょうざい【良材】①よい(建築)材料。②よい人材。「天下の―を求める」

りょうさく【良策】それに適する優れたはかりごと。良計。

りょうさつ【了察・×諒察】『名・ス他』相手の立場・状態を察すること。「なにとぞ御―ください」

りょうさん【両三】二つ三つ。二、三。

りょうさん【量産】『名・ス他』「大量生産」の略。「―化に成功する」▽→たいりょうせいさん

りょうざんぱく【×梁山泊】豪傑・野心家の集まる所。▽昔、中国の梁山泊(＝沼沢の名)に盗賊らが陣したことから。

りょうし【料紙】何かをする、特にものを書くための紙(和紙)。

りょうし ①【猟師】猟で生活を立てている人。かりゅうど。②【漁師】漁をして生活を立てている人。漁夫(ぎょふ)。

りょうし【量子】〔物理〕エネルギー・電気量などある種の物理量がある単位量の整数倍として表される場合、その単位量を量子と言う。 **―りきがく**【―力学】分子・原子・素粒子など微視的なものの力学を扱う理論体系。 **―ろん**【―論】量子力学を基礎として物理現象を解明しようとする理論の総称。

りょうじ【△令旨】皇后や皇太子や皇族の命令を伝える文書。▽「れいし」とも言う。今は無い。

りょうじ【両次】一次と二次。二回。「—の大戦」

りょうじ【療治】『名・ス他』病気をなおすこと。治療。「荒(あら)—」

りょうじ【×聊×爾】『名ナ』①ぶしつけなこと。失礼。「—ながら」②いいかげん。うかつ。▽文語的。

りょうじ【領事】外国にあって自国の通商の促進や自国民の保護などにあたる者。 **—かん**【—館】領事がその職務を行う役所。

りょうしき【良識】偏らず適切・健全な考え方。そういう態度の見識。▽フランス bon sens の訳語。

りょうしつ【良質】『名ナ』品質がすぐれていること。↕悪質。「—な蛋白(たんぱく)質」

りょうしゃ【両者】両方のもの。「—の言い分」▽人以外を指しても使う。

りょうしゃ【寮舎】寮の建物。寄宿舎。

りょうしゅ【良種】①よい品種。②よいたね。

りょうしゅ【領主】領地の持主。㋐荘園(しょうえん)の所有主。㋑江戸時代、城を持たない大名・小名。

りょうしゅう【涼秋】①涼しい秋。②陰暦九月の称。

りょうしゅう【領収】『名・ス他』(支払われた金銭を)うけとること。 **—しょう**【—証】金銭をうけとったしるしとして出す書付。うけとり。領収書。

りょうしゅう【領袖】集団のかしらや主だった人。「派閥の—」▽もと、えりとそでの意。共に衣服の重要部分で目立つことから。

りょうじゅう【猟銃】猟に使う銃。

りょうしょ【両所】①二つの場所。②『御—』両人の敬称。おふたり。

りょうしょ【良書】有益な本。

りょうじょ【×諒×恕】『名・ス他』事情をくんで、ゆるすこと。

りょうしょう【了承・×諒承・領承・領掌】『名・ス他』相手の申し出や事情などを納得して承知すること。「—を得る」「不本意ながら—する」

りょうしょう【料×峭】『トタル』春風が肌に寒く感じられるさま。「春寒—の候」▽きびしさ(=峭)を肌ではかる意。手紙・俳句などで使う。

りょうじょうのくんし【×梁上の君子】①どろぼう。▽陳寔(ちんしょく)が梁(はり)の上に隠れているどろぼうを指さして言ったという、中国の故事による。②ねずみ。▽⑴の転。

りょうしょく【糧食】(貯蔵や携帯をする)食料。

りょうじょく【陵辱・×凌辱】『名・ス他』人をはずかしめること。特に、暴力で女性を犯すこと。

りょうしん【両親】ふたおや。父母。

りょうしん【良心】道徳的な善悪をわきまえ区別し、正しく行動しようとする心の働き。「—がとがめる」「—に従う」 **—てき**【—的】『ダナ』良心に忠実であるさま。いい加減には済まさず、自分の心に納得できるまで誠実に徹して物事を行う態度・さま。

りょうしん【良×辰】よい日がら。吉日。

りょうじん【猟人】かりゅうど。

りょうじん【良人】妻が夫を指して言った語。▽こう書いて「おっと」と読ませるものも多い。

りょうすい【量水】水位・水量などを計ること。「—計」(水量計)

りょうすい【領水】領土内の河川・運河などの水域、および領海。

りょう-する【了する】『サ変他』了解・了承する。

りょう-する【×諒する】『サ変他』事情をくんで承知する。おもいやる。諒とする。

りょう-する【領する】『サ変他』①自分のものとする。自分の領土とする。②受け取る。また、了承する。

りょうせい【両生・両×棲】(動物)水中と陸上の両方にすみ得ること。 **—るい**【—類】脊椎動物の一綱。卵生で変温。幼時は水中にすみ、えらで呼吸し、成長すると、肺と四肢を生じて陸上にもすむ。成長して、えらと肺と両方で呼吸するものもある。例、カエル・イモリ・サンショウウオ。

りょうせい【両性】①男性と女性。雄性と雌性。②異なった二つの性質(を有すること)。「—化合物」

りょうせい【寮生】寄宿舎で生活している人・学生・生徒。

りょうせい【良性】比較的よい性質であること。特に、病気が悪くならない性質であること。↕悪性。「—のポリープ」

りょうせいばい【両成敗】両方に罪があるとして、両方を罰すること。「けんか—」

りょうぜつ【両舌】(仏)十悪の一つ。両方の人に対して異なる事を言い、両者を仲たがいさせ争わせること。

りょうせん【僚船】(いっしょに航行している)仲間の船。

りょうせん【×稜線】峰から峰へと続く線。山の尾根。

りょうぜん【両全】両方とも完全であるさま。「忠孝—」

りょうぜん【瞭然】『トタル』はっきりしていて疑いないさま。「一目(いちもく)—」

りょうぞく【良俗】よい風俗・習慣。「—に反する行為」

りょうだめ【両△為】両方の利益。両方のためになること。「—を図る」▽古風。

りょうたん【両端】りょうはし。「—をたたく」(物事の端から端までよく知っている)「—を持する」(どちらにつくか日和見(ひよりみ)をする)

りょうだん【両断】『名・ス他』二つにたちきること。「一刀—」

りょうち【了知】『名・ス他』さとり知ること。

りょうち【良知】人が生まれながらに持っている才知。「—良能」▽孟子(もうし)にある語。

りょうち【料地】ある目的に使う土地。用地。

りょうち【領地】支配者などが所有している土地。

りょうち【領置】『名・ス他』(法律)押収の一種で、被告人などが死後に残した物や所有者・保管者がみずから提出した物を、裁判所が取っておくこと。▽刑事上の差押(おさ)えには令状がいるが、領置には不要。

りょうちょう【両朝】 ①二代の天皇(の時代)。②両方の朝廷。「南北—」

りょうて【両手】 右と左の両方の手。「—を合わせて祈る」「—に花」(二つの美しいものをひとりじめにするたとえ)

りょうてい【料亭】 高級な(日本)料理屋。「—で遊興する」▽一九三〇年ごろから、高級という感じを響かせて客の方から言い出した。以前はすべて「料理屋」と呼ぶ。

りょうてい【量定】〘名・ス他〙はかり考えて、きめること。「刑の—」

りょうてき【量的】〘ダナ〙量に関しているさま。量という見地から見るさま。↔質的。「—に比較する」

りょうてんびん【両天×秤】 どちらがだめになっても困らないように、ふたまたをかけること。「—をかける」▽「りょうてん」とも言う。

りょうど【両度】 二度。「—の大火」

りょうど【領土】 領有する土地。一国の主権が及ぶ範囲の土地。

りょうとう【両刀】 武士がさした大小二本の刀。太刀(たち)と脇差(わきざし)。 **—づかい**(ひづか)**【—遣い】** ①両手に刀を持って戦う剣法。二刀流。また、その遣い手。②普通には同時に出来ない二つの事をしてのけること。その人。また、酒と甘い物と両方が好きなこと。そういう人。 **—ろんぽう【—論法】** ↓ジレンマ

りょうとう【両統】 二つの血統。

りょうとう【両頭】 ①二人の支配者。「—政治」②二つのあたま。「—の蛇」

りょうどう【糧道】 軍隊の食糧を運ぶみち。また、生活の糧(かて)を得る道。「—を絶つ」

りょうどうたい【良導体】 熱または電気の導体のうち、伝導率の比較的大きいもの。↓どうたい(導体)

りょうとうのいのこ【×遼東の×豕】 世間知らずで、ひとりよがりであることのたとえ。▽中国の遼東では珍しい毛色の家(=ぶた)も、他の地方では珍しくないという故事から。

りょうとく【両得】 ①一時に二つの利益を得ること。「一挙—」②両方が得をすること。

りょうどなり【両隣】 左右両方の隣(の家)。「向こう三軒—」

りょうにせんせき【良二千石】 地方長官。知事。▽「りょうじせんせき」とも言う。昔、中国で一郡の長官の年俸が二千石であったことから。

りょうのう【良能】 生まれながらに持っている才能。「良知—」

りょうば【両刃】 両側に刃があること。そういう刃物。もろは。↔片刃(かたは)

りょうば ①【猟場】狩猟をする所。かりば。②【漁場】魚や貝などがとれる所。ぎょじょう。ぎょば。

りょうはん【量販】「大量販売」の略。大量に安く仕入れて、安く売ること。「—店」▽「量産」(↓たいりょうせいさん)にならった語で、「薄利多売」に代えて言い出された。

りょうひ【良否】 よいか悪いかということ。よしあし。

りょうびょう【療病】 病気を治療すること。「—生活」▽古風。

りょうびらき【両開き】(戸が)両方に分かれて開くこと。▽↓かんのんびらき

りょうひん【良品】 よい品。佳品。

りょうふ【両夫】 ふたりのおっと。「貞女—にまみえず」

りょうふう【涼風】 涼しい風。すずかぜ。

りょうふう【良風】 よい風習・風俗。「—美俗」

りょうぶた【両蓋】 蓋が両面に付いていること。特に、懐中時計の両面に金属製の蓋があること。

りょうぶん【両分】〘名・ス他〙二つにわけること。二分。

りょうぶん【領分】 ①所有している土地。②勢力範囲。なわばり。「人の—をおかす」

りょうべん【両便】 大便と小便。

りょうぼ【寮母】 寮生の世話をする女性。

りょうぼ【陵墓】 皇族の墓。みささぎ。▽天皇・皇后・太皇太后・皇太后の墓を「陵」と言い、他の皇族の墓を「墓」と言う。

りょうほう【両方】(二つの物事の)どちらも。双方。両者。↔片方(かたほう)。「—とも欲しい」

りょうほう【療法】 治療の方法。「食餌(しょくじ)—」「精神—」

りょうぼく【×梁木】 体操用具の一つ。二本の高い柱に横木を渡し、つり輪・つり縄などをさげたもの。

りょうまい【糧米】 糧食のための米。

りょうまえ(へ)**【両前】** 洋服の仕立て方の一つ。上着の前を深く重ねてボタンを二列につけたもの。ダブル。↔片前

りょうまつ【糧×秣】 軍隊で、人と馬の食物。食糧とまぐさ。「—の補給」

りょうみ【涼味】 涼しさ。「—満点」

りょうみん【良民】 善良な民。一般人民。

りょうみん【領民】 領地内の民。

りょうめ【量目】 品物の目方。かけめ。「—をごまかす」

りょうめん【両面】 ①表と裏の二つの面。②二つの方面。「物心—にわたる援助」「—性をそなえている」

りょうや【涼夜】 涼しい夜。

りょうや【良夜】 月が明るい夜。特に、中秋の名月の夜。

りょうやく【良薬】 よく利く薬。「—は口に苦(にが)し」(転じて、身のためになる忠言は聞きづらいこと)

りょうゆう【僚友】 一緒に仕事をしている友だち。同じ職場の仲間。

りょうゆう【両雄】 ふたりの英雄。「—ならび立たず」

りょうゆう【領有】〘名・ス他〙領地として持つこと。自分のものとして持つこと。「—権」

りょうよう【両様】 二つの仕方。二通り。ふたいろ。二

様。「硬軟―の態度」「意味が―にとれる」

りょうよう【両用】二つの方面に利用できること。「水陸―の戦車」

りょうよう【療養】『名・ス自』病気治療のため、手当をし、体を休めること。「転地―」

りょうようし【両養子】夫婦ともに同じ養親の養子であること。夫婦養子。

りょうよく【両翼】①鳥や航空機の、左右両方のつばさ。②左翼と右翼の両方。

りょうら【×綾羅】あやぎぬ(＝模様を織り出したきぬ)と、薄いきぬ。「―錦繡(きんしゅう)」

りょうらん【×繚乱・×撩乱】『ト タル』いりみだれたさま。「百花―」(たくさんの花が咲き乱れるさま) ▽明治時代にはサ変自動詞にも使った。

りょうり【料理】『名・ス他』①材料に手を加えて、食物をととのえ作る(＝理)こと。調理。また、こしらえた食べ物。「鯉(こい)を―する」「日本―」「一品―」「―屋」「―場」「―茶屋」(料理屋の、江戸時代の呼び名) ②物事をうまく処理すること。また、相手を制すること。「敵を―する」

りょうり【良吏】よい役人。事務にすぐれた役人。

りょうりつ【両立】『名・ス自』両方とも成り立つこと。二つともならび立つこと。「勉強と部活とを―させる」

りょうりょう【両両】あれとこれ。両方とも。ふたつながら。「―相俟(ま)って」

りょうりょう【×喨×喨】『ト タル』奏楽がほがらかに遠くまで響き渡るさま。

りょうりょう【×寥×寥】『ト タル』ものさびしいさま。数が少ないこと。「出席者は―たるものだ」

りょうりょう【×稜×稜】『ト タル』かどばっていて、きびしいさま。「―たる気骨」(人に屈せぬ強い気性)

りょうりん【両輪】二つの車輪。「車の―」(二つが相俟(ま)ってりっぱな働きをすることのたとえ)

りょうる【料る】『五他』料理する。▽「料理」を動詞化した語。

りょうわき【両脇】左右両方の脇。両方の脇の下。「―に荷物を抱える」。両方の横側。「―に立つ」

リョーマチ →リウマチ

りょがい【慮外】『名ナ』思いのほか。意外。「―の出来事」「―者(もの)」(無礼者) ▽やや古風。

りょかく【旅客】→りょきゃく。「―機」

りょかん【旅館】旅行者を泊めることを業とする家。やどや。▽狭くは日本式のを指す。関連 宿・宿屋・旅宿・木賃宿・民宿・宿所・宿舎・客舎・宿坊・上宿・定宿・ホテル

りょきゃく【旅客】旅行者。たびびと。特に、列車・船・航空機などに乗る客。「―機」「―船」 ▽本来は「りょかく」。

りょぎん【旅銀】旅行に必要なかね。路銀。旅費。▽かなり古風。

りよく【利欲】自分の利益を得ようとする心。

りょく〖*力〗 リョク リキ ちから つとめる ― ①ちから。はたらき。「圧力・主力・出力・勢力・能力・実力・学力・筆力・精力・胆力・財力・権力・人力・電力・火力・水力・浮力・風力・重力・弾力・惰力・動力・体力・腕力・気力・武力・迫力・国力・政治力・経済力・理解力・推進力・生産力・極力・全力・助力・威力・活力・効力・死力・労力・速力・引力」。以下「リキ」と読む。「力量・力士・力学・馬力・大力・怪力・強力(ごうりき)・千人力・自力・他力・非力・念力・眼力・神通力(じんつうりき)」 ②力を出してはげむ。つとめる。「努力・尽力」。以下「リキ」と読む。「力む」「力説・力点・力行(りっこう)・力作・力走・力漕(りきそう)・力泳・力戦・力闘」

りょく〖*緑〗〖人綠〗 リョク ロク みどり ― ①青と黄色との間色。その色に染めた布。みどり。「紅緑・新緑・深緑・緑青(ろくしょう)・緑陰・緑樹・緑地・緑野・緑草・緑茶・緑肥・緑風・緑化・葉緑素・常緑樹」 ②黒く美しい。「緑髪」

りょくいん【緑陰】青々と茂った木のかげ。

りょぐう【旅×寓】旅先で泊まる所。旅宿。▽古風。

りょくおうしょくやさい【緑黄色野菜】赤・黄・緑色の強い、カボチャ・ニンジンなどの野菜の総称。ベータカロテンを豊富に含む。

りょくか【緑化】『名・ス他』→りょっか

りょくがん【緑眼】(西洋人の)青い目。碧眼(へきがん)。

りょくぎょく【緑玉】エメラルド。

りょくしゅ【緑酒】緑色に見える(よい)酒。「紅灯―」

りょくじゅ【緑樹】青葉が茂った木。

りょくそう【緑藻】葉緑素があり緑色に見える藻(も)の総称。「―類」

りょくち【緑地】草や木の茂っている土地。 **―たい**【―帯】(都市で)緑地の割合が大きい地域。

りょくちゃ【緑茶】茶の若葉を蒸し、焙炉(ほいろ)の上でもみながら乾燥させて作った茶。▽緑色を保っているので紅茶に対して言う。

りょくでい【緑泥】珪酸(けいさん)鉱物をふくむために緑色を示す近海底の沈殿物。緑土。

りょくど【緑土】①草木が青々と茂った国土。②→りょくでい

りょくどう【緑道】都市公園法が規定する、幅一〇～二〇メートルの帯状の緑地。歩行者専用で、災害時の避難路としての機能も持つ。

りょくないしょう【緑内障】視力が弱り、症状が進むと灯火のまわりに虹が見え、重症では失明する眼病。多く眼圧が異常に高くなる。あおそこひ。

りょくひ【緑肥】草などを青いままで土にすきこんで、栽培植物の肥料とするもの。草ごえ。

りょくふう【緑風】初夏の青葉を吹き渡るさわやかな風。

りょくべん【緑便】乳児の消化不良による緑色の大便。

りょくもん【緑門】→アーチ(2)

りょくや【緑野】青々と草木の茂った野原。

りょくりん【緑林】①緑色に葉が茂った林。②盗賊。

▽昔、中国の緑林という山に盗賊がこもった故事から。

りょけん【旅券】↓パスポート

りょこう【旅行】『名・ス自』よその土地へ行くこと。たび。「―に出かける」「北海道を―する」 **―めんじょう【―免状】** 旅券。↓パスポート。▽昭和初年までこうも言った。

りょこう【×閭×巷】 むらざと。▽今日普通には使わない。

りょじ【旅次】 旅の宿り。「―を重ねて」。また、旅行の途中。「―、パリにも立ち寄る」 **―こうぐん【―行軍】** 敵を考慮する必要がなく警戒部隊を出さない、ゆったりした行軍。

りょしゅう【旅愁】 旅行中に感じる、ものさびしさ。

りょしゅう【虜囚】 とらわれた人。とりこ。捕虜。

りょしゅく【旅宿】 旅先で泊まる家。やどや。

りょじょう【旅情】 旅でのしみじみとした思い。たびびとの心情。また、旅のおもむき。

りょじん【旅人】 たびびと。

りょそう【旅装】 旅行の服装。たびじたく。「―を解く」

りょだん【旅団】 陸軍部隊の構成単位。普通、一旅団は二個連隊より成る。▽明治初期には戦場にある(＝旅)軍の意。

りょっか【緑化】『名・ス他』市街地などに草木を植えて、緑をふやすこと。りょくか。「―運動」

りょてい【旅程】 旅行の行程・距離。旅行の日程。「―を組む」

りょのう【旅×囊】 旅行に携帯し、身のまわりの品などを入れる袋。▽古風。

りょひ【旅費】 旅行に要する費用。「出張―」

りょりょく【×膂力】 筋肉の力。腕力。

リラ ①〔植物〕↓ライラック。「ぬれし瞳にすすり泣く、―の花さえなつかしや」(一九三五年流行歌「緑の地平線」) ▽フランス lilas ②ユーロ(2)を採用する前のイタリアの、またトルコの、通貨の基本単位。▽イタリア・トルコ lira ③古代ギリシアやシリア・エジプトで使われたU字形の弦楽器。▽イタリア lira

リライト『名・ス他』(特に執筆者以外の者が)文章を書き直すこと。▽rewrite

リラクセーション くつろぐこと。心身の緊張をときほぐすこと。リラクゼーション。「―効果」 ▽relaxation

リラックス『名・ス自』緊張をとくこと。くつろぐこと。「―して面接に臨む」 ▽relax

リリース『名・ス他』抑えてきた状態から解き放すこと。特に、発表公開。「新計画を明朝―します」。新発売(の品)や封切り(映画)。「三曲の同時―」。釣った魚等を水に放すこと。「キャッチ アンド―」 ▽release 動詞で使うには「リリーズする」とも言った。

リリーフ ①『名・ス他』野球で、前の投手に代わって登板すること。救援。「―ピッチャー」 ②『名』〔美術〕うきぼり。レリーフ。▽relief

リリカル『ダナ』叙情的。叙情詩的。▽lyrical

りりく【離陸】『名・ス自』航空機などが陸地をはなれて飛び上がること。↕着陸

りりし-い【×凛×凛しい】『形』きりっとして勇ましい。「―姿」 派生 **-さ -げ**

リリシズム 叙情詩的な趣。叙情主義。▽lyricism

りりつ【利率】 利息の、元金(がんきん)に対する割合。

リリヤン 人絹糸を細い丸ひもに織ったもの。手芸の材料。▽lily yarn

リレー ①『名』「リレー レース」の略。②『名・ス他』中継(すること)。「聖火―」「―放送」。交替(すること)。「投手―」 ③『名』継電器。「―回路」 ▽relay **―レース** 競走・競泳・スキーなどの競技の一方式・種目。一組何人かの選手が、各自一定の距離を分担し、順次引き継いで全体の速さをきそう。継走。継泳。リレー競走。▽relay race

りれき【履歴】 ①個人が現在までに経てきた学業・職業・賞罰などの経歴。「―に傷がつく」 ②コンピュータなどで、通信・閲覧・データ変更などの記録。「通話―」「変更―を残す」 **―しょ【―書】** 履歴(1)を一定の書式で書いた書類。

りろ【理路】 話・議論などの筋道。「―整然」

りろん【理論】 個々ばらばらの事柄を法則的・統一的に説明するため、また認識を発展させるために、筋道をつけて組み立てたもの。「―物理学」「情報―」

りん【厘】 ①貨幣の単位。一厘は一円の千分の一、一銭の十分の一。「一銭五―」 ②尺貫法での単位。㋐長さでは、一厘は一尺の千分の一、一分(ぶ)の十分の一。㋑重さでは、一厘は一貫の十万分の一、一匁(もんめ)の百分の一。③一割の百分の一。「打率三割二分五―」

りん【鈴】 金属製の、振ってまたはたたいて鳴らすもの。㋐すず。㋑ベル。㋒読経(どきょう)の時にたたく、鉢形の小さな仏具。

りん【*林】 リン はやし ①むらがってはえている木。はやし。「林泉・林間・林野・林業・林産・林相・林立・山林・深林・森林・竹林・枯林・疎林・密林・防風林・防雪林・原始林・自然林・国有林」 ②物事の集まり。「書林・芸林・翰林(かんりん)・学林・禅林・酒池肉林」

りん【人淋】 リン ①水をそそぐ。水がしたたり流れる。「淋漓(りんり)」 ②淋病。「痳」に同じ。「淋菌」

りん【倫】 リン つね たぐい ①人が修め、守るべきみち。のり。すじみち。「倫理・人倫・不倫」 ②くらべもの。くらべものになる相手。なかま。ともがら。たぐい。「倫儔(りんちゅう)・比倫・絶倫」

りん【人綸】 リン いと ①青糸をより合わせたつりひも。印のひも。「綸綬(りんじゅ)」。また、いと。つりいと。②つかさどる。すべる。おさめる。「経綸」 ③天子の命令。「綸言・綸旨(りんじ)・綸書・綸命」

りん【*輪】わ めぐる リン ―①車のわ。車。また、回転する装置のもの。わの形をしたもの。「車輪・前輪・後輪・輪転機・火輪・五輪・日輪・月輪・法輪・鉄輪・銀輪・光輪・年輪・二輪車・輪タク・輪禍・競輪」②物のめぐり。外まわり。「輪郭・外輪・覆輪・大輪」③順ぐりに回る。めぐる。「輪廻(りんね)・輪番・輪講・輪読・輪唱・輪作」④広大で美しい様子。「輪奐(りんかん)の美を競う」⑤仏教で、地水火風空の五大。「五輪塔・地輪」⑥花を数える語。「梅一輪」

りん【凜】(凛) リン ―①氷でとざされて寒い。きびしい。「凜乎(りんこ)・凜然・凜凜・凜冽(りんれつ)」②ぞっとする。身がひきしまる。「凜森・凜厳」▽「凛」は俗字。

りん【×燐】リン ―①〘名・造〙非金属元素の一つ。元素記号P。天然には化合物の形で鉱物界に産し、動物の骨・歯・牙の中にも存在する。暗所で青白い光を発する。薬用、ねこいらずの原料、マッチの材料。「燐鉱・燐光・赤燐・黄燐(おうりん)・燐酸肥料」▽「リン」とも書く。②〘名・造〙しかばねから出る光。また、夜光虫・ほたるなどの火。おにび。きつねび。「燐の火」「燐火」

りん【隣】リン となり となる ―①家つづきのむらざと。「隣家・隣人・隣国・隣邦・隣室・隣保・四隣・近隣・善隣・比隣」②となる。となりする。「隣接」▽「鄰」は古字。

りん【鱗】リン うろこ ―①うろこ。こけら。「逆鱗(げきりん)に触れる」「魚鱗・銀鱗・鱗形・鱗翅(りんし)・鱗粉・片鱗」②うろこをもつ動物。魚類の総称。「鱗甲・鱗介」

りん【*臨】リン のぞむ ―①その場に居合わせる。その場にあたる。「臨席・臨床・臨場・臨戦・臨機・臨時・臨月・臨終」②高い所から見おろす。特に、高位の人が下位の人の居る場所に来る。下位の人に対する。「臨幸・臨御・親臨・光臨・降臨・来臨・君臨・照臨」③すぐそばに置いて見る。「臨書・臨画・臨写・臨模」④「臨時」の略。「臨休・臨急」

りんう【×霖雨】 幾日も降り続く雨。ながあめ。

りんか【×燐火】 墓場や湿地で自然に発生する青い火(の玉)。おにび。きつねび。▽燐化水素の燃焼によるとの説があるが、不明。

りんか【輪禍】 自動車・オートバイなどにはねられたり、ひかれたりする災難。

りんか【隣家】 となりのいえ。

りんが【臨画】〘名・ス他〙手本を見て、絵を習うこと。また、その絵。

りんかい【臨海】 海に面すること。海のそばにあること。「―地」「―工業地帯」 **―がっこう【―学校】** 主として夏期に臨海地で開かれ、児童・生徒の健康増進・水泳訓練その他を目的とする集団活動。そのための教育施設。 **―じっけんじょ【―実験所】** 海産の動植物を研究するため臨海地に設けた実験所。

りんかい【臨界】〘物理〙物質がある状態から別の状態に変化する境目。特に、中性子を放出しつつ核分裂反応が連鎖的に激しく進むこと。「―事故」「―温度」「―点に達する」

りんかい【×鱗介】 魚類と貝類。魚介。

りんかいせき【×燐灰石】 六方晶系に属する鉱石。主成分は燐酸(りんさん)石灰。燐肥料のほか、クリーム・歯みがきの原料となる。

りんかいど【×燐灰土】 脊椎動物の骨や排泄(はいせつ)物などが堆積して出来た土。

りんかく【輪郭・輪×廓】 ①物の周りを形づくっている線。②大すじ。概要。アウトライン。「計画の―」

りんがく【林学】 森林・林業に関する技術や経済を研究する学問。

りんかん【林冠】 森林の最上部で、樹冠が連続して見えるところ。

りんかん【林間】 林のなか。「―をさまよう」 **―がっこう【―学校】** 主として夏期に気候のよい山や高原で開かれ、児童・生徒の健康増進その他を目的とする集団活動。そのための教育施設。

りんかん【輪×姦】〘名・ス他〙おおぜいの男がかわるがわる一人の女性をおかすこと。

りんき【×悋気】〘名・ス自〙(男女間の事での、女の)やきもち。▽既に古風。

りんき【臨機】 その場に応じること。「―の処置」(その場に応じる適当な処置) **―おうへん【―応変】** 場合に臨み、変化に応じて適当な処置をすること。

りんぎ【×稟議】(所定の重要事項について)主管者が案を作って関係者にまわし、文書で決裁・承認を得ること。「―書」▽「ひんぎ」の慣用読み。

りんぎょ【臨御】 天皇がその場におでましになること。

りんぎょう【林業】 森林を育てて、人間生活に利用するのを目的とする産業。

りんきん【×淋菌・×痳菌】 淋病(りんびょう)の病原菌。

リンク ①〘名・ス他〙物と物とのつなぎ(をつけること)。「関連項目を―する」「―を張る」②〘名〙「リンク制」の略。個々の商品について、製品の輸出を条件としてその原料の輸入を認める制度。▽(1)(2)は link ③〘名〙→リンクス。④〘名〙スケート場。▽rink

リング ①輪(わ)。②ゆびわ。「エンゲージ―」③ボクシングなどの競技場。「―にあがる」「―サイド」▽ring

リンクス ゴルフ場。▽links

りんけい【輪形】 輪のような形。わがた。

りんけい【×鱗形】 うろこに似た形。

りんけい【×鱗茎】 地下茎の一種。ゆり根・たまねぎのように、養分をたくわえて厚くなった葉が茎のまわりに多数重なって球状になっているもの。

りんげつ【臨月】 子供が生まれる予定になっている月。うみづき。

リンゲルえき【リンゲル液】 大量出血などの場合に、

体液補給の目的で注射する、生理的食塩水の総称。リンゲル。▽「リンガー液」とも言う。イギリス人S. Ringerの名による。

りんけん【臨検】『名・ス他』その場所に出向いてとりしらべること。「船舶の―」

りんげん【×綸言】君主が臣下に対して言う言葉。「―汗のごとし」(君主の言は一度口から出れば取り消しがたいこと)

りんこ【×凜×乎】『ト タル』→りんぜん

りんご【林×檎・(苹果)】球形で甘ずっぱい果実を食用とする落葉高木。春、白または薄紅の花が咲く。品種が多く、果実は早いのは六月下旬、遅いのは十二月上旬に熟し、色も赤・黄・薄緑等がある。▽ばら科。

りんこう【×燐光】①黄燐(おうりん)を空気中に放置する時、自然に生じる青い光。②〔物理〕ある種の物質に光を当てた後、これを止めても、しばらく発光する現象。

りんこう【×燐鉱】燐酸(りんさん)石灰をたくさん含む鉱物。燐灰(りんかい)石・燐灰土・海鳥糞(ふん)などで、人造肥料の原料となる。

りんこう【臨幸】『名・ス自』天皇がお出かけになること。

りんこう【輪講】『名・ス他』あるテキストを数人で分担し、調べた事を順々に講義しあうこと。

りんこうせん【臨港線】港の桟橋まで延びている鉄道線路。

りんごく【隣国】となりの国。

りんさい【輪栽】『名・ス他』→りんさく

りんざいしゅう【臨済宗】禅宗の一派。唐の臨済が開祖。鎌倉時代、栄西(えいさい・ようさい)が日本に伝えた。

りんさく【輪作】『名・ス他』同じ耕地に一定年限ごとに循環して、違った種類の作物を一定の順序に栽培すること。輪栽。↔連作

りんさん【林産】山林から産すること。その産物。

りんさん【×燐酸】五酸化二燐(りん)が種々の程度に水と結合して生じる酸の総称。医薬・化学工業用。燐灰(りんかい)石に濃硫酸を作用させてつくる。▽「リン酸」とも書く。 **―カルシウム** →りんさんせっかい。 **―せっかい**【―石灰】燐灰石・燐灰土として産する白色の粉末。動物の骨・歯の主成分。肥料・不透明ガラス・燐製造の原料。燐酸カルシウム。 **―ひりょう**【―肥料】燐酸をたくさん含む肥料。種子の充実に効果がある。燐肥。

りんし【臨死】死に直面すること。「―体験」(生きている状態で死を体感すること)

りんじ【臨時】①定時でなく、その時その時に(情況に応じて)行うこと。きまった時でないこと。「―ニュース」「―休業」②一時的であること。「―の措置」「―職員」

りんしつ【×淋疾・×痳疾】→りんびょう

りんしつ【隣室】となりの部屋。

りんしゃ【臨写】『名・ス他』手本を見てうつすこと。

りんじゅう【臨終】今にも死のうという時。死にぎわ。「―の場に立ち合う」「ご―です」

りんしょ【臨書】『名・ス他』手本を見て書くこと。

りんしょう【林床】森林の最下部の地表の辺り。▽その木々の種類で様子が違う。

りんしょう【輪唱】『名・ス他』同じ旋律を、一定の間隔でずらし、追いかけるようにして歌う合唱。

りんしょう【臨床】病人の床のそばに行くこと。「―尋問」。実際に病人を診察・治療すること。「―家」「―医学」

りんじょう【臨場】『名・ス自』その場に臨むこと。 **―かん**【―感】実際にその場にいるかのような感じ。「―あふれる動画」

りんじょう【輪状】輪のような状態。

りんじょう【×鱗状】うろこのような状態。

りんしょく【×吝×嗇】『名ナ』極度に物惜しみすること。けち。派生 **―さ** **―か**【―家】けちんぼう。

りんしるい【×鱗×翅類】昆虫の一類。蝶(ちょう)・蛾(が)の類。はねや体は鱗粉(りんぷん)で覆われている。口は細長い筒状をなし、使わない時はぜんまい式に巻く。

りんじん【隣人】となり近所の人。「―愛」

リンス『名・ス他』洗髪後、髪の状態を整えるために用いる液。また、その液を用いること。▽rinse

りんず【×綸子】精練した生糸で織った、厚くてつやのある絹織物の一つ。

りんせい【林政】林業に関する行政。

りんせい【×稟請】『名・ス他』上役に申し出て請求すること。申請。▽「ひんせい」の慣用読み。

りんせき【臨席】『名・ス自』その席にのぞむこと。出席。

りんせき【隣席】となりの席。

りんせつ【隣接】『名・ス自』すぐとなりにつづくこと。

りんせつ【×鱗×屑】皮膚の表面の角質細胞が、細かくはがれ落ちたもの。▽頭部の場合は「ふけ」と言う。

りんせん【林泉】木立や泉水などのある庭園。しま。

りんせん【臨戦】戦いに臨むこと。「―態勢」

りんぜん【×凜然】『ト タル』①りりしいさま。②寒さがきびしいさま。

りんそう【林相】森林の様相・形態。

りんタク【輪タク】三輪自転車の後ろまたは側面に客をのせる席を設けた乗り物。▽第二次大戦後の一時期に使われた。「タク」は「タクシー」の略。

りんち【林地】森林になっている土地。また、林業の対象としての土地。

りんち【臨地】現地に出かけること。「―講演」「―調査」

リンチ『名・ス他』法律によらない私的で残酷な刑罰(を与えること)。私刑。「―を加える」▽lynch アメリカの判事の名から。

りんてん【輪転】輪(わ)がまわること。輪のように、まわること。「―式」 **―き**【―機】円筒状の印刷版の間に巻取り紙を通して印刷する機械。両面印刷・多色印刷が高速度にでき、新聞などの大量生産にむく。

リント 片面にけばを立てた厚い布。軟膏(なんこう)を塗って患部にはる。▽lint

りんと【×凜と】『副・ス自』①りりしいさま。ひきしまったさま。②寒さがきびしいさま。

りんどう【林道】(林産物を運ぶため)林間に通じている道。

りんどう【〈竜胆〉】山野に生える多年草。高さ三〇～六〇センチ。秋、青紫色、鐘状の花が咲く。観賞用。根は薬用。春咲く小形のものもある。▽りんどう科。

りんどく【×淋毒・×痳毒】淋病(りんびょう)の毒。

りんどく【輪読】『名・ス他』数人が順番に、一つの本を読んで解釈し、お互いに意見をかわすこと。

りんね【輪×廻】『名・ス自』〔仏〕生きかわり死にかわりすること。車輪が回転してきわまりがないように、霊魂が転々と他の生を受けて、迷いの世界をめぐること。流転(るてん)。▽「りんゑ」の連声(れんじょう)。「輪廻転生(てんしょう)」とも言う。

リンネル 亜麻の繊維で織った薄い織物。リネン。▽フランス linière

リンパ【×淋×巴】「リンパ液」または「リンパ節」の略。▽ドイツ Lymphe **―えき**【―液】身体組織の間を通るリンパ管系を流れている液体。毛細血管壁から組織に浸出した血漿(けっしょう)が主体となる。栄養物の運搬、老廃物の受入れを行い、細菌侵入の防止や体表保護のために重要。 **―かん**【―管】リンパ液を通す、くだ。 **―せつ**【―節】リンパ管の各所にある粟粒(あわつぶ)大から大豆粒大の結節。リンパ球・白血球などを含む。頸(くび)・腋(わき)の下などに特に多い。侵入して来た病原菌はリンパ液でここに運ばれ、全身への広がりがここでくいとめられる。体の一部に炎症を起こすと、近くのリンパ節が腫れる。「―炎」 **―せん**【―腺】リンパ節の旧称。

りんばつ【輪伐】『名・ス他』森林の樹木を、毎年順ぐりに一部分ずつ伐(き)ってゆくこと。

りんばん【輪番】多人数が順ぐりに物事をすること。まわり番。

りんぴ【×燐肥】→りんさんひりょう

りんびょう【×淋病・×痳病】代表的な性感染症の一つ。淋(りん)菌によって起こる、尿道粘膜や膣(ちつ)粘膜などの炎症。淋菌感染症。淋疾。トリッペル。

りんぶ【輪舞】『名・ス自』おおぜいが輪になって回りながら踊ること。

りんぷん【×鱗粉】蝶(ちょう)・蛾(が)などの体や羽を覆っている鱗状の形成物。

りんぺん【×鱗片】うろこ状の物の一片。

りんぽ【隣保】①となり近所の人々。②近隣の人々が互いに助け合う組織。

りんぽう【隣邦】となりの国家。

りんぽん【臨本】書画の手本。

りんも【臨模・臨×摹】『名・ス他』書画などの原物を見ながら、そっくりにかきうつすこと。▽「りんぼ」とも言う。

りんもう【厘毛】きわめてわずか。▽「厘」や「毛」はきわめて少ない量の呼び名。

りんもう【×鱗毛】ぐみの葉、羊歯(しだ)などに生じる、鱗片(りんぺん)状の細かい毛。

りんや【林野】森林と野原。

りんらく【×淪落】『名・ス自』おちぶれること。また、堕落すること。

りんり【倫理】①人間生活の秩序つまり人倫の中で踏み行うべき規範の筋道(の立て方)。「―的」「政治―」②「倫理学」の略。 **―がく**【―学】人間の行為や社会関係を支配する道徳について、その起源・発達・本質・意味を研究する学問。

りんり【×淋×漓】『ト タル』したたりおちるさま。「流汗―」

りんりつ【林立】『名・ス自』林の木のように、たくさんのものが並んで立つこと。「―する高層ビル」

りんりん【×凜×凜】『ト タル』①勇ましいさま。りりしいさま。「勇気―」②寒さがきびしいさま。

りんりん『副〔と〕』鈴やベルの鳴る音。「自転車のベルを―(と)鳴らしながら走る」。鈴虫などの鳴く声。

りんれつ【×凜×冽・×凜烈】『ト タル・ノダ』寒さがきびしいさま。「―の気」

る

る【流】→りゅう〔流〕

る【留】→りゅう〔留〕

ルアー 釣りの擬餌(ぎじ)針の一種。「―フィッシング」▽lure

るい【涙】【淚】ルイ なみだ | なみだ。「涙腺・紅涙・血涙・声涙・悲涙・暗涙・感涙・涕涙(ているい)・熱涙・落涙」▽「泪」は同字。

るい【累】ルイ かさねる かさなる しきりに わずらわす | ①『名・造』しばられて離れないもの。かかわりあい。足手まといのわずらい。「累を及ぼす」「俗累・係累・繫累(けいるい)・連累」②かさねる。かさなり。「累卵・累累・累次・累日・累年・累世・累代・累積・累増・累計・累犯」③ひきつづき。しばしば。しきりに。「累進」▽もと、糸で物をしばる、つづりあわす意。

るい【塁】【壘】ルイ とりで | ①『名・造』土をつみ重ねた小城。とりで。「塁を摩す」(敵塁にせまる。転じて、ある人と同等の地位や腕前になる)「堡塁(ほうるい)・敵塁・土塁・孤塁・堅塁」②『名・造』野球で、攻撃側が通過しなければならない場所。ベース。「塁に出る」「一塁・本塁・満塁・盗塁・残塁・塁審」

るい【類】【類】ルイ たぐい | ①似たものの集まり。同じ目じるしによって

まとめられたなかま。たぐい。「種類・同類・人類・族類・生類(しょう)・獣類・畜類・魚類・鳥類・異類・衣類・書類・分類・部類・類推・類化・類聚(るいじゅう)・類纂(るいさん)・類書」②血つづきの人。親戚。なかま。一味の者。「縁類・親類」③生物分類学で、「綱・目・科・属」に代わる慣用。「昆虫類・しだ類・食肉類」④〘名・造〙ある性質・関係に着目して、それを有するものをすべて集めた(として考えられる)一まとまり。クラス。「類概念・同値類・語類」▽→しゅうごう(集合)(2)。⑤〘名・造〙似たところがある。似寄る。「類のない事件」「類は友を呼ぶ」(気の合う友が自然に集まる)「類似・類型・類質・類同・類別・類例・類字・類語・類句・類歌・類書・比類・無類・類人猿」⑥同じような目にあう。「類焼・類火」

るいえん【類縁】①身うち。親類。一族。②形・性質が似ていて、互いに近い関係にあること。「―種」

るいおんご【類音語】似た発音の語。例、「おばあさん」と「おばさん」、「いち」と「しち」。

るいか【累加】〘名・ス自他〙重なり加わること。重ね加えること。「利用回数を―する」

るいか【類歌】表現や内容がよく似た歌。

るいか【類火】他から燃え移って火事になること。もらい火。類焼。「―で焼け出された」

るいがいねん【類概念】〔論理〕類を指す概念。「人類」は日本人・アメリカ人・ロシア人等に対して類概念であり、「日本人」はまた太郎・次郎・花子等に対して類概念である。▽→るい〘類〙(4)・しゅ〘種〙(3)(ア)

るいぎご【類義語】意味が似ている語。例、「対照」と「対比」、また「両親」と「父母」。

るいく【類句】①表現や意味がよく似た句・俳句。②和歌・俳句の五句・三句などの句を、いろは順や五十音順に並べて、捜しやすくした書物。

るいけい【類型】①似たものの間に共通に認められる型(かた)。②個性のない、平凡なもの。「―に堕した作品」「―的」

るいけい【累計】〘名・ス他〙小部分ずつの計を順々に加えて、合計を出す計算。また、それによって得た合計。

るいげつ【累月】何か月も月を重ねること。

るいげん【累減】〘名・ス自他〙次第に減って行くこと、減らして行くこと。↔累増

るいご【類語】意味が似ている語。類義語。

るいこん【涙痕】涙が流れた、あと。

るいさん【累算】〘名・ス他〙累計して合計を出すこと。

るいさん【類×纂】〘名・ス他〙同じ種類のものを集めて、書物をつくること。その書物。「法規―」

るいじ【累次】何度も重なり続くこと。「―の災害」

るいじ【類似】〘名・ス自〙似通うこと。よく似ていてまぎらわしいこと。「―品に御注意」「―点」

るいじ【類字】形が似ている文字。例、「瓜(うり)」と「爪(つめ)」。

るいしつ【類質】〘名ナ〙(同質・等質とまでは言えない、特に見掛けが)似ている、という性質。「この政権の、国際社会にとっての―性と異質性」

るいじつ【累日】何日も日を重ねること。

るいじゃく【×羸弱】〘名ナ〙体が著しく弱いこと。

るいじゅう【類従・類×聚】〘名・ス他〙同じ種類のものを集めること。その集めたもの。

るいしょ【類書】①内容が似ている書物。同じ種類の書物。②内容を事項別に分類し編集した書物。

るいしょう【類焼】〘名・ス自〙他の家から出た火事が広がってきて焼けること。

るいじょう【累乗】〘名・ス他〙〔数学〕同じ数を順次に掛け合わせること。▽aをn個掛け合わせたものをa^nと表す。 **―こん【―根】**(nを正の整数として)$a=b^n$の時、aに対するbのこと。

るいしん【累進】〘名・ス自〙①(地位などが)次々に進みのぼること。②数量の増加に従い、比率が増すこと。「―税」

るいじんえん【類人猿】霊長類の中で、特に人類に近く、大形で、後足で直立して歩く動物。現存するのはオランウータン・チンパンジー・ゴリラ・テナガザルの四類。

るいすい【類推】〘名・ス他〙一方が他方と似る(幾つかの)点に基づいて、(既知の一方から)他方の有様を全体的に推し測ること。類比(2)。アナロジー。「―解釈」

るい-する【類する】〘サ変自〙似かよう。「児戯に―」

るいせき【累積】〘名・ス自他〙①重なり積もること。重ね積むこと。累加。累算。「―赤字」「―度数」②累乗すること。その積。

るいせつ【×縲×絏】しばられて獄にはいること。なわめにかかること。「―のはずかしめ」▽「縲」はしばりなわ、「絏」はしばること。文語的。

るいせん【涙腺】涙を分泌する腺。「―がゆるむ」(涙がこぼれることの修辞的表現)

るいそう【×羸痩】衰えやせること。▽文語的。

るいぞう【累増】〘名・ス自他〙次第にふえて行く、また、ふやして行くこと。

るいだい【累代】代を重ねること。何代にも及んでいること。「―の重恩」

るいだい【類題】①同じ種類の問題。似かよった問題。②和歌・俳句などを同じ種類の題によって分類して集めた書物。

るいどう【類同】同じ種類と言えるほど似ていること。

るいねん【累年】同様の事が年を重ねて起こること。「―の水害」

るいはん【累犯】①犯罪を何度も重ねること。②〔法律〕懲役に処せられた者が、刑の終了、または免除の日から五年以内に再び罪を犯して、有期懲役に処せられること。▽この場合には、刑が重くなる。

るいひ【類比】〘名・ス他〙①比較。「―を絶する」②一方で成り立つのと並行的な性質が他方でも成り立つこと。▽(2)は analogy の訳語。

るいへき【塁壁】 とりでの(敵側に面する)壁や斜面。

るいべつ【類別】『名・ス他』種類ごとに分けること。分類。

るいほん【類本】 内容が似ている本。類書。

るいらん【累卵】 積み重ねた卵。不安定で崩れやすいので、物事が非常に危ない状態にあるたとえ。「—の危機」

るいるい【累累】『ト タル』たくさん積み重なっているさま。「死屍(しし)—」

るいれい【類例】 似かよった例。「他に—がない」

るいれき【×瘰×癧】 結核菌の感染による頸部(けいぶ)のリンパ節の慢性的なはれもの。ぐりぐり。

ルー 小麦粉をバターで炒(いた)めたもの。ソースなどにとろみをつけるのに使う。また、それを固形にした市販のもの。「カレーの—」▽フランス roux

ルーキー (プロ野球などで)新人の選手。▽アメリカ rookie

ルージュ 口紅(くちべに)。▽フランス rouge(＝赤色。紅)

ルーズ『ダナ』①だらしがないさま。規律が守れず、ずぼらなさま。「時間に—だ」②ゆるいさま。「—ソックス」③固定されていないさま。きっちりしていないさま。「—ボール」▽loose **—リーフ** 一枚ごとに抜き差しできる形態のノート。また、その紙。▽loose-leaf

ルーター コンピュータ ネットワークで、複数のネットワークを相互接続し、データを中継する装置。▽router

ルーチン ①日常の仕事などで、型どおりの決まり切ったもの。「—業務に明け暮れる」②コンピュータのプログラムの、ある機能を果たす一まとまりの部分。中心的な機能を果たすメイン ルーチンと、下請け的な仕事を受け持つサブルーチンとに分けられる。▽「ルーティン」とも言う。routine

ルーツ ①根源。「—をさぐる」②祖先。▽roots(＝根。root の複数形) アメリカの黒人作家ヘイリーの著書とそのテレビドラマ化から一九七七年に広まった語。

ルート ①〔数学〕根(こん)。特に平方根。記号√ ▽root ②道。みちすじ。通路。経路。「密売—」「—検索」▽route

ループ ①『名』輪。環。「—アンテナ」。(ボタンを掛ける)ひもの輪。②『名・ス自』(同じところを)ぐるぐる回ること。「無限—」「負の—に陥る」「この問題を巡って思考が—する」③『名』「ループ線」の略。急勾配(こうばい)の地に鉄道・道路を敷設する時、線路・道路を環状・螺旋(らせん)状にして、登りやすくしたもの。「—橋」④『名』球技で、ゆるやかな弧を描く球すじ。「—ドライブ」「—シュート」▽loop

ルーフ ガーデン (主に大きなビルの)屋上庭園。▽roof garden

ルーブル ロシア・ベラルーシなどの通貨の基本単位。ルーブリ。▽イギリス・フランス rouble ロシア rubl'「留」とも書く。

ルーペ むしめがね。拡大鏡。▽ドイツ Lupe

ルーム へや。室。「—クーラー」「ダイニング—」▽room **—メート** 寮などで同室の人。▽roommate

ルーメン 光束の単位。記号 lm 一ルーメンは一カンデラの点光源から単位立体角に放射する光束。▽lumen

ルール 規則。「—ブック」「—違反」▽rule

ルーレット 回転する円盤に球をころがし、または円盤上の棒を回し、止まった位置によって勝負する、ばくち(の用具)。▽フランス roulette

ルクス 照明の明るさの程度を表す単位。記号 lx 一ルーメンの光が、光源から一メートル離れた一平方メートルの表面を一様に照らす明るさ。ルックス。▽ドイツ Lux

るけい【流刑】 →りゅうけい

るげん【×縷言】 こまごまと言うこと。その言葉。「—を要しない」

ルゴールえき【ルゴール液】 咽頭炎・扁桃(へんとう)炎などに用いる塗り薬。沃素(ようそ)・沃化カリウム・グリセリンを混合して作る。▽この薬を使い始めたフランス人 Lugol にもとづく。

るこく【×鏤刻】『名・ス他』①金属や木に、文字・絵画などをちりばめきざむこと。②文章を推敲(すいこう)すること。

るこつ【×鏤骨】 (文章などに)骨を刻むほどの苦心をすること。「彫心—」「—砕心」

るざい【流罪】 →りゅうけい

ルサンチマン 恨み(の念)。ニーチェの用語では、強者に対し仕返しを欲して鬱結した、弱者の心。▽フランス ressentiment

るじ【×屢次】 しばしばあること。「—の災害」

るしゃな【×盧舎那】 →びるしゃなぶつ

るじゅつ ①【×屢述】『名・ス他』しばしば(繰り返し)述べること。②【×縷述】『名・ス他』こまごまと述べること。

るす【留守】 ①『名・ス自他』外出して家にいないこと。「—(に)する」「—を見澄まして侵入」▽(2)の転。②『名・ス自他』家人の外出中に家を守ること。その人。「—を頼む」「—を預かる」▽この意では、今は普通「留守居」「留守番」と言う。③『名』他に注意が奪われること。「手元がお—になる」 **—ばん【—番】**『名・ス自』→るす(2)。「—電話」(掛かってきた電話に出られない時その電話の用件を録音しておく装置・サービス)

るせつ【×縷説】『名・ス他』事こまかに述べること。

るせつ【流説】 ①世間に流布している説。「—とは異なる」②→りゅうせつ

るたく【流×謫】 罪によって遠方に流されること。

るちん【×縷陳】『名・ス他』こまごまと述べること。縷(るる)陳述すること。

ルック 服装がある傾向を帯びること。風(ふう)。「ミリタリー—」▽look

ルックザック →リュックサック

ルックス ①→ルクス。②顔立ち。容姿。外見。「—が

いい」▽looks

ルッコラ ぴりっと辛い、サラダなどに使う葉野菜。▽(イタリア)rucola あぶらな科。

るつぼ【坩堝】 金属をとかすのに使うつぼ。「興奮の—」(熱狂的な状態の形容)「人種の—」(多くの人種がいりまじって居住する状態の形容、またその場所)

るてん【流転】《名・ス自》①仏教で、生死・因果が輪廻(りんね)して、きわまりがないこと。②一般に、一つの状態にとどまらず、移り変わって行くこと。「万物—」

るにん【流人】 流罪(るざい)に処せられた罪人。

ルネッサンス 十四世紀末から十六世紀の初めにかけて、全ヨーロッパに広がった芸術・学術の革新運動。文芸復興。ルネサンス。▽(フランス)Renaissance アラビア人を介して既に十二世紀には、西欧の一部の地域で始まっていた。

ルバシカ ロシア風のゆったりしたシャツ。詰めえりで、わきをボタンでとめ、ひものバンドを結び下げる。ルパシカ。▽(ロシア)rubashka

ルビ ①振り仮名。「総—の本」▽②の転。②振り仮名用の小活字。▽ruby イギリスの古い活字の名称から。

ルビー 宝石にする、赤色の鋼玉。紅玉。▽ruby

ルピー インド・パキスタン・スリランカなどの、通貨の基本単位。▽rupee

るふ【流布】《名・ス自》世間に広まること。広く知れ渡ること。「—本」

ルポ 「ルポルタージュ」の略。

るほう【×屢報】《名・ス他》たびたび報道すること。

ルポルタージュ 現地報告。また、報告文学。記録文学。▽(フランス)reportage(=報告)

るまた【ル又】 →ほこづくり

ルミノール 血液に作用させると青白い蛍光を発する有機物質。血痕の鑑識に使う。「—反応」▽(ドイツ)Luminol

るり【瑠璃】 ①七宝(しっぽう)の一つで、つやのある美しい青い宝石。②ガラスの古名。③「瑠璃色」の略。紫がかった紺色。 **—ちょう【—鳥】** ひたき科の鳥で、羽の色が瑠璃色の、ルリビタキ・シナルリチョウ・コルリ等の俗称。

るる【×縷×縷】《副[と]》①《多く「—として」の形で》細く絶えずに続くさま。「山腹を—としてはう道」②こまごまと述べるさま。「—釈明する」▽「縷」はやっと見えるほどの細い糸の意。

るろう【流浪】《名・ス自》さまようこと。さすらうこと。「—の民」

ルンゲ ①肺。②俗に、肺結核。▽(ドイツ)Lunge

ルンバ キューバ起源のラテン音楽。また、そのダンス。四分の二拍子で、力動感がある。▽(スペイン)rumba

ルンペン ①浮浪者。②比喩的に、失業者。「—プロレタリア」(浮浪労働者階級)▽(ドイツ)Lumpen(=ぼろ。古着) 一九三〇年ごろよく使われた語。

るんるん《副[と]・ス自》〔俗〕気分が明るく、はずむようなさま。「—気分」▽テレビ アニメ「花の子ルンルン」(一九七九〜八〇年放映)から。

れ

レア ①《名》ビーフステーキの焼き方で、表面は焼けているが中は生で赤い状態。↓ウェルダン・ミディアム。②《造》《「—な」「—だ」の形でも使う》まれな。「それは—(な)ケースだ」▽rare **—アース** 性質のよく似た、十七種の金属元素の一群。レアメタルの一種で、精密機器の製造に欠かせない原料が多い。希土類。▽rare earth **—メタル** 天然の産出量が少なかったり品位の良いものが得にくかったりする金属。希少金属。例、マンガン、コバルト。▽rare metal

レアリスム →リアリズム。▽(フランス)réalisme

レアリテ →リアリティー。▽(フランス)réalité

レイ 歓迎の意を表すため、その人の首に掛ける花輪。▽(ハワイ)lei

れい【*令】 レイ リョウ(リャウ) ①いいつけ。いいつける。「令旨(れいし・りょうじ)・令状・号令・命令・辞令・司令・指令・伝令・発令」②㋐公布された制度上の規程。「法令・政令・勅令・省令・条令・訓令・禁令・布令・大赦令」㋑《名・造》律と共に国の根本をなした法典。「リョウ」と読む。「令を定める」「律令・大宝令」③相手に関係ある人を尊敬して言う語。「令兄・令姉・令弟・令妹・令夫人・令閨(けい)・令室・令息・令嬢・令孫」④よい。ほめことばとしても用いる。「令月・令名・巧言令色」⑤長官。「県令」⑥もし。たとい。「仮令(けりょう)」

れい【*冷】 レイ ひえる ひや ひやす ひやかす つめたい さめる さます ①つめたい。ひえる。ひややか。↔暖。「冷却・冷水・冷汗・冷酒・冷肉・冷気・冷房・冷害・秋冷・涼冷・清冷・寒冷・空冷・冷罨法(れいあんぽう)・冷蔵庫・冷凍魚・冷暗所」②気持がつめたい。同情がない。「冷淡・冷笑・冷罵・冷遇・冷厳・冷静・冷然・冷評・冷酷」③さびしい。おちぶれていやしい。「冷落」

れい【人怜】 レイ さとい かしこい さとい。かしこい。「怜悧(れいり)・怜質」

れい【鈴】 レイ リン すず 《名・造》金属製の打楽器。また、すず。ベル。「振鈴・金鈴・電鈴・風鈴(ふうりん)・呼び鈴(りん)」▽→りん(鈴)

れい【齢】【齡】 レイ とし よわい 人のいのちの長さ。とし。よわい。「年齢・寿齢・弱齢・老齢・頽齢(たいれい)・高齢・妙齢・馬齢・樹齢・月齢・適齢期」

れい〖(人)嶺〗レイ みね ね ―山の頂。みね。「山嶺・秀嶺・雪嶺・銀嶺・分水嶺」

れい〖零〗**レイ** こぼれる おちる ふる ―①取るに足りないまでに小さい。「零細企業」▽(3)が原義。②〖名・造〗ものが全く無いことを表す数。一より一小さい数。㋐数学で、それを他に加えても値が変わらない数、更に広く、そういう元。また、目盛りなどの基準となる点。「零からの出発」「零元は加法の単位元である」「零点」「零下一五度」「帰零操作」 ㋑皆無の比喩。▽アラビア数字では「0」と書く。位取りを明らかにするため、例えば「2003」を「二千零零三」のようにも使う。③静かに雨のつぶが降る。「零雨」。露がしたたる。「零露の文(あや)は繁くして」(土井晩翠「星落秋風五丈原」)。転じて、㋐落ちる。「零砕・零涙」。落ちぶれる。「零落の身」「零残」 ㋑欠け落ちて残った半端。はした。「零余・零本・断簡零墨」

れい〖霊〗〖靈〗**レイ** **リョウ**(リヤウ) **たま** たましい ―①〖名・造〗肉体に宿って肉体を支配する働きをもつもの。肉体を離れた人間の精神的本体。たましい。「霊がやどる」「霊魂・霊肉一致・霊界・霊前・霊柩(れいきゅう)・霊媒・霊廟(れいびょう)・心霊現象・死霊(しりょう)・亡霊・幽霊・英霊・精霊(せいれい・しょうりょう)・生霊(せいれい・いきりょう)・悪霊(あくりょう)・聖霊・全身全霊」 ②はかり知ることのできない不可思議な働きがある。神々(こうごう)しく尊い。神聖。「霊妙・霊験(れいげん)・霊感・霊気・霊夢・霊鳥・霊泉・霊薬・霊木・霊地・霊峰・霊場・霊域」 ③万物の精気。かみ。「山霊・神霊」「万物の霊長」 ④すぐれてよい。「霊筆」 ⑤さいわい。恩恵。

れい〖*礼〗〖(人)禮〗**レイ** **ライ** ―①〖名・造〗㋐人のふみ行うべき道。社会生活上の定まった形式。制度・文物・儀式・作法等。五常の一つ。「礼を失するふるまい」「仁義礼智(ち)信・礼楽(れいがく)・礼儀・礼式・礼法・礼典・礼節・典礼・婚礼・葬礼・祭礼・即位礼・立太子礼」 ㋑中国古代の、礼を書きしるした書物。「礼記(らいき)・儀礼(ぎらい)・周礼(しゅらい)」 ②敬意をもってきまりに従う。「礼装・礼服・礼砲・礼譲・礼遇・儀礼・非礼・無礼・失礼・繁文縟礼(はんぶんじょくれい)」 ③〖名・造〗うやまっておじぎをする。低頭などして敬意を表す。「礼をつくす」「礼をする」(おじぎをする)「礼拝(れいはい・らいはい)・礼讃(らいさん)・敬礼(けいれい・きょうらい)・拝礼・目礼・答礼・最敬礼・帰命頂礼(きみょうちょうらい)」 ④〖名・造〗謝意をあらわす。そのための金品。「礼を言う」「礼状・礼金・礼物(れいもつ)・返礼・謝礼」

れい〖励〗〖勵〗**レイ** **はげむ** **はげます** ―力をふりしぼってつとめる。はげむ。はげます。「励行・勉励・精励・奨励・激励・奮励・督励」

れい〖戻〗〖戾〗**レイ** ライ **もどす** **もどる** もとる ―①帰る。帰す。返却する。「返戻」▽(1)は日本での用法。②道理にそむく。さからう。もとる。「背戻・悖戻(はいれい)」 ③乱暴をする。しいたげる。「暴戻」

れい〖*例〗**レイ** **たとえる** ―①同じようなもののなかま。たぐい。「類例・例外」 ②〖名・造〗昔からのならわしで、典拠・標準とするに足るもの。しきたり。習慣。「例がない」「例祭・慣例・通例・吉例・古例・典例・先例・前例・悪例」 ③㋐ならわしになっている。いつもきまっている。「定例(ていれい・じょうれい)・恒例・月例・例年・例会」 ㋑〖名・造〗特別に新しいことでない。いつもと同じ。「例によって悪口を言う」「例ならず」(ふだんと違って)「例の話」「例の通り」 ④〖名・造〗同種類のものの中から、他を類推させるために、選び出したもの。見本。たとえる。たとえば。「例を引く」「例示・例文・例話・例証・例題・用例・事例・一例・適例・引例・特例」 ⑤きめられた事がら。規定。「条例・凡例(はんれい)・例言」

れい〖隷〗**レイ** ―①つきしたがう。つく。「隷属」 ②つきしたがうもの。しもべ。「奴隷」▽もと、罪をおかし捕らえられた者の意。③〖名・造〗漢字の書体の一つ。篆書(てんしょ)を簡略にしたもの。「隷書・篆隷」▽「隸」は同字。

れい〖麗〗**レイ** うららか **うるわしい** ―①形がととのって美しい。うるわしい。りっぱ。うつくしい。「麗人・麗女・麗容・麗色・麗姿・麗質・麗筆・美辞麗句・端麗・壮麗・華麗・美麗・綺麗(きれい)・鮮麗・佳麗・秀麗・豊麗」 ②うららか。「麗日」

レイアウト〖名・ス他〗①割付け(をすること)。また洋裁で、型紙の配列。②一般に、物の配置・配列をすること。「室内の―を考える」▽layout

れいあん【冷暗】冷たくて、日光がささないこと。

れいあんしつ【霊安室】病院などで、遺体を一時安置する部屋。

れいあんぽう【冷×罨法】罨法のうち、冷やすもの。↕温罨法

れいい【霊位】①死んだ人の魂。②位牌(いはい)。

れいい【霊威】不思議な威力。

れいい【霊異】不思議。霊妙。「―を現じる」

れいいき【霊域】社寺などがある神聖な地域。

れいう【冷雨】冷たい雨。

れいえん【霊園・霊×苑】区画をきちんと立てて整えた、(広い)共同墓地。

レイオフ 不況による操業短縮などの際に、企業が労働者を一時的に解雇すること。一時解雇。▽layoff 日本では、解雇せず自宅待機させる一時帰休制の意にも使う。

れいおん【冷温】①冷たいことと、温かいこと。②低い温度。

れいか【冷夏】異常に気温の低い夏。

れいか【冷菓】凍らせて(または、冷やして)作った菓子。アイス クリーム・シャーベット等。

れいか【隷下】部隊編成上、その指揮者に所属していること。指揮下の部下。▽↓きか(旗下)

れいか【零下】温度がセ氏零度以下であること。氷点下。「―一〇度」

れいか【霊化】〖名・ス自他〗霊妙・霊的なものになるこ

と、または、すること。

れいか【霊歌】信仰心に発する、魂の歌・音楽。「黒人ー」▽→ゴスペル

れいかい【例会】定期的に日を決めて開く会。定例会。

れいかい【例解】《名・ス他》例を挙げて説明・解釈すること。

れいかい【冷灰】火のぬくもりがなくなって、冷えきっている灰。

れいかい【霊界】霊魂の世界。また、精神界。↕肉界

れいがい【例外】通例にはずれること。原則と合わないこと。そういうもの。「ーのない規則はない」

れいがい【冷害】寒さによる被害。特に、寒さが例年より早く来たり、夏期、気温が異常に低かったりして、農作物が受ける害。

れいがえし(:がへし)【礼返し】他からの贈物などお礼に対するお返し(の品)。

れいがく【礼楽】行いをつつしませる礼儀と、心をなごませる音楽。▽中国で古く、世の秩序を保ち人心を感化する働きを持つものとして、尊重した。

れいかん【冷汗】ひやあせ。「ー三斗」(たいそう、ひやあせをかくさま)

れいかん【霊感】①神仏の不思議な感応(かんのう)。②何となく、ぴんとくること。インスピレーション。「ーが働く」

れいがん【冷眼】冷ややかに(さげすんで)人を見る目つき。「ー視」

れいき【例規】①法令の解釈・取り扱いなどで、先例とする規則。②慣例に基づいてできた規則。

れいき【冷気】ひえびえとした空気。「秋の夜のー」

れいき【励起】《名・ス他》《物理》(安定した状態にある)原子や分子、また、結晶中の電子などが、(外部からエネルギーを与えられて)より多くのエネルギーをもつ状態に移ること。「ー状態」「ーされた電子」▽量子力学の概念。

れいき【霊気】神秘的な気分。神聖なけはい。

れいぎ【礼儀】社会のきまりにかなう、人の行動・作法。そのような敬意の表し方。「ーをわきまえない」「親しき中にもーあり」「ー正しい」関連 礼・礼式・礼節・礼法・行儀・謝儀・風儀・略儀・儀礼・虚礼・謝礼・欠礼・失礼・非礼・無礼・返礼・不敬・失敬・無作法・作法・品行・エチケット・マナー

れいきゃく【冷却】《名・ス自他》ひえること。ひやすこと。「ー水」「ー期間」(紛争の平和的解決のため、当事者の交渉を一時停止する期間)

れいきゅう【霊×柩】死者のなきがらを入れたひつぎ。「ー車」

れいきょう【霊境】霊地。

れいきん【礼金】謝礼として出す金銭。

れいく【麗句】美しく飾った、調子のよい文句。「美辞ー」

れいぐう【冷遇】《名・ス他》冷淡な態度であしらうこと。つめたい待遇。↕厚遇

れいぐう【礼遇】①《名・ス他》礼儀をつくしてあつく待遇すること。②《名》特別の措置の待遇。「前官ー」

れいけい【令兄】他人の兄を敬った呼び方。

れいけい【令×閨】他人の妻を敬った呼び方。令夫人。

れいけつ【冷血】①体温が外界の温度なみに低いこと。②温情が欠けていること。「ー漢」 **ーどうぶつ**【ー動物】→へんおんどうぶつ

れいげつ【例月】毎月。いつもの月。

れいけん【霊剣】すぐれた威力がそなわっている剣。

れいげん【例言】書物の凡例(はんれい)の言葉。

れいげん【冷厳】《名・ダナ》①落ち着いていておごそかな様子。「ーな態度で臨む」②主観(的感情)の入る余地のないほど、きびしいこと。「ーな事実」派生 **ーさ**

れいげん【霊験】神仏の不思議で測り知れない力のあらわれ。祈りに対して現れる利益(りやく)。「ーあらたか」▽「れいけん」とも。

れいご【×囹×圄】ろうや。獄舎。▽正しくは「れいぎょ」。

れいこう【励行】《名・ス他》努力してそうすること。その決めを破らないようにつとめること。「一列ー」「乾布摩擦をーする」「節約のー」

れいこう【霊光】霊妙(神聖)な光。

れいこく【例刻】いつもの時刻。「ーに開始する」

れいこく【冷酷】《名・ダナ》思いやりがなく、むごいこと。無慈悲。「ーに言い渡す」「ー無情」派生 **ーさ**

れいこん【霊魂】肉体とは別ものの、しかし肉体にも宿って諸活動を支配し、死後も滅びないと考えられる、精神的実体。たましい。

れいさい【例祭】定例の祭り。神社の大祭中、最も重要な祭礼。▽「例大祭」とも言う。

れいさい【零細】《名ナノ》非常に(規模が)小さく、細かいこと。「ーな土地」「ー企業」派生 **ーさ**

れいさつ【霊刹】霊験あらたかな仏をまつる寺。

れいざん【霊山】(信仰の対象としての)神聖な山。また、社寺の霊域である山。

れいし【令嗣】他家のあととりの人を敬った呼び方。

れいし【令姉】他人の姉を敬った呼び方。

れいし【令旨】→りょうじ(令旨)

れいし【×茘枝】①《植物》㋐多汁の甘い実を食用にする常緑高木。花びらのない小花が咲く。ライチ。▽むくろじ科。㋑→ゴーヤー。②《動物》ホラガイに似た、海産の巻貝。牡蠣(かき)などを食害する。れいしがい。

れいし【麗姿】うるわしい姿。

れいじ【例示】《名・ス他》例として示すこと。

れいじ【零時】一日が始まる時刻または正午。十二時。

れいしき【礼式】礼儀を表す法式・儀式。礼法。「ーにかなう」「ーに従った祭典」

れいしつ【令室】他人の妻を敬った呼び方。令夫人。

れいしつ【霊室】神仏がまつってある、または位牌(いはい)が安置してある部屋。

れいしつ【麗質】 生まれつきの美人(であるたち)。「天の成せる―」

れいじつ【例日】 いつもの日。また、定例の日。

れいしゃ【礼者】 年賀にまわる人。▽古風。

れいしゅ【冷酒】 ①燗(かん)をつけずに飲むように特に製した酒。②燗をつけていない、普通酒。ひやざけ。▽一九七〇年ごろから⑴と⑵とを区別する。⑴は初め「冷用酒」と言った。

れいじゅう【隷従】 ①《名・ス自》手下となって従うこと。②《名》家来・部下。

れいじゅう【霊獣】 神々(こうごう)しく尊いけもの。麒麟(きりん)⑵等。

れいしょ【令書】 行政処分をするための、命令の書類。「徴税―」

れいしょ【隷書】 漢字の書体の一つ。篆書(てんしょ)に基づき、それを簡単にしたもの。

れいしょう【例証】《名・ス他》例を引いて証明すること。また、証拠となるべき前例。

れいしょう【冷床】 人工的に暖かくするような処理をしない、自然のままの苗床。↔温床

れいしょう【冷笑】《名・ス他》さげすみ、見くだした態度で笑うこと。あざわらい。

れいじょう【令嬢】 他人の娘を敬った呼び方。

れいじょう【令状】 命令の書状。「召集―」。裁判官が、人・物に対する強制処分(例えば逮捕)のために発する書状。

れいじょう【礼状】 お礼の手紙・はがき。

れいじょう【礼譲】 他人に対し礼を尽くし、へりくだること。

れいじょう【霊場】 霊地。

れいしょく【令色】 こびへつらう顔つき。「巧言―」

れいじん【×伶人】 雅楽を奏する人。楽人(がくじん)。

れいじん【麗人】 きれいな女の人。美人。「男装の―」

れいじん【霊神】 霊験があらたかな神。

れいすい【冷水】 冷たい水。「―浴」「―を浴びせる」(高まった気分をそぐ) **―まさつ【―摩擦】** 健康法の一つ。冷水でしぼった手ぬぐいで全身をこすること。

れいすい【霊水】(それを飲むと病気が直るというような)尊く不思議な働きがある水。

れい-する【令する】《サ変他》命令する。申しつける。

れいせい【令婿】 他人の娘むこを敬った呼び方。

れいせい【冷製】 西洋料理で、調理したのち冷ましたり冷やしたりして供する料理。コールド ミートなど。「鮭(さけ)の―」

れいせい【冷静】《名・ダナ》落ち着いていて、その場の感情に走らないこと。「―な判断」「―に行動する」 派生 **-さ**

れいせい【励声・×厲声】 声をはりあげること。「―一番」

れいせつ【礼節】 礼儀と節度。「―をとうとぶ」「衣食足りて―を知る」

れいせん【冷戦】 砲火は交えないが、きびしい対立状態にあること。▽cold war の訳語。第二次大戦後のアメリカとソ連の関係をこう呼んだことに始まる。

れいせん【冷泉】 ①温泉よりは温度の低いもの。②冷たい泉。

れいせん【霊泉】 それを飲んだり浴びたりすると、不思議なほど利きめがある、泉・温泉。

れいぜん【冷然】《ト タル》ひややかで情に欠けているさま。「―と人を見くだす」

れいぜん【霊前】(死者の)霊をまつった所の前。「―にぬかずく」▽香典(こうでん)などに「御―」とも書く。

れいそう【礼装】 儀式の礼式にかなった服装。

れいそう【霊草】(薬効などの)不思議な働きがある草。

れいぞう【冷蔵】《名・ス他》飲食物等を新鮮に保つため、低温で貯蔵すること。 **―こ【―庫】** 冷蔵のための箱型の装置。▽今は冷凍庫も兼ねたのが普通。

れいぞう【霊像】 神仏などの像。

れいそく【令息】 他人のむすこを敬った呼び方。

れいぞく【隷属】《名・ス自》つき従うこと。従属。▽直接の指揮を受けるような場合に言う。

れいそん【令孫】 他人の孫を敬った呼び方。

れいだい【例題】 理解を助けるため、または練習のため、例として示す問題。

れいたつ【令達】《名・ス他》命令として達すること。命令を伝達すること。

れいたん【冷淡】《名・ダナ》同情や熱意を持たない態度。「―な目で見る」「仕事に―だ」 派生 **-さ**

れいち【霊地】 神仏の霊験があらたかな土地。また、社寺がある神聖な地域。霊域。霊場。

れいち【霊知・霊×智】 深さがはかり知れないほどの、尊重すべき知恵。

れいちょう【霊長】 霊妙な力をそなえていて、他のかしらであること。「人間は万物の―」 **―るい【―類】** 哺乳(ほにゅう)動物中で大脳が著しく発達した(ヒトを含む)一類。さる目。

れいちょう【霊鳥】 神々(こうごう)しく不思議な鳥。また、神聖な鳥。鳳凰(ほうおう)等。

れいてい【令弟】 他人の弟を敬った呼び方。

れいてき【霊的】《ダナ》①霊魂・精神に関するさま。「―世界」②(肉体のけがれを宿さず)神聖で清らかさをそなえているさま。「―な輝き」▽↔肉的

れいてつ【冷徹】《名・ダナ》考えなどが冷静で鋭く、物事の根本まで見通していること。「識見の―をもって世に聞こえる」「―な眼」 派生 **-さ**

れいてん【礼典】 ①礼儀に関する法則(を記した書物)。②儀式。

れいてん【零点】 ①得点のないこと。点数ゼロ。「上司としては―だ」②計器などで、目盛が零であるところ。

れいでん【礼電】 お礼の電報。

れいでん【霊殿】 先祖などの霊をまつった建物。みたまや。

れいど【零度】温度などの度数を測る、起点となる度。
れいとう【冷凍】《名・ス他》(食品等を)保存のため凍らせること。「―食品」「―庫」(→れいぞうこ)
れいとう【霊湯】不思議なほど利きめがある温泉。霊泉。
れいとく【霊徳】はかり知れないほどすぐれた徳。
レイト ショー 夜遅い時間に行われる映画の上映。▽late と show とによる和製英語。
れいにく【冷肉】蒸焼きにして、冷やした肉。コールドミート。
れいにく【霊肉】霊魂と肉体。「―一致」
れいねつ【冷熱】①冷たいことと熱いこと。②冷淡なことと熱心なこと。③冷たさをエネルギーとして利用すること。「雪氷の―利用」「―発電」(冷却した液化天然ガス(LNG)の気化熱を利用した発電)
れいねん【例年】いつもの年。「―通り」「―にない暑さ」
れいの【例の】《連語》《連体詞的に》(互いに過去の経験で知っている物・事をさして)あの。いつもの。「―店」「―通り」
れいのう【隷農】奴隷のような状態を余儀なくされている農民。
れいば【冷罵】《名・ス他》あざけりののしること。
れいはい【礼拝】《名・ス他》おがむこと。「―を行う」「―堂」▽神道やキリスト教で使う。→らいはい
れいはい【零敗】①《名・ス自》競技で一点も取れずに敗れること。「―を喫する」▽→スコンク。②《「……勝―」の形で》通算で(……勝して)負けが無い成績。
れいばい【冷媒】冷房・冷蔵庫等で熱を外へ移動させる媒体となる物質。アンモニア・フロンなど。冷却剤。
れいばい【霊媒】超科学的な一種の精神の力で、神霊や死者の魂と意思を通じあい、それを人間に伝えることができると信じられている人。みこ・いちこ・くちよせ等。

れいひつ【麗筆】『―をふるう』きれいに、または上手に、絵・文字・文章をかく。
れいひょう【冷評】《名・ス他》冷淡な批評(をすること)。
れいびょう【霊×廟】先祖の霊をまつった建物。みたまや。
レイプ《名・ス他》強姦(ごうかん)(すること)。▽rape
れいふく【礼服】礼式・儀礼用の衣服。↔平服
れいふじん【令夫人】他人の妻を敬った呼び方。令室。
れいぶん【例文】①用例などを示すために掲げた文。②契約書などにきまり文句として印刷してある箇条。
れいほう【礼法】礼儀作法(の方式)。礼式。
れいほう【礼砲】軍隊で相手(受礼者)に敬意を表すため、大砲の空砲を撃つ礼式。▽受礼者の身分に応じて何発撃つかの国際慣行がある。
れいほう【霊宝】とうとい宝物。神聖な宝物。また、社寺で秘蔵する宝物。
れいほう【霊峰】神仏がまつってあり、信仰の対象となっている山。また、神々(こうごう)しい山。「―富士」
れいぼう【冷房】《名・ス他》涼しくするため室内の温度を外気よりも低くすること。その装置。↔暖房
れいぼう【礼帽】礼装用の帽子。
れいぼく【零墨】(墨で)書いたものの、わずかに残った切れはし。「断簡―」
れいぼく【霊木】(神霊のしるしである)神聖な木。
れいほん【零本】一そろいのうち、ごくわずかの部分しか残っていない本。▽→はほん
れいまい【令妹】他人の妹を敬った呼び方。
れいまいり【礼参り】お礼を述べにうかがう(参る)こと。▽→おれいまいり
れいまわり【礼回り】お礼のために、あちこち回り歩くこと。
れいみょう【霊妙】《名ナノ》人知で測り知れないほど、すぐれていること。神秘的な尊さをそなえていること。「―不可思議」「―な音楽」派生 **-さ**
れいむ【霊夢】神仏のお告げが現れる不思議な夢。
れいめい【令名】よい評判。名声。「―が高い」「―を馳(は)せる」
れいめい【×黎明】あけがた。夜明け。「近代日本の―を告げる」
れいめん【冷麺】朝鮮の麺料理。ゆでて冷やした腰の強い麺に冷たい汁をかけ、肉や野菜をのせたもの。
れいもつ【礼物】お礼として差し上げる品物。
れいやく【霊薬】不思議なほどよく利く、とうとい薬。
れいよう【麗容】美しい姿・形。「富士の―」
れいらく【零落】《名・ス自》おちぶれること。▽「零」は草が枯れる、「落」は木が枯れる意。
れいり【×怜×悧】《名・ダナ》頭がよく、りこうなこと。派生 **-さ**
れいりょう【冷涼】ひえびえとしてすずしいこと。「―の気がみなぎる」
れいりょく【霊力】神秘的な力。
れいれい【麗麗】《副と》人目につくように、わざと飾り立てるさま。「親切ごかしの言葉を―と並べる」
れいれいしい【麗麗しい】《形》麗々としている。わざと人目につくようにしてある。「―・く名を連ねる」
れいろう【×玲×瓏】《ト タル・ノダ》①美しく照り輝くさま。「―たる朝空」②玉などが、さえたよい音で鳴るさま。「―、玉をころがすような声」
レイン →レーン
レインボー 虹。▽rainbow
レーサー 競走用の自動車・オートバイ・ヨットなど。また、その操縦者。「カー―」▽racer
レーザー 波長の短い強力な光を発振・増幅する装置。精密な測定、材料の高速で精密な切断等の加工、通信、印刷、医療などに応用される。「―光線」▽laser (= light amplification by stimulated emission of radiation の頭文字から) **―ディスク** 映画などを収

録し、レーザーを用いて再生するディスク。LD。▽laser disc もと商標名。二〇〇七年製造中止。

レーシング カー レース用の自動車。▽racing car

レース ①(ゴールまでの)速さをきそうこと。競走・競泳・競漕(きょうそう)など。「自動車ー」。競争。「ペナントー」▽race ②糸をかがって、すかし模様を出す手芸。また、その製品。「袖口にーをつける」▽lace

レーズン ほしぶどう。▽raisin

レーゼドラマ 上演を目的とせず思想の表現に重きを置いた、ただ読まれることだけを目的とした脚本。▽ドイツ Lesedrama

レーゾン デートル 存在理由。それが存在する価値。▽フランス raison d'être

レーダー 超短波を放射してその反射波を検出し、航空機や船などの方向・距離を測定する装置。電波探知機。▽radar(＝radio detecting and ranging の頭文字から)

レート 率。歩合(ぶあい)。「為替ー」▽rate

レーベル ①ラベル。②レコードに貼った、曲目・演奏者などを記した紙。転じて、CDなどを制作・販売する会社やブランド。▽label

レーム ダック →しにたい(2)。▽lame duck(＝足の悪いアヒル)

レーヨン 人造絹糸(で織ったもの)。人絹。▽イギリス rayon フランス rayonne

レール ①軌道。線路。②比喩的に、物事を運ぶための道すじ。「紛争解決へのーを敷く」③引き戸などをすべらせるために取り付ける細い棒状のもの。「カーテンー」▽rail

レーン ①『名』車線。また、競走・競泳などでの仕切られた進路や、ボウリングで投げた球の通る床面。▽lane(＝小みち) ②『造』雨(の、に関する)。▽rain(英語では名詞・動詞) **ーコート** 雨で衣服がぬれないように着る外套(がいとう)。レインコート。▽raincoat **ーシューズ** 雨靴。レインシューズ。▽rain と shoes とによる和製英語。 **ーハット** 雨の時かぶる防水した帽子。レインハット。▽rain と hat とによる和製英語。

レオタード バレエやスポーツで着る、上下ひと続きの、体にぴったり付く(練習)服。▽leotard フランスの軽業師レオタールに由来。

レガース ひざ・すねなどにつける防具。すねあて。レガーズ。▽leg guards から。

レガート 〔音楽〕音と音との間を切らないように、なめらかに(演奏すること)。▽イタリア legato

レガッタ ボート レース。ボート・ヨットなどの競技会。▽regatta

れき【暦】［人暦］ レキ リャク こよみ ― 一年中の季節や月日を予定して記したもの。こよみ。「暦法・暦年・太陽暦・太陰暦・グレゴリオ暦・新暦・旧暦・西暦・陰暦・陽暦・還暦」▽もと、日・月・星が次々と運行してゆく意。

れき【*歴】［人歴］ レキ へる ― ①次々と通りすぎる。経過する。すごす。これまで経てきたあと。「歴程・歴史・歴戦・経歴・閲歴・来歴・履歴・職歴・学歴」②一つ一つ順をおってゆく。「歴訪・歴任・遍歴」③年代をへる。代々にわたる。「歴代・歴朝・歴世・歴仕」④はっきりしている。「歴然・歴歴」⑤こえる。とびこえる。「歴階」⑥こよみ。「暦」に通じる。「歴日・歴年」

れき【×轢】 レキ きしる ひく ― ①車輪がすれあって音を立てる。きしる。もめる。反目する。「軋轢(あつれき)」②車輪でひく。「轢殺・轢死」

れきがん【×礫岩】 堆積岩の一種。小さな石が川底や浅海に堆積して固まってできた岩石。▽「礫」は小石の意。

れきさつ【×轢殺】『名・ス他』車輪で、ひき殺すこと。

れきし【歴史】 人間社会が経て来た流動・変遷の姿。その記録。「ーに名を残す」「ーのある屋敷」「わが村のー」「宇宙のー」▽史書も指し、それに載せるような事柄自体も指す。第四例はそれになぞらえた用法。 **ーじだい**【ー時代】 文字で書かれた史料によって歴史を知ることができる時代。有史時代。↕先史時代。 **ーしょうせつ**【ー小説】 歴史上の人物・事件を題材とした小説。時代小説と違って史実に即して、作家の歴史解釈などを書く。 **ーてき**【ー的】『ダナ』歴史に関するさま。歴史の立場で見たさま。史的。歴史に特筆すべきさま。「ー(な)一瞬」 **ーてきかなづかい**【ー的仮名遣(い)】 平安初期の書き方を基準とするかなづかい。例、「おうぎ(扇)」を「あふぎ」と書く。

れきし【×轢死】『名・ス自』自動車や列車にひかれて死ぬこと。

れきじつ【暦日】 ①年月の経過。また、こよみ。月日。「山中ー無し」(山の中では年月のたつのも忘れる) ②午前零時から翌日の午前零時までの、こよみの上の一日。

れきしょう【暦象】 ①こよみによって、天体の現象を推算すること。②日・月・星のこと。

れきすう【暦数】 ①自然にめぐって来る運命。めぐりあわせ。②年代。年数。

れきせい【歴世】 代々。歴代。

れきせい【×瀝青】 天然に産する炭化水素化合物の鉱物。例、固体のアスファルト、液体の石油、気体の天然ガス等。 **ーたん**【ー炭】 石炭の一種。最も普通の石炭で、無煙炭に次ぐ炭化度を有する。黒炭。

れきせん【歴戦】 幾度も戦いに加わった経歴があること。「ーの勇士」

れきぜん【歴然】『ト タル・ノダ』はっきりしていて疑う余地のないさま。「ーたる証拠」「彼我の差はーである」

れきだい【歴代】 代々、経て来たこと。「ーの内閣」。また、今までの時期を見渡した範囲。「ー(で)二位の記録を出した」

れきだん【×轢断】『名・ス他』(列車などが)体をひいて

断ち切ること。

れきちょう【歴朝】 代々の朝廷。

れきてい【歴程】（物事が）経て来たみちすじ。

れきど【×礫土】 小石がたくさん混じった土。

れきにん【歴任】〘名・ス他〙次々と種々の（りっぱな）官職・役職に任じられてきたこと。「方々の校長を―した」

れきねん ①**【暦年】** ㋐こよみの上できめた一年。平年の三百六十五日、閏年（うるうどし）の三百六十六日。㋑会計年度や米穀年度に対して、こよみ通り一月一日から数える一年。②**【歴年】** 年月を（長く）経ること。「―の功」。また、引き続いて年々。「―村長を務めた」

れきねんれい【暦年齢】 ↓せいかつねんれい

れきほう【暦法】 こよみの作り方。こよみに関する法則。

れきほう【歴訪】〘名・ス他〙方々の土地や人を（短期間のうちに）次々におとずれること。

れきほん【暦本】 こよみを書き記した書物。

れきゆう【歴遊】〘名・ス自〙方々を遊覧してまわること。

レギュラー ①通例・正規のものであること。「―サイズ」▽regular ②いつも出場・出演する顔ぶれ。▽regular member から。

れきれき【歴歴】 ①〘ト タル〙はっきり見てとれるさま。ありあり。「激戦の跡が―と残る」②〘名〙《多くは「お―」の形で》身分や格式が高いこと。そういう人々。「お―が集まって相談をする」

レギンス 伸縮性のある、脚にぴったりとしたズボン。▽leggings

レクイエム 鎮魂曲。鎮魂ミサ曲。▽ラテン requiem（＝安息を）

レクチャー〘名・ス他〙①講義すること。また、記者団相手の（公式）発表などの談話。②俗に、解説をすること。「会議の前に部長にこれまでの経過を―する」▽lecture

レグホン ニワトリの一品種。代表的な卵用種。「白色―」▽leghorn

レクリエーション 仕事・勉強の疲れを、休養や楽しみで回復すること。また、そのために行う休養や楽しみ。リクリエーション。リクレーション。▽recreation

レゲエ ジャマイカで生まれたポピュラー音楽。偶数拍にアクセントのある独特のリズムとメッセージ性の強い歌詞とが特徴。一九七〇年代に世界的に広まった。▽reggae

れこ〔俗〕あれ。例の事。例の人。例の物。▽「これ」をさかさにした語。情人・金銭・上役などを暗示する場合が多い。

レコーダー ①記録をとる人。記録係。②記録器。「テープ―」「IC―」▽recorder

レコーディング〘名・ス他〙録音すること。▽recording

レコード ①競技などの（最高）記録。「―破り」②演奏などを録音し、レコード プレーヤーによって再生する音盤。▽record **―コンサート** レコードを聞く音楽鑑賞会。▽record concert 和製英語か。**―プレーヤー** レコードの音声を電気信号に変換して再生する機械。▽record player **―ホルダー** 競技成績などの、今までの最高記録を持っている人。最高記録保持者。▽record holder

レザー ①皮革。なめし皮。▽leather ②「レザークロス」の略。皮に似せた布。擬革。▽leather-cloth から。③西洋かみそり。レーザー。「―カット」▽razor

レジ「レジスター」の略。また、店で客が支払いをする場所。「―係」「―袋」（買った商品を入れるためのポリエチレン製の簡便な袋）

レシート レジスターで金額などを印字した紙片。▽receipt

レシーバー ①受話器。受信器。特に、耳につけてきくもの。②球技で、（サーブ・スパイク・パスなどの）ボールを受ける側・人。そのポジション。▽receiver

レシーブ〘名・ス他〙球技で、（サーブ・スパイク・パスなどの）ボールを受けること。▽receive

レジェンド 伝説。語り継がれるような偉大な業績。また、それを成し遂げた人。▽legend

レジスター 金銭登録器。▽register ↓レジ

レジスタンス 権力などに対する抵抗。第二次大戦でドイツに占領されたフランスでの、反独・反全体主義の運動が有名。▽フランス résistance

レシピ 料理の作り方。調理法。また、それを記したもの。「四川（しせん）料理の新しい―」▽recipe

レシピエント 移植手術で、臓器・組織や血液の提供を受ける人。↔ドナー。▽recipient

レジャー 余暇。ひま。余暇の遊び。「―センター」「―施設」「―産業」▽leisure

レジュメ 要約。概要。特に、研究発表・講演などの要旨を印刷したもの。レジメ。▽フランス résumé

レスキュー 救助。救出。「―活動」▽rescue **―たい【―隊】** 人命救助を任務とする組織。消防や警察に置かれる。

レスト ハウス 休憩所。休養のための宿泊所。▽rest house

レストラン 西洋料理店。▽フランス restaurant

レズビアン 女性の同性愛者。▽lesbian

レスポンス 応答。反応。返事。「市民に対する行政の―」「コンピュータの―が遅い」▽response

レスラー レスリングの選手。▽wrestler

レスリング 二人の競技者が、相手の両肩をマットに押しつけようと争う格闘技。▽wrestling

レセプション ①歓迎会。招待会。②（ホテルなどの）受付。▽reception

レセプト 医療機関が健康保険組合に提出する月ごとの診療報酬明細書。▽ドイツ Rezept（＝処方箋）

レター ①手紙。「ラブ―」「ファン―」②（ローマ字

の)字母。「キャピタルー」(大文字。頭文字) ▽letter

ーペーパー 便箋(びんせん)。書簡用の紙。▽letter paper

レタス 一年生または越年生の葉菜。ヨーロッパ原産。茎はまっすぐ高く伸びる。葉をサラダ菜とする。栽培品種も多い。ちしゃ。▽lettuce きく科。

レタリング 字形や字配りの設計・デザイン。文字の図案化。▽lettering

れつ【*列】 レツ ならべる つらなる ―①順に並ぶ。並べる。つらなる。「列車・列座・列島・列記・列挙・陳列・羅列・排列・並列」②《名・造》一続きに並んだ形。「列をつくる」「隊列・行列・整列・戦列・葬列・砲列・数列・前列・同列」▽「行と列」のように、数学では行と直角の縦の方向の並びを言う。③引き続いて並んでいる。「列代・列世・列伝・列強・列国・系列」④順序。等級。「序列・列次」⑤一並びのものの中にはいる。「列席・参列」

れつ【烈】 レツ はげしい ―①㋐はげしい。ひどい。きびしい。「烈烈・烈風・猛烈・酷烈・熱烈・熾烈(しれつ)・激烈・苛烈・強烈・鮮烈・痛烈」㋑火の勢いが強くてはげしい。「烈火・烈日」②操を守って困難にたちむかう。「烈士・烈婦・忠烈・義烈・武烈・壮烈」③はげしい実行力でなしとげた手柄。いさお。「烈業・遺烈」

れつ【裂】 レツ さく さける ―①布地をきりさく。切って離れ離れにする。ひきさく。さける。「裂帛(れっぱく)・裂傷・決裂・炸裂(さくれつ)・破裂・分裂・支離滅裂・四分五裂」②さけめ。「亀裂・裂罅(れっか)」

れつ【劣】 レツ おとる ―①力が足りない。↕優。「優劣・劣勢・劣弱・劣性」②つたない。質が落ちる。いやしい。「劣等・劣悪・劣情・低劣・下劣(げれつ)・卑劣・拙劣・陋劣(ろうれつ)・愚劣」

れつあく【劣悪】《名ナ》質や仕事環境などが劣っていて悪いこと。「―な住宅事情」「品性―」 派生 **-さ**

れつい【劣位】《名ナ》競争相手など、他より不利な立場や位置・状態にあること。↕優位。「経済的に―な世帯」「―を脱する」

れっか【列火】 漢字の脚(あし)の一つ。「照」「熱」などの「灬」の称。れんが。▽四つの点が列(なら)なった「火」の意。同じ見立てで「連火(れんが)」とも言い、また下部に位置するので「下火(したび)」とも言う。

れっか【烈火】 激しい勢いでもえる火。「―のごとく怒る」

れっか【裂×罅】 裂けめ。割れめ。ひび。「―線」

れっか【劣化】《名・ス自》(使っている間に)品質・性能が悪くなること。「コンクリートが―する」「経年―」

レッカーしゃ【レッカー車】 故障した自動車などを運ぶクレーンやウインチを備えた車。▽「レッカー」はwrecker

れっき【列記】《名・ス他》一つ一つ並べ立てて書きしるすこと。「注意事項を―する」

れっき【列機】 その編隊に属する航空機。「一番機が―にバンクで合図した」

れっき《副と》《多く「―とした」という形で》格式・地位などが人並すぐれて立派なさま。また、はっきりしているさま。「―とした証拠」▽「れき(歴)」からの転。

れっきょ【列挙】《名・ス他》一つ一つ数え立てて挙げること。並べ立てること。「罪状を―する」

れっきょう【列強】 強国である国々。

レッグ ウォーマー ひざから足首までを覆う筒状の防寒具。ニットが多い。▽leg warmer

れつご【列×伍】 列を組んだ、その並び。隊伍(たいご)。「―に加わる」

れつご【劣後】 他より劣りおくれること。↕優先。 **―さい【―債】** 他よりおくれて償還する債券。

れっこう【列侯】 多くの大名。諸侯。

れっこく【列国】 多くの国々。諸国。

れつざ【列座】《名・ス自》その場に居並ぶこと。席に連なること。「―の人々」

れっし【烈士】 気性が激しく節義の高い人。

れつじつ【烈日】 強く照りつける太陽。夏の太陽が強く照りつけるような、激しい勢い。「秋霜―」「―の意気」

れっしゃ【列車】 鉄道の運行の単位として編成した車両。▽一両だけのも言う。

れつじゃく【劣弱】《名ナ》勢力・体力が劣っていて弱いこと。

れつじょ【烈女】 気性が激しく操(みさお)がかたい女。

れつじょう【劣情】 いやしい情欲。特に、性欲。

れっしょう【裂傷】 皮膚などが裂けてできたきず。

れっしん【烈震】 もとの震度階級の一つ。震度六。家屋倒壊が三割以下で、山崩れが起こり、地割れを生じ、多くの人が立っていられない程度の強い地震。

れっ-する【列する】《サ変自他》並ぶ。連なる。仲間に加わる。「宴席に―」。仲間に加える。「聖人に―」

レッスン 課業。けいこ。「ピアノの―」▽lesson

れっせい【列世】 代々。歴代。

れっせい【列聖】 ①《名》歴代の天子。②《名・ス他》キリスト教で、死者を聖人に加えること。

れっせい【劣勢】《名ナ》勢いや形勢が劣位にあること。↕優勢。「―をはねかえす」「―に立たされる」

れっせい【劣性】《名ナ》(生物)遺伝する、対立する形質のうち、次の代には現れず、潜在してその子孫に現れるもの。潜性。↕優性。「―遺伝」

れっせき【列席】《名・ス自》その場に出席すること。席に連なること。「―者」

れつだい【列代】 代々。歴代。

れってい【裂×蹄】 ひづめが裂けること。

レッテル マークとして、商品にはりつける紙札。「―をはる」(転じて、ある人物や物事に一面的な評価を与える) ▽(オランダ)letter

れつでん【列伝】 ①際立った人々の伝記。②紀伝体の歴史書の、本紀(・世家)以外の人々の伝記を記した部分。

れっとう【列島】 連なり並んでいる島。「日本―」

れっとう【劣等】〘名ナ〙(成績の等級などが)普通(の水準)よりずっと劣った程度・等級であること。↔優等。「―品」 **―かん【―感】** 自分が人よりも劣っているという感じ。↔優越感。▽→インフェリオリティー コンプレックス

レッド カード サッカーで、反則を重ねた場合や悪質な反則をした場合に、主審が退場を命じて示す赤いカード。▽比喩的にも使う。「遅刻で―提示」red card

レッド パージ 共産党員およびその同調者の、公職・職場からの追放。赤狩り。▽red purge 日本では一九五〇～五二年にかけてGHQの指令で行われた。レッド(赤)は共産主義者の意。

れっぱく【裂×帛】 帛(きぬ)を引き裂く音のように、声が鋭く激しいこと。「―の気合」

れっぱん【列藩】 並び立つ諸藩。「―同盟」

れっぷ【烈婦】 烈女。「貞女―」

れっぷう【烈風】 非常に激しい風。▽気象学で、木の太い幹を動かす程度の風を言う。

れつりつ【列立】〘名・ス自〙並んで立つこと。列をなして立つこと。

れつれつ〘ト タル〙①**【烈烈】** 勢い・気魄(きはく)などが激しくきびしいさま。「―たる意気」②**【×冽×冽】** 寒さが厳しいさま。冷たいさま。「冬日―」

レディー 貴婦人。淑女。また、御婦人。▽lady **―ファースト** 女性を優先させる西洋風の礼儀。▽ladies first

レディー メード (洋服などの)既製品。↔オーダーメード。▽ready-made

レトリック 言葉をうまく使って表現する技術。また、その研究である修辞学。▽rhetoric

レトルト フラスコの頭を横に細い管状に曲げたような形の、化学実験用具。蒸留用。▽(オランダ) retort **―しょくひん【―食品】** 調理済みの食品を袋や容器に入れて密封し、蒸気がまで加熱・殺菌した即席食品。

レトロ〘名ナ〙回顧的。また、郷愁に誘われる気持。「―な昭和三十年代」。懐古趣味。「―な内装の店」▽retrospective から。

レバー ①食料品としての、鳥獣の肝臓。きも。レバ。▽liver ②てこ。槓杆(こうかん)。(機械を操作する)把手(とって)。▽lever

レパートリー ①劇団・演奏家などが、いつでも演じられるように用意している番組・演奏曲目。②転じて、いつでもできるように手掛けている領域。「―が広い」「料理の―」▽repertory

レビュー ①〘名〙歌と踊りとを主体としたショー。レヴュー。▽(フランス) revue ②〘名・ス他〙評論すること。批評。レヴュー。「ブック―」(書評)▽review

レフ ①「レフレックス」の略。「一眼―」②「レフレクター」の略。撮影に使う採光用の反射板。「―板」▽②は reflector から。

レファレンス ①参考。参照。「―ブック」②照会。「―サービス」▽reference

レフェリー サッカー・バレーボール・ボクシング等の、審判員。主審。レフリー。▽referee

レフト ①左。②野球で、左翼(手)。▽left

レプラ ハンセン病。▽(ドイツ) Lepra

レプリカ ①複製品。「優勝カップの―」②(ブランド品の時計・バッグ・アクセサリーなどの)模造品。「―ウォッチ」▽⑴が本来の意味。replica

レフレックス レンズから入る光を反射させ、ファインダーでフィルム上と同一の像が見られるようにする、カメラの方式。レフ。「―カメラ」▽reflex

レベル 水準。「―が上がる」「―アップ」。段階。「事務―の協議」▽level

レポ ①「レポート」の略。「―を提供する」②「レポーター」⑶の略。

レポーター ①新聞社や放送局の取材記者。②報告者。「研究会の―」③(左翼運動などの)連絡者。レポ。▽reporter

レポート〘名・ス他〙→リポート

レムすいみん【レム睡眠】 脳以外は眠っているのに、脳は覚めている時と同様に働き、眼球が盛んに動くことが特徴の睡眠。▽夢を見るのはこの時。「レム」は REM(rapid eye movement の頭文字)

レモネード レモンの果汁に、砂糖・水を加えた清涼飲料。レモン水。▽lemonade

レモン 熟すと黄色になる長球形の実を食用・香料にする常緑低木。寒さに弱く、暖地で栽培する。▽lemon「檸檬」とも書く。みかん科。 **―すい【―水】** ①切ったレモンやレモンの果汁を入れて、味と香りをうつした水。②→レモネード。 **―スカッシュ** レモン果汁に甘味料と炭酸水を加えた清涼飲料。▽lemon squash **―ティー** 薄い輪切りのレモンを浮かせて香気をそえた紅茶。▽lemon と tea とによる和製英語(英語では tea with lemon)。

レリーフ →リリーフ⑵

れる〘助動〙《動詞、助動詞「(さ)せる」の未然形に付く。ただし上一・下一・カ変・サ変には「られる」の形を使い、サ変の(清音の)場合「せられる」の形よりも全体を「される」とする方が普通》自発(以下の⑵)、更に、可能(同⑶)・尊敬(同⑷)・受身(同⑴)を表す。▽実際の表現に接するとこの区別はかなり浮動的で、例えば「花にひか―心」は自発・受身の、「大臣は午後なら会わ―そうだ」は尊敬・可能の、どちらにも解しうる。今日一語と意識する「生まれる」「見える」「覚える」なども、出自をたどれば「産む」「見る」「思ふ」に「れる」のもとの形「る」やその別形「ゆ」が結合して、「うむ+る→うまる→うまれる」「みる+ゆ→みゆ→みえる」「思ふ+ゆ→おもほゆ→おぼゆ→おぼえる」のようにして成り立ったもの(従ってこの種の語には「れる」が付きにくい)。

①他からの動作・作用をこうむる意。㋐動詞の表す動作・作用により、主語の指すものが不利・迷惑をこ

うむる意。「両親に死なれてから苦労続きだった」「一晩じゅう頑張って居られてはたまらない」「雨に降られて往生した」「遊びたいのに父に命じられて、しぶしぶ店の手伝いをする」「手柄をさらわれて悔しい思いをした」▽この用法は自動詞にもある。
㋑他動詞の表す動作・作用を、その主語の指すものが直接的に受ける意。「太郎が次郎になぐられて、けがをした」「かくてこの定理は証明された」「親に聞かされた話では」「子から教えられてパソコンを使い出す」「結婚式はささやかに行われた」「会談はパリで開か―」「船体が赤く塗られた遊覧船」「小京都と呼ば―町」「希望者には入場券が渡さ―」「いやおうなく承知させられた」「意表を突かれた花子は」▽「先生にしかられて泣いてしまった」は普通、㋑の用法と解するが、文脈によっては㋐か、㋐の含みをあわせ持つこともある。受身表現にはこうしたことがかなりあり、「毎朝六時に鳴るお寺の鐘に悩まされた」も同じ。㋐は⑵の、そういう(有難くない)状態を招く結末に自然に至るという見方に立ったもので、「迷惑の受身」とも呼ばれる用法。西洋流の受身の表現が広まる以前は、受身の用法はほとんどが㋐の意。㋑の客観的受身はその転。㋑で使われる「BがAによってCされる」の「によって」は、西洋語の翻訳口調。㋐でこれに当たるものを「によって」では表さない。
㋒他動詞の表す動作・作用の影響が、その主語の指すものに間接的に及ぶ意。多くは㋐の意で解せるが、次のようにそうでない場合がある。「私は山口さんから娘を恥ずかしいほど褒められた」「こう娘たちに騒が―のも悪い心持じゃあるまい」▽ただし直接か間接かは文法構造だけでは決まらず、とらえ方にもよる。この例の「から」「に」を「によって」で表すこともある。
⑵自然にそうなる意。「吉報が待たれてならない」「本質的なことを見落としているように思わ―」「心の乱れをあらわに見せるのが憚(はばか)られた」「行く末が案じられる」「興味をそそら―」
⑶その事が可能の意。「こののたくった字は読もうにも読まれない」「聞きたくもないのに、聞かずには居られなかった」「そんなことがいつまで続けられるものではない」「一日だけの自由を得られる」▽自然にそうなる事はできる事だというとらえ方で⑵から出た。五段活用での⑶の言い方は現在では普通「読める」などのように可能動詞で表現することが多い。また「見れる」「着れる」「来(こ)れる」「食べれる」など、ら抜き言葉(意図的に抜くのでないから適切には「ら抜け言葉」と呼ぶべきか)として話題になる現象は、かなり前から⑶の意に限って、主に語幹が一音節の場合に見られる。
⑷その動作をするものを敬って述語に付ける。「これから先生が話されます」「心静かに味わってみられるがよろしかろう」▽偉い人はそれをやすやす行うというとらえ方で⑵から出た。↓せる《助動》⑵

れん【恋】【戀】 レン こい こう こいしい ― 思いしたう。思いこがれる。「恋情・恋愛・恋慕・恋恋・失恋・邪恋・哀恋・悲恋・愛恋」

れん【*連】【連】 レン つれる つらなる しきりに つらねる ― ①つづく。つづける。ならべてつなぐ。「連山・連名・連歌・連句・連結・連合・連盟・連邦・連鎖・連続・連絡・連繫(れんけい)・関連・一連」②ひきつづいて。しきりに。「連日・連夜・連呼・連作・連発・連戦連勝・流連」③かかりあいになる。「連座」④なかま。道づれ。つれになる。「連中・常連・かっぱ連・悪童連」⑤「連盟」「連合(会)」などの略。「全学連・日経団連・国連」⑥つづいたもの、編んだものを数える語。「数珠(じゅず)一連」⑦印刷用紙を数える単位。「嗹」に同じ。「キロ連」(一千枚) ▽⑦は ream の音訳。

れん【蓮】【蓮】 レン はす ― 水草の、はす。はちす。「蓮華(れんげ)・蓮根・白蓮(びゃくれん)・紅蓮(ぐれん)・木蓮・水蓮・睡蓮」

れん【廉】【廉】 レン かど やすい ― ①かどがある。きまり正しい。いさぎよい。私欲がない。「廉士・廉直・廉潔・廉恥・清廉」②無欲。安く売る。安売り。やすい。「廉価・廉売・低廉」③堂の周囲のかどだっている所。かど。すみ。「廉稜(れんりょう)」④明らかにする。はっきりさせる。「廉察」

れん【煉】 レン ねる ― ①金属を火にとかして、質のよいものにする。ねる。きたえる。「錬」に同じ。「精煉・洗煉・鍛煉」②粉状のものをこねる。ねりあわす。こね固める。「煉丹・煉瓦(れんが)・煉炭・煉乳」

れん【*練】【練】 レン ねる ― ①くり返し手をかけ、質のよいものにする。ねる。「練熟・練習・練達・練磨・練兵・練武・熟練・操練・訓練・調練・教練・老練・洗練・未練」②よいものをより分ける。えらぶ。「試練・精練」③㋐絹糸をねる。㋑ねりぎぬ。「素練」

れん【錬】【鍊】 レン ねる ― ①㋐金属をきたえる。ねる。「錬鉄・鍛錬・錬金術」㋑薬をねる。「錬薬」②念を入れてよいものにする。ねりきたえる。「錬磨・錬成・錬熟・精錬・修錬・百錬」

れん【憐】 レン あわれむ あわれみ ― ①気の毒に思う。かわいそうに思う。あわれむ。「憐憫(れんびん・れんみん)・憐察・憐情・哀憐」②いじらしく思う。愛すべく思う。「可憐・愛憐」

れん【×聯】 レン つらなる つらねる ― ①くみあわせる。切れないでつながっている。つづける。「聯合・聯盟・聯邦・聯結・聯鎖・聯想・聯珠・聯聯・聯立・聯句・聯隊・聯綿・関聯」▽「連」で代用する。②対(つい)になるもの。壁面また出入口の左右などに、相(あい)対してかけて飾りとする、細長い書画の板。「門聯・柱聯・対聯」③《名・造》漢詩の、律の対句(つい)

のよび名。「聯句・頷聯(がんれん)・頸聯(けいれん)」。④詩をいくつかに句切って、何行かを一まとめにしたもの。「この詩は三聯から成る」

れんあい【恋愛】〘名・ス自〙（特に男女間で）恋いしたうこと。こい。「―感情」「―結婚」

れんか【廉価】〘名ナ〙ねだんが安いこと。「―販売」

れんか【恋歌】恋愛を内容とする詩歌や歌。

れんが【×煉瓦】粘土に砂を混ぜたものをねり、直方体にして、かまで焼いたもの。普通は赤茶色。建築・道路舗装用など。

れんが【連歌】二人以上の人が、和歌の、上(かみ)の句と下(しも)の句とを互いによみ合って、続けて行く形式の歌。

れんが【連火】→れっか(列火)

れんかん【連環】〘名・ス自〙環(わ)のつながり(を形作ること)。「諸学の―」

れんかん【連関・×聯関】〘名・ス自〙物事の、互いに連なり続いているような関係(があること)。「万物の―する世界」「産業―表」

れんき【連記】〘名・ス他〙（名前を）並べて書くこと。↕単記。「―投票」

れんぎ【連木】すりこぎ。「―で腹を切る」(やろうとしたところで、できもしないことのたとえ)

れんきゅう【連休】休日が続くこと。その続いた休日。

れんぎょう【連×翹】枝が地に垂れ下がるようにのび、早春、葉が出るより先に鮮黄色の花が咲く落葉低木。観賞用。果実は漢方薬にする。▽もくせい科。

れんきょく【連曲】幾つかの独立した曲が集まって一つの楽曲となっているもの。

れんぎん【連吟】〘名・ス自〙①謡曲のある部分を、二人以上で声をそろえてうたうこと。②詩吟で二人以上が交互に、一節ずつを吟じること。

れんきんじゅつ【錬金術】普通の金属類を金・銀などの貴金属に変化させようとする術。▽古代エジプトに起こり、近世初期までヨーロッパで盛んだった。

れんく ①【連句】連歌・俳諧において長句(五七五)と短句(七七)とを二人以上で交互に連ねたもの。特に、俳諧に言う。②【×聯句】㋐二人以上が一、二句ずつ作り、全体として一編の漢詩とすること。聯詩(れんし)。㋑律詩の対句(ついく)。

れんげ【×蓮華】①ハスの花。②→れんげそう。③→ちりれんげ。 **―そう**【―草・〈紫雲英〉】春、紅紫色の蝶(ちょう)形の小花が矢車のように集まって咲く越年草。緑肥用。牧草として栽培することも多い。利尿・解熱剤にもなる。げんげ。▽まめ科。

れんけい ①【連携】〘名・ス自〙同じ目的で何事かをしようとするものが、連絡をとり合ってそれを行うこと。②【連係・連×繫・×聯×繫】〘名・ス自他〙人や物事の間に密接なつながりがある、また、つながりをつけること。そのような密接なつながり。「―動作」

れんけつ【連結】〘名・ス他自〙つないで結びつけること。結びつくこと。「車両を―する」「―器」「―決算」(親会社と傘下の企業体とを一組織のように見て行う決算)

れんけつ【廉潔】〘名ナ〙心が清く私欲がなくて行いが正しいこと。「―の士」派生 **-さ**

れんげん【連言】(論理・数学)二つ以上の命題を「そして」「かつ」で結んだもの。「AかつB(……かつN)」はAとB(……とN)の連言。↕選言。▽conjunction の訳語。

れんこ【連呼】①〘名・ス他〙何回も続けて同じ言葉・名前を大声で言うこと。②〘名〙一つの単語の中で、同じ音、または、清音とその濁音化したものを連続して発音すること。例、「つつみ」の「つつ」、「つづく」の「つづ」。

れんご【連語】文法上一語とほぼ同じような働きをする、二つ以上の語の連なり。例、「どうして」「必ずしも」「すみません」「悪(あ)しからず」。

れんこう【連行】〘名・ス他〙人を引っ張るようにしてつれていくこと。「犯人を―する」

れんこう【連衡】→がっしょうれんこう

れんごう【連合・×聯合】〘名・ス自他〙幾つかのものが結び合って組になること。また、組にすること。「国際―」「企業―」「―体」「―大売出し」▽「連」「聯」を使い分けていたころは、異種のものの場合に「連合」、同種のものの場合に「聯合」とする傾向があった。例、「連合軍」と「聯合艦隊」。 **―ぐん**【―軍】二か国以上の軍隊が連合した軍隊。▽転じてチーム等にも言う。 **―こく**【―国】共通の目的のために連合した国々。

れんごく【×煉獄】カトリックで説く、天国と地獄との間にある所。死者の霊が天国にはいる前に、ここで火によって浄化される。

れんこだい【連子×鯛】たいの一種。黄赤色で頭が大きい。黄鯛(きだい)。

れんこん【×蓮根】食用とする、ハスの地下茎。節のある筒状で、多くの穴が通っている。

れんさ【連鎖】〘名・ス自〙くさりのように連なること。そういうつながり(のもの)。「食物―」 **―きゅうきん**【―球菌】病原体としての球菌の一種。くさり状に並び、丹毒・肺炎、種々の化膿(かのう)性の病気を起こす。 **―はんのう**【―反応】①多くの反応が一定の順序で、それぞれ前に起こった反応をきっかけとして継起すること。そのような一連の反応。②比喩的に、一つの事件の発生が次々に同類の新しい事件を誘い起こして行くこと。

れんざ【連座・連×坐】〘名・ス自〙他人の犯罪について連帯責任を負わされ処罰されること。

れんさい【連載】〘名・ス他〙新聞・雑誌などに続き物として続けて載せること。「―小説」

れんさく【連作】〘名・ス他〙①同じ土地に同じ作物を毎年続けて作ること。↕輪作。②ひとりの作者が一連のものとして芸術作品を幾つか作り、全体としても味わいを出すような作り方。それによる作品。

れんさつ【×憐察】〘名・ス他〙同情し察すること。

れんざん【連山】並び連なった山々。「箱根―」

れんし【×聯詩】→れんく(2)(ア)

れんし【連枝】貴人のきょうだい。▽枝を連ね幹を同じくする意。

れんじ【×櫺子】窓・欄間(らんま)等に、細い材を縦または横に一定間隔に取りつけたもの。「―窓」

レンジ ①加熱用調理器具を備えた台。「ガス―」②箱型の加熱用調理器具。電子レンジ・オーブン レンジなど。③範囲。領域。▽range

れんじつ【連日】《副詞的にも使う》何日も続けざまの日々。毎日。「―連夜」「―の大入り満員」「―に及ぶ残業」「―飲み歩く」

れんしゃ【連写】《名・ス自他》何枚も続けて写真をとること。「リレーのゴールを―する」

れんしゃ【連射】《名・ス他》機関銃などで続けざまに撃つこと。

レンジャー ①ゲリラ戦などの特殊訓練を受けた戦闘員。「―部隊」②アメリカの森林監視員。日本の国・公立公園管理人。▽「レーンジャー」「レインジャー」とも言う。ranger

れんじゃく【連尺】背につけて、物をになうのに使う道具。 **―あきない**【―商い】(あきなひ) 行商。行商人。

れんじゃく【連×雀】ヒレンジャク・キレンジャクなどの小鳥の総称。色の美しい渡り鳥。頭に毛が立っている。

れんしゅ【連取】《名・ス他》競技で、点やセットを続けざまに取ること。

れんじゅ【連珠・×聯珠】①縦横十五本ずつの線のある盤で、碁石を使ってするゲーム。五目並べから出たが、ルールに違いがある。②美しい詩文。▽宝玉をつないだ意。

れんしゅう【練習】《名・ス他》①学問・技芸・スポーツなどを、くり返して身につけること。「反復―」②転じて、本式にする前に、それがうまく行くようにためしにすること。 関連 習練・修練・訓練・稽古・特訓・鍛錬・錬成・錬磨・水練・教練・調練・演習・レッスン・ドリル・トレーニング

れんじゅう【連中】①→れんちゅう(連中)(1)。▽現在は「れんちゅう」の方が普通。②音曲などの芸能をする一座の人々。「お囃子(はやし)―」

れんしょ【連署】《名・ス他》同じ書面に二名以上の人がならべて署名すること。その書かれた署名。

れんしょう【連勝】《名・ス自》続けざまに勝つこと。↔連敗。「連戦―」

れんじょう【連乗】《名・ス他》掛け算をした答えにまた別の数・式を掛けること。▽同じ数・式を繰り返し掛ける時には、普通「累乗」と言う。

れんじょう【連声】〔言語〕前の音節が「ン」または「チ」「ツ」である時、ア行・ヤ行・ワ行の音に続くと、ナ行・マ行またはタ行の音に転じる現象。例、「カンノン(観音 kwan-on → kwannon)」「サンミ(三位 sam-wi → sammi)」「セッチン(雪隠 set-in → settin)」。

れんじょう【恋情】(特に男女の間で)相手に心ひかれて慕わしく思う気持。恋心。

レンズ(ガラス・水晶等)透明な物質の両面を球面(の一部)になるようにみがき、光を発散または集束させるもの。「凸―」▽lens

れんせい【錬成・練成】《名・ス他》りっぱな心身にしようと、ねりきたえること。錬磨育成。

れんせつ【連接】《名・ス自他》つながり続くこと。つなぎ続けること。

れんせん【連戦】《名・ス自》続けざまに幾度も戦うこと。「―連勝」「三―」

れんぜんあしげ【連銭×葦毛】馬の、葦毛(あしげ)に灰色の丸い斑(ふ)が混じっている毛並み。

れんそう【連奏・×聯奏】《名・ス他》二人以上で同種の楽器を同時に演奏すること。

れんそう【連想・×聯想】《名・ス他》一つの考えに伴って、それとの関連で思い浮かぶこと。その浮かんだ観念。

れんそう【連装】軍艦などの一つの砲塔・砲架に二門以上の大砲を装備すること。「三―」

れんぞく【連続】《名・ス自他》切れ目がなく続くこと、続けること。「―的」「―曲線」「―一か月の興行」「地震が―して発生する」

れんだ【連打】《名・ス他》続けざまに打つこと。

れんたい【連帯】《名・ス自》①いっしょに事に当たる(ために結びつく)こと。「―感」②二人以上がいっしょになって事に当たり、責任を共にすること。「―責任」

れんたい【連隊・×聯隊】軍隊編制上の一単位。旧陸軍では普通、三個大隊から成る。「―旗」(軍旗の俗称)

れんだい【×輦台】板に棒二本をつけてかつぐ台。▽昔、川を渡る客を乗せた。

れんだい【×蓮台】仏像の台座。ハスの花の形に作る。蓮華座(れんげざ)。

レンタカー 貸し自動車。▽アメリカ rent-a-car

れんだく【連濁】《名・ス自》二語が結合して一語となる時に、後の要素の最初の音が清音から濁音になること。例、「草」と「花」とが合して「くさばな」となる時の、「は」から「ば」への変化。

レンタサイクル 貸し自転車。▽rent-a-cycle 和製英語。

れんたつ【練達】《名・ス自》熟練してその道の奥義(おうぎ)に達していること。「―の士」

レンタル《名・ス他》賃貸しすること。有料貸出し。「―ビデオ」▽rental 「リース」に対し、比較的短期のものに言う。

れんたん【×煉丹】①ねり薬。②昔の中国の仙術で、一種の錬金術で得た薬。③身体に宿る気を丹田に集めるという心身修練法。

れんたん【練炭・×煉炭】木炭や石炭の粉をねり固めた燃料。円筒形で、多くの穴が通っている。普通の木炭より火力が強い。

れんだん【連弾・×聯弾】《名・ス他》一台のピアノを同

時に二人でひくこと。「ー曲」

れんち【廉恥】 心が清らかで、恥を知る心がつよいこと。

レンチ ナットやボルトや管をねじって回すのに使う工具。▽wrench

れんちゃく【恋着】『名・ス自』忘れようにも忘れられないほど、恋い慕うこと。恋してその人に執着すること。

れんちゅう【×簾中】 ①みすで仕切られた内側。②貴人の夫人の敬称。おくがた。また、貴婦人。

れんちゅう【連中】 ①同じ(ような)事をする人々。なかま。「同じクラスのーの集まりさ」「あのーの言うことは取り上げなくてよい」②↓れんじゅう(2)

れんちょく【廉直】『名ナ』行いが潔白で、正直なこと。

れんてつ【錬鉄・練鉄】 ①炭素の含有率を低く抑えた軟鉄。鉄線・くぎ等の原料となる。鍛鉄。②よくきたえた鉄。

れんど【錬度・練度】 訓練して熟達する(した)度合い。「雷撃のーが高い航空隊」

れんどう【連動】『名・ス自』①一続きに働かせる機械が統一的に運動するように、連結してあること。そのある部分を動かすことによって、他の部分も統一的に動くこと。「ー装置」「露出計ーカメラ」②比喩的に、一つの動きに応じて他も動くこと。「原料費と価格をーさせる」

レントゲン ①「レントゲン線」の略。エックス線のこと。②エックス線・ガンマ線の強さを測る単位。記号R。③「レントゲン写真」の略。エックス線で撮影した写真。▽エックス線の発見者、ドイツ人 Röntgen の名による。

れんにゅう【練乳・×煉乳】 (砂糖を加えて)濃縮した牛乳製品。コンデンス ミルク。▽無糖のものは「エバミルク」と言う。

れんねん【連年】 幾年も引き続くこと。「ーの豊作」

れんぱ【連破】『名・ス他』相手を続けざまに負かすこと。「三ー」

れんぱ【連覇】『名・ス自』続けて優勝すること。

れんばい【廉売】『名・ス他』安く売ること。安売り。

れんぱい【連俳】 ①連歌と俳諧。②俳諧の連句。

れんぱい【連敗】『名・ス自』続けざまに負けること。↕連勝

れんぱつ【連発】『名・ス自他』続けざまに発すること。㋐(似た)事件が続けて幾つも起こること。㋑続けざまに発射すること。↕単発。㋒一つの機会に(同じ相手に向け)何回も発言すること。「質問をーする」。一続きの表現の中で同じ(同類の)言葉をやたらに使って言うこと。「駄洒落(だじゃれ)をーする」

れんぱん【連判】『名・ス自』同じ書面に連名で印を押すこと。▽「れんぱん」とも言う。 **ーじょう**【ー状】(同志の間の誓約状などとして)連判した書状。

れんばん【連番】 (宝くじ・座席指定券・紙幣などの)番号が連続すること。また、その番号。

れんびん【×憐×憫・×憐×愍】 ふびんに思うこと。あわれみの気持。「ーを掛ける」「ーの情」

れんぶ【練武】 武術をきたえること。

れんべい【連×袂】『名・ス自』何人かがそろって同じ行動を起こすこと。「ー辞職」▽たもとを連ねる意から。明治期から昭和初期の語。

れんぺい【練兵】 戦闘の用に耐えるように軍人を訓練すること。「ー場」「ー休(きゅう)」(傷病の兵に練兵を休むことが認められた、その休みの状態)

れんぼ【恋慕】『名・ス自』恋い慕うこと。「横ー」

れんぽ【×蓮歩】 美人の歩み。▽美人に金で作ったハスの花の上を歩かせたという、中国の故事に基づく。

れんぽう【連峰】 つらなり続く山々(の頂)。「穂高ー」

れんぽう【連邦・×聯邦】 多数の国(アメリカ合衆国の州のように、高度の自主権をもつもの)によって構成される国家。連合国家。「ー制」

れんま【錬磨・練磨】『名・ス他』ねりきたえ、(腕を)みがくこと。

れんめい【連名】 何人もが氏名を並べて書くこと。

れんめい【連盟・×聯盟】 共同の目的を達成するために作る同盟。

れんめん【連綿】『ト タル』長くつながり続いて絶えないさま。「法灯ー」

れんや【連夜】 幾夜も続くこと。毎夜。

れんよう【連用】『名・ス他』同じものを続けて使うこと。「薬のー」

れんらく【連絡・×聯絡】『名・ス自他』別々のものの間のつながりあい。「ーを取る(=つける)」。つながりがつくこと。「このバスは急行列車にーする」。つながりをつけること。「この話を彼にーしよう」 **ーせん**【ー船】 乗客・荷物を乗せて、海峡などの間の交通を連絡する船。 **ーもう**【ー網】 あらかじめ定めておく連絡の経路。

れんり【連理】 一本の木の枝が他の木の枝とくっついて、木目(もくめ)がいっしょになっていること。「ーの枝」▽「理」は木目の意。夫婦や男女の深いちぎりのたとえとして使う。

れんりつ【連立・×聯立】『名・ス自』幾つかのものがそれぞれに位置を保ちながら、全体で一まとまりになっていること。「ー内閣」「ー方程式」

れんるい【連累】 他人の行為のかかわり合いで罪や迷惑を受けること。

れんれん【恋恋】『ト タル』恋い慕って、またはなごり惜しくて、いつまでも思い切れないさま。未練があって執着するさま。「地位にーとする」▽「ーの情」のように、「の」がつくこともある。

ろ

ろ【×櫓】和船をこぎ進めるのに使う、細長い板に柄(え)を付けた形の道具。

ろ【×絽】糸目をすかして織った絹織物の一種。夏の衣服用。

ろ〖炉〗〖爐〗ロ いろり ―『名・造』火を入れて燃え続けさせておく所。火床。いろり。「炉を切る(=作る)」「炉辺・炉端(ろばた)・暖炉・囲炉裏・焜炉(こんろ)・懐炉・風炉(ふろ)・香炉・溶鉱炉・原子炉・夏炉冬扇」

ろ〖*路〗ロ じ みち ―①人や車のゆききする道筋。「道路・通路・街路・行路・海路・陸路・鉄路・沿路・往路・帰路・遠路・悪路・隘路(あいろ)・水路・針路・一路・退路・進路・順路・回路・岐路・迷路・路上・路面・路次・路傍・路頭・路程・路銀・路用・路費・路標・路線」②事のすじみち。道理。「理路・経路」③どうしても通らなければならないところ。「要路・当路・血路・末路・活路」

ろ〖露〗ロ ロウ つゆ あらわ あらわれる あらわす ―①つゆ。水滴。「露命・雨露・甘露・玉露」②屋根のない所。「露天・露店・露営・露宿・露台・露仏・露盤」③おおいをとる。むき出しになる。あらわれる。あらわす。「露出・露見・露呈・露座・露骨・露地・露頭・露頂・吐露・披露(ひろう)・暴露(ばくろ)・発露(はつろ)」④つゆでぬれる。うるおす。めぐみをうける。⑤「露西亜(ロシア)」の略。「英仏露・露都」

ろあく【露悪】自分の欠点や醜い点をわざとさらけ出すこと。「―趣味」「―的にふるまう」

ろあし【×櫓脚】①櫓(ろ)の水につかる部分。②櫓で船を進める時、船の進んだあとに筋のように残る波のゆらぎ。

ロイドめがね【ロイド〈眼鏡〉】セルロイドの円形の太いふちがついた眼鏡。▽アメリカの喜劇俳優 Lloyd がこれをかけて映画に出演したからとも、セルロイド製であるからともいう。

ロイマチス ↓リウマチ。▽ドイツ Rheumatismus から。

ロイヤリティー 特許・著作・商標などの使用料。▽「ロイヤルティー」「ローヤルティー」とも言う。royalty

ロイヤル ゼリー ミツバチの働きばちが分泌するゼリー状の物質。女王ばちがこれを食べ、またこれを食べて育った幼虫が女王ばちに成長する。栄養剤・強壮剤として人間にも用いられる。王乳。ローヤル ゼリー。▽royal jelly

ロイヤル ボックス 劇場や競技場の貴賓席。▽royal box

ろいろ【×蠟色】「蠟色塗り」の略。蠟色漆と呼ばれる、油分を含まず黒みを帯びた漆を塗って磨いた下地に、生漆(きうるし)をすりこんで研ぎ、黒く光沢のある表面に仕上げる技法。また、その技法で作った漆器。

ろう【×蠟】熱を加えるとすぐに溶け、また燃えやすい、白色の固形物。ろうそくにしたり、物の表面に塗ってつやを出したりするのに使う。「―を引く」「―鞘(ざや)」「―人形」▽化学的には、高級脂肪酸と一価アルコールとが脱水反応で結合した物質の総称。

ろう【×鑞】金属材料の接合に使う合金。熱を加えると溶け、冷えると固まる。はんだは、この一種。

ろう【×隴】『―を得て蜀(しょく)を望む』↓ぼうしょく(望蜀)。▽「隴」は中国の地名。

ろう〖*老〗ロウ(ラウ) おいる ふける ―①人が年を重ねる。としとる。「老若(ろうにゃく)・老朽・老境・老来・老後・老人・老女・老翁・老父・老木・不老長生・早老・中老・養老・敬老」②年長者。また、年とって物事をよく知っている人。「父老・長老・元老・宿老・家老・古老・老臣・老先生・老大家」③年功が加わる。物なれてぬけめがなくなる。「老巧・老成・老練・老獪(ろうかい)」④古くからある。「老舗(ろうほ・しにせ)」⑤老人を指す自称・他称。「老生・拙老・愚老・山田老」⑥「老子」の略。「老荘」

ろう〖*労〗〖勞〗ロウ(ラウ) いたつき ねぎらう ―①㋐『名・造』骨折ってはたらく。心身を使ってつとめる。ほねおり。「労をいとわない」「仲介の労をとる」「労働・労務・労役・労作・労力・勤労・功労・苦労・徒労・御足労」㋑「労働者」「労働組合」の略。「労資・労農・全炭労」②骨折ってくたびれる。つかれる。つかれ。「疲労・過労・心労・辛労」③くるしめる。「労苦」④疲れをねぎらう。いたわる。「慰労」

ろう〖弄〗ロウ もてあそぶ ―手でもっておもちゃにする。ほしいままにする。「弄火・弄舌・玩弄・愚弄・嘲弄・翻弄」▽両手の中で玉をもてあそぶ意から。

ろう〖×牢〗ロウ(ラウ) ―①『名・造』罪人をとじこめておく所。ろうや。「牢につながれる」「牢獄・牢舎・牢番・牢役人・牢死・土牢・入牢(じゅろう・にゅうろう)・脱牢・破牢・座敷牢」▽牛馬をかこっておく所の意から。②くずれにくい。かたい。「堅牢・牢固・牢記・牢乎(ろうこ)」③牛・羊・豚など、祭りに用いるいけにえ。「太牢」

ろう〖郎〗〖郞〗ロウ(ラウ) おとこ ―①㋐年若い男子の美称。「郎君・郎子(ろうし・いらつこ)・新郎・遊冶郎(ゆうやろう)」▽年若い女子の意にも用いられる。㋑つかえている人。「郎等・郎党・下郎・女郎」②一族または一家の中での、男子の生まれた順序を示す語にそえて、呼び名を作る語。「太郎・次郎・李十郎(りじゅうろう)」③中国の官制で、宿衛をつかさどる者。後に、尚書(=大臣)を補佐する官。「侍郎・員外郎・尚書郎」

ろう〖廊〗〖廊〗ロウ(ラウ) ―①殿舎の間をつなぐ屋根のある通路。「廊下・回廊・歩廊・画廊」②正殿の東西のひさしの下に作った小べや。ひさしのま。「東廊・西廊」

ろう〖*朗〗〖朗〗ロウ(ラウ) ほがらか あきらか ―①かげがなくてあきらか。また、気分がこだわりなく明るい。ほがらか。「朗朗・明朗・清朗・晴朗」②声が清くすみとおる。「朗詠・朗読・朗吟」

ろう【浪】 ロウ(ラウ) なみ ―①なみ。「波浪・激浪・風浪・逆浪」②水の流れるさま。さまようさま。一定のよりどころがない。「浪浪・浪人・浪士・放浪・流浪(るろう)・浮浪」③しまりがない。みだりに。むだに。「浪費・孟浪(もうろう・まんらん)」

ろう【狼】 ロウ(ラウ) おおかみ ―①おおかみ。また、無慈悲で性質の凶悪な者。「豺狼(さいろう)・虎狼・狐狼・狼煙(ろうえん・のろし)・狼戻」②あわてる。うろたえる。「狼狽(ろうばい)」③とりちらかす。みだれる。「狼藉(ろうぜき)」

ろう【×陋】 ロウ いやしい ―①せまい。場所がせまい。心がせまい。知識がせまい。いやしい。「陋巷(ろうこう)・陋屋・固陋」②身分が低い。いやしい。「陋俗・陋習」③見ぐるしい。劣っている。「陋劣・醜陋」

ろう【楼】【樓】 ロウ たかどの ―①二階建ての建物。たかどの。「楼閣・楼門・楼上・玉楼・青楼・鐘楼・高楼・摩天楼・蜃気楼(しんきろう)・登楼」②ものみのやぐら。やぐら。「望楼」③高い建物、料理屋等の名につける語。「岳陽楼・春帆楼」

ろう【漏】 ロウ もる もれる もらす ―①すきまを通って水がもれる。通るはずでない所からぬける。手ぬかりがある。秘すべきことが外部に知れる。もらす。「漏泄(ろうせつ)・漏洩(ろうえい・ろうせつ)・漏電・漏失・漏斗(ろうと・じょうご)・疎漏・遺漏・脱漏・杜漏(ずろう)」②水どけい。「漏刻」③仏教で、迷い・煩悩。「有漏(うろ)・無漏(むろ)」

ろう【×臈】 ロウ(ラフ) ―《名・造》仏教で、僧の修行の年数を数える語。年功。また、ひろく、身分の上下。「臈を積む」「臈次(らっし)・上臈・下臈(げろう)」▽→ろう〔臘〕

ろう【×臘】 ロウ(ラフ) ―①冬至の後、第三の戌(いぬ)の日に、猟のえものの獣肉を供えて先祖百神をまつる祭り。年のくれ。陰暦十二月。「臘祭・臘日・臘月・臘八・旧臘」②仏教で、僧の修行の年数を数える語。「臈」に同じ。▽「臈」は異体字。⑵の意ではどちらも用いる。

ろう【籠】 ロウ かご こもる こめる ―①竹材を編んだ、かご。「灯籠・薬籠・印籠・籠球」②かごの中にとじこめる。一つところにとじこもる。「籠居・籠城・参籠」③かごで伏せるようにとりこむ。とりこめる。「籠絡」

ろう【×聾】 ロウ つんぼ ―耳が聞こえないこと。その人。「盲聾・聾唖(ろうあ)・聾者」

ろうあ【×聾×唖】 耳が聞こえず言語を発声できないこと。

ろうえい【朗詠】 《名・ス他》詩歌を声高く歌い上げること。和歌・漢詩を、節をつけて朗々と歌うこと。

ろうえい【漏×洩】 《名・ス自他》秘密(または液体)がもれること。また、それをもらすこと。▽「ろうせつ」の慣用読み。

ろうえき【労役】 課せられた肉体的労働。骨のおれる労働。

ろうおう【老×媼】 年老いた女。老女。

ろうおう【老翁】 年老いた男。

ろうおう【老×鶯】 春が過ぎても鳴くウグイス。老いうぐいす。

ろうおく【×陋屋】 狭くてみすぼらしい家。▽自分の家をへりくだっても言う。

ろうか【廊下】 建物の中の細長い通路。「渡り―」 **―とんび【―×鳶】** 〔俗〕用もないのに廊下をうろうろすること。その人。▽もと、妓楼(ぎろう)で客が廊下を歩き回ったり他の部屋に入り込んで話したりすることを言った。

ろうか【弄花】 花札で遊ぶこと。花合せ。

ろうか【弄火】 火遊び。▽硬い文章語。

ろうか【×狼火】 のろし。

ろうか【老化】 《名・ス自》①年をとるにつれて機能が衰えること。「―を防ぐ」「―現象」②比喩的に、ゴムなどの素材や機械などが経年劣化すること。

ろうかい【老×獪】 《名・ダナ》経験をつんでいて、悪賢いこと。「―きわまる人物」 派生 **-さ**

ろうがい【労×咳・×癆×瘵】 肺結核。▽古い(また、漢方での)言い方。

ろうがい【老害】 自分が老いたのに気づかず(気をとめず)、まわりの若手の活躍を妨げて生じる害悪。▽「公害」をもじった造語。

ろうかく【楼閣】 高く立派な建物。たかどの。

ろうがっこう【×聾学校】 聴覚障害者に教育を行う学校。

ろうかん【×琅×玕】 暗緑色または青碧(せいへき)色の半透明の宝石。中国産。碧玉(へきぎょく)。

ろうがん【老眼】 年をとって、目の水晶体の弾力が弱まり、近くの物が見えにくくなった状態。老視。 **―きょう【―鏡】** 老眼の補正に使う、普通は凸レンズのめがね。

ろうき【×牢記】 《名・ス他》しっかりと(=牢)記憶すること。

ろうぎ【老×妓】 年をとった芸者。

ろうきゅう【籠球】 バスケットボール。

ろうきゅう【老朽】 《名・ス自》年をとり、または使い古して、役に立たなくなること。「―家屋」

ろうきょ【籠居】 《名・ス自》家の中にとじこもっていること。

ろうきょ【×陋居】 むさくるしく狭い住居。▽自分の家をへりくだっても言う。

ろうきょう【老境】 老齢になった境地。「―に入る」

ろうきょく【浪曲】 浪花節(なにわぶし)。

ろうぎん【労銀】 労働によって得る賃銀。▽賃金(ちんぎん)ではない。

ろうぎん【朗吟】 《名・ス他》詩歌を朗々と唱えること。朗詠。

ろうく【労苦】 苦しい事のため心を使うこと。(肉体的・精神的な)骨折り。苦労。「―をいとわず手伝う」

ろうく【老×軀】 年とった身体。老体。「―を駆って」

ろうくみ【労組】→ろうそ

ろうけい【老兄】(年相当に)年長の友人を敬った言い方。▽書簡文などに使う。

ろうけつ【×﨟×纈・×蠟×纈】染料がしみこまないように蠟(ろう)を塗って模様を染め抜く染色技法。染色後に熱で蠟を溶かして取り除く。蠟染め。ろうけち。

ろうげつ【×臘月】(陰暦)十二月の別名。極月(ごくげつ)。しわす。

ろうけん【老健】年をとっても健康なこと。

ろうこ ①【×牢固】『名ノ・トタル』しっかりして、頑丈なこと。「―たる建造物」②【×牢×乎】『トタル』しっかりしていて、ゆるぎも見せないさま。「―たる決意」「―として抜きがたい」

ろうご【老後】年をとってからのち。老年。「―の楽しみ」「―に備える」

ろうこう【老公】年をとった男の貴人をうやまった言い方。

ろうこう【老巧】『名・ダナ』経験を積んで物事に熟練していること。老練。派生 **-さ**

ろうこう【×陋×巷】狭くきたない路地。貧しくむさくるしい裏町。

ろうこく【漏刻】水どけい(の目盛り)。

ろうこく【×鏤刻】『名・ス他』→るこく

ろうごく【×牢獄】罪人を捕らえて閉じ込めておく所。ろうや。

ろうこつ【老骨】年をとって衰えた身。老体。「―に鞭(むち)打つ」

ろうこつ【×鏤骨】→るこつ

ろうさい【労災】「労働災害」の略。労働者が業務上(や通勤中に)負傷し、疾病にかかり、死亡すること。「―保険が出る」「―認定」

ろうざいく【×蠟細工】蠟(ろう)を材料として細工すること。その細工物。

ろうさく【労作】骨を折って作ったもの。力作。また、努力してした仕事。

ろうざん【老残】老いぼれながら生き長らえること。「―の身」

ろうし ①【労使】労働者と使用者。「―の代表者」②【労資】労働者と資本家。「―協調」

ろうし【浪士】主家を去り、または主家が没落して、禄(ろく)を離れた武士。浪人。

ろうし【×牢死】『名・ス自』牢屋(ろうや)に入れられたままで死ぬこと。獄死。

ろうし【老死】『名・ス自』老衰のため、自然に死ぬこと。

ろうし【老師】年寄りの先生、または僧侶。

ろうしぐん【△娘子軍】→じょうしぐん。▽「じょうしぐん」の誤読。

ろうじつ【老実】『名ナ』その事になれていて、しかも誠実なこと。

ろうしゃ【×牢舎】ろうや。ろうごく。

ろうしゃ【×聾者】耳が聞こえない人。

ろうじゃく【老弱】①老人と子供。また、老年と弱年。②年をとって体が弱ること。

ろうじゃく【老若】「ろうにゃく」の読み誤り。▽「弱」は「若」と同義。

ろうしゅ【楼主】「楼」と名のつく家の主人。特に、妓楼(ぎろう)の主人。

ろうしゅ【老手】老練な手並み。老練な人。

ろうしゅ【老酒】→ラオチュー

ろうじゅ【老儒】老齢で学識ある、儒者。広く学者。

ろうしゅう【老醜】年をとって醜いこと。老いさらばえた醜さ。「―をさらす」

ろうしゅう【×陋習】わるい習慣。「旧来の―」

ろうじゅう【老中】江戸幕府で、将軍に直属して政務を執(と)り、諸大名を監督する役(の人)。

ろうじゅく【老熟】『名・ス自』経験をつんで物事に熟練すること。

ろうしゅつ【漏出】『名・ス自他』もれて出ること。もらし出すこと。

ろうじょ【老女】①年をとった女。②武家時代に、将軍や大名の夫人に仕える侍女のかしら。

ろうしょう【労相】(以前の)労働大臣の略称。

ろうしょう【老少】年寄りと若者。 **―ふじょう**【―不定】人の命は定まりないもので、老人が先に、若者が後に死ぬとは限らないこと。

ろうしょう【老将】年をとった将軍。また、経験を積んだすぐれた将軍。

ろうしょう【朗唱・朗×誦】『名・ス他』声高く読むこと。

ろうしょう【朗笑】『名・ス自』ほがらかに笑うこと。明るい笑い。

ろうじょう【籠城】『名・ス自』①敵に囲まれて、城・要塞にたてこもること。②転じて、家などにたてこもって出てこないこと。

ろうじょう【老嬢】結婚の適齢期が過ぎた未婚の女性。▽old maid の訳語。明治期から昭和初期の語。

ろうしょく【朗色】ほがらかな顔色・様子。

ろうしん【老臣】①年をとった家来。②身分の高い家来。重臣。家老。

ろうしん【老身】年とった身体。老体。

ろうじん【老人】年をとった人。年寄り。関連 年寄り・老輩・故老・宿老・隠居・御老体・ロートル・老爺(ろうや)・老翁・翁(おきな)・好好爺(こうこうや)・じいさん・じじい・老女・老婆・老媼(ろうおう)・媼(おうな)・ばあさん・ばばあ・年寄りの冷や水

ろうず →ローズ(2)

ろうすい【漏水】『名・ス自』水が漏れること。漏れた水。

ろうすい【老衰】『名・ス自』年をとって、心身が衰えること。

ろう‐する【労する】『サ変自他』はたらく。苦労する。「―・して功なし」「―・せずして手に入れる」。はたらかせる。はたらかせ、疲れさせる。「心身を―」

ろう‐する【弄する】『サ変他』好き勝手に行う。もてあそぶ。「策を―」「技巧を―」「諧謔(かいぎゃく)を―」

ろう‐する【×聾する】『サ変他』大きな音をたてて、聞

ろ

き取るべき音も聞こえなくする。「耳をもー響き」

ろうせい【老成】『名・ス自』①経験・年功を積んで達する円熟。②おとなびること。「年の割にーしたことを言う」▽若者について経験の有無を問わず言う。派生 **-さ**

ろうせい【老生】老人の男子が自分のことをへりくだって言う語。▽古風な言い方。

ろうせき【×蠟石】滑石・凍石など、蠟(ろう)のような光沢や感触をもつ鉱物の総称。石筆・彫刻・印刷などに使う。

ろうぜき【×狼×藉】①物が散らされていること。乱雑な様子。ちらかった様子。「落花ー」▽狼(おおかみ)が草を藉(し)いて寝た跡が乱れていることから。②乱暴なふるまい。「ーを働く」

ろうせつ【漏×洩】『名・ス自他』→ろうえい(漏洩)

ろうそ【労組】「労働組合」の略。ろうくみ。

ろうそう【老僧】年を取った僧。「枯れ木のようなー」

ろうそく【×蠟×燭】よった紙や糸を芯にし、円柱状に蠟(ろう)を固めたもの。芯に火をつけて灯火に用いる。「百目ー」(一本の重さが百匁(もんめ)ある大きな蠟燭)

ろうぞめ【×蠟染(め)】→ろうけつ

ろうたい【老体】年寄りの身体。「御ー」(御老人の意にも使う)

ろうだい【楼台】高く築いた立派な建物。たかどの。

ろうだい【老台】男子が年長の男子を敬って言う語。▽多くは書簡文に使う。古風な言い方。

ろうたいか【老大家】老熟した大家。その道の長老。

ろうたく【浪宅】浪人のすまい。

ろうたけた【×臈たけた】『連体』①経験を積んだ。②(女性が)美しくて気品がある。▽「臈(ろう)」+動詞「たける」+助動詞「た」

ろうだん【×壟断】『名・ス他』利益・権利をひとりじめにすること。独占。

ろうちん【労賃】労働に対する報酬。

ろうづけ【×鑞付け】鑞(ろう)で金属をくっつけること。

ろうでん【漏電】『名・ス自』電線や電気機械の絶縁が悪くて、電気が他に漏れ流れること。

ろうと【漏斗】→じょうご(漏斗)

ろうどう【労働】『名・ス自』体を使って働くこと。特に、賃金(ちんぎん)・報酬を得るために、体力や知力を使って働くこと。▽体力を使う方を指すことが多い。 **ーうんどう**【ー運動】労働者が自分たちの利益を守るために、使用者側に対し、団結して行う運動。 **ーきょうやく**【ー協約】労働組合と使用者(の団体)との間で、組合員に共通する労働条件の基準や組合と使用者との基本的関係について結ぶ、文書による取り決め。▽個々の組合員の労働条件を定める労働契約とは別。 **ーくみあい**【ー組合】労働者が労働条件の改善や労働者の地位の向上をめざして、労働者が組織する組合。 **ーしゃ**【ー者】①肉体的な労働により賃金を得て生活する者。②一般に、資本家に労働を提供し、賃金を得て生活する者。 **ーしゃかいきゅう**【ー者階級】労働者が属する社会階級。 **ーじょうけん**【ー条件】労働者と使用者との間に結ばれる、労働時間・賃金などに関する雇用の条件。 **ーそうぎ**【ー争議】労働条件などについて、労働者と使用者との間に起こる争議。 **ーもんだい**【ー問題】労働者の生活向上・保健・労働条件などに関する社会問題。 **ーりょく**【ー力】生産物を作るために費やされる、人間の精神的・肉体的な諸能力。

ろうどう【郎等・郎党】武家の家来。家臣。「一族ーを引き連れて」▽「ろうとう」とも言う。

ろうどく【朗読】『名・ス他』声をあげて(朗々と)詩歌や文章をよむこと。

ろうとして【×牢として】『連語』《副詞的に》しっかりと根を張って、動かすこともできないさま。「ー抜きがたい」

ろうなぬし【×牢名主】江戸時代の牢屋で、牢内を取り締まる囚人。▽賄賂の額で入牢者の扱いを変えるなど、権力を振るった。

ろうにゃく【老若】年寄りと若者。「ー男女(なんにょ)」

ろうにん【浪人】『名・ス自』①㋐定職を離れ、次の勤め先を持たないでいる者。㋑上級学校への進学や就職の意志がありながら、試験に不合格となり、翌年の試験に備えている者。▽(2)の比喩的用法。②武家時代に、主家を去り禄(ろく)を離れた武士。▽本来は浮浪民の意。「牢人」とも書いた。

ろうにんぎょう【×蠟人形】蠟で等身大に作った、生きている人そっくりの人形。

ろうぬけ【×牢△脱け】『名・ス自』罪人が牢(ろう)から逃げること。牢やぶり。脱獄。

ろうねん【老年】老人になっている年のころ。老齢。↔若年・中年

ろうのう【老農】年を取った(経験にも富む)農夫。

ろうのう【労農】労働者と農民。「ー同盟」

ろうのき【×蠟の木】→はぜのき

ろうば【老婆】年をとった女。↔老爺(ろうや)。 **ーしん**【ー心】親切すぎて、不必要なまでに世話を焼きたがる気持。必要以上の親切心。「ーながら申し添えます」

ろうはい【老廃】年をとって、または古くなって、役に立たないこと。「ーの身」「ー物」

ろうはい【老輩】年をとった人たち。

ろうばい【×狼×狽】『名・ス自』うろたえ騒ぐこと。あわてふためくこと。「周章ー」

ろうばい【×蠟梅・×臘梅】中国原産の落葉低木。一、二月頃、葉の出る前に香り高い花が咲く。花弁は黄色く半透明で鈍いつやがあり、蠟(ろう)細工を思わせる。唐梅(からうめ)。▽ろうばい科。

ろうはち【×臘八】〔仏〕十二月八日。釈迦(しゃか)の成道(じょうどう)の日として、寺で法会(ほうえ)を行う。▽「臘」は十二月のこと。「ろうはつ」とも言う。

ろうばん【×牢番】牢屋(ろうや)の番人。

ろうひ【浪費】『名・ス他』金銭・物・精力などをむだに使うこと。むだづかい。「時間をーする」「ー家」

ろうひ【老×婢】 年とった女中。

ろうびょう【老病】 老衰によって起こる病気。

ろうへい【老兵】 ①年をとった兵士。②軍事の経験を積んだ兵士。古兵。

ろうほ【老舗・老×鋪】 代々つづいた店。しにせ。

ろうほう【朗報】 明るい内容の知らせ。うれしい知らせ。「合格の―」

ろうぼく【老僕】 年をとった下男。

ろうまん【浪漫】 浪漫的な傾向・風潮。「―の徒」 **―しゅぎ【―主義】** ↓ロマンチシズム。 **―てき【―的】**〘ダナ〙↓ロマンチック。▽romantic の音訳。 **―は【―派】** ロマンチシズムを奉じる仲間。

ろうむ【労務】 ①報酬を受ける目的で、体力(や知力)によってする労働勤務。②労働についての事務。「―管理」 **―しゃ【―者】**(主に肉体的な)労務(1)をする人。「日雇い―」

ろうもう【老×耄】 おいぼれること。おいぼれた人。

ろうもん【楼門】 やぐらのある門。二階造りの門。

ろうや【×牢屋】 罪人を入れて閉じ込めておく所。牢獄(ろうごく)。

ろうや【老×爺】 年をとった男。↔老婆

ろうやくにん【×牢役人】 牢獄(ろうごく)で囚人を監視する役人。

ろうやぶり【×牢破り】〘名・ス自〙牢ぬけをすること。脱獄。それをした囚人。

ろうゆう【老優】 年をとった俳優。また、年功を積んで芸のうまい俳優。

ろうゆう【老雄】 年をとった英雄。

ろうよう【老幼】 年寄りと子供。「―を問わずだれでも」

ろうらい【老来】〘副ノ〙年をとってこのかた。「―めっきり物ぐさになった」「―なお気力を保つ」「―の嘆き」

ろうらく【籠絡】〘名・ス他〙他人をうまくまるめこんで、自分の思う通りにあやつること。

ろうりょく【労力】 ①働くことにいる力。骨折り。「―を費やす」②生産する労働力。「―が足りない」

ろうれい【老齢】 老年。高齢。

ろうれつ【×陋劣】〘名ナ〙いやしく、軽蔑すべきであること。卑劣。「―な手段」 派生 **-さ**

ろうれん【老練】〘名・ダナ〙経験を積み、その事に慣れて上手なこと。 派生 **-さ**

ろうろう【浪浪】 所定めず、さまよっていること。「―の身」(一定の職がなく遊んでいる身)

ろうろう【朗朗】〘ト タル〙①声などが、ほがらかで曇りがないさま。「音吐―」②光が明るく澄み渡っているさま。「―たる名月」

ろうろうかいご【老老介護】 高齢者が高齢者を介護すること。

ろうわ【朗話】 人の心を明るくするような話。

ろえい【露営】〘名・ス自〙泊まるのに適した設備が無い所で、露天に泊まること。▽軍隊の場合にはその陣をも言う。↓やえい(野営)

ロー ①〘造〙低い。↔ハイ。「―ハードル」「―コスト住宅」「―リスク」▽low ②〘名〙自動車の変速装置の第一段。↔トップ。▽(アメリカ) low, low gear **―スクール** アメリカなどの、法曹を養成する大学院。また、日本で法科大学院を言う。▽law school **―ティーン** ティーン エージャーのなかで、若い年齢の人々。↔ハイ ティーン。▽low と teen とによる和製英語。英語では early teens **―ヒール** かかとの低い靴。↔ハイ ヒール。▽low heels

ローカル〘名ナ〙(全国的な規模のものでなく)地方的。「―線」(幹線でない鉄道)「―番組」(地方放送局の、その地方向けの番組)▽local **―カラー** ↓ちほうしょく。▽local colour

ローション 髪や肌にすり込む(乳)液状の化粧品。「ヘアー―」「スキン―」▽lotion

ロース 牛・豚・羊などの、ローストに適した肩から腰までの部位の肉。「―ハム」「肩―」▽roast(＝焼く)の転。

ローズ ①ばら。ばら色。▽rose ②きずもの。できそこないの安物。売れ残って古くなった商品。「―物」▽中国語「蘆頭」から。もと、薬用植物の根や茎で、役に立たない部分のこと。

ロースター 肉や魚のあぶり焼きに使う調理器具。▽roaster

ロースト〘名・ス他〙①肉を直火(じかび)やオーブンで焼くこと。そのように調理した肉。「―ビーフ」②コーヒー豆やナッツ類を香ばしく煎ること。▽roast

ローター 回転子。特に、ヘリコプターの回転翼。▽rotor

ロータリー ①市街地の十字路や駅前などにある、円形交差点。車は交差点の中心に沿って一方向に回るように通行し、方向を変える。▽rotary ②「ロータリー クラブ」の略。 **―クラブ** 友愛・社会奉仕・国際親善の目的で作られた、一種のクラブ組織。各国・各都市に支部が置かれる。▽Rotary Club

ローテーション〘名・ス自他〙回転(すること)。循環。輪番。「―を組む」㋐野球で一つのチームが投手を順番に先発させる、その順。㋑六人制バレーボールでサーブ権を得たチームが、選手の位置を一つずつ右回りの方向にずらすこと。▽rotation

ロード ①道路。▽road ②荷重。負荷。積載。「オーバー―」③コンピュータで、プログラムやデータを、実行・利用するために記憶装置に読みこむこと。↔セーブ。「ダウン―」▽(2)(3)は load **―ゲーム** 遠征試合。特に、プロ球団が本拠地を離れて行う試合。▽road game **―ショー** ①封切り(1)。「全国―」②特定の映画館で行う、独占封切りの興行。▽road-show もと、演劇の興行前に宣伝のため道路で上演したことによるという。 **―マップ** ①道路地図。②行程表。進行計画案。「製品開発の―」▽road map **―レース** 道路上で行う自転車などの競走。▽road race

ロートル 老人。年寄り。▽中国語「老頭児」から。

ローブ 長くてゆったりした外衣。▽(フランス) robe

ロープ なわ。つな。▽rope **―ウエー** 空中に張り渡した鋼索に車体をさげ、それに人や物を乗せて運ぶ装置。架空索道。空中ケーブル カー。▽ropeway

ローマじ【ローマ字】 ①古代ローマでラテン語を書き表すために用いられ、現在世界で広く行われている、表音文字。▽「ローマ」は(イタリア) Roma 「羅馬」とも書く。②「ローマ字綴(つづ)り」の略。ローマ字(1)を用いた日本語の表記法。訓令式・ヘボン式など、いくつかの方式がある。

ローマすうじ【ローマ数字】 数字の一種。I・II・V・X・L(=五十)・C(=百)・M(=千)等。▽「ローマ」は(イタリア) Roma 「羅馬」とも書く。

ローマンス →ロマンス

ローミング 携帯電話やインターネットで、契約している事業者のサービス区域外でもサービスを受けられるようにすること。事業者同士の連携による。▽roaming(=放浪する)

ローム 砂・粘土などがほどよく含まれ、耕作に適する土。特に、そのうち火山灰に由来するもの。風成火山灰土。「関東―層」▽loam

ローラー ころがして使う円筒形のもの。印刷用・地ならし用など、用途・大きさは種々ある。▽roller **―カナリヤ** 鳴き声を楽しむために改良された、カナリヤの一品種。▽roller canary **―さくせん【―作戦】** 調査・探索などで、ローラーをかけるように片端から徹底的に行うやり方。 **―スケート** 靴の底に小さな車輪をつけて、地面を滑る遊び。また、その靴。▽roller skate

ろおり【×絽織(り)】 →ろ(絽)

ローリエ 乾燥させた月桂樹(げっけいじゅ)の葉。香辛料として煮込み料理に使う。▽(フランス) laurier

ローリング『名・ス自』船などが横に揺れること。横ゆれ。↕ピッチング。▽rolling

ロール ①『名・ス他』(円筒形に)巻くこと。巻いたもの。「髪を―する」「―ケーキ」▽roll ②『名』↓ローラー。 **―キャベツ** ひき肉に刻んだ玉ねぎなどを混ぜて、ゆでたキャベツの葉に包み、蒸したりスープで煮込んだりした西洋料理。▽roll と cabbage とによる和製英語。

ロール プレーイング 学習・カウンセリングなどで、あらかじめ設定された場面で、ある役割を演じること。ロール プレー ▽role-playing **―ゲーム** ゲームソフトの一種。物語の中の主人公になって目標を達成していくゲーム。RPG。▽role-playing game

ローン ①貸付け。貸付金。「住宅―」「―の返済に追われる」②信用取引。▽loan

ローン テニス (初期のころの)テニスの正式名称。▽lawn(=芝生(しばふ)) tennis 芝生のコートで行われたから言う。

ろか【×濾過】『名・ス他』液体や気体をこして、ごみなどをとり除くこと。「―器」「濁水を―する」 **―せいびょうげんたい【―性病原体】** ↓ウイルス。▽こし取ることができないほど小さいことから。

ろかく【×鹵獲】『名・ス他』戦いで敵の武器・弾薬・資材をぶんどること。戦利品を得ること。

ろかた【路肩】 道路として有効な幅の、その両外側の路面。「―軟弱につき注意」

ロカビリー ロック音楽の草創期のスタイルの一つ。一九五〇年代後半、世界的に流行。▽rockabilly

ろぎょ【×魯魚】『―の誤り』文字の誤り。▽「魯魚章草の誤り」とも言う。「魯」と「魚」、また「章」と「草」の字体は、似ていて誤りやすいことから。

ろぎん【路銀】 旅に支出する金銭。旅費。「道中の―」▽かなり古風。

ろく ①《「―に」「―な」「―で」の形で使われ、打消しを伴う》物の状態が正当であること。本格的。「―に(=よくは)字も書けない」「―な(=まともな)やつじゃない」「―でもない(=くだらない)話だ」▽「碌」の字を当てることが多い。②物の形、または表面にゆがみがないこと。水平なこと。「―屋根」「―に居る」(あぐらをかく)▽「陸」の字を当てる。

ろく【＊六】 ロク リク むっつ むつ む むい ―『名・造』ものの個数や順位)を数える時の、五の次の、すなわち5に1を足して得る、数(に等しい値や順位)。「五臓六腑(ごぞうろっぷ)」・六根清浄(ろっこんしょうじょう)・六芸(りくげい)」「丈六の仏像」(→じょうろく)▽この語の和語は「む」。アラビア数字では「6」。数値表現の改竄(かいざん)を防ぐ目的では「陸」とも書く。

ろく【人肋】 ロク あばら ―あばら。あばらぼね。「肋骨・肋膜・肋間・肋材・肋木・鶏肋」

ろく【人禄】【人祿】 ロク さいわい ―①『名・造』官吏や封建武士の受ける給与。「禄を食(は)む」(仕官する)「禄米・秩禄・俸禄・食禄・家禄・封禄・微禄・無禄」②当座の賞賜。労をねぎらって賜る物。「禄物(ろくもつ)」③天から与えられるさいわい。しあわせ。「禄祉」

ろく【＊録】【人錄】 ロク しるす ―①書きしるす。しるしつける。「記録・筆録・登録・収録・載録・抄録・付録・再録・録音・録画」②書きしるしたもの。文書。「目録・実録・秘録・備忘録・芳名録」

ろく【＊鹿】 ロク しか か しし ―①獣の、しか。「鹿砦(ろくさい)・鹿鳴」②帝王の地位。また、政権や地位。「逐鹿」▽比喩的用法。

ログ ①〔数学〕↓たいすう(対数)。▽log と書く。logarithm の略。②丸太。「―ハウス」③日々に起こった事の、公式の記録。㋐航海日誌や航空日誌。「―ブック」㋑コンピュータの操作・入出力の記録。「―ファイル」▽(2)(3)は log **―アウト**『名・ス自』コンピュータやネットワークで、決められた操作を行って、利用をやめること。また、その操作。ログオフ。サイン アウト。↕ログ イン。▽log out **―イン**『名・ス自』コンピュータやネットワークで、ID

・パスワードの入力など決められた操作を行って、利用を開始すること。また、その操作。ログ オン。サイン イン。↔ログ アウト。▽log in

ろくおん【録音】《名・ス他》音を、機器を使って記録すること。また、その記録したもの。「―機」「街頭―」「会議を―する」

ろくが【録画】《名・ス他》映像を動画で記録すること。また、その記録したもの。「テレビ番組を―する」「運動会を―する」

ろくがつ【六月】その年の六番目の月。▽(陰暦の)異称は「水無月(みなづき)」。陽暦七月に当たる時期の炎天に由来するか。陽暦では梅雨の季節。

ろくかんのん【六観音】六道の衆生(しゅじょう)を済度する六種の観音。聖(しょう)観音・千手(せんじゅ)観音・馬頭観音・十一面観音・不空羂索(ふくうけんさく)観音または准胝(じゅんでい)観音・如意輪(にょいりん)観音。

ろくさい【△鹿×砦】→さかもぎ

ろくざい【×肋材】船舶の肋骨(ろっこつ)。また、それを形づくる材。

ろくじ【六時】〔仏〕一日を六つに分けた、念仏読経(どきょう)の時刻。晨朝(じんちょう)・日中・日没・初夜・中夜・後夜(ごや)の称。

ろくじぞう【六地蔵】六道において衆生(しゅじょう)の苦しみを救うという六種の地蔵。「江戸の―を巡る」▽その六種については諸説がある。

ろくじのみょうごう【六字の名号】浄土宗で念仏として唱える、「南無阿弥陀仏(なむあみだぶつ)」の六字。

ろくしゃく【六尺】①㋐一間(いっけん=約一・八メートル)の長さ。㋑「六尺褌(ふんどし)」の略。さらし六尺を使う男子の下帯。㋒「六尺棒」の略。②雑役に従う人足。㋐貴人のかごをかつぐ人足。㋑江戸幕府の職名。水くみ・使い走りをする下男。▽②は「陸尺」とも書く。

―ぼう【―棒】樫(かし)などで作った、長さ六尺ほどの棒。

ろくしゅ【六趣】〔仏〕→ろくどう

ろくじゅうろくぶ【六十六部】①書写した法華経(ほけきょう)を、一部ずつ日本六十六か国の霊場に納めるために遍歴する、行脚(あんぎゃ)僧。②銭を乞いながら諸国をめぐる巡礼。▽②は略して「六部」とも言う。

ろくしょう【緑青】銅の器物の表面にできる緑色のさび。緑色顔料にする。

ろくすっぽ《副》〔俗〕《あとに打消しを伴って》→ろくに。「めしも―食わさない」▽「碌すっぽ」とも書く。

ろく-する【録する】《サ変他》書きつける。記録する。

ろくだか【×禄高】武家時代に、主人から与えられる給与の額。

ろくでなし 役に立たない者。しょうのない、のらくらもの。▽「碌でなし」とも書く。→ろく(1)

ろくでもない《連語》どうしようもない。くだらない。▽「碌でもない」とも書く。→ろく(1)

ろくどう【六道】〔仏〕人間が善悪の業因(ごういん)によって行きめぐる六つの世界。地獄・餓鬼・畜生(ちくしょう)・修羅(しゅら)・人間・天上。六趣。六界。▽→さんあくどう

―せん【―銭】〔仏〕死人を葬る時、三途(さんず)の川の渡し銭として棺に入れる六文の銭(ぜに)。

ろくな《連体》《あとに打消しや反語を伴って》まともな。よい(として受けいれられるような)。「―本を読まない」「―事にはなるまい」「あんな男、―やつであるものか」▽「碌な」とも書く。→ろく(1)

ろくに《副》《あとに打消しを伴って》十分に。よく。満足に。まともに。ろくすっぽ。ろくろく。「―食べていない」▽「碌に」とも書く。→ろく(1)

ろくぬすびと【×禄盗人】才能や働きがなく、職責も果たさないのに、給料をもらっている人。▽あざけりののしった言い方。

ろくはらみつ【六波羅蜜】〔仏〕涅槃(ねはん)の彼岸に達するために、菩薩(ぼさつ)が行う、六種の修行。布施・持戒・忍辱(にんにく)・精進(しょうじん)・禅定(ぜんじょう)・智慧(ちえ)。▽「波羅蜜(はらみつ)」は、梵語(ぼんご)で彼岸に至る意。

ろくぶ【六部】→ろくじゅうろくぶ(2)

ろくぶんぎ【六分儀】遠方の二点と現在地とを結ぶ二直線がなす角度を測る器具。航海や測量に使う。▽六〇度(三六〇度の六分の一)分の目盛りが刻まれることから。

ろくぼく【×肋木】数本の柱に、十数本の横棒を地面と平行に通した体操用具。

ろくまい【×禄米】禄(ろく)として給与する米。扶持米(ふちまい)。

ろくまく【×肋膜】①→きょうまく(胸膜)。②「肋膜炎」の略。 **―えん**【―炎】肋膜に起こる炎症。胸の側面や背中に疼痛(とうつう)を感じる。結核・癌(がん)・リウマチ・外傷など原因は様々。胸膜炎。

ろくめんたい【六面体】立方体のように、六つの平面で囲まれた立体。

ろくやね【△陸屋根】傾きをつけず、ほとんど平らに造った屋根。▽→ろく(2)

ろくよう【六曜】民間信仰で、日の吉凶を六つに分類したもの。先勝・友引(ともびき)・先負・仏滅・大安・赤口(しゃっく)の六つを暦に順に配する。六輝。

ろくろ【×轆×轤】①回転を利用して仕事をする装置。㋐重い物を引いたり上げたりするのに使う滑車。また、井戸のつるべを上げ下げするのに使う滑車。㋑「轆轤台」の略。㋒「轆轤鉋(がんな)」の略。②傘の骨をつなぎとめて、傘を開閉できるようにする仕掛け。

―がな【―×鉋】材料を回転軸に取りつけて回しながら削る工具。また、特に、その工具に使う刃物。椀(わん)などの円形物を作るのに使う。ろくろ。▽「ろくろがんな」とも言う。 **―くび**【―首】首が非常に長くて、自由に伸び縮みする妖怪。そういうものの見世物。▽「ろくろっくび」とも言う。 **―だい**【―台】茶碗(ちゃわん)や壺(つぼ)などの陶器を作るのに使う工具。回転する台の上に陶土を載せて、回しながら作る。ろくろ。

ろくろく《副》《あとに打消しを伴って》→ろくに。

「―寝なかった」▽「碌碌」とも書く。

ろくろく【×碌×碌】〘ト タル〙無能で何事も成しえないさま。「―として世を過ごす」

ロケ〘名・ス自〙「ロケーション」の略。映画・テレビなどの野外撮影。▽location から。

ロケーション ①位置。場所。「―の悪い店」▽location ②→ロケ

ロケット ①機体内に貯(たくわ)えた燃料をはげしく燃焼させて多量のガスを噴出し、その反動で進むようにした装置。また、それを備えた飛行物体。「―弾」「月―」「―ランチャー(＝発射装置)」▽rocket ②金属性の小さな容器に写真などを入れて、細い鎖で胸に吊(つ)るす、(女性の)装身具。▽locket

ろけん【露顕・露見】〘名・ス自〙秘密や悪事があらわれること。ばれること。「旧悪が―する」

ロゴ「ロゴタイプ」の略。会社名・商品名などの文字を特別にデザインしたもの。意匠文字。▽logotype から。もと、'and' 'the' などよく使う連字を一本の活字に鋳込んだものを言った。

ろこう【露光】〘名・ス自〙→ろしゅつ(2)

ろこう【×魯×縞】弱くて破れやすいもの。「―を穿(うが)ち得ず」(勢力が衰えて何もできない)▽もと、古代中国の魯の国が産した薄手の白絹のこと。

ロココ 十八世紀にフランスで流行した美術・建築などの装飾様式。繊細で複雑な飾りを多く用いた華麗な曲線模様が特色。▽(フランス) rococo

ロゴス ①言葉。意味。論理。②〔哲学〕万物の流転(るてん)のあいだに存する、調和・統一ある理性法則。▽(ギリシア) logos

ろこつ【露骨】〘名・ダナ〙気持・意図などを、相手のおもわくを気にせず、そのまま外にはっきり表すこと。また、人間の欲望や醜さを、あるがままに表していること。むきだし。あらわ。「―に非難する」「―な描写」 派生 ―さ

ろざ【露座・露×坐】屋根のない所にすわること。「―の大仏」

ろざし【×絽刺(し)】日本刺繍(ししゅう)の一種。絽織(ろおり)の透いた目に糸を刺して、布地を刺繍で埋めるもの。

ロザリオ カトリック教徒が祈りに使う、小さな十字架の付いた、数珠(じゅず)に似た道具。ロザリヨ。▽(ポルトガル) rosário

ろし【×濾紙】液体をこす紙。こしがみ。

ろじ【路次】みちすじ。みちのついで。みちすがら。「ナポリへの―ローマに寄る」▽「ろし」とも言う。

ろじ ①【路地・露地】大通りなどから折れた、人家の間の狭い通路。②【露地】茶室や草庵(そうあん)の庭。また、門内や庭の通路。③【露地】屋根覆いが無く、雨がじかに当たる地面。「―で作った野菜」 **―うら**【路地裏】路地を入った、表通りに面していない所。 **―さいばい**【露地栽培】温室などを用いないで、露天の畑で栽培すること。

ロジカル〘ダナ〙論理の整っているさま。論理的。▽logical

ロジスティクス 物資の輸送、またその仕組み。物流を効率的に行う管理システム。▽logistics(＝兵站(へいたん))

ロジック 議論の筋道。論理。また、論法。論理学。▽logic

ろしゅつ【露出】①〘名・ス自他〙おおわれず、むき出しになること。また、むき出しにすること。②〘名・ス自〙写真で、シャッターを切ってフィルムなどに光を当てること。また、光を当てる時間。露光。「―オーバー」

ろじょう【路上】①みちのうえ。「―駐車」②どこかへ行く途中。「―出会いがしらに言葉をかけられた」

ろしん【炉心】炉の中心。特に、原子炉の中心部分。「―溶融」(→メルトダウン)

ロス〘名・ス他自〙失うこと。損失。むだ。「―が出る」「時間の―」▽loss

ろすい【×濾水】汚れた水をこして、きれいにすること。「―装置」

ロストル 通風をよくし、火がよく燃えるように、火をたく所の下部に設けた、鉄の格子(こうし)。火格子。▽(オランダ) rooster

ロゼ 淡紅色のワイン。ロゼ ワイン。▽(フランス) rosé

ろせん【路線】①道路・鉄道線路などの交通線。「―バス」②一般に、進むべき道筋。方針。ルート。「基本―」

ろそくたい【路側帯】道路に沿って路肩寄りに区画した部分。▽歩道のない道路では歩行者用、高速道路では走行禁止の区域。

ろだい【露台】①バルコニー。②屋根のない台。③露天の舞台。

ろちりめん【×絽△縮×緬】絽(ろ)の織り方にした縮緬(ちりめん)。夏服用。

ろっか【六花】雪の異称。▽雪の結晶の形にちなむ。「りっか」とも言う。

ロッカー 鍵がかかるようになっている箱・戸だな。「コイン―」▽locker

ろっかい【六界】〔仏〕→ろくどう

ろっかせん【六歌仙】平安初期の六人の和歌の名人。在原業平(ありわらのなりひら)・僧正遍昭(へんじょう)・喜撰(きせん)法師・大伴黒主(おおとものくろぬし)・文屋康秀(ふんやのやすひで)・小野小町。

ろっかん【×肋間】肋骨(ろっこつ)の間。「―神経痛」

ろっかんのん【六観音】→ろくかんのん

ロッキング チェア 座って前後にゆり動かせるよう、脚の下部に弓形の材がついている椅子。揺り椅子。▽rocking chair

ロック ①〘名・ス他〙かぎをかけて、戸やとびらが開かないようにすること。「オート―」。また、安全のために機器が動作しないようにすること。「セーフティー―」▽lock ②〘名〙㋐→ロックンロール。㋑ロックンロールから発展した、一九六〇年代半ば以降の音楽。若者の意識を反映した多様な歌詞と、強いビート、大きな音量が特徴。▽rock **―アウト** 労働争議における資本家側の戦術で、工場などを閉鎖して

労働者に就業させないこと。締め出し。▽lockout —クライミング 登山で、岩登り。高山の岩壁をよじのぼること。また、その技術。▽rock-climbing

ロックンロール 一九五〇年代にアメリカで流行し始め、世界中に広まったポピュラー音楽。黒人のリズム アンド ブルースに白人のカントリー ミュージックの要素が加わったもの。▽rock'n'roll

ろっこつ【×肋骨】①背骨から体の両側に湾曲して胸骨につき、内臓を保護している骨。人間では左右十二対ある。あばら。あばら骨。②肋骨(1)に形の似たもの。㋐竜骨の左右にはり出し、船体の外形を構成する骨組。㋑旧陸軍の制服の胸につけた飾りひもの俗称。

ろっこん【六根】〔仏〕感覚や意識を生じる、六つの根元。眼・耳・鼻・舌・身・意の総称。▽→ごこん(五根)。 **—しょうじょう**【—清浄】六根から起こる欲望を断ち切って、清らかになること。▽霊山に登る時や、寒(かん)参りの時に唱える文句。

ロッジ 山小屋。山などにある簡易宿泊所。▽lodge

ロット 同じ条件のもとに製造する製品の、生産・出荷の最小単位。「—番号で流通管理を行う」▽lot

ロッド ①棒。棒状のもの。「—アンテナ」「ブレーキの—」「レーザー—」②釣りざお。▽rod

ろっぱく【六白】九星の一つ。→きゅうせい(九星)

ろっぷ【六×腑】漢方で、大腸・小腸・胆(きも)・胃・三焦(さんしょう)・膀胱(ぼうこう)の六つ。「五臓—」▽三焦は、働きだけで形のないものとされる。

ロップ「ロープ」のなまり。▽今は言わない。

ろっぽう【六方】①歌舞伎で、花道から揚げ幕に入る時、手を振り足を高く上げて勢いよくあるく、歩き方。「—を踏む」②江戸時代の侠客(きょうかく)。また、その風俗や、挙動・伊達(だて)姿をいう。六方者。▽(1)(2)は「六法」とも書く。③東西南北の四方と上下の、六つの方向。

ろっぽう【六法】①憲法・刑法・民法・商法・刑事訴訟法・民事訴訟法の六種の法律。㋐「六法全書」の略。㋑ある分野に関する法令集(につける語)。「教育—」②→ろっぽう(六方)(1)(2)。 **—ぜんしょ**【—全書】六法を基本とし、これに関する各種の法規を収録した法令全書。

ろてい【路程】みちのり。道程。

ろてい【露呈】〘名・ス自他〙隠れていた事柄が外から見ても分かるほどに、あらわになる、また、あらわにすること。「矛盾が—する」

ろてき【×蘆×荻】植物のアシとオギ。「—が茂る池」

ろてん【露天】屋根のない所。野天(のてん)。「—風呂(ぶろ)」「—商」 **—ぼり**【—掘り】石炭や鉄鉱などを掘るのに、坑(あな)を設けないで、地表から順々に掘って行く方法。

ろてん【露店】道ばたに商品を並べて売る、屋台店(やたいみせ)。「—商人」

ろてん【露点】大気中の水蒸気が冷却して露を結び始める時の温度。

ろとう【路頭】みちばた。「—に迷う」(生活の手段を失って暮らしに困る)

ろとう【露頭】地層・岩石や鉱脈の一部が地表に現れている所。

ろどん【×魯鈍】〘名ナノ〙おろかでにぶいこと。

ロハ〔俗〕ただ。無料。「芝居を—で見る」▽「只(ただ)」という漢字を分解して「ロ」「ハ」の片仮名二字に見立てたもの。 **—だい**【—台】〔俗〕無料で休める(公園などの)ベンチ。▽掛け茶屋の腰掛けで休むと茶代をおかなければならないことに対して言った。

ろば【×驢馬】家畜として農耕・運搬に使われる、ウマに似た獣。ウマよりも小さく、耳が大きい。野生種はアフリカとアジアに分布。うさぎうま。▽うま科。

ロハス 地球環境保護と健康を重視する生活の仕方。▽LOHAS(= lifestyles of health and sustainability の略語)

ろばた【炉端】いろりのそば。いろりばた。

ろばん【路盤】道路や鉄道線路の基盤となる地盤。

ろばん【露盤】〔仏〕塔の九輪の下部にある四角な台。

ロビー ①ホテル・劇場などで、玄関に続く通路を兼ねた広間。休憩・待ち合わせなどに使う。②議会で議員が院外者との会見に用いる控えの間。▽lobby

ロビイスト 政党・議員・官僚などに働きかけて、有利な政治的決定を行わせようとする者。▽ロビー(2)で議員と会見することから。lobbyist

ろひょう【路標】道の目印に立てる石や木。

ろびょうし【×櫓拍子】舟の櫓(ろ)をこぐ調子。「—そろえて」

ろびらき【炉開き】茶人の家で、陰暦十月の一日または中の亥(い)の日に、風炉(ふろ)を使うのをやめて、炉を使い始めること。↔炉塞ぎ

ろふさぎ【炉塞ぎ】茶人の家で、陰暦三月の末日に炉を使うのをやめること。このあとは風炉(ふろ)を使う。↔炉開き

ロブスター 主に大西洋沿岸にすむ、大きなはさみのある大形のエビ。形はザリガニに似るが、体長一メートル以上になるものもある。西洋料理の高級食材。オマール。▽lobster あかざえび科。

ろぶつ【露仏】雨ざらしになっている仏像。露座の仏。

ロフト ①洋風の部屋の内部に中二階風に設けた空間。また、屋根裏部屋。②ゴルフ クラブ打面の後方傾斜角度。大きいほどボールが高く上がり、飛距離が短い。▽loft

ろべそ【×櫓×臍】船の後ろに取りつけ、櫓(ろ)に設けた穴を受けて、こぐ時に離れないようにした、小さな突起。

ろへん【炉辺】いろりのそば。ろばた。 **—だんわ**【—談話】いろりばたなどで、くつろいでする、よもやま話。▽アメリカ大統領フランクリン ルーズベルトの政見ラジオ放送の名(fireside chat の訳語)としても知られた。

ろへん【路辺】みちばた。路傍。

ろぼ【×鹵簿】行幸・行啓の行列。

ろぼう【路傍】みちばた。路辺。「—の人」(自分と無関係な人の意にも使う)

ロボット ①機械として組み立てられ、人間に似た種々の動作機能を発揮するもの。「産業用—」▽人の形をしたものを指すことが多い。②他人に操られている人。▽robot チェコの作家チャペックの造語から。

ロマ ジプシーの自称の一つ。▽Roma(=人)「ジプシー」が差別的な呼び方だとする考えから広く使われるようになった。

ロマネスク ①〘名〙十世紀末から西ヨーロッパに広まった美術・建築上の様式。古代ヨーロッパの要素に東洋趣味を加えた。②〘名ナノ〙小説的。空想的。▽Romanesque

ロマン ①小説。散文の物語。多くは長編。②ロマンチックな事柄や気持。「—をかきたてる」▽フランス roman

ロマンス ①恋愛に関する話、または事件。②現実にはめったにないような(冒険的な)物語。伝奇小説。▽romance **—グレー** 魅力ある初老の男性の、白髪まじりの頭髪。また、そのような男性。▽romance と gray とによる和製英語。

ロマンチシスト ロマンチックな考えを持つ人。ロマンチシズムを奉じる人。▽romanticist

ロマンチシズム 空想的で情緒・感傷を好む精神的傾向。特に十八世紀末から十九世紀初めにかけてヨーロッパに流行した文芸上の傾向。古典主義に反抗し、個性を重んじ、知性より感情の優越を強調。浪漫主義。▽romanticism

ロマンチスト「ロマンチシスト」の転。

ロマンチック〘ダナ〙現実の平凡さ・冷たさを離れ、甘美で、空想的・情緒的または情熱的であるさま。浪漫的。▽romantic

ロム【ROM】コンピュータで、読み出し専用の記憶装置。電源を切っても、そこに納めてある情報は消えない。▽read-only memory の略。→ラム(3)

ろめい【露命】露が消えやすいように、はかない命。「—をつなぐ」(ほそぼそと暮らす)

ろめん【路面】①〘名〙道路の表面。「—がぬれている」②〘名・ス自〙(店が建物の内部にあるのでなく)外の道に面すること。「—した喫茶店」▽(2)は一九九〇年代に言い始めた。 **—でんしゃ**【—電車】(市街地の)路面(1)を走る電車。

ろよう【路用】旅費。路銀。▽かなり古風。

ロリコン「ロリータ コンプレックス」の略。性愛の対象として少女・幼女を求める心理。▽アメリカの作家ナボコフの小説「ロリータ」にちなむ。和製英語 Lolita complex から。

ろれつ 物を言う調子。「酒に酔って—が回らない」▽「呂律(りょりつ)=音階」の転か。

ろん【*論】ロン あげつらう ①〘名・造〙物事の道理をのべる。是非善悪を言いたてる。あげつらう。「論より証拠」「論議・論説・論旨・論点・論理・論究・論陣・論戦・論争・論客・論敵・論題・論壇・論証・論拠・論駁(ばく)・論断・論告・理論・議論・言論・談論・討論・総論・各論・細論・本論・余論・史論・無論・勿論(もちろん)・空論・結論・推論・反論」②〘名・造〙意見。見解。「論のちがい」「持論・異論・正論・国論・公論・世論・輿論(よろん)・名論・高論・卓論・教育論」「群論・集合論・文法論・唯物論」③言いあらそう。「口論・激論」④漢文の文体の一つ。事理の正否について自らの意見を述べたもの。「論賛」⑤仏教で、仏弟子(ぶつでし)等が撰述(せんじゅつ)した教義・教理上の重要事項に関する注釈。「論蔵・三論・経律論・大乗起信論」⑥「論語」の略。「論孟(ろんもう)」

ろんがい【論外】〘ノダ〙①議論の範囲外。「その問題はしばらく—にして」②わざわざ論じるまでもないこと。取るに足りない、または、もってのほかであること。「そんな非常識な意見は—だ」派生 **—さ**

ろんかく【論客】→ろんきゃく

ろんぎ【論議】〘名・ス他〙問答・討議によって理非を明らかにしようとすること。問題の点について議論を戦わせること。議論。

ろんきつ【論詰】〘名・ス他〙論じてなじること。

ろんきゃく【論客】議論に巧みな人。また、好んでよく議論する人。議論家。▽本来は「ろんかく」。

ろんきゅう ①【論及】〘名・ス自〙論じてそれに言い及ぶこと。②【論究】〘名・ス他〙物事の理を論じ、とことんまで究明すること。

ろんきょ【論拠】議論のよりどころ。

ロング 長いこと。長いさま。↔ショート。「—スカート」「—ヘア」▽long **—セラー** 商品、特に書籍が、長期間にわたってよく売れること。また、その商品・書籍。▽long seller **—トーン** 歌唱や管楽器の演奏で、同じ高さの音を長く出しつづけること。▽long tone **—トン** 長トン。英トン。→トン。▽long ton **—ラン** 演劇・映画の長期興行。▽long run

ろんけつ〘名・ス他自〙①【論決】議論を経て決定すること。②【論結】議論の上で決着する、させること。

ろんご【論語】孔子と弟子(でし)たちとの問答を集録した書。「—読みの—知らず」(書物の上のことを理解するばかりで、これを実行しえないことのたとえ)

ろんこう【論功】〘名・ス他〙手柄の有無・大小などを、論じ合って決めること。 **—こうしょう**【—行賞】論功の結果、それぞれに相応した賞を与えること。

ろんこう【論考・論×攷】あるテーマについて論じ考究した文章。論文。

ろんこく【論告】〘名・ス他〙刑事裁判で、検事が被告人の罪を論じて求刑すること。

ろんさく【論策】時事問題などの方策を論じた文章。

ろんさん【論×纂】多くの論文を編集した本。

ろんさん【論賛】人の業績を論じほめること。特に、史伝の終わりに著者が加える論評。

ろんし【論旨】議論の趣旨。

ろんしゃ【論者】議論をしている人。▽議論をしている人が、自分自身のことを指して言う場合もある。「ろんじゃ」とも言う。

ろんしゅう【論集】論文を集めたもの。

ろんじゅつ【論述】《名・ス他》論じ述べること。論を述べること。また、その述べたもの。

ろんしょう【論証】《名・ス他》当然そういう結論になるという筋道を、前提から論を進めて結論まで導き示すこと。

ろん-じる【論じる】《上一他》①物事の理を示すように筋を立てて述べる。「みずからの発見について幾つかの論文で―じている」②言い争う。議論する。「新税制の是非を与野党が激しく―」③《あとに打消しを伴って》問題とする。「この点は老若男女(ろうにゃくなんにょ)を―じない」「―に足りない小さな問題だ」「同列に―ことはできない」▽「論ずる」とも言う。

ろんじん【論陣】議論・弁論をする時の、構え。論の陣立て。「堂々たる―を張る」

ろん-ずる【論ずる】《サ変他》→ろんじる

ろんせつ【論説】是非を論じて自分の意見を述べること。その述べたもの。特に、新聞の社説。「―委員」

ろんせん【論戦】《名・ス自》議論を戦わせること。その議論のやりとり。

ろんそう【論×叢】論集。

ろんそう【論争】《名・ス自》意見の違っている人が、互いに自分の説を主張して(理非を)争うこと。争論。「―点」「―を繰り広げる」

ろんぞう【論蔵】〔仏〕経蔵・律蔵と共に、三蔵の一つ。仏法についての賢聖の所説を収めた典籍。

ろんだい【論題】議論の題目。

ろんだん【論壇】①批評家・評論家などの社会。言論界。②演壇。▽②は、今は言わない。

ろんだん【論断】《名・ス自》論じ立てて断定すること。「それは一方的な―だ」

ろんちょう【論調】議論の調子や傾向。「はげしい―」「新聞の―」

ろんてい【論定】《名・ス他》論じて、こうだと言い定めること。

ろんてき【論敵】議論の相手方。

ろんてん【論点】議論の中心となる問題点。「―がずれる」「―を明確にする」

ロンド 多くの踊り手がまるい輪をつくって踊ること。そのための舞踏歌。回旋曲。輪舞曲。▽(フランス) ronde

ろんなん【論難】《名・ス他》不正や誤りを論じ立てて、非難し攻撃すること。

ろんぱ【論破】《名・ス他》議論して相手の説を破ること。言い負かすこと。

ロンパース 上下ひとつになった幼児服。遊び着などにする。▽rompers

ろんばく【論×駁】《名・ス他》相手の説に反対して、論じ攻撃すること。

ろんぱん【論判】《名・ス他》①論じて是非を判定すること。その判定。②口争い。▽②は今は使わない。

ろんぴょう【論評】《名・ス他》その内容について論じて批評すること。「新作に―を加える」

ろんぶん【論文】意見を述べて議論する文章。特に、学術研究の成果を筋道立てて述べた文章。「学位―」「学術―」

ろんべん【論弁】《名・ス他》物事の理非をはっきり示す(=弁)ために論じること。

ろんぽう【論法】論を展開する方法の形式。

ろんぽう【論×鋒】議論の勢い。「―鋭く詰め寄る」▽「鋒」はほこさき、剣のきっさきの意。

ろんり【論理】①議論の筋道・筋立て。②比喩的に、物事の法則的なつながり。「政治運動の―」③「論理学」の略。また、一つの論理学が立つ体系。「二値―」「様相―」 **―がく**【―学】正しい判断や認識に達するための、思考の進め方(の形式)を明らかにしようとする学問。 **―てき**【―的】《ダナ》(正しい)論理にかなっているさま。「―におかしい」。理詰めに考える態度であるさま。「落ち着いて―に判断する」。論理に関しているさま。特に、コンピュータで「物理的」に対し、特定のハードウェアとは切り離して考えられる在り方のさま。

わ

わ【輪・△環】①細長いものを曲げて丸くしたものの総称。また、その形。円形のまわりの部分。「指―」「―になって座る」②車の軸に付いて回転し、車を進める役目をする、円形のもの。また、おけのたが。「―をかける」(話の内容などを誇張する。事の程度をはなはだしくする)

=**わ**(は)【羽】《漢語の数詞に付けて》鳥やうさぎを数えるのに使う。「五―」▽「三羽」は「さんば」と言う。「一羽」「六羽」「十羽」は「いっぱ」「ろっぱ」「じっぱ」とも。

=**わ**(は)【把】《漢語の数詞に付けて》たばねたものを数えるのに使う。▽「三把」は「さんば」と言う。「一把」「六把」「十把」は「いっぱ」「ろっぱ」「じっぱ」とも。

わ《終助》《活用語の終止形に付く》①軽い詠嘆の意を表す。「いいお天気だ―」「降る―降る―」②軽い決意・主張を表す。「わたしは行かない―」「この方がいいと思う―」▽文末に使った係助詞「は」から。(2)は女性が使う。

わ〖*和〗 ワ オ カ(クワ) **やわらぐ やわらげる なごむ なごやか** あえる ― ①おだやか。のどか。ゆるやか。あたたか。はげしくない。「和気・柔和・温和・緩和・違和」②《名・造》互いに気が合う。なかよくする。争わない。「人の和」「和を乞う」「和合・和睦・和解・和平・和議・和親・平和・不和・同和・協和・親和・宥和(ゆう)・講和・付和雷同」③(詩歌・音楽などの)韻や調子をあわせる。「和音(わおん)・和声(わせい・かせい)・調和・唱和」④調合する。適当にまぜあわせる。「混和・中和・飽和」⑤《名》二つ以上の数を加えて得た結果。「三は一と二との和」⑥㋐日本のこと。日本風。「倭」に同じ。「和漢洋・和風・和洋折衷・和服・和装・和船・和算・和紙・和書・和本」▽二〇〇〇年ごろから流行語的に、日本風・日本流の意の名詞でもかなり使う。「和の様式」「服装が和でしゃれている」㋑日本語。「和訳・和英・漢和」

わ【人倭】ワ やまと ― ①《名・造》昔、中国や朝鮮で、日本をよんだ称。「魏志(ぎし)倭人伝・倭寇(わこう)・倭船」②日本のこと。「倭漢・倭歌・倭詩・倭名類聚抄(わみょうるいじゅしょう)」

わ【*話】ワ はなす はなし ― ①ものを言う。はなしをする。はなしあう。「話術・談話・会話・対話・独話・電話・懇話・通話・茶話(さわ)・訓話」②ものがたり。ひとまとまりのはなし。「逸話・閑話・実話・秘話・余話・情話・佳話・童話・夜話・神話・民話・寓話(ぐうわ)・話題・話頭・話柄」

ワーカホリック《名ノ》中毒したように仕事のとりことなること。その人。仕事中毒。▽workaholic 一九七〇年代にアメリカで work と alcoholic(=アルコール中毒患者)とから造語。

ワーキング グループ 特定の作業のために集められた集団。作業部会。▽working group

ワーキング プア いくら働いても低賃金しか得られない、貧しい労働者層。▽working poor

ワーキング ホリデー 青年の国際交流を目的とした、ある程度の就労が認められる滞在型海外旅行。「―制度」▽working holiday

ワーク 仕事。「ライフ―」「ハード―」。また、「ワークブック」の略。▽work **―シート** 業務や学習に用いる書き込み形式の用紙。▽コンピュータの表計算ソフトの作業画面にも言う。work sheet **―シェアリング** 雇用を確保する目的で、働く時間を減らして仕事を多くの人で分け合うこと。▽work-sharing **―ショップ** ①仕事場。作業場。②ある主題での(参加者が知識・体験を分け合う)研究集会。▽workshop(=仕事場) **―ステーション** 科学技術計算やCG作成などの業務に用いる高性能のパーソナル コンピュータ。▽workstation(=作業場) **―ブック** 練習帳。学習帳。▽workbook

ワースト《名ノ》最悪。いちばん悪いこと。↕ベスト。「―記録」「ベストな話と―な話」▽worst

ワードローブ ①洋服だんす。②個人の持っている衣服全部。また、その組合せ方。「―の揃(そろ)え方」▽wardrobe

ワープロ「ワード プロセッサ」の略。文書を作成するためのソフトウェアまたは機器。日本語の場合、仮名(ローマ字)で入力し、漢字に変換することで、漢字交じりの文章を素早く作成できる。▽word processor から。

ワールド 世界。全世界。「―クラスの(=世界中に名の通った)選手」▽world **―カップ** サッカー・ラグビー・バレーボール・スキーなど、スポーツの国際選手権大会。また、その優勝杯。W杯。▽World Cup 一九三〇年のサッカー大会が最も古い。

ワールドワイド《ダナ》全世界に及ぶ広がり・規模であるさま。▽worldwide 以前「インターナショナル」と言ったものを「グローバル」と呼ぶようになり、それが更にこう転じた、アメリカでの好みによる言い方。 **―ウェブ** インターネット上で、ウェブ ページの形で情報を提供する仕組み。誰でも簡単に情報の発信者になれることから急速に普及した。▽ウェブはクモの巣の意。世界中に情報の網を張り巡らすことから命名。World Wide Web

わあわあ《副[と]》泣いたり騒いだりする大きな声。そのさま。「赤ん坊が―泣く」「アイドルを見て―(と)騒ぐ」

わい《終助》《活用語の終止形に付く》詠嘆の意を表す。「ひどく寒いことだ―」▽既に古風。

わい【×猥】ワイ みだら みだり ― ①性欲に関して節度がない。みだら。「猥褻(わいせつ)・猥談・卑猥・淫猥」②いりみだれて秩序がない。やたらなことをする。みだれる。みだす。「猥雑」

わい【賄】ワイ まかなう まいなう ― 財を人にやる。頼むことがあって、ひそかに財物を人に贈る。まいなう。「賄賂・収賄・贈賄」

わい【×穢】ワイ アイ エ(ヱ) きたない けがれる けがす ― ㋐けがれる。よごれる。「汚穢」㋑悪い。「穢徳(あいとく・わいとく)」㋒けがらわしい。不浄。不潔。「穢土(えど)」▽漢字の原義は、雑草がはえ茂って荒れること。

わいきょく【×歪曲】《名・ス他自》(内容を)ゆがめ曲げること。ゆがみ曲がること。「事実を―する」

わいく【×矮×躯】背が低い体。

わいざつ【×猥雑】《名・ダナ》(ごたごたして)下品な感じがすること。下卑(げび)て、みだらなこと。「―な裏通り」「―な雑誌」▽もと、入り混じる意。派生 **-さ**

ワイシャツ おもに男子が背広の下に着て、襟元にネクタイをしめる(長袖、カフス付きの)シャツ。▽white shirt から。「Yシャツ」と書くのは当て字。この型で半袖のものは「ホンコンシャツ」とも言う。

わいしょ【×猥書】→わいほん

わいしょう【×矮小】《名ノ》①背たけが低く小さいこと。②比喩的に、規模が小さいこと。「―化した見方」派生 **-さ**

わいせい【×矮性】(動植物が)大きくならない性質。

わいせつ【×猥×褻】《名・ダナ》性に関する事を健全な社会風俗に反する方法・態度で取り扱うこと。派生 **-さ**

わいだん【×猥談】性に関する、興味本位の、みだらな話。

ワイド《名・ダナ》①はばが広いこと。大型であること。「―スクリーン」②規模・広がりが大きいこと。

「―番組」「―版」 ▽wide **―ショー** 時事問題・芸能ニュースなどを幅広く取り上げるテレビの娯楽番組。▽wide と show とによる和製英語。

ワイナリー ワインの醸造所。▽winery

ワイパー 自動車・電車などの(前面の)窓ガラスにかかる雨滴や汚れを拭い取る装置。▽wiper

ワイフ 妻。細君。女房。▽wife

わいほん【×猥本】 性に関することを興味本位に書いた本。猥書。

ワイヤ ①針金。「―ロープ」(針金をよった綱。鋼索) ②電線。コード。③楽器の金属の弦。▽「ワイヤー」とも言う。wire **―レス** 無線の。無線電信の。「―マイク」「―充電」 ▽wireless

わいりん【×矮林】 背の低い木の林。

ワイルびょう【ワイル病】 感染症の一種。ネズミが保有するレプトスピラ属の細菌が病原体で、尿中に排泄(はいせつ)され水などを介して人に感染する。発病すると、高熱、黄疸(おうだん)、筋肉痛、皮膚の出血などの症状がある。黄疸出血性レプトスピラ。▽発見者、ドイツ人 Weil の名にちなむ。

わいろ【賄賂】 職権を利用して特別の便宜を計ってもらうための、不正な贈物。そでの下。まいない。「―を贈る」「―をとる」

わいわい〘副「と」〙 ①(大勢の人が)大声で騒ぐさま。「―冷かすのが少し静まった」(夏目漱石「坑夫」) ②口やかましく促すさま。「―言われてやっと出かける」

わいわくせい【×矮惑星】 →じゅんわくせい

ワイン ぶどう(の果汁)を発酵させてつくった酒。「赤―」 ▽wine

わおん【和音】 ①漢字の字音の一種。漢音・呉音・唐音に対し、日本的に変化した慣用音。②〔音楽〕二つ以上の音を同時に鳴らして合成された音。かおん。

わか【和歌】 日本固有の形式による詩。長歌・短歌・旋頭歌(せどうか)などの総称。特に、短歌。「―を詠む」

わが【我が・×吾が】〘連体〙 わたくしの。自分の。「―家」「―方としては承服しかねる」「―ことのように喜ぶ」 ▽文語代名詞「わ」に助詞「が」がついた形。

わかあゆ【若×鮎】 春、川をさかのぼる、若い元気のいい鮎(あゆ)。

わか-い【若い】〘形〙 ①成長・発達の過程で、前途が長い段階だ。㋐人(広くは生物)が元気にあふれる年ごろだ。「―人」「人生、五十ではまだ―」(㋒の意にも)「年の割に―・く見える」(㋑の意にも)「気だけは―」「―松」 ▽古くは幼年もさしたが、今は「幼い」と区別する。㋑(成人の間で)年齢が下だ。「父より五つ―叔父(おじ)」 ㋒十分な発達段階には至っていない。「―火山」。(いちおう形はできているものの)未熟だ。「お前の考えはまだ―」 ②順序を示す数値が小さい。「―番号」 ▽↓わかき。派生 **-さ -げ***

わかい【和解】〘名・ス自〙 ①もめ事のあった者が仲直りすること。②〔法律〕争いの当事者が譲歩し合って争いをやめる約束をすること。「裁判所の―勧告」

わがい【我が意】〘連語〙『―を得る』 相手の言う事がまさしく自分の意向に合う。

わかいしゅ【若い衆】 年が若い男(たち)。若者。特に、村・町内などで祭礼などの世話をする若者。▽「わかいし」とも言う。

わかいつばめ【若い×燕】〘連語〙 その女の、かなり年下の愛人である若い男。

わかいもの【若い者】「若い衆(しゅ)」に同じ。また、子分・弟子(でし)等(の年が若い者)。わかいもん。「いい―がだらしない」

わかいんきょ【若隠居】 ①〘名・ス自〙 老年にならないのに、家業を(弟や子に)譲って隠居すること。その隠居した人。②〘名〙 転じて、若いのに年寄りくさく、消極的な生活態度の人。

わかうど【若人】 →わこうど

わかがえ-る(がへる)【若返る】〘五自〙 若さを取りもどす。また、若々しくなる。「経営陣が―」 ▽その人個人の気持や肉体にも、メンバーの入れ替えで平均年齢が下がるなどにも言う。

わかがき【若書き】 書や画などで、その人がまだ若い時にかいたもの。

わかき【若き】 若いこと。「老いも―も」「―日の父親」「―音楽家」 ▽文語形容詞「わかし」の連体形。

わかぎ【若木】 まだ伸びきっていない若い木。↕老い木。「―の桜」 ▽「わかき」とも言う。

わかぎみ【若君】 ①主君の子息。②年の若い主君。

わがく【和学】 江戸時代、純粋な上代文化の復活をめざす、国史・国文・神道(しんとう)・有職(ゆうそく)故実の研究。古学。国学。

わがく【和楽】 邦楽(1)。▽「わらく」と読めば別の意。

わかくさ【若草】 芽を出したばかりの草。「―がもえ出る」

わかげ ①【若気】〘名〙 若い人の血気にはやる(無分別な)傾向。「―のあやまち」「―の至り」 ②【若げ】〘ダナ〙 いかにも若そうなさま。若やいださま。

わがさ【和傘】 洋傘に対し、(もとからの)和風の傘。

わかざかり【若盛り】 若さの一番あふれた年ごろ。

わかさぎ【〈公魚〉】 冷たい汽水・淡水にすむ小魚。体は細長く体長一五センチほどになる。食用魚として各地の湖に移植され、氷結した湖面に穴をあけての釣りがよく知られる。▽きゅうりうお科。

わかさま【若様】 身分の高い家の子弟に対する敬称。

わかざり【輪飾り】 わらで作った輪に裏白などを添え、数本のわらを垂らした、正月の飾り物。わじめ。

わがし【和菓子】 日本風の菓子。↕洋菓子

わかじに【若死(に)】〘名・ス自〙 若いうちに死ぬこと。

わかしゆ【沸かし湯】 沸かした湯。特に、天然の温泉に対して、沸かした、風呂の湯。

わかしゅ【若衆】 ①若者。②昔、まだ元服(げんぷく)せず前髪を立てている男。「―歌舞伎」

わかしらが【若白髪】 まだ若いのに生える白髪。また、若くて白髪が生えること。▽「わかじらが」とも。

わか-す【沸かす・湧かす・×涌かす】〘五他〙 わくように

する。①液体に熱を加えて、沸騰させる、または適温にする。【沸】「湯を—」「ふろを—」。金属を熱して溶かす。▽↓わく(沸)⑵の注記部分。②(大勢の人を)熱狂させる。【沸】「観衆を—」③(人のいやがる)小さい虫を心ならずも生じさせる。【湧・涌】「無精してしらみを—」

わかず【分かず】《連語》↓わかたず。▽文語四段活用動詞「分く」の未然形＋助動詞「ず」

わかぞう【若僧・若造・若蔵】若いやつ。未熟者。「—が何を言うか」▽多くの場合、軽蔑的に使う。

わかたけ【若竹】その年に生え出た竹。

わかたず【分かたず】《連語》区別せず。区別なく。わかず。「昼夜を—」▽「わかつ」の未然形＋助動詞「ず」

わかだんな【若旦那】①主人を「旦那(だんな)」または「大旦那(おおだんな)」と言うのに対し、その跡取りの(成年)男子を言う敬称。②金持や著名役者などの子弟の敬称。

わかち【分(か)ち・△別ち】区分。差別。けじめ。「男女の—なく」

わかちあ‐う【分(か)ち合う】《五他》一つのものを分割して取得または負担する。分け合う。「負担を—必要がある」「感動を—おう」

わかちがき【分(か)ち書き・△別ち書き】①文を書く時、語と語または文節と文節との間に空白を置く書き方。②↓わりがき

わか‐つ【分(か)つ】《五他》一つにまとまっているものを二つ以上に切り離す。㋐別々にする。分ける。「たもとを—」(人と人とが別れる、また、縁を切る)。区分する。仕切る。「全国を都・道・府・県に—」「昼夜—たず」㋑分けて配る。分配する。「利益を—」「実費で—」「喜びを—」▽㋑は「頒つ」とも書く。㋒わきまえ、判断する。「理非を—」

わかづくり【若作り】年齢より若く見えるような化粧・服装をすること。

わかて【若手】①若くて働き盛りの人。「—作家」②一団の人のうち、若い方の人。「—を起用する」

わかとう【若党】①年が若い郎党。また、若い侍。②江戸時代、足軽よりも上位の小身の従者。

わかどしより【若年寄】①若いくせに老人のように元気のない人。②江戸幕府の職名の一つ。老中(ろうじゅう)の次位にあり、将軍に直属して政務に参与し、旗本(はたもと)を統轄。

わかとの【若殿】①幼い主君。幼君。②主君のあとつぎ。

わかな【若菜】春の初めに芽ばえたばかりの、葉などが食べられる草。「—を摘む」

わかぬ【分かぬ】《連語》区別がつかない。分からない。「あやめも—真の闇」▽文語四段活用動詞「分く」の未然形＋助動詞「ず」の連体形

わが‐ねる【×綰ねる】《下一他》(細長い物を)曲げて輪にする。「針金を—」

わかば【若葉】萌(も)え出たばかりの葉。「青葉—」

わがはい【我(が)輩・×吾(が)輩】《代》自分を指す言い方。▽今使えば、尊大な言い方。もと、複数の「われわれ」の意。

わかまつ【若松】①新年の飾りに使う小松。②樹齢が若い松。

わがまま【我(が)×儘】《名・ダナ》相手やまわりの者の意に反して、無理な事でも自分がしたいままにすること。したいほうだい。「—を言う」「—に育つ」「—勝手」派生 ‐さ

わがみ【我が身】《連語》自分のからだ。「—をかわいがる」。自分自身(の身の上)。「明日(あす)は—」

わかみず【若水】元日または立春の日の朝早く、くむ水。それをくむ行事。▽邪気を払うという。

わかみどり【若緑】松の若葉などの、新鮮な緑色。

わかみや【若宮】①幼い皇子。また、親王家の世つぎの人。②本社の祭神の子を祭った神社。③新たにまつった神社。新宮(しんぐう)。

わかむき【若向き】若い人に適して似合わしいこと。「—の柄(がら)」

わかむらさき【若紫】うすい紫色。

わかめ【若△布・〈和布〉】海底の岩上に生える海藻。羽状に切れ込みの入った葉のような形で、長さ一メートルほどになる。養殖もされ、塩漬け・乾物として流通。汁物の具などにする。▽こんぶ目ちがいそ科。

わかめ【若芽】生え出て間もない草木の芽。

わかもの【若者】年が若い者。青年。

わがものがお【我が物顔】《名・ダナ》自分の物でないのに、自分の所有物であるかのようにふるまう態度やその顔つき。また、周囲をものともせずいばっているさま。「—にふるまう」

わかや‐ぐ【若やぐ】《五自》若返ったかのようになる。「気持が—」「—いだ声」

わかゆ【若湯】正月に、その年初めてわかす風呂。

わがよ【我が世】《連語》『—の春』すべて自分の思いのままになる、得意の絶頂にある時期。

わからずや【分(か)らず屋】(いくら説き聞かせても)ものの道理が分からない人。また、道理を聞き分けないこと。「—を言って困る」▽「没分暁漢」とも書く。

わかり【分(か)り】分かること。理解。のみこみ。「—が速い」

わかりき‐る【分(か)り切る】《五自》すっかり分かっている。ごくあたりまえである。決まり切る。「—・った話」「そんな事は—・っている」

わか‐る【分(か)る・判る】《五自》事実・内容・意味がはっきりとらえられるようになる。㋐はっきりせずにいた事にけじめがつき、明らかになる。「犯人が—」「答は—・っている」▽以前は「……(の)か(どうか)—・らない」とは言ったが、低い可能性を表す意で「……(の)かも—・らない」とは言わず、後者の場合には「知れない」を使った。「分ける」と同語源で、それまではっきりしなかった物事に、考えたり教えられ

わ

たりして区別が立つ意。「知れる」の方は、古代語に「分かる」が無かったこともあって、自然それと知る状態になることが重点。だから「知れた事さ」と言っても「ー・った事さ」とは使わない。㋑それを受け入れて扱う能力が身に付いている。「英語がー」㋒価値や細かい区別や道理を見抜く十分な理解力がある。「音楽がー」「君はー・らない(=道理をわきまえない)男だね」▽「……をー」の形はあまり使わないが、「……をー・って」「……をー・れ」は使うことがある。関連 解(かい)する・解(げ)せる・気付く・悟る・くみ取る・飲み込む・知る・思い知る・見知る・曲解・誤解・読解・難解・氷解・不可解・理解・了解・得心・会得・感得・悟得・自得・体得・知得・納得・合点・早合点・独り合点・物分かり・早分かり・早呑(の)み込み・認識・認知・誤認・承認・承知・了承・首肯・把握・判明

わかれ【別れ】①わかれること。離れること。「夫婦ー」②いとまごい。訣別(けつべつ)。「ーを告げる」③わかれて出たもの。「本家のー」▽⑶は「分(か)れ」とも書く。

わかれじ(ぢ)【別れ路】人と別れて行く道。▽雅語的。

わかれじも【別れ霜】春も終わるころの、八十八夜前後の霜。忘れ霜。晩霜(ばんそう)。

わかればなし【別れ話】夫婦や恋人の関係を解消することについての話合い。また、その話。「ーを切り出す」「ーを持ちかけられる」

わかれみち ①【分(か)れ道】㋐本道から分かれ出た道。えだみち。㋑ふたまた以上に分かれた道。岐路。②【別れ道・別れ△路】そこで、人と別れて別々に行く道。

わかれめ【分(か)れ目】物事がどちらになるかという境目。「善悪のー」

わか-れる【別れる】『下一自』分け(られ)た状態になる。㋐別々になる。離れる。「夫婦がー」「妻とー」。また、人にいとまごいをする。会っていた人から去る。「さようならと言ってー・れた」▽「会う」が対義語になることがある。㋑一つのものが幾つかになる。「道が二またにー」「この章は五節にー・れている」「勝負がー」(一方が勝ち他方が負けるという結果が出る)㋒対立状態になる。割れる。「意見がー」▽㋑㋒は「分(か)れる」とも書く。関連 離れる・袂(たもと)を分かつ・別離・決裂・決別・離別・一別・送別・留別・生別・死別・永別・永訣(えいけつ)・告別・物別れ・喧嘩(けんか)別れ・泣き別れ・生き別れ・死に別れ・おさらば・愛別離苦

わかれわかれ【別れ別れ】『ノダ』はなればなれ。べつべつ。

わかわかし-い【若若しい】『形』いかにも若いという感じを起こさせる様子だ。「ー色つや」派生 -さ -げ

わかん【和×姦】合意の上で行った(として犯罪行為とならない)、婚姻外の性的交渉。↔強姦(ごうかん)

わかん【和漢】日本と中国。 **ーこんこうぶん**【ー混×淆文】和文体と漢文訓読体とが、適当に入り混じった文語文体。▽軍記物語などに例が見られる。 **ーよう**【ー洋】日本と中国と西洋。「学はーにわたる」

わかんむり【ワ冠】漢字の冠の一つ。「冠」「冥」などの「冖」の称。▽片仮名の「ワ」に似ているところから。

わき【脇】①胸の側面で、腕のつけねのすぐ下の所。「鞄(かばん)をーに抱える」「ーが甘い」(相撲(すもう)で、相手に差し手を簡単に許すたちだ。比喩的に、備えが安易で、つけ入られやすい)。衣服でそれに当たる部分。▽体の場合には「腋」とも書く。②主なものに対し、それに添うような位置。そういう位置にあるもの。「ー本陣」㋐少し離れた横の所。そば。「学校のー」「ーに控えていろ」。本筋をはずれた横。「話をーにそらす」㋑能で、シテ(=主役)の相手役。▽㋑は普通「ワキ」と書く。㋒連歌・俳諧で、発句(ほっく)に付ける七七の句。脇句。

わき【和気】なごやかにむつみ合う気分・雰囲気。 **ーあいあい**【ー×藹×藹】『トタル』一座・仲間の間に、なごやかに楽しみ合う気分が満ちているさま。

わぎ【和議】①仲なおりの相談。②〔法律〕債務者が破産宣告を受ける状態になった時、破産させないように、債権者と債務者とが合意で結ぶ契約。▽旧和議法・旧破産法に規定されていた。

わきあが-る ①【沸(き)上がる】『五自』湯の面が盛り上がるほど十分に沸く。完全に沸騰する。②【沸(き)上がる・湧(き)上がる・×涌(き)上がる】『五自』物事が現れ出て盛んな状態を呈する。「雲がー」「歌声がー」

わきおこ-る【沸(き)起(こ)る・湧(き)起(こ)る・×涌(き)起(こ)る】『五自』(底の方から)表面に現れる。勢いよく現れ起こる。「拍手がー」「意欲がー」

わきが【×腋△臭】わきのしたの汗が悪臭を出す症状。

わきかえ-る(へる:かへる)【沸(き)返る】『五自』①熱せられて液体(液状になったもの)の面が割れ返るように、沸き立つ。「やかん(の湯)がー」②腹が立って我慢できなくなる。③(大勢の人が)激しく熱狂する。「興奮にー観衆」

わきげ【×腋毛】わきのしたの毛。▽「脇毛」とも書く。

わきざし【脇差】(長い刀に添えて差す)刃渡り一～二尺(約三〇～六〇センチ)の刀。大小両刀のうちの小刀。

わきし【脇師】能楽のワキを勤める役(の人)。ワキ方。↓わき(脇)⑵㋑

わきじ【脇士・脇侍】仏の左右に侍して衆生(しゅじょう)教化(きょうけ)を助けるもの。仏像では本尊の両脇に安置または描かれる。脇立(わきだち)。夾侍(きょうじ)。

わきだ-す【湧(き)出す】『五自』↓わきでる⑴

わきだち【脇立】↓わきじ

わきた-つ ①【沸(き)立つ】『五自』たぎって沸く。ぐらぐらと煮える。②【沸(き)立つ・湧(き)立つ】『五自』雲などがむくむくと起こる。③【沸(き)立つ】『五自』(大勢の人が)激しい興奮状態になる。「場内がー」

わきづけ【脇付】書簡のあて名の脇などに書き添え

て、敬意を表す語。例、侍史(じし)・机下(きか)。

わき‐でる【湧(き)出る】《下一自》①水(や温泉)や石油が地中から自然に現れて出る。わきだす。②涙や雲や感情・着想が、湧き出る(1)のように現れる。

わきど【脇戸】正門の横にある入口。その戸。

わきのした【×腋の下・脇の下】腕のつけねの下面の、くぼんだ所。

わきばさ‐む【脇挟む】《五他》わきの下にはさみ持つ。「本を―・んで」

わきばら【脇腹】①よこばら。「痛む―を押さえる」▽「わきっぱら」とも言う。②妾(めかけ)の腹に生まれたこと。「男の子は居るが―だ」

わきま‐える(わきまへる)【△弁える】《下一他》物事に存する(潜んである)けじめを、これがそうだと見分ける。弁別する。特に、道理などを十分に心得る。「身のほどを―・えない高望み」

わきみ【脇見】脇(の方)を見ること。よそみ。「―をする」

わきみず(…づみ)【湧き水・×涌き水】地中からわき出て来る水。

わきみち【脇道】本道から分かれ出た道。㋐えだみち。㋑比喩的に、本筋からはずれた筋みち。「話が―にそれる」㋒間道。抜け道。㋓比喩的に、不正な方面。よこしまなみち。

わきめ【脇目】①わきみ。「―も振らず」②よそめ。「―にはよく見える」

わきやく【脇役・△傍役】主役を助けて演技する役。

わぎゅう【和牛】日本で作出された牛の肉用品種。

わきょう【和協】《名・ス自》一同が、仲良くまたは相談して、力を合わせること。▽今はほとんど使わない。

わぎり【輪切り】円筒形の物を、横に輪形に切ること。「大根の―」

わきん【和金】金魚の一品種。体はフナに似ているが、主に赤色で、尾びれが左右に分かれるものもある。丈夫で飼いやすく、三〇センチ以上に育つものもある。

わ‐く【沸く・湧く・×涌く】《五自》①底の方から表面に(吹き出て)現れる。【湧・涌】「地下水が―」「勇気が―」「非難が―」「天から降ったか地から―・いたか」。(人のいやがる)小さい虫が(幾つとなく)生まれ現れる。「うじが―」②水が熱せられ、あわを立てて盛り上がる、または適温に達する。【沸】「湯が―・いたから茶をいれよう」「ふろが―」▽「温泉が―」は(1)の意。温泉が(沸かさなくても)熱いのであって(2)ではない。だから「温泉を沸かす」と言えば、低温のを熱くする操作を指すことになる。③湯が沸くのと似た状態になる。【沸】㋐高熱を与えた金属が溶ける。「―・いた鉄を汲(く)む」㋑発酵する。㋒(大勢の人が)興奮状態になる。熱狂する。「場内が―」「金メダルラッシュに―」㋓さかんに行われる。「議論が―」

わく【枠】①まわりをふちどって囲むもの。「めがねの―」「記事を点線の―で囲む」②物事をふちどるような、定まった型。㋐制約。「法律の―」「―にはまった(＝型通りで新鮮みがない)表現」㋑限度となる規準。「新たに予算の―を獲得する」

わく〔惑〕ワク まどう　①判断ができないでまよう。まどう。まどわす。「惑乱・惑溺・不惑・幻惑・眩惑(げんわく)・誘惑・疑惑・蠱惑(こわく)・困惑・魅惑・迷惑・当惑」②仏教で、正道のさわりとなるもの。煩悩(ぼんのう)。「惑障・三惑」

わくがい【枠外】限界を定めた範囲の外。↕枠内

わくぐみ【枠組(み)】①枠を組むこと。その組んだ枠。②転じて、物事の大筋の仕組み。「計画の―」

わくせい【惑星】①太陽など恒星の周りを回り、恒星の光を反射して輝く天体。球状をなすほど十分に重く、その軌道の近くに、衛星でない他の天体が無いものを言う。▽天球上で惑うように動くことから言う。↓じゅんわくせい・こうせい(恒星)・たいようけい。②実力はよく知られていないが、有力そうな人。また、なぞの人物。▽特に明治期に「財界の―」「政界の―」と使われた。時に、「政界の―」には首相(恒星)ではないという揶揄(やゆ)を含んだ。

ワクチン　感染症の予防のために、人や動物に接種して、その体内に抗体を生じさせる医薬品。病原体を弱毒化・無毒化したもの。▽ドイツ Vakzin　↓ウイルス(2)

わくでき【惑溺】《名・ス自》ある物事にすっかり夢中になって、判断力を失うこと。

わくない【枠内】限界を定めた範囲の内。↕枠外

わくらば【△病葉】病気におかされた葉。また、夏、赤や黄白色に色づいた葉。▽雅語的。

わくらん【惑乱】《名・ス自他》冷静な判断ができないほどに心が乱れること。また、そうなるようにすること。「人心を―する」「―に陥る」

わくわく《副[と]・ス自》楽しい期待などで心が落ち着かず、胸が躍るさま。「―(と)して発表を待つ」「立身出世を胸中に思ひ描いて―して」(太宰治「新釈諸国噺」)

わくん【和訓】漢字に、固有の日本語を当てて読むこと。その読み方。よみ。訓。例、「山」を「やま」、「海」を「うみ」と読む類。

わけ【訳】①意味。「この言葉の―が分からない」▽(2)の転。②(入り組んだ)物事に正しい判断を下して明らかにした、筋道。▽文語動詞「分く」の連用形から。㋐物事の道理。「―の分かった人」㋑事情。理由。「どういう―で遅刻したか」「―(は)ない」(特別の事もない。容易だ)。情事のいきさつ。「―のある仲」㋒《活用語の連体形、特に「……という」を受け、「―だ」の形で》断定を幾分やわらげ、そういう事になるはずだという気持を添える言い方。「それなら笑う―だ」「自動車なら一時間で着くという―だ」㋓『……―に(は)いかない』そう簡単に……する筋道・情況でない。……できない。「笑うわけにはいかない」▽㋒㋓は普通、仮名書き。昭和初期までは「訣」

の字を使い「やく」と区別することが割合多かった。㋐㋑も「やく」との誤読を避けて仮名書きにすることが多い。関連 事情・理由・事由・原因・次第・事訳(ことわけ)・訳合い・訳柄(わけがら)・所以(ゆえん)・謂(いわ)れ・曰(いわ)く・子細・道理・意味・深意・含み・ことわり・筋・筋道・よりどころ・根拠・論拠・典拠

わけ【分け】①《名》分けること。分けたもの。㋐引分け。㋑分け前。②《接頭》屋号の上につけ、のれんを分けてもらった意を表す語。「—花の屋」

わけあい【訳合(い)】物事の筋道。事情。理由。また、意味。わけがら。

わけあり【訳有り】公表をはばかるような特別な事情や関係があること。「—の商品」「—の男女」

わけい【和敬】うやまい、おだやかな態度をとること。「—清寂(せいじゃく)」

わげい【話芸】落語・講談・漫談など、たくみな話術で人を楽しませる(演)芸。▽一九五五年ごろに広まった語。

わけい-る【分(け)入る】《五自》手で左右に押しひらいて中にはいる。「人込みに—」「山深く—」

わけがら【訳柄】わけあい。

わけぎ【分×葱・〈冬葱〉】ネギに近縁の野菜。根元から分かれて生える細い葉と、鱗茎(りんけい)を食用にする。▽株を分けて植えることからの名。「き」はネギ。

わげさ【輪×袈×裟】幅が狭く、輪のようにして首に掛け、胸に垂らす袈裟(けさ)。

わけしり【訳知り】①情事の機微をよく知っていること。その人。粋人。②物事の事情に通じていること。その人。

わけても【△別けても】《連語》取り分け。特に。「その荒い言葉、—すごい剣幕(けんまく)に驚いた」▽「わけて」とも言う。

わけどり【分け取り】各人が好きなように分けて、取ること。

わけない【訳無い】《連語》《複合形容詞相当》簡単だ。容易だ。▽→わけ(訳)②㋑。派生 **わけな-さ**

わけへだて【△別け隔て・分け隔て】《名・ス他》差別・区別をつけること。「—なくつきあう」

わけまえ【分け前】自分に分けてもらえる分。わりまえ。とりまえ。

わけめ【分け目】分けて境となる所。「髪の—」。物事がどちらに定まるかという境目。わかれめ。「天下—の戦い」

わげもの【×綰物・△曲物】桧(ひのき)や杉などのへぎ板を組み合わせ、曲げて作った容器。

わ-ける【分ける】《下一他》①一かたまり・一まとまりになっているものを、境をつけて二つ以上の部分にする。「人ごみの中を—けて行く」「髪を七三に—」「株を—けて植える」。分配する。「遺産を—」。また、「売る」を婉曲(えんきょく)に言う語。「安くお—けします」。違いを認めて区別する。「明暗を—」▽「別ける」と書く場合もある。②争っていたものを引き離す。「けんかを—けてあずかる」。引き分ける。「試合は一対一のままで—けた」関連 分かつ・離す・区切る・振り分ける・取り分ける・割り振る・割り当てる・小分け・仕分け・色分け・山分け・頭割り・日割り・月割り・分離・遊離・分割・分断・分別・分類・区分・配分・案分・等分・仕訳・類別・分配・分筆・配当・折半

わけん【和犬】→にほんけん。↕洋犬

わこ【和子】身分の高い人の子。▽もと「わが子」の意。身分の高い人が自分の子を呼ぶのに使ったところから。今は言わない。

わご ①【和語・×倭語】日本語。②【和語】漢語や西洋などからの外来語に対し、日本固有の単語。

わごう【和合】《名・ス自》親しみあって仲よくすること。「夫婦—」

わこうど【若人】若い人。わかもの。▽「わかびと」の音転。

わこうどうじん【和光同×塵】仏・菩薩(ぼさつ)が衆生(しゅじょう)を救うため、自分の本来の知徳の光を隠し、けがれた俗世に身を現すこと。

わこく【和国・×倭国】日本の国。

わごと【和事】歌舞伎で、恋愛や情事の場面。また、その演技・役柄。▽→あらごと・じつごと。 **—し**【—師】和事を(上手に)演じる役者。

わゴム【輪ゴム】輪になった細いゴム。「—で束ねる」

わごん【和△琴】上古から日本にあった六弦の琴。神楽(かぐら)・雅楽に用いる。大和(倭)琴(やまとごと)。東琴(あずまごと)。

ワゴン ①「ステーション ワゴン」の略。車室内に荷物を積むための場所をもった乗用車。▽station wagon から。②料理などを運ぶための手押し車。▽wagon

わこんかんさい【和魂漢才】日本固有の精神と中国伝来の学問。また、その両者が合すること。▽明治以後、中国のに代えて西洋のを言う語「和魂洋才」もできた。

わさ【輪さ】ひも等を輪の形に結んだもの。▽「輪差」とも書いた。

わざ【業・技】①行い。【業】㋐行為。しわざ。「神の御(み)—」㋑仕事。こと。ありさま。「容易な—ではない」②方法。技術。「—をきそう」「—を磨く」。武道・相撲(すもう)等で、相手を負かそうとして仕掛ける、一定の型の動作。手。「—が極(き)まる」

わざあり【技有り】①《名》柔道で、完全な技である一本には満たないが、それに近いとする判定。②《名ノ》たくみな技術であること。「—のバッティング」

わさい【和裁】和服の裁縫。↕洋裁

わざくれ いたずらでするわざ。たわむれ。▽既に古風。

わざし【業師】①武道・相撲(すもう)等で、わざを仕掛けることが特に上手な人。②策略家。

わざと【△態と】《副ノ》故意に。「—負けてやる」「—大声を出す」「—のようにほめる」▽名詞「わざ」+助詞「と」。「わざわざ」に比べ、悪意だったり自分の利益を図ったりの場合が多い。 **—がまし-い**《形》

わざとらしい。 派生 -さ -らし-い 『形』いかにもわざとしたという様子だ。「—お世辞を言う」 派生 -さ

わさび【〈山葵〉】辛味のある地下茎をすりおろして香辛料とする多年草。水のきれいな渓流のほとりに自生し、栽培もする。「—を利かす」(転じて、鋭く人の心にひびくような、気の利いた表現等をする意) ▽あぶらな科。 **—づけ**【—漬(け)】ワサビの地下茎・葉を刻み込んで酒粕(さけかす)に漬けた食品。

わざまえ〔わざまへ〕【業前】腕前。てなみ。技量。

わざもの【業物】切れ味の鋭い刀剣。

わざわい〔わざはひ〕【災(い)・△禍】傷害・病気・天災・難儀などをこうむること。その悪い(不幸な)出来事。「—を招く」「—を転じて福となす」 関連 厄・災禍・災害・災難・災厄・火災・震災・人災・戦災・天災・被災・変災・罹災(りさい)・労災・難・難儀・火難・海難・艱難(かんなん)・危難・苦難・険難・後難・御難・国難・困難・七難・受難・水難・生活難・遭難・多難・大難・盗難・万難・法難・厄難・惨禍・惨害・惨劇・奇禍・舌禍・戦禍・大禍・害・煙害・禍害・干害・危害・公害・水害・損害・被害・百害・病虫害・弊害・薬害・有害・冷害・変事・凶変・不運・非運・憂き目・凶

わざわい-する〔わざはひ…〕【災(い)する】『サ変自』悪い影響・結果を及ぼす。「前歴が—して職が見付けにくい」

わさわさ『副「と」・ス自』動き回って落ち着きのないさま。「心の—するやうな日」(徳田秋声「爛」)

わざわざ【△態△態】『副ノ』普通なら、しないでいい、またはそこまではしない情況なのに、特にそれをする意。格別の意図で。「—おいで下さってありがとう」「—会いに行ったのに」「—難問を出して困らせる」 ▽↓わざと

わさん【和算】中国の古代算法の流れをうけ、日本で発達した(特に江戸時代の)数学。↕洋算(ようざん)。▽明治時代の造語で、初め「わざん」と言った。円理の論など当時の西洋数学の水準を抜く面もあったが、明治初年に学校教育で廃せられてから次第に滅びた。

わさん【和×讃】日本語でつづられた、経文の偈(げ)。

わさんぼん【和三盆】さとうきびを原料とする、淡黄色で粒子の細かい最高級の砂糖。香川・徳島特産で、主に落雁(らくがん)などの高級和菓子用。三盆糖。▽中国名産の唐三盆に対して名づけた。

わし【×鷲】イヌワシ・オオワシなど、タカに似た大形の猛禽(もうきん)。つめ・くちばしが鋭く、鳥獣を捕らえて食う。▽たか科の鳥のうち比較的大形のものの通称で、タカとの区別は明確ではない。

わし【和紙】日本古来の製法による紙。日本紙。例、奉書・鳥の子・障子紙など。↕洋紙

わし『代』自分を指す語。▽普通、年輩の男が使う。尊大な感じが伴うこともある。「儂」とも書く。

わじ【和字】↓こくじ(国字)(2)(3)

わしき【和式】洋式・中国式などに対し、日本風のつくり方・やり方(であること)。「—庭園」「—トイレ」

わしつ【和室】和風につくった部屋。日本間。↕洋室

わしづかみ【×鷲×摑み】鷲(わし)がつかむような格好に、乱暴につかみ取ること。「札束を—にする」

わしばな【×鷲鼻】鷲(わし)のくちばしのように、横から見ると鼻筋が曲がって突き出た鼻。かぎばな。

わじめ【輪〈注連〉】↓わかざり

わしゃ【話者】話をする人。話し手。

わしゅう ①【和習】日本の風習。②【和習・和臭】漢詩文などに、日本語での習わしから出た日本人作を思わせる用法があること。そういう感じ。「—を帯びる」「—英文」

わじゅつ【話術】(たくみに)話す技術。

わしょ【和書】①日本語で書いてある書物。↕洋書・漢書。②和とじの書物。

わじょう【和上・和尚】師の僧。▽浄土真宗・律宗・法相(ほっそう)宗・真言宗などで言う。禅宗の「おしょう」に当たる。

わしょく【和食】日本風の食事。日本料理。↕洋食

わしん【和親】親しみ仲よくすること。「—条約」

わじん【和人・×倭人】(昔、アイヌや中国人から見て)日本人。▽アイヌからの場合は「和人」と書く。日本人が自称したこともある。

わずか〔わづか〕【僅か】『ダナ・副』①きわめて少ししかないさま。ほんの少し。「残りは—だ」「—(の)三日間」②《「—に」の形で》かろうじて。やっと。「—に雨露をしのぐ生活」。ほんのちょっと。「外角を—にはずれる」 派生 -さ

わずらい〔わづらひ〕【煩い】煩うこと。㋐精神的な苦しみ。悩み。煩わしさ。「—多き人の世」㋑肉体的な苦しみ。病気。「長(なが)の—」▽㋑は「患い」とも書く。

わずらいつ-く〔わづらひ…〕【煩い付く・患い付く】『五自』病気になる。「どっと—」

わずら-う〔わづらふ〕【煩う】『五自他』①精神的に苦しむ。悩む。心配する。▽「思い—」のように他の動詞と複合して使う。②肉体的に苦しむ。病気をする。病む。「生まれてこのかた—ったことがない」「胸を—」▽(2)は「患う」とも書く。③《動詞連用形に付いて》㋐それをするのが気になって、なかなかできない。「言い—」㋑なかなかそうならない。ためらう。「寒さで花が咲き—」 関連 悩む・苦しむ・悶(もだ)える・思い煩う・思い悩む・思い余る・思案に余る・胸が塞がる・胸がつかえる・苦悩・心配・煩悶(はんもん)・憂悶・苦悶・憂苦・懊悩(おうのう)・恋煩い・長煩い

わずらわし-い〔わづらはしい〕【煩わしい】『形』面倒で気が重い。また、入り組んで煩雑だ。「—仕事がある」「—手続き」 派生 -さ -げ -がる

わずらわ-す〔わづらはす〕【煩わす】『五他』①精神的な苦しみとなるようにする。思い悩ませる。「心を—」②手数をかけさせる。面倒をかける。世話を焼かせる。「親の手を—」

わ-する【和する】①『サ変自』仲よくする。なじみ親しむ。②『サ変自』他の人に合わせて歌う。また、他人の詩歌に答えて詩歌を作る。③『サ変他』液体などを、加えて混ぜ合わせる。

わ

わすれがたみ【忘れ形見】①長く忘れないための形見の品。②親の死後に残された(幼い)子。遺児。

わすれぐさ【忘れ草】①原野や土手などに自生し、夏、ユリに似た、橙(だいだい)色八重咲きの花が咲く多年草。ヤブカンゾウ。▽身に付けると憂いを忘れるという。わすれぐさ科(旧ゆり科)わすれぐさ属。②タバコの異称。

わすれさ-る【忘れ去る】《五他》わずかな記憶もないほど全く忘れてしまう。

わすれじお【忘れ潮】干潮になっても岩の窪(くぼ)みなどに海水が残っているもの。

わすれじも【忘れ霜】→わかれじも

わすれっぽ-い【忘れっぽい】《形》よく物忘れをする性質だ。派生 **-さ**

わすれなぐさ【〈勿忘〉草】ヨーロッパ原産の多年草。日本では観賞用に一年草として栽培。春・夏のころ、茎の先に青色の小形の花が集まり咲く。▽西洋の伝説に基づく命名。むらさき科。

わすれもの【忘れ物】うっかり物を置き忘れること。「―をしないように」。その忘れた物。「―が見つかった」

わす-れる【忘れる】《下一他》①記憶を保ったり意識にとめたりしていた事柄が頭の中で呼び起こせなくなる。㋐覚えていた事が思い浮かばなくなる。「日取りを―」「恩を―」㋑うっかりして気がつかない。「寝食を―」(物事に熱中するたとえ)「うれしさに我を―」(↓われ(我))㋒うっかり物をおいてくる。「傘を電車の中に―」。うっかりそれをしないでしまう。「頼まれた買い物を―れて帰った」「宿題を―」。《動詞連用形に付けて》うっかり……しないでしまう。「薬を飲み―」▽概して⑴は命令形を使わないが、「―れてしまえ」のようには言う。②気にせず思い出さないようにする。「憂いを―」「いつまでもくよくよしていないで、もう―れろ」▽⑵は命令表現が可能。関連 置き忘れる・しまい忘れる・ど忘れ・物忘れ・失念・放念・放心・忘却・忘失・忘恩

わせ ①㋐【〈早稲〉】早く成熟するイネの品種。㋑【〈早生〉】作物やくだもので早く出来る品種。②【〈早生〉】早熟。ませていること。▽↔おくて

わせい【和声】高さが違う音を同時に幾つか出して音楽的効果を生む現象。かせい。ハーモニー。

わせい【和製】日本製。「―の唐紙(とうし)」 **―えいご**【―英語】英語を材料として日本で作った語。例、ナイター、ライトバン。

ワセリン パラフィンなどの炭化水素を主成分とした、ペースト状の物質。白色や薄い黄色で半透明。潤滑剤・防虫剤にするほか、軟膏(なんこう)・ポマードなどの原料にする。▽Vaseline 商標名。

わせん【和戦】①平和と戦争。「―両様の構え」②戦いをやめるために仲直りすること。「―条約」

わせん【和船】日本在来の型の木造船。

わそう【和装】①日本風の服装をすること。和服を着ること。②日本で古くから行われている装丁。「―本」▽↔洋装

わぞく【和俗】日本の風俗。

わた【綿】①種子を包む白色の長い毛から繊維をとるために、古くから世界各地で栽培される植物。一年生の草本または木本。種子は綿実油(めんじつゆ)の原料。▽「棉」とも書く。あおい科。②綿⑴や木綿(もめん)などから作った、繊維の柔らかなかたまり。「布団に―を入れる」「―のように疲れる」(非常にくたびれているさま)③(ヤナギ・タンポポ・ススキなどの種子の)わたげ。

わた【△腸】はらわた。

わたあぶら【綿油】綿実油(めんじつゆ)。

わだい【話題】話の主題となる事柄。談話の題材。「彼は―が豊富だ」「―にのぼる」「―作」

わだいこ【和太鼓】西洋楽器の太鼓に対し、日本古来の太鼓。

わたいれ【綿入れ】表と裏との間に綿を入れた、防寒用の着物。

わたうち【綿打ち】①打ち綿を作ること。②綿を打つ道具。わたゆみ。

わたがし【綿菓子】ざらめを溶かして孔(あな)から糸のように吹き出させて作る、見掛けが綿のような菓子。わたあめ。電気あめ。

わだかまり【×蟠り】すらすらと運ばず、つっかえていること。㋐とどこおり。「何の―もなく事が運ぶ」㋑心の中につっかえたようになって、たまっている感情。「―がとける」

わだかま-る【×蟠る】《五自》①輪のような形に巻いている。とぐろをまく。②複雑に入り組んでいる。「―った根」③不平・悪感情などがたまって心が晴れ晴れしない。

わたくし【私】①《代》自分を指す語。「わたし」よりかなり丁寧な言い方。▽男も女も使う。⑵の転。②《名》㋐自分一身に関すること。個人としての面。↔公(おおやけ)。「公と―との別をはっきりつける」㋑公然とでない、内密のこと。「―に取り引きする」㋒自分だけの利益や都合を考えること。「―なく人に接する」▽↓わたくしする。「私」を「ひそか」と読む場合も多かった。「私(ひそ)かに謀(はか)る」

わたくしぎ【私儀】《連語》辞表や就任あいさつ状など正式の文書で、自分に関して述べる書き出しに使う言い方。私こと。「―このたび……」

わたくしごと【私事】①自分の一身に関する、個人的な事柄。私事(しじ)。「―で恐縮ですが」②ないしょごと。

わたくししょうせつ【私小説】近現代の日本文学に特有な、小説の一体。作者自身を主人公として、その直接経験に取材した小説。▽「ししょうせつ」とも言う。

わたくし-する【私する】《サ変他》公的なものを個人のもののように勝手に使う。「公の施設を―」

わたくしども【私ども】《代》話し手や、話し手を含む

側を指すへりくだった言い方。「―では、その手の品物を扱っておりません」▽→=ども・わたしたち

わたくしりつ【私立】「私立(しりつ)」を「市立(しりつ)」と呼び分けるための言い方。「―の中学校」▽「市立」の方は「いちりつ」と呼ぶ。

わたぐも【綿雲】綿のような感じで浮かぶ雲。

わたくり【綿繰り】①綿の繊維から綿の種を取り去る作業。②「綿繰り車」の略。　**―ぐるま**【―車】綿繰りに使う器具。綿花の繊維を二つのローラーの間に巻き込んで、種子を取り去る。

わたげ【綿毛】綿のように柔らかな毛。うぶげ。にこげ。

わたし【渡し】①船で人などを対岸に渡すこと。それをする所。渡し場。②船から他に移るために渡す板。わたしいた。

わたし【私】《代》自分を指す語。「わたくし」(1)よりはくだけた言い方。▽男はやや改まった時に使い、女は場面の区別なく広く使う。→わたしたち。[関連]我・わたくし・あたし・わし・わっち・僕・俺・おいら・こちとら・手前・それがし・小生・愚生・拙者・余・予・我輩・不肖・自分・当方・われら・われわれ・吾人(ごじん)

わたしせん【渡し銭】対岸に渡してもらうために払う賃銭。渡し賃。㋐渡し船を利用する時の料金。㋑→はしせん

わたしたち【私△達】《代》話し手側の複数人、あるいは相手も含む複数人を指す語。わたしら。▽「わたくしたち」とも言う。「わたくしども」と異なり、本来「たち」は敬意を含むから「わたし」には付きにくく、しいて言えば、目上の相手を含めた複数の場合にしか使えないはずで、この結合形には明治後半期の例もあるが、文章語として一般化したのは第二次大戦後。

わたしちん【渡し賃】→わたしせん

わたしば【渡し場】船で人を渡す場所。渡し。

わたしぶね【渡し船・渡し舟】人などを対岸に渡す船。

わたしもり【渡し守】渡し船の船頭。

わた-す【渡す】《五他》一方の側から他方の側に達するようにする。①そこを越えて向こう側にまで届かせる。㋐水の上を横切って対岸に着かせる。「船で人を―」▽自分(に属するもの)を渡す意で「渡る」と同義にも使う。「船を―」㋑またぐようにして、かける。「橋を―」「机の間に板を―」。端から端まで張る。「つなを―」。ずっと移し進ませる。「みこしを―」②一方の手から他方の手に移しやる。「部屋のかぎを―」「金を―」「屋敷を人手に―」「城を明け―」③《動詞連用形に付いて》その動作が行き渡るようにする。「かなたを見―」「ながめ―・したところ、百人はいる」

わだち【×轍】通った車が道に残した車輪の跡。

わだつみ【〈海神〉・綿津見】海の神。転じて単に、海。↕やまつみ。▽雅語的。もと「わたつみ」。「わた」は海の意、「つ」は「の」に当たる古代の助詞、「み」は霊の意。

わたぬき【綿抜き】わたいれの綿を抜いて、袷(あわせ)にすること。その袷。

わだのはら【△海の原・和田の原】うなばら。▽雅語的。もと「わたのはら」。「わた」は海の意。

わたぼうし【綿帽子】真綿をひろげて作った、女のかぶりもの。昔は外出時の防寒用。のちに婚礼の時新婦が使うようになった。

わたぼこり【綿×埃】ほこりが集まって綿のようなかたまりになったもの。

わたまし【渡△座・〈移徙〉】「引っ越し」を敬って言う語。▽貴人の転居や神輿(しんよ)の渡御について言う。

わたむし【綿虫】→ゆきむし(2)

わたゆき【綿雪】綿をちぎったような、大きな雪片になって降る雪。

わたゆみ【綿弓】繰り綿をはじき打って、打ち綿にする道具。

わたり【渡り】①川を渡ること。また、渡し場。「―に船」(困っている時や望んでいる時に、ちょうど好都合な条件が与えられること) ②話合い。交渉。関係。「―をつける」③渡って来ること。舶来。「オランダ―」「古―(こわたり)の珍宝」④渡り歩くこと。「―の(=渡り者である)職人」

わたりあ-う【渡り合う】《五自》相手になって切り合う、または争う。激しく論じ合う。「互角に―」

わたりある-く【渡り歩く】《五自》仕事のある所を捜しては、あちこちと移り歩く。職業・職場などを転々と変える。

わたりいた【渡(り)板】渡るために、岸と船との間に渡した板。わたし。

わたりかせぎ【渡り稼ぎ】あちこちと渡り歩いて稼ぐこと。

わたりぜりふ【渡(り)〈台詞〉】歌舞伎で、一つのまとまったせりふを、数人が分けて順々に言うもの。

わたりぞめ【渡(り)初め】橋の完成を祝う式で、初めてその橋を渡ること。▽多く、高齢の夫婦、または親子孫三代の夫婦がそろった一家に渡ってもらう。

わたりどり【渡(り)鳥】①ツバメやガンなど、季節を定めて繁殖地と越冬地との間を移住する鳥。候鳥。②比喩的に、渡り稼ぎをする人。

わたりぼうこう【渡(り)奉公】あちこちと主人を変えて奉公して歩くこと。渡り歩いて奉公すること。

わたりもの【渡(り)者】①定住せず、職のある所へと、あちこち移って仕事をして歩く者。②他の土地から移って来て住む者。他国者。よそ者。

わたりろうか【渡(り)廊下】二つの建物の間に渡した廊下。

わた-る【渡る】《五自》一方の側から他方の側に達する。①そこを越えて向こう側に着く。㋐水の上を横切って対岸に行く。「川を―」「太平洋を―」㋑隔たった所に行く。隔たった所から来る。「他国へ―」「雁(かり)が―」「インドから―って来た仏教」㋒《「(に)―・らせられる」の形で》「(で)おいでになる」「(で)いらっしゃる」よりも敬意の高い言い方。

②経る。㋐通り過ぎて行く。「日が空を―」「野を―そよ風」「橋を―」 ㋑生計を立てて行く。「世を―」「―世間に鬼はない」(世間の未知の人はこわく見えるが、困れば助けてくれるようなやさしい心を持っているものだ)
③一方の手から他方の手に移る。渡される。「所有権が他人に―」「賞品がまだ―っていない人」
④そこまで、またそれほどまで及ぶ。㋐端から端までに及ぶ。行き渡る。「武芸十八般に―」「多岐に―」 ㋑引き続く。「三時間に―大熱弁」 ㋒及ぶ。関係する。「私事に―って恐縮ですが」 ▽㋐〜㋒は多く「亘る」と書く。㋓《動詞連用形に付いて》広く及ぶ。「鳴り―」「知れ―」。徹底的に……する。「冴(さ)え―」

わっか【輪っか】〔俗〕輪。「ゴムの―」

ワックス パラフィンなどの蠟(ろう)類。家具・床などのつやを出したり、スキーの滑走面に塗ったりする。▽wax

わっしょい《感》祭りの神輿(みこし)を担ぐときの掛け声。

ワッセルマンはんのう【ワッセルマン反応】梅毒抗体と反応する抗原を患者から採取した血清に加えて、その反応を見ることで感染を検査する方法。▽ドイツの医学者 Wassermann が最初に行った。

わっち《代》「わたし」のなまり。わっし。▽既に古風。

ワット 仕事率・電力の単位。記号W。一ワットは、一ボルトの電位差を有する二点間を一アンペアの電流が流れる時に費やされる仕事率。すなわち毎秒一ジュールの仕事をする仕事率。▽watt イギリスの発明家 J. Watt にちなむ。

わっと《副》①大勢が、声をあげて笑い出す(はやし立てる)さま。「何でも無い事にでも―笑声を挙げて囃(はや)す」(太宰治「惜別」) ②突然、大声で泣き出すさま。③大勢が一時に集まったり離れたりするさま。「四方八方から―艇へ殺到したのであった」(海野十三「火星探検」)

ワットマンし【ワットマン紙】イギリスのケント州特産の、純白で厚く上質の水彩画用紙。▽「ワットマン」は会社名 Whatman

わっぱ ①男の子をののしって言う語。「小(こ)―」 ②転じて、子供の腕白・いたずら・わがまま。▽「わらは」の転。

わっぷ ①【割符】→わりふ。②【割賦】→かっぷ

ワッフル 小麦粉と卵・砂糖・牛乳を混ぜ合わせ、格子形の凹凸の入った型に入れて焼いた洋菓子。▽waffle 「ワップル」とも言う。

ワッペン ブレザー コートの胸・腕などにつける、布製の紋章。▽ドイツ Wappen

わとう【話頭】①『―を転じる』話の向きを変える。別の話題に移る。②〔仏〕→こうあん(公案)

わとじ【和×綴(じ)】日本で古くから行われている、本のとじ方。↔洋綴(と)じ

わどめ【輪留(め)】車輪にさしこんで回転を防止するために使う道具。

わな【×罠】①えさなどで鳥獣を誘い寄せ、捕らえる仕掛け。足になわ等をからませるものやおりに閉じ込めるものなどがある。「―を伏せる」 ②転じて、人をおとしいれる策略。「―に掛かる」 ▽もと、ひも等を丸く輪にしたものの意。→わさ

わなげ【輪投げ】離れた所に棒を立て、その棒にかけるように輪を投げる遊び。その遊び道具。

わなな-く《五自》(恐れ・怒り・寒さなどのため)体や手足が小刻みにふるえる。おののく。

わなり【輪なり】輪のようなかっこう。円形。

わなわな《副[と]・ス自》恐れ・怒り・寒さなどで体がふるえるさま。「唇を―させて怒る」「―(と)ふるえる」

わに【×鰐】主に熱帯の川や沼にすむ大形で肉食の爬虫(はちゅう)類。形はトカゲに似るがはるかに大きく、体長八メートルに達する種もある。大きくひらく口に鋭くとがった多数の歯がある。▽わに目の爬虫類の総称。因幡(いなば)の白うさぎの話に出てくるのは、わにざめのこととされる。

わにあし【×鰐足】歩く時、足首の向きが斜めになること。▽前が開くのを「外鰐(そとわに)」、後ろが開くのを「内鰐(うちわに)」と言う。

わにぐち【×鰐口】①仏堂・神殿の前に掛け、つるした綱で打ち鳴らす道具。銅または鉄で作り、平たい円形で中空。下方に横長の口がある。②人並みはずれて横に広い口。

わにざめ【×鰐×鮫】強暴で恐ろしいサメの俗称。

ワニス 樹脂などを溶剤にとかした透明塗料の総称。ニス。▽varnish

わぬけ【輪抜け】輪を飛び抜ける曲芸。

わのり【輪乗り】輪を描くような形に、馬を乗り回すこと。

わばな【和花】昔から日本で栽培してきた、観賞用の花。↔洋花(ようばな)

わび【×侘(び)】①閑居を静かに味わい楽しむこと。「―住まい」 ②静かに澄んで落ち着いた味わい。茶道や俳諧の極致としての趣。▽文語動詞「わぶ」の連用形から。

わび【×詫(び)】悪かったとあやまること。謝罪。「お―の言葉もない」「―を入れる」 ▽文語動詞「わぶ」の連用形から。

わび-いる【×詫(び)入る】《五自》丁寧に(心をこめて)わびる。

わびごと【×詫(び)事・×詫(び)言】わびること。わび。また、わびの言葉。「―を言う」

わびし-い【×侘しい】《形》(希望が達せられないなどで)力が抜けてしまうような気持、そういう有様だ。①失望・失意や不遇で、やりきれなくつらい。また、頼るものがなく、心細い。「幼いうちに両親を失い、―思いをした」「知るべとて無く、―外国暮らし」 ②さびれて活気がない。「―旧道沿い」。見すぼらし

い。みじめだ。みじめったらしい。「目刺しが並ぶだけの━食卓」「━格好」「━ことを言うなよ」▽本来あるはずの活気が失せた心情・情況を言う点では「さびしい」に似ているが、「わびしい」は失意の気落ちや貧乏のむなしさに関連して使うのが普通。「わびる」と同語源。 派生 -さ -げ -がる

わびじょう【×詫(び)状】自分が悪かったと、相手の許しを請う内容の書状。「━を書く」

わびすけ【×侘助】ツバキの一品種。花は小ぶりで一重咲き、色は赤が多いが、白や絞りもある。八分ほど開いてぽとりと落ちる。茶人に好まれる。▽豊臣秀吉(とよとみひでよし)の朝鮮出兵の時、侘助という者が持ち帰ったのが名前の由来という。

わびずまい【×侘住(ま)い・×侘住居】①わびの趣がある暮らし。また、その家。閑居。「根岸の里の━」②(裏長屋などに)貧乏してさびしく暮らすこと。その見すぼらしい家のさま。▽↓わびしい

わびちゃ【×侘茶】侘びを極める茶の湯。室町時代中期の村田珠光に始まり、武野(たけの)紹鷗(じょうおう)を経て安土桃山時代に千利休(せんのりきゅう)が大成。

わびね【×侘(び)寝】わびしく思いながら寝ること。

わ-びる ①【×詫びる】《上一自他》心苦しく思って、悪かったとあやまる。「御無沙汰を━」「不始末を━」②【×侘びる】《上一自》《動詞連用形に付いて》……しきれず、つらいほどに思う。「待ち━」。それが簡単には実現しかねる。「捜し━」▽(1)(2)とも「わびしい」と同語源。そのことをつらく思う意から。

わふう【和風】①日本風。↕洋風。▽「和様」より用法が広い。②おだやかな風。暖かい春風。▽気象学では、木の葉をそよがす程度の風。

わふく【和服】日本在来の衣服。着物。↕洋服

わぶん【和文】日本語の文章。国文。「━英訳」「━体」▽英文等に対して言う時と、漢文に対して言う時とがある。

わへい【和平】仲直りして平和になること。また、平和。「━を講じる」

わへい【話柄】話す事柄。話題。

わほう【話法】①話のしかた。②〔文法〕他人の言葉を引用する時の言い表し方。「直接━」

わぼく【和睦】《名・ス自》(争いをやめて)仲よくすること。仲直り。「ロシアと━した」

わほん【和本】和紙を使い和綴(と)じに仕立てた本。和書。↕洋本

わみょう【和名・×倭名】日本での呼び名。日本名。

わめい【和名】動植物につけた、広く用いられる日本語名。▽↓がくめい

わめ-く《五自他》大声で叫ぶ。また、大声を上げて騒ぐ。

わや《名ナノ》〔俗〕だめ。めちゃくちゃ。「仕事を━にする」▽関西方言。「わやく」から。

わやく《名ナノ》①理に合わないこと。むちゃ。②いたずら。腕白。

わやく【和訳】《名・ス他》外国文を和文に訳すこと。その訳した文。「英文━」

わよう【和様】日本風。▽多くは「唐様(からよう)」に対して使う。「和風」とは違い様式が重点。

わよう【和洋】日本および西洋。 **━せっちゅう**【━折衷】日本と西洋との風習・様式を適当に取り混ぜること。

わら【×藁】稲・麦の茎を干したもの。「溺れる者は━をもつかむ」(非常に困難な状況におちいった時は、何の頼りにならないものでも頼りにするものだ)

わらい【笑い】①笑うこと。笑う動作。「━を催す」②笑うべきばかばかしい事。「とんだお━さ」

わらいえ【笑い絵】①こっけいな絵。②春画(しゅんが)。まくら絵。

わらいぐさ【笑い△種・笑い草】笑いを誘う原因・材料。特に、笑い物。「世間の━になる」▽「お」をつけて使うことも多い。「とんだお━だ」

わらいこ-ける【笑いこける】《下一自》腹を抱えたり身をよじったりして、ひどく笑う。わらいころげる。

わらいごと【笑い事】『━ではない』『━ではすまされない』ただ面白がって済むことがらではない。

わらいころ-げる【笑い転げる】《下一自》↓わらいこける

わらいじょうご【笑い上戸】①酒に酔うと、やたらに笑う癖がある人。②しらふでそれほどおかしくないのに、よく笑う人。

わらいたけ【笑い×茸】食べると興奮状態になり笑い出し、幻覚を見る毒きのこ。傘は半球状で上面は平滑、柄は長い。

わらいとば-す【笑い飛ばす】《五他》(他人の意見・うわさなどを)笑ってまともにとりあわない。笑って問題としない。「周囲の心配を━」

わらいばなし【笑い話】笑いながら話すような気楽な、または、ばかばかしい話。特に、おかしさを楽しむための、短い話。

わらいもの【笑い物】物笑いの対象。わらいぐさ。「人を━にする」

わら-う【笑う】《五自他》①うれしさ・おかしさ・てれくささ、またはばかにした気持がわいて、顔の筋肉をゆるめ、また、声を立てる。「箸が転んでも━」(若い娘が、ちょっとした事にもすぐ笑い出すことを言う)「山━」(↓やま(1))「生半可(なまはんか)な知識を振り回すのを━」▽あざける場合には「嗤」も使う。↓ほほえむ。②笑う(1)の動作と似た状態になる。例、花が咲く、縫い目がほころびる、ひざががくがくする。

関連 笑む・ほほえむ・吹き出す・にこつく・笑いこける・あざわらう・せせら笑う・ほくそ笑む・相好を崩す・顔をほころばす・腹を抱える・腹の皮が捩(よ)れる・顎をはずす・高笑い・大笑い・薄笑い・苦笑い・照れ笑い・泣き笑い・忍び笑い・含み笑い・独り笑い・愛想笑い・作り笑い・追従笑い・馬鹿笑い・物笑い・笑いぐさ・笑い話・笑い上戸・恵比須顔(えびすがお)・笑声・笑殺・朗笑・

哄笑(こうしょう)・嬌笑(きょうしょう)・爆笑・大笑・談笑・一笑・微笑・苦笑・微苦笑・嘲笑・憫笑(びんしょう)・冷笑・失笑・スマイル・破顔一笑・呵呵(かか)大笑・抱腹絶倒・笑止千万・あはは・うふふ・おほほ・からから・くすくす・けらけら・げらげら・にこにこ・にたにた・にやにや・へらへら

わらうち【×藁打ち】わらを打って柔らかくすること。

わらがみ【×藁紙】わらなどを原料にした、上質でない紙。▽多くは藁半紙(わらばんし)を指す。

わらく【和楽】《名・ス自》皆がなごやかに楽しむこと。▽「わがく」と読めば別の意。

わらぐつ【×藁×沓】わらを編んで作ったくつ。▽雪ぐつなどに使う。

わらこうひん【×藁工品】わらで作った品物。例、縄・むしろ。

わらさ ブリの若魚。体長六〇センチぐらいのもの。

わらじ(わらぢ)【〈草鞋〉】ひもで足にゆわえつけてはく、わらを編んで作ったはきもの。「―をはく」(旅に出る意にも) ▽「わらんじ」とも言う。 **―がけ**【―掛け】わらじをはくこと。「―で出かける」 **―せん**【―銭】わらじを買う金。また、その程度の、ほんのわずかの旅費。 **―むし**【―虫】湿った暗い所にすむ、体長約一センチの小判形の生物。体は七つの節に分かれ、各節の腹面に一対の足がある。ダンゴムシに似るが、体を丸めない。▽わらじむし科。

わらしべ【×藁×稭】稲のわらのしん。わらみご。▽「わらすべ」とも言う。

わらづと【×藁×苞】わらでくるんで、包みにしたもの。

わらにんぎょう【×藁人形】わらで作った人形。▽昔、軍勢がいるように敵をあざむいたり、恨む相手に呪いをかけたりするのに用いた。「―の胸に五寸くぎを打つ」

わらばい(ひ…ばい)【×藁灰】わらを燃やしてできる灰。

わらばんし【×藁半紙】わらの繊維にミツマタやコウゾの繊維を混ぜてすいた半紙。低質なパルプでつくった安価な紙をも言う。ざらがみ。

わらび【×蕨】山地に生える羊歯(しだ)植物。早春に出る、こぶし状に巻いた新葉を食用とする。根茎からとれる澱粉(でんぷん)は、わらび粉(こ)と言い、わらび餅の原料。▽こばのいしかぐま科(旧いのもとそう科)。

わらび【×藁火】わらを燃やした時の火。

わらぶき【×藁×葺(き)】わらで屋根を葺(ふ)くこと。また、わらで葺いた屋根。

わらふで【×藁筆】わらしべで作った筆。

わらぶとん【×藁布団】わらを入れた敷きぶとん。

わらべ【童】子ども(たち)。▽「わらはべ」の転。雅語的。

わらべうた【童歌・童唄】子どもの歌。㋐昔から子どもたちに歌いつがれて来た歌。㋑子どもたちに歌って聞かせる歌。

わらや【×藁屋】わらぶき屋根の家。

わらわ(わらは) ①【△童】《名》↓わらべ。②【×妾】《代》女が自分をへりくだって言う語。▽⑴の転。既に古風。

わらわ-せる(わらはせる)【笑わせる】《下一他》①笑うように仕向ける。「小話で皆を―」②あざ笑ってやりたくなる気持を起こさせる。「あいつが秀才だって。―ねえ」

わらわら《副「と」》数多くの人や生き物が散り乱れるさま。「オフィスから―(と)人が出てくる」

わり【割(り)】①割合。「―がいい」「―に合わない」(ひきあわない)「―を食う」(不利だ。損をする) ②↓わりかん。③わりあて。「部屋―」④十分の一の分量。「二―引」▽↓わりに

わりあい(ひ…あい)【割合】①全体に対してそれが占める分量。比率。歩合(ぶあい)。②比べてみたところ。㋐《形容詞・形容動詞の連体形、または、体言+「の」に付き、「に」を伴って》……にしては。……の割に。「安い―に丈夫な品」「勉強家の―に成績が悪い」㋑《副詞的に》比較的。また、思ったよりも。「―(に)速くできた」▽↓わりに

わりあて【割(り)当(て)】割り当てること。また、割り当てられた分量や役目。

わりあ-てる【割(り)当てる】《下一他》全体を幾つかの部分に分け、それぞれが受け取るべき分量や仕事の範囲を決める。または引き受けるべき分量や仕事の範囲を決める。「当番を―」「それぞれのメンバーに重要な役割を―」

わりいん【割(り)印】二つ以上の書類が互いに関連のある場合に、これを証するために、二つ(ずつ)の書類にまたがって押す印。▽↓けいいん

わりがき【割(り)書き】本文の間に注を書き入れるのに本文一行分に二行に割って書くこと。その体裁の注記。わかちがき。

わりかた【割(り)方】《副》〔俗〕どちらかといえば。割合に。「―よくできた」▽「わりかし」とも言う。

わりかん【割(り)勘】「割前勘定」の略。各人が平等に金銭を出し合って、勘定を払うこと。

わりき-る【割(り)切る】《五他》①例外などを認めず、はっきりと結論する。「―・った考え」②数学で、整除する。端数(はすう)を出さず、ちょうどに割る。「三は六を―」

わりき-れる【割(り)切れる】《下一自》①疑問・例外などが残らないように、かたづく。「―・れない顔をする」▽多く打消しの形で使う。②整数どうしの割り算で、端数(はすう)が余らない答えが出る。「六は三で―」

わりぐり【割×栗】「割栗石」の略。道路などの基礎工事に使う、石材をあまり大きくなく砕いたもの。

わりげすい【割(り)下水】掘り割りにした下水道。

わりご【割子・△破籠・△破子】中に仕切りをつけた、折箱(おりばこ)のような弁当箱。

わりごえ(ゑ…ごえ)【割(り)声】そろばんで割り算をする時に唱える九九の声。例、「二一天作(てんさく)の五」。

わりこ-む【割(り)込む】①《五自》無理に間に割ってはいる。㋐人と人との間に押しわけてはいる。「行列に―」㋑正しい手続きや仕方でなく、自分の方を先にする。「横から話に―」②〔取引〕↓わる(割)㈡

わりざん【割(り)算】ある数や式が他の数や式の何倍に当たるかを見いだす計算。除法。↕掛け算

わりした【割(り)下】「わりしたじ」の略。だしに醤油(しょうゆ)・酒・味醂(みりん)・砂糖を混ぜて煮立てた合わせ調味料。煮物・鍋料理などに使う。

わりぜりふ【割〈台詞〉】歌舞伎で、関連のある長い文句を、二人の役者が交互に独白的に言い進め、最後の台詞(せりふ)だけ唱和しておさめる形式。その台詞。

わりだか【割高】『ダナ』品質・分量の割合に、値段が高いこと。↕割安。派生 **-さ**

わりだ-す【割(り)出す】『五他』①品物の単価などを、割り算によって導き出す。計算によって結果を出す。算出する。「人件費を―」②ある根拠により、それを使って結論を出す。「犯人を―」

わりちゅう【割(り)注】割書きにした注。

わりつけ【割(り)付(け)】『名・ス他』①印刷物の出来上がりの体裁を考えて、文字の大きさ、字詰め、行数、写真を入れる位置などを、原稿に指定すること。レイアウト。②割り当てること。

わりな-い『形』(男女関係について)押さえようにも押さえられない。是非もない。「―仲になる」▽割り切れない、つまり物事の筋道が立っていない意の転。派生 **-さ**

わりに【割に】『連語』《副詞的に》①わりあいに。比較的。「―安い」。思ったよりも。「かれは―けちだ」▽近ごろは「わりと」とも言う。②《形容詞・形容動詞の連体形、または体言＋「の」に付き》……にしては。「若い―しっかりしている」「公営の―サービスがいい」

わりばし【割(り)箸】半分どころまで割れ目がつけてあり、使う時に残りを割って二本とするようにした、杉材などで作った白木の箸。

わりはん【割(り)判】→わりいん

わりびき【割引】割り引くこと。㋐『名・ス他』値を引くこと。㋑『名』手形(てがた)を割り引くこと。

わりび-く【割(り)引く】『五他』①一定の値段よりも何割か安くする。②転じて、(人の言う事などを)それより内輪(うちわ)に見積もる。③支払い満期前の手形(てがた)を持つ人の要求により、銀行が、満期までの利子を差し引いてその手形を買い取る。

わりひざ【割(り)膝】ひざの間をひらいてすわること。

わりふ【割(り)符】二つを合わせて見て、分割された印が合うかどうかで正しいものか否か証拠立てられるようにした、文書・鑑札の類。

わりぶしん【割普請】全体を幾つかに分け、分担して行うあるいは行わせる普請。

わりふだ【割(り)札】①→わりふ。②割引のふだ。

わりふ-る【割(り)振る】『五他』わりあてる。「係を―」

わりまえ〔まへ〕【割(り)前】各自に当てた(配られる、または支払うべき)金額・分量。

わりまし【割増し】『名・ス他』一定の額・量に対し、その何割かを増すこと。「―金」

わりもど-す【割(り)戻す】『五他』一度受け取った金額中から、その何割かを返す。

わりやす【割安】『ダナ』品質・分量の割合に、値段が安いこと。↕割高。「―感のある品」派生 **-さ**

わ-る【割る・△破る】㊀『五他』一つのものを二つ以上に分ける。①深いひび・すじを入れるように力を加えて分け離す。㋐切ったり、たたいたり、引っ張ったりして分け離す。「薪(まき)を―」「りんごを二つに―」「腹を―って話す」(包み隠さず真意を話す)「口を―」(隠していた事を白状する)㋑細かに分ける。「事を―って話す」(内情まで詳しく話す)㋒裂け目をつけたり、分け離したりして、完全な姿を失わせる。こわす。裂く。「落として茶碗(ちゃわん)を―」「柱にぶつかって額(ひたい)を―」「会を―って出る」▽一般には「割」で書く。有形物には「破」をも使う。②ものを押し分ける。【割】「けんかの仲裁に―ってはいる」「足を―」(ひざを開いてすわる)「腰を―って」(＝上体が安定するように足を開き、それにつれて腰を低く)構える」③ひとつあての量などを決める。【割】㋐分配する。割り振る。「頭数(あたまかず)に―って食料をくばる」㋑割り算をする。「xをaで―」④混ぜ物(特に水)を入れて薄める。「酒に水を―」「ウイスキーを水で―って飲む」㊁『五自』ある境界・規準量から、はずれる。【割】「土俵を―」「相場が千円の大台を―」「定員を―」▽規準量の場合には下回る方を言う。関連 断ち割る・打ち割る・割く・こわす・除する・割り込む・下回る・区切る・小割り・挽(ひ)き割り・薪(まき)割り・縦割り・頭割り・地割り・場所割り・割り算・分割・分断・案分

わる【悪】①わるもの。悪党。「あいつはなかなかの―だ」②《接頭語・接尾語的に》㋐悪いこと。「―者」「意地―」㋑度が過ぎること。「―ふざけ」「―酔い」

わるあがき【悪△足×掻き】『名・ス自』(何とか窮地を脱しようと)必要以上にあせりいらだって、あれこれの行動に出ること。

わるあそび【悪遊び】ばくち・女遊びなど、よくない遊び。

わる-い【悪い】『形』不正・醜・劣・不適など、よい状態と対立する状態である。よくない。「品質が―」「―ことばかりする」「日が―」(不吉だとされている日柄(ひがら)だ)「間(ま)が―」「酒に酔って―・くからむ」「―・くすると」(うまく運ばない場合には)「あの人に―」(あの人に対して申し訳ない)「他人に―顔(＝愛想のない表情)を見せない」「待たせて―(＝済まないね)」派生 **-さ* -げ -がる**

わるがしこ-い【悪賢い】『形』悪い方面で知恵がまわる。「―はかりごと」派生 **-さ**

わるぎ【悪気】相手をおとしいれたり傷つけたりしようという気持ち。悪意。「―のない人」

わるくち【悪口】他人を悪く言うこと。その言葉。わ

るぐち。

わるさ【悪さ】いたずら。「—をする」▽悪質なのにも言う。形容詞「悪い」の語幹に接尾語「さ」が付いたもの。

ワルサー ドイツのワルサー社の製造する自動式ピストル。▽Walther

わるさわぎ【悪騒ぎ】他人の迷惑も考えずに騒ぐこと。たちの悪い騒ぎ。

わるじゃれ【悪〈洒落〉】①たちのよくないしゃれ。②へたなしゃれ。③変にめかすこと。「—をしたきざなやつ」

わるずれ【悪擦れ】《名・ス自》人ずれがして悪賢いこと。

わるだくみ【悪巧み】悪い事の計画・計略。「—が露見する」

わるだっしゃ【悪達者】《名・ダナ》(芸能などが)うまくはあるが、品(ひん)がなく、また、本格的でないこと。派生 **-さ**

わるぢえ【悪知恵】悪い方面の事にかけて働く知恵。「—にたけた男」

ワルツ 四分の三拍子の軽快・優美な舞踊曲。円舞曲。また、それに合わせて踊る社交ダンス。「ウインナー—」▽waltz

わるどめ【悪止め】《名・ス他》しつこく人をひきとめること。「お客を—してはいけない」

わるのり【悪乗り】《名・ス自》調子に乗って、度を過ぎた言行に出ること。「おだてに—をした」

わるば【悪場】登山で、通行困難で危険な場所。

わるびれる【悪びれる】《下一自》《多く下に打消しの語を伴って》気おくれする。未練がましく、おどおどする。「—れたところのない好青年」

わるふざけ【悪ふざけ】《名・ス自》人に迷惑を及ぼすほど、度を越してふざけること。「—が過ぎる」

わるもの【悪者】(いつも)悪い行いをする者。悪漢。

わるよい【悪酔(い)】《名・ス自》酒に酔って、頭が痛んだり吐き気を覚えたりする状態になること。

われ【我・×吾】①《名・代》自分を指す文語。「—劣らじと」「—は海の子」。また、自分自身のことを言う。「—と思わん者」(自分こそはと自信を持つ者)「—も—もと」(自分こそはと先を争うさま)「—とはなしに」(無意識に)「—にもなく」(つい、ふらふらと)「—を忘れる」(物事に心を奪われて無意識状態になる)「—にかえる」(意識をとりもどす。正気づく)「—関せず」(自分には関係ない。自分は知らない。「—関せず焉(えん)」とも言う)「見る—(=自我(イ))と見られる—」②《代》〔俗〕対等以下の相手を指す語。おまえ。▽(2)は次第に使われなくなっている。

=**われ**【割れ】《名詞に付けて》①割れること。「片—」「仲間—」②一定の数値を下回ること。「大台—」「定員—」

われかえる【割れ返る】《五他》「割れる」を強めて言う語。騒ぎや喝采のはなはだしいさまを表す。「—ような拍手」

われがち【我勝ち】《多く「に」を伴って副詞的に》他人に負けまいと、各人が先を争うさま。われさき。

われがね【△破(れ)鐘】ひびがはいった釣鐘。「—のような声」(太くがんがん響く声)

われから【我から】《連語》《副詞的に》自分から。みずから。「—進んで手をくだす」

われき【和暦】日本の紀年および年号。↔西暦

われさき【我先】↓われがち

われしらず【我知らず】《連語》《副詞的に》自分で意識しないで。思わず。「—口走った」

われと【我と】《副》自分から(進んで)。自分自身で。「—わが身を苦しめる」「—わが身の不運を嘆く」▽「我」+助詞「と」

われながら【我×乍ら】《連語》自分の(した)事ではあるが。自分ながら。「—あきれる」「—恥ずかしい」▽↓ながら(3)(イ)

われなべ【△破(れ)鍋】ひびのはいった鍋。「—に綴蓋(とじぶた)」(破れ鍋にはそれにふさわしい綴蓋があるように、人にはそれ相応の相手があること)

われぼめ【我褒め】自分で自分をほめること。自賛。自慢。「—にはなるが」

われめ【割れ目・△破れ目】割れてできた、または割れたようになった、すきま・ひび。裂け目。「—がはいる」

われもこう【×吾△木香・×吾×亦紅】山野に自生し、夏から秋、暗紅紫色の小花が球状に集まって咲く多年草。若葉は食用。根は止血剤などにする。▽ばら科。

われもの【割れ物・△破れ物】①注意して扱わないと割れやすい物。例、陶器・ガラス製品。「—注意」②割れた物。

われら【我△等】《代》①話し手側の複数人、あるいは相手も含む複数人を指す語。われわれ。▽本来複数を意味するが、単数の場合にも使う。文語的。②〔俗〕お前ら。↓われ(2)

わ-れる【割れる・△破れる】《下一自》①一つのものが二つ以上に分かれる。㋐深いひびが入って、それで全体がこわれる。「ガラスが—」「会場も—れんばかりの大喝采」㋑裂ける。「地面がひび—」。離れる。「組合が二派に—」。散る。「票が—」▽一般には「割」で書く。有形物には「破」も使う。②ある規準量を下回る状態になる。【割】「入学定員が—」③隠れていた事が明らかになる。【割】「ホシ(=犯人)が—」「尻が—」「底が—」

われわれ【我我】《代》話し手側の複数人、あるいは相手も含む複数人を指す語。わたしたち。↓われら(1)

わん【×椀・×碗】①飲食物を盛る、半球形の容器。▽木製のは「椀」、陶磁器のは「碗」と書き分ける。②わん(1)に盛った飲食物の数をかぞえる語。

ワン《名・造》一(の)。「—ツースリー」(掛け声の、一二三)「—オブ ゼム」(one of them それら多くの中の一つ)「映画の—カット」▽one **—クッション**

衝撃を和らげるために間に置く一段階。「―置く」▽one と cushion とによる和製英語。 **―サイド ゲーム** 一方が圧倒的に勝った試合。一方的な試合。▽one-sided game から。 **―ステップ** ①一歩。一段階。「改革への―」②四分の二拍子の軽快な音楽にあわせて踊るダンス。▽one-step **―タッチ** 一度手で触れること。①一度触れただけで操作できること。「―の傘」②バレーボールで、ブロックした手にボールが一度触れること。▽one と touch とによる和製英語。 **―パターン**《名ノ》言動・思考様式などが型にはまっていて、かわりばえのしないこと。▽one と pattern とによる和製英語。 **―ピース** 上から下までつながっている、女性・子供服。▽one-piece dress から。 **―ポイント** ①得点一点。「―リードする」②(大切な)一か所。「―レッスン」③一か所だけに刺繍(ししゅう)やプリントを施して、引き立たせたデザイン。また、その衣服。▽one point **―ボックス カー** 車体が箱型で内部に仕切りのない乗用車。▽one と box と car とによる和製英語。 **―マン** ①通例ふたり以上が従事する事を、ひとりだけで行う状態であること。「―カー」②自分の思うとおりにふるまう人。独裁者。▽one-man (2)は日本での用法。 **―ルーム** (浴室・トイレ以外は仕切りのない)ひとへや。「―マンション」▽one-room

わん【湾】【灣】 ワン ①《名・造》陸地に入りこんだ海。いりうみ。「湾の中」「湾内・湾頭・湾流・港湾・東京湾」②弓なりにまがる。「彎(わん)」に代えて用いる。「湾曲・湾入」

わん【腕】 ワン うで かいな ①肩から手首までの間。「腕力・腕章・切歯扼腕(やくわん)・鉄腕」▽原義は手首。②力を出してのはたらき。うでまえ。「手腕・敏腕・怪腕・辣腕」

わんがん【湾岸】 湾の沿岸。「―道路」

わんきょく【湾曲・×彎曲】《名・ス自》曲がって弓形であること。弓形になること。

ワンゲル →ワンダーフォーゲル

わんこう【湾口】 湾と外海とがつながる所。湾の出入り口。

わんこそば【×椀子〈蕎麦〉】 椀に盛ったそばを客が食べる端から給仕人が少しずつつぎ足し、満腹になるまで続けるもの。岩手県の郷土料理。

わんさ《副と》人や物が集中しているさま。また、たくさんあるさま。「ファンが―と押しかけた」「金を―と持っている」

わんさガール 大部屋に何人もいっしょに居る、下っぱの女優、踊り子。▽「ガール」は girl

わんさわんさ《副[と]》→わんさ。「開会式に人が―(と)つめかける」

わんしょう【腕章】 目印として、洋服の腕の所に巻く(布製の)しるし。

ワンダーフォーゲル 山河を徒歩旅行する青年運動。その仲間。▽ドイツ Wandervogel(=渡り鳥) 略して「ワンゲル」とも言う。

ワンタン【〈雲呑〉】 中国料理の一種。小麦粉で作った薄皮で豚ひき肉・刻みねぎなどの具を包み、ゆでてからスープに入れて食べる。▽中国語の「餛飩」から。

わんとう【湾頭】 湾の近くの場所。湾のほとり。

わんにゅう【湾入・×彎入】《名・ス自》海が陸地に入り込んだように、海岸線が弓形になっていること。

わんぱく【腕白】《名ノ》子供が活発に暴れたりいたずらをしたりして、言うことを聞かないこと。そういう子供。「―盛り」「―坊主」▽ほとんど男の子について言う。女の子には「おてんば」が普通。[派生] **―さ**

わんもり【×椀盛(り)】 鳥肉・魚肉・野菜などを煮てすまし汁を注ぎ、わんに盛った日本料理。ちゃわんもり。

わんりょく【腕力】 うでのちから。「―をふるう」(暴力的な態度を言うこともある)「―で押しまくる」「―に訴える」 **―ざた【―沙汰】** 腕力で事の決着をつけること。「―に及ぶ」(なぐりあいをする)

わんわん ①《副[と]》大きな声で泣くさま。「ときには子どものように―泣くのかもしれない」(海野十三「人造人間エフ氏」) ②《副[と]》犬がほえる声。③《名》「犬」の幼児語。④《副[と]》蚊などが群れて飛ぶさま。「蚊の群が―うなつて二人に襲ひかかつた」(有島武郎「カインの末裔」)

を

を ㊀《格助》動作・作用の対象となるものを動的に見て示すのに使う。▽起源は㊁の間投助詞の「を」。「をも」「をこそ」のように係助詞を伴っても言うが、「は」を伴う時には語形が「をば」になる。なお(1)の用法の「注射―する」の主語が多くの場合に「医師」ではなく、(2)の「家―建てる」も、必ずしも大工の動作を言うのではないという点に注意。

①他動的意味の動詞が表す動作・作用の向けられる対象を示す。「本―読む」「花―めで鳥―うらやむ」「議論―重ねる」「舞台で主役―やってみたい」▽使役も他動的だから、「匹夫―(して)立たしめる」のようにも使う(→をして)。「勉強―する」「議論―する」「注射―する」などは、勉強・議論・注射自体も動作だが、「する」から見ればその対象。自動詞でもそれが表す状態に何かを対象として強く意識した場合には「世―すねて暮らす」「何―あわてるのか」のように言える。また「激しい戦闘―戦う」「苦難の人生―生きる」などは欧文翻訳から生じた言い方。

㋐《活用語の連体形に続けて》……(する、である)ことを、の意に使う。「口にする―はばかるような事件」「事無き―得た」「やむ―得ず金を貸してやった」「一歩後退せざる―得ない」▽文語で連体形が体言相当の働きもしたことの名残。
①《「A―Bに……」などの形で》AをB(の状態)にして……。「娘―相手に話し込む」「世情―よそに自適する」「金―懐に勇んで町に出る」「湖―前に、山―背に、守るには絶好の場所だ」「地図―たよりに山道を進む」「おとなしいの―いいことに、何度も金を借りに来た」▽「に」の所が文脈に応じて次のように変えられる。「当たる―幸いなぎ倒す」「ぬぎかけた着物―そのまま(に)ふり向いた」「桜が今―盛りと咲き誇る」「うそ―承知でうなずく」「泣き―覚悟(の上)で引き受けた仕事」「土俵―命の力士」
②動作・作用が働いた結果であるものを示す。「湯―沸かす」「詩―作る」「家―建てる」「攻撃―かける」「百―数える小島が点在する」▽計算する意の「そろばん―入れる」などもこの用法。
③《移動に関する動詞と共に使って》起点、経過する時・所、相対的位置、または限界を示す。「席―立つ」「家―離れる」「空―行く雲」「夏―軽井沢で過ごす」「年―経た松」「川―越える」「峠―越した」「乱世―生き延びる」「先頭―進む」「一番手―走る」「二万円の大台―割り込む」▽本来は移動の意でない動詞でも、文脈によっては「眼の前―小鳥の影がひらめいた」のように使うことがある。「を」でも「に」でも言える場合、意味に次のような違いがある。「野―行く」と「野に行く」とでは、後者がその野を静的目標としてとらえ、それを目当てに進むことを言う(従って野に到達すれば大概は進行を止めるだろう)のに対し、前者はその野を動的目標としてとらえ、例えば野の中を動いて行くとか野を横切って更に進むとかすることを表す。「庭―出る」は庭から外部(例えば屋敷に沿う道)に出ることを言い、「庭に出る」は家の中(例えば庭に面した座敷)から庭に出ることを言う。
④《心情を表す語と共に使って》心情の対象を示す。「君―好きだ」「あんなきざな男―おれは嫌いだ」「学校での勉強―いやになったのは」▽⑷には本来「が」を使う。この用法が進んで、心的な働きに関する「社長が彼―気に入ったのは」なども使うようになった。
㊁《間助》《普通は「もの―」の形で。本来は「を」だけでも》感動を込めた語調にする。「言ってくれれば助けたもの―」「何―っ、生意気な」▽↓ものを

をことてん【×乎古△止点】昔、漢文を読み下すために、漢字の四すみなどに、その字に付く助詞などを点や線で示したもの。▽漢字の右上にある「を」「こと」の読みから。「ヲコト点」とも書く。

をして《連語》《あとに「しむ」など使役の言い方を伴って》しむけられて、または命じられてそれをするものを示すのに使う。「匹夫―立たしめるほどの感激的な言葉」▽漢文訓読体の言い方。

をば《連語》格助詞「を」を強めた言い方。「指導理念―喪失した政府」「失礼―いたしました」▽「を」+係助詞「は」の転。文語調または改まった堅苦しい言い方。

をや《連語》《普通「いわんや……(において)―」の形で》言うまでもなく……だという意を表す。「犬だに恩を知る。況(いわ)んや人において―」▽間投助詞「を」+係助詞「や」

ん

ん《助動》①助動詞「ぬ」の転。ない。↓ぬ㈠。②文語助動詞「む」の転。↓う《助動》。「戦機まさに熟せ―として」「触れなば落ち―の風情」▽「せんかたない」のような連語のほか、文語口調の文章中には、今も時に使う。

ん《格助》↓の《格助》。▽「君のうち」が「君んち」、「そこのとこ(ろ)」が「そこんとこ(ろ)」と転じた類。代名詞や人名から「うち」「所」「時」など限られた語に続く時しか使わない。

んす《連語》〔俗〕「のです」の崩れた形。「もう帰る―か」▽これとは別に、以前吉原の遊女言葉で「ます」の意で使った。「そうであり―」

んで《接助》↓ので

=**んぼう**【ん坊】《多くは動詞連用形に付き》そういう状態・性向の人やそうであることが特色の事物。「おこり―」「甘え―」「立ち―」「隠れ―」「けち―」「卑し―」「食いし―」「赤―」「さくら―」▽人については男女ともに言う。「んぼ」とも言い、この時には仮名書きが多い。

付録目次

語構成概説

どれほど詳しい辞典でも、その対象とする言語に現れる語をすべて見出しに立てているものはない。いわゆる新語を別問題にするとしても、言語表現に託する概念の数は無限に多いと言ってよい。その一つ一つに全く別の語を使うのでは記憶力の限界を越えてしまう。例えば、ここで使った「言語表現」「記憶力」という語は、この辞典の見出しに立てていない。それでも、「言語」と「表現」と、そして「記憶」と「力」との意味を知っていれば、それらの意味は推し測れるであろう。こうしてわれわれは、限りある基本的な語をもとにして、はるかに多様な語を構成している。中には、その場の必要で臨時に作りそのまま使い捨てにする語まである。だから辞書がすべての語を取り上げることはできず、またそうする必要もない。

この辞典もこうした事情を考え、要素的な語によって割合たやすく分かるような語はかなり省いてある。したがって辞典を十分に利用するには、語構成の大要を心得ている方がいい。例えば「出演料」も「借用料」も動詞的意味の漢語名詞が「料」と結合しているが、前者が「出演者**に**払う料金」なのに、後者は「借用者**が**払う料金」である。また、「管理人」が「管理する人」であっても、「使用人」は「使われる人」であり、「使用者」は「使う側の人」である。

このように、形式上同じ構成と見えながら意味的特徴の異なるものが多いから、その点に注意して語構成の概略を述べよう。

語構成法の大別

既存の要素から新たに語を構成する仕方を大別すると、転成・派生・複合・省略・ない交ぜの五種がある。**転成**は、元来が感動詞である「あわれ」を名詞に使うとか、文語動詞「見す」の連用形を名詞「店(みせ)」とするとか、別の品詞にする方法である。**派生**は、接頭語や接尾語を使い、また語末を活用以外の仕方で変えて、別語を作る方法である。**複合**は、単語や連語を結合していっそう複雑な意味の語を構成する方法であり、右の五種のうち最も重要な仕方と言える。これには、「春」と「かすみ」とから「ハル**ガ**スミ」、また「船」と「板」とから「フ**ナ**イタ」を作るように、語形変化を伴う場合がある。語形の一部の**省略**によって略語ができるが、他の四種とは性格が異なる。**ない交ぜ**は、「ゴリラ」と「鯨」との一部ずつを取って「ゴジラ」を、「てくる」と「タクシー」とから「テクシー」を作るたぐいで、日本語としては例が少ない。

以下、重要度の高い初めの三種について述べる。

転　成

転成の大半は、動詞(に助動詞がついたもの)の連用形、一部の形容詞の連用形（「遠くニ行ク」など）、またはク活用形容詞の語幹を、名詞に転ずるものである。

動詞(系)転成名詞のおもな意味的特徴は

(1)〜スルコト(自体)　例、悩み・入れ替え・切られノ与三
(2)〜スル動作・作用・仕方・サマ　例、動き・恋・買い置き・入れ違い・配当落ち・受けザラ・読みガ浅イ
(3)〜スルモノ、〜シタ結果ノモノ　例、妨げ・残り・すり・書き下ろし・老いぼれ・ヘソ曲がり
〜サレルモノ、〜シタ・サレタ結果ノモノ　例、よろい・シタ敷き・ノリ巻
(4)〜スルタメニ使ウモノ　例、はかり・コシ掛け・通い帳
(5)〜スル(タメノ)所　例、終わりノページ・たまり・コエだめ・サツ入れ
〜スル時　例、暮れ・ツユノ入り・ナツ休み・休暇あけ

右の例には、後に説く複合を併用した語例も含めた。何種かの仕方を順に重ねる語構成は珍しくない。

右のたぐいで、意味がかなり複雑な転成もある。例えば、「受け取り」

は何かを受け取った証拠とするもの、「取り組み」は取り組ませる計画で指定したもの、等。

形容詞語幹の転成名詞は、「赤」「黒」のような色、「たかガ知レテイル」のような度合、「アイツハヒドイわるダ」のような人を指すなど、限られた例しかないが、複合語の後ろの要素としては「身近」「生産高」「五円安」「遠浅」など、かなりあって、おもに～デアルサマ・分量を表す。

「タイヲつりニ行ク」「家ガ近くノ人」「朝早くカラ」などは、上に対しては述語的であるが、下に対しては転成名詞として働いている。「親知らずガハエル」は「遠くノ人」などと同類の転成名詞であるが、数が限られている。「見てくれ」「も(持)ってこ(来)い」のように、文から転成した名詞もある。

派　生

派生には、㈠接頭語を上につける、㈡接尾語を下につける、㈢活用以外の仕方で語末の形を変える、の三通りがある。

㈠接頭語を上につける派生には

(1)意味を添える　例、小川・お客・第三・不自然・反帝国主義

(2)語調を整え、または語勢を強める　例、み雪・か弱い・ど根性・引っくくる・す町人・どす黒い

の二種がある。接頭語による派生では、一般に、もとの品詞が保たれる。ただし漢語系の否定接頭語が名詞について形容動詞語幹を構成することがある(例、不人情)。

㈡接尾語を下につける派生。古くは、語調を整え、または語勢を強める接尾語も存した(例、箱根ろ)が、現在では

(1)意味を添える　例、人たち・犬め・三枚・お客様

(2)文法的性質を転ずる　例、清らか・花やか・おとなしい・端麗さ・寒げ・比較的・ほのめかす・わざとらしい

の二種と見られる。もっとも、「学者ぶる」「春めく」などは両者を兼ねているので、この区別はあまり本質的ではない。接尾語による派生語の文法的性質は、(1)の場合でも、その接尾語によって決まる。

㈢による派生では、動詞のいわゆる自他を転ずる派生が大切である。「焼ける：焼く」「宿る：宿す」などであるが、同じ自動詞「尽きる」からの「尽くす」「尽かす」や、同じ他動詞「伝える」からの「伝わる」「伝う」のように、意味の違いがある場合があり、「似る：似せる」は自他の対応であっても、「着る：着せる」は共に他動詞であるなど、この種の対応を単に派生関係と見るのは適当ではない。むしろ

伝わる	うもれる	見える	抜かる	泣ける		
伝う	うまる		抜ける	泣く	焼ける	生きる
伝える	うめる	見る	抜く		焼く	
		見せる	抜かす	泣かす	焼かす	生かす

のような布置で考えるべきかも知れない。この種の派生の対(つい)の型は二十種ほどある。また動詞の間だけでなく、「勇む：勇ましい」「似合う：似合わしい」「恐れる：恐ろしい」「恥じる：恥ずかしい」など、動詞から形容詞を派生させる型もある。

複　合

複合は最も種類が多くかつ大切な方法と言える。構成要素は単語より小さなものから連語までがある。同じ語を重ねて(ただし後ろの要素に連濁を生ずることがある)構成された複合語を**畳語**という。畳語は形式上・意味上の観点からほぼ三分される。

㈠体言を重ね、反復して考えられる同類を指す　例、山々・人々・種々・銘々・われわれ・一切れ一切れ

㈡動詞(に助動詞がついたもの)の連用形(古くは終止形)を重ね、～シツツのような意を表す　例、泣き泣き・泣く泣く・知らず知らず・ゆくゆくハ・パンヲ食べ食べ本ヲヨム・見す見す

㈢(外的)状態を表す形容詞語幹などを重ね、その状態が単発的でなく成り立っている意を表す　例、青々・近々(ちかぢか)・こわごわ・しずしず・荒々シイ・近々(きんきん)・堂々

これらの意味的共通点は、対象とする物・事柄・状態を繰り返し考えてい

る所にある。㈠はよく誤って複数を意味すると説かれるが、正しくない。もし複数なら、集落の中の二軒だけが旗を立てていても「家々に旗が立ててある」と言えるはずであるが、この表現はむしろ各家というのに近い。「家また家」という反復であり、㈡や㈢もこの反復という観点から説明できる。ただし、「なおなお」「ただただ」のたぐいは強調である。

複合語「AB」の場合、B=Aである時は畳語であるが、いわばB≒Aによる複合もあり、その大部分は

AとBとの対(ツイ)、またはAやBを代表とする同類のもの・状態(の全体)を指す　例、親子・真偽・売り買い・くさき・そうもく・つきひ・じつげつ・あれこれ・よしあし・兄弟・ちらほら・見ず知らず・浮きつ沈みつ

「花鳥風月」は、構成要素の結合を「=」で表すとして、(花=鳥)=(風=月)というように、この型による三回の複合からできている。ただし「東北」「後ろ前」などは特殊の意味を表し、また「三つ四つ」のたぐいはAマタハB(ノ程度)を意味する。「真偽」「寒暖」「美醜」「でき不でき」のように両極端を重ねたものは、その属性を抽象化した観念を表す。右の型の複合語では一般に連濁を生じない。「オヒレ(尾鰭)」「ヤマカワ(山川)」はこの型であるが、「オビレ」「ヤマガワ」は後に説く別の複合となる。漢語系の「柔剣道」「絹糸布」は、柔道や剣道、絹糸や絹布の意で、あたかも$(a+b)m=am+bm$, $m(a+b)=ma+mb$のような構成をとる。

A≠Bである複合語が最も多く、意味的特徴も多彩である。漢語の複合語は和語系のものと一律には扱い難いが、以下ではなるべく併せて説く。それに準ずる用例である場合には(　)に包んで示す。

㈠形容詞語幹(シク活用では「し」まで)=名詞　↓名詞

AデアルB　例、薄紙・白犬・若女房・いとし子・(負けじ魂・きれいどころ・軟球・重工業・緊急事態)

㈡動詞連用形=名詞　↓名詞

(1)BガAスルソノB　例、負け犬・雇い主・(残金)

BガAサレルソノB　例、飲み水・恋人・(雇員)

(2)Aシテ得ル(デキル)B　例、消し炭・笑い顔・(出演料)

(3)Bヲ使ッテAスルソノB　例、縫針・呼び水・(借用料)

(4)所BデAスルソノB　例、出口・出入口・釣堀・(研究室)

時BニAスルソノB　例、産み月・死に時・(休憩時間)

㈢名詞=形容詞語幹　↓名詞・形容動詞語幹

(1)AガBデアルコト・サマ　例、足ばや・気軽・間近・すそご・手薄・(手不足・望み少な・求人難)

(2)Aニ対シBデアルコト・サマ　例、身近・耳遠

㈣名詞=動詞連用形　↓名詞

(1)AガBスルコト・モノ　例、心変わり・札付き・(国立・電流・物価騰貴・品不足)

AガBスルヨウニソレガBスルコト　例、うなぎ上り・棒立ち・(氷解・雲散霧消)

(2)AヲBスルコト・モノ　例、草取り・人殺し・(殺人)・宗門改め・(腕自慢・水防・防水・体質改善)

Aヲ～スルヨウニソレヲBスルコト　例、らっぱ飲み

(3)Bシテ状態・物Aニナルソノ事B(ヲスル人)　例、幅とび・炭焼き・(作詩・番組編成)

Bスル結果・形ガAニ似ルソノB　例、豆絞りノテヌグイ・かば焼・ともえ投げ・えび責め

(4)AニBスルコト・人　例、神頼み・女狂い・あなた任せ・(親孝行・憲法違反)

AニBスルヨウニソレニBスルコト　例、馬乗り

(5)Aヲ使ッテBスルソノB　例、くぎづけ・火遊び・手編み・(毒殺・写真判定)

(6)所AニBスルソノB　例、肌触り・西向き・(西面)・里帰り・(帰京)・病院通い・(家宅侵入)・関所改め

時AニBスルソノB　例、夏やせ・前祝い・年末助け合い・(後悔・早期発見)

(7)Aノ状態・資格デBスルソノB　例、輪乗り・弟子入り・(上下動)

(8)Aガ原因デBスルソノB　例、霜焼け・酒太り・(食傷)

(五)形容詞語幹＝動詞連用形→名詞
Aノ状態デBスルコト　例、荒稼ぎ・高笑い・うれし泣き・(激変)

(六)動詞連用形＝動詞連用形→名詞
AシテBスルコト　例、飛ばし読み・(けんか別れ・食わず嫌い)

(七)名詞＝名詞→名詞
(1)AデアルB　例、父親・桜花・宝石・前提条件
AニユカリノアルB　例、ローマ字・西洋半紙・胡蝶
(2)ソノBヲAト呼ブB　例、月組・富士山・第二工場
(3)Aニ属スルB　例、人手・星影・橋脚・原子核
Aニ属スル、Bニ似タモノ　例、手首
(4)Aヲ所有スルB　例、船宿・金主
(5)Aニ関スルB　例、姉むこ・葉桜・印刷局・光量・自由主義・自動車工場・犯罪事例・科学雑誌・経営理念
この(5)は更に細かく分けるべきであるが、今は一括しておく。
(6)Aニ形状ガ似タB　例、弓なり・花笠・さおばかり・鈴蘭・殿様がえる・板ガラス・鉄腕・銀世界
(7)所Aニ実現スルB　例、野ばら・しりだこ・西風・町工場・テーブルスピーチ・野天ぶろ・遠洋漁業・(国家理念)
時Aニ実現スルB　例、朝日・年男・古人・未来社会
(8)Aノ存在ヲ特色トスル所B　例、砂浜・雨空・氷原
Aノ存在ヲ特色トスル時B　例、月夜・厄年・戦時
(9)AノタメニキウB　例、荷車・雨具・計算機・(少女雑誌)
(10)Aヲ材料トシテ作ッタB　例、絹糸・しの笛・ゴムまり・ガラス板・鉄橋・丸木舟・(羊皮紙・玉子どうふ)
(11)Aノ利用ヲ特色トスルB　例、かざぐるま・帆船・蒸気機関・電子顕微鏡・手まくら・足わざ
(12)Aガ原因デ生ズルB　例、ペンだこ・鉛毒・電光

以上は複合名詞のおもな類型である。このほか複合用言が重要である。AもBも用言であるABは、概して、AカッBの意であるが、「踊り狂う」のクルウは見立てであって本当の発狂ではない。こうした例も多いし、またAカッBでは説けないものもある。Bが「始める」「掛ける」「切る」「やすい」「にくい」などである場合の複合の意味は、この辞典のその項に述べてある。Aが名詞である複合用言もあるが、今は割愛する。

＊

右の諸例は分かりやすさを旨として、比較的単純なものを挙げておいたが、やや長い語の構成には、前述のような型を幾つか重ねた(すなわち入子(いれこ)にした)ものが多いことを、念のために断っておく。複合語の範囲で四例だけ挙げてみよう。構成法を示す数字は、先に述べた番号である。(ここの論自体が概説であるため、近似的な番号付与の所もあるが、趣旨を損なうことはない。)

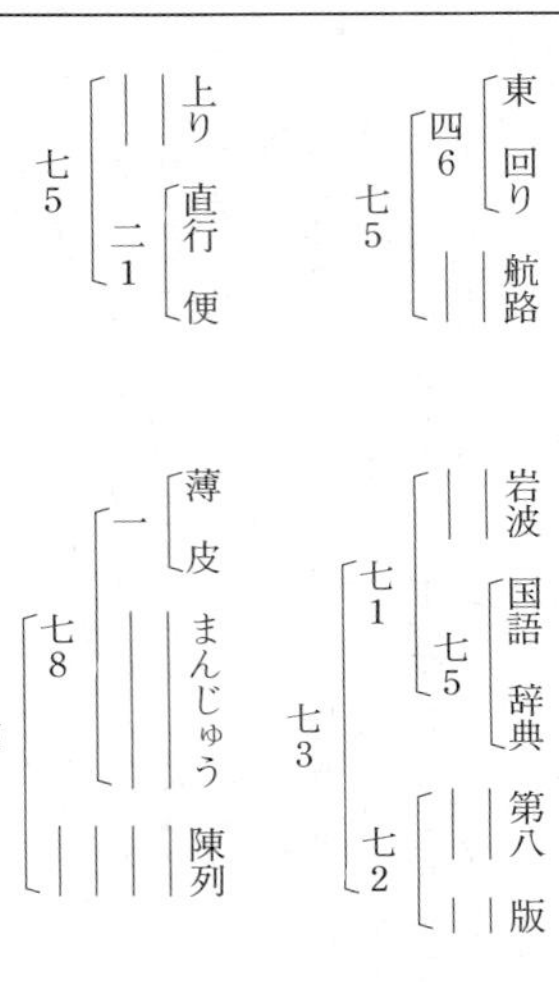

語類概説

現状では品詞の立て方は学者によってかなりまちまちである。大筋では同じような所に落ち着くと見ることもできようが、それは妥協の産物であり筋が通らない点が多い。

学校文法でお馴染みの品詞分類には、実際の文章に当てはめると、まずい所がいろいろ見つかる。これを考慮してこの辞典の見出しには通例とやや変わった語類表示を与えてきた。その語類とは品詞を拡張した概念で、文法上同じ用法の語が同じ語類に属することを企てる。この企ては語のどんな特性に着目するかに依存する。それゆえ、従来の品詞と対照する述べ方で、(それは従来の品詞がごく大まかな語類分けと見られるからであるが、)この辞典の語類について解説しよう。このような語類の採用は用法の記述を精密にする。

なお品詞の観点から補足しておくが、品詞はすべての語に与えられる概念ではなく、接頭語や接尾語がどの品詞に入るかは言えない。**接頭語**を含んだ単語は、接頭語と合した部分の文法的性質によって品詞が決まることが多い。これにひきかえ**接尾語**を含んだ単語の品詞は、普通はその接尾語の性質によって決まる。例えば単独では名詞である「春」に接尾語「めく」がついてできた単語「春めく」、単独では使われない「ほの」に「めく」がついてできた単語「ほのめく」は、いずれも動詞である。

名詞・代名詞

名詞と代名詞とは、文法上は区別する必要がない。その区別は意味上のものである。

名詞は事物を表すのに使う呼び名であって、活用しないことが文法上の特色である。「山」「女」「インク」「会社」などの物や、「火事」「試合」「労働」「納税」などの事柄を始め、「紫」「甘さ」「重み」「混乱」「悲哀」「結論」「東」「関係」「三つ」など、それについて述べることができる対象の呼び名は、すべて名詞である。それゆえ多くの名詞は主語として使える。しかし中には、「迎接にいとまがない」の「迎接」、「すりひざで進む」の「すりひざ」のように、主語では使うことのないものもある。そういう単語も、呼び名として使い、また格助詞がつく点でも他の名詞と同様な性質を持つ。そういうものは、この辞典では名詞と認めた。名詞でありながら連体修飾に「ーな」の形が使えるものもかなりある。これには〘名ナ〙の表示をした。

この事につけて言うと、「比べ物」は「食べ物」と同じ語構造を持つが、主語に立つ事がない。また「みぎり」は連体修飾語と合して使い、この合したもの全体が名詞的である。こういう点で名詞の用法上の細分が施せたら、便利なことが多い。今まで見落としてきたと思われるものに、助詞「の」と断定の助動詞系統の「だ」「です」「らしい」など(の活用形)は従えるが、他には帰結を示す格助詞「に」ぐらいとしか結び付かない、特別な一類がある。「名うて」「うり二つ」や「既知」「空前」「論外」「迫真」「一衣帯水」など、かなり多くがこの類に属する。この辞典はこの一類に特に〘ノダ〙という標(しるし)を立てた。名詞系統でなくても「こりごり」はノダ類の一種で、サ変動詞も派生させるから、これには標〘ノダ・ス自〙を立てる。

細かく見れば先の「すりひざ」「迎接」を始めこれの親類と言える類がいろいろ見つかり、名詞の細分はなかなか大変である。しかしそれは、煩雑さえいとわなければ、してできない話でなく、名詞を類別する枠組みは作れる。ただ困ったことに、日本語の用法が名詞でも変わりつつある現在、例えば一つには「とかぁ」に隠れて格助詞との結合があいまいで、格に着目した細分がしにくい。この種の現象が安定するまで、枠組みのどの類に入れるかが流動的な点を考慮して、名詞の類別を、かなり安定した語の名ナ類とノダ類の分離以外には保留した。(ただし特徴的な点はそれぞれの名詞に応じその項目に記しておく。)

名詞の中には、副詞のような働きでも使えるものがある。時に関する「昔」「将来」「きょう」「あす」や、数量に関する「(本が)二冊(ある)」などがそれである。この辞典ではこれらを名詞の副詞的用法と認め、別に副詞として分けることをしなかった。その理由は、⑴「未来」とか「午前」とか同類の時に関する名詞にこの副詞的用法がないこと、⑵「貧乏だった昔、あの人に大変世話になった」の「昔」のように、連体修飾語をうけること、などである。

名詞と関係して、形容動詞の語幹が問題になるが、これについては形容動詞の項を見られたい。

代名詞の文法上の性質は名詞と同様であるが、ただそれは事物の呼び名でなく、話し手や聞き手との相対的な関係に基づいて事物を指す点で、名詞と異なる。また国語の代名詞の第三人称には「これ、ここ、こっち」「それ、そこ、そっち」のような体系があることが特色である。そこでこの辞典では、名詞とは別に代名詞を設けた。ただし特に敬語と関係が深い「先生」などは、代名詞的にも使えるが、その理由だけでは、代名詞とすることはしなかった。

形容動詞

形容動詞の語幹は、しばしば名詞と紛れる。学者によってはこの品詞を認めないが、この辞典は通説に従って、語類を『ダナ』で表示した。表示が『名・ダナ』の場合には名詞・形容動詞両用なので、連体修飾には当然「ーの」も「ーな」も現れる。ただし次の規準に合うものだけを**形容動詞**と認めた。口語で言えば、⑴「ーに」の形が広く(「なる」「する」の類と結合して結果を表す格助詞の「に」だけでなく)動詞に対して副詞と同様の連用修飾の働きをすること。⑵連体修飾語となる時の形が「ーな」であること。⑶「だろ・だっ・で・に・だ・な・なら」の活用語尾が、原則としてそろっていること、などである。

「有能な男」という言い方がある。しかし「有能に」の形は右の規準⑴に合わないから、この辞典では「有能だ」という形容動詞は認めず、「有能」を名詞とした。ただし「ーな」の形もあることを示すため、品詞の注記は前述した『名ナノ』を用いた。

「清らか(だ)」「きれい(だ)」などは右の三規準に合うから形容動詞であり、前述の通り『ダナ』と注記した。「健康」「自由」などには、名詞の場合と形容動詞の場合とがある。形容動詞は意味上、事物のありさまを表す言葉であるから、そのうちのあるものは、「健康を保つ」のように、そのありさまの呼び名として名詞になる。これらは『名・ダナ』と注記した。また元来は名詞であった「達者」「じょうず」「大幅」などのように、それが指す物の特色的な性質を取り出して使い、形容動詞に転じた例もある。こうした言葉には「大幅の値上げ」のように「ーの」の形もある。

「特別」は副詞として使い、また「特別に」の形でも同様に使う。これが連体修飾語となる時には「特別の人」「特別な人」どちらの形もある。しかも形容動詞の活用形のすべてがそろう。ゆえに前記三規準に照らして「特別だ」は形容動詞と言えるから、「とくべつ」という見出しには『ダナノ・副』と注記した。

「主観的」など「ー的」の形をした言葉も、この辞典では『ダナ』と注記した。「主観的だ」などを形容動詞と認めたわけである。この類の単語には次の特色がある。それは「主観的な見解」のほかに「主観的見解」とも言うことで分かる通り、語幹が連体詞的な用法も持つ点である。この用法は、「特別立法」「きれいどころ」などに見られるように、「的」を含まない形容動詞の一部にも認められる。

以上の通りこの辞典では、形容動詞かと思われる場合には、かなり細かい検討をした。そこで『名ナノ』『ダナ』『ダナノ』のような注記の区別が生じたわけである。なお文語では形容動詞である「堂々たり」の類は、口語では「堂々と」「堂々たる」の形でしか使わない。これらは『トタル』と注記した。「切に」「切なる」や「単に」「単なる」の「切」「単」なども、品詞論的には同類である。

国語では形容詞があまり豊かでなかった。その不足を補うために発達した品詞が、形容動詞である。したがってその文法的性質は、形容詞とかなりよく似ている。

形容詞

形容詞は、感情・感覚や事物のありさまを表す点でも、活用する点でも、形容動詞と似ているが、活用の仕方は違う。また終止形の語末が、口語では「い」、文語では「し」(「同じ」「すさまじ」のように「じ」のこともある)である。

「無い」と「有る」、「貧しい」と「富む」など、意味が対となりながら品詞が形容詞と動詞に分かれるものがある。一般に、形容詞は没時間的に、動詞は時間的推移の観点で、事態を表す。この事は「悲しい」と「悲しむ」、「喜ばしい」と「喜ぶ」などを比べてみれば分かる。

形容詞は単独で、つまり動詞や助動詞の助けを借りずに、述語となり得る。また連用形(後掲の活用表に「連用1」としたもの)は連用修飾語として副詞的に働くことができる。

形容詞の活用が十分には発達しなかったところから、他の言葉に続ける必要上、動詞「あり」の助けを借りる場合があった。例えば「よし」を打消しの「ず」に続けるために「よく-あら-ず」としたたぐいである。ここから「よから(-ぬ)」のような形が出た。

形容詞の活用をする「暖かい」「細かい」「黄色い」などは、他に「暖かだ、暖かな」のような形もあり、形容動詞の活用もする。「小さい」「大きい」「おかしい」は、形容動詞の活用語尾がそろってはいないが、「—な」の形だけはある。こういう所にも形容詞と形容動詞との似寄りが見られる。

動詞

単独で使うことがあり、活用する、もう一つの品詞は**動詞**である。その終止形は、口語では母音ウで終わる。文語でも概して同じであるが、ラ行変格活用をする語だけは、終止形語末が「り」である。動詞の意味上の特色については先に形容詞と対比して述べたから、ここでは繰り返さない。

動詞は単独で述語となることができる。形容詞・形容動詞と違って、その連用形は一般に副詞的な連用修飾をしない。

「いけない」(だめだの意)という言葉(実は連語)は、一見形容詞かに思われるが、「いけません」という言い方と比べ、また他の動詞の活用、例えば「読めない」「読めません」と比べることによって、「いけ」の部分が一単語で動詞だということが分かる。この動詞の終止形は「いける」であるはずであるが、そういう言い切りの形は使わない。(もっとも「この酒はなかなかいける」ということはある。この「いける」と「いけません」の「いけ」とは同語源であるが、意味は違う。)そうすると「いけ」には終止形(ばかりか連体形・仮定形・命令形も)がないとも言える。「読む」には命令形があるが、「読める」にはない。動詞によっては、ある活用形を欠く場合がある。

同じく動詞と言っても、活用の型の種類は多い。口語では形容詞・形容動詞の活用の型はそれぞれ一種、文語でも前者はク活用・シク活用、後者はナリ活用・タリ活用のそれぞれ二種に整理できるが、これらに比べ動詞では、大別して口語で五種、文語で九種ある。すなわち口語では五段(文語または歴史的仮名遣いでの四段に対応)・上一段・下一段・カ行変格・サ行変格の各活用が数えられ、文語ではこのほかに上二段・下二段・ナ行変格・ラ行変格の諸活用が加わる。

なおこの辞典では第四版から「四段」の呼称を「五段」としたが、これは全く世間(学校文法用語)の大勢に従ったまでの事で、理論的観点からはこの改称によって何ら得る所がない。どちらの名で呼ぼうと、この型の活用には、後掲の動詞活用表に見られる通り、さまざまの種類があって、たとい「五段」と呼んだところで特徴を言い尽くすことにはならない。口語に即して言えば、動詞の活用の種類は、

四段系統…母韻交替型　(その中が更に細分される)
一段系統…語末添加型　(「得る」は一段・二段両用)
三段系統…右の混合型

に大別される。カ行・サ行・ザ行の変格は実は「変格」の名に反し同等の一つの型を担っているし、一段活用の「上」「下」の呼び分けも実質には何も利いて来ない。「五段」の名称を口語に即した改名要求と言うなら、右の点も併せ考えた体系的な呼称変更をしてしかるべきであろう。ここに詳しく述べるゆとりはないが、大方の注意を喚起しておきたい。実は、活用型の呼び名にとどまらず、いわゆる品詞は学校文法の枠を出

て、もっと精密なものに再編すべきなのである。

動詞は自動詞と他動詞とに分けられるが、国語の場合この区別は文法的なものというより意味上のものである。**他動詞**は動作・作用が他に影響を及ぼす意を積極的に表した動詞、**自動詞**はそういう意を積極的には表していない動詞である。一つの動詞が時代の変遷につれて自動詞から他動詞に変わるというようなこともある。古語の「恋ふ」「恋ひす」は自動詞であったが、すなわち「君に恋ひす」のように助詞「に」のついた文節を受けて、「自然にひきつけられ慕わしく思う」のような意であったが、後にはもっと能動的な態度を表し、「君を恋する」のような他動詞に転じた。他動詞は助詞「を」のついた文節によって修飾され得るが、逆にそういう連用修飾語を伴えば必ず他動詞かと言うと、そうとは限らない。「山を越える」「空を飛ぶ」「席を立つ」などの「越える」「飛ぶ」「立つ」は皆、自動詞である。これらの動作の影響が他に全く及んでいないわけではないが、表現の重点がそこになく、この助詞「を」は動作の規準点・経過点を示すものであるから、これらは自動詞ということになる。「山を越える」と「山を越す」と比べてみるとよい。「越す」は他動詞である。また「野に行く」と「野を行く」との「行く」は、共に自動詞であるが、これにかかる連用修飾語が「に」で示されるか「を」で示されるかによって、全体として意味に差がある。しかしその意味の差は「行く」の意味の差ではなく、むしろ助詞「に」「を」に帰せられるべきである。

自動詞「見える」に対する他動詞はと言えば、「見る」のほかにも「見せる」がある。「見る」は、その行為者が他に対してそういう行為をする、つまり甲が乙を見るのであるが、「見せる」は甲が乙を見るのでなく、甲が丙に対して丙が乙を見るようにし向けるのである。同じく他動詞と言っても、こういう区別がある。後者の類には「着せる」「寝せる」「寝かす」「生かす」などがある。また自動詞の意味も単一ではない。「行く」「寝る」などはみずからそうするのであるが、「見える」「聞こえる」「老いる」などは自然にそうなるのである。後者は動作や作用を表すというより、時間的推移が考えられるような状態を表すと言えよう。

副詞・連体詞

単独で文節を形作り、他の語を修飾する働きをする単語に、副詞と連体詞とがある。共に活用はない。両者の違いは、連体詞が名詞(代名詞)しか修飾しないのに、つまり連体修飾語としかならないのに、副詞はそうとは限らない(多くの場合、連用修飾語となる)点にある。

副詞の性質は、細かく考えると色々あるが、用法と意味との観点から分けてみると、例えば次のようになる。

(一)表す事物のありかた・仕方を修飾する副詞
(1)情況に関するもの　例…いきなり　しんみり　突如
(2)時・順序に関するもの　例…しばらく　まだ　まず
(3)数量に関するもの　例…すっかり　たくさん
(4)程度に関するもの　例…ごく　ちょっと
(二)話し手の陳述(判断の表明)と呼応する副詞
(1)依頼・願望の言い方にかかわるもの　例…どうぞ　是非
(2)仮定の言い方にかかわるもの　例…たとい　もし　よしんば
(3)問い掛け(・詰問)の言い方にかかわるもの　例…一体　なぜ
(4)打消しの言い方にかかわるもの　例…決して　ろくに
　特に、禁止の言い方にかかわるもの　例…ゆめ(文語)
　特に、否定的推量の言い方にかかわるもの　例…まさか　よもや
(5)推量の言い方にかかわるもの　例…恐らく　多分
(6)比況の言い方にかかわるもの　例…あたかも　まるで
(7)言い定め(・決意の言い方)にかかわるもの　例…必ず　もちろん

右のうち、程度の副詞は、(一)の(1)(2)(3)にない用法を持ち、「更にしばしば」のように他の副詞が修飾できると共に、「ずっと昔」「ごく近所」「もっと東」のように、時・場所・方角を表す名詞も修飾できる。

今まで大方の辞書は特別の注意を向けずに済ませているが、副詞語形の作り方に目を向けよう。実際に見出し語形Aを副詞として使う仕方は一通りでなく、次の三通りになる。それぞれの下側に添えた語類表示法が、この辞典でその区別を示す。

基本型一　Aをそのまま使う　《副》　例…至って
二　Aニの形で使う　《副に》　例…すんで
三　Aトの形で使う　《副と》　例…れっき

このほかに型の併用を許すのが四種ある。すなわち

併用型甲　型一と型二とのどちらも可　《副〔に〕》　例…こもごも
乙　型一と型三とのどちらも可　《副〔と〕》　例…にこにこ
丙　型二と型三とのどちらも可　《副とに》　例…躍起
丁　型一に加えて併用型丙も可　《副〔とに〕》　例…追い追い

念のために断る。「そっと置く」の「そっと」を「どすんと置く」と比べれば、「そっ」が「と」を従えることで副詞になった、つまり基本型三に属すると言えるが、見出しには「そっと」の形で挙がっている。そういうのは（既に「と」を含むので）単に《副》で示す。なお「ぶつぶつと言う」などの「と」は、引用を表す格助詞とも見られる。また、形容動詞の所で述べたように、結果を表す格助詞の「に」は副詞を作る「に」と区別される。

従来あまり強調されずに来たけれども、いわゆる副詞には述語や連体修飾語になり得るものがある。例えば

「なるべくなら」の「なるべく」　を《副ダ》　で、
「いっその事」の「いっそ」　を《副ノ》　で、
「すんでの所で」の「すんで」　を《副にノ》　で、
「さしもの弁慶」の「さしも」　を《副〔に〕ノ》　で、
「みだりな評判」の「みだり」　を《副にナ》　で

表示する。また右の併用型甲に例とした「こもごも」には、実は先に名詞の所で特記したノダ類の用法もあるので、実際には《副〔に〕・ノダ》と表示した。理論上は、これを《副〔に〕》類に属すると共に《ノダ》類にも属する両類複合と見るより、単一の《副〔に〕・ノダ》類と見る方が筋が通るけれど、両類複合と解しても差支えは起こらない。もっと複雑な例として「しきり」と「格段」とを取ってみよう。「しきり」が副詞に働く時の形は「しきりに」が普通だが「しきりと」もある。また「催促が来ることしきりだ」のようにダに助けられて述語になり得るし、実例を調べると「しきりな」の形で連体修飾をする。国語の歴史を顧みれば、恐らく動詞「しきる」の連用形からの、ニによる副詞法が真っ先に現れ、ほかの形は後に出てきたのだろうが、語類表示の形をなるべく統一するために、「ダナ」を「副」より先に書くことにして、「しきり」の語類を結局は《ダナ・副と》と表示する。こういう仕方で「格段」の語類表示を決めれば《ダノナ・副〔と〕》になる。（同様に副詞にも名詞にも使える語は、たとい副詞が時代的に先立っても《名・副》で示す。）

こういう複合型とも言える表示には、また次の類もある。

「あえて」に《副・ス他》、「にこにこ」に《副〔と〕・ス自》、
「少し」に《副・ノダ》、「ひとしお」に《副〔に〕・ノダ》。

今までにない仕方なので、慣れるまで少々時間がかかるかもしれないが、用語法をきちんと示す第一歩として諒とせられたい。

副詞には他品詞の語や連語から転じたものが多いが、**連体詞**はこういう転用から口語文法に設けた一類である。代表的な例「この」にしても、元来は文語の代名詞「こ」に助詞「の」が付いたもので、口語ではその「こ」が単独で働かなくなったところから、口語文法を文語のとは別にまとめる必要で立てた品詞である。語の成り立ちでは「いまわの際」の「いまわの」も、名詞「今」＋助詞「は」＋助詞「の」からできたので似ているが、この「いまは」を現代表記で「今わ」や「今際」と書くので、一見形のつながりを失った。こういうものまでは連体詞としない。「会心の作」に見られる「会心」は「の」を伴わずには使わないから、「会心の」全体を連体詞としてもいいわけで、このたぐいの表現が意外に多いけれども、これらは特殊な名詞に「の」が付いたと説くのが普通である。この辞典でもそう扱う。連体詞の由来で言えば「去る三日」の「去る」のように活用語の連体形だったもの、「大した男」の「大した」のように連語だったもの（「大して困らない」と対照のこと）もある。「大した、大して」には類例がないので、これを連体詞と副詞とに分けるが、「堂々たる、堂々と」や「切なる、切に」などには類例がそろうので、これらを連体詞・副詞に分属させず、《トタル》《ニナル》という語類を立てた。語彙(ご)の構造を知る上でその方がよい。それで従来の品詞観より柔軟な態度を執れば、例えば「堂々」は、そのままの形でも「と」を伴っても副詞になるほか「の」や「たる」が付いて

連体装飾をするが、このことは『副ノ・トタル』で示せる。
　連体詞についてもう一言。「世界に名立たる日本の町工場」の「名立たる」のように元来の動詞「立つ」との縁で、連用修飾語を伴って使える連体詞に似たものがあることを、指摘しておく。

接続詞

接続詞は、単独で文節になるが、修飾の働きはなく、もっぱら文や句(場合によっては語)をつなぎ合わせる役目をする単語である。活用はない。これも他の品詞から転じたものが多い。この品詞は、表す二つ以上の事物・事柄の間の関係について話し手の認定・気分などを示す。「雪になるかも知れない。しかし出掛けよう」の「しかし」は、雪が降りそうなら普通は出掛ける計画をよすのだが、この場合はそれにもかかわらず外出の予定を変えないというので、ここに話し手が事態をどうとらえたかの態度が表されている。

感動詞

感動詞は、それ一語で、常に文と同じ資格を持つような単語である。したがって文の成分としては独立語であり、修飾も接続もしない。活用しないことも、特色の一つである。感動詞を意味の上から分類すると、相手への働き掛けを必要としないものと、相手への呼び掛けやその応答を表すものとがある。前者には「ああ」「ふーん」など、自然の叫び・発声を写し取ったものが多い。

助詞

助詞は、単独では文節とならず、しかも活用がない単語である。常に他の言葉のあとにつく。この品詞に属する単語は、表現対象である物・事柄・状態などを表すものではなく、それらの対象の間の関係を、話し手がどうとらえたかを示すものである。助詞は、その働きによって次のように分類できる。

格助詞　おもに名詞・代名詞につき、その文節が他の文節とどう関係するか、つまり句の成分としてどんな資格に立つかを示す。
　例…が　の　に　を

副助詞　句の成分につき、その文節全体を副詞的にし、あとに来る述語の意味を修飾する。
　例…だけ　など　まで

係助詞　種々の単語につき、あとに来る述語文節の陳述の仕方を拘束する。
　例…は　こそ　しか

終助詞　句の末部に使い、陳述を拘束する。
　例…か　が　な　な(文語)

間投助詞　文節の末にさしはさみ、話し手の感情を添える。
　例…さ　ね　を(文語)

接続助詞　あとの句と結び合わせるために、文中の句の末に使い、両句の述べる事柄の関係を示す。
　例…ば　から　て

　助詞の大部分は、句や文を組み立てるわくのような働きをする。語形は短いが、この点で大事な言葉である。「野を行く」と「野に行く」との違いは、動詞の項で触れた通り、助詞「を」「に」の違いに基づく。「犬が人にかみつく」「犬に人がかみつく」とか「毒舌家だけれど好きだ」「毒舌家だから好きだ」とか、助詞の入れ替えで、意味に大きな違いが出て来る。

助動詞

助動詞は、単独では文節とならず、常に他の言葉のあとにつく点で助詞と似ているが、活用する点が助詞と異なる。助動詞は話し手の判断の仕方を詳しく表すのに使う。(もっとも「れる・られる」「せる・させる」の類は性質が異なるが、これらについてはあとで述べる。)一般に肯定の陳述は動詞・形容詞・形容動詞の言い切りの形で示せるが、名詞・代名詞が述語文節に来る時には、断定の助動詞の助けを借りるのが普通である。話し手が、述べている事柄を否認するとか、確認、回想、あるいは推量するとかいう場合には、この話し手の態度(判断の様相)は助動詞によって表される。

助動詞には大別して二種のものがある。一つは、話し手の判断の仕方を表し、一文やその中の副文(従属文)の構成に直接かかわるもので、他の一つは、そうした陳述を表すというより、上に来る動詞の意味を受身や使役にしたり、自然にそうなる意、そうすることを希望する意にしたりする働きを持つものである。後者には「れる」「せる」「しめる」「たい」などが属する。「彼は行くだろう」という文の主語は第三人称であるが、「だろう」が表すのは彼の予想でなく、話し手の予想である。これにひきかえ「彼は行きたいのだ」の「たい」は彼の希望を表し、もし話し手の希望を表そうとすれば「彼に行かせたいのだ」のように言わなくてはならない。こういう著しい違いがあるので、「れる」「せる」の類の単語を接尾語と説く学者もあるが、一方またもう一つの類とも、接続の仕方その他に似た所も多いので、この辞典では通説に従ってこれらを助動詞とした。

動詞活用表

口語

型	行	例	語幹	未然1	未然2	未然3	未然4	連用1	連用2	終止	連体	仮定	命令1	命令2
五段	サ	話す	はな	さ	さ	さ	そ	し		す	す	せ	せ	
五段	サ	訳す	やく	さ	さ	さ	そ	し		す	す	せ	せ	
五段	ナ	死ぬ	し	な	な	な	の	に	ん	ぬ	ぬ	ね	ね	
五段	バ	呼ぶ	よ	ば	ば	ば	ぼ	び	ん	ぶ	ぶ	べ	べ	
五段	マ	進む	すす	ま	ま	ま	も	み	ん	む	む	め	め	
五段	ガ	継ぐ	つ	が	が	が	ご	ぎ	い	ぐ	ぐ	げ	げ	
五段	カ	解く	と	か	か	か	こ	き	い	く	く	け	け	
五段	カ	行く*	い	か	か	か	こ	き	っ	く	く	け	け	
五段	タ	持つ	も	た	た	た	と	ち	っ	つ	つ	て	て	
五段	ワア	言う	い	わ	わ	わ	お	い	っ	う	う	え	え	
五段	ラ	切る	き	ら	ら	ら	ろ	り	っ	る	る	れ	れ	
五段	ラ	蹴る	け	ら	ら	ら	ろ	り	っ	る	る	れ	れ	
五段	ラ	有る	あ	ら	×	ら	ろ	り	っ	る	る	れ	れ	
五段	ラ	なさる	なさ	ら	ら	(ら)	ろ	り	っ	る	る	れ	い	
上一	ア	居る	(い)	い				い		いる	いる	いれ	いろ	いよ
上一	ア	射る	(い)	い				い		いる	いる	いれ	いろ	いよ
上一	カ	着る	(き)	き				き		きる	きる	きれ	きろ	きよ

文語

型	行	例	語幹	未然	連用	終止	連体	已然	命令
四段	サ	話す	はな	さ	し	す	す	せ	せ
(文語ではサ行変格活用)									
ナ変	ナ	死ぬ	し	な	に	ぬ	ぬる	ぬれ	ね
四段	バ	呼ぶ	よ	ば	び	ぶ	ぶ	べ	べ
四段	マ	進む	すす	ま	み	む	む	め	め
四段	ガ	継ぐ	つ	が	ぎ	ぐ	ぐ	げ	げ
四段	カ	解く	と	か	き	く	く	け	け
四段	カ	行く	ゆ	か	き	く	く	け	け
四段	タ	持つ	も	た	ち	つ	つ	て	て
四段	ハ	言ふ	い	は	ひ	ふ	ふ	へ	へ
四段	ラ	切る	き	ら	り	る	る	れ	れ
下一	カ	蹴る	(け)	け	け	ける	ける	けれ	けよ
ラ変	ラ	有り	あ	ら	り	り	る	れ	れ
(文語では動詞「なす」＋助動詞「る」)									
上一	ワ	居る	(ゐ)	ゐ	ゐ	ゐる	ゐる	ゐれ	ゐよ
上一	ヤ	射る	(い)	い	い	いる	いる	いれ	いよ
上一	カ	着る	(き)	き	き	きる	きる	きれ	きよ

上一	ナ	似る	(に)	に	に	にる	にる	にれ	にろ によ
	ハ	干る	(ひ)	ひ	ひ	ひる	ひる	ひれ	ひろ ひよ
	マ	見る	(み)	み	み	みる	みる	みれ	みろ みよ
	ザ	信じる	しん	じ	じ	じる	じる	じれ	じろ じよ
	ア	強いる	し	い	い	いる	いる	いれ	いろ いよ
	ア	報いる	むく	い	い	いる	いる	いれ	いろ いよ
	カ	尽きる	つ	き	き	きる	きる	きれ	きろ きよ
	ガ	過ぎる	す	ぎ	ぎ	ぎる	ぎる	ぎれ	ぎろ ぎよ
	ザ	恥じる	は	じ	じ	じる	じる	じれ	じろ じよ
	タ	落ちる	お	ち	ち	ちる	ちる	ちれ	ちろ ちよ
	バ	帯びる	お	び	び	びる	びる	びれ	びろ びよ
	ラ	降りる	お	り	り	りる	りる	りれ	りろ りよ

（下段の文語動詞は口語ではマ行五段活用）

下一	ア	得る	(え)	え	え	える	える	えれ	えろ えよ
	ア	与える	あた	え	え	える	える	えれ	えろ えよ
	ア	越える	こ	え	え	える	える	えれ	えろ えよ
	ア	据える	す	え	え	える	える	えれ	えろ えよ
	カ	受ける	う	け	け	ける	ける	けれ	けろ けよ
	ガ	曲げる	ま	げ	げ	げる	げる	げれ	げろ げよ
	サ	見せる	み	せ	せ	せる	せる	せれ	せろ せよ
	ザ	混ぜる	ま	ぜ	ぜ	ぜる	ぜる	ぜれ	ぜろ ぜよ
	タ	当てる	あ	て	て	てる	てる	てれ	てろ てよ
	ダ	なでる	な	で	で	でる	でる	でれ	でろ でよ
	ナ	重ねる	かさ	ね	ね	ねる	ねる	ねれ	ねろ ねよ
	ハ	経る	(へ)	へ	へ	へる	へる	へれ	へろ へよ

上一	ナ	似る	(に)	に	に	にる	にる	にれ	によ
	ハ	干る	(ひ)	ひ	ひ	ひる	ひる	ひれ	ひよ
	マ	見る	(み)	み	み	みる	みる	みれ	みよ

（文語ではサ行変格活用）

上二	ハ	強ふ	し	ひ	ひ	ふ	ふる	ふれ	ひよ
	ヤ	報ゆ	むく	い	い	ゆ	ゆる	ゆれ	いよ
	カ	尽く	つ	き	き	く	くる	くれ	きよ
	ガ	過ぐ	す	ぎ	ぎ	ぐ	ぐる	ぐれ	ぎよ
	ダ	恥づ	は	ぢ	ぢ	づ	づる	づれ	ぢよ
	タ	落つ	お	ち	ち	つ	つる	つれ	ちよ
	バ	帯ぶ	お	び	び	ぶ	ぶる	ぶれ	びよ
	ラ	降る	お	り	り	る	るる	るれ	りよ
	マ	恨む	うら	み	み	む	むる	むれ	みよ

下二	ア	得	(う)	え	え	う	うる	うれ	えよ
	ハ	与ふ	あた	へ	へ	ふ	ふる	ふれ	へよ
	ヤ	越ゆ	こ	え	え	ゆ	ゆる	ゆれ	えよ
	ワ	据う	す	ゑ	ゑ	う	うる	うれ	ゑよ
	カ	受く	う	け	け	く	くる	くれ	けよ
	ガ	曲ぐ	ま	げ	げ	ぐ	ぐる	ぐれ	げよ
	サ	見す	み	せ	せ	す	する	すれ	せよ
	ザ	混ず	ま	ぜ	ぜ	ず	ずる	ずれ	ぜよ
	タ	当つ	あ	て	て	つ	つる	つれ	てよ
	ダ	なづ	な	で	で	づ	づる	づれ	でよ
	ナ	重ぬ	かさ	ね	ね	ぬ	ぬる	ぬれ	ねよ
	ハ	経	(ふ)	へ	へ	ふ	ふる	ふれ	へよ

	バ	述べる	の	べ	べ	べる	べる	べれ	べろ べよ
	マ	決める	き	め	め	める	める	めれ	めろ めよ
	ラ	恐れる	おそ	れ	れ	れる	れる	れれ	れろ れよ
カ変	カ	来る	(く)	こ	き	くる	くる	くれ	× こい
サ変	サ	する	(す)	せ し せ し	し	する	する	すれ	しろ せよ
	サ	決する	けっ	せ し せ し	し	する	する	すれ	しろ せよ
	ザ	信ずる	しん	ぜ じ ぜ じ	じ	ずる	ずる	ずれ	じろ ぜよ

	バ	述ぶ	の	べ	べ	ぶ	ぶる	ぶれ	べよ
	マ	決む	き	め	め	む	むる	むれ	めよ
	ラ	恐る	おそ	れ	れ	る	るる	るれ	れよ
カ変	カ	来	(く)	こ	き	く	くる	くれ	こよ
サ変	サ	す	(す)	せ	し	す	する	すれ	せよ
	サ	決す	けっ	せ	し	す	する	すれ	せよ
	ザ	信ず	しん	ぜ	じ	ず	ずる	ずれ	ぜよ

＊ 行く――口語には「いく」のほかに「ゆく」の形もあるが、この時でも、連用形2は「ゆっ」でなく「いっ」となる。文語では「ゆく」のほかに「いく」の形もある。「ゆく」の連用形の音便は「ゆい」である。

〔備考〕 口語の未然形・連用形・命令形の語尾の欄は、更に小分けした。

未然形1は打消しの「ぬ」へ続く形、2は「ない」へ続く形、3は「せる・させる」「れる・られる」へ続く形、4は「う・よう」へ続く形である。

連用形の1は言いさしの時や助動詞「たい」へ続く時の形、2は「た（だ）」や「て（で）」へ続く時の形である。

命令形の1と2とは、こういう接続上の区別でなく、二つの形があるものもあることを示す。

以上の小分けにかかわりなく同じ形が使われる場合には、欄の中央にその形を示した。

語尾の欄に×と書いた所は、その形を欠く意、また（ ）をつけたのは、その形を普通は使わない意である。

文語では音便の形を省いた。その形は、その動詞の口語での活用の連用形2と大体同じであるが、サ行四段活用にはイ音便、ハ行四段活用にはウ音便もある。口語でも「乞う」「問う」「たまう」はウ音便であり、「沿う」は促音便・ウ音便の両方を使いうる。なお、ナ・バ・マ・ガ行活用の音便では、これを受ける「た（り）」「て」が濁音化して「だ（り）」「で」となる。

活用表

形容詞活用表

口語

例	語幹	語尾 未然	語尾 連用 1	語尾 連用 2	語尾 連用 3	語尾 終止	語尾 連体	語尾 仮定	語尾 命令
寒い	さむ	かろ	く	う	かっ	い	い	けれ	×
赤い	あか	かろ	く	*	かっ	い	い	けれ	×
大きい	おおき	かろ	く	♯	かっ	い	い	けれ	×
正しい	ただし	かろ	く	♯	かっ	い	い	けれ	×

文語

型	例	語幹	語尾 未然 1	語尾 未然 2	語尾 連用 1	語尾 連用 2	語尾 終止	語尾 連体 1	語尾 連体 2	語尾 已然	語尾 命令
ク	寒し	さむ	く	から	く	かり	し	き	かる	けれ	かれ
ク	赤し	あか	く	から	く	かり	し	き	かる	けれ	かれ
(文語では形容動詞のナリ活用)											
シク	正し	ただ	しく	しから	しく	しかり	し	しき	しかる	しけれ	しかれ

〔備考〕口語の連用形の欄には三つの小分けがある。その1は言いさしや副詞的な連用修飾語になる時の形、3は助動詞「た」へ続く時の形である。2は「ございます」「存じます」などへ続く時の形で、起源的には1のウ音便であるが、次の点に注意。

㈠ 次の㈡㈢㈣以外――「寒う」「広う」のように、語幹に「う」が付く。

㈡ 語幹が母音アで終わる（表に*とした）もの――「あこう」「はよう」「ちいそう」のようになる。

㈢ 語幹末がキかシ（またはジ）かである（表に♯とした）もの――「おおきゅう」とか「ただしゅう」「すさまじゅう」とかのようになる。

㈣ 語幹末がチである「ばっちい」「ばばっちい」「みみっちい」などには、意味上「ございます」が付きにくいが、もし付けるなら㈢と同様にする。

文語の音便の形は表では省いたが、右の㈡や㈢の場合にも㈠と同様である。すなわち「あかう」「はやう」「ちひさう」「ただしう」「すさまじう」など。シク活用の語幹の認め方を口語とそろえる方が理論上は便。

文語の未然形・連用形・連体形にも小分けがしてある。未然形1は仮定の助詞「ば」へ続く形、2は助動詞「む」などへ続く形である。

連用形1は口語の場合の1と同じ。2は助動詞「き」などへ続く形である。

連体形1は連体修飾語になる時などの形、2は助動詞「べし」などへ続く時の形である。

口語の形容詞は、一般に命令形を欠く。

文語で「同じ」はシク活用と同様の活用をし、また形容動詞ナリ活用の型にもなる。

形容動詞活用表

口語								
例	語幹	語尾 未然	語尾 連用 1	語尾 連用 2	語尾 連用 3	語尾 終止	語尾 連体	語尾 仮定	語尾 命令
静かだ	静か	だろ	だっ	で	に	だ	な	なら	×
同じだ	同じ	だろ	だっ	で	に	だ	＊	なら	×

〔備考〕 形容動詞に属する単語は、ことに口語の場合、他の品詞を兼ねる場合が多く、それについては既に語類概説の形容動詞の項で解説したから、そこも参照せられたい。表には規準的な活用を示す。なお口語では、一語だけであるが特殊な活用をする「同じだ」を付記する。この連体形の欄には＊を入れておいたが、これは語幹の形「同じ」が語尾をとらずに使われることを意味する。

文語									
型	例	語幹	語尾 未然	語尾 連用 1	語尾 連用 2	語尾 終止	語尾 連体	語尾 已然	語尾 命令
ナリ	静かなり	静か	なら	なり	に	なり	なる	なれ	なれ
タリ	堂堂たり	堂堂	たら	たり	と	たり	たる	たれ	たれ

口語・文語ともに連用形語尾の欄には小分けがある。口語の場合の1は助動詞「た」へ続く形、2は言いさしの時、「ある」「ない」へ続く時などの形、3は副詞的な連用修飾語になる時の形である。文語の場合の1は口語の1に当たる形、また2は口語の2と3とに当たる形である。

助動詞活用表

(一) 口語

助動詞の活用の型には、動詞的・形容詞的・形容動詞的なもののほかに、特殊な型もあり、また助動詞が互いに結合する場合あとに付くものほど、概して活用形が欠けている(つまりそうした活用形を備える必要がない)という傾向があり、かなり複雑である。後掲の表は口語と文語とに分け、前者に重きを置いて作った。備考に注意してほしい。

語	未然 1・2	連用 1	連用 2・3・4	終止	連体	仮定	命令	何を受けるか 動詞	何を受けるか 形容	何を受けるか 形動	何を受けるか 名	おもな用法
せる	せ	×	せ	せる	せる	せれ	せろ せよ	五段未然	×	×	×	使役
させる	させ	×	させ	させる	させる	させれ	させろ させよ	他の未然	×	×	×	使役

語	未然	連用	終止	連体	仮定	命令	接続				意味
しめる	しめ	しめ	しめる	しめる	しめれ	しめよ	未然	※	※	×	
れる*	れ	× / れ	れる	れる	れれ	れろ れよ	五段未然	×	×	×	受身 尊敬
られる*	られ	× / られ	られる	られる	られれ	られろ られよ	他の未然	×	×	×	自発 可能
たい	× / たかろ	たく / とう / たかっ	たい	たい	たけれ	×	連用	×	×	×	希望
らしい	×	らしく / らしゅう / らしかっ	らしい	らしい	らしけれ	×	終止	終止	語幹	○	推定
ようだ#	× / ―だろ	―に / ―で / ―だっ	―だ	―な	―なら	×	連体	連体	連体	×	比況 推定
そうだ	× / ―だろ	―に / ―で / ―だっ	―だ	―な	―なら	×	連用	語幹	語幹	×	様子の推定
そうだ	×	× / ―で / ×	―だ	×	×	×	終止	終止	終止	×	伝聞
だ†	× / だろ	× / で / だっ	だ	な	なら	×	△	△	×	○	断定
です	× / でしょ	× / でし	です	×	×	×	△	▽	語幹	○	丁寧な断定
ます**	ませ / ましょ	× / まし	ます	ます	ますれ	ませ まし	連用	×	×	×	丁寧
ない	× / なかろ	なく / × / なかっ	ない	ない	なけれ	×	未然	×	×	×	否定
ぬ	×	ず / ×	ぬ ん	ぬ ん	(ね)	×	未然	※	※	×	否定
た	× / たろ	×	た	た	たら	×	連用	連用	連用	×	確認 過去
う†	×	×	う	う	×	×	五段未然	未然	未然	×	意志・推量
よう†	×	×	よう	よう	×	×	他の未然	×	×	×	意志・推量
まい†	×	×	まい	まい	×	×	五段終止 他の未然	×	×	×	否定的意志・推量

〔備考〕 表での語の排列には、助動詞が互いに結合する場合の順序が考慮してある。縦線で仕切った同じわくの中の助動詞が結びつくことはない。また、表であとにあげた助動詞ほど後ろに結びつくのが原則である。ただし「らしい」「ようだ」および伝聞の「そうだ」は、「ない」「ぬ」「た」またはまれに「ます」を受けることがあり、もう一つの「そうだ」は「ない」を受けることもあ

る。「ますです」という結合もないではないが、標準的な言い方とは認められない。

各活用形の欄で×を入れた所は、その形または用法が欠けていることを示す。また（ ）はその形が普通には使われないことを示す。未然形と連用形とには、用法による小分けがしてある。その幾つかにわたって同じ形の場合には、小分けの境の線が入れていない。「ようだ」「そうだ」の「よう」「そう」の部分は、—で代用した。

未然形1は「ない」「ぬ（ん）」へ続く形、未然形2は「う・よう」へ続く形である。ただし「ます」の1の形は「ん（ぬ）」へしか続かない。また「せる・させる」「しめる」の未然形は「られる」へも続く。次に、連用形1は連用修飾語となる時の形で、これは形容詞型または形容動詞型の活用の語にしかない。ただし「ない」では「行かなくなる」のような場合以外、この形を使わない。「ぬ」では助詞「に」と結合した「ずに」がこの用法に立つ。連用形2は中止法の形である。連用形3は、動詞型では「ます」へ、形容詞型では「ございます」へ、形容動詞型では「ある」「ない」へ続く形である。連用形4は「た」へ続く形であるが、「せる」から「られる」までと「です」と「ます」とは「て」へも続く。なお「て」は「たく」「らしく」をも受ける。「なくて」は普通は使わないが（「ないで」になる）「なくても」は使う。他の活用形については、特に次に述べる事柄に注意せられたい。

＊　れる、られる——自発・可能の意では命令形を使わず、また尊敬の意でも命令形はほとんど使わない。

＃　ようだ——推定の意では連用形「ように」を使わない。

†　だ、う、よう、まい——連体形は一般にはあまり使わない。

＊＊　ます——終止形・連体形に「まする」、仮定形に「ませ」を使うことが、ないではない。

表の「何を受けるか」の欄は、動詞・形容詞・形容動詞と名詞・代名詞との範囲に限って述べた。×はそれを受けないことを、○は受けることを示す。※は文語の未然形の形なら受ける、たとえば「赤からしめる」「静かならぬ」の類が可能だという意である。また△は、「なら」および「だろう」「でしょう」となれば連体形を受けることもあるの意で、▽の方は単に「です」だけでも形容詞連体形を受けるという結合のしかたが、しばしば行われることを示す。

（二）文語

活用表

語	未然	連用	終止	連体	已然	命令	何を受けるか 動詞	何を受けるか 体言	おもな用法	後身の口語形
す	せ	せ	す	する	すれ	せよ	四・ナ変・ラ変未然	×		せる
さす	させ	させ	さす	さする	さすれ	させよ	他の未然	×	使役	させる
しむ	しめ	しめ	しむ	しむる	しむれ	しめよ	未然	×		しめる

る	れ	れ	る	るる	るれ	れよ	四・ナ変・ラ変未然	×	自発 可能 尊敬 受身	れる
らる	られ	られ	らる	らるる	らるれ	られよ	他の未然	×		られる
たし	たく たから	たく たかり	たし	たき たかる	たけれ	×	連用	×	希望	たい
まほし	まほしく まほしから	まほしく まほしかり	まほし	まほしき	まほしけれ	×	未然	×		×
ごとし	ごとく	ごとく	ごとし	ごとき	×	×	連体、連体＋が 体言＋の		比況	（ごとき）
なり	なら	なり に	なり	なる	なれ	なれ	連体	○	断定	×
たり	たら	たり と	たり	たる	たれ	たれ	×	○		×
たり	たら	たり	たり	たる	たれ	（たれ）	連用	×	存続状態	た
り	（ら）	（り）	り	る	（れ）	（れ）	四段已然・サ変未然①	×		×
ぬ	な	に	ぬ	ぬる	ぬれ	ね	連用	×	完了 確認	×
つ	て	て	つ	つる	つれ	てよ		×		×
ず	ず ざら	ず ざり	ず	ぬ ざる	ね ざれ	ざれ	未然	×	否定	ぬ
き	×②	×	き	し	しか	×	連用	×	回想	×
けり	（けら）	×	けり	ける	けれ	×		×		×
けむ	×	×	けむ	けむ	けめ	×		×	回想的推量	×
べし	べく べから	べく べかり	べし	べき	べけれ	×	ラ変連体 他の終止	×	当然	（べき）
まじ	まじく	まじく まじかり	まじ	まじき	まじけれ	×		×	否定的当然	まい

らし	×	×	らし	（らし）（らしき）	（らし）	×	ラ変連体 他の終止	×	推定	らしい
らむ	×	×	らむ	らむ	らめ	×		×		×
めり	×	（めり）	めり	める	めれ	×	ラ変連体 他の終止	×	様子の推定	×
なり	×	×	なり	なる	なれ	×		×	伝聞推定	×
む	×	×	む	む	め	×	未然	×	予想	う・よう
まし	（ませ）	×	まし	まし	ましか	×		×		×
じ	×	×	じ	（じ）	（じ）	×		×	否定的予想	×

〔備考〕 表は口語の場合より簡単にした。また平安時代の言い方に基づく原則によった。したがってこの辞典の本文で助動詞とした語で表に載せてないものもある。

表の体裁については、口語の表に準ずる。

「む」「けむ」「らむ」は「ん」「けん」「らん」とも書かれる。

注

（1） 四段・サ変とも命令形を受けるとも説かれる。「り」は起源的には、動詞連用形に接して融合した「あり」である。

（2） 「き」の未然形に「せば」の「せ」を認める説もある。

現代仮名遣いと歴史的仮名遣いの対照表

（以下は、昭和六十一年七月一日内閣告示『現代仮名遣い』の付表として掲げられたものである）

凡　例

1　現代語の音韻を目印として、現代仮名遣いと歴史的仮名遣いとの主要な仮名の使い方を対照させ、例を示した。
2　音韻を表すのには、片仮名及び長音符号「ー」を用いた。
3　例は、おおむね漢字書きとし、仮名の部分は歴史的仮名遣いによった。常用漢字表に掲げられていない漢字及び音訓には、それぞれ＊印及び△印をつけ、括弧内に仮名を示した。
4　ジの音韻の項には、便宜、拗音の例を併せ挙げた。

現代語の音韻	現代仮名遣い	歴史的仮名遣い	例
イ	い	い	石　報いる　赤い　意図　愛
		ゐ	井戸　居る　参る　胃　権威
		ひ	貝　合図　費やす　思ひ出　恋しさ
ウ	う	う	歌　馬　浮かぶ　雷雨　機運
		ふ	買ふ　吸ふ　争ふ　危ふい
エ	え	え	柄　枝　心得　見える　栄誉
		ゑ	声　植ゑる　絵　円　知恵
		へ	家　前　考へる　帰る　救へ
	へ	へ	西へ進む
オ	お	お	奥　大人　起きる　お話　雑音
		を	男　十日　踊る　青い　悪寒
		ほ	顔　氷　滞る　直す　大きい
		ふ	仰ぐ　倒れる
	を	を	花を見る
カ	か	か	蚊　紙　静か　家庭　休暇
		くわ	火事　歓迎　結果　生活　愉快
ガ	が	が	石垣　学問　岩石　生涯　発芽
		ぐわ	画家　外国　丸薬　正月　念願
ジ	じ	じ	初め　こじあける　字　自慢　術語
		ぢ	味　恥ぢる　地面　女性　正直
	ぢ	ぢ	縮む　鼻血　底力　近々　入れ知恵
ズ	ず	ず	鈴　物好き　知らずに　人数　洪水
		づ	水　珍しい　一つづつ　図画　大豆
	づ	づ	鼓　続く　三日月　塩漬け　常々
ワ	わ	わ	輪　泡　声色　弱い　和紙
		は	川　回る　思はず　柔らか　琵*琶*(びは)
	は	は	我は海の子　又は

ユー	ゆう	ゆう	勇気　英雄　金融
		ゆふ	夕方
		いう	遊戯　郵便　勧誘　所有
		いふ	都邑*(といふ)
	いう	いふ	言ふ
オー	おう	おう	負うて　応答　欧米
		あう	桜花　奥義　中央
		あふ	扇　押収　凹凸
		わう	弱う　王子　往来　卵黄
		はう	買はう　舞はう　怖うございます
コー	こう	こう	功績　拘束　公平　気候　振興
		こふ	劫*(こふ)
		かう	咲かう　赤う　かうして　講義　健康
		かふ	甲乙　太閤*(たいかふ)
		くわう	光線　広大　恐慌　破天荒
ゴー	ごう	ごう	皇后
		ごふ	業　永劫*(えいごふ)
		がう	急がう　長う　強引　豪傑　番号
		がふ	合同
		ぐわう	轟*音(ぐわうおん)
ソー	そう	そう	僧　総員　競走　吹奏　放送
		さう	話さう　浅う　さうして　草案　体操
		さふ	挿話
ゾー	ぞう	ぞう	増加　憎悪　贈与
		ざう	象　蔵書　製造　内臓　仏像
		ざふ	雑煮
トー	とう	とう	弟　統一　冬至　暴投　北東
		たう	峠　勝たう　痛う　刀剣　砂糖
		たふ	塔　答弁　出納
ドー	どう	どう	どうして　銅　童話　運動　空洞
		だう	堂　道路　葡*萄*(ぶだう)
		だふ	問答
ノー	のう	のう	能　農家　濃紺
		のふ	昨日
		なう	死なう　危なうございます　脳　苦悩
		なふ	納入
ホー	ほう	ほう	奉祝　俸給　豊年　霊峰
		ほふ	法会
		はう	葬る　包囲　芳香　解放
		はふ	はふり投げる　はふはふの体　法律
ボー	ぼう	ぼう	某　貿易　解剖　無謀
		ぼふ	正法
		ばう	遊ばう　飛ばう　紡績　希望　堤防
		ばふ	貧乏
ポー	ぽう	ぽう	本俸　連峰
		ぽふ	説法
		ぱう	鉄砲　奔放　立方
		ぱふ	立法

モー	もう	もう	もう一つ　啓蒙*(けいもう)
		まう	申す　休まう　甘う　猛獣　本望
ヨー	よう	よう	見よう　ようございます　用　容易　中庸
		やう	八日　早う　様子　洋々　太陽
		えう	幼年　要領　童謡　日曜
		えふ	紅葉
ロー	ろう	ろう	楼　漏電　披露
		ろふ	かげろふ　ふくろふ
		らう	祈らう　暗う　廊下　労働　明朗
		らふ	候文　蠟*燭*(らふそく)
キュー	きゅう	きゆう	弓術　宮殿　貧窮
		きう	休養　丘陵　永久　要求
		きふ	及第　急務　給与　階級
ギュー	ぎゅう	ぎう	牛乳
シュー	しゅう	しゆう	宗教　衆知　終了
		しう	よろしう　周囲　収入　晩秋
		しふ	執着　習得　襲名　全集
ジュー	じゅう	じゆう	充実　従順　臨終　猟銃
		じう	柔軟　野獣
		じふ	十月　渋滞　墨汁
		ぢゆう	住居　重役　世界中
チュー	ちゅう	ちゆう	中学　衷心　注文　昆虫

		ちう	抽出　鋳造　宇宙　白昼
ニュー	にゅう	にゆう	乳酸
		にう	柔和
		にふ	埴*生△(はにふ)　入学
ヒュー	ひゅう	ひう	日△向△(ひうが)
ビュー	びゅう	びう	誤謬*(ごびう)
リュー	りゅう	りゆう	竜　隆盛
		りう	留意　流行　川柳
		りふ	粒子　建立
キョー	きょう	きよう	共通　恐怖　興味　吉凶
		きやう	兄弟　鏡台　経文　故郷　熱狂
		けう	教育　矯正　絶叫　鉄橋
		けふ	今日　脅威　協会　海峡
ギョー	ぎょう	ぎよう	凝集
		ぎやう	仰天　修行　人形
		げう	今暁
		げふ	業務
ショー	しょう	しよう	昇格　承諾　勝利　自称　訴訟
		しやう	詳細　正直　商売　負傷　文章
		せう	見せう　小説　消息　少年　微笑
		せふ	交渉
ジョー	じょう	じよう	冗談　乗馬　過剰
		じやう	成就　上手　状態　感情　古城

		ぜう	饒*舌(ぜうぜつ)
		ぢやう	定石　丈夫　市場　令嬢
		でう	箇条
		でふ	一帖*(いちでふ)　六畳
	ぢょう	ぢやう	盆提△灯△(ぼんぢやうちん)
		でう	一本調子
チョー	ちょう	ちよう	徴収　清澄　尊重
		ちやう	腸　町会　聴取　長短　手帳
		てう	調子　朝食　弔電　前兆　野鳥
		てふ	蝶*(てふ)
ニョー	にょう	によう	女房
		ねう	尿
ヒョー	ひょう	ひよう	氷山
		ひやう	拍子　評判　兵糧
		へう	表裏　土俵　投票
ビョー	びょう	びやう	病気　平等
		べう	秒読み　描写
ピョー	ぴょう	ぴよう	結氷　信憑*性(しんぴようせい)
		ぴやう	論評
		ぺう	一票　本表
ミョー	みょう	みやう	名代　明日　寿命
		めう	妙技
リョー	りょう	りよう	丘陵
		りやう	領土　両方　善良　納涼　分量
		れう	寮　料理　官僚　終了
		れふ	漁　猟

人名用漢字一覧

人の名に用いることができる漢字は、常用漢字および人名用漢字である。漢字の人名としての読み方には特にきまりがない。漢字の他に、平仮名・片仮名が人名に使用できる。

（戸籍法施行規則　平成二十九年九月二十五日改正）

一

丑丞乃之乎也云亘—亙
些亦亥亨亮仔伊伍伽
佃佑伶侃侑俄俠俣俐
倭俱倦倖偲傭儲允兎
兜其冴凌凜—凛凧凪凰
凱函劉劫勁勺勿匁匡
廿卜卯卿厨厩叉叡叢
叶只吾吞吻哉哨啄哩
喬喧喰喋嘩嘉嘗噌噂

圃圭坐尭—堯坦埴堰堺
堵塙壕壬夷奄奎套娃
姪姥娩嬉孟宏宋宕宥
寅寓寵尖尤屑峨峻崚
嵯嵩嶺巌—巖巫已巳巴
巷巽帖幌幡庄庇庚庵
廟廻弘弛彗彦彪彬徠
忽怜恢恰恕悌惟惚悉
惇惹惺惣慧憐戊或戟
托按挺挽掬捲捷捺捧
掠揃摑摺撒撰撞播撫
擢孜敦斐斡斧斯於旭

昂昊昏昌昴晏晃—晄晒
晋晟晦晨智暉暢曙曝
曳朋朔杏杖杜李杭杵
杷枇柑柴柘柊柏柾柚
桧—檜栞桔桂栖桐栗梧
梓梢梛梯桶梶椛梁棲
椋椀楯楚楕椿楠楓椰
楢楊榎樺榊榛槙—槇槍
槌樫槻樟樋橘樽橙檎
檀櫂櫛櫓欣欽歎此殆
毅毘毬汀汝汐汲沌沓
沫洸洲洵洛浩浬淵淳

渚-渚 淀 淋 渥 渾 湘 湊 湛
溢 滉 溜 漱 漕 漣 澪 濡 瀕
灘 灸 灼 烏 焰 焚 煌 煤 煉
熙 燕 燎 燦 燭 燿 爾 牒 牟
牡 牽 犀 狼 猪-猪 獅 玖 珂
珈 珊 珀 玲 琢-琢 琉 瑛 琥
琶 琵 琳 瑚 瑞 瑶 瑳 瓜 瓢
甥 甫 畠 畢 疋 疏 皐 皓 眸
瞥 矩 砦 砥 砧 硯 碓 碗 碩
碧 磐 磯 祇 祢-禰 祐-祐
祷-禱 禄-祿 禎-禎 禽 禾 秦
秤 稀 稔 稟 稜 穣-穰 穹 穿
窄 窪 窺 竣 竪 竺 竿 笈 笹
笙 笠 筈 筑 箕 箔 篇 篠 簞
簾 籾 粥 粟 糊 紘 紗 紐 絃
紬 絆 絢 綺 綜 綴 緋 綾 綸
縞 徽 繫 繡 纂 纏 羚 翔 翠
耀 而 耶 耽 聡 肇 肋 肴 胤
胡 脩 腔 脹 膏 臥 舜 舵 芥

芹 芭 芙 芦 苑 茄 苔 苺 茅
茉 茸 茜 莞 荻 莫 莉 菅 菫
菖 萄 菩 萌-萠 萊 菱 葦 葵
萱 葺 萩 董 葡 蓑 蒔 蒐 蒼
蒲 蒙 蓉 蓮 蔭 蔣 蔦 蓬 蔓
蕎 蕨 蕉 蕃 蕪 薙 蕾 蕗 藁
薩 蘇 蘭 蝦 蝶 螺 蟬 蟹 蠟
衿 袈 袴 裡 裟 裳 襖 訊 訣
註 詢 詫 誼 諏 諄 諒 謂 諺
讃 豹 貰 賑 赳 跨 蹄 蹟 輔
輯 輿 轟 辰 辻 迂 迄 辿 迪
迦 這 逞 逗 逢 遥-遙 遁 遼
邑 祁 郁 鄭 酉 醇 醐 醍 醬
釉 釘 釧 銑 鋒 鋸 錘 錐 錆
錫 鍬 鎧 閃 閏 閤 阿 陀 隈
隼 雀 雁 雛 雫 霞 靖 鞄 鞍
鞘 鞠 鞭 頁 頌 頗 顚 颯 饗
馨 馴 馳 駕 駿 驍 魁 魯 鮎
鯉 鯛 鰯 鱒 鱗 鳩 鳶 鳳 鴨

鴻 鵜 鵬 鷗 鷲 鷺 鷹 麒 麟
麿 黎 黛 鼎

注　「-」は、相互の漢字が同一の字種であることを示したものである。

二

亞(亜) 惡(悪) 爲(為) 逸(逸) 榮(栄)
衞(衛) 謁(謁) 圓(円) 緣(縁) 薗(園)
應(応) 櫻(桜) 奧(奥) 橫(横) 溫(温)
價(価) 禍(禍) 悔(悔) 海(海) 壞(壊)
懷(懐) 樂(楽) 渴(渇) 卷(巻) 陷(陥)
寬(寛) 漢(漢) 氣(気) 祈(祈) 器(器)
僞(偽) 戲(戯) 虛(虚) 峽(峡) 狹(狭)
響(響) 曉(暁) 勤(勤) 謹(謹) 驅(駆)
勳(勲) 薰(薫) 惠(恵) 揭(掲) 鷄(鶏)
藝(芸) 擊(撃) 縣(県) 儉(倹) 劍(剣)
險(険) 圈(圏) 檢(検) 顯(顕) 驗(験)
嚴(厳) 廣(広) 恆(恒) 黃(黄) 國(国)

黑(黒)　穀(穀)　碎(砕)　雜(雑)　祉(祉)
視(視)　兒(児)　濕(湿)　實(実)　社(社)
者(者)　煮(煮)　壽(寿)　收(収)　臭(臭)
從(従)　澁(渋)　獸(獣)　縱(縦)　祝(祝)
暑(暑)　署(署)　緖(緒)　諸(諸)　敍(叙)
將(将)　祥(祥)　涉(渉)　燒(焼)　奬(奨)
條(条)　狀(状)　乘(乗)　淨(浄)　剩(剰)
疊(畳)　孃(嬢)　讓(譲)　釀(醸)　神(神)
眞(真)　寢(寝)　愼(慎)　盡(尽)　粹(粋)
醉(酔)　穗(穂)　瀨(瀬)　齊(斉)　靜(静)
攝(摂)　節(節)　專(専)　戰(戦)　纖(繊)
禪(禅)　祖(祖)　壯(壮)　爭(争)　莊(荘)
搜(捜)　巢(巣)　曾(曽)　裝(装)　僧(僧)
層(層)　瘦(痩)　騷(騒)　增(増)　憎(憎)
藏(蔵)　贈(贈)　臟(臓)　卽(即)　帶(帯)
滯(滞)　瀧(滝)　單(単)　嘆(嘆)　團(団)
彈(弾)　晝(昼)　鑄(鋳)　著(著)　廳(庁)
徵(徴)　聽(聴)　懲(懲)　鎭(鎮)　轉(転)
傳(伝)　都(都)　嶋(島)　燈(灯)　盜(盗)

稻(稲)　德(徳)　突(突)　難(難)　拜(拝)
盃(杯)　賣(売)　梅(梅)　髮(髪)　拔(抜)
繁(繁)　晚(晩)　卑(卑)　祕(秘)　碑(碑)
賓(賓)　敏(敏)　冨(富)　侮(侮)　福(福)
拂(払)　佛(仏)　勉(勉)　步(歩)　峯(峰)
墨(墨)　飜(翻)　每(毎)　萬(万)　默(黙)
埜(野)　彌(弥)　藥(薬)　與(与)　搖(揺)
樣(様)　謠(謡)　來(来)　賴(頼)　覽(覧)
欄(欄)　龍(竜)　虜(虜)　凉(涼)　綠(緑)
淚(涙)　壘(塁)　類(類)　禮(礼)　曆(暦)
歷(歴)　練(練)　鍊(錬)　郞(郎)　朗(朗)
廊(廊)　錄(録)

注　括弧内の漢字は、戸籍法施行規則第六十条第一号に規定する漢字(常用漢字)であり、当該括弧外の漢字とのつながりを示すため、参考までに掲げたものである。

学年別漢字配当表

平成二十九年（二〇一七年）三月三十一日文部科学省告示第六十三号「小学校学習指導要領の全部を改正する件」による。

（計一〇二六字）

第一学年

一右雨円王音
下火花貝学気
九休玉金空月
犬見五口校左
三山子四糸字
耳七車手十出
女小上森人水
正生青夕石赤
千川先早草足
村大男竹中虫
町天田土二日
入年白八百文
木本名目立力
林六

（八〇字）

第二学年

引羽雲園遠何科夏家歌画
回会海絵外角楽活間丸岩
顔汽記帰弓牛魚京強教近
兄形計元言原戸古午後語
工公広交光考行高黄合谷
国黒今才細作算止市矢姉
思紙寺自時室社弱首秋週
春書少場色食心新親図数
西声星晴切雪船線前組走
多太体台地池知茶昼長鳥
朝直通弟店点電刀冬当東
答頭同道読内南肉馬売買
麦半番父風分聞米歩母方
北毎妹万明鳴毛門夜野友
用曜来里理話

（一六〇字）

第三学年

悪安暗医委意育員院飲運泳駅央
横屋温化荷界開階寒感漢館岸起
期客究急級宮球去橋業曲局銀区
苦具君係軽血決研県庫湖向幸港
号根祭皿仕死使始指歯詩次事持
式実写者主守取酒受州拾終習集
住重宿所暑助昭消商章勝乗植申
身神真深進世整昔全相送想息速
族他打対待代第題炭短談着注柱
丁帳調追定庭笛鉄転都度投豆島
湯登等動童農波配倍箱畑発反坂
板皮悲美鼻筆氷表秒病品負部服
福物平返勉放味命面問役薬由油
有遊予羊洋葉陽様落流旅両緑礼
列練路和

（二〇〇字）

第四学年

愛案以衣位茨印英栄媛塩
岡億加果貨課芽賀改械害
街各覚潟完官管関観願岐
希季旗器機議求泣給挙漁
共協鏡競極熊訓軍郡群径
景芸欠結建健験固功好香
候康佐差菜最埼材崎昨札
刷察参産散残氏司試児治
滋辞鹿失借種周祝順初松
笑唱焼照城縄臣信井成省
清静席積折節説浅戦選然
争倉巣束側続卒孫帯隊達
単置仲沖兆低底的典伝徒
努灯働特徳栃奈梨熱念敗
梅博阪飯飛必票標不夫付
府阜富副兵別辺変便包法
望牧末満未民無約勇要養
浴利陸良料量輪類令冷例
連老労録

（二〇二字）

第五学年

圧囲移因永営衛易益液演
応往桜可仮価河過快解格
確額刊幹慣眼紀基寄規喜
技義逆久旧救居許境均禁
句型経潔件険検限現減故
個護効厚耕航鉱構興講告
混査再災妻採際在財罪殺
雑酸賛士支史志枝師資飼
示似識質舎謝授修述術準
序招証象賞条状常情織職
制性政勢精製税責績接設
絶祖素総造像増則測属率
損貸態団断築貯張停提程
適統堂銅導得毒独任燃能
破犯判版比肥非費備評貧
布婦武復複仏粉編弁保墓
報豊防貿暴脈務夢迷綿輸
余容略留領歴

（一九三字）

第六学年

胃異遺域宇映延沿恩我灰
拡革閣割株干巻看簡危机
揮貴疑吸供胸郷勤筋系敬
警劇激穴券絹権憲源厳己
呼誤后孝皇紅降鋼刻穀骨
困砂座済裁策冊蚕至私姿
視詞誌磁射捨尺若樹収宗
就衆従縦縮熟純処署諸除
承将傷障蒸針仁垂推寸盛
聖誠舌宣専泉洗染銭善奏
窓創装層操蔵臓存尊退宅
担探誕段暖値宙忠著庁頂
腸潮賃痛敵展討党糖届難
乳認納脳派拝背肺俳班晩
否批秘俵腹奮並陛閉片補
暮宝訪亡忘棒枚幕密盟模
訳郵優預幼欲翌乱卵覧裏
律臨朗論

（一九一字）

方位・時刻表

季節によって変動する不定時を、約一か月ごとの点で示す。この図は日出・日没基準ではなく、一般に行われた薄明(明六つ・暮六つ)基準によって作った。円の中心点から各点を通過する直線を引くことによって、今の時刻と対比できる。

（監修　広瀬秀雄）

定時法

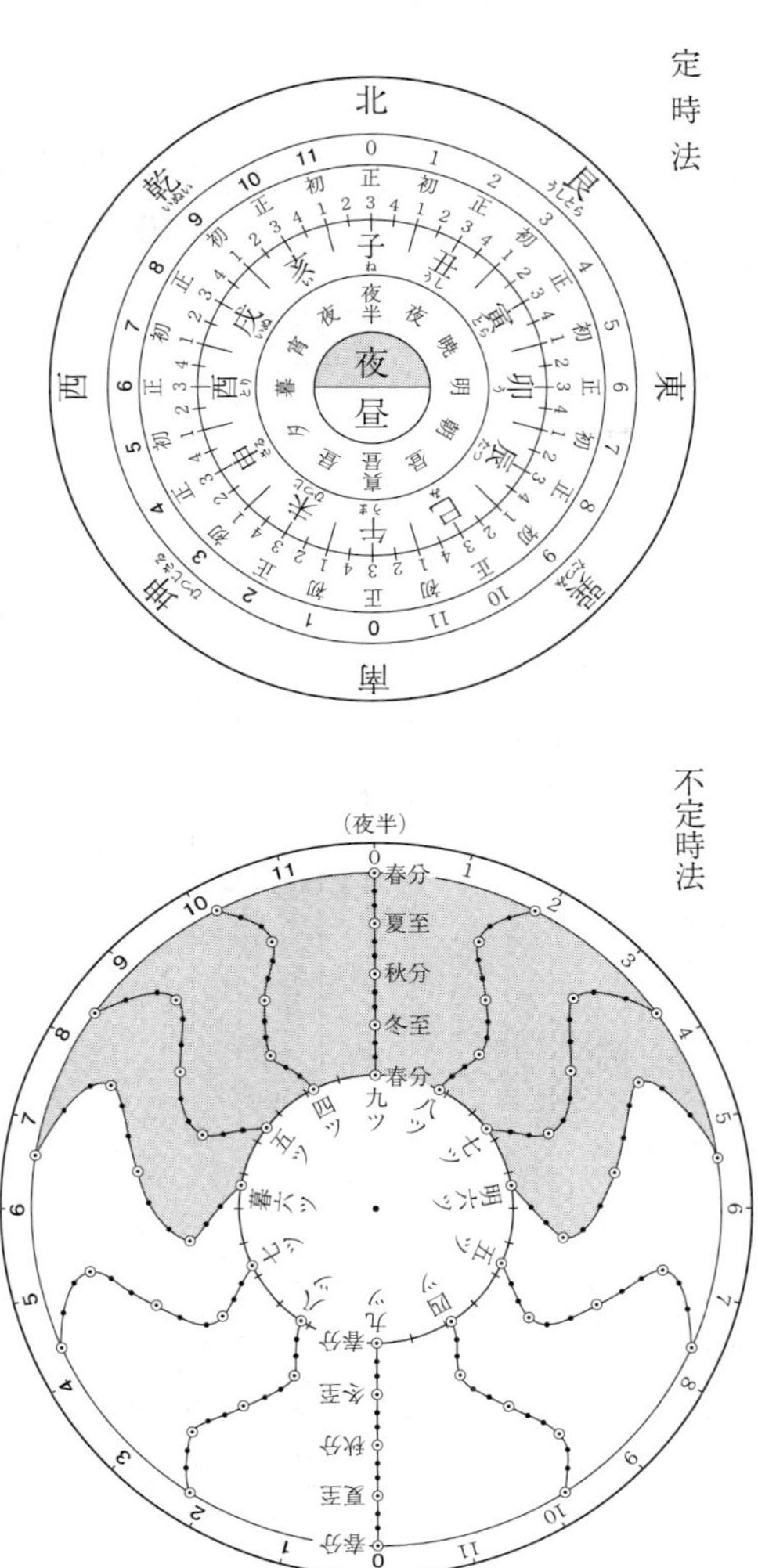

不定時法

主な官庁の変遷　内閣制度創設(1885年)から

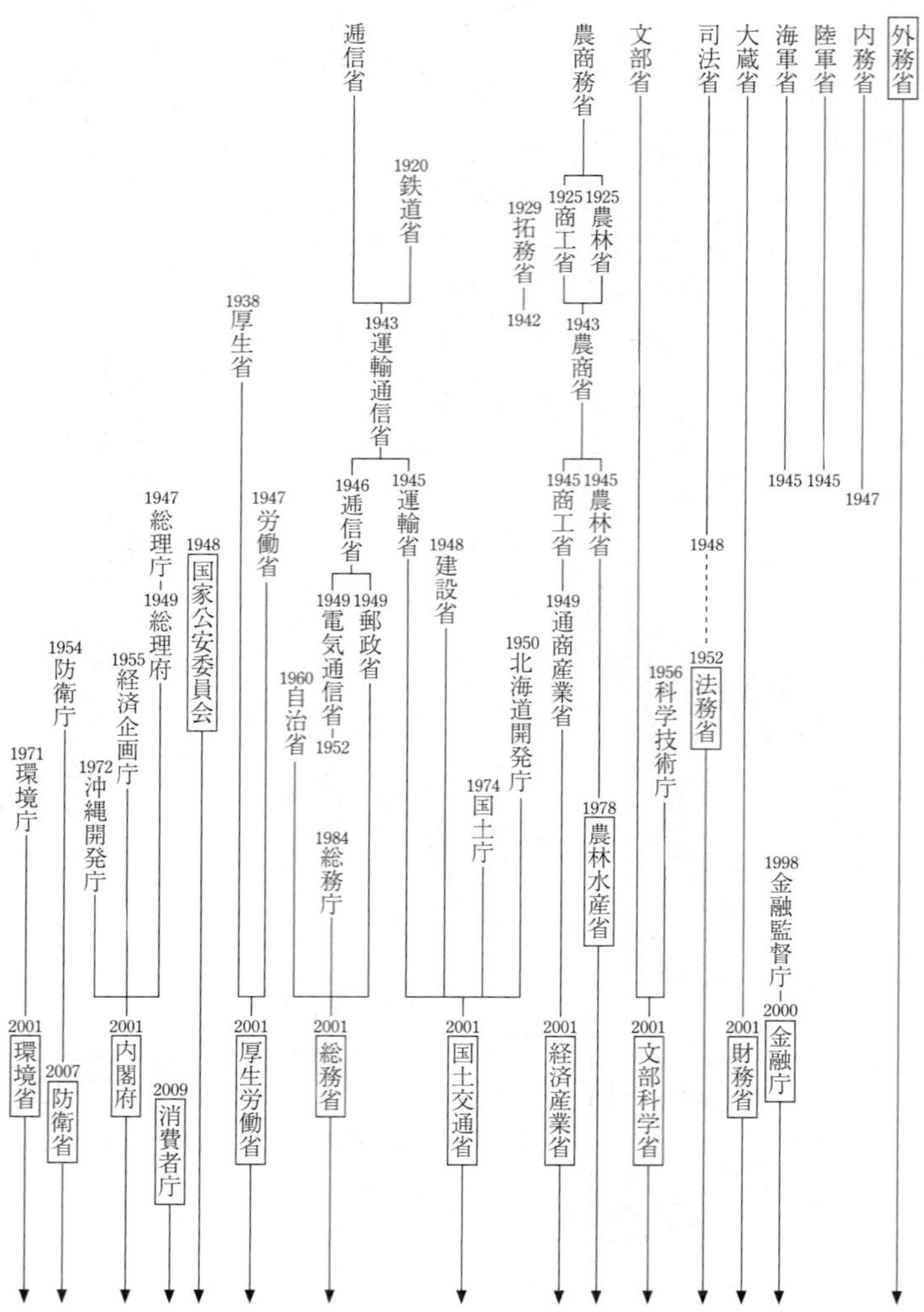

漢字の読み方の手引

この表は、漢字の読み方がわからない場合、それを知る手引として作成したものである。

1　『漢字の読み方の手引 本表』（8ページ以下）に見出しとしてかかげた漢字は、本文中に収めた漢字母とそれ以外の常用漢字・人名用漢字の全部、その他よく使われる漢字など、合計約4400種である。

2　音・訓は主要なもののみを示した。国字でない本来の漢字でも、一般に使われない音(おん)は示していない。訓についても同様である。

3　本文中に漢字母としてかかげてある漢字の場合には、見出しの字音だけを示して本文を見せるようにした。

（例）　陰 →イン　　券[劵] →ケン

4　見出し漢字を冠した熟語のうち、読み方のむずかしいと思われるもの（いわゆる熟字訓や難読語）をあわせかかげ、その読みをしるした。

（例）　公 →コウ　　行 →コウ　　▷「行幸」に、「ぎょうこう」という普通の読み方は省略した。

公魚 わかさぎ　　行幸 みゆき

公孫樹 いちょう　　行方 ゆくえ

5　見出し漢字の読み方を示す場合、音は片仮名で、訓は平仮名でしるした。字音仮名遣いが現代仮名遣いと異なる時は、それを(　)内に注記した。

（例）　笠 リュウ(リフ)　かさ

外来語の当て字は片仮名でしるし、末尾においた。

（例）　弗 フツ　ず・あらず　ドル

「常用漢字表」にある音・訓は、太字とした。

（例）　卸 **シャ**　**おろす・おろし**　　釣[釣] **チョウ**(テウ)　**つる**

国字・虚字には、それぞれ注記を付した。

（例）　噺 はなし(国字)　　唉 ああ[虚字]

6　見出し漢字は、部首ごとに、ほぼ画数順に並べた。

◦印を付したものは常用漢字。[　]の中は旧字体、(　)の中は異体字・正字・許容字体の一部。

7　部首の分け方は従来広く行われてきたものに従ったが、現行の活字体で字画の区別のつきにくいものは便宜統合した。

（例）　匚と匸　　艹と艹　　月と月(肉)

従来の部首のほかに、仮に若干の新しい部首を立てた。

（例）　⺍(単・営)　　⺈(争)　　其(欺・碁)

8　部首のまぎらわしい漢字は、検索の便のため、二つ以上の部首に重複してかかげ、本来の部首に→で導いた。洋数字は、太字が「本表」のページを、細字が段を示す。

（例）　鳴 →鳥部　**52** 3　　応 →心部　**22** 2

9　見出し漢字を引きやすいよう『部首索引』を付した。なお、字形上、偏(へん)や旁(つくり)などの弁別しにくい若干の漢字は『総画索引』にも収録してあるので、これによって検索されたい。

部首索引

太数字はページ、細数字は段。
▲印を付したものは仮に立てた新部首。

総画索引

▷この索引は、8ページ以下の『漢字の読み方の手引 本表』に収めた漢字のうち、部首索引でひきにくいと思われる漢字を総画順(同画数内では部首順)に排列した。
▷艹(くさかんむり4画)は艹(3画)として数えた。
▷本来の部首を失った常用漢字「円」「当」などはその画数の末尾に掲げた。
▷数字は『漢字の読み方の手引 本表』のページ(太字)および段(細字)を示す。

7 画

8 画

9 画

10画

14画

15画

16画

17画

18画

19画

20画

21画

22画

23画

24画

25画

27画

29画

〈漢字の読み方の手引〉本表

一部

°一 →イチ
一見 いちげん
一途 いちず
一廉 いっかど・ひとかど
一寸 ちょっと
一日 ついたち
一向 ひたすら
一行 ひとくだり
一入 ひとしお
一年 ひととせ
一人 ひとり
一昨日 おととい・おとつい
一昨年 おととし
一片食 ひとかたけ
一節切 ひとよぎり
一か八か いちかばちか
一顰一笑 いっぴんいっしょう
一昨昨日 さきおととい
一昨昨年 さきおととし
°丁 →テイ
丁髷 ちょんまげ
丁幾 チンキ
丁稚 でっち
°七 →シチ
七夕 たなばた
七種 ななくさ
七十路 ななそじ
七顚八倒 しちてんばっとう
七五三縄 しめなわ
七所借り ななとこがり
°万［萬］→マン
万鈞 ばんきん
万斛 ばんこく
万朶 ばんだ
万籟 ばんらい
万年青 おもと
°丈 →ジョウ
丈夫 ますらお
°三 →サン
三番 さんば
三一 さんピン
三位 さんみ
三人 みたり
三椏 みつまた
三年 みとせ
三幅 みの
三毬杖 さぎちょう
三味線 さみせん・しゃみせん
三竦み さんすくみ
三番叟 さんばそう
三鞭酒 シャンペン・シャンパン
三和土 たたき
三行半 みくだりはん
三十路 みそじ
三途の川 さんずのかわ
三十一文字 みそひともじ
°上 →ジョウ
上手 うわて・じょうず
上衣 うわぎ
上蔟 じょうぞく
上枝 ほつえ
上手い うまい
上達部 かんだちめ
上がり框 あがりかまち
上がり端 あがりはな
°下 →カ
下衆 げす
下種 げす
下品 げぼん
下枝 しずえ
下手 へた
°与［與］→ヨ
与太 よた
与する くみする
°不 →フ
不壊 ふえ
不束 ふつつか
不図 ふと
不撓 ふとう
不犯 ふぼん
不陸 ふろく
不知火 しらぬい
不恰好 ぶかっこう
不銹鋼 ふしゅうこう
不貞寝 ふてね
不貞る ふてる
不如帰 ほととぎす
不味い まずい
不見転 みずてん
不惜身命 ふしゃくしんみょう
不貞腐る ふてくさる
不知不識 しらずしらず
丑 チュウ(チウ)　うし
丑寅 うしとら
丑三つ うしみつ
丑の刻参り うしのときまいり
°且 ショ・ソ　かつ・まさに・しばらく
°世 →セイ
世帯 しょたい
世迷い言 よまいごと
°丘 →キュウ
°丙［丙］→ヘイ
丙午 ひのえうま
丞 →ジョウ
哥 →口部　14 3

丨部

°中 →チュウ
中限 なかぎり
中心 なかご
°串 カン(クワン)　くし

丶部

°丸 →ガン
丸髷 まるまげ
°丹 →タン
丹色 にいろ
丹塗り にぬり
°主 →シュ
主 しゅう
°丼 どんぶり・どん

丿部

乃 →ダイ
°久 →キュウ
久留米絣 くるめがすり
之 シ　これ・の
乎 →コ
乎古止点 をことてん
°乏 →ボウ
乍 ながら
乖 カイ(クワイ)
°乗［乘］→ジョウ
睾 →目部　36 3

乙(乚)部

°乙 →オツ
乙女 おとめ
乙矢 おとや
乙甲 めりかり
°九 →キュウ
九十九髪 つくもがみ
九十九折 つづらおり
°乞 キツ・コツ　こう
乞食 こじき
乞丐 こつがい
乞巧奠 きこうでん
也 →ヤ
°乱［亂］→ラン
乱杭 らんぐい
°乳 →ニュウ
乳母 うば・おんば・めのと
乳鋲 ちびょう
°乾 →カン
乾葉 ひば
乾煎り からいり
乾びる からびる
乾し飯 ほしいい
乾し鰯 ほしか
乾上がる ひあがる
乾涸びる ひからびる

亅部

°了 →リョウ
°予［豫］→ヨ
°事 →ジ
事勿れ主義 ことなかれしゅぎ

二 部

°二 →ニ
二黒 じこく
二女 じじょ
二乗 じじょう
二男 じなん
二十 はたち
二形 ふたなり
二幅 ふたの
二合半 こなから
二十重 はたえ
二十歳 はたち・はたとせ
二十日 はつか
二進も三進も にっちもさっちも
于 ウ　ここに[虚字]
云 →ウン
云云 うんぬん・しかじか
云爾 しかいう
°互 →ゴ
互替わり かたみがわり
°五 →ゴ
五 い
五十 い
五百 いお
五加 うこぎ
五月 さつき
五十路 いそじ
五月雨 さみだれ
五倍子 ふし
五月蠅い うるさい
°井 →セイ
井桁 いげた
亘[亙] コウ　わたる
些 →サ
°亜[亞] →ア

亠 部

°亡[亡] →ボウ
亡骸 なきがら
亢 コウ(カウ)
亢竜 こうりょう
°六 →八部　11 2
°交 →コウ
交喙 いすか
交驩 こうかん
交趾 コーチン
交交 こもごも
亥 ガイ　い
亦 エキ　また
亨 キョウ(キヤウ)・コウ(カウ)・ホウ(ハウ)
°享 →キョウ
°京 →キョウ
°夜 →夕部　16 2
°亭 →テイ
亮 リョウ(リヤウ)　すけ
°哀 →口部　14 2
°衰 →衣部　44 2
°高 →高部　51 3
亳 →毛部　30 1
°率 →玄部　34 3
衮 →衣部　44 2
稟 →禾部　37 3
°裏 →衣部　44 2
膏 →月部　27 2
°豪 →豕部　46 1
°褒 →衣部　44 3
褻 →衣部　44 3
贏 →貝部　46 3

人・𠆢・亻部

°人 →ジン
人数 にんず
人魂 ひとだま
人伝 ひとづて
人身御供 ひとみごくう
仄 ソク　ほのか
仄めく ほのめく
仄仄明け ほのぼのあけ
°以 →イ
坐 →土部　15 3
巫 →工部　19 2
臥 →臣部　41 1
°来[來] →ライ
俎 ソ　まないた

(𠆢)

°今 →コン
今際 いまわ
今日 きょう
今朝 けさ
今宵 こよい
今日日 きょうび
°介 →カイ
介党鱈 すけとうだら
°令 →レイ
令外 りょうげ
令旨 りょうじ
°企 →キ
°会 →日部　26 3
°全 →入部　11 1
°合 →口部　13 4
°余[餘] →ヨ
余波 なごり
余蘊 ようん
余喘 よぜん
余所 よそ
°含 →口部　14 1
°舎 →舌部　41 2
°命 →口部　14 2
°倉 →ソウ
拿 →手部　23 4
°傘 →サン
翕 →羽部　40 4
禽 →内部　37 2
龕 →龍部　53 3

(亻)

°仁 →ジン
仁王 におう
仁侠 にんきょう
仇 →キュウ
°仏[佛] →ブツ
仏掌薯 つくねいも
仏手柑 ぶしゅかん
仏頂面 ぶっちょうづら
什 ジュウ(ジフ)
什麼 いんも
什麼生 そもさん
°化 →匕部　12 3
仔 シ　こ
°仕 →シ
仕種 しぐさ
仕丁 しちょう・じちょう
°他 →タ
他 あだ
他所事 よそごと
°付 →フ
付 つけたり
付子 ふし
付け睫 つけまつげ
°仙 →セン
仙人掌 サボテン
°代 →ダイ
代赭 たいしゃ
代搔き しろかき
°仰 →ギョウ
仰る おっしゃる
仰山 ぎょうさん
°仲 →チュウ
仲直 なかね
仲合 なからい
仲人 なこうど
°件 →ケン
°任 →ニン
任侠 にんきょう
伉 コウ(カウ)
伉儷 こうれい
伊 →イ
伊達 だて
伍 →ゴ
°伎 →ギ
伎癢 ぎよう
°伏 →フク
伏せ籠 ふせご
°伐 →バツ
°休 →キュウ
°仮[假] →カ
仮名 かな
仮庵 かりほ
仮令 たとい・たとえ
°伝[傳] →デン
伝手 つて
伝奏 てんそう
伝馬船 てんません
(伜) →倅
°伯 →ハク
伯父 おじ
伯母 おば
伯楽 ばくろう
°伴[伴] →バン
伴天連 バテレン
°伸 →シン
伸す のす
°伺 →シ

°似 →ジ
似非 えせ
似而非 えせ・にてひなる
似我蜂 じがばち
伽 カ・ガ・キャ とぎ
伽藍 がらん
伽羅木 きゃらぼく
佃 デン つくだ
°但 タン ただし・ただ
佇 チョ たたずむ
°位 →イ
°低 →テイ
°住［住］→ジュウ
住居 すまい
住処 すみか
°佐 →サ
佐保姫 さおひめ
佑 →ユウ
°体［體］→タイ
°何 →カ
何時 いつ
何処 どこ・いずこ
何方 どなた・どち
何故 なぜ
何卒 なにとぞ
何等 なんら
何首烏 かしゅう
何彼と なにかと
佚 イツ
［佛］→仏
°作 →サク
佝 ク
佝僂 くる
佞 ネイ
伶 レイ わざおぎ
侑 ユウ(イウ) すすめる・たすける
佩 →ハイ
佩刀 はかせ
佯 ヨウ(ヤウ)
°佳 →カ
°併［併］→ヘイ
佶 キツ
佼 コウ(カウ)
°使 →シ
使い途 つかいみち
侃 カン
侃侃諤諤 かんかんがくがく
°例 →レイ
例 ためし
°侍 →ジ
侏 シュ
侘 わびしい・わびる
°供 →キョウ
供花 くげ
°依 →イ
依怙地 いこじ・えこじ
°価［價］→カ
°侮［侮］→ブ
凭 →几部 11 4
°侯 →コウ
°侵［侵］→シン
°侶 リョ
°便 →ベン
°係 →ケイ
°促 →ソク
俄 ガ にわか
°俊 →シュン
俐 リ
俑 ヨウ
°俗 →ゾク
俘 フ
俚 →リ
°保 →ホ
保姆 ほぼ
保ち合い もちあい
俠 →キョウ
俠気 おとこぎ
°信 →シン
信天翁 あほうどり
俤 おもかげ(国字)
俥 くるま(国字)
俣 また(国字)
俯 フ うつむく・うつぶす
倶 ク・グ ともに［虚字］
倶楽部 クラブ
°俳 →ハイ
°俵 →ヒョウ
°俸 →ホウ
°俺 おれ
°修 →シュウ
［併］→併
倅 サイ せがれ
°個 →コ
°倍 →バイ
°候 →コウ
脩 →月部 27 1
°倒 →トウ
倖 コウ(カウ)
°借 →シャク
°倣 →ホウ
°値 →チ
倥 コウ
倦 →ケン
倦む あぐむ
倨 キョ
倨傲 きょごう
°倫 →リン
倭 →ワ
°倹［儉］→ケン
偃 エン
［假］→仮
偈 ゲ
°偏［偏］→ヘン
偓 アク
偓促 あくせく
偕 カイ
偖 さて
°停 →テイ
°健 →ケン
健気 けなげ
健か したたか
偲 シ しのぶ
°側 →ソク
側 はた
側妻 そばめ
°偵 →テイ
°偶 →グウ
偸 トウ・チュウ(チウ)
傀 カイ(クワイ)
傀儡 かいらい・くぐつ
°偽［僞］→ギ
傅 フ
°傍 →ボウ
傍 おか・はた
傍役 わきやく
°備 →ビ
備長 びんちょう
°偉 →イ
°催 →サイ
催い もよい
傭 →ヨウ
°傲 →ゴウ
［傳］→伝
傴 ウ
傴僂 せむし
°債 →サイ
°傷 →ショウ
°傾 →ケイ
傾城 けいせい
傾り なだり
傾げる かたげる
°僅 →キン
°働 →ドウ(国字)
°僧［僧］→ソウ
僧衣 そうえ
條 →糸部 39 4
°傑 →ケツ
°像 →ゾウ
僑 キョウ(ケウ)
°僕 →ボク
°僚 →リョウ
僥 ギョウ(ゲウ)
僭 セン
［價］→価
僻 →ヘキ
僻 ひが
°儀 →ギ
°億 →オク
億劫 おっくう
儚 ボウ はかない
［儉］→倹
°儒 →ジュ
儕 セイ・サイ
儘 ジン まま
°償 →ショウ
°優 →ユウ
優曇華 うどんげ
儲 チョ もうける
儼 ゲン

儿 部

允 →イン
°元 →ゲン
°兄 →ケイ
兄 このかみ
兄の君 せのきみ

°充 →ジュウ
°兆 →チョウ
兇 →キョウ
°先 →セン
先限 さきぎり
°光 →コウ
光参 きんこ
光蘚 ひかりごけ
°克 →コク
兊 ダ
°児[兒] →ジ
兎 →ト
兎唇 いぐち・みつくち
兎角 とかく
兎の毛 うのけ
兎に角 とにかく
°免[免] →メン
°党[黨] →トウ
兜 トウ・ト　かぶと
兢 キョウ

入 部

°入 →ニュウ
入 しお
入魂 じっこん
入来 じゅらい
入声 にっしょう
入唐 にっとう
入母屋 いりもや
°内[內] →ナイ
内証 ないしょ
内裄 ないど
°全[全] →ゼン
°両[兩] →リョウ
両虎 りょうこ
両為 りょうだめ
両蓋 りょうぶた

八 部

°八 →ハチ
八百屋 やおや
八百長 やおちょう
八百万 やおよろず
八面六臂 はちめんろっぴ
八所借り やところがり
°公 →コウ
公達 きんだち
公事 くじ
公方 くぼう
公衙 こうが
公魚 わかさぎ
公孫樹 いちょう
°六 →ロク
六経 りくけい・りっけい
六体 りくたい
六十路 むそじ
六韜三略 りくとうさんりゃく
°共 →キョウ
共布 ともぎれ
°兵 →ヘイ
兵衛 ひょうえ・へえ・べえ
兵戈 へいか
兵児帯 へこおび
兌 →儿部　11 1
其 キ　その・それ
其処 そこ
其許 そこもと
其方 そち・そなた
其奴 そやつ
其方此方 そちこち
°具[具] →グ
具合 ぐわい
°典 →テン
典侍 すけ
典座 てんぞ
°兼[兼] →ケン
°翁 →羽部　40 4
奠 →大部　16 4
冀 キ　こいねがう

冂 部

°内 →入部　11 1
°円 →囗部　15 2
°冊[册] →サツ
冊子 そうし
°再 →サイ
再来月 さらいげつ
再来週 さらいしゅう
再来年 さらいねん
°同 →口部　14 1
°肉 →肉部　41 1
°岡 →山部　19 1
冑 チュウ(チウ)　かぶと
°冒[冒] →ボウ

冖 部

°冗 →ジョウ
°写 →宀部　18 1
°冠 →カン
冠者 かじゃ
冠木門 かぶきもん
°軍 →車部　47 1
冤 エン(ヱン)
冤枉 えんおう
°冥 →メイ
(冨) →富　18 1
冪 ベキ

冫 部

°冬[冬] →トウ
冬瓜 とうが・とうがん
冬葱 わけぎ
(冲) →沖　30 3
°次 →欠部　29 3
°冶 →ヤ
°冷 →レイ
冴[冴] さえる
°凄 →セイ
°准 →ジュン
凋 チョウ(テウ)　しぼむ
凌 →リョウ
凌霄花 のうぜんかずら
°凍 →トウ
凍みる しみる
(凉) →涼　31 2
粢 →米部　39 2
凜(凛) →リン
凜凜しい りりしい
°凝 →ギョウ
凝る こごる

几 部

几 キ
°凡[凡] →ボン
°処[處] →ショ
処 か
凧 たこ(国字)
凪 なぐ・なぎ(国字)
凩 こがらし(国字)
夙 →夕部　16 2
凭 もたれる
°風 →風部　50 4
凰 オウ(ワウ)
凱 →ガイ
鳳 →鳥部　52 3

凵 部

°凶 →キョウ
°凸 →トツ
凸坊 でこぼう
°凹 →オウ
°出 →シュツ
出湯 いでゆ
出来 しゅったい
出汁 だし
出処 でどころ
出端 ではな
出来す でかす
出鱈目 でたらめ
出っ端 でっぱな
出雲の神 いずものかみ
函 →カン
°画 →田部　35 1
°幽 →幺部　19 4

刀・刂部

°刀 →トウ
刀自 とじ
刀背打ち むねうち
°刃[刃] →ジン
刃傷 にんじょう
°分 →ブン
分葱 わけぎ
°切 →セツ
切り籠 きりこ
切支丹 キリシタン
切歯扼腕 せっしやくわん
°召 →口部　13 4
°初 →ショ
初 うぶ
初心 うぶ
初っ端 しょっぱな
初生り はつなり
°券[券] →ケン
剪 セン　はさむ

劈 ヘキ　つんざく

（刂）

°刈 ガイ・カイ　かる
°刊 →カン
刎 フン
　刎頸 ふんけい
°刑 →ケイ
°列 →レツ
°判［判］→ハン
　判官 ほうがん・じょう
°別 →ベツ
　別墅 べっしょ
°利 →リ
　利鎌 とがま
°到 →トウ
刮 カツ（クワツ）
刳 コ　くる
　刳り貫く くりぬく
°制 →セイ
°刷 →サツ
　刷毛 はけ
°刹 →サツ
°刺 →シ
　刺草 いらくさ
　刺虫 いらむし
　刺青 いれずみ
　刺股 さすまた
°刻 →コク
剃 テイ　そる
　剃刀 かみそり
°則 →ソク
°削［削］→サク
°前［前］→ゼン
　前山 さきやま
　前栽 せんざい
（荆）→荊 42 1
剔 テキ
　剔抉 てっけつ
°剖 →ボウ
°剛 →ゴウ
°剝 →ハク
°剣［劍］→ケン
　剣呑 けんのん
°剤［劑］→ザイ
°剰［剩］→ジョウ
°副 →フク
　副馬 そえうま
°割［割］→カツ
　割烹 かっぽう
　割符 わっぷ
剴 ガイ
°創 →ソウ
剽 ヒョウ（ヘウ）
　剽軽 ひょうきん
剿 ソウ（サウ）
劃 →カク
°劇 →ゲキ
劉 リュウ（リウ）

力 部

°力 →リョク
°功 →コウ
°加 →カ
　加里 カリ
　加之 しかのみならず
　加答児 カタル
　加比丹 カピタン
°幼 →幺部 19 4
°劣 →レツ
°助 →ジョ
　助惣鱈 すけそうだら
　助太刀 すけだち
　助っ人 すけっと
　助ける すける
°努 →ド
劫 キョウ（ケフ）・コウ（コフ）・ゴウ（ゴフ）
°労［勞］→ロウ
　労る いたわる
　労しい いたわしい
°励［勵］→レイ
°男 →田部 35 1
°効 →コウ
　効 かい
°劾 ガイ
勁 ケイ
°勃 →ボツ
°勅 →チョク
°勇［勇］→ユウ
　勇魚 いさな
°勉［勉］→ベン
勒 ロク
°動 →ドウ
°勘 →カン
°務 →ム
°勝［勝］→ショウ
　勝れる すぐれる
°募 →ボ
°勤［勤］→キン
°勢 →セイ
　勢子 せこ
　勢車 はずみぐるま
°勧［勸］→カン
°勲［勳］→クン

勹 部

勺［勺］シャク
°勾 コウ　まがる
　勾玉 まがたま
勿 ブツ・モチ　なかれ
　勿怪 もっけ
　勿体 もったい
　勿忘草 わすれなぐさ
°匂 におう（国字）
　匂やか におやか
匁 もんめ（国字）
匆 ソウ
°包［包］→ホウ
°句 →口部 13 4
°旬 →日部 26 1
匍 ホ　はう
　匍匐 ほふく
匏 ホウ（ハウ）　ひさご・ふくべ
匐 フク　はう

匕 部

匕 ヒ
　匕首 あいくち
°化［化］→カ
°比 →比部 29 4
°北 →ホク
　北叟笑む ほくそえむ
°旨 →日部 25 4
匙 さじ

匚 部

°巨 →工部 19 2
°匹 →ヒツ
°区［區］→ク
　区区 まちまち
匝 ソウ（サフ）
°匠 →ショウ
匡 キョウ（キヤウ）
°臣 →臣部 41 1
匣 コウ（カフ）　はこ・くしげ
°医 →酉部 47 4
°匿 →トク
　匿う かくまう
匪 ヒ

匸部→匚部

十 部

°十 →ジュウ
　十寸 とき
　十六夜 いざよい
　十姉妹 じゅうしまつ
　十露盤 そろばん
　十六武蔵 じゅうろくむさし
　十重二十重 とえはたえ
°千 →セン
　千種 ちくさ
　千千 ちぢ
　千歳 ちとせ
　千尋 ちひろ
　千万 ちよろず
　千石簁 せんごくどおし
　千屈菜 みそはぎ
°升 ショウ　ます・のぼる
°午 →ゴ
廿 →廾部 20 2
°半［半］→ハン
　半銭 きなか
　半ら なから
　半臂 はんぴ
　半平 はんぺん
°古 →口部 13 4
卍 まんじ
　卍巴 まんじどもえ
°早 →日部 25 4
°卒 →ソツ
　卒塔婆 そとば
°卓 →タク
　卓袱 しっぽく
　卓袱台 ちゃぶだい

°協 →キョウ
°阜 →阜部 49 1
°卑[卑] →ヒ
°南 →ナン
南瓜 カボチャ
南無 なむ
南風 はえ
南京豆 なんきんまめ
°博[博] →ハク
博士 はかせ
博打 ばくち
博奕 ばくち
博徒 ばくちうち
博多織 はかたおり

卜 部

卜 →ボク
°占 →セン
占筮 せんぜい
卦 ケ

卩(㔾)部

卯 ボウ(バウ) う
卯木 うつぎ
°印 →イン
°危 →キ
°即[卽] →ソク
°却 →キャク
°卵 →ラン
°巻[卷] →カン
巻繊 けんちん
°卸 シャ おろす・おろし
卿 →キョウ

厂 部

仄 →人部 9 2
°厄 →ヤク
厄除け やくよけ
°反 →又部 13 2
°圧 →土部 15 3
°灰 →火部 32 2
°成 →戈部 23 2
辰 →辰部 47 2
厖 ボウ(バウ)
°厘 リン
°厚 →コウ
°原 →ゲン
°唇 →口部 14 3
厠 シ かわや
厨 →チュウ
厩 →キュウ
雁 →隹部 49 3
厭 →エン
厭悪 えんお
厲 レイ
°歴 →止部 29 3
°暦 →日部 26 3
贋 →貝部 46 3
魘 →鬼部 52 1

ム 部

允 →儿部 10 4
°去 →キョ
去年 こぞ
°台 →口部 13 4
°弁 →廾部 20 2
矣 →矢部 36 3
°参[參] →サン
参観 さんきん
畚 →田部 35 1
皴 →皮部 35 4

又 部

°又 ユウ(イウ) また
叉 サ・シャ また
叉手網 さであみ
°及[及] →キュウ
°友 →ユウ
°双[雙] →ソウ
双六 すごろく
°反 →ハン
反噬 はんぜい
反哺 はんぽ
反吐 へど
反古 ほご・ほぐ
反故 ほご・ほぐ・ほうご
反っ歯 そっぱ
°収 →支部 25 1
°叔 →シュク
叔父 おじ
叔母 おば
°取 →シュ
取り零す とりこぼす
取り拉ぐ とりひしぐ
°受[受] →ジュ
受領 ずりょう
°叙 →支部 25 2
叛 →ハン
竪 →立部 38 1
豎 →豆部 46 1
叡 →エイ
叢 →ソウ
叢る むらがる
叢雲 むらくも

勹 部

°危 →卩部 13 1
°色 →色部 41 3
°争 →爪部 33 1
°角 →角部 45 1
°免 →儿部 11 1
°負 →貝部 46 1
°亀 →龜部 53 4
°魚 →魚部 52 1
°象 →豕部 46 1

メ 部

°凶 →凵部 11 4
兇 →儿部 11 1
°希 →巾部 19 3
肴 →月部 26 4
弑 →弋部 20 2

𠂉 部

°乞 →乙部 8 4
°午 →十部 12 4
乍 →丿部 8 4
°矢 →矢部 36 3
°気 →气部 30 1
°年 →干部 19 4
°毎 →毋部 29 4
°無 →火部 32 4
°舞 →舛部 41 2

九 部

°九 →乙部 8 4
°丸 →丶部 8 3
旭 →日部 26 1
鳩 →鳥部 52 3

口 部

°口 →コウ
口訣 くけつ
口髭 くちひげ
口伝て くちづて
口舐り くちなめずり
口惜しい くやしい
°古 →コ
古鉄 ふるかね
古兵 ふるつわもの
古強者 ふるつわもの
°句 →ク
叩 コウ たたく
叩く はたく
只 シ ただ
只管 ひたすら
°召 →ショウ
°可 →カ
可惜 あたら
可成 かなり・なるべく
可惜物 あったらもの
可愛い かわいい
可笑しい おかしい
叮 テイ
叮嚀 ていねい
°台[臺] →ダイ
台詞 せりふ
°叱 →シツ
°史 →シ
°右 →ユウ
右手 めて
叶 キョウ(ケフ) かなう
°号[號] →ゴウ
°司 →シ
叺 かます(国字)
°兄 →儿部 10 4
°叫 →キョウ
吃 キツ どもる
吃驚 びっくり
°各 →カク
°合 →ゴウ
合羽 カッパ
合点 がてん
合歓 ねむ・ねぶ
°吉 →キチ
吉方 えほう

吉左右 きっそう
吉利支丹 キリシタン
吊 つる
°同 →ドウ
同苗 どうみょう
同胞 はらから
°名 →メイ
名残 なごり
°后 →コウ
°吏 →リ
°吐 →ト
吐く つく
°向 →コウ
向日葵 ひまわり
°吸［吸］ →キュウ
吸呑 すいのみ
吸瓢 すいふくべ
吋 インチ
°含 →ガン
含羞草 おじぎそう
°呈［呈］ →テイ
°呉［呉］ →ゴ
呉呉 くれぐれ
呉絽服連 ゴロフクレン
吶 トツ
°吹 →スイ
吹聴 ふいちょう
吹雪 ふぶき
吹き貫き ふきぬき
吻 フン
吼 ク・コウ　ほえる
吾 →ゴ
吾妹 わぎも
吾妹子 わぎもこ
吾亦紅 われもこう
吾木香 われもこう
°君 →クン
吝 リン　やぶさか・しわい
吝ん坊 しわんぼう
呑 →ドン
呑噬 どんぜい
呑気 のんき
°吟 →ギン
吠 ハイ　ほえる
吠陀 ベーダ
°否 →ヒ
否応 いやおう
°告［告］ →コク
°呂 リョ・ロ
呂律 ろれつ
呆 ホウ・ボウ　あきれる
呆気 あっけ
呎 フィート(国字)
邑 →邑部　47 3
°周［周］ →シュウ
周章てる あわてる
°呪 →ジュ
呪い まじない
呱 コ
°味 →ミ
味醂 みりん
呵 カ　しかる
呵責 かしゃく
呶 ド
呷 コウ(カフ)　あおる
呻 シン　うめく
°呼 →コ
°命 →メイ
咀 ショ・ソ　かむ
咀嚼 そしゃく
咄 トツ　はなし
咆 ホウ(ハウ)
咋 サク
°和 →ワ
和尚 おしょう・わじょう
和ぐ なぐ
和毛 にこげ
和布 わかめ
和琴 わごん
咎 キュウ(キウ)　とが・とがめる
呟 つぶやく
咨 シ　ああ［虚字］
咫 シ
咫尺 しせき
咬 コウ(カウ)　かむ
咳 →ガイ
咳 しわぶき
咳く せく
咸 カン
°咽 →イン
°哀 →アイ
°品 →ヒン
品騭 ひんしつ
哄 コウ
哉 →サイ
°咲［咲］ さく
°員 →イン
哥 うた
哨 →ショウ
哩 マイル
哭 コク
哮 コウ(カウ)　たける
°哲 →テツ
°哺 ホ
°唄 バイ　うた
°唆 →サ
°唇 →シン
唉 ああ［虚字］
°唐［唐］ →トウ
唐臼 とううす
唐箕 とうみ
唐黍 もろこし・とうきび
唐土 もろこし
啄［啄］ タク　ついばむ
啄木鳥 きつつき・けら・けらつつき
°唯 →ユイ
°唱 →ショウ
唸 うなる
°唾 タ・ダ　つば・つばき・つ
啀 いがむ
°商 →ショウ
商人 あきんど・あきゅうど
商賈 しょうこ
°問 →モン
問屋 とんや
啐 ソツ
°啓［啓］ →ケイ
啓蟄 けいちつ
啖 タン
啖呵 たんか
啜 セツ・テツ　すする
°喝［喝］ →カツ
啞(唖) →ア
啻 ただ
啼 テイ　なく
啾 シュウ(シウ)
喀 カク
喃 ナン
°善 →ゼン
善い いい
善哉 ぜんざい
善知鳥 うとう
喇 ラツ・ラ
喇叭 らっぱ
喇嘛教 ラマきょう
°喉 →コウ
喊 カン
喋 チョウ(テフ)　しゃべる
喘 セン・ゼン　あえぐ
°喚 →カン
喚く おめく
°喜 →キ
喜利 きり
喞 ショク・ソク　かこつ
喞筒 ポンプ
喧 →ケン
°喩 ユ　たとえる
°喫［喫］ →キツ
喫驚 びっくり
喬 キョウ(ケウ)
°単［單］ →タン
単寧 タンニン
単衣 ひとえ
°喪 →ソウ
喨 リョウ(リヤウ)
喰 くう・くらう(国字)
絮 →糸部　39 4
嗄 サ　しわがれる・かれる
翕 →羽部　40 4
°嗅 キュウ(キウ)　かぐ
嗚 オ(ヲ)・ウ　ああ［虚字］
嗚咽 おえつ
嗜 シ　たしなむ
嗟 サ　ああ［虚字］
°嗣 →シ
嗤 シ
°嘆［嘆］ →タン
辟 →辛部　47 2
嗽 ソウ　すすぐ・うがい
嘉 →カ
嘔 オウ　はく
嘖 サク
嘗 ショウ(シヤウ)・ジョウ(ジヤウ)　なめる・かつて
嘘 キョ　うそ

嘩 カ(クワ)
°鳴 →鳥部 52 3
嘯 ショウ(セウ) うそぶく
　嘯 うそ
°嘱[囑] →ショク
°嘲 →チョウ
　嘲笑う あざわらう
嘴 シ くちばし
嘶 いななく
嘸 さぞ
噂 ソン うわさ
噌 ソウ(サウ)
噎 エツ むせぶ・むせる
°器[器] →キ
°噴 →フン
噤 キン つぐむ
噪 →ソウ
噫 イ・アイ ああ[虚字]
噬 ゼイ
噺 はなし(国字)
噸 トン(国字)
噯 アイ
　噯気 おくび
嚆 コウ(カウ)
　嚆矢 こうし
°嚇 →カク
嚊 かかあ
嚔 くさめ・くしゃみ
嚙(噛) かむ
嚠 リュウ(リウ)
　嚠喨 りゅうりょう
嚥 エン
嚮 キョウ(キヤウ)
°厳[嚴] →ゲン
　厳つい いかつい
嚼 シャク かむ
囀 テン さえずる
囁 ショウ(セフ) ささやく
囂 ゴウ(ガウ) かまびすしい
囃 はやす
　囃子 はやし
嚢 →ノウ
囈 ゲイ
　囈言 うわごと
轡 ヒ くつわ

囗 部

°囚 →シュウ
°四 →シ
　四阿 あずまや
　四諦 したい
　四人 よったり
　四幅 よの
　四方 よも
　四季施 しきせ
　四十雀 しじゅうから
　四十路 よそじ
　四方山 よもやま
°回 →カイ
　回り路 まわりみち
°因 →イン
°団[團] →ダン
　団扇 うちわ
　団欒 だんらん
　団栗 どんぐり
　団居 まどい
囮 カ(クワ) おとり
°困 →コン
　困じる こうじる
°囲[圍] →イ
　囲炉裏 いろり
°図[圖] →ズ
　図体 ずうたい
　図図しい ずうずうしい
°固 →コ
　固唾 かたず
囹 レイ
　囹圄 れいご
°国[國] →コク
　国造 くにのみやつこ
　国風 くにぶり
　国衙 こくが
　国帑 こくど
圃 ホ
°圏[圈] →ケン
°園 →エン
　園生 そのふ・そのう
°円[圓] →エン
　円ら つぶら
　円やか まろやか

土 部

°土 →ド
　土器 かわらけ
　土筆 つくし
　土塊 つちくれ
　土竈 どがま
　土圭 とけい
　土産 みやげ
　土竜 もぐら・むぐらもち
　土壇場 どたんば
°去 →ム部 13 2
°圧[壓] →アツ
°在 →ザイ
圭 ケイ たま
°地 →チ
　地味 じみ
°寺 →寸部 18 2
°坂 →ハン
°均 →キン
　均す ならす
°坊 →ボウ
　坊主 ぼうず
坏 ハイ つき
坐 →ザ
°坑 →コウ
坤 →コン
坩 カン
　坩堝 るつぼ
坦 タン
°坪[坪] つぼ
°垂 →スイ
　垂 しで
　垂水 たるみ
　垂乳根 たらちね
　垂んとする なんなんとする
尭[堯] ギョウ(ゲウ) たかい
°型 →ケイ
　型録 カタログ
垢 コウ あか
　垢離 こり
°垣 エン(ヱン) かき
°城[城] →ジョウ
奎 →大部 16 4
°埃 →アイ
°埋 →マイ
　埋ける いける
　埋み火 うずみび
埒 ラチ・ラツ
袁 エン(ヱン)
埜 の
°域 →イキ
埠 フ
埴 ショク はに
　埴生 はにゅう
　埴土 へなつち
°執 →シツ
°培 →バイ
°基 →キ
°埼 キ さき
°堀 ほり
°堂 →ドウ
　堂堂回り どうどうめぐり
°堅 →ケン
°堆 →タイ
　堆肥 つみごえ
堙 イン
堡 ホウ・ホ
°堤 →テイ
°堪 →カン
　堪える たえる
堰 エン せき
　堰 いせき
　堰く せく
°報 →ホウ
°場 →ジョウ
堵 ト
堺 カイ さかい
°塀[塀] ヘイ(国字)
°堕[墮] →ダ
塒 ねぐら・とや
°塔 →トウ
　塔 あららぎ
　塔頭 たっちゅう
°塁[壘] →ルイ
°塚[塚] つか
[堯] →尭
幇 →巾部 19 3
°塊 →カイ
　塊割り くれわり
°塑[塑] →ソ
°塗 →ト

塗師 ぬし
塘 トウ(タウ)
塙 はなわ
°塞 →サイ
塞く せく
°塡 テン うずめる・ふさぐ・はまる・はめる
°塩 →鹵部 52 4
°墓 →ボ
塵 →ジン
塵芥 ちりあくた
塹 ザン
°塾 →ジュク
°境 →キョウ
°増［增］ →ゾウ
°墨［墨］ →ボク
°墜［墜］ →ツイ
°墳 →フン
°壊［壞］ →カイ
°墾 →コン
°壁 →ヘキ
壁蝨 だに
°壌［壤］ →ジョウ
°壇 →ダン
［壓］ →圧
壕 →ゴウ
［壘］ →塁
罎 びん
壟 ロウ

士部

°士 →シ
壬 ジン・ニン みずのえ
°壮［壯］ →ソウ
°吉 →口部 13 4
°声［聲］ →セイ
声色 こわいろ
°壱［壹］ →イチ
°売 →貝部 46 2
°殻 →殳部 29 4
壺 コ つぼ
［壻］ →婿 17 2
°喜 →口部 14 4
°寿［壽］ →ジュ
寿司 すし
嘉 →口部 14 4
橐 →木部 29 1

轂 →車部 47 2
覯 →見部 45 1

夂部

°冬 →冫部 11 3
°各 →口部 13 4
°麦 →麥部 53 1
°条 →木部 27 4
°変 →攴部 25 2
°夏 →カ
夏至 げし
夏越 なごし
夏蚕 なつご
夏安居 げあんご
皴 →皮部 35 4
°愛 →心部 22 3

夊部→夂部

夕部

°夕 →セキ
夕食 ゆうげ
夕餉 ゆうげ
°外 →ガイ
外 と
外郎 ういろう
外宮 げくう
外法 そとのり
外様 とざま
外国 とつくに
外の面 とのも
°多 →タ
夙 シュク つとに
夙く はやく
°名 →口部 14 1
°夜 →ヤ
夜叉 やしゃ
夜半 よわ
°夢 →ム
夢占 ゆめうら
夥 カ(クワ) おびただしい

大部

°大 →ダイ
大人 うし・おとな
大仰 おおぎょう
大晦 おおつごもり
大鉈 おおなた
大凡 おおよそ
大鋸 おが
大蛇 おろち
大旆 たいはい
大刀 たち
大夫 たゆう・たいふ
大蒜 にんにく
大和 やまと
大谷石 おおやいし
大原女 おはらめ
大角豆 ささげ
大磐石 だいばんじゃく
大宰府 だざいふ
°天 →テン
天晴 あっぱれ
天漢 あまのがわ
天地 あめつち
天皇 すめらみこと
天辺 てっぺん
天狗 てんぐ
天秤 てんびん
天籟 てんらい
天降り あまくだり
天蚕糸 てぐす
天瓜粉 てんかふん
天麩羅 テンプラ
天保銭 てんぽうせん
天鵞絨 ビロード
天の邪鬼 あまのじゃく
天手古舞 てんてこまい
°太 →タイ
太閤 たいこう
太刀 たち
太夫 たゆう
太藺 ふとい
太神楽 だいかぐら
太政官 だいじょうかん・だじょうかん
太り肉 ふとりじし
太政大臣 だいじょうだいじん・だじょうだいじん
太上天皇 だいじょうてんのう・だじょうてんのう
°夫 →フ
夫 つま
夫婦 めおと・みょうと
夭 ヨウ(エウ)

°央 →オウ
°失 →シツ
夷 →イ
夾 キョウ(ケフ) はさむ
奄 エン
°奇 →キ
奇天烈 きてれつ
奇しき くしき
°奈 ダイ・ナ
奈何 いかん
°奉 →ホウ
°奔［奔］ →ホン
奎 ケイ
°奏 →ソウ
°契［契］ →ケイ
套 →トウ
奚 ケイ なんぞ［虚字］
匏 →勹部 12 3
奠 テン
奢 →シャ
°奥［奧］ →オウ
欹 →欠部 29 3
°奨［奬］ →ショウ
°奪 →ダツ
°奮 →フン
奮い起つ ふるいたつ

女部

°女 →ジョ
女将 おかみ
女子 おなご
女形 おやま
女寡 おんなやもめ
女郎 じょうろ・じょろ
女衒 ぜげん
女犯 にょぼん
女浪 めなみ
女子衆 おなごしゅ
女郎花 おみなえし
女誑し おんなたらし
°奴 →ド
奴 め
奴凧 やっこだこ
奴原 やつばら
奸 →カン
°好 →コウ
好逑 こうきゅう

°如 →ジョ
如何 いかん・いかが
如月 きさらぎ
如何様 いかさま
如雨露 じょうろ
°妄[妄] →モウ
°妃 →ヒ
°妊 →ニン
妓 →ギ
妓生 キーサン
妓夫 ぎゅう
°妖 →ヨウ
妖姫 ようき
°妙 →ミョウ
°妥[妥] →ダ
°妨 →ボウ
妨碍 ぼうがい
°努 →力部 12 2
姐 あね
姐さん ねえさん
°妬 →ト
°妹 →マイ
妹背 いもせ
°妻 →サイ
妻せる めあわせる
妾 →ショウ
妾 そばめ・わらわ
°姉 →シ
°始 →シ
姑 コ しゅうとめ・しゅうと・おば・しばらく
姑娘 クーニャン
°姓 →セイ
°委 →イ
弩 →弓部 20 3
姥 うば
姦 →カン
姨 おば
姪 テツ めい
姶 オウ(アフ)
姸 ケン
°姻 →イン
°姿[姿] →シ
°威 →イ
威す おどす
威かす おどかす
娃 アイ
°姫[姬] →キ
姫墻 ひめがき
娑 サ・シャ
娑婆 しゃば
°娘 →ジョウ
娘子軍 ろうしぐん
°娠 シン はらむ
娩 ベン
°娯[娛] →ゴ
娶 めとる
娼 ショウ(シヤウ)
婀 ア
婀娜 あだ
婁 ロウ・ル
°婆 →バ
婆羅門 バラモン
お婆さん おばあさん
婉 エン(エン)
°婚 →コン
婢 →ヒ
°婦[婦] →フ
°婿[壻] →セイ
°媒 →バイ
媚 →ビ
°媛[媛] エン(エン) ひめ
絮 →糸部 39 4
°嫁 →カ
嫁く かたづく
嫂 ソウ(サウ) あによめ
°嫉 →シツ
°嫌[嫌] →ケン
媼 オウ(アウ) おうな
嫋 ジョウ(デウ)
媾 コウ
媾曳 あいびき
嫖 ヒョウ(ヘウ)
嫗 ウ・オウ おうな
°嫡 →チャク
嫣 エン
嫦 ジョウ(ジヤウ)
嫩 ドン
嬉 →キ
嬋 セン
嬋娟 せんけん
嬌 →キョウ
嬖 ヘイ
°嬢[孃] →ジョウ
嬬 ジュ つま
嬰 →エイ
嬰児 みどりご
嬲 なぶる
嬶 かかあ(国字)

子 部

°子 →シ
子規 ほととぎす
孑 ケツ・ゲツ
孑孑 ぼうふら
孑孒 ぼうふら
°孔 →コウ
孔雀 くじゃく
孕 ヨウ はらむ
°字 →ジ
°存 →ソン
孜 シ
°孝 →コウ
孟 →モウ
°季 →キ
°孤 →コ
孤児 みなしご
°学[學] →ガク
学舎 まなびや
孩 ガイ
°孫 →ソン
孰 ジュク いずれ
孵 フ かえる
孺 ジュ

宀 部

°穴 →穴部 37 4
°宅 →タク
°宇 →ウ
°守 →シュ
守る もる
守宮 やもり
°安 →アン
安居 あんご
安倍川餅 あべかわもち
°字 →子部 17 3
宋 →ソウ
°完 →カン
宍 しし
宏 →コウ
°究 →穴部 37 4
牢 →牛部 33 2
宕 トウ(タウ)
°宗 →ソウ
宗太鰹 そうだがつお
°官 →カン
官衙 かんが
°宙 →チュウ
°定 →テイ
定式幕 じょうしきまく
定廻り じょうまわり
定斎屋 じょさいや
°宛 エン(エン) あて・ずつ・さながら
宛行扶持 あてがいぶち
°宜 →ギ
°宝[寶] →ホウ
°実[實] →ジツ
実 さね
実否 じっぷ
°空 →穴部 37 4
°突 →穴部 37 4
°客 →キャク
°室 →シツ
室鰺 むろあじ
宥 ユウ(イウ) なだめる・ゆるす
宦 カン(クワン)
°宣 →セン
穿 →穴部 37 4
°窃 →穴部 37 4
°宮 →キュウ
°宰 →サイ
°害[害] →ガイ
°宴 →エン
°宵[宵] →ショウ
宵闇 よいやみ
宵宮 よみや
°家 →カ
家鴨 あひる
家蟎 いえだに
家苞 いえづと
家尻切り やじりきり
宸 →シン
°容 →ヨウ
容態 ようだい
窈 →穴部 37 4
°案 →木部 28 2
°宿 →シュク

宿禰 すくね
宿直 とのい
宿酔 ふつかよい
°寂 →ジャク
寂びる さびる
°寄 →キ
寄席 よせ
寄人 よりゅうど・よりうど
寄居虫 やどかり
寄生木 やどりぎ
寄越す よこす
寅 イン　とら
°密 →ミツ
寇 コウ　あだ
°窒 →穴部　37 4
°窓 →穴部　38 1
°富(冨) →フ
°寒[寒] →カン
寓 →グウ
°寛[寬] →カン
寛ぐ くつろぐ
°寝[寢] →シン
寝穢い いぎたない
°察 →サツ
°窟 →穴部　38 1
°塞 →土部　16 1
°寡 →カ
寡婦 やもめ
寥 リョウ(レウ)　さびしい
[實] →実
°寧[寧] →ネイ
°審 →シン
窪 →穴部　38 1
°蜜 →虫部　43 4
°写[寫] →シャ
°寮 →リョウ
°窮 →穴部　38 1
°窯 →穴部　38 1
°賓 →貝部　46 2
°憲 →心部　22 4
窺 →穴部　38 1
豁 →谷部　46 1
蹇 →足部　46 4
寵 →チョウ
賽 →貝部　46 3
[寶] →宝

寸部

°寸 →スン
寸莎 すさ・つた
寸胴切り ずんどぎり
°寺 →ジ
°対[對] →タイ
対蹠 たいしょ
対屋 たいのや
°寿 →士部　16 1
°封 →フウ
封度 ポンド
°専[專] →セン
°射 →シャ
射干 ひおうぎ・しゃが
射竦める いすくめる
°将[將] →ショウ
将又 はたまた
辱 →辰部　47 2
°尉 →イ
°尊[尊] →ソン
°尋[尋] →ジン
幇 →巾部　19 3
°導[導] →ドウ
導べ しるべ

小(⺌)部

°小 →ショウ
小豆 あずき
小父 おじ
小母 おば
小路 こうじ
小雀 こがら
小雨 こさめ
小舅 こじゅうと
小姑 こじゅうと・こじゅうとめ
小半 こなから
小童 こわっぱ
小波 さざなみ
小夜 さよ
小火 ぼや
小連翹 おとぎりそう
小止み おやみ
小綬鶏 こじゅけい
小鳴き ささなき
小百合 さゆり
°少 →ショウ
少女 おとめ
尖 →セン
°尚[尙] →ショウ
尚尚 なおなお
尠 セン

⺌部

°当 →田部　35 1
°光 →儿部　11 1
°肖 →月部　26 4
°尚 →小部　18 3
°党 →儿部　11 1
°堂 →土部　15 4
°常 →巾部　19 3
°掌 →手部　23 4
裳 →衣部　44 2
嘗 →口部　14 4
°賞 →貝部　46 2

⺍部

°労 →力部　12 2
°学 →子部　17 3
°単 →口部　14 4
°栄 →木部　28 2
°挙 →手部　23 4
°巣 →巛部　19 2
°蛍 →虫部　43 3
°営 →火部　32 4
°覚 →見部　45 1
°誉 →言部　45 3
°厳 →口部　15 1

尢部

尤 ユウ(イウ)　もっとも
尨 ボウ(バウ)　むく・むくいぬ
尫 オウ(ワウ)
°就 →シュウ
就中 なかんずく

尸部

尸 シ　しかばね
°尺 →シャク
尺 さし
°尻 コウ(カウ)　しり
尻尾 しっぽ
尻重 しりおも
尻窄み しりつぼみ
尻窄まり しりすぼまり
°尼 →ニ
°尽 →皿部　36 1
°尾 →ビ
尾籠 おこ・びろう
尾の上 おのえ
°尿 →ニョウ
尿瓶 しびん
°局 →キョク
屁 ヒ　へ
°居 →キョ
居候 いそうろう
居溢れる いこぼれる
居竦まる いすくまる
°届[屆] とどける・とどく
届出 とどけいで
°屈 →クツ
屈む こごむ
屈まる くぐまる
°屋 →オク
屍 →シ
屎 シ　くそ
咫 →口部　14 2
°昼 →日部　26 2
屑 セツ　くず
°展 →テン
屏(屛) ヘイ・ビョウ(ビャウ)
屏風 びょうぶ
°属[屬] →ゾク
屠 →ト
犀 →牛部　33 3
辟 →辛部　47 2
屢 ル　しばしば
°層[層] →ソウ
°履 →リ
劈 →刀部　12 1

屮部

°屯 →トン
艸 →艸部　41 3

山部

°山 →サン
山巓 さんてん

山車 だし
山羊 やぎ
山間 やまあい
山姥 やまうば
山颪 やまおろし
山賤 やまがつ
山雀 やまがら
山苞 やまづと
山神 やまつみ
山形 やまなり
山廃 やまはい
山葵 わさび
山梔子 くちなし
山茶花 さざんか
山毛欅 ぶな
山津見 やまつみ
°出 →凵部 11 4
屹 キツ
屹度 きっと
°岐 →キ
°岡 コウ(カウ) おか
岨 ソ そば
°岩 →ガン
岩魚 いわな
岩漿 がんしょう
°岬 みさき
岱 タイ
°岳 →ガク
°岸 →ガン
峙 ジ(チ) そばだつ
°峠 とうげ(国字)
°峡[峽] →キョウ
峡 かい
°炭 →火部 32 3
峨 ガ
°峰 →ホウ
(峯) →峰
°島 →トウ
峻 →シュン
豈 →豆部 46 1
°密 →宀部 18 1
°崇 →スウ
°崎 キ さき
°崖 →ガイ
崚 リョウ
°崩[崩] →ホウ
嵌 カン はめる
°嵐 →ラン
嵩 スウ かさ
嵩む かさむ
嵩ずる こうずる
嵯 サ
嶄 ザン
(嶋) →島
嶮 →ケン
嶺 →レイ
嶼 ショ しま
嶽 ガク
巌[巖] →ガン
巌 いわ
巍 ギ

巛(川)部

°川 →セン
川面 かわも
川原 かわら
°州 →シュウ
°巡[巡] →ジュン
°災 →火部 32 2
°巣[巢] →ソウ

工部

°工 →コウ
工合 ぐあい・ぐわい
工手間 くでま
°左 →サ
左官 しゃかん
左右 そう
左手 ゆんで
°巧 →コウ
巧む たくむ
°巨[巨] →キョ
巨擘 きょはく
°功 →力部 12 2
巫 フ
巫女 みこ
巫山戯る ふざける
°攻 →攴部 25 1
°差 →サ
°貢 →貝部 46 1

己部

°己 →キ
己惚れ うぬぼれ
已 →イ
巳 シ み
巴 ハ ともえ
巴布 パップ
巴旦杏 はたんきょう
°包 →勹部 12 3
°改 →攴部 25 1
°巻 →卩部 13 1
巷 →コウ
巽[巽] ソン たつみ

巾部

°巾 →キン
°市 →シ
°布 →フ
布地 きれじ
布令 ふれ
布衣 ほい・ほうい
布袋 ほてい
凧 →几部 11 3
°帆[帆] →ハン
帆桁 ほげた
°希 →キ
帖 →ジョウ
帙 チツ
帛 →ハク
°帝 →テイ
帝釈天 たいしゃくてん
°帥 →スイ
°師 →シ
°席 →セキ
°帯[帶] →タイ
°帳 →チョウ
°常 →ジョウ
常磐 ときわ
常夏 とこなつ
常春 とこはる
常闇 とこやみ
常世 とこよ
常磐津 ときわず
帷 イ(ヰ) とばり
帷幄 いあく
帷子 かたびら
°帽[帽] →ボウ
°幅 →フク
幅 の
幇 ホウ
幌 コウ(クワウ) ほろ
°幕 →マク
幕間 まくあい
幔 マン
幟 シ のぼり
幡 ハン・マン はた
°幣[幣] →ヘイ

干部

°干 →カン
干支 えと
干鯛 ひだい
干鱈 ひだら
干乾し ひぼし
干し鰯 ほしか
°平[平] →ヘイ
平絎け ひらぐけ
平伏す ひれふす
°年 →ネン
年 とせ
年魚 あゆ
年増 としま
°幸 →コウ
幸先 さいさき
°幹 →カン
幹 から

幺部

°幻 →ゲン
°幼 →ヨウ
幼児 おさなご
°幽 →ユウ
胤 →月部 26 4
°幾[幾] →キ
幾何 いくばく
幾許 いくばく
麼 モ

广部

°広[廣] →コウ
°庁[廳] →チョウ
庄 →ショウ
庇 →ヒ
°床 →ショウ
床框 とこがまち
°序 →ジョ
序品 じょぼん

°応 →心部 22 2
°底 →テイ
底翳 そこひ
庖 ホウ(ハウ)
°店 →テン
店子 たなこ
店晒し たなざらし
庚 コウ(カウ) かのえ
°府 →フ
°度 →ド
度胆 どぎも
°座 →ザ
°庫 →コ
庫裡 くり
°庭[庭] →テイ
庭訓 ていきん
°唐 →口部 14 3
°席 →巾部 19 3
庵 →アン
°庶 →ショ
庶幾 こいねがう・こいねがわくは
°康 →コウ
°庸 →ヨウ
°鹿 →鹿部 52 4
°麻 →麻部 53 1
°廃[廢] →ハイ
°廊[廊] →ロウ
廂 ショウ(シヤウ) ひさし
廂間 ひあわい
°廉[廉] →レン
廓 →カク
塵 →土部 16 1
麼 →幺部 19 4
°腐 →肉部 41 1
廟 →ビョウ
廠 →ショウ
[廣] →広
°慶 →心部 22 3
°摩 →手部 23 4
麾 →麻部 53 1
°磨 →石部 37 1
膺 →月部 27 2
糜 →米部 39 2
磨 →麻部 53 1
廬 ロ・ル いおり
靡 →非部 50 1
°魔 →鬼部 52 1
[廳] →庁
鷹 →鳥部 52 4

廴 部

°廷[廷] →テイ
°延[延] →エン
延し のし
延縄 はえなわ
°建 →ケン
建水 こぼし
建仁寺垣 けんにんじがき
廻 →カイ
廼 ダイ なんじ・すなわち・の[虚字]
蜑 →虫部 43 4

廾 部

廿 ジュウ(ジフ) にじゅう
°弁[辨・瓣・辯] →ベン
弁える わきまえる
°弄 →ロウ
弄る いじる
弄う いらう
°戒 →戈部 23 2
°弊[弊] →ヘイ

弋 部

°弐 →貝部 46 2
°式 →シキ
°武 →止部 29 3
弑 シイ
鳶 →鳥部 52 3

弓 部

°弓 →キュウ
弓懸 ゆがけ
弓弦 ゆづる
弓筈 ゆはず
弓形 ゆみなり
弓杖 ゆんづえ
弓手 ゆんで
弓籠手 ゆごて
°弔 →チョウ
°引 →イン
引き鉄 ひきがね
引き攣る ひきつる
引き目鉤鼻 ひきめかぎはな
弖 て(国字)
弖爾乎波 てにをは
弗 フツ ず・あらず ドル
弘 →コウ
弛 シ ゆるむ
弛緩 しかん・ちかん
弛む たゆむ・たるむ
°弟 →テイ
°弦 →ゲン
弩 ド いしゆみ
°弥[彌] →ミ
弥撒 ミサ
弥陀 みだ
弥次 やじ
弥生 やよい
°弧 →コ
°弱[弱] →ジャク
弱竹 なよたけ
°張 →チョウ
°強 →キョウ
強弩 きょうど
強面 こわおもて
強飯 こわめし
強か したたか
強請 ゆすり
強張る こわばる
強持て こわもて
弼 ヒツ
°弾[彈] →ダン
粥 →米部 39 2
彊 キョウ(キヤウ)
彎(弯) ワン

ヨ(彐)・彑部

°君 →口部 14 1
彗 スイ
°粛 →聿部 41 1
°尋 →寸部 18 2

(彑)

°互 →二部 9 1
°彙 →イ

彡 部

°形 →ケイ
彦[彥] ゲン ひこ
°彩[彩] →サイ
彪 ヒョウ(ヘウ)
°彫[彫] →チョウ
彫る える
彫心鏤骨 ちょうしんるこつ
彬 ヒン
°彰 →ショウ
°影 →エイ
影画 かげえ

彳 部

°行 →コウ
行 くだり
行幸 みゆき
行方 ゆくえ
行衛 ゆくえ
彷 ホウ(ハウ)
彷徨う さまよう
°役 →ヤク
°彼 →ヒ
彼方 あなた・かなた・あち
彼是 あれこれ
彼処 かしこ
彼奴 きゃつ
彼の世 あのよ
°往[往] →オウ
°征 →セイ
征矢 そや
徂 ソ
°径[徑] →ケイ
径山寺 きんざんじ
°待 →タイ
待惚け まちぼけ・まちぼうけ
°律 →リツ
°後 →ゴ
後 しり
後朝 きぬぎぬ
後方 しりえ
後退り あとじさり・あとずさり
後込み しりごみ
衍 →エン
°徐 →ジョ
°徒 →ト
徒 あだ・むだ

徒士 かち
徒事 ただごと
徒然 つれづれ
°従[從] →ジュウ
従兄 いとこ
従弟 いとこ
従姉 いとこ
従妹 いとこ
従兄弟 いとこ
従姉妹 いとこ
°得 →トク
徘 ハイ
徘徊 はいかい
徠 ライ
衒 ゲン　てらう
°術[術] →ジュツ
術無い じつない・すべない
°復 →フク
°循 →ジュン
°御[御] →ギョ
御形 おぎょう
御髪 おぐし
御職 おしょく
御汁 おつゆ
御籤 おみくじ
御召 おめし
御身 おんみ
御供 ごくう
御諚 ごじょう
御灯 みあかし
御酒 みき
御法 みのり
御幸 みゆき
御会式 おえしき
御旅所 おたびしょ
御霊屋 おたまや
御日待 おひまち
御神酒 おみき
御目見 おめみえ
御来迎 ごらいごう
御利益 ごりやく
御稜威 みいつ
御手洗 みたらし
御覧じろ ごろうじろ
御高祖頭巾 おこそずきん
°街 →ガイ
°微[微] →ビ
微風 そよかぜ
微笑む ほほえむ
微温湯 ぬるまゆ
°徴[徵] →チョウ
°徳[德] →トク
徳利 とくり・とっくり
銜 カン　ふくむ・くくむ・くわえる
°徹 →テツ
°衛[衞] →エイ
°衝 →ショウ
衝立 ついたて
°衡 →コウ
徽 キ　しるし
黴 →黒部　53 2

忄部→心部

扌部→手部

氵部→水部

犭部→犬部

艹部→艸部

辶(辶)部

辷 すべる(国字)
°込[込] こむ・こめる(国字)
辻 つじ(国字)
辻占 つじうら
°辺[邊] →ヘン
辺 ほとり
辺疆 へんきょう
辺陬 へんすう
辿 たどる
迂 →ウ
迄 まで
°迅[迅] →ジン
°巡 →巛部　19 2
°迎[迎] →ゲイ
°近[近] →キン
近習 きんじゅ
近衛 このえ
近眼 ちかめ
°返[返] →ヘン
迦 カ
°迫[迫] →ハク
迫間 はざま
迫り出す せりだす
迪[迪] テキ　みち・すすむ
°迭[迭] →テツ
°述[述] →ジュツ
°迷[迷] →メイ
迷子 まいご
(迸) →迸
°追[追] →ツイ
追風 おいて
追手 おって・おうて
追躡 ついじょう
追儺 ついな・おにやらい
追而書 おってがき
°退[退] →タイ
退る しさる・しざる
退く どく
退ける どける
°送[送] →ソウ
°逃[逃] →トウ
°逆[逆] →ギャク
逍 ショウ(セウ)
°透[透] →トウ
透綾 すきや
透す とおす
°逐[逐] →チク
°途[途] →ト
途轍 とてつ
逕 ケイ
逗 トウ・ズ(ヅ)
這 シャ　はう
這入る はいる
°通[通] →ツウ
通草 あけび
°逝[逝] →セイ
逞 テイ　たくましい
°速[速] →ソク
速歩 はやあし
°造[造] →ゾウ
逡 シュン
°逓[遞] →テイ
逢 ホウ　あう
逢瀬 おうせ
逢魔が時 おうまがとき
°連[連] →レン
連枷 からざお
連翹 れんぎょう
連袂 れんべい
連子鯛 れんこだい
連銭葦毛 れんぜんあしげ
°逸[逸] →イツ
逸物 いちもつ
迸 ホウ(ハウ)・ヘイ　ほとばしる
°逮[逮] →タイ
°週[週] →シュウ
°進[進] →シン
逼 ヒツ　せまる
逼塞 ひっそく
遁 →トン
°遂[遂] →スイ
遂せる おおせる
°遅[遲] →チ
°遇[遇] →グウ
遉 さすが
°遊[遊] →ユウ
遊び すさび
遊冶郎 ゆうやろう
°運[運] →ウン
運否天賦 うんぷてんぷ
°遍[遍] →ヘン
°過[過] →カ
過る よぎる
°道[道] →ドウ
道標 みちしるべ
道程 みちのり
道陸神 どうろくじん
°達[達] →タツ
達す たす
達引 たてひき
達磨 だるま
遖 あっぱれ(国字)
遥[遙] →ヨウ
遥遥 はるばる
°遜(遜) →ソン
°遠[遠] →エン
遠近 おちこち
遠方 おちかた
°遡(遡) →ソ
°遣[遣] →ケン
°違[違] →イ
°適[適] →テキ
°遭[遭] →ソウ
°遮[遮] →シャ

遮莫 さもあらばあれ
°遵[遵] →ジュン
°遷[遷] →セン
°選[選] →セン
°遺[遺] →イ
遼[遼] リョウ(レウ)
遽 キョ
遽しい あわただしい
邀 ヨウ(エウ)
邂 カイ
°避[避] →ヒ
邁 マイ
°還[還] →カン
邇 ジ
[邊] →辺
邏 ラ

阝(右)部→邑部

阝(左)部→阜部

丬 部

°壮 →士部 16 1
°状 →犬部 33 3
°将 →寸部 18 2

夂 部

°久 →丿部 8 3
灸 →火部 32 2
°畝 →田部 35 1

丷 部

°並 →立部 38 1
°前 →刀部 12 1
°美 →羊部 40 3
°益 →皿部 36 1
°兼 →八部 11 2
°差 →工部 19 2
°尊 →寸部 18 2
°善 →口部 14 4
°着 →羊部 40 3
°普 →日部 26 2
°煎 →火部 33 1
°義 →羊部 40 3
°慈 →心部 22 3

心(⺗)・忄部

°心 →シン
心地 ここち
心算 つもり
心太 ところてん
°必 →ヒツ
必須 ひっしゅ・ひっす
°忌 →キ
忌地 いやち
忌み詞 いみことば
°忍[忍] →ニン
忍冬 にんどう・すいかずら
忍辱 にんにく
°応[應] →オウ
°忘[忘] →ボウ
°志 →シ
忝 テン かたじけない
°忠 →チュウ
忠実 まめ
忽 →コツ
°念 →ネン
念珠 ねんず
念誦 ねんず
忿 フン
忿懣 ふんまん
怎 シン・ソ いかで[虚字]
°怒 →ド
°思 →シ
思惑 おもわく
°怠 →タイ
°急[急] →キュウ
急度 きっと
急須 きゅうす
°怨 →エン
怱 ソウ
恁 ジン・イン
恁麼 いんも
°恐[恐] →キョウ
恐恐 こわごわ
恕 ジョ
恙 ヨウ(ヤウ) つつが・つつむ
°恣 シ ほしいまま
°恥 →チ
°恩 →オン
恩愛 おんない
°恭 →キョウ
°息 →ソク
息子 むすこ
息吹き いぶき
°恵[惠] →ケイ
恵比須 えびす
恵比寿 えびす
°恋[戀] →レン
悉 →シツ
悉曇 しったん
°悠 →ユウ
°患 →カン
°悪[惡] →アク
悪辣 あくらつ
悪戯 いたずら
悪阻 つわり
悪足掻き わるあがき
°窓 →穴部 38 1
°悲 →ヒ
悶 →モン
°惑 →ワク
惣 ソウ
惣太鰹 そうだがつお
°想 →ソウ
惹 ジャク ひく
°愁 →シュウ
愈 ユ いよいよ
°意 →イ
意嚮 いこう
意気地 いくじ
意固地 いこじ
愍 ビン
°愚 →グ
°愛 →アイ
愛娘 まなむすめ
愛弟子 まなでし
°感 →カン
°慈 →ジ
慈姑 くわい
慇 イン
慇懃 いんぎん
°態 →タイ
態 ざま
°慕 →ボ
慧[慧] →ケイ
慫 ショウ
慫慂 しょうよう
°慮 →リョ
°慰 →イ
°慶 →ケイ
慾 →ヨク
°憂 →ユウ
慙 ザン
憑 ヒョウ つく
°憩 →ケイ
°憲[憲] →ケン
°懇 →コン
[應] →応
°懲[懲] →チョウ
°懸 →ケン
懸壅垂 けんようすい
[戀] →恋

(忄)

忖 ソン
°忙[忙] →ボウ
忙しい せわしい
°快 →カイ
忸 ジク(ヂク)
怏 オウ(アウ)
°怖 →フ
怖気 おじけ・おぞけ
怖めず臆せず おめずおくせず
怜 →レイ
怜悧 れいり
°性 →セイ
°怪 →カイ
怫 フツ
怯 →キョウ
怯む ひるむ
恃 ジ たのむ
°恒[恆] →コウ
恍 コウ(クワウ) とぼける
恟 キョウ
恤 ジュツ めぐむ
°恨 →コン
恢 カイ(クワイ)
恪 カク
恫 ドウ
恬 テン
恰 コウ(カフ) あたかも
恰好 かっこう
恰幅 かっぷく
恰度 ちょうど
°悔[悔] →カイ
悄 ショウ(セウ)

悄気る しょげる
°悦[悅] →エツ
悋 リン
悌 テイ
悍 カン　あらい・つよい
悖 ハイ　もとる
悚 ショウ
悛 シュン
°悟 →ゴ
°悩[惱] →ノウ
悧 リ
悧巧 りこう
悴 スイ　せがれ
悴枝 かせえだ
悵 チョウ(チヤウ)
°悼 →トウ
悽 セイ
°情[情] →ジョウ
情強 じょうごわ
惘 ボウ(バウ)・モウ(マウ) あきれる
惚 コツ　ほれる
惚ける とぼける・ほうける・ぼける
惚気 のろけ
°惜 →セキ
惟 イ(ヰ)・ユイ　これ
惟る おもんみる
惟神 かんながら
惇 トン・ジュン　あつい・まこと
°惧 →懼
°惨[慘] →サン
°惰 →ダ
惶 コウ(クワウ)　おそれる・あわてる
惺 セイ
惻 ソク
°愉[愉] →ユ
愕 ガク
°慌[慌] →コウ
愧 キ
°慎[愼] →シン
°慄 リツ　ふるえる
慊 ケン
°慨[慨] →ガイ
慟 ドウ
°慢 →マン
慢慢的 マンマンデー

°慣 →カン
慥 たしか
慳 ケン
慴 ショウ(セフ)
慷 コウ(カウ)
°憎[憎] →ゾウ
憐 →レン
憔 ショウ(セウ)
憚 タン　はばかる
°憤 →フン
°憧 ショウ・ドウ　あこがれる
憫 →ビン
°憬 ケイ　あこがれる
憮 ブ
°憶 →オク
°憾 →カン
懈 ケ・ゲ・カイ
懊 オウ(アウ)
°懐[懷] →カイ
懦 ダ
懶 ラン　ものうい
懺 サン・ザン
懺悔 ざんげ・さんげ
懼(°惧) →ク
懾 ショウ(セフ)

戈部

戈 カ(クワ)　ほこ
戊 ボ　つちのえ
戌 ジュツ　いぬ
戌亥 いぬい
戎 ジュウ　えびす
戎克 ジャンク
°成[成] →セイ
°我 →ガ
°戒 →カイ
戒飭 かいしょく
或 ワク　あるいは
或る ある
哉 →口部 14 3
°威 →女部 17 1
°栽 →木部 28 2
°戚 →セキ
戛 カツ
戟 ゲキ
°盛 →皿部 36 1

°裁 →衣部 44 2
戡 カン
°戦[戰] →セン
戦ぐ そよぐ
°載 →車部 47 2
截 →セツ
°戯[戲] →ギ
戯言 たわごと
戯ける たわける
°戴 →タイ

戸部

°戸[戶] →コ
戸閾 とじきみ
°戻[戾] →レイ
°房[房] →ボウ
°所[所] →ショ
所謂 いわゆる
所為 せい
所以 ゆえん
所縁 ゆかり
°肩 →月部 26 4
扁 ヘン
°扇[扇] →セン
扈 コ
°扉[扉] →ヒ
°雇 →隹部 49 3
翩 →羽部 40 4

手・扌部

°手 →シュ
手枕 たまくら
手水 ちょうず
手斧 ちょうな
手絡 てがら
手鎖 てじょう
手練 てだれ
手蔓 てづる
手風 てぶり
手弱女 たおやめ
手強い てごわい
手遊び てすさび
手足れ てだれ
手序で てついで
手伝う てつだう
手解き てほどき
手向ける たむける
手古摺る てこずる
°承 →ショウ
[拜] →拝
°拳[拳] →ケン
拿 ダ・ナ
拿捕 だほ
°挙[擧] →キョ
°掌 →ショウ
掣 セイ
(摹) →摸
°摩[摩] →マ
摩る さする
°摯 シ
°撃[擊] →ゲキ
攀 ハン　よじる
攣 レン　つる

(扌)

°才 →サイ
°打 →ダ
打擲 ちょうちゃく
打棄る うっちゃる
打裂き羽織 ぶっさきばおり
°払[拂] →フツ
払子 ほっす
托 →タク
扛 コウ(カウ)
扛秤 ちぎばかり
扞 カン
扠 さて
扣 コウ
°扱[扱] あつかう
扱く こく・こぐ・しごく
扨 さて(国字)
扮 フン
°扶 →フ
°批 →ヒ
扼 ヤク
抉 ケツ　えぐる・くじる
°技 →ギ
技癢 ぎよう
°抄 →ショウ
抄く すく
°把 →ハ
把手 とって
°抑 →ヨク

抒 ジョ　のべる
抓 つねる・つまむ
°投 →トウ
投網 とあみ
°抗 →コウ
抗う あらがう
°折 →セツ
折敷 おしき
折角 せっかく
折悪しく おりあしく
°択［擇］ →タク
°抜［拔］ →バツ
°披 →ヒ
°抵 →テイ
°抹 →マツ
°抽 →チュウ
抽斗 ひきだし
抽出 ひきだし
°押 →オウ
押し釦 おしボタン
押取り刀 おっとりがたな
押し並べて おしなべて
［拂］ →払
°担［擔］ →タン
担桶 たご
担げる かたげる
拇 ボウ・ボ　おやゆび
拈 ネン
°拉 ロウ(ラフ)・ラ・ラツ
拉ぐ ひしぐ
拉麺 ラーメン
拉致 らっち・らち
抛 →ホウ
°拍 →ハク
拍板 びんざさら
°拐 →カイ
°拒［拒］ →キョ
°拓 →タク
拗 オウ(アウ)・ヨウ(エウ)　ねじける・すねる
拗れる こじれる
°拙 →セツ
°拘 →コウ
°招 →ショウ
°拝［拜］ →ハイ
°拡［擴］ →カク
°拠［據］ →キョ
拠無い よんどころない
°抱［抱］ →ホウ
抱き竦める だきすくめる
°括 →カツ
括れる くびれる
°拭 ショク・シキ　ぬぐう・ふく
拮 キツ
拱 キョウ　こまぬく
拵 こしらえる
°拶 サツ
°拷 →ゴウ
°拾 →シュウ
°持 →ジ
挂 ケイ・ケ
°指 →シ
指貫 さしぬき・ゆびぬき
指値 さしね
指箴 ししん
指嗾 しそう
按 →アン
挌 カク
°挑 →チョウ
°挟［挾］ →キョウ
挧 むしる(国字)
°挿［插］ →ソウ
挿語 はさみことば
°哲 →口部　14 3
°挨 アイ
挨拶 あいさつ
°挫 →ザ
°振 →シン
振盪 しんとう
挺 →テイ
挽 →バン
挽茶 ひきちゃ
°捉 ソク　とらえる
捌 さばく・はける
捏 ネツ・デツ　こねる・つくねる
°捕 →ホ
捗 チョク　はかどる
捗捗しい はかばかしい
°捜［搜］(搜) →ソウ
捥 もぐ・もぎる
捧 →ホウ
°捨［捨］ →シャ
捩 レツ　ねじる・すじる・もじる・よじる
捩子 ねじ
捩花 ねじばな
捩摺 もじずり
°据 キョ　すえる・すわる
捲 ケン　まく・めくる
捷 →ショウ
捺 ナツ　おす
°捻 →ネン
捻子 ねじ
°掃［掃］ →ソウ
°授［授］ →ジュ
掉 トウ(タウ)・チョウ(テウ)
掉尾 ちょうび・とうび
掏 トウ(タウ)　する
掏摸 すり
掏児 すり
°排 →ハイ
°掘 →クツ
°掛 かける・かかる・かかり・かけ
掛籠 かけご
掟 テイ　おきて
掠 →リャク
°採［採］ →サイ
°探 →タン
°接 →セツ
接骨木 にわとこ
°控［控］ →コウ
°推 →スイ
掩 →エン
°措 →ソ
掬 キク　すくう・むすぶ
°掲［揭］ →ケイ
°描 →ビョウ
掾 じょう
揃 セン　そろう
揆 →キ
揉 ジュウ(ジウ)　もむ・もめる
°提 →テイ
提灯 ちょうちん
提子 ひさげ
提げる ひっさげる
［揷］ →挿
揖 ユウ(イフ)
°揚 →ヨウ
揚繰網 あぐりあみ
揚羽蝶 あげはちょう
°換 →カン
°握 →アク
揣 シ
°揮 →キ
°援［援］ →エン
揶 ヤ
°揺［搖］ →ヨウ
°搭 →トウ
°損 →ソン
搏 ハク
搔(掻) ソウ(サウ)　かく
搗 トウ(タウ)　つく
搗布 かじめ
搗栗 かちぐり
搢 シン
搦 からめる
搦手 からめて
°搬 →ハン
°携 →ケイ
°搾 →サク
搾め滓 しめかす
°摂［攝］ →セツ
摑 つかむ
°摘 →テキ
摘む つまむ
摸 モ・ボ
摺 ショウ(セフ)・ロウ(ラフ)　する
°誓 →言部　45 3
撒 →サツ
撒播 さっぱ
撓 ドウ(ダウ)・コウ(カウ)　たわむ
撓う しなう
撓る しわる
撓める いためる
撚 ネン　よる
撞 トウ(タウ)・ドウ(ダウ)・シュ　つく
°撤 →テツ
撥 →ハツ
撥条 ばね
撩 リョウ(レウ)
撫 →ブ
撫子 なでしこ
°撮 →サツ
撮む つまむ

播 →ハ
撰 →セン
°撲 →ボク
°擁 →ヨウ
[擇] →択
擂 ライ する
擅 セン
°操 →ソウ
擒 キン とりこ
[擔] →担
[據] →拠
擡 タイ もたげる
擢 テキ ぬきんでる
°擦 →サツ
°擬 →ギ
　擬宝珠 ぎぼし
擯 ヒン
擱 カク おく
擲 →テキ
[擴] →拡
擽 くすぐる
擾 →ジョウ
攘 ジョウ(ジヤウ)
[攝] →摂
攪(撹) コウ(カウ)・カク
　攪拌 こうはん
攫 カク(クワク) つかむ・さらう

支 部

°支 →シ
　支う かう
°鼓 →鼓部 53 3

攴(攵)部

°収[收] →シュウ
　収攬 しゅうらん
°改 →カイ
　改竄 かいざん
°攻 →コウ
°放 →ホウ
　放く こく
　放る ひる
　放題 ほうだい
　放す ほかす
　放れる たれる
　放下す ほかす
　放り出す ほうりだす
°故 →コ
　故里 ふるさと
　故郷 ふるさと
°政 →セイ
　政所 まんどころ
°敏[敏] →ビン
°致 →至部 41 2
°変[變] →ヘン
(效) →効 12 2
(敕) →勅 12 2
°叙[敍] →ジョ
°教[敎] →キョウ
°救 →キュウ
　救癩 きゅうらい
°敗 →ハイ
　敗ける まける
°赦 →赤部 46 3
敝 ヘイ
°敢 →カン
°散 →サン
　散楽 さるがく
　散切り ざんぎり
敦 →トン
°敬 →ケイ
°数[數] →スウ
　数多 あまた
　数珠 じゅず・ずず
　数奇 すき・さっき
　数寄 すき
敲 コウ(カウ) たたく
°敵 →テキ
　敵娼 あいかた
　敵う かなう
°敷[敷] →フ
°整 →セイ
斃 ヘイ たおれる

文 部

°文 →ブン
　文色 あいろ
　文目 あやめ
　文身 いれずみ・ほりもの
　文月 ふづき・ふみづき
　文机 ふづくえ
　文箱 ふばこ
吝 →口部 14 1
°対 →寸部 18 2
°斉 →齊部 53 3
紊 →糸部 39 2
°斎 →齊部 53 3
斌 ヒン
斐 ヒ
°斑 →ハン
　斑鳩 いかる・いかるが
　斑猫 はんみょう
　斑文 はんもん

斗 部

°斗 →ト
　斗掻 とかき
　斗鶏 とけい
　斗枡 とます
°料 →リョウ
°斜 →シャ
　斜 はす
斟 シン
斡 ワツ・アツ

斤 部

°斤 キン
°斥 →セキ
斧 フ おの
　斧鉞 ふえつ
　斧鑿 ふさく
°所 →戸部 23 3
欣 →欠部 29 3
°断[斷] →ダン
°斬 →ザン
斯 →シ
　斯かる かかる
°新 →シン
　新墾 あらき
　新開 あらき
　新香 しんこ
　新造 しんぞ
　新枕 にいまくら
　新発意 しんぼち
　新嘗祭 にいなめさい

方 部

°方 →ホウ
　方舟 はこぶね
　方違え かたたがえ
°放 →攴部 25 1
於 オ(ヲ) おける・おいて
°施 →シ
旁 ボウ(バウ) かたわら・つくり・かたがた
°旅[旅] →リョ
　旅籠 はたご
°旋 →セン
　旋毛 つむじ
　旋風 つむじかぜ
　旋花 ひるがお
　旋網 まきあみ
　旋頭歌 せどうか
旌 セイ
°族 →ゾク
°旗 →キ
膂 →月部 27 2

无 部

°既[既] →キ
　既 すんで

日(曰)部

°日 →ニチ
　日雀 ひがら
　日向 ひなた
　日傭 ひよう
　日和 ひより
　日済し ひなし
　日保ち ひもち
　日焼け ひやけ
曰 エツ(ヱツ) いわく
°旦 →タン
　旦那 だんな
°旧 →臼部 41 2
亘 →二部 9 1
°旨 →シ
°早 →ソウ
　早月 さつき
　早速 さそく・さっそく
　早苗 さなえ
　早蕨 さわらび
　早生 わせ
　早稲 わせ
　早少女 さおとめ
　早乙女 さおとめ

早退け はやびけ
°旬 →ジュン
旭 →キョク
°曲 →キョク
曲尺 かねじゃく・まがりがね
曲彔 きょくろく
曲事 くせごと
曲者 くせもの
曲曲しい まがまがしい
曳 エイ ひく
旱 →カン
°更 →コウ
更衣 ころもがえ
更紗 サラサ
°旺 オウ(ワウ) さかん
昂 →コウ
°昆 →コン
昆布 こぶ・こんぶ
°昇 →ショウ
昇汞 しょうこう
昊 コウ(カウ)
昌 →ショウ
°明 →メイ
明石 あかし
明日 あした・あす
明礬 みょうばん
明笛 みんてき
明太 めんたい
明後日 あさって
明明後日 しあさって
明朝活字 みんちょうかつじ
昏 →コン
°易 →イ
易易 やすやす
°昔 →セキ
°冒 →冂部 11 3
°星 →セイ
°映 →エイ
°春 →シュン
春宮 とうぐう
春蚕 はるご
春雨 はるさめ
°味 →マイ
°昨 →サク
昨日 きのう
昨夜 ゆうべ
°昭 →ショウ
°是 →ゼ
昴 ボウ(バウ) すばる
昵 ジツ(ヂツ)
°昼［晝］→チュウ
昼食 ひるげ
昼餉 ひるげ
°音 →音部 50 2
°香 →香部 51 1
晁 チョウ(テウ)
°時 →ジ
時艱 じかん
時雨 しぐれ
時化 しけ
時計 とけい
時鳥 ほととぎす
晃(晄) コウ(クワウ) あきらか
晋［晉］→シン
晏 アン
晒 サイ さらす
°書 →ショ
晟［晟］セイ
晦 →カイ
晦 つごもり
晦日 みそか
晨 シン
°曹 →ソウ
曹達 ソーダ
曼 マン
曼荼羅 まんだら
曼珠沙華 まんじゅしゃげ
°曽［曾］→ソウ
曽孫 ひこまご・ひこ・ひまご・ひいまご
曽祖父 ひいじじ・ひじじ
曽祖母 ひいばば・ひばば
°普 →フ
°景 →ケイ
°晴［晴］→セイ
°晶 →ショウ
智 →チ
°暁［曉］→ギョウ
°暑［暑］→ショ
°晩［晚］→バン
晩生 おくて
晩稲 おくて
［曾］→曽
°替 →タイ
°最 →サイ
最中 さなか・もなか
最早 もはや
最寄り もより
°量 →里部 48 1
°暇 →カ
暈 ウン かさ・ぼかす
暈繝 うんげん
暉 キ
°暖［暖］→ダン
暖簾 のれん
°暗 →アン
暗闇 くらやみ
°会［會］→カイ
会厭 ええん
°盟 →皿部 36 1
暢 →チョウ
暢気 のんき
°暦［曆］→レキ
°暮 →ボ
暮靄 ぼあい
°暫 →ザン
暫し しばし
°暴 →ボウ
°曇 →ドン
［曉］→暁
°曖 アイ
曙［曙］ショ あけぼの
°曜［曜］→ヨウ
曝 バク
曝首 されこうべ・しゃれこうべ・さらしくび
曠 →コウ
曠野 あらの
曩 ノウ(ナウ)

曰部→日部

月(月)部

°月［月］→ゲツ
月代 さかやき
月次 つきなみ
°有 →ユウ
有卦 うけ
有職 ゆうそく
有平糖 アルヘイとう
有耶無耶 うやむや
肋 →ロク
°肌 キ はだ
肌 はだえ
肌理 きめ
°肖［肖］→ショウ
°肘 チュウ(チウ) ひじ
肚 ト はら
肛 コウ(カウ)
°肝 →カン
肝魂 きもだま
朋［朋］→ホウ
°服［服］→フク
°股 →コ
股座 またぐら
°肢 →シ
°肥 →ヒ
肥後守 ひごのかみ
肥胖症 ひはんしょう
°肩［肩］→ケン
°肪 ボウ(バウ) あぶら
°肯 →コウ
肱 コウ ひじ
°育 →イク
肴 コウ(カウ) さかな
°胃 →イ
°胆［膽］→タン
°背 →ハイ
背子 せこ
背負う しょう
°胎 →タイ
胚 →ハイ
°胞［胞］→ホウ
胞衣 えな
胡 →コ
胡座 あぐら
胡瓜 きゅうり
胡桃 くるみ
胡獱 とど
胡頽子 ぐみ
胡麻幹 ごまがら
胡蝶花 しゃが
胤 →イン
°肺 →ハイ
肺癆 はいろう
朔 →サク
°朕［朕］チン

°朗[朗] →ロウ
脖 コ
°胴 →ドウ
°胸 →キョウ
胸紐 むなひも
°能 →ノウ
°脂 →シ
脂 やに
°脇 キョウ(ケフ)　わき
脇士 わきじ
°脅 →キョウ
脅える おびえる
脆 ゼイ　もろい
°脈[脈] →ミャク
°脊 →セキ
°望[望] →ボウ
望月 もちづき
°脚 →キャク
脚榻 きゃたつ
脚立 きゃたつ
脛 ケイ　すね・はぎ
脛巾 はばき
°脱[脱] →ダツ
°脳[腦] →ノウ
°豚 →豕部　46 1
脩 シュウ(シウ)　おさめる
胼 ヘン
胼胝 たこ
°朝[朝] →チョウ
朝食 あさげ
朝餉 あさげ
朝臣 あそん
°期 →キ
脹 →チョウ
脾 ヒ
腊 セキ
腊葉 さくよう
腋 エキ　わき
腋臭 わきが
°腎 →ジン
腑 →フ
腑甲斐無い ふがいない
腓 ヒ　こむら
腓腸筋 はいちょうきん
腔 →コウ
°腕 →ワン

°勝 →力部　12 3
腥 セイ　なまぐさい
°腫 →シュ
腭 あぎと
°腰[腰] →ヨウ
腱 ケン
°腸 →チョウ
腸 わた
°腹 →フク
腹癒せ はらいせ
°腺 →セン
腿 タイ　もも
膀 ボウ(バウ)
膀胱 ぼうこう
膂 リョ
膃 オツ(ヲツ)
膃肭臍 おっとせい
膊 ハク
膏 →コウ
膏 あぶら
°膜 →マク
膕 ひかがみ
°膚 →フ
°膝 →シツ
膝栗毛 ひざくりげ
膠 →コウ
膣 チツ
°膨 →ボウ
°膳 →ゼン
膵 スイ(国字)
[膽] →胆
膺 ヨウ
膾 カイ(クワイ)　なます
膿 ノウ　うみ
臀 デン　しり
臂 ヒ　ひじ
°臆 →オク
臈 →ロウ
臈纈 ろうけつ
°謄 →言部　45 4
臍 セイ　ほぞ・へそ
臍帯 さいたい
朦 モウ
臑 すね
°臓[臟] →ゾウ
臘 →ロウ
朧 ロウ　おぼろ

臙 エン
羸 →貝部　46 3
°騰 →馬部　51 3
鰧 →魚部　52 2

木 部

°木 →ボク
木通 あけび
木耳 きくらげ
木醂 きざわし
木理 きめ
木叢 こむら
木菟 ずく・みみずく
木偶 でく
木賊 とくさ
木瓜 ぼけ
木履 ぼっくり・ぽくり
木槿 むくげ
木綿 もめん・ゆう
木豇豆 きささげ
木萌雨 きぶさめ
木挽き こびき
木菟入 ずくにゅう
木乃伊 ミイラ
木槵子 むくろじ
木端微塵 こっぱみじん
木洩れ日 こもれび
°未 →ミ
未申 ひつじさる
未央柳 びょうやなぎ
°末 →マツ
末 うれ
末木 うらき
末成り うらなり
末生り うらなり
末枯れる うらがれる・すがれる
°本 →ホン
本意 ほい
本鬮 ほんくじ
本生り もとなり
本卦還り ほんけがえり
°札 →サツ
札 さね
朮 ジュツ　おけら
°朱 →シュ
朱欒 ザボン

朱珍 シチン・シュチン
朱鷺 とき
°朴 →ボク
°机 →キ
°朽 →キュウ
°杉 →サン
杉蘚 すぎごけ
杉形 すぎなり
李 リ　すもも
杏 キョウ(キヤウ)・アン　あんず
杏子 あんず
杏仁 きょうにん
°材 →ザイ
°村 →ソン
村夫子 そんぷうし
杓 シャク　ひしゃく
杓文字 しゃもじ
杖 ジョウ(ヂヤウ)　つえ
杙 くい
杜 ト・ズ(ヅ)　もり
杜若 かきつばた
杜撰 ずさん・ずざん
杜氏 とうじ
杜鵑 ほととぎす・とけん
杞 キ・コ
°束 →ソク
束子 たわし
°条[條] →ジョウ
杣 そま(国字)
杭 コウ(カウ)　くい
杮 こけら
°杯 →ハイ
°東 →トウ
東夷 あずまえびす
東風 こち
東雲 しののめ
杳 ヨウ(エウ)
杵 ショ　きね
杵柄 きねづか
杷 ハ
杼 ひ
°松 →ショウ
松蘿 さるおがせ
松明 たいまつ
松毬 まつかさ・まつぼっくり
松脂 まつやに

°板 →ハン
枇 ヒ・ビ
　枇杷 びわ
枉 オウ(ワウ)　まげる
　枉枉しい まがまがしい
°析 →セキ
°枕 →チン
°林 →リン
　林泉 しま
　林檎 りんご
枘 ほぞ
°枚 →マイ
°果 →カ
　果物 くだもの
　果せる おおせる
　果敢ない はかない
°枝 →シ
　枝 え
°枢[樞] →スウ
°枠 わく(国字)
枡(桝) ます(国字)
°枯 →コ
　枯露柿 ころがき
枳 キ
　枳殻 からたち
°架 →カ
枷 カ　かせ
枸 ク・コウ
　枸杞 くこ
　枸櫞酸 くえんさん
°柿 シ　かき
柁 ダ
°柄[柄] →ヘイ
　柄杓 ひしゃく
柊[柊] シュウ　ひいらぎ
°某 →ボウ
　某 なにがし
柑 カン
　柑子 こうじ
°染 →セン
°柔 →ジュウ
　柔術 やわら
柏 ハク　かしわ
柘 シャ
　柘榴 ざくろ
　柘植 つげ
柚 ユウ(イウ)
　柚子 ゆず
柝 タク　き
柞 サク　ははそ
柩 キュウ(キウ)　ひつぎ
°柱[柱] →チュウ
°柳 →リュウ
　柳川 やながわ
°査 →サ
°柵 サク　しがらみ
栂 つが(国字)
柾 まさ・まさき(国字)
°栃 とち(国字)
°栄[榮] →エイ
　栄螺 さざえ
°相 →目部　36 2
柴 サイ　しば
°栓[栓] →セン
栖 セイ
栗 リツ　くり
　栗鼠 りす
栞 しおり
°校 →コウ
　校倉 あぜくら
栢 かしわ
°株 →シュ
　株 くい・くいぜ
栲 たえ
栴 セン
°核 →カク
°根 →コン
°格 →カク
°栽 →サイ
°桁 コウ(カウ)　けた
　桁行 けたゆき
桂 →ケイ
°桃 →トウ
框 かまち
°案 →アン
　案山子 かかし
桎 シツ
　桎梏 しっこく
桐 →トウ
°桑 →ソウ
　桑蚕 くわご
桓 カン(クワン)
桔 ケツ・キツ
　桔梗 ききょう
桝 →枡
°桜[櫻] →オウ
　桜桃 さくらんぼ
°梅[梅] →バイ
　梅醤 うめびしお
　梅雨 つゆ
　梅桃 ゆすらうめ
　梅擬き うめもどき
°桟[棧] →サン
　桟敷 さじき
(桧) →檜
桛 かせ(国字)
桶 おけ
桿 カン
梁 →リョウ
　梁間 はりま
梃 テイ　ちょう
　梃子 てこ
　梃入れ てこいれ
梓 シ　あずさ
°梗 コウ(カウ)・キョウ(キャウ)
梛 なぎ
[條] →条
梟 キョウ(ケウ)　ふくろう
梢[梢] ショウ(セウ)　こずえ
梣 とねりこ
梧 ゴ
　梧桐 あおぎり・ごどう
°梨 →リ
　梨地 なしじ
梯 テイ　はしご・はし
　梯子 はしご
°械 →カイ
梱 コン　こうる・こり
梲 うだつ
梶 かじ
梳 ソ　すく・くしけずる・とかす・けずる
梵 →ボン
　梵唄 ぼんばい
　梵論字 ぼろんじ
椛 もみじ(国字)
°棄 →キ
棉 →メン
(棊) →棋
　棊子麺 きしめん
°棋 →キ
棍 コン
°棒 →ボウ
　棒杙 ぼうぐい
　棒手振り ぼてふり
棕 シュ
　棕櫚 しゅろ
棗 なつめ
棘 キョク　とげ・おどろ
°棚[棚] ホウ(ハウ)　たな
　棚機 たなばた
°棟 →トウ
°森 →シン
棰 たるき
棲 →セイ
棹 トウ(タウ)　さお
°棺 →カン
椀 ワン
　椀飯振舞 おうばんぶるまい
°椅 イ
椋 むく
°植 →ショク
°椎 →ツイ
椙 すぎ(国字)
°検[檢] →ケン
　検見 けみ
　検める あらためる
　検非違使 けびいし
渠 →水部　31 3
椰 ヤ
椴 とど
椹 さわら
楉 しもと
椿 チン　つばき
楊 ヨウ(ヤウ)
　楊柳 かわやなぎ
　楊梅 やまもも
　楊枝 ようじ
　楊子 ようじ
楓 フウ　かえで
楔 セツ・ケツ　くさび
楕 ダ
楚 →ソ
　楚 すわえ
楠 ナン　くすのき・くす
楡 ユ　にれ
楢 なら

楫 シュウ(シフ)　かじ
°業 →ギョウ
楮 チョ　こうぞ
楯 たて
楳 うめ
°極 →キョク
極め きめ
極書 きわめがき
極付 きわめつき
°楷 カイ
楤 たら
°楼[樓] →ロウ
°楽[樂] →ガク
榎 カ　えのき
榕 ヨウ
榛 はしばみ
榧 ヒ　かや
[榮] →栄
榴 リュウ(リウ)
榾 ほた
槃 バン　たらい
槙[槇] テン・シン　まき
°構[構] →コウ
槌 ツイ　つち
槍 →ソウ
槍衾 やりぶすま
槐 えんじゅ
槓 コウ
榊 さかき(国字)
°様[樣] →ヨウ
槖 タク
槖吾 つわぶき
°概[槪] →ガイ
°模 →モ
模 かたぎ
槲 かしわ
槻 キ　つき
°槽 →ソウ
槿 キン　むくげ・あさがお
樅 もみ
樋 ひ・とい
樒 しきみ
樗 チョ
°標 →ヒョウ
[樞] →枢
樟 ショウ(シヤウ)　くす・くすのき
樫 かし(国字)
°横[橫] →オウ
°権[權] →ケン
権幕 けんまく
[樓] →楼
樵 ショウ(セウ)　きこり・こる
樸 →ボク
°樹 →ジュ
樹雨 きさめ
樺 カ(クワ)　かば・かんば
樽 ソン　たる
橄 カン
橄欖 かんらん
橅 ぶな
橇 そり
°橋 →キョウ
橘 →キツ
橙 トウ(タウ)　だいだい
°機[機] →キ
橡 とち・つるばみ
橢 ダ
橿 かし
檀 →ダン
檀越 だんおち
檄 ゲキ
檜(桧) カイ(クワイ)　ひのき
檜皮 ひわだ
檎 キン・ゴ
[檢] →検
檣 ショウ　ほばしら
檮 トウ(タウ)
檳 ビン
檳榔 びろう・びんろう
檸 ドウ(ダウ)・ネイ
檸檬 レモン
檻 カン　おり
櫂 トウ(タウ)　かい
櫃 ひつ
櫓 ロ　やぐら
櫓臍 ろべそ
櫛 シツ　くし
櫟 レキ・ロウ(ラウ)　くぬぎ
櫨 ロ　はぜ
°欄[欄] →ラン
欄 おばしま
[櫻] →桜
[權] →権
櫺 レイ
櫺子 れんじ
欅 けやき

欠部

°欠[缺] →ケツ
欠伸 あくび
欠唇 いぐち
°次[次] →ジ
欣 →キン
欣求 ごんぐ
°欧[歐] →オウ
°欲 →ヨク
欹 そばだてる
°欺 →ギ
欽 →キン
°款 →カン
°歌 →カ
歌留多 カルタ
歎 →タン
°歓[歡] →カン
歔 キョ
歟 ヨ　か[虚字]

止部

°止 →シ
°正 →セイ
此 シ　この・これ
此処 ここ
此許 ここもと
此度 こたび
此方 こなた・こち
此奴 こやつ
此方様 こなさん
°歩[步] →ホ
°武 →ブ
武士 もののふ
°肯 →月部　26 4
歪 ワイ　ゆがむ・いびつ・ひずみ
°歳[歲] →サイ
歳 とせ
歳徳 としとく
°歯 →齒部　53 3
°歴[歷] →レキ
°帰[歸] →キ

歹部

°死 →シ
°列 →刀部　12 1
歿 →ボツ
殆 タイ　ほとんど
°殉 →ジュン
°殊 →シュ
°残[殘] →ザン
°殖 →ショク
殯 ヒン
殲 セン
殲滅 せんめつ

殳部

°殴[毆] →オウ
°段 →ダン
殷 →イン
°殺[殺] →サツ
殺陣 たて
°殻[殼] →カク
°殿 →デン
°毀 →キ
°穀 →禾部　37 4
毅 →キ
縠 →糸部　40 2
轂 →車部　47 2

毋部

毋 ブ・ム　なかれ[虚字]
°母 →ボ
母屋 おもや・もや
母衣 ほろ
°毎[每] →マイ
°毒 →ドク
毒中り どくあたり
°貫 →貝部　46 2

比部

°比 →ヒ
比丘 びく
比える たぐえる
比目魚 ひらめ
毘 ヒ・ビ
毘沙門天 びしゃもんてん
毘盧遮那仏 びるしゃなぶつ

°皆 →白部 35 4
琵 →王部 34 1

毛部

°毛 →モウ
毛莨 うまのあしがた・きんぽうげ
毛黴 けかび
毛臑 けずね
毟 むしる(国字)
毫 →ゴウ
毬 キュウ(キウ) まり・いが・かさ
毳 けば

氏部

°氏 →シ
°民 →ミン
昏 →日部 26 1

气部

°気[氣] →キ
気質 かたぎ
気障 きざ
気風 きっぷ
気圧される けおされる

水(氺)・氵部

°水 →スイ
水黽 あめんぼ
水夫 かこ
水楊 かわやなぎ
水鶏 くいな
水母 くらげ
水団 すいとん
水脈 みお
水屑 みくず
水蘚 みずごけ
水上 みなかみ
水底 みなそこ
水面 みなも
水松 みる
水雲 もずく
水風呂 すいふろ
水中り みずあたり
水無月 みなづき
水干絵具 すいひえのぐ
水馴れ棹 みなれざお
°氷 →ヒョウ
氷柱 つらら
氷魚 ひお
氷雨 ひさめ
°永 →エイ
永久 とわ
°求 →キュウ
求肥 ぎゅうひ
求め行く とめゆく
沓 トウ(タフ) くつ
°泉 →セン
°泰 →タイ
漿 ショウ(シヤウ)

(氵)

°氾 ハン
汀 テイ みぎわ・なぎさ
°汁 →ジュウ
汁 つゆ
°汎 →ハン
汐 セキ しお
°汗 →カン
汗疹 あせも
汗疣 あせも
°汚 →オ
汝 ジョ なんじ
°江 →コウ
江浦草髪 つくもがみ
°池 →チ
°汰 タイ・タ
汲 キュウ(キフ) くむ
°決 →ケツ
°汽 →キ
汽笛 きとう
°沃 →ヨク
沃度 ヨード
°沈 →チン
沈菜 キムチ
沈香 じんこう
沈湎 ちんめん
沈淪 ちんりん
沈丁花 じんちょうげ・ちんちょうげ
沌 トン
沐 モク
沐猴 もっこう
°没[沒] →ボツ
没薬 もつやく
没法子 メーファーズ
没義道 もぎどう
没食子 もっしょくし
没分暁漢 わからずや
°沖 →チュウ
°沙 →サ
沙子 いさご
沙蚕 ごかい
沙弥 しゃみ
沙魚 はぜ
沛 ハイ
°沢[澤] →タク
沢瀉 おもだか
沢庵 たくあん・たくわん
沢山 たくさん
(沪) →濾
沫 マツ あわ
沮 ソ はばむ
°河 →カ
河岸 かし
河鹿 かじか
河童 かっぱ
河原 かわら
河骨 こうほね
河豚 ふぐ
°沸 →フツ
沸 にえ
°油 →ユ
油揚 あぶらげ
油然 ゆうぜん
°沼 →ショウ
°治 →チ
沽 コ
°沿 →エン
°況 →キョウ
泄 エイ・セツ
°泊 →ハク
°泌 →ヒツ
°法 →ホウ
法度 はっと
法被 はっぴ
法螺 ほら
°泡[泡] →ホウ
泡銭 あぶくぜに
泡沫 うたかた
°波 →ハ
波止場 はとば
°泣 →キュウ
°泥 →デイ
泥 ひじ
泥障 あおり
泥鰌 どじょう
泥む なずむ
泥濘 ぬかるみ
泥塗れ どろまみれ
°注[注] →チュウ
注連 しめ
°泳 →エイ
°洋 →ヨウ
洋妾 ラシャめん
洋灯 ランプ
洒 →シャ
洒落 しゃれ
洒落臭い しゃらくさい
°洗 →セン
洸 コウ(クワウ)
洵 ジュン まこと
洛 →ラク
°洞 →ドウ
洞徹 とうてつ
洟 はな・はなみず
°津 →シン
洩 エイ・セツ もれる
°洪 →コウ
洲 →シュウ
°活 →カツ
洽 コウ(カフ) あまねく
°派[派] →ハ
派手 はで
°浄[淨] →ジョウ
°浅[淺] →セン
浅葱 あさぎ・あさつき
浅茅 あさぢ
浅傷 あさで
°海[海] →カイ
海豹 あざらし
海驢 あしか
海人 あま
海士 あま
海女 あま
海参 いりこ
海豚 いるか

海髪 うご・おご・おごのり
海原 うなばら
海胆 うに
海老 えび
海月 くらげ
海象 セイウチ
海嘯 つなみ
海鼠 なまこ
海苔 のり
海星 ひとで
海鞘 ほや
海松 みる
海蘊 もずく
海神 わたつみ
海酸漿 うみほおずき
海鼠腸 このわた
海人草 まくり
海仁草 まくり
°流 →リュウ
流石 さすが
流離 さすらい
流眄 りゅうべん
流離う さすらう
流行る はやる
流行歌 はやりうた
流行児 はやりっこ
流行眼 はやりめ
流鏑馬 やぶさめ
浚 シュン さらう
浚渫 しゅんせつ
°浜[濱] →ヒン
浣 カン(クワン)
°浦 →ホ
浩[浩] →コウ
°浪 →ロウ
浪花節 なにわぶし
浬 リ かいり
°浮[浮] →フ
浮気 うわき
浮つく うわつく
浮塵子 うんか
浮腫む むくむ
°浴 →ヨク
浴衣 ゆかた
[海] →海
°浸[浸] →シン

涅 デツ・ネ
涅槃 ねはん
°消[消] →ショウ
[渉] →渉
涌 ユウ・ヨウ わく
涎 セン よだれ
涕 テイ
°涙[淚] →ルイ
涙脆い なみだもろい
°酒 →酉部 47 3
°涯 →ガイ
°液 →エキ
涵 カン
涸 コ かれる
°涼(凉) →リョウ
淀 デン よど・よどむ
淋 →リン
淋巴腺 リンパせん
°淑 →シュク
淑やか しとやか
淘 トウ(タウ)
淘げる よなげる
淙 ソウ
°淡 →タン
淡竹 はちく
淦 あか
淪 リン
°淫 →イン
°深 →シン
深邃 しんすい
深潭 しんたん
深爪 ふかづめ
深雪 みゆき
深ける ふける
淳 →ジュン
°混 →コン
°清[淸] →セイ
清か さやか
清規 しんぎ
清白 すずしろ
清汁 すましじる
清む すむ
清拭 せいしき
清穆 せいぼく
お清汁 おすまし
清拭き きよぶき
清掻き すががき

清清しい すがすがしい
°添[添] →テン
添水 そうず
°渋[澁] →ジュウ
°渇[渴] →カツ
°済[濟] →サイ
°渉[涉] →ショウ
°渓[溪] →ケイ
渚[渚] ショ なぎさ・みぎわ
淵 →エン
渙 カン(クワン)
°減 →ゲン
減り込む めりこむ
渠 キョ
°渡 →ト
渡座 わたまし
°渦 →カ
渣 サ
渥 アク あつい
°温[溫] →オン
温泉 いでゆ
温突 オンドル
温い ぬるい
渫 セツ さらう
°測 →ソク
°港[港] →コウ
游 ユウ(イウ) およぐ
渺 ビョウ(ベウ)
渾 コン
渾名 あだな
湊 ソウ みなと
湑 したむ
°湖 →コ
湘 ショウ(シヤウ)
湛 タン たたえる
°湧 →ユウ
湮 イン
°湯 →トウ
湯麵 タンメン
湯女 ゆな
湯中り ゆあたり
°湿[濕] →シツ
湿気る しける
°湾[灣] →ワン
°満[滿] →マン
満俺 マンガン

満天星 どうだんつつじ
°滋 →ジ
°源 →ゲン
°準 →ジュン
溜 →リュウ
°溝[溝] →コウ
溝 どぶ
溝萩 みそはぎ
溢 →イツ
溢れる こぼれる
[溪] →渓
[溫] →温
溯 ソ さかのぼる
溲 シュ・シュウ(シウ)
°溶 →ヨウ
溷 コン
°溺 →デキ
滂 ボウ(バウ)
滂沱 ぼうだ
滄 ソウ(サウ)
°滅 →メツ
滅茶 めちゃ
滅多 めった
滅入る めいる
滉 コウ(クワウ)
滌 デキ・テキ・ジョウ(デウ)
°滑 →カツ
滑莧 すべりひゆ
滑る ぬめる
滓 シ・サイ かす
滔 トウ(タウ)
°漢[漢] →カン
漢詩 からうた
漢意 からごころ
°滞[滯] →タイ
°滝[瀧] たき
滲 シン しみる・にじむ
°滴 →テキ
滾 コン たぎる
°漁 →ギョ
漁り いさり
°漂 →ヒョウ
°漆 →シツ
漆喰 しっくい
漉 ロク こす・すく
°漏 →ロウ

漏斗 じょうご
°演 →エン
演し物 だしもの
漕 →ソウ
°漠 →バク
漣 レン さざなみ
°漫 →マン
°漬 シ つける・つかる
漱 ソウ すすぐ
漲 チョウ(チヤウ) みなぎる
°漸 →ゼン
潑 ハツ
潑剌 はつらつ
°潔[潔] →ケツ
°潟 セキ かた
°潜[潛] →セン
澗 カン
°潤 →ジュン
潤びる ほとびる
潦 ロウ(ラウ) にわたずみ
°潮[潮] →チョウ
潮騒 しおさい
[澁] →渋
°澄 →チョウ
°潰 →カイ
潰す つぶす
潰れる つぶれる
瀦 チョ
潸 サン
潺 セン
澆 ギョウ(ゲウ)
澎 ホウ(ハウ)
澎湃 ほうはい
澱 →デン
[澤] →沢
°濃 →ノウ
澪 レイ みお
澪標 みおつくし
°激 →ゲキ
°濁 →ダク
濁声 だみごえ
濁酒 どぶろく
[濕] →湿
[濟] →済
濛 モウ
濠 ゴウ(ガウ) ほり
濡 ジュ ぬらす
濤 →トウ
°濯[濯] タク すすぐ・そそぐ・ゆすぐ
[濱] →浜
鴻 →鳥部 52 3
濾(沪) ロ こす
瀆 →トク
瀉 →シャ
瀑 →バク
°濫 →ラン
瀕 ヒン
瀝 レキ
瀞 とろ
[瀧] →滝
°瀬[瀨] →ライ
瀟 ショウ(セウ)
瀟洒 しょうしゃ
瀰 ビ
瀾 ラン
灌 →カン
灘 なだ
[灣] →湾

火・灬部

°火 →カ
火箭 かせん・ひや
火燵 こたつ
火糞 ほくそ
火傷 やけど
火鑽り ひきり
火保ち ひもち
火点し頃 ひともしごろ
°灯[燈] →トウ
灯 あかし・とぼし
灯す ともす
灯影 ほかげ
灯心蜻蛉 とうすみとんぼ
°灰[灰] →カイ
灰 あく
灰汁 あく
灰篩 はいふるい
灸 キュウ(キウ) やいと
灼 シャク やく
°災 →サイ
°炊 →スイ
炒 いる・いためる
炒飯 チャーハン
°炎 →エン
炎 ほむら
炙 あぶる
°炉[爐] →ロ
炬 キョ・コ たいまつ
炬燵 こたつ
°炭[炭] →タン
炭櫃 すびつ
炭団 たどん
炯 ケイ
炳 ヘイ
炷 シュ たく
炸 サク
°畑 →田部 35 1
烙 ラク やく
烟 →エン
烟草 タバコ
烽 ホウ
焙 バイ・ハイ・ホウ(ハウ) あぶる・ほうじる
焙炉 ほいろ
焙烙 ほうろく
焚 フン たく
焜 コン
焰 →エン
焰 ほむら
°焼[燒] →ショウ
焼売 シューマイ
焼き鏝 やきごて
焼き鈍し やきなまし
焼け木杭 やけぼっくい
煉 →レン
煌 コウ(クワウ)
煖 ダン あたたか
°煙[煙] →エン
煙草 タバコ
煙管 キセル
煤 バイ すす
煤埃 すすほこり
煥 カン(クワン)
°煩 →ハン
煩い うるさい
煽 セン あおる・あおぐ・おだてる
熔 →ヨウ
熨 ウツ のす
熨斗 のし
熾 シ おき・おこる
°燃 →ネン
燃え種 もえくさ
燎 リョウ(レウ)
燐 →リン
燐寸 マッチ
燗 カン
[螢] →蛍 43 3
[燈] →灯
°営[營] →エイ
燠 おき
°燥 →ソウ
燦 →サン
燧 スイ ひうち・ひきり
燭 →ショク
燿[燿] ヨウ(エウ)
燻 クン くすぶる・いぶす・ふすべる
°爆 →バク
[爐] →炉
爛 →ラン

(灬)

°為 →爪部 33 1
°点 →黒部 53 2
°烈 →レツ
烏 →ウ
烏賊 いか
烏滸 おこ
烏竜茶 ウーロンちゃ
烏帽子 えぼし
烹 ホウ(ハウ)
焉 →エン
°黒 →黒部 53 2
°無 →ム
無頼 ごろつき
無碍 むげ
無礙 むげ
無辜 むこ
無茶 むちゃ
無花果 いちじく・いちじゅく
無患子 むくろじ
無何有の郷 むかうのさと
°焦 →ショウ
°然 →ゼン
然も さも
然様 さよう

然して さして
°煮[煮] →シャ
煮麺 にゅうめん
煮凝り にこごり
°煎 →セン
°照 →ショウ
°熊 ユウ(イウ) くま
熊の胆 くまのい
°熟 →ジュク
熟 つくづく
熟む うむ
熟柿 じゅくし
熟鮨 なれずし
熟れる なれる
熬 ゴウ(ガウ)
熬海鼠 いりこ
°熱 →ネツ
熱れ いきれ
熱る ほてる
熙[熙] キ
°黙 →黒部 53 2
°勲 →力部 12 3
燕 →エン
燕子花 かきつばた

爪・爫(⺥)部

°爪 ソウ(サウ) つめ
爪弾き つまはじき・つまびき
爪楊枝 つまようじ
爬 ハ

(爫・⺥)

°妥 →女部 17 1
°受 →又部 13 3
°争[爭] →ソウ
°采 →采部 47 4
奚 →大部 16 4
°為[爲] →イ
為替 かわせ
為る する・なる
為体 ていたらく
°愛 →心部 22 3
舜 →舛部 41 2
°爵[爵] →シャク

父部

°父 →フ
父 とと
斧 →斤部 25 3
°釜 →金部 48 1
爺 →ヤ
爺 じじい
お爺さん おじいさん

爻(㐅)部

°爽 →ソウ
爾 →ジ

爿部

牀 ショウ(シヤウ) ゆか
牆 ショウ(シヤウ) かき

片部

°片 →ヘン
片方 かたえ
片食 かたけ
片男波 かたおなみ
°版 →ハン
牌 ハイ パイ
牒 →チョウ
牓 ホウ(ハウ)・ボウ(バウ)

牙部

°牙 →ガ
°邪 →邑部 47 3
谺 →谷部 46 1
°雅 →隹部 49 3
鴉 →鳥部 52 3

牛(⺧)部

°牛 →ギュウ
牛膝 いのこずち
牛頭 ごず
牛蒡 ごぼう
牝 ヒン めす・め
牟 ム
牡 ボウ・ボ おす・お
牡蠣 かき
牡丹 ぼたん
牡丹餅 ぼたもち
牢 →ロウ
°牧 →ボク
°物 →ブツ
物怪 もっけ
物怖じ ものおじ
物の怪 もののけ
°牲 →セイ
牴 テイ
°特 →トク
牽 →ケン
犀 セイ・サイ
犂 すき・からすき
犇 ひしめく
犒 コウ(カウ) ねぎらう
犛 リ
犛牛 ヤク
°犠[犧] →ギ
犠牲 いけにえ
犢 トク こうし
犢鼻褌 ふんどし

犬・犭部

°犬 →ケン
°状[狀] →ジョウ
哭 →口部 14 3
°献[獻] →ケン
猷 ユウ(イウ)
°獣[獸] →ジュウ

(犭)

°犯 →ハン
°狂 →キョウ
狆 ちん
狎 コウ(カフ)
狐 →コ
狒 ヒ
狗 コウ・ク いぬ
狗尾草 えのころぐさ
°狙 →ソ
狛 こま
狡 →コウ
狡い こすい
狢 むじな
°狩 →シュ
狩衣 かりぎぬ
狩人 かりゅうど
°独[獨] →ドク
独活 うど
独楽 こま
独鈷 とっこ
独参湯 どくじんとう
独擅場 どくせんじょう
°狭[狹] →キョウ
狭霧 さぎり
狭間 はざま
狷 ケン
狸 リ たぬき
狼 →ロウ
狼煙 のろし
狽 バイ
猊 ゲイ
猖 ショウ(シヤウ)
猖獗 しょうけつ
°猛 →モウ
猛る たける
猛者 もさ
猛猛しい たけだけしい
猜 サイ
猪[猪] →チョ
猪牙 ちょき
猪口 ちょく
猪口才 ちょこざい
°猟[獵] →リョウ
猟虎 ラッコ
猥 →ワイ
猩 ショウ(シヤウ)
°猫 →ビョウ
猫糞 ねこばば
猯 まみ
°猶[猶] →ユウ
°猿 →エン
猿麻桛 さるおがせ
°獄 →ゴク
獅 シ
獅子 しし
獅子吼 ししく
獅噛火鉢 しかみひばち
獐 のろ
獦 カツ
獦子鳥 あとり
[獨] →独
°獲 →カク
獰 ドウ(ダウ)
獰猛 どうもう・ねいもう

［玁］→玁
獺 ダツ　かわうそ

王(玉)部

°王 →オウ
°玉 →ギョク
玉章 たまずさ
玉箒 たまははき
玉蜀黍 とうもろこし
玖 キュウ(キウ)・ク
°弄 →廾部　20 2
°玩 →ガン
玩具 おもちゃ
玲 レイ
玲瓏 れいろう
玳 タイ
玻 ハ
珀 ハク
珂 カ
珈 カ
珈琲 コーヒー
珊 サン
珊瑚 さんご
°珍 →チン
°珠 →シュ
珠算 たまざん
珪 →ケイ
°班 →ハン
°現 →ゲン
現身 うつせみ
現し世 うつしよ
°球 →キュウ
琅 ロウ(ラウ)
琅玕 ろうかん
°理 →リ
琉 リュウ(リウ)・ル
琢［琢］→タク
琥 コ
琥珀 こはく
琳 リン
°琴 →キン
琴柱 ことじ
琵 ビ
琵琶 びわ
琶 ハ
°斑 →文部　25 3
琺 ホウ(ハウ)
瑛 エイ
瑶［瑤］ヨウ(エウ)　たま
瑇 タイ
瑕 カ　きず
瑚 コ・ゴ
瑜 ユ
瑜伽 ゆが
瑞 →ズイ
瑞枝 みずえ
°瑠 ル
瑣 →サ
瑪 メ
瑪瑙 めのう
瑳 サ
°璃 リ
°璧 ヘキ　たま
°環［環］→カン
°璽 →ジ
瓔 ヨウ(ヤウ)

ネ部→示部

月部→月部

艹部→艸部

辶部→辶部

耂 部

°老 →ロウ
老舗 しにせ
老麺 ラーメン
老酒 ラオチュウ
老け役 ふけやく
老い耄る おいぼれる
°考 →コウ
°孝 →子部　17 3
°者［者］→シャ
耆 キ・ギ
耄 モウ
耄碌 もうろく

予 部

°予 →亅部　8 4
°矛 →矛部　36 3
°柔 →木部　28 1
°務 →力部　12 3
°預 →頁部　50 3

龶 部

°麦 →麥部　53 1
°青 →青部　50 1
°毒 →毋部　29 4
°表 →衣部　44 2
°素 →糸部　39 3
°責 →貝部　46 2

卄 部

°共 →八部　11 2
°昔 →日部　26 1
巷 →己部　19 3
°恭 →心部　22 2
°黄 →黄部　53 1

玄 部

°玄 →ゲン
玄人 くろうと
玄米 くろごめ
°畜 →田部　35 1
°率［率］→ソツ

玉部→王部

瓜 部

瓜 カ(クワ)　うり
瓜実顔 うりざねがお
瓠 ひさご・ふくべ
瓢 ヒョウ(ヘウ)　ふくべ・ひさご
瓢箪 ひょうたん
［瓣］→弁　20 2

瓦 部

°瓦 →ガ
瓦斯 ガス
瓦落 がら
°瓶 →ビン
甃 いしだたみ・しきがわら
甍 いらか
甑 こしき
甕 かめ・みか

甘 部

°甘 →カン
甘葛 あまづら
甘い うまい
甘煮 うまに
甘藷 さつまいも
°甚 →ジン
甚麼 いんも
°某 →木部　28 1
甜 テン

生 部

°生 →セイ
生憎 あいにく・あやにく
生直 きすぐ
生姜 しょうが
生薑 しょうが
生絹 すずし
生す なす
生半 なまなか
生業 なりわい
生き胆 いきぎも
生漉き きずき
生酔い なまえい
生らす ならす
生り年 なりどし
°産［產］→サン
産着 うぶぎ
産衣 うぶぎ
産毛 うぶげ
産声 うぶごえ
産土 うぶすな
産屋 うぶや
産湯 うぶゆ
甥 セイ　おい
甦 ソ　よみがえる

用 部

°用 →ヨウ
用達 ようたし
甫 フ・ホ　はじめ・すけ

田 部

°田 →デン
田舎 いなか
田圃 たんぼ
田の面 たのも
°由 →ユ
°甲 →コウ
甲 きのえ

甲子 きのえね
甲斐甲斐しい かいがいしい
°申 →シン
申楽 さるがく
°男 →ダン
男 おのこ
男鰥 おとこやもめ
男郎花 おとこえし
男男しい おおしい
°町 →チョウ
°画[畫] →ガ
画師 えし
画舫 がぼう
°界 →カイ
界 さかい
°畏 →イ
畏き辺り かしこきあたり
°畑 はた・はたけ(国字)
毘 →比部 29 4
°胃 →月部 26 4
°畔[畔] →ハン
°留 →リュウ
畚 もっこ・ふご
畚褌 もっこふんどし
°畜 →チク
°畝 ホ せ・うね
畠 はた・はたけ(国字)
畢 ヒツ おわる
°略 →リャク
畦 ケイ うね・あぜ
°累 →糸部 39 3
°異 →イ
異 あだ
°番 →バン
°畳[疊] →ジョウ
畳紙 たとうがみ
°塁 →土部 15 4
°当[當] →トウ
当限 とうぎり
当て所 あてど
畷 テツ なわて
畸 キ
°畿 キ
鴫 →鳥部 52 3

疋部

疋 ヒツ ひき
蛋 →虫部 43 3
°疎 →ソ
疎か おろか
疎ら まばら
疏 →ソ
楚 →木部 28 4
°疑 →ギ
疑る うたぐる
°凝 →冫部 11 3

疒部

疔 チョウ(チヤウ)
疚 やましい
疝 セン
疣 ユウ(イウ) いぼ
疥 カイ はたけ
°疫 →エキ
疫病神 やくびょうがみ
疱 ホウ(ハウ)
疱瘡 ほうそう
°疲 →ヒ
疳 カン
疵 シ きず
疵痕 きずあと
疹 →シン
疼 トウ うずく
°疾 →シツ
疾う とう
疾く とく
疾風 はやて
疾しい やましい
疴 ク
痂 かさぶた
痃 ケン
°病 →ビョウ
病竈 びょうそう
病犬 やまいぬ
病葉 わくらば
°症 →ショウ
痒 ヨウ(ヤウ) かゆい
痔 ジ(ヂ)
痔瘻 じろう
°痕 →コン
°痘 →トウ
痘痕 あばた・いも
痙 ケイ
°痛 →ツウ
°痢 →リ
痣 あざ
°痩[瘦] →ソウ
痰 タン
痳 リン
°痴[癡] →チ
痺 ヒ しびれる・しびれ
痼 コ しこり
瘋 フウ
瘋癲 ふうてん
°瘍 ヨウ(ヤウ)
瘧 おこり
瘠 セキ やせる
瘡 →ソウ
瘡 くさ
瘢 ハン
瘤 リュウ(リウ) こぶ
[瘦] →痩
瘭 ヒョウ(ヘウ)
瘰 ルイ
瘴 ショウ(シヤウ)
瘻 ロウ・ル
胃瘻 いろう
佝瘻 くる
癌 ガン
°療 →リョウ
癆 ロウ(ラウ)
癆痎 ろうがい
癇 →カン
癈 ハイ
°癒[癒] →ユ
°癖 →ヘキ
癜 なまず
[癡] →痴
癤 セツ
癩 ライ かったい
癪 シャク(国字)
癬 セン
癰 ヨウ
癲 テン
癲癇 てんかん

癶部

癸 キ みずのと
°発[發] →ハツ
発条 ばね
°登 →トウ
登遐 とうか

白部

°白 →ハク
白粉 おしろい
白湯 さゆ
白髪 しらが
白面 しらふ
白及 しらん
白楊 どろのき・どろやなぎ
白熊 はぐま
白狐 びゃっこ
白帯下 こしけ
白膠木 ぬるで
°百 →ヒャク
百足 むかで
百舌 もず
百歳 ももとせ
百合 ゆり
百済琴 くだらごと
百日紅 さるすべり
皁 ソウ(サウ)
皁莢 さいかち
°的[的] →テキ
帛 →巾部 19 3
°皆 →カイ
°皇 →コウ
皇 すめ・すめら・すべらぎ・すめらぎ
皇女 みこ
皇子 みこ
°泉 →水部 30 2
畠 →田部 35 1
皐 コウ(カウ)
皐月 さつき
皓[皓] コウ(カウ)
皚 ガイ
魄 →鬼部 52 1

皮部

°皮 →ヒ
皴 シュン しわ
皸 クン ひび・あかぎれ
(皹) →皸

皺 シュウ(シウ)　しわ
　皺める しわめる

皿 部

°皿 さら
盂 ウ
盃 →ハイ
°盆 →ボン
盈 エイ　みちる
　盈ち虧け みちかけ
°益［益］ →エキ
　益体 やくたい
　益荒男 ますらお
°盛［盛］ →セイ
°盗［盜］ →トウ
　盗人 ぬすっと
°盟 →メイ
°尽［盡］ →ジン
°監 →カン
°盤 →バン
　盤陀 はんだ
盥 カン　たらい
蠱 →虫部　44 2

目 部

°目 →モク
　目蔭 まかげ
　目茶 めちゃ
　目処 めど
　目見 めみえ
　目脂 めやに
　目映い まばゆい
　目眩く めくるめく
　目溢し めこぼし
　目論見 もくろみ
　目出度い めでたい
°見 →見部　44 4
°貝 →貝部　46 1
°盲［盲］ →モウ
°直 →チョク
　直 じか
　直中 ただなか
　直会 なおらい
　直衣 のうし
　直垂 ひたたれ
　直穿き じかばき
　直押し ひたおし
°具 →八部　11 2
°相 →ソウ
　相撲 すもう・すまい
　相応しい ふさわしい
°盾 →ジュン
°省 →セイ
眇 ビョウ(ベウ)　すがめる・すがめ
眈 タン
°眉 →ビ
　眉唾物 まゆつばもの
°看 →カン
　看取り みとり
°県［縣］ →ケン
°真［眞］ →シン
　真葛 さねかずら
　真諦 しんたい
　真鯵 まあじ
　真鰈 まがれい
　真砂 まさご
　真蛸 まだこ
　真艫 まとも
　真鶴 まなづる
　真似 まね
　真岡 もおか
　真田紐 さなだひも
　真桑瓜 まくわうり
　真面目 まじめ
　真章魚 まだこ
　真っ赤 まっか
　真っ青 まっさお
　真魚鰹 まながつお
°眠 →ミン
眦 シ・サイ　まなじり
眩 ゲン　くらむ・くるめく・まばゆい・まぶしい
　眩暈 めまい
眷 ケン
眸 ボウ
°眺 →チョウ
°眼 →ガン
　眼鏡 めがね
　眼路 めじ
°睡 →スイ
°督 →トク
睥 ヘイ
°睦 →ボク
　睦月 むつき
　睦む むつむ
睨 ゲイ　にらむ・ねめる
睫 ショウ(セフ)　まつげ
　睫毛 まつげ
睾 コウ(カウ)
瞋 シン
　瞋恚 しんに
瞑 メイ
　瞑る つぶる
瞞 マン　だます
瞠 ドウ(ダウ)　みはる
瞥 ベツ
°瞭 →リョウ
瞰 →カン
°瞳 →ドウ
瞼 ケン　まぶた
°瞬［瞬］ →シュン
　瞬く しばたたく
瞽 コ
　瞽女 ごぜ
瞿 ク
　瞿麦 なでしこ
矍 カク(クワク)
　矍鑠 かくしゃく

矛 部

°矛 →ム
矜 キョウ・キン
°柔 →木部　28 1
°務 →力部　12 3

矢 部

°矢 →シ
　矢鱈 やたら
　矢張り やはり
矣 イ［虚字］
°知 →チ
　知音 ちいん
矧 はぐ
矩［矩］ ク　のり・かね
　矩尺 かねじゃく
°短 →タン
　短檠 たんけい
　短尺 たんざく
　短冊 たんじゃく
矮 ワイ
　矮鶏 ちゃぼ
雉 →隹部　49 3
°矯 →キョウ

石 部

°石 →セキ
　石蓴 あおさ
　石塊 いしくれ
　石茸 いわたけ
　石女 うまずめ
　石榴 ざくろ
　石蕗 つわぶき
　石松 ひかげのかずら
　石首魚 いしもち
　石斑魚 うぐい
　石南花 しゃくなげ
　石楠花 しゃくなげ
°砂 →サ
砌 みぎり
砒 ヒ
°研［硏］ →ケン
　研く みがく
°砕［碎］ →サイ
砥 シ　と
　砥粉 とのこ
砦 サイ　とりで
砧 チン　きぬた
°砲［砲］ →ホウ
°破 →ハ
　破風 はふ
　破目 はめ
　破れ やれ
　破子 わりご
　破籠 わりご
　破る わる
　破落戸 ごろつき・ならずもの
　破れ鍋 われなべ
硅 ケイ
°硝［硝］ →ショウ
　硝子 ガラス
硨 シャ
°硫 →リュウ
　硫黄 ゆおう・いおう
°硬 →コウ
硯 ケン　すずり
硲 はざま(国字)
硼 ホウ(ハウ)

°碁 →ゴ
碇 テイ　いかり
碗 ワン
碌 ロク
碍 →ガイ
碓 うす
碕 キ
°磁 →ジ
碧 →ヘキ
碩 セキ
°碑[碑] →ヒ
°確 →カク
確り しっかり
碾 テン　ひく
磊 ライ
磊落 らいらく
磐 →バン
磔 タク　はりつけ
°磨[磨] →マ
磯 キ　いそ
磯蚯蚓 いそめ
磯馴れ松 そなれまつ
°礁 →ショウ
°礎 →ソ
(礙) →碍
礦 →コウ
礪 レイ
礫 レキ　つぶて
礬 バン
礬水 どうさ

示(ネ)部

°示 →ジ
°礼[禮] →レイ
°社[社] →シャ
祀 シ　まつる
祁 キ
°奈 →大部　16 4
°宗 →宀部　17 4
祇 ギ
°祈[祈] →キ
祈年祭 としごいのまつり
°祉[祉] →シ
祐[祐] →ユウ
祓 フツ　はらう・はらえ
[祕] →秘　37 3
°祖[祖] →ソ
祖母 おば
祖父 じじ・じじい
お祖父さん おじいさん
お祖母さん おばあさん
祗 シ
°祝[祝] →シュク
祝詞 のりと
°神[神] →シン
神楽 かぐら
神馬 しんめ・じんめ
神酒 みき
神子 みこ
神輿 みこし
神無月 かんなづき
神嘗祭 かんなめさい
神神しい こうごうしい
祟 たたる
祠 →シ
(祢) →禰
°祥[祥] →ショウ
°視 →見部　45 1
°票 →ヒョウ
°祭 →サイ
°崇 →山部　19 1
禄[祿] →ロク
°禁 →キン
°禍[禍] →カ
禍事 まがごと
禍禍しい まがまがしい
禊 ケイ　みそぎ
禎[禎] テイ
°福[福] →フク
禦 ギョ　ふせぐ
°禅[禪] →ゼン
°隷 →隶部　49 3
[禮] →礼
禰(祢) デイ・ネ
禰宜 ねぎ
禱(祷) トウ(タウ)　いのる

内部

禽 →キン

禾部

禾 カ(クワ)
禿 トク　はげる・かむろ・ちびる
禿筆 ちびふで
°秀 →シュウ
°私 →シ
私語 ささめごと
°利 →刀部　12 1
°和 →口部　14 2
°季 →子部　17 3
°委 →女部　17 1
°秋 →シュウ
秋蚕 あきご
秋刀魚 さんま
°科 →カ
科白 せりふ
°秒 →ビョウ
秕 ヒ　しいな
°秘[祕] →ヒ
秘鑰 ひやく
°租 →ソ
秣 マツ　まぐさ
秤 ヒョウ(ヒヤウ)・ショウ　はかり
秦 →シン
秦皮 とねりこ
°秩 →チツ
°称[稱] →ショウ
°移 →イ
移徙 わたまし
稀 →キ
°税[稅] →ゼイ
°程[程] →テイ
稍 ショウ(セウ)　やや
犂 →牛部　33 3
稔 →ネン
稗 ハイ　ひえ
°稚 →チ
稚い いとけない
稚児 ちご
稜 →リョウ
稜 そば
稠 チュウ(チウ)
稟 ヒン・リン
稭 カイ　しべ
°種 →シュ
種種 いろいろ・くさぐさ
種姓 すじょう
種籾 たねもみ
種子島 たねがしま
°稲[稻] →トウ
稲荷 いなり
稲架 はさ
稲扱き いねこき
稲熱病 いもちびょう
°穀[穀] →コク
穀潰し ごくつぶし
稷 ショク　きび
°稼 →カ
°稽 →ケイ
°稿 →コウ
°穂[穗] →スイ
穆 ボク
°積 →セキ
穎(頴) →エイ
°穏[穩] →オン
穢 →アイ
°穫 →カク
穣[穰] ジョウ(ジヤウ)

穴部

°穴 →ケツ
穴畏 あなかしこ
°究 →キュウ
究竟 くっきょう
穹 キュウ
°空[空] →クウ
空 うろ
空木 うつぎ
空蟬 うつせみ
空穂 うつほ・うつぼ
空ろ うつろ
空嘔 からえずき
空っ風 からっかぜ
空嘯く そらうそぶく
°突[突] →トツ
突端 とっぱな
突慳貪 つっけんどん
穿 セン　うがつ・はく
穿鑿 せんさく
°窃[竊] →セツ
窄 サク　すぼまる・つぼまる
窈 ヨウ(エウ)
窈窕 ようちょう
°窒 →チツ

°窓 →ソウ
窖 あなぐら
窘 キン　たしなめる
°窟 →クツ
窪 ワ　くぼ・くぼむ
°窮 →キュウ
°窯 →ヨウ
窶 やつす・やつれる
窺 キ　うかがう
竄 ザン
竈 ソウ(サウ)　かま・かまど・へっつい

立 部

°立 →リツ
　立女形 たておやま
　立ち竦む たちすくむ
°辛 →辛部　47 2
妾 →女部　17 1
°竜 →龍部　53 3
°並［竝］ →ヘイ
　並巾 なみはば
　並べて なべて
竟 →キョウ
°章 →ショウ
　章魚 たこ
竣 シュン
°童 →ドウ
竦 ショウ　すくむ
靖 →青部　50 1
竪 リュウ(リフ)・リツ　たて
°端 →タン
　端 つま・はした・はな
　端唄 はうた
　端額 はがく
颯 →風部　50 4
°競 →キョウ
　競う きおう

罒 部

罠 わな
°買 →貝部　46 2
罨 アン
°罪 →ザイ
罫 ケイ・ケ
　罫描き けがき
°置 →チ
°署［署］ →ショ
蜀 →虫部　43 4
°罰 →バツ
°罵 →バ
°罷 →ヒ
罹 →リ
°羅 →ラ
羆 ひぐま
羇 キ
羈 キ

氺部→水部

衤部→衣部

丘 部

°丘 →一部　8 3
°兵 →八部　11 2
°岳 →山部　19 1

甲(申)部

°甲 →田部　34 4
°申 →田部　35 1
暢 →日部　26 3
鴨 →鳥部　52 3

正 部

°正 →止部　29 3
°政 →攴部　25 2
焉 →火部　32 4
°整 →攴部　25 2

𡗗 部

°奉 →大部　16 4
°春 →日部　26 1
°奏 →大部　16 4
秦 →禾部　37 3
°泰 →水部　30 2
舂 →臼部　41 2

古 部

°古 →口部　13 4
°故 →攴部　25 2
胡 →月部　26 4

且 部

°且 →一部　8 3
°助 →力部　12 2
雎 →隹部　49 3

业 部

°業 →木部　29 1
叢 →又部　13 3

艮(良)部

°即 →卩部　13 1
°朗 →月部　27 1
°既 →无部　25 4

竹 部

°竹 →チク
　竹篦 しっぺい・たけべら
　竹刀 しない
　竹叢 たかむら
　竹光 たけみつ
　竹柏 なぎ
竺 ジク
竿 カン　さお
笈 キュウ(キフ)　おい
　笈摺 おいずる
笊 ざる
笏 シャク
°笑 →ショウ
　笑顔 えがお
　笑窪 えくぼ
　笑壺 えつぼ
　笑い種 わらいぐさ
笙 ショウ(シヤウ)
°笛 →テキ
笞 チ　むち・しもと
笠 リュウ(リフ)　かさ
笥 シ・ス　け
°符 →フ
°第 →ダイ
笹 ささ(国字)
　笹縁 ささべり
°筆 →ヒツ
筈 はず
°等 →トウ
　等閑 なおざり
°筋 →キン
筍 ジュン　たけのこ
筏 いかだ
筐 キョウ(キヤウ)　かたみ
筑 チク
°筒 →トウ
笄 ケイ　こうがい
°答 →トウ
°策 →サク
筥 はこ
　筥迫 はこせこ
　筥狭子 はこせこ
°節［節］ →セツ
　節 よ
　節榑 ふしくれ
筧 かけひ
筬 おさ
筮 ゼイ
筵 エン　むしろ
°箇 →カ
°箋 →セン
箍 たが
箏 ソウ(サウ)
箒 ソウ(サウ)　ほうき
箔 →ハク
箕 キ　み
°算 →サン
　算盤 そろばん
箙 えびら
箜 ク・クウ
箝 カン
°管 →カン
　管鍼 くだばり
箭 セン　や
°箱 ソウ(サウ)　はこ
箴 シン
°箸 はし
篁 たかむら
篆 テン
篊 ひび
篋 キョウ(ケフ)
°範 →ハン
篇 →ヘン
篝 コウ　かがり
篠 ショウ(セウ)　しの
　篠懸 すずかけ
簒 サン
°篤 →トク
篦 へら・の
篩 ふるい・ふるう
°築［築］ →チク

築地 ついじ・つきじ
築山 つきやま
篳 ヒチ
篳篥 ひちりき
簀 す
簇 ソウ・ゾウ
簎 やす
簗 やな(国字)
簓 ささら(国字)
簞 タン
簞笥 たんす
°簡 →カン
簪 シン　かんざし
簫 ショウ(セウ)
簸 ハ　ひる
簾 レン　すだれ・す
°簿[簿] →ボ
°籍[籍] →セキ
纂 →糸部　40 3
籐 トウ
°籠 →ロウ
籠手 こて
籤 セン　くじ
籬 リ　まがき・ませ

米部

°米 →ベイ
米櫃 こめびつ
米粉 ビーフン
粂 くめ(国字)
籾 もみ(国字)
粁 キロメートル(国字)
粃 しいな
°粉 →フン
粍 ミリメートル(国字)
°粋[粹] →スイ
°粒 →リュウ
°料 →斗部　25 3
粕 ハク　かす
°粗 →ソ
粗筵 あらむしろ
粗目 ざらめ
粗朶 そだ
粗笨 そほん
°粘 →ネン
粘土 へなつち
°粛 →聿部　41 1
粟 ゾク　あわ
粢 しとぎ
粥 かゆ
°粧 →ショウ
粳 うる・うるち
粿 カ(クワ)
°精[精] →セイ
精げる しらげる
粽 ちまき
糅 かてる
糈 しとぎ
糊 →コ
糎 センチメートル(国字)
°糖[糖] →トウ
糒 ほしいい・ほしい
糗 キュウ(キウ)　はったい
糞 フン　くそ
糜 ビ
糝 シン
糟 ソウ(サウ)　かす
糠 コウ(カウ)　ぬか
糠蝦 あみ
°糧 →リョウ
糯 ダ・もち
糯米 もちごめ
糶 チョウ(テウ)　せる

糸部

°糸[絲] →シ
糸鬢 いとびん
糸遊 かげろう
糸瓜 へちま
糺 キュウ(キウ)　ただす
°系 →ケイ
°紀 →キ
°約[約] →ヤク
°紅 →コウ
紅 もみ
紅型 びんがた
紅絹 もみ
紅葉 もみじ
紆 ウ
°糾 →キュウ
糾う あざなう
°級[級] →キュウ
紊 ブン・ビン
°紋 →モン
°納[納] →ノウ
納豆 なっとう
納屋 なや
紐 チュウ(チウ)　ひも
°純 →ジュン
紗 サ・シャ
紗綾 さや
紘 コウ(クワウ)
°紙 →シ
紙鳶 いか・いかのぼり・たこ
紙魚 しみ
紙礫 かみつぶて
紙幟 かみのぼり
紙衾 かみぶすま
紙鑢 かみやすり
紙撚り こより
紙縒り こより
°紛 →フン
紛い まがい
紛える まがえる
°素 →ソ
素面 しらふ
素魚 しろうお
素人 しろうと
素甘 すあま
素袷 すあわせ
素襖 すおう
素袍 すおう
素描 すがき
素敵 すてき
素麺 そうめん
素馨 そけい
素見 ひやかし
素っ頓狂 すっとんきょう
素っ破抜く すっぱぬく
°紡 →ボウ
紡錘 つむ
°索 →サク
°紫 →シ
紫癜 しはん
紫陽花 あじさい
紫雲英 れんげそう・げんげ
紫丁香花 むらさきはしどい
紬 チュウ(チウ)　つむぎ
°累 →ルイ
°細 →サイ
細螺 きさご・きしゃご
細波 さざなみ
細雪 ささめゆき
細石 さざれ
紲 きずな
°紳 →シン
°紹 →ショウ
°紺 →コン
紺屋 こうや
紺絣 こんがすり
°終[終] →シュウ
終熄 しゅうそく
終日 ひもすがら・ひねもす
終夜 よすがら
絃 →ゲン
°組 →ソ
絆 ハン・バン　きずな・ほだし
°経[經] →ケイ
経緯 いきさつ・たてよこ・たてぬき
絎 くける
°結 →ケツ
結紮 けっさつ
結城 ゆうき
絓 しけ
°絶[絕] →ゼツ
絖 コウ(クワウ)　ぬめ
絛 トウ(タウ)・ジョウ(デウ)
絛虫 さなだむし
°絞 →コウ
°絡 →ラク
絢 ケン　あや
絣 かすり
°給 →キュウ
絨 ジュウ
絨緞 じゅうたん
絮 ジョ
°統 →トウ
[絲] →糸
°絵[繪] →カイ
°絹 →ケン
絽 ロ
°継[繼] →ケイ
継しい ままし い
継ぎ接ぎ つぎはぎ

°続［續］→ゾク
　続飯 そくい
　続き間 つづきあい
綛 かせ(国字)
綜 →ソウ
°緑［綠］→リョク
　緑鳩 あおばと
綬 →ジュ
°維 →イ
綯 なう
綰 わがねる・たがねる
°綱 →コウ
°網 →モウ
　網代 あじろ
綴 テイ・テツ　つづる・とじる
綸 →リン
綺 →キ
°綻 タン　ほころぶ・ほころびる
綽 シャク
綾 リョウ　あや
°綿 →メン
緇 シ
　緇衣 しえ
緋 ヒ
　緋縅 ひおどし
°総［總］→ソウ
　総角 あげまき・チョンガー
°緒［緖］→ショ
°練［鍊］→レン
　練貫 ねりぬき
緘 →カン
°線 →セン
緞 ドン・タン
°締 →テイ
緡 さし
°縁［緣］→エン
　縁 ゆかり・よすが
°編［編］→ヘン
　編木 びんざさら
°緩［緩］→カン
緬 メン
°緊 →キン
°縄［繩］→ジョウ
°緻 →チ
縅 おどし
縊 イ　くびる
縋 すがる
縒 シ　よる
縕 ウン・オン(ヲン)
　縕袍 どてら
°縛［縛］→バク
縞 コウ(カウ)　しま
縠 コク　こめ
縢 かがる
［縣］→県　36 2
°緯 →イ
　緯 ぬき
　緯糸 よこいと
°縦［縱］→ジュウ
　縦令 たとい・たとえ
　縦し よし
°繁［繁］→ハン
°縫［縫］→ホウ
°縮 →シュク
　縮緬 ちりめん
縲 ルイ
　縲絏 るいせつ
縷 ル
縹 ヒョウ(ヘウ)　はなだ
　縹渺 ひょうびょう
　縹緲 ひょうびょう
縺 もつれる
°績 →セキ
繃 ホウ(ハウ)
°繊［纖］→セン
徽 →彳部　21 2
°織 →ショク
°繕 →ゼン
繙 ハン　ひもとく
繚 リョウ(レウ)
繞 ニョウ(ネウ)
繧 ウン
　繧繝 うんげん
繡(繍) シュウ(シウ)
°繭 →ケン
［繪］→絵
繫 →ケイ
　繫る かかる
°繰 くる
辮 ベン
繻 シュ
　繻珍 シチン
［繼］→継
繽 ヒン
纂 サン
［續］→続
纏 テン　まとう・まとまる・まとい・まつわる
　纏繞 てんじょう
纐 コウ(カウ)(国字)
　纐纈 こうけち
囀 →口部　15 1
彎 →弓部　20 3
纓 エイ・ヨウ(ヤウ)
攣 →手部　23 4
纜 ともづな

缶　部

°缶［罐］→カン
［缺］→欠　29 3
罅 カ　ひび
罌 オウ(アウ)
　罌粟 けし
罎 びん
罐 カン(クワン)　かま

网部→罒部

羊(⺶)部

°羊 →ヨウ
　羊蹄 ぎしぎし
　羊歯 しだ
°美 →ビ
　美味い うまい
　美人局 つつもたせ
　美濃紙 みのがみ
　美しくも いしくも
°差 →工部　19 2
羚 レイ
°羞 シュウ(シウ)　はじる
°着 →チャク
　着籠み きこみ
°善 →口部　14 4
翔 →羽部　40 4
°群 →グン
　群雀 むらすずめ
°羨 →セン
°義 →ギ
羯 カツ
°養 →食部　51 1
羸 ルイ
羹 カン・コウ(カウ)　あつもの

羽　部

°羽［羽］→ウ
　羽斑蚊 はまだらか
°翁［翁］→オウ
°翌［翌］→ヨク
　翌檜 あすなろ
°習［習］→シュウ
翔［翔］ショウ(シヤウ)　かける
翕 キュウ(キフ)
翠［翠］スイ　みどり
　翠巒 すいらん
翡 ヒ
　翡翠 ひすい・かわせみ
翩 ヘン
翫 ガン(グワン)
翰 →カン
翳 エイ　かざす・かげ・かげる
°翼［翼］→ヨク
翹 ギョウ(ゲウ)
°翻［翻］(飜) →ホン
　翻 こぼし
耀［耀］ヨウ(エウ)　かがやく
糶 →米部　39 2

老部→耂部

而　部

而 ジ　しこうして・しかして・しかも・しかるに
°耐 →タイ

耒　部

°耕［耕］→コウ
°耗［耗］→モウ

耳　部

°耳 →ジ
　耳朶 みみたぶ
°取 →又部　13 2
耶 ヤ
耽 →タン
°恥 →心部　22 2
聊 いささか
°聖［聖］→セイ
聘 ヘイ

聚 →シュウ
°聞 →ブン
　聞道 きくならく
　聞説 きくならく
聟 セイ　むこ
聢 しかと・しっかりと(国字)
聡[聰] →ソウ
聯 →レン
[聲] →声　16 1
聳 ショウ　そびえる
°聴[聽] →チョウ
°職 →ショク
聾 →ロウ

聿部

°書 →日部　26 2
°粛[肅] →シュク
[晝] →昼　26 2
[畫] →画　35 1
肆 →シ
肇[肇] チョウ(テウ)　はじめ

肉部

月(にくづき)は月部へ

°肉[肉] →ニク
　肉叢 ししむら
　肉刺 まめ
　肉豆蔻 にくずく
°腐 →フ

臣部

°臣 →シン
臥 →ガ
　臥竜 がりょう
　臥所 ふしど
竪 →立部　38 1
豎 →豆部　46 1
°臨 →リン

自部

°自 →ジ
　自棄 やけ
　自惚れる うぬぼれる
°臭[臭] →シュウ

至部

°至 →シ
°到 →刀部　12 1
°致 →チ
[臺] →台　13 4

臼(臼)部

°臼 →キュウ
舁 かく・かつぐ
舂 うすずく・つく
舅 キュウ(キウ)　しゅうと
[與] →与　8 2
°興 →コウ
°挙[擧] →キョ
°旧[舊] →キュウ

舌部

°舌 →ゼツ
　舌鮃 したびらめ
　舌尖 ぜっせん
　舌苔 ぜったい
　舌鋒 ぜっぽう
　舌舐り したなめずり
　舌縺れ したもつれ
°乱 →乙部　8 4
°舎[舍] →シャ
舐 なめる・ねぶる
甜 →甘部　34 4
°辞 →辛部　47 2
°舗[舖] →ホ

舛部

舛 セン　ます
舜[舜] シュン
°舞 →ブ
　舞妓 まいこ

舟部

°舟 →シュウ
舢 サン
°航 →コウ
°般 →ハン
　般若 はんにゃ
舳 ジク(チク)　へさき・へ
舵 ダ　かじ
°舶 →ハク
°舷 →ゲン
°船 →セン
　船縁 ふなべり
艀 フ　はしけ
°艇[艇] →テイ
艘 →ソウ
艙 ソウ(サウ)
艤 ギ
艨 モウ
　艨艟 もうどう
°艦 →カン
艪 ロ　とも

艮部

艮 コン・ゴン　うしとら
°良 →リョウ
艱 カン

色部

°色 →ショク
°艶[艷] →エン

艸・艹・艹部

艸 ソウ(サウ)

(艹・艹)

艾 よもぎ・もぐさ
°芋 ウ　いも
　芋幹 いもがら
　芋茎 ずいき
芍 シャク
芒 ボウ(バウ)　のぎ・すすき
芙 フ
　芙蓉 ふよう
°芝 シ　しば
　芝蝦 しばえび
芥 カイ　あくた
　芥子 からし・けし
芬 フン
芭 バ
　芭蕉 ばしょう
°芯 シン
°花 →カ
　花鶏 あとり
　花魁 おいらん
　花蕊 かずい
　花車 きゃしゃ
　花筐 はながたみ
　花簪 はなかんざし
　花薄 はなすすき
　花筵 はなむしろ
　花蓆 はなむしろ
　花椰菜 はなやさい
°芳 →ホウ
　芳しい かぐわしい
　芳ばしい こうばしい
°芸[藝] →ゲイ
芹 キン　せり
[芽] →芽
(芦) →蘆
苅 カイ　かる
苆 すさ(国字)
苑 →エン
苓 レイ・リョウ(リヤウ)
苔 →タイ
°苗 →ビョウ
　苗代 なわしろ
°苛 →カ
　苛苛 いらいら
　苛性 かせい
　苛む さいなむ
　苛める いじめる
　苛斂誅求 かれんちゅうきゅう
苜 モク
　苜蓿 うまごやし
苞 ホウ(ハウ)　つと
苟 コウ　いやしくも
°若 →ジャク
　若く しく
　若布 わかめ
　若人 わこうど・わかうど
°苦 →ク
　苦力 クーリー
　苦患 くげん
　苦汁 にがり
　苦竹 まだけ
　苦爪楽髪 くづめらくがみ
苧 チョ　お・からむし
　苧環 おだまき
　苧麻 からむし
苫 とま
°英 →エイ

英邁 えいまい
苹 ヘイ
苹果 りんご
苺 いちご
°茂 →モ
茄 カ
茄子 なす・なすび
茉 マツ
茅 →ボウ
茅花 つばな
茅蜩 ひぐらし
茅の輪 ちのわ
°芽［芽］→ガ
芽出度い めでたい
°茎［莖］→ケイ
茎 なかご
茗 ミョウ(ミヤウ)・メイ
茗荷 みょうが
茘 レイ
茜 セン あかね
°茨 シ いばら・うばら
茫 →ボウ
茱 シュ
茱萸 ぐみ
茲 ここ
茴 ウイ
茴香 ういきょう
茵 イン しとね
°茶 →チャ
茸 たけ・きのこ
茹 ゆでる・うでる
荊 →ケイ
荊棘 ばら・いばら
°草 →ソウ
草鞋 わらじ
草石蚕 ちょろぎ
草臥れる くたびれる
荏 ジン え
荏苒 じんぜん
°荒［荒］→コウ
荒布 あらめ
荒む すさむ
°荘［莊］→ソウ
°荷 →カ
莉 リ
荻 テキ おぎ
荼 ト

荼毘 だび
莓 いちご
莞 カン(クワン) ふとい
莟 つぼみ
莢 キョウ(ケフ) さや
莧 ひゆ
莨 タバコ
莫 →バク
莫迦 ばか
莫大小 メリヤス
茣 ゴ
茣蓙 ござ
°華 →カ
華胥 かしょ
華鬘 けまん
菅 カン すげ
°菊 →キク
菊戴 きくいただき
°菌 →キン
菌 きのこ
菎 コン
菎蒻 こんにゃく
°菓 →カ
菖 ショウ(シヤウ)
菖蒲 あやめ
菘 すずな
°菜［菜］→サイ
菟 ト
菠 ハ
菠薐草 ほうれんそう
菩 ボ
菩薩 ぼさつ
菩提 ぼだい
菫 キン すみれ
菰 こも
菱 リョウ ひし
菲 ヒ
萄 トウ(タウ)・ドウ(ダウ)
萊 ライ
萌(萠) ホウ(ハウ)・ボウ(バウ) もえる・きざす
萌む めぐむ
萌葱 もえぎ
萌黄 もえぎ
萌やし もやし
°萎 →イ
萎びる しなびる

°著［著］→チョ
著莪 しゃが
菝 ハツ
菝葜 さるとりいばら
萩 はぎ
［萬］→万 8 1
萱 ケン かや
萱草 かんぞう
萵 ワ
萵苣 ちしゃ・ちさ
萼 ガク
°落 →ラク
落人 おちゅうど・おちうど
落葉松 からまつ
落籍す ひかす
落ち零れ おちこぼれ
落魄れる おちぶれる
°葉 →ヨウ
葉蘭 はらん
葎 むぐら
°葛 カツ くず・つづら・かずら
葛籠 つづら
葛藤 つづらふじ
葡 ブ
葡萄 ぶどう
董 トウ
°葬 →ソウ
葭 カ
葭簀 よしず
葱 ソウ ねぎ
葵 キ あおい
葷 クン
葺 シュウ(シフ) ふく
°募 →力部 12 3
惹 →心部 22 3
韮 →非部 50 1
蒐 シュウ(シウ) あつめる
蒔 シ・ジ まく
蒙 →モウ
蒜 ひる
蒟 コン・ク
蒟蒻 こんにゃく
蒲 ホ・フ がま・かば
蒲鉾 かまぼこ
蒲葵 びろう
蒲団 ふとん

蒲公英 たんぽぽ
°蒸 →ジョウ
蒸籠 せいろう・せいろ
蒸す ふかす
蒸し鮨 むしずし
蒼 →ソウ
蒼氓 そうぼう
蓉 ヨウ
°蓄 →チク
蓆 セキ むしろ
°蓋 →ガイ
蓋し けだし
蓍 シ めどぎ
蓍萩 めどはぎ
蓐 ジョク
蓑 サ みの
蓖 ヒ
蓖麻子油 ひましゆ
蓙 ザ ござ(国字)
蓚 シュウ(シウ)
蓮［蓮］→レン
葦 イ(ヰ) あし・よし
葦簾 よしず
葦原雀 よしわらすずめ
°墓 →土部 16 1
°夢 →夕部 16 2
°幕 →巾部 19 4
蓬 ホウ よもぎ
蓬萊 ほうらい
蓴 ジュン
蓼 リョウ(レウ) たで
蔀 しとみ
°蔑 →ベツ
蔑する なみする
蔓 マン つる
蔓質 つるだち
蔓延る はびこる
蔕 へた・ほぞ
蔗 ショ・シャ
蔚 ウツ
蔟 まぶし
蔣(蒋) ショウ(シヤウ)
蔦 つた
蔬 ソ
蔭 →イン
°慕 →心部 22 3
°暮 →日部 26 3

°蔽 ヘイ おおう
蕁 タン・ジン
蕁麻 いらくさ
蕃 →バン
蕉 ショウ(セウ)
蕊 ズイ しべ
(蘂) →蕊
蕎 キョウ(ケウ)
蕎麦 そば
蕗 ふき
蕗の薹 ふきのとう
蕨 ケツ わらび
蕩 →トウ
蕩ける とろける
蕪 ブ かぶ・かぶら
蕪菁 かぶら
°蔵[藏] →ゾウ
蔵人 くろうど・くらうど・くらんど
臈 →月部 27 2
甍 →瓦部 34 3
蕭 ショウ(セウ)
蕾 ライ つぼみ
薀 ウン
°薄[薄] →ハク
薄縁 うすべり
薇 ビ ぜんまい
薊 ケイ あざみ
薔 ショウ(シヤウ)・ソウ(サウ)
薔薇 ばら・いばら・しょうび・そうび
薗 その
薙 テイ
薙髪 ていはつ・ちはつ
薙刀 なぎなた
薙ぐ なぐ
°薦 →セン
薦被り こもかぶり
薨 →コウ
薩 サツ
°薪 →シン
°薫[薰] →クン
薫物 たきもの
°薬[藥] →ヤク
薬師 くすし
薬玉 くすだま
薬缶 やかん
薬研 やげん

燕 →火部 33 1
蟇 →虫部 44 1
薯 ショ いも
薯蕷 とろろ・やまいも・やまのいも
薹 とう
薺 なずな
藁 コウ(カウ) わら
藁稭 わらしべ
藉 →セキ
°藍 →ラン
藜 レイ あかざ
[藝] →芸
°藤[藤] →トウ
藤本 とうほん
藤葛 ふじかずら
°藩 →ハン
藪 ソウ やぶ
°繭 →糸部 40 2
藷 ショ いも
藹 アイ
藺 い
°藻 →ソウ
(蘂) →蕊
蘆(芦) ロ あし・よし
蘇 →ソ
蘇枋 すおう
蘊 ウン
蘭[蘭] →ラン
蘭麝 らんじゃ
蘖 ゲツ ひこばえ
蘚 セン
蘩 ハン
蘩蔞 はこべ
驀 →馬部 51 3

虍 部

°虎 →コ
虎杖 いたどり
虎魚 おこぜ
虎鶫 とらつぐみ
虎鬚 とらひげ
虎斑 とらふ
虎列剌 コレラ
虎落笛 もがりぶえ
°虐[虐] →ギャク
虔 ケン
[處] →処 11 3
彪 →彡部 20 4
°虚[虛] →キョ
虚 うろ
虚貝 うつせがい
虚ろ うつろ
虚仮 こけ
虚無僧 こむそう
°虞[虞] →グ
°虜[虜] →リョ
[號] →号 13 4
°慮 →心部 22 3
°膚 →月部 27 2
盧 ル

虫 部

°虫[蟲] →チュウ
虫鰈 むしがれい
虫螻 むしけら
虫唾 むしず
虫籠格子 むしこごうし
虬 みずち
虱 しらみ
°虹 コウ にじ
虻 ボウ(バウ) あぶ
°蚊 ブン か
蚊帳 かや
蚊鉤 かばり
蚋 ゼイ ぶよ
°蚕[蠶] →サン
蚕 こ
蚕豆 そらまめ
蚤 ソウ(サウ) のみ
蚯 キュウ(キウ)
蚯蚓 みみず
蛆 うじ
°蛇 →ジャ
蛇 くちなわ
蛇蝎 だかつ
蛋 タン
°蛍[螢] →ケイ
蛙 ア かえる・かわず
蛞 カツ(クワツ)
蛞蝓 なめくじ
蛟 コウ(カウ) みずち
蛤 コウ(カフ) はまぐり
蛭 シ ひる

蛔 カイ(クワイ)
°蛮[蠻] →バン
蛸 たこ
蛹 さなぎ
蛻 もぬけ・ぬけがら
蛾 ガ
蜀 ショク
蜀黍 もろこし
°蜂 ホウ はち
蜂窩 ほうか
蜃 シン
蜆 しじみ
蜈 ゴ
蜈蚣 むかで
蜉 フ
蜉蝣 ふゆう・かげろう
蜑 あま
蜒 エン
蜘 チ
蜘蛛 くも
蜚 ヒ
°蜜 →ミツ
蜜柑 みかん
蜥 セキ
蜥蜴 とかげ
蜩 ひぐらし・かなかな
蜷 にな
蜻 セイ
蜻蛉 とんぼ
蜾 カ(クワ)
蜿 エン(ヱン)
蜿蜒 えんえん
蝕 →ショク
蝗 いなご・ばった
蝙 ヘン
蝙蝠 こうもり・かわほり
蝟 イ
蝦 カ えび
蝦蟇 がま
蝦夷 えぞ・えみし
蝦蛄 しゃこ
蝨 しらみ
蝮 フク まむし
蝴 コ
蝸 カ(クワ)
蝸牛 かたつむり

蝶 チョウ(テフ)
　蝶番 ちょうつがい
°融 →ユウ
　融通 ゆずう
螟 メイ
　螟虫 ずいむし
[螢] →蛍
螺 ラ にし
　螺鈿 らでん
　螺子 ねじ
　螺旋 ねじ
螻 ロウ
　螻蛄 おけら・けら
螽 シュウ
　螽斯 きりぎりす
蟋 シツ
　蟋蟀 こおろぎ
蟄 チツ
蟇 ひき・ひきがえる
　蟇股 かえるまた
蟒 ボウ(バウ)
　蟒蛇 うわばみ
蟠 バン わだかまる
　蟠踞 ばんきょ
蟬 セン せみ
　蟬蛻 せんぜい
蟯 ギョウ(ゲウ)
[蟲] →虫
蟷 トウ(タウ)
　蟷螂 とうろう・かまきり
蟹 カイ かに
　蟹屎 かにばば
　蟹股 がにまた
蟻 ギ あり
蟾 セン
　蟾蜍 ひきがえる
蠁 キョウ(キヤウ)
　蠁子 さし
蠅 ヨウ はえ
蠍 カツ さそり
蠑 エイ
　蠑螈 いもり
蠕 ゼン
蠟(蝋) ロウ(ラフ)
　蠟色 ろいろ
　蠟纈 ろうけつ
　蠟燭 ろうそく
蠢 シュン うごめく
蠣 レイ
[蠶] →蚕
蠹 ト
　蠹魚 しみ
蠱 コ
[蠻] →蛮

血　部

°血 →ケツ
　血脈 けちみゃく
　血眼 ちめ
°衆[衆] →シュウ

行部→彳部

衣・衤部

°衣 →イ
　衣桁 いこう
　衣魚 しみ
°表 →ヒョウ
°哀 →口部 14 2
°衰[衰] →スイ
°衷 →チュウ
衾 キン ふすま
袈 ケ
　袈裟 けさ
°袋 →タイ
袞 コン
　袞竜の袖 こんりょうのそで
°裁 →サイ
　裁ち布 たちぎれ
°裂 →レツ
　裂地 きれじ
　裂罅 れっか
°装[裝] →ソウ
　装う よそう
°裏 →リ
　裏店 うらだな
裔 エイ
裘 キュウ(キウ)
裟 サ・シャ
裳 ショウ(シヤウ) も
　裳階 もこし
°製 →セイ
　製絨 せいじゅう
°褒 →ホウ
褻 セツ け
襞 ヘキ ひだ
°襲 →シュウ
囊 →口部 15 1

(衤)

°初 →刀部 11 4
衽 ジン おくみ
衿 キン えり
袂 ベイ たもと
裃 ふき(国字)
袍 ホウ(ハウ)
°袖 →シュウ
裄 ふき
袢 ハン・バン
袪 キョ
°被 →ヒ
　被衣 かつぎ・かづき
袱 フク
袴 コ はかま
衽 おくみ
袷 あわせ
袿 うちぎ
裃 かみしも(国字)
裄 ゆき(国字)
(袵) →衽
裡 →リ
裑 みごろ
°裕 →ユウ
°補 →ホ
　補弼 ほひつ
　補陀落 ふだらく
裨 ヒ
裲 リョウ(リヤウ)
　裲襠 うちかけ
°裸 →ラ
　裸足 はだし
裾 キョ すそ
褄 つま(国字)
°褐[褐] →カツ
°複 →フク
褊 ヘン
　褊衫 へんさん
褌 コン ふんどし
褥 ジョク しとね
褪 トン・タイ あせる
褫 チ
褶 シュウ(シフ)
襁 キョウ(キヤウ)
　襁褓 おしめ・むつき
襖 オウ(アウ) ふすま
°襟 →キン
襠 トウ(タウ) まち
襤 ラン
　襤褸 ぼろ・らんる
襦 ジュ
　襦袢 ジュバン・ジバン
襷 たすき(国字)

襾(覀)部

°西 →セイ
　西瓜 すいか
　西表山猫 いりおもてやまねこ
°要[要] →ヨウ
　要黐 かなめもち
　要諦 ようたい
栗 →木部 28 2
°票 →示部 37 2
粟 →米部 39 2
°覆[覆] →フク
°覇[霸] →ハ

龹　部

°券 →刀部 11 4
°巻 →卩部 13 1
°拳 →手部 23 4
眷 →目部 36 2

曲　部

°曲 →日部 26 1
°典 →八部 11 2
°農 →辰部 47 2
°豊 →豆部 46 1

自　部

°皐 →皐部 49 1
°帥 →巾部 19 3
°師 →巾部 19 3

見　部

°見 →ケン
　見参 げんざん

見幕 けんまく
見栄 みえ
見得 みえ
見出す みいだす
見逸れる みそれる
見蕩れる みとれる
見霽かす みはるかす
°規 →キ
規那 キナ
°視[視] →シ
°現 →王部 34 1
覗 シ のぞく
覗き機関 のぞきからくり
覘 のぞく
°覚[覺] →カク
覚束無い おぼつかない
°親 →シン
親仁 おやじ
親父 おやじ
親爺 おやじ
°覧[覽] →ラン
°観[觀] →カン
観音 かんのん
覿 テキ

角 部

°角 →カク
角力 すもう
角樽 つのだる
角叉 つのまた
角髪 みずら
觝 テイ
°解 →カイ
解頤 かいい
解き物 ほどきもの
°触[觸] →ショク
鵤 →鳥部 52 3

言 部

°言 →ゲン
言質 げんち
言上 ごんじょう
言伝 ことづて
言い種 いいぐさ
言祝ぐ ことほぐ
°訂 →テイ
°訃 →フ
°計 →ケイ
訊 ジン きく・たずねる
°討 →トウ
訌 コウ
°訓 →クン
訓詁 くんこ
°託 →タク
託ける ことづける
°記 →キ
訛 →カ
訝 ガ・ゲ いぶかる
°訟 →ショウ
訣 →ケツ
訥 トツ
°訪 →ホウ
°設 →セツ
設える しつらえる
°許 →キョ
許嫁 いいなずけ
°訳[譯] →ヤク
°訴 →ソ
°診 →シン
註 →チュウ
°証[證] →ショウ
証憑 しょうひょう
°詐 →サ
詑 タ・イ
°詔 →ショウ
°評[評] →ヒョウ
詛 ソ のろう
°詞 →シ
°詠 →エイ
詢 ジュン
°詣 →ケイ
°試 →シ
°詩 →シ
詫 タ わびる
詭 キ
°詮 →セン
°詳 →ショウ
°詰 →キツ
°話 →ワ
°該 →ガイ
誂 あつらえる
誅 →チュウ
°誇 →コ
°誠[誠] →セイ
°誉[譽] →ヨ
°誌 →シ
°認[認] →ニン
誑 たぶらかす・たらす
°誓 →セイ
°誘 →ユウ
誘う いざなう
°語 →ゴ
語り種 かたりぐさ
誡 →カイ
°誤[誤] →ゴ
誣 ブ・フ しいる
誦 →ショウ
誨 カイ(クワイ)
°説[說] →セツ
°読[讀] →ドク
°誰 →スイ
°課 →カ
誹 ヒ・ハイ そしる
誼 →ギ
°調[調] →チョウ
諂 テン へつらう
諄 ジュン
°談 →ダン
°請[請] →セイ
請来 しょうらい
諍 ソウ(サウ)・ショウ(シヤウ) いさかい
諏 ス
諒 →リョウ
°論 →ロン
°謁[謁] →エツ
°諸[諸] →ショ
諸白 もろはく
諸膝 もろひざ
°諾 →ダク
°誕[誕] →タン
諜 →チョウ
諤 ガク
諡 シ おくりな
°諦 →テイ
°諧 →カイ
諫 →カン
°諮[諮] →シ
°諭[諭] →ユ
諱 キ いみな
諳 アン そらんずる
諷 →フウ
諷誦 ふじゅ
諺 ゲン ことわざ
諺文 おんもん・オンムン
°謀 →ボウ
謀反 むほん
謂 イ(ヰ) いう
°謡[謠] →ヨウ
°謄[謄] →トウ
°謎(謎) なぞ
謔 ギャク
謗 ボウ(バウ) そしる
°謙[謙] →ケン
°講[講] →コウ
°謝 →シャ
°謹[謹] →キン
謦 ケイ
謫 →タク
謬 →ビュウ
謳 オウ うたう
[證] →証
譏 キ そしる
°識 →シキ
譚 タン はなし
°譜[譜] →フ
°警 →ケイ
譫 セン
譫言 うわごと
譬 ヒ たとえる・たとえ
[譯] →訳
°議 →ギ
°護 →ゴ
護謨 ゴム
°譲[讓] →ジョウ
譴 ケン
[譽] →誉
[讀] →読
讃[讚] →サン
[變] →変 25 2
讐 →シュウ
讒 →ザン
[讚] →讃

谷 部

°谷 →コク

谷間 たにあい
谺 こだま
°欲 →欠部 29 3
谿 ケイ
豁 カツ(クワツ)

豆 部

°豆 →トウ
豆汁 ご
豆油 ご
豆幹 まめがら
豈 あに[虚字]
°豊[豐] →ホウ
豌 エン(エン)
豎 ジュ
°頭 →頁部 50 3

豕 部

°豚 →トン
°象 →ショウ
°豪 →ゴウ
豪い えらい
豪物 えらぶつ
豪宕 ごうとう
[豫] →予 8 4

豸 部

豹 ヒョウ(ヘウ)
豺 サイ
貂 テン
貉 むじな
°貌 →ボウ
貘 バク
貛 あなぐま

貝 部

°貝 →バイ
貝独楽 べいごま
°貞 →テイ
°負 →フ
°則 →刀部 12 1
°財 →ザイ
°貢 →コウ
°員 →口部 14 3
°貧 →ヒン
°貨[貨] →カ
°販 →ハン
°貪 →ドン
°貫 →カン
貫 ぬき
°責 →セキ
°敗 →攴部 25 2
貶 ヘン おとす・けなす・さげすむ
°貯 →チョ
貰 もらう
°弐[貳] →ニ
弐心 ふたごころ
°貴 →キ
貴女 あなた
貴方 あなた
°買 →バイ
買辦 ばいべん
買い漁る かいあさる
°貸 →タイ
°費 →ヒ
°貼 →チョウ
貽 イ
°貿 →ボウ
°賀 →ガ
賁 ヒ
°賂 ロ まいない
°賃 →チン
°賄 →ワイ
°資[資] →シ
°賊[賊] →ゾク
賑 →シン
賑賑しい にぎにぎしい
°賓[賓] →ヒン
賓頭盧 びんずる
°賛[贊] →サン
°賜 →シ
賜物 たまもの
°賞 →ショウ
°賠 →バイ
°売[賣] →バイ
売女 ばいた
売僧 まいす
賤 →セン
°賦 →フ
賦払い ぶばらい
°質 →シツ
質 たち
質種 しちぐさ
°賭 →ト
°頼[賴] →ライ
頼母子 たのもし
°賢 →ケン
賢しい さかしい
賺 すかす
°購[購] →コウ
賽 サイ
賽子 さいころ
贄 シ にえ
贅 →ゼイ
°贈[贈] →ゾウ
贋 →ガン
贏 エイ かつ
贐 ジン はなむけ
贓 ゾウ(ザウ)
贔 ヒ
贔屓 ひいき
贖 ショク・ゾク あがなう
覿 →見部 45 1

赤 部

°赤 →セキ
赤鱝 あかえい
赤銹 あかさび
赤熊 しゃぐま
赤目魚 めなだ
赤棟蛇 やまかがし
°赦 →シャ
赫 →カク
赭 シャ

走 部

°走 →ソウ
°赴 →フ
赳 キュウ(キウ)
°起[起] →キ
起居 たちい
起き上がり小法師 おきあがりこぼし
°超 →チョウ
超邁 ちょうまい
°越 →エツ
越後獅子 えちごじし
°趣 →シュ
趨 →スウ

足 部

°足 →ソク
足袋 たび
足掻く あがく
足袋跣 たびはだし
跋 →バツ
跑 ホウ(ハウ)
跑足 だくあし
跗 フ
跛 ハ・ヒ ちんば・びっこ
°距[距] →キョ
°跡 →セキ
跡絶える とだえる
跣 はだし
跨 コ またがる・またげる
跪 キ ひざまずく
跫 キョウ
°路 →ロ
°跳 →チョウ
跼 キョク せぐくまる
跼蹐 きょくせき
°践[踐] →セン
°踊 →ヨウ
°踏 →トウ
踏み所 ふみど
踏み躙る ふみにじる
踝 くるぶし
踞 キョ・コ うずくまる
踠 もがく
°踪 ソウ
踵 ショウ くびす・きびす・かかと
蹂 ジュウ(ジウ)
蹂躙 じゅうりん
蹄 →テイ
蹇 ケン あしなえ
蹈 トウ(タウ) ふむ
蹈鞴 たたら
蹉 サ
蹉跌 さてつ
蹊 ケイ
蹌 ソウ(サウ)
蹟 →セキ
蹣 マン
蹣跚 まんさん
蹲 ソン うずくまる・つくばう

蹲踞 そんきょ
°蹴 →シュウ
蹶 ケツ　ける
蹼 みずかき
躁 →ソウ
躄 いざり
躊 チュウ(チウ)
躊躇う ためらう
°躍[躍] →ヤク
躑 テキ
躑躅 つつじ
躓 チ　つまずく
躪 リン　にじる

身部

°身 →シン
身体 からだ
身上 しんしょう
身柱 ちりけ
身形 みなり
身動ぎ みじろぎ
躬 キュウ　みずから
°射 →寸部　18 2
躰 タイ　からだ
躱 タ　かわす
躾 しつけ(国字)
軀 →ク
軈 やがて(国字)

車部

°車 →シャ
車蝦 くるまえび
車前草 おおばこ
軋 アツ　きしむ・きしる
°軌 →キ
°軍 →グン
軍鶏 シャモ
°軒 →ケン
軒輊 けんち
軛 くびき
°軟 →ナン
°転[轉] →テン
°斬 →斤部　25 3
°軸 →ジク
°軽[輕] →ケイ
軽衫 カルサン
軽佻 けいちょう
軽鬆土 けいそうど
°較 →カク
°載 →サイ
輓 →バン
輔 →ホ
輜 シ
°輝 →キ
輦 レン
°輩 →ハイ
輩 ばら
°輪 →リン
輯 →シュウ
°輸[輸] →ユ
輸贏 ゆえい・しゅえい
輻 フク　や
輾 テン
輿 →ヨ
轂 こしき
轅 エン(エン)　ながえ
°轄[轄] →カツ
轆 ロク
轆轤 ろくろ
轍 テツ　わだち
轍鮒 てっぷ
轟 →ゴウ
轢 →レキ

辛部

°辛 →シン
辛夷 こぶし
辟 ヘキ
°辞[辭] →ジ
°辣 →ラツ
辣油 ラーユ
辣韮 らっきょう
劈 →刀部　12 1
[辦] →弁　20 2
[辯] →弁　20 2

辰部

辰 →シン
辰巳 たつみ
°辱 →ジョク
°唇 →口部　14 3
°農 →ノウ

辵部→辶部

邑・阝(右)部

邑 ユウ(イフ)　むら

(阝(右))

°那[那] ナ
°邦[邦] →ホウ
°邸 →テイ
°邪[邪] →ジャ
邪魔 じゃま
邯 カン
郁 →イク
郁子 むべ
°郊 →コウ
耶 →耳部　40 4
°郎[郎] →ロウ
°郡 →グン
°部 →ブ
°郭 →カク
郭 くるわ
°郵 →ユウ
°郷[鄉] →キョウ
°都[都] →ト
都都逸 どどいつ
鄙 →ヒ
鄭 テイ
鄭重 ていちょう

酉部

酉 ユウ(イウ)　とり
酊 テイ
酋 シュウ(シウ)
°酌[酌] →シャク
°配 →ハイ
°酎 チュウ(チウ)
°酒 →シュ
酒 ささ
酒槽 さかぶね
°酔[醉] →スイ
°酢 →サク
酢漿 かたばみ
酣 カン　たけなわ
酩 メイ
°酪 →ラク
°酬 →シュウ
°酵 →コウ
°酷[酷] →コク
酷しい きびしい
°酸 →サン
酸模 すいば
酸漿 ほおずき
醂 リン　さわす・あわす
醇 →ジュン
醋 サク
醍 ダイ
醍醐 だいご
醐 ゴ
°醒 セイ　さめる
°醜 →シュウ
醜男 ぶおとこ
醜女 ぶおんな・しこめ
醞 ウン
醢 ひしお
醪 もろみ
°医[醫] →イ
醬(醤) →ショウ
醬蝦 あみ
醱 ハツ
°醸[釀] →ジョウ
醴 レイ　あまざけ
醵 キョ

釆部

釆 ハン
°采[采] →サイ
采女 うねめ
°彩 →彡部　20 4
°釈[釋] →シャク
釈迦 しゃか
悉 →心部　22 3
釉 ユウ(イウ)
釉薬 うわぐすり
°番 →田部　35 1

里部

°里 →リ
°重 →ジュウ
重石 おもし
重傷 おもで
°野 →ヤ
野蚕 くわご
野老 ところ
野点 のだて
野蒜 のびる

野良 のら
野羊 やぎ
野次 やじ
野暮 やぼ
野幇間 のだいこ
野狐禅 やこぜん
°黒 →黑部 53 2
°量 →リョウ
°墨 →土部 16 1

束 部

°束 →木部 27 4
°勅 →力部 12 2
°頼 →貝部 46 3

镸 部

套 →大部 16 4
肆 →聿部 41 1

金 部

°金 →キン
金轡 かなぐつわ
金打 きんちょう
金団 きんとん
金雀児 エニシダ
金糸雀 カナリヤ
金海鼠 きんこ
金盞花 きんせんか
金鳳花 きんぽうげ
金毘羅 こんぴら
金平糖 コンペイトー
釘 テイ くぎ
°釜 フ かま
°針 →シン
針穴 みぞ
針槐 はりえんじゅ
°釣［釣］ チョウ(テウ) つる
釣瓶 つるべ
釦 ボタン
釧 セン くしろ
°鈍 →ドン
鈍る なまる
鈍色 にびいろ
鈍い のろい
鈑 バン
鈔 ショウ(セウ)
鈞 キン
欽 →欠部 29 3
°鈴 →レイ
鈷 コ
°鉄［鐵］ →テツ
鉄漿 おはぐろ・かね
鉄砧 かなとこ
鉄棒 かなぼう
鉈 なた
鉋 かんな
鉗 カン
°鉛 →エン
鉞 まさかり
°鉢 ハチ・ハツ
鉦 ショウ かね
鉤 コウ かぎ
°鉱［鑛］ →コウ
鉾 ほこ
°銀 →ギン
銀杏 いちょう・ぎんなん
銀髯 ぎんぜん
銀鼠 ぎんねず
銀宝 ぎんぽ
°銃 →ジュウ
°銅 →ドウ
銅鈸 どうばち
銅鑼 どら
銑 →セン
銓 セン
°銘 →メイ
銚 チョウ(テウ)
銚釐 ちろり
銛 もり
°銭［錢］ →セン
お銭 おあし
鋩 ボウ(バウ)
銜 →彳部 21 2
°鋭［銳］ →エイ
銷 ショウ(セウ)
銹 さび
鋏 キョウ(ケフ) はさみ
鋒 →ホウ
鋤 ショ・ジョ すく・すき
鋪 ホ しき
鋲 ビョウ(ビヤウ) (国字)
鋴 にえ(国字)
鋳 かざり(国字)
°鋳［鑄］ →チュウ
鋸 キョ のこぎり
°鋼 →コウ
°録［錄］ →ロク
錆 さびる・さび
錐 →スイ
錘 →スイ
錚 ソウ(サウ)
°錠 →ジョウ
錣 しころ
°錦 →キン
錫 →シャク
°錮 コ
°錯 →サク
°錬［鍊］ →レン
錨 ビョウ(ベウ) いかり
°鍋 なべ
鍍 ト
鍍金 めっき
鍔 つば
°鍛 →タン
鍛冶 かじ
鍬 くわ
鍮 チュウ
°鍵 →ケン
鍼 シン はり
鍾 ショウ
°鎌［鎌］ レン かま
鎌鼬 かまいたち
鎌髭 かまひげ
鎔 ヨウ とける
°鎖［鎖］ →サ
鎖鎌 くさりがま
鎗 ソウ(サウ)
鎚 ツイ つち
鎧 ガイ よろい
鎬 しのぎ
°鎮［鎭］ →チン
鎹 かすがい(国字)
鎺 はばき(国字)
鏃 ゾク やじり
鏑 テキ かぶら
鏖 オウ(アウ)
鏝 こて
°鏡 →キョウ
鏤 ル・ロウ ちりばめる
鏨 たがね
鐃 ニョウ(ネウ)
鐃鈸 にょうばち
鐔 つば
°鐘 →ショウ
鐙 あぶみ
鐚 びた
［鐵］ →鉄
鐶 カン(クワン)
鐸 タク
鐺 こじり
［鑄］ →鋳
鑓 やり(国字)
°鑑 →カン
［鑛］ →鉱
鑞 ロウ(ラフ)
鑢 やすり
鑵 カン(クワン)
鑽 サン きる・たがね
鑿 →サク

長 部

°長 →チョウ
長路 ながみち
長雨 ながめ
長刀 なぎなた
長押 なげし
長閑 のどか
長ける たける

門 部

°門 →モン
閂 と
閂 かんぬき
閃 →セン
°閉 →ヘイ
閉てる たてる
閊 つかえる(国字)
°問 →口部 14 3
°開 →カイ
閏 →ジュン
°閑 →カン
閑人 ひまじん
°間 →カン
間 あい・あわい・はざま
間がな隙がな まがなすきがな

悶 →心部 22 3
閘 コウ(カフ)
°関[關] →カン
関脇 せきわけ
°閣 →カク
閤 コウ(カフ)
°閥 →バツ
閨 →ケイ
°聞 →耳部 41 1
閭 リョ
°閲[閱] →エツ
閻 エン
閻浮提 えんぶだい
閼 ア
閾 イキ(ヰキ)
閾値 いきち・しきいち
°闇 →アン
闊 →カツ
闌 ラン たけなわ・たける
闕 ケツ
闖 チン
°闘 →門部 51 4
闡 セン

阜・阝(左)部

°阜 フ

(阝(左))

阡 セン
°阪 →ハン
°防 →ボウ
防人 さきもり
防遏 ぼうあつ
°阻 →ソ
阿 →ア
阿吽 あうん
阿漕 あこぎ
阿房 あほう
阿呆 あほう
阿媽 アマ
阿闍梨 あじゃり
阿堵物 あとぶつ
阿弥陀 あみだ
阿羅漢 あらかん
阿婆擦れ あばずれ
陀 ダ
陀羅尼 だらに

°附 →フ
附 つけたり
附句 つけく
附子 ぶし・ぶす
附家老 つけがろう
陋 →ロウ
°限 →ゲン
°陛 →ヘイ
陞 ショウ
°院 →イン
°陣 →ジン
°除 →ジョ
除ける のける
°陥[陷] →カン
°降 →コウ
°陪 →バイ
°陰 →イン
陰膳 かげぜん
陰陽師 おんみょうじ
°陳 →チン
陳者 のぶれば
°陵 →リョウ
°陶 →トウ
陶枕 とうちん
°陸 →リク
陸稲 おかぼ
陸湯 おかゆ
陸奥 みちのく・むつ
陸棚 りくほう
陸蒸気 おかじょうき
陸釣り おかづり
陸屋根 ろくやね
°険[險] →ケン
°隆[隆] →リュウ
°陽 →ヨウ
陽炎 かげろう
°隅 →グウ
隈 ワイ くま
°隊[隊] →タイ
隋 →ズイ
°階 →カイ
°随[隨] →ズイ
随神 かんながら
°堕 →土部 15 4
°隔[隔] →カク
隕 イン(ヰン)
隗 カイ(クワイ)

隘 →アイ
°隙 →ゲキ
°際 →サイ
°障 →ショウ
障泥 あおり
障り さわり
障碍 しょうがい・しょうげ
°隠[隱] →イン
°墜 →土部 16 1
隧 スイ・ズイ
隧道 トンネル・すいどう
°隣 →リン
隴 ロウ

隶部

°隷 →レイ

隹部

°隻 →セキ
隼 はやぶさ
隼人 はやと
雀 →ジャク
雀荘 ジャンそう
雀鮨 すずめずし
雀斑 そばかす
雁 ガン かり
雁擬き がんもどき
雁来紅 はげいとう
雁字搦め かんじがらめ
°雄 →ユウ
雄鳥 おんどり
雄叫び おたけび
°集 →シュウ
°雇[雇] →コ
°焦 →火部 32 4
雉 チ きじ
雉子 きじ・きぎす
雎 ショ
雎鳩 みさご
°雌 →シ
雌蕊 めしべ
雌鳥 めんどり
°雅[雅] →ガ
°雑[雜] →ザツ
雑魚 ざこ・じゃこ
雑鬧 ざっとう

雑ざる まざる
雖 いえども
[雙] →双 13 2
雛 →スウ
雛 ひいな・ひよこ
°難[難] →ナン
°離 →リ
(讎) →讐 45 4
糴 →米部 39 2

雨部

°雨 →ウ
雨間 あまあい
雨催い あまもよい
°雪[雪] →セツ
雪ぐ すすぐ・そそぐ
雪踏 せった
雪駄 せった
雪隠 せっちん
雪庇 せっぴ
雪崩 なだれ
雪洞 ぼんぼり
雪消 ゆきげ
雪催い ゆきもよい
雫 しずく
°雰 →フン
°雲 →ウン
雲丹 うに
雲母 うんも・きらら
雲雀 ひばり
雲脂 ふけ
雲呑 ワンタン
°零 →レイ
零す こぼす
零余子 むかご・ぬかご
零落れる おちぶれる
°雷 →ライ
雷霆 らいてい
雹 ハク ひょう
°電 →デン
電鍍 でんと
電纜 でんらん
°需 →ジュ
霄 ショウ(セウ)
°震 →シン
震盪 しんとう
°霊[靈] →レイ

霍 カク
霏 ヒ
霖 リン
霙 みぞれ
°霜 →ソウ
霞 →カ
°霧 →ム
　霧雨 きりさめ
霰 サン　あられ
°露 →ロ
(霸) →覇 44 4
霹 ヘキ
　霹靂 へきれき
靄 アイ　もや

靑 部

°青[靑] →セイ
　青黴 あおかび
　青緡 あおざし
　青梅綿 おうめわた
靖[靖] セイ
°静[靜] →セイ

非 部

°非 →ヒ
斐 →文部 25 3
°悲 →心部 22 3
韮 にら
°罪 →罒部 38 1
翡 →羽部 40 4
靠 コウ(カフ)　もたれる
°輩 →車部 47 2
靡 ビ・ヒ　なびく

卓 部

°乾 →乙部 8 4
°幹 →干部 19 4
斡 →斗部 25 3
戟 →戈部 23 2
°朝 →月部 27 1
翰 →羽部 40 4
°韓 →韋部 50 2

其 部

其 →八部 11 2
°基 →土部 15 4
°期 →月部 27 1
斯 →斤部 25 3
(棊) →棋 28 3
°欺 →欠部 29 3
°碁 →石部 37 1

面 部

°面 →メン
　面 も
　面繫 おもがい
　面皰 にきび
　面子 メンツ
　面倒 めんどう
　面白い おもしろい
　面窶れ おもやつれ
　面映ゆい おもはゆい
靨 えくぼ

革 部

°革 →カク
勒 →力部 12 2
靫 うつぼ
靭 ジン
°靴[靴] →カ
　靴箆 くつべら
鞄 かばん
鞅 オウ(アウ)　むながい
鞆 とも(国字)
鞍 →アン
鞏 キョウ
鞘 ショウ(セウ)　さや
鞠 キク　まり
鞣 なめす
鞦 シュウ(シウ)・しりがい
　鞦韆 ぶらんこ・ふらここ
鞭 →ベン

韋 部

韋 イ(ヰ)
°韓 →カン
　韓紅 からくれない
　韓流 ハンりゅう・かんりゅう
韛 ふいご
韜 トウ(タウ)

音 部

°音 →オン
°韻 →イン
°響[響] →キョウ

頁 部

頁 ケツ　ページ
°頂 →チョウ
°頃 ケイ　ころ
°項 →コウ
　項垂れる うなだれる
°順 →ジュン
°須 →シュ
頌 →ショウ
°預 →ヨ
°頑 →ガン
°頒 →ハン
°頓 →トン
　頓に とみに
　頓珍漢 とんちんかん
頗 ハ　すこぶる
°領 →リョウ
　領巾 ひれ
頤 イ　おとがい・あご
°頭 →トウ
　頭 かぶり・つぶり・つむり
　頭陀 ずだ
　頭巾 ときん・ずきん
°頬 キョウ(ケフ)　ほお
頷 ガン　うなずく
頸 →ケイ
頽 →タイ
°頼 →貝部 46 3
穎 →禾部 37 4
顆 カ(クワ)
°頻[頻] →ヒン
　頻る しきる
°題 →ダイ
°額 →ガク
°顎 ガク　あご
°顔[顏] →ガン
　顔貌 かおかたち
°類[類] →ルイ
°顕[顯] →ケン
　顕 あらわ
°願 →ガン
顛 テン
　顛沛 てんぱい
　顛覆 てんぷく
°顧[顧] →コ
顫 セン
顰 ヒン　しかめる・ひそめる
　顰蹙 ひんしゅく
顴 カン(クワン)・ケン
顳 ショウ(セフ)
　顳顬 こめかみ

風 部

°風 →フウ
　風 ふり
　風上 かざかみ
　風丰 ふうぼう
　風呂 ふろ
　風邪声 かざごえ
　風除け かざよけ
　風信子 ヒヤシンス
颪 おろし(国字)
颱 タイ
颯 サツ
颶 グ
飄 ヒョウ(ヘウ)

飛 部

°飛 →ヒ
　飛白 かすり
　飛沫 しぶき
　飛礫 つぶて
　飛蝗 ばった
(飜) →翻 40 4

食(飠)部

°食[食] →ショク
　食中り しょくあたり
　食靠れ しょくもたれ
°飢[飢] →キ
　飢える かつえる
°飲[飲] →イン
　飲酒 おんじゅ
°飯[飯] →ハン
　飯蛸 いいだこ
　飯事 ままごと
　飯櫃 めしびつ
飴 イ　あめ
°飼[飼] →シ

°飽［飽］→ホウ
°飾［飾］→ショク
餃 コウ(カウ)
　餃子 ギョーザ
°餅［餠］(餅) ヘイ　もち
°養 →ヨウ
°餌(餌) →ジ
蝕 →虫部 43 4
餐 サン
°餓［餓］→ガ
　餓える かつえる
［餘］→余 9 3
餞 セン　はなむけ
餡 アン
°館［館］→カン
餬 コ
餺 ハク
　餺飥 ほうとう
饂 ウン(国字)
　饂飩 うどん
饅 マン
　饅頭 まんじゅう
饉 キン　うえる
饋 キ
饌 セン
饐 すえる
饑 →キ
饒 ジョウ(ゼウ)・ニョウ(ネウ)　ゆたか
饗 →キョウ

首 部

°首 →シュ
　首途 かどで
　首座 しゅそ
馘 カク(クワク)

香 部

°香 →コウ
　香盒 こうごう
　香しい かぐわしい
　香具師 やし
馥 フク
　馥郁 ふくいく
馨 ケイ　かおる・かぐわしい

甚 部

°甚 →甘部 34 4
°勘 →力部 12 3
尠 →小部 18 3
戡 →戈部 23 3
斟 →斗部 25 3

馬 部

°馬 →バ
　馬槽 うまぶね
　馬尾 す
　馬鹿 ばか
　馬喰 ばくろう
　馬穴 バケツ
　馬謖 ばしょく
　馬銜 はみ
　馬楝 ばれん
　馬鍬 まぐわ・まんが
　馬克 マルク
　馬手 めて
　馬陸 やすで
　馬酔木 あせび・あしび
　馬鈴薯 じゃがいも
　馬歯莧 すべりひゆ
　馬刀貝 まてがい
馭 ギョ
馳 チ　はせる
馴 →ジュン
　馴鹿 トナカイ
　馴染む なじむ
駁 →ハク
°駆［驅］→ク
°駅［驛］→エキ
°駄 →ダ
駈 ク　かける・かる
°駐［駐］→チュウ
駑 ド
°駒 ク　こま
駕 →ガ
　駕籠 かご
駘 タイ
　駘蕩 たいとう
駝 ダ
駟 シ
駱 ラク
　駱駝 らくだ
駸 シン
駻 カン
駿 シュン
　駿馬 しゅんめ
騈 ベン
騏 キ
　騏驎 きりん
°騎 →キ
°験［驗］→ケン
　験者 げんじゃ
°騒［騷］→ソウ
騙 ヘン　かたる・だます
°騰［騰］→トウ
驀 バク
　驀地 まっしぐら
騾 ラ
驃 ヒョウ(ヘウ)
驍 ギョウ(ゲウ)
驒 タン
驕 キョウ(ケウ)　おごる
°驚 →キョウ
驟 シュウ(シウ)
驢 ロ
驥 キ

骨 部

°骨 →コツ
　骨牌 カルタ
骰 トウ
　骰子 さい・さいころ
°骸 →ガイ
　骸 むくろ
髀 ヒ
°髄［髓］→ズイ
髑 ドク
　髑髏 どくろ・されこうべ・しゃれこうべ
［體］→体 10 1

高 部

°高 →コウ
　高粱 コーリャン
　高鼾 たかいびき
　高黍 たかきび
　高襷 たかだすき
　高坏 たかつき
　高嶺 たかね
　高髷 たかまげ
　高市 たかまち
　高股 たかもも
　高野槙 こうやまき
　高麗鼠 こまねずみ
　高天原 たかまがはら
　高御座 たかみくら
嵩 →山部 19 2

髟 部

髢 かもじ
髣 ホウ(ハウ)
　髣髴 ほうふつ
°髪［髮］→ハツ
髭 シ　ひげ
髯 ゼン　ひげ
髱 たぼ
髷 キョク　まげ
髻 ケイ　もとどり・たぶさ
鬆 ショウ　す
鬘 かつら・かずら
鬚 シュ　ひげ
鬢 ビン
鬣 たてがみ

門 部

鬨 とき・かちどき
鬩 ゲキ　せめぐ
°闘［鬪］→トウ
　闘諍 とうじょう
鬮 くじ

鬯 部

°鬱(欝) →ウツ
　鬱金 うこん
　鬱陶しい うっとうしい

鬲 部

鬻 ひさぐ

鬼 部

°鬼 →キ
　鬼薊 おにあざみ
　鬼灯 ほおずき
　鬼子母神 きしもじん
魁 →カイ

°魂 →コン
　魂消る たまげる
魄 →ハク
°魅 →ミ
魍 モウ(マウ)
　魍魎 もうりょう
魏 →ギ
魑 チ
　魑魅 ちみ・すだま
°魔[魔] →マ
魘 うなされる・おそわれる

莫 部

歎 →欠部 29 3
艱 →艮部 41 3
°難 →隹部 49 4

魚 部

°魚 →ギョ
　魚滓 うおかす
　魚子 ななこ
　魚籠 びく
　魚籃 びく
　魚河岸 うおがし・かし
魞 えり(国字)
魦 いさざ
魬 はまち
魯 ロ
魴 ホウ(ハウ)
魳 かます
鮎 あゆ
鮑 ホウ(ハウ) あわび
鮒 フ ふな
鮓 すし
鮠 はや
鮨 すし
鮪 しび・まぐろ
鮫 さめ
鮭 さけ
°鮮 →セン
鮟 アン
　鮟鱇 あんこう
鮴 ごり(国字)
鯉 リ こい
　鯉幟 こいのぼり
鯊 はぜ
鯒 こち(国字)
𩸽 ほっけ(国字)
鯔 ぼら・いな
鯖 さば
鯛[鯛] チョウ(テウ) たい
鯡 にしん
鯣 するめ
鯥 むつ
°鯨 →ゲイ
　鯨波 とき
鯰 なまず(国字)
鯱 しゃち・しゃちほこ(国字)
鯷 しこ・ひしこ
鰆 さわら
鰈 かれい
鰉 ひがい
鰍 かじか
鰐 わに
鰒 あわび
鰓 サイ・シ えら
鰊 にしん・かど
鰤 ぶり
鰥 カン(クワン)
　鰥夫 やもめ
鰧 おこぜ
鰭 ひれ
鰮 いわし
鰯 いわし(国字)
鰰 はたはた(国字)
鰹 かつお
鰺 あじ
鰻 うなぎ
鱈 たら(国字)
　鱈腹 たらふく
　鱈場蟹 たらばがに
鱏 えい
鱒 ます
鱓 うつぼ
鱚 きす(国字)
鱠 なます
鱧 はも
鱝 えい
鱩 はたはた(国字)
鱶 ふか
鱗 →リン
鱲 リョウ(レフ)
　鱲子 からすみ
鱸 すずき

鳥 部

°鳥 →チョウ
　鳥渡 ちょっと
　鳥屋 とや
　鳥黐 とりもち
　鳥羽絵 とばえ
鳧 けり
鳩 →キュウ
　鳩尾 みぞおち・みずおち
　鳩羽鼠 はとばねずみ
鳳 →ホウ
　鳳凰 ほうおう
鳰 にお(国字)
°鳴 →メイ
　鳴門 なると
鳶 エン とび・とんび
　鳶尾 いちはつ
鴃 ゲキ
鴇 とき
(鴈) →雁 49 3
鴉 ア からす
　鴉片 アヘン
鴛 エン(エン)
　鴛鴦 おしどり・おし
鴟 シ
鴨 オウ(アフ) かも
　鴨脚 いちょう
　鴨の嘴 かものはし
　鴨頭草 つきくさ
鴫 しぎ(国字)
鴻 →コウ
鴾 とき
　鴾毛 つきげ
鴿 はと・どばと
鵙 ゲキ もず
鵜 う
鵞 ガ
鵠 コク こうのとり・くぐい
鵤 いかる(国字)
鵬[鵬] ホウ おおとり
鵯 ヒ ひよどり
鵲 ジャク かささぎ
鵺 ぬえ
鵼 ぬえ
鶉 ジュン うずら
鶍 いすか(国字)
°鶏[鷄] →ケイ
　鶏冠 とさか
鶚 みさご
鶫 つぐみ(国字)
鶯 →オウ
鶲 ひたき
°鶴 →カク
　鶴嘴 つるはし
鶸 ひわ
鶺 セキ
　鶺鴒 せきれい
鷗(鴎) オウ かもめ
鷦 ショウ(セウ)
　鷦鷯 みそさざい
鷭 バン
鷲 シュウ(シウ)・ジュ わし
鷹 →ヨウ
鷽 うそ
鷺 ロ さぎ
鸚 オウ(アウ)
　鸚哥 いんこ
　鸚鵡 おうむ
鸛 こうのとり
鸞 ラン

鹵 部

鹵 ロ
鹹 カン
鹸(鹼) カン・セン・ケン
°塩[鹽] →エン
　塩梅 あんばい

鹿 部

°鹿 →ロク
　鹿子 かのこ
　鹿威し ししおどし
塵 →土部 16 1
麋 ビ おおしか
麒 キ
　麒麟 きりん
°麓 ロク ふもと
°麗 →レイ
麝 ジャ
麞 のろ

鱗 リン

麥(麦)部

°麦[麥] →バク
麦酒 ビール
°麺[麵] →メン
麺包 パン
麺麭 パン
麨 はったい
麩 フ ふすま
麬 ふすま
麴(麹) キク こうじ
[麵] →麺

麻(麻)部

°麻[麻] →マ
麻苧 あさお
麻幹 おがら
麻疹 はしか
麻雀 マージャン
麾 キ さしまねく
°摩 →手部 23 4
°磨 →石部 37 1
麿[麿] まろ(国字)
靡 →非部 50 1
°魔 →鬼部 52 1

鄉 部

°郷 →邑部 47 3
°響 →音部 50 3
饗 →食部 51 1

雈 部

°勧 →力部 12 3
°歓 →欠部 29 3
°観 →見部 45 1

黃 部

°黄[黃] →コウ
黄粉 きなこ
黄鶲 きびたき
黄檗 きわだ・きはだ
黄金 こがね
黄昏 たそがれ
黄楊 つげ
黄麻 つなそ
黄櫨 はじ・はぜ・はぜのき
黄葉 もみじ
黄泉 よみ
黄心樹 おがたまのき
黄櫨染 こうろぜん
黄蜀葵 とろろあおい
黄櫨漆 はぜうるし

黍 部

黍 ショ きび
黎 レイ
黐 もち

黑 部

°黒[黑] →コク
黒黴 くろかび
黒酒 くろき
黒貂 くろてん
黒子 ほくろ
黒衣 くろご・くろこ
黒死病 ペスト
°墨 →土部 16 1
°黙[默] →モク
黛[黛] タイ まゆずみ
°点[點] →テン
点す さす・ともす
点前 たてまえ・てまえ
点綴 てんてい
点てる たてる
[黨] →党 11 1
黯 アン
黴 バイ・ビ かび

黹 部

黹 →支部 25 2
°幣 →巾部 19 4
°弊 →廾部 20 2
瞥 →目部 36 3
斃 →支部 25 2

黽 部

鼈 ベツ すっぽん

鼎 部

鼎 →テイ

鼓 部

°鼓 →コ

鼠 部

鼠 →ソ
鼬 ユウ(イウ) いたち
鼯 ゴ
鼯鼠 むささび・ももんが

鼻 部

°鼻[鼻] →ビ
鼻屎 はなくそ
鼻茸 はなたけ
鼻摘み はなつまみ
鼾 カン いびき

齊(斉)部

°斉[齊] →セイ
°剤 →刀部 12 1
°斎[齋] →サイ
斎米 ときまい
齎 もたらす

齒(歯)部

°歯[齒] →シ
歯軋り はぎしり
歯する よわいする
齟 ソ
齟齬 そご
°齢[齡] →レイ
齣 こま
齧 ゲツ かじる
齷 アク
齷齪 あくせく
齲 ク・ウ
齲歯 うし・むしば

龍(竜)部

°竜[龍] →リュウ
竜馬 りゅうめ
竜顔 りょうがん
竜胆 りんどう
竜涎香 りゅうぜんこう
竜攘虎搏 りゅうじょうこはく
龕 ガン
龕灯 がんどう
°襲 →衣部 44 3
聾 →耳部 41 1

龜(亀)部

°亀[龜] →キ

あとがき

この辞書の計画が始まったのは一九五四(昭和二九)年であった。それからこの第八版の刊行まで、六十年以上を経たことになる。

話す、聞く、読む、書く、という現代人の言語生活に必要な知識を、その基本的なところでとらえて提供しようとの、編者の意図はみごとに結実し、今日、教育の現場はもちろん、社会の各方面に広く迎えられている。

激動する社会において、日本語の変動もまた少なからぬものがある。第一版の刊行は一九六三年であるが、その後も、編集の基本的な考え方は堅持しつつ、時代とともに生きる辞書として新しい生命を吹き込むための修訂をしばしば加えて来た。

最初の修訂(第二版)は一九七一年に行った。その際、本辞典の創始とも言える漢字母項目をいっそう利用しやすくするための索引「漢字音訓の手引」をつけ、付録に「語構成概説」を加えた。第一版編集の中心になって協力してくださった水谷静夫先生が、この版から編者に加わられた。一九七三年には、「当用漢字改定音訓表」「改定送り仮名の付け方」によって、表記上の必要な整理をほどこした。

第三版(一九七九年刊)では、内容の全面的な見直しと同時に、判型もやや大きくし、引きやすさ読みやすさにさまざまの工夫を加えた。なお、この版からコンピュータを利用した組版に切り替えたことで、編集の上でも、項目相互間の横断的な検討が従来以上に可能となった。この版の完成を目前にして、一九七八年岩淵悦太郎先生が逝去され、つづいて一九七九年に西尾実先生が不帰の客となられた。まことに痛恨の極みであった。

一九八一年には、国語審議会がそれまでの「当用漢字」に代えて決定した「常用漢字表」によって、表記形や字体をすべて整理した。

第四版(一九八六年刊)では、第一版以来の編集方針をつらぬきつつ、なお現代化の観点に立って、既収項目の点検と見出し語の増補を行い、あわせて新しい「現代仮名遣い」を反映させた。

第五版(一九九四年刊)では、現代語を扱うという本辞典の性格をいっそう徹底させ、また日本語の基本をなす助詞・助動詞の分析・解説の充実に意を用いた。さらに、主として形容詞・形容動詞について、接尾語「さ」「げ」「み」「がる」を伴った派生形を表示すること、漢字母項目の中で、一字の字音語としても使うものに品詞を付加すること、また約一五〇項目にその関連語を掲げること、を新たに行った。

第六版(二〇〇〇年刊)では、現代語の地盤として、明治後半以来の過去百年を見渡し、この時点を逸すると正確な釈義が次第にむずかしくなる一般用語を意識的に拾い上げた。現代の言語生活では、言葉の意味の記述ばかりでなく、その用法についての解説が求められる。そうした表現に役立つ情報の充実をはかり、あわせて関連語情報も大幅に増補した。

第七版(二〇〇九年刊)では、用例の充実はそれまでも心がけてきたが、明治以降の文学作品などから実例を追加するいっぽう、格助詞の働きをしかるべき用例で示すこととした。また、副詞を中心に、実際の文章での使われ方に着目して、新たな語類を立て、付録の「語類概説」に解説を加えた。オノマトペ(擬音語・擬態語)は、新加した項目と既にある項目の改修とをあわせて統一的な記述を行った。

二〇一〇年に「常用漢字表」が二十九年ぶりに改定され、あわせて「人名用漢字」も改正されたことを受け、漢字に関わる情報を新たにした第七版新版を二〇一一年に刊行した。

二〇一四年惜しくも水谷静夫先生が逝去され、新たな編集態勢で次の改訂を迎えることとなった。

第八版(二〇一九年刊)では、社会の動向や日常生活における関心の変化に応じて、項目や語義を新たに加え、実際の言葉の使い方を用例や語類表示で示し、用法の変化は注記でくわしく解いた。これら改訂作業の根幹となる内容の見直しとあわせて、見出しの形や語釈についても注意を払い、より引きやすくわかりやすいものとなるよう心がけた。

本書が今日あるのは多くの方々のご尽力のたまものである。

第一版では、編集に関して、林大・高橋太郎・西尾寅彌・青木伶子の諸氏に、原稿執筆について、石綿敏雄・市川孝・上村幸雄・宇野つる子・大石初太郎・北野克・島田勇雄・徳川宗賢・野元菊雄・松尾拾・水野彌穂子・岡村和江・森岡健二・山崎久之の諸氏にご協力をいただいた。

第二版では、石綿敏雄・岩淵匡の両氏に、第三版では、石綿敏雄・岩淵匡・土屋信一・西尾寅彌・森田良行の諸氏に、第四版では、石綿敏雄・岩淵匡・中野洋・西尾寅彌の諸氏に、第五版では、西尾寅彌・岩淵匡・土屋信一・石井正彦の諸氏に、第六版では、土屋信一・星野和子・丸山直子・石井正彦・柏野和佳子の諸氏にお世話になった。また、第五版改訂の資料作成では財団法人計量計画研究所言語情報研究室のご協力を得た。第七版および第七版新版の改訂に当たっては、土屋信一・星野和子・丸山直子・柏野和佳子の諸氏にお力添えをいただいた。

第八版では、石井久雄・山田貞雄・平本智弥・田嶋明日香の諸氏にご尽力をいただいた。

末尾ながら芳名を記し、編者とともに心から御礼申しあげる。

二〇一九年九月

岩波書店辞典編集部

岩波 国語辞典 第8版

1963年4月10日	第1版第1刷発行
1971年2月5日	第2版第1刷発行
1979年12月4日	第3版第1刷発行
1986年10月8日	第4版第1刷発行
1994年11月10日	第5版第1刷発行
2000年11月17日	第6版第1刷発行
2009年11月20日	第7版第1刷発行
2011年11月18日	第7版新版第1刷発行
2019年11月22日	第8版第1刷発行©
2024年2月15日	第8版第3刷発行

編　者　西尾　実（にしお みのる）　岩淵悦太郎（いわぶち えつたろう）　水谷静夫（みずたに しずお）
　　　　柏野和佳子（かしの わかこ）　星野和子（ほしの かずこ）　丸山直子（まるやま なおこ）

発行者　坂本政謙

発行所　株式会社 岩波書店
〒101-8002 東京都千代田区一ツ橋 2-5-5
電　話　案内 03-5210-4000　営業部 03-5210-4111
国語辞典編集部 03-5210-4178
https://www.iwanami.co.jp/

印刷・TOPPAN　函・精興社/岡山紙器　製本・牧製本

ISBN 978-4-00-080048-8　Printed in Japan

広辞苑 **第七版**　新村出 編

［普通版］菊判 3,216 頁・別冊付録 424 頁　定価 9,900 円
［机上版］B5 判 3,216 頁・別冊付録 424 頁　定価 15,400 円

国語＋百科の最高峰．新収 1 万項目．総項目数 25 万．日本語の最も確かなよりどころとして高い評価と信頼を得ているベストセラー．

岩波 新漢語辞典 **第三版**　山口明穂・竹田晃 編

B6 新判 1,742 頁　定価 3,300 円

日本語での漢字の意味や用法を，漢字本来の字義に即して解説．国字や人名・地名に用いる漢字も多数収録．親字 1 万 2600．

岩波 古語辞典 **補訂版**　大野晋・佐竹昭広・前田金五郎 編

B6 判 1,554 頁　定価 3,300 円

日本語の歴史的な移りゆきを捉えた本格的古語辞典．初版後 15 年の研究成果を反映させた補訂版．4 万 3 千余語を収録．

日本語 語感の辞典　中村明 著

四六判 1,196 頁　定価 3,740 円

「語感の違い（＝ニュアンス）」を中心に解説した初の辞典．多彩な言葉を探りながら日本語の知識が身に付く，蘊蓄満載の読める辞典．

日本語 笑いの技法辞典　中村明 著

四六判 680 頁　定価 3,740 円

「おかしさ」にはワケがある．そのワケを科学し，12 類 287 種に分類する．ユーモアあふれる表現を指南するコラムつき．

岩波 ことわざ辞典　時田昌瑞 著

B6 新判 758 頁　定価 3,300 円

ことわざの意味･用法はもちろん，その登場から変遷のすべてを語る．〈犬猿の仲〉が「いぬ」「さる」「仲」で引ける索引も至便．挿図 150．

岩波 四字熟語辞典　岩波書店辞典編集部 編

B6 新判 804 頁　定価 3,300 円

引いて納得，読んで一得！　基本的な解説に加え，読んで得する情報を提供．〈温故知新〉が「温」「故」「知」「新」で引ける索引も至便．

世界ことわざ比較辞典　日本ことわざ文化学会 編

B6 判 534 頁　定価 3,740 円

日本と世界各地のことわざを集めて比較するという初めての試み．約 6500 の世界のことわざは日本語訳と原語で掲載．

定価は消費税 10％込です（2024 年 2 月現在）

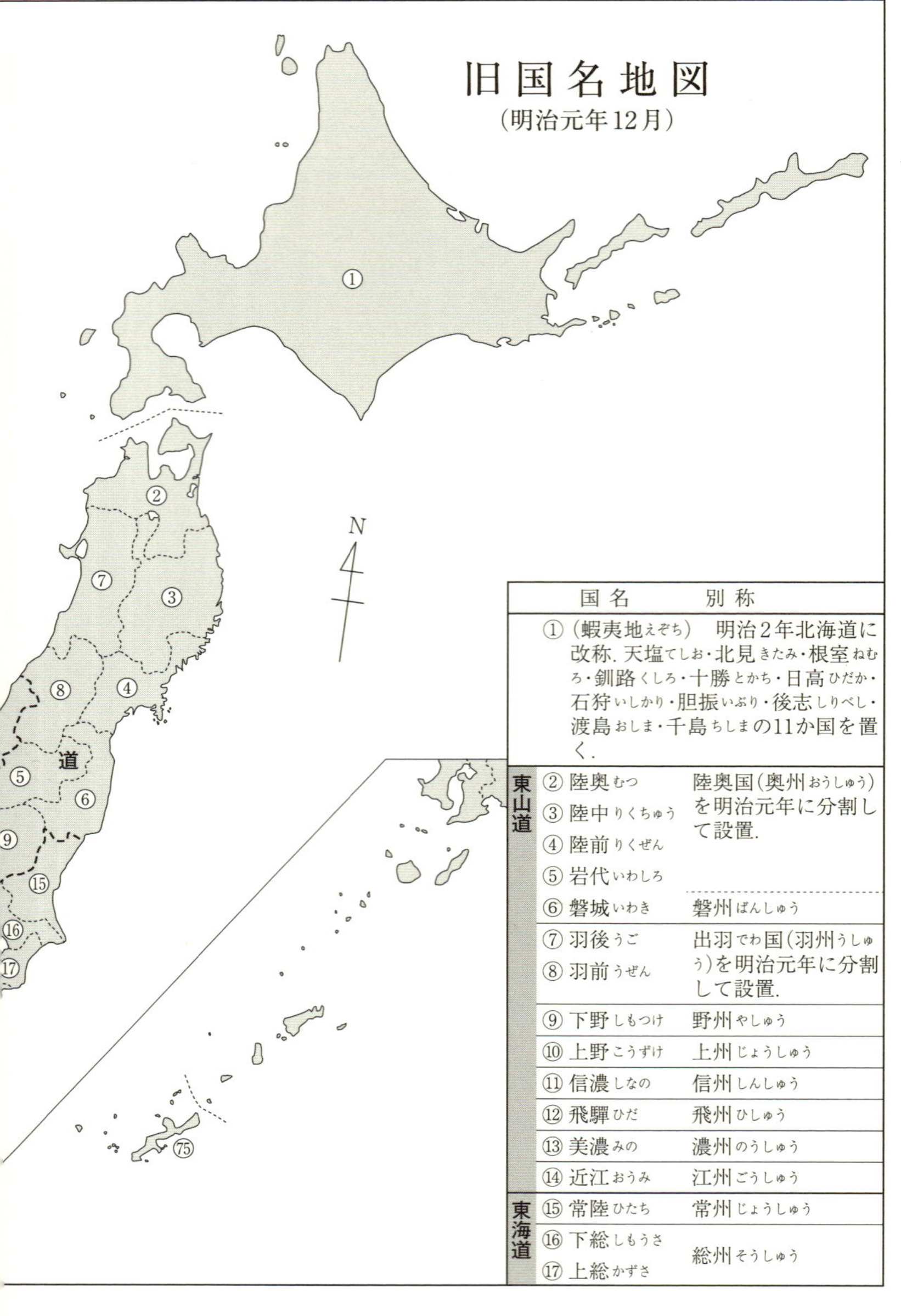

	国名	別称
	①(蝦夷地 えぞち) 明治2年北海道に改称. 天塩 てしお・北見 きたみ・根室 ねむろ・釧路 くしろ・十勝 とかち・日高 ひだか・石狩 いしかり・胆振 いぶり・後志 しりべし・渡島 おしま・千島 ちしまの11か国を置く.	
東山道	② 陸奥 むつ ③ 陸中 りくちゅう ④ 陸前 りくぜん ⑤ 岩代 いわしろ	陸奥国(奥州 おうしゅう)を明治元年に分割して設置.
	⑥ 磐城 いわき	磐州 ばんしゅう
	⑦ 羽後 うご ⑧ 羽前 うぜん	出羽 でわ 国(羽州 うしゅう)を明治元年に分割して設置.
	⑨ 下野 しもつけ	野州 やしゅう
	⑩ 上野 こうずけ	上州 じょうしゅう
	⑪ 信濃 しなの	信州 しんしゅう
	⑫ 飛驒 ひだ	飛州 ひしゅう
	⑬ 美濃 みの	濃州 のうしゅう
	⑭ 近江 おうみ	江州 ごうしゅう
東海道	⑮ 常陸 ひたち	常州 じょうしゅう
	⑯ 下総 しもうさ ⑰ 上総 かずさ	総州 そうしゅう